Schwarzes Dreieck kennzeichnet englischen Grundwortschatz

Hauptstichwort in Blau

Stichwort in **Fettdruck**

Aussprache in internationaler Lautschrift

Teillautschrift mit Bezug zum vorausgehenden Stichwort

Die Tilde ersetzt den Teil **joy** des vorausgehenden Stichworts

Haupt- und Nebenakzent (Betonung) im Stichwort

Arabische Ziffern zur Bedeutungsdifferenzierung

Wendungen, mehrgliedrige Ausdrücke, Präpositionen und andere Ergänzungen in *fetter Kursivschrift*

Die Kreistilde kennzeichnet den Wechsel von Kleinschreibung zu Großschreibung und umgekehrt

[ˌ-nəˈliːz] s Zeitungsstil m '**jour·nal·ism** s Journalismus m '**jour·nal·ist** s Journalist(in) **jour·nal·is·tic** Adj (**~ally**) journalistisch

▶ **jour·ney** ['dʒɜːnɪ] s 1. Reise f: **go on a ~** verreisen 2. Reise f, Entfernung f: **it's a two-day ~** die Reise dauert zwei Tage

jo·vi·al ['dʒəʊvjəl] Adj lustig, fröhlich, vergnügt **jo·vi·al·i·ty** [ˌ-vɪˈælətɪ] s Lustigkeit f, Fröhlichkeit f

jowl [dʒaʊl] s 1. (Unter)Kiefer m 2. Wange f, Backe f; Hängebacke f

▶ **joy** [dʒɔɪ] s 1. Freude f (**at** über Akk; **in** an Dat): **for ~** vor Freude weinen etc; **tears** Pl **of ~** Freudentränen Pl; **to s.o.'s ~** zu j-s Freude 2. Br F Erfolg m: **I didn't have any ~** ich hatte kein Glück **joy·ful** [ˈ-fʊl] Adj 1. freudig, erfreut 2. erfreulich, freudig (Ereignis etc) '**joy·less** Adj 1. freudlos 2. unerfreulich '**joy·ous → joyful**

joy| ride s F Spritztour f (bes in e-m gestohlenen Wagen): **go on a ~** e-e Spritztour machen **~ stick** s F 1. FLUG Steuerknüppel m 2. COMPUTER Joystick m

ju·bi·lant ['dʒuːbɪlənt] Adj 1. überglücklich 2. jubelnd: **~ shout** Jubelschrei m '**ju·bi·la·tion** s Jubel m **ju·bi·lee** [ˈ-liː] s Jubiläum n

▶ **judge** [dʒʌdʒ] I s 1. JUR Richter(in): → **sober** 2. Schiedsrichter(in); Preisrichter(in); (Sport a.) Kampfrichter(in), (Boxen) Punktrichter(in) 3. Kenner(in): **a (good) ~ of wine** ein(e) Weinkenner(in) II v/t 4. JUR Fall verhandeln; die Verhandlung führen gegen 5. Wettbewerbsteilnehmer, Leistungen etc beurteilen (**on** nach); als Schiedsrichter(in) (etc, → 2) fungieren bei 6. entscheiden (**s.th.** etw; **that** dass) 7. beurteilen, einschätzen (**by** nach) III v/i 8. als Schiedsrichter(in) (etc, → 2) fungieren (**at** bei) 9. urteilen (**of** über Akk): **judging by his words** s-n Worten nach zu urteilen

▶ **judg(e)·ment** ['dʒʌdʒmənt] s 1. JUR Urteil n 2. Urteilsvermögen n: **against one's better ~** wider bessere Einsicht 3. Meinung f, Ansicht f, Urteil n (**on** über Akk): **in my ~** m-s Erachtens; **form a ~ on** sich ein Urteil bilden über 4. göttliches (Straf)Gericht: **the Last ⚬** das Jüngste Gericht; **Day of ⚬**, **⚬ Day** Jüngster Tag

di·ca·ture ['dʒu:dɪkətʃə] s JUR **1.** Rechtsprechung f, Rechtspflege f **2.** Gerichtswesen n **3.** → **judiciary** 3

di·cial [dʒu:'dɪʃl] Adj **1.** JUR gerichtlich, Gerichts...: ~ **error** Justizirrtum m; ~ **murder** Justizmord m **2.** JUR richterlich **3.** kritisch

di·ci·a·ry [dʒu:'dɪʃərɪ] JUR **I** Adj **1.** → **judicial** 1, 2 **II** s **2.** → **judicature** 2 3. **~oll** Richter(schaft f) Pl

di·cious [dʒu:'dɪʃəs] Adj **1.** vernünftig, umsichtig **2.** wohl überlegt

do ['dʒu:dəʊ] s SPORT Judo n

g [dʒʌg] s **1.** Krug m; Kanne f, Kännchen n **2.** sl Knast m (Gefängnis)

g·ger·naut ['dʒʌgənɔ:t] s **1.** MOT Br Schwerlastzug m **2.** fig Moloch m

g·gle ['dʒʌgl] **I** v/t **1.** jonglieren (mit) **2.** fig jonglieren mit (Fakten, Worten etc); Fakten, Worte etc verdrehen; Konten etc fälschen, frisieren **II** v/i **3.** jongleren **4.** ~ **with** → 2 'jug·gler s **1.** Jongleur(in) **2.** Schwindler(in)

g ket·tle s Br elektrischer Wasserkocher m

go·slav → **Yugoslav**

uice [dʒu:s] **I** s **1.** Saft m: **let s.o. stew n his own** ~ F j-n im eigenen Saft schmoren lassen **2.** sl ELEK Saft m; oT Sprit m **II** v/t **3.** entsaften 'juic·y adj **1.** saftig (Obst, Fleisch etc) **2.** saftig (Gewinn etc); lukrativ (Vertrag etc), pikant, schockierend (Einzelheiten etc)

it·su [dʒu:'dʒɪtsu:] s SPORT Jiu-Jitsu

ke·box ['dʒu:kbɒks] s Jukebox f, Mukautomat m

u·ly [dʒu:'laɪ] s Juli m: **in** ~ im Juli

Fourth of July

er **Fourth of July** ist in den USA n wichtiger Feiertag: Am 4. Juli 76 wurde die Unabhängigkeitsklärung der 13 amerikanischen olonien von der britischen Herrhaft unterzeichnet. Zu den Feierhkeiten an diesem Gedenktag hören Umzüge, Grillpartys und n Feuerwerk. Offiziell heißt der Juli **Independence Day** (Unabngigkeitstag).

Letztes bzw. erstes Stichwort auf der Seite

Verweis auf Bedeutung 3 eines anderen Stichworts

Sachgebiet in KAPITÄLCHEN

Wortart

Übersetzung in Normalschrift

Genus

Hauptsächlich im britischen Englisch

Römische Ziffern untergliedern den Artikel nach Wortarten

Verweis auf bevorzugte Schreibweise

Stilebene

Erklärende Hinweise in Kursivschrift

Möglichkeiten der Silbentrennung

Die Tilde ersetzt das vorausgehende Stichwort

Blau unterlegte Info-Fenster bieten zusätzliche Informationen

A
B
C
D
E
F
G
H
I
J
K
L
M
N
O
P
Q
R
S
T
U
V
W
Z

Die Langenscheidt Service-Garantie:

Wenn Sie in diesem Wörterbuch ein Stichwort nicht finden,
das man in einem Wörterbuch dieser Größe erwarten kann,
garantieren wir Ihnen bis zum 31. Dezember 2007, dass Langenscheidt
eine passende Übersetzung dieses Wortes für Sie sucht.

Dieser Service wird ausschließlich per E-Mail angeboten.
Bitte schreiben Sie uns an die Adresse garantie@langenscheidt.de.
Geben Sie in dieser E-Mail das gesuchte Stichwort an
sowie den sprachlichen Zusammenhang, in dem es steht.
Das kann ein Satz sein, in dem das Wort vorkommt,
oder eine Umschreibung des Begriffs. Bitte teilen Sie uns auch mit,
in welchem Wörterbuch Sie das betreffende Wort vermissen.

Sie erhalten unsere Antwort so schnell wie möglich,
ebenfalls per E-Mail.

Langenscheidt

Taschenwörterbuch Englisch

Englisch – Deutsch
Deutsch – Englisch

Herausgegeben von der
Langenscheidt-Redaktion

Langenscheidt

Berlin · München · Wien · Zürich · New York

Bearbeiter:

Helmut Willmann, Gisela Türck, Heinz Messinger

Redaktionsteam:

Dr. Wolfgang Walther, Heike Pleisteiner, Helga Krüger

In der neuen deutschen Rechtschreibung

Ergänzende Hinweise, für die wir jederzeit dankbar sind,
bitten wir zu richten an:
Langenscheidt Verlag, Postfach 40 11 20, 80711 München

© 2002, 2006 Langenscheidt KG, Berlin und München
Druck: Graph. Betriebe Langenscheidt, Berchtesgaden/Obb.
Printed in Germany · ISBN 3-468-11135-5

Inhaltsverzeichnis
Table of Contents

Wichtige Abkürzungen: Rück-umschlag

Vorwort

Mit dem vorliegenden ***Taschenwörterbuch Englisch*** präsentiert Langenscheidt seinen „Klassiker" in einer Sonderausgabe zum 150-jährigen Firmenjubiläum im Jahr 2006. Zu den Vorzügen dieses Wörterbuchs gehören blaue Hauptstichwörter, Info-Fenster zu sprachlichen und kulturellen Themen sowie die Kennzeichnung des englischen Grundwortschatzes. So sind die wichtigsten Stichwörter und Wendungen im Teil Englisch-Deutsch mit schwarzen Dreiecken ▶ versehen. Das Redaktionsteam hat sich bei der Arbeit an diesem Werk vor allem Modernität, Übersichtlichkeit und optimale Benutzerfreundlichkeit zum Ziel gesetzt.

Im Mittelpunkt steht dabei der allgemein gebräuchliche englische und deutsche Wortschatz. Aufgenommen wurden auch aktuelle Begriffe aus so wichtigen Bereichen wie Informationstechnologie, Computer, Politik und Gesellschaft, Kultur, Medizin und Sport. Da zum lebendigen Sprachgebrauch gerade auch umgangssprachliche Floskeln und idiomatische Redewendungen gehören, wurde diesen beiden Aspekten der modernen Kommunikation ebenfalls große Aufmerksamkeit geschenkt.

Beispiele für die Bandbreite und Aktualität des Wortschatzes sind: **chill out** – sich beruhigen, relaxen; **be on the cutting edge** – ganz vorn mitmischen, zur Spitze gehören; **dongle** – Dongle (*Kopierschutzstecker*); **eurozone** – Eurozone; **shooting gallery** – Fixertreff; **spamming** – *Verbreitung von Werbemüll über E-Mail-Adressen*; **start-up company** – Start-up-Unternehmen; **state of concern** – Risikostaat; **tattoo pen** – Tattoostift; **washboard abs** – Waschbrettbauch; **bauchfreies Shirt** – crop top; **das ist nicht mein Ding** – it's not my kind of thing; **Einstiegsdroge** – gateway drug, starter drug; **Elternzeit** – (extended) parental leave; **Freisprechanlage** – hands-free car kit (*im Auto*); **gentechnikfrei** – GM-free; **Internetzugang** – Internet access; **Kickboard** – scooter, kickboard; **Leitkultur** – guiding culture, defining culture; **jemandem eine SMS schicken** – text someone; **das ist schwer zu toppen** – it's hard to top; **Zugriffsmöglichkeit** – access (mode) (*Computer*).

Das Redaktionsteam richtete sein Hauptaugenmerk darauf, in kompakter Form ein Optimum an Information einem möglichst breiten Benutzerkreis zu bieten. Die Übersichtlichkeit der Wörterbucheinträge wird gewährleistet durch die blaue Hervorhebung der Hauptstichwörter, eindeutige Wortart- und Bedeutungsunterscheidungen sowie ein klar differenziertes Schriftbild. Die außerordentlich gut lesbare Typographie, die praktische Griffleiste und die nützlichen Informationen in den Anhängen tragen ebenfalls zur großen Benutzerfreundlichkeit dieses Werkes bei.

Ausführliche grammatische Hinweise, Erläuterungen zu Sachgebieten, Bedeutungen und Stilebenen sowie die Lautschrift der *International Phonetic Association* (IPA) sorgen für eine rasche Orientierung im Wörterbuch und führen sicher zur richtigen Übersetzung.

LANGENSCHEIDT VERLAG

Hinweise für die Benutzung des Wörterbuchs

Wo finde ich was? – alphabetische Anordnung

Das regelmäßig aktualisierte *Langenscheidt Taschenwörterbuch Englisch* enthält rund 120.000 Stichwörter und Wendungen. Die Stichwörter sind mit Ausnahme einiger weiblicher Substantive im deutsch-englischen Teil des Wörterbuchs streng alphabetisch geordnet. Sie finden also Wichtigtuer(in) vor Wichtigtuerei, obwohl Wichtigtuerin im Alphabet Wichtigtuerei folgen würde. Verlangt die weibliche Form eines Substantives eine separate englische Übersetzung (Beispiel „Leiterin"), dann erscheint sie streng alphabetisch genau an der vorgesehenen Stelle.

Die Umlaute ä, ö, ü wurden alphabetisch wie a, o, u eingeordnet: „Wärme" steht hinter „Warmblüter" und vor „Warmhalteplatte".

Wie finde ich was? – Aufbau eines Stichwortartikels

Die Unterteilung eines Stichwortartikels erfolgt im Allgemeinen durch

I römische Ziffern zur Unterscheidung der Wortarten (Substantiv, Adjektiv, Adverb, transitives, intransitives oder reflexives Verb usw.),

2. arabische Ziffern (fortlaufend im Artikel und unabhängig von den römischen Ziffern) zur Unterscheidung der einzelnen Bedeutungen,

c) kleine Buchstaben zur weiteren Bedeutungsdifferenzierung (siehe weiter unten).

Wie sieht ein Eintrag im Allgemeinen aus?

> **nar·ra·tive** ['nærətɪv] **I** *s* **1.** Erzählung *f*
> **2.** Bericht *m*, Schilderung *f* *Adj* **3.**
> erzählend: **~ *perspective*** Erzählperspektive *f* **4.** Erzählungs…

Dieses Beispiel für das Stichwort **narrative** soll die wichtigsten Elemente eines Eintrags veranschaulichen. Wir stellen sie Ihnen Schritt für Schritt vor:

nar·ra·tive	in Fettdruck erscheinendes **Stichwort**. Die Punkte innerhalb des Wortes bedeuten, dass das Wort an genau diesen Stellen getrennt werden kann (Silbentrennung).
['nærətɪv]	**Lautschrift** der *International Phonetic Association*
I	römische Ziffer zur Unterscheidung der Wortarten bzw. bestimmter Verbformen
s	das Stichwort als Substantiv
1.	arabische Ziffer zur Unterscheidung verschiedener Bedeutungen des Stichworts
Erzählung	(1.) deutsche Entsprechung des englischen Stichworts in Normalschrift
f	Genusangabe (*hier*: feminin); grammatisches Geschlecht (*hier*: weiblich) der deutschen Entsprechung
2.	arabische Ziffer zur Unterscheidung verschiedener Bedeutungen des Stichworts
Bericht	(2.) deutsche Entsprechung des englischen Stichworts in Normalschrift
m	Genusangabe (*hier*: maskulin); grammatisches Geschlecht (*hier*: männlich) der deutschen Entsprechung
,	Komma zur Trennung von zwei deutschen Entsprechungsvarianten des englischen Stichworts in Normalschrift
Schilderung	Variante zur (2.) deutschen Entsprechung des englischen Stichworts in Normalschrift
f	Genusangabe (*hier*: feminin); grammatisches Geschlecht (*hier*: weiblich) der deutschen Entsprechung
II	römische Ziffer zur Unterscheidung der Wortarten bzw. bestimmter Verbformen
Adj	das Stichwort als Adjektiv

3.	arabische Ziffer zur Unterscheidung verschiedener Bedeutungen des Stichworts
erzählend	(3.) deutsche Entsprechung des englischen Stichworts in Normalschrift
:	Doppelpunkt signalisiert eine sich anschließende Wendung oder ein Anwendungsbeispiel
~	Tilde ersetzt das vorangegangene Stichwort **narrative**
~ perspective	Wendung ***narrative perspective*** erscheint in ***halbfetter Schrägschrift***
Erzählperspektive	deutsche Entsprechung der englischen Wendung in Normalschrift
f	Genusangabe (*hier*: feminin); grammatisches Geschlecht (*hier*: weiblich) der deutschen Entsprechung
4.	arabische Ziffer zur Unterscheidung verschiedener Bedeutungen des Stichworts
Erzählungs…	(4.) deutsche Entsprechung des englischen Stichworts **narrative** als Adjektiv. Die 3 Punkte deuten an, dass sich unmittelbar ein Wortelement anschließen kann, z. B. Erzählungsinhalt, Erzählungsroman usw.

Sind alle Einträge so einfach aufgebaut?

Jeder Eintrag folgt mehr oder weniger dem eben erläuterten Schema. Da wir aber bestrebt sind, auch in einem handlichen Wörterbuch so viel Information wie irgend möglich für Sie unterzubringen, gibt es notgedrungen auch kompliziertere Fälle, von denen wir die wichtigsten an dieser Stelle nennen wollen:

Dem ersten für Sie vielleicht ungewohnten Zeichen sind wir eben in der Tabelle schon begegnet. Die auf Mitte stehenden Punkte bei einem englischen Stichwort zeigen an, wo das Wort getrennt werden darf. Folgen dem Stichwort keine vollständigen Lautschriftangaben, so weisen Betonungsakzente (, ') auf die Betonung des Wortes hin (siehe Lautschrifttabelle **Phonetische Zeichen – Phonetic Symbols** S. 16). Auch wo diese Betonungszeichen stehen, darf das Wort in der Regel getrennt werden:

> cul·ti·vate ..., ˌcul·ti'va·tion
> *Trennung:* **cul-ti-vate, cul-ti-va-tion**

Aber nicht nur bei englischen Stichwörtern wird in der Lautschrift der Betonungsakzent verwendet, sondern auch bei gleichlautenden deutschen Wörtern steht zur besseren Unterscheidung ein Betonungsakzent ('):

> 'übersetzen[1] ..., über'setzen[2]

Das zweite ungewohnte Zeichen, die **Tilde ~**, auch Wiederholungszeichen genannt, haben wir schon oben in der Tabelle ebenfalls schon erwähnt. Die Tilde ersetzte dort das ganze vorausgehende Stichwort. Sie wird aber auch bei Zusammensetzungen verwendet. Hat das vorausgehende Stichwort einen senkrechten Strich |, dann vertritt die Tilde im nächsten <u>Stichwort</u> nur den Teil des vorausgehenden Stichworts bis zu diesem senkrechten Strich (**System|ausfall** im folgenden Beispiel). Taucht eine Tilde in halbfett kursiver Schrift auf, dann kann sie auch für ein schon tildiertes Stichwort stehen, also ein Stichwort, das selbst schon mit einer Tilde gebildet wurde (vgl. **~ *speech*** = 'after-dinner speech' im folgenden Beispiel). Die Tilde in halbfett kursiver Schrift vertritt aber immer das ganze vorausgehende Stichwort, nicht nur einen Teil von ihm. Das hört sich komplizierter an als es in Wirklichkeit ist:

af·ter ['ɑːftə] **I** *Adv* **1.** nach-, hinterher, darauf: *for months* ~ noch monatelang; *during the weeks* ~ in den (nach)folgenden Wochen; *shortly* ~ kurz danach **II** *Präp* **2.** hinter (*Dat*) (... her), nach: *be* ~ her sein hinter **3.** *zeitlich* nach: ~ *a week; day* ~ *day* Tag für Tag ... '~·**birth** *s* MED Nachgeburt *f* '~·**care** *s* **1.** MED Nachbehandlung *f*, -sorge *f* **2.** JUR Resozialisierungshilfe *f* '~·**din·ner** *Adj*: ~ *speech* Tischrede *f*; ~ *walk* Verdauungsspaziergang *m* '~·**ef·fect** *s* MED Nachwirkung *f* (*a. fig*) '~·**glow** *s* Abendrot *n* '~·**hours** *Adj* **1.** nach der Sperrstunde **2.** nach Ladenschluss ...	= for months after = during the weeks after = shortly after = be after = after a week; day after day = afterbirth = aftercare = after-dinner; <u>after-dinner speech</u> = <u>after-dinner walk</u> = aftereffect = afterglow; after-hours
System|ausfall *m* IT system failure **~datei** *f* system file **~fehler** *m* system fault **~kritiker(in)** dissident **~software** *f* system software **~steuerung** *f* system control **~veränderung** *f* change in the system	= Systemdatei; Systemfehler = Systemkritiker(in); Systemsoftware = Systemsteuerung = Systemveränderung

Wenn sich der Anfangsbuchstabe eines Wortes ändert (aus Großbuchstabe wird ein Kleinbuchstabe und umgekehrt) wird manchmal die so genannte Kreistilde ⚲ verwendet. So oft kommt das aber gar nicht vor, denn wir wollen es Ihnen nicht unnötig kompliziert machen:

Benutzer|(in) user ⚲**freundlich** *Adj* user-friendly **~handbuch** *n* manual **~oberfläche** *f* user (*od* system) interface	= Benutzer(in); <u>benutzerfreundlich</u> = Benutzerhandbuch = Benutzeroberfläche

Wie sieht es mit den Ausspracheangaben aus?

Die Aussprache des englischen Stichworts steht in eckigen Klammern gleich hinter dem Stichwort und erscheint in den Symbolen der *International Phonetic Association* (siehe Lautschrifttabelle **Phonetische Zeichen – Phonetic Symbols** S. 16). Aus Gründen der Platzersparnis wird auch in der Lautschriftklammer teilweise die Tilde verwendet. Sie ersetzt dann den Teil der Lautschrift, der sich gegenüber dem vorausgehenden Stichwort nicht verändert.

> **pen·sion** ['penʃn] *s* Rente *f*, Pension *f*
> **pen·sion·er** ['-ʃənə (= 'penʃənə)] *s*
> Rentner(in), Pensionär(in)

Wenn sich die Aussprache eines Stichwortes im Vergleich zum blauen Hauptstichwort nicht grundlegend ändert, wird aus Platzgründen auf eine Wiederholung der Lautschrift verzichtet, es werden aber die Betonungsakzente gesetzt:

> **det·o·nate** ['detəneɪt] **I** v/t zünden **II** v/i
> detonieren, explodieren, **,det·o·na·tion**
> s Detonation f, Explosion f; Zündung f
> **'det·o·na·tor** s Zünd-, Sprengkapsel f

Manchmal weisen Kleinbuchstaben **a)**, **b)**, **c)** usw. auf feinere Bedeutungsuntergliederungen als die durch arabische Ziffern hin:

> **machen** ... **13.** (*tun*) do: *lass ihn nur ~!*
> **a)** let him (do as he pleases)!, **b)** (*überlass es ihm*) just leave it to him!

> **ac·a·dem·ic** [,ækə'demɪk] **I** Adj (~**ally**)
> **1.** akademisch: **a)** Universitäts...: ~
> **freedom** akademische Freiheit; ~ **year**
> Studienjahr n, **b)** (rein) theoretisch: ~
> **question** akademische Frage **2.** gelehrt, wissenschaftlich **II** s **3.** Universitätslehrer(in)

Welche Funktion hat Kursivgeschriebenes *(Schrägschrift)*?

Oft geben Kommentare in *kursiver Schrift* mit oder ohne Klammern zu den einzelnen Bedeutungen des Stichworts zusätzliche präzisierende Hinweise. Es können Synonyme (bedeutungsähnliche Wörter) in Klammern, mögliche Subjekte oder Objekte u. Ä. genannt sein, die den Verwendungsbereich einer gegebenen Übersetzung verdeutlichen:

> **can·cel** ['kænsl] ... **1.** (durch-, aus)streichen **2.** *Erlaubnis etc* widerrufen, *Beschluss etc* rückgängig machen, *Abonnement etc* kündigen, *Auftrag etc* stornieren **3.** *Verabredung etc* absagen, *Veranstaltung etc* ausfallen lassen, *Flug etc* annullieren **4.** *Briefmarke, Fahrschein* entwerten **5.** COMPUTER abbrechen **6.** MATHE kürzen **7.** a. ~ **out** ausgleichen, kompensieren ...

drücken I v/t **1.** allg press, (quetschen) a. squeeze, (Taste) a. push: **j-m die Hand ~** shake hands with s.o.; **j-m etw in die Hand ~** put (heimlich: slip) s.th. into s.o.'s hand; **j-n (an sich) ~** hug s.o.; → **Daumen 2.** (j-n) Schuh: pinch, Magen: pain, hurt, fig Sorgen, Schulden etc: weigh heavily on s.o. **3.** fig (Leistung, Preise etc) bring (od force) down, (Rekord) better (**um** by) **4.** sl (Heroin etc) shoot **II** v/i **5.** allg press, Rucksack etc: a. hurt, Schuh: pinch, fig Hitze etc: be oppressive: **~ auf** (Akk) press on, (Knopf etc) press, push …

In *einfacher Schrägschrift* erscheinen auch Grammatikangaben und Elemente, die sich vom Stichwort, von der Wendung oder von der Übersetzung abheben sollen. Dazu gehören auch umschreibende Entsprechungen für ein Stichwort, für das es keine direkte Übersetzung gibt:

Assessor m, **Assessorin** f civil servant (lawyer, teacher, etc) who has completed his/her second state examination

Hinter den Übersetzungen von Verben finden Sie häufig die Angabe der passenden englischen Präpositionen in **halbfetter Schrägschrift** mit den dazugehörigen deutschen Entsprechungen in Normalschrift und der Angabe, welchen Kasus (Fall) die jeweilige deutsche Präposition verlangt, in *einfacher Schrägschrift*:

pin [pɪn] … **10. ~ down** zu Boden drücken; fig j-n festlegen, -nageln (**to** auf Akk)

Weitere kursive Angaben, die in einem Eintrag vorkommen können, finden Sie unter der Überschrift „Wichtige Abkürzungen und Hinweise in diesem Wörterbuch" ganz hinten am Schluss des Wörterbuchs.

Was bedeuten Stichwörter mit hochgestellten Ziffern (Exponenten)?

Haben Stichwörter mit gleicher Schreibung völlig unterschiedliche Bedeutungen (Homonyme), werden sie jeweils eigens aufgeführt und mit hochgestellten Ziffern (Exponenten) voneinander unterschieden. Solche Stichwörter stehen unmittelbar hintereinander.

Welche Funktion haben die Verweise?

Der Verweispfeil → hat verschiedene Funktionen. Er verweist zum einen von einem Stichwort auf ein anderes Stichwort, wenn sich beide Stichwörter in ihrer Bedeutung ähneln. Bei dem Stichwort, auf das verwiesen wird, finden Sie dann die Übersetzung(en) und weitere Angaben. Zum anderen führt er Sie z. B. von einem Adjektiv zu einem Adverb mit ähnlicher Bedeutung. Ein Verweis kann aber auch innerhalb eines Stichwortartikels zu einer anderen arabischen oder römischen Ziffer führen, wo Sie dann beispielsweise die Übersetzung eines Anwendungsbeispiels finden. Oder er führt Sie zu einem anderen Stichwort, unter dem Sie ein Anwendungsbeispiel finden, in dem das Stichwort, von dem aus verwiesen wird, enthalten ist.

Wo finde ich die *phrasal verbs*?

Wenn Sie nach Verben wie **go through** oder **come across** suchen, müssen Sie aufpassen. Da solche *phrasal verbs* (= Verben mit angehängter Präposition oder angehängtem Adverb, die im Englischen eine Einheit bilden) meist getrennt als *Zusammensetzungen mit Präpositionen* bzw. *Zusammensetzungen mit Adverbien* eingeordnet sind, empfehlen wir, in beiden Rubriken gründlich nachzuschauen.

Wozu dienen die Sachgebietsangaben?

Zur besseren Einordnung der Bedeutungen eines Stichworts dienen *Sachgebietsbezeichnungen*. Steht eine Sachgebietsbezeichnung unmittelbar hinter der Lautschriftklammer, bezieht sie sich auf alle folgenden Übersetzungen. Steht sie innerhalb des Artikels vor einer Übersetzung, so gilt sie nur für diese. Die häufigsten Sachgebiete erscheinen in diesem Wörterbuch in KAPITÄLCHEN. Sie finden sie in der Liste „Wichtige Abkürzungen und Hinweise in diesem Wörterbuch" ganz hinten am Schluss des Wörterbuchs. Ausgeschriebene Hinweise zu Sachgebieten werden *kursiv* dargestellt.

Wie sind die Stilebenen gekennzeichnet?

Die Kennzeichnung der Stilebene durch die Angaben F für familiär, Umgangssprache, V für vulgär sowie *sl* für saloppe Umgangssprache, Slang bezieht sich auf das Stichwort. Die

Übersetzung wurde möglichst so gewählt, dass sie auf der gleichen Stilebene wie das Stichwort liegt.

Welche grammatischen Hinweise finde ich im Wörterbuch?

Eine Liste der im Wörterbuch enthaltenen englischen unregelmäßigen Verben finden Sie im Anhang des Wörterbuchs auf den Seiten 1435 – 1438.

Der Hinweis *unreg* (unregelmäßig) bei einem Verb zeigt an, dass es unregelmäßig konjugiert wird und dass seine Stammformen in der Liste „Englische unregelmäßige Verben" Seiten 1435 – 1438 aufgeführt sind.

Hinweise wie (*unreg* **fall**) zeigen an, dass das Stichwort ebenso konjugiert wird wie das in der Liste der unregelmäßigen Verben aufgeführte Grundverb **fall**.

Erscheint ein Substantiv mit unregelmäßigem Plural als letztem Bestandteil einer Zusammensetzung, so zeigen Hinweise wie (*unreg* **man**) an, dass die unregelmäßige Pluralform an derjenigen Stelle zu finden ist, an der der letzte Bestandteil der Zusammensetzung als Stichwort verzeichnet ist:

fore‧man (*unreg* **man**)

Von Adjektiven abgeleitete Adverbien, die durch einfaches Anhängen von ...**ly** oder durch Verwandlung von ...**le** in ...**ly** oder ...**y** in ...**ily** gebildet werden, fanden nur dann Eingang in das Wörterbuch, wenn sie häufig vorkommen und in ihrer Übersetzung vom Adjektiv abweichen.

Bei Adjektiven, die auf ...**ic** und ...**ical** enden können, endet das Adverb auf ...**ically**:

ge‧o‧met‧ric, ge‧o‧met‧ri‧cal ...
Adv ge‧o‧met‧ri‧cal‧ly

Ge‧o‧met‧ri‧cal‧ly ist also das Adverb zu beiden Adjektivformen.

Alle Kürzel für Grammatikangaben finden Sie in der Liste „Wichtige Abkürzungen und Hinweise in diesem Wörterbuch" ganz hinten am Schluss des Wörterbuchs.

Was ist bei den Anwendungsbeispielen zu beachten?

Sie stehen unmittelbar hinter der Übersetzung des Stichworts. Die Übersetzung ist gelegentlich weggelassen, wenn das Anwendungsbeispiel nur der Illustration dient, sich die Übersetzung aber aus den Einzelkomponenten leicht ableiten lässt.

> **gain** [geɪn] ... **4.** zunehmen an (*Dat*): ~ **speed** schneller werden; ...

> **a·board** [ə'bɔːd] *Adv u. Präp* **1.** SCHIFF, FLUG an Bord (*Gen*): **go ~**; ...

Wo finde ich die wichtigsten Wörter?

Das schwarze Dreieck ▶ kennzeichnet englische Stichwörter und Wendungen, die zum Grundwortschatz gehören. Wenn Sie den beherrschen, können Sie in einer Fremdsprache schon eine ganze Menge ausdrücken:

> ▶ **e·ven**[1] ['iːvn] *Adv* **1.** sogar, selbst:
> ▶ **not even** nicht einmal; ...

Was bedeuten die anderen Symbole und Kürzel?

Eine Übersicht über die im Wörterbuch verwendeten Symbole, Sachgebietsangaben und Abkürzungen finden Sie zum bequemen Nachschlagen ganz am Schluss des Wörterbuchs.

Wozu dienen die blauen Info-Fenster?

Die Info-Fenster stellen wichtige sprachliche und kulturelle Besonderheiten vor und dienen als anregende Ergänzung zu den eigentlichen Stichworteinträgen, um Sie exemplarisch auf Unterschiede aufmerksam zu machen, die Sie beim Aufenthalt im englischsprachigen Land oder in der fremdsprachlichen Kommunikation beachten sollten. Ein nach Stichwörtern alphabetisch geordnetes Verzeichnis der Info-Fenster befindet sich auf den Seiten 1439 und 1440.

Phonetische Zeichen – Phonetic Symbols

[ʌ]	much [mʌtʃ], come [kʌm]	kurzes *a* wie in *Matsch, Kamm*, aber dunkler
[ɑː]	after ['ɑːftə], park [pɑːk]	langes *a*, etwa wie in *Bahn*
[æ]	flat [flæt], madam ['mædəm]	mehr zum *a* hin als *ä* in *Wäsche*
[ə]	after ['ɑːftə], arrival [ə'raɪvl]	wie das End-*e* in *Berge, mache, bitte*
[e]	let [let], men [men]	*ä* wie in *hätte, Mäntel*
[ɜː]	first [fɜːst], learn [lɜːn]	etwa wie *ir* in *flirten*, aber offener
[ɪ]	in [ɪn], city ['sɪtɪ]	kurzes *i* wie in *Mitte, billig*
[iː]	see [siː], evening ['iːvnɪŋ]	langes *i* wie in *nie, lieben*
[ɒ]	shop [ʃɒp], job [dʒɒb]	wie *o* in *Gott*, aber offener
[ɔː]	morning ['mɔːnɪŋ], course [kɔːs]	wie in *Lord*, aber ohne *r*
[ʊ]	good [gʊd], look [lʊk]	kurzes *u* wie in *Mutter*
[uː]	too [tuː], shoot [ʃuːt]	langes *u* wie in *Schuh*, aber offener
[aɪ]	my [maɪ], night [naɪt]	etwa wie in *Mai, Neid*
[aʊ]	now [naʊ], about [ə'baʊt]	etwa wie in *blau, Couch*
[əʊ]	home [həʊm], know [nəʊ]	von [ə] zu [ʊ] gleiten
[eə]	air [eə], square [skweə]	wie *är* in *Bär*, aber kein *r* sprechen
[eɪ]	eight [eɪt], stay [steɪ]	klingt wie *äi*
[ɪə]	near [nɪə], here [hɪə]	von [ɪ] zu [ə] gleiten
[ɔɪ]	join [dʒɔɪn], choice [tʃɔɪs]	etwa wie *eu* in *neu*
[ʊə]	you're [jʊə], tour [tʊə]	wie *ur* in *Kur*, aber kein *r* sprechen
[j]	yes [jes], tube [tjuːb]	wie *j* in *jetzt*
[w]	way [weɪ], one [wʌn], quick [kwɪk]	mit gerundeten Lippen ähnlich wie [uː] gebildet. Kein deutsches *w*!
[ŋ]	thing [θɪŋ], English ['ɪŋglɪʃ]	wie *ng* in *Ding*
[r]	room [ruːm], hurry ['hʌrɪ]	Zunge liegt zurückgebogen am Gaumen auf. Nicht gerollt und nicht im Rachen gebildet!
[s]	see [siː], famous ['feɪməs]	stimmloses *s* wie in *lassen, Liste*
[z]	zero ['zɪərəʊ], is [ɪz], runs [rʌnz]	stimmhaftes *s* wie in *lesen, Linsen*
[ʃ]	shop [ʃɒp], fish [fɪʃ]	wie *sch* in *Scholle, Fisch*
[tʃ]	cheap [tʃiːp], much [mʌtʃ]	wie *tsch* in *tschüs, Matsch*
[ʒ]	television ['telɪˌvɪʒn]	stimmhaftes *sch* wie in *Genie, Etage*
[dʒ]	just [dʒʌst], bridge [brɪdʒ]	wie in *Job, Gin*
[θ]	thanks [θæŋks], both [bəʊθ]	wie *ss* in *Fass*, aber gelispelt
[ð]	that [ðæt], with [wɪð]	wie *s* in *Sense*, aber gelispelt
[v]	very ['verɪ], over ['əʊvə]	etwa wie deutsches *w*, Oberzähne auf Oberkante der Unterlippe
[x]	loch [lɒx], ugh [ʌx]	wie *ch* in *ach*
[ː]	bedeutet, dass der vorhergehende Vokal lang zu sprechen ist.	
[']	bedeutet Hauptton,	[ˌ] bedeutet Nebenton.

Wörterverzeichnis
Englisch-Deutsch

A

A [eɪ] *Pl* **A's** *s* A *n*
▶ **a** [ə, *betont:* eɪ], *vor vokalischem Anlaut* ▶ **an** [ən, *betont:* æn] *Adj od Artikel* **1.** ein(e): *he is a doctor* er ist Arzt **2.** der-, die-, dasselbe: *they are of an age* sie sind gleichaltrig **3.** per, pro, je: *twice a week* zweimal wöchentlich *od* in der Woche
A4 [ˈeɪˈfɔː] *s* DIN A4®: *A4 size* (DIN) A4-Format
@ [æt] *Abk* IT (= *at*) @
a·back [əˈbæk] *Adv*: **taken** ~ überrascht, verblüfft; bestürzt
a·ban·don [əˈbændən] *v/t* **1.** *Frau etc* verlassen **2.** *Hoffnung etc* aufgeben, *Suche etc a.* einstellen, SPORT *Spiel* abbrechen
a·base [əˈbeɪs] *v/t* erniedrigen, demütigen
a·bashed [əˈbæʃt] *Adj* beschämt, verlegen: *feel* ~ sich schämen
a·bate [əˈbeɪt] *v/i* abklingen (*Begeisterung, Lärm, Schmerz etc*), (*a. Sturm etc*) sich legen
ab·at·toir [ˈæbətwɑː] *s* Schlachthof *m*
ab·bey [ˈæbɪ] *s* Abtei *f* **ab·bot** [ˈæbət] *s* Abt *m*
ab·bre·vi·ate [əˈbriːvɪeɪt] *v/t* (ab-, ver-) kürzen: ~*d form* Kurzform *f* **ab,bre·vi·a·tion** *s* (Ab-, Ver)Kürzung *f*
ABC [ˌeɪbiːˈsiː] *s* **1.** *Am oft Pl* Abc *n*, Alphabet *n*: ~ *weapons Pl* MIL ABC-Waffen *Pl* **2.** *fig* Abc *n*, Anfangsgründe *Pl*
ab·di·cate [ˈæbdɪkeɪt] **I** *v/i* abdanken **II** *v/t Amt* niederlegen: ~ *the throne* abdanken **ab·di·ca·tion** *s* Abdankung *f*
ab·do·men [ˈæbdəmen] *s* ANAT Unterleib *m* **ab·dom·i·nal** [æbˈdɒmɪnl] *Adj* Unterleibs…
ab·duct [æbˈdʌkt] *v/t* entführen **ab·duc·tion** [æbˈdʌkʃn] *s* Entführung *f*
ab·er·ra·tion [ˌæbəˈreɪʃn] *s* **1.** Abweichung *f*, ASTR, BIOL, PHYS *a.* Aberration *f* **2.** geistige Verwirrung
a·bet [əˈbet] → *aid* 3
a·bey·ance [əˈbeɪəns] *s*: *fall into* ~ außer Gebrauch kommen; *be in* ~ vorübergehend außer Kraft (*od* eingestellt) sein, ruhen

ab·hor [əbˈhɔː] *v/t* verabscheuen **ab·hor·rence** [əbˈhɒrəns] *s* Abscheu *m, f* (*of* vor *Dat*) **ab'hor·rent** *Adj* **1.** zuwider, verhasst (*to Dat*) **2.** abstoßend
a·bide [əˈbaɪd] **I** *v/i*: ~ *by* sich halten an (*Akk*); *Folgen* tragen **II** *v/t* ertragen, aushalten: *I cannot* ~ *him* ich kann ihn nicht ausstehen
a·bid·ing [əˈbaɪdɪŋ] *Adj* bleibend, beständig, dauerhaft
▶ **a·bil·i·ty** [əˈbɪlətɪ] *s* Fähigkeit *f*: ~ *to pay* Zahlungsfähigkeit; *to the best of one's* ~ nach besten Kräften
ab·ject [ˈæbdʒekt] *Adj* **1.** elend, erbärmlich (*Lügner, Situation, Verhältnisse*) **2.** bitter (*Armut etc*), (*a. Verzweiflung etc*) tiefst **3.** demütig, unterwürfig, würdelos (*Person, Verhalten*) **4.** kläglich (*Versagen*)
a·blaze [əˈbleɪz] *Adv u. Adj* **1.** *be* ~ in Flammen stehen **2.** *fig be* ~ *with light* im Lichterglanz erstrahlen; *his eyes were* ~ *with anger* s-e Augen funkelten vor Zorn
▶ **a·ble** [ˈeɪbl] *Adj* fähig, tüchtig, geschickt: ▶ *be able to* imstande *od* in der Lage sein zu, können; *able to pay* zahlungsfähig. ~*bod·ied* [ˌ-ˈbɒdɪd] *Adj* körperlich leistungsfähig, kräftig: ~ *seaman* SCHIFF Vollmatrose *m*
ab·ne·ga·tion [ˌæbnɪˈgeɪʃn] *s* Selbstverleugnung *f*
ab·nor·mal [æbˈnɔːml] *Adj* anormal, *bes* MED abnorm
a·board [əˈbɔːd] *Adv u. Präp* **1.** SCHIFF, FLUG an Bord (*Gen*): *go* ~; *all* ~! SCHIFF alle Mann an Bord!; BAHN alles einsteigen! **2.** in (*ein od e-m Verkehrsmittel*): ~ *the bus*
a·bode [əˈbəʊd] *s a. place of* ~ JUR Wohnsitz *m*: *of* (*od with*) *no fixed* ~ ohne festen Wohnsitz
a·bol·ish [əˈbɒlɪʃ] *v/t* abschaffen, *Gesetz etc a.* aufheben **ab·o·li·tion** [ˌæbəʊˈlɪʃn] *s* Abschaffung *f*, Aufhebung *f*
'A-bomb *s* Atombombe *f*
a·bom·i·na·ble [əˈbɒmɪnəbl] *Adj* abscheulich, scheußlich: ~ *snowman* Schneemensch *m* **a,bom·i·na·tion** *s*

1. Abscheu *m, f (of* vor *Dat)* **2.** Scheußlichkeit *f*

ab·o·rig·i·nal [ˌæbəˈrɪdʒənl] **I** *Adj* eingeboren, einheimisch, Ur... **II** *s* Ureinwohner(in), *Pl a.* Urbevölkerung *f* **ˌab·oˈrig·i·ne** [-ˌdʒəni] → *aboriginal* **II**

a·bort [əˈbɔːt] **I** *v/t* MED *Schwangerschaft* abbrechen; *Kind* abtreiben **2.** FLUG *Start, Raumflug, Computerprogramm etc* abbrechen **II** *v/i* **3.** e-e Fehlgeburt haben **4.** COMPUTER abbrechen **5.** *fig* fehlschlagen, scheitern **a·bor·tion** *s* **1.** MED Fehlgeburt *f;* Schwangerschaftsabbruch *m,* Abtreibung *f:* **have an ~** abtreiben (lassen); **~ pill** Abtreibungspille *f* **2.** *fig* Fehlschlag *m* **a·bor·tion·ist** *s* Abtreibungsarzt *m,* Abtreibungsärztin *f* **a·bor·tive** [-tɪv] *Adj* erfolglos, fehlgeschlagen: **prove ~** sich als Fehlschlag erweisen

a·bound [əˈbaʊnd] *v/i* **1.** reichlich vorhanden sein **2.** Überfluss haben, reich sein (**in** an *Dat*) **3.** voll sein, wimmeln (**with** von)

▸ **a·bout** [əˈbaʊt] **I** *Präp* **1.** um (... herum) **2.** herum in (*Dat*): **wander ~ the streets** in den Straßen herumwandern **3.** in der Nähe, da: **is Dave ~?** ist Dave da? **4.** um, gegen: **~ noon** um die Mittagszeit, gegen Mittag **5.** über (*Akk*): **talk ~ business** über Geschäfte reden **6.** F beschäftigt mit: **what are you ~?** was macht ihr da? **II** *Adv* **7.** herum, umher: **all ~** überall **8.** ungefähr, etwa: **it's ~ right** F es kommt so ungefähr hin **9.** im Begriff, dabei: **he was ~ to go out** er wollte gerade weggehen **10.** **be up and ~** auf den Beinen sein

▸ **a·bove** [əˈbʌv] **I** *Präp* **1.** über (*Dat od Akk*), oberhalb **2.** über (*Dat od Akk*), mehr als: **~ all** vor allem **II** *Adv* **3.** (dr)oben: **from ~** von oben **4.** darüber (hinaus) **III** *Adj* **5.** *a.* **~-mentioned** obig, oben erwähnt **IV** *s* **6.** das Obige, das Obenerwähnte **a·boveˈboard** *Adv u. Adj* ehrlich, offen

a·bra·sion [əˈbreɪʒn] *s* **1.** Abschaben *n,* -reiben *n* **2.** (Haut)Abschürfung *f* **a·bra·sive** [-sɪv] **I** *s* TECH Schleifmittel *n* **II** *Adj* rau, Schleif..., Schmirgel...; *fig* ätzend, aggressiv, schroff

a·breast [əˈbrest] *Adv:* **three ~** zu dritt nebeneinander; **keep ~ of** *fig* Schritt halten mit; **keep ~ of the times** auf

dem Laufenden bleiben

a·bridge [əˈbrɪdʒ] *v/t Buch, Rede etc* kürzen **aˈbridg(e)·ment** *s* **1.** Kürzung *f* **2.** Kurzfassung *f*

▸ **a·broad** [əˈbrɔːd] *Adv* **1.** im *od* ins Ausland: **from ~** aus dem Ausland; **trip ~** Auslandsreise *f* **2.** überall(hin): **spread ~** (sich) verbreiten

ab·ro·gate [ˈæbrəʊɡeɪt] *v/t Vertrag etc* außer Kraft setzen, *Gesetz etc a.* aufheben

ab·rupt [əˈbrʌpt] *Adj* **1.** kurz (angebunden), schroff **2.** plötzlich, abrupt: **come to an ~ stop** plötzlich *od* mit e-m Ruck anhalten

ab·scess [ˈæbsɪs] *s* MED Abszess *m*

ab·scond [əbˈskɒnd] *v/i* sich heimlich davonmachen; flüchten (**from** vor *Dat*)

ab·seil [ˈæpsaɪl] *v/i a.* **~ down** sich abseilen

ab·sence [ˈæbsəns] *s* **1.** Abwesenheit *f* **2.** Fernbleiben *n* (**from** von) **3.** (*of*) Fehlen *n* (*Gen od* von), Mangel *m* (an *Dat*): **in the ~ of** in Ermangelung (*Gen*)

▸ **ab·sent I** *Adj* [ˈæbsənt] **1.** abwesend: **be~** fehlen (**from school** in der Schule; **from work** am Arbeitsplatz) **2.** fehlend **3.** a) (geistes)abwesend (*Blick etc*), b) → **absent-minded II** *v/t* [æbˈsent]: **~ o.s.** (**from**) fernbleiben (*Dat od* von); sich entfernen (von, aus) **ab·sen·tee** [ˌæbsənˈtiː] *s* Abwesende *m, f:* **~ ballot** *bes Am* Briefwahl *f;* **~ landlord** Eigentümer, der nicht in s-m Haus *od* auf s-m Grundstück lebt; **~ voter** *bes Am* Briefwähler(in) **ˌab·senˈtee·ism** *s* häufiges *od* längeres (unentschuldigtes) Fehlen (am Arbeitsplatz, in der Schule)

ˌab·sentˈ-ˈmind·ed *Adj* geistesabwesend, zerstreut **ˌ~-ˈmind·ed·ness** *s* Geistesabwesenheit *f,* Zerstreutheit *f*

ab·so·lute [ˈæbsəluːt] *Adj* absolut (*a.* MATHE, LING, PHYS): a) unumschränkt (*Herrscher*), b) vollkommen, völlig, c) rein, unvermischt

▸ **ab·so·luteˈly** [ˈæbsəluːtlɪ] *Adv* absolut, vollkommen, völlig: **~!** F genau!, unbedingt!; **~ not!** F auf keinen Fall!; **~ nothing** absolut nichts

ˌab·soˈlu·tion *s* Lossprechung *f;* REL Absolution *f* **ˈab·so·lutˌism** *s* Absolutismus *m*

ab·solve [əb'zɒlv] *v/t* frei-, lossprechen (**of** von *Sünde*); entbinden (**from** von *Verpflichtung etc*); REL die Absolution erteilen (*Dat*)

ab·sorb [əb'sɔːb] *v/t* **1.** absorbieren, auf-, einsaugen, *a. fig Wissen etc* aufnehmen **2.** *fig* ganz in Anspruch nehmen; fesseln: **~ed** *in* vertieft in (*Akk*) **3.** *Stoß etc* dämpfen **ab'sorb·ent** *Adj* absorbierend: **~ cotton** MED *Am* (Verband)Watte *f*

ab·stain [əb'steɪn] *v/i* sich enthalten (**from** *Gen*): **~** (**from voting**) sich der Stimme enthalten

ab·ste·mi·ous [æb'stiːmjəs] *Adj* enthaltsam; mäßig

ab·sten·tion [əb'stenʃn] *s:* **~** (**from voting**) (Stimm)Enthaltung *f*

ab·sti·nence ['æbstɪnəns] *s* Abstinenz *f*, Enthaltsamkeit *f* **'ab·sti·nent** *Adj* abstinent, enthaltsam

ab·stract [*Adj* ['æbstrækt] **1.** abstrakt (*a.* MATHE, MALEREI *etc*): **a)** theoretisch, **b)** schwer verständlich **II** *s* [-] **2.** *das Abstrakte:* **in the ~** rein theoretisch (betrachtet), an u. für sich **3.** *a.* **~ noun** LING Abstraktum *n*, Begriffswort *n* **4.** Auszug *m*, Abriss *m* **III** *v/t* [æb'strækt] **5.** abstrahieren **6.** entwenden **7.** e-n Auszug machen von **ab·strac·tion** [æb'strækʃn] *s* **1.** Abstraktion *f* **2.** Entwendung *f* **3.** *fig* Zerstreutheit *f*

ab·struse [æb'struːs] *Adj* abstrus, schwer verständlich

ab·surd [əb'sɜːd] *Adj* **1.** absurd, widersinnig **2.** unsinnig, albern, lächerlich **ab'surd·i·ty** [-ɪtɪ] *s* Absurdität *f*, Sinnlosigkeit *f*, Unsinn *m*

a·bun·dance [ə'bʌndəns] *s* (**of**) Überfluss *m* (an *Dat*), Fülle *f* (von): **in ~** in Hülle u. Fülle **a'bun·dant** *Adj* **1.** reichlich (vorhanden) **2.** **~ in** reich an (*Dat*)

a·buse I *s* [ə'bjuːs] **1.** Missbrauch *m:* **~ of drugs** Drogenmissbrauch; **~ of power** Machtmissbrauch **2.** Beschimpfungen *Pl:* → **term** 3 **II** *v/t* [-z] **3.** missbrauchen **4.** beschimpfen **a'bu·sive** [-sɪv] *Adj* beleidigend: **~ language** Beleidigungen *Pl*, Beschimpfungen *Pl*

a·bys·mal [ə'bɪzml] *Adj* miserabel **a·byss** [ə'bɪs] *s* Abgrund *m* (*a. fig*)

AC [eɪ'siː] *Abk* (= **alternating current**) Wechselstrom *m*

---

a/c, A/C *Abk* = **account**

a·ca·cia [ə'keɪʃə] *s* BOT Akazie *f*

ac·a·dem·i·a [ˌækə'diːmɪə] *s* die akademische Welt

ac·a·dem·ic [ˌækə'demɪk] **I** *Adj* (**~ally**) **1.** akademisch: **a)** Universitäts...: **~ freedom** akademische Freiheit; **~ year** Studienjahr *n*, **b)** (rein) theoretisch: **~ question** akademische Frage **2.** gelehrt, wissenschaftlich **II** *s* **3.** Universitätslehrer(in)

a·cad·e·my [ə'kædəmɪ] *s* Akademie *f:* **~ of music** Musikhochschule *f*; **♀ Awards** (**ceremony**) Oscar-Verleihung *f*

ac·cel·er·ate [ək'seləreɪt] **I** *v/t* beschleunigen **II** *v/i* schneller werden, MOT *a.* Gas geben **ac,cel·er'a·tion** *s* Beschleunigung *f:* **~ lane** MOT Beschleunigungsspur *f*, -streifen *m* **ac·'cel·er·a·tor** *s* MOT Gaspedal *n*

ac·cent *s* ['æksent] Akzent *m:* **a)** LING Ton *m*, Betonung *f*, **b)** LING Betonungs-, Tonzeichen *n*, **c)** Tonfall *m*, (*lokale etc*) Aussprache, **d)** *fig* Nachdruck *m:* **the ~ is on** der Akzent liegt auf (*Dat*)

ac·cen·tu·ate [æk'sentjʊeɪt] *v/t* akzentuieren, betonen (*a. fig*) **ac,cen·tu'a·tion** *s* Akzentuierung *f*, Betonung *f*

▶ **ac·cept** [ək'sept] *v/t* **1.** an-, entgegennehmen **2.** *j-n, etw* akzeptieren: **a)** *etw*, WIRTSCH *Wechsel* annehmen, **b)** *etw* hinnehmen, sich abfinden mit **3.** *Verantwortung etc* auf sich nehmen **4.** aufnehmen (**into** in *Akk*) **ac'cept·a·ble** *Adj* **1.** akzeptabel, annehmbar (**to** für) **2.** angenehm, willkommen **ac·'cept·ance** *s* **1.** Annahme *f* **2.** Akzeptierung *f*; Hinnahme *f:* **win ~** Anerkennung finden **3.** Aufnahme *f* **4.** WIRTSCH Akzept *n* **ac'cept·ed** *Adj* allgemein anerkannt, üblich

ac·cess ['ækses] **I** *s* **1.** Zugang *m* (**to** zu) (*a. fig*): **~ road** Zufahrts- *od* Zubringerstraße *f* **2.** *fig* Zutritt *m* (**to** bei, zu) **3.** COMPUTER Zugriff *m* (**to** auf *Akk*): **~ code** Zugriffskode *m*; **~ time** Zugriffszeit *f* **II** *v/t* COMPUTER zugreifen (auf *Akk*)

ac·ces·si·ble [ək'sesəbl] *Adj* **1.** (leicht) zugänglich (**to** für *od Dat*) (*a. fig*) **2.** um-, zugänglich (*Person*) **3.** empfänglich (**to** für) **ac·ces·sion** [æk'seʃn] *s*

1. Antritt *m* (*to e-s Amts*): ~ *to power* Machtübernahme *f*; ~ *to the throne* Thronbesteigung *f*; ~ *criteria* Beitrittskriterien *Pl* (*zur EU etc*) **2.** Zustimmung *f* (*to zu*)

ac·ces·so·ry [ək'sesərɪ] *s* **1.** Zubehörteil *n*, (*Mode*) Accessoire *n*, *Pl a.* Zubehör *n* **2.** JUR Mitschuldige *m*, *f* (*to an Dat*)

▸ **ac·ci·dent** ['æksɪdənt] *s* **1.** *by* ~ zufällig; *it is no* ~ *that* ... es ist kein Zufall, dass ... **2.** Unfall *m*, Unglück(sfall *m*) *n*, (*in Kernkraftwerk*) Störfall *m*: *have* (*od meet with*) *an* ~ e-n Unfall haben, verunglücken; *be killed in an* ~ bei e-m Unfall ums Leben kommen, tödlich verunglücken; ~ *insurance* Unfallversicherung *f*; ~*-prone* unfallgefährdet; ~ *report* Unfallbericht *m* **ac·ci·den·tal** [,æksɪ'dentl] *Adj* **1.** zufällig **2.** versehentlich **3.** Unfall...

ac·claim [ə'kleɪm] *I v/t* **1.** feiern (*as* als) **2.** ~ *s.o. king* j-n zum König ausrufen **II** *s* **3.** hohes Lob

ac·cla·ma·tion [,æklə'meɪʃn] *s* **1.** lauter Beifall **2.** hohes Lob **3.** *by* ~ POL durch Zuruf *od* Akklamation

ac·cli·mate [ə'klaɪmət] → *acclimatize* **ac·cli·ma·tion** [,æklaɪ'meɪʃn] → *acclimatization*

ac·cli·ma·ti·za·tion [ə,klaɪmətaɪ'zeɪʃn] *s* Akklimatisierung *f* **ac·cli·ma·tize** *v/t u. v/i* (*to*) (sich) akklimatisieren *u. an* (*Akk*), (sich) eingewöhnen (in *Dat*) (*beide a. fig*)

ac·com·mo·date [ə'kɒmədeɪt] *v/t* **1.** (*to*) anpassen (*Dat od* an *Akk*); in Einklang bringen (mit) **2.** j-m aushelfen (*with* mit) **3.** unterbringen **4.** Platz haben für, fassen **ac·com·mo·dat·ing** *Adj* entgegenkommend

▸ **ac·com·mo·da·tion** [ə,kɒmə'deɪʃn] *s* **1.** Anpassung *f* (*to* an *Akk*) **2.** Übereinkunft *f*, Kompromiss *m* **3.** Unterkunft *f*, -bringung *f*; Einrichtung *f*: ~ *sanitary* ...

ac·com·pa·ni·ment [ə'kʌmpənɪmənt] *s* MUS Begleitung *f* **ac·com·pa·nist** *s* MUS Begleiter(in)

▸ **ac·com·pa·ny** [ə'kʌmpənɪ] *v/t* begleiten (*a.* MUS)

ac·com·plice [ə'kʌmplɪs] *s* Komplize *m*, Komplizin *f*

ac·com·plish [ə'kʌmplɪʃ] *v/t* erreichen; leisten **ac·com·plished** *Adj* fähig,

tüchtig **ac·com·plish·ment** *s* Fähigkeit *f*, Fertigkeit *f*

ac·cord [ə'kɔːd] **I** *v/t* **1.** gewähren, *Empfang* bereiten **II** *v/i* **2.** übereinstimmen (*with* mit) **III** *s* **3.** Übereinstimmung *f*: *be in* ~ → 2; *with one* ~ einstimmig **4.** *of one's own* ~ aus freien Stücken, von selbst **ac·cord·ance** *s*: *in* ~ *with* entsprechend (*Dat*), gemäß (*Dat*) **ac·cord·ing**: ▸ *according to* Präp laut; nach **ac·cord·ing·ly** *Adv* **1.** (dem)entsprechend **2.** also, folglich

ac·cor·di·on [ə'kɔːdjən] *s* MUS Akkordeon *n*, Ziehharmonika *f*

ac·cost [ə'kɒst] *v/t Frau* (in eindeutiger Absicht) ansprechen; j-n anpöbeln

▸ **ac·count** [ə'kaʊnt] **I** *v/i* **1.** ~ (*to s.o.*) *for* (j-m) Rechenschaft ablegen über (*Akk*) **2.** ~ *for* (sich) erklären, *etw* begründen: *there's no* ~*ing for tastes* über Geschmack lässt sich nicht streiten **3.** ~ *for* groß sein für **II** *s* **4.** Konto *n* (*with* bei): *for* ~ *only* nur zur Verrechnung; *on one's own* ~ fig auf eigene Faust; auf eigene Gefahr; *settle an* ~ *with* fig abrechnen mit; ~ *holder* Kontoinhaber(in); ~ *number* Kontonummer *f* **5.** WIRTSCH *Pl* (Geschäfts)Bücher *Pl*, (Rechnungs-, Jahres)Abschluss *m*: ~*s department* Buchhaltung *f* **6.** Rechenschaft(sbericht *m*) *f*: *bring* (*od call*) *to* ~ zur Rechenschaft ziehen; *give* (*an*) ~ *of* Rechenschaft ablegen über (*Akk*); *give a good* (*bad*) ~ *of o.s.* sich von s-r guten (schlechten) Seite zeigen; bei (schlecht) abschneiden **7.** Bericht *m*, Darstellung *f*: *by all* ~*s* nach allem, was man hört; *give an* ~ *of* Bericht erstatten über (*Akk*) **8.** *of great* (*no*) ~ von großer (ohne) Bedeutung; *on* ~ *of* um ... willen, wegen; *on my* ~ meinetwegen; *on no* ~ auf keinen Fall; *leave out of* ~ außer Acht lassen; *take into* ~, *take* ~ *of* in Betracht ziehen, berücksichtigen **9.** *put* (*od turn*) *to* (*good*) ~ (aus)nutzen, Kapital schlagen aus **ac·count·a·bil·i·ty** [ə,kaʊntə'bɪlətɪ] *s* Verantwortlichkeit *f* **ac·count·a·ble** *Adj* verantwortlich (*to Dat*; *for* für): *hold s.o.* ~ j-n verantwortlich machen **ac·count·an·cy** *s* Buchführung *f*, Buchhaltung *f*, Rechnungswesen *n* **ac·'count·ant** *s* **1.** Buchhalter(in) **2.** Buch-

prüfer(in) **3.** *Br* Steuerberater(in)

ac·cred·it [ə'kredɪt] *v/t Botschafter etc* akkreditieren (*to* bei)

ac·crue [ə'kru:] *v/i* **1.** erwachsen (*to Dat*; *from* aus) **2.** anwachsen: **~d interest** aufgelaufene Zinsen *Pl*

ac·cu·mu·late [ə'kju:mjʊleɪt] *v/t u. v/i* (sich) anhäufen *od* anhäufen **ac,cu·mu'la·tion** *s* Anhäufung *f*, Ansammlung *f* **ac'cu·mu·la·tor** *s* ELEK Akkumulator *m*, Akku *m*

ac·cu·ra·cy ['ækjʊrəsɪ] *s* Genauigkeit *f* **ac·cu·rate** ['·rət] *Adj* genau: **be ~** genau gehen (*Uhr*)

ac·cu·sa·tion [,ækjuːˈzeɪʃn] *s* **1.** JUR Anklage *f*: **bring an ~** (*of murder*) **against** (Mord)Anklage erheben gegen **2.** An-, Beschuldigung *f* **3.** Vorwurf *m*

ac·cu·sa·tive [ə'kju:zətɪv] *s a.* **~ case** LING Akkusativ *m*, 4. Fall *m*

▸ **ac·cuse** [ə'kju:z] *v/t* **1.** JUR anklagen (*of Gen od* wegen) **2.** beschuldigen (*of Gen*): **~ s.o. of doing s.th.** j-n beschuldigen, etw getan zu haben **3.** ~ **s.o. of s.th.** j-m etw zum Vorwurf machen **ac'cused** *s*: **the ~** JUR der *od* die Angeklagte, die Angeklagten *Pl* **ac'cus·ing** *Adj* anklagend, vorwurfsvoll

ac·cus·tom [ə'kʌstəm] *v/t* gewöhnen (*to* an *Akk*): **be ~ed to doing s.th.** (es) gewöhnt *od* gewohnt sein, etw zu tun; **get ~ed to** sich gewöhnen an (*Akk*) **ac'cus·tomed** *Adj* gewohnt

ace [eɪs] **I** *s* **1.** Ass *n* (*Spielkarte; a. Tennis etc*); Eins *f* (*auf Würfeln*): **have an ~ up one's sleeve** *fig* (noch) e-n Trumpf in der Hand haben **2.** F Ass *n*, Kanone *f* (*at* in *Dat*) **II** *Adj* **3.** F ~ **skier** Spitzenskiläufer(in); **~ reporter** Starreporter(in); **be ~** Spitze sein

ac·e·tate ['æsɪteɪt] *s* CHEM Acetat *n* **a·ce·tic** [ə'si:tɪk] *Adj* essigsauer: **~ acid** Essigsäure *f* **a·cet·y·lene** [ə'setɪliːn] *s* Acetylen *n*

▸ **ache** [eɪk] **I** *v/i* **1.** schmerzen, weh tun: *I* **am aching all over** mir tut alles weh **2.** sich sehnen (*for* nach), darauf brennen (*to do* zu tun) **II** *s* **3.** *anhaltender* Schmerz: **~s and pains** *Pl* Wehwehchen *Pl*

a·chieve [ə'tʃi:v] *v/t Ziel* erreichen, *Erfolg* erzielen **a'chieve·ment** *s* Leistung *f*

A·chil·les| heel [ə'kɪli:z] *s fig* Achillesferse *f* **~ ten·don** *s* ANAT Achillessehne *f*

ac·id ['æsɪd] **I** *Adj* **1.** sauer: **~ drops** *Pl* saure Drops *Pl* **2.** *fig* bissig **3.** CHEM säurehaltig, Säure...: **~ rain** saurer Regen; **~ test** Säureprüfung *f, fig* Elchtest *m*, Härtetest *m* **II** *s* **4.** CHEM Säure *f* **5.** *sl* Acid *n* (*LSD*)

ac·knowl·edge [ək'nɒlɪdʒ] *v/t* **1.** anerkennen **2.** zugeben: **~ having done s.th.** zugeben, etw getan zu haben **3.** *Brief, Empfang etc* bestätigen **ac-'knowl·edg(e)·ment** *s* **1.** Anerkennung *f*: **in ~ of** in Anerkennung (*Gen*) **2.** (Empfangs)Bestätigung *f*

ac·me ['ækmɪ] *s fig* Gipfel *m*, Höhepunkt *m*

ac·ne ['æknɪ] *s* MED Akne *f*

a·corn ['eɪkɔ:n] *s* BOT Eichel *f*

a·cous·tic [ə'ku:stɪk] **I** *Adj* (**~ally**) akustisch, Gehör...: **~ nerve** ANAT Gehörnerv *m* **II** *s Pl* Akustik *f* (*e-s Raums*)

ac·quaint [ə'kweɪnt] *v/t* bekannt *od* vertraut machen (*with* mit): **be ~ed with** *j-n, etw* kennen; **we are ~ed** wir kennen uns; **become ~ed with** *j-n, etw* kennen lernen **ac'quaint·ance** *s* **1.** Bekanntschaft *f* (*with* mit): **make s.o.'s ~** j-n kennen lernen, j-s Bekanntschaft machen **2.** Kenntnis *f* (*with* von *od* Gen) **3.** Bekannte *m, f*

ac·qui·esce [,ækwɪ'es] *v/i* (zögernd) einwilligen (*in* in *Akk*)

ac·quire [ə'kwaɪə] *v/t* erwerben (*a. fig*), sich *Wissen etc* aneignen

ac·qui·si·tion [,ækwɪ'zɪʃn] *s* **1.** Erwerb *m* **2.** Anschaffung *f*, Errungenschaft *f* **ac·quis·i·tive** [ə'kwɪzɪtɪv] *Adj* habgierig **ac'quis·i·tive·ness** *s* Habgier *f*

ac·quit [ə'kwɪt] *v/t* **1.** JUR freisprechen (*of* von) **2.** ~ *o.s. well* s-e Sache gut machen **ac'quit·tal** *s* JUR Freispruch *m*

a·cre ['eɪkə] *s* Acre *m* (4047 *qm*)

ac·ri·mo·ni·ous [,ækrɪ'məʊnjəs] *Adj fig* bitter; scharf, beißend; erbittert (geführt) (*Diskussion etc*) **ac·ri·mo·ny** ['ækrɪmənɪ] *s fig* Bitterkeit *f*; Schärfe *f*

ac·ro·bat ['ækrəbæt] *s* Akrobat(in) **ac·ro'bat·ic** **I** *Adj* (**~ally**) akrobatisch **II** *s Pl* (*a. Sg* konstruiert) Akrobatik *f* (*a. fig*): **mental ~** Gedankenakrobatik *f*

ac·ro·nym ['ækrənɪm] *s* Akronym *n*

▸ **a·cross** [ə'krɒs] **I** *Präp* **1.** (quer) über

(*Akk*); (quer) durch, mitten durch: **run ~ the road** über die Straße laufen; **swim ~ a river** e-n Fluss durchschwimmen **2.** jenseits (*Gen*): **he lives ~ the street** er wohnt auf der gegenüberliegenden Straßenseite **II** *Adv* **3.** (quer) hinüber *od* herüber; (quer) durch; im Durchmesser: **go ~** hinübergehen; **saw ~** durchsägen; **a lake three miles ~** ein 3 Meilen breiter See **4.** drüben, auf der anderen Seite **5.** waag(e)recht (*in Kreuzworträtseln*)

a‚cross-the-'board **I** *Adj* allgemein, pauschal, linear (*Steuersenkung etc*) **II** *Adv* → **I**

ac·ry·lic [ə'krɪlɪk] **I** *s* Acryl *n* **II** *Adj* Acryl..., aus Acryl

▸ act [ækt] **I** *s* **1.** (JUR *a.* Straf)Tat *f*, Handlung *f*, Akt *m*: **an ~ of God** höhere Gewalt; **catch in the (very) ~** auf frischer Tat ertappen; **catch s.o. in the ~ of doing s.th.** j-n (dabei) ertappen, als er etw tut; **get one's ~ together** F die Sache geregelt kriegen **2.** ♀ (*of Parliament, Am of Congress*) Gesetz *n* **3.** THEAT Aufzug *m*, Akt *m* **4.** (Programm)Nummer *f*; *fig* F Tour *f*: **put on an ~** Theater spielen **II** *v/t* **5.** THEAT *etc* Rolle spielen, j-n *a.* darstellen, Stück *a.* aufführen: **~ the fool** sich wie ein Narr benehmen; den Dummen spielen **III** *v/i* **6.** (Theater) spielen, *fig* Theater spielen **7.** handeln; tätig sein: **~** amtieren *od* fungieren *od* dienen als; **~ for s.o.** j-n vertreten; **~ on** sich richten nach **8.** sich verhalten *od* benehmen (**towards** j-m gegenüber): **~ up** F Theater machen; angeben; verrückt spielen (*Gerät etc*) **9.** (ein)wirken (**on** auf *Akk*)

'act·ing **I** *Adj* stellvertretend, amtierend, geschäftsführend **II** *s* THEAT *etc* Spiel *n*; Schauspielerei *f*

▸ ac·tion ['ækʃn] *s* **1.** Handlung *f* (*a.* THEAT *etc*), Tat *f*: **man of ~** Mann *m* der Tat; **put into ~** in die Tat umsetzen; **take ~** handeln **2.** FILM *etc*: Action *f*: **~ film** *s. bes* TECH Funktionieren *n*: **~ of the heart** PHYSIOL Herztätigkeit *f* **4.** (Ein)Wirkung *f* (**on** auf *Akk*) **5.** JUR Klage *f*, Prozess *m*: **bring an ~ against** verklagen **6.** MIL Gefecht *n*, Einsatz *m*: **killed in ~** gefallen **~ group** *s* (*Bürger-*, *Eltern-*)Initiative *f* **~-packed** *Adj* voller Action, Aktiv..., spannend **~ re-**

play *s* Sport, TV: *Br* (*bes* Zeitlupen-) Wiederholung *f* (e-r Spielszene)

ac·ti·vate ['æktɪveɪt] *v/t* **1.** Alarm *etc* auslösen **2.** *bes* CHEM aktivieren

▸ ac·tive ['æktɪv] **I** *Adj* **1.** *allg* aktiv, (Vulkan *a.*) tätig, (Fantasie) lebhaft **2.** LING aktivisch: **~ voice** → **3 II** *s* **3.** LING Aktiv *n*, Tatform *f* **~-tiv·ism** *s* Aktivismus *m* **'ac·tiv·ist** *s* Aktivist(in) **ac'tiv·i·ty** *s* **1.** Aktivität *f*: **~ holiday** Aktivurlaub *m* **2.** *mst* PI Aktivität *f*, Betätigung *f*

▸ ac·tor ['æktə] *s* Schauspieler *m*

▸ ac·tress ['æktrɪs] *s* Schauspielerin *f*

▸ ac·tu·al ['æktʃʊəl] *Adj* wirklich, tatsächlich; eigentlich

▸ ac·tu·al·ly ['æktʃʊəlɪ] *Adv* **1.** → **actual 2.** sogar, übrigens

ac·tu·a·ry ['æktʃʊərɪ] *s* Versicherungsmathematiker(in), Wirtschaftsmathematiker(in)

a·cu·men ['ækjʊmən] *s* Scharfsinn *m*

ac·u·pres·sure ['ækjʊˌpreʃə] *s* MED Akupressur *f* **ac·u·punc·ture** ['ækjʊˌpʌŋktʃə] MED *s* Akupunktur *f*

a·cute [ə'kjuːt] *Adj* **1.** MATHE spitz (*Winkel*) **2.** scharf (*Gehör etc*) **3.** scharfsinnig **4.** akut (*Krankheit*) **5.** stark (*Schmerzen*), erheblich (*Mangel etc*)

ad [æd] F → **advertisement**

AD [eɪ'diː] *Abk* (= **Anno Domini**) n. Chr.

Ad·am ['ædəm] *Eigenn*: **I don't know him from ~** F ich hab keine Ahnung, wer er ist; **~'s apple** ANAT Adamsapfel *m*

ad·a·mant ['ædəmənt] *Adj* unnachgiebig: **be ~ that s.o. should do s.th.** darauf bestehen, dass j-t etw tut

a·dapt [ə'dæpt] **I** *v/t* **1.** anpassen (**to** *Dat*): **~ o.s** → **3 2.** Text bearbeiten (**for** für) **II** *v/i* **3.** (**to**) sich anpassen (*Dat*); sich gewöhnen (an *Akk*) **a'dapt·a·ble** *Adj* anpassungsfähig **a·dap·ta·tion** [ˌædæp'teɪʃn] *s* **1.** Anpassung *f* (**to** an *Akk*) **2.** Bearbeitung *f* **a·dap·ter**, **a·dap·tor** [ə'dæptə] *s* ELEK Adapter *m*

▸ add [æd] **I** *v/t* **1.** hinzuzählen, -rechnen (**to** zu) **2.** hinzufügen (**to** *Dat od* zu; **that** dass): → **fuel 3. ~ up** (**together**) addieren, zs.-zählen **3.** WIRTSCH etw aufschlagen (**to** auf *Akk*): **~ 5% to the price II** *v/i* **5. ~ to** hinzukommen *od* beitragen zu, vermehren **6. ~ up** MATHE

aufgehen, stimmen; *fig* e-n Sinn ergeben **7.** ~ *up to* sich belaufen auf (*Akk*), betragen; *fig* hinauslaufen auf (*Akk*), bedeuten '**ad·ded** *Adj* zusätzlich, erhöht: ~ *value* WIRTSCH Mehrwert *m*

ad·den·dum [əˈdendəm] *Pl* **-da** [-də] *s* Zusatz *m*, Nachtrag *m*

ad·der [ˈædə] *s* ZOOL Natter *f*

ad·dict [ˈædɪkt] *s* (*Drogen-, Fernseh- etc*)Süchtige *m*, *f*, (*Fußball- etc*)Fanatiker(in), (*Film- etc*)Narr *m*, Närrin *f* **ad·dict·ed** [əˈdɪktɪd] *Adj*: *be* ~ *to* ... ...süchtig sein **ad'dic·tion** *s* Sucht *f*, (*Zustand a.*) Süchtigkeit *f*: ~ *to alcohol* Alkoholsucht *f* **ad'dic·tive** *Adj* Sucht erzeugend: *be* ~ süchtig machen; ~ *drug* Suchtmittel *n*

▶ **ad·di·tion** [əˈdɪʃn] *s* **1.** Hinzufügung *f*, Zusatz *m*: ▶ *in addition* noch dazu, außerdem; ▶ *in addition to* außer (*Dat*), zusätzlich *zu* **2.** Vermehrung *f* (*to Gen*): *an addition to the family* Familienzuwachs *m* **3.** MATHE Addition *f*: *addition sign* Pluszeichen *n* **ad'di·tion·al** [-ʃən] *Adj* zusätzlich, Zusatz... **ad'di·tion·al·ly** [-ʃənəlɪ] *Adv* zusätzlich, außerdem **ad·di·tive** [ˈædɪtɪv] *s* Zusatz *m* (*a.* CHEM)

add-on [ˈædɒn] *s* COMPUTER Zusatzgerät *n*

▶ **ad·dress** [əˈdres] **I** *v/t* **1.** Worte *etc* richten (*to* an *Akk*), j-n anreden *od* ansprechen (*as* als), Brief *etc* adressieren (*to* an *Akk*) **2.** e-e Ansprache halten an (*Akk*) **II** *s* **3.** Anrede *f* **4.** Ansprache *f*, Rede *f* **5.** Adresse *f*, Anschrift *f*: ~ *book* Adressbuch *n* **ad·dress·ee** [ˌædreˈsiː] *s* Adressat(in), Empfänger(in)

ad·duce [əˈdjuːs] *v/t* Grund anführen, Beweis erbringen

ad·e·noids [ˈædɪnɔɪdz] *s Pl* MED Polypen *Pl*

ad·ept [ˈædept] **I** *Adj* erfahren, geschickt (*at, in* in *Dat*) **II** *s* Meister(in), Experte *m*, Expertin *f* (*at, in* in *Dat*)

ad·e·qua·cy [ˈædɪkwəsɪ] *s* Angemessenheit *f* **ad·e·quate** [-kwət] *Adj* **1.** angemessen (*to Dat*) **2.** ausreichend: *be* ~ *for* reichen für

ad·here [ədˈhɪə] *v/i* **1.** (an)kleben, (-)haften (*to* an *Dat*) **2.** *fig* (*to*) festhalten (an *Dat*), bleiben (bei) **ad'her·ence** *s* **1.** (An)Kleben *n*, (-)Haften *n* **2.** *fig* Festhalten *n* **ad'her·ent I** *Adj* (an)klebend, (-)haftend **II** *s* Anhänger(in)

ad·he·sion [ədˈhiːʒn] *s* **1.** → *adherence* **2.** PHYS, TECH Adhäsion *f*, Haftvermögen *n*

ad·he·sive [ədˈhiːsɪv] **I** *Adj* (an)haftend, klebend, Haft..., Kleb(e)...: ~ *plaster* Heftpflaster *n*; ~ *tape* Klebestreifen *m*; *Am* Heftpflaster *n* **II** *s* Klebstoff *m*

ad hoc [ˌæd ˈhɒk] *Adj u. Adv* ad hoc, (eigens) zu diesem Zweck (gemacht), Augenblicks..., Ad-hoc-...

ad in·fi·ni·tum [ˌædɪnfɪˈnaɪtəm] *Adv* endlos, ad infinitum

ad·ja·cent [əˈdʒeɪsnt] *Adj* **1.** angrenzend, -stoßend (*to* an *Akk*) **2.** *bes* MATHE, TECH Nachbar..., Neben...

ad·jec·ti·val [ˌædʒekˈtaɪvl] *Adj* LING adjektivisch **ad·jec·tive** [ˈædʒɪktɪv] *s* Adjektiv *n*, Eigenschaftswort *n*

ad·join [əˈdʒɔɪn] **I** *v/t* (an)stoßen *od* (-)grenzen an (*Akk*) **II** *v/i* aneinander grenzen, nebeneinander liegen **ad'join·ing** *Adj* angrenzend, -stoßend, Nachbar..., Neben...

ad·journ [əˈdʒɜːn] **I** *v/t* verschieben, -tagen (*till, until* auf *Akk*; *for* um) **II** *v/i* sich vertagen (*till, until* auf *Akk*) **ad'journ·ment** *s* Vertagung *f*, -schiebung *f*

ad·junct [ˈædʒʌŋkt] *s* **1.** Zusatz *m* (*to* zu) **2.** LING Attribut *n*, Beifügung *f*

ad·just [əˈdʒʌst] *v/t* **1.** (*to*) anpassen, -gleichen (*Dat od* an *Akk*), abstimmen (auf *Akk*) **2.** in Ordnung bringen, regeln **3.** TECH (ein)stellen, regulieren, *Gewehr etc* justieren, *Uhr* stellen **ad'just·a·ble** *Adj* TECH ein-, verstellbar, regulierbar **ad'just·ment** *s* **1.** Anpassung *f*, -gleichung *f* **2.** Regelung *f* **3.** TECH Einstellung *f*, Regulierung *f*; Einstellvorrichtung *f*

ad·ju·tant [ˈædʒʊtənt] *s* MIL Adjutant(in)

ad-lib [ˌædˈlɪb] *v/t u. v/i* F improvisieren **ad·man** [ˈædmæn] *s* (*unreg* *man*) F **1.** Werbetexter *m* für Zeitungsanzeigen **2.** Anzeigenvertreter *m* **ad·mass** [ˈædmæs] *s* F **1.** Konsumbeeinflussung *f* **2.** werbungsmanipulierte Gesellschaft

ad·min [ˈædmɪn] *s* F Verwaltung *f* **ad·min·is·ter** [ədˈmɪnɪstə] *v/t* **1.** verwalten, *Amt etc* ausüben **2.** *Arznei, Schlag* verabreichen, *Sakrament* spenden,

Tadel erteilen (**to** Dat): ~ *justice* Recht sprechen **ad·min·is·tra·tion** s 1. Verwaltung f Ausübung f 2. Verabreichung f, Spendung f, Erteilung f: ~ *of justice* Rechtsprechung f 3. POL *bes Am* Regierung f, Amtsdauer f (*e-s Präsidenten etc*) **ad'min·is·tra·tive** [-trətɪv] *Adj* Verwaltungs… **ad'minis·tra·tor** [-treɪtə] s 1. Verwalter(in) 2. Verwaltungsbeamte m, -beamtin f

ad·mi·ra·ble ['ædmərəbl] *Adj* bewundernswert, großartig

ad·mi·ral! ['ædmərəl] s Admiral(in)

▸ **ad·mi·ra·tion** [,ædmə'reɪʃn] s Bewunderung f (**for** für): *she was the ~ of all* sie wurde von allen bewundert

▸ **ad·mire** [əd'maɪə] *v/t* 1. bewundern (**for** wegen) 2. verehren **ad'mir·er** s 1. Bewunderer m, Bewunderin f 2. Verehrer(in)

ad·mis·si·ble [əd'mɪsəbl] *Adj* zulässig, statthaft **ad'mis·sion** s 1. Einlass m (*a.* TECH); Ein-, Zutritt m; Aufnahme f: ~ *free* Eintritt frei 2. Eintritt(sgeld n) m 3. Zulassung f 4. Eingeständnis n: **by** (*od* **on**) **his own** ~ wie er selbst zugab; ~ *of guilt* Schuldeingeständnis 5. Zugeständnis n 6. TECH (*Luft- etc*) Zufuhr f

▸ **ad·mit** [əd'mɪt] I *v/t* 1. j-n einlassen 2. (*into, to*) j-n aufnehmen (in *Akk od Dat*), zulassen (zu): → *bar* 9 3. zulassen, gestatten 4. anerkennen, gelten lassen 5. zugeben, (ein)gestehen: ~ *doing s.th.* zugeben, etw getan zu haben 6. zugeben, einräumen (*that* dass) 7. Platz haben für, fassen 8. TECH einlassen, zuführen II *v/i* 9. ~ *of* → 3: *it ~s of no excuse* es lässt sich nicht entschuldigen 10. ~ *to* → 5 **ad'mit·tance** s Ein-, Zutritt m: *no* ~ (*except on business*) Zutritt (für Unbefugte) verboten **ad·mit·ted·ly** *Adv* zugegeben(ermaßen)

ad·mix·ture [æd'mɪkst∫ə] s Beimischung f, Zusatz m

ad·mon·ish [əd'mɒnɪʃ] *v/t* 1. warnen (*of, against* vor *Dat*) 2. ermahnen (*for* wegen) **ad·mo·ni·tion** [,ædməʊ'nɪʃn] s 1. Warnung f 2. Ermahnung f

a·do [ə'du:] s Getue n: *much* ~ *about nothing* viel Lärm um nichts; *without more* (*od further*) ~ ohne weitere Umstände

ad·o·les·cence [,ædəʊ'lesns] s jugendliches Alter **ad·o·les·cent** I *Adj* jugendlich, heranwachsend II s Jugendliche m, f

a·dopt [ə'dɒpt] *v/t* 1. adoptieren: ~*ed child* Adoptivkind n; ~*ed country* Wahlheimat f 2. *fig* annehmen, sich zu Eigen machen, *Handlungsweise* wählen, *Haltung* einnehmen **a·dop·tion** s 1. Adoption f 2. *give up for* ~ zur Adoption freigeben 2. Annahme f **a'dop·tive** *Adj* Adoptiv…: ~ *child* (*parents*); ~ *country* Wahlheimat f

a·dor·a·ble [ə'dɔ:rəbl] *Adj* allerliebst, entzückend **ad·o·ra·tion** [,ædə'reɪʃn] s Anbetung f, Verehrung f **a·dore** [ə'dɔ:] *v/t* anbeten, verehren (*beide a. fig*); F *etw* entzückend *od* hinreißend finden

a·dorn [ə'dɔ:n] *v/t* 1. schmücken, (ver-)zieren (*beide a. fig*) 2. *fig* Glanz verleihen (*Dat*) **a'dorn·ment** s Schmuck m, Verzierung f

a·dren·al·in(e) [ə'drenəlɪn] s 1. CHEM, PHYSIOL Adrenalin n 2. *fig* Aufputschmittel n

A·dri·at·ic Sea [,eɪdrɪ'ætɪk 'si:] *Eigenn* die Adria

a·droit [ə'drɔɪt] *Adj* geschickt, gewandt (*at, in* in *Dat*) **a'droit·ness** s Geschicklichkeit f, Gewandtheit f

ad·u·la·tion [,ædjʊ'leɪʃn] s Schmeichelei f

▸ **a·dult** ['ædʌlt] I *Adj* 1. erwachsen 2. (*nur*) für Erwachsene (*FILM etc*) II s 3. Erwachsene m, f: ~ *education* Erwachsenenbildung f

a·dul·ter·ate [ə'dʌltəreɪt] *v/t Nahrungsmittel* verfälschen, *Wein* panschen **a,dul·ter'a·tion** s Verfälschung f **a·dul·ter·er** [ə'dʌltərə] s Ehebrecher m **a'dul·ter·ess** s Ehebrecherin f **a'dul·ter·ous** *Adj* ehebrecherisch **a'dul·ter·y** s Ehebruch m

ad·um·brate ['ædʌmbreɪt] *v/t* vorausahnen lassen, hindeuten auf (*Akk*)

▸ **ad·vance** [əd'vɑ:ns] I *v/t* 1. vorrücken, -schieben, *Fuß* vorsetzen 2. *Zeitpunkt* vorverlegen 3. *Argument etc* vorbringen, geltend machen 4. *Projekt etc* fördern 5. j-n befördern, *Stellung etc* verbessern 6. *Preis* erhöhen 7. *Wachstum etc* beschleunigen 8. im Voraus liefern; *Geld* vorauszahlen, vorschießen II *v/i*

9. vordringen, -rücken (*a. Zeit*) **10.** zunehmen (*in* an *Dat*): ~ *in age* älter werden **11.** vorankommen, Fortschritte machen **12.** *im Rang* aufrücken, befördert werden **13.** (an)steigen (*Preise*) **III** *s* **14.** Vorrücken *n* **15.** Beförderung *f*, (*beruflicher etc*) Aufstieg **16.** Fortschritt *m*, Verbesserung *f* **17.** Vorsprung *m*: *in* ~ vorn; im Voraus; *in* ~ *of* vor (*Dat*); *be in* ~ e-n Vorsprung haben (*of* vor *Dat*); *paid in* ~ vorausbezahlt **18.** Vorschuss *m*, Vorauszahlung *f* **19.** (Preis)Erhöhung *f* **IV** *Adj* **20.** Vor(aus)...: ~ *booking* Vor(aus)bestellung *f*; THEAT *etc* Vorverkauf *m*; ~ *payment* Vorauszahlung *f* **ad'vanced** *Adj* **1.** vorgerückt (*Alter, Stunde*): *be* ~ *in years* in fortgeschrittenem Alter sein **2.** fortgeschritten: ~ *English* Englisch für Fortgeschrittene **3.** fortschrittlich **ad'vance·ment** *s* Fortschritt *m*, Verbesserung *f*

▸ **ad·van·tage** [əd'vɑːntɪdʒ] *s* Vorteil *m* (*a. Sport*): *to* ~ günstig, vorteilhaft; *gain an* ~ *over s.o.* sich j-m gegenüber e-n Vorteil verschaffen; *have an* ~ *over s.o.* j-m gegenüber im Vorteil sein; *have the* ~ (*over s.o.*) (j-m gegenüber) den Vorteil haben (*of being* zu sein); *take* ~ *of j-n, etw* ausnutzen; ~ *law* (*od rule*) Vorteilsregel *f* **ad·van·ta·geous** [ˌædvən'teɪdʒəs] *Adj* vorteilhaft, günstig

Ad·vent ['ædvənt] *s* REL Advent *m*: ~ *calendar* Adventskalender *m*

▸ **ad·ven·ture** [əd'ventʃə] *s* Abenteuer *n*: ~ *holiday* (*bes Am vacation*) Abenteuerurlaub *m*; ~ *playground* Br Abenteuerspielplatz *m* **ad'ven·tur·er** *s* Abenteurer *m* **ad'ven·tur·ess** *s* Abenteu(r)erin *f* **ad'ven·tur·ous** *Adj* **1.** abenteuerlich **2.** abenteuerlustig

ad·verb ['ædvɜːb] *s* LING Adverb *n*, Umstandswort *n* **ad·ver·bi·al** [əd'vɜːbjəl] *Adj* adverbial: ~ *phrase* Adverbiale *n*, Adverbialbestimmung *f*

ad·ver·sar·y ['ædvəsərɪ] *s* Gegner(in) **ad·verse** ['-vɜːs] *Adj* **1.** widrig **2.** ungünstig, nachteilig (*to* für): ~ *balance of trade* passive Handelsbilanz **ad·ver·si·ty** [əd'vɜːsətɪ] *s* **1.** Not *f*, Unglück *n* **2.** Missgeschick *n*

ad·vert ['ædvɜːt] *s* Br F *für* **advertisement**

▸ **ad·ver·tise** ['ædvətaɪz] **I** *v/t* **1.** ankündigen **2.** Reklame machen für, werben für **3.** *pej* ausposaunen, an die große Glocke hängen **II** *v/i* **4.** inserieren, annoncieren: ~ *for* durch Inserat suchen **5.** Reklame machen, Werbung treiben **ad·ver·tise·ment** [əd'vɜːtɪsmənt] *s* **1.** Inserat *n*, Annonce *f* **2.** → *advertising* I

▸ **ad·ver·tis·ing** ['ædvətaɪzɪŋ] **I** *s* Werbung *f*, Reklame *f* **II** *Adj* Werbe-, Reklame...: ~ *agency* Werbeagentur *f*; ~ *campaign* Werbekampagne *f*; ~ *manager* Werbeleiter(in); ~ *medium* Werbeträger *m*

▸ **ad·vice** [əd'vaɪs] *s* **1.** Rat(schlag) *m*; Ratschläge *Pl*: *a piece* (*od bit*) *of* ~ ein Ratschlag; *at* (*od on*) *s.o.'s* ~ auf j-s Rat hin; *take my* ~ *and* ... hör auf mich u. ...; *take medical* ~ e-n Arzt zurate ziehen **2.** WIRTSCH Avis *m, n* **ad·vis·a·ble** [əd'vaɪzəbl] *Adj* ratsam

▸ **ad·vise** [əd'vaɪz] *v/t* **1.** j-m raten od empfehlen (*to do* zu tun), j-n beraten: ~ *against* j-m abraten von; *be well* ~*d* gut beraten sein, gut daran tun (*to do* zu tun) **2.** *etw* empfehlen, raten zu **3.** WIRTSCH avisieren (*s.o. of s.th.* j-m etw) **ad'vis·ed·ly** [-ɪdlɪ] *Adv* mit Überlegung od Absicht **ad'vis·er** *s* Berater(in), Ratgeber(in) **ad'vi·so·ry** [-ərɪ] *Adj* beratend

ad·vo·ca·cy ['ædvəkəsɪ] *s* (*of*) Eintreten *n* (für), Befürwortung *f* (*Gen*) **ad·vo·cate I** *s* ['-kət] Verfechter(in), Befürworter(in) **II** *v/t* ['-keɪt] befürworten, eintreten für

Ae·ge·an Sea [iːˌdʒiːən 'siː] Eigenn die Ägäis

ae·gis ['iːdʒɪs] *s* Schirmherrschaft *f*: *under the* ~ *of*

aer·ate ['eɪəreɪt] *v/t* **1.** lüften **2.** mit Kohlensäure anreichern

aer·i·al ['eərɪəl] **I** *Adj* Luft...: ~ *camera* Luftkamera *f*; ~ *view* Luftbild *n* **II** *s* *bes Br* Antenne *f*

aer·o·bics [eə'rəʊbɪks] *s Sg* SPORT Aerobic *n* **aerobic workout** *s* SPORT Aerobictraining *n*

aer·o·drome ['eərədrəʊm] *s* Br Flugplatz *m* **aer·o·dy·nam·ic** PHYS **I** *Adj* (~*ally*) aerodynamisch **II** *s Sg* Aerodynamik *f* **aer·o·gram** ['-græm] *s* **1.** Funkspruch *m* **2.** Aerogramm *n*, Luftpostleichtbrief *m* **aer·o·nau·ti·cal** *Adj*

aeronautisch: **~ engineering** Flugzeugbau *m* ,**aer·o'nau·tics** *s Sg* Aeronautik *f*, Luftfahrtkunde *f* '**aer·o·plane** *s* des *Br* Flugzeug *n* **aer·o·sol** ['-sɒl] *s* Spray *m* '**aer·o·space I** *s* **1.** Weltraum *m* **II** *Adj* **2.** Raumfahrt…: **~ industry** (**medicine**) **3.** (Welt)Raum…

aes·thete ['i:sθi:t] *s* Ästhet(in) **aes'thet·ic**, **aes·thet·i·cal** [i:s'θetɪk(l)] *Adj* ästhetisch **aes'thet·ics** *s Sg* Ästhetik *f*

a·far [ə'fɑː] *Adv:* **from ~** von weit her, aus weiter Ferne

af·fa·bil·i·ty [,æfə'bɪlətɪ] *s* Leutseligkeit *f* '**af·fa·ble** *Adj* leutselig

▸ af·fair [ə'feə] *s* **1.** Angelegenheit *f*, Sache *f*: → **foreign** I **2.** F Ding *n* **3.** Affäre *f*: **a)** Ereignis *n*, **b)** Skandal *m*, **c)** Verhältnis *n*

af·fect¹ ['æfekt] *v/t* **1.** e-e Vorliebe haben für **2.** vortäuschen

af·fect² [-] *v/t* **1.** beeinflussen, in Mitleidenschaft ziehen **2.** MED angreifen, befallen **3.** bewegen, rühren: **be deeply ~ed**

af·fec·tion [ə'fekʃn] *s* **1.** *oft Pl* Liebe *f*, Zuneigung *f* (**for**, **towards** zu), Hang *n*: **play on s.o.'s ~s** mit j-s Gefühlen spielen **2.** Gemütsbewegung *f* **af'fection·ate** [-ʃnət] *Adj* liebevoll, herzlich: **yours ...ly X** in Liebe dein X (*Briefschluss*)

af·fi·da·vit [,æfɪ'deɪvɪt] *s* JUR schriftliche eidliche Erklärung

af·fil·i·ate [ə'fɪlɪeɪt] I *v/t* **1.** als Mitglied aufnehmen **2.** angliedern (**to** *Dat od an Akk*): **~d company** WIRTSCH Tochtergesellschaft *f* **II** *v/i* **3.** sich anschließen (**with** *Dat od an Akk*) af,fil·i·a·tion *s* **1.** Aufnahme *f* **2.** Angliederung *f*

af·fin·i·ty [ə'fɪnətɪ] *s* **1.** Verschwägerung *f* **2.** (geistige) Verwandtschaft **3.** CHEM Affinität *f* **4.** Neigung *f* (**for**, **to** zu)

af·firm [ə'fɜːm] *v/t* **1.** versichern; beteuern **2.** bekräftigen, JUR *Urteil* bestätigen **3.** JUR an Eides statt versichern **affir·ma·tion** [,æfə'meɪʃn] *s* **1.** Versicherung *f*; Beteuerung *f* **2.** Bekräftigung *f*, Bestätigung *f* **3.** JUR Versicherung *f* an Eides statt **af·firm·a·tive** [ə'fɜːmətɪv] I *Adj* bejahend, zustimmend **II** *s*: **answer in the ~** bejahen

af·fix [ə'fɪks] *v/t* **1.** (**to**) befestigen, anbringen (an *Dat*), anheften, -kleben (an *Akk*) **2.** (**to**) *Unterschrift* setzen (unter *Akk*) **II** *s* ['æfɪks] **3.** LING *Affix n*

af·flict [ə'flɪkt] *v/t* plagen, heimsuchen: **~ed with** geplagt von, leidend an (*Dat*) **af'flic·tion** *s* **1.** Kummer *m* **2.** Gebrechen *n*; *Pl* Beschwerden *Pl*: **~s of old age** Altersbeschwerden **3.** Not *f*, Elend *n*

af·flu·ence ['æflʊəns] *s* **1.** Überfluss *m* **2.** Reichtum *m*, Wohlstand *m* '**af·flu·ent** *Adj* wohlhabend, reich (**in** *an Dat*): **~ society** Wohlstandsgesellschaft *f*

▸ af·ford [ə'fɔːd] *v/t* **1.** sich leisten: ▸ **we can't afford it** wir können es uns nicht leisten **2.** gewähren, *Zeit* erübrigen **3.** *Schutz etc* gewähren, bieten, *Freude* machen **af'ford·a·ble** *Adj* **1.** erschwinglich (*Preis*) **2.** finanziell möglich *od* tragbar

af·for·est [æ'fɒrɪst] *v/t* aufforsten

af·front [ə'frʌnt] I *v/t* beleidigen **II** *s* Beleidigung *f*

Af·ghan ['æfgæn] I *Adj* afghanisch **II** *s* Afghane *m*, Afghanin *f*

Af·ghan·i·stan [æf'gænɪstæn] *Eigenn* Afghanistan *n*

a·fi·cio·na·do [ə,fɪsjə'nɑːdəʊ] *Pl* -**dos** *s* Fan *m*, Liebhaber(in)

a·fire [ə'faɪə] *Adv u. Adj* in Flammen: **be ~** in Flammen stehen; *fig* glühen (**with** vor *Dat*); **set ~** in Brand stecken, anzünden

a·flame [ə'fleɪm] → *afire*

a·float [ə'fləʊt] *Adv u. Adj* **1.** flott, schwimmend: **keep ~** (sich) über Wasser halten (*a. fig*); **set ~** SCHIFF flottmachen **2.** in Umlauf (*Gerücht etc*): **set ~** in Umlauf bringen; **there is a rumo(u)r ~ that** es geht das Gerücht (um), dass **3.** im Gange: **set ~** in Gang setzen **4.** überschwemmt: **be ~** unter Wasser stehen

a·foot [ə'fʊt] *Adv* **1.** im Gange: **what's ~?** was ist los? **2.** *bes Am* zu Fuß

a,fore'men·tioned [ə,fɔː-], **~·said** [ə'fɔː-] *Adj* oben erwähnt **~·thought** [ə'fɔː-] *Adj*: → **malice** 3

▸ a·fraid [ə'freɪd] *Adj*: ▸ **be afraid of** sich fürchten *od* Angst haben vor (*Dat*); **be afraid to** *od* **of** sich fürchten *od* scheuen zu tun; **I'm afraid I must go** leider muss ich jetzt gehen

a·fresh [ə'freʃ] *Adv* von neuem

▸ Af·ri·ca ['æfrɪkə] *Eigenn* Afrika *n*

▸ **Af·ri·can** ['æfrɪkən] **I** Adj afrikanisch **II** s Afrikaner(in)

▸ **af·ter** ['ɑːftə] **I** Adv **1.** nach-, hinterher, darauf: **for months** ~ noch monatelang; **during the weeks** ~ in den (nach)folgenden Wochen; **shortly** ~ kurz danach **II** Präp **2.** hinter (Dat) (… her), nach: **be** ~ her sein hinter **3.** zeitlich nach: ~ **a week**; **day** ~ **day** Tag für Tag; **the month** ~ **next** der übernächste Monat; ~ **all** schließlich, im Grunde; immerhin, dennoch; (also) doch **4.** nach, gemäß: **named** ~ **his father** nach s-m Vater genannt **III** Adj **5.** später: **in** ~ **years 6.** SCHIFF Achter… **IV** Konj **7.** nachdem **I** '~**birth** s MED Nachgeburt f '~**care** s **1.** MED Nachbehandlung f, -sorge f **2.** JUR Resozialisierungshilfe f '~,**din·ner** Adj: ~ **speech** Tischrede f; ~ **walk** Verdauungsspaziergang m '~**ef,fect** s MED Nachwirkung f (a. fig) '~**glow** s Abendrot n '~'**hours** Adj **1.** nach der Sperrstunde **2.** nach Ladenschluss '~**life** s **1.** Leben n nach dem Tode **2.** (zu)künftiges Leben '~**math** ['~mɑːθ] s Folgen Pl, Nachwirkungen Pl

▸ **af·ter·noon** [ˌɑːftə'nuːn] **I** s Nachmittag m: **in the afternoon** am Nachmittag; **this afternoon** heute Nachmittag; ▸ good afternoon! guten Tag! **II** Adj Nachmittags…

af·ters [~təz] s Sg Br F Nachtisch m: **for** ~ als od zum Nachtisch

'**af·ter-sales ser·vice** s Kundendienst m '~**shock** s Nachbeben n '~**taste** s Nachgeschmack m (a. fig) '~**thought** s nachträglicher Einfall '~,**treat·ment** s MED, TECH Nachbehandlung f

▸ **af·ter·wards** ['ɑːftəwədz] Adv später, nachher, hinterher

▸ **a·gain** [ə'gen] Adv **1.** wieder: ~ **and** ~ immer wieder; → **now** 1, **time** 4 **2.** schon wieder: **that fool** ~! **3.** außerdem, ferner **4.** noch einmal: ~ **much** 1 5. and(e)rerseits

▸ **a·gainst** [ə'genst] Präp **1.** gegen: **be** ~ **s.th.** gegen etw sein; e-r Sache zuwiderlaufen **2.** gegenüber (Dat): **my rights** ~ **the landlord** m-e Rechte gegenüber dem Vermieter **3.** an (Dat od Akk), gegen: ~ **the wall 4.** a. **as** ~ verglichen mit, im Vergleich zu

a·gape [ə'geɪp] Adv u. Adj mit (vor Staunen etc) offenem Mund

ag·ate ['æɡət] s MIN Achat m

▸ **age** [eɪdʒ] **I** s **1.** (Lebens)Alter n: **at the** ~ **of** im Alter von; **when I was your** ~ als ich so alt war wie du; **ten years old** ~ zehn Jahre alt; **what** ~ **is he?** wie alt ist er?; **be** (od **act**) **your** ~! sei kein Kindskopf! **2.** Reife f: (**come**) **of** ~ mündig od volljährig (werden); **under** ~ minderjährig, unmündig **3.** vorgeschriebenes Alter (für ein Amt etc): **be over** ~ die Altersgrenze überschritten haben **4.** Zeit(alter n) f: **in our** ~ in unserer Zeit **5.** a. **old** ~ (hohes) Alter: ~ **before beauty!** hum Alter vor Schönheit! **6.** oft Pl F Ewigkeit f: **I haven't seen him for** ~**s** seit e-r Ewigkeit **II** v/t **7.** alt machen (Kleid etc); um Jahre älter machen (Sorgen etc) **III** v/i **8.** alt werden, altern ~ **brack·et** → **age group**

aged¹ [eɪdʒd] Adj im Alter von …, …jährig, … Jahre alt: ~ **twenty**

a·ged² ['eɪdʒɪd] Adj alt, betagt, bejahrt

age| group s Altersgruppe f, -klasse f '~**less** Adj **1.** nicht alternd, ewig jung **2.** zeitlos ~ **lim·it** s Altersgrenze f

a·gen·cy ['eɪdʒənsɪ] s **1.** (Handels-, Nachrichten- etc)Agentur f; (Handels)Vertretung f **2.** bes Am Geschäfts-, Dienststelle f; Amt n, Behörde f **3.** Mittel n: **by** (od **through**) **the** ~ **of** mit Hilfe von (od Gen)

a·gen·da [ə'dʒendə] s Tagesordnung f: **be on the** ~ auf der Tagesordnung stehen

a·gent ['eɪdʒənt] s **1.** BIOL, PHYS etc Agens n, Wirkstoff m, Mittel n **2.** WIRTSCH Agent(in) (a. POL), Vertreter(in); (Grundstücks- etc)Makler(in)

ag·glom·er·a·tion [əˌɡlɒmə'reɪʃn] s Zs.-ballung f; Anhäufung f

ag·gra·vate ['æɡrəveɪt] v/t **1.** verschlimmern **2.** F (ver)ärgern '**ag·gra·vat·ing** Adj **1.** verschlimmernd **2.** F ärgerlich ,**ag·gra'va·tion** s **1.** Verschlimmerung f **2.** F Ärger m

ag·gre·gate I Adj ['æɡrɪgət] **1.** gesamt, Gesamt…: ~ **amount** → **5 II** v/t ['~ɡeɪt] **2.** anhäufen, -sammeln **3.** sich (insgesamt) belaufen auf (Akk) **III** s ['~ɡət] **4.** Anhäufung f, -sammlung f **5.** Gesamtbetrag m, -summe f: **in the** ~ insgesamt, alles in allem **6.** TECH etc Aggregat n

ag·gres·sion [əˈgreʃn] s bes MIL Angriff m, Aggression f (a. PSYCH) **ag·gres·sive** [əˈgresɪv] Adj aggressiv **ag·'gres·sive·ness** s Aggressivität f **ag·'gres·sor** s bes MIL Angreifer(in)

ag·grieve [əˈgriːv] v/t **1.** betrüben, -drücken **2.** kränken

ag·gro [ˈægrəʊ] A Br sl Aggressivität f

a·ghast [əˈgɑːst] Adv u. Adj entgeistert, entsetzt, bestürzt (**at** über Akk)

ag·ile [ˈædʒaɪl] Adj beweglich, wendig: **have an ~ mind** geistig beweglich sein **a·gil·i·ty** [əˈdʒɪlətɪ] s Beweglichkeit f, Wendigkeit f

ag·i·tate [ˈædʒɪteɪt] **I** v/t **1.** schütteln, (um)rühren **2.** aufregen, -wühlen **3.** aufwiegeln, -hetzen **II** v/i **4.** agitieren, hetzen (**against** gegen); Propaganda machen (**for** für) **ag·i·'ta·tion** s **1.** Aufregung f **2.** Agitation f **'ag·i·ta·tor** s Agitator(in), Hetzer(in)

▸ **a·go** [əˈgəʊ] Adv vor: **a year ~** vor e-m Jahr; **long ~** vor langer Zeit; **not long ~** (erst) vor kurzem

a·gog [əˈgɒg] Adv u. Adj erpicht; gespannt (**for** auf Akk): **all ~** ganz aus dem Häuschen

ag·o·nize [ˈægənaɪz] v/i **1.** mit dem Tode ringen **2.** sich abquälen, verzweifelt ringen (**over** mit) **ag·o·niz·ing** Adj qualvoll **ag·o·ny** [ˈ-nɪ] s **1.** Qual f: **~ aunt** F Kummerkastentante f; **~ column** F Seufzerspalte f (Zeitung) **2.** Todeskampf m

a·grar·i·an [əˈgreərɪən] Adj landwirtschaftlich, Agrar...: **~ reform** Bodenreform f

▸ **a·gree** [əˈgriː] **I** v/t **1.** vereinbaren (**to do** zu tun; **that** dass): **~d!** einverstanden!, abgemacht!; **~ to differ** sich auf verschiedene Standpunkte einigen **2.** bes Br sich einigen auf (Akk); Streit beilegen **II** v/i **3.** (**on, about**) einig werden (über Akk), sich einigen (auf Akk), vereinbaren (Akk) **4.** (**to**) zustimmen (Dat), einverstanden sein (mit) **5.** sich einig sein, gleicher Meinung sein (**with** wie) **6.** (**with**) übereinstimmen (mit), entsprechen (Dat) **7.** bekommen (**with** Dat) (Speise etc); → Info bei **zustimmen**

a·gree·a·ble [əˈgriːəbl] Adj **1.** angenehm (**to** Dat od für): **agreeably surprised** angenehm überrascht **2.** lie-

benswürdig **3.** einverstanden (**to** mit) **a·'gree·a·ble·ness** s Liebenswürdigkeit f **a·'greed** Adj: **be ~** sich einig sein, gleicher Meinung sein

▸ **a·gree·ment** [əˈgriːmənt] s **1.** Vereinbarung f; bes POL Abkommen n; Einigung f: **come to an ~** sich einigen **2.** Einigkeit f **3.** Übereinstimmung f

ag·ri·cul·tur·al [ˌægrɪˈkʌltʃərəl] Adj landwirtschaftlich: **~ country** Agrarland n; **~ prices** Pl Agrarpreise Pl **ag·ri·cul·ture** [ˈ-tʃə] s Landwirtschaft f

a·ground [əˈgraʊnd] Adv u. Adj SCHIFF gestrandet: **run ~** auflaufen, stranden; Schiff auf Grund setzen; **be ~** aufgelaufen sein

ah [ɑː] Interj ah!, ach!

a·ha [ɑːˈhɑː] Interj aha!

a·head [əˈhed] Adv u. Adj **1.** vorn, nach vorn zu **2.** voraus, vorwärts: **~ of** (Dat), voraus (Dat)

a·hoy [əˈhɔɪ] Interj SCHIFF ahoi!

AI [eɪˈaɪ] Abk (= **artificial intelligence**) KI

aid [eɪd] **I** v/t **1.** unterstützen, j-m helfen (**in** bei) **2.** Verdauung etc fördern **II** v/i **3. he was accused of ~ing and abetting** er wurde wegen Beihilfe angeklagt **III** s **4.** Hilfe f (**to** für), Unterstützung f: **by** (od with) (**the**) **~ of** mit Hilfe von (od Gen); **in ~ of** zugunsten von (od Gen); **come to s.o.'s ~** j-m zu Hilfe kommen **5.** Hilfsmittel n, -gerät n

AIDS [eɪdz] s MED (= **acquired immune deficiency syndrome**) Aids n **'~-in·fect·ed** Adj Aids-infiziert **~ suf·fer·er** s Aidskranke n, f **~ test** s Aidstest m

ai·ler·on [ˈeɪlərɒn] s FLUG Querruder n

ail·ing [ˈeɪlɪŋ] Adj kränkelnd, kränklich (beide a. fig Wirtschaft etc) **'ail·ment** s Leiden n

▸ **aim** [eɪm] **I** v/i **1.** zielen (**at** auf Akk, nach) **2.** beabsichtigen, bezwecken (**at** Akk): **~ to do s.th.** vorhaben, etw zu tun **3.** streben (**at** nach) **4.** abzielen, anspielen (**at** auf Akk) **II** v/t **5.** Waffe richten (**at** auf Akk) **6.** (**at**) Bemerkung etc richten (gegen); Bestrebungen richten (auf Akk) **III** s **7.** Ziel n: **take ~** → **1 8.** fig Ziel n; Absicht f **'aim·less** Adj ziellos

ain't [eɪnt] F für **are not, am not, is not, have not, has not**

▸ **air**¹ [eə] I s **1.** Luft f: **by** ~ auf dem Luftweg; **in the open** ~ im Freien; **be in the** ~ im Umlauf sein (Gerücht etc); in der Schwebe sein (Frage etc); **take the** ~ frische Luft schöpfen; → **light²** 1, **thin** 1 2. RUNDFUNK, TV Äther m: **on the** ~ im Rundfunk od Fernsehen; **be on the** ~ senden (Sender); gesendet werden (Programm); im Rundfunk zu hören od im Fernsehen zu sehen sein (Person) **3.** Miene f, Aussehen n: **an** ~ **of importance** e-e gewichtige Miene **4.** mst Pl Getue n: ~**s and graces** affektiertes Getue, Starallüren Pl; **put on** ~**s, give o.s.** ~**s** vornehm tun II v/t **5.** lüften **6.** Wäsche zum Trocknen aufhängen **7.** etw an die Öffentlichkeit od zur Sprache bringen

air² [~] s MUS Lied n, Melodie f

air|**bag** s MOT Airbag m, Luftsack m, Prallsack m ~ **base** s Luftstützpunkt m ~**bed** s Br Luftmatratze f ~**borne** Adj **1.** im Flugzeug befördert: ~ **radar** Bordradar m, n; ~ **troops** Pl MIL Luftlandetruppen Pl **2. be**~ sich in der Luft befinden, fliegen ~ **brake** s TECH Druckluftbremse f ~**bus** s FLUG Airbus m ~ **car·go** s Luftfracht f ~**con·ditioned** Adj mit Klimaanlage, klimatisiert ~ **con·di·tion·ing** s **1.** Klimatisierung f **2.** Klimaanlage f ~**cooled** Adj luftgekühlt

▸ **air**|**craft** ['eəkrɑːft] s Flugzeug n; Koll Flugzeuge Pl: ~ **carrier** Flugzeugträger m ~ **cush·ion** s Luftkissen n ~ **dis·as·ter** s Flugzeugkatastrophe f ~**drop** v/t mit dem Fallschirm abwerfen; MIL Fallschirmjäger etc absetzen ~**field** s Flugplatz m ~ **force** s Luftwaffe f ~ **freight** s **1.** Luftfracht f **2.** Luftfrachtgebühr f ~ **gun** s Luftgewehr n

▸ **air host·ess** ['eəhəustes] s Stewardess f

air·ing ['eərɪŋ] s **1.** Lüftung f: **give s.th. an** ~ etw lüften; **the room needs an** ~ das Zimmer muss (durch)gelüftet werden **2.** etw **give s.th. an** ~ → **air¹** 7

'**air**|**less** Adj **1.** luftlos **2.** stickig '~**lift** s Luftbrücke f

▸ **air**|**line** ['eəlaɪn] s Fluggesellschaft f '~**lin·er** s Verkehrsflugzeug n

▸ **air**|**mail** ['eəmeɪl] I s Luftpost f II v/t per Luftpost schicken '~**plane** s Am Flugzeug n ~ **pock·et** s FLUG Luftloch

n ~ **pol·lu·tion** s Luftverschmutzung f

▸ **air**|**port** ['eəpɔːt] s Flughafen m, -platz m ~ **press·ure** s Luftdruck m ~ **pump** s Luftpumpe f ~ **raid** s MIL Luftangriff m, ~ **shelter** Luftschutzbunker m, -raum m ~ **res·cue ser·vice** s Luftrettungsdienst m ~ **shaft** s Luftschacht m '~**ship** s Luftschiff n '~**sick** Adj luftkrank '~**space** s Luftraum m '~**strip** s (behelfsmäßige) Start- u. Landebahn ~ **ter·mi·nal** s **1.** Flughafenabfertigungsgebäude n **2.** Br Endstation f der Zubringerlinie zum u. vom Flughafen '~**tight** Adj **1.** luftdicht **2.** fig hieb- u. stichfest (Argument etc) '~**traf·fic** s Flug-, Luftverkehr m '~**traf·fic** Adj: ~ **control** Flugsicherung f; ~ **controller** Fluglotse m, -lotsin f '~**wor·thy** Adj FLUG flugtüchtig

air·y ['eərɪ] Adj **1.** Luft… **2.** luftig **3.** graziös, anmutig **4.** lebhaft, munter **5.** verstiegen, überspannt **6.** vornehmtuerisch **7.** lässig, ungezwungen

aisle [aɪl] s **1.** ARCHI Seitenschiff n **2.** Gang m (zwischen Bänken etc)

a·jar [ə'dʒɑː] Adv u. Adj angelehnt

a·kim·bo [ə'kɪmbəʊ] Adv u. Adj: **with arms**~ die Arme in die Seite gestemmt

a·kin [ə'kɪn] Adj **1.** verwandt (**to** mit) **2.** fig verwandt, ähnlich (**to** Dat): **be** ~ ähneln; ähneln (**to** Dat)

al·a·bas·ter [ˌæləˈbɑːstə] s Alabaster m

a·lac·ri·ty [ə'lækrətɪ] s Bereitwilligkeit f, Eifer m

a·larm [ə'lɑːm] I s **1.** Alarm m: **give** (od **raise, sound**) **the alarm** Alarm geben; fig Alarm schlagen **2.** Weckvorrichtung f (e-s Weckers): ▸ **alarm clock** Wecker m **3.** Alarmvorrichtung f, -anlage f **4.** Angst f, Unruhe f II v/t **5.** alarmieren **6.** ängstigen, beunruhigen ~ **call** s TEL Weckruf m: ~ **call ser·vice** s Weckdienst m a'**larm·ist** s Bangemacher(in)

A·las [ə'læs] Interj ach!, leider!

A·las·ka [ə'læskə] Eigenn Alaska n

Al·ba·nia [æl'beɪnjə] Eigenn Albanien n

Al·ba·ni·an [æl'beɪnjən] I Adj albanisch II s Albanier(in)

al·ba·tross ['ælbətrɒs] s ORN Albatros m, Sturmvogel m

al·bi·no [æl'biːnəʊ] Pl **-nos** s BIOL Albino m

al·bum ['ælbəm] s Album n

al·bu·men ['ælbjʊmɪn] s BIOL Eiweiß n

al·che·my ['ælkəmɪ] s hist Alchemie f

▸ **al·co·hol** ['ælkəhɒl] s Alkohol m ,**al·co'hol·ic** I Adj (**~ally**) alkoholisch II s Alkoholiker(in): **2s Anonymous** die Anonymen Alkoholiker

---

alcoholic

In Anlehnung an **alcoholic** sind andere Wörter entstanden, die auch etwas mit Sucht zu tun haben:

chocoholic	„Schokoladensüchtige(r)"
shopaholic	Kaufsüchtige(r)
workaholic	Arbeitssüchtige(r)

'**al·cohol·ism** s Alkoholismus m

al·der ['ɔːldə] s BOT Erle f

al·der·man ['ɔːldəmən] s (unreg man) Ratsherr m, Stadtrat m

ale [eɪl] s Ale n (helles, obergäriges Bier)

a·lert [ə'lɜːt] I Adj 1. auf der Hut (to vor Dat), wachsam 2. munter, flink 3. aufgeweckt, (hell)wach: **be~ to** sich e-r Sache bewusst sein II s 4. MIL (Alarm)Bereitschaft f: **be on the ~** in Alarmbereitschaft sein; fig auf der Hut sein 5. bes FLUG Alarm(signal n) m III v/t 6. alarmieren, MIL a. in Alarmzustand versetzen 7. fig aufrütteln: **~ s.o. to s.th.** j-m etw (deutlich) zum Bewusstsein bringen

A-lev·el ['eɪ,levl] s (etwa) Abitur n, österr., schweiz.: Matura f: **take one's ~s** Abitur machen, österr., schweiz. maturieren

al·ga ['ælgə] Pl **-gae** ['-dʒiː] s BOT Alge f

al·ge·bra ['ældʒɪbrə] s MATHE Algebra f **al·ge·bra·ic** [,-'breɪk] Adj (**~ally**) algebraisch

Al·ge·ria [æl'dʒɪərɪə] Eigenn Algerien n

Al·ge·ri·an [æl'dʒɪərɪən] I Adj algerisch II s Algerier(in)

al·go·rithm ['ælgərɪðm] s MATHE Algorithmus m

a·li·as ['eɪlɪəs] I Adv alias II s Deck-, JUR a. Falschname m

al·i·bi ['ælɪbaɪ] s JUR Alibi n, fig F a. Ausrede f, Entschuldigung f: **give**

s.o. an ~ j-m ein Alibi geben

al·ien ['eɪljən] I Adj 1. ausländisch 2. außerirdisch 3. fig fremd (to Dat): **that is ~ to his nature** das ist ihm wesensfremd II s 4. Ausländer(in) 5. außerirdisches Wesen **al·ien·ate** ['-eɪt] v/t 1. JUR veräußern 2. befremden; entfremden (from Dat) ,**al·ien'a·tion** s 1. JUR Veräußerung f 2. Entfremdung f

a·light¹ [ə'laɪt] Adv u. Adj in Flammen: **be ~** in Flammen stehen; fig strahlen (with vor Dat); **set ~** anzünden

a·light² [.-] v/i (a. unreg) 1. (from) aussteigen (aus), absteigen (von Fahrrad etc), absitzen (von Pferd) 2. (on) (sanft) fallen (auf Akk) (Schnee), sich niederlassen (auf Dat od Akk) (Vogel) 3. FLUG niedergehen, landen (a. allg)

a·lign [ə'laɪn] I v/t 1. in e-e (gerade) Linie bringen, TECH (aus)fluchten 2. ausrichten (with nach) 3. **~ o.s. with** fig sich anschließen (Dat od an Akk) II v/i 4. sich ausrichten (with nach) **a'lign·ment** s Ausrichtung f: **in ~ with** in 'einer Linie mit, fig a. in Übereinstimmung mit

a·like [ə'laɪk] I Adj gleich; ähnlich (to Dat) II Adv gleich, in gleicher Weise; ähnlich: **treat ~** gleich behandeln

al·i·men·ta·ry [,ælɪ'mentərɪ] Adj 1. Nahrungs..., 2. Ernährungs..., Speise...: **~ canal** Verdauungskanal m

al·i·mo·ny ['ælɪmənɪ] s JUR Unterhalt(szahlung f) m

▸ **a·live** [ə'laɪv] Adj 1. lebend, lebendig, am Leben: **his grandparents are still ~** leben noch; **be burnt ~** bei lebendigem Leib verbrennen 2. in voller Kraft od Wirksamkeit: **keep ~** aufrechterhalten 3. lebendig, lebhaft: **~ and kicking** gesund u. munter; **look ~!** F mach fix! 4. **be ~** to sich e-r Sache bewusst sein 5. **be ~ with** wimmeln von

al·ka·li ['ælkəlaɪ] s CHEM Alkali n, Laugensalz n **al·ka·line** ['-laɪn] Adj alkalisch

▸ **all** [ɔːl] I Adj 1. all, gesamt, ganz: **all day** (long) den ganzen Tag (hindurch); **all the time** die ganze Zeit 2. jeder, jede, jedes, alle Pl: **at all hours** zu jeder Stunde II Adv 3. ganz, gänzlich: **all the better** umso besser; **all in** F total fertig od erledigt; ▸ **all over** überall; **that is John all over** das ist typisch John;

▸ **all right** schon gut; in Ordnung; *it's all right for you to talk!* F du hast gut reden!; *all round* rings- *od* rundherum; *it's all up with him* mit ihm ists aus; → *there* 1 III *Pron* 4. alles: *all in all* alles in allem; *all of it* alles, das Ganze; *all of us* wir alle; → *above* 2, *after* 3 IV *s* 5. *his all* sein Hab u. Gut; sein Ein u. Alles

‚all-A'mer·i·can *Adj* 1. rein *od* typisch amerikanisch 2. die ganzen USA vertretend

al·le·ga·tion [ˌælɪ'geɪʃn] *s* Behauptung *f* al·lege [ə'ledʒ] *v/t* behaupten al'leged *Adj* angeblich

al·le·giance [ə'liːdʒəns] *s* Treue *f*, Loyalität *f*

al·le·gor·ic, al·le·gor·i·cal [ˌælɪ'gɒrɪk(l)] *Adj* allegorisch al·le·go·ry ['-gəri] *s* Allegorie *f*

al·le·lu·ia [ˌælɪ'luːjə] *s* Halleluja *n*

al·ler·gen ['ælədʒen] *s* MED Allergen *n*

al·ler·gic [ə'lɜːdʒɪk] *Adj* (**ally**) allergisch (**to** gegen) (*a.* fig F) al·ler·gist ['ælədʒɪst] *s* Allergologe *m*, Allergologin *f* al·ler·gy ['ælədʒɪ] *s* MED Allergie *f*

al·le·vi·ate [ə'liːvɪeɪt] *v/t* mildern, lindern

al·ley ['ælɪ] *s* 1. Gasse *f*, Weg *m*: → *blind alley* 2. Bowling: Bahn *f*

al·li·ance [ə'laɪəns] *s* 1. Verbindung *f* 2. Bund *m*, Bündnis *n*: *form an* ~ ein Bündnis schließen 3. Verschwägerung *f*; *weit. S.* Verwandtschaft *f* al·lied [ə'laɪd; *attr.* 'ælaɪd] *Adj* 1. verbündet 2. fig verwandt (**to** mit) Al·lies ['ælaɪz] *s Pl* hist die Alliierten *Pl*

al·li·ga·tor ['ælɪɡeɪtə] *s* ZOOL Alligator *m*

‚all-'in *Adj* Gesamt…, Pauschal…

al·lit·er·a·tion [əˌlɪtə'reɪʃn] *s* Alliteration *f*

al·lo·cate ['æləʊkeɪt] *v/t* zuteilen, zuweisen (**to** Dat) ‚al·lo'ca·tion *s* Zuteilung *f*, Zuweisung *f*

al·lot [ə'lɒt] *v/t* 1. zuteilen, zuweisen (**to** Dat) 2. Geld etc bestimmen (**to** für) al'lot·ment *s* 1. Zuteilung *f*, Zuweisung *f* 2. Parzelle *f*: ~ (*garden*) bes Br Schrebergarten *m*

‚all-'out *Adj* F 1. total: ~ *effort* äußerste Anstrengung 2. *Am* kompromisslos, radikal

▸ al·low [ə'laʊ] I *v/t* 1. erlauben, gestat-

ten; bewilligen, gewähren: ▸ *be allowed to do s.th.* etw tun dürfen; *we are allowed …* uns stehen … zu 2. *Summe* geben 3. zugeben; anerkennen, gelten lassen II *v/i* 4. *allow of* erlauben, gestatten 5. *allow for* in Betracht ziehen, berücksichtigen (*Akk*) al'low·a·ble *Adj* erlaubt, zulässig al'low·ance *s* 1. Erlaubnis *f*; Bewilligung *f* 2. Anerkennung *f* 3. Zuschuss *m*, Beihilfe *f*; Taschengeld *n* 4. WIRTSCH Nachlass *m*, Rabatt *m* 5. Nachsicht *f*: *make* ~(*s*) *for* → *allow* 5 6. MATHE, TECH Toleranz *f*

al·loy ['ælɔɪ] *s* TECH Legierung *f*

‚all'·‚pur·pose *Adj* Allzweck…, Universal… ‚~-'round *Adj* vielseitig, Allround-

All| Saints' Day *s* REL Allerheiligen *n* ~ Souls' Day *s* REL Allerseelen *n*

‚all-‚time *Adj* bisher unerreicht, beispiellos: ~ *high* Höchstleistung *f*, -stand *m*; ~ *low* Tiefststand *m*

al·lude [ə'luːd] *v/i* anspielen (**to** auf *Akk*)

al·lure [ə'ljʊə] I *v/t* 1. (an-, ver)locken 2. anziehen, verzaubern II *s* Anziehungskraft *f*, Zauber *m* al'lur·ing *Adj* (ver)lockend, verführerisch

al·lu·sion [ə'luːʒn] *s* Anspielung *f* (**to** auf *Akk*)

al·lu·vi·al [ə'luːvjəl] *Adj* GEOL angeschwemmt, Schwemm…

‚all-‚weath·er *Adj* Allwetter…

‚all-wheel ‚drive *s* MOT Allradantrieb *m*

al·ly [ə'laɪ] I *v/t* verbinden, -einigen (**to, with** mit): ~ *o.s.* → II; → *allied* II *v/i* sich vereinigen *od* verbünden (**to, with** mit) III *s* ['ælaɪ] Verbündete *m, f*, Bundesgenosse *m*, -genossin *f*: → *Allies*

al·might·y [ɔːl'maɪtɪ] *Adj* allmächtig: *the* 2 der Allmächtige

al·mond ['ɑːmənd] *s* BOT Mandel *f*

▸ al·most ['ɔːlməʊst] *Adv* fast, beinahe

alms [ɑːmz] *s* 1. (*mst Pl* konstruiert) Almosen *n* 2. REL *Br* Kollekte *f*

al·oe ['æləʊ] *s* BOT Aloe *f*

▸ a·lone [ə'ləʊn] I *Adj* allein: → *leave*[1] 2, *let*[1] 1 II *Adv* allein, bloß, nur

▸ a·long [ə'lɒŋ] I *Präp* 1. entlang (*Dat od Akk*), längs (*Gen, a. Dat*), an (*Dat*) … vorbei: ~ *the river* am *od* den Fluss entlang, entlang dem Fluss II *Adv* 2. vorwärts, weiter: → *get*

along, etc **3.** ~ *with* zs. mit: → *take along*, etc **4.** F da: *I'll be* ~ *shortly* ich bin gleich da **a,long'side I** *Adv* **1.** SCHIFF längsseits **2.** Seite an Seite **II** *Präp* ~ neben (*Dat od Akk*)

a·**loof** [ə'lu:f] **I** *Adv* fern, abseits: *hold* (*od keep*) (*o.s.*) ~, *stand* ~ sich fern halten (*from* von), für sich bleiben **II** *Adj* reserviert, zurückhaltend

a·**loud** [ə'laud] *Adv* laut

al·**pha·bet** ['ælfəbet] *s* Alphabet *n* ,**al·pha'bet·ic**, ,**al·pha'bet·i·cal** *Adj* alphabetisch: *in* ~ *order* in alphabetischer Reihenfolge, alphabetisch (an)geordnet

al·pha·nu·mer·ic ['ælfənju:'merik] *Adj* (~*ally*) COMPUTER alphanumerisch

Al·**pine** ['ælpaın] *Adj* **1.** Alpen... **2.** alpin, (Hoch)Gebirgs...

► al·**read·y** [ɔ:l'redı] *Adv* bereits, schon

al·**right** [,ɔ:l'raıt] *Br* F u. *Am* für *all right* (→ *all* 3)

Al·**sace** ['ælsæs] *Eigenn* Elsass *n*

Al·**sa·tian** [æl'seıʃən] **I** *Adj* **1.** elsässisch **II** *s* **2.** Elsässer(in) **3.** Deutscher Schäferhund

► al·**so** ['ɔ:lsəʊ] *Adv* auch, ebenfalls '~-**ran** *s* **1.** SPORT Teilnehmer an e-m Rennen, *der sich nicht platzieren kann:* *she was an* ~ sie kam unter 'ferner liefen' an **2.** F Versager(in), Niete *f*

al·**tar** [ˈɔ:ltə] *s* REL Altar *m* ~ *boy* *s* Ministrant *m*

al·**ter** [ˈɔ:ltə] **I** *v/t* (ver-, ab-, um)ändern **II** *v/i* sich (ver)ändern ,**al·ter'a·tion** *s* Änderung *f* (*to* an *Dat*), Ver-, Ab-, Umänderung *f*

al·**ter·ca·tion** [,ɔ:ltə'keıʃn] *s* heftige Auseinandersetzung

al·**ter·nate I** *Adj* [ɔ:l'tɜ:nət] **1.** abwechselnd: *on* ~ *days* jeden zweiten Tag **II** *v/t* ['ɔ:ltəneıt] **2.** abwechseln lassen **3.** *miteinander* vertauschen **4.** ELEK, TECH (periodisch) verändern **III** *v/i* ['ɔ:ltəneıt] **5.** abwechseln **al'ter-nate·ly** *Adv* abwechselnd, wechselweise '**al·ter·nat·ing** *Adj* abwechselnd, Wechsel...: ~ *current* ELEK Wechselstrom *m* **al·ter·na·tion** [,ɔ:ltə'neıʃn] *s* Abwechslung *f*, Wechsel *m*

► al·ter·na·tive [ɔ:l'tɜ:nətıv] **I** *Adj* **1.** alternativ, Ersatz...: ~ *airport* Ausweichflughafen *m*; ~ *society* alternative Gesellschaft **2.** ander(er, e, es) (*von zwei-*

en) **II** *s* **3.** Alternative *f* (*to* zu): *have no* (*other*) ~ keine andere Möglichkeit *od* Wahl haben (*but* od als zu)

► al·**though** [ɔ:l'ðəʊ] *Konj* obwohl, obgleich

al·**tim·e·ter** ['æltımi:tə] *s* PHYS Höhenmesser *m*

al·**ti·tude** ['æltıtju:d] *s* ASTR, FLUG, MATHE Höhe *f*: *at an* ~ *of* in e-r Höhe von

al·**to** ['æltəʊ] *Pl* -tos *s* MUS Alt(stimme *f*) *m*; Altistin *f*

al·**to·geth·er** [,ɔ:ltə'geðə] **I** *Adv* **1.** insgesamt **2.** ganz (u. gar), völlig **3.** im Ganzen genommen **II** *s* **4.** *in the* ~ *hum* im Adams- *od* Evaskostüm

al·**tru·ism** ['æltroızəm] *s* Altruismus *m*, Selbstlosigkeit *f* '**al·tru·ist** *s* Altruist(in) *f* ,**al·tru'is·tic** *Adj* (~*ally*) altruistisch, selbstlos

al·**u·min·i·um** [,ælju'mınıəm], *Am* a·**lu·mi·num** [ə'lu:mənəm] *s* CHEM Aluminium *n*

a·**lum·na** [ə'lʌmnə] *Pl* -nae [_ni:] *s Am* ehemalige Schülerin *od* Studentin a·**lum·nus** [_nəs] *Pl* -ni [_naı] *s Am* ehemaliger Schüler *od* Student

► al·**ways** ['ɔ:lweız] *Adv* immer, stets: *as* ~ wie immer

Alz·**heim·er's Dis·ease** ['æltshaıməz _] *s* MED Alzheimerkrankheit *f*

am [æm] *ich bin*

a.m. [eı'em] *Adv* morgens, vormittags

a·**mal·gam** [ə'mælgəm] *s* **1.** CHEM, TECH Amalgam *n* **2.** *fig* Mischung *f* a'**mal-gam·ate** [_meıt] *v/t u. v/i* **1.** CHEM, TECH (sich) amalgamieren, a. *fig* (sich) vereinigen, verschmelzen **2.** *fig* (sich) zs.-schließen, WIRTSCH *a.* fusionieren a,**mal·ga'ma·tion** *s* **1.** CHEM, TECH Amalgamieren *n*, *a. fig* Vereinigung *f*, Verschmelzung *f* **2.** *fig* Zs.-schluss *m*, WIRTSCH *a.* Fusion *f*

am·a·**ryl·lis** [,æmə'rılıs] *s* BOT Amaryllis *f*

a·**mass** [ə'mæs] *v/t* an-, aufhäufen

am·a·**teur** ['æmətə] *s* Amateur(in): **a)** (Kunst- *etc*)Liebhaber(in): ~ *painter* Sonntagsmaler(in), **b)** Amateursportler(in): ~ *boxer* Amateurboxer(in), **c)** Nichtfachmann *m*, -frau *f*, *pej* Dilettant(in): ~ *detective* Amateurdetektiv(in) **am·a·teur·ish** [_rıʃ] *Adj* amateurhaft, dilettantisch

a·**maze** [ə'meız] *v/t* in (Er)Staunen set-

zen, verblüffen **a'mazed** *Adj* erstaunt, verblüfft (*at* über *Akk*) **a'maze·ment** *s* (Er)Staunen *n*, Verblüffung *f*: *in* ~ staunend, verblüfft; *to my* ~ zu m-m Erstaunen, zu m-r Verblüffung

▸ **a·maz·ing** [ə'meɪzɪŋ] *Adj* erstaunlich, verblüffend

Am·a·zon ['æməzən] *s* **1.** ANTIKE Amazone *f* **2.** *a.* ♀ *fig* Amazone *f*, Mannweib *n* **3.** GEOG *der* Amazonas

am·bas·sa·dor [æm'bæsədə] *s* POL Botschafter *m* (*to* in *Dat*)

am·ber ['æmbə] **I** *s* **1.** MIN Bernstein *m* **2.** *Br* Gelb(licht) *n*, gelbes Licht (*Verkehrsampel*): *at* ~ bei Gelb; *the lights were at* ~ die Ampel stand auf Gelb **II** *Adj* **3.** Bernstein... **4.** bernsteinfarben **5.** *the lights were* ~ *Br* die Ampel stand auf Gelb

am·bi·dex·trous [ˌæmbɪ'dekstrəs] *Adj* beidhändig

am·bi·gu·i·ty [ˌæmbɪ'gjuːətɪ] *s* Zweideutigkeit *f* (*a. Äußerung*), Mehr-, Vieldeutigkeit *f* **am'big·u·ous** [-ɡjʊəs] *Adj* zwei-, mehr-, vieldeutig; unklar

am·bi·tion [æm'bɪʃn] *s* Ehrgeiz *m* **am'bi·tious** *Adj* ehrgeizig (*a. Plan etc*): *be* ~ *to do s.th.* den Ehrgeiz haben, etw zu tun; *be* ~ *for s.o.* große Dinge mit j-m vorhaben

am·bi·va·lent [æm'bɪvələnt] *Adj* *bes* PSYCH ambivalent, doppelwertig

am·ble ['æmbl] **I** *v/i* **1.** im Passgang gehen *od* reiten **2.** *fig* schlendern **II** *s* **3.** Passgang *m* **4.** *fig* gemächlicher Gang

▸ **am·bu·lance** ['æmbjʊləns] *s* Kranken-, Sanitätswagen *m*

am·bush ['æmbʊʃ] **I** *s* Hinterhalt *m*: *lay an* ~ e-n Hinterhalt legen; *lie* (*od wait*) *in* ~ ~ *f* III **II** *v/t* aus dem Hinterhalt überfallen; auflauern (*Dat*) **III** *v/i* im Hinterhalt liegen

a·me·ba *Am* → *amoeba*

a·mel·io·rate [ə'miːljəreɪt] **I** *v/t* verbessern, LANDW (a.)meliorieren **II** *v/i* besser werden **a,mel·io'ra·tion** *s* Verbesserung *f*, LANDW (A)Melioration *f*

a·men [ˌɑː'men] **I** *Interj* amen! **II** *s* Amen *n*

a·me·na·ble [ə'miːnəbl] *Adj* (*to*) **1.** zugänglich (*Dat*) **2.** verantwortlich (*Dat*); unterworfen (*Dat*)

a·mend [ə'mend] *v/t* **1.** verbessern **2.** PARL *Gesetz etc* abändern, ergänzen,

nachbessern **a'mend·ment** *s* **1.** Verbesserung *f* **2.** PARL Abänderungs-, Ergänzungsantrag *m*; *Am* Zusatzartikel *m* zur Verfassung **a'mends** *s Pl* (*mst Sg konstruiert*) (Schaden)Ersatz *m*: *make* ~ Schadenersatz leisten, es wieder gutmachen; *make* ~ *to s.o. for s.th.* j-n für etw entschädigen

a·men·i·ty [ə'miːnətɪ] *s* **1.** *oft Pl* Liebenswürdigkeit *f*, Höflichkeit *f* **2.** schöne Lage (*e-s Hauses etc*) *f; Pl* Annehmlichkeit(en *Pl*) *f; Pl* (natürliche) Vorzüge *Pl od* Reize *Pl* (*e-r Person, e-s Ortes etc*)

▸ **A·mer·i·ca** [ə'merɪkə] *Eigenn* Amerika *n*

▸ **A·mer·i·can** [ə'merɪkən] **I** *Adj* amerikanisch: *American Dream* der amerikanische Traum; ▸ *American Indian* (*bes. nordamer.*) Indianer(in) **II** *s* Amerikaner(in) **A'mer·i·can·ism** *s* Amerikanismus *m* **A'mer·i·can·ize** *v/t u. v/i* (sich) amerikanisieren

am·e·thyst ['æmɪθɪst] *s* Amethyst *m*

a·mi·a·bil·i·ty [ˌeɪmjə'bɪlətɪ] *s* Liebenswürdigkeit *f* **'a·mi·a·ble** *Adj* liebenswürdig, freundlich

am·i·ca·ble ['æmɪkəbl] *Adj* freund-(schaft)lich, friedlich, *a.* JUR gütlich **'am·i·ca·bly** *Adv* in Güte, gütlich: *part* ~ im Guten auseinander gehen

a·mid(st) [ə'mɪd(st)] *Präp* inmitten (*Gen*), (mitten) in *od* unter (*Dat od Akk*)

a·miss [ə'mɪs] *Adj u. Adv* verkehrt, falsch: *take* ~ übel nehmen; *there is s.th.* ~ *with* etw stimmt nicht mit; *it would not be* ~ es würde nicht schaden (*for s.o. to do s.th.* wenn j-d etw täte)

am·me·ter ['æmɪtə] *s* ELEK Amperemeter *n*

am·mo·ni·a [ə'məʊnjə] *s* CHEM Ammoniak *n*: *liquid* ~ Salmiakgeist *m*

am·mu·ni·tion [ˌæmjʊ'nɪʃn] *s* MIL Munition *f*: ~ *dump* Munitionslager *n*

am·ne·sia [æm'niːzjə] *s* MED Amnesie *f*, Gedächtnisschwund *m*

am·nes·ty ['æmnəstɪ] *s* Amnestie *f*

am·nio·cen·te·sis ['æmnɪəʊsenˌtiːsɪs] *s* MED Fruchtwasseruntersuchung *f*

am·ni·o·tic sac ['æmnɪɒtɪk ˌsæk] *s* MED Fruchtblase *f*

a·moe·ba [ə'miːbə] *s* ZOOL Amöbe *f*

a·mok [ə'mɒk] → *amuck*

▸ a·mong(st) [ə'mʌŋ(st)] *Präp* (mitten)
unter (*Dat od Akk*), zwischen (*Dat od
Akk*), bei: *from* ~ aus … hervor; *be* ~
gehören zu; ~ *other things* unter ande-
rem; *they had two pounds* ~ *them* sie
hatten zusammen zwei Pfund

a·mor·al [ˌeɪ'mɒrəl] *Adj* amoralisch

am·o·rous ['æmərəs] *Adj* **1.** verliebt (*of*
in *Akk*) **2.** Liebes…

am·or·ti·za·tion [ˌəˌmɔːtɪ'zeɪʃn] *s*
Amortisation *f*, Tilgung *f*, Abschrei-
bung *f* am'or·tize [ˌ-taɪz] *v/t* amortisie-
ren: **a)** *Schuld* tilgen, **b)** *Anlagewerte*
abschreiben

▸ a·mount [ə'maʊnt] **I** *v/i* **1.** (*to*) sich be-
laufen (auf *Akk*), betragen (*Akk*) **2.** *fig*
(*to*) hinauslaufen (auf *Akk*), bedeuten
(*Akk*) **II** *s* **3.** Betrag *m*, Summe *f*; Höhe
f (*e-r Summe*): *to the* ~ *of* in Höhe von,
bis zum Betrag von **4.** Menge *f*

amp [æmp] F → *ampere, amplifier*

am·pere ['æmpeə] *s* Ampere *n*

am·per·sand ['æmpəsænd] *s typogra-
phisch:* Et-Zeichen *n*

am·phet·a·mine [æm'fetəmiːn] *s* CHEM
Amphetamin *n*

am·phib·i·an [æm'fɪbɪən] **I** *Adj* **1.** →
amphibious **II** *s* **2.** *zo* Amphibie *f*,
Lurch *m* **3.** Amphibienfahrzeug *n*
am'phib·i·ous *Adj* ZOOL, TECH am-
phibisch, Amphibien…

am·phi·the·a·ter, *bes Br* am·phi·the·a·
tre ['æmfɪˌθɪətə] *s* Amphitheater *n*

am·ple ['æmpl] *Adj* **1.** weit, groß, geräu-
mig **2.** weitläufig, -gehend, ausführlich
3. reich(lich), beträchtlich **4.** stattlich
(*Figur etc*)

am·pli·fi·ca·tion [ˌæmplɪfɪ'keɪʃn] *s* **1.**
Erweiterung *f*, Vergrößerung *f*, Aus-
dehnung *f* **2.** nähere Ausführung *od*
Erläuterung; Weitschweifigkeit *f* **3.**
ELEK, PHYS Verstärkung *f* am'pli·fi·er
['-faɪə] *s* ELEK, PHYS Verstärker *m*
'am·pli·fy **I** *v/t* **1.** erweitern, vergrö-
ßern, ausdehnen **2.** näher ausführen
od erläutern **3.** ELEK, PHYS verstärken
II *v/i* **4.** sich weitläufig auslassen (*on*
über *Akk*) am·pli·tude ['-tjuːd] *s* **1.**
Weite *f*, Umfang *m* (*a. fig*) **2.** Fülle *f*,
Reichtum *m* **3.** ELEK, PHYS Amplitude
f, Schwingungsweite *f*

am·pu·tate ['æmpjuteɪt] *v/t* MED ampu-
tieren, abnehmen ˌam·pu'ta·tion *s*
Amputation *f*, Abnahme *f*

a·muck [ə'mʌk] *Adv:* **run** ~ Amok lau-
fen

a·muse [ə'mjuːz] *v/t* amüsieren; unter-
halten; Spaß machen (*Dat*): *be* ~*d* sich
freuen (*at, by* über *Akk*); *I am not* ~*d*
ich finde das nicht lustig

▸ a·muse·ment [ə'mjuːzmənt] *s* Unter-
haltung *f*; Zeitvertreib *m*: *for* ~ zum
Vergnügen; ~ *arcade Br* Spielsalon
m; ~ *park* Vergnügungspark *m* a'mus·
ing *Adj* amüsant; unterhaltsam

▸ an [ən], *betont:* æn] → *a*

an·a·bo·lic ster·oid [ˌænə'bɒlɪk 'stɪə-
rɔɪd] *s* MED Anabolikum *n*

a·nach·ro·nism [ə'nækrənɪzəm] *s* Ana-
chronismus *m*

an·a·con·da [ˌænə'kɒndə] *s* ZOOL Ana-
konda *f*, Riesenschlange *f*

a·nae·mi·a [ə'niːmjə] *s bes Br* MED
Anämie *f*, Blutarmut *f*

an·aes·the·si·a [ˌænɪs'θiːzjə] *s bes Br*
MED Anästhesie *f*, Narkose *f*, Betäu-
bung *f* an·aes·thet·ic [ˌ-'θetɪk] *bes
Br* **I** *Adj* (~*ally*) betäubend, Narkose…
II *s* Betäubungsmittel *n* an·aes·the·
tist [æ'niːsθətɪst] *s bes Br* Anästhe-
sist(in), Narkosearzt *m*, -ärztin *f*
an'aes·the·tize *v/t bes Br* betäuben,
narkotisieren

an·al·ge·sic [ˌænæl'dʒiːsɪk] **I** *Adj* MED
schmerzstillend **II** *s* Schmerzmittel *n*

an·a·log·ic, an·a·log·i·cal [ˌænə'lɒdʒ-
ɪk(l)] *Adj in der Logik:* analog a·
nal·o·gous [ə'næləgəs] *Adj* von Aus-
sagen, *Erkenntnissen:* analog, ver-
gleichbar (*to, with Dat*)

an·a·log(ue) ['ænəlɒg] *Adj:* ~ *com-
puter* Analogrechner *m*; ~ *watch*
Analog(armband)uhr *f* a'nal·o·gy
[ˌ-dʒɪ] *s* Analogie *f*, Entsprechung *f*:
on the ~ *of, by* ~ *with* analog, gemäß,
entsprechend (*Dat*)

an·a·lyse ['ænəlaɪz] *v/t* analysieren: **a)**
CHEM *etc* zerlegen, **b)** gründlich unter-
suchen, **c)** LING zergliedern, **d)** MATHE
auflösen a·nal·y·sis [ə'næləsɪs] *Pl*
-ses [ˌ-siːz] *s* **1.** Analyse *f*, Zerlegung
f, gründliche Untersuchung, Zergli-
derung *f*, Auflösung *f* **2.** MATHE Analy-
sis *f* **3.** Psychoanalyse *f* an·a·lyst
['ænəlɪst] *s* **1.** Analytiker(in) **2.** Psy-
choanalytiker(in) an·a·lyt·ic, an·a·
lyt·i·cal [ˌænə'lɪtɪk(l)] *Adj* **1.** analytisch
2. psychoanalytisch

an·ar·chic, an·ar·chi·cal [æ'nɑ:kɪk(l)] *Adj* anarchisch **an·arch·ism** ['ænə-kɪzəm] *s* Anarchismus *m* **'an·arch·ist** I *s* Anarchist(in) II *Adj* anarchistisch **'an·arch·y** *s* Anarchie *f*

a·nath·e·ma [ə'næθəmə] *s* 1. REL Bannfluch *m*, Kirchenbann *m* 2. *be an ~ to s.o. fig* j-m verhasst *od* ein Gräuel sein

an·a·tom·i·cal [ˌænə'tɒmɪkl] *Adj* anatomisch **a·nat·o·mize** [ə'nætəmaɪz] *v/t* MED sezieren, *fig a.* zergliedern **a'nat·o·my** *s* 1. MED Anatomie *f* 2. *fig* Zergliederung *f*, Analyse *f*

an·ces·tor ['ænsestə] *s* Vorfahr *m*, Ahn(herr) *m*: **~ cult** Ahnenkult *m* **an·ces·tral** [-'sestrəl] *Adj* angestammt, Ahnen...: **~ home** Stammsitz *m* **an·ces·tress** ['ænsestrɪs] *s* Ahnfrau *f*, Ahne *f* **an·ces·try** *s* 1. (*bes* vornehme) Abstammung 2. Vorfahren *Pl*, Ahnen(reihe *f*) *Pl*: **~ research** Ahnenforschung *f*

an·chor ['æŋkə] I *s* 1. SCHIFF Anker *m*: **cast** (*od* **drop**) ~ → 5a; **lie** (*od* **ride**) **at** ~ → 5b; **~ weigh** 3 2. RUNDFUNK, TV *Am* Moderator *m*, Moderatorin *f* (*e-r Nachrichtensendung*); Diskussionsleiter(in) II *v/t* 3. SCHIFF, TECH verankern (*a. fig*) 4. RUNDFUNK, TV *Am* Nachrichtensendung moderieren; Diskussion leiten III *v/i* 5. SCHIFF ankern: **a)** vor Anker gehen, **b)** vor Anker liegen **'an·chor·age** *s* 1. Ankerplatz *m* 2. *a. ~ dues Pl* Anker-, Liegegebühr *f*

an·chor|·man ['æŋkəmən] *s* (*unreg* **man**), **'~·wom·an** *s* (*unreg* **woman**) → **anchor** 2

an·cho·vy ['æntʃəvɪ] *s* Sardelle *f*

▸ **an·cient** ['eɪnʃənt] I *Adj* 1. alt, aus alter Zeit 2. uralt 3. altertümlich II *s* 4. **the ~s** *Pl* die Alten *Pl* (*Griechen u. Römer*)

an·cil·lar·y [æn'sɪlərɪ] *Adj* untergeordnet (**to** *Dat*), Zusatz..., Neben...: **~ industries** *Pl* Zulieferbetriebe *Pl*

▸ **and** [ænd] *Konj* und: **better ~ better** immer besser; **thousands ~ thousands** tausende u. abertausende; **there are books ~ books** es gibt gute u. schlechte Bücher; **for miles ~ miles** viele Meilen weit; **he ran ~ ran** er lief immer weiter; **bread ~ butter** Butterbrot *n*; **try ~ come** versuche zu kommen; → **nice** 4

an·droid ['ændrɔɪd] *s* Androide *m*

an·ec·do·tal [ˌænek'dəʊtl] *Adj* anekdotenhaft, anekdotisch **an·ec·dote** ['ænɪkdəʊt] *s* Anekdote *f*

a·ne·mi·a, etc *Am* → **anaemia, etc**

an·e·mom·e·ter [ˌænɪ'mɒmɪtə] *s* PHYS Windmesser *m*

a·nem·o·ne [ə'nemənɪ] *s* BOT Anemone *f*

an·es·the·si·a, etc *Am* → **anaesthesia, etc**

a·new [ə'nju:] *Adv* 1. von neuem, noch einmal 2. neu

▸ **an·gel** ['eɪndʒəl] *s* Engel *m* (*a. fig*): **you are an ~** du bist ein Schatz **an·gel·ic, an·gel·i·cal** [æn'dʒelɪk(l)] *Adj* engelhaft, Engels...

▸ **an·ger** ['æŋgə] I *s* Zorn *m*, Ärger *m*, Wut *f* (**at** über *Akk*) II *v/t* erzürnen, (ver)ärgern

an·gle[1] ['æŋgl] I *s* 1. *bes* MATHE Winkel *m*: **at an ~** schräg; **at right ~s to** im rechten Winkel zu 2. Ecke *f* 3. *fig* Standpunkt *m* 4. *fig* Seite *f*, Aspekt *m* II *v/t* 5. ab-, umbiegen 6. *Bericht etc* färben

an·gle[2] [-] *v/i* angeln: **~ for** *fig* aus sein auf (*Akk*); → **compliment** 1

an·gler ['æŋglə] *s* Angler(in)

An·gli·can ['æŋglɪkən] REL I *Adj* anglikanisch II *s* Anglikaner(in)

An·gli·cism ['æŋglɪsɪzəm] *s* LING Anglizismus *m*

An·glo|·A·mer·i·can [ˌæŋgləʊ'merɪkən] I *s* Angloamerikaner(in) II *Adj* angloamerikanisch **,~·'Sax·on** I *s* Angelsachse *m*, -sächsin *f* II *Adj* angelsächsisch

an·go·ra [æŋ'gɔːrə] *s a.* **~ cat** ZOOL Angorakatze *f* **~ wool** *s* Angorawolle *f*

▸ **an·gry** ['æŋgrɪ] *Adj* (**at, about**) ärgerlich (auf, über *Akk*), verärgert (über *Akk*), böse (auf j-n, über etw; **with** mit j-m)

an·guish ['æŋgwɪʃ] *s* Qual *f*, Pein *f*: **be in ~** Ängste ausstehen

an·gu·lar ['æŋgjʊlə] *Adj* 1. wink(e)lig, Winkel... 2. knochig 3. *fig* steif: **a)** linkisch, **b)** formell

an·i·line ['ænɪliːn] *s* CHEM Anilin *m*

▸ **an·i·mal** ['ænɪml] I *s* Tier *n* II *Adj* animalisch, tierisch **~ food** *s* 1. Fleischnahrung *f* 2. Tierfutter *n* **~ lov·er** *s* Tierfreund(in) **'~·lov·ing** *Adj* tierliebend

~ shel·ter s Am Tierheim n **~ spir·its** s Pl Lebenskraft f, -geister Pl **~ welfare** s Tierschutz m

an·i·mate I v/t ['ænimeit] **1.** beleben, mit Leben erfüllen **2.** anregen, aufmuntern **II** Adj ['_mət] **3.** belebt, lebend **4.** lebhaft, munter **an·i·mat·ed** ['_meitid] Adj **1.** lebendig: **~ cartoon** Zeichentrickfilm m **2.** → **animate**

an·i·ma·tion [_'meiʃn] s Lebhaftigkeit f, Munterkeit f

an·i·mos·i·ty [æni'mɒsəti] s Feindseligkeit f (**against, toward[s]** gegen [über]; **between** zwischen Dat)

an·ise ['ænis] s BOT Anis m **an·i·seed** ['_si:d] s Anis(samen) m

▶ **an·kle** ['æŋkl] s ANAT (Fuß)Knöchel m, **,~'deep** Adj knöcheltief **~ sock** s Br Söckchen n

an·klet ['æŋklit] s **1.** Fußring m **2.** Am Söckchen n

an·nals ['ænlz] s Pl **1.** Annalen Pl, Jahrbücher Pl **2.** (Jahres)Bericht m

an·neal [ə'ni:l] v/t **1.** METALL ausglühen, a. Kunststoffe tempern **2.** Keramik: einbrennen **3.** fig härten, stählen

an·nex I v/t [ə'neks] **1.** (**to**) beifügen (Dat), anhängen (an Akk) **2.** Gebiet annektieren, sich einverleiben **II** s ['æneks] **3.** Anhang m, Zusatz m **4.** Anbau m, Nebengebäude n ,**annex'a·tion** s Annektierung f, Einverleibung f (**to** in Akk)

an·ni·hi·late [ə'naiəleit] v/t vernichten **an,ni·hi·la·tion** s Vernichtung f

an·ni·ver·sa·ry [æni'vɜːsəri] s Jahrestag m

an·no·tate ['ænəuteit] v/t mit Anmerkungen versehen; kommentieren ,**anno'ta·tion** s Anmerkung f; Kommentar m

▶ **an·nounce** [ə'nauns] v/t **1.** ankündigen **2.** bekannt geben, verkünden, Geburt etc anzeigen **3.** RUNDFUNK, TV ansagen; über Lautsprecher durchsagen **an'nounce·ment** s **1.** Ankündigung f **2.** Bekanntgabe f (Geburts- etc)Anzeige f **3.** Rundfunk, TV: Ansage f, (Lautsprecher)Durchsage f **an'nounc·er** s RUNDFUNK, TV Ansager(in)

an·noy [ə'nɔi] v/t **1.** ärgern: **be ~ed** sich ärgern (**at s.th.** über etw; **with s.o.** über j-n) **2.** belästigen, stören **an'noy·ance** s **1.** Ärger m **2.** Belästigung f, Stö-

rung f **an'noy·ing** Adj **1.** ärgerlich **2.** lästig, störend

an·nu·al ['ænjuəl] **I** Adj **1.** jährlich, Jahres… **2.** a. BOT einjährig **II** s **3.** jährlich erscheinende Veröffentlichung **4.** BOT einjährige Pflanze

an·nu·i·ty [ə'njuːiti] s (Jahres-, Leib-) Rente f

an·nul [ə'nʌl] v/t annullieren, Gesetz, Ehe etc aufheben, für ungültig erklären, Vorschrift etc abschaffen

an·nu·lar ['ænjulə] Adj ringförmig, Ring…

an·nul·ment [ə'nʌlmənt] s Annullierung f, Aufhebung f, Ungültigkeitserklärung f, Abschaffung f

an·ode ['ænəud] s ELEK Anode f, positiver Pol

an·o·dyne ['ænəudain] Adj MED schmerzstillend

a·noint [ə'nɔint] v/t bes REL salben

a·nom·a·lous [ə'nɒmələs] Adj **1.** anomal **2.** ungewöhnlich **a'nom·a·ly** s Anomalie f

a·non·y·mi·ty [ænə'nimiti] s Anonymität f **a·non·y·mous** [ə'nɒniməs] Adj anonym

a·no·rak ['ænəræk] s Anorak m

ano·rex·ia [ænə'reksiə] s MED Magersucht f **ano·rex·ic I** Adj magersüchtig **II** s Magersüchtige(r)

▶ **an·oth·er** [ə'nʌðə] Adj u. Pron **1.** ein anderer, e-e andere, ein anderes: **~ thing** etwas anderes; **one after ~** e-r nach dem andern; → **one** 6 **2.** noch einer(er, e, es): **~ one** ein Zweiter od weiterer, e-e Zweite od weitere, ein Zweites od Weiteres: **~ ten years** noch od weitere zehn Jahre; **tell me ~!** F das kannst du deiner Großmutter erzählen!

▶ **an·swer** ['ɑːnsə] **I** s **1.** Antwort f (a. fig Reaktion) (**to** auf Akk): **in ~ to** in Beantwortung (Gen); auf (Akk) hin; als Antwort auf **2.** Lösung f (**to** e-s Problems) **II** v/i **3.** antworten (**to** auf Akk): **~ back** freche Antworten geben; widersprechen; sich (mit Worten etc) verteidigen od wehren **4.** **~ to** → 10 u. 11 **5.** (**to s.o.**) sich (j-m gegenüber) verantworten, (j-m) Rechenschaft ablegen (**for** für) **6.** verantwortlich sein, haften (**for** für) **7.** **~ to** hören auf (e-n Namen) **III** v/t **8.** j-m antworten: **~**

s.o. *back* j-m freche Antworten geben; j-m widersprechen; sich gegen j-n (*mit Worten etc*) verteidigen *od* wehren **9.** antworten auf (*Akk*), beantworten **10.** *fig* reagieren auf (*Akk*): **a)** eingehen auf: **~ *the bell*** (*od* ***door***) (*auf das Läuten od Klopfen*) die Tür öffnen, aufmachen; **~ *the telephone*** ans Telefon gehen, **b)** TECH *dem Steuer etc* gehorchen, **c)** *e-m Befehl etc* Folge leisten, gehorchen, **d)** *Wunsch etc* erfüllen, *Gebet* erhören, **e)** sich auf *e-e Anzeige* hin melden *od* bewerben **11.** *e-r Beschreibung* entsprechen **12.** sich j-m gegenüber verantworten, j-m Rechenschaft ablegen (**for** für) für) **~·swer·a·ble** *Adj* **1.** verantwortlich (**to** *Dat*; **for** für) **2.** zu beantwortend(e) 'an·swer·er *s Am* TEL Anrufbeantworter *m* 'answer·ing ma,chine *s* Anrufbeantworter *m*

▸ an·swer·phone ['ɑːnsəfəʊn] *s Br* Anrufbeantworter *m*

ant [ænt] *s* ZOOL Ameise *f*

an·tag·o·nism [æn'tægənɪzəm] *s* Feindschaft *f* (**between** zwischen

answerphone

Hier ein paar Beispiele für typische Ansagen auf Anrufbeantwortern:

Thank you for ringing. I'm afraid I'm/we're out at the moment, but please leave a message after the tone/beep.

Danke für Ihren Anruf. Ich bin/ Wir sind leider im Moment nicht zu Hause. Sie können nach dem Tonsignal gern eine Nachricht hinterlassen.

Sorry we're not in. If you leave a message after the beep, we'll get in touch with you as soon as possible.

Wir sind leider nicht zu Hause. Wenn Sie eine Nachricht nach dem Tonsignal hinterlassen, rufen wir Sie so bald wie möglich zurück.

Hi. This is 0 93 24 2 37 61. Please leave a message and we'll get back to you as soon as we can.
Hallo. Hier ist die Nummer 0 93 24 2 37 61. Bitte hinterlassen Sie eine Nachricht und wir werden Sie sobald wie möglich zurückrufen.

Dat) an'tag·o·nist *s* Feind(in) an,tag·o'nis·tic *Adj* (~·ally) feindlich (**to** gegen) an'tag·o·nize *v/t* **1.** bekämpfen **2.** sich j-n zum Feind machen

ant·arc·tic [æn'tɑːktɪk] I *Adj* antarktisch: ♀ *Circle* südlicher Polarkreis II *s* ♀ Antarktis *f*

'ant·eat·er *s* ZOOL Ameisenfresser *m*, -bär *m*

an·te·ced·ent [ˌæntɪ'siːdənt] I *Adj* **1.** (**to**) vorhergehend (*Dat*), früher (als) II *s* **2.** *Pl* Vorgeschichte *f*: **his ~s** sein Vorleben; *s-e* Abstammung **3.** LING Bezugswort *n*

an·te·di·lu·vi·an [ˌæntɪdar'luːvjən] *Adj* vorsintflutlich (*a. fig*)

an·te·lope ['æntɪləʊp] *s* ZOOL Antilope *f*

an·te me·rid·i·em [ˌæntɪmə'rɪdɪəm] *Adv* vormittags (*Abk* **a.m.**): ***3 a.m.*** 3 Uhr morgens

an·te·na·tal [ˌæntɪ'neɪtl] I *Adj* vor der Geburt: **~ *examination*** Mutterschaftsvorsorgeuntersuchung *f*; **~ *exercises*** *Pl* Schwangerschaftsgymnastik *f* II *s* F Mutterschaftsvorsorgeuntersuchung *f*

an·ten·na [æn'tenə] *s* **1.** *Pl* **-nae** [ˌniː] ZOOL Fühler *m* **2.** *Pl* **-nas** *bes Am* Antenne *f*

an·te·ri·or [æn'tɪərɪə] *Adj* **1.** (**to**) vorhergehend (*Dat*), früher (als) **2.** vorder

an·them ['ænθəm] *s* Hymne *f*

'ant·hill *s* Ameisenhaufen *m*

an·thol·o·gy [æn'θɒlədʒɪ] *s* Anthologie *f*, (*bes* Gedicht)Sammlung *f*

an·thra·cite ['ænθrəsaɪt] *s* MIN Anthrazit *m*, Glanzkohle *f*

an·thrax ['ænθræks] *s* MED Milzbrand *m*, Anthrax *m*

an·throp·ic [æn'θrɒpɪk] *Adj* BIOL, *Umwelt etc*: anthropogen (*durch Menschen verursacht*): **~ *principle*** anthropisches Prinzip

anthropoid

an·thro·poid [ˈænθrəʊpɔɪd] ZOOL **I** Adj menschenähnlich **II** s Menschenaffe m

an·thro·po·log·i·cal [ˌænθrəpəˈlɒdʒɪkl] Adj anthropologisch **an·thro·pol·o·gist** [ˌ-ˈpɒlədʒɪst] s Anthropologe m, -login f **an·thro·pol·o·gy** [ˌ-ˈpɒlədʒɪ] s Anthropologie f, Menschenkunde f

an·ti… [ˈæntɪ] in Zssgn Gegen…, gegen… eingestellt, anti-…, Anti-… **a'bor·tion·ist** s Abtreibungsgegner(in)

ˌan·ti'air·craft Adj MIL Flugabwehr…: **~ gun** Flakgeschütz m

an·ti·bi·ot·ic [ˌæntɪbaɪˈɒtɪk] s MED Antibiotikum n

'an·ti·bod·y s MED Antikörper m, Abwehrstoff m

an·tic·i·pate [ænˈtɪsɪpeɪt] v/t **1.** voraussehen, (-)ahnen **2.** erwarten, erhoffen **3.** vorwegnehmen **4.** j-m, e-m Wunsch etc zuvorkommen **5.** WIRTSCH vor Fälligkeit bezahlen od einlösen **an,tic·i·'pa·tion** s **1.** (Vor)Ahnung f **2.** Erwartung f, Hoffnung f: **in ~ of** in Erwartung (Gen) **3.** Vorwegnahme f: **in ~** im Voraus **an'tic·i·pa·to·ry** [ˌ-peɪtərɪ] Adj vorwegnehmend

ˌan·ti'cli·max s **1.** RHET Antiklimax f **2.** fig enttäuschendes Abfallen; Enttäuschung f

ˌan·ti'clock·wise Adj u. Adv entgegen dem od gegen den Uhrzeigersinn

ˌan·ti'cor'ro·sive Adj **1.** korrosionsverhütend: **~ agent** Rostschutzmittel n **2.** rostfest

ˌan·ti'cy·clone s METEO Hoch(druckgebiet) n

ˌan·ti'daz·zle Adj Blendschutz…: **~ switch** Abblendschalter m

an·ti·dote [ˈæntɪdəʊt] s Gegengift n, -mittel n (a. fig) (**against, for, to** gegen)

ˌan·ti'fas·cism s Antifaschismus m **ˌan·ti'fas·cist** **I** s Antifaschist(in) **II** Adj antifaschistisch

'an·ti·freeze s Frostschutzmittel n

ˌan·ti'his·ta·mine [ˌæntɪˈhɪstəmɪn] s MED Antihistamin n

ˌan·ti'knock CHEM, MOT **I** Adj klopffest **II** s Antiklopfmittel n

ˌan·ti·'lock brak·ing sys·tem s MOT Antiblockiersystem n

'an·ti·mat·ter s Antimaterie f

an·tip·a·thy [ænˈtɪpəθɪ] s Antipathie f, Abneigung f (**against, to, towards** gegen)

an·tip·o·des [ænˈtɪpədiːz] s Pl **1.** die diametral gegenüberliegenden Teile Pl der Erde **2.** (a. Sg konstruiert) das (genaue) Gegenteil

an·ti·quar·i·an [ˌæntɪˈkweərɪən] **I** Adj **1.** antiquarisch **2.** ~ **bookseller** Antiquar(in); ~ **bookshop** (bes Am **bookstore**) Antiquariat n **II** s **3.** → **antiquary** 1 **an·ti·quar·y** [ˈ-kwərɪ] s **1.** Altertumskenner(in), -forscher(in) **2.** Antiquitätensammler(in); -händler(in) **an·ti·quat·ed** [ˈ-kweɪtɪd] Adj antiquiert, veraltet

an·tique [ænˈtiːk] **I** Adj **1.** antik, alt **2.** F → **antiquated** **II** s **3.** Antiquität f: ~ **dealer** Antiquitätenhändler(in); ~ **shop** (bes Am **store**) Antiquitätenladen m **an·tiq·ui·ty** [ˌ-ˈtɪkwətɪ] s **1.** Altertum n **2.** die Antike **3.** Pl Altertümer Pl

ˌan·ti'rust Adj Rostschutz…

ˌan·ti-'Sem·ite s Antisemit(in) **ˌan·ti-Se'mit·ic** Adj antisemitisch **ˌan·ti-Sem·i·tism** [ˌ-ˈsemɪtɪzəm] s Antisemitismus m

ˌan·ti'sep·tic MED **I** Adj antiseptisch **II** s Antiseptikum n

ˌan·ti'so·cial Adj **1.** asozial, gesellschaftsfeindlich **2.** ungesellig

ˌan·ti·tech·no'log·i·cal Adj technologiefeindlich

an·tith·e·sis [ænˈtɪθɪsɪs] Pl **-ses** [ˌ-siːz] s Antithese f, Gegensatz m **an·ti·thet·ic, an·ti·thet·i·cal** [ˌ-ˈθetɪk(l)] Adj gegensätzlich

ˌan·ti'vi·rus pro·gram s IT Antivirusprogramm n, Virensuchprogramm n

ant·ler [ˈæntlə] s **1.** (Geweih)Sprosse f **2.** Pl Geweih n

an·to·nym [ˈæntəʊnɪm] s Antonym n

a·nus [ˈeɪnəs] s ANAT After m

an·vil [ˈænvɪl] s Amboss m (a. ANAT)

anx·i·e·ty [æŋˈzaɪətɪ] s **1.** Angst f, Sorge f (**about, for** wegen, um) **2.** MED, PSYCH Beklemmung f: ~ **dream** Angsttraum m **3.** (starkes) Verlangen (**for** nach)

▶ **anx·ious** [ˈæŋkʃəs] **I** Adj **1.** ängstlich; besorgt (**about, for** wegen, um) **2.** fig (**for, to** Inf) begierig (auf Akk, zu Inf), (ängstlich) bedacht (auf Akk, darauf zu Inf), bestrebt (zu Inf): **I am very ~ to see him** mir liegt (sehr) viel daran, ihn zu sehen

▶ **an·y** [ˈenɪ] **I** Adj **1.** (fragend, vernei-

nend) (irgend)ein(e), einige *Pl*, etwas: *not* ~ kein **2.** (*bejahend*) jeder, jede, jedes (Beliebige): *at* ~ *time* jederzeit; → *case*², *rate* 2 **II** *Adv* **3.** irgend(wie), (noch) etwas: ~ *more?* noch (etwas) mehr?

▶ **an·y·bod·y** ['enɪˌbɒdɪ] *Pron* **1.** (irgend)jemand, irgendeine(r) **2.** jeder (-mann): ~ *who* jeder, der; wer; *hardly* ~ kaum j-d, fast niemand; *not* ~ niemand, keiner '~how *Adv* **1.** irgendwie **2.** jedenfalls

▶ **an·y·one** ['enɪwʌn] → *anybody*

▶ **an·y·thing** ['enɪθɪŋ] *Pron* **1.** (irgend)etwas: *not* ~ (gar *od* überhaupt) nichts; *not for* ~ um keinen Preis; *take* ~ *you like* nimm, was du willst **2.** alles: ~ *but* alles andere als

▶ **an·y·way** ['enɪweɪ] → *anyhow*

▶ **an·y·where** ['enɪweə] *Adv* **1.** irgendwo(hin): *not* ~ nirgendwo(hin); *hardly* ~ fast nirgends **2.** überall

a·or·ta [eɪˈɔːtə] *s* ANAT Aorta *f*, Hauptschlagader *f*

a·part [əˈpɑːt] *Adv* **1.** einzeln, für sich: *live* ~ getrennt leben; → *take apart*, *tell* 4 **2.** beiseite: → *joking* I

▶ **a·part·ment** [əˈpɑːtmənt] *s* **1.** *bes Am* Wohnung *f* **2.** *mst Pl* Gemach *n* ~ **ho·tel** *s* Appartementhotel *n* ~ *house* *s Am* Apartmenthaus *n*

ap·a·thet·ic [ˌæpəˈθetɪk] *Adj* (~*ally*) apathisch, teilnahmslos, gleichgültig **'ap·a·thy** *s* Apathie *f*, Teilnahmslosigkeit *f*, Gleichgültigkeit *f* (*to* gegenüber)

ape [eɪp] **I** *s* ZOOL (*bes* Menschen)Affe *m* **II** *v/t* nachäffen

ap·er·ture ['æpəˌtjuə] *s* **1.** Öffnung *f* **2.** FOTO Blende *f*

a·pex ['eɪpeks] *Pl* **'a·pex·es** *s* **1.** (*Kegel-, Lungen-* etc)Spitze *f* **2.** *fig* Gipfel *m*, Höhepunkt *m*

aph·o·rism ['æfərɪzəm] *s* Aphorismus *m*

a·piece [əˈpiːs] *Adv* pro Stück; pro Kopf *od* Person

ap·ish ['eɪpɪʃ] *Adj* äffisch

a·poc·a·lypse [əˈpɒkəlɪps] *s* Enthüllung *f*, Offenbarung *f*

▶ **a·pol·o·gize** [əˈpɒlədʒaɪz] *v/i* sich entschuldigen (*for* wegen; *to* bei) **a'pol·o·gy** *s* **1.** Entschuldigung *f*: *in* ~ *for* zur *od* als Entschuldigung für;

make (*od offer*) *s.o. an* ~ sich bei j-m entschuldigen (*for* für) **2.** F minderwertiger Ersatz (*for* für): *an* ~ *for a meal* ein armseliges Essen

ap·o·plec·tic [ˌæpəʊˈplektɪk] *Adj*: ~ *stroke* (*od fit*) → *apoplexy* **ap·o·plex·y** ['-pleksɪ] *s* MED Schlaganfall *m*

a·pos·tle [əˈpɒsl] *s* REL Apostel *m*

a·pos·tro·phe [əˈpɒstrəfɪ] *s* LING Apostroph *m*, Auslassungszeichen *n*; → *Info bei* **Apostroph**

ap·pal [əˈpɔːl] *v/t* erschrecken, entsetzen: *be* ~*led* entsetzt sein (*at* über *Akk*) **ap'pal·ling** *Adj* erschreckend, entsetzlich

ap·pa·ra·tus [ˌæpəˈreɪtəs] *Pl* **-tus, -tu·s·es** *s* Apparat *m*, Gerät *n*, Vorrichtung *f*

ap·par·el [əˈpærəl] *s* Kleidung *f*

ap·par·ent [əˈpærənt] *Adj* **1.** augenscheinlich, offenbar, -sichtlich: *be* ~ *from* hervorgehen aus; *with no* ~ *reason* ohne ersichtlichen Grund **2.** anscheinend; scheinbar

ap·pa·ri·tion [ˌæpəˈrɪʃn] *s* Erscheinung *f*, Gespenst *n*, Geist *m*

▶ **ap·peal** [əˈpiːl] **I** *v/i* **1.** JUR Berufung *od* Revision einlegen, *a. allg* Einspruch erheben, Beschwerde einlegen (*against*, JUR *mst from* gegen; *to* bei) **2.** appellieren, sich wenden (*to* an *Akk*) **3.** sich berufen (*to* auf *Akk*) **4.** (*to*) Anklang finden (bei), gefallen, zusagen (*Dat*), reizen (*Akk*) **5.** ~ *to* j-n dringend bitten (*for* um) **II** *s* **6.** JUR Berufung *f*, Revision *f*: *file* (*od lodge*) *an* ~ → 1 **7.** Appell *m* (*to* an *Akk*) **8.** Berufung *f* (*to* auf *Akk*) **9.** dringende Bitte (*to* an *Akk*; *for* um) **10.** (*to*) Anziehung(skraft) *f*, Zugkraft *f*, Wirkung *f* (*auf Akk*), Anklang *m* (bei) **ap'peal·ing** *Adj* **1.** bittend, flehend **2.** reizvoll, gefällig, ansprechend

▶ **ap·pear** [əˈpɪə] *v/i* **1.** erscheinen (*a. vor Gericht*), (*von Büchern* etc *a.*) herauskommen: ~ *in public* sich in der Öffentlichkeit zeigen; ~ *on television* im Fernsehen auftreten **2.** scheinen, aussehen, *j-m* vorkommen: *it* ~*s to me you are right* mir scheint; *he* ~*ed calm* er war äußerlich ruhig

▶ **ap·pear·ance** [əˈpɪərəns] *s* **1.** Erscheinen *n*: *public* ~ Auftreten *n* in der Öf-

fentlichkeit; **make an ~ on television** im Fernsehen auftreten **2.** (äußere) Erscheinung, Aussehen *n*, *das* Äußere: **have an unhealthy ~** ungesund aussehen **3.** *mst Pl* (An)Schein *m*: **to all ~(s)** allem Anschein nach; **~s are deceptive** der Schein trügt; **keep up** (*od* **save**) **~s** den Schein wahren

ap·pease [ə'pi:z] *v/t* besänftigen, beschwichtigen; *Durst etc* stillen, *Neugier* befriedigen **ap'pease·ment** *s* Besänftigung *f*, Beschwichtigung *f*: (*policy of*) **~** Beschwichtigungspolitik *f*

ap·pel·la·tion [,æpə'leɪʃn] *s* Bezeichnung *f*

ap·pend [ə'pend] *v/t* (**to**) **1.** befestigen, anbringen (an *Dat*), anheften (an *Akk*) **2.** bei-, hinzufügen (*Dat*) **ap'pend·age** *s* Anhang *m*; Anhängsel *n* **appen·dec·to·my** [,æpen'dektəmɪ] *s* MED Blinddarmoperation *f* **ap·pen·di·ci·tis** [ə,pendɪ'saɪtɪs] *s* MED Blinddarmentzündung *f* **ap·pen·dix** [ə'pendɪks] *Pl* **-dix·es, -di·ces** [‑dɪsi:z] *s* **1.** Anhang *m* (*e-s Buchs*) **2.** (*vermiform*) **~** ANAT Wurmfortsatz *m*, Blinddarm *m*

ap·per·tain [,æpə'teɪn] *v/i* gehören (**to** zu)

▸**ap·pe·tite** ['æpɪtaɪt] *s* **1.** Appetit *m* (**for** *auf Akk*): **give s.o. an ~** j-m Appetit machen; **have an ~** Appetit haben; **take away** (*od* **spoil**) **s.o.'s ~** j-m den Appetit nehmen *od* verderben **2.** (**for**) Verlangen *n* (nach), Lust *f* (zu) **ap·pe·tiz·er** ['‑taɪzə] *s* appetitanregendes Mittel *od* Getränk *od* Gericht **'appe·tiz·ing** *Adj* appetitanregend; appetitlich, lecker (*beide a. fig*)

ap·plaud [ə'plɔːd] *v/t u. v/i* applaudieren (*Dat*), Beifall spenden (*Dat*) **ap'plause** [ə'plɔːz] *s* Applaus *m*, Beifall *m*

▸**ap·ple** ['æpl] *s* Apfel *m*: **the ~ of s.o.'s eye** *fig* j-s Liebling '**~·cart** *s*: **upset the ~** *fig* alle Pläne über den Haufen werfen '**~·jack** *s Am* Apfelschnaps *m* **~ pie** *s* gedeckter Apfelkuchen '**~-pie or·der** *s*: **in ~** F in Butter, in bester Ordnung '**~·pol·ish** *v/i Am* F *pej* Rad fahren **~ pol·ish·er** *s Am* F *pej* Radfahrer(in), Speichellecker(in) **~ 'sauce** *s* **1.** Apfelmus *n* **2.** *Am sl* Schmus *m*; Quatsch *m* **~ tree** *s* Apfelbaum *m*

ap·pli·ance [ə'plaɪəns] *s* Gerät *n*; *eng. S.* (elektrisches) Haushaltsgerät

ap·pli·ca·ble ['æplɪkəbl] *Adj* (**to**) anwendbar (auf *Akk*), passend (für): **be ~** (**to**) → **apply** 4; **not ~** (*in Formularen*) nicht zutreffend '**ap·pli·cant** *s* Bewerber(in) (**for** um); Antragsteller(in)

▸**ap·pli·ca·tion** [,æplɪ'keɪʃn] *s* **1.** (**to**) Anwendung *f* (auf *Akk*); Anwendbarkeit *f* (auf *Akk*): **have no ~** (**to**) nicht zutreffen (auf *Akk*), in keinem Zs.-hang stehen (mit) **2.** (**for**) Gesuch *n* (um), Antrag *m* (auf *Akk*): **on ~** auf Ersuchen *od* Verlangen *od* Wunsch **3.** Bewerbung *f* (**for** um): (*letter of*) **~** Bewerbungsschreiben *n*

ap·plied [ə'plaɪd] *Adj* angewandt

▸**ap·ply** [ə'plaɪ] *I v/t* **1.** (**to**) auflegen, -tragen (auf *Akk*), anbringen (an, auf *Dat*) **2.** (**to**) verwenden (auf *Akk*, für); anwenden (auf *Akk*); betätigen: **~ the brakes** bremsen **3. ~ one's mind to** sich beschäftigen mit; **~ o.s. to** sich widmen (*Dat*) **II v/i 4.** (**to**) zutreffen (auf *Akk*), gelten (für) **5.** (**for**) beantragen (*Akk*), nachsuchen (um) **6.** sich bewerben (**for** um)

▸**ap·point** [ə'pɔɪnt] *v/t* **1.** ernennen *od* berufen zu **2.** festsetzen, bestimmen **3.** ausstatten, einrichten (**with** mit)

▸**ap·point·ment** [ə'pɔɪntmənt] *s* **1.** Ernennung *f*, Berufung *f* **2.** Amt *n*, Stellung *f*: **hold an ~** e-e Stelle innehaben **3.** Festsetzung *f*, Bestimmung *f* **4.** Verabredung *f*, (*geschäftlich, beim Arzt etc*) Termin *m*: **by ~** nach Verabredung; **make an ~** e-e Verabredung treffen, e-n Termin ausmachen; **~(s) book**, *Am* **~(s) diary** Terminkalender *m* **5.** *mst Pl* Ausstattung *f*, Einrichtung *f*

ap·por·tion [ə'pɔːʃn] *v/t* **1.** zuteilen (**to** *Dat*) **2.** (proportional *od* gerecht) verteilen; *Kosten* umlegen

ap·po·site ['æpəʊzɪt] *Adj* passend, angemessen, (*Antwort etc*) treffend

ap·po·si·tion [,æpəʊ'zɪʃn] *s* Beifügung *f*, LING *a.* Apposition *f*

ap·prais·al [ə'preɪzl] *s* (Ab)Schätzung *f*, Taxierung *f* **ap'praise** *v/t* (ab)schätzen, taxieren

ap·pre·ci·a·ble [ə'priːʃəbl] *Adj* merklich, spürbar **ap'pre·ci·ate** [‑ʃɪeɪt] *I v/t* **1.** (hoch) schätzen, würdigen, zu schätzen *od* zu würdigen wissen **2.** Gefallen finden an (*Dat*); Sinn haben für **3.** dankbar sein für **4.** (richtig) beurtei-

len *od* einschätzen **II** *v/i* **5.** im Wert steigen **ap,pre·ci'a·tion** *s* **1.** Würdigung *f* **2.** Sinn *m* (**of**, **for** für) **3.** Dankbarkeit *f* (**of** für) **4.** (richtige) Beurteilung **ap·pre·ci·a·tive** [ə'pri:ʃjətɪv/AE] *Adj* würdigend: **be ~ of** → **appreciate** I

ap·pre·hend [,æprɪ'hend] *v/t* **1.** festnehmen, verhaften **2.** *fig* begreifen, erfassen **3.** *fig* (be)fürchten, **ap·pre'hen·sion** *s* **1.** Festnahme *f*, Verhaftung *f* **2.** *fig* Begreifen *n*, Erfassen *n*; Fassungskraft *f* **3.** *fig* Besorgnis *f*, *oft Pl* Befürchtung *f*, **ap·pre'hen·sive** *Adj* besorgt (**for** um; **that** dass): **be ~** Bedenken hegen

►**ap·pren·tice** [ə'prentɪs] **I** *s* Auszubildende *m*, *f*, Lehrling *m*, *schweiz.* Lehrtochter *f* **II** *v/t* in die Lehre geben (**to** bei, zu): **be ~d** in der Lehre sein bei **ap'pren·tice·ship** *s* Lehrzeit *f*; Lehre *f*

ap·pro ['æprəʊ] *s*: **on ~** WIRTSCH F zur Ansicht, zur Probe

►**ap·proach** [ə'prəʊtʃ] **I** *v/i* **1.** sich nähern, (heran)nahen **II** *v/t* **2.** sich nähern (*Dat*) **3.** *fig* nahe kommen (*Dat*), (fast) erreichen **4.** herangehen an (*Akk*), *Aufgabe etc* anpacken **5.** an *j-n* herantreten, sich an *j-n* wenden; *bes pej* sich an *j-n* heranmachen **III** *s* **6.** (Heran)Nahen *n*, Annäherung *f* (*a. fig* **to** an *Akk*), FLUG Anflug *m* **7.** Zugang *m*: **~** (**road**) Zufahrtsstraße *f* **8.** *fig* (Zu)erster Schritt (**to** zu), (erster) Versuch (*Gen*) **9.** Herantreten *n* (**to** an *Akk*), *mst Pl* Annäherungsversuch *m*: **make ~es to → approach** 5 **10.** Methode *f*, Verfahren *n*; Einstellung *f* (**to** zu); Behandlung *f* (**to** *e-s Themas etc*) **ap'proach·a·ble** *Adj* zugänglich (*a. fig*)

ap·pro·ba·tion [,æprəʊ'beɪʃn] *s* (amtliche) Billigung, Genehmigung *f*

►**ap·pro·pri·ate I** *Adj* [ə'prəʊprɪət] **1.** (**to**, **for**) passend (zu), geeignet (für, zu) **II** *v/t* [-,eɪt] **2.** *bes* PARL *Geld* bewilligen, bereitstellen **3.** sich *etw* aneignen **ap,pro·pri'a·tion** [-prɪ'eɪʃn] *s* **1.** Bewilligung *f*, Bereitstellung *f* **2.** Aneignung *f*

►**ap·prov·al** [ə'pru:vl] *s* **1.** Billigung *f*, Genehmigung *f*: **on ~** WIRTSCH zur Ansicht, zur Probe **2.** Anerkennung *f*, Beifall *m*: **meet with ~** Beifall finden

►**ap·prove** [ə'pru:v] **I** *v/t* billigen, genehmigen **II** *v/i* (**of**) billigen, genehmi-

gen (*Akk*), einverstanden sein (mit), zustimmen (*Dat*)

ap·prox·i·mate **I** *Adj* [ə'prɒksɪmət] annähernd, ungefähr: **~ value** Näherungswert *m* **II** *v/t* [-meɪt] sich (*e-m Wert etc*) nähern **III** *v/i* [-meɪt] sich nähern (**to** *Dat*) **ap,prox·i'ma·tion** [-'meɪʃn] *s* Annäherung *f* (**to** an *Akk*)

►**A·pri·cot** ['eɪprɪkɒt] *s* Aprikose *f*, *österr.* Marille *f*

►**A·pril** ['eɪprəl] *s* April *m*: **in ~** im April; **make an ~ fool of s.o.** j-n in den April schicken; **~ fool's day** der 1. April

---

April Fools' Day

– der 1. April. Auch in den englischsprachigen Ländern ist es üblich, Aprilscherze zu machen, aber normalerweise nur bis 12.00 Uhr mittags. Ist einem der Scherz gelungen, ruft man **April fool!** (= April! April!).

---

a·pron ['eɪprən] *s* **1.** Schürze *f* **2.** FLUG (Hallen)Vorfeld *n* **3.** THEAT Vorbühne *f* **~ strings** *s Pl* Schürzenbänder *Pl*: **be tied to one's mother's** (**wife's**) **~** *fig* an Mutters Schürzenzipfel hängen (*unter dem Pantoffel stehen*)

apt [æpt] *Adj* **1.** passend, geeignet **2.** treffend (*Bemerkung etc*) **3.** neigend, geneigt (**to do** zu tun): **he is ~ to believe it** er wird es wahrscheinlich glauben; **~ to be overlooked** leicht zu übersehen **4.** (**at**) geschickt (in *Dat*), begabt (für) **ap·ti·tude** ['-tɪtju:d] *s* **1.** (**for**) Begabung *f* (für), Geschick *n* (in *Dat*): **~ test** Eignungsprüfung *f* **2.** Neigung *f*, Hang *m* (**for** zu) **3.** Auffassungsgabe *f*

aq·ua·ma·rine [,ækwəmə'ri:n] *s* **1.** MIN Aquamarin *m* **2.** Aquamarinblau *n*

aq·ua·plan·ing ['ækwə,pleɪnɪŋ] *s* MOT Aquaplaning *n*

aq·ua·relle [,ækwə'rel] *s* **1.** Aquarell *n* **2.** Aquarellmalerei *f* **,aq·ua'rel·list** *s* Aquarellmaler(in)

a·quar·i·um [ə'kweərɪəm] *s* Aquarium *n*

A·quar·i·us [ə'kweərɪəs] *s* ASTR Wassermann *m*: **be (an) ~** Wassermann sein

a·quat·ic [ə'kwætɪk] *Adj* Wasser...: **~ plants**; **~ sports** *Pl* Wassersport *m*

aq·ue·duct ['ækwɪdʌkt] s Aquädukt m, a. n

a·que·ous ['eɪkwɪəs] Adj wäss(e)rig

aq·ui·line ['ækwɪlaɪn] Adj Adler..., weit. S. a. gebogen: ~ nose Adlernase f

Ar·ab ['ærəb] I s 1. Araber(in) 2. ZOOL Araber m (Pferd) II Adj 3. arabisch

ar·a·besque [ˌ-'besk] s Arabeske f

A·ra·bia [ə'reɪbjə] Eigenn Arabien n

A·ra·bi·an [ə'reɪbjən] I Adj arabisch: The ~ Nights Tausendundeine Nacht II s → Arab I Ar·a·bic ['ærəbɪk] I Adj arabisch: ~ numeral arabische Ziffer II s LING Arabisch n

ar·a·ble ['ærəbl] Adj pflügbar, anbaufähig: ~ land Ackerland n

ar·bi·ter ['ɑːbɪtə] s 1. Schiedsrichter(in) 2. Gebieter(in) (of über Akk): be the ~ of fashion über die Mode bestimmen od diktieren 'ar·bi·trar·y Adj willkürlich: a) beliebig (a. MATHE.), b) eigenmächtig ar·bi·trate ['ɑːbɪtreɪt] I v/t (als Schiedsrichter) entscheiden, schlichten II v/i als Schiedsrichter fungieren ˌar·bi·'tra·tion s Schieds(gerichts)verfahren n 2. Schiedsspruch m; Schlichtung f: court of ~ Schiedsgericht n

ar·bo(u)r ['ɑːbə] s Laube f

arc [ɑːk] s Bogen m, MATHE a. Arkus m, ELEK a. Lichtbogen

ar·cade [ɑː'keɪd] s Arkade f, Bogen-, Laubengang m

▸ arch¹ [ɑːtʃ] I s 1. ARCHI Bogen m 2. ARCHI überwölbter Gang, Gewölbe n 3. Bogen m, Wölbung f: ~ support Senkfußeinlage f II v/t 4. a. ~ over überwölben 5. wölben, krümmen: ~ one's back e-n Buckel machen (bes Katze) III v/i 6. sich wölben

arch² [-] Adj schalkhaft, schelmisch, spitzbübisch

arch³ [-] Adj Erz...

ar·chae·o·log·i·cal [ˌɑːkɪə'lɒdʒɪkl] Adj bes Br archäologisch ar·chae·ol·o·gist [ˌ-'ɒlədʒɪst] s bes Br Archäologe m, -login f ˌar·chae'ol·o·gy s bes Br Archäologie f

ar·cha·ic [ɑː'keɪɪk] Adj (~ally) archaisch: a) altertümlich, b) LING veraltet

arch·an·gel ['ɑːkˌeɪndʒəl] s Erzengel m ˌarch'bish·op s Erzbischof m, -bischöfin f ˌarch'bish·op·ric [-rɪk] s Erzbistum n

ˌarch'duch·ess s Erzherzogin f ˌarch-

'duch·y s Erzherzogtum n ˌarch'duke s Erzherzog m

ar·che·o·log·i·cal, etc Am → archaeological, etc

arch·er ['ɑːtʃə] s Bogenschütze m, -schützin f 'arch·er·y s Bogenschießen n

ar·che·type ['ɑːkɪtaɪp] s Archetyp(us) m, Urform f

ar·chi·pel·a·go [ˌɑːkɪ'peləgəʊ] Pl -go(e)s s Archipel m, Inselgruppe f

ar·chi·tect ['ɑːkɪtekt] s 1. Architekt(in) 2. fig Urheber(in), Schöpfer(in) ˌar·chi·'tec·tur·al [ˌ-'tʃərəl] Adj architektonisch, Bau..., baulich 'ar·chi·tec·ture s Architektur f, a. Baustil m

ar·chive ['ɑːkaɪv] s mst Pl Archiv n 'ar·chi·vist ['ɑːkɪvɪst] s Archivar(in)

'arch·way s Bogengang m 2. Bogen m (über e-m Tor etc)

arc·tic ['ɑːktɪk] I Adj arktisch, nördlich, Polar...: ♀ Circle nördlicher Polarkreis; ♀ Ocean Nördliches Eismeer II s Arktis f

ar·dent ['ɑːdənt] Adj fig 1. heiß, feurig, glühend 2. leidenschaftlich, heftig 3. eifrig, begeistert ar·do(u)r ['ɑːdə] s 1. Leidenschaft f, Glut f, Feuer n 2. Eifer m, Begeisterung f

ar·du·ous ['ɑːdjʊəs] Adj schwierig, mühsam, anstrengend

are [ɑː] du bist, wir (od sie od Sie) sind, ihr seid

▸ a·re·a ['eərɪə] s 1. (Boden-, Grund-) Fläche f 2. Gebiet n (a. fig), Gegend f: ~ code TEL Am Vorwahl(nummer) f 3. fig Bereich m

a·re·na [ə'riːnə] s Arena f, fig a. Schauplatz m

aren't [ɑːnt] F für are not

Ar·gen·ti·na [ˌɑːdʒen'tiːnə] Eigenn Argentinien n

Ar·gen·tine ['ɑːdʒentaɪn], Ar·gen·tin·i·an [ˌ-'tɪnɪən] I Adj argentinisch II s Argentinier(in)

ar·gu·a·ble ['ɑːgjʊəbl] Adj 1. zweifelhaft, fraglich 2. it is ~ that man kann durchaus die Meinung vertreten, dass

▸ ar·gue ['ɑːgjuː] I v/i 1. argumentieren: ~ for eintreten für; sprechen für (Sache); ~ against Einwände machen gegen; sprechen gegen (Sache) 2. streiten (with mit; about über Akk): don't ~! keine Widerrede! II v/t 3. erörtern, dis-

kutieren **4.** behaupten (*that* dass)

▸ **ar·gu·ment** ['ɑːɡjʊmənt] *s* **1.** Argument *n* **2.** Erörterung *f*, Diskussion *f* **3.** Streitfrage *f* **4.** Wortwechsel *m*, Auseinandersetzung *f* **ar·gu·men·ta·tion** [ˌ-men'teɪʃn] *s* **1.** Argumentation *f*, Beweisführung *f* **2.** → *argument 2* **ar·gu·men·ta·tive** [ˌ-'mentətɪv] *Adj* **1.** streitlustig **2.** strittig, umstritten

a·ri·a ['ɑːrɪə] *s* MUS Arie *f*

ar·id ['ærɪd] *Adj* dürr, trocken (*a. fig*) **a'rid·i·ty** *s* Dürre *f*, Trockenheit *f*

Ar·ies ['eəriːz] *s* ASTR Widder *m*: **be (an)** ~ Widder sein

a·rise [ə'raɪz] *v/i* (*unreg*) **1.** (*from, out of*) entstehen, hervorgehen (aus), herrühren (von) **2.** entstehen, sich erheben, auftauchen **a·ris·en** [ə'rɪzn] *Part Perf von arise*

ar·is·toc·ra·cy [ˌærɪ'stɒkrəsɪ] *s* Aristokratie *f* **a·ris·to·crat** ['ærɪstəkræt] *s* Aristokrat(in) **ˌa·ris·to'crat·ic** *Adj* aristokratisch

a·rith·me·tic [ə'rɪθmətɪk] *s* Arithmetik *f*, Rechnen *n*

a·rith·met·ic, **ar·ith·met·i·cal** [ˌærɪθ'metɪk(l)] *Adj* arithmetisch, Rechen…

ark [ɑːk] *s:* **Noah's** ~ BIBEL die Arche Noah

arm¹ [ɑːm] **I** *s* **1.** Arm *m* (*a.* TECH *u. fig*): **with open** ~s mit offenen Armen; **within** ~'**s reach** in Reichweite; **the** ~ **of the law** der Arm des Gesetzes; **keep s.o. at** ~'**s length** sich j-n vom Leibe halten; **take s.o. in one's** ~s j-n in die Arme nehmen **2.** Fluss-, Meeresarm *m* **3.** Ast *m* **4.** Arm-, Seitenlehne *f* (*e-s Stuhls etc*) **5.** Ärmel *m*

arm² [ɑːm] **I** *s* **1.** *mst Pl* Waffe *f* (*a. fig*): **up in** ~s kampfbereit; *fig* in hellem Zorn (*about, over* wegen); **take up** ~s zu den Waffen greifen; ~s **control** Rüstungskontrolle *f*; ~s **dealer** Waffenhändler(in); ~s **race** Wettrüsten *n*, Rüstungswettlauf *m* **2.** MIL Waffen-, Truppengattung *f* **3.** *Pl* Wappen(schild) *n* **II** *v/t* **4.** bewaffnen **5.** ~ *o.s. fig* sich wappnen (**with** mit)

ar·ma·da [ɑː'mɑːdə] *s* (*hist* 2) Armada *f*

ar·ma·ment ['ɑːməmənt] *s* **1.** Kriegsstärke *f* **2.** Bewaffnung *f* **3.** Rüstung *f* **ar·ma·ture** ['ˌ-ˌtjʊə] *s* ELEK Anker *m*

arm·chair ['ɑːmtʃeə] *s* Lehnstuhl *m*: ~ **politician** Stammtischpolitiker(in)

armed [ɑːmd] *Adj* bewaffnet (**to the teeth** bis an die Zähne): ~ **conflict** bewaffnete Auseinandersetzung; ~ **forces** *Pl* Streitkräfte *Pl*; ~ **robbery** bewaffneter Raubüberfall

…-armed [ɑːmd] …armig, mit … Armen

arm·ful ['ɑːmfʊl] *s* Arm *m* voll

ar·mi·stice ['ɑːmɪstɪs] *s* Waffenstillstand *m*

ar·mor, *etc Am* → *armour, etc*

ar·mo·ri·al [ɑː'mɔːrɪəl] *Adj* Wappen…

ar·mour ['ɑːmə] *bes Br* **I** *s* **1.** Rüstung *f*, Panzer *m* (*a.* ZOOL) **2.** MIL Panzer(fahrzeuge) *Pl*; Panzertruppen *Pl* **II** *v/t* **3.** panzern: ~ed **car** MIL Panzerkampfwagen *m*; gepanzertes Fahrzeug (*für Geldtransporte etc*) '~**-plat·ed** *Adj* bes *Br* gepanzert, Panzer…

'**arm·pit** *s* Achselhöhle *f* '~**rest** *s* Armlehne *f*

▸ **ar·my** ['ɑːmɪ] *s* Armee *f*, Heer *n* (*a. fig*): **be in the** ~ beim Militär sein; **join the** ~ Soldat werden

'**A-road** *s* (*etwa*) Bundesstraße *f*

a·ro·ma [ə'rəʊmə] *s* Aroma *n* **a·ro·ma'ther·a·py** *s* MED Aromatherapie *f* **ar·o·mat·ic** [ˌærəʊ'mætɪk] *Adj* (~**ally**) aromatisch

a·rose [ə'rəʊz] *Prät von arise*

▸ **a·round** [ə'raʊnd] **I** *Adv* **1.** (rings)herum, überall(hin), nach *od* auf allen Seiten **2.** umher, (in der Gegend) herum: **look** ~ sich umsehen; zurückschauen **3.** F in der Nähe, da **II** *Präp* **4.** um (… herum), rund um **5.** in (*Dat*) … herum **6.** F ungefähr, etwa **7.** F (nahe) bei

a·rouse [ə'raʊz] *v/t* **1.** (auf)wecken **2.** *fig* auf-, wachrütteln, *Gefühle etc* wachrufen, erregen

▸ **ar·range** [ə'reɪndʒ] **I** *v/t* **1.** (an)ordnen, aufstellen; *Angelegenheiten* ordnen, regeln **2.** festsetzen, -legen **3.** in die Wege leiten, arrangieren **4.** verabreden, vereinbaren **5.** *Streit* schlichten, beilegen **6.** MUS arrangieren, *a.* THEAT *etc* bearbeiten **II** *v/i* **7.** sich verständigen (**with** mit) **8.** Vorkehrungen treffen (**for** für; **to** *Inf* zu *Inf*): ~ **for s.th. to be there** dafür sorgen, dass etw da ist **ar'range·ment** *s* **1.** (An)Ordnung *f* **2.** Festsetzung *f* **3.** Verabredung *f*, Vereinbarung *f*: **make an** ~ e-e Verabredung treffen

(**with** mit) **4.** Schlichtung f, Beilegung f **5.** MUS Arrangement n, a. THEAT etc Bearbeitung f **6.** Pl: **~s** Vorkehrungen Pl: **make ~s** Vorkehrungen treffen

ar·ray [əˈreɪ] **I** v/t **1.** Truppen etc aufstellen **2.** (**o.s.** sich) kleiden, (heraus)putzen **II** s **3.** MIL Schlachtordnung f **4.** fig Phalanx f, (stattliche) Reihe **5.** Kleidung f, Staat m

ar·rear [əˈrɪə] s mst Pl Rückstand m, -stände Pl: **~s of rent** rückständige Miete; **~s of work** Arbeitsrückstände; **be in ~s** im Rückstand od Verzug sein

▸ ar·rest [əˈrest] **I** s **1.** Verhaftung f, Festnahme f; Haft f: **be under ~** verhaftet sein; in Haft sein; → **warrant** 2 **II** v/t **2.** an-, aufhalten, hemmen **3.** Aufmerksamkeit etc fesseln **4.** verhaften, festnehmen

▸ ar·riv·al [əˈraɪvl] s **1.** Ankunft f: **~s' Pl** ,Ankunft' (Fahrplan etc) **2.** Erscheinen n, Auftauchen n **3.** Ankömmling m: **new ~** Neuankömmling, F a. Familienzuwachs m

▸ ar·rive [əˈraɪv] v/i **1.** (an)kommen, eintreffen **2.** erscheinen, auftauchen **3.** fig (**at**) erreichen (Akk), kommen od gelangen (zu)

ar·ro·gance [ˈærəɡəns] s Arroganz f, Überheblichkeit f **'ar·ro·gant** Adj arrogant, überheblich

▸ ar·row [ˈærəʊ] s Pfeil m '**~·head** s Pfeilspitze f

arse [ɑːs] s Br V Arsch m (a. fig pej) '**~·hole** s Br V Arschloch n

ar·se·nal [ˈɑːsənl] s **1.** Arsenal n (a. fig) **2.** Waffen-, Munitionsfabrik f

ar·se·nic [ˈɑːsnɪk] s CHEM Arsen n

ar·son [ˈɑːsn] s JUR Brandstiftung f '**ar·son·ist** s Brandstifter(in)

▸ art [ɑːt] **I** s **1.** (bes bildende) Kunst: **work of ~** Kunstwerk n; → **fine**[1] 1 **2.** Kunst(fertigkeit) f: **the ~ of cooking** die hohe Schule des Kochens; **~s and crafts** Pl Kunstgewerbe n **3.** Pl UNI Geisteswissenschaften Pl: **Faculty of ~s, Am ~s Department** philosophische Fakultät; → **bachelor** 2, **master** 5 **4.** mst Pl Kniff m, Trick m **II** Adj **5.** Kunst...: **~ critic; ~ gallery** Gemäldegalerie f

ar·te·ri·al [ɑːˈtɪərɪəl] Adj **1.** ANAT arteriell, Arterien... **2. ~ road**, Am a. **~ highway** Hauptverkehrsstraße f **ar·te·ri·o-**

scle·ro·sis [ɑːˌtɪərɪəʊsklɪəˈrəʊsɪs] s MED Arteriosklerose f, Arterienverkalkung f **ar·ter·y** [ˈɑːtərɪ] s **1.** ANAT Arterie f, Schlagader f **2.** fig (Haupt)Verkehrsader f

ar·te·sian well [ɑːˈtiːzjən] s artesischer Brunnen m

art·ful [ˈɑːtfʊl] Adj schlau, listig

ar·thrit·ic [ɑːˈθrɪtɪk] Adj MED arthritisch **ar·thri·tis** [ɑːˈθraɪtɪs] s Arthritis f

ar·ti·choke [ˈɑːtɪtʃəʊk] s BOT Artischocke f

▸ ar·ti·cle [ˈɑːtɪkl] **I** s **1.** (Zeitungs- etc) Artikel m **2.** Artikel m, Gegenstand m **3.** LING Artikel m, Geschlechtswort n **4.** Artikel m, Paragraph m, Abschnitt m (e-s Gesetzes etc); Punkt m, Klausel f (e-s Vertrags etc): **~s** Pl **of apprenticeship** Lehrvertrag m; **~s** Pl **of association** (Am **incorporation**) Satzung f (e-r Aktiengesellschaft) **II** v/t **5.** in die Lehre geben (**to** bei, zu): **be ~d to** in der Lehre sein bei

ar·tic·u·late **I** v/t [ɑːˈtɪkjʊleɪt] **1.** artikulieren, deutlich (aus)sprechen **2.** äußern; zur Sprache bringen **3.** TECH durch Gelenke verbinden **II** Adj [..lət] **4.** deutlich ausgesprochen, verständlich (Wörter etc) **5.** fähig, sich klar auszudrücken **ar'tic·u·lat·ed** [..leɪtɪd] Adj TECH Gelenk...: **~ bus** MOT Gelenkbus m; **~ lorry** MOT Br Sattelschlepper m **ar,tic·u'la·tion** s **1.** Artikulation f, deutliche Aussprache **2.** TECH Gelenk(verbindung f) n

ar·ti·fice [ˈɑːtɪfɪs] s **1.** List f **2.** Kunstgriff m, Kniff m

▸ ar·ti·fi·cial [ˌɑːtɪˈfɪʃl] Adj Kunst..., künstlich: **~ flower** (**insemination, respiration,** etc) künstliche Blume (Befruchtung, Beatmung etc); **~ heart** Kunstherz n; **~ intelligence** künstliche Intelligenz; **~ silk** Kunstseide f; **~ tears** Pl falsche Tränen Pl

ar·til·ler·y [ɑːˈtɪlərɪ] s Artillerie f

ar·ti·san [ˌɑːtɪˈzæn] s (Kunst)Handwerker(in)

▸ art·ist [ˈɑːtɪst], **ar·tiste** [ɑːˈtiːst] s Künstler(in), weit. S. a. Könner(in) **ar·tis·tic** [ɑːˈtɪstɪk] Adj **1.** künstlerisch, Künstler..., Kunst... **2.** kunstverständig

art·less [ˈɑːtlɪs] Adj **1.** aufrichtig, arglos **2.** naiv

art·y ['ɑːtɪ] *Adj* F künstlerisch aufgemacht ¸~(-and)-'**craft·y** *Adj* F gewollt künstlerisch

Ar·y·an ['eərɪən] **I** *Adj* arisch **II** *s* Arier(in)

‣ **as** [æz] **I** *Adv* **1.** (eben-, gerade)so: *I ran ~ fast ~ I could* so schnell ich konnte; *just ~ good* ebenso gut; *twice ~ large* zweimal so groß; *~ well* ebenfalls, auch; → *much* 2 **2.** wie (z. B.): *statesmen, ~ Churchill* **II** *Konj* **3.** (so) wie: *~ follows* wie folgt; *~ requested* wunschgemäß; *~ … ~* (eben)so … wie; *(~) soft ~ butter* butterweich; *(~) happy ~ can be* überglücklich; *~ far ~ I know* soviel ich weiß; *~ it were* sozusagen, gleichsam; → *good* 5, *long*¹ 7, *soon, though* 3, *word* 1 **4.** als, während: *~ he entered* als er eintrat, bei s-m Eintritt **5.** da, weil: *~ you are sorry, I'll forgive you* **6.** *~ for* (*od* **to**) was … (an)betrifft; *~ from* (*vor Zeitangaben*) von … an, ab; *~ against* 4, *per* 3, *yet* 2 **III** *Pron* **7.** was, wie: *~ he himself admits* **IV** *Präp* **8.** als: *appear ~ Hamlet* als Hamlet auftreten

asap ['eɪzæp] *Abk* (= *as soon as possible*) möglichst bald

as·bes·tos [æs'bestɒs] *s* Asbest *m*

as·cend [ə'send] **I** *v/i* **1.** (auf)steigen **2.** ansteigen **II** *v/t* **3.** *a. fig* den Thron besteigen **as'cend·an·cy** *s* Übergewicht *n*, Überlegenheit *f* (*over* über *Akk*) **as'cend·ant I** *s* **1.** ASTR Aszendent *m*, Aufgangspunkt *m*: *in the ~ fig* im Aufstieg *od* Kommen **II** *Adj* **2.** (auf-)steigend **3.** überlegen (*over Dat*) **'as·cend·en·cy, as'cend·ent** → *ascendancy, ascendant*

as·cen·sion [ə'senʃn] *s* **1.** Aufsteigen *n* **2.** *the* ♀ Christi Himmelfahrt *f*; ♀ *Day* Himmelfahrtstag *m*

as·cent [ə'sent] *s* **1.** Aufstieg *m* **2.** Besteigung *f* **3.** Steigung *f*, Gefälle *n*

as·cer·tain [͵æsə'teɪn] *v/t* ermitteln, feststellen, in Erfahrung bringen

as·cet·ic [ə'setɪk] **I** *Adj* (*~ally*) asketisch **II** *s* Asket(in) **as'cet·i·cism** [͵-tɪsɪzəm] *s* Askese *f*

ASCII ['æskiː] *Abk* (= *American Standard Code for Information Interchange*) ASCII

as·cor·bic ac·id [ə'skɔːbɪk] *s* CHEM Ascorbinsäure *f*, Vitamin *n* C

---

as·crib·a·ble [ə'skraɪbəbl] *Adj* zuzuschreiben(d) **as'cribe** *v/t* (*to*) **1.** zurückführen (auf *Akk*), zuschreiben (*Dat*) **2.** zuschreiben, beimessen (*Dat*)

a·sep·tic [͵eɪ'septɪk] *Adj* (*~ally*) aseptisch, keimfrei

a·sex·u·al [͵eɪ'seksʊəl] *Adj* BIOL geschlechtslos

ash¹ [æʃ] *s* **1.** BOT Esche *f* **2.** Eschenholz *n*

ash² [̣-] *s* **1.** *mst Pl* Asche *f*: *burn to ~es* einäschern, niederbrennen **2.** *Pl* Asche *f*, (sterbliche) Überreste *Pl*

‣ **a·shamed** [ə'ʃeɪmd] *Adj* beschämt: ‣ *be* (*od feel*) *ashamed of* sich *e-r Sache od j-s* schämen; ‣ *be ashamed of o.s.* sich schämen; *be* (*od feel*) *ashamed to do* (*od of doing*) *s.th.* sich schämen, etw zu tun

ash¦ bin, ~ can *s Am* **1.** Abfall-, Mülleimer *m* **2.** Abfall-, Mülltonne *f*

ash·en ['æʃn] *Adj* **1.** Aschen… **2.** aschfarben **3.** aschgrau, -fahl

a·shore [ə'ʃɔː] *Adv u. Adj am od* ans Ufer: *go ~* an Land gehen

'ash·pan *s* Asche(n)kasten *m*

‣ **'ash·tray** *s* ['æʃtreɪ] *s* Aschenbecher *m* ♀ **Wednes·day** ♀ Aschermittwoch *m*

‣ **A·sia** ['eɪʃə] *Eigenn* Asien *n*: *~ Minor* Kleinasien *n*

‣ **A·sian** ['eɪʃn], **A·si·at·ic** [͵eɪʃɪ'ætɪk] **I** *Adj* asiatisch **II** *s* Asiat(in)

‣ **a·side** [ə'saɪd] **I** *Adv* **1.** beiseite, auf die Seite: *step ~* zur Seite treten **2.** *~ from* abgesehen von **II** *s* **3.** THEAT Aparte *n*

as·i·nine ['æsɪnaɪn] *Adj* **1.** Esels… **2.** *fig* eselhaft, dumm

‣ **ask** [ɑːsk] **I** *v/t* **1.** *j-n* fragen **2.** *j-n* fragen, sich bei *j-m* nach *etw* erkundigen: *~ s.o. the way*; *~ s.o. a question j-n* eine Frage stellen, *j-n* etw fragen **3.** bitten um, *etw* erbitten: *~ advice*; *~ favo(u)r* 4 **4.** *j-n* bitten, fragen (*for* um): *~ s.o. for advice* **5.** einladen; bitten: *~ s.o. to dinner j-n* zum Essen einladen; *~ s.o. in j-n* hereinbitten; *~ s.o. out j-n* ausführen **6.** verlangen, fordern (*of* von): *~ a high price for s.th.*; *that is ~ing too much* das ist zu viel verlangt **II** *v/i* **7.** fragen, sich erkundigen (*for, about, after* nach): *~ for s.o. a. j-n od* nach *j-m* verlangen, *j-n* zu sprechen wünschen; *~ around* he-

rumfragen, sich umhören **8.** bitten (**for** um): *he was ~ing for it* (*od trouble*) F er wollte es ja so haben

a·skance [əˈskæns] *Adv:* **look ~ at** s.o. j-n von der Seite ansehen; *fig* j-n schief *od* misstrauisch ansehen

a·skew [əˈskjuː] *Adv* schief: *go ~ fig* schief gehen

ask·ing [ˈɑːskɪŋ] *s* Fragen *n*, Bitten *n*: **it is yours for the ~** du kannst es gern haben ~ **price** *s* Verkaufspreis *m*

a·slant [əˈslɑːnt] **I** *Adv u. Adj* schräg, quer **II** *Präp* quer über (*Akk*) *od* durch

▸ a·sleep [əˈsliːp] *Adv u. Adj* schlafend, (*Fuß etc*) eingeschlafen: ▸ *be asleep* schlafen; ▸ *fall asleep* einschlafen

as·par·a·gus [əˈspærəgəs] *s* BOT Spargel *m*: ~ **tips** *Pl* Spargelspitzen *Pl*

as·pect [ˈæspekt] *s* **1.** Aussehen *n*, Erscheinung *f* **2.** Aspekt *m* (*a.* LING), Seite *f*, Gesichtspunkt *m* **3.** Beziehung *f*, Hinsicht *f*

as·pen [ˈæspən] *s* BOT Espe *f*

as·per·i·ty [æˈsperətɪ] *s* **1.** Rauheit *f* (*a. fig*), Unebenheit *f* **2.** *fig* Schärfe *f*, Schroffheit *f*

as·perse [əˈspɜːs] *v/t* verleumden **as·per·sion** *s* Verleumdung *f*: *cast ~s on* verleumden

as·phalt [ˈæsfælt] **I** *s* Asphalt *m* **II** *v/t* asphaltieren

as·phyx·i·a [əsˈfɪksɪə] *s* MED Erstickung(stod *m*) *f* **as·phyx·i·ate** [-eɪt] *v/t u. v/i* ersticken: *be ~d* ersticken **as·phyx·i·a·tion** *s* Erstickung *f*

as·pic [ˈæspɪk] *s* Aspik *m*, Gelee *n*

as·pir·ant [əˈspaɪərənt] *s* (*to, for*) Bewerber(in) (um *Akk*), Anwärter(in) (auf *Akk*) **as·pi·ra·tion** [ˌæspəˈreɪʃn] *s* Streben *n*, Bestrebung *f* (*for* nach)

as·pire [əˈspaɪə] *v/i* streben, trachten (*to* nach): ~ *to* s.th. *a.* etw erstreben

as·pi·rin [ˈæspərɪn] *s* PHARM Aspirin *n*

as·pir·ing [əˈspaɪərɪŋ] *Adj* **1.** ehrgeizig, strebsam **2.** auf-, emporstrebend

ass¹ [æs] *s* ZOOL Esel *m* (*a. fig*): *make an ~ of* o.s. sich lächerlich machen *od* blamieren

ass² [-] *s* → ▸ **~hole** *Am* ∨ → *arse*, *arsehole*

as·sail [əˈseɪl] *v/t* **1.** angreifen **2.** *fig* bestürmen (*with* mit *Fragen etc*): *~ed by fear* von Furcht gepackt **3.** *Aufgabe etc* in Angriff nehmen **as·sail·ant** *s* Angreifer(in)

as·sas·sin [əˈsæsɪn] *s* (*bes* politische[r]) Mörder(in), Attentäter(in) **as·sas·si·nate** [-neɪt] *v/t bes* POL ermorden: *be ~d* e-m Attentat zum Opfer fallen **as·sas·si·na·tion** *s* (*of*) (*bes* politischer) Mord, Ermordung *f* (*Gen*), Attentat *n* (auf *Akk*)

as·sault [əˈsɔːlt] **I** *s* **1.** Angriff *m* (*on* auf *Akk*) (*a. fig*) **2.** MIL Sturm *m*: *take by ~* im Sturm nehmen, erstürmen **3.** *a.* ~ *and battery* JUR tätliche Beleidigung **II** *v/t* **4.** angreifen (*a. fig*) **5.** MIL stürmen **6.** JUR tätlich beleidigen **7.** *euph* vergewaltigen

as·say [əˈseɪ] **I** *s* **1.** Prüfung *f*, Untersuchung *f* **II** *v/t* **2.** *Metall etc* prüfen, untersuchen **3.** *fig* probieren

as·sem·blage [əˈsemblɪdʒ] *s* **1.** Ansammlung *f* **2.** Versammlung *f* **3.** TECH Montage *f* **as·sem·ble I** *v/t* **1.** versammeln **2.** TECH montieren, zs.-setzen **II** *v/i* **3.** sich versammeln **as·sem·bler** *s* **1.** TECH Monteur(in) **2.** COMPUTER Assembler *m* **as·sem·bly** *s* **1.** Versammlung *f* **2.** TECH Montage *f*: ~ *line* Fließband *n*; ~ *shop* Montagehalle *f*

as·sent [əˈsent] **I** *v/i* (*to*) **1.** zustimmen, beipflichten (*Dat*) **2.** billigen, genehmigen (*Akk*) **II** *s* **3.** Zustimmung *f*, Beipflichtung *f*: *by common ~* mit allgemeiner Zustimmung **4.** Billigung *f*, Genehmigung *f*

as·sert [əˈsɜːt] *v/t* **1.** behaupten, erklären **2.** *Anspruch etc* geltend machen, bestehen auf (*Dat*) **3.** ~ *o.s.* sich behaupten *od* durchsetzen; sich zu viel anmaßen **as·ser·tion** *s* **1.** Behauptung *f*, Erklärung *f*: *make an ~* e-e Behauptung aufstellen **2.** Geltendmachung *f* **as·ser·tive** *Adj* **1.** ausdrücklich **2.** anmaßend

as·sess [əˈses] *v/t* **1.** *Geldstrafe etc* festsetzen **2.** *Einkommen etc* (zur Steuer) veranlagen (*at* mit) **3.** *fig* ab-, einschätzen, (be)werten **as·sess·ment** *s* **1.** Festsetzung *f* **2.** (Steuer)Veranlagung *f* **3.** Steuer(betrag *m*) *f* **4.** *fig* Ab-, Einschätzung *f*, (Be)Wertung *f*: *what is your ~ of …?* wie beurteilen Sie … (*Akk*)?

as·set [ˈæset] *s* **1.** WIRTSCH Aktivposten *m*; *Pl* Aktiva *Pl*: ~*s and liabilities* Aktiva u. Passiva; *current ~s* Umlaufvermögen *n*; *fixed ~s* Sachanlagen *Pl*, An-

lagevermögen *n* **2.** *Pl* JUR Vermögen(s-masse *f*) *n*; Konkursmasse *f* **3.** *fig* Vorzug *m*, Plus *n*; Gewinn *m* (**to** für): **be a great** ~ viel Wert sein '~-,**strip-per** *s* Unternehmensalthändler(in)

as·si·du·i·ty [,æsɪ'dju:ətɪ] *s* Fleiß *m*, Eifer *m* **as·sid·u·ous** [ə'sɪdjʊəs] *Adj* fleißig, emsig

as·sign [ə'saɪn] *v/t* **1.** *Aufgabe etc* zu-, anweisen, zuteilen (**to** *Dat*) **2.** (**to**) *j-n* bestimmen, einteilen (zu, für *e-e Aufgabe etc*), beauftragen (mit) **3.** *Zeitpunkt etc* bestimmen, festsetzen **4.** *etw* zuschreiben (**to** *Dat*) **5.** JUR abtreten, übertragen (**to** *Dat*) **as·sign·ment** *s* **1.** Zu-, Anweisung *f* (**to** an *Akk*) **2.** Bestimmung *f*, Festsetzung *f* **3.** Aufgabe *f*, Arbeit *f* (*beide a.* PÄD), Auftrag *m* **4.** JUR Abtretung *f*, Übertragung *f* (**to** an *Akk*)

as·sim·i·late [ə'sɪmɪleɪt] **I** *v/t* **1.** assimilieren: **a)** angleichen (*a.* LING), anpassen (**to, with** *Dat*, an *Akk*), **b)** BIOL (sich) *Nahrung* einverleiben, **c)** SOZIOL aufnehmen **II** *v/i* **2.** sich angleichen *od* anpassen (**to, with** *Dat*) **3.** BIOL, SOZIOL sich assimilieren **as,sim·i'la·tion** *s* Assimilation *f*: **a)** Angleichung *f*, Anpassung *f* (**to** an *Akk*), **b)** BIOL Einverleibung *f*

▸ **as·sist** [ə'sɪst] **I** *v/t* **1.** *j-m* helfen, beistehen, *j-n* unterstützen: ~ **s.o. in doing s.th.** j-m (dabei) helfen, etw zu tun **II** *v/i* **2.** mithelfen, Hilfe leisten (**in** bei) **3.** (**at**) beiwohnen (*Dat*), teilnehmen (an *Dat*) **as'sist·ance** *s* Hilfe *f*, Beistand *m*, Unterstützung *f*: **come to s.o.'s** ~ j-m zu Hilfe kommen **as-'sist·ant I** *Adj* **1.** stellvertretend: ~ **editor** Redaktionsassistent(in); ~ **professor** UNI *Am* (*etwa*) Lehrbeauftragte *m*, *f* **II** *s* **2.** Assistent(in), Mitarbeiter(in) **3.** Angestellte *m*, *f*: (**shop**) ~ Verkäufer(in)

as·so·ci·ate [ə'səʊʃɪeɪt] **I** *v/t* **1.** vereinigen, -binden, zs.-schließen (**with** mit): ~ **o.s. with** a. sich *e-r Partei, j-s Ansichten etc* anschließen **2.** *bes* PSYCH assoziieren, (gedanklich) verbinden (**with** mit) **II** *v/i* **3.** sich vereinigen etc, → **1** **4.** verkehren (**with** mit) **III** *Adj* [-ʃɪət] **5.** verwandt (**with** mit) **6.** beigeordnet, Mit...: ~ **editor** Mitherausgeber(in) **7.** außerordentlich (*Mitglied*)

IV *s* [-ʃɪət] **8.** WIRTSCH Teilhaber(in), Gesellschafter(in) **9.** Kollege *m*, Kollegin *f*; Partner(in) **10.** außerordentliches Mitglied **as·so·ci·a·tion** [ə,səʊsɪ'eɪʃn] *s* **1.** Vereinigung *f*, -bindung *f*, Zs.-schluss *m*: **in** ~ **with** zusammen mit **2.** Verein(igung *f*) *m* **3.** WIRTSCH Genossenschaft *f*, (Handels)Gesellschaft *f*, Verband *m*: ~ **football** *Br* Fußball *m* **4.** Umgang *m*, Verkehr *m* **5.** PSYCH (Ideen-, Gedanken)Assoziation *f*

as·sort·ed [ə'sɔ:tɪd] *Adj* **1.** sortiert, geordnet **2.** zs.-gestellt, gemischt, verschiedenartig **as'sort·ment** *s* *bes* WIRTSCH (**of**) Sortiment *n* (von), Auswahl *f* (an *Dat*)

as·sume [ə'sju:m] *v/t* **1.** annehmen, voraussetzen: **assuming that** angenommen *od* vorausgesetzt, dass **2.** *Amt, Verantwortung etc* übernehmen **3.** *Eigenschaft, Gestalt etc* annehmen **4.** sich *Recht etc* anmaßen **as·sump·tion** [ə'sʌmpʃn] *s* **1.** Annahme *f*, Voraussetzung *f*: **on the** ~ **that** in der Annahme *od* unter der Voraussetzung, dass **2.** Übernahme *f* **3.** Anmaßung *f* **4.** ♀ (**Day**) REL Mariä Himmelfahrt *f*

as·sur·ance [ə'ʃʊərəns] *s* **1.** Ver-, Zusicherung *f* **2.** *bes Br* (Lebens)Versicherung *f* **3.** Sicherheit *f*, Gewissheit *f* **4.** Selbstsicherheit *f*; *pej* Dreistigkeit *f* **as·sure** [ə'ʃɔ:] *v/t* **1.** *j-m* versichern (**that** dass): ~ **s.o. of s.th.** j-m etw zusichern **2.** sichern, sicherstellen, bürgen für **3.** überzeugen (**of** von): ~ **o.s.** a. sich vergewissern (**of** *Gen*) **4.** beruhigen **5.** *bes Br* Leben versichern: ~ **one's life with** e-e Lebensversicherung abschließen bei **as'sured I** *Adj* **1.** (**of**) überzeugt (von), sicher (*Gen*): **you can rest** ~ **that** Sie können sicher *od* sich darauf verlassen, dass **2.** selbstsicher; *pej* dreist **II** *s* **4.** *bes Br* Versicherte *m*, *f* **as'sur·ed·ly** [-ɪdlɪ] *Adv* ganz gewiss

as·ter ['æstə] *s* BOT Aster *f*

as·ter·isk ['æstərɪsk] *s typographisch*: Sternchen *n*

a·stern [ə'stɜ:n] *Adv* SCHIFF achtern

asth·ma ['æsmə] *s* MED Asthma *n* **asth·mat·ic** [-'mætɪk] **I** *Adj* (~**ally**) asthmatisch: ~ **attack** Asthmaanfall *m*; **be** ~ Asthma haben **II** *s* Asthmatiker(in)

▸**as·ton·ish** [ə'stɒnɪʃ] *v/t* in Erstaunen setzen: *be ~ed* erstaunt *od* überrascht sein (*at* über *Akk*; *to Inf* zu *Inf*), sich wundern (*at* über *Akk*) **as'ton·ish·ing** *Adj* erstaunlich **as'ton·ish·ment** *s* (Er)Staunen *n*, Verwunderung *f*: *to one's ~* zu s-r Verwunderung

as·tound [ə'staʊnd], **as·tound·ing** → *astonish, astonishing*

a·stray [ə'streɪ] *Adv*: *go ~* vom Weg abkommen; *fig* auf Abwege geraten; *lead ~ fig* irreführen

as·trin·gent [ə'strɪndʒənt] **I** *Adj* **1.** MED adstringierend, zs.-ziehend **2.** *fig* streng, hart **II** *s* **3.** MED Adstringens *n*

as·trol·o·ger [ə'strɒlədʒə] *s* Astrologe *m*, -login *f* **as·tro·log·i·cal** [ˌæstrə-'lɒdʒɪkl] *Adj* astrologisch **as·trol·o·gy** [ə'strɒlədʒɪ] *s* Astrologie *f*

▸**as·tro·naut** ['æstrənɔːt] *s* Astronaut *m* ˌ**as·tro'nau·tics** *s Pl* (*mst Sg konstruiert*) Astronautik *f*, Raumfahrt *f*

as·tron·o·mer [ə'strɒnəmə] *s* Astronom(in) **as·tro·nom·ic** [ˌæstrə'nɒmɪk], **as·tro·nom·i·cal** *Adj* astronomisch **as·tron·o·my** [ə'strɒnəmɪ] *s* Astronomie *f*

as·tute [ə'stjuːt] *Adj* **1.** scharfsinnig **2.** schlau, gerissen **as'tute·ness** *s* **1.** Scharfsinn *m* **2.** Schlauheit *f*

a·sun·der [ə'sʌndə] *Adv* auseinander, entzwei

a·sy·lum [ə'saɪləm] *s* **1.** Asyl *n*: **a)** Zufluchtsort *m*, **b)** *fig* Zuflucht *f* **2.** (politisches) Asyl: *ask for ~* um Asyl bitten *od* nachsuchen; *give s.o. ~ fig* j-m Asyl gewähren; *~ seeker* Asylant(in), Asylbewerber(in)

a·sym·met·ric [ˌeɪsɪ'metrɪk], ˌ**a·sym-'met·ri·cal** *Adj* asymmetrisch, ungleichmäßig **a·sym·me·try** [eɪ'sɪmətrɪ] *s* Asymmetrie *f*, Ungleichmäßigkeit *f*

▸**at** [æt] *Präp* **1.** (*Ort*) in (*Dat*), an (*Dat*), bei, auf (*Dat*): *at a dance* auf e-m Ball; *at the baker's* beim Bäcker; *at the door* an der Tür **2.** (*Richtung*) auf (*Akk*), nach, gegen, zu: *he threw a stone at the door* er warf e-n Stein gegen die Tür **3.** (*Beschäftigung*) bei, beschäftigt mit, in (*Dat*): *he is still at it* er ist noch dabei *od* damit beschäftigt **4.** (*Art u. Weise, Zustand*) in (*Dat*), bei, zu, unter (*Dat*): ▸ *at all* überhaupt; ▸ *not at*

all überhaupt *od* gar nicht; ▸ *not at all!* F nichts zu danken!; *nothing at all* überhaupt *od* gar nichts; *no doubts at all* keinerlei Zweifel **5.** (*Preis, Wert etc*) für, um: *at 6 dollars* **6.** (*Zeit, Alter*) um, bei: *at 21* mit 21 (Jahren); *at 3 o'clock* um 3 Uhr; *at his death* bei s-m Tod

ate [et] *Prät von eat*

a·the·ism ['eɪθɪɪzəm] *s* Atheismus *m* **'a·the·ist** *s* Atheist(in) ˌ**a·the'is·tic** *Adj* atheistisch

Ath·ens ['æθɪnz] *Eigenn* Athen *n*

▸**ath·lete** ['æθliːt] *s* **1.** Athlet(in): **a)** Sportler(in), **b)** Kraftmensch *m*: *~'s foot* MED Fußpilz *m* **2.** *Br* Leichtathlet(in) **ath·let·ic** [æθ'letɪk] **I** *Adj* (*~ally*) **1.** athletisch: **a)** Sport..., **b)** von athletischem Körperbau **2.** *Br* leichtathletisch **II** *s Pl* **3.** (*a. Sg konstruiert*) Sport *m*: *~s field* Sportplatz *m* **4.** (*mst Sg konstruiert*) *Br* Leichtathletik *f*

at-home [ət'həʊm] *s* zwangloser Empfang: *give an ~*

At·lan·tic [ət'læntɪk] **I** *Adj* atlantisch **II** *s der* Atlantik

at·las ['ætləs] *s* Atlas *m* (*Buch*)

ATM [eɪtiː'em] *Abk* (= *automated teller machine*) *Am* Geldautomat *m*

at·mos·phere ['ætməsˌsfɪə] *s* Atmosphäre *f* (*a. fig*) **at·mos·pher·ic** [ˌ-'ferɪk] **I** *Adj* (*~ally*) atmosphärisch **II** *s Pl* **at·mos·pher·ics** atmosphärische Störungen *Pl*

at·oll ['ætɒl] *s* Atoll *n*

at·om ['ætəm] *s* PHYS Atom *n* (*a. fig*): *~ bomb* Atombombe *f* **a·tom·ic** [ə't-ɒmɪk] *Adj* (*~ally*) atomar, Atom...: *~ age* Atomzeitalter *n*; *~ bomb* Atombombe *f*; *~ energy* Atomenergie *f*; *~ nucleus* Atomkern *m*; *~ pile* Atomreaktor *m*; *~ power* Atomkraft *f*; *~ research* Atomforschung *f*; *~-powered* mit Atomkraft betrieben, Atom...; *~ power plant* Atomkraftwerk *n*; *~ waste* Atommüll *m*; *~ weight* Atomgewicht *n* **at·om·ize** ['ætəʊmaɪz] *v/t* **1.** atomisieren **2.** *Flüssigkeit* zerstäuben **'at·om·iz·er** *s* Zerstäuber *m*

a·tone [ə'təʊn] *v/i*: *~ for* büßen für *etw*, *etw* sühnen **a'tone·ment** *s* Buße *f*, Sühne *f*

a·tro·cious [ə'trəʊʃəs] *Adj* scheußlich grässlich (*beide a.* F) **a·troc·i·ty** [ə'trɒsətɪ] *s* **1.** Scheußlichkeit *f*, Gräss-

lichkeit *f* **2.** Gräueltat *f*

at·ro·phy ['ætrəfɪ] MED **I** *s* Atrophie *f*, Verkümmerung *f (a. fig)* **II** *v/i* verkümmern *(a. fig)*

at sign (@) *s* IT E-Mail: @-Zeichen *n*, F Klammeraffe *m*

at·tach [ə'tætʃ] **I** *v/t* **1.** *(to)* befestigen, anbringen (an *Dat*), anheften, ankleben (an *Akk*) **2.** *(to) fig* Sinn etc verbinden *(mit)*; *Wert, Wichtigkeit etc* beimessen *(Dat)*; *magische Kräfte etc* zuschreiben *(Dat)*; *Bedingungen* knüpfen (an *Akk*) **3.** *fig ~ o.s.* sich anschließen (**to** *Dat od* an *Akk*): **be ~ed to s.o.** an j-m hängen **4.** *fig (to)* zuteilen *(Dat)*, MIL *a.* abkommandieren (zu) **5.** *jur j-n* verhaften; *etw* beschlagnahmen; pfänden **II** *v/i* **6.** *(to)* anhaften *(Dat)*, verknüpft *od* verbunden sein

at·ta·ché [ə'tæʃeɪ] *s* Attaché *m*: **~ case** Aktentasche *f*, -koffer *m*

at·tach·ment [ə'tætʃmənt] *s* **1.** Befestigung *f* **2.** Anhängsel *n*, Beiwerk *n*; TECH Zusatzgerät *n* **3.** *fig (to)* Anhänglichkeit *f* (an *Akk*); Bindung *f* (an *Akk*) **4.** JUR Verhaftung *f*; Beschlagnahme *f*; Pfändung *f* **5.** COMPUTER Attachment *n (Datei als Anlage einer E-Mail)*

▸**at·tack** [ə'tæk] **I** *v/t* **1.** *(a. v/i) allg* angreifen **2.** *fig Arbeit etc* in Angriff nehmen, über *e-e Mahlzeit etc* herfallen **II** *s* **3.** Angriff *m* **4.** MED Anfall *m* **at'tacker** *s* Angreifer(in)

at·tain [ə'teɪn] *v/t (u. v/i ~ to) Ziel etc* erreichen, erlangen **at'tain·a·ble** *Adj* erreichbar **at'tain·ment** *s* **1.** Erreichung *f*, Erlangung *f* **2.** *Pl* Kenntnisse *Pl*, Fertigkeiten *Pl*

▸**at·tempt** [ə'tempt] **I** *v/t* **1.** versuchen (**to do, doing** zu tun): **~ed suicide** Selbstmordversuch *m* **2.** sich machen *od* wagen an *(Akk)*, in Angriff nehmen **II** *s* **3.** Versuch *m* (**to do, doing** zu tun): **~ explanation** Erklärungsversuch; **~s** *Pl* **at resuscitation** MED Wiederbelebungsversuche *Pl* **4.** Anschlag *m*: **an ~ on s.o.'s life** ein Mordanschlag *od* Attentat auf j-n

▸**at·tend** [ə'tend] **I** *v/t* **1.** *Kranke* pflegen; *(ärztlich)* behandeln **2.** *fig* begleiten **3.** teilnehmen an *(Dat)*, *Schule, Versammlung etc* besuchen **II** *v/i* **4.** *(to)* beachten *(Akk)*, achten auf *(Akk)* **5.** *(to)*

sich kümmern (um); erledigen *(Akk)* **6. ~ to** j-n *(im Laden)* bedienen: **are you being ~ed to?** werden Sie schon bedient? **7.** anwesend sein; erscheinen **8. ~ on** j-n bedienen **at'tend·ance** *s* **1.** Dienst *m*, Bereitschaft *f*: **physician in** ~ Dienst habender Arzt; **hours** *Pl* **of ~** Dienststunden *Pl* **2.** Pflege *f* (**on** *Gen*), Dienstleistung *f*: **be in ~ on ~ attend** 1 **3.** Anwesenheit *f*, Erscheinen *n*: **~ list** *(od* **record)** Anwesenheitsliste *f* **4.** Besucher *Pl*, Teilnehmer *Pl*; Besuch(erzahl *f*) *m*, Beteiligung *f* **at'tendant I** *Adj* **1.** begleitend **2.** *fig* verbunden (**on** mit): **~ circumstances** *Pl* Begleitumstände *Pl* **3.** anwesend **II** *s* **4.** Begleiter(in) **5.** Aufseher(in) **6.** *Pl* Dienerschaft *f*

▸**at·ten·tion** [ə'tenʃn] *s* **1.** Aufmerksamkeit *f (a. fig)*: **attract attention** Aufmerksamkeit erregen; **call** *(od* **draw) attention to** die Aufmerksamkeit lenken auf *(Akk)*; ▸ **pay attention to** Beachtung schenken *(Dat)*, Acht geben auf *(Akk)*; (**for the**) attention of zu Händen von *(od Gen)* **2. give (prompt) attention to s.th.** etw (rasch) erledigen **3. attention!** MIL Achtung!; stillgestanden! **at'ten·tive** *Adj* aufmerksam (**to** auf *Akk*; *fig*)

at·ten·u·ate [ə'tenjʊeɪt] *v/t* **1.** *bes* CHEM verdünnen **2.** *fig* (ab)schwächen

at·test [ə'test] *v/t* **1.** beglaubigen, bescheinigen **2.** zeugen von, bestätigen **at·tes·ta·tion** [ˌæte'steɪʃn] *s* **1.** Beglaubigung *f*, Bescheinigung *f*; Zeugnis *n*

at·tic ['ætɪk] *s* Dachgeschoss *n*; Dachstube *f*, -kammer *f*

at·tire [ə'taɪə] *I v/t* (be)kleiden **II** *s* Kleidung *f*, Gewand *n*

at·ti·tude ['ætɪtjuːd] *s* **1.** (Körper)Haltung *f*, Stellung *f* **2.** *fig* Haltung *f*: **a)** Verhalten *n*, **b)** Einstellung *f* (**to, toward[s]** zu, gegenüber): **what is your ~ to …?** wie stehen Sie zu …?

at·tor·ney [ə'tɜːnɪ] *s* JUR **1.** *bes Am* **~ (at law)** (Rechts)Anwalt *m*, (-)Anwältin *f* **2.** (**power of**) **~** Vollmacht *f*; **~ gen·er·al** *Pl* **~s gen·er·al**, **~ gen·er·als** *s* JUR **1.** *Br* erster Kronanwalt **2.** *Am* Justizminister(in)

at·tract [ə'trækt] *v/t* **1.** PHYS anziehen *(a. fig)* **2.** *fig j-n* anlocken, reizen, *j-s Inte-*

resse, Blicke etc auf sich ziehen: **be ~ed to** sich hingezogen fühlen zu; → **attention** 1 **at'trac·tion** [-kʃn] *s* **1.** PHYS Anziehung(skraft) *f* **2.** *fig* **a)** Anziehungskraft *f*, Reiz *m*: **have little ~ for** wenig anziehend sein für, **b)** Attraktion *f*, THEAT *etc* Zugnummer *f*

▸ **at·trac·tive** [ə'træktıv] *Adj* **1.** PHYS anziehend: **~ force** (*od* **power**) Anziehungskraft *f* **2.** *fig* attraktiv: **a)** anziehend, reizvoll, **b)** einnehmend (*Äußeres etc*), **c)** zugkräftig (*Angebot etc*)

at·trib·ute 1 *v/t* [ə'trıbju:t] **1.** zuschreiben (*to Dat*) **2.** zurückführen (*to auf Akk*) **II** *s* ['ætrıbju:t] **3.** Attribut *n* (*a.* LING): **a)** Eigenschaft *f*, Merkmal *n*, **b)** (Kenn)Zeichen *n* **at·trib·u·tive** [ə'trıbjʊtıv] LING **I** *Adj* attributiv **II** *s* Attribut *n*

at·tri·tion [ə'trıʃn] *s* **1.** Abnutzung *f*, Verschleiß *m* (*beide a. fig*) **2.** *fig* Zermürbung *f*

atyp·i·cal [,eı'tıpıkl] *Adj* untypisch

auber·gine ['əʊbəʒi:n] *s* BOT Aubergine *f*

au·burn ['ɔ:bən] *Adj* kastanienbraun

auc·tion ['ɔ:kʃn] **I** *s* Auktion *f*, Versteigerung *f*: **sell by** (*Am* **at**) **~,** *od* **~** versteigern; **sale by** (*Am* **at**) **~,** *od* **~ sale** Versteigerung *f* **II** *v/t mst* **~ off** versteigern **auc·tion·eer** [,ɔ:kʃə'nıə] *s* Auktionator(in), Versteigerer *m*, Versteigerin *f*: **~s** *Pl* Auktionshaus *n*

au·da·cious [ɔ:'deıʃəs] *Adj* **1.** kühn, verwegen **2.** dreist, unverfroren **au·dac·i·ty** [ɔ:'dæsətı] *s* **1.** Kühnheit *f*, Verwegenheit *f* **2.** Dreistigkeit *f*, Unverfrorenheit *f*

au·di·ble ['ɔ:dəbl] *Adj* hörbar, vernehmlich

▸ **au·di·ence** ['ɔ:djəns] *s* **1.** Audienz *f* (*of, with* bei) **2.** Publikum *n*: **a)** Zuhörer(schaft *f*) *Pl*, **b)** Zuschauer *Pl*, **c)** Besucher *Pl*, **d)** Leser(kreis *m*) *Pl*

au·di·o| cas·sette ['ɔ:dıəʊ] *s* Audio-, Tonkassette *f* **~ re·sponse** *s* COMPUTER Sprachausgabe *f* **~·typ·ist** *s* Phonotypistin *f* **,~'vis·u·al I** *Adj* audiovisuell: **~ aids** → II **II** *s Pl* audiovisuelle Unterrichtsmittel *Pl*

au·dit ['ɔ:dıt] WIRTSCH **I** *s* Buch-, Rechnungsprüfung *f* **II** *v/t* prüfen

au·di·tion [ɔ:'dıʃn] *s* **1.** PHYSIOL Hörvermögen *n*, Gehör *n* **2.** MUS, THEAT Vorspiel(en) *n*; Vorsingen *n*; Vorsprechen *n*; Anhörprobe *f* **II** *v/t u. v/i* **3.** MUS, THEAT vorspielen *od* vorsingen *od* vorsprechen (lassen)

au·di·tor ['ɔ:dıtə] *s* **1.** WIRTSCH Buch-, Rechnungsprüfer(in) **2.** UNI *Am* Gasthörer(in)

au·di·to·ri·um [,ɔ:dı'tɔ:rıəm] *s* **1.** Auditorium *n*, Zuhörer-, Zuschauerraum *m* **2.** *Am* Vortragssaal *m*, Konzerthalle *f*

aug·ment [ɔ:g'ment] **I** *v/t* vermehren, steigern, *Gehalt etc* aufbessern **II** *v/i* sich vermehren, zunehmen **,aug·men·'ta·tion** *s* Vermehrung *f*, Zunahme *f*; Aufbesserung *f*

au·gur ['ɔ:gə] **I** *v/t* vorher-, weissagen **II** *v/i:* **~ well** (*ill*) ein gutes (schlechtes) Zeichen sein (*for* für) **au·gu·ry** ['ɔ:gjʊrı] *s* Vorzeichen *n*

▸ **Au·gust** ['ɔ:gəst] *s* August *m*: **in ~** im August

auld lang syne [,ɔ:ldlæŋ'saın] *schott.* die gute alte Zeit

▸ **aunt** [ɑ:nt] *s* Tante *f*

au·pair [,əʊ'peə] *Br* **I** *s a.* **~ girl** Aupairmädchen *n* **II** *Adv* als Aupairmädchen: **work ~ III** *v/i* als Aupairmädchen arbeiten

au·ra ['ɔ:rə] *s fig* Aura *f*

au·ral ['ɔ:rəl] *Adj* **1.** Ohren… **2.** akustisch, Hör…

au·ri·cle ['ɔ:rıkl] *s* ANAT **1.** Ohrmuschel *f* **2.** Herzvorhof *m* **au·ric·u·lar** [ɔ:'rıkjʊlə] *Adj* Ohren…: **~ confession** REL Ohrenbeichte *f*

aus·cul·ta·tion [,ɔ:skəl'teıʃn] *s* MED Abhorchen *n*

aus·pic·es ['ɔ:spısız] *s Pl:* **under the ~ of** unter der Schirmherrschaft von (*od Gen*) **aus·pi·cious** [ɔ:'spıʃəs] *Adj* günstig: **a)** viel versprechend, **b)** glücklich: **be ~** unter e-m günstigen Stern stehen

Aus·sie ['ɒzı] F **I** *s* Australier(in) **II** *Adj* australisch

aus·tere [ɒ'stıə] *Adj* **1.** streng, ernst **2.** enthaltsam; dürftig, karg **3.** herb, rau, hart **4.** nüchtern, schmucklos **aus·ter·i·ty** [ɒ'sterətı] *s* **1.** Strenge *f*, Ernst *m* **2.** Enthaltsamkeit *f*; Dürftigkeit *f* **3.** Herbheit *f*, Rauheit *f* **4.** Nüchternheit *f*, Schmucklosigkeit *f* **II** *Adj* **5.** WIRTSCH, POL Spar…: **~ budget; ~ program(me)**

► **Aus·tra·lia** [ɒˈstreɪljə] *Eigenn* Australien *n*

► **Aus·tra·lian** [ɒˈstreɪljən] **I** *Adj* australisch **II** *s* Australier(in)

► **Aus·tria** [ˈɒstrɪə] *Eigenn* Österreich *n*

► **Aus·tri·an** [ˈɒstrɪən] **I** *Adj* österreichisch **II** *s* Österreicher(in)

au·then·tic [ɔːˈθentɪk] *Adj* (~ally) **1.** authentisch: **a)** echt, verbürgt, **b)** original, urschriftlich **2.** JUR gültig, rechtskräftig **au'then·ti·cate** [-keɪt] *v/t* **1.** beglaubigen **2.** als echt erweisen, verbürgen **au,then·ti'ca·tion** *s* Beglaubigung *f* **,au·then'tic·i·ty** [-ˈsətɪ] *s* **1.** Authentizität *f*, Echtheit *f* **2.** JUR Gültigkeit *f*, Rechtskräftigkeit *f*

► **au·thor** [ˈɔːθə] *s* **1.** Urheber(in) **2.** Autor(in), Verfasser(in), *a. allg* Schriftsteller(in) '**au·thor·ess** *s* Autorin *f*, Verfasserin *f*, *a. allg* Schriftstellerin *f*

au·thor·i·tar·i·an [ɔːˌθɒrɪˈteərɪən] *Adj* autoritär

au'thor·i·ta·tive [-tətɪv] *Adj* **1.** gebieterisch, herrisch **2.** autoritativ, maßgebend, -geblich **au'thor·i·ty** *s* **1.** Autorität *f*, (Amts)Gewalt *f* **2.** Autorität *f*, Ansehen *n* (**with** bei), Einfluss *m* (**over** auf *Akk*) **3.** Vollmacht *f*: **~ to sign** Unterschriftsvollmacht *f*; **without ~** unbefugt, unberechtigt **4.** Quelle *f*, Beleg *m*: **on good ~** aus glaubwürdiger Quelle **5.** Autorität *f*, Kapazität *f* (**on** in *e-r Sache*, auf *e-m Gebiet*) **6.** *mst Pl* Behörde(n *Pl*) *f*

au·thor·i·za·tion [ˌɔːθəraɪˈzeɪʃn] *s* **1.** Ermächtigung *f*, Bevollmächtigung *f*, Befugnis *f* **2.** Genehmigung *f* '**au·thor·ize** *v/t* **1.** autorisieren, ermächtigen, bevollmächtigen: **~d to sign** unterschriftsbevollmächtigt **2.** billigen, genehmigen

au·thor·ship [ˈɔːθəʃɪp] *s* **1.** Urheberschaft *f* **2.** Autorschaft *f*

autism [ˈɔːtɪzm] *s* MED Autismus *m* **au·tis·tic** [ɔːˈtɪstɪk] *Adj* (~ally) autistisch

au·to [ˈɔːtəʊ] *Pl* **-tos** *s* Am F Auto *n*

au·to... [ˈɔːtəʊ] auto..., selbst..., Auto..., Selbst...

'**au·to,bi·o'graph·i·cal** *Adj* autobiographisch **,au·to·bi'og·ra·phy** *s* Autobiographie *f*

au·toc·ra·cy [ɔːˈtɒkrəsɪ] *s* POL Autokratie *f* **au·to·crat** [ˈɔːtəʊkræt] *s* Autokrat(in): **a)** POL diktatorischer Alleinherrscher, **b)** selbstherrlicher Mensch **,au·to'crat·ic** *Adj* autokratisch: **a)** POL unumschränkt, **b)** selbstherrlich

au·to·cue [ˈɔːtəkjuː] *s* TV Teleprompter *m*

au·to·di·dact [ˈɔːtəʊdɪˌdækt] *s* Autodidakt(in) **,au·to·di'dac·tic** *Adj* autodidaktisch

au·to·gen·ic [ˌɔːtəʊˈdʒenɪk] *Adj* MED autogen: **~ training**

au·to·graph [ˈɔːtəgrɑːf] **I** *s* Autogramm *n*: **sign ~s** Autogramme geben **II** *Adj* Autogramm...: **~ album** (**hunter**, *etc*) **III** *v/t* sein Autogramm schreiben in (*Akk*) *od* auf (*Akk*), *Buch etc* signieren

au·to·mat [ˈɔːtəʊmæt] *s* **1.** *bes Am* Automatenrestaurant *n* **2.** (Verkaufs)Automat *m* **au·to·mate** [ˈɔːtəmeɪt] *v/t* automatisieren: **~d teller machine** *Am* Geldautomat *m* **au·to·mat·ic** [ˌɔːtəˈmætɪk] **I** *Adj* (~ally) **1.** automatisch: **~ choke** MOT Startautomatik *f*; **~ gear change** (*Am* **shift**) Automatikschaltung *f* **II** *s* **2.** TECH Automat *m* **3.** Selbstladepistole *f*, -gewehr *n* **4.** MOT Automatikwagen *m* **auto·ma·tion** [ˌɔːtəˈmeɪʃn] *s* **1.** Automation *f* **2.** Automatisierung *f* **au'tom·a·ton** [-tən] *Pl* **-ta** [-tə], **-tons** *s* Automat *m*, Roboter *m* (*a. fig*)

au·to·mo·bile [ˈɔːtəməʊbiːl] *s* Auto(-mobil) *n* **au·to·mo·tive** [ˌɔːtəˈməʊtɪv] *Adj* **1.** selbstfahrend, mit Eigenantrieb **2.** Auto(mobil)..., Kraftfahrzeug...

au·ton·o·mous [ɔːˈtɒnəməs] *Adj* autonom **au'ton·o·my** *s* Autonomie *f*

'**au·to,pi·lot** *s* FLUG Autopilot *m*

au·top·sy [ˈɔːtəpsɪ] *s* MED Autopsie *f*

'**au·to·train** *s* Am Autoreisezug *m*

► **au·tumn** [ˈɔːtəm] **I** *s* Herbst *m* (*a. fig*): **the ~ of life**; **in (the) ~** im Herbst **II** *Adj* Herbst... **au·tum·nal** [ɔːˈtʌmnəl] *Adj* herbstlich, Herbst...

aux·il·ia·ry [ɔːgˈzɪljərɪ] **I** *Adj* **1.** Hilfs..., TECH *a.* Zusatz...: **~ verb** → **3 II** *s* **2.** Helfer(in), Hilfskraft *f* **3.** LING Hilfsverb *n*, -zeitwort *n*

a·vail [əˈveɪl] **I** *v/t: ~ o.s. of* sich *e-r Sache* bedienen, sich *etw* zunutze machen **II** *v/i* nützen **III** *s* Nutzen *m*: **of no ~** nutzlos; **to no ~** vergeblich **a,vail·a'bil·i·ty** *s* Verfügbarkeit *f*

► **a·vail·a·ble** [əˈveɪləbl] *Adj* **1.** verfüg-

bar, vorhanden: **make ~** zur Verfügung stellen 2. WIRTSCH lieferbar, vorrätig, erhältlich: **no longer ~** nicht mehr lieferbar, vergriffen; → **prescription** 3. erreichbar, abkömmlich

av·a·lanche ['ævəlɑːntʃ] s 1. Lawine f 2. fig Flut f: **an ~ of letters**

av·a·rice ['ævərɪs] s Habsucht f, Habgier f ,**av·a'ri·cious** Adj habsüchtig, habgierig

a·venge [ə'vendʒ] v/t rächen: **~ o.s., be ~d** sich rächen (**on** an Dat; **for** für) **a'veng·er** s Rächer(in)

av·e·nue ['ævɪnjuː] s 1. Allee f 2. Hauptstraße f 3. fig Weg m (**to** zu)

▸**av·er·age** ['ævərɪdʒ] **I** s 1. Durchschnitt m: **be above** (the) **~** über dem Durchschnitt liegen; **be below** (the) **~** unter dem Durchschnitt liegen; **on** (**an** od **the**) **~** durchschnittlich, im Durchschnitt 2. SCHIFF, JUR Havarie f, Seeschaden m **II** Adj 3. durchschnittlich, Durchschnitts... **III** v/t 4. **a. ~ out** den Durchschnitt ermitteln od nehmen von (od Gen) 5. WIRTSCH anteil(s)mäßig aufteilen (**among** unter Dat) 6. durchschnittlich betragen od haben od leisten etc **IV** v/i 7. **~ out at** → 6

a·verse [ə'vɜːs] Adj abgeneigt (**to**, bes Br **a. from** Dat) **a'ver·sion** s Abneigung f, Aversion f (**to, for, from** gegen)

a·vert [ə'vɜːt] v/t abwenden (a. fig)

a·vi·a·tion [,eɪvɪ'eɪʃn] s Luftfahrt f

av·id ['ævɪd] Adj gierig (**for**, **of** nach)

avo·ca·do [,ævə'kɑːdəʊ] Pl **-dos** s BOT Avocado f

a·void [ə'vɔɪd] v/t (ver)meiden, ausweichen (Dat), aus dem Wege gehen (Dat), Pflicht etc umgehen, e-r Gefahr entgehen: **~ s.o.** j-n meiden; **~ doing s.th.** es vermeiden, etw zu tun **a'void·a·ble** Adj vermeidbar; **a'void·ance** s (Ver-)Meiden n, Umgehung f

a·vow [ə'vaʊ] v/t bekennen, (ein)gestehen **a'vow·al** s Bekenntnis n, (Ein)Geständnis n **a'vowed** Adj erklärt (Gegner, Prinzip etc) **a'vow·ed·ly** [_ɪdlɪ] Adv eingestandenermaßen

a·wait [ə'weɪt] v/t erwarten (a. fig)

▸**a·wake** [ə'weɪk] **I** v/t (unreg) 1. (auf-)wecken 2. fig auf-, wachrütteln (**from** aus): **~ s.o. to s.th.** j-m etw zum Bewusstsein bringen **II** v/i (unreg) 3.

auf-, erwachen 4. **~ to s.th.** fig sich e-r Sache bewusst werden **III** Adj 5. wach: **wide ~** hellwach, fig a. aufgeweckt: **be ~ to s.th.** fig sich e-r Sache bewusst sein a'**wak·en** → **awake** 1–4 a'**wak·en·ing** s Erwachen n: **a rude ~** fig ein unsanftes od böses Erwachen

a·ward [ə'wɔːd] **I** v/t 1. zuerkennen, zusprechen, Preis etc a. verleihen **II** s 2. Urteil n, bes Schiedsspruch m 3. Auszeichnung f, Preis m 4. (Preis- etc-)Verleihung f 5. UNI Stipendium n

a·ware [ə'weə] Adj: **be ~ of s.th.** etw wissen od kennen, sich e-r Sache bewusst sein; **become ~ of s.th.** etw merken; **make s.o. ~ of s.th.** j-m etw bewusst machen a'**ware·ness** s Bewusstsein n, Kenntnis f

▸**a·way** [ə'weɪ] **I** Adv u. Adj 1. weg, fort (**from** von): **go ~** weg-, fortgehen 2. (weit) entfernt od weg: **six miles ~** sechs Meilen entfernt 3. fort, abwesend, verreist: **~ on business** geschäftlich unterwegs 4. d(a)rauflos, immer weiter (→ **Verben**) **II** Adj 5. SPORT Auswärts...: **~ match**

awe [ɔː] **I** s (Ehr)Furcht f, Scheu f: **hold s.o. in ~** → **II**; **stand in ~ of** e-e (heilige) Scheu od gewaltigen Respekt haben vor (Dat) **II** v/t j-m (Ehr)Furcht od großen Respekt einflößen '**~-in,spir·ing** Adj Ehrfurcht gebietend

awe·some ['ɔːsəm] Adj 1. Furcht einflößend 2. Ehrfurcht gebietend 3. F toll, großartig

'**awe-struck** Adj von Ehrfurcht ergriffen

▸**aw·ful** ['ɔːfʊl] Adj furchtbar, schrecklich (beide a.) F) '**aw·ful·ly** Adv F furchtbar, schrecklich: **~ nice** furchtbar od riesig nett; **thanks ~!** tausend Dank!

awk·ward ['ɔːkwəd] Adj 1. ungeschickt unbeholfen, linkisch: **be ~ with** ungeschickt umgehen mit 2. verlegen (a Schweigen etc): **feel ~** verlegen sein 3. peinlich, unangenehm 4. unhandlich, sperrig 5. unangenehm, schwierig **an ~ customer** F ein unangenehmer Zeitgenosse 6. ungünstig (Zeitpunkt etc)

awl [ɔːl] s TECH Ahle f, Pfriem m

awn·ing ['ɔːnɪŋ] s 1. Plane f 2. Markise 3. SCHIFF Sonnensegel n 4. Vorzelt n

a·woke [ə'wəʊk] Prät u. Part Perf vor

awake a'wok·en *Part Perf von* **awake**
a·wry [ə'raɪ] *Adv u. Adj* schief: **go ~** *fig*
schief gehen
ax(e) [æks] *I s* Axt *f*, Beil *n*: **have an ~ to
grind** *fig* eigennützige Zwecke verfolgen; **get the ~** F rausfliegen, entlassen
werden *II v/t* F *Ausgaben etc* rücksichtslos kürzen *od* (zs.-)streichen; *Beamte, Dienststellen* abbauen, *Leute* feuern, entlassen
ax·es [ˈæksiːz] *Pl von* **axis**
ax·i·om [ˈæksɪəm] *s* Axiom *n*, Grundstück

ax·is [ˈæksɪs] *Pl* **ax·es** [ˈ-siːz] *s* MATHE
etc Achse *f* (*a.* POL)
ax·le [ˈæksl] *s* TECH (Rad)Achse *f*, Welle
f
a·ya·tol·lah [ˌaɪəˈtɒlə] *s* Ajatollah *m*
(*schiitischer Ehrentitel*)
ay(e) [aɪ] *s* PARL Jastimme *f*: **the ~s have
it** die Mehrheit ist dafür
a·zal·ea [əˈzeɪljə] *s* BOT Azalee *f*
az·ure [ˈæʒə] *I Adj* himmelblau *II s*
Himmelblau *n*

B

B [biː] *Pl* **B's** *s* B *n*: **B & B** (= **bed and
breakfast**) Übernachtung *f* mit Frühstück
baa [bɑː] *v/i* blöken
bab·ble [ˈbæbl] *I v/i* 1. *a. v/t* stammeln 2.
a. v/t plappern, schwatzen: **~ (out)** ausplaudern 3. plätschern *II s* 4. Geplapper *n*, Geschwätz *n* 5. Geplätscher *n*
babe [beɪb] *s* 1. Baby *n*: → **innocent** b 2.
bes Am sl Puppe *f* (*Mädchen*)
ba·bel [ˈbeɪbl] *s* Wirrwarr *m*, Durcheinander *n*; Stimmengewirr *n*
ba·boon [bəˈbuːn] *s* ZOOL Pavian *m*
►**ba·by** [ˈbeɪbɪ] *I s* 1. Baby *n*; Säugling
m: **be left holding the ~** F der Dumme
sein; **that's your ~** *sl* das ist dein Bier
od d-e Sache 2. Benjamin *m* (*der Familie etc*) 3. *pej* Kindskopf *m*; Heulsuse *f*
4. *sl* Puppe *f* (*Mädchen*); Schatz *m*, Liebling *m* *II Adj* 5. Baby..., Säuglings... 6.
Klein... *III v/t* 7. verhätscheln **~ boom** *s*
Babyboom *m* **~ break** *s* Babypause *f* **~
car·riage** *s Am* Kinderwagen *m*
ba·by·hood [ˈbeɪbɪhʊd] *s* Säuglingsalter *n* **'ba·by·ish** *Adj* 1. kindisch 2. kindlich
'ba·by|-,mind·er *s Br* Tagesmutter *f* **'~-
sit** *v/i* (*unreg sit*) babysitten **'~-,sit·ter** *s*
Babysitter(in) **~ talk** *s* kindliches (*od
kindlichtuendes*) Gebabbel
bach·e·lor [ˈbætʃələ] *s* 1. Junggeselle *m*:
~ girl Junggesellin *f* 2. UNI Bakkalaureus *m*: **♀ of Arts (Science)** Bakkalaureus der philosophischen Fakultät (der
Naturwissenschaften) **bach·e·lor-**

hood [ˈ-hʊd] *s* 1. Junggesellenstand
m 2. UNI Bakkalaureat *n*
ba·cil·lus [bəˈsɪləs] *Pl* **-li** [-laɪ] *s* MED
Bazillus *m*
►**back** [bæk] *I s* 1. ANAT, ZOOL Rücken
m: **at the ~ of** hinter (*Dat*); hinten in
(*Dat*); **be at the ~ of s.th.** *fig* hinter
etw stecken; **behind s.o.'s ~** *fig* hinter
j-s Rücken; **~ to ~** Rücken an Rücken;
be on one's ~ bettlägerig sein; **break
s.o.'s ~** j-m das Kreuz brechen (*a.
fig*); **break the ~ of s.th.** *fig* das Schwierigste e-r Sache hinter sich bringen;
have one's ~ to the wall *fig* mit dem
Rücken zur Wand stehen; **put** (*od
get*) **s.o.'s ~ up** *fig* j-n auf die Palme
bringen; **put one's ~ into s.th.** *fig* sich
in e-e Sache hineinknien; **turn one's ~
on** den Rücken zuwenden (*Dat*); *fig*
den Rücken kehren (*Dat*) 2. Hinter-,
Rückseite *f*, (*Buch-, Hand- etc*) Rücken
m, (Rück)Lehne *f* (*e-s Stuhls*), linke
Seite (*e-s Stoffs*) 3. hinterer *od* rückwärtiger Teil: **~ of the head** Hinterkopf
m; **in the ~ of the car** auf dem Rücksitz
od im Fond des Autos 4. Rückenteil *n*
(*e-s Kleidungsstücks*): **have one's pullover on ~ to front** den Pullover verkehrt herum anhaben 5. SPORT Verteidiger(in) *II Adj* 6. rückwärtig, Hinter...: **~ entrance** *f* 7. fern, abgelegen
8. rückständig (*Zahlung*) 9. alt, zurückliegend (*Zeitung etc*) *III Adv* 10. zurück, rückwärts: **~ and forth** hin u.
her, vor u. zurück; **move ~** zurückge-

hen **11.** (wieder) zurück: *he is ~ (again)* er ist wieder da **12.** zurück, vorher: *20 years ~* vor 20 Jahren; *~ in 1900* (noch *od* schon) im Jahre 1900 **13.** F zurück, im Rückstand **IV** *v/t* **14.** *a. ~ up* unterstützen, *j-m* den Rücken stärken, WIRTSCH *Währung etc* stützen **15.** *a. ~ up* zurückbewegen, rückwärts fahren *od* laufen lassen: *~ the car out of the garage* den Wagen rückwärts aus der Garage fahren **16.** *~ up* COMPUTER sichern **17.** wetten *od* setzen auf (*Akk*) **V** *v/i* **18.** *oft ~ up* sich rückwärts bewegen, zurückgehen *od* -fahren, MOT *a.* zurückstoßen: *~ out (of)* rückwärts herausfahren (aus) **19.** *~ out (of)* abspringen (von), aussteigen (aus)

'**back|·ache** *s* Rückenschmerzen *Pl ~ al·ley* *s* Am finsteres Seitengässchen ‚**~'bench·er** *s* PARL Br Hinterbänkler(in) '**~·bite** *v/t* (*unreg bite*) lästern über *j-n* '**~·bone** *s* Rückgrat *n* (*a. fig*), Wirbelsäule *f*: *to the ~* fig bis auf die Knochen, durch *u.* durch ‚**~·break·ing** *Adj* zermürbend, mörderisch '**~·chat** *s* freche Antwort(en *Pl*) *~ cloth* *s* THEAT *bes Br* Prospekt *m* '**~·comb** *v/t* Haare toupieren '**~·date** *v/t* (zu)rückdatieren *~ door* *s* Hintertür *f*; *fig* Hintertürchen *n* '**~·door** *Adj* geheim, heimlich '**~·drop** *s a.* THEAT Prospekt *m*, Hintergrund *m*

back·er ['bækə] *s* Unterstützer(in), Helfer(in); Geldgeber(in)

‚**back|'fire I** *v/i* **1.** TECH früh-, fehlzünden **2.** *fig* fehlschlagen, ins Auge gehen **II** *s* **3.** TECH Früh-, Fehlzündung *f ~ for·ma·tion* *s* LING Rückbildung *f* '**~·gam·mon** *s* Backgammon *n* (*Spiel*) '**~·ground** *s* **1.** Hintergrund *m* (*a. fig*): *against the ~ of* vor den Hintergrund (*Gen*); *keep in the ~* im Hintergrund bleiben; *~ music* musikalische Untermalung, Hintergrundmusik *f* **2.** *fig* Hintergrund *m*, Umstände *Pl*; Umwelt *f*, Milieu *n*; Werdegang *m*; Erfahrung *f*, Wissen *n*: *~ information* Hintergrundinformationen *Pl*; *educational ~* Vorbildung *f* '**~·hand I** *s* SPORT Rückhand(schlag *m*) *f* **II** *Adj → backhanded* '**~·hand·ed** *Adj* **1.** SPORT Rückhand... **2.** indirekt (*Zensur etc*) **3.** unredlich (*Methode etc*) **4.** zweifelhaft (*Kompliment etc*)

back·ing ['bækɪŋ] *s* Unterstützung *f* '**back|·lash** *s* (heftige) Reaktion *f* (*to auf Akk*) '**~·less** *Adj* rückenfrei (*Kleid, Shirt etc*) '**~·log** *s* (Arbeits-, Auftrags*etc*)Rückstand *m*; Überhang *m* (*of an Dat*) *~ num·ber* *s* **1.** alte Nummer (*e-r Zeitung etc*) **2.** F rückständige Person *od* Sache '**~·pack** *s* Rucksack *m* '**~·pack·ing** *s* Rucksacktourismus *m* ‚**~·'ped·al** *v/i Prät u. Part Perf* **-aled**, *bes Br* **-alled 1.** rückwärts treten (*Radfahrer*) **2.** *fig* e-n Rückzieher machen *~ seat* *s* Rücksitz *m*: *take a ~* F in den Hintergrund treten (*to* gegenüber) '**~·seat driv·er** *s* F Besserwisser(in) ‚**~'side** *s* **1.** Kehr-, Rückseite *f* **2.** F Hintern *m* '**~·slash** *s* Backslash *m*, umgekehrter Schrägstrich ‚**~'slide** *v/i* (*unreg slide*) rückfällig werden (*a. fig*) *~ space key* *s* Rücktaste *f* '**~·stage** *Adj u. Adv* THEAT hinter den Kulissen (*a. fig*) *~ street* *s* Seitenstraße *f* '**~·street** *Adj* heimlich: *~ abortion* illegale Abtreibung '**~·stroke** *s* Rückenschwimmen *n* *~ talk* *s* *bes Am* F freche Antwort(en *Pl*) '**~·track** *v/i* **1.** denselben Weg zurückgehen **2.** *fig* sich zurückziehen (*from* von), e-n Rückzieher machen; e-e Kehrtwendung machen '**~·up** *s* **1.** Unterstützung *f* **2.** MOT *Am* (Rück)Stau *m* **3.** *fig* Rückzieher *m* (*on* hinsichtlich) **4.** TECH Ersatzgerät *n* **5.** COMPUTER (Daten)Sicherung *f*: *~ copy* Sicherungskopie *f*; *~ disk* Sicherungsdiskette *f*

back·ward ['bækwəd] **I** *Adj* **1.** rückwärts gerichtet, Rückwärts...: *~ flow* Rückfluss *m*; *a ~ glance* ein Blick zurück *od* nach hinten **2.** *in der Entwicklung etc* zurück(geblieben) **3.** rückständig **II** *Adv* **4.** rückwärts, zurück: *~ and forward* hin *u.* her, vor *u.* zurück

► **back·wards** ['bækwədz] *Adv* rückwärts, zurück

'**back|·wash** *s* **1.** Rückströmung *f*, SCHIFF *a.* Kielwasser *n* **2.** *fig* Aus-, Nachwirkung(en *Pl*) *f* '**~·wa·ter** *s* **1.** → *backwash* **2.** Stauwasser *n* **3.** *fig* Ort *m od* Zustand *m* der Rückständigkeit *u.* Stagnation '**~·woods** *s Pl* **1.** unerschlossenes Waldgebiet **2.** *pej* Provinz *f* '**~·woods·man** ['~mən] *s* (*unreg man*) *pej* Hinterwäldler *m* ‚**~'yard** *s* **1.** *Br* Hinterhof *m* **2.** *Am* Garten *m* hinter dem Haus

bake

▸ **ba·con** ['beɪkən] *s* Frühstücks-, Schinkenspeck *m*: **bring home the ~** F die Brötchen verdienen; Erfolg haben; **save one's ~** *Br* F mit heiler Haut davonkommen

bac·te·ri·al [bæk'tɪərɪəl] *Adj* bakteriell **bac·te·ri·o·log·i·cal** [bæk‚tɪərɪə'lɒdʒ-ɪkl] *Adj* bakteriologisch, Bakterien... **bac·te·ri·ol·o·gist** [-‚tɪərɪ'ɒlədʒɪst] *s* Bakteriologe *m*, -login *f* **bac'te·ri·um** [-rɪəm] *Pl* **-ri·a** [-rɪə] *s* Bakterie *f*

▸ **bad** [bæd] **I** *Adj Komp* **worse** [wɜːs] *Sup* **worst** [wɜːst] (→ **badly**) **1.** *allg* schlecht: **a)** fehler-, mangelhaft (*Qualität, Zustand etc*): **not~** nicht schlecht *od* übel; **~ trip** *sl* Horrortrip (*Drogenrausch*), **b)** ungünstig (*Nachricht etc*), **c)** schädlich, ungesund (*for* für): **~ for one's health** ungesund, **d)** verdorben (*Nahrungsmittel*): **go ~** schlecht werden, verderben, **e)** angegriffen (*Gesundheit*), **f)** widerlich (*Geruch*), **g)** schwach (*at* in e-m Fach) **2.** böse: **a)** schlimm, schwer (*Verbrechen, Erkältung etc*), **b)** ungezogen (*Junge etc*) **3.** unanständig, unflätig, (*Wort a.*) hässlich: **~ language** unanständige Ausdrücke *Pl*; beleidigende Äußerungen *Pl* **4.** ungedeckt (*Scheck*), ungültig (*Münze etc*): **~ debts** *Pl* WIRTSCH zweifelhafte Forderungen *Pl* **5.** unangenehm, ärgerlich: **that's too ~** das ist (doch) zu dumm **6.** unwohl, krank: **she is** (*od* **feels**) **very ~ today** es geht ihr heute sehr schlecht; **he felt ~ about it** er war (sehr) deprimiert darüber **II** *s* **7.** das Schlechte: **go from ~ to worse** immer schlimmer werden; **go to the ~** auf die schiefe Bahn geraten **8.** WIRTSCH Defizit *n*: **be £ 100 to the ~** ein Defizit *od* e-n Verlust von 100 Pfund haben **III** *Adv* **9.** F → **badly**

bade [bæd] *Prät u. Part Perf von* **bid**

badge [bædʒ] *s* **1.** (MIL Rang)Abzeichen *n* **2.** Button *m* **3.** *fig* Kennzeichen *n*

badg·er ['bædʒə] **I** *s* ZOOL Dachs *m* **II** *v/t* plagen, *j-m* zusetzen (*for* wegen)

bad·ly ['bædlɪ] *Adv* **1.** schlecht, schlimm: **he is ~ off** es geht ihm sehr schlecht; **do ~** schlecht fahren (*in* bei, mit) **2.** dringend, sehr: **~ needed** dringend nötig **3.** schwer: **~ wounded**

bad·min·ton ['bædmɪntən] *s* Federball(spiel *n*) *m*, SPORT Badminton *n*

bad·'tem·pered *Adj* schlecht gelaunt **~d** *a.* vor e-m Rätsel stehen

baf·fle ['bæfl] *v/t* verwirren, -blüffen: **be ~d** *a.* vor e-m Rätsel stehen

▸ **bag** [bæg] **I** *s* **1.** Sack *m*; Beutel *m*; Tasche *f*; Tüte *f*: **~ and baggage** mit Sack u. Pack; **~s of** F jede Menge (*Geld etc*) **2.** JAGD (Jagd)Beute *f*, Strecke *f* **3.** (*pair of*) **~s** *Pl bes Br* F Hose *f* **II** *v/t* **4.** in e-n Sack *etc* stecken; in Beutel verpacken *od* abfüllen **5.** F klauen, stehlen **III** *v/i* **6.** *a.* **~ out** sich bauschen

ba·gel ['beɪgl] *s* kleines, rundes Brötchen

bag·gage ['bægɪdʒ] *s* (Reise)Gepäck *n* **~ al·low·ance** *s* FLUG Freigepäck *n* **~ car** *s* BAHN *Am* Gepäckwagen *m* **~ check** *s* *bes Am* Gepäckschein *m* **~ claim** *s* Gepäckrückgabe *f* **~ in·sur·ance** *s* Reisegepäckversicherung *f* **~ lock·er** *s* *bes Am* Gepäckschließfach *n* **~ re·claim** *s* FLUG Gepäckausgabe *f*

bag·gy ['bægɪ] *Adj* **1.** bauschig **2.** ausgebeult (*Hose*): **~ pants** *s Pl* Baggy-Pants *Pl*

bag·| la·dy *s* Stadtstreicherin *f*, **~·pip·er** *s* Dudelsackpfeifer(in) **~·pipes** *s Pl* MUS Dudelsack *m* **~·snatch·er** *s* Handtaschenräuber(in)

bah [bɑː] *Interj pej* bah!

Ba·ha·mas [bə'hɑːməz] *Eigenn Pl* die Bahamas *Pl*

bail[1] [beɪl] JUR **I** *s* **1.** Bürge(n *Pl*) *m*, Bürgin *f* **2.** (Haft)Kaution *f*, Sicherheitsleistung *f*: **be out on ~** gegen Kaution auf freiem Fuß sein; **go** (*od* **stand**) **~ for s.o.** für *j-n* Kaution stellen **II** *v/t* **3.** **~ s.o. out** *j-s* Freilassung gegen Kaution erwirken

bail[2] [-] **I** *v/t mst* **~ out** Wasser, Boot *etc* ausschöpfen **II** *v/i*: **~ out** FLUG aussteigen (*a.* F *fig of* aus), abspringen

bail·iff ['beɪlɪf] *s Br* **1.** JUR Gerichtsvollzieher(in) **2.** (Guts)Verwalter(in)

bait [beɪt] **I** *s* **1.** Köder *m* (*a. fig*): **rise to** (*od* **swallow, take**) **the ~** anbeißen (*a. fig*) **II** *v/t* **2.** mit e-m Köder versehen **3.** *fig* ködern **4.** *fig* quälen, peinigen

▸ **bake** [beɪk] **I** *v/t* **1.** backen: **~d beans** *Pl* Baked Beans *Pl* (*in Tomatensoße gekochte Bohnen*); **~d potato** Ofenkartoffel *f* **2.** dörren, härten; *Ziegel* brennen; *Lack* einbrennen **II** *v/i* **3.** backen, *mst fig* (*in der Sonne*) braten **4.** zs- *od* festbacken

B

▶**bak·er** ['beɪkə] *s* Bäcker(in): *at the* ~*'s* beim Bäcker; ~*'s dozen* dreizehn '**bak·er·y** *s* Bäckerei *f*; ,**bak·ing-'hot** *Adj* glühend heiß (*Tag etc*) **bak·ing pow·der** *s* Backpulver *n*

▶**bal·ance** ['bæləns] **I** *s* **1.** Waage *f* **2.** Gleichgewicht *n*: **a)** Balance *f*, **b)** *a.* ~ *of mind* Fassung *f*: *in the* ~ *fig* in der Schwebe; *hold the* ~ *fig* das Zünglein an der Waage bilden; *keep one's* ~ das Gleichgewicht halten; *fig* sich nicht aus der Fassung bringen lassen; *lose one's* ~ das Gleichgewicht *od* (*fig*) die Fassung verlieren; *strike a* ~ *between ... and fig* e-n Mittelweg finden zwischen (*Dat*) ... u.; *throw s.o. off* (*his*) ~ *fig* j-n aus der Fassung bringen; ~ *of power* POL Gleichgewicht der Kräfte **3.** *bes fig* (*to*) Gegengewicht *n* (zu), Ausgleich *m* (für) **4.** WIRTSCH Bilanz *f*; Saldo *m*, Guthaben *n*; Restbetrag *m*: ~ *of payments* Zahlungsbilanz; ~ *of trade* Handelsbilanz; *on* ~ *fig* alles in allem **II** *v/t* **5.** *fig* ab-, erwägen **6.** (*o.s.* sich) im Gleichgewicht halten; balancieren **7.** ins Gleichgewicht bringen, ausbalancieren **8.** WIRTSCH *Konten, Rechnungen* ausgleichen, saldieren **III** *v/i* **9.** sich im Gleichgewicht halten (*a. fig*); balancieren **10.** WIRTSCH sich ausgleichen **'bal·anced** *Adj fig* ausgewogen, -geglichen

bal·ance| sheet *s* WIRTSCH Bilanz *f* ~ **wheel** *s* TECH Unruh *f* (*e-r Uhr*)

bal·anc·ing ['bælənsɪŋ] *Adj* Balance..., Balancier...: ~ *act* Balanceakt *m* (*a. fig*)

bal·co·ny ['bælkənɪ] *s* Balkon *m*, THEAT *a.* zweiter Rang

bald [bɔːld] *Adj* **1.** kahl: *go* ~ e-e Glatze bekommen, kahl werden **2.** (völlig) abgefahren (*Reifen*)

bal·der·dash ['bɔːldədæʃ] *s* Quatsch *m* ,**bald-'head·ed** *Adj* kahl-, glatzköpfig

bale¹ [beɪl] **I** *s* WIRTSCH Ballen *m*: *in* ~*s* ballenweise **II** *v/t* in Ballen verpacken

bale² [_] → *bail²*

balk [bɔːk] *v/i* **1.** stocken, stutzen **2.** scheuen (*at* vor *Dat*) (*Pferd*) **3.** (*at*) sich sträuben (gegen); zurückschrecken (vor *Dat*)

Bal·kans ['bɔːlkənz] *Eigenn Pl* der Balkan

▶**ball¹** [bɔːl] **I** *s* **1.** Ball *m*; Kugel *f*; Knäu-

el *m, n*: *be on the* ~ F auf Draht sein; *the* ~ *is in your court* du bist an der Reihe *od* am Zug; *have the* ~ *at one's feet Br* s-e große Chance haben; *keep the* ~ *rolling* das Gespräch *od* die Sache in Gang halten; *play* ~ F mitmachen, spuren; *set* (*od start*) *the* ~ *rolling* den Stein ins Rollen bringen **2.** ANAT ~ *of the foot* Fußballen *m*; ~ *of the thumb* Handballen *m* **3.** *Pl* V Eier *Pl* (*Hoden*) **II** *v/t u. v/i* **4.** (sich) zs.-ballen

ball² [_] *s* Ball *m* (*Tanzveranstaltung*): *have a* ~ *bes Am* F sich köstlich amüsieren

bal·lad ['bæləd] *s* Ballade *f*

,**ball-and-'sock·et** *Adj*: ~ *joint* ANAT, TECH Kugelgelenk *n*

bal·last ['bæləst] *s* FLUG, SCHIFF **I** *s* Ballast *m* **II** *v/t* mit Ballast beladen

ball| bear·ing *s* TECH Kugellager *n* ~ **boy** *s* SPORT Balljunge *m*

bal·let ['bæleɪ] *s* Ballett *n* ~ **danc·er** *s* Balletttänzer(in)

ball girl *s* SPORT Ballmädchen *n*

bal·lis·tics [bə'lɪstɪks] *s Pl* (*meist Sg konstruiert*) MIL, PHYS Ballistik *f*

bal·loon [bə'luːn] **I** *s* **1.** (Frei-, Fessel-, Luft)Ballon *m* **2.** Sprech-, Denkblase *f* **II** *v/i* **3.** sich (auf)blähen

bal·lot ['bælət] **I** *s* **1.** Stimmzettel *m* **2.** Gesamtzahl *f* der abgegebenen Stimmen **3.** (*bes geheime*) Wahl *od* Abstimmung: *have* (*od hold, take*) *a* ~ abstimmen (*on* über *Akk*) **4.** Wahlgang *m* **II** *v/i* **5.** (*for*) stimmen (für), (*bes in geheimer Wahl*) wählen (*Akk*) ~ *box* *s* Wahlurne *f* ~ *card*, ~ *pa·per* *s* Stimmzettel *m* ~ *rig·ging* *s* Wahlmanipulation *f*

▶**ball·point** (**pen**) [,bɔːlpɔɪnt'pen] *s* Kugelschreiber *m* '~**-room** *s* Ball-, Tanzsaal *m*

bal·ly·hoo [,bælɪ'huː] *s* F **1.** Wirbel *m*, Tamtam *n*, Getue *n* (*about* um) **2.** marktschreierische Reklame

balm [bɑːm] *s* Balsam (*a. fig*) '**balm·y** *Adj* **1.** balsamisch **2.** lind, mild (*Wetter*) **3.** *bes Am* sl bekloppt, verrückt: *go* ~ überschnappen

ba·lo·ney → *boloney*

Bal·tic ['bɔːltɪk] **I** *Adj* Ostsee...; baltisch (*Sprachen*): ~ *Sea* die Ostsee; *the* ~ *States* das Baltikum **II** *Eigenn* die Ostsee

bam·boo [bæmˈbuː] s Bambus m
bam·boo·zle [bæmˈbuːzl] v/t F **1.** betrügen (**out of** um), übers Ohr hauen: ~ **s.o. into doing s.th.** j-n so einwickeln, dass er etw tut **2.** irremachen, verwirren
ban [ˈbæn] **I** v/t **1.** verbieten: ~ **s.o. from speaking** j-m Rede- od Sprechverbot erteilen **2.** SPORT sperren **II** s **3.** (amtliches) Verbot (**on** Gen), Sperre f (a. Sport): **import·**~ Einfuhrverbot, -sperre
ba·nal [bəˈnɑːl] Adj banal, abgedroschen
▸**ba·nan·a** [bəˈnɑːnə] s **1.** BOT Banane f **2.** sl **be ~s** bekloppt od verrückt sein; **go ~s** überschnappen ~ **re·pub·lic** s Bananenrepublik f
▸**band¹** [bænd] **I** s **1.** Schar f, Gruppe f; pej (bes Räuber)Bande f **2.** (Musik)Kapelle f, (Jazz-, Rock- etc)Band f: **big** ~ Big Band **II** v/i **3.** mst ~ **together** sich zs.-tun, pej sich zs.-rotten
band² [_] s **1.** Band n; Gurt m; (Hosenetc)Bund m; Bauchbinde f (e-r Zigarre); andersfarbiger od -artiger Streifen **2.** RADIO (Frequenz)Band n **3.** Ring m **4.** TECH Treibriemen m; Band n
band·age [ˈbændɪdʒ] **I** s MED Bandage f; Binde f; Verband m **II** v/t bandagieren; verbinden
'band-aid s Am Heftpflaster n
ban·dit [ˈbændɪt] s Bandit(in)
'band‚lead·er s MUS Bandleader(in) **'~‚mas·ter** s MUS Kapellmeister(in) **'~‚wag·(g)on** s Wagen m mit e-r Musikkapelle: **climb** (od **get, jump**) **on the** ~ fig zur erfolgreichen Partei umschwenken
ban·dy¹ [ˈbændɪ] v/t **1.** sich e-n Ball etc zuwerfen **2.** sich Geschichten etc erzählen **3.** sich Beleidigungen etc an den Kopf werfen, sich (gegenseitig) Komplimente, Vorwürfe machen: ~ **blows** sich schlagen; ~ **words** sich streiten **4.** a. ~ **about** (od **around**) Gerücht etc in Umlauf setzen; weitererzählen: **he has his name bandied about** sein Name fällt dauernd (**in connection with** in Zs.-hang mit); pej er ist ins Gerede gekommen
ban·dy² [_] Adj **1.** krumm, nach außen gebogen: ~ **legs** Pl Säbelbeine Pl, O-Beine Pl **2.** → **bandy-legged** '~**-legged** Adj säbelbeinig, o-beinig

bang [bæŋ] **I** s **1.** heftiger od schallender Schlag **2.** Bums m, Krach m, Knall m: **shut the door with a** ~ zuschlagen, zuknallen **3.** sl Schuss m (Heroin etc) **II** v/t **4.** knallen mit, Tür etc zuschlagen, zuknallen: ~ **one's fist on the table** mit der Faust auf den Tisch schlagen; ~ **one's head** sich den Kopf anschlagen (**against, on** an Dat) **5.** V bumsen **III** v/i **6.** knallen: **a)** krachen, **b)** zuschlagen (Tür etc), **c)** schießen: ~ **away** drauflosknallen ~ **into** stoßen od prallen gegen od an (Akk); fig F zufällig treffen **7.** V bumsen **IV** Adv **8.** mit lautem Knall: **go** ~ explodieren **9.** peng; genau: ~ **in the eye** peng ins Auge **V** Interj **10.** peng!, bum(s)! 'bang·er s Br **1.** Feuerwerks-, Knallkörper m **2.** F (alter) Klapperkasten (Auto) **3.** F (Brat)Wurst f, Würstchen n
ban·gle [ˈbæŋɡl] s Armreif m; Fußreif m
'bang-up Adj bes Am F prima
ban·ish [ˈbænɪʃ] v/t **1.** verbannen (a. fig), ausweisen (**from** aus) **2.** Sorgen etc verscheuchen, -treiben '**ban·ish·ment** s Verbannung f, Ausweisung f
ban·is·ters [ˈbænɪstəz] s Pl Treppengeländer n
ban·jo [ˈbændʒəʊ] Pl **-jo(e)s** s MUS Banjo n
▸**bank¹** [bæŋk] **I** s **1.** WIRTSCH Bank f **2.** Bank f (bei Glücksspielen): **break** (**be** od **keep**) **the** ~ die Bank sprengen (halten) **3.** (Blut-, Daten- etc)Bank f **II** v/i **4.** ein Bankkonto haben (**with** bei) **5.** die Bank halten (bei Glücksspielen) **6.** ~ **on** bauen od sich verlassen auf (Akk) **III**

---

bank: what kind of bank?

Neben der Bank, auf der man sein Geld aufbewahrt, gibt es inzwischen auch diverse Arten von „Banken" für ganz andere Zwecke:

bottle bank	Altglascontainer
can bank	Altmetallcontainer
paper bank	Altpapiercontainer
gene bank	Genbank
organ bank	Organbank
sperm bank	Samenbank

v/t **7.** Geld bei e-r Bank einzahlen, auf die Bank bringen

▶ **bank²** [bæŋk] **I** *s* **1.** (Erd)Wall *m*; Böschung *f*; Überhöhung *f* (e-r Straße etc in Kurven) **2.** (Fluss- etc)Ufer *n* **3.** (Sand)Bank *f* **4.** Zs.-ballung *f*: ~ **of clouds** Wolkenbank *f*; ~ **of snow** Schneewall *m*, -wechte *f* **II** *v/t* **5.** mit e-m Wall umgeben **6.** Straße etc (in der Kurve) überhöhen **7.** ~ **up** aufhäufen, zs.-ballen **III** *v/i* **8.** a. ~ **up** sich aufhäufen, sich zs.-ballen **9.** überhöht sein (Straße, Kurve)

bank·a·ble ['bæŋkəbl] *Adj fig* zuverlässig, verlässlich

bank| **ac·count** *s* Bankkonto *n* ~ **bill** *Am* → **bank note** '~**book** *s* Sparbuch *n* ~ **card** *s* Scheckkarte *f* ~ **clerk** *s* Bankangestellte *m, f*

bank·er ['bæŋkə] *s* **1.** WIRTSCH Bankier *m* **2.** Bankhalter(in) (bei Glücksspielen)

bank hol·i·day *s Br* (gesetzlicher) Feiertag *m*

bank·ing ['bæŋkɪŋ] WIRTSCH **I** *s* Bankwesen *n* **II** *Adj* Bank...: ~ **hours** *Pl* Öffnungszeiten *Pl* (e-r Bank)

bank| man·ag·er *s* Bankfilialleiter *m*

▶ **bank| note** ['bæŋknəʊt] *s* Banknote *f*, Geldschein *m* ~ **raid** *s* Banküberfall *m*, -raub *m* ~ **raid·er** *s* Bankräuber(in) ~ **rate** *s* WIRTSCH Diskontsatz *m* ~ **rob·ber** *s* Bankräuber(in) ~ **rob·ber·y** *s* Bankraub *m*, -überfall *m*

bank·rupt ['bæŋkrʌpt] JUR **I** *s* **1.** Konkurs-, Gemeinschuldner(in) **~'s estate** (od **property**) Konkursmasse *f* **2.** (betrügerischer) Bankrotteur(in) **II** *Adj* **3.** bankrott: **go** ~ in Konkurs geraten, Bankrott machen; **declare o.s.** ~ Konkurs anmelden **bank·rupt·cy** ['-rəptsɪ] *s* JUR Bankrott *m*, Konkurs *m*

bank| sort code *s* Bankleitzahl *f* ~ **state·ment** *s* Kontoauszug *m*

ban·ner ['bænə] **I** *s* **1.** Standarte *f*, Banner *n* **2.** Spruchband *n*, Transparent *n* **3.** a. ~ **headline** Balkenüberschrift *f*, breite Schlagzeile *f* **II** *Adj* **4.** *Am* hervorragend

banns [bænz] *s Pl* REL Aufgebot *n*: **have one's ~ called** (od **read**) das Aufgebot bestellen

ban·quet ['bæŋkwɪt] **I** *s* Bankett *n*, Festessen *n* **II** *v/i* tafeln

ban·tam·weight ['bæntəmweɪt] (Sport) **I** *s* Bantamgewicht *n* **II** *Adj* Bantamgewichts...

ban·ter ['bæntə] **I** *v/t u. v/i* necken **II** *s* Neckerei *f*

bap·tism ['bæptɪzəm] *s* REL Taufe *f* **bap·tis·mal** [-'tɪzml] *Adj* Tauf...: ~ **font** Taufbecken *n* '**Bap·tist** *s* Baptist(in) **bap·tize** [-'taɪz] *v/t* taufen

▶ **bar** [baː] **I** *s* **1.** Stange *f*, Stab *m*: **~s** *Pl* Gitter *n*; **behind ~s** *fig* hinter Schloss u. Riegel **2.** Riegel *m* **3.** Schranke *f*, Sperre *f*; *fig* Hindernis *n* (**to** für) **4.** Riegel *m*, Stange *f*: **a ~ of soap** ein Riegel *od* Stück Seife; **a ~ of chocolate** ein Riegel (weit. S. e-e Tafel) Schokolade **5.** (Gold- etc)Barren *m* **6.** (dicker) Strich *m* **7.** MUS Taktstrich *m*; ein Takt *m* **8.** JUR (Gerichts)Schranke *f*: **prison·er at the ~** Angeklagte *m, f* **9.** JUR Anwaltsberuf *m*; *Koll* Anwaltschaft *f*, *Br* Stand *m* der **barristers: be admitted** (*Br* **called**) **to the ~** als Anwalt (*Br* **barrister**) zugelassen werden; **read for the ~** *Br* Jura studieren **10.** (Tor-, Quer-, Sprung)Latte *f* **11.** Bar *f*; Lokal *n*, Imbissstube *f*; Bar *f*, Theke *f* **II** *v/t* **12.** verriegeln **13.** a. ~ **up** vergittern **14.** a. ~ **in** einsperren; ~ **out** aussperren **15.** hemmen; (**from**) hindern (an *Dat*), abhalten (von) **III** *Präp* **16.** außer, abgesehen von: ~ **none** (alle) ohne Ausnahme

barb [baːb] *s* **1.** Widerhaken *m*; Stachel *m* **2.** *fig* Spitze *f*

bar·bar·i·an [baː'beərɪən] **I** *s* Barbar(in) **II** *Adj* barbarisch **bar·bar·ic** [-'bærɪk] *Adj* (**~ally**) barbarisch '**bar·ba·rous** *Adj* barbarisch

bar·be·cue ['baːbɪkjuː] **I** *v/t* auf dem Rost *od* am Spieß braten, grillen **II** *s* Barbecue *n*: **a)** Grillfest *n*, **b)** Bratrost *m*, Grill *m*, **c)** auf dem Rost od Grill gebratenes Fleisch

barbed [baːbd] *Adj* **1.** mit Widerhaken *od* Stacheln: ~ **wire** Stacheldraht *m* **2.** *fig* spitz (Bemerkung etc)

bar·ber ['baːbə] *s* (Herren)Friseur *m*, (-) Friseuse *f*: ~ **(´s) shop** Friseurgeschäft *n*

bar·bi·tu·rate [baː'bɪtjʊrət] *s* CHEM etc Barbiturat *n*

bar| chart *s* Balken-, Säulendiagramm *n* ~ **code** *s* Strichcode *m* '~**code read·er** *s* Scanner *m*

▶ **bare** [beə] **I** *Adj* (→ **barely**) **1.** nackt: **a)**

entblößt: **on one's ~ feet** barfuß; **in one's ~ skin** nackt, **b)** kahl (*Wand etc*), **c)** *fig* ungeschminkt: **~ facts** *Pl* nackte Tatsachen *Pl* **2.** *fig* unverhüllt: **lay ~** → II **3. ~ of** arm an (*Dat*); ohne, …los **4.** knapp (*Mehrheit etc*): **earn a ~ living** knapp das Nötigste zum Leben verdienen **5.** bloß: **the~ thought** allein *od* schon der Gedanke II *v/t* **6.** entblößen, *weit. S. Zähne* zeigen **7.** *fig* enthüllen, bloßlegen '**~back** *Adj u.* ungesattelt, ohne Sattel '**~faced** *Adj* unverschämt, schamlos '**~foot** *Adj u. Adv* barfuß, -füßig **~'head·ed** *Adj u. Adv* barhäuptig

bare·ly ['beəlɪ] *Adv* **1.** kaum, knapp **2.** ärmlich, spärlich

▶ **bar·gain** ['bɑːgɪn] I *s* **1.** Handel *m*, Geschäft *n* (*a. fig*): **it's a ~!** abgemacht!; **into the ~** noch dazu, obendrein; **make the best of a bad ~** sich so gut wie möglich aus der Affäre ziehen; **strike a ~** ein Geschäft abschließen; → **drive** 12 **2.** vorteilhaftes Geschäft, Gelegenheitskauf *m* II *v/i* **3.** handeln, feilschen (*for* um) **4.** verhandeln (*for* über *Akk*) **5.** (*for*) rechnen (mit), gefasst sein (auf *Akk*) III *v/t* **6.** aushandeln **~ base·ment** *s* Niedrigpreisabteilung *f* im Tiefgeschoss (*e-s Kaufhauses*) **~ count·er** *s* Wühltisch *m* **~ hunt·er** *s* Schnäppchenjäger(in) **~ price** *s* Gelegenheits-, Sonderpreis *m*

barge [bɑːdʒ] I *s* **1.** Last-, Schleppkahn *m* II *v/i* **2.** sich schwerfällig bewegen **3.** F (*into*) stoßen, prallen, bumsen (gegen, an *Akk*) **4. ~ in(to)** F hereinplatzen (in *Akk*); sich einmischen (in *Akk*)

bar·i·tone ['bærɪtəʊn] *s* MUS Bariton *m*

bark¹ [bɑːk] I *s* **1.** (Baum)Rinde *f*, Borke *f* II *v/t* **2.** abrinden **3.** sich *die Knie etc* auf-, abschürfen: **~ one's shins**

▶ **bark²** [bɑːk] I *v/i* bellen (*a.* F husten): **~ at s.o.** j-n anbellen; *fig* j-n anschnauzen; **be ~ing up the wrong tree** F auf dem Holzweg sein; an der falschen Adresse sein II *s* Bellen (*a.* F husten): **his ~ is worse than his bite** er bellt nur(, aber beißt nicht)

'**bar,keep·er** *s* Barkeeper(in): **a)** Barbesitzer(in), **b)** Barmann *m*, -dame *f*, Barmixer(in)

bar·ley ['bɑːlɪ] *s* BOT Gerste *f*

'**bar|·maid** *s bes* Br Bardame *f* **~·man**

['~mən] *s* (*unreg* **man**) Barmann *m*, -keeper *m*, -mixer *m*

barm·y ['bɑːmɪ] *Adj sl* bekloppt, verrückt: **go ~** überschnappen

barn [bɑːn] *s* **1.** Scheune *f* **2.** (Vieh)Stall *m*

ba·rom·e·ter [bə'rɒmɪtə] *s* Barometer *n* (*a. fig*)

bar·on ['bærən] *s* **1.** Baron *m* **2.** (*Industrie- etc*)Baron *m*, Magnat *m* '**bar·on·ess** *s* Baronin *f*

ba·roque [bə'rɒk] I *Adj* barock II *s* Barock *n*, *m*

bar·racks ['bærəks] *s Pl* (*meist Sg konstruiert*) Kaserne *f*

bar·rage ['bærɑːʒ] *s* **1.** (Stau)Damm *m*, Talsperre *f* **2.** MIL Sperrfeuer *n* **3.** *fig* Hagel *m*, Schwall *m*

▶ **bar·rel** ['bærəl] I *s* **1.** Fass *n*, (*Rohöl-maß mst*) Barrel *n*: **~s** (*od* **a ~**) **of** F ein Haufen (*Geld etc*) **2.** (*Gewehr*)Lauf *m*, (Geschütz)Rohr *n* II *v/t* **Prät u.** *Part Perf* **-reled**, *bes* Br **-relled 3.** in Fässer füllen: **~(l)ed beer** Fassbier *n* **~ or·gan** *s* MUS Drehorgel *f*, Leierkasten *m*

bar·ren ['bærən] *Adj* **1.** unfruchtbar (*Lebewesen, Land etc*) **2.** *geistig* unproduktiv **3. ~ of** arm an (*Dat*), …los **4.** nutzlos, WIRTSCHAFT tot (*Kapital*)

bar·rette [bæ'ret] *s Am* Haarspange *f*

bar·ri·cade [,bærɪ'keɪd] I *s* Barrikade *f*: **go to** (*od* **mount**) **the ~s** *fig* auf die Barrikaden gehen *od* steigen II *v/t* verbarrikadieren

bar·ri·er ['bærɪə] *s* **1.** Schranke *f*, Barriere *f*, Sperre *f* **2.** Schlag-, Grenzbaum *m* **3.** PHYS (*Schall*)Grenze *f* **4.** *fig* Hindernis *n* (*to* für) **~ cream** *s* Schutzcreme *f*

bar·ring ['bɑːrɪŋ] *Präp* ausgenommen, abgesehen von: **~ a miracle** falls *od* wenn kein Wunder geschieht

bar·ris·ter ['bærɪstə] *s* JUR **1.** Br Barrister *m* (*vor höheren Gerichten plädierender Anwalt*) **2.** Am allg Rechtsanwalt *m*, -anwältin *f*

bar·row ['bærəʊ] *s* (Hand-, Schub)Karre(n *m* *f*)

'**bar,tend·er** *bes Am* → **barman**

bar·ter ['bɑːtə] I *v/t* (ein)tauschen (*against, for* gegen) II *v/i* verhandeln (*for* über *Akk*) III *s* Tausch(handel *m*, -geschäft *n*)

ba·salt ['bæsɔːlt] *s* GEOL Basalt *m*

base¹ [beɪs] *Adj* **1.** gemein, niederträch-

B

tig **2.** minderwertig, (*Metall*) unedel

base² [_] **I** *s* **1.** *a. fig* Basis *f*, Grundlage *f*, Fundament *n* (*a.* ARCHI) **2.** Grundstoff *m*, Hauptbestandteil *m* **3.** *fig* Ausgangspunkt *m*, -basis *f* **4.** MIL Standort *m*; Basis *f*, Stützpunkt *m* **5.** *Baseball:* Mal *n* **II** *v/t* **6.** stützen, gründen (*on* auf *Akk*): **be ~d on** beruhen *od* basieren auf (*Dat*)

'**base|·ball** *s* SPORT Baseball(spiel *n*) *m* '**~·board** *s Am* Fuß(boden)-, Scheuerleiste *f* '**~·less** *Adj* grundlos **~ line** *s* Grundlinie *f*

▶**base·ment** ['beɪsmənt] *s* Kellergeschoss *n*

base·ness ['beɪsnɪs] *s* **1.** Gemeinheit *f*, Niedertracht *f* **2.** Minderwertigkeit *f*

ba·ses ['beɪsiːz] *Pl von* **basis**

bash [bæʃ] **F I** *v/t* **1.** heftig schlagen, ~ *in* einschlagen **II** *s* **2.** heftiger Schlag: **give s.o. a ~** (*on the nose*) *j-m* ein Ding (auf die Nase) verpassen **3.** Versuch *m*: **have a ~ at s.th.** es mit etw probieren

bash·ful ['bæʃfʊl] *Adj* schüchtern

bas·ic ['beɪsɪk] **I** *Adj* grundlegend, Grund...: ~ **fact** grundlegende Tatsache; ~ **fee** (*law, salary, vocabulary etc*) Grundgebühr *f* (-gesetz *n*, -gehalt *n*, -wortschatz *m etc*) **II** *s Pl* Grundlagen *Pl* '**bas·i·cal·ly** *Adv* **1.** im Grunde **2.** im Wesentlichen

bas·il ['bæzl] *s* BOT Basilikum *n*

ba·sin ['beɪsn] *s allg* Becken *n* (*a.* GEOL *etc*); *eng.* S. Schale *f*, Schüssel *f*

ba·sis ['beɪsɪs] *Pl* **-ses** [_-siːz] *s* **1.** MIL Basis *f*, Stützpunkt *m* **2.** *fig* Basis *f*, Grundlage *f*: **on the ~ of** auf der Basis von (*od Gen*); ~ **of discussion** Diskussionsgrundlage; **take as a ~** zugrunde legen

bask [bɑːsk] *v/i* sich sonnen (*a. fig*): ~ *in the sun* ein Sonnenbad nehmen

▶**bas·ket** ['bɑːskɪt] *s* Korb *m* '**~·ball** *s* SPORT Basketball(spiel *n*) *m*

Basle [bɑːl] *Eigenn* Basel *n*

bass¹ [beɪs] *s* MUS Bass(stimme *f*) *m*; Bassist(in)

bass² [bæs] *Pl mst* **bass** *s* ZOOL Barsch *m*

bas·soon [bə'suːn] *s* MUS Fagott *n*

bas·tard ['bɑːstəd] **I** *s* **1.** Bastard *m* (*a.* BIOL) **2.** *sl* Scheißkerl *m*; *allg* Kerl *m*: **poor ~** armes Schwein; **a ~ of a head-**

-ache verfluchte Kopfschmerzen *Pl* **II** *Adj* **3.** unehelich **4.** BIOL Bastard...

baste¹ [beɪst] *v/t* Braten mit Fett begießen

baste² [_] *v/t* verprügeln

baste³ [_] *v/t* (an)heften

bas·tion ['bæstɪən] *s* MIL Bastion *f*

bat¹ [bæt] *s* ZOOL Fledermaus *f:* (*as*) **blind as a ~** stockblind; **have ~s in the belfry** F e-n Vogel haben

bat² [_] **I** *s* **1.** *Baseball, Kricket:* Schlagholz *n*, Schläger *m*: **off one's own ~** *fig* selbstständig; auf eigene Faust **2.** *Br* F Tempo *n*: **at a fair ~** mit e-m ganz schönen Zahn **3.** *Am sl* Sauferei *f:* **go on a ~** e-e Sauftour machen **II** *v/i* **4.** *Baseball, Kricket:* am Schlagen sein

bat³ [_] *v/t:* **without ~ting an eyelid** ohne mit der Wimper zu zucken

batch [bætʃ] *s* Stapel *m*, Stoß *m*

bat·ed ['beɪtɪd] *Adj:* **with ~ breath** mit angehaltenem Atem, gespannt

▶**bath** [bɑːθ] **I** *Pl* **baths** ['-ðz] *s* **1.** (Wannen)Bad *n:* **have** (*od* **take**) **a ~** ein Bad nehmen, baden **2.** Badewanne *f* **3.** Bad(ezimmer) *n* **4.** *mst* Pl Bad *n:* **a)** Badeanstalt *f*, **b)** Badeort *m* **5.** CHEM FOTO Bad *n* **II** *v/t* *Br Kind etc* baden **III** *v/i* **7.** *Br* baden, ein Bad nehmen

bathe [beɪð] **I** *v/t* **1.** *Wunde etc, bes Am a Kind etc* baden **2.** ~*d in sunlight* (*sweat, tears*) *fig* sonnenüberflutet (schweißgebadet, tränenüberströmt) **II** *v/i* **3.** *bes Am* baden, ein Bad nehmen **4.** baden, schwimmen **III** *s* **5.** Bad *n* (*im Freien*): **have** (*od* **take**) **a ~** → 4

bath·ing ['beɪðɪŋ] **I** *s* Baden *n* **II** *Adj* Bade...: ~ **accident** (**costume** *od* **dress** *od* **suit**, **trunks**) Badeunfall *m* (-mütze *f od* -kappe *f*, -anzug *m*, -hose *f*)

'**bath·robe** *s* **1.** Bademantel *m* **2.** *Am* Morgen-, Schlafrock *m*

▶**bath·room** *s* **1.** Badezimmer *n* **2.** Toilette *f*

bath| tow·el *s* Badetuch *n* '**~·tub** *s* Badewanne *f*

ba·tik [bə'tiːk] *s* Batik(druck) *m*

ba·tiste [bæ'tiːst] *s* Batist *m*

ba·ton ['bætən] *s* **1.** (Amts-, Kommando)Stab *m* **2.** MUS Taktstock *m* **3.** *Leichtathletik:* (Staffel)Stab *m* **4.** Schlagstock *m*, Gummiknüppel *m*

bathroom

bathroom bedeutet im amerikanischen Englisch außer Badezimmer auch Toilette. Wenn man also im amerikanischen Englisch **"He's/She's gone to the bathroom."**, dann bedeutet das aller Wahrscheinlichkeit nach nicht, dass sich die Person, von der gerade gesprochen wird, duscht oder ein Bad nimmt, sondern lediglich, dass er/sie die Toilette benutzt.

bats·man ['bætsmən] s (*unreg man*) *Kricket:* Schläger *m*, Schlagmann *m*
bat·tal·ion [bə'tæljən] *s* MIL Bataillon *n*
bat·ten¹ ['bætn] **I** *s* Latte *f*, Leiste *f* **II** *v/t:* ~ **down the hatches** SCHIFF die Luken schalken; *fig* alles dichtmachen
bat·ten² [-] *v/i mst fig* dick u. fett werden (**on** auf Kosten *Gen*)
bat·ter¹ ['bætə] **I** *v/t* **1.** wiederholt heftig schlagen; *Frau, Kind etc* (wiederholt) misshandeln: ~ **down** (*od* **in**) einschlagen; *home for* ~*ed wives* Frauenhaus *n* **2.** abnutzen **3.** (*arg*) lädieren *od* zerbeulen, *a. fig* arg in Mitleidenschaft ziehen **II** *v/i* **4.** wiederholt heftig schlagen *od* stoßen (**against** gegen; **at** an *Akk*): ~ (**away**) **at the door** gegen die Tür hämmern **III** *s* **5.** GASTR Eierkuchenteig *m*
bat·ter² [-] *s* Baseball, Kricket: Schläger(in), Schlagmann *m*, -frau *f*
bat·ter·y ['bætəri] *s* **1.** ELEK Batterie *f* **2.** Batterie *f*, Reihe *f*, Satz *m* **3.** LANDW Legebatterie *f* **4.** JUR Tätlichkeit *f*; Körperverletzung *f* ~ **farm·ing** *s* LANDW Massentierhaltung *f* ~ **hen** *s* LANDW Batteriehenne *f* '~·**op·er·at·ed** *Adj* batteriebetrieben, Batterie...
▶**bat·tle** ['bætl] **I** *s* **1.** MIL Schlacht *f* (**of** bei) **2.** *fig* Kampf *m* (**for** um) **II** *v/i* **3.** *bes fig* kämpfen '~·**ax(e)** *s* **1.** MIL *hist* Streitaxt *f* **2.** F alter Drachen '~·**field**, '~·**ground** *s* MIL Schlachtfeld *n* '~·**ship** *s* Schlachtschiff *n*
bat·ty ['bæti] *Adj sl* bekloppt, verrückt
baulk → **balk**
baux·ite ['bɔːksait] *s* MIN Bauxit *m*
Ba·var·ia [bə'veəriə] *Eigenn* Bayern *n*

Ba·var·i·an [bə'veəriən] **I** *Adj* bay(e)risch **II** *s* Bayer(in)
bawd·y ['bɔːdi] *Adj* unflätig, obszön
bawl [bɔːl] **I** *v/i* schreien, brüllen: ~ **at** *s.o.* j-n anbrüllen; ~ **for help** um Hilfe schreien **II** *v/t oft* ~ **out** (heraus)schreien, (-)brüllen
▶**bay¹** [bei] *s* Bai *f*, Bucht *f*
bay² [-] *s* ARCHI Erker *m*
bay³ [-] *s* BOT Lorbeer(baum) *m*: ~ **leaf** Lorbeerblatt *n*
bay⁴ [-] **I** *v/i* bellen **II** *s* Gebell *n*: **be** (*od* **stand**) **at** ~ gestellt sein (*Wild*); *fig* in die Enge getrieben sein; **hold** (*od* **keep**) **at** ~ *j-n* in Schach halten; *Krankheit etc* von sich fern halten; *Feuer, Seuche etc* unter Kontrolle halten
bay·o·net ['beiənit] *s* MIL Bajonett *n*, Seitengewehr *n*
bay win·dow *s* **1.** Erkerfenster *n* **2.** *Am hum* Vorbau *m* (*Bauch*)
ba·zaar [bə'zɑː] *s* (*a.* Wohltätigkeits)Basar *m*

BBC

Die **BBC** (**British Broadcasting Corporation**) ist eine staatliche finanzierte Rundfunk- und Fernsehanstalt mit zahlreichen TV-Kanälen sowie überregionalen und regionalen Rundfunksendern. Zu ihr gehört der **BBC World Service**, der in mehr als 40 Sprachen sendet und seit 1991 auch über das Fernsehen (**BBC World Service TV**) zu empfangen ist.

BC *Abk* (= **before Christ**) v. Chr.
▶**be** [biː] (*unreg*) *v/i* **1.** *Zustand:* sein: **he is gone** er ist weg **2.** *Passiv:* werden: **I was cheated** ich wurde betrogen **3.** sollen, müssen, dürfen, können: **he is to be pitied** er ist zu bedauern; **it was not to be** es sollte nicht sein **4.** *Verlaufsform:* **he is reading** er liest (gerade); **he was watching TV when the telephone rang** er sah gerade fern, als das Telefon läutete **5.** *nahe Zukunft:* **I am leaving tomorrow** ich reise morgen ab; → **go** 27 **6.** *Kopula:* sein: **he is my father II** *v/i* **7.** sein, der Fall sein: **how is it that ...?** wie kommt es, dass

B

...?; *it is me* (*förmlich: I*) ich bin es **8.** sein, bestehen: *to be or not to be: that is the question* Sein oder Nichtsein, das ist hier die Frage **9.** sein, stattfinden (*Versammlung etc*); gehen, fahren (*Bus etc*) **10.** sein, sich befinden: *have you ever been to London?* sind Sie schon einmal in London gewesen?; *has anyone been?* F ist j-d da gewesen? **11.** (*beruflich*) werden: *I'll be an engineer* ich werde einmal Ingenieur **12.** gehören: *this book is mine* **13.** sein, stammen (*from* aus) **14.** kosten: *how much are these gloves?* **15.** dauern (*Veranstaltung etc*)

▶ **beach** [biːtʃ] **I** *s* Strand *m: on the* ~ am Strand **II** *v/t Schiff* auf den Strand setzen *od* ziehen ~ **ball** *s* Wasserball *m* ~ **bug·gy** *s* MOT Strandbuggy *m* '~,**chair** *s Am* Liegestuhl *m* '~·**wear** *s* Strandkleidung *f*

bea·con ['biːkən] *s* Leucht-, Signalfeuer *n*

bead [biːd] **I** *s* **1.** (*Glas-, Schweiß-, Tau-etc*)Perle *f* **2.** *Pl* REL Rosenkranz *m: say* (*od tell*) *one's* ~**s** den Rosenkranz beten **II** *v/t* **3.** mit Perlen besetzen **III** *v/i* **4.** perlen

beak [biːk] *s* **1.** ORN Schnabel *m* **2.** TECH Tülle *f* **beaked** *Adj* **1.** schnabelförmig **2.** vorspringend, spitz

beak·er ['biːkə] *s* Becher *m*

beam [biːm] **I** *s* **1.** Balken *m* **2.** Strahl *m,* ELEK, PHYS *a.* Bündel *n:* ~ *of rays* Strahlenbündel; ~ *of hope* Hoffnungsstrahl **3.** Peil-, Leit-, Richtstrahl *m: be off-* ~ FLUG, SCHIFF vom Kurs abgekommen sein; F auf dem Holzweg sein; *be on* ~ FLUG, SCHIFF auf Kurs sein; F auf dem richtigen Weg sein **4.** strahlendes Lächeln **II** *v/t* **5.** ausstrahlen (*a.* PHYS *u.* RUNDFUNK, TV) **III** *v/i* **6.** strahlen (*a. fig*) (*with* vor *Dat*): *~ing with joy* freudestrahlen ,~·**ends** *s Pl: be on one's* ~ *fig* auf dem letzten Loch pfeifen

▶ **bean** [biːn] *s* **1.** BOT Bohne *f: be full of* ~**s** F aufgekratzt sein; voller Leben(s-kraft) stecken; *spill the* ~**s** F alles ausplaudern **2.** *Am sl* Birne *f* (*Kopf*)

bear¹ [beə] **I** *s* **1.** ZOOL Bär *m* **2.** *fig* Brummbär *m;* Tollpatsch *m* **3.** WIRTSCH Baissespekulant(in) **II** *v/i* **4.** WIRTSCH auf Baisse spekulieren

▶ **bear**² [beə] (*unreg*) **I** *v/t* **1.** *Last, a. fig*

Datum, Verantwortung, Verlust etc tragen: → *fruit* 2a, *interest* 6, *resemblance, etc* **2.** zur Welt bringen, gebären **3.** *Gefühl* hegen: → *grudge* 3 **4.** *Gehorsam etc* leisten: → *company* 1 **5.** ertragen, aushalten, -stehen: → *comparison* 1 **II** *v/i* **6.** tragen, halten (*Balken, Eis etc*) **7.** (*on*) sich beziehen (auf *Akk*), betreffen (*Akk*): → *pressure* 8. ~ (*to the*) *left* sich links halten

Verbindungen mit Adverbien:

~ **a·way** *v/t* **1.** forttragen **2.** *Sieg etc* davontragen ~ **down I** *v/t* überwinden, -wältigen, *Widerstand* brechen **II** *v/i* (*on*) sich (schnell) nähern (*Dat*); sich stürzen (auf *Akk*), bedrücken (*Akk*); *e-r Sache zu Leibe gehen* ~ **in** *v/t: it was borne in on him* es wurde ihm klar (*that* dass) ~ **out** *v/t* bekräftigen, bestätigen; *j-m Recht geben* ~ **up I** *v/t* **1.** ermutigen **II** *v/i* **2.** (*against, under*) sich behaupten (gegen), (tapfer) ertragen (*Akk*) **3.** *Br* Mut fassen, (wieder) fröhlich werden: ~! Kopf hoch!

bear·a·ble ['beərəbl] *Adj* erträglich

▶ **beard** [bɪəd] **I** *s* Bart *m* **II** *v/t:* ~ *the lion in his den fig* sich in die Höhle des Löwen wagen '**beard·ed** *Adj* bärtig

bear·er ['beərə] *s* **1.** Träger(in) **2.** Überbringer(in) (*a.* WIRTSCH *e-s Schecks etc*) **3.** WIRTSCH Inhaber(in) (*e-s Wertpapiers*)

bear·ing ['beərɪŋ] *s* **1.** Ertragen *n* **2.** Betragen *n,* Verhalten *n* **3.** (Körper)Haltung *f* **4.** (*on*) Beziehung *f* (zu), Bezug *m* (auf *Akk*) **5.** FLUG, SCHIFF Lage *f,* Position *f;* (*a.* Funk)Peilung *f, a. fig* Orientierung *f: take one's* ~ e-e Peilung vornehmen; sich orientieren; *lose one's* ~(**s**) die Orientierung verlieren; *find* (*od get*) *one's* ~**s** sich zurechtfinden **6.** TECH (*Achsen-, Kugel- etc*)Lager *n*

bear·ish ['beərɪʃ] *Adj* **1.** bärenhaft **2.** brummig; tollpatschig **3.** WIRTSCH flau; Baisse...

bear| paw *s Am* Radkralle *f,* Parkriegel *m* '~·**skin** *s* Bärenfell *n*

beast [biːst] *s* **1.** (*a. wildes*) Tier: ~ *of burden* Lasttier; ~ *of prey* Raubtier **2.** *fig* Bestie *f;* F Biest *n,* Ekel *n* '**beast·ly** *Adj* **1.** *fig* tierisch **2.** F ekelhaft, gemein; scheußlich

▶ **beat** [bi:t] **I** s **1.** (*Herz-, Trommel- etc*) Schlag m **2.** MUS Takt m; (*Jazz*) Beat m; Beat(musik f) m: **off** (**the**) ~ aus dem Takt **3.** Runde f, Revier n (*e-s Schutzmanns etc*): **be on one's** ~ s-e od die Runde machen **II** Adj **4.** F wie erschlagen, fix u. fertig **5.** MUS Beat...: ~ **group** (**music**, *etc*) **III** v/t (*unreg*) **6.** schlagen, (ver)prügeln **7. a)** schlagen; *Teppich etc* (aus)klopfen; *Metall* hämmern od schmieden, **b)** → **beat up** 3 **8.** Weg treten, sich bahnen: ~ *it* F abhauen, verduften **9.** j-n schlagen, besiegen (*at* in *Dat*); *etw* übertreffen, -bieten: *that* ~*s all* (*od every-thing*)! das ist doch die Höhe! **10.** verblüffen: *that* ~*s me* das ist mir zu hoch **IV** v/i **11.** schlagen: ~ **at** (*od on*) **the door** gegen die Tür hämmern

Verbindungen mit Adverbien:

beat| back v/t Gegner zurückschlagen **~ down I** v/t **1.** Aufstand etc niederschlagen **2.** Preis drücken, a. j-n herunterhandeln (**to** auf Akk) **II** v/i **3.** herunterbrennen (**on** auf Akk) (Sonne); herunter-, niederprasseln (**on** auf Akk) (Regen) **~ in** v/t Tür einschlagen **~ off** v/t Angriff, Gegner zurückschlagen **~ out** v/t Feuer ausschlagen **~ up** v/t **1.** aufrütteln (a. fig) **2.** j-n zs.-schlagen **3.** Eier etc (zu Schaum od Schnee) schlagen

beat·en ['bi:tn] **I** Part Perf von **beat II** Adj **1.** TECH gehämmert: ~ **gold** Blattgold n **2.** viel begangen (Weg): **off the ~ track** ungewohnt, ungewöhnlich **'beat·er** s **1.** TECH Stampfe f; Stößel m; Klopfer m **2.** GASTR Schneebesen m '**beat·ing** s Prügel Pl; fig Niederlage f: **give s.o. a sound** ~ j-m e-e tüchtige Tracht Prügel verabreichen; j-m e-e böse Schlappe zufügen

beat·nik ['bi:tnɪk] s Beatnik m

beau·ti·cian [bju:'tɪʃn] s Kosmetiker(in)

▶ **beau·ti·ful** ['bju:təfʊl] Adj schön: **the ~ people** Pl die Schickeria

beau·ti·fy ['bju:tɪfaɪ] v/t verschönern

▶ **beau·ty** ['bju:tɪ] s **1.** Schönheit f (a. Frau) **2.** F das Schön(st)e **3.** F Gedicht n, Prachtstück n (**of** von) ~ **compe·ti·tion**, ~ **con·test** s Schönheitswettbewerb m ~ **farm** s Schönheitsfarm f ~ **par·lo(u)r** s Schönheitssalon m ~ **patch**

→ **beauty spot** 1 ~ **queen** s Schönheitskönigin f ~ **sa·lon**, Am ~ **shop** → **beauty parlo(u)r** ~ **sleep** s F Schlaf m vor Mitternacht ~ **spot** s **1.** Schönheitspflästerchen n **2.** schönes Fleckchen Erde

bea·ver ['bi:və] s ZOOL Biber m

be·came [bɪ'keɪm] Prät von **become**

▶ **be·cause** [bɪ'kɒz] **I** Konj weil, da **II** Präp: ▶ **because of** wegen (Gen)

beck [bek] s: **be at s.o.'s** ~ **and call** j-m auf den leisesten Wink gehorchen, nach j-s Pfeife tanzen **beck·on** ['bekn] v/t j-m (zu)winken, j-m ein Zeichen geben

▶ **be·come** [bɪ'kʌm] (unreg) **I** v/i **1.** werden: **what has become of him?** was ist aus ihm geworden? **II** v/t **2.** sich ziemen für **3.** j-m stehen, passen zu **be·com·ing** Adj **1.** passend, kleidsam: **be very ~ to s.o.** j-m sehr gut stehen **2.** schicklich, geziemend

▶ **bed** [bed] **I** s **1.** (a. Fluss- etc)Bett n: ▶ **go to bed** ins Bett gehen (**with** mit); **make the bed** das Bett machen; **put to bed** ins Bett bringen; **take to one's bed** sich (krank) ins Bett legen; ▶ **bed and breakfast** Zimmer n mit Frühstück **2.** (Garten)Beet n **3.** TECH Bett(ung f) n, Unterlage f **II** v/t **4.** ins Bett bringen **5.** **bed out** auspflanzen, -setzen

be·daub [bɪ'dɔ:b] v/t beschmieren

'**bed·bug** s ZOOL Wanze f '~**·clothes** s Pl Bettwäsche f '~**·cov·er** s Bettdecke f **bed·ding** ['bedɪŋ] s Bettzeug n

be·deck [bɪ'dek] v/t schmücken

be·dev·il [bɪ'devl] v/t Prät u. Part Perf **-iled**, bes Br **-illed** durcheinander bringen, verwirren

bed·lam ['bedləm] s fig Tollhaus n **bed| lin·en** s Bettwäsche f '~**·pan** s Stechbecken n, Bettpfanne f, -schüssel f '~**·post** s Bettpfosten m: → **between** 2 **be·drag·gled** [bɪ'drægld] v/t Adj **1.** durchnässt; verdreckt **2.** fig heruntergekommen (Haus etc); ungepflegt (Erscheinung etc)

bed| rest s Bettruhe f '~**·rid·den** Adj bettlägerig '~**·rock** s GEOL Grund-, Muttergestein n: **get down to** ~ fig der Sache auf den Grund gehen

▶ **bed|·room** ['bedrʊm] s Schlafzimmer n '~**·side** s: **at the** ~ am Bett; **have a**

good ~ manner gut mit Kranken umgehen können; *~ lamp* Nachttischlampe *f*; *~ rug* Bettvorleger *m*; *~ table* Nachttisch(chen *n*) *m* '*~·sit*, '*~·sit·ter*, *~·'sit·ting room* s *Br* **1.** möbliertes Zimmer *2.* Einzimmerapartment *n* '*~·sore* s MED wund gelegene Stelle: *get~s* sich durchliegen *od* wund liegen '*~·spread* s Tagesdecke *f* '*~·stead* Bettgestell *n* '*~·time* s Schlafenszeit *f*; *~ reading* Bettlektüre *f*; *~ story* Gutenachtgeschichte *f*

▸ **bee** [bi:] s ZOOL Biene *f*: *(as) busy as a ~* bienenfleißig; *have a ~ in one's bonnet* F e-n Fimmel *od* Tick haben; *he's got a ~ in his bonnet about tidiness* F er hat einen Ordnungsfimmel

beech [bi:tʃ] s BOT Buche *f* '*~·nut* s Buchecker *f*

▸ **beef** [bi:f] I s **1.** Rindfleisch *n* **2.** F (Muskel)Kraft *f* **3.** sl Meckerei *f*, Nörgelei *f* II *v/i* **4.** sl meckern, nörgeln *(about* über *Akk)* *~·bur·ger* [ˈ-ˌbɜː-gə] s GASTR Hamburger *m* '*~·eat·er* s *Br* Beefeater *m*, Tower-Wächter *m* *~·'steak* s Beefsteak *n* '*~ tea* s (Rind)Fleischbrühe *f*

beef·y [ˈbiːfɪ] *Adj* F bullig

'**bee·line** s: *make a ~ for* schnurstracks zu- *od* losgehen auf *(Akk)*

been [bi:n] *Part Perf von* **be**

beep·er [ˈbiːpə] s TEL Piepser *m*

▸ **beer** [bɪə] s Bier *n*: *~ small* I *~ garden* s Biergarten *m* *~·mat* s Bierdeckel *m*

beer·y [ˈbɪərɪ] *Adj* **1.** bierselig **2.** nach Bier riechend: *~ breath* Bierfahne *f*

'**bees·wax** s Bienenwachs *n*

beet [bi:t] s BOT Runkelrübe *f*, *Am a.* Rote Bete *od* Rübe

bee·tle [ˈbiːtl] s ZOOL Käfer *m*

beet·root [ˈbiːtruːt] s *Br* Rote Bete

be·fit [bɪˈfɪt] *v/t ~ s.o.* j-m angemessen sein

▸ **be·fore** [bɪˈfɔː] I *Adv* **1.** *räumlich:* vorn, voran: *go ~* vorangehen **2.** *zeitlich:* vorher, zuvor: *the year ~* das vorhergehende Jahr II *Präp* **3.** *räumlich:* vor *(Akk od Dat):* *~ my eyes* vor m-n Augen **4.** vor *(Dat)*, in Gegenwart von *(od Gen):* *~ witnesses* vor Zeugen **5.** *zeitlich:* vor *(Dat):* *the week ~ last* vorletzte Woche; *~ long* in Kürze, bald **6.** *Reihenfolge, Rang:* voraus, vor *(Akk*

od Dat): *be ~ the others* den anderen voraus sein III *Konj* **7.** bevor, ehe: *not ~* erst, als *od* wenn **be·'fore·hand** *Adv* **1.** zu'vor, (im) Voraus: *know s.th. ~* etw im Voraus wissen **2.** zuvor, früher **3.** zu früh, verfrüht

be·friend [bɪˈfrend] *v/t j-m* behilflich sein; sich *j-s* annehmen

▸ **beg** [beg] I *v/t* **1.** etw erbitten *(of s.o.* von j-m): *~ leave (of s.o.)* (j-n) um Erlaubnis bitten; → *pardon* 3 **2.** erbetteln, betteln um **3.** *j-n* bitten *(to do* zu tun) II *v/i* **4.** betteln: *go ~ging* betteln gehen; *fig* keinen Interessenten *od* Abnehmer finden **5.** (dringend) bitten *(for* um; *of s.o.* j-n) **6.** sich erlauben *od* gestatten *(to do* zu tun)

be·gan [bɪˈgæn] *Prät von* **begin**

be·get [bɪˈget] *v/t (unreg)* **1.** Kind zeugen **2.** *fig* erzeugen

▸ **beg·gar** [ˈbegə] I s **1.** Bettler(in) **2.** F Kerl *m*: *lucky ~* Glückspilz *m* II *v/t* **3.** an den Bettelstab bringen **4.** *~ description* sich nicht mit Worten beschreiben lassen; jeder Beschreibung spotten '**beg·gar·ly** *Adj* **1.** bettelarm **2.** *fig* armselig, kümmerlich '**beg·gar·y** s Bettelarmut *f*

▸ **be·gin** [bɪˈgɪn] *v/t u. v/i (unreg)* beginnen, anfangen: *to ~ with* zunächst (einmal); erstens (einmal); *~ on s.th.* etw in Angriff nehmen; *~ (on) a new bottle* e-e neue Flasche anbrechen **be·'ginner** s Anfänger(in): *~'s luck* Anfängerglück *n*

▸ **be·gin·ning** [bɪˈgɪnɪŋ] s **1.** Beginn *m*, Anfang *m*: *at (od in) the ~* am Anfang; *from the ~* (ganz) von Anfang an **2.** *Pl* (erste) Anfänge *Pl*

be·go·ni·a [bɪˈgəʊnjə] s BOT Begonie *f*

be·got [bɪˈgɒt] *Prät von* **beget** **be·'gotten** [-tn] *Part Perf von* **beget**

be·grudge [bɪˈgrʌdʒ] *v/t* **1.** *~ s.o. s.th.* j-m etw missgönnen **2.** *~ doing s.th.* etw nur widerwillig tun

be·guile [bɪˈgaɪl] *v/t* **1.** betrügen *(of, out of* um), täuschen **2.** verleiten *(into doing* zu tun) **3.** sich *die Zeit* (angenehm) vertreiben *(by, with* mit)

be·gun [bɪˈgʌn] *Part Perf von* **begin**

be·half [bɪˈhɑːf] s: *on (Am a. in) ~ of* zugunsten von *(od Gen)*, für; im Namen *od* Auftrag von *(od Gen)*, für

▸ **be·have** [bɪˈheɪv] I *v/i* **1.** sich (gut) be-

nehmen **2.** sich verhalten *od* benehmen (**to, towards** gegen, gegenüber) **3.** sich verhalten (*Sache*), funktionieren (*Maschine etc*) **II** *v/t* **4.** ~ **o.s.** → 1: ~ **yourself!** benimm dich!

▶ be·hav·io(u)r [bɪ'heɪvjə] s Benehmen *n*, Betragen *n*, Verhalten *n*: **be on one's best** ~ sich von s-r besten Seite zeigen; ~ **pattern** PSYCH Verhaltensmuster *n* **be'hav·io(u)r·al** *Adj* PSYCH Verhaltens...: ~ **disturbance** Verhaltensstörung *f* **be'hav·io(u)r·ism** *s* PSYCH Behaviorismus *m*

be·head [bɪ'hed] *v/t* enthaupten

▶ be·hind [bɪ'haɪnd] **I** *Präp* **1.** räumlich *u.* zeitlich: hinter (*Akk od Dat*): **get s.th.** ~ **one** etw hinter sich bringen **2.** *Reihenfolge, Rang:* hinter (*Akk od Dat*): **be** ~ **s.o.** j-m nachstehen (**in** in *Dat*) **II** *Adv* **3.** hinten, dahinter: **walk** ~ hinterhergehen **4.** nach hinten: **look** ~ zurückblicken **III** *Adj* **5.** im Rückstand *od* Verzug (**in, with** mit) **IV** *s* **6.** F Hintern *m* **be'hind·hand** *Adv u. Adj* **1.** im Rückstand (**with** mit) **2.** rückständig

be·hold [bɪ'həʊld] *v/t* (*unreg* **hold**) *poet* sehen, erblicken: ~*!* siehe (da)! **be'hold·er** *s* Betrachter(in)

be·hove [bɪ'həʊv] *v/t poet* **it** ~**s s.o.** es geziemt sich für j-n

beige [beɪʒ] *Adj* beige

be·ing [bi:ɪŋ] *s* **1.** (Da)Sein *n*, Existenz *f*: **in** ~ existierend, wirklich (vorhanden); **call into** ~ ins Leben rufen; **come into** ~ entstehen **2.** *j-s* Wesen *n*, Natur *f* **3.** (Lebe)Wesen *n*, Geschöpf *n*

be·lat·ed [bɪ'leɪtɪd] *Adj* verspätet: ~ **congratulations** nachträglich herzlichen Glückwunsch

belch [beltʃ] **I** *v/i* **1.** aufstoßen, rülpsen **2.** quellen (**from** aus) (*Rauch etc*) **II** *v/t* **3.** *a.* ~ **out** (*od* **forth**) Feuer, Rauch *etc* speien, *a. fig* Beleidigungen *etc* ausstoßen **III** *s* **4.** Aufstoßen, Rülpsen *n*; Rülpser *m* **5.** *fig* (Rauch-, Flammen*etc*)Stoß *m* **6.** *fig* Schwall *m* (*von Beleidigungen etc*)

bel·fry ['belfrɪ] *s* Glockenstuhl *m*; Glockenturm *m*: → **bat**[1]

▶ Bel·gian ['beldʒən] **I** *Adj* belgisch **II** *s* Belgier(in)

▶ Bel·gium ['beldʒəm] *Eigenn* Belgien *n*

▶ be·lie [bɪ'laɪ] *v/t* **1.** *j-n, etw* Lügen strafen **2.** hinwegtäuschen über (*Akk*) **3.** Hoffnung *etc* enttäuschen, e-r Sache nicht entsprechen

▶ be·lief [bɪ'li:f] *s* **1.** Glaube *m* (**in** an *Akk*): **beyond** ~ unglaublich **2.** Vertrauen *n* (**in** auf e-e Sache, zu j-m) **3.** Anschauung *f*, Überzeugung *f*: **to the best of my** ~ nach bestem Wissen u. Gewissen

be·liev·a·ble [bɪ'li:vəbl] *Adj* **1.** glaubhaft **2.** glaubwürdig

▶ be·lieve [bɪ'li:v] **I** *v/i* **1.** glauben (**in** an *Akk*) **2.** (**in**) vertrauen (auf *Akk*), Vertrauen haben (zu) **3.** viel halten (**in** von): **not to** ~ **in doing s.th.** nichts *od* nicht viel davon halten, etw zu tun **II** *v/t* **4.** glauben: ~ **it or not!** ob Sie es glauben oder nicht!; **would you** ~ **it!** ist das denn die Möglichkeit!; **he is** ~**d to be rich** man hält ihn für reich; → **reason** 1 **5.** glauben (*Dat*) **be'liev·er** *s* Gläubige *m, f*: **be a great** ~ **in** fest glauben an (*Akk*); viel halten von

Be·li·sha bea·con [bɪ'li:ʃə] *s Br* Blinklicht *n* (*an Fußgängerüberwegen*)

be·lit·tle [bɪ'lɪtl] *v/t* **1.** herabsetzen, schmälern **2.** verharmlosen

▶ bell [bel] *s* **1.** Glocke *f*, Klingel *f*, Schelle *f*: **that rings a** ~ F das kommt mir bekannt vor, das erinnert mich an etw **2.** Glockenzeichen *n*, Läuten *n*, Klingeln *n*: → **answer** 10 **3.** TEL Wecker *m* **4.** Taucherglocke *f* '~·**boy** *s bes Am* (Hotel)Page *m* '~·**flow·er** *s* BOT Glockenblume *f* '~·**hop** *s Am* (Hotel)Page *m*

bel·li·cose ['belɪkəʊs] *Adj* **1.** kriegslustig, kriegerisch **2.** → **belligerent** 3

bel·lig·er·ent [bɪ'lɪdʒərənt] **I** *Adj* **1.** → **bellicose** 1 **2.** Krieg führend **3.** *fig* streitlustig, aggressiv **II** *s* **4.** Krieg führendes Land

bel·low ['beləʊ] **I** *v/i* **1.** brüllen (**with** vor *Dat*) **2.** grölen **II** *v/t a.* ~ **out 3.** Befehl *etc* brüllen **4.** Lied *etc* grölen

bel·lows ['beləʊz] *s Pl* (*a. Sg konstruiert*) Blasebalg *m*

bell∥ **push** *s* Klingelknopf *m* '~·**weth·er** *s* Leithammel *m* (*a. fig*)

bel·ly ['belɪ] **I** *s* **1.** Bauch *m* (*a. e-s Schiffs etc*) **2.** Magen *m* **II** *v/i u. v/t* **3.** *a.* ~ **out** (an)schwellen (lassen) '~·**ache I** *s* F

B

Bauchweh n II v/i sl meckern, nörgeln (*about* über Akk) ~ **but·ton** s F Bauchnabel m (*Sl·)·**danc·er** s Bauchtänzerin f

bel·ly land·ing s FLUG Bauchlandung f

▶ **be·long** [bɪˈlɒŋ] v/i 1. gehören (*to* Dat) 2. gehören (*to* zu; *in* in Akk) 3. angehören (*to* Dat) **be'long·ings** s Pl Habseligkeiten Pl, Habe f; F Angehörige Pl

be·lov·ed [bɪˈlʌvd; -vɪd] I Adj (innig) geliebt II s Geliebte m, f

▶ **be·low** [bɪˈləʊ] I Adv 1. unten 2. hinunter, nach unten II Präp 3. unter (Akk od Dat), unterhalb (Gen)

▶ **belt** [belt] I s 1. Gürtel m: *hit below the ~* (Boxen) tief schlagen, j-m e-n Tiefschlag versetzen; → *tighten* 1 2. (Sicherheits)Gurt m 3. Gürtel m, Gebiet n, Zone f 4. TECH (Treib)Riemen m II v/t 5. ~ *on* an-, umschnallen 6. a. ~ *out* Lied etc schmettern III v/i 7. ~ *up* MOT etc sich anschnallen 8. *bes* MOT F rasen 9. ~ *up! sl* halt die Schnauze! ~ **bag** s Gürteltasche f '·**way** s Am Umgehungsstraße f

be·moan [bɪˈməʊn] v/t betrauern, beklagen

be·mused [bɪˈmjuːzd] Adj verwirrt

▶ **bench** [bentʃ] s 1. (Sitz)Bank f 2. Werkbank f, -tisch m 1 '·**mark** s fig Bezugspunkt m, Maßstab m

▶ **bend** [bend] I s 1. Biegung f, Krümmung f, (e-r Straße a.) Kurve f: *drive s.o. round the ~* Br F j-n verrückt machen II v/t (unreg) 2. biegen, krümmen 3. Kopf neigen, Knie beugen 4. Bogen, Feder etc spannen 5. JUR Recht beugen 6. Blicke, Gedanken etc richten, Anstrengungen etc konzentrieren (*on, to* auf Akk) III v/i (unreg) 7. sich biegen od krümmen; e-e Biegung machen (Fluss), (Straße a.) e-e Kurve machen 8. a. ~ *down* sich bücken; sich nach unten biegen; sich verbeugen (*to, before* vor Dat)

be·neath [bɪˈniːθ] I Adv 1. unten 2. darunter II Präp 3. unter (Akk od Dat), unterhalb (Gen): ~ *him* (od *his dignity*) unter s-r Würde; → *contempt* 1

ben·e·dic·tion [ˌbenɪˈdɪkʃn] s REL 1. Segen m 2. Segnung f

ben·e·fac·tion [ˌbenɪˈfækʃn] s 1. Wohltat f 2. wohltätige Gabe **ben·e·fac·tor** [ˈ-tə] s Wohltäter m

be·nef·i·cence [bɪˈnefɪsns] s Wohltätigkeit f **be'nef·i·cent** Adj wohltätig

ben·e·fi·cial [ˌbenɪˈfɪʃl] Adj (*to*) nützlich, zuträglich (Dat), vorteilhaft, günstig (für)

ben·e·fit [ˈbenɪfɪt] I s 1. Vorteil m, Nutzen m, Gewinn m: *be of ~ to* nützen (Dat); *for the ~ of* zugunsten (Gen); *derive* (od *get*) ~ *(from)* → 5; → *reap* 2. (Arbeitslosen- etc)Unterstützung f; (Kranken- etc)Geld n; (Sozial-, Versicherungs- etc)Leistung f 3. Wohltätigkeitsveranstaltung f II v/t Prät u. Part Perf -ed, *bes* Am -ted 4. nützen (Dat), fördern (Akk), im Interesse (Gen) sein od liegen III v/i 5. (*by, from*) Vorteil haben (von, durch), Nutzen ziehen (aus)

Bene·lux coun·tries [ˈbenɪlʌks _] Eigenn Pl Beneluxländer Pl

be·nev·o·lence [bɪˈnevələns] s 1. Wohltätigkeit f 2. Wohlwollen n 3. Wohltat f **be'nev·o·lent** Adj 1. wohltätig 2. wohlwollend

be·nign [bɪˈnaɪn] Adj 1. gütig, freundlich 2. mild: ~ *climate* 3. MED gutartig: ~ *tumo(u)r*

bent [bent] I Prät u. Part Perf von **bend** II Adj 1. entschlossen (*on doing* zu tun); erpicht (*on* auf Akk), darauf aus (*on doing* zu tun) III s 2. Neigung f, Hang m (*for* zu): *to the top of one's ~* nach Herzenslust 3. Veranlagung f: ~ *for languages* Sprachbegabung f

be·numbed [bɪˈnʌmd] Adj 1. gefühllos, starr (*with cold* vor Kälte) 2. fig gelähmt

ben·zene [ˈbenziːn] s CHEM Benzol n 1

ben·zine [ˈbenziːn] s CHEM Leichtbenzin n

be·queath [bɪˈkwiːð] v/t hinterlassen, vermachen (*s.th. to s.o.* j-m etw) **be·quest** [bɪˈkwest] s Vermächtnis n

be·reave [bɪˈriːv] v/t (*a. unreg*) berauben (*of* Gen); *the ~d* der od die Hinterbliebene, die Hinterbliebenen Pl **be'reave·ment** s 1. schmerzlicher Verlust (*durch* Tod) 2. Trauerfall m

be·reft [bɪˈreft] I Prät u. Part Perf von **bereave** II Adj mst fig beraubt (*of* Gen): ~ *of all hope*

Ber·ing Straits [ˈberɪŋ ˈstreɪts] *Eigenn Pl* Beringstraße *f*

Ber·mu·da [bəˈmjuːdə] **I** *Adj* **~ shorts** Bermudashorts *Pl*; **~ triangle** Bermudadreieck *n* **II** *Eigenn Pl* **~s** die Bermudainseln *Pl*

ber·ry [ˈberɪ] *s* BOT Beere *f*

ber·serk [bəˈzɜːk] *Adj*: **go ~** wild werden; Amok laufen

berth [bɜːθ] **I** *s* **1.** SCHIFF Liege-, Ankerplatz *m* **2.** SCHIFF Koje *f* **3.** BAHN (Schlafwagen)Bett *n* **4.** *give a wide* **~ to** e-n großen Bogen machen um **5.** F Stellung *f*, Pöstchen *n* **II** *v/i* **6.** SCHIFF festmachen, anlegen

be·seech [bɪˈsiːtʃ] *v/t (a. unreg)* **1.** *j-n* anflehen (*for* um; *to do* zu tun) **2.** *etw* erflehen (*of* von) **be'seech·ing** *Adj* flehend **be'seech·ing·ly** *Adv* flehentlich

▸ **be·side** [bɪˈsaɪd] *Präp* **1.** neben (*Akk od Dat*) **2.** außerhalb: → *point* 11 **3.** *be ~ o.s.* außer sich sein (*with* vor *Dat*)

▸ **be·sides** [bɪˈsaɪdz] **I** *Adv* außerdem **II** *Präp* außer, neben (*Dat*)

be·siege [bɪˈsiːdʒ] *v/t* **1.** MIL belagern (*a. fig*) **2.** *fig* bedrängen (*with* mit)

be·sought [bɪˈsɔːt] *Prät u. Part Perf von* **beseech**

be·spec·ta·cled [bɪˈspektəkld] *Adj* bebrillt

be·spoke [bɪˈspəʊk] *Adj Br* Maß...: **~ tailor** Maßschneider(in)

▸ **best** [best] **I** (*Sup von* **good**) *Adj* **1.** best **2.** größt, meist: *the ~ part of* der größte Teil (*Gen*) **II** (*Sup von* **well** [2]) *Adv* **3.** am besten: *as ~ they could* so gut sie konnten; *you had ~ go* es wäre das Beste, wenn Sie gingen **III** *s* **4.** der, die, das Beste: *at ~* bestenfalls, höchstens; *do one's ~* sein Möglichstes tun; *have (od get) the ~ of* übertreffen; F übers Ohr hauen; *make the ~ of* sich zufrieden geben mit; sich abfinden mit; voll ausnutzen; das Beste machen aus; *all the ~!* alles Gute!; → *ability, belief 3, etc*

bes·tial [ˈbestjəl] *Adj* tierisch, *fig a.* bestialisch, viehisch **bes·ti·al·i·ty** [ˌbestɪˈælətɪ] *s* **1.** Bestialität *f (a. fig)* **2.** Sodomie *f*

be·stir [bɪˈstɜː] *v/t*: **~ o.s. to do s.th.** sich dazu aufraffen, etw zu tun

best man *s* (*unreg* **man**) Freund des Bräutigams, der bei der Ausrichtung der Hochzeit e-e wichtige Rolle spielt

be·stow [bɪˈstəʊ] *v/t* Preis, Titel verleihen (*on Dat*) **be'stow·al** *s* Verleihung *f*

best¹ *sell·er s* Bestseller *m* **2.** Bestsellerautor(in) '**~,sell·ing** *Adj*: **~ novel** Bestseller *m*; **~ author** Bestsellerautor(in)

▸ **bet** [bet] **I** *s* **1.** Wette *f*; Wetteinsatz *m*: *have (od make) a ~* e-e Wette abschließen *od* eingehen (*on* auf *Akk*) **2.** *my ~ is that* ich würde sagen, dass; *it's a safe ~ that* es steht so gut wie fest, dass **3.** *your best ~ is to take the car* F du nimmst am besten den Wagen **II** *v/t (a. unreg)* **4.** Geld wetten, setzen (*on* auf *Akk*): *I'll ~ you £10 that* ich wette mit dir (um) 10 Pfund; dass; *you can ~ your boots (od bottom dollar) that* F du kannst Gift darauf nehmen, dass **5.** **~ (s.o.) that** *fig* (mit j-m) wetten, dass **III** *v/i (a. unreg)* **6.** wetten, setzen (*on* auf *Akk*): *you ~!* F das kann man wohl sagen

beta block·er [ˈbiːtə ˌblɒkə] *s* MED Betablocker *m*

be·tray [bɪˈtreɪ] *v/t* verraten (*to Dat od* an *Akk*) *(a. fig)* **be'tray·al** *s* Verrat *m*

▸ **bet·ter¹** [ˈbetə] **I** (*Komp von* **good**) *Adj* besser: *I am ~* es geht mir (*gesundheitlich*) besser; *get ~* besser werden; sich erholen **II** *s* das Bessere: *for ~ or (for) worse* was auch (immer) geschieht; *get the ~ of j-n* besiegen, ausstechen; *etw* überwinden **III** (*Komp von* **well** [2]) *Adv* besser: **~ off** besser daran; (*finanziell*) besser gestellt; *think ~ of it* es sich anders überlegen; *you'd ~ go* es wäre besser, du gingest; *you'd ~ not!* lass das lieber sein!; → *know 6, like²* I **IV** *v/t* Beziehungen, Rekord *etc* verbessern; **~ o.s.** sich (beruflich) verbessern; sich weiterbilden **V** *v/i* besser werden

bet·ter² [_] *s* Wetter(in)

bet·ter·ment [ˈbetəmənt] *s* **1.** (Ver)Besserung *f* **2.** WIRTSCH Wertsteigerung *f*

bet·ting [ˈbetɪŋ] *s* Wetten *n*: **~ office** (*Br shop*) Wettbüro *n*

▸ **be·tween** [bɪˈtwiːn] **I** *Präp* **1.** räumlich *u. zeitlich*: zwischen (*Dat od Akk*): → *devil 1, stool 1* **2.** unter (*Dat od Akk*): **~ you and me (and the gatepost** F) unter uns, im Vertrauen (ge-

B

sagt); **we had ten pounds ~ us** wir hatten zusammen zehn Pfund **II** *Adv* **3.** dazwischen: **the space ~** der Zwischenraum; **in ~** dazwischen

bev·el ['bevl] **I** *s* Schräge *f*, Abschrägung *f* **II** *v/t* Prät u. Part Perf **-eled**, *bes Br* **-elled** abschrägen **III** *Adj* abgeschrägt, schräg

bev·er·age ['bevərɪdʒ] *s* Getränk *n*

bev·y ['bevɪ] *s* ORN Schwarm *m*, Schar *f*

be·wail [bɪ'weɪl] *v/t* beklagen

be·ware [bɪ'weə] *v/i* sich hüten, sich in Acht nehmen (**of** vor *Dat*): **~ of the dog!** Vorsicht, bissiger Hund!; **~ of pickpockets!** vor Taschendieben wird gewarnt!

be·wil·der [bɪ'wɪldə] *v/t* irremachen, verwirren **be'wil·der·ment** *s* Verwirrung *f*

be·witch [bɪ'wɪtʃ] *v/t* bezaubern, behexen

be·yond [bɪ'jɒnd] **I** *Adv* **1.** darüber hinaus **II** *Präp* **2.** jenseits **3.** über ... (*Akk*) hinaus: **that is ~ me** F das ist mir zu hoch, das geht über m-n Verstand; → **belief** 1, **endurance** 1, **measure** 2, **word** 1, *etc*

bi... [baɪ] zwei...

bi'an·nu·al *Adj* zweimal jährlich vorkommend *od* erscheinend **bi'an·nu·al·ly** *Adv* zweimal im Jahr

bi·as ['baɪəs] **I** *s* **1.** (**towards**) Neigung *f*, Hang *m* (zu); Vorliebe *f* (für) **2.** Vorurteil *n*, JUR Befangenheit *f*: **free from ~** unvoreingenommen **II** *Adj u. Adv* **3.** schräg **III** *v/t* Prät u. Part Perf **-as(s)ed 4.** (*mst ungünstig*) beeinflussen, *j-n* einnehmen (**against** gegen) **'bias(s)ed** *Adj* voreingenommen, befangen

bib [bɪb] *s* **1.** Lätzchen *n* **2.** Schürzenlatz *m*

▶**Bi·ble** ['baɪbl] *s* Bibel *f* **bib·li·cal** ['bɪblɪkl] *Adj* biblisch, Bibel...

bib·li·o·graph·i·cal [ˌbɪblɪəʊˈɡræfɪkl] *Adj* bibliographisch **bib·li·og·ra·phy** [ˌ-ˈɒɡrəfɪ] *s* Bibliographie *f* **bib·li·o·phile** ['-əʊfaɪl] *s* Bücherfreund *m*, Bibliophile *m*

bi'car·bon·ate *s* CHEM Bikarbonat *n*: **~ of soda** Natriumbikarbonat

bi·ceps ['baɪseps] *Pl* **-ceps** *s* ANAT Bizeps *m*

bick·er ['bɪkə] **I** *v/i* sich zanken *od* streiten (**about, over** um) **II** *s* Zank *m*, Streit *m* **'bick·er·ing** *s* Gezänk *n*

▶**bi·cy·cle** ['baɪsɪkl] **I** *s* Fahrrad *n*, *schweiz.* Velo *n* **II** *v/i* (mit dem) Rad fahren

bid [bɪd] **I** *s* **1.** WIRTSCH Gebot *n* (*bei Versteigerungen*); WIRTSCH Angebot *n* (*bei Ausschreibungen*); WIRTSCH *Am* Kostenvoranschlag *m*; *fig* Bewerbung *f* (**for** um), Versuch *m* (**to do** zu tun): **highest ~** Meistgebot *n*; **make a ~ for** sich bemühen um; **~ for power** Griff *m* nach der Macht **II** *v/t* (*unreg*) **2.** WIRTSCH *bei Versteigerungen* bieten **3.** *j-m* e-n guten Morgen etc wünschen: **~ s.o. good morning**, **~ farewell** Lebewohl sagen **III** *v/i* (*unreg*) **4.** WIRTSCH *bei Versteigerungen* bieten; WIRTSCH *Am* e-n Kostenvoranschlag machen; *fig* sich bemühen (**for** um): **~ for power** nach der Macht greifen **'bid·den** *Part Perf von* **bid 'bid·der** *s* WIRTSCH Bieter(in) (*bei Versteigerungen*): **highest ~** Meistbietende *m, f* **'bid·ding** *s* WIRTSCH Gebot *n* (*bei Versteigerungen*)

bide [baɪd] *v/t* (*a. unreg*): **~ one's time** den rechten Augenblick abwarten

bi·en·ni·al [baɪ'enɪəl] *Adj* **1.** zweijährlich **2.** zweijährig

bi·fo·cals [baɪ'fəʊklz] *s Pl, a.* **pair of ~** Bifokalbrille *f*

bi·fur·cate ['baɪfəkeɪt] **I** *v/i* sich gabeln **II** *Adj* gegabelt, gabelförmig **bi·fur·'ca·tion** *s* Gabelung *f*

▶**big** [bɪɡ] **I** *Adj* **1.** *allg* groß: **a)** dick, stark: **the ~gest party** die stärkste Partei; **earn ~ money** F das große Geld verdienen, **b)** breit, weit: **the coat is too ~ for me** der Mantel ist mir zu groß: **get too ~ for one's boots** (*od* **breeches**, *bes Am* **pants**) F größenwahnsinnig werden, **c)** hoch: **~ trees**, **d)** Mords...: **~ rascal** Erzgauner(in); **~ eater** starker Esser, **e)** erwachsen, **f)** wichtig, bedeutend: → **shot**² 3 **2.** ausgiebig, reichlich: **~ meal 3.** F aufgeblasen, eingebildet: **have ~ ideas** große Rosinen im Kopf haben; **~ talk** große Töne *Pl* **4.** **that's very ~ of you** das ist sehr großzügig *od* nobel von Ihnen **5.** **be ~ on** F stehen auf (*Akk*) **II** *Adv* **6.** F mächtig, mordsmäßig **7.** F großspurig: **talk ~** große Töne spucken

big·a·mist ['bɪɡəmɪst] *s* Bigamist(in) **'big·a·my** *s* Bigamie *f*, Doppelehe *f*

biological

big| bang s *Kosmologie*: Urknall m ~
dip·per s *Am* Achterbahn f '**~mouth**
s F Großmaul n

big·ness ['bɪɡnɪs] s Größe f

big·ot ['bɪɡət] s 1. selbstgerechte *od* in-
tolerante Person 2. Frömmler(in)
'**bigot·ed** *Adj* 1. selbstgerecht, intole-
rant 2. bigott, frömmlerisch '**big·ot·ry**
s 1. Selbstgerechtigkeit f, Intoleranz f 2.
Bigotterie f, Frömmelei f

'**big·wig** s F großes od hohes Tier

▶**bike** [baɪk] F I s Rad n (*Fahrrad*); Ma-
schine f (*Motorrad*) II v/i radeln, biken,
Motorrad fahren; mit dem Motorrad
fahren

,**bi'lat·er·al** *Adj* bilateral, zweiseitig

bil·ber·ry ['bɪlbərɪ] s BOT Blau-, Heidel-
beere f

bile [baɪl] s 1. PHYSIOL Galle f 2. *fig* Ge-
reiztheit f; Reizbarkeit f

bilge [bɪldʒ] s 1. SCHIFF Kielraum m 2. F
Quatsch m, Mist m

bi'lin·gual *Adj* zweisprachig

bil·ious ['bɪljəs] *Adj* 1. MED gallig; Gal-
len…: ~ **attack** Gallenkolik f 2. *fig* ge-
reizt; reizbar

bill[1] [bɪl] I s ZOOL Schnabel m II v/i a. ~
and coo (miteinander) turteln

▶**bill**[2] [bɪl] I s 1. POL (Gesetzes)Vorlage f,
Gesetzentwurf m 2. JUR (An)Klage-
schrift f 3. a. ~ **of exchange** WIRTSCH
Wechsel m 4. Rechnung f: **waiter,
the ~, please** (Herr) Ober, bitte zah-
len! 5. Liste f, Aufstellung f: ~ **of fare**
Speise(n)karte f 6. Bescheinigung f: ~
of delivery WIRTSCH Lieferschein m
7. Plakat n 8. THEAT *etc* Programm(zet-
tel m) n; *weit*. S. Programm n: **be on
the ~** auftreten; → **top**[1] 12 9. *Am* Bank-
note f, (Geld)Schein m II v/t 10. j-m e-e
Rechnung ausstellen *od* schicken: ~
s.o. for s.th. j-m etw in Rechnung stel-
len 11. (durch Plakate) bekannt geben
'**bill·board** s *bes Am* 1. Reklametafel f
2. FILM, TV Vorspann m

bil·let ['bɪlɪt] I s 1. MIL (Privat)Quartier
n 2. Unterkunft f II v/t 3. MIL einquar-
tieren (**with, on** bei) 4. unterbringen
III v/i 5. MIL einquartiert sein 6. (*bes*
vorübergehend) wohnen

'**bill·fold** s *Am* Scheintasche f; Briefta-
sche f

bil·liard ['bɪljəd] I s Pl (*mst Sg konstru-
iert*) Billard(spiel) n II *Adj* Billard…: ~

ball (**table**); ~ **cue** Queue n

▶**bil·lion** ['bɪljən] s 1. Milliarde f 2. *Br
veralt* Billion f

'**bill|,post·er** s Plakatkleber(in)

bil·ly ['bɪlɪ] s *Am* (Polizei)Knüppel m ~
goat s Ziegenbock m

,**bi'month·ly** *Adj u. Adv* zweimonatlich

bin [bɪn] s 1. Behälter m; Mülleimer m: ~
liner Müllbeutel m

bi·na·ry ['baɪnərɪ] *Adj* MATHE, TECH *etc*
binär, Binär…

bind [baɪnd] I v/t (*unreg*) 1. binden (**to** an
Akk): ~ **together** an-, zs.-binden; ~ **up**
aneinander binden, zs.-binden; **Wunde**
verbinden 2. *Saum* einfassen 3. CHEM
etc (mit e-m Bindemittel) binden 4.
Buch (ein)binden 5. *fig* (*a. vertraglich*)
binden, verpflichten (**to s.th.** zu etw; **to
do** zu tun) II v/i (*unreg*) 6. *Zement etc*
binden 7. fest *od* hart werden 8. *fig* bin-
den(d sein) III s 9. **be in a ~** F in Schwu-
litäten sein '**bind·er** s 1. (*Buch- etc*)Bin-
der(in) 2. (*Akten- etc*)Deckel m, Um-
schlag m 3. CHEM *etc* Bindemittel n
'**bind·ing** I *Adj* 1. *fig* bindend, verbind-
lich (**on** für): **legally** ~ rechtsverbind-
lich; **not** ~ unverbindlich II s 2.
(Buch)Einband m 3. Einfassung f,
Borte f 4. (Ski)Bindung f 5. → **binder**
3

bin·di ['bɪndiː] s (*Schmuck*) Bindi n

binge [bɪndʒ] s F Sauf- *od* Fressgelage n:
go (**out**) **on a** ~ e-e Sauf- *od* Fresstour
machen; **go on a buying** (*od* **shop-
ping, spending**) ~ wie verrückt ein-
kaufen

bin·go ['bɪŋɡəʊ] s Bingo n (*ein Glücks-
spiel*)

bin·oc·u·lars [bɪ'nɒkjʊləz] s Pl (**a pair
of** ein) Fernglas n

bi·o·chem·i·cal [,baɪəʊ'kemɪkl] *Adj*
biochemisch ,**bi·o'chem·ist** s Bioche-
miker(in) ,**bi·o'chem·is·try** s Bioche-
mie f

bi·o·de·grad·able [,baɪəʊdɪ'ɡreɪdəbl]
Adj biologisch abbaubar

bi·o·di·ver·si·ty [,baɪəʊdaɪ'vɜːsɪtɪ] s
Artenvielfalt f, -reichtum m

bi·o·dy·nam·ic [,baɪəʊdaɪ'næmɪk] *Adj*
(**~ally**) biodynamisch

bi·o·graph·i·cal [,baɪəʊ'ɡræfɪkl] *Adj*
biografisch **bi·og·ra·phy** [-'ɒɡrəfɪ] s
Biografie f

bi·o·log·i·cal [,baɪəʊ'lɒdʒɪkl] *Adj* bio-

logisch **bi·ol·o·gist** [-'ɒlədʒɪst] s Biologe m, -login f

▶ **bi·ol·o·gy** [baɪ'ɒlədʒɪ] s Biologie f

bi·op·sy ['baɪɒpsɪ] s MED Biopsie f

bi·o·rythm ['baɪərɪθm] s Biorhythmus m

bi·o·sphere ['baɪəsfɪə] s Biosphäre f

bi·o·tech·nol·o·gy [ˌbaɪəutek'nɒlədʒɪ] s Biotechnik f

bi·o·tope ['baɪətəup] s Biotop n

birch [bɜːtʃ] s BOT Birke f

▶ **bird** [bɜːd] s 1. Vogel m: ~ **of passage** Zugvogel (a. fig); ~ **of prey** Raubvogel; **a ~ in the hand is worth two in the bush** besser ein Spatz in der Hand als e-e Taube auf dem Dach; **tell a child about the ~s and the bees** ein Kind aufklären; **that's (strictly) for the ~s** F das ist für die Katz; das taugt nichts; **give s.o. the ~** j-n auspfeifen od ausbuhen; → **early** 4, **feather** I, **fly**¹ 2, **kill** 1 2. F Kerl m: **queer ~** komischer Kauz 3. Br F Tussi f: **~·cage** s Vogelkäfig m → **flu** s Vogelgrippe f: **~·house** s Nistkasten m

bird·ie ['bɜːdɪ] s Vögelchen n

bird of par·a·dise s 1. ZOOL Paradiesvogel m 2. BOT Strelitzie f

bird| sanc·tu·a·ry s Vogelschutzgebiet n '**·seed** s Vogelfutter n

'**bird's|-eye** Adj: ~ **view** (Blick m aus der) Vogelschau; fig allgemeiner Überblick (**of** über Akk); ~ **perspective** Vogelperspektive f ~ **nest** s Vogelnest n

bi·ro® ['baɪərəu] Pl **-ros**® s Br Kugelschreiber m

▶ **birth** [bɜːθ] s 1. Geburt f: **at** ~ bei der Geburt; **from** (od **since**) (**one's**) ~ von Geburt an; **give** ~ **to** gebären, zur Welt bringen; fig hervorbringen, -rufen 2. Abstammung f, Herkunft f: **she's English by** ~ sie ist gebürtige Engländerin 3. Ursprung m, Entstehung f ~ **cer·tif·i·cate** s Geburtsurkunde f ~ **con·trol** s Geburtenregelung f, -kontrolle f

▶ **birth|·day** ['bɜːθdeɪ] **I** s Geburtstag m: **when is your** ~? wann hast du Geburtstag?; **happy** ~! alles Gute od herzlichen Glückwunsch zum Geburtstag! **II** Adj Geburtstags...: ~ **party** (**present**, etc); ~ **honours** Pl Titelverleihungen Pl anlässlich des Geburtstags des Königs od der Königin; **in one's** ~ **suit** im Adams- od Evaskostüm '**·mark** s

Muttermal n '**·place** s Geburtsort m '**·rate** s Geburtenziffer f: **falling** ~ Geburtenrückgang m

bis·cuit ['bɪskɪt] s 1. Br Keks m, n 2. Am kleines weiches Brötchen

bi·sect [baɪ'sekt] v/t 1. in zwei Teile (zer)schneiden 2. MATHE halbieren ,**bi'sec·tion** s MATHE Halbierung f ,**bi'sex·u·al** Adj bisexuell

bish·op ['bɪʃəp] s 1. REL Bischof m, Bischöfin f 2. Schach: Läufer m **bish·op·ric** [˗'rɪk] s REL Bistum n

bit¹ [bɪt] s 1. Gebiss n (am Pferdezaum): **take the** ~ **between one's teeth** durchgehen (Pferd); fig störrisch werden; fig sich reinknien 2. TECH Backe f, Maul n (e-r Zange etc); (Schlüssel)Bart m

▶ **bit**² [bɪt] s 1. Bissen m, Happen m 2. Stück(chen) n (a. fig): **fall to bits** entzweigehen, zerbrechen; ▶ **a bit** ein bisschen; ziemlich; **not a bit** überhaupt nicht; **a bit of a coward** ziemlich feig; **bit by bit** Stück für Stück, nach u. nach; **do one's bit** s-e Pflicht (u. Schuldigkeit) tun; s-n Beitrag leisten 3. F Augenblick m, Moment m: **after a bit** nach e-m Weilchen 4. F kleine Münze

bit³ [˗] s IT Bit n

bit⁴ [˗] Prät von **bite**

bitch [bɪtʃ] s 1. ZOOL Hündin f 2. sl Schlampe f; Miststück n: → **son** f

bitchy ['bɪtʃɪ] Adj gehässig, Bemerkung a. bissig

▶ **bite** [baɪt] **I** v/t (unreg) 1. beißen: ~ **off** abbeißen; ~ **off more than one can chew** F sich zu viel zumuten; ~ **the dust** F ins Gras beißen; ~ **one's nails** an den Nägeln kauen; fig nervös sein; → **lip** 1, **tongue** 1 2. beißen, stechen (Insekt) **II** v/i (unreg) 3. (zu)beißen: ~ **into** (hinein)beißen in (Akk) 4. anbeißen (a. fig), schnappen (**at** nach) (Fisch) 5. beißen, stechen (Insekt) 6. beißen (Rauch, Gewürz etc) 7. fassen, greifen (Rad, Schraube etc) 8. fig beißend od verletzend sein 9. sich (bes negativ) auswirken (Maßnahme) **III** s 10. Biss m, (e-s Insekts a.) Stich m 11. Biss(wunde f) m 12. Bissen m, Happen m (a. weit. S. Imbiss, Nahrung) 13. Fassen n, Greifen n (von Rädern, Schrauben etc): **s.th. has lost its** ~ fig etw greift od zieht nicht mehr 14. Schärfe f (a. fig)

73 blanch

bit·ing ['baɪtɪŋ] *Adj* beißend (*Rauch etc*), schneidend (*Wind, Kälte etc*) (*beide a. Worte etc*)

bit·ten ['bɪtn] **I** *Part Perf von* **bite II** *Adj*: **once ~ twice shy** (ein) gebranntes Kind scheut das Feuer

▸ **bit·ter** ['bɪtə] **I** *Adj* **1.** bitter (*a. fig*): **to the ~ end** bis zum bitteren Ende; **weep ~ly** bitterlich weinen **2.** *fig* scharf, heftig (*Kritik etc*) **3.** *fig* erbittert (*Feinde etc*); verbittert (*about* wegen) **II** *Adv* **4. ~ly cold** bitterkalt **III** *s* **5.** Bitterkeit *f* **6.** *fig das* Bittere **7.** *Br stark gehopftes* (*Fass*)*Bier* **8.** *mst Pl* Magenbitter *m*

bit·ter·ness ['bɪtənɪs] *s* **1.** Bitterkeit *f* (*a. fig*) **2.** *fig* Verbitterung *f*

bi·tu·men ['bɪtjʊmɪn] *s* MIN Bitumen *n*

bi·tu·mi·nous [bɪ'tjuːmɪnəs] *Adj*: **~ coal** Steinkohle *f*

biz [bɪz] *F für* **business**

bi·zarre [bɪ'zɑː] *Adj* bizarr

blab [blæb] **I** *v/t* **1.** *oft* **~ out** ausplaudern **II** *v/i* **2.** schwatzen **3.** *fig* plaudern

▸ **black** [blæk] **I** *Adj* **1.** *allg* schwarz (*a. fig*): **~ coffee;** **~ humo(u)r,** *~ man* Schwarze *m;* **beat s.o. ~ and blue** j-n grün u. blau schlagen; **give s.o. a ~ look** j-n (böse) anfunkeln; **he's not so** (*od* **as**) **~ as he's painted** er ist besser als sein Ruf **2.** WIRTSCH *bes Br* boykottiert **II** *s* **3.** Schwarz *n:* **dressed in ~** schwarz *od* in Schwarz gekleidet; **be in** (*od* **wear**) **~** Trauer tragen **4.** *oft* **♀** Schwarze *m,* *f* **5. be in the ~** WIRTSCH mit Gewinn arbeiten; aus den roten Zahlen heraus sein **III** *v/t* **6.** → **blacken** I **7.** WIRTSCH *bes Br* boykottieren **8. ~ out** ausblenden, *a.* MIL verdunkeln **9. ~ out** Nachrichten *etc* unterdrücken **IV** *v/i* **10.** schwarz werden **11. ~ out** ein Blackout haben **12. ~ out** bewusstlos werden

black| and white *s* **1. in ~** schwarz auf weiß, schriftlich **2.** Schwarz-Weiß-Bild *n* **3. depict s.th. in ~** *fig* etw schwarzweiß malen **.~-and-'white** *Adj* **1.** schriftlich **2.** Schwarz-Weiß…: **~ television** **'.~-ball** *v/t* stimmen gegen **.~-ber·ry** ['.bərɪ] *s* BOT Brombeere *f* **'.~-bird** *s* ORN Amsel *f* **'.~-board** *s* (*Schul-, Wand*)*Tafel f* **~ box** *s* FLUG F Flugschreiber *m* **.~·'cur·rant** *s* BOT Schwarze Johannisbeere

black·en ['blækən] **I** *v/t* **1.** schwarz ma-

chen, schwärzen **2.** *fig* **~ s.o.'s charac·ter** j-n verunglimpfen; **~ s.o.'s name** (*od* **reputation**) j-n schlecht machen **II** *v/i* **3.** schwarz werden

black| eye *s* blaues Auge, Veilchen *n:* **give s.o. a ~** j-m ein blaues Auge schlagen **.~·guard** ['blægɑːd] *s* Schuft *m,* Lump *m* '**.~·head** *s* Mitesser *m* **~ hole** *s* ASTR schwarzes Loch **~ ice** *s* Glatteis *n*

black·ish ['blækɪʃ] *Adj* schwärzlich

'**black|·jack** *s* **1.** Siebzehnundvier *n* **2.** *bes Am* Totschläger *m* (*Waffe*) **~ lead** [led] *s* MIN Grafit *m* '**.~·leg** *s bes Br* Streikbrecher(in) '**.~·list** *s* schwarze Liste *setzen* **~ mag·ic** *s* schwarze Magie '**.~·mail** **I** *s* Erpressung *f* **II** *v/t* j-n erpressen (*over* mit) '**.~·mail·er** *s* Erpresser(in) **♀** **Ma·ri·a** [mə'raɪə] *s F* grüne Minna **~ mar·ket** *s* schwarzer Markt, Schwarzmarkt *m* **~ mar·ket·eer** [.mɑːkə'tɪə] *s* Schwarzhändler(in) **~ mass** *s* schwarze Messe

black·ness ['blæknɪs] *s* Schwärze *f* '**black|·out** *s* **1.** MIL, MED, THEAT *etc* Black-out *m,* **2.** MED Ohnmacht *f,* Bewusstlosigkeit *f* **3.** (*bes Nachrichten*)Sperre *f* **~ pud·ding** *s bes Br* Blutwurst *f* **~ sheep** *s* (*unreg* **sheep**) *fig* schwarzes Schaf

blad·der ['blædə] *s* ANAT Blase *f*

blade [bleɪd] *s* **1.** BOT Halm *m:* **~ of grass** Grashalm **2.** TECH Blatt *n* (*e-r Säge, e-s Ruders etc*) **3.** TECH Flügel *m* (*e-s Propellers*); Schaufel *f* (*e-r Turbine etc*) **4.** TECH Klinge *f* (*e-s Messers etc*)

blah [blɑː], *a.* .**blah'blah** *s F* Blabla *n,* Geschwafel *n*

▸ **blame** [bleɪm] **I** *v/t* **1.** tadeln (*for* wegen) **2. ~ s.o. for s.th., ~ s.th. on s.o.** j-n verantwortlich machen für etw, j-m die Schuld geben an etw; **he is to ~ for it** er ist daran schuld; **he has only himself to ~** er hat es sich selbst zuzuschreiben **II** *s* **3.** Tadel *m* **4.** Schuld *f,* Verantwortung *f:* **lay** (*od* **put, cast**) **the ~ on s.o.** j-m die Schuld geben; **bear** (*od* **take**) **the ~** die Schuld auf sich nehmen **'blame·less** *Adj* **1.** untadelig **2.** schuldlos (*of* an *Akk*)

blanch [blɑːntʃ] **I** *v/t* **1.** bleichen **2.** GASTR blanchieren **II** *v/i* **3.** erbleichen, bleich werden (*with* vor *Dat*)

B

blanc·mange [blə'mɒndʒ] *s* Pudding *m*
blan·dish ['blændɪʃ] *v/t j-m* schmeicheln, schöntun
blank [blæŋk] **I** *Adj* **1.** leer, unbeschrieben: **leave** ~ frei lassen; ~ **CD** Rohling *m* **2.** WIRTSCH, JUR Blanko…: ~ **check** (*Br* **cheque**) Blankoscheck *m*, Scheckformular *n* **3.** inhaltslos, unausgefüllt (*Leben etc*); ausdruckslos (*Gesicht etc*) **4.** verdutzt, verblüfft; verständnislos **5.** ~ **cartridge** → 1 *s* **6.** freier Raum, Lücke *f* **7.** unbeschriebenes Blatt (*a. fig*); Formular *n*, Vordruck *m* **8.** *Lotterie*: Niete *f*: **draw a** ~ e-e Niete ziehen, *fig a.* kein Glück haben **9.** MIL Platzpatrone *f* **10.** TECH Rohling *m*
▶**blan·ket** ['blæŋkɪt] **I** *s* (*eng. S.* Bett) Decke *f*: ~ **of snow** (**clouds**) Schnee-(Wolken)decke; → **wet** 1 **II** *v/t* zudecken: ~**ed in** (*od* **with**) **fog** in Nebel eingehüllt **III** *Adj* umfassend, Gesamt…, Pauschal…
blare [bleə] **I** *v/i* schmettern (*Trompete*); brüllen, plärren (*Radio etc*) **II** *s* Schmettern *n*; Brüllen *n*, Plärren *n*
blar·ney ['blɑːnɪ] **I** *s* Schmeichelei *f* **II** *v/t u. v/i* (*j-m*) schmeicheln
bla·sé ['blɑːzeɪ] *Adj* gleichgültig
blas·pheme [blæs'fiːm] **I** *v/t* **1.** *Gott etc* lästern **2.** *allg* schmähen **II** *v/i* **1.** *Gott* lästern: ~ **against** → **I blas'phem·er** *s* (Gottes)Lästerer *m*, (-)Lästerin *f*
blas·phe·mous ['-fəməs] *Adj* blasphemisch, (gottes)lästerlich '**blas·phe·my** *s* **1.** Blasphemie *f*, (Gottes)Lästerung *f* **2.** *allg* Schmähung *f*
blast [blɑːst] **I** *s* **1.** Windstoß *m* **2.** (*at*) **full** ~ TECH *u. fig* auf Hochtouren (*laufen od arbeiten*) **3.** Explosion *f*, Detonation *f*; Druckwelle *f* **4.** Sprengung *f*; Sprengladung *f* **II** *v/t* **5.** sprengen **6.** *fig* zunichte machen, vereiteln **7.** ~ **off** (**into space**) in den Weltraum schießen **8.** *sl* verfluchen: ~**ed** verdammt, verflucht; ~**ed idiot** Vollidiot(in); ~ **it** (**all**)! verdammt!; ~ **him!** der Teufel soll ihn holen! ~ **fur·nace** *s* TECH Hochofen *m* '~**-off** *s* Start *m* (*e-r Rakete*)
bla·tant ['bleɪtənt] *Adj* **1.** lärmend, laut **2.** marktschreierisch; aufdringlich **3.** offenkundig, eklatant
blath·er ['blæðə] **II** *s* quatschen **II** *s* Gequatsche *n*

blaze [bleɪz] **I** *s* **1.** (lodernde) Flamme: **be in a** ~ in hellen Flammen stehen **2.** Glanz *m* (*a. fig*): ~ **of colo(u)rs** Farbenpracht *f* **3.** *fig* plötzlicher Ausbruch: ~ **of anger** Wutanfall *m* **4.** F **go to** ~**s!** scher dich zum Teufel!; **like** ~**s** wie verrückt; **what the** ~**s …?** was zum Teufel …? **II** *v/i* **5.** lodern: ~ **up** aufflammen, -lodern, *fig a.* entbrennen **6.** *a. fig* leuchten, glühen (**with** *vor Dat*) **III** *v/t* **7.** *a.* ~ **abroad** verkünden, *pej* ausposaunen '**blaz·er** *s* Blazer *m* '**blaz·ing** *Adj* **1.** glühend **2.** auffällig, schreiend, (*Farben a.*) grell
bla·zon ['bleɪzn] **I** *s* Wappen *n* **II** *v/t* mst ~ **abroad** → **blaze** 7
bleach [bliːtʃ] **I** *v/t* bleichen **II** *s* Bleichmittel *n*
bleak [bliːk] *Adj* **1.** kahl, öde **2.** ungeschützt, windig **3.** *fig* trost-, freudlos (*Dasein etc*), trüb, düster (*Aussichten etc*)
blear·y ['blɪərɪ] *Adj* **1.** verschwommen **2.** trüb (*Augen*) '~**-eyed** *Adj* **1.** mit trüben Augen **2.** *fig* kurzsichtig
bleat [bliːt] **I** *v/i* blöken (*Schaf*), meckern (*Ziege*) **II** *v/t etw* in weinerlichem Ton sagen **III** *s* Blöken *n*, Meckern *n*
bled [bled] *Prät u. Part Perf von* **bleed**
▶**bleed** [bliːd] (*unreg*) **I** *v/i* **1.** bluten: ~ **to death** verbluten **II** *v/t* **2.** MED *zur Ader* lassen **3.** F schröpfen: ~ **s.o. for s.th.** j-m etw abknöpfen **4.** TECH *Bremsen* entlüften '**bleed·er** *s* MED Bluter *m* '**bleed·ing** **I** *s* **1.** Blutung *f* **2.** MED Aderlass *m* **II** *Adj u. Adv* **3.** *sl* verdammt, verflucht
bleep [bliːp] **I** *s* **1.** Piepton *m* **2.** F Piepser *m* (*Funkrufempfänger*) **II** *v/i* **3.** piepen **III** *v/t* **4.** *j-n* anpiepsen '**bleep·er** → **bleep** 2
blem·ish ['blemɪʃ] **I** *v/t* verunstalten; *fig* beflecken **II** *s* Fehler *m*, Mangel *m*; *fig* Makel *m*
blend [blend] **I** *v/t* **1.** vermengen, (*ver-*)mischen; e-e (*Tee- etc*)Mischung zs.-stellen aus, *Wein* verschneiden **II** *v/i* **2.** (**with**) sich vermischen (mit), gut passen (zu) **3.** verschmelzen, ineinander übergehen (*Farben, Klänge, Kulturen etc*): ~ **into** sich vereinigen zu **III** *s* **4.** Mischung *f*; Verschnitt *m* '**blend·er** *s* Mixer *m*
▶**bless** [bles] *v/t* (*a. unreg*) **1.** segnen (*a. fig*): **be** ~**ed with** gesegnet sein mit;

blood test

me!, ~ my soul! F du m-e Güte!; (God)
~ you! Gesundheit! 2. ~ o.s. sich glück-
lich schätzen 3. ~ him! euph der Teufel
soll ihn holen! bless·ed ['blesɪd] Adj 1.
gesegnet, selig: the ♀ Virgin die heilige
Jungfrau 2. euph verwünscht, verflixt:
not a ~ soul keine Menschenseele
'bless·ed·ness s Seligkeit f 'bless·ing
s Segen m (a. fig to für): it turned out to
be a ~ in disguise es stellte sich im
Nachhinein als Segen heraus

blest [blest] Prät u. Part Perf von bless
bleth·er ['bleðə] → blather
blew [blu:] Prät von blow¹
blight [blaɪt] I s 1. BOT Mehltau m 2. fig
schädlicher Einfluss m II v/t 3. fig zu-
nichte machen, zerstören 'blight·er s
Br F Kerl m: poor ~ armer Hund
bli·mey ['blaɪmɪ] Interj bes Br sl Mensch
Meier! (überrascht); verdammt!
►blind [blaɪnd] I Adj 1. blind (a. fig to
gegenüber; with vor Dat): ~ in one
eye auf e-m Auge blind; turn a ~ eye
ein Auge zudrücken (to bei) 2. unüber-
sichtlich (Kurve etc) II Adv 3. ~ drunk
sternhagelvoll III v/t 4. blenden (a. fig);
blind machen (a. fig to für, gegen) IV s
5. Rollladen m; Rouleau n; pl bes Br Mar-
kise f; → Venetian ~ al·ley s Sackgasse f
(a. fig): lead up a ~ in e-e Sackgasse
führen ~ flight s FLUG Blindflug m
'~·fold I Adj mit verbundenen Augen
II Adv fig blindlings III v/t j-m die Au-
gen verbinden IV s Augenbinde f
'~·man's 'buff s Blindekuh(spiel n) f
blind·ness ['blaɪndnɪs] s Blindheit f (a.
fig)
blind| spot s 1. MOT toter Winkel (im
Rückspiegel) 2. fig schwacher Punkt
'~·worm s ZOOL Blindschleiche f
blink [blɪŋk] I v/i 1. blinzeln, zwinkern:
~ at a) j-m zublinzeln, b) fig sich maß-
los wundern über (Akk), c) → 4 2.
flimmern; blinken II v/t 3. ~ one's
eyes (mit den Augen) zwinkern 4. ~
away fig wegblinzeln III v/i 5. Blin-
zeln n 'blink·er s Blinklicht n; MOT
Blinker m
bliss [blɪs] s (Glück)Seligkeit f bliss·ful
['-fʊl] Adj (glück)selig
blis·ter ['blɪstə] I s MED, TECH Blase f II
v/t Blasen hervorrufen auf (Dat) III v/i
Blasen ziehen od TECH werfen ~ pack s
Klarsichtpackung f

blith·er·ing ['blɪðərɪŋ] Adj Br F ver-
dammt: ~ idiot Vollidiot(in)
blitz [blɪts] MIL I s 1. heftiger Luftangriff
2. Blitzkrieg m II v/t 3. schwer bombar-
dieren: ~ed zerbombt
bliz·zard ['blɪzəd] s Blizzard m, Schnee-
sturm m
bloat·ed ['bləʊtɪd] Adj aufgeblasen (a.
fig Person), aufgebläht (a. fig Budget
etc), aufgedunsen (Gesicht etc)
bloat·er ['bləʊtə] s GASTR Bückling m
blob [blɒb] s Klecks m
bloc [blɒk] s WIRTSCH, POL Block m
►block [blɒk] I s 1. (a. Motor- etc)Block
m, Klotz m; Baustein m, (Bau)Klötz-
chen n (für Kinder) 2. (Schreib-, No-
tiz)Block m 3. bes Am (Häuser)Block
m: ~ (of flats) Br Wohnhaus n 4. fig
Block m, Gruppe f II v/t 5. a. ~ up
(ab-, ver)sperren, blockieren, verstop-
fen 6. WIRTSCH Konto sperren
block·ade [blɒ'keɪd] I s Blockade f II v/t
blockieren
'block·bust·er s Sensationshit m, Ki-
noknüller m ~·head s Dummkopf m
'~·house s Blockhaus n ~ let·ters
Pl Blockschrift f
bloke [bləʊk] s bes Br F Kerl m
►blond [blɒnd] Adj 1. blond (Haar), hell
(Haut) 2. blond(haarig) blonde [blɒnd]
I s Blondine f II Adj → blond
►blood [blʌd] s 1. Blut n (a. fig): his ~
froze das Blut erstarrte ihm in den
Adern; → cold 1, sweat 2 2. Geblüt
n, Abstammung f '~·and·'thun·der
Adj: ~ novel Reißer m ~ bank s MED
Blutbank f '~·bath s Blutbad n ~ clot
s MED Blutgerinnsel n '~·cur·dling
Adj grauenhaft ~ do·nor s MED Blut-
spender(in) ~ group s Blutgruppe f
'~·hound s Bluthund m
blood·less ['blʌdlɪs] Adj 1. blutlos, -leer
(a. fig) 2. unblutig (Kampf etc)
blood| or·ange s Blutorange f ~ poi·
son·ing s MED Blutvergiftung f ~
pres·sure s MED Blutdruck m ~ pud·
ding s Blutwurst f ~ re·la·tion, ~ rel·a·
tive s Blutsverwandte m, f ~ re·venge s
Blutrache f ~ sam·ple s MED Blutprobe
f '~·shed s Blutvergießen n '~·shot Adj
blutunterlaufen '~·stained Adj blutbe-
fleckt '~·suck·er s ZOOL Blutsauger m
(a. fig) ~ sug·ar s PHYSIOL Blutzucker
m ~ test s Blutuntersuchung f, -probe f

B

'**~,thirst·y** *Adj* blutdürstig **~ trans·fusion** *s* MED Bluttransfusion *f*, -übertragung *f* **~ ves·sel** *s* ANAT Blutgefäß *n*

blood·y ['blʌdɪ] **I** *Adj* **1.** blutig **2.** *Br sl* verdammt, verflucht: **~** *fool* Vollidiot(in); *not a* **~** *soul* kein Schwanz *sl* **II** *Adv* **3.** *Br sl* → 2: **~** *awful* saumäßig

bloom [bluːm] **I** *s* → **blossom** **I II** *v/i* blühen (*a. fig*)

bloom·er ['bluːmə] *s bes Br* F grober Fehler, Schnitzer *m*

bloom·ing ['bluːmɪŋ] *Adj* **1.** blühend (*a. fig*) **2.** (*a. Adv*) *Br* F verflixt

▸ **blos·som** ['blɒsəm] **I** *s* **1.** Blüte *f*: *be in full* **~** in voller Blüte stehen **2.** *fig* Blüte(zeit) *f* **II** *v/i* blühen (*a. fig*): **~** (*out*) erblühen (*into* zu)

blot [blɒt] **I** *s* **1.** Klecks *m* **2.** *fig* Makel *m* **II** *v/t* **3.** beklecksen **4.** *fig* beflecken **5.** *Familie, Erinnerungen etc* auslöschen **6.** *mit Löschpapier* (ab)löschen

blotch [blɒtʃ] → **blot** 1–3

blot·ting pa·per ['blɒtɪŋ] *s* Löschpapier *n*

blot·to ['blɒtəʊ] *Adj sl* (stink)besoffen

▸ **blouse** [blaʊz] *s* Bluse *f*

▸ **blow**[1] [bləʊ] **I** *s* **1.** Blasen *n*, Wehen *n* **2.** Luftzug *m* **3.** Blasen *n*: **~** *on a whistle* Pfiff *m*; *give one's nose a* **~** sich schnäuzen **II** *v/i* (*unreg*) **4.** blasen, wehen **5.** ertönen (*Pfiff etc*) **6.** keuchen, schnaufen **7.** explodieren; platzen (*Reifen*); ELEK durchbrennen (*Sicherung*) **III** *v/t* (*unreg*) **8.** blasen, wehen **9.** *Suppe etc* blasen, *Feuer* anfachen **10.** (auf-, aus)blasen: **~** *bubbles* Seifenblasen machen; **~** *glass* Glas blasen; **~** *one's nose* sich schnäuzen **11.** **~** *one's lid* (*od* *top, stack*) F an die Decke gehen **12.** *sl* Geld verpulvern (*on* für); *Chance* vergeben

Verbindungen mit Adverbien:

blow| a·way *v/t* fort-, wegblasen **~ down** *v/t* um-, herunterwehen **~ in** *v/i* F hereinschneien (*Besucher*) **~ off** *v/t* **blow away ~ out** *v/t* **1.** *Licht etc* ausblasen **2.** **~** *one's brains out* F sich e-e Kugel durch den Kopf jagen **~ up** **I** *v/t* **1.** (in die Luft) sprengen **2.** aufblasen, -pumpen **3.** FOTO vergrößern; *fig* aufbauschen (*into* zu) **4.** F *j-n* anschnauzen **II** *v/i* **5.** in die Luft fliegen; explodieren (*a. fig* F): **~** *at* → 4 **6.** losbrechen (*Sturm etc*), ausbrechen (*Streit etc*)

▸ **blow**[2] [bləʊ] *s* (*a.* Schicksals)Schlag *m*, Stoß *m*: *at one* (*od a* [*single*]) **~** mit 'einem Schlag; *come to* **~s** handgreiflich werden

'**blow|-dry** *v/t* **1.** *j-m die Haare* föhnen: **~** *s.o.'s hair* **2.** *j-m die Haare* föhnen **~ dry·er** *s* Haartrockner *m*

blow·er ['bləʊə] *s* TECH Gebläse *n*

'**blow|·fly** *s* ZOOL Schmeißfliege *f* '**~·gun** *s* TECH Spritzpistole *f* '**~·lamp** *s* TECH Lötlampe *f*

blown [bləʊn] *Part Perf von* **blow**[1]

'**blow|·out** *s* MOT Reifenpanne *f* '**~·torch** *s* TECH Lötlampe *f* '**~·up** *s* **1.** Explosion *f* (*a. fig* F) **2.** F Krach *m*, Streit *m* **3.** FOTO Vergrößerung *f*

blow·y ['bləʊɪ] *Adj* windig

blowz·y ['blaʊzɪ] *Adj* schlampig (*bes Frau*)

blub·ber ['blʌbə] *v/i* flennen, plärren

bludg·eon ['blʌdʒən] **I** *s* **1.** Knüppel *m* **II** *v/t* **2.** niederknüppeln **3.** **~** *s.o. into doing s.th.* j-n zwingen, etw zu tun

▸ **blue** [bluː] **I** *Adj* **1.** blau: **~** *moon* 1 **2.** F melancholisch, traurig **3.** unanständig, schlüpfrig: **~** *jokes*; **~** *film* Pornofilm *m* **4.** F schrecklich: **~** *fear* Heidenangst *f*; → *funk* I, *murder* 1 **II** *s* **5.** Blau *n*: *dressed in* **~** blau *od* in Blau gekleidet; *out of the* **~** *fig* aus heiterem Himmel **6.** *Pl* (*a. Sg konstruiert*) F Melancholie *f*: *have the* **~s** den Moralischen haben **7.** → *blues* **III** *v/t* **8.** blau färben **~·ber·ry** ['~bəri] *s* BOT Blau-, Heidelbeere *f* '**~·blood·ed** *Adj* blaublütig, adlig '**~·bot·tle** *s* **1.** ZOOL Schmeißfliege *f* **2.** BOT Kornblume *f* **~ jeans** *s Pl* Blue Jeans *Pl* **~·pen·cil** *s* **1.** Blaustift *m* **2.** Rotstift *m*, Zensur *f* '**~·pen·cil** *v/t Prät u. Part Perf* **-ciled**, *bes Br* **-cilled** zensieren '**~·print** **I** *s* **1.** FOTO Blaupause *f* **2.** *fig* Plan *m*, Entwurf *m* **II** *v/t* **3.** e-e Blaupause machen von **4.** planen, entwerfen

blues [bluːz] *s Pl* **1.** → *blue* 6 **2.** (*a. Sg konstruiert*) MUS Blues *m*

'**blue,stock·ing** *s bes pej* Blaustrumpf *m*

bluff[1] [blʌf] **I** *v/t u. v/i* bluffen **II** *s* Bluff *m* '**bluff·er** *s* Bluffer *m*

blu·ish ['bluːɪʃ] *Adj* bläulich

blun·der ['blʌndə] **I** *s* **1.** (grober) Fehler **II** *v/i* **2.** e-n (groben) Fehler machen **3.** pfuschen, stümpern **4.** stolpern, tappen

(*into* in *Akk*) (*beide a. fig*) **III** *v/t* **5.** verpfuschen, verpatzen **'blun·der·er** *s* Pfuscher(in), Stümper(in) **'blun·der·ing** *Adj* stümperhaft

blunt [blʌnt] **I** *Adj* **1.** stumpf **2.** *fig* abgestumpft (*to* gegen) **3.** *fig* ungehobelt **4.** *fig* offen, schonungslos **II** *v/t* **5.** stumpf machen, abstumpfen (*a. fig* **to** gegen) **'blunt·ly** *Adv fig* freiheraus: *to put it* ~ um es ganz offen zu sagen; *refuse* ~ glatt ablehnen

blur [blɜː] **I** *v/t* **1.** verwischen: **a)** *Schrift etc* verschmieren, **b)** *a. fig* undeutlich *od* verschwommen machen **2.** FOTO verwackeln **3.** *Sinne etc* trüben **II** *v/i* **4.** verschwimmen (*a. fig* Eindruck *etc*) **5.** *fig* sich verwischen (*Unterschiede etc*)

blurt [blɜːt] *v/t:* ~ *out* herausplatzen mit

blush [blʌʃ] **I** *v/i* erröten, rot werden (*at* bei): ~ *for* (*od with*) *shame* schamrot werden **II** *s* Erröten *n*, (Scham)Röte *f* **'blush·er** *s* Rouge *n*

BO [biːˈəʊ] *Abk* (= *body odo(u)r*) Körpergeruch *m*

boar [bɔː] *s* ZOOL Eber *m*, (*Wildschwein*) Keiler *m*

▸ **board** [bɔːd] **I** *s* **1.** Brett *n*, Diele *f*, Planke *f* **2.** (*Anschlag-, Schach- etc*) Brett *n*; (Wand)Tafel *f*: → *sweep* 4 **3.** *Pl* THEAT Bretter *Pl*, Bühne *f*: *tread* (*od walk*) *the boards* auf den Brettern stehen **4.** Kost *f*, Verpflegung *f*: *board and lodging* Kost u. Logis, Wohnung u. Verpflegung **5.** Ausschuss *m*, Kommission *f*; Amt *n*, Behörde *f*: *board of examiners* Prüfungskommission; *Board of Trade Br* Handelsministerium *n*, *Am* Handelskammer *f* **6.** ▸ *on board* an Bord (*e-s Schiffs, Flugzeugs*); im Zug *od* Bus; *on board* (*a*) *ship* an Bord e-s Schiffs; *go on board* an Bord gehen; einsteigen **7.** Pappe *f*: (*bound*) *in boards* kartoniert **II** *v/t* **8.** dielen, täfeln, verschalen **9.** an Bord (*e-s Schiffs od Flugzeugs*) gehen, SCHIFF, MIL entern; einsteigen in (*e-n Zug od Bus*) **'board·er** *s* **1.** Kostgänger(in); Pensionsgast *m* **2.** *Br* Internatsschüler(in)

board game *s* Brettspiel *n*

board·ing ['bɔːdɪŋ] *s* Dielenbelag *m*, Täfelung *f*, Verschalung *f* ~ **card** *s* FLUG Bordkarte *f* '~**house** *s* Pension *f* ~ **pass** *s* FLUG Bordkarte *f* ~ **school** *s* Internat *n*, Pensionat *n*

board room *s* Sitzungssaal *m*

▸ **boast** [bəʊst] **I** *s* **1.** Prahlerei *f* **2.** Stolz *m* (*Gegenstand des Stolzes*) **II** *v/i* **3.** prahlen (*of*, *about* mit) **III** *v/t* **4.** sich des Besitzes (*Gen*) rühmen (können), aufzuweisen haben **'boast·er** *s* Prahler(in) **'boast·ful** ['-ful] *Adj* prahlerisch

▸ **boat** [bəʊt] **I** *s* **1.** Boot *n*; Schiff *n*: *be in the same* ~ *fig* im selben Boot sitzen; *burn one's* ~**s** (*behind one*) *fig* alle Brücken hinter sich abbrechen; *take to the* ~**s** SCHIFF in die (Rettungs-) Boote gehen; → *miss²* 1, *rock²* 2 **2.** (*bes Soßen*)Schüssel *f* **II** *v/i* **3.** Boot fahren: *go* ~*ing* e-e Bootsfahrt machen '~**house** *s* Bootshaus *n*

boat·ing ['bəʊtɪŋ] *s* **1.** Bootfahren *n* **2.** Bootsfahrt *f*

boat| **peo·ple** *s* *Pl* Bootsflüchtlinge *Pl* ~ **race** *s* Bootrennen *n* ~ **swain** ['bəʊsn] *s* SCHIFF Bootsmann *m*, -frau *f* ~ **train** *s* Zug *m* mit Schiffsanschluss

bob [bɒb] **I** *s* **1.** Knicks *m* **2.** SPORT Bob *m* **II** *v/t* **3.** *Haare etc* kurz schneiden, stutzen **III** *v/i* **4.** sich auf u. ab bewegen: ~ *up* (plötzlich) auftauchen **5.** knicksen (*at, before, to* vor *Dat*)

bob·bin ['bɒbɪn] *s* Spule *f* (*a.* ELEK)

bob·by ['bɒbɪ] *s* *Br* F Bobby *m* (*Polizist*) ~ **pin** *s* *bes Am* Haarklammer *f*

'bob|**·sled**, **'~·sleigh** *s* SPORT Bob *m*

bode¹ [bəʊd] *v/i:* ~ *ill* Unheil verkünden; ~ *well* Gutes versprechen

bode² [-] *Prät von* **bide**

bod·ice ['bɒdɪs] *s* **1.** Mieder *n* **2.** Oberteil *n* (*e-s Kleids etc*)

bod·i·ly ['bɒdɪlɪ] **I** *Adj* **1.** körperlich: ~ *harm* (*od injury*) JUR Körperverletzung *f*; ~ *needs* (*od wants*) *Pl* leibliche Bedürfnisse *Pl* **II** *Adv* **2.** leibhaftig **3.** als Ganzes; geschlossen

▸ **bod·y** ['bɒdɪ] *s* **1.** Körper *m*, Leib *m*, *eng.* S. Rumpf *m* **2.** *oft* ▸ *dead body* Leiche *f* **3.** SCHIFF, FLUG Rumpf *m*; MOT Karosserie *f* **4.** Gesamtheit *f*: *in a body* geschlossen. *body of laws* Gesetz(es)sammlung *f* **5.** Körper(schaft *f*) *m*, Gruppe *f*, Gremium *n*: → *diplomatic, governing* 2 **6.** *fig* Kern *m*, *das* Wesentliche **7.** Haupt(teil *m*, Text(teil *m* (*e-s Briefs etc*) **8.** PHYS *etc* Körper *m*: → *celestial, heavenly* **9.** *fig* Körper *m*, Gehalt *m* (*von Wein*), (Klang)Fülle *f* ~ **art** *s* Bodypainting *n* ~

B

build·ing s Bodybuilding n **~ dou·ble** s FILM Double, das e-n Star in Stunt- od Sexszenen vertritt **'~guard** s **1.** Leibwächter(in) **2.** Leibgarde f, -wache f **~ lan·guage** s Körpersprache f **~ o·do(u)r** s (bes unangenehmer) Körpergeruch **~ paint·ing** s Bodypainting n **~ pierc·ing** s Piercing n **~ search** s Leibesvisitation f **~ stock·ing**, **~suit** s Body m **'~work** s MOT Karosserie f

bog [bɒg] **I** s Sumpf m, Morast m (beide a. fig) **II** v/t: **~ down** fig zum Stocken bringen; **get ~ged (down)** → III **III** v/i sich festfahren, stecken bleiben (beide a. fig)

bo·gey → **bogy**

bog·gle [ˈbɒgl] v/i fassungslos sein: **the mind ~s at the thought** es wird e-m schwindlig bei dem Gedanken

bog·gy [ˈbɒgɪ] Adj sumpfig, morastig

bo·gie → **bogy**

bo·gus [ˈbəʊgəs] Adj **1.** falsch, unecht **2.** Schwindel…, Schein…

bo·gy [ˈbəʊgɪ] s Kobold m; (Schreck-) Gespenst n (a. fig)

Bo·he·mia [bəʊˈhiːmjə] Eigenn Böhmen n

boil[1] [bɔɪl] s MED Geschwür n, Furunkel m, n

▶ **boil**[2] [bɔɪl] **I** s Kochen n, Sieden n: **bring to the ~** zum Kochen bringen **II** v/i kochen (a. fig **with** vor Dat), sieden: → **kettle, pot** 1 **III** v/t kochen (lassen)

Verbindungen mit Adverbien:

boil‖ down v/t **1.** einkochen lassen **2.** fig zs.-fassen (**to a few sentences** in ein paar Sätzen) **II** v/i **3.** einkochen **4.** **~ to** fig hinauslaufen auf (Akk) **~ o·ver** v/i **1.** überkochen, -laufen **2.** fig vor Wut kochen **3.** fig Situation etc: außer Kontrolle geraten; sich auswachsen (**into** zu)

boil·er [ˈbɔɪlə] s **1.** TECH Dampfkessel m **2.** Boiler m, Heißwasserspeicher m **3.** Suppenhuhn n **~ suit** s Overall m

boil·ing [ˈbɔɪlɪŋ] **I** Adj siedend, kochend **II** Adv: **~ hot** kochend heiß **~ point** s Siedepunkt m (a. fig): **reach ~** den Siedepunkt erreichen

bois·ter·ous [ˈbɔɪstərəs] Adj **1.** stürmisch (Meer, Wetter etc) **2.** lärmend, laut **3.** ausgelassen, wild (Person, Party etc)

bold [bəʊld] Adj **1.** kühn: **a)** mutig, unerschrocken, **b)** gewagt, **c)** fortschrittlich **2.** dreist, frech: **make ~ to** sich erdreisten od es wagen zu **3.** fett (gedruckt): **print s.th. in ~** (type) etw. fett drucken

Bo·liv·ia [bəˈlɪvɪə] Eigenn Bolivien n

bo·lo·ney [bəˈləʊnɪ] s sl Quatsch m

bol·ster [ˈbəʊlstə] **I** s **1.** Keilkissen n; Nackenrolle f **2.** Polster n, Kissen n, Unterlage f (a. TECH) **II** v/t **3.** (aus)polstern **4.** mst **~ up** fig unterstützen

bolt [bəʊlt] **I** s **1.** Bolzen m: **he has shot his ~** fig er hat sein Pulver verschossen **2.** Blitz(strahl) m: **a ~ from the blue** fig ein Blitz aus heiterem Himmel **3.** TECH Riegel m **4.** TECH (Schrauben)Bolzen, Schraube f (mit Mutter) **5.** plötzlicher Satz od Sprung: **he made a ~ for the door** er machte e-n Satz zur Tür **II** Adv **6.** **~ upright** bolzen-, kerzengerade **III** v/i **7.** durchbrennen, ausreißen **8.** durchgehen (Pferd) **IV** v/t **9.** ver-, zuriegeln **10.** oft **~ down** Essen hinunterschlingen, Getränk hinunterstürzen

▶ **bomb** [bɒm] **I** s Bombe f **II** v/t bombardieren: **~ed out** ausgebombt **~ a·lert** s Bombenalarm m

bom·bard [bɒmˈbɑːd] v/t bombardieren (a. fig **with** mit) **bom'bard·ment** s Bombardement n, Bombardierung f

bom·bast [ˈbɒmbæst] s Bombast m, Schwulst m **bom'bas·tic** Adj (**~ally**) bombastisch, schwülstig

bombed [bɒmd] Adj sl **1.** besoffen **2.** high (im Drogenrausch)

bomb·er [ˈbɒmə] s **1.** FLUG Bomber m **2.** Bombenleger(in) **~ jack·et** s Bomberjacke f

'bomb·proof I Adj bombensicher: **~ shelter** → II **II** s Bunker m **'~shell** s: **be a ~** wie e-e Bombe einschlagen **~ threat** s Bombendrohung f

bo·nan·za [bəˈnænzə] **I** s fig Goldgrube f **II** Adj sehr einträglich

bond [bɒnd] **I** s **1.** Pl fig Bande Pl: **the ~s of love 2.** Bund m, Verbindung f **3.** WIRTSCH Zollverschluss m: **in ~** unter Zollverschluss **4.** WIRTSCH Schuldverschreibung f, Obligation f **II** v/t **5.** WIRTSCH unter Zollverschluss legen: **~ed warehouse** Zollspeicher m **'~hold·er** s WIRTSCH Obligationsinhaber(in)

►**bone** [bəʊn] **I** s **1.** Knochen m, Pl a. Gebeine Pl: **make no ~s about** (od **of**) nicht viel Federlesens machen mit; **feel s.th. in one's ~s** etw in den Knochen od instinktiv spüren; **have a ~ to pick with s.o.** mit j-m ein Hühnchen zu rupfen haben; **chilled** (od **frozen**) **to the ~** völlig durchgefroren; → **contention** 1 **2.** (Fisch)Gräte f **II** v/t **3.** entbeinen; Fisch entgräten **III** v/i **4. ~ up on s.th.** F etw pauken od büffeln '**,~'dry** Adj knochentrocken '**~head** s F Holzkopf m '**,~'la·zy** Adj stinkfaul '**~,shak·er** s F Klapperkasten m (Bus etc)

bon·fire ['bɒn,faɪə] s **1.** Freudenfeuer n **2.** Feuer n im Freien (zum Unkrautverbrennen etc)

Bonfire Night

Eine andere Bezeichnung für **Guy Fawkes Night** am 5. November. An diesem Abend feiern vor allem Kinder mit Freudenfeuern und Feuerwerk. Geschichtlicher Hintergrund ist die Vereitelung der katholischen Pulververschwörung gegen die britische Regierung im Jahr 1605, an der Guy Fawkes beteiligt war.

---

bonk [bɒŋk] v/t u. v/i sl bumsen
bon·kers ['bɒŋkəz] Adj sl übergeschnappt: **go ~** überschnappen
bon·net ['bɒnɪt] s **1.** TECH (Schutz)Kappe f, Haube f **2.** MOT Br Motorhaube f
bo·nus ['bəʊnəs] s **1.** WIRTSCH Bonus m, Prämie f **2.** Gratifikation f **3.** WIRTSCH bes Br Extradividende f
bon·y ['bəʊnɪ] Adj **1.** (stark-, grob)knochig **2.** voll(er) Knochen; voll(er) Gräten (Fisch) **3.** knochendürr
boo [buː] **I** Interj buh! **II** s Buh(ruf m) n **III** v/i buhen **IV** v/t ausbuhen
boob [buːb] sl **I** s F **1.** (weibliche) Brust, Busen m **2.** Br Schnitzer m **II** v/i **3.** Br e-n Schnitzer machen
boo·by ['buːbɪ] s **1.** Trottel m, Dummkopf m **2.** Sport etc: Letzte m, f, Schlechteste m, f **~ hatch** s Am sl Klapsmühle f **~ prize** s Sport etc: Scherzpreis für den Letzten od Schlech-

---

testen **~ trap** s **1.** versteckte Sprengladung; Auto etc, in dem e-e Sprengladung versteckt ist **2.** grober Scherz (bes über halb geöffneter Tür angebrachter Wassereimer)
►**book** [bʊk] **I** s **1.** Buch n: **a closed ~** fig ein Buch mit sieben Siegeln (**to** für); **an open ~** fig ein offenes od aufgeschlagenes Buch (**to** für); → **suit** 5 **2.** WIRTSCH Geschäftsbuch n **3.** Liste f, Verzeichnis n: **be on the ~s** auf der (Mitglieder-etc)Liste stehen **4.** Notizbuch n, -block m; (Schreib-, Schul)Heft n: **be in s.o.'s good** (**bad**) **~s** bei j-m gut (schlecht) angeschrieben sein **5.** Heft(chen) n: **~ of stamps** (**tickets**) Marken-(Fahrschein)heft(chen); **~ of matches** Streichholzbriefchen n **II** v/t **6.** WIRTSCH (ver)buchen; Auftrag notieren **7.** aufschreiben, SPORT a. verwarnen **8.** verpflichten, engagieren **9.** Zimmer etc bestellen, Reise etc buchen, Eintritts-, Fahrkarte lösen: **~ed up** ausgebucht (Künstler, Hotel, Veranstaltung) **10.** Gepäck aufgeben (för nach) **III** v/i **11.** Br a. **~ up** e-e (Fahr-etc)Karte lösen (**to, for** nach): **~ through** durchlösen (**to** bis, nach) **12.** sich (für e-e Fahrt etc) vormerken lassen, e-n Platz etc bestellen, buchen **13.** **~ in** bes Br sich (im Hotel) eintragen: **~ in at** absteigen in (Dat)
book·a·ble ['bʊkəbl] Adj im Vorverkauf erhältlich
'**book|,bind·er** s Buchbinder(in) '**~·case** s Bücherschrank m **~ club** s Buchgemeinschaft f **~ end** s Bücherstütze f
book·ie ['bʊkɪ] s F Buchmacher(in)
book·ing ['bʊkɪŋ] s Buchung f, (Vor)Bestellung f: **make a** (**firm**) **~** (fest) buchen **~ clerk** s Fahrkartenverkäufer(in) **~ of·fice** s **1.** (Fahrkarten)Schalter m **2.** (Theater-etc)Kasse f, Vorverkaufsstelle f
book·ish ['bʊkɪʃ] Adj **1.** belesen **2.** papier(en) (Stil)
'**book|,keep·er** s WIRTSCH Buchhalter(in) '**~,keep·ing** s WIRTSCH Buchhaltung f, -führung f '**~,mak·er** s Buchmacher(in) '**~·mark, ~,mark·er** s Lesezeichen n '**~·mo·bile** ['~,məʊ,biːl] s Am Bücherbus m '**~,sell·er** s Buchhändler(in) '**~·shop** s Buchhandlung f '**~·stall** s **1.**

Bücherstand *m* **2.** *bes Br* Zeitungskiosk *m*, -stand *m* '**~·store** *s bes Am* Buchhandlung *f* '**~·tok·en** *s* Büchergutschein *m* '**~·worm** *s* Bücherwurm *m*

boom[1] [bu:m] **I** *v/i* dröhnen (*Stimme etc*), donnern (*Geschütz etc*), brausen (*Wellen etc*) **II** *s* Dröhnen *n*, Donner *m*, Brausen *n*

boom[2] [-] *s* **1.** SCHIFF Baum *m*, Spiere *f* **2.** TECH (*Kran*)Ausleger *m* **3.** FILM, TV (*Mikrofon*)Galgen *m*

boom[3] [-] WIRTSCH **I** *s* Boom *m*: **a)** Hochkonjunktur *f*, **b)** Börse: Hausse *f*, **c)** (plötzlicher) Aufschwung **II** *v/i* e-n Boom erleben

boom·er·ang ['bu:məræŋ] **I** *s* Bumerang *m* (*a. fig*) **II** *v/i fig* sich als Bumerang erweisen (**on** für)

boor [buə] *s* ungehobelter Kerl **boorish** ['buərɪʃ] *Adj* ungehobelt '**boorish·ness** *s* ungehobeltes Benehmen

boost [bu:st] **I** *v/t* **1.** F Preise in die Höhe treiben **2.** F Auftrieb geben (*Dat*), *Produktion etc* ankurbeln, *Moral* heben **3.** TECH *Druck* erhöhen; ELEK *Spannung* verstärken **II** *s* **4.** F Auftrieb *m* **5.** TECH Erhöhung *f*; ELEK Verstärkung *f* '**booster** *s* **1.** *a.* **~ shot** MED Wiederholungsimpfung *f* **2.** Zündstufe *f* (*e-r Rakete*): **~ rocket** Startrakete *f*

▸ **boot**[1] [bu:t] **I** *s* **1.** Stiefel *m*: **the ~ is on the other foot** der Fall liegt umgekehrt; → **bet 4, lick 1 2.** F (Fuß)Tritt *m*: **give** *s.o.* **a ~** → 4; **get the ~** rausgeschmissen (*entlassen*) werden **3.** MOT *Br* Kofferraum *m* **II** *v/t* **4.** F *j-m* e-n (Fuß-) Tritt geben: **~ (out)** rausschmeißen (*entlassen*)

boot[2] [-] *v/t* COMPUTER *a.* **~ up** booten, laden

boot[3] [-] *s*: **to ~** obendrein, noch dazu '**boot·black** *s* Schuhputzer(in)

booth [bu:ð] *s* **1.** (Markt-, Schau)Bude *f*, (Messe)Stand *m* **2.** (Telefon)Zelle *f*; (Wahl)Kabine *f*, (-)zelle *f*

'**boot·lace** *s* Schnürsenkel *m* '**~·lick** *v/t u.* **v/i** F (vor *j-m*) kriechen '**~·lick·er** *s* F Kriecher(in)

boots [bu:ts] *Pl* **boots** *s Br* Hausdiener *m* (*im Hotel*)

boo·ty ['bu:tɪ] *s* (*fig a.* Aus)Beute *f*

booze [bu:z] F **I** *v/i* saufen **II** *s* Zeug *n* (*alkoholisches Getränk*); Sauferei *f*; (*Br a.* **~·up**) Sauftour *f*; (*Br a.* **~·up**) Be-

säufnis *n* '**booz·er** *s* F **1.** Säufer(in) **2.** Kneipe *f* **booz·y** ['bu:zɪ] *Adj* F versoffen

▸ **bor·der** ['bɔ:də] **I** *s* **1.** Rand *m* **2.** Einfassung *f*, Saum *m*, Umrandung *f* **3.** (Gebiets-, Landes)Grenze *f*: **~ incident** Grenzzwischenfall *m* **II** *v/t* **4.** einfassen **5.** begrenzen, grenzen an (*Akk*) **III** *v/i* **6.** grenzen (**on** an *Akk*) (*a. fig*) '**border·er** *s* Grenzbewohner(in)

'**bor·der|·land** *s* Grenzgebiet *n* '**~·line I** *s* **1.** Grenzlinie *f* **2.** *fig* Grenze *f* **II** *Adj* **3.** *fig* Grenz...: **~ case** Grenzfall *m*

bore[1] [bɔ:] **I** *s* Bohrung *f*: **a)** Bohrloch *n*, **b)** TECH Kaliber *n* **II** *v/t* (*bes aus*)bohren **III** *v/i* bohren (**for** nach)

bore[2] [-] **I** *s* **1.** langweilige Sache; *bes Br* lästige Sache **2.** Langweiler(in); *bes Br* lästiger Kerl **II** *v/t* **3.** *j-n* langweilen; *bes Br j-m* lästig sein: **be ~d** sich langweilen; **be ~d stiff** F sich zu Tode langweilen

bore[3] [-] *Prät von* **bear**[2]

bore·dom ['bɔ:dəm] *s* **1.** Lang(e)weile *f* **2.** Langweiligkeit *f*

▸ **bor·ing** ['bɔ:rɪŋ] *Adj* langweilig

▸ **born** [bɔ:n] **I** *Part Perf von* **bear**[2] **2 II** *Adj* geboren (*a. fig*): **a ~ poet**

borne [bɔ:n] *Part Perf von* **bear**[2]

▸ **bor·ough** ['bʌrə] *s* **1.** *Br* Stadt *f* (*mit Selbstverwaltung*); (*a.* **parliamentary ~**) Stadt *f od* städtische Wahlbezirk *mit eigener Vertretung im Parlament*; Stadtteil *m* (*von Groß-London*) **2.** *Am* Stadtbezirk *m* (*in New York*)

▸ **bor·row** ['bɒrəʊ] **I** *v/t* **1.** (sich) *etw* (aus)borgen *od* leihen (**from** von); → *Info bei* **leihen 2.** *fig* entlehnen (**from** von): **~ed word** Lehnwort *n* **II** *v/i* **3.** WIRTSCH Kredit aufnehmen '**borrow·er** *s* **1.** Entleiher(in) **2.** WIRTSCH Kreditnehmer(in)

Bos·nia ['bɒznɪə] *Eigenn* Bosnien *n*

Bos·ni·an ['bɒznɪən] **I** *Adj* bosnisch **II** *s* Bosnier(in)

bos·om ['buzəm] *s* **1.** Busen *m* (*a. fig*): **~ friend** Busenfreund(in) **2.** *fig* Schoß *m*: **in the ~ of one's family**

boss[1] [bɒs] *s* Buckel *m*, Knauf *m*

▸ **boss**[2] [bɒs] F **I** *s* Boss *m*, Chef(in); → *Info bei* **Chef, Chefin II** *v/t*: **~ about** (*od* **around**) herumkommandieren

boss·y ['bɒsɪ] *Adj* F herrisch

bo·tan·i·cal [bə'tænɪkl] *Adj* botanisch: **~ garden(s** *Pl*) botanischer Garten

bot·a·nist ['bɒtənɪst] s Botaniker(in)
'**bot·a·ny** s Botanik f
botch [bɒtʃ] **I** s Pfusch(arbeit f) m: **make a ~ of** → **II II** v/t verpfuschen **III** v/i pfuschen '**botch·er** s Pfuscher(in)
▸ **both** [bəʊθ] **I** Adj u. Pron beide(s): **both my brothers** m-e beiden Brüder; **both of them** alle beide; → **sex 1 II** Adv od Konj: ▸ **both ... and** sowohl ... als (auch)
both·er ['bɒðə] **I** s Belästigung f, Störung f **II** v/t belästigen, stören: **don't ~ me!** lass mich in Ruhe!; **I can't** (od **couldn't**) **be ~ed** ich habe keine Lust (**to do** zu tun) **III** v/i (**about**) sich kümmern (um); sich aufregen (über Akk)
▸ **bot·tle** ['bɒtl] **I** s Flasche f: → **hit 7 II** v/t in Flaschen abfüllen: **~d beer** Flaschenbier n; **~ up** Gefühle etc unterdrücken; **~d-up** aufgestaut **~ bank** s (Alt)Glascontainer m **'~·neck** s Flaschenhals m, Engpass m (e-r Straße) (a. fig) **~ o·pen·er** s Flaschenöffner m
▸ **bot·tom** ['bɒtəm] **I** s **1.** Boden m (e-s Gefäßes etc), Fuß m (e-s Bergs etc), Sohle f (e-s Tals etc), Unterseite f: ▸ **at the bottom of the street** am Ende der Straße; **from the bottom of one's heart** aus tiefstem Herzen; **bottoms up!** F ex!; prost! **2.** Boden m, Grund m: **bottom of the sea** Meeresboden, **-grund 3.** Grund(lage f) m: ▸ **be at the bottom of** der Grund sein für, hinter e-r Sache stecken; **get to the bottom of s.th.** e-r Sache auf den Grund gehen; **knock the bottom out of s.th.** etw gründlich widerlegen **4.** (Stuhl)Sitz m **5.** F Popo m **II** Adj **6.** unterst: **bottom line** letzte Zeile; → **bet 4, rung²** '**bot·tom·less** Adj fig unergründlich; unerschöpflich
bough [baʊ] s Ast m, Zweig m
bought [bɔːt] Prät u. Part Perf von **buy**
bouil·lon ['buːjɔ̃ːŋ] s Fleischbrühe f, Bouillon f
boul·der ['bəʊldə] s Felsblock m
bounce [baʊns] **I** s **1.** Elastizität f **2.** Sprung m, Satz m **3.** F Schwung m, Schmiss m **4.** F Rausschmiss m (a. Entlassung) **II** v/t **5.** Ball etc aufprallen od aufspringen lassen **6.** F j-n rausschmeißen (a. entlassen) **III** v/i **7.** aufprallen, -springen (Ball etc); **~ off** abprallen

(von) **8.** federn, elastisch sein (Gummi etc); springen (Ball) **9. a)** springen, hüpfen (**over** über Akk), **b)** stürmen, stürzen (**into** in Akk) **10.** F platzen (Scheck) '**bounc·er** s F **1.** Rausschmeißer(in) **2.** ungedeckter Scheck '**bounc·ing** Adj stramm (Baby etc)
bound¹ [baʊnd] **I** Prät u. Part Perf von **bind II** Adj: **be ~ to do s.th.** (zwangsläufig) etw tun müssen; **he was ~ to be late** er musste ja zu spät kommen
bound² [-] Adj unterwegs (**for** nach): **where are you ~ for?** wohin reisen od gehen Sie?
bound³ [-] **I** s mst Pl Grenze f, fig a. Schranke f: **keep within ~s** in (vernünftigen) Grenzen halten; **beyond all ~s** maß-, grenzenlos; **the park is out of ~s** (**to sb**) das Betreten des Parks ist (für od Dat) verboten; **within the ~s of possibility** im Bereich des Möglichen **II** v/t begrenzen
bound⁴ [-] **I** s → **bounce 2 II** v/i → **bounce 7, 9** a
bound·a·ry ['baʊndərɪ] s Grenze f
boun·den ['baʊndən] Adj: **my ~ duty** meine Pflicht u. Schuldigkeit
bound·less ['baʊndlɪs] Adj grenzenlos (a. fig)
boun·te·ous ['baʊntɪəs], **boun·ti·ful** ['-tɪful] Adj **1.** freigebig (**of** mit) **2.** reichlich
boun·ty ['baʊntɪ] s **1.** Freigebigkeit f **2.** großzügige Spende **3.** Prämie f: **a)** Belohnung f, **b)** WIRTSCH Zuschuss m (**on** auf Akk, **für**)
bou·quet [buˈkeɪ] s **a)** (Blumen)Strauß m, **b)** Blume f (von Wein)
bour·bon ['bɜːbən] s Bourbon m (amerikanischer Maiswhisky)
bout [baʊt] s **1.** Fechten: Gefecht n; (Box-, Ring)Kampf m **2.** MED Anfall m: **~ of rheumatism** Rheumaanfall
bou·tique [buːˈtiːk] s Boutique f
bo·vine ['bəʊvaɪn] Adj (a. geistig) träge, schwerfällig
bov·ver ['bɒvə] Br F **I** s Straßenkämpfe Pl (bes unter Hooligans od Skinheads): **~ boots** F Springerstiefel Pl; **~ boy** Hooligan m, Schlägertyp m **II** v/i sich Straßenkämpfe liefern (**with** mit)
▸ **bow¹** [baʊ] **I** s Verbeugung f **II** v/t beugen, Kopf neigen **III** v/i sich verbeugen (**to** vor Dat)

B

bow² [-] s SCHIFF Bug m
►bow³ [bəʊ] v/t **1.** (Schieß)Bogen m: → **string** 3 a **2.** MUS (Violin- etc)Bogen m **3.** Knoten m, Schleife f

bowd·ler·ize [ˈbaʊdləraɪz] v/t Text von anstößigen Stellen reinigen

bow·el [ˈbaʊəl] s ANAT Darm m, Pl a. Eingeweide Pl ~ **can·cer** s MED Darmkrebs m ~ **move·ment** s PHYSIOL Stuhl(gang) m

►bowl¹ [bəʊl] s **1.** Schüssel f; (Obst- etc) Schale f; (Zucker)Dose f; Napf m (für Tiere etc) **2.** (Wasch)Becken n **3.** (Pfeifen)Kopf m

bowl² [-] **I** s **1.** (Bowling-, Kegel)Kugel f **2.** Wurf m **II** v/t **3. ~ over** umwerfen, fig a. j-m die Sprache verschlagen

bow|·leg·ged [ˈbəʊlegd] Adj o-beinig ~ **legs** s Pl O-Beine Pl

bowl·er [ˈbəʊlə] s **1.** Bowlingspieler(in); Kegler(in) **2.** a. ~ **hat** bes Br Bowler m, Melone f

bowl·ing [ˈbəʊlɪŋ] s Bowling n; Kegeln n ~ **al·ley** s Bowling-, Kegelbahn f

bow|·man [ˈbəʊmən] s (unreg **man**) Bogenschütze m ~·**sprit** [ˈ-sprɪt] s SCHIFF Bugspriet n ~·**string** s Bogensehne f ~·**tie** s (Frack)Schleife f, Fliege f

bow-wow **I** Interj [ˌbaʊˈwaʊ] wau, wau! **II** s [ˈbaʊwaʊ] (Kindersprache: Wauwau m

►box¹ [bɒks] s **1.** Kasten m, Kiste f **2.** Schachtel f: ~ **of chocolates** Pralinenschachtel f, Bonbon(n)iere f **3.** Büchse f, Dose f, Kästchen n **4.** Behälter m **5.** TECH Gehäuse n **6.** Briefkasten m; Postfach n **7.** (Wahl)Urne f **8.** Br (Telefon)Zelle f **9.** → **Christmas box 10.** → **box junction 11.** THEAT etc Loge f **12.** JUR Zeugenstand m; Geschworenenbank f **13.** Box f: a) Pferdestand m, b) abgeteilter Einstellplatz in e-r Großgarage **14.** → **box number 15.** F Kasten m (Fernseher); Fernsehen n: **on the ~** im Fernsehen **II** v/t **16.** oft ~ **in** (od **up**) in Schachteln etc packen, ver-, einpacken; parkendes Fahrzeug einklemmen **17.** oft ~ **up** einschließen, -sperren

box² [-] **I** s **1.** ~ **on the ear** Ohrfeige f **II** v/t **2.** ~ **s.o.'s ears** j-n ohrfeigen **3.** SPORT boxen mit od gegen **III** v/i **4.** boxen

box·er [ˈbɒksə] s **1.** SPORT Boxer(in) **2.** ZOOL Boxer m ~ **shorts** s Pl, a. pair

of ~ Boxershorts Pl

box·ing [ˈbɒksɪŋ] s Boxen n, Boxsport m ~ **bout** s Boxkampf m **≌ Day** s Br der 2. Weihnachtsfeiertag

Boxing Day

Boxing Day wird der 2. Weihnachtstag genannt, weil es früher an diesem Tag Tradition war, dem Hauspersonal sowie Lieferanten als kleine Aufmerksamkeit so genannte **Christmas boxes** zu schenken.

box·ing| **gloves** s Pl Boxhandschuhe Pl ~ **match** s Boxkampf m

box| junc·tion s Br gelb markierte Kreuzung, in die bei stehendem Verkehr nicht eingefahren werden darf ~ **number** s Chiffre(nummer) f ~·**of·fice** s THEAT etc **1.** Kasse f **2. be a good ~** ein Kassenerfolg od -schlager sein '~·,**of·fice** Adj: ~ **success** THEAT etc Kassenerfolg m, -schlager m

►boy [bɔɪ] s Junge m (a. F Sohn) ~ **band** s MUS Popgruppe: Boygroup f

boy·cott [ˈbɔɪkɒt] **I** v/t boykottieren **II** s Boykott m

►boy·friend [ˈbɔɪfrend] s Freund m; → Info bei **Freund**

boy·hood [ˈbɔɪhʊd] s Jugend(zeit) f

boy·ish [ˈbɔɪɪʃ] Adj **1.** jungenhaft: **his ~ laughter 2.** knabenhaft: **her ~ movements 3.** Jungen...: ~ **games**

boy scout s Pfadfinder m

bo·zo [ˈbəʊzəʊ] Pl ~·**zos** s F Blödmann m

bra [brɑː] s F BH m (Büstenhalter)

brace [breɪs] **I** s **1.** TECH Strebe f, ARCHI a. Stützbalken m **2.** Pl Br Hosenträger Pl **3.** mst Pl MED (Zahn)Klammer f, (-) Spange f **4.** (Pl brace) Paar n **II** v/t **5.** TECH verstreben **6.** fig (a. v/i) erfrischen; kräftigen, stärken **7.** ~ **o.s. for** fig sich gefasst machen auf (Akk)

brace·let [ˈbreɪslɪt] s Armband n

brack·et [ˈbrækɪt] s **1.** TECH Träger m, Stütze f **2.** MATHE u. typographisch: Klammer f: **in ~s; round (square) ~s** runde (eckige) Klammern; → Info bei **Satzzeichen 3.** (Alters-, Steuer)Klasse f, (Einkommens- etc)Gruppe f, (-)Stufe

f **II** *v/t* **4.** einklammern

brag [bræg] **I** *s* **1.** Prahlerei *f* **2.** Prahler(in) **II** *v/i* **3.** prahlen (*about, of* mit)

brag·gart ['brægət] **I** *s* Prahler(in) **II** *Adj* prahlerisch

braid [breɪd] **I** *v/t* **1.** *Haar, Bänder* flechten **2.** mit Litze *od* Borte besetzen **II** *s* **3.** Zopf *m* **4.** Borte *f*, Litze *f*

braille [breɪl] *s* Blindenschrift *f*

▸**brain** [breɪn] *s* **1.** ANAT Gehirn *n* **2.** *oft Pl* fig F Köpfchen *n*, Grips *m*, Verstand *m*: **rack one's ~s** sich das Hirn zermartern, sich den Kopf zerbrechen; → **blow out** *U* **child** *s* (*unreg child*) F Geistesprodukt *n* **~ death** *s* MED Hirntod *n* **~ drain** *s* Braindrain *m* (*Abwanderung von Wissenschaftlern ins Ausland*)

brain·less ['breɪnlɪs] *Adj* hirn-, geistlos

'**brain**|**·storm** *s* F **1. have a ~** Br geistig weggetreten sein **2.** *Am* **a)** hirnverbrannte Idee, **b)** → **brain wave** '**~·storm·ing** *s* Brainstorming *n* (*Sammeln von spontanen Einfällen zur Lösung e-s Problems*)

brains trust [breɪnz] *s* Br **1.** Teilnehmer *Pl* an e-r Podiumsdiskussion **2.** → **brain trust**

'**brain**|**·teas·er** Denksportaufgabe *f* **~ trust** *s Am* Braintrust *m* (*bes politische od wirtschaftliche Beratergruppe*) '**~·wash** *v/t* j-n e-r Gehirnwäsche unterziehen '**~·wash·ing** *s* Gehirnwäsche *f* **~ wave** *s* F Geistesblitz *m*, tolle Idee '**~·work·er** *s* Geistes-, Kopfarbeiter(in)

brain·y ['breɪnɪ] *Adj* F gescheit

braise [breɪz] *v/t* GASTR schmoren

brake [breɪk] **I** *s* TECH Bremse *f* **II** *v/t u. v/i* bremsen **~ flu·id** *s* Bremsflüssigkeit *f* **~ lin·ing** *s* Bremsbelag *m* **~ ped·al** *s* Bremspedal *n*

brak·ing dis·tance ['breɪkɪŋ] *s* Bremsweg *m*

bram·ble ['bræmbl] *s* BOT *bes* Br Brombeerstrauch *m*; Brombeere *f*

▸**branch** [brɑːntʃ] **I** *s* **1.** Ast *m*, Zweig *m* **2.** *fig* Zweig *m*, Linie *f* (*e-r Familie*) **3.** *fig* Zweig *m*, Sparte *f* (*e-r Wissenschaft etc*); WIRTSCH Branche *f* **4.** WIRTSCH Filiale *f*, *schweiz.* Ablage *f* **5.** → **branch line** **6.** GEOG Arm *m* (*e-s Gewässers*); *Am* Nebenfluss *m* **II** *v/i* **7.** *oft* **~ off** (*od* **out**) sich verzweigen *od* verästeln; abzweigen *od* sich gabeln (*Straße etc*) **~**

line *s* **1.** BAHN Neben-, Zweiglinie *f* **2.** Seitenlinie *f* (*e-r Familie*) **~ man·ag·er** *s* Filialleiter(in) **~ of·fice** *s* WIRTSCH Filiale *f*, *schweiz.* Ablage *f*

▸**brand** [brænd] **I** *s* **1.** WIRTSCH (Handels-, Schutz)Marke *f*, Warenzeichen *n*; Markenname *m*; Sorte *f*, Klasse *f* (*e-r Ware*) **2.** *fig* Sorte *f*, Art *f* **3.** Brandmal *n*, -zeichen *n* **II** *v/t* **4.** mit e-m Warenzeichen *etc* versehen: **~ed goods** *Pl* Markenartikel *Pl* **5.** *fig* unauslöschlich einprägen (**on s.o.'s mind** j-m)

brand name *s* Markenname *m*

'**brand**'**new** *Adj* (funkel)nagelneu

bran·dy ['brændɪ] *s* **1.** Weinbrand *m*, Kognak *m*, Brandy *m* **2.** Obstwasser *n*: **plum ~** Zwetschgenwasser *n*

brash [bræʃ] *Adj* **1.** ungestüm; draufgängerisch; unüberlegt; taktlos, ungezogen; frech, unverfroren **2.** aufdringlich, laut (*Musik etc*); grell, schreiend (*Farben*)

brass [brɑːs] *s* **1.** Messing *n* **2. the ~** MUS das Blech (*im Orchester*), die Blechbläser *Pl* **3.** Br F Knete *f* (*Geld*) **4.** F Frechheit *f*, Unverschämtheit *f* **~ band** *s* Blaskapelle *f*

bras·sière ['bræsɪə] *s* Büstenhalter *m*

brass tacks *s Pl*: **get down to ~** F zur Sache *od* auf den Kern der Sache kommen

bras·sy ['brɑːsɪ] *Adj* **1.** messingartig *od* -farben **2.** blechern (*Klang*) **3.** F frech **4.** unangenehm laut

brat [bræt] *s pej* Balg *m*, n, Gör *n*

▸**brave** [breɪv] **I** *Adj* tapfer, mutig **II** *v/t* die Stirn bieten, trotzen (*Dat*): **~ it out** es (tapfer) durchstehen '**brav·er·y** *s* Tapferkeit *f*, Mut *m*

bra·vo [ˌbrɑːˈvəʊ] **I** *Interj* bravo! **II** *Pl* **-vos** *s* Bravo(ruf *m*) *n*

brawl [brɔːl] **I** *v/i* **1.** e-e laute Auseinandersetzung haben **2.** raufen, sich schlagen **3.** tosen, rauschen (*Fluss etc*) **II** *s* **4.** laute Auseinandersetzung **5.** Rauferei *f*, Schlägerei *f* **6.** Tosen *n*, Rauschen *n*

brawn [brɔːn] *s* **1.** Muskeln *Pl* **2.** Muskelkraft *f* **3.** GASTR Br (Schweine)Sülze *f* '**brawn·y** *Adj* muskulös

bray [breɪ] *v/i* **1.** schreien (*Esel, a. Person*) **2.** schmettern (*Trompete*) **3.** lärmen, tosen (*Verkehr etc*)

bra·zen ['breɪzn] **I** *Adj* **1.** Messing... **2.** metallisch (*Klang*) **3.** *fig* unverschämt, unverfroren **II** *v/t* **4.** ~ *it out* sich mit großer Unverfrorenheit behaupten '~**-faced** → **brazen** 3

Bra·zil [brə'zɪl] *Eigenn* Brasilien *n*

Bra·zil·i·an [brə'zɪljən] **I** *Adj* brasilianisch **II** *s* Brasilianer(in)

Bra·zil nut *s* BOT Paranuss *f*

breach [briːtʃ] **I** *s* **1.** *fig* Bruch *m*, Verletzung *f*: ~ *of confidence* Vertrauensbruch; ~ *of contract* JUR Vertragsbruch; ~ *of the peace* JUR öffentliche Ruhestörung; → *duty* 1, *promise* 1 **2.** MIL Bresche *f* (*a. fig*): *fill* (*od* *step into*) *the* ~ in die Bresche springen (*for* für) **II** *v/t* **3.** MIL e-e Bresche schlagen in (*Akk*)

▶ **bread** [bred] **I** *s* **1.** Brot *n* (*a. Lebensunterhalt*): ~ *and butter* Butterbrot; *earn* (*od* *make*) *one's* ~ sein Brot verdienen; *know which side one's* ~ *is buttered* (*on*) F s-n Vorteil (er)kennen **2.** *sl* Knete *f* (*Geld*) **II** *v/t* **3.** GASTR panieren '~**,bas·ket** *s* **1.** Brotkorb *m* **2.** *sl* Magen *m* ~ **bin** *s* Brotkasten *m* ~ **crumb** *s* Brotkrume *f*, -krümel *m*: ~**s** *Pl* Paniermehl *n*

breadth [bretθ] *s* Breite *f*: *ten yards in* ~ 10 Yards breit; *what* ~ *is it?* wie breit ist es?

'**bread,win·ner** *s* Ernährer(in), (Geld-)Verdiener(in) (*e-r Familie*)

▶ **break** [breɪk] **I** *s* **1.** Bruch(stelle *f*) *m* **2.** *fig* Bruch *m* (*from, with* mit; *between* zwischen *Dat*): *make a* ~ *from* brechen mit **3.** Pause *f*, Unterbrechung *f*: *without a* ~ ununterbrochen; *take a* ~ *for a cigarette* e-e Zigarettenpause machen **4.** (plötzlicher) Wechsel, Umschwung *m*: ~ *in the weather* Wetterumschlag *m*; *at* ~ *of day* bei Tagesanbruch **5.** F *bad* ~ Pech *n*; *lucky* ~ Dusel *m*, Schwein *n* **6.** F Chance *f*: *give s.o. a* ~ **II** *v/t* (*unreg*) **7.** (ab-, auf-, durch-, zer)brechen; *Schallmauer* durchbrechen: ~ *one's arm* sich den Arm brechen; ~ *s.o.'s resistance* j-s Widerstand brechen; → *heart* 1, *ice* 1 **8.** zerschlagen, -trümmern, kaputtmachen: → *bank*[1] 2 **9.** ~ *s.o. of s.th.* j-m etw abgewöhnen **10.** *Speise, Ware, Geldschein* anbrechen; *Geldschein* klein machen, wechseln **11. a)** *Tiere* zähmen, abrich-

ten, *Pferd* zureiten, **a.** *j-n* gewöhnen (*to* an *Akk*), **b)** → *break in* 3 b, c **12.** *Gesetz, Vertrag etc* brechen **13.** ~ *the bad news gently to s.o.* j-m die schlechte Nachricht schonend beibringen **14.** *Code etc* knacken, entschlüsseln **III** *v/i* (*unreg*) **15.** brechen (*a. fig Widerstand etc*): ~ *into* einbrechen in (*ein Haus etc*); ~ *with* brechen mit (*j-m, e-r Tradition etc*) **16.** (zer)brechen, (-)reißen, kaputtgehen **17.** umschlagen (*Wetter*); anbrechen (*Tag*) **18.** *fig* ausbrechen (*into* in *Tränen etc*) Verbindungen mit Adverbien:

break a·way I *v/t* **1.** ab-, losbrechen (*from* von) **II** *v/i* **2.** ab-, losbrechen (*from* von) **3.** *fig* sich lossagen *od* trennen (*from* von) ▶ **break**| **down I** *v/t* **1.** ein-, niederreißen, *Haus* abbrechen, abreißen **2.** *Maschine* zerlegen **3.** *fig* aufgliedern, -schlüsseln **II** *v/i* **4.** zs.-brechen (*a. fig*) **5.** versagen (*Maschine, Stimme etc*), kaputtgehen, MOT e-e Panne haben **6.** scheitern (*Ehe, Verhandlungen etc*) ~ **in I** *v/i* **1.** einbrechen, -dringen: ~ *on* bei *j-m* hereinplatzen; sich in *e-e Unterhaltung etc* einmischen **II** *v/t* **2.** einschlagen, *Tür* aufbrechen **3. a)** → *break* 11 a, **b)** *Auto etc* einfahren, *Schuhe* einlaufen, **c)** *j-n* einarbeiten, anlernen ~ **off I** *v/t* **1.** → *break away* 1 **2.** *Rede, Verhandlungen etc* abbrechen, *Verlobung* (auf)lösen: *break it off* sich entloben **II** *v/i* **3.** → *break away* 2 ~ **out** *v/i* ausbrechen (*Gefangener, Krieg etc*): ~ *in laughter* (*tears*) in Gelächter (*Tränen*) ausbrechen; *he broke out in a cold sweat* ihm brach der Angstschweiß aus ~ **through I** *v/t* **1.** durchbrechen **II** *v/i* **2.** durchbrechen, (*Sonne a.*) hervorkommen **3.** *fig* den Durchbruch schaffen ~ **up I** *v/t* **1.** *Straße, Eis etc* aufbrechen **2.** *Sitzung etc* aufheben, *Versammlung, Haushalt etc* auflösen **II** *v/i* **3.** aufbrechen (*Straße, Eis etc*) **4.** aufgehoben werden (*Sitzung etc*), sich auflösen (*Versammlung*) **5.** zerbrechen, auseinander gehen (*Ehe etc*); sich trennen (*Ehepaar etc*)

break·a·ble ['breɪkəbl] *Adj* zerbrechlich '**break·age** *s* Bruch(stelle *f*) *m* '**break·a·way** *s* Trennung *f* (*from* von) ▶ **break·down** ['breɪkdaʊn] *s* **1.** Zs.-bruch *m* (*a. fig*): *nervous* ~ Nervenzu-

sammenbruch **2.** MOT Panne f: ~ **service** Br Pannen-, Straßendienst m; ~ **van** Br Abschleppwagen m

▶ **break·fast** ['brekfəst] **I** s Frühstück n, *schweiz.* Morgenessen n: **have** ~ → II; ~ **television** Frühstücksfernsehen n **II** v/i frühstücken, *schweiz.* zu Morgen essen

'**break-in** s **1.** JUR Einbruch m **2.** Abrichten n, Einfahren n etc (→ **break** 11 a, **break in** 3 b, c) '~**neck** Adj halsbrecherisch (*Geschwindigkeit*) '~**out** s Ausbruch m (*aus dem Gefängnis etc*) '~**through** s MIL Durchbruch m (a. fig) '~**up** s Aufhebung f (e-r Sitzung etc), Auflösung f (e-r Versammlung, e-s Haushalts etc)

breakfast (English/Continental)

Das traditionelle **English breakfast** (auch **cooked breakfast** genannt) besteht aus Eiern (Spiegeleiern, Rührei oder pochierten Eiern), Schinkenspeck, gebratenen Würstchen, Tomaten und Pilzen oder auch geräuchertem Fisch. Aus zeitlichen Gründen und „wegen der Linie" wird ein solch üppiges Frühstück zu Hause immer seltener eingenommen, in Hotels, Pensionen und sogar in manchen Schnellimbissstuben ist es aber häufig im Angebot. Das **continental breakfast** hingegen besteht lediglich aus Cornflakes o. Ä. und Toast/Brötchen mit Butter und Marmelade.

▶ **breast** [brest] **I** s Brust f (a. GASTR): **make a clean** ~ **of s.th.** sich etw von der Seele reden **II** v/t: ~ **the tape** (*Sport*) das Zielband durchreißen, *weit. S.* durchs Ziel gehen '~**bone** s ANAT Brustbein n '~**feed** v/t u. v/i (*unreg* **feed**) stillen '~**pin** s Brosche f ~ **pocket** s Brusttasche f '~**stroke** s SPORT Brustschwimmen n

▶ **breath** [breθ] s **1.** Atem(zug) m: **bad** ~ Mundgeruch m; **in the same** ~ im gleichen Atemzug; **under** (*od* **below**) **one's** ~ im Flüsterton, leise; **be out of** ~ außer Atem sein; **get one's** ~ **back** wieder zu Atem kommen; **waste one's** ~ in den Wind reden **2.** fig Hauch m, Spur f **3.** a. ~ **of air** Lufthauch m, Lüftchen n

breath·a·lys·er ['breθəlaɪzə] s MOT Alkoholtestgerät n, Röhrchen n

▶ **breathe** [briːð] **I** v/i **1.** atmen: ~ **in** (**out**) ein-(aus)atmen **II** v/t **2.** atmen: ~ **in** (**out**) ein-(aus)atmen; **3.** flüstern, hauchen '**breath·er** s F Atem-, Verschnaufpause f: **have** (*od* **take**) **a** ~ verschnaufen '**breath·ing** s Atmen n, Atmung f: ~ **space** Atem-, Verschnaufpause f

breath·less ['breθlɪs] Adj atemlos (a. fig)

'**breath·tak·ing** Adj atemberaubend ~ **test** s mot. Br Alkoholtest m

bred [bred] Prät u. Part Perf von **breed**

breech·es ['brɪtʃɪz] s Pl (**a pair of** e-e) Kniebund-, Reithose f

▶ **breed** [briːd] **I** v/t (*unreg*) **1.** *Tiere, Pflanzen* züchten **2.** fig hervorrufen, verursachen **II** v/i (*unreg*) **3.** sich fortpflanzen *od* vermehren **III** s **4.** Rasse f, Zucht f **5.** Art f, (*Menschen*)Schlag m '**breed·er** s **1.** Züchter(in) **2.** Zuchttier n **3.** PHYS Brüter m: ~ **reactor** Brutreaktor m '**breed·ing** s **1.** Fortpflanzung f **2.** Züchtung f, Zucht f **3.** Ausbildung f, Erziehung f **4.** (gute) Benehmen, (gute) Manieren Pl

breeze [briːz] **I** s Brise f **II** v/i F schweben (*Person*): ~ **in** hereingeweht kommen '**breez·y** Adj **1.** luftig, windig **2.** heiter, unbeschwert

breth·ren ['breðrən] Pl von **brother** 2

bre·vi·ar·y ['briːvjərɪ] s REL Brevier n

brev·i·ty ['brevətɪ] s Kürze f

brew [bruː] **I** v/t **1.** *Bier* brauen, *Tee etc* a. zubereiten **2.** fig aushecken, -brüten **II** v/i **3.** fig sich zs.-brauen, im Anzug sein (*Gewitter, Unheil*) **III** s **4.** Gebräu n '**brew·er** s Brauer(in) '**brew·er·y** s Brauerei f

brib·a·ble ['braɪbəbl] Adj bestechlich **bribe I** v/t bestechen **II** s Bestechungsgeld n, -geschenk n: **accept** (*od* **take**) ~**s** sich bestechen lassen '**brib·er·y** s Bestechung f: **open to** ~ bestechlich

bric-a-brac ['brɪkəbræk] s Nippes m, Nippsachen Pl

▶**brick** [brɪk] **I** s **1.** Ziegel(stein) m, Backstein m: *drop a ~* Br F ins Fettnäpfchen treten **2.** Br Baustein m, (Bau)Klötzchen n *(für Kinder)* **3.** F Pfundskerl m, feiner Kerl **II** v/t **4.** ~ *up (od in)* zumauern '**~,lay·er** s Maurer(in)

brid·al ['braɪdl] *Adj* Braut...: ~ *dress* Braut-, Hochzeitskleid n

▶**bride** [braɪd] s Braut f: *give away the ~* die Braut zum Altar führen

▶**bride·groom** ['braɪdɡrʊm] s Bräutigam m

brides·maid ['braɪdzmeɪd] s Brautjungfer f

▶**bridge**[1] [brɪdʒ] **I** s **1.** (SCHIFF *a.* Kommando)Brücke f: *burn one's ~s (behind one) fig* alle Brücken hinter sich abbrechen **2.** ~ *of the nose* ANAT Nasenrücken m **II** v/t **3.** e-e Brücke schlagen über *(Akk)* **4.** *oft ~ over* ELEK überbrücken *(a. fig)*

bridge[2] [-] s Bridge n *(Kartenspiel)*

'**bridg·ing loan** s WIRTSCH Überbrückungskredit m

bri·dle ['braɪdl] **I** s **1.** Zaum(zeug n) m; Zügel m **II** v/t **2.** (auf)zäumen **3.** zügeln, im Zaum halten *(beide a. fig)* **III** v/i **4.** *oft ~ up* den Kopf zurückwerfen

brief [briːf] **I** *Adj* **1.** kurz: *be ~!* fasse dich kurz! **2.** kurz angebunden *(with* mit) **3.** knapp *(Bikini etc)* **II** s **4.** *in ~* kurz(um) **5.** JUR Br schriftliche Beauftragung u. Information *(des Barristers durch den Solicitor)* zur Vertretung des Falles vor Gericht, *weit. S.* Mandat n: *hold a ~ for* j-n od j-s Sache vor Gericht vertreten; *fig* sich einsetzen für **6.** *Pl →* **briefs II** v/t **7.** j-n instruieren, j-m genaue Anweisungen geben **8.** JUR Br Barrister mit der Vertretung des Falles betrauen; *Anwalt* über den Sachverhalt informieren '**~·case** s Aktentasche f

brief·ness [briːfnɪs] s Kürze f

▶**briefs** [briːfs] s Pl *(a pair of* ein) Slip m *(kurze Unterhose)*

bri·gade [brɪ'ɡeɪd] s MIL Brigade f

▶**bright** [braɪt] *Adj* **1.** hell, glänzend, leuchtend, strahlend **2.** heiter *(Wetter etc)* **3.** gescheit, hell **4.** günstig, vielversprechend *(Aussichten)* '**bright·en I** v/t *oft ~ up* **1.** hell(er) machen, auf-, erhellen *(a. fig)* **2.** j-n fröhlich stimmen, aufheitern **II** v/i **3.** *oft ~ up* sich aufhellen *(Gesicht, Wetter etc)*, aufleuchten *(Augen)* '**bright·ness** s **1.** Helligkeit f *(a.* TV), Glanz m: ~ *control* Helligkeitsregelung f **2.** Heiterkeit f **3.** Gescheitheit f

brill [brɪl] *Adj* Br F super

bril·liance ['brɪljəns] s **1.** Leuchten n, Glanz m, Helligkeit f **2.** *fig* Brillanz f '**bril·liant I** *Adj* **1.** leuchtend, glänzend, hell **2.** *fig* brillant **II** s **3.** Brillant m

brim [brɪm] **I** s **1.** Rand m *(bes e-s Gefäßes)*: *full to the ~* randvoll **2.** (Hut-) Krempe f **II** v/i **3.** voll sein: ~ *over* übervoll sein *(with* von) *(a. fig)*; überfließen *(with* von) *(a. fig)*

brine [braɪn] s **1.** Sole f; Lake f **2.** Salzwasser n **II** v/t **3.** (ein)salzen

▶**bring** [brɪŋ] v/t *(unreg)* **1.** (mit-, her-) bringen: *what ~s you here?* was führt Sie zu mir?; → *Info bei* **bringen**; → **bacon, home** 10, **light**[1] 1e **2.** Gewinn etc (ein)bringen **3.** nach sich ziehen, bewirken **4.** j-n dazu bringen *od* bewegen *(to do* zu tun): *I can't ~ myself to do it* ich kann mich nicht dazu durchringen(, es zu tun)

Verbindungen mit Adverbien:

bring| a·bout v/t **1.** zustande bringen **2.** bewirken, verursachen ~ **a·long** v/t mitbringen ~ **back** v/t **1.** zurückbringen **2.** *Erinnerungen* wachrufen *(of* an *Akk)*; **3.** ~ *to life* j-n wieder zu(m) Bewusstsein bringen; *(a.* ~ *to health)* j-n wieder gesund machen ~ **down** v/t **1.** herunterbringen **2.** *Regierung etc* zu Fall bringen, stürzen **3.** *Preis etc* herabsetzen **4.** ~ *the house* THEAT *etc* F stürmischen Beifall auslösen; Lachstürme entfesseln ~ **forth** v/t hervorbringen ~ **for·ward** v/t **1.** *Entschuldigung etc* vorbringen **2.** WIRTSCH *Betrag* übertragen **3.** *Versammlung etc* vorverlegen *(to* auf *Akk)*; *Uhr* vorstellen *(one hour* um e-e Stunde) ~ **in** v/t **1.** hereinbringen **2.** *Kapital, Gesetzesvorlage etc* einbringen **3.** → *verdict* ~ **off** v/t zustande bringen ~ **on** v/t **1.** *bes Krankheit* verursachen **2.** in Gang bringen ~ **out** v/t *allg, a. Buch, Auto etc* herausbringen ~ **o·ver** v/t **1.** herüberbringen **2.** → *bring round* **3** ~ **round** v/t **1.** her-, vorbeibringen **2. a)** *Ohnmächtigen* wieder zu sich bringen, **b)** *Kranken* wieder auf die Beine brin-

gen **3.** *j-n* umstimmen, herumkriegen ~
through *v/t Kranken* durchbringen ~ **to**
→ **bring up** *v/t* **1.** heraufbringen **2.** *Kind* auf-, großziehen;
erziehen: ~ **s.o. up to do s.th.** j-n dazu
erziehen, etw zu tun **3.** *etw* (er)brechen
brink [brɪŋk] *s* Rand *m (a. fig): be on the
~ of war* am Rande e-s Krieges stehen;
bring s.o. to the ~ of ruin j-n an den
Rand des Ruins bringen
brin·y ['braɪnɪ] *Adj* salzig
brisk [brɪsk] *Adj* **1.** flott **2.** lebhaft, munter **3.** frisch (*Luft etc*)
bris·tle ['brɪsl] **I** *s* **1.** Borste *f*; (Bart-)
Stoppel *f* **II** *v/i* **2.** *a.* ~ **up** sich sträuben
3. *a.* ~ **up** zornig werden **4.** strotzen,
wimmeln (**with** von) '**bris·tly** *Adj* **1.**
borstig; stopp(e)lig: ~ **beard** Stoppelbart *m* **2.** *fig* knauserig
Brit ['brɪt] **I** *s* Brite *m*, Britin *f* **II** *Adj* britisch
▸ **Bri·tain** ['brɪtn] *Eigenn* Großbritannien *n*
Bri·tan·nia [brɪ'tænjə] *Eigenn poet* Britannien *n*
▸ **Brit·ish** ['brɪtɪʃ] **I** *Adj* britisch **II** *s*:
▸ **the British** *Pl* die Briten *Pl* '**Brit-**

ish·er *s Am* Brite *m*, Britin *f*
Brit·on ['brɪtn] *s* Brite *m*, Britin *f*
brit·tle ['brɪtl] *Adj* **1.** spröde, zerbrechlich **2.** brüchig (*Metall etc*) (*a. fig*)
broach [brəʊtʃ] *v/t* **1.** *Fass* anstechen **2.**
Thema anschneiden
'**B-road** *s Br* Landstraße *f*
▸ **broad** [brɔːd] *Adj* (→ *broadly*) **1.** breit
2. weit, ausgedehnt **3.** → **daylight 4.**
weit reichend, weitgehend: *in the
~est sense* im weitesten Sinne **5.** →
broad-minded 6. derb; anstößig,
schlüpfrig **7.** klar, deutlich: → **hint** 1
8. allgemein: *in ~ outline* in groben Zügen, in groben Umrissen **9.** breit, stark
(*Akzent*)
▸ **broad**·**cast** ['brɔːdkɑːst] **I** *v/t* (*a. unreg*) **1.** *Nachricht* verbreiten, *pej* ausposaunen **2.** im Rundfunk *od* Fernsehen
bringen; übertragen **II** *v/i* (*a. unreg*) **3.**
im Rundfunk *od* Fernsehen auftreten
4. senden **III** *s* **5.** RUNDFUNK, TV Sendung *f*; Übertragung *f* '~·**cast·er** *s*
Rundfunk-, Fernsehsprecher(in)
'~·**cast·ing I** *s* **1.** → **broadcast** 5 **2.** Sendebetrieb *m* **3.** Rundfunk *m*, Fernsehen *n* **II** *Adj* **4.** Rundfunk…, Fernse-

---

Britain or the UK

Im Deutschen sagt man oft „England", wenn man „Großbritannien"
meint. Hier die genauen Definitionen der einschlägigen Begriffe:

englische Bezeichnung	Bedeutung/deutsche Entsprechung	Erklärung
England (Great) Britain	England Großbritannien; oft im Deutschen etwas ungenau auch einfach als England bezeichnet	größtes Land Großbritanniens steht für das britische „Festland", also England, Schottland und Wales.
The United Kingdom, the UK	England, Schottland, Wales und Nordirland	*kurz für* **The United Kingdom of Great Britain and Northern Ireland** das Vereinigte Königreich (von Großbritannien und Nordirland)

Die gebräuchlichsten Ausdrücke der Alltagssprache für „Großbritannien" sind im Englischen **Britain** und **the UK**.
England ist aber nur ein Teil von Großbritannien, und die Schotten, Waliser und Nordiren sind nach ihrem Selbstverständnis keineswegs Engländer!

hen...: **~ station** Sender *m*

broad·en ['brɔːdn] **I** *v/t* verbreitern: **~ one's horizons** (*od mind*) s-n Horizont erweitern **II** *v/i a.* **~ out** sich verbreitern (*into* zu), sich erweitern (*a. fig*)

broad| jump *s Leichtathletik: Am* Weitsprung *m* **~ jump·er** *s Am* Weitspringer(in)

broad·ly ['brɔːdlɪ] *Adv* **1.** *a.* **~ speaking** allgemein (gesprochen) **2.** in großen Zügen

,**broad|·'mind·ed** *Adj* großzügig, tolerant **'~·side** *s* SCHIFF Breitseite *f* (*a. fig*)

bro·cade [brəʊ'keɪd] *s* Brokat *m*

broc·co·li ['brɒkəlɪ] *s Pl* (*bes* GASTR *mit Sg konstruiert*) BOT, GASTR Brokkoli *Pl, a.* Broccoli *Pl*

bro·chure ['brəʊʃə] *s* Broschüre *f*

brogue [brəʊg] *s* derber Straßenschuh

broil [brɔɪl] **I** *v/t* **1.** (auf dem Rost) braten, grillen **2. get ~ed** vor Hitze fast umkommen **II** *v/i* **3. be ~ing in the sun** in der Sonne schmoren **4.** vor Wut kochen

broke¹ [brəʊk] *Prät von* **break**

broke² [~] *Adj* F Pleite (*a.* WIRTSCH), abgebrannt: **go ~** Pleite gehen

▶ **bro·ken** ['brəʊkən] **I** *Part Perf von* **break II** *Adj* **1.** zerbrochen, entzwei, kaputt, gebrochen (*a. fig*): **a ~ leg** (*promise, etc*) **2.** unterbrochen, gestört: **~ sleep 4.** (*seelisch od körperlich*) gebrochen **5.** zerrüttet: **~ marriage; ~ health; ~ home** zerrüttete Familienverhältnisse *Pl* **6.** LING gebrochen: **speak ~ English** gebrochen Englisch sprechen

bro·ker ['brəʊkə] *s* **1.** WIRTSCH Makler(in) **2.** Vermittler(in) **'bro·ker·age** *s* Maklergebühr *f*

brol·ly ['brɒlɪ] *s Br* F (Regen)Schirm *m*

bro·mide ['brəʊmaɪd] *s* **1.** CHEM Bromid *n* **2.** *fig* Gemeinplatz *m* **bro·mine** ['~miːn] *s* CHEM Brom *n*

bron·chi ['brɒŋkaɪ] *s Pl* ANAT Bronchien *Pl* **bron·chi·al** ['~kɪəl] *Adj* ANAT, MED Bronchial... **bron·chi·tis** [~'kaɪtɪs] *s* MED Bronchitis *f*

bronze [brɒnz] **I** *s* **1.** Bronze *f* **II** *Adj* **2.** bronzefarben **3.** Bronze...: ♀ *Age* Bronzezeit *f*; **~ medal** Bronzemedaille *f*; **~ medal(l)ist** Bronzemedaillengewinner(in)

brooch [brəʊtʃ] *s* Brosche *f*

brood [bruːd] **I** *s* Brut *f* (*a. fig pej*) **II** *v/i* ausbrüten (*a. fig*) **III** *v/i* brüten (*a. fig on, over, about* über *Dat*) **IV** *Adj* Brut...: **~ hen** 'brood·er *s* Brutapparat *m*, -kasten *m*

brook [brʊk] *s* Bach *m*

▶ **broom** [bruːm] *s* Besen *m*: **a new ~ sweeps clean** neue Besen kehren gut **'~·stick** *s* Besenstiel *m*

Bros. *Abk* (= **Brothers**) Gebr.

broth [brɒθ] *s* (Kraft-, Fleisch)Brühe *f*

broth·el ['brɒθl] *s* Bordell *n*

▶ **broth·er** ['brʌðə] *s* **1.** Bruder *m*: **~s Pl and sisters** *Pl* Geschwister *Pl*; **Smith** *♀s* WIRTSCH Gebrüder Smith **2.** REL *Pl* **brethren** Bruder *m* **broth·er·hood** ['~hʊd] *s* REL Bruderschaft *f*

▶ **broth·er-in-law** ['brʌðərɪnlɔː] *Pl* **'broth·ers-in-law** *s* Schwager *m*

broth·er·ly ['brʌðəlɪ] *Adj* brüderlich

brought [brɔːt] *Prät u. Part Perf von* **bring**

brow [braʊ] *s* **1.** (Augen)Braue *f* **2.** Stirn *f* **3.** Miene *f*, Gesichtsausdruck *m* **'~·beat** *v/t* (*unreg* **beat**) einschüchtern

▶ **brown** [braʊn] **I** *Adj* braun: **~ bread** Misch-; Vollkorn-; Schwarzbrot *n*; **~ paper** Packpapier *n* **II** *s* Braun *n*: **dressed in ~** braun *od* in Braun gekleidet **III** *v/t* Haut etc bräunen, Fleisch etc (an)bräunen **IV** *v/i* braun werden **brown·ie** ['~nɪ] *s* **1.** Heinzelmännchen *n* **2.** (*Pfadfinderin*) Wichtel *m* **3.** GASTR Schokoladenkeks *m* **'brown·ish** *Adj* bräunlich **'brown·nos·ing** *s* V Arschkriecherei *f*

browse [braʊz] *v/i a.* **~ around** sich umsehen; **~ through a book** in e-m Buch schmökern *od* blättern; **~ in** (*od around*) **a shop** (*bes Am* **store**) sich (unverbindlich) in e-m Laden umsehen **2.** COMPUTER browsen, surfen: **~ on the web** im Web browsen, das Web durchsuchen **3.** grasen, weiden (*Vieh*) **'brows·er** *s* IT Browser *m* (*Programm, das e-m die Suche im Internet erleichtert*)

bruise [bruːz] **I** *v/t* **1.** sich e-n Körperteil quetschen; *Früchte* anstoßen **II** *v/i* **2.** e-e Quetschung *od* e-n blauen Fleck bekommen **III** *s* **3.** Quetschung *f*, blauer Fleck **4.** Druckstelle *f* (*auf Früchten*)

brunch [brʌntʃ] *s* F Brunch *m* (*spätes reichliches Frühstück*)

bru·nette [bruː'net] **I** s Brünette f **II** Adj brünett

brush[1] [brʌʃ] **I** s **1.** Bürste f **2.** Pinsel m: → *tar* II **3.** *give s.th. a ~* etw ab- *od* ausbürsten **4.** MIL Scharmützel n (a. fig): *have a ~ with s.o.* mit j-m aneinander geraten **II** v/t **5.** bürsten: ~ *one's teeth* sich die Zähne putzen; ~ *aside* (*od away*) zur Seite schieben, wegschieben; *fig* (mit e-r Handbewegung) abtun, wegwischen; ~ *away* (*od off*) wegbürsten; ~ *down* abbürsten; ~ *off j-n* abwimmeln; *j-m* e-e Abfuhr erteilen; ~ *up* Kenntnisse aufpolieren, -frischen **6.** streifen, leicht berühren **III** v/i **7.** ~ *past s.o.* j-n streifen *od* leicht berühren; an j-m vorbeihuschen; an j-m (gerade noch) vorbeikommen

brush[2] [-] *a.* '~·**wood** s Gestrüpp n, Unterholz n

brusque [bruːsk] Adj barsch, schroff

Brus·sels ['brʌslz] Eigenn Brüssel n

Brus·sels sprouts [ˌbrʌsl'sprauts] s Pl BOT Rosenkohl m, österr. Kohlsprossen Pl

bru·tal ['bruːtl] Adj brutal **bru·tal·i·ty** [-'tæləti] s Brutalität f **bru·tal·ize** ['-təlaiz] v/t **1.** brutalisieren **2.** brutal behandeln **brute** [bruːt] **I** s **1.** Vieh n, fig a. Untier n, Scheusal n **II** Adj **2.** brutal: ~ *force* (*od strength*) rohe Gewalt **3.** hirnlos, dumm

BSE [biːes'iː] Abk (= *bovine spongiform encephalopathy*) BSE f: *suspicion of* ~ BSE-Verdacht m ~ *crisis* s BSE-Krise f ~ *spread* s Verbreitung f von BSE

'B-side s B-Seite f (e-r Schallplatte)

bub·ble ['bʌbl] **I** s **1.** (Luft- etc)Blase f: ~ *bath* Schaumbad n; ~ *butt* sl Knackarsch m; ~ *gum* Bubble-Gum m, Ballon-, Knallkaugummi m **2.** fig Seifenblase f **3.** Am Traglufthalle f **II** v/i **4.** sprudeln, brodeln (*kochendes Wasser etc*); sprudeln, perlen (*Sekt etc*); in Blasen aufsteigen (*Gas*): ~ *over* übersprudeln (*a. fig with* vor *Dat*) **'bub·bly I** Adj **1.** sprudelnd **2.** fig temperamentvoll **II** s **3.** bes Br F Schampus m

buck[1] [bʌk] **I** s **1.** ZOOL Bock m, eng. S. Rehbock, *allg* Männchen n **2.** *pass the ~* F den schwarzen Peter weitergeben; *pass the ~ to s.o.* F j-m den schwarzen Peter zuschieben **II** v/i **3.** bocken

(*Pferd etc*) **4.** ~ *up* F aufleben; sich ranhalten: ~ *up!* Kopf hoch! **II** v/t **5.** ~ *up* F j-n aufmuntern; *j-m* Dampf machen

buck[2] [-] s Am sl Dollar m: *earn a fast ~* schnelles Geld machen

buck·et ['bʌkɪt] **I** s Eimer m, Kübel m: *kick the ~* F den Löffel abgeben (*sterben*) **II** v/t *ausschöpfen* **III** v/i: *it's* (*od the rain's*) ~*ing* (*down*) Br F es gießt wie aus *od* mit Kübeln **buck·et·ful** ['-ful] s ein Eimer m (voll)

buck·et seat s MOT Schalensitz m

buck·le ['bʌkl] **I** s **1.** Schnalle f, Spange f **II** v/t **2.** *a.* ~ *up* zu-, festschnallen: ~ *on* anschnallen **III** v/i **3.** ~ *down* F sich dahinterklemmen: ~ *down to a task* sich hinter e-e Aufgabe klemmen

'buck·skin s Wildleder n

'buck·wheat ['bʌkwiːt] s BOT Buchweizen m

bud [bʌd] **I** s Knospe f: *be in* ~ knospen; *nip in the* ~ fig im Keim ersticken **II** v/i knospen: ~*ding lawyer* angehender Jurist

Bud·dhism ['budɪzəm] s Buddhismus m **'Bud·dhist I** s Buddhist(in) **II** Adj buddhistisch

bud·dy ['bʌdɪ] s bes Am F Spezi m

budge [bʌdʒ] *mst neg* **I** v/i sich (von der Stelle) rühren: ~ *from fig* von etw abrücken **II** v/t (vom Fleck) bewegen: ~ *from fig j-n* abbringen von

bud·ger·i·gar ['bʌdʒərɪgaː] s ORN Wellensittich m

budg·et ['bʌdʒɪt] s Budget n, Etat m: ~*conscious* preisbewußt; ~(*-priced*) preisgünstig **'budg·et·a·ry** Adj Budget…, Etat…

bud·gie ['bʌdʒɪ] F → *budgerigar*

buf·fa·lo ['bʌfələu] Pl -lo(e)s s ZOOL Büffel m

buff·er ['bʌfə] s TECH Stoßdämpfer m; Puffer m (*a.* IT *u. fig*); Prellbock m (*a. fig*): ~ *state* s POL Pufferstaat m ~ *zone* s MIL Pufferzone f

buf·fet[1] ['bʌfɪt] **I** s **1.** (Faust)Schlag m; Ohrfeige f **II** v/t **2.** *j-m* e-n (Faust-) Schlag versetzen; *j-m* e-e Ohrfeige geben **3.** ankämpfen gegen

buf·fet[2] s **1.** ['bʌfɪt] Büfett n, Anrichte f **2.** ['bufeɪ] Büfett n, Theke f

buf·foon [bə'fuːn] s Possenreißer(in), Hanswurst m (*a. fig pej*)

bug [bʌg] **I** s **1.** ZOOL Wanze f (*a.* F Mini-

B

spion); *bes Am allg* Insekt *n* **2.** F Bazillus *m*, *fig a.* Fieber *n*: **he got bitten by** (*od* **he's got**) **the ~** ihn hats gepackt **3.** TECH F Defekt *m*, *Pl* Mucken *Pl* **4.** IT Programmierfehler *m*, Bug *m* II *v/t* **5.** *Am* F *j-n* wütend machen; *j-m* auf den Wecker fallen **6.** F Wanzen anbringen in (*Dat*) **'~bear** *s* (Schreck)Gespenst *n*

bug·ger ['bʌgə] V I *s* Scheißkerl *m*; *allg* Kerl *m*: *poor ~* armes Schwein II *v/t*: **~ up** versauen: *~ed up* im Arsch III *v/i*: **~ off** *Br* (*mst Imp*) sich verpissen

bug·gy® ['bʌgɪ] *s* **1.** MOT Buggy *m*; kleines Elektroauto: *golf ~* **2.** (zusammenklappbarer leichter) Kinder(sport)wagen, Buggy *m*

bug·house ['bʌghaʊs] *s Am* F Klapsmühle *f*

bu·gle ['bjuːgl] *s* (Wald-, Jagd)Horn *n*; MIL Signalhorn *n*: **~ call** Hornsignal *n*

▶**build** [bɪld] I *v/t* (*unreg*) **1.** bauen: **a)** errichten, **b)** herstellen: **~ in(to)** einbauen (in *Akk*) **2. ~ up** Gelände bebauen **3. ~ up** Geschäft *etc* aufbauen: **~ up a reputation** sich e-n Namen machen **4. ~ up** *j-n* (*in der Presse etc*) aufbauen **5. ~ one's hope on** s-e Hoffnung setzen auf (*Akk*) II *v/i* (*unreg*) **6.** bauen: *be ~ing* im Bau sein **7.** *fig* bauen (*on* auf *Akk*) III *s* **8.** Körperbau *m*, Statur *f* **'build·er** *s* **1.** Erbauer(in) **2.** Bauunternehmer(in)

▶**build·ing** ['bɪldɪŋ] I *s* **1.** Bauwesen *n* **2.** Gebäude *n*, Bau(werk *n*) *m* II *Adj* **3.** Bau…: **~ contractor → builder** 2; **~ freeze** Baustopp *m*; **~ industry** Baugewerbe *n*, -wirtschaft *f*; **~ site** Baustelle *f*; **~ society** *Br* Bausparkasse *f*

built [bɪlt] *Prät u. Part Perf von* **build** '**~-'in** *Adj* eingebaut, Einbau… '**~-'up** *Adj*: **~ area** bebautes Gelände *od* Gebiet; (*Verkehr*) geschlossene Ortschaft

▶**bulb** [bʌlb] *s* **1.** BOT Knolle *f*, Zwiebel *f* **2.** ELEK Glühbirne *f* **'bulb·ous** *Adj* knollenförmig: **~ nose** Knollennase *f*

Bul·gar·i·an [bʌl'geərɪən] I *s* **1.** Bulgare *m*, Bulgarin *f* **2.** LING Bulgarisch *n* II *Adj* **3.** bulgarisch

bulge [bʌldʒ] I *s* **1.** (Aus)Bauchung *f*, Ausbuchtung *f* **2.** *fig* (rapide) Zunahme II *v/i* **3.** *a.* **~ out** sich (aus)bauchen,

hervorquellen (*a. Augen*) III *v/t* **4.** *Backen* aufblähen **5.** *Taschen etc* voll stopfen (**with** mit)

bu·lim·i·a [buː'lɪmɪə] *s* MED Bulimie *f*

bulk [bʌlk] *s* **1.** Umfang *m*, Größe *f*, Masse *f* **2.** Großteil *m*, Mehrheit *f* **3.** *in ~* WIRTSCH lose, unverpackt; en gros **'bulk·y** *Adj* **1.** massig **2.** unhandlich, sperrig: **~ refuse** Sperrmüll *m*

▶**bull** [bʊl] I *s* **1.** ZOOL Bulle *m*, (Zucht-) Stier *m*: **take the ~ by the horns** *fig* den Stier bei den Hörnern packen; *like a ~ in a china shop* wie ein Elefant im Porzellanladen; **→ shoot** 5a **2.** WIRTSCH Haussespekulant(in) II *v/i* **3.** WIRTSCH auf Hausse spekulieren '**~-dog** *s* ZOOL Bulldogge *f* '**~-doze** *v/t* **1.** planieren **2.** F einschüchtern; zwingen (**into doing** zu tun) '**~-doz·er** *s* TECH Bulldozer *m*, Planierraupe *f*

bul·let ['bʊlɪt] *s* (Gewehr-, Pistolen)Kugel *f*

bul·le·tin ['bʊlətɪn] *s* **1.** Bulletin *n*: **a)** Tagesbericht *m*, **b)** MED Krankenbericht *m*, **c)** offizielle Bekanntmachung: **~ board** *Am* schwarzes Brett **2.** Mitteilungsblatt *n*

'**bul·let|·proof** *Adj* kugelsicher: **~ glass** Panzerglas *n* **~ wound** *s* Schusswunde *f*, -verletzung *f*

'**bull·fight** *s* Stierkampf *m* '**~,fight·er** *s* Stierkämpfer(in)

bul·lion ['bʊljən] *s* Barren *m*

bull·ish ['bʊlɪʃ] *Adj* WIRTSCH Hausse…

bull·ock ['bʊlək] *s* ZOOL Ochse *m*

'**bull·ring** *s* Stierkampfarena *f*

bull's-eye ['bʊlzaɪ] *s* **1.** ARCHI, SCHIFF Bullauge *n* **2.** Zentrum *n*, das Schwarze (*e-r Zielscheibe*): **hit the ~** ins Schwarze treffen (*a. fig*)

'**bull·shit** *s* V Scheiß *m*: **talk ~** Scheiß reden **~ ter·ri·er** *s* ZOOL Bullterrier *m*

bul·ly ['bʊlɪ] I *s* brutaler *od* tyrannischer Kerl *m* II *v/t* tyrannisieren, schikanieren, *Kollegen* mobben: **~ about** (*od* **around**) *j-n* herumkommandieren III *Adj u. Interj* F prima: **~ for you!** na und?; *iron* gratuliere!

bul·wark ['bʊlwək] *s* Bollwerk *n*

bum¹ [bʌm] *s bes Br* F Hintern *m*

bum² [-] *bes Am* F I *s* **1.** Gammler(in); Tippelbruder *m*, -schwester *f* **2.** Schnorrer(in), Nassauer(in) **3.** Sauerkraut *m* II *v/i* **4.** *mst* **~ about** (*od* **around**) he-

rumgammeln **5.** schnorren, nassauern (*off* bei) **6.** tippeln (*through* durch) **III** *Adj* **7.** mies; kaputt

bum·ble·bee ['bʌmblbi:] *s* Hummel *f*

bump [bʌmp] **I** *v/t* **1.** (heftig) stoßen **2.** mit *etw* rennen (*against* gegen), *etw* rammen, auf *ein Auto* auffahren **3.** ~ *off* umlegen (*umbringen*) **II** *v/i* **4.** (*against*, *into*) stoßen, prallen (gegen, an *Akk*), zs.-stoßen (mit): ~ *into* fig j-n zufällig treffen **5.** rumpeln, holpern (*Fahrzeug*) **III** *s* **6.** heftiger Ruck od Stoß **7.** Beule *f* **8.** Unebenheit *f*

bump·er¹ ['bʌmpə] **I** *s* etw Riesiges **II** *Adj* riesig: ~ *crop* Rekordernte *f*

bump·er² [-] *s* **1.** MOT Stoßstange *f* **2.** BAHN etc *Am* Puffer *m*

bump·er| car *s* (Auto)Skooter *m* ~ **stick·er** *s* Autoaufkleber *m*

bump·kin ['bʌmpkɪn] *s a.* **country** ~ *pej* Bauer *m*, Provinzler(in)

bump| start *s Br* Anschieben *n* '~**-start** *v/t Br Auto* anschieben

bump·tious ['bʌmpʃəs] *Adj* F aufgeblasen, wichtigtuerisch

bump·y ['bʌmpɪ] *Adj* **1.** holp(e)rig, uneben **2.** unruhig (*Flug*)

bun [bʌn] *s* **1.** süßes Brötchen: **she has a** ~ **in the oven** F bei ihr ist was unterwegs **2.** (Haar)Knoten *m*

bunch [bʌntʃ] *s* **1.** Bündel *n*, Bund *n*: ~ **of flowers** Blumenstrauß *m*; ~ **of grapes** Weintraube *f*; ~ **of keys** Schlüsselbund *m*, *-n* **2.** F Verein *m*, Haufen *m* **II** *v/t* **3.** *a.* ~ *up* bündeln **III** *v/i* **4.** *oft* ~ *up* (*od together*) Grüppchen *od* Haufen bilden

bun·combe *bes Am* → *bunkum*

bun·dle ['bʌndl] **I** *s* **1.** Bündel *n*, Bund *n* **2.** F (*Energie*, *Nerven- etc*)Bündel *n* **II** *v/t* **3.** *oft* ~ *up* bündeln **4.** stopfen (*into* in *Akk*) **5.** *mst* ~ *off* eilig od ohne viel Federlesens fortschaffen **III** *v/i* **6.** *mst* ~ *off* sich packen od eilig davonmachen

bung [bʌŋ] **I** *s* **1. a)** Spund(zapfen) *m*, **b)** → *bunghole* **II** *v/t* **2.** *Fass* verspunden **3.** *mst* ~ *up* F Öffnung etc verstopfen: **my nose is** ~*ed up* m-e Nase ist zu

bun·ga·low ['bʌŋgələʊ] *s* Bungalow *m*

bun·gee jump·ing ['bʌndʒɪ-] *s* Bungeejumping *n*

'**bung·hole** *s* Spundloch *n*

bun·gle ['bʌŋgl] **I** *v/i* pfuschen **II** *v/t* verpfuschen **III** *s* Pfusch(arbeit *f*) *m*

'**bun·gler** *s* Pfuscher(in) '**bun·gling** *Adj* stümperhaft

bunk¹ [bʌŋk] *s* SCHIFF Koje *f*

bunk² [-] F → *bunkum*

bunk³ [-] *s*: **do a** ~ *Br* F verduften, türmen

bunk bed *s* Etagenbett *n*

bunk·er ['bʌŋkə] *s* SCHIFF, MIL Bunker *m*

bun·kum ['bʌŋkəm] *s* Blödsinn *m*, Gewäsch *n*

bun·ny ['bʌnɪ] *s* Häschen *n* (*a.* F *attraktives Mädchen*)

buoy [bɔɪ] **I** *s* **1.** SCHIFF Boje *f*, Bake *f* **2.** Rettungsring *m* **II** *v/t* **3.** *mst* ~ *up* fig Auftrieb geben (*Dat*)

buoy·an·cy ['bɔɪənsɪ] *s* **1.** PHYS Schwimm-, Tragkraft *f* **2.** FLUG Auftrieb *m* **3.** fig Spannkraft *f*; Schwung *m* '**buoy·ant** *Adj* **1.** federnd (*Schritt*) **2.** schwungvoll, beschwingt **3.** WIRTSCH fest (*Markt*, *Preis*), (*Handel*)

bur [bɜː] *s* BOT Klette *f* (*a. fig*)

bur·den ['bɜːdn] **I** *s* Last *f*, fig *a.* Bürde *f*: ~ *of proof* JUR Beweislast; **be a** ~ **to** (*od on*) *s.o.* j-m zur Last fallen **II** *v/t* belasten (*a. fig*): ~ *s.o. with s.th.* j-m etw aufbürden

bur·den·some ['bɜːdnsəm] *Adj* lästig, beschwerlich

bu·reau ['bjʊərəʊ] *Pl* **-reaus**, **-reaux** ['-rəʊz] *s* **1.** *Br* Schreibtisch *m*, *-pult n* **2.** *Am* (*bes* Spiegel)Kommode *f* **3.** Büro *n* **4.** Auskunfts- *od* Vermittlungsstelle *f* **bu·reauc·ra·cy** [-'rɒkrəsɪ] *s* Bürokratie *f* **bu·reau·crat** ['-kræt] *s* Bürokrat(in) '**bu·reau'crat·ic** *Adj* (~*ally*) bürokratisch **bu·reauc·ra·tize** ['-rɒkrətaɪz] *v/t* bürokratisieren

burg·er ['bɜːgə] *s* GASTR Hamburger *m*

▸**bur·glar** ['bɜːglə] *s* Einbrecher(in): **we had** ~*s* bei uns wurde eingebrochen; ~ *alarm* Alarmanlage *f* **bur·glar·ize** ['-raɪz] *Am* → *burgle*

'**bur·glar·proof** *Adj* einbruch(s)sicher **bur·gla·ry** ['bɜːglərɪ] *s* Einbruch *m* **bur·gle** ['bɜːgl] *v/t u. v/i* einbrechen (in *Akk od Dat*): **he was** ~*d* bei ihm wurde eingebrochen

bur·i·al ['berɪəl] *s* Begräbnis *n*, Beerdigung *f* ~ *ground* *s* Friedhof *m* ~ *place* *s* Grabstätte *f* ~ *ser·vice* *s* Trauerfeier *f*

bur·lesque [bɜː'lesk] **I** *Adj* burlesk, possenhaft **II** *s* Burleske *f*, Posse *f*

B

bur·ly [ˈbɜːlɪ] *Adj* stämmig

Bur·ma [ˈbɜːmə] *Eigenn* Birma *n*

▸ **burn** [bɜːn] **I** *s* **1.** verbrannte Stelle **2.** MED Verbrennung *f*, Brandwunde *f* **II** *v/i* (*a. unreg*) **3.** *allg* brennen (*Feuer, Licht, Haus, Wunde etc*): ~ **down** ab-, niederbrennen **4.** *fig* brennen (**with** vor *Dat*): ~ **ing with anger** wutentbrannt; *be* ~**ing to do s.th.** darauf brennen, etw zu tun **5.** ver-, anbrennen (*Speise etc*) **III** *v/t* (*a. unreg*) **6.** verbrennen: ~ **down** ab-, niederbrennen; *his house was* ~**t** sein Haus brannte ab; *be* ~**t to death** verbrennen; ~ *boat* 1, *bridge*¹ 1, *candle* 7. verbrennen, -sengen, *Speise* anbrennen (lassen): ~ *one's fingers* sich die Finger verbrennen (*a. fig*) **8.** *Ziegel, Porzellan etc* brennen

'burn·er *s* Brenner *m* (*Person u. Gerät*)

'burn·ing *Adj* brennend (*a. fig*): *take a* ~ *interest in* brennend interessiert sein an (*Dat*): ~ *sensation* MED Brennen *n*

bur·nish [ˈbɜːnɪʃ] *v/t* polieren

burnt [bɜːnt] **I** *Prät u. Part Perf von* **burn II** *Adj*: ~ *almonds Pl* gebrannte Mandeln *Pl*

burp [bɜːp] F **I** *v/i* rülpsen, aufstoßen, (*Baby*) ein Bäuerchen machen **II** *s* Rülpser *m*, Bäuerchen *n*

burr → *bur*

▸ **bur·row** [ˈbʌrəʊ] **I** *s* (*Fuchs- etc*)Bau *m* **II** *v/i* (*into*) sich eingraben (in *Akk*); *fig* sich vertiefen (in *Akk*)

▸ **burst** [bɜːst] **I** *v/i* (*unreg*) **1.** bersten (*Eis etc*), (zer)platzen (*Luftballon etc*): ~ (*open*) aufplatzen (*Wunde etc*), aufspringen (*Tür etc*); → *seam* 1 **2.** explodieren **3.** *fig* ausbrechen (*into* in *Akk*): ~ *into tears* in Tränen ausbrechen; ~ *into flame(s)* in Flammen aufgehen **4.** ~ *out fig* herausplatzen **5.** ~ *with* zum Bersten voll sein von; *fig* strotzen vor (*Dat*) od von; *fig* platzen vor (*Dat*) **6.** ~ *in* (*out*) herein- (hinaus)stürmen; ~ *into sight* (*od view*) plötzlich sichtbar werden **II** *v/t* (*unreg*) **7.** (auf)sprengen, zum Platzen bringen: ~ *open* aufbrechen (*the car* ~ *a tire* (*bes Br tyre*) ein Reifen am Wagen platzte **III** *s* **8.** Bersten *n*, Platzen *n* **9.** Explosion *f* **10.** *fig* Ausbruch *m*: ~ *of applause* Beifallssturm *m*; ~ *of laughter* Lachsalve *f* **11.** *a.* ~ *of fire* Feuerstoß *m*, Salve *f*

▸ **bur·y** [ˈberɪ] *v/t* **1.** begraben: **a)** beerdigen, **b)** verschütten, **c)** *Streit etc* vergessen: ~ *o.s. in* sich vertiefen in (*Akk*); *buried in thought* gedankenversunken **2.** ver-, eingraben, ELEK, TECH in die Erde verlegen: → *hatchet*

▸ **bus** [bʌs] *Pl* -(*s*)*es s* (Omni-, Auto)Bus: → *miss*² 1 ~ *boy s bes Am* Hilfskellner *m*, Abräumer *m*

▸ **bush**¹ [bʊʃ] *s* **1.** Busch *m*, Strauch *m*: *beat about* (*od around*) *the* ~ *fig* wie die Katze um den heißen Brei herumgehen, um die Sache herumreden **2.** Gebüsch *n* **3.** Busch *n*; Waldland *n*

bush² [-] *s* TECH Buchse *f*

bush·el [ˈbʊʃl] *s* Bushel *m*, Scheffel *m* (*Br 36, 37 l, Am 35, 24 l*): → *light*¹ 1d

bush·y [ˈbʊʃɪ] *Adj* buschig

▸ **busi·ness** [ˈbɪznəs] *s* **1.** Geschäft *n*, Beruf *m*, Tätigkeit *f*: *on* ~ geschäftlich, beruflich **2.** WIRTSCH Geschäft(sgang *m*) *n*: *how is* ~? wie gehen die Geschäfte? **3.** WIRTSCH Geschäft *n*, Unternehmen *n* **4.** Arbeit *f*, Beschäftigung *f*: ~ *before pleasure* erst die Arbeit, dann das Vergnügen; → *mix* 2 **5.** Sache *f*, Aufgabe *f*: *make it one's* ~ *to do s.th.* es sich zur Aufgabe machen, etw zu tun **6.** Angelegenheit *f*, Sache *f*: *get down to* ~ zur Sache kommen; *that's none of your* ~ das geht Sie nichts an; *send s.o. about his* ~ j-m heimleuchten; ~ *mean*³ 1, *mind* 8 **7.** Anlass *m*, Berechtigung *f*: *have no* ~ *doing* (*od to do*) *s.th.* kein Recht haben, etw zu tun **8.** Geschäft *n* (*Notdurft*): *do one's* ~ sein Geschäft erledigen *od* machen ~ *ad·dress s* Geschäftsadresse *f* ~ *hours s Pl* Geschäftsstunden *Pl*, -zeit *f*: *after* ~ nach Geschäftsschluss ~ *let·ter s* Geschäftsbrief *m* ¹~**·like** *Adj* sachlich, nüchtern ~ *lunch s* Geschäftsessen *n*

▸ **busi·ness·man** [ˈbɪznəsmæn] *s* (*unreg man*) Geschäftsmann *m* ¹~**·,peo·ple** *s Pl* Geschäftsleute *Pl* ~ *trip s* Geschäftsreise *f*

▸ **busi·ness·wom·an** [ˈbɪznəs,wʊmən] *s* (*unreg woman*) Geschäftsfrau *f* ~ *year s* WIRTSCH Geschäftsjahr *n*

bus·ker [ˈbʌskə] *s Br* Straßenmusikant(in); -sänger(in)

bus| *lane s* Busspur *f* ~**·man** [-mən] *s* (*unreg man*) (Omni)Busfahrer *m*: ~*'s*

holiday Urlaub, der mit der üblichen Berufsarbeit verbracht wird ~ **ser·vice** s Busverbindung f ~ **shelt·er** s Wartehäuschen n

▶ **bus stop** ['bʌsstɒp] s Bushaltestelle f

bust¹ [bʌst] s Büste f

bust² [_] F I v/i (a. unreg) **1.** kaputtgehen **2.** Pleite gehen II v/t (a. unreg) **3.** kaputtmachen III s **4.** Pleite f, a. weit. S. Reinfall m IV Adj **5.** kaputt **6.** pleite: **go ~** → 2

bus·tle ['bʌsl] I v/i **1.** a. ~ **about** (od **around**) geschäftig hin u. her eilen **2.** sich beeilen; eilen, hasten **3. the streets were bustling with activity** auf den Straßen herrschte geschäftiges Treiben II s **4.** Geschäftigkeit f; geschäftiges Treiben '**bus·tling** Adj **1.** geschäftig **2.** belebt (Straße etc)

▶ **bus·y** ['bɪzɪ] I Adj **1.** beschäftigt: **be ~ doing s.th.** damit beschäftigt sein, etw zu tun **2.** geschäftig, fleißig: **get ~!** an die Arbeit!; → **bee 3.** Straße etc: belebt; verkehrsreich **4.** arbeitsreich (Tag etc) **5.** übereifrig, aufdringlich **6.** TEL bes Am besetzt: **~ signal** Besetztzeichen n II v/t **7.** (o.s. with) beschäftigen (mit): ~ **o.s. doing s.th.** sich damit beschäftigen, etw zu tun '~**,bod·y** s j-d, der sich in alles einmischt

▶ **but** [bʌt] I Konj **1.** aber, jedoch: ~ **then** (**again**) and(e)rerseits **2.** sondern: **not only ... ~ also** nicht nur ..., sondern auch **3.** als, außer: ~ **for** ohne; ~ **for my parents** wenn m-e Eltern nicht (gewesen) wären II Präp **4.** außer: **nothing ~** nichts als, nur; **the last ~ one** (**two**) der Vorletzte (Drittletzte); → **anything** 2 **5. all ~** fast, beinahe **III** s **6. no ~ about it** kein Aber; → **if** 4

bu·tane ['bju:teɪn] s CHEM Butan n

▶ **butch·er** ['bʊtʃə] I s **1.** Fleischer(in), Metzger(in), österr. Fleischhauer(in): **at the ~'s** beim Fleischer II v/t **2.** schlachten **3.** abschlachten, niedermetzeln '**butch·er·y** s **1.** Fleischer-, Metzgerhandwerk n **2.** Gemetzel n

but·ler ['bʌtlə] s Butler m

butt [bʌt] I s **1.** (Gewehr- etc)Kolben m **2.** (Zigarren-, Zigaretten-, Kerzen-)Stummel m, (Zigaretten)Kippe f **3.** fig Zielscheibe f **4.** Kopfstoß m; Stoß mit den Hörnern II v/t **5.** j-m e-n Kopfstoß od e-n Stoß mit den Hörnern versetzen **6.**

Zigarre, Zigarette ausdrücken III v/i **7.** ~ **in** F sich einmischen: ~ **in on, ~ into** sich einmischen in (Akk)

▶ **but·ter** ['bʌtə] I s **1.** Butter f: **he looks as if ~ would not melt in his mouth** er sieht aus, als könnte er nicht bis drei zählen od als könnte er kein Wässerchen trüben II v/t **2.** mit Butter bestreichen **3.** ~ **up** F j-m schöntun, j-m Honig ums Maul schmieren ~ **dish** s Butterdose f, -schale f '~**,fin·gered** Adj F tollpatschig '~**,fin·gers** Pl ~**,fin·gers** s F Tollpatsch m

▶ **but·ter·fly** ['bʌtəflaɪ] s **1.** ZOOL Schmetterling m: **have butterflies in one's stomach** F ein flaues Gefühl in der Magengegend haben **2.** a. ~ **stroke** (Schwimmen) Schmetterlingsstil m '~**·milk** s Buttermilch f ~ **mountain** s Butterberg m

but·tock ['bʌtək] s ANAT Gesäßbacke f: ~**s** Pl Gesäß n

▶ **but·ton** ['bʌtn] I s **1.** (Kleider-, a. Klingel- etc)Knopf m **2.** (Ansteck)Plakette f, Abzeichen n **3.** ~**s** Sg bes Br F Hotelpage m II v/t **4.** mst ~ **up** zuknöpfen: ~**ed up** F zugeknöpft, zurückhaltend III v/i **5.** hinten etc geknöpft werden '~**·hole** s **1.** Knopfloch n **2.** bes Br Blume f im Knopfloch ~ **mush·room** s Champignon m

but·tress ['bʌtrɪs] I s **1.** ARCHI Strebe-, Stützpfeiler m **2.** fig Stütze f II v/t a. ~ **up 3.** stützen **4.** fig (unter)stützen

bux·om ['bʌksəm] Adj drall

▶ **buy** [baɪ] I s **1.** F Kauf m: **a good ~** II v/t (unreg) **2.** (ein)kaufen (of, from von; at bei): ~ **s.th. from s.o.** j-m etw abkaufen **3.** Fahrkarte etc lösen **4.** fig Sieg etc erkaufen (**with** mit): **dearly bought** teuer erkauft **5.** j-n kaufen, bestechen **6.** bes Am F etw glauben: **I won't ~ that!** das kauf ich dir etc nicht ab!

Verbindungen mit Adverbien:

buy| back v/t zurückkaufen ~ **in** v/t sich eindecken mit ~ **off** → **buy** 5 ~ **out** v/t Teilhaber etc abfinden, auszahlen ~ **up** v/t aufkaufen

buy·er ['baɪə] s Käufer(in)

buzz [bʌz] I v/i summen, surren, schwirren: ~ **off** F (mst Imp) abschwirren, abhauen; ~ **for** → II a II v/t **a)** j-n mit dem Summer rufen, **b)** TEL F j-n anrufen

buz·zard ['bʌzəd] s ORN Bussard m

buzz·er [ˈbʌzə] s ELEK Summer m
'buzz·word s Modewort n
▸**by** [baɪ] **I** *Präp* *örtlich*: (nahe *od* dicht) bei *od* an (*Dat*), neben (*Dat*): **side ~ side** Seite an Seite **2.** vorbei *od* vorüber an (*Dat*), an (*Dat*) … entlang **3.** *Verkehrsmittel*: per, mit: → **air¹** 1, *etc* **4.** *zeitlich*: bis um *od* spätestens: **be here ~ 4.30** sei um 4 Uhr 30 hier; → **now** 1 **5.** *Tageszeit*: während, bei: → **day** 1, *etc* **6.** nach, …weise: **sold ~ the yard** yardweise verkauft; → **hour** 1, *etc* **7.** nach, gemäß: **it is ten ~ my watch** nach *od* auf m-r Uhr ist es zehn **8.** von: → **nature** 2, **trade** 4 **9.** *Urheberschaft*: von, durch: **a play ~ Shaw** ein Stück von Shaw; → **force** 1, 3, 4 **11.** *Größenverhältnisse*: um: (**too**) **short ~ an inch** um e-n Zoll zu kurz **12.** MATHE **a)** mal: **3 ~ 4**; **the size is 9 feet ~ 6** die Größe ist 9 auf 6 (*od* 9 x 6) Fuß; → **multiply** 2, **b)** durch: **6 ~ 2**; → **divide** 4, 6 **13.** an (*Dat*), bei: → **root¹**, *etc* **II** *Adv* **14.** nahe: **~ and large** im Großen u. Ganzen; **~ and ~** bald, demnächst; nach u. nach; →

close 9, hard 13 **15.** vorbei, vorüber: → **go by**, *etc* **16.** beiseite: → **put by**, *etc*
by(e)… Neben…, Seiten…
▸**bye** [baɪ] → **bye-bye** II
▸**bye-bye I** s [ˈbaɪbaɪ]: **go to ~(s)** in die Heia gehen; einschlafen **II** *Interj* [ˌbaɪˈbaɪ] F Wiedersehen!, tschüss!, österr. servus!; TEL Wiederhören!
'by|-ef‚fect s Nebenwirkung f **'~·e‚lec·tion** s Nachwahl f
Bye-lo·rus·sian [bɪeləʊˈrʌʃn] **I** *Adj* weißrussisch **II** s Weißrusse m, -russin f
by|·gone I *Adj* vergangen **II** s: **let ~s be ~s** lass(t) das Vergangene ruhen **'~·law** s *bes Br* Ortsstatut n, städtische Verordnung **'~·pass** s **1.** Umleitung f, Umgehungsstraße f **2.** MED Bypass m: **~ op·er·a·tion** Bypassoperation f **'~·prod·uct** s Nebenprodukt n (a. fig) **'~·road** s Seiten-, Nebenstraße f **'~·stand·er** s Umstehende m, f, Zuschauer(in)
byte [baɪt] s IT Byte n
'by|·way → **byroad** **'~·word** s Inbegriff m (**for** *Gen*): **be a ~ for** stehen für, gleichbedeutend sein mit

C

C [siː] *Pl* **C's** s C n
cab [kæb] s **1.** Taxi n, Taxe f **2.** BAHN Führerstand m; Fahrerhaus n (*e-s Lastkraftwagens*), (*a. e-s Krans*) Führerhaus n
cab·a·ret [ˈkæbəreɪ] s a. **~ show** Varieteedarbietungen *Pl* (*in e-m Restaurant od Nachtklub*)
▸**cab·bage** [ˈkæbɪdʒ] s BOT Kohl m
cab·bie, **cab·by** [ˈkæbɪ] s *bes Am* F Taxifahrer(in)
'cab‚driv·er s *bes Am* Taxifahrer(in)
cab·in [ˈkæbɪn] s **1.** Häuschen n, Hütte f **2.** SCHIFF Kabine f, Kajüte f **3.** FLUG Kabine f (*a. e-r Seilbahn etc*) **~ class** s SCHIFF Kabinen-, Kajütsklasse f **~ crew** s FLUG Kabinenpersonal n **~ cruis·er** s SCHIFF Kabinenkreuzer m **~ lug·gage** s FLUG Handgepäck n, Kabinengepäck m

cab·i·net [ˈkæbɪnɪt] s **1.** *oft* 2 POL Kabinett n **2.** Vitrine f **3.** (*Büro-, Karteietc*)Schrank m **4.** (*Radio- etc*)Gehäuse n
▸**ca·ble** [ˈkeɪbl] **I** s **1.** Kabel n (a. ELEK), (Draht)Seil n **2.** (Übersee)Telegramm n **II** v/t **3.** TV: *Gegend etc* verkabeln **4.** *j-m etw* telegrafieren; *j-n* telegrafisch benachrichtigen **5.** *j-m Geld* telegrafisch an- *od* überweisen **III** v/i **6.** telegrafieren **~ car** s Seilbahn: Kabine f; Wagen m **~ chan·nel** s TV Kabelkanal m
ca·ble tel·e·vi·sion s Kabelfernsehen n
cab·man [ˈkæbmən] s (*unreg* **man**) Taxifahrer m
ca·boo·dle [kəˈbuːdl] s: **the whole ~** F die ganze Chose
ca·boose [kəˈbuːs] s SCHIFF Kombüse f
cab rank s *Br* Taxistand m

cab·ri·o·let ['kæbrɪəleɪ] s MOT Cabrio(let) n, Kabrio(lett) n

'cab·stand s Am Taxistand m

cache [kæʃ] **I** s **1.** Versteck n, geheimes Lager n. COMPUTER Cache-Speicher m **II** v/t verstecken

cack·le ['kækl] **I** v/i gackern (Huhn), schnattern (Gans), fig a. gackernd lachen **II** s Gegacker n, Geschnatter n, fig a. gackerndes Lachen

cac·tus ['kæktəs] Pl **-ti** ['-taɪ], **-tus·es** s BOT Kaktus m

CAD [kæd] Abk (= **computer-aided design**) CAD n (computerunterstütztes Konstruieren)

ca·dav·er·ous [kə'dævərəs] Adj leichenblass

cad·die ['kædɪ] s Golf: Caddie m (Schlägerträger)

cad·dy ['kædɪ] s (bes Tee)Büchse f, (-) Dose f

ca·dence ['keɪdəns] s **1.** (Vers-, Sprech-) Rhythmus m **2.** MUS Kadenz f

ca·det [kə'det] s **1.** MIL Kadett m **2.** (Polizei- etc)Schüler(in): **~ nurse** Schwesternschülerin f

cadge [kædʒ] v/t u. v/i schnorren (**from** bei): **'cadg·er** s Schnorrer(in)

cad·mi·um ['kædmɪəm] s CHEM Kadmium n

cad·re ['kɑːdə] s WIRTSCH, MIL, POL Kader m

Cae·sar·e·an, a. ↓ [siː'zeərɪən] **I** Adj: **~ section** → II **II** s MED Kaiserschnitt m

ca·fé ['kæfeɪ] s **1.** Café n **2.** Restaurant n **3.** Am Kneipe f; Nachtklub m

caf·e·te·ri·a [ˌkæfɪ'tɪərɪə] s Cafeteria f

caf·feine ['kæfiːn] s CHEM Koffein n

cage [keɪdʒ] **I** s **1.** Käfig m **2.** Kabine f (e-s Aufzugs): BERGB Förderkorb m **II** v/t **3.** in e-n Käfig sperren, einsperren

cage·y ['keɪdʒɪ] Adj F **1.** verschlossen **2.** vorsichtig **3.** Am gerissen, schlau

ca·goule [kə'guːl] s Windhemd n

cairn [keən] s Steinpyramide f (zur Grenzmarkierung)

ca·jole [kə'dʒəʊl] v/t **1.** j-m schmeicheln **2.** j-n beschwatzen (**into doing** zu tun): **~ s.th. out of s.o.** j-m etw abbetteln

▸**cake** [keɪk] **I** s **1.** Kuchen m, Torte f: **go** (od **sell**) **like hot ~s** weggehen wie die warmen Semmeln; **you can't have your ~ and eat it** du kannst nur eines von beiden od haben; → **piece** 1 **2.** Tafel f Schokolade, Riegel m Seife **II** v/t **3.** klumpen

ca·lam·i·tous [kə'læmɪtəs] Adj verheerend, katastrophal **ca'lam·i·ty** s **1.** Katastrophe f: **~ howler** bes Am Schwarzseher(in), Panikmacher(in) **2.** Elend n, Misere f

cal·ci·fy ['kælsɪfaɪ] v/t u. v/i verkalken **'cal·ci·um** [-sɪəm] s CHEM Kalzium n

cal·cu·la·ble ['kælkjʊləbl] Adj **1.** berechen-, kalkulierbar: **~ risk** kalkulierbares Risiko **2.** verlässlich **cal·cu·late** ['-leɪt] **I** v/t **1.** be-, ausrechnen: **~** damit rechnen, dass **2.** Preise, Entfernung etc kalkulieren, Chancen etc abwägen **3.** Am F vermuten, glauben (**that** dass) **II** v/i **4. ~ on** rechnen mit od auf (Akk), zählen od sich verlassen auf (Akk) **cal·cu·lat·ed** Adj **1.** gewollt, beabsichtigt, (Indiskretion) gezielt, (Beleidigung) bewusst, (Risiko) kalkuliert **2.** gedacht, bestimmt (**for** für; **to do** zu tun): **it was ~ to impress** es sollte Eindruck machen **'cal·cu·lat·ing** Adj **1.** (kühl) überlegend; berechnend **2.** Rechen...: **~ machine** ˌcal·cu·la·tion s **1.** Berechnung f (a. fig), Ausrechnung f: **be out in one's ~** sich verrechnet haben **2.** Kalkulation f **3.** Überlegung f: **after much ~** nach reiflicher Überlegung **'cal·cu·la·tor** s Rechner m (Gerät) **cal·cu·lus** ['-ləs] Pl **-li** ['-laɪ], **-lus·es** s MATHE Rechnungsart f (Differenzial- etc)Rechnung f: **~ of probabilities** Wahrscheinlichkeitsrechnung f

Cal·e·do·ni·a [ˌkælɪ'dəʊnjə] Eigenn Kaledonien n (poet für Schottland)

cal·en·dar ['kælɪndə] s **1.** (eng. S. Termin)Kalender m, fig a. Zeitrechnung f **2.** Liste f, Register n

▸**calf¹** [kɑːf] Pl **calves** [kɑːvz] s **1.** Kalb n **2.** Kalb(s)leder n

calf² [-] Pl **calves** [-] s ANAT Wade f

calf love s F jugendliche Schwärmerei **'~-skin** → **calf¹** 2

cal·i·ber Am → **calibre cal·i·brate** ['kælɪbreɪt] v/t für TECH kalibrieren, eichen **cal·i·bre** ['-bə] s Kaliber n, fig a. Format n (e-s Menschen)

▸**call** [kɔːl] **I** s **1.** Ruf m (**for** nach): **call for help** Hilferuf f **2.** TEL Anruf m: **give s.o. a call** j-n anrufen; **make a call** telefonieren **3.** (Lock)Ruf m (e-s Tiers) **4.** fig Ruf m (der Natur etc) **5.** Berufung

f (**to** auf *e-n* Lehrstuhl, an *e-e* Universität, in *ein* Amt) **6.** Aufruf *m*: **make a call for s.th.** zu etw aufrufen **7.** THEAT Herausruf *m*, Vorhang *m* **8.** (kurzer) Besuch (**on s.o.**, **at s.o.'s** [*house*] bei j-m): **make** (*od* **pay**) **a call on s.o.** j-n besuchen, j-m e-n Besuch abstatten **9.** WIRTSCH Zahlungsaufforderung *f*; Abruf *m*, Kündigung *f* (*von Geldern*) **II** *v/t* **10.** *j-n* (herbei)rufen, Arzt etc kommen lassen: → **attention**; bei 1 **11.** zu *e-m* Streik etc aufrufen **12.** Versammlung etc einberufen **13.** *j-n* wecken **14.** TEL anrufen **15.** *j-n* berufen (**to** → 5) **16.** *j-n*, *etw* nennen: ▸ **be called** heißen; → **spade¹ 17.** nennen, bezeichnen (als): **what do you call this?** wie nennt man *od* heißt das? **18.** nennen, finden, halten für: **I call that stupid 19.** *j-n* etc schimpfen: **he called me a fool III** *v/i* **20.** rufen (*a. fig* Pflicht etc): **call for** um Hilfe rufen; nach *j-m*, *etw* rufen; *fig* erfordern **21.** e-n (kurzen) Besuch machen (**on s.o.**, **at s.o.'s** [*house*] bei j-m): **call on s.o.** j-n besuchen, j-m e-n Besuch abstatten; **call for** etw anfordern; *j-n*, *etw* abholen **22. call on** sich wenden an (*Akk*) (**for s.th.** um etw, wegen e-r Sache); *j-n* bitten (**to do** zu tun) **23. call at** SCHIFF anlegen in (*Dat*), Hafen anlaufen; BAHN halten in (*Dat*); FLUG Flughafen anfliegen **24.** anrufen, telefonieren

Verbindungen mit Adverbien:

call| **a·way** *v/t* **1.** wegrufen (**from** von) **2.** Gedanken etc ablenken (**from** von) ~ **back I** *v/t* **1.** *a.* TEL zurückrufen **2.** defekte Autos etc (in die Werkstatt) zurückrufen **II** *v/i* **3.** *a.* TEL zurückrufen **4.** noch einmal vorbeikommen ~ **down** *v/t* **1.** Segen etc herabflehen, -rufen **2.** sich *j-s* Zorn zuziehen **3.** *Am F* zs.-stauchen (**for** wegen) ~ **forth** *v/t* Fähigkeiten etc hervorrufen, auslösen, Fähigkeiten etc wachrufen, wecken ~ **in I** *v/t* **1.** hinein-, hereinrufen **2.** Arzt etc (hin)zuziehen, zurate ziehen **3.** Schulden einfordern, Forderungen etc einziehen **II** *v/i* **4.** (kurz) vorbeischauen (**on s.o.**, **at s.o.'s** [*house*] bei j-m) ~ **off** *v/i* **1.** *j-n* (von s-m Posten) abberufen **2.** Streik etc absagen; abbrechen ~ **out** *v/t* **1.** ausrufen, Namen etc aufrufen **2.** Polizei etc

aufbieten; alarmieren **3.** Fähigkeiten etc wachrufen, wecken **4.** zum Streik aufrufen **II** *v/i* **5.** rufen (**for** um Hilfe) ~ **o·ver** *v/t* Namen, Liste etc verlesen ~ **up** *v/t* **1.** TEL anrufen **2.** Erinnerungen etc wachrufen, wecken **3.** MIL einberufen

'**call**|**·back** *s* Rückruf(aktion *f*) *m* ~ **box** *s Br* Telefonzelle *f*

call·er ['kɔːlə] *s* **1.** Rufer(in) *f* **2.** TEL Anrufer(in) **3.** Besucher(in) **4.** Abholer(in)

call|**·girl** *s* Callgirl *n* '~**·in** *Am* → **phone-in**

call·ing ['kɔːlɪŋ] *s* **1.** Beruf *m* **2.** *bes* REL Berufung *f*: **have a ~ to do s.th.** sich berufen fühlen, etw zu tun ~ **card** *s Am* **1.** Visitenkarte *f* **2.** Telefonkarte *f*

cal·lis·then·ics [ˌkælɪs'θenɪks] *s Pl* Gymnastik *f*

cal·lous ['kæləs] *Adj* **1.** schwielig **2.** *fig* abgestumpft, gefühllos (**to** gegenüber)

'**call-up** *s* MIL Einberufung *f*

cal·lus ['kæləs] *s* Schwiele *f*

'**call wait(ing)** *s* TEL Anklopfen *n*

calm [kɑːm] **I** *s* **1.** Stille *f*, Ruhe *f* (*a. fig*): **the ~ before the storm 2.** Windstille *f* **II** *Adj* **3.** still, ruhig **4.** windstill **5.** *fig* ruhig, gelassen **III** *v/t* **6.** *oft* ~ **down** beruhigen, besänftigen **IV** *v/i oft* ~ **down 7.** sich beruhigen **8.** sich legen (*Sturm, Zorn etc*)

cal·o·rie ['kælərɪ] *s* Kalorie *f* '~**·,con-scious** *Adj* kalorienbewusst

ca·lum·ni·ate [kə'lʌmnɪeɪt] *v/t* verleumden **cal·um·ny** ['kæləmnɪ] *s* Verleumdung *f*

calve [kɑːv] *v/i* kalben

calves [kɑːvz] *Pl von calf¹ u.²*

cam [kæm] *s* TECH Nocken *m*

CAM [kæm] *Abk* (= **computer-aided manufacture**) CAM *n* (*computerunterstütztes Fertigen*)

cam·ber ['kæmbə] **I** *v/t u. v/i* **1.** (sich) wölben **II** *s* **2.** (leichte) Wölbung **3.** MOT Sturz *m*

Cam·bo·dia [kæm'bəʊdɪə] *Eigenn* Kambodscha *n*

cam·cord·er ['kæmkɔːdə] *s* Camcorder *m*, Videokamera *f*

came [keɪm] *Prät von* **come**

cam·el ['kæml] *s* ZOOL Kamel *n*

cam·el's| **hair** ['kæmlz] *s* Kamelhaar *n* '~**·hair** *Adj* Kamelhaar…

▸ **cam·er·a** ['kæmərə] *s* **1.** (*a.* Film-,

Fernseh)Kamera *f*, Fotoapparat *m* **2.** *in* ~ JUR unter Ausschluss der Öffentlichkeit; *fig* geheim '~·**man** *s* (*unreg* **man**) **1.** Kameramann *m* **2.** Pressefotograf *m* '~·**shy** *Adj* kamerascheu '~·**wom·an** *s* (*unreg* **woman**) Kamerafrau *f*

cam·o·mile ['kæməmaɪl] *s* BOT Kamille *f*: ~ **tea** Kamillentee *m*

cam·ou·flage ['kæməflɑːʒ] **I** *s* MIL, ZOOL Tarnung *f*, *fig a.* Verschleierung *f* **II** *v/t* MIL tarnen, *fig a.* verschleiern

▸ **camp¹** [kæmp] **I** *s* **1.** (*Zelt- etc*)Lager *n* (*fig a. Partei*): ~ **bed** (*Am a.* **cot**) Feldbett *n*; Campingliege *f*; ~ **chair** Klappstuhl *m*, Campingstuhl *m* **II** *v/i* **2.** sein Lager aufschlagen, kampieren **3.** *oft* ~ *out* zelten, campen

camp² [_] F **I** *Adj* **1.** künstlich, gewollt; aufgemotzt, THEAT *etc a.* überzogen **2.** tuntenhaft **II** *v/i* **3.** sich tuntenhaft benehmen **III** *v/t* **4.** ~ *it up* **a**) → **3**, **b**) die Sache aufmotzen, THEAT *etc a.* überziehen

cam·paign [kæm'peɪn] **I** *s* **1.** MIL Feldzug *m*, *fig a.* Kampagne *f* **2.** POL Wahlkampf *m*: ~ *pledge* (*od promise*) Wahlversprechen *n* **3.** MIL an e-m Feldzug teilnehmen **4.** *fig* kämpfen (*for* für; *against* gegen) **cam·'paign·er** *s* Kämpfer(in)

camp·er ['kæmpə] *s* **1.** Zeltler(in), Camper(in) **2.** *Am* Wohnanhänger *m*, -wagen *m*; Wohnmobil *n*

'**camp**|·**fire** *s* Lagerfeuer *n*

cam·phor ['kæmfə] *s* CHEM Kampfer *m*: ~ *ball* Mottenkugel *f*

▸ **camp·ing** ['kæmpɪŋ] *s* Camping *n*, Zelten *n*: ~ *ground* (*od site*) → *campsite*

'**camp·site** *s* Campingplatz *m*

cam·pus ['kæmpəs] *s* Campus *m* (*Gesamtanlage e-r Universität, e-s College od e-r Schule*)

'**cam·shaft** *s* TECH Nockenwelle *f*

▸ **can¹** [kæn] *v/hilf* (*unreg*) ich kann *etc*

▸ **can²** [kæn] **I** *s* **1.** (*Blech*)Kanne *f*: **have to carry the** ~ F den Kopf hinhalten müssen (*for* für) **2.** (Blech-, Konserven)Dose *f*, (-)Büchse *f*: ~ *opener* Dosen-, Büchsenöffner *m* **3.** Kanister *m* **4.** *Am* Müll-, Abfalleimer *m*; Müll-, Abfalltonne *f* **II** *v/t* **5.** einmachen, -dosen: → *canned* **1 6.** F (auf Band *etc*) aufnehmen: → *canned*

▸ **Can·a·da** ['kænədə] *Eigenn* Kanada *n*

▸ **Ca·na·di·an** [kə'neɪdjən] **I** *Adj* kanadisch **II** *s* Kanadier(in)

▸ **ca·nal** [kə'næl] *s* Kanal *m*, ANAT *a.* Gang *m*, Röhre *f* **ca·nal·i·za·tion** [ˌkænəlaɪ'zeɪʃn] *s* Kanalisation *f*, Kanalisierung *f* '**ca·nal·ize** *v/t* kanalisieren

can·a·pé ['kænəpeɪ] *s* GASTR Appetit-, Cocktailhappen *m*

ca·nard [kæ'nɑːd] *s* (Zeitungs)Ente *f*, Falschmeldung *f*

ca·nar·y [kə'neərɪ] *s* Kanarienvogel *m*

can·cel ['kænsl] **I** *v/t Prät u. Part Perf* -**celed**, *bes Br* -**celled 1.** (durch-, aus-)streichen **2.** *Erlaubnis etc* widerrufen, *Beschluss etc* rückgängig machen, *Abonnement etc* kündigen, *Auftrag etc* stornieren **3.** *Verabredung etc* absagen, *Veranstaltung etc* ausfallen lassen, *Flug etc.* annullieren **4.** *Briefmarke, Fahrschein* entwerten, *Flug etc* annullieren **5.** COMPUTER abbrechen **6.** MATHE kürzen **7.** *a.* ~ *out* ausgleichen, kompensieren **II** *v/i* **8.** MATHE sich kürzen lassen **9.** *a.* ~ *out* sich (gegenseitig) aufheben **can·cel·(l)a·tion** [ˌkænsə'leɪʃn] *s* **1.** Streichung *f* **2.** Widerrufung *f*, Rückgängigmachung *f*, Kündigung *f*, Stornierung *f* **3.** Absage *f* **4.** Entwertung *f* **5.** MATHE kürzen

can·cer ['kænsə] **I** *s* **1.** MED Krebs *m* **2.** *fig* Krebsgeschwür *n* **3.** ♀ ASTR Krebs *m*: *be* (*a*) ♀ Krebs sein **II** *Adj* **4.** Krebs...: ~ *cells* (*research, etc*) '**can·cer·ous** *Adj* MED krebsbefallen; Krebs...; krebsartig

can·de·la·bra [ˌkændɪ'lɑːbrə] *s* Kandelaber *m*, Armleuchter *m*

can·did ['kændɪd] *Adj* **1.** offen, aufrichtig **2.** unvoreingenommen **3.** FOTO ungestellt: ~ *camera* versteckte Kamera

can·di·da·cy ['kændɪdəsɪ] *s bes Am* Kandidatur *f*, Bewerbung *f*, Anwartschaft *f* **can·di·date** ['-dət] *s* (*for*) Kandidat(in) (für), Anwärter(in) (auf *Akk*), Bewerber(in) (um) **can·di·da·ture** ['-tʃə] *bes Br* → *candidacy*

can·died ['kændɪd] *Adj* **1.** kandiert **2.** *fig* honigsüß, schmeichlerisch

▸ **can·dle** ['kændl] *s* Kerze *f*: **burn the** ~ **at both ends** Raubbau mit s-r Gesundheit treiben; *not to be able to hold a* ~ *to j*-m nicht das Wasser reichen können; *the game is not worth the* ~

die Sache ist nicht der Mühe wert '**~-light** s Kerzenlicht n: **by ~** bei Kerzenlicht; **~ dinner** Essen n bei Kerzenlicht

Can·dle·mas ['kændlməs] s REL (Mariä) Lichtmess f

'**can·dle·stick** s Kerzenleuchter m, -ständer m

can·do(u)r ['kændə] s **1.** Offenheit f, Aufrichtigkeit f **2.** Unvoreingenommenheit f

can·dy ['kændı] **I** s **1.** Kandis(zucker) m **2.** bes Am Süßigkeiten Pl: (**hard**) **~** Bonbon m, n **II** v/t **3.** kandieren '**~-floss** s Br Zuckerwatte f

cane [keın] **I** s **1.** Spazierstock m **2.** (Rohr)Stock m **3.** (Bambus-, Zucker-, Schilf)Rohr n **II** v/t **4.** (mit dem Stock) züchtigen '**~ sug·ar** s Rohrzucker m

ca·nine ['keınaın] **I** Adj **1.** Hunde…, Hunds… **2.** pej hündisch **II** s **a. ~ tooth** Eckzahn m

can·is·ter ['kænıstə] s Blechbüchse f, -dose f

can·ker ['kæŋkə] s **1.** MED Soor m; Lippengeschwür n **2.** BOT Baumkrebs m **3.** fig Krebsgeschwür n

can·na·bis ['kænəbıs] s Cannabis m: **a)** BOT Hanf m, **b)** Haschisch n

canned [kænd] Adj **1.** Dosen…, Büchsen…: **~ fruit** Obstkonserven Pl; **~ meat** Büchsenfleisch n **2.** F **~ music** Musik f aus der Konserve; **~ pro·gram(me)** (RUNDFUNK, TV) Programmkonserve f **3.** sl blau, betrunken

can·nery ['kænərı] s Konservenfabrik f

can·ni·bal ['kænıbl] s **1.** Kannibale m, Kannibalin f, Menschenfresser(in) **can·ni·bal·ism** ['~bəlızəm] s Kannibalismus m ,**can·ni·bal'is·tic** Adj (**~ally**) kannibalisch '**can·ni·bal·ize** v/t Auto etc ausschlachten

can·non ['kænən] Pl **-non(s)** s MIL (FLUG Bord)Kanone f, (-)Geschütz n **can·non·ade** [,~'neıd] s MIL Kanonade f

'**can·non·ball** s Kanonenkugel f **~ fod·der** s Kanonenfutter n

▸ **can·not** ['kænɒt] kann etc nicht

can·ny ['kænı] Adj schlau, gerissen

ca·noe [kə'nu:] **I** s Kanu n, Paddelboot n: **paddle one's own ~** fig auf eigenen Beinen od Füßen stehen **II** v/i paddeln

can·on ['kænən] s **1.** Kanon m (a. REL),

Regel f **2.** Grundsatz m **3.** MUS Kanon m **can·on·i·za·tion** [,~naı'zeıʃn] s REL Heiligsprechung f '**can·on·ize** v/t heilig sprechen

can·on law s Kirchenrecht n

ca·noo·dle [kə'nu:dl] v/i sl knutschen, schmusen (**with** mit)

can·o·py ['kænəpı] s **1.** Baldachin m (a. ARCHI) **2.** ARCHI Vordach n **3.** FLUG Kabinenhaube f

cant¹ [kænt] **I** s **1.** Schrägung f **2.** Neigung f **II** v/t **3.** kanten, kippen: **~ over** umkippen **4.** TECH abschrägen **III** v/i **5.** a. **~ over** umkippen

cant² [~] **I** s **1.** Jargon m **2.** Kauderwelsch n **3.** (leere) Phrase(n Pl) **II** v/i **4.** Jargon reden **5.** Phrasen dreschen

▸ **can't** [kɑ:nt] F → **cannot**

can·tan·ker·ous [kæn'tæŋkərəs] Adj giftig, streitsüchtig

can·teen [kæn'ti:n] s **1.** bes Br Kantine f; Mensa f **2.** MIL Feldflasche f, Kochgeschirr n **3.** Erfrischungsstand m **4.** Besteckkasten m; Besteck n

can·ti·le·ver ['kæntıli:və] s **1.** ARCHI Konsole f **2.** TECH Ausleger m

can·vas ['kænvəs] s **1.** Segeltuch n **2.** Zeltleinwand f **3.** MALEREI Leinwand f

can·vass ['kænvəs] **I** v/t **1.** eingehend erörtern od prüfen **2.** POL um Stimmen werben **3.** WIRTSCH Geschäftsbezirk bereisen; Aufträge hereinholen, Abonnenten, Inserate sammeln **II** v/i **4.** POL e-n Wahlfeldzug veranstalten **5.** WIRTSCH werben (**for** um, für), e-n Werbefeldzug durchführen **III** s **6.** eingehende Erörterung od Prüfung **7.** POL Wahlfeldzug m **8.** WIRTSCH Werbefeldzug m '**can·vass·er** s **1.** POL Stimmenwerber(in) **2.** WIRTSCH Handelsvertreter(in)

can·yon ['kænjən] s Cañon m

▸ **cap** [kæp] **I** s **1.** Mütze f, Kappe f, Haube f: **~ in hand** demütig, unterwürfig **2.** TECH (Schutz-, Verschluss)Kappe f, (Abdeck-, Schutz)Haube f; Deckel m **II** v/t **3.** Flasche etc verschließen **III** s **6.** einen Becher etc verschließen **4.** krönen: **a)** oben liegen auf (Dat), **b)** fig abschließen **5.** fig übertreffen, -trumpfen: **~ everything** allem die Krone aufsetzen, alles übertreffen; **to ~ it all** als Krönung des Ganzen

ca·pa·bil·i·ty [,keıpə'bılətı] s **1.** Fähigkeit f (**of** zu) **2.** a. Pl Befähigung f, Be-

gabung f **ca·pa·ble** ['-bl] *Adj* **1.** fähig, tüchtig **2.** fähig (*of zu od Gen*; *of doing* zu tun), imstande (*of doing* zu tun) **3.** *be* ~ *of s.th.* etw zulassen: ~ *of being divided* teilbar

ca·pa·cious [kə'peɪʃəs] *Adj* **1.** geräumig (*Saal, Tasche etc*), groß (*Flasche, Topf etc*) **2.** aufnahmefähig (*Verstand*) **ca'pac·i·tor** [-tə] *s* ELEK Kondensator *m* **ca'pac·i·ty** **I** *s* **1.** (Raum)Inhalt *m*; Fassungsvermögen *n*, Kapazität *f* (*a.* ELEK): *filled to* ~ ganz voll, THEAT *etc* ausverkauft; → *measure* 1 **2.** (*a.* ELEK, TECH Leistungs)Fähigkeit *f* **3.** *fig* Auffassungsgabe *f*: *that is beyond his* ~ das ist zu hoch für ihn **4.** Eigenschaft *f*, Stellung *f*: *in his* ~ *as* in s-r Eigenschaft als **II** *Adj* **5.** Höchst..., maximal **6.** ~ *audience* THEAT *etc* ausverkauftes Haus

cape[1] [keɪp] *s* Kap *n*, Vorgebirge *n*
cape[2] [-] *s* Cape *n*, Umhang *m*
ca·per[1] ['keɪpə] *s* Kaper *f*: ~ *sauce* Kapernsoße *f*
ca·per[2] [-] **I** *s* Kapriole *f*: **a)** Freuden-, Luftsprung *m*, **b)** übermütiger Streich **II** *v/i* Freuden- *od* Luftsprünge machen; herumtollen, -hüpfen
cap·il·lar·y [kə'pɪləri] **I** *Adj* haarförmig, -fein: ~ *vessel* → **II** **II** *s* ANAT Kapillargefäß *n*

cap·i·tal[1] ['kæpɪtl] *s* ARCHI Kapitell *n*
▶ **cap·i·tal**[2] ['kæpɪtl] **I** *s* **1.** Hauptstadt *f* **2.** Großbuchstabe *f* **3.** WIRTSCH Kapital *n*: *make* ~ (*out*) *of* → *capitalize* 3 **II** *Adj* **4.** Kapital...: ~ *crime* Kapitalverbrechen *n*; ~ *error* Kapitalfehler *m*; ~ *punishment* Todesstrafe *f* **5.** Haupt..., wichtigst: ~ *city* → 1 **6.** großartig **7.** ~ *letter* → 2; ~ *B* großes B
cap·i·tal|**as·sets** *s Pl* WIRTSCH Kapitalvermögen *n*; (*Bilanz*) Anlagevermögen *n* ~ *goods* *s Pl* Investitionsgüter *Pl* '~-**in**,**ten·sive** *Adj* kapitalintensiv ~ **in·vest·ment** *s* Kapitalanlage *f*
cap·i·tal·ism ['kæpɪtəlɪzəm] *s* Kapitalismus *m* '**cap·i·tal·ist** **I** *s* Kapitalist(in) **II** *Adj* kapitalistisch ,**cap·i·tal'is·tic** *Adj* kapitalistisch '**cap·i·tal·ize** **I** *v/t* **1.** WIRTSCH kapitalisieren **2.** großschreiben **II** *v/i* **3.** ~ *on* Kapital schlagen aus
cap·i·tal mar·ket *s* WIRTSCH Kapitalmarkt *m*
Cap·i·tol ['kæpɪtl] *s* Kapitol *n* (*Kon-*

gresshaus *in Washington*)
ca·pit·u·late [kə'pɪtʃʊleɪt] *v/i* MIL kapitulieren (*to* vor *Dat*) (*a. fig*) **ca,pit·u'la·tion** *s* Kapitulation *f*
ca·price [kə'priːs] *s* **1.** Laune *f* **2.** Launenhaftigkeit *f* **ca·pri·cious** [kə'prɪʃəs] *Adj* launenhaft, launisch, kapriziös
Cap·ri·corn ['kæprɪkɔːn] *s* ASTR Steinbock *m*: *be* (*a*) ~ Steinbock sein
cap·size [kæp'saɪz] **I** *v/i* kentern **II** *v/t* zum Kentern bringen
cap·sule ['kæpsjuːl] *s allg* Kapsel *f*
▶ **cap·tain** ['kæptɪn] **I** *s* **1.** (An)Führer(in): ~ *of industry* Industriekapitän *m* **2.** MIL Hauptmann *m* **3.** SCHIFF (FLUG Flug)Kapitän(in) **4.** SPORT (Mannschafts)Kapitän(in), Mannschaftsführer(in) **II** *v/t* **5.** Kapitän (*Gen*) sein, *Schiff a.* befehligen
cap·tion ['kæpʃn] *s* **1.** Überschrift *f* **2.** Bildunterschrift *f*, -text *m*; FILM Untertitel *m*
cap·tious ['kæpʃəs] *Adj* kritt(el)ig, spitzfindig
cap·ti·vate ['kæptɪveɪt] *v/t fig* gefangen nehmen, fesseln '**cap·tive** **I** *Adj* gefangen (*a. fig to* von), in Gefangenschaft: *hold* ~ gefangen halten (*a. fig*); *take* ~ gefangen nehmen (*a. fig*); ~ *balloon* Fesselballon *m* **II** *s* Gefangene *m*, *f* (*a. fig to, of Gen*)
cap·ture ['kæptʃə] *v/t* **1.** fangen, gefangen nehmen **2.** MIL erobern (*a. fig*); erbeuten **3.** SCHIFF kapern, aufbringen **4.** *Stimmung einfangen* **5.** *Daten erfassen* **II** *s* **6.** Gefangennahme *f* **7.** MIL Eroberung *f* (*a. fig*); Erbeutung *f* **8.** SCHIFF Kapern *n*, Aufbringen *n*; Beute *f*, Prise *f*
▶ **car** [kɑː] *s* **1.** Auto *n*, Wagen *m*: *by* ~ mit dem Auto **2.** BAHN *Am allg* Wagen *m*, Wag(g)on *m*, *Br* (*nur in Zssgn*) Personenwagen *m* **3.** (*Straßenbahn- etc*) Wagen *m*; Gondel *f* (*e-s Ballons etc*); Kabine *f* (*e-s Aufzugs*)

car boot sales

Car boot sales, eine Art Flohmarkt aus dem Kofferraum, werden in Großbritannien an Wochenenden und Feiertagen abgehalten. Gegen eine geringe Ge-

bühr für einen Parkplatz auf einem Schulhof oder dergleichen darf man alles, was man selber nicht mehr braucht, aus dem Kofferraum seines Wagens zum Verkauf anbieten. Die amerikanische Entsprechung heißt **garage sale** (Garagenverkauf), der inzwischen auch in Großbritannien Anklang findet.

ca·rafe [kə'ræf] *s* Karaffe *f*

car·am·bo·la [ˌkærəm'bəʊlə] *s* BOT Karambole, F *a.* Sternfrucht, Baumstachelbeere

car·a·mel ['kærəmel] *s* **1.** Karamell *m* **2.** Karamelle *f* (*Bonbon*)

car·at ['kærət] *s* Karat *n*: *18-~ gold* 18-karätiges Gold

▶ **car·a·van** ['kærəvæn] *s* **1.** Karawane *f* **2.** Wohnwagen *m* (*von Schaustellern etc*); *Br* Caravan *m*, Wohnwagen *m*, -anhänger *m*: ~ *site* (*od park*) Platz *m* für Wohnwagen

car·a·way ['kærəweɪ] *s* BOT Kümmel *m* (*a. Gewürz*)

car·bide ['kɑːbaɪd] *s* CHEM Karbid *n*

car·bine ['kɑːbaɪn] *s* Karabiner *m*

car·bo·hy·drate [ˌkɑːbəʊ'haɪdreɪt] *s* CHEM Kohle(n)hydrat *n*

car bomb *s* Autobombe *f*

car·bon ['kɑːbən] *s* **1.** CHEM Kohlenstoff *m*: ~ *dioxide* Kohlendioxid *n*; ~ *mon·oxide* Kohlenmonoxid *n* **2. a)** *a.* ~ *paper* Kohlepapier *n*, **b)** *a.* ~ *copy* Durchschlag *m* **car·bon·ate** ['-bənɪt] *s* CHEM Karbonat *n*, kohlensaures Salz **car·bon·at·ed** ['-bəneɪtɪd] *Adj* kohlensäurehaltig **car·bon·ic** ['-'bɒnɪk] *Adj* CHEM kohlenstoffhaltig: ~ *acid* Kohlensäure *f* 'car·bon·ize *v/t u. v/i* verkohlen

car·bu·ret·(t)er, car·bu·ret·(t)or [ˌkɑːbə'retə] *s* MOT Vergaser *m*

car·case, car·cass ['kɑːkəs] *s* **1.** Kadaver *m*, *pej* Leiche *f* **2.** *hum* Leichnam *m* (*Körper*) **3.** Rumpf *m* (*e-s ausgeweideten Tiers*) **4.** Gerippe *n*, Skelett *n* (*e-s Schiffs etc*)

car| cem·e·ter·y *s* Autofriedhof *m* ~ **chase** *s* Verfolgungsjagd *f* im Auto

car·ci·no·gen·ic [ˌkɑːsɪnəʊ'dʒenɪk] *Adj* MED karzinogen, Krebs erregend

car·ci·no·ma [ˌ-'nəʊmə] *s* Karzinom *n*, Krebsgeschwulst *f*

▶ **card** [kɑːd] *s* **1.** (*Spiel-, Post-, Visiten-, Computer- etc*)Karte *f*: *house of ~s* Kartenhaus *n* (*a. fig*); *have a ~ up one's sleeve fig* (noch) e-n Trumpf in der Hand haben; *at ~s* beim Kartenspiel; → **stack** 6 2. *Pl* (Arbeits)Papiere *Pl*: *get one's ~s* entlassen werden '**~·board** *s* Karton *m*, Pappe *f*: ~ *box* Pappschachtel *f*, -karton *m* ~ **game** *s* Kartenspiel *n* '**~·hold·er** *s* (Kredit-) Karteninhaber(in)

car·di·ac ['kɑːdɪæk] *Adj* MED, ANAT, PHYSIOL Herz...: ~ *arrest* Herzstillstand *m*

car·di·gan ['kɑːdɪgən] *s* Strickjacke *f*

car·di·nal ['kɑːdɪnl] **I** *Adj* **1.** hauptsächlich, Haupt...: ~ *number* → 5 2. scharlachrot **3.** ~ *points* Himmelsrichtungen *Pl* **II** *s* **4.** REL Kardinal *m* **5.** Kardinal-, Grundzahl *f*

'**card|·phone** *s* Kartentelefon *n* '**~·sharp·er** *s* Falschspieler(in) ~ **trick** *s* Kartenkunststück *n*

▶ **care** [keə] **I** *s* **1.** Kummer *m*, Sorge *f* **2.** Sorgfalt *f*, Vorsicht *f*: *take care* vorsichtig sein, aufpassen; sich Mühe geben; darauf achten, nicht vergessen (*to do* zu tun; *that* dass); *take care!* F machs gut! **3.** Obhut *f*, Fürsorge *f*, Betreuung *f*: ▶ *take care of* aufpassen auf (*Akk*). **4.** (*Körper- etc*)Pflege *f* **II** *v/i u. v/t* **5.** sich sorgen (*about* über *Akk*, um): *I couldn't care less* das ist mir völlig egal **6.** *care for* sorgen für, sich kümmern um, betreuen **7.** (*for*) Interesse haben (an *Dat*), (*j-n, etw*) gern mögen: *I don't care for* ich mache mir nichts aus **8.** *I don't care if* ich habe nichts dagegen *od* es macht mir nichts aus, wenn

ca·reer [kə'rɪə] *s* **1.** Karriere *f*, Laufbahn *f*: *enter upon a ~* e-e Laufbahn einschlagen; *make a ~ for o.s.* Karriere machen **2.** Beruf *m*: ~ *diplomat* Berufsdiplomat(in); ~ *girl* (*od woman*) Karrierefrau *f* **ca·reer·ist** [kə'rɪərɪst] *s* Karrieremacher(in)

'**care·free** sorgenfrei

▶ **care·ful** ['keəfʊl] *Adj* **1.** vorsichtig, achtsam: *be ~!* pass auf!, gib Acht!; *be ~ to do* darauf achten *od* nicht vergessen zu tun **2.** sorgfältig, gründlich **3.** sorgsam, bedacht (*of, for, about* auf

Akk): **be ~ with** *Br* sparsam umgehen mit '**care-ful-ness** s **1.** Vorsicht *f* **2.** Sorgfalt *f*, Gründlichkeit *f*

▸ **care-less** ['keəlɪs] *Adj* **1.** nachlässig **2.** unüberlegt **3. be ~ of** nicht achten auf (*Akk*), unachtsam umgehen mit **4.** unvorsichtig, leichtsinnig **5.** sorglos '**care-less-ness** s **1.** Nachlässigkeit *f* **2.** Unüberlegtheit *f* **3.** Unvorsichtigkeit *f*, Leichtsinn *m* **4.** Sorglosigkeit *f*

ca-ress [kə'res] **I** s Liebkosung *f* **II** *v/t* liebkosen, streicheln

'**care**|**tak-er** *s* **I** s Hausmeister(in), *schweiz.* Abwart(in); (Haus- *etc*)Verwalter(in) **II** *Adj* Interims...: **~ government** geschäftsführende Regierung '**~-worn** *Adj* abgehärmt

car fer-ry s Autofähre *f*

car-go ['kɑːɡəʊ] **I** *Pl* **-go(e)s** s Ladung *f*, Fracht *f* **II** *Adj* Fracht...; Transport...

car hire s Autovermietung *f*

car-i-ca-ture ['kærɪkə,tjʊə] **I** s Karikatur *f* (*a. fig*) **II** *v/t* karikieren '**car-i-ca,tur-ist** s Karikaturist(in)

car-i-es ['keəri:z] s MED Karies *f*: **a)** Knochenfraß *m*, **b)** Zahnfäule *f*

car in-sur-ance s Kraftfahrzeugversicherung *f*

Ca-rin-thia [kə'rɪnθɪə] *Eigenn* Kärnten *n*

car|**jack** s TECH Wagenheber *m* '**~-load** s **1.** Wagenladung *f* **2.** BAHN *Am* Wag(g)onladung *f*

car-mine ['kɑːmaɪn] *Adj* karminrot

car-nage ['kɑːnɪdʒ] s Blutbad *n*

car-nal ['kɑːnl] *Adj* fleischlich, sinnlich

car-na-tion [kɑː'neɪʃn] s BOT Nelke *f*

car-ni-val ['kɑːnɪvl] s **1.** Karneval *m*, Fasching *m* **2.** Volksfest *n*

car-ni-vore ['kɑːnɪvɔː] s ZOOL, BOT Fleischfresser *m* **car-niv-o-rous** [-'nɪvərəs] *Adj* Fleisch fressend

car-ol ['kærəl] **I** s Weihnachtslied *n* **II** *v/i* Prät u. Part *Perf* **-oled**, *bes Br* **-olled** Weihnachtslieder singen

ca-rot-id [kə'rɒtɪd] s Halsschlagader *f*

car-ou-sel [,kærə'sel] s *bes Am* **1.** Karussell *n* **2.** FLUG Gepäckkreisel *m*, *weit. S.* Gepäckausgabe *f*

car own-er s Autobesitzer(in), Fahrzeughalter(in)

carp¹ [kɑːp] s FISCH Karpfen *m*

carp² [-] *v/i* (herum)nörgeln, (-)kritteln (**at** an *Dat*)

▸ **car park** ['kɑːpɑːk] s *bes Br* **1.** Parkplatz *m* **2.** Parkhaus *n*

car-pen-ter ['kɑːpəntə] **I** s Zimmermann *m*, (Bau)Tischler(in): **~'s bench** Hobelbank *f* **II** *v/t u. v/i* zimmern

▸ **car-pet** ['kɑːpɪt] **I** s **1.** Teppich *m* (*a. fig*): **sweep** (*od* **brush**) **under the ~** *Br fig etw* unter den Teppich kehren **II** *v/t* **2.** mit e-m Teppich auslegen **3.** *bes Br* F *j-n* zs.-stauchen '**~-bag** s Reisetasche *f*

car-pet-ing ['kɑːpɪtɪŋ] s **1.** Teppichstoff *m*, -material *n* **2.** *Koll* Teppiche *Pl*

car-pet| **square** s Teppichfliese *f* **~ sweep-er** s Teppichkehrmaschine *f* **~ tile** s Teppichfliese *f*

car| **pool** s **1.** Fahrbereitschaft *f*, Fuhrpark *m* **2.** Fahrgemeinschaft *f* '**~-port** s Einstellplatz *m* (*im Freien*) **~ rent-al** s Autovermietung *f*

▸ **car-riage** ['kærɪdʒ] s **1.** Wagen *m*, Kutsche *f* **2.** BAHN *Br* (Personen)Wagen *m* **3.** Beförderung *f*, Transport *m* **4.** WIRTSCH Transport-, Beförderungskosten *Pl*, Fracht(gebühr) *f*: **~ free** (*od* **paid**) frachtfrei **5.** TECH Wagen *m* (*e-r Schreibmaschine etc*); Schlitten *m* (*e-r Werkzeugmaschine etc*) **6.** (Körper-) Haltung *f* '**~-way** s *Br* Fahrbahn *f*

car-ri-er ['kærɪə] s **1.** Überbringer(in), Bote *m*, Botin *f* **2.** Spediteur(in) **3.** MED Keimträger *m*, (Krankheits)Überträger *m* **4.** Gepäckträger *m* (*am Fahrrad*); MOT *Am* Dachgepäckträger *m* **5.** Transportbehälter *m* **6.** Flugzeugträger *m* **7.** → **carrier pigeon ~ bag** s *Br* Tragetüte *f* **~ pi-geon** s Brieftaube *f*

car-ri-on ['kærɪən] **I** s Aas *n* **II** *Adj* Aas fressend, Aas...

▸ **car-rot** ['kærət] s **1.** BOT Karotte *f*, Mohrrübe *f* **2.** F **a)** *Pl* rotes Haar, **b)** Rotkopf *m*

▸ **car-ry** ['kærɪ] **I** *v/t* **1.** tragen **2.** bringen, tragen, befördern: → **coal 3.** Nachricht *etc* (über)bringen; *Bericht etc* haben (*Medien*) **4.** mitführen, mit *od* bei sich tragen: **~ s.th. in one's head** *fig* etw im Kopf haben **5.** *fig* (an sich *od* zum Inhalt) haben: **~ conviction** überzeugen(d sein *od* klingen); **~ weight** Gewicht *od* Bedeutung haben (**with** bei) **6.** *fig* nach sich ziehen, zur Folge haben: **~ interest** Zinsen tragen **7.** *fig* treiben: **~ s.th. too far** (*od* **to excess**) etw

übertreiben *od* zu weit treiben **8.** *fig* erreichen, durchsetzen; PARL *Antrag etc* durchbringen: **be carried** durchgehen **9. a)** → **carry off** 3, **b)** siegreich hervorgehen aus (*e-r Wahl etc*): → **day** 2 **10.** *Mineralien etc* führen **11.** WIRTSCH *Ware* führen **II** *v/i* **12.** *weit* tragen, reichen (*Stimme, Schusswaffe etc*)

Verbindungen mit Adverbien:

car·ry| a·bout *v/t* herumtragen: **~ with one** mit sich herumtragen, *Pass etc* bei sich haben **~ a·way** *v/t* **1.** weg-, forttragen **2.** wegreißen (*Sturm etc*), (*Flut etc a.*) wegspülen **3.** *fig* mitreißen **~ for·ward** *v/t* WIRTSCH *Summe, Saldo* vor-, übertragen **~ off** *v/t* **1.** weg-, forttragen **2.** wegraffen (*Krankheit*) **3.** *Preis etc* erringen, gewinnen **~ on I** *v/t* **1.** fortführen, -setzen **2.** *Geschäft* betreiben **II** *v/i* **3.** weitermachen (**with** mit) **4.** F e-e Szene machen (*about* wegen) **~ out** *v/t Plan etc* aus-, durchführen, *Drohung* wahr machen **~ o·ver** → **carry forward ~ through** *v/t* aus-, durchführen

car·ry| ·all *s bes Am* Reisetasche *f* **'~·cot** *s Br* (Baby)Tragetasche *f* **'~·on** FLUG **I** *s* Bordcase *n, m* **II** *Adj:* **~ baggage** (*bes Br* **luggage**) Bordgepäck *n* **'~·out** → **takeaway**

'car| ·sick *Adj:* **she gets ~ easily** ihr wird beim Autofahren leicht übel *od* schlecht **~ sick·ness** *s* Übelkeit *f* beim Autofahren **~ stick·er** *s* Autoaufkleber *m*

cart [kɑːt] *s* **1.** Karren *m*: **put the ~ before the horse** *fig* das Pferd beim Schwanz aufzäumen **2.** (Hand)Wagen *m* **3.** *Am* Einkaufswagen *m*

car·tel [kɑːˈtel] *s* WIRTSCH Kartell *n*

car·ti·lage [ˈkɑːtɪlɪdʒ] *s* ANAT Knorpel *m*

'cart·load *s* Fuhre *f*

car·tog·ra·pher [kɑːˈtɒɡrəfə] *s* Kartograph(in) **car'tog·ra·phy** *s* Kartographie *f*

car·ton [ˈkɑːtən] *s* (Papp)Karton *m*, (-) Schachtel *f*; Tüte *f* (*Milch*); Stange *f* (*Zigaretten*)

car·toon [kɑːˈtuːn] *s* **1.** Cartoon *m, n*, Karikatur *f* **2.** Zeichentrickfilm *m* **3.** Cartoon *m, n*, Bilderfortsetzungsgeschichte *f* **car'toon·ist** *s* Cartoonist(in), Karikaturist(in)

car·tridge [ˈkɑːtrɪdʒ] *s* **1.** MIL Patrone *f* **2.** FOTO (Film)Patrone *f*, (-)Kassette *f* **3.** Tonabnehmer *m* (*e-s Plattenspielers*) **4.** Patrone *f* (*e-s Füllhalters*) **~ case** *s* Patronenhülse *f*

'cart·wheel *s* **1.** Wagenrad *n* **2.** SPORT Rad *n*: **turn ~s** Rad schlagen **3.** *Am* F Silberdollar *m*

carve [kɑːv] *v/t* **1.** (*in*) Holz schnitzen, (*in*) Stein meißeln: **~ out of stone** aus Stein meißeln *od* hauen; **one's name on a tree** s-n Namen in e-n Baum schnitzen **2.** (mit Schnitzereien) verzieren **3.** *Fleisch etc* zerlegen, tranchieren **'carv·er** *s* **1.** (Holz)Schnitzer(in), Bildhauer(in) **2.** Tran(s)chiermesser *n*: **(pair of) ~s** *Pl* Tran(s)chierbesteck *n* **'carv·ing** *s* **1.** Schnitzen *n*, Meißeln *n* **2.** Schnitzerei *f* **3.** Tran(s)chieren *n*: **~ knife** Tran(s)chiermesser *n*

car wash *s* **1.** Autowäsche *f* **2.** Waschanlage *f*, -straße *f*

cas·cade [kæˈskeɪd] *s* Kaskade *f*, (*bes mehrstufiger*) Wasserfall

case¹ [keɪs] **I** *s* **1.** Kiste *f*, Kasten *m* **2.** *allg* Behälter *m*: **a)** Schachtel *f*, **b)** (*Brillen- etc*)Etui *n*, (-)Futteral *n*, **c)** (*Schreib- etc*)Mappe *f*, **d)** (*Kissen*)Bezug *m*, Überzug *m* **3.** TECH Verkleidung *f*, Mantel *m* **II** *v/t* **4.** in ein Futteral *etc* stecken **5.** TECH verkleiden, ummanteln

▶ **case²** [keɪs] *s* Fall *m* (*a.* ELEK, JUR): **it is a case of** es handelt sich um; ▶ **in any case** auf jeden Fall, jedenfalls; **in no case** auf keinen Fall, keinesfalls; **in case (that)** falls; **in case of** im Falle von (*od Gen*); **in case of need** nötigenfalls, im Notfall

'case| ·book *s* MED Patientenbuch *n* **'~·hard·ened** *Adj fig* hartgesotten **~ his·to·ry** *s* **1.** *bes* JUR Vorgeschichte *f* (*e-s Falls*) **2.** MED Krankengeschichte *f*

case·ment [ˈkeɪsmənt] *s* Fensterflügel *m*: **~ (window)** Flügelfenster *n*

case stud·y *s* SOZIOL Fallstudie *f*

▶ **cash** [kæʃ] **I** *s* **1.** (Bar)Geld *n* **2.** WIRTSCH Barzahlung *f*, Kasse *f*: **for ~, ~ down** gegen bar *od* Barzahlung; **in bar; ~ in advance** gegen Vorauszahlung; **~ with order** zahlbar bei Bestellung; **be in (out of) ~** (nicht) bei Kasse sein; **short of ~** knapp bei Kasse; → **delivery** 1 **II** *v/t a.* **~ in** 3. *Scheck etc* ein-

casualty

lösen **4.** zu Geld machen **III** v/i **5.** ~ *in on* F profitieren von; ausnutzen ~ **and car·ry** s econ. Cash-and-carry-Geschäft n ~ **card** s Geldautomatenkarte f ~ **desk** s Kasse f (*im Warenhaus etc*), österr. Kassa f ~ **dis·count** s WIRTSCH Barzahlungsrabatt m, Skonto m, n ~ **dis·pens·er** s bes Br Geldautomat m

ca·shew ['kæʃuː] s **1.** Acajou-, Cashewbaum m **2.** a. ~ **nut** Acajou-, Cashewnuss f

cash·ier [kæˈʃɪə] s Kassierer(in): *~'s desk* (od *office*) Kasse f, österr. Kassa f

cash·less ['kæʃlɪs] Adj bargeldlos

cash ma·chine s bes Am Geldautomat m

cash·mere ['kæʃmɪə] s Kaschmir(wolle f) m

cash| pay·ment s Barzahlung f **~·point** s Geldautomat m ~ **price** s Bar(zahlungs)preis m

cas·ing ['keɪsɪŋ] s **1.** → *case*[1] **3 2.** (*Fenster-, Tür*)Futter n **3.** (*Wurst*)Haut f

ca·si·no [kəˈsiːnəʊ] Pl **-nos** s Kasino n

cask [kɑːsk] s Fass n

cas·ket ['kɑːskɪt] s **1.** Schatulle f, Kästchen n **2.** bes Am Sarg m

cas·se·role ['kæsərəʊl] s Kasserolle f

cas·sette [kəˈset] s (*Film- etc*)Kassette f ~ **deck** s Kassettendeck n ~ **ra·di·o** s Radiorekorder m

▸ **cas·sette re·cord·er** [kəˈsetrɪˌkɔːdə] s Kassettenrekorder m

cas·sock ['kæsək] s REL Soutane f

cast [kɑːst] **I** s **1.** Wurf m **2.** THEAT etc Besetzung f: **a)** Rollenverteilung f, **b)** Ensemble n **3.** Schattierung f, Anflug m (a. fig) **4.** TECH Guss(form f) m; Abdruck m **5.** MED Gips(verband) m **6.** Typ m, Sorte f **II** v/t (*unreg*) **7.** werfen: → *die*[2] 1, *doubt* 5, *light*[1] 1, *spell*[3] 2 **8.** Angel, Netz etc auswerfen **9.** ZOOL Haut, Gehörn abwerfen **10.** Stimmzettel, Stimme abgeben: → *vote* 2 **11.** Blick werfen (*at, on* auf Akk); Schatten etc werfen (*on* auf Akk) **12.** TECH Metall, Statue etc gießen, formen **13.** THEAT etc Stück etc besetzen; Rollen verteilen (*to* an Akk) **III** v/i (*unreg*) **14.** sich werfen (*Holz*)

Verbindungen mit Adverbien:

cast| a·bout, ~ **a·round** v/i: ~ *for* suchen (nach), fig a. sich umsehen nach

~ **a·side** v/t **1.** Möbel etc ausrangieren, Kleidung a. ablegen **2.** Gewohnheit etc ablegen, Freund etc fallen lassen ~ **a·way** v/t wegwerfen ~ **down** v/t **1.** entmutigen: *be~* niedergeschlagen od deprimiert sein **2.** Augen niederschlagen ~ **off** v/t **1.** Kleidung ablegen, ausrangieren **2.** Freund etc fallen lassen ~ **out** v/t verstoßen, vertreiben (*from* aus), Dämonen etc austreiben ~ **up** v/t **1.** Augen aufschlagen **2.** zs.-zählen, ausrechnen

'cast·a·way I s etw Ausrangiertes, bes abgelegtes Kleidungsstück **II** Adj ausrangiert (*Möbel etc*), (*Kleidung* a.) abgelegt

caste [kɑːst] s **1.** Kaste f **2.** gesellschaftliche Stellung, Ansehen n

cas·ter → *castor*

cas·ti·gate ['kæstɪgeɪt] v/t **1.** züchtigen **2.** scharf kritisieren **,cas·ti·ga·tion** s **1.** Züchtigung f **2.** scharfe Kritik (*of* an Dat)

cast·ing ['kɑːstɪŋ] s **1.** TECH Guss(stück n) m **2.** → *cast* 2a **II** Adj **3.** Wurf... **4.** entscheidend (*Stimme*)

cast| i·ron s TECH Gusseisen n **,~·'i·ron** Adj **1.** gusseisern **2.** fig eisern (*Wille, Konstitution*), hieb- u. stichfest (*Alibi*)

▸ **cas·tle** [kɑːsl] **I** s **1.** Burg f; Schloss n: **build ~s in the air** fig Luftschlösser bauen **2.** Schach: Turm m **II** v/i **3.** Schach: rochieren

cas·tling ['kɑːslɪŋ] s Schach: Rochade f

,cast·'off Adj abgelegt, ausrangiert (*Kleidungsstück*) **'~-off** s abgelegtes od ausrangiertes Kleidungsstück

cas·tor ['kɑːstə] s **1.** Laufrolle f **2.** (*Salz- etc*)Streuer m **~ oil** s Rizinusöl n

cas·trate [kæˈstreɪt] v/t kastrieren **cas·'tra·tion** s Kastrierung f, Kastration f

cast steel s TECH Gussstahl m

cas·u·al ['kæʒʊəl] Adj **1.** zufällig **2.** gelegentlich: ~ *customer* Laufkunde m, -kundin f; ~ *labo(u)rer* Gelegenheitsarbeiter(in) **3.** beiläufig (*Bemerkung*); flüchtig (*Blick*) **4.** lässig (*Art etc*) **5.** sportlich, salopp (*Kleidung*): ~ *wear* Freizeitkleidung f

cas·u·al·ty ['kæʒʊəltɪ] s **1.** Unfall m **2.** Verunglückte m, f; MIL Verwundete m, f, Gefallene m, f: *casualties* Pl Opfer Pl (*e-r Katastrophe etc*), MIL mst Verluste Pl **3.** a. ~ **ward** (od **department**)

Unfallstation f, Notaufnahme f

► **cat** [kæt] s **1.** ZOOL Katze f: *let the ~ out of the bag* die Katze aus dem Sack lassen; *play ~ and mouse* Katz u. Maus spielen mit; *it is raining ~s and dogs* es gießt in Strömen; *see which way the ~ jumps* sehen, wie der Hase läuft **2.** fig Katze f, falsche Peson: *old ~* boshafte Hexe

cat·a·comb ['kætəku:m] s mst Pl Katakombe f

cat·a·logue, Am a. **cat·a·log** ['kætəlɒg] I s **1.** Katalog m **2.** (UNI Am Vorlesungs)Verzeichnis n, (Preis- etc)Liste f II v/t **3.** katalogisieren

ca·tal·y·sis [kə'tæləsɪs] s CHEM Katalyse f **cat·a·lyst** ['kætəlɪst] s Katalysator m (a. fig) **cat·a·lyt·ic** [ˌkætə'lɪtɪk] Adj katalytisch (a. fig): *~ converter* MOT Katalysator m

ˌcat-and-'dog Adj: *lead a ~ life* wie Hund u. Katze

cat·a·pult ['kætəpʌlt] I s Katapult n, m: *~ seat* FLUG Schleudersitz m II v/t katapultieren

cat·a·ract ['kætərækt] s **1.** Katarakt m, Wasserfall m **2.** MED grauer Star

ca·tarrh [kə'tɑː] s MED Katarr(h) m

ca·tas·tro·phe [kə'tæstrəfɪ] s Katastrophe f **cat·a·stroph·ic** [ˌkætə'strɒfɪk] Adj (~ally) katastrophal

cat·bur·glar s Fassadenkletterer m, -kletterin f '**~-call** I s Buh(ruf m) n; Pfiff m II v/t buhen; pfeifen III v/t ausbuhen; -pfeifen

► **catch** [kætʃ] I s **1.** Fangen n **2.** Fang m, Beute f (beide a. fig) **3.** TECH Haken m (a. fig), (Tür)Klinke f; Verschluss m (e-r Brosche etc) II v/t (unreg) **4.** allg fangen; Blick, Flüssigkeit auffangen, Tier etc (ein)fangen: *~ sight 2* **5.** kriegen, bekommen, erwischen **6.** j-n einholen **7.** erwischen, ertappen (*s.o. at s.th.* j-n bei etw): *~ s.o. lying* j-n bei e-r Lüge ertappen; *~ me (doing that)!* Br F denkste! → *nap 1, unawares* **8.** a. fig packen, ergreifen, erfassen: → *hold 1* **9.** sich e-e Krankheit etc holen, sich e-e Erkältung etc zuziehen: *~ (a) cold* sich erkälten; *~ it* sl sein Fett (ab)kriegen; → *fire 1* **10.** fig *~ the ear* ans Ohr dringen; *~ the eye* ins Auge fallen; *~ s.o.'s eye* (od *attention*) j-s Aufmerksamkeit auf sich lenken **11.** verstehen,

mitkriegen **12.** Gewohnheit, Aussprache annehmen **13.** hängen bleiben od sich verfangen mit etw (*in* in Dat): *my fingers got caught in the door* ich klemmte mir die Finger in der Tür III v/i (unreg) **14.** *~ at* greifen od schnappen nach, Gelegenheit ergreifen **15.** einschnappen, -rasten (Schloss etc) **16.** sich verfangen, hängen bleiben (*on* an Dat; *in* in Dat) **17.** anspringen (Motor)
Verbindungen mit Adverbien:

catch| **on** v/i F **1.** ~ *to s.th.* etw kapieren **2.** Anklang finden, einschlagen ~ **out** v/t ertappen; überführen ~ **up** I v/t **1.** Br einholen (a. bei der Arbeit) **2.** *be caught up in* vertieft sein in (Akk); verwickelt sein in (Akk) II v/i **3.** aufholen: ~ *with* einholen (a. bei der Arbeit); ~ *on* (od *with*) Arbeitsrückstand etc aufholen; ~ *on one's sleep* Schlaf nachholen

'**catch·all** s bes Am **1.** Tasche f od Behälter m für alles Mögliche **2.** fig Sammelbezeichnung f: ~ *term* Sammelbegriff m '**~-as-ˌcatch-'can** s SPORT Catchen n: ~ *wrestler* Catcher(in)

catch·er ['kætʃə] s Fänger(in); '**catch·ing** Adj **1.** MED ansteckend (a. fig Lachen etc) **2.** fig anziehend, fesselnd **3.** → **catchy 1**

catch·ment ['kætʃmənt] s GEOL Reservoir n ~ **a·re·a** s **1.** GEOL Einzugsgebiet n (e-s Flusses) **2.** fig Einzugsbereich m, -gebiet n (e-s Krankenhauses etc)

'**catch·phrase** s Schlagwort n '**~-up** bes Am → **ketchup** '**~-word** s **1.** Stichwort n (im Lexikon etc; a. THEAT) **2.** Schlagwort n

catch·y ['kætʃɪ] Adj **1.** eingängig (Melodie etc) **2.** → **catching 2 3.** Fang...: ~ **question**

cat·e·chism ['kætəkɪzəm] s REL Katechismus m

cat·e·gor·i·cal [ˌkætə'gɒrɪkl] Adj kategorisch **cat·e·go·ry** ['~gərɪ] s Kategorie f, Klasse f

ca·ter ['keɪtə] v/i **1.** Speisen u. Getränke liefern (*for* für) **2.** sorgen (*for* für) **3.** fig (*for, to*) befriedigen (Akk), bes pej Nahrung liefern (Dat) '**ca·ter·er** s Lieferant(in) od Lieferfirma f für Speisen u. Getränke '**ca·ter·ing ˌser·vice** s Partyservice m

cat·er·pil·lar ['kætəpɪlə] *s* **1.** ZOOL Raupe *f* **2.** ~® TECH Raupenfahrzeug *n*

cat·er·waul ['kætəwɔːl] *v/i* **1.** jaulen (*Katze*) **2.** *fig* (sich an)keifen

'**cat·gut** *s* Darmsaite *f*

▸ **ca·the·dral** [kə'θiːdrəl] **I** *s* Dom *m*, Kathedrale *f* **II** *Adj* Dom...

cath·e·ter ['kæθɪtə] *s* MED Katheter *m*

cath·ode ['kæθəʊd] *s* ELEK Kathode *f*

Cath·o·lic ['kæθəlɪk] REL **I** *Adj* katholisch **II** *s* Katholik(in) *f* **cath·o·li·cism** [kə'θɒlɪsɪzəm] *s* Katholizismus *m*

cat·kin ['kætkɪn] *s* BOT (Blüten)Kätzchen *n*

'**cat·lick** *s* F Katzenwäsche *f*: *have a* ~ Katzenwäsche machen ~ **lit·ter** *s* Katzenstreu *f* '**~·nap** *s* Nickerchen *n*: *have* (*od* **take**) *a* ~ ein Nickerchen machen

'**cat's-eye** *s* TECH Katzenauge *n*, Rückstrahler *m*; Leuchtnagel *m*

cat suit *s* einteiliger Hosenanzug

cat·tish ['kætɪʃ] *Adj* **1.** katzenhaft **2.** *fig* falsch, boshaft

▸ **cat·tle** ['kætl] *s* Koll (*mst Pl konstruiert*) (Rind)Vieh *n*: **ten head of** ~ zehn Stück Vieh, zehn Rinder ~ **breed·ing** *s* Viehzucht *f*

cat tray *s* Katzenklosett *n*

cat·ty ['kætɪ] → *cattish*

'**cat·walk** *s* **1.** TECH Laufplanke *f*, Steg *m* **2.** Laufsteg *m* (*bei Modeschauen*)

caught [kɔːt] *Prät u. Part Perf von* **catch**

caul·dron ['kɔːldrən] *s* großer Kessel

cau·li·flow·er ['kɒlɪˌflaʊə] *s* BOT Blumenkohl *m*, österr. Karfiol *m*

caus·al ['kɔːzl] *Adj* ursächlich, kausal: ~ **connection** → *causality* 2; ~ **law** Kausalgesetz *n* **cau·sal·i·ty** [-'zælətɪ] *s* **1.** Ursächlichkeit *f*, Kausalität *f*: *law of* ~ Kausalgesetz *n* **2.** Kausalzs.-hang *m*

caus·a·tive ['-zətɪv] *Adj* verursachend (*of Akk*)

▸ **cause** [kɔːz] **I** *s* **1.** Ursache *f*: ~ *of death* Todesursache **2.** Grund *m*, Anlass *m* (*for* für): ~ *for complaint* Grund zur Klage **3.** Sache *f*: *make common* ~ *with* gemeinsame Sache machen mit **4.** JUR Rechtsstreit *m*; Gegenstand *m* (*e-s Rechtsstreits*): ~ *of action* Klagegrund *m* **II** *v/t* **5.** veranlassen **6.** verursachen, bewirken **7.** bereiten, zufügen '**~·less** *Adj* grundlos, unbegründet

cause·way ['kɔːzweɪ] *s* Damm *m*

caus·tic ['kɔːstɪk] **I** *Adj* (**~ally**) CHEM ätzend, *fig a.* beißend, sarkastisch **II** *s* Ätzmittel *n*

cau·ter·ize ['kɔːtəraɪz] *v/t* MED, TECH (aus)brennen, (ver)ätzen

cau·tion ['kɔːʃn] **I** *s* **1.** Vorsicht *f* **2.** Warnung *f* **3.** Verwarnung *f* **II** *v/t* **4.** warnen (*against* vor *Dat*) **5.** verwarnen

cau·tious ['kɔːʃəs] *v/t* **1.** vorsichtig **2.** achtsam **3.** verhalten, gedämpft (*Optimismus etc*)

cav·al·ry ['kævlrɪ] *s* MIL **a)** *bes hist* Kavallerie *f*, **b)** Panzertruppe(n *Pl*) *f* '**~·man** ['-mən] *s* (*unreg* **man**) MIL **a)** *bes hist* Kavallerist *m*, **b)** Angehörige *m* e-r Panzertruppe

▸ **cave** [keɪv] **I** *s* **1.** Höhle *f* **II** *v/t* **2.** aushöhlen **3.** *mst* ~ *in* eindrücken, zum Einsturz bringen **III** *v/i mst* ~ *in* **4.** einstürzen, -sinken **5.** F nachgeben (*to Dat*), klein beigeben ~ **dwell·er** *s* Höhlenbewohner(in)

cav·ern ['kævən] *s* (große) Höhle

cav·i·ar(e) ['kævɪɑː] *s* Kaviar *m*

cav·i·ty ['kævətɪ] *s* **1.** (Aus)Höhlung *f*, Hohlraum *m* **2.** ANAT Höhle *f*: *abdominal* ~ Bauchhöhle; → *oral* 2 **3.** MED Loch *n* (*im Zahn*)

ca·vort [kə'vɔːt] *v/i* F herumhüpfen, -tanzen

cay·enne ['keɪen], *a.* ~ **pep·per** ['keɪen] *s* Cayennepfeffer *m*

CB ra·di·o [siːˈbiː -] *s* CB-Funk *m*

▸ **CD** [siːˈdiː] *s* (= *compact disc*) CD *f*

▸ **CD play·er** [siːˈdiːˌpleɪə] *s* CD-Spieler *m*

▸ **CD-ROM** [ˌsiːdiːˈrɒm] *s* (= *compact disk – read only memory*) CD-ROM *f* ~ **drive** *s* COMPUTER CD-ROM-Laufwerk *n*

CD writ·er *s* CD-Brenner *m*

cease [siːs] **I** *v/i* aufhören, enden **II** *v/t* aufhören (*to do, doing* zu tun): ~ *fire* MIL das Feuer einstellen; ~ *payment* WIRTSCH die Zahlungen einstellen ˌ**~·'fire** *s* MIL Feuereinstellung *f*; Waffenstillstand *m* '**~·less** *Adj* unaufhörlich

cede [siːd] *v/t* **1.** (*to*) abtreten, abgeben (*Dat od* an *Akk*), überlassen (*Dat*) **2.** ~ *a point* in e-m Punkt nachgeben

▸ **ceil·ing** ['siːlɪŋ] *s* **1.** Decke *f* (*e-s Raums*) **2.** Höchstmaß *n*; WIRTSCH Höchstgrenze *f* (*von Preisen etc*), Plafond *m* (*e-s Kredits*): ~ *price* Höchst-

preis *m* 3. FLUG Gipfelhöhe *f*; Wolkenhöhe *f*

▸ cel·e·brate ['selɪbreɪt] **I** *v/t* 1. *Fest etc* feiern, begehen: → **occasion** 3 2. *j-n* feiern 3. REL *Messe etc* zelebrieren **II** *v/i* 4. feiern 'cel·e·brat·ed *Adj* berühmt (**for** für, wegen) ,cel·e'bra·tion *s* 1. Feier *f* 2. Feiern *n*: **in ~ of** zur Feier (*Gen*) 3. REL Zelebrieren *n*

ce·leb·ri·ty [sɪ'lebrətɪ] *s* Berühmtheit *f* (*a. Person*)

cel·er·y ['selərɪ] *s* BOT Sellerie *m, f*

ce·les·tial [sɪ'lestjəl] *Adj* himmlisch, Himmels... (*a.* ASTR): **~ body** Himmelskörper *m*

cel·i·ba·cy ['selɪbəsɪ] *s* Zölibat *n, m*, Ehelosigkeit *f* **cel·i·bate** ['~bət] *Adj* unverheiratet **II** *s* Unverheiratete *m, f*

cell [sel] *s allg* Zelle *f*, ELEK *a.* Element *n*

▸ cel·lar ['selə] *s* 1. Keller *m* 2. → **salt-cellar II** *v/t* 3. *a.* **~ in** einkellern, -lagern

cell di·vi·sion *s* BIOL (Zell)Teilung *f*

cel·list ['tʃelɪst] *s* MUS Cellist(in *f*) *m*

cell nu·cle·us *s* (*mst unreg* **nucleus**) BIOL Zellkern *m*

cel·lo ['tʃeləʊ] *Pl* **-los** *s* MUS Cello *n*

cel·lo·phane ['seləʊfeɪn] *s* Zellophan *n*

cell·phone ['selfəʊn] *s* Funktelefon *n*, Mobiltelefon *n*, Handy *n*

cel·lu·lar ['seljʊlə] *Adj* Zell(en)...; **~ (tele)phone** Funktelefon *n*, Mobiltelefon *n* **cel·lu·loid** ['~jʊlɔɪd] *s* Zelluloid *n* **cel·lu·lose** ['~jʊləʊs] *s* Zellulose *f*, Zellstoff *m*

Celt [kelt] *s* Kelte *m*, Keltin *f* 'Celt·ic **I** *Adj* keltisch **II** *s* LING Keltisch *n*

ce·ment [sɪ'ment] *s* 1. Zement *m* 2. Kitt *m* **II** *v/t* 3. zementieren, *fig a.* festigen 4. (ver)kitten **~ mix·er** *s* Betonmischmaschine *f*

▸ cem·e·ter·y ['semɪtrɪ] *s* Friedhof *m*

cen·ser ['sensə] *s* REL Weihrauchfass *n*

cen·sor ['sensə] **I** *s* Zensor(in) **II** *v/t* zensieren **cen·so·ri·ous** [·'sɔːrɪəs] *Adj* 1. kritisch, streng 2. kritt(e)lig (**of** gegenüber) 'cen·sor·ship *s* Zensur *f*: **~ of the press** Pressezensur

cen·sure ['senʃə] **I** *s* 1. Tadel *m*, Rüge *f*: **vote of ~** Misstrauensvotum *n* 2. (**of**) Kritik *f* (an *Dat*), Missbilligung *f* (*Gen*) **II** *v/t* 3. tadeln (**for** wegen) 4. kritisieren, missbilligen

cen·sus ['sensəs] *s* (*bes* Volks)Zählung *f*: **traffic ~** Verkehrszählung

▸ cent [sent] *s* Währung: Cent *m* (*auch* Eurocent)

cen·te·nar·i·an [ˌsentɪ'neərɪən] **I** *Adj* hundertjährig **II** *s* Hundertjährige *m, f* **cen·te·nar·y** [sen'tiːnərɪ] **I** *Adj* hundertjährig **II** *s* Hundertjahrfeier *f*, hundertjähriges Jubiläum

cen·ten·ni·al [sen'tenjəl] **I** *Adj* hundertjährig **II** *s bes Am* → **centenary II**

cen·ter, *etc Am* → **centre**, *etc*

cen·ti·grade ['sentɪɡreɪd] *Adj*: ... **degrees ~** ... Grad Celsius; **~ thermometer** Celsiusthermometer *n* **'~gram(me)** *s* Zentigramm *n*

▸ cen·time·ter, *bes Br* centime·tre ['sentɪˌmiːtə] *s* Zentimeter *m, n*

▸ cen·tral ['sentrəl] **I** *Adj* 1. zentral (gelegen) 2. Mittel(punkts)... 3. Haupt..., Zentral...: **~ bank** WIRTSCH Zentralbank *f*; **~ figure** Schlüssel-, Hauptfigur *f* **II** *s* 4. (*Am* Telefon)Zentrale *f* 2 **A·mer·i·can** *Adj* zentral-, mittelamerikanisch 2 **Eu·ro·pe·an Time** *s* mitteleuropäische Zeit **~ heat·ing** *s* Zentralheizung *f*

cen·tral·ize ['sentrəlaɪz] *v/t u. v/i* (sich) zentralisieren

cen·tral| lock·ing *s* MOT Zentralverriegel(ung *f* **~ ner·vous sys·tem** *s* PHYSIOL Zentralnervensystem *n* **~ pro·cess·ing u·nit** *s* COMPUTER Zentraleinheit *f* **~ re·serve, ~ res·er·va·tion** *s Br* Mittelstreifen *m* (*e-r Autobahn*) **~ sta·tion** *s* Hauptbahnhof *m*

▸ cen·tre ['sentə] **I** *s* 1. Mitte *f, a. fig* Zentrum *n*, Mittelpunkt *m*: **in** (*od at*) **the ~** in der Mitte; **~ of gravity** PHYS Schwerpunkt *m*; **be the ~ of interest** im Mittelpunkt des Interesses stehen 2. *Fußball:* Flanke *f* **II** *v/t* 3. *fig* konzentrieren (**on** auf *Akk*) *u. typographisch:* zentrieren **III** *v/i* 5. *fig* sich konzentrieren (**in, on** auf *Akk*), sich drehen (**round** um) 6. *Fußball:* flanken **~ for·ward** *s* SPORT Mittelstürmer(in)

cen·trif·u·gal [sen'trɪfjʊɡl] *Adj* zentrifugal: **~ force** Flieh-, Zentrifugalkraft *f* **cen·tri·fuge** ['~fjuːdʒ] *s* TECH Zentrifuge *f*

▸ cen·tu·ry ['sentʃʊrɪ] *s* Jahrhundert *n*

ce·ram·ic [sɪ'ræmɪk] **I** *Adj* 1. keramisch **II** *s* 2. Keramik *f*, *Pl a.* keramische Erzeugnisse *Pl* 3. *Pl* (*mst Sg konstruiert*) Keramik *f* (*Technik*)

▸ **ce·re·al** ['sɪərɪəl] **I** *Adj* **1.** Getreide…
II *s* **2.** Getreidepflanze *f* **3.** Getreide
n **4.** Getreideflocken *Pl*

cer·e·bral ['serɪbrəl] *Adj* ANAT Gehirn…

cer·e·mo·ni·al [,serɪ'məʊnjəl] **I** *Adj* **1.**
zeremoniell, feierlich **2.** → *cere·monious* 2, 3 **II** *s* **3.** Zeremoniell *n* ,**cer·e'mo·ni·ous** *Adj* **1.** feierlich **2.** förmlich **3.** rituell **4.** umständlich **cer·e·mo·ny** ['serɪmənɪ] *s* **1.** Zeremonie *f*,
Feier(lichkeit) *f*: *master of ceremonies* Zeremonienmeister *m*; THEAT
etc bes Am Conférencier *m* **2.** Förmlichkeit(en *Pl*) *f*: *without* ~ ohne Umstände; → *stand on* 2

cert *s* **1.** *Br* F sichere Sache: *it's a
dead ~ that* es ist todsicher, dass

▸ **cer·tain** ['sɜːtn] *Adj* **1.** sicher: **a)** (*mst
von Sachen*) bestimmt: *it is ~ to hap·pen* es wird mit Sicherheit geschehen;
for ~ mit Sicherheit, **b)** (*mst von Personen*) überzeugt: *make ~ of* sich (*Gen*)
vergewissern; sich *etw* sichern; *make
~ (that)* dafür sorgen, dass, **c)** zuverlässig **2.** (ganz) bestimmt: *a ~ day* **3.** gewiss: *a ~ Mr Brown*; *for ~ reasons*
aus bestimmten Gründen

▸ **cer·tain·ly** ['sɜːtnlɪ] *Adv* **1.** sicher, bestimmt **2.** *Antwort:* aber sicher, natürlich '**cer·tain·ty** *s* Sicherheit *f*, Bestimmtheit *f*: *it is a ~ that* es ist sicher,
dass

cer·tif·i·cate *s* [sə'tɪfɪkət] **1.** Bescheinigung *f*, Attest *n*: *~ of (good) conduct*
Führungszeugnis *n* **2.** PÄD Zeugnis *n* **3.**
Gutachten *n* **II** *v/t* [sə'tɪfɪkeɪt] **4.** *etw*
bescheinigen **5.** *j-m* e-e Bescheinigung
od ein Zeugnis geben: *~d* (amtlich) zugelassen; diplomiert **cer·ti·fy** ['sɜːtɪfaɪ]
v/t **1.** bescheinigen, attestieren: *this is
to ~ that* hiermit wird bescheinigt, dass
2. beglaubigen **3.** *amtlich* für geisteskrank erklären

cer·ti·tude ['sɜːtɪtjuːd] *s* Sicherheit *f*,
Bestimmtheit *f*

cer·vi·cal ['sɜːvɪkl] *Adj* Gebärmutterhals…: ~ *smear* Abstrich *m*

ces·sa·tion [se'seɪʃn] *s* Aufhören *n*,
Einstellung *f*

ces·sion ['seʃn] *s* Abtretung *f*

cess|·pit ['sespɪt], '**~·pool** *s* Senkgrube *f*

CFC [siːef'siː] *Abk* (= *chlorofluorocarbon*) FCKW *n*

chafe [tʃeɪf] *I v/t* **1.** warm reiben, frottieren **2.** auf-, durchreiben, wund reiben
3. *fig* ärgern, reizen **II** *v/i* **4.** (sich
durch)reiben, scheuern **5.** *fig* sich ärgern (*at, against* über *Akk*)

chaff [tʃɑːf] *s* Spreu *f*: → *wheat*

▸ **chain** [tʃeɪn] **I** *s allg* Kette *f* (*a. fig*): ~
of mountains Gebirgskette; *human* ~
Menschenkette *f* **II** *v/t* (an)ketten (*to* an
Akk): ~ *(up)* *Hund* an die Kette legen ~
re·ac·tion *s* PHYS Kettenreaktion *f* (*a.
fig*) ~ **smok·er** *s* Kettenraucher(in) ~
store *s* Kettenladen *m*

▸ **chair** [tʃeə] **I** *s* **1.** (*Am* F elektrischer)
Stuhl, Sessel *m*: *on a* ~ auf e-m Stuhl; *in
a* ~ in e-m Sessel; *take a* ~ Platz nehmen **2.** *fig* Vorsitz *m*: *be in the* ~ den
Vorsitz führen **3.** UNI Lehrstuhl *m* (*of*
für) **II** *v/t* **4.** bestuhlen **5.** den Vorsitz
führen bei: ~*ed by* unter dem Vorsitz
von (*od Gen*) ~ **lift** *s* Sessellift *m*

▸ **chair·man** ['tʃeəmən] *s* (*unreg man*)
Vorsitzende *m* '**chair·man·ship** *s* Vorsitz *m*: *under the* ~ *of* unter dem Vorsitz von (*od Gen*)

▸ **chair·per·son** ['tʃeə,pɜːsn] *s* Vorsitzende *m, f*

chairman/chairperson …

Aus Gründen der Gleichberechtigung haben etliche Begriffe, für
die es früher nur die Form gab,
die auf **–man** endete, eine neutrale, nicht geschlechtsspezifische Bezeichnung erhalten.

traditionelle Form	neutrale Form
chairman	chairperson
spokesman	spokesperson
salesman	salesperson
layman	layperson
fireman	firefighter
policeman	police officer
businessmen	businesspeople*
sportsmen	sportspeople*

*Hier unterscheidet man im Singular aber noch zwischen **businessman/businesswoman** bzw.
sportsman/sportswoman.

C

▸ **chair·wom·an** ['tʃeə͵wʊmən] *s* (*unreg* **woman**) Vorsitzende *f*

chal·ice ['tʃælɪs] *s* REL Kelch *m*

chalk [tʃɔːk] **I** *s* **1.** Kreide *f*: (*as*) *different as ~ and cheese* verschieden wie Tag u. Nacht **II** *v/t* **2.** mit Kreide markieren **3.** *~ out Plan etc* entwerfen, skizzieren

chal·lenge ['tʃælɪndʒ] **I** *s* **1.** Herausforderung *f* (*to Gen* od an *Akk*) (*a. fig*): *~ cup* (*bes Sport*) Wanderpokal *m* **2.** (schwierige od reizvolle) Aufgabe **3.** JUR Ablehnung *f* **II** *v/t* **4.** herausfordern **5.** JUR Geschworenen, Richter ablehnen **6.** *j-n* fordern od reizen (*Aufgabe*) **7.** stark anzweifeln, infrage stellen **chal·leng·er** *s* SPORT Herausforderer *m*, -forderin *f* '**chal·leng·ing** *Adj* **1.** herausfordernd **2.** schwierig; reizvoll (*Aufgabe*)

cham·ber ['tʃeɪmbə] *s* TECH, PARL *etc* Kammer *f*: *~ of commerce* Handelskammer '*~-maid* *s* Zimmermädchen *n ~ mu·sic* *s* Kammermusik *f ~ pot* *s* Nachtgeschirr *n*, -topf *m*

cha·me·le·on [kə'miːljən] *s* ZOOL Chamäleon *n*

cham·fer ['tʃæmfə] **I** *s* **1.** ARCHI Auskehlung *f* **2.** TECH Abschrägung *f* **II** *v/t* **3.** ARCHI auskehlen **4.** TECH abschrägen

cham·ois ['ʃæmwɑː] *s* **1.** ZOOL Gämse *f* **2.** *a.* ~ *leather* [*mst* 'ʃæmɪ] Sämischleder *n* **3.** Polier-, Fensterleder *n*

champ[1] ['tʃæmp] *v/i u. v/t* (heftig od geräuschvoll) kauen: *~ at the bit fig* ungeduldig sein, es kaum mehr erwarten können (*to do* zu tun)

champ[2] [-] F → **champion** 2

cham·pagne [ʃæm'peɪn] *s* Champagner *m*; Sekt *m*

▸ **cham·pi·on** ['tʃæmpjən] **I** *s* **1.** Verfechter(in), Fürsprecher(in) (*of* von od *Gen*) **2.** SPORT Meister(in) **II** *v/t* **3.** verfechten, eintreten für '**cham·pi·on·ship** *s* SPORT Meisterschaft *f*

▸ **chance** [tʃɑːns] **I** *s* **1.** Zufall *m*: ▸ *by chance* zufällig; *game of chance* Glücksspiel *n* **2.** Möglichkeit *f*, Wahrscheinlichkeit *f*: *the chances are that* es besteht Aussicht, dass **3.** Chance *f*, (günstige) Gelegenheit; Aussicht *f* (*of* auf *Akk*): *stand a chance* Aussichten *od* e-e Chance haben **4.** Risiko *n*: *take a chance* es darauf ankommen lassen,

es riskieren (*on* mit); *take no chances* nichts riskieren (wollen) **II** *v/i* **5.** *I chanced to meet her* ich traf sie zufällig **6.** *chance on* zufällig begegnen (*Dat*); zufällig stoßen auf (*Akk*) **III** *v/t* **7.** riskieren: *chance missing him* es riskieren, ihn zu verfehlen; *chance it* F es darauf ankommen lassen **IV** *Adj* **8.** zufällig, Zufalls...

chan·cel·lor ['tʃɑːnsələ] *s* POL Kanzler(in): ♀ *of the Exchequer Br* Schatzkanzler(in), Finanzminister(in)

chanc·y ['tʃɑːnsɪ] *Adj* F riskant

chan·de·lier [͵ʃændə'lɪə] *s* Kronleuchter *m*, Lüster *m*

▸ **change** [tʃeɪndʒ] **I** *v/t* **1.** (ver)ändern, verwandeln (*into* in *Akk*): → *subject* 1 **2.** wechseln, (ver)tauschen: *~ one's shirt* ein anderes Hemd anziehen; *~ places with s.o.* mit j-m den Platz tauschen; *~ trains* (*planes*) umsteigen; → *hand* 1, *mind* 4 **3.** *Bettzeug etc* wechseln, *Bett* frisch beziehen, *Baby* wickeln **4.** *Geld* (um)wechseln (*into* in *Akk*) **5.** TECH *Teile* (aus)wechseln, *Öl* wechseln **6.** MOT, TECH schalten: *~ over* umschalten; *Maschine, a. Industrie etc* umstellen (*to* auf *Akk*); → *gear* 1 **II** *v/i* **7.** sich (ver)ändern, wechseln **8.** sich verwandeln (*to, into* in *Akk*) **9.** übergehen (*to* zu) **10.** sich umziehen (*for dinner* zum Abendessen) **11.** BAHN, FLUG umsteigen **12.** wechseln, umspringen (*from … to* von … auf *Akk*) (*Verkehrsampel*) **13.** MOT, TECH schalten: *~ up* (*down*) hinauf- (herunter)schalten; → *gear* 1 **III** *s* **14.** (Ver-)Änderung *f*, Wechsel *m*, *weit. S. a.* Umschwung *m*: *~ of air* Luftveränderung; *~ of life* PHYSIOL Wechseljahre *Pl*; *~ in the weather* Witterungsumschlag *m* **15.** (Aus)Tausch *m* **16.** *etw* Neues, Abwechslung *f*: *for a* ~ zur Abwechslung **17.** Wechselgeld *n*; Kleingeld *n*: *can you give me ~ for a pound?* können Sie mir auf ein Pfund herausgeben?; können Sie mir ein Pfund wechseln?; → *small* I '**change·a·ble** *Adj* unbeständig: **a)** wankelmütig (*Person*), **b)** veränderlich (*Wetter*)

▸ **chan·nel** ['tʃænl] *s* Kanal *m* (*a. fig*), (RUNDFUNK, TV *a.*) Programm *n*: *switch ~s* umschalten; *through official ~s* auf dem Dienst- *od* Instanzen-

weg **~ hop·ping** s TV Br, **~ surfing** s TV Am Zappen n, dauerndes Umschalten ♀ **Tun·nel** s Kanaltunnel m

chant [tʃɑːnt] I s **1.** Gesang m **2.** Singsang m **3.** Sprechchor m II v/t **4.** singen **5.** herunterleiern **6.** in Sprechchören rufen

chan·te·relle [ˌtʃæntəˈrel] s BOT Pfifferling m

cha·os ['keɪɒs] s Chaos n **cha·ot·ic** Adj (**~ally**) chaotisch

chap¹ [tʃæp] I v/t Haut rissig machen II v/i rissig werden, aufspringen III s Riss m

chap² [-] s F Bursche m, Kerl m

chap·el ['tʃæpl] s Kapelle f

chap·er·on ['ʃæpərəʊn] I s **1.** Anstandsdame f **2.** Aufsichts-, Begleitperson f II v/t **3.** (als Anstandsdame) begleiten **4.** beaufsichtigen

chap·lain ['tʃæplɪn] s Kaplan m

chapped [tʃæpt] Adj aufgesprungen, rissig

chap·ter ['tʃæptə] s Kapitel n (a. fig)

char¹ [tʃɑː] v/t u. v/i verkohlen

char² [-] I s Br F → **charwoman** II v/i putzen; **go out ~ing** putzen gehen

▶ **char·ac·ter** ['kærəktə] I s **1.** allg Charakter m **2.** Ruf m, Leumund m **3.** Eigenschaft f, Stellung f: **in one's ~ as** in s-r Eigenschaft als **4.** Figur f, Gestalt f (e-s Romans etc), Pl a. Charaktere Pl **5.** Schriftzeichen n, Buchstabe m II Adj **6.** Charakter...: **~ actor** (**study**, etc); **~ assassination** Rufmord m ˌ**char·ac·ter· is·tic** I Adj (**~ally**) charakteristisch (**of** für) II s charakteristisches Merkmal '**char·ac·ter·ize** v/t charakterisieren

char·coal ['tʃɑːkəʊl] s Holzkohle f

▶ **charge** [tʃɑːdʒ] I v/t **1.** Gewehr etc laden, Batterie etc (auf)laden **2.** beauftragen (**with** mit): **charge s.o. to be careful** j-m einschärfen, vorsichtig zu sein **3.** (**with**) j-m (etw) zur Last legen od vorwerfen, a. JUR j-n (e-r Sache) beschuldigen od anklagen **4.** (**with**) WIRTSCH j-n belasten (mit e-m Betrag), j-m (etw) in Rechnung stellen **5.** berechnen, verlangen, fordern (**for** für) **6.** MIL angreifen; stürmen II v/i **7.** **charge at** losgehen auf (Akk) III s **8.** Ladung f (e-s Gewehrs etc) **9.** Preis m; Forderung f; Gebühr f; a. Pl Unkos-

ten Pl, Spesen Pl: **free of charge** kostenlos, gratis **10.** Beschuldigung f, a. JUR Anklage(punkt m) f: **be on a charge of murder** unter Mordanklage stehen **11.** Verantwortung f: **the person in charge** der od die Verantwortliche; ▶ **be in charge of** verantwortlich sein für, leiten (Akk); **be in** (od **under**) **s.o.'s charge** von j-m betreut werden; **take charge of** die Leitung od Aufsicht (Gen) übernehmen **12.** Schützling m, Mündel m, n; j-m anvertraute Sache **~ ac·count** s WIRTSCH **1.** Kundenkreditkonto n **2.** Abzahlungskonto n (bei Teilzahlungen) **~ card** s Kunden(kredit)karte f

char·gé d'af·faires [ˌʃɑːʒeɪdæˈfeə] Pl **char·gés d'af·faires** [ˌ-ʒeɪz-] s Geschäftsträger(in)

charg·er ['tʃɑːdʒə] s ELEK Ladegerät n

char·is·ma [kəˈrɪzmə] s Charisma n, Ausstrahlung(skraft) f **char·is·mat·ic** [ˌkærɪzˈmætɪk] Adj charismatisch

char·i·ta·ble ['tʃærətəbl] Adj **1.** wohltätig, karitativ **2.** gütig, nachsichtig (**to** gegenüber) **char·i·ty** [ˈ-tɪ] s **1.** Nächstenliebe f **2.** Wohltätigkeit f **3.** Güte f, Nachsicht f **4.** Almosen n, milde Gabe

char·la·tan ['ʃɑːlətən] s Scharlatan(in)

charm [tʃɑːm] I s **1.** Charme m, Zauber m **2.** Zauber(formel f; -mittel n) m **3.** Talisman m, Amulett n II v/t **4.** bezaubern, entzücken **5.** verzaubern, Schlangen beschwören: **~ away** wegzaubern, Sorgen etc zerstreuen '**charm·er** s **1.** Zauberer m, Zauberin f **2.** reizvolles Geschöpf (Frau); Charmeur m

▶ **charm·ing** ['tʃɑːmɪŋ] Adj charmant, bezaubernd

char·nel house ['tʃɑːnl -] s veralt Leichenhalle f; Beinhaus n

chart [tʃɑːt] I s **1.** (See-, Himmels-, Wetter)Karte f **2.** Diagramm n, Schaubild n, Kurve(nblatt n) f: **bar ~** s Säulendiagramm n; **flow ~** s Flussdiagramm n; **pie ~** s Kreisdiagramm n **3.** Pl Charts Pl, Hitliste(n Pl) f II v/t **4.** auf e-r Karte etc einzeichnen od verzeichnen

char·ter ['tʃɑːtə] I s **1.** Urkunde f **2.** Konzession f **3.** POL Charta f **4.** Chartern n II v/t **5.** konzessionieren **6.** chartern: **~ed** Charter... **~ flight** s Charterflug m **~ plane** s Charterflugzeug n

'char.wom.an s (unreg woman) Putzfrau f, Raumpflegerin f

char·y ['tʃeərɪ] Adj 1. vorsichtig (in, of in Dat, bei) 2. sparsam, zurückhaltend (of mit)

chase [tʃeɪs] I v/t 1. jagen, Jagd machen auf, (a. fig e-m Traum etc) nachjagen; F e-m Mädchen etc nachlaufen 2. JAGD hetzen, jagen; ~ up (od down) mst fig aufstöbern 3. a. ~ away verjagen, -treiben II v/t 4. ~ after j-m nachjagen 5. F rasen, rennen III s 6. JAGD (Hetz)Jagd f, fig a. Verfolgung(sjagd) f; give ~ to verfolgen (Akk), nachjagen (Dat)

chasm ['kæzəm] s 1. Kluft f, Abgrund m (a. fig) 2. Schlucht f, Klamm f 3. Riss m, Spalte f 4. fig Lücke f

chas·sis ['ʃæsɪ] Pl -sis ['-sɪz] s FLUG, MOT Chassis n, Fahrgestell n

chaste [tʃeɪst] Adj 1. keusch, züchtig 2. bescheiden, schlicht (Mahl etc)

chas·ten ['tʃeɪsn] v/t 1. züchtigen 2. fig läutern 3. fig ernüchtern, nachdenklich stimmen

chas·tise [tʃæ'staɪz] v/t 1. züchtigen 2. fig geißeln, scharf tadeln

chas·ti·ty ['tʃæstətɪ] s 1. Keuschheit f 2. Schlichtheit f

chat [tʃæt] I v/i plaudern, Internet: chatten II v/t ~ up Br F einreden auf (Akk); sich ranmachen an (ein Mädchen etc), anquatschen III s 1. Plauderei f: have a ~ plaudern 2. Internet: Chat m

chat show s Br Talkshow f

chat·tels ['tʃætlz] s Pl JUR bewegliches Eigentum: → good 3

chat·ter ['tʃætə] I v/i 1. schnattern, schwatzen, plappern 2. klappern II s 3. Geschnatter n, Geplapper n 4. Klappern n '~·box s Plaudertasche f, Plappermaul n

chat·ty ['tʃætɪ] Adj 1. geschwätzig, gesprächig 2. fig wortreich, ausführlich; im Plauderton (geschrieben)

chauf·feur ['ʃəʊfə] I s Chauffeur(in), Fahrer(in) II v/t chauffieren, fahren

'chau·vin·ism ['ʃəʊvɪnɪzm] s Chauvinismus m: male ~ männlicher Chauvinismus 'chau·vin·ist s Chauvinist(in): male ~ männlicher Chauvinist; male ~ pig F a) pej Chauvinschwein n, b) hum Chauvi m ,chau·vin'ist·ic Adj (~ally) chauvinistisch

▶ cheap [tʃiːp] I Adj 1. billig, Billig... 2. billig, minderwertig 3. schäbig, gemein: feel ~ sich schäbig vorkommen II Adv 4. billig: buy s.th. ~ III s 5. on the ~ billig 'cheap·en v/t u. v/i (sich) verbilligen 'cheap·ness s Billigkeit f

'cheap·skate s F Knicker(in)

▶ cheat [tʃiːt] I s 1. Betrüger(in), Schwindler(in) 2. Betrug m, Schwindel m II v/t 3. betrügen (of, out of um) III v/i 4. betrügen, schwindeln 5. ~ on F s-e Frau etc betrügen

Chech·nia ['tʃetʃnɪə] Eigenn Tschetschenien n

▶ check [tʃek] I s 1. Schach(stellung f) n: give ~ Schach bieten; hold (od keep) in ~ fig in Schach halten 2. Hemmnis n, Hindernis n (on für) 3. Einhalt m: act as a ~ on Einhalt gebieten (Dat) 4. Kontrolle f, Überprüfung f: keep a ~ on unter Kontrolle halten (Akk) 5. Am Häkchen n (auf Liste etc) 6. WIRTSCH Am Scheck m (for über Akk): pay by ~ mit Scheck bezahlen 7. bes Am Kassenzettel m, Rechnung f 8. Kontrollabschnitt m, -schein m 9. bes Am Garderobenmarke f; Gepäckschein m 10. Schachbrett-, Karomuster n; Karo n, Viereck n; karierter Stoff 11. Poker etc: Spielmarke f: pass (od hand) in one's ~s Am F den Löffel weglegen (sterben) II v/t 12. Schach bieten (Dat) 13. hemmen, hindern 14. TECH drosseln, bremsen (a. fig) 15. zurückhalten, zügeln: ~ o.s. sich beherrschen 16. checken, kontrollieren, überprüfen (for auf Akk hin) 17. Am auf Liste etc abhaken 18. bes Am (zur Aufbewahrung od in der Garderobe) abgeben; (als Reisegepäck) aufgeben 19. a. ~ out Am Geld mittels Scheck abheben III v/i 20. (plötzlich) innehalten, stutzen 21. Am e-n Scheck ausstellen (for über Akk)

Verbindungen mit Adverbien:

check back v/i rückfragen (with bei)
▶ check in v/i 1. sich (in e-m Hotel) anmelden 2. einstempeln 3. FLUG (a. v/t) einchecken ~ off → check 17 ~ out I v/t 1. → check 19 2. sich erkundigen nach, sich informieren über (Akk) II v/i 3. aus e-m Hotel abreisen 4. ausstempeln ~ up v/i: ~ on etw nachprüfen, etw, j-n überprüfen

chatting on the Internet

Beim Chatten im Internet wird man oft mit seltsamen Abkürzungen konfrontiert, deren originale Auflösungen folgendermaßen aussehen:

AFAIK	as far as I know	soweit ich weiß
BFN	bye for now	tschüs (erst mal)!
BION	believe it or not	ob du es glaubst oder nicht
BOT	back on topic	zurück zum Thema
BTW	by the way	übrigens
FOAF	friend of a friend	der Freund eines Freundes/einer Freundin *oder* die Freundin einer Freundin/eines Freundes
FOC	free of charge	kostenlos
FYE	for your entertainment	zu deiner Unterhaltung
FYI	for your information	zu deiner Information
IMO	in my opinion	meiner Meinung nach
IOW	in other words	mit anderen Worten
OIC	oh I see	aha, ich verstehe!
NW	no way	kommt nicht in Frage!
TIA	thanks in advance	danke im Voraus

Will man bestimmte Emotionen in einer E-Mail vermitteln, kann man sich der so genannten „Emoticons" bedienen, auch „Smileys" genannt, die sich leicht durch eine Tastenkombination erzeugen lassen. Man muss den Kopf allerdings um 90 Grad nach links neigen, um sie auf dem Bildschirm optisch zu verstehen. Hier eine Auswahl von vielen möglichen Varianten:

:-)	glücklich	:-(	unglücklich, traurig; enttäuscht
:-))	sehr glücklich (*aber auch* Doppelkinn)	:-<	traurig, enttäuscht
:'-)	Weinen vor Freude	:-((	sehr unglücklich, sehr enttäuscht
:-D	lautes Lachen	:'-(	Weinen
;-)	Augenzwinkern	:-/	skeptisch; „nicht so gut"
:-*	Küsschen	:-I	ernst; „finde ich nicht so komisch"
:-x	Küsschen	:-X	Lippen versiegelt (*auch* dicker Kuss)
:-@	Schrei	:->	boshafte *od* ironische Bemerkung
:-o	überrascht; schockiert	+O:-)	der Papst

'**check|·book** s Am Scheckbuch n, -heft n ~ **card** s Am Scheckkarte f
checked [tʃekt] Adj kariert
check·er¹ ['tʃekə] s 1. Am a) (Dame-)Stein m, b) ~s Sg Dame(spiel n) f 2. Karomuster n

check·er² [-] s bes Am 1. Kassierer(in) (bes im Supermarkt) 2. Garderobenmann m, -frau f
'**check·er·board** s Am Schach-, Damebrett n
check·ered ['tʃekəd] Adj 1. kariert 2.

bunt (a. fig) **3.** fig wechselvoll, bewegt (Geschichte etc)

'**check-in** s **1.** Anmeldung f (in e-m Hotel) **2.** Einstempeln n **3.** FLUG Einchecken n: **~ counter, ~ desk** Abfertigungsschalter m

check·ing ac·count ['tʃekɪŋ] s WIRTSCH Am Girokonto n

check| list s Check-, Kontrollliste f '**~·mate I** s (Schach)Matt n, Mattstellung f **II** v/t (schach)matt setzen (a. fig) '**~·out** s **1.** Abreise f (aus e-m Hotel): **~** (**time**) Zeit, zu der ein Hotelzimmer geräumt sein muss **2.** Ausstempeln n **3.** a. **~ counter** Kasse f (bes im Supermarkt), österr. Kassa f **~·point** s Kontrollpunkt m (an der Grenze) '**~·room** bes Am **1.** BAHN Gepäckaufbewahrung f **2.** Garderobe f '**~·up** s **1.** Überprüfung f **2.** MED Check-up m, Vorsorgeuntersuchung f

▸ **cheek** [tʃiːk] **I** s **1.** Backe f (a. TECH), Wange f: **be ~ by jowl** Tuchfühlung haben (**with** mit) (a. fig) **2.** F Frechheit f **II** v/t **3.** F frech sein zu '**~·bone** s Backenknochen m

cheek·y ['tʃiːki] Adj F frech (**to** zu)

cheep [tʃiːp] **I** v/i u. v/t piepsen **II** s Piepsen n; Pieps(er) m (a. fig)

cheer [tʃɪə] **I** s **1.** Beifall(sruf) m, Hoch (-ruf) m: **give three ~s for s.o.** j-n dreimal hochleben lassen **2.** Auf-, Ermunterung f, Aufheiterung f: **words Pl of ~** aufmunternde Worte Pl; **~s!** → **cheerio 3.** (gute) Laune: **be of good ~** guter Laune od Dinge sein **II** v/t **4.** Beifall spenden (Dat), hochleben lassen **5.** a. **~ on** anspornen, anfeuern **6.** a. **~ up** auf-, ermuntern, aufheitern **III** v/i **7.** Beifall spenden, jubeln **8.** mst **~ up** Mut fassen, (wieder) fröhlich werden: **~ up!** Kopf hoch!, lass den Kopf nicht hängen! **cheer·ful** ['~fʊl] Adj **1.** fröhlich (a. Lied etc), vergnügt **2.** freundlich (Raum, Wetter etc)

cheer·i·o [ˌtʃɪəri'əʊ] Interj bes Br F **1.** machs gut!, tschüss! **2.** prost!

'**cheer·lead·er** s SPORT Cheerleader m

cheer·less ['tʃɪəlɪs] Adj **1.** freudlos **2.** unfreundlich (Raum, Wetter etc)

'**cheer·y** Adj fröhlich, vergnügt

▸ **cheese** [tʃiːz] s Käse m: **say ~!** FOTO bitte recht freundlich!; **hard ~!** sl Künstlerpech! '**~·cake** s **1.** ein Käseku-

chen m **2.** sl Zurschaustellung f weiblicher Reize (bes auf Fotografien) '**~·dairy** s Käserei f '**~·par·ing I** s Knauserei f **II** Adj knaus(e)rig **~ spread** s Streichkäse m

chees·y ['tʃiːzɪ] Adj käsig

chee·tah ['tʃiːtə] s ZOOL Gepard m

chef [ʃef] s Küchenchef(in)

▸ **chem·i·cal** ['kemɪkl] **I** Adj chemisch: **~ warfare** chemische Kriegsführung **II** s Chemikalie f

▸ **chem·ist** ['kemɪst] s **1.** Chemiker(in) **2.** Br Apotheker(in); Drogist(in): **~'s shop** Apotheke f; Drogerie f

▸ **chem·is·try** ['kemɪstrɪ] s Chemie f

chem·o·ther·a·py [ˌkiːməʊ'θerəpɪ] s MED Chemotherapie f

▸ **cheque** [tʃek] s WIRTSCH Br Scheck m: **~ ac·count** s WIRTSCH Br Girokonto n '**~·book** s Br Scheckbuch n, -heft n **~ card** s Scheckkarte f

cheq·uer, cheq·uer·board, cheq·uered bes Br → **checker¹, checkerboard, checkered**

cher·ish ['tʃerɪʃ] v/t **1.** j-s Andenken in Ehren halten **2.** Gefühle hegen **3.** festhalten an (Dat)

▸ **cher·ry** ['tʃerɪ] **I** s BOT Kirsche f **II** Adj kirschrot **~ bran·dy** s Cherrybrandy m, Kirschlikör m **~ to·ma·to** Pl **-toes** s Kirschtomate f

cher·ub ['tʃerəb] Pl **-ubs, -u·bim** ['~əbɪm] s **1.** Cherub m, Engel m **2.** geflügelter Engelskopf

chess [tʃes] s Schach(spiel) n '**~·board** s Schachbrett n '**~·man** s (unreg man), **~ piece** s Schachfigur f

▸ **chest** [tʃest] s **1.** Kiste f, Kasten m; Truhe f: ▸ **chest** (**of drawers**) Kommode f **2.** ANAT Brust(kasten m) f: **get s.th. off one's chest** F sich etw von der Seele reden

chest·nut ['tʃesnʌt] **I** s **1.** BOT Kastanie f: **pull s.o.'s ~s out of the fire** fig für j-n die Kastanien aus dem Feuer holen **2.** F alte od olle Kamelle, alter Witz **II** Adj **3.** kastanienbraun

chest·y ['tʃestɪ] Adj F **1.** tiefsitzend (Husten) **2.** vollbusig (Frau)

▸ **chew** [tʃuː] **I** v/t **1.** (zer)kauen: **~ one's nails** an den Nägeln kauen; → **cud 1, fat 3 II** v/i **2.** kauen: **~ on** herumkauen auf (Dat) **3.** nachsinnen, grübeln (**on, over** über Akk)

chew·ing gum ['tʃuːɪŋ] *s* Kaugummi *m*, *a. n*

chic [ʃiːk] **I** *s* Schick *m*, Eleganz *f* **II** *Adj* schick, elegant

chick [tʃɪk] *s* **1.** Küken *n*, junger Vogel **2.** F Kleine(s) (*Kind; oft Anrede*) **3.** *sl* Biene *f*, Puppe *f* (*Mädchen*)

▶ **chick·en** ['tʃɪkɪn] **I** *s* **1.** Küken *n* (*a.* F *junge Person*), Hühnchen *n*, Hähnchen *n*: **she's no ~** F sie ist (auch) nicht mehr die Jüngste **2.** Huhn *n* **3.** F Feigling *m* **II** *Adj* **4.** F feig **III** *v/i* **5.** ~ **out** F kneifen (*of, on* vor *Dat*) ~ **broth** *s* Hühnerbrühe *f* ~ **farm** *s* Geflügel-, Hühnerfarm *f* ~ **farm·er** *s* Geflügelzüchter(in) ~ **feed** *s* **1.** Hühnerfutter *n* **2.** *sl pej* ein paar Cent *Pl, a.* Hungerlohn *m* ~ **flu** *s* MED F Hühnergrippe *f* '~**,heart·ed** *Adj* furchtsam, feig ~ **pox** *s* MED Windpocken *Pl*

chick·pea ['tʃɪkpiː] *s* BOT Kichererbse *f*

chic·o·ry ['tʃɪkərɪ] *s* BOT Schikoree *m, a. f*

▶ **chief** [tʃiːf] **I** *s* **1.** (Ober)Haupt *n*, (An-)Führer(in), Chef(in) **2.** Häuptling *m*: **tribal ~** Stammeshäuptling **II** *Adj* **3.** erst, oberst, Ober…, Haupt…: ~ **de·signer** Chefkonstrukteur(in). ~ **execu·tive officer** (*Abk* **CEO**) Am Hauptgeschäftsführer(in), Vorstandsvorsitzende(r) **4.** hauptsächlich, wichtigst '**chief·ly** *Adv* hauptsächlich, vor allem

chif·fon ['ʃɪfɒn] *s* Chiffon *m*

chil·blain ['tʃɪlbleɪn] *s* Frostbeule *f*

▶ **child** [tʃaɪld] *Pl* **chil·dren** ['tʃɪldrən] *s* Kind *n*; **an only ~** ein Einzelkind; **be a good ~!** sei artig od brav!; **that's ~'s play** F das ist ein Kinderspiel ~ **a·buse** *s* Kindesmisshandlung *f* '~**bed** *s*: **be in ~** im Wochenbett liegen; ~ **fever** MED Kindbettfieber *n* ~ **bene·fit** *s* Br Kindergeld *n* '~**·birth** *s* Geburt *f*, Niederkunft *f*, Entbindung *f*

▶ **child·hood** ['tʃaɪldhʊd] *s* Kindheit *f*: **from ~** von Kindheit an; → **second**¹ **1**

▶ **child·ish** ['tʃaɪldɪʃ] *Adj* **1.** kindlich **2.** kindisch

child·less ['tʃaɪldlɪs] *Adj* kinderlos

'**child·like** ['tʃaɪldlaɪk] *Adj* kindlich ~ **mind·er** *s* Tagesmutter *f* ~ **mo·lest·er** *s* Kinderschänder(in) ~**prod·i·gy** *s* Wunderkind *n* '~**proof** *Adj* kindersicher: ~ **lock** MOT Kindersicherung *f*

chil·dren ['tʃɪldrən] *Pl von* **child**: ~**'s**

channel Kinderkanal *m*; ~**'s clinic** Kinderklinik *f*

Chil·e ['tʃɪlɪ] *s* GEOG Chile *n*

chill [tʃɪl] **I** *s* **1.** Kältegefühl *n*, Frösteln *n* **2.** Kälte *f*, Kühle *f* (*beide a. fig*): **take the ~ off** *etw* leicht anwärmen **3.** Erkältung *f*: **catch a ~** sich erkälten **4.** *fig* gedrückte Stimmung: **cast** (*od* **put**) **a ~ on** (*od* **over**) → **8 II** *Adj* **5.** kalt, frostig, kühl (*alle a. fig*) **III** *v/i* **6.** abkühlen **7.** ~ **out** sich beruhigen, relaxen **IV** *v/t* **8.** *j-n* frösteln lassen; abkühlen (lassen), Lebensmittel *etc* kühlen: ~**ed meat** Kühlfleisch *n* **9.** *fig* abkühlen; entmutigen

chil·li *s Pl* **-lies** BOT Chili *m* (*Cayennepfeffer*): ~ **sauce** Chili(soße *f*) *m*

chil·ly ['tʃɪlɪ] *Adj* → **chill 5**: **feel** ~ frösteln

chime [tʃaɪm] **I** *s* **1.** *oft Pl* Glockenspiel *n*, (Glocken)Geläute *n* **2.** (Glocken-)Schlag *m* **II** *v/i* **3.** läuten; ertönen; schlagen (*Uhr*) **4.** *fig* harmonieren, übereinstimmen (*with* mit): ~ **in** sich (ins Gespräch) einmischen, einfallen (*a. MUS*): ~ **in with** zustimmen, beipflichten (*Dat*); übereinstimmen mit **III** *v/t* **5.** *Glocken* läuten; *die Stunde* schlagen

▶ **chim·ney** ['tʃɪmnɪ] *s* Schornstein *m*, Kamin *m* '~**piece** *s* Kaminsims *m, n* ~ **sweep** *s* Schornsteinfeger(in)

chim·pan·zee [ˌtʃɪmpən'ziː] *s* ZOOL Schimpanse *m*

▶ **chin** [tʃɪn] **I** *s* Kinn *n*: (**keep your**) ~ **up!** F Kopf hoch!, halt die Ohren steif! **II** *v/t*: ~ **o.s.** (**up**), ~ **the bar** e-n Klimmzug machen **III** *v/i Am* F schwatzen

▶ **chi·na** ['tʃaɪnə] *s* **1.** Porzellan *n* **2.** (Porzellan)Geschirr *n*

▶ **Chi·na** ['tʃaɪnə] *s* GEOG China *n* ~**man** ['-mən] *s* (*unreg man*) *mst pej* Chinese *m* '~**town** *s* Chinesenviertel *n*

'**chi·na·ware** *s* Porzellan(waren *Pl*) *n*

▶ **Chi·nese** [ˌtʃaɪ'niːz] **I** *s* **1.** Chinese *m*, Chinesin *f*: ▶ **the Chinese** *Pl* die Chinesen *Pl* **2.** LING Chinesisch *n* **II** *Adj* **3.** chinesisch ~ **cab·bage** *s* BOT Chinakohl *m* ~ **leaf** *s mst* ~ **leaves** *Pl* BOT Chinakohl *m*

chink¹ [tʃɪŋk] *s* Riss *m*, Ritze *f*, Spalt *m*, Spalte *f*

chink² [-] **I** *v/i u. v/t* klingen *od* klirren (lassen), klimpern (mit) **II** *s* Klirren *n*, Klimpern *n*

C

'chin·wag F **I** s **1.** Plauderei f, Plausch m **2.** Tratsch m **II** v/i **3.** plaudern, plauschen **4.** tratschen

▸ chip [tʃɪp] **I** s **1.** Splitter m, Span m, Schnitzel n, m: **be a ~ off the old block** ganz der Vater sein; **have a ~ on one's shoulder** F sich ständig angegriffen fühlen; e-n Komplex haben (**about** wegen) **2.** angeschlagene Stelle **3.** Pl Br Pommes frites Pl; Am (Kartoffel-) Chips Pl **4.** Chip m (a. ELEK), Spielmarke f **II** v/t **5.** a. ~ off abbrechen **6.** Geschirr etc anschlagen **7.** ~ in F im Gespräch einwerfen **8.** ~ in F Geld etc beisteuern **III** v/i **9.** a. ~ off abbrechen, abbröckeln **10.** ~ in F dazu beisteuern: ~ **in with** → **8 11.** ~ **in** F sich (in ein Gespräch) einmischen

chips

Achten Sie auf den Unterschied

Englisch	Deutsch
Br chips	Pommes frites
Am (**potato**) chips	Kartoffelchips

Deutsch	Englisch
Kartoffelchips	*Br* crisps, *Am* (**potato**) chips
Pommes frites	*Br* chips, *Am* (**French**) fries

Übrigens: Auch in britischen Restaurants werden Pommes frites oft als **French fries** bzw. **French fried potatoes** bezeichnet.

chip|munk s ZOOL (amerikanisches) Streifenhörnchen **~·pan** s Friteuse f **~·shop** s Imbissbude f
chi·rop·o·dist [kɪˈrɒpədɪst] s Fußpfleger(in), Pediküre f **chi·rop·o·dy** s Fußpflege f, Pediküre f
chi·ro·prac·tor [ˈkaɪrəʊˌpræktə] s MED Chiropraktiker(in)
chirp [tʃɜːp] **I** v/i u. v/t **1.** zirpen (Grille etc); zwitschern, piepsen (Vogel) (alle a. fig Person etc) **II** s **2.** Zirpen n; Zwit-

schern n, Piepsen n **3.** Piepser m
'chirp·y Adj F quietschvergnügt
chir·rup [ˈtʃɪrəp] → **chirp**
chis·el [ˈtʃɪzl] **I** s **1.** Meißel m **II** v/t Prät u. Part Perf -**eled**, bes Br -**elled 2.** (aus-) meißeln **3.** fig (stilistisch) ausfeilen
chit[1] [tʃɪt] s: **a ~ of a girl** ein junges Ding; pej ein Fratz
chit[2] [-] s **1.** vom Gast abgezeichnete Rechnung **2.** (kurze) Notiz; beschriebener Zettel
chit-chat [ˈtʃɪtʃæt] s **1.** Plauderei f, Plausch m **2.** Klatsch m, Tratsch m
chiv·al·rous [ˈʃɪvlrəs] Adj **1.** ritterlich, galant **2.** tapfer; loyal; großzügig **'chiv·al·ry** s **1.** Ritterlichkeit f **2.** hist Rittertum n; -stand m
chives [tʃaɪvz] s Pl BOT Schnittlauch m
chlo·ric [ˈklɔːrɪk] Adj CHEM chlorhaltig, Chlor... **chlo·rin·ate** [ˈ-rɪneɪt] v/t chloren **chlo·rine** [ˈ-riːn] s CHEM Chlor n
chlo·ro·fluo·ro·car·bon [ˌklɔːrəʊˌfluərəˈkɑːbən] s Fluorchlorkohlenwasserstoff m
chlo·ro·form [ˈklɒrəfɔːm] **I** s CHEM Chloroform n **II** v/t chloroformieren
chlo·ro·phyll [ˈklɒrəfɪl] s BOT Chlorophyll n, Blattgrün n
chock [tʃɒk] **I** s Bremsklotz m **II** v/t festkeilen **,~·a·'block** Adj voll gestopft (**with** mit) **,~·'full** Adj zum Bersten voll (**of** mit)
▸ choc·o·late [ˈtʃɒkələt] **I** s **1.** Schokolade f (a. Getränk) **2.** Praline f: **~s** Pl Pralinen Pl, Konfekt n; → **box**[1] **2 II** Adj **3.** schokolade(n)braun **~ bar** s Schokoriegel m
▸ choice [tʃɔɪs] **I** s **1.** (a. freie) Wahl: **make a ~** wählen, e-e Wahl treffen; **take one's ~** s-e Wahl treffen, sich etw aussuchen; **at ~** nach Belieben; **have no ~** keine andere Wahl haben **2.** (große) Auswahl (**of** an Dat) **3.** Auslese f, das Beste **II** Adj **4.** auserlesen, ausgesucht (gut) **5.** hum deftig (Sprache): **~ word** Kraftausdruck m
▸ choir [ˈkwaɪə] s MUS, ARCHI Chor m
choke [tʃəʊk] **I** v/t **1.** Würgen n **2.** MOT Choke m: **pull out the ~** den Choke ziehen **II** v/t **3.** würgen **4.** erwürgen, erdrosseln, a. weit. S. Feuer ersticken **5.** a. ~ **back** (od down) Bemerkung, Ärger etc unterdrücken, hinunterschlucken; Tränen zurückhalten **6.** Motor, Strom

drosseln; F *Motor* abwürgen **7.** *a. ~ off* Diskussion etc abwürgen; *j-s Redefluss* stoppen **8.** *a. ~ up* verstopfen; voll stopfen **III** *v/i* **9.** würgen **10.** ersticken (*on* an *Dat*) '**chok·ing** *Adj* **1.** stickig (*Luft*) **2.** erstickt (*Stimme*)

chol·er·a ['kɒlərə] *s* MED Cholera *f* '**chol·er·ic** *Adj* cholerisch

cho·les·ter·ol [kə'lestərɒl] *s* PHYSIOL Cholesterin *n*

▶ **choose** [tʃuːz] (*unreg*) **I** *v/t* **1.** (aus-) wählen, (sich *etw*) aussuchen **2.** *~ to do s.th.* vorziehen *od* beschließen, etw zu tun **II** *v/i* **3.** wählen: *there are three versions to ~ from* es stehen drei Ausführungen zur Auswahl '**choos·(e)y** *Adj* F wählerisch, heikel

▶ **chop**[1] [tʃɒp] **I** *s* **1.** Hieb *m*, Schlag *m* **2.** GASTR Kotelett *n* **II** *v/t* **3.** (zer)hacken: *~ wood* Holz hacken; *~ away* (*od off*) abhacken; *~ down* fällen

chop[2] [-] *v/i od ~ about* (*od round*) plötzlich umschlagen (*Wind etc*): *~ and change* dauernd s-e Meinung *od* s-e Pläne ändern

chop·per ['tʃɒpə] *s* **1.** Hackmesser *n* **2.** F Hubschrauber *m*

chop·py ['tʃɒpɪ] *Adj* **1.** kabbelig (*Meer*) **2.** böig (*Wind*) **3.** *fig* abgehackt; zusammenhang(s)los

'**chop·stick** *s* Essstäbchen *n*

cho·ral ['kɔːrəl] *Adj* Chor…, chorartig: *~ society* Gesangverein *m* **cho·ral(e)** [kɒ'rɑːl] *s* Choral *m*

chord[1] [kɔːd] *s* MUS Saite *f* (*a. fig*): *strike the right ~* den richtigen Ton treffen

chord[2] [-] *s* MUS Akkord *m*

chore [tʃɔː] *s* **1.** *Pl* Hausarbeit *f*: *do the ~s* den Haushalt machen **2.** schwierige *od* unangenehme Aufgabe

cho·re·og·ra·pher [ˌkɒrɪ'ɒgrəfə] *s* Choreograf(in) ˌ**cho·re'og·ra·phy** *s* Choreografie *f*

cho·rus ['kɔːrəs] **I** *s* **1.** Chor *m* (*a. fig*): *~ of protest* Protestgeschrei *n*; *in ~* im Chor **2.** Tanzgruppe *f* (*bes e-r Revue*) **II** *v/t u. v/i* **3.** im Chor singen *od* sprechen *od* rufen *~ girl s* (Revue)Tänzerin *f*

chose [tʃəuz] *Prät von* **choose cho·sen** ['-zn] *Part Perf von* **choose**

chow [tʃau] *s* **1.** ZOOL Chow-Chow *m* **2.** *sl* Futter *n*, Essen *n*

chow·der ['tʃaudə] *s* GASTR *bes Am* dicke Suppe aus Meeresfrüchten

Christ [kraɪst] **I** *s* Christus *m*: *before ~* vor Christi Geburt **II** *Interj sl* verdammt *od* Herrgott noch mal!

chris·ten ['krɪsn] *v/t j-n, a. Schiff etc* (auf den Namen …) taufen '**chris·ten·ing** *s* Taufe *f*

▶ **Chris·tian** ['krɪstʃən] **I** *Adj* christlich: *~ Era* christliche Zeitrechnung; *~ name → first name* **II** *s* Christ(in) **Chris·tian·i·ty** [ˌ-tɪ'ænətɪ] *s* **1.** Christenheit *f* **2.** Christentum *n* **Chris·tian·ize** ['-jənaɪz] *v/t* christianisieren

▶ **Christ·mas** ['krɪsməs] *s* Weihnachten *n u. Pl*: *at ~* zu Weihnachten; *→ merry* **1.** *~ bo·nus* s Weihnachtsgratifikation *f ~ box* s *Br* Geldgeschenk *n* zu Weihnachten (*für Briefträger etc*) *~ car·ol* s Weihnachtslied *n ~ Day* s erster Weihnachtsfeiertag *~ Eve* s Heiliger Abend *~ pres·ent* s Weihnachtsgeschenk *n ~ pud·ding* s Plumpudding *m* '*~·tide*, '*~·time* s Weihnachtszeit *f ~ tree* s Christ-, Weihnachtsbaum *m*; → *Info-Fenster S. 116*

chro·mat·ic [krəʊ'mætɪk] PHYS **I** *Adj* (*~ally*) chromatisch, Farben… **II** *s ~s Sg* Chromatik *f*, Farbenlehre *f*

chrome [krəʊm] CHEM **I** *s* Chrom *n* **II** *v/t a. ~·plate* verchromen

chro·mi·um ['krəʊmɪəm] *s* CHEM Chrom *n* ,*~·plate* v/t verchromen

chro·mo·some ['krəʊməsəʊm] *s* BIOL Chromosom *n*

chron·ic ['krɒnɪk] *Adj* (*~ally*) **1.** ständig, (an)dauernd: *~ unemployment* Dauerarbeitslosigkeit *f* **2.** eingewurzelt; unverbesserlich **3.** MED chronisch **4.** *Br* F scheußlich, miserabel

chron·i·cle ['krɒnɪkl] *s* Chronik *f* **II** *v/t* aufzeichnen '**chron·i·cler** *s* Chronist(in)

chron·o·log·i·cal [ˌkrɒnə'lɒdʒɪkl] *Adj* chronologisch: *in ~ order, ~ly* in chronologischer Reihenfolge **chro·nol·o·gy** [krə'nɒlədʒɪ] *s* **1.** Chronologie *f*, Zeitrechnung *f* **2.** Zeittafel *f* **3.** chronologische Aufstellung

chrys·an·the·mum [krɪ'sænθəməm] *s* BOT Chrysantheme *f*

chub·by ['tʃʌbɪ] *Adj* **1.** dicklich, rundlich: *~ cheeks Pl* Pausbacken *Pl* **2.** pausbäckig

Christmas

Weihnachten wird in den englischsprachigen Ländern am 1. Weihnachtstag (**Christmas Day**) und nicht an Heiligabend (**Christmas Eve**) gefeiert. Die Geschenke werden nachts vom Weihnachtsmann (**Father Christmas/Santa Claus/Santa**) mithilfe seiner Rentiere (**reindeer**) vom Gebiet um den Nordpol aus in alle Welt geliefert. Santa Claus kommmt durch den Schornstein ins Haus und füllt die Geschenke in die zu diesem Zweck aufgehängten Strümpfe.

Während der Adventszeit wird viel gefeiert, und in den Schulen werden Krippenspiele (**nativity plays**) veranstaltet. Trotz moderner Kommunikationsmöglichkeiten wie Telefon und E-Mail werden noch immer viele Weihnachtskarten (**Christmas cards**) geschrieben. Die Zahl der im Wohnzimmer aufgestellten oder aufgehängten Weihnachtskarten erzählt etwas von der Beliebtheit und dem Prestige des Hauses und wird oft als eine Art Statussymbol betrachtet. Das Wohnzimmer selbst ist außer mit Weihnachtskarten mit einem Weihnachtsbaum und - anders als bei uns und etwas an Silvester erinnernd - mit bunten Girlanden geschmückt.
Christmas dinner heißt das Festessen, das am **Christmas Day** zu Mittag serviert wird. Dazu gehört typischerweise die Weihnachtspute mit einer Salbei- und Zwiebelfüllung, die mit gerösteten Kartoffeln und diversen Gemüsearten (z. B. Rosenkohl, Pastinaken, Möhren) serviert wird. Als Nachtisch gibt es **mince pies** (süße Pasteten mit einer Füllung aus Rosinen, Trockenobst und Gewürzen) oder **Christmas pudding** (Plumpudding), der in Weinbrand getränkt und kurz vor dem Servieren flambiert wird. Vor dem Essen bekommt jeder einen **Christmas cracker** (Knallbonbon), der meistens einen Papierhut, einen Scherzartikel und einen Witz enthält.

chuck¹ [tʃʌk] **I** s **1.** F Wurf m: **give s.o. the ~** *Br* j-n rausschmeißen (*entlassen*) **II** v/t **2.** F schmeißen, werfen **II** s **3.** F **a)** Schluss machen mit (*e-r Freundin etc*): **~ it!** lass das!, **b) → chuck up 4. ~ s.o. under the chin** j-n *od* j-m zärtlich unters Kinn fassen
Verbindungen mit Adverbien:
chuck|a·way v/t F **1.** wegschmeißen **2.** *Geld* verschwenden **3.** *Gelegenheit etc* verpassen, verschenken **~ in → chuck up ~ out** v/t F j-n rausschmeißen, *etw Altes etc* a. wegschmeißen **~ up** v/t F *Job* hinschmeißen
chuck² [-] s TECH **1.** Spann-, Klemmfutter n **2.** Spannvorrichtung f
chuck·er-out [ˌtʃʌkərˈaʊt] s F Rausschmeißer(in)
chuck·le [ˈtʃʌkl] **I** v/i **1.** glucksen: **~** (**to o.s.**) in sich hineinlachen **2.** glucken (*Henne*) **II** s **3.** Glucksen n

chuffed [tʃʌft] Adj F hocherfreut
chug [tʃʌg] **I** s Tuckern n (*des Motors*) **II** v/i tuckern(d fahren)
chum [tʃʌm] F **I** s Kumpel m: **be great ~s** dicke Freunde sein **II** v/i: **~ up with s.o.** enge Freundschaft mit j-m schließen
chump [tʃʌmp] s **1.** Holzklotz m **2.** dickes Ende (*e-r Hammelkeule etc*) **3.** F Trottel m **4.** *Br sl* Birne f (*Kopf*): **be off one's ~** F n-n Vogel haben
chunk [tʃʌŋk] s F (Holz)Klotz m; (dickes) Stück: **a ~ of bread** ein Runken
'chunk·y Adj F klobig, klotzig
Chun·nel [ˈtʃʌnl] s F Eurotunnel m
▸ **church** [tʃɜːtʃ] **I** s Kirche f: **at** (*od* **in**) **~** in der Kirche; **go to ~** in die Kirche gehen **II** Adj Kirchen..., kirchlich '**~,go·er** s Kirchgänger(in) **~ wed·ding** s kirchliche Trauung '**~·yard** s Kirchhof, Friedhof m

churn [tʃɜːn] **I** s **1.** Butterfass n, -maschine f **2.** Br Milchkanne f **II** v/t **3.** zu Butter verarbeiten **4.** a. **~ up** Flüssigkeiten heftig schütteln, Wellen aufwühlen, peitschen **III** v/i **5.** buttern **6.** sich heftig bewegen

chute [ʃuːt] s **1.** Stromschnelle f **2.** Rutsche f (a. TECH), Rutschbahn f **3.** Müllschlucker m **4.** F Fallschirm m

chut·ney ['tʃʌtnɪ] s GASTR Chutney n (scharf gewürzte Paste aus Früchten)

CIA [siː'aɪ'eɪ] (= **Central Intelligence Agency**) CIA f

CID [siː'aɪ'diː] s (= **Criminal Investigation Department**) Kripo f

ci·der ['saɪdə] s (Am hard **~**) Apfelwein m: (**sweet**) **~** Am Apfelmost m, -saft m

▸ **ci·gar** [sɪ'ɡɑː] s Zigarre f **~·cut·ter** s Zigarrenabschneider m

▸ **cig·a·rette**, Am a. **cig·a·ret** [ˌsɪɡə'ret] s Zigarette f **~ case** s Zigarettenetui n **~ end** s Zigarettenstummel m **~·hold·er** s Zigarettenspitze f **~ pa·per** s Zigarettenpapier n

cig·a·ril·lo [ˌsɪɡə'rɪləʊ] Pl **-los** s Zigarillo m, n

ci·gar light·er s MOT Zigarren-, Zigarettenanzünder m

cinch [sɪntʃ] s sl todsichere Sache; Kinderspiel n

cin·der ['sɪndə] s **1.** Schlacke f: **burnt to a ~** verkohlt, verbrannt **2.** Pl Asche f

Cin·der·el·la [ˌsɪndə'relə] s Aschenbrödel n, -puttel n (a. fig)

cin·der track s SPORT Aschenbahn f

cin·e·cam·er·a ['sɪnɪˌkæmərə] s (Schmal)Filmkamera f **'cin·e·film** s Schmalfilm m

▸ **cin·e·ma** ['sɪnəmə] s **1.** bes Br Kino n **2.** Film(kunst f) m '**~·go·er** s bes Br Kinobesucher(in)

cin·na·mon ['sɪnəmən] s Zimt m

ci·pher ['saɪfə] **I** s **1.** MATHE Null f (Ziffer) **2.** (arabische) Ziffer, Zahl f **3.** fig Null f (Person); Nichts n (Sache) **4.** Chiffre f: **in ~** chiffriert **5.** fig Schlüssel m (zu e-r Geheimschrift) **II** v/t **6.** chiffrieren, verschlüsseln

▸ **cir·cle** ['sɜːkl] **I** s **1.** a. (Familien-, Freundes- etc)Kreis m: **go** (od **run**) **round in ~s** fig sich im Kreis bewegen; → **vicious circle 2.** THEAT Rang m: **upper ~** zweiter Rang; → **dress circle 3.** fig Kreislauf m, Zyklus m **II** v/t **4.** umringen **5.** umkreisen **6.** einkreisen, umzingeln **7.** einringeln **III** v/i **8.** kreisen (a. FLUG), die Runde machen (a. Pokal etc)

cir·cuit ['sɜːkɪt] **I** s **1.** Umfang m, Umkreis m **2.** Runde f, Rundreise f, -flug m: **make** (od **do**) **the** (od **a**) **~ of** die Runde od e-e Rundreise machen in (Dat) **3.** ELEK Strom-, Schaltkreis m; Schaltung f; Schaltsystem n: **~ closed** 1, **integrate** Ia, **short circuit II** v/t **4.** umkreisen '**~·board** s COMPUTER Leiterplatte, Platine f **~ break·er** s ELEK Unterbrecher m (a. MOT) **~ di·a·gram** s ELEK Schaltplan m

cir·cu·i·tous [səˈkjuːɪtəs] Adj **1.** gewunden (Flusslauf etc) **2.** fig weitschweifig, umständlich

cir·cuit train·ing s SPORT Zirkel-, Circuittraining n

cir·cu·lar ['sɜːkjʊlə] **I** Adj **1.** (kreis-) rund, kreisförmig **2.** Kreis…, Rund…: **~ letter** → 4a; **~ saw** TECH Kreissäge f **3.** → **circuitous** 2 **II** s **4.** a) Rundschreiben n, -brief m, b) Umlauf m, (Post-) Wurfsendung f

cir·cu·late ['sɜːkjʊleɪt] **I** v/i zirkulieren: a) kreisen, b) im Umlauf sein, kursieren (Geld, Nachricht etc) **II** v/t in Umlauf setzen (a. fig), zirkulieren lassen **cir·cu·la·tion** s **1.** (PHYSIOL a. Blut-) Kreislauf m, Zirkulation f **2.** WIRTSCH Umlauf m: **bring** (od **put**) **into ~** in Umlauf setzen (a. fig); **withdraw from ~** aus dem Verkehr ziehen; **out of ~** außer Kurs (gesetzt) **3.** Auflage f (e-r Zeitung etc) **cir·cu·la·to·ry** Adj MED, PHYSIOL (Blut)Kreislauf…: **~ system** Kreislauf m

cir·cum·cise ['sɜːkəmsaɪz] v/t MED, REL beschneiden **cir·cum·ci·sion** [ˌ-'sɪʒn] s Beschneidung f

cir·cum·fer·ence [səˈkʌmfərəns] s MATHE Umfang m

cir·cum·lo·cu·tion [ˌsɜːkəmlə'kjuːʃn] s **1.** Umschreibung f **2.** Umschweife Pl; Weitschweifigkeit f

cir·cum·nav·i·gate [ˌsɜːkəm'nævɪɡeɪt] v/t umschiffen, umsegeln '**cir·cum·ˌnav·i·ga·tion** s Umschiffung f, Umse(g)elung f: **~ of the globe** Weltumsegelung

cir·cum·scribe ['sɜːkəmskraɪb] v/t **1.** begrenzen, einschränken **2.** umschrei-

cir·cum·scrip·tion [ˌ-ˈskrɪpʃn] s **1.** Einschränkung f **2.** Umschreibung f **3.** Umschrift f (e-r Münze etc)

cir·cum·spect [ˈsɜːkəmspekt] Adj **1.** umsichtig. **2.** vorsichtig **cir·cum·spec·tion** [ˌ-ˈspekʃn] s **1.** Umsicht f **2.** Vorsicht f

cir·cum·stance [ˈsɜːkəmstəns] s **1.** Umstand m **2.** mst Pl (Sach)Lage f, Umstände Pl: **in** (od **under**) **no ~s** unter keinen Umständen, auf keinen Fall; **in** (od **under**) **the ~s** unter diesen Umständen **3.** Pl Verhältnisse Pl: **live in easy ~s** in gesicherten Verhältnissen leben **cir·cum·stan·tial** [ˌ-ˈstænʃl] Adj **1.** umstandsbedingt **2.** ausführlich **3.** umständlich **4.** ~ **evidence** JUR Indizienbeweis m **5.** nebensächlich

cir·cus [ˈsɜːkəs] s **1.** Zirkus m **2.** Br runder, von Häusern umschlossener Platz

cir·rho·sis [sɪˈrəʊsɪs] s MED Zirrhose f

cir·rus [ˈsɪrəs] Pl **-ri** [ˈ-raɪ] s METEO Zirrus-, Federwolke f

CIS [siːaɪˈes] Abk (= **Commonwealth of Independent States**) GUS f

cis·sy → **sissy**

cis·tern [ˈsɪstən] s **1.** Wasserbehälter m, (in Toilette) Spülkasten m **2.** Zisterne f

cit·a·del [ˈsɪtədəl] s MIL Zitadelle f

ci·ta·tion [saɪˈteɪʃn] s **1.** Zitieren n; Zitat n **2.** JUR Vorladung f **3.** MIL lobende Erwähnung

cite [saɪt] v/t **1.** zitieren **2.** JUR vorladen **3.** MIL lobend erwähnen

▸**cit·i·zen** [ˈsɪtɪzn] s **1.** Bürger(in) **2.** Städter(in) **3.** Staatsangehörige m, f **'cit·i·zen·ship** s Staatsangehörigkeit f

cit·ric ac·id [ˈsɪtrɪk] s CHEM Zitronensäure f

cit·rus [ˈsɪtrəs] s BOT Zitrusgewächs n ~ **fruit** s Zitrusfrucht f

▸**cit·y** [ˈsɪtɪ] s (Groß)Stadt f: **the 2** die (Londoner) City ~ **cen·tre** s Br Innenstadt f, City f ~ **fa·thers** s Pl Stadtväter Pl

▸**city| hall** [ˌsɪtɪˈhɔːl] s Rathaus n ~ **plan·ning** s Stadtplanung f ~ **state** s Stadtstaat n

civ·ic [ˈsɪvɪk] I Adj (**~ally**) **1.** → **civil** 2 **2.** städtisch, Stadt... II s ~**s** Sg Staatsbürgerkunde f

▸**civ·il** [ˈsɪvl] Adj **1.** staatlich, Staats... **2.** (a. staats)bürgerlich, Bürger... **3.** zivil,

Zivil... (Ggs. militärisch, kirchlich etc): ~ **aviation** Zivilluftfahrt f; ~ **marriage** standesamtliche Trauung **4.** höflich **5.** JUR zivilrechtlich: ~ **case** Zivilprozess m ~ **en·gi·neer** s Bauingenieur(in)

ci·vil·ian [sɪˈvɪljən] I s Zivilist(in) II Adj zivil, Zivil...

civ·i·li·za·tion [ˌsɪvɪlaɪˈzeɪʃn] s Zivilisation f, Kultur f **'civ·i·lize** v/t zivilisieren: ~**d nations** Pl Kulturvölker Pl

civ·il| law s **1.** römisches Recht **2.** Zivilrecht n, bürgerliches Recht ~ **rights** s Pl bürgerliche Ehrenrechte Pl, (Staats)Bürgerrechte Pl: ~ **activist** Bürgerrechtler(in); ~ **movement** Bürgerrechtsbewegung f ~ **ser·vant** s Staatsbeamte m, -beamtin f ~ **ser·vice** s Staatsdienst m ~ **war** s Bürgerkrieg m

CJD [siːdʒerˈdiː] s (= **Creutzfeldt-Jakob disease**) Creutzfeldt-Jakob-Krankheit f

clad [klæd] I Prät u. Part Perf von **clothe** II Adj gekleidet

▸**claim** [kleɪm] I v/t **1.** verlangen, a. Todesopfer etc fordern: ~ **back** zurückfordern **2.** in Anspruch nehmen, (er)fordern **3.** behaupten (**s.th.** etw; **that** dass); (von sich) behaupten (**to be** zu sein), Anspruch erheben auf (Akk); aufweisen (können), sich bekennen zu (e-m Terroranschlag etc) II s **4.** Forderung f (**on**, **against** gegen): **make a ~** e-e Forderung erheben **5.** Anrecht n (**to** auf Akk): ~ **for damages** Schadenersatzanspruch m **6.** Behauptung f **'claim·ant** s **1.** Antragsteller(in): **rightful ~** Anspruchsberechtigte m, f **2.** Anwärter(in) (**to** auf Akk)

clair·voy·ance [kleəˈvɔɪəns] s Hellsehen n **clair'voy·ant** I Adj hellseherisch II s Hellseher(in)

clam [klæm] s ZOOL Venusmuschel f

clam·ber [ˈklæmbə] I v/i (mühsam) klettern II v/t erklettern

clam·my [ˈklæmɪ] Adj feuchtkalt

clam·or·ous [ˈklæmərəs] Adj **1.** lärmend **2.** fig lautstark (Forderungen etc) **'clam·o(u)r** I s **1.** Lärm m, Geschrei n **2.** fig lautstarker Protest (**against** gegen), fordernder Schrei (**for** nach) II v/i **3.** lärmen, schreien **4.** fig lautstark protestieren (**against** gegen), lautstark verlangen (**for** nach)

clamp [klæmp] I s TECH Klemme f,

clatter

Klammer f II v/t festklemmen, mit Klammern befestigen III v/i: ~ **down** F scharf vorgehen (**on** gegen)

clan [klæn] s **1.** Clan m: **a)** schott. Stamm m, **b)** allg Sippe f, Geschlecht n **2.** Gruppe f, bes pej Clique f

clan·des·tine [klæn'destɪn] Adj heimlich, verstohlen

clang [klæŋ] I v/i klingen, klirren II v/t erklingen lassen III s Klang m, Geklirr n '**clang·er** s: **drop a ~** Br F ins Fettnäpfchen treten

clank [klæŋk] I v/i u. v/t klirren od rasseln (mit) II s Geklirr n, Gerassel n

clap¹ [klæp] I s **1.** (a. Hände-, Beifall-) Klatschen n **2.** Klaps m **3.** Krachen n: ~ **of thunder** Donnerschlag m II v/t **4.** zs.-schlagen: ~ **one's hands** in die Hände klatschen **5.** j-m Beifall klatschen, applaudieren, a. etw beklatschen **6.** j-m auf die Schulter etc klopfen III v/i **7.** klatschen **8.** (Beifall) klatschen, applaudieren

clap² [-] s MED sl Tripper m

clap·per ['klæpə] s **1.** Klöppel m (e-r Glocke). **2.** Klapper f

'**clap·trap** s F **1.** Effekthascherei f **2.** Gewäsch n

clar·et ['klærət] s roter Bordeaux(wein); allg Rotwein m

clar·i·fi·ca·tion [,klærɪfɪ'keɪʃn] s **1.** (Auf)Klärung f, Klarstellung f **2.** TECH (Abwasser)Klärung f, Abklärung f: ~ **plant** Kläranlage f **clar·i·fy** ['-faɪ] I v/t **1.** (auf)klären, klarstellen **2.** TECH (ab)klären II v/i **3.** sich (auf)klären, klar werden **4.** sich (ab)klären

clar·i·net [,klærɪ'net] s MUS Klarinette f **,clar·i·net·(t)ist** s Klarinettist(in)

clar·i·ty ['klærətɪ] s Klarheit f

clash [klæʃ] I v/i **1.** prallen, stoßen (**into** gegen), (a. feindlich) zs.-prallen, -stoßen (**with** mit) **2.** fig (**with**) kollidieren: **a)** im Widerspruch stehen (zu), unvereinbar sein (mit), **b)** (zeitlich) zs.-fallen (mit) **3.** nicht zs.-passen (with mit), (Farben a.) sich beißen II s **4.** (a. feindlicher) Zs.-prall od -stoß, Kollision f (a. fig): ~ **of interests** Interessenkollision **5.** fig Widerspruch m **6.** (zeitliches) Zs.-fallen

clasp [klɑːsp] I v/t **1.** ein-, zuhaken, zu-, festschnallen **2.** ergreifen, umklammern: ~ **s.o.'s hand** j-m die Hand drü-

cken; j-s Hand umklammern; ~ **one's hands** die Hände falten II s **3.** Haken m, Schnalle f; Schloss n, Schließe f (e-r Handtasche etc) **4.** Umklammerung f: ~ **knife** s (unreg knife) Klapp-, Taschenmesser n

► **class** [klɑːs] I s **1.** Klasse f (a. BAHN, BIOL etc) **2.** (Wert-, Güte)Klasse; eng. S. F Klasse f (Erstklassigkeit): **in the same ~ with** gleichwertig mit; **in a ~ by o.s.** (od of one's own) e-e Klasse für sich; **have ~** F (große) Klasse sein **3.** gesellschaftlicher Rang, soziale Stellung; (Gesellschafts)Klasse f, (Bevölkerungs)Schicht f **4.** PÄD (Schul-)Klasse f; (Unterrichts)Stunde f: **attend ~es** am Unterricht teilnehmen II v/t **5.** klassifizieren: ~ **with** gleichstellen mit; ~ **as** ansehen od betrachten als. ~**con·flict** s Klassenkonflikt m '~-,**con·scious** Adj klassenbewusst ~ **dis·tinc·tion** s Klassenunterschied m ~**ha·tred** s Klassenhass m

clas·sic ['klæsɪk] I Adj (**~ally**) **1.** klassisch, vollendet: ~ **example** klassisches Beispiel **2.** klassisch: **a)** das klassische Altertum betreffend, **b)** die klassische Literatur etc betreffend **3.** klassisch: **a)** herkömmlich, **b)** typisch, **c)** zeitlos II s **4.** Klassiker m (Person u. Werk) **5.** Pl Altphilologie f **clas·si·cal** ['-kl] Adj **1.** → **classic** I **2.** klassisch: **a)** humanistisch (gebildet), **b)** das klassische Kunst od Literatur betreffend: ~ **education** humanistische Bildung; **the ~ languages** die alten Sprachen; ~ **scholar** Altphilologe m, -login f **3.** klassisch (Musik)

clas·si·fi·ca·tion [,klæsɪfɪ'keɪʃn] s Klassifikation f, Klassifizierung f **clas·si·fied** ['-faɪd] Adj **1.** klassifiziert: ~ **ad(vertisement)** Kleinanzeige f; ~ **di·rectory** Branchenverzeichnis n **2.** MIL, POL geheim **clas·si·fy** ['-faɪ] v/t **1.** klassifizieren **2.** MIL, POL für geheim erklären

class|**·less** ['klɑːslɪs] Adj klassenlos (Gesellschaft) '~**·mate** Klassenkamerad(in), Mitschüler(in) ~ **re·un·ion** s Klassentreffen n ~**·room** ['-ru:m] s Klassenzimmer n ~ **strug·gle**, ~ **war** s Klassenkampf m

class·y ['klɑːsɪ] Adj F klasse, Klasse-

clat·ter ['klætə] I v/i **1.** klappern, rasseln

2. poltern: ~ *about* (*od* *around*) herumtrampeln **II** *v/t* **3.** klappern *od* rasseln mit **III** *s* **4.** Geklapper *n*

clause [klɔːz] *s* **1.** LING Satz(teil) *m* **2.** JUR Klausel *f*; Abschnitt *m*, Absatz *m*

claus·tro·pho·bi·a [ˌklɔːstrəˈfəʊbjə] *s* MED Klaustrophobie *f*, Platzangst *f*

clav·i·cle [ˈklævɪkl] *s* Schlüsselbein *n*

claw [klɔː] **I** *s* **1.** Klaue *f*, Kralle *f* (*beide a.* TECH *u.* fig), Schere *f* (*e-s Krebses etc*) **II** *v/t* **2.** zerkratzen **3.** umkrallen, packen **III** *v/i* **4.** kratzen **5.** reißen, zerren (*at an Dat*) **6.** greifen (*at, for* nach)

clay [kleɪ] *s* Ton *m*, Lehm *m*: ~ *pigeon* (*Sport*) Ton-, Wurftaube *f* ~ *court s* Tennis: Sandplatz *m* **clay·ey** [ˈ-ɪ] *Adj* Ton…, Lehm…

▶ **clean** [kliːn] **I** *Adj* **1.** rein, sauber: → *breast* I, *heel*² I, *sweep* I **2.** sauber, frisch (gewaschen) **3.** unvermischt, rein **4.** makellos (*a.* fig): ~ *record* tadellose Vergangenheit **5.** anständig, sauber **6.** glatt (*Schnitt, Bruch*) **7.** *sl* clean (*nicht mehr drogenabhängig*) **8.** *sl* sauber (*unbewaffnet*) **II** *Adv* **9.** rein, sauber: *sweep* ~ rein ausfegen; → *broom* **10.** völlig, total **III** *v/t* **11.** reinigen, säubern, putzen: ~ *down* (*od* *up*) gründlich reinigen; ~ *cut* klar, deutlich

clean·er [ˈkliːnə] *s* **1.** *Pl* Reinigung(sanstalt) *f*: *take* s.th. *to the* ~ *s* zur Reinigung bringen; F *j-n* ausnehmen **2.** Reine(r) machefrau *f*, (*Fenster- etc*)Putzer(in) **'clean·ing I** *s*: *do the* ~ sauber machen, putzen **II** *Adj* Reinigungs…: ~ *cloth*; ~ *woman* (*od* *lady*) Rein(e)machefrau *f*

clean·li·ness [ˈklenlɪnɪs] *s* Reinlichkeit *f* **'clean·ly** *Adj* reinlich: **a)** sauber, **b)** sauberkeitsliebend

clean·ness [ˈkliːnnɪs] *s* Reinheit *f*, Sauberkeit *f*

cleanse [klenz] *v/t* reinigen, säubern, rein waschen (*from, of* von) (*alle a.* fig) **'cleans·er** *s* Reinigungsmittel *n* ˌclean-'shav·en *Adj* glatt rasiert

▶ **clear** [klɪə] **I** *Adj* (→ *clearly*) **1.** klar, hell **2.** klar, heiter (*Wetter etc*) **3.** klar, rein, hell (*Stimme etc*) **4.** verständlich, deutlich: *make* s.th. ~ (*to s.o.*) (*j-m*) etw klarmachen; *make o.s.* ~ sich klar ausdrücken, sich verständlich machen **5.** klar, unvermischt: ~ *soup* GASTR klare Suppe **6.** deutlich, scharf (*Foto, Umrisse etc*) **7.** klar, offensicht-

lich: *a* ~ *win* ein klarer Sieg; *for no* ~ *reason* ohne ersichtlichen Grund **8.** klar: **a)** sicher, **b)** in Ordnung **9.** frei (*of* von) (*a.* fig): ~ *of snow* (*debt*) schneefrei (schuldenfrei); *a* ~ *conscience* ein reines Gewissen **10.** WIRTSCH Netto-, Rein…: ~ *gain* (*od* *profit*) Reingewinn *m* **II** *Adv* **11.** hell, klar **12.** klar, deutlich **13.** los, weg (*of* von): *keep* (*od* *steer*) ~ *of* sich fern halten von, meiden; *get* ~ *of* loskommen von; *stand* ~ *of* Tür *etc* freihalten **III** *v/t* **14.** *oft* ~ *away* wegräumen (*from* von), Geschirr abräumen **15.** Straße *etc* frei machen, Saal *etc* räumen **16.** reinigen, säubern: ~ *one's throat* sich räuspern **17.** COMPUTER löschen **18.** frei-, lossprechen (*of* von), Gewissen entlasten, Namen rein waschen **19.** ~ *up* Verbrechen *etc* (auf)klären **IV** *v/i* **20.** klar *od* hell werden **21.** aufklaren (*Wetter*) **22.** *oft* ~ *away* sich verziehen (*Nebel etc*) **'clear·ance** *s* Räumung *f*: ~ *sale* Räumungs-, Ausverkauf *m*
ˌclear|-'cut *Adj* **1.** scharfgeschnitten **2.** fig klar, deutlich **2.** ˌ~'head·ed *Adj* klar denkend, intelligent

clear·ly [ˈklɪəlɪ] *Adv* **1.** klar, deutlich **2.** offensichtlich **'clear·ness** *s* **1.** Klarheit *f* **2.** Reinheit *f* **3.** Schärfe *f*

clef [klef] *s* MUS (Noten)Schlüssel *m*

cleft [kleft] *s* **1.** Spalt *m*, Spalte *f* **2.** fig Kluft *f* ~ *pal·ate s* MED Wolfsrachen *m* ~ *stick s*: *be in a* ~ in der Klemme sitzen *od* stecken

clem·en·cy [ˈklemənsɪ] *s* Milde *f*, Nachsicht *f* **'clem·ent** *Adj* mild (*a.* Wetter), nachsichtig

clem·en·tine [ˈkleməntaɪn] *s* BOT Klementine *f*

clench [klentʃ] *v/t* **1.** zs.-pressen, Faust ballen, Zähne zs.-beißen **2.** fest packen *od* anfassen

cler·gy [ˈklɔːdʒɪ] *s* REL Klerus *m*, die Geistlichen *Pl* ~ *man* [ˈ-mən] *s* (*unreg man*) Geistlicher *m*

cler·i·cal [ˈklerɪkl] *Adj* **1.** klerikal, geistlich **2.** Schreib…, Büro…: ~ *error* Schreibfehler *m*; ~ *work* Büroarbeit *f*

clerk [klɑːk] *s* **1.** Schriftführer(in), Sekretär(in) **2.** (*Büro- etc*)Angestellte(r) *m, f,* (*Bank- etc*)Beamte *m,* (-)Beamtin *f* **3.** *Am* Verkäufer(in)

▶ **clev·er** [ˈklevə] *Adj* **1.** clever: **a)** ge-

schickt, gewandt (**at** in *Dat*), b) gerissen, raffiniert (*a. Gerät etc*): ~ **dick** *bes Br sl* Schlaumeier(in) 2. gescheit: a) clever, klug, b) geistreich (*Bemerkung etc*) 3. begabt (**at** in *Dat*, *für*) '**clever·ness** s 1. Cleverness f 2. Gescheitheit f

cli·ché ['kli:ʃeɪ] s Klischee n, Gemeinplatz m

click [klɪk] **I** s 1. Klicken n; COMPUTER Mausklick m 2. Einschnappen n 3. TECH Sperrklinke f, -vorrichtung f 4. Schnalzer m **II** v/i 5. klicken 6. mit *der Zunge* schnalzen 7. zu-, einschnappen: ~ **shut** ins Schloss fallen 8. F einschlagen, Erfolg haben (**with** bei) 9. F sofort Gefallen aneinander finden; sich sofort ineinander verknallen **III** v/t 10. klicken od einschnappen lassen: ~ **one's heels** die Hacken zs.-schlagen 11. COMPUTER anklicken 12. mit *der Zunge* schnalzen

cli·ent ['klaɪənt] s 1. JUR Klient(in), Mandant(in) 2. Kunde m, Kundin f 3. Client m (*Computer, der von e-m Server abhängig ist*) **cli·ent·ele** [ˌkliːɒnˈtel] s 1. JUR Klientel f, Klienten Pl 2. Kundschaft f, Kunden Pl

▸ **cliff** [klɪf] s 1. Klippe f, Felsen m 2. steiler Abhang '~ˌhang·er s 1. spannender Fortsetzungsroman (*der immer im spannendsten Moment aufhört*); (RUNDFUNK, TV) spannender Mehrteiler 2. *fig* spannende Sache

cli·mac·ter·ic [klaɪˈmæktərɪk] s PHYSIOL Wechseljahre Pl

▸ **cli·mate** ['klaɪmɪt] s Klima n, *fig a.* Atmosphäre f **cli·mat·ic** [-ˈmætɪk] *Adj* (~**ally**) klimatisch, Klima…

cli·max ['klaɪmæks] s **I** s Höhepunkt m, PHYSIOL *a.* Orgasmus m **II** v/t auf den Höhepunkt bringen **III** v/i den Höhepunkt erreichen

▸ **climb** [klaɪm] **I** s 1. Aufstieg m, Besteigung f 2. Berg-, Klettertour f **II** v/i 3. klettern: ~ **up** (**down**) **a tree** auf e-n Baum klettern (von e-m Baum herunterklettern) 4. (auf-, empor)steigen 5. (an)steigen (*Straße etc*) **III** v/t 6. er-, besteigen, erklettern, klettern auf (*Akk*)

clinch [klɪntʃ] **I** v/t 1. *Spiel etc* entscheiden: **that ~ed it** damit war die Sache entschieden 2. TECH sicher befestigen; (ver)nieten 3. *Boxen*: umklammern **II**

v/i 4. *Boxen*: clinchen **III** s 5. TECH Vernietung f 6. *Boxen*: Clinch m (*a. sl Umarmung*)

cling [klɪŋ] v/i (*unreg*) 1. kleben, haften (**to** an *Dat*): ~ **together** zs.-halten (*a. fig*) 2. *a. fig* (**to**) hängen (an *Dat*), anhaften (*Dat*) 3. *a. fig* (**to**) sich klammern (an *Akk*), festhalten (an *Dat*) 4. sich (an)schmiegen (**to** an *Akk*) ~ **film** s Frischhaltefolie f

clin·ic ['klɪnɪk] s Klinik f **clin·i·cal** ['-kl] *Adj* klinisch: ~ **death**; ~ **thermometer** Fieberthermometer n

clink[1] [klɪŋk] **I** v/i klingen, klirren **II** v/t klingen od klirren lassen: ~ **glasses** anstoßen **III** s Klingen n, Klirren n

clink[2] [-] s sl Kittchen n: **in** ~ im Knast

clip[1] [klɪp] **I** v/t 1. (be)schneiden, stutzen (*a. fig*) 2. *fig* kürzen, beschneiden 3. *a.* ~ **off** abschneiden 4. *aus der Zeitung* ausschneiden 5. *Haare* schneiden 6. *Schaf etc* scheren 7. *Fahrschein etc* lochen 8. *Silben* verschlucken 9. F *j-m* e-n Schlag verpassen 10. *sl j-n* erleichtern (**for** um Geld); *j-n* neppen **II** s 11. Haarschnitt m 12. Schur f

clip[2] [-] **I** v/t *a.* ~ **on** anklammern **II** s (Heft-, Büro- *etc*)Klammer f

clip·board['klɪpbɔːd] s 1. Klemmbrett n 2. COMPUTER Zwischenablage f

clip joint s sl Nepplokal n

clip·pers['klɪpəz] s Pl, *a.* **pair of** ~ (*Nagel- etc*)Schere f, Haarschneidemaschine f

'**clip·ping** s 1. *bes Am* (Zeitungs)Ausschnitt m 2. Pl Schnitzel Pl, Abfälle Pl

clique [kliːk] s Clique f, Klüngel m

clit·o·ris ['klɪtərɪs] s ANAT Klitoris f, Kitzler m

cloak [kləʊk] **I** s (loser) Mantel, Umhang m: **under the ~ of** *fig* unter dem Deckmantel der *Freundschaft etc*, im Schutz der *Dunkelheit etc* **II** v/t *fig* bemänteln, verhüllen ~**room** ['-rʊm] s 1. Garderobe f: ~ **attendant** Garderobenmann m, -frau f; ~ **ticket** Garderobenmarke f, -zettel m 2. *Br* Toilette f

clob·ber[1]['klɒbə] s *Br sl* Klamotten Pl; Plunder m, Kram m

clob·ber[2] [-] v/t sl 1. zs.-schlagen 2. SPORT überfahren (*hoch besiegen*)

▸ **clock** [klɒk] **I** s 1. (Wand-, Turm-, Stand-)Uhr f: (**a**)**round the** ~ rund um

die Uhr, 24 Stunden (lang); **five o'~** 5 Uhr; *put (od turn)* **the ~ back** fig das Rad der Zeit zurückdrehen 2. F Kontroll-, Stoppuhr f; Fahrpreisanzeiger m (Taxi) II *v/t* 3. *bes* SPORT (ab)stoppen: **~ (up)** Zeit erreichen (**for** über e-e Distanz) III *v/i* 4. **~ in (out)** einstempeln (ausstempeln) '**~-face** s Zifferblatt n u **ra·di·o** s Radiowecker m '**~-wise** Adj u. Adv im Uhrzeigersinn '**~-work** s Uhrwerk n: **like ~** wie am Schnürchen, wie geschmiert

clod [klɒd] s 1. (Erd)Klumpen m 2. Trottel m

clog [klɒg] I s 1. (Holz)Klotz m 2. fig Hemmschuh m, Klotz m am Bein 3. Holzschuh m II *v/t* 4. (be)hindern, hemmen 5. a. **~ up** verstopfen III *v/i* 6. sich verstopfen

clois·ter ['klɔɪstə] s 1. Kloster n 2. ARCHI Kreuzgang m

clone [kləʊn] I s Klon m II *v/t* klonen

► **close** I Adj [kləʊs] 1. geschlossen 2. verschlossen, verschwiegen 3. eng (anliegend) 4. nah: **~ combat** Handgemenge n, weit. S. zähes Ringen; **~ to tears** den Tränen nahe 5. eng (Freund); nah (Verwandter) 6. knapp (Sieg etc): → **shave** 5 7. gespannt (Aufmerksamkeit) 8. gründlich (Untersuchung etc) II Adv [kləʊs] 9. eng, nahe, dicht: **~ by** ganz in der Nähe; nahe od dicht bei; **~ at hand** nahe bevorstehend; **come ~ to** fast ... sein; → **wind**¹ 1 III s [kləʊs] 10. Abschluss m: **come** (od draw) **to a ~** sich dem Ende nähern IV *v/t* [kləʊz] 11. (ab-, ver-, zu)schließen, zumachen 12. Betrieb etc schließen; Straße etc sperren (**to** für) 13. beenden, beschließen V *v/i* [kləʊz] 14. sich schließen (a. Wunde etc) 15. geschlossen werden 16. schließen, zumachen 17. enden, aufhören, zu Ende gehen 18. schließen (**with the words** mit den Worten) 19. sich verringern (Abstand etc)

Verbindungen mit Adverbien:

close| down I *v/t* 1. *Geschäft etc* schließen, *Betrieb* stilllegen II *v/i* 2. schließen, stillgelegt werden 3. fig scharf vorgehen (**on** gegen) **~ in** *v/i* 1. sich heranarbeiten (**on** an Akk) 2. kürzer werden (Tage) 3. hereinbrechen (Dunkelheit, Nacht) **~ up** I *v/t* 1. → **close** 11, 12 2. abschließen, beenden

II *v/i* 3. → **close down** 2 4. aufschließen, -rücken (**on** zu)

closed [kləʊzd] Adj 1. geschlossen: **behind ~ doors** hinter verschlossenen Türen; **~ circuit** ELEK geschlossener Stromkreis; → **book** 1 2. gesperrt (**to** für)

'**close-down** s Schließung f, Stilllegung f

closed shop s WIRTSCH gewerkschaftspflichtiger Betrieb

,**close**|'**fist·ed** Adj geizig ,**~-'fit·ting** Adj eng anliegend '**~-knit** Adj fig eng verbunden

'**close·ness** ['kləʊsnɪs] s 1. Nähe f 2. Knappheit f 3. Gründlichkeit f

close sea·son s JAGD Schonzeit f

► **clos·et** ['klɒzɪt] s (Wand-, Einbau-) Schrank m

'**close-up** s FOTO, FILM Nah-, Großaufnahme f

clos·ing date ['kləʊzɪŋ] s letzter Termin (**for** für) **~ time** s Laden-, Geschäftsschluss m; Ende n der Schalterstunden; Polizeistunde f

clo·sure ['kləʊʒə] s 1. Schließung f (e-s Betriebs etc) 2. TECH Verschluss m 3. Schluss m, Beendigung f (e-r Debatte etc)

clot [klɒt] I s 1. Klumpen m, Klümpchen n: **~ of blood** MED Blutgerinnsel n 2. Br F Trottel m II *v/i* 3. gerinnen 4. Klumpen bilden

► **cloth** [klɒθ] s 1. Tuch n, Stoff m 2. Tuch n, Lappen m

clothe [kləʊð] *v/t* (a. unreg) 1. (an-, be-) kleiden 2. einkleiden 3. fig umhüllen, einhüllen

► **clothes** [kləʊðz] s Pl 1. Kleider Pl, Kleidung f: **change one's ~** sich umziehen 2. (a. Bett)Wäsche f **~ bas·ket** s Wäschekorb m **~ brush** s Kleiderbürste f; te f **~ hang·er** s Kleiderbügel m '**~-horse** s Wäscheständer m '**~-line** s Wäscheleine f **~ peg** s Br, '**~-pin** s Am Wäscheklammer f **~ tree** s Garderobe-, Kleiderständer m

cloth·ing ['kləʊðɪŋ] s Kleidung f: **~ in·dustry** Bekleidungsindustrie f

► **cloud** [klaʊd] I s 1. Wolke f: **~ of dust** Staubwolke; **have one's head in the ~s** fig in höheren Regionen schweben; in Gedanken vertieft sein; **be on ~ nine** F im siebten Himmel schweben 2. fig

CLOVEN (*hoof*) = gespalten

Schatten m: **cast a ~ on** e-n Schatten werfen auf (*Akk*) **II** v/t **3.** be-, umwölken **4.** *fig* verdunkeln, trüben **III** v/i **a. over 5.** sich bewölken **6.** *fig* sich trüben **~ bank** s Wolkenbank f '**~·burst** s Wolkenbruch m ,**~·'cuck·oo-land** s Wolkenkuckucksheim n

cloud·less ['klaʊdlɪs] *Adj* **1.** wolkenlos **2.** *fig* ungetrübt '**cloud·y** *Adj* **1.** wolkig, bewölkt **2.** *fig* nebelhaft, unklar

clout [klaʊt] F **I** s **1.** Schlag m: **give s.o. a ~** j-m e-e runterhauen **2.** *bes* POL *Am* Einfluss m (**with** *auf Akk*) **II** v/t **3.** schlagen: **~ s.o. one** j-m e-e runterhauen

clove[1] [kləʊv] s (Gewürz)Nelke f

clove[2] [-] s: **~ of garlic** Knoblauchzehe f

clo·ver ['kləʊvə] s BOT Klee m: **be** (*od* **live**) **in ~** wie Gott in Frankreich leben '**~·leaf** s (*unreg* **leaf**) **1.** Kleeblatt n **2.** *a.* **~ intersection** MOT Kleeblatt n

clown [klaʊn] **I** s Clown m (*a. fig*) **II** v/i *a.* **~ about** (*od* **around**) herumkaspern '**clown·ish** *Adj* clownisch

▸ **club** [klʌb] **I** s **1.** Keule f, Knüppel m **2.** SPORT Schlagholz n; (*Golf*)Schläger m **3.** (Nacht)Klub m, Disko f; Verein m: **join the ~!** *bes* Br F du auch? **4.** Spielkarten: **a)** Pl Kreuz n, Eichel f (*Farbe*), **b)** Kreuz(karte f) n **II** v/t **5.** einknüppeln auf (*Akk*), (nieder)knüppeln **6.** sich teilen in (*Akk*); Geld zs.-legen **III** v/i **7.** *mst* **~ together** sich zs.-tun: **a)** e-n Verein *etc* bilden, **b)** (Geld) zs.-legen **8.** **go ~bing** in die Disko gehen **~ chair** s Klubsessel m ,**~'foot** s (*unreg* **foot**) MED Klumpfuß m '**~·house** s Klub-, Vereinshaus n

cluck [klʌk] v/i gackern; glucken

clue [kluː] **I** s **1.** (to) Hinweis m (auf *Akk*), Anhaltspunkt m (für); Fingerzeig m **2.** Schlüssel m (**to** zu *e-m Rätsel etc*): **I haven't a ~** F ich hab keinen Schimmer; **he hasn't got a ~** F er hat keinen Schimmer **II** v/t **3.** *a.* **~ in** j-m e-n Hinweis geben **4.** **~ up** informieren (**on, about** über *Akk*): **all ~d up** vollkommen im Bild

clump [klʌmp] **I** s **1.** (Baum-, Häuser-) Gruppe f **2.** (Holz)Klotz m; (*Erd etc*)Klumpen m **II** v/i **3.** trampeln: **~ about** (*od* **around**) herumtrampeln **4.** sich zs.-ballen **III** v/t **5.** zs.-ballen, anhäufen

clum·si·ness ['klʌmzɪnɪs] s Plumpheit

f '**clum·sy** *Adj* plump: **a)** ungeschickt, unbeholfen, **b)** schwerfällig, **c)** taktlos, **d)** unförmig

clung [klʌŋ] *Prät u. Part Perf von* **cling**

clus·ter ['klʌstə] **I** s **1.** BOT Büschel n, Traube f **2.** Haufen m, Schwarm m, Gruppe f **II** v/i **3.** e-e Gruppe *od* Gruppen bilden, sich drängen (**round** um)

clutch [klʌtʃ] **I** v/t **1.** packen, (er)greifen **2.** umklammern **II** v/i **3.** (gierig) greifen (**at** nach): → **straw 2 III** s **4.** (gieriger) Griff **5.** ZOOL Klaue f, Kralle f (*beide a. fig*): **in s.o.'s ~es** in j-s Klauen *od* Gewalt **6.** TECH Kupplung f: **~ disk** Kupplungsscheibe f; **~ facing** (*od lining*) Kupplungsbelag m; **~ pedal** Kupplungspedal n

clut·ter ['klʌtə] **I** v/t **1.** *a.* **~ up** (unordentlich) voll stopfen **2.** durcheinander werfen, herumstreuen **II** s **3.** Wirrwarr m, Durcheinander n **4.** Unordnung f: **in a ~** in Unordnung

c/o *Abk* (= **care of**) bei

▸ **coach** [kəʊtʃ] f **I** s **1.** Kutsche f **2.** BAHN *Br* (Personen)Wagen m **3.** *Br* Reisebus m **4.** Nachhilfe-, Hauslehrer(in) **5.** SPORT Trainer(in) **II** v/t **6.** j-m Nachhilfeunterricht geben: **~ s.o. in s.th.** j-m etw einpauken **7.** SPORT trainieren **~·man** ['-mən] s (*unreg* **man**) Kutscher m **~·work** ['-wɜːk] s *Br* MOT Karosserie f

co·ag·u·late [kəʊ'æɡjʊleɪt] v/i *u.* v/t gerinnen (lassen) **co·ag·u·'la·tion** s Gerinnung f

▸ **coal** [kəʊl] s Kohle f; *eng.* S. Steinkohle f: **carry** (*od* **take**) **~s to Newcastle** *fig* Eulen nach Athen tragen; **haul** (*od* **drag**) **s.o. over the ~s** *fig* j-m die Hölle heiß machen

co·a·li·tion [ˌkəʊə'lɪʃn] **I** s **1.** POL Koalition f: **form a ~** e-e Koalition eingehen *od* bilden, koalieren **2.** Bündnis n, Zs.-schluss m **II** *Adj* **3.** POL Koalitions…

coal| **mine**, '**~·pit** s Kohlenbergwerk n, -grube f, -zeche f **~ pow·er sta·tion** s Kohlekraftwerk n

coarse [kɔːs] *Adj* grob: **a)** rau, **b)** grobkörnig, **c)** *fig* ungenau, **d)** *fig* derb, ungehobelt

▸ **coast** [kəʊst] **I** s **1.** Küste f: **the ~ is clear** *fig* die Luft ist rein **II** v/i **2.** SCHIFF die Küste entlangfahren **3.** im Leerlauf (*Auto*) *od* im Freilauf (*Fahrrad*) fahren

coast·al ['_tl] *Adj* Küsten... **'coast·er** *s* **1.** *Am* Berg-u.-Tal-Bahn *f (im Vergnügungspark)* **2.** *bes. Am* Untersatz *m (für Gläser etc)*

coast guard *s Br* Küsten(zoll)wache *f* ▶ **coat** [kəʊt] **I** *s* **1.** Jacke *f*, Jackett *n* **2.** Mantel *m* **3.** ZOOL Pelz *m*, Fell *n* **4.** *(Farb- etc)* Überzug *m*, Anstrich *m*, Schicht *f* **II** *v/t* **5.** (an)streichen, überstreichen, -ziehen, beschichten **6.** bedecken, umhüllen, umgeben (**with** mit) **'coat·ed** *Adj* **1.** mit ... überzogen *od* beschichtet: *sugar-~* mit Zuckerüberzug; **~ tablet** Dragee *n* **2.** MED belegt *(Zunge)*

coat| **hang·er** *s* Kleiderbügel *m* **~ hook** *s* Kleiderhaken *m*

coat·ing ['kəʊtɪŋ] *s* **1.** Mantelstoff *m* **2.** → *coat* 4

coat of arms *s* Wappen(schild *m*, *n*) *n*

coax [kəʊks] *v/t* überreden, beschwatzen (**to do**, **into doing** zu tun): **~ s.th. out of** *(od* **from)** *s.o.* j-m etw abschwatzen

cob [kɒb] *s* Maiskolben *m*

co·balt [kəʊ'bɔːlt] *s* MIN Kobalt *n*: **~ (blue)** Kobaltblau *n*

cob·ble¹ ['kɒbl] **I** *s* Kopfstein *m*: **~s** *Pl* Kopfsteinpflaster *n* **II** *v/t* mit Kopfsteinen pflastern: **~d street** Straße *f* mit Kopfsteinpflaster

cob·ble² [_] *v/t* **1.** Schuhe flicken **2.** *a.* **~ together** zs.-pfuschen, zs.-schustern

cob·bler ['kɒblə] *s* **1.** (Flick)Schuster(in) **2.** Pfuscher(in)

'cob·ble·stone *s* Kopfstein *m*: **~ pavement** Kopfsteinpflaster *n*

co·bra ['kəʊbrə] *s* ZOOL Kobra *f*

'cob·web *s* Spinnwebe *f*, Spinnennetz *n*

co·cain(e) [kəʊ'keɪn] *s* CHEM Kokain *n*

▶ **cock** [kɒk] **I** *s* **1.** ORN Hahn *m* **2.** Männchen *n*, Hahn *m (von Vögeln)* **3.** Wetterhahn *m* **4.** **~ of the walk** *(od* **roost)** *oft pej* der Größte **5.** TECH *(Absperr-, Gewehr- etc)*Hahn *m* **6.** V Schwanz *m (Penis)* **II** *v/t* **7.** aufrichten: **~ one's ears** die Ohren spitzen; **~ one's hat** den Hut schief aufsetzen; → **snook**

cock-and-'bull sto·ry *s* F Ammenmärchen *n*

cock·a·too [,kɒkə'tuː] *s* ORN Kakadu *m*

'cock|**chaf·er** *s* ZOOL Maikäfer *m*

cocked hat [kɒkt] *s* Dreispitz *m*: **knock** *(od* **beat)** **into a ~** *sl* j-n, etw weit in den

Schatten stellen; *Plan etc* völlig über den Haufen werfen

cock·er span·iel *s* ZOOL Cockerspaniel *m*

'cock|**-eyed** *Adj* F **1.** schielend: **be ~** schielen **2.** blau *(betrunken)* **'~-fight**, **'~-fight·ing** *s* Hahnenkampf *m*

cock·ney ['kɒknɪ] *s* **1.** Cockney *m*, waschechter Londoner **2.** Cockney (-dialekt *m*) *n*

Cockney

Traditionell ist ein **Cockney** ein Londoner, der in Hörweite von **Bow Bells** - den Glocken der Kirche St Mary-le-Bow im **East End** - geboren ist. **Cockneys** stammen hauptsächlich aus der Arbeiterklasse und zeichnen sich vor allem durch ihren starken Londoner Akzent aus.

'cock·pit *s* **1.** FLUG, SCHIFF Cockpit *n (a. e-s Rennwagens)* **2.** Hahnenkampfplatz *m*

'cock·roach *s* ZOOL (Küchen)Schabe *f*, Kakerlak *m*

,cock'sure *Adj* **1.** vollkommen überzeugt *(of, about* von), ganz sicher **2.** übertrieben selbstsicher

'cock·tail *s* Cocktail *m*: **~ tomato** Cocktailtomate *f*

cock·y ['kɒkɪ] *Adj* F großspurig

co·coa ['kəʊkəʊ] *s* Kakao(pulver *n*) *m*

co·co·nut ['kəʊkənʌt] *s* Kokosnuss *f* **~ palm** *s* BOT Kokospalme *f*

co·coon [kə'kuːn] *s* ZOOL Kokon *m*, Puppe *f (der Seidenraupe)*

cod [kɒd] *s* FISCH Kabeljau *m*, Dorsch *m*

COD [,siː əʊ'diː] *Abk (= cash on delivery)* per Nachnahme

cod·dle ['kɒdl] *v/t* verhätscheln, verzärteln

code [kəʊd] **I** *s* **1.** Kodex *m*: **a)** JUR Gesetzbuch *n*, **b)** Regeln *Pl*: **~ of hono(u)r** Ehrenkodex; → **moral** 4 **2.** (Telegramm)Schlüssel *m* **3.** Kode *m*; Chiffre *f*; Kode *m*, Schlüssel *m*: **~ number** Kode-, Kennziffer *f*; **~ word** Kode-, Schlüsselwort *n* **4.** TEL Vorwahl(nummer) *f* **II** *v/t* **5.** verschlüsseln, chiffrieren; kodieren

cod·i·fy ['kəʊdɪfaɪ] v/t JUR kodifizieren
'cod·,liv·er oil s Lebertran m
co·ed [kəʊ'ed] PÄD F I s **1.** Am Studentin f od Schülerin f e-r gemischten Schule **2.** Br gemischte Schule II Adj **3.** gemischt
co·ed·u·ca·tion [ˌkəʊedjuː'keɪʃn] s PÄD Gemeinschaftserziehung f ˌco·ed·u'ca·tion·al [-ʃənl] Adj: ~ school gemischte Schule; ~ teaching → co-education
co·ef·fi·cient [ˌkəʊɪ'fɪʃnt] s MATHE, PHYS Koeffizient m
co·erce [kəʊ'ɜːs] v/t **1.** zwingen (into zu) **2.** erzwingen **co'er·cion** [-ʃn] s Zwang m: by ~ durch Zwang, zwangsweise **co'er·cive** [-sɪv] Adj **1.** Zwangs..., zwingend: ~ measure Zwangsmaßnahme f **2.** überzeugend, zwingend (Gründe etc)
co·ex·ist [ˌkəʊɪg'zɪst] v/i gleichzeitig od nebeneinander bestehen od leben ˌco·ex'ist·ence s Koexistenz f: peaceful ~ POL friedliche Koexistenz ˌcoex'ist·ent Adj gleichzeitig od nebeneinander bestehend
▸ **cof·fee** ['kɒfɪ] s Kaffee m ~ bar s Br Café m; Imbissstube f ~ bean s Kaffeebohne f ~ break s Kaffeepause f ~ cup s Kaffeetasse f ~ grind·er s Kaffeemühle f ~ grounds s Pl Kaffeesatz m '~·house s Kaffeehaus n, Café n ~ machine s Kaffeemaschine f, Kaffeeautomat m ~ mak·er s Kaffeemaschine f ~ mill s Kaffeemühle f '~·pot s Kaffeekanne f ~ set s Kaffeeservice n ~ shop Am → coffee bar ~ ta·ble s Couchtisch m
cof·fin ['kɒfɪn] s Sarg m
cog [kɒg] s TECH (Rad)Zahn m; Zahnrad n: be just a ~ in the machine (od wheel) fig nur ein Rädchen im Getriebe sein
co·gent ['kəʊdʒənt] Adj zwingend, überzeugend (Gründe etc)
cog·i·tate ['kɒdʒɪteɪt] I v/t nachdenken über (Akk) II v/i (nach)denken: ~ on (od about) → I
cog·nate ['kɒgneɪt] Adj **1.** (bluts)verwandt (with mit) **2.** fig (art)verwandt (with mit)
cog·ni·tion [kɒg'nɪʃn] s Erkenntnis f
cog·ni·zance ['kɒgnɪzəns] s **1.** Kenntnis f: have (take) ~ of s.th. von etw

Kenntnis haben (nehmen) **2.** JUR Zuständigkeit f **'cog·ni·zant** Adj unterrichtet (of über Akk od von): be ~ of s.th. a. von etw Kenntnis haben
'cog·wheel s TECH Zahnrad n
co·hab·it [kəʊ'hæbɪt] v/i (unverheiratet) zs.-leben ˌco·hab·i'ta·tion s Zs.-leben n
co·here [kəʊ'hɪə] v/i zs.-hängen (a. fig) **co'her·ence, co'her·en·cy** s **1.** Zs.-halt m (a. fig) **2.** PHYS Kohärenz f **3.** Zs.-hang m **co'her·ent** Adj **1.** zs.-hängend (a. fig) **2.** PHYS kohärent
co·he·sion [kəʊ'hiːʒn] s **1.** Zs.-halt m (a. fig) **2.** PHYS Kohäsion f **co'he·sive** Adj **1.** (fest) zs.-haltend (a. fig) **2.** PHYS Kohäsions..., Binde...
coil [kɔɪl] I v/t **1.** a. ~ up aufrollen, (auf-)wickeln **2.** ELEK wickeln II v/i **3.** a. ~ up sich zs.-rollen III s **4.** Spirale f (a. TECH u. MED) **5.** Rolle f, Spule f
▸ **coin** [kɔɪn] I s Münze f: pay s.o. back in his own (od the same) ~ fig es j-m mit od in gleicher Münze heimzahlen; the other side of the ~ fig die Kehrseite der Medaille II v/t Münzen, fig Wort etc prägen: be ~ing it F Geld wie Heu verdienen **'coin·age** s **1.** Prägen n **2.** Koll Münzen Pl **3.** fig Prägung f (e-s Worts etc); Neuprägung f (Wort etc)
coin box s Br Münzfernsprecher m
co·in·cide [ˌkəʊɪn'saɪd] v/i **1.** örtlich od zeitlich zs.-treffen, -fallen (with mit) **2.** übereinstimmen, sich decken (with mit) **co'in·ci·dence** [-sɪdəns] s **1.** Zs.-treffen n, -fallen n **2.** zufälliges Zs.-treffen, Zufall m: by mere ~ rein zufällig **co'in·ci·dent** Adj **1.** zs.-fallend, -treffend **2.** übereinstimmend, sich deckend **co,in·ci'den·tal** Adj zufällig **'coin·,op·er·at·ed** Adj mit Münzbetrieb, Münz...
coke[1] [kəʊk] s Koks m
coke[2] [-] s sl Koks m (Kokain)
Coke® [-] s Coke® n, (Coca)Cola® f
co·la ['kəʊlə] Pl von **colon**[1]
col·an·der ['kʌləndə] I s Sieb n, Seiher m II v/t durchseihen, (durch)sieben
▸ **cold** [kəʊld] I Adj **1.** kalt: (as) ~ as ice eiskalt; I feel (od am) ~ mir ist kalt, ich friere; in ~ blood kaltblütig; ~ snap Kälteeinbruch m; get ~ feet F kalte Füße (Angst) bekommen; → shoulder 1, sweat, water 1 **2.** fig kalt, kühl: a) fros-

tig, unfreundlich (*Empfang etc*), **b)** nüchtern, sachlich, **c)** ruhig, gelassen: *it left me ~* es ließ mich kalt **3.** (gefühls)kalt, frigid **II s 4.** Kälte *f*: *be left out in the ~* fig kaltgestellt sein, ignoriert werden **5.** MED Erkältung *f*: (*common*) *~*, *~* (*in the head*) Schnupfen *m*; → *catch* 9 ‚**~'blood·ed** *Adj* **1.** ZOOL kaltblütig (*a. fig*) **2.** F kälteempfindlich: *be ~ a.* leicht frieren ‚**~'box** *s* Kühlbox *f* ‚**~'heart·ed** *Adj* kalt-, hartherzig

cold·ish ['kəʊldɪʃ] *Adj* ziemlich kalt '**cold·ness** *s* Kälte *f* (*a. fig*)

cold| room *s* Kühlraum *m* ‚**~'shoul·der** *v/t* F *j-m* die kalte Schulter zeigen, *j-n* kühl *od* abweisend behandeln ‚**~ start** *s* COMPUTER, MOT Kaltstart *m* ‚**~ stor·age** *s* Kühlraumlagerung *f*: *put into ~* fig auf Eis legen ‚**~ tur·key** *s sl* radikale Entziehungskur: *go~* e-e radikale Entziehungskur machen ‚**~ war** *s* POL kalter Krieg

cole·slaw ['kəʊlslɔː] *s* Krautsalat *m*

col·ic ['kɒlɪk] *s* MED Kolik *f*

col·lab·o·rate [kə'læbəreɪt] *v/i* **1.** zs.-arbeiten (*with* mit; *in*, *on* bei), mitarbeiten **2.** POL kollaborieren col‚**lab·o'ra·tion** *s* **1.** Zs.-arbeit *f*: *in ~ with* in Zusammenarbeit mit **2.** POL Kollaboration *f* col'**lab·o·ra·tor** *s* **1.** Mitarbeiter(in) **2.** POL Kollaborateur(in)

col·lage ['kɒlɑːʒ] *s* KUNST Collage *f*

col·lapse [kə'læps] **I** *v/i* **1.** zs.-brechen, einfallen, -stürzen **2.** fig zs.-brechen, scheitern **3.** moralisch *od* physisch zs.-brechen **4.** MED e-n Kollaps erleiden **5.** zs.-legbar sein, sich zs.-klappen lassen **II** *v/t* **6.** zum Einsturz bringen **7.** zs.-legen, -klappen **III** *s* **8.** Einsturz *m* **9.** fig Zs.-bruch *m* **10.** MED Kollaps *m*: *nervous ~* Nervenzusammenbruch *m* col'**laps·i·ble** *Adj* zs.-klappbar, Klapp...: *~ chair*

▸ **col·lar** ['kɒlə] **I** *s* **1.** Kragen *m* **2.** (*Hunde- etc*)Halsband *n* **3.** Hals-, Amts-, Ordenskette *f* **4.** Kollier *n*: *~ of pearls* Perlenkollier *n* **II** *v/t* **5.** *j-n* beim Kragen packen **6.** F *j-n* schnappen, verhaften, festnehmen; sich *etw* schnappen; '**~·bone** *s* ANAT Schlüsselbein *n* **~ size** *s* Kragenweite *f*

col·lat·er·al [kɒ'lætərəl] *Adj* **1.** seitlich, Seiten... **2.** parallel (laufend) **3.** begleitend, Neben...

▸ **col·league** ['kɒliːg] *s* Kollege *m*, Kollegin *f*

▸ **col·lect** [kə'lekt] **I** *v/t* **1.** Briefmarken *etc* sammeln **2.** (ein)sammeln **3.** auflesen, -sammeln **4.** Fakten *etc* sammeln, zs.-tragen **5.** *j-n*, *etw* abholen **6.** Geld *etc* (ein)kassieren **7.** Gedanken *etc* sammeln: *~ o.s.* sich sammeln *od* fassen **8.** versammeln **II** *v/i* **9.** sich (ver)sammeln **10.** sich ansammeln **III** *Adj* **11.** Am Nachnahme...: *~ call* TEL R-Gespräch *n* **IV** *Adv* **12.** *a. ~ on delivery* Am per Nachnahme: *call ~* TEL ein R-Gespräch führen col'**lect·ed** *Adj* **1.** gesammelt: *~ works* **2.** fig gefasst

▸ **col·lec·tion** [kə'lekʃn] *s* **1.** (Ein)Sammeln *n* **2.** (*Briefmarken- etc*)Sammlung *f* **3.** Kollekte *f*, (Geld-)Sammlung *f* **4.** WIRTSCH Inkasso *n* **5.** WIRTSCH (Muster)Kollektion *f* **6.** Abholung *f* **7.** fig Fassung *f*, Gefasstheit *f* col'**lec·tive** *Adj* **1.** gesammelt, zs.-gefasst **2.** kollektiv: *~ agreement* WIRTSCH Tarifabkommen *n*; *~ bargaining* WIRTSCH Tarifverhandlungen *Pl*; *~ noun* Sammelbegriff *m* col'**lec·tive·ly** *Adv* gemeinsam, gemeinschaftlich col'**lec·tor** *s* **1.** Sammler(in): *~'s item* Sammlerstück *n* **2.** Kassierer(in) **3.** ELEK Stromabnehmer *m*

▸ **col·lege** ['kɒlɪdʒ] *s* **1.** College *n*: *~ of education* Br pädagogische Hochschule **2.** Akademie *f* **3.** Kollegium *n* (*a.* REL) col·le·gi·ate [kə'liːdʒɪət] *Adj* College..., akademisch

col·lide [kə'laɪd] *v/i* (*with*) kollidieren (mit): **a)** zs.-stoßen (mit) (*a. fig*), **b)** fig im Widerspruch stehen (zu)

col·lie ['kɒlɪ] *s* ZOOL Collie *m* (*langhaariger Schottischer Schäferhund*)

col·li·sion [kə'lɪʒn] *s* **1.** Kollision *f*, Zs.-stoß *m* (*beide a. fig*): *be on a ~ course* auf Kollisionskurs sein **2.** fig Widerspruch *m*

col·lo·qui·al [kə'ləʊkwɪəl] *Adj* umgangssprachlich: *~ English* Umgangsenglisch *n* col·**lo·qui·al·ism** *s* Ausdruck *m* der Umgangssprache

col·lu·sion [kə'luːʒn] *s* JUR geheimes Einverständnis

col·ly·wob·bles ['kɒlɪˌwɒblz] *s Pl* (*a. Sg konstruiert*): *have the ~* F ein flaues Gefühl in der Magengegend haben

Co·logne [kə'ləʊn] *Eigenn* Köln *n*

Co·lom·bia [kə'lɒmbɪə] *Eigenn* Kolumbien *n*

co·lon[1] ['kəʊlən] *s* ANAT Dickdarm *m*

co·lon[2] [-] *s* LING Doppelpunkt *m*

colo·nel ['kɜːnl] *s* MIL Oberst *m*

co·lo·ni·al [kə'ləʊnjəl] *Adj* kolonial, Kolonial… **co'lo·ni·al·ism** *s* POL Kolonialismus *m* **co·lo·nist** ['kɒlənɪst] *s* Kolonist(in), (An)Siedler(in) **col·o·ni·za·tion** [ˌkɒlənaɪ'zeɪʃn] *s* Kolonisation *f*, Besiedlung *f* **'col·o·nize** *I v/t* **1.** kolonisieren, besiedeln **2.** ansiedeln **II** *v/i* **3.** sich ansiedeln **4.** e-e Kolonie bilden

col·on·nade [ˌkɒlə'neɪd] *s* ARCHI Säulengang *m*, Kolonnade *f*

▸ **col·o·ny** ['kɒlənɪ] *s* (*a. Ausländer-, Künstler- etc*)Kolonie *f*

▸ **col·or**, *etc Am* → **colour**, *etc*

Col·o·ra·do bee·tle [ˌkɒlə'rɑːdəʊ] *s* ZOOL Kartoffelkäfer *m*

co·los·sal [kə'lɒsl] *Adj* kolossal, riesig, Riesen… (*alle a. fig* F)

co·los·sus [-səs] *Pl* **-si** [-saɪ], **-sus·es** *s* Koloss *m*

▸ **col·our** ['kʌlə] *bes Br* **I** *s* **1.** Farbe *f*: **what ~ is …?** welche Farbe hat …?; **to paint in bright** (**glowing, gloomy**) **~s** *etw* in rosigen (glühenden, düsteren) Farben schildern; **local ~** *fig* Lokalkolorit *n*; → *Info bei* **fig 2.** (*a. gesunde*) Gesichtsfarbe: **lose** (**all**) **~** (ganz) blass werden **3.** (*bes* dunkle) Hautfarbe **4.** *fig* Färbung *f*, Zeitung *f*: **call to the ~s** einberufen; **pass** (**fail**) **an examination with flying ~s** e-e Prüfung mit Glanz u. Gloria bestehen (mit Pauken u. Trompeten durch e-e Prüfung fallen) **6.** *Pl* SCHIFF Flagge *f*: **sail under false ~s** unter falscher Flagge segeln (*a. fig*); **show one's true ~s** *fig* sein wahres Gesicht zeigen; Farbe bekennen **II** *v/t* **7.** färben (*a. fig*), kolorieren **III** *v/i* **8.** sich (ver)färben **9.** *a.* **~ up** erröten, rot werden (**with** vor *Dat*) **~ bar** *s* Rassenschranke *f* '**~-blind** *Adj* MED farbenblind **~ cop·y** *s* Farbkopie *f*

col·oured ['kʌləd] *Adj bes Br* **1.** farbig, bunt (*beide a. fig*): **~ pencil** Bunt-, Farbstift *m* **2.** farbig: **a ~ man** ein Farbiger; → *Info bei* **politically correct 3.** *fig* gefärbt

'**col·our·fast** *Adj bes Br* farbecht **~ film** *s* FOTO Farbfilm *m*

col·our·ful ['kʌləfʊl] *Adj bes Br* **1.** farbenfreudig, -prächtig **2.** *fig* farbig, bunt '**col·our·ing I** *s* **1.** Färbung *f* (*a. fig*), Farbgebung *f* **2.** Gesichtsfarbe *f* **II** *Adj* **3.** Farb…: **~ book** Malbuch *n*

col·our·less ['kʌləlɪs] *Adj bes Br* **1.** farblos (*a. fig*) **2.** *fig* neutral, unparteiisch

col·our|print·er *s* COMPUTER Farbdrucker *m* **~ prob·lem** *s* Rassenproblem *n* **~ sup·ple·ment** *s* Farbbeilage *f* (*e-r Zeitung*) **~ tel·e·vi·sion** *s* Farbfernsehen *n*

colt [kəʊlt] *s* **1.** Fohlen *n* **2.** *fig* Grünschnabel *m*

Columbus Day

Öffentlicher Feiertag in den USA am 12. Oktober, der an die Entdeckung Amerikas im Jahr 1492 durch Christoph Columbus erinnern soll. Berühmt ist der große Umzug, der in New York City an diesem Tag stattfindet.

---

col·umn ['kɒləm] *s* **1.** ARCHI (*a. Rauch-, Wasser- etc*)Säule *f* **2.** *typographisch*: Spalte *f*: **in double ~s** zweispaltig **3.** *Zeitung*: Kolumne *f* **4.** MATHE, MIL Kolonne *f* **col·um·nist** ['kɒləmnɪst] *s* Kolumnist(in)

co·ma ['kəʊmə] *s* MED Koma *n*: **be in a ~** im Koma liegen

▸ **comb** [kəʊm] **I** *s* **1.** Kamm *m* (*a. des Hahns, e-r Welle etc*) **II** *v/t* **2.** kämmen: **~ one's hair** (*od o.s.*) sich kämmen **3.** *fig Gegend* durchkämmen **4.** *mst* **~ out** *fig* sieben, sichten; aussondern, -suchen

com·bat ['kɒmbæt] *v/t* bekämpfen, kämpfen gegen (*beide a. fig*) **II** *v/i* kämpfen (**with** mit) (*a. fig*) **III** *s* Kampf *m*, MIL *a.* Gefecht *n* **IV** *Adj* Kampf…

com·bi·na·tion [ˌkɒmbɪ'neɪʃn] *s* **1.** Verbindung *f* (*a.* CHEM), Kombination *f*: **~ lock** Kombinationsschloss *n* **2.** WIRTSCH Konzern *m*; Kartell *n*, Ring *m* **3.** Zs.-schluss *m*, Bündnis *n*

▸ **com·bine** [kəm'baɪn] **I** *v/t* **1.** verbinden (*a.* CHEM), kombinieren: **~ business with pleasure** das Nützliche mit dem Angenehmen verbinden **2.** in sich vereinigen **II** *v/i* **3.** sich verbin-

den (*a.* CHEM) **4.** zs.-wirken: *every-thing ~d against him* alles verschwor sich gegen ihn **III** *s* ['kɒmbaɪn] **5.** Verbindung *f* **6.** POL Interessengemeinschaft *f*; WIRTSCH *m* Verband *m*; Konzern *m*; Kartell *n* **com'bined** [kəm.] *Adj* gemeinsam, gemeinschaftlich

com·bus·ti·ble [kəm'bʌstəbl] **I** *Adj* **1.** brennbar, (leicht) entzündlich **2.** *fig* leicht erregbar **II** *s* **3.** Brennstoff *m*, -material *n* **com·bus·tion** [-'bʌstʃən] *s* Verbrennung *f* (*a.* BIOL, CHEM): *~ en-gine* TECH Verbrennungsmotor *m*

▸ **come** [kʌm] **I** *v/i* (*unreg*) **1.** kommen: *he came to see us* er besuchte uns **2.** (dran)kommen, an die Reihe kommen **3.** kommen, erscheinen: *~ and go* kommen u. gehen; erscheinen u. verschwinden **4.** kommen, gelangen (*to* zu) **5.** kommen, abstammen (*of, from* von) **6.** kommen, herrühren (*of* von) **7.** kommen, geschehen, sich ereignen: *~ what may* (*od will*) komme, was da wolle; *how ~s it that …?, F how ~ that …?* wie kommt es, dass …? **8.** sich erweisen: *it ~s expensive* es kommt teuer **9.** *vor Inf:* dahin *od* dazu kommen: *~ to know s.o.* j-n kennen lernen; *~ to know s.th.* etw erfahren; *I have ~ to believe that* ich bin zu der Überzeugung gekommen, dass **10.** *bes vor Adj:* werden: *~ true* sich bewahrheiten *od* erfüllen, eintreffen **11.** *to ~* (*als Adj*) zukünftig, kommend: *for all time to ~* für alle Zukunft **12.** kommen (*en-in Orgasmus haben*) **II** *v/t* (*unreg*) **13.** F sich aufspielen als, *j-n, etw* spielen **III** *Interj* **14.** na!, komm!: *~, ~!* nicht so wild!, immer langsam!; na komm schon!, auf gehts!

Verbindungen mit Präpositionen:

come| a·cross *v/i* zufällig treffen *od* finden *od* sehen, stoßen auf (*Akk*) *~ at v/i* **1.** erreichen, bekommen, *Wahrheit etc* herausfinden **2.** losgehen auf (*Akk*) *~ for v/i* **1.** *etw* abholen kommen, kommen wegen **2.** losgehen auf (*Akk*) *~ in·to v/i* **1.** kommen in (*Akk*) **2.** *~ a fortune* ein Vermögen erben; → *fash-ion* 1, *own* 5, *use* 5 *~ near v/i* **1.** *fig* nahe kommen (*Dat*) **2.** *~ to doing s.th.* etw beinahe tun *~ off v/i* **1.** herunterfallen von **2.** *~ it!* F hör schon auf damit! *~ on* → *come upon* *~ o·ver v/i* überkom-

men, befallen: *what has ~ you?* was ist mit dir los? *~ through v/i Krankheit etc* überstehen, -leben *~ to v/i* **1.** *j-m* (*bes durch Erbschaft*) zufallen **2.** *when it comes to paying* wenn es ans Bezahlen geht **3.** sich belaufen auf (*Akk*) *~ under v/i* **1.** unter *ein Gesetz etc* fallen **2.** geraten unter (*Akk*) *~ up·on v/i* **1.** → *come over* **2.** → *come across*

Verbindungen mit Adverben:

come| a·bout *v/i* geschehen, passieren *~ a·cross v/i* **1.** herüberkommen **2.** verstanden werden; an-, rüberkommen (*Rede etc*) **3.** F damit herausrücken: *with* mit *Informationen* herausrücken; *Geld* herausrücken *~ a·long v/i* **1.** mitkommen, -gehen; *~!* F dalli! **2.** kommen, sich ergeben (*Chance etc*) *~ a·part v/i* auseinander fallen *~ a·way v/i* sich lösen, ab-, losgehen (*Knopf etc*) *~ back v/i* **1.** zurückkommen: *~ to s.th.* auf e-e Sache zurückkommen; *it came back to him* es fiel ihm wieder ein **2.** wieder in Mode kommen **3.** ein Come-back feiern *~ by v/i* vorbeikommen (*Besucher*) *~ down v/i* **1.** herunterkommen, (*Regen, Schnee*) fallen **2.** (ein)stürzen, (ein)fallen **3.** *fig* herunterkommen (*Person*): *she has ~ quite a bit* sie ist ganz schön tief gesunken **4.** überliefert werden **5.** F sinken (*Preise*); billiger werden (*Ware*) **6.** *~ on* sich stürzen auf (*Akk*), *j-m* aufs Dach steigen **7.** *~ with* F *Geld* herausrücken **8.** *~ with* erkranken an (*Dat*) **9.** *~ to* hinauslaufen auf (*Akk*) *~ for·ward v/i* sich (freiwillig) melden, sich anbieten *~ home v/i* **1.** nach Hause kommen, heimkommen **2.** *~ to s.o.* j-m schmerzlich bewusst werden *~ in v/i* **1.** hereinkommen: *~!* herein!; (*Funk*) (bitte) kommen! **2.** eingehen, -treffen (*Nachricht etc*), Sport, SCHIFF einkommen, BAHN einlaufen: *~ second* den zweiten Platz belegen **3.** aufkommen, in Mode kommen **4.** an die Macht kommen **5.** sich als *nütz-lich etc* erweisen: → *handy* 4 **6.** Berücksichtigung finden: *where do I ~?* wo bleibe ich? **7.** *~ for Bewunderung etc* erregen, auf *Kritik etc* stoßen **8.** *~ on* mitmachen bei, sich beteiligen an (*Dat*) *~ off v/i* **1.** → *come away* **2.** herunterfallen **3.** auslaufen (*Stück*), enden (*Ausstellung*) **4.** F stattfinden, über die

Bühne gehen **5.** F abschneiden; erfolgreich verlaufen, glücken **~ on** v/i **1.** herankommen: **~!** komm (mit)!; komm her!; los!; F na, na! **2.** an die Reihe kommen **3.** THEAT auftreten; aufgeführt werden **~ out** v/i **1.** herauskommen **2.** *a.* **~ on strike** *bes Br* streiken **3.** herauskommen **a)** erscheinen (*Buch etc*), **b)** an den Tag kommen (*Wahrheit etc*) **4.** ausgehen (*Haare, Farbe*), herausgehen (*Fleck etc*) **5.** ausbrechen (*Ausschlag*): **~ in a rash** e-n Ausschlag bekommen **6.** FOTO *etc* gut *etc* werden (*Bild*); *gut etc* herauskommen (*in* auf *Dat*) **7.** sich outen **8.** **~ with** F mit *der Wahrheit etc* herausrücken; *Flüche etc* vom Stapel lassen **9.** **~ against** (**for**) sich aussprechen gegen (für) **~ o·ver → come across** 1, 2 **~ round** v/i **1.** vorbeikommen (**to** bei) **2.** wieder zu sich kommen; sich erholen **~ through** v/i durchkommen (*Funkspruch, Patient etc*) **~ to → come round** 2 **~ up** v/i **1.** heraufkommen **2.** herankommen: **~ to s.o.** auf j-n zukommen **3.** JUR zur Verhandlung kommen **4.** *a.* **~ for discussion** zur Sprache kommen **5.** **~ for** zur Abstimmung, Entscheidung kommen **6.** aufkommen, Mode werden **7.** **~ to** reichen bis an (*Akk*) *od* zu; erreichen (*Akk*); *fig* heranreichen an (*Akk*): **→ expectation 8.** *his supper came up again* das Abendessen kam ihm wieder hoch **9.** **~ with** daherkommen mit, auftischen, präsentieren

'**come·back** s Come-back *n*: *stage* (*od make*) *a* **~** ein Come-back feiern

co·me·di·an [kə'miːdjən] s **1.** Komödienschauspieler(in); Komiker(in) (*a. pej*) **2.** Spaßvogel *m*, Witzbold *m* (*beide a. pej*)

'**come·down** s *fig* **1.** Niedergang *m*, Abstieg *m* **2.** F Enttäuschung *f*

▶ **com·e·dy** ['kɒmədɪ] s **1.** Komödie *f* (*a. fig*), Lustspiel *n* **2.** Komik *f*

come·ly ['kʌmlɪ] *Adj* attraktiv, schön

com·er ['kʌmə] s Ankömmling *m*

com·et ['kɒmɪt] s ASTR Komet *m*

com·fort ['kʌmfət] **I** v/t **1.** trösten **2.** beruhigen **II** s **1.** Trost *m*: *cold* **~** ein schwacher Trost **4.** Behaglichkeit *f*: *live in* **~** sorgenfrei leben **5.** *a. Pl* Komfort *m*: *with all modern* **~s** mit allem

Komfort; **~ station** *Am* öffentliche Bedürfnisanstalt

▶ **com·fort·a·ble** ['kʌmfətəbl] *Adj* **1.** komfortabel, bequem, behaglich: *make o.s.* **~** es sich bequem machen; *are you* **~?** haben Sie es bequem?; sitzen *od* liegen *etc* Sie bequem?; *feel* **~** sich wohl fühlen **2.** bequem, sorgenfrei (*Leben etc*) **3.** ausreichend, recht gut (*Einkommen etc*): *be* **~** (*od comfortably off*) einigermaßen wohlhabend sein '**com·fort·er** s Tröster(in) *f*. **2.** *bes Br* Wollschal *m* **3.** *Am* Steppdecke *f* **4.** *bes Br* Schnuller *m* '**com·fort·ing** *Adj* tröstlich '**com·fort·less** *Adj* **1.** unbequem **2.** trostlos

com·fy ['kʌmfɪ] F → *comfortable* 1

com·ic ['kɒmɪk] **I** *Adj* (*~ally*) **1.** Komödien..., Lustspiel...: **~ actor** Komödienschauspieler *m*; Komiker *m*; **~ opera** MUS komische Oper; **~ tragedy** Tragikomödie *f* (*a. fig*) **2.** komisch, humoristisch: **~ paper** Witzblatt *n*; **~ strips** *Pl* Comics *Pl* **3.** → *comical* 1 **II** s **4.** → *comedian* 1 **5.** F Witzblatt *n*: **~s** *Pl* Comics *Pl* '**com·i·cal** *Adj* **1.** komisch, ulkig, spaßig **2.** F komisch, sonderbar

com·ing ['kʌmɪŋ] **I** *Adj* kommend: **a)** zukünftig: *the* **~** *man* der kommende Mann, **b)** nächst-: **~** *week* nächste Woche **II** s Kommen *n*, Ankunft *f*: *the* **~s** *and goings* das Kommen u. Gehen ,**~·out** s Coming-out *n*, Outing *n* (*offenes Bekenntnis zu s-r Homosexualität*)

com·ma ['kɒmə] s Komma *n*, Beistrich *m*

▶ **com·mand** [kə'mɑːnd] **I** v/t **1.** befehlen (*s.o. to do* j-m etw zu tun) **2.** fordern, verlangen **3.** MIL kommandieren, befehligen **4.** *Gefühle, Lage etc* beherrschen **5.** *Vertrauen etc* einflößen: **~** (*s.o.'s*) *admiration* (j-m) Bewunderung abnötigen; **~ respect** Achtung gebieten **6.** zur Verfügung haben, verfügen über (*Akk*) **II** v/i **7.** befehlen **8.** MIL das Kommando führen, den Befehl haben **III** s **9.** Befehl *m* (*a.* COMPUTER): *at s.o.'s* **~** auf j-s Befehl **10.** Verfügung *f*: *be at s.o.'s* **~** j-m zur Verfügung stehen; *have at* **~** → 6 **11.** Beherrschung *f* (*e-r Sprache etc*): *have* **~** *of Fremdsprache etc* beherrschen; *his* **~** *of English* s-e Englischkenntnisse *Pl* **12.** MIL Kommando *n*: **a)** (Ober)Befehl *m*:

be in ~ → **8**; ~ **module** (*Raumfahrt*) Kommandokapsel *f*, **b)** Befehl *m* **com·man·dant** [ˌkɒmənˈdænt] *s* MIL Kommandant(in) **com·mand·er** [kəˈmɑːndə] *s* MIL Kommandeur(in), Befehlshaber(in); Kommandant(in); ~ **in chief** Oberbefehlshaber(in) **com'mand·ing** *Adj* **1.** MIL kommandierend, befehlshabend **2.** herrisch, gebieterisch **3.** *die Gegend* beherrschend **4.** weit (*Aussicht*) **com·mand·ment** [kəˈmɑːndmənt] *s* Gebot *n*, Vorschrift *f*: **the Ten** ⁓**s** BIBEL die Zehn Gebote **com'man·do** [-dəʊ] *Pl* **-do(e)s** *s* MIL Kommando *n*

com·mem·o·rate [kəˈmeməreɪt] *v/t* **1.** erinnern an (*Akk*) **2.** (ehrend) gedenken (*Gen*) **com,mem·o'ra·tion** *s* Gedenk-, Gedächtnisfeier *f*: **in** ~ **of** zum Gedenken *od* Gedächtnis an (*Akk*) **com'mem·o·ra·tive** [-rətɪv] *Adj* Gedenk..., Gedächtnis..., Erinnerungs...: ~ **issue** Gedenkausgabe *f* (*Briefmarken etc*); ~ **plaque** Gedenktafel *f*

com·mence [kəˈmens] *v/i u. v/t* anfangen, beginnen (**to do, doing** zu tun) **com'mence·ment** *s* Anfang *m*, Beginn *m*

com·mend [kəˈmend] *v/t* **1.** empfehlen **2.** loben (**on** wegen) **3.** anvertrauen (**to** *Dat*) **com'mend·a·ble** *Adj* **1.** empfehlenswert **2.** lobenswert, löblich **com·men·da·tion** [ˌkɒmenˈdeɪʃn] *s* **1.** Empfehlung *f* **2.** Lob *n* **com'men·da·to·ry** [-dətərɪ] *Adj* **1.** Empfehlungs...: ~ **letter** Empfehlungsbrief *m*, -schreiben *n* **2.** lobend, anerkennend

com·men·su·ra·ble [kəˈmenʃərəbl] *Adj* vergleichbar (**to, with** mit) **com'men·su·rate** [-rət] *Adj* (**to, with**) im Einklang stehend (mit), entsprechend *od* angemessen (*Dat*)

com·ment ['kɒment] **I** *s* (**on**) Kommentar *m* (zu): **a)** Bemerkung *f* (zu): **no** ~**!** kein Kommentar!, **b)** Anmerkung *f* (zu) **II** *v/i*: ~ **on** e-n Kommentar abgeben zu, *etw* kommentieren **III** *v/t* bemerken (**that** dass) **com·men·ta·tor** ['ˌ-mənteɪtə] *s* Kommentator(in)

com·merce ['kɒmɜːs] *s* Handel *m*

▶**com·mer·cial** [kəˈmɜːʃl] **I** *Adj* **1.** Geschäfts..., Handels...: ~ **attaché** Handelsattaché *m*; ~ **correspondence** Geschäfts-, Handelskorrespondenz *f*; ~

letter Geschäftsbrief *m*; ~ **travel(l)er** Handlungsreisende *m*, *f* **2.** handelsüblich (*Qualität etc*) **3.** RUNDFUNK, TV Werbe..., Reklame...: ~ **broadcasting** Werbefunk *m*; kommerzieller Rundfunk; ~ **television** Werbefernsehen *n*; kommerzielles Fernsehen **4.** kommerziell: **a)** auf finanziellen Gewinn abzielend, **b)** finanziell **II** *s* **5.** RUNDFUNK, TV Werbespot *m*; von e-m Sponsor finanzierte Sendung **com'mer·cial·ize** [-ʃəlaɪz] *v/t* kommerzialisieren, vermarkten

com·mie ['kɒmɪ] *s* F *pej* Kommunist(in)

com·mis·er·ate [kəˈmɪzəreɪt] *v/t* (*u. v/i* ~ **with**) bemitleiden **com,mis·er·a'tion** *s* Mitleid *n*

com·mis·sion [kəˈmɪʃn] **I** *s* **1.** Auftrag *m* **2.** Kommission *f*, Ausschuss *m*: **be on the** ~ Mitglied der Kommission sein **3.** WIRTSCH **a)** Kommission *f*: **on** ~ in Kommission, **b)** Provision *f*: **on** ~ gegen Provision; **on a** ~ **basis** auf Provisionsbasis **4.** Begehung *f*, Verübung *f* (*e-s Verbrechens etc*) **II** *v/t* **5.** beauftragen **6.** *etw* in Auftrag geben: ~**ed work** Auftragsarbeit *f* **com·mis·sion·aire** [kəˌmɪʃəˈneə] *s bes Br* (livrierter) Portier (*Theater, Hotel etc*) **com'mis·sion·er** [-ʃnə] *s* Beauftragte *m*, *f*

com·mit [kəˈmɪt] *v/t* **1.** anvertrauen, übergeben (**to** *Dat*): ~ **to paper** zu Papier bringen **2.** JUR einweisen (**to** in *Akk*) **3.** *Verbrechen etc* begehen, verüben **4.** (**to**) verpflichten (zu), festlegen (auf *Akk*): ~**ted** engagiert (*Schriftsteller etc*) **com'mit·ment** *s* **1.** Übergabe *f* **2.** → **committal** 2 **3.** Begehung *f*, Verübung *f* **4.** Verpflichtung *f*, Festlegung *f*, (*a. politisches etc*) Engagement: **without any** ~ ganz unverbindlich **com'mit·tal** [-tl] *s* **1.** → **commitment** 1, 3, 4 **2.** JUR Einweisung *f* **com'mit·tee** [-tɪ] *s* Komitee *n*, Ausschuss *m*: **be** (*od* **sit**) **on a** ~ in e-m Ausschuss sein

com·mode [kəˈməʊd] *s* (Wasch-)Kommode *f* **com'mo·di·ous** [-djəs] *Adj* geräumig

com·mod·i·ty [kəˈmɒdətɪ] *s* WIRTSCH Ware *f*, (Handels)Artikel *m* ~ **exchange** *s* Warenbörse *f*

▶**com·mon** ['kɒmən] **I** *Adj* (→ **commonly**) **1.** gemeinsam (*a.* MATHE): ~ **to all** allen gemein-

sam; ~ *room* Gemeinschaftsraum m; →
cause 3, *denominator* 2. allgemein:
by ~ *consent* mit allgemeiner Zustim-
mung 3. allgemein (bekannt), alltäg-
lich: *it is* ~ *knowledge* (*usage*) es ist
allgemein bekannt (üblich); ~ *name*
häufiger Name; ~ *sight* alltäglicher
od vertrauter Anblick 4. *bes* BIOL ge-
mein: ~ *or garden* F Feld-Wald-u.-Wie-
sen-...; → *cold* 5 5. gewöhnlich, ohne
Rang: *the* ~ *people Pl* das einfache
Volk; ~ *soldier* einfacher Soldat II *s*
6. Gemeinsamkeit f: *in* ~ gemeinsam
(*with* mit) 7. *das* Gewöhnliche: *out of
the* ~ außergewöhnlich, -ordentlich 8.
→ *commons*

'com·mon·er *s* Bürger(in), Bürgerliche
m, f

com·mon law *s* 1. *Br* Gewohnheits-
recht *n* 2. *das anglo-amerikanische
Rechtssystem* ,com·mon-law 'mar-
riage *s* eheähnliche Gemeinschaft

com·mon·ly ['kɒmənlɪ] *Adv* gewöhn-
lich, im Allgemeinen

Com·mon| Mar·ket *s* Gemeinsamer
Markt '2·place I *s* 1. Gemeinplatz *m*
2. alltägliche Sache II *Adj* 3. alltäglich,
abgedroschen ~ Prayer *s* REL anglika-
nische Liturgie

Com·mons ['kɒmənz] *s Pl the* ~ PARL *Br*
das Unterhaus

com·mon| sense *s* gesunder Men-
schenverstand ~·wealth *s*: ▸ *the Com-
monwealth* (*of Nations*) das Common-
wealth

com·mo·tion [kə'məʊʃn] *s* 1. Aufre-
gung f 2. Aufruhr *m*, Tumult *m*

com·mu·nal ['kɒmjʊnl] *Adj* 1. Gemein-
de..., Kommunal... 2. gemeinschaft-
lich: ~ *aerial* (*bes Am* antenna) TV Ge-
meinschaftsantenne f

com·mune¹ [kə'mjuːn] *v/i* 1. sich (ver-
traulich) unterhalten (*with* mit): ~ *with
o.s.* mit sich zurate gehen 2. *bes Am* →
communicate 6

com·mune² ['kɒmjuːn] *s* Gemeinde f,
Kommune f (*a.* SOZIOL)

com·mu·ni·ca·ble [kə'mjuːnɪkəbl] *Adj*
1. mitteilbar 2. MED übertragbar com-
'mu·ni·cate [-keɪt] I *v/t* 1. mitteilen (*to
Dat*) 2. MED, PHYS übertragen (*to* auf
Akk) (*a. fig*) II *v/i* 3. kommunizieren,
sich besprechen, in Verbindung stehen
(*with* mit) 4. sich in Verbindung setzen

(*with* mit) 5. miteinander (durch e-e
Tür *etc*) verbunden sein: *communicat-
ing door* Verbindungstür f 6. REL das
Abendmahl empfangen, kommunizie-
ren com·mu·ni·ca·tion *s* 1. Mitteilung
f (*to* an *Akk*): ~ *cord* BAHN *Br* Not-
bremse f 2. Übertragung f: ~ *of power*
PHYS Kraftübertragung 3. Verbindung
f: *be in* ~ *with* in Verbindung stehen
mit 4. *Pl bes* MIL Fernmeldewesen *n*:
~s *satellite* Nachrichtensatellit *m*; ~
system Fernmeldenetz *n* com·mu·ni-
ca·tive [-kətɪv] *Adj* mitteilsam, ge-
sprächig, kommunikativ

com·mun·ion [kə'mjuːnjən] *s* 1. (REL
Religions)Gemeinschaft f 2. ♀ REL
Abendmahl *n*, Kommunion f: *go to*
~ zum Abendmahl gehen; ~ *cup*
Abendmahlskelch *m*

com·mu·ni·qué [kə'mjuːnɪkeɪ] *s* Kom-
munikee *n*

com·mu·nism ['kɒmjʊnɪzəm] *s* Kom-
munismus *m* 'com·mu·nist I *s* Kom-
munist(in) II *Adj* kommunistisch

▸ com·mu·ni·ty [kə'mjuːnətɪ] *s* 1. Ge-
meinschaft f: ~ *singing* gemeinsames
Singen; ~ *spirit* Gemeinschaftsgeist
m 2. Gemeinde f 3. Gemeinsamkeit
f, gemeinsamer Besitz: ~ *of goods*
(*od property*) Gütergemeinschaft f ~
cen·ter, *bes Br* ~ *cen·tre s* Gemeinde-
zentrum *n* ~ *home s Br* Erziehungs-
heim *n*

com·mut·a·ble [kə'mjuːtəbl] *Adj* um-
wandelbar com·mu·ta·tion [,kɒmjuː-
'teɪʃn] *s* 1. Umwandlung f 2. Ablösung
f; Ablöse(summe) f 3. JUR (Straf)Um-
wandlung f 4. BAHN, *etc* Pendeln *n*
com·mute [kə'mjuːt] I *v/t* 1. eintau-
schen (*for* für) 2. JUR Strafe umwan-
deln (*to, into* in *Akk*) 3. Verpflichtung
etc umwandeln (*into* in *Akk*), ablösen
(*for, into* durch) II *v/i* 4. BAHN, *etc* pen-
deln com'mut·er *s* Pendler(in): ~ *traf-
fic* Pendlerverkehr *m*; ~ *train* Pend-
ler-, Nahverkehrszug *m*

com·pact [kəm'pækt] I *Adj* 1. kompakt:
~ *camera* Kompaktkamera f; ~ *disc*
Compact Disc f 2. eng, klein (*Wohnung
etc*) 3. gedrungen (*Gestalt etc*) 4. knapp,
gedrängt (*Stil etc*) II *v/t* 5. zs.-drängen,
fest miteinander verbinden III *s*
['kɒmpækt] 6. kompakte Masse 7. Pu-
derdose f

com·pan·ion [kəmˈpænjən] *s* **1.** Begleiter(in) (*a. fig*) **2.** Kamerad(in), Genosse *m*, Genossin *f* **3.** Gesellschafter(in) **4.** Gegenstück *n*, Pendant *n* **5.** Handbuch *n*, Leitfaden *m* **com'pan·ion·a·ble** *Adj* umgänglich, gesellig **com'pan·ion·ship** *s* Begleitung *f*, Gesellschaft *f*

com·pa·ny [ˈkʌmpəni] *s* **1.** Gesellschaft *f*: **in ~** (**with**) in Gesellschaft *od* Begleitung (*Gen od* von); **be in good ~** sich in guter Gesellschaft befinden; **keep** (*od* **bear**) **s.o. ~** j-m Gesellschaft leisten; **part ~** (**with**) sich trennen (von); *fig* anderer Meinung sein (als) (**on** in *Dat*) **2.** Gesellschaft *f*; Besuch *m*, Gäste *Pl*: **be fond of ~** die Geselligkeit lieben; **present ~ excepted!** Anwesende ausgenommen! **3.** Gesellschaft *f*, Umgang *m*: **keep good ~** guten Umgang pflegen; **keep ~ with** verkehren mit **4.** WIRTSCH Gesellschaft *f*, Firma *f*: **~ car** Firmenwagen *m*; **~ pension** Betriebsrente *f* **5.** MIL Kompanie *f* **6.** THEAT Truppe *f*

com·pa·ra·ble [ˈkɒmpərəbl] *Adj* vergleichbar (**with**, *to* mit) **com·par·a·tive** [kəmˈpærətɪv] **I** *Adj* **1.** vergleichend **2.** verhältnismäßig, relativ **3.** ~ **degree** → 4 **II** *s* **4.** LING Komparativ *m* **com'par·a·tive·ly** *Adv* verhältnismäßig: **a)** vergleichsweise, **b)** ziemlich

com·pare [kəmˈpeə] **I** *v/t* **1.** vergleichen (**with**, *to* mit): **~d with** (*od to*) im Vergleich zu, gegenüber (*Dat*) **2.** vergleichen, gleichsetzen, -stellen: **not to be ~d with** (*od to*) nicht zu vergleichen mit **3.** LING steigern **II** *v/i* **4.** sich vergleichen (lassen): **~ favo(u)rably with** den Vergleich mit … nicht zu scheuen brauchen **III** *s* **5. beyond** (*od* **past, without**) **~** unvergleichlich **com·pari·son** [-ˈpærɪsn] *s* **1.** Vergleich *m*: **by ~** vergleichsweise; **in ~ with** im Vergleich mit *od* zu; **bear** (*od* **stand**) **~ with** e-n Vergleich aushalten mit; **without ~, beyond** (*all*) **~** unvergleichlich **2.** LING Steigerung *f*

com·part·ment [kəmˈpɑːtmənt] *s* **1.** Fach *n* **2.** BAHN Abteil *n*

com·pass [ˈkʌmpəs] *s* **1.** Kompass *m* **2.** *Pl, a.* **pair of ~es** Zirkel *m*

com·pas·sion [kəmˈpæʃn] *s* Mitleid *n*, -gefühl *n*: **have** (*od* **take**) **~ on** (*od* **for**)

Mitleid mit *j-m* haben **com'pas·sion·ate** [-ʃənət] *Adj* mitfühlend

com·pat·i·ble [kəmˈpætəbl] *Adj* **1.** vereinbar (**with** mit), miteinander vereinbar **2.** verträglich: **be ~** (**with**) sich vertragen (mit), passen (zu), zs.-passen **3.** COMPUTER kompatibel

com·pa·tri·ot [kəmˈpætrɪət] *s* Landsmann *m*, -männin *f*

com·pel [kəmˈpel] *v/t* **1.** zwingen: **be ~led to do** (*od* **into doing**) **s.th.** gezwungen sein, etw zu tun, etw tun müssen **2.** *etw* erzwingen **3.** *a.* Bewunderung *etc* abnötigen (**from** *Dat*)

com·pen·di·um [kəmˈpendɪəm] *Pl* **-ums, -a** [-ə] *s* **1.** Kompendium *n*, Handbuch *n* **2.** Zs.-fassung *f*, Abriss *m*

com·pen·sate [ˈkɒmpenseɪt] **I** *v/t* **1.** kompensieren (*a.* PSYCH), ausgleichen **2.** *j-n* entschädigen (**for** für); *etw* ersetzen, vergüten, für *etw* Ersatz leisten (**to** *Dat*) **3.** *Am j-n* bezahlen, entlohnen **II** *v/i* **4.** Ersatz leisten (**for** für) **5. ~ for** → 1 **,com·pen'sa·tion** *s* **1.** Kompensation *f*, Ausgleich *m*: **in ~ for** als Ausgleich für **2.** (Schaden)Ersatz *m*, Entschädigung *f*; Vergütung *f*: **pay ~** Schadenersatz leisten; **as** (*od* **by way of**) **~** als Ersatz **3.** *Am* Bezahlung *f*, Gehalt *n*, Lohn *m* **4.** PSYCH Kompensation *f*, Ersatzhandlung *f*

com·père, com·pere [ˈkɒmpeə] *bes Br* **I** *s* Conférencier *m*, Ansager(in) **II** *v/t* konferieren, ansagen **III** *v/i* konferieren, als Conférencier fungieren

com·pete [kəmˈpiːt] *v/i* **1.** sich (mit-)bewerben (**for** um) **2.** WIRTSCH *u. weit. S.* konkurrieren (**with** mit) **3.** wetteifern, sich messen (**with** mit) **4.** SPORT (am Wettkampf) teilnehmen; *a. weit. S.* kämpfen (**for** um; **against** gegen)

com·pe·tence [ˈkɒmpɪtəns] *s* **1.** Fähigkeit *f*, Tüchtigkeit *f* **2.** JUR Zuständigkeit *f*, Kompetenz *f* (*beide a. weit. S.*); Zulässigkeit *f* **'com·pe·tent** *Adj* **1.** fähig (**to do** zu tun), tüchtig **2.** fach-, sachkundig **3.** gut (gemacht), gekonnt **4.** JUR zuständig, kompetent (*beide a. weit. S.*); zulässig (*Beweise, Zeuge*)

com·pe·ti·tion [ˌkɒmpɪˈtɪʃn] *s* **1.** *allg* Wettbewerb *m* (**for** um) **2.** Konkurrenz *f*: **a)** WIRTSCH Wettbewerb *m*, Konkurrenzkampf *m*: **unfair ~** unlauterer Wettbewerb, **b)** WIRTSCH Konkurrenz-

firma f, -firmen Pl, **c)** weit. S. Gegner Pl, Rivalen Pl **3.** Preisausschreiben n **com·pet·i·tive** [kəm'petətɪv] Adj **1.** konkurrierend **2.** Wettbewerbs..., Konkurrenz..., WIRTSCH a. konkurrenzfähig: ~ **advantage** (**disadvantage**) Wettbewerbsvorteil (-nachteil) m **com·pet·i·tive·ness** s Wettbewerbsfähigkeit f

▶ **com·pet·i·tor** [kəm'petɪtə] s **1.** Mitbewerber(in) (**for** um) **2.** bes WIRTSCH Konkurrent(in) **3.** bes SPORT Teilnehmer(in)

com·pi·la·tion [ˌkɒmpɪ'leɪʃn] s Kompilation f (a. Werk) **com·pile** [kəm'paɪl] v/t Verzeichnis etc kompilieren, zs.-stellen, Material zs.-tragen **com·pil·er** s **1.** Kompilator(in) **2.** COMPUTER Compiler m

com·pla·cence, **com·pla·cen·cy** [kəm'pleɪsns(ɪ)] s Selbstzufriedenheit f, -gefälligkeit f **com·pla·cent** Adj selbstzufrieden, -gefällig

▶ **com·plain** [kəm'pleɪn] v/i **1.** sich beklagen od beschweren (**of**, **about** über Akk; **to** bei): ~**ing letter** Beschwerdebrief m **2.** klagen (**of** über Akk) **3.** WIRTSCH reklamieren od beanstanden: ~ **about** etw reklamieren od beanstanden

▶ **com·plaint** [kəm'pleɪnt] s **1.** Klage f, Beschwerde f: **make** (od **lodge**) **a** ~ (**about**) → **complain** 1; ~ **book** Beschwerdebuch n **2.** WIRTSCH Reklamation f, Beanstandung f **3.** MED Leiden n, Pl a. Beschwerden Pl

com·ple·ment I s ['kɒmplɪmənt] **1.** (**to** Gen) Ergänzung f (a. LING); Vervollkommnung f **2.** Ergänzungsstück n **II** v/t ['-ment] **3.** ergänzen; vervollkommnen **com·ple·men·ta·ry** [ˌ-'mentərɪ] Adj (sich) ergänzend: **be** ~ **to s.th.** etw ergänzen; ~ **colo(u)rs** Pl Komplementärfarben Pl

com·plete [kəm'pliːt] **I** Adj **1.** komplett, vollständig **2.** vollzählig, komplett **3.** beendet, vollendet **II** v/t **4.** vervollständigen **5.** vollenden, abschließen **6.** fig vollenden, vollkommen machen **7.** Formular ausfüllen

▶ **com·plete·ly** [kəm'pliːtlɪ] Adv völlig, vollkommen **com'plete·ness** s Vollständigkeit f **com'ple·tion** s **1.** Vervollständigung f **2.** Vollendung f: **bring to** ~ zum Abschluss bringen **3.** Ausfüllung f

com·plex ['kɒmpleks] **I** Adj **1.** zs.-gesetzt (a. LING) **2.** komplex, vielschichtig **II** s **3.** Komplex m, das Ganze **4.** (Gebäude- etc)Komplex m **5.** PSYCH Komplex m

com·plex·ion [kəm'plekʃn] s **1.** Gesichtsfarbe f, Teint m **2.** fig Aussehen n, Anstrich m **3.** fig Couleur f, (politische) Richtung

com·plex·i·ty [kəm'pleksətɪ] s **1.** Komplexität f, Vielschichtigkeit f **2.** etw Komplexes

com·pli·ance [kəm'plaɪəns] s **1.** (**with**) Einwilligung f (in Akk); Befolgung f (Gen): **in** ~ **with** e-r Vorschrift etc gemäß **2.** Willfährigkeit f **com'pli·ant** Adj willfährig

com·pli·cate ['kɒmplɪkeɪt] v/t komplizieren '**com·pli·cat·ed** Adj kompliziert ˌ**com·pli'ca·tion** s **1.** Komplikation f (a. MED) **2.** Kompliziertheit f

com·plic·i·ty [kəm'plɪsətɪ] s Mitschuld f, Mittäterschaft f (**in** an Dat)

com·pli·ment I s ['kɒmplɪmənt] **1.** Kompliment n: **angle** (od **fish**) **for** ~**s** nach Komplimenten fischen; **pay s.o. a** ~ j-m ein Kompliment machen **2.** Empfehlung f, Gruß m: **with the** ~**s of the season** mit den besten Wünschen zum Fest **II** v/t ['-ment] **3.** j-m ein Kompliment od Kompliment machen (**on** wegen) **com·pli·men·ta·ry** [ˌ-'mentərɪ] Adj **1.** höflich, Höflichkeits...: ~ **close** Gruß-, Schlussformel f (in Briefen) **2.** Ehren..., Frei..., Gratis...: ~ **ticket** Ehren-, Freikarte f

com·ply [kəm'plaɪ] v/i (**with**) einwilligen (**in** Akk); (e-m Wunsch od Befehl) nachkommen od Folge leisten, erfüllen (Akk); (e-e Abmachung) befolgen, einhalten: ~ **with the law** sich an die Gesetze halten

com·po·nent [kəm'pəʊnənt] **I** Adj Teil...: ~ **part** Bestandteil m **II** s **3.** (Bestand)Teil m, a. MATHE, PHYS Komponente f

com·pose [kəm'pəʊz] **I** v/t **1.** zs.-setzen od -stellen: **be** ~**d of** bestehen od sich zs.-setzen aus **2.** Satz etc bilden **3.** Gedicht etc verfassen **4.** MUS komponieren **5.** Gemälde etc entwerfen **6.** typographisch: (ab)setzen **7.** besänftigen: ~ **o.s.** sich beruhigen od fassen **8.** Streit etc beilegen, schlichten **9.** Gedanken

sammeln **II** v/i **10.** MUS komponieren
com·posed Adj, **com·pos·ed·ly** [-zɪd-
lɪ] Adv ruhig, gelassen
▸ **com·pos·er** [kəm'pəʊzə] s **1.** MUS
Komponist(in) **2.** Verfasser(in)
com·po·site ['kɒmpəzɪt] Adj zs.-gesetzt
,**com·po·si·tion** s **1.** Zs.-setzung f **2.**
Verfassen n **3.** Schrift(stück n) f **4.**
PÄD Aufsatz m **5.** Komposition f: **a)**
Musikstück n, **b)** (künstlerische) An-
ordnung od Gestaltung, Aufbau m **6.**
Beschaffenheit f, Art f **7.** Typographie:
Setzen n, Satz m **com·pos·i·tor**
[kəm'pɒzɪtə] s (Schrift-)Setzer(in)
com·post ['kɒmpɒst] **I** s Kompost m: ~
heap Komposthaufen m **II** v/t kompos-
tieren
com·po·sure [kəm'pəʊʒə] s (Gemüts-)
Ruhe f, Fassung f, Gelassenheit f
com·pote ['kɒmpɒt] s Kompott n
com·pound[1] ['kɒm'paʊnd] **I** v/t **1.** zs.-
setzen, (ver)mischen **2.** zs.-setzen,
-stellen **3.** verschlimmern; Problem
verstärken **II** Adj ['kɒmpaʊnd] **5.** zs.-
gesetzt: ~ **interest** WIRTSCH Zinseszin-
sen Pl; ~ **word** → 116 **6.** MED kompliziert
(Bruch) **7.** ELEK, TECH Verbund… **III** s
['kɒmpaʊnd] **8.** Zs.-setzung f, Mi-
schung f **9.** Mischung f, Masse f **10.**
CHEM Verbindung f **11.** LING Komposi-
tum n, zs.-gesetztes Wort
com·pound[2] ['kɒmpaʊnd] s **1.** Lager n
2. Gefängnishof m **3.** (Tier)Gehege n
com·pre·hend [,kɒmprɪ'hend] v/t **1.**
umfassen, einschließen **2.** begreifen,
verstehen ,**com·pre·hen·si·ble** Adj be-
greiflich, verständlich ,**com·pre·hen·
si·bly** Adv verständlicherweise ,**com·
pre·hen·sion** s **1.** Begriffsvermögen
n, Verstand m: **past** ~ unfassbar, un-
fasslich **2.** (of) Begreifen n (Gen), Ver-
ständnis n (für) ,**com·pre·hen·sive** **I**
Adj **1.** umfassend: ~ **school** → 3 **2.** Be-
griffs… **II** s **3.** Br Gesamtschule f
com·press **I** v/t [kəm'pres] zs.-drücken,
-pressen, PHYS, TECH komprimieren (a.
COMPUTER u. fig), verdichten: ~**ed air**
Press-, Druckluft f **II** s ['kɒmpres]
MED Kompresse f **com·pres·sion**
[kəm'preʃn] s **1.** Zs.drücken n, -pressen
n **2.** PHYS, TECH Druck m; Kompression
f (a. COMPUTER), Verdichtung f **com·
'pres·sor** [-sə] s TECH Kompressor m
com·prise [kəm'praɪz] v/t **1.** einschlie-

ßen, umfassen **2.** bestehen od sich
zs.-setzen aus
com·pro·mise ['kɒmprəmaɪz] **I** s **1.**
Kompromiss m: **make a** ~ e-n Kompro-
miss schließen; ~ **settlement** (od **solu-
tion**) Kompromisslösung f **II** v/t **2.** Ruf,
Leben etc gefährden, aufs Spiel setzen
3. bloßstellen, kompromittieren **III** v/i
4. e-n Kompromiss od (a. fig pej) Kom-
promisse schließen
com·pul·sion [kəm'pʌlʃn] s Zwang m
(a. PSYCH): **under** ~ unter Zwang,
zwangsweise **com·pul·sive** [-sɪv] Adj
1. zwingend, Zwangs… **2.** PSYCH
zwanghaft **com·pul·so·ry** [-səri] Adj
1. zwangsweise: ~ **auction** Zwangsver-
steigerung f; ~ **measures** Pl Zwangs-
maßnahmen Pl **2.** obligatorisch,
Pflicht…: ~ **education** allgemeine
Schulpflicht; ~ **military service** allge-
meine Wehrpflicht; ~ **subject** Pflicht-
fach n
com·pu·ta·tion [,kɒmpju:'teɪʃn] s **1.**
Berechnung f **2.** Schätzung f **com·
pu·ta·tion·al** Adj Computer… **com·
pute** [kəm'pju:t] v/t **1.** berechnen **2.**
schätzen, veranschlagen (**at** auf Akk)
▸ **com·put·er** [kəm'pju:tə] s Computer
m: ~ **animation** Computeranimation f;
~-**controlled** computergesteuert; ~ **lan-
guage** Computersprache f; ~-**literate**
mit Computerkenntnissen; ~ **printout**
Computerausdruck m; ~ **science** In-
formatik f; ~ **scientist** Informatike-
r(in); ~ **tomography** Computertomo-
graphie f; ~ **virus** Computervirus m;
→ Info bei **Computer**
com'put·er·ize [-təraɪz] **I** v/t Werk etc
computerisieren, mit Computer um-
stellen; System etc mit e-m Computer
durchführen; computerisieren, mithilfe
e-s Computers errechnen od zs.-stellen
II v/i sich auf Computer umstellen
com·rade ['kɒmreɪd] s **1.** Kamerad(in),
Gefährte m, Gefährtin f **2.** POL (Par-
tei)Genosse m, Genossin f '**com·
rade·ship** s Kameradschaft f
con[1] [kɒn] **I** s **1.** Neinstimme f **2.** Gegen-
argument n: → **pro**[1] **II** Adv **3.** F dage-
gen: **be** ~
con[2] [-] sl **I** s Schwindel m, Betrug m,
Beschiss m **II** v/t betrügen (**out of**
um), reinlegen
con·cat·e·nate [kɒn'kætɪneɪt] v/t ver-

knüpfen con·ca·te·na·tion s **1.** Verkettung f **2.** Kette f, Reihe f

con·cave ['kɒŋkeɪv] Adj konkav, hohl: **~ mirror** Hohlspiegel m

con·ceal [kən'siːl] v/t **(from** vor Dat) verbergen: **a)** verstecken, **b)** geheim halten, **c)** verschweigen, verheimlichen **con·ceal·ment** s **1.** Geheimhaltung f, Verheimlichung f **2.** Verborgenheit f

con·cede [kən'siːd] v/t zugestehen, einräumen: **a)** gewähren, bewilligen, **b)** anerkennen (a. **that** dass)

con·ceit [kən'siːt] s Einbildung f, Dünkel m: **be full of ~** völlig von sich eingenommen sein **con·ceit·ed** Adj eingebildet, dünkelhaft

con·ceiv·a·ble [kən'siːvəbl] Adj denkbar, vorstellbar: **the best plan ~** der denkbar beste Plan **con·ceive** I v/t **1.** BIOL Kind empfangen **2.** begreifen **3.** sich etw vorstellen od denken, sich e-n Begriff od e-e Vorstellung machen von **4.** ersinnen, ausdenken **II** v/i **5.** BIOL empfangen, schwanger werden (Mensch); aufnehmen, trächtig werden (Tier) **6.** **~ of** → 3

con·cen·trate ['kɒnsəntreɪt] **I** v/t konzentrieren: **a)** zs.-ziehen, -ballen, massieren, **b)** Gedanken etc richten **(on** auf Akk), **c)** CHEM anreichern **II** v/i sich konzentrieren **III** s Konzentrat n **con·cen·tra·tion** s Konzentration f: **a)** Zs.-ziehung f, -ballung f, Massierung f: **~ camp** Konzentrationslager n, **b)** gespannte Aufmerksamkeit: **power of ~** Konzentrationsfähigkeit f, **c)** CHEM Anreicherung f

con·cen·tric [kən'sentrɪk] Adj **(~ally)** konzentrisch

con·cept ['kɒnsept] s **1.** PHIL Begriff m **2.** Gedanke m, Auffassung f **conception** [kən'sepʃn] s **1.** BIOL Empfängnis f **2.** Begreifen n; Begriffsvermögen n; Begriff m, Vorstellung f (**of** von); Konzeption f, Idee f **3.** Entwurf m, Konzept n **con·cep·tu·al** [-tʃʊəl] Adj begrifflich, Begriffs...

▸ **con·cern** [kən'sɜːn] **I** v/t **1.** angehen: **a)** betreffen, **b)** von Wichtigkeit od Interesse sein für **2.** beunruhigen **3.** **~ o.s. with** sich beschäftigen od befassen mit **II** s **4.** Angelegenheit f, Sache f: **that is no ~ of mine** das geht mich nichts an **5.** WIRTSCH Geschäft n, Unternehmen n

6. Unruhe f, Sorge f (**at, about, for** wegen, um) **7.** Wichtigkeit f: **a matter of national ~** ein nationales Anliegen **8.** Beziehung f (**with** zu): **have no ~ with** nichts zu tun haben mit **9.** (**at, about, for, in, with**) Teilnahme f (an Dat), Rücksicht f (auf Akk), Anteil m (an Dat), Interesse m (für) **10.** F Ding n, Geschichte f **con·cerned** Adj **1.** betroffen, betreffend **2.** (**in**) beteiligt, interessiert (an Dat), verwickelt (in Akk) **3.** (**with, in**) befasst, beschäftigt (mit); handelnd (von) **4.** (**about, at, for**) besorgt (um), beunruhigt (wegen) **con·cern·ing** Präp betreffend, was … (an)betrifft

▸ **con·cert** s **1.** ['kɒnsət] MUS Konzert n: **~ hall** Konzertsaal m; **~ pianist** Konzertpianist(in) **2.** ['kɒnsɜːt] **in ~ with** in Übereinstimmung od gemeinsam mit **con·cert·ed** [kən'sɜːtɪd] gemeinsam: **~ action** gemeinsames Vorgehen; WIRTSCH, POL konzertierte Aktion **con·cer·to** [kən'tʃeətəʊ] Pl **-tos, -ti** [-tɪ] s MUS (Solo)Konzert n (mit Orchesterbegleitung): **piano ~** Klavierkonzert

con·ces·sion [kən'seʃn] s **1.** Konzession f, Zugeständnis n **2.** Genehmigung f, Bewilligung f; (amtliche od staatliche) Konzession

conch [kɒnʃ] s ZOOL Trompetenschnecke f, Tritonshorn n

con·cil·i·ate [kən'sɪlieɪt] v/t **1.** aus-, versöhnen, versöhnlich stimmen **2.** Gunst etc gewinnen **3.** in Einklang bringen **con·cil·i·a·tion** s Aus-, Versöhnung f **con·cil·i·a·to·ry** [-ətərɪ] Adj versöhnlich, vermittelnd

con·cise [kən'saɪs] Adj kurz, knapp, prägnant **con·cise·ness, con·ci·sion** [kən'sɪʒn] s Kürze f, Prägnanz f

con·clude [kən'kluːd] I v/t **1.** beenden, (be-, ab)schließen (**with** mit): **to be ~d** Schluss folgt **2.** Vertrag etc abschließen **3.** etw folgern, schließen (**from** aus): **~ that** zu dem Schluss kommen, dass **II** v/i **4.** enden, schließen (**with** mit) **con·clud·ing** Adj abschließend, Schluss...

con·clu·sion [kən'kluːʒn] s **1.** (Ab-)Schluss m, Ende n: **bring to a ~** zum Abschluss bringen; **in ~** zum Schluss **2.** Abschluss m (e-s Vertrags etc) **3.** (Schluss)Folgerung f: **come to** (od **ar-**

rive at) the ~ that zu dem Schluss kommen, dass; *draw a* ~ e-n Schluss ziehen; *jump at* (*od to*) ~s, *leap to* ~s, *rush at* ~s voreilig(e) Schlüsse ziehen **con-'clu-sive** [-sɪv] *Adj* **1.** → *concluding* **2.** schlüssig (*Beweis*)

con-coct [kən'kɒkt] *v/t* **1.** (zs.-)brauen **2.** *fig* aushecken, -brüten **con'coc-tion** *s* **1.** (Zs.-)Brauen *n* **2.** Gebräu *n* (*a. pej*) **3.** *fig* Ausbrüten *n*, -hecken *n* **4.** *fig* Erfindung *f*

con-com-i-tant [kən'kɒmɪtənt] **I** *Adj* zeitgleich **II** *s* Begleitumstand *m*

con-cord ['kɒŋkɔːd] *s* Eintracht *f*

con-course ['kɒŋkɔːs] *s* **1.** Zs.-treffen *n*; Zs.-fluss *m* **2.** (Menschen)Auflauf *m*, (-)Menge *f* **3.** freier Platz (*für Versammlungen etc*); *Am* Bahnhofshalle *f*

▶ **con-crete** **I** *v/t* **1.** [kən'kriːt] konkretisieren **2.** ['kɒŋkriːt] betonieren: ~ *over* zubetonieren **II** *Adj* ['kɒŋkriːt] **3.** konkret (*a.* LING, MUS *etc*) **4.** betoniert, Beton…: ~ *jungle* Betonwüste *f*; ~ *mixer* Betonmischmaschine *f*; ~ *pile* Betonklotz *m*, -silo *m* **III** *s* ['kɒŋkriːt] **5.** Beton *m*

con-cur [kən'kɜː] *v/i* **1.** zs.-fallen, -treffen **2.** zs.-wirken **3.** übereinstimmen (*with* mit; *in* in *Dat*): ~ *with s.o.* a. j-m beipflichten **con-cur-rence** [-'kʌrəns] *s* **1.** Zs.-treffen *n* **2.** Zs.-wirken *n* **3.** Übereinstimmung *f* **con'cur-rent** *Adj* **1.** zs.-treffend **2.** zs.-wirkend **3.** übereinstimmend

con-cuss [kən'kʌs] *v/t* erschüttern: *be* ~*ed* MED e-e Gehirnerschütterung erleiden **con'cus-sion** [-ʃn] *s* Erschütterung *f*

con-demn [kən'dem] *v/t* **1.** verdammen, verurteilen **2.** JUR verurteilen (*to death* zum Tode): ~*ed cell* Todeszelle **3.** für unbrauchbar *od* unbewohnbar *od* gesundheitsschädlich erklären: ~*ed property* zum Abbruch bestimmtes Gebäude **4.** *Kranken* aufgeben **con-dem·na·tion** [ˌkɒndem'neɪʃn] *s* Verdammung *f*, Verurteilung *f* (*a.* JUR)

con-den·sa·tion [ˌkɒndenˈseɪʃn] *s* **1.** PHYS Kondensation *f* (*a.* CHEM), Verflüssigung *f*; Kondensat *n*, Kondenswasser *n* **2.** Zs.-fassung *f* **con-dense** [kən'dens] **I** *v/t* **1.** PHYS *Gase*, *Dämpfe* kondensieren, verflüssigen **2.** CHEM *Milch etc* eindicken, konzentrieren:

~*d milk* Kondensmilch *f* **3.** zs.-fassen, gedrängt darstellen **II** *v/i* **4.** PHYS kondensieren, sich verflüssigen **con'dens-er** *s* PHYS Kondensator *m* (*a.* ELEK), Verflüssiger *m*

con-de·scend [ˌkɒndɪˈsend] *v/i* **1.** sich herablassen (*to do* zu tun; *to* zu) **2.** herablassend *od* gönnerhaft sein (*to* gegen, zu) **con-de'scend-ing** *Adj* herablassend, gönnerhaft

con-di·ment ['kɒndɪmənt] *s* Gewürz *n*, Würze *f*

▶ **con-di·tion** [kən'dɪʃn] **I** *s* **1.** Bedingung *f*: *on* ~ *that* unter der Bedingung *od* vorausgesetzt, dass; *on no* ~ unter keinen Umständen, keinesfalls; *make s.th. a* ~ etw zur Bedingung machen **2.** Verfassung *f*: a) Zustand *m*, Beschaffenheit *f*, b) (körperlicher *od* Gesundheits)Zustand *m*, (*Sport*) Form *f*: *out of* ~ in schlechter Verfassung, in schlechtem Zustand; *the* ~ *of her health* ihr Gesundheitszustand **3.** *Pl* Bedingungen *Pl*, Verhältnisse *Pl*: *living* ~*s* Lebensbedingungen, -verhältnisse; *weather* ~*s* Witterungs-, Wetterverhältnisse **II** *v/t* **4.** zur Bedingung machen, die Bedingung stellen (*that* dass) **5.** *j-n* programmieren (*to*, *for* auf *Akk*) **con-di·tion-al** [-ʃənl] *Adj* **1.** (*on* be)dingt (durch), abhängig (von): *be* ~ *on* abhängen von; *make* ~ *on* abhängig machen von **2.** LING Konditional…: ~ *clause* (*od* *sentence*) Konditional-, Bedingungssatz *m* **con'di-tioned** [-ʃnd] *Adj* **1.** (*on*) bedingt (durch), abhängig (von): *be* ~ *on* abhängen von; ~ *response* (*od* *reflex*) PSYCH bedingter Reflex **2.** beschaffen, geartet **con-'di-tion-er** *s* Weichspüler *m* (*für Wäsche*); Spülung *f* (*für Haare*)

con-do ['kɒndəʊ] *s* *Am* F → *condominium*

con-dole [kən'dəʊl] *v/i* sein Beileid ausdrücken, kondolieren (*with s.o. on s.th.* j-m zu etw) **con'do-lence** *s* Beileid *n*: *please accept my* ~*s* mein herzliches *od* aufrichtiges Beileid; *register of* ~ Kondolenzliste *f*

con-dom ['kɒndəm] *s* Kondom *n*, *m*

con-do·min·i·um [ˌkɒndəˈmɪnɪəm] *s* *Am* Eigentumswohnanlage *f*: ~ (*apartment*) Eigentumswohnung *f*

con-duce [kən'djuːs] *v/i* (*to*, *toward[s]*)

beitragen (zu), dienlich *od* förderlich sein, dienen (*Dat*) **con·du·cive** *Adj* dienlich, förderlich (**to** *Dat*)

con·duct I *s* ['kɒndʌkt] **1.** Führung *f*, Leitung *f* **2.** Betragen *n*, Verhalten *n*: → **certificate** 1 II *v/t* [kən'dʌkt] **3.** führen, geleiten: **~ed tour** Führung *f* (**of** durch) **4.** *Prozess, Verhandlungen etc* führen, *Geschäft* a. betreiben, leiten **5.** MUS leiten, dirigieren **6. ~ o.s.** sich betragen *od* verhalten **7.** PHYS leiten **con·duc·tive** *Adj* PHYS leitfähig

▶ **con·duc·tor** [kən'dʌktə] *s* **1.** Führer(in), Leiter(in) **2.** (*Bus-, Straßenbahn-*)Schaffner *m, schweiz.* Kondukteur *m,* ELEK a. MUS Dirigent(in) **4.** PHYS Leiter *m;* ELEK a. Blitzableiter *m* **con·duc·tress** *s* Schaffnerin *f, schweiz.* Kondukteurin *f*

con·duit ['kɒndɪt] *s* Leitungsrohr *n*

cone [kəʊn] I *s* **1.** MATHE *u. fig* Kegel *m* **2.** BOT (*Tannen- etc*)Zapfen *m* **3.** *kegelförmiger Gegenstand, z. B.* **a)** Waffeltüte *f* (*für Speiseeis*), **b)** Pylon(e *f*) *m,* Leitkegel *m* II *v/t* **4. ~ off** mit Leitkegeln absperren

con·fec·tion [kən'fekʃn] *s* Konfekt *n* **con·fec·tion·er** *s* Konditor(in) **con·fec·tion·er·y** *s* **1.** Süßwaren *Pl* **2.** Süßwarengeschäft *n;* Konditorei *f*

con·fed·er·a·cy [kən'fedərəsɪ] *s* **1.** (Staaten)Bund *m* **2.** Komplott *n,* Verschwörung *f* **con·fed·er·ate** [...rət] I *Adj* verbündet (**with** mit), Bundes... II *s* Verbündete *m, f,* Bundesgenosse *m, -genossin f* III *v/t u. v/i* [...reɪt] (sich) verbünden *od* zs.-schließen **con·fed·er·a·tion** *s* **1.** Bund *m,* Bündnis *n* **2.** (Staaten)Bund *m*

con·fer [kən'fɜː] I *v/t Titel etc* verleihen (**on** *Dat*) II *v/i* sich beraten (**with** mit) **con·fer·ence** ['kɒnfərəns] *s* Konferenz *f:* **a)** Tagung *f,* **b)** Besprechung *f:* **be in ~** in e-r Besprechung sein

▶ **con·fess** [kən'fes] I *v/t* **1.** bekennen, (ein)gestehen **2.** zugeben (*a.* **that** dass) **3.** REL beichten; *j-m* die Beichte abnehmen II *v/i* **4.** (**to**) (ein)gestehen (*Akk*), sich schuldig bekennen (*Gen od* an *Akk*), sich bekennen (zu): **~ to doing s.th.** (ein)gestehen, etw getan zu haben; **he has ~ed** JUR er hat gestanden, er ist geständig **5.** REL beichten (**to** *Dat*) **con·fessed** *Adj* erklärt

con·fess·ed·ly [...ɪdlɪ] *Adv* zugestandener-, eingestandenermaßen **con·fession** [...ʃn] *s* **1.** Geständnis *n* (*a.* JUR): **make a full ~** ein volles Geständnis ablegen **2.** REL Beichte *f:* **go to ~** zur Beichte gehen; → **auricular 3.** REL Konfession *f:* **a)** Glaubensbekenntnis *n,* **b)** Glaubensgemeinschaft *f* **con·'fes·sion·al** [...ʃənl] I *Adj* **1.** konfessionell, Konfessions... **2.** Beicht... II *s* **3.** Beichtstuhl *m:* **secret of the ~** Beichtgeheimnis *n* **con·'fes·sor** [...sə] *s* REL Beichtvater *m*

con·fet·ti [kən'fetɪ] *s Sg* Konfetti *n*

con·fi·dant [ˌkɒnfɪ'dænt] *s* Vertraute *m* **con·fi·dante** [ˌ...'dænt] *s* Vertraute *f*

con·fide [kən'faɪd] I *v/i* **1.** sich anvertrauen (**in** *Dat*) **2.** vertrauen (**in** *Dat od* auf *Akk*) II *v/t* **3. ~ s.th. to s.o.** j-m etw anvertrauen

▶ **con·fi·dence** ['kɒnfɪdəns] *s* **1.** (**in**) Vertrauen *n* (auf *Akk,* zu), Zutrauen *n* (zu): **have ~ in** Vertrauen haben zu; **take s.o. into one's ~** j-n ins Vertrauen ziehen; **in ~** → **confidentially;** → **strict 2.** *a.* **~ in o.s.** Selbstvertrauen *n* **3.** vertrauliche Mitteilung, *Pl a.* Vertraulichkeiten *Pl* ~ **game** *Am* → **confidence trick ~ man** *s* (*unreg* **man**) Betrüger *m;* Hochstapler *m* ~ **trick** *s* aufgelegter Schwindel; Hochstapelei *f* ~ **trick·ster** *s* Betrüger(in), Hochstapler(in)

con·fi·dent ['kɒnfɪdənt] *Adj* **1.** (**of;** *that*) überzeugt (von; dass), sicher (*Gen;* dass) **2.** *a.* **~ in o.s.** selbstsicher **con·fi·den·tial** [ˌ...'denʃl] *Adj* **1.** vertraulich, geheim **2.** vertraut, Vertrauens... **con·fi·den·tial·ly** [...ʃəlɪ] *Adv* vertraulich, im Vertrauen

con·fig·u·ra·tion [kənˌfɪgʊ'reɪʃn] *n* COMPUTER Konfiguration *f* **con·fig·ure** [kən'fɪgə] *v/t* COMPUTER konfigurieren

con·fine I *s* ['kɒnfaɪn] **1.** *mst Pl* Grenze *f,* Grenzgebiet *n, fig* Rand *m,* Schwelle *f* II *v/t* [kən'faɪn] **2.** begrenzen, be-, einschränken (**to** auf *Akk*) **3.** einschließen, einsperren: **~d to bed** ans Bett gefesselt **con'fine·ment** *s* **1.** Be-, Einschränkung *f* **2.** Haft *f:* **solitary ~** Einzelhaft **3.** Entbindung *f*

con·firm [kən'fɜːm] *v/t* **1.** bestätigen **2.** *Entschluss* bekräftigen; *j-n* bestärken (**in** in *Dat*) **3.** REL konfirmieren; firmen

con·fir·ma·tion [ˌkɒnfəˈmeɪʃn] s 1. Bestätigung f 2. Bekräftigung f; Bestärkung f 3. REL Konfirmation f, Firmung f **con'firmed** Adj 1. fest (Gewohnheit etc) 2. erklärt, überzeugt: ~ **bachelor** eingefleischter Junggeselle

con·fis·cate [ˈkɒnfɪskeɪt] v/t beschlagnahmen, konfiszieren ˌcon·fis'ca·tion s Beschlagnahme f, Konfiszierung f

con·fla·gra·tion [ˌkɒnfləˈgreɪʃn] s Feuersbrunst f; Großbrand m

con·flict I s [ˈkɒnflɪkt] Konflikt m: a) Zs.-stoß m: → **armed,** b) Widerstreit m: **come into** ~ **with** in Konflikt geraten mit; ~ **of interests** Interessenkonflikt m, -kollision f **II** v/i [kənˈflɪkt] (**with**) kollidieren (mit), im Widerspruch od Gegensatz stehen (zu) **con'flict·ing** Adj widersprüchlich

con·form [kənˈfɔːm] **I** v/t 1. anpassen (**to** Dat od an Akk) 2. in Einklang bringen (**to** mit) **II** v/i 3. sich anpassen (**to** Dat) 4. übereinstimmen (**to** mit) **con'form·i·ty** s 1. Übereinstimmung f: **be in** ~ übereinstimmen (**with** mit); **in** ~ **with** in Übereinstimmung mit, gemäß (to Dat) 2. Anpassung f (**to** an Akk)

con·found [kənˈfaʊnd] v/t 1. verwechseln, durcheinander bringen (**with** mit) 2. verwirren, durcheinander bringen 3. ~ **it!** verdammt! **con'found·ed** Adj F verdammt

con·front [kənˈfrʌnt] v/t 1. (oft feindlich) gegenübertreten, -stehen (Dat): **be ~ed with** Schwierigkeiten etc gegenüberstehen, sich gegenübersehen (Dat) 2. sich e-r Gefahr etc stellen 3. a. JUR (**with**) konfrontieren (mit), gegenüberstellen (Dat): ~ **s.o. with s.th.** j-m etw entgegenhalten **con·fron·ta·tion** [ˌkɒnfrʌnˈteɪʃn] s Konfrontation f (a. POL etc)

▸**con·fuse** [kənˈfjuːz] v/t 1. verwechseln, durcheinander bringen (**with** mit) 2. verwirren: a) in Unordnung bringen, b) aus der Fassung bringen, verlegen machen **con'fused** Adj 1. verwirrt: a) konfus, verworren, wirr, b) verlegen, bestürzt 2. undeutlich, verworren **con'fu·sion** [-ʒn] s 1. Verwechs(e)lung f 2. Verwirrung f: a) Durcheinander n: **cause** ~ Verwirrung stiften od anrichten; **throw everything into** ~ alles durcheinander bringen, b) Ver-

legenheit f, Bestürzung f: **in** ~ → **confused** 1b

con·fute [kənˈfjuːt] v/t widerlegen

con·geal [kənˈdʒiːl] v/t u. v/i gefrieren od gerinnen od erstarren (lassen)

con·gen·ial [kənˈdʒiːnjəl] Adj 1. gleichartig, (geistes)verwandt (**with** mit od Dat) 2. sympathisch, angenehm (**to** Dat): **be ~ to s.o.** j-m zusagen 3. zuträglich (**to** Dat od für): ~ **to one's health** gesund

con·gen·i·tal [kənˈdʒenɪtl] Adj angeboren: ~ **defect** Geburtsfehler m **con·'gen·i·tal·ly** [-təlɪ] Adv 1. von Geburt (an) 2. von Natur (aus)

con·gest·ed [kənˈdʒestɪd] Adj 1. verstopft: ~ **streets** überfüllt (**with** von): ~ **area** übervölkertes Gebiet, Ballungsgebiet n **con'ges·tion** s 1. Anhäufung f: ~ **of traffic** Verkehrsstockung f, -stauung f, -stau m 2. MED Blutandrang m (**of the brain** zum Gehirn)

con·glom·er·ate I v/t u. v/i [kənˈglɒmərət] (sich) zs.-ballen (**to** zu) **II** Adj [-rət] fig zs.-gewürfelt **III** s [-rət] Konglomerat n, zs.-gewürfelte Masse, Gemisch n **con·glom·er'a·tion** → **conglomerate III**

con·grats [kənˈgræts] Interj bes Br F gratuliere!

▸**con·grat·u·late** [kənˈgrætʃʊleɪt] v/t j-m gratulieren, j-n beglückwünschen (**on** zu)

▸**con·grat·u·la·tion** [kənˌgrætjʊˈleɪʃn] s Glückwunsch m: ~ **congratulations!** ich gratuliere!, herzlichen Glückwunsch! **con'grat·u·la·tor** s Gratulant(in)

con·gre·gate [ˈkɒŋgrɪgeɪt] v/t u. v/i (sich) versammeln ˌcon·gre'ga·tion s 1. Versammlung f 2. (Kirchen)Gemeinde f ˌcon·gre'ga·tion·al [-ʃənl] Adj REL Gemeinde...

con·gress [ˈkɒŋgres] s 1. Kongress m, Tagung f 2. ♀ POL Am der Kongress ♀**·man** [ˈ-mən] s (unreg **man**), '♀ˌwom·an s (unreg **woman**) POL Am Kongressabgeordnete m, f, bes Mitglied n des Repräsentantenhauses

con·gru·ence [ˈkɒŋgruəns] s 1. Übereinstimmung f 2. MATHE Kongruenz f (a. fig) **'con·gru·ent** Adj 1. übereinstimmend (**to, with** mit) 2. MATHE kongruent (a. fig) **con·gru·i·ty** [-ˈgruːətɪ]

→ **congruence** con·gru·ous ['-grʊəs]
→ **congruent**

con·ic, con·i·cal ['kɒnɪk(l)] Adj ko-
nisch, kegelförmig: **conic section**
MATHE Kegelschnitt m

co·ni·fer ['kɒnɪfə] s BOT Nadelbaum m
co·nif·er·ous [kəʊ'nɪfərəs] Adj Zap-
fen tragend; Nadel…: → **tree**

con·jec·tur·al [kən'dʒektʃərəl] Adj
mutmaßlich con·jec·ture I s Vermu-
tung f, Mutmaßung f II v/t vermuten,
mutmaßen III v/i Vermutungen anstel-
len, mutmaßen (**of, about** über Akk)

con·ju·gal ['kɒndʒʊgl] Adj ehelich: ~
life Eheleben n con·ju·gate ['-geɪt]
LING I v/t konjugieren, beugen II v/i
konjugiert od gebeugt werden ,con-
ju·ga·tion s LING Konjugation f, Beu-
gung f

con·junc·tion [kən'dʒʌŋkʃn] s 1. Ver-
bindung f: **in ~ with** in Verbindung
od zusammen mit 2. Zs.-treffen n
(*von Ereignissen etc*) 3. LING Konjunk-
tion f, Bindewort n

con·junc·ti·vi·tis [kən,dʒʌŋktɪ'vaɪtɪs] s
MED Bindehautentzündung f

con·jure ['kʌndʒə] I v/t 1. [kən'dʒʊə] be-
schwören (**to do** zu tun) 2. Teufel etc
beschwören, anrufen: ~ **up** heraufbe-
schwören (a. fig) 3. ~ **away** wegzau-
bern; ~ **up** hervorzaubern (a. fig) III
v/i 4. zaubern 'con·jur·er s 1. Zauberer
m, Zauberin f 2. Zauberkünstler(in)
'con·jur·ing trick s Zauberkunststück
n, -trick m 'con·jur·or → **conjurer**

conk¹ [kɒŋk] s sl Riecher m (Nase)

conk² [-] v/i sl mst ~ **out** 1. streiken, den
Geist aufgeben (*Fernseher etc*), abster-
ben (*Motor*) 2. a) umkippen (*ohn-
mächtig werden*), b) *vor Erschöpfung
etc* zs.-klappen, c) einpennen 3. den
Löffel abgeben (*sterben*)

► con·nect [kə'nekt] I v/t 1. verbinden
(**with** mit) (a. fig). 2. fig in Zs.-hang
od Verbindung bringen (**with** mit) 3.
TECH (**to**) verbinden (mit), *Wagen etc*
anhängen, ankuppeln (an Akk) 4. ELEK
(**to**) anschließen (an Akk), zuschalten
(Dat) 5. TEL verbinden (**to, with** mit):
~ **s.o. further** j-n weiterverbinden II
v/i 6. BAHN etc Anschluss haben (**with**
an Akk) con'nect·ed Adj 1. verbunden
2. (*logisch*) zs.-hängend 3. verwandt: ~
by marriage verschwägert; **be well ~**

einflussreiche Verwandte od gute Be-
ziehungen haben 4. (**with**) verwickelt
(in Akk), beteiligt (an Dat) con'nect·
ing Adj Verbindungs…: ~ **door**, ~
flight Anschlussflug m; ~ **train** An-
schlusszug m

► con·nec·tion [kə'nekʃn] s 1. Verbin-
dung f 2. TECH allg Verbindung f, An-
schluss m (a. ELEK, BAHN, TEL etc) 3.
Zs.-hang m: **in this ~** in diesem Zs.-
hang; **in ~ with** in Zs.-hang mit; mit Be-
zug auf (Akk) 4. Pl geschäftliche, gute
etc Beziehungen od Verbindungen Pl;
Bekannten-, Kundenkreis m con·
'nec·tive I Adj verbindend: ~ **tissue**
ANAT Bindegewebe f; ~ **word** → II II
s LING Bindewort n

► con·nex·ion bes Br → **connection**

con·nois·seur [,kɒnə'sɜ:] s (Wein- etc)
Kenner(in)

con·no·ta·tion [,kɒnəʊ'teɪʃn] s Neben-
bedeutung f 'con·note [kə'nəʊt] v/t (zu-
gleich) bedeuten

con·quer ['kɒŋkə] v/t 1. erobern (a. fig)
2. besiegen, fig a. bezwingen 'con-
quer·or s Eroberer m, Eroberin f

con·quest ['kɒŋkwest] s 1. Eroberung f
(a. fig Person) 2. Besiegung f, fig a. Be-
zwingung f

► con·science ['kɒnʃəns] s Gewissen n:
a clear (guilty) ~ ein gutes (schlechtes)
Gewissen; **for ~'s sake** um das Gewis-
sen zu beruhigen; **act on** ~ nach s-m
Gewissen handeln, s-m Gewissen fol-
gen; **have s.th. on one's ~** Gewissens-
bisse od ein schlechtes Gewissen ha-
ben wegen etw

con·sci·en·tious [,kɒnʃɪ'enʃəs] Adj 1.
gewissenhaft 2. Gewissens…: ~ **objec-
tor** Kriegs-, Wehrdienstverweigerer m,
-verweigerin f (*aus Gewissensgründen*)
,con·sci·en·tious·ness s Gewissen-
haftigkeit f

con·scious ['kɒnʃəs] Adj 1. bei Be-
wusstsein 2. **be ~ of** sich bewusst sein
(Gen), sich im Klaren sein über
(Akk) 3. bewusst, absichtlich 'con-
scious·ness s Bewusstsein n: **lose ~**
das Bewusstsein verlieren; **regain ~**
wieder zu sich kommen; **~-expanding**
bewusstseinserweiternd

con·script MIL I v/t [kən'skrɪpt] 1. ein-
ziehen, -berufen II s ['kɒnskrɪpt] 2.
Wehr(dienst)pflichtige m, f 3. Einberu-

fene *m*, *f* **con·scrip·tion** [kənˈskrɪpʃn] *s* **1.** Einziehung *f*, -berufung *f* **2.** Wehrpflicht *f*

con·se·crate [ˈkɒnsɪkreɪt] *v/t* **1.** REL weihen **2.** weihen, widmen (**to** *Dat*) **con·se·cra·tion** *s* **1.** REL Weihe *f*, Weihung *f* **2.** Hingabe *f* (**to** an *Akk*)

con·sec·u·tive [kənˈsekjʊtɪv] *Adj* **1.** aufeinander folgend: **for two ~ days** zwei Tage hintereinander **2.** (fort)laufend (*Nummer*) **3. ~ clause** LING Konsekutiv-, Folgesatz *m* **con'sec·u·tive·ly** *Adv* **1.** nach-, hintereinander **2.** (fort)laufend

con·sen·sus [kənˈsensəs] *s a.* **~ of opinion** (allgemein) übereinstimmende Meinung, (allgemeine) Übereinstimmung

con·sent [kənˈsent] **I** *v/i* **1.** (**to**) zustimmen (*Dat*), einwilligen (in *Akk*) **2.** sich bereit erklären (**to do** zu tun) **II** *s* **3.** (**to**) Zustimmung *f* (zu), Einwilligung *f* (in *Akk*): **with the ~ of** mit Zustimmung von (*od Gen*); **with one ~** einstimmig, -mütig

▸ **con·se·quence** [ˈkɒnsɪkwəns] *s* **1.** Folge *f*, Konsequenz *f*: **in ~** folglich, daher; **in** (*od* **as a**) **~ of** infolge von (*od Gen*); **take the ~s** die Folgen tragen; **with the ~ that** mit dem Ergebnis, dass **2.** Folgerung *f*, Schluss *m* **3.** Bedeutung *f*, Wichtigkeit *f*: **of** (**no**) **~** von (ohne) Bedeutung, (un)bedeutend, (un)wichtig (**to** für); **a person of ~** e-e bedeutende *od* einflussreiche Persönlichkeit **'con·se·quent** *Adj* (**on**) folgend (*Dat od* auf *Akk*); sich ergebend (aus) **'con·se·quent·ly** *Adv* folglich, daher

con·ser·va·tion [ˌkɒnsəˈveɪʃn] *s* **1.** Erhaltung *f*, Bewahrung *f* **2.** Natur- *od* Umweltschutz *m*: **~ area** Naturschutzgebiet *n* **3.** Konservieren *n*, Haltbarmachen *n* **con·ser'va·tion·ist** *s* Natur- *od* Umweltschützer(in) **con·serv·a·tive** [kənˈsɜːvətɪv] **I** *Adj* **1.** konservativ (POL *mst* 2) **2.** vorsichtig (*Schätzung etc*) **II** *s* **3.** *mst* 2 POL Konservative *m*, *f* **4.** konservativer Mensch **con·ser'va·toire** [-twɑː] *s* Konservatorium *n*, Musik(hoch)schule *f* **con'serv·a·to·ry** [-trɪ] *s* **1.** Treib-, Gewächshaus *n*, *bes* Wintergarten *m* **2.** → *conservatoire* **con'serve I** *v/t* **1.** erhalten, bewahren **2.** konservieren, haltbar machen, *Obst*

etc einmachen **II** *s* **3.** *mst Pl* Eingemachte *n*

▸ **con·sid·er** [kənˈsɪdə] **I** *v/t* **1.** nachdenken über (*Akk*) **2.** betrachten *od* ansehen als, halten für: **~ s.th.** (**to be**) **a mistake**; **be ~ed rich** als reich gelten **3.** sich überlegen, erwägen (**doing** zu tun) **4.** berücksichtigen, in Betracht ziehen **5.** Rücksicht nehmen auf (*Akk*), denken an (*Akk*) **6.** finden, meinen, denken (**that** dass) **II** *v/i* **7.** nachdenken, überlegen

▸ **con·sid·er·a·ble** [kənˈsɪdərəbl] *Adj* **1.** beachtlich, beträchtlich **2.** bedeutend, wichtig (*beide a. Person*) **con'sid·er·ate** [-rət] *Adj* aufmerksam, rücksichtsvoll (**to**, **toward[s**) gegen): **be ~ of** Rücksicht nehmen auf (*Akk*) **con·sid·er'a·tion** [-ˈreɪʃn] *s* **1.** Erwägung *f*, Überlegung *f*: **take into ~** in Erwägung *od* Betracht ziehen; **leave out of ~** ausklammern; **on** (*od* **under**) **no ~** unter keinen Umständen **2.** Berücksichtigung *f*: **in ~ of** in Anbetracht (*Gen*) **3.** Rücksicht(nahme) *f* (**for**, *of Akk*): **lack of ~** Rücksichtslosigkeit *f* **4.** (zu berücksichtigender) Grund: **money is no ~** Geld spielt keine Rolle **con'sid·er·ing I** *Präp* in Anbetracht (*Gen*) **II** *Konj*: **~ that** in Anbetracht der Tatsache, dass **III** *Adv* F alles in allem

con·sign [kənˈsaɪn] *v/t* **1.** übergeben (**to** *Dat*) **2.** WIRTSCH *Waren* übersenden, zusenden (**to** *Dat*) **con·sign·ee** [ˌkɒnsaɪˈniː] *s* WIRTSCH Empfänger(in) **con·sign·er** [kənˈsaɪnə] → *consignor* **con'sign·ment** *s* WIRTSCH **1.** Übersendung *f*, Zusendung *f*: **~ note** Frachtbrief *m* **2.** (Waren)Sendung *f* **con'sign·or** *s* WIRTSCH Übersender(in)

▸ **con·sist** [kənˈsɪst] *v/i* **1.** ▸ **consist of** bestehen *od* sich zs.-setzen aus **2.** **consist in** bestehen in (*Dat*) **con·sist·en·cy** *s* **1.** Konsistenz *f*, Beschaffenheit *f*, (Grad *m* der) Festigkeit *f od* Dichtigkeit *f* **2.** *fig* Konsequenz *f*, Folgerichtigkeit *f* **3.** *fig* Übereinstimmung *f*, Einklang *m* **con'sist·ent** *Adj* **1.** konsistent, fest, dicht **2.** *fig* konsequent, folgerichtig **3.** *fig* übereinstimmend, vereinbar, in Einklang stehend (**with** mit) **4.** *fig* beständig (*Leistung etc*)

con·so·la·tion [ˌkɒnsəˈleɪʃn] *s* Trost *m*:

~ goal (*Sport*) Ehrentor *n*; **~ prize** Trostpreis *m* **con·sol·a·to·ry** [kən-ˈsɒlətərɪ] *Adj* tröstend, tröstlich
con·sole[1] [ˈkɒnsəʊl] *s* **1.** Konsole *f*: **~ table** Konsoltischchen *n* **2.** (Fernseh-, Musik)Truhe *f*, (Radio)Schrank *m* **3.** ELEK Schalt-, Steuerpult *n*
con·sole[2] [kənˈsəʊl] *v/t* trösten: **~ s.o. for s.th.** j-n über etw hinwegtrösten
con·sol·i·date [kənˈsɒlɪdeɪt] **I** *v/t* **1.** (ver)stärken, festigen (*beide a. fig*) *2.* MIL *Truppen* zs.-ziehen **3.** WIRTSCH *Gesellschaften* zs.-schließen, -legen **4.** TECH verdichten **II** *v/i* **5.** WIRTSCH sich zs.-schließen **6.** TECH sich verdichten **con·sol·i·da·tion** *s* **1.** (Ver)Stärkung *f*, Festigung *f* **2.** MIL Zs.-ziehung *f* **3.** WIRTSCH Zs.-legung *f*; Zs.-schluss *m* **4.** TECH Verdichtung *f*
con·som·mé [kənˈsɒmeɪ] *s* Consommé *f* (*klare Kraftbrühe*)
con·so·nant [ˈkɒnsənənt] **I** *Adj* **1.** gleich lautend **2.** übereinstimmend (**with** mit) **II** *s* **3.** LING Konsonant *m*
con·sort [ˈkɒnsɔːt] *s* Gemahl(in): **prince ~** Prinzgemahl **con·sor·ti·um** [-tjəm] *Pl* **-ti·a** [-ə] *s* WIRTSCH Konsortium *n*: **~ of banks** Bankenkonsortium *n*
con·spic·u·ous [kənˈspɪkjʊəs] *Adj* **1.** deutlich sichtbar: **be ~** *a.* in die Augen fallen **2.** auffallend, -fällig: **make o.s. ~** sich auffällig benehmen, auffallen **3.** bemerkenswert (**for** wegen): **be ~ by one's absence** durch Abwesenheit glänzen; **make o.s. ~** sich hervortun
con·spir·a·cy [kənˈspɪrəsɪ] *s* Verschwörung *f* **con·spir·a·tor** *s* Verschwörer(in) **con·spire** [-ˈspaɪə] *v/i* **1.** sich verschwören (**against** gegen) (*a. fig*) *2. fig* zs.-wirken
con·sta·ble [ˈkʌnstəbl] *s bes Br* Polizist(in), Wachtmeister(in) **con·stab·u·lar·y** [kənˈstæbjʊlərɪ] *s bes Br* Polizei *f* (*e-s Bezirks*)
con·stan·cy [ˈkɒnstənsɪ] *s* **1.** Konstanz *f*, Beständigkeit *f* **2.** Bestand *m*, Dauer *f* **3.** *fig* Standhaftigkeit *f* **con·stant I** *Adj* **1.** konstant (*a.* PHYS, MATHE *etc*), beständig, gleich bleibend **2.** (be)ständig, (an)dauernd: **~ rain** anhaltender Regen **3.** *fig* standhaft, beharrlich **II** *s* **4.** PHYS, MATHE Konstante *f*
con·stel·la·tion [ˌkɒnstəˈleɪʃn] *s* ASTR Konstellation *f* (*a. fig*), Sternbild *n*

con·ster·na·tion [ˌkɒnstəˈneɪʃn] *s* Bestürzung *f*: **in ~** konsterniert, bestürzt; **to my ~** zu m-r Bestürzung
con·sti·pate [ˈkɒnstɪpeɪt] *v/t* MED verstopfen: **be ~d** an Verstopfung leiden **con·sti·pa·tion** *s* Verstopfung *f*
con·stit·u·en·cy [kənˈstɪtjʊənsɪ] *s* **1.** Wählerschaft *f* **2.** Wahlbezirk *m*, -kreis *m* **con·stit·u·ent I** *Adj* **1.** e-n (Bestand)Teil bildend: **~ part** → 4 **2.** POL Wähler..., Wahl...: **~ body** Wählerschaft *f* **3. ~ assembly** POL verfassunggebende Versammlung **II** *s* **4.** (wesentlicher) Bestandteil **5.** POL Wähler(in)
con·sti·tute [ˈkɒnstɪtjuːt] *v/t* **1.** ernennen, einsetzen **2.** *Gesetz* erlassen, in Kraft setzen **3.** einrichten, gründen, *Ausschuss etc* einsetzen **4.** ausmachen, bilden, darstellen **con·sti·tu·tion** *s* **1.** Zs.-setzung *f*, (Auf)Bau *m* **2.** Konstitution *f*, körperliche Veranlagung **3.** Natur *f*, Wesen *n*: **by ~** von Natur (aus) **4.** Einrichtung *f*, Gründung *f*, Einsetzung *f* **5.** POL Verfassung *f*, **con·sti·tu·tion·al** [-ʃənl] *I Adj* **1.** MED konstitutionell, anlagebedingt **2.** POL **a)** verfassungsgemäß, Verfassungs...: **~ monarchy**, **b)** rechtsstaatlich: **state** Rechtsstaat *m* **II** *s* **3.** F Gesundheitsspaziergang *m*
con·strain [kənˈstreɪn] *v/t* **1.** j-n zwingen, nötigen: **feel ~ed to do s.th.** sich gezwungen fühlen, etw zu tun **2.** *etw* erzwingen **con·straint** [-ˈstreɪnt] *s* Zwang *m*, Nötigung *f*: **under ~** unter Zwang, gezwungen
con·struct [kənˈstrʌkt] *v/t* **1.** errichten, bauen **2.** TECH konstruieren (*a.* LING, MATHE), bauen **3.** *fig* gestalten, ausarbeiten **con·struc·tion** [-kʃn] *s* **1.** Errichtung *f*, Konstruktion *f* (*a.* TECH, MATHE, LING): **under ~** im Bau (befindlich); **~ industry** Baugewerbe *n*, -wirtschaft *f*; **~ site** Baustelle *f* **2.** Bauweise *f*: **steel ~** Stahlkonstruktion *f* **3.** Bau *m* (-werk *n*) *m* **4.** *fig* Aufbau *m*, Gestaltung *f* **con·struc·tion·al** [-ʃənl] *Adj* Konstruktions..., baulich **con·struc·tive** *Adj* **1.** konstruktiv (*a. Kritik*), schöpferisch **2.** → **constructional con·struc·tor** *s* Erbauer(in); Konstrukteur(in)
con·strue [kənˈstruː] *v/t* LING konstruieren
con·sul [ˈkɒnsəl] *s* Konsul(in): **~ gen-**

eral Generalkonsul(in) **con·su·lar** ['-sjələ] *Adj* Konsulats…, konsularisch **con·su·late** ['-lət] *s* Konsulat *n (a. Gebäude):* ~ *general* Generalkonsulat

con·sult [kən'sʌlt] **I** *v/t* **1.** um Rat fragen, zurate ziehen, konsultieren (*about* wegen) **2.** in *e-m Buch* nachschlagen *od* -sehen **3.** berücksichtigen **II** *v/i* **4.** (sich) beraten (*about* über *Akk*) **con'sult·ant** *s* **1.** (fachmännischer) Berater, (fachmännische) Beraterin **2.** MED Facharzt *m*, -ärztin *f (an e-m Krankenhaus),* österr. Primararzt *m*, -ärztin *f* **con·sul·ta·tion** [,kɒnsəl'teɪʃn] *s* Beratung *f*, Konsultation *f:* **on** ~ **with** nach Rücksprache mit; ~ *hour* Sprechstunde *f* **con'sult·ing** *Adj* beratend: ~ *room* Sprechzimmer *n*

con·sume [kən'sjuːm] *v/t* **1.** zerstören, vernichten: **be ~d by fire** ein Raub der Flammen werden **2.** *fig* verzehren: **be ~d with hatred** von Hass verzehrt werden **3.** auf-, verzehren **4.** auf-, verbrauchen, konsumieren **5.** verschwenden, -geuden (*on* für) **con'sum·er** *s* Verbraucher(in), Konsument(in): ~ **ad·vice centre** (*Am* **center**) Verbraucherzentrale *f*; ~ **goods** *Pl* Konsumgüter *Pl*; ~ **protection** Verbraucherschutz *m*

con·sum·mate I *v/t* ['kɒnsəmeɪt] **1.** vollenden; *Ehe* vollziehen **2.** vollkommen machen **II** *Adj* [kən'sʌmɪt] **3.** vollendet, vollkommen

con·sump·tion [kən'sʌmpʃn] *s* **1.** Verbrauch *m (of* an *Dat),* WIRTSCH *a.* Konsum *m* **2.** Verzehr *m*: **(un)fit for human** ~ für den menschlichen Verzehr (un-) geeignet

▸ **con·tact** ['kɒntækt] **I** *s* **1.** Kontakt *m (a.* ELEK *u. fig),* Berührung *f:* **make** ~**s** Verbindungen anknüpfen *od* herstellen; **business** ~**s** *Pl* Geschäftsverbindungen *Pl*; ~ **lens** Haftlinse *f*, -schale *f*, Kontaktlinse *f*, -schale *f* **2.** MED Kontaktperson *f* **3.** *a.* ~ **man** Verbindungs-, Kontaktmann *m* **II** *v/t* **4.** Kontakt aufnehmen mit, sich in Verbindung setzen mit

con·ta·gion [kən'teɪdʒən] *s* MED Ansteckung *f (durch Berührung);* ansteckende Krankheit **con'ta·gious** *Adj* MED ansteckend (*a. fig*)

▸ **con·tain** [kən'teɪn] *v/t* **1.** enthalten **2.**

aufnehmen, fassen **3.** *fig* zügeln, zurückhalten: ~ *o.s.* (an) sich halten, sich beherrschen

▸ **con·tain·er** [kən'teɪnə] *s* **1.** Behälter *m*, (*Benzin- etc*)Kanister *m* **2.** WIRTSCH Container *m*: ~ *ship* Containerschiff *n* **con'tain·er·ize** *v/t* **1.** auf Containerbetrieb umstellen **2.** in Containern transportieren

con·tam·i·nate [kən'tæmɪneɪt] *v/t* **1.** verunreinigen **2.** infizieren, vergiften (*beide a. fig*), (*a.* radioaktiv) verseuchen **con,tam·i'na·tion** *s* **1.** Verunreinigung *f* **2.** Infizierung *f*, Vergiftung *f* (*beide a. fig*), (*a.* radioaktive) Verseuchung

con·tem·plate ['kɒntempleɪt] **I** *v/t* **1.** (nachdenklich) betrachten **2.** nachdenken über (*Akk*) **3.** erwägen, beabsichtigen (*doing* zu tun) **4.** erwarten, rechnen mit **II** *v/i* **5.** nachdenken (*about, on* über *Akk*) **,con·tem'pla·tion** *s* **1.** (nachdenkliche) Betrachtung **2.** Nachdenken *n* **3.** Erwägung *f* **'con·tem·pla·tive** *Adj* nachdenklich

con·tem·po·ra·ne·ous [kən,tempə-'reɪnjəs] *Adj* gleichzeitig: **be** ~ **with** zeitlich zs.-fallen mit **con'tem·po·ra·ry I** *Adj* **1.** zeitgenössisch **2.** → *contemporaneous* **3.** gleichalt(e)rig **II** *s* **4.** Zeitgenosse *m*, -genossin *f* **5.** Altersgenosse *m*, -genossin *f*

con·tempt [kən'tempt] *s* **1.** Verachtung *f:* ~ **of death** Todesverachtung; **feel** ~ **for, hold in** ~ verachten; **feel nothing but** ~ **for** nur Verachtung übrig haben für; **beneath** ~ unter aller Kritik; einfach lächerlich **2.** Missachtung *f:* ~ (*of court*) JUR Missachtung des Gerichts **con'tempt·i·ble** *Adj* verächtlich, verachtenswert **con'temp·tu·ous** [-tʃuəs] *Adj* verächtlich, geringschätzig: **be** ~ **of s.th.** etw verachten

con·tend [kən'tend] **I** *v/i* **1.** kämpfen, ringen (*with* mit; *for* um) **2.** *mit Worten* streiten (*about* über *Akk*) **3.** wetteifern, sich bewerben (*for* um) **II** *v/t* **4.** behaupten (*that* dass)

▸ **con·tent¹** ['kɒntent] *s* **1.** *e-s Buchs etc:* **a)** Gehalt *m*, Aussage *f*, **b)** *Pl* Inhalt *m (a. e-r Tasche etc):* (*table of*) ~**s** Inhaltsverzeichnis *n* **2.** CHEM Gehalt *m* (*of* an *Dat*): *gold* ~ Goldgehalt

con·tent² [kən'tent] **I** *Adj* zufrieden

(**with** mit): **have to be ~ with** sich begnügen müssen mit **II** *v/t* zufrieden stellen: ~ **o.s. with** sich zufrieden geben *od* begnügen mit **III** *s* Zufriedenheit *f*: → **heart** 1 **con'tent·ed** *Adj* zufrieden (**with** mit)

con·ten·tion [kən'tenʃn] *s* **1.** Streit *m*, Zank *m*, *fig* Zankapfel *m* **2.** Streitpunkt *m* **3.** Behauptung *f*: **my ~ is that** ich behaupte, dass **con'ten·tious** *Adj* **1.** streitsüchtig **2.** umstritten, strittig: ~ **point** Streitpunkt *m*

con·tent·ment [kən'tentmənt] *s* Zufriedenheit *f*

con·test I *s* ['kɒntest] **1.** (Wett)Kampf *m*; Wettbewerb *m* (*for* um) **II** *v/t* [kən'test] **2.** kämpfen um; sich bewerben um **3.** bestreiten, *a.* JUR anfechten: ~ **s.o.'s right to do s.th.** j-m das Recht streitig machen, etw zu tun **III** *v/i* [kən'test] **4.** wetteifern (**with, against** mit) **con'test·ant** *s* **1.** (Wettkampf)Teilnehmer(in) **2.** (Mit)Bewerber(in) **con'test·ed** → **contentious** 2

con·text ['kɒntekst] *s* Zs.-hang *m*, Kontext *m*: **in this ~** in diesem Zs.-hang; **out of ~** aus dem Zs.-hang gerissen

▸ **con·ti·nent** ['kɒntinənt] *s* **1.** Kontinent *m*, Erdteil *m* **2.** **the ☌** *Br* das (europäische) Festland **con·ti·nen·tal** [,kɒn-ti'nentl] **I** *Adj* **1.** kontinental, Kontinental... **2.** *mst* ☌ *Br* kontinental(europäisch): ~ **breakfast** kleines Frühstück; ~ **quilt** Steppdecke *f* **II** *s* **3.** ☌ *Br* Kontinentaleuropäer(in)

con·tin·gen·cy [kən'tɪndʒənsɪ] *s* **1.** Zufälligkeit *f* **2.** Möglichkeit *f*, Eventualität *f*: ~ **plan** Notplan *m* **con'tin·gent I** *Adj* **1.** (**on**) abhängig (von), bedingt (durch) **2.** möglich, eventuell **3.** zufällig **II** *s* **4.** (MIL Truppen)Kontingent *n*, Anteil *m*

con·tin·u·al [kən'tɪnjʊəl] *Adj* **1.** (an-)dauernd, ständig **2.** immer wiederkehrend, sich wiederholend: **a ~ knocking** ein wiederholtes Klopfen **con'tin·u·ance** → **continuation** **con,tin·u·a·tion** *s* **1.** Fortsetzung *f* **2.** Fortbestand *m*, -dauer *f*

▸ **con·tin·ue** [kən'tɪnjuː] **I** *v/i* **1.** fortfahren, weitermachen **2.** andauern, anhalten **3.** (fort)bestehen **4.** (ver)bleiben: ~ **in office** im Amt bleiben **5. a)** ~ **to do,** ~ **doing** (auch) weiterhin tun: ~ **to sing**

weitersingen, **b)** ~ **to be,** ~ **being** weiterhin *od* noch immer ... sein **II** *v/t* **6.** fortsetzen, -führen, -fahren mit: **to be ~d** Fortsetzung folgt **7.** beibehalten, erhalten **con·ti·nu·i·ty** [,kɒntɪ'njuːətɪ] *s* **1.** Kontinuität *f* **2.** FILM Drehbuch *n*; RUNDFUNK, TV Manuskript *n*: ~ **girl** Scriptgirl *n* **con·tin·u·ous** [kən'tɪn-jʊəs] *Adj* **1.** ununterbrochen, unaufhörlich: ~ **paper** Endlospapier *n* **2.** kontinuierlich: ~ **current** ELEK Gleichstrom *m* **3.** ~ **form** LING Verlaufsform *f*

con·tort [kən'tɔːt] **I** *v/t* **1.** *Glieder* verdrehen, verrenken **2.** *Gesicht* verzerren, -ziehen (**with** vor *Dat*): ~**ed with pain** schmerzverzerrt **3.** *fig* Tatsachen *etc* verdrehen **II** *v/i* **4.** sich verzerren *od* verziehen (**with** vor *Dat*; **in a grimace** zu e-r Grimasse) **con'tor·tion** *s* **1.** Verrenkung *f* **2.** Verzerrung *f* **3.** *fig* Verdrehung *f* **con'tor·tion·ist** *s* Schlangenmensch *m*

con·tour ['kɒn,tʊə] *s* Kontur *f*, Umriss *m*

con·tra·band ['kɒntrəbænd] *s* **1.** Schmuggelware *f* **2.** Schmuggel *m*

con·tra·cep·tion [,kɒntrə'sepʃn] *s* MED Empfängnisverhütung *f* **con·tra·cep·tive** *Adj* u. *s* empfängnisverhütend(es Mittel)

con·tract I *s* ['kɒntrækt] **1.** Vertrag *m*: ~ **of employment** Arbeitsvertrag; ~ **of sale** Kaufvertrag; **enter into** (*od* **make**) **a** ~ e-n Vertrag abschließen; **by** ~ vertraglich; **be under** ~ unter Vertrag stehen (**with, to** bei) **II** *v/t* [kən'trækt] **2.** *Muskel etc* zs.-ziehen, *Stirn* runzeln **3.** *Gewohnheit* annehmen; sich *e-e Krankheit* zuziehen **4.** *Schulden* machen **5.** *Verpflichtung* eingehen; *Ehe etc* schließen **III** *v/i* [kən'trækt] **6.** sich zs.-ziehen **7.** e-n Vertrag abschließen; sich vertraglich verpflichten (**to do** zu tun; **for** zu): ~ **for s.th.** etw vertraglich festsetzen **con'trac·tion** *s* **1.** Zs.-ziehung *f* **2.** ~**s** MED Wehen *Pl* **con'trac·tor** *s* (*bes* Bau)Unternehmer(in); (Vertrags)Lieferant(in); Auftragnehmer(in); beauftragte Firma **con'trac·tu·al** [-tʃʊəl] *Adj* vertraglich, Vertrags...

con·tra·dict [,kɒntrə'dɪkt] *v/t* **1.** j-m, e-r *Sache* widersprechen, *etw* bestreiten **2.** widersprechen (*Dat*), im Widerspruch

stehen zu, unvereinbar sein mit ‚**con·tra'dic·tion** *s* **1.** Widerspruch *m*, -rede *f* **2.** Unvereinbarkeit *f*: *be in* ~ *to* im Widerspruch stehen zu; ~ *in terms* Widerspruch *m* in sich selbst ‚**con·tra'dic·to·ry** *Adj* **1.** (*to*) widersprechend (*Dat*), im Widerspruch stehend (zu), unvereinbar (mit) **2.** sich widersprechend, widersprüchlich

con·tra·in·di·ca·tion [‚kɒntrə‚ɪndɪ'keɪʃn] *s* MED Gegenanzeige *f*

con·tral·to [kən'træltəʊ] *Pl* **-tos** *s* MUS Alt(stimme *f*) *m*; Altistin *f*

con·trap·tion [kən'træpʃn] *s* F (komischer) Apparat

► **con·tra·ry** ['kɒntrərɪ] **I** *Adj* **1.** entgegengesetzt (*to Dat*) **2.** einander entgegengesetzt, gegensätzlich **3.** widrig, ungünstig (*Wind, Wetter*) **4.** (*to*) verstoßend (gegen), im Widerspruch (zu) **II** *Adv* **5.** im Widerspruch (*to* zu): ~ *to expectations* wider Erwarten; *act* ~ *to* zuwiderhandeln (*Dat*); → *law* 1 **III** *s* **6.** Gegenteil *n*: *on the* ~ im Gegenteil; *be the* ~ *to* das Gegenteil sein von; *to the* ~ gegenteilig; *proof to the* ~ Gegenbeweis *m*

con·trast I *s* ['kɒntrɑːst] **1.** Kontrast *m* (*a.* TV *etc*), Gegensatz *m* (*between* zwischen *Dat*): ~ *control* Kontrastregler *m*; *form a* ~ e-n Kontrast bilden (*to* zu); *by* ~ *with* im Vergleich mit; *in* ~ *to* (*od with*) im Gegensatz zu **II** *v/t* [kən'trɑːst] **2.** entgegensetzen, gegenüberstellen (*with Dat*) **III** *v/i* [kən'trɑːst] **3.** sich abheben, abstechen (*with* von, gegen): ~*ing colo(u)rs Pl* Kontrastfarben *Pl* **4.** e-n Gegensatz bilden, im Gegensatz stehen (*with* zu)

con·tra·vene [‚kɒntrə'viːn] *v/t* **1.** zuwiderhandeln (*Dat*), *Gesetz* übertreten, verstoßen gegen **2.** im Widerspruch stehen zu **con·tra·ven·tion** [‚-'venʃn] *s* (*of*) Zuwiderhandlung *f* (gegen), Übertretung *f* (von *od Gen*): *in* ~ *to* entgegen (*Dat*)

con·trib·ute [kən'trɪbjuːt] **I** *v/t* **1.** beitragen, -steuern (*to* zu) **2.** *Artikel etc* beitragen, (*to* e-r *Zeitung etc*) **3.** spenden (*to* für) **4.** WIRTSCH *Kapital* (*in* e-e *Firma*) einbringen **II** *v/i* **5.** (*to*) beitragen, -steuern, e-n Beitrag leisten (zu), mitwirken (an *Dat*): ~ *to* (*od toward[s]*) *the expenses* sich an den

Unkosten beteiligen; ~ *to a newspaper* für e-e Zeitung schreiben **6.** spenden (*to* für) **con·tri·bu·tion** [‚kɒntrɪ-'bjuːʃn] *s* **1.** Beitrag *m* (*a. für Zeitung etc*), Beisteuer *f*: ~ *to* (*od toward[s]*) *the expenses* Unkostenbeitrag *m* **2.** Spende *f* **3.** WIRTSCH Einlage *f* **con·trib·u·tor** [kən'trɪbjətə] *s* **1.** Beitragende *m, f* **2.** Mitarbeiter(in) (*to a newspaper* bei *od* an e-r Zeitung)

con·triv·ance [kən'traɪvns] *s* **1.** TECH Vorrichtung *f*; Gerät *n*, Apparat *m* **2.** Erfindung *f* **3.** Erfindungsgabe *f* **4.** Plan *m* **5.** Kunstgriff *m*, Kniff *m* **con'trive** *v/t* **1.** erfinden, sich ausdenken **2.** *etw Böses* aushecken, *Pläne* schmieden **3.** zustande bringen, es verstehen (*to do* zu tun)

► **con·trol** [kən'trəʊl] **I** *v/t* **1.** beherrschen, die Herrschaft *od* Kontrolle haben über (*Akk*) **2.** in Schranken halten, (erfolgreich) bekämpfen: ~ *o.s.* sich beherrschen **3.** kontrollieren: **a)** überwachen, beaufsichtigen, **b)** (nach)prüfen **4.** leiten, führen, verwalten **5.** WIRTSCH *Absatz etc* lenken, *Preise* binden **6.** ELEK, TECH steuern, regeln, regulieren **7.** COMPUTER steuern **II** *s* **8.** (*of, over*) Beherrschung *f* (*Gen*), Macht *f*, Gewalt *f*, Kontrolle *f*, Herrschaft *f* (über *Akk*): *bring* (*od get*) *under* ~ unter Kontrolle bringen; *get out of* ~ außer Kontrolle geraten; *lose* ~ (*of* od *over*) die Herrschaft *od* Kontrolle verlieren über (*Akk*); *lose* ~ (*of o.s.*) die (Selbst)Beherrschung verlieren **9.** Aufsicht *f*, Kontrolle *f* (*of, over* über *Akk*): *be in* ~ *of etw* unter *od* in seiner Gewalt haben; *be under s.o.'s* ~ j-m unterstehen *od* unterstellt sein **10.** Leitung *f*, Verwaltung *f* **11.** *mst Pl* TECH Steuerung *f*, Steuervorrichtung *f*; Kontroll-, Betätigungshebel *m*: *be at the* ~*s fig* das Sagen haben; *an* (*the* Schalt)*Hebeln der Macht sitzen* **12.** ELEK, TECH Reg(e)-lung *f*, Regulierung *f*; Regler *m* **13.** COMPUTER Steuerung *f* ~ **cen·tre** (*Am* **cen·ter**) *s* Kontrollzentrum *n* ~ **char·ac·ter** *s* COMPUTER Steuerzeichen *n* ~ **desk** *s* **1.** ELEK Schaltpult *n* **2.** RUNDFUNK, TV Regiepult *n* ~ **key** *s* COMPUTER Steuerungstaste *f*

con·trol·la·ble [kən'trəʊləbl] *Adj* **1.** kontrollierbar **2.** ELEK, TECH steuer-,

regel-, regulierbar **con'trol·ler** s **1.** Kontrolleur(in), Aufseher(in) **2.** WIRTSCH Controller(in)

con·trol| le·ver s **1.** TECH Schalthebel m **2.** FLUG Steuerknüppel m **~ light** s Kontrolllampe f **~ room** s RUNDFUNK, TV Regieraum m **~ tow·er** s FLUG Kontrollturm m, Tower m **~ u·nit** s IT Kontrolleinheit f

con·tro·ver·sial [ˌkɒntrə'vɜːʃl] Adj **1.** strittig, umstritten **2.** polemisch **3.** streitsüchtig **con·tro·ver·sy** ['-sɪ] s Kontroverse f: **beyond ~** unstreitig

con·tu·sion [kən'tjuːʒn] s MED Quetschung f

co·nun·drum [kə'nʌndrəm] s Scherzfrage f, (Scherz)Rätsel n

con·ur·ba·tion [ˌkɒnɜː'beɪʃn] s Ballungsraum m, -zentrum n

con·va·lesce [ˌkɒnvə'les] v/i gesund werden **con·va·les·cence** s Rekonvaleszenz f, Genesung f **con·va·les·cent** I Adj rekonvaleszent, genesend II s Rekonvaleszent(in), Genesende m, f

con·vene [kən'viːn] I v/i zs.-kommen, sich versammeln II v/t versammeln, zs.-rufen, *Versammlung* einberufen

con·ven·ience [kən'viːnjəns] s **1.** Annehmlichkeit f, Bequemlichkeit f: **~ food** Fertiggerichte Pl; **all (modern) ~s** aller Komfort; **at your ~** wenn es Ihnen gerade passt; **at your earliest ~** so bald wie möglich **2.** bes Br Toilette f

▸ **con·ve·ni·ent** [kən'viːnɪənt] Adj **1.** bequem, praktisch **2.** günstig, passend: **be ~ for s.o.** j-m passen

con·vent ['kɒnvənt] s (bes Nonnen-)Kloster n

con·ven·tion [kən'venʃn] s **1.** Zs.-kunft f, Tagung f, Versammlung f **2. a)** POL Am Parteiversammlung f, -tag m, **b)** Kongress m: **~ centre** (Am **center**) Kongresszentrum n **3.** bilaterales Abkommen; **multilaterales** Übereinkommen, Konvention f **4.** (gesellschaftliche) Konvention, Sitte f **con·ven·tion·al** [-ʃənl] Adj **1.** konventionell, herkömmlich (beide a. MIL) **2.** pej schablonenhaft, unoriginell **3.** konventionell, förmlich

con·verge [kən'vɜːdʒ] v/i zs.-laufen (*Straßen, Flüsse*), MATHE konvergieren (a. fig), fig sich annähern **con·ver·gence** s **1.** Zs.-laufen n **2.** MATHE Kon-

vergenz f (a. fig) **3.** WIRTSCH Konvergenz f, Annäherung f: **persistence of ~** Nachhaltigkeit f der Konvergenz **~ criteria** Pl WIRTSCH Konvergenzkriterien Pl **con·ver·gent** Adj MATHE konvergent, fig a. sich annähernd

▸ **con·ver·sa·tion** [ˌkɒnvə'seɪʃn] s Konversation f, Unterhaltung f, Gespräch n: **in ~ with** im Gespräch mit; **get into ~ with s.o.** mit j-m ins Gespräch kommen; **make ~** Konversation machen **con·ver·sa·tion·al** [-ʃənl] Adj **1.** gesprächig **2.** Unterhaltungs..., Gesprächs...: **~ English** Umgangsenglisch n **con·ver·sa·tion·al·ly** [-ʃnəlɪ] Adv im Plaudern **con·verse** [kən'vɜːs] v/i sich unterhalten (**with** mit; **on, about** über Akk)

con·ver·sion [kən'vɜːʃn] s **1.** Um-, Verwandlung f (**into, to** in Akk) **2.** ARCHI, TECH Umbau m (**into** zu) **3.** TECH, a. WIRTSCH Umstellung f (**to** auf Akk) **4.** MATHE Umrechnung f (**into, to** in Akk): **~ table** Umrechnungstabelle f **5.** (Daten)Konvertierung f **6.** Bekehrung f, REL a. Konversion f, Übertritt m (a. POL etc) (**to** zu)

con·vert I v/t [kən'vɜːt] **1.** allg, a. CHEM um-, verwandeln (**into, to** in Akk) **2.** ARCHI, TECH umbauen (**into** zu) **3.** TECH, a. WIRTSCH umstellen (**to** auf Akk) **4.** MATHE umrechnen (**into, to** in Akk) **5.** Daten konvertieren **6.** REL etc bekehren (**to** zu) II v/i [kən'vɜːt] **7.** sich umwandeln od verwandeln (**into, to** in Akk) **8.** sich bekehren, REL a. konvertieren, übertreten (a. POL etc) (**to** zu) III s ['kɒnvɜːt] **9.** Bekehrte m, f, REL a. Konvertit(in) **con·'vert·i·ble** I Adj **1.** um-, verwandelbar **2.** MATHE umrechenbar II s **3.** MOT Cabrio(let) n, Kabrio(lett) n

con·vex [kɒn'veks] Adj konvex: **~ mir·ror** Konvex-, Wölbspiegel m

con·vey [kən'veɪ] v/t **1.** *Waren etc* befördern, transportieren (beide a. TECH) **2.** *Grüße etc* überbringen, -mitteln **3.** *Ideen etc* mitteilen, vermitteln, *Meinung, Sinn* ausdrücken **con·vey·ance** s **1.** Beförderung f, Transport m **2.** Transport-, Verkehrsmittel n **3.** Überbringung f, -mittlung f **4.** Mitteilung f, Vermittlung f **con·vey·er**, **con·vey·or** s a. **~ belt** TECH Förderband n

con·vict I *v/t* [kən'vɪkt] **1.** JUR (*of*) überführen, für schuldig erklären (*Gen*); verurteilen (wegen) **2.** überzeugen (*of* von) II *s* ['kɒnvɪkt] **3.** Verurteilte *m*, *f* **4.** Strafgefangene *m*, *f*, Sträfling *m*
con·vic·tion *s* **1.** JUR Überführung *f*, Schuldspruch *m*; Verurteilung *f*: → *previous* 1 **2.** Überzeugung *f*: *from* ~ aus Überzeugung; → *carry* 5
▶ **con·vince** [kən'vɪns] *v/t* überzeugen (*of* von; *that* dass) **con'vinc·ing** *Adj* überzeugend: ~ *proof* schlagender Beweis

con·voy ['kɒnvɔɪ] *s* **1.** Geleit *n*, Begleitung *f* **2.** Konvoi *m*: **a)** MIL. *a. allg* (Wagen)Kolonne *f*, **b)** SCHIFF Geleitzug *m*
con·vulse [kən'vʌls] *v/t* **1.** in Zuckungen versetzen: *be ~d with* → **4 2.** Muskeln etc krampfhaft zs.-ziehen: ~*d features* Pl verzerrte Züge Pl **3.** in Lachkrämpfe versetzen II *v/i* **4.** ~ *with* sich krümmen vor (*Lachen, Schmerzen etc*) **con'vul·sion** *s* **1.** *bes* MED Krampf *m*, Zuckung *f* **2.** Pl Lachkrampf *m*: *they were in ~s* sie krümmten sich vor Lachen **con'vul·sive** *Adj* krampfhaft
coo [ku:] *v/i* gurren (*a. fig*)
▶ **cook** [kʊk] I *s* **1.** Koch *m*, Köchin *f*: *too many ~s spoil the broth* viele Köche verderben den Brei II *v/t* **2.** kochen **3.** *a.* ~ *up* F Geschichte etc erfinden, sich ausdenken **4.** F *Rechnung etc* frisieren III *v/i* **5.** kochen **6.** kochen, gekocht werden: *what's ~ing?* F was ist los? '~·**book** *s* Kochbuch *n*
▶ **cook·er** ['kʊkə] *s* Kocher *m*, Kochgerät *n*; Br Herd *m*: ~ *hood* Br Abzugshaube *f* '**cook·er·y** *s* Kochen *n*, Kochkunst *f*: ~ *book* Br Kochbuch *n* **cook·ie** ['-ɪ] *s* Am (süßer) Keks, Plätzchen *n* '**cook·ing** I *s* **1.** Kochen *n* **2.** Küche *f*, Art *f* zu kochen: *Italian* ~ die italienische Küche II *Adj* **3.** Koch… '**cook·y** → **cookie**
▶ **cool** [ku:l] I *Adj* **1.** kühl, frisch: *get* ~ sich abkühlen **2.** *fig* kühl: **a)** gelassen, kalt(blütig): *keep* ~ e-n kühlen Kopf behalten, sich nicht aufregen; → *cucumber*, **b)** gleichgültig, **c)** abweisend **3.** F glatt: *a* ~ *thousand pounds* glatte *od* die Kleinigkeit von tausend Pfund **4.** F klasse, prima, cool II *s* **5.** Kühle *f*, Frische *f* (*der Luft*) **6.** F (Selbst)Beherrschung *f*: *lose one's* ~ (durchgehen;

keep one's ~ ruhig bleiben III *v/t* **7.** (ab)kühlen, kühlen lassen: ~ *it!* F reg dich ab! IV *v/i* **8.** kühl werden, sich abkühlen: ~ *down* F sich abregen ~ *bag* *s* Kühltasche *f* ~ *box* *s* Kühlbox *f*
'**cool'head·ed** *Adj* besonnen
'**cool·ing** ['ku:lɪŋ] *Adj* **1.** (ab)kühlend **2.** TECH Kühl… '**cool·ness** *s* **1.** Kühle *f* (*a. fig*) **2.** Kaltblütigkeit *f*
co-op ['kəʊɒp] *s* **1.** F Co-op *m* (*Genossenschaft u. Laden*) **2.** Am *a* Apartmenthaus *n* mit Eigentumswohnungen, **b)** Eigentumswohnung *f*
co-op·er·ate [kəʊ'ɒpəreɪt] *v/i* **1.** zs.-arbeiten (*with* mit; *in* bei; *to, toward(s*) zu *e-m* Zweck) **2.** (*in*) mitwirken (an *Dat*), helfen, behilflich sein (bei) **co-op·er'a·tion** *s* **1.** Zs.-arbeit *f* **2.** Mitwirkung *f*, Hilfe *f* **co·op·er·a·tive** [-rətɪv] I *Adj* **1.** zs.-arbeitend **2.** mitwirkend **3.** kooperativ, hilfsbereit **4.** WIRTSCH Gemeinschafts…; Genossenschafts…: ~ *society* → **5**; ~ *store* → **6** II *s* **5.** Co-op *m*: **a)** Genossenschaft *f*, **b)** Konsumverein *m* **6.** Co-op *m*, Konsumladen *m*
co·or·di·nate I *v/t* [kəʊ'ɔːdɪneɪt] koordinieren, beiordnen, aufeinander abstimmen II *Adj* [-dnət] koordiniert, beigeordnet III *s* [-dnət] MATHE Koordinate *f* **co,or·di'na·tion** *s* Koordinierung *f*, Koordination *f*, Beiordnung *f*, Abstimmung *f*
cop [kɒp] *sl* I *v/t* **1.** erwischen (*at* bei): ~ *it* sein Fett (ab)kriegen; → *packet* 3 II *s* **2.** *no great* ~, *not much* ~ Br nicht so toll **3.** Bulle *m* (*Polizist*)
co·part·ner [,kəʊ'pɑːtnə] *s* Teilhaber(in), Mitinhaber(in) '**co'part·ner·ship** *s* Teilhaberschaft *f*
cope [kəʊp] *v/i* (*with*) gewachsen sein (*Dat*), fertig werden (mit)
cop·i·er ['kɒpɪə] *s* Kopiergerät *n*, Kopierer *m*
co·pi·lot ['kəʊ,paɪlɒt] *s* FLUG Kopilot(in)
co·pi·ous ['kəʊpjəs] *Adj* **1.** reich(lich), ausgiebig **2.** wortreich, weitschweifig **3.** produktiv (*Schriftsteller etc*)
▶ **cop·per¹** ['kɒpə] I *s* **1.** MIN Kupfer *n* **2.** Kupfermünze *f*: ~*s* Pl Kupfergeld *n* II *Adj* **3.** kupfern, Kupfer… **4.** kupferrot
cop·per² [-] *s* *sl* Bulle *m* (*Polizist*)
cop·per| ore *s* MIN Kupfererz *n* '~·**plate** *s* Kupferstich(platte *f*) *m* '~·**smith** *s* Kupferschmied(in)

cop·u·la [ˈkɒpjʊlə] *s* LING Kopula *f*
cop·u·late [ˈ-leɪt] *v/i* kopulieren: **a)** koitieren, **b)** ZOOL sich paaren ,**cop·u·la·tion** *s* Kopulation *f*: **a)** Koitus *m*, **b)** Paarung *f*

▶ **cop·y** [ˈkɒpɪ] **I** *s* **1.** Kopie *f*, Abschrift *f*: **fair** (*od* **clean**) **~** Reinschrift *f*; **rough** (*od* **foul**) **~** Rohentwurf *m*, Konzept *n* **2.** Durchschlag *m*, -schrift *f* **3.** FOTO Abzug *m* **4.** Nachbildung *f*, Kopie *f* **5.** *Typographie*: (Satz)Vorlage *f* **6.** Exemplar *n* (*e-s Buchs etc*) **7.** (Werbe-, Zeitungs- *etc*)Text *m* **II** *v/t* **8.** abschreiben (**off, from** von), e-e Kopie anfertigen von, *Kassette etc* überspielen **9.** COMPUTER kopieren **10.** durch-, abpausen; kopieren **11.** FOTO e-n Abzug machen von **12.** nachbilden **13.** kopieren, nachahmen, nachmachen **III** *v/i* **14.** abschreiben (**from** von) '**~·cat F I** *s* Nachahmer(in); Abschreiber(in) **II** *v/t* (*bes* sklavisch *od* gedankenlos) nachahmen *od* -machen **~ ed·i·tor** *s* Zeitungsredakteur(in); Lektor(in)
cop·y·ing| ma·chine [ˈkɒpɪɪŋ] *s* Kopiergerät *n* **~ pa·per** *s* Kopierpapier *n* '**cop·y|·read·er** *Am* → **copy editor** '**~·right** JUR **I** *s* Urheberrecht *n*, Copyright *n* (**in, on, of, for** für, von) **II** *v/t* das Urheberrecht erwerben für *od* von; urheberrechtlich schützen **III** *Adj* urheberrechtlich geschützt '**~,writ·er** *s* Werbetexter(in)
cor·al [ˈkɒrəl] **I** *s* **1.** ZOOL Koralle *f* **II** *Adj* **2.** Korallen… **3.** korallenrot

▶ **cord** [kɔːd] **I** *s* **1.** Schnur *f* (*a.* ELEK), Kordel *f*, Strick *m* **2.** gerippter Stoff, *bes* Kordsamt *m* **II** *v/t* **3.** festbinden; ver-, zuschnüren
cor·dial [ˈkɔːdjəl] **I** *Adj* **1.** herzlich **2.** MED belebend, stärkend **II** *s* **3.** MED Stärkungsmittel *n* **4.** Fruchtsaftgetränk *n* **5.** Likör *m* **cor·dial·i·ty** [ˌ-dɪˈælətɪ] *s* Herzlichkeit *f*
'**cord·less** *Adj* schnurlos (*Telefon*)
cor·don [ˈkɔːdn] **I** *s* Kordon *m*, Posten- *od* Absperrkette *f* **II** *v/t* a. **~ off** (mit Posten *od* Seilen) absperren
cor·du·roy [ˈkɔːdərɔɪ] *s* **1.** Kordsamt *m* **2.** *Pl, a.* **pair of ~s** Kord(samt)hose *f*
core [kɔː] **I** *s* **1.** BOT Kerngehäuse *n*; Kern *m* **2.** Reaktorkern *m* **3.** *fig* Kern *m*, *das* Innerste *n*: **to the ~** bis ins Innerste; durch u. durch **II** *v/t* **4.** *Obst* entker-

nen **~ time** *s* Kernzeit *f*

▶ **cork** [kɔːk] **I** *s* **1.** Kork *m* **2.** Korken *m*, Pfropfen *m* **II** *v/t* **3.** *oft* **~ up** zu-, verkorken
'**cork·screw** *s* Korkenzieher *m*

▶ **corn¹** [kɔːn] **I** *s* **1.** Korn *n*, Getreide *n*: *bes* **a)** *Br* Weizen *m*, **b)** *schott., irisch* Hafer *m* **2.** *a.* **Indian ~** *Am* Mais *m* **II** *v/t* **3.** pökeln: **~ed beef** Corned Beef *n*, gepökeltes Rindfleisch
corn² [-] *s* MED Hühnerauge *n*: **tread on s.o.'s ~s** *fig* j-m auf die Hühneraugen treten
corn| bread *s* *Am* Maisbrot *n* '**~·cob** *s* *Am* Maiskolben *m*
cor·ne·a [ˈkɔːnɪə] *s* Hornhaut *f* (*des Auges*)

▶ **cor·ner** [ˈkɔːnə] **I** *s* **1.** Ecke *f*, *bes* MOT Kurve *f*: **take a ~** → **5**; **turn the ~** um die Ecke biegen **2.** Winkel *m*, Ecke *f*: **~ of the mouth** Mundwinkel; **look at s.o. from the ~ of one's eye** j-n aus den Augenwinkeln (heraus) ansehen; **drive** (*od* **force,** *put*) **into a ~** → **4**; **be in a tight ~** in der Klemme sein *od* sitzen *od* stecken **3.** *Fußball*: Eckball *m*, Ecke *f*, *österr., schweiz.* Corner *m* **II** *v/t* **4.** in die Enge treiben **III** *v/i* **5.** MOT e-e Kurve nehmen: **~ well** gut in der Kurve liegen, e-e gute Kurvenlage haben **IV** *Adj* **6.** Eck…: **~ house; ~ seat** Eckplatz *m*
'**cor·nered** *Adj in Zssgn* …eckig
cor·ner| kick *s* *Fußball*: Eckstoß *m* '**~·stone** *s* **1.** ARCHI Eckstein *m*; Grundstein *m* **2.** *fig* Eckpfeiler *m*
'**corn| field** *s* **1.** *Br* Korn-, Getreidefeld *n* **2.** *Am* Maisfeld *n* '**~·flakes** *s Pl* Cornflakes *Pl* '**~·flow·er** *s* BOT Kornblume *f*
cor·nice [ˈkɔːnɪs] *s* Sims *m*
Cor·nish [ˈkɔːnɪʃ] *Adj* kornisch, aus Cornwall
corn pop·py *s* BOT Klatschmohn *m*
Corn·wall [ˈkɔːnwəl] *Eigenn* Cornwall *n*
corn·y [ˈkɔːnɪ] *Adj* sentimental, schmalzig; kitschig; abgedroschen: **a ~ joke** ein Witz mit Bart
cor·o·nar·y [ˈkɒrənərɪ] **I** *Adj* ANAT Koronar…: **~ vessel** (Herz)Kranzgefäß *n* **II** *s* MED Koronarthrombose *f*, Herzinfarkt *m*
cor·o·na·tion [ˌkɒrəˈneɪʃn] *s* Krönung(sfeier) *f*
cor·o·ner [ˈkɒrənə] *s* JUR Coroner *m* (*richterlicher Beamter zur Untersu-*

chung der Todesursache in Fällen gewaltsamen od unnatürlichen Todes): **~'s inquest** *gerichtliches Verfahren zur Untersuchung der Todesursache*

cor·po·ral[1] ['kɔːpərəl] s MIL Unteroffizier(in)

cor·po·ral[2] [~] *Adj* körperlich, leiblich: **~ punishment** Prügelstrafe *f*

cor·po·rate ['kɔːpərət] *Adj* **1. a.** JUR körperschaftlich, Körperschafts...: **~ body → corporation** 1, **b)** WIRTSCH *Am* Gesellschafts..., Firmen...: **~ planning** Unternehmensplanung *f* **2.** gemeinsam, kollektiv **cor·po·ra·tion** [ˌ~'reɪʃn] s **1.** JUR Körperschaft *f*, juristische Person: **~ tax** Körperschaftsteuer *f* **2. a. stock~** WIRTSCH *Am* Kapital- *od* Aktiengesellschaft *f* **3.** *Br* Innung *f* **4.** *Br* Stadtverwaltung *f* **5.** F Schmerbauch *m*

corps [kɔː] *Pl* **corps** [~z] s **1.** MIL Korps *n*, Truppe *f* **2.** Korps *n*: **~ diplomatic**

corpse [kɔːps] s Leichnam *m*, Leiche *f*

cor·pu·lence ['kɔːpjʊləns] s Beleibtheit *f*, Korpulenz *f* **'cor·pu·lent** *Adj* beleibt, korpulent

cor·pus ['kɔːpəs] s (Text)Korpus *n*

Cor·pus Chris·ti [ˌkɔːpəs'krɪstɪ] s REL Fronleichnam(sfest *n*) *m*

cor·ral [kəˈrɑːl] *bes Am* I s **1.** Pferch *m* II *v/t* **2.** in e-n Pferch treiben **3.** *fig* einpferchen **4.** F sich *etw* schnappen

▸ **cor·rect** [kəˈrekt] I *v/t* **1.** korrigieren, verbessern, berichtigen: **I stand ~ed** ich nehme alles zurück **2.** *Mängel etc* abstellen **3.** zurechtweisen, tadeln; (be)strafen (**for** wegen) II *Adj* **4.** korrekt: **a)** richtig: **be ~** stimmen; Recht haben, **b)** einwandfrei (*Benehmen*)

▸ **cor·rec·tion** [kəˈrekʃn] s **1.** Korrektur *f*, Verbesserung *f*, Berichtigung *f*: **~ fluid** Korrekturflüssigkeit *f*; **~ tape** Korrekturband *n* **2.** Zurechtweisung *f*, Tadel *m*; Bestrafung *f* **cor'rec·tive** *Adj* korrigierend, verbessernd, berichtigend **cor'rect·ness** s Korrektheit *f*, Richtigkeit *f*; → *Info bei* **politically correct**

cor·re·late ['kɔrəleɪt] I *v/t* **1.** in Wechselbeziehung bringen (**with** mit) **2.** in Übereinstimmung bringen (**with** mit), aufeinander abstimmen II *v/i* **3.** in Wechselbeziehung stehen (**with** mit), sich aufeinander beziehen **4.** übereinstimmen (**with** mit) ˌ**cor·re'la·tion** s **1.** Wechselbeziehung *f* **2.** Übereinstimmung *f*

cor·re·spond [ˌkɔrɪ'spɒnd] *v/i* **1.** (**to**, **with**) entsprechen (*Dat*), übereinstimmen (mit) **2.** (**to**) entsprechen (*Dat*), das Gegenstück sein (von) **3.** korrespondieren, in Briefwechsel stehen (**with** mit) ˌ**cor·re'spond·ence** s **1.** Entsprechung *f*, Übereinstimmung *f* **2.** Korrespondenz *f*: **a)** Briefwechsel *m*: **be in ~** (**with**) → correspond 3; **~ course** Fernkurs *m*; **~ school** Fernlehrinstitut *n*, **b)** Briefe *Pl* ˌ**cor·re'spond·ent** I s **1.** Briefpartner(in): **be a good** (**bad**) **~** fleißig schreiben (schreibfaul sein) **2.** WIRTSCH (auswärtiger) Geschäftsfreund, (auswärtige) Geschäftsfreundin **3.** Korrespondent(in), Berichterstatter(in) (*e-r Zeitung*): **foreign ~** Auslandskorrespondent(in) II *Adj* **4.** entsprechend, gemäß (**to** *Dat*) ˌ**cor·re'spond·ing** → **correspondent** 4

cor·ri·dor ['kɔrɪdɔː] s Gang *m*

cor·rode [kəˈrəʊd] I *v/t* **1.** CHEM, TECH korrodieren, an-, zerfressen, angreifen **2.** *fig* zerfressen, untergraben II *v/i* **3.** korrodieren **4.** rosten: **~d** rostig **cor'ro·sion** [~ʒn] s **1.** CHEM, TECH Korrosion *f* **2.** Rostbildung *f* **3.** *fig* Untergrabung *f*

cor·ru·gat·ed ['kɒrʊgeɪtɪd] *Adj* gewellt: **~ cardboard** Wellpappe *f*; **~ iron** Wellblech *n*

cor·rupt [kəˈrʌpt] I *Adj* **1.** (*moralisch*) verdorben **2.** unredlich, unlauter **3.** korrupt: **a)** bestechlich, **b)** Bestechungs... II *v/t* **4.** (*moralisch*) verderben **5.** korrumpieren, bestechen III *v/i* **6.** (*moralisch*) verderben, -kommen **cor'rupt·i·ble → corrupt** 3a **cor'rup·tion** s **1.** Verdorbenheit *f* **2.** Unredlichkeit *f*, Unlauterkeit *f* **3.** Korruption *f*: **a)** Bestechlichkeit *f*, **b)** Bestechung *f*

cor·set ['kɔːsɪt] s **a.** *Pl* Korsett *n*

cor·ti·sone ['kɔːtɪzəʊn] s MED Kortison *n*

cosh [kɒʃ] s *Br* F Totschläger *m* (*Waffe*)

co·sig·na·to·ry [ˌkəʊ'sɪgnətərɪ] s Mitunterzeichner(in)

co·sine ['kəʊsaɪn] s MATHE Kosinus *m*

co·si·ness ['kəʊzɪnɪs] s Behaglichkeit *f*, Gemütlichkeit *f*

cos·met·ic [kɒz'metɪk] I *Adj* (*~ally*) kosmetisch (*a. fig*): ~ **surgery** Schönheitschirurgie *f* II *s* kosmetisches Mittel **cos·me·ti·cian** [ˌ~mə'tɪʃn] *s* Kosmetiker(in)

cos·mic ['kɒzmɪk] *Adj* kosmisch

cos·mo·naut ['kɒzmənɔːt] *s* (Welt-) Raumfahrer(in), Kosmonaut(in)

cos·mo·pol·i·tan [ˌkɒzmə'pɒlɪtən] I *Adj* kosmopolitisch, weltbürgerlich, *weit*. S. weltoffen II *s* Kosmopolit(in), Weltbürger(in)

cos·mos ['kɒzmɒs] *s* Kosmos *m*

► **cost** [kɒst] I *s* 1. Kosten *Pl*, Aufwand *m* 2. Kosten *Pl*, Schaden *m*: **at s.o.'s ~** auf j-s Kosten; **at the ~ of his health** auf Kosten s-r Gesundheit 3. Opfer *n*, Preis *m*: **at all ~s, at any ~** um jeden Preis; **at a heavy ~** unter schweren Opfern 4. WIRTSCH (Selbst-, Gestehungs)Kosten *Pl*: ~ **increase** Kostensteigerung *f*; ~ **inflation** Kosteninflation *f*; ~ **price** Selbstkostenpreis *m*; **at ~** zum Selbstkostenpreis 5. *Pl* JUR (Gerichts-, Prozess)Kosten *Pl*: **with ~s** kostenpflichtig II *v/t* (*unreg*) 6. Preis kosten: **it ~ me one pound** es kostete mich ein Pfund 7. (*unreg*) kosten, bringen um: **it ~ him his life** es kostete ihn das Leben 8. *etw* Unangenehmes verursachen: **it ~ me a lot of trouble** es verursachte mir *od* kostete mich große Mühe 9. *Prät u. Part Perf* '**cost·ed** WIRTSCH den Preis *od* die Kosten kalkulieren III *v/i* (*unreg*) 10. **it ~ him dearly** *bes fig* es kam ihn teuer zu stehen

co-star ['kəustɑː] I *v/t*: **the film ~red X** X spielte in dem Film e-e der Hauptrollen II *v/i*: ~ **with** die Hauptrolle spielen neben (*Dat*)

cos·ter(·mon·ger) ['kɒstə(ˌmʌŋgə)] *s Br* Straßenhändler(in) für Obst, Gemüse *etc*

cost es·ti·mate *s* Kostenvoranschlag *m*

cost·ly ['kɒstlɪ] *Adj* 1. kostspielig, teuer 2. teuer erkauft (*Sieg etc*) 3. prächtig

cost of liv·ing *s* Lebenshaltungskosten *Pl*

cost-of-'liv·ing| **al·low·ance**, ~ **bo·nus** *s* WIRTSCH Teuerungszulage *f* ~ **in·dex** *s* (*a. unreg* **index**) Lebenshaltungs(kosten)index *m*

'**cost-**,**sav·ing** *Adj* WIRTSCH kostensparend

cos·tume ['kɒstjuːm] *s* 1. Kostüm *n*, Kleidung *f*, Tracht *f* 2. THEAT *etc* Kostüm *n*: ~ **ball** Kostümball *m*; ~ **designer** Kostümbildner(in); ~ **jewel(le)ry** Modeschmuck *m*

co·sy ['kəuzɪ] I *Adj* behaglich, gemütlich II *s* Wärmer *m*: → **tea cosy**

cot [kɒt] *s* 1. Feldbett *n* 2. *Br* Kinderbett *n* ~ **death** *s* plötzlicher Kindstod

cot·tage ['kɒtɪdʒ] *s* 1. Cottage *n*, (kleines) Landhaus 2. *Am* Ferienhaus *n*, -häuschen *n* 3. *Am* Wohngebäude *n*, (*es Krankenhauses etc*) Einzelgebäude *n*, (*es Hotels*) Dependance *f* ~ **cheese** *s* Hüttenkäse *m* ~ **in·dus·try** *s* Heimgewerbe *n*, -industrie *f*

► **cot·ton** ['kɒtn] I *s* 1. Baumwolle *f*: → **absorbent** *f* 2. baumwollene, Baumwoll… III *v/i* 3. *Am* F (*with*) gut auskommen (mit); sich anfreunden (mit) 4. F ~ **to** *Am* sich anfreunden mit (*e-r Idee etc*); ~ **on to** *etw* kapieren ~ **bud** *s* Wattestäbchen *n*; ~ **can·dy** *s Am* Zuckerwatte *f* ~ **pad** *s* Wattepad *m* ~ **wool** *s Br* (Verband)Watte *f* ~ **wool ball** *s* Wattebausch *m*

► **couch** [kautʃ] I *s* Couch *f*, Liege(sofa *n*) *f* II *v/t* 1. abfassen, formulieren; *Gedanken etc* in Worte fassen, ausdrücken

cou·chette [kuː'ʃet] *s* BAHN Platz *m* (im Liegewagen)

couch po·ta·to *Pl* -**toes** *s* F Couchpotato *f*, Dauerglotzer(in), Sesselsportler(in)

cou·gar ['kuːgə] *s* ZOOL *Am* Puma *m*

► **cough** [kɒf] I *s* 1. Husten *m*: **have a ~** Husten haben; **give a (slight) ~** hüsteln, sich räuspern 2. TECH etc 3. MOT Stottern *n* II *v/i* 4. husten 5. MOT stottern, husten (*Motor*) III *v/t* 6. *mst* ~ **out**, ~ **up** aushusten: ~ **up blood** Blut husten 7. ~ **up** *sl* herausrücken mit (*der Wahrheit etc*); *Geld* ausspucken ~ **drop** *s* Hustenbonbon *m*, *n*

cough·ing bout ['kɒfɪŋ] *s* Hustenanfall *m*

cough| **loz·enge** → **cough drop** ~ **syr·up** *s* Hustensaft *m*, -sirup *m*

► **could** [kud] *v/i/hilf* 1. *Prät von* **can¹** 2. *konditional, vermutend od fragend*: könnte *etc*: **that ~ be right** das könnte stimmen

► **couldn't** ['kudnt] F *für* **could not**

▶ **coun·cil** ['kaʊnsl] s **1.** Rat(sversammlung f) m **2.** Rat m (Körperschaft); *eng. S.* Gemeinderat m: ≈ **of Europe** Europarat; *municipal* ≈ Stadtrat ≈ **es·tate** s Br soziale Wohnsiedlung (e-r Gemeinde) ≈ **flat** s Sozialwohnung f ≈ **house** s Br gemeindeeigenes Wohnhaus (mit niedrigen Mieten)

coun·cil·(l)or ['kaʊnsələ] s Ratsmitglied n, Stadtrat m, -rätin f

coun·sel ['kaʊnsl] **I** s **1.** Rat(schlag) m: **take ≈ of s.o.** von j-m (e-n) Rat annehmen **2.** Beratung f: **hold** (od **take**) ≈ **with** sich beraten mit; sich Rat holen bei **3.** JUR Am Rechtsberater(in), -beistand m; Br (Rechts)Anwalt m, (-)Anwältin f: ≈ **for the defence** Verteidiger(in); ≈ **for the prosecution** Anklagevertreter(in) **II** v/t Prät u. Part Perf **-seled**, bes Br **-selled 4.** j-m raten, j-m e-n Rat geben od erteilen: ≈ **s.o. against** j-m abraten von **5.** zu etw raten: ≈ **s.th. to s.o.** j-m etw raten **III** v/i **6.** ≈ **against** abraten von '**counsel(l)or** s (Berufs- etc)Berater(in)

count¹ ['kaʊnt] **I** s **1.** Zählen n, (Ab-, Auf-, Aus)Zählung f: **keep ≈ of** etw genau zählen; fig die Übersicht behalten über (Akk); **lose** ≈ sich verzählen; fig die Übersicht verlieren (**of** über Akk); **by this** ≈ nach dieser Zählung od Berechnung **2.** Endzahl f, Ergebnis n **3.** JUR Anklagepunkt m: **on all** ≈**s** in allen Anklagepunkten; fig in jeder Hinsicht **4.** **take no** ≈ **of** nicht berücksichtigen **II** v/t **5.** (ab-, auf-, aus-, zs.-) zählen, Wechselgeld nachzählen **6.** aus-, berechnen **7.** zählen bis: ≈ **ten 8.** (mit)zählen, mit einrechnen: ≈**ing the persons present** die Anwesenden (nicht) mitgerechnet; **without** (od not) ≈**ing** abgesehen von **9.** halten für, betrachten als, zählen (**among** zu): ≈ **o.s. lucky** (od **fortunate**) sich glücklich schätzen **III** v/i **10.** zählen (fig **among** zu): ≈ **up to ten** bis 10 zählen; ≈**ing from today** von heute an (gerechnet) **11.** (**on**) zählen, sich verlassen (auf Akk), sicher rechnen (mit) **12.** zählen: **a)** von Wert sein, ins Gewicht fallen, **b)** gelten: ≈ **for much** viel gelten od wert sein; ≈ **against** sprechen gegen; sich nachteilig auswirken auf (Akk) *Verbindungen mit Adverbien:*

count| down v/t **1.** Geld hinzählen **2.** den Count-down durchführen für, a. weit. S. letzte (Start)Vorbereitungen treffen für ≈ **in** v/t → **count¹ 8**: **count me in!** ich bin dabei!, ich mache mit! ≈ **off** v/t u. v/i bes MIL abzählen ≈ **out** v/t **1.** Münzen etc (langsam) abzählen **2.** ausschließen, unberücksichtigt lassen: **count me out!** ohne mich! **3.** Boxen, Kinderspiel: auszählen ≈ **up** v/t zs.-zählen

count² [_] s nichtbritischer Graf

count·a·ble ['kaʊntəbl] Adj zählbar (a. LING)

'**count·down** s Count-down m, n, a. weit. S. letzte (Start)Vorbereitungen Pl

coun·te·nance ['kaʊntənəns] **I** s **1.** Gesichtsausdruck m, Miene f: **change one's** ≈ s-n Gesichtsausdruck ändern **2.** Fassung f, Haltung f: **in** ≈ gefasst; **keep one's** ≈ die Fassung bewahren; **put s.o. out of** ≈ j-n aus der Fassung bringen **II** v/t gutheißen, unterstützen

count·er¹ ['kaʊntə] **I** s **1.** Ladentisch m: **under the** ≈ unter dem Ladentisch verkaufen etc; fig unter der Hand, heimlich **2.** Theke f **3.** (Bank-, Post)Schalter m **II** Adj **4.** rezeptfrei (Medikament)

count·er² [_] s **1.** TECH Zähler m **2.** Spielmarke f, Jeton m

coun·ter³ [_] **I** Adv **1.** in entgegengesetzter Richtung **2.** ≈ **to** fig wider (Akk), zuwider (Dat), entgegen (Dat): **run** ≈ **to** zuwiderlaufen (Dat) **II** Adj **3.** Gegen…, entgegengesetzt **III** v/t **4.** entgegenwirken (Dat) **IV** v/i **5.** bes SPORT kontern

coun·ter… [kaʊntə] in Zssgn Gegen…

,**coun·ter'act** v/t **1.** entgegenwirken (Dat) **2.** Wirkung kompensieren, neutralisieren

'**coun·ter,ar·gu·ment** s Gegenargument n

'**coun·ter·at,tack** s Gegenangriff m

coun·ter·bal·ance fig **I** s ['kaʊntə,bæləns] Gegengewicht n (**to** zu) **II** v/t [,-'bæləns] ein Gegengewicht bilden zu, ausgleichen

'**coun·ter·blast** s heftige Reaktion

'**coun·ter·charge** s **1.** JUR Gegenklage **2.** MIL Gegenangriff m

'**coun·ter·check I** s Gegen-, Nachprüfung f **II** v/t gegen-, nachprüfen

'**coun·ter·claim** s WIRTSCH, JUR Gegen

anspruch *m*, -forderung *f*

,coun·ter'clock·wise *Am* → **anti-clockwise**

'coun·ter·dem·on'stra·tion *s* Gegendemonstration *f*

,coun·ter'es·pi·o·nage *s* Spionageabwehr *f*

'coun·ter·ex,am·ple *s* Gegenbeispiel *n*

coun·ter·feit ['kaʊntəfɪt] **I** *Adj* **1.** falsch: **a)** gefälscht: ~ **money** Falschgeld *n*, **b)** vorgetäuscht **II** *s* **2.** Fälschung *f* **III** *v/t* **3.** Geld, Unterschrift etc fälschen **4.** vortäuschen, simulieren

'coun·ter·foil *s bes Br* (Kontroll)Abschnitt *m*

'coun·ter·in,tel·li·gence *s* Spionageabwehr(dienst *m*) *f*

coun·ter·mand [,kaʊntə'mɑːnd] **I** *v/t* **1.** Befehl etc widerrufen, rückgängig machen, WIRTSCH *Auftrag* stornieren: *un-til ~ed* bis auf Widerruf **2.** *Ware* abbestellen **II** *s* **3.** Widerrufung *f*, WIRTSCH Stornierung *f*

'coun·ter,meas·ure *s* Gegenmaßnahme *f*

'coun·ter·move *s* Gegenzug *m*

'coun·ter·of,fen·sive *s* MIL Gegenoffensive *f*

'coun·ter·of·fer *s* Gegenangebot *n*

'coun·ter·or·der *s bes* MIL Gegenbefehl *m*

'coun·ter·pane *s* Tagesdecke *f*

'coun·ter·part *s* **1.** Gegenstück *n* (*to* zu) **2.** Pendant *n*, genaue Entsprechung *f*, Ebenbild *n* (*Person*)

'coun·ter·point *s* MUS Kontrapunkt *m*

'coun·ter·poise *s* Gegengewicht *n* (*to* zu) (*a. fig*)

,coun·ter·pro'duc·tive *Adj* kontraproduktiv: *be* ~ nicht zum gewünschten Ziel führen, das Gegenteil bewirken

'coun·ter·pro,pos·al *s* Gegenvorschlag *m*

'coun·ter·rev·o,lu·tion *s* POL Konter-, Gegenrevolution *f*

'coun·ter·sign *v/t* gegenzeichnen

'coun·ter·weight *s* Gegengewicht *n* (*to* zu) (*a. fig*)

count·ess ['kaʊntɪs] *s* Gräfin *f*

count·less ['kaʊntlɪs] *Adj* unzählig

▸ coun·try ['kʌntrɪ] **I** *s* **1.** Gegend *f*, Landschaft *f*: *flat* ~ Flachland *n* **2.** Land *n*, Staat *m*: *in this* ~ hierzulande; ~ *of birth* Geburtsland **3.** Land *n* (*Ggs.*

Stadt): *in the* ~ auf dem Lande **II** *Adj* **4.** ländlich, Land... **~ home**, **~ house** *s* **1.** Landhaus *n* **2.** Landsitz *m* **~·man** ['~mən] *s* (*unreg man*) **1.** Landsmann *m* **2.** Landbewohner *m*; Bauer *m* **~ mu·sic** *s* Countrymusic *f*, (ländliches) **~ road** *s* Landstraße *f* **~ seat** *s* Landsitz *m* **'~·side** *s* **1.** Landstrich *m*, (ländliche) Gegend **2.** Landschaft *f*, **,~·wide** *Adj* landesweit **'~,wom·an** *s* (*unreg woman*) **1.** Landsmännin *f* **2.** Landbewohnerin *f*; Bäuerin *f*

coun·ty ['kaʊntɪ] *s* **1.** *Br* Grafschaft *f* **2.** *Am* (Land)Kreis *m* (*einzelstaatlicher Verwaltungsbezirk*)

coup [kuː] *s* **1.** Coup *m*: *make* (*od pull off*) *a* ~ e-n Coup landen **2.** Staatsstreich *m*, Putsch *m* ~ **d'é·tat** [,kuːder'tɑː] *Pl* **coups d'é·tat** [,kuːz-] → **coup** 2

cou·pé ['kuːpeɪ] *s* MOT Coupé *n*, Kupee *n*

▸ cou·ple ['kʌpl] **I** *s* **1.** Paar *n*: *a* ~ *of* zwei; F ein paar; *in* ~**s** paarweise **2.** (*Ehe-, Liebes- etc*)Paar *n* **II** *v/t* **3.** (zs.-)koppeln, verbinden (*a. fig* mit) **4.** ELEK koppeln: ~ *back* rückkoppeln

cou·pon ['kuːpɒn] *s* **1.** Gutschein *m*, Bon *m*; Berechtigungsschein *m* **2.** Kupon *m*, Bestellzettel *m* (*in Zeitungsinseraten etc*) **3.** *Br* Tippzettel *m* (*Fußballtoto*)

▸ cour·age ['kʌrɪdʒ] *s* Mut *m*, Tapferkeit *f*: *lose* ~ den Mut verlieren; *pluck up* ~ Mut *od* sich ein Herz fassen cou·ra·geous [kə'reɪdʒəs] *Adj* mutig, tapfer

cour·gette [,kɔː'ʒet] *s* BOT *Br* Zucchini *f*

cou·ri·er ['kʊrɪə] *s* **1.** Eilbote *m*, -botin *f*, (*a. diplomatischer*) Kurier **2.** Reiseleiter(in)

▸ course [kɔːs] *s* **1.** FLUG, SCHIFF Kurs *m* (*a. fig*): *change one's course* s-n Kurs ändern; *course correction* Kurskorrektur *f* **2.** SPORT (*Renn*)Bahn *f*, (-)Strecke *f*, (*Golf*)Platz *m* **3.** (*zeitlicher, natürlicher*) (Ver)Lauf *m*: *in the course of* im (Ver)Lauf (*Gen*); *in the course of time* im Laufe der Zeit; ▸ *of course* natürlich, selbstverständlich; *the course of events* der Gang der Ereignisse, der Lauf der Dinge; *take* (*od run*) *its course* s-n Lauf nehmen; →

due 6, *matter* 3 **4.** Gang *m* (*Speisen*): *a four-course meal* e-e Mahlzeit mit 4 Gängen **5.** Zyklus *m*, Reihe *f*: *course of lectures* Vortragsreihe **6.** Kurs *m*, Lehrgang *m*: *English course* Englischkurs; *course of study* UNI Kurs; Lehrplan *m*

► **court** [kɔːt] **I** *s* **1.** Hof *m*: *in the ~* auf dem Hof **2.** SPORT (*Tennis- etc*)Platz *m*; (Spiel)Feld *n* **3.** (*fürstlicher etc*) Hof: *at ~* bei Hofe **4.** *pay* (*one's ~*) *to a*) → 6, b) *j-m* s-e Aufwartung machen **5.** JUR Gericht *n*: *in ~* vor Gericht; *bring into ~* vor Gericht bringen; *come to ~* vor Gericht *od* zur Verhandlung kommen; *go to ~* vor Gericht gehen; *out of ~* außergerichtlich; → *arbitration* II *v/t* **6.** *e-r Dame* den Hof machen **7.** *~ death* mit s-m Leben spielen; *~ disaster* das Schicksal herausfordern **III** *v/i* **8.** miteinander gehen: *~ing couple* Liebespaar *n* ⟹ *card* s Kartenspiel: Bild(karte *f*) *n*

cour·te·ous [ˈkɜːtjəs] *Adj* höflich, liebenswürdig

cour·te·sy [ˈkɜːtɪsɪ] *s* **1.** Höflichkeit *f*, Liebenswürdigkeit *f*: *~ light* MOT Innenbeleuchtung *f*. *~ visit* Höflichkeits-, Anstandsbesuch *m* **2.** Gefälligkeit *f*: *by ~ of* mit freundlicher Genehmigung von (*od Gen*); *~ coach* (*bes Am bus*) Zubringerbus *m*

'**court|·house** *s* Gerichtsgebäude *n* ⟹ **mar·tial** *Pl* **court mar·tials**, **courts mar·tial** *s* Kriegsgericht *n* ',**~·ˈmar·tial** *v/t* *Prät u. Part Perf* **-ˈmar·tialed**, *bes Br* **-ˈmar·tialled** vor ein Kriegsgericht stellen ⟹ **or·der** *s* JUR Gerichtsbeschluss *m*, richterliche Verfügung '**~·room** *s* Gerichtssaal *m* '**~·yard** → *court* 1

► **cous·in** [ˈkʌzn] *s* Cousin *m*, Vetter *m*; Cousine *f*

► **cov·er** [ˈkʌvə] **I** *s* **1.** (*weit. S. a. Schnee-, Wolken- etc*)Decke *f* **2.** Deckel *m* **3.** (*Buch*)Deckel *m*, Einband *m*; Umschlag-, Titelseite *f*; (*Schutz*)Umschlag *m*: *from ~ to ~* von der ersten bis zur letzten Seite **4.** Hülle *f*, Futteral *n* **5.** Überzug *m*, Bezug *m* **6.** Abdeck-, TECH Schutzhaube *f* **7.** Briefumschlag *m*: *under separate ~* mit getrennter Post; *under plain ~* in neutralem Umschlag **8.** MIL *u. allg* Deckung *f* (*from* vor *Dat*):

take *~* in Deckung gehen **9.** Schutz *m* (*from* vor *Dat*): *get under ~* sich unterstellen; *under* (*the*) *~ of night* im Schutze der Nacht **10.** *fig* Tarnung *f*: *under ~ of* unter dem Deckmantel (*Gen*) **11.** Gedeck *n* (*bei Tisch*) **12.** WIRTSCH a) Deckung *f*, Sicherheit *f*, b) → *coverage* **2 II** *v/t* **13.** be-, zudecken (*with* mit), Dach decken: *~ed with* voll von; *~ed court* (*Sport*) Hallenplatz *m* **14.** *Fläche* bedecken, sich über *e-e Fläche, a. e-n Zeitraum* erstrecken **15.** *Seite etc* voll schreiben **16.** einwickeln, -schlagen (*in, with* in *Akk*) **17.** verbergen (*a. fig*): *~* (*up*) *fig* verheimlichen, -tuschen **18.** decken, schützen (*from, against* vor *Dat*, -gen) (*beide a.* MIL *u. fig*): *~ o.s. fig* sich absichern **19.** WIRTSCH *ab*)decken; versichern **20.** *Thema* erschöpfend behandeln **21.** PRESSE, RUNDFUNK *etc*: berichten über (*Akk*) **22.** *Strecke* zurücklegen **23.** SPORT *Gegenspieler* decken **24.** *j-n* beschatten **25.** ZOOL decken

cov·er·age [ˈkʌvərɪdʒ] *s* **1.** erschöpfende Behandlung (*e-s Themas*) **2.** WIRTSCH Versicherungsschutz *m*, (Schaden)Deckung *f* **3.** PRESSE, RUNDFUNK *etc*: Berichterstattung *f* (*of* über *Akk*)

cov·er|·charge *s* pro Gedeck berechneter Betrag ⟹ **girl** *s* Covergirl *n*, Titelblattmädchen *n*

cov·er·ing [ˈkʌvərɪŋ] *s* **1.** → *cover* 4 **2.** (*Fußboden*)Belag *m* ⟹ **let·ter** *s* Begleitbrief *m*, -schreiben *n*

cov·er|·note *s* Versicherungsdoppelkarte *f*; Deckungszusage *f* ⟹ **sto·ry** *s* Titelgeschichte *f*

cov·ert [ˈkʌvət] *Adj* heimlich, verborgen

'**cov·er-up** *s* Vertuschung *f* (*for Gen*)

cov·et·ous [ˈkʌvɪtəs] *Adj* begehrlich

► **cow** [kaʊ] *s* Kuh *f* (*a. fig pej*): *till the ~s come home* bis in alle Ewigkeit

► **cow·ard** [ˈkaʊəd] *s* Feigling *m* **cow·ard·ice** [ˈ~dɪs] *s* Feigheit *f* '**cow·ard·ly** *Adj* feig

'**cow·boy** *s* Cowboy *m*

cow·er [ˈkaʊə] *v/i* **1.** kauern, (zs.-gekauert) hocken **2.** *a. ~ down* sich ducken

'**cow|·girl** *s* Cowgirl *n* ⟹ **hide** *s* **1.** Kuhhaut *f* **2.** Rind(s)leder *n*

cowl [kaʊl] *s* **1.** Mönchskutte *f* **2.** Kapuze

f **3.** Schornsteinkappe f

'**cow**|·**pat** s Kuhfladen m '**~·pox** s MED Kuh-, Impfpocken Pl '**~·shed** s Kuhstall m '**~·skin** → **cowhide**

cox [kɒks] → **coxswain** **~·swain** → **coxswain**

['kɒksn] **I** s **1.** Rudern: Steuermann m **2.** Boot(s)führer(in) **II** v/t u. v/i **3.** steuern

coy [kɔɪ] Adj **1.** schüchtern, scheu **2.** neckisch-verschämt

co·zi·ness, **co·zy** Am → **cosiness**, **cosy**

CPU [ˌsiːpiːˈjuː] Abk (= **central processing unit**) Zentraleinheit f

crab[1] [kræb] s **1.** ZOOL Krabbe f; Taschenkrebs m: **catch a ~** (Rudern) e-n Krebs fangen **2.** TECH Winde f; Laufkatze f **3.** → **crab louse**

crab[2] [-] F **I** s **1.** Nörgler(in); Nörgelei f **II** v/i **2.** nörgeln **III** v/t **3.** (herum)nörgeln an (Dat) **4.** Am verpatzen

crab·bed ['kræbɪd] Adj **1.** mürrisch, verdrießlich **2.** verworren, unklar **3.** unleserlich '**crab·by** → **crabbed** 1

crab louse s (unreg **louse**) ZOOL Filzlaus f

▸ **crack** [kræk] **I** s **1.** Krach m, Knall m: **at the ~ of dawn** im Morgengrauen, in aller Frühe; **in a ~** F im Nu; **give s.o. a fair ~ of the whip** F j-m e-e faire Chance geben **2.** F (heftiger) Schlag **3.** Sprung m, Riss m **4.** Spalt(e f) m, Ritze f: **be open a ~** e-n Spalt(breit) offen stehen **5.** F Knacks m (geistiger Defekt) **6.** sl Versuch m: **have a ~ at s.th.**, **give s.th. a ~** es (einmal) mit etw versuchen **7.** sl a) Witz m: **make ~s about** Witze machen über (Akk), b) Seitenhieb m, Stichelei f **8.** Br F Crack m, Ass n (bes Sportler) **9.** (Rauschgift) Crack n **II** Adj **10.** F erstklassig, großartig: **~ shot** Meisterschütze m, -schützin f **III** v/i **11.** krachen, knallen **12.** (zer)springen, (-)platzen, rissig werden, e-n Sprung od Sprünge bekommen **13.** überschnappen (Stimme) **14.** fig (F **~ up**) zs.-brechen **15.** get **~ing** F loslegen **16. ~ down on** F scharf vorgehen gegen, durchgreifen bei **IV** v/t **17.** knallen mit (Peitsche), knacken mit (Fingern): → **joke** 1 **18.** zerbrechen, Ei aufschlagen, e-r Flasche den Hals brechen **19.** e-n Sprung machen in (Dat); sich e-e Rippe etc anbrechen **20.** F a) schla-

gen, hauen: **~ s.o. over the head** j-m eins auf den Kopf geben, b) ein-, zerschlagen **21.** Nuss, F Code, Safe etc knacken **22. ~ up** F hochjubeln '**~·brained** Adj F verrückt '**~·down** s F (on) scharfes Vorgehen (gegen), Durchgreifen n (bei)

cracked [krækt] Adj **1.** gesprungen, rissig: **be ~** e-n Sprung haben **2.** F verrückt

crack·er ['krækə] s **1.** Cracker m, Kräcker m: a) ungesüßtes, keksartiges Kleingebäck, b) Schwärmer m, Frosch m (Feuerwerkskörper), c) Knallbonbon m, n **2.** Pl Nussknacker m **crack-·ers** ['~əz] Adj Br F übergeschnappt: **go ~** überschnappen

crack·le ['krækl] **I** v/i knistern, prasseln, knattern **II** s Knistern n, Prasseln n, Knattern n

'**crack**|·**pot** F **I** s Verrückte m, f, Spinner(in) **II** Adj verrückt '**~·up** s fig F Zs.-bruch m

cra·dle ['kreɪdl] **I** s **1.** Wiege f (a. fig): **from the ~ to the grave** von der Wiege bis zur Bahre; **from the ~** von Kindheit od von Kindesbeinen an **2.** TEL Gabel f **II** v/t **3.** wiegen, schaukeln **4.** (zärtlich) halten **5.** TEL Hörer auflegen

craft [krɑːft] s **1.** (Hand- od Kunst)Fertigkeit f, Geschicklichkeit f → **art** 2 **2.** Gewerbe n, Beruf m, Handwerk n **3.** → **craftiness 4.** Boot(e Pl) n, Schiff(e Pl) n; Flugzeug(e Pl) n '**craft·i·ness** s Schlauheit f, List f

crafts·man ['krɑːftsmən] s (unreg **man**), **crafts·wom·an** s (unreg **woman**) Handwerker(in) '**crafts·man·ship** s Kunstfertigkeit f, handwerkliches Können

craft·y ['krɑːftɪ] Adj schlau, verschlagen, listig

crag [kræg] s Felsenspitze f, Klippe f **crag·ged** ['krægɪd] Adj Am, '**crag·gy** Adj **1.** felsig, schroff **2.** runz(e)lig, zerfurcht (Gesicht); knorrig, rau (Person)

cram [kræm] **I** v/t **1.** voll stopfen, a. fig voll packen (with mit) **2.** (hinein)stopfen, (-)zwängen (into in Akk) **3.** F a) mit j-m pauken od büffeln, b) mst **~ up** Fach pauken, büffeln **II** v/i **4.** sich voll stopfen **5.** F pauken, büffeln (for für): **~ up on** → 3b **III** s **6.** F Pauken n, Büffeln n: **~ course** Paukkurs m

~·'full Adj voll gestopft (of mit), zum Bersten voll

cram·mer [ˈkræmə] s F **1.** Paukstudio n **2.** Einpauker(in) **3.** Paukbuch n **4.** j-d, der für e-e Prüfung paukt

cramp¹ [kræmp] s MED Krampf m

cramp² [-] F I s **1.** TECH Krampe f, Klammer f **II** v/t **2.** TECH ankrampen, anklammern **3.** a. ~ up einzwängen, -engen: **be ~ed for space** (od **room**) (zu) wenig Platz haben, räumlich beschränkt sein

cran·ber·ry [ˈkrænbəri] s BOT Preiselbeere f

crane [kreɪn] I s **1.** ORN Kranich m **2.** TECH Kran m **II** v/t **3.** ~ **one's neck** sich den Hals verrenken (**for** nach), e-n langen Hals machen, den Hals recken **III** v/i **4.** a. ~ **forward** den Hals recken ~ **driv·er** s Kranführer(in)

crank [kræŋk] I s **1.** TECH Kurbel f **2.** F wunderlicher Kauz, Spinner m; Am Miesepeter m **3.** F fixe Idee, Marotte f **II** v/t **4.** oft ~ up ankurbeln '**~·shaft** s TECH Kurbelwelle f

crank·y [ˈkræŋkɪ] Adj F **1.** verschroben, wunderlich **2.** Am reizbar, schlecht gelaunt **3.** wack(e)lig, unsicher, baufällig

cran·ny [ˈkrænɪ] s Riss m, Ritze f, Spalt m: → **nook**

crape [kreɪp] s **1.** Krepp m **2.** Trauerflor m

▸ **crash** [kræʃ] I v/t **1.** zertrümmern, -schmettern **2.** F uneingeladen kommen zu, hineinplatzen in (Akk): ~ **a party**; ~ **the gate → gate-crash II** v/i **3.** (krachend) zerbersten **4.** krachend einstürzen, zs.-krachen **5.** bes WIRTSCH zs.-brechen **6.** krachen (**against, into** gegen): ~ **open** krachend auffliegen (Tür) **7.** stürmen, platzen: ~ **in(to the room)** hereinplatzen **8.** MOT zs.-stoßen, verunglücken; FLUG u. COMPUTER abstürzen **III** s **9.** Krach(en n) m **10.** bes WIRTSCH Zs.-bruch m, (Börsen)Krach m **11.** MOT Unfall m, Zs.-stoß m; FLUG u. COMPUTER Absturz m **~·bar·ri·er** s Br Leitplanke f **~·course** s Schnell-, Intensivkurs m **~·di·et** s radikale Schlankheitskur

▸ **crash hel·met** [ˈkræʃˌhelmɪt] s Sturzhelm m

crash·ing [ˈkræʃɪŋ] Adj F fürchterlich

'**crash|-land** v/i FLUG Bruch od e-e Bruchlandung machen, bruchlanden ~ **land·ing** s FLUG Bruchlandung f ~ **pro·gram(me)** s Sofortprogramm n ~ **test** s MOT Crashtest m

crass [kræs] Adj **1.** grob, krass (Fehler etc) **2.** derb, unfein (Benehmen etc)

crate [kreɪt] s **1.** (Latten)Kiste f **2.** (Bier etc)Kasten m **3.** sl Kiste f (Auto, Flugzeug)

cra·ter [ˈkreɪtə] s **1.** GEOL Krater m: ~ **lake** Kratersee m **2.** (Bomben-, Granat)Trichter m

cra·vat [krəˈvæt] s Halstuch n

crave [kreɪv] I v/t **1.** etw ersehnen **2.** (inständig) bitten od flehen um **II** v/i **3.** sich sehnen (**for, after** nach) **4.** ~ **for** → **2** '**crav·ing** s Sehnsucht f (**for** nach)

crawl [krɔːl] I v/i **1.** kriechen: a) krabbeln, b) fig sich dahinschleppen (Zeit etc), c) im Schneckentempo gehen od fahren, d) F unterwürfig sein: ~ **to s.o.** vor j-m kriechen **2.** wimmeln (**with** von) **3.** kribbeln: **the sight made her flesh ~** bei dem Anblick bekam sie e-e Gänsehaut **4.** Schwimmen: kraulen **II** s **5.** Kriechen n: **go at a ~** → **1c 6.** Schwimmen: Kraul(en) n, Kraulstil m '**crawl·er** s **1.** Kriechtier n **2.** Br F Kriecher(in) **3.** Schwimmen: Krauler(in)

cray·fish [ˈkreɪfɪʃ] s ZOOL **1.** Flusskrebs m **2.** Languste f

cray·on [ˈkreɪən] I s **1.** Zeichenkreide f **2.** Zeichen-, Bunt-, Pastellstift m: **blue ~** Blaustift **3.** Kreide-, Pastellzeichnung f **II** v/t **4.** mit Kreide etc zeichnen

craze [kreɪz] s Manie f, Verrücktheit f: **be the ~** große Mode sein; **the latest ~** der letzte Schrei '**cra·zi·ness** s Verrücktheit f '**cra·zy** Adj **1.** a. fig verrückt, wahnsinnig (**with** vor Dat): **drive s.o. ~** j-n wahnsinnig machen; **~ bone** Am Musikantenknochen m **2.** F (**about**) hingerissen (von), vernarrt in (Akk); versessen, scharf (auf Akk), wild, verrückt (nach): **be ~ to do s.th.** darauf versessen sein, etw zu tun

creak [kriːk] I v/i knarren (Treppe etc), quietschen (Bremsen etc) **II** s Knarren n, Quietschen n '**creak·y** Adj knarrend, quietschend

▸ **cream** [kriːm] I s **1.** Rahm m, Sahne f, österr. Obers n: **whipped ~** Schlagsahne f, österr. Schlagobers n **2.** Creme(speise) f **3.** (Haut-, Schuh- etc)

Creme *f* **4.** *fig* Creme *f*, Auslese *f*, Elite *f* **II** *v/t* **5.** den Rahm abschöpfen von (*a. fig*) **6.** zu Schaum schlagen; schaumig rühren **7.** sich *das Gesicht etc* eincremen: **~ one's face III** *Adj* **8.** cremefarben) **~ cheese** *s* Rahm-, Vollfettkäse *m* '**~-col-o(u)red** → **cream** 8 **~ puff** *s* Windbeutel *m*

crease [kri:s] **I** *s* **1.** Falte *f* **2.** Bügelfalte *f* **3.** Knick *m*, *a.* Eselsohr *n* **II** *v/t* **4.** falten, knicken **5.** Falten bügeln in (*e-e Hose*) **6.** zerknittern **III** *v/i* **7.** knittern '**~-proof**, '**~-re,sist-ant** *Adj* knitterfrei

▶ **cre-ate** [kri:'eɪt] *v/t* **1.** (er)schaffen **2.** ins Leben rufen, *Arbeitsplätze* schaffen; hervorrufen, verursachen **3.** THEAT *etc*, *Mode*: kreieren **4.** *j-n* machen *od* ernennen zu

cre-a-tine ['kri:əti:n] *s* MED Kreatin *n*

cre-a'tion *s* **1.** (Er)Schaffung *f* **2.** Hervorrufung *f*, Verursachung *f* **3. the** ♀ REL die Schöpfung **4.** THEAT *etc*, *Mode*: Kreierung *f* **5.** Schöpfung *f* (*Mode a.*) Kreation *f* **6.** Ernennung *f* **cre-a-tive** *Adj* schöpferisch, kreativ **cre-a-tor** *s* Schöpfer(in), Urheber(in): **the** ♀ REL der Schöpfer

crea-ture ['kri:tʃə] *s* **1.** Geschöpf *n*, (Lebe)Wesen *n*, Kreatur *f*: **dumb ~** stumme Kreatur; **good ~** gute Haut; **lovely ~** süßes Geschöpf; **poor** (**silly**) **~** armes (dummes) Ding; **~ of habit** Gewohnheitstier *n* **2.** Produkt *n*: **~ of the imagination** Fantasieprodukt **~ comforts** *s Pl* leibliches Wohl

crèche [kreɪʃ] *s* **1.** (Kinder)Krippe *f* **2.** *Am* (Weihnachts)Krippe *f*

cre-dence ['kri:dəns] *s*: **give** (*od* **attach**) **~ to** Glauben schenken (*Dat*)

cre-den-tials [krɪ'denʃlz] *s Pl* **1.** Beglaubigungs- *od* Empfehlungsschreiben *n* **2.** (Leumunds)Zeugnis *n* **3.** Ausweis (papiere *Pl*) *m*

cred-i-bil-i-ty [ˌkredə'bɪlətɪ] *s* Glaubwürdigkeit *f* '**cred-i-ble** *Adj* glaubwürdig

▶ **cred-it** ['kredɪt] **I** *s* **1.** Glaube(n) *m*: **give ~ to** Glauben schenken (*Dat*) **2.** Ansehen *n*, Achtung *f* **3.** Ehre *f*: **be a ~ to s.o.**, **be to s.o.'s ~**, **do s.o. ~** j-m Ehre machen *od* gereichen; **to his ~ it must be said** zu s-r Ehre muss man sagen; **~ where ~ is due** Ehre, wem Ehre gebührt **4.** Anerkennung *f*,

Lob *n*: **get ~ for** Anerkennung finden für; **that's very much to his ~** das ist sehr anerkennenswert *od* verdienstvoll von ihm **5.** Verdienst *n*: **give s.o. (the) ~ for** j-n *etw* hoch anrechnen; j-m *etw* zutrauen; j-m *etw* zuschreiben **6.** WIRTSCH Kredit *m*: **on ~** auf Kredit; **give s.o. ~ for £ 1,000** j-m e-n Kredit von 1000 Pfund geben; **~ card** Kreditkarte *f* **7.** WIRTSCH Guthaben *n*, Kredit(seite *f*) *m*, Haben *n*: **your ~** Saldo zu Ihren Gunsten; **enter** (*od* **place**, **put**) **a sum to s.o.'s ~** j-m e-n Betrag gutschreiben; **~ note** Gutschrift *f* **II** *v/t* **8.** Glauben schenken (*Dat*), glauben (*Dat*) **9. ~ s.o. with** j-m *etw* zutrauen; j-m *etw* zuschreiben **10.** WIRTSCH *Betrag* zuschreiben (**to s.o.** j-m) '**cred-it-a-ble** *Adj* (**to**) anerkennenswert (von) '**cred-i-tor** *s* WIRTSCH Gläubiger(in)

'**cred-it,wor-thy** *Adj* WIRTSCH kreditwürdig

cre-du-li-ty [krɪ'dju:lətɪ] *s* Leichtgläubigkeit *f* **cred-u-lous** ['kredjʊləs] *Adj* leichtgläubig

creed [kri:d] *s* **1.** REL Glaubensbekenntnis *n*; Glaube *m*, Konfession *f* **2.** *fig* Überzeugung *f*, Weltanschauung *f*

creek [kri:k] *s* **1.** *Am* Bach *m* **2.** *bes Br* kleine Bucht **3. be up the ~** (**without a paddle**) F in der Klemme sein *od* sitzen *od* stecken

▶ **creep** [kri:p] **I** *v/i* (*unreg*) **1.** kriechen: **a**) krabbeln, **b**) *fig* sich dahinschleppen (*Zeit etc*), **c**) im Schneckentempo gehen *od* fahren, **d**) unterwürfig sein **2.** schleichen: **~ in** (sich) hinein- *od* hereinschleichen; *fig* sich einschleichen (*Fehler etc*) **3.** kribbeln: **the sight made her flesh ~** bei dem Anblick bekam sie e-e Gänsehaut **II** *s* **4.** Kriechen *n*, Schleichen *n* **5. the sight gave her the ~s** F bei dem Anblick bekam sie e-e Gänsehaut **6.** F Kriecher(in) '**creep-er** *s* **1.** Kriechtier *n* **2.** Kriech- *od* Kletterpflanze *f* **~ lane** *s* MOT *Am* Kriechstreifen *m*, Kriechspur *f* '**creep-ing** *Adj* kriechend: **~ inflation** WIRTSCH schleichende Inflation '**creep-y** *Adj* grus(e)lig

cre-mate [krɪ'meɪt] *v/t bes Leichen* verbrennen, einäschern **cre'ma-tion** *s* Verbrennung *f*, Einäscherung *f*, Feuerbe-

stattung f **crem·a·to·ri·um** [ˌkremə-ˈtɔːrɪəm] Pl **-ums, -a** [-ə], bes Am **cre·ma·to·ry** [ˈ-təri] s Krematorium n

crept [krept] Prät u. Part Perf von **creep**

cres·cent [ˈkresnt] s Halbmond m, Mondsichel f

cress [kres] s BOT Kresse f

crest [krest] s **1.** ORN Büschel n, Haube f; Kamm m **2.** ZOOL Mähne f **3.** Bergrücken m, Kamm m **4.** (Wellen)Kamm m: **be riding** (along) **on the ~ of a wave** fig im Augenblick ganz oben schwimmen **5.** fig Gipfel m, Scheitelpunkt m '**~·fall·en** Adj fig niedergeschlagen, geknickt

Crete [kriːt] Eigenn Kreta n

Creutz·feldt-Ja·kob dis·ease [ˈkrɔɪtsfeldˈjækəb ˌ-] s MED Creutzfeldt-Jakob-Krankheit f

cre·vasse [krɪˈvæs] s **1.** tiefer Spalt m od Riss m **2.** Gletscherspalte f

crev·ice [ˈkrevɪs] s Riss m, Spalt m, (Fels)Spalte f

crew¹ [kruː] s **1.** (Arbeits)Gruppe f, (Bau- etc)Trupp m, (Arbeiter)Kolonne f **2.** TECH (Bedienungs)Mannschaft f **3.** FLUG, SCHIFF Besatzung f; SCHIFF eng. S. Mannschaft f (a. Sport)

crew² [-] Prät von **crow²**

crew cut s Bürstenschnitt m **~ neck** s runder Ausschnitt m '**~·neck** Adj mit rundem Ausschnitt

crib [krɪb] **I** s **1.** Kinderbettchen n **2.** (Futter)Krippe f **3.** bes Br (Weihnachts)Krippe f **4.** F kleiner Diebstahl; Anleihe f, Plagiat n **5.** PÄD Eselsbrücke f, Klatsche f; Spickzettel m **II** v/t u. v/i F klauen (a. fig plagiieren) **7.** PÄD F abschreiben, spicken (off, from von)

crick [krɪk] s: **a ~ in one's neck** ein steifer Hals

crick·et¹ [ˈkrɪkɪt] s ZOOL Grille f

crick·et² [-] (Sport) **I** s Kricket n: **not ~** F nicht fair **II** v/i Kricket spielen '**crick·et·er** s Kricketspieler(in)

▸ **crime** [kraɪm] s **1.** Verbrechen n, Koll a. Pl: **~ prevention** Verbrechensverhütung f; **~ syndicate** Verbrechersyndikat n; **~ wave** Welle f von Verbrechen **2.** → **criminality 3.** F Verbrechen n; Jammer m, Zumutung f

▸ **crim·i·nal** [ˈkrɪmɪnl] **I** Adj **1.** kriminell, verbrecherisch (beide a. fig F): **~ act** Straftat f, strafbare Handlung; **~ asso-**

ciation kriminelle Vereinigung; → **record¹** 2 **2.** strafrechtlich, Straf…, Kriminal…: **~ code** Strafgesetzbuch n; **~ law** Strafrecht n; **~ proceedings** Pl Strafprozess m, -verfahren n **II** s **3.** Verbrecher(in), Kriminelle m, f **crim·i·nal·i·ty** [ˌ-ˈnælətɪ] s Kriminalität f, Verbrechertum n **crim·i·nol·o·gy** [ˌ-ˈnɒlədʒɪ] s Kriminologie f

crimp [krɪmp] v/t **1.** kräuseln **2.** falteln, fälteln **3.** Haar wellen, locken

crim·son [ˈkrɪmzn] Adj **1.** karmin-, karmesinrot, purpur(rot) **2.** puterrot (from vor Dat)

cringe [krɪndʒ] v/i **1.** sich ducken od (zs.-)krümmen: **~ at** zurückschrecken vor (Dat) **2.** fig kriechen, katzbuckeln (to vor Dat) '**cring·ing** Adj kriecherisch, unterwürfig

crin·kle [ˈkrɪŋkl] **I** v/i **1.** Falten werfen **2.** knittern **3.** rascheln, knistern **II** v/t **4.** zerknittern **III** s **5.** Falte f, (im Gesicht) Fältchen n

crip·ple [ˈkrɪpl] **I** s Krüppel m (a. fig) **II** v/t zum Krüppel machen; lähmen, fig a. lahm legen

▸ **cri·sis** [ˈkraɪsɪs] Pl **-ses** [ˈ-siːz] s Krise f (a. THEAT, MED): **economic ~** Wirtschaftskrise; **~ of confidence** Vertrauenskrise

crisp [krɪsp] **I** Adj **1.** knusp(e)rig (Gebäck etc) **2.** kraus (Haar) **3.** frisch, knackig, fest (Gemüse) **4.** forsch, schneidig (Benehmen etc) **5.** klar (Stil etc) **6.** scharf, frisch (Luft etc) **II** s **7.** Pl des Br (Kartoffel)Chips Pl **III** v/t **8.** knusp(e)rig backen od braten **IV** v/i **9.** knusp(e)rig werden '**~·bread** s Knäckebrot n

criss·cross [ˈkrɪskrɒs] **I** Adj kreuzweise, Kreuz… **II** Adv kreuzweise, kreuz u. quer **III** s Gewirr n **IV** v/t kreuz u. quer ziehen durch **V** v/i kreuz u. quer (ver)laufen

cri·te·ri·on [kraɪˈtɪərɪən] Pl **-ria** [-ə] s Kriterium n: a) Maßstab m, b) (Unterscheidungs)Merkmal n

▸ **crit·ic** [ˈkrɪtɪk] s Kritiker(in): a) Beurteiler(in), b) Rezensent(in), c) Krittler(in) **crit·i·cal** [-kl] Adj kritisch: a) anspruchsvoll, b) missbilligend, tadelnd (of Akk): **be ~ of** etw auszusetzen haben an (Dat), kritisch gegenüberstehen (Dat), kritisieren (Akk),

c) entscheidend (*Augenblick etc*), **d)** gefährlich, bedenklich (*Situation etc*): *he is in (a) ~ condition* MED sein Zustand ist kritisch

▶ **crit·i·cism** ['krɪtɪ‚sɪzəm] *s* Kritik *f*: **a)** kritische Beurteilung, **b)** Tadel *m*, Vorwurf *m*: *open to ~* anfechtbar; *above ~* über jede Kritik *od* jeden Tadel erhaben, **c)** → *critique* a

▶ **crit·i·cize** ['krɪtɪsaɪz] *v/t* kritisieren: **a)** kritisch beurteilen, **b)** Kritik üben an (*Dat*), bekritteln, tadeln: *~ s.o. for doing s.th.* j-n kritisieren, weil er etw getan hat, **c)** besprechen, rezensieren

cri·tique [krɪˈtiːk] *s* Kritik *f*

croak [krəʊk] **I** *v/i* **1.** quaken (*Frosch*); krächzen (*Rabe etc, a. Mensch*) **2.** *sl* abkratzen **II** *s* **3.** Quaken *n*; Krächzen *n*

Croat ['krəʊæt] *s* **1.** Kroate *m*, Kroatin *f* **2.** LING Kroatisch *n*

Croa·tia [krəʊˈeɪʃə] *Eigenn* Kroatien *n*

Croa·tian [krəʊˈeɪʃən] *Adj* kroatisch

cro·chet ['krəʊʃeɪ] **I** *s a.* **~ work** Häkelarbeit *f*, Häkelei *f*: *~ hook* Häkelnadel *f* **II** *v/t u. v/i* häkeln

crock [krɒk] *s* irdener Topf *od* Krug

crock·er·y ['krɒkərɪ] *s bes Br* Geschirr *n*

croc·o·dile ['krɒkədaɪl] *s* ZOOL Krokodil *n ▪* **tears** *s Pl* Krokodilstränen *Pl*

cro·cus ['krəʊkəs] *s* BOT Krokus *m*

crook [krʊk] *s* **1.** Haken *m* **2.** Krümmung *f*, Biegung *f*: *~ of one's arm* Armbeuge *f* **3.** F Gauner(in), Gaunerei *f* **II** *v/t u. v/i* **4.** (sich) krümmen *od* biegen **crook·ed** [-ɪd] *Adj* **1.** gekrümmt, gebogen, krumm **2.** F betrügerisch

croon [kruːn] *v/t u. v/i* **1.** schmachtend singen **2.** leise singen *od* summen

'croon·er *s* Schnulzensänger(in)

▶ **crop** [krɒp] **I** *s* **1.** Ernte *f*: *~ failure* Missernte **2.** *fig* Ertrag *m*, Ausbeute *f* (*of* an *Dat*); große Menge, Masse *f* **3.** kurzer Haarschnitt; kurz geschnittenes Haar **II** *v/t* **4.** stutzen, beschneiden **5.** *Haar* kurz scheren **III** *v/i* **6.** *mst ~ up* (*od out*) *fig* plötzlich auftauchen *od* eintreten **'crop·per** *s* F **1.** schwerer Sturz: *come a ~* schwer stürzen **2.** Misserfolg *m*, Fehlschlag *m*: *come a ~* Schiffbruch erleiden

crop top *s* bauchfreies Shirt (*od* Top)

cro·quet ['krəʊkeɪ] *s* SPORT Krocket *n*

▶ **cross** [krɒs] **I** *s* **1.** REL Kreuz *n*: *the ♀*

das Kreuz (Christi), das Kruzifix **2.** Kreuz(zeichen) *n*: *make the sign of the ~* sich bekreuzigen; *mark with a ~* ankreuzen **3.** *fig* Kreuz *n*, Leiden *n*: *bear* (*od carry*) *one's ~* sein Kreuz tragen **4.** Querstrich *m* **5.** BIOL Kreuzung(sprodukt *n*) *f* **6.** *fig* Mittel-, Zwischending *n* **II** *v/t* **7.** das Kreuzzeichen machen auf (*Akk*) *od* über (*Dat*): *~ o.s.* sich bekreuzigen **8.** kreuzen: *~ one's arms* die Arme kreuzen *od* verschränken; *fig* die Hände in den Schoß legen; *~ one's legs* die Beine kreuzen *od* übereinander schlagen; *→ finger* I, *sword* **9.** *Grenze, Meer, Straße etc* überqueren: *~ s.o.'s path fig* j-m in die Quere kommen **10.** kreuzen, schneiden **11.** sich kreuzen mit (*Brief*) **12.** ankreuzen **13.** *oft ~ off* (*od out*) aus-, durchstreichen: *~ off fig* abschreiben (*as* als) **14.** *Plan etc* durchkreuzen, vereiteln **15.** BIOL kreuzen **III** *v/i* **16.** sich kreuzen (*a. Briefe*) *od* schneiden **17.** *oft ~ over* (*to*) hinübergehen, -fahren (nach); übersetzen (nach) **18.** BIOL sich kreuzen (lassen) **IV** *Adj* **19.** schräg, Schräg… **20.** (*to*) entgegengesetzt (*Dat*), im Widerspruch (zu) **21.** F böse (*with* auf *Akk*, mit), mürrisch **'~·bar** *s* SPORT Tor-, Querlatte *f* **'~·beam** *s* TECH Querträger *m*, -balken *m* **'~·bones** *s Pl → skull* **'~·breed** BIOL **I** *s* Mischling *m*, Kreuzung *f* **II** *v/t* (*unreg breed*) kreuzen **'~·check** *s* **I** *v/t* von verschiedenen Gesichtspunkten aus überprüfen **II** *s* Überprüfung *f* von verschiedenen Gesichtspunkten aus **,~·'coun·try** *Adj* Querfeldein…, Gelände…, MOT *a.* geländegängig: *~ skiing* Skilanglauf *m* **'~·cur·rent** *s* Gegenströmung *f* (*a. fig*) **'~·dress·ing** *s* Transvestismus *m*

crossed [krɒst] *Adj* gekreuzt: *~ cheque* WIRTSCH *Br* Verrechnungsscheck *m*

'cross·ex·am·i·na·tion *s* JUR Kreuzverhör *n* **,~·ex·'am·ine** *v/t* JUR ins Kreuzverhör nehmen **'~·eyed** *Adj* schielend: *be ~* schielen **'~·fire** *s* MIL Kreuzfeuer *n* (*a. fig*) **'~·grained** *Adj* **1.** quer gefasert **2.** *fig* widerspenstig (*a. Sache*); kratzbürstig

▶ **cross·ing** ['krɒsɪŋ] *s* **1.** Überquerung *f*: *~ point* Grenzübergang *m* **2.** SCHIFF Überfahrt *f*: *rough ~* stürmische Überfahrt **3.** (*Straßen- etc*)Kreuzung *f* **4.**

C

Straßenübergang *m*; *Br* Fußgänger-
überweg *m*: → **grade** 4, **level** 5 **5.** BIOL
Kreuzung *f*
im Schneidersitz

'**cross-legged** *Adj u. Adv* mit überein-
ander geschlagenen Beinen, (*am Bo-
den a.*) im Schneidersitz
cross-ness ['krɒsnɪs] *s* F Mürrischkeit
f, schlechte Laune
'**cross|-patch** *s* F Brummbär *m* ‚**~'pur-
pos-es** *s Pl*: **talk at ~** aneinander vor-
beireden ~ **ref-er-ence** *s* Kreuz-, Quer-
verweis *m*
▸ **cross|-road** ['krɒsrəʊd] *s* **1.** *Am* Quer-
od Seitenstraße *f* **2.** *Pl* (*mst Sg konstru-
iert*) (Straßen)Kreuzung *f*; *fig* Schei-
deweg *m* ~ **sec-tion** *s* MATHE, TECH *u.*
fig Querschnitt *m* (*of* durch) '**~walk**
s Am Fußgängerüberweg *m* '**~ways**,
'**~wise** *Adv* quer, kreuzweise '**~word**
(**puz-zle**) *s* Kreuzworträtsel *n*
crotch [krɒtʃ] *s* **1.** Gab(e)lung *f* **2.** Schritt
m (*der Hose od des Körpers*)
crotch-et ['krɒtʃɪt] *s* **1.** MUS *bes Br* Vier-
telnote *f* **2.** *fig* Grille *f*, Marotte *f*
'**crotch-et-y** *Adj* **1.** grillenhaft **2.** F mür-
risch
crouch [kraʊtʃ] **I** *v/i* **1.** *a.* ~ **down** sich
bücken *od* ducken **2.** hocken; kauern
II *s* **3.** Hocke *f*
croup [kru:p] *s* MED Krupp *m*
crou-pi-er ['kru:pɪə] *s* Croupier *m*
crow[1] [krəʊ] *s* **1.** ORN Krähe *f*: **as the ~
flies** (in der) Luftlinie; **eat ~** *bes Am* F
zu Kreuze kriechen **2.** → **crowbar**
crow[2] [-] **I** *v/i Prät* **crowed** *u.* (*für* 1)
crew [kru:], *Part Perf* **crowed** **1.** krähen
(*Hahn*) **2.** (*fröhlich*) krähen **3.** jubeln,
frohlocken (*over* über *Akk*) **4.** protzen,
prahlen (*over*, *about* mit) **II** *s* **5.** Krä-
hen *n* **6.** Jubel(schrei) *m*
'**crow-bar** *s* TECH Brecheisen *n*, -stange
f
crowd [kraʊd] **I** *s* **1.** dichte (Menschen-)
Menge, Masse *f*: **~s** *Pl of people* Men-
schenmassen *Pl* **2. the ~** die Masse, das
(gemeine) Volk: **one of the ~** ein Mann
aus dem Volk; **follow** (*od* **go with**) **the
~** mit der Masse gehen **3.** F Gesell-
schaft *f*, Haufen *m*, Verein *m* **4.** An-
sammlung *f*, Haufen *m* **II** *v/i* **5.** (zs.-)
strömen, sich drängen (*into* in *Akk*;
round um) **III** *v/t* **6.** Straßen *etc* bevöl-
kern **7.** sich drängen in (*Akk od Dat*) *od*
um **8.** zs.-drängen, -pressen **9.** hinein-

pressen, -stopfen (*into* in *Akk*) **10.** voll
stopfen (**with** mit)
▸ **crowd-ed** ['kraʊdɪd] *Adj* **1.** (**with**)
überfüllt (mit), voll (von): ~ **street**
stark befahrene *od* verkehrsreiche
Straße **2.** (zs.-)gedrängt **3.** *fig* voll aus-
gefüllt, ereignisreich
▸ **crown** [kraʊn] **I** *s* **1.** Krone *f* (*a. fig*),
(*Sport a.*) (Meister)Titel *m*: **the** 2 die
Krone, der König, die Königin **2.**
Krone *f* (*Währung*) **3.** *Zahnmedizin*:
Krone *f* **4.** *fig* Krönung *f*, Höhepunkt
m **II** *v/t* **5.** *j-n* krönen (**king** zum Kö-
nig): **~ed heads** *Pl* gekrönte Häupter
Pl **6.** *fig* krönen: **a)** ehren, auszeichnen,
b) schmücken, zieren, **c)** den Höhe-
punkt bilden von (*od Gen*): **~ed** allem
die Krone aufsetzen (*a. iron*); **to ~ it all**
zu allem Überfluss *od* Unglück, **d)** er-
folgreich abschließen: **~ed with suc-
cess** von Erfolg gekrönt **7.** *Zahn* über-
kronen ~ **col·o·ny** *s Br* Kronkolonie *f*
'**crown-ing** ['kraʊnɪŋ] **I** *Adj fig* krönend
II *s* Krönung *f* (*a. fig*)
crown| jew-els *s Pl* Kronjuwelen *Pl* ~
prince *s* Kronprinz *m* (*a. fig*) ~ **prin-
cess** *s* Kronprinzessin *f* ~ **wit-ness** *s*
JUR *Br* Belastungszeuge *m*, -zeugin *f*
'**crow's|-feet** *s Pl* Krähenfüße *Pl*, Fält-
chen *Pl* ~ **nest** *s* SCHIFF Krähennest *n*
cru-cial ['kru:ʃl] *Adj* kritisch, entschei-
dend (**to**, **for** für): ~ **point** springender
Punkt
cru-ci-ble ['kru:sɪbl] *s* Schmelztiegel *m*
cru-ci-fix ['kru:sɪfɪks] *s* Kruzifix *n* **cru-
ci-fix-ion** [,-'fɪkʃn] *s* Kreuzigung *f*
cru-ci-fy [-'faɪ] *v/t* kreuzigen
crude [kru:d] *Adj* **1.** roh, unver-, unbear-
beitet: ~ **oil** Rohöl *n* **2.** *fig* roh, grob **3.**
fig nackt, ungeschminkt '**crude-ness**
cru-di-ty ['-dɪtɪ] *s* Rohheit (*a. fig*)
▸ **cru-el** ['kruəl] *Adj* **1.** grausam (**to** zu
gegen) **2.** unmenschlich, unbarmherzig
3. schrecklich, mörderisch '**cru-el-ty** *s*
Grausamkeit *f*: ~ **to animals** Tierquäle-
rei *f*
cru-et ['kru:ɪt] *s* **1.** Essig-, Ölfläschchen
n **2.** *a.* ~ **stand** Menage *f*, Gewürzstän-
der *m*
▸ **cruise** [kru:z] **I** *v/i* **1.** SCHIFF kreuzen
e-e Kreuzfahrt *od* Seereise machen **2.**
FLUG, MOT mit Reisegeschwindigkeit
fliegen *od* fahren: **cruising speed** Rei-
segeschwindigkeit *f* **II** *s* **3.** Kreuzfahrt *f*

Seereise *f* ~ **mis·sile** *s* MIL Marschflug-
körper *m*

cruis·er ['kru:zə] *s* 1. SCHIFF **a)** MIL
Kreuzer *m* (*a. allg*), **b)** Kreuzfahrtschiff
n 2. *Am* (Funk)Streifenwagen *m*

crumb [krʌm] I *s* 1. Krume *f*, Krümel *m*,
Brösel *m* 2. *fig* Brocken *m*: *a few ~s of
information* ein paar Informations-
brocken; ~ *of comfort* Trostpflaster
n, -pflästerchen *n* II *v/t* 3. GASTR panie-
ren 4. zerkrümeln **crum·ble** ['-bl] I *v/t*
1. zerkrümeln, -bröckeln II *v/i* 2. *a.* ~
away zerkrümeln, -fallen: ~ *to dust*
(*od nothing*) *fig* sich in nichts auflösen
3. WIRTSCH abbröckeln (*Kurse*) III *s* 4.
GASTR Obst *n* mit Streusein '**crum-
bling**, '**crum·bly** *Adj* 1. krüm(e)lig,
bröck(e)lig 2. zerbröckelnd

crum·my ['krʌmɪ] *Adj sl* lausig, misera-
bel

crum·ple ['krʌmpl] I *v/t* 1. *a.* ~ *up* zer-
knittern, -knüllen 2. zerdrücken II *v/i*
3. knittern 4. *a.* ~ *up* zs.-brechen (*a.
fig*) III *s* 5. (Knitter)Falte *f* ~ *zone s*
MOT Knautschzone *f*

crunch [krʌntʃ] I *v/t* 1. knirschend
(zer)kauen 2. zermalmen II *v/i* 3. knir-
schend kauen 4. knirschen III *s* 5.
Knirschen 6. *when it comes to the* ~
F wenn es hart auf hart geht

cru·sade [kru:'seɪd] I *s hist* Kreuzzug *m*
(*a. fig*) II *v/i hist* e-n Kreuzzug unter-
nehmen, *fig a.* zu Felde ziehen
(*against* gegen; *for* für) **cru'sad·er** *s*
1. *hist* Kreuzfahrer *m*, -ritter *m* 2. *fig*
Kämpfer(in)

crush [krʌʃ] I *s* 1. Gedränge *n*, Gewühl
n 2. *bes Br* Getränk aus ausgepressten
Früchten: *orange* ~ 3. *have a* ~ *on sb*
F in j-n verknallt sein II *v/t* 4. zerquet-
schen, -malmen, -drücken: ~ *out* Ziga-
rette *etc* ausdrücken 5. zerdrücken,
-knittern 6. TECH zerkleinern, -mahlen
7. auspressen, -drücken, -quetschen: ~
the juice from Zitrone etc auspressen
8. *fig* nieder-, zerschmettern; *Aufstand
etc* niederwerfen, -schlagen: ~*ing
blow* vernichtender Schlag; ~*ing ma-
jority* erdrückende Mehrheit III *v/i* 9.
zerquetscht werden 10. sich drängen
(*into* in *Akk*) 11. (zer)knittern '**crush-
a·ble** *Adj* knitterfest, -frei

crush| **bar·ri·er** *s Br* Barriere *f*, Absper-
rung *f* '~**re,sist·ant** → *crushable* 1

crust [krʌst] I *s* 1. (Brot)Kruste *f*, (-)
Rinde *f* 2. Knust *m*, hartes *od* trocken-
es Stück Brot 3. GEOL (Erd)Kruste *f* 4.
MED Kruste *f*, Schorf *m* 5. *sl* Unver-
schämtheit *f* II *v/i a.* ~ *over* 6. verkrus-
ten 7. verharschen: ~*ed snow* Harsch
m '**crust·y** *Adj* 1. verkrustet, krustig
2. *fig* barsch

crutch [krʌtʃ] *s* 1. Krücke *f*: *walk on* ~*es*
auf *od* an Krücken gehen 2. *fig* Stütze *f*,
Hilfe *f*

crux [krʌks] *Pl* '**crux·es** ['kru:sɪz] *s*
Crux *f*, Schwierigkeit *f*, Haken *m*;
schwieriges Problem, harte Nuss

▸ **cry** [kraɪ] I *s* 1. Schrei *m*, Ruf *m* (*for*
nach): ~ *for help* Hilferuf; *within* ~ in
Rufweite (*of* von); *a far* (*od long*) ~
from fig (himmel)weit entfernt von;
etw ganz anderes als 2. Geschrei *n* 3.
Weinen *n*: *have a good* ~ sich (richtig)
ausweinen 4. (Schlacht)Ruf *m*, Schlag-,
Losungswort *n* II *v/i* 5. schreien, rufen
(*for* nach): ~ *for help* (*vengeance*) um
Hilfe rufen (nach Rache schreien) 6.
weinen (*for joy* vor Freude); heulen,
jammern (*over* wegen, über *Akk*; *for*
um): → *milk* I II *v/t* 7. etw schreien,
(aus)rufen: → *wolf* I 8. *Tränen* weinen:
~ *o.s. to sleep* sich in den Schlaf wei-
nen; → *eye* I, *head* 8, *heart* 1

Verbindungen mit Adverbien:

cry| **down** *v/t* 1. heruntersetzen, -ma-
chen 2. niederschreien ~ **off** *v/t u.*
(*bes Br*) *v/i* (plötzlich) absagen, zurück-
treten (von) ~ **out** I *v/t* ausrufen II *v/i*
aufschreien: ~ *against* heftig protestie-
ren gegen; ~ (*for*) → *cry* 5 ~ **up** *v/t* rüh-
men: *he's not all he's cried up to be* so
gut ist er auch wieder nicht

'**cry·ba·by** *s* Heulsuse *f*

cry·ing ['kraɪɪŋ] *Adj* 1. (himmel)schrei-
end: *it's a* ~ *shame* es ist jammerscha-
de *od* ein Jammer 2. dringend (*Bedürf-
nis etc*)

crypt [krɪpt] *s* ARCHI Krypta *f* '**cryp·tic**
Adj (~*ally*) 1. geheim, verborgen 2. rät-
selhaft, dunkel

crys·tal ['krɪstl] I *s* 1. Kristall *m* (*a.*
CHEM, *etc*): (*as*) *clear as* ~ kristallklar;
fig sonnenklar 2. *a.* ~ *glass* Kristall
(-glas) *n* 3. Uhrglas *n* II *Adj* 4. kristal-
len: **a)** Kristall..., **b)** kristallklar '~-
'**clear** *Adj* **a)** kristallklar, **b)** *fig* lupen-
rein, sonnenklar **crys·tal·li·za·tion**

[ˌtəlaɪˈzeɪʃn] s Kristallisation f, Kristallbildung f '**crys·tal·lize I** v/t **1.** kristallisieren **2.** fig konkrete od feste Form geben (Dat) **3.** Früchte kandieren **II** v/i **4.** kristallisieren **5.** fig konkrete od feste Form annehmen, sich kristallisieren (**into** zu): ~ **out** sich herauskristallisieren

CS gas [siː ˈes ˌ] s Reizgas n

cub [kʌb] **I** s **1.** ZOOL Junge n (des Fuchses, Bären etc) **2.** Anfänger(in) **II** v/i **3.** (Junge) werfen

Cu·ba [ˈkjuːbə] Eigenn Kuba n

cube [kjuːb] **I** s **1.** Würfel m: ~ **sugar** Würfelzucker m **2.** MATHE Kubikzahl f, dritte Potenz: ~ **root** Kubikwurzel f **II** v/t **3.** MATHE zur dritten Potenz erheben **4.** würfeln, in Würfel schneiden od pressen '**cu·bic** Adj (~**ally**) **1.** Kubik..., Raum...: ~ **content** Rauminhalt m; ~ **metre** (Am **meter**) Kubikmeter m, n **2.** würfelförmig, Würfel... **3.** MATHE kubisch: ~ **equation** Gleichung f dritten Grades

cu·bi·cle [ˈkjuːbɪkl] s Kabine f

cuck·old [ˈkʌkəʊld] **I** s betrogener Ehemann **II** v/t j-m Hörner aufsetzen

cuck·oo [ˈkuku] **I** s ORN Kuckuck m **II** Adj F bekloppt, plemplem ~ **clock** s Kuckucksuhr f

cu·cum·ber [ˈkjuːkʌmbə] s Gurke f: (**as**) **cool as a** ~ F kühl u. gelassen

cud [kʌd] s Klumpen m wiederzukäuenden Futters: **chew the** ~ wiederkäuen; fig überlegen, nachdenken

cud·dle [ˈkʌdl] **I** v/t **1.** an sich drücken, hätscheln **II** v/i **2.** schmusen mit **II** v/i **3.** ~ **up** sich kuscheln od schmiegen (**to** an Akk): ~ **up together** sich aneinander kuscheln **4.** schmusen **III** s **5.** enge Umarmung

cudg·el [ˈkʌdʒəl] **I** s Knüppel m: **take up the** ~**s for s.o.** fig für j-n eintreten **II** v/t Prät u. Part Perf **-eled**, bes Br **-elled** prügeln: → **brain** 2

cue[1] [kjuː] **I** s **1.** THEAT etc, a. fig Stichwort n, MUS Einsatz m **2.** Wink m, Fingerzeig m: **take the** ~ **from s.o.** sich nach j-m richten **II** v/t **3.** a. ~ **in** THEAT etc, a. fig j-m das Stichwort geben, MUS j-m den Einsatz geben

cue[2] [ˌ] s Queue n, Billardstock m

cuff[1] [kʌf] s **1.** (Ärmel-, Am a. Hosen-) Aufschlag m, Manschette f (a. TECH): ~

link Manschettenknopf m; **off the** ~ F aus dem Stegreif **2.** Pl F Manschetten Pl (Handschellen)

cuff[2] [ˌ] **I** v/t j-m e-n Klaps geben **II** s Klaps m

cui·sine [kwɪˈziːn] → **cooking** 2

cul-de-sac [ˈkʌldəsæk] s Sackgasse f (a. fig)

cu·li·nar·y [ˈkʌlɪnəri] Adj kulinarisch, Koch...: ~ **art** Kochkunst f; ~ **herbs** Pl Küchenkräuter Pl

cull [kʌl] v/t **1.** pflücken **2.** auslesen, -suchen **3.** Vieh keulen

cul·mi·nate [ˈkʌlmɪneɪt] v/i **1.** ASTR kulminieren: **culminating point** Kulminations-, fig a. Höhepunkt m **2.** fig den Höhepunkt erreichen; kulminieren, gipfeln (**in** in Dat) ,**cul·mi·na·tion** s **1.** ASTR Kulmination f **2.** fig Gipfel m, Höhepunkt m

cu·lottes [kjuːˈlɒts] s Pl Hosenrock m

cul·pa·ble [ˈkʌlpəbl] Adj **1.** tadelnswert, sträflich **2.** JUR strafbar, schuldhaft

cul·prit [ˈkʌlprɪt] s **1.** JUR Angeklagte m, f; Täter(in), Schuldige m, f **2.** Missetäter(in)

cult [kʌlt] s **1.** REL Kult(us) m **2.** fig Kult m: ~ **film** Kultfilm m **cul·ti·vate** [ˈkʌltɪveɪt] v/t **1.** Boden bebauen, bestellen **2.** Pflanzen züchten, anbauen **3.** fig entwickeln, ausbilden; verfeinern **4.** fig kultivieren: **a)** fördern, **b)** Freundschaft etc pflegen, **c)** sich widmen (Dat) **5.** freundschaftlichen Verkehr pflegen mit '**cul·ti·vat·ed** → **cultured** 2 ,**cul·ti·va·tion** s **1.** Bebauung f, Bestellung f **2.** Züchtung f, Anbau m **3.** fig Kultivierung f: **a)** Förderung f, **b)** Pflege f **4.** → **culture** 4 '**cul·ti·va·tor** s Pflanzer(in), Züchter(in)

cul·tur·al [ˈkʌltʃərəl] Adj kulturell, Kultur...: ♀ **Heritage of the World** Weltkulturerbe n

▶ **cul·ture** [ˈkʌltʃə] s **1.** → **cultivation** 1, 2 **2.** (Tier-)Züchtung f, (-)Zucht f **3.** BIOL Kultur f **4.** Kultur f: **a)** (Geistes-)Bildung f, **b)** Kultiviertheit f **5.** Kultur f: **a)** Kulturkreis m, **b)** Kulturform f, -stufe f '**cul·tured** Adj **1.** gezüchtet: ~ **pearl** Zuchtperle f **2.** kultiviert, gebildet

cum·ber·some [ˈkʌmbəsəm] Adj **1.** lästig, hinderlich **2.** klobig, unhandlich, sperrig

cu·mu·la·tive [ˈkjuːmjʊlətɪv] Adj **1.**

sich (an)häufend, anwachsend **2.**
WIRTSCH kumulativ **cu·mu·lus** ['-ləs]
Pl **-li** ['-laɪ] *s* Haufenwolke *f*

cun·ning ['kʌnɪŋ] **I** *Adj* **1.** klug, ge-
schickt; schlau, listig, gerissen **2.** *Am*
F niedlich, süß; drollig **II** *s* **3.** Klugheit
f, Geschicktheit *f*; Schlauheit *f*; List(ig-
keit) *f*, Gerissenheit *f*

cunt [kʌnt] *s* V Fotze *f* (*Vagina*)

▸ **cup** [kʌp] **I** *s* **1.** Tasse *f*: *that's not my*-
of tea Br F das ist nicht mein Fall **2.**
SPORT Cup *m*, Pokal *m*: ~ *final* Pokal-
endspiel *n*; ~ *tie* Pokalspiel *n*; ~ *winner*
Pokalsieger(in) *f* **3.** (*Wein- etc*)Becher *m*
4. REL Kelch *m*, *fig a.* Becher *m* **5.** BOT
Blüten-, Fruchtbecher *m* **II** *v/t* **6.** *Hand*
hohl machen: ~*ped hand* hohle Hand

▸ **cup|·board** ['kʌbəd] *s* (Geschirr-,
Speise-, *bes Br a.* Kleider-, Wäsche-)
Schrank *m*, *österr.*, *schweiz.* Kasten *m*
~·**ful** [-fʊl] *s e-e* Tasse (voll)

cu·po·la ['kju:pələ] *s* ARCHI Kuppel *f*

cup·pa ['kʌpə] *s Br* F Tasse *f* Tee

cur [kɜ:] *s* **1.** Köter *m* **2.** *fig* (Schweine-)
Hund *m*

cur·a·ble ['kjʊərəbl] *Adj* heilbar

curb [kɜ:b] **I** *s* **1.** Kandare *f* **2.** *bes Am*
Bord-, Randstein *m* **II** *v/t* **3.** *Pferd* an
die Kandare nehmen **4.** *fig* zügeln,
im Zaum halten ‘~·**stone → curb** 2

curd [kɜ:d] *s oft Pl* geronnene *od* dicke
Milch, Quark *m*

cur·dle ['kɜ:dl] **I** *v/t Milch* gerinnen las-
sen: ~ *s.o.'s blood* j-m das Blut in den
Adern erstarren lassen **II** *v/i* gerinnen,
dick werden (*Milch*): *the sight made
my blood* ~ bei dem Anblick erstarrte
mir das Blut in den Adern

▸ **cure** [kjʊə] **I** *s* **1.** MED Kur *f*, Heilver-
fahren *n* (*for* gegen) **2.** MED Heilung *f*:
past ~ unheilbar krank (*Person*); un-
heilbar (*Krankheit*); *fig* hoffnungslos
(*Lage etc*) **3.** MED (Heil)Mittel *n* (*for*
gegen) (*a. fig*) **II** *v/t* **4.** MED *j-n* heilen,
kurieren, *fig a.* abbringen (*of* von); MED
Krankheit heilen; *fig* Missstände *etc* ab-
stellen **5.** haltbar machen: **a)** räuchern,
b) trocknen, **c)** einpökeln, -salzen **III**
v/i **6.** Heilung bringen, heilen ‘~·**all** *s*
Allheilmittel *n*

cur·few ['kɜ:fju:] *s* MIL Ausgangsverbot
n, -sperre *f*

cu·ri·o ['kjʊərɪəʊ] *Pl* **-os → curiosity** 2,
c **cu·ri·os·i·ty** [ˌ-'ɒsətɪ] *s* **1.** Neugier *f*;

Wissbegierde *f* **2.** Kuriosität *f*: **a)** Rari-
tät *f*, **b)** Sehenswürdigkeit *f*, **c)** Kurio-
sum *n*

▸ **cu·ri·ous** ['kjʊərɪəs] *Adj* **1.** neugierig;
wissbegierig: *I am ~ to know if* ich
möchte gern wissen, ob **2.** kurios, selt-
sam: ~*ly enough* merkwürdigerweise
3. F komisch, wunderlich

▸ **curl** [kɜ:l] **I** *v/t* **1.** *Haar etc* locken; kräu-
seln **II** *v/i* **2.** sich locken *od* kräuseln: ~
up in Ringen hochsteigen (*Rauch*);
sich zs.-rollen: ~ *up on the sofa* es sich
auf dem Sofa gemütlich machen **3.**
SPORT Curling spielen **III** *s* **4.** Locke *f*
5. (Rauch)Ring *m* ‘**curl·er** *s* **1.** SPORT
Curlingspieler(in) *f* **2.** Lockenwickel *m*,
-wickler *m* ‘**curl·ing** *s* SPORT Curling
n: ~ *stone* Curlingstein *m* ‘**curl·y** *Adj*
gelockt, lockig; gekräuselt, kraus

cur·rant ['kʌrənt] *s* **1.** Korinthe *f* **2.** BOT
Johannisbeere *f*, *österr.* Ribisel *f*

▸ **cur·ren·cy** ['kʌrənsɪ] *s* **1.** Umlauf *m*:
give ~ *to* Gerücht *etc* in Umlauf setzen
2. WIRTSCH Währung *f*; Zahlungsmittel
Pl: *foreign* ~ Devisen *Pl*; ~ *basket*
Währungskorb *m*; ~ *conversion* Wäh-
rungsumstellung *f*; ~ *reform* Wäh-
rungsreform *f* **3.** WIRTSCH, JUR Laufzeit
f

▸ **cur·rent** ['kʌrənt] **I** *Adj* **1.** laufend
(*Monat, Ausgaben etc*): ~ *account*
WIRTSCH Girokonto *n* **2.** gegenwärtig,
augenblicklich, aktuell: ~ *events Pl* Ta-
gesereignisse *Pl* **3.** üblich, gebräuch-
lich: *not in* ~ *use* nicht allgemein üb-
lich **II** *s* **4.** Strömung *f*, Strom *m* (*beide
a. fig*): *against the* ~ gegen den Strom;
~ *of air* Luftstrom, -zug *m* **5.** ELEK
Strom *m*: ~ *meter* Stromzähler *m*

cur·ric·u·lum [kəˈrɪkjələm] *Pl* **-la** [-lə],
-lums *s* Lehr-, Studienplan *m* ‘~·**vi·tae**
['vi:taɪ] *s* Lebenslauf *m*

cur·ry[1] ['kʌrɪ] **I** *s* Curry *m*, *n* **II** *v/t* mit
Curry zubereiten: *curried* Curry…

cur·ry[2] [-] *v/t* **1.** *Pferd* striegeln **2.** *Leder*
zurichten **3.** ~ *favo(u)r with s.o.*, ~
s.o.'s favo(u)r sich bei j-m lieb Kind
machen (wollen)

▸ **curse** [kɜːs] **I** *s* **1.** Fluch *m*: *there is a* ~
on the house auf dem Haus lastet *od*
liegt ein Fluch **2.** Fluch(wort *n*) *m*, Ver-
wünschung *f* **3.** Fluch *m*, Unglück *n* (*to*
für) **II** *v/t* **4.** verfluchen: **a)** mit e-m
Fluch belegen, **b)** verwünschen, flu-

chen auf (*Akk*) *od* über (*Akk*) **5. be∼d with** bestraft *od* geplagt sein mit **curs·ed** ['∼sɪd] *Adj* verflucht, F *a*. verdammt

cur·sor ['kɜːsə] *s* COMPUTER Cursor *m*

cur·so·ry ['kɜːsərɪ] *Adj* flüchtig, oberflächlich

curt [kɜːt] *Adj* **1.** kurz (gefasst), knapp **2.** (**with**) barsch, schroff (gegen), kurz angebunden (zu)

cur·tail [kɜːˈteɪl] *v/t* **1.** (ab-, ver)kürzen **2.** beschneiden, stutzen **3.** *fig Ausgaben etc* kürzen, *Rechte etc* beschneiden, einschränken

▸ **cur·tain** ['kɜːtn] **I** *s* **1.** Vorhang *m* (*a.* THEAT *u. fig*), Gardine *f*: **draw the ∼s** die Vorhänge auf- *od* zuziehen; **the ∼ rises (falls)** der Vorhang geht auf (fällt); **lift the ∼** den Schleier lüften **2.** THEAT Hervorruf *m*: **get (od take) ten ∼s** zehn Vorhänge haben **II** *v/t* **3.** mit Vorhängen versehen: **∼ off** mit Vorhängen abteilen *od* abschließen **∼ call** → **curtain** 2 **∼ rais·er** *s* **1.** THEAT kurzes Vorspiel *n*, Ouvertüre *f* **2.** *fig* Vorspiel *n*, Ouvertüre *f* (**to** zu)

curt·s(e)y ['kɜːtsɪ] **I** *s* Knicks *m*: **drop a ∼** (**to**) → **II** **II** *v/i* e-n Knicks machen, knicksen (**to** vor *Dat*)

cur·va·ture ['kɜːvətʃə] *s* Krümmung *f*: **∼ of the earth** Erdkrümmung

curve [kɜːv] **I** *s* Kurve *f* (*a.* MATHE): **a)** Krümmung *f*, Biegung *f*, **b)** (Straßen-) Kurve *f*, (-)Biegung *f*, **c)** Rundung *f* (*Pl* F *a.* e-r Frau) **II** *v/t u. v/i* (sich) krümmen *od* biegen

▸ **cush·ion** ['kʊʃn] **I** *s* **1.** Kissen *n*, Polster *n* (*a. fig*) **2.** TECH Puffer *m*, Dämpfer *m* **II** *v/t* **3.** polstern (*a. fig*) **4.** Stoß, Fall *etc* dämpfen, *a. fig* abmildern **5.** TECH abfedern

cush·y ['kʊʃɪ] *Adj* F gemütlich, ruhig (*Job etc*)

cuss [kʌs] *s* F **1.** Fluch *m* **2.** Kerl *m*

cus·tard ['kʌstəd] *s* Vanillesoße *f*

cus·to·di·an [kʌˈstəʊdjən] *s* **1.** Aufseher(in), Wächter(in) **2.** (*Haus- etc*)Verwalter(in) **cus·to·dy** ['∼tədɪ] *s* **1.** Obhut *f*, Schutz *m*: **in s.o.'s ∼** in j-s Obhut *f*, Aufsicht *f* (**of** über *Akk*) **3.** JUR (*a.* Untersuchungs)Haft *f* take into ∼ verhaften; → **remand I 4.** JUR Sorgerecht *n*

▸ **cus·tom** ['kʌstəm] **I** *s* **1.** Brauch *m*,

Gewohnheit *f*, Sitte *f*, *Pl a.* Brauchtum *n* **2.** JUR Gewohnheitsrecht *n* **3.** WIRTSCH Kundschaft *f*: **a)** Kunden *Pl*, **b)** Kundesein *n*: **get s.o.'s ∼** j-n als Kunden gewinnen; **have withdrawn one's ∼ from** nicht mehr (ein)kaufen bei **4.** *Pl* Zoll *m*: **∼s clearance** Zollabfertigung *f*; **∼s examination** (*od inspection*) Zollkontrolle *f*; **∼s officer** (*od official*) Zollbeamte *m*, -beamtin *f* **II** *Adj* **5.** → **custom-made** '**cus·tom·ar·y** *Adj* üblich, gebräuchlich

▸ **cus·tom·er** ['kʌstəmə] *s* **1.** Kunde *m*, Kundin *f* **2.** F Kerl *m*, Kunde *m*: → **queer** 1

,**cus·tom-'made** *Adj bes Am* maßgefertigt, Maß…

▸ **cut** [kʌt] **I** *s* **1.** Schnitt *m*; Schnittwunde *f* **2.** Haarschnitt *m* **3.** Schnitte *f*, Stück *n* (*bes Fleisch*): **cold ∼s** *Pl bes Am* Aufschnitt *m* **4.** F Anteil *m* (**of**, **in** an *Dat*) **5.** (Zu)Schnitt *m* (*von Kleidung*) **6.** Schnitt *m*, Schliff *m* (*von Edelsteinen*) **7.** Kürzung *f*, Senkung *f*: **∼ in salary** Gehaltskürzung *f* **8.** *Kartenspiel*: Abheben *n*; abgehobene Karte(n *Pl*) **II** *Adj* **9.** ge-, beschnitten: **∼ flowers** *Pl* Schnittblumen *Pl* **III** *v/t* (*unreg*) **10.** (ab-, be-, durch-, zer)schneiden: **∼ one's finger** sich in den Finger schneiden; **∼ to pieces** zerstückeln; **∼ one's teeth** Zähne bekommen, zahnen; **∼ one's teeth in** (*od on*) **s.th.** *fig* s-e ersten Erfahrungen mit etw sammeln; → **throat** 11. *Gras* mähen, *Bäume* fällen, *Holz* hacken **12.** *Hecke etc* (be)schneiden, stutzen: **∼ s.o.'s hair** j-m die Haare schneiden **13.** *Kleid etc* zuschneiden, *etw* zurechtschneiden; *Stein* behauen, *Glas, Edelsteine* schleifen **14.** MOT *Kurve* schneiden **15.** a) *Löhne etc* kürzen, *Text etc a.* zs.-streichen (**to** auf *Akk*), **b)** *Film* schneiden **16.** *Preise* herabsetzen, senken **17.** (*auf Tonband*) mitschneiden **18.** *fig* j-m wehtun, j-n kränken **19.** F *j-n* schneiden: **∼ dead** völlig ignorieren **20.** PÄD UNI F *Stunde etc* schwänzen **21.** *Karten* abheben **22.** *Tennis etc*: *Ball* (an)schneiden **23.** F *Gewinne* teilen **IV** *v/i* (*unreg*) **24.** schneiden (**in, into** in *Akk*): **∼ into** *Kuchen etc* abschneiden; einschneiden in (*Akk*) (*a. fig*); **∼ into a conversation** sich ein Gespräch einmischen; **it ∼s both**

ways es ist ein zweischneidiges Schwert **25.** einschneiden (*Kragen etc*) **26.** sich schneiden lassen **27.** fig weh tun, kränken **28.** F abhauen **29.** *Kartenspiel:* abheben

Verbindungen mit Adverbien:

cut| back I *v/t* **1.** Hecke etc beschneiden, stutzen **2.** → *cut* 15a **II** *v/i* **3.** bes *Am* (zu)rückblenden (*to* auf *Akk*) (*Film, Roman etc*) **4.** ~ on etw einschränken **~ down** I *v/t* **1.** Bäume fällen, *Wald* abholzen **2.** zurechtschneiden, -stutzen (*a. fig*): → *size* 2 **3.** *Ausgaben* verringern, einschränken **4.** *j-n* herunterhandeln (*by* um; *to* auf *Akk*) **II** *v/i* **5.** → *size* **~ in** I *v/t* **1.** F *j-n* beteiligen (*on* an *Dat*) **II** *v/i* **2.** sich einmischen **3.** ~ on s.o. MOT *j-n* schneiden **~ off** *v/t* **1.** abschneiden **2.** *Strom etc* absperren, abdrehen, *Verbindung, Versorgung, Weg etc* abschneiden: **he had his electricity** ~ ihm wurde der Strom gesperrt **3.** TEL *Teilnehmer* trennen **~ out** I *v/t* **1.** (her)ausschneiden **2.** *Kleid etc* zuschneiden **3.** **be** ~ **for** wie geschaffen sein für **4.** *Rivalen* ausstechen, verdrängen **5.** *cut it out!* F hör auf (damit)! **6.** F *j-n* betrügen (*of* um *s-n Anteil*) **II** *v/i* **7.** MOT ausscheren **~ up** *v/t* zerschneiden

'**cut**|**·a·way** *s a.* ~ *coat* Cut(away) *m* '**~·back** *s* **1.** Kürzung *f* **2.** FILM etc, *bes Am* Rückblende *f*

cute [kjuːt] *Adj* F **1.** schlau, clever **2.** niedlich, süß

cu·ti·cle ['kjuːtɪkl] *s* Nagelhaut *f*

cut·ler·y ['kʌtlərɪ] *s* Besteck *n*

cut·let ['kʌtlɪt] *s* **1.** Schnitzel *n* **2.** Hacksteak *n*

'**cut**|**·out** *s* **1.** Ausschnitt *m* **2.** Ausschneidefigur *f* '**~·price** *Adj Br*, '**~·rate** *Am* WIRTSCH ermäßigt, herabgesetzt: ~ *offer* Billigangebot *n*

cut·ter ['kʌtə] *s* **1.** Zuschneider(in); (*Glas-, Diamant*)Schleifer(in) **2.** TECH Schneidemaschine *f*, -werkzeug *n* **3.** FILM Cutter(in) **4.** SCHIFF Kutter *m*

'**cut·throat** *s* **1.** Mörder(in); Killer(in) **II** *Adj* mörderisch, fig *a.* halsabschneiderisch: ~ *price* Wucherpreis *m*

cut·ting ['kʌtɪŋ] I *s* **1.** (Ab-, Aus-, Be-, Zu)Schneiden *n* **2.** *bes Br* (Zeitungs)Ausschnitt *m* **3.** Pl (*Hobel-etc-*)Späne *Pl*; Abfälle *Pl*, Schnitzel *Pl* **II** *Adj* **4.** schneidend (*a. fig Schmerz*,

Wind), Schneid(e)…, Schnitt…

cut·ting| **edge 1.** Schneide *f* **2.** fig **be** (*od* **stay**) **on the** ~ ganz vorn mitmischen, zur Spitze gehören '**~·edge** *Adj* innovativ, zur Spitze gehörend

CV [siːˈviː] *Abk* (= *curriculum vitae*) Lebenslauf *m*

cy·a·nide ['saɪənaɪd] *s* CHEM Zyankali *n*

cy·ber·|·ca·fé *s* ['saɪbə] *s* Internet-Café *n* '**~·mall** *s* Cybermall *f*, virtuelles Einkaufszentrum, '**~·net·ics** *s Sg* Kybernetik *f* '**~·space** *s* Cyberspace *m*

cyc·la·men ['sɪkləmən] *s* BOT Alpenveilchen *n*

cy·cle ['saɪkl] I *s* **1.** Zyklus *m*, Kreis(lauf) *m* **2.** (*Fahr*)Rad *n*: ~ **lane** (*od* **path**) Rad(fahr)weg *m*; ~ **race** (*Sport*) Radrennen *n*, **b**) Motorrad *n* **4.** TECH Arbeitsgang *m*; Takt *m*: **four·~ engine** Viertaktmotor *m* **5.** ELEK, PHYS (Schwingungs)Periode *f* **II** *v/i* **6.** Rad fahren, radeln, biken '**cy·cler** *Am* → *cyclist*

'**cy·cle·way** *s* Rad(fahr)weg *m*

cy·clic ['saɪklɪk], **cy·cli·cal** ['saɪklɪk(l)] *Adj* **1.** zyklisch **2.** WIRTSCH konjunkturbedingt, Konjunktur… **cy·cling** ['·klɪŋ] *s* **1.** Radfahren *n*: ~ **tour** Radtour *f* **2.** Radrennsport *m* '**cy·clist** *s* Rad- *od* Motorradfahrer(in)

cy·clone ['saɪkləʊn] *s* Wirbelsturm *m*

cyl·in·der ['sɪlɪndə] *s* MATHE Zylinder *m*, TECH *a.* Walze *f*, Trommel *f* **cy·lin·dri·cal** [·.drɪkl] *Adj* MATHE zylindrisch, Zylinder…, TECH *a.* walzenförmig

cyn·ic ['sɪnɪk] *s* Zyniker(in) **cyn·i·cal** ['·kl] *Adj* (**~ally**) zynisch **cyn·i·cism** ['·sɪzəm] *s* Zynismus *m*, *a.* zynische Bemerkung

Cyp·ri·ot ['sɪprɪət] I *s* Zypriot(in) **II** *Adj* zyprisch, zypriotisch

Cy·prus ['saɪprəs] *Eigenn* Zypern *n*

cyst [sɪst] *s* MED Zyste *f*

czar [zɑː] *s* hist Zar *m*

cza·ri·na [zɑːˈriːnə] *s* Zarin *f*

Czech [tʃek] I *s* **1.** Tscheche *m*, Tschechin *f* **2.** LING Tschechisch *n* **II** *Adj* **3.** tschechisch: ~ *Republic* die Tschechische Republik, die Tschechei

Czech·o·slo·vak [ˌtʃekəʊˈsləʊvæk] *hist* I *s* Tschechoslowake *m*, -slowakin *f* **II** *Adj* tschechoslowakisch

Czech·o·slo·va·kia [ˌtʃekəʊsləʊˈvækɪə] *Eigenn* hist die Tschechoslowakei

D

D [di:] *Pl* **D's** *s* D *n*

'd F *für* **had, would**

dab¹ [dæb] **I** *v/t* **1.** antippen **2.** be-, abtupfen (**with** mit) **3.** *Farbe etc* (leicht) auftragen (**on** auf *Akk*) **II** *s* **4.** Klecks *m*, Spritzer *m*

dab² [_] *s a.* **~ hand** *bes Br* F Könner(in): **be a ~ at** *etw* aus dem Effeff können

dab·ble [dæbl] **I** *v/t* **1.** bespritzen **II** *v/i* **2.** plan(t)schen **3. ~ in** *fig* sich oberflächlich *od* aus Liebhaberei *od* dilettantisch beschäftigen mit: **~ in politics** ein bisschen in der Politik mitmischen

dachs·hund [dækshund] *s* Dackel *m*

dad [dæd] *s* F Vati *m*, Papa *m*

dad·dy [dædɪ] → **dad ~ long·legs** *Pl* **-dy -legs** *s* ZOOL F **1.** Schnake *f* **2.** *Am* Weberknecht *m*

daf·fo·dil [dæfədɪl] *s* BOT gelbe Narzisse, Osterglocke *f*

daft [dɑːft] *Adj* F **1.** doof, dämlich **2. be ~ about** verrückt sein nach

dag·ger [dægə] *s* Dolch *m*: **be at ~s drawn** auf Kriegsfuß stehen (**with** mit); **look ~s at s.o.** j-n mit Blicken durchbohren

da·go [deɪgəʊ] *Pl* **-go(e)s** *s* Schimpfwort für Italiener, Spanier u. Portugiesen

dahl·ia [deɪljə] *s* BOT Dahlie *f*

▸ **dai·ly** [deɪlɪ] **I** *Adj* **1.** täglich (*a. Adv*), Tage(s)…: **~ help** → 4; **~ newspaper** → 3; **~ press** Tagespresse *f*; → **dozen 2.** alltäglich: **be a ~ occurrence** an der Tagesordnung sein **II** *s* **3.** Tageszeitung *f* **4.** *Br* Putzmann *m*, -frau *f* (*der, die jeden Tag kommt*)

dain·ty [deɪntɪ] **I** *Adj* **1.** zierlich, niedlich, reizend **2.** wählerisch, verwöhnt (*bes im Essen*) **3.** schmackhaft, lecker **II** *s* **4.** Leckerbissen *m* (*a. fig*)

dair·y [deərɪ] *s* **1.** Molkerei *f* **2.** Milchgeschäft *n* → **prod·uce** *s* Molkereiprodukte *Pl*

dai·sy [deɪzɪ] *s* BOT Gänseblümchen *n*: **be pushing up the daisies** *sl* sich die Radieschen von unten ansehen *od* betrachten **~ wheel** *s* Typenrad *n*

dal·ly [dælɪ] *v/i* **1.** schäkern: **~ with** *a.* spielen mit (*j-s Gefühlen*) **2.** spielen,

liebäugeln (**with** mit *e-r Idee etc*) **3.** *a.* **~ about** (*od* **around**) herumtrödeln, bummeln

Dal·ma·tian [dælmeɪʃn] *s* ZOOL Dalmatiner *m*

dam [dæm] **I** *s* **1.** (Stau)Damm *m*, Talsperre *f* **2.** Stausee *m* **II** *v/t* **3.** *a.* **~ up** stauen, ab-, eindämmen; *Gefühle* aufstauen

▸ **dam·age** [dæmɪdʒ] **I** *s* **1.** Schaden *m* (**to** an *Dat*) **2.** *Pl* JUR Schadenersatz *m*: **sue for ~s** auf Schadenersatz verklagen **3. what's the ~?** F was kostet es? **II** *v/t* **4.** beschädigen **5.** *j-m, j-s Ruf etc* schaden

dame [deɪm] *s* **1.** ♀ *Br* Ordens- *od* Adelstitel **2.** *bes Am sl* Weib *n*

▸ **damn** [dæm] **I** *v/t* **1.** REL *u. weit. S.* verdammen **2.** verurteilen **3.** verwerfen, ablehnen **4.** F **~ it!, ~ me!** verflucht!, verdammt!; **~ you!** der Teufel soll dich holen!; **I'll be ~ed if I'll do that** ich denk ja gar nicht daran, das zu tun **II** *s* **5.** F *I* **don't care a ~** das ist mir völlig egal; **not worth a ~** keinen Pfifferling wert **III** *Interj* **6.** F verflucht!, verdammt! **IV** *Adj u. Adv* **7.** → **damned 2, 4**

dam·na·tion [dæmneɪʃn] **I** *s* Verdammung *f*; REL Verdammnis *f* **II** *Interj* → **damn 6**

▸ **damned** [dæmd] **I** *Adj* **1.** verdammt: **the ~** *Pl* REL die Verdammten *Pl* **2.** F verflucht, verdammt: **~ fool** Vollidiot(in) **3.** F *Bekräftigung:* **a ~ sight better** viel besser **II** *Adv* **4.** F verdammt: **~ cold 5.** F *Bekräftigung:* **he ~ well ought to know it** das müsste er wahrhaftig wissen

Dam·o·cles [dæməkliːz]: **sword of ~** Damoklesschwert *n*; **hang over s.o. like a sword of ~** über j-m wie ein Damoklesschwert hängen

damp [dæmp] **I** *Adj* **1.** feucht, (*Raum etc a.*) klamm: **~ squib** *Br* F Pleite *f*, Reinfall *m* **II** *s* **2.** Feuchtigkeit *f*: **~ in the air** Luftfeuchtigkeit **III** *v/t* **3.** an-, befeuchten **4.** *Begeisterung etc* dämpfen; *j-n* entmutigen **'damp·en** → **damp III 'damp·er** *s fig* Dämpfer *m*: **cast** (*od* **put, strike**) **a ~ on** *etw* dämpfen *od* lähmen **'damp·ness** *s* Feuchtigkeit *f*

dash

▶ **dance** [dɑːns] I *v/i* 1. tanzen: **~ to s.o.'s tune** *fig* nach j-s Pfeife tanzen 2. tanzen, hüpfen (**with, for** vor *Dat*) II *v/t* 3. *Tanz* tanzen: **~ attendance on s.o.** *fig* um j-n scharwenzeln III *s* 4. Tanz *m*: **lead s.o. a (pretty) ~** *Br* j-n zum Narren halten 5. Tanz(veranstaltung *f*) *m* IV *Adj* 5. Tanz...: **~ music 'danc·ing** I *s* Tanzen *n* II *Adj* Tanz...: **~ lesson** Tanzstunde *f*, *Pl a.* Tanzunterricht *m*; **~ master** Tanzlehrer *m*; **~ partner** Tanzpartner(in); **~ school** Tanzschule *f*
dan·de·li·on ['dændɪlaɪən] *s* BOT Löwenzahn *m*
dan·der ['dændə] *s* F: **get s.o.'s ~ up** j-n auf die Palme bringen; **get one's ~ up** auf die Palme gehen
dan·druff ['dændrʌf] *s* (Kopf-, Haar-)Schuppen *Pl*
dan·dy ['dændɪ] I *s* Dandy *m* II *Adj* F prima
Dane [deɪn] *s* Däne *m*, Dänin *f*
▶ **dan·ger** ['deɪndʒə] I *s* Gefahr *f* (**to** für): **~ of infection** MED Infektionsgefahr; **be in ~ of one's life** in Lebensgefahr sein *od* schweben; **without ~** gefahrlos II *Adj* Gefahr...: **~ area** (*od* **zone**) Gefahrenzone *f*, -bereich *m*; **~ money** (*od* **pay**) Gefahrenzulage *f*
▶ **dan·ger·ous** ['deɪndʒərəs] *Adj* gefährlich (**for** für): **~ dog** JUR Kampfhund *m*
dan·gle ['dæŋgl] I *v/i* baumeln: **keep s.o. dangling** F j-n im Unklaren lassen II *v/t* baumeln lassen: **~ s.th. before s.o.** *fig* j-m etw (verlockend) in Aussicht stellen, j-m mit etw winken
▶ **Dan·ish** ['deɪnɪʃ] I *Adj* 1. dänisch II *s* 2. LING Dänisch *n* 3. **the ~** *Pl* die Dänen *Pl*
dank [dæŋk] *Adj* (*unangenehm*) feucht, nass(kalt)
Dan·ube ['dænjuːb] *Eigenn* die Donau
dap·per ['dæpə] *Adj* 1. adrett, elegant 2. flink, (*a. Benehmen*) gewandt
▶ **dare** [deə] *v/i* es wagen, sich (ge)trauen: **who ~s wins** wer wagt, gewinnt; **how ~ you!** untersteh dich!; **was fällt dir ein!; how ~ you say that?** wie können Sie das sagen?; **don't (you) ~ touch it!** rühr es ja nicht an!; **I ~ say** ich glaube wohl; allerdings II *v/t* etw wagen, riskieren '**~·dev·il** *s* Draufgänger(in)

dar·ing ['deərɪŋ] I *Adj* 1. wagemutig, kühn 2. gewagt, verwegen (*beide a. fig*) 3. unverschämt, dreist II *s* 4. Wagemut *m*, Kühnheit *f*
▶ **dark** [dɑːk] I *v/i* 1. dunkel, finster 2. dunkel (*Farbe*) 3. *fig* düster, trüb (*Aussichten etc*): **the ~ side of things** die Schattenseite der Dinge; **one's ~est hour** s-e schwärzeste Stunde 4. *fig* düster, finster (*Blick etc*) 5. finster, böse (*Gedanken etc*) 6. *fig* geheim(nisvoll), verborgen: **keep s.th. ~** etw geheim halten II *s* 7. Dunkel(heit *f*) *n* I *v/t*: **~ room** Dunkelkammer *f*: **in the ~** im Dunkel(n); **after ~** nach Einbruch der Dunkelheit 8. *fig* **das ~** *Ungewisse od* Dunkle: **be in the ~** im Dunkeln tappen; **keep s.o. in the ~** j-n im Ungewissen lassen (**about** über *Akk*) Dunkel(heit *f*) 9. (frühe *od* finstere) Mittelalter 2 **Con·ti·nent** *s* der dunkle Erdteil, Afrika *n*
dark·en ['dɑːkən] I *v/t* 1. verdunkeln, -düstern (*beide a. fig*) 2. dunkel *od* dunkler färben II *v/i* 3. dunkel werden, sich verdunkeln 4. *fig* sich verdüstern
dark horse *s* 1. SPORT unbekannte Größe (*Person*) 2. POL *Am* unbeschriebenes Blatt
dark·ness ['dɑːknɪs] *s* Dunkelheit *f*, Finsternis *f*: **be in complete ~** völlig dunkel sein
'**dark|·room** *s* FOTO Dunkelkammer *f* '**~·skinned** *Adj* dunkelhäutig
dar·ling ['dɑːlɪŋ] I *s* Liebling *m* II *Adj* reizend, goldig
darn[1] [dɑːn] → **damn** 4-6
darn[2] [..] *v/t* stopfen
darned [dɑːnd] → **damned** 2-5
dart [dɑːt] I *s* 1. (Wurf)Pfeil *m* 2. Satz *m*, Sprung *m*: **make a ~ for** losstürzen auf (*Akk*) 3. **~s** *Sg* Darts *n* (*Wurfpfeilspiel*) II *v/t* 4. *Speer* werfen, schleudern, *Pfeil* schießen: **~ a look at s.o.** j-m e-n Blick zuwerfen III *v/i* 5. sausen, flitzen: **~ at** losstürzen auf (*Akk*) 6. zucken, schnellen (*Schlange, Zunge etc*), huschen (*Augen, Blick*) '**~·board** *s* Dartsscheibe *f*
dash [dæʃ] I *v/t* 1. schleudern, schmettern: **~ to pieces** zerschmettern 2. **~ down** (*od* **off**) *Getränk* hinunterstürzen; *Aufsatz, Zeichnung etc* schnell hinhauen 3. *Hoffnung etc* zerstören, zunichte machen II *v/i*

D

4. stürmen: **~ off** davonstürzen **III** s 5. Schlag m: **at one ~** mit 'einem Schlag (a. fig) 6. Schuss m (Rum etc), Prise f (Salz etc) 7. fig Anflug m (**of** von); Stich m (**of green** ins Grüne) 8. Gedankenstrich m 9. **make a ~ at** (od **for**) losstürzen auf (Akk) 10. Schwung m, Schmiss m, Elan m '**~·board** s MOT Armaturen-, FLUG a. Instrumentenbrett n

dash·ing ['dæʃɪŋ] Adj schneidig, forsch

DAT [dæt] Abk (= digital audio tape) DAT n

▸ **da·ta** ['deɪtə] s Pl **1.** (oft Sg konstruiert) (a. technische) Daten Pl od Angaben Pl **2.** IT Daten Pl **~ bank** s IT Datenbank f **~ cap·ture** s IT Datenerfassung f **~ car·ri·er** s IT Datenträger m **~ file** s IT Datei f **~ highway** s IT Datenautobahn f **~ pro·cess·ing** s IT Datenverarbeitung f **~ pro·tec·tion** s Datenschutz m **~ trans·fer, ~ trans·mis·sion** s IT Datenübertragung f **~ typ·ist** s Datentypist(in)

date¹ [deɪt] s BOT Dattel f

▸ **date²** [deɪt] **I** s **1.** Datum n: **a)** Tag m: **what is the ~ today?** der Wievielte ist heute?, welches Datum haben wir heute?, **b)** Zeit(punkt m) f: **of recent ~** neu(eren) Datums, **c)** Datumsangabe f (→ Info bei **Datum**), **d)** WIRTSCH, JUR Tag m, Termin m: **~ of delivery** Liefertermin; **~ of maturity** Fälligkeitstag **2.** heutiges Datum, heutiger Tag: **to ~** bis heute; **out of ~** veraltet, unmodern; **go out of ~** veralten; **up to ~** zeitgemäß, modern, auf dem Laufenden; **bring up to ~** auf den neuesten Stand bringen, modernisieren **3.** Verabredung f, Rendezvous n, Date n: **have a ~ with** s.o. mit j-m verabredet sein; **make a ~** sich verabreden **4.** (Verabredungs)Partner(in): **who is your ~?** mit wem bist du verabredet? **II** v/t **5.** datieren **6.** sich verabreden mit; gehen mit **III** v/i **7.** **~ back to** (Dat) **a. ~ from** stammen aus, entstanden sein in (Dat), **b)** bis in e-e Zeit zurückreichen, auf e-e Zeit zurückgehen **8.** veralten '**dat·ed** Adj **1.** datiert **2.** veraltet, überholt '**date·less** Adj **1.** undatiert **2.** zeitlos

date line s GEOG Datumsgrenze f **~ rape** s Vergewaltigung f nach e-m Rendezvous **~ stamp** s Datums-, a. Poststempel m

'**dat·ing ¸a·gen·cy** s Partnervermittlung f

da·tive ['deɪtɪv] s a. **~ case** LING Dativ m, 3. Fall

daub [dɔ:b] **I** v/t **1.** be-, verschmieren: **~ed with oil** ölverschmiert **2.** schmieren (**on** auf Akk) **3.** pej Bild zs.-klecksen **II** s **4.** MALEREI pej (Farb)Kleckserei f

▸ **daugh·ter** ['dɔ:tə] s Tochter f: **~ (company)** WIRTSCH Tochter(gesellschaft) f

▸ **daugh·ter-in-law** ['dɔ:tərɪnlɔ:] Pl '**daugh·ters-in-law** s Schwiegertochter f

daunt [dɔ:nt] v/t **1.** einschüchtern, erschrecken **2.** entmutigen '**daunt·less** Adj unerschrocken

dav·en·port ['dævnpɔ:t] s **1.** kleiner Schreibtisch **2.** Am (Bett)Couch f

daw·dle ['dɔ:dl] **I** v/i (herum)trödeln, (-)bummeln **II** v/t oft **~ away** Zeit vertrödeln '**daw·dler** s Trödler(in)

dawn [dɔ:n] **I** v/i **1.** dämmern (Morgen, Tag) **2. ~ on** fig j-m dämmern, klar werden **3.** fig sich zu entwickeln beginnen, erwachen **II** s **4.** (Morgen)Dämmerung f: **at ~** bei Tagesanbruch **5.** fig Beginn m

▸ **day** [deɪ] s **1.** Tag m (Ggs. Nacht): **by day** bei Tag(e) **2.** Tag m (Zeitraum): **day after day** Tag für Tag; ▸ **the day after tomorrow,** Am **day after tomorrow** übermorgen; **day in, day out** tagaus, tagein; **let's call it a day!** F Feierabend!, Schluss für heute!; **carry** (od **win**) **the day** den Sieg davontragen **3.** (bestimmter, festgesetzter) Tag: **day of delivery** Liefertermin m **4.** oft Pl (Lebens)Zeit f, Zeiten Pl, Tage Pl: **in my young days** in m-n Jugendtagen, **in those days** damals **5.** oft Pl (beste) Zeit (des Lebens), Glanzzeit f: **he has had his day** s-e beste Zeit ist vorüber; **those were the days!** das waren noch Zeiten! '**~·break** s Tagesanbruch m: **at ~** bei Tagesanbruch '**~·dream** **I** s Tag-Wachtraum m **II** v/i (a. unreg **dream**) (mit offenen Augen) träumen '**~·dream·er** s Träumer(in) '**~·light** s Tageslicht n: **by** (od **in**) **~** bei Tag(eslicht), **in broad ~** am helllichten Tag; **beat** (od **knock**) **the living ~s out of** s.o. F j-n fürchterlich verdreschen; **~ robbery** F Wucher m; **~ saving time** Sommerzeit

f ~ **nurs·er·y** *s* Tagesheim *n*, -stätte *f* ~ **pu·pil** *s* externer Schüler, externe Schülerin (*e-s Internats*) ~ **re·turn** (**tick·et**) → **day ticket** ~ **shift** *s* Tagschicht *f*: **be** (*od* **work**) **on** ~ Tagschicht haben ~ **tick·et** *s* Br Tagesrückfahrkarte *f* '~**time** *s*: **in the** ~ bei Tag(e) ,~-**to-** -'**day** *Adj* (tag)täglich

day| **trip** *s* Tagesausflug *m* ~ **trip·per** *s* Tagesausflügler(in)

daze [deɪz] **I** *v/t* benommen machen **II** *s* Benommenheit *f*: **in a** ~ benommen

daz·zle ['dæzl] **I** *v/t* **1.** blenden (*a. fig*) **II** *s* **2.** Blenden *n*: **in a** ~ geblendet **3.** blendender Glanz

'**D-day** *s* der Tag X

▸ **dead** [ded] **I** *Adj* (→ **deadly** II) **1.** tot, gestorben: **shoot** ~ erschießen; → **body** 2 **2.** *fig* tot: **a)** leblos: ~ **matter** tote Materie, **b)** ausgestorben: ~ **language** tote Sprache, **c)** überlebt (*Brauch etc*) **3.** gefühllos, abgestorben (*Finger etc*) **4.** *fig* (**to**) unempfänglich (für); gleichgültig, abgestumpft (gegen) **5.** *bes* WIRTSCH flau **6.** tot (*Kapital, Wissen etc*) **7.** ELEK tot, stromlos **8.** erloschen (*Vulkan, Gefühle etc*) **9.** matt, stumpf (*Farben, Blick etc*) **10.** völlig, total: ~ **certainty** absolute Gewissheit; ~ **silence** Totenstille *f*; → **cert, earnest** 4, **loss** 1a **II** *s* **11. the** ~ *Pl* die Toten *Pl* **12. in the** ~ **of night** mitten in der Nacht; **in the** ~ **of winter** im tiefsten Winter **III** *Adv* **13.** völlig, total: ~ **drunk** sinnlos betrunken; ~ **slow!** MOT Schritt fahren!; ~ **straight** schnurgerade; ~ **tired** todmüde; → **set** 8 **14.** plötzlich, abrupt: **stop** ~ (**in one's tracks**) plötzlich *od* abrupt stehen bleiben **15.** genau, direkt: ~ **against** genau gegenüber von (*od Dat*) ,~'**beat** *Adj* F todmüde ~ **cen·tre** (*Am* **cen·ter**) *s* genaue Mitte

dead·en ['dedn] *v/t* **1.** *Geräusch* abdämpfen, *a. Schlag etc* (ab)schwächen **2.** *Schmerz* stillen; *Gefühl* abtöten, abstumpfen (**to** gegen)

dead| **end** *s* Sackgasse *f* (*a. fig*): **come to a** ~ in e-e Sackgasse geraten '~**end** *Adj* **1.** ~ **street** Sackgasse *f* **2.** ohne Aufstiegschancen (*Stellung*) ~ **heat** *s* SPORT totes Rennen '~**line** *s* **1.** letzter (Ablieferungs)Termin, Anzeigen-, Redaktionsschluss *m*; ~ **pressure** Termindruck *m*; **meet the** ~ den Termin einhalten **2.**

Stichtag *m* '~**lock** **I** *s* völliger Stillstand, toter Punkt: **come to** (*od* **reach**) **a** ~ → **II** **II** *v/i* sich festfahren, an e-m toten Punkt anlangen (*Verhandlungen etc*) '~**locked** *Adj* festgefahren

dead·ly ['dedlɪ] **I** *Adj* **1.** tödlich; Tod…: ~ **enemy** Todfeind(in); ~ **fight** mörderischer Kampf; ~ **sin** Todsünde *f* **2.** totenähnlich: ~ **pallor** Leichen-, Todesblässe *f* **3.** F schrecklich, äußerst **II** *Adv* **4.** totenähnlich: ~ **pale** leichen-, totenblass **5.** F schrecklich, äußerst: ~ **dull** sterbenslangweilig

dead| **march** *s* MUS Trauermarsch *m* ,~'**pan** *Adj* F **1.** ausdruckslos (*Gesicht*); mit ausdruckslosem Gesicht (*Person*) **2.** trocken (*Humor*)

▸ **deaf** [def] **I** *Adj* **1.** taub (*a. fig* **to** gegen): ~ **and dumb** taubstumm; ~ **in one ear** auf einem Ohr taub; → **ear**[1] 1 **2.** schwerhörig **II** *s* **3. the** ~ *Pl* die Tauben *Pl* ~ **aid** *s* Hörgerät *n* ,~-**and-'dumb** *Adj* **1.** taubstumm **2.** Taubstummen…: ~ **language**

deaf·en ['defn] *v/t* taub machen '**deaf-en·ing** *Adj* ohrenbetäubend

,**deaf-'mute** **I** *Adj* taubstumm **II** *s* Taubstumme *m*, *f*

deaf·ness ['defnɪs] *s* **1.** Taubheit *f* (*a. fig* **to** gegen) **2.** Schwerhörigkeit *f*

▸ **deal**[1] [diːl] *v/i* (*unreg*) **1.** ~ **with** sich befassen *od* beschäftigen mit; handeln von, *etw* behandeln *od* zum Thema haben; *etw* erledigen, mit *etw*, *j-m* fertig werden **2.** ~ **with** WIRTSCH Handel treiben *od* Geschäfte machen mit **3.** ~ **in** WIRTSCH handeln *od* Handel treiben mit: ~ **in paper** Papier führen **4.** *sl* dealen (*mit Drogen handeln*) **5.** *Kartenspiel*: geben **II** *v/t* **6.** *oft* ~ **out** *etw* aus-, verteilen, *Karten a.* geben **III** *s* **7.** F Handlungsweise *f*, Verfahren *n* **8.** F Geschäft *n*, Handel *m*, Deal *m*: **strike** (*od* **make** *od* **cut** *od* **do**) **a** ~ (**with s.o.**) (mit j-m) einen Deal machen, eine Übereinkunft treffen. **it's a** ~! abgemacht!; → **raw** 6 **9.** Abkommen *n*: **make a** ~ ein Abkommen treffen **10.** *Kartenspiel*: Geben *n*: **it is my** ~ ich muss geben

deal[2] [-] *s* Menge *f*: **a great** ~ sehr viel; **a good** ~ e-e ganze Menge, ziemlich viel; **a great** (*od* **good**) ~ **worse** F viel schlechter

▸ **deal·er** ['di:lə] *s* **1.** Händler(in): ~ *in antiques* Antiquitätenhändler(in) **2.** *sl* Dealer(in) (*Drogenhändler*) **3.** *Kartenspiel:* Geber(in) '**deal·ing** *s* **1.** *mst Pl* Umgang *m*, Beziehungen *Pl:* **have ~s with** zu tun haben mit **2.** WIRTSCH Handel *m* (**in** in *Dat*, mit)

dealt [delt] *Prät u. Part Perf* von **deal**[1]

dean [di:n] *s* REL, UNI Dekan(in)

▸ **dear** [dɪə] **I** *Adj* **1.** lieb, teuer (**to** *Dat*): ☺ *Sir*, (*in Briefen*) Sehr geehrter Herr (*Name*); **run for ~ life** um sein Leben rennen **2.** teuer, kostspielig **II** *Adv* **3.** teuer: *it cost him ~* es kam ihm *od* ihn teuer zu stehen **III** *s* **4.** Liebste *m*, *f*, Schatz *m*: *there's a ~* sei (so) lieb **IV** *Interj* **5.** (**oh**) **~!**, **~ me!** du liebe Zeit!, ach je! '**dear·ly** *Adv* **1.** innig, herzlich **2.** teuer: → **buy** 4 '**dear·ness** *s* hoher Preis

---

dear/love

In Großbritannien ist es nicht ungewöhnlich, besonders von älteren Leuten mit **dear** angesprochen zu werden. Es ist so gut wie immer nett gemeint.
Auch Frauen sollten es nicht missverstehen, wenn jemand **love** zu ihnen sagt. Das ist besonders bei Busschaffnern, Ladenbesitzern usw. üblich und drückt ebenfalls auf harmlose Art aus, dass man zu jemand Unbekanntem einfach nur nett sein will.

▸ **death** [deθ] *s* **1.** Tod *m*: *to ~* zu Tode; (*as*) *sure as ~* todsicher; *catch one's ~* sich den Tod holen (*eng. S. durch Erkältung*); *put to ~* hinrichten **2.** *Todesfall m ~* **ag·o·ny** *s* Todeskampf *m* '**~·bed** *s* Sterbebett *n* '**~·blow** *s fig* Todesstoß *m* (**to** für) **~ cell** *s* Todeszelle *f*

death-less ['deθlɪs] *Adj* unsterblich (*Ruhm etc*) '**death-like** *Adj* totenähnlich: ~ *stillness* Totenstille *f* '**death·ly** → *deadly:* ~ *silence* eisiges Schweigen; ~ *stillness* Totenstille *f*

death| **mask** *s* Totenmaske *f* **~ pen·al·ty** *s* Todesstrafe *f* **~ rate** *s* Sterblichkeitsziffer *f*

'**death's-head** *s* Totenkopf *m* (*Symbol*) **death**| **threat** *s* Morddrohung *f* **~ toll** *s* Zahl *f* der Toten: *the ~ on the roads* die Zahl der Verkehrstoten **~ trap** *s* Todesfalle *f* **~ war·rant** *s* **1.** *jur* Hinrichtungsbefehl *m* **2.** *fig* Todesurteil *n* (*of* für): *sign one's ~* sein (eigenes) Todesurteil unterschreiben

de·ba·cle [deɪ'bɑ:kl] *s* Debakel *n*, Zs.-bruch *m*

de·bar [dɪ'bɑ:] *v/t j-n* ausschließen (*from* von)

de·base [dɪ'beɪs] *v/t* **1.** entwürdigen **2.** im Wert mindern; *Wert* mindern

de·bat·a·ble [dɪ'beɪtəbl] *Adj* strittig, umstritten **de'bate** *I* *v/i* **1.** debattieren, diskutieren (*on, about* über *Akk*) **II** *v/t* **2.** *etw* debattieren, diskutieren **3.** *etw* erwägen, sich *etw* überlegen **III** *s* **4.** Debatte *f*, Diskussion *f*: *be under ~* zur Debatte stehen

de·bauch [dɪ'bɔ:tʃ] **I** *v/t sittlich* verderben **II** *s* Ausschweifung *f*, Orgie *f* **de-'bauch·er·y** [-tʃərɪ] *s* Ausschweifung *f*

de·ben·ture [dɪ'bentʃə] *s* **1.** Schuldschein *m* **2.** WIRTSCH **a)** *Br a.* **~ bond** Obligation *f*, Schuldverschreibung *f*, **b)** *Br* Pfandbrief *m*

de·bil·i·tate [dɪ'bɪlɪteɪt] *v/t* schwächen, entkräften **de,bil·i'ta·tion** *s* Schwächung *f*, Entkräftung *f* **de'bil·i·ty** *s* Schwäche *f*, Kraftlosigkeit *f*

deb·it ['debɪt] WIRTSCH **I** *s* **1.** Soll *n*: ~ *and credit* Soll u. Haben *n* **2.** Belastung *f*: *to the ~ of* zulasten von (*od Gen*); ~ *entry* Lastschrift *f* **II** *v/t* **3.** *j-n, Konto* belasten (*with* mit): ~ *£ 100 to s.o.('s account)* j-n (j-s Konto) mit £100 Pfund belasten

de·brief [,di:'bri:f] *v/t* sich informieren lassen von (*e-m Piloten, Diplomaten etc*)

de·bris ['deɪbri:] *s* Trümmer *Pl*, Schutt *m*

▸ **debt** [det] *s* Schuld *f*: ~ *of hono(u)r* Ehrenschuld; *be in* ~ Schulden haben, verschuldet sein; *be in* ~ *to s.o. for £100* j-m £100 schulden; *be in s.o.'s* ~ in j-s Schuld stehen; *be out of* ~ schuldenfrei sein '**debt·or** *s* Schuldner(in)

de·bug [,di:'bʌg] *v/t* **1.** entwanzen (*a. F von Minispionen befreien*) **2.** TECH F Fehler *e-r Maschine* beheben; COMPUTER *ein Programm* austesten, e-n Pro-

declare

grammierfehler beseitigen

de·but ['deibju:] *s* Debüt *n*: *make one's* ~ sein Debüt geben

deb·u·tant ['debju:tã:ŋ] *s* Debütant *m* **deb·u·tante** ['-tɑ:nt] *s* Debütantin *f*

dec·ade ['dekeid] *s* Jahrzehnt *n*

de·ca·dence ['dekədəns] *s* Dekadenz *f* **'de·ca·dent** *Adj* dekadent

de·caf ['di:kæf] *s* F koffeinfreier Kaffee

de·caf·fein·at·ed [,di:'kæfineitid] *Adj* koffeinfrei (*Kaffee*)

de·cal ['di:kæl] *s bes Am* Abziehbild *n*

de·camp [di'kæmp] *v/i* F sich aus dem Staub machen

de·cant [di'kænt] *v/t* **1.** dekantieren **2.** ab-, umfüllen **de·cant·er** *s* Karaffe *f*

de·cap·i·tate [di'kæpiteit] *v/t* enthaupten, köpfen

de·cath·lete [di'kæθli:t] *s Leichtathletik:* Zehnkämpfer(in) **de'cath·lon** [-lɒn] *s* Zehnkampf *m*

de·cay [di'kei] **I** *v/i* **1.** zerfallen (*a. PHYS*), vermodern **2.** verfaulen, -wesen; kariös *od* schlecht werden (*Zahn*) **3.** abnehmen, schwinden; schwach *od* kraftlos werden **4.** zugrunde gehen **5.** GEOL verwittern **II** *s* **6.** Zerfall *m* (*a. PHYS*) **7.** Verfaulen *n* **8.** GEOL Verwitterung *f*

de·cease [di'si:s] *s* Ableben *n* **de'ceased** [-t] *Adj* verstorben **II** *s*: *the ~* der *od* die Verstorbene, die Verstorbenen *Pl*

de·ceit [di'si:t] *s* Betrug *m*, Täuschung *f* **de'ceit·ful** *Adj* **1.** betrügerisch **2.** falsch, hinterlistig

de·ceive [di'si:v] **I** *v/t* täuschen (*Person*), (*Sache a*) trügen: *be ~d* sich täuschen (lassen); *~ o.s.* sich etw vormachen **II** *v/i* täuschen, trügen (*Sache*) **de'ceiv·er** *s* Betrüger(in)

de·cel·er·ate [,di:'seləreit] **I** *v/t* verlangsamen; die Geschwindigkeit herabsetzen von (*od Gen*) **II** *v/i* sich verlangsamen; *se* Geschwindigkeit verringern

▶ **De·cem·ber** [di'sembə] *s* Dezember *m*: *in ~* im Dezember

de·cen·cy ['di:snsi] *s* Anstand *m*, Pl *a*. Anstandsformen Pl: *for ~'s sake* anstandshalber **'de·cent** *Adj* **1.** anständig **2.** passabel, annehmbar **3.** F salonfähig (angezogen)

de·cen·tral·i·za·tion [di:,sentrəlai-'zeiʃn] *s* Dezentralisierung *f* **de'cen·tral·ize** *v/t* dezentralisieren

de·cep·tion [di'sepʃn] *s* Täuschung *f* **de'cep·tive** *Adj* täuschend, trügerisch: *be ~* → **deceive** II; → **appearance** 3

▶ **de·cide** [di'said] **I** *v/t* **1.** etw entscheiden; etw bestimmen **2.** ~ *s.o. to do s.th.* j-n veranlassen *od* dazu bringen, etw zu tun **II** *v/i* **3.** beschließen, sich entscheiden *od* entschließen (*to do, on doing* zu tun; *against doing* nicht zu tun): ~ *in favo(u)r of* (*od on*) (*against*) sich entscheiden für (gegen) **4.** entscheiden, den Ausschlag geben **de'cid·ed** *Adj* entschieden, entschlossen **de'cid·ing** *Adj* entscheidend, ausschlaggebend

de·cid·u·ous [di'sidjuəs] *Adj*: ~ *tree* Laubbaum *m*

dec·i·mal ['desiml] **I** *Adj* **1.** dezimal, Dezimal...: *go* ~ das Dezimalsystem einführen; ~ *fraction* → 2; ~ *point* Komma *n* (*in GB u. USA Punkt*) vor der ersten Dezimalstelle; ~ *system* Dezimalsystem *n* **II** *s* **2.** Dezimalbruch *m* **3.** Dezimalzahl *f* **dec·i·mal·ize** ['-məlaiz] *v/t* auf das Dezimalsystem umstellen

dec·i·mate ['desimeit] *v/t* dezimieren

de·ci·pher [di'saifə] *v/t* entziffern

▶ **de·ci·sion** [di'siʒn] *s* **1.** Entscheidung *f*: *make* (*od take*) *a* ~ e-e Entscheidung treffen (*about, on* über *Akk*) **2.** Entschluss *m*: *arrive at* (*od come to*) *a* ~ zu e-m Entschluss kommen **3.** Entschlusskraft *f*, Entschlossenheit *f* **de'ci·sive** [di'saisiv] *Adj* **1.** ausschlaggebend, entscheidend, endgültig **2.** entschlossen, entschlussfreudig (*Person*)

deck [dek] **I** *s* **1.** SCHIFF Deck *n*: *on* ~ an Deck; *bes Am* F auf den Posten **2.** Stock(werk *n*) *m*, (*e-s Busses a*.) Deck *n* **3.** *bes Am* Spiel *n*, Pack *m* (*Spiel*)Karten **II** *v/t* **4.** *oft* ~ *out* herausputzen; schmücken '~**,chair** *s Br* Liegestuhl *m*

de·claim [di'kleim] *v/i* **1.** deklamieren, (*v/t a*.) vortragen **2.** eifern, wettern (*against* gegen)

dec·la·ra·tion [,deklə'reiʃn] *s* **1.** Erklärung *f*: **a)** Aussage *f*: *make a* ~ e-e Erklärung abgeben, (*of intent* Absichtserklärung), **b)** Verkündung *f*: ~ *of independence* Unabhängigkeitserklärung; ~ *of war* Kriegserklärung **2.** (Zoll)Deklaration *f*, Zollerklärung *f*

▶ **de·clare** [di'kleə] **I** *v/t* **1.** erklären, ver-

künden: ~ *open* für eröffnet erklären; ~
s.o. the winner j-n zum Sieger erklä-
ren; → *war* 2. deklarieren: *have you
anything to* ~? haben Sie etw zu ver-
zollen? **II** v/i **3.** sich erklären od ent-
scheiden (*for* für; *against* gegen) **de-
'clared** *Adj* erklärt

de·clen·sion [dɪ'klenʃn] s LING Dekli-
nation f

de·cline [dɪ'klaɪn] **I** v/i **1.** sich neigen od
senken **2.** zur Neige od zu Ende gehen
3. abnehmen, zurückgehen; fallen, sin-
ken (*Preise*); verfallen **4.** (höflich) ab-
lehnen **II** v/t **5.** (höflich) ablehnen: ~
to do es ablehnen zu tun **6.** LING dekli-
nieren **III** s **7.** Neigung f, Senkung f **8.**
Neige f: *be on the* ~ zur Neige gehen;
im Niedergang begriffen sein, sinken **9.**
Abnahme f, Rückgang m: ~ *of* (od *in*)
strength Kräfteverfall m; ~ *in value*
Wertminderung f

de'cliv·i·ty [dɪ'klɪvətɪ] s **1.** Abschüssig-
keit f **2.** (Ab)Hang m

de·clutch [ˌdiː'klʌtʃ] v/i MOT auskup-
peln

de·code [ˌdiː'kəʊd] v/t entschlüsseln
de·cod·er [ˌdiː'kəʊdə] s Decoder m
dé·colle·tage [ˌdeɪkɒl'tɑːʒ], **dé'colle·té**
[deɪ'kɒlteɪ] s Dekolletee n
de·com·pose [ˌdiːkəm'pəʊz] **I** v/t **1.**
CHEM, PHYS zerlegen, spalten **2.** zerset-
zen **II** v/i **3.** sich auflösen, zerfallen
(*into* in Akk) **4.** sich zersetzen **de-
com·po·si·tion** [ˌdiːkɒmpə'zɪʃn] s **1.**
CHEM, PHYS Zerlegung f, Spaltung f
2. Zersetzung f, Zerfall m
de·con·tam·i·nate [ˌdiːkən'tæmɪneɪt]
v/t entgasen, -seuchen, -strahlen '**de-
con,tam·i'na·tion** s Entgasung f, -seu-
chung f, -strahlung f
dé·cor, de·cor ['deɪkɔː] s **1.** Ausstattung
f (*e-s Raums*) **2.** THEAT Dekor m, n,
Ausstattung f, Dekoration f
▸ **dec·o·rate** ['dekəreɪt] v/t **1.** schmü-
cken, verzieren; ausschmücken, deko-
rieren **2.** tapezieren; (an)streichen **3.**
dekorieren, (mit *Orden etc*) auszeich-
nen **dec·o·ra·tion** s **1.** (Aus)Schmü-
ckung f, Dekorierung f **2.** Schmuck
m, Dekoration f, Verzierung f **3.** Orden
m, Ehrenzeichen n **dec·o·ra·tive** ['dek-
ərətɪv] *Adj* dekorativ, Schmuck...: ~
plant Zierpflanze f **dec·o·ra·tor** ['-
reɪtə] s **1.** Dekorateur(in): → *interior*

1 2. Maler(in) u. Tapezierer(in)

dec·o·rous ['dekərəs] *Adj* anständig,
schicklich **de·co·rum** [dɪ'kɔːrəm] s An-
stand m, Schicklichkeit f
de·coy **I** s ['diːkɔɪ] Lockvogel m, *fig* a.
Köder m **II** v/t [dɪ'kɔɪ] (an)locken, kö-
dern; *fig* a. verleiten (*into* zu)
de·crease [diː'kriːs] **I** v/i abnehmen,
sich vermindern od verringern: ~ *in
length* kürzer werden **II** v/t vermin-
dern, -ringern, herabsetzen **III** s ['diː-
kriːs] Abnahme f, Verminderung f,
-ringerung f: *be on the* ~ → I; ~ *in value*
Wertminderung f
de·cree [dɪ'kriː] **I** s **1.** Dekret n, Erlass
m, Verfügung f **2.** JUR Entscheid m, Ur-
teil n **II** v/t **3.** verfügen ~ **ni·si** ['naɪsaɪ] s
JUR vorläufiges Scheidungsurteil
de·crep·it [dɪ'krepɪt] *Adj* altersschwach
(*Person, Auto etc*)
de·cry [dɪ'kraɪ] v/t schlecht machen,
heruntermachen, herabsetzen
ded·i·cate ['dedɪkeɪt] v/t **1.** *Buch, Le-
ben, Zeit etc* widmen (*to Dat*) **2.** Am
feierlich eröffnen od einweihen
'**ded·i·cat·ed** *Adj* **1.** treu sorgend (*Vater
etc*), einsatzfreudig (*Angestellter etc*),
engagiert (*Verfechter etc*) **2.** ~ *line* IT
Standleitung f ,**ded·i'ca·tion** s **1.** Wid-
mung f **2.** Hingabe f **3.** Am feierliche
Eröffnung od Einweihung
de·duce [dɪ'djuːs] v/t **1.** folgern, schlie-
ßen (*from* aus) **2.** ab-, herleiten (*from*
von)
de·duct [dɪ'dʌkt] v/t (*from*) *Betrag* **a)**
abziehen (von): *after* ~*ing charges*
nach Abzug der Kosten, **b)** einbehalten
(von), **c)** (von *der Steuer*) absetzen **de-
'duct·i·ble** *Adj* (steuerlich) absetzbar
de'duc·tion s **1.** Abzug m; Einbehal-
tung f; Absetzung f **2.** WIRTSCH Nach-
lass m **3.** (Schluss)Folgerung f, Schluss
m

deed [diːd] s **1.** Tat f: *do a good* ~ e-e
gute Tat vollbringen; → *will*[1] **1**, *word*
1 2. Helden-, Großtat f **3.** JUR (Über-
tragungs)Urkunde f
dee·jay ['diːdʒeɪ] s F Diskjockey m
deem [diːm] v/t halten od erachten für,
betrachten als
▸ **deep** [diːp] **I** *Adj* **1.** tief (*a. fig*): ~
breath tiefer Atemzug; ~ *disappoint-
ment* schwere od bittere Enttäu-
schung; ~*ly disappointed* schwer od

bitter enttäuscht; ~ **poverty** tiefste Armut; ~ **silence** tiefes od völliges Schweigen; ~ **sleep** tiefer Schlaf, Tiefschlaf m; ~ **voice** tiefe od dunkle Stimme; **in ~ water(s)** in Schwierigkeiten 2. schwer verständlich, schwierig: **that is too ~ for me** das ist mir zu hoch **II** Adv 3. tief (a. fig): ~ **into the night** (bis) tief in die Nacht (hinein); ~ **in thought** tief in Gedanken (versunken); → **water** 2 **III** s 4. Tiefe f 5. **in the ~ of night** mitten in der Nacht; **in the ~ of winter** im tiefen Winter '**deep-en** v/t u. v/i (sich) vertiefen, fig a. (sich) steigern od stärken

'deep|-felt Adj tief empfunden ,~'**freeze I** s Tiefkühl-, Gefriergerät n **II** Adj Tiefkühl..., Gefrier...: ~ **cabinet** Tiefkühl-, Gefriertruhe f **III** v/t (mst unreg **freeze**) tiefkühlen, einfrieren: **deep-frozen food** Tiefkühlkost f ~**freez-er** → **deep-freeze** I ,~'**fry** v/t frittieren ~ **fry-er**, '~,**fry-ing pan** s Fritteuse f

deep-ness ['di:pnɪs] s Tiefe f (a. fig) ,**deep-**'**root-ed** Adj tief verwurzelt (a. fig) ,~'**sea** Adj Tiefsee...: ~ **fishing** Hochseefischerei f ,~'**seat-ed** Adj tief sitzend '~**set** Adj tief liegend (Augen)

▸ **deer** [dɪə] Pl **deer** s ZOOL Hirsch m; Reh n

de-es-ca-late [,di:'eskəleɪt] **I** v/t 1. Krieg etc deeskalieren 2. Erwartungen etc herunterschrauben **II** v/i 3. deeskalieren ,**de-es-ca-'la-tion** s Deeskalation f

de-face [dɪ'feɪs] v/t 1. entstellen, verunstalten 2. aus-, durchstreichen, unleserlich machen

def-a-ma-tion [,defə'meɪʃn] s Verleumdung f, Diffamierung f **de-fam-a-to-ry** [dɪ'fæmətərɪ] Adj verleumderisch, diffamierend **de-fame** [dɪ'feɪm] v/t verleumden, diffamieren

de-fault [dɪ'fɔ:lt] **I** s 1. Unterlassung f, (Pflicht)Versäumnis n 2. WIRTSCH Nichterfüllung f, Verzug m: **be in ~** in Verzug sein (**on** mit) 3. JUR Nichterscheinen n vor Gericht: **judg(e)ment by ~** Versäumnisurteil n 4. SPORT Nichtantreten n 5. **in ~ of** in Ermangelung von (od Gen), mangels (Gen) 6. COMPUTER Default m, Grundeinstel-

lung f **II** v/i 7. s-n Verpflichtungen nicht nachkommen, im Verzug sein: ~ **on s.th.** mit etw im Rückstand sein 8. JUR nicht vor Gericht erscheinen 9. SPORT nicht antreten **III** v/t 10. e-r Verpflichtung nicht nachkommen, in Verzug geraten mit

▸ **de-feat** [dɪ'fi:t] **I** v/t 1. Gegner besiegen, schlagen 2. Hoffnung, Plan etc vereiteln, zunichte machen **II** s 3. Besiegung f 4. Niederlage f: **admit ~** sich geschlagen geben 5. Vereit(e)lung f

de-fect **I** s [di'fekt] 1. Defekt m, Fehler m: ~ **in character** Charakterfehler; ~ **of vision** Sehfehler 2. Mangel m (**of** an Dat) **II** v/i [dɪ'fekt] 3. abtrünnig werden (**from** Dat); übergehen, -laufen (**to** zu) **de'fec-tion** s Überlaufen n **de'fec-tive** Adj 1. mangelhaft, unzulänglich: **he is ~ in** es mangelt ihm an (Dat) 2. schadhaft, defekt: **mentally ~** schwachsinnig **de'fec-tor** s Überläufer(in)

▸ **de-fence** [dɪ'fens] s Br Verteidigung f (a. MIL, JUR, Sport), Schutz m: **in ~ of** zur Verteidigung od zum Schutz von (od Gen); **come to s.o.'s ~** j-m zu Hilfe kommen; → **counsel** 3, **witness** 1 **de-'fence-less** Adj schutz-, wehrlos

▸ **de-fend** [dɪ'fend] v/t 1. (**from, against**) verteidigen (gegen), schützen (vor Dat, gegen) 2. Meinung etc verteidigen, rechtfertigen **de'fend-ant** s JUR Beklagte m, f; Angeklagte m, f **de-'fend-er** s 1. Verteidiger(in) 2. SPORT Abwehrspieler(in)

▸ **de-fense**, etc Am → **defence**, etc **de-'fen-sive I** Adj defensiv, Verteidigungs..., Abwehr... **II** s Defensive f: **on the ~** in der Defensive

de-fer[1] [dɪ'fɜ:] v/t 1. auf-, verschieben (**to** od Akk) 2. hinausschieben, verzögern 3. MIL Am (vom Wehrdienst) zurückstellen

de-fer[2] [-] v/i sich fügen (**to** Dat) **def-er-ence** ['defərəns] s 1. Ehrerbietung f, (Hoch)Achtung f: **in** (od out **of**) ~ **to** aus Achtung vor (Dat) 2. Rücksicht(nahme) f: **in** (od out **of**) ~ **to** mit od aus Rücksicht auf (Akk) **def-er-en-tial** [,-'renʃl] Adj rücksichtsvoll

de-fer-ment [dɪ'fɜ:mənt] s 1. Aufschub m, Verschiebung f 2. MIL Am Zurückstellung f (**vom Wehrdienst**)

de-fi-ance [dɪ'faɪəns] s 1. Trotz m: **in ~**

of ungeachtet, trotz (*Gen*), *e-m Gebot etc* zuwider, *j-m* zum Trotz **2.** Herausforderung *f* **de'fi·ant** *Adj* **1.** trotzig **2.** herausfordernd

de·fi·cien·cy [dɪ'fɪʃnsɪ] *s* **1.** (*of*) Mangel *m* (an *Dat*), Fehlen *n* (von): **blood ~ Blutarmut** *f*; **~ disease** MED Mangelkrankheit *f* **2. → deficit** *→* **deficient** *Adj* unzureichend, mangelhaft, ungenügend: **be ~ in** Mangel leiden an (*Dat*), **es ~ in** *ihm* fehlt es an (*Dat*)

def·i·cit ['defɪsɪt] *s* Defizit *n*, Fehlbetrag *m*

de·fine [dɪ'faɪn] *v/t* **1.** definieren: **a)** *Wort etc* erklären, **b)** *Begriff etc* bestimmen **2.** abgrenzen **3. be clearly ~d against** sich scharf *od* deutlich abheben von *od* gegen **def·i·nite** ['defɪnɪt] *Adj* **1.** bestimmt (*a.* LING) **2.** endgültig, definitiv **'def·i·nite·ly** *Adv* → **definite**: **~ not!** ganz bestimmt nicht! **,def·i·ni·tion** *s* Definition *f*: **a)** Erklärung *f*, **b)** Bestimmung *f* **de·fin·i·tive** [dɪ'fɪnɪtɪv] *Adj* **1.** → **definite** 2 **2.** maßgeblich

de·flate [dɪ'fleɪt] *v/t* **1.** (die) Luft ablassen aus **2.** WIRTSCH deflationieren **de·'fla·tion** *s* WIRTSCH Deflation *f*

de·flect [dɪ'flekt] **I** *v/t* ablenken (**from** von) **II** *v/i* abweichen (**from** von) (*a. fig*) **de·'flec·tion** *s* **1.** Ablenkung *f* **2.** Abweichung *f*

de·fo·li·ant [ˌdiː'fəʊlɪənt] *s* Entlaubungsmittel *n*

de·fo·li·ate [ˌdiː'fəʊlɪeɪt] *v/t* entlauben

de·for·est [ˌdiː'fɒrɪst] *v/t* abholzen

de·form [dɪ'fɔːm] *v/t* **1.** deformieren, verformen (*beide a.* PHYS, TECH) **2.** verunstalten, entstellen: **~ed by anger** wutverzerrt (*Gesicht*) **de·for·ma·tion** [ˌdiːfɔː'meɪʃn] *s* **1.** Deformierung *f*, Verformung *f* **2.** Verunstaltung *f*, Entstellung *f* **de·form·i·ty** [dɪ'fɔːmətɪ] *s* **1.** Entstelltheit *f* **2.** Missbildung *f*

de·fraud [dɪ'frɔːd] *v/t* betrügen (**of** um)

de·fray [dɪ'freɪ] *v/t* Kosten tragen

de·frost [ˌdiː'frɒst] **I** *v/t* von Eis befreien, *Windschutzscheibe etc* entfrosten, *Kühlschrank etc* abtauen, *Tiefkühlkost etc* auftauen **II** *v/i* ab-, auftauen

deft [deft] *Adj* gewandt, geschickt

de·fuse [ˌdiː'fjuːz] *v/t* *Bombe, Lage etc* entschärfen

de·fy [dɪ'faɪ] *v/t* **1.** trotzen (*Dat*); sich widersetzen (*Dat*): **~ description** unbe-

schreiblich sein, jeder Beschreibung spotten **2.** herausfordern

de·gen·er·ate I *v/i* [dɪ'dʒenəreɪt] degenerieren, entarten (**into** zu) **II** *Adj* [-rət] degeneriert, entartet **de,gen·er'a·tion** [-'reɪʃn] *s* Degeneration *f*, Entartung *f*

deg·ra·da·tion [ˌdegrə'deɪʃn] *s* **1.** Degradierung *f* **2.** Erniedrigung *f* **de·grade** [dɪ'greɪd] *v/t* **1.** degradieren **2.** erniedrigen (**into, to** zu)

▸ **de·gree** [dɪ'griː] *s* **1.** Grad *m*, Stufe *f*: **by ~s** allmählich, nach u. nach; **by slow ~s** ganz allmählich; **to some** (*od* **a certain**) **~** ziemlich, bis zu e-m gewissen Grade; **to a high ~** in hohem Maße; **~ of comparison** LING Steigerungsstufe *f*; **~ of priority** Dringlichkeitsstufe *f* **2.** MATHE, TECH, ASTR, GEOG *etc* Grad *m*: **~ of latitude** (**longitude**) Breiten- (Längen)grad **3.** UNI Grad *m*, Hochschulabschluss *m*. **take one's ~** e-n akademischen Grad erwerben; **→ doctor** 2

de·hu·man·ize [ˌdiː'hjuːmənaɪz] *v/t* entmenschlichen

de·hy·drate [ˌdiː'haɪdreɪt] *v/t* das Wasser entziehen (*Dat*): **~d vegetables** *Pl* Trockengemüse *n*

de·ice [ˌdiː'aɪs] *v/t* enteisen

deign [deɪn] *v/i* sich herablassen, geruhen (**to do** zu tun) **II** *v/t* sich herablassen zu

de·i·ty ['diːɪtɪ] *s* Gottheit *f*

de·ject·ed [dɪ'dʒektɪd] *Adj* niedergeschlagen **de'jec·tion** *s* Niedergeschlagenheit *f*

▸ **de·lay** [dɪ'leɪ] **I** *v/t* **1. a)** ver-, auf-, hinausschieben: **~ doing s.th.** es verschieben, etw zu tun, **b)** verzögern, -schleppen: **be ~ed** sich verzögern **2.** aufhalten: **be ~ed** (**for two hours**) BAHN, *etc* (zwei Stunden) Verspätung haben **II** *v/i* **3.** zögern **4.** Zeit zu gewinnen suchen **III** *s* **5.** Verschiebung *f*, Aufschub *m*; Verzögerung *f*, Verschleppung *f*: **without ~** unverzüglich **6.** BAHN, *etc* Verspätung *f* **de'lay·ing** *Adj*: **~ tactics** *Pl* Hinhalte-, Verzögerungstaktik *f*

del·e·gate I *s* ['delɪgət] **1.** Delegierte *m*, *f*, bevollmächtigter Vertreter, bevollmächtigte Vertreterin **II** *v/t* ['-geɪt] **2.** abordnen, delegieren **3.** *Vollmachten*

etc übertragen (**to** *Dat*) **del·e·ga·tion** [ˌ-'geɪʃn] *s* **1.** Übertragung *f* **2.** Abordnung *f*, Delegation *f*

de·lete [dɪ'liːt] **I** *v/t* (aus)streichen; IT *Datei, Nachricht etc* löschen **II** *v/i*: ~ **where inapplicable** Nichtzutreffendes bitte streichen **de·lete key** *s* Entfernungs-, Löschtaste *f* **de·le·tion** [dɪ-'liːʃn] *s* Streichung *f*, COMPUTER Löschung *f*

de·li ['delɪ] *s* F Delikatessengeschäft *n*

de·lib·er·ate I *Adj* [dɪ'lɪbərət] **1.** überlegt **2.** bewusst, absichtlich, vorsätzlich **3.** bedächtig, besonnen **II** *v/t* [ˌ-reɪt] **4.** überlegen, erwägen **III** *v/i* [ˌ-reɪt] **5.** nachdenken (**on** über *Akk*), überlegen **6.** beratschlagen, sich beraten (**on** über *Akk*) **de,lib·er'a·tion** [ˌ-'reɪʃn] *s* **1.** Überlegung *f* **2.** Beratung *f* **3.** Bedächtigkeit *f*

del·i·ca·cy ['delɪkəsɪ] *s* **1.** Zartheit *f* **2.** Fein-, Zartgefühl *n*, Takt *m* **3.** Empfindlichkeit *f* **4.** *of great* ~ sehr heikel **5.** Delikatesse *f*, Leckerbissen *m* **del·i·cate** ['ˌ-kət] *Adj* **1.** zart: **a)** fein (*Farben etc*), **b)** zierlich (*Figur etc*), **c)** zerbrechlich: *of* (*od in*) ~ *health* von zarter Gesundheit, **d)** sanft, leise **2.** delikat, heikel (*Frage etc*) **3.** fein, empfindlich (*Instrument etc*) **4.** feinfühlig, zart **5.** delikat, schmackhaft **del·i·ca·tes·sen** [ˌdelɪkə'tesn] *s* Pl **1.** Delikatessen *Pl*, Feinkost *f* **2.** *Sg* Feinkostgeschäft *n*

de·li·cious [dɪ'lɪʃəs] *Adj* köstlich

de·light [dɪ'laɪt] **I** *s* Vergnügen *n*, Entzücken *n*: **to my** ~ zu m-r Freude; *take* ~ *in* → III **II** *v/t* erfreuen, entzücken **III** *v/i*: ~ *in* (große) Freude haben an (*Dat*), sich ein Vergnügen machen aus

▸ **de·light·ed** [dɪ'laɪtɪd] *Adj* entzückt, (hoch)erfreut: *thanks for your invitation* – *we'd be delighted to come* danke für Ihre Einladung – wir kommen mit dem größten Vergnügen

▸ **de·light·ful** [dɪ'laɪtfʊl] *Adj* entzückend, herrlich

de·lim·it [diː'lɪmɪt] *v/t* abgrenzen

de·lin·e·ate [dɪ'lɪnɪeɪt] *v/t* **1.** skizzieren, entwerfen **2.** beschreiben, **·lin·quen·cy** [dɪ'lɪŋkwənsɪ] *s* Kriminalität *f*: → *juvenile* **I de·lin·quent I** *Adj* straffällig **II** *s* Delinquent(in), Straffällige *m*, *f*: → *juvenile* **I**

de·lir·i·ous [dɪ'lɪrɪəs] *Adj* **1.** MED im Delirium, phantasierend **2.** *fig* rasend (**with** vor *Dat*): ~ *with joy* in e-m Freudentaumel; *~ly happy* vor Glück außer sich **de·lir·i·um** [ˌ-əm] *Pl* **·i·ums**, **·i·a** [ˌ-ɪə] *s* **1.** MED Delirium *n*: ~ *tremens* ['triːmenz] Delirium tremens, Säuferwahn(sinn) *m* **2.** *fig* Taumel *m*: ~ *of joy* Freudentaumel

de·liv·er [dɪ'lɪvə] **I** *v/t* **1.** *a.* ~ *up* (*od* ~ *over*) übergeben, ausliefern: ~ *o.s. up to s.o.* sich j-m stellen *od* ergeben **2.** *Waren* liefern; *Brief etc* zustellen; *Nachricht etc* bestellen **3.** *Rede etc* halten (**to** vor *Dat*) **4.** befreien, erlösen (**from** von, aus) **5.** *be ~ed* entbinden: *be ~ed of* entbunden werden von **de·'liv·er·y** *s* **1.** WIRTSCH Lieferung *f*: *on* ~ bei Lieferung *od* Empfang; *cash* (*Am collect*) *on* ~ per Nachnahme; ~ *contract* Liefervertrag *m*; ~ *note* Lieferschein *m* **2.** POST Zustellung *f*: ~ *charge* Zustellgebühr *f* **3.** Halten *n* (*e-r Rede*); Vortrag(sweise *f*) *m* **4.** MED Entbindung *f*: ~ *room* Kreißsaal *m*

de·louse [ˌdiː'laʊs] *v/t* entlausen

del·ta ['deltə] *s* (Fluss)Delta *n*

de·lude [dɪ'luːd] *v/t* **1.** täuschen, irreführen: ~ *o.s.* sich etw vormachen **2.** verleiten (*into* zu)

del·uge ['deljuːdʒ] **I** *s* **1.** Überschwemmung *f*: *the* ⌾ BIBEL die Sintflut **2.** *fig* Flut *f*, (Un)Menge *f* **II** *v/t* **3.** überschwemmen, -fluten (*beide a. fig with* mit)

de·lu·sion [dɪ'luːʒn] *s* **1.** Täuschung *f*, Irreführung *f* **2.** Wahn *m* (*a.* PSYCH): *be under the* ~ *that* in dem Wahn leben, dass; *~s Pl of grandeur* Größenwahn **de·lu·sive** [ˌ-sɪv] *Adj* **1.** täuschend, irreführend **2.** Wahn...

de luxe [dəˈlʌks] *Adj* Luxus..., De-Luxe-...

delve [delv] *v/i* angestrengt suchen (**for** nach): ~ *into* sich vertiefen in (*Akk*); erforschen

dem·a·gog·ic [ˌdeməˈgɒgɪk] *Adj* (**~ally**) demagogisch **dem·a·gogue** ['ˌ-gɒg] *s* Demagoge *m*, Demagogin *f* **'dem·a·gog·y** *s* Demagogie *f*

▸ **de·mand** [dɪ'mɑːnd] **I** *v/t* **1.** fordern, verlangen (**of**, **from** von) **2.** (*fordernd*) fragen nach **3.** *fig* erfordern, verlangen

II *s* **4.** Forderung *f* (*for* nach): **on ~** auf Verlangen; **make ~s on s.o.** Forderungen an j-n stellen **5.** (**on**) Anforderung *f* (an *Akk*), Beanspruchung *f* (*Gen*): **make great ~s on** stark in Anspruch nehmen (*Akk*), große Anforderungen stellen an (*Akk*) **6.** WIRTSCH *u. allg* (**for**) Nachfrage *f* (nach), Bedarf *m* (an *Dat*): **be in great ~** sehr gefragt sein

de·mand·ing *adj* anspruchsvoll

de·mar·cate ['di:mɑ:keɪt] *v/t* abgrenzen (**from** gegen, von) (*a. fig*) **de·mar·ca·tion** *s* Abgrenzung *f*: **~ line** Grenz-, POL Demarkationslinie *f*; Trennungslinie *f*, -strich *m*

dem·e·ra·ra sug·ar [ˌdeməˈreərə ~] *s* brauner Rohrzucker

de·merge [ˌdi:ˈmɜ:dʒ] *vt u. vi* WIRTSCH entfusionieren **de'merg·er** *s* WIRTSCH Entfusionierung *f*

demi-... [demɪ] *in Zssgn* Halb..., halb...
'dem·i·god *s* Halbgott *m* (*a. fig*)
'dem·i·john *s* große Korbflasche

de·mil·i·ta·rize [ˌdi:ˈmɪlɪtəraɪz] *v/t* entmilitarisieren

de·mist [ˌdi:ˈmɪst] *v/t Windschutzscheibe* freimachen **de'mist·er** *s* MOT Gebläse *n*

dem·o ['deməʊ] *Pl* **-os** *s* F Demo *f* (*Demonstration*)

▸ **de·moc·ra·cy** [dɪˈmɒkrəsɪ] *s* Demokratie *f* **dem·o·crat**, POL *Am* 2 ['deməkræt] *s* Demokrat(in) *f* **dem·o·'crat·ic**, POL *Am* 2 *Adj* (**~ally**) demokratisch

de·mog·ra·phy [di:ˈmɒgrəfɪ] *s* Demographie *f*

de·mol·ish [dɪˈmɒlɪʃ] *v/t* **1.** ab-, ein-, niederreißen, abbrechen **2.** *fig* zerstören **3.** F *Essen* verdrücken **dem·o·li·tion** [ˌdeməˈlɪʃn] *s* **1.** Niederreißen *n*, Abbruch *m* **2.** *fig* Zerstörung *f*

de·mon ['di:mən] *s* **1.** Dämon *m* **2. ~ for work** Arbeitsfanatiker(in) *f* **de·mon·ic** [dɪˈmɒnɪk] *Adj* (**~ally**) dämonisch

dem·on·strate ['demənstreɪt] **I** *v/t* **1.** demonstrieren: **a)** beweisen, **b)** darlegen, veranschaulichen, zeigen **2.** *Auto etc* vorführen **II** *v/i* **2.** POL *etc* demonstrieren **dem·on·stra·tion** *s* **1.** Demonstrierung *f*, Veranschaulichung *f* **2.** Vorführung *f*: **~ car** Vorführwagen *m* **3.** Demonstration *f*, Kundgebung *f* **de·mon·stra·tive** [dɪˈmɒnstrətɪv] *Adj*

1. anschaulich: **be ~ of** → **demonstrate** 1 **2. be ~** s-e Gefühle (offen) zeigen **3.** demonstrativ, betont **4. ~ pronoun** LING Demonstrativpronomen *n*, hinweisendes Fürwort

dem·on·stra·tor ['demənstreɪtə] *s* **1.** Vorführer(in), Propagandist(in) **2.** Demonstrant(in) **3.** Vorführmodell *n*, *bes.* Vorführwagen *m*

de·mor·al·ize [dɪˈmɒrəlaɪz] *v/t* demoralisieren

de·mote [dɪˈməʊt] *v/t* MIL degradieren; (beruflich) zurückstufen

de·mo·ti·vate [ˌdi:ˈməʊtɪveɪt] *v/t* demotivieren

den [den] *s* **1.** ZOOL Höhle *f* (*a. fig*): **~ of vice** Lasterhöhle **2.** F Bude *f*

de·na·tion·al·ize [ˌdi:ˈnæʃnəlaɪz] *v/t* WIRTSCH reprivatisieren, entstaatlichen

de·ni·al [dɪˈnaɪəl] *s* **1.** Ablehnung *f* **2.** (Ab)Leugnung *f*: **official ~** Dementi *n*

den·im ['denɪm] **I** *s* **1.** Denim *m, n* (*blauer Jeansstoff*) **2.** *Pl* Overall *m od* Jeans *Pl* (aus Denim), Blue Jeans *Pl* **II** *Adj* **3.** Jeans...: **~ jacket** Jeansjacke *f*; **~ suit** Jeansanzug *m*

▸ **Den·mark** ['denmɑ:k] *Eigenn* Dänemark *n*

de·nom·i·nate [dɪˈnɒmɪneɪt] *v/t* nennen, bezeichnen als **de,nom·i·na·tion** *s* **1.** Bezeichnung *f* **2.** REL Konfession *f*, Bekenntnis *n* **3.** Nennwert *m* **de,nom·i·na·tion·al** [ˌ~ˈneɪʃənl] *Adj* konfessionell, Konfessions... **de·'nom·i·na·tor** *s* MATHE Nenner *m*: **common ~** gemeinsamer Nenner (*a. fig*); **reduce to a common ~** auf e-n gemeinsamen Nenner bringen

de·note [dɪˈnəʊt] *v/t* **1.** bedeuten, anzeigen **2.** kenn-, bezeichnen

de·nounce [dɪˈnaʊns] *v/t* **1.** anprangern **2.** *j-n* anzeigen, *pej* denunzieren (**to** bei) **3.** *Vertrag* kündigen

dense [dens] *Adj* **1.** *allg* dicht: **~ly populated** dicht bevölkert **2.** *fig* beschränkt, begriffsstutzig **'dense·ness** *s* **1.** → **density 2.** *fig* Beschränktheit *f*, Begriffsstutzigkeit *f* **'den·si·ty** *s* Dichte *f*, Dichtheit *f*: **double (high) ~ disk** DD-Diskette (HD-Diskette) *f*; **population ~** Bevölkerungsdichte; **traffic ~** Verkehrsdichte

dent [dent] **I** *s* Beule *f*, Delle *f*, Einbeulung *f*: **make a ~ in** *fig* ein Loch reißen

in (*Ersparnisse etc*); *j-s Stolz etc* verletzen **II** *v/t* ein-, verbeulen

den·tal ['dentl] *Adj* **1.** Zahn…: **~ floss** Zahnseide *f*; **~ hygiene** Zahnpflege *f*; **~ plaque** Zahnbelag *m*; **~ surgeon** → **dentist**; **~ treatment** Zahnbehandlung *f* **2.** Zahnarzt…: **~ assistant** Zahnarzthelfer(in)

▶ **den·tist** ['dentɪst] *s* Zahnarzt *m*, -ärztin *f* '**den·tist·ry** *s* Zahnmedizin *f* **den·tures** ['-tʃəz] *s Pl* (Zahn)Prothese *f*

de·nun·ci·a·tion [dɪˌnʌnsɪ'eɪʃn] *s* **1.** (öffentliche) Anprangerung **2.** Anzeige *f*, *pej* Denunziation *f* **3.** Kündigung *f* (**of** *e-s Vertrags*)

▶ **de·ny** [dɪ'naɪ] *v/t* **1.** ab-, bestreiten, dementieren, (ab)leugnen: *it cannot be denied, there is no ~ing* (*the fact*) es lässt sich nicht bestreiten, es ist nicht zu leugnen (*that* dass) **2.** *Bitte etc* ablehnen, *j-m etw* abschlagen, verweigern **3.** *Glauben, j-n etc* verleugnen

de·o·dor·ant [diː'əʊdərənt] **I** *s* Deodorant *n*, Deo *n*: **roll-on ~** Deoroller *m*; **~ spray** Deospray *m*, *n* **II** *Adj* deodorierend **de·o·dor·ize** *v/t* deodorieren

▶ **de·part** [dɪ'pɑːt] *v/i* **1.** abreisen, abfahren (**for** nach) **2.** BAHN, *etc* abfahren, FLUG abfliegen **3.** abweichen (**from** von *e-r Regel, der Wahrheit etc*) **'part·ed I** *Adj* verstorben **II** *s*: **the ~** der *od* die Verstorbene, die Verstorbenen *Pl*

▶ **de·part·ment** [dɪ'pɑːtmənt] *s* **1.** Fach *n*, Gebiet *n* **2.** Abteilung *f*, UNI *a*. Fachbereich *m*: ▶ **department store** Kaufhaus *n* **3.** POL Ministerium *n*: *Department of Defense Am* Verteidigungsministerium; *Department of the Interior Am* Innenministerium; *Department of State Am* Außenministerium **de·part·men·tal** [ˌdiːpɑːt'mentl] *Adj* Abteilungs…

▶ **de·par·ture** [dɪ'pɑːtʃə] *s* **1.** Abreise *f* **2.** BAHN, *etc* Abfahrt *f*, FLUG Abflug *m* (**beide**: **for** nach): **~s** *Pl* ,Abfahrt', ,Abflug'; **~ lounge** Abflughalle *f* **3.** Abweichen *n*

▶ **de·pend** [dɪ'pend] *v/i* **1.** sich verlassen (**on** auf *Akk*) **2.** (**on**) abhängen, abhängig sein (von): **a)** angewiesen sein (auf *Akk*), **b)** ankommen (auf *Akk*): *that ~s* das kommt darauf an, je nachdem; **~ing on whether** je nachdem, ob **de-**

'**pend·a·ble** *Adj* verlässlich, zuverlässig **de·pen·dance** *Am* → **dependence** **de'pen·dant I** *s* (Familien)Angehörige *m*, *f* **II** *Adj Am* → **dependent I** **de'pen·dence** *s* **1.** Vertrauen *n* (**on** *auf Akk*) **2.** (**on**) Abhängigkeit *f* (von), Angewiesensein *n* (auf *Akk*) **de'pen·dent** *Adj* (**on**) abhängig (von): **a)** angewiesen (auf *Akk*), **b)** bedingt (durch): **~ on weather conditions** wetter-, witterungsbedingt

de·pict [dɪ'pɪkt] *v/t* **1.** (bildlich) darstellen **2.** schildern, beschreiben

de·pil·a·to·ry [dɪ'pɪlətərɪ] *s* Enthaarungsmittel *n*

de·plete [dɪ'pliːt] *v/t* **1.** leeren **2.** *fig* Raubbau treiben mit, *Kräfte, Vorräte etc* erschöpfen, *Bestand etc* dezimieren

de·plor·a·ble [dɪ'plɔːrəbl] *Adj* **1.** bedauerlich, bedauerns-, beklagenswert **2.** erbärmlich, kläglich **de'plore** *v/t* bedauern, beklagen

de·ploy [dɪ'plɔɪ] *v/t* **1.** MIL *u. allg* verteilen, einsetzen **2.** MIL *Truppen* stationieren, *Raketen etc a.* aufstellen

de·port [dɪ'pɔːt] *v/t* **1.** des Landes verweisen, ausweisen, *Ausländer a.* abschieben **2.** deportieren **de·por·ta·tion** [ˌdiːpɔː'teɪʃn] *s* **1.** Ausweisung *f*, Abschiebung *f* **2.** Deportation *f* **de·port·ment** [dɪ'pɔːtmənt] *s* Auftreten *n*, Benehmen *n*

de·pose [dɪ'pəʊz] *v/t* **1.** *j-n* absetzen **2.** JUR eidlich bezeugen *od* erklären **II** *v/i* **3.** **~ to** → **2**

de·pos·it [dɪ'pɒzɪt] **I** *v/t* **1.** absetzen, abstellen **2.** CHEM, GEOL ablagern, absetzen **3.** deponieren, hinterlegen **4.** WIRTSCH *Betrag* anzahlen **II** *v/i* **5.** CHEM sich absetzen *od* ablagern **III** *s* **6.** CHEM Ablagerung *f*, GEOL *a.* (Erz- *etc*)Lager *n* **7.** Deponierung *f*, Hinterlegung *f* **8.** WIRTSCH Anzahlung *f*: *make* (*od pay*) *a* **~** e-e Anzahlung leisten (**on** für) **9.** (Flaschen)Pfand *n*, *schweiz.* Depot *n* **~ ac·count** *s bes Br* Sparkonto *n* **dep·o·si·tion** [ˌdepə'zɪʃn] *s* **1.** Absetzung *f* **2.** CHEM, GEOL Ablagerung *f* **3.** JUR eidliche Aussage

de·pot *s* **1.** ['depəʊ] Depot *n* (*a*. MIL, MED) **2.** ['diːpəʊ] *Am* Bahnhof *m*

de·prave [dɪ'preɪv] *v/t* moralisch verderben **de·prav·i·ty** [dɪ'prævətɪ] *s* Verderbtheit *f*

dep·re·cate ['deprɪkeɪt] v/t 1. missbilligen 2. → **deprecate** 2 '**dep·re·cat·ing** Adj 1. missbilligend 2. entschuldigend ,**dep·re'ca·tion** s Missbilligung f **dep·re·ca·to·ry** ['-kətərɪ] → **deprecating**

de·pre·ci·ate [dɪ'pri:ʃɪeɪt] I v/t 1. gering schätzen, verachten 2. herabsetzen, herunterwürdigen 3. im Preis od Wert herabsetzen; Währung abwerten II v/i 4. an Wert verlieren de'**pre·ci·at·ing** Adj geringschätzig, verächtlich de·,**pre·ci'a·tion** s 1. Geringschätzung f, Verachtung f 2. Herabsetzung f 3. WIRTSCH Wertminderung f; Abwertung f

dep·re·da·tion [,deprɪ'deɪʃn] s Verwüstung f

de·press [dɪ'pres] v/t 1. Pedal, Taste etc (nieder)drücken 2. j-n deprimieren, bedrücken 3. Preis, Stimmung etc drücken de'**press·ant** s MED Beruhigungsmittel n de'**pressed** Adj 1. deprimiert, niedergeschlagen, bedrückt 2. gedrückt 3. WIRTSCH flau (Markt etc), Not leidend (Industrie) 4. ~ **area** Notstandsgebiet n de·**pres·sion** [dɪ'preʃn] s 1. Depression f, Niedergeschlagenheit f 2. Senkung f, Vertiefung f; GEOL Landsenke f 3. WIRTSCH Depression f, Flaute f 4. METEO Tief(druckgebiet) n

dep·ri·va·tion [,deprɪ'veɪʃn] s 1. Beraubung f, Entzug m 2. (empfindlicher) Verlust de·prive [dɪ'praɪv] v/t (of s.th.) j-n od etw (e-r Sache) berauben, j-m (etw) entziehen od nehmen: **be ~d of s.th.** etw entbehren (müssen) de'**prived** Adj benachteiligt

▸ **depth** [depθ] I s Tiefe f (a. fig): **at a ~ of** in e-r Tiefe von; **five feet in ~** fünf Fuß tief; **in ~** bis in alle Einzelheiten, eingehend; **in the ~(s) of winter** im tiefsten Winter; **be out of one's ~** nicht mehr stehen können; fig ratlos od unsicher sein, schwimmen; **get out of one's ~** den Boden unter den Füßen verlieren (a. fig); ~ **(of field od focus)** FOTO Tiefenschärfe f II Adj PSYCH etc Tiefen...: ~ **psychology**

dep·u·tize ['depjʊtaɪz] I v/t (als Vertreter) ernennen II v/i: ~ **for** j-n vertreten '**dep·u·ty** I s 1. (Stell)Vertreter(in) 2. PARL Abgeordnete m, f 3. a. ~ **sheriff** Am Hilfssheriff m II Adj 4. stellvertretend, Vize...

de·rail [dɪ'reɪl] I v/t entgleisen lassen: **be ~ed** → II II v/i entgleisen

de·range [dɪ'reɪndʒ] v/t in Unordnung bringen, durcheinander bringen de'**ranged** Adj 1. in Unordnung, durcheinander 2. a. **mentally ~** geistesgestört de'**range·ment** s 1. Unordnung f 2. a. **mental ~** Geistesgestörtheit f

der·by ['dɑ:bɪ] s 1. SPORT Derby n: → **lo·cal** 1 2. a. ~ **hat** Am Melone f

de·reg·u·late [di:'regjʊleɪt] v/t WIRTSCH deregulieren, freigeben

der·e·lict ['derɪlɪkt] Adj herunterge-kommen, baufällig

de·ride [dɪ'raɪd] v/t verhöhnen, -spotten

de·ri·sion [dɪ'rɪʒn] s Hohn m, Spott m de·ri·sive [dɪ'raɪsɪv] Adj höhnisch, spöttisch: ~ **laughter** Hohngelächter n de'**ri·so·ry** [_-sərɪ] Adj 1. Summe, Angebot: lächerlich 2. → **derisive**

der·i·va·tion [,derɪ'veɪʃn] s 1. Ab-, Herleitung f 2. Herkunft f, Abstammung f de·riv·a·tive [dɪ'rɪvətɪv] I Adj abgeleitet II s etw Ab- od Hergeleitetes n, a. LING Ableitung f de·rive [dɪ'raɪv] I v/t 1. herleiten (**from** von): **be ~d (from)** → 4 2. Nutzen ziehen, Gewinn schöpfen (**from** aus): ~ **pleasure from** Freude finden od haben an (Dat) 3. LING, CHEM, etc ableiten II v/i 4. (**from**) abstammen (von); sich ab- od herleiten (von)

der·ma·tol·o·gist [,dɜ:mə'tɒlədʒɪst] s Dermatologe m, -login f, Hautarzt m, -ärztin f ,der·ma'tol·o·gy s Dermatologie f

de·rog·a·to·ry [dɪ'rɒgətərɪ] Adj abfällig, geringschätzig

der·rick ['derɪk] s 1. Derrick-, Mastenkran m 2. Bohrturm m

de·scend [dɪ'send] I v/i 1. herunter-, hinuntersteigen, -gehen, -kommen, -fahren, -fallen 2. FLUG niedergehen; (mit dem Fallschirm) abspringen 3. abfallen (Straße etc) 4. abstammen, herkommen (**from** von j-m, aus e-r Familie) 5. (**to**) übergehen, sich vererben (auf Akk), zufallen (Dat) 6. (**on**) herfallen (über Akk), sich stürzen (auf Akk), a. fig überfallen (Akk) (Besuch etc) 7. ASTR sinken II v/t 8. Treppe etc herunter-, hinuntersteigen, -gehen 9. **be ~ed (from)** → 4 de'**scend·ant** s Nachkomme m, Abkömmling m

de·scent [dɪ'sent] s **1.** Herunter-, Hinuntersteigen n, -gehen n, -fahren n **2.** FLUG Sinkflug m; (Fallschirm)Absprung m **3.** Abfallen n, Gefälle n **4.** Abstammung f, Herkunft f: *of French* ~ französischer Herkunft **5.** Vererbung f (*to* auf Akk) **6.** Überfall m (*on* auf Akk) (a. fig)

▸ **de·scribe** [dɪ'skraɪb] v/t **1.** beschreiben, schildern (*s.th. to s.o.* j-m etw) **2.** bezeichnen (*as* als)

▸ **de·scrip·tion** [dɪ'skrɪpʃn] s **1.** Beschreibung f (a. TECH), Schilderung f: → *beggar* 4 **2.** Art f, Sorte f **de·scrip·tive** Adj **1.** beschreibend **2.** anschaulich

des·e·crate ['desɪkreɪt] v/t entweihen

de·seg·re·gate [,diː'segrɪgeɪt] v/t die Rassentrennung aufheben in (Dat) **,de·seg·re·ga·tion** s Aufhebung f der Rassentrennung (*of* in Dat)

de·sen·si·tize [,diː'sensɪtaɪz] v/t MED unempfindlich *od* immun machen (*to* gegen)

de·sert¹ [dɪ'zɜːt] **I** v/t verlassen, im Stich lassen **II** v/i MIL desertieren

de·sert² [-] s mst Pl verdienter Lohn (a. iron Strafe)

▸ **des·ert³** ['dezət] **I** s Wüste f **II** Adj Wüsten…: ~ *island* einsame Insel

de·sert·ed [dɪ'zɜːtɪd] Adj **1.** verlassen, unbewohnt (Insel etc), (wie) ausgestorben, menschenleer (Straßen etc) **2.** verlassen, einsam (Person) **de·ser·tion** s **1.** (a. JUR böswilliges) Verlassen f. MIL Desertion f, Fahnenflucht f

▸ **de·serve** [dɪ'zɜːv] v/t verdienen, verdient haben **de·serv·ed·ly** [-ɪdlɪ] Adv verdientermaßen **de·serv·ing** Adj verdienstvoll

des·ic·cat·ed ['desɪkeɪtɪd] Adj: ~ *fruit* Dörrobst n; ~ *milk* Trockenmilch f

de·sign [dɪ'zaɪn] **I** v/t **1.** entwerfen, TECH konstruieren **2.** gestalten, anlegen **3.** ausdenken, ersinnen **4.** bestimmen, vorsehen (*for* für; *as* als): ~*ed to do s.th.* dafür bestimmt, etw zu tun **II** v/i **5.** Entwürfe machen (*for* für) **III** s **6.** Design n, Entwurf m, (TECH Konstruktions)Zeichnung f **7.** Design n, Muster n **8.** Gestaltung f **9.** (a. böse) Absicht: *by* ~ mit Absicht; *have* ~*s on* (*od against*) etw im Schilde führen gegen, a. hum e-n Anschlag vorhaben auf (Akk)

des·ig·nate ['dezɪgneɪt] **I** v/t **1.** etw bestimmen, festlegen **2.** j-n designieren, bestimmen (*to, for* für *ein Amt etc,* zu *e-m Amtsträger etc*) **3.** etw bestimmen, vorsehen (*for* für) **II** Adj **4.** *nachgestellt:* designiert

de·sign·ed·ly [dɪ'zaɪnɪdlɪ] Adv absichtlich **de·sign·er** s Designer(in); TECH Konstrukteur(in); (Mode)Schöpfer(in) ~ *dress* s Designerkleid n ~ *drug* s Designerdroge f ~ *stub·ble* s Dreitagebart m

de·sir·a·ble [dɪ'zaɪərəbl] Adj **1.** wünschenswert, erwünscht **2.** begehrenswert **de·sire** [dɪ'zaɪə] **I** v/t **1.** wünschen: *if* ~*d* auf Wunsch; *leave much* (*nothing*) *to be* ~*d* viel (nichts) zu wünschen übrig lassen **2.** begehren **II** s **3.** Wunsch m **4.** Verlangen n, Begierde f (*for* nach): ~ *for knowledge* Wissensdurst m **de·sir·ous** [dɪ'zaɪərəs] Adj: *be* ~ *to know s.th.* etw (sehr) gern wissen wollen

de·sist [dɪ'zɪst] v/i Abstand nehmen (*from* von)

▸ **desk** [desk] **I** s **1.** Schreibtisch m **2.** (Schreib-, Noten- etc)Pult n **3.** Kasse f (*im Restaurant etc*) **4.** Empfang m, Rezeption f (*im Hotel*): ~ *clerk* Am Empfangschef m, -dame f **II** Adj **5.** Schreibtisch…; Büro…: '~*top* Adj: ~ *calculator* Tischrechner m; ~ *computer* Tischcomputer m; ~ *copier* Tischkopierer m; ~ *publishing* Desktop-Publishing n

des·o·late ['desələt] Adj **1.** einsam, verlassen **2.** trostlos **des·o·la·tion** [,-'leɪʃn] s **1.** Einsamkeit f, Verlassenheit f **2.** Trostlosigkeit f

▸ **de·spair** [dɪ'speə] **I** v/i verzweifeln (*of* an Dat) **II** s Verzweiflung f (*at* über Akk): *a look of* ~ ein verzweifelter Blick; *drive s.o. to* ~, *be the* ~ *of s.o.* j-n zur Verzweiflung bringen **de-'spair·ing** Adj verzweifelt

▸ **des·per·ate** ['despərət] Adj **1.** verzweifelt (Mensch, Anstrengung, Lage etc): ~ *deed* Verzweiflungstat f; *be* ~ *for s.th.* etw dringend nötig haben; *be* ~ *to do s.th.* etw unbedingt tun wollen; → *strait* **2.** hoffnungslos, schrecklich **des·per·a·tion** [,-'reɪʃn] s Verzweiflung f: *in* ~ verzweifelt; *drive s.o. to* ~ j-n zur Verzweiflung bringen

des·pi·ca·ble [dɪ'spɪkəbl] Adj verach-

tenswert, verabscheuungswürdig

de·spise [dɪˈspaɪz] *v/t* verachten, *Speise etc a.* verschmähen: *not to be* ~*d* nicht zu verachten

de·spite [dɪˈspaɪt] *Präp* trotz (*Gen od Dat*)

de·spond·ent [dɪˈspɒndənt] *Adj* mutlos, verzagt

des·pot [ˈdespɒt] *s* Despot(in) **des·pot·ic** *Adj* (~*ally*) despotisch **despot·ism** [ˈ-pətɪzəm] *s* Despotismus *m*

▸ **des·sert** [dɪˈzɜːt] *s* Dessert *n*, Nachtisch *m* **II** *Adj* Dessert...: ~ *wine* Dessert-, ˈ**sert·spoon** *s* Dessertlöffel *m*

des·ti·na·tion [ˌdestɪˈneɪʃn] *s* **1.** Bestimmungsort *m*; Reiseziel *n*: *country of* ~ Bestimmungsland *n* **2.** Bestimmung *f*, (End)Zweck *m*, Ziel *n* **des·tine** [ˈ-tɪn] *v/t* bestimmen, vorsehen (*for* für): ~*d for* unterwegs nach (*Schiff etc*); *be* ~*d to* (*Inf*) dazu bestimmt *od* dafür vorgesehen sein zu (*Inf*); *he was* ~*d to* (*Inf*) er sollte (*früh sterben etc*) ˈ**des·ti·ny** *s* Schicksal *n*: *he met his* ~ sein Schicksal ereilte ihn

des·ti·tute [ˈdestɪtjuːt] *Adj* **1.** mittellos, (völlig) verarmt **2.** (*of*) bar (*Gen*), ohne (*Akk*) ˌ**des·ti·ˈtu·tion** *s* **1.** Mittellosigkeit *f*, (völlige) Armut **2.** (völliger) Mangel (*of an Dat*)

▸ **de·stroy** [dɪˈstrɔɪ] *v/t* **1.** zerstören, *a. Insekten etc* vernichten **2.** *Tier* töten, einschläfern **3.** *j-n, j-s Ruf, Gesundheit etc* ruinieren, *Hoffnungen etc* zunichte machen, zerstören **de·ˈstroy·er** *s* **1.** Zerstörer(in), Vernichter(in) **2.** SCHIFF, MIL Zerstörer *m*

▸ **de·struc·tion** [dɪˈstrʌkʃn] *s* **1.** Zerstörung *f*, Vernichtung *f* **2.** Tötung *f*, Einschläferung *f* **de·ˈstruc·tive** *Adj* **1.** zerstörend, vernichtend **2.** schädlich, verderblich (*Kritik*) **de·ˈstruc·tive·ness** *s* zerstörende *od* vernichtende Wirkung

de·tach [dɪˈtætʃ] *v/t* (ab-, los)trennen, (los)lösen, *a.* TECH abnehmen (*from* von) **de·ˈtached** *Adj* **1.** (ab)getrennt: *become* ~ sich (los)lösen; einzeln, frei, allein stehend: ~ *house* Einzelhaus *n* **3.** separat, gesondert **4.** *fig* unvoreingenommen; uninteressiert (*about* an *Dat*); distanziert **de·ˈtach·ment** *s* **1.** (Ab)Trennung *f*, (Los)Lösung *f* **2.** *fig* Unvoreingenommenheit *f*; Distanz *f*

▸ **de·tail** [ˈdiːteɪl] **I** *s* **1.** Detail *n*, Einzelheit *f*: ~*s Pl* Näheres *n*; (*down*) *to the smallest* ~ bis ins kleinste Detail; *in* ~ ausführlich, in allen Einzelheiten; *go into* ~ ins Einzelne gehen, auf Einzelheiten eingehen **II** *v/t* **2.** ausführlich berichten; einzeln aufzählen *od* -führen **3.** MIL abkommandieren (*for* zu) ˈ**detailed** *Adj* detailliert, ausführlich, eingehend

de·tain [dɪˈteɪn] *v/t* **1.** *j-n* aufhalten **2.** *a.* ~ *in custody* JUR in (Untersuchungs-) Haft behalten **2.** *a.* festnehmen lassen

de·tect [dɪˈtekt] *v/t* **1.** entdecken, (heraus)finden, ermitteln **2.** wahrnehmen **3.** *Verbrechen etc* aufdecken **de·ˈtec·tion** *s* **1.** Entdeckung *f*, Ermittlung *f* **2.** Wahrnehmung *f* **3.** Aufdeckung *f* **de·ˈtec·tive I** *Adj* Detektiv...: ~ *story* (*od novel*) Kriminalroman *m* **II** *s* Detektiv(in), Kriminalbeamte *m*, -beamtin *f* **de·ˈtec·tor** *s* ELEK Detektor *m*

dé·tente [deɪˈtãːnt] *s* POL Entspannung *f*

de·ten·tion [dɪˈtenʃn] *s* **1.** JUR Haft *f*: ~ (*pending trial*) Untersuchungshaft **2.** PÄD Nachsitzen *n*: *keep in* ~ → *detain* **3**

de·ter [dɪˈtɜː] *v/t* abschrecken (*from* von)

de·ter·gent [dɪˈtɜːdʒənt] *s* Reinigungs-, Wasch-, Geschirrspülmittel *n*

de·te·ri·o·rate [dɪˈtɪəriəreɪt] **I** *v/i* sich verschlechtern, schlechter werden, (*Material*) verderben **II** *v/t* verschlechtern **de·ˌte·ri·o·ˈra·tion** *s* Verschlechterung *f*

de·ter·mi·na·ble [dɪˈtɜːmɪnəbl] *Adj* bestimmbar **de·ˈter·mi·nant I** *Adj* **1.** bestimmend, entscheidend **II** *s* **2.** entscheidender Faktor (*in bei*) **3.** BIOL, MATH Determinante *f* **de·ˈter·mi·nate** [ˌ-nət] *Adj* bestimmt, festgelegt **deˌter·mi·ˈna·tion** [ˌ-ˈneɪʃn] *s* **1.** Entschluss *m* **2.** Bestimmung *f*, Festsetzung *f* **3.** Feststellung *f*, Ermittlung *f* **4.** Bestimmtheit *f*, Entschlossenheit *f* **de·ˈter·mine I** *v/t* **1.** *Streitfrage etc* entscheiden **2.** *etw* beschließen (*a. to do* zu tun), *Zeitpunkt etc* bestimmen, festsetzen **3.** feststellen, ermitteln, bestimmen **4.** *j-n* bestimmen, veranlassen (*to do* zu tun) **II** *v/i* **5.** (*on*) sich entscheiden (für), sich entschließen (zu)

▸ **de·ter·mined** [dɪ'tɜ:mɪnd] *Adj* entschlossen

de·ter·rence [dɪ'terəns] *s* Abschreckung *f* **de'ter·rent I** *Adj* abschreckend, Abschreckungs… **II** *s* Abschreckungsmittel *n* (**to** für)

de·test [dɪ'test] *v/t* verabscheuen, hassen: **~ having to do s.th.** es hassen, etw tun zu müssen **de'test·a·ble** *Adj* abscheulich ,**de·tes·ta·tion** [,di:_] *s* (**of**) Verabscheuung *f* (*Gen*), Abscheu *m* (vor *Dat*, gegen)

de·throne [dɪ'θrəʊn] *v/t* entthronen (*a. fig*)

det·o·nate ['detəneɪt] **I** *v/t* zünden **II** *v/i* detonieren, explodieren ,**det·o'na·tion** *s* Detonation *f*, Explosion *f*; Zündung *f* '**det·o·na·tor** *s* Zünd-, Sprengkapsel *f*

de·tour ['di:,tʊə] **I** *s* **1.** Umweg *m*: **make a ~** → **3 2.** Umleitung *f* **II** *v/i* **3.** e-n Umweg machen **III** *v/t* **4.** *Verkehr etc* umleiten

de·tox·i·fi·ca·tion [,di:tɒksɪfɪ'keɪʃn] *s* MED Entgiftung *f*; Entziehungskur *f*

de·tract [dɪ'trækt] **I** *v/t Aufmerksamkeit etc* ablenken (**from** von) **II** *v/i* (**from** Abbruch tun (*Dat*), schmälern (*Akk*)

det·ri·ment ['detrɪmənt] *s* Nachteil *m*, Schaden *m* (**to** für): **to the ~ of** zum Nachteil *od* Schaden (*Gen*) **det·ri·men·tal** [,_'mentl] *Adj* nachteilig, schädlich (**to** für)

deuce [dju:s] *s* **1.** *Kartenspiel, Würfeln:* Zwei *f* **2.** *Tennis:* Einstand *m* **3.** F Teufel *m*: **who** (**what**) **the ~?** wer (was) zum Teufel?

deutsch·mark ['dɔɪtʃmɑ:k] *s hist* D-Mark *f*, Mark *f*

de·val·u·a·tion [,di:væljʊ'eɪʃn] *s* Abwertung *f* ,**de'val·ue** [_ju:] abwerten (**against** gegenüber)

dev·as·tate ['devəsteɪt] *v/t* verwüsten, -nichten: **be ~d** *fig* am Boden zerstört sein '**dev·as·tat·ing** *Adj* **1.** verheerend, vernichtend (*a. Kritik etc*) **2.** F toll, fantastisch **3.** F umwerfend (*Humor etc*) ,**dev·as'ta·tion** *s* Verwüstung *f*

▸ **de·vel·op** [dɪ'veləp] **I** *v/t* **1.** FOTO *u. fig allg* entwickeln **2.** *Krankheit, Fieber* bekommen **3.** *Naturschätze, Bauland* erschließen, *Altstadt etc* sanieren **II** *v/i* **4.** sich entwickeln (**from** aus; **into** zu) **de·'vel·op·er** *s* **1.** FOTO Entwickler *m* (*a. Flüssigkeit*) **2.** **late**_ *bes* PÄD Spätent-

wickler(in) **3.** (Stadt)Planer(in) **de'vel·op·ing** *Adj* Entwicklungs…: **~ country**

▸ **de·vel·op·ment** [dɪ'veləpmənt] *s* **1.** Entwicklung *f*: **~ aid** WIRTSCH Entwicklungshilfe *f*; **~ country** WIRTSCH Entwicklungsland *n* **2.** Erschließung *f*, Sanierung *f*

de·vi·ate ['di:vɪeɪt] *v/i* abweichen (**from** von) ,**de·vi'a·tion** *s* Abweichung *f* ,**de·vi·a·tion·ist** [_ʃənɪst] *s* POL Abweichler(in)

de·vice [dɪ'vaɪs] *s* **1.** Vorrichtung *f*, Gerät *n* **2.** Einfall *m*; Kunstgriff *m*, Trick *m*: **leave s.o. to his own ~s** j-n sich selbst überlassen

▸ **dev·il** ['devl] **I** *s* **1.** Teufel *m*: **poor ~** armer Teufel *od* Schlucker; **be between the ~ and the deep blue sea** sich zwischen zwei Feuern befinden, in e-r bösen Zwickmühle sein *od* sitzen; **like the ~** F wie der Teufel, wie verrückt; **go to the ~** F vor die Hunde gehen; **go to the ~!** scher dich zum Teufel!; **speak** (*od* **talk**) **of the ~!** wenn man vom Teufel spricht!; **who** (**what**) **the ~?** F wer (was) zum Teufel? **2.** *a. ~ of a fellow* F Teufelskerl *m* **II** *v/t Prät u. Part Perf* **-illed,** *bes Br* **-illed 3.** F schikanieren, piesacken '**dev·il·ish** *Adj* **1.** teuflisch **2.** (*a. Adv*) F verteufelt, höllisch

,**dev·il-may-'care** *Adj* leichtsinnig

dev·il·ry ['devlrɪ] *s* **1.** Teufelei *f* **2.** Übermut *m*

de·vi·ous ['di:vjəs] *Adj* **1.** abwegig, falsch **2.** gewunden (*a. fig*): **~ route** Umweg *m* **3.** verschlagen, unaufrichtig: **by ~ means** auf krummen Wegen

de·vise [dɪ'vaɪz] *v/t* (sich) ausdenken, ersinnen

de·void [dɪ'vɔɪd] *Adj:* **~ of** ohne (*Akk*), bar (*Gen*), …los

dev·o·lu·tion [,di:və'lu:ʃn] *s* **1.** Übertragung *f* **2.** POL Dezentralisierung *f* **de·volve** [dɪ'vɒlv] **I** *v/t Rechte etc* übertragen (**on** *Dat od* auf *Akk*) **II** *v/i* (**on, to**) übergehen (auf *Akk*), zufallen (*Dat*)

de·vote [dɪ'vəʊt] *v/t Zeit etc* widmen (**to** *Dat*): **~ o.s. to** sich j-m widmen, sich e-r *Sache* widmen *od* verschreiben **de·'vot·ed** *Adj* hingebungsvoll: **a)** aufopfernd, **b)** anhänglich, **c)** eifrig, begeistert **de·vo·tion** [dɪ'vəʊʃn] *s* **1.** Hingabe *f*: **a)** Aufopferung *f*, **b)** Anhänglichkeit

D

f **2.** Frömmigkeit *f*: **~s** *Pl* Gebet *n*, Andacht *f*

de·vour [dɪˈvauə] *v/t* **1.** Essen, *fig Buch etc* verschlingen **2.** *fig j-n* verzehren (*Leidenschaft etc*)

de·vout [dɪˈvaut] *Adj* **1.** fromm **2.** innig **3.** herzlich

dew [djuː] *s* Tau *m* '~·**drop** *s* **1.** Tautropfen *m* **2.** *Br hum* Nasentropfen *m*

dew·y [ˈdjuːɪ] *Adj* taufeucht, *a. fig* taufrisch '~-**eyed** *Adj* blauäugig, naiv

dex·ter·i·ty [dekˈsterətɪ] *s* Gewandtheit *f*, Geschicklichkeit *f* **dex·ter·ous** [ˈ-stərəs] *Adj* gewandt, geschickt

dex·trose [ˈdekstrəus] *s* Traubenzucker *m*

dex·trous [ˈdekstrəs] → **dexterous**

di·a·be·tes [ˌdaɪəˈbiːtiːz] *s* MED Diabetes *m*, Zuckerkrankheit *f*: **suffer from ~** Zucker haben **di·a·bet·ic** [ˌ-ˈbetɪk] **I** *Adj* diabetisch: **a)** zuckerkrank, **b)** Diabetes...: ~ **chocolate** Diabetikerschokolade *f* **II** *s* Diabetiker(in)

di·a·bol·ic, **di·a·bol·i·cal** [ˌdaɪəˈbɒl-ɪk(l)] *Adj* **1.** diabolisch, teuflisch **2.** *F* scheußlich, widerlich

di·ag·nose [ˈdaɪəgnəuz] *v/t* MED diagnostizieren (**as** als) (*a. fig*) **di·ag'no·sis** [-sɪs] *Pl* **-ses** [-siːz] *s* Diagnose *f* (*a. fig*): **give** (*od* **make**) **a ~** e-e Diagnose stellen

di·ag·o·nal [daɪˈægənl] **I** *Adj* diagonal **II** *s* MATHE Diagonale *f*

di·a·gram [ˈdaɪəgræm] *s* Diagramm *n*, grafische Darstellung

▸ **di·al** [ˈdaɪəl] **I** *s* **1.** Zifferblatt *n* (*Uhr*) **2.** TECH Skala *f*, Skalenscheibe *f* **3.** TEL Wählscheibe *f* **4.** *Br sl* Visage *f* (*Gesicht*) **II** *v/t Part Perf* **-aled**, *bes Br* **-alled 5.** TEL *Nummer* wählen, *Stadt* anwählen **III** *v/i* **6.** TEL wählen: ~ **direct** durchwählen (**to** nach)

di·a·lect [ˈdaɪəlekt] *s* Dialekt *m*, Mundart *f*, **di·a'lec·tal** *Adj* Dialekt..., mundartlich

di·al·ling code [ˈdaɪəlɪŋ -] *s* TEL *Br* Vorwahl(nummer) *f* ~ **tone** *s* TEL *Br* Amtszeichen *n*

di·a·logue, *Am u.* COMPUTER **di·a·log** [ˈdaɪəlɒg] *s* Dialog *m* **di·a·log box** *s* COMPUTER: Dialogfeld *n*

di·al tone *Am* → **dialling tone**

di·al·y·sis [daɪˈælɪsɪs] *Pl* **-ses** [-siːz] *s* MED Dialyse *f*

di·am·e·ter [daɪˈæmɪtə] *s* Durchmesser *m*: **be ... in ~** e-n Durchmesser von ... haben

di·a·met·ri·cal [ˌdaɪəˈmetrɪkl] *Adj* **1.** diametrisch **2.** *fig* diametral, genau entgegengesetzt

▸ **di·a·mond** [ˈdaɪəmənd] *s* **1.** MIN Diamant *m*: → **rough** 4 **2.** MATHE Raute *f*, Rhombus *m* **3.** *Kartenspiel:* **a)** *Pl* Karo *n* (*Farbe*), **b)** Karo(karte *f*) *n* ~ **cut·ter** *s* Diamantschleifer(in) ~ **wed·ding** *s* diamantene Hochzeit

di·a·per [ˈdaɪəpə] *s Am* Windel *f*

di·a·phragm [ˈdaɪəfræm] *s* **1.** ANAT Zwerchfell *n* **2.** TEL *etc* Membran(e) *f* **3.** OPT FOTO Blende *f* **4.** MED Diaphragma *n*, Pessar *n*

di·ar·rh(o)e·a [ˌdaɪəˈrɪə] *s* MED Durchfall *m*

di·a·ry [ˈdaɪərɪ] *s* **1.** Tagebuch *n* **2.** Notizbuch *n*, Taschenkalender *m* **3.** Terminkalender *m*

dice [daɪs] **I** *s* **1.** *Pl von* **die² 2.** *Pl* **dice** → **die² II** *v/t* **3.** GASTR in Würfel schneiden **4.** mit *j-m* würfeln *od* knobeln (**for** um) **III** *v/i* **5.** würfeln, knobeln (**for** um): ~ **with death** mit s-m Leben spielen

dic·ey [ˈdaɪsɪ] *Adj* F prekär, heikel (*Situation etc*)

dick [dɪk] *s* **1.** *bes Br sl* Kerl *m*: → **clever** 1 **2.** *bes Am sl veralt* Schnüffler(in) (*Detektiv*) **3.** V Schwanz *m* (*Penis*)

dick·(e)y [ˈdɪkɪ] *Adj* F schwach (*Herz*), wack(e)lig (*Leiter etc*) **dick·y bow** *s* F Fliege *f*

dic·tate [dɪkˈteɪt] **I** *v/t* (**to** *Dat*) **1.** *Brief etc* diktieren **2.** diktieren: **a)** vorschreiben, **b)** aufzwingen **II** *v/i* **3.** ~ **to s.o.** *j-m* Vorschriften machen **III** *s* [ˈdɪkteɪt] **4.** Gebot *n*, Diktat *n*

▸ **dic·ta·tion** [dɪkˈteɪʃn] *s* Diktat *n* **dic·'ta·tor** *s* Diktator(in) **dic·ta·to·ri·al** [ˌ-təˈtɔːrɪəl] *Adj* diktatorisch **dic·'ta·tor·ship** *s* Diktatur *f*

dic·tion [ˈdɪkʃn] *s* Diktion *f*, Ausdrucksweise *f*, Sprache *f*

▸ **dic·tion·ar·y** [ˈdɪkʃənrɪ] *s* Wörterbuch *n*

did [dɪd] *Prät von* **do¹**

di·dac·tic [dɪˈdæktɪk] *Adj* (**~ally**) didaktisch

did·dle [ˈdɪdl] *v/t* F betrügen (**out of** um), übers Ohr hauen

didn't ['dɪdnt] F = **did not**

▸ **die**¹ [daɪ] F/i (*Part Präs **dying***) **1.** sterben (*of* an *Dat*): **~ of hunger** (**thirst**) verhungern (verdursten); **never say ~!** nur nicht nach- *od* aufgeben! **2.** eingehen (*Pflanze, Tier*), verenden (*Tier*) **3. be dying** (*for, to do*) sich sehnen (nach; danach, zu tun), brennen (auf *Akk*; darauf, zu tun) **II** F/i **4.** *e-s Todes* sterben: → **natural** 1, **violent** 2 *Verbindungen mit Adverbien*:

die| a·way F/i sich legen (*Wind*), verhallen, -klingen (*Ton*) **~ down** F/i → **die away** 2. sich legen (*Aufregung etc*) **~ out** F/i aussterben (*a. fig*)

die² [-] *Pl* **dice** [daɪs] *s* Würfel *m* (*a.* GASTR *etc*): **the ~ is cast** *fig* die Würfel sind gefallen

die·sel ['di:zl] **I** *s* Diesel *m* (*Motor, Fahrzeug, Kraftstoff*) **II** *Adj* Diesel...

di·et ['daɪət] **I** *s* **1.** Nahrung *f*, Ernährung *f*, Kost *f* **2.** MED Diät *f*: **be** (**put**) **on a ~** auf Diät gesetzt sein, Diät leben (müssen) **II** F/t **3.** *j-n* auf Diät setzen **III** F/i **4.** Diät halten, Diät leben

dif·fer ['dɪfə] F/i **1.** sich unterscheiden, verschieden sein (*from* von) **2.** auseinander gehen (*Meinungen*) **3.** (*from, with*) nicht übereinstimmen (mit), anderer Meinung sein (als): → **agree 1 4.** sich nicht einig sein (**on, about, over** über *Akk*)

▸ **dif·fe·rence** ['dɪfrəns] *s* **1.** Unterschied *m*: **a)** Unterscheidung *f*: **make no ~** nichts ausmachen (**to** *Dat*), **b)** Verschiedenheit *f*: **~ of opinion** Meinungsverschiedenheit *f*, **c)** Differenz *f* (*a.* MATHE): **~ in price, price ~** Preisunterschied; → **split 2 2.** Differenz *f*, Meinungsverschiedenheit *f* **3.** Besonderheit *f*: **with a ~** (von) ganz besonderer Art, mit Pfiff

▸ **dif·fer·ent** ['dɪfrənt] *Adj* **1.** verschieden(artig) **2.** (**from**) verschieden (von), anders (als): **he is ~** er ist anders

dif·fer·en·tial [ˌdɪfə'renʃl] **I** *Adj* **1.** unterschiedlich **2.** MATHE, TECH *etc* Differenzial...: **~ calculus** Differenzialrechnung *f*; **~ gear** → 4 **II** *s* **3.** MATHE Differenzial *n* **4.** TECH Differenzial-, Ausgleichsgetriebe *n* ˌ**dif·fer·en·ti·ate** [-ʃɪeɪt] **I** F/t **1.** unterscheiden (**from** von); voneinander unterscheiden **II** F/i **2.** sich unterscheiden (**from** von)

3. differenzieren, unterscheiden (**between** zwischen *Dat*) **differ·en·ti·a·tion** *s* Differenzierung *f*, Unterscheidung *f*

▸ **dif·fi·cult** ['dɪfɪkəlt] *Adj* schwierig (*a. Person*), schwer: **it was quite ~ for me to** *Inf* es fiel mir schwer, zu *Inf*

▸ **dif·fi·cul·ty** ['dɪfɪkəltɪ] *s* **1.** Schwierigkeit *f*: **a)** Mühe *f*: **with ~** mühsam, (nur) schwer; **have ~** (**in**) **doing s.th.** Mühe haben, etw zu tun, **b)** schwierige Sache, **c)** Hindernis *n*, Widerstand *m*: **make** (*od* **raise**) **difficulties** Schwierigkeiten machen **2.** *oft Pl* (*a.* Geld)Schwierigkeiten *Pl*, Verlegenheit *f*

dif·fi·dence ['dɪfɪdəns] *s* Schüchternheit *f*, Mangel *m* an Selbstvertrauen '**dif·fi·dent** *Adj* schüchtern, ohne Selbstvertrauen: **be ~ about doing s.th.** etw nur zögernd *od* zaghaft tun

dif·fuse I F/t *u.* F/i [dɪ'fjuːz] **1.** *bes fig* (sich) verbreiten **2.** CHEM, PHYS (sich) zerstreuen **II** *Adj* [-s] **3.** diffus: **a)** weitschweifig, langatmig (*Stil, Autor*), **b)** unklar, ungeordnet (*Gedanken etc*), **c)** CHEM, PHYS zerstreut: **~ light** diffuses Licht, Streulicht *n* **dif'fu·sion** [-ʒn] *s* **1.** *bes fig* Verbreitung *f* **2.** CHEM, PHYS (Zer)Streuung *f*

▸ **dig** [dɪg] **I** *s* **1.** Puff *m*, Stoß *m*: **~ in the ribs** Rippenstoß *m* **2.** *fig* (Seiten)Hieb *m* (**at** auf *Akk*) **3.** *Pl Br* F Bude *f* **II** F/t (*unreg*) **4.** *Loch etc* graben: **~** (**up**) umgraben; **~** (**up** *od* **out**) ausgraben (*a. fig*); → **grave**² 5. *j-m* e-n Stoß geben: **~ s.o. in the ribs** j-m e-n Rippenstoß geben **6.** F kapieren **7.** F stehen *od* abfahren auf (*Akk*) **III** F/i **8.** (**for**) graben (nach); *fig* forschen (nach) **9.** **~ in(to)** F reinhauen (in *e-n Kuchen etc*) **10.** *Br* F *s-e* Bude haben, wohnen

di·gest [daɪ'dʒest] **I** F/t verdauen (*a. fig*) **II** *s* (*of*) Auslese *f* (*a. Zeitschrift*), Auswahl *f* (*aus*); Abriss *m* (*Gen*) **di·gest·i·ble** [daɪ'dʒestəbl] *Adj* verdaulich **di·'ges·tion** *s* Verdauung *f* (*a. fig*) **di·'ges·tive I** *Adj* **1.** verdauungsfördernd **2.** Verdauungs...: **~ system** Verdauungsapparat *m*; **~ tract** Verdauungstrakt *m* **II** *s* **3.** MED verdauungsförderndes Mittel

dig·ger ['dɪgə] *s* **1.** (*bes* Gold)Gräber(in); Erdarbeiter(in) **2.** Grabmaschine *f*

dig·it ['dɪdʒɪt] s **1.** ANAT ZOOL Finger m, Zehe f **2.** MATHE Ziffer f; Stelle f **dig·i·tal** ['-tl] *Adj* **1.** Finger…: ~ **telephone** Tastentelefon n **2.** Digital…: ~ **clock** (**watch**); ~ **computer** Digitalrechner m

dig·i·tize ['dɪdʒɪtaɪz] *v/t* digitalisieren

dig·ni·fied ['dɪgnɪfaɪd] *Adj* würdevoll, würdig **dig·ni·fy** ['-faɪ] *v/t* Würde verleihen (*Dat*)

dig·ni·tar·y ['dɪgnɪtəri] s Würdenträger(in) '**dig·ni·ty** ['-] s **1.** Würde f **2.** Rang m, (hohe) Stellung f. **3.** Würde f: → **beneath** 3

di·gress [daɪ'gres] *v/i* abschweifen (**from** von; **into** in *Akk*) **di'gres·sion** s Abschweifung f

dike¹ [daɪk] I s **1.** Deich m, Damm m **2.** Graben m **II** *v/t* **3.** eindämmen, -deichen

dike² [-] s *sl* Lesbe f (*Lesbierin*)

di·lap·i·dat·ed [dɪ'læpɪdeɪtɪd] *Adj* verfallen, baufällig (*Haus etc*), klapp(e)rig (*Auto etc*)

di·late [daɪ'leɪt] I *v/t u. v/i* (sich) ausdehnen *od* (-)weiten *od* erweitern: **with ~d eyes** mit aufgerissenen Augen **II** *v/i*: ~ **on** *fig* sich (ausführlich) verbreiten *od* auslassen über (*Akk*)

dil·a·to·ry ['dɪlətəri] *Adj* **1.** verzögernd, hinhaltend: ~ **tactics** Pl Verzögerungs-, Verschleppungs-, Hinhaltetaktik f **2.** langsam: **be ~ in doing s.th.** sich mit etw Zeit lassen

di·lem·ma [daɪ'lemə] s Dilemma n, Klemme f: **be on the horns of a ~** in e-r Zwickmühle sein *od* sitzen

dil·et·tante [ˌdɪlɪ'tæntɪ] *mst pej* I Pl **-ti** [-tiː], **-tes** Dilettant(in) **II** *Adj* dilettantisch

dil·i·gence ['dɪlɪdʒəns] s **1.** Fleiß m **2.** Sorgfalt f '**dil·i·gent** *Adj* **1.** fleißig **2.** sorgfältig, gewissenhaft

dill [dɪl] s BOT Dill m

dil·ly-dal·ly ['dɪlɪdælɪ] *v/i* F (herum)trödeln

di·lute [daɪ'ljuːt] I *v/t* **1.** verdünnen **2.** *fig* verwässern, abschwächen **II** *Adj* **3.** verdünnt **4.** *fig* verwässert, abgeschwächt **di'lu·tion** s **1.** Verdünnung f **2.** *fig* Verwässerung f, Abschwächung f

dim [dɪm] I *Adj* **1.** (halb)dunkel, düster (*a. fig*): → **view** 4 **2.** undeutlich, verschwommen, schwach **3.** schwach, trüb (*Licht*): **~ly lit** schwach erleuchtet **4.** matt (*Farbe*) **5.** *fig* schwer von Begriff

II *v/t* **6.** verdunkeln, -düstern **7.** trüben (*a. fig*) **8.** Licht abblenden: ~ **the headlights** MOT Am abblenden **III** *v/i* **9.** sich verdunkeln *od* -düstern **10.** undeutlich werden **11.** sich trüben (*a. fig*)

dime [daɪm] s Am Zehncentstück n: ~ **novel** Groschenroman m

di·men·sion [dɪ'menʃn] s Dimension f (*a.* MATHE): **a)** Ausdehnung f, Maß n, Abmessung f, **b)** Pl *oft fig* Ausmaß n, Umfang m **di·men·sion·al** [-ʃənl] *Adj* in Zssgn: …dimensional

di·min·ish [dɪ'mɪnɪʃ] *v/t u. v/i* (sich) vermindern *od* verringern: ~ **in numbers** weniger werden; ~ **in value** an Wert verlieren **dim·i·nu·tion** [ˌdɪmɪ'njuːʃn] s Verminderung f, Verringerung f **di·'min·u·tive** [-jutɪv] I *Adj* **1.** klein, winzig **2.** LING Diminutiv…, Verkleinerungs… **II** s **3.** LING Diminutiv n, Verkleinerungsform f *od* -silbe f

dim·mer ['dɪmə] s **1.** Dimmer m (*Helligkeitsregler*) **2.** Pl MOT Am Abblend- *od* Standlicht n '**dim·ness** s **1.** Dunkelheit f, Düsterkeit f **2.** Undeutlichkeit f **3.** Mattheit f

dim·ple ['dɪmpl] s Grübchen n

dim-'wit·ted *Adj* beschränkt

din [dɪn] I s Lärm m, Getöse n: **kick up** (*od* **make**) **a** ~ Krach machen **II** *v/t*: ~ **s.th. into s.o.** j-m etw einhämmern **III** *v/i* lärmen, (*Motoren etc*) dröhnen (**in s.o.'s ears** j-m in den Ohren)

dine [daɪn] I *v/i* speisen, essen (**off**, *on Akk*): ~ **in** (**out**) zu Hause (auswärts) essen **II** *v/t* bewirten '**din·er** s **1.** Speisende m, f **2.** Gast m (*im Restaurant*) **3.** BAHN Speisewagen m **4.** Am Esslokal n, Speiselokal n

din·ghy ['dɪŋgɪ] s **1.** SCHIFF Ding(h)i n, Beiboot n **2.** Schlauchboot n

din·gy ['dɪndʒɪ] *Adj* schmutzig, schmudd(e)lig

▶ **din·ing car** ['daɪnɪŋkɑː] s BAHN Speisewagen m

▶ **dining| room** ['daɪnɪŋruːm] s Speise-, Esszimmer n ~ **ta·ble** s Esstisch m

dink·y ['dɪŋkɪ] *Adj* F **1.** Br niedlich **2.** Am klein, unbedeutend

▶ **din·ner** ['dɪnə] s **1.** (Mittag-, Abend-) Essen n (*Hauptmahlzeit*), *schweiz* Nachtessen n: **after** ~ nach dem Essen nach Tisch; **at** ~ bei Tisch **2.** Diner n, Festessen n: **at a** ~ auf *od* bei e-m Diner

~ **coat** s bes Am, ~ **jack·et** s Smoking m
~ **par·ty** s Diner n, Abendgesellschaft f
~ **ser·vice**, ~ **set** s Speiseservice n, Ta-
felgeschirr n ~ **ta·ble** s Esstisch m
'~**time** s Essens-, Tischzeit f

di·no·saur ['daɪnəʊsɔː] s Dinosaurier m
di·ode ['daɪəʊd] s ELEK Diode f
di·ox·ide [daɪ'ɒksaɪd] s CHEM Dioxid n
di·ox·in [daɪ'ɒksɪn] s CHEM Dioxin n
dip [dɪp] **I** v/t **1.** (ein)tauchen (**in**, **into** in
Akk) **2.** ~ **the headlights** MOT bes Br
abblenden **II** v/i **3.** unter-, eintauchen
4. ~ **into** a) sich flüchtig befassen
mit, e-n Blick werfen in (ein Buch
etc), b) Reserven etc angreifen: ~ **into**
one's pocket (od **purse**) tief in die
Tasche greifen **III** s **5.** (Unter-,
Ein)Tauchen n **6.** kurzes Bad: **go for**
a ~ mal schnell ins Wasser springen
diph·the·ri·a [dɪf'θɪərɪə] s Diphtherie f
diph·thong ['dɪfθɒŋ] Diphthong m,
Doppelvokal m
di·plo·ma [dɪ'pləʊmə] s Diplom n
di·plo·ma·cy [dɪ'pləʊməsɪ] s POL Diplo-
matie f (a. fig) **di·plo·mat** ['dɪpləmæt] s
Diplomat(in) m **dip·lo·mat·ic** Adj (~**ally**)
diplomatisch: ~ **bag** Diplomatenge-
päck n; ~ **corps** (a. **body**) diplomati-
sches Korps; ~ **relations** f pl diplomati-
sche Beziehungen pl
dip·py ['dɪpɪ] Adj F ein bisschen ver-
rückt
'**dip·stick** s (Öl- etc)Messstab m
dire ['daɪə] Adj **1.** grässlich, schrecklich
2. äußerst, höchst: **be in** ~ **need of s.th.**
etw ganz dringend brauchen; → **strait**
▸ **di·rect** [dɪ'rekt] **I** v/t **1.** Aufmerksam-
keit etc richten, lenken (**to**, **toward[s]**
auf Akk): ~ **away** j-n, etw ableiten
(**from** von) **2.** Betrieb etc führen, leiten;
Regie führen bei (e-m Film od Stück):
~**ed by** unter der Regie von **3.** Worte
richten, Brief etc adressieren, richten
(**to** an Akk) **4.** anweisen, beauftragen,
j-m Anweisungen geben (**to do** zu tun)
5. anordnen, verfügen: ~ **s.th. to be**
done anordnen, dass etw geschieht **6.**
(**to**) j-m den Weg zeigen (zu; nach);
fig j-n verweisen (an Akk) **II** v/i **7.** di-
rekt, gerade **B.** direkt, unmittelbar: **the** ~ **opposite** das genaue Ge-

genteil **10.** LING ~ **speech** (bes Am **dis-**
course) direkte Rede; ~ **object** direk-
tes Objekt, Akkusativobjekt n **III** Adv
11. direkt, unmittelbar: → **dial** 6
▸ **di·rec·tion** [dɪ'rekʃn] s **1.** Richtung f:
in the ~ **of** in Richtung auf (Akk) od
nach; **from** (**in**) **all** ~**s** aus (nach) allen
Richtungen od Seiten; **sense of** ~
Orts-, Orientierungssinn m; ~ **indica-**
tor MOT (Fahrt)Richtungsanzeiger m,
Blinker m **2.** Führung f, Leitung f:
(Film etc) Regie f **3.** Anweisung f, Anl-
eitung f: ~**s** Pl **for use** Gebrauchsan-
weisung **4.** Anweisung f, Anordnung f:
by (od **at**) ~ **of** auf Anweisung von (od
Gen) **di·rec·tion·al** [dɪ'rekʃənl] Adj **1.**
Richtungs... **2.** ELEK Peil...; Richt...:
~ **aerial** (bes Am **antenna**) Richtanten-
ne f **di'rec·tive** s Direktive f, Anwei-
sung f **di'rec·tor** s **1.** Direktor m (a.
WIRTSCH), Leiter m: ~'**s secretary**
Chefsekretär(in); ~**general** Generaldi-
rektor(in) **2.** FILM etc Regisseur(in) **di-**
'**rec·to·ry** s **1.** Adressbuch n; Telefon-
buch n; Branchenverzeichnis n **2.** en-
quiries TEL Auskunft f **2.** IT Dateien-
verzeichnis n
▸ **dirt** [dɜːt] s Schmutz m (a. fig), Dreck
m: **treat s.o. like** ~ j-n wie (den letzten)
Dreck behandeln ~**cheap** Adj u. Adv
F spottbillig ~ **road** s Am unbefestigte
Straße
▸ **dirt·y** ['dɜːtɪ] **I** Adj **1.** schmutzig (a.
fig), dreckig: ~ **look** böser Blick; ~
mind schmutzige Gedanken Pl;
schmutzige Fantasie; ~ **word** Reizwort
n; ~ **work** Dreck(s)arbeit f (a. fig); →
linen 2 **2.** gemein, niederträchtig: →
trick l **3.** schlecht, bes SCHIFF stürmisch
(Wetter) **II** v/t **4.** beschmutzen (a. fig): ~
one's hands sich die Hände schmutzig
machen (a. fig) **III** v/i **5.** schmutzig wer-
den, schmutzen
dis·a·bil·i·ty [ˌdɪsə'bɪlətɪ] s **1.** Unver-
mögen n, Unfähigkeit f **2.** Arbeits-, Er-
werbsunfähigkeit f, Invalidität f: ~ **ben-**
efit Invalidrente f **3.** MED Gebre-
chen n
▸ **dis·a·ble** [dɪs'eɪbl] v/t **1.** unfähig ma-
chen, außerstand setzen (**from doing**
zu tun) **2.** unbrauchbar od untauglich
machen (**for** für, zu) **3.** arbeits- od er-
werbsunfähig machen **dis'a·bled** Adj
1. arbeits-, erwerbsunfähig, invalid **2.**

kriegsversehrt **3.** (*körperlich od geistig*) behindert **dis·a·ble·ment** *s* **1.** → *disability* 2 **2.** (*körperlich od geistig*) Behinderung

dis·ad·van·tage [ˌdɪsəd'vɑːntɪdʒ] **I** *s* Nachteil *m* (*to* für): *to s.o.'s* ~ zu j-s Nachteil *od* Schaden; *be at a* ~ benachteiligt sein; *sell at a* ~ mit Verlust verkaufen **II** *v/t* benachteiligen **dis·ad·van·ta·geous** [ˌˌædvɑːn'teɪdʒəs] *Adj* nachteilig, ungünstig

dis·af·fect·ed [ˌdɪsə'fektɪd] *Adj* unzufrieden (*to, toward*[*s*] mit), verdrossen **ˌdis·af'fec·tion** *s* Unzufriedenheit *f*, (*a.* Staats)Verdrossenheit *f*

dis·a·gree [ˌdɪsə'ɡriː] *v/i* **1.** (*with*) nicht übereinstimmen (mit), im Widerspruch stehen (zu, mit) **2.** (*with*) anderer Meinung sein (als), nicht zustimmen (*Dat*) **3.** (sich) streiten (*on, about* über *Akk*) **4.** nicht einverstanden sein (*with* mit) **5.** nicht bekommen (*with Dat*) (*Essen*) **dis·a·gree·a·ble** [ˌˌ-'ɡriː-əbl] *Adj* unangenehm **ˌdis·a'gree·ment** *s* **1.** Unstimmigkeit *f*, Verschiedenheit *f*: *be in* ~ (*with*) → *disagree* 1 **2.** Widerspruch *m* (*between* zwischen *Dat*) **3.** Meinungsverschiedenheit *f* (*over, on* über *Akk*)

dis·al·low [ˌdɪsə'laʊ] *v/t* nicht anerkennen, nicht gelten lassen

▸ **dis·ap·pear** [ˌdɪsə'pɪə] *v/i* verschwinden (*from* von, aus): → *thin* 1 **ˌdis·ap'pear·ance** *s* Verschwinden *n*

▸ **dis·ap·point** [ˌdɪsə'pɔɪnt] *v/t* j-n enttäuschen, j-s Hoffnungen *od* Pläne zunichte machen: *be* ~*ed* enttäuscht sein (*in, at s.th.* von, über *Akk*; *in, with s.o.* von) **ˌdis·ap'point·ing** *Adj* enttäuschend **ˌdis·ap'point·ment** *s* Enttäuschung *f*

dis·ap·prov·al [ˌdɪsə'pruːvl] *s* (*of*) Missbilligung *f* (*Gen*), Missfallen *n* (über *Akk*): *in* ~ missbilligend **ˌdis·ap'prove I** *v/t* missbilligen **II** *v/i* dagegen sein: ~ *of* → I

dis·arm [dɪs'ɑːm] **I** *v/t* entwaffnen (*a. fig*) **II** *v/i* MIL, POL abrüsten **dis'ar·ma·ment** *s* **1.** Entwaffnung *f* **2.** MIL, POL Abrüstung *f* **dis'arm·ing** *Adj fig* entwaffnend

dis·ar·range [ˌdɪsə'reɪndʒ] *v/t* in Unordnung bringen, durcheinander bringen (*beide a. fig*)

dis·ar·ray [ˌdɪsə'reɪ] **I** *v/t* in Unordnung bringen (*a. fig*) **II** *s* Unordnung *f* (*a. fig*)

dis·as·sem·ble [ˌdɪsə'sembl] *v/t* auseinander nehmen, zerlegen, demontieren **ˌdis·as'sem·bly** *s* **1.** Zerlegung *f*, Demontage *f* **2.** zerlegter Zustand

dis·as·ter [dɪ'zɑːstə] *s* **1.** Unglück *n* (*to* für) **2.** Unglück *n*, Katastrophe *f*: ~ *area* Katastrophengebiet *n* **dis'as·trous** *Adj* katastrophal, verheerend

dis·be·lief [ˌdɪsbɪ'liːf] *s* **1.** Unglaube *m* **2.** Zweifel *m* (*in* an *Dat*) **dis·be·lieve** [ˌˌ-'liːv] *v/t etw* nicht glauben; bezweifeln; *j-m* nicht glauben **ˌdis·be'liev·er** *s* Ungläubige *m*, *f* (*a.* REL)

dis·bur·den [dɪs'bɜːdn] *v/t* entlasten (*of, from* von)

disc, *etc* → **disk**, *etc*

dis·card **I** *v/t* [dɪ'skɑːd] **1.** *Spielkarten* ablegen, *Kleidung etc a.* ausrangieren, *Gewohnheit etc a.* aufgeben **2.** *Freund etc* fallen lassen **II** *s* ['dɪskɑːd] **3.** abgelegte Karte(n *Pl*) **4.** *etw* Abgelegtes

dis·cern [dɪ'sɜːn] *v/t* wahrnehmen, erkennen **dis'cern·ing** *Adj* scharfsichtig, kritisch (urteilend) **dis'cern·ment** *s* **1.** Wahrnehmen *n*, Erkennen *n* **2.** Scharfblick *m*

dis·charge [dɪs'tʃɑːdʒ] **I** *v/t* **1.** ausladen: **a)** *Schiff etc* entladen, **b)** *Ladung* löschen, **c)** *Passagiere* ausschiffen **2.** *Gewehr*, *Geschoss etc* abfeuern, abschießen **3.** ~ *itself* → 9 **4.** ausströmen, -stoßen; MED, PHYSIOL absondern: ~ *matter* eitern **5.** *Angestellten*, *Patienten*, *Strafgefangenen etc* entlassen (*from* aus) **6.** JUR freisprechen (*of* von) **7.** befreien, entbinden (*of, from* von; *from doing s.th.* davon, etw zu tun) **8.** *Verpflichtungen etc* erfüllen, nachkommen (*Dat*) **II** *v/i* **9.** sich ergießen, münden (*into* in *Akk*) **10.** MED eitern **11.** ELEK sich entladen **III** *s* ['-tʃɑːdʒ] **12.** Entladung *f*; Löschung *f* **13.** Abfeuern *n* **14.** MED, PHYSIOL Absonderung *f* **15.** Entlassung *f* **16.** JUR Freispruch *f* **17.** Befreiung *f*, Entbindung *f* **18.** Erfüllung *f*

dis·ci·ple [dɪ'saɪpl] *s* BIBEL Jünger *m*, *fig a.* Schüler(in)

dis·ci·pli·na·ry ['dɪsɪplɪnərɪ] *Adj* disziplinarisch, Disziplinar… **'dis·ci·pline I** *s* **1.** Disziplin *f*: *keep* ~ Disziplin halten **2.** Disziplin *f*, Wissenschaftszweig *m* **II**

v/t **3.** disziplinieren, an Disziplin gewöhnen: **badly ~d** disziplinlos, undiszipliniert

'disc jock·ey *s* Diskjockey *m*

dis-claim [dɪs'kleɪm] *v/t* **1.** ab-, bestreiten **2.** jede Verantwortung ablehnen für; *Verantwortung* ablehnen **3.** widerrufen, dementieren **4.** JUR verzichten *od* keinen Anspruch erheben auf (*Akk*), *Erbschaft* ausschlagen **dis-'claim·er** *s* **1.** Widerruf *m*, Dementi *n* **2.** (*of*) Verzicht *m* (auf *Akk*), Ausschlagung *f* (*Gen*)

dis-close [dɪs'kləʊz] *v/t* **1.** bekannt geben *od* machen **2.** enthüllen, aufdecken **3.** zeigen, verraten **dis'clo·sure** [-ʒə] *s* **1.** Bekanntgabe *f* **2.** Enthüllung *f*

dis-co ['dɪskəʊ] *Pl* **-cos** *s* F Disko *f* (*Diskothek*)

dis-col·o(u)r [dɪs'kʌlə] *v/t u. v/i* (sich) verfärben

dis-com-fit [dɪs'kʌmfɪt] *v/t* aus der Fassung bringen, verwirren; in Verlegenheit bringen **dis'com-fi-ture** [-tʃə] *s* Verwirrung *f*; Verlegenheit *f*

dis-com-fort [dɪs'kʌmfət] *s* **1.** Unannehmlichkeit *f* **2.** Unbehagen *n*

dis-con-cert [,dɪskən'sɜːt] *v/t* **1.** aus der Fassung bringen, verwirren **2.** beunruhigen

dis-con-nect [,dɪskə'nekt] *v/t* **1.** trennen (*from* von) (*a.* TEL *Teilnehmer*) **2.** ELEK *Gerät, Stecker etc* ausstecken **3.** *Gas, Strom, Telefon* abstellen: **we have been ~ed** uns ist das Gas *etc* abgestellt worden **,dis·con'nect·ed** *Adj* zs.-hang(s)los

dis-con-so-late [dɪs'kɒnsələt] *Adj* untröstlich (*about, at* über *Akk*)

dis-con-tent [,dɪskən'tent] I *Adj* → **dis-contented** II *s* Unzufriedenheit *f* **,dis·con'tent·ed** *Adj* unzufrieden (*with* mit)

dis-con-tin-ue [,dɪskən'tɪnjuː] *v/t* **1.** unterbrechen **2.** einstellen (*a.* JUR); *Gewohnheit etc* aufgeben; *Beziehungen* abbrechen; *Zeitung etc* abbestellen **3.** aufhören (**doing** zu tun) **,dis·con'tin·u·ous** [-jʊəs] *Adj* unterbrochen **2.** zs.-hang(s)los

dis-cord ['dɪskɔːd] *s* **1.** Uneinigkeit *f* **2.** Zwietracht *f*, Zwist *m*: → **apple 3.** MUS Missklang *m* (*a. fig*), Dissonanz *f* **dis-**

'cord·ant *Adj* **1.** sich widersprechend **2.** MUS misstönend (*a. weit. S. u. fig*)

dis-co-theque ['dɪskəʊtek] *s* Diskothek *f*

dis-count ['dɪskaʊnt] I *s* **1.** WIRTSCH Preisnachlass *m*, Rabatt *m*, Skonto *m*, *n* (**on** auf *Akk*) **2.** (**rate**) WIRTSCH Diskont *m*: **~** (**rate**) Diskontsatz *m* **3.** WIRTSCH Abzug *m* (*vom Nominalwert*): **at a ~** unter pari; *fig* nicht geschätzt *od* gefragt; **sell at a ~** mit Verlust verkaufen II *v/t* **4.** WIRTSCH abziehen, abrechnen; e-n Abzug gewähren auf (*Akk*) **5.** WIRTSCH *Wechsel* diskontieren **6.** *Geschichte etc* mit Vorsicht *od* Vorbehalt aufnehmen

dis-cour-age [dɪ'skʌrɪdʒ] *v/t* **1.** entmutigen **2.** abschrecken, abhalten, j-m abraten (**from** von) **dis'cour·age·ment** *s* **1.** Entmutigung *f* **2.** Abschreckung *f*

dis-course I *s* ['dɪskɔːs] **1.** Unterhaltung *f*, Gespräch *n* **2.** Vortrag *m* II *v/i* [dɪ'skɔːs] **3.** sich unterhalten (**on** über *Akk*) **4.** e-n Vortrag halten (**on** über *Akk*)

dis-cour-te-ous [dɪs'kɜːtjəs] *Adj* unhöflich **dis'cour·te·sy** [-tɪsɪ] *s* Unhöflichkeit *f*

► **dis-cov·er** [dɪ'skʌvə] *v/t* entdecken, *fig a.* ausfindig machen, (heraus)finden **dis'cov·er·er** *s* Entdecker(in)

► **dis-cov·e·ry** [dɪ'skʌvərɪ] *s* Entdeckung *f*

dis-cred·it [dɪs'kredɪt] I *v/t* **1.** in Verruf *od* Misskredit bringen (**with** bei) **2.** anzweifeln, keinen Glauben schenken (*Dat*) II *s* **3.** Misskredit *m*: **bring into ~, bring ~ on → 1 4.** Zweifel *m*

dis-creet [dɪ'skriːt] *Adj* **1.** umsichtig, besonnen **2.** diskret: a) taktvoll, b) verschwiegen, c) dezent, unaufdringlich

dis-crep-an-cy [dɪ'skrepənsɪ] *s* Diskrepanz *f*, Widerspruch *m*

dis-cre-tion [dɪ'skreʃn] *s* **1.** Ermessen *n*, Gutdünken *n*: **at ~** nach Belieben; **it is at** (*od* **within**) **your ~** es steht Ihnen frei; **leave s.th. to s.o.'s ~** j-m etw anheim stellen **2.** Umsicht *f*, Besonnenheit *f* **3.** Diskretion *f*

dis-crim·i·nate [dɪ'skrɪmɪneɪt] I *v/i* (scharf) unterscheiden, e-n Unterschied machen (**between** zwischen *Dat*): **~ between** unterschiedlich behandeln (*Akk*); **~ against** j-n benach-

D

teiligen, diskriminieren **II** v/t (scharf) unterscheiden (**from** von) **dis'crim·i·nat·ing** Adj scharfsinnig, urteilsfähig **dis,crim·i·na·tion** s 1. unterschiedliche Behandlung; Diskriminierung f: **~ against s.o.** Benachteiligung f e-r Person 2. Scharfsinn m, Urteilsfähigkeit f **dis'crim·i·na·to·ry** [_nətəri] Adj diskriminierend

dis·cur·sive [dɪ'skɜːsɪv] Adj weitschweifig

dis·cus ['dɪskəs] s Leichtathletik: **a)** Diskus m: **~ throw** od **~; ~ thrower** Diskuswerfer(in), **b)** Diskuswerfen n

▸ **dis·cuss** [dɪ'skʌs] v/t diskutieren, besprechen, erörtern

▸ **di·scus·sion** [dɪ'skʌʃn] s Diskussion f, Besprechung f, Erörterung f: **be under~** zur Diskussion stehen; **matter for ~** Diskussionsgegenstand m

dis·dain [dɪs'deɪn] **I** v/t verachten, geringschätzen **II** s Verachtung f, Geringschätzung f **dis'dain·ful** [_fʊl] Adj verächtlich, geringschätzig: **be ~ of** (od **toward[s]**) → **disdain I**

▸ **dis·ease** [dɪ'ziːz] s Krankheit f (a. fig): **sexually transmitted ~** Geschlechtskrankheit f **dis'eased** Adj krank

dis·em·bark [,dɪsɪm'bɑːk] **I** v/t FLUG, SCHIFF Passagiere von Bord gehen lassen, SCHIFF a. ausschiffen, Waren ausladen **II** v/i FLUG, SCHIFF von Bord gehen, SCHIFF a. sich ausschiffen **,dis·em·bar'ka·tion** [_em-] s Ausschiffung f, -ladung f

dis·en·chant [,dɪsɪn'tʃɑːnt] v/t desillusionieren, ernüchtern

dis·en·gage [,dɪsɪn'ɡeɪdʒ] **I** v/t los-, freimachen, befreien (**from** von), TECH loskuppeln: **~ the clutch** auskuppeln **II** v/i 3. sich freimachen, loskommen (**from** von) **,dis·en'gaged** Adj frei, unbeschäftigt 2. ungebunden **,dis·en'gage·ment** s 1. Befreiung f 2. Ungebundenheit f 3. Muße(stunden Pl) f

dis·en·tan·gle [,dɪsɪn'tæŋɡl] v/t 1. entwirren, -flechten (beide a. fig) 2. befreien (**from** von)

dis·fa·vo(u)r [,dɪs'feɪvə] s 1. Missbilligung f, -fallen n 2. Ungnade f: **be in (fall into) ~** in Ungnade stehen (fallen) (**with** bei)

dis·fig·ure [dɪs'fɪɡə] v/t entstellen, verunstalten (**with** durch)

dis·gorge [dɪs'ɡɔːdʒ] **I** v/t 1. Essen ausspeien, Lava speien 2. (widerwillig) wieder herausgeben **II** v/i 3. sich ergießen, fließen (**into** in Akk)

dis·grace [dɪs'ɡreɪs] **I** s 1. Schande f (**to** für): **bring ~ on →** 3 2. → **disfavo(u)r** 2 **II** v/t 3. Schande bringen über (Akk) **dis'grace·ful** [_fʊl] Adj schändlich

dis·grun·tled [dɪs'ɡrʌntld] Adj verärgert, -stimmt (**at** über Akk)

dis·guise [dɪs'ɡaɪz] **I** v/t 1. (**o.s.** sich) verkleiden od maskieren (**as** als) 2. Handschrift, Stimme verstellen 3. Absichten, Fakten etc verschleiern, Gefühle etc verbergen **II** s 4. Verkleidung f: **in ~** verkleidet, maskiert; fig verkappt; **in the ~ of** verkleidet als; → **blessing** 5. Verstellung f 6. Verschleierung f

dis·gust [dɪs'ɡʌst] **I** v/t 1. anekeln, anwidern: **be ~ed with** (od **at, by**) Ekel empfinden über (Akk) 2. empören, entrüsten: **be ~ed with** empört od entrüstet sein über (Akk) **II** s 3. Ekel m (**at, for** vor Dat) **dis'gust·ing** Adj ekelhaft, widerlich

▸ **dish** [dɪʃ] **I** s 1. flache Schüssel; (Servier)Platte f; Pl Geschirr n: **wash (od do) the ~es** abspülen 2. Gericht n, Speise f **II** v/t 3. oft **~ up** Speisen anrichten; auftragen 4. oft **~ up** F Geschichte etc auftischen 5. **~ out** F austeilen

dis·har·mo·ny [,dɪs'hɑːmənɪ] s Disharmonie f

'**dish·cloth** s Geschirrtuch n

dis·heart·en [dɪs'hɑːtn] v/t entmutigen

di·shev·el(l)ed [dɪ'ʃevld] Adj 1. zerzaust (Haar) 2. unordentlich, ungepflegt

dis·hon·est [dɪs'ɒnɪst] Adj unehrlich, unredlich **dis'hon·es·ty** s Unredlichkeit f: **a)** Unehrlichkeit f, **b)** unredliche Handlung

dis·hon·o(u)r [dɪs'ɒnə] s 1. Unehre f, Schande f (**to** für) **II** v/t 2. entehren 3. WIRTSCH Wechsel etc nicht honorieren od einlösen **dis·hon·o(u)r·a·ble** Adj schändlich, unehrenhaft

'**dish**|**·rag** s Br, → **tow·el** s bes Am Geschirrtuch n

▸ **dish**|**·wash·er** ['dɪʃ,wɒʃə] s 1. Tellerwäscher(in), Spüler(in) 2. Geschirr-

spül·ma·schine f, -spüler m '~.**wa·ter** s Abwasch-, Spülwasser n

dish·y ['dɪʃɪ] Adj bes Br F dufte, toll (*Person*)

dis·il·lu·sion [,dɪsɪ'luːʒn] I s Ernüchterung f, Desillusion f II v/t ernüchtern, desillusionieren

dis·in·cli·na·tion [,dɪsɪnklɪ'neɪʃn] s Abneigung f (*for* gegen; *to do* zu tun) **dis·in·clined** [,~'klaɪnd] Adj abgeneigt

dis·in·fect [,dɪsɪn'fekt] v/t desinfizieren ,**dis·in·fect·ant** s Desinfektionsmittel n ,**dis·in·fec·tion** s Desinfizierung f

dis·in·gen·u·ous [,dɪsɪn'dʒenjʊəs] Adj unaufrichtig

dis·in·her·it [,dɪsɪn'herɪt] v/t enterben

dis·in·te·grate [dɪs'ɪntɪgreɪt] I v/t 1. auflösen, fig a. zersetzen II v/i 2. sich auflösen (a. fig) 3. ver-, zerfallen (a. fig) 4. GEOL verwittern **dis,in·te'gra·tion** s 1. Auflösung f 2. Zerfall m 3. GEOL Verwitterung f

dis·in·ter·est·ed [dɪs'ɪntrəstɪd] Adj 1. uneigennützig 2. objektiv 3. un-, desinteressiert (*in* an Dat)

dis·joint·ed [dɪs'dʒɔɪntɪd] Adj zs.-hang(s)los

disk [dɪsk] s 1. allg Scheibe f 2. (Schall-) Platte f 3. COMPUTER Diskette f; a. **hard ~** Festplatte f 4. **~ brake** s TECH Scheibenbremse f **~ drive** s COMPUTER Laufwerk n

disk·ette [dɪ'sket] s COMPUTER Diskette f

,**disk 'op·er·at·ing sys·tem** s COMPUTER Betriebssystem n

dis·like [dɪs'laɪk] I v/t nicht leiden können, nicht mögen: ~ **doing s.th.** etw nicht gern od (nur) ungern tun; **get o.s. ~d** sich unbeliebt machen II s Abneigung f, Widerwille m (*of*, *for* gegen): **take a ~ to** e-e Abneigung fassen gegen

dis·lo·cate ['dɪsləʊkeɪt] v/t 1. verrücken 2. MED sich *den Arm etc* ver- od ausrenken ,**dis·lo'ca·tion** s 1. Verrückung f 2. MED Verrenkung f; Dislokation f

dis·loy·al [,dɪs'lɔɪəl] Adj (*to*) untreu (Dat), treulos (gegen) ,**dis'loy·al·ty** s Untreue f, Treulosigkeit f

dis·mal ['dɪzməl] Adj düster, trüb, trostlos, bedrückend

dis·man·tle [dɪs'mæntl] v/t 1. demontieren, abbauen; *Gebäude* abbrechen;

SCHIFF abwracken 2. zerlegen, auseinander nehmen

dis·may [dɪs'meɪ] I v/t erschrecken, bestürzen II s Schreck(en) m, Bestürzung f: *in* (*od with*) ~ bestürzt; *to one's ~* zu s-r Bestürzung

dis·mem·ber [dɪs'membə] v/t 1. zerstückeln; bes MED zergliedern 2. *Land etc* zersplittern, aufteilen

dis·miss [dɪs'mɪs] v/t 1. entlassen, gehen lassen 2. entlassen (*from* aus e-m Amt etc) 3. *Thema etc* fallen lassen; *Frage etc* abtun (*as* als) 4. a. JUR abweisen **dis'miss·al** s 1. Entlassung f 2. a. JUR Abweisung f

dis·mount [,dɪs'maʊnt] I v/i 1. absteigen, absitzen (*from* von) II v/t 2. *Reiter* abwerfen 3. abmontieren

dis·o·be·di·ence [,dɪsə'biːdjəns] s Ungehorsam m: *civil ~* ziviler Ungehorsam ,**dis·o'be·di·ent** Adj ungehorsam (*to* gegen[über]) **dis·o·bey** [,~'beɪ] I v/t 1. *j-m* nicht gehorchen 2. *Gesetz etc* nicht befolgen, missachten II v/i 3. nicht gehorchen, ungehorsam sein

dis·o·blige [,dɪsə'blaɪdʒ] v/t ungefällig sein gegen ,**dis·o'blig·ing** Adj ungefällig, unfreundlich

dis·or·der [dɪs'ɔːdə] I s 1. Unordnung f, Durcheinander n: *in ~* durcheinander; *throw into ~* → 4 2. Aufruhr m, Unruhen Pl 3. MED Störung f: *mental ~* Geistesstörung f II v/t 4. in Unordnung bringen, durcheinander bringen **dis·'or·dered** Adj 1. unordentlich, durcheinander 2. MED gestört **dis·or·der·ly** Adj 1. unordentlich 2. schlampig, (a. *Leben etc*) liederlich 3. JUR ordnungswidrig

dis·or·gan·ize [dɪs'ɔːgənaɪz] → **disorder** 4

dis·own [dɪs'əʊn] v/t 1. nichts zu tun haben wollen mit, ablehnen 2. ableugnen

dis·par·age [dɪ'spærɪdʒ] v/t 1. herabsetzen, verächtlich machen 2. verachten, gering schätzen **dis'par·age·ment** s 1. Herabsetzung f, Verächtlichmachung f 2. Verachtung f, Geringschätzung f **dis'par·ag·ing** Adj herabsetzend, verächtlich, geringschätzig

dis·pa·rate ['dɪspərət] Adj ungleich(artig), (grund)verschieden **dis·par·i·ty** [dɪ'spærətɪ] s Verschiedenheit f: *~ in age* (zu großer) Altersunterschied

dis·pas·sion·ate [dɪˈspæʃnət] *Adj* leidenschaftslos, kühl, sachlich

dis·patch [dɪˈspætʃ] **I** *v/t* **1.** (ab)senden, (ab)schicken, *Telegramm* aufgeben **2.** rasch erledigen **3.** ins Jenseits befördern, töten **4.** F wegputzen, schnell aufessen **II** *s* **5.** Absendung *f*, Versand *m*: ~ **by rail** Bahnversand *m* **6.** rasche Erledigung **7.** Tötung *f* ~ **box**, ~ **case** *s bes Br* Aktenkoffer *m*

dis·pel [dɪˈspel] *v/t Menge etc, a. fig Befürchtungen etc* zerstreuen, *Nebel* zerteilen

dis·pen·sa·ble [dɪˈspensəbl] *Adj* entbehrlich **dis'pen·sa·ry** *s* Werks-, Krankenhausapotheke *f* **dis·pen·sa·tion** [ˌ-ˈseɪʃn] *s* **1.** Aus-, Verteilung *f* **2.** Zuteilung *f*, Gabe *f* **3.** (göttliche) Fügung **4.** Verzicht *m* (**with** *auf Akk*)

dis·pense [dɪˈspens] **I** *v/t* **1.** aus-, verteilen; *Sakrament* spenden: ~ **justice** Recht sprechen **2.** *Arzneien* dispensieren, zubereiten u. abgeben **3.** befreien, entbinden (**from** von) **II** *v/i* **4.** ~ **with** verzichten auf (*Akk*); überflüssig machen (*Akk*) **dis'pens·er** *s* **1.** Aus-, Verteiler(in) **2.** TECH Spender *m*, (*für Klebestreifen etc a.*) Abroller *m*, (*Briefmarken- etc*)Automat *m* **dis'pens·ing** *Adj*: ~ **chemist** *Br* Apotheker(in)

dis·per·sal [dɪˈspɜːsl] *s* **1.** Zerstreuung *f* (*a. fig*) **2.** Verbreitung *f* **dis'perse I** *v/t* **1.** verstreuen (**over** über *Akk*) **2.** → **dispel 3.** *Nachrichten etc* verbreiten **4.** CHEM, PHYS dispergieren, zerstreuen **II** *v/i* **5.** sich zerstreuen (*Menge*) **6.** sich verteilen **dis'per·sion** *s* **1.** → *dispersal* **2.** CHEM, PHYS Dispersion *f*, (Zer-) Streuung *f*

dis·pir·it·ed [dɪˈspɪrɪtɪd] *Adj* mutlos, niedergeschlagen

dis·place [dɪsˈpleɪs] *v/t* **1.** versetzen, -rücken, -schieben **2.** verdrängen (*a. SCHIFF, PHYS, Sport*) **3.** *j-n* ablösen (**as** als) **4.** *j-n* verschleppen: ~*d person* Verschleppte *m, f*, Zwangsumsiedler(in) **dis'place·ment** *s* **1.** Versetzung *f*, -schiebung *f* **2.** Verdrängung *f* **3.** Ablösung *f* **4.** Verschleppung *f*

dis·play [dɪsˈpleɪ] **I** *v/t* **1.** *Aktivität etc* zeigen, entfalten, an den Tag legen **2.** *Waren* auslegen, -stellen **3.** zur Schau stellen, hervorkehren **II** *s* **4.** Entfaltung *f* **5.** Ausstellung *f*: **be on** ~ ausgestellt

sein **6.** Display *n*: **a)** (Sichtbild)Anzeige *f*, **b)** *a.* ~ **unit** Sichtbildgerät *n* **III** *Adj* **7.** Ausstellungs..., Schau...: ~ **cabinet** (*od case*) Schaukasten *m*, Vitrine *f*; ~ **window** Auslage(n)-, Schaufenster *n*

dis·please [dɪsˈpliːz] *v/t* **1.** *j-m* missfallen: **be** ~*d at* (*od* **with**) unzufrieden sein mit **2.** *j-n* ärgern, verstimmen **dis·pleas·ing** *Adj* unangenehm **displeas·ure** [-ˈpleʒə] *s* Missfallen *n* (**at** über *Akk*)

dis·pos·a·ble [dɪˈspəʊsəbl] *Adj* **1.** (frei) verfügbar **2.** Einweg..., Wegwerf... **dis'pos·al** *s* **1.** Erledigung *f* **2.** Beseitigung *f* **3.** Übergabe *f*, -tragung *f*: ~ (**by sale**) Veräußerung *f*, Verkauf *m* **4.** Verfügung(srecht *n*) *f* (**of** über *Akk*): **be at s.o.'s** ~ *j-m* zur Verfügung stehen; **place** (*od* **put**) **s.th. at s.o.'s** ~ *j-m* etw zur Verfügung stellen; **have the** ~ **of** verfügen (können) über (*Akk*) **dis'pose I** *v/t* **1.** anordnen, aufstellen **2.** geneigt machen, bewegen (**to** zu; **to do** zu tun) **II** *v/i* **3.** ~ **of** (frei) verfügen über (*Akk*); (endgültig) erledigen; wegschaffen, beseitigen; verkaufen, veräußern; übergeben, -tragen **dis'posed** *Adj* **1. be well** ~ **to**(ward[**s**]) *j-m* wohlgesinnt sein, *j-m* wohl wollen; *e-m Plan etc* wohlwollend gegenüberstehen; ~ **ill-disposed 2.** geneigt (**to do** zu tun): **feel** ~ **to do s.th.** etw tun wollen **dis·po·si·tion** [ˌdɪspəˈzɪʃn] *s* **1.** Disposition *f*, Veranlagung *f*; Art *f* **2.** Neigung *f*, Hang *m* (**to** zu; MED Anfälligkeit *f* (**to** für): **have a** ~ **to** neigen zu; anfällig sein für **3.** → *disposal* 4

dis·pos·sess [ˌdɪspəˈzes] *v/t* enteignen **dis·pro·por·tion·ate** [ˌdɪsprəˈpɔːʃnət] *Adj* unverhältnismäßig (groß *od* klein); unangemessen; übertrieben: **be** ~ **to** in keinem Verhältnis stehen zu

dis·prove [ˌdɪsˈpruːv] *v/t* widerlegen

dis·pu·ta·ble [dɪˈspjuːtəbl] *Adj* strittig ˌ**dis·pu'ta·tion** *s* **1.** Disput *m* **2.** Disputation *f* ˌ**dis·pu'ta·tious** *Adj* streitsüchtig **dis'pute I** *v/i* **1.** streiten (**on**, **about** über *Akk*) **II** *v/t* **2.** streiten über (*Akk*) **3.** in Zweifel ziehen, bezweifeln: ~*d* umstritten **4.** kämpfen um **5.** (an-)kämpfen gegen **III** *s* **6.** Disput *m*: **in** (*od* **under**) ~ umstritten; **beyond** (*od* **past, without**) ~ fraglos, unbestritten

dis·qual·i·fi·ca·tion [dɪsˌkwɒlɪfɪˈkeɪ-

ʃn] s 1. Disqualifikation f, Disqualifizierung f 2. Untauglichkeit f (for für)
dis·qual·i·fy v/t 1. disqualifizieren 2. untauglich machen (for für) 3. für untauglich erklären

dis·qui·et [dɪsˈkwaɪət] I v/t beunruhigen II s Unruhe f, Besorgnis f **dis·quiet·ing** Adj beunruhigend, Besorgnis erregend

dis·re·gard [ˌdɪsrɪˈgɑːd] I v/t 1. nicht beachten, ignorieren 2. missachten II s 3. Nichtbeachtung f, Ignorierung f (of, for Gen) 4. Missachtung f (of, for Gen)

dis·re·pair [ˌdɪsrɪˈpeə] s Baufälligkeit f: be in (a state of) ~ baufällig sein; fall into ~ baufällig werden

dis·rep·u·ta·ble [dɪsˈrepjʊtəbl] Adj verrufen **dis·re·pute** [ˌdɪsrɪˈpjuːt] s schlechter Ruf: be in ~ verrufen sein; bring (fall) into ~ in Verruf bringen (kommen)

dis·re·spect [ˌdɪsrɪˈspekt] s Respektlosigkeit f, **dis·re·spect·ful** [ˌ_fʊl] Adj respektlos (to gegen)

dis·rupt [dɪsˈrʌpt] v/t 1. auseinander reißen, (zer)spalten 2. Gespräch, Verkehr etc unterbrechen 3. Land etc zerrütten; Koalition etc sprengen **dis·rup·tion** s 1. Spaltung f 2. Unterbrechung f 3. Zerrüttung f; Sprengung f

dis·sat·is·fac·tion [ˈdɪsˌsætɪsˈfækʃn] s Unzufriedenheit f **dis·sat·is·fac·to·ry** [ˌ_təri] Adj unbefriedigend (to für) **dis·sat·is·fied** [ˌ_faɪd] Adj unzufrieden (at, with mit)

dis·sect [dɪˈsekt] v/t 1. MED sezieren 2. fig zergliedern

dis·sem·ble [dɪˈsembl] v/t verbergen, -hehlen, sich etw nicht anmerken lassen

dis·sem·i·nate [dɪˈsemɪneɪt] v/t 1. ausstreuen 2. fig verbreiten **dis·sem·i·na·tion** s 1. Ausstreuung f 2. fig Verbreitung f

dis·sen·sion [dɪˈsenʃn] s Meinungsverschiedenheit(en Pl) f

dis·sent [dɪˈsent] I v/i 1. (from) anderer Meinung sein (als), nicht übereinstimmen (mit) 2. REL von der Staatskirche abweichen II s 3. Meinungsverschiedenheit f **dis·sent·er** s 1. Andersdenkende m, f 2. REL Dissident(in); Dissenter(in)

dis·ser·ta·tion [ˌdɪsəˈteɪʃn] s 1. (wissenschaftliche) Abhandlung 2. UNI Diplomarbeit f

dis·ser·vice [ˌdɪsˈsɜːvɪs] s: do s.o. a ~ j-m e-n schlechten Dienst erweisen

dis·si·dent [ˈdɪsɪdənt] I Adj 1. anders denkend (als), abweichend (von) II s 2. Andersdenkende m, f 3. REL Dissident(in), POL a. Regime-, Systemkritiker(in)

dis·sim·i·lar [ˌdɪˈsɪmɪlə] Adj (to, from) verschieden (von), unähnlich (Dat) **dis·sim·i·lar·i·ty** [ˌ_ˈlærətɪ] s Verschiedenheit f, Unähnlichkeit f

dis·sim·u·late [dɪˈsɪmjʊleɪt] → **dissemble**

dis·si·pate [ˈdɪsɪpeɪt] I v/t 1. zerstreuen (a. fig); Nebel zerteilen 2. Kräfte verzetteln, -geuden; Vermögen etc durchbringen, verschwenden II v/i 3. sich zerstreuen (a. fig); sich zerteilen **dis·si·pat·ed** Adj ausschweifend: a) zügellos (Leben), b) leichtlebig (Person) **dis·si·pa·tion** s 1. Zerstreuung f (a. fig); Zerteilung f 2. Vergeudung f 3. Ausschweifung f: a life of ~ ein ausschweifendes od zügelloses Leben

dis·so·ci·ate [dɪˈsəʊʃɪeɪt] v/t 1. trennen (from von) 2. ~ o.s. sich distanzieren, abrücken (from von) **dis·so·ci·a·tion** [ˌ_sɪˈeɪʃn] s Trennung f

dis·so·lute [ˈdɪsəluːt] → **dissipated**

dis·so·lu·tion [ˌdɪsəˈluːʃn] s 1. Auflösung f (a. fig) 2. JUR Annullierung f, Aufhebung f

dis·solve [dɪˈzɒlv] I v/t 1. auflösen (a. fig): ~ in the mouth Tablette etc im Mund zergehen lassen; ~d in tears in Tränen aufgelöst 2. JUR annullieren, aufheben II v/i 3. sich auflösen (a. fig): ~ in the mouth im Mund zergehen; ~ in(to) tears in Tränen zerfließen

dis·so·nance [ˈdɪsənəns] s Dissonanz f: a) MUS Missklang m (a. fig), b) fig Unstimmigkeit f **dis·so·nant** Adj 1. MUS dissonant 2. misstönend 3. fig unstimmig

dis·suade [dɪˈsweɪd] v/t 1. j-m abraten (from von; from doing [davon,] etw zu tun) 2. abbringen (from von; from doing davon, etw zu tun) 3. abraten von

▸ **dis·tance** [ˈdɪstəns] I s 1. Entfernung f: at a ~ in einiger Entfernung; von weitem, von fern; from a ~ aus einiger Ent-

fernung; **keep one's ~** Abstand halten (**from** von); *fig* Distanz wahren **2.** Ferne *f*: **from (in) the ~** aus (in) der Ferne **3.** Strecke: **a)** Entfernung *f*: **go the ~** *fig* durchhalten, über die Runden kommen, **b)** SPORT Distanz *f*: **~ runner** (*Leichtathletik*) Langstreckenläufer(in), Langstreckler(in) **4.** (*a. zeitlicher*) Abstand: **at this ~ of** (*od in*) **time** nach all dieser Zeit **II** *v/t* **5.** überholen, (weit) hinter sich lassen, (*Sport a.*) distanzieren **6.** *fig* überflügeln, -treffen **7. ~ o.s.** sich distanzieren (**from** von)

▸ **dis·tant** ['dɪstənt] *Adj* **1.** entfernt (*a. fig*) **2.** fern (*a. zeitlich*), Fern... **3.** (weit) voneinander entfernt **4.** *fig* distanziert

dis·taste [,dɪs'teɪst] *s* **1.** Ekel *m* (**for** vor *Dat*) **2.** *fig* Widerwille *m*, Abneigung *f* (**for** gegen) **dis'taste·ful** [-ful] *Adj* **1.** Ekel erregend **2.** *fig* unangenehm: **be ~ to** *j-m* zuwider sein

dis·tend [dɪ'stend] **I** *v/t* **1.** (aus)dehnen **2.** *Bauch etc* aufblähen **II** *v/i* **3.** sich (aus)dehnen **4.** sich aufblähen **5.** sich weiten (**with** vor *Dat*) (*Augen*)

dis·til(l) [dɪ'stɪl] *v/t* **1.** CHEM destillieren **2.** *Branntwein* brennen (**from** aus) **dis·til·la·tion** [,-'leɪʃn] *s* **1.** CHEM Destillation *f* **2.** CHEM Destillat *n* **3.** Brennen *n* **dis'till·er·y** *s* (Branntwein)Brennerei *f*

dis·tinct [dɪ'stɪŋkt] *Adj* **1.** verschieden (**from** von): **as ~ from** im Unterschied zu **2.** ausgeprägt, klar, deutlich **dis-'tinc·tion** *s* **1.** Unterscheidung *f* **2.** Unterschied *m*: **in ~ from** im Unterschied zu; **draw** (*od* **make**) **a ~ between** e-n Unterschied machen zwischen (*Dat*) **3.** Auszeichnung, Ehrung *f* **4.** (hoher) Rang: **of ~** von Rang (u. Namen) **dis-'tinc·tive** *Adj* **1.** Unterscheidungs... **2.** kennzeichnend (**of** für): → **mark**²

dis·tin·guish [dɪ'stɪŋgwɪʃ] **I** *v/t* **1.** unterscheiden (**from** von), auseinander halten **2.** wahrnehmen, erkennen **3.** kennzeichnen: **~ing mark** Kennzeichen *n* **4. ~ o.s.** sich auszeichnen (*a. iron*) **II** *v/i* **5.** unterscheiden, e-n Unterschied machen (**between** zwischen *Dat*) **dis'tin·guished** *Adj* **1.** hervorragend, ausgezeichnet **2.** vornehm

dis·tort [dɪ'stɔːt] *v/t* **1.** verdrehen **2.** *Gesicht etc* verzerren: **~ed with** (*od by*) **pain** schmerzverzerrt **3.** *Tatsachen etc*

verdrehen, entstellen, verzerren **dis-'tor·tion** *s* **1.** Verdrehung *f* **2.** Verzerrung *f* **3.** Entstellung *f*

dis·tract [dɪ'strækt] *v/t* Aufmerksamkeit, *Person etc* ablenken (**from** von) **dis'tract·ed** *Adj* **1.** beunruhigt, besorgt **2.** (**with, by**) außer sich (vor *Dat*); wahnsinnig (vor *Dat*) **dis'trac·tion** *s* **1.** Ablenkung *f* **2.** *oft Pl* Zerstreuung *f*, Ablenkung *f* **3.** Wahnsinn *m*: **drive s.o. to ~** j-n zur Raserei *od* zum Wahnsinn treiben

dis·traught [dɪ'strɔːt] → **distracted**

dis·tress [dɪ'stres] **I** *s* **1.** Leid *n*, Kummer *m*, Sorge *f* **2.** Not *f*, Elend *n* **3.** Notlage *f*, -stand *m* **4.** SCHIFF Seenot *f*: **in ~** in Seenot; **~ call** SOS-Ruf *m* **II** *v/t* **5.** mit Sorge erfüllen **dis'tressed** *Adj* **1.** besorgt (**about** um) **2.** Not leidend: **~ area** *Br* Notstandsgebiet *n* **dis-'tress·ing** *Adj* Besorgnis erregend

▸ **dis·trib·ute** [dɪ'strɪbjuːt] *v/t* **1.** verausteilen (**among** unter *Dat od Akk to* an *Akk*) **2.** zuteilen (**to** *Dat*) **3.** WIRTSCH *Waren* vertreiben, absetzen; *Filme* verleihen; *Dividende, Gewinn* ausschütten **,dis·tri'bu·tion** *s* **1.** Verausteilung *f*: **~ of seats** PARL Sitzverteilung *f* **2.** Zuteilung *f*; Gabe *f*, Spende *f* **3.** WIRTSCH Vertrieb *m*, Absatz *m*, Verleih *m*; Ausschüttung *f* **dis'trib·u·tor** *s* **1.** Verteiler *m* (*a.* TECH) **2.** WIRTSCH Großhändler(in); Generalvertreter(in); *Pl* (Film)Verleih *m*

dis·trict ['dɪstrɪkt] *s* **1.** Distrikt *m*, (Verwaltungs)Bezirk *m*, Kreis *m* **2.** (Stadt-) Bezirk *m*, (-)Viertel *n*: **~ nurse** Gemeindeschwester *f* **3.** Gegend *f*, Gebiet *n*

dis·trust [dɪs'trʌst] **I** *s* Misstrauen *n* **with ~** misstrauisch **II** *v/t* misstrauen (*Dat*) **dis'trust·ful** [-ful] *Adj* misstrauisch (**of** gegen)

▸ **dis·turb** [dɪ'stɜːb] *v/t u. v/i allg* stören **dis'turb·ance** *s* **1.** Störung *f* (*a.* TECH *etc*) **2.** *politische etc* Unruhe; Ruhestörung *f*: **cause** (*od* **create**) **a ~** für Unruhe sorgen; ruhestörenden Lärm machen

dis·u·nite [,dɪsjuː'naɪt] *v/t u. v/i* (sich) trennen *od* entzweien **,dis·u·ni·ty** [-nətɪ] *s* Uneinigkeit *f*, Zwietracht *f*

dis·use [,dɪs'juːs] *s*: **fall into ~** ungebräuchlich werden **,dis'used** [-zo

Adj nicht mehr benutzt (*Maschine etc*), stillgelegt (*Bergwerk etc*), leer stehend (*Haus*)

▶ **ditch** [dıtʃ] **I** *s* 1. Graben *m* **II** *v/t* 2. Gräben ziehen durch *od* in (*Dat*) 3. *Fahrzeug* in den Straßengraben fahren 4. *sl* Wagen *etc* stehen lassen; *j-m* entwischen; *dem Freund etc* den Laufpass geben; *etw* wegschmeißen; *Am die Schule* schwänzen

dith·er ['dıðə] **I** *v/i* 1. schwanken, unentschlossen sein, sich nicht entscheiden können 2. aufgeregt sein **II** *s* 3. Schwanken *n* 4. Aufregung *f*: **be all of a ~**, **be in a ~** aufgeregt sein

dit·to ['dıtəʊ] *Adv* genauso, dito

di·ur·nal [daı'ɜ:nl] *Adj* täglich (wiederkehrend)

di·van [dı'væn] *s* Diwan *m*: **~ (bed)** Bettcouch *f*

▶ **dive** [daıv] **I** *v/i* 1. tauchen (*for* nach; *into* in *Akk*) 2. (unter)tauchen (*a. U-Boot*) 3. e-n Hecht- *od* Kopfsprung machen; (*Wasserspringen*) springen; (*bes Sport*) sich werfen, hechten (*for the ball* nach dem Ball): **~ for cover** sich in Deckung werfen 4. FLUG e-n Sturzflug machen **II** *v* 5. (Unter)Tauchen *n*, SCHIFF *a.* Unterwasser-, Tauchfahrt *f* 6. Kopfsprung *m*, Hechtsprung *m* (*a. des Tormanns etc*); (*Wasserspringen*) Sprung *m*: **make a ~ for** hechten nach; **make a ~ for cover** sich in Deckung werfen 7. FLUG Sturzflug *m* 8. F Spelunke *f* **'div·er** *s* 1. Taucher(in) 2. SPORT Wasserspringer(in)

di·verge [daı'vɜ:dʒ] *v/i* 1. divergieren (*a.* MATHE, PHYS), auseinander gehen, auseinander laufen 2. abweichen (*from* von); voneinander abweichen **di'vergent** *Adj* 1. divergierend (*a.* MATHE, PHYS) 2. abweichend (*from* von)

di·verse [daı'vɜ:s] *Adj* verschieden, ungleich, andersartig **di,ver·si·fi'ca·tion** [-fı'keıʃn] *s* 1. abwechslungsreiche Gestaltung 2. WIRTSCH Diversifikation *f*, Diversifizierung *f* **di·ver·si·fy** [-faı] *v/t* 1. abwechslungsreich gestalten 2. *Risiko* verteilen 3. WIRTSCH *Unternehmen* diversifizieren **di·ver·sion** [-ʃn] *s* 1. Ablenkung *f* 2. Zerstreuung *f*, Zeitvertreib *m* 3. *Br* (Verkehrs)Umleitung *f* **di·ver·si·ty** [-sətı] *s* Verschiedenheit *f*, Ungleichheit *f* **di'vert** *v/t* 1. ablenken,

abwenden (*from* von), lenken (*to* auf *Akk*) 2. *Br Verkehr* umleiten 3. zerstreuen, unterhalten (*with* mit, durch)

▶ **di·vide** [dı'vaıd] **I** *v/t* 1. teilen (*s.th. with s.o.* etw mit j-m): **~ into two halves** halbieren 2. (zer)teilen, spalten, *fig a.* entzweien: **opinion is ~d** die Meinungen sind geteilt (*on* über *Akk*) 3. ver-, austeilen (*among, between* unter *Dat od Akk*) 4. MATHE dividieren, teilen (*by* durch): **9 by 5 is 4** 20 (geteilt) durch 5 ist 4; **~ 5 into 20** 20 durch 5 teilen **II** *v/i* 5. sich aufteilen, zerfallen (*into* in *Akk*) 6. MATHE sich dividieren *od* teilen lassen (*by* durch) **di,vid·ed 'high·way** *s Am* mehrspurige Straße, Schnellstraße *f* **div·i·dend** ['dıvıdend] *s* 1. MATHE Dividend *m* 2. WIRTSCH Dividende *f* **di·vid·ers** [dı'vaıdəz] *s Pl, a.* **pair of ~** Stechzirkel *m* **di'vid·ing** *Adj* Trennungs…

div·i·na·tion [,dıvı'neıʃn] *s* Weissagung *f* **di·vine** [dı'vaın] **I** *Adj* 1. göttlich (*a. fig* F), Gottes… **II** *v/t* 2. weissagen 3. mit der Wünschelrute suchen (nach) **di'vin·er** *s* 1. Wahrsager(in) 2. (Wünschel)Rutengänger(in)

di·vin·ing rod [dı'vaınıŋ] *s* Wünschelrute *f*

di·vin·i·ty [dı'vınətı] *s* 1. Göttlichkeit *f* 2. Gottheit *f* 3. Theologie *f*

di·vis·i·ble [dı'vızəbl] *Adj* teilbar (MATHE *by* durch) **di'vi·sion** [-ʒn] *s* 1. (Ver-, Aus)Teilung *f*: **~ of labo(u)r** Arbeitsteilung 2. Zerteilung *f*, Spaltung *f*, *fig a.* Entzweiung *f* 3. MATHE Division *f*: **~ sign** Teilungszeichen *n* 4. PARL *Br* (Abstimmung *f* durch) Hammelsprung *m* 5. Abteilung *f* 6. MIL Division *f* 7. SPORT Liga *f* **di·vi·sor** [dı'vaızə] *s* MATHE Divisor *m*, Teiler *m*

▶ **di·vorce** [dı'vɔ:s] **I** *s* 1. JUR (Ehe-)Scheidung *f*: **get a ~** geschieden werden, sich scheiden lassen (*from* von) 2. *fig* (völlige) Trennung *f* (*from* von; *between* zwischen *Dat*) **II** *v/t* 3. JUR *j-n*, *Ehe* scheiden: **~ s.o.** j-s Ehe scheiden; **he has ~d her** er hat sich (von ihr) scheiden lassen

▶ **divorced** [dɪˈvɔːst] *Adj* geschieden:
▶ **get divorced** geschieden werden, sich scheiden lassen

DIY [diːaɪˈwaɪ] *Abk* (= *do-it-yourself*) Heimwerken *n*: **~ centre** (*Am center*) Baumarkt *m*; **~ shop** Heimwerkermarkt *m*

diz·zi·ness [ˈdɪzɪnɪs] *s* Schwindel(anfall) *m* '**diz·zy** *Adj* **1.** schwind(e)lig **2.** schwindelnd, Schwindel erregend

DJ [ˈdiːdʒeɪ] *Abk* **1.** = *disc jockey* **2.** = *dinner jacket*

DNA [ˌdiːenˈeɪ] *Abk* (= *deoxyribonucleic acid*) DNS *f*: **~ file** Gendatei *f*; **~ fingerprint** genetischer Fingerabdruck

▶ **do¹** [duː] (*unreg*) **I** *v/t* **1.** tun, machen; ausführen, *Arbeiten* verrichten; anfertigen, herstellen **2.** *j-m etw* tun, zufügen, erweisen: → *disservice, favo(u)r* 4, *etc* **3.** *Speisen* zubereiten **4.** *Zimmer* aufräumen, machen **5.** (her)richten: → *face* 1, *hair* 6. zurücklegen, schaffen: *the car does 100 m.p.h.* der Wagen fährt 160 km/h **7.** F besichtigen, die Sehenswürdigkeiten besichtigen von (*od Gen*) **8.** F betrügen (*out of* um), übers Ohr hauen **9.** F *Strafe* abbrummen: *do time* 1 **II** *v/i* **10.** handeln, sich verhalten **11.** weiter-, vorankommen: *do well* gut abschneiden (*in* bei, in *Dat*); s-e Sache gut machen **12.** sich befinden: *do well* gesund sein; in guten Verhältnissen leben; sich gut erholen; ▶ *how do you do?* guten Tag! (*bei Vorstellung*) **13.** genügen, reichen (*for* für) **III** *v/t u. v/i* **14.** (*Ersatzverb zur Vermeidung von Wiederholungen; mst unübersetzt*) *you know it as well as I do* du weißt es so gut wie ich; *I take a bath every morning. So do I* Ich nehme jeden Morgen ein Bad. Ich auch; *he works hard, doesn't he?* er arbeitet viel, nicht wahr?; *Did he buy it? He did* Kaufte er es? Ja(wohl); *He sold his car. Did he?* Er verkaufte sein Auto. Wirklich?, So? **IV** *v/hilf* **15.** *in Fragesätzen:* *do you know him?* kennst du ihn? **16.** *in verneinten Sätzen:* *I do not believe it* ich glaube es nicht **17.** *zur Verstärkung:* *I did like it* mir gefiel es wirklich

Verbindungen mit Präpositionen:

do| by *v/i* behandeln, handeln an (*Dat*)

~ for *v/i* F **1.** erledigen, ruinieren **2.** *j-m* den Haushalt führen; putzen bei *od* für **3.** → *do¹* 13 **~ with** *v/t u. v/i* **1.** *I can't do anything with him* (*it*) ich kann nichts mit ihm (damit) anfangen; *I won't have anything to ~ it* ich will nichts damit zu tun *od* schaffen haben; *it has nothing to ~ you* es hat nichts mit dir zu tun **2.** auskommen *od* sich begnügen mit **3.** F *he could ~ the money* er kann das Geld (sehr gut) brauchen; *I could ~ a glass of beer* ich könnte ein Glas Bier vertragen **~ with-out** *v/i* **1.** auskommen *od* sich behelfen ohne **2.** verzichten auf (*Akk*)

Verbindungen mit Adverbien:

do| a·way with *v/i* **1.** beseitigen: **a)** wegschaffen, **b)** abschaffen **2.** umbringen, töten **~ down** *v/t Br* F heruntermachen, schlecht machen **~ in** *v/t* F erledigen: **a)** erschöpfen: *I'm done in* ich bin geschafft, **b)** zugrunde richten, ruinieren, **c)** um die Ecke bringen, umbringen **~ up** *v/t* **1.** zs.-schnüren; *Päckchen etc* zurechtmachen, verschnüren; einpacken; *Kleid, Reißverschluss etc* zumachen: *do s.o. up* j-m das Kleid *etc* zumachen **2.** *do o.s. up* sich zurechtmachen

do² [-] *Pl* **dos, do's** [duːz] *s* **1.** *sl* Schwindel *m* **2.** *fair* **~s!** F gleiches Recht für alle **3.** **~s and don'ts** F Gebote u. Verbote, (Spiel)Regeln

do·ber·man [ˈdəʊbəmən] *s* ZOOL Dobermann *m*

doc [dɒk] F → *doctor* 1

doc·ile [ˈdəʊsaɪl] *Adj* **1.** fügsam, gefügig **2.** gelehrig **do·cil·i·ty** [-ˈsɪlətɪ] *s* **1.** Fügsamkeit *f* **2.** Gelehrigkeit *f*

dock¹ [dɒk] **I** *s* **1.** Dock *n* **2.** Hafenbecken *n*, Anlegeplatz *m* **3.** Kai *m*, Pier *m* **4.** *Pl* Docks *Pl*, Hafenanlagen *Pl* **II** *v/t* **5.** *Schiff* (ein)docken **6.** *Raumschiffe* koppeln **III** *v/i* **7.** im Hafen anlegen **8.** andocken (*Raumschiff*)

dock² [-] *v/t* **1.** *Schwanz* stutzen; *e-m Tier* den Schwanz stutzen **2.** *j-s Lohn etc* kürzen: **~ £50 off** (*od from*) *s.o.'s wages* j-s Lohn um 50 Pfund kürzen

dock³ [-] *s* JUR Anklagebank *f*: *be in the ~* auf der Anklagebank sitzen

dock·er [ˈdɒkə] *s* Dock-, Hafenarbeiter(in), Schauermann *m*

'**dock·yard** *s* Werft *f*

▶ **doc·tor** ['dɒktə] **I** s **1.** Doktor(in), Arzt m, Ärztin f, (Anrede) Herr (Frau) Doktor: **~'s certificate** ärztliches Attest **2.** UNI Doktor m: **≈ of Divinity (Laws, Medicine)** Doktor der Theologie (Rechte, Medizin); **~'s degree** Doktortitel m; **take one's ~'s degree** promovieren **II** v/t **3.** (ärztlich) behandeln, verarzten **4.** zs.-flicken, (notdürftig) ausbessern **5.** a. **~ up** F Wein etc (ver)panschen, Abrechnung etc frisieren '**doc·tor·al** Adj: **~ thesis → thesis** 2 **doc·tor·ate** ['-rət] s Doktorwürde f, -titel m

doc·trine ['dɒktrɪn] s Doktrin f: a) Lehre f, b) bes POL Grundsatz m: **party ~** Parteiprogramm n

▶ **doc·u·ment I** s ['dɒkjʊmənt] a. COMPUTER Dokument n: a) Urkunde f, b) amtliches Schriftstück, Pl Akten Pl **II** v/t ['-ment] dokumentieren, dokumentarisch od urkundlich belegen **doc·u·men·ta·ry** [ˌ-'mentərɪ] **I** Adj **1.** dokumentarisch, urkundlich **2.** Dokumentar...: **~ film → 3; ~ novel** Tatsachenroman m **II** s **3.** Dokumentarfilm m **,doc·u·men'ta·tion** s Dokumentation f

dod·der ['dɒdə] v/i F **1.** (bes vor Altersschwäche) zittern **2.** wack(e)lig gehen '**dod·der·er** s F Tattergreis(in)

dodge [dɒdʒ] **I** v/i **1.** (rasch) zur Seite springen, ausweichen **2.** Ausflüchte machen; sich drücken **II** v/t **3.** ausweichen (Dat) **4.** sich drücken vor (Dat) **III** s **5.** Sprung m zur Seite **6.** Kniff m, Trick m **dodg·em** ['dɒdʒəm] s (Auto)Scooter m '**dodg·er** s **1.** pej durchtriebener Kerl, Schlawiner m **2.** Gauner(in), Schwindler(in) **3.** Drückeberger(in) '**dodg·y** Adj F **1.** verschlagen, durchtrieben **2.** Br unsicher: a) wack(e)lig, b) riskant

do·do ['dəʊdəʊ] Pl **-do(e)s** s **1.** ORN Tronte f: **as dead as a ~** mausetot **2.** F Trottel m

doe [dəʊ] s ZOOL (Reh)Geiß f

do·er ['duːə] s Tatmensch m, Macher(in)

does [dʌz] er, sie, es tut (→ **do**[1])

'**doe·skin** s Rehleder n

doesn't ['dʌznt] F = **does not** (→ **do**[1])

doff [dɒf] v/t Hut ziehen; Kleidung ablegen

▶ **dog** [dɒg] **I** s **1.** Hund m; eng. S. Rüde

m: **~ in the manger** j-d, der anderen etw missgönnt, womit er selbst gar nichts anfangen kann; **go to the ~s** vor die Hunde gehen; **lead a ~'s life** ein Hundeleben führen; **let sleeping ~s lie** schlafende Hunde soll man nicht wecken **2.** pej Schuft m: **dirty ~** Mistkerl m **3.** F Kerl m: **lazy ~** fauler Hund; **lucky ~** Glückspilz m **4. the ~s** Pl Br F das Windhundrennen **II** v/t **5.** j-n verfolgen (a. Pech etc): **~ s.o.** Hundekuchen m **~ col·lar** s **1.** Hundehalsband n **2.** F steifer, hoher Kragen (e-s Geistlichen) **~ days** s Pl Hundstage Pl '**~ eared** Adj mit Eselsohren

dog·ged ['dɒgɪd] Adj verbissen, hartnäckig

dog·ger·el ['dɒgrəl] s Knittelvers m

dog·gie ['dɒgɪ] → **doggy dog·go** ['dɒgəʊ] Adv: **lie ~** sl sich mäuschenstill verhalten; sich versteckt halten '**dog·gy** s Hündchen n, (Kindersprache) Wauwau m: **~ bag** Beutel für Essensreste, die aus e-m Restaurant mit nach Hause genommen werden

dog·ma ['dɒgmə] Pl **-mas, -ma·ta** ['-mətə] s Dogma n **dog·mat·ic** [-'mætɪk] Adj (**~ally**) dogmatisch

do-good·er [ˌduː'gʊdə] s pej Weltverbesserer m, Weltverbesserin f

dogs·bod·y ['dɒgzbɒdɪ] s F Mädchen n für alles

'**dog-tired** Adj hundemüde

doi·ly ['dɔɪlɪ] s (Zier)Deckchen n

do·ing ['duːɪŋ] s **1.** Tun n: **it was your ~** du hast es getan, das war dein Werk **2.** Pl Taten Pl, Tätigkeit f, Begebenheiten Pl, Vorfälle Pl; Treiben n

'**do-it-your'self I** s Heimwerken n **II** Adj Heimwerker...: **~ kit** Heimwerkerausrüstung f; Bausatz m (für Radio etc) '**do-it-your'self·er** s Heimwerker(in)

dol·drums ['dɒldrəmz] s Pl: **be in the ~** deprimiert od niedergeschlagen sein, Trübsal blasen

dole [dəʊl] **I** s a. **~ money** Br F Stempelgeld n, Stütze f: **be** (od **go**) **on the ~** stempeln gehen, Stütze kriegen **II** v/t **~ out** sparsam ver- od austeilen

dole·ful ['dəʊlfʊl] Adj traurig, (Gesicht etc a.) trübselig

▶ **doll** [dɒl] **I** s Puppe f (a. F hübsche junge Frau, Am a. attraktiver junger Mann): **~'s house** Br Puppenhaus n;

~'s pram *bes Br* F Puppenwagen *m* II
v/t: **~ o.s. up** → III III *v/i:* **~ up** F sich
fein machen, sich in Schale werfen
▸ **dol·lar** ['dɒlə] *s* Dollar *m*
doll| bug·gy *s Am* F, **~ car·riage** *s Am*
Puppenwagen *m*; **~·house** *s Am* Pup-
penhaus *n*
dol·lop ['dɒləp] *s* F **1.** Klumpen *m* **2.**
Schlag *m* (*Essensportion*); *Am* Schuss
m (*Alkohol etc, a. fig Ironie etc*)
doll·y ['dɒlɪ] *s* **1.** *Kindersprache*: Püpp-
chen *n* **2.** FILM, TV Kamerawagen *m*
3. *a.* **~ bird** *bes Br* F *veralt* Püppchen
n (*hübsches, aber dummes Mädchen*)
dol·phin ['dɒlfɪn] *s* ZOOL Delfin *m*, Del-
phin *m*
dolt [dəʊlt] *s* Dummkopf *m*, Tölpel *m*
do·main [dəʊ'meɪn] *s* Domäne *f*, *fig a.*
Gebiet *n*, Bereich *m*
dome [dəʊm] *s* ARCHI Kuppel *f*
do·mes·tic [dəʊ'mestɪk] I *Adj* (**~ally**) **1.**
häuslich, Haus(halts)…: **~ appliance**
Haushaltsgerät *n*; **~ science** PÄD Haus-
wirtschaftslehre *f*; **~ servant** (*od* **help**)
→ 6 2. häuslich (veranlagt) **3.** Haus…: **~
animal** **4.** inländisch, Inlands…: **~
flight** Inlandsflug *m*; **~ products** → 7;
~ trade Binnenhandel *m* **5.** inner, In-
nen…, innenpolitisch: **~ policy** Innen-
politik *f* II *s* **6.** Hausangestellte *m*, *f*, *Pl*
a. (Dienst)Personal *n* **7.** *Pl* WIRTSCH
Landesprodukte *Pl*, inländische Er-
zeugnisse *Pl* **do'mes·ti·cate** [-keɪt]
v/t **1.** an häusliches Leben gewöhnen
2. *Tier* zähmen
dom·i·cile ['dɒmɪsaɪl] I *s* **1.** (JUR ständi-
ger) Wohnsitz **2.** WIRTSCH Sitz *m* (*e-r
Gesellschaft*); Zahlungsort *m* (*für e-n
Wechsel*) II *v/t* **3.** ansässig *od* wohnhaft
machen **4.** WIRTSCH *Wechsel* domizilie-
ren 'd**om·i·ciled** *Adj* ansässig, wohn-
haft
dom·i·nance ['dɒmɪnəns] *s* **1.** (Vor-)
Herrschaft *f* **2.** Macht *f*, Einfluss *m*
'**dom·i·nant** I *Adj* **1.** dominierend,
(vor)herrschend **2.** beherrschend: **a)**
bestimmend, tonangebend, *fig* her-
ausragend, weithin sichtbar II *s* **3.** MUS
Dominante *f* **dom·i·nate** ['-neɪt] I *v/t*
1. beherrschen (*a. fig*): **a)** herrschen über
(*Akk*), **b)** emporragen über (*Akk*), **c)**
dominieren *od* (vor)herrschen in
(*Dat*) II *v/i* dominieren, vorherrschen:
~ over herrschen über (*Akk*) ,**dom·i**-

'**na·tion** *s* (Vor)Herrschaft *f* **dom·i·**
neer [ˌ-'nɪə] *v/i* **1.** (*over*) despotisch
herrschen (über *Akk*) **2.** anmaßend
sein *od* auftreten ,**dom·i'neer·ing**
Adj **1.** tyrannisch, despotisch **2.** anma-
ßend
do·min·ion [dəˈmɪnjən] *s* **1.** (Ober-)
Herrschaft *f*; Regierungsgewalt *f* **2.**
(Herrschafts)Gebiet *n* **3.** *oft* ♀ *veralt*
Dominion *n* (*im Commonwealth*)
dom·i·no ['dɒmɪnəʊ] *Pl* **-no(e)s** *s* **a)** *Pl*
(*mst mit Sg konstruiert*) Domino(spiel)
n, **b)** Dominostein *m*
don [dɒn] *v/t* anziehen, *Hut* aufsetzen
do·nate [dəʊ'neɪt] *v/t* schenken (*a.* JUR),
a. Blut etc spenden (**to s.o.** j-m) **do'na-
tion** *s* Schenkung *f*, Spende *f*
▸ **done** [dʌn] I *Part Perf* **von do**[1] II *Adj*
1. getan: **it isn't ~** (*od* **the ~ thing**) so
etw tut man nicht, das gehört sich nicht
2. erledigt: **get** *s.th.* **~** erledigen (lassen)
3. GASTR gar: **well ~** durchgebraten **4.** F
fertig: **have ~ with** fertig sein mit (*a.
fig*); nichts mehr zu tun haben wollen
mit; nicht mehr brauchen **5.** **~!** abge-
macht!
don·gle ['dɒŋgl] *s* COMPUTER Dongle *m*
(*Kopierschutzstecker*)
▸ **don·key** ['dɒŋkɪ] *s* ZOOL Esel(in) (*a. fig
pej*): **~'s years** *Br* F e-e Ewigkeit
'**~·work** *s* F Dreck(s)arbeit *f*
do·nor ['dəʊnə] *s* Schenker(in) (*a.* JUR),
(*a. Blut- etc*)Spender(in): **~('s) card** Or-
ganspenderausweis *m*
don't [dəʊnt] F I = **do not** (→ **do**[1]) II *s Pl*
→ **do²** 3
doo·dah ['duːdɑː] *s* Schnickschnack *m*
doo·dle ['duːdl] I *s* Gekritzel *n*, gedan-
kenlos hingekritzelte Figur(en *Pl*) II *v/i*
Männchen malen
doom [duːm] I *s* Schicksal *n*, Geschick
n, Verhängnis *n*: **he met his ~** sein
Schicksal ereilte ihn II *v/t* verurteilen,
verdammen (*beide a. fig*): **~ed to fail-
ure** (*od* **to fail**) zum Scheitern verur-
teilt **dooms·day** ['duːmzdeɪ] *s* Jüngstes
Gericht, Jüngster Tag
▸ **door** [dɔː] *s* **1.** Tür *f*: **from ~ to ~** von
Haus zu Haus; **out of ~s** ins Freie, hin-
aus; im Freien, draußen; **two ~s down
the street** zwei Häuser weiter; **bang**
(*od* **close, shut**) **the ~ on** j-n abweisen;
etw unmöglich machen; **lay** *s.th.* **at
s.o.'s ~** j-m etw zur Last legen; **show**

s.o. the ~ j-m die Tür weisen **2.** Tor *n*, Pforte *f* (**to** zu) (*beide a. fig*) '~**bell** *s* Türklingel *f*, -glocke *f*; *ring the* ~ (an der Tür) klingeln *od* läuten ~ **chain** *s* Sicherheitskette *f* '~**frame** *s* Türrahmen *m* ~ **han·dle** *s* Türgriff *m*, -klinke *f* '~**keep·er** *s* Pförtner(in) '~**knock·er** *s* Türklopfer *m* '~**man** *s* (*unreg man*) Portier *m* ~ **mat** *s* (Fuß)Abtreter *m* '~**plate** *s* Türschild *n* '~**post** *s* Türpfosten *m* '~**step** *s* Türstufe *f*: *at* (*od* **on**) *s.o.'s* ~ vor j-s Tür (*a. fig*) ,~**to'**~ *Adj* von Haus zu Haus; *Verkauf* an der Haustür: ~ *collection* Haussammlung *f*; ~ *salesman* Hausierer *m*; Vertreter *m* '~**way** *s* **1.** Türöffnung *f* **2.** *fig* Weg *m* (**to** zu) '~**yard** *s Am* Vorgarten *m*

dope [dəʊp] **I** *s* **1.** F Stoff *m* (*Rauschgift*) **2. a)** SPORT Dopingmittel *n*, **b)** Betäubungsmittel *n* **3.** *sl* Trottel *m* **4.** *sl* **a)** *oft inside* ~ (vertrauliche) Informationen *Pl*, Geheimtipp(s *Pl*) *m*, **b)** *allg* Information(en *Pl*) *f*, Material *n* **II** *v/t* **5.** F *j-m* Stoff geben **6. a)** SPORT dopen, **b)** *Getränk etc* präparieren, ein Betäubungsmittel untermischen (*Dat*) ~ **ad·dict,** ~ **fiend** *s* F Rauschgiftsüchtige *m, f* ~ **test** *s* SPORT Dopingkontrolle *f*

dop·ey ['dəʊpɪ] *Adj* F **1.** benommen, benebelt **2.** dämlich, doof

dorm [dɔːm] F → *dormitory*

dor·mant ['dɔːmənt] *Adj* **1.** schlafend **2.** *fig* ruhend, (*a. Vulkan*) untätig **3.** *fig* verborgen, latent: *lie* ~ schlummern

dor·mer ['dɔːmə] *s* **a)** (Dach)Gaupe *f*, (-)Gaube *f*, **b)** *a.* ~ *window* stehendes Dachfenster

dor·mi·to·ry ['dɔːmətrɪ] *s* **1.** Schlafsaal *m* **2.** (*bes* Studenten)Wohnheim *n* ~ **sub·urb,** ~ **town** *s* Schlafstadt *f*

dor·sal ['dɔːsl] *Adj* Rücken...: ~ *fin* Rückenflosse *f*

DOS [dɒs] *Abk =* **disk operating system**

dos·age ['dəʊsɪdʒ] *s* **1.** Dosierung *f* **2.** → *dose* **I dose** [dəʊs] **I** *s* **1.** MED Dosis *f* (*a. fig*) **II** *v/t* **2.** *Arznei etc* dosieren **3.** *j-m* Arznei geben

doss [dɒs] *bes Br sl* **I** *s* **1.** Schlafplatz *m* **2.** Schlaf *m* **3.** Penne *f* **II** *v/i* **4.** *oft* ~ *down* pennen '**doss·er** *s bes Br sl* **1.** Pennbruder *m* **2.** Penne *f* '**doss·house** *s bes Br sl* Penne *f*

dos·si·er ['dɒsɪeɪ] *s* Dossier *n*, Akten *Pl*

dot [dɒt] **I** *s* **1.** Punkt *m*, Pünktchen *n*; Tupfen *m*: *on the* ~ F auf die Sekunde pünktlich; *at 8 o'clock on the* ~ F Punkt 8 Uhr; → *year* **II** *v/t* **2.** punktieren, pünkteln: *sign on the* ~*ted line* unterschreiben; (formell *od* bedingungslos) zustimmen **3.** sprenkeln, übersäen (**with** mit)

dot·age ['dəʊtɪdʒ] *s* **1.** Senilität *f*: *be in one's* ~ kindisch *od* senil sein **2.** Vernarrtheit *f* (**on** in *Akk*)

dot-com (**com·pa·ny**) ['dɒtkɒm] *s* Internetfirma *f*, Internetunternehmen *n*

dote [dəʊt] *v/i* vernarrt sein (**on** in *Akk*) '**dot·ing** *Adj* **1.** vernarrt (**on** in *Akk*) **2.** senil

dot ma·trix (**print·er**) *s* Matrixdrucker *m*

▸ **dou·ble** ['dʌbl] **I** *Adj* **1.** doppelt, Doppel..., zweifach: *double agent* Doppelagent(in); *double bottom* doppelter Boden; *double murder* Doppelmord *m* **2.** Doppel..., verdoppelt, verstärkt **3.** Doppel... (*für 2 bestimmt*): *double bed* Doppelbett *n*; ▸ *double room* Doppel-, Zweibettzimmer *n* **4.** zweideutig **II** *Adv* **5.** doppelt: *double as long* noch einmal so lang **6.** doppelt, zweifach: *play* (*at*) *double or quit(s)* alles riskieren *od* aufs Spiel setzen; *see double* doppelt sehen **III** *s* **7.** *das* Doppelte *od* Zweifache **8.** Doppel *n*, Duplikat *n* **9.** Doppelgänger(in) **10.** FILM, TV Double *n* **11.** *mst Pl* Tennis *etc*: Doppel *n*: *a doubles match* ein Doppel; *men's doubles* Herrendoppel **IV** *v/t* **12.** verdoppeln **13.** *oft* **double up** *Papier etc* falten, *Bettdecke etc* um-, zurückschlagen; *zs.*-falten, -legen **14.** SCHIFF umsegeln, umschiffen **15.** FILM, TV *j-n* doubeln **V** *v/i* **16.** sich verdoppeln **17.** sich (*zs.*-)falten (lassen): *double up with* sich krümmen *vor* (*Dat*) **18.** plötzlich kehrtmachen; e-n Haken schlagen '~·**bar·rel(l)ed** *Adj* **1.** doppelläufig: ~ *shotgun* Doppelflinte *f*, Zwilling *m* **2.** zweifach: ~ *name* Doppelname *m* **3.** zweideutig ~ **bass** *s* MUS Kontrabass *m* ~ **bend** *s* S-Kurve *f* ,~'**breast·ed** *Adj* zweireihig (*Anzug*) ~ **check** *s* genaue Nachprüfung *f* ,~'**check** *v/t u. v/i* genau nachprüfen ~ **chin** *s* Doppelkinn *n* ~ **click** *s* COMPU-

TER Doppelklick *m* '**~-click** *v/i* COMPUTER doppelklicken ∼ **cross** *s* F doppeltes *od* falsches Spiel '**~'cross** *v/t* F ein doppeltes *od* falsches Spiel treiben mit ‚~'**deal·ing I** *Adj* betrügerisch **II** *s* Betrug *m* ‚~'**deck·er** *s* Doppeldecker *m* ‚~'**den·si·ty 'disk** *s* COMPUTER DD-Diskette *f* ∼ **Dutch** *s* F Kauderwelsch *n* ‚~'**edged** *Adj* **1.** zweischneidig (*a. fig*) **2.** *fig* zweideutig '**~-faced** *Adj* heuchlerisch, unaufrichtig ∼ **fea·ture** *s* Doppelprogramm *n* (*2 Spielfilme in jeder Vorstellung*) '**~-glaze** *v/t* mit Doppelfenstern versehen: **~d windows** Doppelfenster *Pl* ‚~'**glaz·ing** *s* Doppelfenster *Pl* ∼ **life** *s* (*unreg* life) Doppelleben *n* ‚~'**park** *v/t u. v/i* MOT in zweiter Reihe parken ‚~'**quick I** *s* → **double time** 1 **II** *Adj* ‚~ **time** → III **III** *Adv* F im Eiltempo, fix '**~-take** *s do a* ∼ verblüfft sein ∼ **talk** *s* hinhaltendes *od* nichts sagendes Gerede; doppelzüngiges Gerede; Augen(aus)wischerei *f* ∼ **time** *s* doppelter Lohn (*für Feiertagsarbeit etc*) ∼ **vi·sion** *s*: **suffer from** ∼ doppelt sehen

▸ **doubt** [daʊt] **I** *v/i* **1.** zweifeln (*of* an e-r *Sache*) **2.** Bedenken haben **II** *v/t* **3.** bezweifeln (*a. that* dass), anzweifeln **4.** misstrauen (*Dat*) **III** *s* **5.** Zweifel *m* (*of* an *Dat*; *about* hinsichtlich): *no* (*od without*, *beyond*) ∼ zweifellos, fraglos; *be in* ∼ Zweifel haben (*about* an *Dat*); ungewiss sein; unschlüssig sein; *cast* (*od throw*) ∼ *on etw* in Zweifel ziehen; *if* (*od when*) *in* ∼ im Zweifelsfall; *leave no* ∼*s about* keinen Zweifel lassen an (*Dat*) '**doubt·er** *s* Zweifler(in) **doubt·ful** ['∼fʊl] *Adj* **1.** *allg* zweifelhaft **2.** *be* ∼ *of* (*od about*) zweifeln an (*Dat*), im Zweifel sein über (*Akk*) '**doubt·less** *Adv* zweifellos, sicherlich

dough [dəʊ] *s* **1.** Teig *m* **2.** *bes Am sl* Kohlen *Pl* (*Geld*) '**~·nut** *s* Krapfen *m*, Berliner (Pfannkuchen)

dough·y ['dəʊɪ] *Adj* **1.** teigig **2.** *fig* teigig, wächsern (*Gesicht*)

dour [dʊə] *Adj* **1.** mürrisch **2.** hart, streng **3.** hartnäckig, halsstarrig

dove [dʌv] *s* **1.** ORN Taube *f*: ∼ *of peace fig* Friedenstaube *f* **2.** POL Taube *f*

▸ **down**[1] [daʊn] **I** *Adv* **1.** nach unten, her-, hinunter, abwärts, (*in Kreuzwort-*

rätseln) senkrecht **2.** *go* ∼ *to the country* (*von London*) aufs Land fahren **3.** ∼ *with ...!* nieder mit ...! **4.** (dr)unten: ∼ *there* dort unten; ∼ *under* F in *od* nach Australien *od* Neuseeland (→ *down under*) **5.** untergegangen (*Sonne etc*) **6.** gefallen (*Preise, Thermometer etc*): ∼ *by 10 degrees* um 10 Grad gefallen **7.** niedergeschlagen, down: → *mouth* 1 **8.** bettlägerig: *be* ∼ *with influenza* mit Grippe im Bett liegen **9.** *they were 2 points* (*goals*) ∼ (*Sport*) sie lagen 2 Punkte (Tore) zurück **II** *Adj* **10.** nach unten (gerichtet), Abwärts... **III** *Präp* **11.** her-, hinunter: ∼ *the river* flussabwärts **IV** *s* **12.** *fig* have *a* ∼ *on* auf dem Kieker haben **V** *v/t* **13.** zu Fall bringen (*a. Sport u. fig*) **14.** niederlegen: ∼ *tools* die Arbeit niederlegen **15.** *Flugzeug* abschießen **16.** F *Getränk* runterkippen

down[2] [-] *s* **1.** ORN Daunen *Pl*: ∼ *quilt* Daunendecke *f* **2.** (*a.* Bart)Flaum *m*

'**down·and-out I** *Adj* heruntergekommen **II** *s* Penner(in) ‚~**at-heel** *Adj* vergammelt ‚~**cast** *Adj* niedergeschlagen: **a)** gesenkt (*Blick*), **b)** deprimiert

down·er ['daʊnə] *s* MED Beruhigungsmittel *n*: *be on a* ∼ F down sein

down'**fall** *s* **1.** *fig* Sturz *m* **2.** starker Regenguss, Platzregen *m*, *a.* starker Schneefall '**~-grade** *v/t* **1.** niedriger einstufen **2.** degradieren ‚~**heart·ed** *Adj* niedergeschlagen, entmutigt ‚~'**hill I** *Adv* **1.** abwärts, bergab (*beide a. fig*), den Berg hinunter: *he is going* ∼ es geht bergab mit ihm; *the rest was* ∼ (*all the way*) alles andere ging wie von selbst **II** *Adj* **2.** abschüssig **3.** *Skisport:* Abfahrts...: ∼ *race* Abfahrtslauf *m* ‚~**load** *v/t* COMPUTER herunterladen ‚~**mar·ket** *Adj* billig ∼ **pay·ment** *s* **1.** Barzahlung *f* **2.** Anzahlung *f* '**~-play** *v/t* herunterspielen, bagatellisieren '**~-pour** *s* Platzregen *m* '**~-right** *Adj u. Adv* völlig, absolut, ausgesprochen: *a* ∼ *lie* e-e glatte Lüge '**~-side** *s* Kehrseite *f* '**~-size** *v/t u. v/i* (Arbeits)Stellen abbauen '**~-siz·ing** *s* Stellenabbau *m*

Down's syndrome *s* MED Downsyndrom *n*, Down-Syndrom *n*

▸ **down·stairs** [‚daʊn'steəz] **I** *Adv* **1.** die Treppe her-*od* hinunter, nach unten **2.** unten, in e-m unteren Stockwerk

3. e-e Treppe tiefer **II** *Adj* ['ˌsteəz] **4.** im unteren Stockwerk (gelegen), unter ‚~'**stream** *Adv* flussab(wärts) '~·**swing** *s* WIRTSCH Abschwung *m* '~·**time** *s* Ausfallzeit *f*, ~-**to**-'**earth** *Adj* realistisch ~·**town** *Am* **I** *Adv* [ˌ~'taʊn] im *od* ins Geschäftsviertel **II** *Adj* ['ˌtaʊn] im Geschäftsviertel (gelegen *od* tätig): **in** ~ **Los Angeles** in der Innenstadt von Los Angeles **II** *s* ['ˌtaʊn] Geschäftsviertel *n*, Innenstadt *f*, City *f* '~·**trend** *s* Abwärtstrend *m* '~,**trod·den** *Adj* unterdrückt: ~ **un·der** *s* F Australien *n*; Neuseeland *n*

down·ward ['daʊnwəd] **I** *Adv* **1.** nach unten: **face** ~ mit dem Gesicht nach unten **2.** *fig* abwärts, bergab **3.** *from ...* ~ (*zeitlich*) von ... ab, seit **II** *Adj* **4.** Abwärts..., (*Preise*) sinkend **down·wards** ['ˌwədz] → **downward I**

dow·ry ['daʊərɪ] *s* Mitgift *f*, Aussteuer *f*

dowse [daʊz] *v/i* mit der Wünschelrute (Wasser *etc*) suchen '**dows·er** *s* (Wünschel)Rutengänger(in) '**dows·ing rod** *s* Wünschelrute *f*

doze [dəʊz] **I** *v/i* dösen, ein Nickerchen machen *od* halten: ~ **off** einnicken, -dösen **II** *s* Nickerchen *n*: **have a** ~ → I

▶ **doz·en** ['dʌzn] *s* Dutzend *n*: ~**s of times** F x-mal; **do one's daily** ~ Früh-*od* Morgengymnastik machen; **talk nineteen to the** ~ *Br* wie ein Wasserfall reden; → **baker**

doz·y ['dəʊzɪ] *Adj* **1.** schläfrig, verschlafen, dösig **2.** *Br* F schwer von Begriff

DP [diː'piː] *Abk* (= **data processing**) DV

drab [dræb] *Adj* **1.** graubraun **2.** *fig* trist: **a)** grau (*Stadt etc*), **b)** düster (*Farben etc*), **c)** langweilig (*Abend etc*), **d)** freudlos (*Dasein etc*)

Dra·co·ni·an [drə'kəʊnjən] *Adj* drakonisch

draft [drɑːft] **I** *s* **1.** Entwurf *m* **2.** *Am* (Luft- *etc*)Zug *m* **3.** **make a** ~ **on** Geld abheben von; *fig* in Anspruch nehmen **4.** WIRTSCH Tratte *f*, Wechsel *m* **5.** MIL *Am* Einberufung *f*, Einziehung *f* **6.** → **draught I II** *v/t* **7.** entwerfen, *Schriftstück* aufsetzen **8.** MIL *Am* einziehen (**into** zu), einberufen

drafts·man ['drɑːftsmən] *s* (*unreg man*) **1.** *j-d, der etw entwirft od aufsetzt* **2.** TECH (Konstruktions)Zeichner *m*

draft·y ['drɑːftɪ] *Adj* zugig

▶ **drag** [dræg] **I** *s* **1.** Schleppen *n*, Zerren *n* **2.** Hemmschuh *m* (*a. fig od* für) **3.** F **a)** *etw* Langweiliges *od* Lästiges: **be a** ~ langweilig sein; **what a** ~*!* so ein Mist!, **b)** Langweiler(in); lästiger Kerl **4.** *Am* F Einfluss *m*: **use one's** ~ s-e Beziehungen spielen lassen **5.** F Zug *m* (**at, on** an e-r Zigarette *etc*): **give me a** ~ lass mich mal ziehen **6.** F (*von Männern, bes von Transvestiten, getragene*) Frauenkleidung **II** *v/t* **7.** schleppen, zerren, schleifen, ziehen: → **mire, mud** 2 **8.** ~ **one's feet a)** schlurfen, **b)** *a.* ~ **one's heels** sich Zeit lassen (**over, in, about** mit, bei) **9.** *fig* hineinziehen (**into** in *Akk*) **10.** F *j-n* langweilen; *j-m* lästig sein **III** *v/i* **11.** (am Boden) schleppen *od* schleifen **12.** → **drag behind** **13.** zerren (**at** an *Dat*) **14.** F ziehen (**at, on** an e-r Zigarette *etc*)

Verbindungen mit Adverbien:

drag| **a·long I** *v/t* wegschleppen, -zerren **II** *v/i* sich dahinschleppen ~ **a·way** *v/t* → **drag along** I **drag o.s. away from** *fig* sich losreißen von ~ **be·hind** *v/i* zurückbleiben, nachhinken ~ **down** *v/t* **1.** herunter-, hinunterziehen; *fig* in den Schmutz ziehen **2.** *fig* zermürben (*Krankheit etc*); entmutigen ~ **in** *v/t* **1.** herein-, hineinziehen **2.** *fig* (mit) hineinziehen ~ **off** *v/t* → **drag along** I: **drag s.o. off to a party** F *j-n* auf e-e Party schleppen ~ **on I** *v/t* weiterschleppen **II** *v/i fig* sich dahinschleppen; sich in die Länge ziehen: **the speech dragged on for two hours** die Rede zog sich über zwei Stunden hin ~ **out** *v/t* **1.** heraus-, hinausziehen **2.** *fig* hinausziehen, in die Länge ziehen ~ **up** *v/t* **1.** hoch ziehen **2.** F *Kind* lieblos aufziehen **3.** F *Skandal etc* ausgraben

dra·gée [dræ'ʒeɪ] *s* Dragee *n* (*a.* PHARM)

'**drag**|·**lift** *s* Schlepplift *m* '~·**net** *s* **1.** Schleppnetz *n*: ~ **operation** Schleppnetzfahndung *f* **2.** *fig* Netz *n* (*der Polizei etc*)

drag·on ['drægən] *s* Drache *m* '~·**fly** *s* ZOOL Libelle *f*

drag| **queen** *s* F Travestiekünstler *m*, Transvestit *m* ~ **race** *s* Dragsterrennen *n* ~ **show** *s* F Travestieshow *f*

drain [dreɪn] **I** *v/t* **1.** *a.* ~ **off** (*od* **away**) *Flüssigkeit* abfließen lassen: ~ **off** ab-

tropfen lassen; *Gemüse* abgießen **2.** MED *Eiter etc* drainieren **3.** austrinken, leeren: → **dreg** 1 **4.** *Land* entwässern **5.** *Gebäude etc* kanalisieren **6.** *j-n, Vorräte etc* erschöpfen **II** *v/i* **7. ~ off** (*od* **away**) abfließen, ablaufen **8.** leer laufen **9.** abtropfen **10.** *a.* **~ away** *fig* dahinschwinden **III** *s* **11. →** **drainage** 1–3 **12.** Abzugskanal *m*, Entwässerungsgraben *m* **13.** *Pl* Kanalisation *f* **14.** *fig* Abfluss *m* **15.** *fig* Belastung *f* (**on** *Gen*)

'drain·age *s* **1.** Ableitung *f* **2.** Abfließen *n*, Ablaufen *n* **3.** Entwässerung *f* **4.** Kanalisation *f* **5.** MED Drainage *f*

'drain·pipe *s* **1.** Abflussrohr *n*: **~ trousers** → 3 **2.** MED Abflussrohr *n* **3.** *Pl, a.* **pair of ~s** F Röhrenhose(n *Pl*) *f*

drake [dreɪk] *s* ORN Enterich *m*, Erpel *m*

dram [dræm] *s* F Schluck *m* (*Alkohol*): **be fond of a ~** gern einen trinken

dra·ma ['drɑːmə] *s* Drama *n* (*a. fig*): **~ critic** Theaterkritiker(in); **~ school** Schauspielschule *f* **dra·mat·ic** [drə'mætɪk] **I** *Adj* (**~ally**) **1.** dramatisch (*a.* MUS *u. fig*), Schauspiel..., Theater...: **~ critic** Theaterkritiker(in) **2.** *fig* drastisch (*Beispiel, Veränderung etc*); Aufsehen erregend (*Rede etc*) **II** *s Pl* **3.** (*a. Sg* konstruiert) Dramaturgie *f* **4.** theatralische Szene

dram·a·tis per·so·nae [ˌdrɑːmətɪspɜː'səʊnaɪ] *s Pl* Personen *Pl* der Handlung

dram·a·tist ['dræmətɪst] *s* Dramatiker(in) **dram·a·tize** ['_-taɪz] *v/t* dramatisieren: **a)** für die Bühne bearbeiten, **b)** *fig* aufbauschen, (*a. v/i*) übertreiben

drank [dræŋk] *Prät von* **drink**

drape [dreɪp] *v/t* **1.** drapieren (**with** mit): **a)** (mit Stoff) behängen (**with** mit), **b)** in (dekorative) Falten legen **2.** *Mantel etc* hängen (**over** über *Akk*) **'drap·er** *s Br* Textilkaufmann *m*, -kauffrau *f* **'drap·er·y** *s* **1.** Textilien *Pl* **2.** *bes Am* Vorhänge *Pl*, Vorhangstoffe *Pl*

dras·tic ['dræstɪk] *Adj* (**~ally**) drastisch

draught [drɑːft] *Br* I *s* **1.** Zug *m*, Schluck *m*: **at a ~** in einem Zug **2. beer on ~,** → **beer** Bier *n* vom Fass, Fassbier **3.** *Br* a) **~s** *Sg* Dame(spiel *n*) *f*, **b)** → **draughtsman** 1 **4. a)** *bes Br für* **draft** 2, **b)** *selten bes Br für* **draft** 1, 4 **II** *v/t* **5.** *selten bes Br für* **draft** 7 '**~-board** *s Br* Damebrett *n*

draughts·man *s* (*unreg* **man**) **1.**

['drɑːftsmæn] *Br* Damestein *m* **2.** ['drɑːftsmən] *selten bes Br für* **draftsman**

draught·y ['drɑːftɪ] *bes Br für* **drafty**

► **draw** [drɔː] **I** *s* **1.** Ziehen *n*; Zug *m* (*a. an der Pfeife etc*) **2.** Ziehung *f*, Verlosung *f* **3.** *fig* Zugkraft *f* **4.** *fig* Attraktion *f* (*a. Person*), Zugstück *n* **5.** SPORT Unentschieden *n*: **end in a ~** unentschieden ausgehen **II** *v/t* (*unreg*) **6.** *Waffe, Zahn etc, fig Schluss etc* ziehen; *Vorhänge* auf- *od* zuziehen; *Bogen* spannen: **~** *s.o.* **into** *fig* j-n hineinziehen in (*Akk*) **7.** bringen (**on** über *Akk*) **8.** *Atem* holen **9.** *Tee* ziehen lassen **10.** auslosen **11.** *fig* anziehen: **feel ~n to(ward[s])** *s.o.* sich zu j-m hingezogen fühlen **12.** *Linie, Grenze etc, fig Vergleich etc* ziehen **13.** zeichnen **14.** *Schriftstück* abfassen, aufsetzen; *Scheck* ausstellen, *Wechsel a.* ziehen (**on** *auf Akk*) **15.** *Geld* abheben (**from** von); *Rente etc* beziehen **16.** entlocken (**from** *Dat*): **~** *applause* Beifall hervorrufen; **~** (*information from*) *s.o.* j-n aushorchen **17.** entnehmen (**from** *Dat*): **~** *consolation from* Trost schöpfen aus; **~** *inspiration from* sich Anregung holen von *od* bei *od* durch **III** *v/i* (*unreg*) **18.** ziehen (*a. Tee, Kamin etc*) **19.** (**to**) sich nähern (*Dat*), herankommen (an *Akk*): **~ end** 8 **20.** (**on**) in Anspruch nehmen (*Akk*), Gebrauch machen (*von*), (*Vorräte etc*) angreifen **21.** SPORT unentschieden kämpfen *od* spielen (**with** gegen), sich unentschieden trennen **22.** losen (**for** um)

Verbindungen mit Adverbien:

draw| a·part I *v/t* auseinander ziehen **II** *v/i* sich entfernen (**from** von), sich voneinander entfernen, *fig a.* sich auseinander leben **~ a·side** *v/t* j-n beiseite nehmen **~ a·way** I *v/t* **1.** wegziehen **2.** *j-s Aufmerksamkeit* ablenken **II** *v/i* **3.** sich entfernen; (*Sport*) sich lösen (**from** von) **~ down** *v/t* **1.** herabziehen, *Jalousie* herunterlassen **2. →** **draw** 7 **~ in** I *v/t* **1.** *Luft* einziehen **2.** *fig j-n* (mit) hineinziehen **II** *v/i* **3.** einfahren (*Zug*), vorfahren (*Wagen etc*) **4.** zu Ende gehen (*Tag*); abnehmen, kürzer werden (*Tage*) **~ off** *v/t* *Handschuhe etc* ausziehen **~ on** *v/t* *Handschuhe etc* anziehen **~ out** I *v/t* **1.** herausziehen **2.** *fig Aussage etc*

herausholen (**of, from** aus); j-n aushorchen **3.** fig hinausziehen, in die Länge ziehen **II** v/i **4.** länger werden (Tage) ~ **up I** v/t **1.** aufrichten **2.** Schriftstück abfassen, aufsetzen **II** v/i **3.** (an)halten (Wagen etc) **4.** vorfahren (**to** vor Dat)

'draw·back s Nachteil m (**to** für) '~·bridge s Zugbrücke f

draw·ee [drɔːˈiː] s WIRTSCH Bezogene m, f

▸ draw·er [1, 2: drɔː; 3, 4: ˈdrɔːə] s **1.** Schublade f, -fach n **2.** Pl, a. **pair of** ~s Unterhose f **3.** Zeichner(in) **4.** WIRTSCH Aussteller(in)

▸ draw·ing [ˈdrɔːɪŋ] s **1.** Zeichnen n **2.** Zeichnung f ~ **block** s Zeichenblock m ~ **board** s Reiß-, Zeichenbrett n: **go back to the** ~ fig noch einmal von vorne anfangen ~ **pin** s Br Reißzwecke f, -nagel m ~ **room** s Gesellschaftszimmer n, Salon m

drawl [drɔːl] **I** v/t u. v/i gedehnt od schleppend sprechen **II** s gedehntes Sprechen

drawn [drɔːn] **I** Part Perf von **draw II** Adj **1.** SPORT unentschieden: ~ **game** Unentschieden n **2.** abgespannt, verhärmt (Gesicht)

'draw·string s **1.** Zugschnur f, Kordelzug m **2.** Vorhangschnur f

dread [dred] **I** v/t etw, j-n sehr fürchten, sich fürchten (**to do, doing** zu tun), (große) Angst haben od sich fürchten vor (Dat) **II** s (große) Angst, Furcht f (**of** vor Dat) **dread·ful** [ˈ-ful] **I** Adj furchtbar, schrecklich (beide a. fig F) **II** s → **penny dreadful** 'dread·locks s Pl Rastalocken Pl

▸ dream [driːm] **I** s **1.** Traum m: **have a** ~ **about** träumen von; **pleasant** (od **sweet**) ~**s!** träum was Schönes! **2.** fig Traum m: **Wunschtraum** m: **that's beyond my wildest** ~**s** das übertrifft m-e kühnsten Träume, **b)** Ideal n: **a** ~ **of a hat** ein Gedicht von e-m Hut; **an absolute** ~ traumhaft schön **II** v/i (a. unreg) **3.** träumen (**of, about** von) (a. fig): ~ **of doing s.th.** davon träumen, etw zu tun; daran denken, etw zu tun **III** v/t (a. unreg) **4.** träumen (a. fig): ~ **away** verträumen; ~ **up** F sich ausdenken od einfallen lassen 'dream·er s Träumer(in) (a. fig)

dream factory s Traumfabrik f

---

dreamt [dremt] Prät u. Part Perf von **dream**

dream·y [ˈdriːmɪ] Adj **1.** verträumt (a. Augen), träumerisch **2.** dunkel, verschwommen (Erinnerung) **3.** zum Träumen: ~ **music**

drear·y [ˈdrɪərɪ] Adj **1.** trübselig (Ort etc) **2.** trüb (Tag etc) **3.** langweilig (Person, Arbeit etc)

dredge[1] [dredʒ] TECH **I** s Bagger m **II** v/t ausbaggern

dredge[2] [-] v/t **1.** bestreuen (**with** mit) **2.** Mehl etc streuen (**over** über Akk)

dredg·er[1] [ˈdredʒə] s TECH Bagger m

dredg·er[2] [-] s Streubüchse f, Streuer m

dreg [dreg] s mst Pl **1.** (Boden)Satz m: **drain to the** ~**s** bis auf den letzten Tropfen od bis zur Neige leeren **2.** fig Abschaum m

drench [drentʃ] v/t durchnässen: → **skin** 1

Dres·den china [ˈdrezdən] s Meiß(e)ner Porzellan n

▸ dress [dres] **I** s **1.** Kleidung f **2.** (Damen)Kleid n **II** v/t **3.** an-, bekleiden, anziehen: ~ **o.s., get** ~**ed** sich anziehen; → **kill** 9 **4.** einkleiden **5.** schmücken, dekorieren **6.** zurechtmachen, (her-)richten, bes Speisen zubereiten; Salat anmachen; Haar frisieren **7.** MED Wunde etc verbinden **III** v/t **8.** sich anziehen: ~ **well** (**badly**) weit. S. sich geschmackvoll (geschmacklos) kleiden Verbindungen mit Adverbien:

dress| **down** v/t F j-m e-e Standpauke halten, j-m aufs Dach steigen **II** v/i sich unauffällig kleiden ~ **up I** v/t **1.** fein machen; herausputzen **2.** Fakten etc verpacken (**in** in Akk); beschönigen; ausschmücken (**with** mit) **II** v/i **3.** sich fein machen; sich herausputzen **4.** sich kostümieren od verkleiden (**as** als)

dress| cir·cle s THEAT etc erster Rang ~ **coat** s Frack m

dress·er [ˈdresə] s **1.** THEAT Garderobier m, Garderobiere f **2.** **be a stylish** ~ immer modisch gekleidet sein **3.** Küchen-, Geschirrschrank m **4.** → **dressing table**

dress·ing [ˈdresɪŋ] s **1.** Ankleiden n **2.** Zubereitung f **3.** Dressing n (Salatsoße) **4.** MED Verband m: ~**·down** s F Standpauke f: **give s.o. a** ~ → **dress down** I; **get a** ~ eins aufs Dach bekommen ~

gown s Morgenmantel m, (für Damen a.) Morgenrock m **~ room** s Ankleidezimmer n; (Künstler)Garderobe f; (Sport) (Umkleide)Kabine f **~ ta·ble** s Frisierkommode f

'**dress|,mak·er** s (bes Damen)Schneider(in) **~ re·hears·al** s THEAT Generalprobe f (a. fig); Kostümprobe f **~ shirt** s Frackhemd n **~ suit** s Abend-, Gesellschaftsanzug m

dress·y ['dresɪ] Adj F 1. geschniegelt, aufgetakelt 2. elegant, schick

drew [dru:] Prät von **draw**

drib·ble ['drɪbl] I v/i 1. tröpfeln: **~ away** fig allmählich zu Ende gehen (Geld etc) 2. sabbern, geifern 3. SPORT dribbeln: **~ past** j-n umdribbeln II v/t 4. tröpfeln lassen, träufeln III s 5. → **drib(b)let** 6. SPORT Dribbling n

drib·(b)let ['drɪblɪt] s kleine Menge od Summe: **in** (od **by**) **~s** in kleinen Mengen od Raten

dribs and drabs [drɪbz] s Pl: **in ~** F kleckerweise

dried [draɪd] Adj Dörr…, getrocknet: **~ fruit** Dörrobst n; **~ milk** Trockenmilch f

dri·er ['draɪə] s Trockner m

drift [drɪft] I s 1. Treiben n; fig (Sich-)Treibenlassen n, Ziellosigkeit f 2. FLUG, SCHIFF Abdrift f 3. fig Strömung f, Tendenz f; Absicht f; Gedankengang m 4. (Schnee)Verwehung f, (Schnee-, Sand)Wehe f II v/i 5. getrieben werden, treiben (a. fig **into** in e-n Krieg etc): **let things ~** den Dingen ihren Lauf lassen 6. fig sich (willenlos) treiben lassen 7. sich häufen (Sand, Schnee) III v/t 8. (dahin)treiben '**drift·er** s ziellos herumwandernder Mensch

drift| ice s Treibeis n '**~·wood** s Treibholz n

drill[1] [drɪl] I s 1. TECH Bohrer m 2. MIL Drill m (a. fig); Exerzieren n II v/t 3. Loch bohren (**in** in Akk) 4. MIL drillen (a. fig in in Dat) 5. **~ s.th. into s.o.** j-m etw eindrillen od einpauken III v/i 6. bohren (**for** nach)

drill[2] [-] s Drillich m

▸ **drink** [drɪŋk] I s 1. Getränk n; Koll Getränke Pl 2. das Trinken, der Alkohol: **take to ~** sich das Trinken angewöhnen 3. Schluck m II v/t (unreg) 4. trinken, (Tier a.) saufen: **~ away** Geld etc vertrinken; Sorgen etc im Alkohol ertränken; **~ down** j-n unter den Tisch trinken; **~ in** fig (gierig) in sich aufnehmen, verschlingen; **~ off** (od **up**) austrinken; → **table** 5. trinken od anstoßen auf (Akk): → **table** 3 III v/i (unreg) 6. trinken, weit. S. a. (ein) Trinker sein, (Tier a.) saufen: **~ off** (od **up**) austrinken 7. trinken, anstoßen (**to** auf Akk): **~ to s.o.** j-m zuprosten od zutrinken; → **health** 3 '**drink·a·ble** Adj trinkbar, Trink… ,**drink·'driv·ing** s Br Trunkenheit f am Steuer '**drink·er** s Trinker(in)

drink·ing ['drɪŋkɪŋ] I s Trinken n II Adj Trink…: **~ song** (**water**, etc); **~ straw** Trinkhalm m

drip [drɪp] I v/i 1. tropfen (a. Hahn etc), tröpfeln 2. triefen (**with** von, vor Dat) (a. fig) II v/t 3. tropfen od tröpfeln lassen 4. **~ sweat** vor Schweiß triefen III s 5. → **dripping** 1 6. MED Tropf(infusion f) m: **be on the ~** am Tropf hängen 7. F Nulpe f; Flasche f '**,~·'dry** I Adj bügelfrei II v/t tropfnass aufhängen

drip·ping ['drɪpɪŋ] I s 1. Tropfen n (a. Geräusch), Tröpfeln n 2. (abtropfendes) Bratenfett II Adj 3. tropfend (a. Hahn etc), tröpfelnd 4. triefend (**with** von, vor Dat) (a. fig) 5. triefend (nass), tropf-, triefnass III Adv 6. **~ wet** → 5

▸ **drive** [draɪv] I s 1. Fahrt f, eng. S. Aus-, Spazierfahrt f: **at an hour's ~** e-e Autostunde 2. Fahrweg m; Zufahrt(sstraße) f; (private) Auffahrt 3. Golf, Tennis: Drive m, Treibschlag m 4. fig Kampagne f, Feldzug m 5. fig Schwung m, Elan m 6. PSYCH Trieb m 7. TECH Antrieb m 8. MOT (Links- etc) Steuerung f 9. COMPUTER Laufwerk n II v/t (unreg) 10. treiben (a. fig); Nagel etc schlagen, Pfahl rammen (**into** in Akk): **~ s.th. into s.o.** j-m etw einbläuen; → **bend** 1, **corner** 2, **home** 9, **wall** 1, etc 11. j-n veranlassen (**to**, **into** zu; **to do** zu tun), dazu bringen (**to do** zu tun): **driven by hunger** vom Hunger getrieben 12. Auto etc lenken, steuern, fahren; (im Auto etc) fahren, befördern, bringen (**to** nach) 13. TECH (an)treiben 14. zielbewusst durchführen: **~ a hard bargain** hart verhandeln; überzogene Forderungen stellen III v/i (unreg) 15. treiben, getrieben werden 16. jagen, stürmen 17. (Auto) fahren: **~ into a wall** gegen e-e Mauer fahren 18. fig

abzielen (**at** auf *Akk*): **what is he driv-ing at?** worauf will er hinaus?
Verbindungen mit Adverbien:
drive| a·way *v/t a.* fig Sorgen etc vertreiben, -jagen; *Bedenken etc* zerstreuen **~ in** *v/t* Nagel etc einschlagen, Pfahl einrammen **~ up** *v/t* Preise etc in die Höhe treiben **II** *v/i* vorfahren (vor *Dat*); heranfahren (an *Akk*)
'drive-in I *Adj* Auto…: **~ cinema** (*Am* **motion-picture theater**) → IIa; **~ res-taurant** → IIb; **~ window** → IIc **II** *s a)* Autokino *n*, Drive-in-Kino *n*, **b)** Drive-in-Restaurant *n*, **c)** Autoschalter *m*, Drive-in-Schalter *m* (*e-r Bank*)
driv·el ['drɪvl] **I** *v/i* Prät u. Part Perf **-eled**, *bes Br* **-elled 1.** sabbern, geifern **2.** faseln **II** *s* **3.** Geifer *m* **4.** Gefasel *n*
driv·en ['drɪvn] *Part Perf von* **drive**
▶ **driv·er** ['draɪvə] *s* **1.** (*Auto- etc*)Fahrer(in); (*Kran- etc, Br* Lokomotiv)Führer(in) **2.** COMPUTER Treiber *m* **~'s cab** *s* Führerhaus *n* (*e-s Lastwagens od Krans*), BAHN *Br* Führerstand *m*
▶ **driv·er's li·cense** ['draɪvəz͵laɪsns] *s Am* Führerschein *m*
'drive-way *s* Zufahrt(sstraße) *f*; (*private*) Auffahrt
driv·ing ['draɪvɪŋ] **I** *Adj* **1.** (an)treibend: **~ force** treibende Kraft *f* **2.** TECH Treib…, Antriebs… **II** *s* **3.** Autofahren *n* **4.** MOT Fahrweise *f*, -stil *m* **~ in-struc·tor** *s* Fahrlehrer(in) **~ les·son** *s* Fahrstunde *f*: **take ~s** Fahrunterricht nehmen, den Führerschein machen
▶ **driv·ing li·cence** ['draɪvɪŋ͵laɪsns] *s Br* Führerschein *m* **~ school** *s* Fahrschule *f* **~ test** *s* Fahrprüfung *f*: **take one's ~** die Fahrprüfung *od* den Führerschein machen
driz·zle ['drɪzl] **I** *v/unpers* nieseln **II** *s* Sprüh-, Nieselregen *m*
droll [drəʊl] *Adj* drollig, spaßig
drom·e·dar·y ['drɒmədərɪ] *s* ZOOL Dromedar *n*
drone[1] [drəʊn] *s* ZOOL Drohne *f*, fig a. Schmarotzer(in)
drone[2] [.] **I** *v/i* brummen, summen **II** *v/t* her(unter)leiern **III** *s* Brummen *n*, Summen *n*
drool [druːl] **I** *v/i* **1.** → **drivel** I **2.** **~ over** (*od* **about**) sich begeistern für, vernarrt sein in (*Akk*) **II** *s* **3.** → **drivel** II
droop [druːp] **I** *v/i* **1.** (schlaff) herabhän-

gen *od* -sinken **2.** ermatten, erschlaffen (**from, with** vor *Dat*) **3.** sinken (*Mut etc*), erlahmen (*Interesse etc*) **4.** den Kopf hängen lassen (*a.* Blume) **II** *v/t* **5.** (schlaff) herabhängen lassen **6.** Kopf hängen lassen **III** *s* **7.** Herabhängen *n*
▶ **drop** [drɒp] **I** *s* **1.** Tropfen *m*: **a ~ in the bucket** (*od* **ocean**) fig ein Tropfen auf den heißen Stein; **empty to the last ~** bis auf den letzten Tropfen leeren; **he has had a ~ too much** er hat e-n über den Durst getrunken **2.** Bonbon *m, n*: **fruit ~** Drops *m* **3.** Fall(tiefe *f*) *m*: **a ~ of ten yards** ein Fall aus 10 Yards Höhe **4.** fig (Ab)Fall *m*, Sturz *m*: **~ in prices** WIRTSCH Preissturz; **~ in (the) tempera-ture** Temperatursturz, -abfall **5.** Falltür *f* **6.** *bes Am* (*Brief- etc*)Einwurf *m* **II** *v/i* **7.** (herab)tropfen, herabtröpfeln **8.** (herunter)fallen. **let s.th. ~** etw fallen lassen **9.** sinken, fallen (*beide a.* Preise *etc*): **~ into a chair** sich in e-n Sessel fallen lassen **10. a)** (ohnmächtig) zu Boden sinken, umfallen: **be fit** (*od* **ready**) **to ~** (**with fatigue**) zum Umfallen müde sein, **b)** *a.* **~ dead** tot umfallen: **~ dead!** *sl* geh zum Teufel! **11.** leiser werden (*Stimme*); sich legen (*Wind*) **III** *v/t* **12.** tropfen *od* tröpfeln lassen **13.** fallen lassen: **~ everything** alles liegen u. stehen lassen **14.** (hinein)werfen (**into** in *Akk*) **15.** *Bemerkung* fallen lassen: **~ s.o. a line** (*od* **note**) j-n ein paar Zeilen schreiben **16.** *j-n, Absicht etc* fallen lassen **17.** *Tätigkeit* aufgeben, aufhören mit: **~ it!** hör auf damit! **18.** *Last, a. Passagiere* absetzen **19.** *Buchstaben etc* auslassen: → **H** 1 **20.** SPORT *Punkt etc* abgeben (**to** gegen) **21.** *Augen, a.* Stimme senken (**to a whisper** zu e-m Flüstern)
Verbindungen mit Adverbien:
drop| a·way *v/i* immer weniger werden **~ back, ~ be·hind** *v/i* **1.** zurückfallen **2.** sich zurückfallen lassen **~ in** *v/i* **1.** hereinkommen (*a.* fig Aufträge etc) **2.** (kurz) hereinschauen (**on** bei) **~ off** **I** *v/i* **1.** zurückgehen (*Umsatz etc*), nachlassen (*Interesse etc*) **2.** einschlafen; -nicken **II** *v/t* **3.** → **drop** 18 **~ out** *v/i* **1.** aussteigen (**of** aus *Politik etc*) **2.** die Schule *od* das Studium abbrechen
drop·let ['drɒplɪt] *s* Tröpfchen *n*
'drop·out *s* **1.** Aussteiger(in) (*aus der*

Gesellschaft) **2.** (Schul-, Studien)Abbrecher(in)

drop·pings ['drɒpɪŋz] *s Pl* (Tier)Kot *m*

drop·sy ['drɒpsɪ] *s* MED Wassersucht

drought [draʊt] *s* Trockenheit *f*, Dürre(periode) *f*

drove[1] [drəʊv] *Prät von* **drive**

drove[2] [-] *s Pl* *f* (*Menschen*): **in** ~**s** in (hellen) Scharen, scharenweise

▸ **drown** [draʊn] **I** *v/i* **1.** ertrinken **II** *v/t* **2.** ertränken: **be drowned** → 1; ~ **one's sorrows** s-e Sorgen im Alkohol ertränken **3.** überschwemmen: **be** ~**ed in tears** in Tränen schwimmen *od* zerfließen **4.** *a.* ~ **out** *bes Stimme* übertönen

drowse [draʊz] **I** *v/i* **1.** dösen: ~ **off** eindösen **II** *v/t* **2.** schläfrig machen **3.** ~ **away** *Zeit* verdösen **III** *s* **4.** Dösen *n*

'**drows·y** *Adj* **1.** schläfrig; verschlafen **2.** einschläfernd **3.** *fig* verschlafen, -träumt

drudge [drʌdʒ] **I** *s* **1.** *fig* Kuli *m*, Last-, Packesel *m*; Arbeitstier *n* **2.** → **drudgery** **II** *v/i* **3.** sich (ab)placken *od* (ab)schinden '**drudg·er·y** *s* (stumpfsinnige) Plackerei *od* Schinderei

▸ **drug** [drʌg] **I** *s* **1.** Arzneimittel *n*, Medikament *n* **2.** Droge *f* (*a. fig*), Rauschgift *n*: **be on (off)** ~**s** rauschgift- *od* drogensüchtig (clean) sein **3.** Betäubungsmittel *n* (*a. fig*) **4.** ~ **on** (*Am a.* **in**) **the market** WIRTSCH schwer verkäufliche Ware, (*im Laden a.*) Ladenhüter *m* **II** *v/t* **5.** *j-m* Medikamente geben **6.** *j-n* unter Drogen setzen **7.** ein Betäubungsmittel beimischen (*Dat*) **8.** betäuben (*a. fig*): ~**ged with sleep** schlaftrunken ~ **a·buse** *s* **1.** Drogenmissbrauch *m* **2.** Medikamentenmissbrauch *m* ~ **ad·dict** *s* **1.** Drogen-, Rauschgiftsüchtige(r), *m*, *f* **2.** Medikamentensüchtige *m*, *f* '~**ad,dict·ed** *Adj* **1.** drogen-, rauschgiftsüchtig **2.** medikamentensüchtig ~ **ad·dic·tion** *s* **1.** Drogen-, Rauschgiftsucht *f* **2.** Medikamentensucht *f* ~ **clin·ic** *s* Drogenklinik *f* ~ **deal·er** *s* Drogen-, Rauschgifthändler(in) ~ **de·pend·ence** *s* **1.** Drogenabhängigkeit *f* **2.** Medikamentenabhängigkeit *f*

drug·gist ['drʌgɪst] *s Am* Inhaber(in) e-s Drugstores

'**drug,push·er** *s* F Pusher(in) (*Rauschgifthändler)* ~ **scene** *s* Drogenszene *f* ~

squad *s* Rauschgiftdezernat *n*

drug·ster ['drʌgstə] → **drug addict** 1

▸ **drug·store** ['drʌgstɔː] *s Am* Drugstore *m*, Drogerie *f*, Apotheke *f*

drum [drʌm] **I** *s* **1.** MUS Trommel *f* (*a.* ELEK, TECH): ~**s** *Pl* Schlagzeug *n* **2.** Trommeln *n* (*a. weit. S. des Regens etc*) **3.** ANAT Mittelohr *n*; Trommelfell *n* **II** *v/t* **4.** Rhythmus trommeln: ~ **s.th. into s.o.** *fig* j-m etw einhämmern **5.** trommeln auf (*Akk*); trommeln mit (*on* auf *Akk*) **6.** ~ **up** *fig* zs.-trommeln, (an)werben; *Aufträge etc* hereinholen; sich *etw* ausdenken **III** *v/i* **7.** *a. weit. S.* trommeln (**at** an *Akk*; **on** auf *Akk*) '~**beat** *s* Trommelschlag *m* ~ **brake** *s* TECH Trommelbremse *f* '~**head** *s* MUS, *a.* ANAT Trommelfell *n*

drum·mer ['drʌmə] *s* MUS Trommler(in); Schlagzeuger(in)

'**drum·stick** *s* **1.** Trommelstock *m*, -schlägel *m* **2.** Unterschenkel *m* (*von zubereitetem Geflügel)*

▸ **drunk** [drʌŋk] **I** *Part Perf von* **drink** **II** *Adj präd* **1.** betrunken: **get** ~ sich betrinken; (**as**) ~ **as a lord** F total blau **2.** *fig* berauscht (**with** von): ~ **with joy** freudetrunken **III** *s* **3. a**) Betrunkene *m*, *f*, **b**) → **drunkard** **drunk·ard** ['-əd] *s* (Gewohnheits)Trinker(in), Säufer(in) ,**drunk·'driv·ing** *s Am* Trunkenheit *f am* Steuer '**drunk·en** *Adj attr* **1.** betrunken: **a** ~ **man** ein Betrunkener; ~ **driving** *bes Am* Trunkenheit *f am* Steuer; → **stupor** 2. Sauf...: ~ **party** '**drunk·en·ness** *s* **1.** Betrunkenheit *f* **2.** Trunksucht *f*

▸ **dry** [draɪ] **I** *Adj* **1.** *allg* trocken (*a. fig Humor etc*): **rub** ~ trockenreiben **2.** F durstig **3.** durstig machend (*Arbeit*) **4.** trocken (*ohne Aufstrich*) **5.** trocken, langweilig: (**as**) ~ **as dust** F stinklangweilig **6.** trocken, herb (*Wein etc*) **7.** F trocken, weg vom Alkohol **II** *v/t* **8.** trocknen **9.** ~ **o.s.** (**one's hands**) sich (die Hände) abtrocknen (**on** an *Dat*) **10.** *oft* ~ **up** *Geschirr* abtrocknen **11.** *Obst etc* dörren **III** *v/i* **12.** trocknen, trocken werden **13.** ~ **up** ein-, aus-, vertrocknen; F die Klappe halten; F stecken bleiben (*Schauspieler etc*) ~ **bat·ter·y** *s* ELEK Trockenbatterie *f* ~ **cell** *s* ELEK Trockenelement *n* ,~'**clean** *v/t* chemisch reinigen ~ **clean·er('s)** *s*

chemische Reinigung(sanstalt) ~
clean·ing s chemische Reinigung
dry·er → **drier**
dry| goods s Pl WIRTSCH Textilien Pl ~
ice s CHEM Trockeneis n
dry·ness ['draɪnɪs] s Trockenheit f
dry nurse s Säuglingsschwester f
DTP [diːtiː'piː] Abk (= **desktop publishing**) DTP n
du·al ['djuːəl] Adj doppelt, zweifach: ~
carriageway MOT Br Schnellstraße f;
~ **citizenship** s doppelte Staatsbürgerschaft od Staatsangehörigkeit
dub¹ [dʌb] v/t nennen, j-m den (Spitz-) Namen ... geben
dub² [-] v/t Film synchronisieren
du·bi·ous ['djuːbjəs] Adj 1. zweifelhaft:
a) unklar, zweideutig, **b)** ungewiss, unbestimmt, **c)** fragwürdig, dubios: ~
pleasure zweifelhaftes Vergnügen; ~
unzuverlässig 2. unschlüssig, schwankend; unsicher, im Zweifel (**of, about** über Akk)
du·cal ['djuːkl] Adj herzoglich, Herzogs...
duch·ess ['dʌtʃɪs] s Herzogin f
duch·y ['dʌtʃɪ] s Herzogtum n
▸ **duck¹** [dʌk] s 1. ORN Ente f: **look like a dying** ~ (**in a thunderstorm**) F dumm aus der Wäsche schauen 2. Br F Schatz m
duck² [-] I v/i 1. (rasch) (unter)tauchen 2. a. fig sich ducken (**to** vor Dat) 3. ~ **out** F verduften; fig sich drücken (**of** vor Dat) II v/t 4. (unter)tauchen 5. Kopf ducken, einziehen 6. F sich drücken vor (Dat)
duct [dʌkt] s 1. TECH Röhre f, Rohr n, Leitung f 2. ANAT Gang m, Kanal m
duc·tile ['dʌktaɪl] Adj 1. PHYS, TECH dehn-, streckbar 2. fig fügsam
dud [dʌd] s F 1. MIL Blindgänger m (a. fig) 2. Niete f, Versager(in) 3. ungedeckter Scheck
dude [djuːd] s Am F 1. Typ m 2. Stadtmensch m
▸ **due** [djuː] I Adj (→ **duly**) 1. WIRTSCH fällig: **fall** (od **become**) **due** fällig werden; **when due** bei Fälligkeit; **due date** Fälligkeitstermin m 2. zeitlich fällig: **the train is due at ...** der Zug soll um ... ankommen 3. **be due to** zuzuschreiben sein (Dat), zurückzuführen sein auf (Akk): **it is due to him** es ist

ihm zu verdanken 4. gebührend, geziemend: **be due to s.o.** j-m gebühren od zukommen; → **credit** 3, **hono(u)r** 4 5. gebührend, angemessen: **after due consideration** nach reiflicher Überlegung 6. passend, richtig: **in due course** zur rechten od gegebenen Zeit; **in due time** rechtzeitig, termingerecht; **in due form** ordnungsgemäß, vorschriftsmäßig 7. ▸ **due to** wegen (Gen), infolge od auf Grund (Gen od von) II s 8. das Gebührende: **give s.o. his due** j-m Gerechtigkeit widerfahren lassen 9. Pl Gebühren Pl
du·el ['djuːəl] I s Duell n (a. fig) II v/i Prät u. Part Perf **-eled**, bes Br **-elled** sich duellieren
du·et [djuː'et] s MUS 1. Duett n 2. Duo n
duf·fle| bag ['dʌfl -] s Matchsack m ~
coat s Dufflecoat m
dug [dʌg] Prät u. Part Perf von **dig**
'~**out** s 1. MIL Unterstand m 2. Einbaum m
duke [djuːk] s Herzog m
▸ **dull** [dʌl] I Adj 1. schwer von Begriff, dumm 2. schwerfällig, träge 3. teilnahmslos 4. langweilig, fad(e) 5. WIRTSCH flau, schleppend 6. stumpf (Klinge etc) 7. matt, glanzlos (Augen, Farben) 8. dumpf (Klang, Schmerz etc) II v/t 9. abstumpfen 10. (ab)schwächen 11. mildern, dämpfen 12. Schmerz betäuben **dull·ard** ['-əd] s Dummkopf m '**dul(l)·ness** s 1. Dummheit f 2. Trägheit f 3. Teilnahmslosigkeit f 4. Langweiligkeit f 5. WIRTSCH Flaute f 6. Stumpfheit f 7. Mattheit f 8. Dumpfheit f
du·ly ['djuːlɪ] Adv 1. ordnungsgemäß 2. rechtzeitig
dumb [dʌm] Adj 1. stumm (a. fig): **strike s.o.** ~ j-m die Sprache verschlagen od rauben; (**struck**) ~ sprachlos (**with** vor Dat) 2. bes Am F doof, dumm '~**bell** s 1. SPORT Hantel f 2. bes Am sl Trottel m ~'**found** v/t verblüffen ~'**found·ed** Adj verblüfft, sprachlos ~ **show** s Pantomime f, ~'**wait·er** s 1. stummer Diener, Serviertisch m 2. Speisenaufzug m
dum·found, -ed → **dumbfound, etc**
dum·my ['dʌmɪ] I s 1. Attrappe f, WIRTSCH a. Leer-, Schaupackung f 2. Kleider-, Schaufensterpuppe f 3. WIRTSCH, JUR Strohmann m, -frau f

4. *Br* Schnuller *m* **II** *Adj* 5. Schein...
▸ **dump** [dʌmp] **I** *v/t* **1**. (hin)plumpsen *od* (-)fallen lassen, hinwerfen **2**. *j-n* verlassen: *he dumped his girlfriend* er hat mit seiner Freundin Schluss gemacht **3**. *Schutt etc* auskippen, abladen; *Karren etc* (um)kippen, entladen **4**. WIRTSCH zu Dumpingpreisen verkaufen **II** *v/i* **5**. plumpsen **6**. (s-n) Schutt abladen **III** *s* **7. a)** Schutt-, Abfallhaufen *m*, **b)** (Schutt-, Müll)Abladeplatz *m*, Müllkippe *f*, -halde *f* '**dump·ing** *s* **1**. (Schutt)Abladen *n*: **~ ground** → *dump* 7b **2**. WIRTSCH Dumping *n*
dump·ling ['dʌmplɪŋ] *s* **1**. Knödel *m*, Kloß *m* **2**. F Dickerchen *n*
dumps [dʌmps] *s Pl*: **(down) in the ~** F down, niedergeschlagen
dun [dʌn] *v/t bes Schuldner* mahnen
dune [djuːn] *s* Düne *f* ▸ **bug·gy** *s* MOT Strandbuggy *m*
dung [dʌŋ] *s* Mist *m*, Dung *m*
dun·ga·rees [,dʌŋgə'riːz] *s Pl* (*pair of*) **~** Latzhose *f*
dun·geon ['dʌndʒən] *s* Verlies *n*
'**dung·hill** *s* Misthaufen *m*
dunk [dʌŋk] *v/t Brot etc* eintunken, stippen
du·o ['djuːəʊ] → *duet*
du·o·de·num [,djuːəʊ'diːnəm] *Pl* **-na** [-nə], **-nums** *s* ANAT Zwölffingerdarm *m*
dupe [djuːp] *s* Betrogene *m*, *f* **II** *v/t* betrügen
du·plex ['djuːpleks] **I** *Adj* doppelt, Doppel..., zweifach: **~ apartment** → IIa; **~ house** → IIb **II** *s Am* **a)** Maison(n)ette *f*, **b)** Doppel-, Zweifamilienhaus *n*
du·pli·cate ['djuːplɪkət] **I** *Adj* **1**. doppelt, Doppel..., zweifach **2**. genau gleich *od* entsprechend: **~ key** → 5 **II** *s* **3**. Duplikat *n*, Ab-, Zweitschrift *f*, Kopie *f*: *in* ~ in zweifacher Ausfertigung **4**. (genau gleiches) Seitenstück, Kopie *f* **5**. Zweit- *od* Nachschlüssel *m* **III** *v/t* ['-keit] **6**. ein Duplikat anfertigen von, kopieren, vervielfältigen **7**. *Experiment etc* (beliebig) wiederholen **du·pli·ca·tor** ['-keitə] *s* Vervielfältigungsapparat *m*
du·ra·bil·i·ty [,djʊərə'bɪlətɪ] *s* **a)** Haltbarkeit *f*, **b)** Dauerhaftigkeit *f* '**du·ra·ble I** *Adj* **a)** haltbar, WIRTSCH langlebig: **~ goods** → II, **b)** dauerhaft **II** *s Pl* WIRTSCH Gebrauchsgüter *Pl* **du·ra·tion** [-'reɪʃn] *s* Dauer *f*: **for the ~ of** für die Dauer von (*od Gen*)
du·ress [djʊə'res] *s* Zwang *m* (*a.* JUR)
Du·rex® ['djuːreks] *s* Kondom *n*
▸ **du·ring** ['djʊərɪŋ] *Präp* während
dusk [dʌsk] *s* (Abend)Dämmerung *f*: *at* ~ bei Einbruch der Dunkelheit '**dusk·y** *Adj* dämmerig, düster (*a. fig*)
▸ **dust** [dʌst] *s* **1**. Staub *m*: *the* ~ *has settled* die Aufregung hat sich gelegt, die Wogen haben sich geglättet; → *bite* 1, *kiss* 2 **II** *v/t* **2**. abstauben **3**. bestreuen, bestäuben **III** *v/i* **4**. Staub wischen **5**. staubig werden, verstauben '**~·bin** *s Br* Abfall-, Mülleimer *m*; Abfall-, Mülltonne *f*: **~ man** Müllmann *m* '**~·cart** *s Br* Müllwagen *m* ▸ **cov·er** *s* Schutzumschlag *m*
dust·er ['dʌstə] *s* Staubtuch *n*
dust| **jack·et** → *dust cover* **~·man** ['-mən] *s* (*unreg man*) *Br* Müllmann *m* **~ storm** *s* Staubsturm *m* **~ trap** *s* Staubfänger *m* '**~·up** *s* F **1**. Krach *m* **2**. handgreifliche Auseinandersetzung
dust·y ['dʌstɪ] *Adj* staubig: *not so* ~ Br gar nicht so übel
▸ **Dutch** [dʌtʃ] **I** *Adj* **1**. holländisch, niederländisch **II** *Adv* **2**. *go Dutch* getrennte Kasse machen **III** *s* **3**. LING Holländisch *n*, Niederländisch *n* **4**. ▸ **the Dutch** *Pl* die Holländer *Pl*, die Niederländer *Pl* **~ cour·age** *s* F angetrunkener Mut
▸ **Dutch·man** ['dʌtʃmən] *s* (*unreg man*) Holländer *m*, Niederländer *m*
▸ **Dutch·wom·an** ['dʌtʃ,wʊmən] *s* (*unreg woman*) Holländerin *f*, Niederländerin *f*
du·ti·a·ble ['djuːtɪjəbl] *Adj* zollpflichtig **du·ti·ful** ['-tɪfʊl] *Adj* pflichtbewusst
▸ **du·ty** ['djuːtɪ] **I** *s* **1**. Pflicht *f*: **a)** Schuldigkeit *f* (*to, toward*[*s*]) gegen[über]), **b)** Aufgabe *f*: *do one's* ~ s-e Pflicht tun; *breach of* ~ Pflichtverletzung *f* **2**. Dienst *m*: *be on* ~ Dienst haben, im Dienst sein; *be off* ~ nicht im Dienst sein, dienstfrei haben; *do* ~ *for* benutzt werden *od* dienen als; *j-n* vertreten **3**. WIRTSCH Zoll *m* **II** *Adj* **4**. **~ call** Höflichkeits-, Pflichtbesuch *m* **5**. **~ doctor** Bereitschaftsarzt *m*, -ärztin *f*; **~ officer** MIL Offizier *m* vom Dienst; **~ roster**

Dienstplan *m* ,~-'**free I** *Adj u. Adv* zollfrei **II** *s Pl* F zollfreie Ware(n *Pl*)

du·vet ['du:veɪ] *s* Federbett *n*

DVD [,di:vi:'di:] *Abk* (= *digital versatile od video disk*) DVD *f*

dwarf [dwɔ:f] **I** *Pl* **dwarfs, dwarves** [-vz] *s* Zwerg(in) (*a. fig*) **II** *Adj* zwergenhaft, *bes* BOT, ZOOL Zwerg... **III** *v/t* klein erscheinen lassen; *fig* in den Schatten stellen '**dwarf·ish** *Adj* zwergenhaft

dwarves [dwɔ:vz] *Pl von* **dwarf**

dwell [dwel] *v/i* (*mst unreg*) **1.** wohnen, leben **2.** ~ *on fig* (im Geiste) verweilen bei '**dwell·er** *s mst in Zssgn* Bewohner(in) '**dwell·ing** *s* Wohnung *f*: ~ *house* Wohnhaus *n*

dwelt [dwelt] *Prät u. Part Perf von* **dwell**

dwin·dle ['dwɪndl] *v/i* abnehmen

dye [daɪ] *s* **1.** Farbstoff *m* **2.** Färbung *f* **II** *v/t* **3.** färben

,**dyed-in-the-'wool** *Adj* eingefleischt, ... durch u. durch

'**dye-works** *s Sg* Färberei *f*

dy·ing ['daɪɪŋ] *Adj* **1.** sterbend: *be* ~ im Sterben liegen **2.** Sterbe...: ~ *hour* Todesstunde *f*; ~ *wish* letzter Wunsch

dyke → **dike**¹ *u.* ²

dy·nam·ic [daɪ'næmɪk] **I** *Adj* (~*ally*) dynamisch (*a. fig*) **II** *s* ~*s Sg* Dynamik *f* (*a. fig*)

dy·na·mite ['daɪnəmaɪt] **I** *s* Dynamit *n* **II** *v/t* (*mit Dynamit*) sprengen

dy·na·mo ['daɪnəməʊ] *Pl* -**mos** *s* ELEK Dynamo *m*

dy·nas·ty ['dɪnəsti] *s* Dynastie *f*

dys·en·ter·y ['dɪsntrɪ] *s* MED Ruhr *f*

dys·func·tion [dɪs'fʌŋkʃn] *s* MED Funktionsstörung *f*

dys·lexia [dɪs'leksɪə] *s* Legasthenie *f* **dys·lex·ic** **I** *Adj* legasthenisch **II** *s* Legastheniker(in)

E

E

E [i:] *Pl* **E's** *s* E *n*

▸ **each** [i:tʃ] **I** *Adj* jede(r, -s): *each one* jede(r) Einzelne **II** *Pron*: *each of us* jede(r) von uns; ▸ *each other* einander, sich **III** *Adv* je, pro Person *od* Stück

ea·ger ['i:gə] *Adj* **1.** eifrig: ~ *beaver* F Übereifrige *m*, *f* **2.** (*for*) begierig (nach), erpicht, gespannt (auf *Akk*): *be* ~ *to do s.th.* darauf brennen, etw zu tun **3.** gespannt (*Aufmerksamkeit, Blick etc*) '**ea·ger·ness** *s* **1.** Eifer *m* **2.** Begierde *f*

▸ **ea·gle** ['i:gl] *s* ORN Adler *m*

▸ **ear**¹ [ɪə] *s* **1.** ANAT Ohr *n*: *be all* ~*s* ganz Ohr sein; *be up to the (od one's)* ~*s in debt (work)* bis über die Ohren in Schulden (Arbeit) sitzen *od* stecken; *have (od keep) an (od one's)* ~ *to the ground, keep one's* ~*s open* die Ohren offen halten; *turn a deaf* ~ *to* die Ohren verschließen vor (*Dat*); → *flea, prick* 7, *thick* 1, *wet* 1 **2.** *fig* Gehör *n*, Ohr *n*: *play by* ~ nach dem Gehör spielen; *play it by* ~ *fig* improvisieren

ear² [-] *s* (*Getreide*)Ähre *f*

ear|·ache ['ɪəreɪk] *s* Ohrenschmerzen

Pl ~-**drum** ['ɪədrʌm] *s* ANAT Trommelfell *n*

earl [ɜ:l] *s* britischer Graf

'**ear·lobe** *s* ANAT Ohrläppchen *n*

▸ '**ear·ly** ['ɜ:lɪ] **I** *Adv* **1.** früh(zeitig): *as* ~ *as May* schon im Mai **2.** bald: *as* ~ *as possible* so bald wie möglich **3.** zu früh; früher **II** *Adj* **4.** früh(zeitig): ~ *riser, hum* ~ *bird* Frühaufsteher(in); *the* ~ *bird catches the worm* Morgenstunde hat Gold im Munde; *Thursday is* ~ *closing* am Donnerstag schließen die Geschäfte früher; *at an* ~ *hour* zu früher Stunde; *at an* ~ *date* in nächster Zukunft **5.** vorzeitig: *his* ~ *death* sein früher Tod **6.** zu früh: *be* ~ zu früh (daran) sein **7.** anfänglich, Früh...: ~ *Christian* frühchristlich **8.** baldig

'**ear|·mark I** *s* **1.** Ohrmarke *f* (*e-s Haustiers*) **2.** *fig* Kennzeichen *n* **II** *v/t* **3.** kennzeichnen **4.** *bes* WIRTSCH bestimmen, vorsehen (*for* für): ~*ed* zweckbestimmt, -gebunden (*Mittel*) '~-**muff** *s* Ohrenschützer *m*

▸ **earn** [ɜːn] *v/t* **1.** *Geld etc* verdienen: → *living* 6 **2.** *Zinsen etc* einbringen **3.** *fig j-m etw* einbringen, -tragen

ear·nest ['ɜːnɪst] **I** *Adj* **1.** ernst **2.** ernst-, gewissenhaft **3.** ernstlich **II** *s* **4.** **in ∼** im Ernst; *are you in ∼?* ist das dein Ernst?; *be in ∼ about* es ernst meinen mit

earn·ings ['ɜːnɪŋz] *s Pl* Verdienst *m*, Einkommen *n*

'**ear|·phones** *s Pl*, *a.* *pair of ∼* Kopfhörer *m* '**∼·piece** *s* TEL Hörmuschel *f* '**∼·plug** *s* Wattepfropf *m*, Ohropax® *n* '**∼·ring** *s* Ohrring *m* '**∼·shot** *s*: *within (out of) ∼* in (außer) Hörweite '**∼·split·ting** *Adj* ohrenbetäubend

▸ **earth** [ɜːθ] **I** *s* **1.** Erde *f*: **a)** *a* ♁ Erdball *m*, **b)** Welt *f*: *on ∼* auf Erden; *what (why) on ∼?* warum (was) in aller Welt? **2.** Erde *f*, (Erd)Boden *m*: *come back (od down) to ∼ fig* auf den Boden der Wirklichkeit zurückkehren **3.** (Fuchs- *etc*)Bau *m* **4.** ELEK *bes Br* Erde *f*, Erdung *f*: *∼ cable* Massekabel *n* **II** *v/t* **5.** ELEK *bes Br* erden '**earth·en** *Adj* irden '**earth·en·ware** *s* Steingut(geschirr) *n* '**earth·ly** *Adj* **1.** irdisch, weltlich **2.** F *there's no ∼ reason* es gibt nicht den geringsten Grund; *of no ∼ use* völlig unnütz; *not to have an ∼ (chance)* nicht die geringste Chance haben

'**earth|·quake** *s* Erdbeben *n* '**∼·quake-proof** *Adj* erdbebensicher '**∼·shak·ing**, '**∼·shat·ter·ing** *Adj fig* welterschütternd '**∼·trem·or** *s* leichtes Erdbeben '**∼·worm** *s* ZOOL Regenwurm *m*

earth·y ['ɜːθɪ] *Adj* **1.** erdig, Erd… **2.** weltlich *od* materiell (eingestellt) **3.** derb (*Humor etc*)

'**ear|·wax** *s* PHYSIOL Ohrenschmalz *n* '**∼·wig** *s* ZOOL Ohrwurm *m* '**∼·wit·ness** *s* Ohrenzeuge *m*, -zeugin *f*

ease [iːz] **I** *s* **1.** Bequemlichkeit *f*, Behaglichkeit *f* **2.** *a. ∼ of mind* (Gemüts)Ruhe *f*, Ausgeglichenheit *f*: *at (one's) ∼* ruhig, entspannt; unbefangen; *be (od feel) at ∼* sich wohl fühlen; *ill at ∼* unruhig; befangen; *be (od feel) ill at ∼* sich (in s-r Haut) nicht wohl fühlen **3.** Sorglosigkeit *f*: *live a life of ∼* in guten Verhältnissen leben **4.** Leichtigkeit *f*, Mühelosigkeit *f*: *with ∼* leicht, mühelos **5.** Erleichterung *f*, Befreiung *f* **II** *v/t*

6. erleichtern, beruhigen: *∼ one's mind* sich erleichtern **7.** *Schmerzen* lindern **III** *v/i* **8.** *mst ∼ off (od up)* nachlassen, sich abschwächen; sich entspannen (*Lage*); (bei der Arbeit) kürzer treten; weniger streng sein (*on* zu)

ea·sel ['iːzl] *s* MALEREI Staffelei *f*

eas·i·ly ['iːzɪlɪ] *Adv* **1.** leicht, mühelos **2.** ohne Zweifel; mit Abstand, bei weitem

▸ **east** [iːst] **I** *s* **1.** Osten *m*: *in the ∼ of* im Osten von (*od Gen*); *to the ∼ of* → 5 **2.** *a.* ♁ Osten, östlicher Landesteil: *the* ♁ *Am* die Oststaaten *Pl*; POL der Osten; der Orient **II** *Adj* **3.** Ost…, östlich **III** *Adv* **4.** ostwärts, nach Osten **5.** *∼ of* östlich von (*od Gen*) '**∼·bound** *Adj* nach Osten gehend *od* fahrend

▸ **East·er** ['iːstə] **I** *s* Ostern *n od Pl*, Osterfest *n*: *at ∼* zu Ostern; *happy ∼* frohe Ostern! **II** *Adj* Oster…: *∼ egg*; *∼ Sunday* (*od Day*) Ostersonntag *m*

east·er·ly ['iːstəlɪ] **I** *Adj* östlich, Ost… **II** *Adv* von *od* nach Osten

▸ **east·ern** ['iːstən] *Adj* östlich, Ost… '**east·ern·er** *s* **1.** Bewohner(in) des Ostens (*e-s Landes*) **2.** ♁ *Am* Oststaatler(in) **east·ern·most** ['∼məʊst] *Adj* östlichst

east·ward ['iːstwəd] *Adj u. Adv* östlich, ostwärts, nach Osten: *in an ∼ direction* in östlicher Richtung, Richtung Osten **east·wards** ['∼z] *Adv* → **eastward**

▸ **eas·y** ['iːzɪ] **I** *Adj* (→ **easily**) **1.** leicht, mühelos: *it is ∼ for him to talk* er hat gut reden **2.** leicht, einfach (*for* für): *∼ money* leicht verdientes Geld **3.** bequem, angenehm: F *be on ∼ street* in guten Verhältnissen leben **4.** gemächlich, gemütlich (*Tempo, Spaziergang etc*): → *stage* 2 **5.** günstig, erträglich, (*Strafe*) leicht: *on ∼ terms* auf Raten **6.** leichtfertig; locker, frei (*Moral etc*) **7.** ungezwungen, natürlich: *be free and ∼* sich ganz ungezwungen benehmen **II** *Adv* **8.** leicht, bequem: *go ∼*, *take it ∼* sich Zeit lassen; sich nicht aufregen; *take it ∼!* immer mit der Ruhe!; keine Bange!; *go ∼ on j-n, etw* sachte anfassen; schonend *od* sparsam umgehen mit; *easier said than done* leichter gesagt als getan; *∼ come, ∼ go* wie gewonnen, so zerronnen *∼ chair* *s* Sessel *m* '**∼·go·ing** *Adj* **1.** gelassen **2.** unbeschwert

▸ **eat** [i:t] **I** s **1.** Pl F Fressalien Pl **II** v/t (unreg) **2.** essen (Mensch), fressen (Tier): ~ **one's words** alles(, was man gesagt hat,) zurücknehmen; **what's** ~**ing him?** F was hat er denn?; ~ **up** auf-essen, -fressen; Reserven etc völlig auf-brauchen; **be** ~**en up with** fig sich ver-zehren vor (Dat), zerfressen werden von; → **cake** 1, **dog** 1, **hat, humble** Ia **3.** zerfressen: ~**en by worms** wurm-stichig **4.** Loch fressen (into in Akk) **III** v/i (unreg) **5.** essen (Mensch), fressen (Tier): ~ **out** auswärts essen, essen ge-hen **6.** ~ **into** sich (hin)einfressen in (Akk); Reserven etc angreifen '**eat-a·ble I** Adj ess-, genießbar **II** s Pl Ess-waren Pl **eat·'by·date** s Haltbarkeits-datum n **eat·en** ['i:tn] Part Perf von **eat** '**eat·er** s Esser(in) (Mensch), Fres-ser m (Tier): → **big** 1d, **small I** '**eat·ing I** s Essen n **II** Adj Ess...: ~ **apple** Ess-, Speiseapfel m

eau de Co·logne [ˌəʊdəkəˈləʊn] s Köl-nischwasser n

eaves [i:vz] s Pl Traufe f '~**-drop** v/i (heimlich) lauschen od horchen: ~ **on** belauschen

ebb [eb] **I** s **1.** a. ~ **tide** Ebbe f **2.** fig Tief-stand m: **be at a low** ~ auf e-m Tief-punkt angelangt sein **II** v/i **3.** zurückge-hen (a. fig) **4.** a. ~ **away** fig abnehmen, verebben

eb·on·y ['ebənɪ] s Ebenholz n

e-book ['i:bʊk] s E-Book n, elektroni-sches Buch

e·bul·li·ent [ɪˈbʌljənt] Adj fig spru-delnd, überschäumend (**with** von); überschwänglich

EC [iːˈsiː] Abk (= **European Commu-nity**) hist EG f

e-cash ['iːkæʃ] s E-Cash n, elektroni-sches Geld

ec·cen·tric [ɪkˈsentrɪk] **I** Adj (~**ally**) MATHE, TECH exzentrisch, fig a. über-spannt **II** s Exzentriker(in) **ec·cen-tric·i·ty** [ˌeksenˈtrɪsətɪ] s MATHE, TECH Exzentrizität f, fig a. Überspanntheit f

ec·cle·si·as·ti·cal [ɪˌkliːzɪˈæstɪkl] Adj kirchlich: ~ **law** Kirchenrecht n

ECG [iːsiːˈdʒiː] Abk (= **electrocardio-gram**) EKG n

ech·e·lon ['eʃəlɒn] SCHIFF, MIL s Staffe-lung f: **the upper** ~**s** fig die oberen Ränge

ech·o ['ekəʊ] **I** Pl **-oes** s **1.** Echo n, Wi-derhall m (beide a. fig) **II** v/i **2.** wider-hallen (**with** von) **3.** nach-, widerhallen, zurückgeworfen werden (Ton) **III** v/t **4.** Worte nachbeten; j-m alles nachbeten ~ **sound·er** s SCHIFF Echolot n

e·clipse [ɪˈklɪps] **I** s **1.** ASTR (Sonnen-, Mond)Finsternis f **2.** fig Niedergang m: **be in** ~ im Sinken sein; in der Ver-senkung verschwunden sein **II** v/t **3.** ASTR verfinstern **4.** fig in den Schatten stellen: **be** ~**d by** verblassen neben

e·co·log·i·cal [ˌiːkəˈlɒdʒɪkl] Adj ökolo-gisch, Umwelt...: ~ **balance** ökologi-sches Gleichgewicht; ~**ly beneficial** (**harmful**) umweltfreundlich (umwelt-feindlich) **e·col·o·gist** [iːˈkɒlədʒɪst] s Ökologe m, -login f **e·col·o·gy** [iːˈkɒlədʒɪ] s Ökolo-gie f

e-com·merce ['iːkɒmɜːs] s E-Commer-ce m, elektronischer Handel, Internet-handel m

▸ **e·co·nom·ic** [ˌiːkəˈnɒmɪk] **I** Adj **1.** (staats-, volks)wirtschaftlich, Wirt-schafts...: ~ **aid** Wirtschaftshilfe f; ~ **migrant, refugee** Wirtschaftsflücht-ling m **2.** rentabel, wirtschaftlich **II** s ~**S** Sg **3.** Volkswirtschaft(slehre) f ˌ**e·co·'nom·i·cal** [-kl] Adj **1.** wirtschaft-lich, sparsam: **be** ~ **with** → **economize** I **2.** Spar... **3.** → **economic** I **e·con-omist** [ɪˈkɒnəmɪst] s Volkswirt(in), Volkswirtschaftler(in) **e·con·o·mize I** v/t sparsam umgehen od wirtschaften mit, Haus halten mit **II** v/i sparsam wirtschaften: ~ **on** → I

▸ **e·con·o·my** [ɪˈkɒnəmɪ] **I** s **1.** Wirt-schaftlichkeit f, Sparsamkeit f **2.** Spar-maßnahme f, Einsparung f **3.** Wirt-schaft(ssystem n) f **II** Adj **4.** Spar...: ~ **class** FLUG Economyklasse f; ~ **drive** Sparmaßnahmen Pl; ~ **price** günstiger od niedriger Preis

e·co·sys·tem ['iːkəʊˌsɪstəm] s Ökosys-tem n '~**·tour·ism** s Ökotourismus m

'ec·sta·sy ['ekstəsɪ] s **1.** Ekstase f: **be in an** ~ außer sich sein (**of** vor Dat); **in** ~ **of joy** in e-m Freudentaumel; **go into ecstasies over** in Verzückung geraten über (Akk) **2.** (Droge) Ecstasy n **ec-stat·ic** [ɪkˈstætɪk] Adj (~**ally**) eksta-tisch, verzückt

e·cu·men·i·cal [ˌiːkjuːˈmenɪkl] Adj ökumenisch

ec·ze·ma ['eksɪmə] s MED Ekzem n

ed·dy ['edɪ] s Wirbel m, Strudel m

▸ **edge** [edʒ] **I** s **1.** Schneide f; Schärfe f: *take the ~ off* Klinge stumpf machen; *fig* e-r Sache die Schärfe nehmen **2.** Ecke f, scharfe Kante **3.** (äußerster) Rand, Saum m; *on the ~ of fig* kurz vor (*Dat*); *be on the ~ of despair* am Rande der Verzweiflung sein **4.** Kante f, Schmalseite f: *set (up) on ~* hochkant stellen; *on ~* nervös; gereizt; *set s.o.'s teeth on ~* j-n nervös machen **5.** F Vorteil m: *have the ~ on s.o.* j-m über sein **II** v/t **6.** schärfen **7.** umsäumen, einfassen **8.** schieben, drängen **III** v/i **9.** sich schieben *od* drängen **edged** *Adj* **1.** scharf **2.** *in Zssgn* ...schneidig; ...kantig

'edge|·ways, **~·wise** ['~waɪz] *Adv* hochkant: *I could hardly get a word in ~ fig* ich bin kaum zu Wort gekommen

edg·y ['edʒɪ] *Adj* nervös; gereizt

ed·i·ble ['edɪbl] **I** *Adj* ess-, genießbar: *~ oil* Speiseöl n **II** s Pl Esswaren Pl

ed·i·fice ['edɪfɪs] s Gebäude n (a. fig)

ed·i·fy ['~faɪ] v/t fig erbauen **'ed·i·fy·ing** *Adj* erbaulich

ed·it ['edɪt] v/t **1.** Texte etc **a)** herausgeben, **b)** redigieren, **c)** COMPUTER editieren **2.** Film schneiden **3.** Zeitung etc als Herausgeber leiten **e·di·tion** [ɪ'dɪʃn] s **1.** Ausgabe f: *first ~* Erstausgabe; *morning ~* Morgenausgabe (*Zeitung*) **2.** Auflage f **ed·i·tor** ['edɪtə] s **1.** a. *~ in chief* Herausgeber(in): (*e-s Buchs etc*) **2.** Zeitung: **a)** a. *~ in chief* Chefredakteur(in): → *letter* 2, **b)** Redakteur(in) **3.** FILM, TV Cutter(in) **4.** COMPUTER Editor m **ed·i·to·ri·al** [,~'tɔːrɪəl] **I** *Adj* redaktionell, Redaktions...: *~ department* Redaktion f; *~ staff* 1 **II** s Leitartikel m

EDP [iːdiː'piː] *Abk* (= *electronic data processing*) EDV f

ed·u·cate ['edjʊkeɪt] v/t **1.** erziehen, (aus)bilden: *he was ~d at* er besuchte die (Hoch)Schule in (*Dat*) **2.** *weit. S.* (*to*) erziehen (zu); gewöhnen (an *Akk*) **ed·u·cat·ed** *Adj* **1.** gebildet **2.** *~ guess* mehr als e-e bloße Vermutung

▸ **ed·u·ca·tion** [,edjʊ'keɪʃn] s **1.** Erziehung f, (Aus)Bildung f: → *compulsory* 1, *university* II **2.** Bildung(sstand m) f:

→ *general* 2 **3.** Bildungs-, Schulwesen n **4.** Pädagogik f **,ed·u·ca·tion·al** [.~ʃənl] *Adj* **1. a)** pädagogisch, Unterrichts...: *~ film* Lehrfilm m; *~ television* Schulfernsehen n, **b)** lehrreich (*Erfahrung etc*), **c)** pädagogisch wertvoll (*Spielzeug*) **2.** Bildungs...: *~ level* (*od standard*) Bildungsniveau n

ed·u·tain·ment [,edjʊ'teɪnmənt] s Edutainment n, Mischung aus Bildung und Unterhaltung

EEG [iːiː'dʒiː] *Abk* (= *electroencephalogram*) EEG n

eel [iːl] s FISCH Aal m: (*as*) *slippery as an ~ fig* aalglatt

ee·rie, **ee·ry** ['ɪərɪ] *Adj* unheimlich, (*Schrei etc*) schaurig

▸ **ef·fect** [ɪ'fekt] **I** s **1.** Wirkung f (*on* auf *Akk*): **a)** Erfolg m, **b)** Auswirkung f, **c)** Effekt m, Eindruck m: *have an ~ on* wirken auf (*Akk*), e-n Eindruck hinterlassen bei; *special ~s* Spezialeffekte Pl **2.** Inhalt m, Sinn m: *a letter to ~ that* ein Brief des Inhalts, dass; *inform s.o. to that ~* j-n entsprechend informieren **3.** (Rechts)Wirksamkeit f, (-)Kraft f: *be in ~* in Kraft sein; *take ~, come (od go) into ~* in Kraft treten; *with ~ from* mit Wirkung vom **4.** *in ~* in Wirklichkeit, tatsächlich **5.** TECH (Nutz)Leistung f **6.** Pl WIRTSCH Effekten Pl; Vermögen(swerte Pl) n **II** v/t **7.** bewirken **8.** ausführen, tätigen **ef'fec·tive** *Adj* **1.** wirksam, erfolgreich **2.** eindrucks-, wirkungs-, effektvoll **3.** (rechts)wirksam, rechtskräftig: *be ~* in Kraft sein; *become ~* in Kraft treten; *~ from* (*od as of*) mit Wirkung vom **4.** tatsächlich, effektiv: *~ salary* Effektivgehalt n **ef'fec·tive·ness** s Wirksamkeit f **ef'fec·tu·ate** [.~tʃʊeɪt] v/t bewirken

ef·fem·i·nate [ɪ'femɪnət] *Adj* weibisch, unmännlich **2.** verweichlicht

ef·fer·vesce [,efə'ves] v/i **1.** sprudeln, schäumen, moussieren **2.** fig (über-) sprudeln, überschäumen (*with od* *Dat*) **,ef·fer'ves·cent** [.~snt] *Adj* **1.** sprudelnd, schäumend, moussierend: *~ powder* Brausepulver n **2.** fig (über-) sprudelnd, überschäumend

ef·fi·ca·cious [,efɪ'keɪʃəs] *Adj* wirksam **ef·fi·ca·cy** ['~kəsɪ] s Wirksamkeit f

ef·fi·cien·cy [ɪ'fɪʃənsɪ] s Effizienz f: **a)**

Tüchtigkeit f, (Leistungs)Fähigkeit f: **~ rating** Leistungsbewertung f; → **principle** 1, b) rationelle Arbeitsweise, Wirtschaftlichkeit f: **~ expert** WIRTSCH Rationalisierungsfachmann m, -fachfrau f

ef·fi·cient Adj effizient: **a)** tüchtig, (leistungs)fähig, **b)** rationell, wirtschaftlich

ef·fi·gy ['efɪdʒɪ] s **1.** Steinplastik f; Bildnis n (auf e-r Münze) **2.** Puppe od bildhafte Darstellung e-r verhassten Person: **burn (hang) s.o. in ~** j-n symbolisch verbrennen (hängen)

▸ **ef·fort** ['efət] s Anstrengung f: **a)** Bemühung f, **b)** Mühe f: **make an ~** sich bemühen od anstrengen; **make every ~** sich alle Mühe geben; **spare no ~** keine Mühe scheuen; **without ~** mühelos; **~ of will** Willensanstrengung f '**ef·fort·less** Adj mühelos

ef·fron·ter·y [ɪ'frʌntərɪ] s Frechheit f, Unverschämtheit f: **have the ~** die Unverschämtheit haben (**to do** zu tun)

ef·fu·sive [ɪ'fjuːsɪv] Adj überschwänglich

EFL [iːef'el] Abk (= **English as a Foreign Language**) Englisch n für Ausländer

e.g. ['iː'dʒiː] Abk z.B.

▸ **egg**[1] [eg] s Ei n: **be left with ~ on one's face** sich lächerlich machen, sich blamieren; **don't put all your ~s in one basket** setz nicht alles auf eine Karte!; **go suck an ~** Am Scheibenkleister!; **lay an ~** Am total versagen; → **like**[1] 4

egg[2] [_] v/t mst **~ on** anstacheln

'**egg¦beat·er** s Schneebesen m '**~cup** s Eierbecher m '**~head** s F Eierkopf m (Intellektueller) '**~plant** s BOT Am Aubergine f '**~shaped** Adj eiförmig '**~shell** s Eierschale f **~ tim·er** s Eieruhr f **~ whisk** s Schneebesen m **~ white** s Eiweiß n

e·go ['egəʊ] Pl **-gos** PHIL, PSYCH Ich n, Ego n; weit. S. Selbst(wert)gefühl n: **boost s.o.'s ~**, **give s.o. an ~ boost** F j-s Selbstwertgefühl (an)heben **e·go·cen·tric** [ˌ_'sentrɪk] I Adj (**~ally**) egozentrisch II s Egozentriker(in) '**e·go·ism** s Egoismus m '**e·go·ist** s Egoist(in) ,**e·go·'is·tic**, ,**e·go·is·ti·cal** [-kl] Adj egoistisch **e·go·tism** ['_tɪzəm] s **1.** Egotismus m, Geltungsbedürfnis n, Selbstgefälligkeit f **2.** → **egoism** ,**e·go-**

'**tis·tic**, ,**e·go·'tis·ti·cal** [-kl] Adj **1.** egotistisch, geltungsbedürftig, selbstgefällig **2.** → **egoistic**

e·go trip s F Egotrip m (Akt geistiger Selbstbefriedigung): **be on an ~** auf e-m Egotrip sein

E·gypt ['iːdʒɪpt] Eigenn Ägypten n

E·gyp·tian [ɪ'dʒɪpʃn] I Adj ägyptisch II s Ägypter(in)

ei·der ['aɪdə] s **1.** Eiderente f **2.** → **eiderdown** 1 '**~down** s **1.** → **down** 1 **2.** Koll Eiderdaunen Pl **2.** Daunendecke f

▸ **eight** [eɪt] I Adj **1.** acht: **~-hour day** Achtstundentag m; **8** Acht f: **~ of hearts** Herzacht f **3.** Rudern: Achter m (Boot, Mannschaft)

▸ **eight·een** [ˌeɪ'tiːn] Adj achtzehn

▸ **eight·eenth** [ˌeɪ'tiːnθ] Adj achtzehnt

▸ **eighth** [eɪtθ] I Adj **1.** achte(r, -s) II s **2.** der, die, das Achte: **the ~ of May** der 8. Mai **3.** Achtel n

▸ **eight·i·eth** ['eɪtɪɪθ] Adj achtzigst

▸ **eight·y** ['eɪtɪ] I Adj achtzig II s Achtzig f: **be in one's eighties** in den Achtzigern sein; **in the eighties** in den Achtzigerjahren (e-s Jahrhunderts)

Ei·re ['eərə] Eigenn Eire Irland

▸ **ei·ther** ['aɪðə] I Adj **1.** jede(r, -s) (von zweien): **on either side** auf beiden Seiten **2.** irgendein (von zweien): **either way** auf die e-e od andere Art II Pron **3.** irgendein (von zweien): **I haven't seen either** ich habe beide nicht gesehen, ich habe keinen (von beiden) gesehen **4.** beides: **either is possible** III Konj **5.** ▸ **either ... or** entweder ... oder **6.** neg.: **either ... or** weder ... noch: **it isn't enough either for you or for me** es reicht weder für dich noch für mich IV Adj **7. not either** auch nicht

e·jac·u·late [ɪ'dʒækjʊleɪt] I v/t **1.** PHYSIOL Samen ausstoßen **2.** Worte etc aus-, hervorstoßen II v/i **3.** PHYSIOL ejakulieren, e-n Samenerguss haben **e,jac·u·la·tion** s **1.** PHYSIOL Ejakulation f, Samenerguss m **2.** Ausruf m

e·ject [ɪ'dʒekt] I v/t **1.** (**from**) j-n hinauswerfen (aus); vertreiben (aus, von) **2.** entlassen, entfernen (**from** aus e-m Amt) **3.** TECH ausstoßen, -werfen II v/i **4.** FLUG den Schleudersitz betätigen

e'jec·tion s **1.** Vertreibung f **2.** Entfernung f **3.** TECH Ausstoßen n, -werfen n: **~ seat** FLUG Am Schleudersitz m

e'jec·tor *s* TECH Auswerfer *m*: ~ **seat** FLUG Schleudersitz *m*

eke [i:k] *v/t*: ~ **out** Flüssigkeit, Vorräte etc strecken; *Einkommen* aufbessern (**with** mit): ~ **out a living** sich (mühsam) durchschlagen

e·lab·o·rate [ɪ'læbərət] **I** *Adj* [ɪ'læbərət] **1.** sorgfältig *od* kunstvoll gearbeitet *od* ausgeführt **2.** (wohl) durchdacht **3.** umständlich **II** *v/t* [-reɪt] **4.** sorgfältig ausarbeiten **5.** *Theorie etc* entwickeln **III** *v/i* [-reɪt] **6.** nähere Angaben machen: ~ **on** näher eingehen auf (*Akk*)

e·lapse [ɪ'læps] *v/i* vergehen, -streichen (*Zeit*), ablaufen (*Frist*)

e·las·tic [ɪ'læstɪk] **I** *Adj* (**~ally**) **1.** *allg* elastisch (*a. fig*): ~ **conscience** weites Gewissen; ~ **concept** dehnbarer Begriff **2.** Gummi...: ~ **band** Gummiring *m*, -band *n*, (Dichtungs)Gummi *m*; ~ **stocking** Gummistrumpf *m* **II** *s* **3.** *bes Am* Gummiring *m*, -band *n*, (Dichtungs)Gummi *m* **e·las·tic·i·ty** [,elæ'stɪsəti] *s allg* Elastizität *f* (*a. fig*)

e·lat·ed [ɪ'leɪtɪd] *Adj* begeistert (**at** von), in Hochstimmung **e'la·tion** *s* Begeisterung *f*, Hochstimmung *f*

▸ **el·bow** ['elbəʊ] **I** *s* **1.** Ell(en)bogen *m*: **at one's** ~ in Reichweite; *bes fig* an s-r Seite **2.** (scharfe) Biegung *od* Krümmung **3.** (Rohr)Krümmer *m*, Kniestück *n* **II** *v/t* **4.** *mit dem Ellbogen* stoßen, drängen (*a. fig*): ~ **out** hinausdrängen; ~ **one's way through** sich e-n Weg bahnen durch ~ **grease** *s hum* **1.** Armschmalz *n* (*Kraft*) **2.** Schufterei *f* **~·room** ['-rʊm] *s* **1.** Ellbogenfreiheit *f* **2.** *fig* Bewegungsfreiheit *f*, Spielraum *m*

eld·er¹ ['eldə] **I** *Adj* **1.** älter (*Bruder, Schwester etc*) **2.** ~ **statesman** Staatsmann im Ruhestand, der die politischen Führer inoffiziell berät; *weit. S.* großer alter Mann (*e-r Berufsgruppe etc*) **II** *s* **3.** **my ~s** Leute, die älter sind als ich

el·der² [-] *s* BOT Holunder *m* '~**·ber·ry** *s* Holunderbeere *f*

eld·er·ly ['eldəlɪ] *Adj* ältlich, älter

eld·est ['eldɪst] *Adj* ältest (*Bruder, Schwester etc*)

e·learn·ing ['iː,lɜːnɪŋ] *s* E-Learning *n*, internetbasiertes (*od* vernetztes) Lernen

▸ **e·lect** [ɪ'lekt] **I** *v/t* *j-n* wählen ([**as, to**

be] **president** zum Präsidenten) **II** *Adj* (*nachgestellt*) designiert, zukünftig

▸ **e·lec·tion** [ɪ'lekʃn] **I** *s* Wahl *f*: ~ **stand for** 4 **II** *Adj* Wahl...: ~ **campaign** Wahlkampf *m* **e,lec·tion'eer** [-,ʃə'nɪə] *v/i* Wahlkampf betreiben: ~ **for** Wahlpropaganda treiben für **e,lec·tion'eer·ing** *s* Wahlkampf *m*; -propaganda *f* **e'lec·tive I** *Adj* **1.** gewählt, Wahl... **2.** wahlberechtigt **3.** PÄD, UNI *bes Am* fakultativ: ~ **subject** → 4 **II** *s* **4.** PÄD UNI *bes Am* Wahlfach *n* **e'lec·tor** *s* Wähler(in); *Am* Wahlmann *m* **e'lec·tor·al** *Adj* Wähler..., Wahl...: ~ **college** *Am* Wahlmänner *Pl* **e'lec·to·rate** [-tərət] *s* Wähler(schaft *f*) *Pl*

▸ **e·lec·tric** [ɪ'lektrɪk] *Adj* (**~ally**) **1. a)** elektrisch: ~ **blanket** Heizdecke *f*; ~ **chair** elektrischer Stuhl; ~ **kettle** Wasserkocher *m*; ~ **shock** Stromschlag *m*; MED *etc* Elektroschock *m*; ~ **torch** *bes Br* Taschenlampe *f*, **b)** Elektro..., **c)** Elektrizitäts..., **d)** elektrotechnisch **2.** *fig* elektrisierend (*Wirkung etc*); spannungsgeladen (*Atmosphäre*)

▸ **e·lec·tri·cal** [ɪ'lektrɪkl] *Adj* → **electric**: ~ **engineer** Elektroingenieur(in); -techniker(in); ~ **engineering** Elektrotechnik *f*

▸ **e·lec·tri·cian** [,ɪlek'trɪʃn] *s* Elektrotechniker(in), Elektriker(in)

▸ **e·lec·tri·ci·ty** [,ɪlek'trɪsəti] *s* Elektrizität *f*; Strom *m*

e·lec·tro·car·di·o·gram [ɪ,lektrəʊ-'kɑːdɪəʊɡræm] *s* MED Elektrokardiogramm *n*

e·lec·tro·cute [ɪ'lektrəkjuːt] *v/t* **1.** auf dem elektrischen Stuhl hinrichten **2.** *be~d* e-n tödlichen Stromschlag erhalten **e,lec·tro'cu·tion** *s* Hinrichtung *f* auf dem elektrischen Stuhl

e·lec·trode [ɪ'lektrəʊd] *s* ELEK Elektrode *f*

e·lec·tron [ɪ'lektrɒn] PHYS **I** *s* Elektron *n* **II** *Adj* Elektronen...: ~ **microscope**

▸ **e·lec·tron·ic** [ɪlek'trɒnɪk] **I** *Adj* (**~ally**) elektronisch: ~ **banking** Electronic Banking *n*; ~ **cash** elektronisches Geld, E-Cash *n*; ~ **commerce** elektronischer Handel, E-Commerce *m*; ~ **data processing** elektronische Datenverarbeitung; ~ **flash** FOTO Elektronenblitz *m*. ~ **mail** elektronische Post, E-Mail *f*; ~ **mailbox** elektronischer

elusive

Briefkasten, Mailbox *f*; **II** *s* **~s** *Sg* Elektronik *f*

e·lec·tro·plate [ɪˈlektrəʊpleɪt] *v/t* galvanisieren **e‚lec·tro'ther·a·py** *s* MED Elektrotherapie *f*

el·e·gance [ˈelɪgəns] *s* Eleganz *f* **'el·e·gant** *Adj* elegant

el·e·ment [ˈelɪmənt] *s* **1.** *allg* Element *n* **2.** *Pl* Anfangsgründe *Pl* **3.** grundlegender Umstand, wesentlicher Faktor: **~ of uncertainty** Unsicherheitsfaktor; **~ of surprise** Überraschungselement *n* **4.** *fig* Körnchen *n*, Fünkchen *n* (*Wahrheit etc*) **5.** (Lebens)Element *n*, Fünkchen *n*: **be in one's ~** in s-m Element sein; **be out of one's ~** sich fehl am Platz fühlen **6.** *Pl* Elemente *Pl*, Naturkräfte *Pl* **el·e·men·tal** [‚-ˈmentl] *Adj* **1.** elementar: **a)** ursprünglich, natürlich, **b)** urgewaltig, **c)** wesentlich, grundlegend **2.** Elementar…, Ur… **3.** → **elementary** 2, 3 **‚el·e·'men·ta·ry** *Adj* **1.** → **elemental** 1, 2 **2.** elementar, Einführungs…: **~ school** *Am* Grundschule *f* **3.** CHEM, MATHE, PHYS Elementar…: **~ particle** Elementarteilchen *n*

▸ **el·e·phant** [ˈelɪfənt] *s* ZOOL Elefant *m* **el·e·phan·tine** [‚-ˈfæntaɪn] *Adj* **1.** elefantenartig **2.** plump, schwerfällig

el·e·vate [ˈelɪveɪt] *v/t* **1.** (hoch-, auf)heben **2.** *j-n* erheben (**to peerage** in den Adelsstand), befördern (**to** zu) **'el·e·vat·ed** *Adj* **1.** erhöht: *Am* **~ railway** (*od* **railroad**) Hochbahn *f* **2.** gehoben (*Position, Stil etc*), erhaben (*Gedanken*) **3.** übersteigert (*Meinung etc*) **‚el·e·'va·tion** *s* **1.** (Boden)Erhebung *f*, (An)Höhe *f* **2.** Erhebung *f*, Beförderung *f* **3.** ARCHI, MATHE Aufriss *m* **'el·e·va·tor** *s* *Am* Aufzug *m*, Fahrstuhl *m*: **~ shaft** Aufzugschacht *m*

▸ **e·lev·en** [ɪˈlevn] **I** *Adj* elf **II** *s* Elf *f* (*a. Sport*) **e'lev·en·ses** [-zɪz] *s Pl Br* f zweites Frühstück

▸ **e·lev·enth** [ɪˈlevnθ] *Adj* elft: **at the ~ hour** *fig* in letzter Minute

elf *Pl* **elves** [elvz] *s* **1.** Elf *m*, Elfe *f* **2.** Kobold *m* **'elf·ish** *Adj* **1.** elfenhaft **2.** koboldhaft, schelmisch

e·lic·it [ɪˈlɪsɪt] *v/t* **1.** (**from**) *etw* entlocken (*Dat*); *Wahrheit etc* herausholen, -locken (**aus**) **2.** *Applaus, Gelächter etc* hervorrufen

el·i·gi·bil·i·ty [‚elɪdʒəˈbɪlətɪ] *s* **1.** Eig-

nung *f* **2.** Berechtigung *f* **3.** Wählbarkeit *f* **'el·i·gi·ble** *Adj* (**for**) infrage kommend (für): **a)** geeignet, annehmbar (für): **~ bachelor** begehrter Junggeselle, **b)** berechtigt, befähigt (zu), qualifiziert (für): **be ~ for** Anspruch haben auf (*Akk*); **~ to vote** wahlberechtigt, **c)** teilnahmeberechtigt (*an Dat*), (*Sport a.*) start- *od* spielberechtigt (für), **d)** wählbar (für)

e·lim·i·nate [ɪˈlɪmɪneɪt] *v/t* **1.** beseitigen, entfernen, eliminieren (**from** aus) **2.** CHEM, PHYSIOL ausscheiden **3.** *Gegner* ausschalten: **be ~d** (*Sport*) ausscheiden **e‚lim·i·'na·tion** *s* **1.** Beseitigung *f*, Eliminierung *f* **2.** CHEM, PHYSIOL Ausscheidung *f* (*a. Sport*) **3.** Ausschaltung *f*

elk [elk] *s* ZOOL Elch *m* **~ test** *s* MOT Elchtest *m*

el·lipse [ɪˈlɪps] *s* MATHE Ellipse *f* **el'lip·sis** [-sɪs] *Pl* **-ses** [-siːz] *s* LING Ellipse *f* **el'lip·tic, el'lip·ti·cal** [-kl] *Adj* MATHE, LING elliptisch

elm [elm] *s* BOT Ulme *f*, Rüster *f*

el·o·cu·tion [‚eləˈkjuːʃn] *s* **1.** Vortrag(sweise *f*) *m* **2.** Vortrags-, Redekunst *f* **3.** Sprechtechnik *f*

e·lon·gate [ˈiːlɒŋgeɪt] *v/t* verlängern

e·lope [ɪˈləʊp] *v/i* **1.** (mit s-m *od* s-r Geliebten) ausreißen *od* durchbrennen **2.** sich davonmachen

el·o·quence [ˈeləkwəns] *s* Beredsamkeit *f*, Redegewandtheit *f* **'el·o·quent** *Adj* beredt, redegewandt

▸ **else** [els] *Adv* **1.** (*in Fragen u. Verneinungen*) sonst, weiter, außerdem: **anything ~?** sonst noch etwas?; **what ~ can we do?** was können wir sonst noch tun?; **no one ~** sonst *od* weiter niemand **2.** ander: **that's s.th. ~** das ist etw anderes; **everybody ~** alle anderen; **s.o. ~** j-d anders **3.** *mst* **or ~** sonst, andernfalls **‚~'where** *Adv* **1.** sonst-, anderswo **2.** anderswohin

ELT [‚iːel'tiː] *Abk* (= **English Language Teaching**) Englischunterricht *m* für Ausländer

e·lu·ci·date [ɪˈluːsɪdeɪt] *v/t* *Text, Gründe etc* erklären, *Geheimnis etc* aufklären

e·lu·sive [ɪˈluːsɪv] *Adj* **1.** schwer fassbar (*Dieb etc*), ausweichend (*Antwort*) **2.** schwer (er)fassbar *od* bestimmbar **3.**

E

unzuverlässig, schlecht (*Gedächtnis*)
elves [elvz] *Pl von* **elf**
e·ma·ci·at·ed [ɪˈmeɪʃɪeɪtɪd] *Adj* abge-
magert, ausgemergelt
▸ **e-mail, E-mail** [ˈiːmeɪl] **I** *s* E-Mail *f*
(*elektronische Post*) **II** *v/t* **a)** mit *od*

als E-Mail schicken, als E-mail ver-
schicken, mailen, **b)** *j-m* e-e Mail schi-
cken, *j-m* mailen
em·a·nate [ˈeməneɪt] **I** *v/i* **1.** ausströmen
(*Gas etc*), ausstrahlen (*Licht*) (**from**
von) **2.** stammen, ausgehen (**from**

---

e-mail

From: Vicky Preston ⟨vicp1985@btinternet.com⟩ **To: „Laura Buchmann"** ⟨laura.buchmann@stud.tu-muenchen.de⟩ **Subject: Welcome to the Net!**	Von: Vicky Preston ⟨vicp1985@btinternet.com⟩ An: „Laura Buchmann" ⟨laura.buchmann@stud.tu-muenchen.de⟩ Subject (*Thema*): Willkommen im Netz!
Date: Wed, 5 May 2001 **Bytes: 2 K**	Datum: Mittwoch, 5. Mai 2001 Bytes: 2 K
Hi Laura!	Hi Laura!
So you're on the Internet at last – cool! Now we can gossip for hours without it costing a fortune. :-) I'm writing on-line now though, so just quickly:	Also bist du jetzt endlich im Internet – stark! Jetzt können wir stundenlang quatschen, ohne dass es ein Vermögen kostet. :-) (*steht für einen Smiley, also ein Lächeln*) Jetzt aber schreibe ich erst einmal online, deshalb ganz schnell:
⟩ ... but I didn't get through to the ⟩ semi-finals.	⟩ ... nun hab ich das Halbfinale ⟩ doch nicht erreicht.
Bummer.	Mist.
⟩ I don't think my parents will let ⟩ me go camping.	⟩ Ich glaube nicht, dass meine ⟩ Eltern mit Camping einver- ⟩ standen sind.
You'll never know for sure unless you ask them! There's no harm in trying.	Das weißt du doch gar nicht. Frag sie einfach! Du solltest es wenigstens versuchen.
⟩ Still with Johnny?	⟩ Noch mit Johnny zusammen?
No. We split up last week but we're going to stay friends.	Nein. Wir haben uns letzte Woche getrennt, aber wir bleiben Freunde.
Will write more next time.	Nächstes Mal schreibe ich mehr.
CU **xxxxx Vic**	Bis bald (*CU = see you*) xxxxx Vic (*ein „x" steht für einen Kuss*)

von) **II** *v/t* **3.** ausströmen, -strahlen (*bei-de a. fig*)

e·man·ci·pate [ɪˈmænsɪpeɪt] *v/t* emanzipieren, selbstständig *od* unabhängig machen (*from* von) **e'man·ci·pat·ed** *Adj* emanzipiert (*Frau etc*), mündig (*Bürger*) **e‚man·ci·pa·tion** *s* Emanzipation *f*

em·balm [ɪmˈbɑːm] *v/t* (ein)balsamieren

em·bank·ment [ɪmˈbæŋkmənt] *s* **1.** Eindämmung *f*, -deichung *f* **2.** (Erd-)Damm *m* **3.** (Bahn-, Straßen)Damm *m*

em·bar·go [emˈbɑːɡəʊ] **I** *Pl* **-goes** *s* **1.** SCHIFF Embargo *n*: **lay** (*od place, put*) **an ~ on** → 3 **2.** WIRTSCH a) Handelssperre *f*, -verbot *n*, b) a. allg Sperre *f*, Verbot *n* (**on** auf *Dat od Akk*): **~ on imports** Einfuhrsperre **II** *v/t* **3.** ein Embargo verhängen über (*Akk*)

em·bark [ɪmˈbɑːk] **I** *v/t* **1.** FLUG, SCHIFF *Passagiere* an Bord nehmen, SCHIFF *a.* einschiffen, *Waren a.* verladen (*for* nach) **II** *v/i* **2.** FLUG, SCHIFF an Bord gehen, SCHIFF *a.* sich einschiffen (*for* nach) **3.** unternehmen (**on** *od Akk*) **em·bar·ka·tion** [‚embɑːˈkeɪʃn] *s* Einschiffung *f*, Verladung *f*

em·bar·rass [ɪmˈbærəs] *v/t* in (*a.* Geld-)Verlegenheit bringen, verlegen machen **em'bar·rassed** *Adj* **1.** verlegen **2.** in Geldverlegenheit **em'bar·rass·ing** *Adj* unangenehm, peinlich (**to** *Dat*) **em'bar·rass·ment** *s* (*a.* Geld)Verlegenheit *f*: **be an ~ to** *j-n* in Verlegenheit bringen; *j-m* peinlich sein

em·bas·sy [ˈembəsɪ] *s* POL Botschaft *f*

em·bed [ɪmˈbed] *v/t* **1.** (ein)betten (**in** in *Akk*): **~ded in concrete** einbetonieren **2.** verankern (**in** *Akk od Dat*) (*a. fig*)

em·bel·lish [ɪmˈbelɪʃ] *v/t* **1.** verschöne(r)n, (aus)schmücken **2.** *Erzählung etc* ausschmücken, *Wahrheit* beschönigen

em·ber [ˈembə] *s* **1.** glühendes Stück Holz *od* Kohle **2.** *Pl* Glut(asche) *f*

em·bez·zle [ɪmˈbezl] *v/t* veruntreuen, unterschlagen **em'bez·zle·ment** *s* Veruntreuung *f*, Unterschlagung *f* **em'bez·zler** *s* Veruntreuer(in)

em·bit·ter [ɪmˈbɪtə] *v/t* **1.** *j-n* verbittern **2.** *Lage etc* (noch) verschlimmern

em·blem [ˈembləm] *s* **1.** Emblem *n*, Symbol *n*: **national ~** Hoheitszeichen *n* **2.** Kennzeichen *n*

em·bod·y [ɪmˈbɒdɪ] *v/t* **1.** verkörpern: **a)** konkrete Form geben (*Dat*), **b)** personifizieren **2.** umfassen, (in sich) vereinigen: **be embodied in** enthalten *od* vereinigt sein in (*Dat*)

em·bo·lism [ˈembəlɪzəm] *s* MED Embolie *f*

em·boss [ɪmˈbɒs] *v/t* TECH prägen

em·brace [ɪmˈbreɪs] **I** *v/t* **1.** umarmen **2.** *fig* einschließen, umfassen **3.** *Beruf, Gelegenheit* ergreifen; *Angebot, Religion etc* annehmen **II** *v/i* **4.** sich umarmen **III** *s* **5.** Umarmung *f*

em·broi·der [ɪmˈbrɔɪdə] **I** *v/t* **1.** *Muster* sticken; *Stoff* besticken **2.** *Bericht etc* ausschmücken **II** *v/i* **3.** sticken **em-'broi·der·y** *s* **1.** Stickerei *f*: **do ~** sticken **2.** *fig* Ausschmückung *f*

em·bry·o [ˈembrɪəʊ] *Pl* **-os** *s* BIOL Embryo *m*: **in ~** *fig* im Entstehen *od* Werden **em·bry·on·ic** [‚-ˈɒnɪk] *Adj* **1.** BIOL embryonal **2.** *fig* (noch) unentwickelt

em·cee [‚emˈsiː] F **I** *s* Conférencier *m* **II** *v/t* u. *v/i* als Conférencier leiten (fungieren)

em·er·ald [ˈemərəld] **I** *s* MIN Smaragd *m* **II** *Adj* smaragdgrün

e·merge [ɪˈmɜːdʒ] *v/i* **1.** auftauchen (*a. fig*) **2.** hervorkommen (*from behind* hinter *den Wolken etc*) **3.** sich herausstellen *od* ergeben (*Tatsache*) **e·mer·gence** [iːˈmɜː-] *s* Auftauchen *n* (*a. fig*)

▸ **e·mer·gen·cy** [ɪˈmɜːdʒənsɪ] *s* plötzliche Notlage, kritische Lage: **in an ~, in case of ~** im Ernst- *od* Notfall; **state of ~** Notstand *m*, POL *a.* Ausnahmezustand *m* **~ call** *s* TEL Notruf *m* **~ ex·it** *s* Notausgang *m* **~ land·ing** *s* FLUG Notlandung *f*: **make an ~** notlanden **~ meet·ing** *s* Dringlichkeitssitzung *f* **~ num·ber** *s* TEL Notruf(nummer *f*) *m*; → *Info bei* **Notruf** **~ op·er·a·tion** *s* MED Notoperation *f* **~ ser·vices** *s Pl* Rettungsdienste *Pl* **~ stop** *s* MOT Vollbremsung *f*: **make an ~** e-e Vollbremsung machen **~ tel·e·phone** *s* Notrufsäule *f*

e·mer·gent [iːˈmɜːdʒənt] *Adj* **1.** auftauchend (*a. fig*) **2.** *fig* (jung u.) aufstrebend: **~ countries** *Pl* Schwellenländer *Pl*

em·er·y [ˈemərɪ] *Adj* Schmirgel...: **~ pa·per** Schmirgelpapier *n*

e·met·ic [ı'metık] *s* Brechmittel *n*

em·i·grant ['emıgrənt] *s* Auswanderer *m*, -wanderin *f*, *bes* POL Emigrant(in)

em·i·grate ['‑greıt] *v/i* auswandern, *bes* POL emigrieren (**from** aus, von; **to** nach) **,emi'gra·tion** *s* Auswanderung *f*, *bes* POL Emigration *f*

em·i·nence ['emınəns] *s* **1.** (An)Höhe *f* **2.** Berühmtheit *f*: **achieve ~** Bedeutung erlangen (**as** als) **3.** REL Eminenz *f* **'em·i·nent** *Adj* **1.** hervorragend, berühmt **2.** bedeutend **3.** überragend, außergewöhnlich **'em·i·nent·ly** *Adv* in hohem Maße, überaus

e·mis·sion [ı'mıʃn] *s* **1.** Ausstoß *m*, -strahlung *f*, Aus-, Verströmen *n* **2.** WIRTSCH Ausgabe *f*, Emission *f* **~-free** *Adj* MOT schadstofffrei

e·mit [ı'mıt] *v/t* **1.** *Lava, Rauch* ausstoßen, *Licht, Wärme* ausstrahlen, *Gas, Wärme* aus-, verströmen **2.** *Ton, Meinung von sich geben; Schrei, Fluch etc* ausstoßen **3.** *Banknoten* ausgeben, *Wertpapiere a.* emittieren

e·mo·ti·con [ı'məʊtıkɒn] *s* COMPUTER Emoticon *n*; → *Info bei* **chat**

e·mo·tion [ı'məʊʃn] *s* **1.** Emotion *f*, Gefühl *n* **2.** Erregung *f* **3.** Rührung *f*, Ergriffenheit *f* **e·mo·tion·al** [‑ʃənl] *Adj* **1.** emotional, emotionell: **a)** gefühlsmäßig, -bedingt, **b)** gefühlsbetont, empfindsam, **c)** Gemüts…, seelisch: **~ balance** inneres *od* seelisches Gleichgewicht **2.** gefühlvoll, rührselig **e·mo·tion·less** *Adj* gefühllos **e·mo·tive** [‑tıv] *Adj* **1.** gefühlvoll **2.** gefühlsbetont: **~ term** (*od* **word**) emotionsgeladenes Wort; Reizwort *n*

em·pa·thy ['empəθı] *s* Einfühlung(svermögen *n*) *f*: **feel ~ for** sich hineinversetzen können in (*Akk*)

em·per·or ['empərə] *s* Kaiser *m*

em·pha·sis ['emfəsıs] *Pl* **-ses** [‑siːz] *s* LING Betonung *f*, fig *a.* Schwerpunkt *m*; Nachdruck *m*: **lay** (*od* **place, put**) **~ on** → **emphasize**; **with ~** nachdrücklich, mit Nachdruck **em·pha·size** ['‑saız] *v/t* (nachdrücklich) betonen, hervorheben, unterstreichen **em·phat·ic** [ım'fætık] *Adj* (**~ally**) nachdrücklich; eindringlich

em·pire ['empaıə] *s* **1.** Reich *n*, Imperium *n* (*beide a.* WIRTSCH *u.* fig) **2.** Kaiserreich *n*

em·pir·i·cal [em'pırıkl] *Adj* empirisch, Erfahrungs…

▸ **em·ploy** [ım'plɔı] **I** *v/t* **1.** *j-n* beschäftigen (**as** als); an-, einstellen **2.** *Gewalt etc* anwenden, gebrauchen **3.** (**in** *Energie etc* widmen (*Dat*), *Zeit* verbringen (mit): **be ~ed in doing s.th.** damit beschäftigt sein, etw zu tun **II** *s* **4.** Dienst(e *Pl*) *m*, Beschäftigung(sverhältnis *n*) *f*: **in s.o.'s ~** bei j-m beschäftigt

▸ **em·ploy·ee** [,emplɔı'iː] *s* Arbeitnehmer(in), Angestellte *m, f*, Arbeiter(in): **the ~s** *Pl* die Belegschaft

▸ **em·ploy·er** [ım'plɔıə] *s* Arbeitgeber(in); Unternehmer(in)

▸ **em·ploy·ment** [ım'plɔımənt] *s* **1.** Beschäftigung *f*, Arbeit *f*, (An)Stellung *f*: **full ~** Vollbeschäftigung; **~ agency** Stellenvermittlung(sbüro *n*) *f*; **~ contract** Arbeitsvertrag *m*; **~ market** Arbeits-, Stellenmarkt *m*; **~ office** Br Arbeitsamt *n*; **~ permit** Arbeitserlaubnis *f*; **~ program(me)** Beschäftigungsprogramm *n* **2.** An-, Einstellung *f*

em·pow·er [ım'paʊə] *v/t* bevollmächtigen, ermächtigen (**to do** zu tun)

em·press ['emprıs] *s* Kaiserin *f*

emp·ti·ness ['emptınıs] *s* Leere *f* (*a.* fig)

▸ **emp·ty** ['emptı] **I** *Adj* **1.** *allg* leer (*a.* fig *Versprechungen, Worte etc*), (*Haus etc a.*) leer stehend: **feel ~** sich (innerlich) leer fühlen; F Kohldampf schieben; **stand ~** leer stehen; **~ of** ohne; **~ of meaning** nichts sagend; → **stomach** 1 **II** *v/t* **2.** leeren (**into** in *Akk*), *Fach etc a.* ausräumen, *Glas etc a.* austrinken **3.** *Haus etc* räumen **III** *v/i* **4.** sich leeren **5.** sich ergießen, münden (**into** in *Akk*) **IV** *s* **6.** *Pl* Leergut *n* **,~'hand·ed** *Adj* mit leeren Händen, unverrichteter Dinge

EMS [iːem'es] *Abk* (= ***European Monetary System***) EWS *n*

em·u·late ['emjʊleıt] *v/t* **1.** wetteifern mit **2.** nacheifern (*Dat*), es gleichtun wollen (*Dat*) **3.** COMPUTER emulieren

e·mul·sion [ı'mʌlʃn] *s* CHEM, *etc* Emulsion *f*

en·a·ble [ı'neıbl] *v/t* **1.** *j-n* berechtigen, ermächtigen (**to do** zu tun) **2.** *j-n* befähigen, es *j-m* möglich machen (**to do** zu tun) **3.** *etw* möglich machen, ermögli-

:chen: ~ **s.th. to be done** es ermögli-chen, dass etw getan wird

en·act [ɪˈnækt] v/t **1.** JUR *Gesetz* erlas-sen; verfügen, -ordnen **2.** THEAT *etc Stück* aufführen; *Person, Rolle* darstel-len, spielen **enˈact·ment** s Verfügung f

en·am·el [ɪˈnæml] **I** s **1.** Email(le f) n **2.** Glasur f **3.** ANAT Zahnschmelz m **II** v/t *Prät u. Part Perf* **-eled**, *bes Br* **-elled 4.** emaillieren **5.** glasieren

en·am·o·u(r) [ɪˈnæmə] v/t: **be ~ed of** ver-liebt sein in (*Akk*); *fig* gefesselt *od* ver-zaubert sein von

en·case [ɪnˈkeɪs] v/t: **~d in** gehüllt in (*Akk*), umhüllt von

en·cash [ɪnˈkæʃ] v/t *Br Scheck etc* ein-lösen

en·chant [ɪnˈtʃɑːnt] v/t **1.** verzaubern **2.** *fig* bezaubern, entzücken: **be ~ed** ent-zückt sein (**by, with** von) **enˈchant·er** s Zauberer m **enˈchant·ing** *adj* bezau-bernd, entzückend **enˈchant·ment** s **1.** Verzauberung f **2.** Zauber m (*a. fig*) **3.** Zauberei f **enˈchant·ress** s **1.** Zauberin f **2.** *fig* bezaubernde Frau

en·ci·pher [ɪnˈsaɪfə] → **encode**

en·cir·cle [ɪnˈsɜːkl] v/t **1.** umgeben: **~d by** (*od* **with**) umgeben von **2.** umfassen **3.** einkreisen, umzingeln, MIL *a.* einkes-seln **enˈcir·cle·ment** s Einkreisung f, Umzing(e)lung f, MIL *a.* Einkesselung f

en·close [ɪnˈkləʊz] v/t **1.** (**in**) einschlie-ßen (in *Akk od Dat*), umgeben (mit) **2.** umringen **3.** *mit der Hand etc* umfas-sen **4.** beilegen, -fügen (**in, with** *Dat*): **~d please find** in der Anlage erhalten Sie **enˈclo·sure** [-ʒə] s Anlage f (*zu e-m Brief etc*)

en·code [enˈkəʊd] v/t *Text* verschlüs-seln, chiffrieren

en·com·pass [ɪnˈkʌmpəs] v/t **1.** umge-ben (**with** mit) **2.** *fig* umfassen

en·core **I** *Interj* [ɒŋˈkɔː] **1.** da capo!; Zu-gabe! **II** s [ˈɒŋkɔː] **2.** Dakapo(ruf m) n **3.** Wiederholung f (*e-r Arie etc*); Zuga-be f **III** v/t [ɒŋˈkɔː] **4.** die Wiederho-lung (*e-r Arie etc*) verlangen *od* erzwingen; von *j-m e-e* Zugabe verlangen *od* erzwingen

en·coun·ter [ɪnˈkaʊntə] **I** v/t **1.** *j-m, e-r Sache* begegnen, *j-n* treffen, auf *j-n, Wi-derstand etc* stoßen **2.** mit *j-m* (*feind-lich*) zs.-stoßen **II** v/i **3.** sich begegnen *od* treffen **III** s **4.** Begegnung f (**of, with** mit) **5.** *feindlicher* Zs.-stoß m

▸ **en·cour·age** [ɪnˈkʌrɪdʒ] v/t **1.** *j-n* er-mutigen, ermuntern (**to** zu), *j-m* Mut machen (**to** zu) **2.** *j-n* unterstützen, bestärken (**in** in *Dat*) **3.** *etw* fördern, unterstützen **enˈcour·age·ment** s **1.** Ermutigung f, Ermunterung f **2.** Unterstützung f, Be-stärkung f **3.** Förderung f

en·croach [ɪnˈkrəʊtʃ] v/i **1.** (**on**) eingrei-fen (in *j-s Besitz od Recht*), unberech-tigt eindringen (in *Akk*), sich Übergrif-fe leisten (in, auf *Akk*) **2.** über Gebühr in Anspruch nehmen, missbrauchen (**on** *Akk*) **enˈcroach·ment** s Ein-, Übergriff m

en·cum·ber [ɪnˈkʌmbə] v/t *Grundstück etc* belasten: **~ed with mortgages** hy-pothekarisch belastet **enˈcum·brance** s Belastung f

en·cy·clo·p(a)e·di·a [enˌsaɪkləʊˈpiː-djə] s Enzyklopädie f **en·cy·clo-ˈp(a)e·dic** *Adj* enzyklopädisch

▸ **end** [end] **I** v/t **1.** beenden, zu Ende bringen *od* führen **2.** a) *a.* ~ **up** *etw* ab-, beschließen (**with** mit), b) *den Rest s-r Tage* zu-, verbringen, *s-e Tage* be-schließen **II** v/i **3.** enden, aufhören **4.** *a.* ~ **up** enden, ausgehen: ~ **happily** gut ausgehen; ~ **in disaster** mit e-m Fiasko enden **5.** ~ **up** a) enden, landen (**in prison** im Gefängnis), b) enden (**as** als) **III** v **6.** (*örtlich*) Ende n: **go off** (**at**) **the deep** ~ F hochgehen, wütend wer-den; **make** (**both**) ~**s meet** durchkom-men, finanziell über die Runden kom-men **7.** Ende n, Rest m: → **thick** 1, **thin** 1 **8.** (*zeitlich*) Ende n: **in the** ~ am Ende, schließlich; **at the** ~ **of May** Ende Mai; **without** ~ unaufhörlich; **come** (*od* **draw**) **to an** ~ zu Ende gehen; **put an** ~ **to, bring to an** ~ *e-r Sache* ein Ende setzen **9.** Tod m, Ende n **10.** *oft Pl* Ab-sicht f, (End)Zweck m, Ziel n: **the** ~ **justifies the means** der Zweck heiligt die Mittel; **to this** ~ zu diesem Zweck

en·dan·ger [ɪnˈdeɪndʒə] v/t gefährden

en·dear·ing [ɪnˈdɪərɪŋ] *Adj* **1.** gewin-nend (*Lächeln etc*) **2.** liebenswert (*Ei-genschaft etc*) **enˈdear·ment** s: **term of** ~ Kosename m, -wort n

en·deav·o·u(r) [ɪnˈdevə] **I** v/t bemüht *od* bestrebt sein (**to do** zu tun) **II** s Bemü-hung f, Bestrebung f: **make every** ~ sich nach Kräften bemühen

end·ing [ˈendɪŋ] s **1.** Ende n, Schluss m:

happy ~ Happy End *n* **2.** LING Endung *f*

en·dive ['endɪv] *s* BOT (Winter)Endivie *f*

end·less ['endlɪs] *Adj allg* endlos

en·dorse [ɪn'dɔːs] *v/t* **1.** *Erklärung etc* vermerken; *bes Br* e-e Strafe vermerken auf (*e-m Führerschein*) **2.** WIRTSCH *Scheck etc* indossieren, girieren **3.** *Plan etc* billigen **en·dor·see** [ˌendɔː'siː] *s* WIRTSCH Indossat *m* **en·dorse·ment** [ɪn'dɔːsmənt] *s* **1.** Vermerk *m*; *bes Br* Strafvermerk *m* (*auf e-m Führerschein*) **2.** WIRTSCH Indossament *n*, Giro *n* **3.** Billigung *f* **en'dors·er** *s* WIRTSCH Indossant(in)

en·dow [ɪn'daʊ] *v/t* **1.** e-e Stiftung machen (*Dat*) **2.** *etw* stiften: ~ *s.o. with s.th.* j-m etw stiften **3.** *fig* ausstatten (*with* mit) **en'dow·ment** *s* **1.** Stiftung *f* **2.** Begabung *f*, Talent *n*

end prod·uct *s* **1.** WIRTSCH, TECH Endprodukt *n* **2.** *fig* (End)Produkt *n*

en·dur·a·ble [ɪn'djʊərəbl] *Adj* erträglich **en'dur·ance** *I s* **1.** Standhaftigkeit *f*, Ausdauer *f*; Aushalten *n*, Ertragen *n*: *beyond* ~ unerträglich **2.** TECH Dauerleistung *f* **II** *Adj* **3.** Dauer...: ~ *test* TECH Belastungsprobe *f* **en'dure** *I v/i* **1.** andauern, Bestand haben **2.** durchhalten *II v/t* **3.** aushalten, ertragen, erdulden **4.** *neg* ausstehen, leiden

end us·er *s* WIRTSCH End-, Letztverbraucher(in)

en·e·ma ['enɪmə] *Pl* **-mas**, **-ma·ta** [ˌ.mətə] *s* MED Klistier *n*, Einlauf *m*: *give s.o. an* ~ j-m e-n Einlauf machen

► **en·e·my** ['enəmɪ] **I** *s* MIL Feind(in), *weit. S.* a. Gegner(in) (*of Gen*): *~ of reform* Reformgegner(in); *make an* ~ *of s.o.* sich j-n zum Feind machen **II** *Adj* feindlich, Feind(es)...

en·er·get·ic [ˌenə'dʒetɪk] *Adj* (*~ally*) energisch

► **en·er·gy** ['enədʒɪ] *s* Energie *f* (*a.* PHYS): *~-saving* Energie sparend

en·er·vate ['enəːveɪt] *v/t* entkräften, schwächen (*a. fig*); entnerven

en·fold [ɪn'fəʊld] *v/t* **1.** einhüllen (*in* in *Akk*) **2.** umfassen: ~ *s.o. in one's arms* j-n in die Arme schließen

en·force [ɪn'fɔːs] *v/t* **1.** *Argument,* WIRTSCH, JUR *Forderung* geltend machen; *e-r Sache* Geltung verschaffen; *Gesetz etc* durchführen; *Urteil* voll-

strecken **2.** durchsetzen, erzwingen **en'force·ment** *s* **1.** WIRTSCH, JUR Geltendmachung *f*; JUR Vollstreckung *f* **2.** Durchsetzung *f*, Erzwingung *f*

en·gage [ɪn'geɪdʒ] **I** *v/t* **1.** *become* (*od get*) *~d* sich verloben (*to* mit) **2.** *j-n* ein-, anstellen, *Künstler etc* engagieren (*as* als) **3.** TECH einrasten lassen, *Kupplung etc* einrücken, *Gang* einlegen **II** *v/i* **4.** ~ *in* sich einlassen auf (*Akk*) od in (*Akk*); sich beschäftigen mit **5.** TECH einrasten

► **en·gaged** [ɪn'geɪdʒd] *Adj* **1.** *a.* ~ (*to be married*) verlobt: ~ *to* verlobt mit **2.** beschäftigt (*in, on* mit): *be* ~ *in doing s.th.* damit beschäftigt sein, etw zu tun **3.** in Anspruch genommen **4.** TEL *Br* besetzt: ~ *tone* Besetztton *m*, -zeichen *n* **5.** "~" "besetzt" (*Toilette*) **en'gage·ment** *s* **1.** Verabredung *f*: *have an* ~ verabredet sein **2.** Verlobung *f* (*to* mit): ~ *ring* Verlobungsring *m* **3.** (An)Stellung *f*, THEAT *etc* Engagement *n* **en'ga·ging** *Adj* einnehmend (*Wesen etc*), gewinnend (*Lächeln etc*)

en·gen·der [ɪn'dʒendə] *v/t* Neid *etc* erzeugen, hervorrufen (*in* bei)

► **en·gine** ['endʒɪn] *s* **1.** Motor *m* **2.** BAHN Lokomotive *f* ~ *block s* Motorblock *m* ~ *driv·er s* BAHN Lokomotivführer(in)

► **en·gi·neer** [ˌendʒɪ'nɪə] **I** *s* **1.** Ingenieur(in); Techniker(in); Mechaniker(in) **2.** BAHN *Am* Lokomotivführer(in) **II** *v/t* **3.** *fig* (geschickt) in die Wege leiten, organisieren

► **en·gi·neer·ing** [ˌendʒɪ'nɪərɪŋ] *s allg* Technik *f*, *eng. S.* Ingenieurwesen *n*, (*a. mechanical* ~) Maschinen- u. Gerätebau *m*

'en·gine| im'mo·bi·lis·er *s* MOT Wegfahrsperre *f* ~ *oil s* Motoröl *n*

► **Eng·land** ['ɪŋglənd] *Eigenn* England *n*

► **Eng·lish** ['ɪŋglɪʃ] **I** *Adj* **1.** englisch: *the English Channel* der Ärmelkanal **II** *s* **2.** ► *the English Pl* die Engländer *Pl* **3.** LING Englisch *n*; *in English* auf Englisch; *in plain English* unverblümt; auf gut Deutsch; *Queen's* (*od King's*) *English* hochsprachliches Englisch

► **Eng·lish·man** ['ɪŋglɪʃmən] *s* (*unreg man*) Engländer *m*

► **Eng·lish·wom·an** ['ɪŋglɪʃˌwʊmən] *s* (*unreg woman*) Engländerin *f*

en·grave [ɪnˈgreɪv] *v/t* (**on**) (in *Metall, Stein etc*) (ein)gravieren, (-)meißeln, (in *Holz*) einschnitzen: *be ~d in stone* in Stein gemeißelt sein, *fig* für alle Ewigkeit gelten; *it is ~d on* (*od in*) *his memory* es hat sich ihm tief *od* unauslöschlich eingeprägt **en·grav·er** *s* Graveur(in) **en·grav·ing** *s* 1. Gravieren *n* 2. Gravierung *f*, (*Kupfer-, Stahl*)Stich *m*, (*Holz*)Schnitt *m*

en·gross [ɪnˈgrəʊs] *v/t j-s Aufmerksamkeit etc* in Anspruch nehmen, *Macht, Unterhaltung etc* an sich reißen **en-ˈgrossed** *Adj* (**in**) (voll) in Anspruch genommen (von), vertieft, versunken (*in Akk*)

en·gulf [ɪnˈgʌlf] *v/t* verschlingen (*a. fig*)

en·hance [ɪnˈhɑːns] *v/t Wert etc* erhöhen, steigern

e·nig·ma [ɪˈnɪgmə] *s fig* Rätsel *n* **en·ig·mat·ic** [ˌenɪgˈmætɪk] *Adj* (**~ally**) rätselhaft

▶ **en·joy** [ɪnˈdʒɔɪ] *v/t* 1. Vergnügen *od* Gefallen finden *od* Freude haben an (*Dat*): *enjoy doing s.th.* daran Vergnügen finden, etw zu tun; *I enjoy dancing* ich tanze gern, Tanzen macht mir Spaß; *did you enjoy the play?* hat dir das Stück gefallen?; ▶ *enjoy o.s.* sich amüsieren *od* gut unterhalten; *enjoy yourself!* viel Spaß! 2. genießen, sich *etw* schmecken lassen 3. sich *e-s Besitzes* erfreuen, *j-s Vertrauen etc* genießen: *enjoy good health* sich e-r guten Gesundheit erfreuen **en·joy·a·ble** *Adj* angenehm, erfreulich **en·joy·ment** *s* 1. Vergnügen *n*, Freude *f* (*of* an *Dat*) 2. Genuss *m*

en·large [ɪnˈlɑːdʒ] **I** *v/t* 1. vergrößern (*a.* FOTO), *Kenntnisse etc* a. erweitern, *Einfluss etc a.* ausdehnen **II** *v/i* 2. sich vergrößern *od* erweitern *od* ausdehnen 3. sich verbreiten *od* (weitläufig) auslassen (*on* über *Akk*) **en·large·ment** *s* Vergrößerung *f* (*a.* FOTO)

en·light·en [ɪnˈlaɪtn] *v/t* aufklären, belehren (**on, as to** über *Akk*) **en·light·en·ment** *s* Aufklärung *f*

en·list [ɪnˈlɪst] **I** *v/t* 1. Soldaten anwerben, *Rekruten* einstellen 2. *fig* heranziehen, *j-s Dienste* in Anspruch nehmen **II** *v/i* 3. MIL Soldat werden, sich (freiwillig) melden 4. (**in**) mitwirken (bei), sich beteiligen (an *Dat*)

en·liv·en [ɪnˈlaɪvn] *v/t* beleben

en·mesh [ɪnˈmeʃ] *v/t*: *be ~ed in one's own lies* sich in s-n eigenen Lügen verstrickt *od* verfangen haben

en·mi·ty [ˈenmətɪ] *s* Feindschaft *f*

e·nor·mous [ɪˈnɔːməs] *Adj* enorm, ungeheuer, gewaltig

▶ **e·nough** [ɪˈnʌf] **I** *Adj* ausreichend, genug: *be ~* (aus)reichen, genügen **II** *s*: *I have had ~, thank you* danke, ich bin satt!; *~ of that!* genug davon!, Schluss damit! **III** *Adv* genug, genügend: *be kind* (*od good*) *~ to do this for me* sei so freundlich *od* gut u. erledige das für mich; *curiously* (*od strangely*) *~* merkwürdigerweise

en·quire, en·quir·y → **inquire, inquiry**

en·rage [ɪnˈreɪdʒ] *v/t* wütend machen **en·raged** *Adj* wütend, aufgebracht (*at, by* über *Akk*)

en·rap·ture [ɪnˈræptʃə] *v/t* hinreißen, entzücken **en·rap·tured** *Adj* hingerissen, entzückt (*by* von)

en·rich [ɪnˈrɪtʃ] *v/t* 1. bereichern (*a. fig*) 2. CHEM, *etc* anreichern

en·rol(l) [ɪnˈrəʊl] **I** *v/t* 1. *j-n, j-s Namen* einschreiben, -tragen (*in in Dat od Akk*), UNI *j-n* immatrikulieren: *~ o.s.* → 3 2. *j-n* aufnehmen (*in in e-n Verein etc*): *~ o.s. in* → 4 **II** *v/i* 3. sich einschreiben (lassen), UNI sich immatrikulieren: *~ for a course* e-n Kurs belegen 4. *~ in* beitreten (*Dat*) **en·rol(l)·ment** *s* 1. Einschreibung *f*, -tragung *f*, UNI Immatrikulation *f* 2. (*Gesamt*)Zahl *f* der Eingetragenen *od* UNI Immatrikulierten

en route [ɑːnˈruːt] *Adv* unterwegs

en·sem·ble [ɑːnˈsɑːmbl] *s* 1. *das Ganze*, Gesamteindruck *m* 2. MUS, THEAT, *Mode*: Ensemble *n*

en·sign [ˈensaɪn] *s* SCHIFF (*bes* National)Flagge *f*

en·slave [ɪnˈsleɪv] *v/t* zum Sklaven machen (*a. fig*), versklaven

en·snare [ɪnˈsneə] *v/t* 1. *in e-r Schlinge* fangen 2. *fig* bestricken, umgarnen

en·sue [ɪnˈsjuː] *v/i* 1. (darauf) folgen, nachfolgen: *the ensuing years* die (darauf) folgenden Jahre 2. folgen, sich ergeben (*from* aus)

en·sure [ɪnˈʃɔː] *v/t* 1. sicherstellen, garantieren (*s.th. etw*; *that* dass) 2. sorgen für etw: *~ that* dafür sorgen, dass

en·tail [ɪnˈteɪl] *v/t* mit sich bringen, zur

Folge haben, nach sich ziehen, *Kosten etc* verursachen, erfordern

en·tan·gle [ɪnˈtæŋgl] *v/t* **1.** *Haare, Garn etc* verwirren, -filzen **2.** (*o.s.* sich) verwickeln, -heddern (*in in Dat*) **3.** *fig* verwickeln, -stricken (*in in Akk*)

▸ **en·ter** [ˈentə] **I** *v/t* **1.** (hinein-, herein-) gehen, (-)kommen, (-)treten in (*Akk*), eintreten, -steigen in (*Akk*), betreten; einreisen in (*Akk*); SCHIFF, BAHN einlaufen, -fahren in (*Akk*); eindringen in (*Akk*): *it never ~ed my mind that* es kam mir nie in den Sinn, dass **2.** *fig* eintreten in (*Akk*), beitreten (*Dat*) **3.** *Namen etc* eintragen, -schreiben, *j-n* einschreiben, zulassen: ~ *one's name* (*od o.s.*) → 7a **4.** SPORT melden, nennen (*for* für): ~ *o.s.* → 7b **5.** COMPUTER eingeben (*Daten*) **II** *v/i* **6.** eintreten, herein-, hineinkommen, -gehen; THEAT auftreten: ♀ *Hamlet* Hamlet tritt auf **7. a)** sich eintragen *od* -schreiben *od* anmelden (*for* für), **b)** (*Sport*) melden, nennen (*for* für) für) **8.** COMPUTER bestätigen

Verbindungen mit Präpositionen:

en·ter *in·to v/i* **1.** → *entry* 1, 2 **2.** anfangen, beginnen; sich einlassen auf (*Akk*); eingehen auf (*Akk*): ~ *into correspondence with* in Briefwechsel treten mit **3.** *Verpflichtung, Partnerschaft etc* eingehen

en·ter·i·tis [ˌentəˈraɪtɪs] *s* MED Darmkatarr(h) *m*

en·ter key *s* COMPUTER Eingabetaste *f*, Enter-Taste *f*

en·ter·prise [ˈentəpraɪz] *s* **1.** Unternehmen *n*, -nehmung *f* **2.** WIRTSCH Unternehmen *n*, Betrieb *m*; Unternehmertum *n* **3.** Unternehmungsgeist *m* '**en·ter·pris·ing** *Adj* unternehmungslustig

en·ter·tain [ˌentəˈteɪn] *v/t* **1.** (angenehm) unterhalten **2.** bewirten **3.** *Furcht, Hoffnung etc* hegen **4.** *Vorschlag etc* in Betracht *od* Erwägung ziehen: ~ *an idea* sich mit e-m Gedanken tragen ˌen·ter'tain·er *s* Entertainer(in)

▸ **en·ter·tain·ing** [ˌentəˈteɪnɪŋ] *Adj* unterhaltend, -haltsam

▸ **en·ter·tain·ment** [ˌentəˈteɪnmənt] *s* **1.** Unterhaltung *f*: *much to his* ~ sehr zu s-r Belustigung **2.** (*öffentliche*) Unterhaltung, (*professionell dargeboten a.*) Entertainment *n*: ~ *industry* Unterhal-

tungsindustrie *f*; ~ *tax* Vergnügungssteuer *f*

en·thuse [ɪnˈθjuːz] *v/i* (*about, over*) begeistert sein (von), schwärmen (von, für)

en·thu·si·asm [ɪnˈθjuːzɪæzəm] *s* Enthusiasmus *m*, Begeisterung *f* (*for* für; *about* über *Akk*) **en'thu·si·ast** [-ˌæst] *s* Enthusiast(in) en,thu·si'as·tic *Adj* (~*ally*) begeistert (*about, over* von), enthusiastisch

en·tice [ɪnˈtaɪs] *v/t* **1.** locken (*into* in *Akk*): ~ *away* weglocken (*from* von); WIRTSCH abwerben; ~ *s.o.'s girlfriend away* j-m die Freundin abspenstig machen **2.** verlocken, -leiten, -führen (*into* zu etw) **en'tice·ment** *s* **1.** (Ver)Lockung *f*, (An)Reiz *m* **2.** Verführung *f*, -leitung *f* **en'tic·ing** *Adj* verlockend, -führerisch

en·tire [ɪnˈtaɪə] *Adj* **1.** ganz: **a)** vollzählig, -ständig, **b)** gesamt, Gesamt..., **c)** unversehrt, unbeschädigt **2.** *fig* voll, uneingeschränkt (*Vertrauen etc*): *be in* ~ *agreement* voll u. ganz *od* völlig übereinstimmen mit **en'tire·ly** *Adv* völlig, gänzlich **en'tire·ty** *s*: *in its* ~ in s-r Gesamtheit, als (ein) Ganzes

en·ti·tle [ɪnˈtaɪtl] *v/t* **1.** *Buch etc* betiteln: ~*d ...* mit dem Titel ... **2.** *j-n* berechtigen (*to* zu): *be* ~*d to* ein Anrecht *od* (e-n) Anspruch haben auf (*Akk*); *be* ~*d to do s.th.* (dazu) berechtigt sein *od* das Recht haben, etw zu tun; ~*d to vote* wahl-, stimmberechtigt

en·ti·ty [ˈentətɪ] *s* **1.** Einheit *f* **2.** JUR Rechtspersönlichkeit *f*: *legal* ~ juristische Person

▸ **en·trance**[1] [ˈentrəns] *s* **1.** Eintreten *n*, -tritt *m*; SCHIFF, BAHN Einlaufen *n*, -fahren *f* **2.** Ein-, Zugang *m* (*to* zu); Zufahrt *f*: ~ *hall* (Eingangs-, Vor)Halle *f*, (Haus)Flur *m* **3.** Einlass *m*, Ein-, Zutritt *m*: ~ *fee* Eintritt(sgeld *n*); Aufnahmegebühr *f*; *no* ~! Zutritt verboten! **4.** THEAT Auftritt *m*: *make one's* ~ auftreten

en·trance[2] [ɪnˈtrɑːns] *v/t* entzücken, hinreißen: ~*d* entzückt, hingerissen (*by, with* von)

en·trant [ˈentrənt] *s* **1.** (Berufs)Anfänger(in) (*to* in *Dat*) **2.** neues Mitglied **3.** SPORT Teilnehmer(in) (*a. allg an e-m Wettbewerb*)

en·treat [ɪnˈtriːt] v/t 1. inständig od dringend bitten, anflehen (for um) 2. etw erflehen (of von) en'treat·ing Adj flehentlich en'treat·y s dringende Bitte: at s.o.'s ~ auf j-s Bitte (hin)

en·trée ['ɒntreɪ] s 1. bes fig Zutritt m (into zu) 2. GASTR Zwischen-, Am Hauptgericht n

en·trench [ɪnˈtrentʃ] v/t 1. MIL (o.s. sich) verschanzen (behind hinter Dat) (a. fig) en'trenched Adj fig eingewurzelt en·tre·pre·neur [ˌɒntrəprəˈnɜː] s WIRTSCH Unternehmer(in)

en·trust [ɪnˈtrʌst] v/t 1. etw anvertrauen (to s.o. j-m) 2. j-n betrauen (with mit)

en·try ['entrɪ] s 1. → entrance¹ 1 2. Einreise f, Zuzug m: ~ visa Einreisevisum n 3. → entrance¹ 5 4. Beitritt m (into zu) 5. Einlass m, Zutritt m: gain ~ Einlass finden; make a forced ~ into gewaltsam eindringen in (Akk); no ~! Zutritt verboten 6. Zu-, Eingang(stür f) m, Einfahrt(stor n) f; (Eingangs-, Vor)Halle f, (Haus)Flur m 7. Eintrag(ung f) m, WIRTSCH a. Buchung f; Stichwort n (im Lexikon etc) 8. SPORT a) Nennung f, Meldung f, b) → entrant 3 '~·phone s Türsprechanlage f

en·twine [ɪnˈtwaɪn] v/t schlingen ([a]round um), umwinden (with mit)

e·nu·mer·ate [ɪˈnjuːməreɪt] v/t aufzählen e‚nu·mer'a·tion s Aufzählung f

e·nun·ci·ate [ɪˈnʌnsɪeɪt] I v/t 1. ausdrücken, -sprechen 2. formulieren 3. (bes deutlich) aussprechen II v/i 4. ~ clearly e-e deutliche Aussprache haben, deutlich sprechen

en·vel·op [ɪnˈveləp] v/t 1. einschlagen, -wickeln, (ein)hüllen (in in Akk) 2. fig ver-, einhüllen: ~ed in mystery geheimnisumhüllt

▸ en·ve·lope ['envələʊp] s 1. Hülle f, Umschlag m 2. Briefumschlag m, Kuvert n

en·vi·a·ble ['envɪəbl] Adj beneidenswert 'en·vi·ous Adj neidisch (of auf Akk)

▸ en·vi·ron·ment [ɪnˈvaɪərənmənt] s 1. Umgebung f, SOZIOL a. Milieu n 2. Umwelt f en‚vi·ron'men·tal [-ˈmentl] Adj 1. SOZIOL Milieu… 2. Umwelt…: ~ impact Umwelteinfluss m; ~ pollution Umweltverschmutzung f; ~ protection Umweltschutz m en‚vi·ron'men·tal·ist

[-ˌtəlɪst] s Umweltschützer(in); → Info bei Umwelt en·vi'rons s Pl Umgebung f (e-s Ortes etc)

en·vis·age [ɪnˈvɪzɪdʒ] v/t 1. gedenken (doing zu tun), in Aussicht nehmen, ins Auge fassen 2. sich etw vorstellen

en·vi·sion [ɪnˈvɪʒn] → envisage 2

en·voy ['envɔɪ] s 1. POL Gesandte m, f 2. Abgesandte m, f, Bevollmächtigte m, f

en·vy ['envɪ] I s 1. Neid m (of auf Akk) 2. Gegenstand m des Neides: his car is the ~ of everybody alle beneiden ihn um s-n Wagen II v/t 3. j-n beneiden (s.th. um etwas)

en·zyme ['enzaɪm] s Enzym n

e·phem·er·al [ɪˈfemərəl] Adj flüchtig, kurzlebig

ep·ic ['epɪk] I Adj (~ally) 1. episch 2. heldenhaft II s 3. Epos n

ep·i·cure ['epɪˌkjʊə] s 1. Epikureer m, Genussmensch m 2. Feinschmecker(in)

ep·i·dem·ic [ˌepɪˈdemɪk] MED I Adj epidemisch (a. fig) II s Epidemie f, Seuche f (beide a. fig)

ep·i·de·mi·ol·o·gist [ˌepɪdiːmɪˈɒlədʒ-ɪst] s Epidemiologe m, -login f

ep·i·der·mis [ˌepɪˈdɜːmɪs] s ANAT Oberhaut f

ep·i·lep·sy ['epɪlepsɪ] s MED Epilepsie f ‚ep·i'lep·tic I Adj epileptisch: ~ fit epileptischer Anfall II s Epileptiker(in)

ep·i·logue ['epɪlɒg] s Epilog m: a) Nachwort n (e-s Buchs etc), b) fig Nachspiel n, Ausklang m

E·piph·a·ny [ɪˈpɪfənɪ] s REL Dreikönigsfest n

e·pis·co·pal [ɪˈpɪskəpl] Adj bischöflich, Bischofs…; e'pis·co·pate [-kəʊpət] s Episkopat m, n, Bistum n

ep·i·sode ['epɪsəʊd] s 1. Episode f 2. RUNDFUNK, TV etc Folge f ep·i·sod·ic [ˌ-ˈsɒdɪk] Adj (~ally) 1. episodisch 2. episodenhaft

e·pis·tle [ɪˈpɪsl] s REL Epistel f

ep·i·taph ['epɪtɑːf] s Grabschrift f

ep·i·thet ['epɪθet] s 1. Beiwort n, Attribut n 2. Beiname m

e·pit·o·me [ɪˈpɪtəmɪ] s 1. Auszug m, Abriss m; kurze Darstellung f 2. fig Verkörperung f, Inbegriff m e'pit·o·mize v/t verkörpern

ep·och ['iːpɒk] s Epoche f '~·mak·ing Adj Epoche machend

eq·ua·ble ['ekwəbəl] *Adj* **1.** gleich(förmig) **2.** ausgeglichen (*a.* Klima), gleichmütig

▶ **e·qual** ['i:kwəl] **I** *Adj* (→ *equally*) **1.** gleich: **be ~ to** gleichen, gleich sein (*Dat*); entsprechen, gleichkommen (*Dat*); **~ opportunities** *Pl* Chancengleichheit *f*; **~ rights** *Pl* **for women** Gleichberechtigung *f* der Frau; **~** **in size, of ~ size** (von) gleicher Größe, gleich groß **2.** **be ~ to** e-r Aufgabe etc gewachsen sein **3.** ebenbürtig (**to** *Dat*), gleichwertig: **be on ~ terms** (**with**) auf gleicher Stufe stehen (mit); gleichberechtigt sein (*Dat*) **II** *s* **4.** Gleichgestellte *m*, *f*: **your~s** *Pl* deinesgleichen; **he has no** (*od* **is without**) **~** er hat nicht *od* sucht seinesgleichen **III** *v/t Prät u. Part Perf* **-qualed**, *bes Br* **-qualled 5.** (*Dat*) gleichen, gleichkommen (**in** an *Dat*) **6.** SPORT *Rekord* einstellen

e·qual·i·ty [ɪ'kwɒlətɪ] *s* Gleichheit *f*: **~** (**of rights**) Gleichberechtigung *f*; **~ of opportunity** Chancengleichheit *f*

e·qual·i·za·tion [,i:kwəlaɪ'zeɪʃn] *s* Gleichstellung *f* **'e·qual·ize I** *v/t* **1.** gleichmachen, -setzen, -stellen **2.** ausgleichen **II** *v/i* **3.** SPORT ausgleichen

'e·qual·iz·er *s* SPORT Ausgleich(stor *n*) *m* **'e·qual·ly** *Adv* gleich (*groß etc*)

'e·quals sign *s* Gleichheitszeichen *n*

e·qua·nim·i·ty [,ekwə'nɪmətɪ] *s* Ausgeglichenheit *f*, Gleichmut *m*

e·quate [ɪ'kweɪt] *v/t* **1.** gleichsetzen, -stellen (**to**, **with** *Dat*) **2.** als gleich(wertig) ansehen *od* behandeln **e·qua·tion** [-ʒn] *s* **1.** MATHE Gleichung *f* **2.** Gleichsetzung *f*, -stellung *f* **e·qua·tor** [-tə] *s* Äquator *m* **e·qua·to·ri·al** [,ekwə'tɔː-rɪəl] *Adj* äquatorial, Äquator…

e·ques·tri·an [ɪ'kwestrɪən] **I** *Adj* Reit(er)…: **~ sports** *Pl* Reit-, Pferdesport *m*; **~ statue** Reiterstatue *f*; -standbild *n* **II** *s* (*a.* Kunst)Reiter(in)

e·qui·dis·tant [,i:kwɪ'dɪstənt] *Adj* gleich weit entfernt **e·qui·lat·er·al** [,-'lætərəl] *Adj* MATHE gleichseitig

e·qui·lib·ri·um [,i:kwɪ'lɪbrɪəm] *s* Gleichgewicht *n*

e·qui·nox ['i:kwɪnɒks] *s* Tagundnachtgleiche *f*

e·quip [ɪ'kwɪp] *v/t* **1.** ausrüsten, -statten (**with** mit), *Krankenhaus etc* einrichten **2.** *fig j-m* das (geistige *od* nötige) Rüstzeug geben (**for** für): **be well ~ped for** das nötige Rüstzeug haben für **e·quip·ment** *s* **1. a)** Ausrüstung *f*, -stattung *f*, **b)** *mst Pl* Ausrüstung(sgegenstände *Pl*) *f*, **c)** TECH Einrichtung *f*, Maschine(n *Pl*) *f* **2.** *fig* (geistiges *od* nötiges) Rüstzeug

e·qui·poise ['ekwɪpɔɪz] *s* **1.** Gleichgewicht *n* (*a. fig*) **2.** *mst fig* Gegengewicht *n* (**to** zu)

eq·ui·ta·ble ['ekwɪtəbl] *Adj* gerecht, (recht u.) billig **eq·ui·ty** ['ekwətɪ] *s* **1.** Gerechtigkeit *f*, Billigkeit *f* **2.** WIRTSCH Eigenkapital *n*, Stammaktie *f*, Dividendenpapier *n*: **~ market** Aktienmarkt *m*

e·quiv·a·lence [ɪ'kwɪvələns] *s* Gleichwertigkeit *f*, CHEM *etc a.* Äquivalenz *f* **e·quiv·a·lent I** *Adj* **1.** gleichbedeutend (**to** mit) **2.** gleichwertig, CHEM *etc a.* äquivalent: **be~ to** gleichwertig sein, entsprechen (*Dat*) **II** *s* **3.** (**of**) Äquivalent *n* (für), (genaue) Entsprechung (zu)

e·quiv·o·cal [ɪ'kwɪvəkl] *Adj* **1.** zweideutig, doppelsinnig **2.** unbestimmt, ungewiss, fraglich **3.** fragwürdig

e·ra ['ɪərə] *s* Ära *f*, Zeitalter *n*

e·rad·i·cate [ɪ'rædɪkeɪt] *v/t* ausrotten (*a. fig*)

e·rase [ɪ'reɪz] *v/t* **1.** *Schrift etc* ausstreichen, -radieren, löschen (**from** von); *Tonband(aufnahme) etc*, PÄD *Am a.* Tafel löschen **2.** *fig* (aus)löschen (**from** aus) **e·ras·er** *s* Radiergummi *m*; PÄD *Am* Tafelwischer *m* **e·ra·sure** [-ʒə] *s* **1.** Ausradieren *n*; Löschen *n* **2.** ausradierte *od* gelöschte Stelle

e·rect [ɪ'rekt] **I** *v/t* **1.** aufrichten **2.** *Gebäude etc* errichten; *Maschine etc* aufstellen **II** *Adj* **3.** aufgerichtet, aufrecht: **with head ~** erhobenen Hauptes **4.** PHYSIOL erigiert **e·rec·tion** [-ʃn] *s* **1.** Errichtung *f*; Aufstellung *f* **2.** Bau *m*, Gebäude *n* **3.** PHYSIOL Erektion *f*

er·go·nom·ic [,ɜːgə'nɒmɪk] **I** *Adj* ergonomisch **II** *s* **~s** *Sg* Ergonomie *f*

er·mine ['ɜːmɪn] *s* ZOOL Hermelin *n*

e·rode [ɪ'rəʊd] *v/t* **1.** an-, zer-, wegfressen **2.** GEOL erodieren **3.** *fig* aushöhlen, untergraben

e·rog·e·nous [ɪ'rɒdʒɪnəs] *Adj* PHYSIOL erogen: **~ zone**

e·ro·sion [ɪ'rəʊʒn] *s* **1.** GEOL Erosion *f* **2.** *fig* Aushöhlung *f*

e·rot·ic [ɪ'rɒtɪk] *Adj* (**~ally**) erotisch

e·rot·i·cism [-sɪzəm], bes Am **er·o·tism** ['erətɪzəm] s Erotik f

err [ɜː] v/i (sich) irren: **to ~ is human** Irren ist menschlich

er·rand ['erənd] s Botengang m, Besorgung f: **go on** (od **run**) **an ~** e-n Botengang od e-e Besorgung machen **~ boy** s Laufbursche f

er·ra·ta [e'rɑːtə] Pl Errata Pl, Druckfehlerverzeichnis n

er·rat·ic [ɪ'rætɪk] Adj (**~ally**) sprunghaft, unberechenbar

er·ro·ne·ous [ɪ'rəʊnjəs] Adj irrig, falsch: **~ belief** Irrglaube(n) m **er'ro·ne·ous·ly** Adv irrtümlicher-, fälschlicherweise

er·ror ['erə] s Irrtum m, Fehler m, Versehen n: **in ~** irrtümlicherweise; **~ of judg(e)ment** falsche Beurteilung; **~s excepted** WIRTSCH Irrtümer vorbehalten; **~ message** COMPUTER Fehlermeldung f

e·rupt [ɪ'rʌpt] v/i ausbrechen (Ausschlag, Streit, Vulkan etc) **e'rup·tion** s **1.** Ausbruch m: **~ angry** ~ Wutausbruch **2.** MED Ausschlag m

es·ca·late ['eskəleɪt] **I** v/t **1.** Krieg etc eskalieren **II** v/i **2.** eskalieren **3.** steigen, in die Höhe gehen (Preise etc) **,es·ca·'la·tion** s Eskalation f **'es·ca·la·tor** s Rolltreppe f

es·ca·lope [e'skælɒp] s GASTR (bes Wiener) Schnitzel n

es·ca·pade [,eskə'peɪd] s Eskapade f

▶ es·cape [ɪ'skeɪp] **I** v/t **1.** j-m entfliehen, -kommen; e-r Sache entgehen: → **notice** I 2. **fig** j-m entgehen, übersehen od nicht verstanden werden: **~s 3.** dem Gedächtnis entfallen: **his name ~s me** sein Name ist mir entfallen **4.** j-m entschlüpfen, -fahren (Fluch etc) **II** v/i **5.** (ent)fliehen, entkommen (**from** aus, Dat) **6.** sich retten (**from** vor Dat), davonkommen (**with a fright** mit dem Schrecken; **with one's life** mit dem Leben) **7.** ausfließen (Flüssigkeit); entweichen, entkommen (**from** aus) (Gas etc) **III** s **8.** Entkommen n, Flucht f: **have a narrow ~** mit knapper Not davonkommen od entkommen; **that was a narrow ~!** das war knapp! **9.** Entweichen n, Ausströmen n **~ chute** s FLUG Notrutsche f **~ key** s COMPUTER Escape-Taste f

es·cort **I** s ['eskɔːt] **1.** MIL Eskorte f, Begleitmannschaft f **2.** FLUG, SCHIFF Geleit(schutz m) n; SCHIFF Geleitschiff n **3.** Geleit n, Schutz m; Gefolge n, Begleitung f; Begleiter(in) **II** v/t [ɪ'skɔːt] **4.** MIL eskortieren **5.** FLUG, SCHIFF j-m Geleitschutz geben **6.** geleiten; begleiten

Es·ki·mo ['eskɪməʊ] Pl **-mos** s Eskimo m, Eskimofrau f

ESL [iːes'el] Abk (= **English as a second language**) Englisch n als Fremdsprache

e·soph·a·gus Am → **oesophagus**

es·o·ter·ic [,esəʊ'terɪk] Adj (**~ally**) esoterisch

es·pe·cial [ɪ'speʃl] Adj besonder

▶ es·pe·cial·ly [ɪ'speʃəlɪ] Adv besonders, hauptsächlich

es·pi·o·nage ['espɪənɑːʒ] s Spionage f

es·pla·nade [,esplə'neɪd] s **1.** (bes Strand-, Ufer)Promenade f **2.** Esplanade f

es·pres·so [e'spresəʊ] Pl **-sos** s **1.** Espresso m **2.** Espressomaschine f

Es·quire [ɪ'skwaɪə]: **John Smith, Esq.** bes Br (auf Briefen) Herrn John Smith

es·say ['eseɪ] s Essay m, n, a. PÄD Aufsatz m **'es·say·ist** s Essayist(in)

es·sence ['esns] s **1.** das Wesen(tliche), Kern m (e-r Sache): **in ~** im Wesentlichen **2.** Essenz f, Extrakt m **es·sen·ti·al** [ɪ'senʃl] **I** Adj (→ **essentially**) **1.** wesentlich: **a)** grundlegend, **b)** unentbehrlich, unbedingt erforderlich (**to** für): **~ to life** lebensnotwendig, -wichtig **2.** CHEM ätherisch: **~ oil II** s mst Pl **3.** das Wesentliche, Hauptsache f **4.** (wesentliche) Voraussetzung (**to** für) **es·'sen·tial·ly** [-ʃəlɪ] Adv im Wesentlichen

▶ es·tab·lish [ɪ'stæblɪʃ] v/t **1.** ein-, errichten, Konto eröffnen, Gesetz etc einführen, erlassen, Rekord, Theorie aufstellen, Ausschuss etc bilden, einsetzen, Verbindung herstellen, diplomatische Beziehungen etc aufnehmen **2.** ~ **o.s.** WIRTSCH sich (a. beruflich) etablieren od niederlassen **3.** Ruhm etc begründen: **~ one's reputation** as sich e-n Namen machen als **4.** Ansicht, Forderung etc durchsetzen, Ordnung schaffen **5.** be-, nachweisen **es·'tab·lished** Adj **1.** bestehend **2.** feststehend,

unzweifelhaft **3.** ♀ *Church* Staatskirche *f* **es'tab·lish·ment** *s* **1.** Ein-, Errichtung *f*, Einführung *f*, Aufstellung *f*, Bildung *f*, Herstellung *f*, Aufnahme *f* **2. the** ♀ das Establishment **3.** WIRTSCH Unternehmen *n*, Firma *f*; Niederlassung *f* **4.** Anstalt *f*, (öffentliches) Institut

es·tate [ɪ'steɪt] *s* **1.** JUR Besitz(tum *n*) *m*; (Erb-, Konkurs)Masse *f*, Nachlass *m*; → **real** 3 **2.** Landsitz *m*, Gut *n* **3.** *Br* (Wohn)Siedlung *f*, Industriegebiet *n* ~ **a·gent** *s Br* **1.** Grundstücksverwalter(in) **2.** Grundstücks-, Immobilienmakler(in) ~ **car** *s Br* Kombiwagen *m*

es·teem [ɪ'stiːm] **I** *v/t* **1.** achten, (hoch)schätzen **2.** erachten *od* ansehen als, *etw* halten für **II** *s* Achtung *f* (**for** vor *Dat*): **hold in** (**high**) ~ → 1

es·thete, etc *Am* → **aesthete**, etc

es·ti·ma·ble ['estɪməbl] *Adj* **1.** achtens-, schätzenswert **2.** (ab)schätzbar

▶ **es·ti·mate** ['estɪmeɪt] **I** *v/t* **1.** (ab-, ein)schätzen, veranschlagen (**at** auf *Akk*): **~d value** Schätzwert *m*; **an ~d 200 peo·ple** schätzungsweise 200 Leute **2.** beurteilen, bewerten **II** *v/i* **3.** schätzen **4.** e-n Kostenvoranschlag machen (**for** für) **III** *s* ['-mət] **5.** Schätzung *f*, Veranschlagung *f*, Kostenvoranschlag *m*: **rough** ~ grober Überschlag; **at a rough** ~ grob geschätzt **6.** Bewertung *f* **es·ti·ma·tion** [ˌ-'meɪʃn] *s* **1.** Meinung *f*: **in my** ~ nach m-r Ansicht **2.** Achtung *f*, Wertschätzung *f*

Es·to·nia [e'stəʊnjə] *Eigenn* Estland *n*

es·trange [ɪ'streɪndʒ] *v/t* **1.** v-n entfremden (**from** *Dat*): **become ~d** sich entfremden (**from** *Dat*); sich auseinander leben

es·tro·gen *Am* → **oestrogen**

es·tu·ar·y ['estjʊərɪ] *s* **1.** (*den Gezeiten ausgesetzte*) Flussmündung **2.** Meeresbucht *f*, -arm *m*

e-tai·ler ['iːˌteɪlə] *s* E-Tailer *m*, Internet-Einzelhändler *m*

etch [etʃ] *v/t* **1.** ätzen **2.** in Kupfer stechen; radieren **'etch·ing** *s* Kupferstich *m*; Radierung *f*

e·ter·nal [ɪ'tɜːnl] *Adj* **1.** ewig **2.** ewig, unaufhörlich **e'ter·ni·ty** *s* Ewigkeit *f* (*a. fig*)

e·ther ['iːθə] *s* CHEM Äther *m* **e·the·re·al** [ɪ'θɪərɪəl] *Adj* ätherisch (*a. fig*)

eth·i·cal ['eθɪkl] *Adj* **1.** ethisch **2.** PHARM

rezeptpflichtig **'eth·ics** *s Pl* **1.** *Sg* Ethik(unterricht *m*) *f* **2.** (*Berufs- etc*) Ethos *n*

E·thi·o·pia [ˌiːθɪ'əʊpjə] *Eigenn* Äthiopien *n*

eth·nic ['eθnɪk] *Adj* (**~ally**) **1.** ethnisch: ~ **Germans** Deutschstämmige *Pl*; ~ **group** Volksgruppe *f* **2.** folkloristisch

et·i·quette ['etɪket] *s* Etikette *f*, Anstands-, Verhaltensregeln *Pl*

et·y·mo·log·i·cal [ˌetɪmə'lɒdʒɪkl] *Adj* etymologisch **et·y·mol·o·gy** [ˌ-'mɒlədʒɪ] *s* Etymologie *f*

EU [ˌiː'juː] *Abk* (**European Union**) EU *f*: ~ **country** EU-Land *n*; ~ **standard** EU-Norm *f*

eu·ca·lyp·tus [ˌjuːkə'lɪptəs] *s* BOT Eukalyptus *m*

eu·lo·gy ['juːlədʒɪ] *s* **1.** Lob(preisung *f*) *n* **2.** Lobrede *f* (**on** auf *Akk*)

eu·nuch ['juːnək] *s* Eunuch *m*

eu·phe·mism ['juːfəmɪzəm] *s* Euphemismus *m* **eu·phe·mis·tic** *Adj* (**~ally**) euphemistisch, verhüllend

eu·phor·ia [juː'fɔːrɪə] *s* Euphorie *f* **eu·phor·ic** [-'fɒrɪk] *Adj* (**~ally**) euphorisch

eu·ro ['jʊərəʊ] *Pl* **-ros** *s* (*Währung*) Euro *m* ~ **a·re·a** *s* Euro(währungs)gebiet *n*, Eurozone *f*

Eu·ro- ['jʊərəʊ] *Wortelement mit der Bedeutung* europäisch, Euro…

'Eu·ro·cheque *s Br* Eurocheque *m* ~ **card** *s* Eurochequekarte *f*

'eu·ro·cent *s* Eurocent *m*

Eu·ro·crat ['jʊərəkræt] *s* Eurokrat(in)

'Eu·ro,cur·ren·cy *s* Eurowährung *f*

'Eu·ro·land *s* Euroland *n*

▶ **Eu·rope** ['jʊərəp] *Eigenn* Europa *n*

▶ **Eu·ro·pe·an** [ˌjʊərə'piːən] **I** *Adj* europäisch: **European champion** (*Sport*) Europameister(in); **European championship** (*Sport*) Europameisterschaft *f*; **European cup** (*Sport*) Europacup *m*, Europapokal *m*; **European Monetary System** Europäisches Währungssystem *n*; ▶ **European Union** Europäische Union **II** *s* Europäer(in)

'Eu·ro,scep·tic *s Br* Euroskeptiker(in)

Eu·ro·vi·sion ['jʊərəʊˌvɪʒn] TV **I** *s* Eurovision *f* **II** *Adj* Eurovisions…

'eu·ro·zone *s* Eurozone *f*

eu·tha·na·si·a [ˌjuːθə'neɪzjə] *s* Sterbehilfe *f*

e·vac·u·ate [ɪ'vækjʊeɪt] v/t Personen evakuieren; Gebiet etc evakuieren, a. Haus etc räumen **e‚vac·u·a·tion** s Evakuierung f; Räumung f **e‚vac·u·ee** [-juː'iː] s Evakuierte m, f

e·vade [ɪ'veɪd] v/t 1. e-m Schlag etc ausweichen 2. sich e-r Pflicht etc entziehen, etw umgehen, vermeiden, Steuern hinterziehen: ~ **(answering) a question** e-r Frage ausweichen

e·val·u·ate [ɪ'væljʊeɪt] v/t 1. Wert etc schätzen, Schaden etc festsetzen (at auf Akk) 2. abschätzen, bewerten **e‚val·u·a·tion** s 1. Schätzung f, Festsetzung f 2. Abschätzung f, Bewertung f

evan·gelist [ɪ'vændʒəlɪst] s Prediger(in) **evan·gelize** [ɪ'vændʒəlaɪz] v/t missionieren, zum Christentum bekehren

e·vap·o·rate [ɪ'væpəreɪt] **I** v/t 1. verdampfen od verdunsten lassen 2. eindampfen: **~d milk** Kondensmilch f **II** v/i 3. verdampfen, verdunsten 4. fig sich verflüchtigen, verfliegen **e‚vap·o·ra·tion** s Verdampfung f, Verdunstung f

e·va·sion [ɪ'veɪʒn] s 1. Umgehung f, Vermeidung f, (Steuer)Hinterziehung f 2. Ausflucht f, Ausrede f **e'va·sive** [-sɪv] Adj 1. ausweichend (Antwort): **be ~** ausweichen 2. schwer fassbar

eve [iːv] s 1. mst ☿ Vorabend m, -tag m (e-s Festes) 2. fig Vorabend m: **on the ~ of** am Vorabend von (od Gen), kurz od unmittelbar vor (Dat)

▸ **e·ven¹** ['iːvn] Adv 1. sogar, selbst: ▸ **not even** nicht einmal; **even if** selbst wenn; **even though** obwohl; **even as a child he was ...** schon als Kind war er ... 2. noch: **even better** (sogar) noch besser

e·ven² [-] **I** Adj 1. eben, flach, gerade 2. auf od in gleicher Höhe (**with** mit) 3. waag(e)recht 4. fig ausgeglichen: **of an ~ temper** ausgeglichen; **~ voice** ruhige Stimme 5. gleichmäßig (Atmen etc) 6. WIRTSCH ausgeglichen (a. Sport): **be ~ with** quitt sein (a. fig) 7. gleich, identisch 8. gerade (Zahl) **II** v/t 9. a. ~ **out** (ein)ebnen, glätten, ausgleichen; (gleichmäßig) verteilen 10. ~ **up** Rechnung aus-, begleichen: **~ things up** sich revanchieren **III** v/i 11. a. ~ **out** eben werden (Gelände); sich ausgleichen; sich (gleichmäßig) verteilen ~

'**hand·ed** Adj fair, gerecht

▸ **eve·ning** ['iːvnɪŋ] s Abend m: **in the ~** abends, am Abend; **on the ~ of** am Abend (Gen); **last** (**this, tomorrow**) ~ gestern (heute, morgen) Abend ~ **class·es** s Pl PÄD Abendunterricht m ~ **dress** s 1. Abendkleid n 2. Frack m; Smoking m ~ **pa·per** s Abendzeitung f ~ **star** s ASTR Abendstern m ~ **wear** s 1. Abendkleid n 2. Frack m; Smoking m

e·ven·ness ['iːvnnɪs] s 1. Ausgeglichenheit f 2. Gleichmäßigkeit f

▸ **e·vent** [ɪ'vent] s 1. Fall m: **at all ~s** auf alle Fälle; **in any ~** in jedem Fall; **in the ~ of** im Falle (Gen) 2. Ereignis n: **after the ~** hinterher, im Nachhinein 3. SPORT Disziplin f; Wettbewerb m

‚e·vent·'tem·pered Adj ausgeglichen **e·vent·ful** [ɪ'ventful] Adj ereignisreich **e·ven·tu·al·i·ty** [ɪ‚ventʃʊ'ælətɪ] s Möglichkeit f, Eventualität f **e'ven·tu·al·ly** [-əlɪ] Adv schließlich

▸ **ev·er** ['evə] Adv 1. immer (wieder), ständig: ~ **since** seit der Zeit, seitdem 2. immer (vor Komp): ~ **larger** 3. je (mals): **have you ~ been to London?** bist du schon einmal in London gewesen?; **hardly ~** fast nie 4. ~ **so** bes Br F sehr, noch so: ~ **so simple** ganz einfach; ~ **so many** unendlich viele; **thank you ~ so much** tausend Dank! 5. ~ denn, überhaupt: **what ~ does he want?** was will er denn überhaupt? '~**green** s 1. BOT immergrüne Pflanze 2. MUS Evergreen m, n ‚~'**last·ing** Adj 1. ewig 2. fig unaufhörlich 3. unverwüstlich, unbegrenzt haltbar ‚~'**more** Adj: (**for**) ~ für immer

▸ **ev·er·y** ['evrɪ] Adv 1. jede(r, -s): ~ **day** jeden Tag, alle Tage; → **now** 1, **other** 4, **second¹** 1 2. jede(r, -s) (einzelne ... od erdenkliche ...): **her ~ wish** jeder ihrer od alle ihre Wünsche; ~ **bit as much** F ganz genau so viel; **have ~ reason** allen Grund haben

▸ **ev·er·y·bod·y** ['evrɪ‚bɒdɪ] → **everyone** '~**·day** Adj 1. (all)täglich 2. Alltags... 3. gewöhnlich, Durchschnitts...

▸ **ev·er·y·one** ['evrɪwʌn] Pron jeder (mann): **in ~'s mouth** in aller Munde; **to ~'s amazement** zum allgemeinen Erstaunen

▸ **ev·er·y·thing** ['evrɪθɪŋ] Pron 1. alles

(*that* was) **2.** F die Hauptsache, alles (*to* für) **3.** *and* ~ F und so

▸ **ev·ery·where** ['evrɪweə] *Adv* überall(hin): ~ *he goes* wo er auch hingeht

ev·i·dence ['evɪdəns] *s* **1.** JUR Beweis(stück *n*, -material *n*) *m*, Beweise *Pl*: *for lack of* ~ mangels Beweisen **2.** JUR (Zeugen)Aussage *f*: *give* ~ aussagen (*for* für; *against* gegen); *turn Queen's* (*od King's, Am State's*) ~ als Kronzeuge auftreten **3.** (An)Zeichen *n*, Spur *f* (*of* von *od Gen*) **ev·i·dent** *Adj* augenscheinlich, offensichtlich

e·vil ['iːvl] **I** *Adj* übel, böse, schlimm: ~ *eye* der böse Blick **II** ~ *das Böse*: *the lesser of two ~s* das kleinere Übel „~'**do·er** *s* Übeltäter(in) „~'**mind·ed** *Adj* bösartig

e·voc·a·tive [ɪ'vɒkətɪv] *Adj*: *be* ~ *of* erinnern an (*Akk*)

e·voke [ɪ'vəʊk] *v/t* **1.** Geister beschwören, herbeirufen **2.** *Bewunderung etc* hervorrufen; *Erinnerungen* wachrufen

ev·o·lu·tion [ˌiːvə'luːʃn] *s* **1.** Entfaltung *f*, -wicklung *f*: *the* ~ *of events* die Entwicklung (der Dinge) **2.** BIOL Evolution *f*

e·volve [ɪ'vɒlv] *v/t u. v/i* (sich) entfalten *od* -wickeln (*into* zu)

ex¹ [eks] *Präp* WIRTSCH ab: ~ *works* ab Werk

ex² [_] *s* F Verflossene *m, f*

ex- [eks] *in Zssgn* Ex…, ehemalig

ex·ac·er·bate [ɪg'zæsəbeɪt] *v/t* **1.** *j-n* verärgern **2.** *Krankheit, Schmerzen* verschlimmern, *Situation* verschärfen

ex·act [ɪg'zækt] **I** *Adj* (→ *exactly*) **1.** exakt, genau **2.** genau, tatsächlich **3.** methodisch, gewissenhaft (*Person*) **II** *v/t* **4.** *Gehorsam, Geld etc* fordern, verlangen (*from* von) **5.** *Zahlung* eintreiben, -fordern (*from* von) **ex'act·ing** *Adj* **1.** streng, genau **2.** aufreibend, anstrengend **3.** anspruchsvoll: *be* ~ hohe Anforderungen stellen **ex'act·i·tude** [-tɪtjuːd] → *exactness* **ex'act·ly** *Adv* **1.** ~ *exact etc*: als Antwort: ganz recht, genau: *not* ~ nicht ganz *od* direkt **3.** *wo, wann etc* eigentlich **ex'act·ness** *s* **1.** Genauigkeit *f* **2.** Gewissenhaftigkeit *f*

ex·ag·ger·ate [ɪg'zædʒəreɪt] *v/t u. v/i* übertreiben **ex,ag·ger'a·tion** *s* Übertreibung *f*

ex·alt [ɪg'zɔːlt] *v/t* **1.** *im Rang etc* erheben, erhöhen (*to* zu) **2.** (lob)preisen **ex·al·ta·tion** [ˌegzɔːl'teɪʃn] *s* **1.** Erhebung *f*, Erhöhung *f* **2.** Begeisterung *f*: *fill with* ~ in Begeisterung versetzen **ex·alt·ed** [ɪg'zɔːltɪd] *Adj* **1.** hoch (*Rang, Ideal etc*) **2.** begeistert **3.** F übertrieben hoch (*Meinung etc*)

▸ **ex·am** [ɪg'zæm] F → *examination* 2

ex·am·i·na·tion [ɪgˌzæmɪ'neɪʃn] *s* **1.** Untersuchung *f* (*a.* MED), Prüfung *f*: *on* ~ bei näherer Prüfung; *be under* ~ untersucht *od* geprüft werden **2.** PÄD *etc* Prüfung *f, bes* UNI Examen *n*: ~ *paper* schriftliche Prüfung; Prüfungsarbeit *f* **3.** JUR Vernehmung *f*; Verhör *n* **ex'am·ine** *v/t* **1.** untersuchen (*a.* MED), prüfen (*for* auf *Akk*) **2.** PÄD *etc* prüfen (*in* in *Dat*; *on* über *Akk*) **3.** JUR vernehmen; verhören **ex,am·i'nee** *s* PÄD *etc* Prüfling *m*, (Prüfungs-, *bes* UNI Examens)Kandidat(in) **ex'am·in·er** *s* PÄD *etc* Prüfer(in)

▸ **ex·am·ple** [ɪg'zɑːmpl] *s* **1.** Beispiel *n* (*of* für): ▸ *for example* zum Beispiel **2.** Vorbild *n*, Beispiel *n*: *set a good example* ein gutes Beispiel geben, mit gutem Beispiel vorangehen; *take as an example* sich ein Beispiel nehmen an (*Dat*); → *hold up* 2 **3.** (warnendes) Beispiel: *make an example of* (*s.o.*) (an j-m) ein Exempel statuieren; *let this be an example to you* lass dir das e-e Warnung sein

ex·as·per·ate [ɪg'zæspəreɪt] *v/t* aufbringen, wütend machen **ex·as·per·at·ed** *Adj* wütend, aufgebracht (*at, by* über *Akk*) **ex·as·per·a·tion** *s* Wut *f*: *in* ~ wütend, aufgebracht

ex·ca·vate ['ekskəveɪt] *v/t* **1.** aushöhlen **2.** ausgraben, -baggern **ex·ca·va·tion** *s* **1.** Aushöhlung *f* **2.** Ausgrabung *f* '**ex·ca·va·tor** *s* Bagger *m*

ex·ceed [ɪk'siːd] *v/t* **1.** *Tempolimit etc* überschreiten **2.** hinausgehen über (*Akk*) **ex'ceed·ing·ly** *Adv* überaus, äußerst: ~ *kind* überfreundlich

ex·cel [ɪk'sel] **I** *v/t* übertreffen (*o.s.* sich selbst) **II** *v/i* sich auszeichnen *od* hervortun (*in, at* in *Dat*; *as* als) **ex·cel·lence** ['eksələns] *s* Vorzüglichkeit *f* '**Ex·cel·len·cy** *s* Exzellenz *f* (*Titel*)

▸ **ex·cel·lent** ['eksələnt] *Adj* ausgezeichnet, hervorragend, vorzüglich

▶ **ex·cept** [ɪk'sept] **I** v/t **1.** ausnehmen, -schließen (**from** von): **present company** ~**ed** Anwesende ausgenommen **2.** sich etw vorbehalten: → **error II Präp 3.** ausgenommen, außer, mit Ausnahme von (od Gen): ~ **for** abgesehen von, bis auf (Akk) **III Konj 4.** außer: ~ **that** außer, dass **ex'cept·ing** Präp → **except** 3

▶ **ex·cep·tion** [ɪk'sepʃn] s **1.** Ausnahme f (**to the rule** von der Regel): **by way of** ~ ausnahmsweise; **with the** ~ **of** mit Ausnahme von (od Gen); **without** ~ ohne Ausnahme, ausnahmslos; **make an** ~ (**in s.o.'s case**) (bei j-m od in j-s Fall) e-e Ausnahme machen **2. take** ~ **to** Einwendungen machen gegen; Anstoß nehmen an (Dat) **ex'cep·tion·al** [-ʃənl] Adj **1.** Ausnahme..., Sonder... **2.** außer-, ungewöhnlich **ex'cep·tion·al·ly** [-ʃnəlɪ] Adv **1.** außergewöhnlich **2.** ausnahmsweise

ex·cerpt ['eksɜːpt] s Exzerpt n, Auszug m (**from** aus)

ex·cess [ɪk'ses] **I** s **1.** Übermaß n, -fluss m (**of** an Dat): **in** ~ **of** mehr als, über (Akk) (... hinaus); **to** ~ übermäßig; → **carry** 7 **2.** Pl Exzesse Pl: **a)** Ausschweifungen Pl, **b)** Ausschreitungen Pl **3.** Überschuss m **II** Adj **4.** überschüssig, Über...: ~ **baggage** FLUG Übergepäck n; ~ **demand** WIRTSCH Nachfrageüberschuss m; ~ **fare** (Fahrpreis)Zuschlag m; ~ **postage** Nachporto n, -gebühr f **ex'cess·ive** Adj übermäßig, -trieben

▶ **ex·change** [ɪks'tʃeɪndʒ] **I** v/t **1.** (**for**) aus-, umtauschen (gegen), vertauschen (mit) **2.** eintauschen, Geld a. (ein-)wechseln (**for** gegen) **3.** tauschen, die Plätze etc tauschen, Blicke, Gedanken, Gefangene etc austauschen: ~ **blows** aufeinander einschlagen; ~ **a few words** ein paar Worte wechseln **4.** TECH auswechseln **II** s **5.** (Aus-, Um)Tausch m: **in** ~ als Ersatz, dafür; **in** ~ **for** (im Austausch) gegen, (als Entgelt) für; ~ **of letters** Brief-, Schriftwechsel m; ~ **of shots** Schusswechsel m; ~ **of views** Gedanken-, Meinungsaustausch m **6.** WIRTSCH (Um)Wechseln: **rate of** ~, ~ **rate** Wechselkurs m; → **bill²** 3, **foreign** 1 **7.** WIRTSCH Börse f **8.** Wechselstube f **9.** (Fernsprech)Amt n, Vermittlung f **ex'change·a·ble** Adj

1. aus-, umtauschbar (**for** gegen) **2.** Tausch...

Ex·cheq·uer [ɪks'tʃekə] s Br Finanzministerium n: → **chancellor**

ex·cit·a·ble [ɪk'saɪtəbl] Adj reizbar, (leicht) erregbar **ex'cite** v/t **1.** j-n er-, aufregen: **get** ~**d** sich aufregen (**over** über Akk) **2.** j-n (an-, auf)reizen, aufstacheln **3.** Interesse etc erregen, (er-)wecken, Appetit, Phantasie anregen

▶ **ex·cit·ed** [ɪk'saɪtɪd] Adj erregt, aufgeregt **ex'cite·ment** s Er-, Aufregung f

▶ **ex·cit·ing** [ɪk'saɪtɪŋ] Adj er-, aufregend, spannend

ex·claim [ɪk'skleɪm] **I** v/i (auf)schreien **II** v/t etw (aus)rufen

ex·cla·ma·tion [ˌeksklə'meɪʃn] s Ausruf m, (Auf)Schrei m: ~ **of pain** Schmerzensschrei; ~ **mark** (Am a. **point**) Ausrufe-, Ausrufungszeichen n

ex·clude [ɪk'skluːd] v/t j-n, Möglichkeit etc ausschließen (**from** von, aus) **ex'clud·ing** Präp ausgenommen, nicht inbegriffen

ex·clu·sion [ɪk'skluːʒn] s Ausschluss m (**from** von, aus): **to the** ~ **of** unter Ausschluss von (od Gen) **ex'clu·sive I** Adj **1.** ausschließend: ~ **of** ausschließlich, abgesehen von; ohne; **be** ~ **of s.th.** etw ausschließen; **be mutually** ~ einander ausschließen **2.** ausschließlich, Allein...; Exklusiv... **3.** exklusiv **II** s **4.** Exklusivbericht m

ex·com·mu·ni·cate [ˌekskə'mjuːnɪkeɪt] v/t REL exkommunizieren '**ex·com·mu·ni·ca·tion** s Exkommunikation f

ex·cre·ment ['ekskrɪmənt] s Kot m, Exkremente Pl

ex·crete [ɪk'skriːt] v/t absondern, ausscheiden **ex'cre·tion** s Absonderung f, Ausscheidung f

ex·cru·ci·at·ing [ɪk'skruːʃɪeɪtɪŋ] Adj qualvoll

ex·cur·sion [ɪk'skɜːʃn] s Ausflug m, fig a. Abstecher m (**into politics** in die Politik): **go on an** ~ e-n Ausflug machen **ex'cur·sion·ist** s Ausflügler(in)

ex·cus·a·ble [ɪk'skjuːzəbl] Adj entschuldbar, verzeihlich

▶ **ex·cuse I** v/t [ɪk'skjuːz] **1.** j-n, etw entschuldigen, j-m, etw verzeihen: ▶ **excuse me** entschuldigen Sie!, Verzeihung!; **excuse me for being late, ex-**

cuse my being late entschuldige mein Zuspätkommen; **excuse o.s.** sich entschuldigen **2.** für *etw* e-e Entschuldigung finden: **I cannot excuse his conduct** ich kann sein Verhalten nicht gutheißen **3.** **excuse s.o. from s.th.** j-n von etw befreien, j-m etw erlassen: **he begs to be excused** er lässt sich entschuldigen **II** s [ɪkˈskjuːs] **4.** Entschuldigung f: **offer** (od **make**) **an excuse** sich entschuldigen; **in excuse of** als Entschuldigung für **5.** Entschuldigung(sgrund m) f, Rechtfertigung f: **without** (**good**) **excuse** unentschuldigt **6.** Ausrede f

ex·di·rec·to·ry [ˌeksdɪˈrektərɪ] *Adj*: ~ **number** TEL *Br* Geheimnummer f

ex·e·cute [ˈeksɪkjuːt] *v/t* **1.** *Auftrag, Plan etc* aus-, durchführen, *Vertrag* erfüllen **2.** MUS vortragen, spielen **3.** JUR *Urteil* vollziehen, -strecken; *j-n* hinrichten (**for** wegen) **,ex·e·ˈcu·tion** s **1.** Aus-, Durchführung f, Erfüllung f **2.** MUS Vortrag m, Spiel n **3.** JUR Vollziehung f, -streckung f; Hinrichtung f **,ex·e·ˈcu·tion·er** s Henker m, Scharfrichter m **ex·ec·u·tive** [ɪgˈzekjʊtɪv] **I** *Adj* **1.** ausübend, vollziehend, POL Exekutiv…: ~ **power** (od **authority**) → 3 **2.** WIRTSCH geschäftsführend, leitend: ~ **board** Vorstand m; ~ **position** leitende Stellung **II** s **3.** POL Exekutive f **4.** a. **senior** ~ WIRTSCH leitender Angestellter, leitende Angestellte

ex·em·pla·ry [ɪgˈzemplərɪ] *Adj* **1.** exemplarisch: **a)** beispiel-, musterhaft, **b)** warnend, abschreckend **2.** typisch, Muster…

ex·em·pli·fy [ɪgˈzemplɪfaɪ] *v/t* veranschaulichen: **a)** durch Beispiele erläutern, **b)** als Beispiel dienen für

ex·empt [ɪgˈzempt] **I** *v/t* j-n befreien (**from** von *Steuern, Verpflichtungen etc*), freistellen (**from military service** vom Wehrdienst) **II** *Adj* befreit, ausgenommen (**from** von): ~ **from taxation** steuerfrei **ex·ˈemp·tion** s Befreiung f, Freistellung f: ~ **from taxes** Steuerfreiheit f

▸ **ex·er·cise** [ˈeksəsaɪz] **I** s **1.** Ausübung f, Geltendmachung f **2.** (*körperliche od geistige*) Übung, (körperliche) Bewegung: **do one's** ~ **s** Gymnastik machen; **take** (od **get**) **more** ~ sich mehr bewe-

gen, mehr Übungen machen; ~ **ball** Gymnastikball m; ~ **bike** Hometrainer m (*Fahrrad*); ~ **machine** Hometrainer m (*mit mehreren Funktionen*) **3.** mst Pl MIL Übung f, Manöver n **4.** Übung(sarbeit) f, Schulaufgabe f: ~ **book** Schul-, Schreibheft n **5.** MUS Übung(sstück n) f **II** *v/t* **6.** *Amt, Recht, Macht etc* ausüben, *Einfluss, Macht etc* geltend machen **7.** *Körper, Geist* üben, trainieren **8.** *Geduld etc* üben **III** *v/i* **9.** sich bewegen **10.** *Sport etc*: üben, trainieren **11.** MIL exerzieren

ex·ert [ɪgˈzɜːt] *v/t* **1.** *Druck, Einfluss etc* ausüben (**on** auf *Akk*), *Autorität* geltend machen **2.** ~ **o.s.** sich bemühen (**for** um; **to do** zu tun), sich anstrengen **ex·ˈer·tion** s **1.** Ausübung f, Geltendmachung f **2.** Anstrengung f

ex·ha·la·tion [ˌekshəˈleɪʃn] s **1.** Ausatmen n **2.** Verströmen n **3.** Gas n; Rauch m **ex·hale** [ˌ-ˈheɪl] *v/t* **1.** (a. *v/i*) ausatmen **2.** *Gas, Geruch etc* verströmen, *Rauch* ausstoßen

ex·haust [ɪgˈzɔːst] **I** *v/t* erschöpfen: **a)** *Vorräte* ver-, aufbrauchen, **b)** *j-n* ermüden, entkräften, **c)** *j-s Kräfte* strapazieren: ~ **s.o.'s patience** j-s Geduld erschöpfen, **d)** *Thema* erschöpfend abhandeln: ~ **all possibilities** alle Möglichkeiten ausschöpfen **II** s TECH **a)** a. ~ **fumes** Pl Auspuff-, Abgase Pl, **b)** Auspuff m: ~ **pipe** Auspuffrohr n **ex·ˈhaust·ed** *Adj* **1.** verbraucht, erschöpft, aufgebraucht (*Vorräte*), vergriffen (*Auflage*) **2.** erschöpft, entkräftet **ex·ˈhaust·ing** *Adj* erschöpfend, strapaziös **ex·ˈhaus·tion** s Erschöpfung f: **a)** völliger Verbrauch, **b)** Entkräftung f **ex·ˈhaus·tive** *Adj* fig erschöpfend

ex·hib·it [ɪgˈzɪbɪt] **I** *v/t* **1.** *Bilder etc* ausstellen **2.** fig zeigen, an den Tag legen; zur Schau stellen **II** *v/i* **3.** ausstellen (**at a fair** auf e-r Messe) **III** s **4.** Ausstellungsstück n, Exponat n **5.** JUR Beweisstück n

▸ **ex·hi·bi·tion** [ˌeksɪˈbɪʃn] s **1.** Ausstellung f: **be on** ~ ausgestellt od zu sehen sein; **make an** ~ **of o.s.** sich lächerlich od zum Gespött machen **2.** fig Zurschaustellung f **,ex·hi·ˈbi·tion·ism** s PSYCH u. fig Exhibitionismus m **,ex·hi·ˈbi·tion·ist** PSYCH u. fig **I** s Exhibitionist(in) **II** *Adj* exhibitionistisch

ex·hib·i·tor [ɪg'zɪbɪtə] s Aussteller(in)
ex·hort [ɪg'zɔːt] v/t ermahnen (**to** zu; **to do** zu tun) **ex·hor·ta·tion** [ˌegzɔː'teɪʃn] s Ermahnung f
ex·hu·ma·tion [ˌekshjuː'meɪʃn] s Exhumierung f **ex'hume** v/t Leiche exhumieren
ex·ile ['eksaɪl] **I** s **1.** Exil n; Verbannung f: **go into** ~ ins Exil gehen; **live in** ~ im Exil od in der Verbannung leben; **send into** ~ → 3; **government in** ~ Exilregierung f **2.** im Exil Lebende m, f; Verbannte m, f **II** v/t **3.** ins Exil schicken; verbannen (**from** aus), in die Verbannung schicken
► **ex·ist** [ɪg'zɪst] v/i **1.** existieren, vorkommen: **do such things** ~? gibt es so etwas?; **right to** ~ Existenzberechtigung f **2.** existieren, leben (**on** von) **3.** existieren, bestehen
► **ex·ist·ence** [ɪg'zɪstəns] s **1.** Existenz f, Vorkommen n: **come into** ~ entstehen; **be in** ~ → **exist** 3; **remain in** ~ weiter bestehen **2.** Existenz f, Leben n, Dasein n **3.** Existenz f, Bestand m **ex·'ist·ent** Adj **1.** existierend, bestehend, vorhanden **2.** gegenwärtig, augenblicklich **ex·is·ten·tial·ism** [ˌegzɪˈstenʃəlɪzəm] s PHIL Existentialismus m, Existenzialismus m
► **ex·it** ['eksɪt] **I** s **1.** Ausgang m **2.** THEAT Abgang m **3.** (Autobahn)Ausfahrt f **4.** Ausreise f: → **visa** Ausreisevisum n **II** v/i **5.** THEAT Bühnenanweisung: (er, sie, es geht) ab: ~ **Macbeth** Macbeth ab **6.** COMPUTER (das Programm) beenden
ex·o·dus ['eksədəs] s Ab-, Auswanderung f: **rural** ~ Landflucht f
ex·on·er·ate [ɪg'zɒnəreɪt] v/t **1.** Angeklagten etc entlasten (**from** von) **2.** j-n befreien, entbinden (**from** von e-r Pflicht etc) **ex·on·er·a·tion** s **1.** Entlastung f **2.** Befreiung f, Entbindung f
ex·or·bi·tance [ɪg'zɔːbɪtəns] s Unverschämtheit f, Maßlosigkeit f **ex·or·bi·tant** Adj unverschämt: a) astronomisch: ~ **price** Fantasiepreis m, b) übertrieben, maßlos (Forderung etc)
ex·or·cism ['eksɔːsɪzəm] s Exorzismus m, Geisterbeschwörung f, Teufelsaustreibung f **'ex·or·cist** s Exorzist(in), Geisterbeschwörer(in), Teufelsaustreiber(in) **ex·or·cize** ['-saɪz] v/t **1.** böse

Geister austreiben, beschwören **2.** j-n, e-n Ort von bösen Geistern befreien, j-m den Teufel austreiben
ex·ot·ic [ɪg'zɒtɪk] Adj (~**ally**) exotisch
ex·pand [ɪk'spænd] **I** v/t **1.** ausbreiten, -spannen **2.** WIRTSCH, PHYS etc, a. fig ausdehnen, -weiten, erweitern: ~**ed memory** COMPUTER erweiterter Speicher **II** v/i **3.** WIRTSCH, phys, etc, a. fig sich ausdehnen od erweitern, WIRTSCH a. expandieren **4.** fig sich auslassen od verbreiten (**on** über Akk) **ex'pand·er** s SPORT Expander m **ex·panse** ['-'spæns] s weite Fläche, Weite f **ex'pan·sion** s **1.** Ausbreitung f **2.** WIRTSCH, PHYS etc, a. fig Ausdehnung f, -weitung f, Erweiterung f; POL Expansion f **ex'pan·sive** Adj **1.** ausdehnungsfähig **2.** ausgedehnt, weit **3.** fig mitteilsam
ex·pa·tri·ate [eks'pætrɪeɪt] **I** v/t ausbürgern **II** Adj [-ət] ausgebürgert **III** s [-ət] Ausgebürgerte m, f **ex·pa·tri·a·tion** s Ausbürgerung f
► **ex·pect** [ɪk'spekt] **I** v/t **1.** j-n, etw erwarten: ~ **s.o. to do s.th.** erwarten, dass j-d etw tut; ~ **s.th. of** (od **from**) **s.o.** von j-m erwarten **2.** F vermuten, glauben: **I** ~ **so** ich nehme es an **II** v/i **3. be** ~**ing** F in anderen Umständen sein **ex'pec·tan·cy** s Erwartung f: **look of** ~ erwartungsvoller Blick **ex'pec·tant** Adj **1.** ~ **mother** werdende Mutter **2.** erwartungsvoll **ex·pec·ta·tion** [ˌekspek'teɪʃn] s Erwartung f: **in** ~ **of** in Erwartung (Gen); **beyond** (all) ~ über Erwarten; **against all** (od **contrary to** [**all**]) ~(**s**) wider Erwarten; **come up to** ~ den Erwartungen entsprechen; **fall short of s.o.'s** ~**s** hinter j-s Erwartungen zurückbleiben; ~ **of life** Lebenserwartung
ex·pe·di·ence, ex·pe·di·en·cy [ɪk'spiːdjəns(ɪ)] s **1.** Zweckdienlichkeit f, Nützlichkeit f **2.** Eigennutz m **ex'pe·di·ent I** Adj **1.** ratsam, angebracht **2.** zweckdienlich, -mäßig; nützlich **3.** eigennützig **II** s **4.** (Hilfs)Mittel n, (Not)Behelf m
ex·pe·dite ['ekspɪdaɪt] v/t beschleunigen **ex·pe·di·tion** [ˌ-'dɪʃn] s Expedition f: **on an** ~ auf e-r Expedition **ex·pe'di·tious** Adj schnell, rasch, prompt
ex·pel [ɪk'spel] v/t (**from**) **1.** vertreiben

(aus) **2.** ausweisen (aus), verweisen (*des Landes*), *schweiz.* ausschaffen **3.** ausschließen (aus, von)

ex·pen·di·ture [ɪk'spendɪtʃə] *s* **1.** Aufwand *m*, Verbrauch *m* (**of** an *Dat*) **2.** Ausgaben *Pl*, (Kosten)Aufwand *m*

ex·pense [ɪk'spens] *s* **1.** → *expenditure* 2: **at s.o.'s ~** auf j-s Kosten (*a. fig*), *fig*: **no ~ was spared** es wurden keine Kosten gescheut **2.** *Pl* Unkosten *Pl*, Spesen *Pl*: **travel(l)ing ~s** Reisespesen; **~ account** Spesenkonto *n*

ex·pen·sive [ɪk'spensɪv] *Adj* teuer, kostspielig

▸ **ex·pe·ri·ence** [ɪk'spɪərɪəns] **I** *s* **1.** Erfahrung *f*: **a)** (Lebens)Praxis *f*: **from ~** aus Erfahrung; **in my ~** nach m-r Erfahrung, **b)** Fach-, Sachkenntnis *f*; Routine *f* **2.** Erlebnis *n* **II** *v/t* **3.** erfahren: **a)** kennen lernen, **b)** erleben, **c)** *Schmerzen, Verluste etc* erleiden, *etw* durchmachen, *Vergnügen etc* empfinden **ex'pe·ri·enced** *Adj* erfahren

▸ **ex·per·i·ment I** *s* [ɪk'sperɪmənt] Experiment *n*, Versuch *m* (**on** an *Dat*; **with** mit): **~ on animals** Tierversuch **II** *v/i* [‿ment] experimentieren, Versuche anstellen (**on** an *Dat*; **with** mit) **exper·i·men·tal** [ek͵sperɪ'mentl] *Adj* experimentell, Versuchs… **ex͵per·i·men'ta·tion** *s* Experimentieren *n*

▸ **ex·pert** ['ekspɜːt] **I** *Adj* **1.** (**at, in** in *Dat*) erfahren; geschickt: **be ~ at** Erfahrung haben in **2.** fachmännisch, fach-, sachkundig: **~ knowledge** Fach-, Sachkenntnis *f*; **~ opinion** Gutachten *n*, *fig*: **~ system** COMPUTER Expertensystem *n* **II** *s* **3.** (**at, in** in *Dat*; **on** auf dem Gebiet *Gen*) Fachmann *m*, -frau *f*, Experte *m*, Expertin *f*; Sachverständige *m*, *f*, Gutachter(in) **ex·per'tise** [͵-'tiːz] *s* **1.** Expertise *f*, Gutachten *n* **2.** Fach-, Sachkenntnis *f*

ex·pi·ate ['ekspɪeɪt] *v/t* sühnen, (ab)büßen **͵ex·pi'a·tion** *s* Sühne *f*, Buße *f*

ex·pire [ɪk'spaɪə] *v/i* **1.** ablaufen (*Frist, Pass etc*), erlöschen (*Konzession, Patent etc*), enden **2.** ungültig werden, verfallen **3.** WIRTSCH fällig werden

ex·pi·ry [ɪk'spaɪərɪ] *s* **1.** Ablauf *m*, Erlöschen *n*, Ende *n*: **at** (*od* **on**) **the ~ of** nach Ablauf (*Gen*) **2.** Verfall *m*: **~ date** Verfallstag *m*, -datum *n* **3.** WIRTSCH Fälligwerden *n*

▸ **ex·plain** [ɪk'spleɪn] *v/t* erklären: **a)** erläutern (**s.th. to s.o.** j-m etw), **b)** begründen, rechtfertigen: **~ s.th. away** e-e einleuchtende Erklärung für etw finden; sich aus etw herausreden; **~ o.s.** sich erklären; sich rechtfertigen

▸ **ex·pla·na·tion** [͵eksplə'neɪʃn] *s* Erklärung *f* (**for, of** für *od* Gen): **a)** Erläuterung *f*: **in ~ of** als Erklärung für, **b)** Begründung *f*, Rechtfertigung *f* **ex·plan·a·to·ry** [ɪk'splænətərɪ] *Adj* erklärend, erläuternd

ex·ple·tive [ɪk'spliːtɪv] *s* **1.** LING Füllwort *n* **2.** Fluch *m*; Kraftausdruck *m*

ex·pli·ca·ble [ɪk'splɪkəbl] *Adj* erklärbar, erklärlich

ex·plic·it [ɪk'splɪsɪt] *Adj* **1.** ausdrücklich, deutlich **2.** ausführlich **3.** offen, deutlich (*abouth* in Bezug auf *Akk*): (**sexually**) **~** freizügig (*Film etc*)

▸ **ex·plode** [ɪk'spləʊd] **I** *v/t* **1.** zur Explosion bringen; (in die Luft) sprengen **2.** *Gerüchten etc* den Boden entziehen, *Theorie etc* widerlegen, *Mythos etc* zerstören **II** *v/i* **3.** explodieren; in die Luft fliegen **4.** *fig* ausbrechen (**with** in *Akk*), platzen (**with** vor *Dat*) **5.** *fig* sprunghaft ansteigen, sich explosionsartig vermehren (*bes Bevölkerung*)

ex·ploit I *s* ['eksplɔɪt] **1.** (Helden)Tat *f* **2.** Großtat *f*, große Leistung **II** *v/t* [ɪk'splɔɪt] **3.** *etw* auswerten, *Patent etc* (*kommerziell*) verwerten, *Erzvorkommen etc* ausbeuten, abbauen; *pej j-n, etw* ausbeuten **͵ex·ploi'ta·tion** [͵eks‿] *s* Auswertung *f*, Verwertung *f*, Ausbeutung *f*, Abbau *m*

ex·plo·ra·tion [͵eksplə'reɪʃn] *s* **1.** Erforschung *f* **2.** Untersuchung *f* **ex·plor·a·to·ry** [ek'splɔrətərɪ] *Adj* Forschungs…: **~ talks** *Pl* Sondierungsgespräche *Pl* **ex·plore** [ɪk'splɔː] *v/t* **1.** *Land* erforschen **2.** erforschen, untersuchen, sondieren **ex'plor·er** *s* Forscher(in), Forschungsreisende *m*, *f*

▸ **ex·plo·sion** [ɪk'spləʊʒn] *s* **1.** Explosion *f*; Sprengung *f* **2.** *fig* Widerlegung *f*, Zerstörung *f* **3.** *fig* Ausbruch *m*: **~ of laughter** Lachsalve *f* **4.** *fig* sprunghafter Anstieg, (*Bevölkerungs*)Explosion *f* **ex'plo·sive** [‿sɪv] **I** *Adj* **1.** explosiv (*a. fig*), Spreng…: **~ situation** brisante Lage **2.** *fig* aufbrausend (*Temperament*) **II** *s* **3.** Sprengstoff *m*

ex·po·nent [ık'spəʊnənt] *s* **1.** MATHE Exponent *m*, Hochzahl *f* **2.** Vertreter(in); Verfechter(in)

▶ **ex·port** I *v/t u. v/i* [ık'spɔːt] **1.** exportieren, ausführen: *~ing country* Ausfuhrland *n*, Exportland *n* II *s* ['ekspɔːt] **2.** Export *m*, Ausfuhr *f* **3.** *Pl* (Gesamt)Export *m*, (-)Ausfuhr *f*; Exportgüter *Pl*, Ausfuhrware *f* III *Adj* ['eks.-] **4.** Export..., Ausfuhr...: *~ company* Exportfirma *f*; *~ trade* Exportgeschäft *n*, Ausfuhrhandel *m* **ex'port·er** [ık'sp.-] *s* Exporteur(in)

ex·pose [ık'spəʊz] *v/t* **1.** *~ to* fig dem Wetter, e-r Gefahr etc aussetzen, *der Lächerlichkeit etc* preisgeben: *~ o.s.* sich exponieren; *~ o.s. to ridicule* sich zum Gespött (der Leute) machen **2.** fig *j*-n bloßstellen; *j*-n entlarven, *Spion a.* enttarnen; *etw* aufdecken, entlarven, enthüllen **3.** entblößen **4.** FOTO belichten **ex'posed** *Adj* ungeschützt (*Haus, Lage etc*), (*a. fig Stellung etc*) exponiert

ex·po·si·tion [,ekspəʊ'zıʃn] *s* **1.** Ausstellung *f* **2.** Exposition *f* (*e-s Dramas*) **ex·po·sure** [ık'spəʊʒə] *s* **1.** (Kindes)Aussetzung *f* **2.** fig Aussetzen *n*, Preisgabe *f* (*to Dat*) **3.** fig Ausgesetztsein *n* (*to Dat*): *die of* ~ an Unterkühlung sterben **4.** Bloßstellung *f*; Entlarvung *f*, Enttarnung *f*; Aufdeckung *f*, Enthüllung *f* **5.** Entblößung *f* **6.** ungeschützte *od* exponierte Lage *f* **7.** FOTO **a)** Belichtung *f*: *~ meter* Belichtungsmesser *m*, **b)** Aufnahme *f* **8.** Lage *f* (*e-s Gebäudes*): *southern* ~ Südlage

ex·pound [ık'spaʊnd] I *v/t* erklären, erläutern, *Theorie etc* entwickeln (*to s.o.* j-m) II *v/i*: *~ on a decision etc* e-e Entscheidung etc erläutern

▶ **ex·press** [ık'spres] I *v/t* **1.** ausdrücken, äußern: *express the hope that* der Hoffnung Ausdruck geben, dass; *express o.s.* sich äußern; sich ausdrücken **2.** bezeichnen, bedeuten **3.** *Br* durch Eilboten *od* als Eilgut schicken II *Adj* **4.** ausdrücklich **5.** Express..., Schnell...: ▶ *express train* → 9 III *Adv* **6.** eigens **7.** *Br* durch Eilboten, als Eilgut IV *s* **8.** *Br* Eilbote *m*; -beförderung *f* **9.** D-Zug *m*, Schnellzug *m*

▶ **ex·pres·sion** [ık'spreʃn] *s* **1.** Ausdruck *m*, Äußerung *f*: *find* ~ *in* sich ausdrücken *od* äußern in (*Dat*); *give*

~ to e-r Sache Ausdruck verleihen **2.** Ausdruck *m*, Redensart *f* **3.** (Gesichts)Ausdruck *m* **4.** Ausdruck(skraft *f*) *m* **ex'pres·sion·ism** *s* KUNST Expressionismus *m* **ex'pres·sion·ist** (KUNST) I *s* Expressionist(in) II *Adj* expressionistisch **ex'pres·sion·less** *Adj* ausdruckslos **ex'pres·sive** *Adj*: *be ~ of etw* ausdrücken **2.** ausdrucksvoll **ex'press·way** *s* bsd Am Schnellstraße *f*

ex·pro·pri·ate [eks'prəʊprıeıt] *v/t* JUR enteignen **ex,pro·pri'a·tion** *s* Enteignung *f*

ex·pul·sion [ık'spʌlʃn] *s* (*from*) **1.** Vertreibung *f* (aus) **2.** Ausweisung *f* (aus) **3.** Ausschluss *m* (aus, von)

ex·qui·site ['ekskwızıt] *Adj* **1.** exquisit, köstlich, erlesen **2.** gepflegt, erlesen (*Wein etc*) **3.** äußerst fein (*Gehör etc*) **4.** heftig (*Schmerz*), groß (*Vergnügen*)

ex·ser·vice·man [,eks'sɜːvısmən] *s* (*unreg man*) MIL *bes Br* Veteran *m*

ex·tant [ek'stænt] *Adj* noch vorhanden *od* bestehend

ex·tem·po·re [ek'stempərı] *Adj u. Adv* improvisiert, aus dem Stegreif

ex·tend [ık'stend] I *v/t* **1.** (aus)dehnen, (-)weiten **2.** *Betrieb etc* vergrößern, erweitern, ausbauen **3.** *Hand etc* ausstrecken **4.** *Besuch, Macht, Vorsprung etc* ausdehnen (*to* auf *Akk*), *Frist, Pass etc* verlängern, WIRTSCH *a.* prolongieren, *Angebot etc* aufrechterhalten **5.** *~ o.s.* sich völlig verausgaben II *v/i* **6.** sich ausdehnen *od* erstrecken (*over* über *Akk*; *to* bis zu); hinausgehen (*beyond* über *Akk*)

ex·ten·sion [ık'stenʃn] *s* **1.** Ausdehnung *f* (*a. fig*: *to* auf *Akk*) **2.** Vergrößerung *f*, Erweiterung *f* **3.** (Frist)Verlängerung *f*, WIRTSCH *a.* Prolongation *f* **4.** ARCHI Erweiterung *f*, Anbau *m* **5.** TEL Nebenstelle *f*: *what's your ~?* welche Durchwahl haben Sie? *~ ca·ble* *s* ELEK *bes Br* Verlängerungsschnur *f ~ cord Am* → *extension cable* **~ lad·der** *s* Ausziehleiter *f ~ lead* → *extension cable*

ex·ten·sive [ık'stensıv] *Adj* **1.** ausgedehnt (*a. fig*) **2.** fig umfassend; eingehend; beträchtlich

▶ **ex·tent** [ık'stent] *s* **1.** Ausdehnung *f* **2.** fig Umfang *m*, (Aus)Maß *n*, Grad *m*: *to*

a large ~ in hohem Maße, weitgehend; *to some* (*od a certain*) ~ bis zu e-m gewissen Grade; *to such an* ~ *that* so sehr, dass

ex·ten·u·ate [ɪkˈstenjʊeɪt] *v/t* abschwächen, mildern: *extenuating circumstances Pl* JUR mildernde Umstände *Pl* **ex,ten·u·a·tion** *s* Abschwächung *f*, Milderung *f*

ex·te·ri·or [ɪkˈstɪərɪə] **I** *Adj* **1.** äußer, Außen... **II** *s* **2.** *das* Äußere **3.** a) Außenseite *f*, b) äußere Erscheinung (*e-r Person*) **3.** FILM, TV Außenaufnahme *f*

ex·ter·mi·nate [ɪkˈstɜːmɪneɪt] *v/t* ausrotten (*a. fig*), vernichten, *Ungeziefer, Unkraut etc a.* vertilgen **ex·ter·mi·na·tion** *s* Ausrottung *f*, Vernichtung *f*

ex·ter·nal [ɪkˈstɜːnl] *Adj* äußer, äußerlich, Außen...: *for* ~ *use* MED zum äußerlichen Gebrauch

ex·tinct [ɪkˈstɪŋkt] *Adj* **1.** erloschen (*Vulkan*) (*a. fig*) **2.** ausgestorben (*Pflanze, Tier etc*), untergegangen (*Reich etc*): *become* ~ aussterben **ex·'tinc·tion** *s* **1.** Erlöschen *n* **2.** Aussterben *n*, Untergang *m*

ex·tin·guish [ɪkˈstɪŋgwɪʃ] *v/t* **1.** *Feuer, Licht* (aus)löschen, *Zigarette* ausmachen **2.** *Leben, Gefühl* auslöschen, ersticken, *Hoffnungen, Pläne etc* zunichte machen, *Schuld* tilgen **ex·'tin·guish·er** *s* (*Feuer*)Löscher *m*

ex·tol [ɪkˈstəʊl] *v/t* (lob)preisen, rühmen: → *sky*

ex·tort [ɪkˈstɔːt] *v/t Geld, Geständnis etc* erpressen (*from* von) **ex·'tor·tion** *s* **1.** Erpressung *f* **2.** Wucher *m* **ex·'tor·tion·ate** [-ʃnət] *Adj* **1.** erpresserisch **2.** Wucher...: ~ *price* **ex·'tor·tion·er**, **ex·'tor·tion·ist** *s* **1.** Erpresser(in) **2.** Wucherer *m*, Wucherin *f*

▸ **ex·tra** [ˈekstrə] **I** *Adj* **1.** zusätzlich, Extra..., Sonder...: *be* ~ gesondert berechnet werden; ~ *charge* Zuschlag *m*; ~ *charges Pl* Nebenkosten *Pl*; ~ *pay* Zulage *f*; *if you pay an* ~ *two pounds* wenn Sie noch zwei Pfund dazulegen **2.** besonder **II** *Adv* **3.** extra, besonders: *charge* ~ *for etw* gesondert berechnen **III** *s* **4.** Sonderleistung *f*; *bes* MOT Extra *n*, *Pl a.* Sonderausstattung *f*; Zuschlag *m*: *be an* ~ gesondert berechnet werden **5.** Extrablatt *n*, -ausgabe *f* **6.** FILM Statist(in)

ex·tract I *v/t* [ɪkˈstrækt] **1.** herausziehen, -holen (*from* aus) **2.** *Zahn*, MATHE *Wurzel* ziehen **3.** *fig* (*from* aus) *Geld, Geständnis etc* herausholen (aus), entlocken (*Dat*) **II** *s* [ˈekstrækt] **4.** CHEM, GASTR Extrakt *m*, (*from* aus *e-m Buch etc a.*) Auszug *m* **ex·'trac·tion** *s* **1.** MED, MATHE Ziehen *n* **2.** Herkunft *f*, Abstammung *f*

ex·tra·cur·ric·u·lar [ˌekstrəkəˈrɪkjələ] *Adj* **1.** PÄD, UNI außerhalb des Stunden- *od* Lehrplans **2.** außerplanmäßig

ex·tra·dite [ˈekstrədaɪt] *v/t Verbrecher* ausliefern **ex·tra·di·tion** [ˌ-ˈdɪʃn] *s* Auslieferung *f*

ex·tra·mar·i·tal *Adj* außerehelich

ex·tra·ne·ous [ɪkˈstreɪnjəs] *Adj* **1.** fremd (*to Dat*) **2.** nicht dazugehörig: *be* ~ *to* nicht gehören zu

▸ **ex·tra·or·di·nar·y** [ɪkˈstrɔːdnrɪ] *Adj* **1.** außerordentlich, -gewöhnlich **2.** ungewöhnlich, seltsam

ex·tra·'sen·so·ry *Adj*: ~ *perception* außersinnliche Wahrnehmung **ex·tra·'res·tri·al I** *Adj* außerirdisch **II** *s* Außerirdische *m*, *f* **ex·tra·ter·ri·to·ri·al** *Adj* exterritorial ~ *time* *s* SPORT Verlängerung *f*: *after* ~ nach Verlängerung; *the game went into* ~ das Spiel ging in die Verlängerung

ex·trav·a·gance [ɪkˈstrævəgəns] *s* **1.** Verschwendung(ssucht) *f* **2.** Übertriebenheit *f*, Extravaganz *f* **3.** Ausschweifung *f*, Zügellosigkeit *f* **ex·'trav·a·gant** *Adj* **1.** verschwenderisch **2.** übertrieben, -spannt, extravagant **3.** ausschweifend, zügellos

▸ **ex·treme** [ɪkˈstriːm] **I** *Adj* (→ *ex·tremely*) **1.** äußerst, extrem **2.** äußerst, höchst: ~ *necessity* zwingende Notwendigkeit; ~ *penalty* Höchststrafe *f* **3.** extrem, radikal **II** *s* **4.** äußerstes Ende: *at the other* ~ am entgegengesetzten Ende **5.** *das* Äußerste, Extrem *n*: *in the* ~ extrem, höchst; *go to* ~*s* vor nichts zurückschrecken **ex·'treme·ly** *Adv* äußerst, höchst **ex·'trem·ism** *s* *bes* POL Extremismus *m* **ex·'trem·ist** *bes* POL **I** *s* Extremist(in) **II** *Adj* extremistisch **ex·trem·i·ty** [ɪkˈstreməti] *s* **1.** äußerstes Ende **2.** *mst Pl* Gliedmaße *f*, Extremität *f*

ex·tri·cate [ˈekstrɪkeɪt] *v/t* (*from*) herausziehen (aus), befreien (aus, von)

ex·tro·vert ['ekstrəʊvɜːt] PSYCH **I** *Adj* extro-, extravertiert **II** *s* extrovertierter Mensch, Extrovertierte *m, f*

ex·tro·vert·ed ['ekstrəʊvɜːtɪd] → **extrovert** I

ex·u·ber·ance [ɪg'zjuːbərəns] *s* **1.** (*of*) Fülle *f* (von *od Gen*), Reichtum *m* (an *Dat*) **2.** *fig* Überschwang *m* **ex·u·ber·ant** *Adj* **1.** üppig, (über)reich **2.** *fig* überschwänglich; (-)sprudelnd

ex·ude [ɪg'zjuːd] *v/i* **1.** ausschwitzen, absondern **2.** *Duft, Charme etc* verströmen

ex·ult [ɪg'zʌlt] *v/i* frohlocken, jubeln (*at, over, in* über *Akk*) **ex·ul·tant** *Adj* frohlockend, jubelnd **ex·ul·ta·tion** [ˌegzʌl'teɪʃn] *s* Frohlocken *n*, Jubel *m*

▶ **eye** [aɪ] **I** *s* **1.** Auge *n*: *before s.o.'s very ~s* vor j-s Augen; *all ~s* gespannt warten etc; *be up to the* (*od one's*) *~s in work* bis über die Ohren in Arbeit sitzen *od* stecken; *cry one's ~s out* sich die Augen ausweinen; → *peel* I, *skin* I **2.** *fig* Blick *m*, Auge(nmerk) *n*: *have* *an ~ for* Sinn *od* ein (offenes) Auge *od* e-n Blick haben für; → *catch* 10 **3.** *fig* Ansicht *f*: *in my ~s* in m-n Augen, m-r Ansicht nach **4.** (*Nadel*)Öhr *n*; Öse *f* **5.** BOT Auge *n* **II** *v/t* **6.** betrachten; mustern **~·ball** *s* ANAT Augapfel *m* '**~·brow** *s* (Augen)Braue *f*: *raise one's ~s* (*od an ~*) die Stirn runzeln (*at* über *Akk*) **~·con·tact** *s* Blickkontakt *m* **~·ful** ['-ˌfʊl] *s*: *get an ~* F was zu sehen bekommen '**~·glass·es** *s Pl, a. pair of ~* bes *Am* Brille *f* '**~·lash** *s* Augenwimper *f* **~ lev·el** *s*: *at ~* in Augenhöhe

▶ **eye|·lid** ['aɪlɪd] *s* Augenlid *n*: → *bat*³ **~ lin·er** *s* Eyeliner *m* **~ o·pen·er** *s*: *be an ~ for s.o.* F j-m die Augen öffnen **~ shad·ow** *s* Lidschatten *m* '**~·sight** *s* Sehkraft *f*: *good* (*poor*) *~* gute (schlechte) Augen *f/Pl* **~ sore** *s* *Am* Unschönes, Schandfleck *m* '**~·strain** *s* Überanstrengung *f* der Augen ˌ·'**wit·ness** *s* Augenzeuge *m*, -zeugin *f* (*to Gen*): *~ account* Augenzeugenbericht *m*

F

F [ef] *Pl* **F's** *s* F *n*

fab [fæb] *Adj* F toll, geil

fa·ble ['feɪbl] *s* **1.** Fabel *f*; Sage *f* **2.** *fig* Märchen *n*

fab·ric ['fæbrɪk] *s* **1.** Gewebe *n*, Stoff *m* **2.** *fig* Gefüge *n*, Struktur *f* **fab·ri·cate** ['-keɪt] *v/t* **1.** fabrizieren (*a. fig*), herstellen **2.** *fig* erfinden ˌ**fab·ri·'ca·tion** *s* **1.** Fabrikation *f*, Herstellung *f* **2.** *fig* Erfindung *f*, Märchen *n*

fab·u·lous ['fæbjʊləs] *Adj* sagenhaft (*a. fig*)

fa·çade, fa·cade [fə'sɑːd] *s* ARCHI Fassade *f* (*a. fig*)

▶ **face** [feɪs] **I** *s* **1.** Gesicht *n*: *in the ~ of* angesichts; trotz; *~ to ~ with* Auge in Auge mit; *do one's ~* sich schminken; *say s.th. to s.o.'s ~* j-m etw ins Gesicht sagen; → *stare* II **2.** Gesicht(sausdruck *m*) *n*, Miene *f*: *make* (*od pull*) *a ~* ein Gesicht machen *od* schneiden; → *straight* 1 **3.** *das Äußere*: *on the ~ of it* oberflächlich (betrachtet) **4.** Ansehen *n*: *save one's ~* das Gesicht wahren; *lose ~* das Gesicht verlieren **5.** Bildseite *f* (*e-r Spielkarte*) **6.** Zifferblatt *n* **7.** → *façade* II *v/t* **8.** ansehen, *j-m* ins Gesicht sehen **9.** gegenüberstehen, -liegen, -sitzen (*Dat*); nach *Osten etc* blicken *od* liegen (*Raum etc*) **10.** *j-m, e-r Sache* mutig entgegentreten *od* begegnen, sich stellen **11.** *oft* be *~d with* sich e-r Gefahr etc gegenübersehen, gegenüberstehen: *be ~d with* (*od ~*) *ruin* vor dem Ruin stehen **III** *v/i* **12.** sich wenden **13.** blicken, liegen (*toward[s]* nach; *south* nach Süden) **14.** *~ up to* → **10** **~ card** *s Am* Kartenspiel: Bild(karte *f*) *n* '**~·cloth** *s Br* Waschlappen *m* **~ cream** *s* Gesichtscreme *f* **~ flan·nel** *s Br* Waschlappen *m* '**~·lift** *s* Facelifting *n*, Gesichtsstraffung *f*: *have a ~* sich das Gesicht liften lassen **~ pack** *s* Gesichtspackung *f*

fa·ce·tious [fə'siːʃəs] *Adj* spöttisch, witzig, spaßig

face val·ue s WIRTSCH Nenn-, Nominal-wert m: **take s.th. at (its) ~** fig etw un-besehen glauben; etw für bare Münze nehmen

fa·cial ['feɪʃl] Adj Gesichts…

fa·cil·i·tate [fə'sɪlɪteɪt] v/t erleichtern

fa·cil·i·ty s 1. Leichtigkeit f 2. (günsti-ge) Gelegenheit, Möglichkeit f (für) 3. Pl Einrichtungen Pl, Anlagen Pl 4. Pl Vergünstigungen Pl

fac·sim·i·le [fæk'sɪmɪlɪ] s Faksimile n

▶ fact [fækt] s Tatsache f, Faktum n: **know s.th. for a ~** etw (ganz) sicher wissen; **tell s.o. the ~s of life** j-n (sexu-ell) aufklären; → **matter** 3 '~,find·ing Adj Untersuchungs…

fac·tion ['fækʃn] s bes POL Splittergrup-pe f

fac·tor ['fæktə] s Faktor m

▶ fac·to·ry ['fæktərɪ] s Fabrik f ~ hand, ~ work·er s Fabrikarbeiter(in)

fac·to·tum [fæk'təʊtəm] s Faktotum n, Mädchen n für alles

fac·tu·al ['fæktʃʊəl] Adj 1. Tatsachen…: ~ report 2. sachlich

fac·ul·ty ['fækltɪ] s 1. Fähigkeit f, Ver-mögen n: (mental) faculties Pl Gei-steskräfte Pl; **be in possession of all one's faculties** im (Voll)Besitz s-r Kräfte sein 2. Gabe f, Talent n 3. UNI Fakultät f

fad [fæd] s Mode(erscheinung, -torheit) f; (vorübergehende) Laune

fade [feɪd] I v/i 1. (ver)welken 2. ver-schießen, -blassen (Farbe etc) 3. a. ~ away ab- od auflösen (Menge), MED im-mer schwächer werden (Person), ver-klingen (Lied etc), verblassen (Erinne-rung), verrauchen (Zorn etc), zerrin-nen (Hoffnungen) 4. RADIO schwinden (Ton, Sender) 5. nachlassen (Bremsen), (Sportler a.) abbauen 6. a. ~ out (FILM, RUNDFUNK, TV) aus- od abgeblendet werden (Ton, Bild): ~ in (od up) auf- od eingeblendet werden II v/t 7. (ver)welken lassen 8. Farbe etc ausblei-chen 9. a. ~ out Ton, Bild aus- od ab-blenden: ~ in (od up) Ton, Bild auf- od einblen-den 'fad·ed Adj verwelkt, welk

fae·ces ['fiːsiːz] s Pl Fäkalien Pl, Kot m

fag¹ [fæg] s F Glimmstängel m

fag² [-] F I v/i sich abarbeiten od (ab-)schinden: **be ~ged out** völlig fertig sein II s Schinderei f

fag³ [-] → **faggot²**

fag end s 1. letzter od schäbiger Rest 2. Br F Kippe f (Zigarettenstummel)

fag·got¹, bes Am fag·ot ['fægət] s GASTR Frikadelle f (bes aus Schweine-leber)

fag·got² [-] s sl pej Schwule m 'fag·got·y Adj sl pej schwul

Fahr·en·heit ['færənhaɪt]: **10° ~** zehn Grad Fahrenheit

▶ fail [feɪl] I v/i 1. versagen (a. Stimme, Motor etc); keinen Erfolg haben; PÄD durchfallen (**in** in Dat); WIRTSCH Bank-rott machen: **he ~ed in his attempt** sein Versuch schlug fehl 2. misslingen, fehlschlagen, scheitern: **if all else ~s** wenn alle Stricke reißen 3. nachlassen, schwinden (Kräfte etc); ausgehen, zu Ende gehen (Vorräte etc); abnehmen, schwächer werden (Sehkraft etc) 4. ~ **to** Inf es unterlassen od versäumen zu Inf: ~ **to do s.th.** a. etw nicht tun; **I ~ to see** ich sehe nicht ein II v/t 5. j-m versagen: **his courage ~ed him** ihm sank der Mut; **words~ me** mir feh-len die Worte (**to** Inf zu Inf) 6. j-n im Stich lassen 7. PÄD j-n durchfallen las-sen; durchfallen in (e-r Prüfung) III s 8. **without ~** mit Sicherheit, ganz be-stimmt

'fail·ing Präp in Ermang(e)lung (Gen): ~ **that** andernfalls

'fail-safe Adj störungs-, a. fig pannensi-cher

▶ fail·ure ['feɪljə] s 1. Versagen n 2. Un-terlassung f, Versäumnis f: ~ **to pay** Nichtzahlung f 3. Fehlschlag(en n) m, Misserfolg m 4. PÄD Durchfallen n (**in** in Dat) 5. WIRTSCH Bankrott m 6. Versager(in)

▶ faint [feɪnt] I Adj schwach, matt (Per-son, Farbe etc; a. fig): **I haven't the ~est idea** ich habe nicht die leiseste Ah-nung II s Ohnmacht f: **in a ~** ohnmäch-tig III v/i ohnmächtig werden, in Ohn-macht fallen (**with, from** vor Dat) ~ **'heart·ed** Adj zaghaft, furchtsam

▶ fair¹ [feə] I Adj (→ fairly) 1. schön, hübsch: → **sex** 1 2. hell (Haut, Haar, Teint), blond (Haar), zart (Teint, Haut); hellhäutig 3. klar, heiter (Himmel); schön, trocken (Wetter, Tag) 4. sauber: → **copy** 1 5. reell (Chance) 6. gerecht, fair: → **play** 2 II Adv 7. anständig, fair:

play ~ fair spielen, *a. fig* sich an die Spielregeln halten **8.** direkt, genau

fair² [-] *s* **1.** Jahrmarkt *m*; Volksfest *n* **2.** Messe *f*; **~·ground** *s* **1.** Rummelplatz *m* **2.** Messegelände *n*

fair·ly ['feəlɪ] *Adv* **1.** gerecht(erweise) **2.** ziemlich '**fair·ness** *s* Gerechtigkeit *f*, Anständigkeit *f*, Fairness *f*; *in* ~ *to* **him** um ihm Gerechtigkeit widerfahren *zu* lassen

'**fair**|**·way** *s* **1.** SCHIFF Fahrwasser *n*, -rinne *f* **2.** *Golf*: Fairway *n* '**~·weath·er** *Adj*: ~ *friend* Freund(in) nur in guten Zeiten

fair·y ['feərɪ] *s* **1.** Fee *f*: ~ *godmother* die gute Fee **2.** *sl* Schwule *m* **~ sto·ry**, ~ **tale** *s* Märchen *n* (*a. fig*)

▶ **faith** [feɪθ] *s* **1.** (*in*) Glaube(n) *m* (an *Akk*) (*a.* REL), Vertrauen *n* (auf *Akk*, zu): *have* ~ *in* e-r *Sache* Glauben schenken, an *etw* glauben; zu *j-m* Vertrauen haben **2.** Redlichkeit *f*: *in good* ~ in gutem Glauben, gutgläubig (*beide a.* JUR)

▶ **faith·ful** ['feɪθfʊl] *Adj* **1.** treu (*to Dat*): *Yours* **~·ly** Hochachtungsvoll (*Briefschluss*) **2.** wahrheits- *od* wortgetreu **3.** REL gläubig

faith heal·ing *s* Gesundbeten *n*

faith·less ['feɪθlɪs] *Adj* treulos (*to* gegenüber)

fake [feɪk] **I** *v/t* **1.** Bilanz *etc* frisieren **2.** *Pass etc* fälschen **3.** *Interesse etc* vortäuschen, *Krankheit a.* simulieren **II** *s* **4.** Fälschung *f* **5.** Schwindel *m* **6.** Schwindler(in); Simulant(in)

fal·con ['fɔːlkən] *s* ORN Falke *m*

▶ **fall** [fɔːl] **I** *s* **1.** Fall *m*, Sturz *m*: *have a* (*bad*) ~ (schwer) stürzen **2.** *Am* Herbst *m*: *in* (*the*) ~ im Herbst **3.** (*Regen-, Schnee*)Fall *m* **4.** *fig* Fallen *n*, Sinken *n*: ~ *in temperature* Temperatursturz *m*; ~ *in demand* WIRTSCH Nachfragerückgang *m* **5.** Gefälle *n* (*des Geländes*) **6.** Fall *m* (*e-r Stadt etc*) **7.** Einbruch *m* (*der Nacht etc*) **8.** *mst Pl* Wasserfall *m* **II** *v/i* (*unreg*) **9.** (um-, herunter-, hinunter)fallen; (ab)stürzen; (ab)fallen (*Blätter*): *he fell to his death* er stürzte tödlich ab **10.** *a.* ~ *apart* zerfallen **11.** *fig* fallen: **a)** (*im Krieg*) umkommen, **b)** erobert werden (*Stadt*), **c)** gestürzt werden (*Regierung*) **12.** *fig* fallen, sinken (*Preise, Temperatur etc*): *his face fell*

er machte ein langes Gesicht **13.** abfallen (*Gelände etc*) **14.** hereinbrechen (*Nacht etc*) **15.** *krank, fällig etc* werden

Verbindungen mit Präpositionen:

fall| **be·hind** *v/i* zurückbleiben hinter (*Dat*), zurückfallen hinter (*Akk*) (*beide a. fig*) ~ *down* *v/i* die Treppe *etc* hinunterfallen ~ *for v/i* **1.** hereinfallen auf (*Akk*) **2.** F sich verknallen in (*Akk*): ~ *in·to v/i* **1.** kommen *od* geraten in (*Akk*): ~ *difficulties*; → *line*¹ 11, *trap* 2 **2.** sich *etw* angewöhnen: ~ *a habit* e-e Gewohnheit annehmen **3.** fallen in (*ein Gebiet od Fach*): ~ *on v/i* **1.** fallen auf (*Akk*) (*a. zeitlich*): *his glance fell on me*; *Christmas falls on a Monday this year*, → *ear*¹ 1 **2.** herfallen über (*Akk*) ~ *o·ver v/i*: ~ *o.s. to do s.th.* F sich fast umbringen, etw zu tun ~ *to v/i j-m* zufallen (*to do* tun) ~ *un·der v/i* unter *ein Gesetz etc* fallen

Verbindungen mit Adverbien:

fall| **a·bout** *v/i*: ~ (*laughing od with laughter*) F sich (vor Lachen) kugeln ~ *a·way v/i* ~ *fall off* ~ *back v/i* zurückweichen **2.** ~ *on* zurückgreifen auf (*Akk*) ~ *be·hind v/i* zurückbleiben, -fallen (*beide a. fig*): ~ *with* (*od in*) in Rückstand *od* Verzug geraten mit ~ *down v/i* **1.** umfallen, einstürzen **2.** F (*on*) enttäuschen, versagen (bei); Pech haben (mit) ~ *in v/i* **1.** einfallen, -stürzen **2.** ~ *with* beipflichten, zustimmen (*Dat*); sich anpassen (*Dat*); entsprechen (*Dat*) ~ *off v/i* **1.** zurückgehen (*Geschäfte, Zuschauerzahlen etc*), nachlassen (*Begeisterung etc*) **2.** abfallen (von), abtrünnig werden (*Dat*) ~ *out v/i* **1.** *gut etc* ausfallen, -gehen **2.** sich ereignen, geschehen **3.** (sich) streiten (*with* mit; *over, about* über *Akk*) ~ *o·ver v/i* hinfallen (*Person*), umfallen (*Vase etc*): ~ *backwards to do s.th.* F sich fast umbringen, etw zu tun ~ *through v/i* **1.** durchfallen (*a. fig*) **2.** missglücken, ins Wasser fallen

fal·la·cious [fəˈleɪʃəs] *Adj* **1.** trügerisch, irreführend **2.** irrig, falsch

fal·la·cy ['fæləsɪ] *s* Trugschluss *m*, Irrtum *m*

fall·en ['fɔːlən] **I** *Part Perf von* **fall** **II** *Adj* gefallen (*a. Mädchen*)

fall guy *s bes Am* F **1.** Opfer *n* (*e-s Betrügers*) **2.** Sündenbock *m*

fal·li·ble ['fæləbl] *Adj* fehlbar

fall·ing star ['fɔːlɪŋ] *s* Sternschnuppe *f*

'**fall-out** *s* Fall-out *m*, radioaktiver Niederschlag: ~ **shelter** Atomschutzraum *m*

fal·low ['fæləʊ] *Adj* LANDW brach(liegend) (*a. fig*): **lie** ~ brachliegen

▶ **false** [fɔːls] *Adj allg* falsch: ~ **alarm** falscher *od* blinder Alarm (*a. fig*); ~ **bottom** doppelter Boden; ~ **key** Dietrich *m*, Nachschlüssel *m*; ~ **teeth** *Pl* (*künstliches*) Gebiss; → **pretence** 2 **false·hood** ['.hʊd] *s* 1. Unwahrheit *f* 2. Falschheit *f* '**false·ness** *s allg* Falschheit *f*

fal·si·fi·ca·tion [ˌfɔːlsɪfɪ'keɪʃn] *s* (Ver-) Fälschung *f* **fal·si·fy** ['.faɪ] *v/t* 1. fälschen 2. verfälschen, falsch darstellen *od* wiedergeben 3. widerlegen

fal·ter ['fɔːltə] *v/i* schwanken: a) taumeln, b) zögern, zaudern, c) stocken (*a. Stimme*)

fame [feɪm] *s* Ruhm *m* **famed** *Adj* berühmt (**for** für, wegen)

▶ **fa·mil·iar** [fə'mɪljə] *Adj* 1. vertraut, bekannt, geläufig (**to** *Dat*): **a** ~ **sight** ein gewohnter Anblick 2. vertraut, bekannt (**with** mit): **be** ~ **with** a. sich auskennen (*in Dat*); **make o.s.** ~ **with** sich vertraut machen mit 3. a) vertraulich, ungezwungen (*Ton etc*), b) plumpvertraulich, aufdringlich 4. vertraut, eng (*Freund etc*): **be on** ~ **terms with** auf vertrautem Fuß stehen mit **fa·mil·i·ar·i·ty** [ˌ.lɪ'ærətɪ] *s* 1. Vertrautheit *f* (**with** *Dat*) 2. a) Vertraulichkeit *f*, b) *oft Pl* plumpe Vertraulichkeit *f*, Aufdringlichkeit *f* **fa·mil·iar·ize** [ˌ.jəraɪz] *v/t* vertraut *od* bekannt machen (**with** mit)

▶ **fam·i·ly** ['fæməlɪ] **I** *s* Familie *f*, *fig a.* Herkunft *f*: **a family of four** e-e vierköpfige Familie; **of good family** aus gutem Haus; → **run** 11 **II** *Adj* Familien...: **family allowance** Kindergeld *n*; **family doctor** Hausarzt *m*, -ärztin *f*; **family man** Familienvater *m*; häuslicher Mensch; ▶ **family name** → **surname**; **family planning** Familienplanung *f*; **family problems** *Pl* familiäre Probleme *Pl*; **family tree** Stammbaum *m*

fam·ine ['fæmɪn] *s* Hungersnot *f*

▶ **fa·mous** ['feɪməs] *Adj* berühmt (**for** wegen, für)

fan¹ [fæn] **I** *s* 1. Fächer *m* 2. Ventilator *m*: ~ **belt** TECH Keilriemen *m* **II** *v/t* 3. *j-m* Luft zufächeln 4. anfachen, *fig a.* entfachen, -flammen **III** *v/i* 5. *oft* ~ **out** sich fächerförmig ausbreiten; ausschwärmen

fan² [ˌ.] *s* (*Sport- etc*)Fan *m*: ~ **club** Fanklub *m*; ~ **mail** Verehrerpost *f*

fa·nat·ic [fə'nætɪk] **I** *s* Fanatiker(in) **II** *Adj* (**~ally**) fanatisch **fa'nat·i·cism** [ˌ.sɪzəm] *s* Fanatismus *m*

fan·ci·er ['fænsɪə] *s* (*Tier-, Blumen- etc*) Liebhaber(in) *od* (-)Züchter(in)

fan·ci·ful ['fænsɪfʊl] *Adj* 1. fantasiereich 2. fantastisch, wirklichkeitsfremd

fan·cy ['fænsɪ] **I** *s* 1. Fantasie *f*; Einbildung *f*: → **tickle** I 2. Idee *f*, plötzlicher Einfall 3. Laune *f*, Grille *f* 4. (**for**) Neigung *f* (zu), Vorliebe *f* (für), Gefallen *m* (an *Dat*): **have a** ~ **for** gern haben; Lust haben auf (*Akk*); **take a** ~ **to** Gefallen finden an (*Dat*), sympathisch finden **II** *Adj* 5. Fantasie..., fantastisch 6. fantasie-, kunstvoll **III** *v/t* 7. sich *j-n, etw* vorstellen: ~ **that!** stell dir vor!, denk nur!; sieh mal einer an! 8. annehmen, glauben 9. ~ **o.s.** sich einbilden (**to be** zu sein), sich halten ([**as**] für): ~ **o.s.** sich sehr wichtig vorkommen 10. gern haben *od* mögen 11. Lust haben (auf *Akk*; **doing** zu tun) 12. Tiere, Pflanzen (aus Liebhaberei) züchten ~ **dress** *s* (Masken)Kostüm *n* '~**-dress** *Adj*: ~ **ball** Maskenball *m*, Kostümfest *n* '~**-free** *Adj* frei u. ungebunden ~ **goods** *s Pl* 1. Modeartikel *Pl* 2. kleine Geschenkartikel *Pl*; Nippes *Pl*

fang [fæŋ] *s* Reiß-, Fangzahn *m*, Fang *m* (*e-s Raubtiers etc*), Hauer *m* (*e-s Ebers*), Giftzahn *m* (*e-r Schlange*)

fan·ny ['fænɪ] *s* 1. *Am sl* Hintern *m* 2. *Br* V Muschi *f*, Möse *f* ~ **bag** *s bes Am sl* Gürteltasche *f*

fan ov·en *s* Heißluftherd *m*

fan·ta·sia [fæn'teɪzjə] *s* MUS Fantasie *f*

fan·tas·tic [ˌ.'tæstɪk] *Adj* (**~ally**) fantastisch: a) unwirklich, b) absurd, c) F toll **fan·ta·sy** ['fæntəsɪ] *s* Fantasiegebilde *n*, Hirngespinst *n*, (*mst* erotischer) Tagtraum, Fiktion *f*

fan·zine ['fænziːn] *s* Fan-Magazin *n*

▶ **far** [fɑː] **I** *Adj* 1. fern, (weit) entfernt, weit: **the ♀ East** der Ferne Osten; → **cry** 1 2. (*vom Sprecher aus*) entfernter:

at the ~ end am anderen Ende **II** *Adv*
3. fern, weit: **~ away** (*od* **off**) weit weg
od entfernt; **as ~ as** so weit *od* so weit
(wie); bis (nach); **so ~ so good** so weit,
so gut **4.** *fig* (**from**) weit entfernt (von),
alles andere (als): **~ from completed**
noch lange *od* längst nicht fertig **5.** **~
into** weit *od* tief in (*Akk*); **~ into the
night** bis spät *od* tief in die Nacht (hi-
nein) **6. by ~** weit(aus), bei weitem, we-
sentlich: **'~•a•way → far** 1
farce [fɑːs] *s* THEAT Farce *f* (*a. fig*), Posse
f, Schwank *m* **far•ci•cal** ['-sɪkl] *Adj* **1.**
farcen-, possenhaft **2.** *fig* absurd
► **fare** [feə] **I** *s* **1.** Fahrpreis *m*, -geld *n*;
Flugpreis *m*: **what's the ~?** was kostet
die Fahrt *od* der Flug?; **any more ~s,
please?** noch j-d zugestiegen?; **~
dodger** Schwarzfahrer(in); **~ stage**
Br Fahrpreiszone *f*, Teilstrecke *f* **2.**
Fahrgast *m* (*bes e-s Taxis*) **II** *v/i* **3.**
(er)gehen: **how did you ~?** wie ist es
dir ergangen? **~'well I** *Interj* leb(t)
wohl **II** *s* Lebewohl *n*, Abschied(sgruß)
m: **make one's ~s** sich verabschieden
III *Adj* Abschieds...
,far•'fetched *Adj fig* weit hergeholt, an
den Haaren herbeigezogen
► **farm** [fɑːm] **I** *s* **1.** (*a.* *Geflügel- etc*)Farm
f, Bauernhof *m* **II** *v/t* **2.** *Land* bebauen,
bewirtschaften **3.** *Geflügel etc* züchten
4. ~ out WIRTSCH *Arbeit* vergeben (**to**
an *Akk*) **III** *v/i* **5.** Landwirtschaft be-
treiben
► **farm•er** ['fɑːmə] *s* **1.** Bauer *m*, Bäuerin
f, Landwirt(in), Farmer(in) **2.** (*Geflü-
gel- etc*) Züchter(in)
'farm•house *s* Bauernhaus *n*
farm•ing ['fɑːmɪŋ] *s* **1.** Landwirtschaft *f*
2. (*Geflügel- etc*)Zucht *f*
,far•'off → far 1 **,~'out** *far* 2 *sl* **1.** toll, su-
per **2.** exzentrisch **,~'reach•ing** *Adj*
1. weit reichend, *fig a.* folgenschwer
,~'see•ing *Adj fig* weit blickend, um-
sichtig **,~'sight•ed** *Adj* **1. →** *farseeing*
2. MED weitsichtig
fart [fɑːt] V **I** *s* **1.** Furz *m* **2.** *fig* Arschloch
n **II** *v/i* **3.** furzen
► **far•ther** ['fɑːðə] **I** *Adj* **1.** *Komp von* **far**
2. weiter weg liegend, entfernter **3. →
further** 5 **II** *Adv* **4.** weiter: **so far and
no ~** bis hierher u. nicht weiter **5. →
further** 2, 3 **far•thest** ['-ðɪst] **I** *Adj* **1.**
Sup von **far** **2.** weitest, entferntest **3.**

→ furthest 2 **II** *Adv* **4.** am weitesten
od entferntesten **5. → further** 4
fas•ci•nate ['fæsɪneɪt] *v/t* faszinieren
,fas•ci•na•tion *s* Faszination *f*
fas•cism ,*oft* 2 ['fæʃɪzəm] *s* POL Faschis-
mus *m* **'fas•cist**, *a.* ♀ **I** *s* Faschist(in) **II**
Adj faschistisch
► **fash•ion** ['fæʃn] **I** *s* **1.** Mode *f*: **come
into ~** in Mode kommen, modern wer-
den; **go out of ~** aus der Mode kom-
men, unmodern werden; **~ magazine**
Modejournal *n*; **~ model a**) Mannequin
n, **b**) Dressman *m*; **~ parade** (*od* **show**)
Mode(n)schau *f* **2.** Art *f* u. Weise, Stil
m: **after** (*od* **in**) **a ~** schlecht u. recht, so
lala **II** *v/t* **3.** formen, gestalten **'fash-
ion•a•ble** *Adj* **1.** modisch, elegant **2.**
a) in Mode: **be very ~** große Mode sein
(**to do** zu tun), **b**) Mode...
► **fast¹** [fɑːst] **I** *Adj* **1.** schnell: **~ train**
Schnell-, D-Zug *m*; **my watch is** (**ten
minutes**) **~** m-e Uhr geht (10 Minuten)
vor **2.** FOTO hoch empfindlich (*Film*);
lichtstark (*Objektiv*) **II** *Adv* **3.** schnell
fast² [-] **I** *Adj* **1.** fest: **make ~** *mar*
2. widerstandsfähig (**to** gegen):
~ colo(u)r (wasch)echte Farbe **II** *Adv*
3. fest: **be ~ asleep** fest *od* tief schlafen;
play ~ and loose with Schindluder
treiben mit
fast³ [-] **I** *v/i* **1.** fasten **II** *s* **2.** Fasten *n* **3.**
Fastenzeit *f*: **~ (day)** Fastentag *m*
'fast|**•back** *s* MOT (Wagen *m* mit) Fließ-
heck *n* **~'breed•er**, **,~'breed•er re•ac-
tor** *s* PHYS schneller Brüter
fas•ten ['fɑːsn] **I** *v/t* **1.** befestigen, fest-
machen (**to, on** an *Akk*): **→ seat belt**
2. *a.* **~ up** (ab-, ver)schließen, *Jacke
etc* zuknöpfen, *Paket etc* zu-, verschnü-
ren **3. ~ on** *fig Blick, Aufmerksamkeit
etc* richten auf (*Akk*); *j-m e-e Straftat
etc* in die Schuhe schieben, anhängen
II *v/i* **4.** sich festmachen *od* schließen
lassen
'fas•ten•er *s* Verschluss *m*
fast food *s* Fast Food *n*
'fast-food re•stau•rant *s* Schnellimbiss
m, -gaststätte *f*
fas•tid•i•ous [fə'stɪdɪəs] *Adj* an-
spruchsvoll, wählerisch, heikel (**about**
in *Dat*)
fast lane *s a. fig* Überholspur *f*
► **fat** [fæt] **I** *Adj* **1.** dick (*a. fig Bankkonto
etc*), *pej* fett **2.** fett(ig), fetthaltig **II** *s* **3.**

Fett *n*: *the ~ is in the fire* der Teufel ist los; *chew the ~* F quatschen, plaudern; *live off the ~ of the land* in Saus u. Braus *od* wie Gott in Frankreich leben

▸ **fa·tal** ['feɪtl] *Adj* **1.** tödlich **2.** fatal, verhängnisvoll (*to* für) **fa·tal·ism** ['-təl-ɪzəm] *s* Fatalismus *m* **'fa·ta·list** *s* Fatalist(in) **,fa·tal'is·tic** *Adj* (*~ally*) fatalistisch **fa·tal·i·ty** [fə'tælətɪ] *s* **1.** Verhängnis *n* **2.** tödlicher Unfall; (Todes)Opfer *n*

▸ **fate** [feɪt] *s* **1.** Schicksal *n*: *he met his ~* das Schicksal ereilte ihn; (*as*) *sure as ~* garantiert, mit Sicherheit; → *tempt* 2 **2.** Verhängnis *n*, Verderben *n* **'fat·ed** *Adj*: *he was ~ to Inf* es war ihm (vom Schicksal) bestimmt zu *Inf* **fate·ful** ['-fʊl] *Adj* **1.** verhängnisvoll **2.** schicksalhaft, Schicksals...

▸ **fa·ther** ['fɑːðə] *I s* **1.** Vater *m*, *fig a.* Begründer *m*: *like ~ like son* der Apfel fällt nicht weit vom Stamm; (*as*) *sure as ~* garantiert, mit Sicherheit; → *tempt* 2 **2.** ♀'s *Day* Vatertag *m* **2.** *Pl* Ahnen *Pl*, Vorfahren *Pl*, Väter *Pl* **3.** REL **a)** Pater *m*, **b)** the *Holy* ♀ der Heilige Vater **II** *v/t* **4.** *etw* ins Leben rufen ♀ *Christ·mas s bes Br* der Weihnachtsmann ~ *fig·ure s* PSYCH Vaterfigur *f*

▸ **fa·ther·hood** ['fɑːðəhʊd] *s* Vaterschaft *f*

▸ **fa·ther-in-law** ['fɑːðərɪnlɔː] *Pl* **'fathers-in-law** *s* Schwiegervater *m* **'~·land** *s* Vaterland *n*

fa·ther·less ['fɑːðəlɪs] *Adj* vaterlos **'fa·ther·ly** *Adj* väterlich

fath·om ['fæðəm] *v/t* SCHIFF ausloten, *fig a.* ergründen

fa·tigue [fə'tiːɡ] *I s* **1.** Ermüdung *f* (*a.* TECH) **2.** *Pl* Strapazen *Pl* **II** *v/t u. v/i* **3.** ermüden (*a.* TECH)

fat·ten ['fætn] *v/t* **1.** *a. ~ up* dick *od pej* fett machen **2.** Tier, F *a. j-n* mästen **'fat·ty** *I Adj* fettig, Fett... **II** *s* F Dickerchen *n*

fat·u·ous ['fætjʊəs] *Adj* albern

fau·cet ['fɔːsɪt] *s Am* (Wasser)Hahn *m*

▸ **fault** [fɔːlt] *s* **1.** Schuld *f*, Verschulden *n*: *it is my ~* es ist m-e Schuld; *be at ~* schuld sein **2.** Fehler *m* (*a. Tennis etc*): *find ~ with etw* auszusetzen haben an (*Dat*); *be at ~* sich irren **3.** TECH Defekt *m* '*~·find·er s* Nörgler(in), Kritt(e)ler(in) '*~·find·ing I s* Nörgelei *f*, Kritteleı *f* **II** *Adj* nörglerisch, kritt(e)lig

fault·less ['fɔːltlɪs] *Adj* fehlerfrei, -los

'**fault·y** *Adj* fehlerhaft, TECH *a.* defekt, (*Argumentation etc a.*) falsch

fau·na ['fɔːnə] *s* Fauna *f*, Tierwelt *f*

▸ **fa·vo(u)r** ['feɪvə] *I v/t* **1.** begünstigen: **a)** favorisieren, bevorzugen, **b)** günstig sein für, fördern, **c)** unterstützen, für *etw* sein **2.** *bes* SPORT favorisieren, zum Favoriten erklären **II** *s* **3.** Gunst *f*, Wohlwollen *n*: ▸ *in favour of* zugunsten von (*od Gen*); *in my favour* zu m-n Gunsten; *be in favour of* für *etw* sein; *be in (out of) favour with s.o.* bei j-m gut (schlecht) angeschrieben sein **4.** Gefallen *m*, Gefälligkeit *f*: *ask s.o. a favour* (*od a favour of s.o.*) j-n um e-n Gefallen bitten; *do s.o. a favour* j-m e-n Gefallen tun '**fa·vo(u)r·a·ble** *Adj* günstig: **a)** vorteilhaft (*to, for*), **b)** positiv, zustimmend (*Antwort etc*) **fa·vo(u)r·ite** ['-rɪt] *I s* **1.** Liebling *m*, *pej* Günstling *m* **2.** *bes* SPORT Favorit(in) **II** *Adj* **3.** Lieblings...: *~ food* Lieblingsgericht *n*, Leibspeise *f* '**fa·vo(u)r·it·ism** *s* Günstlings-, Vetternwirtschaft *f*

fawn [fɔːn] *v/i*: *~ on fig* katzbuckeln vor (*Dat*) '**fawn·ing** *Adj* kriecherisch

▸ **fax** [fæks] *I v/t* faxen **II** *s* Fax *n* ~ *ma·chine s* Faxgerät *n* ~ *num·ber s* Faxnummer *f*; → *Info bei dt. Fax*

faze [feɪz] *v/t* F aus der Fassung bringen

FBI [efbiːˈaɪ] *Abk* (= *Federal Bureau of Investigation*) FBI *n*

▸ **fear** [fɪə] *I s* **1.** Furcht *f*, Angst *f* (*of* vor *Dat*; *that* dass): *for ~ that* aus Furcht, dass; *go in ~ of s.o.* sich vor j-m fürchten, vor j-m Angst haben **2.** Befürchtung *f*, Sorge *f*: *for ~ of hurting him* um ihn nicht zu verletzen **3.** Ehrfurcht *f* (*of* vor *Dat*): *~ of God* Gottesfurcht *f* **II** *v/t* **4.** fürchten, sich fürchten *od* Angst haben vor (*Dat*) **5.** *das Schlimmste etc* (be)fürchten **6.** *Gott* fürchten **III** *v/i* **7.** *~ for* fürchten um **fear·ful** ['-fʊl] *Adj* **1.** furchtbar, fürchterlich (*beide a. fig* F) **2.** *be ~* in (großer) Sorge sein, sich ängstigen (*of, for* um; *that* dass) **3.** furchtsam, angsterfüllt: *be ~ of →* *fear* **4** '**fear·less** *Adj* furchtlos

fea·si·bil·i·ty [ˌfiːzə'bɪlətɪ] *s* Machbarkeit *f*, Durchführbarkeit *f* '**fea·si·ble** *Adj* machbar, (*Plan etc*) durchführbar

feast [fiːst] *I s* **1.** REL Fest *n*, Feiertag *m* '*~·mahl n* **3.** *fig* (Hoch-)

Genuss *m* **II** *v/t* **4.** ~ **one's eyes on** s-e Augen weiden an (*Dat*) **III** *v/i* **5.** sich gütlich tun (**on** an *Dat*) **6.** sich weiden (**on** an *Dat*)

feat [fiːt] *s* **1.** Helden-, Großtat *f* **2.** Kunst-, Meisterstück *n*; Kraftakt *m* **3.** (*technische etc*) Großtat, große Leistung

▶ **feath·er** ['feðə] **I** *s* **Feder** *f*, *Pl* Gefieder *n*: **birds of a** ~ Leute vom gleichen Schlag; **birds of a** ~ **flock together** Gleich u. Gleich gesellt sich gern; **that is a** ~ **in his cap** darauf kann er stolz sein; → **light²** 1 **II** *v/t* mit Federn polstern *od* schmücken, *Pfeil* fiedern: ~ **one's nest** für sich(e) Schäfchen ins Trockene bringen '~-**brained** *Adj* **1.** hohlköpfig **2.** leichtsinnig '~-**weight I** *s* **1.** SPORT Federgewicht *n* **2.** Leichtgewicht *n* (*Person*) **II** *Adj* **1.** SPORT Federgewichts... **4.** leichtgewichtig

fea·ture ['fiːtʃə] *s* **1.** (Gesichts)Zug *m* **2.** Merkmal *n*, Charakteristikum *n* **3.** (Haupt)Attraktion *f* **4.** a) *a.* ~ **article** (*od* **story**) (*Zeitung*) Feature *n*, **b)** *a.* ~ **film** Feature *n*, Haupt-, Spielfilm *m* **II** *v/t* **5.** als (Haupt)Attraktion zeigen *od* bringen, groß herausbringen *od* -stellen **6.** in der Hauptrolle zeigen: *a film featuring X* ein Film mit X in der Hauptrolle

fe·brile ['fiːbraɪl] *Adj a. fig* fieb(e)rig, fieberhaft, Fieber...

▶ **Feb·ru·ar·y** ['februərɪ] *s* Februar *m*, *österr.* Feber *m*: **in** ~ im Februar

fe·ces *bes Am* → **faeces**

fed [fed] *Prät u. Part Perf von* **feed**

▶ **fed·er·al** ['fedərəl] *Adj* *mst* **Federal** POL Bundes...: ▶ **Federal Bureau of Investigation** *Am* Bundeskriminalpolizei *f*; ▶ **Federal Republic of Germany** Bundesrepublik *f* Deutschland '**fed·er·al·ism**, *mst* '⸰ *s* POL Föderalismus *m* '**fed·er·al·ist I** *Adj* föderalistisch **II** *s mst* '⸰ Föderalist(in) **,fed·er·a·tion** *s* **1.** POL Bundesstaat *m*; Föderation *f*, Staatenbund *m* **2.** (*Sport- etc*)Verband *m*

fee [fiː] *s* (*Anwalts- etc*)Honorar *n*, (*Mitglieds- etc*)Beitrag *m*, (*Eintritts- etc*) Geld *n*, (*Aufnahme- etc*)Gebühr *f*

fee·ble ['fiːbl] *Adj* schwach (*a. fig*) **,**~-**'mind·ed** *Adj* schwachsinnig, geistesschwach

fee·ble·ness ['fiːblnɪs] *s* Schwäche *f*

▶ **feed** [fiːd] **I** *v/t* (*unreg*) **1.** *Tier, Kind* füttern (**on, with** mit): **be fed up with** F die Nase voll haben von, *etw* satt haben **2.** *Familie etc* ernähren, unterhalten **3.** TECH *Maschine* speisen, beschicken, *a. j-n* versorgen (**with** mit): ~ **s.th. into a computer** etw in e-n Computer eingeben **4.** ~ **back** a) ELEK, KYBERNETIK rückkoppeln, **b)** *Informationen etc* zurückleiten (**to** an *Akk*) **5.** *Gefühl* nähren **II** *v/i* (*unreg*) **6.** fressen (*Tier*); F füttern (*Mensch*): *sich ernähren, leben* (**on** von) **III** *s* **8.** Füttern *n*, Fütterung *f* **9.** F Mahlzeit *f* **10.** COMPUTER (Papier)Vorschub *m* '~-**back** *s* **1.** ELEK, KYBERNETIK Feed-back *n*, Rückkopp(e)lung *f* **2.** a) RUNDFUNK, TV Feed-back *n*, **b)** Rückzuleitung *f* (*von Informationen*) (**to** an *Akk*)

feed·er ['fiːdə] *s* **1.** *a heavy* ~ ein starker Fresser (*Tier*) *od* F Esser (*Mensch*) **2.** → **feeding bottle 3.** *Br* Lätzchen *n* ~ **road** *s* Zubringerstraße *f*

feed·ing ['fiːdɪŋ] *s* Füttern *n*, Fütterung *f* ~ **bot·tle** *s* (Säuglings)Flasche *f*

▶ **feel** [fiːl] **I** *v/t* (*unreg*) **1.** (an-, be)fühlen: ~ **one's way** sich tasten (**through** durch), fühlen, (ver)spüren: *make itself felt* spürbar werden, sich bemerkbar machen **3.** *Freude etc* empfinden **4.** a) finden, glauben (*that* dass), **b)** halten für: *I~ it (to be) my duty* ich halte es für m-e Pflicht **II** *v/i* (*unreg*) **5.** fühlen (*whether, if* ob; *how* wie): ~ *for* tasten nach **6.** sich fühlen: ~ *ill*; ~ *up to s.th.* sich e-r Sache gewachsen fühlen; ~ *like* (*doing*) *s.th.* Lust haben zu e-r *od* auf e-e Sache (etw zu tun); ~ *like a.* Appetit haben auf (*Akk*); → *cold* 1, *warm* 1 **7.** *how do you ~ about it?* was meinst du dazu? **8.** sich *weich etc* anfühlen **III** *s* **9.** *klebriges etc* Gefühl **10.** *be soft to the* ~, *have a soft* ~ sich weich anfühlen '**feel·er** *s* ZOOL Fühler *m* (*a. fig*): *put out* ~*s* s-e Fühler ausstrecken

▶ **feel·ing** ['fiːlɪŋ] *s* **1.** Gefühl *n*: a) Gefühlssinn *m*, **b)** (Gefühls)Eindruck *m*: *have a* ~ *that* das Gefühl haben, dass, **c)** Empfindung *f*: ~ *s Pl* **of guilt** Schuldgefühle *Pl*, **d)** Feingefühl *n*: *have a* ~ *for* Gefühl haben für

▶ **feet** [fiːt] *Pl von* **foot**

feign [feɪn] **I** *v/t* *Interesse etc* vortäu-

schen, *Krankheit a.* simulieren: **~ death** sich tot stellen **II** *v/i* sich verstellen, simulieren

feint [feint] *s* SPORT Finte *f* (*a. fig*)

fell¹ [fel] *Prät von* **fall**

fell² [_] *v/t* **1.** *Baum* fällen **2.** *Gegner etc* fällen, niederstrecken

▸ **fel·low** ['feləʊ] **I** *s* **1.** Gefährte *m*, Gefährtin *f*, Genosse *m*, Genossin *f*, Kamerad(in) **2.** Mitmensch *m*, Zeitgenosse *m*, -genossin *f* **3.** *Br F* Kerl *m* **II** *Adj* **4.** Mit...: **~ human being** Mitmensch *m*; **~ citizen** Mitbürger(in); **~ countryman** Landsmann *m*; **~ feeling** Mitgefühl *n*; Zs.-gehörigkeitsgefühl *n*; **~ student** Studienkollege *m*, -kollegin *f*, Kommilitone *m*, Kommilitonin *f*; **~ travel(l)er** Mitreisende *m*, *f*; POL Mitläufer(in) '**fel·low·ship** *s* **1.** Kameradschaft *f* **2.** Gesellschaft *f*, Gruppe *f*

felt¹ [felt] *Prät u. Part Perf von* **feel**

felt² [_] *s* Filz *m* **II** *Adj* Filz...: **~ tip**, '**~ tip(ped) pen** *s* Filzschreiber *m*, -stift *m*

▸ **fe·male** ['fi:meil] **I** *Adj* **1.** weiblich: **~ person** Frau *f*, weibliche Person; **~ screw** Schraubenmutter *f* **2.** Frauen... **II** *s* **3.** ZOOL Weibchen *n* **4.** Frau *f*, *pej* Weib *n*

fem·i·nine ['feminin] *Adj* **1.** weiblich (*a.* LING), Frauen... **2.** fraulich **3.** weibisch, feminin ,**fem·i'nin·i·ty** *s* **1.** Weiblichkeit *f* **2.** Fraulichkeit *f* **3.** weibische *od* feminine Art '**fem·i·nism** *s* Feminismus *m*, Frauenrechtsbewegung *f* '**fem·i·nist I** *s* Feminist(in), Frauenrechtler(in) **II** *Adj* feministisch

fe·mur ['fi:mə] *Pl* **-murs**, **fem·o·ra** ['femərə] *s* ANAT Oberschenkel(knochen) *m*

fen [fen] *s* Fenn *n*, Sumpf-, Marschland *n*

▸ **fence** [fens] **I** *s* **1.** Zaun *m*: **sit on the ~** *fig* sich neutral verhalten; unentschlossen sein **2.** *sl* Hehler(in) **II** *v/t* **3.** **~ in** einzäunen: **~ off** abzäunen **III** *v/i* **4.** SPORT fechten '**fenc·er** *s* SPORT Fechter(in) '**fenc·ing I** *s* **1.** Zaun *m*, Einzäunung *f* **2.** SPORT Fechten *n* **3.** *sl* Hehlerei *f* **II** *Adj* **4.** SPORT Fecht...: **~ master** Fechtmeister *m*

fend [fend] *v/t* **~ off** Angreifer, Fragen *etc* abwehren **II** *v/i*: **~ for o.s.** für sich selbst sorgen '**fend·er** *s* MOT *Am* Kotflügel *m*

fen·nel ['fenl] *s* BOT Fenchel *m*

fer·ment [fə'ment] **I** *v/t* **1.** CHEM in Gärung bringen (*a. fig*), gären lassen, vergären; *fig* in Wallung bringen **II** *v/i* **2.** CHEM gären, in Gärung sein (*beide a. fig*) **III** *s* ['fɜ:ment] **3.** CHEM Gärstoff *m*, Ferment *n* **4. a)** CHEM Gärung *f* (*a. fig*), **b)** *fig* innere Unruhe, Aufruhr *m* **fer·men·ta·tion** [,fɜ:men'teiʃn] *s* **1.** CHEM Gärung *f* (*a. fig*), Gärungsprozess *m* **2.** → **ferment** 4b

fern [fɜ:n] *s* BOT Farn(kraut *n*) *m*

fe·ro·cious [fə'rəʊʃəs] *Adj* **1.** wild (*Tier etc*) **2.** wild, grimmig (*Blick etc*), grausam (*Strafe etc*), heftig, scharf (*Auseinandersetzung*)

fer·ret ['ferit] **I** *s* ZOOL Frettchen *n* **II** *v/t mst* **~ out** etw aufspüren, -stöbern, *Wahrheit* herausfinden, hinter ein Geheimnis kommen **III** *v/i mst* **~ about** (*od* **around**) herumstöbern (**among** in *Dat*; **for** nach)

fer·rous ['ferəs] *Adj* eisenhaltig, Eisen...

▸ **fer·ry** ['feri] **I** *s* **1.** Fähre *f*, Fährschiff *n*, -boot *n* **2.** Fährdienst *m*, -betrieb *m* **II** *v/t* **3.** (in e-r Fähre) übersetzen '**~·boat** → **ferry** 1 **~·man** ['-mən] *s* (*unreg* **man**) Fährmann *m* **~ ser·vice** → **ferry** 2

fer·tile ['fɜ:tail] *Adj* fruchtbar, *fig a.* produktiv, schöpferisch **fer·til·i·ty** [fə'tiləti] *s* Fruchtbarkeit *f*, *fig a.* Produktivität *f* **fer·til·i·za·tion** [,fɜ:tilai'zeiʃn] *s* **1.** Befruchtung *f* (*a. fig*) **2.** Düngung *f* '**fer·ti·lize** *v/t* **1.** befruchten (*a. fig*) **2.** düngen '**fer·ti·liz·er** *s* (*bes Kunst*)Dünger *m*

fer·vent ['fɜ:vənt], **fer·vid** ['-vid] *Adj* glühend, leidenschaftlich (*Hass, Verehrer etc*), inbrünstig (*Gebet, Verlangen etc*) '**fer·vo(u)r** *s* Leidenschaft *f*, Inbrunst *f*

fes·ter ['festə] *v/i* **1.** eitern **2.** *fig* an j-m nagen *od* fressen

fes·ti·val ['festəvl] *s* **1.** Fest(tag *m*) *n* **2.** Festival *n*, Festspiele *Pl* **fes·tive** ['-tiv] *Adj* festlich, Fest...: **~ season** Fest-, bes Weihnachtszeit *f* **fes·tiv·i·ty** *s oft Pl* Festlichkeit *f*

fes·toon [fe'stu:n] **I** *s* Girlande *f* **II** *v/t* mit Girlanden schmücken

fetch [fetʃ] *v/t* **1.** (herbei)holen, (her-)bringen: (**go and**) **~ a doctor** e-n Arzt holen **2.** *Seufzer etc* ausstoßen **3.** *Preis*

etc erzielen, einbringen **4.** F *j-m e-n Schlag od Tritt* versetzen: **~ s.o. one** j-m e-e langen *od* kleben '**fetch·ing** *Adj* F bezaubernd: **a)** reizend, entzückend (*Kleid etc*), **b)** gewinnend, einnehmend (*Lächeln etc*)

fet·id ['fetɪd] *Adj* stinkend

fe·tish ['fetɪʃ] *s* Fetisch *m* (*a.* PSYCH) '**fe·tish·ism** *s* Fetischismus *m* '**fe·tish·ist** *s* Fetischist(in)

fet·ter ['fetə] *I s* **1.** Fußfessel *f* **2.** *Pl fig* Fesseln *Pl* **II** *v/t* **3.** *fig* behindern

fet·tle ['fetl] *s*: **in fine ~** (gut) in Form

fe·tus ['fiːtəs] *s* MED Fötus *m*

feud [fjuːd] *I s* Fehde *f* (*a. fig*): **have a ~ (with)** → **II** *v/i* sich befehden, in Fehde liegen (**with** mit) (*beide a. fig*) **feu·dal** ['fjuːdl] *Adj* Feudal..., Lehns... **feu·dal·ism** ['-dəlɪzəm] *s* Feudalismus *m*, Feudal-, Lehnssystem *n*

▸ **fe·ver** ['fiːvə] *s* MED Fieber *n* (*a. fig*): **have a ~** Fieber haben; **be in a ~ of excitement** in fieberhafter Aufregung sein, vor Aufregung fiebern '**fe·ver·ish** *Adj* **1.** MED **a)** fieberkrank: **be ~** Fieber haben, **b)** fieb(e)rig, Fieber...: **~ cold** fiebrige Erkältung **2.** *fig* fieberhaft

▸ **few** [fjuː] *Adj u. Pron* **1.** wenige: **no fewer than 40 people** nicht weniger als 40 Leute **2.** ▸ **a few** einige, ein paar: **a good few, quite a few** ziemlich viele, e-e ganze Menge; **every few days** alle paar Tage

fi·an·cé [frˈɑːŋser] *s* Verlobte *m* **fi·an·cée** [frˈɑːŋser] *s* Verlobte *f*

fi·as·co [frˈæskəʊ] *Pl* **-cos** *s* Fiasko *n*

fib [fɪb] F *I s* Flunkerei *f*, Schwindelei *f* **II** *v/i* flunkern, schwindeln '**fib·ber** *s* F Flunkerer(in), Schwindler(in)

▸ **fi·ber**, *bes Br* **fi·bre** ['faɪbə] *s* **1.** BIOL, TECH Faser *f* **2.** *fig* Charakter *m*; Kraft *f*: **moral ~** Charakterstärke *f* '**~·glass** *s* TECH Fiberglas *n* '**~·op·tics** *s* TECH Fiberoptik *f*, Faseroptik *f*

fib·u·la ['fɪbjʊlə] *s* ANAT Wadenbein *n*

fick·le ['fɪkl] *Adj* launenhaft, launisch, unbeständig (*Wetter*), (*Person a.*) wankelmütig

fic·tion ['fɪkʃn] *s* **1.** (freie) Erfindung, Fiktion *f* **2.** *Koll* Prosa-, Romanliteratur *f* '**fic·tion·al** ['-ʃənl] *Adj* erdichtet, erfunden

fic·ti·tious [fɪkˈtɪʃəs] *Adj* (frei) erfunden, fiktiv

fid·dle ['fɪdl] F *I s* **1.** MUS Fiedel *f*, Geige *f*: **play second ~** *fig* die zweite Geige spielen; (**as**) **fit as a ~** kerngesund **II** *v/i* **2.** *a.* **~ away** fiedeln, geigen **3.** **~ about** (*od* **around**) herumtrödeln **4.** *a.* **~ about** (*od* **around**) (**with**) herumfummeln (an *Dat*), spielen (mit) **III** *v/t* **5.** fiedeln **6.** *Br* frisieren, manipulieren '**fid·dler** *s* F **1.** Fiedler(in), Geiger(in) **2.** *Br* Schwindler(in), Betrüger(in) '**fid·dling** *Adj* F läppisch, geringfügig

fi·del·i·ty [frˈdelətɪ] *s* **1.** Treue *f* (**to** gegenüber, zu) **2.** Genauigkeit *f* (*a. e-r Übersetzung*) **3.** ELEK Klangtreue *f*

fidg·et ['fɪdʒɪt] *I s* **1.** *oft Pl* nervöse Unruhe, Zappelei *f*: **have the ~s** → **3 2.** Zappelphilipp *m* **II** *v/i* **3.** (herum)zappeln, unruhig *od* nervös sein '**fidg·et·y** *Adj* zapp(e)lig, nervös

▸ **field** [fiːld] *I s* **1.** LANDW Feld *n* (*a.* MATHE, PHYS *etc*): **in the ~** auf dem Feld; **~ of vision** Blick-, Gesichtsfeld; *fig* Gesichtskreis *m*, Horizont *m* **2.** *fig* Bereich *m*, (Fach-, Sach)Gebiet *n*: **in his ~** auf s-m Gebiet, in s-m Fach; **~ of application** Anwendungsbereich **3.** SPORT Spielfeld *n*, -fläche *f*; Feld *n* (*Läufer etc*) **II** *v/t* **4.** SPORT *Spieler* aufs Feld schicken, bringen; *Kandidaten etc* ins Rennen schicken **~ day** *s*: **have a ~** e-n riesigen Spaß haben (**with** mit); e-n großen Tag haben **~ e·vents** *s Pl* Leichtathletik: Sprung- u. Wurfdisziplinen *Pl* **~ glass·es** *s Pl*, *a.* **pair of ~** Feldstecher *m* **~ hock·ey** *s* SPORT *bes Am* (Feld)Hockey *n* **~ mar·shal** *s* MIL Feldmarschall *m* '**~·work** *s* **1.** praktische (wissenschaftliche) Arbeit, (*Archäologie etc a.*) Arbeit *f* im Gelände **2.** Markt-, Meinungsforschung: Feldarbeit *f* '**~·work·er** *s* Markt-, Meinungsforschung: Befrager(in), Interviewer(in)

fiend [fiːnd] *s* **1.** Satan *m*, Teufel *m*, *fig a.* Unhold *m* **2.** F (*Frischluft- etc*)Fanatiker(in) '**fiend·ish** *Adj* **1.** teuflisch, unmenschlich **2.** F verteufelt, höllisch

fierce [fɪəs] *Adj* **1.** wild (*Tier etc*) **2.** böse, grimmig (*Gesicht etc*), wild (*Blick, Hass etc*) **3.** scharf (*Rede, Wettbewerb etc*); heftig (*Angriff, Schmerz etc*) '**fierce·ness** *s* **1.** Wildheit *f* **2.** Schärfe *f*; Heftigkeit *f*

fi·er·y ['faɪərɪ] *Adj* **1.** brennend, glühend **2.** feurig, hitzig (*Person, Temperament*)

3. feurig, scharf (*Gewürz etc*) **4.** leidenschaftlich (*Rede, Affäre etc*)

▸ **fif·teen** [ˌfɪfˈtiːn] *Adj* fünfzehn

▸ **fif·teenth** [ˌfɪfˈtiːnθ] *Adj* fünfzehnt

▸ **fifth** [fɪfθ] **I** *Adj* **1.** fünft: **~ column** POL fünfte Kolonne; **~ wheel** *fig* fünftes Rad am Wagen **II** *s* **2.** der, die, das Fünfte: *the ~ of May, Am May ~* der 5. Mai **3.** Fünftel *n*

▸ **fif·ti·eth** [ˈfɪftɪəθ] *Adj* fünfzigst

▸ **fif·ty** [ˈfɪftɪ] **I** *Adj* fünfzig **II** *s* Fünfzig *f: be in one's fifties* in den Fünfzigern sein; *in the fifties* in den Fünfzigerjahren (*e-s Jahrhunderts*) ,~'fif·ty *Adj u. Adv* F fifty-fifty: *go ~ (with)* halbe-halbe machen (mit)

fig [fɪɡ] *s* BOT Feige *f: I don't care a ~* F das ist mir völlig egal

▸ **fight** [faɪt] **I** *s* **1.** Kampf *m* (*for* um; *against* gegen) (*a. fig*): *put up a good ~* sich tapfer schlagen **2. a)** Boxen: Kampf *m*, **b)** Rauferei *f*, Schlägerei *f: have a ~ (with)* → 7 **3.** Kampf(es)lust *f: put up a ~* sich zur Wehr setzen **II** *v/t* (*unreg*) **4.** *j-n, etw* bekämpfen **5.** kämpfen gegen *od* mit: *~ back* Enttäuschung, Tränen *etc* unterdrücken; *~ off j-n, etw* abwehren **III** *v/i* (*unreg*) **6.** kämpfen (*for* um; *against* gegen): *~ back* sich zur Wehr setzen *od* wehren, zurückschlagen; → *shy* 2 **7.** sich raufen *od* schlagen *od* prügeln (*with* mit)

'fight·er *s* **1.** Kämpfer(in) **2.** SPORT Boxer(in) **3.** Schläger(in), Raufbold *m* **4.** *a. ~ plane* FLUG, MIL Jagdflugzeug *n*

'fight·ing I *s* Kampf *m*, Kämpfe *Pl*: *heavy ~* schwere Kämpfe **II** *Adj* Kampf...: *~ chance* reelle Chance (*wenn man sich anstrengt*); *~ spirit* Kampfgeist *m*

fig·ment [ˈfɪɡmənt] *s*: *~ of the imagination* reine Erfindung

fig tree *s* Feigenbaum *m*

fig·u·ra·tive [ˈfɪɡərətɪv] *Adj* bildlich, übertragen

▸ **fig·ure** [ˈfɪɡə] **I** *s* **1.** Zahl *f*, Ziffer *f: run into three ~s* in die Hunderte gehen; *five-~ income* fünfstelliges Einkommen **2.** Summe *f*, Preis *m* **3.** Figur *f* (*a. Sport etc*), Gestalt *f* **4.** fig Figur *f*, Persönlichkeit *f: ~ of fun* komische Figur, *pej* Witzfigur; *cut a poor ~* e-e traurige Figur abgeben **5.** *~ of speech* (Rede-, Sprach)Figur *f* **II** *s* *etw ~* **6.** *oft ~ to*

o.s. sich *etw* vorstellen *od* ausmalen **7.** *~ out* F ausrechnen; ausknobeln, rauskriegen; kapieren **8.** *Am* F meinen, glauben **III** *v/i* **9.** erscheinen, auftauchen, vorkommen **10.** *~ on bes Am* F rechnen mit; sich verlassen auf (*Akk*) **'~-head** *s* SCHIFF Galionsfigur *f*, *fig a.* Aushängeschild *n* **~ skat·ing** *s* SPORT Eiskunstlauf *m*

filch [fɪltʃ] *v/t* klauen, stibitzen

▸ **file¹** [faɪl] **I** *s* **1.** (Akten- *etc*)Ordner *m* **2. a)** Akte *f: keep* (*od have*) *a ~ on* e-e Akte führen über (*Akk*); *~ number* Aktenzeichen *n*, **b)** Akten *Pl*, Ablage *f: on ~* bei den Akten **3.** COMPUTER Datei *f: activate a ~* e-e Datei aufrufen; *close a ~* e-e Datei schließen; *insert a ~* e-e Datei einfügen; *open a ~* e-e Datei öffnen **4.** Reihe *f: → Indian file, single file* **II** *v/t* **5.** *a. ~ away* Briefe *etc* ablegen, zu den Akten nehmen **6.** *Antrag etc* einreichen, *Forderung* anmelden

file² [-] **I** *s* **1.** TECH Feile *f* **II** *v/t* **2.** (zu-)feilen, sich *die Nägel* feilen: *~ away* (*od down*) abfeilen **3.** *fig Stil etc* (zurecht-)feilen

fil·i·al [ˈfɪljəl] *Adj* Kindes...

fil·i·bus·ter [ˈfɪlɪbʌstə] PARL *bes Am* **I** *s* Obstruktion *f*; Obstruktionspolitiker(in) **II** *v/i* Obstruktion treiben

fil·i·gree [ˈfɪlɪɡriː] *s* Filigran(arbeit *f*) *n*

fil·ing cab·i·net [ˈfaɪlɪŋ] *s* Aktenschrank *m*

fil·ings [ˈfaɪlɪŋz] *s Pl* Feilspäne *Pl*

▸ **fill** [fɪl] **I** *s* **1.** *eat one's ~* sich satt essen; *have had one's ~ of* von *etw, j-m* genug haben, *etw, j-n* satt haben **2.** Füllung *f* **II** *v/t* **3.** (an-, aus)füllen, voll füllen; *Pfeife* stopfen; *Zahn* füllen, plombieren **4.** erfüllen (*with* mit) (*a. fig*): *~ed with envy* neiderfüllt; → *indignation* **5.** *Posten, Amt* besetzen; bekleiden **6.** *Auftrag, Bestellung* ausführen; *Rezept* ausfertigen **III** *v/i* **7.** sich füllen

Verbindungen mit Adverbien:

▸ **fill in I** *v/t* **1.** *Loch etc* auf-, ausfüllen **2.** *Br* Formulare *etc* ausfüllen **3.** *Namen etc* einsetzen; *Fehlendes* ergänzen **4.** *j-n* informieren (*on über Akk*) **II** *v/i* **5.** einspringen (*for* für) ▸ **fill| out I** *v/t* **1.** *bes Am* → *fill in* 2 **2.** *Bericht etc* ausfüllen **II** *v/i* **3.** fülliger werden (*Figur*), (*Person a.*) zunehmen, (*Gesicht etc*)

runder *od* voller werden **~ up I** *v/t* **1.** voll füllen **2.** → **fill in** 1, 2 **II** *v/i* **3.** → **fill** 7

fill·er ['fɪlə] *s* **1.** Trichter *m* **2.** *Zeitungswesen etc:* Füller *m*, Füllsel *n* **3.** LING Füllwort *n*

fil·let ['fɪlɪt] *s* GASTR Filet *n* **~ steak** *s* Filetsteak *n*

fill·ing ['fɪlɪŋ] **I** *s* **1.** Füllung *f*, Füllmasse *f* **2.** *Zahnmedizin:* Füllung *f*, Plombe *f* **II** *Adj* **3.** sättigend

fill·ing sta·tion ['fɪlɪŋ͵steɪʃn] *s* Tankstelle *f*

▸ **film** [fɪlm] **I** *s* **1.** Film *m* (*a.* FOTO) **2.** (hauch)dünne Schicht, Film *m*; (Plastik)Folie *f* **II** *Adj* **3.** Film... **III** *v/i* **4.** *Roman etc* verfilmen; *Szene etc* filmen

Fi·lo·fax® ['faɪləfæks] *s* Terminplaner *m*

fil·ter ['fɪltə] **I** *s* **1.** Filter *m*, TECH *etc mst n* **II** *v/t* **2.** filtern **III** *v/i* **3.** durchsickern (*through* durch) **4.** **~ out** grüppchenweise *od* e-r nach dem anderen herauskommen (*of* aus) **5.** **~ out** (*od* **through**) *fig* durchsickern (*Nachricht etc*) **6.** MOT *Br* die Spur wechseln; sich einordnen (*to the left* links) **~ lane** *s* MOT *Br* Abbiegespur *f* **~ tip** *s* **1.** Filter *m* **2.** Filterzigarette *f* **~-tipped** *Adj* Filter...: **~ cigarette**

filth [fɪlθ] *s* **1.** Schmutz *m* (*a. fig*), Dreck *m* **2.** unflätige Sprache *od* Ausdrücke *Pl* **'filth·y** *Adj* **1.** schmutzig (*a. fig*), dreckig **2.** *fig* unflätig **3.** *bes Br* F ekelhaft, scheußlich: **~ weather** Sauwetter *n*

fin [fɪn] *s* **1.** FISCH Flosse *f* **2.** Schwimmflosse *f*

▸ **fi·nal** ['faɪnl] **I** *Adj* (→ **finally**) **1.** letzt; End...; Schluss...: **~ examination** (Ab)Schlussprüfung *f*; **~ score** (*Sport*) Endstand *m*; **~ whistle** (*Sport*) Schluss-, Abpfiff *m* **2.** endgültig **II** *s* **3.** SPORT Finale *n* **4.** *mst Pl bes* UNI (Ab)Schlussexamen *n*, -prüfung *f* **5.** F Spätausgabe *f* (*e-r Zeitung*) **fi·na·le** [fɪ'nɑːlɪ] *s* MUS, THEAT Finale *n* **fi·nal·ist** ['faɪnəlɪst] *s* SPORT Finalist(in) *f* **fi·nal·i·ty** [-'nælətɪ] *s* **1.** Endgültigkeit *f* **2.** Entschiedenheit *f* **fi·nal·ize** ['faɪnəlaɪz] *v/t* **1.** be-, vollenden, abschließen **2.** endgültige Form geben (*Dat*)

▸ **fi·nal·ly** ['faɪnəlɪ] *Adv* **1.** endlich, schließlich, zuletzt **2.** zum (Ab)Schluss **3.** endgültig

fi·nance [faɪ'næns] **I** *s* **1.** Finanz(wesen *n*) *f*: **~ company** Finanzierungsgesellschaft *f* **2.** *Pl* Finanzen *Pl* **II** *v/t* **3.** finanzieren **fi'nan·cial** [-ʃl] *Adj* finanziell, Finanz..., Geld...: **~ year** *Br* Geschäftsjahr *n* **fin'an·cier** [-sɪə] *s* Finanzier *m*

finch [fɪntʃ] *s* ORN Fink *m*

▸ **find** [faɪnd] **I** *s* **1.** Fund *m* **II** *v/t* (*unreg*) **2.** *allg* finden **3.** bemerken, feststellen, (heraus)finden **4.** JUR für *schuldig* erklären *od* befinden **5.** ▸ **find out** etw herausfinden; *j-n* ertappen; *j-n, etw* durchschauen **III** *v/i* (*unreg*) **6.** ▸ **find out** es herausfinden **7.** **find against** (**for**) **the defendant** JUR den Angeklagten verurteilen (freisprechen) **'find·er** *s* Finder(in) *f* **'find·ing** *s* **1.** *mst Pl* Befund *m* (*a.* ELEK) **2.** JUR Feststellung *f* (*des Gerichts*), (*der Geschworenen a.*) Spruch *m*

▸ **fine¹** [faɪn] **I** *Adj* **1.** *allg* fein: **fine arts** *Pl die* schönen Künste *Pl*; **one fine day** e-s schönen Tages **2.** großartig, ausgezeichnet: ▸ **I'm fine** mir geht es gut **3.** F fein, schön **II** *Adv* **4.** F es geht gut, bestens: **that will suit me fine** das passt mir ausgezeichnet

fine² [-] **I** *s* Geldstrafe *f*, Bußgeld *n* **II** *v/t* mit e-r Geldstrafe belegen, zu e-r Geldstrafe verurteilen: **he was ~d £50** er musste 50 Pfund Strafe bezahlen, er wurde zu e-r Geldstrafe von 50 Pfund verurteilt

fine·ness ['faɪnɪs] *s allg* Feinheit *f*

fi·nesse [fɪ'nes] *s* **1.** Finesse *f* **2.** Raffinesse *f*, Schlauheit *f*

▸ **fin·ger** ['fɪŋgə] **I** *s* Finger *m*: **first** (**second, third**) **~** Zeige- (Mittel-, Ring)finger; **fourth** (*od* **little**) **~** kleiner Finger; **have a** (*od* **one's**) **~ in the pie** die Hand im Spiel haben; **keep one's ~s crossed for s.o.** j-m die Daumen drücken *od* halten; **not to lift** (*od* **raise, stir**) **a ~** keinen Finger rühren; → **burn** 7, **twist** 2 **II** *v/t* betasten, befühlen; herumfingern *an* (*Dat*), spielen mit **III** *v/i* herumfingern (*at* an, *Dat*), spielen (*with* mit) **~ al·pha·bet** *s* Fingeralphabet *n* **'~·mark** *s* Fingerabdruck *m* (*Schmutzfleck*) **'~·nail** *s* Fingernagel *m* **'~·print** **I** *s* Fingerabdruck *m*: **take s.o.'s ~s** → **II II** *v/t* j-m Fingerabdrücke abnehmen, von *j-m* Fingerabdrücke

abnehmen, von *j-m* Fingerabdrücke machen '**~tip** *s* Fingerspitze *f*: **have at one's ~s** *Kenntnisse* parat haben; *etw* aus dem Effeff beherrschen

fin·ick·y ['fɪnɪkɪ] *Adj* **1.** pedantisch **2.** wählerisch (**about** in *Dat*) **3.** geziert, affektiert

▸ **fin·ish** ['fɪnɪʃ] **I** *v/t* **1.** beenden, aufhören mit: **~ reading** aufhören zu lesen **2.** *a.* **~ off** vollenden, zu Ende führen, erledigen, *Buch etc* auslesen **3.** *a.* **~ off** (*od up*) *Vorräte* aufbrauchen; aufessen, austrinken **4.** *a.* **~ off** *j-n* erledigen, fertig machen **5.** *a.* **~ off** (*od up*) vervollkommnen, den letzten Schliff geben (*Dat*) **II** *v/i* **6.** *a.* **~ off** (*od up*) enden, aufhören (**with**: *have you ~ed?* bist du fertig? **7.** enden, zu Ende gehen **8.** **~ with** mit *j-m*, *etw* Schluss machen, *etw* aufgeben: *I'm ~ed with him* ich bin mit ihm fertig **9.** **~ third** (*Sport*) Dritter werden; *allg* als Dritter fertig sein **III** *s* **10.** Ende *n*, Schluss *m* **11.** SPORT Endspurt *m*, Finish *n*; Ziel *n* **12.** Vollendung *f*; letzter Schliff

▸ **fin·ished** ['fɪnɪʃt] *Adj* **1.** beendet, fertig: **~ goods** (*od products*) *Pl* Fertigwaren *f* **2.** *fig* vollendet, vollkommen

'**fin·ish·ing** *Adj* abschließend: **~ line** Ziellinie *f*; → **touch** 4

fink [fɪŋk] *s bes Am sl* **1.** Streikbrecher(in) **2.** Spitzel *m*

Fin·land ['fɪnlənd] *Eigenn* Finnland *n*

Finn [fɪn] *s* Finne *m*, Finnin *f* '**Finn·ish I** *Adj* finnisch **II** *s* LING Finnisch *n*

fiord [fjɔ:d] *s* GEOG Fjord *m*

▸ **fir** [fɜ:] *s* BOT Tanne *f*; Fichte *f* **~ cone** *s* Tannenzapfen *m*

▸ **fire** ['faɪə] **I** *s* **1.** Feuer *n* (*a. MIL u. fig*), Brand *m*: **be on ~** in Flammen stehen, brennen; **come under ~** unter Beschuss geraten (*a. fig*); **catch ~** Feuer fangen, in Brand geraten; **play with ~** *fig* mit dem Feuer spielen; **set on ~**, **set ~ to** → 2; → **chestnut** 1, **Thames** **II** *v/t* **2.** anzünden, in Brand stecken **3.** *Kessel* heizen, *Ofen* (be)feuern, beheizen **4.** *j-n*, *j-s Gefühle* entflammen, *j-s Fantasie* beflügeln **5.** *a.* **~ off** *Schusswaffe* abfeuern, abschießen; *Schuss* (ab)feuern, abgeben (**at, on** auf *Akk*) **6.** F feuern, rausschmeißen **III** *v/i* **7.** feuern, schießen (**at** auf *Akk*) **8.** zünden (*Motor*) **~ a·larm** *s* **1.** Feueralarm

m **2.** Feuermelder *m* '**~·arm** *s* Feuer-, Schusswaffe *f* '**~·ball** *s* Feuerball *m* **~ bri·gade** *s Br* Feuerwehr *f* '**~·bug** *s* Feuerteufel *m* **~ de·part·ment** *s Am* Feuerwehr *f* '**~·,eat·er** *s* **1.** Feuerschlucker(in), -fresser(in) **2.** *fig* aggressiver Mensch **~ en·gine** *s* Löschfahrzeug *n* **~ es·cape** *s* **1.** Feuerleiter *f*, -treppe *f* **2.** *Br* Feuerwehrleiter *f* **~ ex·tin·guish·er** *s* Feuerlöscher *m* **~ fight·er** *s* Feuerwehrmann *m*, -frau *f* '**~·house** *s Am* Feuerwache *f* **~ hy·drant** *s* Hydrant *m* '**~·man** ['-mən] *s* (*unreg man*) **1.** Feuerwehrmann *m*, *Pl a.* Löschtrupp *m* **2.** Heizer *m* '**~·place** *s* (offener) Kamin '**~·plug** *s Am* Hydrant *m* **~ pre·ven·tion** *s* Brandverhütung *f* '**~·proof** *Adj* feuerfest, -sicher **~ rais·er** *s Br* Brandstifter(in) **~ rais·ing** *s Br* Brandstiftung *f* '**~·side** *s* **1.** (offener) Kamin: **by the ~** am Kamin **2.** *fig* häuslicher Herd **~ sta·tion** *s* Feuerwache *f* **~ truck** *s Am* Löschfahrzeug *n* '**~·wa·ter** *s* F Feuerwasser *n* '**~·wood** *s* Brennholz *n* '**~·work** *s* **1.** Feuerwerkskörper *m* **2.** *Pl* Feuerwerk *n* (*a. fig: a. Sg konstruiert*)

fir·ing ['faɪərɪŋ] *s* **1.** Heizen *n* **2.** (Ab-) Feuern *n*, (Ab)Schießen *n* **~ line** *s* MIL Feuer-, Frontlinie *f*: **be in (Am on) the ~** *fig* an vorderster Front stehen; in der Schusslinie stehen **~ par·ty**, **~ squad** *s* Exekutionskommando *n*

▸ **firm**¹ [fɜ:m] **I** *Adj* fest: **a)** hart, GASTR steif, **b)** standhaft, **c)** sicher (*Beweise etc*), **d)** *bes* WIRTSCH, JUR bindend **II** *Adv*: **stand ~** *fig* festbleiben, hart bleiben

▸ **firm**² [fɜ:m] *s* Firma *f*

firm·ness ['fɜ:mnɪs] *s* Festigkeit *f*

▸ **first** [fɜ:st] **I** *Adj* (→ **firstly**) **1.** erst: **at first hand** aus erster Hand; → **offender**, **place** 6, **sight** 2, **thing** 2, **view** 1 **2.** *fig* erst, best **II** *Adv* **3.** zuerst: **go first** vorangehen **4.** (zu)erst (einmal) **5.** als Erst(er, e, es), an erster Stelle: **first come, first served** wer zuerst kommt, mahlt zuerst; **first of all** vor allen Dingen, zu allererst **III** *s* **6.** *der, die, das* Erste *od* (*fig*) Beste: **the first of May**, **Am May first** der 1. Mai; ▸ **at first** (zu)erst, anfangs; **from the (very) first** von (allem) Anfang an **7.** MOT erster Gang **~ aid** *s* erste Hilfe: **give s.o. ~** *j-m* erste Hilfe leisten ,**~·'aid** *Adj*: **~**

box (od kit) Verband(s)kasten *m*; *'~ post (od station)* Unfallstation *f* '*~born Adj* erstgeboren
▸ **first-class** [ˌfɜːst'klɑːs] **I** *Adj* **1.** erstklassig, -rangig **2.** BAHN *etc* erster Klasse **II** *Adv* **3.** BAHN *etc* erste(r) Klasse '*~de'gree Adj* erste(r) Klasse '*~day cov·er s* Philatelie: Ersttagsbrief *m* ,*~'de'gree Adj* Verbrennungen ersten Grades ,*~'hand Adj u. Adv* aus erster Hand **2 La·dy** *s* First Lady *f*, Präsidentengattin *f* '*~ lan·guage s* Muttersprache *f*
first·ly ['fɜːstlɪ] *Adv* erstens
▸ **first| name** ['fɜːstneɪm] *s* Vorname *m*: *what is his ~?* wie heißt er mit Vornamen? *~ night s* Premiere *f*, Uraufführung *f* ,*~'rate → first-class* 1 '*~time Adj*: *~ voter* Erstwähler(in)
firth [fɜːθ] *s* Meeresarm *m*, Förde *f*
fis·cal ['fɪskl] *Adj* fiskalisch, Finanz...: *~ year Am* Geschäftsjahr *n*
▸ **fish** [fɪʃ] **I** *Pl* **fish**, *(bes Fischarten)* '**fish·es** *s* **1.** Fisch *m*: *drink like a ~* F saufen wie ein Loch; *have other ~ to fry* F Wichtigeres zu tun haben **II** *v/t* **2.** *fig* herausholen *(from, out of* aus): *~ out* herausholen **III** *v/i* **3.** fischen *(a. fig: for* nach), angeln *~ and chips s Br* Fish and Chips *(paniertes Fischfilet mit Pommes frites)* '*~bone s* Gräte *f ~ cake s* GASTR Fischfrikadelle *f*

fish and chips

... – auch **fish 'n' chips** geschrieben – gehört nach wie vor zu den beliebtesten britischen Gerichten. Zu einem frittierten Fischfilet – meist Kabeljau (**cod**), Scholle (**plaice**) oder Schellfisch (**haddock**) – isst man dicke Pommes frites, die mit Salz und Malzessig gewürzt werden. Richtig deftig sind die fish and chips meist im **fish and chip shop**, wo man sie in Papier eingewickelt bekommt, um sie gleich auf der Straße oder im Auto essen bzw. sie mit nach Hause nehmen zu können.

fish·er·man ['fɪʃəmən] *s (unreg man)* Fischer *m*, Angler *m*

fish·er·y ['fɪʃərɪ] *s* **1.** Fischerei *f*, Fischfang *m* **2.** Fischgründe *Pl*, Fanggebiet *n*
fish| fin·ger *s* GASTR *Br* Fischstäbchen *n* '*~hook s* Angelhaken *m*
fish·ing ['fɪʃɪŋ] *s* **1.** Fischen *n*, Angeln *n* **2.** *→ fishery* 1 '*~ boat s* Fischerboot *n* '*~ grounds s Pl → fishery* 2 *~ line s* Angelschnur *f ~ net s* Fisch(er)netz *n ~ rod s* Angelrute *f ~ tack·le s* Angelgerät(e *Pl*) *n ~ vil·lage s* Fischerdorf *n*
'**fish| mon·ger** *s, bes Br* Fischhändler(in) *~ stick Am → fish finger*
fis·sion ['fɪʃn] *s* Spaltung *f* **fis·sure** ['fɪʃə] *s* Spalt(e *f*) *m*, Riss *m* (*a. fig*), Ritz(e *f*) *m*
▸ **fist** [fɪst] *s* Faust *f*
▸ **fit**[1] [fɪt] **I** *Adj* **1.** passend, geeignet; fähig, tauglich: *~ to drink* trinkbar; *~ to eat* ess-, genießbar; *~ to drive* fahrtüchtig; *→ consumption* 2, *drop* 10a **2.** angemessen, angebracht: *see (od think) ~* es für richtig *od* angebracht halten (*to do* zu tun) **3.** schicklich, geziemend **4.** fit, (gut) in Form: *keep ~* sich fit halten; *→ fiddle* 1 **II** *s* **5.** Passform *f*, Sitz *m*: *be a perfect ~* genau passen, tadellos sitzen; *be a tight ~* sehr eng sein **III** *v/t* **6.** passend machen *(for* für), anpassen (*to Dat*) **7.** *a. ~ up* ausrüsten, -statten, einrichten *(with* mit) **8.** *j-m* passen, sitzen *(Kleid etc)* **9.** zutreffen auf *(Akk)* *(Beschreibung etc)*, passen zu *(Name etc)* **10.** TECH einpassen, -bauen *(into* in *Akk)*; anbringen *(to* an *Dat)*: *~ up)* montieren, installieren **11.** *~ in j-m* e-n Termin geben, *j-n, etw* einschieben **IV** *v/i* **12.** passen, sitzen *(Kleid etc)*
fit[2] [-] *s* **1.** MED Anfall *m*, Ausbruch *m*: *~ of coughing* Hustenanfall; *~ of anger (od temper)* Wutanfall, Zornausbruch; *~ of laughter* Lachkrampf *m* **2.** *fig* (plötzliche) Anwandlung *od* Laune: *by (od in) ~s and starts* stoß-, ruckweise; dann u. wann, sporadisch
fit·ful ['fɪtful] *Adj* **1.** unruhig *(Schlaf etc)* **2.** sprung-, launenhaft '**fit·ness** *s* **1.** Eignung *f*; Fähigkeit *f*, Tauglichkeit *f*: *~ to drive* Fahrtüchtigkeit *f*; *~ test* Eignungsprüfung *f* **2.** Fitness *f*, (gute) Form: *~ test* Fitnesstest *m* '**fit·ted** *Adj* **1.** zugeschnitten: *~ carpet* Spannteppich *m*, Teppichboden *m* **2.** Einbau...: *~ kitchen* '**fit·ter** *s* TECH Monteur(in), Installateur(in)' '**fit·ting I** *Adj*

1. passend, geeignet **2.** schicklich **3.** **~ room** Anproberaum *m*; Anprobekabine *f* **II** *s* **4.** TECH Montage *f*, Installation *f* **5.** Zubehörteil *n*, *Pl* Ausstattung *f*, Einrichtung *f*

▸ **five** [faiv] **I** *Adj* fünf: **~-day week** Fünftagewoche *f* **II** *s* Fünf *f*: **~ of hearts** Herzfünf *f* **five·fold** ['-fəʊld] **I** *Adj* fünffach **II** *Adv* fünffach, um das Fünffache: **increase ~** (sich) verfünffachen **'fiv·er** *s* F *Br* Fünfpfundschein *m*, *Am* Fünfdollarschein *m*

▸ **fix** [fiks] **I** *v/t* **1.** befestigen, festmachen, anbringen (*at* auf *Dat*) **2.** Preis *etc* festsetzen, -legen (*at* auf *Akk*): **~ (up)** Termin *etc* festsetzen **3.** Blick, Aufmerksamkeit *etc* richten, heften (*on* auf *Akk*) **4.** fixieren, anstarren **5.** *j-s* Aufmerksamkeit *etc* fesseln **6.** Schuld *etc* zuschieben (*on Dat*) **7.** reparieren **8.** *bes Am etw* zurechtmachen, Essen zubereiten: **~ one's face** sich schminken; **~ one's hair** sich frisieren **9.** F Wettkampf *etc* manipulieren; *j-n* schmieren **II** *v/i* **10.** sich entscheiden *od* entschließen (*on* für, zu) **11.** *sl* fixen **III** *s* **12.** F Klemme *f*: **be in a ~** in der Klemme sein *od* sitzen *od* stecken **13.** F abgekartete Sache, Schiebung *f*; Bestechung *f* **14.** *sl* Fix *m*: **give o.s. a ~** sich e-n Schuss setzen **fix·ate** ['-eit] *v/t*: **be ~d on** PSYCH fixiert sein an *od* auf (*Akk*) **fix·a·tion** *s* PSYCH (Mutteretc)Bindung *f*. (-)Fixierung *f*

fixed [fikst] *Adj* (→ **fixedly**) **1.** TECH fest, Fest… **2.** unverwandt, starr (Blick) **3.** fest, unveränderlich: **~ assets** Sachanlagen *Pl*, Anlagevermögen *n*; **~ cost** Fixkosten *Pl* (→ **fixed-...**) **~ interest** Adj WIRTSCH festverzinslich **~ line network** *s* TEL Festnetz *n*

fix·ed·ly ['fiksidli] *Adv* starr, unverwandt

fix·ing ['fiksiŋ] *s* **1.** Reparatur *f* **2.** *Pl bes Am* Geräte *Pl*; Zubehör *n*; GASTR Beilagen *Pl* **fix·ture** ['-tʃə] *s* **1.** Inventarstück *n*: **lighting-~** Beleuchtungskörper *m* **2.** *bes* SPORT *bes* Br (Termin *m* für e-e) Veranstaltung

fizz [fiz] **I** *v/i* **1.** zischen **2.** sprudeln, moussieren (Getränk) **3.** *fig* sprühen (**with** vor *Dat*) **II** *s* **4.** Zischen *n* **5.** Sprudeln *n*, Moussieren *n* **6.** Sprudel *m*; Fizz *m* **7.** F Schampus *m* **fiz·zle** ['fizl]

I *v/i* **1.** → **fizz** I **2.** *a.* **~ out** *fig* verpuffen, im Sand verlaufen **II** *s* **3.** → **fizz** 4, 5 **4.** F Pleite *f*, Misserfolg *m*

flab·ber·gast ['flæbəgɑːst] *v/t* F verblüffen: **be ~ed** platt sein

flab·by ['flæbi] *Adj* **1.** schlaff (Muskeln *etc*) **2.** schwammig (Person *etc*) **3.** *fig* schwach (Charakter *etc*)

flac·cid ['flæksid] → **flabby** 1

▸ **flag**[1] [flæg] **I** *s* **1.** Fahne *f*, Flagge *f*: **be (like) a red ~ to a bull to s.o.** *Am* F wie ein rotes Tuch für j-n sein *od* auf j-n wirken; **keep the ~ flying** *fig* die Fahne hochhalten; **show the ~** *fig* Flagge zeigen; sich sehen lassen *od* zeigen **II** *v/t* **2.** beflaggen **3.** **~ down** Fahrzeug anhalten, Taxi herbeiwinken

flag[2] [-] **I** *s* (Stein)Platte *f*, Fliese *f* **II** *v/t* mit (Stein)Platten *od* Fliesen belegen, fliesen

flag[3] [-] *v/i* **1.** schlaff herabhängen **2.** *fig* nachlassen, erlahmen (Interesse *etc*)

'flag·pole → **flagstaff**

fla·grant ['fleigrənt] *Adj* **1.** schamlos, schändlich **2.** eklatant, krass

'flag·staff *s* Fahnenstange *f*

flail [fleil] **I** *v/i* herumfuchteln **II** *v/t* **~ one's arms** mit den Armen fuchteln **III** *s* Dreschflegel *m*

flair [fleə] *s* **1.** Veranlagung *f*: **have a ~ for art** künstlerisch veranlagt sein **2.** (feines) Gespür (**for** für)

flake [fleik] **I** *s* (Schnee- *etc*)Flocke *f*; (Haut)Schuppe *f* **II** *v/i* a) *mst* **~ off** abblättern, b) schuppen **'flak·y** *Adj* **1.** flockig; schuppig **2.** blätt(e)rig: **~ pastry** Blätterteig *m*

flam·boy·ant [flæm'bɔiənt] *Adj* **1.** extravagant **2.** grell, leuchtend **3.** pompös, bombastisch

▸ **flame** [fleim] **I** *s* **1.** Flamme *f*: **be in ~s** in Flammen stehen; **an old ~ of mine** F e-e alte Flamme von mir **2.** *fig* Feuer *n*, Glut *f* **II** *v/i* **3.** lodern **'flam·ing** *Adj* **1.** lodernd, brennend **2.** *fig* feurig **3.** *Br* F verdammt

flam·ma·ble ['flæməbl] → **inflammable**

flan [flæn] *s* Obst-, Käsekuchen *m*

flange [flændʒ] *s* TECH **1.** Flansch *m* **2.** Spurkranz *m* (e-s Rads)

flank [flæŋk] **I** *s* **1.** Flanke *f* (e-s Tiers); Seite *f* (e-s Menschen, Gebäudes *etc*) **2.** MIL Flanke *f*, Flügel *m* (beide *a.* Sport) **II** *v/t* **3.** flankieren (*a.* MIL)

flan·nel ['flænl] *s* **1.** Flanell *m* **2.** *Pl, a.* **pair of ~s** Flanellhose *f* **3.** *Br* Waschlappen *m* **4.** *Br* F Schmus *m*

flap [flæp] **I** *s* **1.** Flattern *n*, (Flügel-) Schlag *m* **2.** Klappe *f* (*e-r Tasche etc*) **4. be in a ~** F in heller Aufregung sein **II** *v/t* **5.** mit *den Flügeln etc* schlagen **III** *v/i* **6.** flattern **7.** F in heller Aufregung sein; in helle Aufregung geraten '**~-jack** *s bes Am* Pfannkuchen *m*

flare [fleə] **I** *s* **1.** Flackern *n*, Lodern *n*, Leuchten *n* **2.** Leuchtfeuer *n*; Licht-, Feuersignal *n* **3.** → **flare-up II** *v/i* **4.** flackern (*Kerze etc*), (*Feuer etc a.*) lodern, (*Licht*) leuchten: ~ **up** aufflammen, -flackern, -lodern (*alle a. fig*); *fig* aufbrausen; ~ **up at s.o.** j-n anfahren '**~'up I** *s* **1.** Aufflammen *n*, -flackern *n*, -lodern *n* (*alle a fig*) **2.** *fig* Ausbruch *m*

▸ **flash** [flæʃ] **I** *s* **1.** Aufblitzen *n*, -leuchten *n*, Blitz *m*: **a ~ of lightning** ein Blitz; ~ **of wit** Geistesblitz **2.** Stichflamme *f*: ~ **in the pan** *fig* Eintagsfliege *f*; Strohfeuer *n* **3.** Augenblick *m*: **in a ~** im Nu, sofort **4.** RUNDFUNK *etc* Kurzmeldung *f* **II** *v/t* **5.** aufleuchten od (auf)blitzen lassen **III** *v/i* **6.** aufflammen, (auf)blitzen; zucken (*Blitz*) **7.** rasen, flitzen: **it ~ed into** (*od* **across, through**) **my mind that** plötzlich schoss es mir durch den Kopf, dass **8.** ~ **back** (*in e-m Film etc*) zurückblenden (**to** auf *Akk*) '**~-back** *s Film etc*: Rückblende *f* ~ **bulb** *s* FOTO Blitz(licht)lampe *f* ~ **cube** *s* FOTO Blitzwürfel *m*

flash·er ['flæʃə] *s* **1.** MOT Blinker *m* **2.** *Br* F Exhibitionist(in)

'**flash·light** *s* **1.** FOTO Blitzlicht *n*: ~ **photograph** Blitzlichtaufnahme *f* **2.** *bes Am* Taschenlampe *f*

flash·y ['flæʃɪ] *Adj* **1.** prunkvoll, protzig **2.** auffallend **3.** aufbrausend (*Temperament*)

flask [flɑːsk] *s* **1.** Taschenflasche *f* **2.** Warmhalteflasche *f*

▸ **flat¹** [flæt] **I** *s* **1.** Fläche *f*, Ebene *f* **2.** flache Seite: ~ **of the hand** Handfläche *f* **3.** Flachland *n*, Niederung *f* **4.** MOT *bes Am* Reifenpanne *f* **II** *Adj* **5.** flach, eben, Flach... **6.** flach, offen (*Hand*) **7.** MOT platt (*Reifen*) **8.** entschieden, kategorisch: **and that's ~** u. damit basta! **9.** einheitlich, Einheits...; Pauschal... **III** *Adv* **10. fall ~** der Länge nach hinfallen; *fig* F danebengehen, missglücken; durchfallen (*Theaterstück etc*) **11.** MUS zu tief: **sing ~ 12.** *in five minutes* ~ F in sage u. schreibe fünf Minuten **13.** ~ **broke** F total abgebrannt *od* pleite

▸ **flat²** [flæt] *s bes Br* Wohnung *f*: → **block** 3

'**flat·foot** *s* (*unreg* **foot**) *mst Pl* MED Plattfuß *m* '**~'foot·ed** *Adj* **1.** MED plattfüßig: **be ~** Plattfüße haben **2.** F entschieden

flat·let ['flætlɪt] *s bes Br* Kleinwohnung *f* '**flat·ness** *s* Flachheit *f* **flat·ten** ['~tn] **I** *v/t* **1.** (ein)ebnen **2.** MATHE, TECH abflachen; TECH ausbeulen **II** *v/i* **3.** *a.* ~ **out** flach(er) werden

flat·ter ['flætə] *v/t* j-m schmeicheln (*a. fig Bild etc*): **be ~ed** sich geschmeichelt fühlen (**at, by** durch) **flat·ter·er** *s* Schmeichler(in) '**flat·ter·ing** *Adj* **1.** schmeichlerisch **2.** schmeichelhaft (**to** für) '**flat·ter·y** *s* Schmeichelei(en *Pl*) *f*

'**flat·top** *s a.* ~ **haircut** *s* Bürstenschnitt *m* (*Frisur*)

flat·u·lence ['flætjʊləns] *s* MED Blähung(en *Pl*) *f*: **cause** (*od* **produce**) ~ blähen

flat·ware ['flætweə] *s Am* Besteck *n*

flaunt [flɔːnt] *v/t* protzen mit

flau·tist ['flɔːtɪst] *s* MUS Flötist(in)

▸ **fla·vo(u)r** ['fleɪvə] **I** *s* **1.** Geschmack *m*, Aroma *n*: ~ **enhancer** Geschmacksverstärker *m* **2.** *fig* Beigeschmack *m* **II** *v/t* **3.** würzen (*a. fig*) '**fla·vo(u)r·ing** *s* Würze *f*, Aroma *n* (*beide a. fig*)

flaw [flɔː] *s* **1.** (TECH Material-, JUR Form)Fehler *m*, TECH *a.* Defekt *m* **2.** *fig* schwache Stelle '**flaw·less** *Adj* einwandfrei, tadellos

flax [flæks] *s* BOT Flachs *m* '**flax·en** *Adj* **1.** Flachs... **2.** flachsen, flachsfarben

flay [fleɪ] *v/t* Tier abhäuten: ~ **s.o. alive** F kein gutes Haar an j-m lassen, j-m gehörig s-e Meinung sagen

flea [fliː] *s* ZOOL Floh *m*: **send s.o. away with a ~ in his ear** F j-m heimleuchten '**~-bite** *s* **1.** Flohbiss *m* **2.** *fig* Bagatelle *f* ~ **cir·cus** *s* Flohzirkus *m* ~ **mar·ket** *s* Flohmarkt *m*

fled [fled] *Prät u. Part Perf von* **flee**

fledg(e)·ling ['fledʒlɪŋ] *s* **1.** eben flügge

gewordener Vogel **2.** *fig* Grünschnabel *m*

▸ **flee** [fliː] (*unreg*) **I** *v/i* fliehen, flüchten (**from** vor *Dat*; aus) **II** *v/t* fliehen vor (*Dat*) *od* aus

fleece [fliːs] **I** *s* **1.** Vlies *n*, *bes* Schaffell *n* **II** *v/t* **2.** F *j-n* ausnehmen, abzocken

fleet¹ [fliːt] *s* **1.** SCHIFF Flotte *f* **2.** ~ **of cars** Wagenpark *m*

fleet² [-] *Adj* schnell, flink

fleet·ing ['fliːtɪŋ] *Adj* flüchtig, vergänglich

▸ **flesh** [fleʃ] *s* **1.** Fleisch *n*: → *creep* 3 **2.** Körper *m*, Leib *m*: **my own ~ and blood** mein eigen Fleisch u. Blut; **in the ~** leibhaftig, höchstpersönlich; in natura, in Wirklichkeit **3.** (Frucht-) Fleisch *n* **'~·col·o(u)red** *Adj* fleischfarben **'~·eat·ing** *Adj* BOT, ZOOL Fleisch fressend **~ wound** *s* MED Fleischwunde *f*

flew [fluː] *Prät von* **fly¹**

flex [fleks] **I** *v/t bes* ANAT biegen, beugen **II** *s* ELEK *bes* Br (Anschluss-, Verlängerungs)Kabel *n*, (-)Schnur *f* **'flex·i·ble** *Adj* flexibel: **a)** elastisch, **b)** *fig* anpassungsfähig, beweglich

flex-(i·)time ['fleksɪtaɪm] *s* Br gleitende Arbeitszeit: **be on ~** gleitende Arbeitszeit haben

flick [flɪk] **I** *s* **1.** Klaps *m* **2.** Knall *m*, Schnalzer *m* **3.** Schnipser *m* **II** *v/t* **4.** *j-m* e-n Klaps geben **5.** schnalzen mit (*Fingern*), (*mit Peitsche*) knallen mit **6.** schnippen, schnipsen

flick·er ['flɪkə] *s* **1.** Flackern *n* **2.** TV Flimmern *n* **II** *v/i* **3.** flackern **4.** flimmern (*Fernsehbild*) **~·free** *Adj* flimmerfrei

flick knife *s* (*unreg* **knife**) Br Schnappmesser *n*

▸ **flight¹** [flaɪt] *s* **1.** (*a. Gedanken- etc*) Flug *m*: **in ~** im Flug **2.** Schwarm *m* (*Vögel*) **3.** *a.* ~ **of stairs** Treppe *f*

▸ **flight²** [flaɪt] *s* Flucht *f*: **in his ~** auf s-r Flucht; **put to ~** in die Flucht schlagen; **take (to) ~** die Flucht ergreifen; ~ **of capital** WIRTSCH Kapitalflucht

flight| at·tend·ant *s* Flugbegleiter(in) ~ **con·trol·ler** *s* Fluglotse *m*, -lotsin *f* **~·en·gi·neer** *s* Bordingenieur(in) ~ **re·cord·er** *s* Flug(daten)schreiber *m*

flight·y ['flaɪtɪ] *Adj* flatterhaft

flim·sy ['flɪmzɪ] **I** *Adj* **1.** dünn, zart **2.** *fig*

fadenscheinig (*Ausrede*) **II** *s* **3.** Durchschlagpapier *n*

flinch [flɪntʃ] *v/i* **1.** zurückschrecken (**from, at** vor *Dat*) **2.** (zurück)zucken, zs.-fahren: **without ~ing** ohne mit der Wimper zu zucken

fling [flɪŋ] **I** *s* **1.** Wurf *m* **2.** **have one's** (*od* **a**) ~ sich austoben **3.** F Versuch *m*: **have** (*od* **take**) **a ~ at** es versuchen *od* probieren mit **4.** **have a ~** (**with s.o.**) F e-e Affäre (mit j-m) haben **II** *v/t* (*unreg*) **5.** werfen, schleudern (**at** nach): ~ **open** Tür *etc* aufreißen; ~ **away** wegwerfen; ~ **o.s.** sich stürzen (**at s.o.** auf j-n; **into s.th.** *in od* auf e-e Sache)

flint [flɪnt] *s* Feuerstein *m*

flip [flɪp] **I** *v/t* **1.** → *flick* 6 **2.** *a.* ~ **over** Pfannkuchen, Schallplatte *etc* wenden, umdrehen **II** *v/i* **3.** *a.* ~ **out** *bes* Am *sl* ausflippen, durchdrehen (**over** bei) **III** *s* **4.** Schnipser *m* **5.** Flip *m* (*Getränk*) ~ **chart** *s* Flipchart *f* **'~·flop** *s* Zehensandale *f*

flip·pant ['flɪpənt] *Adj* respektlos, schnodd(e)rig

flip·per ['flɪpə] *s* **1.** ZOOL Flosse *f* **2.** Schwimmflosse *f*

flip side *s* B-Seite *f* (*e-r Single*)

flirt [flɜːt] **I** *v/i* flirten, *fig a.* spielen, liebäugeln (**with mit**) **II** *s*: **be a ~** gern flirten **flir·ta·tion** *s* Flirt *m*, *fig a.* Spielen *n*, Liebäugeln *n* **flir·ta·tious** *Adj* kokett

flit [flɪt] *v/i* flitzen, huschen

▸ **float** [fləʊt] **I** *v/i* **1.** (auf dem Wasser) schwimmen, (im Wasser) treiben **2.** SCHIFF flott sein *od* werden **3.** schweben, ziehen **4.** *a.* WIRTSCH in Umlauf sein **II** *v/t* **5.** schwimmen *od* treiben lassen **6.** SCHIFF flottmachen **7.** WIRTSCH *Wertpapiere etc* in Umlauf bringen; *Anleihe* auflegen; *Gesellschaft* gründen **8.** WIRTSCH *Währung* floaten, den Wechselkurs (*Gen*) freigeben **9.** *Gerücht etc* in Umlauf setzen **III** *s* **10.** flacher Plattformwagen, *bes* Festwagen *m* **'float·ing** *Adj* **1.** treibend, schwimmend: ~ **decimal point** Fließkomma *n* **2.** WIRTSCH umlaufend (*Geld etc*); frei konvertierbar (*Währung*) **3.** ~ **voter** Wechselwähler(in)

flock [flɒk] *s* **1.** Herde *f* (*bes Schafe od Ziegen*); Schwarm *m* (*Vögel*) **2.** Menge *f*, Haufen *m* **3.** REL Herde *f*, Gemeinde *f* **II** *v/i* **4.** *fig* strömen

floe [fləʊ] *s* **1.** Treibeis *n* **2.** Eisscholle *f*

flog [flɒg] *v/t* **1.** prügeln, schlagen: **~ a dead horse** *fig* offene Türen einrennen; s-e Zeit verschwenden **2.** auspeitschen **3.** *Br* F verkloppen, -scheuern '**flog·ging** *s* **1.** Tracht *f* Prügel **2.** JUR Prügelstrafe *f*

▶ **flood** [flʌd] **I** *s* **1.** *a.* **~ tide** Flut *f* **2.** Überschwemmung *f* (*a. fig*), Hochwasser *n* **3.** *fig* Flut *f*, Strom *m*, Schwall *m*: **~ of tears** Tränenstrom **II** *v/t* **4.** überschwemmen, -fluten (*beide a. fig* **with** mit) **5.** unter Wasser setzen **III** *v/i* **6.** fluten, strömen, sich ergießen (*alle a. fig*) **7.** anschwellen; über die Ufer treten '**~·light I** *s* Scheinwerfer-, Flutlicht *n*: **by ~** unter Flutlicht **II** *v/t* (*unreg* **light**[1]) (mit Scheinwerfern) beleuchten *od* anstrahlen: **floodlit match** (*Sport*) Flutlichtspiel *n*

▶ **floor** [flɔː] **I** *s* **1.** (Fuß)Boden *m*: → **wipe** II **2.** Tanzfläche *f*: **take the ~** auf die Tanzfläche gehen **3.** Stockwerk *n*, Stock *m*, Geschoss *n* **4.** PARL Sitzungs-, Plenarsaal *m*: **take the ~** das Wort ergreifen **II** *v/t* **5.** e-n (Fuß)Boden legen in (*Dat*) **6.** zu Boden schlagen, (*Boxen a.*) auf die Bretter schicken **7.** F **a)** *j-n* umhauen, *j-m* die Sprache verschlagen: **~ed** platt, sprachlos, **b)** *j-n* schaffen (*Problem etc*) '**~·board** *s* Diele *f* **~ ex·er·cis·es** *s Pl* SPORT Bodenturnen *n*

floor·ing ['flɔːrɪŋ] *s* (Fuß)Bodenbelag *m*

floor| lamp *s* Stehlampe *f* **~ lead·er** *s* PARL *Am* Fraktionsführer(in) **~ show** *s* Varieteevorstellung *f* (*in Nachtklub etc*) **~ wait·er** *s* Etagenkellner *m*

floo·zy ['fluːzɪ] *s sl* Flittchen *n*

flop [flɒp] **I** *v/i* **1.** plumpsen; sich plumpsen lassen (**into** in *Akk*) **2.** F durchfallen (*Prüfling, Theaterstück etc*); *allg* e-e Pleite *od* ein Reinfall sein **II** *s* **3.** Plumps *m* **4.** F **a)** THEAT *etc* Flop *m*, Durchfall *m*, **b)** Reinfall *m*, Pleite *f*, **c)** Versager(in)

flop·py ['flɒpɪ] **I** *Adj* **1.** schlaff, schlottrig, schlotterig **II** *s* **2.** COMPUTER Diskette *f*

▶ **flop·py disk** [ˌflɒpɪ'dɪsk] *s* COMPUTER Diskette *f*: **~ drive** Diskettenlaufwerk *n*

flo·ra ['flɔːrə] *s* BOT Flora *f*, Pflanzenwelt *f* '**flo·ral** *Adj* Blumen..., Blüten...: **~ pattern** Blumenmuster *n*

Flor·ence ['flɒrəns] *Eigenn* Florenz *n*

flor·id ['flɒrɪd] *Adj* **1.** blühend (*Gesichtsfarbe, Gesundheit*) **2.** blumig (*Stil*)

flo·rist ['flɒrɪst] *s* **1.** Blumenhändler(in) **2.** Blumenzüchter(in)

flot·sam ['flɒtsəm] *s* SCHIFF Treibgut *n*: **~ and jetsam** Strandgut *n* (*a. fig*), Wrackgut *n*

flounce [flaʊns] *v/i* erregt stürmen *od* stürzen

floun·der[1] ['flaʊndə] *s* FISCH Flunder *f*

---

on which floor?

Achten Sie auf die unterschiedliche Bezeichnung von Stockwerken in den USA und Großbritannien. In Klammern werden die üblichen Abkürzungen im Lift angegeben.

	britisch	amerikanisch
Untergeschoss	**basement (B)** bzw. **lower ground floor (LG)**	**basement (B)**
Erdgeschoss	**ground floor (G** bzw. **O)**	**first floor (1)**
1. Etage	**first floor (1)**	**second floor (2)**
2. Etage	**second floor (2)**	**third floor (3)**
3. Etage	**third floor (3)**	**fourth floor (4)** *etc*

In Großbritannien zählt man also wie im Deutschen, in Amerika zählt man immer eins dazu.
Die Abkürzung **M** im Lift bedeutet **mezzanine floor**, das ist eine Art Zwischengeschoss zwischen Erdgeschoss und erster Etage.

floun·der[2] [_] *v/i* **1.** zappeln; strampeln **2.** *fig* sich verhaspeln, ins Schwimmen kommen

▶ **flour** ['flaʊə] **I** *s* Mehl *n* **II** *v/t* mit Mehl bestreuen

flour·ish ['flʌrɪʃ] **I** *v/i* **1.** gedeihen, *fig a.* blühen, florieren **2.** auf der Höhe s-r Macht *od* s-s Ruhms stehen; s-e Blütezeit haben **II** *v/t* **3.** *Fahne etc* schwenken **III** *s* **4.** MUS Tusch *m* **5.** Schnörkel *m*

flout [flaʊt] *v/t Befehl etc* missachten

▶ **flow** [fləʊ] **I** *v/i* **1.** fließen, strömen *(beide a. fig):* ~ *freely* in Strömen fließen *(Sekt etc)* **2.** lose herabhängen **II** *s* **3.** Fluss *m*, Strom *m (beide a. fig):* ~ *of information* Informationsfluss; ~ *of tears* Tränenstrom *m;* ~ *of traffic* Verkehrsfluss, -strom *m;* → **chart,** ~ **di·a·gram** *s* Flussdiagramm *n,* (Arbeis)Ablaufplan *m*

▶ **flow·er** ['flaʊə] **I** *s* **1.** Blume *f* **2.** Blüte(zeit) *f (a. fig):* **be in** ~ in Blüte stehen, blühen **II** *v/i* **3.** blühen, *fig a.* in höchster Blüte stehen ~ **bed** *s* Blumenbeet *n*

flow·ered ['flaʊəd] *Adj* **1.** geblümt **2.** *in Zssgn* ...blütig; ...blühend

flow·er·pot *s* Blumentopf *m*

flow·er·y ['flaʊərɪ] *Adj* **1.** blumen-, blütenreich **2.** geblümt **3.** *fig* blumig *(Stil)*

▶ **flown** [fləʊn] *Part Perf von* **fly**[1]

▶ **flu** [fluː] *s* MED F Grippe *f:* **he's got (the)** ~ er hat Grippe

fluc·tu·ate ['flʌktʃʊeɪt] *v/i* schwanken *(between* zwischen *Dat)* (*a. fig),* fluktuieren **fluc·tu·a·tion** *s* Schwankung *f,* Fluktuation *f:* ~ *in prices* WIRTSCH Preisschwankung

flu·en·cy ['fluːənsɪ] *s* **1.** Flüssigkeit *f (des Stils etc)* **2.** (Rede)Gewandtheit *f* **'flu·ent** *Adj* **1.** fließend *(a. fig):* **in** ~ *English* in fließendem Englisch; **speak** ~ *German,* **be** ~ **in** *German* fließend Deutsch sprechen **2.** flüssig *(Stil etc)* **3.** gewandt *(Redner etc)*

fluff [flʌf] **I** *s* **1.** Staubflocke *f,* Fussel(n *Pl*) *f* **2.** Flaum *m (a. erster Bartwuchs)* **3.** THEAT *etc* F Patzer *m* **II** *v/t* **4.** THEAT *etc* F verpatzen: ~ *one's lines* stecken bleiben **'fluff·y** *Adj* flaumig

flu·id ['fluːɪd] **I** *s* Flüssigkeit *f* **II** *Adj* flüssig *(a. Stil etc)*

fluke [fluːk] *s* F Dusel *m*

flung [flʌŋ] *Prät u. Part Perf von* **fling**

flunk [flʌŋk] PÄD *bes Am* F **I** *v/t* **1.** *Schüler* durchrasseln lassen **2.** durchrasseln in *(Dat)* **II** *v/i* durchrasseln

flu·o·res·cent [flɔː'resnt] *Adj* CHEM, PHYS fluoreszierend, Leucht(stoff)...

flur·ry ['flʌrɪ] *s* **1.** Windstoß *m* **2.** *(Regen-, Schnee)Schauer m* **3.** *Fig* Hagel *m,* Wirbel *m* **4.** *fig* Aufregung *f,* Unruhe *f*

flush [flʌʃ] **I** *s* **1.** Erröten *n;* Röte *f* **2.** (Wasser)Schwall *m,* Strom *m* **II** *v/t* **3.** *a.* ~ *out* (aus)spülen; ~ *down* hinunterspülen; ~ *the toilet* spülen **II** *v/i* **4.** *ap* erröten, rot werden **5.** spülen *(Toilette[nbenutzer])* **IV** *Adj* **6.** bündig: ~ *left (right)* linksbündig (rechtsbündig); **be** ~ F gut bei Kasse sein

flus·ter ['flʌstə] **I** *v/t* nervös machen, durcheinander bringen **II** *v/i* nervös werden **III** *s* Nervosität *f:* **get in a** ~ nervös werden; **all in a** ~ ganz durcheinander

flute [fluːt] MUS **I** *s* Flöte *f* **II** *v/i* flöten, Flöte spielen **'flut·ist** *s bes Am* Flötist(in)

flut·ter ['flʌtə] **I** *v/i* **1.** flattern *(a. MED Herz, Puls)* **II** *v/t* **2.** wedeln mit **III** *s* **3.** Flattern *n (a. MED)* **4.** → **fluster** III

flux [flʌks] *s* **1.** Fließen *n,* Fluss *m* **2.** MED Ausfluss *m* **3.** *in (a state of)* ~ *fig im* Fluss, in Bewegung

▶ **fly**[1] [flaɪ] **I** *s* **1.** Hosenschlitz *m* **II** *v/i* *(unreg)* **2.** fliegen: **the bird has flown** *fig* der Vogel ist ausgeflogen; ~ *open* auffliegen *(Tür etc)* **3.** fliegen, stieben *(Funken etc):* → *spark* I **4.** stürmen, stürzen: ~ *at s.o.* auf j-n losgehen; → *temper* 3 **5.** (ver)fliegen *(Zeit)* **6.** flattern, wehen **III** *v/t* **7.** fliegen lassen: → *kite* 8. FLUG *Flugzeug, j-n, etw, Strecke* fliegen; *Ozean etc* überfliegen; mit *e-r Fluggesellschaft* fliegen: ~ *in (out)* ein(aus)fliegen **9.** *Fahne* hissen, wehen lassen

fly[2] [_] *s* ZOOL Fliege *f:* **a** ~ *in the ointment* *fig* ein Haar in der Suppe; **he would not hurt a** ~ er tut keiner Fliege etw zu Leide

fly·ing ['flaɪŋ] **I** *Adj* **1.** fliegend, Flug...: ~ *saucer* fliegende Untertasse; ~ *squad Br* Überfallkommando *n;* ~ *start (Sport)* fliegender Start; → *colour* 5 **2.** kurz, flüchtig *(Eindruck etc):* ~ *visit* Stippvisite *f* **II** *s* **3.** Fliegen *n*

'**fly**|**o·ver** s Br (Straßen-, Eisenbahn-) Überführung f '**~·swat·ter** → **swatter** '**~·weight** (Sport) **I** s Fliegengewicht n **II** Adj Fliegengewichts…

FM [ef'em] Abk (= **frequency modula-tion**) UKW n

foal [fəʊl] s ZOOL Fohlen n, Füllen n: **in** ~ trächtig

foam [fəʊm] **I** s Schaum m **II** v/i schäu-men ~ **rub·ber** s Schaumgummi m, n

foam·y ['fəʊmɪ] Adj schäumend, schau-mig

fob [fɒb] v/t **1.** ~ **s.th. off on s.o.** j-m etw andrehen od aufhängen **2.** ~ **s.o. off** j-n abspeisen od abwimmeln (**with** mit)

fo·cal ['fəʊkl] Adj MATHE, TECH, PHYS im Brennpunkt stehend (a. fig), Brenn-(punkt)…: ~ **point** Brennpunkt m (a. fig) **fo·cus** ['-kəs] **I** s **1.** MATHE, TECH, PHYS Brenn-, fig a. Mittelpunkt m; OPT, FOTO Scharfeinstellung f: **in** ~ scharf; fig klar u. richtig; **out of** ~ un-scharf, verschwommen (a. fig); **be the** ~ **of attention** im Mittelpunkt des Interesses stehen; **bring into** ~ **a)** → 2, **b)** in den Brennpunkt rücken **II** v/t Prät u. Part Perf **-cus(s)ed 1.** PHYS im Brennpunkt vereinigen, **Strahlen** bündeln; OPT, FOTO scharf einstellen **3.** fig konzentrieren, richten (**on** auf Akk) **III** v/i **4.** fig sich konzentrieren od richten (**on** auf Akk)

fod·der ['fɒdə] s (Trocken)Futter n

▶ **fog** [fɒg] **I** s (dichter) Nebel **II** v/t in Nebel hüllen, einnebeln **III** v/i a. ~ **up** (sich) beschlagen (Glas) ~ **bank** s Nebelbank m

fo·gey → **fogy**

fog·gy ['fɒgɪ] Adj **1.** neb(e)lig: ~ **day** Ne-beltag m **2.** fig nebelhaft: **I haven't got the foggiest** (**idea**) F ich hab keinen blassen Schimmer

'**fog**|**horn** s Nebelhorn n ~ **lamp**, ~ **light** s MOT Nebelscheinwerfer m, -lampe f: ~ **rear** ~ Nebelschlussleuchte f

fo·gy ['fəʊgɪ] s mst **old** ~ verknöcherter (alter) Kerl

foi·ble ['fɔɪbl] s fig **1.** (kleine) Schwäche **2.** (vorübergehende) Laune

foil[1] [fɔɪl] v/t Plan etc vereiteln, durch-kreuzen, j-m e-n Strich durch die Rechnung machen

foil[2] [-] s **1.** (Metall)Folie f **2.** fig Hinter-grund m (**to** für)

foist [fɔɪst] v/t: ~ **s.th.** (**off**) **on s.o.** j-m etw andrehen od aufhängen; ~ **o.s.** (od **one's company**) **on s.o.** sich j-m auf-drängen

▶ **fold** [fəʊld] **I** v/t **1.** Tuch, Hände etc, Arme verschränken, kreuzen **2.** oft ~ **up** zs.-legen, -falten; zs.-klappen: ~ **away** zs.-klappen (u. verstauen) **3.** ein-wickeln, -schlagen (**in** in Akk): ~ **s.o. in one's arms** j-n in die Arme nehmen od schließen **II** v/i **4.** sich (zs.-)falten od zs.-legen od zs.-klappen (lassen) **5.** mst ~ **up** F zs.-brechen (**with** vor Dat); WIRTSCH eingehen **III** s **6.** (ANAT Haut-, GEOL Boden)Falte f '**fold·er** s **1.** Faltprospekt m, -blatt n, Broschüre f **2.** Aktendeckel m, Mappe f **3.** Schnell-hefter m **4.** COMPUTER Ordner m '**fold-ing** Adj zs.-legbar, -faltbar; zs.-klapp-bar: ~ **bicycle** Klapprad n; ~ **chair** Klappstuhl m; ~ **door(s** Pl) Falttür f; ~ **table** Klapptisch m; ~ **umbrella** Ta-schenschirm m

fo·li·age ['fəʊlɪɪdʒ] s Laub(werk) n, Blätter(werk n) Pl: ~ **plant** Blattpflan-ze f

folk [fəʊk] **I** s Pl **1.** a. **folks** Leute Pl **2.** (nur **folks**) F m-e etc Leute od Ver-wandten od Angehörigen Pl; (bes als Anrede) Leute Pl, Herrschaften Pl **II** Adj **3.** Volks…: ~ **dance** (etymology, **music**, etc)

▶ **fol·low** ['fɒləʊ] **I** v/t **1.** folgen (Dat): **a)** nachfolgen (Dat), sich anschließen (Dat), **b)** (zeitlich) folgen auf (Akk), nachfolgen (Dat), **c)** Ratschlag etc be-folgen, sich richten nach, **d)** Mode etc mitmachen, **e)** folgen können (Dat), verstehen **2.** Ziel, Zweck verfolgen: ~ **up** e-r Sache nachgehen; Sache weiter-verfolgen **3.** e-r Beschäftigung etc nach-gehen, Beruf ausüben **II** v/i **4.** (zeitlich od räumlich) (nach)folgen: **letter to** ~ Brief folgt; **as** ~ **s** wie folgt, folgender-maßen; → **footstep 2 5.** mst unpers fol-gen, sich ergeben (**from** aus): **it** ~**s from this** hieraus folgt (**that** dass) '**fol·low·er** s Anhänger(in): ~**s** Pl → **following** 1 '**fol·low·ing I** s **1.** Gefolge n, Anhang m; Anhänger(schaft f) Pl, Gefolg-schaft f **2.** das Folgende; die Folgenden Pl **II** Adj **3.** folgend: ~ **wind** Rücken-wind m **III** Präp **4.** im Anschluss an (Akk)

'**fol·low-up** s **1.** Weiterverfolgen n (e-r Sache) **2.** MED Nachbehandlung f

fol·ly ['fɒlɪ] s Torheit f

fond [fɒnd] Adj **1.** be ~ of mögen, gern haben: he's very ~ of Jess er mag Jess sehr gern; be ~ of doing s.th. etw gern tun **2.** zärtlich, liebevoll **3.** allzu nachsichtig (Mutter etc)

fon·dle ['fɒndl] v/t (liebevoll) streicheln

fond·ness ['fɒndnɪs] s **1.** Zärtlichkeit f **2.** Zuneigung f (of zu) **3.** Vorliebe f (for für)

font [fɒnt] s **1.** Typographie: Schriftart f **2.** REL Taufstein m, Taufbecken n

▸ **food** [fuːd] s **1.** Nahrung f (a. fig), Essen n, Verpflegung f: ~ for thought Stoff m zum Nachdenken **2.** Nahrungs-, Lebensmittel Pl ~ **ad·di·tives** Pl chemische Zusätze ~ **chain** s Nahrungskette f

food·ie ['fuːdɪ] s F Feinschmecker(in)

food| in·dus·try s Lebensmittelindustrie f ~ **poi·son·ing** s MED Lebensmittelvergiftung f ~ **pro·ces·sor** s Küchenmaschine f '~**stuff** → food 2

food·y → foodie

▸ **fool** [fuːl] I s **1.** Narr m, Närrin f, Dummkopf m: feel like a ~ sich dumm vorkommen; make a ~ of → 2; make a ~ of o.s. sich lächerlich machen II v/t **2.** zum Narren halten **3.** betrügen (out of um); verleiten (into doing zu tun) III v/i **4.** a. ~ about (od around) Unsinn machen, herumalbern **5.** oft ~ about (od around) spielen (with mit); herumtreiben; herumtrödeln

'**fool·er·y** s Torheit f

'**fool·har·dy** Adj tollkühn, verwegen

fool·ish ['fuːlɪʃ] Adj dumm, töricht

'**fool·proof** Adj **1.** TECH betriebssicher **2.** todsicher (Plan etc) **3.** narren-, idiotensicher (Gerät etc)

▸ **foot** [fʊt] I Pl **feet** [fiːt] s **1.** Fuß m: on one's feet stehend; be on one's feet (again) (wieder) auf den Beinen sein; put one's ~ (in it) ins Fettnäpfchen treten; → sweep 6 **2.** (Pl a. foot) Fuß m (= 0,3048 m) **3.** Fuß m (e-s Berges, Strumpfes etc), Fußende n (e-s Bettes etc): at the ~ of am Fuß (Gen), unten an (Dat) IV v/t **4.** ~ it F zu Fuß gehen **5.** Rechnung bezahlen ,~**and-'mouth**, ,~**and-'mouth dis·ease** s VET Maul- u. Klauenseuche f

foot

als Längenmaß

1 foot = 30,48 cm

Vergleichen Sie folgende Pluralbildungen:

It's three feet long.	Es ist drei Fuß lang.
A two-foot plank.	Ein zwei Fuß langes Brett.
He's six foot six tall.	Er ist sechseinhalb* Fuß groß.

Wenn **foot** vor dem Substantiv steht (**two-foot plank**) oder im Zusammenhang mit Inch (**six foot six**) verwendet wird, bleibt die Singularform **foot** erhalten.

* Ein Fuß hat 12 Inches, also bedeutet die Maßangabe **six foot six** sechseinhalb Fuß (etwa 1,98 m).

▸ **foot·ball** ['fʊtbɔːl] (Sport) I s **1.** Br Fußball(spiel n) m; Am Football(spiel n) m **2.** Br Fußball m; Am Football-Ball m II Adj **3.** Br Fußball...; Am Football...: ~ **pools** Pl Fußballtoto n, m '~**bridge** s Fußgängerbrücke f '~**fall** s Schritt m, Tritt m (Geräusch) '~**hills** s Pl Vorgebirge n '~**hold** s Stand m: gain (od get) a ~ fig (festen) Fuß fassen (in in Dat; as als)

foot·ing ['fʊtɪŋ] s **1.** Stand m: lose (od miss) one's ~ den Halt verlieren **2.** fig Basis f, Grundlage f: place on an equal (od the same) ~ gleichstellen (with Dat); be on a friendly ~ auf freundschaftlichem Fuße stehen (with mit)

'**foot·lights** s Pl THEAT **1.** Rampenlicht(er Pl) n **2.** fig die Bühne, das Theater

foot·ling ['fuːtlɪŋ] Adj F läppisch (Sache), (a. Person) albern

'**foot·loose** Adj frei, ungebunden: ~ and fancy-free frei u. ungebunden '~**note** I s Fußnote f (to zu) II v/t mit Fußnoten versehen ~ **pas·sen·ger** s Fußgänger(in) '~**path** s **1.** (Fuß)Pfad m, (-)Weg m **2.** bes Br Bürgersteig m '~**print** s Fußabdruck m

foot·sie ['fʊtsɪ] *s:* **play** ~ F füßeln (**with** mit)

'**foot**·**slog** *v/i* F latschen '~·**sore** *Adj* fußwund, *bes* MIL fußkrank ~ **spray** *s* Fußspray *m, n* '~·**step** *s* **1.** Tritt *m*, Schritt *m* **2.** Fußstapfe *f:* **follow in s.o.'s** ~**s** *fig* in j-s Fußstapfen treten '~·**wear** *s* Schuhwerk *n* '~·**work** *s* SPORT Beinarbeit *f*

▶ **for** [fɔː] **I** *Präp* **1.** für: **a)** zugunsten von: **a gift** ~ **him** ein Geschenk für ihn, **b)** (mit der Absicht) zu: **come** ~ **dinner** zum Essen kommen, **c)** (*passend od geeignet*) für; (*bestimmt*) für, zu: **the right man** ~ **the job** der richtige Mann für diesen Posten, **d)** (*als Belohnung od Entgelt*) für, **e)** (*als Strafe etc*) wegen, **f)** in Anbetracht (*Gen*), im Hinblick auf (*Akk*): **he is tall** ~ **his age** er ist groß für sein Alter, **g)** (*Begabung, Neigung*) für, (*Hang*) zu, **h)** (*zeitlich*) auf (*Akk*), für die Dauer von, seit: ~ **hours** stundenlang; **he has been here** ~ **a week** er ist schon seit e-r Woche hier, **i)** an Stelle von (*od Gen*), (an)statt; in Vertretung *od* im Namen von (*od Gen*) **2.** (*Wunsch, Ziel*) nach, auf (*Akk*) **3.** (*Mittel*) gegen **4.** dank, wegen: **if it wasn't** ~ **him** wenn er nicht wäre, ohne ihn **5.** **run** ~ **a mile** e-e Meile (weit) laufen **6.** nach: **the train** ~ **London** *7.* trotz: ~ **all that** trotz alledem **8.** was ... betrifft: **as** ~ **me** was mich betrifft *od* anbelangt; ~ **all I know** soviel ich weiß **9.** *nach Adj u. vor Inf:* **it is impossible** ~ **me to come** ich kann unmöglich kommen **10.** *mit s od Pron u. Inf:* **it is time** ~ **you to go home** es ist Zeit für dich heimzugehen; **it is** ~ **you to decide** die Entscheidung liegt bei Ihnen **II** *Konj* **11.** denn, weil

for·ay ['fɔreɪ] *s* **1.** Beute-, Raubzug *m* **2.** *bes* MIL Ein-, Überfall *m*

for·bade [fə'bæd] *Prät von* **forbid**

for·bear → **forebear**

▶ **for·bid** [fə'bɪd] (*unreg*) **I** *v/t* **1.** verbieten, untersagen: ~ **s.o. the house** j-m das Haus verbieten **2.** ausschließen, unmöglich machen **II** *v/i* **3.** **God** (*od* **heaven**) ~! Gott behüte *od* bewahre! **for'bid·den** [-dn] *Part Perf von* **forbid for·bid·ding** *Adj* **1.** abstoßend, abschreckend **2.** bedrohlich

▶ **force** [fɔːs] **I** *s* **1.** Stärke *f*, Kraft *f*,

Wucht *f* (*a. fig*): ~ **of gravity** PHYS Schwerkraft; **by** ~ **of** kraft, mittels; **by** ~ **of arms** mit Waffengewalt; **join** ~**s** sich zs.-tun (**with** mit) **2.** *fig* Kraft *f:* ~**s** *Pl* **of nature** Naturkräfte *Pl*, -gewalten *Pl* **3.** Gewalt *f:* **by** ~ gewaltsam **4.** Zwang *m* (*a. fig*) JUR): **by** ~ zwangsweise **5.** (Rechts)Kraft *f*, (-)Gültigkeit *f:* **come** (**put**) **into** ~ in Kraft treten (setzen) **6.** Einfluss *m*, Wirkung *f:* ~ **of habit** Macht *f* der Gewohnheit **7.** *Pl, a.* **armed** ~**s** Streitkräfte *Pl* **II** *v/t* **8.** j-n zwingen, nötigen (**to do** zu tun) **9.** *etw* erzwingen, durchsetzen **10.** zwängen, drängen: ~ **one's way** sich (durch)drängen (**through** durch) **11.** ~ **s.th. on s.o.** j-m etw aufzwingen *od* -drängen; ~ **o.s. on s.o.** sich j-m aufdrängen; ~ **throat** **12.** *a.* ~ **up** Preise in die Höhe treiben **13.** *Tempo* beschleunigen, forcieren **14.** *a.* ~ **open** Tür etc aufbrechen **forced** *Adj* **1.** erzwungen, Zwangs...: ~ **labour** Zwangsarbeit *f;* ~ **landing** FLUG Notlandung *f;* **make a** ~ **landing** notlanden **2.** gezwungen, gequält

'**force-feed** *v/t* (*unreg* **feed**) zwangsernähren

force·ful ['fɔːsful] *Adj* **1.** energisch, kraftvoll (*Person*) **2.** eindrucksvoll, -dringlich (*Rede etc*) **3.** zwingend, überzeugend (*Argument etc*)

for·ceps ['fɔːseps] *s* **1.** MED, ZOOL (**pair of**) ~ Zange *f:* ~ **delivery** Zangengeburt *f* **2.** Pinzette *f*

for·ci·ble ['fɔːsəbl] *Adj* **1.** gewaltsam; zwangsweise **2.** → **forceful**

ford [fɔːd] **I** *s* Furt *f* **II** *v/t* durchwaten

fore [fɔː] **I** *Adj* **1.** vorder, Vorder... **2.** früher **II** *Adv* **3.** SCHIFF vorn **III** *s* **4.** Vorderteil *m*, -seite *f*, Front *f:* **come to the** ~ *fig* sich hervortun '~·**arm** *s* Unterarm *m* '~·**bear** *s mst Pl* Vorfahr(in), Ahn *m*, Ahne *f* '~·**bod·ing** *s* **1.** (*böse*) (Vor)Ahnung **2.** (*böses*) Vorzeichen *od* Omen '~·**cast** **I** *v/t Prät u. Part Perf* **-cast(-ed) 1.** voraussagen, vorhersehen **2.** *Wetter etc* vorhersagen **II** *s* **3.** Voraussage *f* **4.** (*Wetter*)Vorhersage *f* '~·**fa·ther** *s* Ahn *m*, Vorfahr *m* '~·**fin·ger** *s* Zeigefinger *m* '~·**front** *s* vorderste Reihe (*a. fig*) '~·**gone** *Adj:* ~ **conclusion** ausgemachte Sache; **be a** ~ **conclusion** *a.* von vornherein feststehen '~·**ground** *s*

Vordergrund *m* (*a. fig*) '**~·hand** (*Sport*)
I *s* Vorhand(schlag *m*) *f* II *Adj* Vorhand...

▸ **fore·head** ['fɒrɪd] *s* Stirn *f*

▸ **for·eign** ['fɒrən] *Adj* **1.** fremd, ausländisch, Auslands...: **~ affairs** *Pl* Außenpolitik *f*, auswärtige Angelegenheiten *Pl*; **~ commerce** *Am* Außenhandel *m*; **~ currency** (*od* **exchange**) WIRTSCH Devisen *Pl*; **~ language** Fremdsprache *f*; ⁂ **Office** POL *Br* Außenministerium *n*; **~ policy** Außenpolitik *f*; ⁂ **Secretary** POL *Br* Außenminister(in); **~ trade** Außenhandel *m*; **~ visit** Auslandsbesuch *m*; **~ word** Fremdwort *n*; **~worker** Gastarbeiter(in); → **correspondent** 3 **2.** fremd (**to** *Dat*): **this is ~ to his nature** das ist ihm wesensfremd; **~ body** MED Fremdkörper *m*

▸ **for·eign·er** ['fɒrənə] *s* Ausländer(in)

fore'**knowl·edge** *s* Vorherwissen *n*, vorherige Kenntnis '**man** ['.mən] *s* (*unreg* **man**) **1.** Vorarbeiter *m*, (*am Bau*) Polier *m* **2.** JUR Obmann *m* (*der Geschworenen*) '**most** I *Adj* **1.** vorderst, erst **2.** *fig* herausragendst II *Adv* **3.** zuerst

fo·ren·sic [fə'rensɪk] *Adj* Gerichts...: **~ medicine**

'**fore**|**·play** *s* (*sexuelles*) Vorspiel '**~·run·ner** *s fig* **1.** Vorläufer(in) **2.** Vorbote *m*; (*erstes*) Anzeichen **~'see** *v/t* (*unreg* **see**[1]) vorher-, voraussehen **~'see·a·ble** *Adj*: **in the ~ future** in absehbarer Zeit **~'shad·ow** *v/t* ahnen lassen, andeuten '**~·sight** *s* Weitblick *m*; (*weise*) Voraussicht '**~·skin** *s* ANAT Vorhaut *f*

▸ **for·est** ['fɒrɪst] *s* (*a. fig Antennen- etc*) Wald *m*; Forst *m*

fore·stall [fɔː'stɔːl] *v/t* **1.** *j-m*, *e-r Sache* zuvorkommen **2.** *Einwand etc* vorwegnehmen

for·est·er ['fɒrɪstə] *s* Förster(in) '**for·est·ry** *s* Forstwirtschaft *f*

'**fore**|**·taste** *s* Vorgeschmack *m* (**of** von) **~'tell** *v/t* (*unreg* **tell**) vorher-, voraussagen: **~ the future** die Zukunft vorhersagen

▸ **for·ev·er**, *Br a.* **for ev·er** [fə'revə] *Adv* **1.** für *od* auf immer **2.** ständig, (an)dauernd

fore|'**warn** *v/t* vorher warnen (**of** vor *Dat*) '**~·wom·an** *s* (*unreg* **woman**) Vorarbeiterin *f* '**~·word** *s* Vorwort *n* (**to** zu)

for·feit ['fɔːfɪt] I *s* **~s** *Sg* Pfänderspiel *n*: **play ~s** ein Pfänderspiel machen II *v/t* verwirken, verlustig gehen (*Gen*); einbüßen III *Adj* verwirkt, verfallen **for·fei·ture** ['.tʃə] *s* Verlust *m*; Einbuße *f*

forge[1] [fɔːdʒ] I *s* **1.** Schmiede *f* II *v/t* **2.** schmieden; fälschen

forge[2] [.] *v/i mst* **~ ahead** sich (mühsam) vorankämpfen: **~ ahead** *fig* allmählich Fortschritte machen

forg·er ['fɔːdʒə] *s* Schmied; Fälscher(in) '**for·ger·y** *s* Fälschung *n*: **~ of a document** JUR Urkundenfälschung

▸ **for·get** [fə'get] (*unreg*) I *v/t* **1.** *allg* vergessen: **I ~ his name** sein Name fällt mir im Moment nicht ein **2.** **~ o.s.** sich vergessen; (*nur*) an andere denken II *v/i* **3.** *a.* **~ about it** es vergessen **for'get·ful** [.fʊl] *Adj* vergesslich

for'get-me-not *s* BOT Vergissmeinnicht *n*

▸ **for·give** [fə'gɪv] *v/t* (*unreg* **give**) **1.** *j-m etw* verzeihen, -geben **2.** *j-m e-e* Schuld *etc* erlassen **for'giv·ing** *Adj* **1.** versöhnlich **2.** verzeihend

for·go [fɔː'gəʊ] *v/t* (*unreg* **go**) verzichten auf (*Akk*)

for·got [fə'gɒt] *Prät u. Part Perf von* **for·get for'got·ten** [.tn] *Part Perf von* **for·get**

▸ **fork** [fɔːk] I *s* **1.** Gabel *f* **2.** Gab(e)lung *f*, Abzweigung *f* II *v/t* **3.** **~ out** F Geld herausrücken, lockermachen III *v/i* **4.** sich gabeln (*Fluss*), (*Straße, etc*) abzweigen **forked** *Adj* gegabelt, (*Zunge*) gespalten

'**fork·lift** (**truck**) *s* TECH Gabelstapler *m*

for·lorn [fə'lɔːn] *Adj* **1.** verlassen, einsam **2.** verzweifelt (*Versuch*): **~ hope** aussichtsloses *od* verzweifeltes Unternehmen

▸ **form** [fɔːm] I *s* **1.** Form *f*, Gestalt *f*: **take ~** Form *od* Gestalt annehmen (*a. fig*); **in the ~ of** in Form von (*od* *Gen*); **in tablet ~** in Tablettenform *od* **2.** TECH Form *f*, Schablone *f* **3.** Form *f*, Art *f*: **~ of government** Regierungsform; → **due** 6 **4.** *a.* **printed ~** Formular *n*, Vordruck *m*: **~ letter** Schemabrief *m* **5.** Form *f* (*a. LING*), Fassung *f* (*e-s Textes etc*) **6.** **good** (**bad**) **~** guter (schlechter) Ton: **it is good** (**bad**) **~** es gehört sich (nicht) **7.** Formalität *f*: → **matter** 3 **8.** Verfassung *f*: **in** (**off one's**) **~** (nicht)

in Form **9.** *bes Br* (Schul)Klasse *f:* **~ master** (**mistress**) Klassenlehrer(in) **II** *v/t* **10.** formen, gestalten (*into* zu), *Regierung etc* bilden, *Gesellschaft* gründen **11.** *Charakter etc* formen, bilden **12.** sich *e-e Meinung* bilden **III** *v/i* **13.** Form *od* Gestalt annehmen (*a. fig*)

▶ **for·mal** ['fɔːml] *Adj* (→ *formally*) **1.** förmlich, formell: **~ dress** Gesellschaftskleidung *f* **2.** formal, formell **for·mal·ism** ['-məlɪzəm] *s* Formalismus *m* **for·mal·i·ty** ['-'mælətɪ] *s* **1.** Förmlichkeit *f* **2.** Formalität *f*, Formsache *f* **formal·ize** ['-məlaɪz] *v/t* **1.** formalisieren **2.** e-e feste Form geben (*Dat*) **'formal·ly** *Adv* formell, in aller Form

for·mat ['fɔːmæt] **I** *s Typographie:* Aufmachung *f*; Format *n* **II** *v/t* COMPUTER formatieren

for·ma·tion [fɔː'meɪʃn] *s* **1.** Formung *f*, Gestaltung *f* **2.** FLUG, MIL, GEOL, SPORT Formation *f* **form·a·tive** ['-mətɪv] *Adj* formend, gestaltend: **~ years** *Pl* Entwicklungsjahre *Pl*

▶ **for·mer** ['fɔːmə] *Adj* **1.** früher, vorig; ehemalig: **in ~ times** früher **2.** ersterwähnt, -genannt: **the ~** Ersterer **'for·mer·ly** *Adv* früher, ehemals

for·mi·da·ble ['fɔːmɪdəbl] *Adj* **1.** Furcht erregend **2.** gefährlich (*Gegner etc*), gewaltig, riesig (*Schulden etc*), schwierig (*Frage etc*)

form·less ['fɔːmlɪs] *Adj* formlos

for·mu·la ['fɔːmjʊlə] *Pl* **-las, -lae** ['-liː] *s* **1.** MATHE, MOT *etc* Formel *f* (*a. fig*) **2.** PHARM Rezept *n* (*zur Anfertigung*) **for·mu·late** ['-leɪt] *v/t* formulieren **for·mu·la·tion** *s* Formulierung *f*

for·sake [fə'seɪk] *v/t* (*unreg*) **1.** *j-n* verlassen, im Stich lassen **2.** *etw* aufgeben **for'sak·en** *Part Perf von* **forsake for·sook** [fə'sʊk] *Prät von* **forsake**

fort [fɔːt] *s* MIL Fort *n:* **hold the ~** *fig* die Stellung halten

forte ['fɔːteɪ] *s j-s* Stärke *f*, starke Seite

forth [fɔːθ] *Adv* **1.** weiter, fort: **and so ~** und so weiter **2.** (her)vor **'com·ing** *Adj* **1.** bevorstehend, kommend **2.** in Kürze erscheinend (*Buch*) *od* anlaufend (*Film*)

▶ **for·ti·eth** ['fɔːtɪəθ] *Adj* vierzigst

for·ti·fi·ca·tion [ˌfɔːtɪfɪ'keɪʃn] *s* **1.** MIL Befestigung *f:* **~s** *Pl* Festungswerk *n* **2.** Verstärkung *f*; Anreicherung *f* **3.**

fig Untermauerung *f* **for·ti·fy** ['-faɪ] *v/t* **1.** MIL befestigen **2.** *Wein etc* verstärken; *Nahrungsmittel* anreichern

for·ti·tude ['fɔːtɪtjuːd] *s* (innere) Kraft *od* Stärke

▶ **fort·night** ['fɔːtnaɪt] *s bes Br* vierzehn Tage: **in a ~** in 14 Tagen **'fort·night·ly** *bes Br* **I** *Adj* vierzehntägig, halbmonatlich **II** *Adv* vierzehntäglich, alle 14 Tage

for·tress ['fɔːtrɪs] *s* MIL Festung *f*

for·tu·i·tous [fɔː'tjuːɪtəs] *Adj* zufällig

for·tu·nate ['fɔːtʃnət] *Adj* glücklich: **be ~** Glück haben; **be ~ in having s.th., be ~ enough to have s.th.** das Glück haben, etw zu besitzen

▶ **for·tu·nate·ly** ['fɔːtʃnətlɪ] *Adv* glücklicherweise, zum Glück: **~ for me** zu m-m Glück

for·tune ['fɔːtʃuːn] *s* **1.** Vermögen *n:* **come into a ~** ein Vermögen erben; **make a ~** ein Vermögen verdienen **2.** (glücklicher) Zufall, Glück(sfall *m*) *n* **3.** Geschick *n*, Schicksal *n:* **good ~** Glück *n;* **tell ~s** wahrsagen; **tell s.o.'s ~** *j-m* die Karten legen; *j-m* aus der Hand lesen **4.** *oft* ♀ Fortuna *f*, das Glück, die Glücksgöttin **~ hunt·er** ['-tʃən] *s* Mitgiftjäger *m* **~ tell·er** ['-tʃən] *s* Wahrsager(in)

▶ **for·ty** ['fɔːtɪ] **I** *Adj* vierzig: **have ~ winks** F ein Nickerchen machen **II** *s* Vierzig *f:* **be in one's forties** in den Vierzigern sein; **in the forties** in den Vierzigerjahren (*e-s Jahrhunderts*)

fo·rum ['fɔːrəm] *s* Forum *n* (*a. fig*)

▶ **for·ward** ['fɔːwəd] **I** *Adv* **1.** nach vorn, vorwärts **II** *Adj* **2.** Vorwärts...: **~ planning** Vorausplanung *f* **3.** fortschrittlich **4.** vorlaut, dreist **III** *s* **5.** SPORT Stürmer(in): **~ line** Sturmreihe *f* **IV** *v/t* **6.** fördern, begünstigen **7.** (ver)senden, schicken; befördern; *Brief etc* nachsenden **for·ward·er** *s* Spediteur(in)

'for·ward·ing *s* Versand *m;* Beförderung *f;* Nachsendung *f:* **~ address** Nachsendeadresse *f;* **~ agent** Spediteur(in)

'for·ward-,look·ing *Adj* vorausschauend, fortschrittlich

for·wards ['fɔːwədz] → **forward** I

fos·sil ['fɒsl] GEOL **I** *s* Fossil *n* (*a. fig* F), Versteinerung *f* **II** *Adj* fossil (*a. fig* F), versteinert: **~ fuels** fossile Brennstoffe

fos·ter ['fɒstə] I v/t 1. Kind in Pflege haben od nehmen; bes Br in Pflege geben (**with** bei) 2. Gefühle, Plan etc hegen II Adj 3. Pflege...: ~ **mother**

fought [fɔːt] Prät u. Part Perf von **fight**

foul [faʊl] I Adj 1. stinkend, widerlich 2. verpestet, schlecht (Luft); verdorben, faul (Lebensmittel etc) 3. schmutzig, verschmutzt 4. schlecht, stürmisch (Wetter) 5. fig schmutzig, zotig 6. SPORT regelwidrig I Adv 7. **fall ~ of** fig zs.-stoßen mit: **fall ~ of the law** in Konflikt geraten mit I S 8. SPORT Foul n: **commit a ~ on** ein Foul begehen an (Dat) IV v/t 9. beschmutzen (a. fig), verschmutzen: ~ **one's own nest** das eigene Nest beschmutzen 10. zusammenstoßen 11. ~ **up** F verpatzen, -sauen ~-**mouthed** ['-maʊðd] Adj unflätig

found[1] [faʊnd] Prät u. Part Perf von **find**

found[2] [_] v/t 1. (be)gründen, Schule etc stiften 2. gründen, stützen (**on** auf Akk): **be ~ed on** sich gründen auf (Akk), beruhen auf (Dat)

found[3] [_] v/t TECH gießen

foun·da·tion [faʊn'deɪʃn] s 1. ARCHI Fundament n: **lay the ~(s)** of fig den Grund(stock) legen zu 2. Gründung f 3. Stiftung f 4. Grundlage f, Basis f ~ **stone** s ARCHI Grundstein m (a. fig) 2. → **foundation** 4

found·er[1] ['faʊndə] s (Be)Gründer(in), Stifter(in): ~ **member** Gründungsmitglied n

found·er[2] [_] s TECH Gießer(in)

found·er[3] [_] v/i scheitern, (Koalition etc a.) zerbrechen, (Ehe etc a.) in die Brüche gehen

found·ry ['faʊndrɪ] s TECH Gießerei f

▸**foun·tain** ['faʊntɪn] s 1. Quelle f (a. fig) 2. Fontäne f: **a)** (Wasser-etc)Strahl m, **b)** Springbrunnen m 3. Trinkbrunnen m ~-**pen** s Füll(feder)halter m

▸**four** [fɔː] I Adj 1. vier II s 2. Vier f: ~ **of hearts** Herzvier; **on all ~s** auf allen vieren 3. Rudern: Vierer m **four·fold** ['-fəʊld] Adj vierfach II Adv vierfach, um das Vierfache: **increase** ~ (sich) vervierfachen

,**four-'hand·ed** Adj MUS vierhändig '~-**leaf clo·ver** s BOT vierblätt(e)riges Kleeblatt '~-**legged** Adj vierbeinig '~-**let·ter word** s unanständiges Wort ~-**star** s MOT Br F Super n (Benzin) '~-

star Adj: ~ **petrol** MOT Br Superbenzin n

▸**four·teen** [ˌfɔː'tiːn] Adj vierzehn

▸**four·teenth** [ˌfɔː'tiːnθ] Adj vierzehnt

▸**fourth** [fɔːθ] I Adj 1. viert II s 2. der, die, das Vierte: **the ~ of May**, Am **May** ~ der 4. Mai 3. Viertel n

,**four-wheel 'drive** s MOT Allradantrieb m

fowl [faʊl] s Koll Geflügel n

▸**fox** [fɒks] I s 1. ZOOL Fuchs m 2. oft **sly old** ~ gerissener Kerl II v/t 3. verblüffen 4. täuschen, reinlegen ~ **hunt**(-**ing**) s Fuchsjagd f ~ **ter·ri·er** s ZOOL Foxterrier m '~-**trot** s MUS Foxtrott m

fox·y ['fɒksɪ] Adj gerissen, verschlagen

foy·er ['fɔɪeɪ] s Foyer n

fra·cas ['frækɑː] s Aufruhr m, Tumult m

frac·tion ['frækʃn] s 1. MATHE Bruch m 2. Bruchteil m **frac·tion·al** ['-ʃənl] Adj 1. MATHE Bruch... 2. fig minimal, geringfügig

frac·tious ['frækʃəs] Adj mürrisch, reizbar

frac·ture ['fræktʃə] I s Bruch m, MED a. Fraktur f II v/t (zer)brechen: ~ **one's arm** sich den Arm brechen; ~**d skull** MED Schädelbruch m III v/i (zer)brechen

frag·ile ['frædʒaɪl] Adj 1. zerbrechlich (a. fig) 2. schwach, zart (Gesundheit); gebrechlich (Person) **fra·gil·i·ty** [frə'dʒɪlətɪ] s 1. Zerbrechlichkeit f 2. Zartheit f; Gebrechlichkeit f

frag·ment ['frægmənt] s 1. literarisches etc Fragment n 2. Bruchstück n, -teil m '**frag·men·ta·ry** Adj fragmentarisch, bruchstückhaft

fra·grance ['freɪgrəns] s Wohlgeruch m, Duft m '**fra·grant** Adj wohlriechend, duftend

frail [freɪl] Adj zart, schwach (Gesundheit, Stimme etc); gebrechlich (Person); (charakterlich od moralisch) schwach '**frail·ty** s Zartheit f; Gebrechlichkeit f; Schwäche f

▸**frame** [freɪm] I s 1. (Bilder-etc)Rahmen m 2. (Brillen-etc)Gestell n 3. bes ~ **of mind** (Gemüts)Verfassung f, (-)Zustand m II v/t 4. Bild etc (ein)rahmen; fig umrahmen 5. Plan schmieden, Politik etc abstecken 6. F Sache drehen, schaukeln, Spiel (vorher) absprechen; j-m etw anhängen III v/i 7. sich entwi-

ckeln '**~up** s F **1.** Komplott n, Intrige f **2.** abgekartetes Spiel, Schwindel m '**~work** s Rahmen m: **within the ~ of** im Rahmen (Gen)

franc [fræŋk] s **1.** Schweiz: Franken m **2.** hist Europa: Franc m
▸ **France** [frɑːns] Eigenn Frankreich n
fran·chise ['fræntʃaɪz] s **1.** POL Wahlrecht n **2.** WIRTSCH Konzession f
Fran·co- ['fræŋkəʊ] in Zssgn französisch-, franko...
frank [fræŋk] I Adj offen(herzig), aufrichtig, frei(mütig): **to be ~, ~ly (speaking)** offen gestanden od gesagt; **be ~ with s.o.** ehrlich zu j-m sein II v/t POST frankieren, (maschinell a.) freistempeln; **~ing** Adj Frankiermaschine f, Freistempler m
frank·furt·er ['fræŋkfɜːtə] s Frankfurter (Würstchen n) f
frank·in·cense ['fræŋkɪn,sens] s Weihrauch m
frank·ness ['fræŋknɪs] s Offenheit f
fran·tic ['fræntɪk] Adj (**~ally**) **1.** außer sich, rasend (**with** vor Dat) **2.** verzweifelt **3.** hektisch
fra·ter·nal [frə'tɜːnl] Adj brüderlich: **~ twins** zweieiige Zwillinge **fra'ter·ni·ty** s **1.** Brüderlichkeit f **2.** Vereinigung f, Zunft f: **the medical ~** die Ärzteschaft **3.** Am (Studenten)Verbindung f **fra·ter·ni·za·tion** [,frætənər'zeɪʃn] s Verbrüderung f '**fra·ter·nize** v/i sich verbrüdern (**with** mit)
fraud [frɔːd] s **1.** JUR Betrug m; arglistige Täuschung: **obtain by ~** sich etw erschleichen **2.** Schwindel m (a. Sache) **3.** F Betrüger(in), Schwindler(in) **fraud·u·lence** ['f-juləns] s Betrügerei f '**fraud·u·lent** Adj betrügerisch
fray¹ [freɪ] I v/t ausfransen, durchscheuern: **~ed nerves** Pl strapazierte Nerven Pl II v/i ausfransen, sich durchscheuern
fray² [_] s Rauferei f, Schlägerei f
freak [friːk] I s **1.** Missgeburt f, Monstrosität f **2.** Grille f, Laune f **3.** sl ...freak m, ...fanatiker(in) **4.** sl Freak m, irrer Typ II v/i **5.** **~ out** sl allg ausflippen (**over** bei)
freck·le ['frekl] s Sommersprosse f
▸ **free** [friː] I Adj **1.** frei: **a)** unabhängig, **b)** selbstständig, **c)** ungebunden, **d)** ungehindert, **e)** uneingeschränkt, **f)** in Freiheit (befindlich): **he is ~ to go** es

steht ihm frei zu gehen; **give s.o. a ~ hand** j-m freie Hand lassen; → **set** 13, **will¹** 1 **2.** frei: **a)** unbeschäftigt, **b)** ohne Verpflichtungen, **c)** unbesetzt **3.** frei (nicht wörtlich od an Regeln gebunden): **~ translation** freie Übersetzung; **~ skating** (Eis-, Rollkunstlauf) Kür(laufen n) f **4.** (**from, of**) frei (von), ohne (Akk): **~ from error** fehlerfrei **5.** frei, befreit (**from, of** von): **~ from pain** schmerzfrei; **~ of debt** schuldenfrei; → **charge** 9 **6.** ungezwungen, natürlich: → **easy** 7 **7.** offen(herzig), freimütig; unverblümt; dreist; plumpvertraulich: **make ~ with** sich Freiheiten herausnehmen gegen j-n; sich (ungeniert) gütlich tun an e-r Sache **8.** frei, kostenlos, unentgeltlich: **~ copy** Freiexemplar n; **for ~** F umsonst **9.** freigebig: **be ~ with** groß-zügig sein od umgehen mit II Adv **10.** allg frei III v/t **11.** befreien (**from** von, aus) (a. fig) **12.** freilassen
free climb·ing s Freiklettern n
▸ **free·dom** ['friːdəm] s **1.** Freiheit f: **~ of the press** Pressefreiheit **2.** Freisein n
free| en·ter·prise s freies Unternehmertum **~ fall** s FLUG, PHYS freier Fall '**~fone** ,**numb·er** s Br gebührenfreie Telefonnummer **~ kick** s Fußball: Freistoß m: (**in**)**direct ~** (in)direkter Freistoß '**~lance** I s Freiberufler(in), Freischaffende m, f; freier Mitarbeiter, freie Mitarbeiterin II Adj frei(beruflich tätig), freischaffend III Adv freiberuflich: **work ~** → IV IV v/i freiberuflich arbeiten (**for** für) '**~,lanc·er** = **freelance** I '**~load** v/i Am F schnorren (**off** bei), nassauern '**~,load·er** s Am F Schnorrer(in), Nassauer(in) **~ mar·ket e·con·o·my** s freie Marktwirtschaft '**2·ma·son** s Freimaurer m **~ port** s Freihafen m '**~range** Adj frei laufend (Huhn); Freiland..., aus Bodenhaltung (Ei) '**~style** (Sport) I s Freistil m II Adj Freistil... **~ trade** s Freihandel m '**~trade a·re·a** s Freihandelszone f '**~ware** s Internet: Freeware f (kostenlos zur Verfügung stehende Software)
▸ **free·way** ['friːweɪ] s Am (gebührenfreie) Autobahn
▸ **freeze** [friːz] I v/i (unreg) **1.** unpers frieren: **it is freezing hard** es herrscht starker Frost **2.** frieren: **~ to death** erfrieren; **I am freezing** mir ist eiskalt **3.**

(ge)frieren, zu Eis werden; → **blood** 1
4. *a.* ~ **up** (*od* **over**) zufrieren (*See etc*),
vereisen (*Windschutzscheibe etc*): ~
(**up**) einfrieren (*Türschloss etc*); ~ **to**
fest- *od* anfrieren an (*Dat*) **5.** *fig* erstarren **II** *v/t* (*unreg*) **6.** zum Gefrieren
bringen **7.** *Fleisch etc* einfrieren, tiefkühlen **8.** MED vereisen **9.** WIRTSCH
Preise etc, POL *diplomatische Beziehungen* einfrieren **III** *s* **10.** Frost(periode *f*)
m **11.** WIRTSCH, POL Einfrieren *n*: ~ **on
wages** Lohnstopp *m* **'freeze-dried** *Adj*
gefriergetrocknet
► **freez-er** ['fri:zə] *s* **a)** Tiefkühl-, Gefriergerät *n*, **b)** Gefrierfach *n* (*e-s Kühlschranks*): ~ **bag** *s* Gefrierbeutel *m*
'freez-ing *Adj* **1.** Gefrier-, Kälte...:
~ **compartment** → **freezer** b; ~ **point**
Gefrierpunkt *m* **2.** eisig kalt, eiskalt
freight [freɪt] **I** *s* **1.** Fracht(gebühr) *f* **2.**
SCHIFF (*Am a.* FLUG, MOT) Fracht *f*, Ladung *f* **II** *v/t* **3.** *Schiff, Am a. Güterwagen etc* befrachten, beladen **4.** *Güter*
verfrachten ~ **car** *s* BAHN *Am* Güterwagen *m*
freight-er ['freɪtə] *s* Frachter *m*, Frachtschiff *n*; Transportflugzeug *n*
freight train *s Am* Güterzug *m*
► **French** [frentʃ] **I** *Adj* **1.** französisch:
French bread (*od* **stick**) Stangenbrot
n; *French beans Pl* BOT *bes Br* Grüne
Bohnen *Pl*; *French fried potatoes*, F
French fries Pl bes Am Pommes frites
Pl; *French kiss* Zungenkuss *m*;
French window(s Pl) Terrassen-, Balkontür *f* **II** *s* **2.** ► *the French Pl* die
Franzosen *Pl* **3.** LING Französisch *n*:
in French auf Französisch
► **French-man** ['frentʃmən] *s* (*unreg
man*) Franzose *m*
► **French-wom-an** ['frentʃ,wʊmən] *s*
(*unreg woman*) Französin *f*
fre-net-ic [frə'netɪk] *Adj* (*~ally*) **1. a)**
ausgelassen, **b)** → **frenzied** 2 **2.** → **frenzied** 3
fren-zied ['frenzɪd] *Adj* **1.** außer sich, rasend **2.** frenetisch (*Geschrei etc*), (*Beifall a.*) rasend **3.** wild, hektisch **'fren-zy**
s **1.** helle Aufregung **2.** wildes *od* hektisches Treiben **3.** Wahnsinn *m*, Raserei *f*
fre-quen-cy ['fri:kwənsɪ] *s* **1.** Häufigkeit *f* **2.** ELEK, PHYS Frequenz *f*
► **fre-quent I** *Adj* ['fri:kwənt] häufig **II**

v/t [frɪ'kwent] häufig besuchen
fres-co ['freskəʊ] *Pl* **-co(e)s** *s* Fresko *n*
► **fresh** [freʃ] **I** *Adj* **1.** *allg* frisch: ~ **meat**
Frischfleisch *n*; ~ **shirt** sauberes Hemd
2. neu: → **ground²** 1, **start** 9 **3.** unerfahren **4.** *Am* F frech (**with** zu): *don't
get ~ with me!* werd bloß nicht pampig!
II *Adv* **5.** frisch: ~ **from the oven** ofenfrisch; *~-laid eggs Pl* frisch gelegte Eier *Pl* **'fresh-en I** *v/t* **1.** *mst* ~ **up** erfrischen: ~ *o.s. up* sich frisch machen **II**
v/i mst ~ **up** 2. sich frisch machen **3.**
auffrischen (*Wind*) **'fresh-er** *Br* F →
freshman
fresh-man ['freʃmən] *s* (*unreg man*)
Student(in) im ersten Jahr
fresh-ness ['freʃnɪs] *s* Frische *f* ~ **date** *s*
Am Mindesthaltbarkeitsdatum *n*
fret [fret] *v/i* **1.** sich Sorgen machen
(**about, at, for, over** wegen) **2.** sich ärgern (**about, at, for, over** über *Akk*) **3.**
sich abscheuern *od* abnutzen **fret-ful**
['-fʊl] *Adj* verärgert, gereizt
Freud-i-an ['frɔɪdɪən] *Adj* freudsch: ~
slip freudsche Fehlleistung
FRG [efu:'dʒi:] *Abk* (= *Federal Republic of Germany*) BRD *f*
fri-a-ble ['fraɪəbl] *Adj* bröck(e)lig, krümelig
fric-as-see ['frɪkəsɪ] *s* GASTR Frikassee
n: ~ **of chicken** Hühnerfrikassee
fric-tion ['frɪkʃn] *s* **1.** TECH, PHYS Reibung *f* **2.** *fig* Reiberei(en *Pl*) *f*
► **Fri-day** ['fraɪdɪ] *s* Freitag *m*: **on** ~ (am)
Freitag; **on** ~**s** freitags
► **fridge** [frɪdʒ] *s* F Kühlschrank *m*
~-'freezer *s bes Br* F Kühl-Gefrier-
Kombination *f*
► **friend** [frend] *s* **1.** Freund(in): *be ~s
with* befreundet sein mit; *make ~s
with* sich anfreunden mit; *be ~s again*
sich wieder vertragen **2.** Bekannte *m*, *f*
fre-net-ic ... **'friend-li-ness** *s* Freundlichkeit *f*
► **friend-ly** ['frendlɪ] **I** *Adj* freundlich
(*a. fig Zimmer etc*) **2.** freundschaftlich:
~ **game** (*od* **match**) (*Sport*) Freundschaftsspiel *n*; → **term** 5 **3.** befreundet
(**with** mit) **II** *s* **4.** SPORT F Freundschaftsspiel *n*
► **friend-ship** ['frendʃɪp] *s* Freundschaft *f*
fries [fraɪz] *s Pl* Pommes frites *Pl*
frieze [friːz] *s* ARCHI Fries *m*
frig-ate ['frɪgət] *s* SCHIFF Fregatte *f*

fright [fraɪt] *s* **1.** Schreck(en) *m*: **get** (*od* **have**) **a ~** e-n Schreck bekommen, erschrecken; **get off with a ~** mit dem Schrecken davonkommen; **give s.o. a ~** j-m e-n Schrecken einjagen, j-n erschrecken **2.** **look a ~** F verboten *od* zum Abschießen aussehen

▸ **fright·en** ['fraɪtn] **I** *v/t* **1.** *j-n* erschrecken (**to death** zu Tode); *j-m* Angst einjagen: **be ~ed** erschrecken (**at, by, of** vor *Dat*); Angst haben (**of** vor *Dat*) **2.** *mst* **~ away** (*od* **off**) vertreiben, -scheuchen **II** *v/i* **3.** **~ easily** leicht erschrecken, schreckhaft sein **fright·ful** ['~fʊl] *Adj* schrecklich, fürchterlich (*beide a.* F)

frig·id ['frɪdʒɪd] *Adj* **1.** kalt, frostig, eisig (*alle a. fig*) **2.** PSYCH frigid **fri'gid·i·ty** *s* **1.** Kälte *f*, Frostigkeit *f* (*beide a. fig*) **2.** PSYCH Frigidität *f*

frill [frɪl] *s* **1.** Krause *f*, Rüsche *f* **2.** *Pl* Verzierungen *Pl*, Kinkerlitzchen *Pl*

fringe [frɪndʒ] **I** *s* **1.** Franse *f*, Besatz *m* **2.** Rand *m*, Einfassung *f*, Umrandung *f* **II** *v/t* **3.** mit Fransen besetzen **4.** umsäumen **~ ben·e·fits** *s Pl* WIRTSCH (Gehalts-, Lohn)Nebenleistungen *Pl* **~ group** *s* SOZIOL Randgruppe *f* **~ the·a·tre** *s Br* Experimentiertheater *n*

frisk [frɪsk] **I** *v/i* herumtollen **II** *v/t* F *j-n* filzen, durchsuchen '**frisk·y** *Adj* **1.** lebhaft, munter **2.** ausgelassen

frit·ter ['frɪtə] *v/t mst* **~ away** Geld, Gelegenheit vertun, *Zeit a.* vertrödeln, *Geld, Kräfte* vergeuden

fri·vol·i·ty [frɪ'vɒlɪtɪ] *s* Frivolität *f*: **a)** Leichtsinnigkeit *f*, -fertigkeit *f*, Oberflächlichkeit *f* **b)** leichtfertige Rede *od* Handlung **friv·o·lous** ['~ələs] *Adj* **1.** frivol, leichtfertig, -sinnig **2.** nicht ernst zu nehmen(d)

friz·zy ['frɪzɪ] *Adj* gekräuselt, kraus: **~ hair** Kraushaar *n*

fro [frəʊ] *Adv*: **→ to**

frock [frɒk] *s* **1.** (Mönchs)Kutte *f* **2.** (Kinder-, Arbeits)Kittel *m* **3.** Kleid *n*

frog [frɒg] *s* ZOOL Frosch *m*: **have a ~ in one's throat** *fig* e-n Frosch im Hals haben **~·man** ['~mən] *s* (*unreg* **man**) Froschmann *m*

frol·ic ['frɒlɪk] *v/i Prät u. Part Perf* **-icked** *a.* **~ about** (*od* **around**) herumtoben, -tollen

▸ **from** [frɒm] *Präp* **1.** von, aus, von … aus *od* her: **he took it from me** er nahm es mir weg; **from what he said** nach dem, was er sagte **2.** von (… an), seit: ▸ **from 2 to 4 o'clock** von 2 bis 4 Uhr; **from day to day** von Tag zu Tag **3.** von … an; ab: **from £5** ab 5 Pfund **4.** (weg *od* entfernt) von **5.** von (*Wandlung*): **from dishwasher to millionaire** vom Tellerwäscher zum Millionär **6.** von (*Unterscheidung*): **he does not know right from wrong** er kann Schwarz u. Weiß nicht auseinander halten **7.** von (*Geben etc*): **a letter from her** ein Brief von ihr **8.** aus, vor (*Dat*), an (*Dat*) (*Grund*): **he died from exhaustion** er starb vor Erschöpfung

▸ **front** [frʌnt] **I** *s* **1.** *allg* Vorder-, Stirnseite *f*, Front *f*: **at the front** auf der Vorderseite, vorn (*a. fig* F); Fassade *f* (*a. fig* F): **keep up a front** den Schein wahren **2.** ARCHI (Vorder)Front *f*, Fassade *f* (*a. fig* F): **keep up a front** den Schein wahren **3.** MIL Front *f*: **to the front** an die Front; **on all fronts** an allen Fronten (*a. fig*) **4.** Vordergrund *m*: **in front** an der *od* die Spitze, vorn; ▸ **in front of** vor (*Dat*): **to the front** nach vorn **5.** *fig* Bereich *m*, Sektor *m*: **on the educational front** auf dem Erziehungssektor **6.** *fig* Frechheit *f*, Unverschämtheit *f* **7.** METEO Front *f* **II** *Adj* **8.** Front…, Vorder…: **front entrance** Vordereingang *m*; **front row** vorder(st)e Reihe; **front tooth** Vorderzahn *m* **III** *v/t* **9.** gegenüberstehen, -liegen: **the windows front the street** die Fenster gehen auf die Straße (hinaus) **IV** *v/i* **10.** *front on* → **9** '**front·age** *s* ARCHI (Vorder)Front *f* '**fron·tal** *Adj* **1.** Frontal-… **2.** ANAT, TECH Stirn…

,**front**|'**bench·er** *s* PARL *Br* führendes Fraktionsmitglied **~ door** *s* Haus-, Vordertür *f*

fron·tier ['frʌn,tɪə] **I** *s* Grenze *f* (*a. fig*) **II** *Adj* Grenz…: **~ town**

front| **line** *s* MIL Front(linie) *f*: **be in the ~** in vorderster Front stehen (*a. fig*) **~ loader** *s* (*Waschmaschine*) Frontlader *m* **~ page** *s* erste Seite, Titelseite *f* (*e-r Zeitung*): **hit the ~s** Schlagzeilen machen '**~-page** *Adj* wichtig, aktuell: **~ news** '**~,pas·sen·ger seat** *s* MOT Beifahrersitz *m* **~ rank** *s*: **be in the ~** *fig* zur Spitze gehören *od* zählen **~ seat** *s* MOT Vordersitz *m* '**~-seat pas·sen·ger** *s* MOT Beifahrer(in) '**~-wheel drive**

s TECH Vorderrad-, Frontantrieb m
► **frost** [frɒst] **I** s **1.** Frost m **2.** Reif m **II** v/t **3.** mit Reif überziehen **4.** TECH Glas mattieren: **~ed glass** Matt-, Milchglas n **5.** GASTR bes Am glasieren, mit Zuckerguss überziehen; mit (Puder)Zucker bestreuen '**~·bite** s Erfrierung f '**~,bit·ten** [-tn] Adj erfroren
frost·ing ['frɒstɪŋ] s GASTR bes Am Zuckerguss m, Glasur f '**frost·y** Adj **1.** eisig, frostig (beide a. fig) **2.** mit Reif bedeckt **3.** (eis)grau
froth [frɒθ] **I** s Schaum m **II** v/t a. **~ up** zum Schäumen bringen; zu Schaum schlagen **III** v/i schäumen '**froth·y** Adj **1.** schaumig; schäumend **2.** fig seicht
frown [fraʊn] **I** v/i die Stirn runzeln (**at** über Akk) (a. fig): **~ on** etw missbilligen **II** s Stirnrunzeln n: **with a ~** stirnrunzelnd
froze [frəʊz] Prät von freeze '**fro·zen I** Part Perf von freeze **II** Adj Gefrier…: **~ meat**, **~ food** Tiefkühlkost f
fru·gal ['fru:gl] Adj **1.** sparsam: a) haushälterisch (**with** mit, in Dat), b) wirtschaftlich (Auto etc) **2.** genügsam, bescheiden **3.** einfach, bescheiden (Mahlzeit)
► **fruit** [fru:t] s **1.** Frucht f **2.** Koll a) Früchte Pl: **bear ~** Früchte tragen (a. fig), b) Obst n **3.** mst Pl fig Früchte Pl '**~·ac·id** s Fruchtsäure f '**~·cake** s englischer Kuchen '**~·cock·tail** s Frucht-, Früchtecocktail m
fruit·er·er ['fru:tərə] s bes Br Obsthändler(in) '**fruit·ful** [-fʊl] Adj **1.** fruchtbar (a. fig) **2.** fig erfolgreich
fru·i·tion [fru:'ɪʃn] s: **bring to ~** verwirklichen; **come to ~** sich verwirklichen; Früchte tragen
fruit·less ['fru:tlɪs] Adj **1.** unfruchtbar **2.** fig frucht-, erfolglos
fruit | **ma·chine** s Br (Geld)Spielautomat m '**~ sal·ad** s Obstsalat m '**~ tree** s Obstbaum m
fruit·y ['fru:tɪ] Adj **1.** fruchtartig **2.** fruchtig (Wein) **3.** Br F saftig, gepfeffert (Witz etc) **4.** Am F schmalzig
frump [frʌmp] s: **old ~** alte Schachtel
frus·trate [frʌ'streɪt] v/t **1.** Plan etc vereiteln, durchkreuzen; Hoffnungen zunichte machen **2.** j-n frustrieren **frus-**'**tra·tion** s **1.** Vereit(e)lung f, Durch-

kreuzung f **2.** Frustration f (a. PSYCH)
► **fry¹** [fraɪ] v/t u. v/i braten: **fried eggs** Pl Spiegeleier Pl; **fried potatoes** Pl Bratkartoffeln Pl
fry² [-] s: **small ~** ein kleiner Fisch, kleine Fische Pl (Person[en])
fry·ing pan ['fraɪŋ], **fry·pan** Am s Bratpfanne f: **jump out of the ~ into the fire** fig vom Regen in die Traufe kommen
fuck [fʌk] v/t u. v/i V ficken, vögeln: **~ off!** verpiss dich! '**fuck·ing** Adj V Scheiß…, verflucht
fud·dled ['fʌdld] Adj F **1.** benebelt **2.** verwirrt, durcheinander
► **fuel** [fjʊəl] s Brennstoff m: a) Heiz-, Brennmaterial n, b) MOT etc Treib-, Kraftstoff m: **~ cell** Brennstoffzelle f; **~ element** Brennelement n; **~ ga(u)ge** Benzinuhr f; **~ injection engine** Einspritzmotor m; **~ rod** Brennstab m; **add ~ to the fire** (od flames) fig Öl ins Feuer gießen
fug [fʌɡ] s bes Br F Mief m
fu·gi·tive ['fju:dʒətɪv] **I** s a) Flüchtige m, (f, b) POL etc Flüchtling m, c) Ausreißer(in) **II** Adj flüchtig: a) entflohen, b) fig vergänglich
► **ful·fil**, Am a. **ful·fill** [fʊl'fɪl] v/t Bedingung, Versprechen etc erfüllen, Befehl etc ausführen: **~ o.s.** sich (selbst) verwirklichen; **be fulfilled** sich erfüllen **ful·**'**fil(l)·ment** s Erfüllung f, Ausführung f
► **full** [fʊl] **I** Adj (→ **fully**) **1.** allg voll: **~ of** voll von, voller; → **filled** 1 **2.** voll, ganz: **a ~ hour** e-e volle od geschlagene Stunde **3.** voll (Gesicht), vollschlank (Figur) **4.** voll, besetzt: **~ (up)** (voll) besetzt (Bus etc); **house ~!** THEAT ausverkauft! **5.** fig (ganz) erfüllt (**of** von): **~ of o.s.** (ganz) von sich eingenommen **6.** reichlich (Mahlzeit) **7.** voll, unbeschränkt: **~ power** Vollmacht f; **have ~ power to do s.th.** bevollmächtigt sein, etw zu tun **8.** voll (berechtigt): **~ member** Vollmitglied n **9.** a. **~ up** F voll, satt **II** Adv **10.** völlig, ganz: **know ~ well that** ganz genau wissen, dass **11.** **~ out** mit Vollgas fahren, auf Hochtouren arbeiten **III** s **12.** **in ~** vollständig, ganz: **write in ~** ausschreiben; **to the ~** vollständig, bis ins Letzte od Kleinste '**full**|·**back** s Fußball: (Außen)Verteidiger(in) '**~·blood·ed** Adj **1.** vollblütig,

Vollblut… (*beide a. fig*) **2.** eindringlich (*Argument etc*), **~-'blown** *Adj* **1.** BOT ganz aufgeblüht **2.** voll entwickelt, ausgereift (*Idee etc*) **3.** ausgemacht (*Skandal etc*), **~-'fledged** *bes Am* → **fully fledged**, **~-'grown** *Adj* ausgewachsen, **,~-'length** *Adj* **1.** in voller Größe, lebensgroß **2.** abendfüllend (*Film*); ausgewachsen (*Roman*) **~ moon** *s* Vollmond *m*: **at ~** bei Vollmond

full·ness ['fʊlnɪs] *s* (MUS Klang)Fülle *f*: **feeling of ~** Völlegefühl *n*

'full-page *Adj* ganzseitig **~ point** → **full stop ~ pro·fes·sor** *s* UNI *Am* Ordinarius *m* '**~-scale** *Adj* **1.** in Originalgröße, im Maßstab 1:1 **2.** *fig* groß angelegt, Groß… **~ stop** *s* LING Punkt *m* '**~-time** **I** *Adj* ganztägig, Ganztags… **II** *Adv* ganztags: **work ~** ganztags arbeiten

ful·ly ['fʊlɪ] *Adv* voll, völlig, ganz: **~ automatic** vollautomatisch; **~ two hours** volle *od* geschlagene zwei Stunden **~ fledged** *Adj* **1.** flügge (*Vogel*) **2.** *fig* richtig

ful·mi·nate ['fʌlmɪneɪt] *v/i* donnern, wettern (**against** gegen)

ful·some ['fʊlsəm] *Adj* übertrieben; überschwänglich (*Lob etc*)

fum·ble ['fʌmbl] **I** *v/i a.* **~ about** (*od* **around**) herumtappen, -tasten; (herum)fummeln (**at** *an Dat*); ungeschickt umgehen (**with** mit); tastend suchen (**for** nach): **~ in one's pockets** in s-n Taschen (herum)wühlen; **~ for words** nach Worten suchen **II** *v/t* verpatzen

fume [fju:m] **I** *s* **1.** *oft Pl* Dampf *m*, Rauch *m* **II** *v/i* **2.** dampfen, rauchen **3.** *fig* wütend sein (**at** *über Akk*)

fu·mi·gate ['fju:mɪɡeɪt] *v/t* ausräuchern

▸ **fun** [fʌn] *s* Spaß *m*: **for ~** aus *od* zum Spaß; **in ~** im *od* zum Scherz; **make ~ of** sich lustig machen über (*Akk*); → **poke** 4

func·tion ['fʌŋkʃn] **I** *s* **1.** *allg* Funktion *f*: **~ key** COMPUTER Funktionstaste *f* **II** *v/i* **2. ~ as** tätig sein *od* fungieren als; dienen als (*Sache*). TECH *etc* funktionieren '**func·tion·al** *Adj* **1.** *allg* funktionell, Funktions…: **~ disorder** MED Funktionsstörung *f* **2.** zweckbetont, -mäßig, praktisch '**func·tion·ar·y** *s bes* POL Funktionär(in)

fund [fʌnd] *s* **1.** WIRTSCH Kapital *n*, Vermögen *n*; Fonds *m* **2.** *Pl* WIRTSCH

(Geld)Mittel *Pl*: **no ~s** (*Scheck*) keine Deckung; **be in** (**out of**) **~s** (nicht) bei Kasse sein **3.** *fig* Vorrat *m* (**of an** *Dat*)

fun·da·men·tal [,fʌndə'mentl] **I** *Adj* (→ **fundamentally**) **1.** grundlegend, wesentlich, fundamental (**to** für) **2.** grundsätzlich, elementar **3.** Grund…, Fundamental… **II** *s* **4.** Grundlage *f*, -prinzip *n*, -begriff *m* **fun·da·men·tal·ist** **I** *Adj* fundamentalistisch **II** *s* Fundamentalist(in) **,fun·da'men·tal·ly** *Adv* im Grunde, im Wesentlichen

▸ **fu·ner·al** ['fju:nərəl] **I** *s* Begräbnis *n*, Beerdigung *f*: **that's your ~** F das ist dein Problem **II** *Adj* Begräbnis…: **~ march** MUS Trauermarsch *m*; **~ par·lo(u)r** Leichenhalle *f*; **~ service** Trauergottesdienst *m*

'fun·fair *s bes Br* Rummelplatz *m*

fun·gus ['fʌŋɡəs] *Pl* **-gi** ['-gaɪ] *s* BOT Pilz *m*, Schwamm *m*

fu·nic·u·lar (**rail·way**) [fju:'nɪkjʊlə] *s* (Draht)Seilbahn *f*

funk [fʌŋk] F **I** *s* **1.** Schiss *m*, Bammel *m*: **be in a blue ~** e-n mächtigen Schiss *od* Bammel haben **1.** MUS Funk *m* **II** *v/t* **3.** kneifen *od* sich drücken vor (*Dat*)

fun·nel ['fʌnl] *s* **1.** Trichter *m* **2.** SCHIFF, BAHN Schornstein *m*

fun·nies ['fʌnɪz] *s Pl bes Am* F Zeitung: Comics *Pl*; Comic-Teil *m*

▸ **fun·ny** ['fʌnɪ] *Adj* komisch: **a)** spaßig, lustig, **b)** sonderbar, merkwürdig **~ bone** *s* ANAT Musikantenknochen *m*

▸ **fur** [fɜ:] *s* **1.** Pelz *m*, Fell *n*: **make the ~ fly** *fig* Stunk machen (*Person*), (*a. Sache*) für helle Aufregung sorgen **2. a)** Pelzfutter *n*, -besatz *m*: **~ collar** Pelzkragen *m*, **b)** *a.* **~ coat** Pelzmantel *m*

fu·ri·ous ['fjʊərɪəs] *Adj* **1.** wütend, zornig (**with** *s.o.* auf, über *Akk*; **at**, **about** *s.th.* über *Akk*) **2.** wild, heftig (*Kampf etc*)

furl [fɜ:l] *v/t Fahne, Transparent etc* auf-, einrollen; *Schirm* zs.-rollen

fur·nace ['fɜ:nɪs] *s* TECH (Schmelz-, Hoch)Ofen *m*

▸ **fur·nish** ['fɜ:nɪʃ] *v/t* **1.** versorgen, ausrüsten, -statten (**with** mit): **~ s.o. with s.th.** *a.* j-n mit etw beliefern **2.** *Informationen etc* liefern: **~ proof** den Beweis liefern *od* erbringen **3.** *Wohnung etc* einrichten, möblieren: **~ed room** möbliertes Zimmer '**fur·nish·ings** (

Pl Einrichtung *f*, Mobiliar *n*
► **fur·ni·ture** [ˈfɜːnɪtʃə] *s* Möbel *Pl*: **piece of ~** Möbelstück *n*; → **stick**[1] 4
furred [fɜːd] *Adj* MED belegt (*Zunge*)
fur·row [ˈfʌrəʊ] I *s* 1. (Acker)Furche *f* 2. Runzel *f*, Furche *f* II *v/t* 3. *Land* furchen; *Wasser* durchfurchen 4. *Gesicht, Stirn* furchen, runzeln
► **fur·ther** [ˈfɜːðə] I *Adv* 1. *Komp von* **far** 2. *fig* mehr, weiter 3. *fig* ferner, weiterhin 4. → **farther**[4] II *Adj* 5. *fig* weiter: ~ **education** *Br* Fort-, Weiterbildung *f* 6. → **farther** 2 III *v/t* 7. fördern, unterstützen **,fur·ther'more** → **further** 3 'fur·ther·most *Adj fig* äußerst **fur·thest** [ˈ_·ðɪst] *Adj* 1. *Sup von* **far** 2. *fig* weitest, meist 3. → **farthest** 2 II *Adv* 4. *fig* am weitesten, am meisten 5. → **farthest** 4
fur·tive [ˈfɜːtɪv] *Adj* heimlich, (*Blick a.*) verstohlen
fu·ry [ˈfjʊərɪ] *s* Wut *f*, Zorn *m*: **fly into a ~** wütend *od* zornig werden
fuse [fjuːz] I *s* 1. Zünder *m* 2. ELEK Sicherung *f*: ~ **box** Sicherungskasten *m* II *v/t* 3. PHYS, TECH schmelzen 4. *fig* verschmelzen, WIRTSCH, POL *a.* fusionieren III *v/i* 5. TECH schmelzen 6. *fig* verschmelzen, WIRTSCH, POL *a.* fusionieren
fu·se·lage [ˈfjuːzəlɑːʒ] *s* (Flugzeug-) Rumpf *m*
fu·sion [ˈfjuːʒn] *s* 1. PHYS, TECH Schmelzen *n* 2. BIOL, OPT, PHYS Fusion *f* 3. *fig* Verschmelzung *f*, WIRTSCH, POL *a.* Fusion *f*
fuss [fʌs] I *s* 1. (unnötige) Aufregung: **make a ~** → 3 2. Wirbel *m*, Theater *n*: **make a ~** → 4 II *v/i* 3. sich (unnötig) aufregen (**about** über *Akk*): **don't ~!** nur keine Aufregung 4. viel Wirbel machen (**about, over** um) 5. ~ **about** (*od* **around**) herumfuhrwerken '~,**budg·et** *s Am* F, '~,**pot** *s* F Kleinlichkeitskrämer(in) **fuss·y** [ˈfʌsɪ] *Adj* 1. (unnötig) aufgeregt 2. kleinlich, pedantisch 3. heikel, wählerisch (**about** in *Dat*)
fust·y [ˈfʌstɪ] *Adj* 1. mod(e)rig, muffig 2. *fig* verstaubt, -altet; rückständig
fu·tile [ˈfjuːtaɪl] *Adj* 1. nutzlos, vergeblich 2. unbedeutend, geringfügig **fu·til·i·ty** [-ˈtɪlətɪ] *s* 1. Nutzlosigkeit *f* 2. Geringfügigkeit *f*
► **fu·ture** [ˈfjuːtʃə] I *s* 1. Zukunft *f*: **in ~** in Zukunft 2. LING Futur *n*, Zukunft *f* 3. *Pl* WIRTSCH Terminkontrakte *Pl* II *Adj* 4. (zu)künftig, Zukunfts… 5. LING futurisch: ~ **perfect** Futurum *n* exakt, zweites Futur; ~ **tense** → 2
fuze *bes Am* → **fuse**
fuzz[1] [fʌz] *s* feiner Flaum
fuzz[2] [-] *s sl* Bulle *m* (*Polizist*): **the ~** *Koll* die Bullen
fuzz·y [ˈfʌzɪ] *Adj* 1. flaumig 2. kraus, wuschelig 3. unscharf, verschwommen

G

G [dʒiː] *Pl* **G's** *s* G *n*
gab [gæb] *s* F Gequassel *n*, Gequatsche *n*: **have the gift of the ~** ein flottes Mundwerk haben
gab·ble [ˈgæbl] I *v/i a.* ~ **away** brabbeln **gab·er·dine** [ˌgæbəˈdiːn] *s* Gabardine *m*
ga·ble [ˈgeɪbl] *s* Giebel *m*: ~ **window** Giebelfenster *n* '**ga·bled** *Adj* Giebel…
gad [gæd] *v/i*: ~ **about** (*od* **around**) (viel) unterwegs sein (in *Dat*); (viel) herumkommen (in *Dat*); sich herumtreiben (in *Dat*)
gadg·et [ˈgædʒɪt] *s* TECH F Apparat *m*, Gerät *n*; *oft pej* technische Spielerei

Gael·ic [ˈgeɪlɪk] I *s* LING Gälisch *n* II *Adj* gälisch: ~ **coffee** Irishcoffee *m*
gaff [gæf] *s sl*: **blow the ~** alles verraten, plaudern; **blow the ~ on s.th.** etw ausplaudern
gaffe [gæf] *s* Fauxpas *m*, *bes* taktlose Bemerkung
gag [gæg] I *v/t* 1. knebeln (*a. fig*) 2. *fig* mundtot machen II *s* 3. Knebel *m* (*a. fig*) 4. F Gag *m*
ga·ga [ˈgɑːgɑː] *Adj sl* verkalkt, -trottelt; plemplem
gage *Am* → **gauge**
gag·gle [ˈgægl] *s* Gänseherde *f*; F

schnatternde Schar

gai·e·ty ['geɪətɪ] s Fröhlichkeit f

gain [geɪn] **I** v/t **1.** Zeit, j-s Vertrauen etc gewinnen; → **ground²** 2, **upper** I 2. erreichen, erwerben, Erfahrungen sammeln: → **advantage** 3. j-m etw einbringen, -tragen **4.** zunehmen an (Dat): ~ **speed** schneller werden; **he ~ed 10 pounds** er nahm 10 Pfund zu; → **weight** 1 **5.** vorgehen (um) (Uhr) **II** v/i **6.** Einfluß od Boden gewinnen **7.** zunehmen (**in** an Dat) **8.** vorgehen (**by two minutes**) (Uhr) **III** s **9.** Gewinn **10.** Zunahme f

gain·ful ['-ful] Adj einträglich, Gewinn bringend: ~ **employment** Erwerbstätigkeit f; **~ly employed** erwerbstätig

gait [geɪt] s **1.** Gang(art f) m **2.** Gangart f (des Pferdes)

gal [gæl] s F Mädchen n

ga·la [ga:lə] **I** Adj **1.** festlich, Gala… **II** s **2.** Festlichkeit f **3.** Gala(veranstaltung) f

ga·lac·tic [gəˈlæktɪk] Adj ASTR Milchstraßen…, galaktisch

gal·ax·y ['gæləksɪ] s ASTR Milchstraße f

gale [geɪl] s Sturm m (a. fig F): **~s of laughter** e-e Lachsalve, stürmisches Gelächter

gall¹ [gɔ:l] s **1.** wund geriebene od gescheuerte Stelle **II** v/t **2.** wund reiben od scheuern **3.** fig (ver)ärgern

gall² [-] s **1.** Bitterkeit f, Erbitterung f **2.** F Frechheit f

gal·lant ['gælənt] Adj **1.** tapfer **2.** prächtig, stattlich **3.** galant 'gal·lant·ry s **1.** Tapferkeit f **2.** Galanterie f

gall blad·der s ANAT Gallenblase f

▸ **gal·ler·y** ['gælərɪ] s **1.** ARCHI Galerie f, Empore f (in Kirchen) **2.** THEAT Galerie f (a. Publikum): **play to the ~** für die Galerie spielen (a. weit. S.) **3.** (Gemälde- etc)Galerie f

gal·ley ['gælɪ] s **1.** SCHIFF hist Galeere f **2.** SCHIFF Kombüse f

Gal·li·cism ['gælɪsɪzəm] s LING Gallizismus m

▸ **gal·lon** ['gælən] s Gallone f (GB: 4,55 l, USA: 3,79 l)

gal·lop ['gæləp] **I** v/i galoppieren (a. Pferd), (im) Galopp reiten: **~ing inflation** WIRTSCH galoppierende Inflation **II** s Galopp m: **at a ~** im Galopp

gal·lows ['gæləʊz] s Galgen m

'**gall·stone** s MED Gallenstein m

Gal·lup poll ['gæləp] s Meinungsumfrage f

ga·lore [gəˈlɔ:] Adv F in rauen Mengen: **money ~** Geld wie Heu

ga·lumph [gəˈlʌmf] v/i F stapfen

gal·va·nize ['gælvənaɪz] v/t **1.** TECH galvanisieren **2.** fig elektrisieren

gam·ble ['gæmbl] **I** v/i (um Geld) spielen: **~ with s.th.** fig mit etw spielen, etw aufs Spiel setzen **II** v/t mst **~ away** verspielen (a. fig) **III** s Hasardspiel n (a. fig), Glücksspiel n '**gam·bler** s **1.** (Glücks)Spieler(in) **2.** fig Hasardeur(in) '**gam·bling** Adj Spiel…: ~ **debts** Spielschulden Pl; ~ **den** Spielhölle f

gam·bol ['gæmbl] v/i Prät u. Part Perf **-boled**, bes Br **-bolled** (herum)tanzen, (-)hüpfen, Freuden- od Luftsprünge machen

▸ **game** [geɪm] **I** s **1.** (Karten-, Ball- etc) Spiel n: **play the ~** sich an die Spielregeln halten; → **chance** 1, **skill** 1 **2.** (einzelnes) Spiel: **a ~ of chess** e-e Partie Schach **3.** fig Spiel n, Plan m: **the ~ is up** das Spiel ist aus; **beat s.o. at his own ~** j-n mit s-n eigenen Waffen schlagen **4.** F Branche f: **be in the advertising ~** in Werbung machen **5.** Pl PÄD Sport m **6.** Wild(bret) n **II** Adj **7.** mutig **8. a)** aufgelegt (for zu): **be ~ to do s.th.** dazu aufgelegt sein, etw zu tun, **b)** bereit (for zu; **to do** zu tun) '**~·keep·er** s bes Br Wildhüter(in) **~ park** s Wildpark m **· re·serve** s Wildgehege n

gam·ma rays ['gæmə] s Pl PHYS Gammastrahlen Pl

gam·mon ['gæmən] s schwach gepökelter od geräucherter Schinken

gamp [gæmp] s Br F (bes großer) Regenschirm m

gam·ut ['gæmət] s **1.** MUS Tonleiter f **2.** fig Skala f

gan·der ['gændə] s **1.** Gänserich m **2.** **have a ~ at s.th.** fig Br F e-n (kurzen) Blick auf etw werfen

gang [gæŋ] **I** s **1.** (Arbeiter)Kolonne f, (-)Trupp m **2.** Gang f, Bande f **3.** Clique f (a. pej) **4.** pej Horde f **II** v/i **5.** mst **~ up** sich zs.-tun, bes pej sich zs.-rotten: **~ up against** od **on** sich verbünden od

verschwören gegen

gan·grene ['gæŋgriːn] s MED Brand m

gang·ster ['gæŋstə] s Gangster(in), Verbrecher(in)

'gang·way s **1.** Durchgang m, Passage f **2.** SCHIFF, FLUG Gangway f **3.** Br THEAT etc (Zwischen)Gang m

gaol [dʒeɪl], etc bes Br → **jail**, etc

gap [gæp] s **1.** Lücke f (a. fig): **fill in a~ in one's education** e-e Bildungslücke schließen **2.** fig Kluft f

gape [geɪp] I v/i **1.** den Mund aufreißen (vor Staunen etc) **2.** (mit offenem Mund) gaffen od glotzen: **~ at s.o.** j-n angaffen od anglotzen II s **3.** Gaffen n, Glotzen n **4.** gähnender Abgrund **'gap·ing** Adj **1.** gaffend, glotzend **2.** klaffend (Wunde), gähnend (Abgrund)

▸ **ga·rage** ['gæraːʒ] I s **1.** Garage f **2.** Reparaturwerkstätte f (u. Tankstelle f) II v/t **3.** Auto in die Garage fahren

gar·bage ['gɑːbɪdʒ] s **1.** bes Am Abfall m, Müll m: **~ can** Abfall-, Mülleimer m; Abfall-, Mülltonne f; **~ chute** Müllschlucker m; **~ collection** Müllabfuhr f; **~ collector** (od **man**) Müllmann m; **~ truck** Müllwagen m **2.** fig Schund m; Unfug m

gar·ble ['gɑːbl] v/t Text etc durcheinanderbringen; (durch Auslassungen etc) verfälschen

▸ **gar·den** ['gɑːdn] I s **1.** Garten m **2.** oft Pl Garten(anlagen Pl) m: **~ botanical, zoological** II Adj **3.** Garten...: **~ center** (bes Br **centre**) Gartencenter n; **~ city** Br Gartenstadt f; **~ party** Gartenfest n, -party f; **lead s.o. up the ~ path** j-n hinters Licht führen; **~ suburb** Br Gartenvorstadt f III v/i **4.** im Garten arbeiten **'gar·den·er** s Gärtner(in) **'gar·den·ing** s Gartenarbeit f

gar·gan·tu·an [gɑːˈɡæntjuən] Adj riesig, gewaltig

gar·gle ['gɑːgl] I v/t **1.** gurgeln mit II v/i **2.** gurgeln (with mit) III s **3.** Gurgeln n: **have a ~** gurgeln **4.** Gurgelmittel n

gar·ish ['geərɪʃ] Adj grell (Licht), (Farben a.) schreiend

gar·land ['gɑːlənd] I s Girlande f, (a. Sieges)Kranz m II v/t bekränzen

gar·lic ['gɑːlɪk] s BOT Knoblauch m **~ bread** s GASTR Knoblauchbrot n

gar·ment ['gɑːmənt] s Kleidungsstück n, Pl a. Kleidung f

gar·net ['gɑːnɪt] s MIN Granat m

gar·nish ['gɑːnɪʃ] I v/t **1.** (with mit) schmücken, verzieren; fig ausschmücken **2.** GASTR garnieren (with mit) II s **3.** Verzierung f, fig Ausschmückung f **4.** GASTR Garnierung f

gar·ret ['gærət] s Dachkammer f

gar·ri·son ['gærɪsn] MIL I s **1.** Garnison f II v/t **2.** Ort mit e-r Garnison belegen **3.** Truppen in Garnison legen

gar·ru·li·ty [gæˈruːlətɪ] s Geschwätzigkeit f **gar·ru·lous** ['gærələs] Adj geschwätzig

gar·ter ['gɑːtə] s Strumpfband n; Sockenhalter m; Am Strumpfhalter m, Straps m

▸ **gas** [gæs] I Pl **~(·)es** **1.** Gas n **2.** F a) Am Benzin n, Sprit m, b) **step on the ~** Gas geben, fig auf die Tube drücken (beide a. fig) **3.** F Gewäsch n, Blech n II v/t **4.** vergasen: **be ~sed** a. e-e Gasvergiftung erleiden III v/i **5.** F faseln **'~·bag** s F Quatscher(in) **~ cham·ber** s Gaskammer f **~ cook·er** s Gasherd m **gas·e·ous** ['gæsjəs] Adj **1.** gasförmig **2.** Gas...

gash [gæʃ] I s klaffende Wunde, tiefer Riss od Schnitt II v/t j-m e-e klaffende Wunde beibringen, Haut aufreißen, -schlitzen

gas·ket ['gæskɪt] s TECH Dichtung(smanschette) f

'gas·man s (unreg man) Gasmann m, -ableser m **~ mask** s Gasmaske f **~ me·ter** s Gasuhr f, -zähler m

gas·o·lene, gas·o·line ['gæsəuliːn] s Am Benzin n

gasp [gɑːsp] I v/i **1.** keuchen, schwer atmen: **~ for breath** nach Luft schnappen **2.** den Atem anhalten (with, in vor Dat): **make s.o. ~** j-m den Atem nehmen od verschlagen II v/t **3.** mst **~ out** Worte keuchen, (keuchend) hervorstoßen III s **4.** Keuchen n, schweres Atmen: **be at one's last ~** in den letzten Zügen liegen; **to the last ~** bis zum letzten Atemzug

gas pump s Am Zapfsäule f **~ sta·tion** s Am F Tankstelle f **~ stove** s Gasofen m, -herd m

gas·sy ['gæsɪ] Adj **1.** gasartig **2.** kohlensäurehaltig **3.** F geschwätzig

gas·tric ['gæstrɪk] Adj MED, PHYSIOL Magen...: **~ juice** Magensäure f; **~ ul-**

G

cer Magengeschwür *n* **gas·tri·tis** [gæˈstraɪtɪs] *s* MED Gastritis *f*, Magenschleimhautentzündung *f*

gas·tro·nom·ic [ˌgæstrəˈnɒmɪk] *Adj* (**~ally**) gastronomisch, feinschmeckerisch **gas·tron·o·my** [-ˈstrɒnəmɪ] *s* Gastronomie *f* (*feine Kochkunst*)

'gas·works *s Sg* Gaswerk *n*

▶ **gate** [geɪt] *s* **1.** Tor *n* (*a. Skisport*), Pforte *f* **2.** fig Tor *n*, Zugang *m* (*to* zu) **3.** BAHN Sperre *f*, Schranke *f*; FLUG Flugsteig *m* **4.** SPORT **a)** Zuschauer(zahl *f*) *Pl*, **b)** (Gesamt)Einnahme *Pl* '**~crash** *v/i u. v/t* F uneingeladen kommen (zu); sich ohne zu bezahlen hineinschmuggeln (*in Akk*) '**~house** *s* Pförtnerhaus *n* '**~,keep·er** *s* **1.** Pförtner(in) **2.** Bahn-, Schrankenwärter(in) '**~-leg(ged) ta·ble** *s* Klapptisch *m* '**~mon·ey** → **gate** 4b '**~post** *s* Torpfosten *m*: → **between** 2 '**~way** *s* **1.** Torweg *m*, Einfahrt *f* **2.** → **gate** 2

gath·er [ˈgæðə] **I** *v/t* **1.** *Reichtümer, Erfahrungen etc* sammeln, *Informationen* einholen, -ziehen **2.** *Personen* versammeln **3.** erwerben, gewinnen: **~ dust** verstauben; **~ speed** schneller werden **4.** *a.* **~ up** aufziehen, (*vom Boden*) aufheben **5.** *Blumen etc* pflücken **6.** fig folgern, schließen (*from* aus) **II** *v/i* **7.** sich (ver)sammeln *od* scharen (*round s.o.* um j-n) **8.** sich (an)sammeln '**gath·er·ing** *s* (Menschen)Ansammlung *f*; Versammlung *f*, Zs.-kunft *f*

GATT [gæt] *Abk* (= *General Agreement on Tariffs and Trade*) Allgemeines Zoll- und Handelsabkommen

gauche [gəʊʃ] *Adj* **1.** linkisch **2.** taktlos **gaud·y** [ˈgɔːdɪ] *Adj* auffällig bunt, (*Farben*) grell, schreiend, (*Einrichtung etc*) protzig

gauge [geɪdʒ] **I** *v/t* **1.** (ab-, aus)messen **2.** TECH eichen **3.** fig (ab)schätzen, beurteilen **II** *s* **4.** TECH Eichmaß *n* **5.** fig Maßstab *m*, Norm *f* (*of* für) **6.** TECH Messgerät *n*, Lehre *f* **7.** TECH Stärke *f*, Dicke *f* (*bes von Blech od Draht*) **8.** BAHN Spur(weite) *f*

gaunt [gɔːnt] *Adj* hager; ausgemergelt **gaunt·let** [ˈgɔːntlɪt] *s* **1.** fig Fehdehandschuh *m*: **fling** (*od* **throw**) **down the ~** (*to s.o.*) (j-m) den Fehdehandschuh hinwerfen, (j-n) herausfordern; **pick** (*od* **take**) **up the ~** den Fehdehand-

schuh aufnehmen, die Herausforderung annehmen; **run the ~** Spießruten laufen (*a. fig*)

gauze [gɔːz] *s* Gaze *f*, MED *a.* (Verband[s])Mull *m*: **~ bandage** Mullbinde *f*

gave [geɪv] *Prät von* **give**

gav·el [ˈgævl] *s* Hammer *m* (*e-s Auktionators, Vorsitzenden etc*)

gawk [gɔːk] *v/i* glotzen

▶ **gay** [geɪ] **I** *Adj* **1.** schwul (*homosexuell*); Schwulen...: **~ liberation** Schwulenbewegung *f*; **~ marriage** Homoehe *f* **2.** lustig, fröhlich **3.** bunt, (farben)prächtig; fröhlich, lebhaft (*Farben*) **4.** lebenslustig **II** *s* **5.** Schwule *m*

gaze [geɪz] **I** *v/i* starren: **~ at** anstarren **II** *s* starrer Blick, Starren *n*

ga·zette [gəˈzet] *s* **1.** Amtsblatt *n*, Staatsanzeiger *m*

GB [dʒiːˈbiː] *Abk* (= *Great Britain*)

GCSE [dʒiːsiːesˈiː] *Abk Br* (= *General Certificate of Secondary Education*) *etwa* Abitur *n*

GDP [dʒiːdiːˈpiː] *Abk* (= *gross domestic product*) Bruttoinlandsprodukt *n*

gear [gɪə] **I** *s* **1.** MOT **a)** Gang *m*: **change** (*bes Am* **shift**) **~(s)** schalten; **change** (*bes Am* **shift**) **into second ~** den zweiten Gang einlegen, in den zweiten Gang schalten, **b)** *Pl* Getriebe *n* **2.** Vorrichtung *f*, Gerät *n* **3.** F Kleidung *f*, Aufzug *m* **II** *v/t* **4.** fig (*to*) anpassen (*Dat od* an *Akk*), abstimmen (auf *Akk*) '**~box** *s* MOT Getriebe *n* ~ **change** *s* MOT *Br* (Gang)Schaltung *f* ~ **le·ver** *s* MOT *Br* Schalthebel *m* '**~shift** *s Am* MOT **1.** (Gang)Schaltung *f* **2.** *a.* **~ lever** Schalthebel *m*

gee [dʒiː] *Interj Am* F na so was!, Mann! ▶ **geese** [giːs] *Pl von* **goose**

Gei·ger count·er [ˈgaɪgə] *s* PHYS Geigerzähler *m*

gel [dʒel] *s* CHEM *u. Kosmetik:* Gel *n* **gel·a·tin** [ˈdʒelətɪn], **gel·a·tine** [ˌ-ˈtiːn] *s* **1.** Gelatine *f* **2.** Gallerte *f* **ge·lat·i·nous** [dʒəˈlætɪnəs] *Adj* gallertartig

gem [dʒem] *s* **1.** Edelstein *m* **2.** fig Perle *f*, Juwel *n* (*beide a. Person*), Prachtstück *n*

Gem·i·ni [ˈdʒemɪnaɪ] *s Pl* (*mst Sg konstruiert*) ASTR Zwillinge *Pl*: **be** (**a**) **~** Zwilling sein

gen·der [ˈdʒendə] *s* LING Genus *n*, Ge-

schlecht *n*: *what ~ is …?* welches Genus hat …? '~-,**bend·er** *s sl* Transvestit *m*

gene[dʒiːn] *s* BIOL Gen *n*, Erbfaktor *m*: ~ *pool* Erbmasse *f*

gen·e·a·log·i·cal [,dʒiːnjə'lɒdʒɪkl] *Adj* genealogisch **gen·e·al·o·gy** [,dʒiːnɪ'ælədʒɪ] *s* Genealogie *f*

gen·er·a ['dʒenərə] *Pl von* **genus**

▸ **gen·er·al** ['dʒenərəl] **I** *Adj* (→ *generally*) **1.** allgemein (gebräuchlich *od* verbreitet), üblich, gängig: *as a ~ rule* meistens, üblicherweise **2.** allgemein, generell: ~ *knowledge* Allgemeinbildung *f*; *the ~ public* die breite Öffentlichkeit; ~ *term* Allgemeinbegriff *m* **3.** allgemein (*nicht spezialisiert*): *the ~ reader* der Durchschnittsleser **4.** allgemein (gehalten); ungefähr: *a ~ idea* e-e ungefähre Vorstellung **5.** Haupt…, General…: ~ *manager* Generaldirektor(in) **II** *s* **6.** MIL General *m* **7.** *in* ~ im Allgemeinen, im Großen u. Ganzen ~ **e·lec·tion** *s* Parlamentswahlen *Pl*

gen·er·al·i·ty [,dʒenə'rælətɪ] *s* **1.** *mst Pl* allgemeine Redensart, Gemeinplatz *m* **2.** Allgemeingültigkeit *f*

gen·er·al·ize ['dʒenərəlaɪz] *I v/i* verallgemeinern **II** *v/t etw* generell einführen, *etw* allgemein gültig machen

▸ **gen·er·al·ly** ['dʒenərəlɪ] *Adv a.* ~ *speaking* im Allgemeinen, allgemein

gen·er·al prac·ti·tion·er *s* praktischer Arzt, praktische Ärztin ~ *staff* *s* MIL Generalstab *m* ~ **strike** *s* WIRTSCH Generalstreik *m*

gen·er·ate ['dʒenəreɪt] *v/t* **1.** *Elektrizität etc* erzeugen **2.** BIOL zeugen **3.** *fig* bewirken, erzeugen, verursachen ,**gener'a·tion** *s* **1.** Generation *f* (*a.* TECH *etc*) **2.** Erzeugung *f* **3.** BIOL Zeugung *f*, Fortpflanzung *f* **gen·er·a·tive** ['rətɪv] *Adj* BIOL Zeugungs…, Fortpflanzungs… **gen·er·a·tor** ['reɪtə] *s* ELEK Generator *m*

ge·ner·ic [dʒɪ'nerɪk] *Adj*: ~ *term* (*od name*) BIOL Gattungsname *m*; *allg* Oberbegriff *m*

gen·er·os·i·ty [,dʒenə'rɒsətɪ] *s* Großzügigkeit *f*, Freigebigkeit *f*

▸ **gen·er·ous** ['dʒenərəs] *Adj* **1.** großzügig, freigebig **2.** reichlich, üppig

gen·e·sis ['dʒenəsɪs] *s* Entstehung *f*

ge·net·ic [dʒɪ'netɪk] *Adj* (**~ally**) gene

tisch: ~ *code* genetischer Code; ~ *engineering* Gentechnologie *f*; ~ *fingerprint* genetischer Fingerabdruck **genet·ics** *s Pl* (*Sg konstruiert*)Genetik *f*, Vererbungslehre *f*

Ge·ne·va [dʒɪ'niːvə] *Eigenn* Genf *n*: *Lake* ~ der Genfer See

gen·ial ['dʒiːnjəl] *Adj* freundlich (*a. fig Klima etc*)

gen·i·tals ['dʒenɪtlz] *s Pl* Genitalien *Pl*, Geschlechtsteile *Pl*

gen·i·tive ['dʒenɪtɪv] *s a.* ~ *case* LING Genitiv *m*, zweiter Fall

gen·ius ['dʒiːnjəs] *s* **1.** Genie *n*: **a)** genialer Mensch, **b)** Genialität *f* **2.** (natürliche) Begabung: *have a ~ for languages* sprachbegabt sein

gen·o·cide ['dʒenəʊsaɪd] *s* Völkermord *m*

ge·nome [dʒe'nəʊm] *s* Genom *n*

gen·o·type ['dʒenəʊtaɪp] *s* Erbgut *n*, Genotyp *m*

genre ['ʒɒːŋrə] *s* Genre *n*, Gattung *f*

gent [dʒent] *s* **1.** F *od hum für* **gen·tleman**: ~*s' hairdresser* Herrenfriseur *m*, -friseuse *f* **2.** ~*s Sg Br* F Herrenklo *n*

gen·teel [dʒen'tiːl] *Adj* **1.** vornehm **2.** vornehm tuend, affektiert

gen·tian ['dʒentʃən] *s* BOT Enzian *m*

gen·tle ['dʒentl] *Adj* **1.** freundlich, liebenswürdig **2.** sanft, zart: ~ *hint* zarter Wink; → *sex* 1

▸ **gen·tle·man** ['dʒentlmən] *s* (*unreg man*) **1.** Gentleman *m*: ~*'s* (*od gentlemen's*) *agreement* Gentleman's *od* Gentlemen's Agreement *n* **2.** Herr *m*: *gentlemen* (*Anrede*) m-e Herren; (*in Briefen*) Sehr geehrte Herren '**gentle·man·like**, '**gen·tle·man·ly** *Adj* gentlemanlike

gen·tle·ness ['dʒentlnɪs] *s* **1.** Freundlichkeit *f*, Liebenswürdigkeit *f* **2.** Sanftheit *f*, Zartheit *f*

gen·try ['dʒentrɪ] *s* **1.** Oberschicht *f* **2.** *Br* niederer Adel

gen·u·ine ['dʒenjʊɪn] *Adj* **1.** echt: **a)** authentisch (*Unterschrift etc*), **b)** ernsthaft (*Angebot etc*), **c)** aufrichtig (*Mitgefühl etc*) **2.** natürlich, ungekünstelt (*Lachen, Person*)

ge·nus ['dʒiːnəs] *Pl* **gen·er·a** ['dʒenərə] *s* BOT, ZOOL Gattung *f*

ge·og·ra·pher [dʒɪ'ɒɡrəfə] *s* Geo

graf(in) **ge·o·graph·ic, ge·o·graph·i·cal** [ˌ_ɔˈgræfɪk(l)] *Adj* geografisch

► **ge·og·ra·phy** [dʒɪˈɒgrəfɪ] *s* Geografie *f*, Erdkunde *f*

ge·o·log·i·cal [ˌdʒɪəʊˈlɒdʒɪkl] *Adj* geologisch **ge·ol·o·gist** [-ˈɒlədʒɪst] *s* Geologe *m*, Geologin *f* **ge·ol·o·gy** *s* Geologie *f*

ge·o·met·ric, ge·o·met·ri·cal [ˌdʒɪəʊˈmetrɪk(l)] *Adj* geometrisch **ge·om·e·try** [-ˈɒmətrɪ] *s* Geometrie *f*

ge·ra·ni·um [dʒɪˈreɪnjəm] *s* BOT Geranie *f*

ger·i·at·rics [ˌdʒerɪˈætrɪks] *s Sg* MED Geriatrie *f*, Altersheilkunde *f*

germ [dʒɜːm] *s* **1.** BIOL, BOT Keim *m* (*a. fig*) **2.** MED Bakterie *f*, (Krankheits)Erreger *m*

► **Ger·man** [ˈdʒɜːmən] **I** *Adj* **1.** deutsch: **~ measles** *Sg* MED Röteln *Pl*; **~ shepherd** *Am* Schäferhund *m* **II** *s* **2.** Deutsche *m*, *f* **3.** LING Deutsch *n*: **in ~** auf Deutsch

Ger·man·ic [dʒɜːˈmænɪk] *Adj* germanisch **Ger·man·ism** [ˈ_mənɪzəm] *s* LING Germanismus *m*

► **Ger·ma·ny** [ˈdʒɜːmənɪ] *Eigenn* Deutschland *n*

'**germ-free** *Adj* MED keimfrei

ger·mi·nate [ˈdʒɜːmɪneɪt] *v/i u. v/t* keimen (lassen) (*a. fig*)

germ war·fare *s* MIL bakteriologische Kriegführung

ger·on·tol·o·gy [ˌdʒerɒnˈtɒlədʒɪ] *s* MED Gerontologie *f*, Altersforschung *f*

ger·und [ˈdʒerənd] *s* LING Gerundium *n*

ges·ta·tion [dʒeˈsteɪʃn] *s* Schwangerschaft *f*; ZOOL Trächtigkeit *f*: **~ period** Trag(e)zeit *f*

ges·tic·u·late [dʒeˈstɪkjʊleɪt] *v/i* gestikulieren **ges·tic·u·la·tion** *s* Gestikulation *f*

► **ges·ture** [ˈdʒestʃə] *s* Geste *f* (*a. fig*), Gebärde *f*

► **get** [get] (*unreg*) **I** *v/t* **1.** bekommen, erhalten **2.** sich *etw* verschaffen *od* besorgen: **get s.th. for s.o., get s.o. s.th.** j-m etw besorgen **3.** erringen, erwerben, sich *Wissen etc* aneignen **4.** erwischen; (*a. telefonisch*) erreichen **5.** holen **6.** schaffen, bringen **7.** machen: **get s.th. ready** etw fertig machen **8.** (*mit Part Perf*) lassen: **get one's hair cut** sich die Haare schneiden lassen **9.**

j-n dazu bringen (**to do** zu tun) **10.** **get** *Maschine etc*, *fig Verhandlungen etc* in Gang bringen; *fig* Schwung bringen in (*Akk*) **11.** ► **have got** haben: **have got to** müssen **12.** F kapieren, (*a. akustisch*) verstehen: **don't get me wrong** versteh mich nicht falsch **II** *v/i* **13.** kommen, gelangen: **get home** nach Hause kommen **14.** dahin kommen (**to do** zu tun): **get to know s.th.** etw erfahren *od* kennen lernen **15.** (*mit Part Perf od Adj*) werden: **get tired** müde werden, ermüden **16.** beginnen, anfangen (**doing** zu tun): **get going** in Gang kommen (*Maschine etc*, *fig Verhandlungen etc*); *fig* in Schwung kommen

Verbindungen mit Präpositionen:

get| at *v/i* **1.** herankommen an (*Akk*), erreichen **2.** an *j-n* herankommen, *j-m* beikommen **3. what is he getting at?** worauf will er hinaus? ► **~ o·ver** *v/i* hinwegkommen über (*Akk*) (*fig a.* sich erholen von) **~ through** *v/i* **1.** kommen durch (*e-e Prüfung etc*) **2.** *Geld* durchbringen **~ to** *v/i* **1.** kommen nach, erreichen **2.** ~ **talking about** zu sprechen kommen auf (*Akk*)

Verbindungen mit Adverbien:

get| a·bout *v/i* **1.** herumkommen **2.** sich herumsprechen *od* verbreiten (*Gerücht etc*) **~ a·cross I** *v/t* **1.** verständlich machen; *Idee etc* an den Mann bringen **II** *v/i* **2.** ankommen; sich verständlich machen **3.** ankommen, einschlagen; klar werden (**to s.o.** j-m) ► **get| a·long** *v/i* **1.** vorwärts kommen, weiterkommen (*a. fig*) **2.** sich vertragen (**with** mit *j-m*) **3.** zurechtkommen (**with** etw) **~ a·round** *v/i* **1.** → **get about 2.** → **get round II ~ a·way** *v/i* **1.** loskommen, sich losmachen **2.** entkommen, -wischen: **~ with** davonkommen mit **~ back I** *v/t* **1.** zurückbekommen: **get one's own back** F sich rächen; **get one's own back on s.o.** → 3; → **breath** 1 **II** *v/i* **2.** zurückkommen **3. ~ at s.o.** F sich an j-m rächen, es j-m heimzahlen **~ be·hind** *v/i* in Rückstand kommen (**with** mit) **~ by** *v/i* **1.** aus-, durchkommen (**on** mit) **2.** gerade noch annehmbar sein (*Arbeit etc*), gerade noch ausreichen (*Kenntnisse*) **~ down I** *v/t* **1.** *Essen etc* runterkriegen **II** *v/i* **2.** aus-, ab-

steigen **3.** ~ **to** sich machen an (Akk): → **brass tacks, business** 6 ~ **in** I v/t **1.** Bemerkung etc anbringen **2.** Spezialisten etc (hin)zuziehen II v/i **3.** hinein-, hereinkommen **4.** einsteigen **5.** ~ **on** F mitmachen bei ~ **off** v/i **1.** absteigen, aussteigen **2.** davonkommen (**with** mit) **3.** ~ **with s.o.** etw mit j-m haben ~ **on** v/i **1.** vorwärts kommen, vorankommen (a. fig): **he is getting on for sixty** er geht auf die Sechzig zu; **it is getting on for 5 o'clock** es geht auf 5 Uhr (zu) **2.** → **get along** 2, 3 ➤ **get out** I v/t **1.** herausbekommen (a. fig) **2.** Worte etc herausbringen II v/i **3.** aussteigen **4.** fig herauskommen (Geheimnis etc) ~ **o·ver** v/t hinter sich bringen ~ **round** I v/t j-n herumkriegen II v/i dazu kommen (**to doing** zu tun) ~ **through** I v/t **1.** durchbringen, -bekommen (a. fig) **2.** → **get over** II **3.** durchkommen (a. fig) ~ **to·geth·er** I v/t **1.** Menschen etc zs.-bringen **2.** zs.-tragen II v/i **3.** zs.-kommen ➤ **get up** I v/t **1.** aufstehen **2.** Buch etc ausstatten, Waren (hübsch) aufmachen II v/i **3.** aufstehen, (von e-m Stuhl etc a.) sich erheben

'get·a·way s Flucht f: ~ **car** Fluchtauto n **'~·to·geth·er** s F (zwanglose) Zs.-kunft: **have a** ~ sich treffen, zs.-kommen **'~·up** s F Aufmachung f: **a)** Ausstattung f, **b)** Aufzug m (Kleidung)

gey·ser s **1.** ['gaɪzə] Geysir m **2.** ['giːzə] Br Durchlauferhitzer m

ghast·ly ['gɑːstlɪ] Adj **1.** grässlich, entsetzlich (beide a. fig F) **2.** gespenstisch

gher·kin ['gɜːkɪn] s Gewürz-, Essiggurke f

ghet·to ['getəʊ] Pl **-to(e)s** s G(h)etto n ~ **blast·er** s F Ghetto-Blaster m (tragbarer Stereo-Kassettenrekorder)

➤ **ghost** [gəʊst] s **1.** Geist m, Gespenst n **2. give up the** ~ den Geist aufgeben **3.** fig Spur f **'ghost·ly** Adj geister-, gespensterhaft

ghost sto·ry s Geister-, Gespenstergeschichte f ~ **town** s Geisterstadt f ~ **train** s Geisterbahn f: **go on the** ~ Geisterbahn fahren ~ **writ·er** s Ghostwriter(in)

gi·ant ['dʒaɪənt] I s Riese m II Adj riesig: ~ **slalom** (Skisport) Riesenslalom m

gib·ber ['dʒɪbə] v/i schnattern (Affen,

Personen) **gib·ber·ish** ['-rɪʃ] s Geschnatter n

gibe [dʒaɪb] I v/i: ~ **at** spotten über (Akk), verhöhnen, -spotten II s höhnische Bemerkung

gib·lets ['dʒɪblɪts] s Pl Innereien Pl (vom Geflügel)

gid·di·ness ['gɪdɪnɪs] s **1.** Schwindel m, Schwindelgefühl n **2.** fig Leichtsinn m **'gid·dy** Adj **1. I am** (od **feel**) ~ mir ist schwind(e)lig **2.** Schwindel erregend (a. fig) **3.** fig leichtsinnig

➤ **gift** [gɪft] I s **1.** Geschenk n: **I wouldn't have it as a** ~ das möchte ich nicht (mal) geschenkt; ~ **token**, ~ **voucher** Geschenkgutschein m **2.** fig Begabung f, Talent n (**for, of** für): ~ **for languages** Sprachtalent; ~ **gab** II Adj **3.** geschenkt, Geschenk...: **don't look a** ~ **horse in the mouth** e-m geschenkten Gaul schaut man nicht ins Maul **'gift·ed** Adj begabt, talentiert

gi·ga·byte ['gɪgəbaɪt] s IT Gigabyte n

gi·gan·tic [dʒaɪˈgæntɪk] Adj (~**ally**) gigantisch, riesig

gig·gle ['gɪgl] I v/i kichern II s Gekicher n

gild [gɪld] v/t (a. unreg) **1.** vergolden **2.** fig versüßen; beschönigen

gill [gɪl] s FISCH Kieme f

gilt [gɪlt] I Prät u. Part Perf von **gild** II s Vergoldung f: **take the** ~ **off the gingerbread** fig der Sache den Reiz nehmen **,~·edged** Adj **1.** mit Goldschnitt **2.** ~ **securities** Pl WIRTSCH mündelsichere (Wert)Papiere Pl

gim·crack ['dʒɪmkræk] Adj **1.** wertlos; kitschig **2.** wack(e)lig

gim·mick ['gɪmɪk] s F **1.** → **gadget** 1 (bes Reklame)Trick m, (-)Dreh m

gin [dʒɪn] s Gin m

gin·ger ['dʒɪndʒə] I s **1.** Ingwer m **2.** F Schmiss m, Schwung m II Adj **3.** rötlich od gelblich braun III v/t **4.** mst ~ **up** F j-n aufmöbeln, -muntern; etw ankurbeln, in Schwung bringen ~ **ale** s Gingerale n ~ **beer** s Gingerbeer n, Ingwerbier n **'~·bread** s Leb-, Pfefferkuchen m (mit Ingwergeschmack): → **gilt** II

gin·ger·ly ['dʒɪndʒəlɪ] Adj u. Adv **1.** behutsam, vorsichtig **2.** zimperlich

gin·gi·vi·tis [,dʒɪndʒɪˈvaɪtɪs] s MED Zahnfleischentzündung f

gip·sy ['dʒɪpsɪ] s Zigeuner(in)

gi·raffe [dʒɪ'rɑ:f] s ZOOL Giraffe f

gird·er ['gɜ:də] s TECH Balken m, Träger m

gir·dle ['gɜ:dl] s **1.** Gürtel m, Gurt m **2.** Hüfthalter m, -gürtel m

▸ **girl** [gɜ:l] s **1.** Mädchen n **2.** (Dienst-) Mädchen n

▸ **girl·friend** ['gɜ:lfrend] s Freundin f ~ **guide** s Br Pfadfinderin f

girl·hood ['gɜ:lhʊd] s Mädchenjahre Pl, Jugend(zeit) f

girl·ish ['gɜ:lɪʃ] Adj **1.** mädchenhaft **2.** Mädchen...: ~ **games**

girl scout s Am Pfadfinderin f

gi·ro ['dʒaɪərəʊ] s Br Postgirodienst m: ~ **account** Postgirokonto n; ~ **cheque** Postscheck m

girth [gɜ:θ] s **1.** (a. Körper)Umfang m **2.** (Sattel-, Pack)Gurt m

gist [dʒɪst] s das Wesentliche, Kern m

▸ **give** [gɪv] (unreg) I v/t **1.** geben; schenken; Blut etc spenden **2.** geben, reichen: ~ **s.o. one's hand** j-m die Hand geben **3.** Auskunft, Rat etc geben, erteilen **4.** sein Wort geben **5.** Aufmerksamkeit etc widmen (**to** Dat) **6.** sein Leben hingeben, opfern (**for** für) **7.** geben, gewähren: ~ **s.o. until** j-m bis … Zeit geben od lassen (**to do** zu tun) **8.** Befehl, Auftrag etc geben, erteilen **9.** Hilfe gewähren, leisten, Schutz bieten **10.** Grüße etc übermitteln: ~ **him my love** bestelle ihm herzliche Grüße von mir **11.** j-m e-n Schlag etc geben, versetzen **12.** j-m e-n Blick zuwerfen **13.** Lebenszeichen etc von sich geben: ~ **a cry** od **shout**) e-n Schrei ausstoßen, aufschreien; ~ **a laugh** auflachen **14.** Grund etc (an)geben **15.** Konzert etc geben, veranstalten, Theaterstück etc geben, aufführen, Vortrag halten **16.** Schmerzen etc bereiten, verursachen **17.** j-m zu tun etc geben: **I was ~n to understand** man gab mir zu verstehen **II** v/i **18.** geben, spenden (**to** Dat) **19.** nachgeben (a. Preise) **20. what ~s?** sl was gibts? **21.** führen (**on**[**to**] auf Akk, nach) (Straße etc); gehen (**on**[**to**] nach) (Fenster etc)

Verbindungen mit Adverbien:

give|a·way v/t **1.** her-, weggeben; verschenken; → **bride 2.** j-n, etw verraten **3.** Chance etc vertun ~ **back** v/t **1.** zurückgeben (a. fig), Blick erwidern **2.**

Schall zurückwerfen; Licht etc reflektieren ▸ **give| in** I v/t **1.** Gesuch etc einreichen, Prüfungsarbeit etc abgeben **II** v/i **2.** (**to**) nachgeben (Dat); sich anschließen (Dat) **3.** aufgeben, sich geschlagen geben ~ **off** v/t Geruch verbreiten, ausströmen, Rauch etc ausstoßen, Gas, Wärme etc aus-, verströmen ~ **out I** v/t **1.** aus-, verteilen **2.** bekannt geben **3.** geben, Patienten etc aufgeben **II** v/i **4.** aufhören **5.** zu Ende gehen (Kräfte, Vorräte) **6.** versagen (Maschine, Nieren etc) ~ **o·ver I** v/t **1.** übergeben (**to** Dat) **2.** etw aufgeben: ~ **doing s.th.** aufhören, etw zu tun **3. give o.s. over to** sich hingeben (Dat) **II** v/i **4.** aufhören ~ **up I** v/t **1.** aufgeben, aufhören mit: ~ **smoking** das Rauchen aufgeben **2.** Plan, Patienten etc aufgeben **3.** j-n ausliefern: **give o.s. up** sich stellen (**to** Dat) **4.** (**to**) Posten etc abgeben, abtreten (an Akk); Sitzplatz etc freimachen (für) **5. give o.s. up to** sich hingeben (Dat); sich widmen (Dat) **II** v/i **6.** → **give in 7.** resignieren

give-and-take s **1.** beiderseitiges Entgegenkommen od Nachgeben, Kompromiss(bereitschaft f) m **2.** Meinungs-, Gedankenaustausch m '~ **a·way** I s Werbegeschenk n **II** Adj: ~ **price** Schleuderpreis m

giv·en ['gɪvn] I Part Perf von **give II** Adj **1.** gegeben: ~ **name** bes Am → **first name**; **at the ~ time** zur festgesetzten Zeit; **within a ~ time** innerhalb e-r bestimmten Zeit **2. be ~ to** neigen zu: **be ~ to doing s.th.** die (An)Gewohnheit haben, etw zu tun **3.** vorausgesetzt **4.** in Anbetracht (Gen): ~ **that** in Anbetracht der Tatsache, dass '**giv·er** s Geber(in), Spender(in)

gla·cé ['glæseɪ] Adj **1.** glasiert; kandiert **2.** Glacee…

gla·cial ['gleɪsjəl] Adj **1.** eiszeitlich **2.** eisig (a. fig) **gla·cier** ['glæsjə] s Gletscher m

▸ **glad** [glæd] Adj (→ **gladly**) **1.** froh, erfreut (**of, about** über Akk): **I am ~ to hear** es freut mich zu hören; **I am ~ to be leaving** ich gehe gern **2.** freudig, froh, erfreulich **glad·den** ['~dn] v/t erfreuen

glad·i·a·tor ['glædɪeɪtə] s hist Gladiator(in)

glad·i·o·lus [ˌglædɪˈəʊləs] *Pl* **-li** [-laɪ] *s* BOT Gladiole *f*

glad·ly [ˈglædlɪ] *Adv* mit Freuden, gern '**glad·ness** *s* Freude *f*

glam·or·ize [ˈglæməraɪz] *v/t* verherrlichen, glorifizieren '**glam·or·ous** *Adj* bezaubernd (schön) **glam·our** [-mə] *s* Zauber *m*, (*pej* falscher) Glanz: **~ girl** Glamourgirl *n*, Film-, Reklameschönheit *f*

glance [glɑːns] **I** *v/i* **1.** e-n (schnellen) Blick werfen, (rasch *od* flüchtig) blicken (**at** auf *Akk*): **~ over** (*od through*) **a letter** e-n Brief überfliegen **2. ~ off** abprallen (von) (*Kugel etc*), abgleiten (von) (*Messer etc*) **II** *s* **3.** (schneller *od* flüchtiger) Blick (**at** auf *Akk*): **at a ~** auf 'einen Blick; **at first ~** auf den ersten Blick; **take a ~ at** → 1; → **steal** 1

gland [glænd] *s* ANAT Drüse *f* **glan·du·lar** [ˈglændjʊlə] *Adj* Drüsen...: **~ fever** Drüsenfieber *n*

glare [gleə] **I** *v/i* **1.** grell scheinen (*Sonne etc*), grell leuchten (*Scheinwerfer etc*) **2.** wütend starren: **~ at s.o.** j-n wütend anstarren, j-n anfunkeln **II** *s* **3.** greller Schein, grelles Leuchten: **~ ice** *Am* Glatteis *n* **4.** wütender *od* funkelnder Blick **glar·ing** [ˈ-rɪŋ] *Adj* **1.** grell **2.** grell, schreiend (*Farben*) **3.** eklatant, krass (*Fehler, Unterschied etc*), (himmel)schreiend (*Unrecht etc*) **4.** wütend, funkelnd (*Blick*)

▸ **glass** [glɑːs] **I** *s* **1.** Glas *n* **2.** *Koll* Glas (waren *Pl*) *n* **3.** (Trink)Glas *n*; Glas(gefäß) *n* **4.** (Fern-, Opern)Glas **5.** *Pl*, *a.* ▸ **pair of glasses** Brille *f* **II** *Adj* **6.** Glas...: **glass eye**

glass blow·er *s* Glasbläser *m* **~ case** *s* Glaskasten *m*, Vitrine *f* **~ ceil·ing** *s* *fig* unsichtbare Wand

glass·ful [ˈglɑːsfʊl] *s ein* Glas voll '**glass·house** *s* **1.** *bes Br* Gewächs-, Glas-, Treibhaus *n* **2. people who live in ~s should not throw stones** wer (selbst) im Glashaus sitzt, soll nicht mit Steinen werfen '**~·ware** *s* Glaswaren *Pl*

glass·y [ˈglɑːsɪ] *Adj* **1.** gläsern **2.** glasig (*Augen*)

glau·co·ma [glɔːˈkəʊmə] *s* MED grüner Star

glaze [gleɪz] **I** *v/t* **1.** verglasen: **~ in** ein-

glasen **2.** TECH, *a.* GASTR glasieren: **~d tile** Kachel *f* **II** *v/i* **3. ~ over** glasig werden (*Augen*) **gla·zier** [ˈ-jə] *s* Glaser(in) '**glaz·ing** *s* **1.** Verglasung *f* **2.** TECH, *a.* GASTR Glasur *f*

gleam [gliːm] **I** *s* schwacher Schein, Schimmer *m* (*a. fig*): **~ of hope** Hoffnungsschimmer *m* **II** *v/i* scheinen, schimmern

glean [gliːn] *v/t fig* sammeln, zs.-tragen; herausfinden, in Erfahrung bringen: **~ from** schließen *od* entnehmen aus '**glean·ings** *s Pl das* Gesammelte

glee [gliː] *s* **1.** Freude *f* **2.** Schadenfreude *f* **glee·ful** [ˈ-fʊl] *Adj* **1.** fröhlich **2.** schadenfroh

glen [glen] *s* Tal *n*

glib [glɪb] *Adj* **1.** schlagfertig (*a. Antwort etc*) **2.** oberflächlich

glide [glaɪd] **I** *v/i* **1.** gleiten **2.** FLUG gleiten *n* im Gleitflug machen; segelfliegen **II** *s* **3.** Gleiten *n* **4.** FLUG Gleitflug *m* '**glid·er** *s* FLUG **a)** Segelflugzeug *n*, **b)** *a.* **~ pilot** Segelflieger(in) '**glid·ing** *s* FLUG Segelfliegen *n*

glim·mer [ˈglɪmə] **I** *v/i* **1.** glimmen **2.** schimmern **II** *s* **3.** Glimmen *n* **4.** Schimmer *m* (*a. fig*): **~ of hope** Hoffnungsschimmer

glimpse [glɪmps] **I** *s* flüchtiger Blick: **catch** (*od* **get**) **a ~ of** → III **II** *v/i* flüchtig blicken (**at** auf *Akk*) **III** *v/t* (nur) flüchtig zu sehen bekommen

glint [glɪnt] **I** *v/i* glänzen, glitzern **II** *s* Glanz *m*, Glitzern *n*

glis·ten [ˈglɪsn] → **glint**

glitch [glɪtʃ] *s Am* F Störung *f*, Macke *f*

glit·ter [ˈglɪtə] **I** *v/i* funkeln, funkeln, glänzen: **all that ~s is not gold** es ist nicht alles Gold, was glänzt **II** *s* **2.** Glitzern *n*, Funkeln *n*, Glanz *m* **3.** *fig* Glanz *m*, Pracht *f* '**glit·ter·ing** *Adj* **1.** glitzernd, funkelnd, glänzend **2.** *fig* prächtig

glitz [glɪts] *s* F Pomp *m*

glitz·y [ˈglɪtsɪ] *Adj* F prunkvoll; schick (*Kleidung*)

gloat [gləʊt] *v/i* (**over, at**) sich weiden (an *Dat*): **a)** verzückt betrachten (*Akk*), **b)** sich hämisch *od* diebisch freuen (über *Akk*) '**gloat·ing** *Adj* hämisch, schadenfroh

glob·al [ˈgləʊbl] *Adj* global: **a)** weltumspannend, Welt...; **~ warming** Erwär-

mung f der Erdatmosphäre, **b)** umfassend, Gesamt…

glob·al·i·za·tion [ˌɡləʊbəlaɪˈzeɪʃn] s WIRTSCH Globalisierung f

globe [ɡləʊb] s **1.** Kugel f **2.** Erde f, Erdball m, -kugel f **3.** GEOG Globus m '**~·trot·ter** s Globetrotter(in), Weltenbummler(in)

glob·ule [ˈɡlɒbjuːl] s **1.** Kügelchen n **2.** Tröpfchen n

gloom [ɡluːm] s **1.** Düsterkeit f **2.** fig düstere od gedrückte Stimmung: **cast a ~ over** e-n Schatten werfen auf (Akk) '**gloom·y** Adj **1.** düster (a. fig) **2.** hoffnungslos, pessimistisch

glo·ri·fi·ca·tion [ˌɡlɔːrɪfɪˈkeɪʃn] s **1.** Verherrlichung f **2.** REL Lobpreisung f **glo·ri·fied** [ˈ_faɪd] Adj F besser **glo·ri·fy** [ˈ_faɪ] v/t **1.** verherrlichen, glorifizieren **2.** REL lobpreisen **3.** F aufmotzen '**glo·ri·ous** Adj **1.** ruhm-, glorreich **2.** herrlich, prächtig **3.** iron schön, großartig

glo·ry [ˈɡlɔːrɪ] I s **1.** Ruhm m **2.** Zier(de) f, Stolz m **3.** Herrlichkeit f, Glanz m II v/i **4.** sich freuen, glücklich sein (**in** über Akk) **5.** sich sonnen (**in** in Dat) **~ hole** s Br F Rumpelkammer f

gloss¹ [ɡlɒs] s Glosse f, Anmerkung f **gloss²**[_] I s **1.** Glanz m **2.** fig (äußerer) Glanz II v/t **3.** mst **~ over** beschönigen; vertuschen

glos·sa·ry [ˈɡlɒsərɪ] s Glossar n

gloss·y [ˈɡlɒsɪ] I Adj glänzend: **be ~** glänzen; **~ magazine** Hochglanzmagazin n II s F Hochglanzmagazin n

▸ **glove** [ɡlʌv] s Handschuh m: **fit (s.o.) like a ~** (j-m) wie angegossen passen; fig (zu j-m od auf j-n) ganz genau passen **~ box**, **~ com·part·ment** s MOT Handschuhfach n **~ pup·pet** s Handpuppe f

glow [ɡləʊ] I v/i glühen (a. fig **with** vor Dat) II s Glühen n, Glut f

glow·er [ˈɡlaʊə] v/i finster blicken: **~ at s.o.** j-n finster anblicken

'**glow·worm** s ZOOL Glühwürmchen n

glu·cose [ˈɡluːkəʊs] s CHEM Glukose f, Traubenzucker m

glue [ɡluː] I s Leim m; Klebstoff m II v/t leimen, kleben (**on** auf Akk; **to** an Akk): **be ~d to** fig kleben an (Dat) '**glue-sniff·ing** s Schnüffeln n '**glue·y** Adj klebrig

---

glum [ɡlʌm] Adj bedrückt

glut [ɡlʌt] I v/t WIRTSCH Markt überschwemmen II s WIRTSCH Schwemme f

glu·ti·nous [ˈɡluːtɪnəs] Adj klebrig

glut·ton [ˈɡlʌtn] s **1.** Vielfraß m **2.** fig Unersättliche m, f: **~ for punishment** Masochist(in); **~ for work** Arbeitstier n '**glut·ton·ous** Adj gefräßig, unersättlich (a. fig) '**glut·ton·y** s Gefräßigkeit f, Unersättlichkeit f

glyc·er·in(e) [ˈɡlɪsərɪn(ˈ_riːn)] s CHEM Glyzerin n

GM [dʒiːˈem] Abk (= **genetically modified**) gentechnisch verändert: **~ food(s)** gentechnisch veränderte Lebensmittel, Genfood n

GMT [dʒiːemˈtiː] Abk (= **Greenwich Mean Time**) WEZ f

gnarled [nɑːld] Adj **1.** knorrig **2.** schwielig (Hände)

gnash [næʃ] v/t: **~ one's teeth** mit den Zähnen knirschen

gnat [næt] s ZOOL Br (Stech)Mücke f

gnaw [nɔː] (a. unreg) I v/t **1.** Loch etc nagen (**into** in Akk) **2.** nagen an (Dat) (a. fig) II v/i **3.** nagen (**at** an Dat) (a. fig)

gnome [nəʊm] s Gnom m, Zwerg(in) (beide a. pej Mensch)

GNP [dʒiːenˈpiː] Abk (= **gross national product**) Bruttosozialprodukt n

▸ **go** [ɡəʊ] I s Pl **goes 1.** F Schwung m, Schmiss m **2.** **have a ~ at s.o.** j-n zurechtweisen, sich j-n vorknöpfen **3.** Erfolg m: **make a ~ of s.th.** etw schaffen, etw zum Erfolg führen **4.** F Versuch m: **have a ~ at s.th.** etw probieren; **at one ~** auf 'einen Schlag, auf Anhieb II v/i (unreg) **5.** gehen, fahren, reisen (**to** nach): **~ on foot** zu Fuß gehen; **~ by plane** (od **air**) mit dem Flugzeug reisen **6.** (fort)gehen: **I must be ~ing** ich muss gehen od weg **7.** anfangen: **~!** (Sport) los! **8.** gehen, führen (**to** nach) (Straße etc) **9.** sich erstrecken, gehen (**to** bis) **10.** verkehren, fahren (Bus etc) **11.** fig gehen: **let it ~ at that** lass es dabei bewenden **12.** gehen, passen (**into** in Akk) **13.** (**to**) gehen (an Akk) (Preis etc), zufallen (Dat) (Erbe) **14.** TECH gehen, laufen, funktionieren (alle a. fig): **keep** (**set**) **s.th. ~ing** etw in Gang halten (bringen); → **get** 10, 16 **15.** werden: **~ cold**; **~ blind** erblinden **16.** (**with**) gehen (mit), sich anschließen (an Akk): →

G

tide 2 **17.** sich halten (**by, on** an *Akk*), gehen, sich richten (**on** nach): ~*ing by her clothes* ihrer Kleidung nach (zu urteilen) **18.** kursieren, im Umlauf sein (*Gerücht etc*): *the story* ~*es* es heißt, man erzählt sich **19.** vergehen, -streichen: *one minute to* ~ noch eine Minute **20.** gelten (**for** für): *it* ~*es without saying* es versteht sich von selbst **21.** verkauft werden (**for** für): → *cake* 1 **22.** dazu beitragen *od* dienen (**to** do zu tun): *it* ~*es to show* dies zeigt, daran erkennt man **23.** ausgehen, -fallen (*Entscheidung etc*) **24.** (**with**) harmonieren (mit), passen (zu) **25.** lauten (*Worte etc*) **26.** sterben **27.** (*im Part Präs mit Inf*) zum Ausdruck e-r Zukunft, *bes* **a)** e-r Absicht, **b)** *etw* Unabänderlichen: *it is* ~*ing to rain* es gibt Regen; *she is* ~*ing to have a baby* sie bekommt ein Kind; *I am* ~*ing to tell him* ich werde *od* will es ihm sagen **28.** (*mit Ger*) gehen: ~ *swimming* schwimmen gehen **29.** (daran)gehen (**to** do zu tun): *he went to find her* er ging sie suchen; *she went to see him* sie besuchte ihn **III** *v/t* (*unreg*) **30.** Weg, Strecke etc gehen: ~ *it alone* F es ganz allein machen

Verbindungen mit Präpositionen:

go| a·bout *v/i* in Angriff nehmen, sich machen an (*Akk*) ~ **af·ter** *v/i* **1.** nachlaufen (*Dat*) **2.** sich bemühen um ~ **a·gainst** *v/i* **1.** *j-m* widerstreben **2.** *e-m Verbot etc* zuwiderhandeln, sich widersetzen (*Dat*) ~ **be·yond** *v/i fig* überschreiten, hinausgehen über (*Akk*) ~ **by** → *go* 17 ~ **for** *v/i* **1.** holen (gehen) **2.** *plan B* → *go* 20 4. nehmen: ~ *plan B* für Plan B entscheiden ~ **in·to** *v/i* **1.** in *die Politik etc* gehen **2.** geraten in (*Akk*) **3.** (genau) untersuchen *od* prüfen ~ **off** *v/i* aufgeben: *have gone off* *j-n, etw* nicht mehr mögen ~ **on** *v/i* **1.** → *go* 17 **2.** → *strike* 1 ~ **o·ver** *v/i* **1.** → *go into* 3 **2.** → *go through* 1 ~ **through** *v/i* **1.** durchgehen, -nehmen, -sprechen **2.** → *go into* 3 **3.** erleiden, durchmachen; erleben ~ **with** *v/i* **1.** begleiten **2.** mit *e-m Mädchen etc* gehen **3.** → *go* 24 ~ **without** *v/i* **1.** auskommen *od* sich behelfen ohne **2.** verzichten auf (*Akk*)

Verbindungen mit Adverbien:

go| a·bout *v/i* **1.** herumgehen, -fahren, -reisen **2. a)** → *go* 18, **b)** umgehen (*Grippe etc*) ~ **a·head** *v/i* **1.** voran-, vorausgehen (*of s.o.*) *fig*: ~*! fig* nur zu!; ~ *with* *fig* weitermachen (*od* fortfahren mit **2.** vorankommen (*Person, Arbeit*) ~ **a·long** *v/i* **1.** weitergehen **2.** *fig* weitermachen, fortfahren **3.** ~ *with* einverstanden sein *od* ~ (*Akk*), *j-m* beipflichten ~ **a·round** *v/i* **1.** → *go about* 2. → *go round* ~ **back** *v/i* **1.** zurückgehen **2.** (**to**) *fig* zurückgehen (auf *Akk*), zurückreichen (bis) **3.** ~ *on fig* sein Wort etc nicht halten; *Entscheidung* rückgängig machen ~ **by** *v/i* vorbeigehen (*a. Chance etc*); vergehen (*Zeit*) ~ **down** *v/i* **1.** hinuntergehen **2.** untergehen, sinken (*Schiff, Sonne etc*) **3.** → *go back* 2 **4.** (hinunter)rutschen (*Essen*) **5.** *fig* (**with**) Anklang finden, ankommen (bei); geschluckt werden (von) **6.** zurückgehen, sinken, fallen (*Fieber, Preise etc*), billiger werden **7.** ~ *in history* in die Geschichte eingehen **8.** sich im Niedergang befinden ~ **in** *v/i* **1.** hineingehen **2.** verschwinden (*Sonne etc*) **3.** ~ *for* sich befassen mit, betreiben, *Sport* treiben; mitmachen (bei), sich beteiligen an (*Dat*), *Prüfung* machen; sich einsetzen für; sich begeistern für ~ **off** *v/i* **1.** fort-, weggehen **2.** losgehen (*Gewehr etc*) **3.** nachlassen (*Schmerz etc*) **4.** *gut etc* verlaufen **5.** verderben (*Nahrungsmittel*) ► **go| on** *v/i* **1.** weitergehen, -fahren **2.** angehen (*Licht etc*) **3.** weitermachen, fortfahren (*doing* zu tun; *with* mit): ~ *talking* weiterreden; *he went on to say* darauf sagte er **4.** weitergehen (*Verhältnisse etc*) **5.** vor sich gehen, passieren, vorgehen **6.** *it is going on for 5 o'clock* es geht auf 5 Uhr zu; *he is going on for 60* er geht auf die Sechzig zu ~ **out** *v/i* **1.** hinausgehen **2.** ausgehen **3.** ausgehen, erlöschen (*Licht, Feuer*) **4.** in den Streik treten, streiken: → *strike* 1 ~ **o·ver** *v/i* **1.** hinübergehen (**to** zu) **2.** *fig* übergehen (*into* in *Akk*) **3.** *fig* übergehen, -treten (*from* von; **to** zu) ~ **round** *v/i* **1.** herumgehen (*a. fig*) **2.** (für alle) (aus)reichen: *there are enough chairs to* ~ es sind genügend Stühle da ~ **through** *v/i* **1.** durchgehen, angenommen werden

(*Antrag*) **2.** ~ **with** durchführen, zu Ende führen ~ **to·geth·er** *v/i* **1.** zs.-passen (*Farben etc*) **2.** F miteinander gehen (*Liebespaar*) ~ **up** *v/i* **1.** hinaufgehen **2.** steigen (*Fieber etc*), (*Preise a.*) anziehen **3.** ~ **in flames** in Flammen aufgehen; ~ **in smoke** in Rauch (u. Flammen) aufgehen; *fig* in Rauch aufgehen

goad [gəʊd] *v/t* anstacheln (**to do s.th., into doing s.th.** dazu, etw zu tun)

'**go-a·head** F **I** *Adj* mit Unternehmungsgeist *od* Initiative **II** *s*: **get the** ~ grünes Licht bekommen (**on** für)

▶ **goal** [gəʊl] *s* **1.** Ziel *n* (*a. fig*) **2.** SPORT (*a. erzieltes*) Tor: **score a** ~ ein Tor schießen; **keep** ~ im Tor stehen, das Tor hüten ~ **a·re·a** *s* SPORT Torraum *m*

goal·ie ['gəʊlɪ] F → **goalkeeper**

'**goal**|**keep·er** *s* SPORT Torwart(in), -mann *m*, -frau *f*, -hüter(in) ~ **kick** *s* Fußball: Abstoß *m* ~ **line** *s* SPORT Torlinie *f* ~ **post** *s* SPORT Torpfosten *m*

▶ **goat** [gəʊt] *s* ZOOL Ziege *f*: **act** (*od play*) **the** ~ *fig* herumalbern, -kaspern; **get s.o.'s** ~ F j-n auf die Palme bringen

goat·ee *s* Spitzbart *m*

gob·ble ['gɒbl] *v/t mst* ~ **up** verschlingen (*a. fig Buch etc*), hinunterschlingen

'**go-be·tween** *s* Vermittler(in): **act as a** ~ vermitteln

gob·lin ['gɒblɪn] *s* Kobold *m*

'**go-cart** *s* **1.** *bes Am* Laufstuhl *m* (*für Kinder*) **2.** *bes. Am* Sportwagen *m* (*für Kinder*) **3.** SPORT Gokart *m*

▶ **god** [gɒd] *s* **1.** Gott *m*, Gottheit *f* **2.** ♀ REL Gott *m*: **so help me** ♀! so wahr mir Gott helfe!; **thank** ♀ Gott sei Dank; → **act** 1, **bless** 1, **forbid** 3, **sake**, **willing** 1 '~**aw·ful** *Adj* F schrecklich '~**child** *s* (*unreg* **child**) Patenkind *n* '~**dam·mit** *Interj* F verdammt noch mal '~**damned** *Adj* F verflucht

god·dess ['gɒdɪs] *s* Göttin *f* (*a. fig*)

'**god**|**fa·ther** *s* Pate *m* ~ **stand** ~ **to** Pate stehen bei '♀~**fear·ing** *Adj* gottesfürchtig '~**for·sak·en** *Adj pej* gottverlassen '~**less** *Adj* gottlos '~**like** *Adj* göttähnlich, göttergleich

god·ly ['gɒdlɪ] *Adj* fromm

'**god**|**moth·er** *s* Patin *f* '~**par·ent** *s* Pate *m*, Patin *f* '~**send** *s* Geschenk *n* des Himmels

,**go-'get·ter** *s* F Draufgänger(in)

,**go·gle** ['gɒgl] **I** *v/i* glotzen: ~ **at s.o.** j-n

anglotzen **II** *s Pl*, *a.* **pair of** ~**s** Schutzbrille *f* '~**box** *s Br* F Glotze *f*, Glotzkiste *f* (*Fernseher*)

go·ing ['gəʊɪŋ] **I** *s* **1.** Boden-, Straßenzustand *m*, (*Pferderennsport*) Geläuf *n*; Tempo *n* **II** *Adj* **2.** ~ **concern** gut gehendes Geschäft **3.** ~, ~, **gone!** (*bei Versteigerungen*) zum Ersten, zum Zweiten, zum Dritten! ,**go·ings-'on** *Pl mst pej* Treiben *n*, Vorgänge *Pl*: **there were strange** ~ es passierten merkwürdige Dinge

goi·ter, *bes Br* **goi·tre** ['gɔɪtə] *s* MED Kropf *m*

go-kart ['gəʊkɑːt] *s* SPORT Gokart *m*

▶ **gold** [gəʊld] **I** *s* Gold *n* **II** *Adj* golden, Gold... ~ **dig·ger** *s* F *Frau, die nur hinter dem Geld der Männer her ist*

gold·en ['gəʊldən] *Adj* **1.** *mst fig* golden: ~ **opportunity** einmalige Möglichkeit; ~ **wedding** goldene Hochzeit **2.** golden, goldgelb: ~ **hamster** ZOOL Goldhamster *m*

'**gold**|**fish** *s* Goldfisch *m* ~ **med·al** *s* Goldmedaille *f* ~ **med·al·(l)ist** *s* Goldmedaillengewinner(in) ~ **mine** *s* Goldgrube *f* (*a. fig*), -mine *f*, -bergwerk *n* ,~**plat·ed** *Adj* vergoldet '~**smith** *s* Goldschmied(in)

golf [gɒlf] (*Sport*) **I** *s* Golf(spiel) *n* **II** *v/i* Golf spielen ~ **ball** *s* **1.** SPORT Golfball *m* **2.** TECH Kugel-, Schreibkopf *m* (*der Schreibmaschine*) ~ **club** *s* (*Sport*) **1.** Golfschläger *m* **2.** Golfclub *m* ~ **course** *s* SPORT Golfplatz *m*

golf·er ['gɒlfə] *s* SPORT Golfer(in), Golfspieler(in)

golf links *s Pl* (*a. Sg konstruiert*) SPORT Golfplatz *m*

Go·li·ath [gəʊˈlaɪəθ] *s fig* Goliath *m*

gon·do·la ['gɒndələ] *s* Gondel *f*

gone [gɒn] **I** *Part Perf von* **go II** *Adj* **1.** fort, weg **2.** F verknallt (**on** in *Akk*) **3.** **she's six months** ~ F sie ist im 6. Monat (*schwanger*)

gong [gɒŋ] *s* Gong *m*

gon·or·rh(o)e·a [,gɒnəˈrɪə] *s* MED Gonorrhö(e) *f*, Tripper *m*

goo [guː] *s* F **1.** Papp *m*, klebriges Zeug **2.** Schmalz *m*, sentimentales Zeug

▶ **good** [gʊd] **I** *s* **1.** Nutzen *m*, Wert *m*: **for one's own** ~ zu s-m eigenen Vorteil; **what** ~ **is it?** wozu soll das gut sein?; *it*

is no ~ trying es hat keinen Sinn od Zweck, es zu versuchen 2. *das* Gute, Gutes *n*: **do s.o. ~** j-m Gutes tun; j-m gut tun; **be up to no ~** nichts Gutes im Schilde führen 3. *Pl* bewegliches Vermögen: **~s and chattels** Hab *n* u. Gut *n*; *F* Siebensachen *Pl* 4. *Pl* WIRTSCH Güter *Pl*, Ware(n *Pl*) *f*: **~s lift** *Br* Lastenaufzug *m*; **~s train** *Br* Güterzug *m* II *Adj* 5. *allg* gut: **as ~ as** so gut wie, praktisch; **have a ~ time** sich (gut) amüsieren; es sich gut gehen lassen 6. gut, lieb: **be so ~ as to fetch it** sei so gut u. hol es; → **enough** III 7. gut, geeignet: **~ for colds** gut gegen *od* für Erkältungen; **~ for one's health** gesund 8. gut, richtig: **in ~ time** zur rechten Zeit, (gerade) rechtzeitig; **all in ~ time** alles zu s-r Zeit 9. gut, reichlich: **a ~ hour** e-e gute Stunde; **a ~ many** ziemlich viele 10. (*vor Adj*) verstärkend: **a ~ long time** sehr lange (*Zeit*); **~ and ...** *F* ganz schön ..., mordsmäßig ... 11. gut, triftig (*Grund*) II *s* gut, tüchtig (**at** in *Dat*)

▸ **good·by(e)** [͵gudˈbaɪ] I *s* Abschiedsgruß *m*: **say goodby(e) to s.o.** j-m Auf Wiedersehen sagen, sich von j-m verabschieden II *Adj* Abschieds...: **goodby(e) kiss** III *Interj* auf Wiedersehen!, TEL *auf* Wiederhören! **'~-for-͵noth·ing** I *Adj* nichtsnutzig II *s* Nichtsnutz *m* ⚲
Fri·day *s* REL Karfreitag *m* ͵~'hu·mo(u)red *Adj* 1. gut gelaunt 2. gutmütig

▸ **good·look·ing** [͵gudˈlukɪŋ] *Adj* gut aussehend ͵~'na·tured *Adj* gutmütig
good·ness [ˈgudnɪs] *s* 1. Güte *f* 2. **thank ~** Gott sei Dank; **(my) ~!**, **~ gracious!** du m-e Güte!, du lieber Himmel!; → **sake**
͵good·'tem·pered *Adj* gutmütig ͵~'will *s* 1. gute Absicht, guter Wille: **~ tour** *bes* POL Goodwillreise *f*, -tour *f* 2. Goodwill *m*: **a)** guter Ruf (*e-r Institution etc*), **b)** WIRTSCH ideeller Firmen- *od* Geschäftswert
good·y [ˈgudɪ] I *s* F 1. Bonbon *m*, *n*: **goodies** *Pl* Süßigkeiten *Pl* 2. FILM, TV *etc* Gute *m*, *f*, Held(in) 3. Tugendbold *m* II *Adj* 4. F (betont) tugendhaft III *Interj* 5. *bes Kindersprache*: prima! **'~-͵good·y** → **goody** 3, 4
goo·ey [ˈguːɪ] *Adj* F 1. pappig, klebrig 2. schmalzig, sentimental

goof [guːf] F I *s* 1. Schnitzer *m* 2. Trottel *m* II *v/t* 3. *oft* **~ up** vermasseln III *v/i* 4. Mist bauen **'goof·y** *Adj* F 1. vertrottelt 2. *Br* vorstehend (*Zähne*)

▸ **goose** [guːs] *Pl* **geese** [giːs] *s* 1. ORN Gans *f*: **cook s.o.'s ~** F j-m alles kaputtmachen 2. *fig* (dumme) Gans **~·ber·ry** [ˈguzbərɪ] *s* 1. BOT Stachelbeere *f* 2. **play ~** *bes Br* das fünfte Rad am Wagen sein **~ bumps** *s Pl bes Am*, **~ flesh** *s*, **~ pim·ples** *s Pl* Gänsehaut *f*
Gor·di·an [ˈgɔːdjən] *Adj*: **cut the ~ knot** *fig* den gordischen Knoten durchhauen
gore [gɔː] *s* Zwickel *m*, Keil *m*
gorge [gɔːdʒ] I *s* 1. enge Schlucht 2. **it makes my ~ rise** mir wird übel davon *od* dabei; mir kommt die Galle dabei hoch II *v/i* 3. schlemmen: **~ on** → 4 III *v/t* 4. **~ o.s. on** (*od* **with**) sich voll stopfen mit
gor·geous [ˈgɔːdʒəs] *Adj* 1. prächtig, prachtvoll (*beide a. fig* F) 2. F großartig, wunderbar
go·ril·la [gəˈrɪlə] *s* ZOOL Gorilla *m* (*a. fig* F Leibwächter)
gor·y [ˈgɔːrɪ] *Adj* blutrünstig
gosh [gɒʃ] *Interj* F Mensch!, Mann!
go·'slow *s* WIRTSCH *Br* Bummelstreik *m*
gos·pel *mst* ⚲ [ˈgɒspl] *s* Evangelium *n* (*a. fig*): **gospel truth** reine Wahrheit
gos·sa·mer [ˈgɒsəmə] *s* 1. Altweibersommer *m* 2. feine Gaze

▸ **gos·sip** [ˈgɒsɪp] I *s* 1. Klatsch *m*, Tratsch *m*: **~ column** Klatschspalte *f* 2. Plauderei *f*, Schwatz *m*: **have a ~** → 5 3. Klatschbase *f*, -maul *n* II *v/i* 4. klatschen, tratschen 5. plaudern, schwatzen (**with** mit; **about** über *Akk*)
got [gɒt] *Prät u. Part Perf von* **get**
Goth·ic [ˈgɒθɪk] I *Adj* (*~ally*) 1. gotisch 2. **~ novel** Schauerroman *m* II *s* 3. ARCHI Gotik *f*
got·ta [ˈgɒtə; *Am* ˈgɑtə] *sl für* **a)** **have** (*od* **has**) **got to:** **I ~ go** ich muss gehen, **b)** **have** (*od* **has**) **got a:** **~ light?** hast du Feuer?
got·ten [ˈgɒtn] *Am Part Perf von* **get**
gou·lash [ˈguːlæʃ] *s* GASTR Gulasch *m*
gourd [guəd] *s* BOT Kürbis *m*
gour·met [ˈguəmeɪ] *s* Feinschmecker(in)
gout [gaut] *s* MED Gicht *f*

▸ **gov·ern** [ˈgʌvn] I *v/t* 1. regieren (*a.*

gotta

Kurzformen, die man häufig hört
und mitunter auch liest:

ain't	[eɪnt]	am not; isn't; aren't; hasn't; haven't
'cause, 'cos, 'coz	[kɒz], kəz]	because
'em	[əm]	them
dunno	['dʌnəʊ]	(I) don't know; (he *etc*) doesn't know
gimme	['gɪmɪ]	give me
gonna	['gɒnə]	going to
gotta	['gɒtə]	got to
kinda	['kaɪndə]	kind of
mo'	[məʊ]	moment
pinta	['paɪntə]	pint of
see ya	['siːjʌ]	see you
sorta	['sɔːtə]	sort of
wanna	['wɒnə]	want to

LING) 2. leiten, verwalten 3. *fig* bestimmen, regeln: *be ~ed by* sich leiten lassen von 4. *fig* zügeln, beherrschen: ~ *one's temper* sich beherrschen II *v/i* 5. regieren '**gov·ern·ing** *Adj* 1. regierend, Regierungs... 2. leitend, Vorstands...: ~ *body* Leitung *f*, Direktion *f*, Vorstand *m* 3. *fig* leitend, bestimmend

▸ **gov·ern·ment** ['gʌvnmənt] *s* 1. *oft* 2 Regierung *f*: ~ *spokesman* Regierungssprecher *m*; → *exile* 1 2. Regierung(sform) *f* 3. Leitung *f*, Verwaltung *f* 4. Staat *m*: ~ *monopoly* Staatsmonopol *n* **gov·ern·men·tal** [‚-'mentl] *Adj* 1. Regierungs... 2. Staats..., staatlich **gov·er·nor** ['gʌvənə] *s* 1. Gouverneur(in) 2. Direktor(in), Leiter(in) 3. F *der Alte:* **a)** alter Herr (*Vater*), **b)** Chef(in) (*a. Anrede*)

gown [gaʊn] *s* 1. *mst in Zssgn* Kleid *n* 2. JUR, REL, UNI Talar *m*, Robe *f*

GP [dʒiː'piː] *Abk* (= *general practitioner*) Arzt *m*, Ärztin *f* für Allgemeinmedizin

grab [græb] I *v/t* 1. (hastig *od* gierig) er-greifen, packen 2. *fig* an sich reißen; *Gelegenheit* beim Schopf ergreifen 3. F *Zuhörer etc* packen, fesseln II *v/i* 4. ~ *at* (gierig *od* hastig) greifen nach, schnappen nach III *s* 5. (hastiger *od* gieriger) Griff: *make a ~ at* → 1, 4 6. *be up for ~s* F (für jeden) zu haben *od* zu gewinnen sein

grace [greɪs] I *s* 1. Anmut *f*, Grazie *f* 2. Anstand *m* 3. *mst Pl* gute Eigenschaft: → *saving* 3 4. Gunst *f*, Wohlwollen *n* 5. (*a. göttliche*) Gnade, Barmherzigkeit *f* 6. Tischgebet *n*: *say* ~ das Tischgebet sprechen II *v/t* 7. zieren, schmücken 8. (be)ehren **grace·ful** ['-fʊl] *Adj* 1. anmutig, graziös 2. würde-, taktvoll

gra·cious ['greɪʃəs] I *Adj* 1. wohlwollend 2. gnädig, barmherzig (*Gott*) II *Interj* 3. *good ~!,* ~ *me!* du m-e Güte!

gra·da·tion [grə'deɪʃn] *s* Abstufung *f*

grade [greɪd] I *s* 1. Grad *m*, Stufe *f* 2. MIL *bes Am* (Dienst)Grad *m* 3. WIRTSCH Qualität *f*, Handelsklasse *f* 4. *bes Am* Steigung *f*, Gefälle *n*: *make the ~ fig* es schaffen, Erfolg haben; ~ *crossing* schienengleicher (Bahn)Übergang 5. PÄD *Am* Klasse *f*; Note *f*, Zensur *f* II *v/t* 6. sortieren, einteilen 7. abstufen, staffeln ~ *school s Am* Grundschule *f*

gra·di·ent ['greɪdjənt] *s* Steigung *f*, Gefälle *n*

grad·u·al ['grædʒʊəl] *Adj* allmählich, stufen-, schrittweise: *~ly a.* nach u. nach

grad·u·ate I *s* ['grædʒʊət] 1. UNI Hochschulabsolvent(in), Akademiker(in); Graduierte, *m*, *f* 2. *Am* Schulabgänger(in) II *Adj* ['grædʒʊət] 3. UNI Akademiker...; graduiert III *v/t* ['-jʊeɪt] 4. UNI graduieren 5. PÄD *Am* die Abschlussprüfung bestehen (*from an Dat*): ~ *from a. Schule* absolvieren IV *v/t* ['-jʊeɪt] 6. → *grade* 7 **grad·u·a·tion** [‚grædʒʊ'eɪʃn] *s* 1. Abstufung *f*, Staffelung *f* 2. UNI Graduierung *f* 3. PÄD *Am* Absolvieren *n* (*from e-r Schule*)

graf·fi·ti [grə'fiːtɪ] *s Pl* Graffiti *Pl*

graft[1] [grɑːft] MED I *s* Transplantat *n* II *v/t Gewebe* verpflanzen, transplantieren

graft[2] [‚-] F I *s* 1. *hard ~* Schufterei *f* 2. *bes Am* Schmiergelder *Pl* II *v/i* 3. schuften 4. *bes Am* Schmiergelder zahlen

▸ **grain** [greın] *s* **1.** BOT (Samen-, *bes* Getreide)Korn *n* **2.** *Koll* Getreide *n*, Korn *n* **3.** (*Sand- etc*)Körnchen *n*, (-)Korn *n*: → *salt* l **4.** *fig* Spur *f*: *there's not a ~ of truth in it* da ist nicht ein Körnchen Wahrheit dabei **5.** Maserung *f* (*vom Holz*): *it goes against the ~ fig* es geht mir gegen den Strich

▸ **gram** [græm] *s* Gramm *n*

gram·mar ['græmə] *s* Grammatik *f*: *bad ~* grammatisch falsch; *~* (*book*) Grammatik **gram·mat·i·cal** [grə'mætıkl] *Adj* grammatisch, Grammatik…

gramme [græm] *s bes Br* Gramm *n*

grand [grænd] **I** *Adj* **1.** großartig, grandios, prächtig **2.** groß, bedeutend, wichtig **3.** Haupt…: *~ prize; ~ total* Gesamt-, Endsumme *f* **4.** F großartig, glänzend **II** *s* **5.** MUS Flügel *m* **6.** *Pl grand Am sl* Riese *m* (*$ 1000*)

gran·dad → **granddad**

▸ **gran·child** ['græntʃaıld] *s* (*unreg child*) Enkelkind *n* '~**dad** *s* F Opa *m* (*a. alter Mann*), Großpapa *m*

▸ **grand·daugh·ter** ['græn,dɔːtə] *s* Enkelin *f*

gran·deur ['grændʒə] *s* **1.** Pracht *f* **2.** Größe *f*, Wichtigkeit *f*

▸ **grand·fa·ther** ['grænd,fɑːðə] *s* Großvater *m*: *~ clock* Standuhr *f*

gran·di·ose ['grændıəʊs] *Adj* großartig, grandios

▸ **grand·ma** ['grænmɑː] *s* F Oma *f*, Großmama *f*

▸ **grand·moth·er** ['græn,mʌðə] *s* Großmutter *f*

▸ **grand·pa** ['grænpɑː] *s* F Opa *m*, Großpapa *m*

▸ **grand·par·ents** ['græn,peərənts] *s Pl* Großeltern *Pl*

▸ **grand·son** ['grænsʌn] *s* Enkel *m*

grand·stand ['grænd_] *s* SPORT Haupttribüne *f*

gran·ite ['grænıt] *s* GEOL Granit *m*

gran·ny ['grænı] *s* F Oma *f*

grant [grɑːnt] **I** *v/t* **1.** bewilligen, gewähren **2.** *Erlaubnis etc* geben, erteilen **3.** *Bitte etc* erfüllen, *a.* JUR *e-m Antrag etc* stattgeben **4.** JUR (*bes* formell) übertragen, übereignen **5.** zugeben, zugestehen: *I ~ you that* ich gebe zu, dass; *take s.th. for ~ed* etw als erwiesen *od* gegeben ansehen; etw als selbstverständlich betrachten *od* hinnehmen **II**

s **6.** Bewilligung *f*, Gewährung *f* **7.** Stipendium *n* **8.** JUR Übertragung *f*, Übereignung *f*

gran·u·lar ['grænjʊlə] *Adj* gekörnt, körnig, granuliert **gran·u·lat·ed** ['-leıtıd] *Adj* → **granular**: *~ sugar* Kristallzucker *m* **gran·ule** ['-juːl] *s* Körnchen *n*

▸ **grape** [greıp] *s* Weintraube *f*, -beere *f* '~**fruit** *s* BOT Grapefruit *f*, Pampelmuse *f* ~ **juice** *s* Traubensaft *m* '~**vine** *s* **1.** BOT Weinstock *m* **2.** *I heard on the ~ that* F mir ist zu Ohren gekommen, dass

graph [græf] **I** *s* **1.** Diagramm *n*, Schaubild *n*, grafische Darstellung **2.** *bes* MATHE Kurve *f*: *~ paper* Millimeterpapier *n* **II** *v/t* **3.** grafisch darstellen '**graph·ic** *Adj* (*~ally*) **1.** anschaulich, plastisch **2.** grafisch: *~ artist* Grafiker(in); *~ arts Pl* Grafik *f* **graph·ics card** *s* COMPUTER Grafikkarte *f*

graph·ite ['græfaıt] *s* MIN Graphit *m*

graph·ol·o·gist [græ'fɒlədʒıst] *s* Graphologe *m* **graph·ol·o·gy** *s* Graphologie *f*

grap·ple ['græpl] *v/i*: *~ with* kämpfen mit, *fig a.* sich herumschlagen mit

grasp [grɑːsp] **I** *v/t* **1.** packen, (er)greifen, *Gelegenheit* ergreifen; an sich reißen **2.** *fig* verstehen, begreifen **II** *v/i* **3.** zugreifen, zupacken: *~ at* greifen nach (*a. fig*) **III** *s* **4.** Griff *m* **5.** Reichweite *f* (*a. fig*) **6.** *fig* Verständnis *n*: *be beyond s.o.'s ~* über j-s Verstand gehen

▸ **grass** [grɑːs] *s* **1.** BOT Gras *n*: *not let the ~ grow under one's feet fig* keine Zeit verschwenden **2.** Rasen *m*: *keep off the ~* Betreten des Rasens verboten! **3.** *sl* Gras(s) *n* (*Marihuana*) **4.** *Br sl* Spitzel *m* **II** *v/i* **5.** grasen, weiden **6.** *Br sl* singen (*to* bei): *~ on j-n* verpfeifen '~**hop·per** *s* ZOOL Heuschrecke *f*, Grashüpfer *m* ~ **roots** *s Pl* (*a. Sg konstruiert*) **1.** *fig* Wurzel *f* **2.** POL Basis *f* (*e-r Partei*) '~**snake** *s* ZOOL Ringelnatter *f* ~ **wid·ow** *s* Strohwitwe *f* ~ **wid·ow·er** *s* Strohwitwer *m*

grass·y ['grɑːsı] *Adj* grasbedeckt, Gras-,

grate¹ [greıt] **I** *s* **1.** Gitter *n* **2.** (Feuer-) Rost *m* **II** *v/t* **3.** vergittern

grate² [_] **I** *v/t* **1.** *Käse etc* reiben, *Gemüse etc a.* raspeln **2.** knirschen *od* kratzen *od* quietschen mit **3.** *etw* krächzen(d sa-

greenback

gen) **II** v/i **4.** knirschen; kratzen; quietschen **5.** fig wehtun (**on s.o.** j-m): ~ **on s.o.'s ears** j-m in den Ohren wehtun

grate·ful ['greɪtfʊl] Adj dankbar (**to s.o. for s.th.** j-m für etw)

grat·er ['greɪtə] s Reibe f, Raspel f

grat·i·fi·ca·tion [ˌgrætɪfɪ'keɪʃn] s **1.** Befriedigung f, Genugtuung f (**at** über Akk) **2.** Freude f, Genuss m **grat·i·fy** ['ɡrætɪˌfaɪ] v/t **1.** j-n, Verlangen etc befriedigen **2.** erfreuen: **be gratified** sich freuen (**at** über Akk); **I am gratified to hear** ich höre mit Befriedigung od Genugtuung **'grat·i·fy·ing** Adj erfreulich (**to** für)

grat·ing ['greɪtɪŋ] s Gitter(werk) n

gra·tis ['greɪtɪs] **I** Adv gratis, umsonst **II** Adj unentgeltlich, Gratis…

grat·i·tude ['ɡrætɪtjuːd] s Dankbarkeit f: **in** ~ **for** aus Dankbarkeit für

gra·tu·i·tous [ɡrə'tjuːɪtəs] Adj **1.** → **gratis** **II 2.** freiwillig **3.** grundlos, unbegründet **gra·tu·i·ty** s **1.** Zuwendung f, Gratifikation f **2.** Trinkgeld n

grave¹ [ɡreɪv] Adj ernst (Angelegenheit, Stimme, Zustand etc)

▸ **grave²** [_] s Grab n: **dig one's own** ~ sich sein eigenes Grab schaufeln; **turn in one's** ~ sich im Grab (her)umdrehen '~,dig·ger s Totengräber(in)

grav·el ['ɡrævl] **I** s Kies m **II** v/t Prät u. Part Perf **-eled**, bes Br **-elled** mit Kies bestreuen: **~(l)ed path** Kiesweg m ~ **pit** s Kiesgrube f

'**grave**|·**stone** s Grabstein m '~·**yard** s Friedhof m

grav·i·tate ['ɡrævɪteɪt] v/i: ~ **toward(s)** sich hingezogen fühlen zu, neigen zu ˌ**grav·i'ta·tion** s PHYS Gravitation f, Schwerkraft f, ˌ**grav·i'ta·tion·al** Adj PHYS Gravitations…: ~ **force** Schwerkraft f; ~ **pull** Anziehungskraft f

grav·i·ty ['ɡrævətɪ] s **1.** Ernst m **2.** PHYS Gravitation f, Schwerkraft f

gra·vy ['ɡreɪvɪ] s **1.** Braten-, Fleischsaft m **2.** (Braten)Soße f ~ **boat** s Soßenschüssel f

▸ **gray**, etc Am → **grey**, etc

graze¹ [ɡreɪz] v/i weiden, grasen

graze² [_] **I** v/t **1.** streifen **2.** MED sich das Knie etc (ab-, auf)schürfen od (auf)schrammen **II** s **3.** MED Abschürfung f

grease I s [ɡriːs] **1.** (zerlassenes) Fett **2.**

TECH Schmierfett n, Schmiere f **II** v/t [ɡriːz] **3.** (ein)fetten, TECH (ab)schmieren: **like** ~**d lightning** F wie ein geölter Blitz **greas·y** ['ɡriːzɪ] Adj fett(ig)

▸ **great** [ɡreɪt] Adj (→ **greatly**) **1.** groß, beträchtlich: **a** ~ **many** sehr viele **2.** groß, bedeutend, wichtig **3.** ausgezeichnet, großartig **4.** F **be** ~ **at** gut od groß sein in (Dat); **be** ~ **on** sich begeistern für **5.** F großartig, herrlich

▸ **Great Brit·ain** [ˌɡreɪt'brɪtn] Eigenn Großbritannien n

▸ **great·grand·child** [ˌɡreɪt'ɡræntʃaɪld] s (unreg child) Urenkel(in) f, ~**·grand,daugh·ter** s Urenkelin f, ~**·'grand,fa·ther** s Urgroßvater m ,~**·'grand,moth·er** s Urgroßmutter f, ~**·'grand,par·ents** s Pl Urgroßeltern Pl ,~**·'grand·son** s Urenkel m

great·ly ['ɡreɪtlɪ] Adv sehr, überaus '**great·ness** s Größe f, Bedeutung f

▸ **Greece** [ɡriːs] Eigenn Griechenland n

greed [ɡriːd] s **1.** Gier f (**for** nach): ~ **for power** Machtgier **2.** Habgier f, -sucht f **3.** Gefräßigkeit f '**greed·i·ness** s **1.** Gierigkeit f **2.** Gefräßigkeit f '**greed·y** Adj **1.** gierig (**for** auf Akk, nach): ~ **for power** machtgierig **2.** habgierig, -süchtig **3.** gefräßig

▸ **Greek** [ɡriːk] **I** s **1.** Grieche m, Griechin f **2.** LING Griechisch n: **it's all** ~ **to me** fig das sind für mich böhmische Dörfer **II** Adj **3.** griechisch

▸ **green** [ɡriːn] **I** Adj **1.** grün: **have** ~ **fingers** (od Am **a** ~ **thumb**) fig e-n grünen Daumen haben; **the lights are at** ~ die Ampel steht auf Grün; **give s.o. the** ~ **light** fig j-m grünes Licht geben (**on, to** für); ~ **with envy** grün od gelb vor Neid **2.** fig grün, unerfahren **II** s **3.** Grün n: **dressed in** ~ grün od in Grün gekleidet; **the lights are at** ~ die Ampel steht auf Grün **4.** Pl grünes Gemüse

'**green·back** s Am F Dollar m

greenback

Greenback heißt der Dollar umgangssprachlich, da die Rückseite der Banknoten seit dem amerikanischen Bürgerkrieg grün bedruckt ist.

green card s 1. Am Aufenthaltsgeneh-migung f 2. Br MOT grüne Versiche-rungskarte

green card

Um als „Nicht-US-Bürger" in den USA längerfristig arbeiten zu kön-nen, muss man sich von der Ein-wanderungsbehörde eine **green card** ausstellen lassen (so genannt, weil sie ursprünglich grün war). Wie schwierig es sein kann, diese Aufenthaltsberechtigung zu be-kommen, zeigt auf anschauliche Weise der gleichnamige Film mit Gerard Depardieu und Andy McDowell.

'green|,gro·cer s bes Br Obst- u. Ge-müsehändler(in) **'~·horn** s F Grün-schnabel m; Neuling m **'~·house** s Ge-wächs-, Treibhaus n: **~ effect** Treib-hauseffekt m; **~ gas** Treibhausgas n

Green·land ['gri:nlənd] Eigenn Grön-land n

Green·wich (Mean) Time ['grenɪdʒ] s westeuropäische Zeit

▸ **greet** [gri:t] v/t 1. grüßen 2. begrüßen, empfangen 3. Nachricht etc aufneh-men **'greet·ing** s 1. Gruß m, Begrü-ßung f 2. Pl Grüße Pl; Glückwünsche Pl: **~s card** Glückwunschkarte f 3. Am Anrede f (im Brief)

gre·gar·i·ous [grɪ'geərɪəs] Adj 1. gesel-lig 2. ZOOL in Herden lebend, Her-den…

gre·nade [grə'neɪd] s MIL Granate f

grew [gru:] Prät von **grow**

▸ **grey** [greɪ] bes Br I Adj 1. grau: **~ zone** Grauzone f; **~ matter** ANAT graue Subs-tanz; F Grips m 2. grau(haarig), ergraut 3. fig trüb, düster, grau II s 4. Grau n: **dressed in ~** grau od in Grau geklei-det III v/i 5. grau werden, ergrauen: **~ing** angegraut, grau meliert (Haare) **,~'haired** Adj grauhaarig **'~·hound** s ZOOL Windhund m

grey·ish ['greɪɪʃ] Adj grau-, gräulich

grid [grɪd] s 1. Gitter n, (Eisen)Rost m 2. ELEK etc Versorgungsnetz n 3. GEOG Gitter(netz) n (auf Karten) 4. Bratrost m

grid·dle ['grɪdl] s (rundes) Backblech

'grid,i·ron s Bratrost m

'grid·lock s MOT Verkehrsstau m, Ver-kehrsinfarkt m

grief [gri:f] s Gram m, Kummer m: **come to ~** zu Schaden kommen; fehl-schlagen, scheitern

griev·ance ['gri:vns] s 1. Beschwer-de(grund m) f; Missstand m 2. **nurse a ~ against** e-n Groll hegen gegen **grieve** [gri:v] I v/t betrüben, bekümmern II v/i bekümmert sein, sich grämen (**about, over** Akk, wegen): **~ for** trauern um **'griev·ous** Adj 1. schmerz-lich, bitter 2. schwer, schlimm (Fehler, Verlust etc): **~ bodily harm** JUR Br schwere Körperverletzung

grill [grɪl] I s 1. Grill m 2. Grillen n 3. Gegrillte n 4. Grillroom m II v/t 5. gril-len 6. F j-n in die Mangel nehmen (bes Polizei): **~ s.o. about** j-n ausquetschen über (Akk) III v/i 7. gegrillt werden **'grill·room** s Grillroom m

grim [grɪm] Adj 1. grimmig 2. erbittert, verbissen 3. hart, unerbittlich 4. grau-sig

gri·mace [grɪ'meɪs] I s Grimasse f II v/i e-e Grimasse od Grimassen schneiden **grime** [graɪm] I s (dicker) Schmutz od Ruß M II v/t beschmutzen **'grim·y** Adj schmutzig, rußig

grin [grɪn] I v/i grinsen: **~ at s.o.** j-n an-grinsen; **~ and bear it** gute Miene zum bösen Spiel machen II s Grinsen n

grind [graɪnd] I v/t (unreg) 1. Messer etc schleifen: → **ax(e)** 1 2. a. **~ down** (zer-)mahlen, zerreiben, -kleinern 3. Kaffee etc mahlen; Fleisch durchdrehen 4. **~ one's teeth** mit den Zähnen knirschen II v/i (unreg) 5. knirschen 6. F schuften; pauken, büffeln (for für) III s 7. Knir-schen 8. F Schufterei f; Pauken n, Büf-feln n **'grind·er** s 1. (Messer- etc)Schlei-fer m 2. (Kaffee)Mühle f; (Fleisch)Wolf m 3. ANAT Backenzahn m

'grind·stone s Schleifstein m: **keep** (od **have**) **one's nose to the ~** fig schuften

grip [grɪp] I s 1. Griff m: **come** (od **get**) **to ~s with** aneinander geraten mit 2. fig sich auseinander setzen mit 3. fig Herr-schaft f, Gewalt f: **have** (od **keep**) **a ~ on** im Gewalt haben, Zuhörer etc fesseln 3. (Hand)Griff m (e-s Koffers etc) II v/t (Am a. unreg) 4. ergrei-

fen, packen **5.** *fig j-n* packen (*Furcht etc*), *Zuhörer etc* fesseln

gripe [graɪp] **I** *v/t* **1.** *Am* F ärgern **II** *v/i* **2.** Bauchschmerzen haben **3.** F (*about*) meckern (über *Akk*), nörgeln (an *Dat*, über *Akk*): ~ *at j-n* anmeckern **III** *s* **4.** *mst Pl* Bauchschmerzen *Pl*

grip·ping [ˈɡrɪpɪŋ] *Adj* packend, fesselnd

gris·ly [ˈɡrɪzlɪ] *Adj* grässlich, schrecklich

grist [ɡrɪst] *s* Mahlgut *n*: *it's all ~ to the mill fig* daraus ist Kapital zu schlagen

gris·tle [ˈɡrɪsl] *s* Knorpel *m* '**gris·tly** *Adj* knorp(e)lig

grit [ɡrɪt] **I** *s* **1.** (grober) Sand, Kies *m* **2.** Streusand *m* **3.** *fig* Mut *m* **II** *v/t* **4.** Straße *etc* sanden, streuen **5.** ~ *one's teeth* die Zähne zs.-beißen (*a. fig*)

griz·zle [ˈɡrɪzl] *v/i Br* F **1.** quengeln **2.** sich beklagen (*about* über *Akk*)

griz·zly [ˈɡrɪzlɪ] **I** *Adj* grau(haarig) **II** *s a.* ~ *bear* ZOOL Grisly(bär) *m*

groan [ɡrəʊn] **I** *v/i* **1.** stöhnen, ächzen (*with* vor *Dat*) **2.** ächzen, knarren (*under* unter *Dat*) (*Fußboden etc*) **II** *s* **3.** Stöhnen *n*, Ächzen *n*

▸ **gro·cer** [ˈɡrəʊsə] *s* Lebensmittelhändler(in) '**gro·cer·y** *s* **1.** Lebensmittelgeschäft *n* **2.** *Pl* Lebensmittel *Pl*

grog·gy [ˈɡrɒɡɪ] *Adj* F **1.** groggy (*a. Boxen*) **2.** wacklig (*Tisch etc*)

groin [ɡrɔɪn] *s* ANAT Leiste(ngegend) *f*

▸ **groom** [ɡruːm] **I** *s* **1.** Pferdepfleger *m*, Stallbursche *m* **2.** Bräutigam *m* **II** *v/t* **3.** *Pferde* versorgen, pflegen **4.** *Person, Kleidung* pflegen

groove [ɡruːv] **I** *s* **1.** Rinne *f*, Furche *f* **2.** TECH Rille *f* (*a. e-r Schallplatte*), Nut *f* **3.** *fig* ausgefahrenes Gleis **II** *v/t* TECH rillen, nuten

grope [ɡrəʊp] **I** *v/i* tasten (*for* nach): ~ *about* (*od around*) herumtappen, -tasten; ~ *in the dark fig* im Dunkeln tappen **II** *v/t*: ~ *one's way* sich vorwärts tasten

gross [ɡrəʊs] **I** *Adj* **1.** Brutto...: ~ *domestic product* Bruttoinlandsprodukt *n*; ~ *national product* Bruttosozialprodukt *n* **2.** schwer, grob (*Fehler etc*), schreiend (*Ungerechtigkeit*), stark, maßlos (*Übertreibung*): ~ *negligence* JUR grobe Fahrlässigkeit **3.** unfein, derb **4.** dick, feist **II** *s* **5.** *das Ganze*

6. *Pl* **gross** Gros *n* (*12 Dutzend*) **III** *v/t* **7.** brutto verdienen *od* einnehmen

gro·tesque [ɡrəʊˈtesk] *Adj* grotesk

grot·to [ˈɡrɒtəʊ] *Pl* **-to(e)s** *s* Grotte *f*

grouch [ɡraʊtʃ] F **I** *v/i* (*about*) meckern (über *Akk*) **II** *s* Nörgler(in) '**grouch·y** *Adj* F nörglerisch

ground[1] [ɡraʊnd] *I Prät u. Part Perf von* **grind** *II Adj* gemahlen (*Kaffee etc*): ~ *meat Am* Hackfleisch *n*

▸ **ground**[2] [-] **I** *s* **1.** (Erd)Boden *m*, Erde *f*: *above* ~ oberirdisch; BERGB über Tage; *below* ~ BERGB unter Tage; *break new* (*od fresh*) ~ Land urbar machen, *a. fig* Neuland erschließen; *fall to the* ~ zu Boden fallen; *fig* sich zerschlagen, ins Wasser fallen **2.** Boden *m*, Gebiet *n* (*a. fig*): *gain* ~ (an) Boden gewinnen, *fig a.* um sich greifen **3.** Grundbesitz *m* **4.** *oft Pl* SPORT Platz *m* **5.** *fig* Standpunkt *m*: *hold* (*od stand*) *one's* ~ sich *od* s-n Standpunkt behaupten **6.** *fig* (Beweg)Grund *m*: *on the* ~ *of* auf Grund von (*od Gen*); *on* ~*s of age* aus Altersgründen; *on the* ~ *that* mit der Begründung, dass **7.** *Pl* (Boden-)Satz *m* **8.** ELEK *Am* Erde *f*, Erdung *f* **II** *v/t* **9.** *fig* gründen, stützen (*on, in* auf *Akk*) **10.** FLUG Startverbot erteilen (*Dat*) **11.** ELEK *Am* erden **III** *v/i* **12.** *schiff* auflaufen

'**ground**|-**,break·ing** *Adj* bahnbrechend, wegweisend ~ **ca·ble** *s* ELEK *Am* Massekabel *n* ~ **crew** *s* FLUG Bodenpersonal *n* ~ **floor** *s Br* Erdgeschoss *n* ~ **frost** *s* Bodenfrost *m*

'**ground**|**·less** [ˈɡraʊndlɪs] *Adj* grundlos, unbegründet

'**ground**|**·nut** *s* BOT Erdnuss *f* ~ **plan** *s* ARCHI Grundriss *m* ~ **staff** *s* FLUG *Br* Bodenpersonal *n* ~ **wa·ter** *s* Grundwasser *n* '~**,wa·ter lev·el** *s* Grundwasserspiegel *m* '~**·work** *s* ARCHI Fundament *n* (*a. fig*)

▸ **group** [ɡruːp] **I** *s* **1.** Gruppe *f*: ~ *of islands* Inselgruppe **2.** WIRTSCH Gruppe *f*, Konzern *m* **II** *v/t* **3.** eingruppieren (*into* in *Akk*) **4.** zu e-r Gruppe zs.-stellen **III** *v/i* **5.** sich gruppieren ~ **dy·nam·ics** *s Sg Sozialpsychologie*: Gruppendynamik *f* ~ **sex** *s* Gruppensex *m* ~ **ther·a·py** *s* MED, PSYCH Gruppentherapie *f*

grouse [ɡraʊs] → **grouch** I

grove [grəʊv] s Wäldchen n, Gehölz n

grov·el ['grɒvl] v/i Prät u. Part Perf **-eled**, bes Br **-elled**: ~ **before** (od **to**) **s.o.** fig vor j-m kriechen '**grov·el·(l)er** s Kriecher(in) '**grov·el·(l)ing** Adj kriecherisch

▶ **grow** [grəʊ] (unreg) I v/i 1. wachsen: ▶ **grow up** auf-, heranwachsen; **grow out of** a) herauswachsen aus (e-m Kleidungsstück), b) e-r Angewohnheit etc entwachsen 2. fig zunehmen (**in** an Dat), anwachsen 3. fig (bes allmählich) werden: **grow less** sich vermindern II v/t 4. Gemüse etc anbauen, anpflanzen, Blumen etc züchten 5. **grow a beard** sich e-n Bart wachsen lassen '**grow·er** s Pflanzer(in), Züchter(in), in Zssgn ...bauer m

growl [graʊl] I v/i 1. knurren (Hund), brummen (Bär) (beide a. Person): ~ **at** j-n anknurren 2. (g)rollen (Donner) II v/t 3. oft ~ **out** Worte knurren, brummen III s 4. Knurren n, Brummen n 5. (G)Rollen n

grown [grəʊn] Part Perf von **grow** '~-**up** I Adj [a. ˌ-'ʌp] 1. erwachsen 2. (nur) für Erwachsene; Erwachsenen... II s 3. Erwachsene m, f

▶ **growth** [grəʊθ] s 1. Wachsen n, Wachstum n 2. Wuchs m, Größe f 3. fig Zunahme f, Anwachsen n (**in** Gen) 4. Anbau m 5. MED Gewächs n, Wucherung f **~ in·dus·try** s WIRTSCH Wachstumsindustrie f **~ rate** s WIRTSCH Wachstumsrate f

grub [grʌb] I v/i 1. graben 2. stöbern, wühlen (**among, in** in Dat; **for** nach) II v/t 3. oft ~ **up** (od **out**) ausgraben, fig a. aufstöbern III s 4. ZOOL Made f, Larve f 5. sl Futter n (Essen) '**grub·by** Adj schmudd(e)lig, schmutzig

grudge [grʌdʒ] I v/t 1. missgönnen (s.o. **s.th.** j-m etw) 2. ~ **doing s.th.** etw nur widerwillig od ungern tun II s 3. Groll m: **bear s.o. a** ~ e-n Groll auf j-n haben '**grudg·ing** Adj 1. missgünstig 2. widerwillig

gru·el ['grʊəl] s Haferschleim m '**gru·el·(l)ing** Adj fig aufreibend, zermürbend

grue·some ['gruːsəm] Adj grausig, schauerlich

gruff [grʌf] Adj 1. schroff, barsch 2. rau (Stimme)

grum·ble ['grʌmbl] I v/i 1. murren (**at, about, over** über Akk) 2. → **growl** 2 II v/t 3. murren III s 4. Murren 5. → **growl** 5

grump·y ['grʌmpɪ] Adj mürrisch

grung·y ['grʌndʒɪ] Adj bes Am F eklig, mies

grunt [grʌnt] I v/i 1. grunzen (Schwein, a. Person) 2. murren, brummen (**at** über Akk) II v/t 3. grunzen, murren, brummen III s 4. Grunzen n 'G-string s etwa Tanga(slip) m

guar·an·tee [ˌgærən'tiː] I s 1. Garantie f (**on** auf Akk; **für**): **the watch is still under** ~ auf der Uhr ist noch Garantie; ~ (**card**) Garantiekarte f, -schein m 2. Kaution f, Sicherheit f 3. Bürge m, Bürgin f, Garant(in) II v/t 4. (sich ver)bürgen für, Garantie leisten für 5. garantieren **guar·an·tor** [ˌ-'tɔː] → **guarantee** 3

▶ **guard** [gɑːd] I v/t 1. bewachen, wachen über (Akk); behüten, beschützen (**against, from** vor Dat): **a closely ~ed secret** ein streng gehütetes Geheimnis 2. bewachen, beaufsichtigen II v/i 3. sich hüten od in Acht nehmen od schützen (**against** vor Dat) III s 4. Wache f, (Wach)Posten m, Wächter(in); Aufseher(in), Wärter(in) 5. Wache f, Bewachung f: **be on** ~ Wache stehen 6. BAHN Br Schaffner(in), schweiz.: Kondukteur(in); Am Bahnwärter(in) 7. Garde f: ~ **of hono(u)r** Ehrengarde 8. fig Wachsamkeit f: **be on** (**off**) **one's** ~ (nicht) auf der Hut sein (**against** vor Dat) 9. Boxen etc: Deckung f ~ **dog** s Wachhund m ~ **du·ty** s Wachdienst m: **be on** ~ Wache haben

guard·ed ['gɑːdɪd] Adj vorsichtig, zurückhaltend, (Optimismus) verhalten, gedämpft

guard·i·an ['gɑːdjən] s 1. Hüter(in), Wächter(in): ~ **angel** Schutzengel m 2. JUR Vormund m '**guard·i·an·ship** s JUR Vormundschaft f (**of** über Akk, **für**): **be** (**place**) **under the** ~ **of** unter j-s Vormundschaft stehen (stellen)

'**guard·rail** s 1. Handlauf m 2. Am MOT Leitplanke f

guards·man ['gɑːdzmən] s (unreg **man**) MIL Gardist m

gue(r)·ril·la [gə'rɪlə] s MIL Guerilla m: ~ **war** Guerillakrieg m

▶ **guess** [ges] **I** v/t **1.** schätzen (*at* auf *Akk*) **2.** (er)raten **3.** ahnen, vermuten **4.** *bes Am* F glauben, meinen, annehmen **II** v/i **5.** schätzen (*at s.th.* etw) **6.** raten: *∼ing game* Ratespiel *n* **III** *s* **7.** Schätzung *f*, Vermutung *f*: *at a ∼* schätzungsweise; *I'll give you three ∼es* dreimal darfst du raten; → *educated* 2, *rough* 5, *wild* 5 ′*∼·work* *s* (reine) Vermutung(en *Pl*)

▶ **guest** [gest] **I** *s* Gast *m* **II** *Adj* **a)** Gast…: *∼ speaker* Gastredner(in), **b)** Gäste…: *∼ list* ′*∼·house* *s* **1.** Gästehaus *n* **2.** Pension *f*, Fremdenheim *n* ′*∼ room* *s* Gast-, Gäste-, Fremdenzimmer *n*

guf·faw [gʌ′fɔː] **I** *s* schallendes Gelächter **II** v/i schallend lachen

guid·ance [′gaɪdns] *s* **1.** Leitung *f*, Führung *f* **2.** Anleitung *f*, Unterweisung *f*: *for your ∼* zu Ihrer Orientierung **3.** (*Berufs-, Ehe- etc*)Beratung *f*

▶ **guide** [gaɪd] **I** v/t **1.** *j-n* führen, *j-m* den Weg zeigen **2.** *fig* lenken, leiten **3.** etw, *a. j-n* bestimmen: *be ∼d by* sich leiten lassen von **4.** anleiten **II** *s* **5.** (*Reise-, Berg- etc*)Führer(in) **6.** (*Reise- etc*)Führer *m* (*to* durch; *von*) (*Buch*): *∼ to London* London-Führer **7.** (*to*) Leitfaden *m* (*Gen*), Einführung *f* (in *Akk*), Handbuch *n* (*Gen*): → *∼·book* → *guide* 7

guid·ed [′gaɪdɪd] *Adj* **1.** *∼ tour* Führung *f* (*of* durch) **2.** MIL, TECH (fern)gelenkt, (-)gesteuert: *∼ missile* Lenkflugkörper *m*

guide dog *s* Blindenhund *m* ′*∼·lines* *Pl* Richtlinien *Pl* (*on* Gen)

guid·ing [′gaɪdɪŋ] *Adj* leitend: *∼ principle* Leitprinzip *n*

guild [gɪld] *s* **1.** *hist* Gilde *f*, Zunft *f* **2.** Vereinigung *f*, Gesellschaft *f*

guile [gaɪl] *s* (Arg)List *f*, Tücke *f* ′**guile·less** *Adj* arglos

guil·lo·tine [′gɪlə′tiːn] **I** *s* Guillotine *f*, Fallbeil *n* **II** v/t *j-n* durch die Guillotine *od* mit dem Fallbeil hinrichten

guilt [gɪlt] *s* Schuld *f*: *∼ complex* Schuldkomplex *m*

▶ **guilt·y** [′gɪltɪ] *Adj* **1.** schuldig (*of* Gen): → *plea* 2, *plead* 2 **2.** schuldbewusst: *a ∼ conscience* ein schlechtes Gewissen (*about* wegen)

guin·ea pig [′gɪnɪ] *s* **1.** ZOOL Meerschweinchen *n* **2.** *fig* Versuchskaninchen *n*

guise [gaɪz] *s*: *in the ∼ of* als … (verkleidet); *under* (*od* in) *the ∼ of* *fig* unter dem Deckmantel (*Gen*)

▶ **gui·tar** [gɪ′tɑː] *s* MUS Gitarre *f* **gui′tar·ist** *s* Gitarrist(in)

gulch [gʌltʃ] *s* *bes Am* (Berg)Schlucht *f*

gulf [gʌlf] *s* **1.** Golf *m*, Meerbusen *m*: ♊ *States* Golfstaaten *Pl* **2.** Abgrund *m* (*a. fig*) **3.** *fig* Kluft *f*

gull [gʌl] *s* ORN Möwe *f*

gul·let [′gʌlɪt] *s* **1.** ANAT Speiseröhre *f* **2.** Gurgel *f*, Kehle *f*

gul·li·ble [′gʌləbl] *Adj* leichtgläubig

gul·ly [′gʌlɪ] *s* **1.** (Wasser)Rinne *f* **2.** TECH Gully *m*: *∼ (drain)* Abzugskanal *m*

gulp [gʌlp] **I** v/t **1.** oft *∼ down* Getränk hinunterstürzen, *Speise* hinunterschlingen **2.** *∼ back* Tränen *etc* hinunterschlucken **II** *s* **3.** (großer) Schluck: *at one ∼* auf 'einen Zug

gum[1] [gʌm] *s oft Pl* ANAT Zahnfleisch *n*

gum[2] [_] **I** *s* **1.** Gummi *m*, *n*, Kautschuk *m* **2.** Klebstoff *m*, *bes* Gummilösung *f* **II** v/t **3.** gummieren **4.** (an-, ver)kleben

gump·tion [′gʌmpʃn] *s* F **1.** Grips *m* **2.** Mumm *m*, Schneid *m*

▶ **gun** [gʌn] **I** *s* **1.** MIL Geschütz *n*, Kanone *f*: *stick to one's ∼s* F festbleiben, nicht nachgeben **2.** Gewehr *n*; Pistole *f*, Revolver *m* **3.** SPORT Startpistole *f*; Startschuss *m*: → *jump* 9 **4.** *Tankstelle:* Zapfpistole *f* **II** v/t **5.** *∼ down* niederschießen ′*∼·fight* *s* Feuergefecht *n*, Schießerei *f*, Schusswechsel *m* ′*∼ li·cence* (*Am* **li·cense**) *s* Waffenschein *m* ′*∼·man* [′-mən] *s* (*unreg* **man**) **1.** Bewaffnete *m* **2.** Revolverheld *m* ′*∼·point* *s*: *at ∼* mit vorgehaltener Waffe, mit Waffengewalt ′*∼·pow·der* *s* Schießpulver *n*; → *Info-Fenster S. 280* ′*∼·run·ner* *s* Waffenschmuggler *m* ′*∼·run·ning* *s* Waffenschmuggel *m* ′*∼·shot* *s* **1.** Schuss *m* **2.** *a. ∼ wound* Schusswunde *f*, -verletzung *f* **3.** Schussweite *f*: *within* (*out of*) *∼* in (außer) Schussweite

gur·gle [′gɜːgl] v/i gurgeln: **a)** glucksen (*Wasser*), **b)** glucksen (*with* vor *Dat*) (*Person, Stimme*)

gu·ru [′gʊruː] *s* Guru *m*

gush [gʌʃ] **I** v/i **1.** strömen, schießen (*from* aus) **2.** F schwärmen (*over* von) **II** *s* **3.** Schwall *m*, Strom *m* (*beide a. fig*) **4.** F Schwärmerei *f* ′**gush·er** *s* **1.**

Gunpowder Plot

Eine katholische Verschwörung gegen **King James I** (Jakob I) im Jahr 1605. Kurz vor der Eröffnung des Parlaments wurde versucht, das Parlamentsgebäude in die Luft zu sprengen. Der Versuch scheiterte jedoch und einer der Verschwörer mit Namen **Guy Fawkes** wurde verhaftet und gezwungen, seine Mitverschwörer zu nennen (*siehe auch* **Bonfire Night**).

F Schwärmer(in) **2.** Springquelle f (*Erdöl*) **'gush·ing**, **'gush·y** *Adj* F schwärmerisch

gus·set ['gʌsɪt] s *Schneiderei*: Zwickel m, Keil m

gust [gʌst] s **1.** Windstoß m, Bö f **2.** *fig* (Gefühls)Ausbruch m: **~ of anger** Wutanfall m

gus·to ['gʌstəʊ] s Begeisterung f, Genuss m

gus·ty ['gʌstɪ] *Adj* **1.** böig **2.** stürmisch (*a. fig*)

gut [gʌt] **I** s *Pl bes* ZOOL Eingeweide *Pl*, Gedärme *Pl*: **hate s.o.'s ~s** F j-n hassen wie die Pest **2.** ANAT Darm m **3.** *oft Pl* F Bauch m **4.** *Pl* F Mumm m, Schneid m **II** *v/t* **5.** ausweiden, -nehmen **'gut·less** *Adj* F ohne Mumm *od* Schneid **'guts·y** *Adj* F **1.** mutig **2.** verfressen

gut·ter ['gʌtə] **I** s **1.** Gosse f (*a. fig*), Rinnstein m **2.** Dachrinne f **II** *v/i* **3.** tropfen (*Kerze*) **~ press** s Skandal-, Sensationspresse f '**~·snipe** s Gassenkind n

gut·tur·al ['gʌtərəl] **I** *Adj* Kehl..., guttural (*beide a.* LING), kehlig **II** s LING Guttural m, Kehllaut m

▸ **guy** [gaɪ] s F Kerl m, Typ m: **~s** Leute; **are you ~s going?** geht ihr?; **he's a nice ~** er ist ein netter Kerl

guz·zle ['gʌzl] *v/t* **1.** (*a. v/i*) saufen; fressen **2.** *Geld* verprassen, *bes* versaufen

gym [dʒɪm] s F **1.** Turn-, Sporthalle f **2.** Fitnesscenter n **~ shoes** *Pl* Turnschuhe *Pl*; **~ teacher** s Turnlehrer(in)

gym·na·si·um [dʒɪm'neɪzjəm] *Pl* **-si·ums, -si·a** [-zɪə] s Turn-, Sporthalle f **gym·nast** ['-næst] s Turner(in) **gym'-nas·tic I** *Adj* (**~ally**) **1.** turnerisch, Turn..., gymnastisch, Gymnastik... **II** s **2. ~s** *Sg* Turnen n, Gymnastik... **3.** **mental ~s** *Pl* Gehirnakroba-tik f

gyn·(a)e·co·log·i·cal [ˌgaɪnəkə'lɒdʒ-ɪkl] *Adj* MED gynäkologisch **gyn·(a)e·col·o·gist** [ˌ-'kɒlədʒɪst] s Gynäkologe m, Gynäkologin f, Frauenarzt m, -ärztin f, **gyn·(a)e'col·o·gy** s Gynäkologie f

gyp [dʒɪp] *sl* **I** *v/t* **1.** bescheißen **II** s **2.** Gauner(in) **3.** Beschiss m

gyp·sum ['dʒɪpsəm] s MIN Gips m

gyp·sy *bes Am* → **gipsy**

gy·rate [ˌdʒaɪə'reɪt] *v/i* kreisen, sich (im Kreis) drehen ,**gy'ra·tion** s Kreisbewegung f, Drehung f

---

H

H [eɪtʃ] *Pl* **H's** ['eɪtʃɪz] s **1.** H n **2. drop one's H's** das H nicht aussprechen **3.** *sl* H [eɪtʃ] n (*Heroin*)

ha [hɑː] *Interj* ha!, ah!

ha·be·as cor·pus [ˌheɪbjəs'kɔːpəs] s *a. writ of* ~ JUR gerichtliche Anordnung e-s Haftprüfungstermins

hab·er·dash·er ['hæbədæʃə] s **1.** *Br* Kurzwarenhändler(in) **2.** *Am* Herrenausstatter(in)

▸ **hab·it** ['hæbɪt] s **1.** (An)Gewohnheit f: **out of ~** aus Gewohnheit; **get into a ~** e-e Gewohnheit annehmen; **get into** (**out of**) **the ~ of smoking** sich das Rauchen angewöhnen (abgewöhnen); **be in the ~ of doing s.th.** die Angewohnheit haben, etw zu tun **2.** (Ordens)Tracht f **hab·it·a·ble** ['hæbɪtəbl] bewohnbar **hab·i·tat** ['hæbɪtæt] s BOT, ZOOL Standort m, Heimat f

HALbYON

ha·bit·u·al [həˈbɪtʃʊəl] *Adj* **1.** gewohnheitsmäßig, Gewohnheits…: **~ *criminal*** Gewohnheitsverbrecher(in) **2.** gewohnt, ständig: *be ~ly late* ständig zu spät kommen

hack [hæk] **I** *v/t* **1.** (zer)hacken: **~ *to pieces*** od *bits* in Stücke hacken; *fig Ruf etc* zerstören **II** *v/i* **2.** *a.* **~ *away*** einhauen (auf *Akk*) **3.** trocken u. stoßweise husten: **~*ing cough*** → 5 **4.** **~ *into a computer system*** in ein Computersystem eindringen **III** *s* **5.** Hieb *m* **6.** trockener, stoßweiser Husten **7.** *pej* Journalist(in)

hack·er [ˈhækə] *s* COMPUTER Hacker(in)

hack·le [ˈhækl] *s*: *get s.o.'s ~ up* j-n wütend machen

hack·neyed [ˈhæknɪd] *Adj* abgedroschen

had [hæd] *Prät u. Part Perf von* have

had·dock [ˈhædək] *s* FISCH Schellfisch *m*

hae·mo·glo·bin [ˌhiːməʊˈgləʊbɪn] *s* PHYSIOL *bes Br* Hämoglobin *n*

hae·mo·phile [ˈhiːməʊfaɪl] *s* MED *bes Br* Bluter *m* **hae·mo·phil·i·a** [ˌ-ˈfɪlɪə] *s bes Br* Bluterkrankheit *f*

haem·or·rhage [ˈhemərɪdʒ] *s* MED *bes Br* Blutung *f* **haem·or·rhoids** [ˈ-rɔɪdz] *s Pl MED bes Br* Hämorr(ho)iden *Pl*

haft [hɑːft] *s* Griff *m*, Heft *n* (*bes e-r Stichwaffe*), Stiel *m* (*e-r Axt*)

hag [hæg] *s* hässliches altes Weib, Hexe *f*

hag·gard [ˈhægəd] *Adj* **1.** wild (*Blick*) **2.** abgehärmt; abgespannt; abgezehrt, hager

haggis

Dieses schottische Nationalgericht besteht aus gehackten Schafsinnereien, die mit Hafergrütze, Nierentalg und Zwiebeln gemischt und in einem Schafsmagen oder (häufiger) Kunststoffbeutel gekocht werden.

hag·gle [ˈhægl] *v/i* feilschen, handeln, schachern (*about, over* um)

Hague [heɪg] *Eigenn* **the ~** Den Haag

hail¹ [heɪl] **I** *s* **1.** Hagel *m* (*a. fig von Flüchen, Fragen etc*) **II** *v/i* **2.** *unpers* hageln

3. **~ *down*** *fig* niederhageln, -prasseln (*on auf Akk*)

hail² [-] **I** *v/t* **1.** j-m zujubeln **2.** j-n, *Taxi etc* herbeirufen *od* -winken **3.** *fig etw* begrüßen **II** *s* **4.** (Zu)Ruf *m*: *within ~* in Rufweite

'hail·stone *s* Hagelkorn *n*, (Hagel-)Schloße *f* **'~·storm** *s* Hagelschauer *m*

► **hair** [heə] *s* (*einzelnes*) Haar; *Koll* Haar *n*, Haare *Pl*: *do one's ~* sich die Haare richten, sich frisieren; *keep your ~ on!* F reg dich ab!; *let one's ~ down* sich ungezwungen benehmen; aus sich herausgehen; *split ~s* Haarspalterei treiben; *tear one's ~ (out)* sich die Haare raufen; *without turning a ~* ohne mit der Wimper zu zucken **~·breadth** [ˈ-bretθ] *s*: *by a ~* um Haaresbreite **'~·brush** *s* Haarbürste *f*

► **hair·cut** [ˈheəkʌt] *s* Haarschnitt *m*: *have a ~* sich die Haare schneiden lassen

► **hair·do** [ˈheəduː] *Pl* **-dos** *s* F Frisur *f*

► **hair·dress·er** [ˈheəˌdresə] *s* Friseur *m*, Friseuse *f* **'~·dress·ing** *s* Frisieren *n*: *~ salon* Friseur-, Frisiersalon *m* **'~·dri·er** *s* Haartrockner *m*

haired [heəd] *Adj in Zssgn* …haarig

hair| gel *s* Haargel *n* **~ grip** *s* (Haar-)Klemmchen *n* **'~·less** *Adj* unbehaart, kahl **'~·line** *s* **1.** Haaransatz *m* **2.** *a.* **~ *crack*** TECH Haarriss *m* **'~·piece** *s* Haarteil *n* (*für Frauen*), Toupet *n* (*für Männer*) **'~·pin** *s* **1.** Haarnadel *f* **2.** *a.* **~ *bend*** Haarnadelkurve *f* **'~·ˌrais·ing** *Adj* haarsträubend **~ re·stor·er** *s* Haarwuchsmittel *n* **~ slide** *s Br* Haarspange *f* **'~·split·ting** *s* Haarspalterei *f* **II** *Adj* haarspalterisch **~ spray** *s* Haarspray *m*, *n* **'~·style** *s* Frisur *f* **~ styl·ist** *s* Hairstylist(in)

hair·y [ˈheərɪ] *Adj* **1.** haarig, behaart **2.** haarig, schwierig; gefährlich

hale [heɪl] *Adj* gesund, kräftig, rüstig: **~ *and hearty*** gesund u. munter

► **half** [hɑːf] **I** *Adj* **1.** halb: **~ *a mile*** e-e halbe Meile; *two and a ~ pounds* zweieinhalb Pfund; → *mind* 5 **II** *Adv* **2.** halb, zur Hälfte: **~ *as long*** halb so lang; **~ *past two*** halb drei **3.** halb(wegs), fast, nahezu: **~ *dead*** halb tot; *not ~ bad* F gar nicht übel; *I ~ suspect* ich vermute fast **III** *Pl* **halves** [hɑːvz] *s* **4.** Hälfte *f*: *cut in(to)* **halves** (*od in ~*) halbieren;

go halves with s.o. in (*od* on) *s.th.* etw mit j-m teilen **5.** SPORT (Spiel-)Hälfte *f*, Halbzeit *f*, **b)** (*a.* ~ *of the field* Spielfeld)Hälfte *f* '.~'**baked** *Adj* F nicht durchdacht, unausgegoren (*Plan etc*); grün (*Person*) '.~'**breed** *s* Mischling *m*, Halbblut *n* ~ **broth·er** *s* Halbbruder *m* .~'**caste** ['.kɑːst] → *half-breed* ,.~'**heart·ed** *Adj* halbherzig '.~'**life** *s* (*unreg life*) PHYS Halbwertzeit *f* ,.~'**mast** *s*: *fly at* ~ **a)** *a.* **put at** ~ auf halbmast setzen, **b)** auf halbmast wehen ~ **meas·ure** *s* Halbheit *f*, halbe Sache ~ **moon** *s* Halbmond *m* .~**pen·ny** ['heɪpnɪ] *s hist* **1.** *Pl* **half·pence** ['heɪpəns] halber Penny **2.** *Pl* '**half·pen·nies** ['heɪpənɪz] Halbpennystück *n* '.~**pipe** *s* Halfpipe *f* (*Halbröhre zum Trickfahren*) ,.~'**price** *Adj u. Adv* zum halben Preis '.~**seas o·ver** *Adj.* F blau (*betrunken*), beschwipst ~ **sis·ter** *s* Halbschwester *f* '.~,**tim·ber(ed)** *Adj* ARCHI Fachwerk... .~'**time** *s* SPORT Halbzeit *f* (*Pause*): *at* ~ bei *od* zur Halbzeit ,.~'**time I** *Adj* **1.** Halbtags...: ~ *job* **2.** SPORT Halbzeit...: ~ *in·terval* Halbzeitpause *f* ,.~'**score** Halbzeitstand *m* **II** *Adv* **3.** halbtags: *work* ~ '.~**truth** *s* Halbwahrheit *f* ,.~'**way I** *Adj* **1.** auf halbem Weg *od* in der Mitte (liegend) **2.** *fig* halb, teilweise **II** *Adv* **3.** auf halbem Weg, in der Mitte: *meet s.o.* ~ *bes fig* j-m auf halbem Weg entgegenkommen **4.** teilweise, halb(wegs) '.~**wit** *s* Schwachkopf *m*, Trottel *m* .~'**year·ly** *Adj u. Adv* halbjährlich

hal·i·but ['hælɪbət] *s* FISCH Heilbutt *m*

hal·i·to·sis [,hælɪ'təʊsɪs] *s* übler Mundgeruch

▸ **hall** [hɔːl] *s* **1.** Halle *f*, Saal *m* **2.** Diele *f*, Flur *m* **3.** UNI **a)** *a.* ~ *of residence* Studentenheim *n*, **b)** Speisesaal *m*

hal·le·lu·jah [,hælɪ'luːjə] **I** *s* Halleluja *n* **II** *Interj* halleluja!

'**hall-mark I** *s* **1.** *Br* Feingehaltsstempel *m* **2.** *fig* (Kenn)Zeichen *n*, Merkmal *n* **II** *v/t* **3.** *Br* Gold, Silber stempeln **4.** *fig* kennzeichnen

hal·lo *bes Br* → *hello*

Hal·low·e·en [,hæləʊ'iːn] *s* Abend *m* vor Allerheiligen (*an dem sich Kinder verkleiden und von Tür zu Tür ziehen*)

Halloween

Halloween (31. Oktober) ist der Vorabend von Allerheiligen und wird auf beiden Seiten des Atlantiks auf lustig-makabre Weise gefeiert: Man verkleidet sich auf Kostümfesten als Hexe, Teufel, Skelett, Geist, Monster und dergleichen. Kinder schnitzen aus Kürbissen Laternen und ziehen von Tür zu Tür, um sich Leckerbissen zu erbetteln. Dabei heißt es **"Trick or treat!"** („Streich oder Leckerbissen!"): Mit anderen Worten: Wenn keine Leckerbissen gespendet werden, wird dem „Opfer" ein Streich gespielt.

Halloween geht vermutlich auf ein altes keltisches Neujahrsfest, den „Samheim" (Ende des Sommers), zurück. Einer irischen Legende nach zogen in der Nacht vor dem 1. November die Geister der Verstorbenen umher, um die Körper der Lebenden in Besitz zu nehmen. Zur Abschreckung der Gespenster zogen die Menschen Furcht einflößende Kleidung an.

hall| por·ter *s bes Br* Hausdiener(in) (*im Hotel*) '.~**stand** *s* Garderoben-, Kleiderständer *m*; (Flur)Garderobe *f*

hal·lu·ci·nate [hə'luːsɪneɪt] *v/i* halluzinieren **hal,lu·ci·na·tion** *s* Halluzination *f*

ha·lo ['heɪləʊ] *Pl* **-lo(e)s** *s* **1.** Heiligenschein *m* **2.** ASTR Hof *m*

hal·o·gen ['hælədʒen] *s* CHEM Halogen *n* **hal·o·gen lamp** *s* Halogenlampe *f*

halt [hɔːlt] **I** *s* Halt *m*: *bring to a* ~ → II; *come to a* ~ → III **II** *v/t* anhalten, *a. fig* zum Stehen *od* Stillstand bringen **III** *v/i* anhalten, *a. fig* zum Stehen *od* Stillstand kommen

hal·ter ['hɔːltə] *s* **1.** Halfter *m*, *n* **2.** Strick *m*, Strang *m* (*zum Hängen*) '.~**neck** *Adj* rückenfrei mit Nackenband (*Kleid, Shirt etc*)

halve [hɑːv] v/t halbieren **halves** [‿z] Pl von **half**

▸ **ham** [hæm] s **1.** Schinken m: **~ and eggs** Schinken mit (Spiegel)Ei **2.** a. **~ actor** F Schmierenkomödiant(in) **3.** F Funkamateur(in), Amateurfunker(in)

ham·burg·er ['hæmbɜːgə] s GASTR Hamburger m

ˌ**ham·'fist·ed** Adj bes Br F tollpatschig, ungeschickt

ham·let ['hæmlɪt] s Weiler m

▸ **ham·mer** ['hæmə] **I** s **1.** Hammer m: **come** (od **go**) **under the ~** unter den Hammer kommen; **go at it ~ and tongs** F sich mächtig ins Zeug legen; (sich) streiten, dass die Fetzen fliegen **2.** Leichtathletik: Hammer m: **~ throw** Hammerwerfen n; **~ thrower** Hammerwerfer(in) **II** v/t **3.** hämmern; **~ in** einhämmern; **~ s.th. into s.o.'s head** fig j-m etw einhämmern od -bläuen **III** v/i **4.** hämmern (a. Puls etc): **~ at** einhämmern auf (Akk)

ham·mock ['hæmək] s Hängematte f

ham·per¹ ['hæmpə] v/t (be)hindern

ham·per² [‿] s **1.** (Deckel)Korb m **2.** Fresskorb m **3.** Am Wäschekorb m

ham·ster ['hæmstə] s ZOOL Hamster m

'**ham·string I** s ANAT Kniesehne f **II** v/t (unreg **string**) fig vereiteln; lähmen

▸ **hand** [hænd] **I** s **1.** Hand f: **at ~** in Reichweite; nahe (bevorstehend); **bei der** od **zur Hand**; **by ~** mit der Hand, manuell; **~s down** spielend, mühelos (gewinnen etc); **~s off!** Hände weg!; **~s up!** Hände hoch!; **be ~ in glove (with)** ein Herz u. e-e Seele sein (mit); unter 'einer Decke stecken (mit); **change ~s** den Besitzer wechseln; **give** (od **lend**) **a** (**helping**) **~** mit zugreifen, j-m helfen (**with** bei); **have a ~ in** s-e Hand im Spiel haben bei, beteiligt sein an (Dat); **hold ~s** Händchen halten; **live from ~ to mouth** von der Hand in den Mund leben; **shake ~s** with j-m die Hand schütteln od geben; → **tie** 7a **2.** oft Pl Hand f, Macht f, Gewalt f: **be entirely in s.o.'s ~s** ganz in j-s Hand sein; **fall into s.o.'s ~s** j-m in die Hände fallen **3.** Pl Hände Pl, Obhut f: **in good ~s 4.** Seite f: **on the one ~ ..., on the other ~** fig einerseits ..., andererseits **5.** oft in

Zssgn Arbeiter(in) **6.** Fachmann m, -frau f, Routinier m: **an old ~** ein alter Hase; **be a dab ~ at** sehr geschickt od geübt sein in (Dat) **7.** Hand f, Quelle f: **at first** (**second**) **~** aus erster (zweiter) Hand **8.** Handschrift f **9.** Unterschrift f **10.** Applaus m, Beifall m: **get a big ~** stürmischen Beifall bekommen **11.** (Uhr)Zeiger m **12.** Kartenspiel: Spieler(in); Blatt n, Karten Pl: **show one's ~** fig s-e Karten aufdecken **II** v/t **13.** aushändigen, (über)geben, (-)reichen

Verbindungen mit Adverbien:

hand| a·round v/t herumreichen, herumgehen lassen ‖ **~ back** v/t zurückgeben ‖ **~ down** v/t **1.** herunterreichen, -langen (**from** von; **to** Dat) **2.** (**to**) Tradition etc weitergeben (an Akk), Bräuche etc überliefern (Dat) ‖ **~ in** v/t **1.** hinein-, hereinreichen, -langen (**to** Dat) **2.** Prüfungsarbeit etc abgeben, Gesuch etc einreichen (**to** bei): → **check** 11 ‖ **~ on** v/t **1.** weiterreichen, -geben (**to** Dat, an Akk) **2.** → **hand down** 2 ‖ **~ out** v/t **1.** aus-, verteilen (**to** an Akk) **2.** Ratschläge, Komplimente etc verteilen ‖ **~ o·ver** v/t (**to** Dat) **1.** übergeben **2.** geben, aushändigen ‖ **~ round** → **hand around** ‖ **~ up** v/t hinauf-, heraufreichen, -langen (**to** Dat)

▸ **hand|·bag** ['hændbæg] s Br Handtasche f ‖ **~ bag·gage** s Handgepäck n ‖ '**~·ball** s bes Br Handball(spiel n) m; Am ein dem Squash ähnliches Spiel ‖ '**~·book** s **1.** Handbuch n **2.** Reiseführer m (**of** durch; von): **a ~ of London** ein London-Führer ‖ **~ brake** s TECH Handbremse f ‖ '**~·carved** Adj handgeschnitzt ‖ **~ cream** s Handcreme f ‖ '**~·cuff I** s mst Pl Handschelle f **II** v/t j-m Handschellen anlegen: **~ed** in Handschellen

hand·ful ['hændfʊl] s **1.** e-e Hand voll (a. fig Personen) **2.** F Plage f (Person, Sache), Nervensäge f

hand gre·nade s MIL Handgranate f

'**hand-held I** Adj **1.** tragbar (Kamera) **2.** **~ computer** Handheld m **II** s **3.** Handheld m

hand·i·cap ['hændikæp] **I** s Handikap n: **a**) Vorgabe(rennen n, -spiel n) f, **b**) Behinderung f (a. fig), Nachteil m (**to** für) **II** v/t behindern, benachteiligen: → **mentally** 1, **physically**

hand·i·craft ['hændɪkrɑːft] s 1. Handfertigkeit f 2. (bes Kunst)Handwerk n

hand·i·work ['hændɪwɜːk] s 1. Handarbeit f 2. fig Werk n

▸ **hand·ker·chief** ['hæŋkətʃɪf] s Taschentuch n, schweiz. Nastuch n

▸ **han·dle** ['hændl] I s 1. (Hand)Griff m; Stiel m; Henkel m; Klinke f, Drücker m: **fly off the ~** F hochgehen, wütend werden 2. fig Handhabe f (**against** gegen) II v/t 3. anfassen, berühren 4. hantieren od umgehen mit, Maschine bedienen 5. Thema etc behandeln; etw erledigen, durchführen; mit etw, j-m fertig werden 6. j-n behandeln, umgehen mit: → **kid glove** III v/i 7. **glass–~ with care!** Vorsicht, Glas! '**~·bar** s mst Pl Lenkstange f

hand|·lug·gage s Handgepäck n ,**~·'made** Adj handgearbeitet ,**~·'op·er·at·ed** Adj handbedient, Hand… '**~·out** s 1. Almosen n, milde Gabe 2. Prospekt m, Hand-, Werbezettel m 3. Hand-out n (für Pressevertreter etc) '**~·rail** s Handlauf m '**~·set** s TEL Hörer m '**~·shake** s Händedruck m: **give s.o. a firm ~** j-m kräftig die Hand schütteln

▸ **hand·some** ['hænsəm] Adj 1. gut aussehend (bes Mann) 2. beträchtlich, ansehnlich (Summe etc) 3. großzügig, nobel

'**hand|·stand** s Handstand m: **do a ~** e-n Handstand machen ,**~·to-'mouth** Adj: **lead a ~ existence** von der Hand in den Mund leben

▸ **hand|·writ·ing** ['hænd,raɪtɪŋ] s (Hand)Schrift f '**~·writ·ten** Adj handgeschrieben

hand·y ['hændɪ] Adj 1. zur od bei der Hand: **keep s.th. ~** etw griffbereit aufbewahren 2. geschickt, gewandt 3. handlich, praktisch 4. nützlich: **come in ~** sich als nützlich erweisen; (sehr) gelegen kommen '**~·man** s (unreg man) Mädchen n für alles, Faktotum n

▸ **hang** [hæŋ] I s 1. Sitz m (e-s Kleids etc) 2. **get the ~ of s.th.** F etw raskriege od kapieren II v/t (unreg) 3. (auf)hängen; Tür etc einhängen: **~ on a hook** an e-n Haken hängen 4. Prät u. Part Perf **hanged** j-n (auf)hängen: **~ o.s.** sich erhängen 5. Kopf hängen lassen od senken 6. behängen (**with** mit) 7. Tapeten ankleben III v/i (unreg) 8. hängen (**by,**

on an Dat): **~ by a thread** fig an e-m (dünnen od seidenen) Faden hängen; **~ over** fig hängen od schweben über (Dat) 9. **~ about** (od **around**) herumlungern od sich herumtreiben in (Dat) Verbindungen mit Adverbien:

hang| a·bout, **~ a·round** v/i herumlungern, sich herumtreiben **~ back** v/i zögern (**from doing** zu tun) **~ down** v/i hinunter-, herunterhängen (**from** von) **~ on** v/i 1. (**to**) sich klammern (an Akk) (a. fig), festhalten (Akk) 2. warten; TEL am Apparat bleiben 3. nicht nachlassen (Krankheit etc) **~ out** I v/t 1. (hin-, her)aushängen, Wäsche (draußen) aufhängen II v/i 2. heraushängen 3. aushängen, ausgehängt sein **~ o·ver** I v/i andauern, existieren (**from** seit) II v/t hängen über (Dat), fig: **be hung over** F e-n Kater haben **~ to·geth·er** v/i 1. zs.-halten (Personen) 2. e-n (logischen) Zs.-hang haben, zs.-hängen **~ hang up** I v/t 1. aufhängen 2. aufschieben 3. **be hung up on** F e-n Komplex haben wegen; besessen sein von II v/i 4. TEL einhängen, auflegen

hang·ar ['hæŋə] s Hangar m, Flugzeughalle f

hang·er ['hæŋə] s Kleiderbügel m; Schlaufe f, Aufhänger m

hang| glid·er s (Sport) 1. (Flug)Drachen m 2. Drachenflieger(in) **~ glid·ing** s Drachenfliegen n

hang·ing ['hæŋɪŋ] I Adj Hänge… II s mst Pl Wandbehang m

hang|·man ['hæŋmən] s (unreg man) Henker m '**~·out** s F Treff(punkt) m '**~·o·ver** s 1. Überbleibsel n, -rest m 2. F Katzenjammer m, Kater m (beide a. fig) '**~·up** s F 1. Komplex m 2. Problem n, Schwierigkeit f

han·ker ['hæŋkə] v/i sich sehnen, Verlangen haben (**after, for** nach): **~ to do s.th.** sich danach sehnen, etw zu tun '**han·ker·ing** s Sehnsucht f, Verlangen n (**for** nach)

han·kie, han·ky ['hæŋkɪ] s F Taschentuch n

han·ky-pan·ky [,hæŋkɪ'pæŋkɪ] s F 1. Hokuspokus m 2. Techtelmechtel n

hap·haz·ard [,hæp'hæzəd] Adj u. Adv planlos, wahllos, Adv a. aufs Geratewohl

▸ **hap·pen** ['hæpən] v/i 1. geschehen, sich ereignen, passieren: **it will not ~**

again es wird nicht wieder vorkommen **2.** zufällig geschehen, sich zufällig ergeben: *it ~ed that* es traf od ergab sich, dass **3.** *if you* (*should*) *~ to see it* wenn du es zufällig siehst *od* sehen solltest; *it ~ed to be cold* zufällig war es kalt **4.** *~ to* geschehen *od* passieren mit (*od Dat*), zustoßen (*Dat*), werden aus **5.** *~ on* zufällig begegnen (*Dat*) *od* treffen (*Akk*); zufällig stoßen auf (*Akk*) **hap·pen·ing** ['hæpnɪŋ] *s* **1.** Ereignis *n* **2.** KUNST Happening *n*

hap·pi·ly ['hæpɪlɪ] *Adv* **1.** glücklich **2.** glücklicherweise, zum Glück '**hap·pi·ness** *s* Glück *n*

▸ **hap·py** ['hæpɪ] *Adj* (→ *happily*) **1.** *allg* glücklich (*at*, *about* über *Akk*; *with* mit): *I am ~ to see you* es freut mich (sehr), Sie zu sehen; → *birthday* **I**, *Easter* **I**, *new year* **1 2.** F beswipst **3.** *in Zssgn:* **a)** …begeistert: → *trigger-happy*, **b)** …süchtig: → *Info bei Glück* ,~**-go-'luck·y** *Adj* unbekümmert, sorglos *~* **hour** *s* F Zeit, *in der in Pubs etc alkoholische Getränke verbilligt ausgeschenkt werden*

har·ass ['hærəs] *v/t* **1.** ständig belästigen (*with* mit) **2.** aufreiben, zermürben **3.** schikanieren *~*ment *s* Belästigung *f*, Schikanieren *n*: *sexual ~* sexuelle Belästigung; *~ at work* Mobbing *n*

har·bin·ger ['hɑːbɪndʒə] *s* Vorläufer *m*; Vorbote *m*; (*erstes*) Anzeichen

▸ **har·bo(u)r** ['hɑːbə] **I** *s* **1.** Hafen *m* **2.** Zufluchtsort *m*, Unterschlupf *m* **II** *v/t* **3.** *j-m* Zuflucht *od* Unterschlupf gewähren **4.** *Gedanken, Groll etc* hegen

▸ **hard** [hɑːd] **I** *Adj* **1.** *allg* hart **2.** schwer, schwierig: *~ work* schwere Arbeit; *~ to believe* kaum zu glauben; *~ to please* schwer zufrieden zu stellen; *~ to imagine* schwer vorstellbar **3.** heftig, stark: *a ~ blow* ein harter Schlag, *fig a.* ein schwerer Schlag **4.** hart (*Winter*), (*a. Frost*) streng, (*Klima*) rau **5.** hart, streng: *be ~ on s.o.* j-n hart *od* ungerecht behandeln; j-m hart zusetzen **6.** hart, drückend: *~ times Pl* schwere Zeiten *Pl*; *it is ~ on him* es hat es hart für ihn, es trifft ihn schwer **7.** hart, nüchtern: *the ~ facts Pl* die nackten Tatsachen *Pl* **8.** hart (*Droge*), (*Getränk a.*) stark **9.** *~ of hearing* schwerhörig **10.** *~ up* F in (Geld)Schwierigkeiten; in

Verlegenheit (*for* um) **II** *Adv* **11.** hart, fest: *frozen ~* hart gefroren **12.** hart, schwer: *work ~*; *brake ~* scharf bremsen; *think ~* scharf nachdenken; *try ~* sich große Mühe geben **13.** nahe, dicht '*~*-**back** *s* gebundene Ausgabe (*e-s Buches*) ,~-'**boiled** *Adj* **1.** hart (gekocht) (*Ei*) **2.** *fig* hart, unsentimental; nüchtern, sachlich *~* **core** *s* harter Kern (*e-r Bande etc*) '*~*-**core** *Adj* **1.** zum harten Kern gehörend **2.** Hardcore… (*Pornographie*) '*~*-**cov·er** → **hardback**

▸ **hard| disk** [,hɑːd'dɪsk] *s* COMPUTER Festplatte *f*: *~ drive* Festplattenlaufwerk *n* ,~-'**earned** *Adj* hart verdient

hard·en ['hɑːdn] **I** *v/t* **1.** härten (*a.* TECH), hart machen **2.** *fig* hart machen, abstumpfen (*to* gegen): *~ed* verstockt, abgebrüht **3.** *fig* abhärten (*to* gegen) **II** *v/i* **4.** erhärten (*a.* TECH), hart werden **5.** *fig* hart werden, abstumpfen (*to* gegen) **6.** *fig* sich abhärten (*to* gegen) **7.** WIRTSCH anziehen (*Preise*)

hard| hat *s* Schutzhelm *m* ,~-'**head·ed** *Adj* nüchtern, realistisch ,~-'**heart·ed** *Adj* hartherzig *~* **line** *s* **1.** *bes* POL harter Kurs: *follow* (*od adopt*) *a ~* e-n harten Kurs einschlagen **2.** *Pl bes Br* Pech *n* (*on* für)

▸ **hard·ly** ['hɑːdlɪ] *Adv* **1.** kaum, fast nicht: *~ ever* fast nie **2.** (wohl) kaum, schwerlich **3.** (*zeitlich*) kaum '**hard·ness** *s* **1.** Härte *f* (*a. fig*) **2.** Schwierigkeit *f*

'**hard|-nosed** *Adj* F knallhart *~* **sell** *s* aggressive Verkaufsstrategie '*~*-**ship** *s* **1.** Not *f*, Elend *n* **2.** Härte *f*: *~ case* Härtefall *m ~* **shoul·der** *s* MOT *Br* Standspur *f* '*~*-**top** *s* MOT Hardtop *n*, *m* (*a. Wagen*)

▸ **hard|·ware** ['hɑːdweə] *s* **1.** Metall-, Eisenwaren *Pl*; Haushaltswaren *Pl* **2.** COMPUTER Hardware *f* ,~-'**wear·ing** *Adj Br* strapazierfähig ,~-'**work·ing** *Adj* fleißig, arbeitsam

har·dy ['hɑːdɪ] *Adj* **1.** zäh, robust; abgehärtet **2.** BOT winterfest

hare [heə] *s* ZOOL Hase *m*: (*as*) *mad as a March ~* F total verrückt '*~*-**bell** *s* BOT Glockenblume *f* '*~*-**brained** *Adj* verrückt '*~*-**lip** *s* MED Hasenscharte *f*

ha·rem ['hɑːriːm] *s* Harem *m*

▸ **harm** [hɑːm] **I** *s* Schaden *m*: *there is no ~ in doing s.th.* es kann nicht(s) schaden, etw zu tun; *there is no ~ in*

trying ein Versuch kann nicht schaden; *come to ~* zu Schaden kommen; *do s.o. ~* etw antun; *do s.o. ~* j-m schaden *od* etw antun; → *bodily* 1, *mean³* 1 II *v/t* j-n verletzen (*a. fig*), j-m, j-s *Ruf etc* schaden **harm·ful** ['fʊl] *Adj* schädlich (*to* für): *~ to one's health* gesundheitsschädlich **'harm·less** *Adj* arg harmlos

har·mon·ic [hɑːˈmɒnɪk] *Adj* (*~ally*) harmonisch **har'mon·i·ca** [-kə] *s* MUS Mundharmonika *f* **har·mo·ni·ous** [-ˈməʊnjəs] *Adj* harmonisch **har·mo·ni·um** [-ˈməʊnjəm] *s* MUS Harmonium *n* **har·mo·nize** ['-mənaɪz] **I** *v/i* harmonieren, zs.-passen, in Einklang sein (*with* mit) **II** *v/t* harmonisieren, in Einklang bringen (*with* mit) **har·mo·ny** ['-mənɪ] *s* MUS Harmonie *f, fig a.* Einklang *m*, Eintracht *f*

har·ness ['hɑːnɪs] **I** *s* (*Pferde- etc*)Geschirr *n*: *die in ~ fig* in den Sielen sterben **II** *v/t Pferd etc* anschirren; anspannen (*to* an *Akk*)

harp [hɑːp] **I** *s* 1. MUS Harfe *f* **II** *v/i* 2. Harfe spielen 3. *fig* (*on, on about*) herumreiten (auf *Dat*), dauernd reden (von) **'harp·ist** *s* Harfenist(in)

har·poon [hɑːˈpuːn] **I** *s* Harpune *f* **II** *v/t* harpunieren

harp·si·chord ['hɑːpsɪkɔːd] *s* MUS Cembalo *f*

har·row ['hærəʊ] **I** *s* 1. LANDW Egge *f* **II** *v/t* 2. LANDW eggen 3. *fig* quälen, peinigen

harsh [hɑːʃ] *Adj* rau (*Stoff, Stimme*); grell (*Farbe*); barsch, schroff (*Art etc*); streng (*Disziplin etc*), hart (*Worte etc*) **har·um-scar·um** [ˌheərəmˈskeərəm] *Adj* unbesonnen, leichtsinnig

► **har·vest** ['hɑːvɪst] **I** *s* Ernte *f:* **a)** Erntezeit *f,* **b)** Ernten *n,* **c)** (Ernte)Ertrag *m* **II** *v/t* ernten, *fig a.* einheimsen **~ fes·ti·val** *s* Erntedankfest *n*

has [hæz] *er, sie, es hat '~-been* **s** F 1. *etw* Überholtes 2. *j-d, der den Höhepunkt s-r Karriere überschritten hat*

hash¹ [hæʃ] *s* 1. GASTR Haschee *n* 2. *make a ~ of fig* durcheinander bringen, verpfuschen

hash² [-] *s* F Hasch *n* (*Haschisch*)

hash·ish ['hæʃiːʃ] *s* Haschisch *n*

has·sle ['hæsl] **F I** *s* 1. Krach *m, fig a.* (*a.* handgreifliche) Auseinandersetzung 2. Mühe *f: it was quite a ~* es war ganz schön

mühsam (*doing, to do* zu tun) **II** *v/i* 3. Krach *od* e-e (*handgreifliche*) Auseinandersetzung haben

haste [heɪst] *s* Hast *f,* Eile *f: make ~* sich beeilen; *more ~, less speed* eile mit Weile **has·ten** ['heɪsn] **I** *v/t* j-n antreiben; *etw* beschleunigen **II** *v/i* (sich be)eilen, hasten **hast·y** ['heɪstɪ] *Adj* **1.** eilig, hastig, (*Abreise*) überstürzt **2.** voreilig, -schnell, übereilt

► **hat** [hæt] *s* Hut *m: I'll eat my ~ if* ... F ich fresse e-n Besen, wenn ...; *talk through one's ~* F dummes Zeug reden; *~s off!* Hut ab!, alle Achtung! (*to* vor *Dat*); → *cocked hat, old* 1

hatch¹ [hætʃ] *s* 1. FLUG, SCHIFF Luke *f, allg a.* Bodentür *f,* -öffnung *f* 2. Durchreiche *f*

hatch² [-] **I** *v/t* 1. *a.* **~ out** Eier, *Junge* ausbrüten 2. *Racheplan etc* ausbrüten, -hecken; *Programm etc* entwickeln **II** *v/i* 3. brüten 4. *a.* **~ out** (*aus dem Ei*) ausschlüpfen **III** *s* 5. Brut *f*

hatch³ [-] *v/t* schraffieren

'hatch·back *s* MOT (Wagen *m* mit) Hecktür *f*

hatch·et ['hætʃɪt] *s* Beil *n: bury the ~* das Kriegsbeil begraben

► **hate** [heɪt] **I** *v/t* 1. hassen; *~d* verhasst 2. nicht ausstehen können: *→ gut* 1 3. nicht wollen *od* mögen: *~ doing* (*od to do*) *s.th.* etw (*nur*) äußerst ungern tun 4. Hass *m* (*for auf Akk,* gegen): *full of ~* hasserfüllt 5. *etw* Verhasstes: *... is my pet ~* F ... kann ich auf den Tod nicht ausstehen *od* leiden **ha·tred** ['heɪtrɪd] *→ hate* 4

hat·ter ['hætə] *s (as) mad as a ~* total verrückt

hat trick *s* SPORT Hattrick *m*

haugh·ty ['hɔːtɪ] *Adj* hochmütig, überheblich

haul [hɔːl] **I** *s* 1. Ziehen *n,* Zerren *n;* kräftiger Zug 2. Fischzug *m, fig a.* Fang *m,* Beute *f: make a big ~* e-n guten Fang machen 3. **a)** Beförderung *f,* Transport *m,* **b)** Transportweg *m* **II** *v/t* 4. ziehen, zerren: *~ down Flagge etc* ein-, niederholen; *~ up* F sich j-n vorknöpfen; *j-n* schleppen (*before* vor *Akk*); *→ coal* 5. befördern, transportieren **III** *v/i* 6. *~ away* ziehen, zerren (*at, on* an *Dat*) **'haul·age** *s → haul* 3a **'haul·er,** *bes Br* **haul·i·er** ['-jə] *s*

Transportunternehmer(in)

haulm [hɔːm] s Halm m, Stängel m

haunch [hɔːntʃ] s GASTR Lendenstück n, Keule f; **~ of beef** Rindslende f

haunt [hɔːnt] **I** v/t **1.** spuken od umgehen in (Dat): **this room is ~ed** in diesem Zimmer spukt es; **~ed castle** Spukschloss n **2.** fig **a)** verfolgen, quälen: **~ed look** gehetzter Blick, **b)** j-m nicht mehr aus dem Kopf gehen, j-n nicht mehr loslassen **3.** häufig besuchen **II** s **4.** häufig besuchter Ort **'haunt·ing** Adj **1.** quälend **2.** unvergesslich: **~ mel·ody** (od **tune**) Ohrwurm m

▶ **have** [hæv] **I** v/t (unreg) **1.** allg haben: **have on** Kleidungsstück anhaben, Hut aufhaben; → **get** 11 **2.** haben, erleben **3.** Kind bekommen; ZOOL Junge werfen **4.** behalten: **may I have it?** **5.** Gefühle, Verdacht etc haben, hegen **6.** erhalten, bekommen: **have back** zurückbekommen **7.** essen, trinken: → **breakfast** I, etc **8.** haben, machen: → **look** 1, **try** 1, **walk** 1, **wash** 1 **9. have on** F j-n reinlegen **10. have on** etw vorhaben **11.** vor Inf: müssen: ▶ **I have to go now**; → **get** 11 **12.** mit Objekt u. Part Perf: lassen: **I had a suit made** ich ließ mir e-n Anzug machen **13.** mit Objekt u. Inf: (veran)lassen: **I had him sit down** ich ließ ihn Platz nehmen **14. I had rather go than stay** ich möchte lieber gehen als bleiben; **you had better** od du tätest gut daran zu gehen **II** v/hilf (unreg) **15.** haben, (bei vielen v/i) sein: **I have come** ich bin gekommen **III** s **16. the haves and the have-nots** die Begüterten u. die Habenichtse

ha·ven ['heɪvn] s **1.** mst fig (sicherer) Hafen **2.** fig Zufluchtsort m

'have-not s mst Pl Habenichts m; → **have** 16

hav·oc ['hævək] s Verwüstung f, Zerstörung f: **cause** (od **wreak**) **~** schwere Zerstörungen od (a. fig) ein Chaos verursachen; **play ~ with** verwüsten, zerstören; fig verheerend wirken auf (Akk)

haw [hɔː] v/i → **hem²** II, **hum** 2

hawk¹ [hɔːk] s ORN Falke m (a. POL), Habicht m

hawk² [hɔːk] v/i **1.** hausieren mit; auf der Straße verkaufen **2.** a. **~ about** (od **around**) Gerücht etc verbreiten

'hawk·er s Hausierer(in); Straßenhändler(in)

haw·ser ['hɔːzə] s SCHIFF Kabeltau n, Trosse f

haw·thorn ['hɔːθɔːn] s BOT Weißdorn m

▶ **hay** [heɪ] s Heu n: **make ~ while the sun shines** fig das Eisen schmieden, solange es heiß ist; **hit the ~** sl sich in die Falle od Klappe hauen **~ fe·ver** s MED Heuschnupfen m '**~-wire** Adj F kaputt (Gerät); (völlig) durcheinander (Pläne etc); übergeschnappt (Person): **go~** kaputtgehen; (völlig) durcheinander geraten; überschnappen

haz·ard ['hæzəd] s **1.** Gefahr f, Risiko n: **~ to health** Gesundheitsrisiko; **~ warning lights** Pl MOT Warnblinkanlage f **2.** Zufall m **II** v/t **3.** riskieren: **a)** aufs Spiel setzen, **b)** (zu sagen) wagen, sich e-e Bemerkung etc erlauben '**haz·ard·ous** Adj gewagt, gefährlich, riskant

haze [heɪz] s **1.** Dunst(schleier) m **2.** fig Nebel m, Schleier m

ha·zel ['heɪzl] Adj (hasel)nussbraun '**~-nut** s BOT Haselnuss f

ha·zy ['heɪzɪ] Adj **1.** dunstig, diesig **2.** fig verschwommen, nebelhaft (Vorstellung etc): **be rather ~ about** nur e-e ziemlich verschwommene od vage Vorstellung haben von

'**H-bomb** s MIL H-Bombe f, Wasserstoffbombe f

HD dis·quette [eɪtʃ'diː _] s COMPUTER HD-Diskette f

▶ **he** [hiː] **I** Pron a: **~ who** wer; derjenige, welcher **II** s Er m: **a)** Junge m, Mann m, **b)** ZOOL Männchen n **III** Adj in Zssgn ZOOL ...männchen n: **~-goat** Ziegenbock m

▶ **head** [hed] **I** v/t **1.** anführen, an der Spitze stehen von (od Gen) **2.** voranvorausgehen (Dat) **3.** (an)führen, leiten: **~ed by** unter der Leitung von **4.** Fußball: köpfen **II** v/i **5. (for)** gehen, fahren (nach); sich bewegen (auf Akk ... zu), lossteuern, (Kurs) zusteuern; SCHIFF Kurs halten (auf Akk) **III** Adj **6.** Kopf... **7.** Chef..., Haupt..., Ober...: **~ cook** Chefkoch m, -köchin f; **~ nurse** Oberschwester f **IV** s **8.** Kopf m: **from~ to foot** von Kopf bis Fuß; **~ over heels** kopfüber (stürzen); bis über beide Ohren (verliebt sein); **bury one's ~ in the**

sand den Kopf in den Sand stecken; *go to s.o.'s* ~ j-m in den *od* zu Kopf steigen (*Alkohol, Erfolg etc*); *keep one's* ~ *above water* sich über Wasser halten (*a. fig*); *lose one's* ~ den Kopf *od* die Nerven verlieren; → *snap* 5 **9.** (Ober)Haupt *n*: ~ *of the family* Familienvorstand *m*, -oberhaupt; ~ *of state* Staatsoberhaupt; → *crown* 5 **10.** (An-)Führer(in), Leiter(in): ~ *of government* Regierungschef(in) **11.** Spitze *f*, führende Stellung: *at the* ~ *of* an der Spitze (*Gen*) **12.** Kopf(ende *n*) *m* (*e-s Bettes etc*); Kopf *m* (*e-s Briefs, Nagels etc*) **13.** Kopf *m*, (einzelne) Person: *one pound a* ~ ein Pfund pro Kopf *od* Person **14.** *Pl* Vorderseite *f* (*e-r Münze*): ~*s or tails?* Wappen *od* Zahl?; *I cannot make* ~ *or tail of it* ich kann daraus nicht schlau werden **15.** BOT (*Salat- etc*)Kopf *m* **16.** Schaum(krone *f*) *m* (*vom Bier etc*) **17.** Quelle *f* (*e-s Flusses*) **18.** Überschrift *f*, Titelkopf *m* **19.** *in Zssgn* F ...süchtige *m*, *f*

▸ **head·ache** ['hedeɪk] *s* Kopfschmerzen (*en Pl*) *m*, -weh *n*: *be a bit of a* ~ *for s.o., give s.o. a* ~ F j-m Kopfschmerzen *od* Sorgen machen

'**head**|**·band** *s* Kopf-, Stirnband *n* ~ **boy** *s* Schulsprecher *m*

head·er ['hedə] *s* **1.** Kopfsprung *m* **2.** Fußball: Kopfball *m*

'**head**|**·first** → *headlong* ~ **girl** *s* Schulsprecherin *f* '~**,hunt·er** *s* **1.** Kopfjäger(in) **2.** *j-d, der Führungskräfte abwirbt*

head·ing ['hedɪŋ] *s* **1.** Überschrift *f*, Titel(zeile *f*) *m* **2.** Thema *n*, (Gesprächs)Punkt *m*

'**head**|**·lamp** → *headlight* ~**·land** ['‿lənd] *s* Landspitze *f*, -zunge *f* '~**·light** *s* MOT *etc* Scheinwerfer *m*: ~ *flasher* Lichthupe *f*

▸ **head·line** ['hedlaɪn] *s* **1.** Schlagzeile *f*: *hit the* ~**s** Schlagzeilen machen **2.** Überschrift *f* '**head·long I** *Adv* **1.** kopfüber, mit dem Kopf voran **2.** *fig a*) Hals über Kopf, **b**) ungestüm, stürmisch **II** *Adj* **3.** mit dem Kopf voran **4.** *fig a*) voreilig, -schnell, **b**) → *2b*

▸ **head·mas·ter** [ˌhed'maːstə] *s* PÄD (Di)Rektor *m*

▸ **head**|**·mis·tress** [ˌhed'mɪstrəs] *s* PÄD

(Di)Rektorin *f* ~ *of·fice* *s* Hauptbüro *n*, -sitz *m*, Zentrale *f* ,~**'on** *Adj* **1.** frontal (*a. Adv*), Frontal... **2.** *fig* direkt (*Art etc*) '~**·phones** *s Pl* Kopfhörer *m* ,~**'quar·ters** *s Pl* (*oft Sg konstruiert*) **1.** MIL Hauptquartier *n* **2.** (*Polizei*)Präsidium *n* **3.** → *head office* '~**·rest** *s* Kopfstütze *f* '~**·scarf** *s* (*unreg scarf*) Kopftuch *n* '~**·set** *s* Kopfhörer *m* '~**,shrink·er** *s sl* Psychiater(in) ~ **start** *s* SPORT Vorsprung *m* (*a. fig*): *have a* ~ *on s.o.* j-m gegenüber im Vorteil sein '~**·strong** *Adj* eigensinnig, halsstarrig ,~**'wait·er** *s* Oberkellner(in) '~**·way** *s*: *make* ~ (*with*) (gut) vorankommen (mit), Fortschritte machen (bei) ~ **wind** *s* FLUG, SCHIFF Gegenwind *m* '~**·word** *s* Stichwort *n* (*im Wörterbuch*)

▸ **heal** [hiːl] **I** *v/t* heilen (*of* von) (*a. fig*) **II** *v/i oft* ~ *up* (*od over*) (zu)heilen '**heal·ing I** *s* Heilung *f* **II** *Adj* heilsam (*a. fig*), heilend: ~ *process* Heil(ungs)prozess *m*

▸ **health** [helθ] *s* **1.** Gesundheit *f*: ~ *club* Fitnessklub *m*; ~ *food* Reform- *od* Biokost *f*; *on* ~ *grounds* aus gesundheitlichen Gründen; ~ *hazard* Gesundheitsrisiko *n*; ~ *insurance* Krankenversicherung *f*; ~ *resort* Kurort *m*; ~ *service* Gesundheitsdienst *m* **2.** *a.* *state of* ~ Gesundheitszustand *m*: *in good* (*poor*) ~ gesund, bei guter Gesundheit (kränklich, bei schlechter Gesundheit) **3.** Gesundheit *f*, Wohl *n*: *drink* (*to*) (*od propose*) *s.o.'s* ~ auf j-s Wohl trinken; *your* (*very good*) ~! auf Ihr Wohl! '**health-'con·scious** *Adj* gesundheitsbewusst **health farm** *s* Gesundheitsfarm *f*

▸ **health·y** ['helθɪ] *Adj* **1.** *allg* gesund (*a. fig*) **2.** F gesund, kräftig (*Appetit*)

▸ **heap** [hiːp] **I** *s* **1.** Haufen *m*: *in* ~**s** haufenweise **2.** F Haufen *m*, Menge *f*: ~**s of time** e-e Menge Zeit; ~**s of times** unzählige Male; ~**s better** sehr viel besser **II** *v/t* **3.** häufen: ~ *up* auf-, *fig a.* anhäufen **4.** *fig* überhäufen (*with* mit)

▸ **hear** [hɪə] (*unreg*) **I** *v/t* **1.** hören: *I* ~*d him laugh*(*ing*) ich hörte ihn lachen; *make o.s.* ~*d* sich Gehör verschaffen **2.** *etw* hören, erfahren (*about, of* von, über *Akk*) **3.** *j-n* anhören, *j-m* zuhören: ~ *s.o. out* j-n ausreden lassen **4.** (an)hören, sich *etw* anhören **5.** *Bitte etc*

erhören **6.** *Schüler, Gelerntes* abhören **7.** JUR verhören, -nehmen; *Fall* verhandeln **II** *v/i* **8.** hören: ~ *tell* sagen hören; *he would not* ~ *of it* er wollte davon nichts hören *od* wissen; ~*! ~!* bravo!, sehr richtig!, *iron* hört, hört! **9.** hören, erfahren (*about, of* von) **heard** [hɜːd] *Prät u. Part Perf von* **hear** '**hear·ing** *s* **1.** Hören *n*: *within (out of)* ~ in (außer) Hörweite; ~ *aid* Hörgerät *n* **2.** Gehör(sinn *m*) *n*: → *hard* 9 **3.** *get a* ~ sich Gehör verschaffen **4.** JUR Verhör *n*, Vernehmung *f*; Verhandlung *f* **5.** *bes* POL Hearing *n*, Anhörung *f*

'**hear·say** *s*: *by* ~ vom Hörensagen

hearse [hɜːs] *s* Leichenwagen *m*

▸ **heart** [hɑːt] *s* **1.** ANAT Herz *n* (*a. fig Gemüt, Mitgefühl, Empfinden etc*): *by* ~ auswendig; *to one's* ~*'s content* nach Herzenslust; *with all one's* (*od one's whole*) ~ von ganzem Herzen; *break s.o.'s* ~ j-m das Herz brechen; *cry* (*od sob*) *one's* ~ *out* sich die Augen ausweinen; *have no* ~ kein Herz haben, herzlos sein; *my* ~ *sank* mir wurde deprimiert; *take s.th. to* ~ sich etw zu Herzen nehmen; → *bottom* 1, *stone* 1 **2.** *fig* Kern *m* **3.** *Kartenspiel*: **a)** *Pl* Herz *n* (*Farbe*), **b)** Herz(karte *f*) *n* '~**·ache** *s* Kummer *m* ~ **at·tack** *s* MED Herzanfall *m*; Herzinfarkt *m* '~**·beat** *s* PHYSIOL Herzschlag *m* '~**·**,**break·ing** *Adj* herzzerreißend '~**·burn** *s* MED Sodbrennen *n* ~ **con·di·tion** *s* MED Herzleiden *n*

heart·en ['hɑːtn] *v/t* ermutigen

heart'| fail·ure *s* MED Herzversagen *n* '~**·felt** *Adj* tief empfindend, aufrichtig

hearth [hɑːθ] *s* **1.** Kamin *m* **2.** *a.* ~ *and home* *fig* häuslicher Herd, Heim *n*

heart·i·ly ['hɑːtɪlɪ] *Adv* **1.** herzlich, von Herzen **2.** herzhaft

heart·less ['hɑːtlɪs] *Adj* herzlos

,**heart'-'lung ma·chine** *s* MED Herz-Lungen-Maschine *f* '~**,rend·ing** *Adj* herzzerreißend '~**-to-** ~ *Adj* aufrichtig, offen ~ **trans·plant** *s* MED Herztransplantation *f*

heart·y ['hɑːtɪ] *Adj* (→ *heartily*) **1.** herzlich **2.** → *hale* **3.** herzhaft, kräftig (*Appetit, Mahlzeit etc*)

▸ **heat** [hiːt] *I s* **1.** *allg* Hitze *f*; *a.* PHYS Wärme *f* **2.** *fig* Ungestüm *n*; Eifer *m*: *in the* ~ *of the moment* im Eifer *od* in der Hitze des Gefechts; *in the* ~ *of*

passion JUR im Affekt **3.** SPORT (Einzel)Lauf *m*: (*preliminary*) ~ Vorlauf **4.** ZOOL Läufigkeit *f*: *in* ~ läufig **II** *v/t* **5.** *a.* ~ *up* erhitzen, *Speisen a.* aufwärmen **6.** heizen **7.** ~ *up* Diskussion *etc* anheizen **III** *v/i* **8.** sich erhitzen (*a. fig*) '**heat·ed** *Adj* **1.** geheizt **2.** erhitzt, *fig a.* erregt, hitzig '**heat·er** *s* Heizgerät *n*

heath [hiːθ] *s* **1.** *bes Br* Heide(land *n*) *f* **2.** BOT **a)** Erika *f*, **b)** → *heather*

hea·then ['hiːðn] *I s* **1.** Heide *m*, Heidin *f*: *the* ~ *Koll* die Heiden *Pl* **2.** Barbar(in) **II** *Adj* **3.** heidnisch, Heiden… **4.** unzivilisiert, barbarisch **hea·then·ish** ['-ənɪʃ] → *heathen* II

heath·er ['heðə] *s* BOT Heidekraut *n*

▸ '**heat·ing** ['hiːtɪŋ] *I s* Heizung *f* **II** *Adj* Heiz…: ~ *pad* Heizkissen *n*

'**heat'|·proof** *Adj* hitzebeständig, -fest ~ **rash** *s* MED Hitzeausschlag *m* '~**-re·sist·ant** → *heat proof* '~**·stroke** *s* MED Hitzschlag *m* ~ **wave** *s* Hitzewelle *f*

heave [hiːv] *I s* **1.** Hochziehen *n*, -winden *n* **2.** F Wurf *m* **3.** Wogen *n* **II** *v/t* (*bes* SCHIFF *unreg*) **4.** (hoch)stemmen, (-)hieven **5.** hochziehen, -winden, *Anker* lichten **6.** F schwingen, werfen **7.** *Seufzer etc* ausstoßen: → *sigh* **I 8.** F auskotzen **III** *v/i* (*bes* SCHIFF *unreg*) **9.** sich heben u. senken, wogen **10.** F würgen, Brechreiz haben: ~ (*up*) kotzen **11.** ~ *to* SCHIFF beidrehen

▸ **heav·en** ['hevn] *s* **1.** Himmel(reich *n*) *m*: *move* ~ *and earth* *fig* Himmel u. Hölle in Bewegung setzen; *in seventh* ~ *fig* im sieb(en)ten Himmel; *thank* ~*!* Gott sei Dank!; *what in* ~*'s name …?* was in aller Welt …?; → *forbid* 3, *sake*, *stink* 1 **2.** ♀ Himmel *m*, Gott *m* '**heav·en·ly** *Adj* himmlisch (*a. fig*): ~ *body* ASTR Himmelskörper *m*

heav·i·ly ['hevɪlɪ] *Adv* schwer (*a. fig*): ~ *armed* schwer bewaffnet; *suffer* ~ schwere (finanzielle) Verluste erleiden

▸ **heav·y** ['hevɪ] *I Adj* (→ *heavily*) **1.** *allg* schwer **2.** schwer (*Sturz, Verluste etc*), stark (*Regen, Trinker, Verkehr etc*), wuchtig (*Schlag*), hoch (*Geldstrafe, Steuern etc*) schwer (*Wein etc*), (*Nahrung a.*) schwer verdaulich **4.** drückend, lastend (*Stille etc*) **5.** (*with*) (schwer) beladen (mit); *fig* überladen, voll (von): ~ *with meaning* bedeutungsvoll, -schwer

6. begriffsstutzig, dumm **7.** benommen (**with** von): **~ with sleep** schlaftrunken **8. with a ~ heart** schweren Herzens **II** *Adv* **9. hang ~** dahinschleichen (*Zeit*); *lie ~ on s.o.* schwer auf j-m lasten ‚~'**du·ty** *Adj* **1.** TECH Hochleistungs… **2.** strapazierfähig '~**weight** (*Sport*) **I** *s* Schwergewicht *n* **II** *Adj* Schwergewichts…

Heb·ri·des ['hebrɪdiːz] *Eigenn Pl* die Hebriden *Pl*

heck·le ['hekl] *v/t* Redner durch Zwischenrufe *od* -fragen aus dem Konzept bringen '**heck·ler** *s* Zwischenrufer(in)

hec·tic ['hektɪk] *Adj* (**~ally**) hektisch

hec·to·li·ter, *bes Br* **hec·to·li·tre** ['hektəʊˌliːtə] *s* Hektoliter *m, n*

he'd [hiːd] *F für* **he had**; **he would**

▸ **hedge** [hedʒ] **I** *s* **1.** Hecke *f* **2.** *fig* (Ab-) Sicherung *f* (**against** gegen) **II** *v/t* **3.** *a.* **~ in** (*od* **round**) mit e-r Hecke einfassen: **~ off** mit e-r Hecke abgrenzen *od* abtrennen **4.** *fig* (ab)sichern (**against** gegen) **III** *v/i* **5.** *fig* ausweichen, sich nicht festlegen (wollen)

'**hedge·hog** *s* ZOOL Igel *m; Am* Stachelschwein *n*

heed [hiːd] **I** *v/t* beachten, Beachtung schenken (*Dat*) **II** *s*: *give* (*od* *pay*) **~ to, take ~ of** → **I heed·ful** ['~ful] *Adj* achtsam: *be ~ of* → **heed I** '**~·less** *Adj* achtlos, unachtsam: *be ~ of* nicht beachten, *Warnung etc* in den Wind schlagen

hee-haw [ˌhiːˈhɔː] **I** *s* **1.** Iah *n* (*Eselsschrei*) **2.** *fig* wieherndes Gelächter, Gewieher *n* **II** *v/i* **3.** iahen **4.** *fig* wiehernd lachen, wiehern

heel[1] [hiːl] *v/i* SCHIFF krängen

▸ **heel**[2] [hiːl] **I** *s* **1.** ANAT Ferse *f* (*a. vom Strumpf etc*); Absatz *m*, Hacken *m* (*vom Schuh*): **down at ~ a**) mit schiefen Absätzen, **b**) *fig* heruntergekommen (*Hotel etc*), (*Person a.*) abgerissen; **on the ~s of** unmittelbar auf (*Akk*), gleich nach; *follow at s.o.'s ~s* j-m auf den Fersen folgen, sich j-m an die Fersen heften; *show a clean pair of ~s, take to one's ~s* die Beine in die Hand *od* unter den Arm nehmen **II** *v/t* **2.** Absätze machen an (*Akk*) **3.** *Fußball:* Ball mit dem Absatz kicken

heft·y ['heftɪ] *Adj* **1.** schwer **2.** kräftig, stämmig **3.** F mächtig, gewaltig (*Schlag*

etc), stattlich (*Mehrheit etc*), saftig (*Preise etc*)

he·gem·o·ny [hɪˈgemənɪ] *s bes* POL Hegemonie *f*

heif·er ['hefə] *s* ZOOL Färse *f*

▸ **height** [haɪt] *s* **1.** Höhe *f*: *10 feet in ~* 10 Fuß hoch **2.** (*Körper*)Größe *f*: *what ~ are you?* wie groß sind Sie? **3.** Anhöhe *f*, Erhebung *f* **4.** *fig* Höhe(punkt *m*) *f*, Gipfel *m*: *at the ~ of one's fame* auf der Höhe s-s Ruhms; *at the ~ of summer* im Hochsommer ‚**height·ad'just·a·ble** *Adj* höhenverstellbar '**height·en** *I* *v/t* **1.** erhöhen (*a. fig*) **2.** *fig* vergrößern, steigern **II** *v/i* **3.** *fig* sich erhöhen, (an)steigen, zunehmen

hei·nous ['heɪnəs] *Adj* abscheulich

▸ **heir** [eə] *s* JUR Erbe *m* (**to,** *of Gen*): **~ to the throne** Thronerbe *m*, -folger *m*; → **universal** 1 '**heir·ess** *s* Erbin *f*

held [held] *Prät u. Part Perf von* **hold**

hel·i·cop·ter ['helɪkɒptə] *s* Hubschrauber *m*

Hel·i·go·land ['helɪgəʊlænd] *Eigenn* Helgoland *n*

hel·i·port ['helɪpɔːt] *s* Hubschrauberlandeplatz *m* '**hel·i·ski·ing** *s* Heliskiing *n*

he·li·um ['hiːlɪəm] *s* CHEM Helium *n*

▸ **hell** [hel] *s* Hölle *f* (*a. fig*): *like ~* F wie verrückt *arbeiten etc*; *a ~ of a noise* F ein Höllenlärm; *what the ~ …?* F was zum Teufel …?; *give s.o. ~* F j-m die Hölle heiß machen; *go to ~!* F scher dich zum Teufel!; *raise ~* F e-n Mordskrach schlagen; *suffer ~ on earth* die Hölle auf Erden haben

he'll [hiːl] *F für* **he will**

‚**hell'bent** *Adj* F ganz versessen, wie wild (**on, for** auf *Akk*)

hell·ish ['helɪʃ] *Adj* **1.** höllisch (*a. fig* F) **2.** F verteufelt, scheußlich

▸ **hel·lo** [həˈləʊ] **I** *Interj* **1.** hallo!, *österr.* servus!, (*überrascht a.*) nanu! **II** *Pl* **-los** *s* **2.** Hallo *n* **3.** Gruß *m*: *say ~* (**to s.o.**) (j-m) guten Tag sagen

helm [helm] *s* SCHIFF Ruder *n* (*a. fig*), Steuer *n*: *be at the ~* am Ruder *od* an der Macht sein; *take the ~* das Ruder übernehmen

helms·man ['helmzmən] *s* (*unreg* **man**) SCHIFF Steuermann *m* (*a. fig*)

▸ **help** [help] **I** *s* **1.** Hilfe *f* (*a.* COMPUTER): *come to s.o.'s ~* j-m zu Hilfe kommen

2. Abhilfe f **3.** (*bes Haus*)Angestellte m, f **II** v/t **4.** j-m helfen *od* behilflich sein *in* [*od* **with**] bei): ~ **s.o. out** j-m aushelfen (**with** mit); → **god** 2 **5.** ~ **s.o. to s.th.** j-m zu etw verhelfen; ~ **o.s.** sich bedienen, zugreifen **6.** *mit can:* **I cannot** ~ **it** ich kann es nicht ändern; ich kann nichts dafür; *it cannot be* ~*ed* da kann man nichts machen, es ist nicht zu ändern; *I could not* ~ *laughing* ich musste einfach lachen **III** v/i **7.** helfen: ~ **out** aushelfen (**with** mit) '**help·er** s Helfer(in) **help·ful** [´-fʊl] *Adj* **1.** hilfsbereit **2.** hilfreich '**help·ing I** *Adj* hilfreich: → **hand** 1 **II** s Portion f (*Essen*): **have** (*od* **take**) **a second** ~ sich nachnehmen '**help·less** *Adj* hilflos

hel·ter-skel·ter [ˌheltə´skeltə] **I** *Adv* holterdiepolter, Hals über Kopf **II** *Adj* hastig, überstürzt **III** s (wildes) Durcheinander, (wilde) Hast

hem[1] [hem] **I** s **1.** Saum m **2.** Rand m, Einfassung f **II** v/t **3.** Kleid *etc* (ein-)säumen **4.** ~ *in* a) a. ~ *about* (*od* *around*) umranden, einfassen, b) MIL einschließen, c) *fig* einengen

hem[2] [-] v/i sich (*verlegen*) räuspern: ~ *and haw* herumdrucksen, nicht recht mit der Sprache herauswollen

'**he-man** s (*unreg* **man**) F He-man m (*bes männlich wirkender Mann*)

hem·i·sphere [´hemɪˌsfɪə] s GEOG Halbkugel f, Hemisphäre f

'**hem·line** s Saum m: ~*s are going up again* die Kleider werden wieder kürzer

he·mo·glo·bin, hem·or·rhoids *etc bes Am* → **haemoglobin, haemorrhoids** *etc*

hemp [hemp] s Hanf m

▸ **hen** [hen] s ORN **1.** Henne f, Huhn n **2.** (*Vogel*)Weibchen n

hence [hens] *Adv* **1.** *a week* ~ in e-r Woche **2.** folglich, daher, deshalb **3.** hieraus, daraus: ~ *it follows that* daraus folgt, dass ˌ~'**forth,** ˌ~'**for·ward(s)** *Adv* von nun an, fortan

hench·man [´hentʃmən] s (*unreg* **man**) *bes* POL Anhänger m; *pej* Handlanger m

hen·na [´henə] s BOT u. Kosmetik: Henna n

hen| par·ty s F Damengesellschaft f,

Kaffeeklatsch m '~·**pecked** *Adj* unter dem Pantoffel stehend: ~ *husband* Pantoffelheld m

hep·a·ti·tis [ˌhepə´taɪtɪs] s MED Hepatitis f: ~ *A* (*B*)

▸ **her** [hɜː] **I** *Personalpron* **1.** sie (*Akk von* **she**): *I know* ~ **2.** ihr (*Dat von* **she**): *I gave* ~ *the book* **3.** F sie (*Nom*): *he's younger than* ~; *it's* ~ sie ist es **II** *Possessivpron* **4.** ihr(e) **III** *Reflexivpron* **5.** sich: *she looked about* ~ sie sah sich um

her·ald [´herəld] **I** s **1.** *hist* Herold m **2.** *fig* Vorbote m **II** v/t **3.** ankündigen (*a. fig*) **he·ral·dic** [he´rældɪk] *Adj* (~*ally*) heraldisch, Wappen… **her·ald·ry** [´herəldrɪ] s Heraldik f, Wappenkunde f

▸ **herb** [hɜːb] s BOT Kraut n; *eng.* S. Heilkraut; Gewürz-, Küchenkraut **herb·al** [´-bl] *Adj* Kräuter…, Pflanzen… **herb·iv·o·rous** [-´bɪvərəs] *Adj* ZOOL Pflanzen fressend

herd [hɜːd] **I** s **1.** Herde f, (*wild lebender Tiere a.*) Rudel n (*a. von Menschen*) **2.** *pej* Herde f, Masse f (*Menschen*): *the* (*common od vulgar*) ~ die große *od* breite Masse **II** v/i **3.** *a.* ~ *together* in Herden leben; sich zs.-drängen (*a. Menschen*) **4.** sich zs.-tun (**with** mit) **III** v/t **5.** Vieh hüten **6.** Vieh, *a. Menschen* treiben: ~ *together* zs.-treiben

herd in·stinct s ZOOL Herdeninstinkt m, (*a. bei Menschen*) Herdentrieb m

herds·man [´hɜːdzmən] s (*unreg* **man**) Hirt m

▸ **here** [hɪə] *Adv* hier; (hier)her: *come* ~ komm her; ~ *and there* hier u. da, da u. dort; hierhin u. dorthin; ~*'s to you!* auf dein Wohl!; ~ *you* (*od* **we**) *are!* hier (bitte)! (*da hast du es*) ˌ~·**a·bouts** *Adv* hierherum, in dieser Gegend ˌ~'**af·ter I** *Adv* **1.** nachstehend, im Folgenden **2.** künftig, in Zukunft **II** s **3.** Jenseits n ˌ~'**by** *Adv* hiermit

he·red·i·ta·ry [hɪ´redɪtərɪ] *Adj* **1.** (ver-)erblich, Erb…: ~ *disease* Erbkrankheit f **2.** *fig* althergebracht, Erb…

ˌ**here**|'**in** *Adv* hierin ˌ~'**of** *Adv* hiervon

her·e·sy [´herəsɪ] s Ketzerei f

her·e·tic [´herətɪk] s Ketzer(in) f **he·ret·i·cal** [hɪ´retɪkl] *Adj* ketzerisch

ˌ**here**|·**up'on** *Adv* hierauf, darauf(hin) ˌ~'**with** *Adv* hiermit

her·it·a·ble [´herɪtəbl] *Adj* erblich, ver-

erbbar '**her·it·age** s Erbe n

her·maph·ro·dite [hɜːˈmæfrədaɪt] s BIOL ZWITTER m

her·met·ic [hɜːˈmetɪk] Adj (**~ally**) hermetisch, TECH luftdicht: **~ally sealed** luftdicht verschlossen

her·mit [ˈhɜːmɪt] s Einsiedler(in) (a. fig), Eremit(in) '**her·mit·age** s Einsiedelei f

her·ni·a [ˈhɜːnjə] s MED Bruch m

▸ **he·ro** [ˈhɪərəʊ] Pl **-roes** s Held m, THEAT etc a. Hauptperson f **he·ro·ic** [hɪˈrəʊɪk] Adj (**~ally**) **1.** heroisch, heldenhaft, Helden… **2.** hochtrabend, bombastisch (Sprache, Stil)

her·o·in [ˈherəʊɪn] s Heroin n

her·o·ine [ˈherəʊɪn] s Heldin f, THEAT etc a. Hauptperson f '**her·o·ism** s Heldentum n

her·on [ˈherən] s ORN Reiher m

her·pes [ˈhɜːpiːz] s MED Herpes m

her·ring [ˈherɪŋ] s FISCH Hering m '**~·bone** s a. **~ design** (od **pattern**) Fischgrätenmuster n

▸ **hers** [hɜːz] Possessivpron: **it is ~** es gehört ihr; **a friend of ~** e-e Freundin von ihr; **my mother and ~** m-e u. ihre Mutter

▸ **her·self** [hɜːˈself] Pron **1.** verstärkend: sie (Nom od Akk) selbst, ihr (Dat) selbst: **she did it ~, she ~ did it** sie hat es selbst getan **2.** refl sich: **she killed ~ 3.** sich (selbst): **she wants it for ~**

he's [hiːz] F für **he is; he has**

▸ **hes·i·tate** [ˈhezɪteɪt] v/i **1.** zögern, zaudern, Bedenken haben (**to do** zu tun), unschlüssig sein (**over** hinsichtlich) **2.** (beim Sprechen) stocken ,**hes·i·ta·tion** s **1.** Zögern n, Zaudern n, Unschlüssigkeit f: **without (any) ~** ohne zu zögern **2.** Stocken n

het [het] Adj: **be ~ up** F aufgeregt od nervös sein (**about** wegen)

het·er·o [ˈhetərəʊ] F → **heterosexual**

het·er·o·dox [ˈhetərəʊdɒks] Adj heterodox, anders-, irrgläubig **het·er·o·ge·ne·ous** [ˌ-ˈdʒiːnjəs] Adj heterogen, ungleichartig, verschiedenartig ,**het·er·o·sex·u·al** [ˌ-] Adj heterosexuell II s Heterosexuelle m, f

hew [hjuː] v/t (a. unreg) hauen, hacken: **~ down** umhauen; **~ off** abhauen; **~ up** zerhauen, -hacken **hewn** [hjuːn] Part Perf von **hew**

hex·a·dec·i·mal [ˌheksəˈdesɪml] Adj MATHE u. IT hexadezimal

hex·a·gon [ˈheksəgən] s Sechseck n **hex·ag·o·nal** [ˈ-ˈsægənl] Adj sechseckig

hey [heɪ] Interj **1.** → **presto 2.** he!

hey·day [ˈheɪdeɪ] s a) Höhepunkt m, Gipfel m, b) Blüte(zeit) f: **in one's ~** in s-r Glanzzeit

▸ **hi** [haɪ] Interj F hallo!

hi·ber·nate [ˈhaɪbəneɪt] v/i überwintern: a) ZOOL Winterschlaf halten, b) den Winter verbringen ,**hi·ber·na·tion** s Überwinterung f, Winterschlaf m

hi·bis·cus [hɪˈbɪskəs] s BOT Hibiskus m, Eibisch m

hic·cough, hic·cup [ˈhɪkʌp] I s **1.** have (**the**) **~s** e-n Schluckauf haben **2.** fig Panne f II v/i **3.** hicksen

hick [hɪk] bes Am F I s Bauer m, Provinzler(in) II Adj Bauern…, provinziell: **~ town** (Provinz)Nest n, (Bauern)Kaff m

hid [hɪd] Prät u. Part Perf von **hide²** '**hid·den** I Part Perf von **hide²** II Adj geheim, verborgen

hide¹ [haɪd] s **1.** Haut f, Fell n (beide a. fig): **save one's own ~** die eigene Haut retten; **tan s.o.'s ~** F j-m das Fell gerben

▸ **hide²** [haɪd] (unreg) I v/t (**from**) verbergen (vor Dat): a) verstecken (vor Dat), b) verheimlichen (Dat od vor Dat), c) verhüllen, -decken II v/i a. **~ out** (bes Am **up**) sich verbergen od verstecken ,**~-and-'seek** s Versteckspiel n: **play ~** Versteck spielen '**~·a·way** s **1.** Versteck n **2.** Zufluchtsort m

hid·e·ous [ˈhɪdɪəs] Adj abscheulich, scheußlich

'**hide·out** s Versteck n

hid·ing¹ [ˈhaɪdɪŋ] s F Tracht f Prügel

hid·ing² [ˌ-] s: **be in ~** sich versteckt halten; **go into ~** untertauchen; **~ place** Versteck n

hi·er·arch·y [ˈhaɪərɑːkɪ] s Hierarchie f

hi·er·o·glyph [ˈhaɪərəʊɡlɪf] → **hiero·glyphic** 1, 3 ,**hi·er·o·glyph·ic** s **1.** Hieroglyphe f **2.** Pl (mst Sg konstruiert) Hieroglyphenschrift f **3.** Pl hum Hieroglyphen Pl, unleserliches Gekritzel

hi-fi [ˈhaɪfaɪ] F I s **1.** Hi-Fi n **2.** Hi-Fi-Anlage f; -Gerät n II Adj **3.** Hi-Fi-…

hig·gle·dy-pig·gle·dy [ˌhɪɡldɪˈpɪɡldɪ] F

I *Adv* drunter u. drüber, (wie Kraut u. Rüben) durcheinander **II** *Adj* kunterbunt

▸ **high** [haɪ] **I** *Adj* (→ **highly**) **1.** *allg* hoch; *eng. S. a.* hoch gelegen: → **horse 2.** hoch (*Geschwindigkeit, Preise etc*), groß (*Hoffnungen, Lob etc*) **3.** (*rang- od stellungsmäßig*) hoch: **~ society** Highsociety *f* **4.** fortgeschritten (*Zeit*): **~ season** Hochsaison *f*; **~ summer** Hochsommer *m*; **it is ~ time** es ist höchste Zeit **5.** hoch, erstklassig (*Qualität etc*) **6. a)** gehoben: → **spirit** 4, **b)** F blau (*betrunken*), **c)** F high **7.** F scharf (**on** auf *Akk*) **II** *Adv* **8.** hoch: **aim ~** F sich hohe Ziele setzen *od* stecken; **search ~ and low** überall suchen **9.** hoch, mit hohem Einsatz (*spielen*) **III** *s* **10.** (An)Höhe *f*: **on ~** nach oben, droben; im Himmel **11.** METEO Hoch *n* **12.** *fig* Höchststand *m* **13.** *Am* F Highschool *f* **~ al·tar** *s* Hochaltar *m* **~·al·ti·tude** *Adj* Höhen… **~ and dry** *Adj*: **leave s.o. ~** j-n im Stich lassen **~ and might·y** *Adj* F anmaßend, arrogant '**~·ball** *s Am* Highball *m* (*Whiskycocktail*) **~ beam** *s* MOT *Am* Fernlicht *n* '**~·brow** *off pej* **I** *s* Intellektuelle *m*, *f* **II** *Adj* (betont) intellektuell '**~·chair** *s* (Kinder)Hochstuhl *m* **2 Church** *s* anglikanische Hochkirche **~·class** *Adj* erstklassig '**~·flown** *Adj* **1.** bombastisch, hochtrabend (*Worte etc*) **2.** (allzu) hoch gesteckt (*Ziele etc*), (allzu) hochfliegend (*Pläne etc*), '**~·hand·ed** *Adj* anmaßend, willkürlich **~ heels** *Pl* Stöckelschuhe *Pl* **~ jump** *s* Leichtathletik: Hochsprung *m* **~ jump·er** *s* Hochspringer(in) '**~·lands** *s Pl* Hochland *n*: **the ℚ** das schottische Hochland **~·lev·el** *Adj* hoch (*a. fig*): **~ talks** *Pl* Gespräche *Pl* auf höherer Ebene '**~·light I** *s* Höhe-, Glanzpunkt *m*; *Pl* Querschnitt *m* (**of** durch *e-e Oper etc*) **II** *v/t* hervorheben '**~·light·er** *s* Leuchtstift *m*, Textmarker *m*

high·ly ['haɪlɪ] *Adv* **1.** *fig* hoch: **~ gifted** hoch begabt; **~ interesting** hochinteressant; **~ paid** hoch bezahlt; teuer bezahlt **2.** lobend, anerkennend: **think ~ of** viel halten von

High Mass *s* REL Hochamt *n*

,**high-'necked** *Adj* hochgeschlossen (*Kleid, Pulli etc*)

high·ness ['haɪnɪs] *s* **1.** *mst fig* Höhe *f* **2.** ℚ Hoheit *f* (*Titel*)

,**high-'pow·er(ed)** *Adj* **1.** TECH Hochleistungs… **2.** *fig* dynamisch, energisch ,**~·pres·sure** *Adj* TECH, METEO Hochdruck… **~ priest** *s* REL Hohepriester *m* (*a. fig*) ,**~·qual·i·ty** *Adj* hochwertig '**~·rank·ing** *Adj* hochrangig: **~ officer** MIL hoher Offizier ,**~·res·o'lu·tion** *Adj* hoch auflösend '**~·rise** *s* Hochhaus *n*

▸ **high school** ['haɪskuːl] *s Am* Highschool *f* **~ seas** *s Pl* **die** hohe See (*außerhalb der Hoheitsgewässer*) '**~·sound·ing** *Adj* hochtönend, -trabend '**~·speed 'train** *s* Hochgeschwindigkeitszug *m* **~ street** *s* Hauptstraße *f* **~ tea** *s Br* frühes Abendessen **~·tech** [,-'tek] *Adj* F Hightech-… **~ tech·nol·o·gy** *s* Hochtechnologie *f* **~ ten·sion** *s* ELEK Hochspannung *f* ,**~·ten·sion** *Adj* Hochspannungs…

▸ **high tide** [haɪ'taɪd] *s* Flut *f*, Hochwasser *n* **~·trea·son** *s* Hochverrat *m* '**~·way** *s* Highway *m*, Haupt(verkehrs)straße *f*: **~ code** *Br* Straßenverkehrsordnung *f*

hi·jack ['haɪdʒæk] **I** *v/t* **1.** Flugzeug entführen **2.** *j-n, Geldtransport etc* überfallen **II** *s* **3.** (Flugzeug)Entführung *f* **4.** Überfall *m* '**hi·jack·er** *s* **1.** (Flugzeug)Entführer(in) **2.** Räuber(in) '**hi·jack·ing** → **hijack** II

▸ **hike** [haɪk] **I** *v/i* wandern **II** *s* Wanderung *f*: **go on a ~** e-e Wanderung machen '**hik·er** *s* Wanderer *m*, Wand(r)erin *f*

hi·lar·i·ous [hɪ'leərɪəs] *Adj* **1.** vergnügt, ausgelassen, übermütig **2.** lustig (*Geschichte etc*) **hi·lar·i·ty** [hɪ'lærətɪ] *s* Vergnügtheit *f*, Ausgelassenheit *f*, Übermütigkeit *f*

▸ **hill** [hɪl] *s* Hügel *m*, Anhöhe *f*: (**as**) **old as the ~s** uralt, (*Person a.*) steinalt; **be over the ~** F s-e besten Jahre *od* s-e beste Zeit hinter sich haben; *bes* MED über den Berg sein '**~·bil·ly** *s Am mst pej* Hillbilly *m*, Hinterwäldler(in) **hill·ock** ['hɪlək] *s* kleiner Hügel ,**hill'side** *s* (Ab)Hang *m* ,**~·top** *s* Hügelspitze *f* **~ walk** *s* Bergwanderung *f*

hilt [hɪlt] *s* Heft *n*, Griff *m* (*Schwert, Dolch*)

▸ **him** [hɪm] **I** *Personalpron* **1.** ihn (*Akk von he*): **I know ~ 2.** ihm (*Dat von he*): **I**

gave ~ the book 3. F er (*Nom*): *she's younger than ~; it's ~* er ist es II *Reflexivpron* 4. sich: *he looked about ~* er sah sich um

▸**him·self** [hɪm'self] *Pron* 1. *verstärkend*: er *od* ihm *od* ihn selbst: *he did it ~, he ~ did it* er hat es selbst getan 2. *refl* sich: *he killed ~* 3. sich (selbst): *he wants it for ~*

hind [haɪnd] *Adj* hinter, Hinter…

hind·er ['hɪndə] *v/t* 1. *j-n, etw* aufhalten (*in* bei); behindern 2. (*from*) hindern (an *Dat*), abhalten (von)

hind·most ['haɪndməʊst] *Sup von* **hind**

hin·drance ['hɪndrəns] *s* 1. Behinderung *f*: *be a ~ to* → **hinder** 1 2. Hindernis *n* (*to* für)

'**hind·sight** *s*: *with ~* im Nachhinein (betrachtet)

Hin·du [,hɪn'du:] REL I *s* Hindu *m* II *Adj* Hindu… '**Hin·du·ism** *s* Hinduismus *m*

hinge [hɪndʒ] I *s* 1. TECH Scharnier *n*, (Tür)Angel *f* 2. *fig* Angelpunkt *m* II *v/t* 3. *Tür etc* einhängen III *v/i* 4. (*on*) *fig* abhängen (von), ankommen (auf *Akk*); sich drehen (um)

hint [hɪnt] I *s* 1. Wink *m*, Andeutung *f*: *drop a ~* e-e Andeutung machen; *broad ~* Wink mit dem Zaunpfahl 2. Fingerzeig *m*, Tipp *m* (*on* für) 3. Anspielung *f* (*at auf Akk*) 4. Anflug *m*, Spur *f* (*of* von) II *v/t* 5. andeuten III *v/i* 6. (*at*) andeuten (*Akk*); anspielen (auf *Akk*)

hin·ter·land ['hɪntəlænd] *s* 1. Hinterland *n* 2. Umland *n*

hip¹ [hɪp] *s* ANAT Hüfte *f*

hip² [.] *s* BOT Hagebutte *f*

hip³ [.] *Interj*: *~, ~, hurrah!* hipp, hipp, hurra!

hip⁴ [.] *Adj sl* 1. *be ~* alles mitmachen, was gerade in ist 2. *be ~* auf dem Laufenden sein (*to* über *Akk*), hip sein

'**hip|·bath** *s* Sitzbad *n* '**~·bone** *s* ANAT Hüftbein *n*, -knochen *m* ~ **flask** *s* Taschenflasche *f*, Flachmann *m* '**~·hug·gers** *s Pl bes Am* Hipsters *Pl* (*Hüfthose*) ~ **joint** *s* ANAT Hüftgelenk *n*

hip·pie ['hɪpɪ] *s* Hippie *m*

hip pock·et *s* Gesäßtasche *f*

hip·po·pot·a·mus [,hɪpə'pɒtəməs] *Pl* **-mus·es, -mi** [.maɪ] *s* ZOOL Fluss-, Nilpferd *n*

hip·py → **hippie**

hip·sters ['hɪpstəz] *s Pl* Hipsters *Pl* (*Hüfthose*)

▸**hire** ['haɪə] I *v/t* 1. *Auto etc* mieten, *Flugzeug etc* chartern 2. *a. ~ on j-n* ein-, anstellen, SCHIFF (an)heuern; *j-n* engagieren; *bes pej* anheuern: *~d killer* gekaufter Mörder, gekaufte Mörderin, Killer(in) 3. *mst ~ out* vermieten II *s* 4. Miete *f*: *~ company* Verleih(firma *f*) *m*; *on ~* mietweise; *for ~* zu vermieten; (*Taxi*) frei 5. Lohn *m*, Entgelt *n* ~ **purchase** *s*: *on ~ bes Br* auf Abzahlung *od* Raten

▸**his** [hɪz] *Possessivpron*: *it is ~* es gehört ihm; *a friend of ~* ein Freund von ihm; *my mother and ~* m-e u. s-e Mutter

hiss [hɪs] I *v/i* 1. zischen, (*Katze*) fauchen: *~ at* → 2 II *v/t* 2. auszischen 3. *etw* zische(l)n III *s* 4. Zischen *n*, Fauchen *n*

his·to·ri·an [hɪ'stɔːrɪən] *s* Historiker(in)

his·tor·ic [hɪ'stɒrɪk] *Adj* (*~ally*) 1. historisch, geschichtlich (berühmt *od* bedeutsam) 2. → **historical his'tor·i·cal** [.kl] *Adj* 1. → **historic** 1 2. historisch: **a)** geschichtlich (belegt *od* überliefert), **b)** Geschichts…, **c)** geschichtlich(en Inhalts): ~ *novel* historischer Roman

▸**his·to·ry** ['hɪstərɪ] *s* 1. Geschichte *f*: *contemporary ~* Zeitgeschichte; ~ *of art* Kunstgeschichte; *go down in ~* in die Geschichte eingehen; *make ~* Geschichte machen 2. (Entwicklungs-)Geschichte *f*, Werdegang *m* 3. *allg, a.* MED Vorgeschichte *f*: → *case history*

▸**hit** [hɪt] I *s* 1. Hieb *m* (*a. fig at* gegen), Schlag *m* 2. Treffer *m* (*a. Sport u. fig*): *make* (*od score*) *a ~* e-n Treffer erzielen; *fig* gut ankommen (*with* bei) 3. *Internet*: Hit *m*, Zugriff *m auf eine Webseite* 4. Hit *m* (*Buch, Schlager etc*): *it was a big ~* es hat groß eingeschlagen 5. *sl* Schuss *m* (*Drogeninjektion*) 6. *bes Am sl* (von *e-m* **hit man** *ausgeführter*) Mord II *v/t* (*unreg*) 7. schlagen 8. (*a. fig seelisch, finanziell etc*) treffen: ~ *the nail on the head fig* den Nagel auf den Kopf treffen; ~ *the bottle* F saufen; → *hay, road, sack¹* 3 9. MOT *etc j-n, etw* anfahren, *etw* rammen: ~ *one's head against* (*od on*) sich den Kopf anschlagen an (*Dat*), mit dem Kopf stoßen gegen 10. *etw* erreichen, schaffen: → *front page, headline* 1 11. *bes fig* stoßen an auf

(*Akk*), finden **12.** *a.* ~ **up** *bes Am* F anhauen, anpumpen (**for** um) **13.** F ankommen in (*Dat*), erreichen **14.** *bes Am sl* j-n umlegen (**hit man**) **III** *v/i* (*unreg*) **15.** treffen **16.** schlagen (**at** nach) **17.** stoßen, schlagen (**against** gegen; **on** auf *Akk*) **18.** ~ **on** → 10

Verbindungen mit Adverben:

hit back *v/i* zurückschlagen (*a. fig*) ~ off *v/t*: **hit it off** F sich gut vertragen (**with** mit) ~ out *v/i* **1.** um sich schlagen: ~ **at s.o.** auf j-n einschlagen **2.** *fig* herausziehen (**at** über *Akk*)

,hit-and-'run *Adj*: ~ **accident** Unfall *m* mit Fahrerflucht; ~ **driver** (unfall-)flüchtiger Fahrer, (-)flüchtige Fahrerin

hitch [hɪtʃ] **I** *s* **1.** Ruck *m*, Zug *m* **2.** Schwierigkeit *f*, Haken *m*: **without a** ~ glatt, reibungslos **II** *v/t* **3.** rücken, ziehen: ~ **up** hochziehen **4.** befestigen, festhaken (**to** an *Akk*): **get** ~**ed** F heiraten **5.** ~ **a ride** F im Auto mitgenommen werden **III** *v/i* **6.** sich festhaken, hängen bleiben (**on** an *Dat*) **7.** F → **hitchhike**

'hitch·er F → hitchhiker

▸hitch·hike ['hɪtʃhaɪk] *v/i* per Anhalter fahren, trampen '~,hik·er *s* Anhalter(in)

hith·er ['hɪðə] *Adv* hierher ,~'to *Adv* bisher, bis jetzt

hit| list *s*: **be on the** ~ auf der Abschussliste stehen (*a. fig*) ~ **man** *s* (*unreg* **man**) Killer *m* (*e-s Verbrechersyndikats*) ~ **or miss** *Adv* aufs Geratewohl, auf gut Glück ~ **song** *s* Hit *m*

HIV [eɪtʃaɪˈviː] *Abk* (= **human immunodeficiency virus**) HIV *n*: **be** ~ **positive** (**negative**) HIV-positiv (negativ) sein

hive [haɪv] **I** *s* **1.** Bienenkorb *m*, -stock *m* **2.** Bienenvolk *n*; *fig* Schwarm *m* (*Menschen*) **II** *v/t* **3.** ~ **off** *fig* abschwenken (**from** von); sich selbstständig machen; *bes Br* F sich aus dem Staub machen

hives [haɪvz] *s Pl* (*a. Sg konstruiert*) MED Nesselausschlag *m*

hoard [hɔːd] **I** *s* Vorrat *m* (**of** an *Dat*) **II** *v/t* horten, hamstern **III** *v/i* hamstern, sich Vorräte anlegen

hoard·ing ['hɔːdɪŋ] *s* **1.** Bau-, Bretterzaun *m* **2.** *Br* Reklametafel *f*

hoar·frost [,hɔːˈfrɔst] *s* (Rau)Reif *m*

hoarse [hɔːs] *Adj* heiser 'hoarse·ness *s* Heiserkeit *f*

---

hoar·y ['hɔːrɪ] *Adj* **1.** weiß(grau) **2.** (alters)grau

hoax [həʊks] **I** *s* **1.** (Zeitungs)Ente *f* **2.** Streich *m*, (übler) Scherz: **play a** ~ **on s.o.** j-m e-n Streich spielen, sich mit j-m e-n Scherz erlauben **II** *v/t* **3.** j-m e-n Bären aufbinden

hob [hɒb] *s* (Keramik)Kochfeld *n*

▸hob·by ['hɒbɪ] *s* Hobby *n*, Steckenpferd *n* ~ **room** *s* Hobbyraum *m*

hob·gob·lin ['hɒbgɒblɪn] *s* Kobold *m*

hob·nob ['hɒbnɒb] *v/i* freundschaftlich verkehren, auf Du u. Du sein (**with** mit)

ho·bo ['həʊbəʊ] *Pl* -bo(e)s *s Am* Landstreicher(in), Tippelbruder *m*, -schwester *f*

Hob·son's choice ['hɒbsnz] *s*: **it was** (**a case of**) ~ es gab nur 'eine Möglichkeit

hock¹ [hɒk] *s* weißer Rheinwein

hock² [-] *bes Am* F **I** *s*: **be in** ~ versetzt sein; Schulden haben (**to** bei); im Kittchen sein *od* sitzen; **put into** ~ → **II II** *v/t* versetzen, ins Leihhaus tragen

hock·ey ['hɒkɪ] *s* SPORT *bes Br* Hockey *n*; *bes Am* Eishockey *n*.

ho·cus-po·cus [,həʊkəsˈpəʊkəs] *s* Hokuspokus *m*, fauler Zauber

hodge-podge ['hɒdʒpɒdʒ] → **hotchpotch**

hoe [həʊ] **I** *s* Hacke *f* **II** *v/t* Boden hacken: ~ (**up**) Unkraut aushacken

hog [hɒg] **I** *s* **1.** (Haus-, Schlacht-) Schwein *n*: **go the whole** ~ F aufs Ganze gehen **2.** F rücksichtsloser Kerl; gieriger *od* gefräßiger Kerl; Schmutzfink *m*, Ferkel *n* **II** *v/t* **3.** F rücksichtslos an sich reißen: ~ **the middle lane** MOT die mittlere Spur für sich (allein) beanspruchen

Hog·ma·nay ['hɒgmənєɪ] *s schott.* Silvester(abend *m*) *m*, *n*

'hog·wash *s* **1.** Schweinefutter *n* **2.** *fig* Spülwasser *n* (*dünner Kaffee etc*) **3.** *fig* Gewäsch *n*, Geschwätz *n*

hoi pol·loi [,hɔɪˈpɒlɔɪ] *s pej* breite Masse, Pöbel *m*

hoist [hɔɪst] **I** *v/t* **1.** hochziehen; *Flagge, Segel* hissen **II** *s* **2.** Hochziehen *n* **3.** TECH (Lasten)Aufzug *m*

hoi·ty-toi·ty [,hɔɪtɪˈtɔɪtɪ] *Adj* hochnäsig, eingebildet

▸hold [həʊld] **I** *s* **1.** Griff *m* (*a. Ringen*), Halt *m*: **catch** (*od* **get, take**) ~ **of s.th.**

etw ergreifen *od* zu fassen bekommen; **get ~ of s.o.** j-n erwischen; **keep ~ of** festhalten; **let go one's ~ of s.th.** etw loslassen **2.** Halt *m*, Stütze *f.* **lose one's ~** den Halt verlieren **3.** (*on, over, of*) Gewalt *f*, Macht *f* (über *Akk*), Einfluss *m* (auf *Akk*): **have a (firm) ~ over s.o.** j-n in s-r Gewalt haben, j-n beherrschen **II** *v/t* (*unreg*) **4.** (fest)halten **5.** sich *die Nase, die Ohren* zuhalten: **~ one's nose (ears) 6.** *Gewicht etc* tragen, (aus)halten **7.** (*in e-m Zustand*) halten: **~ o.s. erect** sich gerade halten: **~ (o.s.) ready** (sich) bereithalten **8.** zurück-, abhalten: **there was no ~ing him** er war nicht zu halten **9.** *Wahlen, Pressekonferenz etc* abhalten; *Fest etc* veranstalten **10.** MIL *u. fig Stellung* halten, behaupten: **~ one's own (with)** sich behaupten (gegen), bestehen (neben) **11.** *Aktien, Rechte etc* besitzen; *Amt etc* bekleiden **12.** *Platz etc* (inne)haben; *Rekord* halten; *Titel* führen **13.** fassen: **a)** enthalten, **b)** Platz bieten für **14.** *Bewunderung, Sympathie etc* hegen, haben (*for* für) **15.** der Ansicht sein (*that* dass) **16.** halten für **17.** halten: **~ responsible** verantwortlich machen; **→ contempt 1, esteem 3 18.** *bes* JUR entscheiden (*that* dass) **19.** *Publikum, j-s Aufmerksamkeit* fesseln **20. ~ s.th. against s.o.** j-m etw vorhalten *od* vorwerfen; j-m etw übel nehmen *od* nachtragen **III** *v/i* (*unreg*) **21.** halten, nicht (zer)reißen *od* (zer)brechen **22.** (sich) festhalten (**by, to** an *Dat*) **23.** *a.* **~ good** (weiterhin) gelten, gültig sein *od* bleiben **24.** anhalten, andauern **25.** TEL am Apparat bleiben

Verbindungen mit Adverbien:

hold| back I *v/t* **1.** zurückhalten **2. →** **hold in 3.** *fig* zurückhalten mit, verschweigen **II** *v/i* **4.** *fig* sich zurückhalten **~ down** *v/t* **1.** niederhalten, *fig a.* unterdrücken **2.** F *Posten* haben; sich in *e-r Stellung etc* halten **~ in I** *v/t* zügeln, zurückhalten: **hold o.s. in a)** → **II, b)** den Bauch einziehen **II** *v/i* sich zurückhalten *od* beherrschen **~ off I** *v/t* **1.** abhalten, fern halten, abwehren **2.** etw aufschieben, j-n hinhalten **II** *v/i* **3.** sich fern halten (*from* von) **4.** zögern; warten (*from* mit) **5.** ausbleiben (*Regen*

etc) **~ on** *v/i* **1.** festhalten (**to** an *Dat*) (*a. fig*) **2.** sich festhalten (**to** an *Dat*) **3.** aus-, durchhalten **4.** andauern, anhalten **5.** TEL am Apparat bleiben **~ out I** *v/t* **1.** *Hand etc* ausstrecken: **hold s.th. out to s.o.** j-m etw hinhalten **II** *v/i* **2.** reichen (*Vorräte*) **3.** aus-, durchhalten **~ o·ver** *v/t* **1.** *Sitzung, Entscheidung etc* vertagen, -schieben (*till, until* auf *Akk*) **2.** *Film etc* verlängern (**for** um) **~ to·geth·er** *v/t u. v/i* zs.-halten (*a. fig*) **~ up I** *v/t* **1.** hoch halten **2.** *fig* hinstellen (*as an example* als Beispiel) **3.** j-n, etw aufhalten; etw verzögern: **be held up** sich verzögern **4.** j-n, *Bank etc* überfallen **II** *v/i* **5.** sich halten (*Preise, Wetter etc*)

ˈhold·all *s bes Br* Reisetasche *f*
ˈhold·er *s* [ˈhəʊldə] **1.** *oft in Zssgn* Halter(in), TECH *a.* Halterung *f* **2.** Inhaber(in) ˈhold·ing *s oft Pl* Besitz *m* (*an Effekten etc*) **~ company** WIRTSCH Holding-, Dachgesellschaft *f*
ˈhold·up *s* (bewaffneter) (Raub)Überfall

▸ **hole** [həʊl] **I** *s* **1.** Loch *n*: **be in a ~** F in der Klemme sein *od* sitzen *od* stecken; **make a ~ in** *fig* ein Loch reißen in (*Vorräte*); **pick ~s in** *fig* an e-r *Sache* herumkritteln, *Argument etc* zerpflücken; j-m am Zeug flicken **2.** Höhle *f*, Bau *m* (*e-s Tiers*), Loch *n* (*e-r Maus*) **II** *v/t* **3.** ein Loch *od* Löcher machen in (*Akk*) **4.** *Golf: Ball* einlochen **III** *v/i* **5.** *oft* **~ out** (*Golf*) einlochen

▸ **hol·i·day** [ˈhɒlədeɪ] **I** *s* **1.** Feiertag *m*: **→ public** 3b **2.** freier Tag: **take a ~** (sich) e-n Tag freinehmen **3.** *mst Pl bes Br* Ferien *Pl*, Urlaub *m*: **be on ~** im Urlaub sein, Urlaub machen **II** *Adj* **4.** *bes Br* Ferien…, Urlaubs… **III** *v/i* **5.** *bes Br* Urlaub machen, die Ferien verbringen **~ a·part·ment** *s* Ferienwohnung *f* **~ camp** *s* Ferienlager *n* **~ home** *s* Ferienhaus *n* **~·mak·er** [ˈ-ˌdɪ-ˌ-] *s bes Br* Urlauber(in)

holidays: bank holidays

In Großbritannien heißen gesetzliche Feiertage **bank holidays**, weil früher an diesen Tagen die Banken geschlossen hatten. Es gibt

aber bei weitem nicht so viele bank holidays, wie es in den deutschsprachigen Ländern Feiertage gibt. Dafür wird ein bank holiday, der auf ein Wochenende fällt (z. B. der 1. oder 2. Weihnachtstag oder der Neujahrstag), am darauf folgenden Montag "nachgefeiert". Die meisten anderen bank holidays fallen ohnehin auf einen Montag (z. B. Ostermontag) oder sind von vornherein auf einen Montag festgelegt, z. B.:

May Day Bank Holiday
der erste Montag im Mai
Spring Bank Holiday
der letzte Montag im Mai
August Bank Holiday
der letzte (*in Schottland*: der erste) Montag im August.

Ein solcher Montag wird folglich als **bank holiday Monday** bezeichnet, ein daraus resultierendes langes Wochenende als **bank holiday weekend.**

Hol·land ['hɒlənd] *Eigenn* Holland n
hol·ler ['hɒlə] *v/i u. v/t* F schreien, brüllen: ~ *for help* um Hilfe schreien; ~ *at j-n* anbrüllen
▸ **hol·low** ['hɒləʊ] **I** *s* **1.** (Aus)Höhlung *f*, Hohlraum *m*: ~ *of the hand* hohle Hand **II** *Adj* **2.** hohl: *beat s.o.* ~ *Br* F j-n haushoch schlagen; *feel* ~ Hunger haben **3.** hohl, dumpf (*Klang, Stimme*) **4.** *fig* hohl, leer; falsch, unaufrichtig: → *ring²* 2, 6 **5.** hohl: **a)** eingefallen (*Wangen*), **b)** tief liegend (*Augen*) **III** *Adv* **6.** hohl: *ring* ~ *fig* hohl klingen (*Versprechen etc*), unglaubwürdig klingen (*Protest etc*) **IV** *v/t* **7.** *oft* ~ *out* aushöhlen
hol·ly ['hɒlɪ] *s* BOT Stechpalme *f*
hol·o·caust ['hɒləkɔːst] *s* **1.** Massenvernichtung *f*, -sterben *n*, (*bes* Brand)Katastrophe *f*: *the* 2 *hist* der Holocaust
hol·o·gram['hɒləgræm]*s* Hologramm *n*
hol·og·ra·phy [hɒ'lɒgrəfɪ] *s* Holographie *f*

hol·ster ['həʊlstə] *s* (Pistolen)Halfter *n, a. f*
▸ **ho·ly** ['həʊlɪ] *Adj* heilig, (*Hostie etc*) geweiht 2 **Ghost** *s der* Heilige Geist 2 **Scrip·ture** *s die* Heilige Schrift 2 **Spir·it** → *Holy Ghost* ~**ter·ror** *s* F Nervensäge *f* ~ **wa·ter** *s* Weihwasser *n* 2 **Week** *s* Karwoche *f*
hom·age ['hɒmɪdʒ] *s* Huldigung *f*, Reverenz *f*: *do* (*od pay*) ~ *to s.o.* j-m huldigen, j-m (die *od* s-e) Reverenz erweisen
▸ **home** [həʊm] **I** *s* **1.** Heim *n*: **a)** Haus *n*, (*eigene*) Wohnung, **b)** Zuhause *n*, Daheim *n*, **c)** Elternhaus *n*: ▸ *at home* zu Hause, daheim (*beide a. Sport*); *at home in fig* zu Hause in (*Dat*), bewandert in (*Dat*); *make o.s. at home* es sich bequem machen; *away from home* abwesend, verreist, (*bes Sport*) auswärts; *his home is in London* er ist in London zu Hause **2.** Heimat *f* (*a. fig*): *at home and abroad* im In- u. Ausland **3.** Heim *n*: *home for the aged* Alters-, Altenheim **II** *Adj* **4.** häuslich, Heim...: *home address* Privatanschrift *f*; *home life* häusliches Leben, Familienleben *n* **5.** einheimisch, Inlands...: *home affairs Pl* innere Angelegenheiten *Pl*, Innenpolitik *f*; *home market* WIRTSCH Inlands-, Binnenmarkt *m* **6.** Heimat...: *home town* **7.** SPORT Heim...: *home match* **III** *Adv* **8.** heim, nach Hause: *way home* Heimweg *m*; *that's nothing to write home about* F das ist nichts Besonderes; → *come home* **9.** zu Hause, daheim **10.** *fig* ins Ziel: *bring s.th. home to s.o.* j-m etw klarmachen; *the thrust went home* der Hieb saß
home‖ bank·ing WIRTSCH Homebanking *n*, elektronischer Bankverkehr *von zu Hause aus* '~**,com·ing** *s* Heimkehr *f* ~ **com·pu·ter** *s* Heimcomputer *m* ~**'grown** *Adj* selbst angebaut (*Obst*), (*Gemüse a.*) selbst gezogen '~**land** *s* Heimatland *n*
home·less ['həʊmlɪs] *Adj* **1.** heimatlos **2.** obdachlos: *be left* ~ heimatlos werden '**home·like** *Adj* wie zu Hause, gemütlich '**home·ly** *Adj* **1.** einfach (*Mahlzeit, Leute*) **2.** *Am* unscheinbar
,**home**'**made** *Adj* haus-, selbst gemacht, Hausmacher...

Home| **Of•fice** *s Br* Innenministerium *n*
ho•me•o•path ['həʊmjəʊpæθ] *s* MED Homöopath(in) ˌ**ho•me•o'path•ic** *Adj* (**~ally**) homöopathisch **ho•me•op•a•thy** [ˌhəʊmɪ'ɒpəθɪ] *s* Homöopathie *f*
home| **page** *s* IT Homepage *f*, Startseite *f* **~ rule** *s* POL Selbstverwaltung *f* ♀ **Sec•re•tar•y** *s Br* Innenminister(in) '**~•sick** *Adj*: **be ~** Heimweh haben '**~•sick•ness** *s* Heimweh *n* '**~•spun** *Adj* schlicht, einfach **~ truth** *s* unangenehme Wahrheit
home•ward ['həʊmwəd] **I** *Adv* heimwärts, nach Hause **II** *Adj* Heim…, Rück… '**~•wards** → ***homeward*** I
▸ **home**|**•work** ['həʊmwɜːk] *s* **1.** WIRTSCH Heimarbeit *f* **2.** PÄD Hausaufgabe(n *Pl*) *f*: ***do one's homework*** s-e Hausaufgaben machen (*a. fig*) '**~ˌwork•er** *s* WIRTSCH Heimarbeiter(in)
hom•i•cide ['hɒmɪsaɪd] *s* JUR Mord *m*; Totschlag *m*
ho•mo ['həʊməʊ] *Pl* **-mos** *s* F Homo *m* (*Homosexuelle*)
ho•mo•ge•ne•ous [ˌhɒməʊ'dʒiːnjəs] *Adj* homogen, gleichartig **ho•mog•e•nize** [hɒ'mɒdʒənaɪz] *v/t* homogenisieren
hom•o•gragh ['hɒməʊgrɑːf] *s* LING Homograph *n* **hom•o•nym** ['-nɪm] *s* LING Homonym *n* **hom•o•phone** ['-fəʊn] *s* LING Homophon *n*
ho•mo•sex•u•al [ˌhɒməʊ'sekʃʊəl] **I** *Adj* homosexuell **II** *s* Homosexuelle *m, f* **ho•mo•sex•u•al•i•ty** [ˌ-ʃʊ'ælətɪ] *s* Homosexualität *f*
hom•y ['həʊmɪ] *Adj* F gemütlich, behaglich
▸ **hon•est** ['ɒnɪst] *Adj* ehrlich: **a**) redlich, **b**) aufrichtig '**hon•est•ly I** *Adv* → ***honest*** **II** *Interj* F ganz bestimmt!, ehrlich! '**hon•es•ty** *s* Ehrlichkeit *f*: **a**) Redlichkeit *f*, **b**) Aufrichtigkeit *f*
▸ **hon•ey** ['hʌnɪ] *s* **1.** Honig *m*: (***as***) ***sweet as ~*** honigsüß (*a. fig*) **2.** *bes Am* F Liebling *m*, Schatz *m* '**~•bee** *s* Honigbiene *f* '**~•comb** *s* Bienenwabe *f* '**~•dew mel•on** *s* Honigmelone *f*
hon•eyed ['hʌnɪd] *Adj* honigsüß (*a. fig*)
'**hon•ey**|**•moon I** *s* Flitterwochen *Pl*: **~** (***trip***) Hochzeitsreise *f* **II** *v/i* in den Flitterwochen sein, s-e Flitterwochen verbringen; s-e Hochzeitsreise machen, auf Hochzeitsreise sein '**~•moon•er** *s* Flitterwöchner(in); Hochzeitsreisende *m, f*
honk [hɒnk] MOT **I** *s* Hupsignal *n* **II** *v/i* hupen
hon•or, *etc Am* → ***honour***, *etc*
hon•or•ar•y ['ɒnərərɪ] *Adj* **1.** Ehren… **2.** ehrenamtlich
▸ **hon•our** ['ɒnə] *bes Br* **I** *v/t* **1.** ehren **2.** ehren, auszeichnen: **~ *s.o. with*** j-m *etw* verleihen; j-n beehren mit **3.** WIRTSCH *Scheck etc* honorieren, einlösen **II** *s* **4.** Ehre *f*: (***sense of***) **~** Ehrgefühl *n*; ***guest of ~*** Ehrengast *m*; ***do s.o. ~*** j-m zur Ehre gereichen, j-m Ehre machen; → ***debt*** **5.** Ehrung *f*, Ehre(n *Pl*) *f*: ***in s.o.'s ~*** zu j-s Ehren, j-m zu Ehren **6.** ***Your*** ♀ *Am* JUR Euer Gnaden '**hon•our•a•ble** *Adj Br* **1.** achtbar, ehrenwert **2.** ehrenvoll, -haft **3.** ♀ *der, die* Ehrenwerte (*Titel*)
hood [hʊd] *s* **1.** Kapuze *f* **2.** MOT *Br* Verdeck *n*; *Am* (Motor)Haube *f* **3.** TECH (Schutz)Haube *f* **hood•ed** *Adj* mit Kapuze: **~ *jumper*** (*od* ***sweater***) Kapuzenpulli *m*
hood•lum ['huːdləm] *s* F **1.** Rowdy *m*; Schläger *m* **2.** Ganove *m*; Gangster *m*
'**hood•wink** *v/t* hinters Licht führen
hoo•ey ['huːɪ] *s bes Am sl* Krampf *m*, Quatsch *m*
hoof [huːf] *Pl* **hoofs**, **hooves** [huːvz] *s* ZOOL Huf *m*
▸ **hook** [hʊk] **I** *s* **1.** Haken *m*: ***by ~ or by crook*** unter allen Umständen, mit allen Mitteln **2.** Angelhaken *m*: **~, *line and sinker*** F voll (u. ganz) **3.** *Boxen*: Haken *m* **II** *v/t* **4.** an-, ein-, fest-, zuhaken **5.** angeln (*a. fig* F) **6. ~ *up*** anschließen, verbinden, angeschlossen werden **III** *v/i* **7.** sich (zu)haken lassen **hooked** [hʊkt] *Adj* **1.** hakenförmig, Haken… **2.** mit (e-m) Haken (versehen) **3.** F süchtig (***on*** nach) (*a. fig*): **~ *on TV*** fernsehsüchtig '**hook•er** *s Am sl* Nutte *f* '**hook•y** *s*: ***play ~*** *bes Am* F (die Schule) schwänzen
hoo•li•gan ['huːlɪgən] *s* Rowdy *m* '**hoo•li•gan•ism** *s* Rowdytum *n*
hoop [huːp] *s allg* Reif(en) *m*: ***put through the ~(s)*** *fig* durch die Mangel drehen, in die Mangel nehmen
hoo•ray [hʊ'reɪ] → ***hurrah***
hoot [huːt] **I** *v/i* **1.** (*höhnisch*) johlen: **~ *at s.o.*** j-n verhöhnen **2.** *bes Br* heulen

(*Fabriksirene etc*); MOT hupen **II** *v/t* **3.** auszischen, -pfeifen; ~ *down* niederschreien **III** *s* **4.** (höhnischer, johlender) Schrei: *I don't care* (*od give*) *a* ~ (*od two* ~*s*) F das ist mir völlig egal **5.** bes Br Heulen *n*; MOT Hupen *n*
'**hoot·er** *s* bes Br Sirene *f*; MOT Hupe *f*
Hoo·ver® ['hu:və] **I** *v/t* *s* Staubsauger *m* **II** *v/t mst* 2 (staub)saugen, *Teppich etc a.* absaugen: 2 *up* aufsaugen **III** *v/i mst* 2 (staub)saugen
hooves [hu:vz] *Pl von* **hoof**
hop[1] [hɒp] **I** *s* BOT Hopfen *m* **II** *v/t* Bier hopfen
hop[2] [-] **I** *v/i* **1.** hüpfen: ~ *off* Br F abschwirren **2.** F schwofen, tanzen **II** *v/t* **3.** hüpfen über (*Akk*): ~ *it* F abschwirren **III** *s* **4.** Sprung *m*: *keep s.o. on the* ~ F j-n in Trab halten **5.** F Schwof *m*, Tanz(veranstaltung *f*) *m*
▸ **hope** [həʊp] **I** *s* Hoffnung *f* (*of* auf *Akk*): *past* (*od beyond*) (*all*) ~ hoffnungs-, aussichtslos; *in the* ~ auf gut Glück; in der Hoffnung (*of getting* zu bekommen); *no* ~ *of success* keine Aussicht auf Erfolg; ~*s Pl of victory* Siegeshoffnungen *Pl* **II** *v/i* hoffen (*for* auf *Akk*): ~ *for the best* das Beste hoffen; *I* ~ *so* hoffentlich; *I* ~ *not* hoffentlich nicht **III** *v/t* hoffen (*that* dass)
hope·ful ['-fʊl] *Adj* hoffnungsvoll: *be* ~ *that* hoffen, dass '**hope·ful·ly** *Adv* **1.** → **hopeful 2.** hoffentlich
▸ **hope·less** ['həʊpləs] *Adj* hoffnungslos
hop·ping ['hɒpɪŋ] *Adv*: *be* ~ *mad* F e-e Stinkwut (im Bauch) haben
horde [hɔːd] *s* Horde *f*, (wilder) Haufen
ho·ri·zon [həˈraɪzn] *s* Horizont *m*: *appear on the* ~ am Horizont auftauchen, *fig a.* sich abzeichnen; → *broaden* I
hor·i·zon·tal [ˌhɒrɪˈzɒntl] **I** *Adj* horizontal, waag(e)recht: ~ *bar* (Turnen) Reck *n*; ~ *line* → **II II** *s* MATHE Horizontale *f*, Waag(e)rechte *f*
hor·mone ['hɔːməʊn] *s* BIOL Hormon *n*
▸ **horn** [hɔːn] **I** *s* **1.** ZOOL Horn *n*, *Pl a.* Geweih *n*: → *bull* 1, *dilemma* **2.** ZOOL Fühler *m*, Fühlhorn *n* **3.** (Pulver-, Trink)Horn *n*: ~ *of plenty* Füllhorn **4.** Horn *n* (*Substanz*) **5.** MUS Horn *n* **6.** MOT Hupe *f* **II** *v/i* **7.** ~ *in sl* sich eindrängen *od* einmischen (*on* in *Akk*)
hor·net ['hɔːnɪt] *s* ZOOL Hornisse *f*: *stir*

up a ~*'s nest fig* in ein Wespennest stechen
'**horn-rimmed** *Adj*: ~ *spectacles Pl* Hornbrille *f*
horn·y ['hɔːnɪ] *Adj* **1.** F geil, scharf **2.** F sexy **3.** hornartig, schwielig (*Hände*)
hor·o·scope ['hɒrəskəʊp] *s* Horoskop *n*: *cast a* ~ ein Horoskop stellen
hor·ren·dous [hɒˈrendəs] → *horrific*
hor·ri·ble ['hɒrəbl] *Adj* schrecklich, furchtbar, scheußlich (*alle a. fig*)
hor·rid ['hɒrɪd] → *horrible* **hor·rif·ic** [hɒˈrɪfɪk] *Adj* (~*ally*) schrecklich, entsetzlich **hor·ri·fy** ['-faɪ] *v/t* entsetzen: *be horrified at* (*od by*) entsetzt sein über (*Akk*); ~*ing* → *horrible*
hor·ror ['hɒrə] **I** *s* **1.** Entsetzen *n*: *in* ~ entsetzt **2.** Abscheu *f*, Horror *m* (*of vor Dat*) **3.** Schrecken *m*, Gräuel *m* **4.** F Gräuel *m* (*Person od Sache*) **II** *Adj* **5.** Horror...: ~ *film* '~-, *strick·en*, '~-*struck Adj* von Entsetzen gepackt
▸ **horse** [hɔːs] *s* **1.** Pferd *n* (*a. Turnen*): *back the wrong* ~ *fig* aufs falsche Pferd setzen; *eat like a* ~ wie ein Scheunendrescher essen; *get* (*od come down*) *off one's high* ~ *fig* von s-m hohen Ross heruntersteigen; *a* ~ *of another* (*od a different*) *colo(u)r fig* etw (ganz) anderes; (*straight*) *from the* ~*'s mouth* F aus erster Hand; → *cart* 1, *dark horse*, *flog* 1, *gift* 3 '~-*back* s: *on* ~ zu Pferd; *go on* ~ reiten ~ *chest·nut s* BOT Rosskastanie *f*; '~-*hair s* Rosshaar *n* '~-*laugh s* wieherndes Gelächter ~*man* ['-mən] *s* (*unreg man*) (geübter) Reiter '~-,*pow·er s* PHYS Pferdestärke *f* ~ *race s* SPORT Pferderennen *n* '~,*rad·ish s* BOT Meerrettich *m*, *österr.* Kren *m* ~ *sense s* gesunder Menschenverstand ~*shoe* ['hɔːʃfuː] *s* Hufeisen *n* ~ *trad·ing s* bes POL F Kuhhandel *m* '~,*wom·an s* (*unreg woman*) (geübte) Reiterin
hor·ti·cul·tur·al [ˌhɔːtɪˈkʌltʃərəl] *Adj* Garten(bau)...: ~ *show* Gartenschau *f* '**hor·ti·cul·ture** *s* Gartenbau *m*
ho·san·na [həʊˈzænə] **I** *Interj* hos(i)anna! **II** *s* Hos(i)anna *n*
▸ **hose** [həʊz] **I** *s* Schlauch *m* **II** *v/t* spritzen: ~ *down* abspritzen
ho·sier·y ['həʊzɪərɪ] *s* Koll Strumpfwaren *Pl*
hos·pice ['hɒspɪs] *s* Pflegeheim *n* (*für Kranke und Sterbende*), Hospiz *n*

H

hos·pi·ta·ble [hɒˈspɪtəbl] *Adj* gastfreundlich (*Person*); gastlich, gastfrei (*Haus etc*)

► **hos·pi·tal** [ˈhɒspɪtl] *s* Krankenhaus *n*, Klinik *f*, österr., schweiz. Spital *n*: **in** (*Am in the*) ~ im Krankenhaus

hos·pi·tal·i·ty [ˌhɒspɪˈtælətɪ] *s* Gastfreundschaft *f*, Gastlichkeit *f*

hos·pi·tal·ize [ˈhɒspɪtlaɪz] *v/t* ins Krankenhaus einliefern *od* einweisen

► **host¹** [həʊst] **I** *s* **1.** Gastgeber *m* **2.** BIOL Wirt *m* (*Tier od Pflanze*) **3.** RUNDFUNK, TV Talkmaster *m*; Showmaster *m*; Moderator *m* **II** *v/t* **4.** RUNDFUNK, TV *Sendung* moderieren

host² [-] *s* Menge *f*, Masse *f*: **a ~ of questions** e-e Unmenge *od* Fragen

Host³ [-] *s* REL Hostie *f*

hos·tage [ˈhɒstɪdʒ] *s* Geisel *f*: **take s.o.** ~ j-n als Geisel nehmen

hos·tel [ˈhɒstl] *s* **1.** *mst* **youth ~** Jugendherberge *f* **2.** *bes Br* (*Studenten-, Arbeiter- etc*)Wohnheim *n*

► **host·ess** [ˈhəʊstɪs] *s* **1.** Gastgeberin *f* **2.** Hostess *f* (*Betreuerin auf Messen etc*) **3.** FLUG Hostess *f*, Stewardess *f* **4.** Animier-, Tischdame *f*

hos·tile [ˈhɒstaɪl] *Adj* **1.** feindlich, Feind(es)...: WIRTSCH ~ **takeover** feindliche Übernahme **2.** (*to*) feindselig (*gegen*), feindlich gesinnt (*Dat*)

hos·til·i·ty [hɒˈstɪlətɪ] *s* **1.** Feindschaft *f*, Feindseligkeit *f* **2.** *Pl* MIL Feindseligkeiten *Pl*

► **hot** [hɒt] **I** *Adj* **1.** *allg* heiß (*a. fig*): **I am** ~ mir ist heiß; **I went ~ and cold** es überlief mich heiß u. kalt; ~ **favo(u)rite** F (*bes Sport*) heißer *od* hoher Favorit; ~ **tip** F heißer Tip; **be in** ~ **water** F in Schwulitäten sein **2.** warm, heiß (*Speisen*): ~ **meal** warme Mahlzeit; → **potato** **3.** scharf (gewürzt) **4.** **be** ~ **on** F brennen *od* scharf sein auf (*Akk*) **5.** ganz neu *od* frisch: ~ **from the press** (*Nachrichten*), soeben erschienen (*Buch etc*) **6.** F toll, großartig, (*Nachrichten*) sensationell **7.** F heiß (*gestohlen, geschmuggelt etc*) **II** *Adv* **8.** heiß: **give it to s.o.** ~ (**and strong**) F j-m gründlich einheizen; → **track** 1, **trail** 7 **III** *v/t* **9.** *Auto, Motor* frisieren **IV** *v/i* **10.** ~ **up** F sich verschärfen; schwungvoller werden ~ **air** *s* **1.** TECH Heißluft *f* **2.** F heiße Luft, leeres Ge-

schwätz '~·**bed** *s* fig Brutstätte *f* ˌ~·**blood·ed** *Adj* heißblütig

hotch·potch [ˈhɒtʃpɒtʃ] *s* **1.** GASTR Eintopf *m*, *bes* Gemüsesuppe *f* mit Fleisch **2.** *fig* Mischmasch *m*

hot dog *s* Hot Dog *m, n*

► **ho·tel** [həʊˈtel] **I** *s* Hotel *n* **II** *Adj* Hotel... **ho·tel·ier** [həʊˈteliər], **ho·tel·keep·er** *s* Hotelier *m*

'**hot**|·**foot** F **I** *Adv* schleunigst, schnell **II** *v/t*: ~ **it** rennen '~·**head** *s* Hitzkopf *m* ˌ~·**head·ed** *Adj* hitzköpfig '~·**house** *s* Treib-, Gewächshaus *n* ~ **line** *s* **1.** TEL Hotline *f*, Infotelefon *n* **2.** *bes* POL heißer Draht ~ **pants** *s Pl* Hot Pants *Pl*, heiße Höschen *Pl* '~·**plate** *s* **1.** Koch-, Heizplatte *f* **2.** Warmhalteplatte *f* '~·**rod** *s bes Am sl* frisierter Wagen ~ **spot** *s* **1.** *bes* POL Unruhe-, Krisenherd *m* **2.** *bes Am* F Nachtklub *od* Amüsierbetrieb, in dem etw los ist ˌ~·**wa·ter** *Adj* Heißwasser...: ~ **bottle** Wärmflasche *f*

hound [haʊnd] **I** *s* **1.** Jagdhund *m* **2.** *pej* Hund *m*, gemeiner Kerl **II** *v/t* **3.** (*bes mit Hunden, a. fig j-n*) jagen, verfolgen

► **hour** [ˈaʊə] *s* **1.** Stunde *f*: **by the** ~ stundenweise; **for ~s** (**and ~s**) (**on end**) stundenlang; **on the** ~ (immer) zur vollen Stunde; **24 ~s a day** Tag u. Nacht **2.** (*Tages*)Zeit *f*, Stunde *f*: **at all ~s** zu jeder Zeit, jederzeit; → **early** 4, **eleventh** 1, **late** 1, **small** 1 **3.** Zeitpunkt *m*, Stunde *f* **4.** Stunde *f*, Tag *m*: **the man of the** ~ der Mann des Tages **5.** *Pl* (*Arbeits*)Zeit *f*, (*Geschäfts*)Stunden *Pl*: **after ~s** nach Geschäftsschluss; nach der Polizeistunde; nach der Arbeit; *fig* zu spät ~ **hand** *s* Stundenzeiger *m*

hour·ly [ˈaʊəlɪ] *Adj u. Adv* stündlich

► **house I** *s* [haʊs] *Pl* **hous·es** [ˈhaʊzɪz] **1.** Haus *n* (*a.* WIRTSCH, PARL, THEAT): → **bring down** 4, **card** 1 **2.** Haus(halt *m*) *n*: **keep** ~ den Haushalt führen (**for s.o.** j-m); **put** (*od set*) **one's** ~ **in order** *fig* s-e Angelegenheiten in Ordnung bringen **3.** Haus *n*, Geschlecht *n*: **the ♀ of Hanover** das Haus Hannover **II** *v/t* [haʊz] **4.** unterbringen; beherbergen (*a. fig enthalten*) ~ **a·gent** *s Br* Häusermakler(in) ~ **ar·rest** *s* Hausarrest *m*: **be under** ~ unter Hausarrest stehen '~·**boat** *s* Hausboot *n* '~·**bound** *Adj* *fig* ans Haus gefesselt '~·**break·ing** *s* Einbruch *m* '~·**bro·ken** *Adj Am* stu-

benrein (*Hund etc*, F *a. Witz etc*) '~,**clean·ly** s Hausputz m '~·**coat** s Morgenrock m, -mantel m '~·**fly** s ZOOL Stubenfliege f

▸ **house·hold** ['haʊshəʊld] **I** s **1.** Haushalt m **II** *Adj* **2.** Haushalts…, häuslich: ~ **remedy** Hausmittel n **3.** ~ **name** (*od word*) (fester *od* geläufiger) Begriff '**house·hold·er** s Haushaltsvorstand m '**house·hunt** v/i auf Haussuche sein: **go** ~**ing** auf Haussuche gehen '~,**husband** s Hausmann m '~,**keep·er** s Haushälter(in), Wirtschafter(in) '~,**keep·ing** s Haushaltung f, Haushaltsführung f: ~ (**money**) Haushalts-, Wirtschaftsgeld n '~·**maid** s Hausangestellte f, -mädchen n **2** **of Com·mons** s PARL Unterhaus n (GB) **2 of Lords** s PARL Oberhaus n (GB) **2 of Rep·re·sent·a·tives** s PARL Repräsentantenhaus n (USA) '~·**proud** *Adj* übertrieben ordentlich (*Hausfrau*) ~ **rules** s Pl Hausordnung f '~·**to-**'~ *Adj* von Haus zu Haus '~·**top** s Dach n: **cry** (*od* **proclaim, shout**) **from the** ~**s** etw öffentlich verkünden, etw Vertrauliches an die große Glocke hängen '~·**trained** *Adj* stubenrein (*Hund etc*) '~,**warm·ing** (**par·ty**) s Einzugsparty f (*im neuen Haus*)

▸ **house·wife** ['haʊswaɪf] s (unreg **wife**) Hausfrau f '~·**work** s Hausarbeit f

hous·ing ['haʊzɪŋ] s **1.** Wohnung f: ~ **development** bes Am, ~ **estate** Br Wohnsiedlung f; ~ **market** Wohnungsmarkt m; ~ **shortage** Wohnungsnot f **2.** *Koll* Häuser Pl **3.** Wohnen n: ~ **benefit** Br Wohnbeihilfe f, Wohngeld n. ~ **conditions** Pl Wohnverhältnisse Pl

hove [həʊv] *Prät u. Part Perf von* **heave**

hov·el ['hɒvl] s pej Loch n

hov·er ['hɒvə] v/i **1.** schweben (*a. fig* **be·tween** zwischen Leben u. Tod etc) **2.** sich herumtreiben (**about** in der Nähe von) **3.** fig schwanken (**between** zwischen Dat) '~·**craft** Pl **-craft** s Luftkissenfahrzeug n

▸ **how** [haʊ] *Adv* **1.** fragend: wie: ▸ **how are you?** wie geht es dir?; **how is your toothache?** was machen deine Zahnschmerzen?; **how about …?** wie steht *od* wäre es mit …?; **how do you know?** woher wissen Sie das?; ▸ **how much?**

wie viel?; **how many?** wie viel?, wie viele?; → **be** 7, **come** 7, **do**¹ 12 **2.** *ausrufend u. relativ:* wie: **how absurd!** wie absurd!; **he knows how to ride** er kann reiten; **I know how to do it** ich weiß, wie man es macht; **and how!** F u. ob!

▸ **how·ev·er** [haʊ'evə] **I** *Adv* wie auch (immer): ~ **you do it** wie du es auch machst **II** *Konj* jedoch

howl [haʊl] **I** v/i **1.** heulen (*Wölfe, Wind etc*) **2.** brüllen, schreien (**in agony** vor Schmerzen) **II** v/t **3.** brüllen, schreien: ~ **down** j-n niederschreien, -brüllen **III** s **4.** Heulen n '**howl·er** s F grober Schnitzer '**howl·ing** *Adj* **1.** heulend **2.** F Mords…: ~ **success** Bombenerfolg m

HP [eɪtʃ'piː] *Abk* (= **hire purchase**) Ratenkauf m: **buy s.th. on** ~ etw auf Raten kaufen

HQ [eɪtʃ'kjuː] *Abk* (= **headquarters**) Hauptquartier n

hub [hʌb] s **1.** TECH (Rad)Nabe f **2.** *fig* Mittel-, Angelpunkt m

'**hub·cap** s MOT Radkappe f

hud·dle ['hʌdl] **I** v/i **1.** (sich) kauern: ~ **up** sich zs.-kauern **2.** *mst* ~ **together** (*od* **up**) sich zs.-drängen **3.** ~ (**up**) **against** (*od* **to**) sich kuscheln *od* schmiegen an (Akk) **II** s **4.** (wirrer) Haufen; Wirrwarr m, Durcheinander n **5.** **go into a** ~ F die Köpfe zs.-stecken; sich beraten (**with** mit)

hue¹ [hjuː] s **1.** Farbe f **2.** (Farb)Ton m, Tönung f, *a. fig* Färbung f, Schattierung f

hue² [-] s: **raise a** ~ **and cry against** lautstark protestieren gegen

huff [hʌf] **I** v/i keuchen, schnaufen **II** s: **be in a** ~ muffeln; **go into a** ~ muff(e)lig werden '**huff·y** *Adj* **1.** muff(e)lig **2.** übelnehmerisch

hug [hʌg] **I** v/t **1.** umarmen, (*a.* ~ **to one**) an sich drücken **2.** *fig* (zäh) festhalten an (Dat) **II** v/i **3.** sich umarmen **III** s **4.** Umarmung f: **give s.o. a** ~ j-n umarmen

▸ **huge** [hjuːdʒ] *Adj* riesig, riesengroß (*beide a. fig*) '**huge·ly** *Adv* riesig, gewaltig '**huge·ness** s ungeheure *od* gewaltige Größe

hulk [hʌlk] s Koloss m: **a)** Gebilde von gewaltigem Ausmaß, **b)** klotziges *od* sperriges *od* unhandliches Ding, **c)** ungeschlachter Kerl, schwerfälliger Riese

'hulk·ing *Adj* **1.** klotzig, sperrig, unhandlich **2.** ungeschlacht, schwerfällig

hull¹ [hʌl] *v/t* schälen, enthülsen

hull² [-] *s* SCHIFF Rumpf *m*

hul·la·ba·lo(o)·loo [ˌhʌləbəˈluː] *s* Lärm *m*, Getöse *n*

hum [hʌm] **I** *v/i* **1.** *allg* summen: ~ **(with activity)** F voller Leben *od* Aktivität sein **2.** ~ **and haw** herumdrucksen, zögern, unentschieden sein **II** *v/t* **3.** Lied summen **III** *s* **4.** Summen *n*

▸ hu·man ['hjuːmən] **I** *Adj* (→ *humanly*) menschlich, Menschen...: ~ **being** Mensch *m*; ~ **chain** Menschenkette *f*; ~ **dignity** Menschenwürde *f*; ~ **race** Menschengeschlecht *n*; **department of** ~ **resources** Personalabteilung *f*; ~ **rights** *Pl* Menschenrechte *Pl*; → **err II** *s* Mensch *m* hu·mane [hjuːˈmeɪn] *Adj* **1.** human, menschlich **2.** humanistisch hu·man·ism ['hjuːmənɪzəm] *s* Humanismus *m* 'hu·man·ist *s* Humanist(in) ˌhu·man·is·tic *Adj* (~**ally**) humanistisch hu·man·i·tar·i·an [hjuːˌmænɪˈteərɪən] *Adj* humanitär, menschenfreundlich hu·man·i·ty *s* **1.** die Menschheit **2.** Humanität *f*, Menschlichkeit *f* **3.** *Pl* Altphilologie *f*; Geisteswissenschaften *Pl* hu·man·kind [ˌ-ˈkaɪnd] → *humanity* **1** 'hu·man·ly *Adv*: *do everything* ~ *possible* das Menschenmögliche *od* sein Menschenmöglichstes tun

hum·ble ['hʌmbl] **I** *Adj* bescheiden: **a)** demütig: *in my* ~ *opinion* m-r unmaßgeblichen Meinung nach; *eat* ~ *pie fig* klein beigeben; → *self*, **b)** anspruchslos, einfach, **c)** niedrig: *of* ~ *birth* von niederer Geburt **II** *v/t* demütigen, erniedrigen 'hum·ble·ness *s* Bescheidenheit *f*, Demut *f*

hum·bug ['hʌmbʌg] *s* **1.** Humbug *m*: **a)** Schwindel *m*, Betrug *m*, **b)** Unsinn *m*, dummes Zeug **2.** *Br* Pfefferminzbonbon *m*, *n*

hum·ding·er [ˌhʌmˈdɪŋə] *s* F **1.** Mordskerl *m* **2.** tolles Ding

hum·drum ['hʌmdrʌm] *Adj* eintönig, langweilig

hu·mid ['hjuːmɪd] *Adj* feucht hu'mid·i·fi·er [ˌ-dɪfaɪə] *s* TECH (Luft)Befeuchter *m* hu'mid·i·fy [ˌ-faɪ] *v/t* befeuchten hu'mid·i·ty *s* Feuchtigkeit *f*: ~ *of the air* Luftfeuchtigkeit

hu·mil·i·ate [hjuːˈmɪlɪeɪt] *v/t* demütigen, erniedrigen hu·mil·i·a·tion *s* Demütigung *f*, Erniedrigung *f*

hum·ming·bird ['hʌmɪŋbɜːd] *s* ORN Kolibri *m*

hum·mock ['hʌmək] *s* Hügel *m*

▸ hu·mor *Am* → **humour**

hu·mor·ist ['hjuːmərɪst] *s* **1.** Humorist(in) **2.** Spaßvogel *m* ˌhu·mor·is·tic *Adj* (~**ally**) humoristisch

hu·mor·ous ['hjuːmərəs] *Adj* humorvoll, humorig

▸ hu·mour ['hjuːmə] *bes Br* **I** *s* **1.** Humor *m*: (*a. good*) *sense of* ~ (Sinn *m* für) Humor **2.** Komik *f*, *das Komische* **3.** (Gemüts)Verfassung *f*: *in a good* (*bad*) ~ (bei) guter (schlechter) Laune; *out of* ~ schlecht gelaunt **II** *v/t* **4.** *j-m* s-n Willen tun *od* lassen; *j-n*, *etw* hinnehmen 'hu·mour·less *Adj bes Br* humorlos

hump [hʌmp] **I** *s* **1.** Buckel *m*, Höcker *m* **2.** (kleiner) Hügel: *be over the* ~ *fig* über den Berg sein **II** *v/t* **3.** *bes Br* F auf den Rücken *od* die Schulter nehmen; tragen '~·back *s* **1.** Buckel *m* **2.** Buck(e)lige *m*, *f* **3.** ZOOL Buckelwal *m* '~·backed *Adj* buckelig, bucklig

hu·mus ['hjuːməs] *s* Humus *m*

Hun [hʌn] *s* **1.** *hist* Hunne *m*, Hunnin *f* **2.** F *pej* Deutsche *m*, *f*

hunch [hʌntʃ] **I** *s* **1.** → *hump* **I 2.** dickes Stück **3.** (Vor)Ahnung *f*: *have a* ~ *that* das Gefühl *od* den Verdacht haben, dass **II** *v/t* **4.** → *hump* **3:** ~ *one's shoulders* die Schultern hochziehen '~·back → *humpback* '~·backed → *humpbacked*

▸ hun·dred ['hʌndrəd] **I** *Adj* **1.** hundert: *a* (*od one*) ~ (ein)hundert **II** *s* **2.** Hundert *n*: ~*s of times* hundertmal; ~*s Pl of thousands* hunderttausende *Pl* **3.** MATHE Hunderter *m* hun·dred·fold ['-fəʊld] *Adj u. Adv* hundertfach **II** *s das* Hundertfache

▸ hun·dredth ['hʌndrədθ] **I** *Adj* **1.** hundertst **II** *s* **2.** *der, die, das* Hundertste **3.** Hundertstel *n*: *a* ~ *of a second* e-e Hundertstelsekunde

hung [hʌŋ] *Prät u. Part Perf von* **hang**

▸ Hun·gar·i·an [hʌŋˈgeərɪən] **I** *Adj* **1.** ungarisch **II** *s* **2.** Ungar(in) **3.** LING Ungarisch *n*

▸ **Hun·ga·ry** ['hʌŋgərɪ] *Eigenn* Ungarn *n*

▸ **hun·ger** ['hʌŋgə] **I** *s* Hunger *m* (*a*. *fig for* nach): ~ *for knowledge* Wissensdurst *m* **II** *v/i fig* hungern (**for** nach) ~ *strike s* Hungerstreik *m*: *go on* (**a**) ~ in den Hungerstreik treten

▸ **hun·gry** ['hʌŋgrɪ] *Adj* hungrig (*a*. *fig for* nach): *be* (*od feel*) (*very*) ~ (sehr) hungrig sein, (großen) Hunger haben; *go* ~ hungern; ~ *for knowledge* wissensdurstig

hunk [hʌŋk] *s* großes Stück

▸ **hunt** [hʌnt] **I** *s* **1.** Jagd *f*, Jagen *n* **2.** *fig* Jagd *f*: **a**) Verfolgung *f*, **b**) Suche *f* (**for** nach): *be on the* ~ *for* auf der Jagd sein nach **II** *v/t* **3.** (*a*. *fig j-n*) jagen, Jagd machen auf (*Akk*): ~ *down* erlegen, zur Strecke bringen (*a*. *fig*); *~ed look* gehetzter Blick **4.** verfolgen **5.** ~ *out* (*od up*) heraussuchen; aufstöbern, -spüren **III** *v/i* **6.** jagen: *go ~ing* auf die Jagd gehen; ~ *for* Jagd machen auf (*Akk*) (*a*. *fig*) **7.** suchen (**for** nach)

▸ **hunt·er** ['hʌntə] *s* Jäger(in) (*a*. *fig*)

▸ '**hunt·ing** *I s* Jagen *n*, Jagd *f* **II** *Adj* Jagd…: ~ *season* Jagdzeit *f*

hur·dle ['hɜːdl] *s* Hürde *f* (*a*. *Leichtathletik u*. *fig*): *~s* Hürdenlauf *m* '**hur·dler** *m* Hürdenläufer(in)

hur·dy-gur·dy ['hɜːdɪˌgɜːdɪ] *s* Leierkasten *m*

hurl [hɜːl] *v/t* schleudern: ~ *down* zu Boden schleudern; ~ *o.s.* sich stürzen (**on**, **at** auf *Akk*); ~ *abuse at s.o.* j-m Beleidigungen ins Gesicht schleudern

hurl·y-burl·y ['hɜːlɪˌbɜːlɪ] *s* Tumult *m*, Aufruhr *m*

hur·rah [hʊ'rɑː], **hur·ray** [hʊ'reɪ] **I** *Interj* hurra! **II** *s* Hurra(ruf *m*) *n*

hur·ri·cane ['hʌrɪkən] *s* Hurrikan *m*, Wirbelsturm *m*; Orkan *m*, *fig a*. Sturm *m*

hur·ried ['hʌrɪd] *Adj* eilig, hastig

▸ **hur·ry** ['hʌrɪ] **I** *s* **1.** Hast *f*, Eile *f*: ▸ *be in a hurry* es eilig haben (**to do** zu tun), in Eile sein; *be in no hurry* es nicht eilig haben; *do s.th. in a hurry* etw eilig *od* hastig tun; *there is no hurry* es eilt nicht **2.** Hetze *f* **II** *v/t* **3.** schnell *od* eilig befördern *od* bringen **4.** *oft hurry up* j-n antreiben, hetzen; *etw* beschleunigen **III** *v/i* **5.** eilen, hasten: *hurry* (*up*) sich beeilen; *hurry up!* (mach) schnell!

▸ **hurt** [hɜːt] (*unreg*) **I** *v/t* **1.** (*a*. *fig j-n*, *j-s Gefühle etc*) verletzen: ~ *one's knee* sich das *od* am Knie verletzen; *feel* ~ gekränkt sein **2.** schmerzen, *j-m* wehtun (*beide a*. *fig*) **3.** schaden (*Dat*) **II** *v/i* **4.** schmerzen, wehtun (*beide a*. *fig*) **hurt·ful** ['·fʊl] *Adj* **1.** verletzend **2.** schmerzlich **3.** schädlich (**to** für)

▸ **hus·band** ['hʌzbənd] **I** *s* (Ehe)Mann *m*, Gatte *m* **II** *v/t* Haus halten *od* sparsam umgehen mit '**hus·band·ry** *s* Landwirtschaft *f*

hush [hʌʃ] **I** *Interj* **1.** still!, pst! **II** *v/t* **2.** zum Schweigen bringen **3.** *mst* ~ *up* vertuschen **III** *v/i* **4.** still werden, verstummen **IV** *s* **5.** Stille *f*, Schweigen *n*: ~ *money* Schweigegeld *n*

husk [hʌsk] **I** *s* BOT Hülse *f*, Schale *f*, Schote *f* **II** *v/t* enthülsen, schälen

husk·y[1] ['hʌskɪ] *Adj* **1.** heiser, rau (*Stimme*) **2.** F stämmig, kräftig

hus·ky[2] [~] *s* ZOOL Husky *m*, Eskimohund *m*

hus·sy ['hʌsɪ] *s* **1.** Fratz *m*, Göre *f* **2.** Flittchen *n*

hus·tle ['hʌsl] **I** *v/t* **1.** stoßen, drängen; (an)rempeln **2.** hetzen, (an)treiben; drängen (*into doing* zu tun) **3.** (*in aller Eile*) *wohin* bringen *od* schicken **4.** sich beeilen mit **5.** *bes Am* F ergattern; (sich) *etw* erguanern **II** *v/i* **6.** sich drängen **7.** hasten, hetzen **8.** sich beeilen **III** *s* **9.** *mst* ~ *and bustle* Gedränge *n*; Gehetze *n*; Betrieb *m*, Wirbel *m* '**hus·tler** *s* *bes Am* F Nutte *f*

▸ **hut** [hʌt] *s* Hütte *f*

hy·a·cinth ['haɪəsɪnθ] *s* BOT Hyazinthe *f*

hy·ae·na → *hyena*

hy·brid ['haɪbrɪd] *s* BIOL Hybride *f*, *m*, Kreuzung *f*

hy·dran·gea [haɪ'dreɪndʒə] *s* BOT Hortensie *f*

hy·drant ['haɪdrənt] *s* Hydrant *m*

hy·drau·lic [haɪ'drɔːlɪk] **I** *Adj* (*~ally*) PHYS, TECH hydraulisch **II** *s* *~s Sg* PHYS Hydraulik *f*

hy·dro··· ['haɪdrəʊ] Wasser…

,**hy·dro**'**car·bon** *s* CHEM Kohlenwasserstoff *m* ,~'**chlo·ric** *Adj*: ~ *acid* CHEM Salzsäure *f* ,~e'**lec·tric** *Adj*: ~ *power station* Wasserkraftwerk *n* '~**-foil** *s* Tragflächen-, Tragflügelboot *n*

hy·dro·gen ['haɪdrədʒən] *s* CHEM Wasserstoff *m*

,hy·dro|'pho·bi·a s 1. PSYCH Hydropho-
bie f 2. VET Tollwut f '~·plane s Wasser-
flugzeug n ~·pon·ics [,~'pɒnɪks] s SG
Hydrokultur f
hy·e·na [haɪ'iːnə] s ZOOL Hyäne f (a. fig)
hy·giene ['haɪdʒiːn] s Hygiene f, Ge-
sundheitspflege f hy'gien·ic Adj
(~ally) hygienisch
hymn [hɪm] s Kirchenlied n, Choral m
'hymn·book s Gesangbuch n
hype [haɪp] s 1 Werberummel m II v/t
e-n Werberummel veranstalten um
hy·per... ['haɪpə] hyper..., übermäßig
,hy·per|'ac·tive Adj hyperaktiv '~·-
crit·i·cal Adj hyperkritisch '~·link s
COMPUTER Hyperlink m '~·mar·ket s
Br Groß-, Verbrauchermarkt m
,~'sen·si·tive Adj hypersensibel, a.
MED überempfindlich (to gegen)
,~'ten·sion s MED erhöhter Blutdruck
,~'ven·ti·late v/i MED hyperventilieren
hy·phen ['haɪfn] s 1. Bindestrich m 2.
Trennungszeichen n hy·phen·ate
['~·fəneɪt] v/t 1. mit Bindestrich schrei-
ben 2. trennen
hyp·no·sis [hɪp'nəʊsɪs] Pl -ses [-siːz]
s Hypnose f hyp·not·ic [-'nɒtɪk] Adj
(~ally) hypnotisch hyp·no·tist ['~·nət-
ɪst] s Hypnotiseur(in) hyp·no·tize

['~·taɪz] v/t hypnotisieren
hy·po... ['haɪpəʊ] Unter..., Sub...
hy·po·chon·dri·a [,haɪpəʊ'kɒndrɪə] s
Hypochondrie f ,hy·po'chon·dri·ac
[-·drɪæk] I Adj hypochondrisch II s Hy-
pochonder m
hy·poc·ri·sy [hɪ'pɒkrəsɪ] s Heuchelei f
hyp·o·crite ['hɪpəkrɪt] s Heuchler(in)
,hyp·o'crit·i·cal Adj heuchlerisch
hy·po·der·mic [,haɪpəʊ'dɜːmɪk] MED I
Adj (~ally) subkutan II s subkutane In-
jektion od Einspritzung
hy·pot·e·nuse [haɪ'pɒtənjuːz] s MATHE
Hypotenuse f
hy·po·ther·mi·a [,haɪpəʊ'θɜːmɪə] s MED
Unterkühlung f
hy·poth·e·sis [haɪ'pɒθɪsɪs] Pl -ses
[-siːz] s Hypothese f hy·po·thet·i·cal
[,~·pəʊ'θetɪkl] Adj hypothetisch
hys·ter·ec·to·my [,hɪstə'rektəmɪ] s
MED Hysterektomie f, Totaloperation
f, Entfernung f der Gebärmutter
hys·te·ri·a [hɪ'stɪərɪə] s Hysterie f hys-
ter·ic [hɪ'sterɪk] I s 1. Hysteriker(in) 2.
Pl (mst Sg konstruiert) hysterischer
Anfall: go (off) into ~s hysterisch wer-
den II Adj 3. → hysterical hys'ter·i·cal Adj 1. hysterisch 2. sehr lustig,
wahnsinnig komisch

I

▶ I [aɪ] Pl I's I s I n II Pron ich
i·bex ['aɪbeks] Pl 'i·bex·es ['ɪbɪsiːz] s
ZOOL Steinbock m
▶ ice [aɪs] I s 1. Eis n: be (skating) on
thin ~ fig sich auf gefährlichem Boden
bewegen; break the ~ fig das Eis bre-
chen; cut no ~ (with) F keinen Ein-
druck machen (auf Akk), nicht ziehen
(bei); put on ~ kalt stellen; fig F auf Eis
legen 2. a) Am Fruchteis n, b) Br → ice
cream II v/t 3. gefrieren lassen 4. Ge-
tränk etc mit od in Eis kühlen 5. GASTR
glasieren III v/i 6. gefrieren 7. mst ~ up
(od over) zufrieren; vereisen ⚥ Age s
GEOL Eiszeit f ~ ax(e) s Eispickel m ~
bag s MED Eisbeutel m ~·berg
['~·bɜːg] s Eisberg m: the tip of the ~
die Spitze des Eisbergs (a. fig) ~·berg

let·tuce s Eis(berg)salat m '~·bound
Adj eingefroren (Schiff); zugefroren
(Hafen) '~·box s 1. Eisfach n (e-s Kühl-
schranks) 2. Am Eis-, Kühlschrank m
'~,break·er s SCHIFF Eisbrecher m ~
buck·et s Eiskübel m ,~·'cold Adj eis-
kalt
▶ ice| cream [aɪs'kriːm] s (Speise)Eis n,
Eiscreme f: chocolate ice cream
Schokoladeneis '~·cream Adj Eis...:
~ parlo(u)r Eisdiele f ~ cube s Eiswür-
fel m
iced [aɪst] Adj 1. eisgekühlt: ~ tea Eistee
m 2. gefroren 3. GASTR glasiert, mit
Zuckerguss
ice| floe → floe ~ hock·ey s SPORT Eis-
hockey n
Ice·land ['aɪslənd] Eigenn Island n

Ice·land·er ['aɪsləndə] s Isländer(in)
Ice·lan·dic [-'lændɪk] **I** *Adj* isländisch
II *s* LING Isländisch n

ice|lol·ly *s Br* Eis n am Stiel **~ pack** *s* **1.**
Packeis n **2.** MED Eisbeutel m **~ rink** *s*
(Kunst)Eisbahn f **~ wa·ter** *s* Eiswasser
n

i·ci·cle ['aɪsɪkl] *s* Eiszapfen m
i·ci·ness ['aɪsɪnɪs] *s* eisige Kälte (a. fig)
ic·ing ['aɪsɪŋ] *s Br* GASTR Glasur f, Zuckerguss m: **~ sugar** Puderzucker m
i·con ['aɪkɒn] *s* **1.** Ikone f **2.** COMPUTER
Icon n (Symbol)

ICU [aɪsiː'juː] *Abk* (= **intensive care
unit**) Intensivstation f

i·cy ['aɪsɪ] *Adj* eisig (a. fig)

ID [aɪ'diː] *Abk* (= **identification**) Ausweis m

I'd [aɪd] F für **I had; I would**

▸ **i·de·a** [aɪ'dɪə] *s* **1.** Idee f, Vorstellung f,
Begriff m: **have no~** keine Ahnung haben; **put ~s into s.o.'s head** j-m Flausen in den Kopf setzen **2.** Absicht f,
Gedanke m, Idee f: **the ~ is ...** der
Zweck der Sache ist, …; es geht darum,
… **3. I have an ~ that** ich habe so das
Gefühl, dass; es kommt mir (so) vor, als
ob

▸ **i·de·al** [aɪ'dɪəl] **I** *Adj* (→ **ideally**) **1.** ideal **2.** ideell **II** *s* **3.** Ideal n **i·de·al·ism** *s*
Idealismus m **i·de·al·ist** *s* Idealist(in)
i,de·al·is·tic *Adj* (**~ally**) idealistisch
i·de·al·ize *v/t a. v/i* idealisieren **i·de-
al·ly** *Adv* **1.** → **ideal I 2.** im Idealfall

i·den·ti·cal [aɪ'dentɪkl] *Adj* identisch
(**to, with** mit): **~ twins** *Pl* eineiige Zwillinge *Pl*

i·den·ti·fi·ca·tion [aɪ,dentɪfɪ'keɪʃn] *s* **1.**
Identifizierung f: **~ card** (Personal-)
Ausweis m; **~ papers** *Pl* Ausweispapiere *Pl*; **~ parade** JUR *Br* Gegenüberstellung f **2.** Ausweis m, Legitimation f:
he didn't have any ~ er konnte sich
nicht ausweisen **i·den·ti·fy** [-faɪ] *v/t* **1.**
identifizieren, gleichsetzen (**with**
mit) **2.** identifizieren, erkennen (**as**
als) **3. ~ o.s.** sich ausweisen *od* legitimieren **II** *v/i* **4. ~ with** sich identifizieren mit

i·den·ti·kit (**pic·ture**) [aɪ'dentɪkɪt] *s* JUR
Br Phantombild n

i·den·ti·ty [aɪ'dentətɪ] *s* Identität f: **a)**
(völlige) Gleichheit, **b)** Persönlichkeit
f: **prove one's ~** → **identify 3**; **loss**

of ~ Identitätsverlust m; → **mistaken
2 ~ card** *s* (Personal)Ausweis m **~ cri-
sis** *s* (*unreg* **crisis**) Identitätskrise f **~
pa·rade** *s* JUR Gegenüberstellung f

i·de·o·log·i·cal [,aɪdɪə'lɒdʒɪkl] *Adj*
ideologisch **i·de·ol·o·gy** [,-'ɒlədʒɪ] *s*
Ideologie f

id·i·o·cy ['ɪdɪəsɪ] *s* MED Idiotie f, pej a.
Blödheit f

id·i·om ['ɪdɪəm] *s* LING Idiom n, idiomatischer Ausdruck, Redewendung f
id·i·o·mat·ic [,-'mætɪk] *Adj* (**~ally**)
idiomatisch

id·i·ot ['ɪdɪət] *s* MED Idiot m, pej a. Trottel m **id·i·ot·ic** [,-'ɒtɪk] *Adj* (**~ally**) *Adj*
MED idiotisch, pej a. vertrottelt

i·dle ['aɪdl] **I** *Adj* **1.** untätig, müßig **2.** ruhig, still: **~ moments** *Pl* Mußestunden
Pl **3.** faul, träge **4.** TECH stillstehend,
außer Betrieb; leer laufend, im Leerlauf: **run ~** → 8 **5.** nutz-, sinn-, zwecklos;
vergeblich **6.** leer, hohl: **~ gossip** leeres
Geschwätz **II** *v/i* **7.** faulenzen: **~ about**
(*od* **around**) herumtrödeln **8.** TECH leer
laufen **III** *v/t* **9.** *mst* **~ away** Zeit vertrödeln **i·dler** *s* Müßiggänger(in)

i·dol ['aɪdl] *s* Idol n (a. fig); Gottesstatue
f, Götterbild n; pej Götze(nbild n) m
i·dol·a·trous [aɪ'dɒlətrəs] *Adj* **1.** pej
Götzen… **2.** fig abgöttisch **i·dol·a·try**
s **1.** Anbetung e-r kultisch verehrten Figur *od* e-s Götterbildes; pej Götzenanbetung f, -dienst m **2.** fig Vergötterung f
i·dol·ize ['aɪdəlaɪz] *v/t* **a)** abgöttisch
verehren, vergöttern, **b)** idolisieren,
zum Idol machen

i·dyll ['ɪdɪl] *s* Idyll n **i·dyl·lic** [ɪ'dɪlɪk] *Adj*
(**~ally**) idyllisch

i.e. [aɪ'iː] *Abk* d.h.

▸ **if** [ɪf] **I** *Konj* **1.** wenn, falls: **~ I were you**
wenn ich du wäre; **as ~** als wenn *od* ob;
~ so gegebenenfalls; wenn ja **2.** wenn
auch, aber **3.** *indirekt fragend:* ob:
see ~ you can do it I 4. wenn: **~ not**
without any ~s or buts ohne Wenn
u. Aber

ig·loo ['ɪgluː] *s* Iglu m, n

ig·nite [ɪg'naɪt] **I** *v/t* **1.** an-, entzünden **2.**
fig entzünden, -flammen **II** *v/i* **3.** sich
entzünden **4.** MOT, TECH zünden **ig-
ni·tion** [ɪg'nɪʃn] **I** *s* **1.** An-, Entzünden
n **2.** MOT, TECH Zündung f **II** *Adj* **3.**
MOT, TECH Zünd…: **~ key; ~ coil** Zündspule f

ig·no·min·i·ous [,ɪgnəʊˈmɪnɪəs] *Adj* schändlich, schimpflich

ig·no·ra·mus [,ɪgnəˈreɪməs] *s* Ignorant(in) **'ig·no·rance** *s* **1.** Unkenntnis *f* (*of Gen*), Unwissenheit *f*: *from (out of, through)* ~ aus Unwissenheit **2.** *pej* Ignoranz *f* **'ig·no·rant** *Adj* **1.** *be* ~ *of s.th.* etw nicht wissen *od* kennen, nichts wissen *von* etw **2.** *pej* ignorant; ungebildet **'ig·no·rant·ly** *Adv* unwissentlich **ig·nore** [ɪgˈnɔ:] *v/t* ignorieren, nicht beachten, keine Notiz nehmen von

igua·na [ɪˈgwɑ:nə] *s* ZOOL Leguan *m*

▶ **ill** [ɪl] **I** *Adj* **1.** *präd* krank: *be taken (od fall)* ~ erkranken (*with* an *Dat*), krank werden (*with* an *Dat*) **2.** schlecht, schlimm: → *fortune* 3, *luck* 1, *etc* **II** *Adv* **3.** schlecht: *speak (think)* ~ *of* schlecht sprechen (denken) von; → *ease* 2 **III** *s* **4. a)** *oft Pl* Übel *n*, **b)** *etw* Übles

I'll [aɪl] F *für I will*

ill·ad'vised *Adj* **1.** schlecht beraten **2.** unbesonnen, unklug **,~'bred** *Adj* **1.** schlecht erzogen **2.** ungezogen **,~dis'posed** *Adj* übel gesinnt: *be* ~ *towards j-m* übel gesinnt sein, *j-m* übel wollen; *e-m Plan etc* ablehnend gegenüberstehen

▶ **il·le·gal** [ɪˈli:gl] *Adj* unerlaubt, verboten; illegal, gesetzwidrig, ungesetzlich: ~ *parking* Falschparken *n* **il·le·gal·i·ty** [,ɪli:ˈgæləti] *s* Gesetzwidrigkeit *f:* **a)** Illegalität *f*, **b)** gesetzwidrige Handlung **il·leg·i·ble** [ɪˈledʒəbl] *Adj* unleserlich

il·le·git·i·mate [,ɪlɪˈdʒɪtɪmət] *Adj* **1.** ungesetzlich **2.** nicht ehelich, *bes* JUR nichtehelich, unehelich

ill·'fat·ed *Adj* unglücklich, Unglücks… **,~'fa·vo(u)red** *Adj* unschön **,~'hu·mo(u)red** *Adj* schlecht *od* übel gelaunt

il·lic·it [ɪˈlɪsɪt] *Adj* unerlaubt, verboten: ~ *trade* Schwarzhandel *m*

il·lit·er·a·cy [ɪˈlɪtərəsɪ] *s* **1.** Unbildung *f* **2.** Analphabetentum *n* **il·lit·er·ate** [-rət] **I** *Adj* **1.** ungebildet **2.** analphabetisch **II** *s* **3.** Ungebildete *m*, *f* **4.** Analphabet(in)

,ill·'judged *Adj* → *ill-advised* 2 **,~'mannered** *Adj* ungehobelt, ungezogen **,~'matched** *Adj* schlecht zs.-passend

▶ **ill·ness** ['ɪlnɪs] *s* Krankheit *f*

il·log·i·cal [ɪˈlɒdʒɪkl] *Adj* unlogisch

,ill·'tem·pered *Adj* schlecht gelaunt,

übellaunig **,~'timed** *Adj* ungelegen, unpassend

il·lu·mi·nate [ɪˈlu:mɪneɪt] *v/t* **1.** be-, erleuchten, erhellen **2.** illuminieren, festlich beleuchten **3.** *fig* aufhellen, erläutern; *j-n* erleuchten **il·lu·mi'na·tion** *s* **1.** Beleuchtung *f* **2.** Illumination *f*, Festbeleuchtung *f* **3.** *fig* Erläuterung *f*; Erleuchtung *f*

il·lu·sion [ɪˈlu:ʒn] *s* Illusion *f:* **a)** Sinnestäuschung *f:* → *optical*, **b)** Einbildung *f:* *be under the* ~ *that* sich einbilden, dass; *have no* ~*s* sich keine Illusionen machen (*about* über *Akk*) **il·lu·so·ry** [-sərɪ] *Adj* illusorisch

il·lus·trate ['ɪləstreɪt] *v/t* illustrieren: **a)** erläutern, veranschaulichen, **b)** bebildern **,il·lus'tra·tion** *s* Illustration *f:* **a)** Erläuterung *f*, Veranschaulichung *f:* *in* ~ *of* zur Erläuterung von (*od Gen*); *by way of* ~ als Beispiel, **b)** Bebilderung *f*, **c)** Bild *n*, Abbildung *f* **il·lus·tra·tive** ['-trətɪv] *Adj* illustrativ, erläuternd, veranschaulichend **il·lus·tra·tor** ['-treɪtə] *s* Illustrator(in)

il·lus·tri·ous [ɪˈlʌstrɪəs] *Adj* berühmt

,ill·'will *s* böses Blut: *bear s.o. no* ~ *j-m* nicht böse sein

I'm [aɪm] F *für I am*

im·age ['ɪmɪdʒ] *s* **1.** Bild *n* (*a. TV etc*) **2.** Ab-, Ebenbild *n*: *he is the very* ~ *of his father* er ist s-m Vater wie aus dem Gesicht geschnitten, er ist ganz der Vater; → *spitting* 3. Image *n* **4.** bildlicher Ausdruck, Metapher *f*

i·ma·gi·na·ble [ɪˈmædʒɪnəbl] *Adj* vorstellbar: *the greatest difficulty* ~ die denkbar größte Schwierigkeit **i'ma·gi·na·ry** *Adj* imaginär (*a.* MATHE), eingebildet

▶ **i·ma·gi·na·tion** [ɪ,mædʒɪˈneɪʃn] *s* **1.** Fantasie *f* **2.** Vorstellung *f*, Einbildung *f:* *pure* ~ reine Einbildung **i'ma·gi·na·tive** [-ətɪv] *Adj* **1.** fantasie-, einfallsreich **2.** fantasievoll

▶ **i·ma·gine** [ɪˈmædʒɪn] **I** *v/t* **1.** sich *j-n*, *etw* vorstellen: *I* ~ *him as a tall man* ich stelle ihn mir groß vor; *can you* ~ *him becoming famous?* kannst du dir vorstellen, dass er einmal berühmt wird? **2.** sich *etw* einbilden: *don't* ~ *that* bilde dir nur nicht ein, dass **II** *v/i* **3.** *just* ~*! iron* stell dir vor!, denk dir nur!

im·bal·ance [,ɪmˈbæləns] *s* **1.** Unausge-

wogenheit *f*, Unausgeglichenheit *f* **2.** POL *etc* Ungleichgewicht *n*

im·be·cile ['ɪmbɪsiːl] **I** *Adj* idiotisch, vertrottelt **II** *s* Idiot(in), Trottel *m* **im·be·cil·i·ty** [‚-'sɪlətɪ] *s* Idiotie *f*, Blödheit *f*

im·bibe [ɪm'baɪb] *v/t* **1.** *Feuchtigkeit etc* aufsaugen **2.** *Wissen etc* einsaugen, in sich aufnehmen

im·bue [ɪm'bjuː] *v/t fig* erfüllen (**with** mit): **~d with hatred** hasserfüllt

IMF [aɪem'ef] *Abk* (= **International Monetary Fund**) IWF *m*

▸ **im·i·tate** ['ɪmɪteɪt] *v/t* **1.** nachahmen, -machen, imitieren **2.** fälschen ‚**im·i·'ta·tion I** *s* **1.** Nachahmung *f*, Imitation *f*: **in ~ of** nach dem Muster von (*od Gen*) **2.** Fälschung *f* **II** *Adj* **3.** unecht, künstlich **im·i·ta·tor** ['-teɪtə] *s* Nachahmer(in), Imitator(in)

im·mac·u·late [ɪ'mækjʊlət] *Adj* **1.** *fig* unbefleckt, makellos **2.** tadel-, fehlerlos

im·ma·te·ri·al [‚ɪmə'tɪərɪəl] *Adj* **1.** unkörperlich, unstofflich **2.** unwesentlich, unerheblich (**to** für)

im·ma·ture [‚ɪmə'tjʊə] *Adj* unreif, unausgereift (*beide a. fig*) ‚**im·ma·'tu·ri·ty** *s* Unreife *f*

im·meas·ur·a·ble [ɪ'meʒərəbl] *Adj* unermesslich, grenzenlos

im·me·di·ate [ɪ'miːdjət] *Adj* **1.** (*räumlich*, *zeitlich*) unmittelbar: **in the ~ vicinity** in unmittelbarer Nähe, in der nächsten Umgebung; **in the ~ future** in nächster Zukunft **2.** sofortig, umgehend **3.** nächst (*Verwandtschaft*): **my ~ family** die nächsten Angehörigen *Pl*

▸ **im·me·di·ate·ly** [ɪ'miːdjətlɪ] **I** *Adv* **1.** unmittelbar, direkt **2.** sofort, umgehend **II** *Konj* **3.** sobald

im·me·mo·ri·al [‚ɪmɪ'mɔːrɪəl] *Adj*: **from** (*od* **since**) **time ~** seit undenklichen Zeiten

im·mense [ɪ'mens] *Adj* riesig, *fig a.* enorm, immens

im·merse [ɪ'mɜːs] *v/t* **1.** (ein)tauchen (**in** in *Akk*) **2.** ~ *o.s.* **in** *fig* sich vertiefen in (*Akk*): **~d in thought** gedankenversunken **im'mer·sion** *s* **1.** Eintauchen *n*: **~ heater** Tauchsieder *m* **2.** *fig* Versunkenheit *f*, Vertiefung *f*

▸ **im·mi·grant** ['ɪmɪgrənt] *s* Einwanderer *m*, Einwanderin *f*, Immigrant(in)

im·mi·grate ['-greɪt] *v/i* einwandern, immigrieren (**to** in *Akk*)

▸ **im·mi·gra·tion** ['ɪmɪ'greɪʃn] *s* Einwanderung *f*, Immigration *f*

im·mi·nence ['ɪmɪnəns] *s* nahes Bevorstehen '**im·mi·nent** *Adj* **1.** nahe bevorstehend: **his ~ death** sein naher Tod **2.** drohend (*Gefahr etc*)

im·mo·bile [ɪ'məʊbaɪl] *Adj* unbeweglich **im·mo·bil· is·er** *s* MOT Wegfahrsperre *f* **im·mo·bil·i·ty** [‚-'bɪlətɪ] *s* Unbeweglichkeit *f* **im'mo·bi·lize** [-bɪlaɪz] *v/t* unbeweglich machen; MED ruhig stellen: **~d** bewegungsunfähig

im·mod·er·ate [ɪ'mɒdərət] *Adj* unmäßig, maßlos

im·mod·est [ɪ'mɒdɪst] *Adj* **1.** unbescheiden **2.** schamlos

im·mor·al [ɪ'mɒrəl] *Adj* unmoralisch, unsittlich

im·mor·tal [ɪ'mɔːtl] *Adj* unsterblich, *fig a.* unvergänglich **im·mor·tal·i·ty** [‚-'tælətɪ] *s* Unsterblichkeit *f*, *fig a.* Unvergänglichkeit *f* **im'mor·tal·ize** [-təlaɪz] *v/t* unsterblich machen, verewigen

im·mov·a·ble [ɪ'muːvəbl] *Adj* **1.** unbeweglich **2.** *fig* fest, unerschütterlich; hart, unnachgiebig

im·mune [ɪ'mjuːn] *Adj* **1.** MED *u. fig* (**from, to**) immun (gegen), unempfänglich (für): **~ deficiency syndrome** Immunschwächekrankheit *f*; **~ system** Immunsystem *n* **2.** geschützt, gefeit (**from, to** gegen) **3.** befreit, ausgenommen (**from** von) **im'mu·ni·ty** *s* MED, JUR *u. fig* Immunität *f*: **diplomatic ~** *fig* diplomatische Immunität **im·mu·nize** ['-naɪz] *v/t* immunisieren, immun machen (**against** gegen) (*a. fig*) **im·mu·no·de·fi·cien·cy** [‚ɪmjunəʊdɪ'fɪʃənsɪ] *s* Immunschwäche *f*

imp [ɪmp] *s* **1.** Kobold *m* **2.** F Racker *m*

im·pact ['ɪmpækt] *s* **1.** Zs-, Anprall *m*; Aufprall *m*; MIL Auf-, Einschlag *m* **2.** *fig* (Ein)Wirkung *f*, (starker) Einfluss *m* (**on** auf *Akk*)

im·pair [ɪm'peə] *v/t* beeinträchtigen

im·pale [ɪm'peɪl] *v/t* aufspießen (**on** auf *Akk*), durchbohren

im·pal·pa·ble [ɪm'pælpəbl] *Adj* **1.** unfühlbar **2.** äußerst fein **3.** *fig* kaum (er)fassbar *od* greifbar

▸ **im·part** [ɪm'pɑːt] *v/t* (**to** *Dat*) **1.** *Eigenschaft etc* verleihen **2.** mitteilen; *Kenntnisse etc* vermitteln

im·par·tial [ɪmˈpɑːʃl] *Adj* unparteiisch, unvoreingenommen '**im·par·ti'al·i·ty** [ˌ-ʃiˈælətɪ] *s* Unparteilichkeit *f*, Unvoreingenommenheit *f*

im·pass·a·ble [ɪmˈpɑːsəbl] *Adj* **1.** unpassierbar **2.** *bes fig* unüberwindbar (*Hindernis etc*)

im·passe [æmˈpɑːs] *s fig* Sackgasse *f*: **reach an ~** in e-e Sackgasse geraten

im·pas·sioned [ɪmˈpæʃnd] *Adj* leidenschaftlich

im·pas·sive [ɪmˈpæsɪv] *Adj* **1.** teilnahmslos; ungerührt **2.** gelassen

im·pa·tience [ɪmˈpeɪʃns] *s* **1.** Ungeduld *f* **2.** Unduldsamkeit *f* **im·pa·tient** *Adj* **1.** ungeduldig: **be ~ with** keine Geduld haben mit **2. be ~ for** etw nicht erwarten können; **be ~ to do s.th.** etw nicht erwarten können, etw zu tun **3.** unduldsam (*of* gegenüber)

im·peach [ɪmˈpiːtʃ] *v/t* **1.** JUR anklagen (*for Gen*); *Am bes Präsidenten* unter Amtsanklage stellen **2.** JUR anfechten **3.** infrage stellen, in Zweifel ziehen **im'peach·ment** *s* **1.** JUR Anklage *f*; *Am* Impeachment *n* **2.** JUR Anfechtung *f* **3.** Infragestellung *f*

im·pec·ca·ble [ɪmˈpekəbl] *Adj* untadelig, einwandfrei

im·pede [ɪmˈpiːd] *v/t* **1.** *j-n, etw* (be)hindern: **~ s.o.'s doing s.th.** j-n daran hindern, etw zu tun **2.** *etw* erschweren

im·ped·i·ment [ɪmˈpedɪmənt] *s* **1.** Behinderung *f* **2.** Hindernis *n* (*to* für) **3.** MED (*bes* angeborener) Fehler: → **speech** 1

im·pel [ɪmˈpel] *v/t* **1.** antreiben (*a. fig*) **2.** zwingen: **I felt ~led** ich sah mich gezwungen *od* fühlte mich genötigt (*to do* zu tun)

im·pend·ing [ɪmˈpendɪŋ] *Adj* **1.** nahe bevorstehend: **his ~ death** sein naher Tod **2.** drohend (*Gefahr etc*)

im·pen·e·tra·ble [ɪmˈpenɪtrəbl] *Adj* **1.** undurchdringlich (*by* für) (*a. fig*) **2.** *fig* unergründlich, unerforschlich

im·per·a·tive [ɪmˈperətɪv] *Adj* **I** *Adj* **1.** gebieterisch **2.** unumgänglich, unbedingt erforderlich **3.** LING Imperativ..., Befehls...: **~ mood** → 4 **II** *s* **4.** LING Imperativ *m*, Befehlsform *f*

im·per·cep·ti·ble [ˌɪmpəˈseptəbl] *Adj* **1.** nicht wahrnehmbar, unmerklich **2.** verschwindend klein

im·per·fect [ɪmˈpɜːfɪkt] **I** *Adj* **1.** unvollkommen: **a)** unvollständig, **b)** mangel-, fehlerhaft **2. ~ tense** → 3 **II** *s* **3.** LING Imperfekt *n*, unvollendete Vergangenheit **im·per·fec·tion** [ˌ-pəˈfekʃn] *s* **1.** Unvollkommenheit *f* **2.** Mangel *m*, Fehler *m*

im·pe·ri·al [ɪmˈpɪərɪəl] *Adj* **1.** kaiserlich, Kaiser... **2.** *Br* gesetzlich (*Maße u. Gewichte*) **im·pe·ri·al·ism** *s* POL Imperialismus *m* **im·pe·ri·al·ist** **I** *s* Imperialist(in) **II** *Adj* imperialistisch

im·per·il [ɪmˈperəl] *v/t* gefährden

im·pe·ri·ous [ɪmˈpɪərɪəs] *Adj* **1.** gebieterisch **2.** dringend

im·per·ish·a·ble [ɪmˈperɪʃəbl] *Adj* **1.** unverderblich **2.** *fig* unvergänglich

im·per·ma·nent [ɪmˈpɜːmənənt] *Adj* vorübergehend, nicht von Dauer

im·per·me·a·ble [ɪmˈpɜːmjəbl] *Adj* undurchlässig

im·per·son·al [ɪmˈpɜːsnl] *Adj* unpersönlich (*a.* LING)

im·per·son·ate [ɪmˈpɜːsəneɪt] *v/t* **1.** THEAT *etc* verkörpern, darstellen **2.** *j-n* imitieren, nachahmen

im·per·ti·nence [ɪmˈpɜːtɪnəns] *s* **1.** Unverschämtheit *f*, Frechheit *f* **2.** Belanglosigkeit *f* **im·per·ti·nent** *Adj* **1.** unverschämt, frech **2.** belanglos (*to* für)

im·per·turb·a·ble [ˌɪmpəˈtɜːbəbl] *Adj* unerschütterlich

im·per·vi·ous [ɪmˈpɜːvjəs] *Adj* **1.** → **impermeable** 2. *fig* unzugänglich (*to* für *od Dat*)

im·pet·u·ous [ɪmˈpetʃʊəs] *Adj* **1.** heftig, ungestüm **2.** impulsiv **3.** übereilt, vorschnell

im·pe·tus [ˈɪmpɪtəs] *s* **1.** PHYS Triebkraft *f*, Schwung *m* (*a. fig*) **2.** *fig* Antrieb *m*, Impuls *m*: **give an ~ to** Auftrieb *od* Schwung verleihen (*Dat*)

im·pi·e·ty [ɪmˈpaɪətɪ] *s* **1.** Gottlosigkeit *f* **2.** (*to* gegenüber) Pietätlosigkeit *f*; Respektlosigkeit *f*

im·pinge [ɪmˈpɪndʒ] *v/t* **1.** auftreffen (*on* auf *Akk*) **2.** (*on*) sich auswirken (auf *Akk*), beeinflussen (*Akk*)

imp·ish [ˈɪmpɪʃ] *Adj* schelmisch, spitzbübisch

im·plac·a·ble [ɪmˈplækəbl] *Adj* unversöhnlich, unnachgiebig

im·plant **I** *v/t* [ɪmˈplɑːnt] **1.** MED implantieren, einpflanzen (*in, into Dat*) **2.** *fig*

einprägen (*in, into* Dat) **II** s ['ɪmplɑːnt]
3. MED Implantat *n*

im·plau·si·ble [ˌɪm'plɔːzəbl] Adj un-
glaubwürdig

im·ple·ment **I** s ['ɪmplɪmənt] Werkzeug
n (*a. fig*), Gerät *n* **II** v/t ['-ment] aus-,
durchführen **im·ple·men·ta·tion** [ˌ-
men'teɪʃn] s Aus-, Durchführung *f*

im·pli·cate ['ɪmplɪkeɪt] v/t **1.** *j-n* verwik-
keln, hineinziehen (*in* in Akk) **2.** →
imply 1, 3 ,im·pli·ca·tion s **1.** Verwick-
lung *f* **2.** Folgerung *f* **3.** Folge *f*, Auswir-
kung *f* **4.** Andeutung *f*

im·plic·it [ɪm'plɪsɪt] Adj **1.** → **implied** 2.
vorbehalt-, bedingungslos: **~ faith
(obedience)** blinder Glaube (Gehor-
sam) **im'plic·it·ly** Adv **1.** stillschwei-
gend **2.** → **implicit** 2

im·plied [ɪm'plaɪd] Adj impliziert, (still-
schweigend *od* mit) inbegriffen

im·plode [ɪm'pləʊd] v/i PHYS implodie-
ren

im·plore [ɪm'plɔː] v/t **1.** *j-n* anflehen **2.**
etw erflehen, flehen um

im·plo·sion [ɪm'pləʊʒn] s PHYS Implosi-
on *f*

im·ply [ɪm'plaɪ] v/t **1.** implizieren, (sinn-
gemäß *od* stillschweigend) beinhalten
2. andeuten, zu verstehen geben **3.**
mit sich bringen, zur Folge haben

im·po·lite [ˌɪmpə'laɪt] Adj unhöflich

im·pol·i·tic [ɪm'pɒlɪtɪk] Adj undiploma-
tisch, unklug

im·pon·der·a·ble [ɪm'pɒndərəbl] **I** Adj
unwägbar **II** s Pl Imponderabilien Pl,
Unwägbarkeiten Pl

▸ im·port **I** v/t u. v/i [ɪm'pɔːt] **1.** impor-
tieren (*a. Daten*), einführen: **~ing
country** Einfuhrland *n* **II** s ['ɪmpɔːt]
2. Import *m*, Einfuhr *f* **3.** Pl (Ge-
samt)Import *m*, (-)Einfuhr *f*; Import-
güter Pl, Einfuhrware *f* **III** Adj ['ɪm-
pɔːt] **4.** Import..., Einfuhr...: **~ firm**
Importfirma *f*; **~ trade** Importgeschäft
n, Einfuhrhandel *m*

▸ im·por·tance [ɪm'pɔːtns] s Bedeu-
tung *f*: **a)** Wichtigkeit *f*: **attach ~ to** Be-
deutung beimessen (*Dat*); **be of no ~**
unwichtig *od* belanglos sein (**to** für),
b) Ansehen *n*, Gewicht *n*: **a matter
of some ~** e-e nicht ganz unwichtige
Sache

▸ im·por·tant [ɪm'pɔːtnt] Adj bedeu-
tend: **a)** wichtig, von Belang (**to** für),

b) angesehen, gewichtig

im·port·er [ɪm'pɔːtə] s Importeur(in)

im·por·tu·nate [ɪm'pɔːtjʊnət] Adj läs-
tig, zu-, aufdringlich **im'por·tune** [ˌ-
'tjuːn] v/t belästigen, dauernd (*bes*
mit Bitten) behelligen

▸ im·pose [ɪm'pəʊz] **I** v/t **1.** (**on**) *etw* auf-
erlegen, -bürden (*Dat*); *Strafe* verhän-
gen (gegen) **2.** (**on**) **a)** *etw* aufdrängen,
-zwingen (*Dat*): **~ o.s.** (*od* **one's pres-
ence**) **on s.o.** sich *j-m* aufdrängen; **~
one's will on s.o.** *j-m* s-n Willen auf-
zwingen, **b)** *etw* (*mit Gewalt*) einführen
od durchsetzen (bei) **II** v/i **3.** ausnut-
zen, *pej a.* missbrauchen (**on** Akk) **4.**
(**on** *Dat*) sich aufdrängen; zur Last fal-
len **im'pos·ing** Adj imponierend, im-
posant **im·po·si·tion** [ˌɪmpə'zɪʃn] s **1.**
Auferlegung *f*, -bürdung *f*; Verhängung
f **2.** Auflage *f*, Pflicht *f* **3.** Abgabe *f*,
Steuer *f* **4.** Ausnutzung *f*, *pej a.* Miss-
brauch *m* (**on** Gen)

im·pos·si·bil·i·ty [ɪmˌpɒsə'bɪlətɪ] s Un-
möglichkeit *f*

▸ im·pos·si·ble [ɪm'pɒsəbl] Adj un-
möglich (*a.* F *unglaublich*, *unerträglich*
etc): **it is ~ for me to come** ich kann un-
möglich kommen **im'pos·si·bly** Adv
unglaublich

im·post·er, im·post·or [ɪm'pɒstə] s Be-
trüger(in), *bes* Hochstapler(in)

im·po·tence ['ɪmpətəns] s **1.** Unvermö-
gen *n*, Unfähigkeit *f*; Hilflosigkeit *f*,
Ohnmacht *f* **2.** MED Impotenz *f* **'im-
po·tent** Adj **1.** unfähig (**to do** zu tun);
hilflos, ohnmächtig **2.** MED impotent

im·pov·er·ish [ɪm'pɒvərɪʃ] v/t arm ma-
chen: **be ~ed** verarmen; verarmt sein

im·prac·ti·ca·ble [ɪm'præktɪkəbl] Adj
1. undurchführbar **2.** unpassierbar
(*Straße etc*)

im·prac·ti·cal [ɪm'præktɪkl] Adj **1.** un-
praktisch (*Person*) **2.** undurchführbar

im·preg·nate ['ɪmpregneɪt] v/t **1.** BIOL
schwängern; befruchten (*a. fig*) **2.**
CHEM, TECH imprägnieren, tränken **3.**
fig durchdringen, erfüllen (**with** mit)

im·pre·sa·ri·o [ˌɪmprɪ'sɑːrɪəʊ] Pl **-os** s
Impresario *m*, Theater-, Konzert-
agent(in)

▸ im·press v/t [ɪm'pres] **1.** beeindrucken,
Eindruck machen auf (*Akk*), im-
ponieren (*Dat*) **2.** (auf)drücken (**on** auf
Akk), (ein)drucken (**in, into** in *Akk*)

▸ **im·pres·sion** [ɪm'preʃn] *s* **1.** Eindruck *m* (*of* von): **give s.o. the wrong ~** bei j-m e-n falschen Eindruck erwecken; *make a good* (*bad*) ~ e-n guten (schlechten) Eindruck machen **2.** Eindruck *m*, Vermutung *f*: *I have the ~* (*od I am under the ~*) *that* ich habe den Eindruck, dass; *under the ~ that* in der Annahme, dass **3.** Abdruck *m* (*a.* MED) **4.** BUCHDRUCK (*bes* unveränderte) Auflage, Nachdruck *m* **im'pres·sion·a·ble** *Adj* leicht zu beeinflussen(d) **im'pres·sion·ism** *s* Impressionismus *m* **im'pres·sion·ist** **I** *s* Impressionist(in) **II** *Adj* impressionistisch **im,pres·sion'is·tic** [-ʃə'n-] *Adj* (~*ally*) impressionistisch **im'pres·sive** [-sɪv] *Adj* eindrucksvoll

im·print I *s* ['ɪmprɪnt] **1.** Ab-, Eindruck *m* **2.** *fig* Stempel *m*, Gepräge *n* **3.** BUCHDRUCK Impressum *n* **II** *v/t* [ɪm'prɪnt] **4.** (auf)drücken (*on auf Akk*) **5.** ~ *s.th. on s.o.'s memory* j-m etw ins Gedächtnis einprägen

im·pris·on [ɪm'prɪzn] *v/t* JUR inhaftieren, *a. weit. S.* einsperren **im'pris·on·ment** *s* **a**) Freiheitsstrafe *f*, Gefängnis(strafe *f*) *n*, Haft *f*, **b**) Inhaftierung *f*

im·prob·a·bil·i·ty [ɪm,prɒbə'bɪlətɪ] *s* Unwahrscheinlichkeit *f* **im'prob·a·ble** *Adj* unwahrscheinlich

im·promp·tu [ɪm'prɒmptjuː] **I** *s* MUS Impromptu *n* **II** *Adj u. Adv* aus dem Stegreif, Stegreif…

im·prop·er [ɪm'prɒpə] *Adj* **1.** ungeeignet, unpassend **2.** unanständig, unschicklich **3.** unrichtig **4.** MATHE unecht (*Bruch*) **im·pro·pri·e·ty** [,ɪmprə'praɪətɪ] *s* **1.** Unschicklichkeit *f* **2.** Unrichtigkeit *f*

▸ **im·prove** [ɪm'pruːv] **I** *v/t* **1.** verbessern **2.** Wert *etc* erhöhen, steigern **II** *v/i* **3.** sich (ver)bessern, besser werden, Fortschritte machen (*a. Patient*), sich erholen (*gesundheitlich od* WIRTSCH *Preise etc*): *he* (*od his health*) *is improving* es geht ihm besser **im'prove·ment** *s* **1.** (Ver)Besserung *f* (*in Gen; on* gegenüber, im Vergleich zu): ~ *in the weather* Wetterbesserung **2.** Erhöhung *f*, Steigerung *f*

im·prov·i·dent [ɪm'prɒvɪdənt] *Adj* **1.** sorglos **2.** verschwenderisch

im·pro·vi·sa·tion [,ɪmprəvaɪ'zeɪʃn] *s* Improvisation *f* **im·pro·vise** ['~vaɪz] *v/t u. v/i* improvisieren

im·pru·dence [ɪm'pruːdəns] *s* **1.** Unklugheit *f* **2.** Unvorsichtigkeit *f* **im'pru·dent** *Adj* **1.** unklug **2.** unvorsichtig

im·pu·dence ['ɪmpjʊdəns] *s* Unverschämtheit *f* **'im·pu·dent** *Adj* unverschämt

im·pugn [ɪm'pjuːn] *v/t* bestreiten; anfechten

im·pulse ['ɪmpʌls] *s* **1.** PHYS, MED, ELEK *etc* Impuls *m* **2.** *fig* Impuls *m*: **a**) Anstoß *m*, Anreiz *m*, **b**) plötzliche Regung *od* Eingebung: *act on* ~ impulsiv *od* spontan handeln; *on* ~ e-r plötzlichen Eingebung folgend **im'pul·sive** *Adj fig* impulsiv

im·pu·ni·ty [ɪm'pjuːnətɪ] *s* Straflosigkeit *f*: *with* ~ straflos

im·pure [ɪm'pjʊə] *Adj* **1.** unrein (*a.* REL), unsauber **2.** *fig* schlecht, unmoralisch **im'pur·i·ty** *s* **1.** Unreinheit *f* **2.** *fig* Schlechtheit *f*

im·pute [ɪm'pjuːt] *v/t* zuschreiben (*to Dat*): **a**) beimessen, **b**) anlasten: ~ *s.th. to s.o.* j-n e-r Sache bezichtigen

▸ **in** [ɪn] **I** *Präp* **1.** *räumlich:* **a**) (*wo?*) in (*Dat*), an (*Dat*), auf (*Dat*): ~ *London* in London; → *country* 3, *field* 1, *sky*, *street*, *etc*, **b**) (*wohin?*) in (*Akk*): *put it* ~ *your pocket* steck es in die Tasche **2.** *zeitlich:* in (*Dat*), an (*Dat*): ~ *2001* 2001; ~ *two hours* in zwei Stunden; → *April*, *beginning* 1, *evening*, *etc* **3.** *Zustand, Beschaffenheit, Art u. Weise:* in (*Dat*), auf (*Akk*), mit: → *brief* 4, *cash* 2, *English* 3, *etc* **4.** *Tätigkeit, Beschäftigung:* in (*Dat*), bei, auf (*Dat*): ~ *crossing the river* beim Überqueren des Flusses; → *accident* 2, *search* 4 **5.** *bei* (*Schriftstellern*): ~ *Shakespeare* **6.** *Richtung:* in (*Akk, Dat*), auf (*Akk*), zu: → *confidence* 1, *etc* **7.** *Zweck:* in (*Dat*), zu, als: → *answer* 1, *defence*, *etc* **8.** *Grund:* in (*Dat*), aus, zu: → *honour* 5, *sport* 3, *etc* **9.** *Hinsicht, Beziehung:* in (*Dat*), an (*Dat*): *the latest thing* ~ das Neueste auf dem Gebiet (*Gen*); → *equal* 1, *number* 3, *etc* **10.** *nach, gemäß:* → *opinion* 1, *probability*, *etc* **11.** *Material:* in (*Dat*), aus, mit: → *black* 3, *oil* 3, *etc* **12.** *Zahl, Betrag:* in (*Dat*), von, aus, zu: *five* ~ *all* insgesamt *od* im Ganzen fünf; *one* ~ *ten*

Americans einer von zehn Amerikanern; → *all* 4, *two*, *etc* **II** *Adv* **13.** (dr)innen: *be ~ for s.th.* etw zu erwarten haben; *be ~ on* eingeweiht sein in (*Akk*); beteiligt sein an (*Dat*) **14.** hinein; herein: → *come in* 1, *etc* **15.** da, (an)gekommen **16.** da, zu Hause **17.** POL an der Macht, an der Regierung **III** *Adj* **18.** *~ restaurant* Restaurant, das gerade in ist **IV** *s* **19.** *know the ~s and outs of s.th.* etw in- u. auswendig kennen

in

in January	<u>im</u> Januar
in February	<u>im</u> Februar
in March	<u>im</u> März
in 1997	(<u>im</u> Jahre) 1997
in (the year) 2001	(<u>im</u> Jahre) 2001
in the morning	<u>am</u> Morgen
in the afternoon	<u>am</u> Nachmittag
in the evening	<u>am</u> Abend
in the beginning	<u>am</u> Anfang
in the end	<u>am</u> Ende
in the town	<u>in</u> der Stadt
in the country	<u>auf</u> dem Lande
in the street	<u>auf</u> der Straße
in English	<u>auf</u> Englisch
in German	<u>auf</u> Deutsch

in·a·bil·i·ty [ˌɪnəˈbɪlətɪ] *s* Unfähigkeit *f*, Unvermögen *n*: *~ to pay* WIRTSCH Zahlungsunfähigkeit

in·ac·ces·si·ble [ˌɪnækˈsesəbl] *Adj* unzugänglich (*to* für *od Dat*) (*a. fig*)

in·ac·cu·ra·cy [ɪnˈækjʊərəsɪ] *s* Ungenauigkeit *f* **in·ac·cu·rate** [ˌ~rət] *Adj* ungenau

in·ac·tion [ɪnˈækʃn] *s* **1.** Untätigkeit *f* **2.** Trägheit *f*, Faulheit *f*

in·ac·tive [ɪnˈæktɪv] *Adj* **1.** untätig **2.** träge (*a.* PHYS), faul **3.** WIRTSCH lustlos, flau ˌ**in·ac·tiv·i·ty** *s* **1.** → *inaction* **2.** WIRTSCH Lustlosigkeit *f*, Flauheit *f*

in·ad·e·quate [ɪnˈædɪkwət] *Adj* **1.** unzulänglich, ungenügend: *be ~ for* nicht reichen für **2.** unangemessen (*to Dat*): *feel ~ to the occasion* sich der Situation nicht gewachsen fühlen

in·ad·mis·si·ble [ˌɪnədˈmɪsəbl] *Adj* unzulässig, unstatthaft

in·ad·vert·ent [ˌɪnədˈvɜːtənt] *Adj* unabsichtlich, versehentlich: *~ly a.* aus Versehen

in·ad·vis·a·ble [ˌɪnədˈvaɪzəbl] *Adj* nicht ratsam *od* empfehlenswert

in·al·ien·a·ble [ɪnˈeɪljənəbl] *Adj* unveräußerlich

in·ane [ɪˈneɪn] *Adj* geistlos, albern

in·an·i·mate [ɪnˈænɪmət] *Adj* **1.** leblos, unbelebt **2.** *fig* schwunglos, langweilig

in·ap·pli·ca·ble [ɪnˈæplɪkəbl] *Adj* nicht anwendbar (*to* auf *Akk*) *od* zutreffend (*to* auf *Akk*): → *delete* II

in·ap·pro·pri·ate [ˌɪnəˈprəʊprɪət] *Adj* unpassend, ungeeignet (*to*, *for* für)

in·apt·i·tude [ɪnˈæptɪtjuːd] *s* **1.** Ungeschicktheit *f* **2.** Unfähigkeit *f*

in·ar·tic·u·late [ˌɪnɑːˈtɪkjʊlət] *Adj* **1.** undeutlich (ausgesprochen), unverständlich **2.** unfähig(, deutlich) zu sprechen **3.** unfähig, sich klar auszudrücken **4.** sprachlos (*with* vor *Dat*)

in·as·much [ˌɪnəzˈmʌtʃ] *Konj*: *~ as* da (ja)

in·at·ten·tion [ˌɪnəˈtenʃn] *s* Unaufmerksamkeit *f* ˌ**in·at·ten·tive** [ˌ~tɪv] *Adj* unaufmerksam (*to* gegen)

in·au·di·ble [ɪnˈɔːdəbl] *Adj* unhörbar

in·au·gu·ral [ɪˈnɔːɡjʊərəl] *Adj* Einweihungs…, Eröffnungs…: *~ speech* in·ˈau·gu·rate [ˌ~reɪt] *v/t* **1.** *j-n* (feierlich) (in sein Amt) einführen *od* einsetzen **2.** einweihen, eröffnen **3.** *Ära etc* einleiten in ˌ**au·gu·ra·tion** *s* **1.** (feierliche) Amtseinsetzung *od* -einführung: ≈ *Day* POL *Am* Tag *m* des Amtsantritts des Präsidenten (20. *Januar*) **2.** Einweihung *f*, Eröffnung *f* **3.** Beginn *m*

in·aus·pi·cious [ˌɪnɔːˈspɪʃəs] *Adj* ungünstig: *be ~* unter e-m ungünstigen Stern stehen

in·board [ˈɪnbɔːd] SCHIFF **I** *Adj* **1.** Innenbord…: *~ motor* **II** *Adv* **2.** binnenbords **III** *s* **3.** Innenbordmotor *m* **4.** Innenborder *m* (*Boot*)

in·born [ˌɪnˈbɔːn] *Adj* angeboren

in·bred [ˌɪnˈbred] *Adj* **1.** angeboren **2.**

durch Inzucht erzeugt **in·breed·ing** ['ɪn,briːdɪŋ] s Inzucht f (a. fig)

inc., Inc. Abk (= **incorporated**)

in·cal·cu·la·ble [ɪn'kælkjʊləbl] Adj 1. unberechenbar (a. Person etc) 2. unermesslich

in·can·des·cent [ˌɪnkæn'desnt] Adj 1. (weiß)glühend 2. fig leuchtend, strahlend

in·can·ta·tion [ˌɪnkæn'teɪʃn] s 1. Beschwörung f 2. Zauberformel f, -spruch m

in·ca·pa·bil·i·ty [ɪnˌkeɪpə'bɪlətɪ] s Unfähigkeit f **in·ca·pa·ble** [ɪn'keɪpəbl] Adj 1. unfähig (of zu od Gen; of doing zu tun), nicht imstande (of doing zu tun) 2. nicht zulassend (of Akk): ~ of proof nicht beweisbar

in·ca·pac·i·tate [ˌɪnkə'pæsɪteɪt] v/t 1. unfähig od untauglich machen (for s.th. für etw) 2. JUR für rechts- od geschäftsunfähig erklären **in·ca·pac·i·tat·ed** Adj 1. a. ~ for work arbeitsod erwerbsunfähig, geistig behindert 3. a. legally ~ rechts-, geschäftsunfähig **in·ca·pac·i·ty** [ˌ-ətɪ] s 1. Unfähigkeit f, Untauglichkeit f: ~ for work Arbeits- od Erwerbsunfähigkeit f 2. a. legal ~ Rechts-, Geschäftsunfähigkeit f

in·car·cer·ate [ɪn'kɑːsəreɪt] v/t einkerkern

in·car·nate [ɪn'kɑːneɪt] Adj a) leibhaftig, ein Teufel etc in Menschengestalt, b) personifiziert, die Unschuld etc in Person **in·car·na·tion** s Verkörperung f, Inbegriff m

in·cen·di·ar·y [ɪn'sendjərɪ] I Adj 1. Brand...: ~ bomb 2. fig aufwiegelnd: ~ speech Hetzrede f II s 3. Brandstifter(in) 4. fig Aufwiegler(in)

in·cense¹ ['ɪnsens] s Weihrauch m

in·cense² [ɪn'sens] v/t erzürnen, erbosen: ~d zornig (at über Akk)

in·cen·tive [ɪn'sentɪv] s Ansporn m, Anreiz m (to zu): ~ to buy Kaufanreiz

in·cer·ti·tude [ɪn'sɜːtɪtjuːd] s Unsicherheit f, Ungewissheit f

in·ces·sant [ɪn'sesnt] Adj unaufhörlich, unablässig

in·cest ['ɪnsest] s Blutschande f, Inzest m

▸ **inch** [ɪntʃ] I s Inch m, Zoll m (a. fig): by ~es, ~ by ~ Zentimeter um Zenti-

meter; fig allmählich, ganz langsam; every ~ fig jeder Zoll, ein Gentleman etc vom Scheitel bis zur Sohle; come within an ~ of death beinahe od um Haaresbreite sterben II v/t u. v/i (sich) zentimeterweise od sehr langsam bewegen

in·ci·dence ['ɪnsɪdəns] s Auftreten n, Vorkommen n, Häufigkeit f **in·ci·dent** s Vorfall m, Ereignis n, a. POL Zwischenfall m: full of ~(s) ereignisreich **in·ci·den·tal** [ˌ-'dentl] I Adj 1. nebensächlich, Neben...: ~ earnings Pl Nebenverdienst m 2. beiläufig 3. gelegentlich 4. zufällig II s 5. Nebensächlichkeit f 6. Pl Nebenausgaben Pl **in·ci·den·tal·ly** [-tlɪ] Adv nebenbei bemerkt, übrigens

in·cin·er·ate [ɪn'sɪnəreɪt] v/t u. v/i verbrennen **in·cin·er·a·tor** s Verbrennungsofen m od -anlage f

in·ci·sion [ɪn'sɪʒn] s (Ein)Schnitt m (a. MED) **in·ci·sive** [ˌ-'saɪsɪv] Adj 1. (ein-)schneidend 2. fig scharf (Verstand, Ton etc) 3. fig prägnant, treffend **in·ci·sor** [ɪn'saɪzə] s ANAT Schneidezahn m

in·cite [ɪn'saɪt] v/t 1. aufwiegeln, -hetzen, JUR anstiften (to zu) 2. Zorn etc erregen **in·cite·ment** s Aufwieg(e)lung f, -hetzung f, JUR Anstiftung f (to zu)

in·ci·vil·i·ty [ˌɪnsɪ'vɪlətɪ] s Unhöflichkeit f (a. Bemerkung etc)

in·clem·ent [ɪn'klemənt] Adj 1. rau, unfreundlich (Klima) 2. hart, unerbittlich

in·cli·na·tion [ˌɪnklɪ'neɪʃn] s 1. Neigung f, fig a. Hang m 2. fig Zuneigung f (for zu) 3. Gefälle n **in·cline** [ˌ-'klaɪn] I v/i 1. sich neigen (to, toward[s] nach) 2. fig neigen (to, toward[s] zu) II v/t 3. Kopf etc neigen 4. fig veranlassen, bewegen (to zu; to do zu tun) III s 5. Gefälle n 6. (Ab)Hang m **in·clined** Adj geneigt (a. fig): be ~ to do s.th. dazu neigen, etw zu tun

in·close, in·clo·sure → **enclose, enclosure**

▸ **in·clude** [ɪn'kluːd] v/t 1. einschließen, -beziehen, -rechnen (in in Akk): tax ~d einschließlich od inklusive Steuer 2. erfassen, aufnehmen: be ~d on the list auf der Liste stehen **in·clud·ing** Präp einschließlich

in·clu·sion [ɪn'kluːʒn] s Einschluss m, Einbeziehung f (in in Akk) **in·clu·sive**

[-sɪv] *Adj* **1.** einschließlich, inklusive (*of Gen*): **be ~ of** einschließen (*Akk*) **2.** Pauschal...: **~ price**

in·cog·ni·to [ˌɪnkɒɡ'niːtəʊ] **I** *Adv* inkognito **II** *Pl* **-tos** *s* Inkognito *n*: **pre-serve** (*disclose, reveal*) **one's ~** sein Inkognito wahren (lüften)

in·co·her·ent [ˌɪnkəʊ'hɪərənt] *Adj* (logisch) unzusammenhängend

▸ **in·come** ['ɪnkʌm] *s* Einkommen *n* (*from* aus) **~ brack·et, ~ group** *s* Einkommensgruppe *f* **~ tax** *s* Einkommenssteuer *f*

in·com·ing ['ɪnˌkʌmɪŋ] *Adj* **1.** hereinkommend **2.** ankommend (*Telefongespräch etc*), nachfolgend, neu (*Mieter, Regierung etc*) wɪʀTSCH eingehend, -laufend: **~ orders** *Pl* Auftragseingänge *Pl*; **~ mail** Posteingang *m*

in·com·men·su·ra·ble [ˌɪnkə'menʃərəbl] *Adj* **1.** nicht vergleichbar (**with** mit) **2.** unangemessen, unverhältnismäßig ˌ**in·com'men·su·rate** [-rət] *Adj* **1.** unangemessen, nicht entsprechend (**with, to** *Dat*) **2.** → *incommensurable*

in·com·mu·ni·ca·do [ˌɪnkəmjuːniˈkɑːdəʊ] *Adj*: **be ~** nicht zu sprechen *od* von der Außenwelt abgeschnitten sein

in·com·mu·ni·ca·tive [ˌɪnkə'mjuːnɪkətɪv] *Adj* nicht mitteilsam, verschlossen

in·com·pa·ra·ble [ɪn'kɒmpərəbl] *Adj* **1.** unvergleichlich **2.** unvergleichbar (**with, to** mit)

in·com·pat·i·ble [ˌɪnkəm'pætəbl] *Adj* **1.** unvereinbar **2.** unverträglich, MED *a.* inkompatibel: **be ~** (**with**) sich nicht vertragen (mit), nicht zs.-passen (mit) **3.** ɪT inkompatibel

in·com·pe·tence [ɪn'kɒmpɪtəns] *s* **1.** Unfähigkeit *f* **2.** JUR, *a. weit. S.* Nichtzuständigkeit *f*, Inkompetenz *f* ɪn·'**com·pe·tent** *Adj* **1.** unfähig (**to do** zu tun) **2.** JUR, *a. weit. S.* unzuständig, inkompetent

in·com·plete [ˌɪnkəm'pliːt] *Adj* **1.** unvollständig **2.** unvollzählig **3.** unvollendet

in·com·pre·hen·si·ble [ɪnˌkɒmprɪ'hensəbl] *Adj* unbegreiflich, unverständlich ɪn·ˌ**com·pre'hen·si·bly** *Adv* unverständlicherweise ɪn·ˌcom·pre·'**hen·sion** *s* Unverständnis *n*

in·con·ceiv·a·ble [ˌɪnkən'siːvəbl] *Adj*

1. unbegreiflich, unfassbar **2.** undenkbar, unvorstellbar (**to** für): **it is ~ to me that** ich kann mir nicht vorstellen, dass

in·con·clu·sive [ˌɪnkən'kluːsɪv] *Adj* **1.** nicht überzeugend *od* schlüssig **2.** ergebnis-, erfolglos

in·con·gru·i·ty [ˌɪnkɒŋ'ɡruːətɪ] *s* **1.** Nichtübereinstimmung *f* **2.** Unvereinbarkeit *f* ɪn·**con'gru·ous** [-ɡrʊəs] *Adj* **1.** nicht übereinstimmend **2.** unvereinbar

in·con·se·quent [ɪn'kɒnsɪkwənt] *Adj* **1.** inkonsequent, unlogisch **2.** belanglos

in·con·sid·er·a·ble [ˌɪnkən'sɪdərəbl] *Adj* **1.** gering(fügig) **2.** unbedeutend, unwichtig (*a.* Person)

in·con·sid·er·ate [ˌɪnkən'sɪdərət] *Adj* **1.** rücksichtslos (**to, toward[s]** gegen) **2.** unbesonnen, (*Handlung a.*) unüberlegt

in·con·sist·ent [ˌɪnkən'sɪstənt] *Adj* **1.** inkonsequent **2.** unvereinbar (**with** mit) **3.** widersprüchlich

in·con·sol·a·ble [ˌɪnkən'səʊləbl] *Adj* untröstlich

in·con·spic·u·ous [ˌɪnkən'spɪkjʊəs] *Adj* unauffällig

in·con·stant [ɪn'kɒnstənt] *Adj* **1.** unbeständig **2.** wankelmütig

in·con·test·a·ble [ˌɪnkən'testəbl] *Adj* unanfechtbar

in·con·ti·nent [ɪn'kɒntɪnənt] *Adj* **1.** unmäßig, zügellos **2.** MED inkontinent

in·con·tro·vert·i·ble [ˌɪnkɒntrə'vɜːtəbl] *Adj* **1.** unbestreitbar, unstreitig **2.** unanfechtbar

in·con·ven·ience [ˌɪnkən'viːnjəns] **I** *s* **1.** Unbequemlichkeit *f* **2.** Ungelegenheit *f*; Unannehmlichkeit *f*: **put to ~, be an ~ to →** 4 **II** *v/t* **3.** *j-m* lästig sein *od* zur Last fallen **4.** *j-m* Ungelegenheiten bereiten *od* Umstände machen ˌ**in·con'ven·ient** *Adj* **1.** unbequem (**to** für) **2.** ungelegen, lästig (**to** für): **at an ~ time** ungelegen

in·cor·po·rate [ɪn'kɔːpəreɪt] **I** *v/t* **1.** vereinigen, zs.-schließen **2.** *Staatsgebiet* eingliedern; *Ort* eingemeinden **3.** WIRTSCH, JUR als (*Am* Aktien)Gesellschaft eintragen (lassen): **~d company** *Am* Aktiengesellschaft *f* **4.** in sich schließen, enthalten **II** *v/i* **5.** sich zs.-schließen (**with** mit) ɪn·ˌ**cor·po·ra·tion**

s **1.** Vereinigung *f*, Zs.-schluss *m* **2.** Eingliederung *f*; Eingemeindung *f* **3.** WIRTSCH, JUR Eintragung *f* als (*Am* Aktien)Gesellschaft: → **article** 4

in·cor·rect [ˌɪnkəˈrekt] *Adj* inkorrekt: **a)** unrichtig, **b)** ungehörig

in·cor·ri·gi·ble [ɪnˈkɒrɪdʒəbl] *Adj* unverbesserlich

in·cor·rupt·i·ble [ˌɪnkəˈrʌptəbl] *Adj* **1.** unbestechlich **2.** unverderblich (*Speisen*)

▸ in·crease [ɪnˈkriːs] **I** *v/i* zunehmen, (an)wachsen, (*Preise*) steigen, anziehen: ~ *in price* (*value*) teurer (wertvoller) werden; → **threefold** II, **fourfold** II, *etc* **II** *v/t* vergrößern, -mehren, erhöhen: → **threefold** II, **fourfold** II, *etc* **III** *s* [ˈɪnkriːs] Vergrößerung *f*, -mehrung *f*, Erhöhung *f*, Zunahme *f*, (An)Wachsen *n*: *be on the* ~ zunehmen; ~ *in population* Bevölkerungszunahme, -zuwachs *m*; ~ *in value* Wertsteigerung *f*, -zuwachs *m* in·creas·ing·ly *Adv* immer mehr: ~ *clear* immer klarer

in·cred·i·ble [ɪnˈkredəbl] *Adj* **1.** unglaublich (*a.* F *unerhört etc*), hanebüchen **2.** unglaubwürdig

in·cred·u·lous [ɪnˈkredjʊləs] *Adj* ungläubig

in·cre·ment [ˈɪnkrɪmənt] *s* (WIRTSCH Gewinn)Zuwachs *m*, Zunahme *f*

in·crim·i·nate [ɪnˈkrɪmɪneɪt] *v/t* belasten in·crim·i·nat·ing *Adj* belastend, Belastungs...

in·cu·ba·tor [ˈɪnkjʊbeɪtə] *s* MED Brutkasten *m*

in·cul·cate [ˈɪnkʌlkeɪt] *v/t*: ~ *s.th. in(to) s.o.*, ~ *s.o. with s.th.* j-m etw einschärfen

in·cur [ɪnˈkɜː] *v/t* sich *etw* zuziehen, auf sich laden: ~ *debts* Schulden machen; ~ *losses* Verluste erleiden

in·cur·a·ble [ɪnˈkjʊərəbl] *Adj* MED unheilbar, *fig a.* unverbesserlich

in·cur·sion [ɪnˈkɜːʃn] *s* **1.** (feindlicher) Einfall: *make an* ~ *into* einfallen in (*Akk*, *Dat*) **2.** Eindringen *n* (*into* in *Akk*) (*a. fig*)

in·debt·ed [ɪnˈdetɪd] *Adj* **1.** verschuldet (*to* bei): *be* ~ *to s.o.* a. bei j-m Schulden haben, j-m Geld schulden **2.** (zu Dank) verpflichtet (*to s.o.* j-m): *I am greatly* ~ *to you for* ich bin Ihnen zu großem Dank verpflichtet für, ich stehe tief

in Ihrer Schuld wegen in·debt·ed·ness *s* **1.** Verschuldung *f* **2.** Dankesschuld *f* (*to* gegenüber)

in·de·cen·cy [ɪnˈdiːsnsɪ] *s* **1.** Unanständigkeit *f*, Anstößigkeit *f*, Zote *f* **3.** Unschicklichkeit *f* in·de·cent *Adj* **1.** unanständig, anstößig, JUR unzüchtig: → **assault** 3 **2.** unschicklich, ungehörig **3.** ungebührlich: ~ *haste* unziemliche Hast

in·de·ci·pher·a·ble [ˌɪndɪˈsaɪfərəbl] *Adj* nicht zu entziffern(d), unentzifferbar

in·de·ci·sion [ˌɪndɪˈsɪʒn] *s* Unentschlossenheit *f*, Unschlüssigkeit *f* in·de·ci·sive [ˌ-ˈsaɪsɪv] *Adj* **1.** nicht entscheidend; noch nicht entschieden, unentschieden **2.** unentschlossen, unschlüssig **3.** unbestimmt, ungewiss ,in·de·ci·sive·ness *s* → **indecision**

in·dec·o·rous [ɪnˈdekərəs] *Adj* unschicklich, ungehörig

in·deed [ɪnˈdiːd] **I** *Adv* **1.** in der Tat, tatsächlich, wirklich: *thank you very much* ~ vielen herzlichen Dank **2.** *fragend*: wirklich?, tatsächlich?: *I saw him yesterday*. *did you* ~? **3.** allerdings, freilich; zwar **II** *Interj* **4.** ach wirklich?, was Sie nicht sagen!

in·de·fat·i·ga·ble [ˌɪndɪˈfætɪgəbl] *Adj* unermüdlich

in·de·fen·si·ble [ˌɪndɪˈfensəbl] *Adj* **1.** MIL unhaltbar (*a. fig*) **2.** nicht zu rechtfertigen(d), unentschuldbar

in·de·fin·a·ble [ˌɪndɪˈfaɪnəbl] *Adj* unbestimmbar, undefinierbar

in·def·i·nite [ɪnˈdefɪnət] *Adj* **1.** unbestimmt (*a.* LING): ~ *article*; ~ *pronoun* Indefinitpronomen *n*, unbestimmtes Fürwort **2.** unbegrenzt, unbeschränkt: ~*ly a.* auf unbestimmte Zeit

in·del·i·ble [ɪnˈdeləbl] *Adj* unauslöschlich (*a. fig*): ~ *ink* Zeichen-, Kopiertinte *f*

in·del·i·cate [ɪnˈdelɪkət] *Adj* **1.** taktlos **2.** unanständig, anstößig **3.** unfein, grob

in·dem·ni·fy [ɪnˈdemnɪfaɪ] *v/t* **1.** entschädigen, *j-m* Schadenersatz leisten (*for* für) **2.** absichern (*from*, *against* gegen) in·dem·ni·ty *s* **1.** Entschädigung *f* **2.** Absicherung *f*

in·dent **I** *v/t* [ɪnˈdent] **1.** (ein)kerben, auszacken **2.** *Zeile* einrücken, -ziehen

II s ['ɪndent] **3.** Kerbe f, Auszackung f **4.** Einrückung f, -zug m

in·de·pend·ence [ˌɪndɪˈpendəns] s Unabhängigkeit f (**from** von) (a. POL), Selbstständigkeit f; ℒ **Day** Am Unabhängigkeitstag m (4. Juli)

▸ **in·de·pen·dent** [ˌɪndɪˈpendənt] Adj **1.** unabhängig (**of** von) (a. POL), selbstständig **2.** finanziell unabhängig: **be ~** auf eigenen Füßen stehen **3.** PARL parteit-, fraktionslos

in·depth Adj tief schürfend, gründlich

in·de·scrib·a·ble [ˌɪndɪˈskraɪbəbl] Adj unbeschreiblich

in·de·struct·i·ble [ˌɪndɪˈstrʌktəbl] Adj unzerstörbar

in·de·ter·mi·na·ble [ˌɪndɪˈtɜːmɪnəbl] Adj unbestimmbar **in·de·ter·mi·nate** [-nət] Adj **1.** unbestimmt (a. MATHE) **2.** ungewiss, unsicher

in·dex ['ɪndeks] **I** Pl **in·dex·es, in·di·ces** ['-dɪsiːz] s **1.** Index m, (Stichwort- etc)Verzeichnis n, (Sach)Register m, Kartei f **3.** WIRTSCH Index m **4.** MATHE Exponent m; Index m, Kennziffer f **5.** fig (**of, to**) (An)Zeichen n (von od für od Gen); Hinweis m (auf Akk); Gradmesser m (für od Gen): **be an ~ of** a. etw aufzeigen, hinweisen od -deuten auf (Akk) **II** v/t **6.** in e-n (Verz)Index aufführen **7.** karteimäßig erfassen **8.** COMPUTER indexieren **~ card** s Karteikarte f **~ed** → **index-linked ~ fin·ger** s Zeigefinger m **,~·linked** Adj WIRTSCH indexgebunden, Index...

▸ **In·dia** ['ɪndjə] Eigenn Indien n

▸ **In·di·an** ['ɪndjən] **I** Adj **1.** indisch **2.** indianisch, Indianer... **II** s **3.** Inder(in) **4.** Indianer(in) **~ club** s SPORT Keule f **~ corn** s Mais m **~ file I** s: **in ~** → **II II** Adv im Gänsemarsch **~ sum·mer** s Altweiber-, Nachsommer m

In·di·a rub·ber s ['ɪndjə] s **1.** Kautschuk m, Gummi m, n **2.** Radiergummi m

in·di·cate ['ɪndɪkeɪt] v/t **1.** deuten od zeigen auf (Akk) **2.** fig hinweisen od -deuten auf (Akk); zu erkennen od verstehen geben **3.** **be ~d** angebracht od angezeigt sein **4.** TECH anzeigen **,in·di·'ca·tion** s **1.** (**of**) (An)Zeichen n (für); Hinweis m (auf Akk); Andeutung f (Gen): **there is every ~ that** alles deutet darauf hin, dass **2.** MED Indikation f **3.** TECH Anzeige f **in·dic·a·tive** [ɪnˈdɪkə-

tɪv] **I** Adj **1.** **be ~ of** → **indicate** 2 **2.** LING indikativisch: **~ mood** → **3 II** s **3.** LING Indikativ m **in·di·ca·tor** ['-keɪtə] s **1.** Statistik etc: Indikator m **2.** TECH Anzeiger m **3.** MOT Blinker m

in·di·ces ['ɪndɪsiːz] Pl von **index**

in·dict [ɪnˈdaɪt] v/t JUR anklagen (**for** wegen) **in'dict·ment** s **1.** Anklage f **2.** a. **bill of ~** Anklageschrift f

in·dif·fer·ence [ɪnˈdɪfrəns] s **1.** Gleichgültigkeit f, Indifferenz f **2.** Mittelmäßigkeit f **in'dif·fer·ent** Adj **1.** gleichgültig, indifferent (**to** gegen[über]): **he is ~ to it** es ist ihm gleichgültig **2.** mittelmäßig

in·dig·e·nous [ɪnˈdɪdʒɪnəs] Adj **1.** einheimisch (**to** in Dat) (a. BOT, ZOOL) **2.** fig angeboren (**to** Dat)

in·di·gest·i·ble [ˌɪndɪˈdʒestəbl] Adj unverdaulich, schwer verdaulich (a. fig) **,in·di·'ges·tion** s MED Magenverstimmung f, verdorbener Magen

in·dig·nant [ɪnˈdɪgnənt] Adj entrüstet, empört (**at** s.th., **with** s.o. über Akk): **become ~** sich entrüsten **,in·dig·na·tion** s Entrüstung f, Empörung f: **fill with ~** entrüsten; **to my ~** zu m-r Entrüstung

in·di·rect [ˌɪndɪˈrekt] Adj allg indirekt: **by ~ means** fig auf Umwegen; **~ object** LING Dativobjekt n; **~ speech** (bes Am **discourse**) LING indirekte Rede

in·dis·cern·i·ble [ˌɪndɪˈsɜːnəbl] Adj nicht wahrnehmbar, unmerklich

in·dis·creet [ˌɪndɪˈskriːt] Adj **1.** unbesonnen, unbedacht **2.** indiskret **in·dis·cre·tion** [ˌ-ˈskreʃn] s **1.** Unbesonnenheit f **2.** Indiskretion f

in·dis·crim·i·nate [ˌɪndɪˈskrɪmɪnət] Adj **1.** nicht wählerisch; kritiklos **2.** wahl-, unterschiedslos; ungeordnet

in·dis·pen·sa·ble [ˌɪndɪˈspensəbl] Adj unentbehrlich (a. Person), unerlässlich (**to** für)

in·dis·posed [ˌɪndɪˈspəʊzd] Adj **1.** indisponiert, unpässlich **2.** abgeneigt (**to do** zu tun): **be ~ to do s.th.** a. etw nicht tun wollen **in·dis·po·si·tion** [ˌɪndɪspəˈzɪʃn] s **1.** Unpässlichkeit f **2.** Abgeneigtheit f (**to do** zu tun)

in·dis·pu·ta·ble [ˌɪndɪˈspjuːtəbl] Adj unstrittig, unstreitig

in·dis·so·lu·ble [ˌɪndɪˈsɒljʊbl] Adj **1.** unlöslich **2.** fig unauflösbar

in·dis·tinct [ˌɪndɪˈstɪŋkt] *Adj* **1.** undeutlich; unscharf **2.** verschwommen (*Erinnerung etc*)

in·dis·tin·guish·a·ble [ˌɪndɪˈstɪŋgwɪʃəbl] *Adj* nicht zu unterscheiden(d) (*from* von)

in·di·vid·u·al [ˌɪndɪˈvɪdʒʊəl] **I** *Adj* (→ *individually*) **1.** individuell, einzeln, Einzel…: ~ *case* Einzelfall *m* **2.** individuell, persönlich (*Stil etc*) **II** *s* **3.** Individuum *n* (*a. pej*); Einzelne *m*, *f* ˌin·diˈvid·u·al·ism *s* Individualismus *m* ˌin·diˈvid·u·al·ist **I** *s* Individualist(in) **II** *Adj* individualistisch ˈin·diˌvid·u·alˈis·tic *Adj* (~*ally*) individualistisch ˈin·diˌvid·u·alˈi·ty *s* Individualität *f* ˌin·diˈvid·u·al·ize [-əlaɪz] *v/t* **1.** individualisieren **2.** individuell gestalten ˌin·diˈvid·u·al·ly *Adv* **1.** individuell **2.** einzeln, jede(r, -s) für sich

in·di·vis·i·ble [ˌɪndɪˈvɪzəbl] *Adj* unteilbar

in·doc·tri·nate [ɪnˈdɒktrɪneɪt] *v/t* **1.** *pej bes* POL indoktrinieren **2.** unterweisen, schulen (*in* in *Dat*) inˌdoc·triˈna·tion *s* **1.** Indoktrination *f* **2.** Unterweisung *f*, Schulung *f*

in·do·lence [ˈɪndələns] *s* Trägheit *f* ˈin·do·lent *Adj* träg

in·dom·i·ta·ble [ɪnˈdɒmɪtəbl] *Adj* **1.** unbezähmbar, nicht unterzukriegen(d) **2.** unbeugsam

In·do·ne·sia [ˌɪndəʊˈniːzjə] *Eigenn* Indonesien *n*

in·door [ˈɪndɔː] *Adj* Haus…, Zimmer…, (*Sport*) Hallen…: ~ *aerial* (*bes Am* ~ *antenna*) Zimmerantenne *f*; ~ *shot* FOTO Innenaufnahme *f*; ~ *swimming pool* Hallenbad *n*; ~ *tournament* Hallenturnier *n*

▸ in·doors [ˌɪnˈdɔːz] *Adv* **1.** im Haus, drinnen **2.** ins Haus (hinein) **3.** SPORT in der Halle

in·du·bi·ta·ble [ɪnˈdjuːbɪtəbl] *Adj* unzweifelhaft, *Adv a.* zweifel-, fraglos

in·duce [ɪnˈdjuːs] *v/t* **1.** *j-n* veranlassen, bewegen (*to do* zu tun) **2.** herbeiführen, verursachen, auslösen: ~ *labo(u)r* MED die Geburt einleiten **3.** ELEK *etc* induzieren: ~*d current* Induktionsstrom *m* inˈduce·ment *s* Veranlassung *f*; Anreiz *m*: ~ *to buy* Kaufanreiz

in·duc·tion [ɪnˈdʌkʃn] *s* **1.** Auslösung *f* **2.** ELEK *etc* Induktion *f*

in·dulge [ɪnˈdʌldʒ] **I** *v/t* **1.** nachsichtig sein gegen: ~ *o.s. in s.th.* → 4 **2.** *Kinder* verwöhnen **3.** *e-r Neigung etc* nachgeben, frönen **II** *v/i* **4.** ~ *in s.th.* sich etw gönnen *od* leisten **5.** (*in*) schwelgen (in *Dat*), frönen (*Dat*) inˈdul·gence *s* **1.** Nachsicht *f* **2.** Verwöhnung *f* **3.** Schwelgen *n* (*in* in *Dat*) **4.** Luxus *m*; Genuss *m* inˈdul·gent *Adj* nachsichtig (*to* gegen)

▸ in·dus·tri·al [ɪnˈdʌstrɪəl] *Adj* **1.** industriell, Industrie…: ~ *action Br* Arbeitskampf *m*; ~ *espionage* Industrie-, Werkspionage *f*; ~ *estate Br* Industriegebiet *n*; ~ *tribunal* Arbeitsgericht *n* **2.** industrialisiert, Industrie… **3.** Betriebs… **4.** industriell erzeugt, Industrie…: ~ *products Pl* gewerbliche Erzeugnisse *Pl* inˈdus·tri·al·ist *s* Industrielle *m*, *f* inˈdus·tri·al·ize *v/t* industrialisieren: ~*d country* Industrieland *n*

in·dus·tri·ous [ɪnˈdʌstrɪəs] *Adj* fleißig

▸ in·dus·try [ˈɪndəstrɪ] *s* **1.** Industrie *f*; Industrie(zweig *m*) *f*: *steel* ~ Stahlindustrie **2.** Fleiß *m*

in·ed·i·ble [ɪnˈedəbl] *Adj* ungenießbar

in·ef·fec·tive [ˌɪnɪˈfektɪv], in·ef·fec·tu·al [ˌ-ˈfektʃʊəl] *Adj* **1.** unwirksam, wirkungslos **2.** unfähig, untauglich

in·ef·fi·cient [ˌɪnɪˈfɪʃnt] *Adj* ineffizient: **a)** untüchtig, **b)** unrationell, unwirtschaftlich

in·el·e·gant [ɪnˈelɪgənt] *Adj* unelegant

in·el·i·gi·ble [ɪnˈelɪdʒəbl] *Adj* (*for*) nicht infrage kommend (für): **a)** ungeeignet, unannehmbar (für), **b)** nicht berechtigt *od* befähigt (zu): *be* ~ *for* keinen Anspruch haben auf (*Akk*), **c)** nicht teilnahmeberechtigt (an *Dat*), (*Sport a.*) nicht start- *od* spielberechtigt (für)

in·ept [ɪˈnept] *Adj* **1.** unpassend **2.** ungeschickt, unbeholfen; unfähig

in·e·qual·i·ty [ˌɪnɪˈkwɒlətɪ] *s* Ungleichheit *f*, Verschiedenheit *f*

in·eq·ui·ta·ble [ɪnˈekwɪtəbl] *Adj* ungerecht inˈeq·ui·ty [ˌ-wətɪ] *s* Ungerechtigkeit *f*

in·e·rad·i·ca·ble [ˌɪnɪˈrædɪkəbl] *Adj* unausrottbar (*a. fig*)

in·ert [ɪˈnɜːt] *Adj* PHYS träg (*a. fig*) in·er·tia [ɪˈnɜːʃə] *s* Trägheit *f*

in·es·cap·a·ble [ˌɪnɪˈskeɪpəbl] *Adj* unvermeidlich: **a)** unabwendbar, **b)** unweigerlich

in·es·sen·tial [,ınıˈsenʃl] **I** *Adj* unwesentlich **II** *s etw* Unwesentliches, Nebensache *f*

in·es·ti·ma·ble [ınˈestıməbl] *Adj* unschätzbar

in·ev·i·ta·ble [ınˈevıtəbl] **I** *Adj* unvermeidlich **II** *s das* Unvermeidliche

in·ex·act [,ınıgˈzækt] *Adj* ungenau

in·ex·cus·a·ble [,ınıkˈskjuːzəbl] *Adj* unverzeihlich, unentschuldbar

in·ex·haust·i·ble [,ınıgˈzɔːstəbl] *Adj* unerschöpflich (*Thema etc*)

in·ex·o·ra·ble [ınˈeksərəbl] *Adj* unerbittlich

in·ex·pe·di·ent [,ınıkˈspiːdjənt] *Adj* **1.** nicht ratsam, unangebracht **2.** unzweckmäßig

in·ex·pen·sive [,ınıkˈspensıv] *Adj* billig, nicht teuer

in·ex·pe·ri·ence [,ınıkˈspıərıəns] *s* Unerfahrenheit *f*, **in·ex·pe·ri·enced** *Adj* unerfahren

in·ex·pert [ınˈekspɜːt] *Adj* **1.** unerfahren (*at, in* in *Dat*) **2.** unfachmännisch **3.** ungeschickt, unbeholfen (*at, in* in *Dat*)

in·ex·pli·ca·ble [,ınıkˈsplıkəbl] *Adj* unerklärlich

in·ex·press·i·ble [,ınıkˈspresəbl] *Adj* unaussprechlich, unsäglich

in·ex·tin·guish·able [,ınıkˈstıŋgwıʃəbl] *Adj* **1.** unlöschbar **2.** *fig* unauslöschlich

in·ex·tri·ca·ble [ınˈekstrıkəbl] *Adj* **1.** unentwirrbar (*a. fig*) **2.** *fig* ausweglos

in·fal·li·bil·i·ty [ın,fælə'bılıtı] *s* Unfehlbarkeit *f* (*a.* REL) **in·fal·li·ble** *Adj* unfehlbar **in·fal·li·bly** *Adv* **1.** unfehlbar **2.** F todsicher, ganz bestimmt

in·fa·mous [ˈınfəməs] *Adj* **1.** verrufen, berüchtigt (*for* wegen) **2.** infam, niederträchtig **ˈin·fa·my** *s* **1.** Verrufenheit *f* **2.** Infamie *f*: **a)** Niedertracht *f*, **b)** niederträchtige Handlung

in·fan·cy [ˈınfənsı] *s* frühe Kindheit, *bes* Säuglingsalter *n*: **be still in its ~** *fig* noch in den Anfängen *od* Kinderschuhen stecken **ˈin·fant I** *s* Säugling *m*; kleines Kind **II** *Adj* Säuglings…: **~ mortality** Säuglingssterblichkeit *f*; **~ prodigy** Wunderkind *n*

in·fan·ti·cide [ınˈfæntısaıd] *s* **1.** Kindes-, Kindstötung *f* **2.** Kind(es)-, Kindermörder(in)

in·fan·tile [ˈınfəntaıl] *Adj* **1.** infantil, kindisch **2.** kindlich **3.** Kinder…, Kindes…

in·fan·try [ˈınfəntrı] *s* MIL Infanterie *f* **~·man** [ˈ-mən] *s* (*unreg* **man**) Infanterist *m*

in·farct [ınˈfɑːkt] *s* MED Infarkt *m*

in·fat·u·at·ed [ınˈfætjʊeıtıd] *Adj* vernarrt (*with* in *Akk*)

in·fect [ınˈfekt] *v/t* **1.** MED infizieren, anstecken (*with* mit; *by* durch): **become ~ed** sich anstecken **2.** *Luft* verpesten; *fig Atmosphäre* vergiften **3.** *fig* anstecken (*with* mit)

▸ **in·fec·tion** [ınˈfekʃn] *s* **1.** MED Infektion *f*, Ansteckung *f* **2.** Verpestung *f*; *fig* Vergiftung *f*

▸ **in·fec·tious** [ınˈfekʃəs] *Adj* MED ansteckend (*a. fig Lachen etc*), infektiös: **~ disease** Infektionskrankheit *f*; **be ~** *fig* ansteckend sein

in·fe·lic·i·tous [,ınfıˈlısıtəs] *Adj* unglücklich (*a. fig Ausdruck etc*)

in·fer [ınˈfɜː] *v/t* **1.** schließen, folgern (*from* aus) **in·fer·ence** [ˈınfərəns] *s* (Schluss)Folgerung *f*, (Rück)Schluss *m*

in·fe·ri·or [ınˈfıərıə] *Adj* **1.** (*to*) untergeordnet (*Dat*), niedriger (als): **be ~ to s.o.** j-m untergeordnet sein; j-m unterlegen sein **2.** weniger wert (*to* als) **3.** minderwertig, mittelmäßig **II** *s* **4.** Untergebene *m, f* **in·fe·ri·or·i·ty** [-ˈɒrətı] *s* **1.** Unterlegenheit *f* **2.** Minderwertigkeit *f*, Mittelmäßigkeit *f*: **~ complex** PSYCH Minderwertigkeitskomplex *m*

in·fer·nal [ınˈfɜːnl] *Adj* **1.** höllisch, Höllen…, infernalisch **2.** teuflisch **in·fer·no** [-nəʊ] *Pl* **-nos** *s* Inferno *n*, Hölle *f*

in·fer·tile [ınˈfɜːtaıl] *Adj* unfruchtbar **in·fer·til·i·ty** [,ınfəˈtılətı] *s* Unfruchtbarkeit *f*

in·fest [ınˈfest] *v/t* **1.** verseuchen, befallen (*Parasiten etc*): **~ed with lice** verlaust **2.** *fig* überschwemmen, -laufen: **be ~ed with** wimmeln von

in·fi·del [ˈınfıdəl] REL **I** *s* Ungläubige *m, f* **II** *Adj* ungläubig **in·fi·del·i·ty** [,-ˈdelətı] *s* (*bes eheliche*) Untreue

in·fight·ing [ˈın,faıtıŋ] *s* **1.** Boxen: Infight *m*, Nahkampf *m* **2.** (partei- *etc*)interne Kämpfe *Pl od* Streitereien *Pl*

in·fil·trate [ˈınfıltreıt] *v/t* **1.** einsickern in (*Akk*) **2.** einschleusen, -schmuggeln (*into* in *Akk*) **3.** POL unterwandern **II**

v/i **4.** einsickern (*into* in *Akk*) **in·fil·'tra·tion** *s* 1. Einsickern *n* 2. POL Unterwanderung *f*

in·fi·nite ['ɪnfɪnət] *Adj* 1. unendlich (*a.* MATHE), grenzenlos 2. gewaltig, ungeheuer **in·fin·i·tes·i·mal** [ˌ‚ɪnɪ'tesɪml] *Adj* 1. unendlich klein 2. MATHE infinitesimal: ~ *calculus* Infinitesimalrechnung *f* **in·fin·i·tive** [-ətɪv] *s* LING Infinitiv *m* **in·fin·i·ty** *s* 1. Unendlichkeit *f*, Grenzenlosigkeit *f* 2. unendliche Menge *od* Größe (*a.* MATHE)

in·firm [ɪn'fɜːm] *Adj* schwach, gebrechlich **in·fir·ma·ry** *s* 1. Krankenhaus *n* 2. Krankenzimmer *n*, -stube *f* (*in Internat etc*) **in·fir·mi·ty** *s* Schwäche *f*, Gebrechlichkeit *f*; Gebrechen *n*

in·flame [ɪn'fleɪm] *v/t* 1. entzünden (*a.* MED): *become* ~*d* sich entzünden 2. *fig* Gefühle *etc* entfachen, -flammen; *j-n* entflammen, erregen: ~*d with rage* wutentbrannt

in·flam·ma·ble [ɪn'flæməbl] *Adj* 1. brennbar, leicht entzündlich; feuergefährlich 2. *fig* reizbar, leicht erregbar **in·flam·ma·tion** [ˌɪnflə'meɪʃn] *s* MED Entzündung *f* **in·flam·ma·to·ry** [ɪn-'flæmətərɪ] *Adj* 1. MED entzündlich 2. *fig* aufrührerisch, Hetz...

in·flate [ɪn'fleɪt] *v/t* aufblasen, *Reifen etc* aufpumpen **in·flat·ed** *Adj* 1. aufgeblasen: ~ *with pride fig* stolzgeschwellt 2. *fig* schwülstig, bombastisch **in·fla·tion** [-ʃn] *s* 1. Aufblasen *n*, -pumpen *n* 2. WIRTSCH Inflation *f*: *rate of* ~ Inflationsrate *f* **in·fla·tion·ar·y** *Adj* WIRTSCH Inflations..., inflationär

in·flect [ɪn'flekt] *v/t* 1. beugen 2. LING flektieren, beugen **in·flec·tion** *s* 1. Beugung *f* 2. LING Flexion *f*, Beugung *f*

in·flex·i·ble [ɪn'fleksəbl] *Adj* inflexibel: **a)** unbiegsam, **b)** *fig* unbeweglich

in·flex·ion *bes Br* → **inflection**

in·flict [ɪn'flɪkt] *v/t* (*on*) 1. *Leid, Schaden etc* zufügen (*Dat*), *Niederlage, Wunde etc* beibringen (*Dat*); *Strafe* auferlegen (*Dat*), verhängen (über *Akk*) 2. aufbürden (*Dat*): ~ *o.s. on so.* sich j-m aufdrängen **in·flic·tion** *s* 1. Zufügung *f*; Auferlegung *f* 2. Plage *f*, Last *f*

'**in·flight** *Adj* FLUG 1. Bord...: ~ *catering* Bordverpflegung *f* 2. während des Flugs

in·flow ['ɪnfləʊ] → *influx*

▸ **in·flu·ence** ['ɪnflʊəns] **I** *s* Einfluss *m* (*on, over* auf *Akk*; *with* bei): *be under s.o.'s* ~ unter j-s Einfluss stehen; *under the* ~ *of drink* (*od alcohol*) unter Alkoholeinfluss; *under the* ~ F alkoholisiert **II** *v/t* beeinflussen **in·flu·en·tial** [ˌ-'enʃl] *Adj* einflussreich

▸ **in·flu·en·za** [ˌɪnflʊ'enzə] *s* MED Grippe *f*

in·flux ['ɪnflʌks] *s* Zustrom *m* (*a. fig*), (WIRTSCH *Kapital- etc*)Zufluss *m*

in·fo ['ɪnfəʊ] F → *information*

▸ **in·form** [ɪn'fɔːm] **I** *v/t* (*of, about*) benachrichtigen, unterrichten (von), informieren (über *Akk*): *keep s.o.* ~*ed* j-n auf dem Laufenden halten; ~ *s.o. that* j-n davon in Kenntnis setzen, dass **II** *v/i*: ~ *against* (*od on*) *s.o.* j-n anzeigen; *pej* j-n denunzieren

in·for·mal [ɪn'fɔːml] *Adj* 1. formlos, JUR *a.* formfrei 2. zwanglos, ungezwungen 3. inoffiziell

in·form·ant [ɪn'fɔːmənt] *s* 1. Informant(in), Gewährsmann *m* 2. → *informer*

in·for·mat·ics [ˌɪnfə'mætɪks] *s Sg* Informatik *f*

▸ **in·for·ma·tion** [ˌɪnfə'meɪʃn] *s* 1. Benachrichtigung *f*, Unterrichtung *f*; Nachricht *f*, Mitteilung *f*, Bescheid *m* 2. Auskünfte *Pl*, Auskunft *f*, Information *f*: *for your* ~ zu Ihrer Information *od* Kenntnisnahme 3. *Koll* Nachrichten *Pl*, Informationen *Pl*: *bit* (*od piece*) *of* ~ Nachricht *f*, Information *f* 4. *Koll* Erkundigungen *Pl*: *gather* ~ Erkundigungen einziehen ~ *high·way* *s* Datenautobahn *f* ~ *sci·en·tist* *s* Informatiker(in) ~ *tech·nol·o·gy* *s* Informationstechnologie *f*

in·form·a·tive [ɪn'fɔːmətɪv] *Adj* informativ, aufschlussreich **in·form·er** *s* 1. Denunziant(in) 2. Spitzel *m*

in·fo·tain·ment [ˌɪnfə'teɪnmənt] *s* Infotainment *n*

in·fra·|dig [ˌɪnfrə'dɪg] *Adj*: *it is* ~ *for him* F es ist unter s-r Würde (*to do* zu tun) ~·'red *Adj* PHYS infrarot '~·struc·ture *s* Infrastruktur *f*

in·fre·quent [ɪn'friːkwənt] *Adj* 1. selten 2. spärlich

in·fringe [ɪn'frɪndʒ] *v/t u. v/i* (~ *on*) *Gesetz, Vertrag etc* brechen, verletzen, ver-

stoßen gegen **in'fringe·ment** s Verletzung f; Verstoß m (**of** gegen)

in·fu·ri·ate [ɪn'fjʊərɪeɪt] v/t wütend machen

in·fuse [ɪn'fjuːz] v/t **1.** *Tee etc* aufgießen; ziehen lassen **2.** *fig* Mut etc einflößen (**into** Dat); j-n erfüllen (**with** mit) **in'fu·sion** [ʒn] s **1.** MED Infusion f **2.** Aufguss m **3.** *fig* Einflößung f

in·gen·ious [ɪn'dʒiːnjəs] Adj genial: **a)** erfinderisch, einfallsreich, **b)** sinnreich, raffiniert **in·ge·nu·i·ty** [ˌɪndʒɪ'njuːəti] s Genialität f, Einfallsreichtum m

in·gen·u·ous [ɪn'dʒenjʊəs] Adj **1.** offen(herzig), aufrichtig **2.** naiv, kindlich-unbefangen

in·gle·nook ['ɪŋɡlnʊk] s Br Kaminecke f

in·glo·ri·ous [ɪn'ɡlɔːrɪəs] Adj unrühmlich, schmählich

in·go·ing ['ɪn,ɡəʊɪŋ] Adj **1.** nachfolgend, neu (*Mieter etc*) **2.** ~ **mail** Posteingang m

in·got ['ɪŋɡət] s (*Gold- etc*)Barren m

in·gra·ti·ate [ɪn'ɡreɪʃɪeɪt] v/t: ~ **o.s. with s.o.** sich bei j-m einschmeicheln **in·gra·ti·tude** [ɪn'ɡrætɪtjuːd] s Undank(barkeit f) m

in·gre·di·ent [ɪn'ɡriːdjənt] s **1.** Bestandteil m (*a. fig*) **2.** GASTR Zutat f

in·hab·it [ɪn'hæbɪt] v/t bewohnen **in-'hab·it·a·ble** Adj bewohnbar **in'hab·it·ant** s Einwohner(in) (*e-s Orts, Landes*), Bewohner(in) (*bes e-s Hauses*)

inhabitants

Für die Bewohner mancher größerer Städte gibt es eigene Bezeichnungen:

Stadt	Bewohner
Aberdeen	Aberdonian
Birmingham	*umgangssprachlich* Brummie
Boston (USA)	Bostonian
Glasgow	Glaswegian
Liverpool	Liverpudlian
Los Angeles	Angeleno
Manchester	Mancunian

in·hale [ɪn'heɪl] **I** v/t **1.** einatmen, MED a. inhalieren **II** v/i **2.** einatmen **3.** inhalieren, Lungenzüge machen

in·here [ɪn'hɪə] v/i innewohnen (**in** Dat) **in'her·ent** [-rənt] Adj innewohnend

in·her·it [ɪn'herɪt] v/t erben (**from** von) (a. fig) **in'her·i·tance** s Erbe n (a. fig): ~ **tax** Erbschaftssteuer f

in·hib·it [ɪn'hɪbɪt] v/t **1.** hemmen (a. PSYCH), (ver)hindern **2.** j-n hindern (**from** an Dat): ~ **s.o. from doing s.th.** j-n daran hindern, etw zu tun **in·hi·bi·tion** [ˌɪnhɪ'bɪʃn] s PSYCH Hemmung f

in·hos·pi·ta·ble [ˌɪnhɒ'spɪtəbl] Adj wenig gastfreundlich; unwirtlich

in·hu·man [ɪn'hjuːmən], **in·hu·mane** [ˌ-'meɪn] Adj inhuman, unmenschlich **in·hu·man·i·ty** [ˌ-'mænəti] s Unmenschlichkeit f

in·im·i·cal [ɪ'nɪmɪkl] Adj **1.** feindselig (**to** gegen) **2.** (**to**) nachteilig (für), abträglich (Dat)

in·im·i·ta·ble [ɪ'nɪmɪtəbl] Adj unnachahmlich

in·iq·ui·tous [ɪ'nɪkwɪtəs] Adj **1.** ungerecht **2.** schändlich **in'iq·ui·ty** s **1.** Ungerechtigkeit f **2.** Schändlichkeit f; Schandtat f

in·i·tial [ɪ'nɪʃl] **I** Adj anfänglich, Anfangs... **II** s Initiale f. (großer) Anfangsbuchstabe **III** v/t Prät u. Part Perf **-tialed**, bes Br **-tialled** abzeichnen, POL paraphieren **in'i·tial·ly** [-ʃəlɪ] Adv anfänglich, am Anfang **in·i·ti·ate I** v/t [ɪ'nɪʃɪeɪt] **1.** einleiten, ins Leben rufen **2.** j-n einführen (**into** in Akk): **a)** einweihen, **b)** aufnehmen, **c)** einarbeiten **II** s [-ʃɪət] **3.** Eingeweihte m, f **in-,i·ti·a·tion** s **1.** Einleitung f **2.** Einführung f: **a)** Einweihung f, **b)** Aufnahme f, **c)** Einarbeitung f **in'i·ti·a·tive** [-ətɪv] s Initiative f: **take the ~** die Initiative ergreifen; **on one's own ~** aus eigenem Antrieb **in'i·ti·a·tor** [-eɪtə] s Initiator(in), Urheber(in)

in·ject [ɪn'dʒekt] v/t MED injizieren, einspritzen (a. TECH): ~ **s.o. with s.th.** j-m etw spritzen; fig j-m etw einflößen **in-'jec·tion** s MED Injektion f: **a)** Einspritzung f (a. TECH), Spritze f, **b)** eingespritztes Medikament

in·junc·tion [ɪn'dʒʌŋkʃn] s **1.** JUR gerichtliches Verbot: (**interim**) ~ einstweilige Verfügung **2.** ausdrücklicher Befehl

▶ in·jure ['ɪndʒə] v/t **1.** verletzen: ~ **one's leg** sich am Bein verletzen **2.** fig kränken, verletzen **3.** fig schaden (Dat), schädigen **in·ju·ri·ous** [ɪn'dʒʊərɪəs] Adj schädlich (für), abträglich (Dat): **be** ~ (**to**) a. schaden (Dat)

▶ in·ju·ry ['ɪndʒərɪ] s **1.** MED Verletzung f (**to** an Dat): ~ **to the head** Kopfverletzung f, -wunde f **2.** fig Kränkung f, Verletzung f (**to** Gen) **in·ju·ry time** s SPORT Nachspielzeit f

in·jus·tice [ɪn'dʒʌstɪs] s Unrecht n, Ungerechtigkeit f: **do s.o. an** ~ j-m unrecht tun; **suffer an** ~ ungerecht behandelt werden

▶ ink [ɪŋk] s **1.** Tinte f **2.** Tusche f **3.** (Drucker)Schwärze f **ink-jet print·er** s COMPUTER Tintenstrahldrucker m

ink·ling ['ɪŋklɪŋ] s **1.** Andeutung f, Wink m **2.** dunkle Ahnung: **give s.o. an** ~ **of** (od **as to**) j-m e-e ungefähre Vorstellung geben von

'ink|·pad s Stempelkissen n ~ **stain** s Tintenklecks m, -fleck m

in·land **I** ['ɪnlənd] **1.** binnenländisch, Binnen... **2.** inländisch, einheimisch: ♀ **Revenue** Br F Finanzamt n **II** Adv [ɪn'lænd] **3.** landeinwärts

in-laws ['ɪnlɔːz] s Pl angeheiratete Verwandte Pl, eng. S. Schwiegereltern Pl

in·lay **I** v/t (unreg lay) [ˌɪn'leɪ] **1.** einlegen (**with** mit): **inlaid work** → 3 **2.** parkettieren: **inlaid floor** Parkett(fußboden m) n **II** s ['ɪnleɪ] **3.** Einlegearbeit f

in·let ['ɪnlet] s **1.** Eingang m **2.** Einlass m (a. TECH) **3.** schmale Bucht; Meeresarm m

'in-line| skat·er s Inlineskater(in) ~ **skates** Pl Inlineskates Pl ~ **skat·ing** s Inlineskaten n, Inlineskating n

in·mate ['ɪnmeɪt] s Insasse m, Insassin f (e-r Anstalt, e-s Gefängnisses etc)

in·most ['ɪnməʊst] Adj innerst

▶ inn [ɪn] s **1.** Gasthaus n, -hof m **2.** F Wirtshaus n

in·nards ['ɪnədz] s/Pl F Eingeweide Pl

in·nate [ˌɪ'neɪt] Adj angeboren (**in** Dat)

▶ in·ner ['ɪnə] Adj **1.** inner, Innen...: ~ **door** Innentür f; ~ **life** Innen-, Seelenleben n; ~ **man** Seele f; Geist m; hum Magen m **2.** fig tiefer, verborgen (Sinn etc) **in·ner·most** ['ˌməʊst] → **inmost**

'inn|keep·er s (Gast)Wirt(in)

in·no·cence ['ɪnəsəns] s Unschuld f: **a)** Schuldlosigkeit f, **b)** Unberührtheit f: **lose one's** ~ s-e Unschuld verlieren, **c)** Harmlosigkeit f, **d)** Arglosigkeit f, Naivität f **in·no·cent** ['ˌsnt] Adj unschuldig: **a)** schuldlos (**of** an Dat), **b)** sittlich rein, (Mädchen a.) unberührt: (**as**) ~ **as a newborn babe** so unschuldig wie ein neugeborenes Kind, **c)** harmlos: ~ **air** Unschuldsmiene f, **d)** arglos, naiv

in·noc·u·ous [ɪ'nɒkjʊəs] Adj harmlos

in·no·vate ['ɪnəʊveɪt] v/i Neuerungen einführen (**on**, **in** bei, in Dat) ˌin·no·'va·tion s Neuerung f

in·nu·en·do [ˌɪnjuː'endəʊ] Pl **-do(e)s** s (**about**) versteckte Andeutung (über Akk) od Anspielung (auf Akk)

in·nu·mer·a·ble [ɪ'njuːmərəbl] Adj unzählig, zahllos

in·oc·u·late [ɪ'nɒkjʊleɪt] v/t MED impfen (**against** gegen): ~ **s.o. with sth.** fig j-m etw einimpfen **in·ˌoc·u·'la·tion** s MED Impfung f

in·of·fen·sive [ˌɪnə'fensɪv] Adj harmlos

in·op·er·a·ble [ɪn'ɒpərəbl] Adj MED inoperabel

in·op·er·a·tive [ɪn'ɒpərətɪv] Adj unwirksam: **a)** wirkungslos, **b)** JUR ungültig

in·op·por·tune [ɪn'ɒpətjuːn] Adj ungünstig, unpassend

in·or·di·nate [ɪn'ɔːdɪnət] Adj un-, übermäßig, (Forderung etc a.) überzogen

in·or·gan·ic [ˌɪnɔː'gænɪk] Adj (~**ally**) **1.** unorganisch **2.** CHEM anorganisch

in·pa·tient ['ɪnˌpeɪʃnt] s stationärer Patient: ~ **treatment** stationäre Behandlung

in·put ['ɪnpʊt] s Input m: **a)** WIRTSCH eingesetzte Produktionsmittel Pl, **b)** ELEK Eingangsleistung f, **c)** TECH eingespeiste Menge, **d)** IT (Daten)Eingabe f

in·quest ['ɪnkwest] s JUR gerichtliche Untersuchung: → **coroner**

▶ in·quire [ɪn'kwaɪə] **I** v/t **1.** ~ **s.th.** (**of s.o.**) sich (bei j-m) nach etw erkundigen **II** v/i **2.** (nach)fragen, sich erkundigen (**of s.o.** bei j-m; **after**, **for** nach; **about** wegen): ~ **within** Näheres im Hause (zu erfragen) **3.** ~ **into** etw untersuchen, prüfen

▶ in·quir·y [ɪn'kwaɪrɪ] s **1.** Erkundigung f, (An-, Nach)Frage f: **on** ~ auf An- od

Nachfrage; **make inquiries** Erkundigungen einziehen (**of s.o.** bei j-m; **about, after** über *Akk*, wegen) **2.** Untersuchung *f*, Prüfung *f* (**into** *Gen*), Nachforschung *f*, Ermittlung *f*, Recherche *f* **3.** *Pl* BAHN etc Auskunft *f* (*Büro, Schalter*)

in·qui·si·tion [ˌɪnkwɪˈzɪʃn] *s* **1.** (*a.* gerichtliche *od* amtliche) Untersuchung (**into** *Gen*). **♀** REL *hist* Inquisition *f*

in·quis·i·tive [ɪnˈkwɪzətɪv] *Adj* **1.** wissbegierig **2.** neugierig

in·road [ˈɪnrəʊd] *s bes Pl* **1.** *fig* (**into**) Eingriff *m* in (*Akk*), Übergriff *m* (auf *Akk*) **2.** *fig* übermäßige Inanspruchnahme (**into** *Gen*): **make ~s into s.o.'s savings** ein großes Loch in j-s Ersparnisse reißen

in·sa·lu·bri·ous [ˌɪnsəˈluːbrɪəs] *Adj* ungesund

in·sane [ɪnˈseɪn] *Adj* wahn-, irrsinnig, MED *a.* geisteskrank

in·san·i·tar·y [ɪnˈsænɪtərɪ] *Adj* unhygienisch, gesundheitsschädlich

in·san·i·ty [ɪnˈsænətɪ] *s* Wahn-, Irrsinn *m*, MED *a.* Geisteskrankheit *f*

in·sa·ti·a·ble [ɪnˈseɪʃəbl] *Adj* unersättlich (*Person*), unstillbar (*Durst* etc) (*beide a. fig*)

in·scrip·tion [ɪnˈskrɪpʃn] *s* **1.** In- *od* Aufschrift *f* **2.** (persönliche) Widmung

in·scru·ta·ble [ɪnˈskruːtəbl] *Adj* unerforschlich, unergründlich

▶ **in·sect** [ˈɪnsekt] *s* ZOOL Insekt *n*: ~ **re-pellent** Insektenschutzmittel *n*; ~ **spray** Insektenspray *n* **in·sec·ti·cide** [-ˈtɪsaɪd] *s* Insektizid *n*, Insektenvernichtungsmittel *n*

in·se·cure [ˌɪnsɪˈkjʊə] *Adj* **1.** ungesichert, nicht fest **2.** *fig* unsicher ˌin·se·ˈcu·ri·ty [-rətɪ] *s* Unsicherheit *f*

in·sem·i·nate [ɪnˈsemɪneɪt] *v/t* BIOL befruchten, ZOOL *a.* besamen in·ˌsem·i·ˈna·tion *s* Befruchtung *f*, Besamung *f*

in·sen·si·ble [ɪnˈsensəbl] *Adj* **1.** unempfindlich (**to** gegen): ~ **to pain** schmerzunempfindlich **2.** bewusstlos **3.** *fig* (**of, to**) unempfänglich (für), gleichgültig (gegen) **4.** unmerklich

in·sen·si·tive [ɪnˈsensətɪv] *Adj* **1.** *a.* PHYS, TECH unempfindlich (**to** gegen): ~ **to light** lichtunempfindlich **2.** → **insensible** 1, 3

in·sep·a·ra·ble [ɪnˈsepərəbl] *Adj* **1.** un-

trennbar (*a.* LING) **2.** unzertrennlich (**from** von)

in·sert I *v/t* [ɪnˈsɜːt] **1.** einfügen, -setzen, -schieben, *Instrument* etc einführen, *Schlüssel* etc (hinein)stecken, *Münze* etc einwerfen (**in, into** in *Akk*) **2.** ~ **an advertisement in a newspaper** e-e Anzeige in e-e Zeitung setzen, in e-r Zeitung inserieren **II** *s* [ˈɪnsɜːt] **3.** → **insertion** 2-4: ~ **key** COMPUTER Einfügetaste *f*; ~ **mode** COMPUTER Einfügemodus *m* **in·ser·tion** *s* **1.** Einsetzen *n*, Einführung *f*, Einwurf *m* **2.** Einsatz(stück *n*) *m* **3.** Anzeige *f*, Inserat *n* **4.** (Zeitungs)Beilage *f*, (Buch)Einlage *f*

in·shore [ˌɪnˈʃɔː] *Adj* an *od* nahe der Küste: ~ **fishing** Küstenfischerei *f*

▶ **in·side I** *s* [ˌɪnˈsaɪd] **1.** Innenseite *f*; *das* Innere: **on the** ~ innen; **from the** ~ von innen; **turn** ~ **out** umdrehen, umstülpen; *fig* (völlig) umkrempeln; **know** ~ **out** in- u. auswendig kennen. **overtake s.o. on the** ~ (*in GB* etc) j-n links überholen, (*in Deutschland* etc) j-n rechts überholen **II** *Adj* [ˈɪnsaɪd] **2.** inner, innen...: ~ **lane** (*Sport*) Innenbahn *f*; MOT *Br* äußere Fahrspur **3.** ~ **information** Insiderinformationen *Pl* **III** *Adv* [ˌɪnˈsaɪd] **4.** im Inner(e)n, (dr)innen **5.** hinein, herein **6.** ~ **of a**) *zeitlich*: innerhalb (*Gen*), **b**) *Am* → 7 *zeitlich*: innerhalb (*Gen*) **IV** *Präp* [ˌɪnˈsaɪd] **7.** innerhalb, im Inner(e)n (*Gen*): ~ **the house** im Hause, **in**ˈ**sid·er** *s* Insider(in), Eingeweihte *m*, *f*: ~ **trad·ing** *od* **dealing**) WIRTSCH Insidergeschäfte *Pl*

in·sid·i·ous [ɪnˈsɪdɪəs] *Adj* hinterhältig, heimtückisch

in·sight [ˈɪnsaɪt] *s* **1.** (**into**) Einblick *m* (in *Akk*); Verständnis *n* (für) **2.** Einsicht *f*

in·sig·ni·a [ɪnˈsɪɡnɪə] *Pl* **-a(s)** *s* **1.** Insignie *f*, Amts-, Ehrenzeichen *n* **2.** MIL Abzeichen *n*

in·sig·nif·i·cant [ˌɪnsɪɡˈnɪfɪkənt] *Adj* **1.** bedeutungslos **2.** geringfügig, unerheblich (*Betrag*) **3.** unbedeutend (*Person*)

in·sin·cere [ˌɪnsɪnˈsɪə] *Adj* unaufrichtig, falsch

in·sin·u·ate [ɪnˈsɪnjʊeɪt] *v/t* andeuten, anspielen auf (*Akk*): **are you insinuat-ing that …?** wollen Sie damit sagen,

dass …? **in·sin·u·a·tion** s (*about*) Anspielung f (auf *Akk*), Andeutung f (über *Akk*): **by** ~ andeutungsweise

in·sip·id [ɪn'sɪpɪd] *Adj* fad (*a. fig*)

▶ **in·sist** [ɪn'sɪst] **I** *v/i* 1. darauf bestehen: ▶ **insist** on bestehen auf (*Dat*), verlangen (*Akk*); **insist on doing s.th.** darauf bestehen, etw zu tun; etw unbedingt tun wollen 2. (*on*) beharren (auf *Dat*), bleiben bei 3. (*on*) Gewicht legen (auf *Akk*), (nachdrücklich) betonen (*Akk*) **II** *v/t* 4. darauf bestehen (*that* dass) 5. darauf beharren, dabei bleiben (*that* dass) **in·sist·ence** s 1. Bestehen n, Beharren n (*on* auf *Dat*) 2. Betonung f (*on* Gen): **with great** ~ mit großem Nachdruck 3. Hartnäckigkeit f **in·sist·ent** *Adj* 1. beharrlich, hartnäckig: **be** ~ **that** darauf bestehen, dass 2. eindringlich, nachdrücklich

in·so·far *Adv*: ~ **as** soweit

in·sole ['ɪnsəʊl] s 1. Brandsohle f 2. Einlegesohle f

in·so·lence ['ɪnsələns] s Unverschämtheit f, Frechheit f **in·so·lent** *Adj* unverschämt, frech

in·sol·u·ble [ɪn'sɒljʊbl] *Adj* 1. CHEM un(auf)löslich 2. *fig* unlösbar

in·sol·ven·cy [ɪn'sɒlvənsɪ] s WIRTSCH Zahlungsunfähigkeit f, Insolvenz f **in·sol·vent** *Adj* zahlungsunfähig, insolvent

in·som·ni·a [ɪn'sɒmnɪə] s Schlaflosigkeit f

in·spect [ɪn'spekt] *v/t* 1. untersuchen, prüfen (*for* auf *Akk*) 2. besichtigen, inspizieren **in·spec·tion** s 1. Untersuchung f, Prüfung f: **on** ~ bei näherer Prüfung; **for** ~ WIRTSCH zur Ansicht 2. Besichtigung f, Inspektion f **in·spec·tor** s 1. Inspektor(in), Aufsichtsbeamte m, -beamtin f, Kontrolleur(in) (*a.* BAHN *etc*) 2. **police** ~ *Br* Polizeiinspektor(in), -kommissar(in)

in·spi·ra·tion [ˌɪnspə'reɪʃn] s Inspiration f: **a)** (REL göttliche) Eingebung, (plötzlicher) Einfall, **b)** Anregung f: **be s.o.'s** ~, **be an** ~ **to s.o.** j-n inspirieren **in·spire** [ɪn'spaɪə] *v/t* 1. inspirieren, anregen (*to* zu; *to do* zu tun) 2. *Gefühl etc* erwecken, auslösen (*in* in *Dat*) 3. erfüllen (*with* mit)

in·sta·bil·i·ty [ˌɪnstə'bɪlətɪ] s 1. mangelnde Festigkeit *od* Stabilität 2. *bes* CHEM, TECH Instabilität f 3. *fig* Unbeständigkeit f 4. (*emotional*) ~ *fig* Labilität f

in·stall [ɪn'stɔːl] *v/t* 1. TECH *u.* IT installieren: **a)** *Bad etc* einbauen, **b)** *Leitung etc* legen, **c)** *Telefon etc* anschließen 2. j-n einsetzen (*as interim president etc* als *Interimspräsidenten etc*) **in·stal·la·tion** [ˌɪnstə'leɪʃn] s 1. TECH Installation f, Einbau m, Anschluss m 2. TECH Anlage f, Einrichtung f 3. (Amts)Einsetzung f

in·stall·ment, *bes Br* **in·stal·ment** [ɪn'stɔːlmənt] s 1. WIRTSCH Rate f: **by** (*od* **in**) ~**s** in Raten, ratenweise; **first** ~ Anzahlung f (*toward*[s] auf *Akk*); **monthly** ~ Monatsrate; **buy on the** ~ **plan** *Am* auf Raten kaufen 2. (Teil-)Lieferung f (*e-s Buchs etc*) 3. **a)** Fortsetzung f **b)** RUNDFUNK, TV Folge f

in·stance ['ɪnstəns] s (*einzelner*) Fall: **in this** ~ in diesem (besonderen) Fall 2. Beispiel n: **for** ~ zum Beispiel; **as an** ~ **of** als Beispiel für 3. **in the first** ~ *fig* in erster Linie; zuerst

in·stant ['ɪnstənt] **I** s 1. Moment m, Augenblick m: **in an** ~ sofort, augenblicklich **II** *Adj* (→ *instantly*) 2. sofortig, augenblicklich: ~ **camera** FOTO Sofortbildkamera f; ~ **coffee** Pulverkaffee m; ~ **meal** Fertig-, Schnellgericht n

in·stan·ta·ne·ous [ˌɪnstən'teɪnjəs] *Adj* sofortig, augenblicklich: **his death was** ~ er war auf der Stelle tot **in·stan'ta·ne·ous·ly** *Adv* sofort, auf der Stelle

in·stant·ly ['ɪnstəntlɪ] *Adv* sofort, augenblicklich

▶ **in·stead** [ɪn'sted] *Adv* 1. ▶ **instead of** an Stelle von (*od* Gen), (an)statt (*Gen*): **instead of me** an m-r Stelle; **instead of going** (an)statt zu gehen 2. stattdessen, dafür

in·step ['ɪnstep] s ANAT Rist m, Spann m

in·sti·gate ['ɪnstɪɡeɪt] *v/t* 1. j-n aufhetzen, *a.* JUR anstiften (*to* zu; *to do* zu tun) 2. *etw Böses* anstiften, anzetteln; *etw* in Gang setzen, in die Wege leiten **in·sti'ga·tion** s 1. Aufhetzung f, Anstiftung f 2. **at s.o.'s** ~ auf j-s Veranlassung (hin), auf j-s Betreiben *od* Drängen

in·stil(l) [ɪn'stɪl] *v/t* 1. einträufeln (*into* Dat) 2. *fig* einflößen (*into* Dat)

in·stinct ['ɪnstɪŋkt] *s* Instinkt *m*: **by** (*od from*) ~ instinktiv; ~ **for self-preservation** Selbsterhaltungstrieb *m* **in'stinc·tive** *Adj* instinktiv

in·sti·tute ['ɪnstɪtjuːt] **I** *v/t* **1.** gründen, ins Leben rufen **2.** in Gang setzen, in die Wege leiten **II** *s* **3.** Institut *n* ,in**sti'tu·tion** *s* **1.** Institution *f*, Einrichtung *f* (*beide a.* SOZIOL); Institut *n*; Anstalt *f* **2.** Sitte *f*, Brauch *m* **3.** Gründung *f* ,in**sti'tu·tion·al** [-ʃənl] *Adj* **1.** Instituts...; Anstalts... **2.** *bes pej* Einheits... ,in**sti'tu·tion·al·ize** *v/t* **1.** institutionalisieren **2.** in e-e Anstalt einweisen

in·struct [ɪn'strʌkt] *v/t* **1.** (*in in Dat*) unterrichten; ausbilden, schulen **2.** informieren, unterrichten **3.** instruieren, anweisen, beauftragen (*to do* zu tun) **in'struc·tion** *s* **1.** Unterricht *m*; Ausbildung *f*, Schulung *f* **2.** Informierung *f*, Unterrichtung *f* **3.** Instruktion *f*, Anweisung *f*, COMPUTER Befehl *m*: **according to** ~**s** auftragsgemäß; vorschriftsmäßig; ~**s** *Pl* **for use** Gebrauchsanweisung, -anleitung *f* **in'struc·tive** *Adj* instruktiv, lehrreich **in'struc·tor** *s* Lehrer(in); Ausbilder(in)

▸ **in·stru·ment** ['ɪnstrʊmənt] **I** *s* **1.** TECH Instrument *n* (*a.* MED): **a)** Werkzeug *n*, **b)** (*bes* Mess)Gerät *n* **2.** MUS Instrument *n* **3.** WIRTSCH, JUR Dokument *n*, Urkunde *f* **4.** *fig* Werkzeug *n*: **a)** (Hilfs)Mittel *n*, Instrument *n*, **b)** Handlanger(in) **in·stru·men·tal** [,-'mentl] *Adj* **1.** TECH Instrumenten... **2.** MUS Instrumental...: ~ **music 3.** behilflich, förderlich: **be** ~ **in** beitragen zu

in·sub·or·di·nate [,ɪnsəˈbɔːdnət] *Adj* aufsässig

in·sub·stan·tial [,ɪnsəbˈstænʃl] *Adj* **1.** unkörperlich **2.** unwirklich **3.** wenig *od* nicht gehaltvoll (*Essen etc*) **4.** nicht *od* wenig stichhaltig (*Argument etc*); gegenstandslos (*Befürchtung etc*)

in·suf·fer·a·ble [ɪnˈsʌfərəbl] *Adj* unerträglich, unausstehlich

in·suf·fi·cien·cy [,ɪnsəˈfɪʃnsɪ] *s* **1.** Unzulänglichkeit *f* **2.** Untauglich-, Unfähigkeit *f* **3.** MED Insuffizienz *f* ,in**suf'fi·cient** *Adj* **1.** unzulänglich, ungenügend **2.** untauglich, unfähig (*to do* zu tun)

in·su·lar ['ɪnsjʊlə] *Adj* **1.** Insel... **2.** *fig* engstirnig

in·su·late ['ɪnsjʊleɪt] *v/t* ELEK, TECH isolieren (*a. fig from* von): **insulating tape** *Br* Isolierband *n* ,in**·su·la·tion** *s* Isolierung *f*

in·su·lin ['ɪnsjʊlɪn] *s* MED Insulin *n*

▸ **in·sult I** *v/t* [ɪn'sʌlt] beleidigen **II** *s* ['ɪn-sʌlt] Beleidigung *f* (**to** für *od Gen*)

in·su·per·a·ble [ɪn'suːpərəbl] *Adj* unüberwindlich (*a. fig*)

in·sup·port·a·ble [,ɪnsəˈpɔːtəbl] *Adj* unerträglich, unausstehlich

▸ **in·sur·ance** [ɪn'ʃɔːrəns] *s* **1.** WIRTSCH Versicherung *f*: ~ **agent** Versicherungsvertreter(in); ~ **company** Versicherung(sgesellschaft *f*); ~ **policy** Versicherungspolice *f*, -schein *m* **2.** WIRTSCH Versicherungssumme *f*; -prämie *f* **3.** *fig* (Ab)Sicherung *f* (*against* gegen)

▸ **in·sure** [ɪn'ʃɔː] *v/t* WIRTSCH versichern (*against* gegen; *for* mit *e-r Summe*) **in'sured** *s* Versicherte *m*, *f*, Versicherungsnehmer(in) **in'sur·er** *s* Versicherer *m*, Versicherungsträger(in): ~**s** *Pl* Versicherung(sgesellschaft) *f*

in·sur·mount·a·ble [,ɪnsəˈmaʊntəbl] *Adj fig* unüberwindlich

in·sur·rec·tion [,ɪnsəˈrekʃn] *s* Aufstand *m*, Revolte *f*

in·tact [ɪnˈtækt] *Adj* intakt: **a)** unversehrt, unbeschädigt, **b)** ganz, vollständig

in·take ['ɪnteɪk] *s* **1.** TECH Einlass(öffnung *f*) *m* **2.** (*Nahrungs- etc*)Aufnahme *f* **3.** aufgenommene Menge, Zufuhr *f*; (Neu)Aufnahme(n *Pl*) *f*, (Neu)Zugänge *Pl*

in·tan·gi·ble [ɪn'tændʒəbl] *Adj* **1.** nicht greifbar **2.** *fig* unbestimmt, vage

in·te·ger ['ɪntɪdʒə] *s* MATHE ganze Zahl

in·te·gral ['ɪntɪgrəl] *Adj* **1.** integral (*Bestandteil etc*) **2.** ganz, vollständig **3.** MATHE Integral...: ~ **calculus** Integralrechnung *f*

in·te·grate ['ɪntɪgreɪt] **I** *v/t* integrieren: **a)** zs.-schließen (*into* zu): ~ **d circuit** ELEK integrierter Schaltkreis, **b)** eingliedern (*into* in *Akk*), **c)** einbeziehen, einbauen (*into, with* in *Akk*) **II** *v/i* sich integrieren (→ Ia, b); sich einbeziehen *od* einbauen lassen ,in**·te'gra·tion** *s* Integration *f*, Integrierung *f*

in·teg·ri·ty [ɪnˈtegrɪtɪ] *s* **1.** Integrität *f* **2.** Vollständigkeit *f*; Einheit *f*

in·tel·lect ['ɪntəlekt] *s* Intellekt *m*, Ver-

stand *m* ‚in·tel'lec·tu·al [_tjʊəl] **I** *Adj*
intellektuell: **a)** geistig, Geistes…: →
property, **b)** verstandesbetont **II** *s* In-
tellektuelle *m*, *f*

▸ in·tel·li·gence [ɪn'telɪdʒəns] *s* **1.** In-
telligenz *f*: ~ **quotient** Intelligenzquoti-
ent *m*; ~ **test** Intelligenztest *m* **2.** nach-
richtendienstliche Informationen *Pl* **3.**
a. ~ **service** Nachrichten-, Geheim-
dienst *m*

▸ in·tel·li·gent [ɪn'telɪdʒənt] *Adj* **1.**
intelligent **2.** vernünftig in‚tel·li·
'gent·si·a [_'dʒentsɪə] *s* (*Pl konstru-
iert*) Koll *die* Intelligenz, *die* Intellek-
tuellen *Pl*

in·tel·li·gi·ble [ɪn'telɪdʒəbl] *Adj* ver-
ständlich (**to** für *od* Dat)

in·tem·per·ate [ɪn'tempərət] *Adj* un-
mäßig

▸ in·tend [ɪn'tend] *v/t* **1.** beabsichtigen,
vorhaben (**s.th.** etw; **doing**, **to do** zu
tun): **was** this **~ed?** war das Absicht?
2. bestimmen (**for** für, zu): **it was ~ed
for you** es war für dich (bestimmt *od*
gedacht) **3.** sagen wollen, meinen (**by**
mit) **4.** bedeuten, sein wollen: **it was
~ed as a compliment** es sollte ein
Kompliment sein in'tend·ed **I** *Adj* **1.**
beabsichtigt **2.** absichtlich **II** *s* **3.** *her*
~ F ihr Zukünftiger

in·tense [ɪn'tens] *Adj* intensiv: **a)** stark,
heftig: ~ **heat** starke Hitze, **b)** hell, grell
(*Licht*), **c)** satt (*Farben*), **d)** durchdrin-
gend (*Geräusch*, *Geruch*), **e)** ange-
strengt, **f)** sehnlich, dringend in-
'tense·ness *s* Intensität *f*

in·ten·si·fi·ca·tion [ɪn‚tensɪfɪ'keɪʃn] *s*
Verstärkung *f*, Intensivierung *f* in'ten·
si·fy [_faɪ] *v/t* (*a. v/i* sich) verstärken,
intensivieren

in·ten·sive [ɪn'tensɪv] *Adj* intensiv: **a)**
→ **intense** a, **b)** gründlich, erschöp-
fend: ~ **course** Intensivkurs *m*; **be in
~ care** (*od* **the ~ care unit**) MED auf
der Intensivstation liegen

in·tent [ɪn'tent] **I** *s* **1.** Absicht *f*, Vorsatz
m (*a.* JUR): **with** ~ absichtlich, mit Ab-
sicht, *bes* JUR vorsätzlich **II** *Adj* **2.** **be ~
on doing s.th.** fest entschlossen sein,
etw zu tun; etw unbedingt tun wollen
3. aufmerksam, gespannt (*Blick etc*)
in'ten·tion *s* Absicht *f*, Vorsatz *m* (**of
doing**, **to do** zu tun): **with the best
(of) ~s** in bester Absicht; **good ~s** *Pl*

gute Vorsätze *Pl* in'ten·tion·al [_ʃən]
Adj absichtlich, *bes* JUR vorsätzlich: **~
·ly** *a.* mit Absicht

in·ter… ['ɪntə] Zwischen…; Wechsel…

‚in·ter'act *v/i* aufeinander (ein)wirken
‚in·ter'ac·tion *s* Wechselwirkung *f* ‚in·
ter'ac·tive *Adj* IT interaktiv

‚in·ter'breed *v/t u. v/i* (*unreg* **breed**)
BIOL (sich) kreuzen

in·ter·cede [‚ɪntə'siːd] *v/i* sich verwen-
den *od* einsetzen (**with** bei; **for, on be-
half of** für)

in·ter·cept [‚ɪntə'sept] *v/t* Brief, Boten,
Funkspruch etc abfangen ‚in·ter'cep·
tion *s* Abfangen *n* ‚in·ter'cep·tor *s a.*
~ **plane** FLUG, MIL Abfangjäger *m*

in·ter·ces·sion [‚ɪntə'seʃn] *s* Fürspra-
che *f*

in·ter·change **I** *v/t* [‚_'tʃ_] **1.** gegen- *od*
untereinander austauschen, auswech-
seln **2.** Geschenke, Meinungen etc aus-
tauschen, Briefe wechseln (**with** mit) **II**
s ['_tʃ_] **3.** Austausch *m*: ~ **of ideas** Ge-
dankenaustausch **4.** MOT Autobahn-
kreuz *n*

‚in·ter·'cit·y *s* BAHN *Br* Intercity *m*: ~
train Intercityzug *m*

in·ter·com ['ɪntəkɒm] *s* (Gegen-, Haus-,
SCHIFF, FLUG Bord)Sprechanlage *f*, Ba-
byruf *m*

‚in·ter‚com·mu·ni·cate *v/i* **1.** miteinan-
der in Verbindung stehen **2.** miteinan-
der (durch e-e Tür *etc*) verbunden sein
‚in·ter·con·ti·nen·tal *Adj* interkonti-
nental, Interkontinental…: ~ **ballistic
missile** MIL Interkontinentalrakete *f*

'in·ter·course *s* **1.** Verkehr *m*, Umgang
m (**with** mit) **2.** (Geschlechts)Verkehr
m

'in·ter·de‚nom·i'na·tion·al *Adj* inter-
konfessionell, konfessionsübergrei-
fend

‚in·ter·de'pend·ence *s* gegenseitige
Abhängigkeit ‚in·ter·de'pen·dent
Adj voneinander abhängig

in·ter·dict **I** *s* ['ɪntədɪkt] (amtliches) Ver-
bot *n* **II** *v/t* [‚ɪntə'dɪkt] (amtlich) verbie-
ten

▸ in·ter·est ['ɪntrəst] **I** *s* **1.** Interesse *n*
(**in** *Dat*, für): **take** (*od* **have**) **an ~
in** sich interessieren für **2.** Reiz *m*, In-
teresse *n*: **be of ~ (to)** reizvoll sein (für),
interessieren (*Akk*) **3.** Wichtigkeit *f*,
Bedeutung *f*: **of great (little) ~** von gro-

ßer Wichtigkeit (von geringer Bedeutung) **4.** *bes* WIRTSCH Beteiligung *f*, Anteil *m* (*in* an *Dat*): *have an ~ in s.th.* an *od* bei etw beteiligt sein **5.** Interesse *n*, Vorteil *m*, Nutzen *m*: *be in s.o.'s ~* in j-s Interesse liegen; *in your (own) ~* zu Ihrem (eigenen) Vorteil **6.** WIRTSCH Zins(en *pl*) *m*: *bear ~* Zinsen tragen, sich verzinsen (*at 4%* mit 4%); *~ rate, rate of ~* Zinssatz *m* **II** *v/t* **7.** interessieren (*in* für)

► **in·ter·est·ed** ['ɪntrəstɪd] *Adj* interessiert (*in* an *Dat*): ► *be interested in* sich interessieren für

► **in·ter·est·ing** ['ɪntrəstɪŋ] *Adj* interessant

'**in·ter·face** *s* ELEK Schnittstelle *f*, COMPUTER *a.* Interface *n*

in·ter·fere [ˌɪntə'fɪə] *v/i* **1.** (*in* in *Akk*) eingreifen; sich einmischen **2.** *~ with* j-n, *etw* stören, behindern; sich zu schaffen machen an (*Dat*) ▪ **in·ter'fer·ence** *s* **1.** Eingriff *m*; Einmischung *f* **2.** Störung *f*, Behinderung *f* (*with Gen*)

in·ter·im ['ɪntərɪm] **I** *s*: *in the ~* in der Zwischenzeit, inzwischen **II** *Adj* Interims..., Zwischen...: *~ aid* Überbrückungshilfe *f*; *~ government* Interims-, Übergangsregierung *f*; *~ report* Zwischenbericht *m*

in·te·ri·or [ɪn'tɪərɪə] **I** *Adj* **1.** inner..., Innen...: *~ decorator* a) Innenausstatter(in), **b)** *a. ~ designer* Innenarchitekt(in) **2.** binnenländisch, Binnen...; inländisch, Inlands... **II** *s* **3.** *oft Pl* das Innere **4.** Innenraum *m*, -seite *f* **5.** FOTO Innenaufnahme *f*, (FILM, TV *a.*) Studioaufnahme *f* **6.** Binnenland *n*, *das* Innere **7.** POL *~ department* 2

in·ter·ject [ˌɪntə'dʒekt] *v/t* Bemerkung *etc* dazwischen-, einwerfen ▪ **in·ter'jec·tion** *s* LING Interjektion *f*

in·ter·lace **I** *v/t* **1.** verflechten, -schlingen, *a. fig* verweben **2.** durchflechten (*with* mit) (*a. fig*) **II** *v/i* **3.** sich verflechten

in·ter·loc·u·tor [ˌɪntə'lɒkjʊtə] *s* Gesprächspartner(in)

in·ter·lop·er ['ɪntələʊpə] *s* Eindringling *m*

in·ter·lude ['ɪntəluːd] *s* **1.** (*kurze*) Zeit, Periode *f* **2.** Unterbrechung *f* (*in Gen*) **3.** THEAT, MUS Zwischenspiel *n*, Intermezzo *n* (*beide a. fig*)

in·ter'mar·riage *s* **1.** Mischehe *f* **2.** Heirat *f* innerhalb der Familie *od* zwischen Blutsverwandten ▪ **in·ter'mar·ry** *v/i* **1.** e-e Mischehe eingehen; untereinander heiraten **2.** innerhalb der Familie heiraten

in·ter·me·di·ar·y [ˌɪntə'miːdjərɪ] **I** *Adj* **1.** → *intermediate* **2.** vermittelnd **II** *s* **3.** Vermittler(in), Mittelsmann *m* **4.** WIRTSCH Zwischenhändler(in) ▪ **in·ter-'me·di·ate** [-djət] *Adj* **1.** Zwischen... **2.** PÄD für fortgeschrittene Anfänger

in·ter·mi·na·ble [ɪn'tɜːmɪnəbl] *Adj* endlos

in·ter·min·gle *v/t u. v/i* (sich) vermischen

in·ter·mis·sion *s* Pause *f* (*a.* THEAT *etc*), Unterbrechung *f*: *without ~* pausenlos

in·ter·mit·tent [ˌɪntə'mɪtənt] *Adj* mit Unterbrechungen, periodisch (auftretend), MED *etc* intermittierend

in·tern [ɪn'tɜːn] *v/t* internieren

in·ter·nal [ɪn'tɜːnl] *Adj* **1.** inner, Innen...: *~ injury* (*medicine*) innere Verletzung (Medizin); *he was bleeding ~ly* er hatte innere Blutungen **2.** MED, PHARM innerlich anzuwenden(d) **3.** einheimisch, Inlands... **4.** POL innenpolitisch, Innen...: *~ affairs Pl* innere Angelegenheiten *Pl* **5.** (WIRTSCH *a.* betriebs)intern

in·ter·nal·com·bus·tion en·gine *s* TECH Verbrennungsmotor *m*

in·ter·nal·ize [ɪn'tɜːnəlaɪz] *v/t* verinnerlichen

► **in·ter·na·tion·al** [ˌɪntə'næʃənl] **I** *Adj* **1.** international: *~ law* Völkerrecht *n*; 2 *Monetary Fund* Internationaler Währungsfonds; 2 *Date Line* Datumsgrenze *f* **2.** Auslands...: *~ call* TEL Auslandsgespräch *n*; *~ flight* Auslandsflug *m* **II** *s* **3.** SPORT Internationale *m*, *f*, Nationalspieler(in); Länderkampf *m*, -spiel *n* ▪ **in·ter'na·tion·al·ize** *v/t* internationalisieren

in·tern·ee [ˌɪntɜː'niː] *s* Internierte *m*, *f*

► **in·ter·net** ['ɪntənet] *s* IT Internet *n*: *~ (service) provider* Internet-Service-Anbieter *m*; → *Info bei* **chat**

in·tern·ment [ɪn'tɜːnmənt] *s* Internierung *f*: *~ camp* Internierungslager *n*

'**in·ter·phone** → *intercom*

in·ter·plan·e·ta·ry *Adj* interplanetar(isch)

in·ter·play *s* Wechselspiel *n*

in·ter·pret [ɪnˈtɜːprɪt] **I** *v/t* **1.** auslegen, interpretieren (**as** als) **2.** dolmetschen **3.** *Daten etc* auswerten **II** *v/i* **4.** dolmetschen (**for s.o.** j-m) **in·ter·pre·ta·tion** *s* **1.** Auslegung *f*, Interpretation *f* **2.** Dolmetschen *n* **3.** Auswertung *f*

▸ **in·ter·pret·er** [ɪnˈtɜːprɪtə] *s* Dolmetscher(in)

in·ter·re·lat·ed *Adj* in Wechselbeziehung stehend, zs.-hängend **in·ter·re·la·tion** *s* Wechselbeziehung *f*

in·ter·ro·gate [ɪnˈterəʊɡeɪt] *v/t* verhören, -nehmen **in·ter·ro·ga·tion** *s* **1.** Verhör *n*, Vernehmung *f* **2.** Frage *f* (*a.* LING): **~ mark** (*od* **point**) Fragezeichen *n* **in·ter·rog·a·tive** [ˌɪntəˈrɒɡətɪv] *Adj* **1.** fragend **2.** LING Interrogativ..., Frage...: **~ pronoun** Interrogativpronomen *n*, Fragefürwort *n* **in·ter·rog·a·to·ry** [-tərɪ] *Adj* fragend

▸ **in·ter·rupt** [ˌɪntəˈrʌpt] **I** *v/t* unterbrechen (*a.* ELEK), j-m ins Wort fallen **II** *v/i*: **don't ~!** unterbrich mich *etc* nicht! **in·ter·rup·tion** *s* Unterbrechung *f*: **without ~** ununterbrochen

in·ter·sect [ˌɪntəˈsekt] **I** *v/t* (durch-) schneiden, (-)kreuzen **II** *v/i* sich schneiden *od* kreuzen **in·ter·sec·tion** *s* **1.** MATHE Schnitt *m*: (**point of**) **~** Schnittpunkt *m* **2.** (Straßen)Kreuzung *f*

in·ter·sperse [ˌɪntəˈspɜːs] *v/t* **1.** einstreuen **2.** durchsetzen (**with** mit)

in·ter·state *Am* **I** *Adj* zwischenstaatlich **II** *s a.* **~ highway** (*zwei od mehrere Bundesstaaten verbindende*) Autobahn

in·ter·stice [ɪnˈtɜːstɪs] *s* **1.** Zwischenraum *m* **2.** Lücke *f*, Spalt *m*

in·ter·twine [ˌɪntəˈtwaɪn] *v/t u. v/i* (sich) verflechten *od* verschlingen

in·ter·ur·ban *Adj* zwischen mehreren Städten (*bestehend od verkehrend*)

in·ter·val [ˈɪntəvl] *s* **1.** (*zeitlicher od räumlicher*) Abstand, (*zeitlich a.*) Intervall *n*: **at regular ~s** in regelmäßigen Abständen **2.** *Br* Pause *f* (*a.* THEAT *etc*), Unterbrechung *f* **3.** MUS, MATHE Intervall *n*

in·ter·vene [ˌɪntəˈviːn] *v/i* **1.** eingreifen, -schreiten, *bes* MIL, POL intervenieren **2.** (*zeitlich*) dazwischenliegen **3.** sich inzwischen ereignen; dazwischenkommen **in·ter·ven·tion** [ˌ-ˈvenʃn] *s* Eingreifen *n*, -schreiten *n*, Intervention *f*

▸ **in·ter·view** [ˈɪntəvjuː] **I** *s* **1.** Interview *n*: **give s.o. an ~ 2.** Einstellungsgespräch *n* **II** *v/t* **3.** interviewen **4.** ein Einstellungsgespräch führen mit **in·ter·view·ee** [ˌ-ˈiː] *s* Interviewte *m, f* **in·ter·view·er** *s* Interviewer(in)

in·ter·weave *v/t* (*unreg* **weave**) **1.** (miteinander) verweben *od* verflechten (*a. fig*) **2.** vermengen, -mischen (**with** mit) (*beide a. fig*)

in·tes·tate [ɪnˈtesteɪt] *Adj*: **die ~** JUR ohne Hinterlassung e-s Testaments sterben

in·tes·tine [ɪnˈtestɪn] *s* ANAT Darm *m*: **~s** *Pl* Gedärme *Pl*; **large ~** Dickdarm; **small ~** Dünndarm

in·ti·ma·cy [ˈɪntɪməsɪ] *s* Intimität *f*: **a)** Vertrautheit *f*, **b)** (*a. pej plumpe*) Vertraulichkeit, **c)** intime (*sexuelle*) Beziehungen *Pl*, **d)** Gemütlichkeit *f*

in·ti·mate¹ [ˈɪntɪmət] *Adj* intim: **a)** vertraut, eng (*Freund etc*), **b)** vertraulich (*Mitteilung etc*), *pej a.* plumpvertraulich, **c)** in sexuellen Beziehungen stehend (**with** mit), **d)** anheimelnd, gemütlich (*Atmosphäre etc*), **e)** innerst (*Wünsche etc*), **f)** gründlich, genau (*Kenntnisse etc*): **be on ~ terms** (with) auf vertrautem Fuße stehen (mit); intime Beziehungen haben (zu)

in·ti·mate² [ˈɪntɪmeɪt] *v/t* **1.** andeuten: **~ to s.o. that** j-m zu verstehen geben, dass **2.** ankündigen; mitteilen

in·tim·i·date [ɪnˈtɪmɪdeɪt] *v/t* einschüchtern: **~ s.o. into doing s.th.** j-n nötigen, etw zu tun **in·tim·i·da·tion** *s* Einschüchterung *f*

▸ **in·to** [ˈɪntʊ] *Präp* **1.** in (*Akk*), in (*Akk*) ... hinein **2.** gegen: **~ crash** 6, *etc* **3.** *Zustandsänderung*: zu: **turn water ~ ice 4.** MATHE in (*Akk*): **→ divide** 4 **5.** **be ~** F stehen auf (*Akk*)

in·tol·er·a·ble [ɪnˈtɒlərəbl] *Adj* unerträglich **in·tol·er·ance** *s* Intoleranz *f* **in·tol·er·ant** *Adj* intolerant (**of** gegenüber): **be ~ of s.th.** etw nicht dulden *od* tolerieren

in·to·na·tion [ˌɪntəʊˈneɪʃn] *s* **1.** LING Intonation *f*, Satzmelodie *f* **2.** Tonfall *m* **3.** MUS Intonation *f* **in·tone** *v/t* MUS intonieren: **a)** *Lied etc* anstimmen, **b)** *Ton* angeben

in·tox·i·cant [ɪnˈtɒksɪkənt] *s* Rauschmittel *n* **in·tox·i·cate** [-keɪt] *v/t* berau-

schen **in,tox·i'ca·tion** s Rausch m

in·trac·ta·ble [ɪn'træktəbl] Adj **1.** eigensinnig **2.** hartnäckig (Krankheit, Problem etc)

in·tran·si·gent [ɪn'trænsɪdʒənt] Adj unnachgiebig

in·tran·si·tive [ɪn'trænsətɪv] Adj LING intransitiv

in·tra·ute·rine de·vice [,ɪntrə'juːtəraɪn-] s MED Spirale f

in·tra·ve·nous [,ɪntrə'viːnəs] Adj ANAT, MED intravenös

in·tray ['ɪntreɪ] s Ablagekorb m für eingehende Post

in·tre·pid [ɪn'trepɪd] Adj unerschrocken

in·tri·ca·cy ['ɪntrɪkəsɪ] s **1.** Kompliziertheit f **2.** Verworrenheit f **in·tri·cate** ['-kət] Adj **1.** verwickelt, kompliziert **2.** verworren

in·trigue [ɪn'triːg] **I** v/t faszinieren; interessieren; neugierig machen **II** v/i intrigieren (against gegen) **III** s Intrige f **in'tri·guing** Adj **1.** faszinierend; interessant **2.** intrigant

in·trin·sic [ɪn'trɪnsɪk] Adj **1.** inner **2.** wesentlich

▸ **in·tro·duce** [,ɪntrə'djuːs] v/t **1.** neue Methode etc einführen **2.** (to) j-n bekannt machen (mit), vorstellen (Dat) **3.** (to) j-n einführen (in ein Fach etc), bekannt machen (mit) **4.** Redner, Programm etc ankündigen **5.** Gedanken, Gesetzesvorlage etc einbringen (into in Akk) **6.** (into in Akk) einfügen; (hinein)stecken, einführen

▸ **in·tro·duc·tion** [,ɪntrə'dʌkʃn] s **1.** Einführung f **2.** Vorstellung f **3.** Einleitung f, Vorwort n **4.** Leitfaden m (to Gen) **5.** Einbringung f **in·tro'duc·to·ry** [-tərɪ] Adj **1.** Einführungs...: ~ price **2.** einleitend, Einleitungs...

in·tro·spec·tion [,ɪntrəʊ'spekʃn] s Selbstbeobachtung f **,in·tro'spec·tive** [-tɪv] Adj introspektiv

in·tro·vert ['ɪntrəʊvɜːt] PSYCH **I** Adj introvertiert **II** s introvertierter Mensch, Introvertierte m, f

in·tro·vert·ed [,ɪntrəʊ'vɜːtɪd] → **introvert I**

in·trude [ɪn'truːd] v/i **1.** sich eindrängen (into in Akk) (a. fig) **2.** sich aufdrängen (on Dat) **3.** stören (on s.o. j-n) **in'trud·er** s **1.** Eindringling m **2.** Störenfried m

in·tru·sion [ɪn'truːʒn] s Störung f (on Gen) **in'tru·sive** [-sɪv] Adj aufdringlich

in·tu·i·tion [,ɪntjuː'ɪʃn] s Intuition f **in'tu·i·tive** [-tɪv] Adj intuitiv

in·un·date ['ɪnʌndeɪt] v/t überschwemmen, -fluten (beide a. fig) **,in·un'da·tion** s Überschwemmung f, -flutung f

in·ure [ɪ'njʊə] v/t (to) abhärten (gegen), fig a. gewöhnen (an Akk)

in·vade [ɪn'veɪd] v/t **1.** einfallen od eindringen in (Akk), MIL a. einmarschieren in (Akk) **2.** sich ausbreiten über (Akk) od in (Dat), erfüllen **3.** fig überlaufen, -schwemmen **4.** j-s Privatsphäre etc verletzen, in j-s Rechte eingreifen **in'vad·er** s **1.** Eindringling m **2.** Pl MIL Invasoren Pl

in·va·lid¹ ['ɪnvəlɪd] **I** Adj **1.** krank, gebrechlich; invalid, arbeits-, erwerbsunfähig; kriegsbeschädigt **2.** Kranken... **II** s **3.** Kranke m, f; Invalide m, Invalidin f, Arbeits-, Erwerbsunfähige m, f; Pflegefall m **III** v/t ['ɪnvəli:d] **4.** zum Invaliden machen

in·val·id² [ɪn'vælɪd] Adj (rechts)ungültig, unwirksam **in'val·i·date** [-deɪt] v/t für ungültig erklären **in,val·i'da·tion** s Ungültigkeitserklärung f

in·va·lid·i·ty¹ [,ɪnvə'lɪdətɪ] s Br Invalidität f, Arbeits-, Erwerbsunfähigkeit f

in·va·lid·i·ty² [-] s (Rechts)Ungültigkeit f

in·val·u·a·ble [ɪn'væljʊəbl] Adj unschätzbar, von unschätzbarem Wert (beide a. fig): **be ~ to s.o.** für j-n von unschätzbarem Wert sein

in·var·i·a·ble [ɪn'veərɪəbl] Adj unveränderlich, gleich bleibend

in·va·sion [ɪn'veɪʒn] s **1.** (of) Einfall m (in Akk), Eindringen n (in Akk), MIL a. Invasion f (Gen), Einmarsch m (in Akk): **~ of tourists** Touristeninvasion **2.** fig (of) Verletzung f (Gen), Eingriff m (in Akk)

in·vec·tive [ɪn'vektɪv] s Beschimpfung(en Pl) f, Schmähung(en Pl) f

in·veigh [ɪn'veɪ] v/i (against) schimpfen (über od auf Akk), herziehen (über Akk)

in·vei·gle [ɪn'veɪgl] v/t verleiten, -führen (into zu; into doing sth. dazu, etw zu tun)

▸ **in·vent** [ɪn'vent] v/t erfinden, etw Un-

wahres a. erdichten

▸ **in·ven·tion** [ɪnˈvenʃn] *s* Erfindung *f* **in·ven·tive** [_-tɪv] *Adj* **1.** erfinderisch **2.** einfallsreich **in·ven·tor** *s* Erfinder(in)

in·ven·to·ry [ˈɪnvəntrɪ] WIRTSCH **I** *s* **1.** Inventar *n:* **a)** Bestandsliste *f:* **take an ~ of** → 3, **b)** (Waren-, Lager)Bestand *m* **2.** Inventur *f* **II** *v/t* **3.** e-e Bestandsliste machen von

in·verse [ɪnˈvɜːs] *Adj* umgekehrt **in·ver·sion** *s* **1.** Umkehrung *f* **2.** CHEM, LING *etc* Inversion *f*

in·vert [ɪnˈvɜːt] *v/t* **1.** umkehren **2.** umwenden, umstülpen **in·vert·ed com·mas** *Pl bes Br* Anführungszeichen *Pl:* **between** (*od* **in**) **~** in Anführungszeichen

in·ver·te·brate [ɪnˈvɜːtɪbreɪt] ZOOL **I** *Adj* wirbellos **II** *s* wirbelloses Tier

in·vest [ɪnˈvest] **I** *v/t* **1.** WIRTSCH (**in**) investieren (*in Akk od Dat*), anlegen (*in Dat*) **2. ~ s.o. with** j-m *etw* verleihen; j-n mit *Befugnissen etc* ausstatten **II** *v/i* **3. ~ in a)** WIRTSCH investieren in (*Akk od Dat*)

in·ves·ti·gate [ɪnˈvestɪgeɪt] *v/t Verbrechen etc* untersuchen, *Fall* recherchieren, j-n, *Anspruch etc* überprüfen, e-r *Beschwerde etc* nachgehen, *Gebiet etc* (*wissenschaftlich*) erforschen **II** *v/i* ermitteln, recherchieren, Ermittlungen *od* Nachforschungen anstellen: ***investigating committee*** Untersuchungsausschuss *m* **in·ves·ti·ga·tion** *s* Untersuchung *f* (**into**, *of* Gen), Nachforschung *f*, Recherche *f*, Überprüfung *f:* **be under ~** untersucht werden **in·ves·ti·ga·tor** *s* Ermittler(in)

in·vest·ment [ɪnˈvestmənt] *s* WIRTSCH Investition *f*, (Kapital)Anlage *f;* Anlagekapital *n:* **~ trust** Kapitalanlagegesellschaft *f* **in·vest·or** *s* Investor(in), Kapitalanleger(in)

in·vet·er·ate [ɪnˈvetərət] *Adj* **1.** eingewurzelt, unausrottbar **2.** MED hartnäckig; chronisch **3.** unverbesserlich

in·vid·i·ous [ɪnˈvɪdɪəs] *Adj* gehässig

in·vig·i·late [ɪnˈvɪdʒɪleɪt] *v/i Br* die Aufsicht führen

in·vig·or·ate [ɪnˈvɪgəreɪt] *v/t* stärken, kräftigen; beleben, anregen; er-, aufmuntern

in·vin·ci·ble [ɪnˈvɪnsəbl] *Adj* **1.** MIL, SPORT unbesiegbar **2.** *fig* unüberwindlich

in·vis·i·ble [ɪnˈvɪzəbl] *Adj* unsichtbar (**to** für)

▸ **in·vi·ta·tion** [ˌɪnvɪˈteɪʃn] *s* **1.** Einladung *f* (**to** an *Akk;* zu): **at the ~ of** auf Einladung von (*od Gen*) **2.** (höfliche) Aufforderung, Ersuchen *n* **3.** Herausforderung *f:* **be an ~ for** → *invite* 4

▸ **in·vite** [ɪnˈvaɪt] **I** *v/t* **1.** einladen (**to dinner** zum Essen) **2.** (höflich) auffordern, ersuchen (**to do** zu tun) **3.** bitten um, erbitten **4.** herausfordern (zu), einladen zu **II** *s* F → *invitation* 1

in·vo·ca·tion [ˌɪnvəˈkeɪʃn] *s* **1.** Anrufung *f* (**to** *od Gen*) **2.** Beschwörung *f*

in·voice [ˈɪnvɔɪs] WIRTSCH **I** *s* (Waren-)Rechnung *f*, Faktura *f* **II** *v/t* fakturieren, in Rechnung stellen

in·voke [ɪnˈvəʊk] *v/t* **1.** erflehen **2.** *Gott* anrufen **3.** *Geist* beschwören

in·vol·un·tar·y [ɪnˈvɒləntərɪ] *Adj* **1.** unfreiwillig **2.** unabsichtlich **3.** unwillkürlich

in·volve [ɪnˈvɒlv] *v/t* **1. a)** *j-n* verwickeln, hineinziehen (**in** in *Akk*): **~d in an accident** in e-n Unfall verwickelt, **b)** *j-n, etw* angehen, betreffen: **the persons ~d** die Betroffenen **2. be ~d** zu tun haben (**with** mit) **3.** zur Folge haben, nach sich ziehen; verbunden sein mit; erfordern, nötig machen **in·volved** *Adj* kompliziert; verworren

in·vul·ner·a·ble [ɪnˈvʌlnərəbl] *Adj* **1.** unverwundbar (*a. fig*) **2.** *fig* unanfechtbar, hieb- u. stichfest

in·ward [ˈɪnwəd] **I** *Adv* **1.** einwärts, nach innen **2.** → *inwardly* **II** *Adj* **3.** innerlich, inner, Innen… **in·ward·ly** *Adv* **1.** innerlich, im Inner(e)n **2.** *fig* im Stillen, insgeheim **in·wards** [ˈ_z] → *inward* I

I/O *Abk* (= **input/output**) IT Eingabe/Ausgabe

i·o·dine [ˈaɪəʊdiːn] *s* CHEM *Jod n*

i·on [ˈaɪən] *s* CHEM, PHYS Ion *n*

i·o·ta [aɪˈəʊtə] *s fig* Jota *n:* **not an ~ of truth** kein Körnchen Wahrheit

IOU [ˌaɪəʊˈjuː] *Abk* (= **I owe you**) Schuldschein *m*

IQ [aɪˈkjuː] *Abk* (= **intelligence quotient**) IQ *m*

I·ran [ɪˈrɑːn] *Eigenn der* Iran

I·ra·ni·an [ɪˈreɪnɪən] **I** *Adj* iranisch **II** *s* Iraner(in)

I·raq [ı'rɑːk] *Eigenn der* Irak

Ira·qi [ı'rɑːkı] **I** *Adj* irakisch **II** *s* Iraker(in)

i·ras·ci·ble [ı'ræsəbl] *Adj* jähzornig

i·rate [aı'reıt] *Adj* zornig, wütend

▶ Ire·land [ˈaıələnd] *Eigenn* Irland *n*

ir·i·des·cent [ˌırı'desnt] *Adj (in den Regenbogenfarben)* schillernd

i·ris [ˈaıərıs] *s* **1.** ANAT Iris *f*, Regenbogenhaut *f* **2.** BOT Iris *f*, Schwertlilie *f*

▶ I·rish [ˈaıərıʃ] **I** *Adj* **1.** irisch: **Irish coffee** Irishcoffee *m* **II** *s* **2.** ▶ **the Irish** *Pl* die Iren *Pl* **3.** LING Irisch *n*

▶ I·rish·man [ˈaıərıʃmən] *s (unreg man)* Ire *m*

▶ I·rish·wom·an [ˈaıərıʃˌwumən] *s (unreg woman)* Irin *f*

irk [ɜːk] *v/t* **1.** ärgern, verdrießen **2.** ermüden, langweilen **irk·some** [ˈɜːksəm] *Adj* **1.** ärgerlich, verdrießlich **2.** ermüdend, langweilig

▶ i·ron [ˈaıən] **I** *s* **1.** Eisen *n*: **have several ~s in the fire** *fig* mehrere Eisen im Feuer haben; **strike while the ~ is hot** *fig* das Eisen schmieden, solange es heiß ist; **will of ~** eiserner Wille **2.** Bügeleisen *n* **II** *Adj* **3.** eisern *(a. fig)*, Eisen…: ⌂ **Curtain** POL Eiserner Vorhang; **~ lung** MED eiserne Lunge: **~ ore** MIN Eisenerz *n* **III** *v/t* **4.** bügeln, *schweiz.* glätten: **~ out** ausbügeln; *fig Meinungsverschiedenheiten etc* beseitigen

i·ron·ic, i·ron·i·cal [aı'rɒnık(l)] *Adj* ironisch

i·ron·ing board [ˈaıənıŋ] *s* Bügelbrett *n*

i·ro·ny [ˈaıərənı] *s* Ironie *f*: **~ of fate** Ironie des Schicksals

ir·ra·tion·al [ı'ræʃənl] *Adj* **1.** irrational, unvernünftig **2.** MATHE irrational

ir·rec·on·cil·a·ble [ı'rekənsaıləbl] *Adj* **1.** unvereinbar **(with** mit) **2.** unversöhnlich

ir·re·cov·er·a·ble [ˌırı'kʌvərəbl] *Adj* nicht wieder gutzumachen(d), unersetzlich, -bar *(Verlust etc)*

ir·re·deem·a·ble [ˌırı'diːməbl] *Adj* **1.** WIRTSCH unkündbar *(Obligation etc)* **2.** nicht wieder gutzumachen(d) *(Verlust etc)*

ir·ref·u·ta·ble [ı'refjutəbl] *Adj* unwiderlegbar

▶ ir·reg·u·lar [ı'regjulə] *Adj* **1.** unregelmäßig *(a.* LING) **2.** regel- *od* vorschrifts-

widrig **ir·reg·u·lar·i·ty** [ˌˈlærətı] *s* **1.** Unregelmäßigkeit *f* **2.** Regel- *od* Vorschriftswidrigkeit *f*

ir·rel·e·vance, ir·rel·e·van·cy [ı'reləvəns(ı)] *s* Irrelevanz *f*, Belanglosigkeit *f* **ir·rel·e·vant** *Adj* irrelevant, unerheblich, belanglos **(to** für)

ir·re·me·di·a·ble [ˌırı'miːdjəbl] *Adj* nicht behebbar *od* abstellbar

ir·rep·a·ra·ble [ı'repərəbl] *Adj* irreparabel, nicht wieder gutzumachen(d)

ir·re·place·a·ble [ˌırı'pleısəbl] *Adj* unersetzlich, -bar

ir·re·press·i·ble [ˌırı'presəbl] *Adj* un(be)zähmbar

ir·re·proach·a·ble [ˌırı'prəutʃəbl] *Adj* untadelig, tadellos

ir·re·sist·i·ble [ˌırı'zıstəbl] *Adj* unwiderstehlich

ir·res·o·lute [ı'rezəluːt] *Adj* unentschlossen, unschlüssig

ir·re·spec·tive [ˌırı'spektıv] *Adj*: **~ of** ohne Rücksicht auf *(Akk)*

ir·re·spon·si·ble [ˌırı'spɒnsəbl] *Adj* **1.** verantwortungslos: **a)** unzuverlässig, **b)** unverantwortlich **2.** JUR unzurechnungsfähig; nicht haftbar

ir·re·triev·a·ble [ˌırı'triːvəbl] *Adj* unersetzlich, -bar

ir·rev·er·ence [ı'revərəns] *s* Respektlosigkeit *f* **ir·rev·er·ent** *Adj* respektlos

ir·re·vers·i·ble [ˌırı'vɜːsəbl] → **irrevocable**

ir·rev·o·ca·ble [ı'revəkəbl] *Adj* unwiderruflich, unumstößlich

ir·ri·gate [ˈırıgeıt] *v/t* **1.** LANDW bewässern **2.** MED *Wunde etc* ausspülen **ir·ri'ga·tion** *s* **1.** LANDW Bewässerung *f*: **~ ditch** Bewässerungsgraben *m* **2.** MED Ausspülung *f*

ir·ri·ta·ble [ˈırıtəbl] *Adj* reizbar **ir·ri·tate** [ˈ-teıt] *v/t* reizen, (ver)ärgern: **~d at (by, with)** verärgert *od* ärgerlich über *(Akk)* **'ir·ri·tat·ing** *Adj* ärgerlich, ˌir·ri'ta·tion *s* Verärgerung *f*; Ärger *m* **(at, over, with** über *Akk)*

is [ız] *er, sie, es* ist

Is·lam [ˈızlɑːm] *s* Islam *m* **Is·lam·ic** [ız'læmık] *Adj* islamisch

▶ is·land [ˈaılənd] *s* **1.** Insel *f* **2.** Verkehrsinsel *f* **'is·land·er** *s* Inselbewohner(in)

isn't [ˈıznt] F *für* **is not**

i·so·late [ˈaısəleıt] *v/t* **1.** *a.* MED isolie-

ren, absondern (**from** von) **2.** CHEM *etc* isolieren **3.** *fig* **a)** isoliert *od* einzeln betrachten, **b)** trennen (**from** von) **'i·so·lat·ed** *Adj* **1.** isoliert, abgesondert **2.** einzeln, vereinzelt: **~ case** Einzelfall *m* **3.** abgeschieden ,i·so'la·tion *s* **1.** Isolierung *f*, Absonderung *f*: **~ ward** MED Isolierstation *f* **2. consider** *od* **view** *sth in* **~** → **isolate** 3a **3.** Abgeschiedenheit *f*

i·sos·ce·les [aɪ'sɒsɪliːz] *Adj* MATHE gleichschenk(e)lig (*Dreieck*)

i·so·tope ['aɪsəʊtəʊp] *s* PHYS Isotop *n*

Is·ra·el ['ɪzreɪl] *Eigenn* Israel *n*

Is·rae·li [ɪz'reɪlɪ] **I** *Adj* israelisch **II** *s* Israeli *m*, *f*

▸**is·sue** ['ɪʃuː] **I** *s* **1.** Ausgabe *f*, Erlass *m* **2.** WIRTSCH Ausgabe *f*, Emission *f*, Begebung *f*, Auflegung *f*, Ausstellung *f* **3.** Ausgabe *f* (*e-r Zeitung etc*) **4.** Streitfrage *f*, -punkt *m*: **be at ~** zur Debatte stehen; **point at ~** strittige Frage **5.** Ausgang *m*, Ergebnis *n* **6.** JUR Nachkommen(schaft *f*) *Pl*: **die without ~** kinderlos sterben **II** *v/t* **7.** Befehle *etc* ausgeben, *a.* JUR Haftbefehl erlassen **8.** WIRTSCH Banknoten, Wertpapiere *etc* ausgeben, Anleihe begeben, auflegen, Dokument, Wechsel *etc* ausstellen **9.** Zeitung *etc* herausgeben **10.** *bes* MIL Munition *etc* ausgeben **III** *v/i* **11.** heraus-, hervorkommen **12.** herausfließen, -strömen **13.** herrühren (**from** von)

isth·mus ['ɪsməs] *s* Landenge *f*, Isthmus *m*

▸**it** [ɪt] *Pron* **1.** es (*Nom od Akk*) **2.** *auf schon Genanntes bezogen:* es, er, ihn, sie **3.** *unpersönliches od grammatisches Subjekt:* es: **~ is raining**; **oh, ~ was you** oh, Sie waren es *od* das **4.** *unbestimmtes Objekt* (*oft unübersetzt*) es: → **foot** 4, *etc* **5.** *verstärkend:* **~ is to him that you should turn** an ihn solltest du dich wenden

▸**I·tal·ian** [ɪ'tæljən] **I** *Adj* **1.** italienisch **II** *s* **2.** Italiener(in) **3.** LING Italienisch *n*

i·tal·ic [ɪ'tælɪk] *typ* **I** *Adj* kursiv **II** *s oft Pl* Kursivschrift *f*: **in ~s** kursiv **i'tal·i·cize** [-saɪz] *v/t* kursiv drucken

▸**It·a·ly** ['ɪtəlɪ] *Eigenn* Italien *n*

itch [ɪtʃ] **I** *s* **1.** Jucken *n*, Juckreiz *m* **2.** MED Krätze *f* **3.** *fig* Verlangen *n* (**for** nach): **have an ~ to do s.th.** große Lust haben *od* darauf brennen, etw zu tun **II**

v/i **4.** jucken, (*Pullover etc a.*) kratzen **5.** *fig* F **be ~ing for s.th.** etw unbedingt (haben) wollen; **be ~ing to try it** es reizt *od* juckt ihn, es zu versuchen **'itch·y** *Adj* juckend; kratzend

i·tem ['aɪtəm] *s* **1.** Punkt *m* (*der Tagesordnung etc*), (*Bilanz- etc*)Posten *m* **2.** (*Waren*)Artikel *m*; *weit.* S. Gegenstand *m*, Ding *n* **3.** (*Presse-, Zeitungs*)Notiz *f*, (*a.* RUNDFUNK, TV) Nachricht *f*, Meldung *f* **i·tem·ize** ['-maɪz] *v/t* Rechnungsposten einzeln aufführen, *a.* Rechnung spezifizieren, *Kosten etc* aufgliedern

i·tin·er·ant [ɪ'tɪnərənt] *Adj* (*beruflich*) reisend, Reise..., Wander... **i·tin·er·ar·y** [aɪ'tɪnərərɪ] *s* **1.** Reiseweg *m*, -route *f*; Reiseplan *m* **2.** Reiseführer *m* (*Buch*)

it'll ['ɪtl] F *für* **it will**

▸**its** [ɪts] *Pron* sein, s-e, ihr, ihre

it's [ɪts] F *für* **it is; it has**

▸**it·self** [ɪt'self] *Pron* **1.** *refl* sich **2.** sich selbst **3.** *verstärkend:* selbst: **by ~** (für sich) allein; von allein *od* selbst

IUD [aɪjuː'diː] *Abk* (= **intra-uterine device**) Spirale *f*

I've [aɪv] F *für* **I have**

i·vo·ry ['aɪvərɪ] **I** *s* **1.** Elfenbein *n* **2.** *Pl sl* (*bes* Klavier*)*Tasten *Pl*: **tickle the ivories** (auf dem Klavier) klimpern **II** *Adj* **3.** elfenbeinern, Elfenbein...: **~ Coast** Elfenbeinküste *f*; **live in an ~ tower** *fig* in e-m Elfenbeinturm leben *od* sitzen

i·vy ['aɪvɪ] *s* BOT Efeu *m*: **~ League** Eliteuniversitäten *im Osten der USA*

Zur **Ivy League** gehören folgende acht Hochschulen:

Brown	Columbia
Cornell	Dartmouth College
Harvard	Princeton
Pennsylvania	Yale

Der Name stammt nicht vom Efeu, sondern wahrscheinlich von der römischen Ziffer IV, wenn man sie wie I + V spricht, da ursprünglich nur vier Universitäten zu diesem illustren Kreis zählten.

J

J [dʒeɪ] *Pl* **J's** s **J** n

jab [dʒæb] **I** *v/t* **1.** (hinein)stechen, (-)stoßen (*into* in *Akk*) **II** *v/i* **2.** stechen, stoßen (*at* nach) **III** s **3.** Stich m, Stoß m **4.** *Boxen:* Jab m **5.** MED F Spritze f

jab·ber ['dʒæbə] *v/t* (daher)plappern, *Gebet etc* herunterrasseln **II** *v/i* a. **~ away** plappern, schwatzen **III** s Geplapper n

jack [dʒæk] **I** s **1. every man ~** jeder, alle **2.** *Kartenspiel:* Bube m: **~ of hearts** Herzbube m **3.** TECH Hebevorrichtung f: (*car*) **~** Wagenheber m **II** *v/t* **4.** hochheben, *Auto* aufbocken

jack·al ['dʒækɔːl] s ZOOL Schakal m

'jack|·ass s *fig* Esel m, Dummkopf m **'~·boot** s **1.** Stulp(en)stiefel m **2.** Wasserstiefel m **~·daw** ['-dɔː] s ORN Dohle f

▸**jack·et** ['dʒækɪt] s **1.** Jacke f, Jackett n **2.** TECH Mantel m **3.** (Schutz)Umschlag m, (*Buch-, Am a.* Schallplatten)Hülle f **4.** Schale f: **~ potato** Folienkartoffel f, Ofenkartoffel f

'jack|·in-the-box s Schachtelmännchen n, -teufel m **'~·knife** s (*unreg* **knife**) Klappmesser n **,~·of-'all-trades** s a. *pej* Hansdampf m in allen Gassen **~ plug** s ELEK Bananenstecker m **'~·pot** s *Poker etc:* Jackpot m: **hit the ~** F den Jackpot gewinnen; *fig* das große Los ziehen (*with* mit)

,Jack 'Ro·bin·son s: **before you can say ~** im Nu, im Handumdrehen

jad·ed ['dʒeɪdɪd] *Adj* **1.** erschöpft, ermattet **2.** abgestumpft, übersättigt **3.** schal, reizlos geworden

jag [dʒæg] s **1.** Zacke f **2.** Loch n, Riss m **II** *v/t* **3.** auszacken **4.** ein Loch reißen in (*Akk*) **jag·ged** ['-gɪd], **'jag·gy** *Adj* **1.** (aus)gezackt, zackig **2.** zerklüftet (*Steilküste etc*)

jag·uar ['dʒægjʊə] s ZOOL Jaguar m

jail [dʒeɪl] **I** s Gefängnis n: **in ~** im Gefängnis; **put in ~** → **II II** *v/t* einsperren **'~·bird** s F Knastbruder m, Knacki m **'~·break** s Ausbruch m (aus dem Gefängnis) **'~·break·er** s Ausbrecher(in)

jail·er ['dʒeɪlə] s Gefängniswärter(in), -aufseher(in)

ja·lop·(p)y [dʒə'lɒpɪ] s F alte Kiste *od* Mühle (*Auto, Flugzeug*)

jam¹ [dʒæm] s Marmelade f

jam² [_] **I** *v/t* **1.** (hinein)pressen, (-)quetschen, (-)zwängen, *Menschen* a. (-)pferchen (*into* in *Akk*): **~ in** hineinpressen *etc* **2.** (ein)klemmen, (-)quetschen: **he ~med his finger** (*od* **got his finger ~med**) **in the door** er quetschte sich den Finger in der Tür; **be ~med in** eingekeilt sein (*between* zwischen *Dat*) **3.** a. **~ up** blockieren, verstopfen **4.** a. **~ up** (*Funk etc*) Empfang (*durch Störsender*) stören **5. ~ on the brakes** MOT voll auf die Bremse treten **II** *v/i* **6.** sich (hinein)drängen *od* (-)quetschen *od* (-)zwängen (*into* in *Akk*): **~ in** sich hineindrängen *etc* **7.** TECH sich verklemmen, (*Bremsen*) blockieren; Ladehemmung haben (*Pistole etc*) **III** s **8.** Gedränge n **9.** Verstopfung f: → **traffic jam 10.** TECH Verklemmung f, Blockierung f; Ladehemmung f **11.** F Klemme f: **be in a ~** in der Klemme sein *od* sitzen *od* stecken

jamb [dʒæm] s (Tür-, Fenster)Pfosten m

jam·bo·ree [,dʒæmbə'riː] s **1.** Jamboree n, (internationales) Pfadfindertreffen **2.** große (Partei- *etc*)Veranstaltung **3.** F ausgelassene Feier

jam·my ['dʒæmɪ] *Adj Br sl* **1.** (kinder-) leicht **2.** Glücks...: **~ beggar** Glückspilz m

,jam-'packed *Adj* F voll gestopft (*with* mit), (*Stadion etc*) bis auf den letzten Platz besetzt

jan·gle ['dʒæŋgl] **I** *v/i* klimpern (*Münzen etc*), klirren, rasseln (*Ketten etc*) **II** *v/t* klimpern *od* klirren mit **III** s Klimpern n, Klirren n

jan·i·tor ['dʒænɪtə] s **1.** Pförtner(in) **2.** *bes Am* Hausmeister(in)

▸**Jan·u·ar·y** ['dʒænjʊərɪ] s Januar m, *österr.* Jänner m: **in ~** im Januar

▸**Ja·pan** [dʒə'pæn] *Eigenn* Japan n

▸**Jap·a·nese** [,dʒæpə'niːz] **I** s **1.** *Pl* **-nese** Japaner(in) **2.** LING Japanisch n **II** *Adj* **3.** japanisch

jar¹ [dʒɑː] s **1.** (irdenes *od* gläsernes) Gefäß, Krug m **2.** (*Marmelade-, Ein-*

*mach)*Glas *n* 3. *Br* F Glas *n* Bier

jar² [-] **I** *v/i* 1. kratzen, kreischen, quietschen (*on* auf *Dat*) 2. sich beißen (*Farben*); sich widersprechen (*Meinungen etc*); MUS dissonieren: **~ring tone** Misston *m* (*a. fig*) 3. ~ **on** weh tun (*Dat*) (*Farbe, Geräusch etc*), *Auge etc* beleidigen 4. wackeln **II** *v/t* 5. kratzen *od* quietschen mit 6. erschüttern, *fig a.* er-, aufregen 7. → 3 **III** *s* 8. Kratzen *n etc* (→ 1) 9. Erschütterung *f* (*a. fig*); Stoß *m* 10. MUS Missklang *m*, Dissonanz *f* (*beide a. fig*)

jar·gon ['dʒɑːgən] *s* Jargon *m*

jas·min(e) ['dʒæsmɪn] *s* BOT Jasmin *m*

jaun·dice ['dʒɔːndɪs] *s* 1. MED Gelbsucht *f* 2. *fig* Neid *m*, Eifersucht *f* '**jaun·diced** *Adj* 1. MED gelbsüchtig 2. *fig* neidisch, eifersüchtig

jaunt [dʒɔːnt] **I** *v/i* e-n Ausflug *od* e-e Spritztour machen **II** *s* Ausflug *m*, *mot* Spritztour *f*: **go for** (*od* **on**) **a ~** → I

jaun·ty ['dʒɔːntɪ] *Adj* 1. fesch, flott (*Hut etc*) 2. unbeschwert, unbekümmert (*Einstellung, Person*) 3. flott, schwungvoll (*Melodie*)

jave·lin ['dʒævlɪn] *s Leichtathletik:* Speer *m*; *als Sportdisziplin od Wettkampf:* **the ~** Speerwerfen *n*, Speerwurf *m*; *als Vorgang:* **throwing the ~** Speerwurf *m*; **~ thrower** Speerwerfer(in)

jaw [dʒɔː] **I** *s* 1. ANAT Kiefer *m*: **lower ~** Unterkiefer *m*; **upper ~** Oberkiefer 2. *mst Pl* Mund *m*; ZOOL Rachen *m* (*a. fig*), Maul *n* 3. TECH (Klemm)Backe *f*; Klaue *f* 4. F Geschwätz *n* **II** *v/i* 5. F schwatzen '**~·bone** *s* ANAT Kieferknochen *m* '**~·break·er** *s* F Zungenbrecher *m*

jay [dʒeɪ] *s* ORN Eichelhäher *m* '**~·walk·er** *s* unachtsamer Fußgänger, unachtsame Fußgängerin

jazz [dʒæz] **I** *s* 1. MUS Jazz *m* 2. **and all that ~** F u. so ein Zeug(s) **II** *Adj* 3. MUS Jazz... **III** *v/t* 4. oft **~ up** MUS verjazzen 5. *mst* **~ up** F Schmiss *od* Schwung bringen in (*Akk*); *j-n, etw* aufmöbeln '**jazzy** *Adj* 1. jazzartig 2. F knallig (*Farben*), (*a. Kleidung etc*) poppig

▸ **jeal·ous** ['dʒeləs] *Adj* 1. eifersüchtig (*of* auf *Akk*) 2. neidisch (*of* auf *Akk*): **be ~ of s.o.'s success** j-m s-n

Erfolg missgönnen 3. eifersüchtig besorgt (*of* um) '**jeal·ous·y** *s* 1. Eifersucht *f*; *Pl* Eifersüchteleien *Pl* 2. Neid *m*

▸ **jeans** [dʒiːnz] *s Pl* Jeans *Pl*

jeep® [dʒiːp] *s* MOT Jeep *m* (*Geländewagen*)

jeer [dʒɪə] **I** *v/i* (*at*) höhnische Bemerkungen machen (über *Akk*); höhnisch lachen (über *Akk*): **~ at** → a. **II** *v/t* verhöhnen **III** *s* höhnische Bemerkung; Hohngelächter *n* '**jeer·ing** *Adj* höhnisch: **~ laughter** Hohngelächter *n*

Je·ho·va's Wit·ness [dʒɪ'həʊvəz] *s* REL Zeuge *m*, Zeugin *f* Jehovas

jell [dʒel] **I** *v/i* 1. gelieren 2. *fig* Gestalt annehmen **II** *v/t* 3. gelieren lassen, zum Gelieren bringen

jel·lied ['dʒelɪd] *Adj* in Aspik *od* Sülze

jel·ly ['dʒelɪ] *s* Gallert(e *f*) *n*; Gelee *n*; Aspik *n*, Sülze *f*; Götterspeise *f* '**~·ba·by** *s Br* Gummibärchen *n* '**~·fish** *s* ZOOL Qualle *f* '**~·roll** *s Am* Biskuitrolle *f*

jem·my ['dʒemɪ] *Br* **I** *s* Brech-, Stemmeisen *n* **II** *v/t a.* **~ open** aufbrechen, -stemmen

jeop·ard·ize ['dʒepədaɪz] *v/t j-n, etw* gefährden, in Gefahr bringen, *etw* infrage stellen '**jeop·ard·y** *s* Gefahr *f*: **put** (*od* **place**) **in ~** → **jeopardize**

jerk [dʒɜːk] **I** *s* 1. Ruck *m*; Sprung *m*, Satz *m*: **by ~s** sprung-, ruckweise; **give a ~** rucken, e-n Satz machen (*Auto etc*), zs.-zucken (*Person*) 2. MED Zuckung *f*; (*bes Knie*)Reflex *m* 3. *Am sl* Trottel *m* **II** *v/t* 4. ruckartig ziehen *an* (*Dat*) **III** *v/i* 5. sich ruckartig *od* ruckweise bewegen: **~ to a stop** ruckweise *od* mit e-m Ruck stehen bleiben 6. (zs.-)zucken '**jerk·y** *Adj* 1. ruckartig, (*Bewegungen*) fahrig; stoß-, ruckweise 2. *Am sl* blöd

jer·ry ['dʒerɪ] *s Br* F Pott *m* (*Nachttopf*) '**~·built** *Adj* schlampig gebaut: **~ house** Bruchbude *f*

jer·sey ['dʒɜːzɪ] *s* 1. Pullover *m* 2. SPORT Trikot *n* 3. Jersey *m* (*Stoff*)

jest [dʒest] **I** *s* Spaß *m*: **in ~** im *od* zum Scherz **II** *v/i* spaßen: **~ with** (s-n) Spaß treiben mit '**jest·er** *s* 1. Spaßvogel *m* 2. *hist* (Hof)Narr *m* '**jest·ing** *Adj* spaßend; spaßhaft '**jest·ing·ly** *Adv* im *od* zum Scherz

Jes·u·it ['dʒezjʊɪt] *s* REL Jesuit *m*

'**Jes·u·it·i·cal** *Adj* jesuitisch, Jesuiten...

▸ **jet** [dʒet] **I** *s* **1.** (*Feuer-, Wasser- etc*) Strahl *m* **2.** TECH Düse *f* **3.** FLUG Jet *m* **II** *v/i* **4.** (heraus-, hervor)schießen (**from** aus) **5.** FLUG jetten ~ **en·gine** *s* Strahlmotor *m*, -triebwerk *n* ~ **fight·er** *s* FLUG, MIL Düsenjäger *m* ~ **lag** *s* Störung *des gewohnten Alltagsrhythmus durch die Zeitverschiebung bei Langstreckenflügen* ~ **plane** *s* Düsenflugzeug *n* '~**-pro,pelled** *Adj* bes FLUG mit Düsen- *od* Strahlantrieb ~ **pro·pul·sion** *s* bes FLUG Düsenantrieb *m*

jet·sam ['dʒetsəm] *s* SCHIFF **1.** Seewurfgut *n* **2.** Strandgut *n*: → **flotsam**

jet| **set** *s* Jet-set *m* '~**,set·ter** *s* Angehörige *m, f* des Jet-set

jet·ti·son ['dʒetɪsn] *v/t* **1.** SCHIFF über Bord werfen (*a. fig*) **2.** FLUG (im Notwurf) abwerfen, *Treibstoff* ablassen **3.** *ausgebrannte Raketenstufe* absprengen

jet·ty ['dʒetɪ] *s* SCHIFF **1.** Hafendamm *m*, Mole *f* **2.** Strombrecher *m* (*an Brücken*)

Jew [dʒuː] *s* Jude *m*, Jüdin *f*

jew·el ['dʒuːəl] **I** *s* **1.** Juwel *n* (*a. fig*), Edelstein *m*: ~ **box** Schmuckkassette *f* **2.** TECH Stein *m* (*e-r Uhr*) **II** *v/t* Prät u. Part **-eled**, *bes Br* **-elled 3.** mit Juwelen schmücken *od* besetzen '**jew·el·(l)er** *s* Juwelier(in)

▸ **jew·el·ry**, *bes Br* **jew·el·ler·y** ['dʒuːəlrɪ] *s* Juwelen *Pl*, weit. S. Schmuck *m*: **piece of** ~ Schmuckstück *n*

Jew·ish ['dʒuːɪʃ] *Adj* jüdisch, Juden...

jib¹ [dʒɪb] *s* **1.** SCHIFF Klüver *m* **2.** TECH Ausleger *m* (*e-s Krans*)

jib² [.] *v/i* **1.** scheuen, bocken (**at** vor *Dat*) **2.** *fig* störrisch *od* bockig sein: ~ **at** sich sträuben gegen; streiken bei

jif·fy ['dʒɪfɪ] *s* F Augenblick *m*: **in a** ~ im Nu, im Handumdrehen

jig·gered ['dʒɪgəd] *Adj* F **1.** *I'm* ~ *if* der Teufel soll mich holen, wenn **2.** *well*, *I'm* ~*!* da bin ich aber baff!

jig·gle ['dʒɪgl] **I** *v/t* wackeln mit; schütteln; rütteln an (*Dat*) **II** *v/i* wackeln

jig·saw (**puz·zle**) ['dʒɪgsɔː] *s* Puzzle(spiel) *n*

jim·my ['dʒɪmɪ] *Am* → **jemmy**

jin·gle ['dʒɪŋgl] **I** *v/i* klimpern (*Münzen etc*), bimmeln (*Glöckchen etc*) **II** *v/t* klimpern mit, bimmeln lassen **III** *s* Klimpern *n*, Bimmeln *n*

jin·go·ism ['dʒɪŋgəʊɪzm] *s* Chauvinismus *m* ,**jin·go'is·tic** *Adj* (~*ally*) chauvinistisch

jinks [dʒɪŋks] *s Pl*: **high** ~ Ausgelassenheit *f*; **they were having high** ~ bei ihnen ging es hoch her

jinx [dʒɪŋks] F I *s* **1.** Unglücksbringer(in) **2.** Unglück *n*: **put a** ~ **on** → 3 **II** *v/t* **3.** Unglück bringen (*Dat*); verhexen

jit·ter ['dʒɪtə] F *s*: **the** ~*s Pl* Bammel *m*, e-e Heidenangst (**about** vor *Dat*): **have the** ~*s* Bammel *od* e-e Heidenangst haben; fürchtbar nervös sein '**jit·ter·y** *Adj* F furchtbar nervös

▸ **job¹** [dʒɒb] F **I** *s* **1.** (einzelne) Arbeit: **make a good** (**bad**) ~ **of s.th.** etw gut (schlecht) machen; → **odd** 5 **2.** Stellung *f*, Tätigkeit *f*, Arbeit *f*, Job *m*; Arbeitsplatz *m*: ~ **centre** *Br* Arbeitsamt *n*; ~ **creation** Arbeits(platz)beschaffung *f*; ~ **description** Arbeits(platz)beschreibung *f*; ~ **interview** Vorstellungsgespräch *n* **3.** Sache *f*: **a**) Aufgabe *f*, Pflicht *f*, **b**) Geschmack *m* **4.** F Sache *f*, Angelegenheit *f*: **make the best of a bad** ~ gute Miene zum bösen Spiel machen; **das Beste daraus machen 5.** F Ding *n*, krumme Sache: **pull a** ~ ein Ding drehen

Job² [dʒəʊb] *Eigenn* BIBEL Hiob *m*: **have the patience of** ~, **be** (**as**) **patient as** ~ e-e Engelsgeduld haben; ~**'s comforter** j-d, der durch s-n Trost alles nur noch schlimmer macht

job·ber ['dʒɒbə] *s Börse*: *Br* Jobber(in)

'**job·hunt** *v/i* auf Arbeitssuche sein: **go** ~**ing** auf Arbeitssuche gehen '~**hunt·er** *s* Arbeitssuchende *m, f* '~**less** *Adj* arbeitslos ~ **seek·er** *s* → **jobhunter** ~ **shar·ing** *s* Jobsharing *n*

jock·ey ['dʒɒkɪ] **I** *s* **1.** Pferderennsport: Jockey *m* **II** *v/t* **2.** Pferd (*als Jockey*) reiten **3.** manövrieren (*a. fig*): ~ **out** of j-n hinausbugsieren aus (*e-r Stellung etc*); *j-n* betrügen um **III** *v/i* **4.** ~ **for** rangeln um (*a. fig*): ~ **for position** (*Sport etc, a. fig*) sich e-e günstige Position zu verschaffen suchen

jock·strap ['dʒɒkstræp] *s* Suspensorium *n*

jo·cose [dʒəʊ'kəʊs], **joc·u·lar** ['dʒɒkjʊlə] *Adj* **1.** ausgelassen (*Person*) **2.** witzig, spaßig (*Bemerkung etc*)

jog [dʒɒg] **I** *v/t* **1.** stoßen an (*Akk*) *od* gegen, *j-n* anstoßen, stupsen: **~** *s.o.'s* **memory** j-s Gedächtnis nachhelfen **II** *v/i* **2.** trotten (*Person, Tier*), zuckeln (*Bus etc*); (*Sport*) joggen **III** *s* **3.** Stoß *m*, Stups *m* **4.** Trott *m*; (*Sport*) Trimmtrab *m* '**jog·ger** *s* SPORT Jogger(in) '**jog·ging** *s* SPORT Joggen *n*, Jogging *n*: **~** **suit** Jogginganzug *m*

jog·gle ['dʒɒgl] *v/t* (leicht) schütteln, rütteln an (*Dat*)

jog|trot *s* gemächlicher Trab, Trott *m* (*a. fig*) '**~-trot** *v/i* gemächlich traben (*bes Pferd*), trotten (*Person, Tier*)

john [dʒɒn] *s Am* F Klo *n*: **in the ~** auf dem Klo ♀ **Bull** *s* England *n*, die Engländer *Pl*; ein typischer Engländer ♀ **Han·cock** ['hænkɒk] *s Am* F Friedrich Wilhelm *m* (*Unterschrift*)

▸ **join** [dʒɔɪn] **I** *v/t* **1.** *etw* verbinden, -einigen, zs.-fügen (**to** mit): **~** **hands** die Hände falten; sich die Hand *od* die Hände reichen; *fig* sich zs.-tun (**with** mit) **2.** *Personen* vereinigen, zs.-bringen (**with, to** mit) **3.** sich anschließen (*Dat od* an *Akk*), stoßen *od* sich gesellen zu: *I'll* **~** *you later* ich komme später nach **4.** eintreten in (*e-e Firma, e-n Verein etc*) **5.** teilnehmen *od* sich beteiligen an (*Dat*), mitmachen bei **6.** einmünden in (*Akk*) (*Fluss, Straße*) **II** *v/i* **7.** sich vereinigen *od* verbinden (**with** mit) **8.** **~** *in* **a)** teilnehmen, sich beteiligen, mitmachen, **b)** → **5 9.** zs.-kommen (*Straßen*), (*Flüsse a.*) zs.-fließen '**join·er** *s* Tischler(in), Schreiner(in) '**join·er·y** *s* **1.** Tischler-, Schreinerhandwerk *n* **2.** Tischler-, Schreinerarbeit *f*

▸ **joint** [dʒɔɪnt] **I** *s* **1.** Verbindung(sstelle) *f, bes a.* (Löt)Naht *f,* Nahtstelle *f,* *bes* ANAT, TECH Gelenk *n*: **out of ~** ausgerenkt, *fig* aus den Fugen; → **nose 1 2.** GASTR Braten(stück *n*) *m* **3.** *sl* Laden *m,* Bude *f* (*Lokal, Firma etc*): → *clip* **joint 4.** *sl* Joint *m* (*Haschisch- od Marihuanazigarette*) **II** *Adj* **5.** gemeinsam, gemeinschaftlich: *take* **~** *action* gemeinsam vorgehen; **~** *venture* WIRTSCH Gemeinschaftsunternehmen *n* '**~·stock com·pa·ny** *s* **1.** *Br* Kapitalod Aktiengesellschaft *f* **2.** *Am* offene Handelsgesellschaft auf Aktien

joist [dʒɔɪst] *s* ARCHI **1.** Deckenträger *m,* -balken *m* **2.** I-Träger *m*

▸ **joke** [dʒəʊk] **I** *s* **1.** Witz *m*: *crack* **~s** Witze reißen **2. a)** Scherz *m*, Spaß *m*: *for a* **~** im *od* zum Spaß; *that's going beyond a* **~** das ist kein Spaß mehr, das ist nicht mehr lustig; *he can't take a* **~** er versteht keinen Spaß, **b)** *mst practical* **~** Streich *m*: *play a* **~** *on s.o.* j-m e-n Streich spielen **II** *v/i* **3.** scherzen, Witze *od* Spaß machen: *I'm not joking* ich meine das ernst; *you must be joking, are you joking?* das ist doch nicht dein Ernst! '**jok·er** *s* **1.** Spaßvogel *m*, Witzbold *m* **2.** Joker *m* (*Spielkarte*) **3.** *sl* Typ *m*, Kerl *m* '**jok·ing** **I** *Adj* scherzhaft, spaßend: **~***ly a.* im Spaß **II** *s* Witze *Pl*: **~** *apart* Scherz *od* Spaß beiseite!

jol·li·fi·ca·tion [ˌdʒɒlɪfɪ'keɪʃn] *s* F (feucht)fröhliches Fest, Festivität *f*

jol·ly ['dʒɒlɪ] **I** *Adj* **1.** lustig, fröhlich, vergnügt **2.** F angeheitert **II** *Adv* **3.** *Br* F ganz schön, ziemlich: *a* **~** *nice chap* ein prima Kerl

Jol·ly Rog·er [ˌdʒɒlɪ'rɒdʒə] *s* Totenkopf-, Piratenflagge *f*

jolt [dʒəʊlt] **I** *v/t* **1.** e-n Ruck *od* Stoß geben (*Dat*); *Passagiere* durchrütteln, -schütteln **2.** *fig* j-m e-n Schock versetzen; *j-n* auf- *od* wachrütteln: **~** *s.o. out of a.* j-n reißen aus **II** *v/i* **3.** e-n Ruck machen; rütteln, holpern (*Fahrzeug*) **III** *s* **4.** Ruck *m*, Stoß *m* **5.** *fig* Schock *m*: *give s.o. a* **~** j-m e-n Schock versetzen

Jor·dan ['dʒɔːdn] *Eigenn* **1.** Jordanien *n* **2.** *der* Jordan

Jor·da·ni·an [dʒɔː'deɪnjən] **I** *Adj* jordanisch **II** *s* Jordanier(in)

josh [dʒɒʃ] *v/t Am* F *j-n* veräppeln

joss stick [dʒɒs] *s* Räucherstäbchen *n*

jos·tle ['dʒɒsl] **I** *v/t* **1.** anrempeln **2.** dränge(l)n: **~** *one's way through* sich (durch)drängen durch **II** *v/i* **3.** **~** *against* rempeln gegen, anrempeln (*Akk*) **4.** (sich) dränge(l)n

jot [dʒɒt] **I** *s fig* Spur *f*: *not a* **~** *of truth* kein Funke *od* Körnchen Wahrheit **II** *v/t mst* **~** *down* sich *etw* notieren '**jot·ter** *s Br* Notizbuch *n,* -block *m*

joule [dʒuːl] *s* PHYS Joule *n*

jour·nal ['dʒɜːnl] *s* **1.** Journal *n,* Zeitschrift *f* **2.** Tagebuch *n* **3.** *Buchhaltung:* Journal *n* **4.** SCHIFF Logbuch *n* **5.** (*Fax*)Sendebericht *m* **jour·nal·ese**

[ˌ-nə'li:z] *s* Zeitungsstil *m* **'jour·nal·ism** *s* Journalismus *m* **'jour·nal·ist** *s* Journalist(in) ˌ**jour·nal·is·tic** *Adj* (**~ally**) journalistisch

▸ **jour·ney** ['dʒɜ:nɪ] *s* **1.** Reise *f*: *go on a ~* verreisen **2.** Reise *f*, Entfernung *f*: *it's a two-day...* die Reise dauert zwei Tage

jo·vi·al ['dʒəʊvjəl] *Adj* lustig, fröhlich, vergnügt **jo·vi·al·i·ty** [ˌ-vɪ'ælətɪ] *s* Lustigkeit *f*, Fröhlichkeit *f*

jowl [dʒaʊl] *s* **1.** (Unter)Kiefer *m* **2.** Wange *f*, Backe *f*; Hängebacke *f*

▸ **joy** [dʒɔɪ] *s* **1.** Freude *f* (*at* über *Akk*; *in* an *Dat*): *for* ~ vor Freude *weinen etc*; *tears Pl of* ~ Freudentränen *Pl*; *to s.o.'s* ~ zu j-s Freude **2.** *Br* F Erfolg *m*: *I didn't have any* ~ ich hatte kein Glück **joy·ful** ['-fʊl] *Adj* **1.** freudig, erfreut **2.** erfreulich, freudig (*Ereignis etc*) **'joy·less** *Adj* **1.** freudlos **2.** unerfreulich **'joy·ous** → *joyful*

joy| ride *s* F Spritztour *f* (*bes in e-m gestohlenen Wagen*): *go on a* ~ e-e Spritztour machen **~ stick** *s* F **1.** FLUG Steuerknüppel *m* **2.** COMPUTER Joystick *m*

ju·bi·lant ['dʒu:bɪlənt] *Adj* **1.** überglücklich **2.** jubelnd: **~ shout** Jubelschrei *m* **ˌju·bi·la·tion** *s* Jubel *m* **ju·bi·lee** ['-li:] *s* Jubiläum *n*

▸ **judge** [dʒʌdʒ] I *s* **1.** JUR Richter(in): → *sober* I **2.** Schiedsrichter(in); Preisrichter(in); (*Sport a.*) Kampfrichter(in), (*Boxen*) Punktrichter(in) **3.** Kenner(in): *a* (*good*) ~ *of wine* ein(e) Weinkenner(in) II *v/t* **4.** JUR *Fall* verhandeln; die Verhandlung führen gegen **5.** Wettbewerbsteilnehmer, Leistungen *etc* beurteilen (*on* nach); als Schiedsrichter(in) (*etc*, → 2) fungieren bei **6.** entscheiden (*s.th.* etw; *that* dass) **7.** beurteilen, einschätzen (*by* nach) III *v/i* **8.** als Schiedsrichter(in) (*etc*, → 2) fungieren (*at* bei) **9.** urteilen (*of* über *Akk*): *judging by his words* s-n Worten nach zu urteilen

▸ **judg(e)·ment** ['dʒʌdʒmənt] *s* **1.** JUR Urteil *n* **2.** Urteilsvermögen *n*: *against one's better* ~ wider bessere Einsicht **3.** Meinung *f*, Ansicht *f*, Urteil *n* (*on* über *Akk*): *in my* ~ m-s Erachtens; *form a* ~ *on* sich ein Urteil bilden über **4.** göttliches (Straf)Gericht: *the Last* 2 das Jüngste Gericht; *Day of* 2, 2 *Day* Jüngster Tag

ju·di·ca·ture ['dʒu:dɪkətʃə] *s* JUR **1.** Rechtsprechung *f*, Rechtspflege *f* **2.** Gerichtswesen *n* **3.** → *judiciary* 3

ju·di·cial [dʒu:'dɪʃl] *Adj* **1.** JUR gerichtlich, Gerichts...: ~ *error* Justizirrtum *m*; ~ *murder* Justizmord *m* **2.** JUR richterlich **3.** kritisch

ju·di·ci·a·ry [dʒu:'dɪʃərɪ] JUR I *Adj* **1.** → *judicial* 1, 2 II *s* **2.** → *judicature* 2 **3.** *Koll* Richter(schaft *f*) *Pl*

ju·di·cious [dʒu:'dɪʃəs] *Adj* **1.** vernünftig, umsichtig **2.** wohl überlegt

ju·do ['dʒu:dəʊ] *s* SPORT Judo *n*

jug [dʒʌg] *s* **1.** Krug *m*; Kanne *f*; Kännchen *n* **2.** *sl* Knast *m* (*Gefängnis*)

jug·ger·naut ['dʒʌgənɔ:t] *s* **1.** MOT *Br* Schwerlastzug *m* **2.** *fig* Moloch *m*

jug·gle ['dʒʌgl] I *v/t* **1.** jonglieren (mit) **2.** *fig* jonglieren mit (*Fakten, Worten etc*); *Fakten, Worte etc* verdrehen; *Konten etc* fälschen, frisieren II *v/i* **3.** jonglieren **4.** ~ *with* → 2 **'jug·gler** *s* **1.** Jongleur(in) **2.** Schwindler(in)

jug ket·tle *s* *Br* elektrischer Wasserkocher *m*

Ju·go·slav → *Yugoslav*

▸ **juice** [dʒu:s] *s* **1.** Saft *m*: *let s.o. stew in his own* ~ F j-n im eigenen Saft schmoren lassen **2.** *sl* ELEK Saft *m*; MOT Sprit *m* II *v/t* **3.** entsaften **'juic·y** *Adj* **1.** saftig (*Obst, Fleisch etc*) **2.** saftig (*Gewinn etc*); lukrativ (*Vertrag etc*); pikant, schockierend (*Einzelheiten etc*)

ju·jit·su [dʒu:'dʒɪtsu:] *s* SPORT Jiu-Jitsu *n*

juke·box ['dʒu:kbɒks] *s* Jukebox *f*, Musikautomat *m*

▸ **Ju·ly** [dʒu:'laɪ] *s* Juli *m*: *in* ~ im Juli

Fourth of July

Der **Fourth of July** ist in den USA ein wichtiger Feiertag: Am 4. Juli 1776 wurde die Unabhängigkeitserklärung der 13 amerikanischen Kolonien von der britischen Herrschaft unterzeichnet. Zu den Feierlichkeiten an diesem Gedenktag gehören Umzüge, Grillpartys und ein Feuerwerk. Offiziell heißt der 4. Juli **Independence Day** (Unabhängigkeitstag).

J

jum·ble ['dʒʌmbl] **I** v/t a. ~ together (od up) Sachen durcheinander werfen; Fakten etc durcheinander bringen **II** s Durcheinander n ~ sale s Br Wohltätigkeitsbasar m

jum·bo ['dʒʌmbəʊ] **I** Pl -bos s 1. Koloss m (Sache, Person) 2. FLUG Jumbo m **II** Adj 3. riesig, Riesen...: ~ jet FLUG Jumbojet m '~-sized → jumbo 3

▶ **jump** [dʒʌmp] **I** s 1. Sprung m: make (od take) a ~ e-n Sprung machen; have the ~ on s.o. F j-m voraus sein 2. SPORT (Hoch-, Ski- etc)Sprung m 3. give a ~ → 6 **II** v/i a. springen: ~ off absprringen auf (Akk); ~ off abspringen (von); ~ out of one's skin fig erschreckt zusammenfahren, weit. S. a. sich (zu Tode) erschrecken; ~ up (od to one's feet) aufspringen; → conclusion 3 5. hüpfen, springen; ~ for joy Freudensprünge machen 6. zs.-zucken, auf-, zs.-fahren (at bei) 7. fig abrupt übergehen, überspringen, -wechseln (to zu) **III** v/t 8. springen über (Akk) 9. fig überspringen, auslassen; ~ the gun (Sport) e-n Fehlstart verursachen; fig voreilig sein od handeln; ~ the queue sich vordrängel(l)n (beim Schlangestehen u. fig); MOT aus e-r Kolonne ausscheren u. überholen; → light¹ 3 10. (heraus-) springen aus: → rail¹ 3, track 3

jump·er¹ ['dʒʌmpə] s SPORT (Hoch- etc) Springer(in)

jump·er² [~] s 1. bes Br Pullover m 2. Am Trägerrock m, -kleid n

jump·er ca·bles s Pl Am → jump leads

jump| leads [liːdz] s Pl Br MOT Starthilfekabel n ~ rope s Am Spring-, Sprungseil n ~ seat s Klapp-, Notsitz m ~ suit s Overall m

jump·y ['dʒʌmpi] Adj nervös; schreckhaft

junc·tion ['dʒʌŋkʃn] s 1. Verbindung f, -einigung f 2. BAHN Knotenpunkt m 3. (Straßen)Kreuzung f, (-)Einmündung f

junc·ture ['dʒʌŋktʃə] s: at this ~ in diesem Augenblick, zu diesem Zeitpunkt

▶ **June** [dʒuːn] s Juni m: in ~ im Juni

▶ **jun·gle** ['dʒʌŋgl] s Dschungel m (a. fig)

jun·ior ['dʒuːnjə] **I** Adj 1. junior 2. (to) jünger (als); untergeordnet (Dat): ~ partner WIRTSCH Junior(partner) m;

→ management 2 3. PÄD ~ high (school) Am die unteren Klassen der Highschool; ~ school Br Grundschule f (für Kinder von 7-11) 4. SPORT Junioren... **II** s 5. Jüngere m, f: he is my ~ by two years, he is two years my ~ er ist 2 Jahre jünger als ich 6. SPORT Junior(in)

ju·ni·per ['dʒuːnɪpə] s BOT Wacholder m

junk¹ [dʒʌŋk] s SCHIFF Dschunke f

junk² [~] s 1. Trödel m; Altmaterial n; Schrott m 2. Gerümpel n, Abfall m 3. pej Schund m, Mist m 4. sl Stoff m, bes Heroin n **II** v/t s. etw unbrauchbar Gewordenes ausrangieren, Auto etc verschrotten

junk·et ['dʒʌŋkɪt] s (Sahne)Quark m; Dickmilch f

junk food s Junkfood m (kalorienreiche Nahrung von geringem Nährwert)

junk·ie ['dʒʌŋki] s sl Junkie m (Rauschgiftsüchtiger), bes H-Fixer(in)

junk| mail s (Post)Wurfsendungen Pl '~-yard s Schuttabladeplatz m; Schrottplatz m

jun·ta ['dʒʌntə] s POL Junta f

ju·rid·i·cal [,dʒʊə'rɪdɪkl] Adj 1. gerichtlich, Gerichts... 2. juristisch, Rechts...

ju·ris·dic·tion [,dʒʊərɪs'dɪkʃn] s Gerichtsbarkeit f; (örtliche u. sachliche) Zuständigkeit f (of, over für): come (od fall) under (od within) the ~ of unter die Zuständigkeit fallen von (od Gen); have ~ over zuständig sein für

ju·ris·pru·dence [,dʒʊərɪs'pruːdəns] s Rechtswissenschaft f

ju·rist ['dʒʊərɪst] s 1. Jurist(in), Rechtsgelehrte m, f 2. Br Rechtsstudent(in) 3. Am Rechtsanwalt m, -anwältin f

ju·ror ['dʒʊərə] s 1. JUR Geschworene m, f 2. Preisrichter(in)

ju·ry ['dʒʊəri] s 1. JUR die Geschworenen Pl: → trial 1 2. Jury f, Preis-, (Sport a.) Kampfgericht n ~ box s JUR Geschworenenbank f '~-man [-mən] s (unreg man) JUR Geschworene m '~-wom·an s (unreg woman) Geschworene f

▶ **just** [dʒʌst] **I** Adj (→ justly) 1. gerecht (to gegen) 2. gerecht, angemessen: it is only ~ that es ist nur recht u. billig, dass 3. rechtmäßig (Anspruch etc); berechtigt, gerechtfertigt (Zorn etc) **II** Adv 4. gerade, (so)eben: → now 3 5. gerade, genau, eben: ~ as gerade als; that is ~ like you das sieht dir ähnlich; → well¹ 1

6. gerade (noch), ganz knapp **7.** nur, lediglich, bloß: → **moment** 1, etc **8.** ~ **about** ungefähr, etwa; gerade noch

▸ **jus·tice** [ˈdʒʌstɪs] *s* **1.** Gerechtigkeit *f* (**to** gegen): **do** ~ **to** gerecht werden (*Dat*); *etw* richtig würdigen **2.** JUR Gerechtigkeit *f*, Recht *n*: **bring to** ~ vor den Richter bringen **3.** JUR Richter(in): ~ **of the peace** Friedensrichter(in)

jus·ti·fi·a·ble [ˈdʒʌstɪfaɪəbl] *Adj* zu rechtfertigen(d), berechtigt, vertretbar

'jus·ti·fi·a·bly *Adv* berechtigterweise, mit gutem Grund, mit Recht

jus·ti·fi·ca·tion [ˌdʒʌstɪfɪˈkeɪʃn] *s* Rechtfertigung *f*: **in** ~ **of** zur Rechtfertigung von (*od Gen*)

jus·ti·fy [ˈdʒʌstɪfaɪ] *v/t* **1.** rechtfertigen (**to** vor *Dat*, gegenüber): **be justified**

in doing s.th. etw mit gutem Recht tun; berechtigt sein, etw zu tun **2.** *typographisch:* justieren: **justified text** Blocksatz *m*; **left** (**right**) **justified** linksbündig (rechtsbündig)

just·ly [ˈdʒʌstlɪ] *Adv* mit *od* zu Recht

jute [dʒuːt] *s* Jute(faser) *f*

ju·ven·ile [ˈdʒuːvənaɪl] **I** *Adj* jugendlich; Jugend...: ~ **court** Jugendgericht *n*; ~ **delinquency** Jugendkriminalität *f*; ~ **delinquent** (*od* **offender**) straffällige(r) Jugendliche(r) **II** *s* Jugendliche *m*, *f*

jux·ta·pose [ˌdʒʌkstəˈpəʊz] *v/t* nebeneinander stellen (*a. fig*) **jux·ta·po·si·tion** [ˌ.pəˈzɪʃn] *s* **1.** Nebeneinanderstellung *f* **2.** Nebeneinanderstehen *n*: **be in** ~ nebeneinander stehen

K

K [keɪ] *Pl* **K's** *s* K *n*

kale [keɪl] *s* BOT Grün-, Braunkohl *m*

ka·lei·do·scope [kəˈlaɪdəskəʊp] *s* Kaleidoskop *n* (*a. fig*)

kan·ga·roo [ˌkæŋɡəˈruː] *s* ZOOL Känguru *n*

Ka·po·si's sar·co·ma [kæˈpəʊsɪz sɑːˈkəʊmə] *s* MED Kaposisarkom *n*

ka·put [kæˈpʊt] *Adj präd* F kaputt

ka·ra·o·ke [kærəˈəʊkɪ] *s* Karaoke *n*

ka·ra·te [kəˈrɑːtɪ] *s* Karate *n*: ~ **chop** Karateschlag *m*

ka·yak [ˈkaɪæk] *s* Kajak *m*, *n* (*a. Sport*)

KB [keɪˈbiː] *Abk* (= *kilobyte*) KB *n*, Kbyte *n*

keel [kiːl] SCHIFF **I** *s* Kiel *m*: **on an even** ~ *fig* gleichmäßig, ruhig **II** *v/i mst* ~ **over** umschlagen, kentern

▸ **keen** [kiːn] *Adj* **1.** scharf (geschliffen) **2.** schneidend (*Kälte*), scharf (*Wind*) **3.** scharf (*Sinne, Verstand etc*) **4.** WIRTSCH scharf (*Wettbewerb*); lebhaft, stark (*Nachfrage*) **5.** heftig, stark (*Gefühl*): ~ **interest** starkes *od* lebhaftes Interesse **6.** begeistert, leidenschaftlich (*Schwimmer etc*) **7.** versessen, scharf (**on**, **about** *auf Akk*): **be** ~ **on** *a.* begeistert sein von; **be** ~ **on doing** (*od* **to do**) **s.th.** etw unbedingt tun wollen

▸ **keep** [kiːp] **I** *s* **1.** (Lebens)Unterhalt *m* **2. for** ~ *s* F für *od* auf immer, endgültig: **it's yours for** ~ **s** du kannst *od* darfst es behalten **II** *v/t* (*unreg*) **3.** (be)halten **4.** *j-n, etw* lassen, (*in e-m bestimmten Zustand*) (er)halten: ~ **closed** Tür etc geschlossen halten; ~ **s.th. a secret** etw geheim halten (**from** vor *Dat*); → **wait** 1, etc **5.** (*im Besitz*) behalten: ~ **the change** den Rest (*des Geldes*) ist für Sie; ~ **your seats, please** bitte behalten Sie Platz **6.** *j-n* aufhalten: **don't let me** ~ **you** lass dich nicht aufhalten **7.** aufheben, -bewahren: **can you** ~ **a secret?** kannst du schweigen?, kannst du etw für dich behalten? **8.** *Beziehungen etc* unterhalten (**with** zu) **9.** Ware führen **10.** *Laden etc* haben, betreiben **11.** *Versprechen, Wort* halten **12.** *Bett, Haus, Zimmer* hüten **13.** ernähren, er-, unterhalten: **have a family to** ~ e-e Familie ernähren müssen **14.** *Tiere* halten; *sich ein Auto etc* halten **III** *v/i* (*unreg*) **15.** bleiben: ~ **still** stillhalten **16.** sich halten, (*in e-m bestimmten Zustand*) bleiben **17.** *mit Ger* weiter...: ~ **smiling!** immer nur lächeln!; ~ **(on) trying** es weiter versuchen, es immer wieder versuchen

Verbindungen mit Präpositionen:
keep| at *v/i u. v/t* **1.** weitermachen mit **2.** *j-m* zusetzen (*to do* zu tun) ~ **from I** *v/t* **1.** abhalten von: *keep s.o. from doing s.th.* j-n davon abhalten, etw zu tun **2.** bewahren vor (*Dat*) **3.** *j-m etw* vorenthalten, verschweigen **II** *v/i* **4.** vermeiden (*Akk*): ~ *doing s.th.* es vermeiden *od* sich davor hüten, etw zu tun; *I could hardly ~ from laughing* ich konnte mir kaum das Lachen verkneifen ~ *off v/t u. v/i* (sich) fern halten: *keep your hands off it!* Hände weg (davon)!; → *grass* 2 ~ *on v/i* leben *od* sich ernähren von: ~ *to* **I** *v/i* **1.** bleiben in (*Dat*): → *left* 2 **3**, *right* 9 **2.** *fig* festhalten an (*Dat*), bleiben bei **II** *v/t* **3.** *keep s.th. to a* (*od the*) *minimum* etw auf ein Minimum beschränken **4.** *keep s.th. to o.s.* etw für sich behalten

Verbindungen mit Adverbien:
keep| away *v/t u. v/i* (sich) fern halten (*from* von) ~ *back v/i* **1.** zurückhalten **2.** abhalten *od* daran hindern, etw zu tun **2.** *fig* zurückhalten: **a)** *Lohn etc* einbehalten, **b)** *Tränen etc* unterdrücken, **c)** *etw* verschweigen ~ *down I* *v/t* **1.** *Kopf etc* unten behalten **2.** *Kosten etc* niedrig halten **3.** *unter Kontrolle* halten, *Volk, Gefühle etc* a. unterdrücken **4.** *Nahrung etc* bei sich behalten **II** *v/i* **5.** unten bleiben; sich geduckt halten ~ *in v/t* **1.** nicht heraus- *od* hinauslassen; PÄD nachsitzen lassen **2.** *Atem* anhalten **3.** *Gefühle etc* zurückhalten, unterdrücken **II** *v/i* **4.** drin bleiben, nicht herauskommen **5.** ~ *with* sich mit *j-m* gut stellen ~ *off v/t u. v/i* (sich) fern halten: *keep your hands off!* Hände weg!; ~! Berühren verboten!; Betreten verboten! ~ *on v/t u. v/i* **1.** *Kleidungsstück* anbehalten, anlassen, *Hut* aufbehalten: → *shirt* **2.** *Licht* brennen lassen, anlassen **II** *v/i* **3. a)** weitermachen, nicht lockerlassen, **c)** → *keep* 17 **4.** ~ *at* → *keep at* 2 ~ *out v/t* **1.** (*of*) nicht hinein- *od* hereinlassen (in *Akk*), fern halten, abhalten (von) **2.** *fig* heraushalten (*of* aus) **II** *v/i* **3.** draußen bleiben: ~! Zutritt verboten! **4.** *fig* sich heraushalten (*of* aus): ~ *of sight* sich nicht blicken lassen ~ *to·geth·er* **I** *v/t* Dinge, *fig Mannschaft etc* zs.-halten **II** *v/i*

zs.-bleiben (*a. fig Mannschaft etc*), zs.-halten (*a. fig Freunde etc*) ~ *up I* *v/t* **1.** oben halten, hochhalten: → *chin* **I 2.** *fig* aufrecht-erhalten, *Brauch etc a.* weiterpflegen, *Tempo* halten, *Preise etc* (hoch)halten, *Mut* nicht sinken lassen **3.** in gutem Zustand *od* in Ordnung halten **II** *v/i* **4.** oben bleiben **5.** *fig* sich halten, (*Preise etc* a.) sich behaupten; andauern, nicht nachlassen **6.** ~ *with* **a)** Schritt halten mit (*a. fig*): ~ *with the Joneses* es den Nachbarn gleichtun (wollen); → *time* 1, **b)** sich auf dem Laufenden halten über (*Akk*), **c)** in Kontakt bleiben mit

keep·er ['ki:pə] *s* **1.** Wächter(in), Aufseher(in) **2.** *mst in Zssgn* Inhaber(in), Besitzer(in); Halter(in), Züchter(in) **3.** Betreuer(in), Verwalter(in) **4.** Tierpfleger(in)

,keep-'fit *s* Gymnastik *f*

keep·ing ['ki:pɪŋ] *s* **1.** Verwahrung *f*: *put in s.o.'s ~* j-n in j-s Obhut geben; j-m *etw* zur Aufbewahrung geben **2.** *be in* (*out of*) ~ *with* (nicht) übereinstimmen mit; (nicht) passen zu; (nicht) entsprechen (*Dat*)

keep·sake ['ki:pseɪk] *s* (*Geschenk zum*) Andenken *n*: *as* (*od for*) *a* ~ als *od* zum Andenken

keg [keg] *s* Fässchen *n*

ken [ken] *s*: *this is beyond my* ~ das entzieht sich m-r Kenntnis

ken·nel ['kenl] *s* **1.** Hundehütte *f* **2.** *~s Sg* Hundezwinger *m*; Hundeheim *n*

Ken·ya ['kenjə] *Eigenn* Kenia *n*

Ken·yan ['kenjən] **I** *Adj* kenianisch **II** *s* Kenianer(in)

kept [kept] *Prät u. Part Perf von* **keep**

kerb [kɜ:b] *s Br* Bord-, Randstein *m*

ker·nel ['kɜ:nl] *s* **1.** Kern *m* (*a. fig*) **2.** (*Hafer-, Mais- etc*)Korn *n*

ker·o·sene ['kerəsi:n] *s* CHEM Kerosin *n*

ketch·up ['ketʃəp] *s* Ket(s)chup *m, n*

▶ **ket·tle** ['ketl] *s* Kessel *m*: *electric ~, jug ~* elektrischer Wasserkocher; *a pretty* (*od fine*) ~ *of fish iron* e-e schöne Bescherung; *that's a different* ~ *of fish* das ist etw ganz anderes ~·*drum s* MUS Pauke *f*

▶ **key** [ki:] **I** *s* **1.** Schlüssel *m* (*a. fig to* zu) **2.** Taste *f* (*e-s Klaviers, e-r Schreibmaschine etc*) **3.** MUS Tonart *f*: *major* (*minor*) ~ Dur *n* (Moll *n*); *off* ~ falsch *sin-*

gen etc **II** *Adj* **4.** Schlüssel... (*a. fig*) **III** *v/t* **5.** MUS stimmen **6.** *~ in* COMPUTER Daten eingeben **7.** *~ed up* nervös, aufgeregt (*about* wegen)

'**key**|·**board** ['kiːbɔːd] *s* **1.** Tastatur *f* (*e-s Klaviers, e-r Schreibmaschine, e-s Computers etc*): *~ instrument* Tasteninstrument *n* **2.** *~s* PI (*Instrument*) Keyboard *n* '**~·boarder** *s* COMPUTER: Texterfasser(in) '**~·board·ist** *s* MUS Keyboarder(in) *s* **~ cur·ren·cy** *s* Leitwährung *f* '**~·hole** *s* Schlüsselloch *n*: *~ surgery* Schlüssellochchirurgie *f*, endoskopische Chirurgie '**~·note** *s* **1.** MUS Grundton *m* **2.** *fig* Grund-, Leitgedanke *m*: *~ address* (*od speech*) POL programmatische Rede '**~·ring** *s* Schlüsselring *m*, weit. S. Schlüsselanhänger *m* **~ signa·ture** *s* MUS Vorzeichen *n u. PI* '**~·stone** *s* **1.** ARCHI Schlussstein *m* **2.** *fig* Grundpfeiler *m*

khak·i ['kɑːkɪ] **I** *s* **1.** Khaki *n* (*Farbe*) **2.** Khaki *m* (*Stoff*); *mst PI* Khakiuniform *f* **II** *Adj* **3.** Khaki...: **a)** khakifarben, **b)** aus Khaki

kick [kɪk] **I** *s* **1.** (Fuß)Tritt *m*, Stoß *m*: *give s.o. a ~* j-m e-n Tritt geben *od* versetzen **2.** Fußball: Schuss *m* **3.** Schwimmen: Beinschlag *m* **4.** F Schwung *m* **5.** F *for ~s* zum Spaß; *be ~s out of it* es macht ihm e-n Riesenspaß **II** *v/t* **6.** (mit dem Fuß) stoßen, treten, e-n Tritt geben *od* versetzen (*Dat*): *I could have ~ed myself* ich hätte mich ohrfeigen *od* mir in den Hintern beißen können; → *bucket* I **7.** loskommen von (*e-r Droge, Gewohnheit etc*) **III** *v/i* **8.** (mit dem Fuß) stoßen, treten (*at* nach); strampeln; ausschlagen (*Pferd etc*): → *trace²* **9.** F meutern, rebellieren (*against, at* gegen)

Verbindungen mit Adverbien:

kick| **a·bout**, *~ a·round* F I *v/t* **1.** j-n herumkommandieren **2.** j-n, etw herumstoßen, -schubsen **II** *v/i* **3.** sich herumtreiben *~* **back** *v/i* zurücktreten *~* **in** *v/t* **1.** F loskommen von (*for* zu) *~* **off** I *v/i* **1.** Fußball: anstoßen **2.** F anfangen **II** *v/t* **3.** etw wegtreten, *Schuhe* wegschleudern (*a. fig*) um sich treten; ausschlagen (*Pferd etc*) **II** *v/t* F j-n rausschmeißen (*of* aus) (*a. fig*) *~* **o·ver** *v/t* mit dem Fuß umstoßen *~* **up** *v/t* mit dem Fuß hochschleudern,

Staub aufwirbeln: → *din* I, *dust* 1, *row³* I, *etc*

'**kick**|·**back** *s* **1.** unangenehme Folge(n *PI*) **2.** Schmiergeld *n* '**~·off** *s* Fußball: Anstoß *m* **~ start·er** *s* Kickstarter *m* (*e-s Motorrads*)

kid¹ [kɪd] *s* **1.** Zicklein *n*, Kitz *n* **2.** *a. ~ leather* Ziegen-, Glaceeleder *n* **3.** F **a)** Kind *n*: *my ~ brother* mein kleiner Bruder, **b)** *bes Am* Jugendliche *m, f*

kid² [-] F I *v/t* **1.** auf den Arm nehmen **II** *v/i* albern; Spaß machen; schwindeln: *he was only ~ding* er hat nur Spaß gemacht, er hat nicht ernst gemeint; *no ~ding?* im Ernst?, ehrlich?

kid glove *s* Glacéhandschuh *m*: *handle s.o. with ~s fig* j-n mit Samt- *od* Glacéhandschuhen anfassen

kid·nap ['kɪdnæp] *v/t* Prät u. Part Perf **-naped**, *bes Br* **-napped** kidnappen, entführen '**kid·nap·(p)er** *s* Kidnapper(in), Entführer(in) '**kid·nap·(p)ing** *s* Kidnapping *n*, Entführung *f*

kid·ney ['kɪdnɪ] *s* **1.** ANAT Niere *f* **2.** *fig* Art *f*, Schlag *m*: *~ bean* *s* BOT Kidney-Bohne *~* **ma·chine** *s* MED künstliche Niere: *put on a ~* j-n an e-e künstliche Niere anschließen *~* **stone** *s* MED Nierenstein *m* *~* **trans·plant** *s* MED Nierenverpflanzung *f*

▸ **kill** [kɪl] **I** *v/t* **1.** töten, umbringen, ermorden: *~ two birds with one stone fig* zwei Fliegen mit 'einer Klappe schlagen; *be ~ed* a. ums Leben kommen, umkommen; → *accident* 2, *action* 6 **2.** *Tier* schlachten **3.** (fast) umbringen: *my feet are ~ing me* m-e Füße bringen mich (noch) um **4.** *a. ~ off* *Knospen, Rost etc* vernichten **5.** *Gefühle* (ab)töten, ersticken; *Schmerzen* stillen **6.** *Zeit* totschlagen **7.** *Flasche etc* vernichten, austrinken **II** *v/i* **8.** *dressed to ~* F todschick gekleidet, *pej* aufgedonnert '**kill·er** I *s* **1.** Mörder(in), (*kaltblütiger, professioneller*) Killer(in) **2.** *bes in Zssgn* Vertilgungs- *od* Vernichtungsmittel *n* **II** *Adj* **3.** tödlich: *~ whale* ZOOL Schwert-, Mordwal *m* '**kill·ing** *Adj* **1.** tödlich **2.** vernichtend (*a. fig Blick*), mörderisch (*a. fig Tempo etc*) **3.** F umverwirrend

'**kill**·**joy** *s* Spielverderber(in), Miesmacher(in)

kiln [kɪln] *s* Brenn- *od* Trockenofen *m*

► **ki·lo** ['kiːləʊ] *Pl* **-los** *s* Kilo *n*
ki·lo·byte ['kɪləʊbaɪt] *s* Kilobyte *n*
► **kil·o·gram(me)** ['kɪləgræm] *s* Kilogramm *n*
► **kil·o·me·ter**, *bes Br* **kil·o·me·tre** ['kɪlə‚miːtə] *s* Kilometer *m* '~·**watt** *s* ELEK Kilowatt *n*
kilt [kɪlt] *s* Kilt *m*, Schottenrock *m*
ki·mo·no [kɪ'məʊnəʊ] *Pl* **-nos** *s* Kimono *m*
kin [kɪn] *s Koll* (*Pl konstruiert*) Blutsverwandtschaft *f*, Verwandte *Pl*: → **next** 5
► **kind**[1] [kaɪnd] *s* **1.** Art *f*, Sorte *f*: **all** *~s* **of** alle möglichen ..., allerlei; **nothing of the** *~* nichts dergleichen **2.** Art *f*, Wesen *n*: **different in** *~* der Art *od* dem Wesen nach verschieden **3.** *~* **of** *F* ein bisschen, irgendwie: **I've** *~* **of promised** ich hab es halb u. halb versprochen **4. in** *~* in Naturalien *zahlen*
► **kind**[2] [-] *Adj* (→ **kindly** II) **1.** freundlich, liebenswürdig, nett (**to** zu): *~* **to animals** tierlieb; **would you be so** *~* **as to do this for me?** sei so gut *od* freundlich u. erledige das für mich; → **e-nough** II **2.** herzlich: → **regard** 4
kin·der·gar·ten ['kɪndə‚gɑːtn] *s* Kindergarten *m*: *~* **teacher** Kindergärtner(in) **'kind'heart·ed** *Adj* gütig, gutherzig
kin·dle ['kɪndl] I *v/t* **1.** an-, entzünden **2.** *Hass etc* entfachen, -flammen, *Interesse etc* wecken II *v/i* **3.** sich entzünden, Feuer fangen **4.** *fig* entbrennen, -flammen
kin·dling ['kɪndlɪŋ] *s* Anzündmaterial *n*
kind·ly ['kaɪndlɪ] I *Adj* **1.** freundlich, liebenswürdig II *Adv* **2.** → **kind**[2] 1 3. freundlicher-, liebenswürdiger-, netterweise: *~* **tell me** sagen Sie mir bitte; **take** *~* **to** sich mit *etw* an- *od* befreunden
kind·ness ['kaɪndnɪs] *s* **1.** Freundlichkeit *f*, Liebenswürdigkeit *f* **2.** Gefälligkeit *f*
kin·dred ['kɪndrɪd] *Adj* verwandt, ähnlich
ki·net·ic [kɪ'netɪk] PHYS I *Adj* (**~ally**) kinetisch II *~s Sg* Kinetik *f*.
► **king** [kɪŋ] *s* **1.** König *m* (*a. Schach u. Kartenspiel*): *~* **of hearts** Herzkönig; → **English** 3, **evidence** 2 **2.** Damespiel: Dame *f*

► **king·dom** ['kɪŋdəm] *s* **1.** Königreich *n* **2.** *a* 又 REL Reich *n* (Gottes) **3.** *fig* Reich *n*: **animal** (**mineral, plant**) *~* Tier- (Mineral-, Pflanzen)reich **'king·ly** *Adj* königlich
'king|**pin** *s* **F** wichtige Person; Dreh- u. Angelpunkt *m* *~* **prawn** *s* ZOOL Hummerkrabbe *f* '~·**size(d)** *Adj* Riesen...: *~* **cigarettes** *Pl* Kingsize-Zigaretten *Pl*
kink [kɪŋk] *s* **1.** Knick *m* (*in Draht etc*) **2.** *fig* Spleen *m*, Tick *m* **3. have a** *~* **in one's back** (**neck**) e-n steifen Rücken (Hals) haben **'kink·y** *Adj* **1.** kraus (*Haar*) **2.** *fig* spleenig **3.** *F* abartig, pervers
kins·folk ['kɪnzfəʊk] *s Pl* Verwandtschaft *f*, (Bluts)Verwandte *Pl*
kin·ship ['kɪnʃɪp] *s* (Bluts)Verwandtschaft *f*
kins·man ['kɪnzmən] *s* (*unreg* **man**) (Bluts)Verwandte *m* **'kins‚wom·an** *s* (*unreg* **woman**) (Bluts)Verwandte *f*
ki·osk ['kiːɒsk] *s* **1.** Kiosk *m* **2.** *Br* Telefonzelle *f*
kip [kɪp] *Br sl* I *s* **1.** Schlaf *m*: **have a** *~* pennen **2.** Schlafstelle *f* II *v/i* **3.** pennen **4.** *~* **down** sich hinhauen
kip·per ['kɪpə] *s* Kipper *m* (*Räucherhering*)
► **kiss** [kɪs] I *s* **1.** Kuss *m*: *~* **of life** *Br* Mund-zu-Mund-Beatmung *f* II *v/t* **2.** küssen: *~* *s.o.* **good night** j-m e-n Gutenachtkuss geben **3.** leicht berühren III *v/i* **4.** sich küssen **5.** sich leicht berühren **'kiss·er** *s sl* Schnauze *f*, Fresse *f*; Visage *f*
kit [kɪt] I *s* **1.** (*Reise-, Reit- etc*)Ausrüstung *f*, (-)Sachen *Pl* **2.** MIL Montur *f*; Gepäck *n* **3.** Arbeitsgerät *n*, Werkzeug(e *Pl*) *n*; Werkzeugtasche *f*, -kasten *m* **4.** Baukasten *m*; Bastelsatz *m* **5.** *a.* **press** *~* Pressemappe *f* II *v/t* **6.** *oft* *~* **out** ausstatten (**with** mit) *~* **bag** *s* **1.** MIL Kleider-, Seesack *m* **2.** Reisetasche *f*
► **kitch·en** ['kɪtʃɪn] I *s* Küche *f* II *Adj* Küchen...: *~* **knife** (**table**, *etc*); *~* **foil** Alufolie *f*; *~* **garden** (Obst- u.) Gemüsegarten *m*; *~* **sink** Ausguss *m*, Spüle *f*; **with everything but the** *~* **sink** mit Sack u. Pack **kitch·en·ette** [‚-'net] *s* Kochnische *f*
kite [kaɪt] *s* Drachen *m*: **fly a** *~* e-n Dra-

chen *od fig* e-n Versuchsballon steigen lassen **Kite-mark** *s drachenförmiges Warengütesiegel der British Standards Institution*

kith [kɪθ] *s:* **with ~ and kin** mit Kind u. Kegel

kit-ten ['kɪtn] *s* Kätzchen *n:* **have ~s** *Br* F Zustände kriegen '**kit-ten-ish** *Adj* **1.** (kindlich) verspielt *od* ausgelassen **2.** kokett

kit-ty ['kɪtɪ] *s* Kätzchen *n*

ki-wi ['kiːwiː] **I** *s* **1.** ORN Kiwi *m* **2.** BOT Kiwi *f* **3.** *mst* ♀ F Neuseeländer(in) **II** *Adj* **4.** *mst* ♀ F neuseeländisch

Kleen-ex® ['kliːneks] *s* Papiertaschentuch *n*

klep-to-ma-ni-a [ˌkleptəʊ'meɪnjə] *s* PSYCH Kleptomanie *f* ˌ**klep-to'ma-ni-ac** [-nɪæk] *s* Kleptomane *m*, -manin *f*

knack [næk] *s* **1.** Kniff *m*, Trick *m:* **get the ~ of doing s.th.** dahinter kommen *od* herausbekommen, wie man etw tut; **have the ~ of s.th.** den Dreh von *od* bei etw heraushaben **2.** Geschick *n:* **have the** (*od* **a**) **~ of doing s.th.** das Geschick *od* Talent haben, etw zu tun

knack-er ['nækə] *s Br* **1.** Abdecker(in): **~'s yard** Abdeckerei *f* **2.** Abbruchunternehmer(in) '**knack-ered** *Adj Br* F geschlaucht, kaputt

knap-sack ['næpsæk] *s* **1.** MIL Tornister *m* **2.** Rucksack *m*

knave [neɪv] *s* **1.** *veralt* Schurke *m* **2.** *Kartenspiel*: Bube *m:* **~ of hearts** Herzbube *m*

knead [niːd] *v/t* Teig etc (durch)kneten, Muskeln a. massieren

▸ **knee** [niː] *s* **1.** Knie *n:* **on one's ~s** kniefällig, auf Knien; **bring s.o. to his ~s** j-n auf *od* in die Knie zwingen; **go (down)** (*od* **fall**) **on one's ~s** to niederknien vor (*Dat*), *fig a.* in die Knie gehen vor (*Dat*) **2.** TECH Knie(stück) *n*; (Rohr)Krümmer *m* **~ bend** *s* Kniebeuge *f* '**~-cap** *s* ANAT Kniescheibe *f*, ˌ**~-'deep**, ˌ**~-'high** *Adj* knietief, -hoch **~ joint** *s* ANAT, TECH Kniegelenk *n*

▸ **kneel** [niːl] *v/i* (*mst unreg*) **1.** *a.* **~ down** (sich) hinknien, niederknien (**to** *vor Dat*) **2.** knien, auf den Knien liegen (**before** *vor Dat*) '**knee-pad** *s* Knieschützer *m*

knelt [nelt] *Prät u. Part Perf von* **kneel**

knew [njuː] *Prät von* **know**

knick-ers ['nɪkəz] *s Pl bes Br* (Damen-) Schlüpfer *m:* **get one's ~ in a twist** F, *oft hum* sich ins Hemd machen

knick-knack ['nɪknæk] *s* **1.** Nippsache *f* **2.** billiges Schmuckstück **3.** Spielerei *f*, Schnickschnack *m*

▸ **knife** [naɪf] **I** *Pl* **knives** [naɪvz] *s* Messer *n:* **before you can say ~** *bes Br* F im Nu, im Handumdrehen; **have one's ~ into s.o.** j-n auf den Kieker haben; **go under the ~** MED unters Messer kommen **II** *v/t* mit *od* mit e-m Messer stechen *od* verletzen: **~ (to death)** erstechen **~ blade** *s* Messerklinge *f* **~ edge** *s* Messerschneide *f:* **be balanced on a ~** *fig* auf des Messers Schneide stehen **~ point** *s* Messerspitze *f:* **at ~** mit vorgehaltenem Messer

▸ **knight** [naɪt] **I** *s* **1.** *hist* Ritter *m* (*Br a.* Adelsstufe) **2.** *Schach*: Springer *m*, Pferd *n* **II** *v/t* **3.** zum Ritter schlagen '**knight-ly** *Adj u. Adv* ritterlich

▸ **knit** [nɪt] *v/t* (*a. unreg*) **1.** stricken **2.** *a.* **~ together** zs.-fügen, verbinden (*a. fig*) **3.** *fig* verknüpfen **4.** *Stirn* runzeln; *Augenbrauen* zs.-ziehen **II** *v/i* **5.** stricken '**knit-ting** *s* **1.** Stricken *n* **2.** Strickarbeit *f*, -zeug *n* **II** *Adj* **3.** Strick…: ~ **needle**

'**knit-wear** *s* Strickwaren *Pl*

knives [naɪvz] *Pl von* **knife**

knob [nɒb] *s* (*runder*) Knauf, Knauf *m*

▸ **knock** [nɒk] **I** *s* **1.** Schlag *m*, Stoß *m* **2.** Klopfen *n* (*a.* MOT): **there was a ~ at** (*Am on*) **the door** es klopfte **II** *v/t* **3.** schlagen, stoßen: **~ one's head against** sich den Kopf anschlagen an (*Dat*); ~ **one's head against a brick wall** *fig* mit dem Kopf gegen die Wand rennen **III** *v/i* **4.** schlagen, klopfen: ~ **at** (*Am on*) **the door** an die Tür klopfen **5.** schlagen, prallen, stoßen (**against**, **into** gegen, an *od Akk*) **6.** TECH klopfen (*Motor, Brennstoff*) **7.** ~ **about** (*od* **around**) F sich herumtreiben in (*Dat*); herumliegen in (*Dat*) (*Gegenstand*) *Verbindungen mit Adverbien:*

knock| a-bout, ~ **a-round** F *v/t* **1.** herumstoßen **II** *v/i* **2.** F sich herumtreiben: ~ **with** *a.* gehen mit (*e-m Mädchen etc*) **3.** F herumliegen (*Gegenstand*) ~ **back** *v/t bes Br* F *Getränk* runterkippen ~ **down** *v/t* **1. a)** umstoßen, umwerfen,

b) niederschlagen, **c)** an-, umfahren; überfahren, **d)** F umhauen, sprachlos machen **2.** *Gebäude etc* abreißen, abbrechen **3.** (*to* auf *Akk*: **£ 2** um £ 2) j-n, *Preis* herunterhandeln; mit *dem Preis* heruntergehen **~ in** *v/t Nagel* einschlagen **~ off** I *v/t* **1.** abschlagen **2.** F aufhören mit: *knock it off!* hör auf (damit)!; *~ work* → 6b **3.** F *Arbeit* erledigen **4.** F j-n umlegen **5.** F *Essen* wegputzen **II** *v/i* **6.** F a) *allg* aufhören, b) Feierabend *od* Schluss machen **~ out** *v/t* **1.** herausschlagen, -klopfen (*of* aus), *Pfeife* ausklopfen **~ bottom 2.** a) bewusstlos schlagen, -knocken, b) *Boxen* k.o. schlagen, ausknocken, **c)** betäuben (*Droge etc*), **d)** F umhauen (*sprachlos machen, hinreißen*) **~ to-geth-er** *v/t* **1.** (*a. v/i*) aneinander stoßen **2.** F *etw* schnell zs.-zimmern, *Essen etc* (her)zaubern **~ o-ver** *v/t* **1.** umwerfen, umstoßen **2.** überfahren **~ up** I *v/t* **1.** hochschlagen, in die Höhe schlagen **2.** *Br* herausklopfen, (*durch Klopfen*) wecken **3.** *Br* F Geld verdienen **4.** *sl Mädchen* bumsen; schwängern **II** *v/i* **5.** *Tennis etc:* sich einspielen

'**knock-down** I *Adj* **1.** niederschmetternd (*a. fig*) **2. ~ price** Schleuderpreis *m*: *at a knockdown price* spottbillig **II** *s Boxen:* Niederschlag *m*

knock-er ['nɒkə] *s* **1.** (Tür)Klopfer *m* **2.** *Pl sl Titten Pl*

,**knock-'kneed** *Adj* x-beinig: *be ~* X-Beine haben ,**~-'knees** *s Pl* X-Beine *Pl* '**~-out** I *s Boxen:* K. o. *m:* **win by a ~** durch K. o. gewinnen **2.** F tolle Person *od* Sache; Attraktion *f*; Bombenerfolg *m* **II** *Adj Boxen:* K.-o.-...

▶ **knot** [nɒt] I *s* **1.** Knoten *m: make* (*od* *tie*) *a ~* e-n Knoten machen; *be s.to.* (*up*) *in ~s* F j-n völlig durcheinander bringen **2.** Astknoten *m*, Knorren *m* **3.** SCHIFF Knoten *m*, Seemeile *f* **4.** *fig* Knoten *m*, Schwierigkeit *f* **II** *v/t* **5.** (e-n) Knoten machen in (*Akk*) **6.** (ver)knoten, (-)knüpfen **III** *v/i* **7.** sich verknoten

▶ **know** [nəʊ] I *v/t* (*unreg*) **1.** *allg* wissen **2.** können: *~ how to do s.th.* etw tun können **3.** kennen: a) sich auskennen in (*Dat*), b) vertraut sein mit, c) bekannt sein mit **4.** erfahren, erleben **5.** (wieder)erkennen (*by* an *Dat*); unter-

scheiden (können) (*from* von) **II** *v/i* (*unreg*) **6.** wissen (*of* von, um), Bescheid wissen (*about* über *Akk*): *you never ~* man kann nie wissen; *~ better than to do s.th.* sich davor hüten, etw zu tun **III** *s* **7. be in the ~** Bescheid wissen '**~-all** *s* Besserwisser(in) '**~-how** *s* Know-how *n* (*a.* WIRTSCH): *industrial ~* praktische Betriebserfahrung

'**know-ing** ['nəʊɪŋ] *Adj* **1.** klug, gescheit **2.** schlau, durchtrieben **3.** verständnisvoll, wissend (*Blick*) '**know-ing-ly** *Adv* **1.** → *knowing* **2.** wissentlich, bewusst

know-it-all ['nəʊɪtɔːl] *s Am* → *know-all*

▶ **knowl-edge** ['nɒlɪdʒ] *s* **1.** Kenntnis *f: it has come to my ~* ich habe erfahren (*that* dass); *not to my ~* m-s Wissens nicht; *without my ~* ohne mein Wissen **2.** Wissen *n*, Kenntnisse *Pl: have a good ~ of* viel verstehen von, sich gut auskennen in (*Dat*) *~ management s* Wissensmanagement *n*

known [nəʊn] I *Part Perf von know* **II** *Adj* bekannt (*as* als; *for* für; *to s.o.* j-m): *~ to the police* polizeibekannt; *make ~* bekannt machen; *make o.s. ~ to s.o.* sich j-m vorstellen

knuck-le ['nʌkl] I *s* **1.** ANAT (Finger-) Knöchel *m:* → *rap*[1], 1, 3 **2.** (*Kalbs-, Schweins*)Haxe *f*, (-)Hachse *f: near the ~* F reichlich gewagt (*Witz etc*) **II** *v/i* **3. ~ down** sich anstrengen *od* dahinter klemmen: *~ down to work* sich an die Arbeit machen, sich hinter die Arbeit klemmen **4. ~ under** sich unterwerfen *od* beugen (*to Dat*), klein beigeben '**~-dust-er** *s* Schlagring *m*

KO [keɪ'əʊ] *Abk* (= *knockout*) K. o. *m*

koa-la (**bear**) [kəʊ'ɑːlə _] *s* ZOOL Koala(bär) *m*

kohl [kəʊl] *s Kosmetik:* Kajal *n*

kook [kuːk] *s Am* F Spinner *m*

Ko-ran [kɒ'rɑːn] *s* REL Koran *m*

Ko-rea [kə'rɪə] *Eigenn* Korea *n*

Ko-rean [kə'rɪən] I *Adj* koreanisch **II** *s* Koreaner(in)

ko-sher ['kəʊʃə] *Adj* koscher (*Essen*)

kph *Abk* (= *kilometres per hour*) km/h

kraut [kraʊt] *s pej* Deutsche *m*, *f*

Krem-lin ['kremlɪn] *Eigenn* Kreml *m*

kum-quat ['kʌmkwɒt] *s* BOT Kumquat *f*

Ku-wait [kʊ'weɪt] *Eigenn* Kuwait *n*

Ku-wai-ti [kʊ'weɪtɪ] I *Adj* kuwaitisch **II** *s* Kuwaiter(in)

L

L [el] *Pl* **L's** *s* **L** *n*

lab [læb] *s* F Labor *n*

la·bel ['leɪbl] **I** *s* **1.** Etikett *n*, (Klebe-, Anhänge)Zettel *m*, (-)Schild(chen) *n* **II** *v/t Prät u. Part Perf* **-beled**, *bes Br* **-belled 2.** etikettieren, beschriften **3.** als ... bezeichnen, zu ... stempeln: **be** ~*(l)ed a criminal* zum Verbrecher gestempelt werden

la·bi·al ['leɪbjəl] *s* LING Lippen-, Labiallaut *m*

▶ **la·bor** ['leɪbə] *Am* **I** → **labour**, *etc* **II** *Adj* **1.** Gewerkschafts... **2.** ▶ **labor union** *od* **ion** Gewerkschaft *f*

la·bor·a·to·ry [lə'bɒrətərɪ] *s* Labor(atorium) *n*: ~ **assistant** Laborant(in)

la·bo·ri·ous [lə'bɔːrɪəs] *Adj* **1.** mühsam **2.** schwerfällig (*Stil*) **3.** arbeitsam, fleißig

▶ **la·bour** ['leɪbə] *bes Br* **I** *s* **1.** (schwere) Arbeit **2.** Mühe *f*, Plage *f* **3.** WIRTSCH Arbeiterschaft *f*; Arbeiter *Pl*, Arbeitskräfte *Pl* **4.** ♀ POL die Labour Party (*Großbritanniens etc*) **5.** MED Wehen *Pl*: **be in** ~ in den Wehen liegen **II** *v/i* **6.** (schwer) arbeiten (*at an Dat*), sich bemühen (**for** um), sich anstrengen *od* abmühen (**to do** zu tun) **7.** sich mühsam fortbewegen: ~ **through** sich kämpfen durch (*Schlamm, Buch etc*) **8.** (**under**) zu leiden haben (unter *Dat*), zu kämpfen haben (mit): befangen sein (in *Dat*) **III** *v/t* **9.** ~ **the point** die Sache ausführlich *od* umständlich erklären **IV** *Adj* **10.** Arbeits...; Arbeiter... **11.** ♀ POL Labour...: ~ **Party** Labour Party *f* '**la·bour·er** *s bes Br* (*bes Hilfs*)Arbeiter(in)

la·bour-in,ten·sive *Adj bes Br* arbeitsintensiv '~**-,sav·ing** *Adj bes Br* arbeitssparend

ab·ra·dor ['læbrədɔː] *s* ZOOL Labrador *m*

a·bur·num [lə'bɜːnəm] *s* BOT Goldregen *m*

ab·y·rinth ['læbərɪnθ] *s* Labyrinth *n*

ace [leɪs] **I** *s* **1.** Textilwesen: Spitze *f* **2.** Litze *f*, Tresse *f*, Borte *f* **3.** Schnürband *n*, -senkel *m* **II** *v/t* **4.** *a.* ~ **up** (zu-, zs.-) schnüren: ~**-up boot** Schnürstiefel *m* **5.**

mit Spitzen *od* Litzen besetzen **6.** ~ *s.o.'s beer with vodka* j-m heimlich Wodka ins Bier schütten; *tea* ~*d with rum* Tee *m* mit e-m Schuss Rum

lac·er·ate ['læsəreɪt] *v/t* Gesicht *etc* aufreißen; zerschneiden; zerkratzen ,**lac·er·a·tion** *s* Riss-; Schnitt-, Kratzwunde *f*

lach·ry·mose ['lækrɪməʊs] *Adj* **1.** tränenreich **2.** weinerlich **3.** traurig, ergreifend

▶ **lack** [læk] **I** *s* Mangel *m* (**of** an *Dat*): ~ **of sleep** fehlender Schlaf; **for** (*od* **through**) ~ **of time** aus Zeitmangel **II** *v/t* **2.** nicht haben, Mangel haben *od* leiden an (*Dat*): **we** ~ **the political will** es fehlt uns an politischem Willen **3.** es fehlen lassen an (*Dat*) **III** *v/i* **4. a)** **be** ~*ing* fehlen, **b)** ~ **in** Mangel haben *od* leiden an (*Dat*): **he is** ~*ing in courage** ihm fehlt der Mut **5.** ~ **for nothing** von allem genug haben: **he** ~**s for nothing** es fehlt ihm an nichts

lack·a·dai·si·cal [,lækə'deɪzɪkl] *Adj* **1.** lustlos **2.** nachlässig (**about** in *Dat*)

lack·ey ['lækɪ] *s* Lakai *m* (*a. fig pej*)

lack·ing ['lækɪŋ] *Adj* **1. be found** ~ sich nicht bewähren **2.** *Br* F beschränkt, dumm

'**lack·,lus·ter** *Adj Am*, '~**-,lus·tre** *Adj bes Br* glanzlos, matt

la·con·ic [lə'kɒnɪk] *Adj* (~*ally*) **1.** lakonisch **2.** wortkarg

lac·quer ['lækə] **I** *s* **1.** (Farb)Lack *m* **2.** (Haar)Festiger *m* **II** *v/t* **3.** lackieren

la·crosse [lə'krɒs] *s* SPORT Lacrosse *n* (*Ballspiel*)

lad [læd] *s* **1.** junger Kerl *od* Bursche **2.** *a bit of a* ~ *Br* F ein ziemlicher Draufgänger

▶ **lad·der** ['lædə] **I** *s* **1.** Leiter *f* (*a. fig*) **2.** *bes Br* Laufmasche *f* **II** *v/i* **3.** *bes Br* Laufmaschen bekommen '~**-proof** *Adj* maschenfest

lad·dish ['lædɪʃ] *Adj* machohaft

lad·en ['leɪdn] *Adj* **1.** (schwer) beladen (**with** mit) **2.** *fig* bedrückt (**with** von): ~ **with guilt** schuldbeladen

la-di-da [,lɑːdɪ'dɑː] *Adj* F affektiert, affig

la·dies'| choice s Damenwahl f~ **man** s (*unreg* **man**) Frauenheld m ~ **room** s Damentoilette f

la·dle ['leɪdl] I s **1.** Schöpflöffel m, -kelle f **2.** TECH Schaufel f (*e-s Baggers etc*) II v/t **3.** a. ~ **out** (aus)schöpfen **4.** a. ~ **out** austeilen (*a. fig*)

▶ **la·dy** ['leɪdɪ] I s **1.** Dame f: **ladies and gentlemen** m-e Damen u. Herren **2.** ♀ Lady f (*Titel*) **3.** *Our* ♀ REL Unsere Liebe Frau, die Mutter Gottes **4.** **Ladies** Sg Damentoilette f II Adj **5.** weiblich: ~ **doctor** Ärztin f '~**bird**, Am a. '~**bug** s ZOOL Marienkäfer m ,~-**in-'wait·ing** Pl ,**la-dies-in-'wait·ing** s Hofdame f '~-**kill·er** s F Ladykiller m, Herzensbrecher m '~-**like** Adj damenhaft

la·dy's man → **ladies' man**

lag¹ [læg] I v/i **1.** *mst* ~ **behind** zurückbleiben, nicht mitkommen (*beide a. fig*): ~ **behind s.o.** hinter j-m zurückbleiben **2.** *mst* ~ **behind** sich verzögern II s **3.** → **time lag**

lag² [-] v/t TECH verschalen; isolieren, ummanteln

la·ger ['lɑːgə] s Lagerbier n

lag·ging ['lægɪŋ] s TECH Wärmeschutz m

la·goon [lə'guːn] s Lagune f

laid [leɪd] *Prät u. Part Perf von* **lay**¹

laid-'back Adj F cool, locker

lain [leɪn] *Part Perf von* **lie**²

lair [leə] s ZOOL Lager n; Bau m; Höhle f

la·i·ty ['leɪətɪ] s Laien Pl

▶ **lake** [leɪk] s See m: ♀ **Constance** der Bodensee ~ **dwell·ings** s Pl Pfahlbauten Pl

lam [læm] s/ I v/t verdreschen, -möbeln II v/i: ~ **into s.o.** auf j-n eindreschen; über j-n herfallen (*a. mit Worten*)

▶ **lamb** [læm] I s **1.** Lamm n: (*as*) **meek as a** ~ lammfromm **2.** Lamm n: a) GASTR Lammfleisch n: ~ **chop** Lammkotelett n, b) → **lambskin** II v/i **3.** lammen

lam·baste [læm'beɪst] v/t s/ **1.** verdreschen, -möbeln **2.** fig herunterputzen, zs.-stauchen

'**lamb·skin** s **1.** Lammfell n **2.** Schafleder n

lamb's wool s Lambswool f, Lammwolle f

lame [leɪm] I Adj **1.** a) lahm, b) gelähmt **2.** fig lahm: a) faul (*Ausrede*), b) schwach (*Argument*), c) matt, schwach (*Anstrengungen*) II v/t lähmen (*a. fig*) ~ **duck** s F **1.** Niete f, Versager(in) (*a. Sache*) **2.** POL Am nicht wiedergewähltes Kongressmitglied bis zum Ablauf s-r Amtszeit

lame·ness ['leɪmnɪs] s Lahmheit f

la·ment [lə'ment] I v/i **1.** jammern, (weh)klagen, *pej* lamentieren (*for, over* um) **2.** trauern (*for, over* um) II v/t **3.** beklagen: a) bejammern, bedauern, b) betrauern III s **4.** Jammer m, (Weh)Klage f **5.** Klagelied n **lam·en·ta·ble** ['læməntəbl] Adj **1.** beklagenswert, bedauerlich **2.** *pej* erbärmlich, kläglich **lam·en·ta·tion** [,læmen'teɪʃn] s **1.** (Weh)Klage f **2.** *pej* Lamento n, Lamentieren n

lam·i·nat·ed ['læmɪneɪtɪd] Adj TECH laminiert, geschichtet: ~ **glass** Verbundglas n

▶ **lamp** [læmp] s Lampe f, (*Straßen*)Laterne f

lam·poon [læm'puːn] I s Spott-, Schmähschrift f II v/t (*schriftlich*) verspotten

'**lamp·post** s Laternenpfahl m: → **between** ²

'**lamp·shade** s Lampenschirm m

lance [lɑːns] I s Lanze f II v/t MED *Geschwür etc* (mit e-r Lanzette) öffnen

lan·cet ['lɑːnsɪt] s **1.** MED Lanzette f **2.** ARCHI a) a. ~ **arch** Spitzbogen m, b) a. ~ **window** Spitzbogenfenster n

▶ **land** [lænd] I s **1.** Land n (*Ggs. Wasser, Luft*): **by** ~ auf dem Landweg; **by** ~ **and sea** zu Wasser u. zu Lande; **see** (*oa. find out*) **how the** ~ **lies** fig die Lage peilen; sich e-n Überblick verschaffen **2.** Land n, Boden m **3.** Land n, Staat m **4.** fig Land n, Reich n: → **milk** I II v/i **5.** FLUG landen, SCHIFF a. anlegen **6.** oft ~ **up** landen, (an)kommen: ~ **up in pris·on** im Gefängnis landen III v/t **7.** *Personen, Güter, Flugzeug* landen, *Güter* ausladen, SCHIFF a. löschen **8.** j-n bringen: ~ **o.s. in trouble** in Schwierigkeiten geraten *od* kommen **9.** F *Schlag, Treffer* landen, anbringen: **he** ~**ed him one** er knallte ihm eine **10.** F j-n, etw kriegen, erwischen, *Preis* ergattern **11.** ~ **s.o. s.th.** F j-m etw einbringen

land·ed ['lændɪd] Adj Land…

Grund…: ~ **property** Land-, Grundbesitz *m*

land forc·es *s Pl* MIL Landstreitkräfte *Pl*

land·ing ['lændɪŋ] *s* 1. FLUG Landung *f*, Landen *n*, SCHIFF *a.* Anlegen *n* 2. (Treppen)Absatz *m* ~ **field** *s* FLUG Landeplatz *m* ~ **gear** *s* FLUG Fahrgestell *n*, -werk *n*

land|·la·dy ['læn,leɪdɪ] *s* (Haus-, Gast-, Pensions)Wirtin *f* ~·**lord** ['læn‿] *s* 1. Grundeigentümer *m*, -besitzer *m* 2. (Haus-, Gast-, Pensions)Wirt *m* ~·**lub·ber** ['lænd‿] *s* SCHIFF Landratte *f* '~·**mark** *s* 1. Grenzstein *m*, -zeichen *n* 2. SCHIFF Landmarke *f*, Seezeichen *n* 3. Wahrzeichen *n* (e-r *Stadt etc*) 4. *fig* Mark-, Meilenstein *m* ~·**of·fice** *s Am* Grundbuchamt *n* '~·**own·er** *s* Grundbesitzer(in), -eigentümer(in) ~ **reg·is·ter** *s Br* Grundbuch *n* ~ **reg·is·try** *s Br* Grundbuchamt *n* ~·**scape** ['lænskeɪp] *s* Landschaft *f* (*a.* MALEREI): ~ **architect** Landschaftsarchitekt(in); ~ **gardener** Landschaftsgärtner(in); ~ **painter** Landschaftsmaler(in) '~·**slide** *s* 1. Erdrutsch *m* 2. *a.* ~ **victory** (*od* **win**) POL überwältigender Wahlsieg

land·ward(s) ['lændwəd(z)] *Adv* land(ein)wärts

lane [leɪn] *s* 1. (Feld)Weg *m* 2. Gasse *f*: **a)** Sträßchen *n*, **b)** Durchgang *m* (*zwischen Menschenreihen etc*) 3. Schneise *f* 4. SCHIFF Fahrrinne *f* 5. FLUG Flugschneise *f* 6. MOT (Fahr)Spur *f*: **change** ~**s** die Spur wechseln; **get in** ~ sich einordnen 7. SPORT (*einzelne*) Bahn

▸ **lan·guage** ['læŋgwɪdʒ] *s* 1. Sprache *f* 2. Sprache *f*, Ausdrucks-, Redeweise *f*: → **bad** 3, **strong** 7 3. (Fach)Sprache *f* ~ **bar·ri·er** *s* Sprachbarriere *f* ~ **course** *s* Sprachkurs *m* ~ **la·bor·a·to·ry** *s* Sprachlabor *n* ~ **school** *s* Sprachenschule *f*

lan·guid ['læŋgwɪd] *Adj* 1. schwach, matt 2. *fig* lau, interesselos

lan·guish ['læŋgwɪʃ] *v/i* 1. ermatten, erschlaffen 2. erlahmen (*Interesse etc*) 3. sich sehnen, schmachten (**for** nach) '**lan·guish·ing** *Adj* sehnsüchtig, schmachtend (*Blick etc*)

lan·guor ['læŋgə] *s* 1. Schwachheit *f*, Mattigkeit *f* 2. *fig* Lauheit *f*, Interesselosigkeit *f* 3. einschläfernde Schwüle

'**lan·guor·ous** *Adj* 1. → **languid** 2. einschläfernd schwül

lank [læŋk] *Adj* 1. hager, mager 2. glatt (*Haar*) '**lank·y** *Adj* schlaksig

lan·tern ['læntən] *s* Laterne *f*

La·os ['lɑːɒs, laʊs] *Eigenn* Laos *n*

lap[1] [læp] *s* Schoß *m* (*a. fig*): **drop into s.o.'s** ~ j-m in den Schoß fallen

lap[2] [-] **I** *v/t* 1. wickeln ([*a*]**round** um) 2. einschlagen, -wickeln (**in** in *Akk*) 3. hinausragen über (*Akk*) 4. SPORT überrunden **II** *v/i* 5. überstehen, hinausragen (**over** über *Akk*) 6. sich überlappen **III** *s* 7. SPORT Runde *f*: ~ **of hono(u)r** Ehrenrunde

lap[3] [-] **I** *v/t* 1. (*sch*)lecken: ~ **up a)** auf(*sch*)lecken, **b)** *fig* fressen, schlucken (*kritiklos glauben*), **c)** *fig* F Komplimente *etc* gierig aufnehmen **II** *v/i* 2. plätschern (**against** gegen, an *Akk*)

lap belt *s* FLUG, MOT Beckengurt *m*

la·pel [lə'pel] *s* Aufschlag *m*, Revers *n*, *m*

lapse [læps] **I** *s* 1. Versehen *n*, (kleiner) Fehler *od* Irrtum *m* 2. Vergehen *n*, Entgleisung *f* 3. Zeitspanne *f* 4. JUR Verfall *m*, Erlöschen *n* **II** *v/i* 5. vergehen, -streichen (*Zeit*); ablaufen (*Frist*) 6. verfallen, -sinken (**into** in *Akk*) 7. JUR verfallen, erlöschen (*Anspruch etc*)

lap·top ['læptɒp] *s* COMPUTER Laptop *m*

lap·wing ['læpwɪŋ] *s* ORN Kiebitz *m*

lar·ce·ny ['lɑːsənɪ] *s* JUR Diebstahl *m*: **grand** (**petty**) ~ schwerer (einfacher) Diebstahl

larch [lɑːtʃ] *s* BOT Lärche *f*

lard [lɑːd] **I** *s* 1. Schweinefett *n*, -schmalz *n* **II** *v/t* 2. einfetten 3. Fleisch spicken 4. *fig* spicken, (aus)schmücken (**with** mit) **lard·er** ['lɑːdə] *s* 1. Speisekammer *f* 2. Speiseschrank *m*

▸ **large** [lɑːdʒ] **I** *Adj* (→ **largely**) 1. *allg* groß: (**as**) ~ **as life** in voller Lebensgröße; ~ **than life** überlebensgroß 2. groß (*Familie etc*), (*Einkommen etc a.*) beträchtlich, (*Mahlzeit*) ausgiebig, reichlich 3. umfassend, weitgehend (*Vollmachten etc*) 4. Groß…: ~ **consumer** Großverbraucher(in) 5. F großspurig **II** *s* 6. **at** ~ **a)** in Freiheit, auf freiem Fuß: **set at** ~ auf freien Fuß setzen, **b)** (sehr) ausführlich, in extenso **c)** in der Gesamtheit: **the nation at** ~ die ganze Nation

▸ **large·ly** ['lɑːdʒlɪ] *Adv* 1. großen-,

größtenteils **2.** allgemein

large·ness ['lɑːdʒnɪs] s **1.** Größe f **2.** F Großspurigkeit f

'**large-scale** Adj groß (angelegt), Groß...: **~ experiment** Großversuch m

lar·gess(e) [lɑːˈdʒes] s Freigebigkeit f, Großzügigkeit f

lark[1] [lɑːk] s ORN Lerche f

lark[2] [-] F I s Jux m, Ulk m: **for a ~** zum Spaß, aus Jux II v/i mst **~ about** (od **around**) Blödsinn machen, herumalbern

lark·spur ['lɑːkspɜː] s BOT Rittersporn m

lar·va ['lɑːvə] Pl **-vae** [-ˈviː] s ZOOL Larve f

lar·yn·gi·tis [ˌlærɪnˈdʒaɪtɪs] s MED Kehlkopfentzündung f **lar·ynx** ['lærɪŋks] Pl **la·ryn·ges** [ləˈrɪndʒiːz] od ANAT Kehlkopf m

las·civ·i·ous [ləˈsɪvɪəs] Adj **1.** geil, lüstern **2.** lasziv, schlüpfrig

la·ser ['leɪzə] s PHYS Laser m **~ beam** s Laserstrahl m **~ gun** s Laserpistole f **~ print·er** s COMPUTER Laserdrucker m **~ sur·ge·ry** s Laserchirurgie f

lash[1] [læʃ] I s **1.** Peitschenschnur f **2.** Peitschenhieb m **3.** fig (Peitschen)Hieb m (**at** gegen) **4.** Peitschen n (a. fig) **5.** (Augen)Wimper f II v/t **6.** (aus)peitschen **7.** fig a) peitschen, b) peitschen an (Akk) od gegen **8.** peitschen mit: **~ its tail** mit dem Schwanz um sich schlagen **9.** fig aufpeitschen (**into** zu) **10.** fig geißeln, vom Leder ziehen gegen III v/i **11. ~ against** → 7; b. **down** niederprasseln (Regen) **12.** schlagen (**at** nach): **~ into** a) einschlagen auf (Akk), b) fig j-n zs.-stauchen; **~ out** (wild) um sich schlagen; ausschlagen (Pferd); **~ out at** a) einschlagen auf (Akk), b) a. **~ out against** → 10

lash[2] [-] v/t **1.** a. **~ down** (fest)binden (**to**, **on** an Dat) **2.** SCHIFF (ver)zurren

lash·ing ['læʃɪŋ] s **1.** Auspeitschung f **2.** Pl bes Br F e-e Unmenge (**of** von, an Dat)

lass [læs], **las·sie** ['læsɪ] s **1.** Mädchen n **2.** Freundin f, Schatz m

las·si·tude ['læsɪtjuːd] s Mattigkeit f

las·so [læˈsuː] I Pl **-so(e)s** s Lasso n, m II v/t mit e-m Lasso (ein)fangen

▸ **last**[1] [lɑːst] I Adj (→ **lastly**) **1.** letzt: **last but one** vorletzt; **last but two**

drittletzt **2.** letzt, vorig: **last Monday** (am) letzten od vorigen Montag; ▸ **last night** gestern Abend; letzte Nacht **3.** letzt (allein übrig bleibend): **my last hope** **4.** letzt (am wenigsten erwartet od geeignet): **the last thing I would do** das Letzte, was ich tun würde II Adv **5.** zuletzt, an letzter Stelle: **he came last** er kam als Letzter; **last but not least** nicht zuletzt, nicht zu vergessen **6.** zuletzt, zum letzten Mal **7.** in Zssgn: **last-mentioned** letztgenannt, -erwähnt III s **8.** ▸ **at last** endlich, schließlich, zuletzt **9.** der, die, das Letzte: **the last to arrive** der Letzte, der ankam; **to the last** bis zum Äußersten; bis zum Ende od Schluss

last[2] I v/i **1.** (an-, fort)dauern **2.** a. **~ out** durch-, aushalten **3.** (sich) halten **4.** a. **~ out** (aus)reichen (Geld etc) II v/t **5.** j-m reichen (Geld etc) **6.** mst **~ out** überdauern, -leben

last[3] [-] s Leisten m: **stick to one's ~** fig bei s-m Leisten bleiben

'**last-ditch** Adj allerletzt: **~ attempt** a. letzter verzweifelter Versuch

last·ing ['lɑːstɪŋ] Adj **1.** dauerhaft: **a)** andauernd, beständig: **~ peace** dauerhafter Friede; **~ effect** anhaltende Wirkung; **~ memories** bleibende Erinnerungen Pl, **b)** haltbar **2.** nachhaltig (Eindruck etc)

last·ly ['lɑːstlɪ] Adv zuletzt, zum Schluss

latch [lætʃ] I s **1.** Schnappriegel m **2.** Schnappschloss n II v/t **3.** ein-, zuklinken III v/i **4.** einschnappen **5. ~ on** F kapieren; **~ on to** (od **onto**) **s.th.** etw kapieren '**~-key** s Haus-, Wohnungsschlüssel m: **~ child** Schlüsselkind n

▸ **late** [leɪt] I Adj (→ **lately**) **1.** spät: **late shift** WIRTSCH Spätschicht f; **it's getting late** es ist schon spät **2.** vorgerückt, Spät...: **late summer** Spätsommer m **3.** verspätet: **be late** zu spät kommen (**for dinner** zum Essen), sich verspäten; Verspätung haben (Zug etc) **4. the latest fashion** die neueste Mode **5.** letzt, früher, ehemalig; verstorben II Adv **6.** spät: **as late as last year** erst od noch letztes Jahr; **see you later** od bald, bis später; ▸ **later (on)** später; → **sleep** II **7.** zu spät '**~·com·er** s Zuspätkommende m, f; Zuspätgekommene m, f

▸ **late·ly** ['leɪtlɪ] Adv **1.** vor kurzem,

kürzlich **2.** in letzter Zeit, neuerdings
'late·ness s **1.** späte Zeit: *the ~ of
his arrival* s-e späte Ankunft **2.** Verspätung f, Zuspätkommen n
la·tent ['leɪtənt] *Adj* latent (*a.* MED etc),
verborgen
lat·er·al ['lætərəl] *Adj* seitlich, Seiten…
'lat·er·al·ly *Adv* **1.** seitlich, seitwärts **2.**
von der Seite
▸ **la·test** ['leɪtɪst] I *Adj u. Adv Sup von*
late II s *at the* ~ spätestens
lathe [leɪð] s TECH Drehbank f
lath·er ['lɑːðə] I s **1.** (Seifen)Schaum m
2. *get in a* ~, *work o.s. up into a* ~ F
außer sich geraten (*over* wegen) II *v/t*
3. einseifen **4.** F verprügeln III *v/i* **5.**
schäumen
Lat·in ['lætɪn] LING I *Adj* lateinisch II s
Latein(isch) n ~ **A·mer·i·can** I *Adj* lateinamerikanisch II s Lateinamerikaner(in)
lat·i·tude ['lætɪtjuːd] s **1.** GEOG Breite f:
in these ~s in diesen Breiten *od* Gegenden; → *degree* 2, *parallel* 3 **2.** *fig*
Spielraum m, (Bewegungs)Freiheit f
la·trine [ləˈtriːn] s Latrine f
lat·ter ['lætə] *Adj* **1.** letzterwähnt, -genannt (*von zweien*): → *former* 2 **2.** letzt,
später: *the ~ half of June* die zweite Junihälfte
lat·tice ['lætɪs] s Gitter(werk) n
Lat·via ['lætvɪə] *Eigenn* Lettland n
Lat·vi·an ['lætvɪən] I *Adj* lettisch II s
Lette m, Lettin f
laud·a·ble ['lɔːdəbl] *Adj* löblich, lobenswert
▸ **laugh** [lɑːf] I s Lachen n, Gelächter n:
with a ~ lachend; *have a good* ~ herzlich lachen; *have the last* ~ am Ende
Recht haben II *v/i* lachen (*at* über
Akk): ~ *at s.o.* j-n auslachen; ~ *to
o.s.* sich hineinlachen; ~ *out loud*
laut auf- *od* herauslachen; → *beard,
sleeve* 1 III *v/t*: ~ *off* etw lachend *od*
mit e-m Scherz abtun '**laugh·a·ble**
Adj lächerlich, lachhaft
laugh·ing ['lɑːfɪŋ] I s **1.** Lachen n, Gelächter n II *Adj* **2.** lachend **3.** lustig: *it is
no ~ matter* es ist nicht(s) zum Lachen
~ *gas* s CHEM Lachgas n '~**·stock** s
Zielscheibe f des Spotts: *make s.o.
the* ~ *of* j-n zum Gespött (*Gen*) machen
▸ **laugh·ter** ['lɑːftə] s Lachen n, Gelächter n

▸ **launch**[1] [lɔːntʃ] I *v/t* **1.** *Boot* zu Wasser
lassen; *Schiff* vom Stapel lassen: *be
~ed* vom Stapel laufen **2.** *Geschoss,
Torpedo* abschießen, *Rakete, Raumfahrzeug, Computer* starten **3.** *Rede,
Kritik etc* vom Stapel lassen; *Drohungen etc* ausstoßen **4.** *Projekt etc* in Gang
setzen, starten II *v/i* **5.** *fig* sich stürzen
(*into* in *Akk*) III s **6.** SCHIFF Stapellauf
m **7.** Abschuss m, Start m
launch[2] [-] s SCHIFF Barkasse f
launch·ing ['lɔːntʃɪŋ] → **launch**[1] III ~
pad s Abschussrampe f ~ **site** s Abschussbasis f
laun·der ['lɔːndə] I *v/t Wäsche* waschen
(u. bügeln); *fig Geld* waschen II *v/i* sich
waschen (lassen) **laun·der·ette** [‚-'ret]
s Waschsalon m
laun·dro·mat ['lɔːndrəmæt] s *bes Am*
Waschsalon m
▸ **laun·dry** ['lɔːndrɪ] s **1.** Wäscherei f **2.**
Wäsche f **3.** *fig* Geldwaschanlage f ~
bas·ket s Wäschekorb m
lau·rel ['lɒrəl] s **1.** BOT Lorbeer(baum) m
2. Lorbeerkranz m **3.** *rest on one's* ~s
fig (sich) auf s-n Lorbeeren ausruhen
la·va ['lɑːvə] s Lava f
lav·a·to·ry ['lævətərɪ] s **1.** Waschraum
m **2.** Toilette f, Klosett n: *in the* ~ in
od auf der Toilette ~ **at·tend·ant** s Toilettenmann m, -frau f ~ **pa·per** s *Br* Toiletten-, Klosettpapier n
lav·en·der ['lævəndə] s BOT Lavendel m
▸ **lav·ish** ['lævɪʃ] I *Adj* **1.** sehr freigebig,
verschwenderisch (*in* in *Dat*) **2.** überschwänglich (*Lob etc*), großzügig (*Geschenk etc*), luxuriös, aufwendig (*Einrichtung etc*) II *v/t* **3.** verschwenden: ~
s.th. on s.o. j-n mit etw überhäufen
▸ **law** [lɔː] s **1.** (*objektives*) Recht, Gesetz(e *Pl*) n: *against the* ~ gesetz-,
rechtswidrig; *under German* ~ nach
deutschem Recht; ~ *and order* Recht
od Ruhe u. Ordnung **2.** (*einzelnes*) Gesetz **3.** Recht n: **a)** Rechtssystem n, **b)**
(*einzelnes*) Rechtsgebiet: → *international* 1 **4.** Rechtswissenschaft f, Jura
Pl: *read* (*od study*) ~ Jura studieren
5. Gericht n, Rechtsweg m: *go to* ~
vor Gericht gehen, prozessieren **6.** F
Bullen *Pl* (Polizei); Bulle m (Polizist)
7. *allg* Gesetz n, Vorschrift f **8. a)** *a.*
~ *of nature, natural* ~ Naturgesetz n,
b) (wissenschaftliches) Gesetz, **c)**

(Lehr)Satz *m* '**~·a,bid·ing** *Adj* gesetzestreu '**~,break·er** *s* Gesetzesübertreter(in), Rechtsbrecher(in) **~ court** *s* Gerichtshof *m*

law·ful ['lɔ:ful] *Adj* 1. gesetzlich, legal 2. rechtmäßig, legitim 3. gesetzlich anerkannt, rechtsgültig '**law·less** *Adj* 1. gesetzlos 2. rechts-, gesetzwidrig 3. zügellos

lawn [lɔ:n] *s* Rasen *m* **~ chair** *s Am* Liegestuhl *m* **~ mow·er** *s* Rasenmäher *m* '**law·suit** *s* JUR (Zivil)Prozess *m*, Verfahren *n*

▶ **law·yer** ['lɔ:jə] *s* 1. (Rechts)Anwalt *m*, (-)Anwältin *f* 2. Jurist(in)

lax [læks] *Adj* 1. schlaff, lose, locker 2. *fig* lax, lasch (*Einstellung etc*), locker (*Sitten etc*) 3. *fig* unklar, verschwommen (*Vorstellung etc*) **lax·a·tive** ['-ətɪv] *s* PHARM mildes Abführmittel '**lax·i·ty**, '**lax·ness** *s* 1. Schlaffheit *f* 2. Laxheit *f*, Laschheit *f*

▶ **lay¹** [leɪ] (*unreg*) **I** *v/t* 1. legen, *Teppich* verlegen 2. *Eier* legen 3. *fig Hinterhalt etc* legen, *Hoffnungen etc* setzen (**on** *auf Akk*) 4. (her)richten, *Tisch decken* 5. be-, auslegen (**with** mit) 6. (**before**) vorlegen (*Dat*), bringen (vor *Dat*) 7. *Anspruch etc* geltend machen 8. *Schuld etc* zuschreiben, zur Last legen (**to** *Dat*) **II** *v/i* 9. (*Eier*) legen 10. **~ about one** → lay about; **~ into s.o.** über j-n herfallen (*a. mit Worten*) 11. **~ off** F j-n, *etw* in Ruhe lassen; aufhören mit

Verbindungen mit Adverbien:

lay| a·bout *v/i* (wild) um sich schlagen (**with** mit) **~ a·side** *v/t* 1. beiseite legen, weglegen 2. *Angewohnheit etc* ablegen, aufgeben 3. (*für die Zukunft*) beiseite *od auf* die Seite legen, zurücklegen **~ a·way** *v/t* 1. → lay aside 2. *angezahlte Ware* zurücklegen **~ down** *v/t* 1. hinlegen 2. *Amt, Waffen etc* niederlegen 3. *sein Leben* hingeben, opfern 4. planen, entwerfen; *Straße etc* anlegen 5. *Grundsatz etc* aufstellen, *Regeln etc* festlegen, -setzen, *Bedingungen* (*in e-m Vertrag*) niederlegen, verankern **~ in** *v/t* sich eindecken mit; einlagern **~ off I** *v/t* 1. *Arbeiter* (*bes* vorübergehend) entlassen 2. *Arbeit* einstellen 3. F aufhören mit: **~ smoking** *a.* das Rauchen aufgeben **II** *v/i* 4. F *Feier*

abend machen; *Ferien* machen, ausspannen; aufhören; *a.* → *bes* Pause machen: **~!** hör auf (damit)! **~ on** *v/t* 1. *Farbe etc* auftragen: **lay it on** F dick auftragen; → **thick** 6, **trowel** 2. *Br Gas etc* installieren 3. *Br Busse etc* einsetzen **~ o·pen** *v/t* 1. bloß-, freilegen 2. *fig* offen darlegen; aufdecken, enthüllen **~ out** *v/t* 1. ausbreiten, -legen 2. ausstellen; *Toten* aufbahren 3. planen, entwerfen 4. *typographisch*: aufmachen, das Layout (*Gen*) machen 5. **lay o.s. out** F sich mächtig anstrengen **~ to** *v/i* SCHIFF beidrehen **~ up** *v/t* 1. anhäufen, (an-) sammeln: **~ trouble for o.s.** sich Schwierigkeiten einbrocken *od* einhandeln 2. **be laid up** das Bett hüten müssen, bettlägerig sein: **be laid up with influenza** mit Grippe im Bett liegen

lay² [-] *Prät von* lie²

lay³ [-] *Adj* Laien...: **a)** REL weltlich: **~ preacher** Laienprediger(in), **b)** laienhaft, nicht fachmännisch

'**lay|·a,bout** *s bes Br* F Faulenzer(in), Tagedieb(in) '**~·by** *s* MOT *Br* Park-, Rastplatz *m* (*Autobahn*), Parkbucht *f* (*Landstraße*)

lay·er ['leɪə] **I** *s* 1. Schicht *f* (*a.* GEOL), Lage *f*: **in ~s** schicht-, lagenweise 2. *in Zssgn* ...leger(in) 3. LANDW, BOT Ableger *m* **II** *v/t* 4. schicht- *od* lagenweise anordnen, schichten

lay·ette [leɪ'et] *s* Babyausstattung *f*

lay|·man ['leɪmən] *s* (*unreg* **man**) Laie *m* '**~·off** *s* 1. *bes* vorübergehende Entlassung 2. F Pause *f* '**~·out** *s* 1. Grundriss *m*, Lageplan *m* 2. *typographisch*: Layout *n* '**~,o·ver** *s Am* Zwischenstation *f*

laze [leɪz] **I** *v/i* faulenzen **II** *v/t mst* **~ away** *Zeit* vertrödeln '**la·zi·ness** *s* Faulheit *f*; Trägheit *f*

▶ **la·zy** ['leɪzɪ] *Adj* 1. faul; träg(e) 2. träg(e), langsam '**~,bones** *s Sg* F Faulpelz *m*

LCD [elsi:'di:] *Abk* (= **liquid crystal diode**) Flüssigkristalldiode *f*: **~ display** Flüssigkristallanzeige *f*

▶ **lead¹** [led] **I** *s* 1. CHEM Blei *n* 2. SCHIFF Senkblei *n*, Lot *n* 3. (Bleistift)Mine *f* 4. Blei *n*, Kugeln *Pl* **II** *v/t* 5. verbleien: **~ed** verbleit 6. mit Blei beschweren

▶ **lead²** [li:d] **I** *s* 1. Führung *f*: **a)** Leitung *f*: **under s.o.'s ~**, **b)** führende Stelle,

Spitze f: **be in the ~** an der Spitze stehen, führend sein, (Sport etc) in Führung liegen, führen; **take the ~** die Führung übernehmen, sich an die Spitze setzen (**from** vor Dat) (beide a. Sport) **2.** Vorsprung m (**over** vor Dat) (a. Sport) **3.** Vorbild n, Beispiel n: **follow s.o.'s ~** j-s Beispiel folgen **4.** Hinweis m, Wink m; Anhaltspunkt m **5.** THEAT etc Hauptrolle f; Hauptdarsteller(in) **6.** (Hunde)Leine f: **keep on the ~** an der Leine führen od halten **II** Adj **7.** Leit..., Führungs...: **~ guitarist** MUS Leadgitarrist(in) **III** v/t (unreg) **8.** führen: **~ the way** vorangehen; → **garden 3, nose 1 9.** führen, bringen (a. Straße etc) **10.** dazu bringen, veranlassen (**to do** zu tun) **11.** (an)führen, leiten **12.** Leben führen **IV** v/i (unreg) **13.** führen: **a)** vorangehen, **b)** die erste Stelle einnehmen, **c)** (Sport) an der Spitze od in Führung liegen **14.** führen (Straße etc) od fig führen zu
Verbindungen mit Adverbien:

lead·a·stray v/t fig irreführen; verführen **~ a·way** v/t **1.** wegführen, Verhafteten etc abführen (**from** von) **~ off** I v/t **1.** → **lead away 2. ~ on** einleiten, beginnen (**with** mit) **II** v/i **3.** anfangen, beginnen **~ on** v/t j-m etw vorod weismachen: **lead s.o. on to think that** j-n glauben machen, dass **~ up** v/i fig (to) (allmählich) führen (zu); hinauswollen (auf Akk)

lead·en ['ledn] Adj **a)** bleiern: **a)** Blei..., **b)** fig schwer

▶ **lead·er** ['liːdə] s **1.** Führer(in) **2.** (An-)Führer(in), (Delegations-, Oppositionsetc)Führer(in) **3.** MUS **a)** bes Am Leiter(in), Dirigent(in), **b)** bes Br Konzertmeister(in), **c)** (Band)Leader(in) **4.** bes Br Leitartikel m **5.** Sport etc: Spitzenreiter m **6.** WIRTSCH Zug-, Lockartikel m '**lead·er·ship** s **1.** Führung f, Leitung f **2.** a. **~ qualities** Pl Führungsqualitäten Pl

lead-free ['led_] Adj bleifrei (Benzin)
lead·ing ['liːdɪŋ] Adj **1.** führend: **a)** Leit..., leitend, **b)** Haupt..., erst **2.** erst ~ **ar·ti·cle** → **leader 4** '~·edge technol·o·gy s Spitzentechnik f ~ **la·dy** s THEAT etc Hauptdarstellerin f '~ **light** s führende od wichtige Persönlichkeit ~ **man** s (unreg man) THEAT etc Haupt-

darsteller m ~ **ques·tion** s Suggestivfrage f ~ **strings** s Pl Am Gängelband n (a. fig): **keep s.o. in ~** j-n am Gängelband führen od haben od halten

▶ **leaf** [liːf] **I** Pl **leaves** [liːvz] s **1.** BOT Blatt n: **come into ~** ausschlagen **2.** Blatt n (Buch): **take a ~ out of s.o.'s book** fig sich an j-m ein Beispiel nehmen; **turn over a new ~** fig ein neues Leben beginnen **3.** (Fenster-, Tür)Flügel m; (Tisch)Klappe f; Ausziehplatte f (e-s Tisches): **pull out the leaves** den Tisch ausziehen **II** v/i **4.** (durch)blättern **leaf·let** ['_lɪt] s Flugblatt n, Hand-, Reklamezettel m; Prospekt m

league [liːg] s **1.** Liga f, Bund m **2.** Bündnis n, Bund m: **be in ~ with** gemeinsame Sache machen mit **3.** SPORT Liga f: **~ game** Punktspiel n

▶ **leak** [liːk] **I** s **1.** a. SCHIFF Leck n (a. in Tank etc): **spring a ~** ein Leck bekommen, **b)** undichte Stelle (a. fig) **2.** Auslaufen n; fig Durchsickern n **II** v/i **3.** lecken, leck sein **4.** tropfen (Wasserhahn) **5. ~ out** auslaufen, -treten; fig durchsickern **III** v/t **6.** fig durchsickern lassen '**leak·age** s **1.** → **leak 2 2.** WIRTSCH Leckage f '**leak·y** Adj leck, undicht (a. fig)

lean¹ [liːn] **I** Adj mager (a. TECH u. fig); schlank (Produktion, Management) **II** s das Magere (des Fleisches)

▶ **lean²** [liːn] **I** v/i (bes Br a. unreg) **1.** sich neigen, schief sein od stehen **2.** sich beugen (**over** über Akk): **~ back** sich zurücklehnen; **~ forward** sich vorbeugen; **~ over backward(s)** F sich fast umbringen (**to do** zu tun) **3.** (against) sich lehnen (an Akk, gegen); lehnen (an Dat) **4.** sich stützen (auf Akk); fig sich verlassen (auf Akk) **5. ~ to** (**-ward[s]**) fig (hin)neigen od tendieren zu **II** v/t (bes Br a. unreg) **6.** lehnen (**against** an Akk, gegen) **III** s **7.** Neigung f '**lean·ing I** Adj schräg, schief **II** s fig Neigung f, Tendenz f (**to, toward[s]** zu)

leant [lent] bes Br Prät u. Part Perf von **lean²**

▶ **leap** [liːp] **I** v/i (a. unreg) springen: **~ at** fig sich stürzen auf (ein Angebot etc); **~ for joy** Freudensprünge machen; **~ out** ins Auge springen (**at s.o.** j-m); **~ up**

L

aufspringen; *fig* sprunghaft anwachsen; → **conclusion** 3 **II** v/t (a. *unreg*) überspringen (a. *fig*), springen über (*Akk*) **III** s Sprung *m* (a. *fig*): **take a ~** e-n Sprung machen; **by** (od **in**) **~s and bounds** *fig* sprunghaft **IV** *Adj* Schalt...: **~ day** Schalttag; **~ second** Schaltsekunde; **~ year** Schaltjahr '**~·frog** *I* s Bockspringen **II** v/i Bock springen

leapt [lept] *Prät u. Part Perf von* **leap**

▶ **learn** [lɜːn] (a. *unreg*) **I** v/t **1.** (er)lernen: **~ (how) to swim** schwimmen lernen **2.** (**from**) erfahren, hören (von); ersehen, entnehmen (aus *e-m Brief etc*) **II** v/i **3.** lernen **4.** hören, erfahren (**about, of** von); → *Info bei* **lernen** **learn·ed** ['lɜːnɪd] *Adj* gelehrt (*Mensch*), (*Abhandlung etc a.*) wissenschaftlich '**learn·er** s **1.** Anfänger(in) **2.** Lernende *m, f*: **be a fast** (**slow**) **~** schnell (langsam) lernen; **~ driver** Fahrschüler(in) **learnt** [lɜːnt] *Prät. u. Part Perf von* **learn**

lease [liːs] **I** s **1.** Pacht-, Mietvertrag *m* **2.** Verpachtung *f*, Vermietung *f* (**to** *an Akk*); Pacht *f*, Miete *f*: **take a ~ on** → **5 3.** Pacht-, Mietzeit *f* **II** v/t **4. ~ out** verpachten, -mieten (**to** *an Akk*) **5.** pachten, mieten; leasen

leash [liːʃ] s (Hunde)Leine *f*: **keep on the ~** an der Leine halten *od* führen

▶ **least** [liːst] **I** *Adj* (*Sup von* **little**) **1.** geringst, mindest; wenigst: → **resistance 1 2.** geringst, unbedeutendst: **at the least** (**little**) **thing** bei der geringsten Kleinigkeit **II** s **3.** *das* Mindeste, *das* wenigste: ▶ **at least** wenigstens, zumindest; **at** (**the**) **least** mindestens; **not in the least** nicht im Geringsten *od* Mindesten; **to say the least** gelinde gesagt **III** *Adv* **4.** am wenigsten: **least of all** am allerwenigsten

▶ **leath·er** ['leðə] **I** s Leder *n* (a. *hum Haut*; a. *sport Ball*): → **tough 1 II** v/t F versohlen **~ belt** s Ledergürtel *m* '**~·jack·et** s Lederjacke *f* '**~·neck** s *MIL Am sl* Ledernacken *m*

leath·er·y ['leðərɪ] *Adj* lederartig, zäh

▶ **leave¹** [liːv] (*unreg*) **I** v/t **1.** verlassen: **a)** von *j-m, e-m Ort etc* fort-, weggehen, **b)** abreisen, abfahren *etc* von, **c)** von *der Schule* abgehen, **d)** *j-n, etw* im Stich lassen, *etw* aufgeben: **she left him for another man** sie verließ ihn wegen

e-s anderen Mannes **2.** lassen: **~ alone** allein lassen; *j-n, etw* in Ruhe lassen; **~ it at that** es dabei belassen *od* (bewenden) lassen; **~ s.o. to himself** j-n sich selbst überlassen; → **cold** 4, **lurch² 3.** übrig lassen: **be left** übrig bleiben *od* übrig sein **4.** *Narbe etc* zurücklassen; *Nachricht, Spur etc* hinterlassen **5.** hängen *od* liegen *od* stehen lassen, vergessen **6.** überlassen, anheim stellen (**to s.o.** j-m) **7.** vermachen, -erben **II** v/i **8.** (fort-, weg)gehen, abreisen, abfahren (**for** nach) **9.** gehen (*die Stellung aufgeben*)

Verbindungen mit Adverbien:

leave| be·hind v/t **1.** zurücklassen **2.** → **leave¹** 4, 5 **3.** *Gegner etc* hinter sich lassen (a. *fig*) **~ on** v/t *Radio etc* anlassen, *Kleidungsstück a.* anbehalten **~ out** v/t aus-, weglassen (**of** von, bei) **~ o·ver** v/t *Br* **1.** → **leave¹** 3 **2.** verschieben (**until** *od Akk*, bis)

leave² [_] s **1.** Erlaubnis *f*, Genehmigung *f*: **ask ~ of s.o., ask s.o.'s ~** j-n um Erlaubnis bitten **2.** Urlaub *m*: **on ~** auf Urlaub **3.** Abschied *m*: **take** (**one's**) **~** Abschied nehmen (**of** von)

leav·en ['levn] **I** s **1.** Sauerteig *m*; Treibmittel *n* **II** v/t **2.** *Teig* säuern; (auf)gehen lassen **3.** *fig* auflockern (**with** mit, durch)

leaves [liːvz] *Pl von* **leaf**

Leb·a·nese [‚lebə'niːz] **I** *Adj* libanesisch **II** s Libanese *m*, Libanesin *f*

Leb·a·non ['lebənən] *Eigenn der* Libanon

lech·er ['letʃə] s Lüstling *m* '**lech·er·ous** *Adj* geil, lüstern

lec·ture ['lektʃə] **I** s **1.** (**on** über *Akk*; **to** vor *Dat*) Vortrag *m*; *UNI* Vorlesung *f*: **~ hall** (od **theater**, *bes Br* **theatre**) Hörsaal *m* **2.** Strafpredigt *f*: **give** (od **read**) **s.o. a ~** → **4 II** v/i **3.** (**on** über *Akk*; **to** vor *Dat*) e-n Vortrag *od* Vorträge halten; *UNI* e-e Vorlesung *od* Vorlesungen halten **III** v/t **4.** *j-m* e-e Strafpredigt halten '**lec·tur·er** s **1.** Vortragende *m, f* **2.** *UNI* Dozent(in)

led [led] *Prät u. Part Perf von* **lead²**

LED [eli:'di:] *Abk* (= **light-emitting diode**) Leuchtdiode *f*

ledg·er ['ledʒə] s *WIRTSCH* Hauptbuch *n*

lee [liː] s *SCHIFF* Lee(seite) *f*

leech [liːtʃ] s **1.** *ZOOL* Blutegel *m* **2.** *fig*

Klette f; Blutsauger m

leek [li:k] s BOT Lauch m, Porree m

leer [lɪə] I s höhnisches od boshaftes od anzügliches Grinsen; lüsterner Seitenblick II v/i höhnisch od boshaft od anzüglich grinsen; lüstern schielen (**at** nach)

lees [li:z] s Pl Bodensatz m

lee·ward ['li:wəd] Adv SCHIFF leewärts

'lee·way s 1. FLUG, SCHIFF Abdrift f 2. fig Rückstand m, Zeitverlust m: **make up ~** (den Rückstand od Zeitverlust) aufholen 3. fig Spielraum m

left¹ [left] Prät u. Part Perf von **leave¹**

▸ **left²** [left] I Adj 1. link, Links... II s 2. die Linke, linke Seite: **on** (od **to**) **the ~** (**of**) links (von), linker Hand (von); **on our ~** zu unserer Linken; **the second turning on the ~** die zweite Querstraße links; **keep to the ~** sich links halten; MOT links fahren 3. **the ~** POL die Linke III Adv 4. links (**of** von): **turn ~** (sich) nach links wenden; MOT links abbiegen '**~·hand** Adj 1. link: **~ bend** Linkskurve f 2. TECH linksgängig, -läufig: **~ drive** Linkssteuerung f ‚**~'hand·ed** Adj 1. linkshändig: **be ~** Linkshänder(in) sein 2. linkisch, ungeschickt 3. zweifelhaft (Kompliment etc) ‚**~'hand·er** s Linkshänder(in)

left·ist ['leftɪst] Adj POL linksgerichtet, links stehend

left '**~lug·gage lock·er** s BAHN Br (Gepäck)Schließfach n ‚**~'lug·gage of·fice** s BAHN Br Gepäckaufbewahrung(sstelle) f '**~·o·ver** s mst Pl Überbleibsel n, Rest m

left-wing Adj POL dem linken Flügel angehörend, links...

▸ **leg** [leg] I s 1. (a. Hosen-, Stuhl- etc) Bein n: **be on one's last ~s** auf dem letzten Loch pfeifen; **give s.o. a ~ up** j-m (hin)aufhelfen; fig j-m unter die Arme greifen; **pull s.o.'s ~** F j-n auf den Arm nehmen; **stretch one's ~s** sich die Beine vertreten; → **shake** 7 2. (... Hammel-, Kalbs-etc)Keule f: **~ of mutton** 3. Etappe f, Abschnitt m (e-r Reise etc) II v/i 4. mst **~ it** F zu Fuß gehen

eg·a·cy ['legəsɪ] s JUR Vermächtnis n, fig a. Erbe n

▸ **le·gal** ['li:gl] Adj 1. gesetzlich, rechtlich: **~ holiday** Am gesetzlicher Feiertag; → **tender²** 4 2. legal, gesetzmäßig,

rechtsgültig 3. Rechts..., juristisch: **~ adviser** Rechtsberater(in); **~ aid** Br Prozesskostenhilfe f 4. gerichtlich: **take ~ action against s.o.** gerichtlich gegen j-n vorgehen **le·gal·i·ty** [li:'gælətɪ] s Legalität f **le·gal·i·za·tion** [ˌli:gəlaɪ'zeɪʃn] s Legalisierung f '**le·gal·ize** v/t legalisieren

le·ga·tion [lɪ'geɪʃn] s Gesandtschaft f

leg·end ['ledʒənd] s 1. Legende f (a. fig), Sage f 2. Legende f: **a)** erläuternder Text, Bildunterschrift f, **b)** Zeichenerklärung f (auf Karten etc), **c)** Inschrift f (auf Münzen etc)

leg·gings ['legɪnz] s Pl 1. Leggin(g)s Pl 2. Überhose f

leg·gy ['legɪ] Adj langbeinig

leg·i·ble ['ledʒəbl] Adj leserlich, lesbar

le·gion ['li:dʒən] s Legion f '**le·gion·ar·y** s Legionär m

leg·is·late ['ledʒɪsleɪt] v/i Gesetze erlassen ‚**leg·is'la·tion** s Gesetzgebung f '**leg·is·la·tive** ['-lətɪv] I Adj 1. gesetzgebend, legislativ: **~ assembly** gesetzgebende Versammlung; **~ body** → 3b; **~ power** → 3a 2. gesetzgeberisch, Legislatur...: **~ period** Legislaturperiode f II s 3. Legislative f: **a)** gesetzgebende Gewalt, **b)** gesetzgebende Körperschaft '**leg·is·la·tor** ['-leɪtə] s Gesetzgeber(in) '**leg·is·la·ture** ['-leɪtʃə] → **legislative** 3b

le·git·i·ma·cy [lɪ'dʒɪtɪməsɪ] s Legitimität f: **a)** Gesetzmäßigkeit f, Gesetzlichkeit f, **b)** Rechtmäßigkeit f, Berechtigung f, **c)** Ehelichkeit f **le·git·i·mate** [-mət] Adj legitim: **a)** gesetzmäßig, gesetzlich, **b)** rechtmäßig, berechtigt, **c)** ehelich **le·git·i·mize** v/t legitimieren

leg·room ['legrʊm] s FLUG, MOT Beinfreiheit f

leg·ume ['legju:m] s BOT Hülsenfrucht f

▸ **lei·sure** ['leʒə] I s freie Zeit: **at ~** mit Muße, in (aller) Ruhe; frei, unbeschäftigt; **at your ~** wenn es Ihnen (gerade) passt, bei Gelegenheit II Adj Freizeit...: **~ activities** Pl Freizeitgestaltung f; **~ facilities** Pl Freizeiteinrichtungen Pl; **~ hours** Pl Mußestunden Pl; **~ occupation** Freizeitbeschäftigung f; **~ park** Freizeitpark m '**lei·sure·ly** Adj u. Adv gemächlich, gemütlich **~ time** s Freizeit f **~ wear** s Freizeitkleidung f

L

lem·ming ['lemɪŋ] s ZOOL Lemming m
▶ **lem·on** ['lemən] **I** s **1.** Zitrone f **2.** sl Niete f (*Sache, Person*) **II** Adj **3.** Zitronen...: ~ **juice**, ~ **squash** Br Getränk aus Zitronenkonzentrat u. Wasser; ~ **squeezer** Zitronenpresse f **4.** zitronengelb

▶ **lend** [lend] v/t (*unreg*) **1.** (ver-, aus)leihen; → *Info* bei **leihen 2.** fig Nachdruck, Würde etc verleihen (**to** Dat) **3.** fig leihen, gewähren: ~ **itself to s.th.** sich für od zu etw eignen; → **hand** 1 | **lend·er** s Aus-, Verleiher(in) | **lend·ing** Adj: ~ **library** Leihbücherei f

▶ **length** [leŋθ] s **1.** Länge f: **a)** Dimension: **two feet in** ~ 2 Fuß lang; **what ~ is it?** wie lang ist es?, **b)** Strecke f: **go to great ~s** sich sehr bemühen, **c)** Umfang m (*e-s Buchs etc*), **d)** Dauer f: **at ~** ausführlich; **at great ~** in allen Einzelheiten **2.** Bahn f (*Stoff etc*) **3.** SPORT Länge f (Vorsprung) | **length·en I** v/t verlängern, länger machen **II** v/i sich verlängern, länger werden | **lengthways**, **length·wise** ['-waɪz] Adv der Länge nach, längs | **length·y** Adj ermüdend lang, langatmig

le·ni·ence, **le·ni·en·cy** ['liːnjəns(ɪ)] s Milde f, Nachsicht f | **le·ni·ent** Adj mild, nachsichtig (**to, toward[s]**) gegenüber)

lens [lenz] s **1.** ANAT, FOTO, PHYS Linse f: ~ **aperture** FOTO Blende f **2.** FOTO, PHYS Objektiv n **3.** (*einzelnes*) Glas (*e-r Brille*)

lent¹ [lent] Prät u. Part Perf von **lend**

Lent² [-] s Fastenzeit f

len·til ['lentɪl] s BOT Linse f

Leo ['liːəʊ] s ASTR Löwe m: **be (a)** ~ Löwe sein

leop·ard ['lepəd] s ZOOL Leopard m

le·o·tard ['liːəʊtɑːd] s **1.** Trikot n **2.** Gymnastikanzug m

lep·er ['lepə] s Leprakranke m, f; fig Aussätzige m, f

lep·ro·sy ['leprəsɪ] s MED Lepra f

les·bi·an ['lezbɪən] **I** Adj lesbisch **II** s Lesbierin f

lese maj·es·ty [,liːzˈmædʒɪstɪ] s **1.** Majestätsbeleidigung f (a. fig) **2.** Hochverrat m

le·sion ['liːʒn] s Verletzung f, Wunde f

▶ **less** [les] **I** Adv (Komp von **little**) weniger: ~ **and** ~ immer weniger **II** Adj (Komp von **little**) geringer, kleiner, weniger: **in** ~ **time** in kürzerer Zeit; **no** ~ **a man than** kein Geringerer als **III** s weniger, e-e kleinere Menge od Zahl: **little** ~ **than** so gut wie, schon fast; **no** ~ **than** nicht weniger als **IV** Präp weniger, minus, abzüglich

▶ **less·en** ['lesn] **I** v/t sich vermindern od verringern, abnehmen **II** v/t **2.** vermindern, verringern **3.** fig herabsetzen, schmälern; bagatellisieren

less·er ['lesə] Adj kleiner, geringer

▶ **les·son** ['lesn] s **1.** Lektion f (a. fig): → **teach** 2 **2.** (Lehr-, Unterrichts)Stunde f; Pl Unterricht m, Stunden Pl: **give German (piano)** ~s Deutschunterricht (Klavierunterricht) erteilen, Deutsch (Klavier) unterrichten **3.** fig Lehre f: **this was a ~ to me** das war mir e-e Lehre

lest [lest] Konj **1.** (mst mit folgendem **should**) dass od damit nicht: **he ran away ~ he should be seen** er lief weg, um nicht gesehen zu werden **2.** (nach Ausdrücken des Befürchtens) dass

▶ **let¹** [let] (unreg) **I** v/t **1.** lassen: ~ **alone** etw sein lassen; j-n, etw in Ruhe lassen; geschweige denn, ganz zu schweigen von; ~ **s.th. go** etw loslassen; ~ **o.s. go** sich gehen lassen; aus sich herausgehen; ~ **it go at that** lass es dabei bewenden; ~**'s go** gehen wir!; ~ **s.o. know** j-n wissen lassen, j-m Bescheid geben; ~ **into** (her-, hin)einlassen in (Akk); j-n einweihen in (ein Geheimnis) **2.** bes Br vermieten, -pachten (**to** an Akk): "**to ~**" „zu vermieten" **II** v/i **3.** ~ **go** loslassen (**of s.th.** etw)

Verbindungen mit Adverbien:
let| by v/t vorbeilassen ~ **down** v/t **1.** hinunter-, herunterlassen ~ **hair 2.** im Stich lassen; enttäuschen ~ **in** v/t **1.** (her-, hin)einlassen **2.** Stück etc einlassen, -setzen **3.** j-n einweihen (**on** in ein Geheimnis) **4.** **let o.s. in for s.th.** sich etw einbrocken, sich auf etw einlassen ~ **off** v/t **1.** Feuerwerk abbrennen. Gewehr etc abfeuern **2.** Gas etc ablassen: ~ **steam** 1 ~ **on I** v/t **1.** sich etw anmerken lassen (**about** von) **II** v/t **2.** zugeben (**that** dass) **3.** vorgeben ~ **out I** v/t **1.** heraus-, hinauslassen (**of** aus): **let the air out of** die Luft lassen

aus **2.** *Kleidungsstück* auslassen **3.** *Schrei etc* ausstoßen **4.** *Geheimnis* ausplaudern, verraten **5.** → **let¹** 2 **II** *v/i* **6.** herfallen (*at* über *Akk*) (*a. mit Worten*) **~ through** *v/t* durchlassen **~ up** *v/i* F nachlassen; aufhören

let² [_] *s Tennis:* Netzaufschlag *m:* **~!** Netz!

'**let-down** *s* Enttäuschung *f*

le·thal ['li:θl] *Adj* tödlich; Todes…

le·thar·gic [lə'θɑ:dʒɪk] *Adj* (**~ally**) lethargisch, teilnahmslos **leth·ar·gy** ['leθədʒɪ] *s* Lethargie *f*, Teilnahmslosigkeit *f*

let's [lets] F *für* **let us**

▶ **let·ter** ['letə] **I** *s* **1.** Buchstabe *m:* **to the ~** wortwörtlich, buchstäblich; *fig* peinlich genau **2.** Brief *m*, Schreiben *n* (**to** an *Akk*): **by ~** brieflich; **~ of application** Bewerbungsschreiben; **~ of complaint** Beschwerdebrief; **~ to the editor** Leserbrief **3.** *Typographie:* Letter *f*, Type *f* **4.** *Pl* (*a. Sg konstruiert*) (schöne) Literatur; Bildung *f* **II** *v/t* **5.** beschriften **~ bomb** *s* Briefbombe *f*

---

letters: some expressions

Dear Paul, Just a quick note to say …	Lieber Paul, nur ganz kurz ein paar Zeilen, um dir zu sagen …
I just wanted to write and thank you for …	ich wollte mich nur bei dir (Ihnen) bedanken für …
I'm writing to let you know that …	ich möchte dir (Ihnen) mitteilen, dass …
Sorry I haven't written before …	es tut mir Leid, dass ich nicht früher geschrieben habe …
Dear Louise, Congratulations on getting the scholarship! It's brilliant	Liebe Louise, herzlichen Glückwunsch zum Stipendium! Eine tol-
news – well done! …	le Nachricht – ich gratuliere! …
Dear Rachel, I was so sorry to hear about your grandfather. I hope he is feeling better now after the operation and is making a speedy recovery …	Liebe Rachel, das mit deinem Großvater tut mir sehr Leid. Ich hoffe, dass es ihm jetzt nach der Operation besser geht und dass er sich schnell erholt …
Dear Simon, Sorry to hear you've been ill – nothing serious, I hope. Get well soon and be sure to get plenty of rest. Have you heard anything from …?	Lieber Simon, tut mir Leid, dass du krank warst – hoffentlich nichts Schlimmes. Gute Besserung und sieh zu, dass du dich gründlich ausruhst. Hast du was von … gehört?
Dearest Michael, It was wonderful to see you at the weekend. I miss you so much …	Liebster Michael, es war wunderbar, dass wir uns am Wochenende sehen konnten. Ich vermisse dich so sehr …

Beispiele für Schlussformeln bei Privatbriefen:

Yours, Kate	Ihre (deine) Kate
Best regards, Kate	Mit den besten Grüßen, Kate

L

Love Kate	Liebe Grüße, Kate
Lots of love, Kate	Viele liebe Grüße, Kate
All my love, Kate	Alles Liebe, deine Kate
Beispiele für Glückwünsche:	
(Wishing you a very) Happy Birthday!	Alles Gute zum Geburtstag!
Merry Christmas and a happy New Year!	Frohe Weihnachten und ein glückliches neues Jahr!
Good luck in your exam!	Viel Glück/toi, toi, toi für deine Prüfung!

▸ **let·ter| box** ['letəbɒks] s bes Br Briefkasten m '**~·head** s (gedruckter) Briefkopf m **~ o·pen·er** s Brieföffner m **~ pa·per** s Briefpapier n **~ scales** s Pl Briefwaage f

▸ **let·tuce** ['letɪs] s BOT (bes Kopf)Salat m, österr. Häuptelsalat m

'**let·up** s F Nachlassen n; Aufhören n

leu·co·cyte ['luːkəʊsaɪt] s MED Leukozyt m, weißes Blutkörperchen

leu·k(a)e·mi·a [luːˈkiːmɪə] s MED Leukämie f

▸ **lev·el** ['levl] I s **1.** TECH Libelle f, Wasserwaage f **2.** Ebene f (a. fig), ebene Fläche: **A ~s** Pl Br etwa Abitur n; **O ~s** Pl Br mittlere Reife; **at government ~** auf Regierungsebene **3.** Höhe f (a. GEOG), (Wasser- etc)Spiegel m, (-)Stand m, (-)Pegel m; fig (a. geistiges) Niveau n, Stand m, Stufe f: **~ of sound** Geräuschpegel m, Tonstärke f; **be on a ~ with** auf gleicher Höhe sein mit; genauso hoch sein wie; fig auf dem gleichen Niveau od auf der gleichen Stufe stehen wie **II** Adj **4.** eben (Straße etc): a **~ teaspoon** ein gestrichener Teelöffel (voll) **5.** gleich (a. fig): **~ crossing** Br

schienengleicher (Bahn)Übergang; **be ~ on points** (Sport) punktgleich sein; **be ~ with** auf gleicher Höhe sein mit; genauso hoch sein wie; fig auf dem gleichen Niveau sein od auf der gleichen Stufe stehen wie; **draw ~** (Sport) ausgleichen; **draw ~ with** j-n einholen **6. a)** gleichmäßig, **b)** ausgeglichen (Rennen etc) **7. do one's ~ best** sein Möglichstes tun **8. keep a ~ head** e-n kühlen Kopf bewahren, sich nicht aus der Ruhe bringen lassen **III** v/t Prät u. Part Perf **-eled**, bes Br **-elled 9. a)** (ein)ebnen, planieren, **b)** a. **~ to the ground** dem Erdboden gleichmachen **10.** fig gleichmachen, nivellieren; Unterschiede beseitigen, ausgleichen

Verbindungen mit Adverbien:

lev·el| down v/t Preise, Löhne etc drücken, herabsetzen **~ off I** v/t **1.** → **level** 9a, 10 2. Flugzeug abfangen **II** v/i **3.** flach werden od auslaufen (Gelände etc) **4.** fig sich stabilisieren od einpendeln (at bei) **~ out I** v/t **1.** → **level** 10 2. → **level off** 2 **II** v/i **3.** → **level off II ~ up** v/t Preise, Löhne etc hinaufschrauben

'**lev·el·head·ed** Adj vernünftig

le·ver ['liːvə] I s **1.** PHYS, TECH Hebel m **2.** Brechstange f **3.** Anker m (e-r Uhr) **4.** fig Druckmittel n **II** v/t **5.** a. **~ off** hochheben

lev·y ['levɪ] I s **1.** WIRTSCH Erhebung f **2.** WIRTSCH Steuer f, Abgabe f **3.** MIL Aushebung f **II** v/t **4.** Steuern etc **a)** erheben, **b)** (on) legen (auf Akk), auferlegen (Dat) **5.** MIL Truppen ausheben

lewd [ljuːd] Adj **1.** geil, lüstern **2.** unanständig, obszön '**lewd·ness** s **1.** Geilheit f, Lüsternheit f **2.** Unanständigkeit f, Obszönität f

lex·i·cog·ra·pher [ˌleksɪˈkɒɡrəfə] s Lexikograph(in) **lex·i·co·graph·ic** [ˌ~kəʊˈɡræfɪk] Adj (**~ally**) lexikographisch **lex·i·cog·ra·phy** [ˌ~ˈkɒɡrəfɪ] s Lexikographie f

li·a·bil·i·ty [ˌlaɪəˈbɪlətɪ] s **1.** WIRTSCH, JUR Verpflichtung f, Verbindlichkeit f; Haftung f, Haftpflicht f: **~ insurance** Haftpflichtversicherung f; **~ limit** 4 **2.** Pl WIRTSCH Passiva Pl **3.** allg Verantwortung f, Verantwortlichkeit f

li·a·ble ['laɪəbl] Adj **1.** WIRTSCH, JUR haftbar, -pflichtig (for für): **be ~ for** a. haften für **2.** unterworfen (to s.th.

e-r Sache): **be** ~ **to** s.th. a. e-r Sache unterliegen; ~ **to penalty** strafbar; ~ **to taxation** steuerpflichtig **3. be** ~ **to do** s.th. etw gern od leicht tun; etw wahrscheinlich tun: **that is** ~ **to happen** das kann durchaus od leicht passieren

li·aise [lɪˈeɪz] v/i **1.** Verbindung aufnehmen (**with** mit) **2.** sich verbünden (**with** mit) **3.** zs.-arbeiten (**with** mit) **li·ai·son** [lɪˈeɪzɒn] s **1.** Verbindung f **2.** Bündnis n **3.** Zs.-arbeit f **4.** Liaison f

li·ar [ˈlaɪə] s Lügner(in)

li·bel [ˈlaɪbl] JUR **I** s (schriftliche) Verleumdung od Beleidigung (**of, on** Gen) **II** v/t Prät u. Part Perf **-beled,** bes Br **-belled** (schriftlich) verleumden od beleidigen **'li·bel·(l)ous** Adj verleumderisch

lib·er·al [ˈlɪbərəl] **I** Adj **1.** liberal, aufgeschlossen **2.** mst ⩰ POL liberal **3.** großzügig: **a)** freigebig (**with** mit), **b)** reichlich (bemessen) **4.** ~ **arts** Pl Geisteswissenschaften Pl **II** s **5.** mst ⩰ POL Liberale m, f **'lib·er·al·ism** s Liberalismus m **lib·er·al·i·ty** [ˌ-ˈrælətɪ] s **1.** Liberalität f **2.** Großzügigkeit f **lib·er·al·ize** [ˈlɪbərəlaɪz] v/t liberalisieren

lib·er·ate [ˈlɪbəreɪt] v/t **1.** befreien (**from** von, aus) (a. fig); Sklaven etc freilassen **2.** Gase etc, fig Kräfte etc freisetzen: **be** ~**d** a. frei werden **,lib·er·a'tion** s **1.** Befreiung f; Freilassung f **2.** Freisetzung f **lib·er·tine** [ˈlɪbətiːn] s Wüstling m

lib·er·ty [ˈlɪbətɪ] s **1.** Freiheit f: **a)** persönliche etc Freiheit f: **at** ~ frei, in Freiheit, auf freiem Fuß, **b)** freie Wahl, Erlaubnis f: **be at** ~ **to do** s.th. etw tun dürfen, **c)** mst Pl Privileg n, Vorrecht n **2.** Dreistigkeit f, (plumpe) Vertraulichkeit f: **take liberties with** sich Freiheiten gegen j-n herausnehmen; willkürlich mit etw umgehen

li·bi·do [lɪˈbiːdəʊ] s Libido f, Geschlechtstrieb m

Li·bra [ˈliːbrə] s ASTR Waage f: **be** (**a**) ~ Waage sein

li·brar·i·an [laɪˈbreərɪən] s Bibliothekar(in)

▸ **li·bra·ry** [ˈlaɪbrərɪ] s **1.** Bibliothek f: **a)** öffentliche Bücherei: ~ **ticket** Leserausweis m, **b)** private Büchersammlung, **c)** Bibliothekszimmer n **2.** (Bild-, Zeitungs)Archiv n

li·bret·tist [lɪˈbretɪst] s Librettist(in),

Textdichter(in) **li·bret·to** [ˌ-ˈtəʊ] Pl **-tos, -ti** [ˌ-ˈtɪ] s Libretto n: **a)** Textbuch n, **b)** (Opern- etc)Text m

Lib·ya [ˈlɪbɪə] Eigenn Libyen n

lice [laɪs] Pl von **louse** 1

li·cence [ˈlaɪsəns] s **1.** Lizenz f, Konzession f, behördliche Genehmigung; (Führer-, Jagd-, Waffen- etc)Schein m: ~ **number** MOT Kennzeichen n **2.** dichterische Freiheit **3.** Zügellosigkeit f

li·cense [ˈlaɪsəns] **I** v/t **1.** lizensieren, konzessionieren, behördlich genehmigen: **fully** ~**d** mit voller Schankkonzession **2.** j-m e-e Lizenz od Konzession erteilen; (es) j-m (offiziell) erlauben (**to do** zu tun) **II** s **3.** Am → **licence**: ~ **plate** MOT Nummernschild n

li·cen·tious [laɪˈsenʃəs] Adj ausschweifend, zügellos

li·chen [ˈlaɪkən] s **1.** BOT Flechte f **2.** MED Knötchenflechte f

lick [lɪk] **I** v/t **1.** (ab)lecken: ~ **up** auflecken; ~ s.o.'s **boots** fig vor j-m kriechen; ~ **one's lips** sich die Lippen lecken (a. fig) **2.** F verprügeln, -dreschen; übertreffen **II** v/i **3.** lecken (**at** an Dat) **III** v **4.** Lecken n: **give** s.th. **a** ~ an etw lecken **5.** F Tempo n: **at full** ~ mit voller Geschwindigkeit **'lick·ing** s F Prügel Pl, Dresche f

lic·o·rice [ˈlɪkərɪs] s BOT Lakritze f

▸ **lid** [lɪd] s **1.** Deckel m: **put a** (od **the**) ~ **on** Br F e-r Sache die Krone aufsetzen; e-r Sache ein Ende machen **2.** (Augen-) Lid n

li·do [ˈliːdəʊ] Pl **-dos** s Br Frei- od Strandbad n

▸ **lie**[1] [laɪ] **I** s Lüge f: **tell** ~s (od **a** ~) lügen; **give the** ~ **to** etw, j-n Lügen strafen; → **white** 1 **II** v/i lügen: ~ **to** s.o. j-n be- od anlügen

▸ **lie**[2] [laɪ] **I** s **1.** Lage f (a. fig): **the** ~ **of the land** fig Br die Lage (der Dinge) **II** v/i (unreg) **2.** liegen: **a)** allg im Bett, im Hinterhalt etc liegen; ausgebreitet, tot etc daliegen, **b)** begraben sein, ruhen, **c)** gelegen sein, sich befinden: **the town** ~s **on a river** die Stadt liegt an e-m Fluss; ~ **second** (Sport etc) an zweiter Stelle liegen, **d)** begründet liegen (**in** in Dat) **3. a)** ~ **heavy on** s.o.'s **stomach** j-m schwer im Magen liegen, **b)** fig lasten (**on** auf der Seele etc) **4.** fig stecken (**behind** hinter Dat)

Verbindungen mit Adverbien:

lie| a·bout *v/i* herumliegen ~ **a·head** *v/i*: **what lies ahead of us** was vor uns liegt, was uns bevorsteht ~ **a·round** → *lie about* ~ **back** *v/i* sich zurücklegen *od* -lehnen; *fig* sich ausruhen ~ **down** *v/i* 1. sich hin- *od* niederlegen: ~ **on** sich legen auf (*Akk*) 2. **take lying down** Beleidigung *etc* widerspruchslos hinnehmen, sich *e-e Beleidigung etc* gefallen lassen ~ **in** *v/i Br* (*morgens*) lang im Bett bleiben ~ **low** *v/i* sich verstecken *od* versteckt halten; sich ruhig verhalten ~ **up** *v/i* 1. das Bett *od* das Zimmer hüten (müssen) 2. nicht benutzt werden, (*Maschine etc*) außer Betrieb sein
lie de·tec·tor *s* Lügendetektor *m*
'lie|-down *s* F Schläfchen *n*: **have a** ~ ein Schläfchen machen; sich (kurz) hinlegen **'~-in** *s*: **have a** ~ F → *lie in*
lieu [lju:] *s*: **in** ~ stattdessen; **in** ~ **of** an Stelle von (*od Gen*), (an)statt (*Gen*); → *oath* 1
lieu·ten·ant [lef'tenənt, *Am* lu:'t-] *s* MIL a) Leutnant *m*, b) *Br* (*Am first* ~) Oberleutnant *m*
▶ **life** [laɪf] *Pl* **lives** [laɪvz] *s* 1. Leben *n*: a) organisches Leben, b) Lebenskraft *f*, c) Lebewesen *Pl*, d) Menschenleben *n*: **they lost their lives** sie kamen ums Leben; **a matter of** ~ **and death** *e-e* lebenswichtige Angelegenheit; **early in** ~ in jungen Jahren; **late in** ~ in vorgerücktem Alter, e) Lebenszeit *f*, -dauer *f*: **all his** ~ sein ganzes Leben lang; **for** ~ fürs (ganze) Leben, für den Rest *s-s* Lebens; *bes* JUR, POL lebenslänglich, auf Lebenszeit, f) menschliches Tun u. Treiben, g) Lebensweise *f*, -wandel *m*, h) Schwung *m*: **full of** ~ voller Leben 2. JUR Laufzeit *f* (*e-s Wechsels, Vertrags etc*); WIRTSCH Haltbarkeit *f*, Lagerfähigkeit *f* 3. JUR F lebenslängliche Freiheitsstrafe: **he is doing** ~ er sitzt lebenslänglich; **he got** ~ er bekam lebenslänglich ~ **an·nu·i·ty** *s* Leibrente *f* ~ **as·sur·ance** *s bes Br* Lebensversicherung *f* **'~-belt** *s* SCHIFF Rettungsring *m* **'~-boat** *s* SCHIFF Rettungsboot *n* ~ **ex·pect·an·cy** *s* Lebenserwartung *f* **'~-guard** *s* Rettungsschwimmer(in); Bademeister(in) ~ **im·pris·on·ment** *s* JUR lebenslängliche Freiheitsstrafe ~ **in·sur·ance**

s Lebensversicherung *f* ~ **jack·et** *s* SCHIFF Rettungs-, Schwimmweste *f*
life·less ['laɪflɪs] *Adj* 1. leblos: a) tot, b) unbelebt 2. *fig* matt, schwunglos
'life·like *Adj* lebensecht, naturgetreu **'~·line** *s* 1. SCHIFF Rettungsleine *f* 2. *fig* Rettungsanker *m* 3. Lebenslinie *f* (*in der Hand*) **'~·long** *Adj* lebenslang ~ **mem·ber** *s* Mitglied *n* auf Lebenszeit ~ **peer** *s* Peer *m* auf Lebenszeit
lif·er ['laɪfə] *s* JUR F Lebenslängliche *m*, *f*
life| raft *s* SCHIFF Rettungsfloß *n* **'~·sav·er** *s* 1. Lebensretter(in) 2. → *lifeguard* 3. F rettender Engel; Rettung *f* **'~·sav·ing** *Adj* lebensrettend ~ **sen·tence** *s* JUR lebenslängliche Freiheitsstrafe **'~·size(d)** *Adj* lebensgroß, in Lebensgröße **'~·style** *s* Lebensstil *m*, Lifestyle *m* **'~·time** *s* Lebenszeit *f*: **once in a** ~ sehr selten, einmal im Leben; **during** (*od in*) **s.o.'s** ~ zu *j*-s Lebzeiten *od* Zeit; **in** *j*-s Leben
▶ **lift** [lɪft] **I** *s* 1. (Hoch-, Auf)Heben *n* 2. TECH Hub(höhe *f*) *m* 3. Luftbrücke *f* 4. FLUG, PHYS Auftrieb *m*, *fig a.* Aufschwung *m*: **give s.o. a** ~ → 9 5. **give s.o. a** ~ j-n (im Auto) mitnehmen; **get a** ~ **from s.o.** von j-m mitgenommen werden; → *thumb* II 6. *bes Br* Lift *m*, Aufzug *m*, Fahrstuhl *m* 7. (*Ski- etc*) Lift *m* **II** *v/t* 8. *a.* ~ **up** (hoch-, auf)heben; *Stimme etc* erheben: ~ **one's eyes** aufschauen, -blicken; → *finger* I, *hand* 1 9. *a.* ~ **up** j-n aufmuntern, *j-m* Auftrieb *od* Aufschwung geben 10. F klauen (*a. plagiieren*) 11. *Gesicht etc* liften, straffen 12. *Embargo, Verbot etc* aufheben **III** *v/i* 13. sich heben, steigen (*a. Nebel*): ~ **off** starten (*Rakete*); abheben (*Flugzeug*) 14. sich (hoch)heben lassen **'~·boy** *s bes Br* Liftboy *m* **'~·off** *s* Start *m* (*e-r Rakete*); Abheben *n* (*e-s Flugzeugs*)
lig·a·ment ['lɪgəmənt] *s* ANAT Band *n*
lig·a·ture ['lɪgətʃə] *s* MUS *u.* typographisch: Ligatur *f*
▶ **light¹** [laɪt] **I** *s* 1. Licht *n*: a) Helligkeit *f*: **stand** (*od be*) **in s.o.'s** ~ j-m im Licht (*fig im Weg*) stehen, b) Beleuchtung *f*: **in subdued** ~ bei gedämpftem Licht, c) Schein *m*: **by the** ~ **of a candle** bei Kerzenschein, d) Lichtquelle *f*: **hide one's** ~ **under a bushel** sein Licht

unter den Scheffel stellen, **e)** Sonnen-, Tageslicht *n*: **bring (come) to the ~** *fig* ans Licht bringen (kommen); **see the ~ (of day)** das Licht der Welt erblicken; *fig* herauskommen, auf den Markt kommen; *fig* bekannt *od* veröffentlicht werden, **f)** *fig* Aspekt *m*: **in the ~ of** unter dem Aspekt *od* in Anbetracht (*Gen*), **g)** *fig* Erleuchtung *f*: **cast** (*od* **shed, throw**) **~ on** Licht auf *e-e Sache* werfen; zur Lösung *od* Aufklärung *e-r Sache* beitragen; **he has finally seen the ~** ihm ist endlich ein Licht aufgegangen **2.** MOT Scheinwerfer *m* **3.** *Br mst Pl* (Verkehrs)Ampel *f*: **jump the ~s** bei Rot über die Kreuzung fahren; → **amber** 2, 5, **green** 1, 3, **red** 1, 3, **yellow** 3 **4.** Feuer *n* (*zum Anzünden*): **have you got a ~?** haben Sie Feuer? **5.** *fig* Leuchte *f*, großes Licht (*Person*): → **leading light** II *Adj* hell, licht: **~ blue** Hellblau *n* III *v/t* (*a. unreg*) **7.** *a.* **~ up** anzünden: **~ a cigarette** sich e-e Zigarette anzünden **8.** be-, erleuchten, erhellen: **~ up** hell beleuchten **9.** *j-m* leuchten IV *v/i* (*a. unreg*) **10.** *a.* **~ up** sich entzünden **11.** *mst* **~ up** *fig* aufleuchten (*Augen etc*) **12. ~ up** Licht machen; MOT die Scheinwerfer einschalten; F sich e-e (*Zigarette etc*) anzünden

▸ **light²** [laɪt] **I** *Adj* (→ **lightly**) **1.** *allg* leicht (*z. B. Last; Kleidung; Mahlzeit, Wein; Schlaf; Fehler, Strafe*): **(as) ~ as a feather** federleicht; **no ~ matter** keine Kleinigkeit; **~ reading** Unterhaltungslektüre *f*; **make ~ of** auf die leichte Schulter nehmen; verharmlosen, bagatellisieren **2.** locker (*Erde, Schnee*), locker gebacken (*Brot etc*) **3.** SPORT Halb...: **~ heavyweight** Halb-, Leichtschwergewicht *n* II *Adv* **4.** **travel ~** mit leichtem Gepäck reisen

▸ **light**| **bulb** ['laɪtbʌlb] *s* ELEK Glühbirne *f* '**~e₋mitting 'di·ode** *s* Leuchtdiode *f*

light·en¹ ['laɪtn] **I** *v/i* **1.** sich aufhellen, hell(er) werden **2.** *unpers* blitzen **II** *v/t* **3.** (*a.* blitzartig) erhellen

light·en² [-] *v/t* **1.** leichter machen, erleichtern (*beide a. fig*) **2.** *j-n* aufheitern **II** *v/i* **3.** leichter werden

▸ **light·er** ['laɪtə] *s* **1.** Anzünder *m* (*a. Gerät*) **2.** Feuerzeug *n*

'**light**|₋₋**fin·gered** *Adj* **1.** fingerfertig,

geschickt **2.** langfing(e)rig, diebisch '**~₋head·ed** *Adj* **1.** leichtsinnig, -fertig **2. feel ~** (leicht) benommen sein; wie auf Wolken schweben '**~₋heart·ed** *Adj* unbeschwert '**~₋house** *s* Leuchtturm *m*

light·ing ['laɪtɪŋ] *s* Beleuchtung *f*

light·ly ['laɪtlɪ] *Adv* **1.** leicht **2.** wenig: **eat ~ 3.** leichthin **4.** geringschätzig

light·ness¹ ['laɪtnɪs] *s* Helligkeit *f*

light·ness² [-] *s* **1.** Leichtheit *f*, Leichtigkeit *f* (*a. fig*) **2.** Lockerheit *f*

▸ **light·ning** ['laɪtnɪŋ] **I** *s* Blitz *m*: **(as) quick as ~** blitzschnell; **struck by ~** vom Blitz getroffen; **like ~** wie der Blitz; → **flash** 1, **grease** 3, **streak** 1, **stroke** 2 **II** *Adj* blitzschnell, Blitz...: **with ~ speed** mit Blitzesschnelle **~ con·duc·tor**, **~ rod** *s* ELEK Blitzableiter *m*

light| **pen** *s* COMPUTER Lichtstift *m* '**~₋proof** *Adj* lichtundurchlässig

lights [laɪts] *s Pl* ZOOL Lunge *f*

'**light**|₋**ship** *s* SCHIFF Feuer-, Leuchtschiff *n* '**~₋weight I** *Adj* leicht(gewichtig) **II** *s* SPORT Leichtgewicht *n* **~ year** *s* ASTR Lichtjahr *n*

lig·ne·ous ['lɪgnɪəs] *Adj* holzig, holzartig

lik·a·ble ['laɪkəbl] *Adj* liebenswert, -würdig, sympathisch

▸ **like¹** [laɪk] **I** *Adj u. Präp* **1.** gleich (*Dat*), wie (*a. Adv*): **a man ~ you** ein Mann wie du; **what is he ~?** wie ist er?; **what does it look ~?** wie sieht es aus?; → **feel** 6 **2.** ähnlich (*Dat*), bezeichnend für: **that is just ~ him!** das seht ihm ähnlich **3.** gleich (*Menge etc*): **in ~ manner** auf gleiche Weise; gleichermaßen **4.** ähnlich: **they are as ~ as two peas in a pod** sie gleichen sich wie ein Ei dem anderen **5.** ähnlich, gleich-, derartig **II** *s* Gleiche: **his ~** seinesgleichen; **the ~** dergleichen; **the ~s** *Pl* **of me** F meinesgleichen, Leute *Pl* wie ich

▸ **like²** [laɪk] **I** *v/t* gern haben, mögen: **I like it** es gefällt mir; **I like him** ich kann ihn gut leiden, er ist mir sympathisch; **how do you like it?** wie gefällt es dir?, wie findest du es?; **what do you like better?** was hast du lieber?, was gefällt dir besser?; **like doing** (*bes Am a.* **to do**) *s.th.* etw gern tun; ▸ **I should**

(od **would**) **like to know** ich möchte gern wissen **II** v/i wollen: (**just**) **as you like** (ganz) wie du willst; **do as you like** mach, was du willst; **if you like** wenn du willst **III** s Neigung f, Vorliebe f: **likes** Pl **and dislikes** Pl Neigungen Pl u. Abneigungen Pl

like·a·ble → **likeable**

like·li·hood ['laɪklɪhʊd] s Wahrscheinlichkeit f: **in all** ~ aller Wahrscheinlichkeit nach, höchstwahrscheinlich

'**like·ly I** Adj **1.** wahrscheinlich, voraussichtlich: **he is** (**not**) ~ **to come** er kommt wahrscheinlich (es ist unwahrscheinlich, dass er kommt) **2.** glaubhaft: **a** ~ **story!** iron das soll glauben, wer mag! **3.** infrage kommend, geeignet **II** Adv **4.** wahrscheinlich: **most** ~ höchstwahrscheinlich; (**as**) ~ **as not** (sehr) wahrscheinlich; **not** ~! F wohl kaum!

,**like-'mind·ed** Adj gleich gesinnt

lik·en ['laɪkən] v/t vergleichen (**to** mit)

like·ness ['laɪknɪs] s **1.** Ähnlichkeit f (**between** zwischen Dat; **to** mit) **2.** Abbild n (**of** Gen)

like·wise ['laɪkwaɪz] Adv desgleichen, ebenso

lik·ing ['laɪkɪŋ] s Vorliebe f (**for** für): **this is not to my** ~ das ist nicht nach m-m Geschmack

li·lac ['laɪlək] **I** s BOT Flieder m **II** Adj lila(farben)

Lil·li·pu·tian [ˌlɪlɪ'pjuːʃn] **I** Adj winzig, zwergenhaft; Liliput…, Klein(st)… **II** s Liliputaner(in)

li·lo ['laɪləʊ] Pl **-los** s Br F Luftmatratze f

lilt [lɪlt] s flotter Rhythmus; flotte od schwungvolle Melodie

lil·y ['lɪlɪ] s BOT Lilie f: ~ **of the valley** Maiglöckchen n ,~-**liv·ered** Adj feig

▶ **limb** [lɪm] s **1.** (Körper)Glied n, Pl a. Gliedmaßen Pl **2.** Hauptast m (e-s Baums): **be out on a** ~ F in e-r gefährlichen Lage sein; Br allein (da)stehen

lim·ber ['lɪmbə] **I** Adj **1.** biegsam, geschmeidig **2.** beweglich, gelenkig **II** v/t **3.** mst ~ **up** biegsam od geschmeidig machen, Muskeln a. auflockern **III** v/i **4.** mst ~ **up** sich auflockern, Lockerungsübungen machen

lime¹ [laɪm] s CHEM Kalk m

lime² [-] s BOT Linde f

lime³ [-] s BOT Limonelle f (Baum); Limone f, Limonelle f (Frucht)

lime-light s: **be in the** ~ im Rampenlicht od im Licht der Öffentlichkeit stehen

lim·er·ick ['lɪmərɪk] s Limerick m

'**lime**|·**stone** s GEOL Kalkstein m '~-**wash I** v/t kalken, weißen, tünchen **II** s (Kalk)Tünche f

▶ **lim·it** ['lɪmɪt] **I** s **1.** fig Grenze f, Beschränkung f, (Zeit- etc)Limit n: **within** ~**s** in (gewissen) Grenzen; **there is a** ~ **to everything** alles hat s-e Grenzen; **off** ~**s** Zutritt verboten (**to** für); **that's the** ~! F das ist (doch) die Höhe! **2.** MATHE, TECH Grenzwert m **3.** WIRTSCH Limit n, Preisgrenze f **II** v/t **4.** beschränken, begrenzen (**to** auf Akk); Auflage, Preise etc limitieren: ~**ed** (**liability**) **company** WIRTSCH Br Aktiengesellschaft f ,**lim·i'ta·tion** s **1.** fig Grenze f: **know one's** (**own**) ~**s** s-e Grenzen kennen **2.** Begrenzung f, Beschränkung f: ~ **of liability** JUR Haftungsbeschränkung **3.** JUR Verjährung f

li·mo ['lɪməʊ] s → **limousine** 1

lim·ou·sine ['lɪməziːn] s MOT **1.** Luxuslimousine f **2.** Am Kleinbus m

limp¹ [lɪmp] **I** v/i hinken (a. fig Vers etc), humpeln **II** s Hinken n: **walk with a** ~ hinken, humpeln

limp² [-] Adj schlaff, schlapp: **go** ~ erschlaffen

lim·pet ['lɪmpɪt] s ZOOL Napfschnecke f: **hold on** (od **hang on, cling**) **to s.o. like a** ~ fig wie an e-e Klette an j-m hängen

lim·pid ['lɪmpɪd] Adj klar (a. fig Stil etc), durchsichtig

lim·y ['laɪmɪ] Adj kalkig, Kalk…

lin·age ['laɪnɪdʒ] s **1.** Zeilenzahl f **2.** Zeilenhonorar n

linch·pin ['lɪntʃpɪn] s **1.** TECH Achsnagel m **2.** fig Stütze f

lin·den ['lɪndən] s BOT Linde f

▶ **line¹** [laɪn] **I** s **1.** Linie f (a. Sport), Strich m: → **toe II 2. a**) (Hand- etc)Linie f, **b**) Falte f, Runzel f, **c**) Zug m (im Gesicht) **3.** Zeile f (a. TV): **read between the** ~**s** fig zwischen den Zeilen lesen; → **drop** 15 **4.** Pl THEAT etc Rolle f, Text m **5.** Pl (mst Sg konstruiert) bes Br F Trauschein m **6.** Linie f, Richtung f: ~ **of sight** Blickrichtung **7.** Pl Grundsätze Pl, Richtlinien Pl: **along these**

~s nach diesen Grundsätzen; folgendermaßen **8.** Art f u. Weise f, Methode f: **~ of thought** Auffassung f; Gedankengang m; **take a strong ~** energisch auftreten od werden (**with s.o.** gegenüber j-m), auf etw bestehen **9.** Grenze f (a. fig), Grenzlinie f: **draw the ~** die Grenze ziehen, Halt machen (**at** bei) **10.** Reihe f, Kette f; bes Am (Menschen-, a. Auto)Schlange f: **stand in ~** anstehen, Schlange stehen (**for** um, nach) **11.** Reihe f, Linie f: **be in** (**out of**) **~** fig (nicht) übereinstimmen (**with** mit); **bring into ~** fig in Einklang bringen (**with** mit); auf Vordermann bringen; **fall into ~** sich einordnen; fig sich anschließen (**with** Dat); **keep s.o. in ~** fig j-n bei der Stange halten **12.** (Abstammungs)Linie f **13.** Fach n, Gebiet n: **~** (**of business**) Branche f **14.** (Verkehrs-, Eisenbahn- etc)Linie f, Strecke f, Route f, eng. S. BAHN Gleis n: **the end of the ~** fig das (bittere) Ende **15.** (Flug- etc)Gesellschaft f **16.** bes TEL Leitung f: **the ~ is busy** (Br **engaged**) die Leitung ist besetzt; **hold the ~** bleiben Sie am Apparat; → **hot line 17.** TECH (Rohr)Leitung f **18.** MIL a) Linie: **behind enemy ~s** hinter den feindlichen Linien, b) Front f: **all along the ~, down the ~** fig auf der ganzen Linie **19.** GEOG Längen- od Breitenkreis m: **the ♀ der** Äquator **20.** Leine f; Schnur f; Seil n **II** v/i **21.** → **line up I III** v/t **22.** lini(i)eren **23.** zeichnen; skizzieren **24.** Gesicht (zer)furchen **25.** Straße etc säumen

Verbindungen mit Adverbien:

line up I v/i **1.** sich in e-r Reihe od Linie aufstellen, (Sport) sich aufstellen **2.** bes Am sich anstellen (**for** um, nach) **II** v/t **3.** in e-r Reihe od Linie aufstellen **4.** F auf die Beine stellen, organisieren

line² [-] v/t **1.** Kleid etc füttern **2.** bes TECH auskleiden, -schlagen (**with** mit), Bremsen, Kupplung belegen **3.** (an)füllen: **~ one's pockets** sich bereichern

lin·e·age¹ ['lɪnɪɪdʒ] s **1.** geradlinige Abstammung **2.** Stammbaum m **3.** Geschlecht n

line·age² → **linage**

lin·e·al ['lɪnɪəl] Adj geradlinig, direkt (Nachkomme etc)

lin·e·a·ment ['lɪnɪəmənt] s mst Pl (Gesichts)Zug m

lin·e·ar ['lɪnɪə] Adj **1.** MATHE, TECH etc linear **2.** Längen...

lin·en ['lɪnɪn] **I** s **1.** Leinen n **2.** (Bett-, Unter- etc)Wäsche f: **wash one's dirty ~ in public** fig s-e schmutzige Wäsche in der Öffentlichkeit waschen **II** Adj **3.** Leinen... **~ bas·ket** s bes Br Wäschekorb m

lin·er ['laɪnə] s **1.** SCHIFF Linienschiff n **2.** FLUG Verkehrsflugzeug n **3.** → **eye liner**

lines·man ['laɪnzmən] s (unreg man) SPORT Linienrichter m

'line-up s **1.** SPORT Aufstellung f **2.** bes Am (Menschen)Schlange f

lin·ger ['lɪŋgə] v/i **1.** verweilen, sich aufhalten (beide a. fig **over, on** bei e-m Thema etc): **~ on** noch dableiben; nachklingen (Ton); fig fortleben, -bestehen (Tradition etc) **2.** fig (zurück)bleiben (Verdacht etc) **3.** trödeln: **~ about** (od **around**) herumtrödeln **'lin·ger·ing** Adj **1.** nachklingend **2.** schleichend (Krankheit)

lin·go ['lɪŋgəʊ] s F **1.** Kauderwelsch n **2.** (Fach)Jargon m

lin·guist ['lɪŋgwɪst] s **1.** Linguist(in), Sprachwissenschaftler(in) **2.** Sprachkundige m, f: **be a good ~** (sehr) sprachbegabt sein **lin'guist·ic** [-] Adj (**~ally**) **1.** linguistisch, sprachwissenschaftlich **2.** Sprach(en)... **II** s Pl (mst Sg konstruiert) **3.** Linguistik f, Sprachwissenschaft f

lin·i·ment ['lɪnɪmənt] s MED Einreibemittel n

lin·ing ['laɪnɪŋ] s **1.** Futter(stoff m) n **2.** bes TECH Auskleidung f, (Brems-, Kupplungs)Belag m

link [lɪŋk] **I** s **1.** (Ketten)Glied n; fig Glied n (in e-r Kette von Ereignissen etc); Bindeglied n; Verbindung f, Zs.-hang m **2.** Manschettenknopf m **II** v/t **3.** a. **~ up** verketten, -binden (**to, with** mit): **~ arms** sich unter- od einhaken (**with** bei) **4.** a. **~ up** fig in Verbindung od Zs.-hang bringen (**with** mit), e-n Zs.-hang herstellen zwischen (Dat) **III** v/i **5.** a. **~ up** sich verketten od verbinden (**to, with** mit) **6.** a. **~ up** fig sich zs.-fügen

links [lɪŋks] → **golf links**

'**link·up** s Verbindung f, Zs.-hang m

li·no·le·um [lɪˈnəʊljəm] s Linoleum n

lin·seed [ˈlɪnsiːd] s BOT Leinsamen m ~ **oil** s Leinöl n

lin·tel [ˈlɪntl] s ARCHI Oberschwelle f, (Tür-, Fenster)Sturz m

▸ **li·on** [ˈlaɪən] s 1. ZOOL Löwe m: **venture into the ~'s den** fig sich in die Höhle des Löwen wagen; **the ~'s share** der Löwenanteil; → **beard** II 2. fig Größe f, Berühmtheit f (Person) **li·on·ess** [ˈ_es] s Löwin f

▸ **lip** [lɪp] s 1. ANAT Lippe f: **lower** (**upper**) ~ Unter- (Ober)lippe; **keep a stiff upper ~** fig Haltung bewahren; sich nichts anmerken lassen; **bite one's ~** fig sich auf die Lippen beißen; → **smack²** 2. F Unverschämtheit f: **none of your ~!** sei nicht so unverschämt od frech! 3. Rand m (e-r Wunde, e-s Kraters etc) **'~·read** v/i u. v/t (unreg read) von den Lippen ablesen ~ **salve** s Lippenbalsam m, Lippenpflegestift m ~ **service** s Lippenbekenntnis n '**~·stick** s Lippenstift m: **put on** ~ sich die Lippen schminken

liq·ue·fy [ˈlɪkwɪfaɪ] v/t u. v/i 1. (sich) verflüssigen 2. schmelzen

li·queur [lɪˈkjʊə] s Likör m

▸ **liq·uid** [ˈlɪkwɪd] I Adj 1. flüssig: ~ **crystal diode** Flüssigkristalldiode f 2. Flüssigkeits… 3. WIRTSCH liquid, flüssig II s 4. Flüssigkeit f

liq·ui·date [ˈlɪkwɪdeɪt] v/t 1. WIRTSCH liquidieren: a) Gesellschaft auflösen, b) Sachwerte etc realisieren, zu Geld machen, c) Schulden etc tilgen 2. fig j-n liquidieren, beseitigen ˌliq·ui'da·tion s 1. WIRTSCH Liquidation f: a) Auflösung f, b) Realisierung f, c) Tilgung f 2. fig Liquidierung f, Beseitigung f

li·quid·i·ty [lɪˈkwɪdətɪ] s 1. flüssiger Zustand 2. WIRTSCH Liquidität f

liq·ui·dize [ˈlɪkwɪdaɪz] v/t 1. (v/i sich) verflüssigen 2. (im Mixer) zerkleinern od pürieren '**liq·ui·diz·er** s Mixer m

liq·uor [ˈlɪkə] s a) Br alkoholische Getränke Pl, Alkohol m: **hard ~** → b, b) Am Schnaps m, Spirituosen Pl

liq·uo·rice → **licorice**

li·ra [ˈlɪərə] Pl **-re** [ˈ_rɪ] s Türkei, hist Italien: Lira f

lisp [lɪsp] I v/i lispeln (a. v/t), mit der Zunge anstoßen II s Lispeln n:

speak with a ~ → I

▸ **list¹** [lɪst] I s 1. Liste f, Verzeichnis n: **be on the ~** auf der Liste stehen; ~ **price** Listenpreis m II v/t 2. (in e-r Liste) verzeichnen, erfassen, registrieren: **~ed building** Br Gebäude n unter Denkmalschutz 3. in e-r Liste aufführen

list² [_] SCHIFF I s Schlagseite f II v/i Schlagseite haben od bekommen

▸ **list·en** [ˈlɪsn] v/i 1. hören, horchen (**to** auf Akk): ~ **to a** j-m zuhören, j-n anhören: **~! hör mal!**, **b)** auf j-n, j-s Rat hören, **c)** e-m Rat etc folgen; → **reason** 3 2. ~ **in** Radio hören: ~ **in to a concert** sich ein Konzert im Radio anhören '**lis·ten·er** s 1. Horcher(in) 2. Zuhörer(in): **be a good ~** (gut) zuhören können 3. RADIO Hörer(in)

list·ing [ˈlɪstɪŋ] s Auflistung f, Verzeichnis n

list·less [ˈlɪstlɪs] Adj lust-, teilnahmslos

lit [lɪt] Prät u. Part Perf von **light¹**

lit·a·ny [ˈlɪtənɪ] s REL Litanei f (a. fig)

▸ **li·ter** Am → **litre**

lit·er·a·cy [ˈlɪtərəsɪ] s 1. Fähigkeit f zu lesen u. zu schreiben 2. (literarische) Bildung, Belesenheit f

lit·er·al [ˈlɪtərəl] Adj 1. wörtlich (Übersetzung etc): ~**·ly** etw wörtlich nehmen 2. genau, wahrheitsgetreu 3. nüchtern, prosaisch 4. wörtlich, eigentlich (Bedeutung eines Worts etc) 5. buchstäblich: **he did ~ly nothing**

lit·er·ar·y [ˈlɪtərərɪ] Adj 1. literarisch, Literatur…: ~ **critic** Literaturkritiker(in); ~ **history** Literaturgeschichte f 2. gewählt, hochgestochen (Ausdruck)

lit·er·ate [ˈlɪtərət] Adj 1. **be ~** lesen u. schreiben können 2. (literarisch) gebildet, belesen

▸ **lit·er·a·ture** [ˈlɪtərətʃə] s 1. Literatur f 2. F Informationsmaterial n

lith·o·graph [ˈlɪθəʊɡrɑːf] s Lithographie f, Steindruck m

Lith·u·a·nia [ˌlɪθjuːˈeɪnjə] Eigenn Litauen n

Lith·u·a·ni·an [ˌlɪθjuːˈeɪnjən] I Adj litauisch II s Litauer(in)

lit·i·gant [ˈlɪtɪɡənt] JUR s Prozessführende m, f, streitende Partei **lit·i·gate** [ˈ_ɡeɪt] v/i (u. v/t) prozessieren od streiten (um) ˌlit·i'ga·tion s Rechtsstreit m, Prozess m

▸ **li·tre** ['li:tə] *s bes Br* Liter *m, a. n*

lit·ter ['lɪtə] **I** *s* **1.** (herumliegender) Abfall **2.** Streu *f* (*für Tiere*), (*a. für Pflanzen*) Stroh *n* **3.** ZOOL Wurf *m* **4.** Trage *f*; Sänfte *f* **II** *v/t* **5.** Abfall herumliegen lassen in (*Dat*) *od* auf (*Dat*); Park *etc* verschandeln (*with* mit) '**~·bin** *s* Abfallkorb *m* '**~·bug** *s bes Am* F, **~·lout** *s bes Br* F j-d, der Straßen *etc* mit Abfall verschandelt

▸ **lit·tle** ['lɪtl] **I** *Adj* **1.** klein (*Kind etc*): *the little ones Pl* die Kleinen *Pl*; → **finger I 2.** kurz (*Strecke od Zeit*) **3.** wenig (*Hoffnung etc*): *a little jam* ein wenig *od* ein bisschen Marmelade **4.** klein, gering(fügig) **II** *Adv* **5.** wenig, kaum: *think little of* wenig halten *od* von; *for as little as £10* für nur 10 Pfund **6.** wenig, selten: *I see very little of him* **III** *s* **7.** Kleinigkeit *f, das* wenige, *das* bisschen: ▸ *a little* ein wenig, ein bisschen; *little by little* (ganz) allmählich, nach u. nach

lit·ur·gy ['lɪtədʒɪ] *s* REL Liturgie *f*

liv·a·ble ['lɪvəbl] *Adj* **1.** wohnlich, bewohnbar **2.** lebenswert (*Leben*) **3.** *a.* **~ with** erträglich (*Schmerzen etc*): *not* **~ with** unerträglich **4.** **~ with** umgänglich (*Person*)

▸ **live**[1] [lɪv] *v/i* leben: **a)** am Leben sein, **b)** am Leben bleiben: **~ through the night** die Nacht überleben; *you* **~ and learn** man lernt nie aus; **~ on** *bes fig* weiter-, fortleben, **c)** sich ernähren (*on* von): *he* **~s off his wife** er lebt auf Kosten *od* von (den Einkünften) s-r Frau, **d)** ein *ehrliches etc* Leben führen: **~ up to** s-n *Grundsätzen etc* gemäß leben, s-m Ruf gerecht werden, *den Erwartungen etc* entsprechen, **e)** wohnen (*with* bei): **~ with** zs.-leben mit; **~ together** zs.-leben, **f)** das Leben genießen: **~ and let** ~ leben u. leben lassen **II** *v/t* ein bestimmtes Leben führen

▸ **live**[2] [laɪv] **I** *Adj* **1.** lebend, lebendig: *a real* **~ lord** ein richtiger *od* echter Lord **2.** aktuell (*Frage etc*) **3.** scharf (*Munition etc*) **4.** ELEK stromführend: **~ wire** F Energiebündel *n* **5.** RUNDFUNK, TV Direkt..., Original..., Live...: **~ broadcast** Direktübertragung *f* **II** *Adv* **6.** direkt, original, live

live·a·ble → **livable**

live·li·hood ['laɪvlɪhʊd] *s* Lebensunterhalt *m*: *earn a (od one's)* **~** s-n Lebensunterhalt verdienen

live·li·ness ['laɪvlɪnɪs] *s* **1.** Lebhaftigkeit *f* **2.** Lebendigkeit *f* '**live·ly** *Adj* **1.** lebhaft (*Interesse, Person, Fantasie etc*) **2.** lebendig (*Schilderung etc*) **3.** aufregend (*Zeiten*) **4.** schnell, flott (*Tempo etc*)

liv·en ['laɪvn] *mst* **~ up I** *v/t* beleben **II** *v/i* in Schwung kommen

liv·er[1] ['lɪvə] *s* ANAT Leber *f* (*a.* GASTR)

liv·er[2] [~] *s*: *be a fast* **~** ein flottes Leben führen; *loose* **~** liederlicher Mensch

liv·er·ied ['lɪvərɪd] *Adj* livriert

liv·er·ish ['lɪvərɪʃ] *Adj* **1.** *be* **~** F es mit der Leber haben **2.** mürrisch

liv·er| sau·sage *s* Leberwurst *f* **~ spot** *s* Leberfleck *m* **~·wurst** ['~wɜːst] *s bes Am* Leberwurst *f*

liv·er·y ['lɪvərɪ] *s* Livree *f*: *in* **~** in Livree

lives [laɪvz] *Pl von* **life**

live·stock ['laɪvstɒk] *s* Vieh(bestand *m*) *n*

liv·id ['lɪvɪd] *Adj* **1.** blau, bläulich (verfärbt) **2.** bleifarben, graublau **3.** fahl, aschgrau, bleich (*with* vor *Dat*) **4.** F fuchsteufelswild

▸ **liv·ing** ['lɪvɪŋ] **I** *Adj* **1.** lebend (*a. Sprache*): *within* **~ memory** seit Menschengedenken; → **daylight 2.** Lebens...: **~ conditions** *Pl* Lebensbedingungen *Pl* **II** *s* **3.** *the* **~** *Pl* die Lebenden *Pl* **4.** das Leben: → **cost 1 5.** Leben(sweise *f*) *n*: *loose* **~** lockerer Lebenswandel; **~ clean 5 6.** Lebensunterhalt *m*: *earn (od make) a* **~** s-n Lebensunterhalt verdienen (*as* als; *out of* durch, mit)

▸ **liv·ing room** ['lɪvɪŋruːm] *s* Wohnzimmer *n*

liz·ard ['lɪzəd] *s* ZOOL Eidechse *f*

lla·ma ['lɑːmə] *s* ZOOL Lama *n*

▸ **load** [ləʊd] **I** *s* **1.** Last *f, fig a.* Bürde *f*: *his decision took a* **~** *off my mind* bei s-r Entscheidung fiel mir ein Stein vom Herzen **2.** Ladung *f* (*a. e-r Schusswaffe*): *get a* **~** *of* F sich *etw* ansehen *od* anhören; *etw* zu sehen *od* zu hören bekommen; *get a* **~** *of this!* F hör *od* schau dir das mal an! **3.** *Pl* F (*of*) Massen *Pl* (von *Geld etc*), e-e Unmasse (*Leute etc*): *there was* **~s to eat** es gab massenhaft zu essen **4.** ELEK, TECH Belastung *f* **II** *v/t* **5.** *a.* **~ up** Fahrzeug *etc* beladen (*with* mit) **6.** *Gegenstand etc*

L

laden (*into* in *Akk*; *onto* auf *Akk*), *Güter* verladen **7.** *Schusswaffe* laden: ~ *the camera* e-n Film (in die Kamera) einlegen **8.** COMPUTER laden **9.** *j-n* überhäufen (*with* mit *Arbeit, Vorwürfen etc*) **10.** beschweren, schwerer machen, *eng. S. Würfel* einseitig beschweren, präparieren **III** *v/i* **11.** *mst* ~ *up* (auf-, ein)laden **12.** (das Gewehr *etc*) laden, FOTO e-n Film einlegen **'load·ed** *Adj* **1.** be-, geladen *etc*, → **load** II **2.** ~ *question* Fang- *od* Suggestivfrage *f*; ~ *word* emotionsgeladenes Wort; vorbelastetes Wort; Reizwort *n* **3.** F stinkreich: *be ~ a.* Geld wie Heu haben

loaf¹ [ləʊf] *Pl* **loaves** [ləʊvz] *s* **1.** Laib *m* (Brot); *weit. S.* Brot *n* **2.** *a.* **meat ~** GASTR Hackbraten *m* **3.** *use one's ~* *Br sl* sein Hirn anstrengen, (nach)denken

loaf² [-] F I *v/i* **1.** *a.* ~ *about* (*od around*) herumlungern: ~ *about* (*od around*) *the streets* auf den Straßen herumlungern **2.** faulenzen **II** *v/t* **3.** ~ *away* Zeit verbummeln **'loaf·er** *s* F **1.** Müßiggänger(in) **2.** Faulenzer(in) **3.** (*Schuh*) Slipper *m*

loam [ləʊm] *s* Lehm *m* **'loam·y** *Adj* lehmig, Lehm...

▸ **loan** [ləʊn] *s* **1.** (Ver)Leihen *n*: *on* ~ leihweise; *a book on* ~ ein geliehenes Buch; *may I have the* ~ *of ...?* darf ich (mir) ... (aus)leihen? **2.** WIRTSCH Anleihe *f* (*a. fig*): *take up a* ~ e-e Anleihe aufnehmen (*on* auf *Akk*) **3.** WIRTSCH Darlehen *n*, Kredit *m* **4.** Leihgabe *f* (*für e-e Ausstellung*) **II** *v/t* **5.** *bes Am* (*to*) (aus)leihen (*Dat*), ver-, ausleihen (*an Akk*) ~ *shark* s F Kredithai *m* **'~·word** s LING Lehnwort *n*

loath [ləʊθ] *Adj*: *be* ~ *to do s.th.* etw nur (sehr) ungern *od* widerwillig tun

loathe [ləʊð] *v/t* verachten, hassen: ~ *doing s.th.* es hassen, etw zu tun **'loath·ing** *s* Abscheu *m* **loath·some** ['~səm] *Adj* widerlich, abscheulich

loaves [ləʊvz] *Pl von* **loaf¹**

lob [lɒb] (*bes Tennis*) **I** *s* Lob *m* **II** *v/t* **a)** ~ *a ball* → III, **b)** *Gegner* überlobben **III** *v/i* lobben, e-n Lob spielen *od* schlagen

lob·by ['lɒbɪ] **I** *s* **1.** Vor-, Eingangshalle *f*; Wandelhalle *f*; THEAT Foyer *n* **2.** POL Lobby *f*, Interessengruppe *f*, -verband *m* **II** *v/t* **3.** *Abgeordnete* beeinflussen

'lob·by·ist *s* Lobbyist(in)

lobe [ləʊb] *s* BOT, ANAT Lappen *m*: ~ (*of the ear*) Ohrläppchen *n*

lob·ster ['lɒbstə] *s* ZOOL Hummer *m*: (*as*) *red as a* ~ krebsrot

▸ **lo·cal** ['ləʊkl] **I** *Adj* **1.** lokal, örtlich: ▸ *local call* TEL Ortsgespräch *n*; *local derby* (*Sport*) Lokalderby *n*; *local elections* *Pl* Kommunalwahlen *Pl*; *local news* *Pl* Lokalnachrichten *Pl*; *local time* Ortszeit *f*; → *colour* 1 **2.** Orts..., ansässig, hiesig **3.** lokal, örtlich (beschränkt): *local an(a)esthesia* örtliche Betäubung; *local custom* ortsüblicher Brauch **II** *s* **4.** *mst Pl* Ortsansässige *m*, *f*, Einheimische *m*, *f* **5.** *Br* F (nächstgelegene) Kneipe, *bes* Stammkneipe *f*

lo·cal·i·ty [ləʊˈkælətɪ] *s* **1. a)** Örtlichkeit *f*, Ort *m*, **b)** Gegend *f* **2.** (*örtliche*) Lage

lo·cal·ize ['ləʊkəlaɪz] *v/t* lokalisieren

lo·cate [ləʊˈkeɪt] **I** *v/t* **1.** ausfindig machen, aufspüren; SCHIFF *etc* orten; MIL *Ziel* ausmachen **2.** *Büro etc* errichten **3.** (*an e-m bestimmten Ort*) an- *od* unterbringen; (*an e-n Ort*) verlegen: *be* ~*d* gelegen sein, liegen, sich befinden **II** *v/i* **4.** *Am* sich niederlassen **lo·ca·tion** *s* **1.** Ausfindigmachen *n*; SCHIFF *etc* Ortung *f*; MIL Ausmachen *n* **2.** Stelle *f*, Platz *m*; Lage *f*, Standort *m* **3.** FILM, TV Gelände *n* für Außenaufnahmen

loch [lɒx] *s schott* S. See *m* **2.** Bucht *f*

▸ **lock¹** [lɒk] **I** *s* **1.** (Tür-, Gewehr- *etc*) Schloss *n*: *under* ~ *and key* hinter Schloss u. Riegel; unter Verschluss; ~, *stock and barrel* *fig* mit allem Drum u. Dran; mit Stumpf u. Stiel; mit Sack u. Pack **2.** Verschluss *m*; Sperrvorrichtung *f* **3.** Schleuse(nkammer) *f* **II** *v/t* **4.** ~ *up* zu-, verschließen, zu-, versperren **5.** *a.* ~ *up* einschließen, (ein)sperren (*in* in *Akk*): ~ *away* wegschließen; ~ *out* ausschließen (*a.* WIRTSCH) **6.** umschlingen, umfassen, *in die Arme* schließen **7.** TECH sperren **III** *v/i* **8.** schließen: ~ *up* abschließen **9.** ab- *od* verschließbar sein **10.** MOT *etc* blockieren (*Räder*)

lock² [-] *s* (*Haar*)Locke *f*, (-)Strähne *f*

lock·er ['lɒkə] *s* **1.** Schließfach *n* **2.** Spind *m*, *n*

lock·et ['lɒkɪt] *s* Medaillon *n*

'lock·jaw *s* MED **1.** Kiefersperre *f* **2.** Wundstarrkrampf *m* ~ **keep·er** *s*

Schleusenwärter(in) '~·out s WIRTSCH
Aussperrung f '~·smith s Schlosser(in)
'~·up s 1. Arrestzelle f; F Kittchen n 2.
bes Br (Einzel)Garage f
lo·co ['ləʊkəʊ] *bes. Am sl* verrückt
lo·co·mo·tion [ˌləʊkə'məʊʃn] *s* Fortbe-
wegungs... '**lo·co,mo·tive** [-tɪv] *adj*
Fortbewegungs... **II** *s* BAHN Lokomoti-
ve *f*
lo·cum ['ləʊkəm] *s* Vertreter(in)
lo·cust ['ləʊkəst] *s* ZOOL Heuschrecke *f*
lo·cu·tion [ləʊ'kjuːʃn] *s* **1.** Ausdrucks-,
Redeweise *f* **2.** Redewendung *f*, Aus-
druck *m*
lodge [lɒdʒ] **I** *s* **1.** Sommer-, Gartenhaus
n; (*Jagd- etc*)Hütte *f*; Gärtner-, Pfört-
nerhaus *n* **2.** Portier-, Pförtnerloge *f*
II *v/i* **3.** logieren, (*bes* vorübergehend
od in Untermiete) wohnen **4.** über-
nachten **5.** stecken (bleiben) (*Kugel,
Bissen etc*) **III** *v/t* **6.** aufnehmen, beher-
bergen, (für die Nacht) unterbringen **7.**
Antrag, Beschwerde etc einreichen, *An-
zeige* erstatten, *Berufung, Protest* ein-
legen (**with** bei) '**lodg·er** *s* Untermie-
ter(in): **take in ~s** Zimmer vermieten
'**lodg·ing** *s* **1.** Wohnen *n* **2.** *pl* Unter-
kunft *f*; **night's ~, ~ for the night**
Nachtquartier *n*; → **board** 4 **3.** *Fl* mö-
bliertes Zimmer: **live in ~s** möbliert
wohnen
loft [lɒft] *s* **1.** Dachboden *m*; Speicher *m*:
in the ~ auf dem Dachboden **2.** ARCHI
Empore *f*, (*Orgel*)Chor *m* '**loft·y** *adj*
1. hoch (ragend) (*Pläne
etc*), hoch gesteckt (*Ziele etc*), erhaben
(*Gedanken, Stil etc*) **3.** stolz, hochmütig
log [lɒg] *s* **1.** (Holz)Klotz *m*; (*gefällter*)
Baumstamm; (*großes*) (Holz)Scheit: →
sleep II **2.** → **logbook II** *v/t* **3.** in das
Logbuch etc eintragen; *allg* Fahrzeug
etc aufzeichnen, festhalten **4.** COMPU-
TER **~ in** (*od* **on**) einloggen; **~ out** (*od
off*) ausloggen
log·a·rithm ['lɒgərɪðəm] *s* MATHE Loga-
rithmus *m*
'**log·book** *s* **1.** SCHIFF Logbuch *n* **2.**
FLUG Flugbuch *n* **3.** MOT Bord-, Fahr-
tenbuch *n* ~ **cab·in** *s* Blockhaus *n*,
-hütte *f*
log·ger·heads ['lɒgəhedz] *s* *pl*: **be at ~**
Streit haben (**with** mit), sich in den
Haaren liegen
log·ic ['lɒdʒɪk] *s* PHIL *u. allg* Logik *f*

'**log·i·cal** *adj* logisch
lo·gis·tics [ləʊ'dʒɪstɪks] *s* *pl* (*oft sg
konstruiert*) MIL, WIRTSCH Logistik *f*
lo·go ['ləʊgəʊ] *pl* **-gos** *s* (Firmen)Logo
n
loin [lɔɪn] *s* **1.** *mst pl* ANAT Lende *f* **2.**
GASTR Lende(nstück *n*) *f* '~·**cloth** *s*
Lendenschurz *m*
loi·ter ['lɔɪtə] *v/i* **1.** bummeln: **a)** schlen-
dern, **b)** trödeln **2.** herumlungern '**loi-
ter·er** *s* Bummler(in)
loll [lɒl] *v/i* sich rekeln *od* räkeln: **~
about** (*od* **around**) herumlümmeln
lol·li·pop ['lɒlɪpɒp] *s* **1.** Lutscher *m* **2.** *Br*
Eis *n* am Stiel **~ man** *s* (*unreg* **man**) *Br*
F (*etwa*) Schülerlotse *m* **~ wom·an** *s*
(*unreg* **woman**) *Br* F (*etwa*) Schülerlot-
sin *f*

---

lollipop man/woman

Lollipop woman oder **lollipop
lady** bzw. **lollipop man** werden in
Großbritannien die erwachsenen
„Schülerlotsen" genannt, die mit
einem runden Schild, das einem
Lutscher (**lollipop**) ähnelt, den
Verkehr vor der Schule anhalten,
um Schülern ein ungefährdetes
Überqueren der Straße zu ermög-
lichen.

L

---

lol·lop ['lɒləp] *v/i* hoppeln (*Hase, Fahr-
zeug*), latschen (*Person*)
lol·ly ['lɒlɪ] *s* **1.** F → **lollipop** 1 **2.** → **lolli-
pop** 2 **3.** *Br sl* Kies *n* (Geld)
Lon·don·er ['lʌndənə] *s* Londoner(in)
lone [ləʊn] *adj* einzeln: **play a ~ hand**
fig e-n Alleingang machen; → **wolf** 1 **2.**
allein stehend, einzeln (*Haus etc*)
'**lone·li·ness** [-lɪnɪs] *s* Einsamkeit *f*
▶ **lone·ly** ['ləʊnlɪ] *adj* einsam '**lon·er** *s*
Einzelgänger(in) (*a. zool*) **lone·some**
['~·səm] *adj* *bes Am* einsam
▶ **long¹** [lɒŋ] **I** *adj* **1.** *allg* lang (*a. fig*): →
run 1 **2.** weit, lang (*Weg*), weit (*Entfer-
nung*) **3.** zu lang: **the coat is ~ on him**
der Mantel ist ihm zu lang **4.** *mst* rei-
chend (*Gedanken*), gut (*Gedächtnis*) **5.**
WIRTSCH langfristig **6. be ~ on** F e-e
Menge ... haben (*Eigenschaft*): **~
dead** schon lange tot; **as** (*od* **so**) **~
as** solange wie; vorausgesetzt, dass;

falls; ~ *after* lange danach; *as ~ ago as 1900* schon 1900; *so ~!* F bis dann!; → *ago, all* 1 III *s* 8. (e-e) lange Zeit: *for ~* lange (Zeit); → *before* 5

▶ **long²** [lɒŋ] *v/i* sich sehnen (*for* nach): ~ *to do s.th.* sich danach sehnen, etw zu tun

▶ **long|-dis·tance** [ˌlɒŋˈdɪstəns] *Adj* 1. Fern…: ▶ *long-distance call* TEL Ferngespräch *n*; *long-distance lorry driver* Fernfahrer(in); *long-distance runner* Langstreckenläufer(in) 2. FLUG, SPORT Langstrecken… ~ **drink** *s* Longdrink *m*, ~**'haired** *Adj* langhaarig

long·ing ['lɒŋɪŋ] I *Adj* sehnsüchtig II *s* Sehnsucht *f* (*for* nach)

long·ish ['lɒŋɪʃ] *Adj* 1. ziemlich lang 2. länglich

lon·gi·tude ['lɒndʒɪtjuːd] *s* GEOG Länge *f*: → *degree* 2

long| johns *s Pl* F lange Unterhose ~ **jump** *s* Leichtathletik: *bes Br* Weitsprung *m* ~ **jump·er** *s* Leichtathletik: *bes Br* Weitspringer(in) ,~**'life milk** *s* H-Milch *f*, ,~**'lived** *Adj* 1. langlebig 2. dauerhaft '~**,play·ing rec·ord** *s* Langspielplatte *f*, ,~**'range** *Adj* 1. MIL, FLUG Fern…; Langstrecken… 2. langfristig ~ **shot** *s* 1. SPORT Weitschuss *m* 2. *fig* riskante Angelegenheit 3. *not by a ~ fig* bei weitem nicht, nicht im Entferntesten ,~**'sight·ed** *Adj* MED weitsichtig, *fig a.* weit blickend '~**'stand·ing** *Adj* seit langer Zeit bestehend, alt '~**term** *Adj* langfristig: ~ *memory* Langzeitgedächtnis *n*; ~ *unemployed* Langzeitarbeitslose *m*, *f* ~ **wave** *s* ELEK, PHYS Langwelle *f* '~**wave** *Adj* ELEK, PHYS Langwellen… ~**wind·ed** [ˌ~'wɪndɪd] *Adj* 1. ausdauernd (*Person*) 2. langatmig, weitschweifig (*Erzählung etc*), (*a. Person*) umständlich

loo [luː] *s bes Br* F Klo *n*: *in the ~* auf dem *od* im Klo; ~ *attendant* Klomann *m*, -frau *f*; ~ *paper* Klopapier *n*

▶ **look** [lʊk] I *s* 1. Blick *m* (*at* auf *Akk*): *give s.o. an angry ~* j-m e-n wütenden Blick zuwerfen, j-n wütend ansehen; *have a ~ at s.th.* (sich) etw ansehen; *have a ~ round* sich umschauen in (*Dat*) 2. Miene *f*, (Gesichts)Ausdruck *m*: *the ~ on his face* sein Gesichtsausdruck; *oft Pl* Aussehen *n*: *have the ~ of* aussehen wie II *v/i* 4. schauen: *don't*

~*! nicht hersehen!; ~ who is coming!* schau (mal), wer da kommt; ~ *in the mirror* in den Spiegel schauen 5. (nach)schauen, nachsehen 6. ausschauen, sehen (*beide a. fig*): ~ *good on s.o.* j-m stehen (*Hut etc*); *it ~s like snow* es sieht nach Schnee aus 7. liegen *od* (hinaus)gehen *od* blicken: *my room ~s north* III *v/it* 8. j-m (*in die Augen etc*) sehen *od* schauen *od* blicken: ~ *s.o. in the eye* 9. aussehen wie: *she does not ~ her age* man sieht ihr ihr Alter nicht an; ~ *an idiot* wie ein Idiot dastehen 10. durch Blicke ausdrücken: → *dagger*

Verbindungen mit Präpositionen:

look a·bout → *look around* ▶ **look| af·ter** *v/i* 1. nachblicken, -schauen, -sehen (*Dat*) 2. aufpassen auf (*Akk*), sich kümmern um ~ **a·round** *v/i* 1. sich umschauen *od* umsehen in (*Dat*) 2. ~ **one** sich umsehen *od* umblicken ▶ **look at** *v/it* 1. ansehen, anschauen, betrachten: ~ *one's watch* auf die Uhr schauen; *to ~ him* wenn man ihn (so) ansieht 2. sich *etw* anschauen, *etw* prüfen ▶ **look| for** *v/it* suchen (nach) ~ **in·to** *v/it* 1. (hinein)schauen *od* (-)sehen in (*Akk*): ~ *s.o.'s eyes* j-m in die Augen schauen 2. untersuchen, prüfen ~ **on** *v/it* ansehen, betrachten (*as* als) ~ **on·to** *v/it* (hinaus)gehen *auf* (*Akk*) *od* nach: *my room looks onto the garden* ~ **o·ver** *v/it* 1. schauen *od* blicken über (*Akk*) 2. (sich) *etw* (flüchtig) ansehen *od* anschauen, *etw* (flüchtig) überprüfen ~ **round** → *look around* ~ **through** *v/it* 1. hindurch sehen 2. (hin)durchsehen *od* (-)durchschauen durch 3. *fig* j-n, *etw* durchschauen 4. *etw* (flüchtig) durchsehen *od* -schauen ~ **to** *v/it* 1. achten *od* Acht geben auf (*Akk*): ~ *it that* achte darauf, dass; sieh zu, dass 2. ~ *s.o. to do s.th.* von j-m erwarten, dass er etw tut: *I ~ you to help me* (*od for help*) ich erwarte Hilfe von dir ~ **toward(s)** → *look* 7.

Verbindungen mit Adverbien:

look| a·bout → *look around* ~ **a·head** *v/i* 1. nach vorne sehen *od* blicken *od* schauen 2. *fig* vorausschauen (*two years* um zwei Jahre) ~ **a·round** *v/i* sich umblicken *od* -sehen *od* -schauen (*for* nach) ~ **a·way** *v/i* wegblicken, -sehen,

L

-schauen ~ **back** v/i **1.** sich umsehen **2.** a. fig zurückblicken, -schauen (**on, to** auf Akk) ~ **down** v/i **1.** hinunterblicken, -sehen, -schauen, herunterblicken, -sehen, -schauen (**on** auf Akk): ~ **on** fig **a)** herabschauen auf (Akk), **b)** → **look onto 2.** zu Boden blicken ~ **for-ward** v/i sich freuen (**to** auf Akk): ~ **to doing s.th.** sich darauf freuen, etw zu tun ~ **in** v/i **1.** hineinsehen, -schauen, hereinsehen, -schauen **2.** e-n kurzen Besuch machen, vorbeischauen (**on** bei) ~ **on** v/i zusehen, zuschauen (**at** bei) ~ **out I** v/i **1.** hinausblicken, -sehen, -schauen, herausblicken, -sehen, -schauen (**of** zu): ~ **of the window** aus dem Fenster blicken **2.** (**for**) aufpassen (auf Akk), achten (auf Akk), auf der Hut sein (vor Dat): **~!** pass auf!, Vorsicht! **3.** Ausschau halten (**for** nach) **4.** ~ **on** (od **over**) → **look onto II** v/t **5.** bes Br etw heraussuchen: **look s.th. out for s.o.** j-m etw aussuchen ~ **o•ver** v/t (sich) etw (flüchtig) ansehen (flüchtig) (über)prüfen ~ **through** v/t etw (flüchtig) durchsehen od -schauen ~ **up I** v/i **1.** hinaufblicken, -sehen, -schauen, heraufblicken, -sehen, -schauen **2.** aufblicken, -sehen, -schauen (**from** von; **to** fig zu) **II** v/t **3.** Wort etc nachschlagen (**in** in Dat) **4. look s.o. up and down** j-n von oben bis unten mustern

'look•a‚like s **1.** Doppelgänger(in) **2.** (genaues) Gegenstück

look•er ['lukə] s: **she's a real ~** F sie sieht einfach klasse aus ‚~'on Pl ‚look-ers-'on s Zuschauer(in)

'look-in s F (Erfolgs- etc)Chance f: **I don't get a ~** ich hab keine Chance

look•ing glass ['lukɪŋ] s Spiegel m

'look|•out s **1. be on the ~** (**for**) → **look out 3 2.** Wache f, Beobachtungsposten m: **act as ~** Schmiere stehen **3. a)** bes MIL Beobachtungsstand m, **b)** SCHIFF Krähennest n **4.** F Angelegenheit f, Sache f '~•o‚ver s: **give s.th. a ~** → **look over** (Adv) '~•through s: **give s.th. a ~** → **look through** (Adv)

loom[1] [lu:m] s Webstuhl m

loom[2] [-] v/i **1.** a. ~ **up** undeutlich od drohend sichtbar werden; fig bedrohlich näher rücken **2.** a. ~ **up** (drohend) aufragen: ~ **large** fig sich auftürmen

(Schwierigkeiten etc); e-e große Rolle spielen

loon•y ['lu:nɪ] sl **I** Adj bekloppt, verrückt **II** s Verrückte m, f ~ **bin** s sl Klapsmühle f

loop [lu:p] s **1.** Schlinge f, Schleife f **2.** Schleife f, Windung f (e-s Flusses etc) **3.** Schlaufe f; Öse f **4.** FLUG Looping m, a. n **5.** COMPUTER Schleife f **6.** MED Spirale f **II** v/t **7.** Schnur etc schlingen ([a]round um) **8.** ~ **the** ~ FLUG loopen, e-n Looping fliegen od ausführen **III** v/i **9.** sich schlingen ([a]round um) **10.** → 6 '~•hole s fig Schlupfloch n, Hintertürchen n: ~ **in the law, legal ~** Gesetzeslücke f

▸ **loose** [lu:s] **I** Adj **1.** los(e), locker; frei, nicht angebunden od eingesperrt: **break ~** sich losreißen (**from** von); **come** (od **get**) ~ abgehen (Knopf etc), sich lockern (Schraube etc), sich ablösen, abblättern (Farbe etc); **let ~** Hund von der Leine lassen, a. Flüche etc loslassen, s-m Ärger etc Luft machen, freien Lauf lassen; ~ **connection** ELEK Wackelkontakt m; ~ **screw 1 2.** a) lose (Haar, Geldscheine etc): ~ **change** Kleingeld n, Münzen Pl, b) offen, lose, unverpackt (Ware) **3.** nicht sitzend, weit (Kleidungsstück) **4.** fig lose (Abmachung, Zs.-hang etc); frei, ungenau (Übersetzung etc); unkonzentriert, nachlässig (Spielweise etc); unkontrolliert **5.** locker (Moral, Lebenswandel etc): ~ **liver[2], living 5 II** s **6. be on the ~** a) auf freiem Fuß sein, b) a. **go on the ~** F auf den Putz hauen '~•‚fit-ting → **loose 3** '~•leaf Loseblatt...: ~ **binder** Schnellhefter m

'loos•en [-] v/t **1.** Knoten, Fesseln etc, a. MED Husten, fig Zunge lösen: ~ **s.o.'s tongue** j-m die Zunge lösen **2.** Schraube, Griff etc, a. fig Disziplin etc lockern: ~ **one's hold of** etw loslassen **3.** a. ~ **up** Muskeln etc, a. fig j-n auflockern **II** v/i **4.** sich lösen od lockern **5.** ~ **up** (bes Sport) sich auflockern

loot [lu:t] s **I** s (Kriegs-, Diebes)Beute f **II** v/t u. v/i plündern

lop [lɒp] v/t **1.** Baum etc beschneiden, (zu)stutzen **2.** oft ~ **off** abhauen, abhacken '~'sid•ed Adj **1.** schief, nach 'einer Seite hängend, SCHIFF mit Schlagseite **2.** fig einseitig

lo·qua·cious [ləʊ'kweɪʃəs] *Adj* geschwätzig, redselig

lord [lɔːd] **I** *s* **1.** Herr *m*, Gebieter *m* (*of* über *Akk*) **2.** *fig* Magnat *m* **3.** *the* ♀ *a.* ♀ *God* Gott *m* (der Herr): ♀ (*only*) *knows where* ... Gott *od* der Himmel weiß, wo ...; **b)** *a.* our ♀ (Christus *m*) der Herr: ♀*'s Prayer* Vaterunser *n*; ♀*'s Supper* (heiliges) Abendmahl **4.** *Br* Lord *m*: *the* ♀s das Oberhaus; → *drunk* **1 II** *v/t* **5.** → *it* den Herren spielen (*over s.o.* j-m gegenüber) ♀ **Chan·cel·lor** *s Br* Lordkanzler *m* ♀ **May·or** *s Br* Oberbürgermeister *m*

▸ **lor·ry** ['lɒrɪ] *s Br* Last(kraft)wagen *m*, Lastauto *m*

▸ **lose** [luːz] (*unreg*) **I** *v/t* **1.** Sache, Interesse *etc* verlieren, Geld, Stellung *etc a.* einbüßen: ~ *10 pounds* 10 Pfund abnehmen; → *life* 1d, *sight* 2 *etc* **2.** Spiel, Prozess *etc* verlieren **3.** Zug *etc*, *fig* Chance *etc* versäumen, -passen **4.** Gelerntes vergessen **5.** 5 *Minuten etc* nachgehen (*Uhr*) **6.** *Gewohnheit*, *Verfolger etc* loswerden, *Verfolger a.* abschütteln **7.** ~ *s.o. s.th.* j-n etw kosten, j-n um etw bringen **II** *v/i* **8.** *a.* ~ *out* (b) verlieren (gegen), unterliegen (*Dat*) **9.** *a.* ~ *out* verlieren, draufzahlen (*on* bei) **10.** nachgehen (*Uhr*) **'los·er** *s* Verlierer(in): *good* (*bad*) ~; *be a bad* ~ nicht verlieren können; *be a born* ~ der geborene Verlierer sein **'los·ing** *Adj* **1.** verlustbringend, Verlust... **2.** verloren, aussichtslos: *fight a* ~ *battle fig* auf verlorenem Posten stehen

▸ **loss** [lɒs] *s* **1.** Verlust *m*: a) Einbuße *f*: ~ *of blood* (*memory*, *time*) Blut- (Gedächtnis-, Zeit)verlust; *dead* ~ Totalverlust; *fig* hoffnungsloser Fall (*Person*); *sell s.th. at a* ~ etw mit Verlust verkaufen; → *identity*, **b)** Schaden *m*, **c)** *verlorene Sache od Person*, **d)** Abnahme *f*, Schwund *m* **2.** *Pl* MIL Verluste *Pl*, Ausfälle *Pl* **3.** *be at a* ~ in Verlegenheit sein (*for* um): *be at a* ~ *for words* keine Worte finden

▸ **lost** [lɒst] **I** *Prät u. Part Perf von lose* **II** *Adj* **1.** verloren: *lost cause fig* aussichtslose Sache; *be a lost cause a.* aussichtslos sein **2.** verloren (gegangen): *be lost* verloren gehen *od fig* (*bei Arbeitsplätzen etc*); *give up for lost* verloren geben; → *property* 1 **3.** verirrt: *be* *lost* sich verirrt haben, sich nicht mehr zurechtfinden (*a. fig*); *get lost* sich verirren; ▸ *get lost!* F hau ab! **4.** *be lost on s.o.* keinen Eindruck auf j-n machen, j-n kalt lassen **5.** *lost in* vertieft *od* versunken in (*Akk*): *lost in thought* in Gedanken versunken, *bes Adv a.* gedankenversunken, -verloren ,~*-and-'found* (*-of·fice*) *s Am* Fundbüro *n*

▸ **lot** [lɒt] *s* **1.** Los *n*: *draw lots* losen (*for* um) **2.** Los *n*, Schicksal *n* **3.** Anteil *m* **4.** Parzelle *f*, Grundstück *n* **5.** WIRTSCH Partie *f*, Posten *m* **6.** Gruppe *f*, Gesellschaft *f*: *the whole lot a.* die ganze Gesellschaft, **b)** → 7 **7.** *the lot* alles, das Ganze **8.** F Menge *f*, Haufen *m*: ▸ *a lot of, lots of* viel ..., e-e Menge ...; *a lot* (*od lots*) *better* (sehr) viel besser **9.** *a bad lot* F ein mieser Typ; ein mieses Pack

loth → *loath*

lo·tion ['ləʊʃn] *s* Lotion *f*, (Haut-, Rasier)Wasser *n*

lot·ter·y ['lɒtərɪ] *s* **1.** Lotterie *f*: ~ *ticket* Lotterielos *n* **2.** *fig* Glückssache *f*, Lotteriespiel *n*

lo·tus ['ləʊtəs] *s* BOT Lotos(blume *f*) *m*

▸ **loud** [laʊd] **I** *Adj* (*a. Adv*) laut; → *loud bei laut* **1 2.** *fig* grell, schreiend (*Farben*), auffallend (*Kleidung*, *Benehmen*) '~*-mouth* *s F* Großmaul *n*, ,~*'speak·er* *s* Lautsprecher *m*

lounge [laʊndʒ] **I** *s* **1.** Wohnzimmer *n* **2.** Gesellschaftsraum *m*, Salon *m* (*e-s Hotels*, *Schiffs*) **3.** Foyer *n* (*e-s Theaters*) **4.** Wartehalle *f* (*e-s Flughafens*) **5.** *Br* vornehmerer *u. teurerer Teil e-s Lokals* **II** *v/i* **6.** → *loll* 1 ~ *bar* → *lounge* 5 ~ *suit s bes Br* Straßenanzug *m*

lour → *lower¹*

louse I *s* [laʊs] **1.** *Pl* **lice** [laɪs] ZOOL Laus *f* **2.** *Pl* **'lous·es** *sl* Scheißkerl *m* **II** *v/t* [laʊz] **3.** ~ *up sl* versauen, -murksen **lous·y** ['laʊzɪ] *Adj* **1.** verlaust **2.** *sl* fies, hundsgemein; lausig, mies **3.** *be* ~ *with sl* wimmeln von; strotzen vor (*Dat*) *od* von: *be* ~ *with money* vor Geld stinken

lout [laʊt] *s* Flegel *m*, Rüpel *m* **'lout·ish** *Adj* flegel-, rüpelhaft

lov·a·ble ['lʌvəbl] *Adj* liebenswert, reizend

▸ **love** [lʌv] **I** *s* **1.** Liebe *f* (*of*, *for*, *to* zu): *love* herzliche Grüße (*Briefschluss*);

► *be in love* verliebt sein (*with* in *Akk*);
► *fall in love* sich verlieben (*with* in *Akk*); **not for love or money** nicht für Geld u. gute Worte; um nichts in der Welt; ► *make love* sich (*körperlich*) lieben; ► *make love to s.o.* j-n (*körperlich*); *there is no love lost between them* sie können sich nicht leiden; *love of adventure* Abenteuerlust *f*; *love of one's country* Vaterlandsliebe; → *give* 10 2. F a) (*Anrede, oft unübersetzt*) Schatz, b) Schatz *m*: *he's a real love* er ist ein richtiger Schatz 3. *bes Tennis*: null **II** *v/t* 4. j-n (*a. körperlich*) lieben, lieb haben 5. *etw* lieben, gerne mögen: *love doing* (*bes Am a.* *to do*) *s.th.* etw sehr gern tun

love·a·ble → *lovable*

love | **af·fair** *s* (Liebes)Affäre *f*, (-)Verhältnis *n* ~ **bite** *s* F Knutschfleck *m* ~ **du·et** *s* MUS Liebesduett *n* ~ **han·dles** *Pl fig hum* Rettungsring *m* (*Fettwulst an den Hüften des Mannes*) ,~'**hate** (**re·la·tion·ship**) *s* Hassliebe *f*

love·less ['lʌvlɪs] *Adj* **1.** lieblos **2.** ungeliebt

love | **let·ter** *s* Liebesbrief *m* ~ **life** *s* (*unreg life*) Liebesleben *n*

► **love·ly** ['lʌvli] *Adj* **1.** (wunder)schön **2.** nett, reizend **3.** F prima, großartig

'**love** | **mak·ing** *s* **1.** (*körperliche*) Liebe **2.** Liebeskunst *f* ~ **match** *s* Liebesheirat *f* ~ **po·em** *s* Liebesgedicht *n*

lov·er ['lʌvə] *s* **1.** Liebhaber(in), Geliebte *m*; Geliebte *f* **2.** *Pl* Liebende *Pl*, Liebespaar *n*: *they are* ~ *s* sie lieben sich **3.** (*Musik- etc*)Liebhaber(in), (-)Freund(in): ~ *of music, music* ~

love | **scene** *s* THEAT *etc* Liebesszene *f* '~**sick** *Adj* liebeskrank: *be* ~ Liebeskummer haben ~ **song** *s* Liebeslied *n* ~ **sto·ry** *s* Liebesgeschichte *f*, (*bes rührselige a.*) Lovestory *f*

lov·ing ['lʌvɪŋ] *Adj* liebevoll, zärtlich: *your* ~ *father* dein dich liebender Vater (*Briefschluss*)

► **low¹** [ləʊ] **I** *Adj u. Adv* **1.** *allg* niedrig (*a. fig Löhne etc*): ~ *in fat* fettarm; → *lie low*, *profile* I 2. tief (*a. fig*): *a* ~ *bow* e-e tiefe Verbeugung; ~ *shot* (*Sport*) Flachschuss *m*; *the sun is* ~ die Sonne steht tief; *sunk so* ~ *fig* so tief gesunken **3.** tief gelegen **4.** knapp (*Vorrat etc*): *get* (*od run*) ~ knapp werden, zur Nei-

ge gehen; *we are getting* (*od running*) ~ *on sugar* uns geht allmählich der Zucker aus; ~ *on funds* knapp bei Kasse **5.** schwach (*a. Puls*); niedergeschlagen, deprimiert: *feel* ~ in gedrückter Stimmung sein; sich elend fühlen; → *spirit* 4 **6.** gering(schätzig): → *opinion* 2 **7.** ordinär, vulgär (*Ausdruck etc*); gemein, niederträchtig (*Trick etc*): *feel* ~ sich gemein vorkommen **8.** tief (*Ton etc*); leise (*Ton, Stimme etc*): *in a* ~ *voice* leise **II** *s* **9.** METEO Tief *n* **10.** *fig* Tief(punkt *m*, -stand *m*) *n*: *be at a new* ~ e-n neuen Tiefpunkt erreicht haben

low² [-] *v/i* brüllen, muhen (*Rind*)

,**low**|'**bred** *Adj* ungebildet, gewöhnlich '~**brow I** *s* geistig Anspruchslose *m*, *f*, Unbedarfte *m*, *f* **II** *Adj* geistig anspruchslos, unbedarft ,~'**cal·o·rie** *Adj* kalorienarm '~**cost** *Adj* kostengünstig '~**down** *Adj* F fies, hundsgemein '~**down** *s* F: *give s.o. the* ~ j-n aufklären (*on* über *Akk*); *get the* ~ aufgeklärt werden (*on* über *Akk*) ,~**e'mis·sion** *Adj* MOT schadstoffarm

low·er¹ ['laʊə] *v/i* **1.** finster *od* drohend blicken: ~ *at s.o.* j-n finster *od* drohend ansehen **2.** sich auftürmen (*Wolken*)

► **low·er²** ['ləʊə] **I** *v/t* **1.** niedriger machen **2.** *Augen, Preis, Stimme etc* senken **3.** *fig* erniedrigen: ~ *o.s.* sich herablassen **4.** herunter-, herablassen, *Fahne, Segel* niederholen, streichen **II** *v/i* **5.** niedriger werden **6.** *fig* sinken, fallen

low·er³ ['ləʊə] **I** *Komp. von* **low¹** **II** *Adj* **1.** niedriger (*a. fig*): '~,**case** *typographisch*: klein geschrieben **2.** unter, Unter...: *the* ~ *class*(*es Pl*) SOZIOL die Unterschicht; ~ *court* JUR untergeordnetes Gericht; ~ *deck* SCHIFF Unterdeck *n*; → *jaw* 1, **lip** 1

low·est ['ləʊɪst] **I** *Sup von* **low¹** **II** *Adj* **1.** niedrigst (*a. fig*): ~ *bid* WIRTSCH Mindestgebot *n* **2.** unterst

'**low**|**fat** *Adj* fettarm ,~'**in·come** *Adj* einkommensschwach ,~'**key** *Adj* **1.** gedämpft (*Farbe*), (*Ton a.*) leise **2.** zurückhaltend (*Empfang etc*) '~**land** ['-lənd] *s* Tief-, Flachland *n* **2. Mass** *s* REL Stille Messe ,~'**necked** *Adj* tief ausgeschnitten, mit tiefem Ausschnitt (*Kleid*) ,~'**pres·sure** *Adj*: ~ *area* Tief-

L

druckgebiet n ~ **sea·son** s Vor- od Nachsaison f, ~·'**spir·it·ed** Adj niedergeschlagen, deprimiert

▸ **low tide** [‚ləʊ'taɪd] s Ebbe f, Niedrigwasser n

loy·al ['lɔɪəl] Adj **1.** loyal (**to** gegenüber) **2.** (ge)treu (**to** Dat) '**loy·al·ty** s Loyalität f (**to** zu)

loz·enge ['lɒzɪndʒ] s **1.** MATHE Raute f, Rhombus m **2.** PHARM Pastille f

LP [el'piː] Abk (= **long-playing record**) LP f

'**L-plate** s Schild mit einem roten L an Privatwagen, das darauf hinweist, dass ein Fahrschüler fährt

LSD [eles'diː] Abk (= **lysergic acid diethylamide**) LSD n

Ltd. Abk (= **limited**) mbH

LTU [elti:'ju:] Abk (= **long-term unemployed** Pl) Langzeitarbeitslose Pl

lu·bri·cant ['lu:brɪkənt] s TECH Schmiermittel n **lu·bri·cate** ['-keɪt] v/t schmieren ‚**lu·bri·ca·tion** s Schmieren n

lu·cid ['lu:sɪd] Adj klar (Auskunft, Gedanke, Verstand etc); hell, (geistig) klar: ~ **interval** (od **moment**) bes PSYCH heller od lichter Augenblick

▸ **luck** [lʌk] s **1.** Schicksal n, Zufall m: **as luck would have it** wie es der Zufall wollte, (un)glücklicherweise; ▸ **bad** (od **hard, ill**) **luck** Pech n (**on**); Unglück n; **good luck** Glück n; **good luck!** viel Glück! **2.** Glück n: **for luck** als Glücksbringer; **be in** (out of) **luck** (kein) Glück haben; **try one's luck** sein Glück versuchen '**luck·i·ly** Adv zum Glück, glücklicherweise: ~ **for me** zu m-m Glück '**luck·less** Adj glück-, erfolglos

▸ **luck·y** ['lʌkɪ] Adj (→ **luckily**) **1.** Glücks..., glücklich: ▸ **be** (**very**) **lucky** (großes) Glück haben; **lucky day** Glückstag m; **lucky fellow** Glückspilz m **2.** Glück bringend, Glücks...: **be lucky** Glück bringen; **lucky penny** Glückspfennig m; → **star** 1; → Info bei **Glück**

lu·cra·tive ['lu:krətɪv] Adj einträglich, lukrativ

lu·cre ['lu:kə] s: **filthy** ~ oft hum schnöder Mammon

Lud·dite ['lʌdaɪt] s Maschinenstürmer(in)

lu·di·crous ['lu:dɪkrəs] Adj absurd

lu·do ['lu:dəʊ] s Br Mensch, ärgere dich nicht n (Spiel)

lug [lʌg] v/t zerren, schleifen; schleppen

▸ **lug·gage** ['lʌgɪdʒ] s (Reise)Gepäck n: ~ **al·low·ance** s FLUG Freigepäck n ~ **lock·er** s Gepäckschließfach n ~ **trolley** s Kofferkuli m

luke·warm [‚lu:k'wɔ:m] Adj lau(warm) (a. fig Zustimmung etc), (Unterstützung etc a.) halbherzig, (Applaus etc) lau, mäßig

lull [lʌl] **I** v/t **1.** mst ~ **to sleep** einlullen **2.** fig j-n beruhigen, beschwichtigen, j-s Argwohn zerstreuen: ~ **s.o. into a false sense of security** j-n in Sicherheit wiegen **II** v/i **3.** sich legen, nachlassen (Sturm) **III** s **4.** (Wind)Pause f (in in Dat): ~ (**in the wind**) Flaute f (the ~ **before the storm** die Ruhe vor dem Sturm (a. fig)

lull·a·by ['lʌləbaɪ] s Wiegenlied n

lum·ba·go [lʌm'beɪgəʊ] s MED Hexenschuss m

lum·ber[1] ['lʌmbə] **I** s **1.** bes Am Bau-, Nutzholz n **2.** Gerümpel n **II** v/t **3.** ~ **s.o. with s.th.** Br j-m etw aufhalsen

lum·ber[2] [-] v/i schwerfällig gehen; (dahin)rumpeln (Wagen)

'**lum·ber·jack** s bes Am Holzfäller m, -arbeiter m ~ **mill** s bes Am Sägewerk n ~ **room** s Rumpelkammer f

lu·mi·nar·y ['lu:mɪnərɪ] s fig Leuchte f **lu·mi·nos·i·ty** [‚-'nɒsətɪ] s **1.** Leuchtkraft f; ASTR, PHYS Lichtstärke f, Helligkeit f **2.** fig Brillanz f '**lu·mi·nous** Adj **1.** leuchtend: ~ **paint** Leuchtfarbe f **2.** fig intelligent, brillant; klar, einleuchtend

lump[1] [lʌmp] **I** s **1.** Klumpen m: **have a** ~ **in one's** (od **the**) **throat** fig e-n Kloß im Hals haben **2.** Schwellung f, Beule f; MED Geschwulst f, (in der Brust) Knoten m **3.** Stück n Zucker etc **4.** fig Gesamtheit f, Masse f: **in the** ~ in Bausch u. Bogen, pauschal; im Großen u. Ganzen **5.** F Klotz m (ungeschlachter, dummer Mensch) **II** Adj **6.** Stück...: **sugar** ~**s** Würfelzucker m **7.** Pauschal... **III** v/t **8.** oft ~ **together** zs.-ballen; fig zs.-werfen, in 'einen Topf werfen (**with** mit) **IV** v/i **9.** Klumpen bilden, klumpen

lump[2] [-] v/t: ~ **it** F sich damit abfinden

lyricist

lu·na·cy ['luːnəsɪ] *s* MED Wahnsinn *m* (*a. fig*)

lu·nar ['luːnə] *Adj* Mond…: **~ eclipse** ASTR Mondfinsternis *f*; **~ landing** Mondlandung *f*; **~ module** Mond(lande)fähre *f*

lu·na·tic ['luːnətɪk] **I** *Adj* **a)** MED wahnsinnig, geistesgestört: **~ asylum** *pej* Irrenanstalt *f*, **b)** *fig* verrückt **II** *s* **a)** MED Wahnsinnige *m*, *f*, Geistesgestörte *m*, *f*, **b)** *fig* Verrückte *m*, *f*

▶ **lunch** [lʌntʃ] **I** *s* Mittagessen *n*: **have~** → II; **~ hour** a.) a. **~ break** Mittagspause *f*, **b)** **~ lunchtime** **II** *v/i* (zu) Mittag essen: **~ out** auswärts *od* im Restaurant zu Mittag essen

lunch·eon| meat ['lʌntʃən] *s* Frühstücksfleisch *n* **~ vouch·er** *s* Essen(s)bon *m*

'**lunch·time** *s* Mittagszeit *f*: **at~** zur Mittagszeit

▶ **lung** [lʌŋ] *s* ANAT Lungenflügel *m*: **~s** *Pl* Lunge *f*

lunge [lʌndʒ] **I** *s* **a)** *bes Fechten:* Ausfall *m*, **b)** Sprung *m* vorwärts, Satz *m*: **make a ~** → II **II** *v/i* **a)** *bes Fechten:* e-n Ausfall machen, **b)** e-n Sprung vorwärts *od* e-n Satz machen, **c)** sich stürzen (**at** auf *Akk*)

lurch[1] [lɜːtʃ] **I** *s* **1.** Taumeln *n*, Torkeln *n* **2.** SCHIFF Schlingern *n* **3.** Ruck *m*: **give a ~** → 6 **II** *v/i* **4.** taumeln, torkeln **5.** SCHIFF schlingern **6.** e-n Ruck machen

lurch[2] [-] *s:* **leave in the ~** im Stich lassen

lure [lʊə] **I** *s* **1.** Köder *m* (**to** für) (*a. fig*) **2.** *fig* Lockung *f*, Reiz *m* **II** *v/t* **3.** (an)locken, ködern (*beide a. fig*): **~ away** weglocken; **~ into** locken in (*Akk*); verlocken *od* -führen zu

lu·rid ['lʊərɪd] *Adj* **1.** fahl, gespenstisch (*Beleuchtung etc*) **2.** grell (*Farben*) **3.** grässlich, schauerlich

lurk [lɜːk] *v/i* **1.** lauern (*a. fig*) **2.** schleichen: **~ about** (*od* **around**) herumschleichen

lus·cious ['lʌʃəs] *Adj* **1.** köstlich, lecker; süß (u. saftig) **2.** sinnlich (*Lippen etc*),

üppig (*Figur, Frau etc*), knackig (*Mädchen*)

lush [lʌʃ] *Adj* saftig (*Gras etc*), üppig (*Vegetation*)

lust [lʌst] **I** *s* **1.** sinnliche Begierde **2.** Gier *f* (**for** nach): **~ for power** Machtgier **II** *v/i* **3.** gieren (**for, after** nach)

lus·ter *Am* → **lustre**

lust·ful ['lʌstfʊl] *Adj* lüstern

lus·tre ['lʌstə] *s bes Br* **1.** Glanz *m* (*a. fig*) **2.** Kronleuchter *m*

lus·trous ['lʌstrəs] *Adj* **1.** glänzend (*a. fig*) **2.** *fig* illuster

lust·y ['lʌstɪ] *Adj* **1.** kräftig, robust **2.** tatkräftig

lute [luːt] *s* MUS Laute *f*

lux·ate ['lʌkseɪt] *v/t* MED sich *die Schulter etc* aus- *od* verrenken **lux'a·tion** *s* Luxation *f*, Aus-, Verrenkung *f*

Lux·em·bourg ['lʌksəmbɜːg] *Eigenn* Luxemburg *n*

lux·u·ri·ant [lʌg'ʒʊərɪənt] *Adj* **1.** üppig (*Vegetation*) (*a. fig*) **2.** *fig* (über)reich, verschwenderisch, (*Fantasie*) blühend **lux'u·ri·ate** [-eɪt] *v/i* schwelgen (**in** in Dat) **lux'u·ri·ous** *Adj* **1.** luxuriös, Luxus… **2.** verschwenderisch, genusssüchtig **lux·u·ry** ['lʌkʃərɪ] **I** *s* **1.** *allg* Luxus *m* **2.** Luxusartikel *m* **II** *Adj* **3.** Luxus…, der Luxusklasse: **~ hotel** Luxushotel *n*

ly·chee [ˌlaɪ'tʃiː] *s* BOT Litschi *f*

lye [laɪ] *s* CHEM Lauge *f*

ly·ing ['laɪɪŋ] **I** *Part Präs von* **lie**[1] **II** *Adj* lügnerisch, verlogen

lymph [lɪmf] *s* PHYSIOL Lymphe *f* **~ gland**, **~ node** *s* ANAT Lymphknoten *m*

lynch [lɪntʃ] *v/t* lynchen **~ law** *s* Lynchjustiz *f*

lynx [lɪŋks] *s* ZOOL Luchs *m* '**~-eyed** *Adj fig* mit Augen wie ein Luchs

lyr·ic ['lɪrɪk] **I** *Adj* (**~ally**) **1.** lyrisch (*a. fig gefühlvoll*) **II** *s* **2.** lyrisches Gedicht: **~s** *Pl* Lyrik *f* **3.** *Pl* (Lied)Text *m* **lyr·i·cal** *Adj* **1.** → **lyric** I **2.** schwärmerisch: **wax ~** ins Schwärmen geraten **lyr·i·cist** ['-sɪst] *s* **1.** Lyriker(in) **2.** Texter(in), Textdichter(in)

M

M [em] *Pl* **M's** *s* M *n*

mac [mæk] F → **mackintosh**

ma·ca·bre [mə'kɑːbrə] *Adj* makaber

mac·a·ro·ni [,mækə'rəʊnɪ] *s Sg* Makkaroni *Pl*: ~ **cheese** mit Käse überbackene Makkaroni

mac·a·roon [,mækə'ruːn] *s* Makrone *f*

mace¹ [meɪs] *s* Amtsstab *m*

mace² [-] *s* Muskatblüte *f*

Mach [mæk] *s*: **fly at ~ two** FLUG, PHYS mit e-r Geschwindigkeit von zwei Mach fliegen

ma·che·te [mə'tʃetɪ] *s* Machete *f*, Buschmesser *n*

▸**ma·chine** [mə'ʃiːn] **I** *s* **1.** Maschine *f* (*F a. Flugzeug, Motorrad etc*) **2.** Apparat *m*; Automat *m* **3.** POL (*Partei- etc*)Apparat *m* **II** *v/t* **4.** maschinell herstellen **~gun** *s* Maschinengewehr *n*

ma'chine|,read·a·ble *Adj* maschinell lesbar, maschinenlesbar **,~'washable** *Adj* waschmaschinenfest

ma·chin·er·y [mə'ʃiːnərɪ] *s* **1.** Maschinen *Pl*; Maschinerie *f* **2.** *fig* a) Maschinerie *f*, Räderwerk *n*, b) → **machine** 3

ma·chine tool s TECH Werkzeugmaschine *f* **~ trans·la·tion** *s* maschinelle Übersetzung

ma·chis·mo [mə'tʃɪzməʊ] *s* Machismo *m*, Männlichkeitswahn *m* **ma·cho** ['mætʃəʊ] *Pl* **-chos** *s* Macho *m*

mack·er·el ['mækrəl] *Pl* **-el** *s* FISCH Makrele *f*

mack·in·tosh ['mækɪntɒʃ] *s bes Br* Regenmantel *m*

mac·ro ['mækrəʊ] *Pl* **-ros** *s* COMPUTER Makro *n*

mac·ro·bi·ot·ic [,mækrəʊbaɪ'ɒtɪk] *Adj* makrobiotisch

mac·ro·cosm ['mækrəʊkɒzəm] *s* Makrokosmos *m*, Weltall *n*

▸**mad** [mæd] *Adj* (→ **madly**) **1.** wahnsinnig, verrückt (*beide a. fig*): **go ~** verrückt werden; **drive s.o. ~** j-n verrückt machen; **like ~** wie verrückt **2.** (**about, for, on**) wild, versessen (auf *Akk*), verrückt (nach), vernarrt (in *Akk*) **3.** F außer sich, verrückt (**with** vor *Dat*) **4.** *bes Am* F wütend (**at, about** über *Akk*, auf *Akk*) **5.** wild (geworden) (*Stier etc*)

▸**mad·am** ['mædəm] *s* gnädige Frau (*Anrede, oft unübersetzt*)

'mad·cap *Adj* verrückt

,mad 'cow dis,ease *s* VET Rinderwahn(sinn) *m*

mad·den ['mædn] *v/t* verrückt machen (*a. fig*) **'mad·den·ing** *Adj* unerträglich: **it is ~** es ist zum Verrücktwerden

made [meɪd] **I** *Prät u. Part Perf von* **make I V 1. 'mad·ding** *Adj*: **be ~ for each other** wie füreinander geschaffen sein; **he is ~ for this job** er ist wie geschaffen für diese Arbeit **,~-to-'meas·ure** *Adj* **1.** nach Maß angefertigt, Maß...: **~ suit** maßgeschneiderter Anzug, Maßanzug *m* **,~-to-'or·der** *Adj fig* maßgeschneidert, nach Maß **'~-up** *Adj* **1.** (frei) erfunden **2.** geschminkt

'mad·house *s* Irrenhaus *n* (*a. fig*)

mad·ly ['mædlɪ] *Adv* **1.** wie verrückt **2.** F wahnsinnig, schrecklich

mad·man ['mædmən] *s* (*unreg* **man**) Verrückte *m*

mad·ness ['mædnɪs] *s* **1.** Wahnsinn *m* (*a. fig*): **sheer ~** heller *od* blanker Wahnsinn **2.** *bes Am* F Wut *f*

'mad,wom·an *s* (*unreg* **woman**) Verrückte *f*

Ma·fi·a ['mæfɪə] *s* Mafia *f* (*a. fig*) **ma·fi·o·so** [,-'əʊsəʊ] *Pl* **-sos**, **-si** [,-sɪ] *s* Mafioso *m* (*a. fig*)

mag [mæg] F → **magazine** 3

▸**mag·a·zine** [,mægə'ziːn] *s* **1.** Magazin *n* (*e-r Feuerwaffe, e-s Fotoapparats*) **2.** Magazin *n*, Lagerhaus *n* **3.** Magazin *n*, Zeitschrift *f* **~ rack** *s* Zeitungsständer *m*

ma·gen·ta [mə'dʒentə] *Adj* dunkelrot

mag·got ['mægət] *s* ZOOL Made *f*

Ma·gi ['meɪdʒaɪ] *s Pl*: **the ~** die Heiligen Drei Könige

mag·ic ['mædʒɪk] **I** *s* **1.** Magie *f*, Zauberei *f*: **as if by ~**, **like ~** wie durch Zauberei **2.** Zauber(kraft *f*) *m*, magische Kraft (*a. fig*) **II** *Adj* (**~ally**) **3.** magisch, Zauber...: **~ carpet** fliegender Teppich; **~ spell** Zauberspruch *m*, Zauber *m*; **~ trick** Zaubertrick *m*, -kunststück *n*; **~ wand** Zauberstab *m* **4.** zauberhaft

ma·gi·cian [mə'dʒɪʃn] *s* **1.** Magier(in),

Zauberer *m*, Zauberin *f* **2.** Zauberkünstler(in)

mag·is·trate ['mædʒɪstreɪt] *s* JUR Richter(in) (*an e-m* **magistrates' court**): **~'s court** *Br*, **~'s court** *Am* erstinstanzliches Gericht für Straf- u. Zivilsachen niederer Ordnung

mag·lev ['mæglev] *s* BAHN Magnet(-schwebe)bahn *f*

mag·na·nim·i·ty [ˌmægnə'nɪmətɪ] *s* Großmut *f* **mag·nan·i·mous** [-'nænɪməs] *Adj* großmütig

mag·ne·sia [mæg'niːʃə] *s* CHEM Magnesia *f* **mag·ne·si·um** [-'niːzɪəm] *s* CHEM Magnesium *n*

mag·net ['mægnet] *s* Magnet *m* (*a. fig*) **mag·net·ic** [-'netɪk] *Adj* (**~ally**) **1.** magnetisch, Magnet...: **~ field** PHYS Magnetfeld *n*; **~ pole** PHYS magnetischer Pol, Magnetpol *m*; **~ resonance tomography** (*Abk* **MRT**) MED Kernspintomographie *f* (*Abk* MR(T), KST); **~ tape** Magnetband *n* **2.** *fig* magnetisch, faszinierend **mag·net·ism** ['-nɪtɪzəm] *s* **1.** PHYS Magnetismus *m* **2.** *fig* Anziehungskraft *f* '**mag·ne·tize** *v/t* **1.** magnetisieren **2.** *fig* anziehen, fesseln

mag·nif·i·cence [mæg'nɪfɪsns] *s* Großartigkeit *f*, Herrlichkeit *f* **mag·nif·i·cent** *Adj* großartig, prächtig, herrlich (*alle a. fig* F)

mag·ni·fy ['mægnɪfaɪ] *v/t* **1.** (*a. v/i*) vergrößern: **~ing glass** Vergrößerungsglas *n*, Lupe *f* **2.** *fig* aufbauschen

mag·ni·tude ['mægnɪtjuːd] *s* Größe(nordnung) *f*, *fig a.* Ausmaß *n*: **of the first ~** von äußerster Wichtigkeit

mag·no·lia [mæg'nəʊljə] *s* BOT Magnolie *f*

mag·pie ['mægpaɪ] *s* ORN Elster *f*

ma·hog·a·ny [mə'hɒgənɪ] *s* Mahagoni(holz) *n*

maid [meɪd] *s* **1.** *old* **~** *pej* alte Jungfer; **~ of hono(u)r** Hofdame *f*; *Am* (erste) Brautjungfer **2.** (Dienst)Mädchen *n*, Hausangestellte *f*

maid·en ['meɪdn] *Adj* **1.** **~ name** Mädchenname *m* (*e-r Frau*) **2.** unverheiratet **3.** Jungfern...: **~ flight** FLUG Jungfernflug *m*; **~ speech** PARL Jungfernrede *f*; **~ voyage** SCHIFF Jungfernfahrt *f*

▶ **mail** [meɪl] **I** *s* **1.** Post(sendung) *f*: **by ~** *bes Am* mit der Post; → **incoming** 3,

outgoing 2 **II** *v/t bes Am* aufgeben, *Brief* einwerfen; (zu)schicken (**to** *Dat*) '**~·box** *s bes Am* Briefkasten *m*; IT Mailbox *f*, elektronischer Briefkasten **~ car·ri·er** *s bes Am* Postbote *m*, Briefträger *m*

▶ '**mail·man** ['meɪlmæn] *s* (*unreg* **man**) *bes Am* Postbote *m*, Briefträger *m* '**~·or·der** *Adj*: **~ catalog(ue)** Versandhauskatalog *m*; **~ firm** (*od* **house**) Versandhaus *n* '**~·shot** *s* Mailing *n*, Briefaktion *f*

▶ **main** [meɪn] **I** *Adj* (→ **mainly**) **1.** Haupt..., wichtigst: **~ clause** LING Hauptsatz *m*; **~ course** Hauptgang *m*, Hauptgericht *n*; **~ office** Hauptbüro *n*, Zentrale *f*; **~ reason** Hauptgrund *m*; **~ street** Hauptstraße *f*; **~ thing** Hauptsache *f* **II** *s* **2.** *mst Pl* Haupt(gas-, -wasser)leitung *f*; (Strom)Netz *n*: **~s cable** Netzkabel *n* **3.** **in** (*Am a.* **for**) **the ~** hauptsächlich, in der Hauptsache '**~·frame** *s* IT Großrechner *m* '**~·land** ['-lənd] *s* Festland *n* '**~·line I** *s* BAHN Hauptstrecke *f* **II** *Adj* traditionell **III** *v/t* F drücken, spritzen, fixen

main·ly ['meɪnlɪ] *Adv* hauptsächlich

'**main·spring** *s fig* (Haupt)Triebfeder *f* '**~·stay** *s fig* Hauptstütze *f*

'**main·stream** *s* **1.** Hauptrichtung: **be in the ~ of s.th.** der Hauptrichtung von etw angehören **II** *Adj* **2.** Politik, Partei: der Mitte **3.** Meinung etc: vorherrschend **~ en·ter·tain·ment** *s* Massenunterhaltung *f*

main·tain [meɪn'teɪn] *v/t* **1.** Zustand (aufrecht)erhalten, beibehalten, (be-)wahren; WIRTSCH Preis halten **2.** instand halten, pflegen, TECH *a.* warten **3.** (*in e-m bestimmten Zustand*) lassen **4.** Familie etc unterhalten, versorgen **5.** behaupten (**that** dass; **to** *Inf* zu *Inf*) **6.** Meinung, Recht etc verfechten; auf *e-r* Forderung bestehen

main·te·nance ['meɪntənəns] *s* **1.** (Aufrecht)Erhaltung *f*, Beibehaltung *f* **2.** Instandhaltung *f*, Pflege *f*, TECH *a.* Wartung *f*: **~·free** wartungsfrei **3.** Unterhalt *m*: **~ grant** Unterhaltszuschuss *m*

mai·son·ette [ˌmeɪzə'net] *s* **1.** Maison(n)ette *f* **2.** Einliegerwohnung *f*

maize [meɪz] *s* BOT *bes Br* Mais *m*

ma·jes·tic [mə'dʒestɪk] *Adj* (**~ally**) majestätisch **maj·es·ty** ['mædʒəstɪ] *s* Ma-

M

jestät f (a. fig): **His** (**Her**) ♀ Seine (Ihre) Majestät

ma·jor ['meɪdʒə] **I** s **1.** MIL Major(in) **2.** UNI Am Hauptfach n **3.** MUS Dur n **II** Adj **4.** größer, fig a. bedeutend, wichtig **III** v/i **5.** ~ **in** UNI Am als od im Hauptfach studieren

Ma·jor·ca [mə'dʒɔːkə] Eigenn Mallorca n

ma·jor·ette [,meɪdʒə'ret] s Majorette f

▸ **ma·jor·i·ty** [mə'dʒɒrətɪ] s **1.** Mehrheit f: **by a large** ~ mit großer Mehrheit; **in the** ~ **of cases** in der Mehrzahl der Fälle; ~ **of votes** Stimmenmehrheit; **be in the** (od **a**) ~ in der Mehrzahl sein; ~ **decision** Mehrheitsbeschluss m **2.** JUR Volljährigkeit f: **reach one's** ~ volljährig werden

▸ **make** [meɪk] **I** s **1.** Machart f, Ausführung f; Erzeugnis n, Fabrikat n, Produkt n **II** v/t (unreg) **2.** allg z. B. Reise, Versuch machen: ~ **a speech** e-e Rede halten **3.** machen: **a)** anfertigen, herstellen, erzeugen (**from**, od, **out of** von, aus), **b)** verarbeiten, formen (**to**, **into** in Akk, zu), **c)** Tee etc zubereiten **4.** (er)schaffen **5.** ergeben, bilden **6.** verursachen: **a)** Geräusch, Schwierigkeiten etc machen, **b)** bewirken, (mit sich) bringen **7.** machen od ernennen zu: ~ **s.o.** (**a**) **general** j-n zum General ernennen **8.** mit Adj, Part Perf etc: machen: ~ **angry** zornig machen, erzürnen **9.** sich erweisen als (Person): **he would** ~ **a good teacher** er würde e-n guten Lehrer abgeben **10.** mit Inf: j-n lassen, veranlassen od bringen zu: ~ **s.o. wait** j-n warten lassen; ~ **s.o. talk** j-n zum Sprechen bringen; ~ **s.th. do**, ~ **do with s.th.** mit etw auskommen, sich mit etw behelfen **11.** ~ **much of** viel Wesens machen um; viel halten von **12.** sich e-e Vorstellung machen von, halten für: **what do you** ~ **of it?** was halten Sie davon? **13.** schätzen auf (Akk) **14.** sich Vermögen etc erwerben, Geld, Profit machen, Gewinn erzielen **15.** schaffen: **a)** Strecke zurücklegen, **b)** Geschwindigkeit erreichen, machen **16.** F Zug erwischen: ~ **it** es schaffen **17.** sich belaufen auf (Akk), ergeben: **two and two** ~ **four** 2 u. 2 macht od ist 4 **III** v/i (unreg) **18.** ~ **as if** (od **as though**) so tun, als ob od als wenn: ~

believe (**that**) vorgeben (dass)

Verbindungen mit Präpositionen:

make for v/i **1.** zugehen od lossteuern auf (Akk); sich aufmachen nach; sich stürzen auf (Akk) **2.** förderlich sein, dienen (Dat), beitragen zu

Verbindungen mit Adverbien:

make| **a·way** v/i sich davonmachen (**with** mit) ~ **off** → **make away** ~ **out** **I** v/t **1.** Scheck etc ausstellen; Urkunde etc ausfertigen; Liste etc ausstellen **2.** ausmachen, erkennen **3.** aus j-m, e-r Sache klug werden **4.** **make s.o. out to be bad** (**a liar**) j-n als schlecht (als Lügner) hinstellen **II** v/i **5.** bes Am auskommen (**with** mit; j-m) **6.** bes Am F gut etc zurechtkommen **7.** bes Am F (herum)knutschen (**with** mit) ~ **up I** v/t **1.** bilden: **be made up of** bestehen od sich zs.-setzen aus **2.** Schriftstück etc abfassen, aufsetzen, Liste etc anfertigen, Tabelle aufstellen, Arznei, Bericht etc zs.-stellen **3.** sich e-e Geschichte etc ausdenken, a. pej erfinden **4.** Paket etc (ver)packen, (-)schnüren **5.** → **mind** 5 **6.** Versäumtes nachholen, wettmachen **7. make it up** sich versöhnen od wieder vertragen (**with** mit) **II** v/i **8.** sich schminken **9.** ~ **for** wieder gutmachen, wettmachen **10.** → 7 **11.** ~ **to s.o.** F j-m schöntun; sich an j-n heranmachen

'make-be₁lieve Adj Fantasie…, Schein…: ~ **world**

mak·er ['meɪkə] s **1.** WIRTSCH Hersteller(in), Erzeuger(in) **2.** **the** ♀ REL der Schöpfer

'make-shift I s Notbehelf m **II** Adj behelfsmäßig, provisorisch, Behelfs…

▸ **'make-up** ['meɪkʌp] s **1.** Make-up n: **without** ~ a. ungeschminkt **2.** Aufmachung f, (Ver)Kleidung f **3.** FILM etc Maske f: ~ **artist** Visagist(in) **4.** Zs.-setzung f

mak·ing ['meɪkɪŋ] s **1.** Erzeugung f, Herstellung f, Fabrikation f: **be in the** ~ im Werden sein; noch in Arbeit sein **2.** **have the** ~**s** of das Zeug haben zu

mal·ad·just·ed [,mælə'dʒʌstɪd] Adj PSYCH verhaltensgestört

mal·a·droit [,mælə'drɔɪt] Adj **1.** ungeschickt **2.** taktlos

ma·laise [mæ'leɪz] s **1.** Unpässlichkeit f,

manageress

Unwohlsein *n* **2.** *fig* Unbehagen *n*
ma·lar·i·a [məˈleərɪə] *s* MED Malaria *f*
mal·con·tent [ˈmælkənˌtent] **I** *Adj* unzufrieden **II** *s* Unzufriedene *m*, *f*, Nörgler(in), Querulant(in)
Mal·dives [ˈmɔːldaɪvz] *Eigenn Pl* die Malediven *Pl*
▶ **male** [meɪl] **I** *Adj* männlich: **male choir** Männerchor *m*; **male model** Dressman *m*; ▶ **male nurse** (Kranken)Pfleger *m*; **male prostitute** Strichjunge *m*; → **chauvinism, chauvinist II** *s* Mann *m*; *zool* Männchen *n*
mal·e·dic·tion [ˌmælɪˈdɪkʃn] *s* Fluch *m*, Verwünschung *f*
ma·lev·o·lence [məˈlevələns] *s* Böswilligkeit *f* **ma'lev·o·lent** *Adj* übel wollend (**to** *Dat*), böswillig
mal·for·ma·tion [ˌmælfɔːˈmeɪʃn] *s bes* MED Missbildung *f*
mal·func·tion [ˌmælˈfʌŋkʃn] **I** *s* **1.** MED Funktionsstörung *f* **2.** TECH schlechtes Funktionieren *od* Arbeiten; Versagen *n* **II** *v/i* **3.** TECH schlecht funktionieren *od* arbeiten; versagen
mal·ice [ˈmælɪs] *s* **1.** Böswilligkeit *f* **2.** Groll *m*: **bear s.o. ~** e-n Groll auf j-n haben *od* gegen j-n hegen, j-m grollen **3.** JUR böse Absicht, Vorsatz *m*: **with ~** (*aforethought*) vorsätzlich
ma·li·cious [məˈlɪʃəs] *Adj* **1.** böswillig, JUR *a.* vorsätzlich **2.** arglistig
ma·lig·nant [məˈlɪɡnənt] *Adj* **1.** bösartig (*a.* MED), böswillig **2.** arglistig
ma·lin·ger [məˈlɪŋɡə] *v/i* sich krank stellen, simulieren **ma'lin·ger·er** *s* Simulant(in)
mall [mɔːl] *s* **1.** Allee *f* **2.** *Am* Einkaufszentrum *n*
mal·lard [ˈmælɑːd] *s* ORN Stockente *f*
mal·le·a·ble [ˈmælɪəbl] *Adj* **1.** TECH verformbar **2.** *fig* formbar
mal·let [ˈmælɪt] *s* Holzhammer *m*
mal·low [ˈmæləʊ] *s* BOT Malve *f*
mal·nu·tri·tion [ˌmælnjuːˈtrɪʃn] *s* **1.** Unterernährung *f* **2.** Fehlernährung *f*
mal·o·dor·ous [mælˈəʊdərəs] *Adj* übel riechend
mal·prac·tice [ˌmælˈpræktɪs] *s* **1.** Vernachlässigung *f* der beruflichen Sorgfalt; (ärztlicher) Kunstfehler
malt [mɔːlt] **I** *s* Malz *n* **II** *v/t* mälzen
Mal·ta [ˈmɔːltə] *Eigenn* Malta *n*
Mal·tese [ˌmɔːlˈtiːz] **I** *s* Malteser(in): **the**

~ *Pl* die Malteser *Pl* **II** *Adj* maltesisch
mal·treat [ˌmælˈtriːt] *v/t* **1.** schlecht behandeln **2.** misshandeln **ˌmal'treat·ment** *s* **1.** schlechte Behandlung **2.** Misshandlung *f*
mam·mal [ˈmæml] *s* ZOOL Säugetier *n*
mam·mon [ˈmæmən] *s* Mammon *m*
mam·moth [ˈmæməθ] **I** *s* ZOOL Mammut *n* **II** *Adj* Mammut…, Riesen…
▶ **man** [mæn] **I** *Pl* **men** [men] *s* **1.** Mensch *m* **2.** *oft* ♀ *Koll* der Mensch, die Menschen *Pl* **3.** Mann *m*: **the ~ in** (*Am a.* **on**) **the street** der Mann auf der Straße; **be one's own ~** sein eigener Herr sein **4.** *weit. S.* Mann *m*, Person *f*; jemand; man: **every ~** jeder(mann); **no ~** niemand; **~ by ~** Mann für Mann; **to a ~** bis auf den letzten Mann; → **jack** 1 5. (*Dame*)Stein *m*, (*Schach*)Figur *f* **II** *v/t* **6.** (*Raum*)Schiff *etc* bemannen
▶ **man·age** [ˈmænɪdʒ] **I** *v/t* **1.** Betrieb *etc* leiten, führen **2.** Künstler, Sportler *etc* managen **3.** *etw* zustande bringen, bewerkstelligen; *es* fertig bringen (**to do** zu tun) **4.** umgehen (können) mit (*Werkzeug, Tieren etc*); mit *j-m, etw* fertig werden, *j-n* zu nehmen wissen **5.** *F* Arbeit, Essen *etc* bewältigen, schaffen **II** *v/i* **6.** auskommen (**with** mit; **without** ohne) **7.** *F* es schaffen, zurechtkommen; *es* einrichten *od* ermöglichen **ˈman·age·a·ble** *Adj* **1.** lenk-, fügsam **2.** handlich
▶ **man·age·ment** [ˈmænɪdʒmənt] *s* **1.** (*Haus- etc*)Verwaltung *f* **2.** WIRTSCH Management *n*, Unternehmensführung *f*: **junior** (**middle, top**) ~ untere (mittlere, obere) Führungskräfte *Pl*; ~ **buyout** Management-Buy-out *n* (*Übernahme e-s Unternehmens durch eigene Führungskräfte*); ~ **consultant** Betriebs-, Unternehmensberater(in) **3.** WIRTSCH Geschäftsleitung *f*, Direktion *f*: **under new ~** unter neuer Leitung, (*Geschäft etc*) neu eröffnet
▶ **man·ag·er** [ˈmænɪdʒə] *s* **1.** (*Haus- etc*) Verwalter *m* **2.** WIRTSCH Manager *m*; Führungskraft *f*; Geschäftsführer *m*, Leiter *m*, Direktor *m* **3.** Manager *m* (*e-s Schauspielers etc*) **4.** **be a good ~** gut *od* sparsam wirtschaften können **5.** *Fußball:* (Chef)Trainer *m* **man·ag·er·ess** [ˌ-ˈres] *s* **1.** (*Haus- etc*)Verwalterin *f* **2.** WIRTSCH Managerin *f*; Ge-

M

schäftsführerin *f*, Leiterin *f*, Direktorin *f* **3.** Managerin *f* (*e-s Schauspielers etc*)

man·a·ge·ri·al [ˌ-əˈdʒɪərɪəl] *Adj* WIRTSCH geschäftsführend, leitend: **~ position** leitende Stellung; **~ staff** leitende Angestellte *Pl* **man·ag·ing** [ˈ-ɪdʒɪŋ] *Adj* WIRTSCH geschäftsführend, leitend: **~ director** Generaldirektor(in), leitender Direktor, leitende Direktorin

man·da·rin(e) [ˈmændərɪn] *s* BOT Mandarine *f*

man·date [ˈmændeɪt] *s* **1.** JUR Mandat *n*, (Prozess)Vollmacht *f* **2.** PARL Mandat *n*, Auftrag *m* **man·da·to·ry** [ˈ-dətərɪ] *Adj* obligatorisch, zwingend, verbindlich

man·di·ble [ˈmændɪbl] *s* ANAT Unterkiefer(knochen) *m*

man·do·lin [ˈmændəlɪn], **man·do·line** [ˌ-ˈliːn] *s* MUS Mandoline *f*

mane [meɪn] *s* Mähne *f* (*a. fig e-s Menschen*)

'**man·ˌeat·er** *s* **1.** Menschenfresser(in) **2.** Menschen fressendes Tier **3.** F männermordendes Wesen (*Frau*)

ma·neu·ver, *etc Am* → **manoeuvre**, *etc*

man·ga·nese [ˈmæŋɡəniːz] *s* CHEM Mangan *n*

mange [meɪndʒ] *s* VET Räude *f*

man·ger [ˈmeɪndʒə] *s* Krippe *f*, Futtertrog *m*: → **dog** 1

man·gle¹ [ˈmæŋɡl] **I** *s* (Wäsche)Mangel *f* **II** *v/t* mangeln

man·gle² [ˌ-] *v/t* **1.** zerfleischen, -reißen, -fetzen **2.** *fig Text* verstümmeln

man·go [ˈmæŋɡəʊ] *Pl* **-go(e)s** *s* BOT **1.** Mango(frucht, -pflaume) *f* **2.** Mangobaum *m*

man·gy [ˈmeɪndʒɪ] *Adj* **1.** VET räudig **2.** *fig* schmutzig, eklig **3.** *fig* schäbig, heruntergekommen

'**man**ˌ**han·dle** *v/t* **1.** misshandeln **2.** mit Menschenkraft bewegen '**~hole** *s* Kanal-, Einsteigeschacht *m*: **~ cover** Schachtdeckel *m*

man·hood [ˈmænhʊd] *s* **1.** Mannesalter *n*: **reach ~** ins Mannesalter kommen **2.** *euph* Manneskraft *f*

'**man**ˌ**hour** *s* Arbeitsstunde *f* '**~hunt** *s* (Groß)Fahndung *f*

ma·ni·a [ˈmeɪnjə] *s* **1.** MED Manie *f*, Wahn(sinn) *m*: → **persecution** 1 **2.** *fig* (**for**) Sucht *f* (nach), Leidenschaft

f (**für**), Manie *f*, Fimmel *m*: **~ for cleanliness** Sauberkeitsfimmel *m*; **have a ~ for** verrückt sein nach **ma·ni·ac** [ˈ-nɪæk] **I** *s* **1.** MED Wahnsinnige *m*, *f*, Verrückte *m*, *f* **2.** Fanatiker(in): *car-* Autonarr *m*, -närrin *f* **II** *Adj* (**~ally**) **3.** MED wahnsinnig, verrückt

man·ic-de·pres·sive [ˌmænɪkdɪˈpresɪv] PSYCH **I** *Adj* manisch-depressiv **II** *s* Manisch-Depressive *m*, *f*: **be a ~** manisch-depressiv sein

man·i·cure [ˈmænɪˌkjʊə] **I** *s* Maniküre *f*: **have a ~ II** *v/t* maniküren

man·i·fest [ˈmænɪfest] **I** *Adj* offenkundig, augenscheinlich **II** *v/t* offenbaren, manifestieren **III** *s* FLUG *bes Am* Passagierliste *f* ˌ**man·i·fesˈta·tion** *s* **1.** Offenbarung *f*, Manifestation *f* **2.** Anzeichen *n*, Symptom *n* ˌ**man·iˈfes·to** [ˌ-təʊ] *Pl* **-to(e)s** *s* Manifest *n*

man·i·fold [ˈmænɪfəʊld] **I** *Adj* **1.** mannigfaltig, vielfältig **2.** TECH Mehr-, Vielfach...; Kombinations... **II** *s* **3.** TECH Verteiler *m*

ma·nip·u·late [məˈnɪpjʊleɪt] *v/t* **1.** *j-n*, *Preise etc* manipulieren **2.** TECH bedienen, betätigen **3.** *Konten etc* frisieren **ma**ˌ**nip·uˈla·tion** *s* **1.** Manipulation *f* **2.** TECH Bedienung *f*, Betätigung *f* **3.** Frisieren *n*

man·kind [mænˈkaɪnd] *s* die Menschheit, die Menschen *Pl* '**man·ly** *Adj* männlich; Männer...

'**man-made** *Adj* vom Menschen geschaffen *od* verursacht; künstlich: **~ fibers** (*bes Br* **fibres**) *Pl* Kunst-, Chemiefasern *Pl*

man·ne·quin [ˈmænɪkɪn] *s* **1.** *veralt* Mannequin *n* **2.** Kleider- *od* Schaufensterpuppe *f*

▸ **man·ner** [ˈmænə] *s* **1.** Art *f* (*u. Weise f*): **in this ~** auf diese Art *od* Weise, so; **in such a ~ (that)** so *od* derart(, dass); **adverb of ~** Umstandswort *n der* Art u. Weise, Modaladverb *n*; **in a ~ of speaking** sozusagen **2.** Betragen *n*, Auftreten *n*: **it's just his ~** das ist so s-e Art **3.** *Pl* Benehmen *n*, Umgangsformen *Pl*, Manieren *Pl*: **it is bad ~s** es gehört *od* schickt sich nicht (*to do* zu tun) **4.** *Pl* Sitten *Pl* (*u. Gebräuche Pl*) '**man·ner·ism** *s* **1.** MALEREI *etc* Manierismus *m* **2.** Manieriertheit *f* **3.** manierierte Wendung (*in Rede etc*)

ma·noeu·vra·ble [məˈnuːvrəbl] *Adj bes Br* manövrierfähig; lenk-, steuerbar; *weit. S.* wendig (*Fahrzeug*) **ma·ˈnoeu·vre** [-və] **I** *s* **1.** *a. Pl* SCHIFF, MIL Manöver *n*: *be on ~s* im Manöver sein; *room for ~ fig* Handlungsspielraum *m* **2.** *fig* Manöver *n*, Schachzug *m*, List *f* **II** *v/i* **3.** SCHIFF, MIL manövrieren (*a. fig*) **III** *v/t* **4.** manövrieren (*a. fig*): *~ s.o. into s.th.* j-n in etw hineinmanövrieren

man·or [ˈmænə] *s Br* (Land)Gut *n*: *~ (house)* Herrenhaus *n*

ˈman·pow·er *s* **1.** menschliche Arbeitskraft *od* -leistung **2.** (verfügbare) Arbeitskräfte *Pl*: *~ shortage* Arbeitskräftemangel *m*

ˈman·ser·vant *Pl* **ˈmen·ser·vants** *s* Diener *m*

man·sion [ˈmænʃn] *s* **1.** herrschaftliches Wohnhaus **2.** *Pl bes Br* (großes) Mietshaus

ˈman·slaugh·ter *s* JUR Totschlag *m*

man·tel·piece [ˈmæntl-] *s*, **ˈ~shelf** *s* (*unreg shelf*) Kaminsims *m*

ˌman·to-ˈman *Adj* von Mann zu Mann **ˈ~trap** *s* Fußangel *f*

man·u·al [ˈmænjʊəl] **I** *Adj* **1.** Hand..., manuell: *~ work* körperliche Arbeit; *~ worker* (Hand)Arbeiter(in) **2.** handschriftlich **II** *s* **3.** (Benutzer)Handbuch *n* (*a.* IT), Leitfaden *m*

man·u·fac·ture [ˌmænjʊˈfæktʃə] **I** *s* **1.** Fertigung *f*, Erzeugung *f*, Herstellung *f*: *year of ~* Herstellungs-, Baujahr *n* **2.** Erzeugnis *n*, Fabrikat *n* **II** *v/t* **3.** erzeugen, herstellen **4.** verarbeiten (*into* zu) **5.** *fig* Ausrede *etc* erfinden **ˌman·uˈfac·tur·er** *s* Hersteller(in), Erzeuger(in) **ˌman·uˈfac·tur·ing** *Adj* Herstellungs...: *~ cost* Herstellungskosten *Pl*

ma·nure [məˈnjʊə] **I** *s* (*bes natürlicher*) Dünger *m* **II** *v/t* düngen

man·u·script [ˈmænjʊskrɪpt] *s* Manuskript *n*

Manx [mæŋks] *Adj* der Insel Man

▶ **man·y** [ˈmenɪ] **I** *Adj* **1.** viel(e): *~ times* oft; *as ~ as forty* nicht weniger als vierzig; *we had one chair too ~* wir hatten e-n Stuhl zu viel **2.** *~* manch (ein): *~ a time* so manches Mal **II** *s* **3.** viele: *~ of us* viele von uns; *a good ~* ziemlich viel(e); *a great ~* sehr viele **ˌ~ˈsid·ed**

Adj **1.** vielseitig (*a. fig*) **2.** *fig* vielschichtig (*Problem etc*)

▶ **map** [mæp] **I** *s* **1.** (Land- *etc*)Karte *f*; (Stadt- *etc*)Plan *m*: *put on the ~* F *Stadt etc* bekannt machen **II** *v/t* **2.** e-e Karte machen von, *Gebiet* kartographisch erfassen; in e-e Karte eintragen **3.** *mst ~ out fig* (bis in die Einzelheiten) (voraus)planen

ma·ple [ˈmeɪpl] *s* BOT Ahorn *m*

mar [mɑː] *v/t* **1.** beschädigen; verunstalten **2.** *fig* Pläne *etc* stören, beeinträchtigen; *Spaß etc* verderben

mar·a·thon [ˈmærəθən] (*Leichtathletik*) **I** *s* Marathonlauf *m* **II** *Adj* Marathon..., *fig a.* Dauer...

ma·raud [məˈrɔːd] **I** *v/i* plündern **II** *v/t* (aus)plündern **maˈraud·er** *s* Plünderer *m*, Plündern *f*

mar·ble [ˈmɑːbl] *s* **1.** Marmor *m* **2. a)** Murmel *f*, **b)** *~s Sg* Murmelspiel *n*: *play ~s* (mit) Murmeln spielen **II** *Adj* **3.** marmorn (*a. fig*)

▶ **March¹** [mɑːtʃ] *s* März *m*: *in ~* im März

▶ **march²** [mɑːtʃ] *v/i* **1.** MIL *etc* marschieren: *~ off* abrücken; *~ past* (*s.o.*) (an j-m) vorbeiziehen *od* -marschieren; *time is ~ing on* es ist schon spät; → *time* 1 **II** *v/t* **2.** *Strecke* marschieren, zurücklegen **3.** *~ s.o. off* j-n abführen **III** *s* **4.** MIL Marsch *m* (*a.* MUS); *allg* (Fuß-)Marsch *m* **5.** Marsch(strecke *f*) *m*: *a day's ~* ein Tage(s)marsch *m*; *steal a ~ on s.o. fig* j-m zuvorkommen **6.** *fig* (Ab)Lauf *m*, (Fort)Gang *m*

march·ing or·ders [ˈmɑːtʃɪŋ] *s Pl* MIL Marschbefehl *m*: *get one's ~ fig* F den Laufpass bekommen (*von Firma od Freundin*); (*Sport*) vom Platz fliegen

mare [meə] *s* ZOOL Stute *f*: *~'s nest fig* Windei *m*, *a.* (Zeitungs)Ente *f*

mar·ga·rine [ˌmɑːdʒəˈriːn] *s*, **marge** [mɑːdʒ] *s Br* F Margarine *f*

mar·gin [ˈmɑːdʒɪn] *s* **1.** Rand *m* (*a. fig*) **2.** (Seiten)Rand *m*: *in the ~* am Rand **3.** Grenze *f* (*a. fig*) **4.** *fig* Spielraum *m*: *allow* (*od leave*) *a ~ for* Spielraum lassen für **5.** WIRTSCH (*Gewinn-, Verdienst-*)Spanne *f* **6.** *fig* Abstand *m*, (*a.* Punkt)Vorsprung *m*: *by a wide ~* mit großem Vorsprung **mar·gin·al** [ˈ-nl] *Adj* **1.** Rand...: *~ note* Randbemerkung *f* **2.** Grenz... (*a. fig*) **3.** *fig* gering-

M

fügig **mar·gin·al·ly** [ˈ-əlɪ] *Adv fig* **1.** geringfügig **2.** (nur) am Rand

mar·gue·rite [ˌmɑːɡəˈriːt] *s* BOT **1.** Gänseblümchen *n* **2.** Margerite *f*

ma·ri·hua·na, ma·ri·jua·na [ˌmærjuːˈɑːnə] *s* Marihuana *n*

ma·ri·na [məˈriːnə] *s* Jachthafen *m*

ma·ri·nade [ˌmærɪˈneɪd] *s* Marinade *f* **mar·i·nate** [ˈ-neɪt] *v/t* marinieren

ma·rine [məˈriːn] **I** *Adj* **1. a)** See…: ~ *chart* Seekarte *f*, **b)** Meeres…: ~ *animal* **II** *s* **2.** Marine *f* **3.** MIL Marineinfanterist(in): *tell that to the ~s!* F das kannst du deiner Großmutter erzählen!

mar·i·o·nette [ˌmærɪəˈnet] *s* Marionette *f*

mar·i·tal [ˈmærɪtl] *Adj* ehelich, Ehe…: ~ *duties Pl* (*rights Pl*) eheliche Pflichten *Pl* (Rechte *Pl*); ~ *status* Familienstand *m*

mar·i·time [ˈmærɪtaɪm] *Adj* **1.** See…: ~ *blockade* Seeblockade *f* **2.** seefahrend **3.** Küsten…

mar·jo·ram [ˈmɑːdʒərəm] *s* BOT Majoran *m*

mark¹ [mɑːk] *s hist* (deutsche) Mark

▸ **mark²** [mɑːk] **I** *s* **1.** Markierung *f*, *bes* TECH Marke *f* **2.** fig Zeichen *n*: ~ *of confidence* Vertrauensbeweis *m*; ~ *of respect* Zeichen der Hochachtung **3.** (Kenn)Zeichen *n*, Merkmal *n*: *distinctive ~* Kennzeichen **4.** Narbe *f* (*a.* TECH); Kerbe *f*, Einschnitt *m* **5.** Ziel *n* (*a. fig*): *hit the ~* (das Ziel) treffen; *fig* ins Schwarze treffen; *miss the ~* das Ziel verfehlen, daneben schießen (*a. fig*); *be wide of the ~* (weit) daneben schießen; *fig* sich (gewaltig) irren; (weit) danebenliegen (*Schätzung etc*) **6.** *fig* Norm *f*: *be up to the ~* den Anforderungen gewachsen sein (*Person*) *od* genügen (*Leistungen etc*); *gesundheitlich* auf der Höhe sein **7. a)** (Fuß-, Brems- *etc*)Spur *f* (*a. fig*): *leave one's ~ on* s-n Stempel aufdrücken (*Dat*); bei *j-m* s-e Spuren hinterlassen, **b)** Fleck *m* **8.** WIRTSCH (Fabrik-, Waren)Zeichen *n*, (Schutz-, Handels)Marke *f* **9.** PÄD Note *f* (*a. Sport*), Zensur *f*: *get* (*od obtain*) *full ~s* die beste Note bekommen, die höchste Punktzahl erreichen **10. a)** Fußball: Elfmeterpunkt *m*, **b)** Laufsport: Startlinie *f*: *on your ~s!* auf die Plätze!; *be quick* (*slow*)

off the ~ e-n guten (schlechten) Start haben; *fig* schnell (langsam) schalten *od* reagieren **II** *v/t* **11.** markieren, anzeichnen, *a. fig* kennzeichnen; *Wäsche* zeichnen; *Waren* auszeichnen; *Preis* festsetzen; *Temperatur etc* anzeigen; *fig* ein Zeichen sein für: *to ~ the occasion* zur Feier des Tages, aus diesem Anlass; *~ time* MIL auf der Stelle treten (*a. fig*); *fig* abwarten **12.** Spuren hinterlassen auf (*Dat*); *fig* j-n zeichnen (*Krankheit etc*) **13.** bestimmen (*for* für) **14.** PÄD benoten, zensieren, (*Sport*) bewerten **15.** SPORT *Gegenspieler* decken, markieren **III** *v/i* **16.** ~ *easily* leicht schmutzen

Verbindungen mit Adverbien:

mark| down *v/t* **1.** WIRTSCH (*im Preis*) herunter-, herabsetzen **2.** bestimmen, vormerken (*for* für) ~ *off v/t* **1.** abgrenzen, abstecken **2.** (*auf e-r Liste*) abhaken ~ *out v/t* **1.** → *mark²* 13 **2.** abgrenzen, markieren ~ *up v/t* WIRTSCH (*im Preis*) hinauf-, heraufsetzen

'**mark·down** *s* WIRTSCH Preissenkung *f* (*of* um)

marked [mɑːkt] *Adj* deutlich, merklich, ausgeprägt **mark·ed·ly** [ˈ-kɪdlɪ] *Adv* deutlich, ausgesprochen

mark·er [ˈmɑːkə] *s* **1.** Marker *m*, Highlighter *m* **2.** Lesezeichen *n* **3.** SPORT Manndecker(in) **4.** Korrektor(in)

mar·ket [ˈmɑːkɪt] **I** *s* **1.** Markt *m*: **a)** Handel: *be on the ~* auf dem Markt *od* im Handel sein; *put* (*od place*) *on the ~* auf den Markt *od* in den Handel bringen; zum Verkauf anbieten, **b)** Handelszweig, *s-e* Marktplatz *m*: *in the ~* auf dem Markt, **c)** (Kenn)Zeichen *n*, **d)** Wochen-, Jahrmarkt *m*, **e)** Absatzgebiet **2.** Am (Lebensmittel)Geschäft *n*, Laden *m* **II** *v/t* **3.** auf den Markt *od* in den Handel bringen **4.** vertreiben **III** *Adj* **5.** Markt… ~ *a·nal·y·sis s* (*unreg analysis*) Marktanalyse *f* ~ *day s* Markttag *m* ~ *e·con·o·my s: free ~* freie Marktwirtschaft

mar·ket·ing [ˈmɑːkɪtɪŋ] *s* WIRTSCH Marketing *n*: ~ *strategy* Marketingstrategie *f*

mar·ket| leader *s* Marktführer *m* ~ *place s* Marktplatz *m* ~ *re·search s* Marktforschung *f* ~ *share s* Marktanteil *m*

mark·ing [ˈmɑːkɪŋ] *s* **1.** Markierung *f, a. fig* Kennzeichnung *f* **2.** ZOOL Musterung *f,* Zeichnung *f* **3.** PÄD Benotung *f,* Zensierung *f,* (*Sport*) Bewertung *f* **4.** SPORT Deckung *f*

marks·man [ˈmɑːksmən] *s* (*unreg* **man**) guter Schütze

'mark·up *s* WIRTSCH Preiserhöhung *f* (**of** um)

mar·ma·lade [ˈmɑːməleɪd] *s* (*bes* Orangen- u. Zitronen)Marmelade *f*

mar·mot [ˈmɑːmət] *s* ZOOL Murmeltier *n*

ma·roon [məˈruːn] *Adj* kastanienbraun

mar·quee [mɑːˈkiː] *s* großes Zelt, Partyzelt *n*

▸ **mar·riage** [ˈmærɪdʒ] *s* **1.** Heirat *f,* Vermählung *f,* Hochzeit *f* (**to** mit) **2.** Ehe *f:* **by ~** angeheiratet; **related by ~** verschwägert; **gay** *od* **same-sex~** Homoehe *f ~* **cer·tif·i·cate** *s* Trauschein *m ~* **guid·ance cen·ter** (*Br* **cen·tre**) *s* Eheberatungsstelle *f*

▸ **mar·ried** [ˈmærɪd] *Adj* verheiratet, ehelich, Ehe…: **~ couple** Ehepaar *n;* **~ life** Eheleben *n*

mar·row [ˈmærəʊ] *s* **1.** ANAT (Knochen-) Mark *n:* **be frozen to the~** völlig durchgefroren sein **2.** *fig* Mark *n,* Kern *m, das* Innerste

▸ **mar·ry** [ˈmærɪ] **I** *v/t* **1.** heiraten: **be married** verheiratet sein (**to** mit); **get married** heiraten **2.** *a. ~ off Tochter etc* verheiraten (**to** an *Akk,* mit) **3.** Paar trauen **II** *v/i* **4.** heiraten: **~ into** einheiraten in (*Akk*)

Mars [mɑːz] *s* ASTR Mars *m*

marsh [mɑːʃ] *s* Sumpf(land *n*) *m,* Marsch *f*

mar·shal [ˈmɑːʃl] **I** *s* **1.** MIL Marschall(in) **2.** *Am* Bezirkspolizeichef(in) **II** *v/t Prät u. Part Perf* **-shaled,** *bes Br* **-shalled 3.** (an)ordnen, arrangieren

marsh·y [ˈmɑːʃɪ] *Adj* sumpfig, Sumpf…

mar·su·pial [mɑːˈsuːpɪəl] *s* Beuteltier *n*

mar·ten [ˈmɑːtɪn] *s* ZOOL Marder *m*

mar·tial [ˈmɑːʃl] *Adj* **1.** kriegerisch **2.** Kriegs…, Militär…: **~ law** Kriegsrecht *n* **3. ~ arts** *Pl* asiatische Kampfsportarten *Pl*

Mar·tian [ˈmɑːʃn] *s* Marsmensch *m*

mar·ti·ni [mɑːˈtiːnɪ] *s* Martini *m* (*Cocktail*)

mar·tyr [ˈmɑːtə] **I** *s* **1.** Märtyrer(in):

make a ~ of o.s. sich (auf)opfern; *iron* den Märtyrer spielen **II** *v/t* **2.** zum Märtyrer machen **3.** zu Tode martern

'mar·tyr·dom *s* Martyrium *n* (*a. fig*)

mar·vel [ˈmɑːvl] **I** *s* Wunder *n* (**of** an *Dat*) **II** *v/i Prät u. Part Perf* **-veled,** *bes Br* **-velled** sich wundern, staunen (**at** über *Akk*) **mar·vel·(l)ous** [ˈmɑːvələs] *Adj* **1.** erstaunlich, wunderbar **2.** F fabelhaft, fantastisch

Marx·ism [ˈmɑːksɪzəm] *s* Marxismus *m* **'Marx·ist I** *s* Marxist(in) **II** *Adj* marxistisch

mar·zi·pan [ˌmɑːzɪˈpæn] *s* Marzipan *n*

mas·ca·ra [mæˈskɑːrə] *s* Wimperntusche *f*

mas·cot [ˈmæskət] *s* Maskottchen *n:* **a)** Glücksbringer(in), **b)** Talisman *m*

mas·cu·line [ˈmæskjʊlɪn] *Adj* **1.** männlich (*a.* LING), Männer… **2.** unfraulich, maskulin

mash [mæʃ] **I** *s* **1.** breiige Masse, Brei *m* **2.** *Br* F Kartoffelbrei *m* **II** *v/t* **3.** zerdrücken, -quetschen: **~ed potatoes** *Pl* Kartoffelbrei *m, schweiz.* Kartoffelstock *m*

mask [mɑːsk] **I** *s* **1.** *allg* Maske *f* (*a. fig*) **II** *v/t* **2.** maskieren: **~ed ball** Maskenball *m* **3.** *fig* verschleiern

mas·o·chism [ˈmæsəʊkɪzəm] *s* PSYCH Masochismus *m* **'mas·o·chist** *s* Masochist(in) **ˌmas·o·chis·tic** *Adj* (**~ally**) masochistisch

ma·son [ˈmeɪsn] *s* **1.** Steinmetz(in) **2.** *oft* ♀ Freimaurer *m*

mas·quer·ade [ˌmæskəˈreɪd] *s* Maskerade *f* (*a. fig*)

mass¹ [mæs] *s oft* ♀ REL Messe *f:* **go to ~** zur Messe gehen

▸ **mass²** [mæs] *s* **1.** *allg* Masse *f* (*a.* PHYS): **a ~ of errors** e-e (Un)Menge Fehler; **the ~es** *Pl* die (breite) Masse **2.** Mehrzahl *f,* überwiegender Teil **II** *v/t u. v/i* **3.** (sich) (an)sammeln *od* (an)häufen **III** *Adj* **4.** Massen…: **~ demonstration,** *etc*

mas·sa·cre [ˈmæsəkə] **I** *s* Massaker *n* **II** *v/t* niedermetzeln

mas·sage [ˈmæsɑːʒ] **I** *s* Massage *f:* **give s.o. a ~** j-n massieren **II** *v/t* massieren

mass de·struc·tion *s* MIL Massenvernichtung *f:* **weapons of ~** Massenvernichtungswaffen *Pl*

mas·seur [mæˈsɜː] *s* Masseur *m* **mas-**

M

seuse [.~'sɜːz] *s* Masseurin *f*, Masseuse *f*

mas·sive ['mæsɪv] *Adj allg* massiv (*a. fig*): **on a ~ scale** in ganz großem Rahmen

mass| me·di·a *s Pl* (*a. Sg* konstruiert) Massenmedien *Pl* '~**·pro·duce** *v/t* serienmäßig herstellen ~ **pro·duc·tion** *s* Massen-, Serienproduktion *f* ~ **un·em·ploy·ment** *s* Massenarbeitslosigkeit *f*

mast¹ [mɑːst] *s* SCHIFF (*a. Antennen- etc*)Mast *m*

mast² [.~] *s* Mast(futter *n*) *f*

► **mas·ter** ['mɑːstə] **I** *s* **1.** Meister *m*, Herr *m*: **be ~ of s.th.** etw (*a. e-e Sprache etc*) beherrschen; **be ~ of the situation** Herr der Lage sein; **be one's own ~** sein eigener Herr sein **2.** WIRTSCH Lehrherr *m*, Meister *m*; (Handwerks)Meister *m*: ~ **tailor** Schneidermeister **3.** *bes Br* Lehrer *m* **4.** MALEREI *etc* Meister *m*: **an old ~** ein alter Meister **5.** UNIV Magister *m*: ≙ **of Arts** Magister Artium *od* der Geisteswissenschaften; ≙ **of Science** Magister der Naturwissenschaften **6.** → **ceremony** 1 **7.** Herr sein über (*Akk*), *a.* Sprache *etc* beherrschen **8.** *Aufgabe, Schwierigkeit etc* meistern, *Temperament etc* zügeln **III** *Adj* **9.** meisterhaft, -lich, Meister... **10.** Haupt... ~ **cop·y** *s* Originalkopie *f* **mas·ter·ful** ['mɑːstəful] *Adj* **1.** herrisch, gebieterisch **2.** → **master** 9

mas·ter| fuse *s* ELEK Hauptsicherung *f* ~ **key** *s* Hauptschlüssel *m*

mas·ter·ly ['mɑːstəlɪ] → **master** 9

'**mas·ter|·mind** *s* **1.** überragender Geist, Genie *n* **2.** (führender) Kopf: **be the ~ behind** stecken hinter (*Dat*) **II** *v/t* **3.** der Kopf (*Gen*) sein, stecken hinter (*Dat*) '~·**piece** *s* **1.** Haupt-, Meisterwerk *n* **2.** Meisterstück *n* ~ **plan** *s* Gesamtplan *m* '~·**stroke** *s* Meisterstück *n*, -leistung *f*

mas·ter·y ['mɑːstərɪ] *s* **1.** Herrschaft *f*, Gewalt *f* (**of**, **over** über *Akk*): **gain ~ over** die Oberhand gewinnen über (*Akk*) **2.** Beherrschung *f* (*e-r Sprache etc*)

mas·ti·cate ['mæstɪkeɪt] *v/t* (zer)kauen ,**mas·ti·ca·tion** *s* (Zer)Kauen *n*

mas·tiff ['mæstɪf] *s* ZOOL Bulldogge *f*

mas·tur·bate ['mæstəbeɪt] *v/i* mastur-

bieren, onanieren ,**mas·tur'ba·tion** *s* Masturbation *f*, Onanie *f*

mat¹ [mæt] **I** *s* **1.** Matte *f* (*a.* Ringen *etc*) **2.** Untersetzer *m*, -satz *m* **3.** Vorleger *m*, Abtreter *m* **4.** verfilzte Masse **II** *v/i* **5.** sich verfilzen

mat² [.~] **I** *Adj* matt (*a.* FOTO), mattiert **II** *v/t* mattieren

► **match¹** [mætʃ] *s* Streich-, Zündholz *n*

► **match²** [mætʃ] **I** *s* **1.** *der, die, das* Gleiche *od* Ebenbürtige: **his** ~ seinesgleichen; sein Ebenbild; j-d, der es mit ihm aufnehmen kann; **be a** (**no**) ~ **for s.o.** j-m (nicht) gewachsen sein; **find** (*od* **meet**) **one's** ~ s-n Meister finden (**in s.o.** in j-m) **2.** (dazu) passende Sache *od* Person, Gegenstück *n* **3.** (zs.-passendes) Paar, Gespann *n* (*a. fig*): **they are an excellent** ~ sie passen ausgezeichnet zueinander **4.** (*Fußball-etc*)Spiel *n*, (*Box- etc*)Kampf *m* **5.** Heirat *f*; *gute* Partie (*Person*) **II** *v/t* **6.** j-m, *e-r* Sache ebenbürtig *od* gewachsen sein, gleichkommen: **no one can ~ her cooking** niemand kann so gut kochen wie sie; **... cannot be ~ed ...** ist unerreicht *od* nicht zu überbieten **7.** j-m, *e-r* Sache (*a. farblich etc*) entsprechen, passen zu **8.** j-n, etw vergleichen (**with** mit): ~ **one's strength against s.o.('s)** s-e Kräfte mit j-m messen **III** *v/i* **9.** zs.-passen, übereinstimmen (**with** mit), entsprechen (**to** *Dat*)

'**match·box** *s* Streich-, Zündholzschachtel *f*

match·ing ['mætʃɪŋ] *Adj* (dazu) passend '**match·less** *Adj* unvergleichlich, einzigartig

'**match|·mak·er** *s* **1.** Ehestifter(in) **2.** *pej* Kuppler(in) ~ **point** *s* Tennis *etc*: Matchball *m*

mate¹ [meɪt] → **checkmate**

mate² [.~] **I** *s* **1.** (Arbeits)Kamerad(in), (-)Kollege *m*, (-)Kollegin *f*; (*Anrede*) Kamerad!, Kumpel! **2.** ZOOL, *bes* ORN Männchen *n od* Weibchen *n* **3.** SCHIFF Maat *m* **II** *v/t* **4.** *Tiere* paaren **III** *v/i* **5.** ZOOL sich paaren

► **ma·te·ri·al** [mə'tɪərɪəl] **I** *Adj* **1.** materiell, physisch; Material...: ~ **damage** Sachschaden *m*; ~ **defect** Materialfehler *m* **2.** materiell: **a)** leiblich (*Wohlergehen*), **b)** wirtschaftlich: ~ **wealth** materieller Wohlstand **3.** wesentlich, aus-

schlaggebend (**to** für); JUR erheblich, relevant **II** s **4.** Material *n*, Stoff *m* (*beide a. fig* für zu *e-m Buch etc*) ma'te·ri·al·ism *s* Materialismus *m* ma'te·ri·al·ist *s* Materialist(in) ma,teri·al'is·tic *Adj* (~**ally**) materialistisch ma'te·ri·al·ize **I** *v/t* **1.** *etw* verwirklichen **II** *v/i* **2.** sich verwirklichen **3.** erscheinen, sich materialisieren (*Geist*)

ma·ter·nal [mə'tɜːnl] *Adj* **1.** mütterlich, Mutter... **2.** *Großvater etc* mütterlicherseits

ma·ter·ni·ty [mə'tɜːnətɪ] **I** *s* Mutterschaft *f* **II** *Adj*: ~ **benefits** *Br* Mutterschaftsleistungen *Pl*; ~ **dress** Umstandskleid *n*; ~ **leave** Mutterschaftsurlaub *m*; ~ **pay** *Br* (*vom Arbeitgeber zu zahlendes*) Mutterschaftsgeld; ~ **ward** Entbindungsstation *f*

mat·ey ['meɪtɪ] *Adj* kameradschaftlich: **be** ~ **with s.o.** mit j-m auf Du u. Du stehen

math [mæθ] *s Am* F Mathe *f*

math·e·mat·i·cal [,mæθə'mætɪkl] *Adj* mathematisch; Mathematik... math·e·ma·ti·cian [,~mə'tɪʃn] *s* Mathematiker(in)

▸ math·e·mat·ics [,mæθə'mætɪks] *s Pl* (*mst Sg konstruiert*) Mathematik *f*

maths [mæθs] *s Pl* (*mst Sg konstruiert*) *Br* F Mathe *f*

mat·i·née ['mætɪneɪ] *s* THEAT Nachmittagsvorstellung *f*

mat·ing ['meɪtɪŋ] *s* ZOOL Paarung *f*: ~ **season** Paarungszeit *f*

ma·tri·arch·y ['meɪtrɪɑːkɪ] *s* SOZIOL Matriarchat *n*

ma·tri·ces ['meɪtrɪsiːz] *Pl von* **matrix**

ma·tric·u·late [mə'trɪkjʊleɪt] *v/t u. v/i* (sich) immatrikulieren **II** s [~lət] Immatrikulierte *m*, *f* ma,tric·u·la'tion *s* Immatrikulation *f*

mat·ri·mo·ni·al [,mætrɪ'məʊnjəl] *Adj* ehelich, Ehe... **mat·ri·mo·ny** ['~məni] *s* Ehe(stand *m*) *f*

ma·trix ['meɪtrɪks] *Pl* **ma·tri·ces** ['~trɪsiːz], '**ma·trix·es** *s* **1.** TECH Matrize *f* **2.** MATHE Matrix *f*

ma·tron ['meɪtrən] *s* **1.** Matrone *f* **2.** *Br* Oberschwester *f*, Oberin *f*

▸ mat·ter ['mætə] **I** s **1.** Materie *f* (*a.* PHYS), Substanz *f*, Stoff *m* **2.** MED Eiter *m* **3.** Sache *f*, Angelegenheit *f*: **this is an entirely different matter** das ist etw

ganz anderes; **a matter of course** e-e Selbstverständlichkeit; **as a matter of course** selbstverständlich, natürlich; **a matter of fact** e-e Tatsache; **as a matter of fact** tatsächlich, eigentlich; **a matter of form** e-e Formsache; **as a matter of form** der Form halber; **a matter of taste** (e-e) Geschmackssache; **a matter of time** e-e Frage der Zeit; **it is a matter of life and death** es geht um Leben u. Tod; → *laughing* 3 **4.** *Pl* die Sache, die Dinge *Pl*: **to make matters worse** was die Sache noch schlimmer macht; **as matters stand** wie die Dinge liegen **5.** ▸ **what's the matter (with him)?** was ist los (mit ihm)?; **it's no matter whether** es spielt keine Rolle, ob; **no matter what he says** ganz gleich, was er sagt; **no matter who** gleichgültig, wer **II** *v/i* **6.** von Bedeutung sein (**to** für): **it doesn't matter** es macht nichts; **it doesn't really matter to me** es macht mir nicht viel aus; **it matters little** es spielt kaum e-e Rolle **7.** MED eitern **,~-of-'fact** *Adj* sachlich, nüchtern

mat·tress ['mætrɪs] *s* Matratze *f*

ma·ture [mə'tjʊə] **I** *Adj* **1.** *allg* reif (*a. fig*) **2.** *fig* ausgereift (*Pläne etc*) **3.** WIRTSCH fällig (*Wechsel*) **II** *v/t* **4.** reifen lassen (*a. fig*) **III** *v/i* **5.** (heran)reifen (**into** zu), reif werden (*beide a. fig*) **6.** WIRTSCH fällig werden **ma'tur·i·ty** s **1.** Reife *f* (*a. fig*) **2.** WIRTSCH Fälligkeit *f*

maud·lin ['mɔːdlɪn] *Adj* **1.** weinerlich (*Stimme*) **2.** rührselig

mau·so·le·um [,mɔːsə'lɪəm] *Pl* **-le·ums**, **-le·a** [,~'lɪə] *s* Mausoleum *n*

mauve [məʊv] *Adj* malvenfarbig, mauve, dunkellila

mawk·ish ['mɔːkɪʃ] *Adj* **1.** (unangenehm) süßlich **2.** *fig* rührselig, süßlich

max·im ['mæksɪm] *s* Maxime *f*, Grundsatz *m*

max·i·ma ['mæksɪmə] *Pl von* **maximum** '**max·i·mize** *v/t* WIRTSCH, TECH maximieren **max·i·mum** ['~məm] **I** *Pl* **-ma** ['~mə], **-mums** *s* Maximum *n* **II** *Adj* maximal, Maximal..., Höchst...: ~ (**permissible**) **speed** (zulässige) Höchstgeschwindigkeit

▸ May[1] [meɪ] *s* Mai *m*: **in** ~ im Mai

▸ may[2] [meɪ] *v/hilf* (*unreg*) **1.** Möglichkeit, Gelegenheit: ich kann, du kannst

etc, ich mag, du magst etc: **it ~ happen
(at) any time** es kann jederzeit geschehen; **it might happen** es könnte geschehen; **you ~ be right** du magst
Recht haben, vielleicht hast du Recht
2. Erlaubnis: **ich kann, du kannst** etc,
ich darf, du darfst etc **3. you ~ well
say so** du hast gut reden; **we might
as well go** da könnten wir (auch) ebenso gut gehen **4.** Aufforderung: **you
might help me** du könntest mir (eigentlich) helfen

▸ **may·be** [ˈmeɪbiː] Adv vielleicht

May| bug s ZOOL Maikäfer m ~ **Day** s
der 1. Mai '2-**day** Interj FLUG, SCHIFF
Mayday!' (internationaler Funknotruf)

may·hem [ˈmeɪhem] s **1.** JUR bes Am
schwere Körperverletzung **2.** fig Chaos
n: **cause** (od **create**) ~ ein Chaos auslösen

mayo [ˈmeɪəʊ] Pl **mayos** s F Majo f

may·on·naise [ˌmeɪəˈneɪz] s Majonäse
f

may·or [meə] s Bürgermeister(in)

'may·pole s Maibaum m

maze [meɪz] s Irrgarten m, Labyrinth n
(a. fig): ~ **of streets** Straßengewirr n;
be in a ~ verwirrt sein

MB [em'biː] Abk (= **megabyte**) MB n,
Mbyte n

MC [em'siː] Abk (= **master of ceremonies**) Conférencier m

MCA [emsiː'eɪ] Abk (= **maximum credible accident**) GAU m

McCoy [məˈkɔɪ] s **the real** ~ das einzig
Wahre

▸ **me** [miː] I Personalpron **1.** mich (Akk
von I): **he knows** ~ **2.** mir (Dat von I):
he gave ~ **the book 3.** F ich (Nom):
he's younger than ~; **it's** ~ ich bins
II Reflexivpron **4.** mich: **I looked around**
~ ich sah mich um

▸ **mead·ow** [ˈmedəʊ] s Wiese f, Weide f:
in the ~ auf der Wiese od Weide

mea·ger Am, **mea·gre** bes Br [ˈmiːgə]
Adj **1.** mager, dürr, (Gesicht) hager **2.**
fig dürftig, kärglich: ~ **attendance**
spärlicher Besuch

▸ **meal**[1] [miːl] s Mahl(zeit f) n, Essen n:
~**s** Pl **on wheels** Essen auf Rädern

meal[2] [_] s Schrotmehl n

'meal·time s Essenszeit f

meal·y [ˈmiːlɪ] Adj mehlig ~**-mouthed**
[ˈ_maʊðd] Adj schönfärberisch, heuchlerisch (Person), (Äußerung etc a.) verschlüsselt

mean[1] [miːn] Adj **1.** gemein, niederträchtig **2.** schäbig, geizig **3.** F (charakterlich) schäbig: **feel** ~ **st** sich schäbig od
gemein vorkommen (**about** wegen)

▸ **mean**[2] [miːn] I Adj **1.** mittler, Mittel..., durchschnittlich, Durchschnitts... II s **2.** Mitte f, Mittel(weg
m) n, Durchschnitt m

▸ **mean**[3] [miːn] (unreg) I v/t **1.** beabsichtigen, vorhaben: ~ **to do s.th.** etw tun
wollen; **I** ~ **it** es ist mir ernst damit; ~
business es ernst meinen; ~ **no harm**
es nicht böse meinen; **no harm** ~**t**
nichts für ungut! **2. be** ~**t for** bestimmt
sein für, (Bemerkung etc) gemünzt sein
auf (Akk) **3.** meinen, sagen wollen:
what do you ~ **by this?** was wollen
Sie damit sagen?; was verstehen Sie
darunter? **4.** e-e Menge Arbeit etc bedeuten **5.** bedeuten, heißen (Wort
etc): **does this** ~ **anything to you?** ist
Ihnen das ein Begriff?, sagt Ihnen
das etw? II v/i **6.** ~ **well (ill) by** (od
to) **s.o.** j-m wohl gesinnt (übel gesinnt)
sein **7.** ~ **everything (little) to s.o.** j-m
alles (wenig) bedeuten

me·an·der [mɪˈændə] v/i sich winden od
schlängeln

▸ **mean·ing** [ˈmiːnɪŋ] I s **1.** Sinn m, Bedeutung f: **full of** ~ → **3**; **do you get** (od
take) **my** ~**?** verstehst du, was ich
meine? **2.** Sinn m, Inhalt m: **give one's
life a new** ~ s-m Leben e-n neuen Sinn
geben II Adj **3.** bedeutungsvoll, bedeutsam (Blick etc) **mean·ing·ful**
[ˈ_fʊl] Adj **1.** bedeutungsvoll (Blick,
Ereignis etc) **2.** sinnvoll (Arbeit etc)
'mean·ing·less Adj sinnlos

mean·ness [ˈmiːnnɪs] s **1.** Gemeinheit f,
Niederträchtigkeit f **2.** Geiz m

▸ **means** [miːnz] Pl **means** s **1.** Mittel n od
Pl, Weg m: **by all** ~ auf alle Fälle, unbedingt; **by no** ~ keineswegs, auf keinen Fall; **by** ~ **of** mittels, durch, mit;
find the ~ Mittel u. Wege finden; **a** ~
of communication ein Kommunikationsmittel; → **end 10 2.** Pl Mittel Pl,
Vermögen n: **live within** (**beyond**)
one's ~ s-n Verhältnissen entsprechend
(über s-e Verhältnisse) leben

meant [ment] Prät u. Part Perf von
mean[3]

'**meantime** → *meanwhile*

▸ **mean·while** ['mi:nwaɪl] **I** *Adv* inzwischen, unterdessen, in der Zwischenzeit **II** *s*: *in the* ~ → I

mea·sles ['mi:zlz] *s Pl* (*mst Sg konstruiert*) MED Masern *Pl*: → *German* 1

meas·ur·a·ble ['meʒərəbl] *Adj* **1.** messbar **2.** merklich

▸ **meas·ure** ['meʒə] **I** *s* **1.** Maß(einheit *f*) *n*: ~ *of capacity* Hohlmaß; ~ *of length* Längenmaß **2.** *fig* (richtiges *od* vernünftiges) Maß, Ausmaß *n*: *beyond* ~ über alle Maßen, grenzenlos; *in a great* (*od large*) ~ in großem Maße; großenteils; *in some* ~, *in a* (*certain*) ~ bis zu e-m gewissen Grade **3.** Maß *n*, Messgerät *n*: **4.** MUS Takt *m* **5.** *Metrik:* Versmaß *n* **6.** Maßnahme *f*: *take* ~*s* Maßnahmen treffen *od* ergreifen **II** *v/t* **7.** (ver)messen, ab-, ausmessen: ~ *s.o.* j-m Maß nehmen (*for* für) **8.** *fig* messen (*by* an *Dat*) **9.** *fig* vergleichen, messen (*against, with* mit): ~ *one's strength with* s-e Kräfte messen mit **III** *v/i* **10.** messen, groß sein: *it* ~*s 7 inches* es misst 7 Zoll, es ist 7 Zoll lang '**meas·ure·ment** *s* **1.** (Ver)Messung *f* **2.** Maß *n; Pl a.* Abmessungen *Pl*: *take s.o.'s* ~*s* j-m Maß nehmen (*for* für) '**meas·ur·ing** *Adj* Mess...: ~ *instrument* Messgerät *n*

▸ **meat** [mi:t] *s* **1.** Fleisch *n*: *cold* ~ kalter Braten **2.** *fig* Substanz *f*, Gehalt *m* '~·*ball* *s* Fleischklößchen *n*

▸ **me·chan·ic** [mɪ'kænɪk] *s* Mechaniker(in)

▸ **me·chan·i·cal** [mɪ'kænɪkl] *Adj* mechanisch (*a. fig*): ~ *engineering* Maschinenbau *m*; ~ *pencil* *Am* Drehbleistift *m*

mech·a·nism ['mekənɪzəm] *s* Mechanismus *m* (*a. fig*)

▸ **med·al** ['medl] *s* **1.** Medaille *f* **2.** Orden *m* **med·al·ist** *Am* → *medallist* **me·dal·lion** [mɪ'dæljən] *s* Medaillon *n* **med·al·list** ['medlɪst] *s bes Br* Medaillengewinner(in)

med·dle ['medl] *v/i* sich einmischen (*with, in* in *Akk*) **med·dle·some** ['~·səm] *Adj* aufdringlich

▸ **me·di·a** ['mi:djə] **I** *Pl von medium* **II** *s Pl* (*a. Sg konstruiert*) Medien *Pl*: ~ *event* Medienereignis *s*; ~·*shy* medienscheu

me·di·ae·val → *medieval*

me·di·an strip ['mi:djən ~] *s Am* Mittelstreifen *m*

▸ **me·di·ate** ['mi:dɪeɪt] **I** *v/i* vermitteln (*between* zwischen *Dat*) **II** *v/t* (durch Vermittlung) zustande bringen *od* beilegen ,**me·di·'a·tion** *s* Vermittlung *f* '**me·di·a·tor** *s* Vermittler(in)

med·ic ['medɪk] → *medico*

▸ **med·i·cal** ['medɪkl] **I** *Adj* **1.** medizinisch, ärztlich, Kranken...: ~ *certificate* ärztliches Attest; ~ *examination* ärztliche Untersuchung; *on* ~ *grounds* aus gesundheitlichen Gründen; ~ *student* Medizinstudent(in) **2.** internistisch: ~ *ward* innere Abteilung **II** *s* **3.** F ärztliche Untersuchung

Me·di·care ['medɪkeə] *s Am* Krankenkasse *f*

med·i·cate ['medɪkeɪt] *v/t* medizinisch *od* medikamentös behandeln: ~*d shampoo* (*soap*) medizinisches Haarwaschmittel (medizinische Seife) ,**med·i·'ca·tion** *s* medizinische *od* medikamentöse Behandlung

▸ **med·i·cine** ['medsɪn] *s* **1.** Medizin *f*, Arznei *f*: *give s.o. a dose* (*od taste*) *of his own* ~ *fig* es j-m in *od* mit gleicher Münze heimzahlen **2.** Medizin *f*, Heilkunde *f*; innere Medizin ~ *ball* *s* SPORT Medizinball *m* ~ *chest* *s* Hausapotheke *f* ~·*man* *s* (*unreg man*) Medizinmann *m*

med·i·co ['medɪkəʊ] *Pl* -**cos** *s* F Mediziner(in) (*Arzt u. Student*)

me·di·e·val [,medɪ'i:vl] *Adj* mittelalterlich

me·di·o·cre [,mi:dɪ'əʊkə] *Adj* mittelmäßig **me·di·oc·ri·ty** [,~'ɒkrətɪ] *s* Mittelmäßigkeit *f*

med·i·tate ['medɪteɪt] **I** *v/i* (*on*) nachdenken (über *Akk*), grübeln (über *Akk, Dat*), *a. eng. S.* meditieren (über *Akk*) **II** *v/t* erwägen: ~ *revenge* auf Rache sinnen ,**med·i·'ta·tion** *s* Nachdenken *n*, Grübeln *n*; *eng. S.* Meditation *f*

Med·i·ter·ra·ne·an (**Sea**) [,medɪtə'reɪnjən (si:)] *Eigenn das* Mittelmeer

me·di·um ['mi:djəm] **I** *Pl* **-di·a** ['~djə], **-di·ums** *s* **1.** *fig* Mitte *f*, Mittelweg *m* **2.** BIOL *etc* Medium *n*, Träger *m* **3.** WIRTSCH (*a. künstlerisches etc*) Medium

M

n, Mittel *n*: → **advertising** II **4.** *Hypnose, Parapsychologie*: Medium *n* II *Adj* **5.** mittler, Mittel..., *a.* mittelmäßig **6.** GASTR englisch (*Steak*) '**~-priced** *Adj* der mittleren Preislage : **~-range** *Adj*: **~ missile** MIL Mittelstreckenrakete *f* '**~-size(d)** *Adj* mittelgroß: **~ car** MOT Mittelklassewagen *m* '**~-term** *Adj* mittelfristig (*Planung etc*) **~ wave** *s* ELEK Mittelwelle *f*: **on ~** auf Mittelwelle

med·ley ['medlɪ] *s* **1.** Gemisch *n*, *pej* Mischmasch *m* **2.** MUS Potpourri *n*

meek [miːk] *Adj* **1.** sanft(mütig) **2.** bescheiden; *pej* unterwürfig: **be ~ and mild** sich alles gefallen lassen

▶ **meet** [miːt] (*unreg*) I *v/t* **1.** begegnen (*Dat*); treffen, sich treffen mit **2.** *j-n* kennen lernen: **when I first met him** als ich s-e Bekanntschaft machte; **pleased to ~ you** F sehr erfreut!(, Sie kennen zu lernen) **3.** *j-n* abholen (**at the station** von der Bahn) **4.** → **halfway** 3 **5.** (*feindlich*) zs.-treffen mit, (*Sport a.*) treffen auf (*Akk*): → **fate** 1 **6.** *fig* entgegentreten (*Dat*) **7.** münden in (*Akk*) (*Straße*); stoßen *od* treffen auf (*Akk*): **there is more to it than ~s the eye** da steckt mehr dahinter **8.** *j-s* Wünschen entgegenkommen, entsprechen, *e-r* Forderung, Verpflichtung nachkommen, *Unkosten* bestreiten, decken II *v/i* **9.** zs.-kommen, -treten **10.** sich begegnen, sich (*a. verabredungsgemäß*) treffen: **~ again** sich wieder sehen; **our eyes met** unsere Blicke trafen sich **11.** (*feindlich*) zs.-stoßen, (*Sport*) aufeinander treffen **12.** sich kennen lernen: **we have met before** wir kennen uns schon **13.** sich vereinigen (*Straßen etc*); sich berühren (*a. Interessen etc*) **14.** genau zs.-passen, sich decken: → **end** 5 **15. ~ with** zs.-treffen mit; sich treffen mit; erleben, erleiden: **~ with an accident** e-n Unfall erleiden, verunglücken; **~ with a refusal** auf Ablehnung stoßen; → **approval** 2

▶ **meet·ing** ['miːtɪŋ] *s* **1.** Begegnung *f*, Zs.-treffen *n*, -kunft *f* **2.** Versammlung *f*, Konferenz *f*, Tagung *f*: **at a ~** auf e-r Versammlung; **~ of members** Mitgliederversammlung **3.** SPORT Veranstaltung *f* **~ place** *s* **1.** Tagungs-, Versammlungsort *m* **2.** Treffpunkt *m*

mega·|byte ['megəbaɪt] *s* Megabyte *n* '**~·flop** *s* Megaflop *m* '**~·hit** *s* Megahit *m*

meg·a·lo·ma·ni·a [ˌmegələʊˈmeɪnjə] *s* Größenwahn *m* **meg·a·lo·ma·ni·ac** [-nɪæk] *Adj* größenwahnsinnig

meg·a·phone ['megəfəʊn] *s* Megafon *n*

mel·a·no·ma [meləˈnəʊmə] *s* MED Melanom *n*

mel·an·chol·y ['melənkəlɪ] I *s* **1.** Melancholie *f*, Schwermut *f* II *Adj* **2.** melancholisch, schwermütig **3.** traurig, schmerzlich (*Pflicht etc*)

mel·low ['meləʊ] I *Adj* **1.** reif, weich (*Obst*) **2.** ausgereift, lieblich (*Wein*) **3.** sanft, mild (*Licht*), zart (*Farbton*) **4.** *fig* gereift, abgeklärt (*Person*) **5.** angeheitert, beschwipst II *v/t* **6.** reifen lassen (*a. fig*) III *v/i* **7.** reifen (*a. fig*)

me·lo·di·ous [mɪˈləʊdjəs] *Adj* melodisch, melodiös

mel·o·dra·ma ['meləʊˌdrɑːmə] *s* Melodram(a) *n* (*a. fig*) **mel·o·dra·mat·ic** [ˌ-drəˈmætɪk] *Adj* (**~ally**) melodramatisch

mel·o·dy ['melədɪ] *s* Melodie *f*

mel·on ['melən] *s* BOT Melone *f*

▶ **melt** [melt] (*a. unreg*) I *v/i* **1.** (zer-) schmelzen, sich auflösen: **~ in the mouth** auf der Zunge zergehen; **~ away** *fig* sich auflösen (*Menge*); dahinschmelzen (*Geld*); **~ into tears** in Tränen zerfließen **2.** verschmelzen (*Farben, Ränder etc*): **~ into** übergehen in (*Akk*) II *v/t* **3.** schmelzen, *Butter* zerlassen: **~ down** einschmelzen **4.** *fig j-s Herz* erweichen '**~·down** *s* **1.** Kernschmelze *f* (*im Reaktor*) **2.** *fig* Gau *m*

melt·ing ['meltɪŋ] *Adj* weich, angenehm (*Stimme*) **~ point** *s* PHYS Schmelzpunkt *m* **~ pot** *s* Schmelztiegel *m* (*a. fig*)

▶ **mem·ber** ['membə] *s* **1.** Mitglied *n*, Angehörige *m*, *f*: **~ of the family** Familienmitglied; **2 of Parliament** *Br* Unterhausabgeordnete *m*, *f*; **2 of Congress** *Am* → **Congressman**; **~s only** (Zutritt) nur für Mitglieder; **~ country** Mitgliedsland *n* **2.** ANAT Glied(maße *f*) *n*; (*männliches*) Glied '**mem·ber·ship** *s* **1.** (**of**) Mitgliedschaft *f* (bei), Zugehörigkeit *f* (zu): **~ card** Mitgliedsausweis *m*; **~ fee** Mitgliedsbeitrag *m* **2.** Mitgliederzahl *f*: **have a ~ of 200** 200 Mitglieder haben

mem·brane ['membreɪn] s Membran f
mem·o ['meməʊ] Pl **-os** s F Memo n (→ **memorandum** 1)
mem·oirs ['memwɑːz] s Pl Memoiren Pl
mem·o·ra·ble ['memərəbl] Adj **1.** denkwürdig **2.** einprägsam **3.** unvergesslich
mem·o·ran·dum [,memə'rændəm] Pl **-da** [.-də], **-dums** s **1.** (a. Akten)Vermerk m, (-)Notiz f; (geschäftliche) Kurzmitteilung f **2.** POL Memorandum n, Denkschrift f
me·mo·ri·al [mə'mɔːrɪəl] **I** Adj s. **1.** Gedenk…, Gedächtnis…: ≈ **Day** Am Gedenktag m für die Gefallenen (30. Mai); ~ **service** Gedenkgottesdienst m **II** s **2.** Denk-, Ehrenmal n, Gedenkstätte f (**to** für) **3.** Gedenkfeier f (**to** für)
mem·o·rize ['meməraɪz] v/t auswendig lernen, sich etw einprägen
▶ **mem·o·ry** ['meməri] s **1.** Gedächtnis n: **from** (od **by**) ~ aus dem Gedächtnis, auswendig; ~ **for names** Namensgedächtnis; **call to** ~ sich etw ins Gedächtnis zurückrufen; **have a good** (**bad**) ~ ein gutes (schlechtes) Gedächtnis haben; → **sieve** I **2.** Andenken n, Erinnerung f (**of** an Akk): **in** ~ **of** zum Andenken an **3.** mst Pl Erinnerung f: **childhood memories** Kindheitserinnerungen **4.** COMPUTER Speicher m: ~ **capacity** Speicherkapazität f; ~ **expansion** Speichererweiterung f
men [men] Pl von **man**: ~**'s magazine** Herrenmagazin n; ~**'s room** Am Herrentoilette f
men·ace ['menəs] **I** v/t bedrohen **II** s Drohung f; Bedrohung f (**to** Gen)
▶ **mend** [mend] **I** v/t **1.** ausbessern, reparieren, flicken, Strümpfe etc flicken; fig Freundschaft etc kitten **2.** (ver)bessern: ~ **one's ways** sich bessern **II** v/i **3.** sich bessern (a. Person) **III** s: **be on the** ~ auf dem Weg der Besserung sein
men·da·cious [men'deɪʃəs] Adj lügnerisch, verlogen **men·dac·i·ty** [.-'dæsəti] s Verlogenheit f
me·ni·al ['miːnjəl] Adj untergeordnet, niedrig (Arbeit)
men·in·gi·tis [,menɪn'dʒaɪtɪs] s MED Hirnhautentzündung f
men·o·pause ['menəʊpɔːz] s PHYSIOL Wechseljahre Pl: **go through the** ~ in

den Wechseljahren sein
men·stru·ate ['menstrʊeɪt] v/i PHYSIOL menstruieren ,**men·stru·a·tion** s Menstruation f
▶ **men·tal** ['mentl] Adj (→ **mentally**) **1.** geistig, Geistes…: ~ **arithmetic** Kopfrechnen n; ~ **illness** Geisteskrankheit f; ~ **handicap** geistige Behinderung; ~ **hospital** psychiatrische Klinik, Nervenheilanstalt f; **make a** ~ **note of s.th.** sich etw (vor)merken; ~ **state** Geisteszustand m **2.** seelisch, psychisch: ~ **cruelty** JUR seelische Grausamkeit **men·tal·i·ty** [.-'tæləti] s Mentalität f **men·tal·ly** ['.-təli] Adv **1.** geistig, geistes…: ~ **deficient** (od **deranged**) geistesgestört; ~ **handicapped** geistig behindert; ~ **ill** geisteskrank **2.** im Geist, in Gedanken
men·thol ['menθɒl] s CHEM Menthol n
▶ **men·tion** ['menʃn] **I** s Erwähnung f: **get** (od **be given**) **a** ~ erwähnt werden **II** v/t erwähnen (**to** gegenüber); **don't** ~ **it!** bitte (sehr)!, gern geschehen!; **not to** ~ ganz abgesehen od zu schweigen von; nicht zu vergessen; → **worth** I
▶ **men·u** ['menjuː] s **1.** Speise(n)karte f **2.** COMPUTER Menü n ~ **bar** COMPUTER Menüleiste f '·,**driv·en** Adj COMPUTER menügesteuert (Programm)
MEP [emiː'piː] Abk (= **Member of the European Parliament**) Europaabgeordnete m, f
mer·can·tile ['mɜːkəntaɪl] Adj Handels…: ~ **law** Handelsrecht n
mer·ce·nar·y ['mɜːsɪnəri] s MIL Söldner m
mer·chan·dise ['mɜːtʃəndaɪz] s Ware(n Pl) f
mer·chant ['mɜːtʃənt] **I** s (Groß)Händler(in) **II** Adj Handels…: ~ **ship**
mer·ci·ful ['mɜːsɪfʊl] Adj (**to**) barmherzig (gegen), gnädig (Dat) '**mer·ci·less** Adj unbarmherzig
mer·cu·ri·al [mɜː'kjʊərɪəl] Adj **1.** Quecksilber… **2.** fig quecksilb(e)rig, quicklebendig; sprunghaft
mer·cu·ry ['mɜːkjʊri] s **1.** ≈ ASTR, MYTH Merkur m **2.** CHEM Quecksilber n
mer·cy ['mɜːsɪ] s **1.** Barmherzigkeit f, Erbarmen n, Gnade f: **without** ~ → **merciless**; **be at s.o.'s** ~ j-m (auf Gedeih u. Verderb) ausgeliefert sein; **have** ~ **on** Mitleid od Erbarmen haben mit

M

2. (wahres) Glück, (wahrer) Segen ~
kill·ing s Sterbehilfe f
mere [mɪə] Adj bloß, nichts als: **a ~ ex-
cuse** nur e-e Ausrede; **~ imagination**
bloße od reine Einbildung
▸ **mere·ly** ['mɪəlɪ] Adv bloß, nur, ledig-
lich
merge [mɜːdʒ] I v/i **1.** (**in**, **into**) ver-
schmelzen (mit), aufgehen (in Dat) **2.**
zs.-laufen (Straßen etc) **3.** MOT sich ein-
fädeln **4.** WIRTSCH fusionieren (**with**
mit) II v/t **5.** verschmelzen (**in**, **into**
mit) **6.** WIRTSCH fusionieren '**merg·er**
s WIRTSCH Fusion f
me·rid·i·an [məˈrɪdɪən] s **1.** GEOG Me-
ridian m, Längenkreis m **2.** ASTR Kul-
minationspunkt m
mer·it ['merɪt] I s **1.** Verdienst n **2.** Wert
m; Vorzug m: **work of ~** bedeutendes
Werk; **of artistic ~** von künstlerischem
Wert II v/t **3.** Lohn, Strafe etc verdienen
mer·i·toc·ra·cy [ˌ-ˈtɒkrəsɪ] s Leis-
tungsgesellschaft f
mer·maid ['mɜːmeɪd] s Meerjungfrau f
mer·ri·ment ['merɪmənt] s **1.** Fröhlich-
keit f, Lustigkeit f, Ausgelassenheit f
2. Gelächter n, Heiterkeit f
mer·ry ['merɪ] Adj **1.** lustig (a. Streich
etc), fröhlich, ausgelassen: **~ Christ-
mas!** fröhliche od frohe Weihnachten!
2. F beschwipst, angeheitert: **get ~** sich
e-n andudeln '**~-go-round** Pl **mer-
ry-go-rounds** s Karussell n, österr.
Ringelspiel n
mesh [meʃ] I s **1.** Masche f **2.** mst Pl fig
Netz n, Schlingen Pl: **~ of lies** Lügen-
netz n; **~ of intrigue** Intrigennetz n II
v/t **3.** in e-m Netz fangen III v/i **4.** in-
einander greifen (Zahnräder, a. fig)
5. fig passen (**with** zu), zs.-passen
mes·mer·ize ['mesmeraɪz] v/t fig faszi-
nieren: **~d** fasziniert
▸ **mess** [mes] I s **1.** Unordnung f, a. fig
Durcheinander n; Schmutz m; fig Pat-
sche f, Klemme f: **in a ~** in Unordnung;
schmutzig; **be in a nice** (od **fine**) **~** ganz
schön in der Klemme sein od sitzen od
stecken; **make a ~ of →** 3 **2.** MIL Messe
f: **officers' ~** Offiziersmesse, -kasino n
II v/t **3.** a. **~ up** in Unordnung bringen,
a. fig durcheinander bringen; schmut-
zig machen; fig verpfuschen, Pläne
etc über den Haufen werfen III v/i **4.**
~ about (od **around**) herumspielen,

pej a. herumbasteln (**with** an Dat)
▸ **mes·sage** ['mesɪdʒ] s **1.** Mitteilung f,
Nachricht f: **can I give him a ~?** kann
ich ihm etw ausrichten?; **leave a ~** (**for
s.o.**) (j-m) e-e Nachricht hinterlassen;
can I take a ~? kann ich etw ausrich-
ten?; **get the ~** F kapieren **2.** COMPUTER
Meldung f **3.** fig Anliegen n (e-s Künst-
lers etc); Aussage f (e-s Romans etc)
mes·sen·ger ['mesɪndʒə] s **1.** Bote m,
Botin f: **by ~** durch Boten **2.** fig
(Vor)Bote m ▸ **boy** s Laufbursche m,
Botenjunge m
Mes·si·ah [mɪˈsaɪə] s REL der Messias
'**mess-up** s Durcheinander n (a. fig)
mess·y ['mesɪ] Adj **1.** schmutzig (a. fig)
2. fig verfahren
met [met] Prät u. Part Perf von **meet**
met·a·bol·ic [ˌmetəˈbɒlɪk] Adj PHYSIOL
Stoffwechsel... **me·tab·o·lism** [meˈtæ-
bəlɪzəm] s Stoffwechsel m
▸ **met·al** ['metl] I s Metall n II Adj →
metallic 1. me·tal·lic [mɪˈtælɪk] Adj
(**~ally**) **1.** metallen, Metall... **2.** metal-
lisch (glänzend od klingend) **met·al-
lur·gy** [meˈtælədʒɪ] s Metallurgie f,
Hüttenkunde f
met·a·mor·pho·sis [ˌmetəˈmɔːfəsɪs] Pl
-ses [ˌ-siːz] s Metamorphose f, Ver-
wandlung f
met·a·phor ['metəfə] s Metapher f **met-
a·phor·i·cal** [ˌ-ˈfɒrɪkl] Adj metapho-
risch, bildlich
met·a·phys·i·cal [ˌmetəˈfɪzɪkl] Adj **1.**
metaphysisch **2.** übersinnlich ˌ**met·a-
'phys·ics** s Sg Metaphysik f
me·tas·ta·sis [məˈtæstəsɪs] Pl **-ses**
[ˌ-siːz] s MED Metastase f; Metastasen-
bildung f
me·te·or ['miːtɪɔː] s ASTR Meteor m
me·te·or·ic [ˌmiːtɪˈɒrɪk] Adj (**~ally**) **1.**
ASTR meteorisch, Meteor... **2.** fig ko-
metenhaft (Aufstieg etc) **me·te·or·ite**
['miːtjəraɪt] s ASTR Meteorit m
me·te·or·o·log·i·cal [ˌmiːtjərəˈlɒdʒɪkl]
Adj meteorologisch, Wetter..., Witte-
rungs...: **~ office** Wetteramt n **me-
te·or·ol·o·gist** [ˌ-ˈrɒlədʒɪst] s Meteo-
rologe m, -login f ˌ**me·te·or'ol·o·gy**
[ˌ-dʒɪ] s Meteorologie f
▸ **me·ter¹** ['miːtə] Am → **metre**
me·ter² [ˌ-] s TECH Messgerät n, Zähler
m: **~ maid** bes Am F Politesse f; **~ read-
er** Gas- od Stromableser m

meth·a·done ['meθədəʊn] *s* MED Methadon *n*

meth·od ['meθəd] *s* **1.** Methode *f*, Verfahren *n*: **the ~ of doing s.th.** die Art u. Weise, etw zu tun **2.** Methode *f*, System *n*, Planmäßigkeit *f* **me·thod·i·cal** [mɪ'θɒdɪkl] *Adj* methodisch, systematisch, planmäßig

Meth·od·ist ['meθədɪst] **I** *Adj* methodistisch **II** *s* Methodist(in)

meth·yl ['meθɪl] *s* CHEM Methyl *n*: **~ al·cohol** Methylalkohol *m*

me·tic·u·lous [mɪ'tɪkjʊləs] *Adj* peinlich genau, akribisch

▸ **me·tre** ['miːtə] *s bes Br* **1.** Meter *m*, *n* **2.** Versmaß *n*

met·ric ['metrɪk] **I** *Adj* (**~ally**) metrisch: **~ system** metrisches (Maß- u. Gewichts)System **II** *s Sg* Metrik *f*, Verslehre *f*

me·trop·o·lis [mɪ'trɒpəlɪs] *s* Metropole *f*, Hauptstadt *f* **met·ro·pol·i·tan** [ˌmetrə'pɒlɪtən] **I** *Adj* ... der Hauptstadt **II** *s* Bewohner(in) der Hauptstadt

mew [mjuː] *v/i* miauen

Mex·i·can ['meksɪkən] **I** *Adj* mexikanisch: **~ wave** La-Ola-Welle *f* **II** *s* Mexikaner(in)

Mex·i·co ['meksɪkəʊ] *Eigenn* Mexiko *n*

mez·za·nine ['metsəniːn] *s* ARCHI Zwischen-, Halbgeschoss *n*

mi·aow [mi'aʊ] *v/i* miauen

▸ **mice** [maɪs] *Pl von* **mouse**

mick·ey ['mɪkɪ] *s*: **take the ~ out of s.o.** *bes Br* F j-n auf den Arm nehmen

mi·cro... [ˈmaɪkrəʊ] *in Zssgn* Mikro..., (sehr) klein

mi·crobe ['maɪkrəʊb] *s* BIOL Mikrobe *f*

'mi·cro·chip *s* ELEK Mikrochip *m* **'~·com,put·er** *s* Mikrocomputer *m* **~·fiche** ['~fiːʃ] *s* Mikrofiche *m* '**~·film** *s* Mikrofilm *m* ,**~·'or·gan·ism** *s* BIOL Mikroorganismus *m*

mi·cro·phone ['maɪkrəfəʊn] *s* Mikrofon *f*

,**mi·cro'pro·ces·sor** *s* Mikroprozessor *m*

mi·cro·scope ['maɪkrəskəʊp] **I** *s* Mikroskop *n* **II** *v/t* mikroskopisch untersuchen **mi·cro·scop·ic** [ˌ~'skɒpɪk] *Adj* (**~ally**) **1.** mikroskopisch **2.** mikroskopisch klein

mi·cro·wave ['maɪkrəweɪv] *s* ELEK Mikrowelle *f*: **~ oven** Mikrowellenherd *m*

mid [mɪd] *Adj attr. od in Zssgn* mittler..., Mittel...: **in ~-April** Mitte April; **be in one's ~-forties** Mitte Vierzig sein ,**~·'air** *s*: **in ~** in der Luft; **~ collision** Zs.-stoß *m* in der Luft '**~·day** **I** *s* Mittag *m* **II** *Adj* mittägig, Mittag(s)...

▸ **mid·dle** ['mɪdl] **I** *Adj* **1.** mittler, Mittel...: **~ classes** *Pl* Mittelstand *m*; **~ ear** ANAT Mittelohr *n*; **~ finger** Mittelfinger *m*; **~ name** zweiter Vorname; → **management** 2 **II** *s* **2.** Mitte *f*: **in the ~ of** in der Mitte (*Gen*), mitten in (*Dat*); **in the ~ of July** Mitte Juli; **in the ~ of the street** mitten auf der Straße **3.** mittlerer Teil, Mittelstück *n* **~ age** *s* mittleres Alter ,**~·'aged** *Adj* mittleren Alters ⁊ **Ag·es** *s Pl* das Mittelalter *n* ,**~·'dis·tance** *Adj* SPORT Mittelstrecken... ⁊ **East** *s der* Nahe Osten '**~·man** *s* (*unreg* **man**) **1.** Mittelsmann *m* **2.** WIRTSCH Zwischenhändler *m* ,**~·of·the·'road** *Adj* gemäßigt '**~·weight** *s* SPORT Mittelgewicht *n*

mid·dling ['mɪdlɪŋ] **I** *Adj* von mittlerer Größe *od* Güte, mittelmäßig (*a. pej*): **how are you? fair to ~** so einigermaßen, mittelprächtig **II** *Adv* F leidlich, einigermaßen

,**mid'field** *s bes Fußball*: Mittelfeld *n*: **in ~** im Mittelfeld; **~ man** (*od* **player**) Mittelfeldspieler *m*

midge [mɪdʒ] *s* ZOOL Mücke *f*

midg·et ['mɪdʒɪt] **I** *s* Zwerg(in), Knirps *m* **II** *Adj* Zwerg..., Miniatur..., Kleinst...

mid·land ['mɪdlənd] *s*: **the ⁊s** *Pl* Mittelengland *n* '**~·life cri·sis** *s* (*unreg* **crisis**) PSYCH Midlife-Crisis *f*

▸ **mid·night** ['mɪdnaɪt] **I** *s* Mitternacht *f*: **at midnight** um Mitternacht **II** *Adj* Mitternachts...: **midnight sun**; **burn the midnight oil** bis spät in die Nacht arbeiten *od* aufbleiben '**~·sum·mer I** *s* **1.** Hochsommer *m* **2.** ASTR Sommersonnenwende *f* **II** *Adj* **3.** hochsommerlich, Hochsommer... ,**~·'way** *Adj a. fig* auf halbem Weg (*between* zwischen *Dat*) '**~·wife** *s* (*unreg* **wife**) Hebamme *f* ,**~·'win·ter** *s* **1.** Mitte *f* des Winters **2.** ASTR Wintersonnenwende *f*

might¹ [maɪt] *s*: **with all his ~** mit all seiner Kraft *od* Gewalt

▸ **might²** [maɪt] *Prät von* **may²**

might·y ['maɪtɪ] **I** *Adj* mächtig, gewaltig

M

(beide a. fig) **II** *Adv* F ungeheuer: ~ **easy** kinderleicht; ~ **fine** prima

mi·graine ['miːɡreɪn] *s* MED Migräne *f*

mi·grant ['maɪɡrənt] → **migratory**

mi·grate [maɪ'ɡreɪt] *v/i* (ab-, aus)wandern, *(a.* ORN fort)ziehen **mi·gra·tion** *s* **1.** Wanderung *f (a.* CHEM, ZOOL) **2.** Abwandern *n*, Fortziehen *n* **mi·gra·to·ry** ['ɡrətərɪ] *Adj* Wander..., Zug...: ~ **bird** Zugvogel *m*; ~ **worker** Wanderarbeiter(in)

mike [maɪk] *s* F Mikro *n (Mikrofon)*

Mi·lan [mɪ'læn] *Eigenn* Mailand *n*

► **mild** [maɪld] *Adj* mild *(Strafe, Wein, Wetter etc),* *(Licht etc a.)* sanft, *(Fieber, Zigarre etc a.)* leicht: *to put it ~ly* gelinde gesagt; *that's putting it ~ly* das ist gar kein Ausdruck

mil·dew ['mɪldjuː] **I** *s* **1.** BOT Mehltau *m* **2.** Schimmel *m*, Moder *m* **II** *v/i* **3.** schimm(e)lig *od* mod(e)rig werden

mild·ness ['maɪldnɪs] *s* Milde *f*

► **mile** [maɪl] *s* Meile *f*: ~**s apart** meilenweit auseinander; *fig* himmelweit (voneinander) entfernt; ~**s better** F wesentlich besser; *for ~s* meilenweit; *it sticks out a ~* F das sieht ja ein Blinder

mile·age ['maɪldʒ] *s* **1.** zurückgelegte Meilenzahl *od* Fahrtstrecke, Meilenstand *m: low (high)* ~ **2.** *a.* ~ **allowance** Meilengeld *n*

mile·om·e·ter [maɪ'lɒmɪtə] *s* MOT Meilenzähler *m*

'**mile·stone** *s* Meilenstein *m (a. fig)*

mil·i·tant ['mɪlɪtənt] **I** *Adj* **1.** Krieg führend **2.** militant **II** *s* **3.** militante Person, militantes Mitglied **mil·i·ta·rism** ['ˌtə-rɪzəm] *s* Militarismus *m* '**mil·i·ta·rist** *s* Militarist(in) ˌ**mil·i·ta'ris·tic** *Adj* *(~ally)* militaristisch

► **mil·i·ta·ry** ['mɪlɪtərɪ] **I** *Adj* militärisch, Militär...: ~ **academy** Militärakademie *f*; ~ **cemetery** Soldatenfriedhof *m*; ~ **dictatorship** Militärdiktatur *f*; ~ **government** Militärregierung *f*; ~ **police** Militärpolizei *f*; *do one's* ~ **service** s-n Militärdienst ableisten **II** *s (Pl konstruiert): the* ~ das Militär

mi·li·tia [mɪ'lɪʃə] *s* Miliz *f*, Bürgerwehr *f* **mi'li·tia·man** [-mən] *s (unreg man)* Milizsoldat *m*

► **milk** [mɪlk] **I** *s* Milch *f (a.* BOT, CHEM): *land of* ~ *and honey* fig Schlaraffenland *m; it's no use crying over spilt*

~ *geschehen ist geschehen* **II** *v/t* melken *(a. fig)* **III** *v/t* Milch geben ~ **bar** *s* Milchbar *f* ~ **choc·o·late** *s* Vollmilchschokolade *f* ~ **float** *s Br* Milchwagen *m* ~**·man** ['-mən] *s (unreg man)* Milchmann *m* ~ **pow·der** *s* Milchpulver *n*, Trockenmilch *f* ~ **shake** *s* Milchshake *m* ~ **tooth** *s (unreg man)* Milchzahn *m*

milk·y ['mɪlkɪ] *Adj* **1.** milchig **2.** mit (viel) Milch *(Kaffee etc)* ᗉ **Way** *s* ASTR Milchstraße *f*

► **mill** [mɪl] **I** *s* **1.** *allg* Mühle *f: go through the* ~ *fig* e-e harte Schule durchmachen; *put s.o. through the* ~ *fig* j-n hart rannehmen **2.** Fabrik *f*, Werk *n:* → **rolling mill, spinning mill II** *v/t* **3.** Korn *etc* mahlen **4.** TECH *allg* verarbeiten **III** *v/i* **5.** *a.* ~ **about** *(od around)* herumlaufen: ~**·ing crowd** wogende Menge, (Menschen)Gewühl *n*

mil·len·ni·al [mɪ'lenɪəl] *Adj* tausendjährig, Millennium...

mil·len·ni·um [mɪ'lenɪəm] *Pl* -**ums**, -**a** [-ə] *s* Jahrtausend *n: turn of the* ~ Jahrtausendwende *f* ~ **baby** *s* Millenniumbaby *n* ~ **bug** *s* TECH Millenniumfehler *m*, -*wert. s.* Jahr-2000-Problem *n* ~ **com·pli·ance** *s* TECH Jahrtausendfähigkeit *f*

mil·le·pede ['mɪlɪpiːd] *s* ZOOL Tausendfüßer *m*

mill·er ['mɪlə] *s* Müller(in)

mil·let ['mɪlɪt] *s* BOT Hirse *f*

mil·li·gram(me) ['mɪlɪɡræm] *s* Milligramm *n*

mil·li·me·ter *Am,* **mil·li·me·tre** *bes Br* ['mɪlɪˌmiːtə] *s* Millimeter *m, n*

► **mil·lion** ['mɪljən] *s:* F *feel like a* ~ *dollars* F sich ganz prächtig fühlen **mil·lion·aire** [ˌ-'neə] *s* Millionär(in)

► **mil·lionth** ['mɪljənθ] **I** *Adj* **1.** millionst **II** *s* **2.** *der, die, das* Millionste **3.** Millionstel *n*

'**mill·pond** *s* Mühlteich *m: (as) smooth as a* ~ spiegelglatt *(Meer etc)* '~**·stone** *s* Mühlstein *m: be a* ~ *round s.o.'s neck* *fig* j-m ein Klotz am Bein sein

mime [maɪm] **I** *s* **1.** Pantomime *f* **2.** Pantomime *m*, -mimin *f* **II** *v/t* **3.** (panto)mimisch darstellen **4.** nachmimen, nachmachen **III** *v/i* **5.** TV *etc* Play-back singen *od* spielen

mim·ic ['mɪmɪk] **I** *Adj* **1.** mimisch **2.** nachgeahmt **II** *s* **3.** Nachahmer(in),

Imitator(in) **III** *v/t Prät u. Part Perf* **-icked 4.** nachahmen (*a.* BIOL) '**mim-ic·ry s 1.** Nachahmung f **2.** ZOOL Mimi-kry f

mim·ing ['maɪmɪŋ] *s* TV *etc* Play-back m

mi·mo·sa [mɪ'məʊzə] *s* BOT Mimose f

min·a·ret ['mɪnəret] *s* ARCHI Minarett n

mince [mɪns] **I** *v/t* zerhacken, (zer-) schneiden; **~ meat** Fleisch durchdre-hen, Hackfleisch machen; **~d meat** Hackfleisch n, *österr.* Faschierte n; **not to ~ one's words** *fig* kein Blatt vor den Mund nehmen **II** *v/i* geziert *od* affektiert sprechen; tänzeln, trip-peln **III** *s bes Br* Hackfleisch n, *österr.* Faschierte f **~meat** *s* **1.** Hackfleisch n, *österr.* Faschierte n: **make ~ of** *fig* aus *j-m* Hackfleisch machen; *Argument etc* (in der Luft) zerreißen **2.** Pasteten-füllung f **~ pie** *s* gefüllte Pastete

minc·er ['mɪnsə] *s* Fleischwolf m '**minc-ing** *Adj* geziert, affektiert; tänzelnd, trippelnd

▶ **mind** [maɪnd] **I** *s* **1.** Sinn m, Gemüt n, Herz n: **have s.th. on one's mind** etw auf dem Herzen haben **2.** Verstand m, Geist m: *in one's mind's eye* vor s-m geistigen Auge; *be out of one's mind* nicht (recht) bei Sinnen sein; *enter s.o.'s mind* j-m in den Sinn kommen; *lose one's mind* den Verstand verlie-ren; *put s.th. out of one's mind* sich etw aus dem Kopf schlagen; *read s.o.'s mind* j-s Gedanken lesen; → *presence* **3.** Kopf m, Geist m (*Person*) **4.** Ansicht f, Meinung f: *to my mind* m-r Ansicht nach, m-s Erachtens; *change one's mind* es sich anders überlegen, s-e Meinung ändern; *give s.o. a piece of one's mind* j-m gründ-lich die Meinung sagen; *speak one's mind* (*to s.o.*) (j-m) s-e Meinung sagen **5.** Neigung f, Lust f, Absicht f: *have s.th. in mind* etw im Sinn haben; *have a good (half a) mind to do s.th.* gute (nicht übel) Lust haben, etw zu tun; *make up one's mind* sich entschließen, e-n Entschluss fassen; zu der Überzeu-gung kommen (*that* dass), sich klar werden (*about* über *Akk*) **6.** Erinne-rung f, Gedächtnis n: *bear* (*od keep*) *in mind* (immer) denken an (*Akk*), etw nicht vergessen; → *stick²* **7 II** *v/t* **7.** Acht geben auf (*Akk*): *mind the*

step! Vorsicht, Stufe!; *mind your head!* stoß dir den Kopf nicht an! **8.** se-hen nach, aufpassen auf (*Akk*): *mind your own business!* kümmere dich um deine eigenen Dinge! **9.** etw haben gegen: ▶ *do you mind my smoking* (*od if I smoke*)? haben Sie etw dagegen *od* stört es Sie, wenn ich rauche?; ▶ *would you mind coming?* würden Sie so freundlich sein zu kommen? **III** *v/i* **10.** aufpassen: *mind* (*you*) wohlge-merkt; allerdings; ▶ *never mind!* macht nichts!, ist schon gut! **11.** etw da-gegen haben: *I don't mind* meinetwe-gen, von mir aus (gern) '**~,bend·ing** *Adj* F (nahezu) unfassbar *od* unver-ständlich '**~,blow·ing**, '**~,bog·gling** *Adj* F irr(e)

mind·ed ['maɪndɪd] *Adj in Zssgn* ...ge-sinnt; *religiös, technisch etc* veranlagt; ...begeistert '**mind·er** *s* Aufseher(in); Aufpasser(in)

'**mind-ex,pand·ing** *Adj* bewusstseins-erweiternd

mind·ful ['maɪndfʊl] *Adj* **1.** aufmerk-sam, achtsam: *be ~ of* achten auf (*Akk*) **2.** eingedenk (*of Gen*): *be ~ of* denken an (*Akk*), bedenken '**mind-less** *Adj* **1.** (*of*) unbekümmert (um), ohne Rücksicht (auf *Akk*) **2.** gedan-kenlos, blind

mind read·er *s* Gedankenleser(in)

▶ **mine¹** [maɪn] *Possessivpron: it is ~* es gehört mir; *a friend of ~* ein Freund von mir; *his mother and ~* s-e u. m-e Mutter

mine² [-] **I** *v/i* **1.** schürfen, graben (*for* nach) **II** *v/t* **2.** *Erz, Kohle* abbauen, ge-winnen **3.** SCHIFF, MIL verminen **4.** *fig* untergraben, -minieren **III** *s* **5.** Berg-werk n, Zeche f, Grube f **6.** SCHIFF, MIL Mine f **7.** *fig* Fundgrube f (*of an Dat*): *he is a ~ of information* er ist e-e gute *od* reiche Informationsquelle **~ de·tec·tor** *s* MIL Minensuchgerät n

min·er ['maɪnə] *s* Bergmann m

min·er·al ['mɪnərəl] **I** *s* **1.** Mineral n **2.** *mst Pl Br* Mineralwasser n **II** *Adj* **3.** Mi-neral...: *~ oil; ~ water, ~ coal* Stein-kohle f; *~ resources Pl* Bodenschätze *Pl*

min·er·al·o·gi·cal [ˌmɪnərə'lɒdʒɪkl] *Adj* mineralogisch **min·er·al·o·gist** [ˌ-'rælədʒɪst] *s* Mineraloge m, -login f

M

,min·er'al·o·gy [-dʒɪ] s Mineralogie f
min·e·stro·ne [,mɪnə'strəʊnɪ] s Minestrone f (italienische Gemüsesuppe)
min·gle ['mɪŋgl] I v/i 1. sich (ver)mischen (with mit) 2. sich (ein)mischen (in in Akk); sich mischen (among, with unter Akk) II v/t 3. (ver)mischen (with mit)
min·i... ['mɪnɪ] in Zssgn Mini...
min·i·a·ture ['mɪnətʃə] I s 1. Miniatur (gemälde n) f 2. fig Miniaturausgabe f: in ~ en miniature, im Kleinen II Adj 3. Miniatur...
'min·i|·bar s Minibar f ~·bus s Kleinbus m
min·im ['mɪnɪm] s MUS halbe Note
min·i·ma ['mɪnɪmə] Pl von minimum
min·i·mal ['_ml] Adj 1. minimal 2. → minimum II 'min·i·mize v/t 1. auf ein Minimum herabsetzen, möglichst gering halten 2. bagatellisieren, herunterspielen min·i·mum ['_məm] I Pl -ma ['_mə] s 1. Minimum n: with a ~ of mit e-m Minimum an (Dat); → keep to 3 II Adj Minimal..., Mindest...
min·ing ['maɪnɪŋ] I s Bergbau m II Adj Bergwerks..., Berg(bau)...: ~ disaster Grubenunglück n
'min·i·skirt s Minirock m
▸ min·is·ter ['mɪnɪstə] I s 1. REL Geistliche m, f, Pfarrer(in) 2. POL bes Br Minister(in): 2 of Defence Verteidigungsminister(in) II v/i 3. sich um j-n kümmern, für j-n sorgen min·is·te·ri·al [,_'stɪərɪəl] Adj 1. REL geistlich 2. POL bes Br ministeriell, Minister...
min·is·tra·tion [,mɪnɪ'streɪʃn] s mst Pl Dienst m (to an Dat)
min·is·try ['mɪnɪstrɪ] s 1. REL geistliches Amt 2. POL bes Br Ministerium n: 2 of Defence Verteidigungsministerium
mink [mɪŋk] s ZOOL Nerz m
mi·nor ['maɪnə] I s 1. UNI Am Nebenfach n 2. JUR Minderjährige m, f 3. MUS Moll n II Adj 4. kleiner, fig a. unbedeutend, unwichtig 5. JUR minderjährig II v/i 6. ~ in UNI Am als od im Nebenfach studieren
▸ mi·nor·i·ty [maɪ'nɒrətɪ] s 1. Minderheit f: be in the (od a) ~ in der Minderheit sein; ~ government POL Minderheitsregierung f 2. JUR Minderjährigkeit f
mint¹ [mɪnt] s 1. BOT Minze f: ~ sauce

Minzsoße f 2. Pfefferminz n (Bonbon)
mint² [_] I s 1. Münze f, Münzanstalt f 2. a ~ (of money) F ein Heidengeld II Adj 3. ungebraucht (Münze), postfrisch (Briefmarke): in ~ condition in einwandfreiem od tadellosem Zustand III v/t 4. Geld, a. fig Wort etc prägen
mi·nus ['maɪnəs] I Präp 1. MATHE minus, weniger 2. F ohne II Adj 3. Minus...: ~ amount → 5a; ~ sign → 4 III s 4. Minus(zeichen) n 5. Minus n: a) Fehlbetrag m, b) Nachteil m, c) Mangel m (of an Dat)
▸ min·ute¹ ['mɪnɪt] I s 1. Minute f: to the ~ auf die Minute (genau); I won't be a ~ ich bin gleich wieder da; in zehn Minuten fertig; ten-~ zehnminütig; → silence I 2. Augenblick m: at the last ~ in letzter Minute; in a ~ sofort; just a ~! Moment mal! 3. Pl (Sitzungs)Protokoll n: take the ~s das Protokoll führen II v/t 4. protokollieren
mi·nute² [maɪ'njuːt] Adj 1. winzig 2. peinlich genau, minuziös
min·ute| hand s Minutenzeiger m (e-r Uhr) ~ steak s GASTR Minutensteak n
minx [mɪŋks] s (kleines) Biest
mir·a·cle ['mɪrəkl] s Wunder n (a. fig of an Dat): as if by (a) ~ wie durch ein Wunder; work (perform) ~s Wunder tun (vollbringen) mi·rac·u·lous [mɪ'rækjʊləs] Adj wunderbar (a. fig), Wunder... mi'rac·u·lous·ly Adv wie durch ein Wunder
mi·rage ['mɪrɑːʒ] s 1. PHYS Luftspieg(el)ung f, Fata Morgana f (a. fig) 2. fig Illusion f
mire ['maɪə] s Schlamm m: drag through the ~ fig in den Schmutz ziehen
▸ mir·ror ['mɪrə] I s 1. Spiegel m 2. fig Spiegel(bild n) m II v/t 3. (wider)spiegeln (a. fig): be ~ed sich spiegeln (in in Dat) ~ im·age s Spiegelbild n ~ writ·ing s Spiegelschrift f
mirth [mɜːθ] s Fröhlichkeit f, Heiterkeit f, Freude f mirth·ful ['_fʊl] Adj fröhlich, heiter, lustig 'mirth·less Adj freudlos
mis... [mɪs] in Zssgn miss..., falsch
,mis·ad'ven·ture s 1. Unfall m, Unglück(sfall m) n 2. Missgeschick n: he's had a ~ ihm ist ein Missgeschick passiert

mis·an·thrope ['mɪsənθrəʊp] s Menschenfeind(in), -hasser(in) **mis·an·throp·ic** [ˌ-'θrɒpɪk] *Adj* (**~ally**) menschenfeindlich **mis·an·thro·py** [mɪ-'sænθrəpɪ] s Menschenfeindlichkeit f, -hass m

,**mis·ap·ply** v/t 1. falsch verwenden 2. → *misappropriate* 1

'**mis,ap·pre'hend** v/t missverstehen '**mis,ap·pre'hen·sion** s Missverständnis n: *be* (*od* **labo[u]r**) *under a* **~** sich in e-m Irrtum befinden

,**mis·ap'pro·pri·ate** v/t 1. unterschlagen, veruntreuen 2. zweckentfremden '**mis·ap,pro·pri'a·tion** s 1. Unterschlagung f, Veruntreuung f 2. Zweckentfremdung f

,**mis·be'have** v/i sich schlecht benehmen, sich danebenbenehmen, (*Kind*) ungezogen sein ,**mis·be'hav·io(u)r** s schlechtes Benehmen, Ungezogenheit f

,**mis'cal·cu·late** I v/t falsch berechnen, sich verrechnen in (*Dat*) II v/i sich verrechnen *od* verkalkulieren '**mis,cal·cu'la·tion** s Rechenfehler m, Fehlkalkulation f

,**mis'car·riage** s 1. Fehlschlag(en n) m, Misslingen n: **~ of justice** JUR Fehlurteil n, Justizirrtum m 2. MED Fehlgeburt f: *have a* **~** → *miscarry* 1 ,**mis·'car·ry** v/i 1. fehlschlagen, misslingen 2. MED e-e Fehlgeburt haben

,**mis·cel·la·ne·ous** [ˌmɪsə'leɪnjəs] *Adj* ge-, vermischt; verschiedenartig **mis·cel·la·ny** [mɪ'selənɪ] s 1. Gemisch n 2. Sammlung f, Sammelband m

,**mis'chance** s: *by* **~** durch e-n unglücklichen Zufall

mis·chief ['mɪstʃɪf] s 1. Unheil n, Schaden m: *make* **~** Unfrieden stiften (*between* zwischen *Dat*) 2. Unfug m, Dummheiten *Pl*: *be* (*od* **get**) *up to* **~** etw ausheften 3. Übermut m, Ausgelassenheit f: *be full of* **~** immer zu Dummheiten aufgelegt sein '**~-,mak·er** s Unruhestifter(in)

mis·chie·vous ['mɪstʃɪvəs] *Adj* 1. boshaft, mutwillig 2. schelmisch

,**mis·con'ceive** v/t falsch auffassen, missverstehen ,**mis·con'cep·tion** s Missverständnis n

mis·con·duct I v/t [ˌmɪskən'dʌkt] 1. schlecht führen 2. **~ o.s.** sich schlecht

benehmen II s [ˌmɪs'kɒndʌkt] 3. schlechte Führung f 4. schlechtes Benehmen 5. Verfehlung f

,**mis·con'struc·tion** s Missdeutung f, falsche Auslegung ,**mis·con'strue** v/t missdeuten, falsch auslegen

,**mis'count** I v/t falsch (aus)zählen II v/i sich verzählen

mis'deal v/t u. v/i (*unreg* **deal**): **~** (*the cards*) (*Kartenspiel*) sich vergeben

mis'deed s Missetat f

mis·de·mean·o(u)r [ˌmɪsdɪ'miːnə] s JUR Vergehen n

,**mis·di'rect** v/t 1. j-n, etw fehl-, irreleiten (*a. fig*), j-m den falschen Weg zeigen 2. *Brief etc* falsch adressieren

mi·ser ['maɪzə] s Geizhals m

mis·er·a·ble ['mɪzərəbl] *Adj* 1. jämmerlich, erbärmlich, kläglich, *pej a.* miserabel 2. traurig, unglücklich

mi·ser·ly ['maɪzəlɪ] *Adj* geizig

mis·er·y ['mɪzərɪ] s 1. Elend n, Not f 2. Trübsal f, Jammer m

,**mis'fire** I v/i 1. versagen (*Schusswaffe*) 2. MOT fehlzünden, aussetzen 3. *fig* danebengehen (*Witz etc*), fehlschlagen (*Plan etc*) II s 4. MOT Fehlzündung f

'**mis'fit** s 1. schlecht sitzendes Kleidungsstück 2. Außenseiter(in)

mis'for·tune s 1. schweres Schicksal, Unglück n 2. Unglücksfall m; Missgeschick n

mis'giv·ing s Befürchtung f, Zweifel m

,**mis'gov·ern** v/t schlecht regieren *od* verwalten

,**mis'guid·ed** *Adj* irrig (*Entscheidung etc*), unangebracht (*Optimismus etc*)

,**mis'han·dle** v/t 1. etw falsch behandeln *od* handhaben 2. *fig* falsch anpacken

mis·hap ['mɪshæp] s Unglück(sfall m) n; Missgeschick n: *he's had a* **~** ihm ist ein Missgeschick passiert; *without* **~** ohne Zwischenfälle

,**mis'hear** (*unreg* **hear**) I v/t falsch hören II v/i sich verhören

mish·mash ['mɪʃmæʃ] s Mischmasch m

,**mis·in'form** v/t j-n falsch informieren (*about* über *Akk*) ,**mis·in·for'ma·tion** s Fehlinformation f

,**mis·in'ter·pret** v/t missdeuten, falsch auffassen *od* auslegen '**mis·in,ter·pre·'ta·tion** s Missdeutung f, falsche Auslegung

,**mis'judge** v/t 1. falsch beurteilen, ver-

kennen **2.** falsch einschätzen

‚mis'lay v/t (unreg lay) etw verlegen

‚mis'lead v/t (unreg lead) **1.** irreführen, täuschen: **be misled** sich täuschen lassen **2.** verführen, -leiten (**into doing** zu tun)

‚mis'man·age v/t schlecht verwalten od führen **'mis'man·age·ment** s Misswirtschaft f, Missmanagement n

mis·no·mer [ˌmɪs'nəʊmə] s falsche Benennung od Bezeichnung

mi·sog·a·mist [mɪ'sɒɡəmɪst] s Ehefeind(in)

mi·sog·y·nist [mɪ'sɒdʒɪnɪst] s Frauenfeind m

‚mis'place v/t **1.** etw verlegen **2.** etw an e-e falsche Stelle legen od setzen: ~d fig unangebracht, deplatziert

mis·print I v/t [ˌmɪs'prɪnt] verdrucken II s ['mɪsprɪnt] Druckfehler m

‚mis·pro'nounce v/t falsch aussprechen **'mis·pro‚nun·ci·a·tion** s falsche Aussprache

‚mis·quo'ta·tion s falsches Zitat ‚mis'quote v/t falsch zitieren

‚mis'read v/t (unreg read) **1.** falsch lesen **2.** missdeuten

‚mis·rep·re'sent v/t **1.** falsch darstellen **2.** entstellen, verdrehen **'mis‚rep·re·sen'ta·tion** s **1.** falsche Darstellung **2.** Entstellung f, Verdrehung f

▶ **miss**¹ [mɪs] s **1.** ♀ (mit folgendem Namen) Fräulein n: ♀ **Smith**; ♀ **America** Miss f Amerika **2.** (ohne folgenden Namen) Fräulein n (Anrede)

▶ **miss**² [mɪs] I v/t **1.** Chance, Zug etc verpassen, Beruf, Ziel etc verfehlen, etw entgehen lassen: ~ **the boat** (od **bus**) F den Anschluss od s-e Chance verpassen; ~ **doing s.th.** versäumen, etw zu tun **2.** a. ~ **out** auslassen, übergehen, -springen **3.** überhören; übersehen, nicht bemerken; nicht verstehen od begreifen **4.** vermissen: **we ~ her very much** sie fehlt uns sehr II v/i **1.** nicht treffen: **a)** daneben schlagen etc, **b)** daneben gehen (Schuss etc) **6.** missglücken, -lingen **7.** ~ **out on** etw verpassen; etw weglassen od nicht berücksichtigen II s **8.** Fehlschuss m, -wurf m etc **9.** Verpassen n, Verfehlen n: → **near** 9

‚mis'shap·en Adj missgebildet, ungestalt

mis·sile ['mɪsaɪl] s **1.** (Wurf)Geschoss n **2.** MIL Rakete f: ~ **base** (od **site**) Raketen(abschuss)basis f

miss·ing ['mɪsɪŋ] Adj **1.** fehlend: **be** (od **go**) ~ fehlen; verschwunden od weg sein **2.** (MIL a. ~ **in action**) vermisst: **be** ~ vermisst sein od werden

mis·sion ['mɪʃn] s **1.** (Militär- etc)Mission f **2.** bes POL Auftrag m, Mission f **3.** REL Mission f **4.** (innere) Berufung: ~ **in life** Lebensaufgabe f **5.** FLUG, MIL Einsatz m **~ con·trol** s Kontrollzentrum n

‚mis'spell v/t (a. unreg spell) falsch schreiben ‚mis'spell·ing s Rechtschreibfehler m

‚mis'state v/t falsch angeben ‚mis'state·ment s falsche Angabe

▶ **mist** [mɪst] I s **1.** (feiner) Nebel **2.** fig Nebel m, Schleier m: **see things through a** ~ alles wie durch e-n Schleier sehen; **through a** ~ **of tears** durch e-n Tränenschleier **3.** Beschlag m (auf Glas) II v/i **4.** a. ~ **up** (od **over**) (sich) beschlagen (Glas)

mis·tak·a·ble [mɪ'steɪkəbl] Adj **1.** leicht zu verwechseln(d) **2.** missverständlich

▶ **mis·take** [mɪ'steɪk] I v/t (unreg take) **1.** verwechseln (**for** mit); verkennen, sich irren in (Dat) **2.** falsch verstehen, missverstehen II s **3.** Irrtum m, Versehen n, Fehler m: **by** ~ irrtümlich, aus Versehen; **make a** ~ einen Fehler machen; sich irren **4.** (Rechen- etc)Fehler m **mis'tak·en** I Part Perf von **mistake** II Adj **1.** **be** ~ sich irren: **be** ~ **in s.o.** sich in j-m täuschen; **unless I am very much** ~ wenn mich nicht alles täuscht **2.** irrig, falsch (Meinung etc), unangebracht (Freundlichkeit etc): **a case of** ~ **identity** e-e (Personen)Verwechslung

‚mis'time v/t e-n schlechten Zeitpunkt wählen für

mis·tle·toe ['mɪsltəʊ] s BOT **1.** Mistel f **2.** Mistelzweig m

mistletoe

Den Mistelzweig findet man während der Weihnachtszeit in vielen britischen Häusern meist über einer Tür angebracht: Wenn jemand darunter steht, darf man sie/ihn küssen.

,mis·trans'late v/t falsch übersetzen
,mis·trans·la·tion s Übersetzungsfehler m
mis·tress ['mɪstrɪs] s 1. Herrin f (a. fig) 2. bes Br Lehrerin f 3. Mätresse f, Geliebte f
,mis'trust I s Misstrauen n (of gegen) II v/t misstrauen (Dat) mis'trust·ful [_ful] Adj misstrauisch (of gegen)
mist·y ['mɪstɪ] Adj 1. (leicht) neb(e)lig 2. fig unklar, verschwommen (Vorstellung etc): have only ~ memories of s.th. sich nur schwach od undeutlich an etw erinnern können 3. beschlagen (Glas)
,mis·un·der'stand v/t (unreg stand) 1. missverstehen: don't ~ me versteh mich nicht falsch 2. j-n nicht verstehen
,mis·un·der'stand·ing s Missverständnis n, weit. S. a. Meinungsverschiedenheit f, Differenz f
mis·use I s [,mɪs'juːs] 1. Missbrauch m: ~ of power Machtmissbrauch 2. falscher Gebrauch II v/t [,_'juːz] 3. missbrauchen 4. falsch od zu unrechten Zwecken gebrauchen
mite¹ [maɪt] s ZOOL Milbe f
mite² [_] s 1. kleines Ding, Würmchen n 2. a ~ F ein bisschen
mit·i·gate ['mɪtɪgeɪt] v/t Schmerzen etc lindern, Strafe etc mildern, Zorn etc besänftigen: mitigating circumstances Pl JUR mildernde Umstände Pl
mitt [mɪt] s 1. Halbhandschuh m, Baseball: Fanghandschuh m 3. → mitten 1 4. sl Flosse f, Pfote f (Hand) 5. sl Boxhandschuh m
mit·ten ['mɪtn] s 1. Fausthandschuh m, Fäustling m 2. → mitt 5
▸ mix [mɪks] I v/t 1. (ver)mischen, vermengen (with mit), Cocktail etc mixen, Teig anrühren: ~ into mischen in (Akk), beimischen (Dat): ~ up zs.-, durcheinander mischen; gründlich mischen; (völlig) durcheinander bringen; verwechseln (with mit); be ~ed up verwickelt sein od werden (in in Akk); (geistig) ganz durcheinander sein 2. fig verbinden: ~ business with pleasure das Angenehme mit dem Nützlichen verbinden II v/i 3. sich (ver)mischen 4. sich mischen lassen 5. ~ well kontaktfreudig sein: ~ well with s.o. gut mit j-m auskommen 6. verkehren

(with mit; in in Dat) III s 7. (a. Back etc)Mischung f 8. F Durcheinander n mixed [mɪkst] Adj gemischt (a. fig Gefühle etc); vermischt, Misch...: ~ blessing zweifelhaftes Vergnügen; ~ double(s Pl) (Tennis etc) gemischtes Doppel, Mixed n; a ~ doubles match ein gemischtes Doppel; ~ grill Mixedgrill m; ~ pickles Pl Mixedpickles Pl, Mixpickles Pl 'mix·er s 1. Mixer m (a. Küchengerät) 2. TECH Mischmaschine f 3. TV etc Mischpult n 4. be a good (bad) ~ F kontaktfreudig (kontaktarm) sein
▸ mix·ture ['mɪkstʃə] s Mischung f, a. CHEM Gemisch n (of ... and aus ... u.)
'mix-up s F 1. Durcheinander n 2. Verwechslung f 3. Handgemenge n
mne·mon·ic [niː'mɒnɪk] s Gedächtnishilfe f, -stütze f
mo [məʊ] Pl mos s F Moment m, Augenblick m
moan [məʊn] I v/i stöhnen, ächzen II s Stöhnen n, Ächzen n
moat [məʊt] s (Burg-, Stadt)Graben m
mob [mɒb] I s 1. Mob m 2. Pöbel m, Gesindel n 3. sl (Verbrecher)Bande f II v/t 4. herfallen über (Akk); Filmstar etc bedrängen, belagern
▸ mo·bile ['məʊbaɪl] I Adj allg beweglich, TECH a. fahrbar, MIL a. motorisiert: mobile home Wohnwagen m; mobile library Fahrbücherei f, Bücherbus m; ▸ mobile phone Mobiltelefon n, Handy n II s F Handy n mo·bil·i·ty [_'bɪlətɪ] s Beweglichkeit f mo·bi·li·za·tion [,_bɪlaɪ'zeɪʃn] s Mobilisierung f, MIL a. Mobilmachung f 'mo·bi·lize I v/t mobilisieren, MIL a. mobil machen II v/i MIL mobil machen
mo·cha ['mɒkə] s Mokka m
mock [mɒk] I v/t 1. verspotten, lächerlich machen 2. nachäffen II v/i 3. sich lustig machen, spotten (at über Akk) III Adj 4. nachgemacht, Schein... 'mock·er s 1. Spötter(in) 2. Nachäffer(in) 'mock·er·y s 1. Spott m, Hohn m: hold up to ~ j-n lächerlich machen; etw ins Lächerliche ziehen 2. fig Hohn m (of auf Akk) 3. Gespött n: make a ~ of j-n zum Gespött (der Leute) machen; etw ad absurdum führen 'mocking Adj spöttisch
'mock-up s Modell n (in natürlicher Größe), Attrappe f

M

mod·al ['məʊdl] **I** *Adj* LING etc modal: **~ auxiliary** modales Hilfsverb **II** *s* LING F modales Hilfsverb **mo·dal·i·ty** [ˌ-'dælətɪ] *s* Modalität *f*

mod cons ['mɒd'kɒnz] *Abk Pl* (= **modern conveniences**) moderner Komfort

mode [məʊd] *s* **1.** (Art *f* u.) Weise *f*: **~ of address** Anrede *f*; **~ of life** Lebensweise **2.** LING Modus *m*, Aussageweise *f* **3.** COMPUTER Modus *m*

mod·el ['mɒdl] **I** *s* **1.** Muster *n*, Vorbild *n* (**for** für): **after** (*od* **on**) **the ~ of** nach dem Muster von (*od Gen*); **he is a ~ of self-control** er ist ein Muster an Selbstbeherrschung **2.** (*fig* Denk)Modell *n* **3.** Muster *n*, Vorlage *f* **4.** MALEREI etc Modell *n* **5.** *Mode:* Mannequin *n* **6.** TECH Modell *n*, Typ(e *f*) *m* **II** *Adj* **7.** vorbildlich, musterhaft: **~ husband** Mustergatte *m* **8.** Modell...: **~ builder** Modellbauer(in) **III** *v/t Prät u. Part Perf* **-eled**, *bes Br* **-elled 9.** modellieren **10.** *fig* formen (**after, on** nach [dem Vorbild *Gen*]): **~ o.s. on** sich *j*-n zum Vorbild nehmen **11.** *Kleider etc* vorführen **IV** *v/i* **12.** Modell stehen *od* sitzen (**for** *Dat*) **13.** als Mannequin *od* Dressman arbeiten

▸ **mo·dem** ['məʊdem] *s* COMPUTER Modem *n*

mod·er·ate ['mɒdərət] **I** *Adj* **1.** mäßig: **a)** gemäßigt (*a.* POL), maßvoll, **b)** mittelmäßig, **c)** gering: **~ly successful** mäßig erfolgreich, **d)** vernünftig, angemessen: **~ demands** *Pl* maßvolle Forderungen *Pl* **2.** mild (*Strafe, Winter etc*) **II** *s* **3.** *bes* POL Gemäßigte *m*, *f* **III** *v/t* [ˈ-reɪt] **4.** mäßigen: **~ one's language** sich mäßigen **mod·er·a·tion** [ˌ-'reɪʃn] *s* Mäßigung *f*: **in ~** in *od* mit Maßen, maßvoll

▸ **mod·ern** ['mɒdən] *Adj* modern **'mod·ern·ize** *v/t* modernisieren

mod·est ['mɒdɪst] *Adj* bescheiden: **a)** zurückhaltend, **b)** anspruchslos, **c)** maßvoll, vernünftig **'mod·es·ty** *s* Bescheidenheit *f*: **a)** Zurückhaltung *f*: **in all ~** bei aller Bescheidenheit, **b)** Anspruchslosigkeit *f*

mod·i·cum ['mɒdɪkəm] *s* kleine Menge: **a ~ of sense** ein Funke Verstand

mod·i·fi·a·ble ['mɒdɪfaɪəbl] *Adj* modifizierbar **mod·i·fi·ca·tion** [ˌ-fɪˈkeɪʃn]

s Modifikation *f*, (Ab-, Ver)Änderung *f* **mod·i·fy** [ˈ-faɪ] *v/t* **1.** (ab-, ver)ändern, modifizieren **2.** LING näher bestimmen

mod·u·lar ['mɒdjʊlə] *Adj* TECH Modul...

mod·u·late ['mɒdjʊleɪt] *v/t u. v/i* MUS etc modulieren **,mod·u·la·tion** *s* Modulation *f*

mod·ule ['mɒdjuːl] *s* **1.** TECH Modul *n*, ELEK *a.* Baustein *m* **2.** *Raumfahrt:* Kapsel *f*

mo·hair ['məʊheə] *s* Mohair *m*

moist [mɔɪst] *Adj* feucht (**with** von): **~ with tears** tränenfeucht **mois·ten** ['mɔɪsn] **I** *v/t* an-, befeuchten **II** *v/i* feucht werden **mois·ture** ['-tʃə] *s* Feuchtigkeit *f* **mois·tur·iz·er** ['-tʃər-aɪzə] *s* Feuchtigkeitscreme *f*

mo·lar ['məʊlə] *s* Backenzahn *m*

mo·las·ses [məʊ'læsɪz] *s Pl Am* Sirup *m*

mold, *etc Am* → **mould**, *etc*

mole[1] [məʊl] *s* ZOOL Maulwurf *m* (F *a. Spionage*), *schweiz.* Schermaus *f*

mole[2] [ˌ-] *s* Muttermal *n*, Leberfleck *m*

mole[3] [ˌ-] *s* Mole *f*, Hafendamm *m*

mo·lec·u·lar [məʊ'lekjʊlə] *Adj* CHEM, PHYS Molekular... **mol·e·cule** ['mɒlɪkjuːl] *s* Molekül *n*

'**mole·hill** *s* Maulwurfshügel *m*: → **mountain** I

mo·lest [məʊ'lest] *v/t* (*a. unsittlich*) belästigen **mo·les·ta·tion** [ˌ-le'steɪʃn] *s* Belästigung *f*

moll [mɒl] *s sl* Gangsterbraut *f*

mol·li·fy ['mɒlɪfaɪ] *v/t* besänftigen, beschwichtigen

mol·lusc, mol·lusk ['mɒləsk] *s* ZOOL Molluske *f*, Weichtier *n*

mol·ly·cod·dle ['mɒlɪˌkɒdl] **I** *s* Weichling *m* **II** *v/t* verhätscheln

Mol·o·tov cock·tail ['mɒlətɒf] *s* Molotowcocktail *m*

mol·ten ['məʊltən] *Part Perf von* **melt**

mom [mɒm] *s bes Am* F Mami *f*, Mutti *f* **,~-and-'pop store** *s Am* F Tante-Emma-Laden *m*

▸ **mo·ment** ['məʊmənt] *s* **1.** Moment *m*, Augenblick *m*: **at the ~** im Augenblick; **at the last ~** im letzten Augenblick; (**not**) **for a ~** (k)einen Augenblick (lang); **just a ~!** a) **wait a ~!** Moment mal!, **b)** Augenblick!; **the ~ of truth** die Stunde der Wahrheit **2.** Bedeutung *f*,

Belang *m* (**to** für): *of great* (*little*) ~ von großer (geringer) Bedeutung; *of no* ~ bedeutungs-, belanglos **3.** PHYS Moment *n*: ~ *of inertia* Trägheitsmoment **mo·men·tar·i·ly** [ˈ_tərəli] *Adv* **1.** momentan, e-n Augenblick (lang) **2.** jeden Augenblick **'mo·men·tar·y** *Adj* momentan **mo·men·tous** [_ˈmentəs] *Adj* bedeutsam, folgenschwer **mo'men·tum** [_təm] *s* **1.** PHYS Moment *n*, Impuls *m* **2.** Wucht *f*, Schwung *m*: *gather* (*od gain*) ~ in Fahrt kommen; *fig a.* an Boden gewinnen (*Bewegung etc*); *lose* ~ an Schwung verlieren (*a. fig*)

Mo·na·co [ˈmɒnəkəʊ] *Eigenn* Monaco *n*

mon·arch [ˈmɒnək] *s* Monarch(in), Herrscher(in) **mo·nar·chic** [mɒˈnɑːkɪk] *Adj* (~*ally*) **1.** monarchisch **2.** monarchistisch **mon·arch·ism** [ˈmɒnəkɪzəm] *s* Monarchismus *m* '**mon·ar·chist I** *s* Monarchist(in) **II** *Adj* monarchistisch '**mon·arch·y** *s* Monarchie *f*: *constitutional* ~ konstitutionelle Monarchie

mon·as·ter·y [ˈmɒnəstəri] *s* (Mönchs-) Kloster *n* **mo·nas·tic** [məˈnæstɪk] *Adj* (~*ally*) **1.** klösterlich, Kloster... **2.** mönchisch, Mönchs...

▸ **Mon·day** [ˈmʌndi] *s* Montag *m*: *on* ~ (am) Montag; *on* ~*s* montags **mon·e·tar·y** [ˈmʌnɪtəri] *Adj* **1.** Währungs...: ~ *reform* **2.** Geld..., finanziell

▸ **mon·ey** [ˈmʌni] *s* Geld *n*: *be out of* ~ kein Geld (mehr) haben; *be in the* ~ F reich *od* vermögend sein; *be short of* ~ knapp bei Kasse sein; *I'll bet you any* ~ *that* F ich wette mit dir um jeden Betrag, dass; *get one's money's worth* etw für sein Geld bekommen; *have* ~ *to burn* F Geld wie Heu haben; *have* ~ *problems* finanzielle Probleme haben; ~ *roll* 7 '~*bags* *s* Sg Geldsack *m* (*reiche Person*) '~ *box* *s* Sparbüchse *f* '~,*chang·er* *s* **1.** (Geld)Wechsler *m* **2.** *bes Am* Wechselautomat *m* **mon·eyed** [ˈmʌnid] *Adj* wohlhabend, vermögend

mon·ey| laun·der·ing *s* F Geldwäsche *f* '~,*lend·er* *s* Geldverleiher(in) ~ *ma·chine* *Am* → *cash dispenser* '~,*mak·er* *s* **1.** guter Geschäftsmann, gute Geschäftsfrau **2.** gutes Geschäft, einträg-

liche Sache ~ *or·der* *s* Post- *od* Zahlungsanweisung *f* ~ *spin·ner* F *bes Br* → *moneymaker* 2

mon·ger [ˈmʌŋgə] *s in Zssgn* **1.** ...händler(in) **2.** *fig pej* → *scandalmonger*, *scaremonger*, *etc*

mon·gol·ism [ˈmɒŋgəlɪzəm] *s* (Downsyndrom) *a. pej* Mongolismus *m*; → *Down's syndrome* '**mon·gol·oid** *Adj* (*mit den Merkmalen des Downsyndroms*) *a. pej* mongoloid

mon·grel [ˈmʌŋgrəl] *s* BIOL Bastard *m*, *bes* Promenadenmischung *f*

mon·i·tor [ˈmɒnɪtə] *s* **1.** Monitor *m*: **a)** Abhörgerät *n*, **b)** Kontrollgerät *n*, -schirm *m* **II** *v/t* **2.** abhören **3.** überwachen

▸ **monk** [mʌŋk] *s* Mönch *m*

▸ **mon·key** [ˈmʌŋki] **I** *s* **1.** ZOOL Affe *m*: *make a* ~ (*out*) (*of*) *s.o.* F j-n zum Deppen machen **2.** (kleiner) Schlingel **II** *v/i* **3.** ~ *about* (*od around*) herumalbern **4.** *a.* ~ *about* (*od around*) (*with*) F herumspielen (mit), herumpfuschen an (*Dat*) ~ *busi·ness* *s* F **1.** krumme Tour **2.** Blödsinn *m*, Unfug *m* ~ *wrench* *s* TECH Engländer *m*

mon·o [ˈmɒnəʊ] **I** *s* Mono *n* **II** *Adj* Mono...

mon·o... [_] *in Zssgn* ein..., mono...

mon·o·cle [ˈmɒnəkl] *s* Monokel *n*

mo·nog·a·mous [mɒˈnɒgəməs] *Adj* monogam(isch) **mo'nog·a·my** *s* Monogamie *f*, Einehe *f*

mon·o·gram [ˈmɒnəgræm] *s* Monogramm *n*

mon·o·lith [ˈmɒnəliθ] *s* Monolith *m* ,**mon·o'lith·ic** *Adj* (~*ally*) **1.** monolithisch (*a. fig*) **2.** *fig* gigantisch

mon·o·logue [ˈmɒnəlɒg] *s* Monolog *m*, Selbstgespräch *n*

mo·nop·o·lize [məˈnɒpəlaɪz] *v/t* **1.** WIRTSCH monopolisieren **2.** *fig* **a)** an sich reißen, *Unterhaltung a.* ganz allein bestreiten, **b)** *j-n, etw* mit Beschlag belegen **mo'nop·o·ly** *s* WIRTSCH Monopol *n* (*of od auf Akk*) (*a. fig*)

,**mon·o·syl'lab·ic** *Adj* (~*ally*) LING einsilbig (*a. fig Antworten etc*)

mo·not·o·nous [məˈnɒtnəs] *Adj* monoton, eintönig, *fig a.* einförmig **mo'not·o·ny** [_təni] *s* Monotonie *f*, Eintönigkeit *f*, *fig a.* Einförmigkeit *f*, (*ewiges*) Einerlei

M

mon·ox·ide [mɒˈnɒksaɪd] s CHEM Monoxid n

mon·soon [ˌmɒnˈsuːn] s Monsun m

mon·ster [ˈmɒnstə] I s 1. Monster n, Ungeheuer n (beide a. fig) 2. Monstrum n (a. fig) 3. Riesen…, Monster…: ~ **film** Monsterfilm m

mon·strance [ˈmɒnstrəns] s REL Monstranz f

mon·stros·i·ty [mɒnˈstrɒsəti] s 1. Ungeheuerlichkeit f 2. → **monster** 2

mon·strous [ˈmɒnstrəs] Adj monströs: a) ungeheuer, riesig, b) unförmig, ungestalt, c) fig ungeheuerlich, scheußlich

▶ **month** [mʌnθ] s Monat m: **in a ~ of Sundays** F seit einer Ewigkeit

month·ly [ˈmʌnθlɪ] I Adj 1. (a. Adv) monatlich 2. Monats…: ~ **season ticket** Monatskarte f II s 3. Monatsschrift f

mon·u·ment [ˈmɒnjumənt] s a. fig Monument n, Denkmal n (**to** für od Gen) **mon·u·men·tal** [ˌmɒnjuˈmentl] Adj 1. monumental (a. fig) 2. F kolossal: ~ **stupidity** Riesendummheit f

moo [muː] I v/i muhen II s Muhen n

▶ **mood**¹ [muːd] s LING Modus m

▶ **mood**² [muːd] s 1. Stimmung f, Laune f: **be in a good (bad)** ~ gute (schlechte) Laune haben, gut (schlecht) aufgelegt sein; **be in the (in no)** ~ **to do** (nicht) dazu aufgelegt sein zu tun, (keine) Lust haben zu tun; **be in the** ~ **for** aufgelegt sein zu; **I am in no laughing** ~ (od ~ **for laughing**) mir ist nicht nach od zum Lachen zumute 2. **be in a** ~ schlechte Laune haben, schlecht aufgelegt sein; **he is in one of his** ~**s again** er hat wieder einmal schlechte Laune

mood·y [ˈmuːdɪ] Adj 1. launisch, launenhaft 2. schlecht gelaunt

▶ **moon** [muːn] I s Mond m: **there is a full (new)** ~ es ist Vollmond (Neumond); **be over the** ~ F überglücklich sein (**about, at** über Akk); **cry for the** ~ nach etw Unmöglichem verlangen; **promise s.o. the** ~ j-m das Blaue vom Himmel (herunter) versprechen; **once in a blue** ~ F alle Jubeljahre (einmal) II v/i: ~ **about** (od **around**) herumtrödeln; ziellos herumstreichen 'ˌ~·**beam** s Mondstrahl m 'ˌ~·**light** I s Mondlicht n, -schein m: ~ **walk** Mondscheinspaziergang m II v/i F schwarzarbeiten, österr. pfuschen 'ˌ~·**light·er** s F Schwarzarbeiter(in), österr. Pfuscher(in) 'ˌ~·**lit** Adj mondhell: ~ **night** Mondnacht f 'ˌ~·**shine** s 1. Mondschein m 2. F Unsinn m

moon·y [ˈmuːnɪ] Adj F verträumt

moor¹ [mɔː] s (Hoch)Moor n

moor² [_] v/t SCHIFF vertäuen, festmachen

moo·rings [ˈmɔːrɪŋz] s Pl SCHIFF 1. Vertäuung f 2. Liegeplatz m

moose [muːs] Pl **moose** s ZOOL Elch m: ~ **test** s MOT Elchtest m

moot [muːt] Adj strittig (Punkt): ~ **question** Streitfrage f

mop [mɒp] I s 1. Mopp m 2. (Haar)Wust m II v/t 3. (ab)wischen: ~ **up** aufwischen 4. Blut etc abtupfen (**from** von)

mope [məup] v/i den Kopf hängen lassen: ~ **about** (od **around**) mit e-r Leichenbittermiene herumlaufen

mo·ped [ˈməuped] s Br Moped n

mo·raine [mɒˈreɪn] s GEOL Moräne f

mor·al [ˈmɒrəl] I Adj 1. moralisch: a) sittlich, b) geistig, innerlich: ~ **obligation** moralische Verpflichtung; ~ **support** moralische Unterstützung; ~ **victory** moralischer Sieg, verkl tugendhaft 2. Moral…, Sitten… II s 3. Moral f (e-r Geschichte etc): **draw the** ~ **from** die Lehre ziehen aus 4. Pl Moral f, Sitten Pl: **code of** ~**s** Sittenkodex m **mo·rale** [mɒˈrɑːl] s Moral f, Stimmung f: **raise (keep up) s.o.'s** ~ j-s Moral heben (aufrechterhalten)

mor·al·ist [ˈmɒrəlɪst] s Moralist(in)

mo·ral·i·ty [məˈrælətɪ] s 1. Moral f, Tugend(haftigkeit) f 2. Ethik f, Moral f

mor·al·ize [ˈmɒrəlaɪz] v/i moralisieren (**about, on** über Akk)

mor·a·to·ri·um [ˌmɒrəˈtɔːrɪəm] Pl **-ri·a** [-rɪə], **-ri·ums** s WIRTSCH, MIL, POL Moratorium n

mor·bid [ˈmɔːbɪd] Adj 1. morbid, krankhaft (beide a. fig) 2. grässlich, Grauen erregend 3. trübsinnig; pessimistisch **mor·bid·i·ty** s 1. Morbidität f, Krankhaftigkeit f (beide a. fig) 2. Trübsinn m; Pessimismus m

mor·dant [ˈmɔːdənt] Adj fig ätzend, beißend

▶ **more** [mɔː] I Adj 1. mehr 2. mehr, noch (mehr): **some** ~ **tea** noch etw Tee; **two** ~ **miles** noch zwei Meilen II

Adv **3.** mehr: *~ and ~* immer mehr; *~ and ~ difficult* immer schwieriger; *~ or less* mehr *od* weniger; ungefähr: *the ~ so because* umso mehr, da **4.** *zur Bildung des Komp:* *~ important* wichtiger; *~ often* öfter **5.** noch: *once ~* noch einmal **III** *s* **6.** Mehr *n* (*of* an *Dat*) **7.** *some ~* noch etw (mehr); *a little ~* etw mehr; *what ~ do you want?* was willst du denn noch?

mo·rel [mɒ'rel] *s* BOT Morchel *f*

mo·rel·lo [mə'reləʊ] *Pl* **-los** *s a.* *~ cherry* BOT Morelle *f*

more·o·ver [mɔː'rəʊvə] *Adv* außerdem, überdies, weiter, ferner

morgue [mɔːg] *s* **1.** Leichenschauhaus *n* **2.** F Archiv *n* (*s Zeitungsverlags etc*)

Mor·mon ['mɔːmən] **I** *s* Mormone *m*, Mormonin *f* **II** *Adj* mormonisch

▸ **morn·ing** ['mɔːnɪŋ] **I** *s* Morgen *m*; Vormittag *m*: *in the morning* morgens, am Morgen; vormittags, am Vormittag; *early in the morning* frühmorgens, früh am Morgen; ▸ *this morning* heute Morgen *od* Vormittag; *tomorrow morning* morgen früh *od* Vormittag **II** *Adj* Morgen...; Vormittags...; Früh...; *~ coat* s Cut(away) *m* ~ *~ pa·per* *s* Morgenzeitung *f* ~ *~ sick·ness* *s* MED Übelkeit *f* während der Schwangerschaft ~ *star* *s* ASTR Morgenstern *m*

Mo·roc·co [mə'rɒkəʊ] *Eigenn* Marokko *n*

mo·rose [mə'rəʊs] *Adj* mürrisch

mor·pheme ['mɔːfiːm] *s* LING Morphem *n*

mor·phi·a ['mɔːfjə], **mor·phine** ['mɔːfiːn] *s* Morphium *n*

mor·pho·log·i·cal [ˌmɔːfə'lɒdʒɪkl] *Adj* BIOL, LING morphologisch **mor·phol·o·gy** [-'fɒlədʒɪ] *s* Morphologie *f*

Morse code [mɔːs] *s* Morsealphabet *n*

mor·sel ['mɔːsl] *s* **1.** Bissen *m*, Happen *m* **2.** *a ~ of ...* ein bisschen ...

mor·tal ['mɔːtl] **I** *adj* **1.** sterblich **2.** tödlich (*to* für) *h* Tod(es)...: *~ fear* Todesangst *f*; *~ sin* Todsünde *f* **4.** auf Leben u. Tod: *~ enemy* Todfeind(in) **5.** F *of no ~ use* absolut zwecklos; *every ~ thing* alles Menschenmögliche **II** *s* **6.** Sterbliche *m*, *f*: *an ordinary ~* ein gewöhnlicher Sterblicher **mor·tal·i·ty** [-'tælətɪ] *s* **1.** Sterblichkeit *f* **2.** *a. ~ rate* Sterblichkeit(sziffer) *f*

mor·tar¹ ['mɔːtə] *s* **1.** Mörser *m* **2.** MIL Granatwerfer *m*

mor·tar² [-] *s* Mörtel *m*

mort·gage ['mɔːgɪdʒ] **I** *s* Hypothek *f*: *take out a ~* e-e Hypothek aufnehmen (*on* auf *Akk*) **II** *v/t* mit e-r Hypothek belasten, e-e Hypothek aufnehmen auf (*Akk*)

mor·ti·cian [mɔː'tɪʃən] *s Am* Leichenbestatter(in)

mor·ti·fi·ca·tion [ˌmɔːtɪfɪ'keɪʃn] *s* **1.** Demütigung *f*, Kränkung *f* **2.** Ärger *m*, Verdruss *m*: *to one's ~* zu s-m Verdruss **3.** Kasteiung *f* **4.** Abtötung *f* **5.** MED Absterben *n* **mor·ti·fy** [-'faɪ] **I** *v/t* **1.** demütigen, kränken **2.** ärgern, verdrießen **3.** *Fleisch etc* kasteien **4.** *Leidenschaften* abtöten **II** *v/i* **5.** MED absterben (*Gewebe*)

mor·tu·ar·y ['mɔːtʃʊərɪ] **I** *s* Leichenhalle *f* **II** *Adj* Begräbnis..., Leichen...

mo·sa·ic [məʊ'zeɪɪk] *s* Mosaik *n*

Mos·cow ['mɒskəʊ] *Eigenn* Moskau *n*

Mo·selle [məʊ'zel] *Eigenn die* Mosel

Mos·lem ['mɒzləm] → *Muslim*

mosque [mɒsk] *s* Moschee *f*

▸ **mos·qui·to** [mə'skiːtəʊ] *Pl* **-to(e)s** *s* ZOOL Moskito *m*; *allg* Stechmücke *f* ~ *net* *s* Moskitonetz *n*

moss [mɒs] *s* Moos *n* **'moss·y** *Adj* moosig, bemoost

▸ **most** [məʊst] **I** *Adj* **1.** meist, größt: *for the ~ part* größten-, meistenteils **2.** (*vor e-m s im Pl*, *mst ohne Artikel*) die meisten: *~ people* die meisten Leute **II** *s* **3.** das meiste, *das Höchste*: *at (the) ~* höchstens, bestenfalls; *make the ~ of etw* nach Kräften ausnützen, das Beste herausholen aus **4.** das meiste, der größte Teil: *he spent ~ of his time there* er verbrachte die meiste Zeit dort **5.** die meisten *Pl:* *better than ~* besser als die meisten; *~ of my friends* die meisten m-r Freunde **III** *Adv* **6.** am meisten: *~ of all* am allermeisten **7.** *zur Bildung des Sup:* *the ~ important point* der wichtigste Punkt **8.** (*vor Adj*) höchst, äußerst: *~ agreeable* äußerst angenehm; *he is ~ likely to come* er kommt höchstwahrscheinlich

▸ **most·ly** ['məʊstlɪ] *Adv* **1.** größtenteils **2.** meist(ens)

MOT [ˌeməʊ'tiː] *s Br* a) *a. ~ test* (*etwa*) TÜV-Prüfung *f*: *my car has failed* (*od*

hasn't got through) *its* (*od the*) ~ mein Wagen ist nicht durch den TÜV gekommen, **b)** *a.* ~ *certificate* (*etwa*) TÜV-Bescheinigung *f*

mo·tel [məʊ'tel] *s* Motel *n*

moth [mɒθ] *s* ZOOL **1.** Nachtfalter *m* **2.** Motte *f* '**~·ball** *s* Mottenkugel *f*: *put in* **~s** einmotten (*a. fig*) '**~,eat·en** *Adj* **1.** mottenzerfressen **2.** *fig* veraltet

▸ **moth·er** ['mʌðə] **I** *s* Mutter *f* (*a. fig*): ♀'**s Day** Muttertag *m*; **~'s milk** Muttermilch *f*; *a* ~ *of four* e-e Mutter von vier Kindern **II** *Adj* Mutter…: ~ *ship* **III** *v/t* bemuttern

moth·er·hood ['mʌðəhʊd] *s* Mutterschaft *f*

▸ **moth·er-in-law** ['mʌðərɪnlɔː] *Pl* '**moth·ers-in-law** *s* Schwiegermutter *f*

moth·er·less ['mʌðəlɪs] *Adj* mutterlos '**moth·er·ly** *Adj* mütterlich

,**moth·er|-of-'pearl** *s* Perlmutter *f, n*, Perlmutt *n* '~**-to-'be** *Pl* ,**moth·ers--to-'be** *s* werdende Mutter *f* ,~**'tongue** *s* Muttersprache *f*

mo·tif [məʊ'tiːf] *s* KUNST Motiv *n*

mo·tion ['məʊʃn] **I** *s* **1.** Bewegung *f* (*a.* PHYS *etc*): *be in* ~ in Gang sein (*a. fig*), in Bewegung sein; *put* (*od set*) *in* ~ in Gang bringen (*a. fig*), in Bewegung setzen; *go through the* ~*s of doing s.th. fig* etw mechanisch *od* pro forma tun **2.** Bewegung *f*, Geste *f*, Wink *m*: ~ *of the head* Kopfbewegung; *make a* ~ *with one's hand* e-e Handbewegung machen **3.** PARL *etc* Antrag *m*: *on the* ~ *of* auf Antrag von (*od Gen*) **II** *v/i* **4.** winken (*with* mit; *to, at Dat*) **III** *v/t* **5.** *j-n* durch e-n Wink auffordern, *j-m* ein Zeichen geben (*to do* zu tun): ~ *s.o. into the room* j-n ins Zimmer winken '**motion·less** *Adj* bewegungs-, regungslos

mo·tion| pic·ture *s Am* Film *m* ~ **sickness** *s* MED Bewegungs-, See-, Luftkrankheit *f*

mo·ti·vate ['məʊtɪveɪt] *v/t* motivieren, anspornen ,**mo·ti'va·tion** *s* Motivation *f*, Ansporn *m*, Antrieb *m*

mo·tive ['məʊtɪv] **I** *s* Motiv *n*, Beweggrund *m* (*for* zu) **II** *Adj* treibend (*a. fig*): ~ *power* Antriebskraft *f*, *bes fig* Triebkraft *f*

mot·ley ['mɒtlɪ] *Adj* (kunter)bunt (*a. fig*)

▸ **mo·tor** ['məʊtə] **I** *s* **1.** TECH Motor *m*, *fig a.* treibende Kraft **II** *Adj* **2.** Motor… **3.** PHYSIOL motorisch, Bewegungs…: ~ *nerve* '~**·bike** *s* F Motorrad *n, schweiz.* Töff *n* '~**·boat** *s* Motorboot *n* '~**·car** *s* Kraftfahrzeug *n* ~ *car-a-van s a Br* Wohnmobil *n*

▸ **mo·tor|·cy·cle** ['məʊtə,saɪkl] *s* Motorrad *n, schweiz.* Töff *n* '~**,cy·clist** *s* Motorradfahrer(in) ~ **in·dus·try** *s* Autoindustrie *f*

mo·tor·ing ['məʊtərɪŋ] **I** *s* Autofahren *n*: *school of* ~ Fahrschule *f* **II** *Adj* Verkehrs…, Auto… '**mo·tor·ist** *s* Autofahrer(in)

mo·tor·i·za·tion [,məʊtəraɪ'zeɪʃn] *s* Motorisierung *f* '**mo·tor·ize** *v/t* motorisieren

mo·tor scoot·er *s* Motorroller *m*

▸ **mo·tor·way** ['məʊtəweɪ] *s Br* Autobahn *f*: ~ *junction* Autobahndreieck *n*

mot·tled ['mɒtld] *Adj* gesprenkelt

mot·to ['mɒtəʊ] *Pl* **-to(e)s** *s* Motto *n*

mould[1] [məʊld] *bes Br* **I** *s* **1.** TECH (Gieß-, Guss-, Press)Form *f*: *be cast* (*od made*) *in the same* (*a different*) ~ *fig* aus demselben (e-m anderen) Holz geschnitzt sein **2.** TECH gießen **3.** formen (*a. fig Charakter etc*), bilden (*out of* aus), gestalten (*on* nach dem Muster *Dat*); formen (*into* zu)

mould[2] [~] *s bes Br* Schimmel *m*

mould·er ['məʊldə] *v/i a.* ~ *away bes Br* vermodern; zerfallen

mould·y ['məʊldɪ] *Adj bes Br* **1. a)** verschimmelt, schimm(e)lig: *go* ~ (ver-)schimmeln, **b)** mod(e)rig: ~ *smell* Modergeruch *m* **2.** *sl* schäbig (*Person, Summe etc*)

mound [maʊnd] *s* Erdwall *m*, -hügel *m*: ~ *of work fig* Berg *m* Arbeit

mount[1] [maʊnt] **I** *v/t* **1.** Pferd *etc, fig* Thron besteigen; *Treppen* hinaufgehen **2.** *Kind etc* setzen (*on* auf *ein Pferd etc*) **3.** errichten, *a. Maschine* aufstellen **4.** anbringen, befestigen; *Bild etc* aufkleben; *Edelstein* fassen **5** *v/i* **5.** aufsitzen (*Reiter*) **6.** steigen, *fig a.* (an)wachsen **7.** *oft* ~ *up fig* sich belaufen (*to* auf *Akk*) **III** *s* **8.** Gestell *n*; Fassung *f* **9.** Reittier *n*

Mount[2] [~] *s in Eigennamen:* **a)** Berg *m*: ~ *Sinai*, **b)** Mount *m*: ~ *Everest*

▸ **moun·tain** ['maʊntɪn] **I** *s* Berg *m* (*a. fig*), *Pl a.* Gebirge *n*: *in the* ~*s* im Ge-

birge; **make a ~ out of a molehill** aus e-r Mücke e-n Elefanten machen **II** *Adj* Berg..., Gebirgs... **~ bike** *s* Mountainbike *n* **~ chain** *s* Berg-, Gebirgskette *f* **~ climb·er** *s* Bergsteiger(in)

moun·tain·eer [ˌmaʊntɪˈnɪə] *s* Bergsteiger(in) ,**moun·tain'eer·ing** *s* Bergsteigen *n* '**moun·tain·ous** *Adj* **1.** bergig, gebirgig **2.** *fig* riesig, (*Wellen a.*) haushoch

moun·tain range *s* Gebirgszug *m*

mount·ed ['maʊntɪd] *Adj* beritten

mourn [mɔːn] **I** *v/i* **1.** trauern (**at, over** über *Akk*; **for** um) **2.** Trauer(kleidung) tragen **II** *v/t* **3.** betrauern, trauern um '**mourn·er** *s* Trauernde *m, f* '**mourn·ful** [‚-fʊl] *Adj* traurig '**mourn·ing** *s* **1.** Trauer *f* **2.** Trauer(kleidung) *f*: **be in ~** Trauerkleidung tragen

▸ **mouse** [maʊs] *Pl* **mice** [maɪs] *s* **1.** ZOOL Maus *f* **2.** *Pl a* '**mous·es** COMPUTER Maus *f* **3.** *fig* schüchterne *od* ängstliche Person **~ but·ton** *s* COMPUTER Maustaste *f* **~ click** *s* COMPUTER Mausklick *m* '**~·hole** *s* Mauseloch *n* **~ key** *s* COMPUTER Maustaste *f* **~ mat** *s* COMPUTER Mauspad *n* **~ pad** *s* COMPUTER Mauspad *n* **~ point·er** *s* COMPUTER Mauszeiger *m* **~ po·ta·to** *s* F (abgestumpfter) Computerfreak '**~·trap** *s* Mausefalle *f*

mousse [muːs] *s* **1.** GASTR Creme *f* **2.** *a.* **styling ~** Schaum(festiger) *m*

mous·tache [məˈstɑːʃ] *s* Schnurrbart *m*

mous·y ['maʊsɪ] *Adj* **1.** mausgrau **2.** schüchtern; ängstlich

▸ **mouth I** *s* [maʊθ] *Pl* **mouths** [maʊðz] **1.** Mund *m*: **down in the ~** F deprimiert; **keep one's ~ shut** F den Mund halten; **take the words out of s.o.'s ~** j-m das Wort aus dem Mund nehmen; → **stop** 12, **word** 1 **2.** ZOOL Maul *n*, Schnauze *f*: → **horse 3.** Mündung *f* (*e-s Flusses etc*); Öffnung *f* (*e-r Flasche etc*), Ein-, Ausfahrt *f* (*e-s Hafens etc*) **II** *v/t* [maʊð] **4.** *Worte* (*unhörbar*) mit den Lippen formen **mouth·ful** [‚-fʊl] *s* **1.** *ein* Mund *m* voll, Bissen *m* **2.** *fig* ellenlanges Wort; Zungenbrecher *m*

mouth| or·gan *s* MUS Mundharmonika *f* '**~·piece** *s* **1.** Mundstück *n* (*e-s Blasinstruments, e-r Pfeife etc*) **2.** *fig* Sprachrohr *n* (*a. Person*) ,**~-to-'~ res·pi·ra·tion** *s* MED Mund-zu-Mund-Beatmung *f* '**~·wash** *s* MED Mundwasser *n*

'**~·wa·ter·ing** *Adj* appetitlich, lecker

▸ **move** [muːv] **I** *v/t* **1.** (von der Stelle) bewegen, rücken; transportieren; *Körperteil* bewegen, rühren: **~ one's car** s-n Wagen wegfahren **2. a)** *Wohnsitz etc* verlegen (**to** nach): **~ house** umziehen, *schweiz.* zügeln, **b)** *Angestellten etc* versetzen (**to** nach) **3.** COMPUTER verschieben **4. ~ on** vorwärts treiben; *j-n* auffordern weiterzugehen **5.** *fig* bewegen, rühren: **be ~d to tears** zu Tränen gerührt sein **6.** bewegen, veranlassen (**to** zu): **feel ~d to say s.th.** sich veranlasst fühlen, etw zu sagen **7.** *Schach etc*: ziehen *od* e-n Zug machen mit **8.** PARL *etc* beantragen (*a.* **that** dass) **II** *v/i* **9.** sich bewegen *od* rühren; *fig* sich ändern (*Ansichten etc*): **begin to ~, ~ off** sich in Bewegung setzen; **~ on** weitergehen **10.** umziehen, *schweiz.* zügeln: **~ to** *a.* ziehen nach; **~ in** (**out, away**) ein- (aus-, weg)ziehen **11.** handeln, etw unternehmen **12.** (**in** *in guter Gesellschaft etc*) verkehren (*a.* **with** mit), sich bewegen **13.** *Schach etc*: e-n Zug machen, ziehen **III** *s* **14.** Bewegung *f*: **on the ~** in Bewegung; auf den Beinen; **get a ~ on!** F Tempo!, mach(t) schon! **15.** Umzug *m*, *schweiz.* Zügelte *f* **16. a)** *Schach etc*: Zug *m*: **it is your ~** Sie sind am Zug, **b)** *fig* Schritt *m*: **a clever ~** ein kluger Schachzug; **make the first ~** den ersten Schritt tun **17.** SPORT Kombination *f*; Spielzug *m*

▸ **move·ment** ['muːvmənt] *s* **1.** Bewegung *f* (*a. fig*) **2.** MUS Satz *m*

▸ **mov·ie** ['muːvɪ] *bes Am* **F I** *s* **1.** Film *m*, F *a.* Streifen *m* **2.** Kino *n* **3. go to the ~s** ins Kino gehen **II** *Adj* **4.** Film..., Kino...: **~ camera** Filmkamera *f*; **~ star** Filmstar *m*

mov·ing ['muːvɪŋ] *Adj* **1.** beweglich, (*Verkehr*) fließend: **~ staircase** Rolltreppe *f* (*a. fig*) **2.** *fig* bewegend, rührend

mow [məʊ] *v/t u. v/i* (*a. unreg*) mähen '**mow·er** *s* **a)** Mähmaschine *f*, **b)** Rasenmäher *m* **mown** *Part Perf von* **mow**

MP [em'piː] *Abk* **1. Member of Parliament 2. = Military Police**

mpg *Abk* (= **miles per gallon**) Benzinverbrauch in Meilen pro Gallone

mph *Abk* (= **miles per hour**) Stundengeschwindigkeit *f* (*in Meilen pro Stunde*)

M

► **Mr** ['mɪstə] *Abk* (= **mister**) Herr

► **Mrs** ['mɪsɪz] *Abk* Frau

► **Ms** [mɪz, məz] *Abk* Frau (*auch für Unverheiratete*)

► **much** [mʌtʃ] **I** *Adj* **1.** viel: *as ~ again* noch einmal so viel **II** *Adv* **2.** sehr: *~ to my regret* sehr zu m-m Bedauern; *~ to my surprise* zu m-r großen Überraschung; *I thought as ~* das habe ich mir gedacht **3.** (*in Zssgn*) viel...: *~admired* viel bewundert **4.** (*vor Komp*) viel: *~ better* **5.** fast, mehr od weniger: *~ the same* **III** *s* **6.** große Sache: *nothing ~* nichts Besonderes; *think ~ of* viel halten von; *he is not ~ of a dancer* er ist kein großer Tänzer; → *make* 11

muck [mʌk] **I** *s* **1.** Mist *m*, Dung *m* **2.** Kot *m*, Dreck *m*, Schmutz *m* **3.** *make a ~ of* → 6b **II** *v/t* **4.** düngen **5.** *a. ~ out* ausmisten **6.** *oft ~ up* a) schmutzig machen, b) *bes Br* F verpfuschen, -masseln **III** *v/i* **7.** *mst ~ about* (*od around*) *bes Br* F a) herumgammeln, b) herumpfuschen (*with* an *Dat*), c) herumalbern '**~·rake** *v/i* Skandale aufdecken; im Schmutz wühlen

muck·y ['mʌkɪ] *Adj* schmutzig

mu·cous ['mjuːkəs] *Adj* schleimig: *~ membrane* ANAT Schleimhaut *f* **mu·cus** ['_kəs] *s* Schleim *m*

► **mud** [mʌd] *s* **1.** Schlamm *m*, Matsch *m* **2.** Schmutz *m* (*a. fig*): *drag through the ~* fig in den Schmutz ziehen *od* zerren; *sling* (*od throw*) *~ at s.o.* fig j-n mit Schmutz bewerfen

mud·dle ['mʌdl] **I** *s* Durcheinander *n*, Unordnung *f*; Verwirrung *f*: *be in a ~* durcheinander sein (*Dinge*), (*Person a.*) konfus sein; *get in(to) a ~* durcheinander geraten (*Dinge*); konfus werden (*Person*); *make a ~ of* → IIa **II** *v/t* durcheinander bringen: a) in Unordnung bringen, b) konfus machen, c) verwechseln (*with* mit) **III** *v/i*: *~ through* sich durchwursteln

mud·dy ['mʌdɪ] *Adj* **1.** schlammig, trüb **2.** schmutzig **3.** *fig* wirr; unklar

'**mud·guard** *s* MOT Kotflügel *m*; Schutzblech *n* (*e-s Fahrrads*) '**~·pack** *s* MED Fango-, Schlammpackung *f* '**~·sling·ing** *s* Verleumdung *f*

muf·fin ['mʌfɪn] *s* Muffin *n*: a) *Br* Hefeteigsemmel *f*, b) *Am* kleine süße Semmel

muf·fle ['mʌfl] *v/t* **1.** *oft ~ up* einhüllen, -wickeln **2.** *Ton etc* dämpfen: *~d voices Pl* gedämpfte Stimmen *Pl* '**muf·fler** *s* **1.** dicker Schal **2.** MOT *Am* Auspufftopf *m*

muf·ti ['mʌftɪ] *s*: *in ~* in Zivil

mug [mʌg] **I** *s* **1.** Krug *m*; Becher *m*; große Tasse **2.** *sl* Visage *f* (*Gesicht*); Fresse *f* (*Mund*) **II** *v/t* F **3.** *bes auf der Straße* überfallen u. ausrauben **4.** *a. ~ up Br* etw büffeln **III** *v/i* **5.** *Br* F büffeln '**mug·ger** *s* (*bes Straßen*)Räuber(in) '**mug·ging** *s* F Raubüberfall *m*, *bes* Straßenraub *m*

mug·gy ['mʌgɪ] *Adj* schwül

mule [mjuːl] *s* **1.** ZOOL Maultier *n*; Maulesel *m*: (*as*) *stubborn* (*od obstinate*) *as a ~* (so) störrisch wie ein Maulesel **2.** *sl* Drogenkurier *m*

mul·ish ['mjuːlɪʃ] *Adj* störrisch, stur

mull [mʌl] *v/i u. v/t*: *~ over s.th.*, *~ s.th. over* nachdenken über (*Akk*)

mulled [mʌld] *Adj*: *~ wine* Glühwein *m*

mul·ti... ['mʌltɪ] *in Zssgn* viel..., mehr..., Mehrfach..., Multi... '**~·cul·tur·al** *Adj* multikulturell

mul·ti·far·i·ous [ˌmʌltɪ'feəriəs] *Adj* mannigfaltig, vielfältig

'**mul·ti'func·tion·al** *Adj* multifunktional: *~ keyboard* Multifunktionstastatur *f*

'**mul·ti'lat·er·al** *Adj* **1.** vielseitig **2.** POL multilateral, mehrseitig '**mul·ti'lin·gual** *Adj* mehrsprachig '**mul·ti'me·di·a** *Adj* Multimedia...: *~ group* Medienkonzern *m* '**mul·ti·mil·lion·aire** *s* Multimillionär(in) '**mul·ti'na·tion·al** *Adj* multinational (*Konzern*) **II** *s* F Multi *m*

mul·ti·ple ['mʌltɪpl] **I** *Adj* **1.** viel-, mehrfach: *~ sclerosis* MED multiple Sklerose **2.** mannigfaltig, vielfältig **3.** ELEK, TECH Mehr(fach)..., Vielfach... **II** *s* **4.** *das* Vielfache (*a.* MATHE)

mul·ti·plex ['mʌltɪpleks] *s a. ~ cinema* Multiplex(kino) *n*

mul·ti·pli·ca·tion [ˌmʌltɪplɪ'keɪʃn] *s* **1.** Vermehrung *f* (*a.* BIOL) **2.** MATHE Multiplikation *f*: *~ sign* Mal-, Multiplikationszeichen *n*; *~ table* Einmaleins *n* **mul·ti·plic·i·ty** [ˌ'plɪsətɪ] *s* **1.** Vielfalt *f* **2.** Vielzahl *f* **mul·ti·pli·er** ['_plaɪə] *s* MATHE Multiplikator *m*

► **mul·ti·ply** ['mʌltɪplaɪ] **I** *v/t* **1.** vermehren, -vielfachen **2.** MATHE multiplizie-

ren, malnehmen (**by** mit): *6 multiplied by 5 is 30* 6 mal 5 ist 30 **II** v/i **3.** sich vermehren (a. BIOL), sich vervielfachen

,mul·ti'pur·pose Adj Mehrzweck…

,mul·ti'sto·r(e)y Adj vielstöckig: **~ car park** Park(hoch)haus m **,mul·ti·'task·ing** s COMPUTER Multitasking n

mul·ti·tude ['mʌltɪtjuːd] s **1.** große Zahl, Vielzahl f: *for a ~ of reasons* aus vielerlei Gründen **2.** *the ~s (Pl)* die Masse

,mul·ti·vi·ta·min I s Multivitaminpräparat n **II** Adj Multivitamin…

mum¹ [mʌm] **I** Interj: *~'s the word* Mund halten!, kein Wort darüber! **II** Adj: *keep ~* nichts verraten (**about** von)

mum² [-] s bes Br F Mami f, Mutti f

mum·ble ['mʌmbl] v/t u. v/i (vor sich hin) murmeln

mum·bo jum·bo [,mʌmbəʊ'dʒʌmbəʊ] s **1.** Hokuspokus m, fauler Zauber **2.** Kauderwelsch n

mum·mi·fi·ca·tion [,mʌmɪfɪ'keɪʃn] s Mumifizierung f **mum·mi·fy** ['-faɪ] v/t mumifizieren **II** v/i vertrocknen

mum·my¹ ['mʌmɪ] s Mumie f

mum·my² [-] → *mum²*

mumps [mʌmps] s Sg MED Mumps m, Ziegenpeter m

munch [mʌntʃ] v/t u. v/i mampfen: *~ away at* etw mampfen

mun·dane [,mʌn'deɪn] Adj **1.** weltlich **2.** alltäglich, profan; prosaisch, sachlichnüchtern

Mu·nich ['mjuːnɪk] Eigenn München n

mu·nic·i·pal [mjuː'nɪsɪpl] Adj städtisch, Stadt…, kommunal, Gemeinde…: **~ council** Stadt-, Gemeinderat m; **~ elections** Pl Kommunalwahlen Pl **mu,nic·i'pal·i·ty** [-'pælətɪ] s **1.** Gemeinde f **2.** Kommunalbehörde f, -verwaltung f

mu·ral ['mjʊərəl] **I** Adj Mauer…, Wand…: *~ painting →* **II II** s Wandgemälde n

▶ **mur·der** ['mɜːdə] **I** s **1.** (**of**) Mord m (an Dat), Ermordung f (Gen): *cry (od scream) blue ~* F zetermordio schreien; *get away with ~* F alles erlauben können **II** Adj **2.** Mord…: *~ trial* Mordprozess m; *~ victim* Mordopfer n; *~ weapon* Mordwaffe f **III** v/t **3.** ermorden **4.** fig verschandeln, verhunzen

'**mur·der·er** s Mörder m '**murder·ess** s Mörderin f '**mur·der·ous** Adj mörderisch (a. fig)

murk·y ['mɜːkɪ] Adj dunkel, finster

mur·mur ['mɜːmə] **I** s **1.** Murmeln n **2.** Murren n: *without a ~* ohne zu murren **II** v/i **3.** murmeln **4.** murren (**at, against** gegen) **III** v/t **5.** etw murmeln

▶ **mus·cle** ['mʌsl] **I** s ANAT Muskel m **II** v/i: **~ in on** fig F sich eindrängen in (Akk) '**~·man** s (unreg man) Muskelmann m, -paket n

mus·cu·lar ['mʌskjʊlə] Adj **1.** Muskel…: **~ dystrophy** MED Muskelschwund m, Muskeldystrophie f **2.** muskulös

muse [mjuːz] v/i (nach)sinnen, (-)grübeln (**on, over** über Akk)

▶ **mu·se·um** [mjuː'zɪəm] s Museum n

mush [mʌʃ] s **1.** Brei m, Mus n **2.** Am Maisbrei m

▶ **mush·room** ['mʌʃrʊm] **I** s **1.** BOT (essbarer) Pilz, österr. Schwammerl n, eng. S. Champignon m **II** Adj **2.** Pilz…; pilzförmig: **~ cloud** Atompilz m **III** v/i **3.** Pilze sammeln **4.** oft **~ up** fig wie Pilze aus dem Boden schießen

mush·y ['mʌʃɪ] Adj **1.** breiig, weich **2.** F rührselig

▶ **mu·sic** ['mjuːzɪk] s **1.** Musik f: *that's ~ to my ears* das ist Musik in m-n Ohren; *face the ~* F dafür geradestehen; *put (od set) to ~* vertonen **2.** Noten Pl

▶ **mu·sic·al** ['mjuːzɪkl] Adj **1.** Musik… **2.** musikalisch **II** s **3.** Musical n

mu·sic| book s Notenheft n, -buch n **~ cen·tre** (Am cen·ter) s Kompaktanlage f **~ hall** s bes Br Varieté(theater) n

▶ **mu·si·cian** [mjuː'zɪʃn] s Musiker(in)

mu·sic| stand s Notenständer m **~ stool** s Klavierstuhl m

musk [mʌsk] s Kosmetik: Moschus m

Mus·lim ['mʊzlɪm] **I** Muslim(in) **II** Adj muslimisch

muss [mʌs] Am F **I** s Durcheinander n, Verhau m **II** v/t oft **~ up** durcheinanderbringen, Haar zerwühlen

mus·sel ['mʌsl] s (Mies)Muschel f

▶ **must¹** [mʌst] **I** v/hilf ich muss, du musst etc: *you ~ not smoke here* du darfst hier nicht rauchen **II** s Muss n: *this book is a(n absolute) ~* dieses Buch muss man (unbedingt) gelesen haben

must 400

must² [_] s Most m

mus·tache Am → moustache

mus·tard ['mʌstəd] s Senf m

mus·ter ['mʌstə] I v/t 1. MIL (zum Appell) antreten lassen; allg zs.-rufen, versammeln 2. j-n, etw auftreiben 3. a. ~ up fig s-e Kraft etc aufbieten: → courage II v/i 4. MIL (zum Appell) antreten; allg sich versammeln III s 5. MIL (Antreten n zum) Appell: pass ~ fig durchgehen (with bei); ganz passabel sein, den Anforderungen genügen

mustn't ['mʌsnt] F für must not

mus·ty ['mʌstɪ] Adj 1. muffig 2. mod(e)rig

mu·ta·tion [mju:'teɪʃn] s 1. (Ver)Änderung f 2. Umwandlung f 3. BIOL Mutation f

mute [mju:t] I Adj 1. stumm (a. LING), weit. S. a. sprachlos II s 2. Stumme m, f 3. MUS Dämpfer m II v/t 4. MUS dämpfen

mu·ti·late ['mju:tɪleɪt] v/t verstümmeln (a. fig) ,mu·ti'la·tion s Verstümm(e)lung f

mu·ti·neer [,mju:tɪ'nɪə] I s Meuterer m II v/i meutern 'mu·ti·nous Adj 1. meuternd 2. meuterisch 'mu·ti·ny I s Meuterei f II v/i meutern

mut·ter ['mʌtə] I v/i 1. murmeln: ~ (away) to o.s. vor sich hin murmeln 2. murren (about über Akk) II v/t 3. murmeln III s 4. Murmeln n 5. Murren n

mut·ton ['mʌtn] s Hammelfleisch n: (as) dead as ~ F mausetot ~ chop s Hammelkotelett n ,~'chops s Pl Koteletten Pl

mu·tu·al ['mju:tʃʊəl] Adj 1. gegen-, wechselseitig: be ~ auf Gegenseitigkeit beruhen; by ~ consent in gegenseitigem Einvernehmen 2. gemeinsam

mu·zak® ['mju:zæk] s Musikberieselung f

muz·zle ['mʌzl] I s 1. ZOOL Maul n, Schnauze f 2. Maulkorb m (a. fig) 3. Mündung f (e-r Feuerwaffe) II v/t 4. e-n Maulkorb anlegen (Dat), fig a. mundtot machen

▸ my [maɪ] Possessivpron mein(e)

my·co·sis [maɪ'kəʊsɪs] Pl -ses [_-si:z] s MED Pilzkrankheit f

my·o·pi·a [maɪ'əʊpjə] s MED Kurzsichtigkeit f (a. fig) my·op·ic [_-'ɒpɪk] Adj (~ally) MED kurzsichtig (a. fig)

myr·i·ad ['mɪrɪəd] I s Myriade f, fig a. Unzahl f: a ~ (od ~s) of → II II Adj: (a) ~ unzählige, zahllose

myrrh [mɜ:] s BOT Myrre f

myr·tle ['mɜ:tl] s BOT Myrte f

▸ my·self [maɪ'self] Pron 1. verstärkend: ich, mich od mir selbst: I did it ~ ich habe es selbst getan 2. refl mich: I cut ~ 3. mich (selbst): I want it for ~

mys·te·ri·ous [mɪ'stɪərɪəs] Adj mysteriös: a) geheimnisvoll: be very ~ about ein großes Geheimnis machen aus, b) rätsel-, schleierhaft, unerklärlich mys·'te·ri·ous·ly Adv auf mysteriöse Weise, unter mysteriösen Umständen

▸ mys·ter·y ['mɪstərɪ] s 1. Geheimnis n, Rätsel n (to für od Dat): it is a (complete) ~ to me es ist mir (völlig) schleierhaft; make a ~ of ein Geheimnis machen aus; shrouded in ~ in geheimnisvolles Dunkel gehüllt 2. REL Mysterium n

mys·tic ['mɪstɪk] I Adj (~ally) mystisch II s Mystiker(in) 'mys·ti·cal → mystic I mys·ti·fy ['mɪstɪfaɪ] v/t verwirren, vor ein Rätsel stellen: be mystified vor e-m Rätsel stehen

myth [mɪθ] s Mythos m, Mythus m, fig a. Märchen n myth·i·cal ['mɪθɪkl] Adj mythisch, sagenhaft, fig a. erdichtet

myth·o·log·i·cal [,mɪθə'lɒdʒɪkl] Adj mythologisch my·thol·o·gy [mɪ'θɒlədʒɪ] s Mythologie f

N

N [en] *Pl* **N's** *s* N *n*

n/a *Abk* (= **not applicable**) nicht zutreffend

nab [næb] *v/t* F **1.** schnappen, erwischen **2.** sich *etw* schnappen

na·dir ['neɪ.dɪə] *s* **1.** ASTR Nadir *m*, Fußpunkt *m* **2.** *fig* Tief-, Nullpunkt *m*: **reach its ~** den Nullpunkt erreichen

naff [næf] **I** *Adj* F *Stil*, *Farbe etc*: geschmacklos, schräg **II** *v/i* F **~ off!** zieh Leine!

nag [næg] **I** *v/t* **1.** herumnörgeln an (*Dat*) **2. ~ s.o. for s.th.** j-m wegen etw in den Ohren liegen; **~ s.o. into doing s.th.** j-m so lange zusetzen, bis er etw tut; **~ s.o. to do s.th.** j-m zusetzen, damit er etw tut **II** *v/i* **3.** nörgeln: **~ at →** 1 **III** *s* **4.** Nörgler(in) **'nag·ger** *s* Nörgler(in) **'nag·ging I** *s* **1.** Nörgelei *f* **II** *Adj* **2.** nörgelnd **3.** *fig* nagend, bohrend (*Schmerzen etc*)

▶ **nail** [neɪl] **I** *s* **1.** (Finger-, Zehen)Nagel *m* **2.** TECH Nagel *m*: **(as) hard as ~s** eisern, unerbittlich; **→ hit** 7 **II** *v/t* **3.** (an-)nageln (**on** auf *Akk*; **to** an *Akk*): **~ed to the spot** *fig* wie angenagelt; **~ down** ver-, zunageln; *fig* j-n festnageln (**to** auf *Akk*) **'~·bit·ing I** *Adj* aufregend **II** *s* Nägelkauen *n* **'~·brush** *s* Nagelbürste *f* **'~·file** *s* Nagelfeile *f* **'~·pol·ish** *s* Nagellack *m* **'~·re·mov·er** *s* Nagellackentferner *m* **'~·scis·sors** *s Pl, a.* **pair of ~** Nagelschere *f* **'~·var·nish** *s bes Br* Nagellack *m*: **~ remover** *s bes Br* Nagellackentferner *m*

na·ive, na·ïve [naɪ'iːv] *Adj* naiv (*a.* KUNST) **na'ïve·ty** *s* Naivität *f*

na·ked ['neɪkɪd] *Adj allg* nackt (*a. fig Wahrheit etc*), (*Wand etc a.*) kahl: **with the ~ eye** mit bloßem Auge

▶ **name** [neɪm] **I** *v/t* **1.** (be)nennen (**after**, *Am a.* **for** nach): **~d** genannt, namens **2.** beim Namen nennen **3.** nennen, erwähnen **4.** ernennen zu; nominieren, vorschlagen (**for** für); wählen zu; benennen, bekannt geben **5.** *Datum etc* festsetzen, bestimmen **II** *s* **6.** Name *m*: **what is your ~?** wie heißen Sie?; **by ~** mit Namen, namentlich; dem Namen nach; **in the ~ of** im Namen des *Gesetzes etc*; auf j-s Namen **bestellen** *etc*; **put one's ~ down for** kandidieren für; sich anmelden für; sich vormerken lassen für **7.** Name *m*, Bezeichnung *f* **8.** Schimpfname *m*: **call s.o. ~s** j-n beschimpfen *od* verspotten **9.** Name *m*, Ruf *m*: **get a bad ~** in Verruf kommen; **have a bad ~** in schlechtem Ruf stehen **10.** (berühmter) Name, (guter) Ruf: **have a ~ for being ...** im Rufe stehen, ... zu sein; **make a ~ for o.s.** sich e-n Namen machen (**as** als) **~ day** *s* Namenstag *m* **'~·drop·per** *s* F j-d, der dadurch Eindruck schindet, dass er ständig prominente Bekannte erwähnt

name·less ['neɪmlɪs] *Adj* **1.** namenlos, unbekannt **2.** ungenannt, unerwähnt **3.** *fig* unbeschreiblich

name·ly ['neɪmlɪ] *Adv* nämlich

name| plate *s* Namensschild *n* **'~·sake** *s* Namensvetter *m*, -schwester *f* **~ tag** *s* (*am Revers etc getragenes*) Namensschild

nan·ny ['nænɪ] *s bes Br* **1.** Kindermädchen *n* **2.** Oma *f*, Omi *f* **~ goat** *s* Geiß *f*, Ziege *f* **~ state** *s* Versorgerstaat *m*

nap [næp] **I** *v/i* ein Schläfchen *od* Nickerchen machen: **catch s.o. ~ping** j-n überrumpeln *od* -raschen **II** *s* Schläfchen *n*, Nickerchen *n*: **have** (*od* **take**) **a ~ → I**

na·palm ['neɪpɑːm] *s* Napalm *n*: **~ bomb** MIL Napalmbombe *f*

nape [neɪp] *s mst* **~ of the neck** Genick *n*

nap·kin ['næpkɪn] *s* **1.** Serviette *f*: **~ ring** Serviettenring *m* **2.** *bes Br* Windel *f*

Na·ples ['neɪplz] *Eigenn* Neapel *n*

nap·py ['næpɪ] *s bes Br* F Windel *f*

nar·cis·si [nɑː'sɪsaɪ] *Pl von* **narcissus**

nar·cis·sism ['nɑːsɪsɪzəm] *s* PSYCH Narzissmus *m* **'nar·cis·sist** *s* Narzisst(in) **,nar·cis'sis·tic** *Adj* (**~ally**) narzisstisch

nar·cis·sus [nɑː'sɪsəs] *Pl* -'**cis·sus·es**, -'**cis·si** [-saɪ] *s* BOT Narzisse *f*

nar·co·sis [nɑː'kəʊsɪs] *Pl* **-ses** [-siːz] *s* MED Narkose *f*

nar·cot·ic [nɑː'kɒtɪk] **I** *Adj* (**~ally**) **1.** narkotisch, betäubend, einschläfernd (*a. fig*) **2.** Rauschgift...: **~ addiction**

Rauschgiftsucht *f* **II** *s* **3.** Betäubungsmittel *n* **4.** *oft Pl* Rauschgift *n*

nark [nɑːk] *Br sl* **I** *s* (Polizei)Spitzel *m* **II** *v/t* ärgern

nar·rate [nəˈreɪt] *v/t* **1.** erzählen **2.** berichten, schildern **nar·ra·tion** *s* Erzählung *f* **nar·ra·tive** [ˈnærətɪv] **I** *s* **1.** Erzählung *f* **2.** Bericht *m*, Schilderung *f* **II** *Adj* **3.** erzählend: ~ *perspective* Erzählperspektive *f* **4.** Erzählungs…

▸ **nar·row** [ˈnærəʊ] **I** *Adj* (→ *a.* **narrowly**) **1.** eng, schmal **2.** eng (*a. fig*), (*räumlich*) beschränkt: *in the ~est sense* im engsten Sinne **3.** zs.-gekniffen (*Augen*) **4.** *fig* eingeschränkt, beschränkt **5.** *fig* knapp, dürftig (*Einkommen etc*) **6.** *fig* knapp (*Mehrheit, Sieg etc*): *by a ~ margin* knapp, mit knappem Vorsprung; *win by a ~ majority* knapp gewinnen; → *escape* 8, *squeak* 6 **7.** *fig* gründlich, eingehend (*Untersuchung etc*) **II** *v/i* **8.** enger od schmäler werden, sich verengen ([*in*]*to* zu) **9.** *fig* knapp(er) werden, zs.-schrumpfen (*to* auf *Akk*) **10.** *fig* sich annähern (*Standpunkte etc*) **III** *v/t* **11.** enger od schmäler machen, verenge(r)n **12.** *a.* ~ *down fig* be-, einschränken (*to* auf *Akk*); eingrenzen '**narrow·ly** *Adv* mit knapper Not: *he~ escaped death* er ist gerade noch mit dem Leben davongekommen; *he~ escaped drowning* er wäre beinahe od um ein Haar ertrunken

NASA [ˈnæsə] *Abk* (= *National Aeronautics and Space Administration*) NASA *f*

na·sal [ˈneɪzl] **I** *Adj* **1.** ANAT Nasen…: ~ *passages* Nasenwege *Pl* **2. a)** näselnd (*Stimme*): → *twang*, **b)** LING nasal, Nasal… **II** *s* **3.** LING Nasal(laut) *m* ~ **spray** *s* Nasenspray *m, n*

nas·ty [ˈnɑːstɪ] *Adj* **1.** ekelhaft, eklig, widerlich (*Geschmack etc*), abscheulich (*Verbrechen, Wetter etc*) **2.** schmutzig, zotig (*Buch etc*) **3.** bös, schlimm (*Unfall etc*) **4. a)** hässlich (*Charakter, Benehmen etc*), **b)** gemein, fies (*Person, Trick etc*), **c)** übel gelaunt: *turn* ~ unangenehm werden **II** *s* **5.** *Br F pornographische od Gewalt verherrlichende Videokassette*

▸ **na·tion** [ˈneɪʃn] *s* Nation *f*: **a)** Volk *n*, **b)** Staat *m*

▸ **na·tion·al** [ˈnæʃənl] **I** *Adj* **1.** national, National…, Landes…, Volks…: ~ *anthem* Nationalhymne *f*; ~ *championship* (*Sport*) Landesmeisterschaft *f*; ~ *currency* WIRTSCH Landeswährung *f*; ~ *dish* Nationalgericht *n*; ♀ *Guard Am* Nationalgarde *f*; ~ *language* Landessprache *f*; ~ *park* Nationalpark *m*; ~ *service* Wehrdienst *m*; ~ *team* (*Sport*) Nationalmannschaft *f* **2.** staatlich, öffentlich, Staats…: ♀ *Health Service Br* staatlicher Gesundheitsdienst; ~ *insurance* Sozialversicherung *f* **3.** landesweit (*Streik etc*), überregional (*Sender, Zeitung etc*); inländisch: ~ *call* TEL Inlandsgespräch *n* **II** *s* **4.** Staatsangehörige *m, f* **na·tion·al·ism** [ˈnæʃnəlɪzəm] *s* Nationalismus *m* '**na·tion·al·ist I** *s* Nationalist(in) **II** *Adj* nationalistisch ˌ**na·tion·al·'is·tic** *Adj* (~ally) nationalistisch

▸ **na·tion·al·i·ty** [ˌnæʃəˈnælətɪ] *s* Nationalität *f*, Staatsangehörigkeit *f*: *have French* ~ die französische Staatsangehörigkeit besitzen *od* haben '**na·tion·al·ize** *v/t* WIRTSCH verstaatlichen '**na·tion·wide** *Adj u. Adv* landesweit

▸ **na·tive** [ˈneɪtɪv] **I** *Adj* **1.** eingeboren, Eingeborenen…: ▸ *Native American* Indianer(in) **2.** einheimisch, inländisch, Landes…: *go native* sich den Einheimischen anpassen **3.** heimatlich, Heimat…: *native country* (*od land*) Heimat *f*, Vaterland *n*; *native language* Muttersprache *f*; *native speaker* Muttersprachler(in); *native speaker of English* englischer Muttersprachler; *native town* Heimat-, Vaterstadt *f* **II** *s* **4.** Eingeborene *m, f* **5.** Einheimische *m, f*: *a native of London* ein gebürtiger Londoner

Na·tiv·i·ty [nəˈtɪvətɪ] *s die* Geburt Christi (*a.* KUNST): ~ *play* Krippenspiel *n*

NATO [ˈneɪtəʊ] *Abk* (= *North Atlantic Treaty Organization*) Nato *f*

nat·ter [ˈnætə] *bes Br F* **I** *v/i a.* ~ *away* plaudern **II** *s* Schwatz *m*, Plausch *m*: *have a* ~ e-n Schwatz halten

▸ **nat·u·ral** [ˈnætʃrəl] *I Adj* (→ *naturally*) **1.** natürlich, Natur…: ~ *blonde* echte Blondine; *die a* ~ *death* e-s natürlichen Todes sterben; ~ *disaster* Naturkatastrophe *f*; ~ *gas* Erdgas *n*; ~ *re-*

sources Pl Naturschätze Pl; ~ **science** Naturwissenschaft f 2. naturgemäß, -bedingt 3. angeboren, eigen (**to** Dat): ~ **talent** natürliche Begabung 4. natürlich, selbstverständlich 5. natürlich, ungekünstelt (Benehmen etc) 6. naturgetreu, natürlich wirkend 7. Natur..., Roh..., (Lebensmittel) naturbelassen 8. leiblich (Eltern etc) II s 9. MUS Auflösungszeichen n 10. F Naturtalent n (Person) ,nat·u·ral'is·tic Adj (~ally) naturalistisch nat·u·ral·i·za·tion [,-lar'zeiʃn] s Naturalisierung f, Einbürgerung f 'nat·u·ral·ize v/t 1. naturalisieren, einbürgern: become ~d fig sich einbürgern (Wort etc) 2. BOT, ZOOL heimisch machen: become ~d heimisch werden 'nat·u·ral·ly Adv 1. a. Interj natürlich 2. von Natur (aus) 3. instinktiv, spontan: learning comes ~ to him das Lernen fällt ihm leicht 4. auf natürlichem Wege

▸ na·ture ['neitʃə] s 1. allg Natur f: back to ~ zurück zur Natur f 2. Natur f, Wesen n, Veranlagung f: by ~ von Natur (aus); it is (in) her ~ es liegt in ihrem Wesen; → alien 3, second¹ 1 3. Art f, Sorte f: of a serious ~ ernster Natur 4. (natürliche) Beschaffenheit ~ trail s Naturlehrpfad m

naught·y ['nɔːti] Adj 1. ungezogen, unartig 2. unanständig (Witz etc)

nau·se·a ['nɔːsjə] s Übelkeit f, Brechreiz m nau·se·ate ['-sieit] v/t Übelkeit erregen in (Dat); fig anwidern

nau·ti·cal ['nɔːtikl] Adj nautisch, See (-fahrts)...: ~ mile Seemeile f

na·val ['neivl] Adj 1. Flotten..., Marine...: ~ base Flottenstützpunkt m; ~ officer Marineoffizier(in); ~ power Seemacht f; ~ review Flottenparade f 2. See..., Schiffs...: ~ battle Seeschlacht f

nave [neiv] s ARCHI Mittel-, Hauptschiff n

na·vel ['neivl] s ANAT Nabel m, fig a. Mittelpunkt m ~ or·ange s Navelorange f

nav·i·ga·ble ['nævigəbl] Adj SCHIFF schiffbar nav·i·gate ['-geit] v/t 1. SCHIFF befahren; durchfahren 2. FLUG, SCHIFF steuern, lenken ,nav·i'ga·tion s 1. SCHIFF Schifffahrt f, Seefahrt f 2. FLUG, SCHIFF Navigation f 'nav·i·ga·tor s

FLUG, SCHIFF Navigator(in)

nav·vy ['nævi] s Erd- od Bauarbeiter(in)

▸ na·vy ['neivi] s 1. (Kriegs)Marine f 2. Kriegsflotte f ~ blue s Marineblau n

nay [nei] s PARL Gegen-, Neinstimme f: the ~s have it die Mehrheit ist dagegen

Na·zi ['nɑːtsi] I Adj Nazi... II s Nazi m Na·zism ['nɑːtsizm] s Nationalsozialismus m

▸ near [niə] I Adv 1. a. ~ at hand nahe, (ganz) in der Nähe 2. a. ~ at hand (bevorstehend) (Zeitpunkt etc) 3. nahezu, beinahe, fast: ~ impossible; she came ~ to tears sie war den Tränen nahe; → nowhere 1 II Adj (→ nearly) 4. nahe (gelegen) 5. kurz, nahe (Weg) 6. nahe (Zukunft etc) 7. nahe (verwandt) 8. eng (befreundet) 9. knapp: ~ miss FLUG Beinahezusammenstoß m; be a ~ miss knapp scheitern; that was a ~ thing F das hätte ins Auge gehen können, das ist gerade noch einmal gut gegangen 10. genau, wörtlich (Übersetzung etc) III Präp 11. nahe (Dat), in der Nähe von (od Gen): ~ here nicht weit von hier; hier in der Nähe IV v/t u. v/i 12. sich nähern, näher kommen (Dat): be ~ing completion der Vollendung entgegengehen ~·by I Adv [,niə'bai] in der Nähe II Adj ['niəbai] nahe(gelegen)

▸ near·ly ['niəli] Adv 1. beinahe, fast 2. annähernd: not ~ bei weitem nicht, nicht annähernd

,near'sight·ed Adj MED kurzsichtig ~·sight·ed·ness s Kurzsichtigkeit f

neat [niːt] Adj 1. sauber: a) ordentlich, reinlich: keep ~ etw sauber halten, b) übersichtlich, c) geschickt: a ~ solu·tion e-e saubere od elegante Lösung 2. pur: drink one's whisky ~; two ~ whiskies zwei Whisky pur

nec·es·sar·i·ly ['nesəsərəli] Adv 1. notwendigerweise 2. not ~ nicht unbedingt

▸ ne·ces·sa·ry ['nesəsəri] Adj 1. notwendig, nötig, erforderlich (to, for für): it is ~ for me to do it ich muss es tun; a ~ evil ein notwendiges Übel; if ~ nötigenfalls 2. unvermeidlich, zwangsläufig, notwendig (Konsequenz etc)

ne·ces·si·tate [ni'sesiteit] v/t etw notwendig od erforderlich machen, erfor-

dern: **~ doing s.th.** es notwendig machen, etw zu tun **ne'ces·si·ty** s **1.** Notwendigkeit f: **of** (od by) **~** notgedrungen **2.** (dringendes) Bedürfnis: **necessities** Pl of life lebensnotwendiger Bedarf; **be a ~ of life** lebensnotwendig sein **3.** Not f: **~ is the mother of invention** Not macht erfinderisch; → **virtue** 2

▸ **neck** [nek] **I** s **1.** Hals m (a. e-r Flasche etc): **be ~ and ~** Kopf an Kopf liegen (a. fig); **be up to one's ~ in debt** bis an den Hals in Schulden stecken; **it is ~ or nothing** es geht um alles od nichts; **risk one's ~** Kopf u. Kragen riskieren; **save one's ~** den Kopf aus der Schlinge ziehen; **stick one's ~ out** F einiges riskieren **2.** Genick n: **break one's ~** sich das Genick brechen; **get it in the ~** F eins aufs Dach bekommen **3.** → **neckline** 4. GASTR Halsstück n (**of lamb** vom Lamm) **II** v/i **5.** F knutschen, schmusen **,~-and-'~** s: **~ race** Kopf-an-Kopf--Rennen n (a. fig)

neck·lace ['neklɪs] s Halskette f **neck·let** ['~lɪt] s Halskettchen n

'**neck**|**·line** s Ausschnitt m (e-s Kleids etc): **with a low** (od plunging) **~** tief ausgeschnitten '**~·tie** s Krawatte f, Schlips m

nec·tar ['nektə] s BOT Nektar m

nec·tar·ine ['nektərɪn] s BOT Nektarine f

née, nee [neɪ] Adj bei Frauennamen: geborene

▸ **need** [niːd] **I** s **1.** (**of, for**) (dringendes) Bedürfnis (nach), Bedarf m (an Dat): **in ~ of help** hilfs-, hilfebedürftig; **in ~ of repair** reparaturbedürftig; **be in ~ of s.th.** etw dringend brauchen **2.** Mangel m (**of, for** an Dat) **3.** dringende Notwendigkeit: **there is no ~ for you to come** du brauchst nicht zu kommen **4.** Not(lage) f: **if ~ be** nötigen-, notfalls **5.** Armut f, Not f: **in ~** in Not **6.** Pl Bedürfnisse Pl, Erfordernisse Pl **II** v/t **7.** benötigen, brauchen: **your hair ~s cutting** du musst dir wieder einmal die Haare schneiden lassen **8.** erfordern **III** v/hilf **9.** brauchen, müssen: **she ~ not do it** sie braucht es nicht zu tun; **you ~ not have come** du hättest nicht zu kommen brauchen

▸ **nee·dle** ['niːdl] **I** s **1.** allg Nadel f, TECH a. Zeiger m: **a ~ in a haystack** fig e-e

Stecknadel im Heuhaufen **II** v/t **2.** F j-n aufziehen, hänseln (**about** wegen)

need·less ['niːdlɪs] Adj unnötig, überflüssig: **~ to say** selbstverständlich, natürlich '**need·less·ly** Adv unnötig(erweise)

'**nee·dle·work** s Hand-, Nadelarbeit f: **do ~** handarbeiten

needy ['niːdɪ] Adj bedürftig

neg [neg] s FOTO F Negativ n

ne·gate [nɪ'geɪt] v/t **1.** verneinen **2.** Wirkung etc neutralisieren, aufheben **ne·'ga·tion** s **1.** Verneinung f **2.** Neutralisierung f, Aufhebung f

neg·a·tive ['negətɪv] **I** Adj **1.** negativ (a. ELEK, MATHE, MED etc): **a)** verneinend: **his test was~** MED sein Befund od Test war negativ; **~ pole** ELEK Minuspol m, **b)** abschlägig, ablehnend **II** s **2.** Verneinung f (a. LING): **answer in the ~** verneinen **3.** abschlägige Antwort **4.** negative Eigenschaft **5.** FOTO Negativ n

▸ **ne·glect** [nɪ'glekt] **I** v/t **1.** vernachlässigen: **~ed** ungepflegt (Erscheinung etc), verwahrlost (Kind etc) **2.** es versäumen od unterlassen (**to do** zu tun) **II** s **3.** Vernachlässigung f: **be in a state of ~** vernachlässigt od verwahrlost sein **4.** Versäumnis n, Unterlassung f: **~ of duty** Pflichtversäumnis **ne'glect·ful** [~fʊl] → **negligent** 1

neg·li·gee, neg·li·gé(e) ['neglɪʒeɪ] s Negligee n

neg·li·gence ['neglɪdʒəns] s **1.** Nachlässigkeit f, Unachtsamkeit f **2.** JUR Fahrlässigkeit f '**neg·li·gent** Adj **1.** nachlässig, unachtsam: **be ~ of j-n, etw vernachlässigen, etw außer Acht lassen **2.** JUR fahrlässig **3.** lässig, salopp

neg·li·gi·ble ['neglɪdʒəbl] Adj **1.** nebensächlich, unwesentlich **2.** geringfügig, unbedeutend, nicht der Rede wert

ne·go·ti·a·ble [nɪ'gəʊʃjəbl] Adj **1.** WIRTSCH verkäuflich; übertragbar, begebbar **2.** passier-, befahrbar (Straße etc)

ne·go·ti·ate [nɪ'gəʊʃɪeɪt] **I** v/i **1.** verhandeln (**with** mit; **for, about, on** über Akk): **negotiating skills** Pl Verhandlungsgeschick n; **negotiating table** Verhandlungstisch m **II** v/t **2.** Vertrag etc aushandeln (**with** mit) **3.** verhandeln über (Akk) **4.** WIRTSCH verkaufen; Wechsel begeben **5.** Straße etc passie-

ren, *Hindernis etc* überwinden, *Steigung etc* schaffen; *Musikstück etc* meistern **ne.go·ti·a·tion** s 1. Verhandlung f: *by way of ~* auf dem Verhandlungsweg; *it is still under ~* darüber wird noch verhandelt 2. Aushandeln n 3. WIRTSCH Verkauf m; Begebung f 4. Passieren n, Überwindung f

Ne·gress ['niːɡrɪs] s pej Negerin f (*wird heutzutage kaum noch verwendet bzw. mst als abwertend empfunden*) **Ne·gro** ['ˌ-ɡrəʊ] Pl **-groes** s pej Neger m (*wird heutzutage kaum noch verwendet bzw. mst als abwertend empfunden*); → *Info bei politically correct*

neigh [neɪ] I v/i wiehern II s Wiehern n
▸ **neigh·bo·bo** ['neɪbə] I s Nachbar(in) II v/t (*a. v/i ~ on*) (an)grenzen an (*Akk*)
▸ **neigh·bo·bo·hood** ['neɪbəhʊd] s 1. Nachbarschaft f, Koll a. Nachbarn Pl: *in the ~ of* in der Umgebung od Gegend von (*od Gen*); *fig* um (... herum) 2. Gegend f, Viertel n

Neighbo(u)rhood Watch

In den USA, in Großbritannien, Australien und anderen englischsprachigen Ländern gibt es vielerorts Straßenschilder mit der Aufschrift **This is a Neighbo(u)rhood Watch Area**. Die **Neighbo(u)rhood Watch** („Nachbarschaftswache") ist eine freiwillige Organisation, die der Polizei bei der örtlichen Verbrechensbekämpfung hilft. Die Mitglieder dieser Freiwilligenorganisation haben ein wachsames Auge gegenüber potenziellen Einbrechern, Autodieben usw. Und wenn die Nachbarn für längere Zeit nicht da sind, passen sie auf deren Häuser auf.

'**neigh·bo(u)r·ing** Adj benachbart, angrenzend; Nachbar... '**neigh·bo(u)r·ly** Adj 1. (gut)nachbarlich 2. Nachbarschafts...
▸ **nei·ther** ['naɪðə] I Adj u. Pron 1. kein (von beiden): *neither of you* keiner von euch (beiden) II Konj 2. ▸ *neither ... nor* weder ... noch 3. auch nicht: *he*

does not know, and neither do I er weiß es nicht, u. ich auch nicht
ne·ol·o·gism [niːˈɒlədʒɪzəm] s LING Neologismus m, Neuwort n
ne·on ['niːən] s CHEM Neon n: *~ lamp* Neonlampe f; *~ sign* Leuchtreklame f
neo-Na·zi [ˌniːəʊˈnɑːtsɪ] I Adj neonazistisch II s Neonazi m
Neoprene® (*Synthesekautschuk*) Neopren® **neoprene suit** s Neoprenanzug m
Ne·pal [nɪˈpɔːl] Eigenn Nepal n
▸ **neph·ew** ['nevjuː] s Neffe m
ne·phri·tis [nɪˈfraɪtɪs] s MED Nierenentzündung f
nep·o·tism ['nepətɪzəm] s Vetternwirtschaft f
nerd [nɜːd] s F 1. Schwachkopf m 2. langweiliger Computerfreak
▸ **nerve** [nɜːv] I s 1. Nerv m: *get on s.o.'s ~s* j-m auf die Nerven gehen od fallen; *he's got a ~* F hat der vielleicht Nerven!; *have ~s of iron (steel)* eiserne Nerven (Nerven aus Stahl) haben; *hit (od touch) a ~* e-n wunden Punkt treffen; *bag (od bundle) of ~s* F Nervenbündel n 2. fig Stärke f, Energie f; Mut m; Selbstbeherrschung f Frechheit f: *have the ~ to do s.th.* den Nerv haben, etw zu tun; *lose one's ~* den Mut od die Nerven verlieren II v/t 3. ▸ *~ o.s.* sich moralisch od seelisch vorbereiten (*for* auf *Akk*) **~ cell** s Nervenzelle f **~ cen·tre** (*Am* **cen·ter**) s 1. Nervenzentrum n 2. fig Schaltzentrale f **~ gas** s Nervengas n '**~,rack·ing** Adj nervenaufreibend
▸ **nerv·ous** ['nɜːvəs] Adj 1. Nerven..., nervös: *~ system* Nervensystem n; *~ breakdown* 1 2. nervös: *a ~ wreck* ein Nervenbündel; *make s.o. ~* j-n nervös machen (*with* mit) '**nerv·ous·ness** s Nervosität f
▸ **nest** [nest] I s 1. ORN, ZOOL Nest n: → *feather* II, *foul* 9 2. fig Brutstätte f 3. Serie f, Satz m (*ineinander passender Dinge*) II v/i 4. nisten n 2. *~ egg* s 1. Nestei n 2. fig Spar-, Notgroschen m
▸ **nes·tle** ['nesl] I v/i 1. *a. ~ down* sich behaglich niederlassen, es sich bequem machen (*in* in *Dat*) 2. sich schmiegen od kuscheln (*against, to* an *Akk*) II v/t 3. schmiegen, kuscheln (*against, to* an *Akk*)

N

▸ **net¹** [net] **I** s **1.** Netz n (a. fig): ~ **curtain** Store m **2.** ♀ ≗ F Internet n, Netz n: **on the ~** im Netz; → **Info bei chat II** v/t **3.** mit e-m Netz fangen **4.** fig einfangen **5.** mit e-m Netz abdecken

net² [~] WIRTSCH **I** Adj **1.** netto, Netto..., Rein... **II** v/t **2.** netto einbringen **3.** netto verdienen od einnehmen

▸ **Neth·er·lands** ['neðələndz] Eigenn Pl die Niederlande Pl

net·i·quette ['netɪket] s Internet: Verhaltenskodex m, Netzetikette f

net·tle ['netl] **I** s BOT Nessel f: **grasp the ~** fig den Stier bei den Hörnern packen **II** v/t ärgern, reizen (**with** mit) ~ **rash** s MED Nesselausschlag m

'**net·work** s **1.** Netz(werk) n, Geflecht n **2.** fig (Händler-, Straßen- etc)Netz n: **social ~** soziales Netz **3.** RUNDFUNK, TV Sendernetz n **4.** IT Netz(werk) n

neu·ral·gia [ˌnjʊəˈrældʒə] s MED Neuralgie f, **neu·ral·gic** Adj (**~ally**) neuralgisch

neu·ri·tis [ˌnjʊəˈraɪtɪs] s MED Nervenentzündung f

neu·ro·log·i·cal [ˌnjʊərəˈlɒdʒɪkl] Adj MED neurologisch ~ **neu·rol·o·gist** [ˌ~ˈrɒlədʒɪst] s Neurologe m, -login f, Nervenarzt m, -ärztin f, **neu·rol·o·gy** s Neurologie f

neu·ro·sis [ˌnjʊəˈrəʊsɪs] Pl **-ses** [ˌ~siːz] s MED Neurose f **neu·rot·ic** [ˌ~ˈrɒtɪk] **I** Adj (**~ally**) neurotisch (a. pej) **II** s Neurotiker(in)

neu·ter ['njuːtə] **I** Adj **1.** LING neutral, sächlich **2.** BIOL geschlechtslos, ungeschlechtlich **II** s **3.** LING Neutrum n **III** v/t **4.** ZOOL kastrieren

neu·tral ['njuːtrəl] **I** Adj **1.** allg neutral **II** s **2.** Neutrale m, f **3.** MOT Leerlaufstellung f: **the car is in ~** es ist kein Gang eingelegt; **put the car in ~** den Gang herausnehmen **neu·tral·i·ty** [ˌ~ˈtrælətɪ] s Neutralität f '**neu·tral·ize** v/t neutralisieren: ~ **each other** sich gegenseitig aufheben

neu·tron ['njuːtrɒn] s PHYS Neutron n

▸ **nev·er** ['nevə] Adv **1.** nie(mals): ~ **ever** garantiert nie; **well I ~!** F na so was!; ~ **die¹** 1 2. durchaus nicht, ganz u. gar nicht: → **mind** 10 '~**end·ing** Adj endlos, nicht enden wollend '~**nev·er** s: **buy s.th. on the ~** Br F etw auf Pump od Stottern kaufen

,**nev·er·the·less** Adv nichtsdestoweniger, dennoch, trotzdem

▸ **new** [njuː] Adj (→ **newly**) allg neu: **nothing ~** nichts Neues; **be ~ to s.o.** j-m neu od ungewohnt sein; **be ~ to s.th.** (noch) nicht vertraut sein mit etw; **feel a ~ man** sich wie neu geboren fühlen; ~ **moon** Neumond m; ~ **publications** Pl Neuerscheinungen Pl; ♀ **Testament** das Neue Testament; ♀ **World** die Neue Welt; → **broom, leaf** 2 '~**born** Adj neugeboren '~**com·er** s **1.** Neuankömmling m **2.** Neuling m (**to** auf e-m Gebiet) ~**fan·gled** ['~ˌfæŋgld] Adj pej neumodisch ♀**found·land** ['njuːfəndlənd] Eigenn Neufundland n ♀ **Guin·ea** Eigenn Neuguinea n

new·ly ['njuːlɪ] Adv **1.** kürzlich, jüngst: ~ **married** jungverheiratet, -vermählt **2.** neu '~**weds** s Pl die Jungverheirateten Pl od -vermählten f

▸ **news** [njuːz] s Sg Neuigkeit(en Pl) f, Nachricht(en Pl) f: **this is good (bad) ~** das ist erfreulich (unerfreulich); **a bit** (od **piece**) **of ~** e-e Neuigkeit od Nachricht; **what ~ is there?** was gibt es Neues?; **this ~ to me** das ist mir (ganz) neu; **have ~ from s.o.** Nachricht von j-m haben; **I haven't had any ~ from her for two months** ich habe schon seit zwei Monaten nichts mehr von ihr gehört; **I heard it on the ~** ich hörte es in den Nachrichten; ~ **in brief** Kurznachrichten Pl '~**a·gen·cy** s Nachrichtenagentur f '~**a·gent** s Zeitungshändler(in) ~ **black·out** s Nachrichtensperre f '~**cast** s RUNDFUNK, TV Nachrichtensendung f ~ **deal·er** s Am Zeitungshändler(in) ~ **flash** s RUNDFUNK, TV Kurzmeldung f '~**let·ter** s Rundschreiben n, Mitteilungsblatt n

▸ **news|·pa·per** ['njuːsˌpeɪpə] s Zeitung f: ~ **seller** Zeitungsverkäufer(in) ~ **re·lease** s Pressemitteilung f '~**sheet** s Informationsblatt n '~**stand** s Zeitungskiosk m, -stand m ~ **ven·dor** s Zeitungsverkäufer(in) '~**wor·thy** Adj schlagzeilenträchtig

newt [njuːt] s ZOOL Molch m: **as drunk as a ~** stockbesoffen

▸ **new|year** [njuːˈjɪə] s oft New Year das neue Jahr: **happy New Year!** gutes

neues Jahr!, Prosit Neujahr! **New Year's Day** *s* Neujahr(stag *m*) *n*
▸ **New Year's Eve** [ˌnjuːjɪəz'iːv] *s* Silvester(abend *m*) *m*, *n*

New Year's Eve

In Schottland ist zu Silvester das so genannte **first-footing** Tradition. **First-footing** bedeutet, man strebt an, als Erster im neuen Jahr über die Türschwelle der Nachbarn zu gehen. Und das soll den Gastgebern Glück bringen. Streng genommen erwartet man vom **first-footer**, dass er **tall, dark and handsome** ist. Als „Belohnung" bekommt er einen Whisky.

▸ **New Zea·land** [ˌnjuː'ziːlənd] **I** *Eigenn* Neuseeland *n* **II** *Adj* neuseeländisch
▸ **New Zea·land·er** [ˌnjuː'ziːləndə] *s* Neuseeländer(in)
▸ **next** [nekst] **I** *Adj* **1.** *allg* nächst: (***the***) ***next day*** am nächsten Tag; ***next door*** nebenan, im nächsten Raum *od* Haus; ***be next door to*** *fig* grenzen an (*Akk*); ***next month*** nächsten Monat; ***next time*** das nächste Mal; ***next but one*** übernächst; ▸ ***next to*** gleich neben (*Dat od Akk*); gleich nach (*Rang, Reihenfolge*); beinahe, fast *unmöglich etc*, so gut wie *nichts etc* **II** *Adv* **2.** als Nächste(r, -s): ***you will be next*** du wirst der Nächste sein **3.** demnächst, das nächste Mal **4.** dann, darauf **III** *s* **5.** *der, die, das* Nächste: ***the next*** *Pl* ***of kin*** die nächsten Angehörigen *Pl* ˌ**~-'door** *Adj* (von) nebenan: ***we are ~ neighbo(u)rs*** wir wohnen Tür an Tür
NHS [ˌenertʃ'es] *Abk* (= ***National Health Service***) *Br* **I** *s* staatlicher Gesundheitsdienst: ***get s.th. on the ~*** etw auf Krankenschein *od* Rezept bekommen **II** *Adj* **a**) Kassen…: ***~ glasses***, **b**) *Behandlung etc* auf Krankenschein
nib·ble ['nɪbl] **I** *v/t* **1.** knabbern an (*Dat*) **2.** *Loch etc* knabbern, nagen **II** *v/i* **3.** knabbern (***at*** an *Dat*): ***~ at one's food*** im Essen herumstochern **III** *s* **4.** Knabbern *n*
Nic·a·ra·gua [ˌnɪkə'rægjʊə] *Eigenn* Nicaragua *n*
▸ **nice** [naɪs] *Adj* **1.** fein (*Unterschied etc*) **2.** fein, lecker (*Speise etc*) **3.** nett, freundlich (***to*** zu *j-m*) **4.** nett, hübsch, schön: ***~ and warm*** schön warm; → ***mess*** 1 '**nice·ly** *Adv* **1.** gut, fein: ***that will do ~*** das genügt vollauf; das passt ausgezeichnet; ***she is doing ~*** es geht ihr gut *od* besser, sie macht gute Fortschritte **2.** genau, sorgfältig **ni·ce·ty** ['~sətɪ] *s* **1.** Feinheit *f* **2.** *Pl* feine Unterschiede *Pl*, Feinheiten *Pl*
niche [nɪtʃ] *s* **1.** Nische *f* **2.** *fig* Platz *m*, wo man hingehört: ***he has finally found his ~ in life*** er hat endlich s-n Platz im Leben gefunden
nick [nɪk] **I** *s* **1.** Kerbe *f*, Einkerbung *f* **2.** ***in the ~ of time*** gerade noch rechtzeitig, im letzten Moment **3.** *Br* F Kittchen *n*: ***in the ~*** im Kittchen **4.** ***be in good ~*** *Br* F gut in Schuss sein **II** *v/t* **5. a**) (ein)kerben: ***~ o.s. while shaving*** sich beim Rasieren schneiden, **b**) *j-n* streifen (*Kugel*) **6.** *Br* F klauen **7.** *Br* F *j-n* schnappen **8.** ***~ s.o.*** (***for***) ***$ 100*** *Am* F j-m 100 Dollar abknöpfen
nick·el ['nɪkl] **I** *s* **1.** CHEM, MIN Nickel *n* **2.** *Am* Fünfcentstück *n* **II** *v/t Prät u. Part Perf* **-eled**, *bes Br* **-elled 3.** vernickeln '**~-plate** *v/t* vernickeln
nick·name ['nɪkneɪm] **I** *s* Spitzname *m* **II** *v/t j-m* den Spitznamen … geben
nic·o·tine ['nɪkətiːn] *s* Nikotin *n* **~ patch** *s* Nikotinpflaster *n*
▸ **niece** [niːs] *s* Nichte *f*
niff [nɪf] *s Br* F Gestank *m* '**niff·y** *Adj Br* F stinkend: ***be ~*** stinken
nif·ty ['nɪftɪ] *Adj* F **1.** flott, fesch (*Kleidung, Person*) **2.** praktisch (*Gerät*)
Ni·ge·ria [naɪ'dʒɪərɪə] *Eigenn* Nigeria *n*
Ni·ger·ian [naɪ'dʒɪərɪən] **I** *Adj* nigerianisch **II** *s* Nigerianer(in)
nig·gle ['nɪgl] *v/i* **1.** herumnörgeln (***about, over*** an *Dat*) **2.** ***~ at*** *fig* nagen an (*Dat*), plagen, quälen
▸ **night** [naɪt] *s* **1.** Nacht *f*: ***at*** (*od* ***by, in the***) ***~*** in der *od* bei Nacht, nachts; ***~ and day*** Tag u. Nacht; ***have a good*** (***bad***) ***~*** gut (schlecht) schlafen; ***make a ~ of it*** bis zum Morgen feiern, durchmachen; ***stay the ~*** übernachten (***at*** in *Dat*; ***at s.o.'s*** bei j-m) **2.** Abend *m*: ***last ~*** gestern Abend; ***the ~ before last*** vorgestern Nacht; ***on the ~ of May 5th*** am Abend des 5. Mai **3.** Nacht *f*, Dunkel-

N

heit *f* **~ bird** *s* **1.** ORN Nachtvogel *m* **2.** *fig* Nachtmensch *m*; Nachtschwärmer(in) **~ blindness** *s* MED Nachtblindheit *f* '**~cap** *s* Schlummertrunk *m* '**~club** *s* Nachtklub *m*, -lokal *n* '**~dress** *s* Nachthemd *n* '**~fall** *s*: **at ~** bei Einbruch der Dunkelheit **~ flight** *s* Nachtflug *m* '**~gown** *s* Nachthemd *n*

night·ie ['naɪtɪ] *s* F Nachthemd *n*

night·in·gale ['naɪtɪŋgeɪl] *s* ORN Nachtigall *f*

night life *s* Nachtleben *n*

night·ly ['naɪtlɪ] **I** *Adj* (all)nächtlich; (all)abendlich **II** *Adv* jede Nacht; jeden Abend

night·mare ['naɪtmeə] *s* Albtraum *m* (*a. fig*)

night| **nurse** *s* Nachtschwester *f* **~ owl** *s* F Nachteule *f*, -mensch *m*; Nachtschwärmer(in) **~ por·ter** *s* Nachtportier **~ school** *s* Abendschule *f* **~ shift** *s* Nachtschicht *f*: **be** (*od* **work**) **on ~** Nachtschicht haben '**~shirt** *s* Nachthemd *n* '**~spot** F → **nightclub** '**~time** *s*: **in the** (*od* **at**) **~** zur Nachtzeit, nachts **~ watch·man** *s* (*unreg* **man**) Nachtwächter *m*

ni·hil·ism ['naɪɪlɪzəm] *s* Nihilismus *m* '**ni·hil·ist I** *s* Nihilist(in) **II** *Adj* nihilistisch ,**ni·hil'is·tic** *Adj* (**~ally**) nihilistisch

nil [nɪl] *s*: **our team won three-~** (*od* **by three goals to ~**) (**3-0**) unsere Mannschaft gewann drei zu null (3: 0)

Nile [naɪl] *Eigenn der* Nil

nim·ble ['nɪmbl] *Adj* **1.** flink, gewandt **2.** *fig* geistig beweglich: **~ mind** beweglicher Geist

nim·by ['nɪmbɪ] *Adj* F ablehnend: **a ~ at·titude** e-e Ohne-mich-Haltung

nimby

Der Ausdruck **NIMBY** bzw. **nimby** steht als Kurzform für **not in my back yard** („nicht in meinem Hinterhof") und bezeichnet Leute, die nichts gegen bestimmte notwendige aber unerfreuliche Dinge wie den Bau von Straßen und Sportstadien, die Aufstellung von Müllcontainern usw. haben, solange die eigene Wohngegend nicht

davon betroffen ist. Diese Doppelmoral entspricht in etwa dem deutschen „Sankt-Florians-Prinzip".

nin·com·poop ['nɪŋkəmpuːp] *s* Einfaltspinsel *m*, Trottel *m*

▸ **nine** [naɪn] **I** *Adj* neun: **~ times out of ten** in neun von zehn Fällen, fast immer; → **wonder** 5 **II** *s* Neun *f*: **~ of hearts** Herzneun; **be dressed** (**up**) **to the ~s** F in Schale sein **nine·fold** ['-fəʊld] **I** *Adj* neunfach **II** *Adv* neunfach, um das Neunfache: **increase ~** (sich) verneunfachen

▸ **nine·teen** [,naɪn'tiːn] *Adj* neunzehn; → **dozen**

▸ **nine·teenth** [,naɪn'tiːnθ] *Adj* neunzehnt

▸ **nine·ti·eth** ['naɪntɪθ] *Adj* neunzigst '**nine·time** *Adj* neunmalig

▸ **nine·ty** ['naɪntɪ] **I** *Adj* neunzig **II** *s* Neunzig *f*: **be in one's nineties** in den Neunzigern sein; **in the nineties** in den Neunzigerjahren (*e-s Jahrhunderts*)

nin·ny ['nɪnɪ] *s* F Dussel *m*, Dummkopf *m*

▸ **ninth** [naɪnθ] **I** *Adj* **1.** neunt **II** *s* **2.** der, die, das Neunte: **the ~ of May** der 9. Mai **3.** Neuntel *n*

nip[1] [nɪp] **I** *v/t* **1.** kneifen, zwicken: **~ off** abzwicken **2.** *Pflanzen* schädigen (*Frost etc*): → **bud II** *v/i* **3.** *bes Br* F sausen, flitzen: **~ in** MOT einscheren **III** *s* **4. there's a ~ in the air today** heute ist es ganz schön kalt **5.** Kniff *m*

nip[2] [-] *s* Schlückchen *n* (*Whisky etc*)

nip·pers ['nɪpəz] *s Pl, a.* **pair of ~** (Kneif)Zange *f*

nip·ple ['nɪpl] *s* **1.** ANAT Brustwarze *f* **2.** (Gummi)Sauger *m* (*e-r Saugflasche*) **3.** TECH (Schmier)Nippel *m*

nip·py ['nɪpɪ] *Adj* **1.** frisch, kühl, kalt **2.** **be ~** *bes Br* F sich beeilen

nit [nɪt] *s* **1.** ZOOL Nisse *f* **2.** F Blödmann *m*

ni·ter *Am* → **nitre**

'**nit**|**,pick·er** *s* F pingeliger *od* kleinlicher Mensch '**~,pick·ing** *Adj* F pingelig, kleinlich

ni·trate ['naɪtreɪt] *s* CHEM Nitrat *n*

ni·tre ['naɪtə] *s bes Br* CHEM Salpeter *m*

ni·tric ac·id ['naɪtrɪk] *s* CHEM Salpetersäure *f*

ni·tro·gen ['naɪtrədʒən] *s* CHEM Stickstoff *m* **ni·trog·e·nous** [-'trɒdʒɪnɪs] *Adj* stickstoffhaltig

ni·tro·glyc·er·in(e) [,naɪtrəʊ'glɪsərɪːn] *s* CHEM Nitroglyzerin *n*

nit·ty-grit·ty [,nɪtɪ'grɪtɪ] *s*: **get down to the ~** *sl* zur Sache kommen

nit·wit ['nɪtwɪt] *s* Schwachkopf *m*

▸ **no** [nəʊ] **I** *Adv* **1.** nein: **say no to** Nein sagen zu **2.** *beim Komp*: um nichts, nicht: **they no longer live here** sie wohnen nicht mehr hier; **no longer ago than yesterday** erst gestern **II** *Adj* **3.** kein: ▸ **no one** keiner, niemand; **in no time** im Nu *od* Handumdrehen **4.** *vor Ger*: → **deny** 1, **please** 4 **III** *Pl* **noes** *s* **5.** Nein *n*: **a clear no** ein klares Nein (**to** auf *Akk*) **6.** PARL Gegen-, Neinstimme *f*: **the noes have it** der Antrag ist abgelehnt

No·bel| peace prize [nəʊ'bel] *s* Friedensnobelpreis *m* **~ prize** *s* Nobelpreis *m*: **~ winner** Nobelpreisträger(in) *f*

no·bil·i·ty [nəʊ'bɪlətɪ] *s* **1.** (Hoch)Adel *m* **2.** *fig* Adel *m*

no·ble ['nəʊbl] *Adj* **1.** adlig, von Adel **2.** *fig* edel, nobel **3.** prächtig, stattlich (*Gebäude etc*) **4.** Edel...: **~ metal ~man** ['-mən] *s* (*unreg* **man**) (hoher) Adliger **'~,wom·an** *s* (*unreg* **woman**) (hohe) Adlige

▸ **no·bod·y** ['nəʊbədɪ] **I** *Pron* keiner, niemand **II** *s fig* Niemand *m*, Null *f*

no-'claims| ,bo·nus *s* Schadenfreiheitsrabatt *m*

noc·tur·nal [nɒk'tɜːnl] *Adj* nächtlich, Nacht...

nod [nɒd] **I** *v/i* **1.** nicken: **~ at** (*od* **to**) **s.o.** j-m zunicken; **have a ~ding acquaintance with s.o.** j-n flüchtig kennen **2.** **~ off** einnicken **II** *v/t* **3.** **~ one's head** mit dem Kopf nicken **III** *s* **4.** Nicken *n*: **give a ~** nicken; **give s.o. a ~** j-m zunicken

node [nəʊd] *s* Knoten *m* (*a.* MED)

nod·ule ['nɒdjuːl] *s* BOT, MED Knötchen *n*

▸ **noise** [nɔɪz] *s* **1.** Krach *m*, Lärm *m*: **not to make any ~** keinen Krach machen; **make a lot of ~ about s.th.** *fig* viel Tamtam um etw machen **2.** Geräusch *n*: **what's that ~?** was ist das für ein Geräusch? **3.** RADIO *etc* Rauschen *n*

'noiseless *Adj* geräuschlos

noise| lev·el *s* Lärmpegel *m* **~ pol·lu·tion** *s* Lärmbelästigung *f* **~ pro·tec·tion** *s* Lärmschutz *m*

▸ **nois·y** ['nɔɪzɪ] *Adj* laut; → *Info bei* **laut**[1]

no·mad ['nəʊmæd] *s* Nomade *m*, Nomadin *f* **no'mad·ic** *Adj* (**~ally**) nomadisch, Nomaden...

'no-man's-land *s* Niemandsland *n*

no·men·cla·ture [nəʊ'menklətʃə] *s* **1.** Nomenklatur *f* **2.** (Fach)Terminologie *f*

nom·i·nal ['nɒmɪnl] *Adj* **1.** nominal, nominell (*beide a.* WIRTSCH): **~ income** Nominaleinkommen *n*; **~ value** Nominalwert *m* **2.** LING nominal, Nominal...

nom·i·nate ['nɒmɪneɪt] *v/t* **1.** (**to**) ernennen (zu), einsetzen (in *Akk*): **be ~d** (**as** *od* **to be**) **...** als ... eingesetzt werden **2.** (**for**) nominieren (für), vorschlagen (als), als Kandidaten aufstellen (für) **,nom·i'na·tion** *s* **1.** Ernennung *f*, Einsetzung *f* **2.** Nominierung *f*

nom·i·na·tive ['nɒmɪnətɪv] *s a.* **~ case** LING Nominativ *m*, erster Fall

non... [nɒn] nicht..., Nicht..., un...

,non·ac'cept·ance *s* Annahmeverweigerung *f*, Nichtannahme *f*

,non·ag'gres·sion pact *s* POL Nichtangriffspakt *m*

,non·al·co'hol·ic *Adj* alkoholfrei

,non·a'ligned *Adj* POL blockfrei

,non·ap'pear·ance *s* Nichterscheinen *n* (*vor Gericht etc*)

,non·at'tend·ance *s* Nichtteilnahme *f*

non-cha·lance ['nɒnʃələns] *s* Nonchalance *f*, Lässigkeit *f*, Unbekümmertheit *f* **'non·cha·lant** *Adj* nonchalant, lässig, unbekümmert

,non·com'mis·sioned *Adj*: **~ officer** MIL Unteroffizier *m*

,non·com'mit·tal [-tl] *Adj* zurückhaltend, (*Antwort etc*) unverbindlich: **be ~** sich nicht festlegen wollen

,non·com'pli·ance *s* (**with**) Zuwiderhandlung *f* (gegen), Nichtbefolgung *f* (*Gen*)

non com·pos men·tis [,nɒn'kɒmpəs'mentɪs] *Adj* JUR unzurechnungsfähig

,non·con'form·ist I *s* Nonkonformist(in) **II** *Adj* nonkonformistisch

non-de·script ['nɒndɪskrɪpt] *Adj* unbestimmbar; unauffällig

N

► **none** [nʌn] **I** *Pron u. s (mst Pl konstruiert)* kein, niemand: **~ of them are** (*od* **is**) **here** keiner von ihnen ist hier; **~ of your tricks!** lass deine Späße!; **~ but** niemand od kein außer, nur; → **business** 6 **II** *Adv* in keiner Weise, nicht im Geringsten: **~ too high** keineswegs zu hoch; **~ too soon** kein bisschen zu früh

non·en·ti·ty [nɒˈnentətɪ] *s pej* Null *f* (*Person*)

,**none·the·less** *Adv* nichtsdestoweniger, dennoch, trotzdem

,**non·es'sen·tial** *Adj* unwesentlich (**to** für)

,**non-ex'ist·ence** *s* Nichtvorhandensein *n*, Fehlen *n* ,**non-ex'ist·ent** *Adj* nicht existierend

,**non-'fat** *Adj* fettarm, Mager...

,**non-'fic·tion** *s* Sachbücher *Pl*

,**non-ful'fil(l)·ment** *s* Nichterfüllung *f*

,**non,in·ter'fer·ence**, ,**non,in·ter'ven·tion** *s* POL Nichteinmischung *f*

,**non,mem·ber** *s* Nichtmitglied *n*

no-no [ˈnəʊnəʊ] *s* **be a ~** F tabu sein, nicht infrage kommen

,**non-ob'serv·ance** *s* Nichtbefolgung *f*, -beachtung *f*

,**no-'non·sense** *Adj* nüchtern, sachlich, (*Warnung*) unmissverständlich

,**non-par·ti'san** *Adj* **1.** POL überparteilich **2.** unparteiisch

,**non'pay·ment** *s bes* WIRTSCH Nicht(be)zahlung *f*

,**non'plus** *v/t Prät u. Part Perf* -'**plused**, *bes Br* -'**plussed** verblüffen

,**non-pol'lut·ing** *Adj* umweltfreundlich

,**non'prof·it** *Adj Am*, ,**non-'prof·it-,mak·ing** *Adj* gemeinnützig

,**non-pro,lif·er'a·tion** *s* POL Nichtweitergabe *f* von Atomwaffen. **~ treaty** Atomsperrvertrag *m*

,**non'res·i·dent I** *Adj* **1.** nicht (orts)ansässig **2.** nicht im Hause wohnend **II** *s* **3.** Nichtansässige *m, f* **4.** nicht im Hause Wohnende *m, f*

,**non-re'turn·a·ble** *Adj* Einweg...: **~ bottle**

► **non·sense** [ˈnɒnsəns] *s* Unsinn *m*, dummes Zeug: **talk ~;** **make** (**a**) **~ of** ad absurdum führen; illusorisch machen; **stand no ~** sich nichts gefallen lassen, nicht mit sich spaßen lassen **non·sen·si·cal** [-'sensɪkl] *Adj* unsinnig

,**non-'smok·er** *s* **1.** Nichtraucher(in) **2.** BAHN *Br* Nichtraucherwagen *m*

,**non-'smok·ing** *Adj* Nichtraucher...: **~ compartment** BAHN Nichtraucher(abteil *n*) *m*

,**non'stan·dard** *Adj* LING nicht hochsprachlich

,**non'start·er** *s*: **be a ~** keine *od* kaum e-e Chance haben (*Person, Sache*)

,**non'stick** *Adj* mit Antihaftbeschichtung (*Pfanne etc*)

,**non'stop I** *Adj* durchgehend (*Zug etc*), ohne Unterbrechung (*Reise etc*), ohne Zwischenlandung (*Flug*): **~ flight** a. Non-Stop-Flug *m* **II** *Adv* nonstop, ohne Unterbrechung *od* Zwischenlandung: **talk ~** ununterbrochen reden

,**non'un·ion** *Adj* WIRTSCH nicht organisiert

,**non'vi·o·lent** *Adj* gewaltlos

noo·dle [ˈnuːdl] *s* Nudel *f*

nook [nʊk] *s* Winkel *m*, Ecke *f*: **search for s.th. in every ~ and cranny** nach etw in jedem Winkel suchen

noo·kie, **noo·ky** [ˈnʊkɪ] *s* F Nummer *f* (*Koitus*)

► **noon** [nuːn] **I** *s* Mittag(szeit *f*) *m*: **at ~** am *od* zu Mittag, *eng. S.* um 12 Uhr (mittags) **II** *Adj* mittägig, Mittags...

no one → **nobody**

noose [nuːs] *s* Schlinge *f*: **put one's head in(to) the ~** *fig* den Kopf in die Schlinge stecken

nope [nəʊp] *Adv* F nein

► **nor** [nɔː] *Konj* **1.** → **neither** 2 **2.** auch nicht: **he does not know, and ~ do I** er weiß es nicht u. ich auch nicht

norm [nɔːm] *s* Norm *f*

► **nor·mal** [ˈnɔːml] **I** *Adj* (→ **normally**) normal, Normal... **II** *s* Normalzustand *m*: **be back to ~** sich normalisiert haben, wieder normal sein; **go back** (*od* **return**) **to ~** sich normalisieren; **be above** (**below**) **~** über (unter) dem Durchschnitt *od* Normalwert liegen **nor·mal·ize** [ˈ-məlaɪz] **I** *v/t* **1.** normalisieren **2.** normen, vereinheitlichen **II** *v/i* **3.** sich normalisieren **nor·mal·ly** [ˈ-məlɪ] *Adv* normalerweise, (für) gewöhnlich

Nor·man [ˈnɔːmən] **I** *s hist* Normanne *m*, Normannin *f* **II** *Adj* normannisch

► **north** [nɔːθ] **I** *s* **1.** Norden *m*: **in the ~ of** im Norden von (*od Gen*); **to the ~ of** →

5 **2.** *a* ♀ Norden *m*, nördlicher Landesteil: *the* ♀ *Br* Nordengland *n*; *Am* die Nordstaaten *Pl* **II** *Adj* **3.** Nord..., nördlich: ♀ *Pole* Nordpol *m*; ♀ *Sea* Nordsee *f*; ♀ *Star* ASTR Polarstern *m* **III** *Adv* **4.** nordwärts, nach Norden **5.** ~ *of* nördlich von (*od Gen*) '~**bound** *Adj* nach Norden gehend *od* fahrend ,~'**east I** *s* Nordosten *m* **II** *Adj* nordöstlich, Nordost... **III** *Adv* nordöstlich, nach Nordosten

north·er·ly ['nɔːðəlɪ] **I** *Adj* nördlich, Nord... **II** *Adv* von *od* nach Norden

▸ **north·ern** ['nɔːðn] *Adj* nördlich, Nord...: ♀ *Ireland* Nordirland *n* **north·ern·er** ['-ðənə] *s* **1.** Bewohner(in) *des* Nordens (*e-s Landes*) **2.** ♀ *Am* Nordstaatler(in) **north·ern·most** ['-ðnˌməʊst] *Adj* nördlichst **north·ward** ['-wəd] *Adj u. Adv* nördlich, nordwärts, nach Norden: *in a ~ direction* in nördlicher Richtung, Richtung Norden '**north·wards** *Adv* → *northward* ,**north·west I** *s* Nordwesten *m* **II** *Adj* nordwestlich, Nordwest... **III** *Adv* nordwestlich, nach Nordwesten

▸ **Nor·way** ['nɔːweɪ] *Eigenn* Norwegen *n*

▸ **Nor·we·gian** [nɔːˈwiːdʒən] **I** *Adj* **1.** norwegisch **II** *s* **2.** Norweger(in) **3.** LING Norwegisch *n*

▸ **nose** [nəʊz] **I** *s* **1.** Nase *f*: *cut off one's ~ to spite one's face* sich ins eigene Fleisch schneiden; *follow one's ~* immer der Nase nach gehen; s-m Instinkt folgen; *lead s.o. by the ~* j-n unter s-r Fuchtel haben; *look down one's ~ at* die Nase rümpfen über (*Akk*), auf *j-n, etw* herabblicken; *poke (od put, stick, thrust) one's ~ into* s-e Nase stecken in (*Akk*); *put s.o.'s ~ out of joint* j-n ausstechen; j-n vor den Kopf stoßen; *under s.o.'s (very) ~* direkt vor j-s Nase; *one's ~ is in s.r Augen*; → *grind·stone, pick* 7, *rub* 3 **2.** *fig* Nase *f*, Riecher *m* (*for* für) **3.** *bes* TECH Nase *f*, Vorsprung *m*; SCHIFF Bug *m*; FLUG Nase *f* **II** *v/t* **4.** *Auto etc* vorsichtig fahren **5.** ~ *out fig* ausschnüffeln **III** *v/i* **6.** *a.* ~ *about (od around) fig* herumschnüffeln (in *Dat*) (*for* nach) '~**bleed** *s* Nasenbluten *n*: *have a ~* Nasenbluten haben ~ *dive s* FLUG Sturzflug *m* '~**dive** *v/i* **1.** FLUG einen Sturzflug machen **2.** F

purzeln (*Preise etc*) ~ *drops s Pl* MED Nasentropfen *Pl* ~ *plas·ter s bes* SPORT Nasenpflaster *n*

nosh [nɒʃ] *sl* **I** *s* **1.** *bes Br* Essen *n*: *have a ~* (etw) essen; *have a quick ~* schnell etw essen **2.** *Am* Bissen *m*, Happen *m*: *have a ~* e-n Happen essen **II** *v/i* **3.** *bes Br* essen **4.** *Am* e-n Bissen *od* Happen essen

,**no-'smok·ing** *Adj* → *non-smoking*

nos·tal·gia [nɒˈstældʒə] *s* Nostalgie *f*; *weit.* S. Sehnsucht *f* (*for* nach) **nos·tal·gic** [-dʒɪk] *Adj* (~*ally*) nostalgisch

nos·tril ['nɒstrəl] *s* Nasenloch *n*, *bes* ZOOL Nüster *f*

nos·y ['nəʊzɪ] *Adj* F neugierig: ~ *parker bes Br* neugierige Person, Schnüffler(in)

▸ **not** [nɒt] *Adv* **1.** nicht: *not even* nicht einmal; *not at all* überhaupt nicht; *thank you! – not at all* danke! – bitte!; *not that* nicht, dass; *it is wrong, is it not* (F *isn't it*)? es ist falsch, nicht wahr?; → *yet* 2 **2.** ▸ *not a* kein(e)

no·ta·ble ['nəʊtəbl] **I** *Adj* **1.** beachtens-, bemerkenswert **2.** beträchtlich (*Unterschied etc*) **3.** angesehen, bedeutend **II** *s* **4.** bedeutende Persönlichkeit *f* '**no·ta·bly** *Adv* besonders, vor allem

no·ta·ry ['nəʊtərɪ] *s mst* ~ *public* Notar(in)

no·ta·tion [nəʊˈteɪʃn] *s* MUS Notenschrift *f*

notch [nɒtʃ] **I** *s* **1.** Kerbe *f* **2.** *Am* Engpass *m* **3.** *fig* Grad *m*: *be a ~ above* e-e Klasse besser sein als **II** *v/t* **4.** (ein)kerben **5.** *oft* ~ *up* F Sieg, Einnahmen *etc* erzielen: ~ *s.o. s.th.* j-m etw einbringen

▸ **note** [nəʊt] **I** *s* **1.** Bedeutung *f* **2.** *take* ~ *of s.th.* von etw Notiz *od* etw zur Kenntnis nehmen; etw beachten **3.** *mst Pl* Notiz *f*, Aufzeichnung *f*: *make a ~ of s.th.* sich etw notieren *od* vormerken; *take ~s (of)* sich Notizen machen (über *Akk*); *speak without ~s* frei sprechen; → *mental* 1 **4.** (diplomatische) Note *f* **5.** Briefchen *n*, Zettel *m* **6.** Anmerkung *f*; Vermerk *m*, Notiz *f* **7.** Banknote *f*, Geldschein *m* **8.** MUS Note *f* **9.** *fig* Ton(art *f*) *m*: *strike the right (a false)* ~ den richtigen Ton treffen (sich im Ton vergreifen) **II** *v/t* **10.** (besonders) beachten *od* achten auf (*Akk*) **11.** bemerken **12.** *oft* ~ *down* (sich)

N

etw aufschreiben *od* notieren

▸ **note**|-**book** ['nəʊtbʊk] *s* **1.** Notizbuch *n* **2.** COMPUTER Notebook *n* '**∼-pad** *s* **1.** Notizblock *m* **2.** COMPUTER Notepad *n* (*PC im Notizblockformat*)

not·ed ['nəʊtɪd] *Adj* bekannt, berühmt (*for* wegen)

'**note**|**pa·per** *s* Briefpapier *n* '**∼·wor·thy** *Adj* bemerkenswert

▸ **noth·ing** ['nʌθɪŋ] **I** *Pron* nichts (*of* von): *as if I∼ had happened* als ob nichts passiert sei; **∼** *doing* F das kommt mir nicht infrage; nichts zu machen; **∼** *much* viel (sehr) viel; *that's* **∼** *to* das ist nichts gegen *od* im Vergleich zu; *that's* **∼** *to me* das bedeutet mir nichts; *there is* **∼** *like* es geht nichts über (*Akk*); *there is* **∼** *to* (*od in*) *it* da ist nichts dabei; an der Sache ist nichts dran; *I can make* **∼** *of* ich werde nicht schlau aus; *to say* **∼** *of* ganz zu schweigen von; *think* **∼** *of* nichts halten von; sich nichts machen aus; → *but* **4 II ∼** *Nichts n: for* **∼** umsonst; *end in* **∼** sich in nichts auflösen **III** *Adv* durchaus nicht, keineswegs: **∼** *like complete* alles andere als *od* längst nicht vollständig **∼·ness** *s* Nichts *n*

▸ **no·tice** ['nəʊtɪs] **I** *s* **1.** Beachtung *f*, Wahrnehmung *f*: *bring s.th. to s.o.'s* **∼** j-m etw zur Kenntnis bringen; *escape* **∼** unbemerkt bleiben; *escape s.o.'s* **∼** j-m *od* j-s Aufmerksamkeit entgehen; *take (no)* **∼** *of* (keine) Notiz nehmen von, (nicht) beachten **2.** Ankündigung *f*, Bekanntgabe *f*, Mitteilung *f*: *give s.o.* **∼** *of s.th.* j-n von etw benachrichtigen **3.** Kündigung(sfrist) *f*: *give s.o.* (*his*) **∼** j-n kündigen; *give the company one's* **∼** kündigen; *at short* **∼** kurzfristig; *till* (*od until*) *further* **∼** bis auf weiteres; *without* **∼** fristlos **II** *v/t* **4.** bemerken: **∼** *s.o. do(ing) s.th.* bemerken, dass j-d etw tut **5.** (besonders) beachten *od* achten auf (*Akk*) **III** *v/i* **6.** es bemerken '**no·tice·a·ble** *Adj* **1.** erkennbar, wahrnehmbar **2.** beachtlich

no·tice board *s bes Br* Anschlagtafel *f*, schwarzes Brett

no·ti·fi·a·ble ['nəʊtɪfaɪəbl] *Adj* meldepflichtig (*bes Krankheit*) **no·ti·fi·ca·tion** [ˌ∼fɪ'keɪʃn] *s* Meldung *f*, Mitteilung *f*, Benachrichtigung *f* **no·ti·fy** ['∼faɪ] *v/t* **1.** melden, mitteilen (*s.th.*

to s.o. j-m etw) **2.** *j-n* benachrichtigen (*of* von, *that* dass)

no·tion ['nəʊʃn] *s* **1.** Begriff *m* (*a.* MATHE, PHIL), Vorstellung *f*: *not to have the faintest* (*od vaguest*) **∼** *of* nicht die leiseste Ahnung haben von **2.** Idee *f*: *have a* **∼** *to do s.th.* Lust bekommen (haben), etw zu tun **no·tion·al** ['∼ʃənl] *Adj* fiktiv, angenommen

no·to·ri·e·ty [ˌnəʊtə'raɪətɪ] *s* traurige Berühmtheit **no·to·ri·ous** [ˌ'tɔːrɪəs] *Adj* berüchtigt (*for* für)

not·with·stand·ing [ˌnɒtwɪθ'stændɪŋ] **I** *Präp* ungeachtet, trotz **II** *Adv* nichtsdestoweniger, dennoch

nou·gat ['nuːgɑː] *s* (*etwa*) türkischer Honig

nought [nɔːt] *s* Null *f*: *bring* (*come*) *to* **∼** zunichte machen (werden)

noun [naʊn] *s* LING Substantiv *n*, Hauptwort *n*

nour·ish ['nʌrɪʃ] *v/t* **1.** (er)nähren **2.** *Gefühl* nähren, hegen '**nour·ish·ing** *Adj* nahrhaft '**nour·ish·ment** *s* **1.** Ernährung *f* **2.** Nahrung *f*: *take* **∼** Nahrung zu sich nehmen

▸ **nov·el** ['nɒvl] **I** *Adj* (ganz) neu(artig) **II** *s* Roman *m* '**nov·el·ist** *s* Romanschriftsteller(in) **no·vel·la** [nəʊ'velə] *Pl* **-las**, **-le** [-liː] *s* Novelle *f* **nov·el·ty** ['nɒvltɪ] *s* **1.** Neuheit *f*: a) *das* Neue, *weit. S. der* Reiz des Neuen, b) *etw* Neues **2.** *Pl* (billige) Neuheiten *Pl*

▸ **No·vem·ber** [nəʊ'vembə] *s* November *m*: *in* **∼** im November

nov·ice ['nɒvɪs] *s* **1.** REL Novize *m*, Novizin *f* **2.** Anfänger(in), Neuling *m* (*at* auf *e-m Gebiet*)

▸ **now** [naʊ] **I** *Adv* **1.** nun, jetzt: **∼** *and again*, (*every*) **∼** *and then* von Zeit zu Zeit, dann u. wann; *by* **∼** mittlerweile, inzwischen; *from∼* (*on*) von jetzt an; *up to* **∼** bis jetzt **2.** sofort **3.** *just* **∼** gerade eben **II** *Konj* **4.** a. **∼** *that* nun, da; jetzt, wo

▸ **now·a·days** ['naʊədeɪz] *Adv* heutzutage

▸ **no·where** ['nəʊweə] *Adv* **1.** nirgends, nirgendwo: *have* **∼** *to live* keine Zuhause haben; **∼** *near* bei weitem nicht, auch nicht annähernd **2.** nirgendwohin: *get* **∼** (*fast*) überhaupt nicht weiterkommen, überhaupt keine Fortschritte machen; *this will get us* **∼** da-

nurse

mit *od* so kommen wir auch nicht weiter, das bringt uns auch nicht weiter

‚no·'win sit·u·'a·tion *s* ausweglose Situation

nox·ious ['nɒkʃəs] *Adj* schädlich (*to* für): **~ substance** Schadstoff *m*

noz·zle ['nɒzl] *s* TECH Schnauze *f*; Stutzen *m*; Düse *f*; Zapfpistole *f*

nu·ance ['nju:ɑ:ns] *s* Nuance *f*

▸ **nu·cle·ar** ['nju:klɪə] *Adj* **1.** BIOL *etc* Kern…**2.** PHYS Kern…, Atom…: **~ energy** Atom-, Kernenergie *f*; **~ fission** Kernspaltung *f*; **~ fusion** Kernfusion *f*, -verschmelzung *f*; **~ physics** Kernphysik *f*; **~ power** Atom-, Kernkraft *f*; POL Atommacht *f*; **~ power plant, ~ power station** Atom-, Kernkraftwerk *n*; **~ reactor** Atom-, Kernreaktor *m*; **~ scientist** Atomwissenschaftler(in); **~ test** Atomtest *m*; **~ war(fare)** Atomkrieg(führung *f*) *m*; **~ warhead** Atomsprengkopf *m*; **~ weapons** *Pl* Atom-, Kernwaffen *Pl*; **~ winter** nuklearer Winter **3.** *a.* **~-powered** atomgetrieben: **~-powered** Atom-U-Boot *n* **‚nu·cle·ar·'free** *Adj* atomwaffenfrei: **~ zone** atomwaffenfreie Zone **nu·cle·us** ['-klɪəs] *Pl* **-cle·i** [-aɪ] *s* **1.** (*Atom-, Zell- etc*)Kern *m* **2.** *fig* Kern *m*

nude [nju:d] **I** *Adj* **1.** nackt: **~ beach** FKK-Strand *m*; **~ model** Aktmodell *n*; **~ photograph** Aktaufnahme *f*; **~ swimming** Nacktbaden *n* **II** *s* **2.** KUNST Akt *m* **3.** **in the ~** nackt

nudge [nʌdʒ] **I** *v/t* j-n anstoßen, stupsen **II** *s* Stups *m*

nud·ism ['nju:dɪzəm] *s* Nudismus *m*, Freikörperkultur *f* **'nud·ist** *s* Nudist(in), FKK-Anhänger(in): **~ beach** Nacktbadestrand *m*, FKK-Strand *m* **'nu·di·ty** *s* Nacktheit *f*

nug·get ['nʌgɪt] *s* Nugget *n*: **~s** *Pl* **of information** *fig* bruchstückhafte Information(en *Pl*)

nui·sance ['nju:sns] *s* **1.** Plage *f*, Belästigung *f*, Missstand *m*: **what a ~!** wie ärgerlich!; **public** *s* JUR öffentliches Ärgernis (*a. fig*) **2.** Landplage *f*, Nervensäge *f*, Quälgeist *m*: **be a ~ to s.o.** j-n nerven, F j-m auf den Geist gehen; **make a ~ of o.s.** den Leuten auf die Nerven gehen; **~ call** *s* TEL Schockanruf *m*, *Pl a.* Telefonterror *m*

nuke [nju:k] **I** *s* Atom-, Kernwaffe *f* **II** *v/t* mit Atomwaffen angreifen

null [nʌl] *Adj*: **~ and void** *bes* JUR null u. nichtig **null·li·fy** ['nʌlɪfaɪ] *v/t* **1.** *bes* JUR für null u. nichtig erklären **2.** fig

numb [nʌm] **I** *Adj* **1.** starr (*with* vor *Kälte etc*), taub (*empfindungslos*) **2.** *fig* wie betäubt (*with* vor *Schmerz etc*) **II** *v/t* **3.** starr *od* taub machen **4.** *fig* betäuben

▸ **num·ber** ['nʌmbə] **I** *s* **1.** Zahl *f*; Ziffer *f*: **be good at ~s** gut rechnen können **2.** (*Haus-, Telefon- etc*)Nummer *f*: **be one** *fig* die Nummer eins sein; **look after** (*od* **take care of**) **~ one** F (vor allem) an sich selbst denken; **2 Ten** Downing Street 10 (*der Regierungssitz des Premierministers*); **have s.o.'s ~** F j-n durchschaut haben; **his ~ is** (*od* **has come**) up F jetzt ist er dran. **4.** (An)Zahl *f*: **a** (**great**) **~ of people** mehrere (sehr viele) Leute; **five in ~** fünf an der Zahl; **a ~ of times** zu wiederholten Malen; **in large ~s** in großen Mengen, in großer Zahl **4.** Nummer *f*, Ausgabe *f* (*e-r Zeitschrift etc*): **~ back number 5.** THEAT *etc* (Programm)Nummer *f*; MUS Nummer *f*, Stück *n* **II** *v/t* **6.** **his days are ~ed** s-e Tage sind gezählt **7.** nummerieren: **~ed account** WIRTSCH Nummernkonto *n* **8.** **~ s.o. among** (*od* **with**) *fig* j-n zählen *od* rechnen zu **9.** sich belaufen auf (*Akk*) **III** *v/i* **10.** **~ in** sich belaufen auf (*Akk*) **11.** **~ among** (*od* **with**) *fig* zählen zu **'num·ber·ing** *s* Nummerierung *f* **'num·ber·less** *Adj* unzählig, zahllos

'num·ber·plate *s* MOT *Br* Nummern-, Kennzeichenschild *n*

numb·ness ['nʌmnɪs] *s* **1.** Starr-, Taubheit *f* **2.** *fig* Betäubung *f*

'numb·skull ['nʌmskʌl] *s* F Dummkopf *m*

nu·mer·al ['nju:mərəl] *s* **1.** Ziffer *f* **2.** LING Zahlwort *n*

nu·mer·ate ['nju:mərɪt] *Adj* **be ~** rechnen können

nu·mer·i·cal [nju:'merɪkl] *Adj* numerisch: a) Zahlen…, b) zahlenmäßig

nu·mer·ous ['nju:mərəs] *Adj* zahlreich

▸ **nun** [nʌn] *s* REL Nonne *f*

nup·tial ['nʌpʃl] **I** *Adj* Hochzeits… **II** *s Pl* Trauung *f*

▸ **nurse** [nɜ:s] **I** *s* **1.** (Kranken)Schwester *f*: → **male I 2.** Kindermädchen *n* **II** *v/t*

N

3. *Baby* säugen, stillen, *e-m Baby die* Brust geben **4.** *Kranke* pflegen: ~ *s.o. back to health* j-n gesund pflegen **5.** *Krankheit* auskurieren **6.** *Stimme etc* schonen **7.** *fig Gefühl* hegen, nähren

nurs·er·y ['nɜːsəri] *s* **1.** Tagesheim *n*, -stätte *f* **2.** Pflanz-, Baumschule *f* **3.** Kinderzimmer *n* ~ **rhyme** *s* Kinderreim *m*, -vers *m* ~ **school** *s* Kindergarten *m*: ~ **teacher** Kindergärtner(in)

nurs·ing ['nɜːsɪŋ] *s* **1.** Stillen *n* **2.** Krankenpflege *f* ~ **bot·tle** *s bes Am* Saugflasche *f* ~ **home** *s* **1.** Pflegeheim *n* **2.** *bes Br* Privatklinik *f*

▸ **nut** [nʌt] *s* **1.** BOT Nuss *f*: *a hard* (*od tough*) ~ *to crack fig* e-e harte Nuss **2.** TECH (Schrauben)Mutter *f* **3.** F Fan *m* **4.** F Spinner(in) **5.** F Birne *f* (*Kopf*): *be* (*go*) *off one's* ~ (anfangen zu) spinnen; *do one's* ~ ausrasten **6.** *Pl* V Eier *Pl* (*Hoden*) '~**·case** *s* F Spinner(in) '~**·crack·er** *s a. Pl* Nussknacker *m*: *a* (*pair of*) ~(*s*) ein Nussknacker '~**·house** *s bes Br sl* Klapsmühle *f*

nut·meg ['nʌtmeg] *s* BOT Muskatnuss *f*

nu·tra·sweet® ['njuːtrəswiːt] *s* Süßstoff *m*

nu·tri·ent ['njuːtrɪənt] **I** *Adj* nahrhaft **II** *s* Nährstoff *m*

nu·tri·tion [njuːˈtrɪʃn] *s* Ernährung *f* **nu·tri·tion·al** [˖nl] *Adj* Nähr…: ~ *value* Nährwert *m* **nu·tri·tion·ist** *s* Ernährungsberater(in) **nu·tri·tious** *Adj* nahrhaft

nuts [nʌts] *Adj* F: *be* ~ spinnen; *be* ~ *about* verrückt sein nach, wild *od* scharf sein auf (*Akk*)

'**nut·shell** *s* BOT Nussschale *f*: (*to put it*) *in a* ~ *fig* kurz gesagt, mit 'einem Wort

nut·ter ['nʌtə] *s* F Spinner(in)

nut·ty ['nʌtɪ] *Adj* **1.** Nuss… **2.** F verrückt (*a. Idee etc*): *be* ~ spinnen; *be* ~ *about* scharf sein auf (*Akk*)

ny·lon® ['naɪlɒn] *s* Nylon® *n* (*Chemiefaser*)

nymph [nɪmf] *s* Nymphe *f*

nym·pho·ma·ni·ac [ˌnɪmfəʊˈmeɪnɪæk] **I** *Adj* nymphoman, mannstoll **II** *s* Nymphomanin *f*

O

O [əʊ] *Pl* **O's** *s* **1.** O *n* (*Buchstabe*) **2.** Null *f* (*Ziffer, a.* TEL)

oaf [əʊf] *s* Lümmel *m*, Flegel *m* '**oaf·ish** *Adj* lümmel-, flegelhaft

oak [əʊk] *s* BOT Eiche *f* **oak·en** ['˖ən] *Adj* eichen, Eichen…

OAP [ˌəʊeɪˈpiː] *Abk* (= *old age pensioner*) Rentner(in), Senior(in)

oar [ɔː] *s* Ruder *n*, Riemen *m*: *put* (*od shove, stick*) *one's* ~ *in* F sich einmischen, s-n Senf dazugeben; *rest on one's* ~*s fig* ausspannen

oars·|man ['ɔːzmən] *s* (*unreg man*) SPORT Ruderer *m* '~**·wom·an** *s* (*unreg woman*) SPORT Ruderin *f*

o·a·sis [əʊˈeɪsɪs] *Pl* **-ses** [˖siːz] *s* Oase *f*

oath [əʊθ] *Pl* **oaths** [əʊðz] *s* **1.** Eid *m*, Schwur *m*: ~ *of office* Amts-, Diensteid; *on* (*od under*) ~ unter Eid, eidlich; *be on* (*od under*) ~ unter Eid stehen; *swear* (*od take*) *an* ~ e-n Eid leisten *od* ablegen, schwören (*on, to* auf *Akk*) **2.**

Fluch *m*

oat·meal ['əʊtmiːl] *s* Hafermehl *n*

oats [əʊts] *s Pl* BOT Hafer *m*: *he feels his* ~ F ihn sticht der Hafer; *be off one's* ~ F keinen Appetit haben; *he's gone off his* ~ F ihm ist der Appetit vergangen; *sow one's wild* ~ sich die Hörner abstoßen

ob·du·ra·cy ['ɒbdjʊrəsɪ] *s* Starrsinn *m*, Verstocktheit *f* **ob·du·rate** ['˖rət] *Adj* starrsinnig, verstockt

o·be·di·ence [əˈbiːdjəns] *s* Gehorsam *m* (*to* gegen[über]), Folgsamkeit *f* **o·be·di·ent** *Adj* gehorsam (*to Dat*), folgsam: *be* ~ *to s.o. a.* j-m folgen

ob·e·lisk ['ɒbəlɪsk] *s* Obelisk *m*

o·bese [əʊˈbiːs] *Adj* fettleibig **o·bes·i·ty** *s* Fettleibigkeit *f*

▸ **o·bey** [əˈbeɪ] **I** *v/t* **1.** j-m gehorchen, folgen **2.** *Befehl etc* befolgen **II** *v/i* **3.** gehorchen, folgen

ob·fus·cate ['ɒbfʌskeɪt] *v/t fig* **1.** ver-

wirren **2.** vernebeln

o·bit·u·ar·y [ə'bɪtʃʊərɪ] *s* **1.** Nachruf *m* **2.** *a.* **~ notice** Todesanzeige *f*

▸ **ob·ject**¹ [əb'dʒekt] **I** *v/t* **1.** einwenden (**that** dass) **II** *v/i* **2.** Einspruch erheben (**to** gegen) **3.** etw dagegen haben: **if you don't ~** wenn du nichts dagegen hast; **~ to s.th.** etw beanstanden; **do you ~ to my smoking?** haben Sie etw dagegen, wenn ich rauche?

ob·ject² ['ɒbdʒɪkt] *s* **1.** Objekt *n*, Gegenstand *m* (*a. fig des Mitleids etc*): **money** (**is**) **no ~** Geld *od* der Preis spielt keine Rolle **2.** Ziel *n*, Zweck *m*, Absicht *f*: **with the ~ of doing s.th.** mit der Absicht, etw zu tun **3.** LING Objekt *n*

ob·jec·tion [əb'dʒekʃn] *s* Einspruch *m* (*a.* JUR), Einwand *m* (**to** gegen): Abneigung *f* (**to** gegen): **if you have no ~** wenn nichts dagegen **I have no ~ to him** ich habe nichts an ihm auszusetzen; **raise an ~ to s.th.** gegen etw e-n Einwand erheben **ob·jec·tion·a·ble** *Adj* **1.** unangenehm **2.** anstößig

ob·jec·tive [əb'dʒektɪv] **I** *Adj* **1.** objektiv, sachlich **2.** objektiv, tatsächlich **II** *s* **3.** OPT Objektiv *n* **4.** Ziel *n*: **reach one's ~** sein Ziel erreichen **ob·jec·tiv·i·ty** [ˌɒbdʒek'tɪvətɪ] *s* Objektivität *f*

'**ob·ject les·son** *s* **1.** PÄD Anschauungsunterricht *m* **2.** *fig* Parade-, Schulbeispiel *n* (**in** für)

ob·jec·tor [əb'dʒektə] *s* Gegner(in) (**to** Gen): → **conscientious** 2

ob·li·gate ['ɒblɪgeɪt] *v/t*: **feel ~d to do s.th.** sich verpflichtet fühlen, etw zu tun ˌob·li'ga·tion *s* Verpflichtung *f*: **with no ~ to buy** ohne Kaufverpflichtung *f*; **without ~** unverbindlich; **be under an ~ to do s.th.** verpflichtet sein, etw zu tun **ob·lig·a·to·ry** [ə'blɪɡətərɪ] *Adj* verpflichtend, verbindlich, obligatorisch (**on** für): **attendance is ~** Anwesenheit ist Pflicht

o·blige [ə'blaɪdʒ] *v/t* **1.** nötigen, zwingen: **be ~d to do s.th.** *a.* etw tun müssen **2.** *fig (a.* zu Dank) verpflichten: **feel ~d to do s.th.** sich verpflichtet fühlen, etw zu tun; (**I am**) **much ~d (to you)** ich bin Ihnen sehr zu Dank verpflichtet, besten Dank; **would you ~ me by** (*Ger*)? wären Sie so freundlich, zu (*Inf*)? **3.** *j-m* gefällig sein, *j-m* e-n Ge-

fallen tun **o·blig·ing** *Adj* entgegenkommend, gefällig

ob·lique [ə'bliːk] *Adj* **1.** *bes* MATHE schief, schiefwink(e)lig, schräg: **at an ~ angle to** im spitzen Winkel zu **2.** *fig* indirekt

ob·lit·er·ate [ə'blɪtəreɪt] *v/t* **1.** unkenntlich *od* unleserlich machen **2.** vernichten, völlig zerstören **3.** *Sonne etc* verdecken **ob,lit·er'a·tion** *s* **1.** Unkenntlichmachung *f* **2.** Vernichtung *f*

o·bliv·i·on [ə'blɪvɪən] *s*: **fall** (*od* **sink**) **into ~** in Vergessenheit geraten **o'bliv·i·ous** *Adj*: **be ~ to** (*od of*) **s.th.** sich e-r Sache nicht bewusst sein; etw nicht bemerken *od* wahrnehmen

ob·long ['ɒblɒŋ] **I** *Adj* rechteckig **II** *s* Rechteck *n*

ob·nox·ious [əb'nɒkʃəs] *Adj* widerwärtig, widerlich

o·boe ['əʊbəʊ] *s* MUS Oboe *f* '**o·bo·ist** *s* Oboist(in)

ob·scene [əb'siːn] *Adj* obszön, unanständig, unzüchtig **ob·scen·i·ty** [əb'senətɪ] *s* Obszönität *f* (*a. Wort etc*), Unanständigkeit *f*, Unzüchtigkeit *f*

ob·scure [əb'skjʊə] **I** *Adj* **1.** **a)** dunkel, unklar, (*Motive etc a.*) undurchsichtig: **for some ~ reason** aus e-m unerfindlichen Grund, **b)** unbestimmt, undeutlich (*Gefühl*) **2.** obskur, unbekannt, unbedeutend **II** *v/t* **3.** *Sonne etc* verdecken **4.** nicht klarmachen **ob'scu·ri·ty** *s* **1.** Unklarheit *f* **2.** Unbekanntheit *f*

ob·se·qui·ous [əb'siːkwɪəs] *Adj* unterwürfig **ob'se·qui·ous·ness** *s* Unterwürfigkeit *f*

ob·serv·a·ble [əb'zɜːvəbl] *Adj* wahrnehmbar, merklich **ob'ser·vance** *s* Beachtung *f*, Befolgung *f*, Einhaltung *f* **ob'ser·vant** *Adj* aufmerksam, wachsam **ob·ser·va·tion** [ˌɒbsə'veɪʃn] *s* **1.** Beobachtung *f*, Überwachung *f*: **keep s.o. under ~** j-n beobachten (lassen) **2.** Bemerkung *f* **ob·ser·va·to·ry** [əb'zɜːvətrɪ] *s* Observatorium *n* **ob'serve** *v/t* **1.** beobachten: **a)** überwachen, **b)** studieren, **c)** bemerken: **he was ~d entering the house** er wurde beim Betreten des Hauses beobachtet **2.** *Vorschrift etc* beachten, befolgen, einhalten; *Fest* feiern, begehen **3.** bemerken, äußern (**that** dass) **ob'serv·er** *s* Beobachter(in)

O

ob·sess [əb'ses] *v/t*: **be ~ed by** (*od* **with**) besessen sein von **ob·ses·sion** [əb'seʃn] *s* 1. Besessenheit *f*: **have an ~ with → obsess** 2. fixe Idee, PSYCH Zwangsvorstellung *f* **ob·ses·sion·al** [-ʃnl] *Adj* PSYCH zwanghaft: **~ neurosis** Zwangsneurose *f*

ob·so·les·cent [ˌɒbsəʊ'lesnt] *Adj* veraltend: **be ~** veralten **ob·so·lete** ['ɒbsəliːt] *Adj* veraltet

ob·sta·cle ['ɒbstəkl] *s* Hindernis *n* (**to** für) (*a. fig*): **be an ~ to s.th.** etw behindern, e-r Sache im Weg stehen; **put ~s in s.o.'s way** j-m Steine in den Weg legen **~ race** *s* SPORT Hindernisrennen *n*

ob·ste·tri·cian [ˌɒbstə'trɪʃn] *s* MED Geburtshelfer(in) **ob·stet·rics** ['ɒbˈstetriks] *s Pl* (*mst Sg konstruiert*) Geburtshilfe *f*

ob·sti·na·cy ['ɒbstɪnəsɪ] *s* Hartnäckigkeit *f* (*a. fig*), Halsstarrigkeit *f* **ob·sti·nate** ['ɒbstɪnət] *Adj* hartnäckig (*a. fig*), halsstarrig

ob·strep·er·ous [əb'strepərəs] *Adj* 1. lärmend 2. aufsässig

ob·struct [əb'strʌkt] *v/t* 1. *Straße etc* blockieren, versperren, *a. Röhre, Arterie etc* verstopfen 2. *Aussicht etc* versperren, die Sicht versperren auf (*Akk*): **~ s.o.'s view** j-m die Sicht nehmen 3. *Straßenverkehr, fig Fortschritt etc* behindern, aufhalten, *Gesetzesvorlage etc* blockieren, sich *e-m Plan etc* in den Weg stellen **ob·struc·tion** *s* 1. Blockierung *f*, Versperrung *f*, Verstopfung *f* 2. Behinderung *f* 3. POL Obstruktion *f* **ob·struc·tion·ism** [-ʃənɪzəm] *s* POL Obstruktionspolitik *f* **ob·struc·tive** [-tɪv] *Adj* hinderlich

ob·tain [əb'teɪn] **I** *v/t* erhalten, bekommen, sich *etw* verschaffen: **~ s.th. for s.o.** j-m etw beschaffen *od* besorgen **II** *v/i* bestehen; Geltung haben **ob·tain·a·ble** *Adj* erhältlich: **no longer ~** nicht mehr lieferbar, vergriffen

ob·trude [əb'truːd] **I** *v/t* aufdrängen (**on** *Dat*) **II** *v/i* sich aufdrängen (**on** *Dat*) **ob·tru·sive** [-sɪv] *Adj* aufdringlich

ob·tuse [əb'tjuːs] *Adj* 1. MATHE stumpf (*Winkel*) 2. *fig* begriffsstutzig, beschränkt

▸ **ob·vi·ous** ['ɒbvɪəs] *Adj* offensichtlich, klar, einleuchtend: **it is (very) ~ that** es liegt (klar) auf der Hand, dass

▸ **oc·ca·sion** [ə'keɪʒn] **I** *s* 1. (günstige) Gelegenheit, richtiger Zeitpunkt (**for** für): **take the ~ to do s.th.** die Gelegenheit ergreifen, etw zu tun 2. (besondere) Gelegenheit, Anlass *m*: **on this ~** bei dieser Gelegenheit; **on the ~ of** anlässlich (*Gen*); **for the ~** eigens zu diesem Zweck *od* Anlass 3. (*bes festliches*) Ereignis: **to celebrate the ~** zur Feier des Tages; **rise to the ~** sich der Lage gewachsen zeigen; → **mark²** 11 4. Anlass *m*, Anstoß *m* 5. Grund *m*, Veranlassung *f* (**for** zu) **II** *v/t* veranlassen, verursachen **oc·ca·sion·al** [-ʒənl] *Adj* gelegentlich, Gelegenheits...; vereinzelt: **smoke an ~ cigarette** gelegentlich *od* hin u. wieder e-e Zigarette rauchen **oc·ca·sion·al·ly** [-ʒnəlɪ] *Adv* gelegentlich, hin u. wieder

oc·ci·den·tal [ˌɒksɪ'dentl] *Adj* abendländisch, westlich

oc·cult [ɒ'kʌlt] **I** *Adj* okkult: **a)** geheimnisvoll, verborgen, **b)** übersinnlich, **c)** geheim, Geheim... **II** *s*: **the ~** das Okkulte **oc·cult·ism** ['ɒkəltɪzəm] *s* Okkultismus *m*

oc·cu·pant ['ɒkjʊpənt] *s* 1. Bewohner(in): **the ~s Pl of the house** die Hausbewohner *Pl* 2. Insasse *m*, Insassin *f*: **the ~s Pl of the car** die Autoinsassen *Pl*

▸ **oc·cu·pa·tion** [ˌɒkjʊ'peɪʃn] *s* 1. Besitznahme *f*, -ergreifung *f* 2. MIL, POL Besetzung *f*: **~ troops Pl** Besatzungstruppen *Pl* 3. Beschäftigung *f* 4. Beruf *m*: **by ~** von Beruf ˌoc·cu'pa·tion·al [-ʃənl] *Adj* 1. Berufs...: **~ accident** Arbeitsunfall *m*; **~ disease** Berufskrankheit *f*; **~ hazard** Berufsrisiko *n* 2. Beschäftigungs...: **~ therapy** **oc·cu·pi·er** ['-paɪə] → **occupant** 1

▸ **oc·cu·py** ['ɒkjʊpaɪ] *v/t* 1. in Besitz nehmen, Besitz ergreifen von; MIL, POL besetzen 2. **be occupied** besetzt sein; besetzt sein (*Platz*) 3. *Amt* bekleiden, innehaben 4. *Raum* einnehmen, *Zeit* in Anspruch nehmen 5. *j-n* beschäftigen: **~ o.s. with** (*od* **in**) **s.th.** sich mit etw beschäftigen

oc·cur [ə'kɜː] *v/i* 1. sich ereignen, vorkommen 2. vorkommen (**in** bei *Shakespeare etc*) 3. zustoßen (**to** *Dat*) 4. einfallen, in den Sinn kommen (**to** *Dat*): **it ~red to me that** es fiel mir ein *od*

mir kam der Gedanke, dass **oc·cur·rence** [ə'kʌrəns] *s* **1.** Vorkommen *n* **2.** Ereignis *n*, Vorfall *m*, Vorkommnis *n*: *be an everyday ~* etw (ganz) Alltägliches sein

▸ **o·cean** ['əʊʃn] *s* **1.** Ozean *m*, Meer *n*: **~** *liner* Ozeandampfer *m* **2. ~s** *Pl of* F e-e Unmenge von '**~,go·ing** *Adj* hochseetüchtig, Hochsee...

o·cher *Am*, **o·chre** *bes Br* ['əʊkə] **I** *s* MIN Ocker *m*, *n* **II** *Adj* ockerfarben, -gelb

▸ **o'clock** [ə'klɒk] *Adv* ... Uhr: *at five ~* um fünf Uhr

oc·ta·gon ['ɒktəgən] *s* Achteck *n* **oc·tag·o·nal** [ɒk'tægənl] *Adj* achteckig

oc·tane ['ɒkteɪn] *s* CHEM Oktan *n*: **~** *number* (*od rating*) Oktanzahl *f*

▸ **Oc·to·ber** [ɒk'təʊbə] *s* Oktober *m*: *in* **~** im Oktober

oc·to·pus ['ɒktəpəs] *Pl* **-pus·es**, **-pi** [-paɪ] *s* ZOOL Krake *m*

oc·u·lar ['ɒkjʊlə] *Adj* Augen... '**oc·u·list** *s* Augenarzt *m*, -ärztin *f*

OD [əʊ'di:] *Abk* (= *overdose*) **I** *v/i* e-e Überdosis nehmen **II** *s* Überdosis *f*

odd [ɒd] *Adj* (→ *oddly*) **1.** sonderbar, seltsam, merkwürdig **2.** *nach Zahlen*: *50 ~* (etw) über 50, einige 50 **3.** ungerade (*Zahl*) **4.** Einzel..., einzeln (*Schuh etc*) **5.** gelegentlich, Gelegenheits...: **~** *jobs Pl* Gelegenheitsarbeiten *Pl* '**~·ball** *s Am* F komischer Kauz **odd·i·ty** ['ɒdɪtɪ] *s* **1.** Merkwürdigkeit *f* **2.** komische Person *od* Sache **,odd·'job man** *s* (*unreg man*) Mädchen *n* für alles

odd·ly ['ɒdlɪ] *Adv* **1.** → *odd* 1 **2.** *a.* **~** *enough* merkwürdigerweise

odds [ɒdz] *s Pl* **1.** (Gewinn)Chancen *Pl*: *the ~ are 10 to 1* die Chancen stehen 10 zu 1; *the ~ are that he will come* er kommt wahrscheinlich; *the ~ are in our favo(u)r* (*od on us*) (*against us*) unsere Chancen stehen gut (schlecht); *against all ~* wider Erwarten, entgegen allen Erwartungen; → *stack* 6 **2.** *be at ~* uneins sein (*with* mit): *be at ~ with a.* im Widerspruch stehen zu **3.** *it makes no ~ Br* es spielt keine Rolle, es macht keinen Unterschied **4. ~** *and ends* Krimskrams *m* **,~·'on** *Adj* aussichtsreichst (*Kandidat etc*), hoch, klar (*Favorit*): *it's ~ that he will come* er

kommt höchstwahrscheinlich

o·di·ous ['əʊdjəs] *Adj* **1.** abscheulich **2.** widerlich, ekelhaft

o·dom·e·ter [əʊ'dɒmɪtə] *s* MOT *Am* Meilenzähler *m*

o·dor, *etc Am* → *odour*, *etc*

o·dor·if·er·ous [,əʊdə'rɪfərəs] *Adj* duftend

o·dour ['əʊdə] *s bes Br* Geruch *m*, Duft *m* '**o·dour·less** *Adj bes Br* geruchlos

od·ys·sey ['ɒdɪsɪ] *s* Odyssee *f*

Oe·di·pus com·plex ['i:dɪpəs] *s* PSYCH Ödipuskomplex *m*

oe·soph·a·gus [ɪ'sɒfəgəs] *Pl* **-gi** [-gaɪ], **-gus·es** *s* ANAT *bes Br* Speiseröhre *f*

oes·tro·gen ['i:strəʊdʒən] *s* BIOL *bes Br* Östrogen *n*

▸ **of** [ɒv] *Präp* **1.** *allg* von **2.** *zur Bezeichnung des Genitivs*: *the tail ~ the dog* der Schwanz des Hundes **3.** *Ort*: bei: *the Battle ~ Hastings* die Schlacht bei Hastings **4.** *Entfernung, Trennung, Befreiung*: a) von: *south ~ London* südlich von London; → *cure* 4, *etc*, b) *Gen*: → *rob*, *etc*, c) um: → *cheat* 3, *etc* **5.** *Herkunft*: von, aus: *Mr X ~ London* Mr X aus London; → *family* 1, *etc* **6.** *Eigenschaft*: von, mit: *a man ~ courage* ein mutiger Mann, ein Mann mit Mut; → *importance*, *etc* **7.** *Stoff*: aus, von: *a dress ~ (fine) silk* ein Kleid aus (feiner) Seide, ein Seidenkleid; *(made) ~ steel* aus Stahl (hergestellt) **8.** *Urheberschaft, Art u. Weise*: von: *the works ~ Shakespeare*; *it was clever ~ him* **9.** *Ursache, Grund*: a) an (*Dat*): → *die*[1], *etc*, b) auf (*Akk*): → *proud* 1, *etc*, c) vor (*Dat*): → *afraid*, *etc*, d) nach: → *smell* 2, *etc* **10.** *Thema*: an (*Akk*): → *think* 6, *etc* **11.** *Apposition, unübersetzt*: a) die Stadt London: *the city ~ London* die Stadt London; *the month ~ April* der Monat April, b) *Maß*: *a glass ~ wine* ein Glas Wein; *a piece ~ meat* ein Stück Fleisch **12.** *Zeit*: a) von: *your letter ~ March 3rd* Ihr Schreiben vom 3. März, b) *Am* vor: *ten ~ three*

▸ **off** [ɒf] **I** *Adv* **1.** fort(...), weg(...): *be ~* (*Sport*) gestartet sein; *I must be ~* ich muss gehen *od* weg; *~ with you!* fort mit dir!; → *go off* 1, *etc* **2.** ab(...): → *cut off*, *hat*, *etc* **3.** weg, entfernt: *three miles ~* **4. ~** *and on* ab u. zu, hin u. wie-

der **5. 5%** ~ WIRTSCH 5% Nachlass; → **take off** 5 6. aus(...), aus-, abgeschaltet: → **switch** 5, 6, *etc* 7. **be** ~ ausfallen, nicht stattfinden: *their engagement is* ~ sie haben ihre Verlobung gelöst 8. aus(gegangen), alle 9. **she is** ~ **today** sie hat heute ihren freien Tag; *give s.o. the afternoon* ~ j-m den Nachmittag freigeben; *take a day* ~ sich e-n Tag freinehmen 10. nicht mehr frisch, verdorben (*Nahrungsmittel*): → **go off** 6 11. **well (badly)** ~ gut (schlecht) d(a)ran *od* gestellt *od* situiert: *how are you* ~ *for ...?* wie sieht es bei dir mit ... aus? II *Präp* 12. weg von, von (... weg *od* ab *od* herunter): *jump* ~ *the bus* vom Bus abspringen; *get off, grass* 2, *etc* 13. abseits von (*od Gen*), von ... weg: *a street* ~ *Piccadilly* e-e Seitenstraße von Piccadilly 14. **be** ~ **duty** nicht im Dienst sein, dienstfrei haben 15. **be** ~ **s.th.** etw nicht mehr mögen; von etw kuriert sein: → **drug** 2 16. SCHIFF vor *der Küste etc* III *Adj* 17. (arbeits-, dienst)frei 18. schlecht (*Tag etc*): *I am having an* ~ **day** heute geht alles schief, das ist heute nicht mein Tag 19. **on the** ~ **chance** auf gut Glück; in der Hoffnung (*of getting* zu bekommen); ~ **season** Nebensaison *f*

'**off**|·**beat** *Adj* F ausgefallen, unkonventionell ‚~·**col·o(u)r** *Adj* 1. **be** (*od feel*) ~ sich nicht wohl fühlen 2. gewagt (*Witz etc*)

▸ of·**fence** [ə'fens] *s* 1. *allg* Vergehen *n*, Verstoß *m* (*against* gegen) 2. JUR Straftat *f*; Vergehen *n* 3. Beleidigung *f*, Kränkung *f*: *give* (*od cause*) ~ Anstoß *od* Ärgernis erregen (*to* bei); *take* ~ Anstoß nehmen (*at* an *Dat*); *be quick* (*od swift*) *to take* ~ schnell beleidigt sein; *no* ~ (*meant od intended*) nichts für ungut! 4. Angriff *m*

▸ of·**fend** [ə'fend] I *v/t* beleidigen, kränken: *be* ~*ed at* (*od by*) sich beleidigt fühlen durch II *v/i* verstoßen (*against* gegen) of·**fend·er** *s* (Übel-, Misse)Täter(in): *first* ~ JUR nicht Vorbestrafte *m*, *f*, Ersttäter(in)

▸ of·**fense** *Am* → **offence**

of·**fen·sive** [ə'fensɪv] I *Adj* 1. beleidigend, anstößig: *get* ~ ausfallend werden 2. widerlich (*Geruch etc*) 3. MIL,

SPORT Angriffs..., Offensiv... II *s* 4. *allg* Offensive *f*: *take* (*od go on*) *the* ~ die Offensive ergreifen

▸ of·**fer** ['ɒfə] I *v/t* 1. anbieten: → *resistance* 1 2. a) WIRTSCH *Ware* anbieten (*for sale* zum Verkauf), offerieren, b) WIRTSCH *Preis, Summe* bieten, c) *Preis, Belohnung* aussetzen 3. *Entschuldigung etc* vorbringen, *Vorschlag* machen 4. sich bereit erklären (*to do* zu tun): ~ *to help* s-e Hilfe anbieten II *v/i* 5. es *od* sich anbieten III *s* 6. Angebot *n*: *make s.o. an* ~ *of s.th.* j-m etw anbieten; *his* ~ *of help* sein Angebot zu helfen, s-e angebotene Hilfe 7. WIRTSCH (An)Gebot *n*, Offerte *f* (*of* über *Akk*): *on* ~ zu verkaufen; im Angebot; *or near* ~ Verhandlungsbasis

‚off'**hand** I *Adv* 1. auf Anhieb, so ohne weiteres II *Adj* 2. improvisiert, Stegreif... 3. lässig (*Art etc*), hingeworfen (*Bemerkung*)

▸ of·**fice** ['ɒfɪs] *s* 1. Büro *n*, (*e-r Institution*) Geschäftsstelle *f*, (*Anwalts*)Kanzlei *f*: *at the* ~ im Büro 2. *mst 2 bes Br* Ministerium *n*: → **foreign** 1, **Home Office** 3. (*bes* öffentliches) Amt, Posten *m*: *be in* (*out of*) ~ (nicht) im Amt sein; (nicht mehr) an der Macht sein ~ **block** *s* Bürogebäude *n* ~ **boy** *s* Bürogehilfe *m* ~ **girl** *s* Bürogehilfin *f* '~**hold·er** *s* Amtsinhaber(in) ~ **hours** *s Pl* Dienstzeit *f*; Geschäfts-, Öffnungszeiten *Pl*

▸ of·**fi·cer** ['ɒfɪsə] *s* 1. MIL Offizier(in) 2. (*Polizei- etc*)Beamte *m*, (-)Beamtin *f*

▸ of·**fi·cial** [ə'fɪʃl] I *Adj* 1. offiziell, amtlich, dienstlich: ~ **duties** *Pl* Amtspflichten *Pl*; ~ **language** Amtssprache *f*; ~ **secret** Amts-, Dienstgeheimnis *n*; ~ **trip** Dienstreise *f*; → **channel, residence** 1 II *s* 2. Beamte *m*, Beamtin *f* 3. (*Gewerkschafts- etc*)Funktionär(in) of·**fi·cial·dom** *s* Beamtentum *n*, die Beamten *Pl* of·**fi·cial·ese** [¸-ʃə'liːz] *s* Amtsenglisch *n*, Behördensprache *f*

off·**ing** ['ɒfɪŋ] *s*: *be in the* ~ sich abzeichnen, in Sicht sein

'**off**|·**li·cence** *s Br* Wein- u. Spirituosenhandlung *f* '~**·line** *Adj u. Adv* COMPUTER offline: ~ **work** ~ offline arbeiten '~**·peak** *Adj*: ~ **electricity** Nachtstrom *m*; ~ **hours** *Pl* verkehrsschwache Stunden *Pl* '~**·¸put·ting** *Adj Br* F unange-

official letter

Stephanie Winter	Stephanie Winter
Hirtenkamp 27	Hirtenkamp 27
20177 Hamburg	20177 Hamburg
Germany	Deutschland

Attn. Ms Dorothy Parker	z. Hd. Frau Dorothy Parker
Managing Director	Managing Director
Northwestern Tours	Northwestern Tours
14 Druidsville Road	14 Druidsville Road
WINDERMERE	WINDERMERE
[postcode]	[Postleitzahl]

7th April 2001

7. April 2001

Dear Ms Parker,

Betr.: **SCAFELL-PIKE-TOUR**

RE: SCAFELL PIKE TOUR

Sehr geehrte Frau Parker,

Thank you for sending your holiday brochure for next summer. We are particularly interested in your Scafell Pike Tour and would like to know if there is an alpine hut on the mountain where we can stay for one or two nights and if we have to book that well in advance.

ich danke Ihnen für die Zusendung der Urlaubsbroschüre für den kommenden Sommer. Wir interessieren uns besonders für Ihre Scafell-Pike-Tour und würden gern wissen, ob es auf dem Berg eine Hütte gibt, in der wir ein- oder zweimal übernachten können, und ob man das rechtzeitig vorher buchen muss.

I would also appreciate it if you could send us a list of hotels and guesthouses in Windermere and the approximate prices for a double room with a shower. We plan to visit around the end of June.

Außerdem wäre ich Ihnen sehr dankbar, wenn Sie uns eine Liste von Hotels und Pensionen in Windermere mit den ungefähren Preisen für ein Doppelzimmer mit Dusche schicken könnten. Wir haben vor, Windermere Ende Juni zu besuchen.

Thank you very much for your help, and I look forward to hearing from you.

Vielen Dank für Ihre Hilfe. Ich freue mich auf Ihre Antwort und verbleibe

Yours sincerely,

mit freundlichen Grüßen

Stephanie Winter

Stephanie Winter

---

nehm, störend; unsympathisch (*Person, Wesen*) '~-road-er *s* MOT Geländefahrzeug *n* ~-set I *s* ['ɒfset] **1.** Ausgleich *m*: **as an** ~ als Ausgleich (**to** für) **2.** BUCHDRUCK Offsetdruck *m* II

v/t [ɒf'set] (*unreg* **set**) **3.** ausgleichen '~-shoot *s* BOT Ableger *m* (*a. fig*), Sprössling *m* ,~'shore I *Adv* vor der Küste II *Adj* küstennah: ~ **drilling** Offshore-Bohrung *f*; ~ **fishing** Küsten-

fischerei f, **~'side** Adj u. Adv SPORT abseits: **be ~** abseits od im Abseits stehen; **~ position** Abseitsposition f, -stellung f; **~ trap** Abseitsfalle f '**~spring** s 1. Nachkommen(schaft f) Pl 2. Pl **offspring** Abkömmling m, Nachkomme m, **~-the-'rec·ord** Adj u. Adv nicht für die Öffentlichkeit bestimmt, inoffiziell

▶ **of·ten** ['ɒfn] Adv oft(mals), häufig: **more ~** öfters; **as ~ as** jedes Mal, wenn; **as ~** (od **more ~ than**) **not** sehr oft; **ever so ~** öfters, von Zeit zu Zeit

o·gle ['əʊgl] v/t (a. v/i: **~ at**) j-m (schöne) Augen machen; pej begaffen

oh [əʊ] Interj oh!: → **dear** 5, **yes** I

OHP [əʊeɪt∫'piː] Abk = **overhead projector**

▶ **oil** [ɔɪl] **I** s 1. Öl n: **pour ~ on troubled waters** fig Öl auf die Wogen gießen; → **midnight** II 2. (Erd)Öl n: **strike ~** auf Öl stoßen; fig Glück od Erfolg haben, a. fündig werden 3. mst Pl Ölfarbe f: **paint in ~s** in Öl malen **II** v/t 4. (ein)ölen, schmieren; **~ the wheels** fig für e-n reibungslosen Ablauf sorgen; → **palm¹** 1 ~ **cata·stro·phe** s Ölpest f **~ change** s MOT Ölwechsel m: **do an ~** e-n Ölwechsel machen **~ col·o(u)r** s Ölfarbe f, **~con·tam·i·nat·ed** Adj ölverseucht **~ cri·sis** s (unreg **crisis**) Ölkrise f **~ di·sas·ter** s Ölkatastrophe f '**~field** s Ölfeld n **~fired** Adj: **~ central heating** Ölzentralheizung f **~ lamp** s Öl-, Petroleumlampe f **~ lev·el** s MOT Ölstand m **~ paint** s Ölfarbe f **~ paint·ing** s 1. Ölmalerei f 2. Ölgemälde n '**~pro,duc·ing·coun·try** s Ölförderland n **~ rig** s (Öl)Bohrinsel f **~ sheik(h)** s Ölscheich m **~ slick** s Ölteppich m **~ well** s Ölquelle f

oil·y ['ɔɪlɪ] Adj 1. ölig, überschmiert 2. fig schleimig

oint·ment ['ɔɪntmənt] s Salbe f

▶ **OK**, **o·kay** [,əʊ'keɪ] **F** **I** Adj u. Interj okay(!), o. k.(!), in Ordnung(!) **II** v/t genehmigen, e-r Sache zustimmen **III** s Okay n, O. K. n, Genehmigung f, Zustimmung f

▶ **old** [əʊld] **I** Adj 1. allg alt: **grow ~** alt werden, altern; **I'm getting ~!** ich werde alt!; **ten years ~** zehn Jahre alt; **a ten-year-~ boy** ein zehnjähriger Junge; **~**

boy Br ehemaliger Schüler, Ehemalige m; **~ girl** Br ehemalige Schülerin, Ehemalige f; **be ~ hat** F ein alter Hut sein; **the** (od **his**) **~ lady** (od **woman**) F s-e Alte; s-e alte Dame; **the** (od **her**) **~ man** F ihr Alter; ihr alter Herr; **~ people's home** Alten-, Altersheim n; **of the ~ school** Gentlemen etc der alten Schule; **♀ Testament** das Alte Testament; **~ World** die Alte Welt; **~ Flame** 1, **hand** 6, **maid** 1 2. sl (verstärkend) **have a fine ~ time** sich köstlich amüsieren; **I can use any ~ thing** ich hab für alles Verwendung; **come any ~ time** komm, wann es dir gerade passt **II** s 3. **the ~** Pl die Alten Pl **~ age** s (hohes) Alter: **in one's ~** im Alter; **die of** (od **from**) **~** an Altersschwäche sterben

▶ **old-age** ['əʊldeɪdʒ] Adj Alters...: **~ pension** Rente f, Pension f; **~ pen·sioner** Rentner(in), Pensionär(in)

▶ **old-fash·ioned** [əʊld'fæʃnd] Adj 1. altmodisch 2. Br F missbilligend (Blick etc) '**~'maid·ish** Adj altjüngferlich

o·le·an·der [,əʊlɪ'ændə] s BOT Oleander m

ol·fac·to·ry [ɒl'fæktərɪ] Adj Geruchs...

ol·i·garch·y ['ɒlɪgɑːkɪ] s Oligarchie f

ol·ive ['ɒlɪv] **I** s 1. a. **~ tree** Oliven-, Ölbaum m 2. Olive f: **~ oil** Olivenöl n **II** Adj 3. olivgrün

O·lym·pi·ad [əʊ'lɪmpɪæd] s Olympiade f **O'lym·pic** I Adj olympisch: **~ champion** Olympiasieger(in); **~ Games** → II; **Summer** (**Winter**) **~ Games** Pl Olympische Sommer- (Winter)spiele Pl **II** s Pl Olympische Spiele Pl

om·buds·man ['ɒmbʊdzmən] s (unreg **man**) s POL Ombudsmann m **om·buds·wom·an** s (unreg **woman**) Ombudsfrau f

om·e·lett s Am, **om·e·lette** s bes Br ['ɒmlɪt] Omelett n

o·men ['əʊmen] s Omen n, Vorzeichen n

om·i·nous ['ɒmɪnəs] Adj ominös, unheilvoll: **that's ~** das lässt nichts Gutes ahnen

o·mis·sion [ə'mɪʃn] s 1. Aus-, Weglassung f 2. Unterlassung f, Versäumnis n: **sin of ~** Unterlassungssünde f

▶ **o·mit** [ə'mɪt] v/t 1. aus-, weglassen (**from** aus) 2. **~ to do s.th.** versäumen od es unterlassen, etw zu tun

om·ni·bus ['ɒmnɪbəs] *s* Sammelband *m*
om·nis·ci·ent [ɒm'nɪsɪənt] *Adj* allwissend

▶ **on** [ɒn] **I** *Präp* **1.** auf (*Akk od Dat*) **2.** *getragen von:* auf (*Dat*), an (*Dat*), in (*Dat*): **find s.th. ~ s.o.** etw bei j-m finden; **have you got any money ~ you?** hast du Geld bei dir? → **foot** 1, *etc* 3. *festgemacht od sehr nahe:* an (*Dat*): **the dog is ~ the lead** der Hund ist angeleint; **~ the Thames** an der Themse **4.** *Richtung, Ziel:* auf (*Akk*) ... (hin), an (*Akk*): **drop s.th. ~ the floor** etw zu Boden fallen lassen; **hang s.th. ~ a peg** etw an e-n Haken hängen; → **board** 6, *etc* 5. *fig auf der Grundlage von:* auf (*Akk*) ... (hin): **~ this evidence** aufgrund dieses Beweismaterials; → **condition** 1, *etc* 6. *aufeinander folgend:* auf (*Akk*), über (*Akk*): **loss ~ loss** Verlust auf *od* über Verlust; **be ~ one's second glass** beim zweiten Glas sein **7.** (*gehörig*) zu, (*beschäftigt*) bei: **be ~ a committee** zu e-m Ausschuss gehören **8.** *Zustand:* in (*Dat*), auf (*Dat*): **be ~** *Medikament etc* ständig nehmen; *pej* ...abhängig *od* ...süchtig sein; → **duty** 2, *etc* **9.** *gerichtet:* auf (*Akk*): **a joke ~ s.o.** ein Spaß auf j-s Kosten; **the next round is ~ me** F die nächste Runde geht auf m-e Rechnung **10.** *Thema:* über (*Akk*): **talk ~ a subject** 11. *Zeitpunkt:* an (*Dat*): **~ June 3rd** am 3. Juni; **~ the morning of July 1st** am Morgen des 1. Juli; **~ Friday** am Freitag **II** *Adv* **12.** an...; auf...: → **put on** 1, **keep on** 1, *etc* **13.** weiter(...): **and so ~** u. so weiter; **~ and ~** immer weiter; **~ and off** ab u. zu, hin u. wieder; **from that day ~** von dem Tage an **III** *Adj* **14.** **be ~** **a)** vor sich gehen: **what's ~?** was ist los?, **b)** an sein (*Licht, Radio etc*), **c)** THEAT gegeben werden (*Stück*), FILM laufen (*Film*), RUNDFUNK, TV gesendet werden **15.** **be always ~ at s.o.** F j-m dauernd in den Ohren liegen (**about** wegen)

▶ **once** [wʌns] **I** *Adv* **1.** einmal: **once again** (*od* **more**) noch einmal; **once or twice** ein paarmal; **once in a while** ab u. zu, hin u. wieder; **once and for all** ein für alle Mal; **not once** kein einziges Mal; → **lifetime** I, **moon** I **2.** einmal, einst: **once upon a time there**

was es war einmal **II** *s* **3.** **the once** einmal, ein einziges Mal; **this once** dieses 'eine Mal **4.** ▶ **at once** **a)** auf einmal, gleichzeitig, **b)** sofort: **all at once** mit 'einem Mal **III** *Konj* **5.** sobald *od* wenn (einmal)

on·com·ing ['ɒnˌkʌmɪŋ] *Adj* entgegenkommend: **~ traffic** Gegenverkehr *m*

▶ **one** [wʌn] **I** *Adj* **1.** ein(e): → **hundred** 1, **thousand** 1 **2.** *betont:* einzig: **they were all of ~ mind** sie waren alle 'einer Meinung; **his ~ thought** sein einziger Gedanke; **my ~ and only hope** m-e einzige Hoffnung; **the ~ and only ...** der einzigartige *od* unvergleichliche ... **3.** ein gewisser ..., e-e gewisse ..., ein gewisses ...: **~ day** e-s Tages; **~ John Smith** ein gewisser John Smith **II** *s* **4.** Eins *f*, eins: **at ~** um eins; **be ~ up on s.o.** j-m voraus sein; → **number** 2 **5.** *der, die, das* Einzelne: **~ by ~**, **after the other** e-r nach dem andern; **I for ~** ich zum Beispiel; → **another** 1 **III** *Pron* **6.** ein(e): **the ~ who** der(jenige), welcher; **~ another** sich (gegenseitig), einander **7.** *Stützwort, mst unübersetzt:* **the little ~s** die Kleinen; **a red pencil and a blue ~** ein roter Bleistift u. ein blauer **8.** man **9.** **~'s** sein: **break ~'s leg** sich das Bein brechen; **,~·'armed** *Adj:* **~ bandit** F einarmiger Bandit; **,~-'horse** *Adj* einspännig: **~ town** F Nest *n*, Kaff *n* **2** ; **,~·'legged** *Adj* einbeinig; **'~-man** *Adj* Einmann...: **~ band** Einmannkapelle *f*; **~ show** One-Man-Show *f* **,~-'night** *Adj:* **~ stand** THEAT *etc* einmaliges Gastspiel; *fig* Sex *m* für e-e Nacht; **,~·'par·ent fam·i·ly** *s* Einelternteilfamilie *f* **,~-piece** *Adj* einteilig

on·er·ous ['ɒnərəs] *Adj* lästig, beschwerlich (**to** für)

▶ **one·self** [wʌn'self] *Pron* **1.** *refl* sich (selbst *od* selber): (**all**) **by ~** ganz allein; **cut ~** sich schneiden **2.** sich selbst *od* selber **3.** man selbst *od* selber: **be ~** sich normal *od* natürlich benehmen *od* geben; **not to be ~** nicht auf der Höhe sein; nicht ganz bei Verstand sein; **be ~ again** wieder ganz der Alte sein
,one-'sid·ed *Adj* einseitig (*a. fig*)
'~-time *Adj* ehemalig, früher **'~-track** *Adj* BAHN eingleisig: **have a ~ mind** *fig* immer nur dasselbe im Kopf haben

'~-way *Adj* **1.** Einbahn…: ~ *street* **2.** ~ *ticket* *Am* einfache Fahrkarte, FLUG einfaches Ticket **3.** *fig* einseitig

'on,go·ing *Adj* laufend

▶ **on·ion** ['ʌnjən] *s* BOT Zwiebel *f*: *know one's* ~ *s* F sein Geschäft verstehen

'on-line *Adj u. Adv* COMPUTER online: *work* ~ online arbeiten

'on,look·er *s* Zuschauer(in)

▶ **on·ly** ['əʊnlɪ] **I** *Adj* **1.** einzig: ~ *child* Einzelkind *n*; → *one* **2** *II Adv* **2.** nur, bloß: *if.. he would leave!* wenn er doch nur endlich ginge!; → *but* 2 **3.** erst: ~ *yesterday*; ~ *just* eben erst, gerade **III** *Konj* **4.** nur, bloß

o.n.o. *Abk* (= *or nearest offer*) £50 ~ Verhandlungsbasis £50

'on·rush *s* Ansturm *m* **'~-set** *s* Einbruch *m*, Beginn *m* (*des Winters*); Ausbruch *m* (*e-r Krankheit*) **'~-slaught** ['.slɔːt] *s* (heftiger) Angriff (*a. fig*) **'~-the-'job** *Adj* praktisch (*Ausbildung*)

on·to ['ɒntʊ] *Präp* **1.** auf (*Akk*) **2.** *be ~ s.o.* F j-m auf die Schliche gekommen sein

on·ward(s) ['ɒnwəd(z)] *Adv* vorwärts, weiter: *from today* ~ von heute an

ooze [uːz] **I** *v/i* (ein-, durch)sickern, (-)dringen (*a. Licht, Geräusch etc*): ~ *out* aussickern; entweichen (*Luft, Gas*); *fig* durchsickern (*Geheimnis etc*) **II** *v/t* absondern; *fig* Charme ausstrahlen, Optimismus, gute Laune etc *a.* verströmen; von Sarkasmus etc triefen

o.paque [əʊˈpeɪk] *Adj* **1.** undurchsichtig **2.** *fig* unverständlich

OPEC ['əʊpek] *Abk* (= *Organization of (the) Petroleum Exporting Countries*) OPEC *f*

▶ **o·pen** ['əʊpən] **I** *Adj* **1.** *allg* offen (*Buch, Fenster, Flasche etc*): *the door is* ~ die Tür ist *od* steht offen; *hold the door ~ for s.o.* j-m die Tür aufhalten; *keep one's eyes* ~ *fig* die Augen offen halten; → *arm*[1] 1, *book* 1 2. im Freien (*Gelände, Meer*), frei (*Feld*): → *air*[1] 1 **3.** geöffnet, offen (*Laden etc*) **4.** *fig* offen (*to* für), öffentlich: ~ *letter* offener Brief; ~ *tournament* → 13 **5.** *fig* zugänglich, aufgeschlossen (*to* für *od* Dat) **6.** *fig* ausgesetzt, unterworfen (*to Dat*): ~ *to question* anfechtbar; *that is ~ to argument* darüber lässt sich

streiten **7.** *fig* offen, unentschieden (*Frage etc*) **8.** *fig* **a)** offen, freimütig: *be ~ with s.o.* offen mit j-m reden, **b)** offen(kundig), unverhüllt: ~ *secret* offenes Geheimnis **9.** ~ *cheque* WIRTSCH *Br* Barscheck *m* **10.** ~ *season* Jagdzeit *f* **11.** LING offen (*Vokal*) **II** *s* **12.** *in the* ~ im Freien: *bring into the* ~ *fig* an die Öffentlichkeit bringen; *come into the* ~ Farbe bekennen; an die Öffentlichkeit treten (*with mit*) **13.** Golf, Tennis: offenes Turnier **III** *v/t* **14.** *allg* öffnen, aufmachen, *Buch etc a.* aufschlagen **15.** *Debatte, Feuer, Konto etc* eröffnen, *neuen Markt etc* erschließen: ~ *to traffic* Straße etc dem Verkehr übergeben **16.** *fig* Gefühle, Gedanken enthüllen: ~ *o.s. to s.o.* sich j-m mitteilen **IV** *v/i* **17.** sich öffnen, aufgehen **18.** öffnen, aufmachen (*Laden etc*) **19.** führen, gehen (*onto* auf *Akk* [… hinaus]) (*Tür, Fenster*) **20.** beginnen; anlaufen (*Film*)

Verbindungen mit Adverbien:

o·pen| out *v/t* ausbreiten, *Stadtplan etc* auseinander falten **II** *v/i* auftauen, mitteilsam werden ~ **up** *v/i* **1.** aufmachen, -schließen **2.** *neuen Markt etc* erschließen, *Möglichkeiten etc* eröffnen **II** *v/i* **3.** aufmachen, -schließen **4.** *fig* **a)** loslegen (*with* mit), **b)** → *open out* II

,o·pen-'air *Adj* im Freien: ~ *festival* Open-Air-Festival *n*; ~ *swimming pool* Freibad *n*; ~ *theater* (*bes Br theatre*) Freilichttheater *n*; ~ *venue* Open-Air-Gelände *n* **,~-'end·ed** *Adj* zeitlich unbegrenzt: ~ *discussion* Open-End-Diskussion *f*

▶ **o·pen·er** ['əʊpnə] *s* **1.** (*Dosen-, Flaschen*)Öffner *m* **2.** *Am* Eröffnungsnummer *f* (*e-r Show etc*)

,o·pen-'eyed *Adj* mit großen Augen, staunend **,~-'hand·ed** *Adj* freigebig

o·pen·ing ['əʊpnɪŋ] **I** *s* **1.** Öffnung *f* (*a. fig*) **2.** Eröffnung *f* (*e-r Debatte, des Feuers, e-s Kontos etc*), Erschließung *f* (*e-s neuen Markts etc*) **II** *Adj* **4.** Eröffnungs…: ~ *ceremony*; ~ *night* THEAT Eröffnungsvorstellung *f* **5.** Öffnungs…: ~ *time*; ~ *time is at …* das Geschäft *etc* ist ab … geöffnet; ~ *hours* Öffnungs- (*od* Geschäfts-) zeiten

,o·pen-'mind·ed *Adj* aufgeschlossen

,~'mouthed *Adj* mit offenem Mund
,~'plan *Adj*: **~ office** Großraumbüro
n ② **U·ni·ver·si·ty** *s Br* Fern(seh)universität *f* (*deren Kurse a. ohne entsprechenden Schulabschluss belegt werden können*)

op·e·ra¹ ['ɒpərə] *s* MUS Oper *f*: **go to the ~** in die Oper gehen

op·e·ra² [-] *Pl von* **opus**

op·e·ra·ble ['ɒpərəbl] *Adj* **1.** durchführbar **2.** TECH betriebsfähig **3.** MED operabel, operierbar

op·e·ra| glass·es *s Pl*, *a.* **pair of ~** Opernglas *n* ~ **house** *s* Opernhaus *n*, Oper *f*

▶ **op·e·rate** ['ɒpəreɪt] **I** *v/i* **1.** *bes* TECH arbeiten, in Betrieb sein, laufen (*Maschine etc*) **2.** wirksam sein *od* werden; sich auswirken (*against* gegen; **in s.o.'s favo[u]r** zu j-s Gunsten) **3.** MED operieren (*on s.o.* j-n): ~ **on s.o. for appendicitis** j-n am Blinddarm operieren **4.** WIRTSCH tätig sein **5.** MIL operieren **II** *v/t* **6.** TECH *Maschine* bedienen, *Schalter, Bremse etc* betätigen **7.** *Unternehmen, Geschäft* betreiben, führen

op·e·rat·ic [,ɒpəˈrætɪk] *Adj* MUS Opern...

op·e·rat·ing ['ɒpəreɪtɪŋ] *Adj* **1.** *bes* TECH Betriebs..., Arbeits...: ~ **instructions** *Pl* Bedienungs-, Betriebsanleitung *f*; ~ **system** COMPUTER Betriebssystem *n* **2.** WIRTSCH betrieblich, Betriebs...: ~ **costs** (*od* **expenses**) *Pl* Betriebskosten *Pl* **3.** MED Operations...: ~ **room** *Am*; ~ **theatre** *Br* Operationssaal *m*; ~ **table** Operationstisch *m*

▶ **op·e·ra·tion** [ɒpəˈreɪʃn] *s* **1.** *bes* JUR Wirksamkeit *f*, Geltung *f*: **be in ~** in Kraft sein; **come into ~** in Kraft treten **2.** *bes* TECH Betrieb *m*, Lauf *m* (*e-r Maschine etc*): **in ~** in Betrieb; **put in** (**out of**) ~ in (außer) Betrieb setzen **3.** TECH Bedienung *f*, Betätigung *f* **4.** TECH *etc* Wirkungs-, Arbeitsweise *f*; Arbeitsgang *m* **5.** WIRTSCH Geschäft *n*, (*Börse*) Transaktion *f* **6.** MED Operation *f*: **appendix ~** Blinddarmoperation *f*; **have an ~ on one's arm** am Arm operiert werden **7.** MIL Operation *f*, Unternehmen *n* **,op·er·a·tion·al** [-ʃənl] *Adj* **1.** *bes* TECH Betriebs..., Arbeits...; TECH betriebsbereit **2.** WIRTSCH betrieblich, Betriebs... **3.** MIL Operations..., Ein-

satz... **op·e·ra·tive** ['ɒpərətɪv] *Adj* **1.** wirksam: **become ~** *bes* JUR in Kraft treten: **the ~ word** genau das richtige Wort **2.** MED operativ

▶ **op·e·ra·tor** ['ɒpəreɪtə] *s* **1.** (Maschinen)Arbeiter(in), (*Kran- etc*) Führer(in); COMPUTER Operator *m* **2.** TEL Vermittlung *f* **3.** (*Reise*)Veranstalter(in) **4.** *a clever* (*od* **smooth**) ~ F ein raffinierter Kerl

op·er·et·ta [,ɒpəˈretə] *s* MUS Operette *f*

oph·thal·mic [ɒfˈθælmɪk] *Adj* Augen...

o·pi·ate ['əʊpɪət] *s* PHARM **1.** Opiat *n*, Opiumpräparat *n* **2.** Schlaf- *od* Beruhigungsmittel *n*

▶ **o·pin·ion** [əˈpɪnjən] *s* **1.** Meinung *f*, Ansicht *f*: **in my ~** m-s Erachtens, m-r Meinung *od* Ansicht nach; **be of the ~ that** der Meinung *od* Ansicht sein, dass; **that is a matter of ~** das ist Ansichtssache; **public ~** die öffentliche Meinung **2.** Meinung *f*: **have a good** (*od* **high**) (**bad, low**) ~ **of** e-e (keine) hohe Meinung haben von **3.** Gutachten *n* (**on** über *Akk*) **o'pin·ion·at·ed** [-eɪtɪd] *Adj* starr-, eigensinnig

o·pin·ion| poll *s* Meinungsumfrage *f* ~ **poll·ster** *s* Meinungsforscher(in)

o·pi·um ['əʊpjəm] *s* Opium *n*

o·pos·sum [əˈpɒsəm] *s* ZOOL Opossum *n*, Beutelratte *f*

op·po·nent [əˈpəʊnənt] *s* Gegner(in), Gegenspieler(in) (*beide a. Sport*)

op·por·tune ['ɒpətjuːn] *Adj* **1.** günstig, passend **2.** rechtzeitig **'op·por·tun·ism** *s* Opportunismus *m* **'op·por·tun·ist** **I** *s* Opportunist(in) **II** *Adj* opportunistisch

▶ **op·por·tu·ni·ty** [,ɒpəˈtjuːnɪtɪ] *s* Gelegenheit *f*, Möglichkeit *f*, Chance *f* (**of doing, to do** zu tun; **for s.th.** für *od* zu etw): **at the first** (*od* **earliest**) ~ bei der erstbesten Gelegenheit; → **equal** 1, **equality**

op·pose [əˈpəʊz] *v/t* sich widersetzen (*Dat*), angehen gegen **op'posed** *Adj* **1.** entgegengesetzt: **as ~ to** im Gegensatz zu **2. be ~ to** ablehnend gegenüberstehen (*Dat*), gegen ... sein **op'pos·ing** *Adj* SPORT gegnerisch (*Mannschaft*)

▶ **op·po·site** ['ɒpəzɪt] **I** *Adj* **1.** gegenüberliegend **2.** entgegengesetzt (*Richtung*) **3.** gegensätzlich, entgegengesetzt: → **sex** 1 **4.** gegnerisch, Gegen...:

O

~ number (Amts)Kollege m, -kollegin f **II** s 5. Gegenteil n, -satz m: **be completely** (od **just**) **the** ~ genau das Gegenteil sein **III** Adv 6. gegenüber (to Dat) **IV** Präp 7. gegenüber (Dat) ,op·po·'si·tion s 1. Widerstand m, Opposition f (**to** gegen) 2. Gegensatz m 3. oft ♀ PARL Opposition f: **be in** ~ in der Opposition sein; ~ **politician** Oppositionspolitiker(in)

op·press [ə'pres] v/t 1. bedrücken, (a. Hitze etc) lasten auf (Dat) 2. unterdrücken, tyrannisieren op·pres·sion [ə'preʃn] s 1. Bedrücktheit f 2. Unterdrückung f, Tyrannisierung f op·'pres·sive [.sɪv] Adj 1. bedrückend 2. drückend (Hitze, Steuern etc) 3. tyrannisch op·'pres·sor s Unterdrücker(in), Tyrann(in)

opt [ɒpt] v/i sich entscheiden (**for** für; **against** gegen; **to do** zu tun): ~ **out** sich dagegen entscheiden; abspringen, zurücktreten (**of** von)

op·tic ['ɒptɪk] **I** Adj (~ally) Augen..., Seh...: ~ **nerve** Sehnerv m **II** s ~s Sg Optik f 'op·ti·cal Adj optisch: ~ **illusion** optische Täuschung op·ti·cian [.ʃn] s Optiker(in)

op·ti·ma ['ɒptɪmə] Pl von **optimum** op·ti·mal ['.ml] Adj → **optimum** II

op·ti·mism ['ɒptɪmɪzəm] s Optimismus m 'op·ti·mist s Optimist(in) ,op·ti·'mis·tic Adj (~ally) optimistisch 'op·ti·mize v/t optimieren

op·ti·mum ['ɒptɪməm] **I** Pl **-ma** [.mə], **-mums** s Optimum n **II** Adj optimal, bestmöglich: **in** ~ **condition** im Bestzustand

op·tion ['ɒpʃn] s 1. Wahl f: **I had no** ~ **but to** ich hatte keine andere Wahl, als zu; mir blieb nichts anderes übrig, als zu; **leave one's** ~**s open** sich alle Möglichkeiten offen lassen 2. Option f, Vorkaufsrecht n (**on** auf Akk) 3. bes MOT Extra n, Pl a. Sonderausstattung f op·tion·al ['.ʃənl] Adj freiwillig, fakultativ: **be an** ~ **extra** bes MOT gegen Aufpreis erhältlich sein; ~ **extras** Sonderausstattung f. ~ **subject** PÄD Wahlfach n

op·u·lence ['ɒpjʊləns] s Reichtum m: **live in** ~ im Überfluss leben 'op·u·lent Adj 1. wohlhabend, reich 2. üppig, (Mahlzeit a.) opulent

o·pus ['əʊpəs] Pl op·er·a ['ɒpərə] s bes MUS Opus n, Werk n

▶ or [ɔː] Konj 1. oder: **in a day** ~ **two** in ein bis zwei Tagen; ~ **so I believe** glaube ich zumindest; → **either** 5, 6, **else** 3, **so** 3 2. nach neg: noch, u. auch nicht

or·a·cle ['ɒrəkl] s Orakel n o·rac·u·lar [ɒ'rækjʊlə] Adj orakelhaft

o·ral ['ɔːrəl] **I** Adj 1. mündlich: ~ **exam** mündliche Prüfung 2. Mund...: ~ **cavity** ANAT Mundhöhle f; ~ **sex** Oralsex m; ~ **surgery** Kieferchirurgie f **II** s 3. PÄD mündliche Prüfung, das Mündliche

▶ or·ange ['ɒrɪndʒ] **I** s BOT Orange f, Apfelsine f: ~ **juice** Orangensaft m; ~ **squash** Br Getränk aus Orangenkonzentrat u. Wasser **II** Adj orange, orange(n)farben or·ange·ade [,'.'eɪd] s Orangeade f, (mit Kohlensäure a.) Orangenlimonade f

Orangeman

Orangeman ist der Name eines Mitglieds der **Orange Society**, einer irisch-protestantischen Gesellschaft, die für die Vorherrschaft der Protestanten in Nordirland kämpft. Die entsprechende schottische Vereinigung, die sich für die gesellschaftliche Vormacht der Protestanten in Schottland einsetzt, heißt **Orange Lodge**. Das Benennungsmotiv geht zurück auf den protestantischen **King William of Orange** (Wilhelm von Oranien aus den Niederlanden), der den irisch-katholischen **King James II** im Jahr 1690 besiegte.

o·rang·u·tan [ɔː'ræŋətæn] s ZOOL Orang-Utan m

o·ra·tion [ɔː'reɪʃn] s Rede f, Ansprache f or·a·tor ['ɒrətə] s Redner(in) or·a·tor·i·cal [,'.'tɒrɪkl] Adj rednerisch

or·a·to·ri·o [,ɒrə'tɔːrɪəʊ] Pl **-os** s MUS Oratorium n

or·bit ['ɔːbɪt] s **I** s 1. ASTR Kreis-, Umlaufbahn f: **put into** ~ → 4 2. fig (Macht-)Bereich m, Einflusssphäre f **II** v/t 3. Erde etc umkreisen 4. Satelliten etc in e-e

Umlaufbahn bringen

or·chard ['ɔːtʃəd] s Obstgarten *m*; Obstplantage *f*

▸ **or·ches·tra** [ˈɔːkɪstrə] s MUS Orchester *n*: ~ *pit* THEAT Orchestergraben *m* **or·ches·tral** [ɔːˈkestrəl] Adj Orchester... **or·ches·trate** [ˈɔːkɪstreɪt] v/t orchestrieren

or·chid [ˈɔːkɪd] s BOT Orchidee *f*

or·dain [ɔːˈdeɪn] v/t: ~ *s.o. (as a priest)* REL j-n ordinieren *od* zum Priester weihen

or·deal [ɔːˈdiːl] s 1. *hist* Gottesurteil *n* 2. *fig* Martyrium *n*, Tortur *f*

▸ **or·der** [ˈɔːdə] I s 1. Ordnung *f*: *in order* in Ordnung (*a. fig*); *put in order* in Ordnung bringen 2. (öffentliche) Ordnung: → *law* 1 3. Ordnung *f*, System *n* 4. (An)Ordnung *f*, Reihenfolge *f*: *in order of importance* nach Wichtigkeit; → *alphabetic* 5. Ordnung *f*, Aufstellung *f* 6. PARL etc (Geschäfts)Ordnung *f*: *be the order of the day* auf der Tagesordnung stehen (*a. fig*) 7. Befehl *m*, Anordnung *f*: *by order of* auf Befehl von; *be under* (*od* have) *orders to do s.th.* Befehl haben, etw zu tun; ~ *marching orders* 8. WIRTSCH Bestellung *f* (*a. im Restaurant*), Auftrag *m* (*for fur*): *make to order* auf Bestellung *od* nach Maß anfertigen; *last orders, please* Polizeistunde!; *order book* Auftragsbuch *n*; *order form* Bestellschein *m* 9. ▸ *in order to* um zu 10. *out of order* nicht in Ordnung, defekt 11. (Größen)Ordnung *f*: *of* (*od in*) (*Am on*) *the order of* in der Größenordnung von 12. REL *etc* Orden *m* II v/t 13. j-m befehlen (*to do* zu tun), etw befehlen, anordnen: *order about* (*od around*) j-n herumkommandieren 14. j-n schicken, beordern (*to* nach): *order back* zurückbeordern; *order in* hineinod hereinkommen lassen; *order off* (*Sport*) vom Platz stellen; *order out* hinausweisen 15. MED j-m etw verordnen: *order s.o. to* (*stay in*) *bed* j-m Bettruhe verordnen 16. WIRTSCH bestellen (*a. im Restaurant*) 17. *fig* ordnen, in Ordnung bringen: *ordered life* geordnetes Leben III v/i 18. bestellen (*im Restaurant*): *are you ready to order?* haben Sie schon gewählt? **'order·ly** I Adj 1. ordentlich, geordnet 2.

fig gesittet, friedlich (*Menge etc*) II s 3. MED Hilfspfleger *m* 4. MIL (Offiziers)Bursche *m*

or·di·nal (**num·ber**) [ˈɔːdɪnl] s MATHE Ordnungszahl *f*

or·di·nar·i·ly [ˈɔːdnrəlɪ] Adv 1. normalerweise, gewöhnlich 2. wie gewöhnlich *od* üblich, normal

▸ **or·di·nar·y** [ˈɔːdnrɪ] I Adj 1. üblich, gewöhnlich, normal: *in the~ way* → *ordinarily* 1 2. alltäglich, mittelmäßig, Durchschnitts... 3. ordentlich (*Gericht, Mitglied*) II s 4. *out of the~* ungewöhnlich, unüblich: *nothing out of the ~* nichts Ungewöhnliches

ore [ɔː] s MIN Erz *n*

or·gan [ˈɔːgən] s 1. ANAT Organ *n*: ~*s Pl of speech* Sprechwerkzeuge *Pl*; ~ *bank* Organbank *f* 2. *fig* Organ *n*: a) Werkzeug *n*, Instrument *n*, b) Sprachrohr *n* 3. MUS Orgel *f* ~ *grind·er* s Leierkastenmann *m*, -frau *f*

or·gan·ic [ɔːˈgænɪk] Adj (~*ally*) organisch (*a. fig*): ~ *chemistry* organische Chemie; ~ *waste* Biomüll *m* **or·gan·ism** [ˈɔːgənɪzəm] s BIOL Organismus *m* (*a. fig*)

or·gan·ist [ˈɔːgənɪst] s MUS Organist(in)

▸ **or·gan·i·za·tion** [ˌɔːgənaɪˈzeɪʃn] s *allg* Organisation *f* **or·gan·i·za·tion·al** Adj organisatorisch, Organisations... **'or·gan·ize** I v/t *allg* organisieren: ~*d crime* das organisierte Verbrechen; ~*d tour* Gesellschaftsreise *f* II v/i sich (gewerkschaftlich) organisieren **'or·gan·iz·er** s Organisator(in)

or·gasm [ˈɔːgæzəm] s Orgasmus *m*

or·gy [ˈɔːdʒɪ] s Orgie *f* (*a. fig*)

o·ri·ent I s [ˈɔːrɪənt] 2 *der* Orient, *poet das* Morgenland II v/t [ˈ-ent] *fig* etw ausrichten (*toward*[*s*] auf Akk): ~ *o.s.* sich orientieren (*by* an Dat, nach) (*a. fig*); ~ *o.s. to a new situation* sich auf e-e neue Situation einstellen **o·ri·en·tal** [ˌ-ˈentl] I Adj orientalisch, *poet* morgenländisch: ~ *carpet* (*od rug*) Orientteppich *m* II s Orientale *m*, Orientalin *f* **o·ri·en·tate** [ˈ-enteɪt] → *orient* II **,o·ri·en·ta·tion** s Orientierung *f*, *fig a*. Ausrichtung *f*

or·i·fice [ˈɒrɪfɪs] s Öffnung *f*

▸ **or·i·gin** [ˈɒrɪdʒɪn] s Ursprung *m*, Abstammung *f*, Herkunft *f*: *country of ~* Ursprungsland *n*; *have its ~ in* zurück-

gehen auf (Akk); stammen von od aus
► o·rig·i·nal [əˈrɪdʒənl] I Adj (→ *originally*) 1. Original…, Ur…: ~ *text* Ur od Originaltext m 2. originell II s 1. Original n: *in the ~* im Original od Urtext 4. Original n (Person) o·rig·i·nal·i·ty [-ˈnælətɪ] s Originalität f o·rig·i·nal·ly [-nəlɪ] Adv 1. ursprünglich 2. originell

o·rig·i·nate [əˈrɪdʒəneɪt] I v/i 1. (*from*) zurückgehen (auf Akk), (her)stammen (von od aus) 2. ausgehen (*from*, *with* von j-m) II v/t 3. schaffen, ins Leben rufen o·rig·i·na·tor s Urheber(in)

Ork·neys [ˈɔːknɪz] Eigenn Pl die Orkneyinseln Pl

or·na·ment I s [ˈɔːnəmənt] 1. Ornament(e Pl) n, Verzierung(en Pl) f, Schmuck m 2. fig Zier(de) f (*to* für od Gen) II v/t [-ˈment] 3. verzieren, schmücken (*with* mit) or·na·men·tal [ˌ-ˈmentl] Adj dekorativ, schmückend, Zier…: ~ *plant* Zierpflanze f ,or·na·men'ta·tion [-men-] s Ausschmückung f, Verzierung f

or·nate [ɔːˈneɪt] Adj 1. reich verziert od geschmückt 2. fig blumig (Stil etc)

or·ni·thol·o·gist [ˌɔːnɪˈθɒlədʒɪst] s Ornithologe m, Ornithologin f ,or·ni·thol·o·gy s Ornithologie f, Vogelkunde f

or·phan [ˈɔːfn] I s Waise(nkind n) f II Adj Waisen… III v/t: *be ~ed* verwaisen, Waise werden or·phan·age [ˈɔːfənɪdʒ] s Waisenhaus n

or·tho·dox [ˈɔːθədɒks] Adj REL u. allg orthodox: ♀ *Church* griechisch-orthodoxe Kirche

or·tho·graph·ic, or·tho·graph·i·cal [ˌɔːθəʊˈɡræfɪk(l)] Adj orthografisch or·thog·ra·phy [ɔːˈθɒɡrəfɪ] s Orthografie f, Rechtschreibung f

or·tho·pae·dic bes Br, or·tho·pe·dic Am [ˌɔːθəʊˈpiːdɪk] MED I [-ɡ] (*ally*) orthopädisch II s Pl (oft Sg konstruiert) Orthopädie f ,or·tho'p(a)e·dist s Orthopäde m, Orthopädin f

Os·car [ˈɒskə] s Oscar m (amerikanischer Filmpreis)

os·cil·late [ˈɒsɪleɪt] v/i 1. bes PHYS oszillieren, schwingen 2. fig schwanken (*between* zwischen Dat) ,os·cil·'la·tion s 1. bes PHYS Oszillation f, Schwingung f 2. fig Schwanken n

os·si·fy [ˈɒsɪfaɪ] v/i verknöchern (a. fig)
os·ten·si·ble [ɒsˈtensəbl] Adj 1. scheinbar 2. an-, vorgeblich

os·ten·ta·tion [ˌɒstenˈteɪʃn] s 1. (protzige) Zurschaustellung f 2. Protzerei f, Prahlerei f ,os·ten'ta·tious Adj 1. protzend, prahlerisch: *be ~ about s.th.* mit etw protzen od prahlen 2. ostentativ, demonstrativ

os·tra·cism [ˈɒstrəsɪzəm] s Ächtung f
os·tra·cize [-saɪz] v/t ächten
os·trich [ˈɒstrɪtʃ] s ORN Strauß m

► oth·er [ˈʌðə] I Adj 1. ander 2. vor s im Pl: andere, übrige: *the ~ guests* 3. anderer, weiter, sonstig: *the ~ two* die anderen beiden, die beiden anderen; *any ~ questions?* sonst noch Fragen? 4. zweit (nur in): *every ~ day* jeder (jede, jedes) Zweite; *every ~ day* jeden zweiten Tag, alle zwei Tage 5. *the ~ day* neulich, kürzlich; *the ~ night* neulich Abend II Pron 6. ander: *the ~* der (die, das) andere; *the two ~s* die beiden anderen; → *each* II III Adv 7. anders (than als): *think ~* anderer Meinung sein; *X, ~ (called)* Y X, a. Y genannt; *or ~* oder sonst irgendwie; oder nicht

► oth·er·wise [ˈʌðəwaɪz] Adv 1. a. Konj sonst, andernfalls 2. sonst, im Übrigen 3. anderweitig: *be ~ engaged* anderweitig beschäftigt sein 4. anders (than als): *think ~* anderer Meinung sein; *X, ~* anders: … sonst irgendwie

OTT [ˌəʊtiːˈtiː] Abk Br F (= *over the top*) übertrieben, überzogen, sl durchgeknallt

ot·ter [ˈɒtə] s ZOOL Otter m

► ought [ɔːt] v/i/hilf ich sollte, du solltest etc: *he ~ to do it* er sollte es (eigentlich) tun; *he ~ to have arrived by now* er müsste schon längst hier sein

► ounce [aʊns] s 1. Unze f 2. fig Körnchen n (Wahrheit), Funke m (Verstand)

► our [ˈaʊə] Possessivpron unser: ♀ *Father* REL Vaterunser n

► ours [ˈaʊəz] Possessivpron: *it is ~* es gehört uns; *a friend of ~* ein Freund von uns; *their children and ~* ihre u. unsere Kinder

► our·selves [ˌaʊəˈselvz] Pron 1. verstärkend: wir od uns selbst: *we did it ~* wir haben es selbst getan 2. refl uns: *for this we can only blame ~* dafür müssen wir uns selbst die Schuld geben 3. uns (selbst): *we want it for ~* wir wollen es für uns selbst (haben)

oust [aʊst] *v/t fig* verdrängen (**from** aus)
► **out** [aʊt] **I** *Adv* **1.** hinaus(…), heraus(…); aus(…): **way out** Ausgang *m*; **on the way out** beim Hinausgehen; **have a tooth out** e-n Zahn gezogen bekommen **2.** außen, draußen **3.** nicht zu Hause, ausgegangen **4.** *be out* WIRTSCH streiken; → **come out** 2, **go out** 4 **5.** ins Freie; draußen, im Freien **6.** (*aus dem Gefängnis etc*) entlassen **7.** heraus: a) erscheinen (*Buch etc*), **b)** enthüllt (*Geheimnis*): **out with it!** F heraus damit!, heraus mit der Sprache! **8.** POL nicht (mehr) im Amt od an der Macht **9.** aus der Mode, out **10.** weit u. breit **11.** aus, vorbei, WIRTSCH: **before the week is out** vor Ende der Woche **12.** aus, erloschen: → **go out** 3 **13.** aus(verkauft) **14.** *be out for* aus sein auf (*Akk*): **be out to do s.th.** darauf aus sein, etw zu tun **15.** ► *out of* a) aus (… hinaus); zu … hinaus, **b)** aus, von: *two out of three Americans* zwei von drei Amerikanern, **c)** außer *Reichweite etc*, **d)** außer *Atem, Übung etc*: *be out of* kein … mehr haben; *we are out of oil* uns ist das Öl ausgegangen, **e)** aus *der Mode etc*, **f)** außerhalb *(od Gen)*, **g)** um *etw betrügen*, **h)** aus *Bosheit, Mitleid etc* **II** *Präp* **16.** → **15 III** *v/t* outen **I** *~***and-out** *Adj* absolut: *an ~ lie* e-e faustdicke Lüge *I~***bid** *v/t* (*unreg* **bid**) überbieten *I~***board** SCHIFF **I** *Adj* **1.** Außenbord… **II** *Adv* **2.** außenbords **III** *s* **3.** Außenbordmotor *m* **4.** Außenborder *m* (*Boot*) *I~***break** *s* Ausbruch *m*: ~ *of anger* Zornausbruch; *at the ~ of the war* bei Kriegsausbruch *I~***build-ing** *s* Nebengebäude *n* *I~***burst** *s* (*Zorn- etc*) Ausbruch *m I~***cast I** *Adj* ausgestoßen, verstoßen **II** *s* Ausgestoßene *m, f*, Verstoßene *m, f*, *I~***class** *v/t* weit überlegen sein (*Dat*), (*Sport a*.) deklassieren *I~***come** *s* Ergebnis *n*, Resultat *n*: *what was the ~ of the talks?* was ist bei den Gesprächen herausgekommen? *I~***cry** *s fig* Aufschrei *m*, Schrei *m* der Entrüstung *I~***dat-ed** *Adj* überholt, veraltet *I~***dis-tance** *v/t* hinter sich lassen, *I~***do** *v/t* (*unreg* **do**) **1.** (*in*) übertreffen (an *od in Dat*), ausstechen (in *Dat*) **2.** schlagen, besiegen (*in* in *Dat*) *I~***door** *Adj*: ~ *court* (*Tennis etc*) Freiplatz *m*; ~

games Pl Spiele *Pl* für draußen; ~ *shoes Pl* Straßenschuhe *Pl*; ~ *shot* FOTO Außenaufnahme *f*
► **out-doors** [aʊt'dɔːz] *Adv* draußen, im Freien; hinaus, ins Freie
► **out-er** ['aʊtə] *Adj* äußer, Außen…: ~ *garments* Oberbekleidung *f*; ~ *space* Weltraum *m*; *~***wall** Außenwand *f ~***most** ['-məʊst] *Adj* äußerst
*'***out-fit** *s* **1.** Ausrüstung *f*, Ausstattung *f*, TECH *a*. Gerät(e *Pl*) *n*, Werkzeug(e *Pl*) *n* **2.** F Verein *m*, Laden *m* '*~***fit-ter** *s* Ausrüster(in): (*men's*) ~ Herrenausstatter(in): *I~***flow** *s* Ausfluss *m*, *bes* WIRTSCH Abfluss *m*, *~***fox** *v/t* überlisten *'~***go-ing I** *Adj* **1.** scheidend, aus dem Amt scheidend **2.** ~ *mail* Postausgang *m* **II** *s Pl* **3.** Ausgaben *Pl ~***grow** *v/t* (*unreg* **grow**) **1.** *j-m* über den Kopf wachsen **2.** herauswachsen aus (*e-m Kleidungsstück*); *e-r Angewohnheit etc* entwachsen *'~***house** *s* Nebengebäude *n*
out-ing ['aʊtɪŋ] *s* Ausflug *m*: *go for an ~* e-n Ausflug machen
out*'***land-ish** *Adj* befremdend, befremdlich *I~***last** *v/t* überdauern, -leben *'~***law I** *s* **1.** *hist* Geächtete *m, f* **2.** Bandit(in) **II** *v/t* **3.** *hist* ächten, für vogelfrei erklären **4.** für ungesetzlich erklären, verbieten *'~***lay** *s* Auslagen *Pl*, Ausgaben *Pl* (**on, for** für) *'~***let** *s* **1.** Abfluss *m* (-öffnung *f*) *m*, Abzug(söffnung *f*) *m* **2.** WIRTSCH Verkaufsstelle *f* **3.** *seek an ~ for fig* ein Ventil suchen für *'~***line I** *s* **1.** Umriss *m*, Kontur *f*, *Pl a*. Silhouette *f* **2.** *fig* Ab-, Grundriss *m* **II** *v/t* **3.** umreißen, *fig a*. in Umrissen darlegen *I~***live** *v/t* überleben: *have ~d its usefulness* ausgedient haben (*Maschine etc*) *'~***look** *s* **1.** (Aus)Blick *m*, (Aus)Sicht *f* (**from** von; **onto** *od Akk*) **2.** *fig* (Zukunfts)Aussichten *Pl* (**for** für) **3.** *fig* Einstellung *f* (**on** zu): ~ *on life* Lebensauffassung *f*, *~***ly-ing** *Adj* abgelegen, entlegen *,~***ma'neu-ver** *Am*, *~***ma'noeu-vre** *bes Br v/t* MIL ausmanövrieren (*a. fig*) *~***mod-ed** [‚-'məʊdɪd] *Adj* veraltet, überholt *,~***num-ber** *v/t j-m* zahlenmäßig überlegen sein: *be ~ed by s.o.* *j-m* zahlenmäßig unterlegen sein *,~***of-'date** *Adj* veraltet, überholt *,~***of-the-'way** *Adj* **1.** abgelegen, entlegen **2.** *fig* unge-

wöhnlich, ausgefallen; wenig bekannt '~,**pa·tient** s ambulanter Patient: **~s' department** Ambulanz f; ~ **treatment** ambulante Behandlung ,~'**play** v/t SPORT j-m spielerisch überlegen sein '~**post** s MIL Vorposten m (a. fig) ,~'**pour·ing** s (Gefühls)Erguss m '~**put** s Output m: **a)** WIRTSCH, TECH Arbeitsertrag m, -leistung f, **b)** WIRTSCH Ausstoß m, Ertrag m, Produktion f, **c)** ELEK Ausgangsleistung f, **d)** COMPUTER (Daten)Ausgabe f

out·rage ['aʊtreɪdʒ] **I** s 1. Gräueltat f: **an ~ against** ein Verbrechen an (Dat) od gegen; fig e-e grobe Verletzung (Gen) **2. a. sense of ~** Empörung f, Entrüstung f (**at** über Akk) **II** v/t **3.** Gefühle, Anstand etc grob verletzen, mit Füßen treten **4.** j-n empören, schockieren **out·ra·geous** Adj **1.** abscheulich, verbrecherisch **2.** empörend, unerhört

'**out·right** [Adj '-raɪt] **I** Adj **1.** völlig, gänzlich, total, (Lüge etc) glatt **II** Adv [-'raɪt] **2.** ohne Umschweife, unumwunden **3.** auf der Stelle, sofort ,~'**run** v/t (unreg run) **1.** schneller laufen als; j-m davonlaufen **2.** fig übersteigen '~**set** s Anfang m, Beginn m: **at the ~** am Anfang; **from the ~** (gleich) von Anfang an ,~'**shine** v/t (unreg shine) überstrahlen, fig a. in den Schatten stellen

▶ **out·side** [aʊt'saɪd] **I** s **1.** Außenseite f: **from the ~** von außen; **on the ~** auf der Außenseite, außen **2. at the (very) ~** (aller)höchstens, äußerstenfalls **3.** SPORT Außenstürmer(in): ~ **right** Rechtsaußen m **II** Adj **4.** äußer, Außen...: ~ **broadcast** (RUNDFUNK, TV) Außenübertragung f; ~ **lane** (Sport) Außenbahn f; MOT Br innere Fahrspur **5.** ~ **chance** kleine od geringe Chance; (Sport) Außenseiterchance f **III** Adv **6.** draußen **7.** heraus, hinaus **8.** ~ **of a)** → **outwit**, **b)** Am F außer **IV** Präp **9.** außerhalb (a. fig)

,**out**'**sid·er** s allg Außenseiter(in) '~**size I** s Übergröße f **II** Adj übergroß '~**skirts** s Pl Umgebung f, Peripherie f: **on the ~ of London** am Stadtrand von London ,~'**smart** F → **outwit** '~**source** v/t nach außen vergeben, outsourcen ,~'**spo·ken** Adj **1.** offen(herzig), freimütig: **be ~** kein Blatt vor

den Mund nehmen **2.** unverblümt ,~'**stand·ing** Adj **1.** hervorragend **2.** bes WIRTSCH unerledigt, rückständig, (Forderungen etc) ausstehend ,~'**stay** v/t → **welcome** 6 ,~'**stretched** Adj ausgestreckt ,~'**strip** v/t **1.** überholen **2.** fig übertreffen (**in** an Dat) '~**tray** s Ablagekorb m für ausgehende Post ,~'**vote** v/t überstimmen: **be ~d** e-e Abstimmungsniederlage erleiden

out·ward ['aʊtwəd] **I** Adj **1.** äußerlich, äußer (beide a. fig), Außen...: **his ~ cheerfulness** seine zur Schau getragene Fröhlichkeit **II** Adv **2.** auswärts, nach außen **3.** → **outwardly** '**out·ward·ly** Adv äußerlich (a. fig) **out·wards** ['-z] → **outward** II ,**out**'**weigh** v/t überwiegen, (ge)wichtiger sein als ,~'**wit** v/t überlisten, reinlegen '~,**work·er** s WIRTSCH Heimarbeiter(in)

o·va ['əʊvə] Pl von **ovum**
o·val ['əʊvl] **I** Adj oval **II** s Oval n
o·va·ry ['əʊvərɪ] s **1.** ANAT Eierstock m **2.** BOT Fruchtknoten m
o·va·tion [əʊ'veɪʃn] s Ovation f: **give s.o. a standing ~** j-m stehend e-e Ovation bereiten

▶ **ov·en** ['ʌvn] s Backofen m, Bratofen m, -röhre f ~ **cloth** s Topflappen m, ~ **glove**, ~ **mitt** s Topfhandschuh m '~,**proof** Adj ofenfest, hitzebeständig '~,**read·y** Adj bratfertig

▶ **o·ver** ['əʊvə] **I** Präp **1.** Lage: über (Dat): **the lamp ~ his head 2.** Richtung, Bewegung: über (Akk), über (Akk) ~ (hin)weg: **he jumped ~ the fence;** → **get over** etc **3.** über (Dat), auf der anderen Seite von (od Gen): ~ **the road** auf der anderen (Straßen)Seite **4.** über s-r Arbeit einschlafen etc, bei e-m Glas Wein etc **5.** Herrschaft, Rang: über (Akk od Dat): **be ~ s.o.** über j-m stehen **6.** über (Akk), mehr als: ~ **a mile;** ~ **10 dollars;** ~ **a week** über od länger als e-e Woche **7.** zeitlich: über (Akk), während: ~ **many years** viele Jahre hindurch **II** Adv **8.** hinüber, herüber (**to** zu) **9.** drüben: ~ **there** da drüben **10.** allg über...: → **hand over** 1, **think** 2, etc **11.** um...: → **fall over, turn over,** etc **12. (all)** ~ **again** noch einmal; ~ **and** ~ immer wieder **13.** darüber, mehr: **children of 10 years and ~** Kinder von 10 Jahren u. darüber;

O

5 ounces and ~ 5 Unzen u. mehr; ~ *and above* obendrein, überdies **14.** zu Ende, vorüber, vorbei: *get s.th.* *(with)* F etw hinter sich bringen ,~'**act** THEAT etc **I** *v/t* Rolle überziehen **II** *v/i* übertreiben (*a. weit. S.*) ,~'**age** Adj zu alt ~**all I** *Adj* ['.-rɔ:l] **1.** gesamt, Gesamt…: ~ *length* Gesamtlänge *f* **II** *Adv* [,.-r'ɔ:l] **2.** allgemein **3.** insgesamt **III** *s* ['.-rɔ:l] **4.** *Br* Arbeitsmantel *m*, Kittel *m* **5.** *Am* Overall *m* **6.** *Pl* **a)** *Br* Overall *m*, **b)** *Am* → *dungarees* ,~'**balance I** *v/t* umstoßen, umkippen **II** *v/i* Übergewicht bekommen, das Gleichgewicht verlieren, umkippen ,~'**bear·ing** *Adj* anmaßend ,~'**bid** *v/t* (*unreg bid*) überbieten '~**·board** *Adv* SCHIFF über Bord: *fall* ~ über Bord gehen; *throw* ~ über Bord werfen (*a. fig*) ,~'**book** *v/t* Flug, Hotel etc überbuchen '~**·cast** *Adj* bewölkt, bedeckt ,~'**charge I** *v/t* **1.** *j-m* zu viel berechnen *od* abverlangen: *j.s.o.* (*by*) *£10* *j-m* 10 Pfund zu viel berechnen **2.** *Betrag* zu viel verlangen **3.** überlasten, ELEK *a.* überladen (*a. fig*) **II** *v/i* **4.** zu viel berechnen *od* verlangen (*for* für) '~**·coat** *s* Mantel *m* ,~'**come** (*unreg come*) **I** *v/t* überwältigen, -winden (*beide a. fig*), *Gefahren* bestehen: *be* ~ *with emotion* von s-n Gefühlen übermannt werden **II** *v/i* siegen, ,~'**crowd·ed** *Adj* überfüllt; überlaufen (*a. Beruf*) ,~'**do** *v/t* (*unreg do*) **1.** übertreiben: ~ *it* (*od things*) zu weit gehen, des Guten zu viel tun **2.** zu lange braten *od* kochen: *over·done a.* übergar '~**·dose I** *s* Überdosis *f* **II** *v/i* e-e Überdosis nehmen '~**·draft** *s* WIRTSCH (*Konto*)Überziehung *f*: *have an* ~ *of £100* sein Konto um 100 Pfund überzogen haben ,~'**draw** *v/t* (*unreg draw*) WIRTSCH *Konto* überziehen (*by* um): *be* ~*n* sein Konto überzogen haben ,~'**dress** *v/t u. v/i* (sich) zu vornehm anziehen: ~*ed a.* overdressed ,~'**due** *Adj* überfällig: *she is* ~ sie müsste (schon) längst hier sein ,~'**es·ti·mate** *v/t* **1.** zu hoch schätzen *od* veran- *od* veranschlagen **2.** *fig* überschätzen, überbewerten ,~'**ex·pose** *v/t* FOTO überbelichten ,~'**fish·ing** *s* Überfischung *f* ,~'**flow I** *v/i* **1.** überfluten, -fließen, (*Fluss etc*) über die Ufer treten: *full to ~ing* zum Überlaufen voll;

(*Raum*) überfüllt **2.** überquellen (*with* von) (*a. fig*) **II** *v/t* **3.** ~ *its banks* über die Ufer treten **III** *s* ['.-fləʊ] **4.** Überlaufen *n*, -fließen *n* **5.** TECH Überlauf *m*: ~ *valve* Überlaufventil *n* ,~'**grown** *Adj* **1.** überwachsen, -wuchert (*with* von) **2.** übergroß, (*Junge etc*) hoch aufgeschossen ~**·haul I** *v/t* [,.-'hɔ:l] **1.** TECH überholen: ~ *completely* generalüberholen **2.** *fig Pläne etc* überprüfen **3.** *j-n*, *Fahrzeug etc* überholen **II** *s* ['.-hɔ:l] **4.** TECH Überholung *f*: *complete* ~ Generalüberholung **5.** *fig* Überprüfung *f* '~**·head I** *Adj* **1.** oberirdisch, Frei…, Hoch…: ~ *cable* ELEK Oberleitung *f*; ~ *projector* Overhead-, Tageslichtprojektor *m*; ~ *transparency* Folie *f* **2.** allgemein: ~ *costs* (*od expenses*) *Pl* → **4 3.** SPORT Überkopf…: ~ *kick* (*Fußball*) (Fall)Rückzieher *m*; ~ *stroke* → **5 II** *s* **4.** ~*(s Pl Br*) *Am* WIRTSCH laufende (Geschäfts)Kosten *Pl* **5.** *Tennis*: Überkopfball *m* **III** *Adv* [,.-'hed] **6.** (dr)oben; über uns ,~'**hear** *v/t* (*unreg hear*) zufällig hören ,~'**heat I** *v/t* Motor überhitzen, *Raum* überheizen **II** *v/i* TECH heiß laufen ,~'**in·dulge I** *v/t* **1.** zu nachsichtig behandeln, *j-m* zu viel durchgehen lassen **2.** *e-r Leidenschaft etc* übermäßig frönen **II** *v/i* **3.** ~ *in television* zu viel fernsehen ~**·joyed** [,.-'dʒɔɪd] *Adj* überglücklich '~**·kill** *s* MIL *u. fig* Overkill *m* ,~'**land I** *Adj* [.-'lænd] über Land, auf dem Landweg **II** *Adj* ['.-lænd] (Über)Land… ,~'**lap** *v/i* **1.** (sich) überlappen **2.** *fig* sich überschneiden ,~'**leaf** *Adv* umseitig, umstehend ,~'**load** *v/t* überlasten (*a.* ELEK), -laden (*a.* ELEK) ,~'**look** *v/t* **1.** nicht beachten, übersehen **2.** überblicken, Aussicht gewähren: *a room* ~*ing the sea* ein Zimmer mit Meeresblick

o·ver·ly ['əʊvəlɪ] *Adv* übermäßig, allzu: *he wasn't* ~ *enthusiastic* s-e Begeisterung hielt sich in Grenzen

,**o·ver**|'**manned** *Adj* (personell) überbesetzt ,~'**much I** *Adj* (all)zu viel **II** *Adv* übermäßig: *I don't like him* ~ ich mag ihn nicht besonders ,~'**night I** *Adv* über Nacht (*a. fig*): *stay* ~ über Nacht bleiben; *stay* ~ *with s.o.* (*od at s.o.'s place*) bei *j-m* übernachten **II** *Adj* Nacht…: ~ *bag* Reisetasche *f*; ~ *stay* (*od stop*) Übernachtung *f* '~**·pass**

s *bes Am* (Straßen-, Eisenbahn)Überführung f, **~'pay** v/t (*unreg* **pay**) **1.** zu teuer bezahlen, zu viel bezahlen für **2.** *j-m* zu viel zahlen, *j-n* überbezahlen ,~'**play** v/t **1. a)** → **overact** I, **b)** hochspielen **2. ~ one's hand** sich überreizen *od* übernehmen ,~'**pop·u·lat·ed** *Adj* übervölkert '~,**pop·u'la·tion** s **1.** Übervölkerung f **2.** Überbevölkerung f ,~'**pow·er** v/t überwältigen, -mannen (*beide a. fig*): um fig überwältigend, (*Geruch*) aufdringlich, penetrant ,~'**rate** v/t überbewerten (*a. Sport*), -schätzen ,~'**reach** v/t: **~ o.s.** sich übernehmen ,~re'**act** v/i überreagieren, überzogen reagieren (**to** auf *Akk*) ,~re'**ac·tion** s Überreaktion f, überzogene Reaktion ,~'**ride** v/t (*unreg* **ride**) sich hinwegsetzen über (*Akk*) ,~'**rid·ing** *Adj* vordringlich, -rangig: **his ~ concern was** es ging ihm vor allem darum (**to do** zu tun) ,~'**rule** v/t *Entscheidung etc* aufheben, *Einspruch etc* abweisen ,~'**run** (*unreg* **run**) I v/t **1. be ~ with** überlaufen sein von **2.** BAHN *Signal* überfahren II v/i **3.** länger dauern als vorgesehen ,~'**seas** I *Adv* nach *od* in Übersee II *Adj* überseeisch, Übersee..., aus Übersee ,~'**see** v/t (*unreg* **see**) beaufsichtigen, überwachen '~-,**sexed** *Adj* sexbesessen ,~'**shad·ow** v/t fig **1.** in den Schatten stellen **2.** überschatten, einen Schatten werfen auf (*Akk*) ,~'**shoot** v/t (*unreg* **shoot**) hinausschießen über (*ein Ziel*) (*a. fig*) '~-,**sight** s Versehen n: **by an ~** aus Versehen ,~'**sim·pli·fy** v/t (zu) grob vereinfachen, vergröbern ,~'**size(d)** *Adj* übergroß, mit Übergröße ,~'**sleep** v/i (*unreg* **sleep**) verschlafen ,~'**staffed** *Adj* (*personell*) überbesetzt ,~'**state** v/t übertreiben, übertrieben darstellen ,~'**state·ment** s Übertreibung f ,~'**stay** v/t länger bleiben als: → **welcome** 6 ,~'**step** v/t fig überschreiten

▶ o·ver|·**take** [,əʊvə'teɪk] v/t (*unreg* **take**) **1.** einholen (*a. fig*) **2.** (*a. v/i*) *bes Br* überholen **3.** fig überraschen ,~'**tax** v/t **1.** zu hoch besteuern **2.** überbeanspruchen, *Geduld etc* strapazieren: **~ o.s.** sich übernehmen '~-**throw** I v/t [,~'θrəʊ] (*unreg* **throw**) **1.** *Regierung etc* stürzen **2.** besiegen II s ['~θrəʊ] **3.** Sturz m **4.** Niederlage f

'~-**time** I s **1.** WIRTSCH **a)** Überstunden *Pl*: **be on** (*od* **do**) **~** Überstunden machen, **b)** *a.* **~ pay** Überstundenlohn m **2.** SPORT *Am* Verlängerung f: **after ~** nach Verlängerung; **the game went into ~** das Spiel ging in die Verlängerung II *Adv* **3. work ~** WIRTSCH Überstunden machen

o·ver·**ture** ['əʊvə,tjʊə] s MUS Ouvertüre f (**to** zu)

,o·ver|'**turn** I v/t **1.** umwerfen, -stoßen, -kippen, fig *Regierung etc* stürzen II v/i **3.** umkippen, SCHIFF kentern '~-**view** s fig Überblick m (**of** über *Akk*) ~-**weight** I s ['~weɪt] Übergewicht n (*a. fig*) II [,~'weɪt] übergewichtig (*Person*), zu schwer (**by** um) (*Gegenstand*): **be ~ by five kilos, be five kilos ~** fünf Kilo Übergewicht haben ~·**whelm** [,~'welm] v/t **1.** überwältigen (*a. fig*) **2.** fig überhäufen, -schütten (**with** mit) ,~·**whelm·ing** *Adj* überwältigend: **~·ly** mit überwältigender Mehrheit ,~'**work** v/t überstrapazieren (*a. fig*), überanstrengen: **~ed** *a.* gestresst; **~ o.s.** → II II v/i sich überarbeiten

o·vi·**duct** ['əʊvɪdʌkt] s ANAT Eileiter m

o·vip·a·rous [əʊ'vɪpərəs] *Adj* ZOOL Eier legend

o·vu·la·tion [,ɒvjʊ'leɪʃn] s BIOL Eisprung m

o·vum ['əʊvəm] *Pl* o·va ['əʊvə] s BIOL Ei(zelle f) n

▶ **owe** [əʊ] v/t s **1.** *j-m etw* schulden, schuldig sein (**for** für) **2.** bei *j-m* Schulden haben, *j-m* Geld schulden **3.** *etw* verdanken, zu verdanken haben

ow·ing ['əʊɪŋ] *Adj* **1.** unbezahlt: **how much is still ~ to you?** wie viel bekommst du noch?; **there is still £1,000 ~** es stehen noch £1000 Pfund aus **2. ~ to** infolge, wegen

owl [aʊl] s ORN Eule f

▶ **own** [əʊn] I v/t **1.** besitzen: **who ~s this car?** wem gehört dieser Wagen? **2.** zugeben, (ein)gestehen (**that** dass) II v/i **3. ~ up** es zugeben: **~ (up) to s.th.** etw zugeben *od* (ein)gestehen; **~ (up) to doing s.th.** zugeben *od* (ein)gestehen, etw getan zu haben III *Adj* **4.** eigen: **~ goal** (*Sport*) Eigentor n (*a. fig*) IV s **5. my ~** mein Eigentum: **a car of one's ~** ein eigenes Auto; **on one's ~** allein;

***come into one's* ~** zur Geltung kom-
men; → ***get back*** 1, ***hold*** 10
▸ **own·er** ['əʊnə] s Eigentümer(in), Be-
sitzer(in) **,~'oc·cu·pied** *Adj* eigenge-
nutzt (*Haus, Wohnung*)
own·er·ship ['əʊnəʃɪp] s Besitz *m*
ox [ɒks] *Pl* **ox·en** ['-n] s ZOOL Ochse *m*
Ox·bridge ['ɒksbrɪdʒ] s (die Universitä-
ten) Oxford u. Cambridge *Pl*
ox·en ['ɒksn] *Pl* von **ox**
ox·ide ['ɒksaɪd] s CHEM Oxid *n* **ox·i·dize**

['ɒksɪdaɪz] *v/t* u. *v/i* oxidieren
'ox·tail s Ochsenschwanz *m*: **~ *soup***
ox·y·gen ['ɒksɪdʒən] s CHEM Sauerstoff
m **~ *mask*** s MED Sauerstoffmaske *f* **~
*tent*** s MED Sauerstoffzelt *n*
oys·ter ['ɔɪstə] s ZOOL Auster *f* **~ *bed*** s
Austernbank *f*
o·zone ['əʊzəʊn] s CHEM Ozon *n* **~ *hole***
s Ozonloch *n* **~ *lay·er*** s Ozonschicht *f*
(*der Atmosphäre*)

P

P [piː] *Pl* **P's** s P *n*: **mind one's p's and
q's** F sich anständig aufführen
pace [peɪs] **I** s **1.** Tempo *n* (*a. fig*), Ge-
schwindigkeit *f*: ***at a* (*very*) *slow* ~**
(ganz) langsam; ***keep* ~ *with*** Schritt
halten *od* mitkommen mit (*a. fig*);
keep* ~ *with the times mit der Zeit ge-
hen; ***set the* ~** das Tempo angeben (*a.
fig*), (*Sport*) das Tempo machen **2.**
Schritt *m* **3.** Gangart *f* (*e-s Pferdes*):
put s.o. through his* ~*s *fig* j-n auf Herz
u. Nieren prüfen; ***show one's* ~*s*** *fig*
zeigen, was man kann **II** *v/t* **4.** SPORT
j-m Schrittmacherdienste leisten **5.** *a.*
~ *out* (*od off*) ab-, ausschreiten **6.** *Zim-
mer etc* durchschreiten **III** *v/i* **7. ~ *about***
(*od around*) hin u. her laufen; **~ *up and
down*** auf u. ab gehen **'~,mak·er** s
SPORT Schrittmacher(in) (*a. fig*) **2.**
MED (*Herz*)Schrittmacher *m*
pach·y·derm ['pækɪdɜːm] s ZOOL Dick-
häuter *m*
pa·cif·ic [pə'sɪfɪk] *Adj* (**~*ally***) friedlich,
friedfertig, friedliebend: ♀ ***Ocean*** Pazi-
fik *m*
pac·i·fi·er ['pæsɪfaɪə] s **1.** Friedensstif-
ter(in) **2.** *Am* Schnuller *m*
pac·i·fism ['pæsɪfɪzəm] s Pazifismus *m*
'pac·i·fist ['pæsɪfɪst] **I** s Pazifist(in) **II** *Adj* pazifis-
tisch
pac·i·fy ['pæsɪfaɪ] *v/t* **1.** *Land* befrieden
2. besänftigen, beschwichtigen
▸ **pack** [pæk] **I** s **1.** Pack(en) *m*, Bündel *n*
2. Paket *n* (*Waschpulver etc*), *bes Am*
Packung *f*, Schachtel *f* (*Zigaretten*) **3.**
Rudel *n* (*Wölfe etc*), JAGD Meute *f* **4.**

pej Pack *n*, Bande *f*: **~ *of thieves*** Die-
besbande; ***a* ~ *of lies*** ein Sack voll Lü-
gen **5.** (Karten)Spiel *n* **6.** MED, *Kosme-
tik*: Packung *f* **II** *v/t* **7.** *oft* **~ *up*** ein-, zs.-,
ab-, verpacken: **~ *s.o. s.th.*** j-m etw ein-
packen **8.** *a.* **~ *together*** zs.-pferchen: **~
sardine 9.** voll stopfen; **~*ed***, *Br* F **~*ed
out*** bis auf den letzten Platz gefüllt,
brechend voll **10.** *Koffer etc* packen:
be* ~*ed gepackt haben **11.** *mst* **~ *off*** F
fort-, wegschicken **12.** *mst* **~ *up*** (*od
in*) F abstellen *od* Schluss machen mit:
~ *it in!* hör endlich auf (damit)!
III *v/i* **13.** packen: **~ *up*** zs.-packen
14. (sich) drängen (*into* in *Akk*) **15.**
mst **~ *off*** F sich packen *od* davonma-
chen: ***send s.o.* ~*ing*** j-n fort- *od* weg-
jagen **16.** fest werden **17.** F **a)** *mst* **~ *up***
(*od in*) aufhören, Feierabend machen,
b) **~ *up*** absterben (**on *s.o.*** j-m) (*Mo-
tor*), s-n Geist aufgeben (*Waschmaschi-
ne etc*)
pack·age ['pækɪdʒ] **I** s **1.** Paket *n* (*a. fig*)
2. Packung *f* (*Spaghetti etc*) **II** *v/t* **3.** ver-
packen; zu e-m Paket abpacken **~ *deal***
s Pauschalarrangement *n* **~ *hol·i·day*** s
Pauschalurlaub *m* **~ *tour*** s Pauschalrei-
se *f*
pack an·i·mal s Pack-, Lasttier *n*
pack·et ['pækɪt] s **1.** Päckchen *n*: ***a* ~ *of
cigarettes*** e-e Packung *od* Schachtel
Zigaretten **2.** *Br sl* **cost a** ~ ein Heiden-
geld kosten; ***make a* ~** ein Schweine-
geld verdienen **3.** ***catch*** (*od* **cop**, **get**,
stop) ***a*** ~ *Br sl* in Schwulitäten kom-
men; eins aufs Dach kriegen

pack ice s Packeis n

pack·ing ['pækɪŋ] s 1. Packen n: **do one's ~** packen 2. Verpackung f

pact [pækt] s Pakt m: **make a ~ with s.o.** mit j-m e-n Pakt schließen

pad¹ [pæd] v/i trotten

pad² [_] I s 1. Polster n 2. SPORT (Knie-etc)Schützer m 3. (Schreib- etc)Block m 4. (Stempel)Kissen n: **mouse ~** Mausmatte f 5. ZOOL Ballen m 6. (Abschuss)Rampe f 7. sl Bude f (Wohnung, Zimmer) II v/t 8. a. ~ out (aus)polstern: **~ded cell** Gummizelle f 9. oft ~ out Rede etc aufblähen (**with** mit) 'pad·ding s 1. Polsterung f 2. fig Füllsel Pl

pad·dle¹ ['pædl] I s 1. Paddel n 2. SCHIFF Schaufel f; Schaufelrad n II v/i 3. paddeln (a. schwimmen) III v/t 4. paddeln

pad·dle² [_] v/i (herum)plan(t)schen (**in** in Dat)

pad·dle steam·er s Raddampfer m

pad·dling pool ['pædlɪŋ] s Plan(t)schbecken n

pad·dock ['pædək] s 1. (Pferde)Koppel f; (Pferderennsport) Sattelplatz m 2. Motorsport: Fahrerlager n

pad·dy¹ ['pædɪ] s a. ~ **field** Reisfeld n

pad·dy² [_] s Br F Koller m: **be in a ~** e-n Koller haben

Pad·dy [_] s F Paddy m, Ire m

pad·dy wag·on ['pædɪ] s Am F grüne Minna

pad·lock ['pædlɒk] I s Vorhängeschloss n II v/t mit e-m Vorhängeschloss verschließen

pae·di·a·tri·cian [ˌpiːdiəˈtrɪʃn] s bes Br Kinderarzt m, -ärztin f pae·di·at·rics [ˌ-ˈætrɪks] s Sg Kinderheilkunde f

pa·gan ['peɪɡən] I s Heide m, Heidin f II Adj heidnisch 'pa·gan·ism s Heidentum n

▶ page¹ [peɪdʒ] I s Seite f (e-s Buchs etc): **be on ~ 10** auf Seite 10 stehen; **four-~** vierseitig II v/t paginieren

page² [peɪdʒ] I s 1. Page m, hist a. Edelknabe m II v/t 2. j-n ausrufen (lassen): **paging Mr X** Herr X, bitte! 3. mit j-m über Funkrufempfänger Kontakt aufnehmen, j-n anpiepsen

pageant ['pædʒənt] s 1. Am Schönheitswettbewerb m 2. historische Aufführung 3. (historischer) Festzug

'page·boy s 1. Page m 2. Pagenkopf m (Frisur)

pag·er ['peɪdʒə] s Funkrufempfänger m, Piepser m

pag·i·nate ['pædʒɪneɪt] v/t paginieren ˌpag·i'na·tion s Paginierung f

pag·ing ['peɪdʒɪŋ] s Funkruf(dienst) m

pa·go·da [pəˈɡəʊdə] s Pagode f

paid [peɪd] I Prät u. Part Perf von **pay** II Adj: **put ~ to** bes Br F ein Ende machen (Dat), Hoffnungen etc zunichte machen

pail [peɪl] s Eimer m, Kübel m

▶ pain [peɪn] I s 1. Schmerz(en Pl) m: **be in ~** Schmerzen haben; **I have a ~ in my back** mir tut der Rücken weh; **be a ~ (in the neck)** F e-m auf den Wecker gehen 2. Schmerz m, Kummer m: **cause s.o. ~** j-m Kummer machen 3. Pl Mühe f, Bemühungen Pl: **be at (great) ~s to do s.th.** sich (große) Mühe geben, etw zu tun; **take ~s** sich Mühe geben (**over**, mit; **to do** zu tun) II v/t 4. bes fig schmerzen

▶ pain·ful ['peɪnfʊl] Adj 1. schmerzend, schmerzhaft 2. fig schmerzlich; unangenehm; peinlich

'pain·kill·er s Schmerzmittel n

pain·less ['peɪnlɪs] Adj 1. schmerzlos 2. F leicht, einfach

'pains·tak·ing Adj sorgfältig, gewissenhaft

▶ paint [peɪnt] I v/t 1. Bild, j-n malen: **~ a gloomy (vivid) picture of s.th.** fig etw in düsteren (glühenden) Farben malen od schildern; → **black** 1 2. anmalen, bemalen; (an)streichen, Auto etc lackieren: **~ out** (od **over**) übermalen; **~ one's face** pej sich anmalen; **~ the town red** F e-n draufmachen 3. MED (aus)pinseln (**with** mit) II v/t 4. malen III v/t 5. Farbe f; Lack m; pej Schminke f: **wet ~!** frisch gestrichen! '~·box s Malkasten m '~·brush s Pinsel m

▶ paint·er ['peɪntə] s 1. (a. Kunst)Maler(in), Anstreicher(in) 2. (Auto- etc) Lackierer(in)

pain thresh·old s Schmerzschwelle f

▶ paint·ing ['peɪntɪŋ] s 1. Malerei f 2. Gemälde n, Bild n

'paint·work s Lack m (e-s Autos etc)

▶ pair [peə] I s 1. Paar n (Stiefel etc): **in ~s** paarweise 2. etw Zweiteiliges, mst unübersetzt: **a ~ of trousers** e-e Hose 3. Paar n, Pärchen n (Mann u. Frau, ZOOL Männchen u. Weibchen): **~ skating**

(Eis-, Rollkunstlauf) Paarlauf(en *n*) *m* **4. where is the ~ to this shoe?** wo ist der andere *od* zweite Schuh? **5.** *Rudern:* Zweier *m* **II** *v/t* **6. a. ~ off** *(od* **up**) paarweise anordnen, in Zweiergruppen einteilen: **~ off** *zwei (junge) Leute* zs.-bringen, verkuppeln **III** *v/i* **7.** ZOOL sich paaren **8. a. ~ off** *(od* **up**) Paare bilden

pa·ja·mas *Am* → **pyjamas**

Pa·ki·stan ['pɑ:kɪstɑ:n] *Eigenn* Pakistan *n*

Pa·ki·stan·i [,pɑ:kɪ'stɑ:nɪ] *I s* Pakistani *m, f,* Pakistaner(in) **II** *Adj* pakistanisch

pal [pæl] **F** *I s* Kumpel *m:* **listen, ~, ...** *bes Am* hör mal, Freundchen, ... **II** *v/i mst* **~ up** sich anfreunden **(with** mit)

pal·ace ['pælɪs] *s* Palast *m (a. weit. S.)*

pal·at·a·ble ['pælətəbl] *Adj* schmackhaft *(a. fig):* **make s.th. ~ to s.o**

pal·a·tal ['pælətl] *s* LING Gaumenlaut *m*

pal·ate ['pælət] *s* **1.** ANAT Gaumen *m* **2.** *fig* **for s.o.'s ~** für j-s Geschmack; **have no ~ for** keinen Sinn haben für

pa·la·tial [pə'leɪʃl] *Adj* palastartig

pa·lav·er [pə'lɑ:və] *s* **F 1.** Palaver *n,* endloses Gerede **2.** Theater *n*

► **pale**[1] [peɪl] *I Adj* **1.** blass, bleich: **turn ~** → 3 **2.** hell, blass *(Farbe)* **II** *v/i* **3.** blass *od* bleich werden **4.** *fig* verblassen **(before, beside** neben *Dat)*

pale[2] [-] *s* Pfahl *m:* **go beyond the ~** *fig* die Grenzen des Anstandes überschreiten

pale·ness ['peɪlnɪs] *s* Blässe *f*

Pal·es·tine ['pæləstaɪn] *Eigenn* Palästina *n*

Pal·es·tin·i·an [,pælə'stɪnɪən] *I s* Palästinenser(in) **II** *Adj* palästinensisch

pall[1] [pɔːl] *s* **1.** Sargtuch *n;* Sarg *m* **2.** *fig (Dunst- etc)*Glocke *f*

pall[2] [-] *v/i u·m* Reiz verlieren **(on** für): **~ on s.o. a.** j-n langweilen

'pall,bear·er *s* Sargträger(in)

pal·let ['pælɪt] *s* TECH Palette *f* **~ truck** *s* Gabelstapler *m*

pal·li·a·tive ['pælɪətɪv] *I Adj* **1.** MED lindernd **2.** *fig* beschönigend **II** *s* **3.** MED Linderungsmittel *n*

pal·lid ['pælɪd] *Adj* blass *(a. fig),* bleich
pal·lor ['pælə] *s* Blässe *f*

pal·ly ['pælɪ] *Adj* **F** befreundet **(with** mit): **they are very ~** sie sind dicke Freunde

palm[1] [pɑːm] *I s* **1.** Handfläche *f,* -teller *m:* **grease** *(od oil)* **s.o.'s ~** **F** j-n schmieren **(with** mit); **have an itching** *(od itchy)* **~** **F** e-e offene Hand haben *(bestechlich sein);* **have s.o. in the ~ of one's hand** j-n völlig in der Hand *od* in s-r Gewalt haben **II** *v/t* **2.** *etw* in der Hand verschwinden lassen *(Zauberkünstler)* **3.** **F ~ s.th. off as** etw an den Mann bringen als; **~ s.th. off on(to)** s.o. **~** etw andrehen; **~ s.o. off with s.th.** j-n mit etw abspeisen

palm[2] [-] *s* BOT Palme *f*

palm·ist ['pɑːmɪst] *s* Handleser(in)
'palm·is·try *s* Handlesekunst *f*

Palm Sun·day *s* REL Palmsonntag *m*

'palm·top *s* Palmtop *m (ein mobiler Kleinstcomputer)*

palm tree *s* BOT Palme *f*

pal·pa·ble ['pælpəbl] *Adj* **1.** fühl-, greif-, tastbar **2.** *fig* augenfällig, deutlich; offensichtlich

pal·pi·tate ['pælpɪteɪt] *v/i* **1.** klopfen, pochen *(Herz)* **2.** zittern **(with** vor *Dat)* ,**pal·pi'ta·tion** *s a. Pl* Herzklopfen *n*

pal·sy ['pɔːlzɪ] *s* MED Lähmung *f*

pal·try ['pɔːltrɪ] *Adj* armselig, schäbig: **a ~ £10** lumpige 10 Pfund

pam·per ['pæmpə] *v/t* verwöhnen, *Kind a.* verhätscheln

pam·phlet ['pæmflɪt] *s* **1.** Broschüre *f,* Druckschrift *f* **2.** Flugblatt *n,* -schrift *f*

► **pan**[1] [pæn] *I s* **1.** Pfanne *f;* Topf *m* **2.** (Waag)Schale *f* **3.** *bes Br* (Klosett-) Schüssel *f* **II** *v/t* **4.** **F** *Theaterstück etc* verreißen **III** *v/i* **5. ~ out** **F** klappen: **~ out well** hinhauen

pan[2] [-] **I** *s* (Kamera)Schwenk *m* **II** *v/t* *Kamera* schwenken **III** *v/i* schwenken

pan·a·ce·a [,pænə'sɪə] *s* Allheilmittel *n, fig a.* Patentrezept *n*

Pan·a·ma ['pænəmɑː] *Eigenn* Panama *n*
,**Pan-A'mer·i·can** *Adj* panamerikanisch

'pan·cake *s* Pfannkuchen *m;* → *Info-Fenster S. 434* **~ roll** *s* Frühlingsrolle *f*

pan·cre·as ['pæŋkrɪəs] *s* ANAT Bauchspeicheldrüse *f*

pan·da ['pændə] *s* ZOOL Panda *m* **≈ car** *s Br* (Funk)Streifenwagen *m*

pan·de·mo·ni·um [,pændɪ'məʊnjəm] *s* Chaos *n,* Tumult *m*

pan·der ['pændə] *v/i:* **~ to** *e-m Laster etc*

P

Pancake Day

Pancake Day oder **Shrove Tues-day** ist im britischen Englisch der Faschingsdienstag.

Dieser Tag heißt **Pancake Day**, weil man da früher Pfannkuchen gebacken hat, um die Essenreste vor der Fastenzeit aufzubrauchen.

Vorschub leisten, *j-s Bedürfnisse etc* befriedigen

pane [peɪn] *s* (Fenster)Scheibe *f*

pan·el ['pænl] **I** *s* **1.** Tafel *f*, Platte *f*; (vertieftes) Feld **2.** ELEK, TECH (Schalt-, *Kontroll- etc)*Tafel *f* **3.** JUR Liste *f* der Geschworenen **4.** Diskussionsteilnehmer *Pl*, -runde *f*; Rateteam *n* **II** *v/t Prät u. Part Perf* **-eled**, *bes Br* **-elled 5.** täfeln ~ **game** *s* RUNDFUNK, TV Ratespiel *n*

pan·el·(l)ing ['pænlɪŋ] *s* Täfelung *f* **pan·el·(l)ist** ['-əlɪst] *s* Diskussionsteilnehmer(in)

pang [pæŋ] *s* stechender Schmerz: ~*s Pl of hunger* nagender Hunger; *feel a ~ of conscience* Gewissensbisse haben

pan·ic ['pænɪk] **I** *Adj* **1.** panisch: ~ *buy-ing* Angstkäufe *Pl*; *be at ~ stations* rotieren; *push the ~ button* F panisch reagieren **II** *s* **2.** Panik *f*: *be in a ~ in* Panik sein; *get into a ~* → **5**; *throw into a ~* → **4 3.** *be a ~ Am* F zum Totlachen sein **III** *v/t Prät u. Part Perf* **-icked 4.** in Panik versetzen, e-e Panik auslösen unter (*Dat*) **IV** *v/i* **5.** in Panik geraten: *don't ~!* nur keine Panik! '**pan·ick·y** *Adj* F **1.** überängstlich **2.** *get ~* → *panic* 5

'**pan·ic-,strick·en** *Adj* von panischem Schrecken erfasst *od* ergriffen

pan·o·ra·ma [,pænə'rɑːmə] *s* **1.** Panorama *f* **2.** *fig* (allgemeiner) Überblick (*of* über *Akk*) **pan·o·ram·ic** [,pænə'ræmɪk] *Adj* (~*ally*) panoramisch, Panorama...: ~ *view* a) Rundblick *m* (*of* über *Akk*), b) → *panorama* 2

pan·sy ['pænzɪ] *s* **1.** BOT Stiefmütterchen *n* **2.** F Weichling *m*

pant [pænt] **I** *v/i* **1.** keuchen: ~ *for breath* nach Luft schnappen **2.** *be ~ing fig* lechzen (*after, for* nach; *to do s.th.* danach, etw zu tun) **II** *v/t* **3.** ~ *out* Worte (hervor)keuchen **III** *s* **4.** Atemstoß *m*

pan·the·is·tic [,pænθiː'ɪstɪk] *Adj* (~*ally*) pantheistisch

pan·ther ['pænθə] *s* ZOOL Pant(h)er *m*

pant·ies ['pæntɪz] *s Pl, a. pair of ~* Höschen *n* (*für Kinder*), (*für Damen a.*) Schlüpfer *m*, Slip *m*

pan·to·mime ['pæntəmaɪm] *s* **1.** *Br* Weihnachtsspiel *n* (*für Kinder*) **2.** THEAT Pantomime *f*

pan·try ['pæntrɪ] *s* Speise-, Vorratskammer *f*

▸ **pants** [pænts] *s Pl, a. pair of ~* **1.** *Br* Unterhose *f* **2.** *bes Am* Hose *f*: *catch s.o. with his ~ down* F j-n überrumpeln; *talk the ~ off s.o.* F j-m ein Loch *od* Löcher in den Bauch reden

pant·suit ['pæntsuːt] *s bes Am* Hosenanzug *m*

pan·ty| **hose** ['pæntɪ] *s bes Am* Strumpfhose *f* ~ **lin·er** *s* Slipeinlage *f*

pap [pæp] *s* Brei *m*

pa·pal ['peɪpl] *Adj* päpstlich

pap·a·raz·zi [,pæpə'rætsɪ] *Pl* Paparazzi *Pl*, Fotojäger *Pl*

pa·pa·ya [pə'paɪə] *s* BOT Papaya *f*

▸ **pa·per** ['peɪpə] **I** *s* **1.** Papier *n*: *on ~ fig* auf dem Papier **2.** Tapete *f* **3.** Zeitung *f*: *be in the ~s in* der Zeitung stehen **4.** *Pl* (*Ausweis*)Papiere *Pl*, Akten *Pl*, Unterlagen *Pl* **5.** PÄD Arbeit *f*, UNI Klausur (-arbeit) *f* **6.** Referat *n*: *give* (*od read*) *a ~* ein Referat halten, referieren (*to* vor *Dat*; *on* über *Akk*) **II** *v/t* **7.** tapezieren **8.** ~ *over* (*od up*) *fig* Differenzen *etc* (notdürftig) übertünchen '~·**back** *s* Paperback *n*, Taschenbuch *n*: *in ~* als Taschenbuch *n* '~·**boy** *s* Zeitungsjunge *m* ~ **chase** *s* Schnitzeljagd *f* ~ **clip** *s* Büro-, Heftklammer *f* ~ **cup** *s* Pappbecher *m* ~ **feed** *s* Papiereinzug *m*; Papiervorschub *m* '~·**girl** *s* Zeitungsmädchen *n* ~ **hand·ker·chief** *s* Papiertaschentuch *n* ~ **knife** *s* (*unreg knife*) Brieföffner *m* ~ **mon·ey** *s* Papiergeld *n* ~ **plate** *s* Pappteller *m* '~·**thin** *Adj* hauchdünn (*a. fig*), papierdünn ~ **ti·ger** *s fig* Papiertiger *m* ~ **tis·sue** *s* Papiertuch *n* '~·**weight** *s* Briefbeschwerer *m* '~·**work** *s* Schreibarbeit *f*

pa·pier-mâ·ché [,pæpjeɪ'mæʃeɪ] *s* Pappmaschee *n*

pap·ri·ka ['pæprɪkə] *s* Paprika *m* (*Gewürz*)

paperboy/papergirl

In Großbritannien ist es üblich, dass Schüler bzw. Schülerinnen (meist morgens, bevor die Schule beginnt) Zeitungen austragen und sich auf diese Weise etwas Taschengeld verdienen. An den Wochenenden und während der Ferien werden die Zeitungen etwas später zugestellt als in der Woche. Zwecks Bestellung und Bezahlung der Zeitungen und Zeitschriften wendet man sich an den **newsagent** (Zeitungshändler).

pa·py·rus [pə'paɪərəs] *Pl* **-ri** [_raɪ], **-rus·es** *s* **1.** BOT Papyrus(staude *f*) *m* **2.** ANTIKE Papyrus(rolle *f*) *m*

par [pɑː] **I** *s* **1.** WIRTSCH Nennwert *m*: **at ~** zum Nennwert, al pari **2. be on a ~** auf gleicher Stufe stehen (**with** wie): **be on a ~ with** a. j-m ebenbürtig sein; **I'm feeling below** (*od* **under**) **~ today** F ich bin heute nicht (ganz) auf dem Posten **3.** Golf: Par *n*: **that's ~ for the course** F das ist ganz normal (**for** für) **II** *Adj* **4. ~ value** WIRTSCH Nennwert *m*

par·a·ble ['pærəbl] *s* Parabel *f*

pa·rab·o·la [pə'ræbələ] *s* MATHE Parabel *f* **par·a·bol·ic** [ˌpærə'bɒlɪk] *Adj* (**~ally**) MATHE parabolisch, Parabel…

par·a·chute ['pærəʃuːt] **I** *s* **1.** Fallschirm *m*: **~ jump** Fallschirmabsprung *m* **II** *v/t* mit dem Fallschirm absetzen *od* abwerfen **III** *v/i* abspringen '**par·a·chut·ist** *s* Fallschirmspringer(in); MIL Fallschirmjäger(in)

pa·rade [pə'reɪd] **I** *s* **1.** Umzug *m*, bes MIL Parade *f*: **be on ~** e-e Parade abhalten **2.** fig Zurschaustellung *f* **II** *v/t* **3.** stolzieren durch **4.** fig zur Schau stellen **III** *v/i* **5.** ziehen (**through** durch), bes MIL paradieren **6.** stolzieren (**through** durch) **~ ground** *s* MIL Exerzierplatz *m*

par·a·digm ['pærədaɪm] *s* **1.** Musterbeispiel *n* (**of** für) **2.** LING Paradigma *n*

par·a·dise, REL *mst* ♀ ['pærədaɪs] *s* Paradies *n* (*a*. fig)

par·a·dox ['pærədɒks] *s* Paradox(on) *n* ˌ**par·a'dox·i·cal** *Adj* paradox: **~ly** (**en-**

ough) paradoxerweise

par·af·fin ['pærəfɪn] *s* **1.** *Br* Petroleum *n* **2.** *a*. **~ wax** Paraffin *n*

pa·ra·glid·er ['pærəglaɪdə] *s* **1.** Gleitschirm *m* **2.** Gleitschirmflieger(in) **pa·ra·glid·ing** *s* Gleitschirmfliegen *n*

par·a·gon ['pærəgən] *s* Muster *n* (**of** an *Dat*): **~ of virtue** bes iron Ausbund *m* an Tugend

par·a·graph ['pærəgrɑːf] *s* **1.** Absatz *m*, Abschnitt *m* **2.** (Zeitungs)Notiz *f*

par·al·lel ['pærəlel] **I** *Adj* **1.** parallel (**to, with** zu) (*a*. fig): **~ bars** *Pl* (Turnen) Barren *m*; **~ case** Parallelfall *m*; **~ processing** COMPUTER Parallelverarbeitung *f* **II** *s* **2.** MATHE Parallele *f* (**to, with** zu) (*a*. fig): **without ~** ohne Parallele, ohnegleichen; **draw a ~ between** e-e Parallele ziehen zwischen (*Dat*); **have close ~s** e-e starke Ähnlichkeit haben (**with** mit) **3.** *a*. **~ of latitude** GEOG Breitenkreis *m* **III** *v/t* Prät *u*. Part Perf **-leled**, *Br a*. **-lelled 4.** gleichkommen (*Dat*), entsprechen (*Dat*) '**par·al·lel·ism** *s* **1.** MATHE Parallelität *f* (*a*. fig) **2.** LING Parallelismus *m* ˌ**par·al'lel·o·gram** [_əʊɡræm] *s* MATHE Parallelogramm *n*

Par·a·lym·pics [ˌpærə'lɪmpɪks] *s Pl* SPORT Paralympics *Pl*

par·a·lyse ['pærəlaɪz] *v/t* bes *Br* MED lähmen, fig *a*. lahm legen, zum Erliegen bringen: **~d** with fig starr *od* wie gelähmt vor (*Dat*) **pa·ral·y·sis** [pə'rælɪsɪs] *Pl* **-ses** [_siːz] *s* MED Lähmung *f*, fig *a*. Lahmlegung *f* **par·a·lyt·ic** [ˌpærə'lɪtɪk] **I** *Adj* (**~ally**) **1.** MED Lähmungs…; gelähmt **2.** *Br* F sternhagelvoll **II** *s* **3.** MED Gelähmte *m*, *f* **par·a·lyze** *Am* → **paralyse**

pa·ram·e·ter [pə'ræmɪtə] *s* **1.** MATHE Parameter *m* **2.** *mst Pl* fig Rahmen *m*: **within the ~s of** im Rahmen (*Gen*)

par·a·mil·i·tar·y [ˌpærə'mɪlɪtəri] *Adj* paramilitärisch

par·a·mount ['pærəmaʊnt] *Adj*: **of ~ importance** von größter Bedeutung

par·a·noi·a [ˌpærə'nɔɪə] *s* MED Paranoia *f* ˌ**par·a'noi·ac** [_æk] *Adj* (**~ally**) paranoisch **II** *s* Paranoiker(in) '**par·a·noid** *Adj* paranoid: **be ~ about** ständig Angst haben vor (*Dat*)

par·a·pet ['pærəpɪt] *s* Brüstung *f*

par·a·pher·na·li·a [ˌpærəfə'neɪljə] *s Pl*

P

(a. Sg konstruiert) **1.** (persönliche) Sachen Pl **2.** F bes Br Schereien Pl

par·a·phrase ['pærəfreɪz] **I** s Paraphrase f, Umschreibung f **II** v/t paraphrasieren, umschreiben

par·a·ple·gi·a [,pærə'pliːdʒə] s MED Querschnitt(s)lähmung f ,par·a·ple·gic **I** Adj querschnitt(s)gelähmt **II** s Querschnitt(s)gelähmte m, f

par·a·psy·chol·o·gy [,pærəsaɪ'kɒlədʒɪ] s Parapsychologie f

par·a·site ['pærəsaɪt] s BIOL Schmarotzer(in), Parasit m (beide a. fig) **par·a·sit·ic** [,-'sɪtɪk] Adj (**~ally**) BIOL parasitär, parasitisch, fig a. schmarotzerhaft

para·sol ['pærəsɒl] s Sonnenschirm m

par·a·troop·er ['pærə,truːpə] s MIL Fallschirmjäger(in)

par·boil ['pɑːbɔɪl] v/t halb gar kochen, ankochen

▸ **par·cel** ['pɑːsl] **I** s **1.** Paket n **2.** Parzelle f **II** v/t Prät u. Part Perf -**celed**, bes Br -**celled 3.** mst **~ up** (als Paket) verpacken **4.** mst **~ out** aufteilen, Land parzellieren **~ bomb** s Paketbombe f **~s counter** s Paketschalter m

parch [pɑːtʃ] v/t u. v/i ausdörren, -trocknen, v/i a. verdörren, -trocknen

parch·ment ['pɑːtʃmənt] s Pergament n

▸ **par·don** ['pɑːdn] **I** v/t **1.** etw verzeihen; **pardon s.o. (for) s.th.** j-m etw vergeben od verzeihen; **pardon me** a) → 3a, c, b) Am → 3b; **pardon me for interrupting you** verzeihen od entschuldigen Sie, wenn ich Sie unterbreche; **if you'll pardon the expression** wenn ich so sagen darf **2.** JUR begnadigen **II** s **3.** I **beg your pardon** a) Entschuldigung!, Verzeihung!, b) a. F ▸ **pardon?** (wie) bitte?, c) erlauben Sie mal!, ich muss sehr bitten!; → Info bei **Entschuldigung 4.** JUR Begnadigung f ▸ **par·don·a·ble** Adj verzeihlich

pare [peə] v/t **1.** sich die Nägel schneiden: **~ down** fig einschränken **2.** Apfel etc schälen

▸ **par·ent** ['peərənt] **I** s Elternteil n: ▸ **parents** Pl Eltern Pl **II** Adj: **parent company** WIRTS Muttergesellschaft f 'par·ent·age s Abstammung f, Herkunft f **pa·ren·tal** [pə'rentl] Adj elterlich, Eltern...: **~ leave** (Erziehungsurlaub) Elternzeit f

pa·ren·the·sis [pə'renθɪsɪs] Pl -**ses** [-siːz] s **1.** LING Parenthese f, Einschaltung f **2.** mst Pl (runde) Klammer: **put in parentheses** einklammern

par·ent·hood ['peərənthʊd] s Elternschaft f 'par·ent·less Adj elternlos

▸ **par·ents-in-law** ['peərəntsɪnlɔː] s Pl Schwiegereltern Pl

Par·is ['pærɪs] Eigenn Paris n

par·ish ['pærɪʃ] s **1.** REL Pfarrbezirk m, a. Koll Gemeinde f: **~ church** Pfarrkirche f; **~ register** Kirchenbuch n, -register n **2.** a. **civil ~** POL Br Gemeinde f: **~ council** Gemeinderat m **pa·rish·ion·er** [pə'rɪʃənə] s REL Gemeinde(mit)glied n

par·i·ty ['pærətɪ] s **1.** Gleichheit f (**with** mit) **2.** COMPUTER Parität f: **~ check** Plausibilitätskontrolle f

▸ **park** [pɑːk] **I** s **1.** Park m **II** v/t **2.** MOT parken, abstellen: **a ~ed car** ein parkender Wagen; **he's ~ed over there** er parkt dort drüben; **~ o.s.** F sich hinhocken od pflanzen **3.** F abstellen, lassen **III** v/i **4.** parken: **a place to ~** ein Parkplatz **5.** einparken

par·ka ['pɑːkə] s Parka m, f

,**park-and-'ride** s Park-and-ride-System n

▸ **park·ing** ['pɑːkɪŋ] s **1.** Parken n: **"no ~"** „Parken verboten" **2.** Einparken n **3.** Parkplätze Pl, -fläche f **~ disc** s Parkscheibe f **~ fee** s Parkgebühr f **~ garage** s bes Am Park(hoch)haus n

▸ **park·ing lot** s Am Parkplatz m **~ me·ter** s Parkuhr f **~ of·fence** s Falschparken n **~ space** s **1.** Parklücke f, Parkplatz m **2.** Stellplatz m **~ tick·et** s Strafzettel m (wegen Falschparkens)

Par·kin·son's dis·ease ['pɑːkɪnsnz] s MED parkinsonsche Krankheit

'**park,keep·er** s Parkwächter(in)

par·ky ['pɑːkɪ] Adj Br F kühl, frisch

par·lance ['pɑːləns] s: **in common ~** einfach od verständlich ausgedrückt; **in legal ~** in der Rechtssprache

▸ **par·lia·ment** ['pɑːləmənt] s Parlament n **par·lia·men·tar·i·an** [,-men'teərɪən] s Parlamentarier(in) **par·lia·men·ta·ry** [,-'mentərɪ] Adj parlamentarisch

par·lor Am, **par·lour** bes Br ['pɑːlə] s mst in Zssgn Salon m **~ game** s Gesellschaftsspiel n

pa·ro·chi·al [pə'rəʊkjəl] Adj **1.** Pfarr...,

Gemeinde… **2.** fig beschränkt, engstirnig

par·o·dist ['pærədɪst] s Parodist(in) **'par·o·dy I** s **1.** Parodie f (**of, on** auf Akk) **2.** fig Abklatsch m (**of, on** Gen) **II** v/t **3.** parodieren

pa·role [pə'rəʊl] JUR **I** s bedingte (Haft-)Entlassung; Hafturlaub m: **put** s.o. **on** ~ → **II II** v/t j-n bedingt entlassen; j-m Hafturlaub gewähren

par·quet ['pɑːkeɪ] s **1.** Parkett n **2.** THEAT Am Parkett n → **floor** s Parkett(fuß)boden m

par·rot ['pærət] **I** s ORN Papagei m (a. fig) **II** v/t etw (wie ein Papagei) nachplappern '~·**fash·ion** Adv: **learn** ~ etw stur od mechanisch lernen; **repeat** ~ → **parrot II**

par·ry ['pærɪ] **I** v/t Frage parieren, Schlag, Stoß a. abwehren **II** s Fechten: Parade f

par·si·mo·ni·ous [ˌpɑːsɪ'məʊnjəs] Adj geizig **par·si·mo·ny** ['-mənɪ] s Geiz m

pars·ing ['pɑːsɪŋ] s IT Parsing n, Parsen n

pars·ley ['pɑːslɪ] s BOT Petersilie f

pars·nip ['pɑːsnɪp] s BOT Pastinake f, Pastinak m

par·son ['pɑːsn] s Pastor(in), Pfarrer(in): ~**'s nose** F Bürzel m '**par·son·age** s Pfarrhaus n

▶ **part** [pɑːt] **I** s **1.** allg Teil m: (**a**) **part of his money** ein Teil s-s Geldes; **it is good in part(s), parts of it are good, part of it is good** es ist zum Teil od teilweise gut; **for the most part** größtenteils; **be part of s.th.** zu etw gehören; **be part and parcel of** e-n wesentlichen Bestandteil bilden von (od Gen); **part of the body** Körperteil; **part of speech** LING Wortart f; **three-part** dreiteilig **2.** TECH (Bau-, Ersatz)Teil n **3.** Teil m, Folge f, Fortsetzung f (e-s Romans, e-r Fernsehserie etc); Lieferung f (e-s Buchs etc) **4.** Anteil m: ▶ **take part** teilnehmen, sich beteiligen (**in** an Dat) **5.** fig Teil m, Seite f: **for my part** von m-r Seite, von mir; **take s.th. in good part** etw nicht übel nehmen **6.** Seite f, Partei f: **take s.o.'s part** für j-n od j-s Partei ergreifen **7.** THEAT etc Rolle f (a. fig): **act** (od **play**) **the part of** die Rolle (Gen) spielen; **play a part in** e-e Rolle spielen bei

od **in** (Dat) **8.** MUS (Sing- od Instrumental)Stimme f, Partie f: **for** (od **in**) **several parts** mehrstimmig **9.** Gegend f, Teil m (e-s Landes etc): **in these parts** hier(zulande) **10.** Am (Haar)Scheitel m **II** v/t **11.** trennen (**from**): Streitende trennen; Vorhang aufziehen; Haar scheiteln: → **company I III** v/i **12.** sich trennen (**from** von): **part** (**as**) **friends** in Freundschaft auseinander gehen; **part with** etw aufgeben, sich von j-m, etw trennen **13.** sich zerteilen, aufreißen (Wolken) **IV** Adj **14.** Teil…: **give s.th. in part exchange** etw in Zahlung geben; **part owner** Miteigentümer(in); **give s.o. £ 100 in part payment** j-m 100 Pfund als Abschlagszahlung geben **V** Adv **15. part …, part …,** teils … teils …

par·tial ['pɑːʃl] Adj (→ **partially**) **1.** teilweise, Teil…: ~ **success** Teilerfolg m **2.** parteiisch, voreingenommen: **be** ~ **to** s.th. F e-e Schwäche od besondere Vorliebe für etw haben **par·ti·al·i·ty** [ˌ-ʃɪ'ælətɪ] s **1.** Parteilichkeit f, Voreingenommenheit f **2.** F Schwäche f, besondere Vorliebe (**for** für) **par·tial·ly** ['-ʃəlɪ] Adv teilweise, zum Teil: **be** ~ **to blame for** mit schuld sein an (Dat); ~ **sighted** sehbehindert

par·tic·i·pant [pɑː'tɪsɪpənt] s Teilnehmer(in) **par'tic·i·pate** [-peɪt] v/i teilnehmen, sich beteiligen (**in** an Dat) **par,tic·i'pa·tion** s Teilnahme f, Beteiligung f

par·ti·ci·ple ['pɑːtɪsɪpl] s LING Partizip n, Mittelwort n: → **past 2, present¹ 3**

par·ti·cle ['pɑːtɪkl] s **1.** Teilchen n, PHYS a. Partikel f **2.** LING Partikel f

▶ **par·tic·u·lar** [pə'tɪkjʊlə] **I** Adj (→ **particularly**) **1.** besonder, speziell: **this** ~ **case** dieser spezielle Fall; **be of no** ~ **importance** nicht besonders wichtig sein; **for no** ~ **reason** aus keinem besonderen Grund **2. be very** ~ **about** (od **over**) es sehr genau nehmen mit; sehr heikel od wählerisch sein in (Dat) **II** s **3.** Einzelheit f: ~**s** F besondere Umstände Pl od Angaben Pl; **in** ~ insbesondere; **in every** ~, **in all** ~**s** in allen Einzelheiten; **enter** (od **go**) **into** ~**s** ins Einzelne gehen; **further** ~**s from** Näheres bei **4.** Pl Personalien Pl **par'tic·u·lar·ize** v/t spezifizieren, einzeln aufführen **par'tic·u·lar·ly** Adv besonders: **not**

P

~ *a.* nicht sonderlich

part·ing ['pɑːtɪŋ] **I** *Adj* **1.** Abschieds...: ~ *kiss* **II** *s* **2.** Abschied *m* **3.** *bes Br* (Haar)Scheitel *m*

par·ti·san [ˌpɑːtɪˈzæn] **I** *s* **1.** Parteigänger(in) **2.** MIL Partisan(in) **II** *Adj* **3.** parteiisch **4.** MIL Partisanen...

par·ti·tion [pɑːˈtɪʃn] **I** *s* **1.** Teilung *f* **2.** ~ *wall* Trennwand *f* **II** *v/t* **3.** *Land etc* teilen: ~ *off* abteilen, abtrennen

▸**part·ly** ['pɑːtlɪ] *Adv* teilweise, zum Teil

▸**part·ner** ['pɑːtnə] **I** *s* **1.** *allg* Partner(in) **2.** WIRTSCH Gesellschafter(in), Partner(in), Teilhaber(in) **II** *v/t* **3.** *j-n* zum Partner haben, *j-s* Partner sein **4.** *oft* ~ *up* (als Partner) zs.-bringen (*with* mit) **III** *v/i* **5.** *oft* ~ *up* sich (als Partner) zs.-tun (*with* mit) '**part·ner·ship** *s* **1.** Partnerschaft *f*: *go into* ~ sich (als Partner) zs.-tun (*with* mit) **2.** WIRTSCH Personen-, Personalgesellschaft *f*: *(general od ordinary)* ~ offene Handelsgesellschaft; *limited (Am special)* ~ Kommanditgesellschaft *f*

par·tridge ['pɑːtrɪdʒ] *s* ORN Rebhuhn *n*

ˌ**part-'time** *I Adj* Teilzeit..., Halbtags...: ~ *worker* Teilzeitbeschäftigte *m*, *f*, Halbtagskraft *f* **II** *Adv* halbtags

▸**par·ty** ['pɑːtɪ] *s* **1.** POL Partei *f*: *within the* ~ innerparteilich, parteiintern Gesellschaft, Gruppe *f*: *there were three of us in our* ~ wir waren zu dritt (in der Gruppe) **3.** *(Rettungs- etc)* Mannschaft *f*; MIL Kommando *n*, Trupp *m* **4.** Gesellschaft *f*, Party *f*: *give (od throw) a* ~ **5.** JUR *(Prozess-, Vertrags)*Partei *f*: *a third* ~ ein Dritter **6.** Teilnehmer(in), Beteiligte *m*, *f*: *be a* ~ *to* beteiligt sein an (*Dat*), *etw* mitmachen ~ *line s* POL Parteilinie *f*: *follow the* ~ linientreu sein ~ *poop·er s* Spaßverderber(in)

par·ve·nu ['pɑːvənjuː] *s* Emporkömmling *m*

▸**pass** [pɑːs] **I** *s* **1.** *(Gebirgs)*Pass *m* **2.** Passierschein *m*: *free* ~ (Dauer)Freikarte *f*, BAHN *etc* (Dauer)Freifahrkarte *f*, -schein *m* **3.** *get a* ~ *in physics* PÄD die Physikprüfung bestehen **4.** *things have come to such a* ~ daß die Dinge haben sich derart zugespitzt, dass **5.** SPORT Pass *m*, Zuspiel *n* **6.** *make a* ~ *at* F Annäherungsversuche machen bei **II** *v/t* **7.** vorbeigehen, -fahren an

(Dat) **8.** überholen **9.** *Prüfung* bestehen; *Prüfling* durchkommen lassen ● **10.** *fig* hinausgehen über (*Akk*), übersteigen, -treffen: ~ *s.o.'s understanding (od understanding)* über j-s Verstand *od* Horizont gehen **11.** ~ *one's hand over* (sich) mit der Hand fahren über (*Akk*) **12.** *j-m etw* reichen, geben, *etw* weitergeben: → *buck¹* 2 **13.** SPORT *Ball* abspielen, passen (*to* zu) **14.** *Gesetz* verabschieden **15.** *Zeit* ver-, zubringen: ~ *the time reading* sich die Zeit mit Lesen vertreiben **16.** *Urteil* abgeben, fällen, JUR *a. etw* sprechen (*on über Akk*) **III** *v/i* **17.** vorbeigehen, -fahren (*by an Dat*): *let s.o.* ~ j-n vorbeilassen **18.** (*to*) übergehen (auf *Akk*), fallen (an *Akk*) **19.** vergehen (*Schmerz etc*), (*Zeit a.*) verstreichen **20.** durchkommen, (die Prüfung) bestehen **21.** (*as, for*) gelten (als), gehalten *od* angesehen werden (für) **22.** durchgehen, unbeanstandet bleiben: *let s.th.* ~ etw durchgehen lassen **23.** SPORT (den Ball) abspielen *od* passen (*to* zu) **24.** *Kartenspiel*: passen (*a. fig*): *I'll* ~ *on that* da muss ich passen **25.** ~ *over s.th.* etw übergehen *od* ignorieren (*in silence* stillschweigend)

Verbindungen mit Adverbien:

pass| **a·way** **I** *v/t* **1.** → *pass* 15 **II** *v/i* **2.** → *pass* 19 **3.** verscheiden, sterben ~ **by** **I** *v/i* **1.** vorbeigehen, -fahren **2.** → *pass* 19 **II** *v/t* **3.** *etw*, *j-n* übergehen ~ **down** *v/t* (*to*) *Tradition etc* weitergeben (*Dat od* an *Akk*), *Bräuche etc* überliefern (*Dat*) ~ **off** **I** *v/t* **1.** *j-n*, *etw* ausgeben (*as* als) **II** *v/i* **2.** gut *etc* vorübergehen verlaufen **3.** vergehen (*Schmerz etc*) ~ **on** **I** *v/t* **1.** weitergeben (*to Dat od* an *Akk*) (*a. fig*); *Krankheit* übertragen **II** *v/i* **2.** übergehen (*to* zu e-m anderen *Thema etc*) **3.** → *pass away* 3 ~ **o·ver** → *pass by* 3 ~ **round** **I** *v/t* herumreichen, *Gerücht etc* in Umlauf setzen, *be passed round* a. die Runde machen **II** *v/i* herumgereicht werden, *a. fig* die Runde machen ~ **up** *v/t* sich *e-e Chance etc* entgehen lassen

pass·a·ble ['pɑːsəbl] *Adj* **1.** passierbar befahrbar **2.** *fig* passabel

pas·sage ['pæsɪdʒ] *s* **1.** Durchfahrt *f* -reise *f*: → *bird* 1 **2.** Passage *f* (Durch-, Verbindungs)Gang *m* **3.** (See-, Flug)Reise *f*: → *rough* 2 **4.** *with*

the ~ of time mit der Zeit **5.** Verabschiedung *f* (*e-s Gesetzes*) **6.** Passage *f*, Stelle *f* (*e-s Texts*) '**~-way** → **passage** 2

▸**pas·sen·ger** ['pæsɪndʒə] *s* Passagier(in), Fahr-, Fluggast *m*, (*Auto-etc*)Insasse *m*, Insassin *f* **~ train** *s* Personenzug *m*

,**pass·er·'by** *Pl* ,**pass·ers·'by** *s* Passant(in)

pass·ing ['pɑːsɪŋ] **I** *s* **1. with the ~ of time** mit der Zeit **2.** → **passage** 5 **3. in ~** beiläufig, nebenbei **II** *Adj* **4.** flüchtig (*Blick, Gedanke etc*)

pas·sion ['pæʃn] *s* **1.** Leidenschaft *f*, weit. *S. a.* Passion *f*: **be a ~ with s.o.** j-s Leidenschaft sein; **have a ~ for s.th.** e-e Leidenschaft für etw haben; **~s ran high** die Erregung schlug hohe Wellen **2.** ♀ REL Passion *f*: ♀ **play** Passionsspiel *n* **pas·sion·ate** ['_-ʃənət] *Adj* leidenschaftlich **pas·sion fruit** *s* BOT Passionsfrucht *f*

pas·sive ['pæsɪv] **I** *Adj* **1.** passiv: **~ resistance** passiver Widerstand; **~ smoking** passives Rauchen, Passivrauchen *n*; **~ vocabulary** passiver Wortschatz *m*. LING passivisch: **~ voice** → 3 **II** *s* **3.** LING Passiv *n*, Leideform *f* **pas·siv·i·ty** *s* Passivität *f*

'**pass·key** *s* Hauptschlüssel *m*

Pass·o·ver ['pɑːs,əʊvə] *s* REL Passah *n*

▸**pass·port** ['pɑːspɔːt] *s* **1.** (Reise)Pass *m*: **hold a British ~** e-n britischen Pass haben; **~ picture** (*od* **photo**) Passbild *n* **2.** *fig* Schlüssel *m* (**to** zu)

'**pass·word** *s* Kenn-, Passwort *n*

▸**past** [pɑːst] **I** *Adj* **1.** vergangen: **be ~** vorüber *od* vorbei sein; **for some time ~** seit einiger Zeit; **learn from ~ mistakes** aus Fehlern in der Vergangenheit lernen **2.** LING **~ participle** Partizip *n* Perfekt, Mittelwort *n* der Vergangenheit; **~ perfect** Plusquamperfekt *n*, Vorvergangenheit *f*; **~ tense** Vergangenheit *f*, Präteritum *n* **3.** früher, ehemalig **II** *s* **4.** Vergangenheit *f* (*a.* LING): **in the ~** in der Vergangenheit, früher **III** *Adv* **5.** vorbei, vorüber: **run ~** vorbeilaufen **IV** *Präp* **6.** *Zeit*: nach, über (*Akk*): **half ~ seven** halb acht; **she is ~ forty** sie ist über vierzig **7.** an … (*Dat*) vorbei *od* vorüber **8.** über (*Akk*) hinaus: **I'm ~ caring** das kümmert mich nicht

mehr; **be ~ it** F es nicht mehr bringen; **I wouldn't put it ~ him** F das traue ich ihm glatt *od* ohne weiteres zu; → **cure** 2, **hope I**, *etc*

pas·ta ['pæstə] *s* Teigwaren *Pl*

paste [peɪst] **I** *s* **1.** (*Fisch-, Zahnetc*)Paste *f* **2.** Kleister *m* **3.** *Am* → **pastry** **II** *v/t* **4.** kleben (**to, on** an *Akk*): **~ up** ankleben **5.** COMPUTER einfügen (**into** in *Akk*) **III** *v/i* **6.** COMPUTER **copy and ~** kopieren und einfügen '**~·board** *s* Karton *m*, Pappe *f*

pas·tel [pæ'stel] **I** *s* **1.** Pastellstift *m* **2.** Pastell(zeichnung *f*) *n* **3.** Pastellfarbe *f*, -ton *m* **II** *Adj* ['pæstl] **4.** Pastell… **5.** pastellfarben

pas·teur·ize ['pɑːstʃəraɪz] *v/t* pasteurisieren, keimfrei machen

pas·time ['pɑːstaɪm] *s* Zeitvertreib *m*, Freizeitbeschäftigung *f*: **as a ~** zum Zeitvertreib

pas·tor ['pɑːstə] *s* Pastor(in), Pfarrer(in) '**pas·to·ral I** *Adj* **1.** pastoral, ländlich, idyllisch **2.** pastoral, seelsorgerisch: **~ letter** → 4 **II** *s* **3.** MUS Pastorale *n*, *f* **4.** REL Hirtenbrief *m*

pas·try ['peɪstrɪ] *s* **1.** (*Blätter-, Mürbeetc*)Teig *m* **2.** *Br off Pl* (Fein)Gebäck *n*

pas·ture ['pɑːstʃə] *s* Weide(land *n*) *f* **II** *v/t* weiden (lassen) **III** *v/i* grasen, weiden

past·y[1] ['peɪstɪ] *Adj* blass, käsig

past·y[2] ['pæstɪ] *s bes Br* (Fleisch)Pastete *f*

pat[1] [pæt] **I** *s* **1.** Klaps *m*: **give s.o.** (*o.s.*) **a ~ on the back** *fig* F j-m (sich selbst) auf die Schulter klopfen **2.** Portion *f* (*bes Butter*) **3.** (*Kuh*)Fladen *m* **4.** Trappeln *n* **II** *v/t* **5.** tätscheln; abtupfen (**with** mit): **~ s.o. on the head** (**shoulder**) j-m den Kopf tätscheln (auf die Schulter klopfen); **~ s.o.** (*o.s.*) **on the back** *fig* F j-m (sich selbst) auf die Schulter klopfen; **~ down** Haar etc an-, festdrücken, *Erde etc* festklopfen **III** *v/i* **6.** trappeln

pat[2] [-] **I** *Adv* **1. have** (*od* **know**) **s.th.** (**off**) ~ etw aus dem Effeff *od* wie am Schnürchen können **2.** wie aus der Pistole geschossen **II** *Adj* **3.** glatt (*Antwort etc*)

patch [pætʃ] **I** *s* **1.** Fleck *m*; Flicken *m*: **~es** *Pl* **of mist** Nebelschwaden *Pl*; **in ~es** *fig* stellenweise; **not to be a ~ on**

Br F nichts sein gegen **2.** Beet *n* **3.** ***go through a bad* (*difficult*) ~** e-e Pechsträhne haben (e-e schwierige Zeit durchmachen) **II** *v/t* **4.** flicken: **~ *up*** zs.-flicken (*a. fig*); *fig* Streit beilegen; **~ *things up*** wieder in Ordnung bringen, beilegen; ***pock·et*** *s* aufgesetzte Tasche '**~·work** *s* Patchwork *n*: **~** Flickendecke *f*

patch·y ['pætʃɪ] *Adj* **1.** fleckig **2.** *fig* lückenhaft; unterschiedlich

pat·ent ['peɪtənt] **I** *Adj* **1.** offenkundig, -sichtlich **2.** *Br* F patent (*Methode etc*) **II** *s* **3.** Patent *n*: **~ *office*** Patentamt *n*; ***protected by* ~** patentrechtlich geschützt; ***take out a* ~ *on* →** **4 III** *v/t* **4.** etw patentieren lassen **~ leath·er** *s* Lackleder *n*

pa·ter·nal [pə'tɜ:nl] *Adj* **1.** väterlich, Vater... **2.** *Großvater etc* väterlicherseits

pa·ter·ni·ty [pə'tɜ:nətɪ] *s* Vaterschaft *f*: **~ *leave*** Vaterschaftsurlaub *m*; **~ *suit*** JUR Vaterschaftsprozess *m*

▸ **path** [pɑ:θ] *Pl* **paths** [pɑ:ðz] *s* **1.** Weg *m* (*a. fig* zu), Pfad *m*: ***stand in s.o.'s* ~** j-m im Weg stehen; **→ *cross*** 9 **2.** PHYS, TECH Bahn *f* **3.** COMPUTER Pfad *m*

pa·thet·ic [pə'θetɪk] *Adj* (**~ally**) **1.** Mitleid erregend: **~ *sight*** Bild *n* des Jammers **2.** *Br* kläglich (*Versuch etc*), erbärmlich, miserabel (*Leistung etc*)

patho·gen ['pæθədʒɪn] *s* MED Erreger *m*

path·o·log·i·cal [ˌpæθə'lɒdʒɪkl] *Adj* pathologisch, krankhaft **pa·thol·o·gist** [pə'θɒlədʒɪst] *s* Pathologe *m*, -login *f* **pa'thol·o·gy** *s* Pathologie *f*

pa·thos ['peɪθɒs] *s das* Mitleiderregende

▸ **pa·tience** ['peɪʃns] *s* **1.** Geduld *f*: ***lose one's* ~** die Geduld verlieren (***with*** mit); **→ *saint*** 1 **2.** *bes Br* Patience *f* (*Kartenspiel*): ***play* ~** Patiencen *od* e-e Patience legen

▸ **pa·tient** ['peɪʃnt] **I** *Adj* geduldig (***with*** mit) **II** *s* Patient(in)

pat·i·na ['pætɪnə] *s* Patina *f*

pa·ti·o ['pætɪəʊ] *Pl* **-os** *s* **1.** Patio *m*, Innenhof *m* **2.** Veranda *f*, Terrasse *f*

pa·tri·arch ['peɪtrɪɑːk] *s* Patriarch *m* **,pa·tri'ar·chal** [-kl] *Adj* patriarchalisch

pa·tri·ot ['pætrɪət] *s* Patriot(in) **pa·tri·ot·ic** [ˌ-'ɒtɪk] *Adj* (**~ally**) patriotisch **pa·tri·ot·ism** ['-ətɪzəm] *s* Patriotismus *m*

pa·trol [pə'trəʊl] **I** *s* **1.** MIL Patrouille *f*, (*Polizei*)Streife *f* **2.** Patrouille *f*, Streife *f*, Runde *f*: ***on* ~** auf Patrouille *od* Streife; **~ *car*** (Funk)Streifenwagen *m*; **~ *wagon*** *Am* (Polizei)Gefangenenwagen *m* **II** *v/t* **3.** abpatrouillieren (*Soldaten*), auf Streife sein in (*Dat*) (*Polizist*), s-e Runde machen in (*Dat*) (*Wachmann*) **pa'trol·man** *s* (*unreg* **man**) **1.** *Am* Streifenpolizist *m* **2.** *Br* motorisierter Pannenhelfer

pa·tron ['peɪtrən] *s* **1.** Schirmherr *m* **2.** Gönner *m*, Förderer *m* **3.** (Stamm-)Kunde *m*; Stammgast *m* **pa·tron·age** ['pætrənɪdʒ] *s* **1.** Schirmherrschaft *f*: ***under the* ~** *of* unter der Schirmherrschaft von (*od Gen*) **2.** Förderung *f* **pa·tron·ess** ['peɪtrənɪs] *s* **1.** Schirmherrin *f* **2.** Gönnerin *f*, Förderin *f* **pa·tron·ize** ['pætrənaɪz] *v/t* **1.** fördern **2.** (Stamm-)Kunde *od* Stammgast sein in (*Dat*) **3.** gönnerhaft *od* herablassend behandeln **'pa·tron·iz·ing** *Adj* gönnerhaft, herablassend

pa·tron saint *s* Schutzheilige *m*, *f*

pat·ter¹ ['pætə] **I** *v/i* **1.** prasseln (*Regen etc*) **2.** trappeln **II** *s* **3.** Prasseln *n* **4.** Trappeln *n*

pat·ter² [-] *s* **1.** Sprüche *Pl* (*e-s Vertreters etc*) **2.** Jargon *m*: ***sales* ~** Verkaufsjargon *m*

▸ **pat·tern** ['pætən] **I** *s* **1.** (*a. Schnitt-, Strick*)Muster *n*; *fig* Muster *n*, Vorbild *n* **2.** WIRTSCH Muster *n*, (Waren)Probe *f* **3.** (*Stoff- etc*)Muster *n* **4.** *fig* Muster *n*, Schema *n*: ***follow its usual* ~** nach dem üblichen Schema *od* wie üblich verlaufen **II** *v/t* **5.** mustern **6.** bilden, gestalten (***on*** nach)

paunch [pɔ:ntʃ] *s* (dicker) Bauch, Wanst *m*

pau·per ['pɔ:pə] *s* Arme *m*, *f*

pause [pɔ:z] **I** *s* Pause *f*: ***without a* ~** ohne Pause **II** *v/i* innehalten

pave [peɪv] *v/t* pflastern: **~ *the way for*** *fig* den Weg ebnen (*Dat*) **'pave·ment** *s* **1.** (Straßen)Pflaster *n* **2.** *Br* Bürger-, Gehsteig *m*: **~ *artist*** Pflastermaler(in) *f*; **~ *café*** Straßencafé *n* **3.** *Am* Fahrbahn *f* **'pav·ing stone** *s* Pflasterstein *m*

paw [pɔ:] **I** *s* **1.** Pfote *f* (*a.* F Hand), Tatze *f* **II** *v/t* **2.** *Boden* scharren, scharren an (*der Tür etc*) **3.** F betatschen **III** *v/i* **4.** scharren (***at*** an *Dat*)

pawn¹ [pɔːn] *s* **1.** *Schach:* Bauer *m* **2.** *fig* Schachfigur *f*

pawn² [-] **I** *s:* **be in ~** verpfändet *od* versetzt sein **II** *v/t* verpfänden, versetzen '**~,brok·er** *s* Pfandleiher(in) *f* '**~·shop** *s* Leih-, Pfandhaus *n* **~ tick·et** *s* Pfandschein *m*

▸ **pay** [peɪ] **I** *s* **1.** Bezahlung *f*, Gehalt *n*, Lohn *m* **II** *v/t* (*unreg*) **2.** *Betrag* zahlen, entrichten, *Rechnung* (be)zahlen, begleichen: **~ into** einzahlen auf (*ein Konto*) **3.** *j-n* bezahlen **4.** *fig* Aufmerksamkeit schenken, *Besuch* abstatten, *Kompliment* machen: → **attention** 1, *etc* **III** *v/i* (*unreg*) **5.** zahlen: **~ for** *etw* bezahlen (*a. fig*); **he paid dearly for it** *fig* er musste teuer dafür bezahlen **6.** *fig* sich lohnen, sich bezahlt machen Verbindungen mit Adverbien:

pay| back → **repay:** → **coin I ~ in** *v/t* einzahlen **~ off I** *v/t* **1.** *j-n* auszahlen **2.** *etw* ab(be)zahlen, tilgen **II** *v/i* **3.** → **pay 6 ~ out** *v/t* ausgeben, bezahlen (**for** für) **~ up I** *v/t j-n, etw* voll *od* sofort bezahlen **II** *v/i* zahlen

pay·a·ble ['peɪəbl] *Adj* zahlbar, fällig: **be ~ to** ausgestellt sein auf (*Akk*)
'**pay·day** *s* Zahltag *m*
pay·ing ['peɪɪŋ] *Adj* **1. ~ guest** zahlender Gast **2.** lohnend, rentabel '**~·in slip** *s* Einzahlungsschein *m*
pay·ment ['peɪmənt] *s* (Be)Zahlung *f:* **in ~ of** als Bezahlung für; **on ~ of** gegen Zahlung von (*od Gen*)
'**pay|·off** *s* F Pointe *f* **~ pack·et** *s Br* Lohntüte *f* '**~·per·'view TV** *s* Pay-TV *n* '**~·phone** *s* Münzfernsprecher *m* '**~ rise** *s* Lohn-, Gehaltserhöhung *f* '**~·roll** *s* Lohnliste *f:* **be on s.o.'s ~** bei j-m beschäftigt sein **~ slip** *s* Lohn-, Gehaltsabrechnung *f* **~ sta·tion** *s Am* Münzfernsprecher *m* **~ TV** *s* Pay-TV *n*, Bezahlfernsehen *n*

▸ **PC** [piːˈsiː] *Abk* (= *personal computer*) PC *m;* → *Info bei dt.* **Computer**
PE [piːˈiː] *Abk* (= *physical education*) Sport *m*

▸ **pea** [piː] *s* BOT Erbse *f:* **they are like two ~s in a pod** sie gleichen sich wie ein Ei dem anderen

▸ **peace** [piːs] *s* **1.** Friede(n) *m:* **the two countries are at ~** zwischen den beiden Ländern herrscht Frieden; **make one's ~ with** sich aus- *od* versöhnen mit **2.** JUR öffentliche Ruhe u. Ordnung: **keep the ~** die öffentliche Ordnung aufrechterhalten; → **breach** 1 **3.** Ruhe *f:* **~ of mind** Seelenfrieden *m;* **in ~ and quiet** in Ruhe u. Frieden **II** *Adj* **4.** Friedens…: **~ conference** Friedenskonferenz *f;* **~ movement** Friedensbewegung *f;* **~ pipe** Friedenspfeife *f;* **~ treaty** Friedensvertrag *m* '**peace·a·ble** *Adj* friedlich (*Diskussion etc*), (*Person a.*) friedfertig **Peace Corps** *s Am* Entwicklungsdienst *m* **peace·ful** ['-ful] *Adj* friedlich
'**peace|·lov·ing** *Adj* friedliebend '**~·time I** *s* Friedenszeiten *Pl* **II** *Adj* in Friedenszeiten

peach [piːtʃ] *s* **1.** BOT Pfirsich *m;* Pfirsichbaum *m* **2.** F prima Person *od* Sache: **a ~ of a shot** ein genialer Schuss
pea·cock ['piːkɒk] *s* ORN Pfau *m:* (**as**) **proud as a ~** stolz wie ein Pfau

▸ **peak** [piːk] *s* **1.** Spitze *f,* (*e-s Bergs a.*) Gipfel *m* **2.** Schirm *m* (*e-r Mütze*) **3.** *fig* Höhepunkt *m*, Höchststand *m:* **be at its ~** am höchsten sein **II** *v/i* **4.** e-n Höchststand erreichen **III** *Adj* **5.** Höchst…, Spitzen…: **~ hours** *Pl* Hauptverkehrs-, Stoßzeit *f;* ELEK Hauptbelastungszeit *f;* **~ time** TV Hauptsendezeit *f* **peaked** [piːkt] *Adj:* **~ cap** Schirmmütze *f* '**peak·y** *Adj* F blass, kränklich

peal [piːl] **I** *s* **1.** (*Glocken*)Läuten *n* **2.** (*Donner*)Schlag *m:* **~s** *Pl* **of laughter** schallendes *od* dröhnendes Gelächter **II** *v/i a.* **~ out 3.** läuten **4.** krachen (*Donner*)

'**pea·nut** *s* BOT Erdnuss *f:* **~s** *Pl* F lächerliche Summe **~ but·ter** *s* Erdnussbutter *f*

▸ **pear** [peə] *s* BOT **a)** Birne *f,* **b)** *a.* **~ tree** Birnbaum *m*

▸ **pearl** [pɜːl] **I** *s* **1.** Perle *f* **2.** Perlmutter *f, n,* Perlmutt *n* **II** *Adj* **3.** Perlen… **4.** Perlmutt(er)…

peas·ant ['peznt] *s* **1.** Kleinbauer *m,* -bäuerin *f* **2.** *fig* F Bauer *m*
pea-soup·er [ˌpiːˈsuːpə] *s* F Waschküche *f* (*dicker, gelber Nebel*)
peat [piːt] *s* Torf *m:* **cut** (*od* **dig**) **~** Torf stechen
peb·ble ['pebl] *s* Kiesel(stein) *m:* **you are not the only ~ on the beach** F ich *etc* kann auch ohne dich auskom-

men '**peb·bly** *Adj* Kiesel...: ~ *beach*

pec·ca·dil·lo [ˌpekə'dɪləʊ] *Pl* **-lo(e)s** *s* **1.** kleine Sünde **2.** Kavaliersdelikt *n*

peck [pek] **I** *v/t* **1.** picken **2.** *F j-m* e-n flüchtigen Kuss geben (*on* auf *Akk*) **II** *v/i* **3.** picken, hacken (*at* nach): ~ *at one's food* im Essen herumstochern **III** *s* **4.** F flüchtiger Kuss '**peck·er** *s* **1.** *Am* sl Schwanz *m* (*Penis*) **2.** *keep one's* ~ *up* F die Ohren steif halten '**peck·ing or·der** *s* ORN Hackordnung *f* (*a. fig*)

pec·to·ral ['pektərəl] *Adj* Brust...

pe·cu·li·ar [pɪ'kju:ljə] *Adj* (→ *peculiarly*) **1.** eigen(tümlich) (*to Dat*): *be* ~ *to a.* typisch sein für **2.** eigenartig, seltsam **pe,cu·li'ar·i·ty** [ˌ-lɪ'ærətɪ] *s* **1.** Eigenheit *f*, Eigentümlichkeit *f*: *be* ~ *of a.* typisch sein für **2.** Eigenartigkeit *f*, Seltsamkeit *f* **pe'cu·li·ar·ly** *Adv* **1.** → *peculiar* 2 **2.** besonders

pe·cu·ni·ar·y [pɪ'kju:njərɪ] *Adj* geldlich, Geld...: ~ *difficulties Pl* finanzielle Schwierigkeiten *Pl*

ped·a·gog·ic, **ped·a·gog·i·cal** [ˌpedə-'gɒdʒɪk(l)] *Adj* pädagogisch **ped·a·gogue** ['-gɒg] *s pej* Schulmeister(in), Pedant(in) **ped·a·go·gy** ['-gɒdʒɪ] *s* Pädagogik *f*

ped·al ['pedl] **I** *s* **1.** Pedal *n* **II** *v/i Prät u. Part Perf* **-aled**, *bes Br* **-alled 2.** das Pedal treten **3.** (mit dem Rad) fahren, strampeln ~ *bin s* Treteimer *m* ~ *boat s* Tretboot *n*

ped·ant ['pedənt] *s* Pedant(in) **pe·dan·tic** [pɪ'dæntɪk] *Adj* (*~ally*) pedantisch (*about* wenn es um ... geht) **ped·ant·ry** ['pedəntrɪ] *s* Pedanterie *f*

ped·dle ['pedl] *v/t* hausieren (gehen) mit (*a. fig*): ~ *drugs* mit Drogen handeln '**ped·dler** *s* **1.** Drogenhändler(in) **2.** *Am* → *pedlar*

ped·es·tal ['pedɪstl] *s* Sockel *m*: *place* (*od put, set*) *s.o. on a* ~ *fig* j-n aufs Podest erheben; *knock s.o. off his* ~ *fig* j-n von s-m Sockel stoßen

▸ **pe·des·tri·an** [pɪ'destrɪən] **I** *Adj* **1.** Fußgänger...: ~ *crossing Br* Fußgängerüberweg *m*; ~ *precinct* (*od zone*) Fußgängerzone *f* **2.** *fig* prosaisch, trocken; fantasielos **II** *s* **3.** Fußgänger(in)

pe·di·a·tri·cian, **pe·di·at·rics** *Am* → *paediatrician*, *paediatrics*

ped·i·cure ['pedɪˌkjʊə] *s* Pediküre *f*:

have a ~ sich pediküren lassen

ped·i·gree ['pedɪgri:] **I** *s* **1.** Stammbaum *m* **2.** Ab-, Herkunft *f* **II** *Adj* **3.** ZOOL reinrassig

ped·lar ['pedlə] *s* Hausierer(in)

pee [pi:] F **I** *v/i* pinkeln **II** *s*: *have* (*go for*) *a* ~ pinkeln (gehen)

peek [pi:k] **I** *v/i* kurz *od* verstohlen gucken (*at* auf *Akk*) **II** *s*: *have* (*od take*) *a* ~ *at* e-n kurzen *od* verstohlenen Blick werfen auf (*Akk*)

peel [pi:l] **I** *v/t* Kartoffeln *etc* schälen: ~ (*off*) *Tapete etc* abziehen, ablösen; *Kleider* abstreifen; *keep one's eyes ~ed* F die Augen offen halten **II** *v/i a.* ~ *off* sich lösen (*Tapete etc*), abblättern (*Farbe etc*); sich schälen (*Haut*) **III** *s* Schale *f* '**peel·er** *s* (*Kartoffel- etc*)Schäler *m* '**peel·ings** *s Pl* (*Kartoffel- etc*)Schalen *Pl*

peep¹ [pi:p] **I** *v/i* **1.** piep(s)en **II** *s* **2.** Piep(s)en *n* **3.** F Piepser *m* (*Ton*)

peep² [-] **I** *v/i* **1.** → *peek* **I 2.** *mst* ~ *out* vorschauen (*from under* unter *Dat*) **II** *s* **3.** → *peek* **II** '**peep·er** *s mst Pl* F Gucker *m* (*Auge*)

'**peep·hole** *s* Guckloch *n*, (*in Tür*) Spion *m*

Peep·ing Tom ['pi:pɪŋ] *s* Spanner *m*, Voyeur *m*

peep show *s* Peepshow *f*

peer¹ [pɪə] *v/i* angestrengt schauen, spähen: ~ *at s.o.* j-n anstarren

peer² [-] *s* **1.** *Br* Peer *m* **2.** Gleichgestellte *m, f*, Ebenbürtige *m, f*, Altersgenosse *m*, -genossin *f*: *one's ~s Pl* seinesgleichen; *peer group* SOZIOL Peergroup *f* (*Gruppe etwa gleichaltriger Kinder od Jugendlicher als primäre soziale Bezugsgruppe*) '**peer·age** *s Br* Peerage *f*: *raise to the* ~ in den Adelsstand erheben '**peer·ess** *s Br* Peeress *f* '**peer·less** *Adj* unvergleichlich, einzigartig

peeved [pi:vd] *Adj* F sauer (*about, at* über *Akk*)

pee·vish ['pi:vɪʃ] *Adj* gereizt; reizbar

peg [peg] **I** *s* **1.** Pflock *m*; (*Holz*)Nagel *m*, (-)Stift *m*; (*Zelt*)Hering *m*: *be a square* ~ *in a round hole* fig am falschen Platz sein; *take s.o. down a* ~ (*or two*) F j-m e-n Dämpfer aufsetzen **2.** (*Kleider*)Haken *m*: *off the* ~ von der Stange (*Anzug*) **3.** *Br* (*Wäsche*-)

Klammer f **II** v/t **4.** anpflocken **5.** a. ~ *out* Br Wäsche (an der Leine) anklammern **II** WIRTSCH *Preise etc* stützen, halten **III** v/i **7.** ~ *away at* F dranbleiben an (e-r Arbeit) **8.** ~ *out* bes Br F den Löffel abgeben (sterben)

pe·jo·ra·tive [pɪˈdʒɒrətɪv] Adj pejorativ, abschätzig, herabsetzend

pe·kin·ese [ˌpiːkɪˈniːz] Pl -ese s ZOOL Pekinese m

pel·i·can [ˈpelɪkən] s ORN Pelikan m ~ cross·ing s Br Ampelübergang m

pel·let [ˈpelɪt] s **1.** Kügelchen n **2.** Schrotkorn n

pelt¹ [pelt] s Fell n, Pelz m

pelt² [-] **I** v/t **1.** bewerfen, a. fig bombardieren (**with** mit) **II** v/i **2.** it is ~ing (**down**), it is ~ing with rain es gießt in Strömen **3.** stürmen, stürzen **III** s **4.** (at) full ~ mit voller Geschwindigkeit

pel·vic [ˈpelvɪk] Adj ANAT, MED Becken...: ~ fin FISCH Bauchflosse f

pel·vis [ˈpelvɪs] s ANAT Becken n

▸ pen¹ [pen] s (Schreib)Feder f; Füller m; Kugelschreiber m

pen² [-] s **1.** Pferch m, (Schaf)Hürde f **2.** (Lauf)Gitter n, (-)Stall m **II** v/t (a. unreg) a. ~ in (od up) **3.** Tiere einpferchen **4.** Personen zs.-pferchen

pe·nal [ˈpiːnl] Adj **1.** Straf...: ~ code Strafgesetzbuch n; ~ colony Strafkolonie f; ~ reform Strafrechtsreform f **2.** strafbar pe·nal·ize [ˈpiːnəlaɪz] v/t **1.** bestrafen, weit. S. a. benachteiligen **2.** etw unter Strafe stellen pen·al·ty [ˈpenltɪ] s **1.** Strafe f; pay the ~ for s.th. etw bezahlen od büßen (**with** mit) **2.** Nachteil m **3.** Fußball: Elfmeter m, österr., schweiz. Penalty m; ~ area (od box) Strafraum m; ~ kick Strafstoß m; ~ shoot-out Elfmeterschießen n

pen·ance [ˈpenəns] s REL Buße f

pen-and-'ink draw·ing s Federzeichnung f

pence [pens] Pl von penny

pen·chant [ˈpɑ̃ːnʃɑ̃ːŋ] s (for) Neigung f, Hang m (zu); Vorliebe f (für)

▸ pen·cil [ˈpensl] **I** s **1.** Bleistift m **2.** MATHE, PHYS (Strahlen- etc)Bündel n **II** v/t Prät u. Part Perf -ciled, bes Br -cilled **3.** mit Bleistift markieren od schreiben od zeichnen **4.** Augenbrauen etc nachziehen ~ case s Federmäppchen m ~ sharp·en·er s (Blei-

stift)Spitzer m

pen·dant [ˈpendənt] s Anhänger m (Schmuckstück)

pend·ing [ˈpendɪŋ] **I** Adj **1.** bes JUR schwebend, anhängig **2.** bevorstehend **II** Präp **3.** bis zu

pen·du·lum [ˈpendjʊləm] s Pendel n (a. fig)

pen·e·trate [ˈpenɪtreɪt] **I** v/t eindringen in (Akk) (a. fig); durchdringen, dringen durch **II** v/i eindringen (**into** in Akk) (a. fig); durchdringen; ~ **through** a. dringen durch 'pen·e·trat·ing Adj **1.** durchdringend; (Verstand) scharf **2.** scharfsinnig ,pen·e'tra·tion s **1.** Ein-, Durchdringen n **2.** Scharfsinn m

pen friend s Brieffreund(in)

pen·guin [ˈpeŋgwɪn] s ORN Pinguin m

pen·i·cil·lin [ˌpenɪˈsɪlɪn] s MED Penicillin n

pen·in·su·la [pəˈnɪnsjʊlə] s Halbinsel f pen·in·su·lar Adj Halbinsel...; halbinselförmig

pe·nis [ˈpiːnɪs] Pl -nis·es, -nes [ˈ-niːz] s ANAT Penis m

pen·i·tence [ˈpenɪtəns] s Buße f: **a)** REL Bußfertigkeit f, **b)** Reue f 'pen·i·tent, pen·i·ten·tial [ˌ-ˈtenʃl] Adj **a)** bußfertig, **b)** reuig pen·i·ten·tia·ry [ˌ-ˈtenʃərɪ] s Am (Staats)Gefängnis n 'pen·knife s (unreg knife) Taschenmesser n ~ name s Schriftstellername m

pen·nant [ˈpenənt] s Wimpel m

pen·ni·less [ˈpenɪləs] Adj (völlig) mittellos: be ~ a. kein Geld haben

▸ pen·ny [ˈpenɪ] Pl -nies, Koll pence [pens] s Br Penny m: in for a ~, in for a pound wer A sagt, muss auch B sagen; a ~ for your thoughts F jetzt möchte ich deine Gedanken lesen können; a pretty ~ F ein hübsches Sümmchen; the ~('s) dropped F der Groschen ist gefallen; spend a ~ F mal verschwinden ~ dread·ful Pl -fuls s Br F Groschenroman m ~ pinch·er s F Pfennigfuchser(in) '~-pinch·ing Adj F knick(e)rig

pen pal F → pen friend

pen·sion [ˈpenʃn] **I** s Rente f, Pension f: ~ scheme Rentenversicherung f **II** v/t ~ off j-n pensionieren, in den Ruhestand versetzen; fig F Maschine etc ausrangieren 'pen·sion·a·ble Adj: of ~ age im Renten- od Pensionsalter pen-

sion·er ['-∫ənə] s Rentner(in), Pensionär(in), *österr.* Pensionist(in)

pen·sive ['pensɪv] *Adj* 1. nachdenklich 2. trübsinnig

pent [pent] *Prät u. Part Perf von* **pen²**

pen·ta·gon ['pentəgən] s Fünfeck *n:* **the ♀** das Pentagon **pen·tag·o·nal** [-'tægənl] *Adj* fünfeckig

pen·tath·lete [pen'tæθliːt] s SPORT Fünfkämpfer(in) **pen·tath·lon** [-lɒn] s Fünfkampf *m*

Pen·te·cost ['pentɪkɒst] s REL Pfingsten *n, a. Pl*

pent·house ['penthaʊs] s Penthouse *n, -haus n*

,pent·'up *Adj* an-, aufgestaut *(Gefühle)*

pe·nul·ti·mate [pe'nʌltɪmət] *Adj* vorletzt

pe·o·ny ['pɪənɪ] s BOT Pfingstrose *f*

▶ **peo·ple** ['piːpl] **I** s 1. *(Pl konstruiert)* die Menschen *Pl,* die Leute *Pl;* Leute *Pl,* Personen *Pl:* **my ~** F m-e Angehörigen *Pl od* Leute *Pl.* 2. *(Pl konstruiert)* man: **~ say that** man sagt, dass 3. *(Pl konstruiert)* **the ~ a)** das *(gemeine)* Volk: **a man of the (common)** ~ ein Mann des Volks, **b)** die Bürger *Pl od* Wähler *Pl,* die Bevölkerung: **~'s front** Volksfront *f;* **~'s republic** Volksrepublik *f* 4. Volk *n,* Nation *f* **II** *v/t* 5. besiedeln, bevölkern **(with** mit)

pep [pep] F **I** s Pep *m,* Schwung *m* **II** *v/t:* **~ up** j-n aufmöbeln: **~ things up** Schwung in den Laden bringen

▶ **pep·per** ['pepə] **I** s Pfeffer *m;* Paprikaschote *f* **II** *v/t* pfeffern, *fig a.* spicken **(with** mit) **'~·box** *Am* → **pepper pot** **'~·corn** s Pfefferkorn *n* **~ mill** s Pfeffermühle *f* **'~·mint I** s 1. BOT Pfefferminze *f* 2. Pfefferminz *n (Bonbon)* **II** *Adj* 3. Pfefferminz… **~ pot** s Pfefferstreuer *m*

pep·per·y ['pepərɪ] *Adj* 1. pfeff(e)rig 2. *fig* hitzig *(Person)*

pep·sin ['pepsɪn] s F Aufputschpille *f* **~ talk** s F aufmunternde Worte *Pl:* **give s.o. a ~** j-m ein paar aufmunternde Worte sagen

pep·tic ['peptɪk] *Adj:* **~ ulcer** MED Magengeschwür *n*

▶ **per** [pɜː] *Präp* 1. per, durch 2. pro, je: **~ annum** pro Jahr; **~ person** pro Person 3. *mst* **as ~** laut, gemäß

per cap·i·ta [pə'kæpɪtə] **I** *Adj* Pro-Kopf-… **II** *Adv* pro Kopf

per·ceive [pə'siːv] *v/t* 1. wahrnehmen 2. begreifen, erkennen

▶ **per cent**, *Br,* **per·cent** *bes Am* [pə'sent] **I** *Adj u. Adv* …prozentig **II** s Prozent *n* **per'cent·age** s 1. Prozentsatz *m;* Teil *m:* **what ~ of …?** wie viel Prozent von …?; **in ~ terms** prozentual (ausgedrückt) 2. **there's no ~ in doing s.th.** F es bringt nichts, etw zu tun

per·cep·ti·ble [pə'septəbl] *Adj* wahrnehmbar, merklich **per·cep·tion** s 1. Wahrnehmung *f* 2. Auffassung(sgabe) *f* **per'cep·tive** *Adj* scharfsinnig

perch¹ [pɜːt∫] s ZOOL (Fluss)Barsch *m*

perch² [-] **I** s 1. (Sitz)Stange *f (für Vögel):* **knock s.o. off his ~** F j-n von s-m Sockel stoßen 2. F hoch gelegener Platz *od* Standort **II** *v/i* 3. **(on)** sich niederlassen (auf *Akk, Dat),* sich setzen (auf *Akk)* *(Vogel)* 4. F hocken **(on** auf *Dat)* **III** *v/t* 5. **~ o.s.** F sich hocken **(on** auf *Akk)*

per·co·late ['pɜːkəleɪt] **I** *v/t* Kaffee filtern, *weit.* S. kochen, machen **II** *v/i* durchsickern *(a. fig),* (Kaffee) durchlaufen **'per·co·la·tor** s Kaffeemaschine *f*

per·cus·sion [pə'kʌ∫n] **I** s 1. Schlag *m,* Stoß *m;* Erschütterung *f* 2. MUS Schlagzeug *n* **II** *Adj* 3. **~ drill** TECH Schlagbohrmaschine *f;* **~ instrument** MUS Schlaginstrument *n;* **~ section** → 2 **per'cus·sion·ist** s Schlagzeuger(in)

per·emp·to·ry [pə'remptərɪ] *Adj* 1. gebieterisch, herrisch 2. kategorisch *(Befehl etc)*

per·en·ni·al [pə'renjəl] *Adj* 1. ewig, immer während 2. BOT mehrjährig

pe·re·stroi·ka [pere'strɔɪkə] s POL Perestroika *f*

▶ **per·fect** ['pɜːfɪkt] **I** *Adj* 1. perfekt: **a)** vollkommen, vollendet: **~ crime** perfektes Verbrechen, **b)** fehler-, makellos 2. gänzlich, vollständig: **~ fool** ausgemachter Narr; **~ nonsense** kompletter Unsinn; **~ strangers** *Pl* wildfremde Leute *Pl* 3. **~ tense** → 4 **II** s 4. LING Perfekt *n:* **~ future** 4, **past** 2, **present** 3 **III** *v/t* [pə'fekt] 5. vervollkommnen, perfektionieren **per·fec·tion** [pə'fek∫n] s 1. Vervollkommnung *f,* Vollendung *f* 2. Vollkommenheit *f,* Perfektion *f:* **to ~** vollkommen, perfekt **per'fec·tion·ism** s Perfektionismus *m* **per'fec·tion·**

ist I Perfektionist(in) II Adj perfektio-
nistisch

per·fid·i·ous [pəˈfɪdɪəs] Adj treulos,
verräterisch **per·fi·dy** [ˈpɜːfɪdɪ] s Treu-
losigkeit f

per·fo·rate [ˈpɜːfəreɪt] v/t 1. durchboh-
ren, -löchern 2. perforieren, lochen
‚per·foˈra·tion s 1. Durchbohrung f,
-löcherung f 2. Perforation f

▸ **per·form** [pəˈfɔːm] I v/t 1. Arbeit,
Dienst etc verrichten, Pflicht, a. Vertrag
erfüllen, MED Operation durchführen
2. Theaterstück etc aufführen, spielen,
a. Konzert geben, Musikstück, Lied
etc vortragen, Kunststück etc vorfüh-
ren, Rolle spielen II v/i 3. ~ well (a.
Sport) e-e gute Leistung zeigen; PÄD
gut abschneiden 4. TECH funktionie-
ren, arbeiten (Maschine etc) 5. THEAT
etc e-e Vorstellung geben, auftreten

▸ **per·form·ance** [pəˈfɔːməns] s 1. Er-
füllung f, Durchführung f 2. MUS,
THEAT Aufführung f, Vorstellung f, Vor-
trag m 3. Leistung f (a. TECH)
per·form·er s Darsteller(in), Künst-
ler(in) **per·form·ing** Adj dressiert
(Tier)

per·fume I s [ˈpɜːfjuːm] 1. Duft m 2.
Parfüm n II v/t [pəˈfjuːm] 3. parfümie-
ren

per·func·to·ry [pəˈfʌŋktərɪ] Adj flüch-
tig (Blick etc), (a. Person) oberflächlich

▸ **per·haps** [pəˈhæps] Adv vielleicht

per·il [ˈperəl] s Gefahr f: be in ~ of one's
life sich in Lebensgefahr befinden; at
one's ~ auf eigene Gefahr 'per·il·ous
Adj gefährlich

▸ **pe·ri·od** [ˈpɪərɪəd] I s 1. Periode f,
Zeit(dauer f, -raum m, -spanne f) f,
Frist f: for a ~ of für die Dauer von
2. Zeit(alter n) f, Epoche f 3. PHYSIOL
Periode f 4. PÄD (Unterrichts)Stunde f
5. LING bes Am Punkt m II Adj 6. zeit-
genössisch, historisch; Stil…: ~ furni-
ture Stilmöbel Pl **pe·ri·od·ic**
[ˌ·ˈɒdɪk] Adj (~ally) periodisch, regel-
mäßig wiederkehrend ‚pe·ri·od·i·cal
I Adj → periodic II s Zeitschrift f

pe·riph·er·al [pəˈrɪfərl] s COMPUTER Peri-
pheriegerät n **pe·riph·er·y** [pəˈrɪfərɪ]
s Peripherie f, a. fig Rand m: on the ~
of the town am Stadtrand

per·i·scope [ˈperɪskəʊp] s Periskop n,
Sehrohr n

▸ **per·ish** [ˈperɪʃ] I v/i 1. umkommen: be
~ing (with cold) F vor Kälte umkom-
men 2. brüchig werden, verschleißen
(Material), schlecht werden, verderben
(Lebensmittel) II v/t 3. be ~ed (with
cold) F ganz durchgefroren sein 'perish·a·ble Adj leicht verderblich 'per-
ish·ing Adj F saukalt

per·i·to·ni·tis [ˌperɪtəʊˈnaɪtɪs] s MED
Bauchfellentzündung f

per·jure [ˈpɜːdʒə] v/t: ~ o.s. e-n Meineid
leisten 'per·ju·ry s Meineid m: commit
~ → perjure

perk¹ [pɜːk] F I v/t → percolate I II v/i
durchlaufen (Kaffee)

perk² [-] F I v/t: ~ up j-n aufmöbeln II
v/i: ~ up aufleben

perk³ [-] F mst ~s Pl Vergünstigungen
Pl, Extras Pl

▸ **perk·y** [ˈpɜːkɪ] Adj F 1. munter, lebhaft
2. keck, selbstbewusst

▸ **perm** [pɜːm] F I s Dauerwelle f: give
s.o. a ~ → II II v/t: ~ s.o.'s hair j-m
e-e Dauerwelle machen

per·ma·nence [ˈpɜːmənəns] s Beständ-
igkeit f, Dauerhaftigkeit f

▸ **per·ma·nent** [ˈpɜːmənənt] I Adj be-
ständig, dauerhaft, Dauer…: ~ ad-
dress ständiger Wohnsitz; ~ wave
Dauerwelle f II s Am Dauerwelle f

per·me·a·ble [ˈpɜːmjəbl] Adj durchläss-
ig (to für) **per·me·ate** [ˈ·mɪeɪt] I v/t
durchdringen (a. fig) II v/i dringen
(into in Akk; through durch)

per·mis·si·ble [pəˈmɪsəbl] Adj zulässig,
statthaft, erlaubt

▸ **per·mis·sion** [pəˈmɪʃn] s Erlaubnis f:
by ~ of mit Genehmigung (Gen); with-
out ~ unerlaubt, unbefugt; ask s.o.'s ~,
ask s.o. for ~ j-n um Erlaubnis bitten;
give s.o. ~ to do s.th. j-m die Erlaubnis
geben od j-m erlauben, etw zu tun
per·mis·sive [-sɪv] Adj liberal; (sexu-
ell) freizügig: ~ society tabufreie Ge-
sellschaft

▸ **per·mit** [pəˈmɪt] I v/t 1. etw erlauben,
gestatten: not ~ted a. verboten; ~
s.o. to do s.th. j-m erlauben, etw zu
tun II v/i 2. es erlauben od gestatten:
weather (time) ~ting wenn es das Wet-
ter (die Zeit) erlaubt 3. ~ of etw zulas-
sen III s [ˈpɜːmɪt] 4. Genehmigung f:
work ~ Arbeitsgenehmigung f

per·ni·cious [pəˈnɪʃəs] Adj schädlich

per·nick·et·y [pəˈnɪkətɪ] *Adj F* **1.** pingelig, pedantisch **2.** kitz(e)lig (*Angelegenheit etc*)

per·pen·dic·u·lar [ˌpɜːpənˈdɪkjʊlə] **I** *Adj* senkrecht, rechtwink(e)lig (**to** zu) **II** *s* Senkrechte *f*

per·pe·trate [ˈpɜːpɪtreɪt] *v/t Verbrechen etc* begehen, verüben; *hum Buch etc* verbrechen '**per·pe·tra·tor** *s* Täter(in); Verursacher(in)

per·pet·u·al [pəˈpetʃʊəl] *Adj* fortwährend, ständig, ewig **per'pet·u·ate** [-eɪt] *v/t* verewigen **per·pe·tu·i·ty** [ˌpɜːpɪˈtjuːətɪ] *s*: **in ~** auf ewig

per·plex [pəˈpleks] *v/t* verwirren, verblüffen; **~ed** *a.* perplex **per'plex·i·ty** *s* Verwirrung *f*, Verblüffung *f*

per·qui·site [ˈpɜːkwɪzɪt] *s* → **perk³**

per·se·cute [ˈpɜːsɪkjuːt] *v/t* **1.** *bes* POL, REL verfolgen **2.** belästigen ˌ**per·se·'cu·tion** *s* **1.** Verfolgung *f*: **~ complex** (*od* **mania**) PSYCH Verfolgungswahn *m* **2.** Belästigung

per·se·ver·ance [ˌpɜːsɪˈvɪərəns] *s* Ausdauer *f*, Beharrlichkeit *f* **per·se·vere** [ˌ-ˈvɪə] *v/i* beharrlich weitermachen (**at, in, with** mit) ˌ**per·se'ver·ing** *Adj* ausdauernd, beharrlich

Per·sian [ˈpɜːʃn] **I** *Adj* **1.** persisch: **~ carpet** Perser(teppich) *m*; **the ♀ Gulf** der Persische Golf **II** *s* **2.** Perser(in) **3.** LING Persisch *n*

per·sist [pəˈsɪst] *v/i* **1. ~ in doing s.th.** etw unbedingt tun wollen; darauf bestehen, etw zu tun; etw auch *od* noch weiterhin tun **2. ~** hartnäckig *od* unbeirrt fortfahren mit **3.** anhalten, fortdauern **per'sist·ence** *s* **1.** Hartnäckigkeit *f*, Unbeirrtheit *f* **2.** Fortdauer *f* **per'sist·ent** *Adj* **1.** unbeirrt (*Person*), (*a. Gerücht etc*) hartnäckig **2.** anhaltend, fortdauernd

per·snick·e·ty [pəˈsnɪkətɪ] *Am* → **pernickety**

▸ **per·son** [ˈpɜːsn] *s* Person *f* (*a.* LING), Mensch *m*: **in ~** persönlich '**per·sona·ble** *Adj* von sympathischem *od* angenehmem Äußeren '**per·son·age** *s* (bedeutende *od* prominente) Persönlichkeit

▸ **per·son·al** [ˈpɜːsnəl] *Adj* **1.** persönlich, Personal...: **personal column** (*Zeitung*) Persönliches *n*; ▸ **personal computer** Personalcomputer *m*; **per**sonal file** Personalakte *f*; **personal pronoun** LING Personalpronomen *n*, persönliches Fürwort; **personal stereo** Walkman® *m* **2.** persönlich, privat (*Angelegenheit etc*): **personal questions** (**problems**) persönliche Fragen (Probleme) **3.** äußer, körperlich: **personal hygiene** Körperpflege *f* **4.** persönlich, anzüglich (*Bemerkung etc*): **get personal** persönlich werden **per·son·al·i·ty** [ˌpɜːsəˈnælətɪ] *s* **1.** Persönlichkeit *f* (*a. e-s Menschen*): **~ cult** Personenkult *m* **2.** *Pl* persönliche *od* anzügliche Bemerkungen *Pl*, Persönliches *n* **per·son·i·fi·ca·tion** [pəˌsɒnɪfɪˈkeɪʃn] *s* Personifizierung *f* **per'soni·fy** [ˌ-faɪ] *v/t* personifizieren: **be avarice personified** die Habgier in Person sein **per·son·nel** [ˌpɜːsəˈnel] *s* **1.** Personal *n*, Belegschaft *f*: **~ manager** Personalchef(in) **2.** die Personalabteilung

per·spec·tive [pəˈspektɪv] *s* Perspektive *f* (*a. fig*): **in ~** perspektivisch richtig; *fig* in *od* aus der richtigen Perspektive; **the houses are out of ~** bei den Häusern stimmt die Perspektive nicht

per·spex® [ˈpɜːspeks] *s Br* Plexiglas® *n*

per·spi·ra·tion [ˌpɜːspəˈreɪʃn] *s* **1.** Transpirieren *n*, Schwitzen *n* **2.** Schweiß *m* **per·spire** [pəˈspaɪə] *v/i* transpirieren, schwitzen

▸ **per·suade** [pəˈsweɪd] *v/t* **1.** *j-n* überreden (**into doing, to do** zu tun): **~ s.o. out of s.th.** j-m etw ausreden **2.** *j-n* überzeugen (**of** von; **that** [davon,] dass) **per·sua·sion** [pəˈsweɪʒn] *s* **1.** Überredung *f* **2.** *a.* **powers** *Pl* **of ~** Überredungskunst *f* **3.** Überzeugung *f*: **be of the ~ that** der Überzeugung sein, dass **per'sua·sive** [-sɪv] *Adj* überzeugend

pert [pɜːt] *Adj* keck (*a. Hut etc*), kess

per·tain [pəˈteɪn] *v/i*: **~ to s.th.** etw betreffen; zu etw gehören

per·ti·na·cious [ˌpɜːtɪˈneɪʃəs] *Adj* **1.** hartnäckig, zäh **2.** beharrlich

per·ti·nent [ˈpɜːtɪnənt] *Adj* relevant (**to** für); sachdienlich

per·turb [pəˈtɜːb] *v/t* beunruhigen

Pe·ru [pəˈruː] *Eigenn* Peru *n*

pe·ruse [pəˈruːz] *v/t* sorgfältig durchlesen

Pe·ru·vian [pəˈruːvjən] **I** *Adj* peruanisch **II** *s* Peruaner(in)

P

per·vade [pə'veɪd] v/t durchdringen, erfüllen

per·verse [pə'vɜːs] Adj 1. eigensinnig, querköpfig 2. pervers, widernatürlich **per'ver·sion** s 1. Pervertierung f; Verdrehung f, Entstellung f 2. Perversion f **per'ver·si·ty** s 1. Eigensinn m, Querköpfigkeit f 2. Perversität f

per·vert I v/t [pə'vɜːt] pervertieren; verdrehen, entstellen: **~ the course of justice** das Recht beugen II s ['pɜːvɜːt] perverser Mensch

pes·ky ['peskɪ] Adj bes Am F lästig

pes·sa·ry ['pesərɪ] s MED Pessar n

pes·si·mism ['pesɪmɪzəm] m Pessimismus m **'pes·si·mist** s Pessimist(in) f, **,pes·si'mis·tic** (**~ally**) pessimistisch

pest [pest] s 1. Schädling m: **~ control** Schädlingsbekämpfung f 2. F Nervensäge f; Plage f **'pes·ter** v/t F j-n belästigen (**with** mit), j-m keine Ruhe lassen (**for** wegen), j-n drängeln (**to do** zu tun): **~ s.o. into doing s.th.** j-n so lange quälen, bis er etw tut

pest·i·cide ['pestɪsaɪd] s Schädlingsbekämpfungsmittel n

▸ **pet** [pet] I s 1. Heimtier n 2. a) oft pej Liebling m, b) Schatz m II Adj 3. Lieblings...: **~ name** Kosename m 4. Tier...: **~ food** Tiernahrung f; **~ shop** Tierhandlung f, Zoogeschäft n III v/t 5. streicheln IV v/i 6. F Petting machen

pet·al ['petl] s BOT Blütenblatt n

pe·ter ['piːtə] v/i: **~ out** versickern (Bach etc), allmählich zu Ende gehen (Vorräte etc), versanden (Unterhaltung etc), sich verlieren (Erinnerung etc), sich totlaufen (Verhandlungen)

pe·tite [pə'tiːt] Adj zierlich (Frau)

pe·ti·tion [pə'tɪʃn] I s Eingabe f, Gesuch n, (schriftlicher) Antrag m: **~ for divorce** JUR Scheidungsklage f II v/t ersuchen (**for** um; **to do** zu tun) III v/i einkommen, nachsuchen (**for** um): **~ for divorce** JUR die Scheidung einreichen **pe'ti·tion·er** s Antragsteller(in) f, JUR Kläger(in) f (im Scheidungsprozess)

pet·ri·fy ['petrɪfaɪ] I v/t: **petrified with horror** vor Entsetzen wie versteinert, starr od wie gelähmt vor Entsetzen: **be petrified of** panische Angst haben vor (Dat) II v/i versteinern, fig a. sich versteinern

▸ **pet·rol** ['petrəl] Br I s Benzin n II Adj Benzin...: **~ bomb** Molotowcocktail m; **~ coupon** Benzingutschein m; **~ pump** Benzinpumpe f; Tank-, Zapfsäule f; **~ station** Tankstelle f

pe·tro·le·um [pə'trəuljəm] s Erdöl n

pet·ti·coat ['petɪkəut] s Unterrock m

pet·ti·fog·ging ['petɪfɒgɪŋ] Adj 1. kleinlich, pedantisch 2. belanglos, unwichtig

pet·ting ['petɪŋ] s F Petting n

pet·ty ['petɪ] Adj 1. belanglos, unbedeutend, (Vergehen) geringfügig: **~ cash** Portokasse f 2. engstirnig

pet·u·lant ['petjulənt] Adj kindisch, bockig

pew [pjuː] s 1. (Kirchen)Bank f 2. Br F (Sitz)Platz m: **take a ~** sich setzen

pew·ter ['pjuːtə] s Zinn n

pH [,piː'eɪtʃ] s a. **~ factor, ~ value** pH-Wert m **,~'bal·anced** Adj pH-neutral

pha·lanx ['fælæŋks] Pl **-lanx·es, -lan·ges** [fæ'lændʒiːz] s 1. Phalanx f 2. ANAT Finger- od Zehenglied n

phal·li ['fælaɪ] Pl von **phallus**

phal·lic ['fælɪk] Adj phallisch: **~ symbol** Phallussymbol n

phal·lus ['fæləs] Pl **-li** ['-laɪ] s Phallus m

phan·tom ['fæntəm] I s 1. Phantom n, Trugbild n 2. Geist m (e-s Verstorbenen) II Adj 3. **~** (limb) pain Phantomschmerz m

phar·i·see ['færɪsiː] s Pharisäer(in) f

phar·ma·ceu·ti·cal [,fɑːmə'sjuːtɪk] Adj pharmazeutisch: **~ industry** Pharmaindustrie f

▸ **phar·ma·cist** ['fɑːməsɪst] s 1. Pharmazeut(in) f 2. Apotheker(in) f **'phar·ma·cy** s 1. Pharmazeutik f, Pharmazie f 2. Apotheke f

phar·yn·gi·tis [,færɪn'dʒaɪtɪs] s MED Rachenkatarr(h) m

phase [feɪz] I s 1. allg Phase f: **~s Pl of the moon** Mondphasen Pl II v/t 2. schritt- od stufenweise planen od durchführen; **~d** schritt-, stufenweise; **~ in** schritt- od stufenweise einführen; **~ out** auslaufen lassen

PhD [piːeɪtʃ'diː] Abk (= **Doctor of Philosophy**) Dr.

pheas·ant ['feznt] s ORN Fasan m

phe·nom·e·na [fə'nɒmɪnə] Pl von **phenomenon** **phe'nom·e·nal** [-nl] Adj phänomenal **phe'nom·e·non**

P

[ˌnən] *Pl* **-na** [ˌnə] *s allg* Phänomen *n*

phew [fjuː] *Interj* puh!

phi·al [ˈfaɪəl] *s* (Arznei)Fläschchen *n*

phil·an·throp·ic [ˌfɪlənˈθrɒpɪk] *Adj* (**~ally**) philanthropisch, menschenfreundlich **phi·lan·thro·pist** [frˈlænθrəpɪst] *s* Philanthrop(in), Menschenfreund(in) **phi'lan·thro·py** *s* Philanthropie *f*, Menschenliebe(keit *f*

phil·a·tel·ic [ˌfɪləˈtelɪk] *Adj* (**~ally**) philatelistisch **phi·lat·e·list** [frˈlætəlɪst] *s* Philatelist(in)

phil·har·mon·ic [ˌfɪlɑːˈmɒnɪk] *Adj* philharmonisch

Phil·ip·pines [ˈfɪlɪpiːnz] *Eigenn Pl* die Philippinen *Pl*

Phil·lips screw·driv·er [ˈfɪlɪps] *s* TECH Kreuzschlitzschraubenzieher *m*

phi·lis·tine [ˈfɪlɪstaɪn] *s* Spießer(in), Banause *m*, Banausin *f*

phil·o·log·i·cal [ˌfɪləˈlɒdʒɪkl] *Adj* philologisch **phi·lol·o·gist** [frˈlɒlədʒɪst] *s* Philologe *m*, -login *f* **phi'lol·o·gy** *s* Philologie *f*

phi·los·o·pher [frˈlɒsəfə] *s* Philosoph(in) **phil·o·soph·i·cal** [ˌfɪləˈsɒfɪkl] *Adj* philosophisch, *fig a.* abgeklärt, gelassen **phi·los·o·phize** [frˈlɒsəfaɪz] *v/i* philosophieren (*about*, *on* über *Akk*) **phi'los·o·phy** *s* Philosophie *f*, *fig a.* (Welt)Anschauung *f*

phlegm [flem] *s* **1.** PHYSIOL Schleim *m* **2.** *fig* Phlegma *n* **phleg·mat·ic** [flegˈmætɪk] *Adj* (**~ally**) phlegmatisch

pho·bi·a [ˈfəʊbjə] *s* PSYCH Phobie *f*, krankhafte Angst (*about* vor *Dat*)

▶ **phone** [fəʊn] **I** *s* **1.** Telefon *n*: *by phone* telefonisch; *be on the phone* Telefon(anschluss) haben; *am Telefon sein* **2.** Hörer *m* **II** *v/i* **3.** telefonieren, anrufen: *phone back* zurückrufen **III** *v/t* **4.** *a. phone up* anrufen; → *Info bei* **telefonieren IV** *Adj* **5.** Telefon...:
▶ *phone book* Telefonbuch *n*;
▶ *phone booth* (*Br box*) Telefonzelle *f*; ▶ *phone call* Anruf *m*, Gespräch *n*; ▶ *phonecard* Telefonkarte *f*; ▶ *phone number* Telefonnummer *f* '**~·in** *s* RUNDFUNK, TV *Br* Sendung *f* mit telefonischer Teilnahme der Zuhörer- *od* Zuschauerbeteiligung

pho·neme [ˈfəʊniːm] *s* LING Phonem *n*

pho·net·ic [fəʊˈnetɪk] **I** *Adj* (**~ally**) phonetisch: **~** *character* (*od* **symbol**)

Lautzeichen *n*; **~** *transcription* Lautschrift *f* **II** *s* **~s** *Sg* Phonetik *f*

pho·n(e)y [ˈfəʊnɪ] F **I** *Adj* **1.** falsch: **a)** gefälscht (*Geld, Pass etc*), **b)** unecht (*Schmuck, Gefühle etc*), **c)** erfunden (*Geschichte etc*), faul (*Sache, Entschuldigung etc*), Schein..., Schwindel... (*-firma etc*), **d)** verlogen (*Moral etc*) **II** *s* **2.** Fälschung *f* **3.** Schwindler(in)

phos·phate [ˈfɒsfeɪt] *s* CHEM Phosphat *n* **~-free** *Adj* phosphatfrei

phos·pho·res·cent [ˌfɒsfəˈresnt] *Adj* phosphoreszierend

phos·pho·rus [ˈfɒsfərəs] *s* CHEM Phosphor *m*

pho·to [ˈfəʊtəʊ] *Pl* **-tos** *s* F Foto *n*, Bild *n*: *in the* **~** auf dem Foto; *take a* **~** ein Foto machen (*of* von); **~** *album* Fotoalbum *n*; **~** *safari* Fotosafari *f* '**~·cell** *s* ELEK Photozelle *f*, Fotozelle *f* '**~·cop·i·er** *s* Fotokopierer *m*, -kopiergerät *n* '**~·cop·y I** *s* Fotokopie *f*: *make* (*od take*) *a* **~** *of* e-e Fotokopie machen von **II** *v/t* fotokopieren **~·fin·ish** *s* SPORT Fotofinish *n* **2·fit®** *s* Phantombild *n*

pho·to·gen·ic [ˌfəʊtəʊˈdʒenɪk] *Adj* (**~ally**) fotogen

▶ **pho·to·graph** [ˈfəʊtəɡrɑːf] **I** *s* Fotografie *f*, Aufnahme *f*: *in the* **~** auf der Fotografie; *take a* **~** e-e Aufnahme machen (*of* von) **II** *v/t* fotografieren **III** *v/i* sich *gut etc* fotografieren (lassen)

▶ **pho·tog·ra·pher** [fəˈtɒɡrəfə] *s* Fotograf(in) **pho·to·graph·ic** [ˌfəʊtəˈɡræfɪk] *Adj* (**~ally**) fotografisch: **~** *studio* Fotostudio *n*

▶ **pho·tog·ra·phy** [fəˈtɒɡrəfɪ] *s* Fotografie *f* (*Verfahren etc*)

'**pho·to**|**·sen·si·tive** *Adj* lichtempfindlich '**~·syn·the·sis** *s* BIOL Photosynthese *f*, Fotosynthese *f*

phras·al [ˈfreɪzl] *Adj*: **~** *verb* LING Verb in Verbindung mit e-m *Adverb u./od* e-r *Präposition*

phrase [freɪz] **I** *s* **1.** LING Phrase *f*, Satzteil *m* **2.** (Rede)Wendung *f*, Redensart *f* **3.** *pej* Phrase *f*: *empty* **~s** *Pl* leere Phrasen *Pl* **II** *v/t* **4.** ausdrücken, formulieren '**~·book** *s* Sprachführer *m*

phra·se·ol·o·gy [ˌfreɪzɪˈɒlədʒɪ] *s* Ausdrucksweise *f*, Sprache *f*, Jargon *m*

phut [fʌt] *Adv*: *go* **~** F kaputtgehen (*a. fig Ehe etc*); *fig* platzen (*Pläne etc*)

▶ **phys·i·cal** [ˈfɪzɪkl] **I** *Adj* (→ *physi-*

cally) 1. physisch, körperlich: ~ *education* Sport m; ~ *examination* → 3; ~ *handicap* Körperbehinderung f; ~ *jerks Pl Br* F Gymnastik f; ~ *strength* Körperkraft f **2.** physikalisch **II** s **3.** ärztliche Untersuchung **phys·i·cal·ly** ['-kəlɪ] *Adv* → *physical*: ~ *handicapped* körperbehindert; ~ *impossible* F völlig unmöglich **phy·si·cian** [fɪ'zɪʃn] s Arzt m, Ärztin f **phys·i·cist** ['-sɪst] s Physiker(in)

▶ **phys·ics** ['fɪzɪks] s Pl (mst Sg konstruiert) Physik f

phys·i·og·no·my [ˌfɪzɪ'ɒnəmɪ] s Physiognomie f, Gesichtsausdruck m

phys·i·o·log·i·cal [ˌfɪzɪə'lɒdʒɪkl] Adj physiologisch **phys·i·ol·o·gy** [ˌ-'ɒlədʒɪ] s Physiologie f

phys·i·o·ther·a·py [ˌfɪzɪəʊ'θerəpɪ] s Physiotherapie f

phy·sique [fɪ'zi:k] s Körperbau m, Statur f

pi·an·ist ['pɪənɪst] s Pianist(in)

▶ **pi·an·o** [pɪ'ænəʊ] Pl **-os** s MUS Klavier n

▶ **pick** [pɪk] **I** s **1.** (Spitz)Hacke f, Pickel m **2.** (Zahn)Stocher m **3.** (Aus)Wahl f: *have one's ~ of* auswählen können aus; *take one's ~* sich etw aussuchen; *the ~ of the bunch* das (Aller)Beste, das Beste vom Besten **II** v/t **4.** (auf)hacken, (-)picken: → *hole* 1 **5.** Körner aufpicken; auflesen; (auf)sammeln; *Blumen, Obst* pflücken **6.** Knochen abnagen; *Am Hühner etc* rupfen: → *bone* 1 **7.** ~ *one's nose* in der Nase bohren, popeln; ~ *one's teeth* in den Zähnen (herum)stochern **8.** *Schloss* mit e-m Dietrich *etc* öffnen, knacken **9.** *Streit* vom Zaun brechen (*with* mit) **10.** (aus)wählen, aussuchen: ~ *one's way (od steps)* sich s-n Weg suchen, mit vorsichtigen Schritten gehen (*through* durch); ~ *a winner* f-g das große Los ziehen; ~ *one's words* s-e Worte genau wählen **11.** zerpflücken, -reißen: → *piece* 1 **III** v/i **12.** ~ *and choose* wählerisch sein; sich bei der Auswahl Zeit lassen *Verbindungen mit Präpositionen:*

pick| at v/i **1.** ~ *one's food* im Essen herumstochern **2.** herumnörgeln an (*Dat*); herumhacken auf (*Dat*) ~ **on** v/i **1.** → *pick at* 2 **2.** j-n (*für etw Unangenehmes*) aussuchen

Verbindungen mit Adverbien:

pick| out v/t **1.** (sich) etw auswählen **2.** ausmachen, erkennen ▶ **pick up I** v/t **1.** aufheben, -lesen: *pick o.s. up* sich aufrappeln **2.** F *Passagiere* aufnehmen; j-n abholen **3.** F *Mädchen* aufgabeln; *Anhalter* mitnehmen; sich *e-e Krankheit* holen *od* einfangen **4.** *Funkspruch etc* auffangen **5.** *Kenntnisse, Informationen etc* aufschnappen **6.** zunehmen an (*Dat*): ~ *speed* schneller werden **II** v/i **7.** sich (wieder) erholen (*a.* WIRTSCH) **8.** stärker werden (*Wind etc*)

pick·a·back ['pɪkəbæk] **I** Adv huckepack: *carry s.o.* ~ → **II** **II** s: *give s.o. a* ~ j-n huckepack tragen

'**pick·ax(e)** → *pick* 1

'**pick·er** ['pɪkə] s Pflücker(in)

pick·et ['pɪkɪt] **I** s **1.** Pfahl m **2.** Streikposten m: ~ *line* Streikpostenkette f **II** v/t **3.** Streikposten aufstellen vor (*Dat*), durch Streikposten blockieren **III** v/i **4.** Streikposten stehen

pick·ings ['pɪkɪŋz] s Pl Ausbeute f: *there are easy ~ in this job* in diesem Job kann man leicht ein paar Euro (dazu)verdienen

pick·le ['pɪkl] **I** s **1.** Salzlake f; Essigsoße f **2.** a) *Am* Essig-, Gewürzgurke f, **b)** mst Pl Pickles Pl: ~ *mixed* **3.** *be in a (pretty)* ~ F (ganz schön) in der Patsche sein *od* stecken **II** v/t **4.** GASTR einlegen '**pick·led** Adj **1.** eingelegt **2.** F blau (*betrunken*)

'**pick|·lock** s **1.** Einbrecher(in) **2.** Dietrich m '~**·me-up** s F Muntermacher m, Anregungsmittel n '~**·pock·et** s Taschendieb(in) '~**·up** s **1.** Tonabnehmer m, Pick-up m (*am Plattenspieler*): ~ *arm* Tonarm m **2.** a. ~ *truck* kleiner Lieferwagen, Kleintransporter m **3.** F (Zufalls)Bekanntschaft f **4.** MOT F Beschleunigung(svermögen n) f

pick·y ['pɪkɪ] Adj F heikel, wählerisch: *be a very ~ eater* beim Essen sehr heikel sein

pic·nic ['pɪknɪk] **I** s Picknick n: *go on (od for) a ~ in the country* zum Picknick aufs Land fahren; *have a ~* Picknick machen; *it's no ~* F es ist kein Honiglecken (*doing* zu tun) **II** v/i Prät u. Part Perf **-nicked** picknicken

pic·to·gram ['pɪktəgræm] s Piktogramm n

P

pic·to·ri·al [pɪkˈtɔːrɪəl] **I** *Adj* **1.** bebildert, illustriert: **~** *report* Bildbericht *m* **2.** bildhaft (*Sprache etc*) **II** *s* **3.** Illustrierte *f*

▸ **pic·ture** [ˈpɪktʃə] *I* *s* **1.** Bild *n* (*a. TV*): **a)** Abbildung *f*, Illustration *f*: *in the* **~** auf dem Bild, **b)** Gemälde *n*: (*as*) *pretty as a* **~** sehr hübsch; *be a* **~** e-e Pracht *od* ein Gedicht sein; *be the* **~** *of health* aussehen wie das blühende Leben; *his face was a* **~** du hättest sein Gesicht sehen sollen; → *paint* 1, **c)** FOTO Aufnahme *f*: *take a* **~** e-e Aufnahme machen (*of* von), **d)** *fig* Vorstellung *f*: *be in* (*out of*) *the* **~** (nicht) im Bild sein; *put in the* **~** ins Bild setzen; *get the* **~**? F kapiert? **2. a)** Film *m*, **b)** *Pl bes Br* Kino *n*: *go to the* **~s** ins Kino gehen **II** *v/t* **3.** darstellen, malen **4.** *fig* sich j-n, etw vorstellen (*as* als) **~** *book s* Bilderbuch *n* **~** *card s* Kartenspiel: Bild(karte *f*) *n* **~** *frame s* Bilderrahmen *m* **~** *gal·ler·y s* Gemäldegalerie *f* **~** *post·card s* Ansichtskarte *f*

pic·tur·esque [ˌpɪktʃəˈresk] *Adj* malerisch

pid·dle [ˈpɪdl] *F* **I** *v/i* pinkeln, (*Kind*) Pipi machen **II** *v/t:* **~** *away* Zeit vertrödeln **ˈpid·dling** *Adj* F unwichtig

pidg·in Eng·lish [ˈpɪdʒɪn] *s* Pidginenglisch *n*

▸ **pie** [paɪ] *s* GASTR Pie *f*: **a)** (*Fleisch- etc*) Pastete *f*, **b)** (*meist gedeckter*) (*Apfeletc*)Kuchen *m*: (*as*) *easy as a* **~** F kinderleicht; → *finger* I, *humble* I

▸ **piece** [piːs] *I* *s* **1.** Stück *n*: **~** *of cake* Stück Kuchen; *fig* F Kinderspiel *n*; *a* **~** das *od* pro Stück (*beim Preis*); **~** *by* **~** Stück für Stück; *by the* **~** stückweise; *in* **~s** entzwei, kaputt; (*all*) *in one* **~** F ganz, unbeschädigt; heil, unverletzt; *fall to* **~s** zerbrechen, entzweigehen; *go to* **~s** F zs.-brechen (*Person*); *pull* (*od pick*, *tear*) *to* **~s** in Stücke reißen; *fig* Äußerung *etc* zerpflücken; → *advice* 1, *furniture*, *mind* 4, *news* 2. Teil *n* (*e-r Maschine etc*): *take to* **~s** auseinander nehmen, zerlegen **3.** Teil *m* (*e-s Services etc*): *a 30-***~** *service* ein 30-teiliges Service **4.** (*Geld*)Stück *n*, Münze *f* **5.** (*Schach*) Figur *f*; (*Dame etc*) Stein *m* **6.** (*Zeitungs*)Artikel *m* **II** *v/t* **7.** **~** *together* zs.-stücke(l)n; *fig* zs.-fügen **ˈ~·meal** *I* *Adv* **1.** schrittweise

II *Adj* **2.** schrittweise **3.** unsystematisch **ˈ~·work** *s* Akkordarbeit *f:* *be on* (*od do*) **~** im Akkord arbeiten

pie| chart *s* Torten-, Kreisdiagramm *n* **ˌ~·'eyed** *Adj* F blau (*betrunken*)

pier [pɪə] *s* **1.** Pier *m*, SCHIFF *a. f*, Landungsbrücke *f*, -steg *m* **2.** (*Brücken-etc*)Pfeiler *m*

pierce [pɪəs] *v/t* **1.** durchbohren, -stoßen: **~** *s.o.'s ears* j-m die Ohren durchstechen **2.** *fig* durchdringen: *a cry* **~***d the silence* ein Schrei zerriss die Stille **'pierc·ing** *Adj* durchdringend, (*Kälte etc a.*) schneidend, (*Blick*, *Schmerz etc a.*) stechend, (*Schrei a.*) gellend

pi·e·ty [ˈpaɪətɪ] *s* Frömmigkeit *f*

pif·fle [ˈpɪfl] *s* F Quatsch *m* **'pif·fling** *Adj* F albern

▸ **pig** [pɪg] *s* **1.** Schwein *n*: *buy a* **~** *in a poke* *fig* die Katze im Sack kaufen; *make a* **~'***s ear of s.th.* *Br sl* etw vermasseln **2.** F *pej* Schwein *n*; Fresssack *m* **3.** *sl* Bulle *m* (*Polizist*)

▸ **pi·geon** [ˈpɪdʒɪn] *s* ORN Taube *f* **'~·hole I** *s* **1.** (*Ablege*)Fach *n*: *put in* **~s** → **3 II** *v/t* **2.** (*in Fächern*) ablegen **3.** *fig* einordnen, klassifizieren **4.** *fig* zurückstellen **'~·toed** *Adv:* *walk* **~** über den großen Onkel gehen

pig·gish [ˈpɪgɪʃ] *Adj* schweinisch; gefräßig

pig·gy [ˈpɪgɪ] **I** *s* **1.** *Kindersprache:* Schweinchen *n* **II** *Adj* **2.** Schweins...: **~** *eyes* **3.** gefräßig (*bes Kind*) **'~·back** → *pickaback* **~** *bank s* Sparschwein *n* **ˌpig'head·ed** *Adj* dickköpfig, stur **ˈ~·i·ron** *s* Roheisen *n*

pig·let [ˈpɪglɪt] *s* Ferkel *n*, Schweinchen *n*

pig·ment [ˈpɪgmənt] *s* Pigment *n*

pig·my → *pygmy*

pig| pen *bes Am* → *pigsty* **'~·skin** *s* Schweinsleder *n* **'~·sty** *s* Schweinestall *m*, *fig a.* Saustall *m* **'~·tail** *s* Zopf *m*

pike¹ [paɪk] *Pl bes Koll* **pikes** *s* FISCH Hecht *m*

pike² [-] → *turnpike*

'pike·staff *s:* (*as*) *plain as a* **~** deutlich sichtbar; *fig* sonnenklar

▸ **pile¹** [paɪl] *I* *s* **1.** Stapel *m*, Stoß *m* **2.** Scheiterhaufen *m* **3.** Gebäude(komplex *m*) *n* **4.** (*Atom*)Reaktor *m* **5.** **~s** (*od a* **~**) *of ...* F ein Haufen ..., e-e *od* jede Menge ... **6.** *a* **~** (*of money*)

F e-e Menge Geld: **make a** (*od* **one's**) **~** (**from**) e-e Menge Geld machen (bei), sich gesundstoßen (an *Dat*, mit) **II** *v/t* **7.** *a.* **~ up** (an-, auf)häufen, (auf)stapeln: **~ it on** F dick auftragen **8.** laden, aufhäufen (**on, onto** auf *Akk*); überhäufen, -laden (**with** mit) **III** *v/i* **9.** *mst* **~ up** sich (*auf od* an)häufen, sich ansammeln (*beide a. fig*) **10.** F (sich) drängen (**into** in *Akk*): **~ in** (sich) hinein- *od* hereindrängen **11.** **~ up** MOT F aufeinander auffahren

pile² [_] *s* Pfahl *m*

piles [paɪlz] *s Pl* MED Hämorr(ho)iden *Pl*

'**pile-up** *s* MOT F Massenkarambolage *f*

pil·fer ['pɪlfə] *v/t u. v/i* stehlen, klauen

'**pil·fer·er** *s* Dieb(in)

pil·grim ['pɪlgrɪm] *s* Pilger(in), Wallfahrer(in): **the ♀ Fathers** *Pl hist* die Pilgerväter *Pl* '**pil·grim·age I** *s* Pilger-, Wallfahrt *f*: **go on** (*od* **make**) **a ~** e-e Pilgerfahrt *od* Wallfahrt machen **II** *v/i* pilgern, wallfahr(t)en

▸ **pill** [pɪl] *s* **1.** Pille *f*, Tablette *f*: **a bitter ~** (**for s.o.**) **to swallow** *fig* e-e bittere Pille (für j-n); **gild** (*od* **sugar, sweeten**) **the ~** *fig* die bittere Pille versüßen **2. the ~** F die (*Antibaby*)Pille: **be on the ~** die Pille nehmen

pil·lage ['pɪlɪdʒ] **I** *v/t u. v/i* plündern **II** *s* Plünderung *f*

pil·lar ['pɪlə] *s* Pfeiler *m*; Säule *f* (*a. fig*): **from ~ to post** *fig* von Pontius zu Pilatus **~ box** *f Br* Briefkasten *m*

pil·lion ['pɪljən] **I** *s* MOT Sozius(sitz) *m* **II** *Adv*: **ride ~** auf dem Sozius(sitz) (mit)fahren

pil·lo·ry ['pɪlərɪ] **I** *s hist* Pranger *m* **II** *v/t hist* an den Pranger stellen; *fig* anprangern

▸ **pil·low** ['pɪləʊ] **I** *s* (Kopf)Kissen *n* **II** *v/t bes Kopf* betten (**on** auf *Akk*) '**~·case** *s* (Kopf)Kissenbezug *m* **~ fight** *s* Kissenschlacht *f* **~ slip → pillowcase ~ talk** *s* Bettgeflüster *n*

pi·lot ['paɪlət] **I** *s* **1.** FLUG Pilot(in): **auto·matic ~** Autopilot *m*; **~'s licence** (*Am* **license**) Flug-, Pilotenschein *m* **2.** SCHIFF Lotse *m*, Lotsin *f* **II** *v/t* **3.** FLUG steuern, fliegen **4.** SCHIFF lotsen *fig a.* führen, leiten **III** *Adj* **5.** Versuchs…, Probe…: **~ film** TV Pilotfilm *m*; **~ scheme** Versuchs-, Pilotprojekt *n*; **~**

study Pilot-, Leitstudie *f* **6.** *a.* **~ light** Kontrolllampe *f*; Zündflamme *f*

pi·men·to [pɪ'mentəʊ] *Pl* **-tos** *s* **II** *v/i* rote Paprikaschote

pimp [pɪmp] **I** *s* Zuhälter(in) **II** *v/i* von Zuhälterei leben: **~ for s.o.** j-s Zuhälter sein

pim·ple ['pɪmpl] *s* Pickel *m*, Pustel *f* '**pim·pled** *Adj* pick(e)lig

▸ **pin** [pɪn] **I** *s* **1.** (Steck)Nadel *f*: **I have ~s and needles in my leg** mir ist das Bein eingeschlafen **2.** (*Haar-, Krawatten- etc*)Nadel *f* **3.** *bes Am* Brosche *f*; (Ansteck)Nadel *f* **4.** TECH Bolzen *m*, Stift *m*; MED Nagel *m* **5.** (*Reiß*)Nagel *m*, (-)Zwecke *f* **6.** *Am* (*Wäsche*)Klammer *f* **7.** *Pl* F Gestell *n* (*Beine*) **8.** *Bowling*: Kegel *m* **II** *v/t* **9.** *a.* **~ up** (**to, on**) heften, stecken (an *Akk*), festmachen, befestigen (an *Dat*): **~ s.th. on s.o.** *fig* j-m etw in die Schuhe schieben; j-m etw anhängen; **~ one's hopes on** s-e Hoffnung setzen auf (*Akk*) **10. ~ down** zu Boden drücken; *fig* j-n festlegen, -nageln (**to** auf *Akk*)

PIN [pɪn] *Abk* (= **personal identification number**) PIN *f*, PIN-Code *m*, Geheimzahl *f*

pin·a·fore ['pɪnəfɔː] *s* **1.** Schürze *f* **2.** *a.* **~ dress** Trägerkleid *n*, Kleiderrock *m*

'**pin·ball** *s* Flippern *s*: **play ~** flippern **~ ma·chine** *s* Flipper *m*

pin·cers ['pɪnsəz] *s Pl*, *a.* **pair of ~** Kneifzange *f*

pinch [pɪntʃ] **I** *v/t* **1.** kneifen, zwicken: **~ s.o.'s** (*od* **s.o. on the**) **arm** j-n in den Arm zwicken; **~ one's fingers in the door** sich die Finger in der Tür (ein)klemmen **2.** F klauen **3.** F j-n hopsnehmen (**for** wegen) **II** *v/i* **4.** drücken (*Schuh*): → **shoe** 1 **III** *s* **5.** Kneifen *n*, Zwicken *n*: **give s.o. a ~** j-n kneifen *od* zwicken **6.** Prise *f* (*Salz etc*): → **salt** 1 **7.** *fig* Not(lage) *f*: **at** (*Am* **in**) **a ~** zur Not, notfalls

'**pin·cush·ion** *s* Nadelkissen *n*

pine¹ [paɪn] *s* BOT Kiefer *f*

pine² [_] *v/i* **1.** sich sehnen (**for** nach). *mst* **~ away** vor Gram vergehen

'**pine·ap·ple** *s* BOT Ananas *f* **~ tree → pine¹**

ping-pong ['pɪŋpɒŋ] *s* F Pingpong *n*

pin·ion ['pɪnjən] *s* TECH Ritzel *n*

▸ **pink** [pɪŋk] **I** *s* **1.** BOT Nelke *f* **2.** Rosa *n*

3. be in the ~ vor Gesundheit strotzen **II** Adj **4.** rosa: **shocking ~** pink; **see ~ elephants** weiße Mäuse sehen; → **tickle I 5.** POL rot angehaucht

pin·na·cle ['pɪnəkl] s (Fels)Gipfel m; fig Gipfel m, Höhepunkt m

'**pin**|·**point I** s **1.** Nadelspitze f **2.** (winziger) Punkt: **~ of light** Lichtpunkt **II** v/t **3.** genau zeigen **od** fig genau festlegen **od** bestimmen **III** Adj **5.** (haar)genau '~·**prick** I s Nadelstich m **2.** Stichelei f '~·**stripe(d)** Adj: **~ suit** Nadelstreifenanzug m

▸ **pint** [paint] s **1.** Pint n **2.** Br F Halbe f (Bier): **go for a ~** sich auf ein Bier treffen

pin|**ta·ble** s Flipper m '~·**up** s **1.** a. **~ girl** Pin-up-Girl n **2.** Pin-up-Foto n

pi·o·neer [ˌpaɪəˈnɪə] I s Pionier(in), fig a. Bahnbrecher(in), Wegbereiter(in) **II** v/i u. v/t fig den Weg bahnen (für), Pionierarbeit leisten (für)

pi·ous ['paɪəs] Adj fromm

pip[1] [pɪp] s: **give s.o. the ~** Br F j-m auf die Nerven gehen, j-n nerven

pip[2] [-] s **1.** (Apfel- etc)Kern m **2.** Auge n (auf Spielkarten), Punkt m (auf Würfeln etc) **3.** Ton m (e-s Zeitzeichens)

pip[3] [-] v/t Br F knapp besiegen **od** schlagen: **~ s.o. at the post** (Sport) j-n im Ziel abfangen; fig j-m um Haaresbreite zuvorkommen

▸ **pipe** [paɪp] I s **1.** TECH Rohr n, Röhre f **2.** (Tabaks)Pfeife f **3.** (Orgel)Pfeife f **4.** Pl Dudelsack m **II** v/t **5.** (durch Rohre **od** Kabel) leiten: **~d music** pej Musikberies(e)lung f **6.** Torte etc spritzen **III** v/t **7.** F **~ down** die Luft anhalten, den Mund halten; **~ up** loslegen (Sänger, Band etc); den Mund aufmachen, losreden **~ clean·er** s Pfeifenreiniger m **~ dream** s Hirngespinst n, Luftschloss n '~·**line** s Rohrleitung f, (für Erdöl, Erdgas) Pipeline f: **in the ~** fig in Vorbereitung (Pläne etc), im Kommen (Entwicklung etc), im Anrollen (Aktion etc)

pip·er ['paɪpə] s Dudelsackpfeifer(in): **pay the ~** fig für die Kosten aufkommen

pipe smok·er s Pfeifenraucher(in)

pip·ing ['paɪpɪŋ] I s **1.** Rohrleitung f, -netz n **2.** GASTR Spritzguss m **II** Adv **3. ~ hot** kochend heiß

pi·quant ['piːkənt] Adj pikant (a. fig)

pique [piːk] I v/t kränken, verletzen: **be ~d** pikiert sein (at über Akk) **II** s: **in a fit of ~** gekränkt, verletzt, pikiert

pi·ra·cy ['paɪərəsɪ] s **1.** Seeräuberei f, Piraterie f **2.** Raubdruck m; Raubpressung f; Produktpiraterie f **pi·rate** ['paɪrət] I s **1.** Pirat(in), Seeräuber(in) **II** Adj **2.** Piraten..., Seeräuber...: **~ ship 3. ~ copy** Raubkopie f; **~ edition** Raubdruck m; **~ (radio) station** Piraten-, Schwarzsender m **III** v/t **4.** unerlaubt kopieren **od** nachdrucken **od** nachpressen: **~d copy (edition, record)** → **3**

pir·ou·ette [ˌpɪruˈet] s Pirouette f: **do a ~** e-e Pirouette drehen

Pis·ces ['paɪsiːz] s Sg ASTR Fische Pl: **be (a) ~** Fisch sein

piss [pɪs] V I v/i **1.** pissen: **it is ~ing down** bes Br es schifft (regnet stark) **2. ~ off!** verpiss dich! **II** v/t **3.** anpissen, pissen **4. ~ off** ankotzen: **be ~ed off with** die Schnauze voll haben von **III** s **5.** Pisse f: **take the ~ out of s.o.** j-n verarschen **6.** Pissen n: **have (go for) a ~** pissen (gehen) **pissed** Adj V **1.** Br blau (betrunken) **2.** Am (stock)sauer (at auf Akk)

pis·ta·chi·o [pɪˈstɑː.tʃɪəʊ] Pl **-os** s BOT Pistazie f (Baum u. Frucht)

piste [piːst] s (Ski)Piste f

pis·til ['pɪstɪl] s BOT Stempel m

pis·tol ['pɪstl] s Pistole f

pis·ton ['pɪstən] s TECH Kolben m **~ ring** s Kolbenring m **~ rod** s Kolbenstange f **~ stroke** s Kolbenhub m

pit[1] [pɪt] I s **1.** Grube f: **~ of the stomach** ANAT Magengrube **2.** Grube f, Zeche f: **~ closure** Zechenstilllegung f; **~ disaster** Grubenunglück n **3.** THEAT a) bes Br Parkett n, **b)** (Orchester)Graben m **4.** mst Pl Motorsport: Box f: **~ stop** Boxenstopp m **5.** (bes Pocken)Narbe f **II** v/t **6. ~ted with smallpox** pockennarbig **7. ~ one's wits (strength) against** sich (geistig) (s-e Kräfte) messen an (Dat)

pit[2] [-] Am → **stone** 2, 6

pitch[1] [pɪtʃ] s Pech n

pitch[2] [-] I v/t **1.** Lager, Zelt etc aufschlagen **2.** werfen, schleudern **II** v/i **3.** stürzen, fallen **4.** SCHIFF stampfen **5.** sich neigen (Dach etc) **6. ~ in** F sich ins Zeug legen; kräftig zulangen (beim Essen);

zu Hilfe kommen, aushelfen (**with** mit) **III** *s* 7. sport *Br* (Spiel)Feld *n* 8. mus Tonhöhe *f* 9. *fig* Grad *m*, Stufe *f* 10. *bes Br* (Verkaufs)Stand *m*: **queer s.o.'s ~** *fig* F j-m die Tour vermasseln, j-m e-n Strich durch die Rechnung machen 11. schiff Stampfen *n* 12. Neigung *f* (*e-s Dachs etc*) 13. → **sales pitch**

pitch|-'black, **~-'dark** *Adj* pechschwarz; stockdunkel

pitch·er[1] *s Baseball:* Werfer(in)

pitch·er[2] [-] *s* Krug *m*

'pitch-fork I *s* 1. Heugabel *f* **II** *v/t* 2. Heu gabeln 3. *fig* j-n (*unversehens od gegen s-n Willen*) (hinein)drängen (**into** in *Akk*)

'pit-fall *s fig* Falle *f*, Fallstrick *m*

pith [pɪθ] *s* 1. bot Mark *n* 2. weiße Haut (*e-r Orange etc*) 3. *fig* Kern *m* ~ **hel-met** *s* Tropenhelm *m*

pith·y ['pɪθɪ] *Adj* markig, prägnant

pit·i·a·ble ['pɪtɪəbl] → **pitiful pit·i·ful** ['~fʊl] *Adj* 1. Mitleid erregend (*Anblick etc*), bemitleidenswert (*Person, Zustand etc*) 2. erbärmlich, jämmerlich, kläglich '**pit·i·less** *Adj* unbarmherzig, mitleid(s)los

pit·ta bread ['pɪtə] *s* Fladenbrot *n*

pit·tance ['pɪtəns] *s* Hungerlohn *m*

pi·tu·i·tar·y (gland) [pɪ'tjuːɪtərɪ] *s* anat Hirnanhang(drüse *f*) *m*

▶ **pit·y** ['pɪtɪ] **I** *s* 1. Mitleid *n*: **out of ~** aus Mitleid; **feel ~ for** Mitleid haben mit; **take ~ on** Mitleid bekommen mit 2. **it is a (great) ~** es ist (sehr) schade; **what a ~!** wie schade! **II** *v/t* 3. bemitleiden, bedauern: **I ~ him** er tut mir Leid '**pit·y·ing** *Adj* mitleid(s)voll, mitleidig

piv·ot ['pɪvət] **I** *s* 1. tech Drehzapfen *m* 2. *fig* Dreh- u. Angelpunkt *m* **II** *v/i* 3. sich drehen: **~ on** *fig* abhängen von

pix·el ['pɪksl] *s* it Pixel *n*, Bildpunkt *m*

pix·ie, pix·y ['pɪksɪ] *s* Elf(e *f*) *m*; Kobold *m*

piz·za ['piːtsə] *s* Pizza *f* **piz·ze·ri·a** [ˌpiːtsə'riːə] *s* Pizzeria *f*

pla·card ['plækɑːd] **I** *s* 1. Plakat *n*; Transparent *n* **II** *v/t* 2. mit Plakaten bekleben 3. Plakatwerbung machen für

pla·cate [plə'keɪt] *v/t* beschwichtigen, besänftigen

▶ **place** [pleɪs] **I** *s* 1. Ort *f*, Stelle *f*, Platz *m*: **from place to place** von Ort zu Ort; **in places** stellenweise; **in place of** an-

stelle von (*od Gen*); **in place** an s-m (richtigen) Platz; **out of place** nicht an s-m (richtigen) Platz; fehl am Platz; unangebracht; **if I were in your place I would ...** an Ihrer Stelle würde ich ...; **put o.s. in s.o.'s place** sich in j-s Lage versetzen; **put s.o. in his place** j-n in die *od* s-e Schranken verweisen; ▶ **take place** stattfinden; **take s.o.'s place** j-s Stelle einnehmen 2. Ort *m*, Stätte *f*: **place of birth** Geburtsort; **place of work** Arbeitsstätte 3. Haus *n*, Wohnung *f*: **at his place** bei ihm (zu Hause) 4. Wohnort *m*, Ort(schaft *f*) *m*: **in this place** hier 5. Stelle *f* (*in e-m Buch etc*): **lose one's place** die Stelle verblättern; die Zeile verlieren 6. *Reihenfolge:* Platz *m*, Stelle *f*: **in the first place** erstens; in erster Linie; überhaupt (erst) 7. sport Platz *m*: **in third place** auf dem dritten Platz 8. (*Arbeits-, Lehr*)Stelle *f*; Platz *m* (*in e-m Heim etc*); (*Studien- etc*)Platz *m* **II** *v/t* 9. stellen, setzen, legen: **place in** in *e-e Lage etc* versetzen 10. (**with** *Auftrag* erteilen (*Dat*), vergeben (an *Akk*), *Bestellung* aufgeben (bei) 11. **I can't place him** ich weiß nicht, wo ich ihn unterbringen *od* wohin ich ihn tun soll (*woher ich ihn kenne*) 12. **be placed** (*Sport*) sich platzieren (**third** an dritter Stelle), platziert sein

pla·ce·bo [plə'siːbəʊ] *Pl* **-bo(e)s** *s* med Placebo *n*

place| card *s* Tischkarte *f* **~·mat** *s* Set *n*, *m*, Platzdeckchen *n* **~ name** *s* Ortsname *m* **~ set·ting** *s* Gedeck *n*

plac·id ['plæsɪd] *Adj* 1. ruhig, gelassen 2. ruhig, friedlich

pla·gia·rism ['pleɪdʒərɪzəm] *s* Plagiat *n* '**pla·gia·rist** *s* Plagiator(in) '**pla·gia·rize** *v/t u. v/i* plagiieren (**from** von)

plague [pleɪg] **I** *s* 1. med Seuche *f*; Pest *f* 2. (*Insekten- etc*)Plage *f*: **~ of insects** Insektenplage *f* **II** *v/t* 3. plagen (**with** mit): **be ~d by** geplagt werden von

plaice [pleɪs] *Pl* **plaice** *s* fisch Scholle *f*

plaid [plæd] *s* Plaid *n*

▶ **plain** [pleɪn] **I** *Adj* 1. einfach, schlicht: **~ clothes** *Pl* Zivil(kleidung *f*) *n*; **in ~ clothes** in Zivil; **~ chocolate** zartbittere Schokolade; **~ cooking** gutbürgerliche Küche *f* 2. unscheinbar, reizlos 3. klar (u. deutlich), unmissverständlich:

the ~ truth die nackte Wahrheit; *make s.th. ~* etw klarstellen; *make s.th. ~ to s.o.* j-m etw klarmachen **4.** offen (u. ehrlich): *be ~ with s.o.* j-m gegenüber offen sein **5.** ausgesprochen, rein, völlig: *~ nonsense* barer Unsinn **II** *Adv* **6.** F (ganz) einfach **III** *s* **7.** Ebene *f*, Flachland *n* **I.~-clothes** *Adj* in Zivil

plain·ness ['pleɪnnɪs] *s* **1.** Einfachheit *f*, Schlichtheit *f* **2.** Unscheinbarkeit *f* **3.** Klarheit *f* **4.** Offenheit *f*

plain-'spo·ken *Adj* offen, freimütig: *be ~ a.* sagen, was man denkt

plain·tiff ['pleɪntɪf] *s* JUR Kläger(in)

plain·tive ['-tɪv] *Adj* klagend, kläglich; (*Lied etc*) schwermütig

plait [plæt] **I** *s* Zopf *m* **II** *v/t* flechten

▸ **plan** [plæn] **I** *s* **1.** (*Arbeits- etc*)Plan *m*: *according to* ~ planmäßig, -gemäß; *make ~s (for the future)* (Zukunfts-) Pläne machen **2.** Plan *m*, Absicht *f*: *change one's* ~ *s* umdisponieren **3.** (*Stadt-, Sitz- etc*)Plan *m* **4.** TECH Grundriss *m* **II** *v/t* **5.** planen: *~ned economy* Planwirtschaft *f* **6.** planen, beabsichtigen (*to do* zu tun) **III** *v/i* **7.** planen: *~ ahead* vorausplanen; *~ for* (*od on*) einplanen, rechnen mit **8.** *~ on doing s.th.* planen od beabsichtigen, etw zu tun

plane¹ [pleɪn] **I** *Adj* **1.** eben (*a.* MATHE); TECH plan, Plan... **II** *s* **2.** MATHE Ebene *f*: → *inclined* **3.** *fig* Ebene *f*, Stufe *f*: *on the same* ~ *as* auf dem gleichen Niveau wie **4.** Hobel *m* **III** *v/t* **5.** hobeln: ~ *down* abhobeln

▸ **plane²** [pleɪn] *s* Flugzeug *n*: *by* ~ mit dem Flugzeug; *go by* ~ fliegen

▸ **plan·et** ['plænɪt] *s* ASTR Planet *m*

plan·e·tar·i·um [,plænɪ'teərɪəm] *Pl* **-i·ums, -i·a** [-ɪə] *s* Planetarium **plan·e·tar·y** ['-tərɪ] *Adj* planetarisch, Planeten...

plank [plæŋk] *s* **1.** Planke *f*, Bohle *f*, Brett *n*: (*as*) *thick as two* (*short*) ~*s Br* F strohdumm **2.** POL Schwerpunkt *m* (*e-s Parteiprogramms*) **'plank·ing** *s* Planken *Pl*

plank·ton ['plæŋtən] *s* ZOOL Plankton *n*

▸ **plant** [plɑːnt] **I** *s* **1.** Pflanze *f*: *~ pot* Blumentopf *m* **2.** Werk *n*, Betrieb *m* **II** *v/t* **3.** (an-, ein)pflanzen; *Land* bepflanzen (*with* mit) **4.** *Garten etc* anlegen **5.** *Polizisten etc* aufstellen, postieren; *Bombe* legen **6.** *Fuß etc* setzen (*on* auf *Akk*);

Messer etc stoßen (*into* in *Akk*): *~ a kiss on s.o.'s lips* j-m e-n Kuss auf die Lippen drücken **7.** *~ s.th. on s.o.* F j-m etw (*Belastendes*) unterschieben *od* -jubeln **plan·tain** ['plæntɪn] *s* BOT Kochbanane *f* **plan·ta·tion** [plæn-'teɪʃn] *s* **1.** Plantage *f*, Pflanzung *f* **2.** Schonung *f* **plant·er** ['plɑːntə] *s* **1.** Plantagenbesitzer(in), Pflanzer(in) **2.** Pflanzmaschine *f* **3.** Übertopf *m*

plaque [plɑːk] *s* **1.** Gedenktafel *f* **2.** MED (*Zahn*)Belag *m*

plas·ma ['plæzmə] *s* Plasma *n*

plas·ter ['plɑːstə] **I** *s* **1.** MED Pflaster *n* **2.** (Ver)Putz *m* **3.** *a. ~ of Paris* Gips *m*: *have one's arm in* ~ den Arm in Gips haben; *put in* ~ MED eingipsen; *~ cast* Gipsabguss *m*, -modell *n*; MED Gipsverband *m* **II** *v/t* **4.** verputzen; (ver)gipsen: *~ over* *fig* übertünchen **5.** bekleben (*with* mit); *Plakate etc* kleben (*on* an *od* auf *Akk*) **'plas·tered** *Adj sl* blau (*betrunken*): *get* ~ sich voll laufen lassen

▸ **plas·tic** ['plæstɪk] **I** *Adj* (*~ally*) **1.** plastisch: *~ surgery* MED plastische Chirurgie, Schönheitschirurgie *f* **2.** plastisch, formbar: *~ explosive* Plastikbombe *f* **3.** Plastik..., Kunststoff...: *~ bag* Plastikbeutel *m*, -tüte *f*; *~ ball* Gymnastikball *m*; *~ bullet* Plastikgeschoss *n*; *~ film* Kunststofffolie *f*; *~ money* → 5 **II** *s* **4.** Plastik *n*, Kunststoff *m* **5.** Kreditkarten *Pl*, Plastikgeld *n* **'plas·tics I** *s Pl* Kunststoffe *Pl* **II** *Adj* Plastik..., Kunststoff...: *~ industry* Kunststoffindustrie *f*

▸ **plate** [pleɪt] **I** *s* **1.** Teller *m*: *have a lot on one's* ~ viel am Hals haben, viel zu tun haben **2.** Platte *f* **3.** (*Namens-, Tür- etc*)Schild *n* **4.** (Bild)Tafel *f* (*in e-m Buch etc*) **5.** Gegenstände *Pl* aus Edelmetall **6.** Doublé *n*, Dublee *n* **II** *v/t* **7.** panzern **8.** d(o)ublieren, plattieren: *gold ~d* vergoldet

pla·teau ['plætəʊ] *Pl* **-teaux, -teaus** ['-təʊz] *s* Plateau *n*, Hochebene *f*

plate rack *s* Geschirrständer *m*

▸ **plat·form** ['plætfɔːm] *s* **1.** Plattform *f*; Podium *m*, Tribüne *f* **2.** BAHN Bahnsteig *m* **3.** POL Plattform *f*

plat·i·num ['plætɪnəm] *s* CHEM Platin *n*

plat·i·tude ['plætɪtjuːd] *s* Plattitüde *f*, Plattheit *f*

plea·ton·ic [plə'tɒnɪk] *Adj* (**~ally**) platonisch: **~ love** platonische Liebe

pla·toon [plə'tuːn] *s* MIL Zug *m*

plat·ter ['plætə] *s* Servierplatte *f*

plau·si·bil·i·ty [ˌplɔːzə'bɪlɪtɪ] *s* Plausibilität *f*

plau·si·ble ['plɔːzəbl] *Adj* **1.** plausibel, glaubhaft **2.** geschickt (*Lügner*)

▸ **play** [pleɪ] **I** *s* **1.** Spiel *n*: **at ~** beim Spiel, spielend (*Kinder etc*); **be at ~** spielen; **in** (**out of**) **~** im Spiel (im Aus) (*Ball*) **2.** Spiel(weise *f*) *n*: **fair ~** (*Sport*) Fair Play *n*, Fairness *f* (*beide a. fig*) **3.** *fig* Spiel *n*: **bring into ~** ins Spiel bringen, *Routine etc* aufbieten; **come into ~** ins Spiel kommen **4.** *fig* Spiel(erei *f*) *n*: **~ on words** Wortspiel *n*; **in ~** im Scherz **5.** THEAT Schauspiel *n*, (Theater)Stück *n* **6.** TECH Spiel *n*; *fig* Spielraum *m*: **allow** (*od* **give**) **full** (*od* **free**) **~ to** freien Lauf lassen (*Dat*) **II** *v/i* **7.** spielen (*a. Sport*, THEAT *etc*): **~ at** Karten, Indianer *etc* spielen; *fig* sich nur so nebenbei beschäftigen mit; **~ for money** um Geld spielen; **~ for time** Zeit zu gewinnen suchen; (*Sport*) auf Zeit spielen; **~ with** spielen mit (*a. fig*); **~ safe** F auf Nummer Sicher gehen **III** *v/t* **8.** Karten, Rolle, Stück *etc* spielen, (*Sport*) Spiel austragen: **~** (**s.th. on**) **the piano** (etw auf dem) Klavier spielen; **~ it safe** F auf Nummer Sicher gehen; → **trick** 2, *etc* **9.** SPORT spielen gegen: **~ s.o. at chess** gegen j-n Schach spielen **10.** Karte ausspielen: → **trump¹** F **11.** THEAT *etc* spielen *od* Vorstellungen geben in (*Dat*) *Verbindungen mit Adverbien*:

play back *v/t* Tonband *etc* abspielen: **play s.th. back to s.o.** j-m etw vorspielen **~ down** *v/t* herunterspielen, bagatellisieren **~ off** I *v/t* j-n ausspielen (**against** gegen) **II** *v/i* SPORT ein Entscheidungsspiel austragen (**for** um) **~ up I** *v/i* **1.** Br F verrückt spielen, Schwierigkeiten machen (*Auto, Bein etc*) **2.** **~ to** j-n schöntun **II** *v/t* **3.** hochspielen, aufbauschen **4.** Br F j-m die Palme bringen; *j-m* Schwierigkeiten machen (*Bein etc*)

play·a·ble ['pleɪəbl] *Adj* SPORT bespielbar (*Platz*)

'**play·act** *v/i pej* schauspielern '**~·back** *s* Wiedergabe *f*, Abspielen *n* '**~·boy** *s* Playboy *m*

▸ **play·er** ['pleɪə] *s* **1.** MUS, SPORT Spieler(in) *m* **2.** (*Platten*)Spieler *m*

'**play·fel·low** → **playmate**

play·ful ['pleɪfʊl] *Adj* **1.** verspielt **2.** schelmisch, neckisch

'**play·ground** *s* **1.** Schulhof *m* **2.** Spielplatz *m* **3.** *fig* Tummelplatz *m* **~ group** *s* bes Br Spielgruppe *f* '**~·house** *s* **1.** Schauspielhaus *n* **2.** Spielhaus *n* (*für Kinder*)

play·ing card ['pleɪɪŋ] *s* Spielkarte *f* '**~ field** *s* Sportplatz *m*

'**play,mak·er** *s* SPORT Spielmacher(in) '**~·mate** *s* Spielkamerad(in) '**~·off** *s* SPORT Entscheidungsspiel *n* '**~·pen** *s* Laufgitter *n*, -stall *m* '**~·room** ['-rʊm] *s* Spielzimmer *n* '**~·school** → **play group** '**~·thing** *s* Spielzeug *n* (*a. fig*): **~s** *Pl* Spielsachen *Pl*, -zeug *n* '**~·time** *s* PÄD große Pause '**~·wright** ['-raɪt] *s* Dramatiker(in)

plc *Abk* (**= public limited company**) AG *f*

plea [pliː] *s* **1.** (dringende) Bitte, Gesuch *n* (**for** um): **make a ~ for mercy** um Gnade bitten **2.** JUR **enter a ~ of** (**not**) **guilty** sich (nicht) schuldig bekennen (s-e Unschuld erklären)

plead [pliːd] (*bes schott. u. Am unreg*) **I** *v/i* **1.** (dringend) bitten (**for** um): **~ with s.o.** bei j-m bitten (**to do** zu tun) **2.** JUR **~ guilty** sich schuldig bekennen (**to doing s.th.** etw getan zu haben); **~ not guilty** s-e Unschuld erklären **II** *v/t* **3.** JUR *u. allg* zu s-r Verteidigung *od* Entschuldigung anführen, geltend machen **4.** **~ s.o.'s case** JUR j-n vertreten; *allg* sich für j-n einsetzen

▸ **pleas·ant** ['pleznt] *Adj* **1.** angenehm, (*Nachricht etc a.*) erfreulich: → **dream** 1 **2.** freundlich

▸ **please** [pliːz] **I** *v/i* **1.** gefallen **2.** **as you ~** wie Sie wünschen; **if you ~** wenn ich bitten darf, *iron a.* gefälligst **II** *v/t* **3.** *j-m* gefallen *od* zusagen, *j-n* erfreuen: **be ~d about** (*od* **at**) sich freuen über (*Akk*); **I am ~d with it** es gefällt mir; **I am ~d to hear** es freut mich zu hören **4.** zufrieden stellen: (**just**) **to ~ you** (nur) dir zuliebe; **there is no pleasing him, you can't ~ him** man kann es ihm nicht recht machen; **~ o.s.** tun, was man will; **~ yourself!** mach, was du willst!; **be ~d with** zufrieden sein mit;

P

→ **hard** 2 **III** *Interj* **5.** bitte **'pleas·ing**
Adj angenehm

pleas·ur·a·ble ['pleʒərəbl] *Adj* ange-
nehm

▸ **pleas·ure** ['pleʒə] *s* **1.** Vergnügen *n*:
for ~ zum Vergnügen; **with ~** mit Ver-
gnügen; **give s.o. ~** j-m Vergnügen
od Freude *od* Spaß machen; **have
the ~ of doing s.th.** das Vergnügen ha-
ben, etw zu tun; **take ~ in** Vergnügen
od Freude finden an (*Dat*); **he takes
no ~ in it** es macht ihm keinen Spaß
2. at (**one's**) **~** nach Belieben

pleat [pli:t] *s* Falte *f* 'pleat·ed *Adj*: **~
skirt** Faltenrock *m*; **~ trousers** Bund-
faltenhose *f*

pleb [pleb] *s* **F** *pej* Prolet(in)

ple·be·ian [plɪ'bi:ən] *pej* **I** *Adj* proleten-
haft **II** *s* Prolet(in)

pleb·i·scite ['plebɪsɪt] *s* Volksabstim-
mung *f*, -entscheid *m*

pled [pled] *bes schott. u. Am* Prät u. Part
Perf von **plead**

pledge [pledʒ] **I** *s* **1.** Pfand *n*: **as a ~** als
Pfand **2.** *fig* Unterpfand *n*: **as a ~ of**
zum Zeichen (*Gen*) **3.** Versprechen *n*,
Zusicherung *f*: **make a** (**firm**) **~** (fest)
versprechen *od* zusichern (**to do** zu
tun) **II** *v/t* **4.** verpfänden: **~ one's word**
fig sein (Ehren)Wort geben **5.** verspre-
chen, zusichern (**to do** zu tun, **that**
dass) **6. ~ s.o. to s.th.** j-n zu etw ver-
pflichten, j-m etw auferlegen; **~ o.s.**
sich verpflichten (**to do** zu tun)

ple·na·ry ['pli:nərɪ] *Adj* **1. ~ session**
Plenarsitzung *f*, Vollversammlung *f* **2.
~ powers** *Pl* unbeschränkte Vollmacht

plen·i·po·ten·ti·ar·y [ˌplenɪpəʊ'tenʃə-
rɪ] **I** *s* **1.** (General)Bevollmächtigte *m*,
f **II** *Adj* **2.** (general)bevollmächtigt **3.
~ powers** *Pl* Generalvollmacht *f*

plen·ti·ful ['plentɪfʊl] *Adj* reichlich

▸ **plen·ty** ['plentɪ] **I** *s* **1.** Überfluss *m*: **...
in plenty** ...im Überfluss, ... in Hülle
u. Fülle; → **horn** 3 **2.** e-e Menge: **that is
plenty** das ist reichlich; **there are
plenty more** es gibt noch viel mehr;
▸ **plenty of ...** e-e Menge ..., viel(e)
... **II** *Adv* **3.** **F** ganz schön

ple·o·nasm ['plɪəʊnæzəm] *s* LING Pleo-
nasmus *m*

pleu·ri·sy ['plʊərəsɪ] *s* MED Brustfell-,
Rippenfellentzündung *f*

pli·a·ble ['plaɪəbl], **pli·ant** ['ˌ-ənt] *Adj* **1.**

biegsam **2.** *fig* flexibel **3.** *fig* leicht be-
einflussbar

pli·ers ['plaɪəz] *s Pl, a.* **pair of ~** Beiß-
zange *f*

plight [plaɪt] *s* Not(lage) *f*

plim·soll ['plɪmsəl] *s Br* Turnschuh *m*

plod [plɒd] *v/i* **1.** trotten **2.** *mst* **~ away** *fig*
sich abmühen *od* abplagen (**at** mit),
schuften '**plod·der** *s fig* Arbeitstier *n*

plonk [plɒŋk] *v/t* F schmeißen, knallen:
~ down hinschmeißen

plop [plɒp] **F I** *v/i* plumpsen, (*ins Wasser*)
platschen: **~ into a chair** sich in e-n Ses-
sel plumpsen lassen **II** *s* Plumps *m*,
Platsch *m*

plot [plɒt] **I** *s* **1.** Grundstück *n*; Parzelle *f*;
Beet *n* **2.** ARCHI *bes Am* Grundriss *m* **3.**
Handlung *f* (*e-s Films etc*) **4.** Komplott
n, Verschwörung *f* **II** *v/t* **5.** sich ver-
schwören (**against** gegen) **III** *v/t* **6.** aus-
hecken, planen **7.** (*in e-e Karte etc*) ein-
zeichnen '**plot·ter** *s* **1.** Verschwörer(in)
2. COMPUTER Plotter *m*

plough [plaʊ] **I** *s* Pflug *m* **II** *v/t a.* **~ up**
(um)pflügen: **~ back** Gewinne reinves-
tieren (**into** in *Akk*) **III** *v/i* pflügen: **~
through** sich e-n Weg bahnen durch;
SCHIFF sich pflügen durch; **~ through
a book** F ein Buch durchackern

plow *Am* → **plough**

ploy [plɔɪ] *s* Masche *f*, Tour *f*

pluck [plʌk] **I** *s* **1.** Ruck *m* **2.** Innereien
Pl **3.** *fig* Mut *m* **II** *v/t* **4.** Geflügel rupfen
5. *mst* **~ out** ausreißen, -rupfen, -zup-
fen: → **courage** **III** *v/i* **6.** zupfen (**at**
an *Dat*): **~ at s.o.'s sleeve** j-n am Är-
mel zupfen '**pluck·y** *Adj* mutig

plug [plʌg] **I** *s* **1.** Stöpsel *m* **2.** ELEK
Stecker *m*; Steckdose *f* **3.** MOT (*Zünd*)Ker-
ze *f* **II** *v/t* **4.** *a.* **~ up** zustöpseln; zu-, ver-
stopfen **5. ~ in** ELEK anschließen, ein-
stecken **III** *v/i* **6. ~ away at** F sich ab-
schuften mit '**~·hole** *s* Abfluss(loch
n) *m*

▸ **plum** [plʌm] *s* **1.** Pflaume *f*; Zwetsche
f, Zwetschge *f*, *österr.* Zwetschke *f* **2.** *fig*
F a) Rosine *f*, **b)** *a.* **~ job** Bombenjob *m*
~ to·ma·to *Pl* -toes *f* Flaschentomate *f*

plum·age ['plu:mɪdʒ] *s* Gefieder *n*

plumb [plʌm] **I** *s* **1.** (Blei)Lot *n*, Senklot
n: **out of ~** aus dem Lot, nicht senk-
recht **II** *Adj* **2.** lot-, senkrecht **III** *Adv*
F **3.** (haar)genau **4.** *bes Am* komplett,
total **IV** *v/t* **5.** SCHIFF ausloten, *fig a.* er-

gründen **6.** ~ *in bes Br Waschmaschine etc* anschließen

▸ **plumb·er** ['plʌmə] *s* Installateur(in) **'plumb·ing** *s* **1.** Installateurarbeit *f* **2.** Rohre *Pl*, Rohrleitungen *Pl*

plumb| line *s* SCHIFF Lotschnur *f*, -leine *f* **2.** → **plumb rule** ~ **rule** *s* ARCHI Setzlatte *f*, Richtscheit *n*

plume [pluːm] **I** *s* **1.** (Schmuck)Feder *f*; Federbusch *m* **2.** (Rauch)Fahne *f* **II** *v/t* **3.** ~ *its feathers* sich *od* sein Gefieder putzen

plum·my ['plʌmɪ] *Adj* **1.** affektiert (Stimme) **2.** F prima, toll

plump[1] [plʌmp] **I** *Adj* mollig, rund(lich) **II** *v/t*: ~ *up Kissen* aufschütteln

plump[2] [_] **I** *v/i* **1.** *mst* ~ *down* fallen, plumpsen (*on* auf *Akk*): ~ *down into a chair* sich in e-n Sessel fallen lassen **2.** ~ *for bes Br* sich entscheiden für **II** *v/t* **3.** fallen lassen (*on* auf *Akk*)

plum pud·ding *s* Plumpudding *m*

plun·der ['plʌndə] **I** *v/t* **1.** (aus)plündern **2.** *etw* rauben **II** *v/i* **3.** plündern **III** *s* **4.** Plünderung *f* **5.** Beute *f* **'plun·der·er** *s* Plünderer *m*, Plünderin *f*

plunge [plʌndʒ] **I** *v/t* **1.** ~ *a knife into s.o.'s back* j-m ein Messer in den Rücken stoßen **2.** ~ *into* in Schulden, e-n Krieg *etc* stürzen: *be ~d into darkness* in Dunkel gehüllt sein **II** *v/i* **3.** ~ *into* ins Zimmer *etc* stürzen; sich ins Wasser, in e-e Tätigkeit, in Schulden *etc* stürzen **4.** stürzen (Preise, Kurse) **5.** SCHIFF stampfen **III** *s* **6.** (Kopf)Sprung *m*: *take the* ~ *fig* den Sprung *od* den entscheidenden Schritt wagen **'plung·ing** *Adj* tief (Ausschnitt): *with a* ~ *neckline* tief ausgeschnitten

plu·per·fect [ˌpluːˈpɜːfɪkt] *s a.* ~ *tense* LING Plusquamperfekt *n*

plu·ral ['pluərəl] LING **I** *Adj* Plural..., Mehrzahl... **II** *s* Plural *m*, Mehrzahl *f* **'plu·ral·ism** *s* SOZIOL Pluralismus *m* ˌplu·ral·is·tic *Adj* (~ally) pluralistisch

plus [plʌs] **I** *Präp* **1.** MATHE plus, und, *bes* WIRTSCH zuzüglich **II** *Adj* **2.** Plus...: ~ *sign* → **3 III** *s* **3.** Plus(zeichen) *n* **4.** *fig* Plus *m*, Vorteil *m*

plush [plʌʃ] **I** *s* **1.** Plüsch *m* **II** *Adj* Plüsch... **3.** F feudal: ~ *restaurant* Nobelrestaurant *n*

plu·to·ni·um [pluːˈtəʊnɪəm] *s* CHEM Plutonium *n*

ply[1] [plaɪ] **I** *v/i* **1.** verkehren (*between* zwischen *Dat*) **II** *v/t* **2.** verkehren auf (*Dat*), befahren **3.** *fig* j-n überhäufen (*with* mit *Fragen*)

ply[2] [_] *s* Lage *f*, Schicht *f* **'~·wood** *s* Sperrholz *n*

p.m. [ˌpiːˈem] *Abk* nachmittags

PM [ˌpiːˈem] *Abk* (= **Prime Minister**) Premierminister(in)

pneu·mat·ic [njuːˈmætɪk] *Adj* (~ally) pneumatisch, Luft...; TECH Druck-, Pressluft...: ~ *drill* Pressluftbohrer *m*

pneu·mo·ni·a [njuːˈməʊnjə] *s* MED Lungenentzündung *f*

poach[1] [pəʊtʃ] *v/i u. v/t* wildern

poach[2] [_] *v/t Eier* pochieren: ~*ed eggs Pl a.* verlorene Eier *Pl*

poach·er ['pəʊtʃə] *s* Wilderer *m*, Wilderin *f*

PO Box [ˌpiːˈəʊ] *s* Postfach *n*

▸ **pock·et** ['pɒkɪt] **I** *s* **1.** (Hosen- *etc*)Tasche *f*: *with nothing in one's* ~ *except* mit nichts in der Tasche als; *have in one's* ~ *fig* j-n, *etw* in der Tasche haben **2.** *fig* Geldbeutel *m*: *pay for s.th. out of one's own* ~ *etw* aus eigener Tasche bezahlen; *to suit every* ~ für jeden Geldbeutel **3.** (Nebel)Bank *f*; (Widerstands- *etc*)Nest *n* **4.** *Billard*: Loch *n*; FLUG (Luft)Loch *n* **II** *Adj* **5.** Taschen...: ~ *calculator* Taschenrechner *m*; ~ *edition* Taschenausgabe *f*; ~ *money* Taschengeld *n* **III** *v/t* **6.** einstecken, in die Tasche stecken; *fig* in die eigene Tasche stecken **7.** *Billard*: einlochen **'~·book** *s* **1.** *Br* Notizbuch *n* **2.** Brieftasche *f* **3.** *Am* Handtasche *f* **4.** *Am* Taschenbuch *n* **'~·knife** *s* (unreg **knife**) Taschenmesser *n*

pock·mark ['pɒkmɑːk] *s* Pockennarbe *f* **'~·marked** *Adj* pockennarbig; *fig* übersät (*with* mit)

pod [pɒd] **I** *s* BOT Hülse *f*, Schote *f* **II** *v/t* aus-, enthülsen

po·di·um ['pəʊdɪəm] *Pl* **-di·ums**, **-di·a** ['-dɪə] *s* Podium *n*, Podest *n*

▸ **po·em** ['pəʊɪm] *s* Gedicht *n*

▸ **po·et** ['pəʊɪt] *s* Dichter *m* **'po·et·ess** Dichterin *f* **po·et·ic** [_'etɪk] *Adj* (~ally) dichterisch: ~ *justice* fig ausgleichende Gerechtigkeit; ~ *licence* (*Am* **license**) dichterische Freiheit **po·et·i·cal** → **poetic po·et·ry** ['pəʊɪtrɪ] *s* Dichtung *f*; Gedichte *Pl*

poin·set·tia [pɔɪnˈsetɪə] s BOT Weihnachtsstern *m*

▸**point** [pɔɪnt] **I** s **1.** (*Messer-, Nadel- etc*)Spitze *f* **2.** GEOG Landspitze *f* **3.** LING *Am* Punkt *m* **4.** *four ~ three* (**4.3**) 4,3 S. Punkt *m* (*a.* MATHE) **5.** Grad *m* (*e-r Skala*): *~ of contact* Berührungspunkt (*a. fig*); *~ of intersection* Schnittpunkt; *~ freezing* 1, *etc* **6.** Punkt *m*, Stelle *f*, Ort *m*: *up to a ~ fig* bis zu e-m gewissen Punkt *od* Grad; *~ of view fig* Gesichts-, Standpunkt **7.** ELEK *Br* Steckdose *f* **8.** *Sport etc*: Punkt *m*: *win on ~s* nach Punkten gewinnen; *winner on ~s* Punktsieger(in) **9.** *a. ~ of time* Zeitpunkt *m*, Augenblick *m*: *be on the ~ of doing s.th.* im Begriff sein, etw zu tun **10.** Punkt *m* (*e-r Tagesordnung etc*), (Einzel-, Teil)Frage *f*: *~ of interest* interessante Einzelheit **11.** Kernpunkt *m*, -frage *f*, springender Punkt: *be to* (*beside*) *the ~* (nicht) zur Sache gehören; *come to the ~* zur Sache kommen; *keep* (*od stick*) *to the ~* bei der Sache bleiben; *make a ~ of doing s.th.* Wert darauf legen, etw zu tun; *get* (*od see, take*) *s.o.'s ~* verstehen, was j-d meint; *miss the ~* nicht verstehen, worum es geht; *that's not the ~* darum geht es nicht; *that's the* (*whole*) *~!* genau (das ist es)! **12.** Ziel *n*, Absicht *f* **13.** Sinn *m*, Zweck *m*: *what's the ~?* wozu?; *what's the ~ of* (*od in*) *waiting?* was hat es für e-n Sinn zu warten?; *there's no ~ in that* das hat keinen Zweck **14.** (hervorstechende) Eigenschaft, (Vor)Zug *m*: *strong* (*weak*) *~* starke (schwache) Seite; *it has its ~s* es hat s-e Vorzüge **II** *v/t* **15.** (an-, zu)spitzen **16.** Waffe *etc* richten (*at* auf *Akk*): *~ one's finger at s.o.* (mit dem Finger) auf j-n deuten *od* zeigen **17.** zeigen: *~ the way* den Weg weisen (*a. fig*); *~ out* zeigen; *fig* hinweisen *od* aufmerksam machen auf (*Akk*); *~ out to s.o. that* j-n darauf aufmerksam machen, dass **III** *v/i* **18.** (mit dem Finger) deuten *od* zeigen (*at, to* auf *Akk*): *~ to* nach e-r Richtung weisen *od* liegen (*Haus etc*); *fig* hinweisen *od* -deuten auf (*Akk*)

▸**point·ed** [ˈpɔɪntɪd] *Adj* **1.** spitz: *~ arch*

ARCHI Spitzbogen *m* **2.** *fig* scharf (*Bemerkung etc*) **3.** *fig* ostentativ '**point·er** s **1.** Zeiger *m* (*e-s Messgeräts*) **2.** Zeigestock *m* **3.** F Fingerzeig *m*, Tipp *m* '**point·less** *Adj* sinn-, zwecklos

poise [pɔɪz] **I** s **1.** (Körper)Haltung *f* **2.** *fig* Gelassenheit *f*; (Selbst)Sicherheit *f* **II** *v/t* **3.** balancieren: *be ~d fig* schweben (*between* zwischen *Dat*) *poised Adj* gelassen; (selbst)sicher

▸**poi·son** [ˈpɔɪzn] **I** s Gift *n* (*to* für) (*a. fig*): *what's your ~?* F was willst du trinken? **II** *v/t* vergiften (*a. fig*) **III** *Adj Gift...:* *~ gas* Giftgas *n* '**poi·son·ing** s Vergiftung *f*

▸**poi·son·ous** [ˈpɔɪznəs] *Adj* giftig (*a. fig*), Gift...

poke [pəʊk] **I** *v/t* **1.** *j-n* (an)stoßen: *~ s.o. in the ribs* j-m ein-n Rippenstoß geben **2.** Feuer schüren **3.** *etw* stecken, *Kopf etc a.* strecken: *→ nose* 14. *~ fun at* sich lustig machen über (*Akk*) **II** *v/i* **5.** *~ about* (*od around*) (herum)stöbern, (-)wühlen (*in* in *Dat*) **III** s **6.** Stoß *m*: *~ in the ribs* Rippenstoß

pok·er¹ [ˈpəʊkə] s Feuerhaken *m*

po·ker² [ˈ~] s Poker(spiel) *n* *~ face* s Pokergesicht *n*, Pokerface *n*

pok·y [ˈpəʊkɪ] *Adj* winzig (*Zimmer etc*)

▸**Po·land** [ˈpəʊlənd] *Eigenn* Polen *n*

▸**po·lar** [ˈpəʊlə] *Adj* polar (*a. fig*), Polar...: *~ bear* ZOOL Eisbär *m* '**po·lar·ize** *v/t* ELEK, PHYS polarisieren (*a. fig*)

▸**Pole**¹ [pəʊl] s Pole *m*, Polin *f*

▸**pole**² [pəʊl] s GEOG, ELEK, *etc* Pol *m*: *the North* (*South*) *~* der Nordpol (Südpol); *they are ~s apart fig* zwischen ihnen liegen Welten

pole³ [~] s Pfosten *m*; (*Fahnen-, Leitungs*)Mast *m*; (*Bohnen- etc*)Stange *f*; (*Leichtathletik*) (Sprung)Stab *m* '**~·cat** s ZOOL Iltis *m*

▸**po·lem·ic** [pəˈlemɪk] **I** *Adj* (*~ally*) **1.** polemisch **II** s **2.** *a. Pl* (*Sg konstruiert*) Polemik *f* **3.** polemische Äußerung **po'lem·i·cal →** *polemic* 1

pole star s ASTR Polarstern *m*

pole| **vault** s *Leichtathletik:* Stabhochsprung *m* *~ vault·er* s Stabhochspringer(in)

▸**po·lice** [pəˈliːs] **I** s (*Pl konstruiert*) Polizei *f* **II** *v/t* (polizeilich) überwachen **III** *Adj* polizeilich, Polizei...: *police car* Polizeiauto *n*; *police constable →*

constable; *police force* Polizei f; *police officer* Polizeibeamte m, -beamtin f; *police protection* Polizeischutz m; *police record* Strafregister n; *have a police record* vorbestraft sein; *police state* Polizeistaat m; ▸ *police station* Polizeirevier n, -wache f

▸ **po·lice·man** [pəˈliːsmən] s (*unreg man*) Polizist m **po·lice·wom·an·** s (*unreg woman*) Polizistin f

pol·i·cy¹ [ˈpɒləsɪ] s **1.** Verfahren(sweise f) n, Taktik f, Politik f: *it is our* ~ es ist unser Grundsatz (*to do* zu tun) **2.** (*Außen-, Wirtschafts- etc*)Politik f **3.** Klugheit f: *be good* (*bad*) ~ (un)klug *od* (un)vernünftig sein

pol·i·cy² s (*Versicherungs*)Police f: *take out a* ~ e-e Versicherung abschließen

po·li·o [ˈpəʊlɪəʊ] s MED F Polio f **po·li·o·my·e·li·tis** [ˌ-maɪəˈlaɪtɪs] s MED (spinale) Kinderlähmung

▸ **Pol·ish¹** [ˈpəʊlɪʃ] I *Adj* polnisch II s LING Polnisch n

▸ **pol·ish²** [ˈpɒlɪʃ] I *v/t* **1.** polieren, TECH *etc a.* (ab)schleifen, *Fußboden* bohnern: ~ *off* F *Arbeit* wegschaffen; *Essen* wegputzen; ~ *up* aufpolieren (*a. fig*) II s **2.** Politur f, Glanz m **3.** (*Möbel*)Politur f; (*Schuh*)Creme f; Bohnerwachs n; (*Nagel*)Lack m **4.** *fig* Schliff m

▸ **po·lite** [pəˈlaɪt] *Adj* höflich: *to be* ~ aus Höflichkeit **po·lite·ness** s Höflichkeit f

▸ **po·lit·i·cal** [pəˈlɪtɪkl] *Adj* politisch: ~ *economy* Volkswirtschaft f; ~ *science* Politologie f; ~ *scientist* Politologe m, -login f; ~*ly correct* politisch korrekt; → *Info-Fenster S. 460*

▸ **pol·i·ti·cian** [ˌpɒlɪˈtɪʃn] s Politiker(in)

▸ **pol·i·tics** [ˈpɒlɪtɪks] s Pl (*mst Sg konstruiert*) Politik f: *what are his* ~? wo steht er politisch?; *go into* ~ in die Politik gehen; *talk* ~ über Politik reden, politisieren

pol·ka [ˈpɒlkə] s MUS Polka f '~*dot* Adj gepunktet, getupft (*Kleid etc*)

poll [pəʊl] I s **1.** (*Meinungs*)Umfrage f **2.** *a. Pl* Stimmabgabe f, Wahl f: *be defeated at the* ~s e-e Wahlniederlage erleiden; *go to the* ~s zur Wahl gehen **3.** Wahlbeteiligung f II *v/t* **4.** befragen: *65% of those* ~*ed* 65% der Befragten **5.** *Stimmen* erhalten

pol·len [ˈpɒlən] s BOT Pollen m, Blütenstaub m ~ *count* s Pollenwerte Pl: *a high* ~ starker Pollenflug

poll·ing [ˈpəʊlɪŋ] I s → *poll* 2, 3 II *Adj* Wahl...: ~ *booth* Wahlkabine f, -zelle f; ~ *day* Wahltag m; ~ *place* Am, ~ *station bes Br* Wahllokal n

poll·ster [ˈpəʊlstə] s Meinungsforscher(in)

pol·lut·ant [pəˈluːtənt] s Schadstoff m

▸ **pol·lute** [pəˈluːt] *v/t* **1.** *Umwelt* verschmutzen, *Flüsse etc a.* verunreinigen **2.** (*moralisch*) verderben **pol·lut·er** s (*Umwelt*)Verschmutzer(in)

▸ **pol·lu·tion** [pəˈluːʃn] s (*Umwelt*)Verschmutzung f, Verunreinigung f: ~ *control* Umweltschutz m; ~ *level* Schadstoffbelastung f; → *Info bei Umwelt*

po·lo [ˈpəʊləʊ] s SPORT Polo n ~ *neck* s Rollkragen(pullover) m '~*-neck* Adj Rollkragen... ~ *shirt* s Polohemd n

po·lyg·a·mous [pəˈlɪgəməs] *Adj* polygam (*a.* BOT, ZOOL) **po·lyg·a·my** s Polygamie f (*a.* BOT, ZOOL)

pol·y·glot [ˈpɒlɪglɒt] *Adj* polyglott, viel-, mehrsprachig

pol·y·gon [ˈpɒlɪgən] s MATHE Vieleck n

Poly·ne·sia [ˌpɒlɪˈniːzjə] *Eigenn* Polynesien n

pol·yp [ˈpɒlɪp] s MED, ZOOL Polyp m

poly·sty·rene [ˌpɒlɪˈstaɪriːn] s Polystyrol n, *bes* Styropor® n

pol·y·syl·lab·ic [ˌpɒlɪsɪˈlæbɪk] *Adj* (~*ally*) LING viel-, mehrsilbig

pol·y·tech·nic [ˌpɒlɪˈteknɪk] s (*etwa*) technische Hochschule

poly·thene [ˈpɒlɪθiːn] s CHEM Polyäthylen n; Plastik n: ~ *bag* Plastikbeutel m

pol·y·va·lent [ˌpɒlɪˈveɪlənt] *Adj* CHEM mehrwertig

po·made [pəˈmeɪd] s Pomade f

pome·gran·ate [ˈpɒmɪˌgrænɪt] s BOT Granatapfel m

pomp [pɒmp] s Pomp m '**pomp·ous** *Adj* **1.** aufgeblasen, wichtigtuerisch **2.** bombastisch, schwülstig (*Sprache*)

ponce [pɒns] s Br sl **1.** Zuhälter(in) m **2.** Tunte f

▸ **pond** [pɒnd] s Teich m, Weiher m

pon·der [ˈpɒndə] I *v/i* nachdenken (*on*, *over* über *Akk*) II *v/t* überlegen, nachdenken über (*Akk*): ~ *doing s.th.* erwägen, etw zu tun '**pon·der·ous** *Adj* **1.** massig, schwer **2.** *fig* schwerfällig

P

political correctness

Political correctness, kurz **PC** genannt, ist eine in den USA entstandene
Bewegung, die bestrebt ist, vermeintlich diskriminierende Ausdrücke in
der englischen Sprache durch „neutrale" zu ersetzen.

Wenn jemand politically correct ist, dann vermeidet er oder sie Ausdrü-
cke, die andere Menschen - besonders Frauen, Angehörige der verschie-
denen Rassen, Behinderte, alte Menschen usw. - verletzen oder herab-
würdigen könnten. Ein bekanntes, fast schon historisches Beispiel im bri-
tischen Englisch ist die Ersetzung von **pensioner** („Rentner[in]") durch
senior citizen („Senior[in]"), eine Entwicklung, die sich parallel auch in
der deutschen Sprache vollzogen hat.

Besonders die Bezeichnungen für Rassen und ethnische Minderheiten
haben sich durch den Einfluss von **political correctness** verändert. Dazu
gehören die in den USA beheimateten Indianer (der unterstrichene Be-
griff ist der zurzeit aktuelle):

(Red) Indian → American Indian → <u>native American</u>

Ähnlich bei Personen dunkler Hautfarbe:
Negro → coloured person → black → <u>African American</u>

Für viele „politisch korrekte Bezeichnungen" gibt es durchaus nachvoll-
ziehbare Gründe. Wenn man z. B. von **firefighters** (Feuerwehrleute) und
nicht von **firemen** (Feuerwehrmänner) spricht, trägt das der Tatsache
Rechnung, dass auch Frauen diesen Beruf ausüben. Zu beachten ist hier
aber zum einen, dass Begriffe, die heute als „politically correct" gelten,
sehr kurzlebig und deshalb bald schon wieder veraltet sein können. Zum
anderen besteht auch die Gefahr, dass durch beschönigende Umschrei-
bungen bestimmte Sachverhalte bewusst verschleiert werden. **PC** hat also
durchaus auch eine negative Seite:

Her husband was killed by friendly fire.	*etwa*: Ihr Ehemann kam durch Kampfhandlungen eigener Truppen ums Leben.

P

pong [pɒŋ] *Br* F **I** *s* Gestank *m* **II** *v/i* stin-
ken

pon·toon [pɒnˈtuːn] *s* Ponton *m* ~
bridge *s* Ponton-, Schiffsbrücke *f*

po·ny [ˈpəʊnɪ] *s* ZOOL Pony *n* '**~tail** *s*
Pferdeschwanz *m* (*Frisur*)

poo·dle [ˈpuːdl] *s* ZOOL Pudel *m*

poof [pʊf], **poof·ter** [ˈpʊftə] *s* Br sl
Schwule *m*

pooh [puː] *Interj* pah! ,**pooh-ˈpooh** *v/t*
geringschätzig abtun

▶ **pool**¹ [puːl] *s* **1.** Teich *m*, Tümpel *m* **2.**
Pfütze *f*, (*Blut- etc*)Lache *f* **3.**
(*Schwimm*)Becken *n*, (*Swimming-*)
Pool *m*

pool² [-] **I** *s* **1.** (gemeinsame) Kasse,
(*Kartenspiel a.*) Pot *m* **2.** *Pl Br* (*Fuß-
ball*)Toto *n, m*: **win** (**on**) **the ~s** im Toto
gewinnen; **~s win** Totogewinn *m* **3.** *Am*
Poolbillard *n*: **shoot ~** Poolbillard spie-
len **4.** WIRTSCH *bes Am* Pool *m*, Kartell
n **5.** (*Arbeits-, Fahr*)Gemeinschaft *f*;
(*Mitarbeiter- etc*)Stab *m*; (*Fuhr*)Park
m; (*Schreib*)Pool *m* **II** *v/t* **6.** Geld *etc*
zs.-legen; *fig Kräfte etc* vereinen

poop [puːp] *s* SCHIFF **1.** Heck *n* **2.** *a.* **~
deck** (erhöhtes) Achter- *od* Hinter-
deck

pooped (**out**) [puːpt] *Adj Am* F erledigt,
kaputt

▸ **poor** [puə] **I** *Adj* (→ *poorly* II) **1.** arm, mittellos **2.** arm, bedauernswert **3.** *fig* arm (*in* an *Dat*); dürftig, mangelhaft, schwach; ~ *consolation* ein schwacher Trost; ~ *health* II § 4. *the* ~ *Pl* die Armen *Pl* **'poor·ly** I *Adj* **1.** F unpäßlich, kränklich **II** *Adv* **2.** ärmlich: *he is* ~ *off* es geht ihm schlecht **3.** *fig* dürftig, mangelhaft, schwach: ~ *paid* schlecht bezahlt; *be* ~ *off for* knapp sein an (*Dat*); *do* ~ *in* schlecht abschneiden bei; *think* ~ *of* nicht viel halten von

pop¹ [pɒp] **I** *v/i* **1.** knallen **2.** (zer)platzen: ~ *open* aufplatzen, -springen **3.** F ballern, schießen (*at* auf *Akk*) **4.** F sausen: ~ *in* auf e-n Sprung vorbeikommen; ~ *off* den Löffel weglegen (*sterben*); ~ *up* (plötzlich) auftauchen (*a. fig*) **II** *v/t* **5.** zerknallen **6.** F (schnell) stecken: ~ *on Hut* aufstülpen **7.** *he's* ~*ped the question* F er hat ihr e-n (Heirats)Antrag gemacht **III** *s* **8.** Knall *m* **9.** F Limo *f*

pop² [-] **I** *s* Pop *m* **II** *Adj* **a**) Schlager…: ~ *singer*, ~ *song* Schlager *m*, **b**) Pop…: ~ *concert* (*group, singer, star etc*)

pop³ [-] *s bes Am* Papa *m*, Vati *m*

'pop·corn *s* Popcorn *n*

pope [pəup] *s REL* Papst *m*, Päpstin *f*: ~*'s nose Am* F Bürzel *m*

'pop-eyed *Adj* F glotzäugig **'~·gun** *s* Spielzeuggewehr *n*, -pistole *f*

pop·lar ['pɒplə] *s BOT* Pappel *f*

pop·lin ['pɒplɪn] *s* Popelin *m*

pop·per ['pɒpə] *s bes Br* F Druckknopf *m*

pop·py ['pɒpɪ] *s BOT* Mohn *m* **'~·cock** *s* F Quatsch *m*

▸ **pop·u·lar** ['pɒpjulə] *Adj* (→ *popularly*) **1.** populär, beliebt: *make o.s.* ~ *with* sich bei *j-m* beliebt machen **2.** weit verbreitet **3.** populär, volkstümlich; allgemein *od* leicht verständlich: ~ *press* Boulevardpresse *f* **4.** volkstümlich **5.** *bes POL* Volks…: ~ *front* Volksfront *f* **pop·u·lar·i·ty** [ˌ-'lærətɪ] *s* Popularität *f*: **a**) Beliebtheit *f*, **b**) Volkstümlichkeit *f* **pop·u·lar·ize** ['-ləraɪz] *v/t* **1.** populär machen **2.** allgemein verständlich darstellen **'pop·u·lar·ly** *Adv* allgemein

pop·u·late ['pɒpjuleɪt] *v/t* bevölkern, besiedeln

pop·u·la·tion [ˌpɒpju'leɪʃn] *s* **1.** Bevölkerung *f*; Einwohnerschaft *f*: ~ *density* Bevölkerungsdichte *f*; ~ *explosion* Bevölkerungsexplosion *f* **2.** (Gesamt)Bestand *m* (*an Tieren etc*)

pop·u·lous ['pɒpjuləs] *Adj* dicht besiedelt, bevölkert, (*Stadt*) einwohnerstark

por·ce·lain ['pɔːsəlɪn] *s* Porzellan *n*

porch [pɔːtʃ] *s* **1.** überdachter Vorbau, Vordach *n*, (*e-r Kirche etc*) Portal *n* **2.** *Am* Veranda *f*

por·cu·pine ['pɔːkjupaɪn] *s ZOOL* Stachelschwein *n*

pore¹ [pɔː] *s* Pore *f*

pore² [-] *v/i*: ~ *over* vertieft sein in (*Akk*), über *s-n Büchern etc* hocken

▸ **pork** [pɔːk] *s* Schweinefleisch *n* **~·chop** *s* Schweinekotelett *n* **~·cut·let** *s* Schweineschnitzel *n*

pork·y ['pɔːkɪ] *Adj* F fett, dick

porn [pɔːn] → *porno*

por·no ['pɔːnəu] **I** *s* Porno *m* **II** *Adj* Porno…

por·no·graph·ic [ˌpɔːnəu'græfɪk] *Adj* (*~ally*) pornographisch **por·nog·ra·phy** [-'nɒgrəfɪ] *s* Pornographie *f*

po·rous ['pɔːrəs] *Adj* porös

por·poise ['pɔːpəs] *s ZOOL* Tümmler *m*

por·ridge ['pɒrɪdʒ] *s* Porridge *n*, *m*, Haferbrei *m*

▸ **port¹** [pɔːt] *s* **1.** Hafen *m*: *come into* ~ einlaufen; *leave* ~ auslaufen; *any* ~ *in a storm fig* in der Not frisst der Teufel Fliegen; ~ *of call* Anlaufhafen **2.** *a.* ~ *city* Hafenstadt *f*

port² [-] *s FLUG, SCHIFF* Backbord *n*

port³ [-] *s* Portwein *m*

▸ **port·a·ble** ['pɔːtəbl] **I** *Adj* tragbar: ~ *radio* → IIa; ~ *television set od TV* → IIb **II** *s* **a**) Kofferradio *n*, **b**) Portable *n*, tragbares Fernsehgerät

por·tal ['pɔːtl] *s* Portal *n* (*auch im Internet*)

por·ter¹ [-] *s* **a**) Pförtner(in): ~*'s lodge* Pförtnerloge *f*, **b**) *bes Br* Portier *m*

por·ter² [-] *s* **1.** (Gepäck)Träger *m* **2.** *BAHN Am* Schlafwagenschaffner(in) **'por·ter·house** (**steak**) *s* Porterhousesteak *n*

port·fo·li·o [ˌpɔːt'fəuljəu] *Pl* **-os** *s* **1.** (Akten-, Dokumenten)Mappe *f* **2.** *POL* Portefeuille *n*, Geschäftsbereich *m* **'port·hole** *s SCHIFF* Bullauge *n*

portico

por·ti·co ['pɔːtɪkəʊ] *Pl* **-co(e)s** *s* Säulenhalle *f*

por·tion ['pɔːʃn] **I** *s* **1.** Teil *m* **2.** Anteil *m* (*of* an *Dat*) **3.** Portion *f* (*Essen*) **II** *v/t* **4.** ~ *out* auf-, verteilen (*among, between* unter *Akk*)

port·ly ['pɔːtlɪ] *Adj* beleibt, korpulent

por·trait ['pɔːtrɪt] *s* MALEREI Porträt *n*, FOTO *a.* Porträtaufnahme *f*: ~ *painter* Porträtmaler(in) **'por·trait·ist** *s* Porträtist(in), Porträtmaler(in) *od* -fotograf(in) **por·trai·ture** ['-trɪtʃə] *s* Porträtmalerei *f od* -fotografie *f*

por·tray [pɔː'treɪ] *v/t* **1.** porträtieren **2.** *fig* schildern, darstellen (*as* als) THEAT *etc* darstellen, verkörpern **por·'tray·al** *s* **1.** Schilderung *f*, Darstellung *f* **2.** THEAT *etc* Verkörperung *f*

▸ **Por·tu·gal** ['pɔːtʃʊgl] *Eigenn* Portugal *n*

▸ **Por·tu·guese** [,pɔːtʃʊ'giːz] **I** *Adj* **1.** portugiesisch **I** *s* **2.** Portugiese *m*, Portugiesin *f*: ▸ *the Portuguese Pl* die Portugiesen *Pl* **3.** LING Portugiesisch *n*

pose [pəʊz] **I** *s* **1.** Pose *f* (*a. fig*), Positur *f* **II** *v/t* **2.** aufstellen, in Positur stellen *od* setzen **3.** *fig Problem, Frage* aufwerfen, *Bedrohung, Gefahr etc* darstellen (*for, to* für) **III** *v/i* **4.** sich aufstellen, sich in Positur stellen *od* setzen **5.** MALEREI Modell stehen *od* sitzen (*for Dat*); als (Maler- *od* Foto)Modell arbeiten **6.** sich ausgeben (*as* als) **posed** *Adj* gestellt (*Aufnahme*) **'pos·er** *s* **1.** F harte Nuss **2.** Wichtigtuer(in)

posh [pɒʃ] *Adj* F piekfein, feudal: ~ *hotel* Nobelhotel *n*

▸ **po·si·tion** [pə'zɪʃn] **I** *s* **1.** Position *f*, Lage *f*, Standort *m*: ~ *of the sun* ASTR Sonnenstand *m*; *in* (*out of*) ~ an der richtigen (falschen) Stelle **2.** (*Körper-)* Stellung *f*, Position *f* **3.** Stelle *f*, Stellung *f* (*with*, *in* bei) **4. a)** Position *f* (*in e-m Beruf, Wettbewerb etc*), (*Rang*)Stellung *f*: *be in third* ~ in dritter Position *od* auf dem dritten Platz liegen, **b)** (gesellschaftliche *od* soziale) Stellung: *people Pl of* ~ Leute *Pl* von Rang **5.** *fig* Lage *f*, Situation *f*: *be in a* ~ *to do sth.* in der Lage sein, etw zu tun **6.** *fig* (*Sach*)Lage *f*, Stand *m* (der Dinge): *legal* ~ Rechtslage *f* **7.** *fig* Einstellung *f* (*on* zu): *what is your* ~ *on* ...? wie stehen Sie zu ...?; *take the* ~

that den Standpunkt vertreten, dass **II** *v/t* **8.** (auf)stellen; *Polizisten etc* postieren

pos·i·tive ['pɒzətɪv] **I** *Adj* **1.** *allg* positiv: *his test was* ~ MED sein Befund war positiv; ~ *pole* ELEK Pluspol *m* **2.** ausdrücklich (*Befehl etc*), definitiv, fest (*Versprechen etc*) **3.** sicher, eindeutig (*Beweis etc*) **4.** greifbar, konkret, konstruktiv **5.** *be* ~ sicher sein (*that* dass); *be* ~ *about* sich sicher sein (*Gen*) **6.** F ausgesprochen, absolut **II** *s* **7.** FOTO Positiv *n* **8.** LING Positiv *m*

▸ **pos·sess** [pə'zes] *v/t* **1.** besitzen (*a. fig*) **2.** *fig* beherrschen (*Gedanke, Gefühl etc*): ~*ed with* (*od by*) beherrscht *od* erfüllt von; besessen von; *like a man* ~*ed* wie ein Besessener

▸ **pos·ses·sion** [pə'zeʃn] *s* **1.** Besitz *m*: *be in s.o.'s* ~ in j-s Besitz sein; *be in* (*od have*) ~ im Besitz sein von (*od Gen*); *come* (*od get*) *into s.o.'s* ~ in j-s Besitz gelangen; *take* ~ *of* Besitz ergreifen von, in Besitz nehmen **2.** Besitz(tum) *n* **3.** *fig* Besessenheit *f* **pos'sess·ive** [-sɪv] *Adj* **1.** besitzgierig; (*Mutter etc*) Besitz ergreifend **2.** LING ~ *case* Genitiv *m*, zweiter Fall; ~ *adjective* attributives Possessivpronomen (*z. B. my car*); ~ *pronoun* substantivisches Possessivpronomen (*z. B. it is mine*) **pos'ses·sor** *s* Besitzer(in)

▸ **pos·si·bil·i·ty** [,pɒsə'bɪlətɪ] *s* Möglichkeit *f* (*of doing* zu tun)

▸ **pos·si·ble** ['pɒsəbl] *Adj* möglich: *do everything* ~ alles tun, was e-m möglich ist; *make sth.* ~ *for s.o.* j-m etw möglich machen *od* ermöglichen; *if* ~ falls möglich **'pos·si·bly** *Adv* **1.** möglicherweise, vielleicht **2.** *when I* ~ *can* wenn ich irgend kann; *I can't* ~ *do this* ich kann das unmöglich tun; *how can I* ~ *do it?* wie kann ich es nur *od* bloß machen?

pos·sum ['pɒsəm] *Pl* → *opossum: play* ~ sich tot *od* schlafend *od* dumm stellen

post¹ [pəʊst] **I** *s* **1.** (*Tür-, Tor-, Ziel- etc*) Pfosten *m*, (*Laternen*)Pfahl *m*, (*Telegrafen- etc*)Mast *m*: → *pip³* **II** *v/t* **2.** *a.* ~ *up* Plakat *etc* anschlagen, ankleben **3.** *etw* durch Aushang bekannt geben: ~ (*as*) *missing* FLUG, SCHIFF als vermisst melden

post² [-] I s **1.** MIL Posten *m*; Standort *m*, Garnison *f* **2.** Posten *m*, Platz *m*: **at one's ~** auf s-m Posten **3.** Posten *m*, Stelle *f* II *v/t* **4.** Polizisten etc aufstellen, postieren **5.** *bes Br* versetzen, MIL abkommandieren (**to** nach)

▸ **post³** [pəʊst] I s **1.** *bes Br* Post *f*: **by ~** mit der *od* per Post; **has the ~ been yet?** ist die Post schon da? II *v/t* **2.** *bes Br* aufgeben; einwerfen; mit der Post (zu)senden **3.** **keep s.o. ~ed** j-n auf dem Laufenden halten

▸ **post·age** ['pəʊstɪdʒ] s Porto *n*: **what is the ~ for a letter to ...?** wie viel kostet ein Brief nach ...? **~ stamp** s Postwertzeichen *n*, Briefmarke *f*

post·al ['pəʊstəl] I *Adj* postalisch, Post...: **~ card** *Am* Postkarte *f*; **~ charges** *Pl* Postgebühren *Pl* II s *Am* F Postkarte *f*

'**post·box** s *bes Br* Briefkasten *m*

▸ **post·card** ['pəʊstkɑːd] s Postkarte *f* '**~code** s *Br etwa* Postleitzahl *f*

postcards: "hope you're all well ..."

Dear all, in real life it looks even prettier than on the postcard. We're staying at a really nice hotel with a swimming pool and tennis court and a wonderful garden with palms and all sorts of exotic flowers. ...	Ihr Lieben, in Wirklichkeit ist es hier noch toller als auf der Postkarte. Wir wohnen in einem sehr schönen Hotel mit Swimmingpool und Tennisplatz und einem wunderbaren Garten mit Palmen und allen möglichen exotischen Blumen. ...
The sea looks marvellous, dark blue and turquoise and there are not too many people on the beach.	Das Meer sieht fantastisch aus, dunkelblau und türkis, und der Strand ist nicht übermäßig voll.
Yesterday was market day in M. and we enjoyed strolling around the colourful stalls. I nearly bought a most beautiful little kitten, but in the end Peter convinced me that it might not be such a good idea after all!	Gestern war Markttag in M. und es hat uns Spaß gemacht, durch die farbenprächtigen Stände zu bummeln. Ich hätte mir fast ein ganz entzückendes kleines Kätzchen gekauft, aber schließlich hat Peter mich überzeugt, dass es vielleicht keine so gute Idee wäre!
Hope you're all well. We'll ring you when we're back. Love, Anne xx	Hoffe, es geht euch allen gut. Wir rufen an, wenn wir zurück sind. Alles Liebe, Anne (*ein „x" steht für einen Kuss*)

▸ **post·er** ['pəʊstə] s Plakat *n*; Poster *m*, *n*

poste res·tante [,pəʊst'restɑːnt] *bes Br* I s Abteilung *f* für postlagernde Sendungen II *Adv* postlagernd

pos·te·ri·or [pɒ'stɪərɪə] s *hum* Allerwerteste *m*

pos·ter·i·ty [pɒ'sterətɪ] s die Nachwelt

,**post·'free** *Adj u. Adv bes Br* portofrei

post·hu·mous ['pɒstjʊməs] *Adj* posthum, postum

▸ **post·man** ['pəʊstmən] s (*unreg* **man**) *bes Br* Briefträger *m*, Postbote *m* '**~mark** I s Poststempel *m* II *v/t* (ab-)stempeln: **be ~ed London** in London abgestempelt sein '**~mas·ter** s Postamtsvorsteher *m*: ♀ **General** Postminister(in)

post me·rid·i·em [,pəʊstmə'rɪdɪəm] *Adv* nachmittags (*Abk* **p.m.**): **3 p.m.** 15 Uhr ,**~'mod·ern** *Adj* postmodern

∼·mor·tem [ˌ-ˈmɔːtem] s a. ∼ **examination** Autopsie f, Obduktion f

▸ **post**| **of·fice** [ˈpəʊstˌɒfɪs] s Post(amt n) f: ∼ **box** Postfach n, **∼'paid** → **post-free**

post·pone [ˌpəʊstˈpəʊn] v/t verschieben (**to** auf Akk), aufschieben (**to** auf Akk; **till**, **until** bis): **he ∼ed seeing his doctor** er verschob s-n Arztbesuch **post'pone·ment** s Aufschub m

post·script [ˈpəʊsskrɪpt] s 1. Postskript(um) n, Nachschrift f 2. Nachbemerkung f (zu e-r Rede etc)

pos·tu·late I v/t [ˈpɒstjʊleɪt] postulieren, (als gegeben) voraussetzen II s [ˈ-lət] Postulat n, Voraussetzung f

pos·ture [ˈpɒstʃə] I s 1. (Körper)Haltung f; Positur f, Stellung f 2. fig Haltung f (zu e-r Sache) 3. sich in Positur stellen od setzen 4. fig sich aufspielen

post·war [ˌpəʊstˈwɔː] Adj Nachkriegs...

▸ **pot** [pɒt] I s 1. (Blumen-, Koch- etc) Topf m: **a ∼ of money** F e-e Menge Geld; **he's got ∼s of money** F er hat Geld wie Heu; **go to ∼** F auf den Hund kommen (Person etc); immer schlechter werden (Sprachkenntnisse etc); ins Wasser fallen (Pläne etc); **keep the ∼ boiling** fig sich über Wasser halten; die Sache in Schwung halten 2. (Kaffee-, Tee)Kanne f; Kännchen n, Portion f (Tee etc) 3. sport F Pokal m 4. Poker: Pot m, Kasse f 5. F → **potbelly** 6. sl Pot n (Marihuana) II v/t 7. Pflanze eintopfen: **∼ted plant** Topfpflanze f 8. Fleisch einmachen, Fisch einlegen 9. Billard: Br einlochen 10. F Kind aufs Töpfchen setzen

po·ta·ble [ˈpəʊtəbl] Adj trinkbar

po·tas·si·um [pəˈtæsɪəm] s CHEM Kalium n ∼ **cy·a·nide** s Zyankali n

▸ **po·ta·to** [pəˈteɪtəʊ] Pl **-toes** s Kartoffel f, österr. Erdapfel m: **hot ∼** F heißes Eisen ∼ **bee·tle**, bes Am ∼ **bug** s zool Kartoffelkäfer m ∼ **chips** s Pl Am, ∼ **crisps** s Pl Br Kartoffelchips Pl ∼ **peel·er** s Kartoffelschäler m (Küchengerät) ∼ **sal·ad** s Kartoffelsalat m

'pot|**,bel·ly** s Schmerbauch m '∼-**,boil·er** s pej rein kommerzielle Arbeit (Buch etc)

po·ten·cy [ˈpəʊtənsɪ] s 1. Stärke f; Wirksamkeit f, Wirkung f 2. PHYSIOL Potenz f '**po·tent** Adj 1. stark (Medikament etc) 2. fig überzeugend, zwingend (Argument etc) 3. PHYSIOL potent **po·ten·tate** [ˈ-teɪt] s Potentat m **po·ten·tial** [ˈ-tenʃl] I Adj 1. potenziell, möglich II s 2. Potenzial n, Leistungsfähigkeit f: **have the ∼ to be a top manager** das Zeug zu e-m Spitzenmanager haben 3. ELEK Spannung f **po·ten·tial·ly** [ˈ-tenʃəlɪ] Adv potenziell, möglicherweise

'**pot**·**hole** s MOT Schlagloch n '∼-**holed** Adj voller Schlaglöcher

po·tion [ˈpəʊʃn] s Trank m

'**pot**|'**luck** s: **take ∼ with** mit dem vorlieb nehmen, was es gerade (zu essen) gibt; fig es probieren ∼ **plant** s Topfpflanze f

pot·pour·ri [ˌpəʊˈpʊərɪ] s MUS Potpourri n, fig a. Allerlei n, Kunterbunt n

pot·ter[1] [ˈpɒtə] v/i 1. schlendern 2. a. ∼ **about** (od around) herumwerkeln

pot·ter[2] [ˈ-] s Töpfer(in): **∼'s wheel** Töpferscheibe f '**pot·ter·y** s 1. Töpferei f 2. Töpferware(n Pl) f

pot·ty[1] [ˈpɒtɪ] Adj bes Br F verrückt (**about** nach)

pot·ty[2] [ˈ-] s Töpfchen n '∼-**trained** Adj sauber (Kleinkind)

pouch [paʊtʃ] s Beutel m (a. zool); ANAT (Tränen)Sack m; zool (Backen-) Tasche f

poul·tice [ˈpəʊltɪs] s MED (warmer) (Senf- etc)Umschlag od (-)Wickel

poul·try [ˈpəʊltrɪ] s Geflügel n

pounce [paʊns] I v/i sich stürzen (**on** auf Akk) (a. fig) II s Sprung m, Satz m

▸ **pound**[1] [paʊnd] s Pfund n (Gewichtsu. Währungseinheit): **by the ∼** pfundweise; **five-∼ note** Fünfpfundschein m

pound[2] [ˈ-] s 1. Tierheim n 2. Abstellplatz m für abgeschleppte Fahrzeuge

pound[3] [ˈ-] I v/t 1. zerstoßen, -stampfen (**to** zu) 2. trommeln od hämmern auf (Akk) od an (Akk) od gegen II v/i 3. hämmern (**with** vor Dat) (Herz): ∼ **at** (od **on**) → 2 4. stampfen

▸ **pour** [pɔː] I v/t 1. gießen, schütten: ∼ **s.th. over o.s.** sich mit etw übergießen; ∼ **s.o. a cup of tea** j-m e-e Tasse Tee eingießen; ∼ **out** ausgieße-, -schütten; Getränke eingießen, -schenken; fig Sorgen etc ausbreiten (**to** vor Dat), Herz ausschütten (**to** Dat) II v/i 2. strö-

men (*a. fig*) **3.** *it is ~ing down* (*od ~ing with rain*) es gießt in Strömen; *in the ~ing rain* im strömenden Regen

pout [paʊt] **I** *v/i* e-n Schmollmund machen *od* ziehen; schmollen **II** *s* Schmollmund *m*; Schmollen *n*: *with a ~* schmollend

pov·er·ty ['pɒvətɪ] *s* Armut *f* (*a. fig* of an *Dat*): *~ of ideas* Ideenarmut *~ line* *s* Armutsgrenze *f* '*~·*,**strick·en** *Adj* arm, Not leidend

POW [pi:əʊ'dʌblju:] *Abk* (*= prisoner of war*) Kriegsgefangene *m, f*

▸ **pow·der** ['paʊdə] **I** *s* **1.** (*Back-, Schieß- etc*)Pulver *n* **2.** (*Gesichts- etc*)Puder *m* **II** *v/t* **3.** pulverisieren: *~ed milk* Milchpulver *n*, Trockenmilch *f*; *~ed sugar Am* Puderzucker *m* **4.** *Baby etc* (ein-) pudern, sich *die* Nase *etc* pudern: *~ one's nose a.* euph mal verschwinden *~ keg s fig* Pulverfass *n ~ puff s* Puderquaste *f*

pow·der·y ['paʊdərɪ] *Adj* **1.** pulv(e)rig: *snow* Pulverschnee *m* **2.** (ein)gepudert

▸ **pow·er** ['paʊə] **I** *s* **1.** Kraft *f*, Macht *f*, Vermögen *n*: *do everything in one's ~* alles tun, was in s-r Macht steht; *it was out of* (*od not in, beyond*) *his ~* es stand nicht in s-r Macht (*to do* zu tun) **2.** Kraft *f*, Energie *f*; *weit. S.* Wucht *f*, Gewalt *f* **3.** *mst Pl* hypnotische *etc* Kräfte *Pl*, geistige *etc* Fähigkeiten *Pl*, (*Denk-, Konzentrations- etc*)Vermögen *n* **4.** Macht *f*, Gewalt *f* (*over* über *Akk*): *be in ~* POL an der Macht sein; *be in s.o.'s ~* in j-s Gewalt sein; *come to ~* POL an die Macht kommen **5.** POL Gewalt *f* (*als Staatsfunktion*): → *separation* **2 6.** POL, JUR *etc* (Amts)Gewalt *f*; Befugnis *f*: *give* (*have*) *full ~s* Vollmacht geben (haben); → *attorney* **2 7.** *mst Pl* POL Macht *f* (*Staat*) **8.** Macht *f* (-faktor *m*) *f*, einflussreiche Stelle *od* Person: *the ~s Pl that be* F die *Pl* da oben **9.** MATHE Potenz *f*: *raise to the third ~* in die dritte Potenz erheben **10.** ELEK Strom *m* **II** *v/t* **11.** TECH antreiben '*~·as,*sist·ed** *Adj* MOT Servo... '*~·boat *s* Rennboot *n ~ brake *s* MOT Servobremse *f* '*~·dress·ing *s* Karrierelook *m*, durchgestyltes Outfit

▸ **pow·er·ful** ['paʊəful] *Adj* **1.** stark (*a. fig*), kräftig **2.** mächtig, einflussreich '**pow·er·less** *Adj* **1.** kraftlos **2.** macht-

los: *be ~ to do s.th.* nicht in der Lage sein, etw zu tun; *be ~ to prevent s.th.* nichts tun können, um etw zu verhindern

pow·er| pack *s* ELEK Netzteil *n ~ plant → power station ~ point *s* ELEK *Br* Steckdose *f ~ serve *s* Tennis: Kanonenaufschlag *m*

▸ **power| sta·tion** ['paʊə,steɪʃn] *s* Kraftwerk *n*: *nuclear ~* Kernkraftwerk *n ~ steer·ing *s* MOT Servolenkung *f*

pow·wow ['paʊwaʊ] *s* F Besprechung *f*

pox [pɒks] *s* MED F Syph *f* (*Syphilis*)

PR [pi:'ɑː] *Abk* (*= public relations*) PR *f*

prac·ti·ca·ble ['præktɪkəbl] *Adj* **1.** durchführbar **2.** passierbar (*Straße*)

▸ **prac·ti·cal** ['præktɪkl] *Adj* **1.** *allg* praktisch: → *purpose* **1 2.** praktisch denkend *od* veranlagt **3.** *~ joke* Streich *m*: *play a ~ joke on s.o.* j-m e-n Streich spielen **prac·ti·cal·ly** ['~·klɪ] *Adv* praktisch, so gut wie

▸ **prac·tice** ['præktɪs] **I** *s* **1.** Praxis *f*: *in ~* in der Praxis, in praxi; *put in(to) ~* in die Praxis umsetzen **2.** Übung *f*: *in* (*out of*) *~* in (aus) der Übung; *keep in ~* in der Übung bleiben **3.** (*Arzt- etc*)Praxis *f* **4.** Brauch *m*, Gewohnheit *f*: *~s Pl pej* Praktiken *Pl*; *it is common ~* es ist allgemein üblich; *make it a ~* es sich zur Gewohnheit machen (*to do* zu tun) **II** *Adj* **5.** Übungs..., Probe... **III** *v/t u. v/i* **6.** *Am → practise*

▸ **prac·tise** ['præktɪs] *bes Br* **I** *v/t* **1.** *als Beruf* ausüben: *~ law* (*medicine*) als Anwalt (Arzt) praktizieren **2.** (ein-) üben **3.** *Grundsätze etc* praktizieren, *Geduld etc* üben **II** *v/i* **4.** (*als Anwalt od Arzt*) praktizieren: *practising Catholic* praktizierender Katholik, praktizierende Katholikin **5.** üben '**prac·tised** *Adj* **1.** geübt (*at, in* in *Dat*): *be ~ at doing s.th.* darin geübt sein, etw zu tun **2.** eingeübt, *pej a.* gekünstelt

prac·ti·tion·er [præk'tɪʃnə] *s*: *medical ~ → general practitioner*

prag·mat·ic [præg'mætɪk] *Adj* (*~ally*) pragmatisch **prag·ma·tist** ['~·mətɪst] *s* Pragmatiker(in)

Prague [prɑːg] *Eigenn* Prag *n*

prai·rie ['preərɪ] *s* Prärie *f ~ schoon·er s* hist *Am* Planwagen *m*

P

praise

▸ **praise** [preɪz] **I** v/t loben (**for** wegen):
→ **sky II** s Lob n: '~**wor·thy** Adj
lobenswert, löblich

pram [præm] s bes Br F Kinderwagen m

prance [prɑːns] v/i **1.** tänzeln (*Pferd,
Person*) **2.** stolzieren

prank [præŋk] s Streich m: **play a ~ on
s.o.** j-m e-n Streich spielen

prat·tle ['prætl] v/i a. ~ **on** plappern
(**about** von)

prawn [prɔːn] s ZOOL Garnele f

▸ **pray** [preɪ] v/i beten (**to** zu; **for** für, um)

▸ **prayer** [preə] s **1.** Gebet n: ~ **book** Ge-
betbuch m; ~ **mat** (*od* **rug**) Gebettep-
pich m **2.** *oft Pl* Andacht f

preach [priːtʃ] **I** v/i predigen (**to** zu, *vor
Dat*): ~ **to the converted** fig offene Tü-
ren einrennen; ~ **at** (*od* **to**) **s.o.** fig j-m
e-e Predigt halten (**about** wegen) **II** v/t
predigen (*a. fig*); Predigt halten
'**preach·er** s Prediger(in)

pre·am·ble [priːˈæmbl] s Einleitung f,
JUR Präambel f (**to** zu)

pre·ar·range [ˌpriːəˈreɪndʒ] v/t vorher
abmachen *od* vereinbaren

pre·car·i·ous [prɪˈkeəriəs] Adj prekär,
unsicher

pre·cau·tion [prɪˈkɔːʃn] s Vorkehrung f,
Vorsichtsmaßnahme f (**against** gegen):
as a ~ zur Vorsicht, vorsichtshalber
pre'cau·tion·ar·y Adj vorbeugend,
Vorsichts...

pre·cede [ˌpriːˈsiːd] v/t **1.** voraus-, vo-
rangehen (*Dat*) **2.** (den) Vorrang haben
vor (*Dat*) **3.** ~ **s.th. with** (*od* **by**) **s.th.**
etw mit etw einleiten, etw e-r Sache
vorausschicken **prec·e·dence** ['presɪ-
dəns] s Vorrang m: **have** (*od* **take**) ~
over → **precede 2;** **give** ~ **to** (den) Vor-
rang geben (*Dat*) **prec·e·dent**
['presɪdənt] s JUR Präzedenzfall m (*a.
fig*): **without** ~ ohne Beispiel, noch
nie da gewesen; **set** (*od* **establish**) **a**
~ e-n Präzedenzfall schaffen

pre·cept ['priːsept] s Regel f, Richtlinie
f

pre·cinct ['priːsɪŋkt] s **1.** *Pl* Gelände n;
Umgebung f **2.** (*Fußgänger*)Zone f,
(*Einkaufs*)Viertel n **3.** *Am* (*Polizei-*)
Revier n; (*Wahl*)Bezirk m

▸ **pre·cious** ['preʃəs] **I** Adj **1.** kostbar,
wertvoll (*beide a. fig*) **2.** Edel...: ~
stone; ~ **metals II** Adv **3.** ~ **little** F herz-
lich wenig

prec·i·pice ['presɪpɪs] s Abgrund m (*a.
fig*)

pre·cip·i·tate [prɪˈsɪpɪteɪt] **I** v/t **1.** (hi-
nunter-, herunter)schleudern; fig stür-
zen (**into** in Akk) **2.** fig Ereignis be-
schleunigen **3.** CHEM ausfällen **II** v/i
4. CHEM ausfallen **III** Adj [-tət] **5.** über-
stürzt **IV** s **6.** CHEM Niederschlag m
pre·cip·i·ta·tion s **1.** Überstürzung f
2. METEO Niederschlag m **3.** CHEM Aus-
fällung f **pre'cip·i·tous** Adj **1.** steil (ab-
fallend) **2.** fig überstürzt

pré·cis ['preɪsiː] **I** *Pl* **-cis** ['-siːz] s Zs.-
fassung f **II** v/t zs.-fassen

pre·cise [prɪˈsaɪs] Adj **1.** genau, präzis:
to be ~ genau gesagt **2.** gewissenhaft
pre'cise·ly Adv **1.** → **precise 2.** ~**!** ge-
nau! **pre·ci·sion** [-ˈsɪʒn] **I** s Genauig-
keit f, a. TECH Präzision f **II** Adj TECH
Präzisions..., Fein...: ~ **instrument**
Präzisionsinstrument n

pre·clude [prɪˈkluːd] v/t **1.** etw ausschlie-
ßen **2.** ~ **s.o. from doing s.th.** j-n (da-
ran) hindern, etw zu tun

pre·co·cious [prɪˈkəʊʃəs] Adj frühreif
pre'co·cious·ness, **pre·coc·i·ty**
[-ˈkɒsətɪ] s Frühreife f

pre·con·ceived [ˌpriːkənˈsiːvd] Adj
vorgefasst **pre·con·cep·tion** [ˌ-ˈsepʃn]
s vorgefasste Meinung (**about** über
Akk)

pre·con·di·tion [ˌpriːkənˈdɪʃn] s Vo-
raussetzung f, Voraussetzung f

pre·cook [ˌpriːˈkʊk] v/t vorkochen

pre·cur·sor [ˌpriːˈkɜːsə] s (**of, to** Gen) **1.**
Vorläufer(in) **2.** Vorbote m, -botin f

pre·date [priːˈdeɪt] v/t Brief etc zurück-
datieren

pred·a·to·ry ['predətərɪ] Adj räube-
risch: ~ **animal** Raubtier n

pre·de·ces·sor ['priːdɪsesə] s Vorgän-
ger(in): ~ **in office** Amtsvorgänger(in)

pre·des·ti·na·tion [priːˌdestɪˈneɪʃn] s
REL u. weit. S. Prädestination f, Vorher-
bestimmung f **pre·des·tined** [priːˈ] Adj prä-
destiniert, vorherbestimmt (**to** für, zu):
be ~ **to failure** (*od* **fail**) von (vorne-
rein) zum Scheitern verurteilt sein;
he was ~ **to do s.th.** es war ihm vorher-
bestimmt, etw zu tun

pre·de·ter·mine [ˌpriːdɪˈtɜːmɪn] v/t **1.**
vorherbestimmen **2.** → **prearrange**

pre·dic·a·ment [prɪˈdɪkəmənt] s missli-
che Lage, Zwangslage f

pred·i·cate ['predɪkət] s LING Prädikat n, Satzaussage f **pre·dic·a·tive** [prɪ'dɪkətɪv] Adj prädikativ

pre·dict [prɪ'dɪkt] v/t vorher-, voraussagen **pre'dic·tion** s Vorher-, Voraussage f: **against all ~s** entgegen allen Voraussagen

pre·di·lec·tion [,priːdɪ'lekʃn] s Vorliebe f (**for** für)

pre·dis·pose [,priːdɪ'spəʊz] v/t 1. geneigt machen, einnehmen (**in favo[u]r of** für) 2. bes MED anfällig machen (**to** für) '**pre,dis·po'si·tion** [-pə'zɪʃn] s (**to**) Neigung f (zu), bes MED a. Anfälligkeit f (für)

pre·dom·i·nant [prɪ'dɒmɪnənt] Adj (vor)herrschend, überwiegend **pre·'dom·i·nate** [-neɪt] v/i 1. vorherrschen, -wiegen, überwiegen 2. überlegen sein; die Oberhand od das Übergewicht haben (**over** über Akk)

pre·em·i·nent [,priː'emɪnənt] Adj hervor-, überragend

pre·emp·tive [,priː'emptɪv] Adj 1. ~ **right** Vorkaufsrecht n 2. ~ **strike** MIL Präventivschlag m

preen [priːn] v/t sich, das Gefieder putzen (Vogel): a. ~ **o.s.** sich herrichten (Person)

pre·fab ['priːfæb] s F Fertighaus n **,pre'fab·ri·cate** [-rɪkeɪt] v/t vorfabrizieren, -fertigen: **~d house** Fertighaus n

pref·ace ['prefɪs] I s Vorwort n (**to** zu) II v/t Rede, Buch etc einleiten (**with** mit)

▸ **pre·fer** [prɪ'fɜː] v/t vorziehen (**to** Dat), lieber mögen (**to** als), bevorzugen: **I ~ meat to fish** Fleisch ist mir lieber als Fisch; ~ **listening to talking** lieber zuhören als reden; **I'd ~ to stay at home** ich bliebe lieber zu Hause; **I'd ~ you not to go** es wäre mir lieber, wenn du nicht gingst **pref·er·a·ble** ['prefərəbl] Adj: **be ~** (**to**) vorzuziehen sein (Dat), besser sein (als) '**pref·er·a·bly** Adv vorzugsweise, lieber, am liebsten '**pref·er·ence** s 1. Bevorzugung f, Vorzug m: **give s.o. ~** (**over**) j-m den Vorzug geben (gegenüber); **what is your ~?** was möchtest du lieber? 2. Vorliebe f (**for** für) **pref·er·en·tial** [,-'renʃl] Adj bevorzugt, Vorzugs...

pre·fix I s ['priːfɪks] 1. LING Präfix n, Vorsilbe f 2. Am TEL Vorwahl f II v/t

[,priː'fɪks] 3. LING e-m Wort e-e Vorsilbe voranstellen 4. Bemerkung etc voranstellen (**to** Dat)

preg·nan·cy ['pregnənsɪ] s Schwangerschaft f; ZOOL Trächtigkeit f: ~ **test** Schwangerschaftstest m '**preg·nant** Adj 1. schwanger; ZOOL trächtig: **she's four months ~** sie ist im vierten Monat schwanger 2. fig bedeutungsschwer, -voll, gewichtig: **a ~ pause** e-e Zäsur, e-e beredsame Pause

pre·heat [,priː'hiːt] v/t vorheizen

pre·his·tor·ic [,priːhɪ'stɒrɪk] Adj (~**ally**) prähistorisch, vorgeschichtlich

pre·judge [,priː'dʒʌdʒ] v/t j-n vorverurteilen: ~ **the issue** sich vorschnell e-e Meinung bilden

prej·u·dice ['predʒʊdɪs] I s 1. Vorurteil n, Voreingenommenheit f, bes JUR Befangenheit f: **have a ~ against** Vorurteile haben od voreingenommen sein gegen 2. **to the ~ of** zum Nachteil od Schaden (Gen); **without ~ to** bes JUR unbeschadet II v/t 3. einnehmen (**in favo[u]r of** für; **against** gegen): ~**d** (vor)eingenommen, bes JUR befangen 4. schaden (Dat), beeinträchtigen **prej·u·di·cial** [,-'dɪʃl] Adj (**to**) abträglich (Dat), schädlich (für): **be ~ to** → **prejudice** 4; ~ **to health** gesundheitsschädlich

pre·lim·i·nar·y [prɪ'lɪmɪnərɪ] I Adj Vor...: ~ **discussion** Vorbesprechung f; ~ **measures** Pl vorbereitende Maßnahmen Pl; ~ **round** (Sport) Vorrunde f II s Pl Vorbereitungen Pl, vorbereitende Maßnahmen Pl

prel·ude ['preljuːd] s MUS Vorspiel n (**to** zu) (a. fig); Präludium n

pre·mar·i·tal [,priː'mærɪtl] Adj vorehelich

pre·ma·ture ['premə,tjʊə] Adj 1. vorzeitig, verfrüht: **be four weeks ~** vier Wochen zu früh auf die Welt kommen; ~ **baby** Frühgeburt f 2. fig voreilig

pre·med·i·tat·ed [,priː'medɪteɪtɪd] Adj vorsätzlich **pre,med·i'ta·tion** s Vorsatz m: **with ~** vorsätzlich

pre·mi·er ['premjə] s Premier(minister) m, -ministerin f

prem·i·ere, prem·i·ère ['premɪeə] I s Premiere f, Ur-, Erstaufführung f II v/t ur-, erstaufführen

prem·is·es ['premɪsɪz] s Pl Gelände n,

Grundstück n; Räumlichkeiten Pl, (Geschäfts)Räume Pl: **on the ~** an Ort u. Stelle, im Haus od Lokal

pre·mi·um ['priːmjəm] s **1.** Prämie f, Bonus m: **be at a ~** fig hoch im Kurs stehen; **put a ~** on fig sehr viel Wert legen auf (Akk); fördern **2.** MOT Am F Super n ~ **gas·o·line** s MOT Am Superbenzin n

pre·mo·ni·tion [ˌpremə'nɪʃn] s (böse) Vorahnung

pre·na·tal [ˌpriː'neɪtl] → **antenatal**

pre·oc·cu·pa·tion [priːˌɒkjʊ'peɪʃn] s Beschäftigung f (**with** mit) ,**pre·oc·cu·pied** [-paɪd] Adj gedankenverloren, geistesabwesend ,**pre·oc·cu·py** [-paɪ] v/t (stark) beschäftigen

pre·or·dain [ˌpriːɔː'deɪn] v/t vorherbestimmen: **his success was ~ed** sein Erfolg war ihm vorherbestimmt

prep [prep] s Br F Hausaufgabe(n Pl) f: **do one's ~** s-e Hausaufgaben machen

pre·paid [ˌpriː'peɪd] Adj POST frankiert, freigemacht: **~ envelope** Freiumschlag m

▸ **prep·a·ra·tion** [ˌprepə'reɪʃn] s **1.** Vorbereitung f (**for** auf Akk, für): **be in** (od **under**) **~** in Vorbereitung sein; **make ~s** Vorbereitungen treffen **2.** Zubereitung f **3.** CHEM, MED Präparat n

pre·par·a·to·ry [prɪ'pærətərɪ] Adj **1.** vorbereitend, Vor(bereitungs)... **2.** **~ to** vor (Dat): **~ to doing s.th.** bevor od ehe man etw tut **~ school** s Br private Vorbereitungsschule auf die Public School; Am private Vorbereitungsschule auf Universität oder College

P

prep school

In England (nicht in Schottland) bezeichnet **prep school** oder ausführlicher **preparatory school** eine private Schule, die Schüler im Alter von ca. 8 bis 13 Jahren auf eine weiterführende Privatschule (**public school**) vorbereiten soll. Sowohl **prep schools** als auch **public schools** sind größtenteils reine Jungen- bzw. Mädchenschulen, in denen Schuluniformen getragen werden.

In den USA dagegen bezeichnet dieser Schultyp eine Schule, auf der Schüler auf das College oder die Universität vorbereitet werden.

Beiden Formen ist gemeinsam, dass man mit ihnen im Allgemeinen Reichtum, Privilegien und einen hohen gesellschaftlichen Status verbindet.

▸ **pre·pare** [prɪ'peə] **I** v/t **1.** Fest, Rede etc vorbereiten; j-n (a. seelisch) vorbereiten (**for** auf Akk): **~ o.s. for** sich gefasst machen auf **2.** anfertigen; Speise etc zubereiten **II** v/i **3.** **~ for** sich vorbereiten auf (Akk); Vorbereitungen treffen für; sich gefasst machen auf (Akk) **pre'pared** Adj **1.** vorbereitet (Erklärung etc) **2.** bereit, gewillt (**to do** zu tun) **3.** gefasst, vorbereitet (**for** auf Akk; **to do** darauf, zu tun) **pre'pared·ness** s Bereitschaft f

pre·pon·der·ance [prɪ'pɒndərəns] s fig Übergewicht n **pre'pon·der·ant** Adj überwiegend **pre'pon·der·ate** [-reɪt] v/i überwiegen; überlegen sein (**over** Dat)

prep·o·si·tion [ˌprepə'zɪʃn] s LING Präposition f, Verhältniswort n

pre·pos·sess [ˌpriːpə'zes] v/t: **be ~ed by** eingenommen sein von ,**pre·pos·'sess·ing** Adj einnehmend

pre·pos·ter·ous [prɪ'pɒstərəs] Adj **1.** absurd **2.** lächerlich, lachhaft

prep·py ['prepɪ] Adj adrett

prep school F → **preparatory school**

pre·puce ['priːpjuːs] s ANAT Vorhaut f

pre·re·cord·ed [ˌpriːrɪ'kɔːdɪd] Adj bespielt (Musik-, Videokassette)

pre·req·ui·site [ˌpriː'rekwɪzɪt] s Voraussetzung f (**for, of, to** für)

pre·rog·a·tive [prɪ'rɒgətɪv] s Vorrecht n

Pres·by·te·ri·an [ˌprezbɪ'tɪərɪən] **I** Adj presbyterianisch **II** s Presbyterianer(in)

pre·school [ˌpriː'skuːl] **I** Adj vorschulisch: **of ~ age** im Vorschulalter; **~ child** Vorschulkind n **II** s Vorschule f, Kindergarten m

pre·scribe [prɪ'skraɪb] v/t **1.** etw vorschreiben **2.** MED j-m etw verschreiben, -ordnen (**for** gegen)

pre·scrip·tion [prɪ'skrɪpʃn] *s* **1.** Vorschrift *f* **2.** MED verordnete Medizin; Rezept *n*: *available only on ~* rezeptpflichtig; → *Info bei Rezept ~ charge s* Rezeptgebühr *f*

▸ **pres·ence** ['prezns] *s* Gegenwart *f*, Anwesenheit *f*: *in the ~ of* in Gegenwart *od* in Anwesenheit *od* im Beisein von (*od Gen*), vor *Zeugen*; *make one's ~ felt fig* sich bemerkbar *od* auf sich aufmerksam machen; ~ *of mind* Geistesgegenwart *f*

▸ **pres·ent¹** ['preznt] **I** *Adj* (→ *presently*) **1.** anwesend (*at* bei); vorhanden: → *company* 2 **2.** gegenwärtig, jetzig, derzeitig: *at the ~ moment* zum gegenwärtigen Zeitpunkt; *in the ~ case* im vorliegenden Fall **3.** LING ~ *participle* Partizip *n* Präsens, Mittelwort *n* der Gegenwart; ~ *perfect* Perfekt *n*, zweite Vergangenheit; ~ *tense* Präsens *n*, Gegenwart *f* **II** *s* **4.** Gegenwart *f*, LING *a.* Präsens *n*: *at ~* gegenwärtig, zurzeit; *for the ~* vorerst, -läufig, einstweilen

pre·sent² [prɪ'zent] *v/t* **1.** präsentieren (*to Dat*: **a)** (über)reichen, (-)bringen, (-)geben: ~ *s.th. to s.o.,* ~ *s.o. with s.th. a.* j-m etw schenken, **b)** vorbringen, -legen, unterbreiten, **c)** zeigen, vorführen, THEAT *etc* aufführen, **d)** schildern, darstellen, **e)** j-n, *Produkt etc* vorstellen, **f)** *Programm etc* moderieren **2.** *Sicht, Ziel, Möglichkeit etc* bieten, *Schwierigkeit etc* darstellen, bieten: *if the chance ~s itself* wenn sich die Chance bietet; *this ~s no problem (to him)* das ist kein Problem (für ihn) **3.** ~ *o.s.* sich einfinden (*Person*); ~ *itself* sich einstellen (*Gedanke etc*)

▸ **pres·ent³** ['preznt] *s* Geschenk *n*: *make s.o. a ~ of s.th.* j-m etw schenken (*a. fig*)

pre·sent·a·ble [prɪ'zentəbl] *Adj* vorzeigbar (*Person*): *be ~* sich sehen lassen können (*a. Sache*); *make o.s. ~* sich zurechtmachen

pres·en·ta·tion [,prezən'teɪʃn] *s* Präsentation *f*: **a)** Überreichung *f*, -gabe *f*, **b)** Unterbreitung *f*, **c)** Vorführung *f*, THEAT *etc* Aufführung *f*, **d)** Schilderung *f*, Darstellung *f*, **e)** Vorstellung *f*, **f)** RUNDFUNK, TV Moderation *f*

,pres·ent·'day *Adj* heutig, gegenwärtig

pre·sent·er [prɪ'zentə] *s* RUNDFUNK, TV *Br* Moderator(in)

pre·sen·ti·ment [prɪ'zentɪmənt] *s* (böse) Vorahnung

pres·ent·ly ['prezntlɪ] *Adv* **1.** in Kürze, bald **2.** *bes Am* gegenwärtig, derzeit

pres·er·va·tion [,prezə'veɪʃn] *s* **1.** Bewahrung *f*; Erhaltung *f*: *in a good state of ~* gut erhalten; *there is a ~ order on this building bes Br* dieses Gebäude steht unter Denkmalschutz **2.** Konservierung *f* **pre·serv·a·tive** [prɪ'zɜːvətɪv] *s* Konservierungsmittel *n*

pre·serve [prɪ'zɜːv] **I** *v/t* **1.** bewahren, (be)schützen (*from* vor *Dat*) **2.** bewahren, erhalten **3.** konservieren, *Obst etc* einmachen, -kochen **II** *s* **4.** *mst Pl* Eingemachte *n*: *strawberry ~s* eingemachte Erdbeeren *Pl* **5.** (*Jagd*)Revier *n* **6.** *fig* Revier *n*, Ressort *n*

pre·side [prɪ'zaɪd] *v/i* den Vorsitz führen *od* haben (*at, over* bei): ~ *at a meeting a.* e-e Versammlung leiten **pres·i·den·cy** ['prezɪdənsɪ] *s* POL Präsidentschaft *f*; Amtszeit *f* (*e-s Präsidenten*)

▸ **pres·i·dent** ['prezɪdənt] *s* **1.** Präsident(in) (*a.* POL) **2.** Vorsitzende *m, f* **3.** UNI *bes Am* Rektor(in) **pres·i·den·tial** [,-'denʃl] *Adj* POL Präsidenten..., Präsidentschafts...

▸ **press** [pres] **I** *v/t* **1.** drücken, pressen **2.** drücken auf (*e-n Knopf etc*), *Pedal etc* niederdrücken **3.** *Frucht* (aus)pressen **4.** *Schallplatte* pressen **5.** bügeln; *Blumen* pressen **6.** (*zurück- etc*)drängen: ~ *back* **7.** j-n (be)drängen (*to do* zu tun): *be ~ed for time* unter Zeitdruck stehen, in Zeitnot sein **8.** bestehen auf (*Dat*): ~ *the point* darauf bestehen; ~ *home Forderung etc* durchsetzen; *Vorteil* ausnützen **II** *v/i* **9.** drücken **10.** drängen (*Zeit etc*): ~ *for* drängen auf (*Akk*) **11.** (sich) (*vorwärts etc*)drängen: ~ *forward; ~ on* (*od ahead*) *fig* weitermachen (*with mit*) **III** *s* **12.** (*Fruchtetc*)Presse *f*; Spanner *m* (*für Tennisschläger etc*) **13.** (*Drucker*)Presse *f*: *go to ~* in Druck gehen **14.** *give s.th. a ~* etw drücken **15.** Presse *f*: *have a good (bad) ~* e-e gute (schlechte) Presse haben ~ *a·gen·cy s* Presseagentur *f* ~ *box s* Pressetribüne *f*: *in the ~*

auf der Pressetribüne **~ card** s Presse-ausweis m **~ clip·ping** s bes Am Zeitungsausschnitt m **~ con·fer·ence** s Pressekonferenz f: **at a ~** auf e-r Pressekonferenz **~ cut·ting** s bes Br Zeitungsausschnitt m **~ gal·ler·y** s PARL Pressetribüne f: **in the ~** auf der Pressetribüne

press·ing ['presiŋ] Adj **1.** dringend **2.** eindringlich

press| pho·tog·ra·pher s Pressefotograf(in) m **~up** s Br Liegestütz m: **do ~s** Liegestütze machen

▸ **pres·sure** ['preʃə] I s PHYS, TECH, etc Druck m: **under ~** fig unter Druck; **bring ~ to bear on, put ~ on** fig Druck ausüben auf (Akk); **work at high ~** fig mit Hochdruck arbeiten II v/t bes Am → **pressurize 2 ~ cook·er** s Schnellkochtopf m **~ group** s POL Interessengruppe f **'~·sen·si·tive** Adj MED etc druckempfindlich

pres·sur·ize ['preʃəraiz] v/t **1. ~d cabin** FLUG Druck(ausgleichs)kabine f **2.** fig bes Am f j-n unter Druck setzen (**to do s.th.** damit er etw tut): **~ s.o. into doing s.th.** j-n so lange unter Druck setzen, bis er etw tut

pres·tige [pre'stiːʒ] s Prestige n, Ansehen n **pres·tig·ious** [pre'stidʒəs] Adj renommiert

pres·to ['prestəʊ] Adv: **hey ~** Hokuspokus (Fidibus)

pre·sum·a·ble [pri'zjuːməbl] Adj vermutlich **pre'sume** I v/t **1.** annehmen, vermuten **2.** sich erdreisten od anmaßen (**to do** zu tun) II v/i **3. →** 1 **4.** anmaßend od aufdringlich sein: **~ on** etw ausnützen od missbrauchen **pre'sum·ing** Adj anmaßend

pre·sump·tion [pri'zʌmpʃn] s **1.** Annahme f, Vermutung f **2.** Anmaßung f **pre'sump·tu·ous** [-tʃʊəs] Adj anmaßend

pre·sup·pose [ˌpriːsə'pəʊz] v/t voraussetzen (**that** dass) **pre·sup·po·si·tion** [ˌ-sʌpə'zɪʃn] s Voraussetzung f

pre·tence [pri'tens] s **1.** Heuchelei f, Verstellung f: **his friendliness is just a ~** s-e Freundlichkeit ist nur gespielt; **make a ~ of doing s.th.** so tun, als tue man etw **2. under false ~s** unter falschen Voraussetzungen **3.** Anspruch m (**to** auf Akk): **make no ~ to** keinen

Anspruch erheben auf

pre·tend [pri'tend] I v/t **1.** vorgeben, -schützen, -täuschen: **~ to be asleep** sich schlafend stellen **2.** behaupten (**to do** zu tun) II v/i **3.** sich verstellen: **he's only ~ing** er tut nur so **4.** Anspruch erheben (**to** auf Akk) III Adj vorgetäuscht, gespielt

pre·tense Am → **pretence**

pre·ten·sion [pri'tenʃn] s **1.** oft Pl Anspruch m (**to** auf Akk): **make no ~s to** keinen Anspruch erheben auf **2.** Anmaßung f

pre·ten·tious [pri'tenʃəs] Adj anmaßend **pre·ten·tious·ness** s Anmaßung f

pret·er·ite ['pretərət] s LING Präteritum n, (erste) Vergangenheit

pre·text ['priːtekst] s Vorwand m: **on** (od **under**) **the ~** unter dem Vorwand (**of doing** zu tun)

▸ **pret·ty** ['priti] I Adj hübsch, iron a. schön: → **penny** II Adv F ziemlich, ganz schön: **~ cold** ziemlich od ganz schön kalt; **~ good** recht od ganz gut; **~ much the same thing** so ziemlich dasselbe; **be sitting ~** F (finanziell etc) gut dastehen

pre·vail [pri'veil] v/i **1.** vorherrschen, weit verbreitet sein **2.** (over, against) siegen (über Akk), sich durchsetzen (gegen) **3. ~ on s.o. to do s.th.** j-n dazu bewegen, etw zu tun **pre'vail·ing** Adj (vor)herrschend

prev·a·lence ['prevələns] s Vorherrschen n, weite Verbreitung **'prev·a·lent** Adj vorherrschend, weit verbreitet

pre·var·i·cate [pri'værikeit] v/i Ausflüchte machen **pre·var·i·ca·tion** s Ausflucht f

▸ **pre·vent** [pri'vent] v/t **1.** verhindern, -hüten, e-r Sache vorbeugen **2.** (from) j-n hindern (an Dat), abhalten (von): **~ s.o. (from) doing s.th.** j-n (daran) hindern od davon abhalten, etw zu tun **pre'ven·tion** s (of) Verhinderung f, -hütung f (von), Vorbeugung f (gegen): **~ of accidents** Unfallverhütung; **~ is better than cure** Vorbeugen ist besser als Heilen **pre'ven·tive** Adj vorbeugend

pre·view ['priːvjuː] s **1.** FILM, TV Voraufführung f; Vorbesichtigung f (e-r Ausstellung etc), MALEREI Vernissage f.

FILM, TV, *a. allg* Vorschau *f* (*of* auf *Akk*)

pre·vi·ous ['priːvjəs] *Adj* **1.** vorher-, vorausgehend, vorherig: **~ conviction** JUR Vorstrafe *f*; **have a ~ conviction** vorbestraft sein; **on the ~ day** am Tag davor, am Vortag; **on a ~ occasion** bei e-r früheren Gelegenheit; **~ owner** Vorbesitzer(in) **2. ~** *to* vor (*Dat*): **~** *to* **doing s.th.** bevor man etw tut '**pre·vi·ous·ly** *Adv* früher, vorher

pre·war [ˌpriː'wɔː] *Adj* Vorkriegs...

prey [preɪ] **I** *s* Beute *f*, Opfer *n* (*e-s Raubtiers*; *a. fig*): **be easy ~ for** e-e leichte Beute sein *für*; **→ beast** 1, **bird** 1 **II** *v/i*: **~ on a**) ZOOL Jagd machen auf (*Akk*), **b**) *fig* nagen an (*Dat*): **~ on s.o.'s mind** j-m keine Ruhe lassen, **c**) *fig* j-n ausnehmen

▸ **price** [praɪs] **I** *s* **1.** Preis *m* (*a. fig*), (*Börse*) Kurs *m*: **what is the ~ of ...?** was *od* wie viel kostet ...?; **at a ... price** zu e-m *günstigen etc* Preis; **at a ~** für entsprechendes Geld; (**not**) **at any ~** *bes fig* um jeden (keinen) Preis; **be above** (*od* **beyond, without**) **~** *fig* unbezahlbar sein; **pay a high ~ for** *fig* e-n hohen Preis bezahlen *für*; **put a ~ on s.o.'s head** e-n Preis auf j-s Kopf aussetzen **2.** *Wetten*: Quote *f* **II** *v/t* **3.** den Preis festsetzen *für*; auszeichnen (*at* mit) **4.** F nach dem Preis (*Gen*) fragen '**~·con·scious** *Adj* preisbewusst **~ cut** *s* Preissenkung *f* **~ freeze** *s* Preisstopp *m*

price·less ['praɪslɪs] *Adj* unbezahlbar (*a. fig*)

price| list *s* Preisliste *f* **~ range** *s* Preisklasse *f*, -kategorie *f* **~ tag**, **~ tick·et** *s* Preisschild *n*

price·y ['praɪsɪ] *Adj* F teuer

▸ **prick** [prɪk] **I** *s* **1.** (*Insekten-, Nadeletc*)Stich *m*; Einstich *m* **2.** stechender Schmerz, Stich *m* **3.** V Schwanz *m* (*Penis*) **4.** *fig* V Arschloch *n* **II** *v/t* **5.** (an-, auf-, durch)stechen, stechen in (*Akk*): **~ one's finger** sich in den Finger stechen (*on an Dat*; **with** mit); **his ~ science ~ed him** *fig* er hatte Gewissensbisse **6.** prickeln auf *od* in (*Dat*) **7. ~ up one's ears** die Ohren spitzen (*a. fig*) **III** *v/i* **8.** stechen (*a. schmerzen*)

prick·le ['prɪkl] **I** *s* **1.** Stachel *m*, BOT *a.* Dorn *m* **2.** Prickeln *n*, Kribbeln *n* **II** *v/i* **3.** prickeln, kribbeln '**prick·ly** *Adj* **1.**

stach(e)lig, BOT *a.* dornig **2.** prickelnd, kribbelnd **3.** *fig* unangenehm

'**pric·y** → *pricey*

▸ **pride** [praɪd] **I** *s* Stolz *m* (*a. Gegenstand des Stolzes*); *pej* Hochmut *m*: **take ~ in** → **II II** *v/t*: **~ o.s. on** stolz sein auf (*Akk*)

▸ **priest** [priːst] *s* REL Priester *m* '**priest·ess** *s* Priesterin *f* **priesthood** ['~hʊd] *s* **1.** Priesteramt *n*, -würde *f* **2.** *Koll* Priesterschaft *f* '**priest·ly** *Adj* priesterlich

prig [prɪg] *s* Tugendbold *m* '**prig·gish** *Adj* tugendhaft

prim [prɪm] *Adj a.* **~ and proper** etepetete; prüde

pri·ma·cy ['praɪməsɪ] *s* Vorrang *m* (**over** vor *Dat*); Vorrangstellung *f*

pri·mae·val *bes Br* → *primeval*

pri·mal ['praɪml] *Adj* **1.** ursprünglich, Ur... **2.** → *primary* 1

pri·ma·ri·ly ['praɪmərəlɪ] *Adv* in erster Linie, vor allem '**pri·ma·ry I** *Adj* **1.** wichtigst, Haupt...: **of ~ importance** von höchster Wichtigkeit **2.** Anfangs..., Ur... **3.** grundlegend, elementar, Grund...: **~ colo(u)r** Grundfarbe *f* **II** *s* **4.** POL *Am* Vorwahl *f*

prime [praɪm] **I** *Adj* **1.** wichtigst, Haupt...: **of ~ importance** von höchster Wichtigkeit **2. ~ minister** Premierminister(in), Ministerpräsident(in); **~ mover** TECH Kraft-, Antriebsmaschine *f*; *fig* treibende Kraft; **~ suspect** Hauptverdächtige *m*, *f*; **~ time** TV Haupteinschaltzeit *f* **2.** erstklassig: **in ~ condition** in Bestzustand **3. ~ number** → 5 **II** *s* **4. in the ~ of life** in der Blüte s-r Jahre; **be past one's ~** s-e besten Jahre hinter sich haben; (*Künstler etc*) den Zenit überschritten haben **5.** MATHE Primzahl *f* **III** *v/t* **6.** grundieren **7.** *j-n* instruieren, vorbereiten

prim·er¹ ['praɪmə] *s* **1.** Grundierfarbe *f*, -lack *m* **2.** MIL *etc* Zünder *m*

prim·er² [~] *s* Fibel *f*

pri·me·val [praɪ'miːvl] *Adj* urzeitlich, Ur...: **~ forest** Urwald *m*

prim·i·tive ['prɪmɪtɪv] *Adj* primitiv

pri·mor·di·al [praɪ'mɔːdjəl] *Adj* uranfänglich, ursprünglich

prim·rose *s* BOT Primel *f*, *bes* Schlüsselblume *f*

prim·u·la ['prɪmjʊlə] *s* BOT Primel *f*

▸ **prince** [prɪns] *s* **1.** Fürst *m* **2.** Prinz *m*: ♫ **Charming** *fig* Märchenprinz; → **consort** '**prince·ly** *Adj* fürstlich (*a. fig*) **prin·cess** [-'ses, *vor Eigenn* '-ses] *s* **1.** Fürstin *f* **2.** Prinzessin *f*

▸ **prin·ci·pal** ['prɪnsəpl] **I** *Adj* (→ **principally**) **1.** wichtigst, hauptsächlich, Haupt...: ♫ **character** Hauptfigur *f*, -person *f* (*e-s Romans etc*); ♫ **parts** *Pl* LING Stammformen *Pl* (*e-s Verbs*) **II** *s* **2.** PÄD Rektor(in) **3.** THEAT Hauptdarsteller(in); MUS Solist(in)

prin·ci·pal·i·ty [ˌprɪnsɪ'pælətɪ] *s* Fürstentum *n*

prin·ci·pal·ly ['prɪnsəplɪ] *Adv* in erster Linie, hauptsächlich

prin·ci·ple ['prɪnsəpl] *s* **1.** Prinzip *n*, Grundsatz *m*: **man of ♫s** Mann *m* mit Grundsätzen; **in ♫** im Prinzip, an sich; **on ♫** prinzipiell, grundsätzlich **2.** PHYS *etc* Prinzip *n*, (Natur)Gesetz *n*

▸ **print** [prɪnt] **I** *v/t* **1.** *typographisch*: drucken: **♫ed matter** POST Drucksache *f* **2.** *Rede etc* abdrucken **3.** *Stoff etc* bedrucken **4.** in Druckbuchstaben schreiben: **♫ed characters** *Pl* Druckbuchstaben *Pl* **5.** *a.* **♫ off** FOTO abziehen; **♫ out** COMPUTER *e-n Text etc* ausdrucken **II** *v/i* **6.** *typographisch*: drucken **7.** **be ♫ing** im Druck sein **III** *s* **8.** (*Finger- etc*)Abdruck *m* **9.** *typographisch*: Druck *m*: **out of ♫** vergriffen; **in ♫** gedruckt; **♫ run** Auflage *f* **10.** Gedruckte *n*: → **small I 11.** KUNST Druck *m*; FOTO Abzug *m* '**print·a·ble** *Adj* druckfähig, -reif

▸ **print·er** ['prɪntə] *s* **1.** Drucker(in): **♫'s ink** Druckerschwärze *f* **2.** Drucker *m* (*Gerät*) '**print·ing** *s* **1.** *typographisch*: Drucken *m*: **♫ ink** Druckerschwärze *f*; **♫ press** Druckpresse *f*; **♫ works** *Pl* (*oft Sg konstruiert*) Druckerei *f* **2.** Auflage *f*

'**print·out** *s* COMPUTER Ausdruck *m*

pri·or ['praɪə] *Adj* **1.** vorherig, früher **2.** vorrangig **3. ♫ to** vor (*Dat*) **pri·or·i·tize** [-'prɒtaɪz] *v/t* den Vorrang geben (*Dat*), vorrangig behandeln **pri·or·i·ty** *s* **1.** Priorität *f*, Vorrang *m*: **give ♫ to** → **prioritize**; **have** (*od* **take**) **♫** den Vorrang haben (**over** *od* **to**), vorgehen **2.** vordringliche *od* vorrangige Sache: **a top ♫** e-e Angelegenheit von äußerster Dringlichkeit **3.** MOT Vorfahrt *f*: **have ♫**

prise *bes Br v/t*: **♫ open** aufbrechen, -stemmen

prism ['prɪzəm] *s* MATHE, PHYS *etc* Prisma *n* **pris·mat·ic** [-'mætɪk] *Adj* (**♫ally**) prismatisch, Prismen...

▸ **pris·on** ['prɪzn] *s* Gefängnis *n*: **be in ♫** im Gefängnis sein *od* sitzen, einsitzen; **♫ cell** Gefängniszelle *f*; **♫ sentence** Gefängnis-, Freiheitsstrafe *f*

▸ **pris·on·er** ['prɪznə] *s* Gefangene *m*, *f*, Häftling *m*: **hold** (*od* **keep**) **♫** gefangen halten; **take ♫** gefangen nehmen; **♫ of war** Kriegsgefangene *m*, *f*; → **bar** 8

pris·sy ['prɪsɪ] *Adj* F etepetete, zimperlich

pri·va·cy ['prɪvəsɪ] *s* **1.** Ungestörtheit *f*: **there is no ♫ here** hier ist man nie ungestört **2.** Geheimhaltung *f*: **in strict ♫** streng vertraulich

▸ **pri·vate** ['praɪvɪt] **I** *Adj* **1.** privat, Privat...: ♫ (**limited**) **company** WIRTSCH *Br* Gesellschaft *f* mit beschränkter Haftung; ♫ **detective** Privatdetektiv(in); ♫ **lessons** *Pl* Privatunterricht *m*; ♫ **life** Privatleben *n*; ♫ **matter** Privatangelegenheit *f*; ♫ **patient** *Br* Privatpatient(in); ♫ **school** Privatschule *f*; **♫ly owned** in Privatbesitz **2.** ungestört (*Ort*): **be a very ♫ person** sehr zurückgezogen leben **3.** geheim; vertraulich: **keep s.th. ♫** etw geheim halten *od* vertraulich behandeln **4.** ♫ **soldier** → 6 **II** *s* **5.** *in ♫* privat; unter vier Augen **6.** MIL Gefreite *m*, *f*

pri·va·tion [praɪ'veɪʃn] *s* Entbehrung *f*

pri·va·ti·za·tion [ˌpraɪvətaɪ'zeɪʃn] *s* Privatisierung *f* '**pri·vat·ize** *v/t* *staatlichen Betrieb etc* privatisieren

priv·i·lege ['prɪvɪlɪdʒ] **I** *s* Privileg *n*, Vorrecht *n*; (*besondere*) Ehre **II** *v/t* privilegieren, bevorrechtigen: **be ♫d** den Vorzug genießen (**to do** zu tun)

priv·y ['prɪvɪ] *Adj*: **be ♫ to** eingeweiht sein in (*Akk*)

▸ **prize**[1] [praɪz] **I** *s* **1.** (Sieger-, Sieges-) Preis *m*; (*Lotterie- etc*)Gewinn *m* **II** *Adj* **2.** preisgekrönt **3.** F *pej* Riesen...: **♫ idiot** Vollidiot(in) **III** *v/t* **4.** (hoch)schätzen

prize[2] [-] *Am* → **prise**

'**prize·win·ner** *s* Preisträger(in); Gewinner(in) '**♫-win·ning** *Adj* preisgekrönt: ♫ **ticket** Gewinnlos *n*

pro[1] [prəʊ] *Pl* **pros** *s* **1.** Jastimme *f* **2.** **the**

~s and cons Pl das Für u. Wider, das Pro u. Kontra

pro² [prəʊ] I F I Pl **pros** s Profi m II Adj Profi...

prob·a·bil·i·ty [ˌprɒbəˈbɪlətɪ] s Wahrscheinlichkeit f: **in all ~** aller Wahrscheinlichkeit nach, höchstwahrscheinlich

▶ **prob·a·ble** [ˈprɒbəbl] Adj wahrscheinlich

▶ **prob·a·bly** [ˈprɒbəblɪ] Adv wahrscheinlich

pro·ba·tion [prəˈbeɪʃn] s Probe(zeit) f; JUR Bewährung(sfrist) f: **he's still on ~** er ist noch in der Probezeit; **put s.o. on ~ (for two years)** j-s (Rest)Strafe (auf zwei Jahre) zur Bewährung aussetzen; **~ officer** Bewährungshelfer(in) **pro·ba·tion·ar·y** Adj: **~ period** Probezeit f; JUR Bewährungsfrist f **pro·ba·tion·er** s **1.** Lernschwester f **2.** JUR j-d, dessen (Rest)Strafe zur Bewährung ausgesetzt wurde

probe [prəʊb] I s **1.** MED, TECH Sonde f **2.** fig Untersuchung f (**into** Gen) II v/t **3.** MED sondieren **4.** fig erforschen (gründlich) untersuchen III v/i **5.** ~ **into** → II

prob·lem [ˈprɒbləm] s **1.** Problem n: **without any ~** (völlig) problemlos; ~ **child** Problemkind n; **have a drink ~** ein Alkoholproblem haben **2.** MATHE etc Aufgabe f: **do** (od **solve**) **a ~** e-e Aufgabe lösen **prob·lem·at·ic** [ˌ-bləˈmætɪk] Adj (**~ally**) problematisch

pro·ce·dur·al [prəˈsiːdʒərəl] Adj Verfahrens..., verfahrenstechnisch; JUR verfahrensrechtlich **pro·ce·dure** s Verfahren(sweise f) n, Vorgehen n

pro·ceed [prəˈsiːd] v/i **1.** (weiter)gehen, (-)fahren; sich begeben (**to** nach, zu) **2.** fig weitergehen (Handlung etc) **3.** fig fortfahren (**with** mit): ~ **with one's work** s-e Arbeit fortsetzen **4.** fig vorgehen, verfahren: ~ **with** etw durchführen; ~ **to do s.th.** sich anschicken od daranmachen, etw zu tun **5.** ~ **from** herrühren od kommen von **6.** ~ **against** JUR (gerichtlich) vorgehen gegen **pro·ceed·ings** s Pl **1.** Vorgänge Pl, Geschehnisse Pl **2.** **take ~s against** → **proceed** 6 **pro·ceeds** [ˈprəʊsiːdz] s Pl Erlös m, Ertrag, Einnahmen Pl

pro·cess [ˈprəʊses] I s Prozess m: **a)** Verfahren n, **b)** Vorgang m: **in the ~** dabei; **be in the ~ of doing s.th.** (gerade) dabei sein, etw zu tun: **thought ~** Denkprozess II v/t TECH, a. Anträge etc bearbeiten; Daten verarbeiten; (chemisch etc) behandeln; Film entwickeln; Lebensmittel haltbar machen, Milch etc sterilisieren: ~ **into** verarbeiten zu '**pro·cess·ing** s Be-, Verarbeitung f: ~ **industry** verarbeitende Industrie

pro·ces·sion [prəˈseʃn] s Prozession f; (Um)Zug m

pro·ces·sor [ˈprəʊsesə] s IT Prozessor m; (Wort-, Text)Verarbeitungsgerät n

pro·claim [prəˈkleɪm] v/t proklamieren, verkünd(ig)en: ~ **s.o. king** j-n zum König ausrufen **proc·la·ma·tion** [ˌprɒkləˈmeɪʃn] s Proklamation f, Verkünd(ig)ung f

pro·cliv·i·ty [prəˈklɪvətɪ] s Neigung f, Hang m (**to, toward[s]** zu)

pro·cras·ti·nate [prəʊˈkræstɪneɪt] v/i zaudern, zögern

pro·cre·ate [ˈprəʊkrɪeɪt] BIOL I v/t zeugen II v/i sich fortpflanzen **pro·cre·a·tion** s Zeugung f; Fortpflanzung f

pro·cure [prəˈkjʊə] v/t **1.** (sich) etw beschaffen od besorgen: ~ **s.o. s.th.** j-m etw beschaffen **2.** verkuppeln (**for** Dat) **pro·cure·ment** s **1.** Beschaffung f, Besorgung f **2.** Verkupplung f

prod [prɒd] I v/t **1.** stoßen: ~ **s.o. in the ribs** j-m e-n Rippenstoß geben **2.** fig anspornen, anstacheln (**into** zu) II v/i **3.** stoßen (**at** nach) III s **4.** Stoß m: ~ **in the ribs** Rippenstoß

prod·i·gal [ˈprɒdɪɡl] I Adj verschwenderisch: **be ~ of** verschwenderisch umgehen mit II s Verschwender(in)

pro·di·gious [prəˈdɪdʒəs] Adj erstaunlich, großartig, wunderbar **prod·i·gy** [ˈprɒdɪdʒɪ] s Wunder n: → **child prodigy**

▶ **pro·duce¹** [prəˈdjuːs] I v/t **1.** allg erzeugen; WIRTSCH Waren produzieren, herstellen, erzeugen; Theaterstück etc inszenieren; Film produzieren **2.** WIRTSCH Gewinn etc (ein)bringen, abwerfen **3.** fig erzeugen, hervorrufen, Wirkung erzielen **4.** hervorholen (**from** aus der Tasche etc); Ausweis etc (vor-)zeigen, vorlegen; Beweise, Zeugen etc

P

beibringen **II** v/i **5.** produzieren: *begin to* ~ die Produktion aufnehmen

prod·uce² ['prɒdjuːs] s (*bes Agrar*)Produkt(e *Pl*) n, (-)Erzeugnis(se *Pl*) n

pro·duc·er [prə'djuːsə] s **1.** Produzent(in), Hersteller(in) **2.** THEAT Regisseur(in); (*Film*)Produzent(in)

▶**prod·uct** ['prɒdʌkt] s Produkt n (*a.* CHEM, MATHE, *fig*), Erzeugnis n: ~ *liability* Produkthaftung f; ~ *manager* Produktmanager(in)

▶**pro·duc·tion** [prə'dʌkʃn] s **1.** *allg* Erzeugung f; WIRTSCH Produktion f, Herstellung f; THEAT Inszenierung f; (*Film*)Produktion f: *go into* ~ WIRTSCH die Produktion aufnehmen; *in production* gehen; ~ *line* Fertigungsstraße f, Fließband n; ~ *site* Produktionsstätte f **2.** *fig* Erzeugung f, Bewirkung f **3.** Vorzeigen, -legen n (*e-s Ausweises etc*); Beibringung f (*von Beweisen, Zeugen etc*) **pro·duc·tive** *Adj* produktiv (*a. fig*), ergiebig, rentabel; *fig* schöpferisch **pro·duc·tiv·i·ty** [ˌprɒdʌk'tɪvəti] s Produktivität f (*a. fig*), Ergiebigkeit f, Rentabilität f

prof [prɒf] s F Prof m (*Professor*)

pro·fane [prə'feɪn] **I** *Adj* **1.** weltlich, profan, Profan... **2.** (gottes)lästerlich **II** v/t **3.** entweihen

pro·fess [prə'fes] v/t **1.** vorgeben, -täuschen; behaupten (*to be* zu sein) **2.** erklären, bekunden (*to s.o.* (*to be*) *satisfied* s-e Zufriedenheit bekunden **pro'fessed** *Adj* **1.** erklärt (*Gegner etc*) **2.** angeblich **pro·fess·ed·ly** [-ɪdlɪ] *Adv* **1.** erklärtermaßen **2.** angeblich

▶**pro·fes·sion** [prə'feʃn] s **1.** (*bes akademischer*) Beruf: *by* ~ von Beruf **2.** Berufsstand m: *the medical* ~ die Ärzteschaft, die Mediziner *Pl*

▶**pro·fes·sion·al** [prə'feʃənl] **I** *Adj* **1.** Berufs..., beruflich **2.** Fach..., fachlich **3.** professionell, Berufs... (*beide a. Sport*): *turn* ~ ins Profilager überwechseln **4.** fachmännisch, gekonnt **II** s **5.** Berufssportler(in), Profi m **6.** Fachmann m, -frau f, Profi m **pro·fes·sion·al·ism** [-ˌʃnəlɪzəm] s SPORT Professionalismus m (*a. allg*), Profitum n

pro·fes·sor [prə'fesə] s Professor(in) **pro·fes·sor·ship** s Professur f

prof·fer ['prɒfə] v/t: ~ *s.th. to s.o.* j-m etw anbieten

pro·fi·cien·cy [prə'fɪʃnsɪ] s Können n, Tüchtigkeit f **pro'fi·cient** *Adj* tüchtig (*at, in* in Dat)

pro·file ['prəʊfaɪl] **I** s **1.** *allg* Profil n: *in* ~ im Profil; *keep a low* ~ fig Zurückhaltung üben **2.** fig Porträt n **II** v/t **3.** im Profil darstellen **4.** fig porträtieren

▶**prof·it** ['prɒfɪt] **I** s **1.** Gewinn m, Profit m: *sell at a* ~ mit Gewinn verkaufen; ~ *margin* Gewinnspanne f; ~ *sharing* Gewinnbeteiligung f **2.** fig Nutzen m, Vorteil m **II** v/i **3.** (*by, from*) Nutzen *od* Gewinn ziehen (aus), profitieren (von) **'prof·it·a·ble** *Adj* **1.** gewinnbringend, Gewinn bringend, einträglich, rentabel **2.** fig vorteilhaft, nützlich **prof·it·eer** [ˌ-'tɪə] s Profitmacher(in), **prof·it·eer·ing** s Wuchergeschäfte *Pl*

prof·li·gate ['prɒflɪgət] *Adj* **1.** lasterhaft, verworfen **2.** verschwenderisch

pro·found [prə'faʊnd] *Adj* **1.** fig tief (*Eindruck, Schweigen etc*) **2.** tiefgründig, -sinnig **3.** völlig (*Blindheit etc*)

pro·fuse [prə'fjuːs] *Adj* **1.** üppig, (*Blutung*) stark **2.** (*oft allzu*) freigebig, verschwenderisch (*in, of* mit) **pro·fu·sion** [-'fjuːʒn] s Überfülle f (*of an* Dat): *in* ~ in Hülle u. Fülle

prog·no·sis [prɒg'nəʊsɪs] *Pl* **-ses** [-siːz] s MED, *a. allg* Prognose f

prog·nos·ti·cate [prɒg'nɒstɪkeɪt] v/t voraus-, vorhersagen, *bes* MED prognostizieren

▶**pro·gram** ['prəʊgræm] **I** s **1.** COMPUTER Programm n **2.** Am → *programme* **1 II** *Prät u. Part Perf* **-grammed**, *Am a.* **-gramed 3.** COMPUTER programmieren **4.** Am → *programme* 2

pro·gram·er, **pro·gram·ing** Am → *grammer*, *programming*

▶**pro·gramme** ['prəʊgræm] **I** s **1.** *allg* Programm n, RUNDFUNK, TV *a.* Sendung f: *be on the* ~ auf dem Programm stehen **II** v/t **2.** ein Programm aufstellen für

pro·gram·mer ['prəʊgræmə] s COMPUTER Programmierer(in) **'pro·gram·ming** *Adj*: ~ *language* Programmiersprache f

▶**pro·gress I** s ['prəʊgres] **1.** *make slow* ~ (nur) langsam vorankommen **2.** fig Fortschritt(e *Pl*) m: *make* ~ → **6 3.** *be in* ~ im Gange sein **II** v/i [prəʊ'gres] **4.** sich vorwärts bewegen **5.** fig fort-

schreiten: **as the day ~ed** im Laufe des Tages **6.** fig Fortschritte machen

pro·gres·sion [prəʊˈgreʃn] s Steuer: Progression f, MATHE a. Reihe f

pro·gres·sive [-SIV] Adj **1.** progressiv, fortschrittlich **2.** fortschreitend, MED a. progressiv **3.** LING progressiv (a. Steuern): ~ **form** Verlaufsform f

pro·hib·it [prəˈhɪbɪt] v/t **1.** etw verbieten, untersagen: ~ **s.o. from doing s.th.** j-m verbieten od untersagen, etw zu tun **2.** etw verhindern: ~ **s.o. from doing s.th.** j-n daran hindern, etw zu tun **pro·hi·bi·tion** [ˌprəʊɪˈbɪʃn] s Verbot n: the ♀ hist Am die Prohibition **pro·hib·i·tive** [prəˈhɪbətɪv] Adj unerschwinglich (Preis)

proj·ect¹ [ˈprɒdʒekt] s Projekt n, Vorhaben n ~ **'man·ag·er** s Projektmanager(in)

pro·ject² [prəˈdʒekt] **I** v/t **1.** werfen, schleudern: ~ **into space** in den Weltraum schießen **2.** planen, in Aussicht nehmen **3.** Bild etc projizieren, werfen (**onto** auf Akk) **II** v/i **4.** vorspringen, -stehen (Ohren) abstehen

pro·jec·tile [prəʊˈdʒektaɪl] s Projektil n, Geschoss n

pro·jec·tion [prəˈdʒekʃn] s **1.** Vorsprung m, vorspringender Teil **2.** Werfen n, Schleudern n **3.** Planung f **4.** Projektion f **pro·jec·tion·ist** s Filmvorführer(in) **pro·jec·tor** s Projektor m

pro·le·tar·i·an [ˌprəʊlɪˈteərɪən] **I** Adj proletarisch, Proletarier... **II** s Proletarier(in) **pro·le·tar·i·at** [-rɪət] s Proletariat n

pro·lif·e·rate [prəʊˈlɪfəreɪt] v/i sich stark od schnell vermehren **pro·lif·er'a·tion** s starke od schnelle Vermehrung

pro·lif·ic [prəʊˈlɪfɪk] Adj (~ally) BIOL fruchtbar, (Schriftsteller etc a.) (sehr) produktiv

pro·lix [ˈprəʊlɪks] Adj weitschweifig

pro·log Am → **prologue**

pro·logue [ˈprəʊlɒg] s Prolog m; fig Auftakt m (**to** zu)

pro·long [prəʊˈlɒŋ] v/t Aufenthalt etc verlängern (**by** um), Diskussion etc in die Länge ziehen, WIRTSCH Wechsel prolongieren **pro'longed** Adj anhaltend (Applaus etc), länger (Abwesenheit etc) **pro·lon·ga·tion** [ˌ-ˈgeɪʃn] s

Verlängerung f, WIRTSCH Prolongierung f

prom [prɒm] bes Br F → **promenade** I, **promenade concert**

Proms

The Proms, kurz für **Promenade Concerts**, heißen die Konzerte, die jeden Sommer von Ende Juli bis September in der Londoner **Royal Albert Hall** stattfinden. Das Programm reicht von der Klassik bis zur Avantgarde und umfasst inzwischen auch Jazz und Ethnomusik. Den Höhepunkt bildet die **Last Night of the Proms**, bei der das Publikum traditionelle und patriotische Lieder begeistert mitsingt.

---

prom·e·nade [ˌprɒməˈnɑːd] **I** s (Strand)Promenade f **II** v/i u. v/t promenieren (auf Dat) ~ **con·cert** s Promenadenkonzert n (Konzert in ungezwungener Atmosphäre) ~ **deck** s SCHIFF Promenadendeck n

prom·i·nence [ˈprɒmɪnəns] s **1.** Vorsprung m, vorstehender Teil **2.** fig Prominenz f, Bekannt-, Berühmtheit f: **come into** (od **rise to**) ~ bekannt od berühmt werden **'prom·i·nent** Adj **1.** vorspringend, (a. Zähne etc) vorstehend **2.** fig prominent, bekannt

prom·is·cu·i·ty [ˌprɒmɪˈskjuːətɪ] s Promiskuität f, häufiger Partnerwechsel **pro·mis·cu·ous** [prəˈmɪskjʊəs] Adj promiskuitiv, (sexuell) ausschweifend (Leben): ~ **girl** Mädchen, das häufig den Partner wechselt: **be** ~ häufig den Partner wechseln

▶ **prom·ise** [ˈprɒmɪs] **I** s **1.** Versprechen n: **a** ~ **is a** ~ versprochen ist versprochen; **make a** ~ ein Versprechen geben; **keep (break) a** ~ ein Versprechen halten (brechen); **breach of** ~ Wortbruch m **2.** fig Hoffnung f, Aussicht f (**of** auf Akk): **show great** ~ zu den besten Hoffnungen berechtigen **II** v/t **3.** versprechen (a. fig): **I** ~ **you** ich warne dich; → **moon** I **III** v/i **4.** es versprechen **'prom·is·ing** Adj viel versprechend

prom·is·so·ry note ['prɒmɪsərɪ '-] s
Schuldschein m

prom·on·to·ry ['prɒməntrɪ] s Vorgebirge n

pro·mote [prə'məʊt] v/t 1. j-n befördern, PÄD versetzen: **be ~d** (Sport) aufsteigen (**to** in Akk); **be ~d to** (**the rank of**) **general** zum General befördert werden 2. Boxkampf, Konzert etc veranstalten 3. WIRTSCH werben für 4. etw fördern **pro'mot·er** s Promoter(in), Veranstalter(in) **pro'mo·tion** s 1. Beförderung f, PÄD Versetzung f, (Sport) Aufstieg m: **get ~** aufsteigen; **chances** Pl **of ~, ~ prospects** Pl Aufstiegschancen Pl 2. Veranstaltung f 3. WIRTSCH Werbung f: → **sales promotion**

▸ **prompt** [prɒmpt] **I** Adj 1. prompt, unverzüglich, umgehend: **be ~ to do** (**od in doing**) **s.th.** etw schnell tun 2. pünktlich **II** Adv 3. **at two o'clock ~** F pünktlich um od Punkt zwei Uhr **III** v/t 4. führen zu, Gefühle etc wecken 5. j-n veranlassen (**to do** zu tun) 6. j-m ein-, vorsagen; THEAT j-m soufflieren **IV** s 7. THEAT Soufflieren n: **~ box** Souffleurkasten m **8.** COMPUTER Eingabeaufforderung f **'prompt·er** s THEAT Souffleur m, Souffleuse f **'prompt·ness** s 1. Promptheit f 2. Pünktlichkeit f

pro·mul·gate ['prɒmʌlgeɪt] v/t 1. Gesetz etc verkünd(ig)en 2. Lehre etc verbreiten **,pro·mul'ga·tion** s 1. Verkünd(ig)ung f 2. Verbreitung f

prone [prəʊn] Adj 1. auf dem Bauch od mit dem Gesicht nach unten liegend: **~ position** Bauchlage f 2. **be ~ to** fig neigen zu, anfällig sein für: **be ~ to colds** erkältungsanfällig sein; **be ~ to do s.th.** dazu neigen, etw zu tun **'prone·ness** s (**to**) Neigung f (zu), Anfälligkeit f (für)

prong [prɒŋ] s Zacke f, Zinke f (e-r Gabel); (Geweih)Sprosse f

pro·noun ['prəʊnaʊn] s LING Pronomen n, Fürwort n

▸ **pro·nounce** [prə'naʊns] **I** v/t 1. aussprechen 2. erklären für od zu 3. Urteil verkünden **II** v/i 4. Stellung nehmen (**on** zu), bekannt geben **pro'nounced** Adj 1. bestimmt, entschieden (Ansicht etc) 2. ausgesprochen, -geprägt, deutlich **pro'nounce·ment** s 1. Erklärung

pron·to ['prɒntəʊ] Adv F fix, schnell

▸ **pro·nun·ci·a·tion** [prə,nʌnsɪ'eɪʃn] s Aussprache f

▸ **proof** [pru:f] **I** s 1. Beweis(e Pl) m, Nachweis m: **as** (od **in**) **~ of** als od zum Beweis für (od Gen); **give ~ of** etw be- od nachweisen; **~ of age** Altersnachweis; → **contrary** 6 2. Probe f (a. MATHE), Prüfung f **II** Adj 3. (**against**) geschützt (vor Dat), undurchlässig (für); fig unempfindlich (gegen), unempfänglich (für): → **heatproof, waterproof**, etc **III** v/t 4. imprägnieren **'~,read·er** s Korrektor(in)

prop¹ [prɒp] **I** s Stütze f (a. fig) **II** v/t a. **~ up** (ab)stützen: **~ up** fig stützen; **~ against** lehnen gegen od an (Akk)

prop² [-] s THEAT etc Requisit n

prop·a·gan·da [,prɒpə'gændə] s Propaganda f **,prop·a'gan·dist** s Propagandist(in)

prop·a·gate ['prɒpəgeɪt] **I** v/i BIOL sich fortpflanzen od vermehren **II** v/t verbreiten, propagieren **,prop·a'ga·tion** s 1. Fortpflanzung f, Vermehrung f 2. Verbreitung f, Propagierung f

pro·pane ['prəʊpeɪn] s CHEM Propan (-gas) n

pro·pel [prə'pel] v/t (an)treiben **pro·pel·lant, pro·pel·lent** s Treibstoff m; Treibgas n **pro·pel·ler** s FLUG Propeller m, SCHIFF a. Schraube f **pro·pel·ling** Adj: **~ pencil** Br Drehbleistift m

pro·pen·si·ty [prə'pensətɪ] s Hang m, Neigung f (**for, to** zu): **have a ~ for doing** (od **to do**) **s.th.** dazu neigen, etw zu tun

▸ **prop·er** ['prɒpə] Adj 1. richtig, passend, geeignet: **in the ~ place** am rechten Platz 2. echt, wirklich, richtig: **~ fraction** MATHE echter Bruch 3. anständig, schicklich (Benehmen etc) 4. oft nachgestellt: eigentlich 5. eigen(tümlich) (**to** Dat) 6. **~ noun** (od **name**) LING Eigenname m 7. F richtig (Feigling etc), anständig, gehörig (Tracht Prügel etc) **'prop·er·ly** Adv richtig (etc, → **proper**): **~ speaking** eigentlich, genau, streng genommen

▸ **prop·er·ty** ['prɒpətɪ] s 1. Eigentum n, Besitz m: **be s.o.'s ~** j-m gehören; **intellectual ~** geistiges Eigentum; **lost ~** Fundsachen Pl; **lost ~ office** Br

Fundbüro n **2.** Land-, Grundbesitz m; Grundstück n **3.** PHYS etc Eigenschaft f **4.** THEAT etc Requisit n

proph·e·cy ['prɒfɪsɪ] s Prophezeiung f **proph·e·sy** ['-saɪ] v/t prophezeien

proph·et ['prɒfɪt] s Prophet m: ~ **of doom** Schwarzseher m '**proph·et·ess** s Prophetin f **pro·phet·ic** [prə'fetɪk] Adj (~**ally**) prophetisch

pro·phy·lac·tic [,prɒfɪ'læktɪk] **I** Adj (~**ally**) **1.** bes MED prophylaktisch, vorbeugend **II** s **2.** MED Prophylaktikum n, vorbeugendes Mittel **3.** Präservativ n ,**pro·phy'lax·is** [-ksɪs] s Prophylaxe f

pro·po·nent [prə'pəʊnənt] s Befürworter(in) (of von)

pro·por·tion [prə'pɔ:ʃn] **I** s **1.** Verhältnis n (of ... to von ... zu); Pl Größenverhältnisse Pl, Proportionen Pl: **in** ~ **to** im Verhältnis zu; **out of all** ~ unverhältnismäßig; **be out of all** ~ **to** in keinem Verhältnis stehen zu **2.** (An)Teil m: ~ anteilig **II** v/t **3.** (**to**) in das richtige Verhältnis bringen (mit, zu), anpassen (Dat) **4.** anteilmäßig verteilen **pro'por·tion·al** [-ʃənl] **I** Adj **1.** → **proportionate 2.** proportional, verhältnismäßig **3.** anteilmäßig: ~ **representation** POL Verhältniswahl(system n) f **4.** typographisch: → **spacing** Proportionalschrift f **II** s **5.** MATHE Proportionale f **pro'por·tion·ate** [-ʃnət] Adj (**to**) im richtigen Verhältnis (stehend) (zu), entsprechend (Dat)

pro·pos·al [prə'pəʊzl] s **1.** Vorschlag m: **make s.o. a** ~ j-m e-n Vorschlag machen **2.** (Heirats)Antrag m: **she received a** ~ **of marriage** sie bekam e-n Heiratsantrag ~ **form** s Antrag(sformular n) m

pro·pose [prə'pəʊz] **I** v/t **1.** vorschlagen (**s.th. to s.o.** j-m et; **s.o. for** j-n für od als; **that** dass; **doing** zu tun): ~ **marriage to** ~ **4 2.** beabsichtigen, vorhaben (**to do** zu tun) **3.** Toast ausbringen (**to** auf Akk): → **health 3 II** v/i **4.** ~ **to** j-m e-n (Heirats)Antrag machen **prop·o·si·tion** [,prɒpə'zɪʃn] s **1.** Behauptung f **2.** Vorschlag m: **make s.o. a** ~ j-m e-n Vorschlag machen; j-m ein eindeutiges Angebot machen **3.** MATHE (Lehr)Satz m **4.** F Sache f: **an easy** ~ e-e Kleinigkeit

pro·pound [prə'paʊnd] v/t Theorie etc vertreten; **Problem** etc zur Debatte stellen

pro·pri·e·tar·y [prə'praɪətərɪ] Adj **1.** gesetzlich od patentrechtlich geschützt: ~ **article** Markenartikel m **2.** fig Besitz ergreifend **pro'pri·e·tor** s Eigentümer m, Besitzer m **pro'pri·e·tress** [-trɪs] s Eigentümerin f, Besitzerin f

pro·pri·e·ty [prə'praɪətɪ] s **1.** Anstand m **2.** Pl Anstandsformen Pl, -regeln Pl **3.** Richtigkeit f

pro·pul·sion [prə'pʌlʃn] s TECH Antrieb m

pro·ro·ga·tion [,prəʊrə'geɪʃn] s PARL Vertagung f **pro·rogue** [prə'rəʊg] v/t u. v/i (sich) vertagen

pro·sa·ic [prəʊ'zeɪɪk] Adj (~**ally**) prosaisch, nüchtern, sachlich

pro·scribe [prəʊ'skraɪb] v/t **1.** bes JUR verbieten **2.** hist ächten

pro·scrip·tion [prəʊ'skrɪpʃn] s **1.** bes JUR Verbot m **2.** hist Achtung f

prose [prəʊz] s **1.** Prosa f **2.** PÄD bes Br Übersetzung f in e-e Fremdsprache, Hinübersetzung f: **an Italian** ~ e-e Übersetzung ins Italienische

pros·e·cute ['prɒsɪkju:t] **I** v/t **1.** JUR strafrechtlich verfolgen, (gerichtlich) belangen (**for** wegen) **2.** Untersuchung etc durchführen **II** v/i **3.** JUR die Anklage vertreten: **Mr X, prosecuting, ...** Mr X, der Vertreter der Anklage, ... ,**pros·e'cu·tion** s **1.** JUR strafrechtliche Verfolgung, Strafverfolgung f **2.** **the** ~ JUR die Staatsanwaltschaft, die Anklage(behörde) f: → **witness** 1 **3.** Durchführung f '**pros·e·cu·tor** s a. **public** ~ Staatsanwalt m, -anwältin f

pros·e·ly·tize ['prɒsəlɪtaɪz] v/t bekehren

pros·pect I s ['prɒspekt] **1.** (Aus)Sicht f, (-)Blick m (**of** auf Akk; **over** über Akk) **2.** fig Aussicht f (**of** auf Akk): **have s.th. in** ~ etw in Aussicht haben **3.** Interessent(in), WIRTSCH möglicher Kunde, mögliche Kundin, potenzieller Käufer, potenzielle Käuferin **II** v/t [prə'spekt] **4.** Gebiet untersuchen (**for** nach Gold etc) **III** v/i [prə'spekt] **5.** suchen, bohren (**for** nach) **pro'spec·tive** Adj voraussichtlich: ~ **buyer** Kaufinteressent(in), potenzieller Käufer, potenzielle Käuferin **pro'spec·tus** [-təs] s Prospekt m

P

pros·per ['prɒspə] *v/i* gedeihen; WIRTSCH blühen, florieren **pros·per·i·ty** [‿'sperətɪ] *s* Wohlstand *m* **pros·per·ous** ['‿pərəs] *Adj* **1.** gedeihend; WIRTSCH blühend, florierend **2.** wohlhabend

pros·tate ['prɒsteɪt] *s a.* ~ **gland** ANAT Prostata *f*, Vorsteherdrüse *f*

pros·ti·tute ['prɒstɪtjuːt] **I** *s* Prostituierte *m*, *f*, Dirne *f*: → **male I II** *v/t*: ~ **o.s.** sich prostituieren (*a. fig*) **,pros·ti·'tu·tion** *s* Prostitution *f*

pros·trate I *Adj* ['prɒstreɪt] *Adj* **1.** hingestreckt **2.** *fig* am Boden liegend; erschöpft: ~ **with grief** gramgebeugt **II** *v/t* [prɒ'streɪt] **3.** niederwerfen **4.** *fig* erschöpfen

pro·tag·o·nist [prəʊ'tægənɪst] *s* **1.** THEAT *etc* Hauptfigur *f*, Held(in) **2.** *fig* Vorkämpfer(in)

▸**pro·tect** [prə'tekt] *v/t* (be)schützen (**from** vor *Dat*; **against** gegen), Interessen *etc* wahren, Daten sichern

▸**pro·tec·tion** [prə'tekʃn] *s* **1.** Schutz *m*: ~**factor** Kosmetik: Lichtschutzfaktor *m* **2.** *a.* ~ **money** Schutzgeld *n*; ~ **racket** Schutzgelderpressung *f* **pro·tec·tion·ism** [‿nɪzəm] *s* WIRTSCH Protektionismus *m* **pro·tec·tive** *Adj* Schutz...: ~ **clothing** Schutzkleidung *f*; ~ **custody** JUR Schutzhaft *f*; **take into** ~ **custody** in Schutzhaft nehmen **2.** fürsorglich (**toward[s]** gegenüber) **pro·tec·tor** *s* **1.** Beschützer *m* **2.** Schutz *m*, (Knieetc)Schützer *m*, (‐)Schoner *m* **pro·tec·to·rate** [‿rət] *s* POL Protektorat *n*

pro·tein ['prəʊtiːn] *s* Protein *n*

▸**pro·test I** *s* ['prəʊtest] **1.** Protest *m*: **in** (*od* **as a**) ~ aus Protest (**against** gegen); **under** ~ unter Protest; **without** ~ ohne Protest, widerspruchslos; **make a** ~ Protest einlegen *od* erheben (**against** gegen); ~ **march** Protestmarsch *m* **II** *v/i* [prə'test] **2.** protestieren (**against**, **about** gegen; **to** bei) **III** *v/t* [prə'test] **3.** *Am* protestieren gegen **4.** beteuern

Prot·es·tant ['prɒtɪstənt] **I** *s* Protestant(in) **II** *Adj* protestantisch, evangelisch '**Prot·es·tant·ism** *s* Protestantismus *m*

prot·es·ta·tion [,prɒteˈsteɪʃn] *s* **1.** Beteuerung *f*: ~**s** *Pl* **of innocence** Unschuldsbeteuerungen *Pl* **2.** Protest *m* (**against** gegen)

pro·to·col ['prəʊtəkɒl] *s* Protokoll *n*: ~ **demands that** das Protokoll verlangt, dass

pro·ton ['prəʊtɒn] *s* PHYS Proton *n*

pro·to·plasm ['prəʊtəʊplæzəm] *s* BIOL Protoplasma *n*

pro·to·type ['prəʊtəʊtaɪp] *s* Prototyp *m*

pro·tract [prə'trækt] *v/t* in die Länge ziehen, hinausziehen **pro'tract·ed** *Adj* länger, langwierig **pro'trac·tor** *s* MATHE Winkelmesser *m*

pro·trude [prə'truːd] *v/i* herausragen, vorstehen (**from** aus) **pro'trud·ing** *Adj* vorstehend (*a. Zähne etc*), vorspringend (*Kinn*) **pro'tru·sion** [‿ʒn] *s* **1.** Herausragen *n*, Vorstehen *n* **2.** Vorsprung *m*, vorstehender Teil

pro·tu·ber·ance [prə'tjuːbərəns] *s* Vorsprung *m*; Schwellung *f* **pro'tu·ber·ant** *Adj* vorstehend, ‐tretend

▸**proud** [praʊd] **I** *Adj* **1.** *allg* stolz (**of** auf *Akk*): **be too** ~ **to do s.th.** zu stolz sein, um etw zu tun **2.** hochmütig **II** *Adv* **3.** **do s.o.** ~ j-n fürstlich bewirten

prov·a·ble ['pruːvəbl] *Adj* be‐, nachweisbar

▸**prove** [pruːv] (*a. unreg*) **I** *v/t* be‐, nachweisen; unter Beweis stellen: ~ **s.o.** (**to be**) → **II II** *v/i*: ~ (**to be**) sich erweisen *od* herausstellen als **prov·en** ['‐vn] **I** *Part Perf von* **prove II** *Adj* bewährt

prov·e·nance ['prɒvənəns] *s* Herkunft *f*

prov·erb ['prɒvɜːb] *s* Sprichwort *n* **pro·ver·bi·al** [prə'vɜːbjəl] *Adj* sprichwörtlich (*a. fig*)

▸**pro·vide** [prə'vaɪd] *v/t* **1.** versehen, ‐sorgen, beliefern (**with** mit) **2.** zur Verfügung stellen, bereitstellen (**for s.o.** j-m) **3.** vorsehen, ‐schreiben (**that** dass) **II** *v/i* **4.** ~ **against** a) Vorkehrungen *od* Vorsorge treffen gegen, **b)** verbieten (*Gesetz etc*); ~ **for** a) sorgen für: **she has two children to** ~ **for** sie hat zwei Kinder zu versorgen, **b)** vorsorgen für, **c)** etw vorsehen (*Gesetz etc*) **pro'vid·ed** *Konj a.* ~ **that** vorausgesetzt(, dass)

prov·i·dence ['prɒvɪdəns] *s* Vorsehung *f* '**prov·i·dent** *Adj* vorausblickend, vorsorglich **prov·i·den·tial** [,‐'denʃl] *Adj* glücklich (*Geschick etc*) **,prov·i·den·tial·ly** [‐ʃəlɪ] *Adv* glücklicherweise

pro·vid·er [prə'vaɪdə] *s* **1.** Ernährer(in) **2.** (Internet)Provider *m*

proverbs

Einige bekannte englische Sprichwörter

All that glitters is not gold.	Es ist nicht alles Gold, was glänzt.
A stitch in time saves nine.	Gleich getan, ist viel gespart.
Barking dogs seldom bite.	Hunde, die bellen, beißen nicht.
Beauty is in the eye of the beholder.	Schön ist, was gefällt.
Don't count your chickens before they're hatched.	Man soll den Tag nicht vor dem Abend loben.
Don't put all your eggs in one basket.	Man soll nicht alles auf eine Karte setzen.
It never rains but it pours.	Ein Unglück kommt selten allein.
It's no use crying over spilt milk.	Was geschehen ist, ist geschehen.
It takes two to tango.	Dazu gehören immer zwei.
Make hay while the sun shines./ Strike while the iron is hot.	Man soll das Eisen schmieden, solange es heiß ist.
Necessity is the mother of invention.	Not macht erfinderisch.
No news is good news.	Keine Nachricht, gute Nachricht.
Nothing ventured, nothing gained.	Wer nicht wagt, der nicht gewinnt.
Once bitten, twice shy.	Ein gebranntes Kind scheut das Feuer.
Out of sight, out of mind.	Aus den Augen, aus dem Sinn.
The early bird catches the worm.	Morgenstund hat Gold im Mund.
The proof of the pudding is in the eating.	Probieren geht über Studieren.
Too many cooks spoil the broth.	Viele Köche verderben den Brei.
Variety is the spice of life.	In der Abwechslung liegt die Würze des Lebens.
When the cat's away the mice will play.	Wenn die Katze aus dem Haus ist, tanzen die Mäuse.
You can't have your cake and eat it.	Man kann nicht alles haben.
You can't make an omelette without breaking eggs.	Wo gehobelt wird, da fallen Späne.

P

prov·ince [ˈprɒvɪns] *s* **1.** Provinz *f* (*Verwaltungseinheit*) **2.** *the* **~s** *Pl* die Provinz (*Ggs. Stadt*) **3.** *fig* (Aufgaben-, Wissens)Bereich *m*, (-)Gebiet *n*: *this is outside* (*od not within*) *my* **~** dafür bin ich nicht zuständig
pro·vin·cial [prəˈvɪnʃl] **I** *Adj* **1.** Provinz… **2.** *pej* provinziell **II** *s* **3.** Provinzbewohner(in) **4.** *pej* Provinzler(in)
pro·vi·sion [prəˈvɪʒn] **I** *s* **1.** Vorkehrung *f*: *make* **~s** Vorkehrungen *od* Vorsorge treffen (*against* gegen; *for* für) **2.** Bestimmung *f*, Vorschrift *f*: *with the* **~**

that unter der Bedingung, dass **3.** Bereitstellung *f* **4.** *Pl* Proviant *m*, Verpflegung *f* **II** *v/t* **5.** verproviantieren (*for* für) **pro·vi·sion·al** [-ʒənl] *Adj* provisorisch, vorläufig
pro·vi·so [prəˈvaɪzəʊ] *Pl* **-sos** *s* Vorbehalt *m*, Bedingung *f*: *with the* **~** *that* unter der Bedingung, dass
prov·o·ca·tion [ˌprɒvəˈkeɪʃn] *s* Provokation *f*: *at the slightest* **~** beim geringsten Anlass **pro·voc·a·tive** [prəˈvɒkətɪv] *Adj* provozierend, (*sexuell a.*) aufreizend

pro·voke [prə'vəʊk] *v/t* j-n, etw provozieren, j-n, Tier reizen: **~ s.o. into doing** (*od* **to do**) **s.th.** j-n so provozieren, dass er etw tut **pro'vok·ing** → **provocative**

prowl [praʊl] **I** *v/i* a. **~ about** (*od* **around**) herumschleichen, -streifen **II** *v/t* durchstreifen **III** *s* Herumstreifen *n*: **be on the ~** → I; **~ car** *Am* (Funk-) Streifenwagen *m*

prox·im·i·ty [prɒk'sɪmətɪ] *s* Nähe *f*: **in the ~ of**, **in** (**close**) **~ to** in der Nähe von (*od* Gen)

prox·y ['prɒksɪ] *s* **1.** (Handlungs)Vollmacht *f* **2.** (Stell)Vertreter(in), Bevollmächtigte *m, f*: **by ~** durch e-n Bevollmächtigten

prude [pruːd] *s* prüder Mensch: **be a ~** prüde sein

pru·dence ['pruːdns] *s* **1.** Klugheit *f*, Vernunft *f* **2.** Umsicht *f*, Besonnenheit *f* '**pru·dent** *Adj* **1.** klug, vernünftig **2.** umsichtig, besonnen

prud·er·y ['pruːdərɪ] *s* Prüderie *f* '**prud·ish** *Adj* prüde

prune[1] [pruːn] *s* Backpflaume *f*

prune[2] [-] *v/t* **1.** a. **~ back** Hecke etc (be-)schneiden **2.** a. **~ down** fig Text etc zs.-streichen

pru·ri·ence ['prʊərɪəns] *s* Lüsternheit *f* '**pru·ri·ent** *Adj* lüstern

prus·sic ac·id ['prʌsɪk] *s* CHEM Blausäure *f*

pry[1] [praɪ] *bes Am* → **prise**

pry[2] [-] *v/i* neugierig sein: **~ into** s-e Nase stecken in (*Akk*) '**pry·ing** *Adj* neugierig

psalm [sɑːm] *s* Psalm *m*

pseu·do·nym ['sjuːdənɪm] *s* Pseudonym *n*: **under the ~ of** XY unter dem Pseudonym XY

psych [saɪk] *v/t* F **1.** **~ out** j-n, etw durchschauen; j-n psychologisch fertig machen **2.** **~ up** auf-, hochputschen

psy·che ['saɪkɪ] *s* Psyche *f*, Seele *f*

psy·chi·at·ric [ˌsaɪkɪ'ætrɪk] *Adj* (**~ally**) psychiatrisch (*Behandlung etc*); psychisch (*Störung etc*) **psy·chi·a·trist** [-'kaɪətrɪst] *s* Psychiater(in) **psy'chi·a·try** *s* Psychiatrie *f*

psy·chic ['saɪkɪk] **I** *Adj* (**~ally**) **1.** psychisch, seelisch **2.** übersinnlich **3.** **~ re·search** Parapsychologie *f* **4.** medial (begabt *od* veranlagt): **~ healer** Geist-

heiler(in) **II** *s* **5.** medial veranlagte Person, Medium *n* '**psy·chi·cal** → **psy·chic** I

psy·cho·a·nal·y·sis [ˌsaɪkəʊə'næləsɪs] *s* Psychoanalyse *f* '**psy·cho·an·a·lyst** [-'ænəlɪst] *s* Psychoanalytiker(in)

psy·cho·bab·ble ['saɪkəʊˌbæbl] *s* F *pej* Psychologenjargon *m*

psy·cho·log·i·cal [ˌsaɪkə'lɒdʒɪkl] *Adj* psychologisch: **~ warfare** psychologische Kriegführung **psy·chol·o·gist** [-'kɒlədʒɪst] *s* Psychologe *m*, Psychologin *f* **psy'chol·o·gy** *s* **1.** Psychologie *f* **2.** psychologisches Geschick

psy·cho·path ['saɪkəʊpæθ] *s* Psychopath(in)

psy·cho·sis [saɪ'kəʊsɪs] *Pl* **-ses** [-siːz] *s* MED Psychose *f*

psy·cho·so·mat·ic [ˌsaɪkəʊsəʊ'mætɪk] *Adj* (**~ally**) psychosomatisch

psy·cho·ther·a·pist [ˌsaɪkəʊ'θerəpɪst] *s* Psychotherapeut(in) '**psy·cho'thera·py** *s* Psychotherapie *f*

PTA [piːtiː'eɪ] *Abk* (= **parent-teacher association**) Eltern-Lehrer-Vertretung *f*, Elternbeirat *m*

PTO *Abk* (= **please turn over**) b. w. (bitte wenden!)

▸ **pub** [pʌb] *s bes Br* Pub *n*, Kneipe *f* **~ crawl** *s bes Br* F Kneipenbummel *m*: **go on a ~** e-n Kneipenbummel machen

pu·ber·ty ['pjuːbətɪ] *s* Pubertät *f*: **be going through ~** in der Pubertät sein

pu·bic ['pjuːbɪk] *Adj* ANAT Scham...

▸ **pub·lic** ['pʌblɪk] **I** *Adj* **1.** öffentlich (*Versammlung etc*) **2.** öffentlich, allgemein bekannt: **~ figure** Persönlichkeit *f* des öffentlichen Lebens; **go ~** **a**) sich an die Öffentlichkeit wenden, **b**) WIRTSCH an die Börse gehen (*sich in e-e AG umwandeln*); **make ~** bekannt machen, publik machen **3.** a) öffentlich (*Einrichtung, Sicherheit, Verkehrsmittel etc*); **~ bar** Br Ausschank *m*, Schenke *f*, Schänke *f*; **~** (**limited**) **company** WIRTSCH *Br* Aktiengesellschaft *f*; **~ convenience** *Br* öffentliche Bedürfnisanstalt; **~ house** *bes Br* Gaststätte *f*; **~ relations** *Pl* Public Relations *Pl*, Öffentlichkeitsarbeit *f*; **~ school** *Br* Public School *f*; *Am* staatliche Schule; **~ utility** öffentlicher Versorgungsbetrieb; → **nuisance** 1, b) Staats..., staatlich: **~ holiday** gesetzlicher Feiertag; →

prosecutor, **c)** Volks…: **~ *library*** Volksbücherei f **II** s **4.** Öffentlichkeit f: *in* ~ in der Öffentlichkeit, öffentlich **5.** Publikum n, Öffentlichkeit f ~ **ad-'dress sys·tem** s Lautsprecheranlage f

public school

In <u>England</u>, <u>Wales</u> und <u>Nordirland</u> verbindet man mit der Bezeichnung **public school** eine Privatschule, die sehr hohe Studien- und Internatsgebühren verlangt und somit nur für eine zahlungskräftige Minderheit zugänglich ist. **Public school** ist der Name für diesen Schultyp, weil diese Schulen ursprünglich landesweit für alle Schüler offen waren. Staatliche Schulen heißen - leicht zu merken - einfach **state schools**. Die meisten der rund 200 britischen **public schools** haben eine weit zurückreichende Tradition. Zu ihnen gehören u. a. **Eton, Harrow, Winchester** und für Mädchen **Cheltenham Ladies' College** und **Roedean**.

In den <u>USA</u> und in <u>Schottland</u> ist eine **public school** eine ganz normale öffentliche Schule, die vom Staat finanziert wird.

pub·li·can ['pʌblɪkən] s *bes Br* (Gast-)Wirt(in)

pub·li·ca·tion [,pʌblɪ'keɪʃn] s **1.** Bekanntgabe f, -machung f **2.** Publikation f, Veröffentlichung f (*beide a. Werk*)

pub·li·cist ['pʌblɪsɪst] s **1.** Publizist(in) **2.** Werbeagent(in) **pub·lic·i·ty** [-'lɪsətɪ] s **1.** Publicity f, Bekanntheit f **2.** Publicity f, Reklame f, Werbung f: **~ *cam·paign*** Werbefeldzug m; **~ *stunt*** Werbegag m **publi·cize** ['pʌblɪsaɪz] v/t **1.** bekannt machen, publik machen **2.** Reklame machen für

▶ **pub·lish** ['pʌblɪʃ] v/t **1.** bekannt geben *od* machen **2.** publizieren, veröffentlichen, *Leserbrief a.* abdrucken **3.** *Buch etc* verlegen, herausbringen: **~*ed weekly*** erscheint wöchentlich **'pub-**

lish·er s **1.** Verleger(in), Herausgeber(in) **2.** *Pl* Verlag(shaus n) m

puck [pʌk] s *Eishockey:* Puck m

puck·er ['pʌkə] **I** v/t **1.** *a.* **~ *up*** *Gesicht, Mund* verziehen, *Stirn* runzeln **II** v/i *a.* **~ *up* 2.** sich verziehen, sich runzeln **3.** Falten werfen **III** s **4.** Falte f

pud [pʊd] *Br* **F → pudding**

pud·ding ['pʊdɪŋ] s **a)** *Br* Nachspeise f, -tisch m, **b)** (*Reis- etc*)Auflauf m, **c)** Pudding m (*im Wasserbad gekochte Mehlspeise*), **d)** (*Blut*)Wurst f

pud·dle ['pʌdl] s Pfütze f

pu·er·ile ['pjʊəraɪl] *Adj* infantil

puff [pʌf] **I** s **1.** *Rauchen:* Zug m: **take a ~ at** ziehen an (*Dat*) **2.** (*Luft-, Wind-*) Hauch m, (-)Stoß m: **~ *of air* 3.** GASTR (*Wind*)Beutel m **4.** F Puste f: **out of ~** aus der *od* außer Puste **5.** (*Puder-*) Quaste f **6.** F Anpreisung f: **give s.th. a ~** etw hochjubeln **II** v/t **7.** *Rauch* blasen (*in s.o.'s face* j-m ins Gesicht): **~ *out*** *Kerze etc* ausblasen; *Rauch etc* ausstoßen; *Brust* herausdrücken; *Gefieder* aufplustern; **be ~*ed up* (*with pride*)** aufgeblasen sein **III** v/i **8.** schnaufen (*a. Lokomotive etc*), keuchen **9.** *a.* **~ *away*** paffen (*at an e-r Zigarette etc*) **10.** **~ *up*** (an)schwellen **puffed** *Adj* F aus der *od* außer Puste

puf·fin ['pʌfɪn] s ORN Papageientaucher m **~ *cross·ing*** s sensorengesteuerter Ampelübergang

puff| paste s *Am*, **~ *pas·try*** s Blätterteig m

puff·y ['pʌfɪ] *Adj* (an)geschwollen, verschwollen

pug [pʌg] s ZOOL Mops m

pug·na·cious [pʌg'neɪʃəs] *Adj* kampflustig; streitsüchtig **pug·nac·i·ty** [-'næsətɪ] s Kampf(es)lust f; Streitsucht f

puke [pjuːk] *sl* **I** v/i kotzen **II** v/t auskotzen **III** s Kotze f

▶ **pull** [pʊl] **I** s **1.** Ziehen n; Zug m, Ruck m: **give the rope a (good) ~** (kräftig) am Seil ziehen **2.** Anziehungskraft f (*a. fig*) **3.** Anstieg m, Steigung f **4.** Zug(griff m, -leine f) m **5.** F Beziehungen *Pl* (*with* zu) **II** v/t **6.** → **string 1 7.** ziehen an (*Dat*): **~ *s.o.'s hair*** j-n an den Haaren ziehen; **~ *a muscle*** sich e-e Muskelzerrung zuziehen, sich etw zerren; → **face 2, leg 1**, *etc* **8.** rei-

ßen: → **piece** 1 **9. a)** *Zahn* ziehen, *Pflanze* ausreißen, **b)** *Messer, Pistole* ziehen: **~ a gun on s.o.** j-n mit der Pistole bedrohen, **b)** *bes Br Bier* zapfen **10.** *fig* anziehen **11. ~ one's punches** (*Boxen*) verhalten schlagen; *fig* sich zurückhalten; **not to ~ one's punches, no punches** kein Blatt vor den Mund nehmen **12.** F *Bankьberfall etc* machen: → **job** 6 **III** *v/i* **13.** ziehen (*at, on* an *Dat*)

Verbindungen mit Adverbien:

pull| a·head *v/i* vorbeiziehen (*of* an *Dat*) (*Auto etc*) (*a. fig*) **~ a·way** *v/i* **1.** anfahren (*Bus etc*) **2.** sich absetzen (*from* von), (*Sport a.*) sich freimachen **~ down** *v/t* **1.** *Gebäude* abreißen **2.** *j-n* mitnehmen, schwächen **~ in I** *v/t* **1.** *Bauch etc* einziehen **2.** → **pull** 10 **3.** *bes Br* F *j-n* einkassieren **4.** F kassieren: **he's pulling in quite a bit** er verdient ganz schön **II** *v/i* **5.** einfahren (*Zug*) **6.** anhalten **~ off** *v/t* **1.** *Schuhe etc* ausziehen; sich *die Kleider* vom Leib reißen **2.** F *etw* schaffen, schaukeln **~ on** *v/t Kleid etc* anziehen, (sich) überziehen **~ out I** *v/t* **1. a)** herausziehen (*of* aus), **b)** → **pull** 9a,c) *Tisch* ausziehen **II** *v/i* **2.** abfahren (*Zug*) **3.** ausscheren (*Fahrzeug*) **4.** *fig* sich zurückziehen, (*a. Sport*) aussteigen (*of* aus) **~ through I** *v/t* **1.** *j-n* durchbringen **2.** *fig Kranken, Kandidaten etc* durchbringen **II** *v/i* **3.** *fig* durchkommen **~ to·geth·er I** *v/t* **1. pull o.s. together** sich zs.-reißen **2.** *Partei etc* zs.-schweißen **II** *v/i* **3.** an 'einem Strang ziehen **~ up I** *v/t* **1.** hoch ziehen **2.** *Fahrzeug* anhalten **3.** *j-n* korrigieren; zurechtweisen (*for* wegen) **II** *v/i* **4.** (an)halten **5. ~ to** (*od* **with**) (*Sport*) *j-n* einholen

pul·ley ['pulɪ] *s* TECH Flaschenzug *m*

'pull-in *s Br* Rasthaus *n*, -stätte *f*; **'~out** *Adj* ausziehbar: **~ table** Ausziehtisch *m*

'pull·o·ver *s* Pullover *m*

'pull-up *s* Klimmzug *m*

pul·mo·nar·y ['pʌlmənərɪ] *Adj* ANAT, MED Lungen...

pulp [pʌlp] **I** *s* **1.** Fruchtfleisch *n* **2.** Brei *m*, breiige Masse: **beat to a ~** *fig j-n* zu Brei schlagen **II** *Adj* **3.** Schund...: **~ novel** Schundroman *m* **III** *v/t* **4.** *Bücher etc* einstampfen

pul·pit ['pulpɪt] *s* Kanzel *f*: **in the ~** auf der Kanzel

pulp·y ['pʌlpɪ] *Adj* breiig

pul·sate [pʌl'seɪt] *v/i* pulsieren, *a. fig* vibrieren (**with** vor *Dat*)

pulse[1] [pʌls] **I** *s* **1.** Puls(schlag) *m*: **feel** (*od* **take**) **s.o.'s ~** j-m den Puls fühlen **2.** ELEK, PHYS Impuls *m* **II** *v/i* **3.** pulsieren (**through** durch) (*a. fig*)

pulse[2] [_] *mst Pl s* Hülsenfrüchte *Pl*

pul·ver·ize ['pʌlvəraɪz] *v/t* **1.** pulverisieren **2.** *fig* F *j-n* auseinander nehmen

pu·ma ['pjuːmə] *s* ZOOL Puma *m*

pum·ice ['pʌmɪs] *s a.* **~ stone** Bimsstein *m*

pum·mel ['pʌml] *v/t Prät u. Part Perf* **-meled**, *bes Br* **-melled** eintrommeln auf (*Akk*)

▸ **pump** [pʌmp] **I** *s* **1.** Pumpe *f*; (*Zapf-*)Säule **II** *v/t* **2.** pumpen: **~ up** aufpumpen; **~ s.o.'s stomach** j-m den Magen auspumpen; **~ money into** *fig* Geld hineinpumpen in (*Akk*) **3.** F *j-n* ausholen (**for** über *Akk*) **III** *v/i* **4.** pumpen (*a. Herz*) **5.** herausschießen (**from** aus) (*Blut etc*)

pump·kin ['pʌmpkɪn] *s* BOT Kürbis *m*

pun [pʌn] **I** *s* Wortspiel *n* **II** *v/i* Wortspiele *od* ein Wortspiel machen

Punch[1] [pʌntʃ] *s* Kasper *m*, Kasperle *n*, *m*: **be (as) pleased as ~** F sich freuen wie ein Schneekönig

punch[2] [_] **I** *s* **1.** (Faust)Schlag *m*: **give s.o. a ~** j-m e-n Schlag versetzen; → **pull** 11 **2.** *fig* Schwung *m* **II** *v/t* **3.** (mit der Faust) schlagen

punch[3] [_] TECH **I** *s* Locher *m*; Lochzange *f*; Locheisen *n* **II** *v/t* lochen; *Loch* stanzen (**in** in *Akk*): **~ed tape** Lochstreifen *m*

punch[4] [_] *s* Punsch *m*

,Punch and 'Ju·dy show ['dʒuːdɪ] *s* Kasperletheater *n*

punch| card *s* Lochkarte *f* **~ line** *s* Pointe *f*; **'~-up** *s Br* F Schlägerei *f*

punc·til·i·ous [pʌŋk'tɪlɪəs] *Adj* peinlich genau

▸ **punc·tu·al** ['pʌŋktʃʊəl] *Adj* pünktlich: **be ~** pünktlich kommen (**for** zu) **punc·tu·al·i·ty** [‚-'ælətɪ] *s* Pünktlichkeit *f*

punc·tu·ate ['pʌŋktʃʊeɪt] *v/t* **1.** interpunktieren **2.** *fig* (**with**) unterbrechen (durch, mit); durchsetzen (mit) **3.** *fig* unterstreichen, betonen **,punc·tu·a·tion** *s* **1.** Interpunktion *f*: **~ mark** Satz-

zeichen n **2.** fig Unterbrechung f; Durchsetzung f **3.** fig Unterstreichung f, Betonung f

punc·ture ['pʌŋktʃə] **I** v/t **1.** durchstechen, -bohren **2.** MED punktieren **II** v/i **3.** ein Loch bekommen, platzen **III** s **4.** (Ein)Stich m; Loch n **5.** MOT Reifenpanne f **6.** MED Punktion f

pun·dit ['pʌndɪt] s oft hum Weise m, f

pun·gen·cy ['pʌndʒənsɪ] s Schärfe f (a. fig) '**pun·gent** Adj scharf (Geschmack, Geruch), (Bemerkung etc a.) bissig

▸ **pun·ish** ['pʌnɪʃ] v/t **1.** j-n (be)strafen (for für, wegen) **2.** etw bestrafen '**pun·ish·a·ble** Adj strafbar: ~ offence (Am offense) strafbare Handlung; murder is ~ by death auf Mord steht die Todesstrafe '**pun·ish·ing** Adj vernichtend (Kritik etc), mörderisch, zermürbend (Rennen etc)

▸ **pun·ish·ment** ['pʌnɪʃmənt] s **1.** Bestrafung f **2.** Strafe f: as a ~ als od zur Strafe (for für)

pu·ni·tive ['pjuːnətɪv] Adj **1.** Straf... **2.** extrem hoch (Steuern etc)

punk [pʌŋk] s **1.** Punk m (Bewegung u. Anhänger) **2.** MUS Punk m; Punker(in) ~ rock s MUS Punkrock m ~ rock·er s MUS Punkrocker(in)

punt [pʌnt] **I** s Stechkahn m **II** v/t u. v/i staken

pu·ny ['pjuːnɪ] Adj schwächlich

pup [pʌp] → puppy

pu·pa ['pjuːpə] Pl -pae ['-piː], -pas s ZOOL Puppe f

▸ **pu·pil**[1] ['pjuːpɪl] s Schüler(in)

pu·pil[2] [-] s ANAT Pupille f

pup·pet ['pʌpɪt] s Puppe f: a) Handpuppe f, b) Marionette f (a. fig): ~ government fig Marionettenregierung f; ~ show Marionettentheater n, Puppenspiel n **pup·pet·eer** [ˌ-'tɪə] s Puppenspieler(in)

pup·py ['pʌpɪ] s Welpe m, junger Hund ~ fat s Br f Babyspeck m ~ love s F jugendliche Schwärmerei

pur·chas·a·ble ['pɜːtʃəsəbl] Adj käuflich '**pur·chase** I v/t **1.** kaufen, erstehen **2.** fig erkaufen (at the expense of auf Kosten Gen) **II** s **3.** Kauf m **4.** Pl Einkäufe Pl '**pur·chas·er** s Käufer(in) '**pur·chas·ing** Adj: ~ power WIRTSCH Kaufkraft f

pure [pjʊə] Adj **1.** rein: **a)** pur, unver-

mischt, **b)** sauber, **c)** akzentfrei, fehlerlos, **d)** pur, völlig (Unsinn etc): by ~ accident rein zufällig **2.** ehrlich (Absicht) '~·bred I Adj reinrassig, rasserein **II** s reinrassiges Tier

pu·ree ['pjʊəreɪ] **I** s Püree n **II** v/t pürieren

pur·ga·tive ['pɜːgətɪv] MED **I** Adj abführend **II** s Abführmittel n

pur·ga·to·ry ['pɜːgətərɪ] s REL Fegefeuer n: it is ~ having to do s.th. es ist die Hölle, etw tun zu müssen

purge [pɜːdʒ] **I** v/t Partei etc säubern (of von) **II** s POL Säuberung(saktion) f

pu·ri·fi·ca·tion [ˌpjʊərɪfɪˈkeɪʃn] s Reinigung f **pu·ri·fi·er** ['-faɪə] s TECH Reiniger m **pu·ri·fy** ['-faɪ] v/t reinigen

pur·ism ['pjʊərɪzəm] s Purismus m '**pur·ist** s Purist(in)

Pu·ri·tan ['pjʊərɪtən] hist, fig mst 2 I s Puritaner(in) **II** Adj puritanisch **pu·ri·tan·i·cal** [ˌ-'tænɪkl] Adj fig puritanisch **Pu·ri·tan·ism** ['-tənɪzəm] s hist, fig mst 2 Puritanismus m

pu·ri·ty ['pjʊərɪtɪ] s **1.** Reinheit f **2.** Ehrlichkeit f

pur·loin [pɜːˈlɔɪn] v/t oft hum entwenden

pur·ple ['pɜːpl] Adj violett: his face turned ~ sein Gesicht verfärbte sich blau; ~ heart bes Br F Amphetamintablette f

pur·port ['pɜːpət] **I** s Tenor m **II** v/t: ~ to be s.th. vorgeben, etw zu sein; etw sein sollen

▸ **pur·pose** ['pɜːpəs] **I** s **1.** Zweck m, Ziel n; Absicht f, Vorsatz m: for all practical purposes praktisch; ▸ on purpose absichtlich; mit der Absicht; serve the same purpose denselben Zweck erfüllen; put to a good purpose gut anwenden od nützen **2.** to no purpose vergeblich, umsonst **3.** Entschlossenheit f, Zielstrebigkeit f **pur·pose·ful** ['-fʊl] Adj entschlossen, zielstrebig '**pur·pose·less** Adj **1.** zwecklos **2.** ziel-, planlos '**pur·pose·ly** Adv absichtlich

purr [pɜː] **I** v/i schnurren (Katze); surren (Motor etc) **II** s POL Schnurren n

▸ **purse** [pɜːs] **I** s **1.** a) Geldbeutel m, Portemonnaie n, Portmonee n: hold the ~ strings fig die Finanzen verwalten, b) Am Handtasche f **2.** SPORT Sieg-

prämie f; (Boxen) Börse f **II** v/t **3.** a. ~
up Lippen schürzen 'purs·er s **1.**
SCHIFF Proviant- od Zahlmeister(in)
2. FLUG Purser m (leitender Steward)
pur·su·ance [pəˈsjʊəns] s: in (the) ~ of
one's duty in Ausübung s-r Pflicht
pur·sue [pəˈsjuː] v/t **1.** verfolgen **2.** fig
s-m Studium etc nachgehen; Absicht,
Politik etc verfolgen; Angelegenheit
etc weiterführen pur'su·er s Verfolger(in) pur'suit [pəˈsjuːt] s **1.** Verfolgung
f: be in ~ of s.o. j-n verfolgen **2.** fig Verfolgung f; Weiterführung f: in (the) ~ of
im Zuge (Gen), im od in Verfolg (Gen)
3. Beschäftigung f
pu·ru·lent [ˈpjʊərʊlənt] Adj eiternd,
eit(e)rig
pus [pʌs] s MED Eiter m
► push [pʊʃ] **I** s **1.** Stoß m: give s.o. a ~
j-m e-n Stoß versetzen; give s.o. the ~
Br F j-n rausschmeißen (entlassen); get
the ~ Br F fliegen; at a ~ F im Notfall,
notfalls; if (od when) it comes to the ~
F wenn es darauf ankommt **2.** (Werbe-)
Kampagne f **3.** F Draufgängertum n **II**
v/t **4.** stoßen, schubsen; schieben; Taste
etc drücken: ~ one's way sich drängen
(through durch); he's ~ing 70 er geht
auf die 70 zu **5.** fig j-n drängen (to do
zu tun): be ~ed (for time) F es eilig haben; in Zeitnot sein; be ~ed for money
F knapp bei Kasse sein **6.** fig Reklame
machen od die Trommel rühren für **7.** F
Heroin etc pushen **III** v/i **8.** stoßen,
schubsen, drücken: ~ past
s.o. sich an j-m vorbeidrängen **9.** ~
for fig drängen auf (Akk)
Verbindungen mit Adverbien:
push| a·bout → push around ~
a·head v/i: ~ with Plan etc vorantreiben ~ a·long v/i F sich auf die Socken
machen ~ a·round v/t herumschubsen
(a. fig F) ~ for·ward v/i → push ahead ~
in v/i F sich vordrängeln ~ off v/i **1.** sich
abstoßen (from von) **2.** mst Imp abhauen, Leine ziehen ~ on → push ahead ~
out v/t fig j-n hinausdrängen ~ up v/t **1.**
→ daisy **2.** Preise etc hoch treiben
'push|·bike s Br F Fahrrad n ~ but·ton s
Druckknopf m, -taste f '~·,but·ton Adj
Druckknopf...: ~ telephone Tastentelefon n '~·cart s **1.** (Hand)Karren m
2. Am Einkaufswagen m '~·chair s
Br Sportwagen m (für Kinder)

push·er [ˈpʊʃə] s F **1.** Draufgänger(in) **2.**
Pusher m (Rauschgifthändler)
'push|·o·ver s F **1.** fig Kinderspiel n **2.**
be a ~ for nicht widerstehen können
(Dat); immer wieder hereinfallen auf
(Akk) '~·up s Am Liegestütz m: do
~s Liegestütze machen
push·y [ˈpʊʃɪ] Adj draufgängerisch
pu·sil·lan·i·mous [ˌpjuːsɪˈlænɪməs]
Adj kleinmütig, verzagt
puss [pʊs] s F Mieze f
puss·y [ˈpʊsɪ] s Kindersprache: Miezekatze f '~·cat → pussy '~·foot v/i a.
~ about (od around) F um den (heißen)
Brei herumreden; sich nicht festlegen
wollen
pus·tule [ˈpʌstjuːl] s MED Pustel f
► put [pʊt] **I** Adj **1.** stay~ sich nicht (vom
Fleck) rühren **II** v/t (unreg) **2.** legen,
setzen, stellen, tun: ~ s.th. before
s.o. fig j-m etw vorlegen; ~ a tax on
s.th. etw besteuern **3.** Hand etc, fig
Geld, Zeit stecken (in[to] in Akk) **4.**
j-n in e-e unangenehme Lage etc, etw
auf den Markt, in Ordnung etc bringen
5. etw in Kraft, in Umlauf etc setzen **6.**
unterwerfen, -ziehen (to Dat) **7.** übersetzen (into French ins Französische)
8. etw ausdrücken, in Worte fassen: →
mild **9.** schätzen (at auf Akk) **10.** Geld
setzen (on auf Akk) **11.** Schuld geben
(on Dat) **III** v/i (unreg) **12.** ~ to sea
SCHIFF in See stechen **13.** ~ upon
s.o. bes Br j-m Ungelegenheiten bereiten
Verbindungen mit Adverbien:
put| a·bout **I** v/t Gerücht verbreiten, in
Umlauf setzen **II** v/i SCHIFF den Kurs
ändern ~ a·cross v/t etw verständlich
machen (to Dat) ~ a·head v/t SPORT
in Führung bringen ~ a·side v/t **1.** beiseite legen **2.** Ware zurücklegen **3.** fig
beiseite schieben **4.** → put away **3** ~
a·way v/t **1.** weglegen, -stecken, -tun
2. auf-, wegräumen **3.** → put by **4.** F
Speisen verdrücken, Getränke schlucken ~ back **I** v/t **1.** zurücklegen, -stellen,
-tun **2.** Uhr zurückstellen (by um): →
clock **1 3.** fig verschieben (two days
um zwei Tage; to auf Akk) ~ by v/t
Geld zurücklegen, auf die hohe Kante
legen ~ down **I** v/t **1.** hin-, niederlegen,
-stellen, -setzen **2.** Aufstand etc niederwerfen **3.** Fahrgast absetzen **4.** etw auf-

schreiben: *put s.o.('s name)* **down for** j-n anmelden *od* eintragen für **5.** *Betrag* anzahlen **6.** *Flugzeug* landen **7.** *j-n* halten (*as* für) **8.** *etw* zuschreiben (*to* Dat) **II** *v/i* **9.** FLUG landen ~ **for·ward** *v/t* **1.** *Plan* vorlegen: *put s.o.('s name)* **forward as** j-n vorschlagen als **2.** *Uhr* vorstellen (*by* um) **3.** *fig* vorverlegen (*two days* um zwei Tage; *to* auf *Akk*) ~ **in** I *v/t* **1.** herein-, hineinlegen, -stecken, -stellen, *Kassette etc* einlegen **2.** *Gesuch etc* einreichen, *Forderung etc a.* geltend machen **3.** *Arbeit, Zeit* verbringen (*on* mit) **4.** *Bemerkung* einwerfen; *ein gutes Wort* einlegen (*for* für) **II** *v/i* **5.** SCHIFF einlaufen (*at* in *Akk*): ~ *at a.* anlaufen (*Akk*) **6.** sich bewerben (*for* um) ~ **off** *v/t* **1.** *etw* verschieben (*till, until* auf *Akk*); *j-n* absagen **2.** *j-n* hinhalten (*with* mit) **3.** *j-n* aus dem Konzept bringen; *j-m* den Appetit *od* die Lust *od* die Laune verderben **4.** → *put down* 3 ▸ **put on** *v/t* **1.** *Mantel etc* anziehen, *Hut, Brille* aufsetzen; *Rouge etc* auflegen: → *lipstick* 2. **2.** *Licht, Radio etc* anmachen, einschalten **3.** *einige Pfund* zunehmen: → *weight* 1 **4.** *Sonderzug etc* einsetzen **5.** THEAT *Stück etc* herausbringen **6.** *Bremse* anziehen **7.** *Essen, Topf etc* aufsetzen **8.** *Schallplatte etc* auflegen, *Kassette etc* einlegen **9.** vortäuschen, heucheln: *put it on* so tun als ob **10.** F *j-n* auf den Arm nehmen ~ **out** I *v/t* **1.** heraus-, hinauslegen, -stellen **2.** *Hand etc* ausstrecken: → *feeler, tongue* 1 **3.** *Feuer* löschen; *Licht, Radio, Zigarette etc* ausmachen, abschalten **4.** veröffentlichen, herausgeben; RUNDFUNK, TV bringen, senden **5.** aus der Fassung bringen; verstimmen, -ärgern; *j-m* Ungelegenheiten bereiten **6.** MED sich den Arm *etc* ver-*od* ausrenken **II** *v/i* **7.** SCHIFF auslaufen: ~ *to sea* in See stechen ~ **o·ver** → *put across* → *through* *v/t* **1.** TEL *j-n* verbinden (*to* mit) **2.** durch-, ausführen ~ **to·geth·er** *v/t* **1.** zs.-setzen, zs.-bauen; *Mannschaft, Rede etc* zs.-stellen **2.** *he is cleverer than all his friends* ~ er ist cleverer als alle

s-e Freunde zusammen ~ **up** I *v/t* **1.** herauf-, hinauflegen, -stellen **2.** *Hand* (hoch)heben **3.** *Plakat, Bekanntmachung etc* anschlagen **4.** *Schirm* aufspannen **5.** *Zelt etc* aufstellen, *Gebäude* errichten **6.** *j-n* unterbringen **7.** *Widerstand* leisten: → *fight* 1 **8.** *Preis etc* erhöhen **9.** *j-n* anstiften (*to* zu) **II** *v/i* **10.** absteigen (*at* in *Dat*) **11.** ~ *with* sich abfinden mit; sich gefallen lassen

pu·ta·tive ['pju:tətɪv] *Adj* mutmaßlich

'**put**|·**off** *s bes Am* F (faule) Ausrede '~·**on** *s Am* F Bluff *m*, Schwindel *m*

pu·tre·fy ['pju:trɪfaɪ] *v/i* (ver)faulen, verwesen

pu·trid ['pju:trɪd] *Adj* **1.** verfault, -west; (*Geruch*) faulig **2.** F miserabel, saumäßig

putsch [pʊtʃ] *s* POL Putsch *m*

putt [pʌt] *v/t u. v/i* Golf: putten

putt·er ['pʌtə] *Am* → *potter*[1]

put·ty ['pʌtɪ] I *s* Kitt *m*: *he was (like)* ~ *in her hands* *fig* er war Wachs in ihren Händen II *v/t* kitten

'**put-up job** *s* F abgekartetes Spiel

▸ **puz·zle** ['pʌzl] I *s* **1.** Rätsel *n* (*a. fig*); Geduld(s)piel *n*: *it is a* ~ *to me* es ist mir ein Rätsel *od* rätselhaft; → *jigsaw (puzzle)* II *v/t* **2.** vor ein Rätsel stellen; verdutzen, -blüffen: *be ~d* vor e-m Rätsel stehen **3.** ~ *out etw* ausknobeln, herausbringen **III** *v/i* **4.** sich den Kopf zerbrechen (*about, over* über *Dat*) '**puzzler** *s* F harte Nuss

pyg·my ['pɪgmɪ] I *s* **1.** ♀ Pygmäe *m*, Pygmäin *f* **2.** Zwerg(in) (*a. fig pej*) **II** *Adj* **3.** *bes* ZOOL Zwerg...

py·ja·mas [pəˈdʒɑːməz] *s Pl, a. pair of* ~ Schlafanzug *m*, Pyjama *m*

py·lon ['paɪlən] *s* Hochspannungsmast *m*

pyr·a·mid ['pɪrəmɪd] *s* Pyramide *f*

pyre ['paɪə] *s* Scheiterhaufen *m*

py·ro·ma·ni·ac [ˌpaɪrəʊˈmeɪnɪæk] *s* Pyromane *m*, -manin *f*

Pyr·rhic vic·to·ry ['pɪrɪk] *s* Pyrrhussieg *m*

py·thon ['paɪθn] *s* ZOOL Python(schlange) *f*

P

Q

Q [kju:] *Pl* **Q's** *s* Q *n*

quack¹ [kwæk] **I** *v/i* quaken (*Ente*) **II** *s* Quaken *n*

quack² [_] *s a.* ~ **doctor** Quacksalber(in), Kurpfuscher(in) **quack·er·y** ['_ərɪ] *s* Quacksalberei *f*, Kurpfuscherei *f*

quad [kwɒd] *s* F Vierling *m*

quad·ran·gle ['kwɒdræŋgl] *s* Viereck *n* **quad·ran·gu·lar** [_gjʊlə] *Adj* viereckig

quad·ra·phon·ic [ˌkwɒdrə'fɒnɪk] *Adj* (**~ally**) MUS, PHYS quadrophon(isch), quadrofon(isch)

quad·ri·lat·er·al [ˌkwɒdrɪ'lætərəl] **I** *Adj* vierseitig **II** *s* Viereck *n*

quad·ru·ped ['kwɒdrʊped] *s* ZOOL Vierfüß(l)er *m*

quad·ru·ple ['kwɒdrʊpl] **I** *Adj* vierfach **II** *v/t u. v/i* (sich) vervierfachen **quad·ru·plet** ['_plɪt] *s* Vierling *m*

quail¹ [kweɪl] *Pl* **quails**, *bes Koll* **quail** *s* ORN Wachtel *f*

quaint [kweɪnt] *Adj* idyllisch, malerisch

quake [kweɪk] **I** *v/i* zittern, beben (*with* vor *Dat*; *at* bei e-m Gedanken) **II** *s* F Erdbeben *n*

Quak·er ['kweɪkə] *s* REL Quäker(in)

qual·i·fi·ca·tion [ˌkwɒlɪfɪ'keɪʃn] *s* **1.** Qualifikation *f*, Befähigung *f* (**for** für, zu) **2.** Vorbedingung *f*, Voraussetzung *f* (**of, for** für) **3.** Abschluss(zeugnis *n*) *m* **4.** Einschränkung *f*, Vorbehalt *m* **5.** LING nähere Bestimmung **qual·i·fied** ['_faɪd] *Adj* **1.** qualifiziert, geeignet, befähigt (**for** für) **2.** berechtigt: **~ to vote** wahlberechtigt **3.** bedingt, eingeschränkt **qual·i·fy** ['_faɪ] *v/t* **1.** qualifizieren, befähigen (**for** für, zu) **2.** berechtigen (**to do** zu tun) **3.** LING näher bestimmen **II** *v/i* **4.** sich qualifizieren *od* eignen, die Bedingungen erfüllen (**for** für; **as** als) **5.** SPORT sich qualifizieren (**for** für) **6.** s-e Ausbildung abschließen (**as** als)

qual·i·ta·tive ['kwɒlɪtətɪv] *Adj* qualitativ

▸ **qual·i·ty** ['kwɒlətɪ] *s* **1.** Qualität *f*, WIRTSCH *a.* Güteklasse *f*: ~ **of life** Lebensqualität; **sound** ~ TV *etc* Tonqualität; ~ **goods** *Pl* Qualitätswaren *Pl*; ~

control (*od* **assurance**) Qualitätskontrolle *f*, Qualitätsprüfung *f*, Qualitätssicherung *f* ~ **management** Qualitätsmanagement *n*; ~ **newspaper** seriöse Zeitung **2.** Eigenschaft *f*: → **leadership** 2

qualms [kwɑːmz] *s Pl* Bedenken *Pl*, Skrupel *Pl*: **have no** ~ **about doing s.th.** keine Bedenken haben, etw zu tun

quan·da·ry ['kwɒndərɪ] *s* Dilemma *n*, Verlegenheit *f*: **be in a** ~ **about what to do** nicht wissen, was man tun soll

quan·ta ['kwɒntə] *Pl von* **quantum**

quan·ti·ta·tive ['kwɒntɪtətɪv] *Adj* quantitativ

▸ **quan·ti·ty** ['kwɒntətɪ] *s* **1.** Quantität *f*; Menge *f*: **in small quantities** in kleinen Mengen; ~ **discount** (*od* **allowance**) WIRTSCH Mengenrabatt *m* **2.** MATHE Größe *f*: → **unknown**

quan·tum ['kwɒntəm] PHYS **I** *Pl* **-ta** ['_tə] *s* Quant *n* **II** *Adj* Quanten...

quar·an·tine ['kwɒrəntiːn] **I** *s* Quarantäne *f* **II** *v/t* unter Quarantäne stellen

▸ **quar·rel** ['kwɒrəl] **I** *s* **1.** Streit *m*, Auseinandersetzung *f* (**with** mit) **2.** **have no** ~ **with** nichts auszusetzen haben an (*Dat*) **II** *v/i Prät u. Part Perf* **-reled**, *bes Br* **-relled 3.** (sich) streiten (**with** mit; **about, over** über *Akk*) **4.** ~ **with** etw auszusetzen haben an (*Dat*) **quar·rel·some** ['_səm] *Adj* streitsüchtig

quar·ry¹ ['kwɒrɪ] *s* Steinbruch *m*

quar·ry² [_] *s* JAGD Beute *f, a. fig* Opfer *n*

quart [kwɔːt] *s* Quart *n* (*Hohlmaß*): **you can't put a** ~ **into a pint pot** F das geht einfach nicht, das ist ein Ding der Unmöglichkeit

▸ **quar·ter** ['kwɔːtə] **I** *s* **1.** Viertel *n*: **a** ~ **of an hour** e-e Viertelstunde **2.** **it's (a)** ~ **to** (*Am a. of*) **six** es ist Viertel vor sechs *od* drei viertel sechs; **at (a)** ~ **past** (*Am a. after*) **six** um Viertel nach sechs *od* viertel sieben **3.** Quartal *n*, Vierteljahr *n* **4.** *Am* Vierteldollar *m* **5.** (Himmels)Richtung *f*; Gegend *f*, Teil *m* (*e-s Landes etc*): **from all** ~**s** von überall(her) **6.** (Stadt)Viertel *n* **7.** *Pl* Quartier *n*, Unterkunft *f* (*beide a.* MIL) **8.** *fig*

Seite f, Stelle f: **in the highest ~s** an höchster Stelle; **from official ~s** von amtlicher Seite **II** v/t **9.** vierteln **10.** bes MIL einquartieren (**on** bei) '**~·deck** s SCHIFF Achterdeck n ,**~'fi·nals** s Pl SPORT Viertelfinale n

quar·ter·ly ['kwɔ:təlɪ] Adj u. Adv vierteljährlich

quar·ter note s MUS bes Am Viertelnote f

quar·tet(te) [kwɔ:'tet] s MUS Quartett n

quartz [kwɔ:ts] s MIN Quarz m **~ clock**, **~ watch** s Quarzuhr f

quash [kwɒʃ] v/t **1.** JUR Urteil etc annullieren, aufheben **2.** Aufstand etc niederschlagen, unterdrücken

qua·ver ['kweɪvə] **I** v/i **1.** zittern (Stimme) **2.** MUS tremolieren **II** v/t **3.** etw mit zitternder Stimme sagen **III** s **4.** Zittern n **5.** MUS Tremolo n **6.** MUS Br Achtelnote f

quay [ki:] s SCHIFF Kai m

quea·sy ['kwi:zɪ] Adj: **I feel ~** mir ist übel

▸ **queen** [kwi:n] **I** s **1.** (a. Schönheitsetc)Königin f: **~ bee** ZOOL Bienenkönigin; **~ mother** Königinmutter f; → **English** 3, **evidence** 2. **2.** Kartenspiel, Schach: Dame f: **~ of hearts** Herzdame **3.** F Schwule m **II** v/t **4.** Schach: Bauern in e-e Dame verwandeln **5.** **~ it** F die große Dame spielen '**queen·ly** Adj königlich

queer [kwɪə] **I** Adj **1.** komisch, seltsam: **~ customer** F komischer Kauz **2.** F pej schwul **II** s **3.** F pej Schwule m **III** v/t **4.** → **pitch²** 10

quell [kwel] v/t Aufstand etc niederschlagen, unterdrücken; Zweifel etc beseitigen

quench [kwentʃ] v/t Durst löschen, stillen

quer·u·lous ['kwerʊləs] Adj nörglerisch

que·ry ['kwɪərɪ] **I** s Frage f **II** v/t infrage stellen, in Zweifel ziehen

quest [kwest] **I** s Suche f (**for** nach): **in ~ of** auf der Suche nach **II** v/i suchen (**after**, **for** nach)

▸ **ques·tion** ['kwestʃən] **I** s **1.** Frage f: **~ mark** Fragezeichen n; **~ master** Br Quizmaster m; → **ask** 1, **pop¹** 7 **2.** Frage f, Problem n: **this is not the point in ~** darum geht es nicht **3.** Frage f, Sache f:

only a ~ of time nur e-e Frage der Zeit **4.** Frage f, Zweifel m: **there is no ~ that, it is beyond ~ that** es steht außer Frage, dass; **there is no ~ about this** daran besteht kein Zweifel; **be out of the ~** nicht infrage kommen; **call into ~** → 6 **II** v/t **5.** (**about**) befragen (über Akk), ausfragen (über Akk) **6.** bezweifeln, in Zweifel ziehen, infrage stellen '**ques·tion·a·ble** Adj **1.** fraglich, zweifelhaft **2.** fragwürdig '**ques·tion·er** s Fragesteller(in) '**ques·tion·ing I** Adj fragend (Blick etc) **II** s Befragung f, JUR Verhör n, Vernehmung f **ques·tion·naire** [ˌkwestʃə'neə] s Fragebogen m

▸ **queue** [kju:] bes Br **I** s Schlange f: **stand in a ~** → IIa; → **jump** 9 **II** v/i mst **~ up** (**for** nach, um) a) Schlange stehen, anstehen, b) sich anstellen '**~·jump·er** s j-d, der sich vordräng(el)t; MOT Kolonnenspringer(in)

quib·ble ['kwɪbl] **I** v/i sich herumstreiten (**with** mit; **about**, **over** wegen) **II** s kleinliche Beschwerde, Kleinigkeit f

▸ **quick** [kwɪk] **I** Adj **1.** schnell, rasch: **be ~!** mach schnell!, beeil dich!; **be ~ to learn** (od **at learning**) schnell lernen; **a ~ one** F ein Gläschen auf die Schnelle; → **offence** 2, **uptake** 2. **2.** kurz (Reise etc) **3.** aufbrausend, hitzig (Temperament) **II** Adv **4.** schnell, rasch **III** s **5.** **cut s.o. to the ~** fig j-n tief treffen (**with** mit) '**~·act·ing** Adj schnell wirkend (Medikament) '**~·change** Adj: **~ artist** THEAT Verwandlungskünstler(in)

quick·en ['kwɪkən] v/t u. v/i (sich) beschleunigen, v/i a. schneller werden

quick·ie ['kwɪkɪ] s F etw Schnelles od Kurzes, z. B. Gläschen n od Sex m auf die Schnelle, kurze Frage etc '**quick·sand** s Treibsand m ,**~·tempered** Adj aufbrausend, hitzig ,**~·wit·ted** Adj aufgeweckt; schlagfertig; geistesgegenwärtig

quid [kwɪd] Pl **quid** s Br F Pfund n (Währung)

▸ **qui·et** ['kwaɪət] **I** Adj **1.** ruhig, still: **~, please** Ruhe, bitte **2.** ruhig (Leben etc) **3.** geheim, heimlich: **keep s.th. ~** etw für sich behalten **II** s **4.** Ruhe f, Stille f: → **peace** 3. **5.** **on the ~** F heimlich **III** v/t u. v/i **6.** → **quieten** '**qui·et·en I** v/t **1.** a. **~ down** j-n beruhigen **2.** Be-

Q

fürchtungen etc zerstreuen **II** v/i **3. a.** **~ down** sich beruhigen

quill [kwɪl] s **1.** ORN (Schwanz-, Schwung)Feder f **2. a. ~ pen** hist Federkiel m **3.** ZOOL Stachel m

quilt [kwɪlt] s Steppdecke f '**quilt·ed** Adj Stepp...

quin [kwɪn] s Br F Fünfling m

quince ['kwɪns] s BOT Quitte f

qui·nine [kwɪ'niːn] s PHARM Chinin n

quint [kwɪnt] s Am F Fünfling m

quint·es·sence [kwɪn'tesns] s **1.** Quintessenz f **2.** Inbegriff m

quin·tet(te) [kwɪn'tet] s MUS Quintett n

quin·tu·plet ['kwɪntjʊplɪt] s Fünfling m

quip [kwɪp] **I** s geistreiche od witzige Bemerkung **II** v/i witzeln

quirk [kwɜːk] s **1.** Eigenart f, Schrulle f **2. by some ~ of fate** durch e-n verrückten Zufall

quit [kwɪt] (mst unreg) **F I** v/t **1.** aufhören mit: **~ doing s.th.** aufhören, etw zu tun; **~ one's job** kündigen; **~ smoking** das Rauchen aufgeben **II** v/i **2.** aufhören **3.** kündigen

▶ **quite** [kwaɪt] Adv **1.** ganz, völlig: **be ~ right** völlig recht haben; **(so)** bes Br genau, ganz Recht **2.** ziemlich: **~ a dis·appointment** e-e ziemliche Enttäuschung; **~ a few** ziemlich viele; **~ good** ganz od recht gut **3. it was ~ a** (od **some**) **sight** das war vielleicht ein Anblick; **she's ~ a girl** sie ist ein tolles Mädchen

quits [kwɪts] Adj quitt (**with** mit): **call it ~** F es gut sein lassen

quit·ter ['kwɪtə] s: **he's no ~** F er gibt nicht so schnell auf

quiv·er¹ ['kwɪvə] **I** v/i zittern (**with** vor

Dat; **at** bei e-m Gedanken etc) **II** s Zittern n

quiv·er² [_] s Köcher m

quix·ot·ic [kwɪk'sɒtɪk] Adj (**~ally**) weltfremd-idealistisch

quiz [kwɪz] **I** Pl '**quiz·zes** s Quiz n **II** v/t ausfragen (**about** über Akk) '**~·mas·ter** s Quizmaster m

quiz·zi·cal ['kwɪzɪkl] Adj wissend (**Blick** etc)

quoit [kɔɪt] s **1.** Wurfring m **2. ~s** Sg Wurfringspiel n

quo·rate ['kwɔːreɪt] Adj beschlussfähig

quo·rum ['kwɔːrəm] s Quorum n (**zur Beschlussfähigkeit erforderliche Teilnehmerzahl**)

quo·ta ['kwəʊtə] s Kontingent n, Quote f, WIRTSCH a. Soll n: **~ system** Am Quotenregelung f

quo·ta·tion [kwəʊ'teɪʃn] s **1.** Zitat n (**from** aus): **~ from the Bible** Bibelzitat n **2.** WIRTSCH Notierung f **3.** WIRTSCH (**verbindlicher**) Kosten(vor)anschlag: **get a ~** e-n Kostenvoranschlag einholen **~ marks** s Pl Anführungszeichen Pl: **put in ~** in Anführungszeichen setzen

quote [kwəʊt] **I** v/t **1.** zitieren (**from** aus); **Beispiel** etc anführen: **he was ~d as saying that** er soll gesagt haben, dass **2. be ~d at** WIRTSCH notieren mit **II** v/i **3. ~ from** zitieren **III** s F **4.** → **quotation** 1, 2 **5.** Pl Gänsefüßchen Pl: **put** (od **place**) **in ~s** in Gänsefüßchen setzen **IV** Adv **6. ~ ... unquote** Zitat ... Zitat Ende

quo·tient ['kwəʊʃnt] s MATHE Quotient m

R [ɑː] Pl **R's** s R n: **the three R's** (= **read·ing, writing, arithmetic**) Lesen n, Schreiben n u. Rechnen n

rab·bi ['ræbaɪ] s REL Rabbiner m

▶ **rab·bit** ['ræbɪt] s Kaninchen n **~·punch** s Genickschlag m

rab·ble ['ræbl] s **1.** Pöbel m, Mob m **2.** SOZIOL pej Pöbel m '**~·rous·ing** Adj

aufwieglerisch, Hetz...

rab·id ['ræbɪd] Adj **1.** VET tollwütig **2.** fanatisch

ra·bies ['reɪbiːz] s VET Tollwut f

rac·coon → **racoon**

▶ **race¹** [reɪs] s **1.** Rasse f **2.** Rasse(nzugehörigkeit) f **3.** (**Menschen**)Geschlecht n

▶ **race²** [reɪs] **I** s **1.** SPORT Rennen n (a. fig **for** um), Lauf m: ~ **against time** fig Wettlauf mit der Zeit **II** v/i **2.** an (e-m) Rennen teilnehmen; um die Wette laufen od fahren (**against**, with mit) **3.** rasen, rennen **4.** durchdrehen (Motor) **III** v/t **5.** um die Wette laufen od fahren mit **6.** rasen mit: ~ **s.o. to hospital** mit j-m ins Krankenhaus rasen

'race|·course s Pferdesport: Rennbahn f; '~·horse s Rennpferd n ~ **meet·ing** s Pferdesport: Rennveranstaltung f

rac·er ['reɪsə] s **1.** Rennpferd n **2.** Rennrad n, -wagen m

'race·track s **1.** Automobilsport etc: Rennstrecke f **2.** bes Am → **race-course**

ra·cial ['reɪʃl] Adj rassisch, Rassen...: ~ **discrimination** Rassendiskriminierung f; ~ **segregation** Rassentrennung f

rac·ing ['reɪsɪŋ] Adj Renn...: ~ **bicycle** Rennrad n; ~ **car** Rennwagen m; ~ **driver** Rennfahrer(in)

ra·cism ['reɪsɪzəm] s Rassismus m '**ra·cist** I s Rassist(in) II Adj rassistisch

rack¹ [ræk] I s **1.** Gestell n, (Geschirr-, Zeitungs- etc)Ständer, BAHN (Gepäck-) Netz n, MOT (Dach)Gepäckträger m **2.** hist Folter(bank) f: **put s.o. on the** ~ j-n auf die Folter spannen (a. fig) **II** v/t **3.** be ~ed by od with geplagt od gequält werden von **4.** → **brain** 2

rack² [-] s: **go to ~ and ruin** verfallen (Gebäude, Person), dem Ruin entgegentreiben (Land, Wirtschaft)

▶ **rack·et¹** ['rækɪt] s Tennis etc: Schläger m

rack·et² [-] s F **1.** Krach m, Lärm m: **make a ~** Krach machen **2.** Schwindel m, Gaunerei f; (Drogen- etc)Geschäft n; organisierte Erpressung; Beruf m, Branche f: **what's his ~?** was macht er beruflich? **rack·et·eer** [ˌrækə'tɪə] s F Gauner(in); Erpresser(in)

ra·coon [rə'kuːn] s ZOOL Waschbär m

rac·y ['reɪsɪ] Adj **1.** spritzig (Geschichte etc) **2.** gewagt

▶ **ra·dar** ['reɪdɑː] **I** s Radar m, n **II** Adj Radar...: ~ **screen** Radarschirm m; ~ (**speed**) **trap** Radarkontrolle f; ~ **station** Radarstation f

ra·di·al ['reɪdjəl] I Adj radial, Radial...,

strahlenförmig: ~ **tire** (bes Br **tyre**) → II **II** s MOT Gürtelreifen m

ra·di·ant ['reɪdjənt] Adj strahlend (a. fig **with** vor Dat): **be ~ with joy** vor Freude strahlen

ra·di·ate ['reɪdɪeɪt] **I** v/t Licht, Wärme etc ausstrahlen, Optimismus etc a. verströmen **II** v/i strahlenförmig ausgehen (**from** von) ,**ra·di·'a·tion** s **1.** Ausstrahlung f, fig a. Verströmen n **2.** PHYS (eng. S. radioaktive) Strahlung: ~ **level** Strahlenbelastung f; ~ **sickness** MED Strahlenkrankheit f **ra·di·a·tor** ['-eɪtə] s **1.** Heizkörper m **2.** MOT Kühler m: ~ **grill** Kühlergrill m

rad·i·cal ['rædɪkl] **I** Adj **1.** radikal (a. POL) **2.** MATHE Wurzel...; ~ **sign** Wurzelzeichen n **II** s **3.** POL Radikale m, f **4.** MATHE, LING Wurzel f '**rad·i·cal·ism** ['-kəlɪzəm] s bes POL Radikalismus m '**rad·i·cal·ize** v/t radikalisieren

ra·dic·chio [ræ'dɪkjəʊ] s BOT Radicchio m

ra·di·i ['reɪdɪaɪ] Pl von **radius**

▶ **ra·di·o** ['reɪdɪəʊ] **I** Pl **-os** s **1.** Radio n, Rundfunkgerät n; Funkgerät n **2.** Radio n, Rundfunk m: **on the ~** im Radio; **be in ~** beim Rundfunk sein **3.** Funk m: **by ~** per od über Funk **II** v/t **4.** Nachricht etc funken, durchgeben **5.** j-n, Ort anfunken **III** v/i **6.** ~ **for help** per od über Funk um Hilfe bitten ;~'**ac·tive** Adj radioaktiv: ~ **waste** Atommüll m, radioaktiver Abfall ,~·**ac'tiv·i·ty** s Radioaktivität f ~ **a·larm** s Radiowecker m ~ **cab** s Funktaxi n ~ **car** s Am Funk(streifen)wagen m ~ **cas·sette** s Kassettenrekorder m ~ **con·tact** s Funkkontakt m, -verbindung f: **be in ~ with** in Funkkontakt stehen mit ,~·**con'trolled** Adj funkgesteuert ~ **fre·quen·cy** s Hochfrequenz f

ra·di·o·gram ['reɪdɪəʊgræm] s **1.** Funkspruch m **2.** → **radiograph ra·di·o·graph** ['-grɑːf] s MED Röntgenbild n, Röntgenaufnahme f

ra·di·o ham → **ham** 3

ra·di·o·log·i·cal [ˌreɪdɪəʊ'lɒdʒɪkl] Adj MED radiologisch, röntgenologisch **ra·di·ol·o·gist** [ˌreɪdɪ'ɒlədʒɪst] s Radiologe m, Radiologin f ,**ra·di'ol·o·gy** [-dʒɪ] s Radiologie f

ra·di·o| mes·sage s Funkspruch m ~ **op·er·a·tor** s Funker(in) ~ **set** → **radio**

1 ~ **sig·nal** s Funksignal n ~ **sta·tion** s Rundfunksender m, -station f ~ **tax·i** s Funktaxi n ~ **tel·e·phone** s Funktelefon n '~**ther·a·py** s MED Strahlen-, Röntgentherapie f ~ **traf·fic** s Funkverkehr m

rad·ish ['rædɪʃ] s BOT **1.** Rettich m **2.** Radieschen n

ra·di·us ['reɪdɪəs] Pl **-di·i** ['-dɪaɪ] s **1.** MATHE Radius m, Halbmesser m **2.** *within a three-mile* ~ im Umkreis von drei Meilen (*of* um)

raf·fle ['ræfl] **I** s Tombola f **II** v/t oft ~ *off* verlosen

raft [rɑːft] s Floß n

raft·er ['rɑːftə] s (Dach)Sparren m

rag [ræg] s **1.** Fetzen m, Lumpen m; Lappen m: *in* ~s in Fetzen (*Stoff etc*); zerlumpt (*Person*); *be* (*like*) *a red* ~ *to a bull to s.o.* Br F wie ein rotes Tuch für j-n sein; *feel like a wet* ~ F total k.o. sein **2.** F *pej* Käseblatt n '~**bag** s Sammelsurium n (*of* von)

rage [reɪdʒ] **I** s **1.** Wut f, Zorn m: *be in a* ~ wütend sein; *fly into a* ~ wütend werden **2.** F *be all the* ~ große Mode sein **II** v/i **3.** wettern (*against, at* gegen); *fig* wüten (*Krankheit, Sturm*), toben (*Meer, Sturm*): *a raging headache* rasende Kopfschmerzen Pl

rag·ged ['rægɪd] Adj **1.** zerlumpt (*Kleidung, Person*) **2.** struppig, zottig (*Bart etc*) **3.** fig stümperhaft

raid [reɪd] **I** s **1.** (*on*) Überfall m (auf Akk), MIL a. Angriff m (gegen) **2.** Razzia f (*on* in Dat): *carry out a* ~ *on* → **II** v/t **3.** überfallen, MIL a. angreifen **4.** e-e Razzia machen in (Dat)

▸ **rail**¹ [reɪl] **I** s **1.** Geländer n **2.** (*Handtuch*)Halter m **3.** BAHN Schiene f, Pl a. Gleis n: *go off the* ~s a) a. *jump the* ~s entgleisen, b) fig auf die schiefe Bahn geraten **4.** (Eisen)Bahn f: *by* ~ mit der Bahn

rail² [-] v/i schimpfen (*against, at* über Akk)

rail·ing ['reɪlɪŋ] s oft Pl (Gitter)Zaun m

▸ **rail·road** ['reɪlrəʊd] **I** s **1.** Am → **railway II** v/t F **2.** *Gesetzesvorlage etc* durchpeitschen (*through* in Dat) **3.** ~ *s.o. into doing s.th.* j-n rücksichtslos drängen, etw zu tun

▸ **rail·way** ['reɪlweɪ] s bes Br Eisenbahn f: ~ *station* Bahnhof m

▸ **rain** [reɪn] **I** s **1.** Regen m: *in the* ~ im Regen; *the* ~*s* Pl die Regenzeit (*in den Tropen*); → *pour* 3 **2.** fig (*Schlag- etc*) Hagel m, (*Funken*)Regen m **II** v/i **3.** *unpers* regnen: *it* ~*ing* **4.** ~ *down on* fig niederprasseln auf (Akk) (*Schläge etc*) **III** v/t **5.** → *cat* 1 **6.** fig ~ *blows on s.o.* j-n mit Schlägen eindecken; ~ *abuse on s.o.* j-n mit Beschimpfungen überschütten **7.** *be* ~*ed off* (Am *out*) wegen Regens ausgesetzt *od* abgebrochen werden '~**bow** s Regenbogen m ~ *check* s *take a* ~ *on s.th.* später auf etw zurückkommen '~**coat** s Regenmantel m '~**drop** s Regentropfen m '~**fall** s Niederschlag(smenge f) m ~ *for·est* s Regenwald m '~**proof** Adj regen-, wasserdicht '~**storm** s heftiger Regenguss '~**wa·ter** s Regenwasser n

▸ **rain·y** ['reɪnɪ] Adj regnerisch, verregnet, Regen...: *the* ~ *season* die Regenzeit (*in den Tropen*); *put away* (*od save*) *s.th. for a* ~ *day* etw für schlechte Zeiten zurücklegen

▸ **raise** [reɪz] **I** v/t **1.** *Arm, gesunkenes Schiff etc* heben; *Vorhang etc* hochziehen: ~ *one's hat* den Hut ziehen (*to s.o.* vor j-m; a. fig) *od* lüften; → *eyebrow* **2.** *Denkmal etc* errichten **3.** a) *Protest etc* hervorrufen: ~ *a laugh* Gelächter ernten, b) *Erwartungen* (er-)wecken: ~ *s.o.'s hopes* in j-m Hoffnung erwecken; ~ *a suspicion* Verdacht erregen, c) *Gerücht etc* aufkommen lassen, d) *Schwierigkeiten* machen **4.** *Staub etc* aufwirbeln: → *dust* 1 **5.** *Frage* aufwerfen, *etw* zur Sprache bringen **6.** *Anspruch* geltend machen, *Forderung* stellen **7.** *Kinder* auf-, großziehen; *Tiere* züchten; *Getreide etc* anbauen **8.** *Moral, Stimmung* heben **9.** *Gehalt etc* erhöhen, *Geschwindigkeit etc a.* steigern: → *power* 9 **10.** *Hypothek etc* aufnehmen (*on* auf Akk); *Geld* zs.-bringen, beschaffen **11.** *Blockade etc, a. Verbot* aufheben **II** s **12.** bes Am Lohn- *od* Gehaltserhöhung f

rai·sin ['reɪzn] s Rosine f

rake [reɪk] **I** s **1.** Rechen m, Harke f **II** v/t **2.** rechen, harken: ~ *in* F *Geld* kassieren; ~ *it in* F das Geld nur so scheffeln; ~ *out* F *etw* herausfinden; ~ *up* Laub etc zs.-rechen, -harken; F *Leute* auftreiben,

Geld a. zs.-kratzen; F *alte Geschichten etc* aufwärmen **3.** *Gelände etc* absuchen (**with** mit *Fernglas etc*) **III** *v/i* **4.** *a.* ~ *about* (*od* **around**) herumstöbern (*in* in *Dat*) '~-off *s* F (Gewinn)Anteil *m*, Prozente *Pl*

rak·ish ['reɪkɪʃ] *Adj* flott, verwegen

ral·ly ['rælɪ] **I** *s* **1.** Kundgebung *f*, (Massen)Versammlung *f* **2.** *Motorsport:* Rallye *f* **3.** *Tennis etc:* Ballwechsel *m* **II** *v/t* **4.** *Truppen etc* (wieder) sammeln **III** *v/i* **5.** sich (wieder) sammeln: ~ *round* f sich zs.-tun; ~ *round s.o.* *fig* sich um j-n scharen **6.** sich erholen (*from* von) (*a.* WIRTSCH)

ram [ræm] **I** *s* **1.** ZOOL Widder *m*, Schafbock *m* **2.** TECH Ramme *f* **II** *v/t* **3.** *Fahrzeug etc* rammen **4.** *Pfosten etc* rammen (*into* in *Akk*): ~ *down* Erde *etc* feststampfen, -treten; → *throat*

RAM [ræm] *Abk* (= *random access memory*) Arbeitsspeicher *m*

ram·ble ['ræmbl] **I** *v/i* **1.** wandern **2.** *a.* ~ *on* *pej* faseln (*about* von, über *Akk*) **II** *s* **3.** Wanderung *f*: *go for* (*od* **on**) *a.* ~ e-e Wanderung machen '**ram·bling** *Adj* **1.** BOT Kletter...: ~ *rose* **2.** *fig* weitschweifig, unzusammenhängend **3.** weitläufig (*Gebäude*)

ram·i·fi·ca·tion [ˌræmɪfɪˈkeɪʃn] *s* Verzweigung *f*, -ästelung *f* (*beide a. fig*) **ram·i·fy** ['ˈ-faɪ] *v/i* sich verzweigen

ramp [ræmp] *s* Rampe *f*

ram·page [ræmˈpeɪdʒ] **I** *v/i*: ~ *through* **a)** (wild *od* aufgeregt) trampeln durch (*Elefant etc*), **b)** randalierend ziehen durch **II** *s*: *go on the* ~ randalieren; *go on the* ~ *through* → Ib

ramp·ant ['ræmpənt] *Adj* **1.** wuchernd (*Pflanze*): *be* ~ wuchern **2.** *fig* grassierend

ram·part ['ræmpɑːt] *s* Wall *m*

ram·shack·le ['ræmʃækl] *Adj* baufällig; klapp(e)rig (*Fahrzeug*)

ran [ræn] *Prät von* **run**

ranch [rɑːntʃ] *s* **1.** Ranch *f* **2.** (*Geflügeletc*)Farm *f* '**ranch·er** *s* **1.** Rancher(in) **2.** (*Geflügel- etc*)Züchter(in) **3.** Rancharbeiter(in)

ran·cid ['rænsɪd] *Adj* ranzig: *go* ~ ranzig werden

ran·cor *Am* → **rancour**

ran·cor·ous ['ræŋkərəs] *Adj* voller Groll (*toward[s]* gegen)

ran·cour ['ræŋkə] *s bes Br* Groll *m*, Erbitterung *f*

ran·dom ['rændəm] **I** *Adj* aufs Geratewohl, zufällig, Zufalls...: ~ *sample* Stichprobe *f*; *take* ~ *samples* Stichproben machen **II** *s*: *at* ~ aufs Geratewohl

rand·y ['rændɪ] *Adj Br* F scharf, geil

rang [ræŋ] *Prät von* **ring²**

range [reɪndʒ] **I** *s* **1.** (*Berg*)Kette *f* **2.** (*Koch-, Küchen*)Herd *m* **3.** (*Schieß-*)Stand *m*, (-)Platz *m* **4.** Entfernung *f*: *at close* (*od* **short**) ~ aus kurzer *od* kürzester Entfernung, aus nächster Nähe **5.** Reich-, Schuss-, Tragweite *f* **6.** *fig* Bereich *m*, Spielraum *m*, Grenzen *Pl* **7.** WIRTSCH Kollektion *f*, Sortiment *n* **8.** *fig* Bereich *m*, Gebiet *n* **II** *v/i* **9.** schwanken, sich bewegen (*from ... to*, *between ... and* zwischen ... u.) **III** *v/t* **10.** aufstellen, anordnen – **find·er** *s* FOTO *etc* Entfernungsmesser *m*

rang·er ['reɪndʒə] *s* **1.** Förster(in) **2.** *Am* Ranger(in)

▸ **rank¹** [ræŋk] **I** *s* **1.** Reihe *f*; MIL Glied *n*: *close* ~s die Reihen schließen; sich zs.-schließen **2.** *bes* MIL Rang *m*: *in* ~ im Rang, rangmäßig; *he is above me in* ~ er ist ranghöher als ich; *top* ~ *fig* erstklassig; *the* ~*s Pl* (Unteroffiziere *Pl* u.) Mannschaften *Pl*; *fig* das Heer, die Masse (*der Arbeitslosen etc*); *the* ~ *and file* der Mannschaftsstand; *fig* die Basis (*e-r Partei etc*); *pull* ~ F den Vorgesetzten herauskehren (*on* gegenüber); *rise from the* ~*s* vom Mannschaftsrang zum Offizier aufsteigen; *fig* sich hocharbeiten **3.** Rang *m*, (soziale) Stellung **II** *v/t* **4.** rechnen, zählen (*among* zu); stellen (*above* über *Akk*): *be* ~*ed 2nd in the world* SPORT an 2. Stelle der Weltrangliste stehen **5.** MIL *Am* ranghöher sein als **III** *v/i* **6.** zählen, gehören (*among* zu); gelten (*as* als); rangieren (*above* über *Dat*)

rank² [-] *Adj* **1.** (üppig) wuchernd **2.** übel (riechend *od* schmeckend) **3.** *fig* krass (*Außenseiter*), blutig (*Anfänger*), blühend (*Unsinn*)

rank·ing ['ræŋkɪŋ] **I** *s* Rangliste *f*, Leistungseinstufung *f* **II** *Adj* MIL *Am* ranghöchst (*Offizier*)

ran·sack ['rænsæk] *v/t* **1.** durchwühlen **2.** plündern

ran·som ['rænsəm] **I** *s* Lösegeld *n*: *hold*

R

s.o. **to** ~ j-n bis zur Zahlung e-s Lösegelds gefangen halten; *fig* j-n erpressen; ~ **demand** Lösegeldforderung *f* **II** *v/t* auslösen, freikaufen

rant [rænt] *v/i a.* ~ **on,** ~ **and rave** (*about*) eifern (gegen), sich in Tiraden ergehen (über *Akk*)

rap¹ [ræp] **I** *s* **1.** Klopfen *n*; Klaps *m*: **give** *s.o.* **a** ~ **over the knuckles** j-m auf die Finger klopfen (*a. fig*) **2. take the** ~ F den Kopf hinhalten (**for** für) **3.** MUS Rap *m* **II** *v/t* **4.** klopfen an (*Akk*) *od* auf (*Akk*): ~ *s.o.* **over the knuckles** j-m auf die Finger klopfen (*a. fig*) **5.** *mst* ~ **out** Befehl *etc* bellen, Fluch *etc* ausstoßen **III** *v/i* **6.** klopfen (**at** an *Akk*; **on** auf *Akk*) **7.** MUS rappen

rap² [-] *s*: **I don't care a** ~ (**for it**) das ist mir völlig egal

ra·pa·cious [rə'peɪʃəs] *Adj* **1.** habgierig **2.** räuberisch **3.** ORN, ZOOL Raub... **rapac·i·ty** [rə'pæsətɪ] *s* Habgier *f*

rape¹ [reɪp] **I** *s* Vergewaltigung *f*, JUR Notzucht *f* **II** *v/t* vergewaltigen

rape² [reɪp] *s* BOT Raps *m*: ~ (**seed**) **oil** Rapsöl *n*

rap·id ['ræpɪd] **I** *Adj* schnell, rasch: ~ **reaction force** Eingreiftruppe *f* **II** *s Pl* Stromschnellen *Pl* '~-**fire** *Adj* **1.** MIL Schnellfeuer... **2.** *fig* schnell (aufeinander folgend)

ra·pid·i·ty [rə'pɪdətɪ] *s* Schnelligkeit *f*

rap·ist ['reɪpɪst] *s* Vergewaltiger *m*

rap·port [ræ'pɔː] *s* harmonisches Verhältnis (**between** zwischen *Dat*; **with** zu)

rap·proche·ment [ræ'prɒʃmã:ŋ] *s bes* POL (Wieder)Annäherung *f* (**between** zwischen *Dat*)

rapt [ræpt] *Adj*: **with** ~ **attention** mit gespannter Aufmerksamkeit.

rap·ture ['ræptʃə] *s, a. Pl* Entzücken *n*, Verzückung *f*: **be in** ~**s** entzückt *od* hingerissen sein (**about, at, over** von); **go into** ~**s** in Verzückung geraten (**about, at, over** über *Akk*)

▸**rare¹** [reə] *Adj* **1.** selten, rar **2.** dünn (*Luft*)

rare² [-] *Adj* blutig (*Steak*)

rar·e·fied ['reərɪfaɪd] *Adj* **1.** dünn (*Luft*) **2.** *fig* exklusiv

▸**rare·ly** ['reəlɪ] *Adv* selten

rar·ing ['reərɪŋ] *Adj*: **be** ~ **to do** *s.th.* F es kaum mehr erwarten können *od* ganz

wild darauf sein, etw zu tun

rar·i·ty ['reərətɪ] *s* Seltenheit *f*, (*Briefmarke etc a.*) Rarität *f*

ras·cal ['rɑːskəl] *s hum* Schlingel *m*

rash¹ [ræʃ] *Adj* voreilig, -schnell

rash² [-] *s* **1.** MED (Haut)Ausschlag *m*: → **come out** 5 **2.** *fig* Flut *f*

rash·er ['ræʃə] *s* dünne Scheibe (*Frühstücksspeck etc*)

rasp [rɑːsp] **I** *s* **1.** Raspel *f* **2.** Kratzen *n* **II** *v/t* **3.** raspeln: ~ **off** abraspeln

rasp·ber·ry ['rɑːzbərɪ] *s* BOT Himbeere *f*

rasp·ing ['rɑːspɪŋ] *Adj* kratzend (*Geräusch*); krächzend (*Stimme*)

▸**rat** [ræt] **I** *s* ZOOL Ratte *f* (*a.* F *pej*): **smell a** ~ *fig* Lunte *od* den Braten riechen; ~**s!** F Mist! **II** *v/i*: ~ **on** F j-n im Stich lassen; j-n verpfeifen; aussteigen aus (*e-m Projekt etc*)

▸**rate** [reɪt] **I** *s* **1.** Quote *f*, (*Inflations-etc*)Rate *f*, (*Geburten-, Sterbe*)Ziffer *f* **2.** (*Steuer-, Zins- etc*)Satz *m*, (*Wechsel*)Kurs *m*; **at any** ~ *fig* auf jeden Fall **3.** *mst Pl Br* Gemeinde-, Kommunalsteuer *f* **4.** Geschwindigkeit *f*, Tempo *n* **II** *v/t* **5.** einschätzen (**highly** hoch), halten (**as** für): **be** ~**d** *as* gelten als **6.** Lob *etc* verdienen

▸**rath·er** ['rɑːðə] **I** *Adv* **1.** ziemlich: ~ **a success** ein ziemlicher Erfolg; ~ **a cold night, a** ~ **cold night** e-e ziemlich kalte Nacht **2. I would** ~ **stay at home** ich möchte lieber zu Hause bleiben **3. or** ~ (*od* vielmehr **II** *Interj* **4.** *bes Br* F freilich!, und ob!

rat·i·fi·ca·tion [ˌrætɪfɪ'keɪʃn] *s* POL Ratifizierung *f* **rat·i·fy** ['-faɪ] *v/t* ratifizieren

rat·ing ['reɪtɪŋ] *s* **1.** Einschätzung *f* **2.** RUNDFUNK, TV Einschaltquote *f*

ra·ti·o ['reɪʃɪəʊ] *Pl* **-os** *s* MATHE *etc* Verhältnis *n* (**of ... to** von ... zu)

ra·tion ['ræʃn] **I** *s* **1.** Ration *f* **II** *v/t* **2.** *etw* rationieren

ra·tion·al ['ræʃənl] *Adj* rational: a) vernunftbegabt, b) vernünftig **ra·tion·al·ism** ['ræʃnəlɪzəm] *s* Rationalismus *m* '**ra·tion·al·ist** **I** *s* Rationalist(in) **II** *Adj* rationalistisch ˌ**ra·tion·al·is·tic** *Adj* (~**ally**) rationalistisch **ra·tion·al·i·'za·tion** [ˌræʃnəlaɪ'zeɪʃn] *s* WIRTSCH Rationalisierung *f* '**ra·tion·al·ize** ['ræʃnəlaɪz] *v/t* **1.** rational erklären **2.** WIRTSCH rationalisieren

rat| **poi·son** s Rattengift n ~ **race** s F endloser Konkurrenzkampf

rat·tle ['rætl] **I** v/i **1.** klappern (*Fenster etc*); rasseln, klirren (*Ketten*); klimpern (*Münzen etc*); prasseln (**on** auf *Akk*) (*Regen etc*); knattern (*Fahrzeug*): ~ **at** rütteln an (*Dat*); ~ **on** F quasseln (**about** über *Akk*); ~ **through** Rede etc herunterrasseln; *Arbeit* in Windeseile erledigen **II** v/t **2.** rasseln *od* klimpern mit; rütteln an (*Dat*): ~ **off** *Gedicht etc* herunterrasseln **3.** F *j-n* verunsichern **III** s **4.** Klappern n (*etc*, → 1) **5.** Rassel f, Klapper f (*Spielzeug*), Knarre f, Schnarre f (*Lärminstrument*) '~**snake** s ZOOL Klapperschlange f '~**trap** s F Klapperkiste f (*Auto*)

'**rat·trap** s F Bruchbude f

rat·ty ['ræti] *Adj* F **1.** Am schäbig (*Kleidungsstück*) **2.** gereizt: **there's no need to be** ~ sei doch nicht gleich so gereizt

rau·cous ['rɔːkəs] *Adj* heiser, rau

rav·age ['rævɪdʒ] **I** v/t verwüsten **II** s Pl Verwüstungen Pl, a. fig verheerende Auswirkungen Pl

rave [reɪv] **I** v/i **1.** fantasieren, irrereden **2.** toben; wettern (**at** gegen) **3.** schwärmen (**about** von) **II** s Rave(party f) m, n (Fete, bes mit Technomusik)

rav·el ['rævl] Prät u. Part Perf **-eled**, bes Br **-elled I** v/i **1.** a. ~ **up** verwickeln, -wirren **II** v/i **2.** a. ~ **up** sich verwickeln od -wirren

ra·ven ['reɪvn] s ORN Rabe m

rav·en·ous ['rævənəs] *Adj* ausgehungert, heißhungrig

ra·vine [rə'viːn] s Schlucht f, Klamm f

rav·ing ['reɪvɪŋ] **I** *Adj* **1.** tobend **2.** fantasierend **3.** F toll (*Erfolg*), hinreißend (*Schönheit*) **II** *Adv* **4.** ~ **mad** F völlig od total übergeschnappt **III** s Pl **5.** Fantasien Pl, irres Gerede

rav·i·o·li [ˌrævɪ'əʊlɪ] s Sg Ravioli Pl

rav·ish ['rævɪʃ] v/t hinreißen '**rav·ish·ing** *Adj* hinreißend

▶ **raw** [rɔː] **I** *Adj* **1.** roh (*Gemüse etc*) **2.** WIRTSCH, TECH roh, Roh…: ~ **material** Rohstoff m **3.** unerfahren, grün **4.** wund (*Haut*) **5.** nasskalt (*Wetter, Tag etc*) **6.** **get a** ~ **deal** F benachteiligt od ungerecht behandelt werden **II** s **7. in the** ~ im Natur- od Urzustand; F nackt ˌ~'**boned** *Adj* hager, knochig

ray[1] [reɪ] s Strahl m: ~ **of light** Licht-

strahl; ~ **of hope** Hoffnungsstrahl, -schimmer m

ray[2] [-] s FISCH Rochen m

ray·on ['reɪɒn] s Kunstseide f

raze [reɪz] v/t: ~ **to the ground** dem Erdboden gleichmachen

▶ **ra·zor** ['reɪzə] s Rasiermesser n; -apparat m '~**blade** s Rasierklinge f ~**edge** s: **be on a** ~ fig auf des Messers Schneide stehen ˌ~'**sharp** *Adj* messerscharf (a. fig Verstand)

raz·zle ['ræzl] s: **go on the** ~ F auf den Putz hauen

re [riː] *Präp:* ~ **your letter of …** WIRTSCH Betr.: Ihr Schreiben vom …

▶ **reach** [riːtʃ] **I** v/t **1.** j-n, etw, Ort, Alter etc erreichen **2.** ~ **out** Arm etc ausstrecken **3.** ~ **down** herunter-, hinunterreichen (**from** von) **4.** reichen od gehen bis an (*Akk*) od zu **II** v/i **5.** a. ~ **out** greifen, langen (**for** nach) (beide a. fig) **6.** ~ **out** die Hand ausstrecken **7.** reichen, gehen, sich erstrecken (**as far as, to** bis an *Akk od* zu): **as far as the eye can** ~ so weit das Auge reicht **III** s **8.** Reichweite f (a. Boxen): **within** (**out of**) s.o.'s ~ in (außer) j-s Reichweite; **be within easy** ~ leicht zu erreichen sein (*Instrument etc*); **she lives within easy** ~ **of the shops** (bes Am **stores**) von ihrer Wohnung aus sind die Geschäfte leicht zu erreichen

re·act [rɪ'ækt] v/i **1.** reagieren (**to** auf *Akk*): ~ **against** sich wehren gegen **2.** CHEM reagieren (**with** mit)

re·ac·tion [rɪ'ækʃn] s Reaktion f (a. CHEM, POL etc) **re'ac·tion·ar·y** POL **I** *Adj* reaktionär **II** s Reaktionär(in)

re·ac·ti·vate [rɪ'æktɪveɪt] v/t reaktivieren

re·ac·tive [rɪ'æktɪv] *Adj* CHEM reaktiv, reaktionsfähig **re'ac·tor** s PHYS Reaktor m: ~ **core** Reaktorkern m

▶ **read**[1] [riːd] v/t (unreg) **1.** lesen: ~ **in** COMPUTER e-n Text etc einlesen; ~ **s.th. into** etw hineinlesen in (*Akk*); ~ **out** verlesen; ~ **s.th. to s.o.**, ~ **s.o. s.th.** j-m etw vorlesen; **read over** (od **through**) (sich) etw durchlesen; ~ **up** nachlesen; **we can take it as** ~ that wir können davon ausgehen, dass **2.** *Zähler etc* ablesen **3.** (an)zeigen, stehen auf (*Dat*) (*Thermometer etc*) **4.** UNI studieren **5.** deuten, verstehen (**as** als) **II**

R

v/i (unreg) **6.** lesen: **I've ~ about it** ich habe darüber *od* davon gelesen; **~ to s.o.** j-m (etw) vorlesen (**from** aus); → **line**¹ 3 **7. ~ as follows** folgendermaßen lauten **8.** sich *gut etc* lesen **9.** sich vorbereiten (**for** auf *e-e Prüfung*): → **up on** etw nachlesen; → **bar** 9 **III ~ s 10. be a good ~** *bes Br* sich gut lesen

read² [red] *Prät* u. *Part Perf von* **read**¹

read·a·ble ['ri:dəbl] *Adj* lesbar: **a)** lesenswert, **b)** leserlich

▸ **read·er** ['ri:də] *s* **1.** Leser(in) **2.** Lektor(in) **3.** PÄD Lesebuch *n* '**read·er·ship** *s* Leser(kreis *m*, -schaft *f*) *Pl*

read·i·ly ['redɪlɪ] *Adv* **1.** bereitwillig **2.** leicht, ohne weiteres '**read·i·ness** *s* **1.** Bereitschaft *f*: **~ to help** Hilfsbereitschaft *f* **2.** Gewandtheit *f*

read·ing ['ri:dɪŋ] **I** *s* **1.** Lesen *n* **2.** Lesung *f* (a. PARL) **3. be** (*od* **make**) **good ~** sich gut lesen **4.** Deutung *f*, Auslegung *f* **5.** TECH Anzeige *f*, (*Barometeretc*)Stand *m* **II** *Adj* **6.** Lese…: **~ glasses** *Pl* Lesebrille *f*; **~ lamp** Leselampe *f*; **~ matter** Lesestoff *m*, Lektüre *f*; **~ room** Lesezimmer *n*, -saal *m*

re·ad·just [,ri:ə'dʒʌst] **I** *v/t* TECH nachstellen, korrigieren: **~ o.s.** → **II 1** *v/i* (**to**) sich wieder anpassen (*Dat od an Akk*), sich wieder einstellen (auf *Akk*) ,**re·ad'just·ment** *s* **1.** Nachstellung *f*, Korrektur *f* **2.** (**to**) Wiederanpassung *f* (an *Akk*), Wiedereinstellung *f* (auf *Akk*)

read-on·ly ['ri:d,əʊnlɪ] *Adj* COMPUTER schreibgeschützt: **~ memory** Lesespeicher *m*

▸ **read·y** ['redɪ] **I** *Adj* (→ **readily**) **1.** bereit, fertig (**for s.th.** für etw; **to do** zu tun): **~ for takeoff** FLUG startbereit, -klar; **get** (*od* **make**) **~** (sich) bereitmachen *od* fertig machen; **get ~ for an examination** sich auf *e-e* Prüfung vorbereiten **2. be ~ to do s.th.** bereit *od* willens sein, etw zu tun; **~ to help** hilfsbereit, -willig **3.** schnell, schlagfertig **4.** im Begriff, nahe daran (**to do** zu tun): → **drop** 10 **5. ~ money** (*od* **cash**) Bargeld *n* **II** *s* **6. the ~** F Bargeld *n*: **be a bit short of the ~** knapp bei Kasse sein '**~-made** *Adj* **1.** Konfektions…: **~ suit** Konfektionsanzug *m* **2.** *fig* passend, geeignet (*Entschuldigung etc*): **~ solution** Patentlösung *f*

re·af·firm [,ri:ə'fɜ:m] *v/t* nochmals versichern *od* bestätigen

re·af·for·est [,ri:ə'fɒrɪst] *v/t* wieder aufforsten ,**re·af·for·es'ta·tion** *s* Wiederaufforstung *f*

re·a·gent [ri:'eɪdʒənt] *s* CHEM Reagens *n*

▸ **re·al** [rɪəl] **I** *Adj* (→ **really**) **1.** echt (*Gold, Gefühl etc*): **~ time** *a.* IT Echtzeit *f* **2.** real, tatsächlich, wirklich: **taken from ~ life** aus dem Leben gegriffen; **his ~ name** sein richtiger Name; **the ~ reason** der wahre Grund **3. ~ estate** Grundeigentum *n*, Immobilien *Pl*; **~ estate agent** *Am* → **estate agent II** *Adv* **4.** *bes Am* F sehr: **I'm ~ sorry** tut mir echt leid **III ~ s 5. for ~** F echt, im Ernst: **be for ~** ernst gemeint sein

re·al·ism ['rɪəlɪzəm] *s* Realismus *m* '**re·al·ist** *s* Realist(in) ,**re·al'is·tic** *Adj* (**~ally**) realistisch

▸ **re·al·i·ty** [rɪ'ælətɪ] *s* Realität *f*, Wirklichkeit *f*: **in ~** in Wirklichkeit; **become** (**a**) **~** wahr werden

re·al·i·za·tion [,rɪəlaɪ'zeɪʃn] *s* **1.** Erkenntnis *f* **2.** Realisation *f* (*a.* WIRTSCH), Realisierung *f*, Verwirklichung *f*

▸ **re·al·ize** ['rɪəlaɪz] *v/t* **1.** erkennen, begreifen, einsehen: **he ~d that** *a.* ihm wurde klar, dass **2.** realisieren, verwirklichen **3.** WIRTSCH realisieren, zu Geld machen

▸ **re·al·ly** ['rɪəlɪ] *Adv* **1.** wirklich, tatsächlich: **~?** *a.* im Ernst? **2.** eigentlich: **not ~** eigentlich nicht **3. well, ~!** ich muss schon sagen! **4. you ~ must come** du musst unbedingt kommen

realm [relm] *s, a. Pl fig* Reich *n*: **be within the ~s of possibility** im Bereich des Möglichen liegen

re·an·i·mate [,ri:'ænɪmeɪt] *v/t* **1.** MED wieder beleben **2.** *fig* neu beleben ,**re·an·i'ma·tion** *s* **1.** MED Wiederbelebung *f* **2.** *fig* Neubelebung *f*

reap [ri:p] *v/t Getreide etc* schneiden, ernten; *Feld* abernten: **~ the benefit(s) of** *fig* die Früchte (*Gen*) ernten

re·ap·pear [,ri:ə'pɪə] *v/i* wieder erscheinen *od* auftauchen

re·ap·prais·al [,ri:ə'preɪzl] *s* Neubewertung *f*, -beurteilung *f*

rear¹ [rɪə] **I** *v/t* **1.** *Kind, Tier* auf-, großziehen **2.** *Kopf* heben, aufwerfen **II** *v/i* **3.** sich aufbäumen (*Pferd*)

rear² [_] **I** s **1.** Hinter-, Rückseite f, MOT Heck n: **at** (Am in) **the ~ of** hinter (Dat); **in the ~** hinten, im Heck **2.** F Hintern m **3. bring up the ~** die Nachhut bilden **II** Adj **4.** hinter, Hinter..., Rück..., MOT a. Heck...: **~ axle** Hinterachse f; **~ exit** Hinterausgang m; **~ window** Heckscheibe f; **~ wiper** Heckscheibenwischer m '**~-guard** s MIL Nachhut f

re·arm [,riː'ɑːm] v/i MIL wieder aufrüsten **re·ar·ma·ment** [rɪ'ɑːməmənt] s Wiederaufrüstung f

rear·most ['rɪəməʊst] Adj hinterst

re·ar·range [,riːə'reɪndʒ] v/t Pläne etc ändern; Möbel etc umstellen; die Möbel umstellen in (Dat)

'**rear-view mir·ror** s MOT Innen-, Rückspiegel m

rear·ward ['rɪəwəd] **I** Adj hinter, rückwärtig **II** Adv rückwärts

'**rear·wards** → **rearward II**

▸ **rea·son** ['riːzn] **I** s **1.** Grund m (**for** für); **by ~ of** wegen; **for ~s of health** aus Gesundheitsgründen; **with ~** zu Recht; **without any ~, for no ~** ohne Grund, grundlos; **there is every ~ to believe that** alles spricht dafür, dass; **have every ~ to** guten Grund haben (**to do** zu tun) **2.** Verstand m **3.** Vernunft f: **listen to ~** Vernunft annehmen **II** v/i **4.** logisch denken **5.** vernünftig reden (**with** mit) **III** v/t **6.** folgern (**that** dass)

▸ **rea·son·a·ble** ['riːznəbl] Adj **1.** vernünftig **2.** ganz gut, nicht schlecht **3.** F billig, günstig '**rea·son·a·bly** Adv **1.** vernünftig **2.** ziemlich, einigermaßen '**rea·son·ing** s **1.** logisches Denken **2.** Gedankengang m; Argumentation f

re·as·sem·ble [,riːə'sembl] v/t TECH wieder zs.-bauen

re·as·sur·ance [,riːə'ʃɔːrəns] s Beruhigung f '**re·as·sure** v/t beruhigen

re·bate ['riːbeɪt] s **1.** Rabatt m, (Preis-) Nachlass m **2.** Rückzahlung f, -vergütung f

reb·el¹ ['rebl] **I** s Rebell(in) **II** Adj a) → **rebellious**, b) Rebellen...

re·bel² [rɪ'bel] v/i rebellieren, sich auflehnen (**against** gegen) **re'bel·lion** [-jən] s Rebellion f, Aufstand m **re'bel·lious** [-jəs] Adj rebellisch (a. Jugendlicher etc), aufständisch

re·birth [,riː'bɜːθ] s Wiedergeburt f (a. fig)

re·boot [,riː'buːt] v/i u. v/t Computer etc neu booten, neu laden

re·bound **I** v/i [rɪ'baʊnd] **1.** ab-, zurückprallen (**from** von) **2.** fig zurückfallen (**on** auf Akk) **II** s ['riːbaʊnd] **3.** SPORT Abpraller m, (Basketball) Rebound m

re·buff [rɪ'bʌf] **I** v/t schroff abweisen **II** s schroffe Abweisung: **meet with a ~** schroff abgewiesen werden

re·build [,riː'bɪld] v/t (unreg build) **1.** wieder aufbauen **2.** umbauen **3.** fig wieder aufbauen

re·buke [rɪ'bjuːk] **I** v/t rügen, tadeln (**for** wegen) **II** s Rüge f, Tadel m

re·cal·ci·trant [rɪ'kælsɪtrənt] Adj aufsässig

re·call [rɪ'kɔːl] **I** v/t **1.** j-n zurückrufen, Botschafter etc a. abberufen; defekte Autos etc (in die Werkstatt) zurückrufen **2. a)** sich erinnern an (Akk): **I can't ~ seeing her** ich kann mich nicht daran erinnern, sie gesehen zu haben, **b)** erinnern an (Akk) **II** s **3.** Zurückrufung f, Abberufung f; Rückruf(aktion f) m **4.** Gedächtnis n: **have total ~** das absolute Gedächtnis haben **5. be past ~** für immer vorbei sein

re·cap¹ ['riːkæp] F → **recapitulate, recapitulation**

re·cap² [,riː'kæp] v/t Am Reifen runderneuern

re·ca·pit·u·late [,riːkə'pɪtjʊleɪt] v/t u. v/i rekapitulieren, (kurz) zs.-fassen '**re·ca,pit·u·la·tion** s Rekapitulation f, (kurze) Zs.-fassung

re·cap·ture [,riː'kæptʃə] **I** v/t **1.** Tier wieder einfangen, ausgebrochenen Häftling a. wieder fassen **2.** MIL zurückerobern **II** s **3.** Wiedereinfangen n, Wiederergreifung f **4.** MIL Zurückeroberung f

re·cast [,riː'kɑːst] v/t (unreg cast) **1.** umformen (a. fig); TECH umgießen **2.** THEAT etc neu besetzen, umbesetzen

re·cede [rɪ'siːd] v/i schwinden (Hoffnung etc) **re'ced·ing** Adj fliehend (Kinn, Stirn)

re·ceipt [rɪ'siːt] s **1.** bes WIRTSCH Empfang m, Erhalt m, (a. von Waren) Eingang m: **on ~ of** nach Empfang (Gen) **2.** bes WIRTSCH Empfangsbescheinigung f, -bestätigung f, Quittung f **3.** Pl

WIRTSCH Einnahmen *Pl*

▸ **re·ceive** [rɪ'siːv] *v/t* **1.** bekommen, empfangen, erhalten; *Aufmerksamkeit* finden **2.** *j-n* empfangen; *Vorschlag etc* aufnehmen **3.** *j-n* aufnehmen (*into* in *Akk*) **4.** FUNKVERKEHR, RUNDFUNK, TV empfangen: *are you receiving me?* hören Sie mich? **re'ceiv·er** *s* **1.** Empfänger(in) **2.** TEL Hörer *m* **3.** *a.* **official ~** JUR *Br* Konkursverwalter(in) **4.** Hehler(in) **re'ceiv·ing** *I s* Hehlerei *f* **II** *Adj:* **be on the ~ end of** F derjenige sein, der *etw* ausbaden muss; *etw* abkriegen

re·cent ['riːsnt] *Adj* jüngst (*Ereignisse etc*); neuer (*Foto etc*)

▸ **re·cent·ly** ['riːsntlɪ] *Adv* kürzlich, vor kurzem; in letzter Zeit

re·cep·ta·cle [rɪ'septəkl] *s* Behälter *m*

▸ **re·cep·tion** [rɪ'sepʃn] *s* **1.** (*a. offizieller*) Empfang: *give* (*od* *hold*) *a ~* e-n Empfang geben; *give s.o. an enthusiastic ~* j-m e-n begeisterten Empfang bereiten **2.** *Hotel:* Rezeption *f:* **a)** *a. ~ desk* Empfang *m:* *at ~* am *od* beim Empfang, **b)** Empfangshalle *f:* *in ~* in der Empfangshalle **3.** Aufnahme *f* (*into* in *Akk*) **4.** FUNKVERKEHR, RUNDFUNK, TV Empfang *m* **re'cep·tion·ist** [-ʃənɪst] *s* **1.** Empfangsdame *f*, -chef *m* **2.** MED Sprechstundenhilfe *f*

re·cep·tive [rɪ'septɪv] *Adj* aufnahmefähig; empfänglich (*to* für)

re·cess [rɪ'ses] *I s* **1.** Pause *f* (*Am a.* PÄD), Unterbrechung *f*, PARL Ferien *Pl* **2.** Nische *f* **II** *v/t* **3.** in e-e Nische stellen **4.** einbauen: *~ed* Einbau...

re·ces·sion [rɪ'seʃn] *s* WIRTSCH Rezession *f*

re·cid·i·vist [rɪ'sɪdɪvɪst] *s* Rückfalltäter(in)

rec·ipe ['resɪpɪ] *s* GASTR Rezept *n* (*for* für) (*a. fig*); → *Info bei* Rezept ~ **book** *s* Kochbuch *n*

re·cip·i·ent [rɪ'sɪpɪənt] *s* Empfänger(in)

re·cip·ro·cal [rɪ'sɪprəkl] *Adj* wechsel-, gegenseitig; LING, MATHE reziprok **re'cip·ro·cate** [-keɪt] *I* *v/t Einladung, Gefühle etc* erwidern **II** *v/i* sich revanchieren (*for* für) **re,cip·ro'ca·tion** *s* Erwiderung *f*

re·cit·al [rɪ'saɪtl] *s* **1.** Vortrag *m*, (*Klavier- etc*)Konzert *n*, (*Lieder*)Abend *m* **2.** Schilderung *f* **rec·i·ta·tion** [,resɪ-]

'teɪʃn] *s* **1.** Auf-, Hersagen *n* **2.** Rezitation *f*, Vortrag *m* **rec·i·ta·tive** [,-tə'tiːv] *s* MUS Rezitativ *n* **re·cite** [rɪ'saɪt] *v/t* **1.** auf-, hersagen **2.** rezitieren, vortragen **3.** aufzählen

reck·less ['reklɪs] *Adj* rücksichtslos **'reck·less·ness** *s* Rücksichtslosigkeit *f*

reck·on ['rekən] *v/t* **1.** aus-, berechnen: **~ up** zs.-rechnen **2. ~ s.o. to be clever** j-n für clever halten: *he is ~ed to be clever* er gilt als clever **3.** rechnen, zählen (*among* zu) **4.** glauben, schätzen (*that* dass) **II** *v/i* **5. ~ on** rechnen auf (*Akk*) *od* mit; **~ with** rechnen mit; *he's a man to be ~ed with* mit ihm muss man rechnen; *you'll have me to ~ with* du wirst es mit mir zu tun bekommen; **~ without** nicht rechnen mit **'reck·on·ing** *s* Rechnung *f:* *by my ~* nach m-r (Be)Rechnung; *be out in one's ~* sich verrechnet haben

re·claim [rɪ'kleɪm] *v/t* **1.** zurückfordern, -verlangen (*from* von); *Gepäck etc* abholen **2. ~ land from the sea** dem Meer Land abgewinnen **3.** TECH, CHEM wiedergewinnen (*from* aus)

rec·la·ma·tion [,reklə'meɪʃn] *s* **1.** Rückforderung *f* **2.** TECH, CHEM Wiedergewinnung *f*

re·cline [rɪ'klaɪn] *v/i* sich zurücklehnen: *~ing seat* Liegesitz *m*

re·cluse [rɪ'kluːs] *s* Einsiedler(in)

rec·og·ni·tion [,rekəg'nɪʃn] *s* **1.** (Wieder)Erkennen *n:* *be burnt beyond ~* bis zur Unkenntlichkeit verbrennen; *the town has changed beyond ~* die Stadt ist nicht wieder zu erkennen **2.** Anerkennung *f:* *in ~ of* als Anerkennung für, in Anerkennung (*Gen*); *gain* (*od get, win*) *~* Anerkennung finden **rec·og·niz·a·ble** ['-naɪzəbl] *Adj* (wieder) erkennbar: *be hardly ~* kaum zu erkennen sein

▸ **re·cog·nize** ['rekəgnaɪz] *v/t* **1.** (wieder) erkennen (*by* an *Dat*) **2.** anerkennen (*a.* POL) **3.** eingestehen, zugeben (*that* dass)

re·coil *I* *v/i* [rɪ'kɔɪl] **1.** zurückschrecken (*from* vor *Dat*) (*a. fig*): *~ from doing s.th.* davor zurückschrecken, etw zu tun **2.** zurückstoßen (*Gewehr etc*) **3. ~ on** *fig* zurückfallen auf (*Akk*) **II** *s* ['riːkɔɪl] **4.** Rückstoß *m*

rec·ol·lect [,rekə'lekt] *I* *v/t* sich erin-

nern an (*Akk*): **~ doing s.th.** sich daran erinnern, etw getan zu haben f *J* v/i: **as far as I (can)** ~ soweit ich mich erinnere **,rec·ol'lec·tion** *s* Erinnerung *f* (*of an Akk*): **to the best of my ~** soweit ich mich erinnere

►**rec·om·mend** [,rekə'mend] *v/t* **1.** empfehlen (**as** als; **for** für): **~ doing s.th.** empfehlen *od* raten, etw zu tun **2.** sprechen für: **he has little to ~ him** es spricht wenig für ihn **,rec·om'mend·a·ble** *Adj* empfehlenswert; ratsam **rec·om·men·da·tion** [,_-men-'deɪʃn] *s* Empfehlung *f*: **on s.o.'s ~** auf j-s Empfehlung

rec·om·pense ['rekəmpens] **I** *v/t* entschädigen (**for** für) **II** *s* Entschädigung *f*: **as a** (*od* **in**) **~** als Entschädigung (**for** für)

rec·on·cile ['rekənsaɪl] *v/t* **1.** ver-, aussöhnen (**with** mit): **they are now ~d** sie haben sich wieder versöhnt; **be·come ~d to s.th.** *fig* sich mit etw abfinden **2.** in Einklang bringen (**with** mit) **rec·on·cil·i·a·tion** [,_-sɪli'eɪʃn] *s* **1.** Ver-, Aussöhnung *f* (**between** zwischen *Dat*; **with** mit) **2.** Einklang *m*

rec·on·dite ['rekəndaɪt] *Adj* abstrus, schwer verständlich

re·con·di·tion [,riːkən'dɪʃn] *v/t* TECH (general)überholen: **~ed engine** Austauschmotor *m*

re·con·nais·sance [rɪ'kɒnɪsəns] *s* MIL Aufklärung *f*, Erkundung *f* **~ flight** *s* Aufklärungsflug *m* **~ plane** *s* Aufklärungsflugzeug *n*, Aufklärer *m*

rec·on·noi·ter *Am*, *bes Br* **rec·on·noi·tre** [,rekə'nɔɪtə] *v/t* MIL erkunden, auskundschaften

re·con·quer [,riː'kɒŋkə] *v/t* zurückerobern **,re·con'quest** [_-kwest] *s* Zurückeroberung *f*

re·con·sid·er [,riːkən'sɪdə] *v/t* noch einmal überdenken **'re·con,sid·er'a·tion** *s* nochmaliges Überdenken

re·con·struct [,riːkən'strʌkt] *v/t* **1.** *a. fig* wieder aufbauen **2.** *fig* *Fall etc* rekonstruieren **,re·con'struc·tion** *s* **1.** Wiederaufbau *m* **2.** *fig* Rekonstruktion *f*

►**rec·ord**[^1] ['rekɔːd] **I** *s* **1.** Aufzeichnung *f*, Niederschrift *f*; JUR Protokoll *n*: **off the record** inoffiziell; **on record** aktenkundig; geschichtlich verzeichnet, schriftlich belegt; *fig* aller Zeiten; **he**

is (*od* **went**) **on record as having said that** er hat sich offiziell dahin gehend geäußert, dass; **keep a record of** Buch führen über (*Akk*); **to set the record straight** um das klarzustellen **2.** Vergangenheit *f*; *gute etc* Leistungen *Pl* (*in der Vergangenheit*): **have a criminal record** vorbestraft sein **3.** (Schall)Platte *f*: **make a record** e-e Platte aufnehmen **4.** *Sport etc*: Rekord *m* **5.** IT: Datensatz *m* **II** *Adj* **6.** (Schall)Platten...: ► **record player** Plattenspieler *m* **7.** *Sport etc*: Rekord...: **record holder** Rekordhalter(in), -inhaber(in); **in record time** in Rekordzeit

►**re·cord**[^2] [rɪ'kɔːd] *v/t* **1.** schriftlich niederlegen, aufzeichnen; JUR protokollieren, zu Protokoll *od* zu den Akten nehmen: (**by**) **~ed delivery** (per) Einschreiben **2.** (*auf Tonband etc*) aufnehmen, *Programm a.* aufzeichnen, mitschneiden **3.** *Messwerte* registrieren

'**rec·ord-,break·ing** *Adj Sport etc*: Rekord...

re·cord·er [rɪ'kɔːdə] *s* **1.** (Kassetten)Rekorder *m*, (Tonband)Gerät *n* **2.** MUS Blockflöte *f* **re'cord·ing** *s* Aufnahme *f*, Aufzeichnung *f*, Mitschnitt *m*: **~ studio** Aufnahme-, Tonstudio *n*

re·count[^1] [rɪ'kaʊnt] *v/t* erzählen

re·count[^2] **I** *v/t* [,riː'kaʊnt] nachzählen **II** *s* ['riːkaʊnt] Nachzählung *f*

re·coup [rɪ'kuːp] *v/t* **1.** *Verlust etc* wiedereinbringen, sich *Ausgaben etc* zurückholen (**from** von) **2.** *j-n* entschädigen (**for** für)

re·course [rɪ'kɔːs] *s*: **have ~ to** greifen *od* Zuflucht nehmen zu

►**re·cov·er** [rɪ'kʌvə] **I** *v/t* etw *Verlorenes* wiederfinden; *Bewusstsein etc* wiedererlangen; *Kosten etc* wiedereinbringen; *Fahrzeug, Verunglückten etc* bergen: **~ one's composure** sich wieder fangen *od* fassen; **~ consciousness** *a.* wieder zu sich kommen **II** *v/i* sich erholen (**from** von) (*a. fig*): **he has fully ~ed** er ist wieder ganz gesund **re'cov·er·y** *s* **1.** Wiederfinden *n*; Wiedererlangen *n*; Wiedereinbringung *f*; Bergung *f* **2.** Erholung *f* (*a. fig*): **make a complete ~** völlig gesund werden; **make a quick** (*od* **speedy**) **~** sich schnell erholen; **wish s.o. a speedy ~** j-m gute Besserung wünschen

[^1]: rec·ord¹ / re·count¹
[^2]: re·cord² / re·count²

rec·re·a·tion [ˌrekrɪˈeɪʃn] s Entspannung f, Erholung f; Unterhaltung f, Freizeitbeschäftigung f: ~ **ground** Spielplatz m , **rec·re·a·tion·al** [-ʃənl] Adj Erholungs...; Freizeit...: ~ **activities** Pl Freizeitgestaltung f; ~ **vehicle** Am Wohnmobil n

re·crim·i·nate [rɪˈkrɪmɪneɪt] v/i Gegenbeschuldigungen vorbringen (**against** gegen) **re·crim·i·na·tion** s Gegenbeschuldigung f

re·cruit [rɪˈkruːt] **I** s 1. MIL Rekrut(in) f. (**to**) Neue m, f (in Dat) II v/t 3. MIL rekrutieren; Personal einstellen; Mitglieder werben **re·cruit·ment** s MIL Rekrutierung f, Einstellung f; Werbung f

rec·ta [ˈrektə] Pl von **rectum**

rec·tan·gle [ˈrekˌtæŋgl] s MATHE Rechteck n **rec·tan·gu·lar** [-ˌgjʊlə] Adj rechteckig; rechtwink(e)lig

rec·ti·fi·ca·tion [ˌrektɪfɪˈkeɪʃn] s 1. Berichtigung f, Korrektur f 2. ELEK Gleichrichtung f **rec·ti·fy** [ˈ-faɪ] v/t 1. berichtigen, korrigieren 2. ELEK gleichrichten

rec·ti·lin·e·ar [ˌrektɪˈlɪnɪə] Adj geradlinig

rec·ti·tude [ˈrektɪtjuːd] s Redlichkeit f, Rechtschaffenheit f

rec·tor [ˈrektə] s Pfarrer(in) f 'rec·to·ry s Pfarrhaus n

rec·tum [ˈrektəm] Pl **-tums**, **-ta** [ˈ-tə] s ANAT Mastdarm m

re·cu·per·ate [rɪˈkuːpəreɪt] **I** v/i sich erholen (**from** von) (a. fig) **II** v/t Verluste etc wettmachen

re·cur [rɪˈkɜː] v/i wiederkehren, wieder auftreten (**Problem, Symptom** etc), (**Schmerz** a.) wieder einsetzen **re·cur·rence** [rɪˈkʌrəns] s Wiederkehr f, Wiederauftreten n, Wiedereinsetzen n **re·cur·rent** Adj wiederkehrend, wieder auftretend, wieder einsetzend

▸ **re·cy·cle** [ˌriːˈsaɪkl] v/t wieder verwerten , **re·cy·cling** s Recycling n, Wiederverwertung f: ~ **center** (bes Br **centre**) Wertstoffhof m

▸ **red** [red] **I** Adj 1. rot: **the lights are** ~ die Ampel steht auf Rot; **go** (od **turn**) ~ rot werden; → **flag**[1] 1, **paint** 2, **rag**[1] 2. oft 2 POL rot **II** s 3. Rot n: **the lights are at** ~ die Ampel steht auf Rot; **dressed in** ~ rot od in Rot gekleidet; **see** ~ fig

rotsehen; **be in the** ~ WIRTSCH in den roten Zahlen sein, in den roten Zahlen schreiben 4. oft 2 POL Rote m, f ~ **car·pet** s roter Teppich , ~'**car·pet** Adj: **give s.o. the** ~ **treatment** j-n mit großem Bahnhof empfangen 2 **Cross** s Rotes Kreuz , ~'**cur·rant** s BOT Rote Johannisbeere

red·den [ˈredn] **I** v/t röten, rot färben **II** v/i rot werden (**with** vor Dat) '**red·dish** Adj rötlich

re·dec·o·rate [ˌriːˈdekəreɪt] v/t Zimmer etc neu streichen od tapezieren

re·deem [rɪˈdiːm] v/t 1. Pfand, Versprechen etc einlösen 2. Ruf etc wiederherstellen: ~ **o.s.** sich rehabilitieren 3. Gefangene etc los-, freikaufen 4. Hypothek, Schulden abzahlen, tilgen 5. schlechte Eigenschaft etc ausgleichen, wettmachen 6. REL erlösen (**from** von) **Re'deem·er** s REL Erlöser m, Heiland m

re·demp·tion [rɪˈdempʃn] s 1. Einlösung f 2. Wiederherstellung f 3. Los-, Freikauf m 4. Abzahlung f, Tilgung f 5. Ausgleich m 6. bes REL Erlösung f (**from** von) 7. **beyond** (od **past**) ~ hoffnungslos

re·de·vel·op [ˌriːdɪˈveləp] v/t Gebäude, Stadtteil sanieren , **re·de·vel·op·ment** s Sanierung f

, **red·'hand·ed** Adj: **catch s.o.** ~ j-n auf frischer Tat ertappen , ~'**head·ed** Adj rothaarig ~ **her·ring** s 1. Bückling m 2. fig Ablenkungsmanöver n; falsche Fährte od Spur , ~'**hot** Adj 1. rot glühend (Metall); glühend heiß 2. fig glühend, überschwänglich (Begeisterung) 3. fig brandaktuell (Nachricht etc) 2 **In·di·an** s Indianer(in)

re·di·al [ˌriːˈdaɪəl] TEL **I** s 1. Wahlwiederholung f **II** v/t u. v/i 2. erneut die gleiche Nummer wählen

re·di·rect [ˌriːdɪˈrekt] v/t Brief etc nachschicken, -senden (**to s.o.** j-m; **to a new address** an e-e neue Adresse)

re·dis·cov·er [ˌriːdɪˈskʌvə] v/t wieder entdecken , **re·dis·cov·er·y** s Wiederentdeckung f

re·dis·trib·ute [ˌriːdɪˈstrɪbjuːt] v/t neu verteilen, umverteilen '**re·dis·tri·bu·tion** [-ˈbjuːʃn] s Neu-, Umverteilung f , **red·'let·ter day** s Freuden-, Glückstag m (**for** für) ~ **light** s 1. rotes Licht (Warnsignal etc) 2. Rotlicht n: **go**

***through a* ~** bei Rot (über die Kreuzung *od* Ampel) fahren **,~·'light district** *s* Rotlichtbezirk *m*, Bordellviertel *n*

red·ness ['rednɪs] *s* Röte *f*

re·do [,riː'duː] *v/t* (*unreg do*) **1.** nochmals tun *od* machen: **~ one's hair** sich die Haare in Ordnung bringen **2.** → **redecorate**

re·dou·ble [,riː'dʌbl] *v/t bes Anstrengungen* verdoppeln

re·dress [rɪ'dres] **I** *v/t Unrecht* wieder gutmachen; *Missstand etc* abstellen, beseitigen; *Gleichgewicht* wieder herstellen **II** *s* Wiedergutmachung *f*; Abstellung *f*, Beseitigung *f*: **seek ~ for** Wiedergutmachung verlangen für

red tape *s* Amtsschimmel *m*, Bürokratismus *m*

▶ **re·duce** [rɪ'djuːs] *v/t* **1.** *Foto etc* verkleinern **2.** *Steuern etc* senken, *Geschwindigkeit, Risiko etc* verringern, *Preis, Waren* herabsetzen, reduzieren (**from … to** von … auf *Akk*), *Gehalt etc* kürzen (**to** auf *Akk*), machen (zu): **~ to a nervous wreck** aus *j-m* ein Nervenbündel machen **4.** **~ s.o. to silence (tears)** *j-n* zum Schweigen (Weinen) bringen **5.** reduzieren, zurückführen (**to** auf *Akk*) **6.** CHEM reduzieren **7.** → **denominator** **re·duced·e·mis·sion** *Adj* MOT abgasreduziert **re·duc·tion** [rɪ'dʌkʃn] *s* **1.** Verkleinerung *f* **2.** Senkung *f*, Verringerung *f*, Herabsetzung *f*, Reduzierung *f*, Kürzung *f* **3.** CHEM Reduktion *f*

re·dun·dan·cy [rɪ'dʌndənsɪ] *s* **1.** WIRTSCH Freistellung *f*, -setzung *f* **2.** LING Redundanz *f* **re'dun·dant** *Adj* **1.** überflüssig; WIRTSCH freigestellt, -gesetzt: **be made ~** entlassen werden, den Arbeitsplatz verlieren **2.** LING redundant

re·du·pli·cate [rɪ'djuːplɪkeɪt] *v/t* wiederholen

red wine *s* Rotwein *m*

re·ech·o [riː'ekəʊ] *v/i* widerhallen (**with** von)

reed [riːd] *s* Schilf(rohr) *n*, Ried *n*; (*einzelnes*) Schilfrohr

re·ed·u·cate [,riː'edʃʊkeɪt] *v/t* umerziehen

reed·y ['riːdɪ] *Adj* **1.** schilfig **2.** piepsig (*Stimme*)

reef¹ [riːf] *s* (Felsen)Riff *n*

reef² [_] *v/t* SCHIFF *Segel* reffen **~ knot** *s* Kreuz-, Weberknoten *m*

reek [riːk] **I** *s* Gestank *m*: **there was a ~ of garlic** es stank nach Knoblauch **II** *v/i* stinken (**of** nach)

reel¹ [riːl] **I** *s* (*Kabel-, Schlauch- etc*)Rolle *f*, (*Film-, Garn- etc*)Spule *f* **II** *v/t* **~ off** abrollen, abspulen; *fig* herunterrasseln

reel² [_] *v/i* **1.** sich drehen: **my head ~ed** mir drehte sich alles, mir wurde schwindlig; **the room ~ed before my eyes** das Zimmer drehte sich vor m-n Augen **2.** wanken, taumeln, (*Betrunkener a.*) torkeln

re·e·lect [,riːɪ'lekt] *v/t* wieder wählen **,re·e'lec·tion** *f*: **seek ~** sich erneut zur Wahl stellen

re·en·ter [,riː'entə] *v/t* wieder eintreten in (*Akk*) (*a. Raumfahrt*), wieder betreten **re·'en·try** *s* Wiedereintreten *n*, -eintritt *m* (*into* in *Akk*)

ref [ref] *s* SPORT F Schiri *m*; (*Boxen*) Ringrichter(in)

ref. *Abk* (= **in** *od* **with reference to**) Betr. (*Betreff*)

re·fec·to·ry [rɪ'fektərɪ] *s* UNI Mensa *f*

▶ **re·fer** [rɪ'fɜː] **I** *v/t* **1.** *j-n* ver-, hinweisen (**to** auf *Akk*) **2.** *j-n* (*um Auskunft etc*) verweisen (**to** an *Akk*) **3.** (**to**) *etw* übergeben (*Dat*, *a. Patienten* überweisen (an *Akk*): **~ back** zurückverweisen **II** *v/i* **4.** ver-, hinweisen (**to** auf *Akk*) **5.** (**to**) sich berufen *od* beziehen (auf *Akk*); anspielen (auf *Akk*); erwähnen (*Akk*) **6.** (**to**) nachschlagen (in *Dat*), konsultieren (*Akk*)

▶ **ref·er·ee** [,refə'riː] **I** *s* **1.** JUR, SPORT Schiedsrichter(in), (*Boxen*) Ringrichter(in) **2.** *Br* → **reference** 5b **II** *v/i* **3.** JUR, SPORT als Schiedsrichter (*od* Ringrichter) fungieren, (*Sport a.*) pfeifen **III** *v/t* **4.** JUR, SPORT als Schiedsrichter fungieren bei, (*Sport a.*) *Spiel* pfeifen, (*Boxen*) *Kampf* leiten **ref·er·ence** ['refrəns] *s* **1.** Verweis *m*, Hinweis *m* (**to** auf *Akk*): (*list of*) **~s** *Pl* Quellenangabe *f* **2.** Verweisstelle *f*; Beleg *m*, Unterlage *f*: **~ number** Aktenzeichen *n* **3.** (**to**) Bezugnahme *f* (auf *Akk*); Anspielung *f* (auf *Akk*); Erwähnung *f* (*Gen*): **make (a) ~ (to)** → **refer** 5 **4.** (**to**) Nachschlagen *n* (in *Dat*), Konsultieren *n* (*Gen*): **~ book** Nachschlagewerk *n*; **~**

library Handbibliothek f **5.** Referenz f: **a)** Empfehlung f, **b)** Auskunftgeber(in): *act as a ~ for s.o.* j-m als Referenz dienen **ref·er·ence rate** WIRTSCH Referenzkurs m

ref·er·en·dum [ˌrefəˈrendəm] Pl **-dums, -da** [-də] s POL Referendum n, Volksabstimmung f, -entscheid m

re·fill I v/t [ˌriːˈfɪl] **1.** wieder füllen, nach-, auffüllen II s [ˈriːfɪl] **2.** *(Füller)*Patrone f, *(Kugelschreiber- etc)*Mine f **3.** *would you like a ~?* F darf ich nachschenken? *~ pack* s Nachfüllpackung f

re·fine [rɪˈfaɪn] v/t **1.** Öl, Zucker raffinieren **2.** fig verfeinern, kultivieren **reˈfined** Adj **1.** raffiniert: *~ sugar* Raffinade f **2.** fig kultiviert, vornehm **reˈfine·ment** s **1.** Raffination f, Raffinierung f **2.** Verbesserung f, -feinerung f **3.** fig Kultiviertheit f, Vornehmheit f **reˈfin·er·y** s Raffinerie f

▶**re·flect** [rɪˈflekt] I v/t **1.** Strahlen etc reflektieren, zurückwerfen, -strahlen, Bild etc reflektieren, (wider)spiegeln (a. Akk): *be ~ed in* sich (wider)spiegeln in (Dat) (a. fig); *~ing telescope* Spiegelteleskop n II v/i fig **2.** nachdenken (*on* über Akk) **3.** *~ (badly) on* sich nachteilig auswirken auf (Akk); ein schlechtes Licht werfen auf (Akk) **reˈflec·tion** s **1.** Reflexion f, Zurückwerfung f, -strahlung f, (Wider-)Spieg(e)lung f (a. fig) **2.** Spiegelbild n **3.** fig Überlegung f: *on ~* nach einigem Nachdenken; *wenn ich etc* es mir recht überlege **4.** mst fig Betrachtung f (*on* über Akk) **reˈflec·tive** Adj **1.** reflektierend, (wider)spiegelnd **2.** fig nachdenklich **reˈflec·tor** s **1.** Reflektor m **2.** Rückstrahler m

re·flex [ˈriːfleks] s a. *~ action* Reflex m *~ cam·er·a* s Spiegelreflexkamera f

re·flex·ive [rɪˈfleksɪv] Adj LING reflexiv, rückbezüglich: *~ pronoun* Reflexivpronomen n, rückbezügliches Fürwort; *~ verb* reflexives Verb, rückbezügliches Zeitwort

re·flex·ol·o·gy [ˌriːflekˈsɒlədʒɪ] s MED Reflexzonenmassage f

re·for·est [ˌriːˈfɒrɪst] → *reafforest*

re·form [rɪˈfɔːm] I s **1.** POL etc Reform f **2.** Besserung f II v/t **3.** j-n bessern **ref·or·ma·tion** [ˌrefəˈmeɪʃn] s **1.** Reformierung f: *the 2* REL die Reformation

2. Besserung f **re·form·a·to·ry** [rɪˈfɔːmətərɪ] Adj Reform... **reˈform·er** s **1.** POL etc Reformer(in) f **2.** REL Reformator m

re·fract [rɪˈfrækt] v/t PHYS Strahlen, Wellen brechen **reˈfrac·tion** s Refraktion f, Brechung f

re·frac·to·ry [rɪˈfræktərɪ] Adj **1.** eigensinnig, störrisch **2.** hartnäckig

re·frain¹ [rɪˈfreɪn] v/i (*from*) absehen (von), sich enthalten (Gen), unterlassen (Akk): *~ from doing s.th.* es unterlassen, etw zu tun, etw nicht tun; *~ from smoking* das Rauchen unterlassen, nicht rauchen

re·frain² [-] s Kehrreim m, Refrain m

re·fresh [rɪˈfreʃ] v/t (*o.s.* sich) erfrischen; fig Gedächtnis auffrischen **reˈfresh·er** s **1.** Erfrischung f (*Getränk etc*) **2.** *~ course* Auffrischungskurs m **reˈfresh·ing** Adj erfrischend (a. fig)

▶**re·fresh·ment** [rɪˈfreʃmənt] s Erfrischung f (a. Getränk etc)

re·frig·er·ate [rɪˈfrɪdʒəreɪt] v/t TECH kühlen: *~d counter* Kühltheke f **reˌfrig·erˈa·tion** s Kühlung f

▶**re·frig·er·a·tor** [rɪˈfrɪdʒəreɪtə] s Kühlschrank m

re·fu·el [ˌriːˈfjʊəl] v/t u. v/i Prät u. Part Perf **-eled**, bes Br **-elled** FLUG, MOT auftanken

ref·uge [ˈrefjuːdʒ] s Zuflucht f (*from* vor Dat) (a. fig): *place of ~* Zufluchtsort m; *seek ~* Zuflucht suchen; *take ~ in* Zuflucht nehmen zu, sich flüchten in (Akk)

▶**ref·u·gee** [ˌrefjʊˈdʒiː] s Flüchtling m: *~ camp* Flüchtlingslager n

re·fund v/t [riːˈfʌnd] Geld zurückzahlen, -erstatten, Auslagen ersetzen: *~ s.o. his money* j-m sein Geld zurückzahlen II s [ˈriːfʌnd] Rückzahlung f, -erstattung f

re·fur·bish [ˌriːˈfɜːbɪʃ] v/t **1.** aufpolieren (a. fig) **2.** renovieren

▶**re·fus·al** [rɪˈfjuːzl] s **1.** Ablehnung f; Verweigerung f: *~ meet* 15 **2.** Weigerung f (*to do* zu tun)

▶**re·fuse¹** [rɪˈfjuːz] I v/t **1.** Kandidaten etc ablehnen, Angebot, etc ausschlagen: *~ s.o. sth.* j-m etw ausschlagen od verweigern **2.** sich weigern, es ablehnen (*to do* zu tun) II v/i **3.** ablehnen **4.** sich weigern

R

ref·use² ['refju:s] *s* Abfall *m*, Abfälle *Pl*, Müll *m* ~ **dump** *s* Müllabladeplatz *m*, Mülldeponie *f* ~ **skip** *s* Müllcontainer *m* ~ **tip** *s Br* Müllabladeplatz *m*, Mülldeponie *f*

ref·u·ta·ble ['refjʊtəbl] *Adj* widerlegbar

ref·u·ta·tion [ˌrefjuˈteɪʃn] *s* Widerlegung *f* **re·fute** [rɪˈfjuːt] *v/t* widerlegen

re·gain [rɪˈgeɪn] *v/t* wieder-, zurückgewinnen: ~ **consciousness** das Bewusstsein wiedererlangen; ~ **one's strength** wieder zu Kräften kommen, *weit. S.* wieder gesund werden

re·gal ['riːgl] *Adj* **1.** königlich **2.** *fig* hoheits-, würdevoll

re·gale [rɪˈgeɪl] *v/t* **1.** fürstlich bewirten (**with** mit) **2.** erfreuen, ergötzen (**with** mit)

re·ga·li·a [rɪˈgeɪljə] *s Pl* Insignien *Pl*

re·gard [rɪˈgɑːd] **I** *s* **1.** Achtung *f*: **hold s.o. in high** (**low**) ~ j-n hoch (gering) achten **2.** Rücksicht *f*: **without** ~ **to** (*od* **for**) ohne Rücksicht auf (*Akk*); **have no** ~ **for, pay no** ~ **to** keine Rücksicht nehmen auf (*Akk*) **3.** *in this* ~ in dieser Hinsicht; **with** ~ **to** im Hinblick auf (*Akk*) **4.** *give him my* (**best**) ~**s** grüße ihn (herzlich) von mir; **with kind** ~**s** mit freundlichen Grüßen **II** *v/t* **5.** betrachten, ansehen **6.** *fig* betrachten (**with** mit): ~ **as** betrachten als, halten für; **be** ~**ed as** gelten als **7.** *as* ~ **s** ... was ... betrifft **re'gard·ing** *Präp* bezüglich, hinsichtlich **re'gard·less I** *Adj*: ~ **of** ohne Rücksicht auf (*Akk*) **II** *Adv* F trotzdem: **carry on** ~ trotzdem weitermachen

re·gat·ta [rɪˈgætə] *s* SPORT Regatta *f*

re·gen·cy ['riːdʒənsɪ] *s* Regentschaft *f*

re·gen·er·ate [rɪˈdʒenəreɪt] *v/t u. v/i* (sich) regenerieren *od* erneuern **re,gen·er'a·tion** *s* Regenerierung *f*, Erneuerung *f*

re·gent ['riːdʒənt] *s* Regent(in)

reg·gae ['regeɪ] *s* MUS Reggae *m*

re·gime [reɪˈʒiːm] *s* **1.** POL Regime *n* **2.** → *regimen*

reg·i·men ['redʒɪmen] *s* Lebensweise *f*; *eng. S.* Diät *f*

reg·i·ment I *s* ['redʒɪmənt] **1.** MIL Regiment *n* **2.** *fig* Schar *f* **II** *v/t* ['‑ment] **3.** reglementieren, gängeln, bevormunden **reg·i·men·tal** [ˌredʒɪ'mentl] *Adj* MIL Regiments... **reg·i·men'ta·tion** *s* Reglementierung *f*, Bevormundung *f*

▶ **re·gion** ['riːdʒən] *s* Gebiet *n*, Gegend *f*, Region *f*: **in the** ~ **of £50** um die *od* ungefähr 50 Pfund **re·gion·al** ['‑dʒənl] *Adj* regional

▶ **reg·is·ter** ['redʒɪstə] **I** *s* **1.** Register *n*, Verzeichnis *n*, (Wähler- *etc*)Liste *f*: **keep a** ~ **of** Buch führen über (*Akk*) **2.** TECH Registriergerät *n* **3.** Sprach-, Stilebene *f* **II** *v/t* **4.** registrieren, eintragen (lassen): ~**ed trademark** eingetragenes Warenzeichen **5.** Messwerte registrieren, anzeigen; *fig* Empfindung zeigen **6.** POST Brief *etc* einschreiben lassen: ~**ed letter** Einschreib(e)brief *m*, Einschreiben *n*; **send s.th. by** ~**ed mail** (*bes Br post*) etw eingeschrieben schicken **III** *v/i* **7.** sich eintragen (lassen) **8.** *he told me who he was but it didn't* ~ F aber ich habe es nicht registriert *od* zur Kenntnis genommen ~ **of·fice** *s bes Br* Standesamt *n*

reg·is·trar [ˌredʒɪˈstrɑː] *s bes Br* Standesbeamter *m*, -beamtin *f* **reg·is·tra·tion** [ˌ‑ˈstreɪʃn] *s* Registrierung *f*, Eintragung *f*: ~ **document** MOT *Br* (*etwa*) Kraftfahrzeugbrief *m*; ~ **number** MOT (polizeiliches) Kennzeichen **'reg·is·try** *s* Registratur *f*: ~ **office** *bes Br* Standesamt *n*

re·gress [rɪˈgres] *v/i* **1.** sich rückläufig entwickeln (*Gesellschaft*) **2.** BIOL, PSYCH sich zurückentwickeln **re·gres·sion** [rɪˈgreʃn] *s* **1.** rückläufige Entwicklung **2.** BIOL, PSYCH Regression *f*, Rückentwicklung *f* **re'gres·sive** [‑sɪv] *Adj* regressiv, rückläufig

re·gret [rɪˈgret] **I** *v/t* **1.** bedauern; bereuen: ~ **doing s.th.** es bedauern *od* bereuen, etw getan zu haben; **we** ~ **to inform you that** wir müssen Ihnen leider mitteilen, dass **2.** j-m, e-r Sache nachtrauern **II** *s* **3.** Bedauern *n* (*at* über *Akk*); Reue *f*: **with great** ~ mit großem Bedauern; **have no** ~**s** nichts bereuen; **have no** ~**s about doing s.th.** es nicht bedauern *od* bereuen, etw getan zu haben **re'gret·ful** [‑fʊl] *Adj* bedauernd; ~**ly** *a.* mit Bedauern **re'gret·ta·ble** *Adj* bedauerlich **re'gret·ta·bly** *Adv* bedauerlicherweise

re·group [ˌriːˈgruːp] *v/t u. v/i* (sich) umgruppieren

▶ **reg·u·lar** ['regjʊlə] **I** *Adj* **1.** (*zeitlich*)

regelmäßig: **~ customer** Stammkunde *m*, -kundin *f*; Stammgast *m*; **at ~ intervals** in regelmäßigen Abständen (*a. örtlich*) **2.** regelmäßig (*in Form od Anordnung*) **3.** regelmäßig (*Atmen etc*) **4.** geregelt, geordnet (*Leben etc*): **be in ~ employment** fest angestellt sein **5.** LING regelmäßig **6.** SPORT Normal...: **~ player 7. ~ gasoline** MOT Normalbenzin *n* **II** *s* F **8.** Stammkunde *m*, -kundin *f*; Stammgast *m* **9.** SPORT Stammspieler(in) **10.** MOT Normalbenzin *n* **reg·u·lar·i·ty** [ˌ-ˈlærətɪ] *s* Regelmäßigkeit *f* **reg·u·lar·ize** [ˈ-ləraɪz] *v/t* regulieren

▸ **reg·u·late** [ˈreɡjʊleɪt] *v/t* **1.** regeln, regulieren **2.** TECH einstellen, regulieren **reg·u·la·tion** *s* **1.** Reg(e)lung *f*, Regulierung *f* **2.** TECH Einstellung *f* **3.** Vorschrift *f* **reg·u·la·tor** *s* TECH Regler *m*

re·ha·bil·i·tate [ˌriːəˈbɪlɪteɪt] *v/t* **1.** *Schwerbehinderte* rehabilitieren **2.** *Strafentlassene* resozialisieren **3.** *j-s Ruf etc* wieder herstellen: **be ~d** rehabilitiert werden (*Person*) **'re·ha·bil·i'ta·tion** *s* **1.** Rehabilitation *f*: **~ center** (*bes Br* **centre**) Rehabilitationszentrum *n* **2.** Resozialisierung *f* **3.** Wiederherstellung *f*

re·hash I *v/t* [ˌriːˈhæʃ] *alte Fakten etc* neu auftischen **II** *s* [ˈriːhæʃ] Neuauftischung *f*

re·hears·al [rɪˈhɜːsl] *s* MUS, THEAT Probe *f* **re·hearse** *v/t u. v/i* proben

reign [reɪn] **I** *s* Herrschaft *f* (*a. fig*): **~ of terror** Schreckensherrschaft *f* **II** *v/i* herrschen (**over** über *Akk*) (*a. fig*): **~ed** es herrschte Schweigen; **the ~ing world champion** (*Sport etc*) der amtierende Weltmeister

re·im·burse [ˌriːɪmˈbɜːs] *v/t Auslagen* erstatten, vergüten: **~ s.o. (for) s.th.** j-m etw erstatten **re·im'burse·ment** *s* Erstattung *f*, Vergütung *f*

rein [reɪn] **I** *s* Zügel *m*: **give free ~ to one's imagination** s-r Fantasie freien Lauf *od* die Zügel schießen lassen; **keep a tight ~ on** *j-n, etw* streng kontrollieren; **take the ~s** *fig* die Zügel *od* das Heft in die Hand nehmen **II** *v/t*: **~ in** *Pferd etc* zügeln; *fig* bremsen

re·in·car·nate [riːˈɪnkɑːneɪt] *v/t*: **be ~d** wieder geboren werden (**as** als) **ˌre·in·car'na·tion** *s* Reinkarnation *f*, Wiedergeburt *f*

rein·deer [ˈreɪnˌdɪə] *Pl* **-deers**, *bes Koll* **-deer** *s* ZOOL Ren(tier) *n*

re·in·force [ˌriːɪnˈfɔːs] *v/t allg* verstärken, *fig a.* untermauern: **~d concrete** TECH Stahlbeton *m* **ˌre·in'force·ment** *s* Verstärkung *f*, *fig a.* Untermauerung *f*: **~s** *Pl* MIL Verstärkung *f*

re·in·state [ˌriːɪnˈsteɪt] *v/t* **j-n** wieder einstellen (**as** als; **in** in *Dat*)

re·in·sur·ance [ˌriːɪnˈʃɔːrəns] *s* WIRTSCH Rückversicherung *f* **ˌre·in'sure** *v/t* rückversichern

re·is·sue [ˌriːˈɪʃuː] **I** *v/t* **1.** *Buch* neu auflegen **2.** *Briefmarken etc* neu herausgeben **II** *s* **3.** Neuauflage *f* **4.** Neuausgabe *f*

re·it·er·ate [riːˈɪtəreɪt] *v/t* (*ständig*) wiederholen **re,it·er'a·tion** *s* (*ständige*) Wiederholung

re·ject [rɪˈdʒekt] *v/t* **1.** *j-n, etw* ablehnen, *Angebot a.* ausschlagen, *Bitte a.* abschlagen, *Plan etc* verwerfen **2.** *verpflanztes Organ etc* abstoßen **re'jec·tion** *s* **1.** Ablehnung *f*, Ausschlagung *f*, Abschlagen *n*, Verwerfung *f* **2.** MED Abstoßung *f*

re·joice [rɪˈdʒɔɪs] *v/i* (hoch) erfreut sein; jubeln (**at, over** über *Akk*) **re'joic·ing** *s, a. Pl* Jubel *m*

re·join[1] [ˌriːˈdʒɔɪn] *v/t* sich wieder anschließen (*Dat*) od an (*Akk*), wieder eintreten in (*Akk*)

re·join[2] [rɪˈdʒɔɪn] *v/t* erwidern **re'join·der** *s* Erwiderung *f*

re·ju·ve·nate [rɪˈdʒuːvəneɪt] *v/t* verjüngen **re,ju·ve'na·tion** *s* Verjüngung *f*

re·kin·dle [ˌriːˈkɪndl] *v/t* **1.** wieder anzünden **2.** *fig* wieder entfachen

re·lapse [rɪˈlæps] **I** *v/i* **1.** zurückfallen, wieder verfallen (**into** in *Akk*) **2. a)** rückfällig werden, **b)** MED e-n Rückfall bekommen *od* erleiden **II** *s* **3.** Rückfall *m*: **have a ~** → 2b

re·late [rɪˈleɪt] **I** *v/t* **1.** erzählen, berichten (**to s.o.** j-m): **strange to ~** so seltsam es klingt **2.** in Verbindung *od* Zs.-hang bringen (**to** mit) **II** *v/i* **3.** sich beziehen (**to** auf *Akk*) **4.** zs.-hängen (**to** mit)

▸ **re·lat·ed** [rɪˈleɪtɪd] *Adj* **1.** verwandt (**to** mit): → **marriage 2 2.** *fig* verwandt: **~ to** zs.-hängen mit

re·la·tion [rɪˈleɪʃn] *s* **1.** Verwandte *m*, *f* **2.** Beziehung *f* (**between** zwischen *Dat*; **to** zu): **bear no ~ to** in keiner Be-

ziehung stehen zu; *in* (*od with*) ~ *to* in Bezug auf (*Akk*) **3.** *Pl diplomatische, geschäftliche etc* Beziehungen *Pl* (**between** zwischen *Dat*; **with** zu) **4.** Erzählung *f*, Bericht *m* **re'la·tion·al** *Adj, a.* IT relational

▸ **re·la·tion·ship** [rɪ'leɪʃnʃɪp] *s* **1.** Verwandtschaft *f* **2.** Beziehung *f*, Verhältnis *n* (**between** zwischen *Dat*; **to** zu): **have a ~ with s.o.** ein Verhältnis mit j-m haben

▸ **rel·a·tive** ['relətɪv] **I** *Adj* **1.** relativ: **~ly** *a.* verhältnismäßig **2.** ~ *to* bezüglich, hinsichtlich **3.** LING relativ, Relativ…: **~ clause** Relativsatz *m*; **~ pronoun** Relativpronomen *n*, bezügliches Fürwort **II** *s* **4.** Verwandte *m*, *f* **rel·a'tiv·i·ty** *s* Relativität *f*: **theory of ~** PHYS Relativitätstheorie *f*

▸ **re·lax** [rɪ'læks] **I** *v/t* **1.** *j-n, Muskeln etc* entspannen **2.** *Griff, Bestimmungen etc* lockern **3.** *fig* nachlassen in (*Dat*) **II** *v/i* **4.** sich entspannen, *fig a.* ausspannen **5.** sich lockern ,**re·lax'a·tion** [ˌriː-] *s* **1.** Entspannung *f* **2.** Lockerung *f* **re'laxed** *Adj* entspannt, (*Atmosphäre a.*) zwanglos

re·lay I *s* ['riːleɪ] **1.** [*a.* ˌriː'leɪ] ELEK Relais *n* **2.** Ablösung *f* (*Arbeiter etc*): **work in ~s** in Schichten arbeiten **3.** ~ *race* (*Sport*) Staffel(lauf *m*) *f*: ~ (**team**) Staffel *f* **4.** RUNDFUNK, TV Übertragung *f* **II** *v/t* [riː'leɪ] **5.** (*to*) *Nachricht* ausrichten (*Dat*), weitergeben (an *Akk*) **6.** RUNDFUNK, TV übertragen

re·lay [ˌriː'leɪ] *v/t* (*unreg* **lay**) *Kabel, Teppich* neu verlegen

re·lease [rɪ'liːs] **I** *v/t* **1.** entlassen (**from** aus), freilassen: ~ (**one's hold on**) *j-n, etw* loslassen **2.** *fig* (**from**) befreien, erlösen (von); entbinden (von): ~ **s.o. from a contract** j-n aus e-m Vertrag entlassen **3.** *Film, Leiche etc* freigeben; *Schallplatte* herausbringen; *Statistik etc* veröffentlichen **4.** MOT *Handbremse* lösen **II** *s* **5.** Entlassung *f*, Freilassung *f* **6.** Befreiung *f*, Erlösung *f*; Entbindung *f* **7.** Freigabe *f*; Veröffentlichung *f*: **be on general** ~ überall zu sehen sein (*Film*) **rel·e·gate** ['relɪɡeɪt] *v/t etw* verbannen (**to** in *Akk*): **be ~d** (*Sport*) absteigen (**to** in *Akk*) ,**rel·e·ga'tion** *s* Verbannung *f*; (*Sport*) Abstieg *m*

re·lent [rɪ'lent] *v/i* **1.** nachgeben (*Person*)

2. nachlassen (*Schmerz, Wind etc*) **re'lent·less** *Adj* **1.** unnachgiebig **2.** anhaltend (*Wind, Schmerz etc*)

rel·e·vant ['reləvənt] *Adj* **1.** relevant, bedeutsam, wichtig (**to** für) **2.** sachbezogen, sach-, zweckdienlich

re·li·a·bil·i·ty [rɪˌlaɪə'bɪlətɪ] *s* Zuverlässigkeit *f*, Verlässlichkeit *f*; Vertrauenswürdigkeit *f* **re'li·a·ble** *Adj* zuverlässig, verlässlich; vertrauenswürdig

re·li·ance [rɪ'laɪəns] *s* **1.** Vertrauen *n*: **place complete ~ on** volles Vertrauen setzen in (*Akk*) **2.** Abhängigkeit (**on** von) **re'li·ant** *Adj*: **be ~ on** abhängig sein von, angewiesen sein auf (*Akk*)

rel·ic ['relɪk] *s* **1.** Relikt *n*, Überbleibsel *n* **2.** REL Reliquie *f*

re·lief [rɪ'liːf] *s* **1.** Erleichterung *f* (*a.* MED): **give** (*od* **bring**) **s.o. some** ~ MED j-m Erleichterung verschaffen; **pain** ~ Schmerzlinderung *f*; **to my great** ~ zu m-r großen Erleichterung; **in** (*od* **with**) ~ erleichtert; → **sigh** I, II **2.** Unterstützung *f*, Hilfe *f*; *Am* Sozialhilfe *f*: **be on** ~ Sozialhilfe beziehen **3.** *Br* (*Steuer*)Erleichterung *f* **4.** Ablösung *f* (*Person[en]*) **5.** Entlastung *f* **6.** Relief *n*: **stand out in bold** (*od* **sharp**) ~ **against** sich deutlich abheben gegen ~ **bus** ~ Einsatzbus *m* ~ **fund** *s* Hilfsfonds *m* ~ **map** *s* Reliefkarte *f* ~ **road** *s* Entlastungsstraße *f* ~ **train** *s* Entlastungszug *m*

re·lieve [rɪ'liːv] *v/t* **1.** *Schmerzen, Not* lindern, *j-n, Gewissen* erleichtern: ~ **one's feelings** sich Luft machen; **she was ~d to hear that** sie war erleichtert, als sie hörte, dass; ~ **o.s.** *euph* sich erleichtern **2.** ~ **s.o. of** j-m *ein schweres Gepäckstück, e-e Arbeit etc* abnehmen; *hum* j-n um *sein Brieftasche etc* erleichtern **3.** *j-n* ablösen

▸ **re·li·gion** [rɪ'lɪdʒən] *s* Religion *f*: **soccer is a ~ with him** für ihn gibt es nur Fußball, Fußball ist sein Ein u. Alles

▸ **re·li·gious** [rɪ'lɪdʒəs] *Adj* **1.** religiös, Religions…: ~ **instruction** PÄD Religion(sunterricht *m*) *f*; ~ **liberty** Religionsfreiheit *f* **2.** religiös, fromm **3.** *fig* gewissenhaft: **with** ~ **care** mit peinlicher Sorgfalt

re·lin·quish [rɪ'lɪŋkwɪʃ] *v/t* **1.** aufgeben, verzichten auf (*Akk*) **2.** (**to**) *Besitz*,

Recht abtreten (*Dat od* an *Akk*), überlassen (*Dat*)

rel·ish ['relɪʃ] **I** *v/t* **1.** genießen, sich *etw* schmecken lassen **2.** *fig* Gefallen *od* Geschmack finden an (*Dat*): **not to ~ the idea** nicht begeistert sein von der Aussicht (**of doing** zu tun); **not to ~ having to do s.th.** nicht davon begeistert sein, etw tun zu müssen **II** *s* **3. with ~** mit Genuss **4.** *fig* Gefallen *m*, Geschmack *m* (*for* an *Dat*) **5.** GASTR Würze *f*; Soße *f*

re·lo·cate [ˌriːləʊˈkeɪt] *v/t* umsiedeln (*a. v/i*), verlegen ,**re·lo·ca·tion** *s* Umsiedlung *f*, Verlegung *f*

re·luc·tance [rɪˈlʌktəns] *s* Widerwillen *m*: **with ~** widerwillig, ungern **re·luc·tant** *Adj* widerwillig: **~ly** *a.* ungern; **be ~ to do s.th.** etw nur ungern tun

▸ **re·ly** [rɪˈlaɪ] *v/i*: **~ on** sich verlassen auf (*Akk*); **~ on s.o. to do s.th.** sich darauf verlassen, dass j-d etw tut; **have to ~ on** abhängig sein von, angewiesen sein auf (*Akk*)

▸ **re·main** [rɪˈmeɪn] **I** *v/i* **1.** *allg* bleiben **2.** (übrig) bleiben: **a lot ~s to be done** es bleibt noch viel zu tun; **it ~s to be seen whether** es bleibt abzuwarten, ob **II** *s* *Pl* **3.** (Über)Reste *Pl* **re·main·der** [ˌ-də] *s* Rest *m* (*a.* MATHE) **re·main·ing** *Adj* übrig, restlich

re·make I *v/t* (*unreg* **make**) [ˌriːˈmeɪk] wieder *od* neu machen **II** *s* ['riːmeɪk] Remake *n*, Neuverfilmung *f*

re·mand [rɪˈmɑːnd] JUR **I** *v/t*: **be ~ed in custody** in Untersuchungshaft bleiben **II** *s*: **be on ~** in Untersuchungshaft sein; **prisoner on ~, ~ prisoner** Untersuchungsgefangene *m*, *f*, -häftling *m*

▸ **re·mark** [rɪˈmɑːk] **I** *v/t* **1.** bemerken, äußern (*that* dass) **II** *v/i* **2. ~ on** sich äußern über *j-n*, *etw od* zu *etw* **III** *s* **3.** Bemerkung *f* (**about, on** über *Akk*): **make a ~** e-e Bemerkung machen **re·mark·a·ble** *Adj* bemerkenswert, beachtlich

re·mar·riage [ˌriːˈmærɪdʒ] *s* Wiederverheiratung *f*, -heirat *f* ,**re·mar·ry** *v/i* wieder heiraten

re·me·di·al [rɪˈmiːdjəl] *Adj*: **~ exercises** *Pl* Heilgymnastik *f*

rem·e·dy ['remədɪ] **I** *s* **1.** MED (Heil)Mittel *n* (**for, against** gegen) **2.** *fig* (Gegen)Mittel *n* (**for, against** gegen): **be**

beyond (*od* **past**) **~** hoffnungslos *od* nicht mehr zu beheben sein **II** *v/t* **3.** *Mangel, Schaden* beheben; *Situation* bereinigen; *Missstand* abstellen

▸ **re·mem·ber** [rɪˈmembə] **I** *v/t* **1.** sich erinnern an (*Akk*): **~ doing s.th.** sich daran erinnern, etw getan zu haben; **suddenly he ~ed that** plötzlich fiel ihm ein, dass **2.** denken an (*Akk*): **~ to do s.th.** daran denken, etw zu tun; **I must ~ this** das muss ich mir merken **3. ~ s.o. in one's will** j-n in s-m Testament bedenken **4. please ~ me to your wife** grüßen Sie bitte Ihre Frau von mir; **he asked to be ~ed to you** er lässt Sie grüßen **II** *v/i* **5. I can't ~** ich kann mich nicht erinnern; **if I ~ right(ly)** wenn ich mich recht erinnere *od* entsinne **re·mem·brance** [ˌ-brəns] *s* Erinnerung *f* (**of** an *Akk*): **in ~ of** zur Erinnerung an; **♀ Day** (*od* **Sunday**) *Br* Volkstrauertag *m*

▸ **re·mind** [rɪˈmaɪnd] *v/t* j-n erinnern (**of** an *Akk*; **that** daran, dass): **~ s.o. to do s.th.** j-n daran erinnern, dass er etw tut **re·mind·er** *s* Mahnung *f*

rem·i·nisce [ˌremɪˈnɪs] *v/i* in Erinnerungen schwelgen, sich in Erinnerungen ergehen (**about, on** an *Akk*) **rem·i·nis·cence** [ˌ-ˈnɪsns] *s* mst *Pl* Erinnerung *f* ,**rem·i·nis·cent** *Adj*: **be ~ of** erinnern an (*Akk*)

re·miss [rɪˈmɪs] *Adj* nachlässig: **be ~ in one's duties** s-e Pflichten vernachlässigen

re·mis·sion [rɪˈmɪʃn] *s* **1.** (JUR *a.* Straf)Erlass *m*: **he was given three months' ~** ihm wurden drei Monate (von s-r Strafe) erlassen (**for** wegen) **2.** Vergebung *f* (*der* Sünden) **3.** MED vorübergehende Besserung

re·mit [rɪˈmɪt] *v/t* **1.** *Schulden, Strafe* erlassen; *Sünden* vergeben **2.** *Geld* überweisen (**to** *Dat od* an *Akk*) **3.** *bes* JUR zurückverweisen (**to** an *Akk*) **re·mit·tance** *s* Überweisung *f* (**to** an *Akk*)

rem·nant ['remnənt] *s* **1.** (Über)Rest *m* (*a. fig*) **2.** WIRTSCH (Stoff)Rest *m*: **~ sale** Resteverkauf *m*

re·mod·el [ˌriːˈmɒdl] *v/t* *Prät u. Part Perf* **-eled**, *bes Br* **-elled** umgestalten

re·mold *Am* → **remould**

re·mon·strance [rɪˈmɒnstrəns] *s* Protest *m*, Beschwerde *f* **re·mon·strate**

['remənstreɪt] *v/i* protestieren (**with** bei; **against** gegen), sich beschweren (**with** bei; **about** über *Akk*)

re·morse [rɪ'mɔːs] *s* Gewissensbisse *Pl*, Reue *f*: **feel ~** Gewissensbisse haben **re'morse·ful** [-ful] *Adj* reumütig, reuig **re'morse·less** *Adj* unbarmherzig (*a. fig*)

re·mote [rɪ'məʊt] *Adj* **1.** räumlich: fern, (weit) entfernt; abgelegen, entlegen **2.** zeitlich: fern: **in the ~ past** in grauer Vorzeit **3.** *fig* entfernt (*Zs.-hang*), (*Verwandte a.*) weitläufig **4.** *fig* entfernt (*Möglichkeit*), gering (*Chance*): **I haven't got the ~st idea** ich habe keine blasse od nicht die geringste Ahnung **5.** *fig* distanziert, unnahbar **~ ac·cess** *s* COMPUTER Fernzugriff *m* **~ con·trol** *s* TECH **1.** Fernlenkung *f*, -steuerung *f* **2.** Fernbedienung *f* **re,mote-con-'trolled** *Adj* **1.** ferngelenkt, -gesteuert **2.** mit Fernbedienung

re·mould *bes Br* **I** *v/t* [,riː'məʊld] Reifen runderneuern **II** *s* ['riːməʊld] runderneuerter Reifen

re·mount [,riː'maʊnt] **I** *v/t* Pferd etc wieder besteigen; Treppen wieder hinaufgehen: **~ one's bicycle** wieder auf sein Fahrrad steigen **II** *v/i* wieder aufsitzen

re·mov·a·ble [rɪ'muːvəbl] *Adj* abnehmbar **re'mov·al** [-vl] *s* **1.** Entfernung *f*; Abnahme *f* **2.** Umzug *m*: **~ company** Umzugsfirma *f*; **~ van** Möbelwagen *m*

▸ **re·move** [rɪ'muːv] **I** *v/t* **1.** entfernen (**from** von); Deckel, Hut etc abnehmen; Kleidung ablegen **2.** *fig* Schwierigkeiten etc beseitigen, Hindernisse aus dem Weg räumen; Zweifel etc zerstreuen **II** *v/i* **3.** (um)ziehen (**from** von; **to** nach) **re'mov·er** *s* (Flecken)Entferner *m*

re·mu·ner·ate [rɪ'mjuːnəreɪt] *v/t* **1.** j-n entlohnen (**for** für) **2.** j-n entschädigen (**for** für) **re,mu·ner·a·tion** *s* **1.** Entlohnung *f* **2.** Entschädigung *f* **re'mu·ner·a·tive** [-rətɪv] *Adj* einträglich, lohnend

Ren·ais·sance [rə'neɪsəns] *s* hist Renaissance *f*

re·nal ['riːnl] *Adj* ANAT Nieren...: **~ colic** MED Nierenkolik *f*; **~ failure** MED Nierenversagen *n*

re·name [,riː'neɪm] *v/t* umbenennen (in *Akk*)

ren·der ['rendə] *v/t* **1.** berühmt etc machen: **~ s.o. incapable of doing s.th.** es j-m unmöglich machen, etw zu tun **2.** Hilfe leisten, Dienst a. erweisen **3.** Gedicht etc vortragen **4.** übersetzen, -tragen (**into** in *Akk*) **5.** mst **~ down** Fett auslassen **'ren·der·ing** *s* **1.** Vortrag *m* **2.** Übersetzung *f*, -tragung *f*

ren·dez·vous ['rɒndɪvuː] **I** *Pl* **-vous** ['-vuːz] *s* **1.** Rendezvous *n*, Verabredung *f*; Treffen *n*, Zs.-kunft *f* **2.** Treffpunkt *m* **II** *v/i* Prät u. Part Perf **-voused** ['-vuːd] **3.** sich treffen (**with** mit)

ren·di·tion [ren'dɪʃn] *bes Am* → **rendering**

ren·egade ['renɪgeɪd] **I** *s* Abtrünnige *m*, *f* **II** *Adj* abtrünnig, wild geworden

re·new [rɪ'njuː] *v/t* erneuern: **~ one's efforts** erneute Anstrengungen machen; **~ one's visa** sein Visum erneuern lassen; **give s.o. ~ed hope** j-m neue Hoffnung geben; **with ~ed strength** mit neuen Kräften **re'new·a·ble** *Adj*: **~ resources** erneuerbare Energien; **be ~** erneuert werden können od müssen **re'new·al** *s* Erneuerung *f*

re·nounce [rɪ'naʊns] *v/t* **1.** verzichten auf (*Akk*) **2.** s-m Glauben etc abschwören

ren·o·vate ['renəʊveɪt] *v/t* renovieren **,ren·o'va·tion** *s* Renovierung *f*

re·nown [rɪ'naʊn] *s* Berühmtheit *f*, Ruhm *m*: **win ~** berühmt werden **re'nowned** *Adj* berühmt (**for** wegen, für)

▸ **rent**[1] [rent] **I** *s* **1.** Miete *f*, österr., schweiz. (Miet)Zins *m*; Pacht *f*: **for ~** *bes Am* zu vermieten od verpachten **2.** *bes Am* Leihgebühr *f*: **for ~** zu vermieten od verpachten **II** *v/t* **3.** mieten; pachten (**from** von) **4.** a. **~ out** *bes Am* vermieten; verpachten (**to** an *Akk*) **5.** *bes Am* Auto etc mieten: **~ed car** Leih-, Mietwagen *m*

rent[2] [-] *s* Riss *m* (*a. fig*)

'rent-a-,car (**ser·vice**) *s bes Am* Autoverleih *m*

rent·al ['rentl] *s* **1.** Miete *f*; Pacht *f* **2.** *bes Am* Leihgebühr *f*

rent·er ['rentə] *s* **1.** Mieter(in); Pächter(in) **2.** *bes Am* Vermieter(in); Verpächter(in)

,rent-'free *Adj* miet- od pachtfrei

R

re·nun·ci·a·tion [rɪ,nʌnsɪ'eɪʃn] s **1.** Verzicht m (**of** auf Akk) **2.** Abschwören n

re·o·pen [,riː'əʊpən] **I** v/t **1.** Geschäft etc wieder eröffnen **2.** Verhandlungen etc wieder aufnehmen; Fall wieder aufrollen **II** v/i **3.** wieder eröffnen **4.** wieder aufgenommen od aufgerollt werden

re·or·gan·i·za·tion ['riː,ɔːgənaɪ'zeɪʃn] s Umorganisation f; Umstellung f; ,re'or·gan·ize v/t umorganisieren; Möbel umstellen; die Möbel umstellen in

▶ **re·pair** [rɪ'peə] **I** v/t **1.** reparieren; ausbessern **2.** fig wieder gutmachen **II** s **3.** Reparatur f; Ausbesserung f: **beyond~** nicht mehr zu reparieren(d); **be under ~** in Reparatur sein **4.** be in good (bad) ~ in gutem (schlechtem) Zustand sein **5.** fig Wiedergutmachung f

rep·a·ra·ble ['repərəbl] Adj reparabel, wieder gutzumachen(d), **rep·a·ra·tion** s **1.** Wiedergutmachung f: **make ~ for** eiw wieder gutmachen **2.** Pl POL Reparationen Pl

rep·ar·tee [,repɑː'tiː] s Schlagfertigkeit f; schlagfertige Antwort(en Pl): **be good at ~** schlagfertig sein

re·pa·tri·ate [riː'pætrɪeɪt] v/t repatriieren, in den Heimatstaat zurückführen, ,re·pa·tri·a·tion s Repatriierung f

re·pay [rɪ'peɪ] v/t (unreg. **pay**) **1.** Geld etc zurückzahlen: **I'll ~ you some time** ich gebe dir das Geld irgendwann einmal zurück; fig ich werde mich irgendwann einmal erkenntlich zeigen; das zahle ich dir schon noch heim **2.** Besuch etc erwidern **3.** a) (positiv) sich für etw erkenntlich zeigen: **~ s.o. for his help** j-n für s-e Hilfe belohnen od entschädigen, b) (negativ) etw vergelten, lohnen (**with** mit): **~ s.o.'s unkindness, ~ s.o. for his unkindness** j-m s-e Gemeinheit heimzahlen

re·pay·a·ble Adj rückzahlbar: **be ~** zurückgezahlt werden können od müssen (**over two years** in e-m Zeitraum von zwei Jahren) **re'pay·ment** s **1.** Rückzahlung f **2.** Erwiderung f **3.** Vergeltung f

re·peal [rɪ'piːl] **I** v/t Gesetz etc aufheben **II** s Aufhebung f

▶ **re·peat** [rɪ'piːt] **I** v/t **1.** wiederholen: **~ o.s.** sich wiederholen; **~ s.th. after s.o.** j-m etw nachsprechen; **his answer doesn't bear ~ing** s-e Antwort lässt

sich nicht wiederholen **2.** etw weitererzählen, -sagen **II** v/i **3.** aufstoßen (**on s.o.** j-m) (Speise) **III** s **4.** RUNDFUNK, TV Wiederholung f **5.** MUS Wiederholungszeichen n **re'peat·ed** Adj wiederholt

re·pel [rɪ'pel] v/t **1.** Angriff, Feind zurückschlagen **2.** Wasser etc, fig j-n abstoßen **re'pel·lent** Adj fig abstoßend: **be ~ to** abstoßend wirken auf (Akk)

re·pent [rɪ'pent] v/t bereuen

re·per·cus·sion [,riːpə'kʌʃn] s mst Pl Auswirkung f (**on** auf Akk)

rep·er·toire ['repətwɑː] s THEAT etc Repertoire n: **have a large ~ of jokes** viele Witze auf Lager haben

rep·e·ti·tion [,repɪ'tɪʃn] s Wiederholung f: **his answer doesn't bear ~** s-e Antwort lässt sich nicht wiederholen

re·place [rɪ'pleɪs] v/t **1.** zurücklegen, -stellen: **~ the receiver** TEL (den Hörer) auflegen **2.** j-n, etw ersetzen (**with, by** durch); j-n vertreten **3.** TECH austauschen, ersetzen; COMPUTER ersetzen **re'place·ment** s **1.** Ersatz m; Vertretung f **2.** TECH Austausch m

re·plant [,riː'plɑːnt] v/t **1.** umpflanzen **2.** neu bepflanzen

re·play (Sport) **I** s ['riːpleɪ] **1.** Wiederholungsspiel n **2.** → **action replay II** v/t [,riː'pleɪ] **3.** Spiel wiederholen

re·plen·ish [rɪ'plenɪʃ] v/t (wieder) auffüllen

re·plete [rɪ'pliːt] Adj **1.** gesättigt, satt **2.** angefüllt (**with** mit)

rep·li·ca ['replɪkə] s **1.** KUNST Replik f, Originalkopie f **2.** Kopie f, Nachbildung f

▶ **re·ply** [rɪ'plaɪ] **I** v/t antworten, erwidern (**that** dass) **II** v/i antworten (**to** auf e-n Brief etc; **to s.o.** j-m): **~ to a letter** a. e-n Brief beantworten **III** s Antwort f, Erwiderung f (**to** auf Akk): **in ~ to** (als Antwort) auf; **give no ~** keine Antwort geben, nicht antworten

▶ **re·port** [rɪ'pɔːt] **I** s **1.** allg Bericht m (**on** über Akk) **2.** Gerücht n **3.** PÄD Br Zeugnis n **4.** Knall m **II** v/t **5.** berichten (**to s.o.** j-m); berichten über (Akk): **it is ~ed that** es heißt, dass; **he is ~ed to have said** er soll gesagt haben; **~ed speech** LING indirekte Rede **6.** j-n, Unfall, Verbrechen etc melden (**to s.o.** j-m): **~ s.o.** (**to the police**) j-n anzeigen

(*for* wegen); *the car has been ~ed stolen* der Wagen ist als gestohlen gemeldet worden III *v/i* **7.** berichten, Bericht erstatten (*on* über *Akk*) **8.** sich melden (*to* bei): *~ sick* sich krank melden; *~ for work* sich zur Arbeit melden

▸ **report card** [rɪ'pɔ:t,kɑ:d] *Am* PÄD Zeugnis *n*

re·port·er [rɪ'pɔ:tə] *s* Reporter(in), Berichterstatter(in)

re·pose [rɪ'pəʊz] *s* **1.** Ruhe *f* **2.** *fig* Gelassenheit *f*

rep·re·hen·si·ble [,reprɪ'hensəbl] *Adj* tadelnswert, verwerflich

▸ rep·re·sent [,reprɪ'zent] *v/t* **1.** *j-n*, *Br a.* Wahlbezirk vertreten **2.** darstellen (*a. fig*) **3.** dar-, hinstellen (*as* als): *~ o.s. as* sich ausgeben für **4.** Beschwerden *etc* vorbringen (*to* bei) ,rep·re·sen·ta·tion *s* **1.** Vertretung *f* **2.** Darstellung *f*: *be a ~ of s.th.* etw darstellen **3.** *make ~s to* vorstellig werden bei (*about* wegen) ,rep·re·sen·ta·tion·al [-ʃənl] *Adj* gegenständlich (KUNST) ,rep·re·sent·a·tive [-tətɪv] I *s* **1.** (Stell)Vertreter(in); (Handels)Vertreter(in) **2.** PARL Abgeordnete *m*, *f*: ~ *House of Representatives* II *Adj* **3.** repräsentative (*of* für) **4.** POL repräsentativ: ~ *government* Repräsentativsystem *n*

re·press [rɪ'pres] *v/t* **1.** Volk, Gefühle *etc* unterdrücken **2.** PSYCH verdrängen re'pres·sion [-ʃn] *s* **1.** Unterdrückung *f* **2.** PSYCH Verdrängung *f* re'pres·sive *Adj* repressiv

re·prieve [rɪ'priːv] JUR I *s* Begnadigung *f*; Vollstreckungsaufschub *m* II *v/t*: *he was ~d* er wurde begnadigt; *s-e* Urteilsvollstreckung wurde ausgesetzt

rep·ri·mand ['reprɪmɑːnd] I *v/t* rügen, tadeln (*for* wegen) II *s* Rüge *f*, Tadel *m*

re·print [,riː'prɪnt] neu auflegen, nachdrucken II *s* ['riːprɪnt] Neuauflage *f*, Nachdruck *m*

re·pris·al [rɪ'praɪzl] *s bes* MIL, POL Repressalie *f*, Vergeltungsmaßnahme *f*: *in* (*od as* a.) *~ for* als Vergeltung für; *take ~s* Repressalien ergreifen (*against* gegen)

re·proach [rɪ'prəʊtʃ] I *s* **1.** Vorwurf *m*: *above* (*od beyond*) *~* über jeden Tadel erhaben; *look of ~* vorwurfsvoller Blick **2.** *fig* Schande *f* (*to* für) II *v/t* **3.** *j-m* Vorwürfe machen (*for* wegen)

rep·ro·bate ['reprəbeɪt] *s* verkommenes Subjekt

re·pro·cess [,riː'prəʊses] *v/t* Kernbrennstoffe wieder aufbereiten ,re'pro·cess·ing plant *s* Wiederaufbereitungsanlage *f*

re·pro·duce [,riːprə'djuːs] I *v/t* **1.** Bild *etc* reproduzieren **2.** Ton *etc* wiedergeben II *v/i* **3.** BIOL sich fortpflanzen *od* vermehren re·pro·duc·tion [,-'dʌkʃn] *s* **1.** BIOL Fortpflanzung *f* **2.** Reproduktion *f* **3.** Wiedergabe *f* ,re·pro'duc·tive *Adj* BIOL Fortpflanzungs...

re·proof [rɪ'pruːf] *s* Rüge *f*, Tadel *m*

re·prove [rɪ'pruːv] *v/t* rügen, tadeln (*for* wegen)

rep·tile ['reptaɪl] *s* ZOOL Reptil *n*, Kriechtier *n*

▸ re·pub·lic [rɪ'pʌblɪk] *s* POL Republik *f* re'pub·li·can, POL *Am* ℒ I *Adj* republikanisch II *s* Republikaner(in)

re·pu·di·ate [rɪ'pjuːdɪeɪt] *v/t* **1.** Angebot, Behauptung *etc* zurückweisen **2.** Schuld *etc* nicht anerkennen re,pu·di'a·tion *s* **1.** Zurückweisung *f* **2.** Nichtanerkennung *f*

re·pug·nance [rɪ'pʌɡnəns] *s*: *in* (*od with*) *~* angewidert re'pug·nant *Adj* widerlich, widerwärtig

re·pulse [rɪ'pʌls] *v/t* **1.** Angriff, Feind zurückschlagen **2.** *j-n*, Angebot *etc* ab-, zurückweisen II *s* **3.** Zurückschlagen *n* **4.** Ab-, Zurückweisung *f* re'pul·sion *s* **1.** Abscheu *m*, *f*: *with ~* voller Abscheu **2.** PHYS Abstoßung *f* re'pul·sive *Adj* PHYS abstoßend, *fig a.* widerlich, widerwärtig

re·pur·chase [,riː'pɜːtʃəs] I *v/t* zurückkaufen II *s* Rückkauf *m*

rep·u·ta·ble ['repjʊtəbl] *Adj* angesehen ,rep·u·ta·tion *s* (*eng. S.*) guter Ruf: *have a ~ for being* im Ruf stehen, *etw* zu sein; *get o.s. a ~ as* sich e-n Namen machen als re·pute [rɪ'pjuːt] I *s* (*eng. S.*) guter Ruf: *of ~* angesehen; *be held in high ~* hohes Ansehen genießen II *v/t*: *be ~d to* gelten als re'put·ed·ly *Adv* angeblich, dem Vernehmen nach

▸ re·quest [rɪ'kwest] I *s* **1.** (*for*) Bitte *f* (um), Wunsch *m* (nach): *at s.o.'s ~* auf *j-s* Bitte hin; *on ~* auf Wunsch; *make a ~ for s.th.* um etw bitten II *v/t* **2.** bitten *od* ersuchen um **3.** *j-n* bit-

R

ten, ersuchen (**to do** zu tun) ~ **stop** s Br Bedarfshaltestelle f

re·qui·em ['rekwɪəm] s Requiem n

re·quire [rɪ'kwaɪə] v/t **1.** erfordern: **be ~d** erforderlich sein; **if ~d** wenn nötig **2.** benötigen, brauchen **3.** verlangen (**that** dass; **s.th. of s.o.** etw von j-m): **~ s.o. to do s.th.** von j-m verlangen, dass er etw tut; **be ~d to do s.th.** etw tun müssen **re'quired** Adj erforderlich, notwendig: **~ reading** PÄD, UNI Pflichtlektüre f **re'quire·ment** s **1.** Anforderung f: **meet the ~s** den Anforderungen entsprechen **2.** Erfordernis n, Bedürfnis n

req·ui·site ['rekwɪzɪt] **I** Adj erforderlich, notwendig (**for** für) **II** s mst Pl Artikel m ˌreq·ui'si·tion **I** s **1.** Anforderung f **2.** MIL Requisition f, Beschlagnahme f **II** v/t **3.** anfordern **4.** MIL requirieren, beschlagnahmen

re·quite [rɪ'kwaɪt] v/t etw vergelten

re·run v/t (unreg run) [ˌriː'rʌn] **1.** TV wiederholen **2.** be ~ (Sport) wiederholt werden (Lauf) **II** s ['riːrʌn] **3.** TV Wiederholung f (a. allg)

re·scind [rɪ'sɪnd] v/t JUR Gesetz, Urteil etc aufheben **re·scis·sion** [rɪ'sɪʒn] s Aufhebung f

▸ **re·scue** ['reskjuː] **I** v/t retten (**from** aus, vor Dat) **II** s Rettung f: **come to s.o.'s** ~ j-m zu Hilfe kommen; ~ **operations** Pl Rettungsarbeiten Pl; ~ **party** (od **squad**, **team**) Rettungsmannschaft f **res·cu·er** ['-kjuə] s Retter(in)

▸ **re·search** [rɪ'sɜːtʃ] **I** s Forschung f (on auf dem Gebiet Gen): **carry out** (od **do**) ~ **into** etw erforschen **II** v/i forschen: ~ **into** etw erforschen **III** v/t etw erforschen **IV** Adj Forschungs...: ~ **team** Forscherteam n; ~ **worker** Forscher(in) **re'search·er** s Forscher(in)

re·sem·blance [rɪ'zembləns] s Ähnlichkeit f (**to** mit; **between** zwischen Dat): **there is a strong ~ between them** sie sind sich sehr ähnlich; **bear a strong ~ to** starke Ähnlichkeit haben mit **re'sem·ble** [-bl] v/t ähnlich sein, ähneln (Dat)

re·sent [rɪ'zent] v/t übel nehmen, sich ärgern über (Akk) **re'sent·ful** [-ful] Adj ärgerlich **re'sent·ment** s Ärger m (**against**, **at** über Akk)

res·er·va·tion [ˌrezə'veɪʃn] s **1.** bes Am

(Wild)Reservat n; Am (Indianer)Reservat n, (-)Reservation f **2.** Reservierung f, Vorbestellung f: **make a ~** ein Zimmer etc bestellen **3.** Vorbehalt m: **with ~(s)** unter Vorbehalt; **without ~** vorbehaltlos

▸ **re·serve** [rɪ'zɜːv] **I** s **1.** Reserve f (of an Dat): **keep s.th. in ~** etw in Reserve halten **2.** a. Pl MIL Reserve f **3.** SPORT Reservespieler(in) **4.** (Naturschutz-, Wild)Reservat n **5.** Reserviertheit f, Zurückhaltung f **6.** **without ~** vorbehaltlos **II** v/t **7.** (sich) etw aufsparen (**for** für) **8.** ~ **the right to do s.th.** sich (das Recht) vorbehalten, etw zu tun **9.** reservieren (lassen), vorbestellen **re'served** Adj reserviert, zurückhaltend

re·serv·ist [rɪ'zɜːvɪst] s MIL Reservist(in)

res·er·voir ['rezəvwɑː] s Reservoir n (a. fig of an Dat)

re·set [ˌriː'set] v/t (unreg set) **1.** Edelstein neu fassen **2.** Uhr umstellen; Zeiger etc zurückstellen (to auf Akk)

re·set·tle [ˌriː'setl] v/t umsiedeln ˌre·'set·tle·ment s Umsiedlung f

re·shuf·fle I v/t [ˌriː'ʃʌfl] **1.** Karten neu mischen **2.** Kabinett etc umbilden **II** s ['riːʃʌfl] **3.** Umbildung f

re·side [rɪ'zaɪd] v/i **1.** wohnen, s-n Wohnsitz haben; residieren **2.** ~ **in** fig liegen od ruhen bei j-m **res·i·dence** ['rezɪdəns] s **1.** Wohnsitz m; Residenz f: **official ~** Amtssitz m; **take up ~** sich niederlassen **2.** Aufenthalt m: ~ **permit** Aufenthaltsgenehmigung f, -erlaubnis f **'res·i·dent I** Adj ansässig, wohnhaft: **be ~ abroad** im Ausland wohnen **II** s Bewohner(in) (e-s Hauses), (e-r Stadt etc a.) Einwohner(in), MIL Anlieger(in); (Hotel)Gast m **res·i·den·tial** [ˌ-'denʃl] Adj Wohn...

re·sid·u·al [rɪ'zɪdjuəl] Adj übrig (geblieben), restlich, Rest... **res·i·due** ['rezɪdjuː] s bes CHEM Rest m, Rückstand m

re·sign [rɪ'zaɪn] **I** v/t **1.** aufgeben; verzichten auf (Akk) **2.** Amt etc niederlegen **3.** ~ **o.s. to** sich fügen in (Akk), sich abfinden mit; **be ~ed to** sich abgefunden haben mit **II** v/i **4.** zurücktreten (**from** von), sein Amt niederlegen **res·ig·na·tion** [ˌrezɪg'neɪʃn] s **1.** Rücktritt

m, Amtsniederlegung *f*: **hand in** (*od* **send in, submit, tender**) **one's ~** s-n Rücktritt einreichen **2.** Ergebenheit *f*; Resignation *f*

re·sil·i·ence [rɪˈzɪliəns] *s* **1.** Elastizität *f*; Strapazierfähigkeit *f* **2.** *fig* Zähigkeit *f* **re'sil·i·ent** *Adj* **1.** elastisch; strapazierfähig **2.** *fig* zäh: **be ~** nicht unterzukriegen sein

res·in [ˈrezɪn] *s* Harz *n* **'res·in·ous** *Adj* harzig; Harz...

re·sist [rɪˈzɪst] **I** *v/t* **1.** j-m, e-r Sache widerstehen: **I could not ~ doing it** ich musste es einfach tun **2.** Widerstand leisten (*Dat od* gegen), sich widersetzen (*Dat od* gegen) **II** *v/i* **3.** Widerstand leisten, sich widersetzen

▸ **re·sist·ance** [rɪˈzɪstəns] *s* **1.** Widerstand *m* (**to** gegen): **offer** (*od* **put up**) **stubborn ~** hartnäckig(en) Widerstand leisten (**to** *Dat*); **without offering ~** widerstandslos; **take the line of least ~** den Weg des geringsten Widerstandes gehen **2.** Widerstandskraft *f* (**to** gegen) (*a.* MED) **3.** (*Hitze- etc*)Beständigkeit *f*, (*Stoß- etc*)Festigkeit *f* **4.** ELEK Widerstand *m* (*a. Bauteil*) **re'sist·ant** *Adj* (*hitze- etc*)beständig, (*stoß- etc*)fest **re'sis·tor** *s* ELEK Widerstand *m* (*Bauteil*)

re·sit PÄD, UNI *Br* **I** *v/t* (*unreg sit*) [ˌriːˈsɪt] *Prüfung* wiederholen **II** *s* [ˈriːsɪt] Wiederholungsprüfung *f*

re·sole [ˌriːˈsəʊl] *v/t* neu besohlen

res·o·lute [ˈrezəluːt] *Adj* resolut, entschlossen **'res·o·lute·ness** → **resolution** 3

res·o·lu·tion [ˌrezəˈluːʃn] *s* **1.** Beschluss *m*, PARL *etc a.* Resolution *f* **2.** Vorsatz *m*: **New Year's ~** guter Vorsatz fürs neue Jahr **3.** Resolutheit *f*, Entschlossenheit *f* **4.** Lösung *f*, Überwindung *f* **5.** CHEM *etc* Auflösung *f*, Zerlegung *f* (**into** in *Akk*)

re·solve [rɪˈzɒlv] **I** *v/t* **1.** beschließen (**that** dass; **to do** zu tun) **2.** *Problem etc* lösen, *Schwierigkeit etc* überwinden **3.** CHEM *etc* auflösen, zerlegen (**into** in *Akk*) **II** *v/i* **4.** (**into** in *Akk*) CHEM *etc* sich auflösen; *fig* zerfallen **III** *s* **5.** → **resolution** 2, 3

res·o·nance [ˈrezənəns] *s* **1.** PHYS Resonanz *f* **2.** voller Klang **'res·o·nant** *Adj* **1.** PHYS Resonanz... **2.** voll (*Klang*),

volltönend, sonor (*Stimme*) **3.** **be ~ with** widerhallen von

re·sort [rɪˈzɔːt] **I** *s* **1.** Urlaubsort *m*: → **health** 1, **seaside** 2. **have ~ to** → 3; **as a last ~** notfalls, wenn alle Stricke reißen; **as a last ~ he went ...** als er nicht mehr weiterwusste, ging er ... **II** *v/i* **3.** **~ to** greifen *od* Zuflucht nehmen zu

re·sound [rɪˈzaʊnd] *v/i* widerhallen (**with** von)

re·source [rɪˈsɔːs] *s* **1.** *Pl* (Geld)Mittel *Pl*; (Boden-, Natur)Schätze *Pl* **2.** Mittel *n*, Zuflucht *f*; Ausweg *m*: **leave s.o. to his own ~s** j-n sich selbst überlassen **3.** Einfallsreichtum *m*, Findigkeit *f* **re'source·ful** [ˌ-fʊl] *Adj* einfallsreich, findig

▸ **re·spect** [rɪˈspekt] **I** *s* **1.** Achtung *f*, Respekt *f* (**for** vor *Dat*): **have ~ for** Respekt haben vor **2.** Rücksicht *f* (**for** auf *Akk*): **out of ~ for** aus Rücksicht auf; **have no ~ for** keine Rücksicht nehmen auf; **without ~ to** ohne Rücksicht auf (*Akk*); ungeachtet (*Gen*) **3.** Beziehung *f*, Hinsicht *f*: **in many ~s** in vieler Hinsicht; **in some ~s** in gewisser Hinsicht; **with ~ to** was ... anbelangt *od* betrifft **4.** *Pl* Empfehlungen *Pl*: **give my ~s to your wife** e-e Empfehlung an Ihre Gemahlin **5.** **pay one's ~s to** j-m s-e Aufwartung machen; **pay one's last ~s to** j-m die letzte Ehre erweisen **II** *v/t* **6.** respektieren, achten **5.** respektieren, berücksichtigen **re'spect·a·ble** *Adj* **1.** ehrbar, geachtet **2.** gesellschaftsfähig (*Person*), (*Kleidung, Benehmen a.*) korrekt **3.** respektabel, beachtlich **re'spect·ful** [ˌ-fʊl] *Adj* respektvoll **re'spec·tive** *Adj* jeweilig: **they went to their ~ offices** jeder von ihnen ging zu s-m (jeweiligen) Büro **re'spec·tive·ly** *Adv* beziehungsweise

res·pi·ra·tion [ˌrespəˈreɪʃn] *s* Atmung *f* **res·pi·ra·tor** [ˈrespəreɪtə] *s* Atemschutzgerät *n* **re·spir·a·to·ry** [rɪˈspaɪərətəri] *Adj* Atem..., Atmungs...: **~ disease** MED Erkrankung *f* der Atemwege; **~ failure** MED Atemversagen *n*; **~ tract** ANAT Atemwege *Pl*; **~ system** Atmungsorgane *Pl*

res·pite [ˈrespaɪt] *s* **1.** Aufschub *m* **2.** Pause *f*: **without ~** ohne Pause *od* Unterbrechung

R

re·splend·ent [rɪˈsplendənt] *Adj* glänzend, strahlend

re·spond [rɪˈspɒnd] **I** *v/i* **1.** antworten (*to* auf *Akk*): **~ to a letter** a. e-n Brief beantworten **2.** *fig* reagieren (*to* auf *Akk*; *with* mit), MED *etc* a. ansprechen (*to* auf *Akk*) **II** *v/t* **3.** antworten (*that* dass) re·spond·ent *s* Beklagte *m*, *f* (*in e-m Scheidungsprozess*)

re·sponse [rɪˈspɒns] *s* **1.** Antwort *f* (*to* auf *Akk*): **give no ~** nicht antworten **2.** *fig* Reaktion *f* (*to* auf *Akk*)

re·spon·si·bil·i·ty [rɪˌspɒnsəˈbɪlətɪ] *s* **1.** Verantwortung *f*: *a position of great ~* e-e verantwortungsvolle Position; *on one's own ~* auf eigene Verantwortung; *claim ~ for* die Verantwortung übernehmen für (*e-n Terroranschlag etc*); *have ~ for* die Verantwortung haben für; *take (full) ~ for* die (volle) Verantwortung übernehmen für; *take no ~ for* nicht haften für **2.** *oft Pl* Verpflichtung *f*, Pflicht *f*

▸ re·spon·si·ble [rɪˈspɒnsəbl] *Adj* **1.** verantwortlich (*für*): *be ~ to s.o. for s.th.* j-m (gegenüber) für etw verantwortlich sein; *not to be ~ for* nicht haften für **2.** (*for*) verantwortlich (für), schuld (an *Dat*): *hold s.o. ~ for* j-n verantwortlich machen für **3.** verantwortungsbewusst **4.** verantwortungsvoll (*Position*) re·spon·sive [rɪˈspɒnsɪv] *Adj* **1.** leichtgängig (*Kupplung etc*), elastisch (*Motor*): *be ~ to* reagieren auf (*Akk*), MED *etc* a. ansprechen auf (*Akk*); empfänglich sein für **2.** mitteilsam: *he wasn't very ~* a. aus ihm war nicht viel herauszuholen

▸ rest¹ [rest] **I** *s* **1.** Ruhe(pause) *f*; Erholung *f*: *have* (*od take*) *a ~* sich ausruhen; *have a good night's ~* gut schlafen; *lay to ~* zur letzten Ruhe betten; *fig* ad acta legen; *set s.o.'s mind at ~* j-n beruhigen **2.** TECH Auflage *f*, Stütze *f*; TEL Gabel *f* **II** *v/i* **3.** (sich aus)ruhen: *let s.th. ~ fig* etw auf sich beruhen lassen; *he will not ~ until fig* er wird nicht eher ruhen, bis; → *laurel* 3 **4.** lehnen (*against, on* an *Dat*): *~ on bes* TECH ruhen auf (*Dat*) (*a. fig Blick*); *fig* beruhen auf (*Dat*), sich stützen auf (*Akk*); *~ with fig* bei j-m liegen **III** *v/t* **5.** ausruhen (lassen) **6.** lehnen (*against* gegen, *on* an *Akk*)

▸ rest² [rest] *s* Rest *m*: *the ~ of us* wir Übrigen; *all the ~ of them* alle Übrigen; *for the ~* im Übrigen

▸ res·tau·rant [ˈrestərɒnt] *s* Restaurant *n*, Gaststätte *f* ~ *car s* BAHN *Br* Speisewagen *m*

rest·ful [ˈrestful] *Adj* **1.** ruhig, friedlich **2.** erholsam

rest home *s* Alten-, Alters- *od* Pflegeheim *n*

rest·ing place [ˈrestɪŋ] *s*: (*last*) ~ (letzte) Ruhestätte

res·ti·tu·tion [ˌrestɪˈtjuːʃn] *s* Rückgabe *f*, (*von Geld* a.) Rückerstattung *f* (*to* an *Akk*): *make ~ to s.o.* j-m *etw* zurückgeben *od* -erstatten

res·tive [ˈrestɪv] *Adj* unruhig, nervös 'res·tive·ness *s* Unruhe *f*, Nervosität *f*

rest·less [ˈrestlɪs] *Adj* **1.** ruhe-, rastlos **2.** unruhig (*Person, Nacht*): *I had a ~ night* ich habe nicht gut geschlafen

re·stock [ˌriːˈstɒk] *v/t* Regal *etc* wieder auffüllen

res·to·ra·tion [ˌrestəˈreɪʃn] *s* **1.** Wiederherstellung *f* **2.** Restaurierung *f* **3.** Rückgabe *f*, Rückerstattung *f* (*to* an *Akk*)

re·store [rɪˈstɔː] *v/t* **1.** *Ordnung etc* wieder herstellen: *be ~d* (*to health*) wiederhergestellt *od* wieder gesund sein **2.** *Gemälde etc* restaurieren **3.** zurückgeben, *Geld* a. zurückerstatten (*to Dat*) re·stor·er *s* **1.** Restaurator(in) **2.** → *hair restorer*

re·strain [rɪˈstreɪn] *v/t* (*from*) zurückhalten (von), hindern an (*Dat*): *~ s.o. from doing s.th.* j-n davon zurückhalten *od* daran hindern, etw zu tun; *I had to ~ myself* ich musste mich beherrschen (*from doing s.th.* um nicht etw zu tun) re·strained *Adj* **1.** beherrscht **2.** dezent (*Farbe etc*) re·straint [rɪˈstreɪnt] *s* **1.** Beherrschung *f* **2.** Be-, Einschränkung *f* (*on Gen*)

re·strict [rɪˈstrɪkt] *v/t* beschränken (*to* auf *Akk*), einschränken re'stric·tion *s* Be-, Einschränkung *f*: *without ~s* uneingeschränkt re'stric·tive *Adj* beschränkend, einschränkend

rest room *s Am* Toilette *f* (*in Restaurant etc*)

re·struc·ture [ˌriːˈstrʌktʃə] *v/t* umstrukturieren

▸ re·sult [rɪˈzʌlt] **I** *s* **1.** Ergebnis *n*, Re-

sultat *n*: **without ~** ergebnislos **2.** Erfolg *m* **3.** Folge *f*: **as a ~ of** als Folge von (*od Gen*) **II** *v/i* **4.** resultieren, sich ergeben (**from** aus): **~ in** zur Folge haben (*Akk*), führen zu; **~ing → result-ant** re'sult·ant *Adj* daraus resultierend

ré·su·mé ['rezju:meɪ] *s* **1.** Resümee *n*, Zs.-fassung *f* **2.** *Am* (*bes* tabellarischer) Lebenslauf

re·sume [rɪ'zju:m] **I** *v/t* **1.** *Arbeit* wieder aufnehmen, *Diskussion, Reise etc* fortsetzen **2.** *Platz* wieder einnehmen; *Mädchennamen etc* wieder annehmen **II** *v/i* **3.** weitermachen, fortfahren **re·sump·tion** [rɪ'zʌmpʃn] *s* Wiederaufnahme *f*, Fortsetzung *f*

re·sur·face [,ri:'sɜ:fɪs] **I** *v/t* **1.** *Straße* neu belegen **II** *v/i* **2.** wieder auftauchen (*U-Boot*) **3.** *fig* wieder aufleben

re·sur·gence [rɪ'sɜ:dʒəns] *s* Wiederaufleben *n* **re·sur·gent** *Adj* wieder auflebend

res·ur·rect [,rezə'rekt] *v/t Brauch etc* wieder aufleben lassen, *Gesetz etc* wieder einführen **,res·ur'rec·tion** *s* **1.** Wiedereinführung *f* **2.** ♀ *REL* Auferstehung *f*

re·sus·ci·tate [rɪ'sʌsɪteɪt] *v/t MED* wieder beleben **re,sus·ci'ta·tion** *s* Wiederbelebung *f*

re·tail ['ri:teɪl] **I** *s* **1.** Einzelhandel *m*: **at ~** → **III II** *Adj* **2.** Einzelhandels...: **~ price; ~ dealer → retailer III** *Adv* **3.** im Einzelhandel, einzeln **IV** *v/t* [ri:'teɪl] **4.** im Einzelhandel verkaufen (**at, for** für) **5.** *fig Gerücht etc* verbreiten **V** *v/i* [ri:'teɪl] **6.** im Einzelhandel verkauft werden (**at, for** für): **it ~s at £2** a. es kostet im Einzelhandel zwei Pfund **re'tail·er** *s* Einzelhändler(in)

re·tain [rɪ'teɪn] *v/t* **1.** *Gleichgewicht* halten; *Eigenschaft, Fassung etc* behalten, bewahren **2.** *Wasser stauen* (*Damm*), speichern (*Boden*); *Wärme* speichern **re'tain·er, re'tain·ing fee** *s* (Honorar-)Vorschuss *m* (*für Anwalt*)

re·take [,ri:'teɪk] *v/t* (*unreg* **take**) **1.** *MIL* zurückerobern **2.** *FILM, TV Szene etc* nochmals drehen

re·tal·i·ate [rɪ'tælɪeɪt] *v/i* **1.** Vergeltung üben, sich revanchieren (**against** an *Dat*); *eng. S.* zurückschlagen, -treten **2.** *Sport, a. in Diskussion etc*: kontern

(**with** mit) **re,tal·i·a·tion** *s* Vergeltung(smaßnahmen *Pl*) *f*, Revanche *f*: **in ~ for** als Vergeltung für **re'tal·i·a·to·ry** [-ətərɪ] *Adj* Vergeltungs..., Revanche...

re·tard [rɪ'tɑ:d] *v/t* verzögern, hemmen **re'tard·ed** *Adj*: (**mentally**) **~** (geistig) zurückgeblieben

retch [retʃ] *v/i* würgen

re·ten·tion [rɪ'tenʃn] *s* **1.** Bewahrung *f* **2.** Stauung *f*; Speicherung *f* **re'ten·tive** *Adj* gut (*Gedächtnis*)

re·think [,ri:'θɪŋk] *v/t* (*unreg* **think**) noch einmal überdenken

ret·i·cence ['retɪsəns] *s* Schweigsamkeit *f* **'ret·i·cent** *Adj* schweigsam: **he was very ~ about it** von ihm war nur sehr wenig darüber zu erfahren

ret·i·na ['retɪnə] *Pl* **-nas, -nae** ['-ni:] *s ANAT* Netzhaut *f*

ret·i·nue ['retɪnju:] *s* Gefolge *n*

▶ re·tire [rɪ'taɪə] **I** *v/i* **1.** *allg* sich zurückziehen (*a. fig* **from business** aus dem Geschäftsleben; **from competition** vom aktiven Sport): **~ from business** *a.* sich zur Ruhe setzen **2.** in Rente *od* Pension gehen, sich pensionieren lassen **3.** *SPORT* aufgeben **II** *v/t* **4.** in den Ruhestand versetzen, pensionieren **re'tired** *Adj* pensioniert, im Ruhestand (lebend): **be ~** *a.* in Pension *od* Rente sein; **~ general** General *m* außer Dienst *eng. S.* **bes** *Am* Ruhestandler(in) **re'tire·ment** *s* **1.** Rückzug *m* **2.** Pensionierung *f*; Ruhestand *m*: **~ age** Rentenalter *n* **3.** *SPORT* Aufgabe *f* **re'tir·ing** *Adj* zurückhaltend

re·tort¹ [rɪ'tɔ:t] **I** *s* (scharfe) Entgegnung **II** *v/t* (scharf) entgegnen

re·tort² [-] *s CHEM* Retorte *f*

re·touch [,ri:'tʌtʃ] *v/t FOTO* retuschieren

re·trace [rɪ'treɪs] *v/t Tathergang etc* rekonstruieren: **~ one's steps** denselben Weg zurückgehen

re·tract [rɪ'trækt] *v/t* **1.** *Krallen etc*, *FLUG Fahrgestell* einziehen **2.** *Angebot etc* zurückziehen, *Behauptung etc* zurücknehmen, *Geständnis etc* widerrufen **re'tract·a·ble** *Adj* einziehbar **re'trac·tion** *s* **1.** Einziehen *n* **2.** Zurücknahme *f*, Widerruf *m*

re·train [,ri:'treɪn] **I** *v/t* umschulen **II** *v/i* umschulen, sich umschulen lassen **,re-'train·ing** *s* Umschulung *f*: **~ course**

R

Umschulung(skurs *m*) *f*

re·tread I *v/t* [ˌriːˈtred] *Reifen* runderneuern **II** *s* [ˈriːtred] runderneuerter Reifen

re·treat [rɪˈtriːt] **I** *s* **1.** MIL Rückzug *m*: **beat a** (*hasty*) ~ *fig* abhauen **2.** Zufluchtsort *m* **II** *v/i* **3.** MIL sich zurückziehen **4.** zurückweichen (**from** vor *Dat*)

re·trench [rɪˈtrentʃ] *v/i* kürzen, abbauen, einsparen

re·tri·al [ˌriːˈtraɪəl] *s* JUR Wiederaufnahmeverfahren *n*

ret·ri·bu·tion [ˌretrɪˈbjuːʃn] *s* Vergeltung *f*

re·triev·al [rɪˈtriːvl] *s* **1.** Zurückholen *n* **2.** Wiedergutmachen *n*, Wettmachen *n*; Rettung *f*: **beyond** (*od past*) ~ hoffnungslos (*Situation*) **3.** JAGD Apportieren *n*

re·trieve [rɪˈtriːv] *v/t* **1.** zurückholen **2.** *Fehler* wieder gutmachen, *Verlust a.* wettmachen; *Situation* retten **3.** (*a. v/i*) JAGD apportieren

ret·ro·ac·tive [ˌretrəʊˈæktɪv] *Adj* rückwirkend

ret·ro·grade [ˈretrəʊɡreɪd] *Adj* rückschrittlich: ~ **step** Rückschritt *m*

ret·ro·gres·sive [ˌretrəʊˈɡresɪv] *Adj* rückschrittlich

ret·ro·spect [ˈretrəʊspekt] *s*: **in** ~ rückschauend, im Rückblick **ˌret·ro·ˈspec·tive** *Adj* **1.** rückblickend, -schauend **2.** rückwirkend

ret·ro·vi·rus [ˈretrəʊˌvaɪrəs] *s* MED Retrovirus *n, a. m*

re·try [ˌriːˈtraɪ] *v/t* JUR **1.** *Fall* erneut verhandeln gegen *j-n*

▶**re·turn** [rɪˈtɜːn] **I** *v/i* **1.** zurückkehren, -kommen; zurückgehen; *fig* wieder auftreten: **return to** *fig* auf ein Thema, Vorhaben zurückkommen; in *e-e Gewohnheit etc* zurückfallen; in *e-n Zustand* zurückkehren; → **normal** II **2.** *turn to sender* POST zurück an Absender **II** *v/t* **3.** (**to**) zurückgeben (*Dat*); zurückbringen (*Dat*); zurückschicken, -senden (*Dat od an Akk*) **4.** zurücklegen, -stellen **5.** *Besuch, Kompliment etc* erwidern **6.** *Gewinn, Zinsen* abwerfen **7.** *be returned* (**to Parliament**) *Br* gewählt werden **8.** → **verdict** 1 **III** *s* **9.** Rückkehr *f*; *fig* Wiederauftreten *n*: **on one's return** bei s-r Rückkehr; **by**

return (**of post**) *Br* postwendend, umgehend; **many happy returns** (**of the day**) herzlichen Glückwunsch zum Geburtstag **10.** Rückgabe *f*; Zurückbringen *n*; Zurückschicken *n*, -senden *n* **11.** Zurücklegen *n*, -stellen *n* **12.** Erwiderung *f* **13.** *a. Pl* WIRTSCH Gewinn *m* **14.** **in return** als Gegenleistung (**for** für): **expect nothing in return** keine Gegenleistung erwarten **15.** (*Steuer*)Erklärung *f* **16.** *Tennis etc*: Return *m*, Rückschlag *m* **IV** *Adj* **17.** Rück...: **return game** (*Sport*) Rückspiel *n*; **return journey** Rückreise *f*; **by return mail** *Am* postwendend, umgehend; ▶ **return ticket** *Br* Rückfahrkarte *f*; Rückflugticket *n* **V** *Adv* **18.** **the ticket costs £10 return** *Br* hin u. zurück kostet die Fahrkarte 10 Pfund **re·ˈturn·a·ble** *Adj* **1.** ~ **bottle** Pfandflasche *f* **2.** **be** ~ zurückgegeben *od* zurückgeschickt werden müssen **re·ˈturn key** *s* COMPUTER Eingabetaste *f*

re·u·ni·fi·ca·tion [ˌriːjuːnɪfɪˈkeɪʃn] *s* POL Wiedervereinigung *f* **ˌre·ˈu·ni·fy** [-faɪ] *v/t* wieder vereinigen

re·un·ion [ˌriːˈjuːnjən] *s* **1.** Treffen *n*, Wiedersehensfeier *f* **2.** Wiedervereinigung *f* **re·u·nite** [ˌriːjuːˈnaɪt] *v/t Land, Familie etc* wieder vereinigen

re·us·a·ble [ˌriːˈjuːzəbl] *Adj* wieder verwendbar

rev [rev] MOT F **I** *s* Umdrehung *f*: **number of** ~*s* Drehzahl *f*; ~ **counter** Drehzahlmesser *m* **II** *v/t a.* ~ **up** Motor aufheulen lassen **III** *v/i a.* ~ **up** aufheulen

re·val·u·a·tion [ˈriːˌvæljʊˈeɪʃn] *s* Aufwertung *f* **ˌre·ˈval·ue** [-juː] *v/t Dollar etc* aufwerten

re·vamp [ˈriːˈvæmp] *v/t* F *Haus etc* aufmöbeln, *Theaterstück etc* aufpolieren, *Firma etc* auf Vordermann bringen

re·veal [rɪˈviːl] *v/t* **1.** den Blick freigeben auf (*Akk*); zeigen **2.** *Geheimnis etc* enthüllen, aufdecken **re·ˈveal·ing** *Adj* **1.** offenherzig (*Kleid etc*) **2.** *fig* aufschlussreich

rev·el [ˈrevl] *v/i Prät u. Part Perf* **-eled**, *bes Br* **-elled 1.** (*lärmend od* ausgelassen) feiern **2.** (**in**) schwelgen (in *Dat*); *pej* sich weiden (an *Dat*)

rev·e·la·tion [ˌrevəˈleɪʃn] *s* **1.** Enthüllung *f*, Aufdeckung *f* **2.** REL Offenbarung *f*

rev·el·ry ['revlərı] s (lärmendes od ausgelassenes) Feiern

re·venge [rɪ'vendʒ] **I** s **1.** Rache f: **in ~** aus Rache (**for** für); **take** (**one's**) **~ on s.o.** (**for s.th.**) sich an j-m (für etw) rächen; → **sweet** I **2.** Spiel, SPORT Revanche f: **give s.o. a chance to get his ~** j-m Revanche geben **II** v/t **3.** j-n, etw rächen **re'venge·ful** [_fʊl] Adj rachsüchtig

rev·e·nue ['revənjuː] s a. Pl Staatseinnahmen Pl, -einkünfte Pl: → **inland** 2

re·ver·ber·ate [rɪ'vɜːbəreɪt] **I** v/i nach-, widerhallen **II** v/t Schall zurückwerfen **re,ver·ber'a·tion** s **1.** Nach-, Widerhall m **2.** Zurückwerfen n

re·vere [rɪ'vɪə] v/t verehren; Andenken hochhalten **rev·er·ence** ['revərəns] s Verehrung f, Ehrfurcht f (**for** vor Dat): **with ~** ehrfürchtig; **hold in ~** verehren **'Rev·er·end** s REL Hochwürden m

rev·er·ent ['revərənt], **rev·er·en·tial** [ˌ·'renʃl] Adj ehrfurchtsvoll

rev·er·ie ['revərɪ] s (Tag)Träumerei f: **fall into a ~** ins Träumen kommen

re·ver·sal [rɪ'vɜːsl] s **1.** Umstoßung f, JUR Aufhebung f **2.** Rückschlag m **re'verse I** s **1.** Gegenteil n: **quite the ~** ganz im Gegenteil **2.** Rückschlag m **3.** Kehr-, Rückseite f (e-r Münze) **4.** MOT Rückwärtsgang m: **put the car into ~** den Rückwärtsgang einlegen **II** Adj **5.** umgekehrt; (Richtung) entgegengesetzt: **~ gear →** 4; **in ~ order** in umgekehrter Reihenfolge; **~ side** line (Stoff)Seite **III** v/t **6.** Wagen im Rückwärtsgang od rückwärts fahren: **~ one's car out of the garage** a. rückwärts aus der Garage fahren **7.** Reihenfolge etc umkehren: **~ the charges** TEL Br ein R-Gespräch führen **8.** Entscheidung etc umstoßen; JUR Urteil aufheben **9.** Blatt etc umdrehen; Mantel etc wenden **IV** v/i **10.** MOT im Rückwärtsgang od rückwärts fahren

re·vert [rɪ'vɜːt] v/i: **~ to** auf ein Thema zurückkommen; in e-e Gewohnheit etc zurückfallen; in e-n Zustand zurückkehren

re·view [rɪ'vjuː] **I** s **1.** Überprüfung f: **be under ~** überprüft werden **2.** Besprechung f, Kritik f, Rezension f: **~ copy** Rezensionsexemplar n **3.** MIL Parade f

4. → **revue 5.** PÄD Am (Stoff)Wiederholung f (**for** für e-e Prüfung) **II** v/t **6.** überprüfen **7.** besprechen, rezensieren **8.** MIL besichtigen, inspizieren **9.** PÄD Am Stoff wiederholen (**for** für e-e Prüfung) **re'view·er** s Kritiker(in), Rezensent(in)

re·vise [rɪ'vaɪz] v/t **1.** revidieren: **a)** Ansicht ändern, **b)** Buch etc überarbeiten **2.** Br → **review** 9

re·vi·sion [rɪ'vɪʒn] s **1.** Revidierung f, Änderung f; Revision f, Überarbeitung f **2.** überarbeitete Ausgabe **3.** Br → **review** 5

re·vi·tal·ize [ˌriː'vaɪtəlaɪz] v/t neu beleben

re·viv·al [rɪ'vaɪvl] s **1.** Wiederbelebung f (a. fig) **2.** THEAT Wiederaufnahme f **3.** Wiederaufleben n (a. fig) **re'vive I** v/t **1.** j-n wieder beleben; beleben **2.** Brauch etc wieder beleben, wieder aufleben lassen; Erinnerungen wachrufen **3.** THEAT Stück wieder aufnehmen **II** v/i **4.** wieder zu sich kommen; wieder aufleben **5.** wieder aufleben (Brauch etc)

rev·o·ca·tion [ˌrevə'keɪʃn] s Aufhebung f, Rückgängigmachung f, Widerruf m

re·voke [rɪ'vəʊk] v/t Gesetz etc aufheben, Entscheidung, Erlaubnis etc rückgängig machen, widerrufen

re·volt [rɪ'vəʊlt] **I** s **1.** Revolte f, Aufstand m: **be in ~** (**against**) → 3 **2.** → **revulsion II** v/i **3.** revoltieren (**against** gegen) **4.** fig Abscheu empfinden, empört sein (**against, at, from** über Akk) **III** v/t **5.** mit Abscheu erfüllen, abstoßen **re'volt·ing** Adj abscheulich, abstoßend

rev·o·lu·tion [ˌrevə'luːʃn] s **1.** Umdrehung f: **number of ~s** MOT Drehzahl f; **~ counter** MOT Drehzahlmesser m **2.** ASTR Umlauf m (**round** um) **3.** POL Revolution f, fig a. Umwälzung f **~, rev·o'lu·tion·ar·y I** Adj POL revolutionär, fig a. umwälzend **II** s POL Revolutionär(in) (a. fig) **,rev·o'lu·tion·ize** v/t fig revolutionieren

re·volve [rɪ'vɒlv] v/i sich drehen (**on an axis** um e-e Achse; **round the Earth** um die Erde): **~ around** fig sich drehen um; **he thinks the whole world ~s around him** er glaubt, alles dreht sich nur um ihn **re'volv·er** s Revolver m

R

re·volv·ing *Adj* Dreh...: ~ **door**(*s Pl*) Drehtür *f*; ~ **stage** THEAT Drehbühne *f*

re·vue [rɪ'vjuː] *s* THEAT Revue *f*; Kabarett *n*

re·vul·sion [rɪ'vʌlʃn] *s* Abscheu *f*: **in** ~ angewidert

▸ re·ward [rɪ'wɔːd] **I** *s* (*a.* ausgesetzte) Belohnung: **as a** ~ (**for**) als Belohnung (für); → **finder II** *v/t* belohnen **re·'ward·ing** *Adj* lohnend, (*Aufgabe etc a.*) dankbar

re·word [ˌriː'wɜːd] *v/t* umformulieren

re·write [ˌriː'raɪt] *v/t* (*unreg* **write**) umschreiben

rhap·so·dize ['ræpsədaɪz] *v/i* schwärmen (**about, over** von) 'rhap·so·dy *s* **1.** MUS Rhapsodie *f* **2.** *fig* Schwärmerei *f*: **go into rhapsodies** ins Schwärmen geraten (**about, over** von)

rhe·sus fac·tor ['riːsəs] *s* MED Rhesusfaktor *m*

rhet·o·ric ['retərɪk] *s* **1.** Rhetorik *f* **2.** *pej* Phrasendrescherei *f* **rhe·tor·i·cal** [rɪ'tɒrɪkl] *Adj* rhetorisch: ~ **question** rhetorische Frage

rheu·mat·ic [ruː'mætɪk] MED **I** *Adj* (*~ally*) **1.** rheumatisch: ~ **fever** rheumatisches Fieber **II** *s* **2.** Rheumatiker(in) **rheu·ma·tism** ['ruːmətɪzəm] *s* Rheuma(tismus *m*) *n*

Rhine [raɪn] *Eigenn der* Rhein

rhi·no ['raɪnəʊ] *Pl* **-nos** *s* ZOOL F, **rhi·noc·er·os** [ˌ-'nɒsərəs] *s* ZOOL Rhinozeros *n*, Nashorn *n*

Rhodes [rəʊdz] *Eigenn* Rhodos *n*

rho·do·den·dron [ˌrəʊdə'dendrən] *s* BOT Rhododendron *m*, *n*

rhom·bus ['rɒmbəs] *Pl* **-bus·es**, **-bi** ['-baɪ] *s* MATHE Rhombus *m*, Raute *f*

rhu·barb ['ruːbɑːb] *s* **1.** BOT Rhabarber *m* **2.** *bes Am* F Krach *m*, Streit *m*

rhyme [raɪm] **I** *s* **1.** Reim *m* (**for** auf *Akk*): **do s.th. without** ~ **or reason** etw aus unerklärlichen Gründen tun **2.** Reim *m*, Vers *m* **II** *v/i* **3.** sich reimen (**with** auf *Akk*) **III** *v/t* **4.** reimen (**with** auf *Akk*, mit)

▸ rhythm ['rɪðəm] *s* Rhythmus *m*: **disrupt s.o.'s** ~ j-n aus dem Rhythmus bringen; ~ **method** MED Knaus-Ogino-Methode *f* **rhyth·mic, rhyth·mi·cal** ['rɪðmɪk(l)] *Adj* rhythmisch, (*Atmen etc*) gleichmäßig

rib [rɪb] **I** *s* **1.** ANAT Rippe *f* (*a.* BOT etc): →

dig **1**, **5**, poke **1**, **6 2.** Speiche *f* (*e-s Regenschirms*) **II** *v/t* **3.** F aufziehen, hänseln (**for** wegen)

rib·bon ['rɪbən] *s* **1.** (*a.* Farb-, Ordens-) Band *n* **2.** Streifen *m*; Fetzen *m*: **tear to** ~**s** zerfetzen

rib cage *s* ANAT Brustkorb *m*

▸ rice [raɪs] *s* BOT Reis *m*: ~ **pad·dy** *s* Reisfeld *n* ~ **pud·ding** *s* Milchreis *m* ~ **wine** *s* Reiswein *m*

▸ rich [rɪtʃ] **I** *Adj* **1.** reich (*a. fig*): ~ **in** reich an (*Dat*); ~ **in contrasts** kontrastreich **2.** prächtig, kostbar (*Schmuck etc*) **3.** schwer (*Speise*) **4.** ertragreich, fett (*Boden*) **5.** voll (*Töne*), (*Farben a.*) satt **6.** **that's** ~! F iron na prima! **II** *s* **7. the** ~ *Pl* die Reichen *Pl* **rich·es** ['-ɪz] *s Pl* Reichtümer *Pl* **'rich·ness** *s* **1.** Reichtum *m* (*a. fig*) **2.** Prächtigkeit *f*, Kostbarkeit *f* **3.** Schwere *f* **4.** Fettheit *f* **5.** Fülle *f*, Sattheit *f*

rick·ets ['rɪkɪts] *s Sg* MED Rachitis *f* **rick·et·y** ['-ətɪ] *Adj* **1.** MED rachitisch **2.** schwach (auf den Beinen); gebrechlich **3.** wack(e)lig (*Möbelstück etc*)

rick·shaw ['rɪkʃɔː] *s* Rikscha *f*

ric·o·chet ['rɪkəʃeɪ] **I** *s* Querschläger *m* **II** *v/i* abprallen (**off** von)

▸ rid [rɪd] *v/t* (*mst unreg*) befreien (**of** von): ▸ **get rid of** loswerden 'rid·dance *s*: **good** ~ (**to him**)! F den sind wir Gott sei Dank los!

rid·den ['rɪdn] **I** *Part Perf von* **ride II** *Adj in Zssgn* geplagt *od* heimgesucht von

rid·dle¹ ['rɪdl] *s* Rätsel *n* (*a. fig*): **speak** (*od* **talk**) **in** ~**s** in Rätseln sprechen

rid·dle² [ˌ] **I** *s* **1.** (Schüttel)Sieb *n* **II** *v/t* **2.** sieben **3.** ~ **with bullets** mit Kugeln durchlöchern *od* -sieben; ~**d with holes** (*mistakes*) voller Löcher (Fehler)

▸ ride [raɪd] **I** *s* **1.** Ritt *m*: **give s.o. a** ~ **on one's shoulders** j-n auf s-n Schultern reiten lassen **2.** Fahrt *f*: **give s.o. a** ~ j-n (*im Auto etc*) mitnehmen; **go for a** ~ **in the car** e-e Autofahrt machen; **take s.o. for a** ~ F j-n reinlegen *od* übers Ohr hauen **II** *v/i* (*unreg*) **3.** reiten (*a. rittlings sitzen*) (**on** auf *Dat*): → **rough·shod 4.** fahren (**on** auf *Dat*), (*in e-m Bus etc*) fahren (**in** *Dat*) **5.** ~ **up** hoch rutschen (*Rock etc*) **III** *v/t* **6.** reiten (auf *Dat*) **7.** *Fahr-, Motorrad* fahren, fahren auf (*Dat*): **can you** ~ **a bicycle?** kannst

R

du Rad fahren? **'rid·er** s **1.** Reiter(in) **2.** (*Motorrad-, Rad*)Fahrer(in)

ridge [rɪdʒ] s **1.** (*Gebirgs*)Kamm m, (-)Grat m **2.** (*Dach*)First m

rid·i·cule ['rɪdɪkjuːl] **I** s Spott m: **for fear of ~** aus Angst, sich lächerlich zu machen; **hold up to ~** → II **II** v/t lächerlich machen, spotten über (*Akk*)

ri'dic·u·lous [-jələs] *Adj* lächerlich: **don't be ~** mach dich nicht lächerlich

rid·ing ['raɪdɪŋ] *Adj* Reit...: **~ school**; **~ breeches** Reithose f

rife [raɪf] *Adj*: **~ with** voll von, voller

rif·fle ['rɪfl] v/t: **~ through s.th.** etw durchblättern

riff-raff ['rɪfræf] s Gesindel n, Pack n

ri·fle¹ ['raɪfl] v/t durchwühlen

ri·fle² [-] s Gewehr n: **~ range** s Schießstand m

rift [rɪft] s **1.** Spalt(e f) m **2.** *fig* Riss m

rig¹ [rɪg] v/t Wahl etc manipulieren

rig² [-] **I** s **1.** SCHIFF Takelage f, Takelung f **2.** Bohrinsel f **3.** F Aufmachung f **4.** *Am* F Sattelschlepper m **II** v/t **5.** *Schiff* auftakeln **6.** **~ out** F j-n ausstaffieren (**as** als); auftakeln **7.** **~ up** F provisorisch zs.-bauen (**from** aus)

▶ **right** [raɪt] **I** *Adj* (→ **rightly**) **1.** richtig, recht: **the right thing** das Richtige; → **all 3 2.** richtig: **a)** korrekt, **b)** wahr: **is your watch right?** geht deine Uhr richtig?; ▶ **be right** Recht haben **3.** richtig, geeignet: **the right man in the right place** der rechte Mann am rechten Platz **4.** richtig, in Ordnung: **put** (*od* **set**) *right* in Ordnung bringen; j-n aufklären (**on** über *Akk*); *Irrtum* richtig stellen **5.** recht, Rechts... **6.** **right angle** MATHE rechter Winkel **I** s **7.** Recht n: **know right from wrong** Recht von Unrecht unterscheiden können **8.** Recht n; Anrecht n (**to** *auf Akk*): **right of access** COMPUTER Zugriffsrecht n; **by rights** von Rechts wegen; **it is my right of way** MOT ich habe Vorfahrt; **know one's rights** s-e Rechte kennen **9.** *the* Rechte, rechte Seite: **on** (*od* **to**) **the right** (**of**) rechts (von), rechter Hand (von); **on our right** zu unserer Rechten; **the second turning to** (*od* **on**) **the right** die zweite Querstraße rechts; **keep to the right** sich rechts halten; MOT rechts fahren **10.** *the* **right** POL die Rechte **III** *Adv* **11.** richtig,

recht: **if I get you right** wenn ich Sie richtig verstehe; **guess right** richtig (er)raten; → **serve 9 12.** genau, direkt **13.** **right away** (*od* **off**) sofort; **right now** im Moment; sofort **14.** ganz, völlig **15.** rechts (**of** von): **turn right** (sich) nach rechts wenden; MOT rechts abbiegen; **right and left; right, left and center** (*bes Br* **centre**) *fig* F überall; in jeder Hinsicht **IV** v/t **16.** aufrichten **17.** *Unrecht* wieder gutmachen: **'~,angled** *Adj* MATHE rechtwink(e)lig

right·eous ['raɪtʃəs] *Adj* gerecht (*Zorn etc*)

right·ful ['raɪtfʊl] *Adj* rechtmäßig '**~hand** f g. recht-: **~ bend** Rechtskurve f; **~ man** *fig* j-s rechte Hand **2.** TECH rechtsgängig, -läufig: **~ drive** Rechtssteuerung f; **'~'hand·ed** *Adj* rechtshändig: **be ~** Rechtshänder(in) sein ,**~ 'hand·er** s Rechtshänder(in)

right·ist ['raɪtɪst] s POL Rechte(r)

'right·ly *Adv* **1.** richtig **2.** mit Recht: **~ or wrongly** zu Recht od Unrecht **3.** F **I don't ~ know** ich weiß (es) nicht sicher; **I can't ~ say** ich kann (es) nicht mit Sicherheit sagen

'right-wing *Adj* POL dem rechten Flügel angehörend, Rechts...: **~ extremism** Rechtsextremismus m

rig·id ['rɪdʒɪd] *Adj* **1.** starr (*a. Person*: **with** vor *Dat*), steif **2.** *fig* streng (*Disziplin etc*); starr (*Prinzipien etc*); genau, strikt (*Kontrolle etc*) **ri'gid·i·ty** s Starre f, Starrheit f, Steifheit f **2.** *fig* Strenge f; Genauigkeit f, Striktheit f

rig·ma·role ['rɪgmərəʊl] s F **1.** Geschwätz n **2.** Theater n, Zirkus m

rig·or *Am* → **rigour**

ri·gor mor·tis [,raɪgɔː'mɔːtɪs] s MED Leichenstarre f

rig·or·ous ['rɪgərəs] *Adj* **1.** streng (*Kontrolle etc*) **2.** (peinlich) genau

rig·our ['rɪgə] s *bes Br* F **1.** Strenge f: **the full ~ of the law** die volle Härte des Gesetzes **2.** *Pl* Unbilden *Pl*

'rig-out s *Br* F Aufmachung f

rile [raɪl] v/t ärgern, reizen

rim [rɪm] s **1.** Rand m (*e-r Tasse etc*), (*e-s Huts a.*) Krempe f **2.** TECH Felge f

rind [raɪnd] s (*Zitronen- etc*)Schale f; (*Käse*)Rinde f; (*Speck- etc*)Schwarte f

▶ **ring¹** [rɪŋ] **I** s **1.** *allg* Ring m: **form a ~** e-n Kreis bilden; **he's got ~s round his**

eyes er hat Ringe unter den Augen; *run ~s round s.o.* fig j-n in die Tasche stecken 2. (*Zirkus*) Manege f; (*Boxen*) Ring m 3. WIRTSCH Ring m, Kartell n; (*Spionage- etc*)Ring m **II** v/t **4.** Vogel etc beringen **5.** umringen, (*Polizei etc*) umstellen; *Stelle in e-m Buch etc* einkreisen

▶ **ring²** [rɪŋ] **I** s **1.** Läuten n; Klingeln n **2.** fig *that has a familiar ~ to it* das kommt mir (irgendwie) bekannt vor; *have a hollow ~* hohl klingen (*Versprechen etc*), unglaubwürdig klingen (*Protest etc*) **3.** TEL *bes Br give s.o. a ~* j-n anrufen **II** v/i (*unreg*) **4.** läuten; klingeln: *the bell is ~ing* es läutet *od* klingelt; *~ for* nach j-m, etw läuten **5.** TEL *bes Br* anrufen: *~ for* Arzt etc rufen; *~ing tone* Rufzeichen n (a. fig): *~ in s.o.'s ears* j-m im Ohr klingen; *~ hollow* hohl klingen (*Versprechen etc*), unglaubwürdig klingen (*Protest etc*) **III** v/t (*unreg*) **7.** läuten: → *bell* 1, *doorbell* **8.** TEL *bes Br* j-n anrufen

Verbindungen mit Adverbien:

ring| back v/t u. v/i TEL *bes Br* zurückrufen *~ in* v/i *1 bes Br* sich telefonisch melden (*to* bei) **2.** Am (*bei Arbeitsbeginn*) einstempeln *~ off* v/i TEL *bes Br* (den Hörer) auflegen, Schluss machen *~ out* v/i **1.** erklingen, ertönen **2.** Am (*bei Arbeitsende*) ausstempeln *~ round* v/i *bes Br* herumtelefonieren *~ up* v/t **1.** → *ring²* 8 **2.** Preis, Ware (*in die Kasse*) eintippen

ring| bind·er s Ringbuch n *~ fin·ger* s Ringfinger m *'~·lead·er* s Rädelsführer(in) *~ road* s *bes Br* Umgehungsstraße f *'~·side* s: *at the ~* (*Boxen*) am Ring; *~ seat* (*Boxen*) Ringplatz m; (*Zirkus*) Manegenplatz m

rink [rɪŋk] s (Kunst)Eisbahn f; Rollschuhbahn f

rinse [rɪns] **I** v/t **1.** a. *~ out* (aus)spülen, *Wäsche* spülen: *~ one's mouth out* sich den Mund ausspülen (*with* mit); *~ the shampoo out of one's hair* sich das Shampoo aus dem Haar spülen **2.** sich das Haar tönen **II** v/t **3.** Spülung f: *give s.th. a ~* → 1 **4.** Tönung(smittel n) f

ri·ot ['raɪət] **I** s **1.** Aufruhr m; Krawall m, Tumult m: *run ~* randalieren, randalierend ziehen (*through* durch); *his imagination ran ~* s-e Fantasie ging

mit ihm durch; *read s.o. the ~ act* oft hum j-m die Leviten lesen; *~ police* Bereitschaftspolizei f; *~ squad* Überfallkommando n; *~ shield* Schutzschild m **2.** *~ of colo(u)r* Sinfonie f von od Orgie f in Farben **3.** *be a ~* F zum Schreien (komisch) sein **II** v/i **4.** an e-m Aufruhr teilnehmen; randalieren *'ri·ot·er* s Aufrührer(in); Randalierer(in) *'ri·ot·ous* Adj **1.** aufrührerisch; randalierend **2.** ausgelassen, wild

rip [rɪp] **I** v/t **1.** a. *~ up* zerreißen; *~ s.th.* sich etw zerreißen od sich reißen; *~ s.th. from s.o.'s hand* j-m etw aus der Hand reißen; *~ off one's shirt* sich das Hemd herunter- od vom Leib reißen; *~ open* aufreißen **2.** *~ off* F abzocken; mitgehen lassen, klauen **II** v/i **3.** (zer)reißen **4.** *let her ~!* MOT F volle Pulle! **III** s **5.** Riss m

'rip·cord s Reißleine f (*am Fallschirm*)

▶ **ripe** [raɪp] Adj reif (a. fig): *live to a ~ old age* ein hohes Alter erreichen; *the time is ~ for* die Zeit ist reif für; *~ for development* baureif *rip·en* ['~ən] **I** v/i reifen **II** v/t reifen lassen

'rip-off s F Nepp m; Diebstahl m

ri·poste [rɪ'pɒst] **I** s **1.** *Fechten:* Riposte f **2.** (schlagfertige *od* scharfe) Entgegnung **II** v/t **3.** (schlagfertig *od* scharf) entgegnen

rip·ple ['rɪpl] **I** s **1.** kleine Welle **2.** Plätschern n **II** v/t **3.** *Wasser* kräuseln **III** v/i **4.** sich kräuseln **5.** plätschern

'rip-,roar·ing Adj F **1.** ausgelassen (*Party etc*) **2.** toll (*Erfolg etc*)

▶ **rise** [raɪz] **I** v/i (*unreg*) **1.** aufstehen (a. am Morgen), sich erheben **2.** aufsteigen (*Rauch etc*); sich heben (*Vorhang*): *his spirits rose* s-e Stimmung hob sich **3.** ansteigen (*Straße, Wasser etc*), anschwellen (*Fluss etc*) **4.** (an)steigen (*by* um) (*Temperatur etc*), (*Preise etc a.*) anziehen **5.** aufgehen (*Sonne, Teig etc*) **6.** entspringen (*Fluss etc*); fig entstehen (*from, out of* aus) **7.** a. *~ up* sich erheben (*against* gegen) **8.** (*above*) erhaben sein (über *Akk*), stehen (über *Dat*): → *occasion* 3 **9.** (*beruflich od gesellschaftlich*) aufsteigen: → *rank¹* 12 bis **10.** Steigung f; Anhöhe f **11.** ASTR Aufgang m **12.** fig Anstieg m (*in Gen*): *~ in population* Bevölkerungszunahme f; *the ~ and fall* das Auf u. Ab **13.** fig Auf-

robber

stieg m (**to** zu): **the ~ and fall** der Aufstieg u. Fall **14.** *bes Br* Lohn- *od* Gehaltserhöhung f **15. give ~ to** verursachen, führen zu; Anlass geben zu

ris·en ['rɪzn] *Part Perf von* **rise** '**ris·er** s: **early ~** Frühaufsteher(in); **late ~** Langschläfer(in) '**ris·ing I** s **1.** Aufstand m, Erhebung f **II** *Adj* **2.** heranwachsend, kommend (*Generation*) **3.** aufstrebend (*Politiker etc*)

▸ **risk** [rɪsk] **I** s **1.** Gefahr f, Risiko n: **at one's own ~** auf eigene Gefahr, auf eigenes Risiko; **at the ~ of** (*Ger*) auf die Gefahr hin zu (*Inf*); **be at ~** gefährdet sein; **put at ~** gefährden; **run** (*od* **take**) **a ~** ein Risiko eingehen; **the ~ of doing s.th.** Gefahr laufen, etw zu tun; **~ group** Risikogruppe f **II** *v/t* riskieren: **a)** *sein Leben etc* aufs Spiel setzen, **b)** *Sprung etc* wagen, **c)** es ankommen lassen auf *e-e Verletzung etc*; **~ doing s.th.** es wagen *od* riskieren, etw zu tun; → **neck 1** '**risk·y** *Adj* riskant

ri·sot·to [rɪ'zɒtəʊ] *Pl* **-tos** s GASTR Risotto m

ris·qué ['rɪskeɪ] *Adj* gewagt (*Witz etc*)

ris·sole ['rɪsəʊl] s GASTR Frikadelle f

rite [raɪt] s Ritus m: **perform the last ~s over** REL *j-m* die Sterbesakramente spenden

rit·u·al ['rɪtʃʊəl] **I** s **1.** Ritual n **II** *Adj* **2.** Ritual...: **~ murder** Ritualmord m **3.** rituell

ritz·y ['rɪtsɪ] *Adj* F stinkvornehm, feudal

▸ **ri·val** ['raɪvl] **I** s **1.** Rivale m, Rivalin f, Konkurrent(in): **~** (*in love*) Nebenbuhler(in) **II** *Adj* **2.** rivalisierend, konkurrierend: **~ firm** Konkurrenzfirma f **III** *v/t Prät u. Part Perf* **-valed**, *bes Br* **-valled 3.** rivalisieren *od* konkurrieren mit **4.** es aufnehmen mit (*for* an *Dat*) '**ri·val·ry** s Rivalität f; Konkurrenz (-kampf m) f

▸ **riv·er** ['rɪvə] s Fluss m; Strom m: **down the ~** flussabwärts; **up the ~** flussaufwärts; **sell s.o. down the ~** F *j-n* verraten u. verkaufen; **~s** *Pl of blood* Blutströme *Pl* '**~·bed** s Flussbett n '**~·side** s Flussufer n: **by the ~** am Fluss

riv·et ['rɪvɪt] **I** s **1.** TECH Niet m **II** *v/t* **2.** TECH (ver)nieten: **stand ~ed to the spot** *fig* wie festgenagelt stehen (bleiben) **3.** *fig* Aufmerksamkeit richten,

Augen, Blick a. heften (**on** auf *Akk*); *j-s Aufmerksamkeit* fesseln

RNA [ɑːren'eɪ] *Abk* (= **ribonucleic acid**) RNS f (*Ribonukleinsäure*)

roach [rəʊtʃ] s Am Küchenschabe f

▸ **road** [rəʊd] s (Land)Straße f: **on the ~** auf der Straße; **be on the ~** mit dem Auto unterwegs sein; THEAT *etc* auf Tournee sein; **be on the right ~** *fig* auf dem richtigen Weg sein; **hit the ~** F sich auf den Weg machen, aufbrechen; **one for the ~** F *e-n* (*Schnaps etc*) zum Abschied *od* für unterwegs; → **Rome**; → *Info bei* **Straße** **~·ac·cident** s Verkehrsunfall m '**~·block** s Straßensperre f **~ hog** s F Verkehrsrowdy m '**~·holding** s MOT Straßenlage f '**~·house** s Am Rasthaus n **~ map** s Straßenkarte f **~ safe·ty** s Verkehrssicherheit f '**~·side** s Straßenrand m: **at** (*od by*) **the ~** am Straßenrand **~ sign** s Verkehrsschild n **~ tax** s *etwa* Kfz-Steuer f **~ test** s MOT Probefahrt f: **do a ~** *e-e* Probefahrt machen '**~·test** *v/t Auto* Probe fahren, *e-e* Probefahrt machen mit: **~ toll** s Straßenbenutzungsgebühr f **~ us·er** s Verkehrsteilnehmer(in) '**~·way** s Fahrbahn f **~ works** s *Pl* Straßenbauarbeiten *Pl* '**~·wor·thy** *Adj* verkehrstüchtig

roam [rəʊm] **I** *v/i* wandern **II** *v/t* wandern durch

roar [rɔː] **I** *v/i* **1.** brüllen (**with** vor *Dat*): **~** (**with laughter**) vor Lachen brüllen; **~ at s.o.** *j-n* anbrüllen **2.** donnern (*Fahrzeug, Geschütz*) **II** *v/t* **3.** *a.* **~ out** etw brüllen **III** s **4.** Brüllen n, Gebrüll n: **~s** *Pl of laughter* brüllendes Gelächter **5.** Donnern n '**roar·ing I** *Adj* **1.** brüllend **2.** donnernd **3.** *~* **success** f Bombenerfolg m **II** *Adv* **4.** *~* **drunk** F sternhagelvoll **III** s **5.** → *roar* 4, 5

▸ **roast** [rəʊst] **I** *v/t* Fleisch braten; *Kaffee etc* rösten **II** *v/i* braten: **I'm ~ing** ich komme vor Hitze fast um **III** s Braten m **IV** *Adj* gebraten: **~ beef** Rinder-, Rindsbraten m; **~ chicken** Brathuhn n, -hühnchen n; **~ pork** Schweine-, Schweinsbraten m '**roast·ing F I** *Adj* glühend heiß, knallheiß (*Tag etc*) **II** *Adv*: **~ hot** → f

▸ **rob** [rɒb] *v/t* Bank *etc* überfallen; *j-n* berauben: **~ s.o. of s.th.** *j-m* etw rauben

▸ **rob·ber** ['rɒbə] s Räuber(in)

R

▶ **rob·ber·y** ['rɒbərɪ] s Raub(überfall) m, (Bank)Raub m, (-)Überfall m

robe [rəʊb] s a. Pl Robe f, Talar m

rob·in ['rɒbɪn] s ORN Rotkehlchen n

ro·bot ['rəʊbɒt] s TECH Roboter m (a. fig)

ro·bust [rəʊ'bʌst] Adj **1.** robust (Person, Gesundheit, Material etc); fig gesund (Firma etc) **2.** fig nachdrücklich

▶ **rock¹** [rɒk] s **1.** Fels(en) m; Koll Felsen Pl; GEOL Gestein n **2.** Felsbrocken m; Am Stein m **3.** Pl Klippen Pl: **on the ~s** on the rocks, mit Eis (bes Whisky); in ernsten Schwierigkeiten (Firma etc); **their marriage is on the ~s** in ihrer Ehe kriselt es gewaltig

▶ **rock²** [rɒk] **I** v/t **1.** wiegen, schaukeln: **a child to sleep** ein Kind in den Schlaf wiegen **2.** erschüttern (a. fig): ~ **the boat** fig alles kaputtmachen **II** v/i **3.** schaukeln **4.** schwanken **5.** MUS rocken **III** s/i **6.** → **rock 'n' roll 7.** a. ~ **music** Rock(musik f) m: ~ **group** Rockgruppe f; ~ **singer** Rocksänger(in)

rock 'n' roll s MUS Rock and Roll m ~ **bot·tom** s: **hit** (od **reach**) ~ e-n od s-n Tiefpunkt erreichen '~,'bot·tom Adj allerniedrigst, äußerst (Preise)

rock·er ['rɒkə] s **1.** Kufe f (e-s Schaukelstuhls etc): **off one's** ~ F übergeschnappt **2.** Am Schaukelstuhl m **3.** Br Rocker(in)

rock·er·y ['rɒkərɪ] s Steingarten m

▶ **rock·et** ['rɒkɪt] s **1.** Rakete f **2.** give s.o. a ~ bes Br F j-m e-e Zigarre verpassen **II** v/i **3.** a. ~ **up** hochschnellen, in die Höhe schießen (Preise) **4.** rasen, schießen

'**rock·fall** s Steinschlag m ~ **gar·den** s Steingarten m

rock·ing| chair ['rɒkɪŋ] s Schaukelstuhl m ~ **horse** s Schaukelpferd n

'**rock** '**lob·ster** s ZOOL Languste f

rock 'n' roll [,rɒkən'rəʊl] s MUS Rock 'n' Roll m

rock·y¹ ['rɒkɪ] Adj **1.** felsig **2.** steinhart

rock·y² [_] Adj F wack(e)lig

ro·co·co [rəʊ'kəʊkəʊ] s Rokoko n

rod [rɒd] s **1.** (a. Angel)Rute f **2.** TECH Stab m, Stange f **3.** rule with a ~ of iron mit eiserner Faust regieren **4.** Am Schießeisen n, Kanone f

rode [rəʊd] Prät von ride

ro·dent ['rəʊdənt] s Nagetier n

ro·de·o [rəʊ'deɪəʊ] Pl **-os** s Rodeo m, n

roe¹ [rəʊ] s FISCH Rogen m

roe² [_] s ZOOL Reh n '~**-buck** s Rehbock m ~ **deer** s Reh n

rog·er ['rɒdʒə] Interj FUNKVERKEHR roger!, verstanden!

rogue [rəʊg] s **1.** Gauner(in): ~**s' gallery** Verbrecheralbum n **2.** oft hum Schlingel m, Spitzbube m '**ro·guish** Adj schelmisch

▶ **role** [rəʊl] s THEAT etc Rolle f (a. fig) ~ **play** s Rollenspiel n ~**-swap·ping** s Rollentausch m

▶ **roll** [rəʊl] **I** s **1.** Rolle f; (Fett)Wulst f **2.** Anwesenheits-, Namenliste f **3.** Brötchen n, Semmel f **4.** Würfeln: Wurf m **5.** SCHIFF Schlingern n **6.** Grollen n, Rollen n (des Donners); (Trommel)Wirbel m **II** v/i **7.** rollen; sich wälzen: **tears were ~ing down her cheeks** Tränen rollten ihr über die Wangen; **heads will ~** fig es werden einige Köpfe rollen; **be ~ing in money** (od **it**) F im Geld schwimmen; → **ball¹ 1 8.** rollen, fahren **9.** würfeln **10.** (sch)wanken (Person); SCHIFF schlingern **11.** grollen, rollen (Donner) **III** v/t **12.** etw rollen: ~ **the dice** würfeln; ~ **one's eyes** die Augen rollen od verdrehen **13.** auf-, zs.-rollen: ~ **itself into** sich zs.-rollen zu (Tier); ~ **a cigarette** sich e-e Zigarette drehen **14.** Rasen etc walzen; Teig ausrollen

Verbindungen mit Adverbien:

roll| down v/t Ärmel herunterkrempeln ~ **in** v/i hereinströmen (Angebote etc) ~ **out** v/t Teig, Teppich ausrollen ~ **up I** v/t **1.** auf-, zs.-rollen **2.** Ärmel hoch-, aufkrempeln **3.** MOT Fenster hochkurbeln **II** v/i **4.** sich zs.-rollen (into zu) (Tier) **5.** F antanzen **6.** ~**!** (Rummelplatz etc) hereinspaziert!

'**roll| bar** s MOT Überrollbügel m ~ **call** s Namensaufruf m: **take** ~ die Namen aufrufen

roll·er ['rəʊlə] s **1.** TECH Rolle f; Walze f **2.** Lockenwickler m ~**-blind** s Rolllade m, Rollo n ~ **coast·er** s Achterbahn f ~ **skate** s Rollschuh m '~**-skate** v/i Rollschuh laufen ~ **skat·er** s Rollschuhläufer(in) ~ **skat·ing** s Rollschuhlaufen n ~ **tow·el** s Rollhandtuch n

roll·ing| mill ['rəʊlɪŋ] s TECH Walzwerk n ~ **pin** s Nudelholz n, Teigrolle f

'**roll-on** s Deoroller m

ro·ly-po·ly [ˌrəʊlɪ'pəʊlɪ] F **I** s Dickerchen n **II** Adj dick u. rund

ROM [rɒm] Abk (= **read only memory**) Lesespeicher m

Ro·man ['rəʊmən] **I** Adj römisch: ~ **numeral** römische Ziffer **II** s Römer(in) ~ **Cath·o·lic I** Adj (römisch-)katholisch **II** s Katholik(in)

ro·mance¹ [rəʊ'mæns] s **1.** Liebes- od Abenteuerroman m **2.** Romanze f, Liebesverhältnis n **3.** Romantik f

Ro·mance² [-] Adj romanisch (Sprache)

Ro·man·esque [ˌrəʊmə'nesk] Adj romanisch (Baustil)

Ro·ma·nia [rʊ'meɪnjə] Eigenn Rumänien n

Ro·ma·nian [rʊ'meɪnjən] **I** Adj **1.** rumänisch **II** s **2.** Rumäne m, Rumänin f **3.** LING Rumänisch n

ro·man·tic [rəʊ'mæntɪk] **I** Adj (~ally) (KUNST etc oft 2) romantisch **II** s (KUNST etc oft 2) Romantiker(in) **ro'man·ti·cism** [-sɪzəm] s **1.** oft 2 KUNST etc Romantik f **2.** romantische Vorstellungen Pl **ro'man·ti·cist →** **romantic I ro'man·ti·cize** v/t romantisieren

Ro·ma·ny ['rɒmənɪ] s **1.** Zigeuner(in) **2.** Romani n, Zigeunersprache f

Rome [rəʊm] Eigenn Rom n: ~ **was not built in a day** Rom ist nicht an od in 'einem Tag erbaut worden; **all roads lead to** ~ alle Wege führen nach Rom

romp [rɒmp] v/i **1.** a. ~ **about** (od **around**) herumtollen **2.** ~ **through** F etw spielend schaffen

▸ **roof** [ruːf] **I** s Dach n; MOT Verdeck n: **go through the** ~ F an die Decke gehen (Person); ins Unermessliche steigen (Kosten etc); **have no** ~ **over one's head** kein Dach über dem Kopf haben; **live under the same** ~ unter 'einem Dach leben od wohnen (**as** mit) **II** v/t bedachen: ~ **in** (od **over**) überdachen ~ **gar·den** s Dachgarten m ~ **rack** s MOT Dachgepäckträger m '~·**top** s: **scream** (od **shout**) **s.th. from the** ~s fig etw ausposaunen od an die große Glocke hängen

rook¹ [rʊk] v/t F j-n betrügen (**of** um)

rook² [-] s Schach: Turm m

▸ **room** [ruːm] **I** s **1.** Raum m, Zimmer n

2. Raum m, Platz m: **make** ~ **for s.o.** j-m Platz machen **3.** fig Spielraum m: **there is** ~ **for improvement** es ließe sich noch manches verbessern; **leave little** ~ **for doubt as to** kaum e-n Zweifel übrig lassen an (Dat) **II** v/i **4.** Am → **lodge** 3 '**room·er** Am → **lodger** '**room·ing house** Am Fremdenheim n, Pension f

'**room**|·**mate** s Zimmergenosse m, -genossin f ~ **ser·vice** s Zimmerservice m

room·y ['ruːmɪ] Adj geräumig

roost [ruːst] **I** s (Hühner)Stange f: **come home to** ~ fig sich rächen (Fehler etc); → **rule** 5 **II** v/i auf der Stange sitzen od schlafen '**roost·er** s bes Am Hahn m

▸ **root**¹ [ruːt] **I** s ANAT, BOT, MATHE Wurzel f (a. fig); Ursache f: ~ **and branch** fig mit Stumpf u. Stiel; **get to the** ~ **of** fig e-r Sache auf den Grund gehen; **have its** ~s **in** fig wurzeln in (Dat), s-n Ursprung haben in (Dat); **pull out by the** ~s mit der Wurzel ausreißen od (fig) ausrotten; **put down** (**new**) ~s fig Fuß fassen; **take** ~ Wurzeln schlagen (a. fig) **II** v/i Wurzeln schlagen (a. fig) **III** v/t: ~ **out** fig (mit der Wurzel) ausrotten

root² [-] **I** v/i a. ~ **about** (od **around**) herumwühlen (**among** in Dat) **II** v/t: ~ **out** aufstöbern

root³ [-] v/i: ~ **for** bes Am F a) SPORT j-n anfeuern, b) fig j-m den Daumen drücken; j-n (tatkräftig) unterstützen

root| **beer** s Am Limonade aus Wurzelextrakten ~ **di·rec·to·ry** s COMPUTER Stamm-, Wurzelverzeichnis m

root·ed ['ruːtɪd] Adj: **be** ~ **in** fig wurzeln in (Dat), s-n Ursprung haben in (Dat); **stand** (od **be**) ~ **to the spot** wie angewurzelt dastehen

▸ **rope** [rəʊp] **I** s **1.** Seil n, SCHIFF Tau n; Strick m: **give s.o. plenty of** ~ fig j-m viel Freiheit od Spielraum lassen; **know the** ~s F sich auskennen; **jump** ~ Am seilhüpfen, -springen; **show s.o. the** ~s F j-n anlernen od einarbeiten od einweihen **2.** (Perlen- etc)Schnur f **II** v/t **3.** festbinden (**to** an Dat, a. Akk) **4.** ~ **off** (durch ein Seil) abgrenzen od absperren ~ **lad·der** s Strickleiter f

rop·(e)y ['rəʊpɪ] Adj F miserabel

ro·sa·ry ['rəʊzərɪ] s (Gebete oft 2) REL Rosenkranz m

R

rose[1] [rəʊz] **I** s **1.** BOT Rose f: *life is not all ~s* das Leben hat nicht nur angenehme Seiten **2.** Brause f (*e-r Gießkanne etc*) **II** *Adj* **3.** rosa-, rosenrot

rose[2] [_] *Prät von* **rise**

ro·sé ['rəʊzeɪ] *Adj* Rosé m (*Wein*)

'**rose**|·**bush** s BOT Rosenstock *m*, -strauch *m* '~**col·o(u)red** *Adj* rosa-, rosenrot: *see things through ~ glasses* (*od* **spectacles**) *fig* die Dinge durch e-e rosa(rote) Brille sehen '~**·hip** s BOT Hagebutte f

rose·mar·y ['rəʊzmərɪ] s BOT Rosmarin *m*

ro·sette [rəʊ'zet] s Rosette f (*a.* ARCHI)

ros·in ['rɒzɪn] **I** s Kolophonium *n*, Geigenharz *n* **II** *v/t* mit Kolophonium einreiben

ros·ter ['rɒstə] s Dienstplan *m*

ros·trum ['rɒstrəm] *Pl* **-tra** [_-trə], **-trums** s Redner-, Dirigentenpult *n*

ros·y ['rəʊzɪ] *Adj* rosig (*a. fig*)

rot [rɒt] **I** *v/i a.* **~ away** (ver)faulen, (*bes Holz a.*) verrotten, morsch werden **II** *v/t* (ver)faulen *od* verrotten lassen, morsch machen **III** s Fäulnis(prozess *m*) f

ro·ta ['rəʊtə] s *bes Br* Dienstplan *m*

ro·ta·ry ['rəʊtərɪ] **I** *Adj* rotierend, Rotations..., Dreh... **II** s *Am* Kreisverkehr *m* **ro·tate** [_-'teɪt] *v/i* **1.** rotieren, sich drehen **2.** turnusmäßig wechseln **II** *v/t* **3.** rotieren lassen, drehen **4.** *Personal* turnusmäßig auswechseln **ro·ta·tion** s **1.** Rotation f, Drehung f **2.** *in ~* der Reihe nach, nacheinander

rote [rəʊt] s: *learn s.th. by ~* etw (mechanisch) auswendig lernen

ro·tor ['rəʊtə] s TECH, ELEK Rotor *m*

rot·ten ['rɒtn] *Adj* **1.** verfault, faul, (*bes Holz a.*) verrottet, morsch **2.** F miserabel: *feel ~* sich mies fühlen (*a. fig*)

ro·tund [rəʊ'tʌnd] *Adj* rund u. dick

rouge [ruːʒ] s Rouge *n*

▶ **rough** [rʌf] **I** *Adj* (→ **roughly**) **1.** uneben (*Straße etc*), rau (*Haut etc, a. Stimme*) **2.** stürmisch (*Meer, Überfahrt, Wetter*): *he had a ~ passage* fig ihm ist es (e-e Zeit lang) nicht gut gegangen **3. a)** grob (*Person, Behandlung etc*): *be ~ with* grob umgehen mit, **b)** SPORT hart (*Spielweise etc*) **4.** roh, Roh...: *~ diamond* Rohdiamant *m*; *be a ~ diamond* fig e-e raue Schale haben; *~ draft* Roh-

fassung f; → **copy** 1 **5.** fig grob, ungefähr: *at a ~ guess* grob geschätzt; *I have a ~ idea where it is* ich kann mir ungefähr vorstellen, wo es ist; → **estimate** 5 **6.** *feel ~* Br F sich mies fühlen **II** s **7.** Golf: Rough *m* **8.** Rowdy *m* **9.** *take the ~ with the smooth* die Dinge nehmen, wie sie kommen **III** *Adv* **10.** *sleep ~* im Freien übernachten **11.** *play (it) ~* (*Sport*) hart spielen **IV** *v/t* **12.** *~ it* F primitiv leben **13.** *~ out* entwerfen, skizzieren **14.** *~ up* F *j-n* zs.-schlagen

'**rough·age** s BIOL Ballaststoffe *Pl*

,**rough-and-'tum·ble** s Balgerei f: *have a ~* sich balgen '~**·cast** s ARCHI Rauputz *m*

rough·en ['rʌfn] **I** *v/t* Haut etc rau machen **II** *v/i* rau werden '**rough·ly** *Adv* **1.** grob (*a. fig*) **2.** fig ungefähr: *~ speaking* grob geschätzt, über den Daumen gepeilt

'**rough·neck** s *bes Am* F Grobian *m*; Schläger *m*

rough·ness ['rʌfnɪs] s **1.** Unebenheit f, Rauheit f **2.** Grobheit f

'**rough·shod** *Adv*: *ride ~ over* sich rücksichtslos hinwegsetzen über (*Akk*)

rou·lette [ruː'let] s Roulett(e) *n*

▶ **round** [raʊnd] **I** *Adj* (→ **roundly**) **1.** *allg* rund **2.** rund(lich), dick(lich) (*Körperteil*) **3.** rund: **a)** voll, ganz: *a ~ dozen* ein rundes Dutzend, **b)** ab- *od* aufgerundet: *the house cost £100,000 in ~ figures* das Haus kostete rund(e) 100 000 Pfund **II** *Adv* (→ *Verben, z. B.* **turn round**) **4.** → **all** 3 **5.** *all (the) year ~* das ganze Jahr lang *od* hindurch *od* über **6.** *~ about* F ungefähr **7.** *be three yards ~* in e-m Umfang von drei Yards haben **III** *Präp* **8.** (rund) um, um (... herum): *trip ~ the world* Weltreise f; *do you live ~ here?* wohnen Sie hier in der Gegend?; → **bend** 1, **clock** 1, **look** 1 **9.** ungefähr **IV** s **10.** Runde f, Rundgang *m*: *do (od be out on) one's ~s* s-e Runde machen, (*Arzt*) Hausbesuche machen; *go the ~s* fig umgehen (*Gerücht etc*), (*Krankheit a.*) grassieren (*of in Dat*); *the daily ~* fig der tägliche Trott **11.** Lage f, Runde f (*Bier etc*): *it's my ~* die Runde geht auf mich **12.** Boxen, Turnier, Verhandlungen etc: Runde f **13.** MIL etc Schuss *m* **14.** MUS Kanon *m* **V** *v/t* **15.** rund machen, (ab)runden,

Lippen spitzen **16.** umfahren, fahren um, *Kurve* nehmen

Verbindungen mit Adverbien:

round| down *v/t* Preis etc abrunden (**to** auf *Akk*) **~ off** *v/t* **1.** Mahlzeit etc abrunden, beschließen (**with** mit) **2.** Preis etc auf- od abrunden (**to** auf *Akk*) **~ up** *v/t* **1.** Vieh zs.-treiben **2.** F Verbrecher hochnehmen; *Leute* zs.-trommeln, a. etw auftreiben **3.** Preis etc aufrunden (**to** auf *Akk*)

'**round·a·bout** I s **1.** Br Kreisverkehr m **2.** Br Karussell n, österr. Ringelspiel n: **go on the ~** Karussell fahren II *Adj* **3.** **take a ~ route** e-n Umweg machen; *in a ~ way* fig auf Umwegen

round cell s ELEK Knopfzelle f

round·ly ['raʊndlɪ] *Adv* **1.** gründlich, gehörig **2.** rundweg, -heraus

round·rob·in s **1.** Petition f, Denkschrift f (bes e-e mit im Kreis herum geschriebenen Unterschriften) **2.** SPORT Turnier, in dem jeder gegen jeden antritt

rounds·man ['raʊndzmən] s (*unreg man*) Br Ausfahrer m, Austräger m

'**round|-ta·ble** *Adj:* **~ conference** Round-Table-Konferenz f, Konferenz f am runden Tisch '**~-the-clock** *Adj* 24-stündig, rund um die Uhr **~ trip** s Hin- u. Rückfahrt f, FLUG Hin- u. Rückflug m

▸ **round-trip** ['raʊndtrɪp] *Adj:* ▸ **round-trip ticket** Am Rückfahrkarte f, FLUG Rückflugticket n

rouse [raʊz] *v/t* **1.** j-n wecken (**from, out of** aus) **2.** fig j-n auf-, wachrütteln (**from, out of** aus): **~ s.o. to action** j-n so weit bringen, dass er (endlich) etw tut od unternimmt **3.** a. **~ to anger** j-n erzürnen, reizen '**rous·ing** *Adj* mitreißend, zündend (*Rede etc*)

rout [raʊt] I s: **put to ~** → || II *v/t* MIL in die Flucht schlagen

route [ruːt] s Route f, Strecke f, Weg m, (*Bus*)Linie f

rou·tine [ruːˈtiːn] I s Route f (a. COMPUTER) II *Adj* Routine..., routinemäßig

roux [ruː] *Pl* **roux** [ruːz] s GASTR Mehlschwitze f, Einbrenne f

▸ **row**[1] [rəʊ] s Reihe f: **four times in a ~** viermal nach-od hintereinander; **~ house** Am Reihenhaus n

▸ **row**[2] [rəʊ] I *v/i u. v/t* rudern II s Kahn-

fahrt f: **go for a ~** rudern gehen

row[3] [raʊ] F I s Krach m: **a)** Krawall m: **kick up** (*od* **make**) **a ~** Krach schlagen, **b)** Streit m: **have a ~ with** Krach haben mit II *v/i* (sich) streiten (**with** mit; **about** über *Akk*)

row·boat ['rəʊbəʊt] s Am Ruderboot n

row·dy ['raʊdɪ] *Adj* **1.** rowdyhaft **2.** ausgelassen, laut (*Party*)

row·er ['rəʊə] s Ruderer m, Ruderin f

'**row·ing** *Adj* Ruder...: **~ boat** bes Br Ruderboot n

▸ **roy·al** ['rɔɪəl] I *Adj* **1.** königlich, Königs...: **Her ♀ Highness** Ihre Königliche Hoheit **2.** fig großartig, prächtig II s **3.** F Mitglied n des Königshauses '**roy·al·ist** I *Adj* royalistisch II s Royalist(in) f '**roy·al·ty** s **1.** die königliche Familie **2.** *mst Pl* Tantieme f (*od an*)

RSVP *Abk* (= *répondez s'il vous plaît*) U.A.w.g., u.A.w.g. (*Um* [*od um*] *Antwort wird gebeten*)

▸ **rub** [rʌb] I s **1. give s.th. a ~** etw abreiben od polieren **2. there's the ~** F da liegt der Hase im Pfeffer II *v/t* **3.** reiben: **~ dry** trockenreiben; **~ s.th. into** etw einreiben in (*Akk*); **~ one's hands** (**together**) sich die Hände reiben (**with** vor *Dat*); **~ s.o.'s nose in s.th.** F j-m etw unter die Nase reiben; **~ salt into s.o.'s wound(s)** fig j-m Salz auf od in die Wunde streuen; **~ shoulders with** F verkehren mit (*Prominenten etc*) **4.** abreiben; polieren III *v/i* **5.** reiben, scheuern (**against, on** an *Dat*): **~ against s.th.** a. etw streifen

Verbindungen mit Adverbien:

rub| a·long *v/i* Br F **1.** sich durchschlagen **2. ~ together** recht gut miteinander auskommen: **~ with** recht gut auskommen mit **~ down** *v/t* **1.** ab-, trockenreiben **2.** abschmirgeln, abschleifen **in** *v/t* abreiben: **~ rub** (**it**) **in that** F darauf herumreiten, dass **~ off** I *v/t* abreiben II *v/i* abgehen (*Farbe, Schmutz etc*): **~ on**(**to**) fig abfärben auf (*Akk*) **~ out** *v/t* **1.** Br ausradieren **2.** Am sl umlegen (*töten*) **~ up** *v/t*: **rub s.o. up the wrong way** F j-n verschnupfen

▸ **rub·ber** ['rʌbə] s **1.** Gummi n, m; Kautschuk m **2.** Br Radiergummi m **3.** Wischtuch n **4.** F Gummi m (*Kondom*) **~ band** s Gummiband n, -ring m, (*Dichtungs*)Gummi m **~ din·ghy** s

Schlauchboot n '**~neck** bes Am F **I** s
Gaffer(in), Schaulustige m, f **II** v/i neugierig gaffen, sich den Hals verrenken
~ plant s BOT Gummibaum m = **stamp**
s Stempel m **~'stamp** v/t **1.** (ab)stempeln **2.** F (automatisch) genehmigen
rub·bish ['rʌbɪʃ] s **1.** Abfall m, Abfälle
Pl, Müll m; **~ bin** → **dustbin**; **~ tip** Mülldeponie f, -halde f **2.** fig Blödsinn m,
Quatsch m, österr. Schmarrn m '**rubbish·y** Adj F blödsinnig
rub·ble ['rʌbl] s Schutt m; Trümmer Pl
ru·bel·la [ru:'belə] s MED Röteln Pl
ru·by ['ru:bɪ] **I** s MIN Rubin m **II** Adj rubinrot
ruck[1] [rʌk] s **1.** SPORT Feld n, Rugby: offenes Gedränge **2.** Masse f (Ansammlung von Menschen); fig die breite
Masse
ruck[2] [_] v/i: **~ up** Falten werfen **II** s
Falte f
ruck·sack ['rʌksæk] s Rucksack m
ruc·tion ['rʌkʃn] s oft Pl F Krach m
rud·der ['rʌdə] s FLUG, SCHIFF Ruder n
rud·dy ['rʌdɪ] **I** Adj **1.** frisch, gesund
(Gesichtsfarbe), rot (Backen) **2.** Br sl
verdammt **II** Adv **3.** → 2
▸ **rude** [ru:d] Adj **1.** unhöflich; grob (to
zu) **2.** unanständig (Witz etc) **3.** bös
(Schock etc): **~ awakening 4.** be in **~
health** vor Gesundheit strotzen
ru·di·men·ta·ry [,ru:dɪ'mentərɪ] Adj **1.**
elementar, Anfangs… **2.** primitiv **3.** rudimentär (a. BIOL) **ru·di·ments**
['ru:dɪ-mənts] s Pl Anfangsgründe Pl,
Grundlagen Pl: **learn the ~ of** sich
Grundkenntnisse aneignen in (Dat)
rue [ru:] v/t: **~ the day …** den Tag verwünschen, an dem … **rue·ful** ['-fʊl]
Adj reuevoll, reumütig
ruff[1] [rʌf] s Halskrause f (a. ORN)
ruf·fle ['rʌfl] **I** s **1.** Rüsche f **II** v/t **2.** Wasser kräuseln; Haar zerzausen: **~ (up) its
feathers** ein Vogel: sich aufplustern **3.** Seiten
(rasch) durchblättern **4.** j-n verärgern:
~ s.o.'s composure j-n aus der Fassung bringen
rug [rʌg] s **1.** Brücke f, (Bett)Vorleger m:
pull the ~ (out) from under s.o. fig j-m
den Boden unter den Füßen wegziehen; **sweep under the ~** Am fig etw unter den Teppich kehren **2.** bes Br dicke
Wolldecke

Rugby n
rug·ged ['rʌgɪd] Adj **1.** zerklüftet (Felsen), felsig (Landschaft) **2.** zerfurcht,
markant (Gesicht) **3.** robust, stabil (Gerät etc) **4.** strapazierfähig (Kleidung) **5.**
fig rau (Sitten etc)
▸ **ru·in** ['ruɪn] **I** s **1.** Ruine f: ▸ **ruins** Pl
Ruinen Pl, Trümmer Pl; **a castle in
ruins** e-e Burgruine; **be** (od **lie**) **in
ruins** in Trümmern liegen; fig zerstört
od ruiniert sein **2.** Verfall m: **fall into
ruin** verfallen **3.** Ruin m; Ende n
(von Hoffnungen etc) **II** v/t **4.** Gebäude,
Gesundheit, Hoffnungen, Leben etc
zerstören, j-n, Kleidung, Gesundheit,
Ruf etc ruinieren: **ruin one's eyesight**
sich die Augen verderben **ru·in·a·tion**
s: **be the ~ of s.o.** j-s Ruin sein '**ru·in·ous** Adj ruinös '**ru·in·ous·ly** Adv: **~
expensive** sündhaft teuer
▸ **rule** [ru:l] **I** s **1.** Regel f, Normalfall m:
as a ~ in der Regel; **make it a ~** es sich
zur Regel machen od gemacht haben
(**to do** zu tun); → **exception** 1 **2.** Regel
f; Bestimmung f, Vorschrift f: **against
the ~s** regelwidrig; verboten; **as a ~ of
thumb** als Faustregel; **bend** (od
stretch) **the ~s** es (mit den Vorschriften) nicht so genau nehmen; **work to ~**
Dienst nach Vorschrift tun **3.** Herrschaft f **4.** → **ruler** 2 **II** v/t **5.** herrschen
über (Akk): **~ the roost** fig das Regiment führen; **be ~d by** sich leiten
lassen od: beherrscht werden von **6.**
bes JUR entscheiden (**that** dass) **7.** **~
out** etw ausschließen; etw unmöglich
machen **8.** Papier lin(i)ieren; Linie ziehen **III** v/i **9.** herrschen (**over** über
Akk) **10.** bes JUR entscheiden (**against**
gegen; **in favo[u]r of** für; **on** in Dat)
▸ **rul·er** ['ru:lə] s **1.** Herrscher(in) **2.** Lineal n; Maßstab m '**rul·ing** Adj herrschend; fig vorherrschend **II** s bes JUR
Entscheidung f; Verfügung f: **give a ~
that** entscheiden, dass
rum [rʌm] s Rum m
Ru·ma·nia etc → **Romania**
rum·ble ['rʌmbl] **I** v/i **1.** grollen, rollen
(Donner); rumpeln (Fahrzeug); knurren (Magen) **II** v/t **2.** F j-n, etw durchschauen **III** s **3.** Grollen n, Rollen n;
Rumpeln n; Knurren n **4.** Am sl Straßenschlacht f
rum·bus·tious [rʌm'bʌstɪəs] Adj F

run

wild, ausgelassen

ru·mi·nant [ˈruːmɪnənt] *s* ZOOL Wiederkäuer *m* **ru·mi·nate** [ˈ_neɪt] *v/i* **1.** ZOOL wiederkäuen **2.** *fig* grübeln (**on**, **over** über *Akk*, *Dat*) **ru·mi·na·tive** [ˈ_nətɪv] *Adj* grüblerisch

rum·mage [ˈrʌmɪdʒ] **I** *v/i a.* **~ about** (*od* **around**) herumstöbern, -wühlen (**among**, **in**, **through** in *Dat*) **II** *s* Ramsch *m* **~ sale** *s Am* Wohltätigkeitsbasar *m*

rum·my [ˈrʌmɪ] *s* Rommé *n*, Rommee *n* (*Kartenspiel*)

ru·mo(u)r [ˈruːmə] **I** *s* Gerücht(e *Pl*) *n*: **~ has it that** es geht das Gerücht, dass **II** *v/t*: **it is ~ed that** es geht das Gerücht, dass; **he is ~ed to** be man munkelt, er sei '~·mon·ger* *s* Gerüchtemacher(in)

rump [rʌmp] *s* **1.** ZOOL Hinterbacken *Pl*; ORN Bürzel *m* **2.** *hum* Hinterteil *n* **3.** *fig* (kümmerlicher) Rest

rum·ple [ˈrʌmpl] *v/t* zerknittern, -knüllen; *Haar* zerzausen

rump steak *s* GASTR Rumpsteak *n*

rum·pus [ˈrʌmpəs] → **row³** **~ room** *s Am* F Hobby- *od* Partyraum *m*

▶ **run** [rʌn] **I** *s* **1.** Lauf *m* (*a. Sport*): **at a ~** im Laufschritt; **in the long ~** *fig* auf (die) Dauer; auf lange *od* weite Sicht, langfristig; **in the short ~** *fig* zunächst; auf kurze Sicht, kurzfristig; **on the ~** auf der Flucht (**from the police** vor der Polizei): **~ of good** (**bad**) **luck** Glückssträhne *f* (Pechsträhne *f*) **2.** Fahrt *f*: **go for a ~ in the car** e-e Spazierfahrt machen **3.** THEAT *etc* Laufzeit *f*: **the play had a six-month** ~ das Stück lief ein halbes Jahr lang **4.** Ansturm *m*, WIRTSCH *a.* Run *m* (**on** auf *Akk*) **5.** **have the ~ of** *etw* benutzen dürfen **6.** *Am* Laufmasche *f* **7.** Auflage *f* (**of** e-r Zeitung *etc*) **8.** **have the ~s** *bes Br* F den flotten Otto haben **II** *v/i* (*unreg*) **9.** laufen (*a. Sport*), rennen **10.** fahren (*Fahrzeug*); fahren, verkehren (*Bus etc*) **11.** laufen, fließen: **tears were ~ning down her face** Tränen liefen ihr übers Gesicht; **his nose was ~ning** ihm lief die Nase; **it ~s in the family** *fig* das liegt bei ihm *etc* in der Familie; **~ cold** I **12.** zerfließen, -laufen (*Butter*, *Farbe etc*) **13.** TECH laufen (*a. fig*): **with the engine ~ning** mit laufendem Motor **14.** (ver)laufen (*Straße etc*) **15.** *bes*

JUR gelten, laufen (**for two years** zwei Jahre) **16.** THEAT *etc* laufen (**for six months** ein halbes Jahr lang) **17.** *mit Adjektiven*: → **low¹** 4 18. POL *bes Am* kandidieren **19.** gehen, lauten (*Vers etc*) **III** *v/t* (*unreg*) **20.** Strecke, Rennen laufen: → **course** 3, **errand**, **temperature** 21. *j-n, etw* fahren, bringen **22.** *Wasser etc* laufen lassen: → *s.o.* **a bath** j-m ein Bad einlaufen lassen **23.** Geschäft führen, Hotel *etc a.* leiten **24.** TECH Maschine, Computerprogramm *etc* laufen lassen **25.** abdrucken, bringen (*Zeitung etc*) **26.** schmuggeln

Verbindungen mit Präpositionen:

run| a·cross *v/i* *j-n* zufällig treffen **2.** stoßen auf (*Akk*) **~ af·ter** *v/i* nachlaufen (*Dat*) (*a. fig*) **~ a·gainst** *v/i* POL *bes Am* kandidieren gegen **~ for** *v/i* **1.** ~ **it!** lauf, was du kannst!; **~ one's life** um sein Leben laufen **2.** POL *bes Am* kandidieren für **~ in·to** I *v/i* **1.** laufen *od* fahren gegen **2.** *j-n* zufällig treffen **3.** *fig* geraten in (*Akk*) **4.** *fig* sich belaufen auf (*Akk*), gehen in (*Akk*) **~ off** *v/i*: ~ **the road** von der Straße abkommen (*Wagen etc*) **~ on** *v/i* TECH fahren mit: **~ electricity** elektrisch betrieben werden **~ through** *v/i* **1.** Szene *etc* durchspielen **2.** Notizen *etc* durchgehen **3.** Vermögen *etc* durchbringen **4.** *j-n* durchlaufen (*Schauder etc*): **~ s.o.'s mind** j-m durch den Kopf gehen **~ to** *v/i bes Br* (aus)reichen für

Verbindungen mit Adverbien:

run| a·bout → **run around** **~ a·long** *v/i*: ~! ab mit dir! **~ a·round** *v/i* sich herumtreiben (**with** mit) **~ a·way** *v/i* davonlaufen (**from** vor *Dat*) (*a. fig*): **~ from home** von zu Hause ausreißen; **~ with** durchbrennen mit; *fig* durchgehen mit (*Fantasie etc*); **don't ~ with the idea that** glaube bloß nicht, dass **~ back** *v/t* *Band*, *Film* zurückspulen **~ down** I *v/t* **1.** MOT an-, umfahren **2.** schlecht machen **3.** ausfindig machen **II** *v/i* **4.** ablaufen (*Uhr*), leer werden (*Batterie*) **~ in** *v/t* **1.** *Wagen etc* einfahren **2.** F Verbrecher *etc* schnappen **~ on** *v/i* **1.** weitergehen, sich hinziehen (**until** bis) **2.** unaufhörlich reden (**about** über *Akk*, von) **~ out** *v/i* ablaufen (*Vertrag*, *Zeit etc*); ausgehen, zu Ende gehen (*Vorräte etc*): **I've ~ of money** mir ist

run   524

das Geld ausgegangen; → **steam** 1
▶ **run**| **o·ver I** *v/t* MOT überfahren **II**
v/i überlaufen ~ **up I** *v/t* 1. *Flagge etc*
aufziehen, hissen 2. *hohe Rechnung,
Schulden machen* **II** *v/i* 3. ~ **against**
stoßen auf (*starken Widerstand etc*)
'**run**|·**a·bout** *s* MOT Stadtwagen *m* '~·
a·round *s*: **give s.o. the** ~ F j-n hinhal-
ten; j-n an der Nase herumführen
'~·**a·way I** *s* 1. Ausreißer(in) **II** *Adj* 2.
ausgerissen: ~ **child** (*kleiner*) Ausrei-
ßer 3. außer Kontrolle geraten: ~ **infla-
tion** WIRTSCH galoppierende Inflation
'~**down I** *Adj* 1. abgespannt 2. baufäl-
lig; heruntergekommen 3. abgelaufen
(*Uhr*), leer (*Batterie*) **II** *s* 4. F (*genauer*)
Bericht (**on** über *Akk*)
rung[1] [rʌŋ] *Part Perf von* **ring**[2]
rung[2] *s* Sprosse *f* (*e-r Leiter*)
'**run**-**in** *s*: **have a** ~ **with** F in Konflikt
kommen (*dem Gesetz etc*)
run·**ner** ['rʌnə] *s* 1. SPORT Läufer(in);
Rennpferd *n* 2. *mst in Zssgn* Schmugg-
ler(in) 3. (*Schlitten-* etc)Kufe *f* ~ **bean** *s*
BOT Br grüne Bohne '~·'**up** *Pl* '~**s**-'**up** *s*
Zweite *m*, *f* (*Sport a.*) Vizemeister(in)
(**to** hinter *Dat*)
run·**ning** ['rʌnɪŋ] **I** *s* 1. Laufen *n*, Ren-
nen *n*: **be still in the** ~ *fig* noch gut
im Rennen liegen (**for** um); **be out
of the** ~ *fig* aus dem Rennen sein
(**for** um) 2. Führung *f*, Leitung *f* **II**
Adj 3. SPORT Lauf...: ~ **shoes**; ~ **track**
Laufbahn *f*; ~ **workout** Lauftraining *n*
4. fließend (*Wasser*); MED eiternd
(*Wunde*) 5. **four times** (**for three days**)
~ viermal (drei Tage) hinter- *od* nach-
einander 6. ~ **costs** *Pl* Betriebskosten
Pl, laufende Kosten *Pl* 7. ~ **mate** POL
Am Kandidat(in) für die Vizepräsi-
dentschaft
run·**ny** ['rʌnɪ] *Adj* 1. flüssig 2. laufend
(*Nase*), tränend (*Augen*)
,**run**|-**of**-**the**-'**mill** *Adj mst pej* durch-
schnittlich, mittelmäßig '~**up** *s* 1.
SPORT Anlauf *m* 2. **in the** ~ **to** *fig* im
Vorfeld (*Gen*) '~·**way** *s* FLUG Start-
und Landebahn *f*, Rollbahn *f*, Piste *f*
rup·**ture** ['rʌptʃə] **I** *s* Bruch *m* (*a.* MED *u.
fig*), Riss *m* **II** *v/i* zerspringen, (-)rei-
ßen, platzen **III** *v/t* zerbrechen, -reißen:
~ **o.s.** MED sich e-n Bruch heben; ~ **a
muscle** MED sich e-n Muskelriss zuzie-
hen

ru·**ral** ['ruərəl] *Adj* ländlich: ~ **popula-
tion** Landbevölkerung *f*; → **exodus**
ruse [ru:z] *s* List *f*
rush[1] [rʌʃ] *s* BOT Binse *f*
▶ **rush**[2] [rʌʃ] **I** *v/i* 1. hasten, hetzen, stür-
men, (*a. Fahrzeug*) rasen: ~ **into** *fig* sich
stürzen in (*Akk*); *etw* überstürzen; **the
blood** ~**ed to his face** das Blut schoss
ihm ins Gesicht; → **conclusion** 3 **II** *v/t*
2. antreiben, drängen, hetzen: **be** ~**ed**
(**off one's feet**) auf Trab sein 3. auf
dem schnellsten Weg *wohin* bringen
od schaffen 4. schnell erledigen; *Essen*
hinunterschlingen: **don't** ~ **it** lass dir
Zeit dabei; ~ **a bill** (**through**) e-e Geset-
zesvorlage durchpeitschen 5. losstür-
men auf (*Akk*) **III** *s* 6. Ansturm *m*
(**for** auf *Akk*, nach): **there was a** ~
for the door alles drängte zur Tür 7.
Hast *f*, Hetze *f*: **what's all the** ~? wozu
diese Hast?
▶ **rush**| **hour** ['rʌʃauə] *s* Rushhour *f*,
Hauptverkehrs-, Stoßzeit *f* '~-**hour**
Adj: ~ **traffic** Stoßverkehr *m*
rusk [rʌsk] *s* Zwieback *m*
▶ **Rus**·**sia** ['rʌʃə] *Eigenn* Russland *n*
▶ **Rus**·**sian** ['rʌʃn] **I** *s* 1. Russe *m*, Russin
f 2. LING Russisch *n* **II** *Adj* 3. russisch: ~
roulette russisches Roulett(e)
▶ **rust** [rʌst] **I** *s* Rost *m* **II** *v/i* (ein-, ver-)
rosten
rus·**tic** ['rʌstɪk] *Adj* (~**ally**) 1. ländlich,
bäuerlich 2. rustikal (*Möbel*)
rus·**tle** ['rʌsl] **I** *v/i* 1. rascheln (*Papier*
etc), (*a. Seide*) knistern **II** *v/t* 2. rascheln
mit 3. ~ **up** F *Geld, Hilfe etc* auftreiben;
Essen zaubern
'**rust**-**proof** *Adj* rostfrei, nicht rostend
rust·**y** ['rʌstɪ] *Adj* 1. rostig 2. *fig* einge-
rostet (*Kenntnisse*): **I'm very** ~ ich bin
ganz aus der Übung
rut[1] [rʌt] ZOOL **I** *s* Brunft *f* **II** *v/i* brunf-
ten
rut[2] [_] **I** *s* 1. (Rad)Spur *f*, Furche *f* 2. *fig*
(*alter*) Trott: **get into a** ~ in e-n Trott
verfallen **II** *v/t* 3. furchen: ~**ted** ausge-
fahren
ruth·**less** ['ru:θlɪs] *Adj* unbarmherzig;
rücksichtslos; hart
RV [ɑː'viː] *Abk* (= **recreational vehicle**)
Am Wohnmobil *n*
rye [raɪ] *s* BOT Roggen *m* ~ **bread** *s* Rog-
genbrot *n* ~ **whis**·**ky** *s* Roggenwhisky
m

S

S [es] *Pl* **S's** ['esɪz] *s* S *n*

Sab·bath ['sæbəθ] *s* REL Sabbat *m*

sa·ber *Am* → **sabre**

sa·ble ['seɪbl] *s* ZOOL Zobel *m*

sab·o·tage ['sæbətɑːʒ] **I** *s* Sabotage *f*: **act of ~** Sabotageakt *m* **II** *v/t* e-n Sabotageakt verüben gegen; sabotieren **sab·o·teur** [ˌ-'tɜː] *s* Saboteur(in)

sa·bre ['seɪbə] *s bes Br* Säbel *m* (*a. Fechten*) → **rat·tling** *s fig* Säbelrasseln *n*

sac·cha·rin ['sækərɪn] *s* CHEM Sac(c)harin *n* **sac·cha·rine** ['-raɪn] *Adj* **1.** unangenehm süß **2.** *fig* honig-, zuckersüß

sack[1] [sæk] *s* **1.** Sack *m* **2.** F **get the ~** rausgeschmissen (*entlassen*) werden; **give** *s.o.* **the ~** → 4 **3. hit the ~** F sich in die Falle *od* Klappe hauen **II** *v/t* **4.** F *j-n* rausschmeißen (*entlassen*)

sack[2] [-] *v/t* plündern **II** *s* Plünderung *f* '**sack·cloth** *s* Sackleinen *n*: **in** (*od* **wearing**) **~ and ashes** *fig* in Sack u. Asche **sack·ing** ['sækɪŋ] *s* Sackleinen *n* **sack race** *s* Sackhüpfen *n*

sac·ra·ment ['sækrəmənt] *s* REL Sakrament *n*

sa·cred ['seɪkrɪd] *Adj* **1.** geistlich (*Musik etc*) **2.** heilig (**to** *Dat*) (*a. fig*): **~ cow** heilige Kuh (*a. fig*)

sac·ri·fice ['sækrɪfaɪs] **I** *s* Opfer *n* (*a. fig*): **make great ~s** große Opfer bringen **II** *v/t* opfern (**to** *Dat*) (*a. fig*) **sac·ri·fi·cial** [ˌ-'fɪʃl] *Adj* Opfer...

sac·ri·lege ['sækrɪlɪdʒ] *s* Sakrileg *n*; *allg* Frevel *m* **sac·ri·le·gious** [ˌ-'lɪdʒəs] *Adj* sakrilegisch; *allg* frevlerisch

sac·ris·ty ['sækrɪstɪ] *s* REL Sakristei *f*

▶ **sad** [sæd] *Adj* (→ **sadly**) *allg* traurig; schmerzlich (*Verlust*); bedauerlich (*Irrtum etc*): **~ to say** bedauerlicherweise, leider **sad·den** ['-dn] *v/t* traurig machen *od* stimmen, betrüben

▶ **sad·dle** ['sædl] **I** *s* (*Reit-, Fahrrad- etc*) Sattel *m*: **be in the ~** im Sattel sitzen; *fig* im Amt *od* an der Macht sein **II** *v/t* satteln: **~ up** aufsatteln; **~** *s.o.* **with** *s.th. fig j-m* etw aufhalsen *od* -bürden; **be ~d with** *s.th. fig* etw am Hals haben **III** *v/i*: **~ up** aufsatteln '**~·bag** *s* Satteltasche *f*

sad·ism ['seɪdɪzəm] *s* Sadismus *m*

'**sad·ist** *s* Sadist(in) **sa·dis·tic** [sə'dɪstɪk] *Adj* (**~ally**) sadistisch

sad·ly ['sædlɪ] *Adv* **1.** traurig; schmerzlich: **be ~ mistaken** e-m bedauerlichen Irrtum unterliegen **2.** bedauerlicherweise, leider '**sad·ness** *s* Traurigkeit *f*

s.a.e. *Abk* (= **stamped addressed envelope**) frankierter Rückumschlag

sa·fa·ri [sə'fɑːrɪ] *s* Safari *f* **~ park** *s* Safaripark *m*

▶ **safe** [seɪf] **I** *Adj allg* sicher (**from** vor *Dat*): **be in ~** hands in sicheren Händen sein; **be ~ with** *s.o.* sicher bei *j-m* aufgehoben sein; **be in ~ hands** in sicheren Händen sein; **~ sex** geschützter Verkehr; **to be on the ~ side, just to be ~** um ganz sicher zu gehen; **it is ~ to say** man kann mit Sicherheit sagen; **keep** *s.th.* **in a ~ place** etw an e-m sicheren Ort aufbewahren; **he has arrived ~ly** er ist gut angekommen; **~ play** 7, 8 **II** *s* Safe *m*, Tresor *m*, Geld-, Panzerschrank *m* '**~·break·er**, '**~·crack·er** *s* Geldschrankknacker(in) **ˌ~·de'pos·it box** *s* Bankschließfach *n*, (*a. in Hotel etc*) Tresorfach *n* '**~·guard I** *s* Schutz *m* (**against** gegen, vor *Dat*) **II** *v/t* schützen (**against, from** gegen, vor *Dat*); Interessen wahren ˌ**~·'keep·ing** *s* sichere Verwahrung: **give** *s.o.* *s.th.* **for ~** *j-m* etw zur Verwahrung geben

▶ **safe·ty** ['seɪftɪ] *s allg* Sicherheit *f*: **jump** (**swim**) **to ~** sich durch e-n Sprung (schwimmend) in Sicherheit bringen **~ belt → seat belt ~ cur·tain** *s* THEAT eiserner Vorhang '**~ ˌde·pos·it box → safe-deposit box ~ glass** *s* Sicherheitsglas *n* **~ is·land** *s Am* Verkehrsinsel *f* **~ lock** *s* Sicherheitsschloss *n* **~ meas·ure** *s* Sicherheitsmaßnahme *f* **~ net** *s* Zirkus *etc*: Fangnetz *n* **~ pin** *s* Sicherheitsnadel *f* **~ pre·cau·tion** *s* Sicherheitsvorkehrung *f* **~ ra·zor** *s* Rasierapparat *m* **~ valve** *s* **1.** TECH Sicherheitsventil *n* **2.** *fig* Ventil *n* (**for** für)

saf·fron ['sæfrən] *s* Safran *m*

sag [sæg] *v/i* **1.** sich senken, absacken; durchhängen (*Leitung etc*) **2.** (herab-)hängen **3.** *fig* sinken, nachlassen (*Interesse etc*); WIRTSCH nachgeben (*Preise*

etc) **II** *s* **4.** Durchhängen *n* **5.** WIRTSCH Nachgeben *n* (*in Gen*)

sa·ga ['sɑːgə] *s* **1.** Saga *f* **2.** *a.* **family ~** Familienroman *m* **3.** *pej* Geschichte *f*

sa·ga·cious [sə'geɪʃəs] *Adj* scharfsinnig, klug **sa·gac·i·ty** [sə'gæsətɪ] *s* Scharfsinn *m*, Klugheit *f*

sage [seɪdʒ] *s* BOT Salbei *m*

Sa·git·tar·i·us [ˌsædʒɪ'teərɪəs] *s* ASTR Schütze *m*: **be** (**a**) **~** Schütze sein

Sa·ha·ra [sə'hɑːrə] *Eigenn* **die Sahara**

said [sed] *Prät u. Part Perf von* **say**

▸ **sail** [seɪl] **I** *s* **1.** Segel *n*: **set ~** auslaufen (*for* nach) **2.** Segelfahrt *f*, -partie *f*: **go for a ~** segeln gehen **II** *v/i* **3.** SCHIFF fahren; segeln (*a. fig*): **go ~ing** segeln gehen **4.** SCHIFF auslaufen (*for* nach) **5.** gleiten: **she ~ed into the room** sie schwebte ins Zimmer; **~ through an examination** e-e Prüfung spielend schaffen **III** *v/t* **6.** Boot segeln, Schiff steuern **7.** durchsegeln; befahren '**~·boat** *s Am* Segelboot *n*

sail·ing ['seɪlɪŋ] *s* **1.** Segeln *n*; Segelsport *m*: **everything was plain ~** fig es ging alles glatt **2. when is the next ~ to …?** wann fährt das nächste Schiff nach …? **~ boat** *s bes Br* Segelboot *n* **~ ship** *s* Segelschiff *n*

▸ **sail·or** ['seɪlə] *s* **1.** Seemann *m*; Matrose *m*, Matrosin *f* **2.** Segler(in) *3.* **be a good** (**bad**) **~** seefest sein (leicht seekrank werden) **~ suit** *s* Matrosenanzug *m*

'**sail·plane** *s* Segelflugzeug *n*

saint [seɪnt] *s* **1.** Heilige *m*, *f*: **you need the patience of a ~** man braucht e-e Engelsgeduld **2.** *vor Eigennamen* **2**, *Abk* **St** [snt]: **St Andrew** der heilige Andreas '**saint·ly** *Adj* heiligmäßig

▸ **sake** [seɪk] *s*: ▸ **for the sake of** um … willen, *um*, *e-r Sache* zuliebe; **for my sake** dir zuliebe, deinetwegen; **for God's** (**goodness', heaven's**) **sake** F um Gottes willen; Herrgott noch mal; **for the sake of peace** um des lieben Friedens willen; **for the sake of simplicity** der Einfachheit halber

sal·a·ble *bes Am* → **saleable**

▸ **sal·ad** ['sæləd] *s* Salat *m* **~ cream** *s* Salatmajonäse *f* **~ dress·ing** *s* Dressing *n*, Salatsoße *f*

sal·a·man·der ['sælə,mændə] *s* ZOOL Salamander *m*

---

sa·la·mi [sə'lɑːmɪ] *s* Salami *f*

sal·a·ried ['sælərɪd] *Adj*: **~ employee** Gehaltsempfänger(in), Angestellte *m*, *f* '**sal·a·ry** *s* Gehalt *n*

▸ **sale** [seɪl] *s* **1.** Verkauf *m*: **for ~** zu verkaufen; **not for ~** unverkäuflich; **be on ~** verkauft werden, erhältlich sein; **bes Am** im Angebot sein; **be up for ~** zum Verkauf stehen **2.** *a. Pl* WIRTSCH Umsatz *m* **3.** WIRTSCH Schlussverkauf *m* **4.** Auktion *f*, Versteigerung *f* '**sale·a·ble** *Adj bes Br* **1.** verkäuflich **2.** WIRTSCH absatzfähig

▸ **sales·clerk** ['seɪlzklɑːk] *s Am* (Laden)Verkäufer(in) '**~·girl** *s* (Laden)Verkäuferin *f* '**~·man** ['-mən] *s* (*unreg* **man**) **1.** Verkäufer *m* **2.** (Handels)Vertreter *m* '**~·man·ship** *s* **1.** WIRTSCH Verkaufstechnik *f*; Verkaufsgeschick *n* **2.** *fig* Überzeugungskunst *f* **~ pitch** *s* WIRTSCH F Verkaufsmasche *f* **~ pro·mo·tion** *s* WIRTSCH Salespromotion *f*, Verkaufsförderung *f*

▸ **sales·rep·re·sent·a·tive** ['seɪlzreprɪˌzentətɪv] *s* WIRTSCH (Handels)Vertreter(in) **~ slip** *s Am* Kassenbeleg *m*, -zettel *m* **~ talk** *s* WIRTSCH Verkaufsgespräch *n* '**~·wom·an** *s* (*unreg* **woman**) **1.** Verkäuferin *f* **2.** (Handels)Vertreterin *f*

sa·li·ent ['seɪljənt] *Adj fig* hervorstehend, wichtigst

sa·line ['seɪlaɪn] *Adj* salzig, Salz…: **~ solution** Salzlösung *f*

sa·li·va [sə'laɪvə] *s* PHYSIOL Speichel *m* **sal·i·var·y** ['sælɪvərɪ] *Adj* Speichel…: **~ gland** Speicheldrüse *f*

sal·low ['sæləʊ] *Adj* (ungesund) gelblich (*Gesichtsfarbe etc*)

salm·on ['sæmən] **I** *Pl* **-ons**, *bes Koll* **-on** *s* FISCH Lachs *m* **II** *Adj* lachsfarben

sal·mo·nel·la [ˌsælmə'nelə] *n Sg* MED Salmonellen *Pl*: **~ poisoning** Salmonellenvergiftung *f*, Salmonellose *f*

sal·on ['sæləʊn] *s* (Friseur-, Schönheits*etc*)Salon *m*

sa·loon [sə'luːn] *s* **1.** MOT *Br* Limousine *f* **2.** → **saloon bar 3.** *hist Am* Saloon *m* **4.** SCHIFF Salon *m* **~ bar** *s Br* vornehmerer *u. teurerer Teil e-s Pubs* **~ car** → **saloon** 1

sal·sa ['sælsə] *s* **1.** MUS Salsa *m*, Salsamusik *f* **2.** GASTR Salsasoße *f*

▸ **salt** [sɔːlt] **I** *s* **1.** Salz *n*: **take s.th. with a**

pinch of ~ *fig* etw nicht ganz für bare Münze nehmen; **no composer worth his** ~ kein Komponist, der etw taugt *od* der diesen Namen verdient; → **rub** 3 **II** *v/t* 2. salzen 3. *a.* ~ **down** (ein)pökeln, einsalzen 4. Straße *etc* (mit Salz) streuen 5. ~ **away** F Geld auf die hohe Kante legen, *pej auf* die Seite schaffen **III** *Adj* 6. gepökelt, Salz... '~,**cel·lar** *s Br* Salzstreuer *m* '~-**free** *adj* salzlos ~·**pe·ter** *s Am*, ~·**pe·tre** *s bes Br* [,·'piːtə] *s* CHEM Salpeter *m* ~ **shak·er** *Am* → **saltcellar** ~· **wa·ter** *s* Salzwasser *n* '~,**wa·ter** *Adj* Salzwasser..., Meeres...

salt·y ['sɔːltɪ] *Adj* salzig

sa·lu·bri·ous [sə'luːbrɪəs] *Adj* 1. gesund (*Klima etc*) 2. vornehm (*Wohngegend etc*)

sal·u·tar·y ['sæljʊtərɪ] *Adj* gesund; *fig* heilsam, lehrreich

sal·u·ta·tion [,sælju:'teɪʃn] *s* 1. Begrüßung *f*, Gruß *m* 2. Anrede *f* (*im Brief*)

sa·lute [sə'luːt] **I** *v/t* 1. MIL salutieren vor (*Dat*) 2. (be)grüßen **II** *v/i* 3. MIL salutieren **III** *s* 4. MIL a) Ehrenbezeigung *f*: **take the** ~ die Parade abnehmen, b) Salut *m*: **a 21-gun** ~ 21 Salutschüsse *Pl*

sal·vage ['sælvɪdʒ] **I** *v/t* 1. bergen (*from* aus) **II** *s* 2. Bergung *f* 3. Bergungsgut *n*

sal·va·tion [sæl'veɪʃn] *s* 1. Rettung *f* 2. REL (Seelen)Heil *n*; Erlösung *f*: **Ջ Army** Heilsarmee *f* **Sal'va·tion·ist** *s* Mitglied *n* der Heilsarmee

sal·ver ['sælvə] *s* Tablett *n*

Sa·mar·i·tan [sə'mærɪtən] *s* Samariter(in): **good** ~ BIBEL barmherziger Samariter (*a. fig*)

sam·ba ['sæmbə] *s* MUS Samba *m*

▶ **same** [seɪm] **I** *Adj*: ▶ **the same** ... der-, die-, dasselbe ..., der *od* die *od* das gleiche ...: **the film with the same name** der gleichnamige Film; **amount** (*od* **come**) **to the same thing** auf dasselbe hinauslaufen; **same-sex relationship** gleichgeschlechtliche Beziehung; → **story**[1] 1, (mst 1 **II** *Pron*: **the same** der-, die-, dasselbe, der *od* die *od* das Gleiche: **it is all the same to me** es ist mir ganz egal; (**the**) **same again** noch mal das Gleiche; **same to you** (danke,) gleichfalls!; **all** (*od* **just**) **the same** dennoch, trotzdem **III** *Adv*: **the same** gleich; **same as** F genauso wie 'same·y *Adj Br* F eintönig

sam·ple ['sɑːmpl] **I** *s* 1. WIRTSCH Muster *n*, (*a. Blut- etc*)Probe *f*: ~ **bottle** Probe-, Probierfläschchen *n* 2. (**of**) Kostprobe *f* (*Gen*), *fig a.* (typisches) Beispiel (für) **II** *v/t* 3. kosten (*a. fig*), probieren

san·a·to·ri·um [,sænə'tɔːrɪəm] *Pl* -**ri·ums**, -**ri·a** [,ɪə] *s* Sanatorium *n*

sanc·ti·mo·ni·ous [,sæŋktɪ'məʊnjəs] *Adj* frömmelnd, frömmlerisch

sanc·tion ['sæŋkʃn] **I** *s* 1. Billigung *f*, Zustimmung *f* 2. *mst Pl* Sanktion *f*: ~**s against** Sanktionen gegen; **impose** ~**s on** Sanktionen verhängen gegen *od* über (*Akk*) **II** *v/t* 3. sanktionieren

sanc·ti·ty ['sæŋktətɪ] *s* Heiligkeit *f*

sanc·tu·ar·y ['sæŋktjʊərɪ] *s* 1. (*Vogeletc*)Schutzgebiet *n* 2. Zuflucht *f*: **seek** ~ **with** Zuflucht suchen bei

▶ **sand** [sænd] **I** *s* 1. Sand *m* 2. *Pl* Sand (-fläche *f*) *m* **II** *v/t* 3. Weg *etc* sanden, mit Sand streuen 4. schmirgeln: ~ **down** abschmirgeln

san·dal ['sændl] *s* Sandale *f*

san·dal·wood ['sændlwʊd] *s* BOT *u. Kosmetik*: Sandelholz *n*

'**sand**|·**bag I** *s* Sandsack *m* **II** *v/t* mit Sandsäcken befestigen *od* schützen '~·**bank** *s* Sandbank *f* '~·**blast** *v/t* TECH sandstrahlen '~·**box** *s Am* Sandkasten *m* '~,**cas·tle** *s* Sandburg *f* ~ **dune** *s* Sanddüne *f* '~·**man** *s* (*unreg* **man**) Sandmännchen *n* '~,**pa·per I** *s* Sand-, Schmirgelpapier *n* **II** *v/t* (ab)schmirgeln '~·**pit** *s* 1. *bes Br* Sandkasten *m* 2. Sandgrube *f* '~·**stone** *s* GEOL Sandstein *m* '~·**storm** *s* Sandsturm *m*

sand·wich ['sænwɪdʒ] **I** *s* Sandwich *n* **II** *v/t*: **be** ~**ed between** eingekeilt sein zwischen (*Dat*); ~ **s.th. in between** *fig* etw einschieben zwischen (*Akk, a. Dat*) ~ **course** *s* PÄD *etc* Kurs, *bei dem sich theoretische u. praktische Ausbildung abwechseln*

sand·y ['sændɪ] *Adj* 1. sandig, *präd a.* voller Sand: ~ **beach** Sandstrand *m* 2. rotblond (*Haar*)

sane [seɪn] *Adj* 1. geistig gesund, JUR zurechnungsfähig 2. vernünftig

sang [sæŋ] *Prät von* **sing**

san·guine ['sæŋgwɪn] *Adj* zuversichtlich, optimistisch

san·i·tar·i·um [,sænɪ'teərɪəm] *Am* → **sanatorium san·i·tar·y** ['·təɪ] *Adj* 1.

hygienisch, Gesundheits…: ~ **facilities**
Pl sanitäre Einrichtungen Pl. ~ **napkin**
Am, ~ **towel** Br (Damen)Binde f **2.**
hygienisch (einwandfrei), gesund

san·i·tor·i·um [ˌsænɪˈtɔːrɪəm] Am →
sanatorium

san·i·ty ['sænətɪ] s geistige Gesundheit,
JUR Zurechnungsfähigkeit f

sank [sæŋk] Prät von **sink**

San·ta Claus ['sæntəklɔːz] s der Weihnachtsmann, der Nikolaus

sap¹ [sæp] s **1.** BOT Saft m **2.** F Einfaltspinsel m, Trottel m

sap² [-] v/t schwächen

sap·ling ['sæplɪŋ] s BOT Schössling m

sap·phire ['sæfaɪə] s MIN Saphir m

sar·casm ['sɑːkæzəm] s Sarkasmus m

sar'cas·tic Adj (**~ally**) sarkastisch

sar·co·ma [sɑːˈkəʊmə] Pl **-mas, -mata** s
MED Sarkom n

sar·coph·a·gus [sɑːˈkɒfəɡəs] Pl **-gi**
[-ɡaɪ], **-gus·es** s Sarkophag m

sar·dine [sɑːˈdiːn] s FISCH Sardine f: **be
packed (in) like ~s** wie die Sardinen
sitzen od stehen

Sar·din·ia [sɑːˈdɪnjə] Eigenn Sardinien
n

sar·don·ic [sɑːˈdɒnɪk] Adj (**~ally**) boshaft, höhnisch (Lachen etc)

sark·y ['sɑːkɪ] Br F → **sarcastic**

sash¹ [sæʃ] s **1.** Fensterrahmen m (e-s
Schiebefensters)

sash² [-] s Schärpe f

sash win·dow s Schiebefenster n

sass·y ['sæsɪ] Am F frech

sat [sæt] Prät u. Part Perf von **sit**

SAT [eseɪˈtiː] Abk **1.** Am (= **scholastic
aptitude test**) Aufnahmeprüfung f **2.**
Br (= **standard assessment task**)
Einstufungstest m

Sa·tan ['seɪtən] s der Satan **sa·tan·ic**
[səˈtænɪk] Adj (**~ally**) satanisch

satch·el ['sætʃəl] s (Schul)Ranzen m

▸ **sat·el·lite** ['sætəlaɪt] s **1.** ASTR (a.
künstlicher) Satellit: ~ **dish** Satellitenschüssel f; ~ **transmission** TV Satellitenübertragung f; ~ **TV** Satellitenfernsehen n **2.** a) a. ~ **nation** (od **state**) Satellit(enstaat) m, b) a. ~ **town** Satellitenstadt f

sa·ti·ate ['seɪʃɪeɪt] v/t (über)sättigen

sat·ire ['sætaɪə] s Satire f (**on** auf Akk)

sa·tir·i·cal [səˈtɪrɪkl] Adj satirisch

'sat·i·rize v/t satirisch darstellen

▸ **sat·is·fac·tion** [ˌsætɪsˈfækʃn] s **1.** Befriedigung f **2.** (**at, with**) Zufriedenheit
f (mit), Genugtuung f (über Akk): **to
s.o.'s ~** zu j-s Zufriedenheit

▸ **sat·is·fac·to·ry** [ˌsætɪsˈfæktərɪ] Adj
befriedigend, zufrieden stellend

▸ **sat·is·fy** ['sætɪsfaɪ] v/t **1.** j-n befriedigen, zufrieden stellen: **be satisfied
with** zufrieden sein mit; **a satisfied
smile** ein zufriedenes Lächeln **2.** Bedürfnis, Neugier etc befriedigen; Bedingungen etc erfüllen **3.** j-n überzeugen
(**of** von): **be satisfied that** davon überzeugt sein, dass

sat·u·rate ['sætʃəreɪt] v/t **1.** (durch)tränken (**with** mit), ~ **d with** (od **in**) **blood**
blutgetränkt **2.** CHEM sättigen (a. fig)
ˌsat·u'ra·tion s Sättigung f: ~ **point**
CHEM Sättigungspunkt m; **reach** ~
point fig s-n Sättigungsgrad erreichen

▸ **Sat·ur·day** ['sætədɪ] s Sonnabend m,
Samstag m: **on** ~ (am) Samstag; **on
~s** samstags

Sat·urn ['sætən] s ASTR Saturn m

sauce [sɔːs] s **1.** Soße f **2.** F Frechheit f:
'~·pan s Kochtopf m

▸ **sauc·er** ['sɔːsə] s Untertasse f

sau·ci·ness ['sɔːsɪnɪs] s F Frechheit f
'**sau·cy** Adj F frech

Sau·di ['saʊdɪ] s F Saudi m, f '**~A'ra·bia**
Eigenn Saudi-Arabien n '**~A'ra·bian** I
Adj saudi-arabisch II s Saudi-Araber(in)

sau·er·kraut ['saʊəkraʊt] s Sauerkraut
n

sau·na ['sɔːnə] s Sauna f: **have** (od
take) **a** ~ in die Sauna gehen

saun·ter ['sɔːntə] I v/i bummeln,
schlendern II s Bummel m

▸ **sau·sage** ['sɒsɪdʒ] s Wurst f

sav·age ['sævɪdʒ] I Adj wild: a) unzivilisiert, b) gefährlich (Tier), c) brutal, d)
schonungslos II s Wilde m, f III v/t anfallen (Tier)

▸ **save** [seɪv] I v/t **1.** retten (**from** vor
Dat): ~ **s.o.'s life** j-m das Leben retten;
→ **bacon, face** 4, **neck** 1, **skin** 1 **2.**
Geld, Zeit etc (ein)sparen; etw aufheben, (**for** für): ~ **s.th. for s.o.** j-m etw
aufheben; ~ **one's strength** s-e Kräfte
schonen **3.** j-m etw ersparen: **you can** ~
your excuses du kannst dir d-e Ausreden sparen; ~ **s.o. doing s.th.** es j-m
ersparen, etw zu tun **4.** SPORT Schuss

halten, *a. Matchball etc* abwehren; *Tor* verhindern **5.** COMPUTER *Daten, Text etc* speichern **II** *v/i* **6.** *a. ~ up* sparen (**for** für, auf *Akk*) **7.** *~ on etw* (ein)sparen **III** *s* **8.** SPORT Parade *f* ‘**sav·er** *s* **1.** Retter(in) **2.** Sparer(in) **3.** *in Zssgn:* **be a real time ~** e-e Menge Zeit sparen

▸ **sav·ing** [‘seɪvɪŋ] *s* **1.** Ersparnis *f* (**on** gegenüber) **2.** *Pl* Ersparnisse *Pl*: **~s account** *Am* Sparkonto *n*; **~s and loan association** *Am* Bausparkasse *f*; **~s bank** Sparkasse *f* **II** *Adj* **3.** **his (only) ~ grace** die einzig Gute an ihm **sav·io(u)r** [‘-jə] *s* Retter(in): **the ♀ REL** der Heiland *od* Erlöser

sa·vo(u)r [‘seɪvə] **I** *s* **1.** (**of**) Geruch *m* (nach, von), Geschmack *m* (nach), Hauch *m* (von) **2.** *fig* Reiz *m* **II** *v/t* **3.** mit Genuss essen *od* trinken **III** *v/i* **4.** *~ of fig* e-n Beigeschmack haben von ‘**sa·vo(u)r·y** *Adj* schmackhaft

sa·voy [sə‘vɔɪ] *s* BOT Wirsing(kohl) *m* sav·vy [‘sævɪ] *s sl* Grips *m*, Köpfchen *n* saw¹ [sɔː] *Prät von* **see¹**

▸ **saw**² [sɔː] *s* Säge *f* **II** *v/t* (*mst unreg*) sägen: **~ off** absägen; **~ up** zersägen ‘**~dust** *s* Sägespäne *Pl* ‘**~mill** *s* Sägewerk *n*

sawn [sɔːn] *Part Perf von* **saw**²

Sax·on [‘sæksn] *hist* **I** *s* (Angel)Sachse *m*, (-)Sächsin *f* **II** *Adj* (angel)sächsisch

sax·o·phone [‘sæksəfəʊn] *s* MUS Saxophon *n* **sax·o·phon·ist** [‘-‘sɒfənɪst] *s* Saxophonist(in)

▸ **say** [seɪ] **I** *v/t* (*unreg*) **1.** sagen (**to** zu): **they ~ he is rich, he is said to be rich** man sagt, er sei reich; er soll reich sein; **what does your watch ~?** wie spät ist es auf deiner Uhr?; **you can ~ that again!** das kannst du laut sagen!; **~, haven't I …?** *Am F* sag mal, habe ich nicht …?; → **easy** 8, **jack** 1, **knife** I, **nothing** 1, **when** 5 **2.** *Gebet* sprechen, *Vaterunser etc* beten: **~ grace** 6 **3.** annehmen: (**let's**) **~ this happens** angenommen *od* nehmen wir einmal an, das geschieht; **a sum of, ~, £500** e-e Summe von, ~, 500 Pfund **4.** (be)sagen, bedeuten: **that is to ~** das heißt **II** *v/i* (*unreg*) **5.** es sagen: **I can't ~** das kann ich nicht sagen; **you don't~!** was du nicht sagst!; **it goes without ~ing** es versteht sich von selbst (**that** dass) **III** *s* **6.** Mitspracherecht *n* (**in**

bei) **7.** **have one's ~** s-e Meinung äußern, zu Wort kommen: **he always has to have his ~** er muss immer mitreden ‘**say·ing** *s* Sprichwort *n*, Redensart *f*: **as the ~ goes** wie man (so) sagt ‘**say-so** *s* F **1.** **just on his ~** auf s-e bloße Behauptung hin, nur weil er es sagt **2.** **on his ~** mit s-r Erlaubnis

scab [skæb] *s* **1.** MED Grind *m*, Schorf *m* **2.** VET Räude *f* **3.** *sl* Streikbrecher(in)

sca·bies [‘skeɪbiːz] *s* MED Krätze *f*

scaf·fold [‘skæfəʊld] *s* **1.** (Bau)Gerüst *n* **2.** Schafott *n* **scaf·fold·ing** [‘-fəldɪŋ] *s* **scaffold** 1

scal·a·wag [‘skæləwæg] *bes Am* → **scallywag**

scald [skɔːld] **I** *v/t* **1.** sich *die Finger etc* verbrühen (**with** mit) **2.** *bes Milch* abkochen **II** *s* **3.** Verbrühung *f* ‘**scald·ing** *Adj u. Adv*: **~ (hot)** kochend heiß

scale¹ [skeɪl] **I** *s* **1.** ZOOL (*a. Haut*)Schuppe *f*: **the ~s fell from my eyes** es fiel mir wie Schuppen von den Augen; **Kesselstein** *m* **II** *v/t* **3.** *Fisch* (ab)schuppen

▸ **scale**² [skeɪl] *s* **1.** Waagschale *f* **2.** *mst Pl*, *a. pair of* **~s** Waage *f*: **tip the ~s** *fig* den Ausschlag geben (**in favo[u]r of** für)

▸ **scale**³ [skeɪl] **I** *s* **1.** Skala *f* (*a. fig*), Grad- *od* Maßeinteilung *f* **2.** MATHE, TECH Maßstab *m*: **to ~** maßstab(s)gerecht, -getreu; **~ model** maßstab(s)gerechtes *od* -getreues Modell **3.** MUS Skala *f*, Tonleiter *f* **4.** *fig* Ausmaß *n*, Maßstab *m*, Umfang *m*: **on a large ~** in großem Umfang **II** *v/t* **5.** erklettern **6.** **~ down (up)** *fig* verringern (erhöhen)

scal·lop [‘skɒləp] *s* ZOOL Jakobsmuschel *f*, Kammmuschel *f*

scal·ly·wag [‘skælɪwæg] *s bes Br* Schlingel *m*, (kleiner) Strolch

scalp [skælp] **I** *s* **1.** ANAT Kopfhaut *f* **2.** Skalp *m* **II** *v/t* **3.** skalpieren

scal·pel [‘skælpəl] *s* MED Skalpell *n*

scamp [skæmp] *s* Schlingel *m*

scam·per [‘skæmpə] *v/i* trippeln (*Kind etc*); huschen (*Maus etc*)

scan [skæn] *v/t* **1.** *etw* absuchen (**for** nach) **2.** *Zeitung etc* überfliegen **3.** *Metrik:* skandieren **4.** *Radar*, TV: abtasten **5.** *a. ~ in* COMPUTER *Text, Bild etc* (ein)scannen **II** *s* **6.** MED Szintigramm *n*

scan·dal [‘skændl] *s* **1.** Skandal *m* **2.**

S

Skandalgeschichten *Pl*, Klatsch(geschichten *Pl*) *m* **scan·dal·ize** ['_dəlaɪz] *v/t*: **he was _d** er war empört *od* entrüstet (**by** über *Akk*; **to hear** als er hörte)

'scan·dal,mon·ger *s* Klatschmaul *m*

scan·dal·ous ['skændələs] *Adj* **1.** skandalös: **be ~** *a.* ein Skandal sein (**that** dass) **2.** Skandal...

Scan·di·na·via [,skændɪ'neɪvjə] *Eigenn* Skandinavien *n*

Scan·di·na·vi·an [,skændɪ'neɪvjən] **I** *s* Skandinavier(in) **II** *Adj* skandinavisch

scan·ner ['skænə] *s* TECH, COMPUTER, MED Scanner *m* **scan·ning** *s* Scannen *n*, Abtasten *n*, MED *a.* Szintigraphie *f*

scant [skænt] *Adj* dürftig, gering

scant·y ['skæntɪ] *Adj* dürftig, kärglich (*Mahlzeit*); knapp (*Bikini etc*)

scape·goat ['skeɪpgəʊt] *s* Sündenbock *m*

scar [skɑː] **I** *s* Narbe *f*; Schramme *f*, Kratzer *m* **II** *v/t* Narben *od* e-e Narbe hinterlassen auf (*Dat*); *fig* *j-n* zeichnen

▸ **scarce** [skeəs] *Adj* **1.** knapp (*Ware*): **make o.s. ~** *f* sich dünn machen **2.** selten

▸ **scarce·ly** ['skeəslɪ] *Adv* **1.** kaum **2.** kaum, schwerlich **'scarce·ness**, **'scar·ci·ty** *s* **1.** Knappheit *f*, Mangel *m* (**of** an *Dat*) **2.** Seltenheit *f*

scare [skeə] *v/t* **1.** erschrecken, *j-m* e-n Schreck(en) einjagen: **~ the life** (*od* **wits**) **out of s.o.** *j-m* einen ganz furchtbaren Schrecken einjagen; **be~d** Angst haben (**of** vor *Dat*) **2. ~ away** (*od* **off**) verjagen, -scheuchen; *fig* *j-n* ab-, verschrecken **II** *v/i* **3. ~ easily** schreckhaft sein **III** *s* **4.** Schreck(en) *m*: **give** *s.o.* **a ~** → **1 5.** Panik *f* **'~·crow** *s* Vogelscheuche *f* (*a. fig*) **'~·mon·ger** *s* Panikmacher(in)

▸ **scarf** [skɑːf] *Pl* **scarfs**, **scarves** [skɑːvz] *s* Schal *m*; Hals-, Kopftuch *n*

scar·let ['skɑːlət] *Adj* scharlachrot: **~ fever** MED Scharlach *m*

scar·per ['skɑːpə] *v/i Br sl* abhauen

scarred [skɑːd] *Adj* narbig

scarves [skɑːvz] *Pl von* **scarf**

scar·y ['skeərɪ] *Adj f* **1.** unheimlich (*Gegend etc*); grus(e)lig (*Geschichte etc*): **~ film** Gruselfilm *m* **2.** furchtsam; schreckhaft

scath·ing ['skeɪðɪŋ] *Adj* ätzend, vernichtend (*Kritik etc*)

scat·ter ['skætə] **I** *v/t* **1.** *a.* **~ about** (*od*

around) ver-, ausstreuen: **be ~ed all over the place** überall herumliegen **2.** *Menge etc* zerstreuen, *Vögel etc* auseinander scheuchen **II** *v/i* **3.** sich zerstreuen (*Menge etc*), auseinander stieben (*Vögel etc*), sich zerteilen (*Nebel etc*) **'~·brain** *s F* Schussel *m* **'~·brained** *Adj F* schusselig, chaotisch

scat·tered ['skætəd] *Adj* **1.** ver- *od* zerstreut (liegend) (*Häuser etc*) **2.** vereinzelt (*Schauer etc*)

scav·enge ['skævɪndʒ] **I** *v/i* **1. ~ on** ZOOL leben von (*Abfällen, Aas*) **2.** *a.* **~ for food** (nach) Nahrung suchen; **~ in** herumwühlen in (*Dat*) **II** *v/t* **3.** → **1 4.** *etw* ergattern **'scav·en·ger** *s* ZOOL Aasfresser *m*

sce·nar·i·o [sɪ'nɑːrɪəʊ] *Pl* **-os** *s* FILM, THEAT, TV Szenario *n* (*a. fig*), Szenarium *n*

▸ **scene** [siːn] *s* **1.** THEAT *etc* **a)** Szene *f*: **change of ~** Szenenwechsel *m*; *fig* Tapetenwechsel *m*, **b)** Bühnenbild *n*, Kulissen *Pl*: **behind the ~s** hinter den Kulissen (*a. fig*), **c)** Ort *m* der Handlung, Schauplatz *m* (*a. e-s Romans etc*) **2.** Schauplatz *m*: **~ of the accident** (**crime, crash**) Unfallort *m* (Tatort *m*, Absturzstelle *f*); **be on the ~** zur Stelle sein; **come on(to) the ~** auf der Bildfläche erscheinen, auftauchen **3.** Szene *f*, Anblick *m*: **~ of destruction** Bild *n* der Zerstörung **4.** Szene *f*, (heftiger) Auftritt: **make a ~** (*j-m*) e-e Szene machen **5.** *F* (*Drogen-, Pop- etc*)Szene *f* **6. ... is not my ~** *F* ... ist nicht mein Fall

▸ **scen·er·y** ['siːnərɪ] *s* **1.** Landschaft *f*, Gegend *f* **2.** THEAT Bühnenbild *n*, Kulissen *Pl*

sce·nic ['siːnɪk] *Adj* (**~ally**) **1.** landschaftlich, Landschafts... **2.** landschaftlich schön, malerisch: **~ road** landschaftlich schöne Strecke **3.** THEAT Bühnen...

scent [sent] **I** *s* **1.** Duft *m*, Geruch *m* **2.** *bes Br* Parfüm *n* **3.** JAGD Witterung *f*: **be on the ~ of** *fig* e-r *Sache auf* der Spur sein **II** *v/t* **4.** wittern (*a. fig*) **5. be ~ed with** vom Duft (*Gen*) erfüllt sein **6.** *bes Br* parfümieren

scep·ter *Am* → **sceptre**

scep·tic ['skeptɪk] *s Br* Skeptiker(in) **'scep·ti·cal** *Adj* skeptisch: **be ~ about** (*od* **of**) *s.th.* e-r Sache skeptisch gegen-

überstehen **scep·ti·cism** ['-sɪzəm] s Skepsis f

scep·tre ['septə] s bes Br Zepter n

sched·ule ['ʃedju:l] **I** s **1.** Aufstellung f, Verzeichnis n **2.** (Arbeits-, Stunden-, Zeit- etc)Plan m; Programm n; Fahr-, Flugplan m: **three months ahead of ~** drei Monate früher als vorgesehen; **be behind ~** Verspätung haben, weit. S. im Verzug od Rückstand sein; **on ~** (fahr)planmäßig, pünktlich **II** v/t **1.** etw ansetzen (**for** auf Akk, für); **it is ~d to take place tomorrow** es soll morgen stattfinden; **~d departure** (fahr-)planmäßige Abfahrt; **~d flight** Linienflug m

sche·mat·ic [skɪ'mætɪk] Adj (**~ally**) schematisch

scheme [ski:m] **I** s **1.** Schema n, System n **2.** bes Br Programm n, Projekt n **3.** Intrige f, Pl a. Machenschaften Pl **II** v/i intrigieren (**against** gegen): **~ for** hinarbeiten auf (Akk) 'schem·er s Intrigant(in) 'schem·ing Adj intrigant

schiz·o·phre·ni·a [ˌskɪtsəʊ'fri:njə] s PSYCH Schizophrenie f **schiz·o·phren·ic** [ˌ-'frenɪk] **I** Adj (**~ally**) schizophren **II** s Schizophrene m, f

schlep [ʃlep] Am F **I** v/t schleppen **II** v/i latschen

schmal(t)z [ʃmɒlts] s bes MUS F pej Schmalz m 'schmaltz·y Adj fig F pej schmalzig

schmooze [ʃmu:z] v/i Am F plaudern

schnapps [ʃnæps] s Schnaps m

schnit·zel ['ʃnɪtsl] s GASTR Wiener Schnitzel n

schol·ar ['skɒlə] s **1.** Gelehrte m, f, bes Geisteswissenschaftler(in) **2.** UNI Stipendiat(in) 'schol·ar·ly Adj **1.** gelehrt **2.** wissenschaftlich 'schol·ar·ship s **1.** Gelehrsamkeit f **2.** UNI Stipendium n

school¹ [sku:l] s Schule f, Schwarm m (Delfine, Heringe etc)

▸ **school²** [sku:l] **I** s **1.** allg Schule f (a. fig): **at** (Am **in**) **~** auf od in der Schule; **go to ~** in die od zur Schule gehen; **there is no ~ today** heute ist 2 schulfrei od kein Unterricht; **~ old 1 2.** Am Hochschule f **3.** UNI Fakultät f: Fachbereich m **II** v/t **4.** j-n schulen, unterrichten (**in** in Dat); Tier dressieren: **~ o.s. to do s.th.** es sich angewöhnen,

etw zu tun **~age** s schulpflichtiges Alter: **be of ~** schulpflichtig od im schulpflichtigen Alter sein '**~age** Adj schulpflichtig, im schulpflichtigen Alter '**~bag** s Schultasche f '**~boy** s Schuljunge m, Schüler m **~bus** s Schulbus m '**~child** s (unreg **child**) Schulkind n **~days** s Pl Schulzeit f '**~friend** s Schulfreund(in) '**~girl** s Schulmädchen n, Schülerin f

school·ing ['sku:lɪŋ] s Ausbildung f **school| leav·er** s bes Br Schulabgänger(in) '**~mate** s Schulkamerad(in), Mitschüler(in) '**~teach·er** s (Schul)Lehrer(in) '**~work** s Schulaufgaben Pl '**~yard** s Schulhof m

schoon·er ['sku:nə] s **1.** SCHIFF Schoner m **2.** Br großes Sherryglas; Am großes Bierglas

sci·at·ic [saɪ'ætɪk] Adj MED Ischias... **sci·at·i·ca** [ˌ-kə] s MED Ischias m, n, f

▸ **sci·ence** ['saɪəns] s **1.** Wissenschaft f **2.** a. **natural ~** Naturwissenschaft(en Pl) f **3.** fig Kunst f, Lehre f **~ fic·tion** s Sciencefiction f **~ park** s Technologiepark m

sci·en·tif·ic [ˌsaɪən'tɪfɪk] Adj (**~ally**) **1.** (eng. S. natur)wissenschaftlich **2.** fig systematisch '**sci·en·tist** s (eng. S. Natur)Wissenschaftler(in)

sci-fi [ˌsaɪ'faɪ] s F Sciencefiction f

▸ **scis·sors** ['sɪzəz] s Pl, a. **pair of ~** Schere f

scle·ro·sis [ˌsklɪə'rəʊsɪs] s MED Sklerose f

scoff¹ [skɒf] **I** v/i spotten (**at** über Akk) **II** s spöttische Bemerkung

scoff² [ˌ-] v/t F Kuchen etc verdrücken

scold [skəʊld] v/t ausschelten, -schimpfen, schimpfen mit (**for** wegen) '**scold·ing** s Schelte f: **give** s.o. **a ~** → **scold**

scol·lop ['skɒləp] → **scallop**

scone [skɒn] s kleiner runder Kuchen, mit Butter serviert

scoop [sku:p] **I** s **1.** Schöpfkelle f, Schöpfer m; (Mehl- etc)Schaufel f; (Eis)Portionierer m **2.** Kugel f (Eis) **3.** PRESSE, RUNDFUNK, TV (sensationelle) Erstmeldung **II** v/t **4.** schöpfen; schaufeln

scoot [sku:t] v/i F abhauen; rennen

S

scoot·er ['sku:tə] s **1.** (Kinder)Roller m, a. (Tret)Roller m (aus Leichtmetall a. für Erwachsene), Kickboard n **2.** (Motor)Roller m

scope [skəʊp] s **1.** Bereich m: **be within (beyond) the ~ of** sich im Rahmen (Gen) halten (den Rahmen [Gen] sprengen) **2.** (Spiel)Raum m, (Entfaltungs)Möglichkeit(en Pl) f (**for** für)

scorch [skɔːtʃ] I v/t **1.** an-, versengen, verbrennen **2.** ausdörren II v/i **3.** MOT F rasen III s **4.** a. **~ mark** angesengte Stelle, Brandfleck m '**scorch·er** s F glühend heißer Tag '**scorch·ing** Adj F glühend heiß, sengend (Hitze)

▸ **score** [skɔː] I s **1.** (Spiel)Stand m; (Spiel)Ergebnis n: **what is the ~?** wie steht es od das Spiel?; **the ~ stood at** (od **was**) **2–1** das Spiel stand 2:1; **keep (the) ~** anschreiben **2.** SPORT Torerfolg m **3.** MUS Partitur f; Musik f (zu e-m Film etc) **4.** in dieser Hinsicht **5.** **have a ~ to settle with s.o.** e-e alte Rechnung mit j-m zu begleichen haben **6.** ~s Pl of e-e Menge … **7.** **know the ~** F wissen, was Sache ist II v/t **8.** SPORT Treffer etc erzielen, Tor a. schießen; a. allg Erfolg, Sieg erringen **9.** SPORT j-m Punkte, Note geben **10.** MUS in Partitur setzen; (**for** für); die Musik schreiben zu od für **11.** einkerben **12.** ~ **out** (od **through**) aus-, durchstreichen III v/i **13.** SPORT e-n Treffer etc erzielen, ein Tor schießen **14.** erfolgreich sein, Erfolg haben (**with** mit): ~ **off s.o.** j-n als dumm hinstellen od lächerlich machen; ~ **with a girl** sl ein Mädchen ins Bett kriegen '**~·board** s SPORT Anzeigetafel f '**~·line** s SPORT Endstand m

scor·er ['skɔːrə] s (Sport) **1.** Torschütze m, -schützin f **2.** Anschreiber(in)

scorn [skɔːn] s Verachtung f (**for** für, gegen): **pour ~ on** etw verächtlich abtun **'scorn·ful** ['~fʊl] Adj verächtlich

Scor·pi·o ['skɔːpɪəʊ] s ASTR Skorpion m: **be (a) ~** Skorpion sein

scor·pi·on ['skɔːpjən] s ZOOL Skorpion m

▸ **Scot** [skɒt] s Schotte m, Schottin f

Scotch [skɒtʃ] I Adj schottisch (Whisky etc) II s Scotch m (schottischer Whisky) **~ tape®** s Am durchsichtiger Klebestreifen m

scot-free [ˌskɒt'friː] Adj: **get off ~** ungeschoren davonkommen

▸ **Scot·land** ['skɒtlənd] Eigenn Schottland n

Scots [skɒts] Adj schottisch

▸ **Scots·man** ['skɒtsmən] s (unreg man) Schotte m

▸ **Scots·wom·an** ['skɒts,wʊmən] s (unreg woman) Schottin f

▸ **Scot·tish** ['skɒtɪʃ] Adj schottisch

scoun·drel ['skaʊndrəl] s Schurke m, Schurkin f, Schuft m

scour[1] ['skaʊə] v/t Topf etc scheuern, Fußboden etc a. schrubben

scour[2] v/t Gegend etc absuchen, abkämmen (**for** nach)

scourge [skɜːdʒ] I s Geißel f (a. fig) II v/t geißeln, fig a. heimsuchen

scout [skaʊt] I s **1.** oft 2 Pfadfinder m; Am Pfadfinderin f **2.** MIL Kundschafter(in), Späher(in) **3.** Br motorisierter Pannenhelfer (e-s Automobilklubs) **4.** bes SPORT Talentsucher(in) II v/i **5.** ~ **about** (od **around**) sich umsehen (**for** nach) III v/t **6.** a. ~ **out** MIL auskundschaften, erkunden

scowl [skaʊl] I v/i ein böses Gesicht machen: ~ **at** j-n bös anschauen II s böses Gesicht

scrab·ble ['skræbl] v/i mst ~ **about** (od **around**) herumwühlen (**for** nach)

scrag·gy ['skrægɪ] Adj dürr, knochig

scram [skræm] v/i F oft Imp abhauen, Leine ziehen

scram·ble ['skræmbl] I v/i **1.** klettern; krabbeln **2.** sich raufen (a. fig), (bes Kinder) sich balgen (**for** um); sich drängeln (**for** zu) II v/t **3.** Ei verrühren: ~**d eggs** Pl Rührei(er Pl) n **4.** Funkspruch etc zerhacken III s **5.** Kletterei f **6.** Rauferei f, Balgerei f; Drängelei f '**scram·bler** s TECH Zerhacker m

scrap[1] [skræp] I s **1.** Stückchen n; Fetzen m: **there is not a ~ of evidence** es gibt nicht den geringsten Beweis; **there is not a ~ of truth in it** daran ist kein Wort wahr **2.** Pl (Speise)Reste Pl **3.** Altmaterial n; Altmetall n, Schrott m: **sell s.th. for ~** etw als Schrott verkaufen II v/t **4.** unbrauchbar Gewordenes ausrangieren; Plan etc aufgeben, fallen lassen, Methode etc a. zum alten Eisen werfen **5.** verschrotten

scrap[2] [~] F I s v/i sich streiten; sich bal-

gen **II** s Streiterei f; Balgerei f

'**scrap·book** s Sammelalbum n

▸ **scrape** [skreɪp] **I** v/t **1.** (ab)kratzen, (ab)schaben (*from* von); *Schuhe etc* abkratzen; *Karotten etc* schaben: **~ off** abkratzen od abschaben (von); **~ together** (od **up**) *Geld* zs.-kratzen; **~ a living** fig sich gerade so über Wasser halten **2.** sich *die Knie etc* ab- od aufschürfen (**on** auf Dat); *Wagen etc* ankratzen **II** v/i **3.** scheuern (*against* an Dat): **~ along the ground** am Boden schleifen **4.** fig **~ along** (od **by**) über die Runden kommen (**on** mit); **~ through an examination** mit Ach u. Krach durch e-e Prüfung kommen **III** s **5.** Kratzen n **6.** Aufschürfung f, Schürfwunde f **7.** **be in a ~** F in Schwulitäten sein '**scrap·er** s TECH Kratzer m, Schaber m

scrap|heap s Schrotthaufen m: **be on the ~** fig zum alten Eisen gehören **~·met·al** s Altmetall n, Schrott m **~·paper** s bes Br Schmierpapier n

scrap·py ['skræpɪ] adj zs.-gestoppelt

scrap|val·ue s Schrottwert m **~·yard** s Schrottplatz m

▸ **scratch** [skrætʃ] **I** v/t **1.** (zer)kratzen, *Wagen etc* ankratzen: **~ one's arm on a nail** sich den Arm an e-m Nagel aufreißen **2. a)** (ab)kratzen (*from* aus), **~ off** abkratzen (von), **b)** s-n *Namen etc* einkracken (**on** in Akk) **3.** j-n, sich *kratzen*: **~ one's nose** sich an der Nase kratzen; **~ one's head** sich den Kopf kratzen (vor *Verlegenheit etc*) **II** v/i **4.** kratzen (*at* an Dat) **5.** sich kratzen **III** s **6.** Kratzer m **7.** fig **start from ~** ganz von vorn anfangen; **be** (od **come**) **up to ~** den Anforderungen od Erwartungen entsprechen **IV** adj **8.** (bunt) zs.-gewürfelt (*Mannschaft etc*) '**~·pad** s bes Am Schmierblock m **~·pa·per** s Am Schmierpapier n

scratch·y ['skrætʃɪ] adj **1.** kratzend (*Geräusch*) **2.** zerkratzt (*Schallplatte*) **3.** kratzig (*Pullover etc*)

scrawl [skrɔːl] **I** v/t **1.** (hin)kritzeln **II** s **2.** Gekritzel n **3.** Klaue f

scraw·ny ['skrɔːnɪ] adj dürr

▸ **scream** [skriːm] **I** v/i **1.** schreien (*with* vor Dat): **~ with laughter** vor Lachen brüllen **II** v/t **2. a.** **~ out** schreien: **~ o.s. hoarse** sich heiser schreien; **~**

the place down F zetermordio schreien; **→ rooftop III** s **3.** Schrei m: **~s** Pl **of laughter** brüllendes Gelächter **4. be a ~** F zum Schreien (komisch) sein

scree [skriː] s Geröll n

screech [skriːtʃ] **I** v/i u. v/t kreischen (*a. Bremsen etc*), (gellend) schreien **II** s Kreischen n; (gellender) Schrei

screed [skriːd] s langatmige Rede etc, Roman m

▸ **screen** [skriːn] **I** s **1.** Wandschirm m **2.** FILM Leinwand f: **adapt for the ~** für den Film bearbeiten **3.** Radar, TV etc: (Bild)Schirm m **4.** fig Tarnung f **II** v/t **5.** abschirmen **6. ~ off** abtrennen **7.** Film zeigen, Fernsehprogramm a. senden **8.** fig j-n überprüfen '**~·play** s FILM Drehbuch n '**~·sav·er** s COMPUTER Bildschirmschoner m **~·test** s FILM Probeaufnahmen Pl '**~·writ·er** s FILM Drehbuchautor(in)

▸ **screw** [skruː] **I** s **1.** TECH Schraube f: **he has a ~ loose** F bei ihm ist e-e Schraube locker; **put the ~s on** s.o. fig j-m (die) Daumenschrauben anlegen od ansetzen **II** v/t **2.** (an)schrauben (**to** an Akk): **~ together** zs.-, verschrauben **3.** a. **~ up** Papier etc zs.-, zerknüllen **4. ~ up a)** Augen zs.-kneifen, Gesicht verziehen, **b)** F Plan etc vermasseln **5. ~ s.th. out of s.o.** etw aus j-m herauspressen **6.** (a. v/i) V bumsen, vögeln '**~·ball** s bes Am F Spinner(in)

▸ **screw|·driv·er** ['skruːˌdraɪvə] s TECH Schraubenzieher m **~·top** s Schraubverschluss m

screw·y ['skruːɪ] adj F verrückt

scrib·ble ['skrɪbl] **I** v/t (hin)kritzeln **II** s Gekritzel n **'scrib·bler** s hum od pej Schreiberling m

scrimp [skrɪmp] v/i den Gürtel enger schnallen: **~ and save** jeden Pfennig zweimal umdrehen

script [skrɪpt] s **1.** Manuskript n (e-r Rede etc); (FILM, TV) Drehbuch n, Skript n; THEAT Text(buch n) m **2.** Schrift(zeichen Pl) f **3.** Schreibschrift f **4.** PÄD UNI Br (schriftliche) Prüfungsarbeit

Scrip·ture ['skrɪptʃə] s, a. **the ~s** Pl die (Heilige) Schrift

'**script**,**writ·er** s FILM, TV Drehbuchautor(in)

scroll [skrəʊl] **I** s Schriftrolle f **II** v/i COMPUTER blättern, scrollen

scrooge [skru:dʒ] s Geizhals m

scro·tum ['skrəʊtəm] Pl **-tums**, **-ta** ['_tə] s ANAT Hodensack m

scrounge [skraʊndʒ] F I v/i schnorren (**off** bei) II v/t etw schnorren (**off** von, bei) '**scroung·er** s F Schnorrer(in)

scrub[1] [skrʌb] s Gebüsch n, Gestrüpp n

scrub[2] [_] I v/t 1. etw schrubben, scheuern, schweiz. fegen 2. * streichen, ausfallen lassen II s 3. Schrubben n, Scheuern n, schweiz. Fegen n: **give s.th. a** ~ → 1

scrub·bing brush ['skrʌbɪŋ] s, Am a. **scrub brush** s Scheuerbürste f

scrub·by ['skrʌbɪ] Adj gestrüppreich

scruff·y ['skrʌfɪ] Adj F schmudd(e)lig

scrump·tious ['skrʌmpʃəs] Adj F fabelhaft, lecker (Speise)

scrunch [skrʌntʃ] I v/t a. ~ **up** Papier etc zs.-knüllen II v/i knirschen

scru·ple ['skru:pl] I s Skrupel m: **have no ~s about doing s.th.** → II; **without** ~ skrupellos II v/i: **not to** ~ **to do s.th.** keine Skrupel haben, etw zu tun

scru·pu·lous ['_pjʊləs] Adj gewissenhaft

scru·ti·nize ['skru:tɪnaɪz] v/t 1. genau prüfen 2. mustern '**scru·ti·ny** s 1. genaue Prüfung 2. musternder od prüfender Blick

scu·ba ['sku:bə] s Tauchgerät n: ~ **diving** (Sport)Tauchen n

scuff [skʌf] v/t 1. ~ **one's feet** schlurfen 2. abwetzen

scuf·fle ['skʌfl] I v/i (sich) raufen (**for** um) II s Rauferei f, Handgemenge n

scull [skʌl] (Rudersport) I s 1. Skull n 2. Skullboot n, Skuller m II v/t u. v/i 3. skullen '**scull·er** s Skuller(in)

sculpt [skʌlpt] v/t Figur etc hauen (**in** in Dat, aus)

▸ **sculp·tor** ['skʌlptə] s Bildhauer(in)

▸ **sculp·ture** ['skʌlptʃə] I s Skulptur f, Plastik f, KUNST a. Bildhauerei f II v/t Figur etc hauen (**in** in Dat, aus)

scum [skʌm] s 1. Schaum m 2. fig Abschaum m: **the ~ of the earth** der Abschaum der Menschheit

scurf [skɜ:f] s (Kopf)Schuppen Pl

scur·ril·ous ['skʌrələs] Adj 1. beleidigend; verleumderisch 2. derb (Witz etc)

scur·ry ['skʌrɪ] I v/i 1. huschen (**through** durch); trippeln II s 3. Getrippel n

scut·tle ['skʌtl] → **scurry** I

scythe [saɪð] I s Sense f II v/t a. ~ **down** Wiese etc mähen

▸ **sea** [si:] s Meer n (a. fig), See f: **at** ~ auf See; **be all at** ~ fig völlig ratlos sein; **by** ~ auf dem Seeweg; **by the** ~ am Meer; **go to** ~ zur See gehen; → **put** 12 ~

an·i·mal s Meerestier n '~**bed** s Meeresboden m, -grund m '~**board** s Küste f

▸ **sea·food** ['si:fu:d] s Meeresfrüchte Pl '~**go·ing** Adj hochseetüchtig, Hochsee... '~**gull** s ORN Seemöwe f '~**horse** s ZOOL Seepferdchen n

seal[1] [si:l] s ZOOL Seehund m, Robbe f

seal[2] [_] I s 1. Siegel n 2. Siegel n, Versieg(e)lung f; Plombe f 3. TECH Dichtung f 4. POST Aufkleber m II v/t 5. siegeln 6. versiegeln; plombieren; **Brief**umschlag etc zukleben: ~**ed envelope** verschlossener Briefumschlag m 7. TECH abdichten 8. ~ **off** Gegend etc abriegeln 9. fig besiegeln: ~ **s.o.'s fate** j-s Schicksal besiegeln

sea lev·el s: **above** (**below**) ~ über (unter) dem Meeresspiegel, über (unter) Meereshöhe

seal·ing wax ['si:lɪŋ] s Siegelwachs n

sea li·on s ZOOL Seelöwe m

seam [si:m] s 1. Saum m: **burst at the ~s** bes fig aus allen Nähten platzen 2. Fuge f 3. GEOL Flöz n

sea·man ['si:mən] s (unreg man) Seemann m ~ **mile** s Seemeile f

seam·stress ['semstrɪs] s Näherin f

seam·y ['si:mɪ] Adj: ~ **side** fig Schattenseite(n Pl) f

'**sea·plane** s See-, Wasserflugzeug n '~**port** s Seehafen m, Hafenstadt f ~**pow·er** s Seemacht f

sear [sɪə] v/t 1. Fleisch rasch anbraten 2. brennen in (Dat) (Geruch etc) 3. Pflanzen vertrocknen lassen

▸ **search** [sɜ:tʃ] I v/i 1. suchen (**for** nach): ~ **through** durchsuchen; → **high** 7 II v/t 2. j-n, etw durchsuchen (**for** nach): ~ **me!** F keine Ahnung! 3. ~ **out** j-n ausfindig machen; etw herausfinden III s 4. Suche f (**for** nach): **in** ~ **of** auf der Suche nach 5. Durchsuchung f ~ **en·gine** s COMPUTER Suchmaschine f ~ **func·tion** s COMPUTER Suchfunktion f '**search·ing** Adj forschend, prüfend (Blick); bohrend (Frage)

'**search**|**light** s (Such)Scheinwerfer m ~ **par·ty** s Suchmannschaft f, -trupp m ~ **war·rant** s JUR Haussuchungs-, Durchsuchungsbefehl m

'**sea**|**sick** Adj seekrank '**~sick·ness** s Seekrankheit f '**~side** s: at (od by) **the** ~ am Meer; **go to the** ~ ans Meer fahren; ~ **resort** Seebad m

▶ **sea·son** ['si:zn] **I** s **1.** Jahreszeit f: ~ **rainy** ~ allg Saison f, THEAT a. Spielzeit f, (Jagd-, Urlaubs- etc)Zeit f: **in** (of of) ~ in (außerhalb) der (Hoch)Saison; 2's **Greetings!** Frohe Weihnachten!; → **close season, compliment** 2, **high** 4, **low season, open** 10, **silly** I **3.** F → **season ticket** II v/t **4.** Speise würzen **5.** Holz ablagern **season·al** ['~zənl] Adj saisonbedingt; Saison... '**sea·soned** Adj erfahren, routiniert '**sea·son·ing** s Gewürz n

sea·son tick·et s **1.** BAHN etc Dauer-, Zeitkarte f **2.** THEAT Abonnement n

▶ **seat** [si:t] **I** s **1.** Sitz(gelegenheit f) m; (Sitz)Platz m: **take a** ~ Platz nehmen; **take one's** ~ s-n Platz einnehmen **2.** Sitz(fläche f) m (e-s Stuhls etc); Hosenboden m; Hinterteil n: **do s.th. by the** ~ **of one's pants** F etw nach Gefühl u. Wellenschlag tun **3.** (Geschäfts-, Regierungs- etc)Sitz m **II** v/t **4.** j-n setzen: **be ~ed** sitzen; **please be ~ed** bitte nehmen Sie Platz; **remain ~ed** sitzen bleiben **5.** Sitzplätze bieten für, Platz bieten (Dat): **the tent ~s 500 people** das Zelt hat 500 Sitzplätze

▶ **seat belt** ['si:tbelt] s FLUG, MOT Sicherheitsgurt m: **fasten one's** ~ sich anschnallen; **wear a** ~ angegurtet od angeschnallt sein; **~ tensioner** Gurtstraffer m

seat·er ['si:tə] s FLUG, MOT in Zssgn ...sitzer m '**seat·ing** s Sitzgelegenheit(en Pl) f **II** Adj: **a** ~ **capacity of 200** 200 Sitzplätze

sea|**ur·chin** ['ɜ:tʃin] s ZOOL Seeigel m '**~weed** s BOT (See)Tang m '**~worth·y** Adj seetüchtig

sec [sek] F → **second²** 2

sec·a·teurs ['sekə'tɜ:z] s Pl, a. **pair of** ~ Br Gartenschere f

se·ces·sion [sɪ'seʃn] s POL etc Abspaltung f (from von)

se·clud·ed [sɪ'klu:dɪd] Adj abgelegen, abgeschieden (Haus etc); zurückgezogen (Leben) **se·clu·sion** [-ʒn] s Abgelegenheit f, Abgeschiedenheit f; Zurückgezogenheit f

▶ **sec·ond¹** ['sekənd] **I** Adj (→ **secondly**) **1.** zweit: **he is going through his** ~ **childhood** er fühlt sich wieder wie ein (richtiges) Kind; ~ **home** Zweitwohnung f; **it has become** ~ **nature** (od to) **him** es ist ihm in Fleisch u. Blut übergegangen; **a** ~ **Shakespeare** ein zweiter Shakespeare; **a** ~ **time** noch einmal; **be** ~ **to none** unübertroffen sein (**as** als); → **fiddle** 1, **thought²** 2 **II** s **2.** der, die, das Zweite: **the** ~ **of May** der 2. Mai **3.** MOT zweiter Gang **4.** Boxen, Duell: Sekundant m: **~s out** Ring frei **5.** Pl WIRTSCH Waren Pl zweiter Wahl **6.** Pl F Nachschlag m (zweite Portion) **III** Adv **7.** als Zweit(er, e, es) **IV** v/t **8.** Antrag etc unterstützen

▶ **sec·ond²** ['sekənd] s **1.** Sekunde f (a. MATHE, MUS) **2.** fig Augenblick m, Sekunde f: **just a** ~ Augenblick(, bitte)!; **I won't be a** ~ ich komme gleich (wieder); **have you got a** ~? hast du e-n Moment Zeit (für mich)?

se·cond³ [sɪ'kɒnd] v/t Br j-n (bes vorübergehend) versetzen (**to** in Akk)

sec·ond·ar·y ['sekəndərɪ] Adj **1.** sekundär, zweitrangig, nebensächlich **2.** ELEK etc sekundär, Sekundär... **3.** PÄD höher (Schule etc)

,**sec·ond·best** **I** Adj zweitbest **II** Adv: **come off** ~ den Kürzeren ziehen ,**~'class I** Adj **1.** zweitklassig, -rangig **2.** BAHN etc zweiter Klasse **II** Adv **3.** BAHN etc zweite(r) Klasse ,**~·de'gree** Adj Verbrennungen zweiten Grades ~ **hand** s Sekundenzeiger m ,**~'hand** Adj **1.** (a. Adv) aus zweiter Hand **2.** gebraucht, Gebraucht..., (Kleidung a.) getragen, (Bücher) antiquarisch: ~ **bookshop** Antiquariat n; ~ **shop** Secondhandladen m

sec·ond·ly ['sekəndlɪ] Adv zweitens ,**sec·ond'rate** → **second-class** 1

se·cre·cy ['si:krəsɪ] s **1.** Geheimhaltung f: **in** (od amid) **great** ~ unter großer Geheimhaltung **2.** Verschwiegenheit f

▶ **se·cret** ['si:krɪt] **I** Adj **1.** geheim, Geheim...: **keep s.th.** ~ etw geheim halten (**from** vor Dat); ~ **agent** Geheimagent(in); ~ **police** Geheimpolizei f; ~

S

service Geheimdienst *m* **2.** heimlich (*Bewunderer etc*) **3.** verschwiegen **II** *s* **4.** Geheimnis *n*: ***in ~ a)*** im Vertrauen, **b)** ***have no ~s from s.o.*** keine Geheimnisse vor j-m haben; ***make no ~ of*** kein Geheimnis *od* Hehl machen aus

▸ **sec·re·tar·y** ['sekrətrɪ] *s* **1.** Sekretär(in) (**to** *Gen*) **2.** POL Minister(in): ♀ **of State** *Br* Minister(in); *Am* Außenminister(in) **,~'gen·er·al** *s* Generalsekretär(in)

se·crete [sɪ'kriːt] *v/t* PHYSIOL absondern **se'cre·tion** *s* Absonderung *f*; Sekret *n* **se·cre·tive** [sɪ'kriːtɪv] *Adj* heimlichtuerisch: **be ~ about s.th.** mit etw geheim tun

sect [sekt] *s* Sekte *f* **sec·tar·i·an** [.'teərɪən] *Adj* konfessionsbedingt, Konfessions...

sec·tion ['sekʃn] **I** *s* **1.** Teil *m* **2.** Abschnitt *m* (*e-s Buchs etc*) **3.** Abteilung *f* **3.** JUR Paragraph *m* **3.** Abteilung *f* **2.** MATHE, TECH Schnitt *m*: **in ~** im Schnitt **II** *v/t* **5.** teilen **sec·tion·al** ['-ʃənl] *Adj* MATHE, TECH Schnitt...

sec·tor ['sektə] *s allg* Sektor *m*

sec·u·lar ['sekjʊlə] *Adj* weltlich, profan **'sec·u·lar·ize** *v/t* säkularisieren, verweltlichen

se·cure [sɪ'kjʊə] **I** *Adj* **1.** *allg* sicher (**against, from** vor *Dat*): **feel ~** sich sicher fühlen; **financially ~** finanziell abgesichert **II** *v/t* **2.** *Tür etc* fest verschließen; sichern (**against, from** vor *Dat*) **4.** sich *etw* sichern *od* beschaffen; *etw* erreichen

▸ **se·cu·ri·ty** [sɪ'kjʊərətɪ] *s* **1.** *allg* Sicherheit *f*: ♀ **Council** Sicherheitsrat *m* (*der UNO*); **for ~ reasons** aus Sicherheitsgründen; **~ risk** Sicherheitsrisiko *n* **2.** *Pl* WIRTSCH Effekten *Pl*, Wertpapiere *Pl*

se·dan [sɪ'dæn] *s* MOT *Am* Limousine *f* **se·date** [sɪ'deɪt] **I** *Adj* ruhig, gelassen; (*Tempo*) gemütlich **II** *v/t* j-m ein Beruhigungsmittel geben **se'da·tion** *s*: **be under ~** unter dem Einfluss von Beruhigungsmitteln stehen; **put under ~** → **sedate II sed·a·tive** ['sedətɪv] **I** *Adj* beruhigend **II** *s* Beruhigungsmittel *n*

sed·en·tar·y ['sedntərɪ] *Adj* **1.** sitzend (*Beschäftigung etc*) **2.** sesshaft

sed·i·ment ['sedɪmənt] *s* (Boden)Satz *m*

se·duce [sɪ'djuːs] *v/t* verführen, *weit. S. a.* verleiten (**into** zu; **into doing s.th.** dazu, etw zu tun) **se·duc·tion** [sɪ'dʌkʃn] *s* **1.** Verführung *f* **2.** *mst Pl* Verlockung *f* **se'duc·tive** *Adj* verführerisch, *weit. S. a.* verlockend

▸ **see**¹ [siː] (*unreg*) **I** *v/t* **1.** sehen: *I saw him arrive* (*od arriving*) ich sah ihn (an)kommen **2.** (ab)sehen, erkennen **3.** ersehen, entnehmen (**from** aus *der Zeitung etc*) **4.** (ein)sehen, verstehen: *as I see it* wie ich es sehe, in m-n Augen **5.** sich *etw* ansehen, besuchen **6. a)** j-n besuchen: ▸ **go** (**come**) **to see s.o., go and see s.o.** j-n besuchen (gehen *od* kommen), **b)** *Anwalt etc* aufsuchen, **c)** zum *Arzt* gehen, **d)** *j-n* sprechen (**on business** geschäftlich) **7.** *j-n* empfangen **8.** *j-n* begleiten, bringen (**to the station** zum Bahnhof) **II** *v/i* **9.** sehen: *you'll see* du wirst schon sehen **10.** verstehen: *I see* (ich) verstehe!, aha!, ach so!; *you see* weißt du **11.** nachsehen **12.** *let me see* warte mal!, lass mich überlegen!; *we'll see* mal sehen *Verbindungen mit Präpositionen:* **see about** *v/i* **1.** sich nach, sich kümmern um: *I'll ~ it* ich werde mich darum kümmern; **we'll** (**soon**) **~ that!** F das wollen wir mal sehen! **~ o·ver, ~ round** *v/i* sich *ein Haus etc* ansehen **~ through** **I** *v/i* j-n, etw durchschauen **II** *v/t* j-m hinweghelfen über (*Akk*) **~ to** *v/i*: **~ it that** dafür sorgen, dass *Verbindungen mit Adverbien:* **see off** *v/t* **1.** j-n verabschieden (**at** *am Bahnhof etc*) **2.** verjagen, -scheuchen **~ out** *v/t* **1.** j-n hinausbringen, -begleiten **2.** bis zum Ende reichen (*Gen*) (*Vorräte*)

see² [-] *s* **1.** Bistum *n*, Diözese *f* **2. Holy** ♀ *der* Heilige Stuhl

▸ **seed** [siːd] **I** *s* **1.** BOT Same(n) *m*; LANDW Saat(gut *n*) *f*: **go** (*od* **run**) **to ~** schießen; *fig* herunterkommen (*Person*); → **sow²** **2.** (*Orangen- etc*)Kern *m* **3.** SPORT gesetzter Spieler, gesetzte Spielerin **II** *v/t* **4.** besäen **5.** SPORT *Spieler* setzen **III** *v/i* **6.** BOT schießen '**~·bed** *s* **1.** Saatbeet *n* **2.** *fig* Brutstätte *f*

seed·less ['siːdlɪs] *Adj* kernlos

'seed·y *Adj* vergammelt

see·ing ['siːɪŋ] *Konj a.* **~ that** da (*begründend*)

seek [si:k] (unreg) **I** v/t **1.** Schutz, Zuflucht, Wahrheit etc suchen: **~ s.o.'s advice, ~ advice from s.o.** j-n um Rat bitten, Rat bei j-m suchen **2.** streben nach **3.** (ver)suchen (**to do** zu tun) **II** v/i **4.** ~ **after** (od **for**) suchen (nach)

▸ **seem** [si:m] v/i **1.** scheinen: **it ~s impossible to me** das (er)scheint mir unmöglich **2.** unpers **it ~s that** es scheint, dass; anscheinend; **it ~s as if** (od **though**) es sieht so aus od scheint so, als ob **'seem·ing** Adj scheinbar **'seem·ing·ly** Adv **1.** scheinbar **2.** anscheinend

seen [si:n] Part Perf von **see**[1]

seep [si:p] v/i sickern

see-saw ['si:sɔ:] s Wippe f

seethe [si:ð] v/i fig kochen: **he was seething with rage** er kochte od schäumte vor Wut

'see-through Adj durchsichtig

seg·ment I s ['segmənt] Teil m, n; Stück n; BIOL, MATHE etc Segment n **II** v/t [seg'ment] zerlegen, -teilen

seg·re·gate ['segrigeit] v/t (a. nach Rassen, Geschlechtern) trennen **,seg·re'ga·tion** s Trennung f: → **racial**

seis·mic ['saizmik] Adj seismisch, Erdbeben...

seis·mo·graph ['saizməgra:f] s Seismograph m, Erdbebenmesser m **seis·mol·o·gist** [-'mɒlədʒist] s Seismologe m, Seismologin f **'seis·mol·o·gy** s Seismologie f, Seismik f, Erdbebenkunde f

▸ **seize** [si:z] **I** v/t **1.** j-n, etw packen (**by** an Dat); Gelegenheit ergreifen; Macht etc an sich reißen **2.** j-n festnehmen; etw beschlagnahmen **II** v/i **3.** ~ **up** TECH sich festfressen; (Verkehr) zum Erliegen kommen **sei·zure** [-ʒə] s **1.** Festnahme f; Beschlagnahme f **2.** MED Anfall m

▸ **sel·dom** ['seldəm] Adv selten: **~**, **if ever** (nur) äußerst selten, kaum jemals

se·lect [si'lekt] **I** v/t **1.** (aus)wählen (**from** aus) **II** Adj **2.** ausgewählt **3.** exklusiv **se'lec·tion** s **1.** (Aus)Wahl f **2.** WIRTSCH etc Auswahl f (**of** an Dat) **se'lec·tive** Adj wählerisch (**in** in Dat): **~ service** Am (Grund)Wehrdienst m

self [self] Pl **selves** [selvz] s Ich n, Selbst n: **my humble ~** m-e Wenigkeit; **one's true ~** sein wahres Wesen; **he is**

back to his old ~ er ist wieder (ganz) der Alte **,~·ab'sorbed** Adj mit sich selbst beschäftigt **,~·ad'dressed** Adj: **~ envelope** Rückumschlag m **,~·ad·'he·sive** Adj selbstklebend **,~·ap·'point·ed** Adj selbsternannt **,~·as·'sured** Adj selbstbewusst **,~·'ca·ter·ing** Adj für Selbstversorger, mit Selbstverpflegung **,~·'cen·tered** Adj Am, **,~·'cen·tred** Adj bes Br ichbezogen, egozentrisch **,~·'con·fi·dence** s Selbstbewusstsein n, -vertrauen n **,~·'con·fi·dent** Adj selbstbewusst **,~·'con·scious** Adj befangen, gehemmt **,~·con'tained** abgeschlossen (Wohnung, Folge e-r Fernsehserie etc) **,~·con'trol** s Selbstbeherrschung f: **lose one's ~** die Beherrschung verlieren **,~·'crit·i·cal** Adj selbstkritisch **,~·'crit·i·cism** s Selbstkritik f **,~·de'fence** s Br, **,~·de'fense** s Am Selbstverteidigung f; JUR Notwehr f: **in ~** in od aus Notwehr **,~·de'lu·sion** s Selbsttäuschung f **,~·de'struct** v/i sich selbst zerstören **'~·de,ter·mi'na·tion** s POL Selbstbestimmung f **,~·'ed·u·cat·ed** Adj: **~ person** Autodidakt(in) **,~·'ef·fac·ing** Adj zurückhaltend **,~·em'ployed** Adj (beruflich) selbstständig **,~·es'teem** s Selbstachtung f **,~·'ev·i·dent** Adj **1.** selbstverständlich: **be ~** sich von selbst verstehen **2.** offensichtlich **,~·'gov·ern·ment** s POL Selbstverwaltung f **,~·'help** s Selbsthilfe f: **~ group** Selbsthilfegruppe f **,~·im'por·tance** s Eigendünkel m, Überheblichkeit f **,~·im'por·tant** Adj dünkelhaft, überheblich

self·ish ['selfɪʃ] Adj selbstsüchtig, egoistisch

self·less ['selflɪs] Adj selbstlos **,self·'made** Adj: **~ man** Selfmademan m **,~·'pit·y** s Selbstmitleid n **,~·pos·'sessed** Adj selbstbeherrscht **,~·pos·'ses·sion** s Selbstbeherrschung f **,~·pres·er'va·tion** s Selbsterhaltung f: → **instinct** **,~·re'li·ant** Adj selbstständig **,~·re'spect** s Selbstachtung f **,~·re·'spect·ing** Adj: **no ~ businessman** kein Geschäftsmann, der etw auf sich hält **,~·'right·eous** Adj selbstgerecht **,~·'sat·is·fied** Adj selbstzufrieden **,~·'seal·ing** Adj selbstklebend (Briefumschlag)

▸ **self|-ser·vice** [,self'sɜ:vɪs] **I** s Selbst-

S

bedienung f **II** Adj Selbstbedie-
nungs..., mit Selbstbedienung '~-suf-
'fi·cient Adj WIRTSCH autark '~-sup-
'port·ing Adj **1.** finanziell unabhängig:
be ~ a. sich selbst tragen **2.** TECH frei-
tragend (Mast); selbsttragend (Mauer)
'~-willed Adj eigensinnig, -willig

▸ **sell** [sel] (unreg) **I** v/t **1.** verkaufen (to
an Akk; for für), WIRTSCH a. **a)** absetzen, **b)** führen, vertreiben: ~ o.s. sich
verkaufen (a. pej): ~ river **2.** verkaufen, e-n guten Absatz sichern (Dat)
3. F etw schmackhaft machen (to s.o.
j-m); j-n begeistern, erwärmen (on
s.th. für etw): be sold on begeistert
sein von **II** v/i **4.** verkaufen: ~ by ...
mindestens haltbar bis ... **5.** verkauft
werden (at, for für): ~ at £5 a. 5 Pfund
kosten **6.** sich gut etc verkaufen (lassen), gehen: → cake 1
Verbindungen mit Adverbien:
sell| off v/t (bes billig) abstoßen ~ out **I**
v/t **1.** ausverkaufen: be sold out ausverkauft sein (a. Stadion etc); we have
sold out of umbrellas Schirme sind
ausverkauft **II** v/i **2.** the umbrellas
sold out in two days die Schirme waren in zwei Tagen ausverkauft **3.** F pej
sich verkaufen (to an Akk) ~ up Br **I** v/t
sein Geschäft etc verkaufen **II** v/i sein
Geschäft etc verkaufen
'sell-by date s (Mindest)Haltbarkeitsdatum n
sell·er ['selə] s **1.** Verkäufer(in) **2.** be a
good ~ sich gut verkaufen, gut gehen
Sel·lo·tape® ['seləteɪp] s Br durchsichtiger Klebestreifen m
'sell-out s ausverkaufte Veranstaltung
selves [selvz] Pl von self
se·man·tic [sɪˈmæntɪk] LING **I** Adj
(~ally) semantisch **II** s ~s Sg Semantik
f
sem·blance ['sembləns] s Anschein m
se·men ['siːmən] s PHYSIOL Samen(flüssigkeit f) m, Sperma n
se·mes·ter [sɪˈmestə] s UNI Semester n
sem·i- ['semɪ] halb-, Halb...
sem·i ['semɪ] s F **1.** Br → semidetached
II 2. Am → semitrailer
sem·i·breve ['semɪbriːv] s MUS Br ganze Note '~·cir·cle s Halbkreis m '~·cir·cu·lar Adj halbkreisförmig '~·col·on s
LING Semikolon n, Strichpunkt m
'~·con'duc·tor s ELEK Halbleiter m

'~-de'tached **I** Adj: ~ house → **II** s
Doppelhaushälfte f '~·fi·nals s Pl
SPORT Semi-, Halbfinale n
sem·i·nar·y ['semɪnərɪ] s Priesterseminar n
'sem·i·of'fi·cial Adj halbamtlich, offiziös '~·pre·cious Adj: ~ stone Halbedelstein m '~·skilled Adj angelernt
(Arbeiter) '~·skimmed 'milk s Halbfettmilch f
Sem·ite ['siːmaɪt] s Semit(in) **Se·mit·ic**
[sɪˈmɪtɪk] Adj semitisch
'sem·i·trail·er s MOT Am Sattelschlepper m
sem·o·li·na [ˌseməˈliːnə] s Grieß m
sen·ate ['senɪt] s Senat m **sen·a·tor**
['senətə] s Senator(in)

▸ **send** [send] (unreg) **I** v/t **1.** j-n schicken
(to bed ins Bett; to prison ins Gefängnis): ~ s.o. after s.o. j-n j-m nachschicken **2.** (to) etw, a. Grüße, Hilfe etc senden, schicken (Dat od an Akk), Ware
etc versenden, -schicken (an Akk) **3.**
mit Adj od Part Präs: machen: ~ s.o.
mad j-n wahnsinnig machen; → pack
15 **II** v/i **4.** ~ for a **a)** j-n kommen lassen,
b) sich etw kommen lassen, etw anfordern
Verbindungen mit Adverbien:
send| a·way v/t **1.** fort-, wegschicken
2. Brief etc absenden, abschicken **II** v/i
3. ~ for → send 4b ~ back v/t j-n, etw
zurückschicken, Speise a. zurückgeben
lassen ~ down v/t **1.** hinunter-, herunterschicken **2.** UNI Br relegieren **3.**
fig Preise, Temperatur etc fallen lassen
~ off **I** v/t **1.** → send away **I 2.** j-n verabschieden **3.** SPORT vom Platz stellen
II v/i **4.** → send away **II** ~ on v/t **1.** Gepäck etc vorausschicken **2.** Brief etc
nachschicken, -senden (to an e-e
Adresse) ~ out v/t **1.** hinausschicken
2. Wärme etc ausstrahlen **3.** Einladungen, Prospekte etc verschicken **II** v/i **4.** ~
for s.th. etw holen lassen ~ up v/t **1.** hinauf-, heraufschicken **2.** fig Preise,
Temperatur etc steigen lassen **3.** Br F
parodieren, verulken

▸ **send·er** ['sendə] s Absender(in)
'send|-off s F Verabschiedung f '~-up s
Br F (of) Parodie f (auf Akk), Verulkung f (Gen): do a ~ of → send up 3
se·nile ['siːnaɪl] Adj senil **se·nil·i·ty**
[sɪˈnɪlətɪ] s Senilität f

sen·ior ['si:njə] **I** Adj **1.** senior **2.** älter (**to** als): **~ citizens** Pl Senioren Pl **3.** dienstälter; ranghöher (**to** als): **~ partner** WIRTSCH Senior(partner) m, -partnerin f **4. ~ high** (**school**) Am die oberen Klassen der Highschool **II** s **5.** Ältere m, f: **he is my ~ by two years, he is two years my ~** er ist zwei Jahre älter als ich **6.** Am Student(in) im letzten Jahr **sen·ior·i·ty** [ˌsiːnɪˈɒrəti] s **1.** (höheres) Alter **2.** (höheres) Dienstalter; (höherer) Rang

sen·sa·tion [senˈseɪʃn] s **1.** Empfindung f; Gefühl n **2.** Sensation f: **cause** (od **create**) **a ~** großes Aufsehen erregen **sen·sa·tion·al** [ˌ-ʃənl] Adj **1.** sensationell, Sensations… **2.** F fantastisch, sagenhaft **sen·sa·tion·al·ism** [ˌ-ʃnəlɪzəm] s **1.** Sensationsgier f **2.** Sensationsmache f

▸ **sense** [sens] **I** s **1.** PHYSIOL Sinn m: **~ of hearing** (**sight, smell, taste, touch**) Gehör-(Gesichts-, Geruchs-, Geschmacks-, Tast)sinn; **~ of direction** Orientierungssinn; → **sixth** 1 **2.** fig (klarer) Verstand: **bring s.o. to his ~s** j-n zur Vernunft bringen; **come to one's ~s** zur Vernunft kommen **3.** Vernunft f, Verstand m: **have the ~ to do s.th.** so klug sein, etw zu tun; → **common sense 4.** Gefühl n, Empfindung f: **~ of security** Gefühl der Sicherheit **5.** Sinn m, Gefühl n (**of** für): **~ of duty** Pflichtgefühl; → **humour** 1 **6.** Sinn m, Bedeutung f: **in a ~** in gewisser Hinsicht **7.** Sinn m (etw Vernünftiges): **make ~** e-n Sinn ergeben; vernünftig sein; **I couldn't make any ~ of it** ich konnte mir darauf keinen Reim machen **II** v/t **8.** fühlen, spüren **'sense·less** Adj **1.** besinnungs-, bewusstlos **2.** sinnlos, unsinnig

sense or·gan s Sinnesorgan n

sen·si·bil·i·ty [ˌsensɪˈbɪlɪti] s a. Pl Fein-, Zartgefühl n

▸ **sen·si·ble** ['sensəbl] Adj **1.** vernünftig **2.** spürbar, merklich **3.** praktisch (Kleidungsstück)

▸ **sen·si·tive** ['sensɪtɪv] Adj **1.** sensibel, empfindsam; empfindlich: **be ~ to** empfindlich reagieren auf (Akk) **2.** einfühlsam **3.** empfindlich, schmerzempfindlich: **heat-** (**light-**)**~** hitzeempfindlich (lichtempfindlich) **4.** hei-

kel (Thema etc) ˌ**sen·si·tiv·i·ty** s Sensibilität f; Empfindlichkeit f; Einfühlsamkeit f; → **sensitive**

sen·si·tize ['sensɪtaɪz] v/t sensibilisieren

sen·sor ['sensə] s ELEK, TECH Sensor m

sen·so·ry ['sensəri] Adj sensorisch, Sinnes…

sen·su·al ['sensjʊəl] Adj sinnlich, lustvoll **sen·su·al·i·ty** [ˌ-ˈæləti] s Sinnlichkeit f

sen·su·ous ['sensjʊəs] Adj sinnlich

sent [sent] Prät u. Part Perf von **send**

▸ **sen·tence** ['sentəns] s **1.** LING Satz m **2.** JUR Strafe f; Urteil n: **pass ~** das Urteil fällen (**on** über Akk) **II** v/t **3.** JUR verurteilen (**to** zu)

sen·ten·tious [senˈtenʃəs] Adj moralisierend

sen·ti·ment ['sentɪmənt] s **1.** Gefühl n Pl; Sentimentalität f **2.** a. Pl Ansicht f, Meinung f **sen·ti·men·tal** [ˌ-ˈmentl] Adj gefühlvoll, gefühlsbetont; sentimental: **for ~ reasons** aus Sentimentalität; **~ value** Erinnerungswert m **sen·ti·men·tal·i·ty** [ˌ-menˈtæləti] s Sentimentalität f

sen·try ['sentri] s MIL Wache f, (Wach[t])Posten m **~ box** s Wachhäuschen n

▸ **sep·a·ra·ble** ['sepərəbl] Adj trennbar

▸ **sep·a·rate I** v/t ['sepəreɪt] **1.** allg trennen (**from** von): **be ~d** getrennt leben (**from** von) **2.** (auf-, ein-, zer)teilen (**into** in Akk) **II** v/i ['sepəreɪt] **3.** sich trennen (a. Ehepaar) **III** Adj ['seprət] **4.** getrennt, separat **5.** einzeln, gesondert, Einzel…: **take for s.th. ~ly** etw extra berechnen **6.** verschieden **sep·a·ra·tion** [ˌsepəˈreɪʃn] s **1.** Trennung f **2.** (Auf-, Ein-, Zer)Teilung f: **~ of powers** POL Gewaltenteilung f **sep·a·ra·tism** ['-rətɪzəm] s POL Separatismus m **'sep·a·ra·tist** POL I s Separatist(in) **II** Adj separatistisch

▸ **Sep·tem·ber** [sepˈtembə] s September m: **in ~** im September

se·quel ['siːkwəl] s **1.** Nachfolgefilm m, -roman m **2.** fig Folge f (**to** von od Gen); Nachspiel n

▸ **se·quence** ['siːkwəns] s **1.** (Aufeinander)Folge f: **the ~ of events** der Ablauf der Ereignisse; **~ of tenses** Zeitenfolge **2.** (Reihen)Folge f: **in ~** der Reihe nach

3. Folge f, Reihe f, Serie f: **~ of wins** Siegesserie **4.** FILM, TV Sequenz f, Take m, n

se·quen·tial [sɪˈkwenʃl] *Adj, a.* IT sequenziell

se·quoi·a [sɪˈkwɔɪə] *s* BOT Mammutbaum m

Ser·bia [ˈsɜːbjə] *Eigenn* Serbien f

Ser·bian [ˈsɜːbjən] **I** *Adj* serbisch **II** *s* Serbe m, Serbin f

ser·e·nade [ˌserəˈneɪd] MUS **I** *s* Serenade f; Ständchen n **II** *v/t* j-m ein Ständchen bringen

se·rene [sɪˈriːn] *Adj* **1.** heiter, klar (*Himmel, Wetter etc*) **2.** heiter, gelassen (*Person, Gemüt etc*) **3.** His ~ *Highness* S-e Durchlaucht **se·ren·i·ty** [sɪˈrenətɪ] *s* Heiterkeit f; Gelassenheit f

serf [sɜːf] *s hist* Leibeigene m, f

ser·geant [ˈsɑːdʒənt] *s* **1.** MIL Feldwebel(in) **2.** Wachtmeister(in)

se·ri·al [ˈsɪərɪəl] **I** *s* **1.** (*Rundfunk-, Fernseh*)Serie f; Fortsetzungsroman m **II** *Adj* **2.** Serien...: **~ killer** Serienkiller(in) **3.** serienmäßig, Serien...: **~ number** Seriennummer f; WIRTSCH Fabrikationsnummer f **4.** *a.* IT seriell **'se·ri·al·ize** *v/t* in Fortsetzungen veröffentlichen *od* senden

▸ **se·ries** [ˈsɪəriːz] *Pl* **-ries** *s* **1.** Serie f, Reihe f, Folge f **2.** (*Rundfunk-, Fernseh- etc*)Serie f, (*Buch-, Vortrags- etc-*) Reihe f

▸ **se·ri·ous** [ˈsɪərɪəs] *Adj* **1.** ernst **2.** ernsthaft, (*Angebot etc a.*) seriös; (*Ratschlag etc*) ernst gemeint: **are you ~?** ist das dein Ernst?; meinst du das im Ernst?; **be ~ about doing s.th.** etw wirklich tun wollen **3.** ernsthaft, ernstlich (*Schwierigkeiten*), schwer (*Krankheit, Schaden, Verbrechen etc*), schwer, ernstlich (*Bedenken*); ernst zu nehmend (*Rivale etc*) **'se·ri·ous·ly** *Adv* ernst(haft, -lich); im Ernst: **~ ill** ernstlich *od* schwer krank; **take ~** j-n, etw ernst nehmen **'se·ri·ous·ness** *s* **1.** Ernst m **2.** Ernsthaftigkeit f, Seriosität f **3.** Schwere f

ser·mon [ˈsɜːmən] *s* **1.** REL Predigt f **2.** (*Moral-, Straf*)Predigt f **'ser·mon·ize** *v/i* Moralpredigten halten

ser·pent [ˈsɜːpənt] *s literarisch u. fig* Schlange f

ser·rat·ed [sɪˈreɪtɪd] *Adj* gezackt

▸ **ser·vant** [ˈsɜːvənt] *s* Diener(in) (*a. fig*); Dienstbote m, -mädchen n: → **civil servant**

▸ **serve** [sɜːv] **I** *v/t* **1.** j-m, s-m Land etc dienen **2.** j-n, etw versorgen (**with** mit) **3.** *a.* **~ up** Essen servieren; *Alkohol* ausschenken: **~ s.o.** (**with**) **s.th.** j-m etw servieren **4.** j-n (*im Laden*) bedienen: **are you being ~d?** werden Sie schon bedient? **5.** *Amtszeit etc* durchlaufen; JUR *Strafe* verbüßen **6.** *e-m Zweck* dienen, *Zweck* erfüllen **7.** JUR *Vorladung etc* zustellen (**on s.o.** j-m) **8.** **~ s.o. right** F j-m (ganz) recht geschehen **II** *v/i* **1.** bes MIL dienen (**under** unter *Dat*): **~ on a committee** e-m Ausschuss angehören **10.** servieren **11.** dienen (**as, for** als): **~ to do s.th.** dazu dienen, etw zu tun **12.** REL ministrieren **13.** *Tennis etc*: aufschlagen: **XY to ~** Aufschlag XY **III** *s* **14.** *Tennis etc*: Aufschlag m **'serv·er** *s* **1.** Servierlöffel m: **salad ~s** *Pl* Salatbesteck n **2.** REL Messdiener(in); Ministrant(in) **3.** *Tennis etc*: Aufschläger(in) **4.** IT Server m

▸ **ser·vice** [ˈsɜːvɪs] **I** *s* **1. a)** Dienst m (**to** an *Dat*): **can I be of any ~ to you?** kann ich Ihnen irgendwie helfen?; **do s.o. a ~** j-m e-n Dienst erweisen; **give good ~** gute Dienste leisten, **b)** Dienstleistung f (*a.* WIRTSCH) **2.** Service m; Bedienung f **3.** (*Post-, Staats-, Telefon- etc*)Dienst m: → **civil service, secret** 1 **4.** Pl MIL Streitkräfte *Pl* **5.** Betrieb m: **be out of ~** außer Betrieb sein **6.** REL Gottesdienst m **7.** (*Kaffee- etc*)Service n **8.** TECH Wartung f, MOT Inspektion f: **put one's car in for a ~** s-n Wagen zur Inspektion bringen **9.** JUR Zustellung f (*e-r Vorladung etc*) **10.** *Tennis etc*: Aufschlag m **II** *v/t* **11.** TECH warten: **my car is being ~d** mein Wagen ist bei der Inspektion **'ser·vice·a·ble** *Adj* **1.** brauchbar **2.** strapazierfähig

ser·vice **a·re·a** *s Br* (Autobahn)Raststätte f **~ charge** *s* Bedienung(szuschlag m) f **~ in·dus·try** *s* Dienstleistungsgewerbe n **~·man** [ˈ-mən] *s* (*unreg man*) **1.** Militärangehörige m **2.** Wartungstechniker m **~ pro·vid·er** *s* Dienstleister m, IT *a.* Serviceprovider m **~ sta·tion** *s* **1.** (Reparatur)Werkstatt f **2.** Tankstelle f **'~·wom·an** *s* (*unreg woman*) Militärangehörige f

ser·vi·ette [ˌsɜːvɪˈet] *s bes Br* Serviette *f*
ser·vile [ˈsɜːvaɪl] *Adj* servil, unterwürfig; (*Gehorsam*) sklavisch
serv·ing [ˈsɜːvɪŋ] *s* Portion *f*
ser·vi·tude [ˈsɜːvɪtjuːd] *s* Knechtschaft *f*
ses·a·me [ˈsesəmɪ] *s* BOT Sesam *m*
ses·sion [ˈseʃn] *s* **1.** JUR, PARL *a.* Sitzung *f*: *be in* ~ tagen, *f*: Sitzungsperiode *f* **2.** (*einzelne*) Sitzung, MED *a.* Behandlung
▸ **set** [set] **I** *s* **1.** JUR, PARL *a.* Sitzung *f*: *be in* ~ tagen, *f* **2.** (*einzelne*) Sitzung, MED *a.* Behandlung **I** *s* **1.** Satz *m* (*Briefmarken, Werkzeuge etc*), (*Möbel- etc*)Garnitur *f*, (*Tee- etc*)Service *n* **2.** (*Fernseh-, Rundfunk*)Apparat *m*, (-)Gerät *n* **3.** THEAT Bühnenbild *n*: ~ **designer** Bühnenbildner(in) **4.** Tennis etc: Satz *m*: ~ **point** Satzball *m* **5.** (Personen)Kreis *m* **6.** (*Kopf- etc*)Haltung *f* **II** *Adj* **7.** festgesetzt, -gelegt: ~ **books** *Pl* (*of reading*) PÄD Pflichtlektüre *f*; ~ **lunch** (*od meal*) *Br* Menü *n* **8.** *be* ~ *on doing s.th.* (fest) entschlossen sein, etw zu tun; *be dead* ~ *against s.th.* strikt gegen etw sein **9.** bereit, fertig: *be all* ~ startklar sein; *be all* ~ *for the journey* reisefertig sein **10.** starr (*Ansichten, Lächeln etc*) **III** *v/t* (*unreg*) **11.** stellen, setzen, legen: → *fire* **1**, *music* **1**, *trap* **1** **12.** *the novel is* ~ *in* der Roman spielt in (*Dat*) **13.** in e-n Zustand versetzen: ~ *s.o. free* j-n auf freien Fuß setzen, j-n freilassen; → *right* **4**, *etc* **14.** veranlassen (*doing etw* zu tun): ~ *in motion* in Gang setzen; ~ *s.o. thinking* j-m zu denken geben; *j-m e-n Denkanstoß od Denkanstöße geben;* → *ball*¹ **1 15.** TECH einstellen, *Uhr* stellen (*by* nach), *Wecker* stellen (*for* auf *Akk*) **16.** Tisch decken **17.** *Preis, Termin etc* festsetzen, -legen; *Rekord* aufstellen; *Präzedenzfall* schaffen; → *example* **1 18.** *Edelstein* fassen (*in* in *Dat*); *Ring etc* besetzen (*with* mit) **19.** MED *Knochen* einrichten **20.** *Aufgabe, Frage* stellen **IV** *v/i* (*unreg*) **21.** untergehen (*Sonne etc*) **22.** fest werden (*Flüssiges*), (*Zement etc a.*) erstarren

Verbindungen mit Präpositionen:

set| a·bout *v/i* **1.** sich machen an (*Akk*), etw in Angriff nehmen: ~ *doing s.th.* sich daranmachen, etw zu tun **2.** F herfallen über (*Akk*) ~ **a·gainst** *v/t* **1.** j-n aufhetzen gegen **2.** *fig* etw gegenüberstellen (*Dat*): ~ im Vergleich zu ~

on *v/t* Hund, Polizei hetzen auf (*Akk*)

Verbindungen mit Adverbien:

set| a·part *v/t* j-n unterscheiden, abheben (*from* von) ~ **a·side** *v/t* **1.** Geld beiseite legen; *Zeit* reservieren, einplanen **2.** *Plan etc* fallen lassen **3.** JUR *Urteil etc* aufheben ~ **back** *v/t* **1.** verzögern; *j-n, etw* zurückwerfen (*by two months* um zwei Monate) **2.** *the car set me back £500* F der Wagen hat mich 500 Pfund gekostet *od* um 500 Pfund ärmer gemacht ~ **by** → **set aside 1** ~ **down** *v/t* **1.** *Last* absetzen, abstellen, *Fahrgast* absetzen, aussteigen lassen **2.** (schriftlich) niederlegen ~ **in** *v/i* einsetzen (*Winter etc*) ~ **off** **I** *v/t* **1.** hervorheben, betonen, besser zur Geltung bringen **2.** *Alarm, Lawine, Streik etc* auslösen **3.** *Sprengladung* zur Explosion bringen; *Feuerwerk* abbrennen **II** *v/i* **4.** → *set out* **3** ~ **out I** *v/t* **1.** arrangieren, herrichten, *a.* Schachfiguren etc aufstellen **2.** (schriftlich) darstellen **II** *v/i* **3.** aufbrechen, sich aufmachen ~ **up I** *v/t* **1.** *Denkmal, Stangsbarren etc* errichten; *Gerät etc* aufbauen **2.** *Firma etc* gründen: → *shop* **1 3.** etw auslösen, verursachen **4.** *j-n* versorgen (*with* mit) **5.** *Rekord* aufstellen **6.** F in e-e Falle locken, reinlegen **7.** *set o.s. up* → **9 8.** *set o.s. up as* sich ausgeben für *od* als; sich aufspielen als **II** *v/i* **9.** sich niederlassen (*as* als)

ˈset|·back *s* Rückschlag *m* (*to* für) ~ **square** *s* Winkel *m*, Zeichendreieck *n*
set·tee [seˈtiː] *s* Sofa *n*
set·ting [ˈsetɪŋ] *s* **1.** (*Gold- etc*)Fassung *f* **2.** Untergang *m* (*der Sonne etc*) **3.** Umgebung *f*; Schauplatz *m* (*e-s Films etc*)
▸ **set·tle** [ˈsetl] **I** *v/i* **1.** (*m*) sich niederlassen (auf *Akk, Dat* od setzen auf *Akk*) **2.** sich beruhigen (*Person, Magen etc*), sich legen (*Aufregung etc*): → *dust* **1 3.** sich niederlassen (*in* in e-r Stadt etc) **4.** sich einigen **5.** sich setzen (*Kaffee etc*); sich senken (*Boden etc*) **6.** ~ *for* sich zufrieden geben *od* begnügen mit **7.** ~ *into* sich eingewöhnen in (*Dat*) **8.** ~ *on* sich einigen auf (*Akk*) **II** *v/t* **9.** ~ *o.s.* → **1 10.** *j-n, Nerven etc* beruhigen **11.** vereinbaren; *Frage etc* klären, entscheiden: *that* ~*s it* damit ist der Fall erledigt **12.** *Streit etc* beilegen **13.** *Land* besiedeln; *Leute* ansiedeln **14.** *Rech-*

S

nung begleichen, bezahlen; *Konto* ausgleichen; *Schaden* regulieren: → *account* 5 15. *s-e Angelegenheiten* in Ordnung bringen
Verbindungen mit Adverbien:
set·tle back *v/i* sich (gemütlich) zurücklehnen ~ **down** I *v/i* 1. → **settle** 1, 2 2. sesshaft werden 3. ~ *in* → **settle** 7 II *v/t* 4. → **settle** 10 5. **settle o.s.** *down* → settle 1 ~ **in** *v/i* sich eingewöhnen; sich einleben ~ **up** *v/i* 1. be)zahlen 2. abrechnen (*with* mit) (*a. fig*)
set·tled ['setld] *Adj* 1. beständig (*Wetter*) 2. fest (*Ansichten etc*)
set·tle·ment ['setlmənt] *s* 1. Vereinbarung *f*; Klärung *f* 2. Beilegung *f* 3. Einigung *f*: *reach a ~* sich einigen (*with* mit) 4. Siedlung *f*; Besiedlung *f* 5. Begleichung *f*, Bezahlung *f*; Ausgleich *m*; Regulierung *f*
set·tler ['setlə] *s* Siedler(in)
'set-up *s* 1. Aufbau *m*, Organisation *f* 2. COMPUTER Setup *n* 3. Zustände *Pl* 4. F abgekartete Sache; Falle *f*
▸ **sev·en** ['sevn] I *Adj* sieben II *s* Sieben *f*: ~ *of hearts* Herzsieben **sev·en·fold** ['-fəʊld] I *Adj* siebenfach II *Adv* siebenfach, um das Siebenfache: *increase* ~ (sich) versiebenfachen
▸ **sev·en·teen** [ˌsevn'ti:n] *Adj* siebzehn
▸ **sev·en·teenth** [ˌsevn'ti:nθ] *Adj* siebzehnte
▸ **sev·enth** ['sevnθ] I *Adj* 1. siebente(r, -s), siebte(r, -s) II *s* 2. der, die, das Sieb(en)tel: *the ~ of May* der 7. Mai 3. Sieb(en)tel *n*
▸ **sev·en·ti·eth** ['sevntɪəθ] *Adj* siebzigst
'sev·en·time *Adj* siebenfach
▸ **sev·en·ty** ['sevntɪ] I *Adj* siebzig II *s* Siebzig *f*: *be in one's seventies* in den Siebzigern sein; *in the seventies* in den Siebzigerjahren (*e-s Jahrhunderts*)
sev·er ['sevə] I *v/t* 1. durchtrennen; abtrennen (*from* von) 2. *Beziehungen etc* abbrechen II *v/i* 3. (zer)reißen
▸ **sev·er·al** ['sevrəl] I *Adj* mehrere II *s* mehrere *Pl*: ~ *of you*
sev·er·ance ['sevərəns] *s* 1. Durch-, Abtrennung *f* 2. *fig* Abbruch *m* ~ *pay s* WIRTSCH Abfindung *f*
se·vere [sɪ'vɪə] *Adj* 1. schwer (*Verletzung, Rückschlag etc*), stark (*Schmerzen*), hart, streng (*Winter*) 2. streng

(*Person, Disziplin etc*) 3. scharf (*Kritik*): *his ~st critic a.* sein ärgster Kritiker **se·ver·i·ty** [sɪ'verətɪ] *s* 1. Schwere *f*, Stärke *f*, Härte *f*, Strenge *f* 2. Schärfe *f*
▸ **sew** [səʊ] (*mst unreg*) I *v/t* nähen: ~ *on* annähen; ~ *up* ver-, zunähen; F *Handel etc* perfekt machen II *v/i* nähen
sew·age ['su:ɪdʒ] *s* Abwasser *m*
sew·er [sʊə] *s* Abwasserkanal *m*, Kloake *f* **'sew·er·age** *s* Kanalisation *f*
sew·ing ['səʊɪŋ] I *s* 1. Nähen *n* 2. Näharbeit *f*, Näherei *f* II *Adj* 3. Näh...
sewn [səʊn] *Part Perf von* **sew**
▸ **sex** [seks] I *s* 1. Geschlecht *n*: *of both ~es* beiderlei Geschlechts; *the fair* (*gentle od weaker, opposite, stronger*) ~ das schöne (schwache *od* zarte, andere, starke) Geschlecht 2. Sex *m*: a) Sexualität *f*, b) Sexappeal *m*, c) Geschlechtsverkehr *m*: *have ~ with* schlafen mit II *Adj* 3. a) Sexual...: ~ *crime* (*life, etc*); ~ *education* Sexualerziehung *f*; ~ *object* Sexual-, Lustobjekt *n*, b) Geschlechts...: ~ *change* Geschlechtsumwandlung *f*; ~ *organ* Geschlechtsorgan *n*, c) Sex...: ~ *symbol* (*film, etc*); ~ *appeal* Sexappeal *m*
sex·ism ['seksɪzəm] *s* Sexismus *m* **'sex·ist** I *s* Sexist(in) II *Adj* sexistisch
sex·ton ['sekstən] *s* REL Küster(in) (u. Totengräber(in))
sex·u·al ['seksjʊəl] *Adj* sexuell, Sexual..., geschlechtlich, Geschlechts...: ~ *abuse* sexueller Missbrauch; ~ *harassment* sexuelle Belästigung; ~ *intercourse* Geschlechtsverkehr *m* **sex·u·al·i·ty** [ˌ-'ælətɪ] *s* Sexualität *f*
sex·y ['seksɪ] *Adj* F sexy, aufreizend
SF [es'ef] *Abk* (= *science fiction*) Science-Fiction *f*
shab·by ['ʃæbɪ] *Adj allg* schäbig
shack [ʃæk] I *s* Hütte *f*, Baracke *f* II *v/i*: ~ *up* F zs.-leben (*with* mit)
shack·les ['ʃæklz] *s Pl* Fesseln *Pl*, Ketten *Pl* (*beide a. fig*)
▸ **shade** [ʃeɪd] I *s* 1. Schatten *m*: *put in(to) the ~ fig* in den Schatten stellen 2. (*Lampen*)Schirm *m* 3. (Farb)Ton *m* 4. *fig* Nuance *f*: ~ *of meaning* Bedeutungsnuance *f* 5. *a ~ fig* ein kleines bisschen: *a ~ (too) loud* e-e Spur zu laut II *v/t* 6. abschirmen (*from* gegen *Licht etc*) III *v/i* 7. (allmählich) übergehen (*into* in *Akk*)

▸ **shad·ow** [ˈʃædəʊ] **I** s **1.** Schatten m: *be in s.o.'s ~ fig* in j-s Schatten stehen; *be only a ~ of one's former self* fig nur noch ein Schatten s-r selbst sein; *cast a ~ over* (*od* **on**) fig e-n Schatten werfen auf (*Akk*) **2.** fig Schatten m (*Person*) **3.** *there isn't a ~ of doubt about it* fig daran besteht nicht der geringste Zweifel **II** v/t **4.** j-n beschatten ~ **cab·i·net** s POL Schattenkabinett n ~ **file** s Schattendatei f

shad·ow·y [ˈʃædəʊɪ] *Adj* **1.** schattig, dunkel **2.** fig geheimnisvoll, -umwittert

shad·y [ˈʃeɪdɪ] *Adj* **1.** schattig; Schatten spendend **2.** F zwielichtig (*Person*), zweifelhaft (*Geschäft etc*)

shaft [ʃɑːft] s **1.** (*Pfeil- etc*)Schaft m **2.** (*Hammer- etc*)Stiel m **3.** (*Aufzugs-, Bergwerks- etc*)Schacht m

shag·gy [ˈʃægɪ] *Adj* zottig, zott(e)lig

▸ **shake** [ʃeɪk] **I** s **1.** Schütteln n: *with a ~ of one's head* mit e-m Kopfschütteln; *give s.th. a good ~* etw gut durchschütteln; *in two ~s* F sofort **2.** Shake m, Mixgetränk n **3.** *he's got the ~s* F er hat den *od* e-n Tatterich **4.** *be no great ~s* F nicht gerade umwerfend sein (*at* in *Dat*; *as* als) **II** v/t (*irr*) **5.** schütteln; zittern (*with* vor *Dat*): ~ *with fear* vor Angst zittern **6.** *let's ~ on it* F Hand drauf! **III** v/t (*irr*) **7.** schütteln: ~ *one's head* den Kopf schütteln; ~ *one's fist at s.o.* mit der Faust drohen; ~ *a leg* F Dampf *od* Tempo machen; → *hand* 1 8. *fig* a) j-n erschüttern: *he was badly ~n by the accident* der Unfall hat ihn arg mitgenommen, b) j-s *Glauben etc* erschüttern

Verbindungen mit Adverbien:

shake| down F v/i **1.** sich eingewöhnen *od* einleben **II** v/t **2.** bes Am j-n ausnehmen *od* erpressen **3.** Am j-n filzen, durchsuchen (*for* nach) ~ **off** v/t Staub, Verfolger etc abschütteln, Besucher, Erkältung etc loswerden ~ **out** v/t ausschütteln ~ **up** v/t **1.** Kissen etc aufschütteln **2.** Flasche etc durchschütteln **3.** → *shake* 8a

'**shake·down** s F **1.** (Not)Lager n **2.** bes Am Gaunerei f; Erpressung f **3.** Am Filzung f, Durchsuchung f

shak·en [ˈʃeɪkən] *Part Perf von* **shake**

'**shak·er** s Shaker m, Mixbecher m; Am (Salz)Streuer m

shak·y [ˈʃeɪkɪ] *Adj* wack(e)lig (*Person, Stuhl etc*)

shale [ʃeɪl] s GEOL Schiefer m

▸ **shall** [ʃæl] v/hilf (*unreg*) **1.** Futur: ich werde, wir werden **2.** in (*Entscheidungs*)Fragen: soll ich …?, sollen wir…?: ~ *we go?* gehen wir?

shal·lot [ʃəˈlɒt] s BOT Schalotte f

shal·low [ˈʃæləʊ] **I** *Adj* seicht, flach (*beide a. fig*) **II** s, *oft Pl* seichte *od* flache Stelle, Untiefe f

sham [ʃæm] **I** s **1.** Farce f **2.** Heuchelei f **II** *Adj* **3.** unecht, falsch (*Juwelen etc*), vorgetäuscht, geheuchelt (*Mitgefühl etc*) **III** v/t **4.** Mitgefühl etc vortäuschen, heucheln, *Krankheit etc* simulieren **IV** v/i **5.** sich verstellen, heucheln: *he's only ~ming* er tut nur so

sha·man [ˈʃeɪmən] s Schamane m, Schamanin f

sham·bles [ˈʃæmblz] s Pl (*mst Sg konstruiert*): *the room was (in) a ~* F das Zimmer war das reinste Schlachtfeld

▸ **shame** [ʃeɪm] **I** s **1.** Scham(gefühl n) f: *have you no ~?* schämst du dich vor gar nichts? **2.** Schande f: ~! pfui!; ~ *on you!* schäm dich!; pfui!; *put to ~* → 4, 5 **3.** *what a ~!* (wie) schade!; *it's a ~* (es ist) schade; → *crying* 1 **II** v/t **4.** Schande machen (*Dat*) **5.** beschämen ~'**faced** *Adj* beschämt, verlegen

shame·ful [ˈʃeɪmfʊl] *Adj* **1.** beschämend **2.** schändlich '**shame·less** *Adj* **1.** schamlos **2.** unverschämt

sham·poo [ʃæmˈpuː] **I** s Shampoo(n) n, Schampon n, Schampun n (*alle a. für Teppiche etc*), Haarwaschmittel n **II** v/t Teppich etc shampoonieren, schamponieren, schampunieren

sham·rock [ˈʃæmrɒk] s Shamrock m, Kleeblatt n (*Wahrzeichen Irlands*)

shan·dy [ˈʃændɪ] s Bier n mit Zitronenlimonade

shank [ʃæŋk] s **1.** TECH Schaft m (*e-s Bohrers etc*) **2.** Hachse f (*beim Schlachttier*)

shan't [ʃɑːnt] F für **shall not**

shan·ty¹ [ˈʃæntɪ] s Hütte f, Baracke f

shan·ty² [.] s Shanty n, Seemannslied n

'**shan·ty·town** s Bidonville n, Slumviertel n, Elendsviertel n

▸ **shape** [ʃeɪp] **I** s **1.** Form f: *in the ~ of* in Form (*Gen*) (*a. fig*); *triangular in ~* dreieckig; *take ~ fig* Gestalt annehmen

2. Gestalt f (*Person*) **3. be in good (bad)** ~ (*körperlich, geistig*) in guter (schlechter) Verfassung sein; in gutem (schlechtem) Zustand sein (*Gebäude etc*) **II** v/t **3.** Ton etc formen (*into* zu); *etw* formen (*from* aus); *fig j-n, j-s Charakter etc* formen, prägen: **~d like (a)** ... ...förmig **III** v/i **4.** mst ~ up **F** sich gut etc machen (*Person*): **things are shaping up nicely** es sieht nicht schlecht aus **shaped** Adj geformt, ...förmig **'shape·less** Adj **1.** weit; ausgebeult (*Kleidungsstück*) **2.** unförmig (*Person, Gegenstand*) **'shape·ly** Adj wohl geformt (*Beine etc*), wohl proportioniert (*Figur*)

shard [ʃɑːd] s Scherbe f

▸ **share** [ʃeə] **I** s **1.** Anteil m (*in, of* an *Dat*): **have a (no)** ~ *in* (nicht) beteiligt sein an (*Dat*) **2.** WIRTSCH bes Br Aktie f **II** v/t **3.** etw teilen (a. fig), sich etw teilen (**with** mit): **we ~ an apartment** (bes Br **a flat**) wir leben in e-r Wohngemeinschaft; **they ~d second place** sie kamen gemeinsam auf den zweiten Platz **4.** mst ~ **out** verteilen (**among, between** an Akk, unter Akk) **III** v/i **5.** teilen: ~ *in* sich teilen in (Akk) **shared** Adj gemeinsam, Gemeinschafts...

'share|hold·er s WIRTSCH bes Br Aktionär(in) f '~out s Verteilung f '~ware s IT Shareware f (*Computerprogramme, die ausprobiert werden können, bevor man für sie bezahlt*)

▸ **shark** [ʃɑːk] s **1.** FISCH Hai(fisch) m **2.** F (*Kredit- etc*)Hai m

▸ **sharp** [ʃɑːp] **I** Adj **1.** scharf (*Messer etc, a. Gesichtszüge, Kurve etc*); spitz (*Nadel, Nase etc*) **2.** fig scharf: **a)** deutlich (*Gegensatz, Umrisse etc*), **b)** herb (*Geschmack*), **c)** schneidend (*Befehl, Stimme*), **d)** heftig (*Schmerz etc*), **e)** a. (*Frost, Wind*) schneidend, **e)** spitz (*Bemerkung, Zunge*), **f)** schnell (*Tempo etc*), **g)** jäh, plötzlich: **brake ~ly** scharf bremsen **3.** fig scharf (*Augen, Verstand etc*); scharfsinnig, gescheit (*Person*) **4.** ~ **practice** unsaubere Geschäfte Pl **III** Adv **5. at three o'clock** ~ Punkt 3 (Uhr) **6.** MUS zu hoch: **sing** ~ **7.** look ~ F sich beeilen: **look** ~! Tempo! **sharp·en** ['ʃɑːpn] v/t **1.** Messer etc schärfen, schleifen **2.** Bleistift etc spitzen **'sharp·en·er** s (*Bleistift-*)Spitzer m

'sharp·ness s **1.** Schärfe f (a. fig) **2.** fig Scharfsinn m

'sharp shoot·er s Scharfschütze m, -schützin f

shat [ʃæt] Prät u. Part Perf von **shit**

shat·ter ['ʃætə] **I** v/t **1.** zerschmettern, -schlagen, -trümmern **2.** fig Hoffnungen, Träume etc zerstören **3.** F j-n schocken **4.** F j-n schlauchen **II** v/i **5.** zerspringen, (*Glas a.*) zersplittern '~·proof Adj splitterfrei, -sicher

▸ **shave** [ʃeɪv] **I** v/i **1.** sich rasieren **II** v/t **2.** j-n rasieren **3.** sich die Beine etc rasieren: ~ **off** sich den Bart abrasieren; Holz abhobeln **4.** j-n, etw streifen **III** s **5.** Rasur f: **have a** ~ → **1**; **that was a close** ~ das war knapp, das hätte ins Auge ~ gehen können **'shav·en** Adj kahl geschoren **'shav·er** s (bes elektrischer) Rasierapparat **'shav·ing I** s **1.** Rasieren n **2.** Pl Späne Pl **II** Adj **3.** Rasier...: ~ **brush** Rasierpinsel m; ~ **cream** Rasiercreme f; ~ **foam** Rasierschaum m; ~ **soap** Rasierseife f

shawl [ʃɔːl] s **1.** Umhängetuch n **2.** Kopftuch n

▸ **she** [ʃiː] **I** Pron sie **II** s **3.** Sie f: **a)** Mädchen n, Frau f, **b)** ZOOL Weibchen n **III** Adj in Zssgn ZOOL ...weibchen n: ~ **bear** Bärin f

sheaf [ʃiːf] Pl **sheaves** [ʃiːvz] s **1.** LANDW Garbe f **2.** (*Papier- etc*)Bündel n

shear [ʃɪə] **I** v/t (mst unreg) Schaf scheren **II** s Pl, a. **pair of ~s** (große) Schere f

sheath [ʃiːθ] Pl **sheaths** [ʃiːðz] s **1.** (*Schwert- etc*)Scheide f **2.** Kondom n, m **sheathe** [ʃiːð] v/t **1.** Schwert etc in die Scheide stecken **2.** TECH umhüllen, verkleiden; Kabel, Rohr ummanteln **sheath knife** s (unreg **knife**) Fahrtenmesser n

sheaves [ʃiːvz] Pl von **sheaf**

she-bang [ʃɪ'bæŋ] s: **the whole** ~ bes Am F der ganze Laden; die ganze Chose

shed¹ [ʃed] v/t (unreg) **1.** Blut, Tränen etc vergießen **2.** → **light¹** 1 **3.** BIOL Blätter etc verlieren, a. Geweih abwerfen: ~ **its skin** sich häuten; ~ **a few pounds** ein paar Pfund abnehmen **4.** fig Gewohnheit, Hemmungen etc ablegen

shed² [~] s (Geräte etc)Schuppen m; (Kuh- etc)Stall m

she'd [ʃiːd] F *für* **she had**; **she would**

sheen [ʃiːn] *s* Glanz *m*

▶ **sheep** [ʃiːp] *Pl* **sheep** *s* ZOOL Schaf *n* (*a. fig Person*) '**~·dog** *s* Schäferhund *m*

sheep-ish [ˈʃiːpɪʃ] *Adj* verlegen '**sheep·skin** *s* Schaffell *n*

sheer [ʃɪə] **I** *Adj* **1.** bloß, rein: **by ~ coincidence** rein zufällig **2.** steil, (fast) senkrecht **3.** hauchdünn (*Stoff*) **II** *Adv* **4.** → **2**

▶ **sheet** [ʃiːt] *s* **1.** Betttuch *n*, (Bett)Laken *n*, Leintuch *n*: (**as**) **white as a ~** kreidebleich **2.** Bogen *m*, Blatt *n* (*Papier*) **3.** (*Glas*)Scheibe *f* **4. the rain was coming down in ~s** es regnete in Strömen **5.** weite (*Eis- etc*)Fläche ~ **lightning** *s* Wetterleuchten *n* ~ **mu·sic** *s* Notenblätter *Pl*

sheik(h) [ʃeɪk] *s* Scheich *m* '**sheik(h)·dom** *s* Scheichtum *n*

▶ **shelf** [ʃelf] *Pl* **shelves** [ʃelvz] *s* (*Bücher- etc*)Brett *n*, (-)Bord *n*: **shelves** *Pl* Regal *n*; **she has been left on the ~** *fig* F sie hat keinen abgekriegt (= ist unverheiratet geblieben) ~ **life** *s* WIRTSCH Haltbarkeit *f*

shell [ʃel] *s* **1.** (Austern-, Eier- etc) Schale *f*, (Erbsen- etc)Hülse *f*, Muschel(schale) *f*, (Schnecken)Haus *n*, (Schildkröten- etc)Panzer *m*: **come out of one's ~** *fig* aus sich herausgehen **2.** MIL Granate *f* **3.** FLUG, SCHIFF Rumpf *m* **4.** Rohbau *m*; Gemäuer *n*, Außenmauern *Pl* **II** *v/t* **5.** schälen, enthülsen **6.** MIL mit Granaten beschießen **7.** (*a. v/i*) ~ **out** F blechen

she'll [ʃiːl] F *für* **she will**

'**shell·fish** *Pl* -**fish** *s* ZOOL Schal(en)tier *n*

'**shell suit** *s* Jogginganzug *m* aus Ballonseide

shel·ter [ˈʃeltə] **I** *s* **1.** Unterstand *m*; MIL Bunker *m*; Wartehäuschen *n* (*an Bushaltestelle etc*); (*Obdachlosen- etc*)Unterkunft *f*: → **air raid 2.** Schutz *m*; Unterkunft *f*: **provide ~ for** Obdach bieten *od* gewähren (*Dat*); **run for ~** Schutz suchen; **take ~** sich unterstellen (**under** unter *Dat*) **II** *v/t* **3.** schützen (**from** vor *Dat*): **a ~ed life** ein behütetes Leben **III** *v/i* **4.** sich unterstellen

shelve [ʃelv] *v/t* **1.** Bücher (in ein Regal) einstellen **2.** *fig* Plan etc aufschieben, zurückstellen

shelves [ʃelvz] *Pl von* **shelf**

shelv·ing [ˈʃelvɪŋ] *s* Regale *Pl*

shep·herd [ˈʃepəd] **I** *s* Schäfer *m* **II** *v/t* j-n führen '**shep·herd·ess** *s* Schäferin *f*

sher·iff [ˈʃerɪf] *s* Sheriff *m*

sher·ry [ˈʃerɪ] *s* Sherry *m*

she's [ʃiːz] F *für* **she is**; **she has**

Shet·lands [ˈʃetləndz] *Eigenn Pl* die Shetlandinseln *Pl*

shield [ʃiːld] **I** *s* Schild *m* **II** *v/t* j-n schützen (**from** vor *Dat*); pej j-n decken

shift [ʃɪft] **I** *v/i* **1.** sich bewegen **2.** umspringen (*Wind*) **3.** *fig* sich verlagern *od* verschieben *od* wandeln **4.** F rasen **5.** → **gear 1 II** *v/t* **6.** *etw* bewegen, schieben, Möbelstück *a.* (ver)rücken **7.** Schuld, Verantwortung abschieben, abwälzen (**onto** auf *Akk*) **8.** Fleck etc entfernen; *etw* loswerden **9.** → **gear 1 III** *s* **10.** *fig* Verlagerung *f*, Verschiebung *f*, Wandel *m* **11.** WIRTSCH Schicht *f* (*Zeit u. Arbeiter*): **the night ~** die Nachtschicht ~ **key** *s* Umschalttaste *f* (*e-r Schreibmaschine*) ~ **lock** *s* Feststelltaste *f* ~ **work·er** *s* Schichtarbeiter(in)

shift·y [ˈʃɪftɪ] *Adj* verschlagen, verstohlen (*Blick etc*); hinterhältig, zwielichtig (*Charakter etc*)

shil·ling [ˈʃɪlɪŋ] *s* Br hist S(c)hilling *m*

shil·ly-shal·ly [ˈʃɪlɪˌʃælɪ] *v/i* F sich nicht entscheiden können

shim·mer [ˈʃɪmə] **I** *v/i* schimmern; (*Luft*) flimmern **II** *s* Schimmer *m*; Flimmern *n*

shin [ʃɪn] **I** *s* ANAT Schienbein *n* **II** *v/i*: ~ **up** (**down**) Baum etc hinauf- (herunter)klettern '**~·bone** → **shin I**

▶ **shine** [ʃaɪn] **I** *v/i* (*unreg*) **1.** scheinen (*Sonne etc*), leuchten (*Lampe etc*) **2.** glänzen (**with** vor *Dat*; *fig* **at** in *Dat*) **II** *v/t* (*unreg*) **3.** *Prät u. Part Perf* **shined** Schuhe etc polieren **4.** ~ **a torch** (bes Am **flashlight**) **into** mit e-r Taschenlampe leuchten in (*Akk*) **III** *s* **5.** Glanz *m*: **take a ~ to s.o.** F j-n sofort mögen

shin·gle¹ [ˈʃɪŋgl] *s* (Dach)Schindel *f* **II** *v/t* mit Schindeln decken

shin·gle² [-] *s* grobe Kieselsteine *Pl*: ~ **beach** Kieselstrand *m*

shin·gles [ˈʃɪŋglz] *s Sg* MED Gürtelrose *f*

shin·gly [ˈʃɪŋglɪ] *Adj* kieselig: ~ **beach** Kieselstrand *m*

S

shin·y ['ʃaɪnɪ] *Adj* glänzend, (*Ärmel etc a.*) abgewetzt, blank

▸ **ship** [ʃɪp] **I** *s* (*a. Raum*)Schiff *n*: *when my ~ comes in fig* wenn ich das Große Los ziehe **II** *v/t* verschiffen; *allg* verfrachten, *-senden* '**~,build·er** *s* Schiff(s)bauer(in)

ship·ment *s* **1.** Ladung *f* **2.** Verschiffung *f*; *allg* Verfrachtung *f*, Versand *m*

'**ship,own·er** *s* Reeder(in), (*bes Binnenschiffahrt a.*) Schiffseigner(in)

ship·per ['ʃɪpə] *s* Spediteur(in) '**shipping** *s* **1.** → **shipment 2 2. a)** Schifffahrt *f*, Schiffsverkehr *m*, **b)** *Koll* Schiffsbestand *m* (*e-s Landes*)

'**ship·shape** *Adj* tadellos in Ordnung '**~,wreck I** *s* **a)** Schiffbruch *m*, **b)** Wrack *n* **II** *v/t*: *be ~ed* Schiffbruch erleiden; *~ed* schiffbrüchig '**~,yard** *s* (Schiffs)Werft *f*

shirk [ʃɜːk] *v/t u. v/i* sich drücken (vor *Dat*) '**shirk·er** *s* Drückeberger(in)

▸ **shirt** [ʃɜːt] *s* Hemd *n*: *keep your ~ on!* F reg dich nicht auf!; → **bet 4** '**~sleeve I** *Adj* hemdsärmelig **II** *s Pl*: *in one's ~s* in Hemdsärmeln, hemdsärmelig

shirt·y ['ʃɜːtɪ] *Adj* F: *get ~ with s.o.* j-n anschnauzen; *there's no need to get ~* du musst mich nicht gleich anschnauzen

shit [ʃɪt] **I** *s* **1.** V Scheiße *f*: *be in the ~ fig* in der Scheiße sitzen **2.** *have* (*go for*) *a ~* V scheißen (gehen) **3.** *he's got the ~s* V er hat Dünnschiss *od* die Scheißerei **4.** *fig* V Scheiß *m*: *talk ~* Scheiß reden **5.** *fig* V Arschloch *n* **6.** *sl* Shit *n* (*Haschisch*) **II** *v/i* (*mst unreg*) **7.** V scheißen **III** *v/t* (*mst unreg*) **8.** V voll scheißen, scheißen in (*Akk*): *~ o.s.* sich voll scheißen; *fig* sich vor Angst fast in die Hosen scheißen

shit·ty ['ʃɪtɪ] *Adj* V *a. fig* beschissen

shiv·er ['ʃɪvə] **I** *v/i* zittern (*with* vor *Dat*) **II** *s* Schauer *m*: *the sight sent ~s down my spine* bei dem Anblick überlief es mich eiskalt; *spiders give me the ~s* F ich hab e-n Horror vor Spinnen

shoal[1] [ʃəʊl] *s* Schwarm *m* (*Fische*): *~s Pl* of Schwärme *Pl* von (*Touristen etc*)

shoal[2] [_] *s* Untiefe *f*; Sandbank *f*

▸ **shock**[1] [ʃɒk] **I** *s* **1.** Wucht *f* (*e-r Explosion, e-s Schlags etc*) **2.** Schock *m* (*a.* MED): *be in a state of* (*od suffer from*) *~* unter Schock stehen; *come as* (*od*

be) *a ~ to s.o.* ein Schock für j-n sein **3.** ELEK Schlag *m*, (*a.* MED Elektro-)Schock *m* **II** *v/t* **4.** schockieren, empören **5.** *j-m* e-n Schock versetzen: *be ~ed at* (*od by*) schockiert sein über (*Akk*)

shock[2] [_] *s* (*~ of hair* Haar)Schopf *m*

shock ab·sorb·er *s* MOT Stoßdämpfer *m*

shock·er ['ʃɒkə] *s* F Schocker *m* (*Film, Person etc*) '**shock·ing** *Adj* **1.** schockierend, anstößig **2.** erschütternd **3.** F scheußlich **4.** *~ pink* pink(farben)

'**shock·proof** *Adj* stoßfest, *-sicher* '**~,ther·a·py, ~ treat·ment** *s* MED Schocktherapie *f*. *-behandlung f* '**~ wave** *s* Druckwelle *f*: *send ~s through* erschüttern

shod [ʃɒd] *Prät u. Part Perf von* **shoe**

shod·dy ['ʃɒdɪ] *Adj* **1.** minderwertig (*Ware*), schlampig (*Arbeit*) **2.** gemein, schäbig (*Trick etc*)

▸ **shoe** [ʃuː] **I** *s* **1.** Schuh *m*: *be in s.o.'s ~s fig* in j-s Haut stecken; *step into* (*od fill*) *s.o.'s ~s fig* j-s Stelle einnehmen **2.** (Huf)Eisen *n* **II** *v/t* (*mst unreg*) **3.** Pferd beschlagen '**~,box** *s* Schuhkarton *m*, *-schachtel f* '**~,horn** *s* Schuhlöffel *m* '**~,lace** *s* Schnürsenkel *m* '**~,mak·er** *s* Schuhmacher(in), Schuster(in) '**~,string** *s bes Am* Schnürsenkel *m*: *start etc on a ~* (*budget*) *fig* mit e-m minimalen Budget (*od* praktisch mit nichts) anfangen *etc* '**~,tree** *s* Schuhspanner *m*

shone [ʃɒn] *Prät u. Part Perf von* **shine**

shoo [ʃuː] *v/t* (ver)scheuchen

shook [ʃʊk] *Prät von* **shake**

▸ **shoot** [ʃuːt] **I** *s* **1.** BOT Trieb *m* **2.** Jagd *f*; Jagd(revier *n*) **II** *v/t* (*unreg*) **3.** schießen mit (*e-m Gewehr etc*) **4.** Pfeil *etc* abfeuern, abschießen (*at* auf *Akk*): *~ a glance at* e-n schnellen Blick werfen auf (*Akk*); *~ questions at s.o.* j-n mit Fragen bombardieren; → **bolt**[1] **5. a)** JAGD schießen, erlegen: *~ the bull Am* F plaudern, plauschen, **b)** anschießen, **c)** niederschießen; *a) ~ dead* niederschießen; *a) ~ o.s.* sich erschießen **6.** Riegel vorschieben **7.** *Film etc* drehen, *a.* FOTO *j-n* aufnehmen **8.** *Ball etc* (*unreg*) **8.** schießen (*at* auf *Akk*): *~ at goal* (*Sport*) aufs Tor schießen **9.** schießen, rasen **10.** drehen, filmen **11.** BOT treiben **12.** *sl* fixen *Verbindungen mit Adverbien:*

shoot| down *v/t* **1.** *j-n* niederschießen

2. *j-n, Flugzeug etc* abschießen **3.** F *Antrag etc* abschmettern, *j-n a.* abfahren lassen **~ off** *v/t Waffe* abfeuern, -schießen: **~ one's mouth** F quatschen (*Geheimnisse verraten*); blöd daherreden **~ out** *v/t*: **shoot it out** sich e-e Schießerei liefern (**with** mit) **~ up** *v/i* in die Höhe schießen (*Flammen, Kind etc*), in die Höhe schnellen (*Preise*)

shoot·er [ˈʃuːtə] *s bes Br sl* Schießeisen *n*

shoot·ing [ˈʃuːtɪŋ] **I** *s* **1.** Schießen *n*; Schießerei *f* **2.** Erschießung *f*; Anschlag *m* **3.** FILM, TV Dreharbeiten *Pl*, Aufnahmen *Pl* **II** *Adj* **4.** stechend (*Schmerz*) **~ box** *s* Schießbude *f* **2.** *Am sl* Fixertreff *m* **~ range** *s* Schießstand *m* **~ star** *s* ASTR Sternschnuppe *f*

ˈshoot-out *s* **1.** Schießerei *f* **2.** SPORT Elfmeterschießen *n*

▸ **shop** [ʃɒp] **I** *s* **1.** Laden *m*, Geschäft *n*: **shut up ~** F (den Laden) dichtmachen **2.** Werkstatt *f* **3.** Betrieb *m*, Werk *n*: **talk ~** fachsimpeln; → **closed shop II** *v/i* **4.** **go ~ping** einkaufen gehen; **~ around** sich informieren, die Preise vergleichen; **~ for** sich umsehen nach **III** *v/t* **5.** *bes Br sl* j-n verpfeifen

▸ **shop·as·sist·ant** [ˈʃɒpəˌsɪstənt] *s Br* Verkäufer(in) **~ floor** *s* Arbeiter *Pl* (*Ggs. Management*) **ˈ~ˌkeep·er** *s* Ladenbesitzer(in), -inhaber(in) **ˈ~ˌlift·er** *s* Ladendieb(in) **ˈ~ˌlift·ing** *s* Ladendiebstahl *m*

shop·per [ˈʃɒpə] *s* Käufer(in)

▸ **shop·ping** [ˈʃɒpɪŋ] **I** *s* **1.** Einkaufen *n*: **do one's ~** einkaufen, (s-e) Einkäufe machen **2.** Einkäufe *Pl* (*Sachen*) **II** *Adj* **3.** Einkaufs…: **~ bag** Einkaufsbeutel *m*, -tasche *f*; **~ basket** Einkaufskorb *m*; **~ cart** *Am* Einkaufswagen *m*; **~ center** (*bes Br* **centre**) Einkaufszentrum *n*; **~ list** Einkaufsliste *f*, -zettel *m*; **~ mall** *Am* Einkaufszentrum *n*; **~ street** Geschäfts-, Einkaufsstraße *f*; **~ trolley** *Br* Einkaufswagen *m*; → **spree**

ˌshop-ˈsoiled *Adj bes Br* Ware: angestaubt (*a. fig* Ansichten *etc*); angestoßen **~ stew·ard** *s* WIRTSCH gewerkschaftlicher Vertrauensmann **ˈ~-talk** *s* Fachsimpelei *f* **~ win·dow** *s* Schaufenster *n*, Auslage *f* **ˈ~-worn** *Am* → **shop-soiled**

---

shore¹ [ʃɔː] *s* Küste *f*; (*See*)Ufer *n*: **on ~** SCHIFF an Land; **~ leave** Landurlaub *m*

shore² [-] **I** *s* Stützbalken *m*, Strebe (-balken *m*) *f* **II** *v/t mst* **~ up** (ab)stützen; *fig* Währung *etc* stützen

shorn [ʃɔːn] *Part Perf von* **shear**

▸ **short** [ʃɔːt] **I** *Adj* (→ **shortly**) **1.** *räumlich, zeitlich:* kurz: **a ~ time ago** vor kurzer Zeit, vor kurzem; **~ and sweet** F kurz u. bündig; **~ holiday** (*bes Am* **vacation**) Kurzurlaub *m*; **~ story** Short Story *f*, Kurzgeschichte *f*; Novelle *f*; **be ~ for** die Kurzform sein von; **cut ~** *Urlaub etc* abbrechen; → **notice 3, run 1, shrift, story¹ 1, work 1 2.** klein (*Person*) **3. be ~** nicht genügend … haben; **be in ~ supply** WIRTSCH knapp sein; → **cash 2, money 4.** barsch (**with** zu), kurz angebunden **II** *Adv* **5.** plötzlich, abrupt: **be caught** (*od* **taken**) **~** *bes Br* F dringend mal (verschwinden) müssen; **stop ~** (*od* **at**) zurückschrecken vor (*Dat*); **stop ~ of doing s.th.** davor zurückschrecken, etw zu tun **6. fall ~ of** etw nicht erreichen, den Anforderungen *etc* nicht entsprechen; **run ~** knapp werden, zur Neige gehen; **we are running ~ of bread** uns geht das Brot aus. **sell ~** j-n, *etw* unterschätzen **7. ~ of a)** *räumlich* vor (*Dat*): **three miles ~ of the airport**, **b)** *fig* außer **III** *s* **8.** *he is called Bill for ~* er wird kurz Bill genannt; **in ~** kurz(um) **9.** *Pl*, *a.* **pair of ~s** Shorts *Pl*; *bes Am* (Herren)Unterhose *f* **10.** *Br* F Kurze *m*, Schnaps *m* **11.** ELEK F Kurze *m* **12.** F Kurzfilm *m* **IV** *v/t* **13.** ELEK F e-n Kurzen verursachen in (*Dat*); kurzschließen **V** *v/i* **14.** ELEK F e-n Kurzen haben **ˈshort·age** *s* Knappheit *f*, Mangel *m* (**of** *an Dat*)

ˌshort-ˈchange *v/t* **1.** j-m zu wenig (Wechselgeld) herausgeben **2.** F j-n übers Ohr hauen **~-ˌcir·cuit** *s* ELEK Kurzschluss *m* **ˌ~-ˈcir·cuit I** *v/t*. **1.** ELEK e-n Kurzschluss verursachen in (*Dat*); kurzschließen **2.** *fig* etw umgehen **II** *v/i* **3.** ELEK e-n Kurzschluss haben **ˌ~-ˈcom·ings** *s Pl* Unzulänglichkeiten *Pl*, Mängel *Pl*, (*a.* e-r *Person*) Fehler *Pl* **ˈ~-ˌcut** *s* **1.** Abkürzung(sweg *m*) *f*: **take a ~** abkürzen **2.** *fig* abgekürztes Verfahren

short·en [ˈʃɔːtn] **I** *v/t* kürzen, *Klei-*

dungsstück a. kürzer machen, *Text a.* zs.-streichen, *Leben etc* verkürzen **II** *v/i* kürzer werden

'**short|·fall** *s* Defizit *n*, ,~**haired** *Adj* kurzhaarig '~**hand** *s* Kurzschrift *f*, Stenografie *f*: **do·** ~ stenografieren; **take down in** ~ *etw* (mit)stenografieren; ~ **typist** Stenotypist(in) ,~'**hand·ed** *Adj* knapp an Personal

short list *s*: **be on the** ~ *Br* in der engeren Wahl sein; '~**list** *v/t Br* in die engere Wahl ziehen; ,~'**lived** *Adj* kurzlebig, *fig a.* von kurzer Dauer

short·ly ['ʃɔːtlɪ] *Adv* **1.** bald: ~ *after* kurz danach **2.** in kurzen Worten **3.** barsch '**short·ness** *s* **1.** Kürze *f* **2.** Barschheit *f* **3.** → **shortage**

,**short·**'**range** *Adj* **1.** MIL., FLUG Nah..., Kurzstrecken... **2.** kurzfristig ,~'**sight·ed** *Adj* MED kurzsichtig (*a. fig*) ,~'**sleeved** *Adj* kurzärm(e)lig ,~'**staffed** → **shorthanded** ,~'**tempered** *Adj* aufbrausend, hitzig '~**term** *Adj* kurzfristig, -zeitig: ~ *memory* Kurzzeitgedächtnis *n* ~ *time s* WIRTSCH Kurzarbeit *f*: **be on** (*od work*) ~ kurzarbeiten; ~ **wave** *s* ELEK, PHYS Kurzwelle *f* '~**wave** *Adj* Kurzwellen... ~ **wind·ed** [~'wɪndɪd] *Adj* kurzatmig

shot[1] [ʃɒt] **I** *Prät u. Part Perf von* **shoot** **II** *Adj*: **be** (*od get*) ~ **of** F *j-n, etw* los sein (loswerden)

▶ **shot**[2] [ʃɒt] *s* **1.** Schuss *m*: **like a** ~ blitzschnell; sofort; ~ *across the bows* Schuss vor den Bug (*a. fig*); ~ *in the dark fig* Schuss ins Blaue; **call the** ~*s* F das Sagen haben **2.** (*Fußball etc*) Schuss *m*, (*Basketball etc*) Wurf *m*, (*Tennis etc*) Schlag *m* **3.** *guter etc* Schütze, *gute* Schützin: *big* ~ F hohes Tier **4.** Schrot *m, n* **5.** *Kugelstoßen*: Kugel *f* **6.** F Versuch *m*: *at the first* ~ beim ersten Versuch; *I'll have a* ~ *at it* ich probiers mal **7. a)** FILM, TV Aufnahme *f*; Einstellung *f*: *long* ~ Totale *f*, **b)** FOTO F Schnappschuss *m*, Aufnahme *f* **8.** MED F Spritze *f* '~**gun** *s* Schrotflinte *f*: ~ *wedding* F Mussheirat *f* ,~ *put s* Leichtathletik: Kugelstoßen *n* '~**putter** *s* Kugelstoßer(in)

▶ **should** [ʃʊd] **1.** *Prät von* **shall**, *a. allg* ich sollte, *du* solltest *etc*: **he** ~ **be home by then** er müsste bis dahin wieder zu Hause sein **2.** *konditional*: ich würde,

wir würden: *I* ~ *go if* ...; → *like*[2] 1

▶ **shoul·der** ['ʃəʊldə] **I** *s* **1.** Schulter *f*: ~ *to* ~ Schulter an Schulter (*a. fig*); *a* ~ *to cry on* e-e Schulter zum Ausweinen; *give s.o. the cold* ~ j-m die kalte Schulter zeigen; *put one's* ~ *to the wheel fig* sich mächtig ins Zeug legen; → *chip* 1, *rub* 3 **II** *v/t* **2.** schultern; *fig Kosten, Verantwortung etc* übernehmen **3.** (*mit der Schulter*) stoßen: ~ *one's way through* sich e-n Weg bahnen durch ~ *bag s* Schulter-, Umhängetasche *f* ~ *blade s* ANAT Schulterblatt *n* ~ *strap s* Träger *m* (*e-s Kleids etc*); Tragriemen *m*

shouldn't ['ʃʊdnt] F *für* **should not**

▶ **shout** [ʃaʊt] **I** *v/i* rufen, schreien (*for* nach; *for help* um Hilfe): ~ *at s.o.* j-n anschreien **II** *v/t* rufen, schreien: ~ *down* j-n niederbrüllen; ~ *o.s. hoarse* sich heiser schreien; ~ *rooftop* TV s Ruf *m*, Schrei *m*: *it's my* ~ *Br* F das ist m-e Runde, ich bin dran '**shout·ing** *s* Schreien *n*, Geschrei *n*: *it's all over bar the* ~ *Br* F die Sache ist so gut wie gelaufen

▶ **shove** [ʃʌv] **I** *v/t* **1.** stoßen, schubsen: ~ *about* (*od around*) *j-n* herumschubsen (*a. fig*) **2.** *etw* schieben, stopfen (*into* in *Akk*) **II** *v/i* **3.** stoßen, schubsen: ~ *off* (*vom Ufer*) abstoßen; ~ *off!* F schieb ab!; ~ *over bes Br* F rutschen **III** *s* **4.** Stoß *m*, Schubs *m*

shov·el ['ʃʌvl] **I** *s* Schaufel *f* **II** *v/t Prät u. Part Perf* **-eled**, *bes Br* **-elled** schaufeln: ~ *food into one's mouth* Essen in sich hineinschaufeln

▶ **show** [ʃəʊ] **I** *s* **1.** THEAT *etc* Vorstellung *f*; Show *f*; RUNDFUNK, TV Sendung *f*: *steal the* ~ *from s.o. fig* j-m die Schau stehlen **2.** Ausstellung *f*: *be on* ~ ausgestellt *od* zu besichtigen sein **3.** Zurschaustellung *f*, Demonstration *f* **4.** *on a* ~ *of hands* durch Handzeichen **5.** Schau *f*: *make a* ~ *of Anteilnahme etc* heucheln **6.** F *gute etc* Leistung: *put up a poor* ~ e-e schwache Leistung zeigen **7.** F Laden *m*: *run the* ~ den Laden schmeißen **II** *Adj* **8.** Muster...: ~ *house* **III** *v/t* (*mst unreg*) **9.** *a. fig Gefühle etc* zeigen, *Fahrkarte etc a.* vorzeigen, *Zeit etc* anzeigen (*Uhr etc*): ~ *s.o. how to do s.th.* j-m zeigen, wie man etw macht; ~ *o.s.* sich erweisen als;

→ **door** 1, *etc* **10.** *j-n* bringen, führen (**to** zu): ~ **s.o.** (**a**)**round** (*od* **over**) **the house** *j-n* durchs Haus führen, *j-m* das Haus zeigen **11.** ausstellen, zeigen **12.** zeigen: *s.o.* THEAT *etc* vorführen, **b**) TV bringen **IV** *v/i* (*mst unreg*) **13.** zu sehen sein: *it ~s* man sieht es **14.** *be ~ing* gezeigt werden, laufen

Verbindungen mit Adverbien:

show| **a-round** *v/t* herumführen ~ **in** *v/t* herein-, hineinführen, -bringen ~ **off I** *v/t* **1.** angeben *od* protzen mit (**to** *vor Dat*) **2.** Figur *etc* vorteilhaft zur Geltung bringen **II** *v/i* **3.** angeben, protzen ~ **out** *v/t* heraus-, hinausführen, -bringen ~ **round** → **show around** ~ **up I** *v/t* **1.** herauf-, hinaufführen, -bringen **2.** sichtbar machen **3.** *j-n* entlarven; *etw* aufdecken **4.** *bes Br j-n* in Verlegenheit bringen **II** *v/i* **5.** zu sehen sein **6.** F kommen; aufkreuzen, -tauchen

show| **biz** *s* F, ~ **busi-ness** *s* Showbusiness *n*, -geschäft *n* '~**case** *s* Schaukasten *m*, Vitrine *f* '~**down** *s* Kraft-, Machtprobe *f*

► **show-er** ['ʃaʊə] **I** *s* **1.** (*Regen- etc*) Schauer *m*; (*Funken-, Kugel- etc*) Regen *m*; (*Geschoss-, Stein*)Hagel *m*; (*Wasser-, Wort- etc*)Schwall *m* **2.** Dusche *f*: *have* (*od take*) *a* ~ duschen **II** *v/i* **3.** duschen **III** *v/t* **4.** ~ *s.o. with s.th.*, ~ *s.th. on s.o.* *j-n* mit *etw* überschütten, *fig a. j-n* mit *etw* überhäufen ~ **cab·i·net** *s* Duschkabine *f* ~ **cur·tain** *s* Duschvorhang *m*

'show·girl *s* Revuegirl *n* ~ **jump·er** *s* SPORT Springreiter(in) ~ **jump·ing** *s* Springreiten *n* ~**man** ['-mən] *s* (*unreg man*) **1.** THEAT *etc* Produzent *m* **2.** Schausteller *m* **3.** *fig* Showman *m*

shown [ʃəʊn] *Part Perf von* **show**

'show-off *s* F Angeber(in) '~**piece** *s* **1.** Ausstellungsstück *n* **2.** Parade-, Prunkstück *n* ~**room** ['-rʊm] *s* Ausstellungsraum *m*

show·y ['ʃəʊɪ] *Adj* auffallend *od* (*Person*), (*Farben, Kleidung etc a.*) auffällig

shrank [ʃræŋk] *Prät von* **shrink**

shred [ʃred] **I** *s* **1.** Fetzen *m*: *be in ~s* zerfetzt sein; *fig* ruiniert sein (*Ruf etc*); *tear to ~s* zerfetzen; *fig* Argument *etc* zerpflücken, -reißen; *Stück etc* verreißen **2.** Schnitzel *n*, *m*, Stückchen *n* **3.** *fig* **not a** ~ **of doubt** nicht der geringste

Zweifel; *there is not a* ~ *of truth in this story* an dieser Geschichte ist kein Wort wahr **II** *v/t* (*a. unreg*) **4.** zerfetzen; in den Papier- *od* Reißwolf geben **5.** in (schmale) Streifen schneiden, *Gemüse a.* schnitzeln, *Fleisch a.* schnetzeln 'shred·der *s* **1.** Papier-, Reißwolf *m* **2.** Schnitzelmaschine *f*; Schnitzelwerk *n*

shrewd [ʃruːd] *Adj* scharfsinnig, klug, (*Beobachter*) scharf: *that was a* ~ *guess* das war gut geraten

shriek [ʃriːk] **I** *s* (schriller) Schrei: ~ *of terror* Entsetzensschrei; ~*s Pl of laughter* kreischendes Gelächter **II** *v/i* (gellend) aufschreien (**with** *vor Dat*): ~ *with laughter* vor Lachen kreischen

shrift [ʃrɪft] *s*: *give s.o. short* ~ kurzen Prozess mit *j-m* machen

shrill [ʃrɪl] *Adj* **1.** schrill **2.** *fig* heftig, scharf (*Kritik etc*)

shrimp [ʃrɪmp] *s* **1.** ZOOL Garnele *f* **2.** *fig pej* Knirps *m*

shrine [ʃraɪn] *s* (Reliquien)Schrein *m*

shrink [ʃrɪŋk] **I** *v/i* (*unreg*) **1.** (zs.-, ein)schrumpfen (*a. fig*), (*Stoff etc a.*) einlaufen, -gehen **2.** *fig* abnehmen **3.** *fig* zurückschrecken (**from** *vor Dat*): ~ *from doing s.th.* davor zurückschrecken, *etw* zu tun **II** *v/t* (*unreg*) **4.** (zs.-, ein)schrumpfen lassen, *Stoff etc a.* einlaufen *od* -gehen lassen **III** *s* **5.** F Klapsdoktor(in) 'shrink·age *s* **1.** Schrumpfung *f* (*a. fig*), Einlaufen *n*, -gehen *n* **2.** *fig* Abnahme *f* 'shrink·ing *Adj*: ~ *violet* F schüchternes Pflänzchen (*Person*) 'shrink-wrap *v/t* einschweißen

shriv·el ['ʃrɪvl] *v/i a. v/t Prät u. Part Perf* -**eled**, *bes Br* -**elled** runz(e)lig werden (lassen): ~(*l*)*ed* runz(e)lig

shroud [ʃraʊd] **I** *s* **1.** Leichentuch *n* **2.** *fig* Schleier *m* (*of secrecy* des Geheimnisses) **II** *v/t* **3.** *be ~ed in* in Nebel *etc* gehüllt sein: *be ~ed in mystery* geheimnisumwittert sein

Shrove Tues·day [ʃrəʊv] *s* Faschings-, Fastnachtsdienstag *m*

shrub [ʃrʌb] *s* Busch *m*, Strauch *m* 'shrub·ber·y *s* Busch-, Strauchwerk *n*

shrug [ʃrʌg] **I** *v/t* **1.** ~ *one's shoulders* → 3 **2.** ~ *off* *fig etw* mit e-m Achsel- *od* Schulterzucken abtun, achselzuckend hinweggehen über (*Akk*) **II** *v/i* **3.** mit

den Achseln *od* Schultern zucken **III** *s* **4.** ~ *of one's shoulders* Achsel-, Schulterzucken *n*: *give a* ~ → 3

shrunk [ʃrʌŋk] *Prät u. Part Perf von* **shrink**

shuck [ʃʌk] *bes Am* **I** *s* Hülse *f*, Schote *f*; Schale *f* **II** *v/t* enthülsen; schälen **III** *s*: ~*s!* Quatsch!; Mist!

shud·der ['ʃʌdə] **I** *v/i* schaudern (*at* bei): ~ *to think of* mit Schaudern denken an (*Akk*) **II** *s* Schauder *m*

shuf·fle ['ʃʌfl] **I** *v/t* **1.** ~ *one's feet* → 3 **2.** Karten mischen **II** *v/i* **3.** schlurfen **4.** Kartenspiel: mischen **III** *s* **5.** Schlurfen *n*, schlurfender Gang **6.** Mischen *n* '~**·board** *s* Shuffleboard *n* (*Spiel*)

shun [ʃʌn] *v/t* j-n, etw meiden

shunt [ʃʌnt] *v/t* **1.** Zug *etc* rangieren, verschieben **2.** ~ *off* F j-n abschieben (*to* in *Akk*, nach)

▸ **shut** [ʃʌt] (*unreg*) **I** *v/t* **1.** Fenster, Tür *etc* zumachen, *a.* Fabrik *etc* schließen: → *mouth* 1, *trap* 2 **2.** j-n einschließen (*in* in *Akk*, *Dat*): ~ *one's finger in the door* sich den Finger in der Tür einklemmen **II** *v/i* **3.** schließen (*a. Laden etc*), zugehen
Verbindungen mit Adverbien:
shut|**a·way** *v/t* **1.** *etw* wegschließen **2.** **shut o.s. away** sich einigeln (*in* in *Dat*) ~ **down I** *v/t* Fabrik *etc* schließen, (*für immer a.*) stilllegen; (*Computer*) herunterfahren **II** *v/i* schließen (*Fabrik etc*) ~ **off I** *v/t* **1.** Gas, *Maschine etc* abstellen **2.** abtrennen; fern halten (*from* von) **II** *v/i* **3.** (sich) abschalten ~ **out** *v/t* Gedanken, *Schmerz etc* verdrängen ~ **up I** *v/t* **1.** Geschäft schließen: → *shop* 1 **2.** j-n einsperren (*in* in *Akk*, *Dat*) **3.** F j-m den Mund stopfen **II** *v/i* **4.** ~*!* F halt die Klappe!

'**shut**|**·down** *s* Schließung *f*, (*für immer a.*) Stilllegung *f* '~**·eye** *s* F Schlaf *m*: *get some* ~ ein paar Stunden schlafen

shut·ter ['ʃʌtə] *s* **1.** Fensterladen *m* **2.** FOTO Verschluss *m*: ~ *speed* Belichtung(szeit) *f*

shut·tle ['ʃʌtl] **I** *s* **1.** → *shuttle bus* (*service*, *train*) **2.** (*Raum*)Fähre *f*, (-)Transporter *m* **3.** → *shuttlecock* **II** *v/t* **4.** hin u. her befördern ~ **bus** *s* im Pendelverkehr eingesetzter Bus '~**·cock** *s* Federball *m* ~ **ser·vice** *s* Pendelverkehr *m* ~ **train** *s* Pendelzug *m*

▸ **shy** [ʃaɪ] **I** *Adj* **1.** scheu (*Tier*), (*Lächeln, Mensch a.*) schüchtern (*of* gegenüber): *fight* ~ *of e-r Sache* aus dem Weg gehen; *fight* ~ *of doing s.th.* sich hüten, etw zu tun **II** *v/i* **2.** scheuen (*at vor Dat*) (*Pferd etc*) **3.** ~ *away* *fig* zurückschrecken (*from* vor *Dat*): ~ *away from doing s.th.* davor zurückschrecken, etw zu tun '**shy·ness** *s* Scheu *f*, Schüchternheit *f*

shy·ster ['ʃaɪstə] *s Am* F Winkeladvokat(in)

Si·a·mese twins [ˌsaɪə'miːz] *s Pl* siamesische Zwillinge *Pl*

Si·be·ria [saɪ'bɪərɪə] *Eigenn* Sibirien *n*

sib·lings ['sɪblɪŋz] *s Pl* Geschwister *Pl*

Sic·i·ly ['sɪsɪlɪ] *Eigenn* Sizilien *n*

▸ **sick** [sɪk] **I** *Adj* **1.** krank: *be off* ~ krank(geschrieben) sein; *call in* ~ sich krankmelden **2.** *be* ~ *bes Br* sich übergeben; *he was* (*od felt*) ~ ihm war schlecht; *be* ~ *of s.th.* F etw satt haben; *be* ~ (*and tired*) *of doing s.th.* F es (gründlich) satt haben, etw zu tun; *it makes me* ~ mir wird schlecht davon, *a. fig* es ekelt *od* widert mich an **3.** makaber (*Witz etc*), abartig (*Person etc*) **II** *s* **4.** *the* ~ *Pl* die Kranken *Pl* **5.** *Br* F Kotze *f* ~ **bag** *s* FLUG Spucktüte *f* ~ **bay** *s* Krankenzimmer *n* (*e-r Schule etc*), SCHIFF (Schiffs)Lazarett *n* '~**·bed** *s* Krankenbett *n*

sick·en ['sɪkən] **I** *v/t* j-n anekeln, anwidern (*beide a. fig*) **II** *v/i* krank werden: *be* ~*ing for* F etw ausbrüten

sick·le ['sɪkl] *s* LANDW Sichel *f*

sick leave *s*: *be on* ~ krank(geschrieben) sein '**sick·ly** *Adj* **1.** kränklich **2.** matt (*Lächeln*) **3.** widerwärtig (*Geruch etc*) '**sick·ness** *s* **1.** Krankheit *f* **2.** Übelkeit *f*

sick·o ['sɪkəʊ] *Pl* -**os** *sl* Perversling *m*

▸ **side** [saɪd] **I** *s* **1.** *allg* Seite *f* (*a. fig*): *at* (*od by*) *the* ~ *of the road* am Straßenrand; *at* (*od by*) *s.o.'s* ~ an j-s Seite; ~ *by* ~ nebeneinander; *on the* ~ nebenbei *verdienen etc*; *his* ~ *of the story* s-e Version der Geschichte; *be on s.o.'s* ~ auf j-s Seite sein *od* stehen; *be on the wrong* ~ *of 50* über 50 sein; *put to one* ~ Geld auf die Seite legen; *take* ~*s* → 4; *take to one* ~ j-n beiseite nehmen; → *safe* I, *seamy*, *split* 1, *sunny* 2, *SPORT* Mannschaft *f* **II** *Adj* **3.** Seiten-...:

~ door (*road*, *etc*) **III** *v/i* **4.** Partei ergreifen (**with** für; **against** gegen) '**~board** *s* **1.** Sideboard *n* **2.** *Pl* → **sideburns** '**~burns** *Pl* Koteletten *Pl* '**~car** *s* Bei-, Seitenwagen *m* '**~dish** *s* Beilage *f* ~ **ef·fect** *s* Nebenwirkung *f* ~ **im·pact pro·tec·tion** *s* MOT Seitenaufprallschutz *m* ~ **is·sue** *s* Randproblem *n* '**~line** *s* **1.** Nebenbeschäftigung *f* **2.** SPORT Seitenlinie *f* '**~long** *Adj u. Adv*: **~ glance** Seitenblick *m*; **look at s.o. ~** j-n von der Seite anschauen '**~sad·dle I** *s* Damensattel *m* **II** *Adv* im Damensitz '**~split·ting** *Adj* zwerchfellerschütternd ~ **step** *s* Seitenschritt *m*, (*Boxen*) Seitschritt *m*, Sidestep *m* '**~step I** *v/t* **1.** e-m Schlag (durch e-n Seit[en]schritt) ausweichen **2.** *fig* e-r Frage *etc* ausweichen **II** *v/i* **3.** e-n Seit(en)schritt machen '**~swipe I** *s*: **take a ~** *bei* j-n e-n Seitenhieb versetzen **II** *v/t* MOT Am geparktes Fahrzeug *etc* streifen '**~track** *v/t* j-n ablenken; *etw* abbiegen '**~walk** *bes Am* → **pavement** 2

side·ward ['saɪdwəd] **I** *Adj* seitlich: **~ jump** Sprung *m* zur Seite **II** *Adv* seitwärts, nach der *od* zur Seite **sidewards** ['~dz] → **sideward** II '**~ways** → **sideward**

si·dle ['saɪdl] *v/i* (sich) schleichen (**out of** aus): **~ up to s.o.** sich an j-n heranschleichen

siege [siːdʒ] *s* MIL Belagerung *f*: **lay ~ to** belagern (*a. fig*)

si·es·ta [sɪ'estə] *s* Siesta *f*: **have** (*od* **take**) **a ~** Siesta halten

sieve [sɪv] **I** *s* Sieb *n*: **put through a ~** (durch)sieben; **he's got a memory like a ~** F er hat ein Gedächtnis wie ein Sieb **II** *v/t* (durch)sieben: **~ out** aussieben (**from** aus)

sift [sɪft] **I** *v/t* **1.** (durch)sieben: **~ out** *fig* herausfinden (**from** aus) **2.** *fig* Material *etc* sichten, durchsehen **II** *v/i* **3.** ~ **through** → 2

sigh [saɪ] *v/i* (auf)seufzen: **~ with relief** erleichtert aufatmen **II** *s* Seufzer *m*: **~ of relief** Seufzer der Erleichterung; **breathe** (*od* **heave**) **a ~ of relief** erleichtert aufatmen

▸ **sight** [saɪt] **I** *s* **1.** Sehvermögen *n*: **lose one's ~** das Augenlicht verlieren **2.** (An)Blick *m*: **at the ~ of** beim Anblick

von (*od Gen*); **at first ~** auf den ersten Blick; **a ~ for sore eyes** F e-e Augenweide; **you're a ~ for sore eyes** F schön, dich zu sehen; **be** (*od* **look**) **a ~** F verboten *od* zum Abschießen aussehen; **buy ~ unseen** *etw* unbesehen kaufen; **catch ~ of** erblicken; **know by ~** j-n vom Sehen kennen; **lose ~ of** aus den Augen verlieren **3.** Sicht (-weite) *f*: **be** (**with**)**in ~** in Sicht sein (*a. fig*); **come into ~** in Sicht kommen; **keep out of ~!** pass auf, dass dich niemand sieht!; **let out of one's ~** j-n, *etw* aus den Augen lassen **4.** *mst Pl* Sehenswürdigkeit *f* **5.** *oft Pl* Visier *n*: **set one's ~s on** *fig* etw ins Auge fassen **6. a ~** F um einiges, viel **besser** *etc* **II** *v/t* **7.** sichten '**sight·ed** *Adj* sehend

'**sight-read** *v/t u. v/i* (*unreg* **read**) MUS vom Blatt singen *od* spielen '**~see** *v/i*: **go ~ing** sich die Sehenswürdigkeiten anschauen

▸ **sight·see·ing** ['saɪt,siːŋ] *s* Sightseeing *n*, Besichtigung *f* von Sehenswürdigkeiten: **~ bus** Sightseeingbus *m*; **~ tour** Sightseeingtour *f*, (Stadt)Rundfahrt *f*

▸ **sign** [saɪn] **I** *s* **1.** *allg* Zeichen *n*, MATHE, MUS *a.* Vorzeichen *n*, *fig a.* Anzeichen *n*: **~s** *Pl* **of fatigue** Ermüdungserscheinungen *Pl*; **all the ~s are that** alles deutet darauf hin, dass; **there was no ~ of him** von ihm war keine Spur zu sehen; **show ~s of** Anzeichen zeigen von (*od Gen*) **2.** (*Hinweis-, Warn- etc*)Schild *n* **3.** (*Stern-, Tierkreis*)Zeichen *n* **II** *v/t* **4.** unterschreiben, -zeichnen, *Bild, Buch* signieren; *Scheck* ausstellen; sich eintragen in (*Akk*): → **autograph** I **5.** SPORT *Spieler* verpflichten, unter Vertrag nehmen **III** *v/i* **6.** unterschreiben, -zeichnen: **~ for** den Empfang (*Gen*) (*durch s-e Unterschrift*) bestätigen; → **dot** 2 **7.** SPORT (*e-n Vertrag*) unterschreiben (**for, with** bei)

Verbindungen mit Adverbien:

sign|a·way *v/t* (*schriftlich*) verzichten auf (*Akk*) **~ in** *v/i* sich (*in e-e Anwesenheitsliste etc*) eintragen **~ off** *v/i* **1.** RUNDFUNK, TV sein Programm beenden **2.** Schluss machen (*im Brief, a. allg*) **~ on I** *v/t* **1. a)** → **sign** 5, **b)** j-n an-, einstellen, SCHIFF anheuern **II** *v/i* **2. a)** → **sign** 7, **b)** (e-n Arbeitsvertrag)

unterschreiben, SCHIFF anheuern **3.**
RUNDFUNK, TV sein Programm begin-
nen **~ out** v/i sich (aus e-r Anwesen-
heitsliste *etc*) austragen **~ o·ver** v/t
etw überschreiben (**to** *Dat*) **~ up** → **sign
on** 1, 2

sig·nal ['sɪgnl] **I** s **1.** Signal *n*, Zeichen *n*
(*beide a. fig*) **~ busy 6 II** *Adj* **2.** be-
achtlich, un-, außergewöhnlich **III** v/t
Prät u. Part Perf **-naled**, *bes Br* **-nalled**
3. ~ *s.o.* **to do s.th.** j-m (ein) Zeichen
geben, etw zu tun **4.** *fig* Bereitschaft *etc*
signalisieren

sig·na·to·ry ['sɪgnətərɪ] s POL Unter-
zeichner(in)

▸ **sig·na·ture** ['sɪgnətʃə] s Unterschrift
f, (*e-s Bildes, Buchs*) Signatur *f* **~ tune**
s RUNDFUNK, TV Erkennungsmelodie *f*

'**sign·board** *s* (Aushänge)Schild *n*

sig·net ring ['sɪgnɪt] s Siegelring *m*

sig·nif·i·cance [sɪg'nɪfɪkəns] s Bedeu-
tung *f*, Wichtigkeit *f*: **be of great ~ to**
von großer Bedeutung sein für
sig·nif·i·cant *Adj* **1.** bedeutend, be-
deutsam, wichtig **2.** viel sagend; be-
zeichnend

sig·ni·fy ['sɪgnɪfaɪ] v/t **1.** bedeuten **2.**
Meinung etc kundtun

sign| **lan·guage** *s* Zeichensprache *f*
'**~·post** *s* Wegweiser *m*

si·lage ['saɪlɪdʒ] *s* LANDW Silofutter *n*

▸ **si·lence** ['saɪləns] **I** *s* Stille *f*; Schwei-
gen *n*: **~!** Ruhe!; **in ~** schweigend; **a
one-minute ~** e-e Schweigeminute **II**
v/t zum Schweigen bringen (*a. fig*) '**si-
lenc·er** *s* **1.** Schalldämpfer *m* **2.** MOT Br
Auspufftopf *m*

▸ **si·lent** ['saɪlənt] *Adj* still, (*Gebet, a.*
LING *Buchstabe*) stumm; ruhig;
schweigsam: **~ film** Stummfilm *m*;
the ~ majority die schweigende Mehr-
heit; **~ partner** WIRTSCH *Am* stiller Teil-
haber, stille Teilhaberin; **remain ~**
schweigen

Si·le·sia [saɪ'li:zjə] *Eigenn* Schlesien *n*

sil·hou·ette [ˌsɪlu:'et] **I** s Silhouette *f* **II**
v/t: **be ~d against** sich (als Silhouette)
abheben gegen

sil·i·con ['sɪlɪkən] s CHEM Silizium *n*
sil·i·cone ['sɪlɪ-ˌkəʊn] s CHEM Silikon *n*

sil·i·co·sis [ˌsɪlɪ'kəʊsɪs] s MED Staub-
lunge *f*

▸ **silk** [sɪlk] **I** s Seide *f* **II** *Adj* Seiden...
'**~·worm** *s* ZOOL Seidenraupe *f*

silk·y ['sɪlkɪ] *Adj* seidig (*Fell, Haare etc*),
samtig (*Stimme*)

sill [sɪl] s (*Fenster*)Bank *f*, (-)Brett *n*

sil·li·ness ['sɪlɪnɪs] s Albernheit *f*,
Dummheit *f*

sil·ly ['sɪlɪ] **I** *Adj* albern, dumm: **don't
be ~!** red doch keinen Unsinn!; **~ billy**
→ **II**; **~ season** (*Journalismus*) Saure-
Gurken-Zeit *f* **II** s F Dummkopf *m*,
Dummerchen *n*

si·lo ['saɪləʊ] *Pl* **-los** s **1.** Silo *m*, *n* **2.** MIL
Startsilo *m*, *n*

▸ **sil·ver** ['sɪlvə] **I** s **1.** CHEM Silber *n* (*a.
Besteck, Geschirr*) **2.** Silber(geld *n*,
-münzen *Pl*) *n*: **three pounds in ~** drei
Pfund in Silber **II** *Adj* **3.** silbern, Sil-
ber... **III** v/t **4.** versilbern '**~·fish** *s* ZOOL
Silberfischchen *n* **~ foil** *s* Silber-,
Alu(minium)folie *f*; Silberpapier *n* '**~-
haired** *Adj* silberhaarig **~ ju·bi·lee** *s*
25-jähriges Jubiläum '**~·med·al** *s* Silber-
medaille *f* **~ med·al·(l)ist** *s* Silberme-
daillengewinner(in) **~ mine** *s* Silber-
bergwerk *m*, -mine *f* **~ pa·per** *s* Silber-
papier *n* '**~·plat·ed** *Adj* versilbert '**~·
screen** *s* Leinwand *f*; Kino *n* '**~·smith**
s Silberschmied(in) '**~·ware** *s* Silber
(-besteck, -geschirr) *n* '**~·wed·ding** *s* sil-
berne Hochzeit

sim·i·lar ['sɪmɪlə] *Adj* ähnlich (**to** *Dat*)
sim·i·lar·i·ty [ˌ-'lærətɪ] s Ähnlichkeit *f*
(**to** mit) '**sim·i·lar·ly** *Adv* **1.** ähnlich **2.**
entsprechend

sim·i·le ['sɪmɪlɪ] s Simile *n*, Vergleich *m*

sim·mer ['sɪmə] **I** v/i **1.** köcheln, leicht
kochen: **~ with** *fig* kochen vor (*Zorn
etc*), fiebern vor (*Aufregung etc*); **~
down** F sich abregen **2.** *fig* gären,
schwelen **II** s **3.** Köcheln *n*: **bring to
a ~** zum Köcheln bringen

sim·per ['sɪmpə] v/i albern *od* affektiert
lächeln

▸ **sim·ple** ['sɪmpl] *Adj* (→ **simply**) **1.** *allg*
einfach, (*Aufgabe etc a.*) simpel, leicht,
(*Lebensweise, Person, Stil etc a.*)
schlicht, (MED *Bruch a.*) glatt: **for the
~ reason that** aus dem einfachen
Grund, weil **2.** einfältig; naiv, leicht-
gläubig '**~·mind·ed** *Adj* → **simple** 2

sim·plic·i·ty [sɪm'plɪsətɪ] s **1.** Einfach-
heit *f*, Schlichtheit *f*: **be ~ itself** die ein-
fachste Sache der Welt sein **2.** Einfäl-
tigkeit *f*; Naivität *f*, Leichtgläubigkeit *f*

sim·pli·fi·ca·tion [ˌsɪmplɪfɪ'keɪʃn] s

Vereinfachung f **sim·pli·fy** ['_faɪ] v/t vereinfachen

sim·plis·tic [sɪm'plɪstɪk] Adj (**~ally**) stark vereinfachend

sim·ply ['sɪmplɪ] Adv **1.** einfach (etc, → **simple** 1): **to put it ~** in einfachen Worten **2.** bloß, nur **3.** F einfach großartig

sim·u·late ['sɪmjʊleɪt] v/t **1.** vortäuschen, heucheln, bes Krankheit simulieren **2.** TECH etc simulieren ˌsim·u·'la·tion s **1.** Vortäuschung f, Simulieren n; Heuchelei f **2.** TECH etc Simulierung f **'sim·u·la·tor** s **1.** Heuchler(in), Simulant(in) **2.** TECH Simulator m

si·mul·ta·ne·ous [ˌsɪməl'teɪnjəs] Adj simultan, gleichzeitig: **~ interpreter** Simultandolmetscher(in)

▶ **sin** [sɪn] I s Sünde f: **live in ~** hum in Sünde leben; **(as) ugly as ~** hässlich wie die Nacht; → **deadly** 1, **mortal** 3, II v/i sündigen

▶ **since** [sɪns] I Adv **1.** a. **ever~** seitdem, -her **2.** inzwischen II Präp **3.** seit; → **Info** bei **seit** III Konj **4.** seit(dem) **5.** da

sin·cere [sɪn'sɪə] Adj aufrichtig: **Yours ~ly** Mit freundlichen Grüßen (Briefschluss) **sin·cer·i·ty** [_'serətɪ] s Aufrichtigkeit f: **in all ~** in aller Offenheit

sine [saɪn] s MATHE Sinus m

sine qua non [ˌsɪnɪkwɑː'nɒn] s unbedingte Voraussetzung f

sin·ew ['sɪnjuː] s ANAT Sehne f '**sin·ew·y** Adj sehnig, (Fleisch a.) zäh

sin·ful ['sɪnfʊl] Adj sündig, sündhaft

▶ **sing** [sɪŋ] (unreg) I v/t u. v/i **1.** singen **2.** pfeifen (Kugel, Wind etc) II v/t **3.** etw singen: **~ s.o. s.th.** j-m etw (vor)singen; **~ a baby to sleep** ein Baby in den Schlaf singen

singe [sɪndʒ] I v/t (sich etw) an- od versengen II s ange- od versengte Stelle

sing·er ['sɪŋə] s Sänger(in) **sing·er-song·writ·er** s Liedermacher(in) '**sing·ing** I s Singen n, Gesang m II Adj: **~ lesson** Sing-, Gesangsstunde f; **~ voice** Singstimme f

▶ **sin·gle** ['sɪŋgl] I Adj **1.** einzig: **not a single one** kein Einziger **2.** einfach; einzeln, Einzel...: ▶ **single room** Einzelzimmer n; **single ticket** → 6 **3.** allein stehend, unverheiratet: **single mother** allein erziehende Mutter; **single parent family** Einelternteilfamilie f; **single parents** allein erziehende

Eltern II s **4.** Single f (Schallplatte) **5.** Single m (Person) **6.** Br einfache Fahrkarte, FLUG einfaches Ticket **7.** mst Pl Tennis etc: Einzel n: **a singles match** ein Einzel; **men's singles** Herreneinzel III v/t **8. single out** sich j-n herausgreifen, ˌ~'breast·ed Adj einreihig (Anzug) **~ s** v/t u. Adv: **(in) ~** im Gänsemarsch, ˌ~'hand·ed Adj u. Adv eigenhändig, (ganz) allein ˌ~'mind·ed Adj zielstrebig, -bewusst

'**sing·song** s Singsang m

sin·gu·lar ['sɪŋgjʊlə] I Adj **1.** LING Singular..., Einzahl... **2.** fig einzigartig, einmalig II s **3.** LING Singular m, Einzahl f

sin·is·ter ['sɪnɪstə] Adj finster, unheimlich

▶ **sink** [sɪŋk] I v/i (unreg) **1.** sinken, untergehen: **leave s.o. to ~ or swim** j-n sich selbst überlassen **2.** sich senken (Gebäude etc); sinken, zurückgehen (Hochwasser etc, fig Zahl etc): → **heart** 1, **spirit** 4 **3.** sinken (**into a chair** in e-n Sessel; **to the ground** zu Boden; **to one's knees** auf die Knie; **into a deep sleep** in e-n tiefen Schlaf): → **oblivion** **4. ~ in** eindringen (Flüssigkeit, a. fig Nachricht etc) II v/t (unreg) **5.** Schiff etc versenken **6.** Graben etc ausheben, Brunnen etc bohren **7.** Zähne etc vergraben, -senken (**into** in Akk) **8.** Pläne etc zunichte machen **9.** Streit etc beilegen, begraben **10.** Geld, Arbeit etc investieren (**in, into** in Akk) III s **11.** Spülbecken n, Spüle f; bes Am Waschbecken n '**sink·er** s Grundgewicht n (e-s Fischnetzes) '**sink·ing** Adj: **I got that ~ feeling when** F mir wurde ganz anders, als

sin·ner ['sɪnə] s Sünder(in)

si·nus ['saɪnəs] s ANAT (Nasen)Nebenhöhle f **si·nus·i·tis** [_'saɪtɪs] s MED (Nasen)Nebenhöhlenentzündung f

Sioux [suː] Pl **Sioux** [suːz] s Sioux m, f

sip [sɪp] I s Schlückchen n: **take a ~ of** → IIa II v/t **a)** nippen an (Dat) od von, **b)** schlückchenweise trinken III v/i: **~ at** → IIa

si·phon ['saɪfn] I s **1.** Siphon(flasche f) m **2.** CHEM Saugheber m II v/t **3.** a. **~ off** absaugen, Benzin abzapfen; fig Geld, Personal etc abziehen

▶ **sir** [sɜː] s **1.** mein Herr (Anrede, oft un-

übersetzt): **Dear** ⚋**s** Sehr geehrte Herren (Anrede in Briefen) **2.** ⚋ Br Sir *m* (Adelstitel): ⚋ **Winston** (**Churchill**)

si·ren ['saɪərən] *s* Sirene *f*

sir·loin steak ['sɜːlɔɪn] *s* Lendensteak *n*

sis·sy ['sɪsɪ] *s* F Weichling *m*

▸ **sis·ter** ['sɪstə] I *s* **1.** Schwester *f* **2.** REL (Ordens)Schwester *f* 3. ⚋ **Mary** Schwester Mary **3.** MED Br Oberschwester *f* II *Adj* **4.** Schwester...: ~ **company** Schwester(gesellschaft) *f*; ~ **ship**, *etc* ~**hood** ['_hʊd] *s* REL Schwesternschaft *f*

▸ **sis·ter-in-law** ['sɪstərɪnlɔː] *Pl* '**sis-ters-in-law** *s* Schwägerin *f*

sis·ter·ly ['sɪstəlɪ] *Adj* schwesterlich

▸ **sit** [sɪt] (*unreg*) I *v/i* **1.** sitzen: → **fence** 1, **pretty** II, **tight** 8 **2.** sich setzen **3.** babysitten **4.** tagen II *v/t* **5.** *j-n* setzen **6.** Br → **sit for** 1

Verbindungen mit Präpositionen:

sit| **for** *v/i* **1.** Prüfung ablegen, machen **2.** *j-m* (Modell) sitzen: ~ **one's portrait** sich porträtieren lassen ~ **on** *v/i* **1.** ~ **a committee** e-m Ausschuss angehören **2.** *fig* sitzen auf (*Dat*) **3.** F *j-n* unterbuttern

Verbindungen mit Adverbien:

sit| **a·bout**, ~ **a·round** *v/i* herumsitzen ~ **back** *v/i* sich zurücklehnen, *fig a.* die Hände in den Schoß legen ~ **down** I *v/i* sich setzen, Platz nehmen; *sit-ting down* im Sitzen II *v/t j-n* absetzen ~ **in** *v/i* **1.** ~ **for** *j-n* vertreten **2.** ~ **on** als Zuhörer teilnehmen an (*Dat*) **3.** ein Sit-in veranstalten; an e-m Sit-in teilnehmen ~ **out** *v/t* **1.** Tanz auslassen **2.** bis zum Ende e-r Veranstaltung *etc* bleiben **3.** das Ende (*Gen*) abwarten; Krise *etc* aussitzen ~ **up** I *v/i* **1.** sich aufrichten *od* -setzen; aufrecht sitzen: *make s.o.* ~ (*and take notice*) F *j-n* aufhorchen lassen **2.** aufbleiben **3.** ~ (*at od to the table*) bei Tisch) Platz nehmen II *v/t* **4.** *j-n* aufrichten *od* -setzen

sit| **com** ['sɪtkɒm] F → **situation comedy** '~**down** *s* **1.** *a.* ~ **protest** Sitzblockade *f* **2.** F Verschnaufpause *f*: **have a** ~ e-e Verschnaufpause einlegen

site [saɪt] I *s* **1.** Platz *m*, Ort *m*, Stelle *f*; *eng. S.* Standort *m*; (*Ausgrabungs*)Stätte *f* **2.** Baustelle *f* **3.** IT Website *f* II *v/t* **4.** platzieren, MIL *Raketen etc* stationieren: *be* ~**d** gelegen sein, liegen

'**sit-in** *s* Sit-in *n*, Sitzstreik *m*: *stage a* ~ *in Gebäude etc* besetzen

sit·ter ['sɪtə] *s* **1.** MALEREI *etc* Modell *n* **2.** Babysitter(in) '**sit·ting** I *s* **1.** Sitzung *f* (*a.* MALEREI *etc*) **2.** *read s.th. at a single* ~ etw in 'einem Zug durchlesen II *Adj* **3.** ~ **duck** *fig* leichte Beute; ~ **room** Wohnzimmer *n*

sit·u·at·ed ['sɪtjʊeɪtɪd] *Adj* **1.** *be* ~ gelegen sein, liegen **2.** *fig be badly* ~ in e-r schwierigen Lage sein; *be well* ~ gut situiert sein; ohne weiteres in der Lage sein (*to do* zu tun)

▸ **sit·u·a·tion** [ˌsɪtjʊ'eɪʃn] *s* **1.** *fig* Lage *f*, Situation *f* **2.** Lage *f* (*e-s Hauses etc*) **3.** ~**s** *Pl vacant* (*wanted*) Stellenangebote *Pl* (Stellengesuche *Pl*) ~ **com·e·dy** *s* RUNDFUNK, TV humorvolle Serie

▸ **six** [sɪks] I *Adj* sechs II *s* Sechs *f*: ~ **of hearts** Herzsechs; *be all at* ~**es and sevens** F nicht mehr wissen, wo e-m der Kopf steht **six·fold** ['_fəʊld] I *Adj* sechsfach II *Adv* sechsfach, um das Sechsfache: *increase* ~ (sich) versechsfachen

'**six-pack** *s* **1.** Bier *etc*: Sechserpackung *f* **2.** F Waschbrettbauch *m*

▸ **six·teen** [ˌsɪks'tiːn] *Adj* sechzehn

▸ **six·teenth** [ˌsɪks'tiːnθ] *Adj* sechzehnt

▸ **sixth** [sɪksθ] I *Adj* **1.** sechste(r, -s): ~ **sense** *fig* sechster Sinn II *s* **2.** *der*, *die*, *das* Sechste: *the* ~ *of May* der 6. Mai **3.** Sechstel *n*

▸ **six·ti·eth** ['sɪkstɪɪθ] *Adj* sechzigst

'**six-time** *Adj* sechsmalig

▸ **six·ty** ['sɪkstɪ] I *Adj* sechzig II *s* Sechzig *f*: *be in one's sixties* in den Sechzigern sein; *in the sixties* in den Sechzigerjahren (*e-s Jahrhunderts*)

▸ **size** [saɪz] I *s* **1.** Größe *f*, *fig a.* Ausmaß *n*, Umfang *m*: *what* ~ *is ...?* wie groß ist ...? **2.** (*Kleider-, Schuh- etc*-)Größe *f*, Nummer *f*: *what* ~ *do you take?* welche Größe tragen Sie?; *I'll cut him down to* ~ F dem werd ichs zeigen II *v/t* **3.** *mst* ~ *up j-n*, *etw* abschätzen

size·a·ble ['saɪzəbl] *Adj* beträchtlich (*Summe etc*)

siz·zle ['sɪzl] I *v/i* brutzeln II *s* Brutzeln *n* '**siz·zler** *s* F glühend heißer Tag

skate [skeɪt] I *s* Schlittschuh *m*; Rollschuh *m* II *v/i* Schlittschuh laufen, Eis laufen; Rollschuh laufen: ~ **over** (*od* **round**) *s.th. fig* hinweggehen über

(*Akk*); → *ice* 1 '**~board** *s* Skateboard *n* '**~boarder** *s* Skateboardfahrer(in) '**~park** *s* Skateboardanlage *f*

skat·er ['skeɪtə] *s* Eis-, Schlittschuhläufer(in); Rollschuhläufer(in); Inlineskater(in) '**skat·ing** *Adj:* ~ **rink** (Kunst)Eisbahn *f*; Rollschuhbahn *f*

ske·dad·dle [skɪ'dædl] *v/i* F türmen

skel·e·ton ['skelɪtn] **I** *s* **1.** Skelett *n*, Gerippe *n* (*beide a. fig Person etc*): **have a ~ in the cupboard** (*Am* **closet**) e-e Leiche im Keller haben **2.** ARCHI, FLUG, SCHIFF Skelett *n* **3.** *fig* Entwurf *m*; Rahmen *m* **II** *Adj* **4.** Rahmen... **5.** Not...: ~ **service** Notdienst *m* **6.** ~ **key** Hauptschlüssel *m*

skep·tic, *etc bes Am* → **sceptic**, *etc*

sketch [sketʃ] **I** *s* **1.** KUNST *etc* Skizze *f* **2.** THEAT *etc* Sketch *m* **II** *v/t* **3.** skizzieren **4.** *oft* ~ **in** (*od* **out**) *fig* skizzieren **sketch pad** *s* Skizzenblock *m* '**sketch·y** *Adj* flüchtig, oberflächlich, (*Erinnerung etc*) bruchstückhaft

skew [skju:] **I** *Adj* schief; schräg; unsymmetrisch **II** *v/t fig* verzerren

skew·er ['skjʊə] **I** *s* (Fleisch)Spieß *m* **II** *v/t* Fleisch aufspießen

► **ski** [ski:] **I** *s* Ski *m* **II** *Adj* Ski...: ~ **lift**, **boots**, *etc* **III** *v/i* Ski fahren *od* laufen

skid [skɪd] **I** *v/i* **1.** MOT schleudern **II** *s* **2. go into a ~** MOT ins Schleudern kommen **3.** TECH Rolle *f*: **he's on the ~s** F mit ihm geht es abwärts

ski·er ['ski:ə] *s* Skifahrer(in), -läufer(in)

skiff [skɪf] *s* SCHIFF Skiff *n*, (*Rudersport a.*) Einer *m*

ski·ing ['ski:ɪŋ] *s* Skifahren *n*, -laufen *n*, -sport *m*: ~ **goggles** Skibrille *f* **ski jump** *s* Ski-, Sprungschanze *f*

► **skil·ful** ['skɪlfʊl] *Adj* geschickt

► **skill** [skɪl] *s* **1.** Geschick *n*: **game of ~** Geschicklichkeitsspiel *n* **2.** Fertigkeit *f* **skilled** [_ld] *Adj* **1.** geschickt (*at*, *in* in *Dat*) **2.** ~ **worker** Facharbeiter(in)

skil·let ['skɪlɪt] *s bes Am* Bratpfanne *f*

► **skil·ful** *Am* → **skilful**

skim [skɪm] **I** *v/t* **1. a.** ~ **off** Fett *etc* abschöpfen (*from* von) **2.** Milch entrahmen: ~**med milk** Magermilch *f* **3.** Bericht *etc* überfliegen **II** *v/i* **4.** ~ **over** (*od* **through**) → 3 ~ **milk** Magermilch *f*

skimp [skɪmp] *v/i*: ~ **on** sparen an (*Dat*) '**skimp·y** *Adj* dürftig (*Mahlzeit, Be-*

weise etc); knapp (*Kleidungsstück*)

► **skin** [skɪn] **I** *s* **1.** Haut *f* (*a. e-r Wurst, auf Milch etc*): **by the ~ of one's teeth** F mit Ach u. Krach, gerade noch; **be all ~ and bone(s)** nur noch Haut u. Knochen sein; **that's no ~ off my nose** F das juckt mich nicht; **be drenched** (*od* **soaked**) **to the ~** bis auf die Haut durchnässt *od* nass sein; **get under s.o.'s ~** F j-m unter die Haut gehen; j-m auf den Wecker fallen; **save one's ~** F s-e Haut retten **2.** Haut *f*; Fell *n* **3.** (Bananen-, Zwiebel- *etc*)Schale *f* **4.** F → **skinhead II** *v/t* **5.** *Tier* abhäuten: ~ **s.o. alive** F j-n zur Schnecke machen **6.** *Zwiebel etc* schälen: **keep one's eyes ~ned** F die Augen offen halten **7.** sich *das Knie etc* aufschürfen '**~deep** *Adj fig* oberflächlich '**~diving** *s* Sporttauchen *n* '**~flick** *s* F Sexfilm *m* '**~flint** *s* Geizhals *m*

skin·ful ['skɪnfʊl] *s*: **he's had a ~** F er hat schwer geladen (*ist betrunken*)

skin graft *s* Hauttransplantation *f*, -verpflanzung *f* '**~head** *s bes Br* Skinhead *m*

skin·ny ['skɪnɪ] *Adj* dürr

skint [skɪnt] *Adj Br* F blank, pleite

,**skin-'tight** *Adj* hauteng

skip [skɪp] **I** *v/i* **1.** hüpfen **2.** *Br* seilhüpfen, -springen **3.** *fig* springen (**from one subject to another** von 'einem Thema zum andern): ~ **over** *etw* überspringen, auslassen **4. a.** ~ **off** abhauen, türmen **II** *v/t* **5.** *etw* überspringen, auslassen; *Vorlesung etc* schwänzen; *Mahlzeit* ausfallen lassen **III** *s* **6.** Hüpfer *m*

skip·per ['skɪpə] *s* **1.** SCHIFF Kapitän(in) **2.** SPORT Mannschaftsführer(in)

skip·ping rope ['skɪpɪŋ] *s Br* Spring-, Sprungseil *n*

skir·mish ['skɜ:mɪʃ] *s* MIL Geplänkel *n* (*a. fig*)

► **skirt** [skɜ:t] **I** *s* Rock *m*, *schweiz.* Jupe *m* **II** *v/t* → III **III** *v/i*: ~ **(a)round** *fig* umgehen '**skirt·ing** *Adj:* ~ **board** *Br* Fuß(boden)-, Scheuerleiste *f*

skit [skɪt] *s* Parodie *f* (**on** auf *Akk*): **do a ~ on** j-n, *etw* parodieren

skive [skaɪv] *v/i a.* ~ **off** *Br* F blaumachen

skul·dug·ger·y [skʌl'dʌgərɪ] *s* F fauler Zauber

skulk [skʌlk] *v/i* sich herumdrücken, herumschleichen

skull [skʌl] *s* ANAT Schädel *m*: **~ and crossbones** Totenkopf *m* (*Symbol*); **can't you get it into that thick ~ of yours that ...?** F will es denn nicht in deinen Schädel, dass ...?

skunk [skʌŋk] *s* **1.** ZOOL Skunk *m*, Stinktier *n* **2.** F Saukerl *m*

▸ **sky** [skaɪ] *s, a.* FL Himmel *m*: **in the ~** am Himmel; **the ~'s the limit** F nach oben sind keine Grenzen gesetzt; **praise to the skies** *j-n, etw* in den Himmel heben ‚**~'blue** *Adj* himmelblau '**~,div·er** *s* SPORT Fallschirmspringer(in) '**~,div·ing** *s* Fallschirmspringen *n* ‚**~'high** *Adj u. Adv* himmelhoch: **blow ~** in die Luft jagen; *fig* Theorie *etc* über den Haufen werfen, *Argument etc* widerlegen, *Mythos* zerstören '**~·light** *s* Dachfenster *n* '**~·line** *s* Skyline *f* (*e-r Stadt*) '**~,rock·et** → **rocket** 3 '**~,scrap·er** *s* Wolkenkratzer *m*

slab [slæb] *s* **1.** (*Stein- etc*)Platte *f* **2.** dickes Stück (*Kuchen etc*)

slack [slæk] **I** *Adj* **1.** locker (*Seil etc*) **2.** *fig* lax (*Disziplin etc*) **3.** *fig* lasch, nachlässig **4.** WIRTSCH flau **II** *v/i* **5.** bummeln **6. ~ off → slacken 4** '**slack·en I** *v/t* **1.** lockern **2.** *fig* verringern: **~ one's speed** langsamer werden **II** *v/i* **3.** locker werden **4.** *a.* **~ off** *fig* nachlassen, (*Person a.*) abbauen

slag [slæg] *s* **1.** Schlacke *f* **2.** *Br sl* Schlampe *f*

slain [sleɪn] *Part Perf von* **slay**

slake [sleɪk] *v/t* **~ one's thirst** s-n Durst löschen

sla·lom ['slɑːləm] *s* SPORT Slalom *m*

slam [slæm] **I** *v/t* **1.** *a.* **~ shut** *Tür etc* zuknallen, zuschlagen **2.** *a.* **~ down** F *etw* knallen (**on** auf *Akk*): **~ the brakes on** MOT auf die Bremse steigen **3.** *fig* scharf kritisieren **II** *v/i* **4.** *a.* **~ shut** zuknallen, zuschlagen

slan·der ['slɑːndə] **I** *s* Verleumdung *f* **II** *v/t* verleumden '**slan·der·ous** *Adj* verleumderisch

slang [slæŋ] *s* Slang *m*; Jargon *m* **II** *v/t bes Br* F *j-n* wüst beschimpfen '**slang·ing** *s*: **they had a ~ match** *bes Br* F sie beschimpften sich wüst

slant [slɑːnt] **I** *v/i* **1. be ~ed toward(s)**

(*od* **in favo[u]r of**) *fig* (einseitig) ausgerichtet sein auf (*Akk*) **II** *s* **2. at** (*od* **on**) **a ~** schräg **3.** *fig* Einstellung *f* (**on** zu); Ausrichtung *f* '**slant·ing** *Adj* schräg

slap [slæp] **I** *s* **1.** Schlag *m*, Klaps *m*: **a ~ in the face** e-e Ohrfeige, *österr.* e-e Watsche, *bes fig* ein Schlag ins Gesicht (**for** für) **II** *v/t* **2.** schlagen: **~ s.o.'s face** *j-n* ohrfeigen **3.** *a.* **~ down** *etw* klatschen (**on** auf *Akk*) **III** *v/i* **4.** klatschen (**against** gegen) (*Wellen etc*) **IV** *Adv* **5.** F direkt, genau ‚**~'bang → slap 5** '**~·dash** *Adj* schlampig, schlud(e)rig '**~·stick** *s* THEAT *etc* Slapstick *m*, Klamauk *m*: **~ comedy** Slapstickkomödie *f* '**~·up** *Adj Br* F toll (*Essen*)

slash [slæʃ] **I** *v/t* **1.** auf-, zerschlitzen: **~ one's wrists** sich die Pulsadern aufschneiden **2.** *fig Preise* drastisch herabsetzen; *Ausgaben etc* drastisch kürzen **II** *v/i* **3. ~ at** schlagen nach **&** peitschen **III** *s* **5.** Hieb *m* **6.** Schlitz *m* (*in Kleid etc*) **7.** *a.* **~ mark** Schrägstrich *m* **8. have** (**go for**) **a ~** *Br sl* schiffen gehen

slate¹ [sleɪt] **I** *s* **1.** GEOL Schiefer *m* **2.** Schieferplatte *f* **3.** Schiefertafel *f*: **put on the ~** *fig etw* anschreiben; **wipe the ~ clean** *fig* reinen Tisch machen **4.** POL *Am* Kandidatenliste *f* **II** *v/t* **5.** *Dach* mit Schiefer decken **6.** *Am j-n* vorschlagen (**for, to be** als) **7.** *Am etw* ansetzen, planen (**for** für)

slate² [_] *v/t bes Br* F *Theaterstück etc* verreißen

slaugh·ter ['slɔːtə] **I** *s* **1.** Schlachten *n*: **ready for ~** schlachtreif **2.** Gemetzel *n* **II** *v/t* **3.** *Tier* schlachten **4.** *Menschen* niedermetzeln '**~·house** *s* Schlachthaus *n*, -hof *m*

▸ **slave** [sleɪv] **I** *s* Sklave *m*, Sklavin *f* (*beide a. fig of, to Gen*) **II** *v/i* *a.* **~ away** sich abplagen **~·driv·er** *s* F Sklaventreiber(in), Leuteschinder(in) '**~·la·bo(u)r** *s* Sklavenarbeit *f* (*a. fig*)

slav·er ['slævə] *v/i* geifern

slav·er·y ['sleɪvərɪ] *s* Sklaverei *f*

slave| trade, ~ traf·fic *s* Sklavenhandel *m*

slav·ish ['sleɪvɪʃ] *Adj* sklavisch

slaw [slɔː] *s bes Am* Krautsalat *m*

slay [sleɪ] *v/t Am* ermorden, umbringen '**slay·er** *s* Mörder(in)

slea·zy ['sliːzɪ] *Adj* schäbig, heruntergekommen; anrüchig

S

sled [sled] → **sledge**

sledge [sledʒ] **I** s (a. Rodel)Schlitten m
II v/i Schlitten fahren, rodeln

'**sledge,ham·mer** s TECH Vorschlag-
hammer m

sleek [sliːk] Adj **1.** geschmeidig (Haar
etc) **2.** schnittig (Auto)

▸ **sleep** [sliːp] **I** s Schlaf m: **in one's
sleep** im Schlaf; **I couldn't get to
sleep** ich konnte nicht einschlafen;
▸ **go to sleep** einschlafen (F a. Bein
etc); **put to sleep** j-n narkotisieren (F
a. j-n narkotisieren) **II** v/i (unreg) schla-
fen: **sleep late** lang od länger schlafen;
sleep like a log F wie ein Murmeltier
schlafen; **sleep on** Problem etc über-
schlafen; **sleep through** Gewitter etc
verschlafen; **sleep with s.o.** mit j-m
schlafen **III** v/t (unreg) Schlafgelegen-
heit bieten für: **this tent sleeps four
people** in diesem Zelt können vier
Leute schlafen

Verbindungen mit Adverbien:

sleep| a·round v/i F rumbumsen ~ **in**
v/i lang od länger schlafen ~ **off** v/t:
sleep it off F s-n Rausch ausschlafen
~ **to·geth·er** v/i miteinander schlafen

sleep·er ['sliːpə] s **1.** Schlafende m, f,
Schläfer(in): **be a light (heavy)** ~ e-n
leichten (festen) Schlaf haben **2.** BAHN
Br Schwelle f **3.** BAHN Schlafwagen m;
Schlafwagenplatz m

sleep·ing| bag ['sliːpɪŋ] s Schlafsack m
~ **car** s BAHN Schlafwagen m ~ **part·ner**
s WIRTSCH Br stiller Teilhaber, stille
Teilhaberin ~ **pill** s Schlaftablette f ~
po·lice·man s (unreg **man**) MOT Br
Rüttelschwelle f ~ **sick·ness** s MED
Schlafkrankheit f ~ **tab·let** s Schlaftab-
lette f

sleep·less ['sliːplɪs] Adj schlaflos
(Nacht etc)

'**sleep**|·**walk** v/i schlaf-, nachtwandeln
'~·**walk·er** s Schlaf-, Nachtwandler(in)

sleep·y ['sliːpɪ] Adj **1.** schläfrig, müde **2.**
fig verschlafen, verträumt (Städtchen
etc) '~·**head** s F Schlafmütze f

sleet [sliːt] s Schneeregen m

▸ **sleeve** [sliːv] s **1.** Ärmel m: **have** (od
keep) **s.th. up one's** ~ fig etw auf La-
ger od in petto haben; **laugh up one's**
~ fig sich ins Fäustchen lachen **2.** TECH
Manschette f, Muffe f **3.** bes Br (Plat-
ten)Hülle f '**sleeve·less** Adj ärmellos

sleeve note s Plattencovertext m

sleigh [sleɪ] s (bes Pferde)Schlitten m

sleight of hand [slaɪt] s **1.** Fingerfertig-
keit f **2.** fig Taschenspielertrick m

slen·der ['slendə] Adj **1.** schlank **2.** fig
mager (Aussichten, Einkommen etc)

slept [slept] Prät u. Part Perf von **sleep**

sleuth [sluːθ] s F Detektiv(in)

slew [sluː] Prät von **slay**

▸ **slice** [slaɪs] s **1.** Scheibe f (Brot etc),
Stück (Kuchen etc); fig Anteil m (of an
Dat) **2.** Br (Braten)Wender m **3.** Golf,
Tennis: Slice m **II** v/t a. ~ **up** in Schei-
ben od Stücke schneiden: ~ **off** Stück
abschneiden (**from** von) **5.** Golf, Tennis:
Ball slicen

slick [slɪk] **I** Adj **1.** gekonnt (Vorstellung
etc) **2.** geschickt, raffiniert **3.** glatt (Stra-
ße etc) **4.** (Öl)Teppich m **5.** Motor-
sport: Slick m (Trockenreifen) **6.** Am F
Hochglanzmagazin n '**slick·er** s Am
Regenmantel m

slid [slɪd] Prät u. Part Perf von **slide**

▸ **slide** [slaɪd] **I** v/i (unreg) **1.** gleiten; rut-
schen: **let things** ~ fig die Dinge schlei-
fen lassen **2.** schleichen **II** v/t (unreg) **3.**
schieben; gleiten lassen **III** s **4.** Rutsche
f, Rutschbahn f **5.** (Erd- etc)Rutsch m
6. Br (Haar)Spange f **7.** Dia n ~
pro·jec·tor s Diaprojektor m ~ **rule** s
Rechenschieber m, -stab m

slid·ing door ['slaɪdɪŋ] s Schiebetür f

▸ **slight** [slaɪt] **I** Adj leicht (Schmerz etc),
geringfügig (Änderung etc): **I haven't
got the** ~**est idea** ich habe nicht die ge-
ringste Ahnung; **not in the** ~**est** nicht
im Geringsten **II** v/t j-n beleidigen,
kränken **III** s Beleidigung f (**on, to**
Gen)

▸ **slim** [slɪm] **I** Adj **1.** schlank **2.** fig ge-
ring (Chance, Hoffnung etc) **II** v/i **3.**
e-e Schlankheitskur machen **III** v/t **4.**
a. ~ **down** fig verringern

slime [slaɪm] s Schleim m

slim·ming ['slɪmɪŋ] **I** s Abnehmen n **II**
Adj Schlankheits...

slim·y ['slaɪmɪ] Adj schleimig (a. fig)

sling[1] [slɪŋ] **I** s **1.** MED Schlinge f: **have
one's arm in a** ~ den Arm in der
Schlinge tragen **2.** Trag(e)riemen m
(für Gewehr); Trag(e)tuch n (für Baby)
II v/t (unreg) **3.** aufhängen

sling[2] [-] v/t (unreg) schleudern: → **mud**
2

slink [slɪŋk] v/i (unreg) (sich) schleichen
► **slip¹** [slɪp] **I** s **1.** Versehen n: **~ of the tongue** Versprecher m **2.** Unterkleid n, -rock m **3.** (Kissen)Bezug m **4.** **give s.o. the ~** F j-m entwischen **II** v/i **5.** rutschen, (auf Eis a.) schlittern; **~ out of s.o.'s hand** j-m aus der Hand rutschen; **he let ~ that** fig ihm ist herausgerutscht, dass; **let an opportunity ~ (through one's fingers)** sich e-e Gelegenheit entgehen lassen **6.** ausrutschen **7.** allg schlüpfen **8.** sich vertun **9.** fig nachlassen, (Gewinne etc) zurückgehen **III** v/t **10.** ~ **s.th. into s.o.'s hand** j-m etw in die Hand schieben; **~ s.o. s.th.** j-m etw zuschieben **11.** sich losreißen von **12.** ~ **s.o.'s attention** j-m j-s Aufmerksamkeit entgehen; **~ s.o.'s mind** j-m entfallen **13.** **he has, he played a disc, he has a ~ped disc** MED er hat e-n Bandscheibenvorfall

Verbindungen mit Adverbien:
slip| by v/i verstreichen (Zeit) **~ off** v/t schlüpfen aus (e-m Kleidungsstück) **~ on** v/t Kleidungsstück überstreifen, schlüpfen in (Akk) **~ out** v/i: **it just slipped out** es ist mir etc so herausgerutscht **~ past** → **slip by** **~ up** → **slip¹** 8

slip² [_] s a. **~ of paper** Zettel m
'slip|,cov•er s Am Schonbezug m '**~on** **I** Adj: **~ shoe** → **II** **II** s Slipper m
slip•per ['slɪpə] s Hausschuh m, Pantoffel m
slip•per•y ['slɪpərɪ] Adj **1.** glatt, rutschig, (a. Fisch, Seife etc) glitschig **2.** fig zwielichtig
slip| road s Br Autobahn: Ausfahrt f; Einfahrt f '**~shod** Adj schlampig, schlud(e)rig '**~stream** (Sport) **I** s Windschatten m **II** v/i im Windschatten fahren '**~up** → **slip¹** 8
slit [slɪt] **I** s Schlitz m (a. im Rock etc) **II** v/t (unreg) schlitzen: **~ (open)** aufschlitzen
sliv•er ['slɪvə] s (Glas- etc)Splitter m
slob•ber ['slɒbə] v/i sabbern
slog [slɒg] F **I** v/i **1.** **~ away at** sich abschuften mit **2.** sich schleppen (through durch) **II** s Schufterei f
slo•gan ['sləʊgən] s Slogan m
slop [slɒp] **I** v/t **1.** verschütten: **~ s.th. over one's trousers** sich etw über die Hose schütten **II** v/i **2.** überschwappen; schwappen (over über Akk) **3.** ~

about (od around) F herumhängen
► **slope** [sləʊp] **I** s **1.** (Ab)Hang m **2.** Neigung f, Gefälle n **II** v/i **3.** sich neigen, abfallen **4.** ~ **off** Br F abhauen
slop•py ['slɒpɪ] Adj **1.** schlampig, schluderig, schludrig **2.** F vergammelt (Kleidungsstück) **3.** F schmalzig
slosh [slɒʃ] F **I** v/i **1.** ~ **about** (od around) herumschwappen **2.** ~ **about** (od around) (herum)patschen (in in Dat) **II** v/t **3.** Wasser etc verspritzen
sloshed [_ʃt] Adj F blau (betrunken)
slot [slɒt] s Schlitz m, (e-s Automaten etc a.) Einwurf m **~ ma•chine** s (Waren-, Spiel)Automat m
slouch [slaʊtʃ] s **1.** krumme Haltung; latschiger Gang **2.** F **be no ~ at** nicht schlecht sein in (Dat); **be no ~ at doing s.th.** etw nicht ungern tun **II** v/i **3.** krumm dasitzen od dastehen; latschen **~ hat** s Schlapphut m
slough [slʌf] v/t Haut abstreifen
Slo•vak ['sləʊvæk] **I** Adj slowakisch **II** s Slowake m, Slowakin f
Slo•va•kia [slə'vækɪə] Eigenn die Slowakei f
Slo•vene ['sləʊviːn] → **Slovenian**
Slo•ve•nia [sləʊ'viːnjə] Eigenn Slowenien n
Slo•ve•ni•an [sləʊ'viːnjən] **I** Adj slowenisch **II** s Slowene m, Slowenin f
slov•en•ly ['slʌvnlɪ] Adj schlampig
► **slow** [sləʊ] **I** Adj **1.** allg langsam, (Person a.) begriffsstutzig: **be slow to do s.th.** sich mit etw Zeit lassen; **be (five minutes) slow** (fünf Minuten) nachgehen (Uhr); **slow lane** MOT Kriechspur f; **in slow motion** in Zeitlupe; **slowly but surely** langsam, aber sicher; → **uptake 2.** WIRTSCH schleppend **II** v/t **3.** oft ► **slow down** (od up) Geschwindigkeit verringern; Projekt etc verzögern: **slow the car down** langsamer fahren **III** v/i **4.** oft ► **slow down** (od up) langsamer fahren od gehen od werden '**~coach** s F Langweiler(in) '**~down** s WIRTSCH Am Bummelstreik m '**~,mov•ing** Adj kriechend (Verkehr)
slow•ness ['sləʊnɪs] s Langsamkeit f, (e-r Person a.) Begriffsstutzigkeit f
'**slow•poke** Am → **slowcoach** '**~worm** s ZOOL Blindschleiche f
sludge [slʌdʒ] s Schlamm m
slug¹ [slʌg] s bes Am F **1.** MIL etc Kugel f

2. Schluck *m* (*Whisky etc*)

slug² [-] *s* ZOOL Nacktschnecke *f*

slug³ [-] *bes Am* **I** *v/t j-m* e-n Faustschlag versetzen **II** *s* Faustschlag *m*

slug·gish ['slʌɡɪʃ] *Adj* **1.** träge (*Person*), träge fließend (*Fluss etc*) **2.** WIRTSCH schleppend

sluice [sluːs] *s* Schleuse *f* **II** *v/t:* **~ down** abspritzen; **~ out** ausspritzen **~ gate** *s* Schleusentor *n*

slum [slʌm] *s, mst Pl* Slums *Pl*, Elendsviertel *n*

slump [slʌmp] **I** *v/i* **1. ~ into a chair** sich in e-n Sessel plumpsen lassen; **sit ~ed over** zs.-gesunken sitzen über (*Dat*) **2.** WIRTSCH stürzen (*Preise*), stark zurückgehen (*Umsatz etc*) **II** *s* **3.** WIRTSCH starker Konjunkturrückgang: **~ in prices** Preissturz *m*

slung [slʌŋ] *Prät u. Part Perf von* **sling¹** *u.* **sling²**

slunk [slʌŋk] *Prät u. Part Perf von* **slink**

slur¹ [slɜː] *s:* **~ on s.o.'s reputation** Rufschädigung *f*

slur² [-] *v/t* **1. ~ one's speech** undeutlich sprechen, (*Betrunkener a.*) lallen **2.** MUS Töne binden

slurp [slɜːp] *v/t u. v/i* F schlürfen

slush [slʌʃ] *s* **1.** Schneematsch *m* **2.** F rühreliges Zeug '**slush·y** *Adj* **1.** matschig (*Schnee*) **2.** F rührselig

slut [slʌt] *s* Schlampe *f*

sly [slaɪ] **I** *Adj* **1.** gerissen, schlau: **you're a ~ one!** du bist mir vielleicht einer! **2.** verschmitzt (*Lächeln etc*) **II** *s* **3. on the ~** heimlich

smack¹ [smæk] *v/i:* **~ of** *fig* schmecken *od* riechen nach

smack² [-] *v/t* **1.** *j-m* e-n Klaps geben: **~ s.o.'s bottom**, **~ s.o. on the bottom** *j-m* eins hinten draufgeben; **~ s.o.'s face** F *j-m* e-e runterhauen **2. ~ one's lips** sich die Lippen lecken **II** *s* **3.** Klaps *m*: **give s.o. a ~ on the bottom** F *j-m* eins hinten draufgeben **4.** klatschendes Geräusch *s* F Schmatz *m* **5. have a ~ at** F es mit *etw* versuchen **III** *Adv* **7.** F genau, direkt

smack·er ['smækə] *s* F **1.** Schmatz *m* **2.** *Br* Pfund *n*, *Am* Dollar *m* '**smack·ing** F Tracht *f* Prügel

▸ **small** [smɔːl] **I** *Adj allg* klein: **~ ad** *Br* Kleinanzeige *f*; **~ arms** *Pl* Handfeuerwaffen *Pl*; **~ beer** F ein kleiner Fisch,

kleine Fische *Pl*; **~ change** Kleingeld *n*; **that's ~ change to him** *fig* das ist ein Taschengeld für ihn; **in the ~ hours** in den frühen Morgenstunden; **~ print** *das* Kleingedruckte (*e-s Vertrags etc*); **~ talk** Small Talk *m, n*, Geplauder *n*; **make ~ talk** plaudern; **~ town** Kleinstadt *f*; **feel ~** sich klein (*u. hässlich*) vorkommen; → **wonder** 5 **II** *Adv* klein **III** *s:* **~ of the back** ANAT Kreuz *n* ‚**~-'mind·ed** *Adj* **1.** engstirnig **2.** kleinlich '**~·pox** *s* MED Pocken *Pl* ‚**~-'time** *Adj fig* klein, Klein…

smarm·y ['smɑːmɪ] *Adj* F schmierig, schmeichlerisch

smart [smɑːt] **I** *Adj* **1.** smart (*Person*), (*a. Auto, Kleidung etc*) schick **2.** smart, schlau, clever **3.** vornehm (*Restaurant, Wohngegend etc*) **II** *v/i* **4.** wehtun; brennen **III** *s* **5.** (*brennender*) Schmerz *m* ‚**al·eck** *s* F Besserwisser(in) **~ arse**, *Am* **~ ass** *s* V Klugscheißer(in) **~ bomb** *s* MIL intelligente Bombe(, *die ihr Ziel von allein findet*) **~ card** *s* WIRTSCH Smartcard *f*, Chipkarte *f*

smart·en ['smɑːtn] **I** *v/t mst* **~ up** *etw* verschönern; **~ o.s. up** → **II II** *v/i mst* **~ up** sich schick machen; sich *etw* Anständiges anziehen '**smart·ness** *s* **1.** Schick *m* **2.** Schlauheit *f*, Cleverness *f*

smart·phone ['smɑːtfəʊn] *s* Smartphone *n* (*internetfähiges Mobiltelefon*)

smash [smæʃ] **I** *v/t* **1.** *a.* **~ up** zerschlagen; *Wagen* zu Schrott fahren; → **smithereens 2.** schmettern (*a. Tennis etc*): **~ one's fist down on the table** mit der Faust auf den Tisch hauen **3.** *fig* Aufstand etc niederschlagen, Spionagering etc zerschlagen **II** *v/i* **4.** zerspringen; → **smithereens 5. ~ into** prallen auf (*Akk*) *od* gegen, krachen gegen **III** *s* **6.** Schlag *m*; (*Tennis etc*) Schmetterball *m* **7.** → **smash-up 8.** Hit *m* (*Buch, Theaterstück etc*)

smashed [smæʃt] *Adj* F blau (*betrunken*): **get ~** on sich voll laufen lassen mit '**smash·er** *s* F Klassefrau *f*, toller Typ; tolles Ding

smash hit → **smash 8**

smash·ing ['smæʃɪŋ] *Adj* F toll

'**smash-up** *s* MOT schwerer Unfall

smat·ter·ing ['smætərɪŋ] *s:* **a ~ of English** ein paar Brocken Englisch

smear [smɪə] **I** *s* **1.** Fleck *m* **2.** MED (*ent-*

nommener) Abstrich **3.** Verleumdung f **II** v/t **4.** Farbe etc verschmieren, Schrift a. verwischen **5.** Creme etc schmieren (**on, over** auf Akk); Haut etc einschmieren (**with** mit) **6.** Glas etc be-, verschmieren (**with** mit): **~ed with blood** blutbeschmiert, -verschmiert **7.** verleumden **III** v/i **8.** schmieren (Farbe etc), sich verwischen (Schrift) **~ cam·paign** s Verleumdungskampagne f **~ test** s MED Abstrich m

▸ **smell** [smel] **I** v/i (mst unreg) **1.** riechen (**at** an Dat) **2.** riechen, pej stinken (**of** nach) (beide a. fig): **his breath ~s** er riecht aus dem Mund **II** v/t (mst unreg) **3.** etw riechen; fig wittern: **~ out** JAGD aufspüren (a. fig); Zimmer etc verpesten **4.** riechen an (Dat) **III** s **5.** Geruch m, pej Gestank m: **~ of gas** Gasgeruch; **there's a ~ of garlic in here** hier stinkt es nach Knoblauch **6.** have (of smell): **~ at** riechen an (Dat) '**smell·ing** Adj: **~ salts** Pl Riechsalz n '**smell·y** Adj stinkend: **~ feet** Pl Schweißfüße Pl

smelt[1] [smelt] Prät u. Part Perf von **smell**

smelt[2] [-] v/t Erz schmelzen

▸ **smile** [smaıl] **I** v/i lächeln (**about** über Akk): ▸ **smile at** j-n anlächeln, j-m zulächeln; j-n, etw belächeln, lächeln über (Akk); → **keep** 17 **II** v/t: **smile one's approval** beifällig od zustimmend lächeln **III** s Lächeln n: **with a smile** lächelnd; **be all smiles** (übers ganze Gesicht) strahlen; **give a smile** lächeln; **give s.o. a smile** j-n anlächeln, j-m zulächeln

smil·ey [smaılı] s Smiley n (Emoticon in Form eines lächelnden Gesichts)

smirk [smɜːk] v/i (selbstgefällig od schadenfroh) grinsen

smite [smaıt] v/t (unreg): **be smitten by** (od **with**) fig gepackt werden von

smith [smıθ] s Schmied(in)

smith·er·eens [ˌsmıðəˈriːnz] s Pl: **smash to ~** in tausend Stücke schlagen od zerspringen

smith·y [ˈsmıðı] s Schmiede f

smit·ten [ˈsmıtn] Part Perf von **smite**

smock [smɒk] s Kittel m

▸ **smog** [smɒg] s Smog m **~ a·lert** s Smogalarm m

▸ **smoke** [sməʊk] **I** v/i **1.** rauchen **II** v/t **2.** rauchen **3.** Fisch, Fleisch etc räuchern:

~ out ausräuchern **III** s **4.** Rauch m: **there's no ~ without fire** fig kein Rauch ohne Flamme; → **go up** 3 **5.** **have a ~** eine rauchen **6.** F Glimmstängel m, Zigarette f **~ bomb** s Rauchbombe f

smoked [sməʊkt] Adj **1.** geräuchert, Räucher... **2.** **~ glass** Rauchglas n

▸ **smok·er** [ˈsməʊkə] s **1.** Raucher(in) **2.** BAHN Raucherwagen m

'**smoke·stack** s Schornstein m, Schlot m

smok·ing [ˈsməʊkıŋ] **I** s Rauchen n: **no ~** Rauchen verboten **II** Adj: **~ compart·ment** Raucher(abteil n) m '**smok·y** Adj **1.** rauchig, verräuchert **2.** rauchig (Geschmack etc) **3.** rauchfarben, -farbig

smol·der Am → **smoulder**

smooch [smuːtʃ] v/i F knutschen, schmusen (**with** mit)

▸ **smooth** [smuːð] **I** Adj **1.** glatt (Fläche, Haut etc) **2.** ruhig (Flug etc) **3.** fig glatt, reibungslos **4.** fig (aal)glatt **II** v/t **5.** a. **~ out** glätten, Tischtuch etc a. glatt streichen: **~ away** Falten etc glätten; fig Schwierigkeiten etc aus dem Weg räumen; **~ over** fig Spannungen etc ausgleichen **III** v/t **6.** → **rough** 9

smote [sməʊt] Prät von **smite**

smoth·er [ˈsmʌðə] v/t **1.** j-n, Aufstand, Feuer etc ersticken **2.** Gähnen etc unterdrücken **3.** fig j-n überschütten (**with** mit Zuneigung etc)

smoul·der [ˈsməʊldə] v/i bes Br glimmen, schwelen (beide a. fig)

SMS [esemˈes] Abk (= **Short Message Service**) SMS m, (Nachricht) SMS f

smudge [smʌdʒ] **I** s **1.** Fleck m **II** v/t **2.** Farbe etc verschmieren, Schrift a. verwischen **3.** Glas etc be-, verschmieren (**with** mit) **III** v/i **4.** schmieren (Farbe etc), sich verwischen (Schrift)

smug [smʌg] Adj selbstgefällig

smug·gle [ˈsmʌgl] **I** v/t schmuggeln (**into** nach Deutschland etc; in Akk): **~ in** (**out**) ein- (heraus)schmuggeln **II** v/i schmuggeln '**smug·gler** s Schmuggler(in) '**smug·gling** s Schmuggel m

smut [smʌt] s **1.** Rußflocke f **2.** fig Schmutz m '**smut·ty** Adj schmutzig

▸ **snack** [snæk] s Snack m, Imbiss m: **have a ~** e-e Kleinigkeit essen

▸ **snack bar** [ˈsnækbɑː] s Snackbar f, Imbissstube f

snaf·fle ['snæfl] v/t bes Br etw mitgehen lassen

snag [snæg] **I** s fig Haken m **II** v/t mit etw hängen bleiben (**on** an Dat)

snail [sneɪl] s ZOOL Schnecke f: **at a ~'s pace** im Schneckentempo ~ **mail** s hum Schneckenpost f (im Gegensatz zur elektronischen Post)

▸ **snake** [sneɪk] **I** s ZOOL Schlange f: ~ **in the grass** fig falsche Schlange (Frau); hinterlistiger Kerl (Mann) **II** v/t u. v/i: ~ (**one's way**) **through** sich schlängeln durch '**~·bite** s Schlangenbiss m ~ **charm·er** s Schlangenbeschwörer(in) '**~·skin** s Schlangenhaut f; -leder n

snak·y ['sneɪkɪ] Adj gewunden (Straße etc)

snap [snæp] **I** v/i **1.** (zer)brechen, (-)reißen: **my patience ~ped** mir riss die Geduld od der Geduldsfaden **2.** a. ~ **shut** zuschnappen **3.** ~ **at** schnappen nach (a. fig); j-n anfahren **4.** F ~ **out of it!** Kopf hoch!; ~ **to it!** mach fix! **II** v/t **5.** zerbrechen: ~ **off** abbrechen; ~ **s.o.'s head off** F j-m ins Gesicht springen **6.** mit den Fingern schnalzen: ~ **one's fingers at** fig keinen Respekt haben vor (Dat), sich hinwegsetzen über (Akk) **7.** FOTO F knipsen **8.** ~ **up** etw schnell entschlossen kaufen; fig Gelegenheit beim Schopf ergreifen: **it up!** Am F mach fix! **III** s **9.** FOTO F Schnappschuss m **10.** Am Druckknopf m **11.** (Kälte)Einbruch m **IV** Adj **12.** spontan: ~ **decision** spontane Entscheidung '**~·drag·on** s BOT Löwenmaul n ~ **fas·ten·er** s Am Druckknopf m

snap·py ['snæpɪ] Adj F **1.** bissig; schnippisch **2.** modisch, schick **3. make it ~!** mach fix!

'**snap·shot** s FOTO Schnappschuss m

snare [sneə] **I** s **1.** Falle f, Schlinge f, fig a. Fallstrick m **II** v/t **2.** in der Schlinge fangen **3.** F etw ergattern

snarl¹ [snɑːl] **I** v/i **1.** knurren (Hund, a. Person): ~ **at s.o.** j-n anknurren **II** v/t etw knurren **III** s Knurren n

snarl² [_] v/t: **the traffic was ~ed (up)** es entstand ein Verkehrschaos '**~-up** s Verkehrschaos n

snatch [snætʃ] **I** v/t **1.** etw packen: ~ **s.o.'s handbag** j-m die Handtasche entreißen; ~ **s.th. from s.o.'s hand** j-m etw aus der Hand reißen **2.** fig Ge-

legenheit ergreifen; **ein paar Stunden Schlaf etc** ergattern **II** v/i **3.** ~ **at** greifen nach; fig Gelegenheit ergreifen **III** s **4. make a ~ at** greifen nach **5.** (Gesprächs)Fetzen m: ~ **of conversation**

snaz·zy ['snæzɪ] Adj F schick; pej protzig

sneak [sniːk] **I** v/i **1.** (sich) schleichen, sich stehlen: ~ **up on s.o.** (sich) an j-n heranschleichen **2.** Br F petzen: ~ **on s.o.** j-n verpetzen **II** v/t **3.** F stibitzen: ~ **a look at** heimlich e-n Blick werfen auf (Akk) **III** s **4.** Br F Petzer(in), Petze f '**sneak·er** s Am Turn- od Wanderschuh m '**sneak·ing** Adj heimlich, (Verdacht a.) leise **sneak pre·view** s Aufführung e-s Films vor der eigentlichen Premiere(, um dessen Erfolg zu testen) '**sneak·y** Adj **1.** heimlich **2.** gerissen

sneer [snɪə] **I** v/i **1.** höhnisch od spöttisch grinsen (**at** über Akk) **2.** spotten (**at** über Akk) **II** s **3.** höhnisches od spöttisches Grinsen **4.** höhnische od spöttische Bemerkung

sneeze [sniːz] **I** v/i niesen: **not to be ~d at** F nicht zu verachten **II** s Niesen n; Nieser m

snick·er ['snɪkə] bes Am → **snigger**

snide [snaɪd] Adj abfällig

sniff [snɪf] **I** v/i **1.** schniefen, die Nase hochziehen **2.** schnüffeln (**at** an Dat) **3.** ~ **at** fig die Nase rümpfen über (Akk): **not to be ~ed at** nicht zu verachten **II** v/t **4.** durch die Nase einziehen; **Klebstoff etc** schnüffeln, **Kokain etc** schnupfen **5.** ~ **out** aufspüren (a. fig)

snif·fle ['snɪfl] **I** v/i → **sniff** I **II** s Schniefen n: **he's got the ~s** F ihm läuft dauernd die Nase

snif·ter ['snɪftə] s Am Kognakschwenker m

snig·ger ['snɪgə] bes Br **I** v/i kichern (**at** über Akk) **II** s Kichern n

snip [snɪp] **I** v/t **1.** durchschnippeln: ~ **off** abschnippeln **II** s **2.** Schnitt m **3.** Br F Gelegenheitskauf m

snipe [snaɪp] s ORN Schnepfe f **II** v/i: ~ **at** aus dem Hinterhalt schießen auf (Akk); fig aus dem Hinterhalt angreifen (Akk) '**snip·er** s Heckenschütze m, -schützin f

snip·pet ['snɪpɪt] s: ~ **of conversation** Gesprächsfetzen m; **~s** Pl **of informa-**

S

tion bruchstückhafte Informationen *Pl*

snitch [snɪtʃ] *v/i:* ~ **on s.o.** F j-n verpetzen

sniv·el ['snɪvl] *v/i Prät u. Part Perf* **-eled**, *bes Br* **-elled** greinen, jammern

snob [snɒb] *s* Snob *m* '**snob·ber·y** *s* Snobismus *m* '**snob·bish** *Adj* snobistisch, versnobt

snog [snɒg] *v/i Br* F knutschen, schmusen (**with** mit)

snook [snuːk] *s:* **cock a** ~ **at** *Br* F j-m zeigen, was man von ihm hält

snook·er ['snuːkə] **I** *s Billard:* Snooker Pool **II** *v/t:* **be** ~**ed** F völlig machtlos sein

snoop [snuːp] *v/i:* ~ **about** (*od* **around**) F herumschnüffeln (**in** *od* Dat) '**snoop·er** *s* Schnüffler(in)

snoot·y ['snuːtɪ] *Adj* F hochnäsig

snooze [snuːz] F **I** *v/i* ein Nickerchen machen **II** *s* Nickerchen *n*

snore [snɔː] **I** *v/i* schnarchen **II** *s* Schnarchen *n* '**snor·er** *s* Schnarcher(in)

snor·kel ['snɔːkl] **I** *s* Schnorchel *m* **II** *v/i* schnorcheln

snort [snɔːt] **I** *v/i* (*a.* verächtlich *od* wütend) schnauben **II** *v/t* schnauben **III** *s* Schnauben *n*

snot [snɒt] *s* F Rotz *m* '**snot·ty** *Adj* F **1.** Rotz…: → **nose 2.** *fig* aufgeblasen

snout [snaʊt] *s* ZOOL Schnauze *f*, (*e-s Schweins etc a.*) Rüssel *m*

▶ **snow** [snəʊ] **I** *s* **1.** Schnee *m* (*a. sl Kokain, Heroin*): (**as**) **white as** ~ schneeweiß **2.** Schneefall *m* **II** *v/unpers* **3.** schneien **III** *v/t* **4.** **be** ~**ed in** (*od* **up**) eingeschneit sein; **be** ~**ed under with work** mit Arbeit überhäuft sein '~·**ball** *s* Schneeball *m:* ~ **fight** Schneeballschlacht *f* '~·**board** *s* Snowboard *n* '~·**board·er** *s* Snowboardfahrer(in) '~·**board·ing** *s* Snowboarden *n*, Snowboarding *n* '~·**capped** *Adj* schneebedeckt (*Berggipfel*) '~·**drift** *s* Schneewehe *f* '~·**drop** *s* BOT Schneeglöckchen *n* '~·**fall** *s* Schneefall *m* '~·**flake** *s* Schneeflocke *f* '~·**line** *s* Schneegrenze *f* '~·**man** *s* (*unreg* **man**) Schneemann *m:* → **abominable** '~·**mo·bile** *s* Schneemobil *n*, -bob *n* '~·**plough** *s*, ~·**plow** *s Am* Schneepflug *m* (*a. beim Skifahren*) ~ **raft·ing** *s* Snowrafting *n* '~·**shoe** *s* Schneeschuh *m* '~·**storm** *s* Schneesturm *m* ˌ~·'**white** *Adj* schneeweiß

snow·y ['snəʊɪ] *Adj* schneereich (*Tag etc*), (*Gegend a.*) verschneit

snub[1] [snʌb] *v/t* j-n brüskieren, j-m über den Mund fahren

snub[2] [-] *Adj* Stups…: ~ **nose** '~-**nosed** *Adj* stupsnasig

snuff[1] [snʌf] *s* Schnupftabak *m*

snuff[2] [-] *v/t* Kerze ausdrücken: ~ **out** *fig* Leben auslöschen; ~ **it** *Br* F den Löffel abgeben (*sterben*) ~ **film** *s* Pornofilm, *in dem tatsächlich gemordet wird*

snuf·fle ['snʌfl] → **sniffle**

snug [snʌg] **I** *Adj* **1.** behaglich, gemütlich **2.** gut sitzend (*Kleidungsstück*): **be a** ~ **fit** gut passen **II** *s* **3.** *Br* kleines Nebenzimmer (*e-s Pubs*)

snug·gle ['snʌgl] *v/i:* ~ **up to s.o.** sich an j-n kuscheln; ~ **down in bed** sich ins Bett kuscheln

▶ **so** [səʊ] **I** *Adv* **1.** so, dermaßen: **he is** ~ **stupid** (**that**) **he …** er ist so dumm, dass er … **2.** (ja) so: **I am** ~ **glad 3.** so, in dieser Weise: **is that** ~? wirklich?; ~ **as to** sodass, um zu; **a mile or** ~ etwa e-e Meile; → **forth 1**, **if 1**, *on 13* **4.** verzend: **He is tired.** ♀ **am I** Ich auch; → **hope** II, **think** 6, *etc* **II** *Konj* **5.** deshalb **6.** ~ **what?** F na und?

soak [səʊk] **I** *v/t* **1.** *etw* einweichen (**in** in Dat) **2.** ~ **up** Flüssigkeit aufsaugen; *fig* Neuigkeiten *etc* in sich aufsaugen **3.** durchnässen: → **skin 1** 4. F j-n ausnehmen, neppen **II** *v/i* **5.** sickern '**soak·ing** *Adj u. Adv:* (**wet**) völlig durchnässt, klitschnass

'**so-and-so** *Pl* **-sos** *s* F **1.** Herr *od* Frau *od* Frl. Soundso *od* Sowieso: **a Mr** ~ ein Herr Soundso **2.** *euph* blöder Hund

▶ **soap** [səʊp] **I** *s* **1.** Seife *f* **2.** F → **soap opera** **II** *v/t* **3.** (sich) *etw* einseifen ~ **bub·ble** *s* Seifenblase *f* ~ **dish** *s* Seifenschale *f* ~ **op·er·a** *s* RUNDFUNK, TV Seifenoper *f* '~·**suds** *s Pl* Seifenschaum *m*

soap·y ['səʊpɪ] *Adj* **1.** Seifen…: ~ **water 2.** seifig **3.** F schmeichlerisch

soar [sɔː] *v/i* **1.** aufsteigen: ~ **into the sky** zum Himmel emporsteigen **2.** hochragen **3.** *fig* in die Höhe schnellen (*Preise etc*)

sob [sɒb] **I** *v/i* schluchzen **II** *v/t* schluchzen **III** *s* Schluchzen *n*; Schluchzer *m*

so·ber ['səʊbə] **I** *Adj* nüchtern (*a. fig*): (**as**) ~ **as a judge** stocknüchtern **II** *v/t mst* ~ **up** ausnüchtern, wieder nüchtern

machen **III** v/i mst ~ **up** (sich) ausnüchtern, wieder nüchtern werden: **have a ~ing effect on s.o.** fig auf j-n ernüchternd wirken

sob sto·ry s F rührselige Geschichte
,**so-'called** Adj so genannt

soc·cer ['sɒkə] s Fußball m (Spiel)

so·cia·ble ['səʊʃəbl] Adj gesellig (Person, a. Abend etc); zutraulich (Tier)

▶ **so·cial** ['səʊʃl] Adj **1.** gesellschaftlich, Gesellschafts..., sozial, Sozial...: **have a busy ~ life** oft ausgehen od Besuch haben; ~ **science** Sozialwissenschaft f **2.** sozial, Sozial...: ~ **insurance** Sozialversicherung f; ~ **security** Br Sozialhilfe f; **be on ~ security** Sozialhilfe beziehen; ~ **worker** Sozialarbeiter(in) **3.** POL Sozial...: ~ **democrat** Sozialdemokrat(in) **4.** BIOL gesellig (Wesen) **5.** F gesellig (Person)

so·cial·ism ['səʊʃəlɪzəm] s Sozialismus m '**so-cial·ist** I s Sozialist(in) II Adj sozialistisch

so·cial·ize ['səʊʃəlaɪz] v/i: **I don't ~ much** ich gehe nicht oft aus; ~ **with** (gesellschaftlich) verkehren mit

▶ **so·ci·e·ty** [sə'saɪətɪ] s allg Gesellschaft f

so·ci·o·log·i·cal [,səʊsjə'lɒdʒɪkl] Adj soziologisch **so·ci·ol·o·gist** [,səʊsɪ-'ɒlədʒɪst] s Soziologe m, Soziologin f ,**so-ci·ol·o·gy** s Soziologie f

▶ **sock¹** [sɒk] s Socke(n m) f: **pull one's ~s up** Br F sich am Riemen reißen

sock² [-] ~ **s.o. on the jaw** j-m e-n Kinnhaken verpassen

sock·et ['sɒkɪt] s **1.** ANAT (Augen)Höhle f **2.** ELEK Steckdose f; Fassung f (e-r Glühbirne); (Kopfhörer- etc)Anschluss m

sod [sɒd] bes Br sl F sl blöder Hund: **poor ~** armes Schwein **II** v/t: ~ **it!** Scheiße! **III** v/i: ~ **off!** verpiss dich!

so·da ['səʊdə] s **1.** a. ~ **water** Soda n: **two whisky and ~s** zwei Whisky mit Soda **2.** bes Am (Orangen- etc)Limonade f

sod·den ['sɒdn] Adj durchnässt, (Boden) aufgeweicht

so·di·um ['səʊdɪəm] s CHEM Natrium n

sod·o·my ['sɒdəmɪ] s Analverkehr m

▶ **so·fa** ['səʊfə] s Sofa n: ~**-bed** s Bettcouch f

▶ **soft** [sɒft] Adj **1.** allg weich: **be soft in the head** F e-e weiche Birne haben; →

spot 4 **2.** leise (Stimme, Musik etc); gedämpft, dezent (Beleuchtung, Farbe, Musik) **3.** sanft (Berührung, Brise etc) **4.** gutmütig; nachsichtig (**with** gegen j-n) **5.** F ruhig (Job etc) **6.** verweichlicht: **get soft** verweichlichen **7.** weich (Droge): ▶ **soft drink** Soft Drink m, alkoholfreies Getränk ,~-'**boiled** Adj weich (gekocht) (Ei)

soft·en ['sɒfn] I v/t **1.** weich machen; Wasser enthärten **2.** Ton, Licht etc dämpfen **3.** ~ **up** F j-n weich machen **II** v/i **4.** weich werden '**soft-en·er** s Enthärter m

,**soft-'heart·ed** Adj weichherzig

,**soft-'ped·al** v/t F etw herunterspielen ~ **sell** s zurückhaltende Verkaufsstrategie '~-**soap** v/t F j-m um den Bart gehen ~ **toy** s Stofftier n

▶ **soft·ware** ['sɒftweə] s COMPUTER Software f

soft·y ['sɒftɪ] s F Softie m

sog·gy ['sɒgɪ] Adj aufgeweicht (Boden etc), (a. Gemüse etc) matschig, (Brot etc) teigig, glitschig

▶ **soil¹** [sɔɪl] s Boden m, Erde f

soil² [-] v/t schmutzig machen

so·journ ['sɒdʒɜːn] s poet Aufenthalt m

sol·ace ['sɒləs] s Trost m: **seek ~ in** Trost suchen bei od in

▶ **so·lar** ['səʊlə] Adj Sonnen...: ~ **cell** Solarzelle f; ~ **eclipse** ASTR Sonnenfinsternis f; ~ **energy** Sonnen-, Solarenergie f; ~ **panel** Sonnenkollektor m; ~ **system** Sonnensystem n

so·lar·i·um [səʊ'leərɪəm] Pl **-i·a** [-ɪə], **-i·ums** s Solarium n

so·lar plex·us ['pleksəs] s ANAT Solarplexus m; Magengrube f

sold [səʊld] Prät u. Part Perf von **sell**

sol·der ['sɒldə] v/t (ver)löten '**sol-dering** Adj: ~ **iron** Lötkolben m

▶ **sol·dier** ['səʊldʒə] I s Soldat(in) II v/i: ~ **on** bes Br (unermüdlich) weitermachen

sole¹ [səʊl] Adj (→ **solely**) einzig; alleinig, Allein...

sole² [-] I s (Fuß-, Schuh)Sohle f II v/t Schuh besohlen

sole³ [-] s FISCH Seezunge f

sole·ly ['səʊllɪ] Adv (einzig u.) allein, ausschließlich

sol·emn ['sɒləm] Adj **1.** feierlich: **give s.o. one's ~ pledge** (od **word**) that

a. j-m hoch u. heilig versprechen, dass **2.** ernst

so·lic·it [sə'lɪsɪt] I *v/t etw* erbitten, bitten um: **~ s.o.'s help** j-n um Hilfe bitten **2.** *v/i* Männer ansprechen (*Prostituierte*)

so·lic·i·tor [sə'lɪsɪtə] *s* JUR *Br* Solicitor *m*, Anwalt *m*, Anwältin *f* (*mit vorwiegend beratender Funktion vor niederen Gerichten*)

so·lic·it·ous [sə'lɪsɪtəs] *Adj* **1.** dienstbeflissen **2.** besorgt (*about, for* um)

▶ **sol·id** ['sɒlɪd] I *Adj* **1.** *allg* fest **2.** stabil, massiv **3.** massiv: *a* **~** *gold watch* e-e Uhr aus massivem Gold **4.** *fig* einmütig, geschlossen (*for* für; *against* gegen) **5.** *fig* gewichtig, triftig (*Grund etc*), stichhaltig (*Argument etc*) **6.** *I waited for a* **~** *hour* F ich wartete e-e geschlagene Stunde II *s* **7.** MATHE Körper *m* **8.** *Pl* feste Nahrung

sol·i·dar·i·ty [ˌsɒlɪ'dærətɪ] *s* Solidarität *f*: *in* **~** *with* aus Solidarität mit; *declare one's* **~** *with* sich solidarisch erklären mit

so·lid·i·fy [sə'lɪdɪfaɪ] I *v/t* **1.** fest werden lassen **2.** *fig* festigen II *v/i* **3.** fest werden **4.** *fig* sich festigen

so·lil·o·quy [sə'lɪləkwɪ] *s* **1.** THEAT Monolog *m* **2.** Selbstgespräch *n*

sol·i·taire [ˌsɒlɪ'teə] *s* **1.** Solitär *m* **2.** *bes Am* → *patience* 1

sol·i·tar·y ['sɒlɪtərɪ] I *Adj* **1.** einsam, (*Leben a.*) zurückgezogen, (*Ort etc a.*) abgelegen: → *confinement* 2 **2.** einzig II *s* **3.** F Einzelhaft *f*

so·lo ['səʊləʊ] I *Pl* **-los** *s* MUS Solo *n* II *Adj* MUS Solo…: **~** *album* Soloalbum *n*; **~** *flight* FLUG Alleinflug *m* III *Adv* MUS solo: *fly* **~** FLUG e-n Alleinflug machen **'so·lo·ist** *s* MUS Solist(in)

sol·stice ['sɒlstɪs] *s* ASTR Sonnenwende *f*

sol·u·ble ['sɒljʊbl] *Adj* **1.** CHEM löslich: **~** *in water* wasserlöslich **2.** *fig* lösbar

so·lu·tion [sə'luːʃn] *s* **1.** *fig* Lösung *f* (*to* Gen) **2.** CHEM Lösung *f*; Auflösung *f*

solv·a·ble ['sɒlvəbl] *Adj fig* lösbar

solve [sɒlv] *v/t Fall, Rätsel etc* lösen

sol·ven·cy ['sɒlvənsɪ] *s* WIRTSCH Solvenz *f*, Zahlungsfähigkeit *f* **'sol·vent** I *Adj* WIRTSCH solvent, zahlungsfähig II *s* CHEM Lösungsmittel *n*: **~** *abuse* Schnüffeln *n*

som·ber *Am* → *sombre*

som·bre ['sɒmbə] *Adj* düster (*Farben, Raum etc, fig Miene etc*)

som·bre·ro [sɒm'breərəʊ] *Pl* **-ros** *s* Sombrero *m*

▶ **some** [sʌm] I *Adj* **1.** (irgend)ein: **~** *day* eines Tages; **~** *day* (*or other*) irgendwann (einmal) **2.** *vor Pl*: einige, ein paar: → *few* 1 3. manche **4.** gewiss: → *extent* 2 **5.** etwas, ein wenig *od* bisschen: *have* **~** *more* nimm noch etw; *would you like* **~** *more cake?* möchtest du noch ein Stück Kuchen? **6.** ungefähr: **~** *30 people* II *Pron* **7.** (irgend)ein **8.** etwas **9.** einige, ein paar

▶ **some·bod·y** ['sʌmbədɪ] I *Pron* jemand II *s*: *be* **~** etw vorstellen, j-d sein **'~·day** *Adv* eines Tages

▶ **some·how** ['sʌmhaʊ] *Adv* irgendwie

▶ **some·one** ['sʌmwʌn] → *somebody* **'~·place** *Am* → *somewhere* 1

som·er·sault ['sʌməsɔːlt] *s* Salto *m*; Purzelbaum *m*: *do* (*od turn*) *a* **~** e-n Salto machen; e-n Purzelbaum schlagen

▶ **some·thing** ['sʌmθɪŋ] I *Pron* **1.** etwas: *or* **~** F od so II *Adv* **2.** **~** *like* F ungefähr; *look* **~** *like* so ähnlich aussehen wie; **~** *over £ 200* etw mehr als 200 Pfund **3.** *be* **~** *of a pianist* so etw wie ein Pianist sein III *s* **4.** *a little* **~** e-e Kleinigkeit (*Geschenk*); *a certain* **~** ein gewisses Etwas '**~·time** *Adv* irgendwann

▶ **some·times** ['sʌmtaɪmz] *Adv* manchmal '**~·way** *Adv Am* irgendwie '**~·what** *Adv* ein bisschen *od* wenig: **~** *of a shock* ein ziemlicher Schock

▶ **some·where** ['sʌmweə] *Adv* **1.** irgendwo; irgendwohin **2.** *fig* **~** *between 30 and 40 people* so zwischen 30 u. 40 Leute; **~** *in the region of £100* um 100 Pfund herum

som·nam·bu·lism [sɒm'næmbjʊlɪzəm] *s* Schlafwandeln *n* **som'nam·bu·list** *s* Nacht-, Schlafwandler(in)

som·no·lent ['sɒmnələnt] *Adj* **1.** schläfrig **2.** einschläfernd

▶ **son** [sʌn] *s* **1.** Sohn *m*: **~** *of a bitch sl* Scheißkerl *m* **2.** *Anrede:* F junger Mann

so·na·ta [sə'nɑːtə] *s* MUS Sonate *f*

▶ **song** [sɒŋ] *s* **1.** Lied *n*: *buy s.th. for a* **~** F etw für ein Butterbrot kaufen; *make a* **~** *and dance about* F ein furchtbares

Theater machen wegen **2.** Gesang *m* (*a. von Vögeln*): **burst into ~** zu singen anfangen '**~·bird** *s* Singvogel *m* '**~·book** *s* Liederbuch *n*

son·ic ['sɒnɪk] *Adj* PHYS Schall...: **~ bang** (*od* **boom**) FLUG Überschallknall *m*

▶ **son-in-law** ['sʌnɪnlɔː] *Pl* '**sons-in-law** *s* Schwiegersohn *m*

son·net ['sɒnɪt] *s* Sonett *n*

so·no·rous ['sɒnərəs] *Adj* sonor, klangvoll, volltönend

▶ **soon** [suːn] *Adv* bald: **as ~ as** sobald; **as ~ as possible** so bald wie möglich; **I don't want to speak too ~** ich will es nicht berufen '**soon·er** *Adv* **1.** eher, früher: **the ~ the better** je früher, desto besser *od* lieber; **~ or later** früher *od* später; **no ~ said than done** gesagt, getan **2. I would ~ ... than** ich würde lieber ... als

soot [sʊt] *s* Ruß *m*

soothe [suːð] *v/t* **1.** *j-n* beschwichtigen, *a. j-s* Nerven beruhigen **2.** *Schmerzen* lindern, mildern

soot·y ['sʊtɪ] *Adj* rußig, Ruß...

sop [sɒp] **I** *s* Beschwichtigungsmittel *n* (**to** für) **II** *v/t*: **~ up** aufsaugen

soph·ism ['sɒfɪzəm] *s* Sophismus *m*, Scheinbeweis *m*, Trugschluss *m*

so·phis·ti·cat·ed [sə'fɪstɪkeɪtɪd] *Adj* **1.** kultiviert **2.** TECH hoch entwickelt **3.** *pej* intellektuell

soph·o·more ['sɒfəmɔː] *s Am* Student(in) im zweiten Jahr

so·po·rif·ic [ˌsɒpə'rɪfɪk] **I** *Adj* (**~ally**) einschläfernd: **~ drug** → **II II** *s* Schlafmittel *n*

sop·ping ['sɒpɪŋ] *Adj u. Adv*: **~ (wet)** *F* patschnass '**sop·py** *Adj Br F* schmalzig, rührselig

so·pra·no [sə'prɑːnəʊ] *Pl* **-nos** *s* Sopran *m* (*Tonlage, Stimme*), (*Sängerin a.*) Sopranistin *f*

sor·bet ['sɔːbeɪ] *s bes Br* Fruchteis *n*

sor·cer·er ['sɔːsərə] *s* Zauberer *m*, Hexenmeister *m*, Hexer *m* '**sor·cer·ess** *s* Zauberin *f*, Hexe *f* '**sor·cer·y** *s* Zauberei *f*, Hexerei *f*

sor·did ['sɔːdɪd] *Adj* schmutzig (*a. fig*)

▶ **sore** [sɔː] **I** *Adj* **1.** weh, wund; entzündet: **he is sore all over** ihm tut alles weh; **my legs are sore** mir tun die Beine weh; ▶ **sore throat** Angina *f*,

Halsentzündung *f*; **have a sore throat** *a.* Halsschmerzen haben; → **sight** 2, **thumb** I **2.** *fig* wund (*Punkt*) **3.** *bes Am F* sauer (**about** wegen) **II** *s* **4.** wunde Stelle, Wunde *f* '**sore·ly** *Adv*: **~ missed** schmerzlich vermisst; **~ needed** dringend gebraucht

so·ror·i·ty [sə'rɒrətɪ] *s Am* Studentinnenverbindung *f*

sor·rel ['sɒrəl] *s* BOT Sauerampfer *m*

sor·row ['sɒrəʊ] *s* **1.** (**at, over**) Kummer *m* (über *Akk*, um), Trauer *f* (um); Traurigkeit *f* **2.** Sorge *f*: → **drown 2 sor·row·ful** ['~fʊl] *Adj* traurig, kummervoll

▶ **sor·ry** ['sɒrɪ] **I** *Adj* **1.** **feel ~ for s.o.** j-n bedauern *od* bemitleiden; **I feel ~ for him** er tut mir Leid; **I'm ~ →** 3; **I am ~ to say** ich muss leider sagen **2.** traurig, jämmerlich **II** *Interj* **3.** a) (es) tut mir Leid, b) Entschuldigung! **4.** *bes Br* wie bitte?

▶ **sort** [sɔːt] **I** *s* **1.** Sorte *f*, Art *f*, WIRTSCH *a.* Marke *f*: **all ~s of things** alles Mögliche **2.** Art *f*: **nothing of the ~** nichts dergleichen; **what ~ of (a) man is he?** wie ist er?; **I had a ~ of (a) feeling that** ich hatte das unbestimmte Gefühl, dass; **I ~ of expected it** *F* ich habe es irgendwie *od* beinahe erwartet **3.** **of a ~, of ~s** *pej* so etw Ähnliches wie **4. be out of ~s** *F* nicht auf der Höhe *od* auf dem Damm sein **5.** *F* guter *etc* Kerl **II** *v/t* **6.** sortieren: **~ out** aussortieren; *Problem etc* lösen, *Frage etc* klären; *Br F j-n zur* Schnecke machen **III** *v/i* **7.** **~ through** etw durchsehen

sor·tie ['sɔːtiː] *s* **1.** MIL Ausfall *m*; FLUG Einsatz *m* **2.** *fig* Ausflug *m* (**into** in *Akk*)

SOS [ˌesəʊ'es] *s* SCHIFF SOS *n*: **~ message** SOS-Ruf *m*

'so·so *Adj u. Adv F* so lala

souf·flé ['suːfleɪ] *s* GASTR Soufflé *n*, Soufflee *n*, Auflauf *m*

sought [sɔːt] *Prät u. Part Perf von* **seek** '**~·af·ter** *Adj* begehrt (*Person*), (*Sache a.*) gesucht

soul [səʊl] *s* **1.** Seele *f* (*a. fig*) **2.** Gefühl *n*; (künstlerischer) Ausdruck **3.** **be the ~ of kindness** die Güte selbst *od* in Person sein **4.** MUS Soul *m* '**~·de-**

stroy·ing *Adj* geisttötend (*Arbeit etc*)
soul·ful ['səʊfʊl] *Adj* gefühlvoll (*Musik etc*), seelenvoll (*Blick*)
soul| mu·sic *s* Soulmusik *f* '**~·**,**search-ing** *s* Gewissensprüfung *f*
▸ **sound**[1] [saʊnd] **I** *s* **1.** Geräusch *n*; PHYS Schall *m*; (RADIO, TV *etc*) Ton *m*; MUS Klang *m*, (*Rockmusik etc a.*) Sound *m*; LING Laut *m*: *I don't like the ~ of it fig* die Sache gefällt mir nicht **II** *v/i* **2.** erklingen, ertönen **3.** *fig* klingen **4.** **~ off** F tönen (*about, on* von) **III** *v/t* **5.** **~ one's horn** MOT hupen; → *alarm* 1 6. LING (aus)sprechen
sound[2] [-] *v/t* **I** *Adj* **1.** gesund; intakt, in Ordnung *a. fig* gesund. **2.** *fig* klug, vernünftig (*Person, Rat etc*) **3.** *fig* gründlich (*Ausbildung etc*) **4.** *fig* gehörig (*Tracht Prügel*); vernichtend (*Niederlage*) **5.** *fig* fest, tief (*Schlaf*): → *sleeper* 1 **II** *Adv* **6.** *be ~ asleep* fest *od* tief schlafen
sound[3] [-] *v/t* **1.** SCHIFF (aus)loten **2.** *~ out j-n* ausholen (*about, on* über *Akk*); *j-s* Ansichten *etc* herausfinden
sound| bar·ri·er *s* PHYS Schallmauer *f*, **-grenze** *f* **~ card** *s* COMPUTER Soundkarte *f*
'**sound·ness** *s* **1.** Gesundheit *f*; Intaktheit *f* **2.** *fig* Klugheit *f*, Vernünftigkeit *f* **3.** *fig* Gründlichkeit *f*
'**sound|·proof I** *Adj* schalldicht **II** *v/t* schalldicht machen **~ track** *s* **1.** Film: Tonspur *f* **2.** Filmmusik *f*
▸ **soup** [su:p] **I** *s* Suppe *f*: *be in the ~* F in der Patsche *od* Tinte sitzen **II** *v/t*: *~ up* F *Auto*, Motor frisieren **~ plate** *s* Suppenteller *m* **~ spoon** *s* Suppenlöffel *m*
▸ **sour** ['saʊə] **I** *Adj* **1.** sauer: *~ cream* Sauerrahm *m*, saure Sahne; *go ~* sauer werden *fig* mürrisch **II** *v/i* **3.** sauer werden **III** *v/t* **4.** sauer werden lassen; säuern: *~ed cream Br* Sauerrahm *m*
▸ **source** [sɔːs] *s* Quelle *f*, *fig a.* Ursache *f*, Ursprung *m*: *from a reliable ~* aus zuverlässiger Quelle **~ code** *s* IT Quelltext *m* **~ file** *s* IT Quelldatei *f* **~ lan·guage** *s* LING Ausgangssprache *f*
sour·puss ['saʊəpʊs] *s* F Miesepeter *m*
▸ **south** [saʊθ] **I** *s* **1.** Süden *m*: *in the ~ of* im Süden von (*od Gen*); *to the ~ of* → 5 **2.** *a* ♀ Süden *m*, südlicher Landesteil: *the* ♀ *Br* Südengland *n*; *Am* die Südstaaten *Pl* **II** *Adj* **3.** Süd..., südlich: ♀ *Pole* Südpol *m* **III** *Adv* **4.** südwärts,

nach Süden **5.** **~ of** südlich von (*od Gen*) ♀ **A·mer·i·can I** *Adj* südamerikanisch **II** *s* Südamerikaner(in) '**~·bound** *Adj* nach Süden gehend *od* fahrend ,**~·east I** *s* Südosten *m* **II** *Adj* südöstlich, Südost... **III** *Adv* südöstlich, nach Südosten
south·er·ly ['sʌðəlɪ] **I** *Adj* südlich, Süd... **II** *Adv* von *od* nach Süden
▸ **south·ern** ['sʌðən] *Adj* südlich, Süd... '**south·ern·er** *s* **1.** Bewohner(in) des Südens (*e-s Landes*) **2.** ♀ *Am* Südstaatler(in) **south·ern·most** ['-məʊst] *Adj* südlichst
south·ward ['saʊθwəd] *Adj u. Adv* südlich, südwärts, nach Süden: *in a ~ direction* in südlicher Richtung, Richtung Süden '**south·wards** *Adv* → *southward*
,**south·west I** *s* Südwesten *m* **II** *Adj* südwestlich, Südwest... **III** *Adv* südwestlich, nach Südwesten
sou·ve·nir [,su:və'nɪə] *s* Andenken *n* (*of* an *Akk*), Souvenir *n*
sov·er·eign ['sɒvrɪn] **I** *s* Landesherr(in), Monarch(in) **II** *Adj* souverän (*Staat*) **sov·er·eign·ty** ['-rəntɪ] *s* Souveränität *f*
So·vi·et ['səʊvɪət] **I** *s*: *the ~s Pl* die Sowjets *Pl* **II** *Adj* sowjetisch, Sowjet...
sow[1] [saʊ] *s* ZOOL Sau *f*
▸ **sow**[2] [səʊ] *v/t* (*mst unreg*) **1.** *Getreide etc* säen, *Samen* aussäen: *~ the seeds of discord fig* Zwietracht säen; → *oats* **2.** *Feld etc* besäen (*with* mit)
soy [sɔɪ], **so·ya** ['sɔɪə] *s* Soja(soße) *f*
soy bean, so·ya bean *s* BOT Sojabohne *f*
soy sauce [,sɔɪ'sɔːs] *s* Sojasoße *f*
spa [spɑː] *s* (Heil)Bad *n*
▸ **space** [speɪs] **I** *s* **1.** Raum *m*: *stare into ~* ins Leere starren **2.** Platz *m*, Raum *m* **3.** (Welt)Raum *m* **4.** Lücke *f*, Platz *m*, Stelle *f* **5.** Zwischenraum *m* **6.** *typographisch*: Leerzeile *f* **7.** Zeitraum *m* **II** *v/t* **8.** *a.* **~ out** in Abständen anordnen: *~ the chairs two feet apart* die Stühle im Abstand von zwei Fuß aufstellen **~ bar** *s* Leertaste *f*
▸ **space|·craft** ['speɪskrɑːft] *s* (*unreg craft*) (Welt)Raumfahrzeug *n* **~ de·bris** *s* Weltraummüll *m*
▸ **space| flight** ['speɪsflaɪt] *s* (Welt)Raumflug *m* **~ heat·er** *s* Heizapparat

spasmodic

m, **-gerät** *n* **~junk** *s* Weltraumschrott *m* '**~lab** *s* Raumlabor *n* '**~man** *s* (*unreg* **man**) **1.** Raumfahrer *m* **2.** Außerirdische *m* **~probe** *s* Raumsonde *f* '**~ship** *s* Raumschiff *n*

▶ **space shut·tle** ['speɪsˌʃʌtl] *s* Raumfähre *f*, -transporter *m* **~ sta·tion** *s* (Welt)Raumstation *f* **~ suit** *s* Raumanzug *m* **~ trav·el** *s* (Welt)Raumfahrt *f* **~ walk** *s* Spaziergang *m* im All '**~ wom·an** *s* (*unreg* **woman**) **1.** Raumfahrerin *f* **2.** Außerirdische *f*

spac·ing ['speɪsɪŋ] *s* Zeilenabstand *m*: **type s.th. in** (*od* **with**) **single** (**double**) **~** etw mit einzeiligem (zweizeiligem) Abstand tippen

spa·cious ['speɪʃəs] *Adj* geräumig (*Zimmer etc*), weiträumig angelegt, weitläufig (*Garten etc*)

spade[1] [speɪd] *s* Spaten *m*: **call a ~ a ~** *fig* das Kind beim Namen nennen

spade[2] [-] *s Kartenspiel:* **a)** *Pl* Pik *n* (*Farbe*), **b)** Pik(karte *f*) *n*

'**spade·work** *s fig* (mühevolle) Vorarbeit

spa·ghet·ti [spəˈɡetɪ] *s Sg* Spag(h)etti *Pl*

▶ **Spain** [speɪn] *Eigenn* Spanien *n*

spam [spæm] **I** *s* **1.** ~® Frühstücksfleisch *n* **2.** unerwünschter Werbemüll (*via* E-Mail), Junk-E-Mails *Pl* **II** *v/t* **3.** COMPUTER spammen, zumüllen (*mit* E-Mails, Informationen, Werbung *etc*) '**spam·ming** *s* Verbreitung von Werbemüll *etc* über E-Mail-Adressen

span [spæn] **I** *s* **1.** FLUG, ORN (*Flügel*)Spannweite *f* **2.** Zeitspanne *f* **3.** (*Lebens*)Spanne *f*, (*Gedächtnis*)Umfang *m* **II** *v/t* **4.** *Fluss etc* überspannen (*Brücke*) **5.** *fig* sich erstrecken über (*Akk*)

span·gle ['spæŋɡl] **I** *s* Paillette *f* **II** *v/t* mit Pailletten besetzen; *fig* übersäen (**with** mit)

Span·iard ['spænjəd] *s* Spanier(in)

span·iel ['spænjəl] *s* ZOOL Spaniel *m*

▶ **Span·ish** ['spænɪʃ] **I** *Adj* **1.** spanisch **II** *s* **2. the ~** *Pl* die Spanier *Pl* **3.** LING Spanisch *n*

spank [spæŋk] *v/t* j-m den Hintern versohlen '**spank·ing I** *Adj* flott, scharf (*Tempo*) **II** *Adv* F: **~ clean** blitzsauber; **~ new** funkelnagelneu **III** *s*: **give s.o. a ~ →** **spank**

span·ner ['spænə] *s* TECH *bes Br* Schraubenschlüssel *m*: **put** (*od* **throw**) **a ~ in the works** F j-m in die Quere kommen

spar[spɑː] *v/i* **1.** Boxen: sparren (**with** mit) **2.** sich ein Wortgefecht liefern

▶ **spare** [speə] **I** *v/t* **1.** *j-n, etw* entbehren **2.** *Geld, Zeit etc* übrig haben: **can you spare me a cigarette** (**10 minutes**)? hast du e-e Zigarette (10 Minuten Zeit) für mich (übrig)? **3.** *keine Kosten, Mühen etc* scheuen **4. spare s.o. s.th.** j-m etw ersparen, j-n mit etw verschonen: **spare me the details** erspar mir die Einzelheiten **II** *Adj* **5.** Ersatz...:

▶ **spare part** TECH Ersatzteil *n*, *m*; **spare tire** (*bes Br* **tyre**) MOT Ersatz-, Reservereifen *m*; *Br fig hum* Rettungsring *m* **6.** überschüssig: **spare bedroom** Gästezimmer *n*; **spare time** Freizeit *f* **III** *s* **7.** MOT Ersatz-, Reservereifen *m* **8.** TECH *bes Br* Ersatzteil *n*, *m* '**~ribs** *s Pl* GASTR Spareribs *Pl* (*gegrillte Rippenstücke vom Schwein*)

spar·ing ['speərɪŋ] *Adj* sparsam: **be ~ with s.th., use s.th. ~ly** sparsam mit etw umgehen

spark [spɑːk] **I** *s* Funke(n) *m* (*a. fig*): **whenever they meet the ~s fly** immer wenn sie zs.-kommen, fliegen die Fetzen **II** *v/i* Funken sprühen **III** *v/t* **a)** *a.* **~ off** *Krawalle etc* auslösen, **b)** *bes Am* j-s *Interesse etc* wecken

spar·kle ['spɑːkl] **I** *v/i* funkeln, (*Augen a.*) blitzen (**with** vor *Dat*) **II** *s* Funkeln *n*, Blitzen *n* '**spar·kling** ['-klɪŋ] *Adj* **1.** funkelnd, blitzend **2. ~ wine** Perl- *od* Schaumwein *m*; Sekt *m* **3.** *fig* sprühend (*Witz*); geistsprühend (*Dialog etc*); schwungvoll (*Vortrag etc*)

spark plug *s* MOT Zündkerze *f*

spar·ring ['spɑːrɪŋ] *Adj:* **~ partner** (*Boxen*) Sparringspartner(in)

spar·row ['spærəʊ] *s* ORN Spatz *m*, Sperling *m*

sparse [spɑːs] *Adj* spärlich: **~ly populated** dünn besiedelt *od* bevölkert

spar·tan ['spɑːtən] *Adj* spartanisch (*Lebensweise etc*)

spasm ['spæzəm] *s* **1.** MED Krampf *m* **2.** (*Husten-, Lach- etc*)Anfall *m* **spasmod·ic** [-ˈmɒdɪk] *Adj* (**~ally**) **1.** MED krampfartig **2.** *fig* sporadisch, unregelmäßig

spas·tic ['spæstɪk] MED **I** Adj (~ally) spastisch **II** s Spastiker(in)

spat [spæt] Prät u. Part Perf von **spit²**

spate [speɪt] s fig Flut f, (von Unfällen etc) Serie f

spa·tial ['speɪʃl] Adj räumlich

spat·ter ['spætə] **I** v/t **1.** j-n, etw bespritzen (**with** mit); etw spritzen (**over** über Akk) **II** v/i **3.** spritzen **III** s **4.** Spritzer m **5. there was a ~ of rain** es regnete ein paar Tropfen

spat·u·la ['spætjʊlə] s Spachtel m, bes österr. f, MED Spatel m, f

spawn [spɔːn] **I** s ZOOL Laich m **II** v/i ZOOL laichen **III** v/t fig hervorbringen, produzieren

spay [speɪ] v/t weibliches Tier sterilisieren

▸ **speak** [spiːk] (unreg) **I** v/i **1.** sprechen, reden (**to, with** mit; **about** über Akk): ~**ing!** TEL am Apparat!; ~ **for** sprechen für; **this ~s for itself** das spricht für sich selbst; **we don't ~** (**to each other**) wir sprechen od reden nicht miteinander; **so to ~** sozusagen; → **devil** 1, **generally**, **ill** 3, **roughly** 2, **soon**, **strict** 2. sprechen (**to** vor Dat; **about, on** über Akk) **3.** sich aussprechen (**in favo[u]r of** für; **against** gegen) **II** v/t **4.** sprechen, sagen: → **mind** 4, **volume** 1 **5.** Sprache sprechen

Verbindungen mit Adverbien:

speak| **out** v/i: ~ **against** sich klar u. deutlich aussprechen gegen ~ **up** v/i **1.** lauter sprechen **2.** ~ **for** sich klar u. deutlich aussprechen für

▸ **speak·er** ['spiːkə] s **1.** Sprecher(in), Redner(in) **2.** ♀ PARL Speaker(in), Präsident(in) **3. an English ~** j-d, der Englisch spricht **4.** ELEK Lautsprecher m '**speak·ing I** Adj: ~ **manner** 1 **II** Adj: ~ **clock** TEL Br Zeitansage f; **we are not on ~ terms** wir sprechen od reden nicht miteinander

spear [spɪə] **I** s Speer m **II** v/t aufspießen; durchbohren '~**·head I** s **1.** Speerspitze f **2.** MIL Angriffsspitze f; (Sport) (Sturm-, Angriffs)Spitze f **3.** fig Anführer(in) **II** v/t **4.** fig anführen '~**·mint** s BOT Grüne Minze

spec [spek] s: **on ~** Br F auf gut Glück

▸ **spe·cial** ['speʃl] **I** Adj (→ **specially**) **1.** speziell, besonder **2.** speziell, Spezial...: → **effect 3.** Sonder...: ~ **school**

(**train**, etc) **4.** speziell, bestimmt **II** s **5.** Sonderbus m od -zug m; RUNDFUNK, TV Sondersendung f; WIRTSCH Sonderangebot n: **be on ~** Am im Angebot sein

▸ **special·ist** ['speʃəlɪst] **I** s Spezialist(in), MED a. Facharzt m, -ärztin f (**in** für) **II** Adj Fach... **spe·ci·al·i·ty** [ˌ-ʃɪ'ælətɪ] s **1.** Spezialität f: **the house ~** die Spezialität des Hauses **2.** Spezialgebiet f **special·i·za·tion** [ˌ-ʃəlaɪ-'zeɪʃn] s Spezialisierung f '**spe·cial·ize** v/i sich spezialisieren (**in** auf Akk) '**spe·cial·ly** Adv **1.** besonders **2.** speziell, extra **spe·cial·ty** ['-ʃltɪ] Am → **speciality**

spe·cies ['spiːʃiːz] Pl **-cies** s BIOL Spezies f, Art f (beide a. allg)

spe·cif·ic [spə'sɪfɪk] **I** Adj **1.** spezifisch (a. PHYS), speziell, besonder: ~ **gravity** spezifisches Gewicht **2.** konkret, präzis **3.** eigen (**to** Dat) **II** s Pl **4.** Einzelheiten Pl **spe·cif·i·cal·ly** Adv **1.** speziell, besonders **2.** ausdrücklich

spec·i·fi·ca·tion [ˌspesɪfɪ'keɪʃn] s genaue Angabe od Beschreibung **spec·i·fy** ['-faɪ] v/t genau angeben

spec·i·men ['spesɪmən] s **1.** Exemplar n **2.** Muster n; Probe f **3.** F pej Typ m (Person)

spe·cious ['spiːʃəs] Adj trügerisch: ~ **argument** Scheinargument n

speck [spek] s kleiner Fleck, (Staub-)Korn n; Punkt m

speck·led ['spekld] Adj gesprenkelt

specs [speks] → **spectacle** 3

spec·ta·cle ['spektəkl] s **1.** Schauspiel n (a. fig): **make a ~ of o.s.** sich lächerlich machen **2.** Anblick m **3.** Pl, a. **pair of ~s** Brille f

spec·tac·u·lar [spek'tækjʊlə] **I** Adj spektakulär **II** s Show f der Superlative

▸ **spec·ta·tor** [spek'teɪtə] s Zuschauer(in)

spec·ter Am → **spectre**

spec·tra ['spektrə] Pl von **spectrum**

spec·tral ['spektrəl] Adj **1.** geisterhaft, gespenstisch **2.** PHYS Spektral...

spec·tre ['spektə] s bes Br (fig a. Schreck)Gespenst n

spec·trum ['spektrəm] Pl **-tra** [ˌ-trə] s PHYS Spektrum n (a. fig): **a broad ~ of opinion(s)** ein breites Meinungsspektrum

spec·u·late ['spekjʊleɪt] *v/i* **1.** spekulieren, Vermutungen anstellen (*about, on* über *Akk*): ~ *that* vermuten, dass **2.** WIRTSCH spekulieren (*in* mit) ,**spec·u'la·tion** *s* Spekulation *f* (*a.* WIRTSCH), Vermutung *f* **spec·u·la·tive** ['-lətɪv] *Adj* spekulativ, WIRTSCH *a.* Spekulations...: ~ *application* Blindbewerbung *f* **spec·u·la·tor** ['-leɪtə] *s* WIRTSCH Spekulant(in)

sped [sped] *Prät u. Part Perf von* **speed**

▸ **speech** [spi:tʃ] *s* **1.** Sprache *f* (*Sprechvermögen, Ausdrucksweise*): ~ *defect* (*od impediment*) Sprachfehler *m*; ~ *therapist* Logopäde *m*, Logopädin *f* **2.** Rede *f*, Ansprache *f* (*to* vor *Dat*), JUR Plädoyer *n*: *give a* ~ e-e Rede halten '**speech·less** *Adj* sprachlos (*with* vor *Dat*)

▸ **speed** [spi:d] **I** *s* **1.** Geschwindigkeit *f*, Schnelligkeit *f*, Tempo *n*: *at a* ~ *of* mit e-r Geschwindigkeit von; *at full* (*od top*) *speed* mit Höchstgeschwindigkeit **2.** MOT *a.* Gang *m*: *five-~ gearbox* Fünfganggetriebe *f* **3.** FOTO Lichtempfindlichkeit *f* **4.** *sl* Speed (*Droge*) **II** *v/t* (*unreg*) **5.** rasch bringen *od* befördern **6.** ~ *up* (*Prät u. Part Perf -ed*) beschleunigen **III** *v/i* **7.** rasen: ~ *by* wie im Flug vergehen (*Zeit*); *be ~ing* MOT zu schnell fahren, die Geschwindigkeitsbegrenzung überschreiten **8.** ~ *up* (*Prät u. Part Perf -ed*) beschleunigen (*Fahrer etc*), (*a. Wachstum etc*) schneller werden ~ *boat* *s* Renn-, Schnellboot *n* ~ *bump* *s* MOT Rüttelschwelle *f* **speed·ing** ['spi:dɪŋ] *s* MOT zu schnelles Fahren, Geschwindigkeitsüberschreitung *f*

▸ **speed lim·it** ['spi:d,lɪmɪt] *s* MOT Geschwindigkeitsbegrenzung *f*, Tempolimit *n*

speed·om·e·ter [spɪ'dɒmɪtə] *s* MOT Tachometer *m*, *n*

'**speed trap** *s* Radarfalle *f*

speed·y ['spi:dɪ] *Adj* schnell, (*Antwort etc a.*) prompt: → *recovery* 2

▸ **spell¹** [spel] (*mst unreg*) **I** *v/t* **1. a)** *a.* ~ *out* buchstabieren: ~ *out* klarmachen (*for s.o.* j-m), **b)** (*orthografisch richtig*) schreiben **2.** *Unglück etc* bedeuten **II** *v/i* **3.** (*richtig*) schreiben

spell² [-] *s* **1.** Weile *f*: *for a* ~ e-e Zeit lang; *cold* ~ METEO Kälteperiode *f* **2.**

(*Husten- etc*)Anfall *m*

spell³ [-] *s* **1.** Zauber(spruch) *m* **2.** Zauber *m* (*a. fig*): *be under s.o.'s* ~ in j-s Bann stehen; *cast a* ~ *on s.o.* j-n verzaubern, *fig a.* j-n in s-n Bann ziehen '**spell ,bind·ing** *Adj* fesselnd '**~·bound** *Adj u. Adv* wie gebannt: *hold s.o.* ~ j-n fesseln '**~·check·er** *s* COMPUTER Rechtschreibhilfe *f*, Rechtschreibprogramm *n*

spell·er ['spelə] *s* **1.** *be a good* (*bad*) ~ gut (schlecht) in Rechtschreibung sein **2.** *Am* → *spellchecker*

▸ **spell·ing** ['spelɪŋ] *s* **1.** Rechtschreibung *f*: ~ *mistake* (Recht)Schreibfehler *m* **2.** Schreibung *f*, Schreibweise *f* **spelt** [spelt] *Prät u. Part Perf von* **spell¹**

▸ **spend** [spend] *v/t* (*unreg*) **1.** *Geld* ausgeben (*on* für): → *penny* 2. *Urlaub, Zeit* verbringen: ~ *an hour doing s.th.* e-e Stunde damit verbringen, etw zu tun '**spend·er** *s*: *he's a big* ~ ihm sitzt das Geld locker '**spend·ing** **I** *s* Ausgaben *Pl* **II** *Adj*: ~ *money* Taschengeld *n*; → *spree*

spend·thrift ['spendθrɪft] **I** *s* Verschwender(in) **II** *Adj* verschwenderisch **spent** [spent] **I** *Prät u. Part Perf von* **spend II** *Adj* verbraucht

sperm [spɜ:m] *s* BIOL Sperma *n*, Samen(flüssigkeit *f*) *m*: ~ *bank* Samenbank *f*

spew [spju:] **I** *v/t* **1.** *a.* ~ *out* Rauch *etc* ausstoßen, *Lava etc* spucken **2.** *a.* ~ *up sl* auskotzen **II** *v/i* **3.** *a.* ~ *out* hervorquellen (*from* aus) **4.** *sl* kotzen

sphere [sfɪə] *s* **1.** Kugel *f* **2.** *fig* (*Einflussetc*)Sphäre *f*, (-)Bereich *m*: *in the* ~ *of* auf dem Gebiet (*Gen*) **spher·i·cal** ['sferɪkl] *Adj* **1.** kugelförmig **2.** MATHE Kugel..., sphärisch

sphinc·ter ['sfɪŋktə] *s* ANAT Schließmuskel *m*

▸ **spice** [spaɪs] **I** *s* **1.** Gewürz *n* **2.** *fig* Würze *f* **II** *v/t* **3.** würzen (*with* mit) (*a. fig*) ~ *rack* *s* Gewürzständer *m*

spick-and-span [,spɪkən'spæn] *Adj* blitzsauber

spic·y ['spaɪsɪ] *Adj* **1.** gut gewürzt, würzig **2.** *fig* pikant

▸ **spi·der** ['spaɪdə] *s* ZOOL Spinne *f* ~ *web* *s* *Am* Spinnwebe *f*, Spinnennetz *n*

spiel [ʃpi:l] *s* F *mst pej* Masche *f*

spike [spaɪk] **I** *s* **1.** Spitze *f*; Dorn *m*; Sta-

chel *m* 2. SPORT a) Spike *m*, Dorn *m*, b) *Pl* Spikes *Pl*, Rennschuhe *Pl* 3. Zackenfrisur *f* II *v/t* 3. aufspießen 4. → lace 7 'spik·y *Adj* 1. spitz(ig); stachelig, stachlig 2. *Br* F leicht eingeschnappt

spill [spɪl] I *v/t* (*mst unreg*) a. ~ out aus-, verschütten: *I've spilt my coffee over my trousers* ich habe mir m-n Kaffee über die Hose geschüttet; → bean 1, milk I II *v/i* (*mst unreg*) verschüttet werden; sich ergießen (over über *od* Akk); strömen (out of aus) (*Menschen*): ~ over überlaufen; *fig* übergreifen (*into* auf *Akk*) III *s bes* SPORT F Sturz *m* (*vom Pferd*, [*Motor*]*Rad*): *have a* ~ stürzen

spilt [spɪlt] *Prät u. Part Perf von* spill

spin [spɪn] I *v/t* (*unreg*) 1. drehen; *Wäsche* schleudern; *Münze* hochwerfen 2. *Fäden, Wolle etc* spinnen: → yarn 2 3. ~ out *Arbeit etc* in die Länge ziehen, *Geld etc* strecken II *v/i* (*unreg*) 4. sich drehen: ~ round herumwirbeln; *my head was ~ning* mir drehte sich alles III *s* 5. SPORT Effet *m*: *put ~ on a ball* e-m Ball Effet geben 6. MOT F Spritztour *f*: *go for a ~* e-e Spritztour machen 7. *bes Br* F *be in a (flat)* ~ am Rotieren sein; *send (od throw) s.o. in a (flat)* ~ j-n zum Rotieren bringen

spin·ach ['spɪnɪdʒ] *s* BOT Spinat *m*

spi·nal ['spaɪnl] *Adj*: ~ column Rückgrat *n*, Wirbelsäule *f*; ~ cord Rückenmark *n*

spin·dle ['spɪndl] *s* TECH Spindel *f* 'spin·dly *Adj* spindeldürr

spin doc·tor *s* F schönrednerische(r) Pressesprecher(in) (*e-s Politikers etc*)

,spin·'dri·er *s* (Wäsche)Schleuder *f* ,~·'dry *v/t* Wäsche schleudern ,~·-'dry·er → spin-drier

spine [spaɪn] *s* 1. ANAT Rückgrat *n*, Wirbelsäule *f* 2. ZOOL Stachel *m*, BOT *a.* Dorn *m* 3. (*Buch*)Rücken *m* 'spine·less *Adj fig* rückgratlos

spin·na·ker ['spɪnəkə] *s* SCHIFF Spinnaker *m*

spin·ney ['spɪnɪ] *s Br* Dickicht *n*

spin·ning| mill ['spɪnɪŋ] *s* Spinnerei *f* ~ wheel *s* Spinnrad *n*

'spin-off *s* 1. Neben-, Abfallprodukt *n* 2. *fig* (positiver) Nebeneffekt

spin·ster ['spɪnstə] *s* ältere unverheiratete Frau, *pej* alte Jungfer

spin·y ['spaɪnɪ] *Adj* ZOOL stach(e)lig, BOT *a.* dornig

spi·ral ['spaɪərəl] I *Adj* spiralenförmig, spiralig, Spiral...: ~ staircase Wendeltreppe *f* II *s* (a. WIRTSCH Preis- etc)Spirale *f*

spire ['spaɪə] *s* (Kirch)Turmspitze *f*

▶spir·it ['spɪrɪt] I *s* 1. *allg* Geist *m*: in ~ im Geiste 2. Stimmung *f*, Einstellung *f* 3. Schwung *m*, Elan *m* 4. *Pl* Laune *f*, Stimmung *f*: *be in high* ~s in Hochstimmung sein; ausgelassen *od* übermütig sein; *be in low* ~s niedergeschlagen sein; *lift (od raise) s.o.'s* ~s j-s Stimmung heben; *my* ~s *sank* ich wurde deprimiert 5. *mst Pl* Spirituose *f* 6. CHEM Spiritus *m* 'spir·it·ed *Adj* beherzt (*Versuch etc*); erregt (*Auseinandersetzung*)

spir·it lev·el *s* TECH Wasserwaage *f*

spir·it·u·al ['spɪrɪtʃʊəl] I *Adj* 1. geistig 2. geistlich *f*: *s* 3. MUS Spiritual *n* 'spir·it·u·al·ism *s* Spiritismus *m* 'spir·it·u·al·ist *s* Spiritist(in) ,spir·it·u·al·'is·tic *Adj* (~ally) spiritistisch

spit¹ [spɪt] I *v/i* (*unreg*) 1. a) spucken: ~ at *s.o.* j-n anspucken, b) ausspucken 2. *it is ~ting* (*with rain*) es sprüht (*Feuer*), brutzeln (*Fleisch etc*) II *v/t* (*unreg*) 4. *Blut etc* spucken: ~ out ausspucken; ~ *it out! fig* F spucks aus! 5. a. ~ out *etw* fauchen III *s* 6. Spucke *f*

spit² [-] *s* 1. (Brat)Spieß *m* 2. GEOG Landzunge *f*

▶spite [spaɪt] I *s* 1. Boshaftigkeit *f*, Gehässigkeit *f*: *out of (od from) pure spite* aus reiner Bosheit 2. ▶ *in spite of* trotz II *v/t* 3. ärgern spite·ful ['spaɪtfʊl] *Adj* boshaft, gehässig

spit·ting ['spɪtɪŋ] *Adj*: *the bus stop is within* ~ *distance* F bis zur Bushaltestelle ist es nur ein Katzensprung; *she is the* ~ *image of her mother* sie ist ganz die Mutter, sie ist ihrer Mutter wie aus dem Gesicht geschnitten

spit·tle ['spɪtl] *s* Spucke *f*

splash [splæʃ] I *v/t* 1. spritzen; (*Regen*) klatschen (*against* gegen) 2. a) plan(t)-schen, b) platschen (*through* durch): ~ down wassern (*Raumkapsel*) 3. ~ out on *bes Br* F tief in die Tasche greifen für II *v/t* 4. bespritzen (*with* mit): ~ *one's face with cold water* sich kaltes Wasser ins Gesicht schütten 5. *Wasser*

etc spritzen (**on** auf *Akk*; **over** über *Akk*): **~** one's money about *bes Br* F mit Geld um sich werfen **6.** F in großer Aufmachung bringen (*Zeitung etc*) **III** *s* **7.** Spritzer *m*, Spritzfleck *m*: **~ of paint** Farbspritzer **8.** *bes Br* Spritzer *m*, Schuss *m* (*Soda etc*) **9. make** (**quite**) **a ~** F Furore machen '**~down** *s* Wasserung *f*

splat [splæt] *v/i* F klatschen (**against** gegen)

splat·ter ['splætə] → **spatter** 1-3

splay [spleɪ] *v/t a.* **~ out** Finger, Zehen spreizen

spleen [spliːn] *s* ANAT Milz *f*

splen·did ['splendɪd] *Adj* großartig, herrlich, prächtig '**splen·do(u)r** *s* Pracht *f*

splice [splaɪs] *v/t* miteinander verbinden, Film, Tonband *etc* (zs-)kleben: **get ~d** F heiraten

splint [splɪnt] MED **I** *s* Schiene *f* **II** *v/t* schienen

splin·ter ['splɪntə] **I** *s* Splitter *m* **II** *v/t* zersplittern **III** *v/i* (zer)splittern: **~ off** absplittern; *fig* sich abspalten *od* abspalten (**from** von) **~ group** *s* Splittergruppe *f*

split [splɪt] **I** *v/t* (*unreg*) **1.** (zer)spalten; zerreißen: **~ one's sides** F sich vor Lachen biegen; **be ~** *fig* gespalten sein (**on** bezüglich); **~ ends** *Pl* Haarspliss *m*; **~ personality** PSYCH gespaltene Persönlichkeit; **~ second** Bruchteil *m* e-r Sekunde; → **hair** 2. *a.* **~ up** aufteilen (**between** unter *Akk*; **into** in *Akk*); sich *etw* teilen: **~ three ways** dritteln; **~ the difference** *fig* sich auf halbem Wege einigen **II** *v/i* (*unreg*) **3.** sich spalten; zerreißen **4.** sich teilen (**into** in *Akk*): *a.* **~ up** (**with**) Schluss machen (mit), sich trennen (von) **III** *s* **5.** Riss *m*; Spalt *m* **7.** *fig* Bruch *m*; Spaltung *f* **8.** Aufteilung *f* **9.** *Pl* Spagat *m*: **do the ~s** (e-n) Spagat machen **10.** (*Bananen*)Split *m* '**splitting** *Adj* rasend (*Kopfschmerzen*) **split screen** *s* TV, COMPUTER geteilter Bildschirm

splodge [splɒdʒ] *s bes Br*, **splotch** [splɒtʃ] *Am* Fleck *m*, Klecks *m*

splurge [splɜːdʒ] F **I** *v/i:* **~ on** tief in die Tasche greifen für **II** *v/t* Geld verschwenden (**on** für) **III** *s:* **have a ~** tief in die Tasche greifen

splut·ter ['splʌtə] **I** *v/i* **1.** stottern (*a.* MOT) **2.** zischen (*Feuer etc*) **3.** prusten **II** *v/t* **4.** stottern

▸ **spoil** [spɔɪl] **I** *v/t* (*a. unreg*) **1.** verderben **2.** *j-n* verwöhnen, *Kind a.* verziehen: **be ~t for choice** die Qual der Wahl haben **II** *v/i* (*a. unreg*) **3.** verderben, schlecht werden **4. be ~ing for a fight** Streit suchen **III** *s* **5.** *mst Pl* Beute *f*

'**spoil·er** *s* MOT Spoiler *m*

'**spoil·sport** *s* Spielverderber(in)

spoilt [spɔɪlt] *Prät u. Part Perf von* **spoil**

spoke[1] [spəʊk] *Prät von* **speak**

spoke[2] [-] *s* Speiche *f*: **put a ~ in s.o.'s wheel** *fig* j-m (e-n) Knüppel zwischen die Beine werfen

spo·ken ['spəʊkən] *Part Perf von* **speak**

spokes·man ['spəʊksmən] *s* (*unreg* **man**) Sprecher *m* '**~·per·son** *s* Sprecher(in) '**~·wom·an** *s* (*unreg* **woman**) Sprecherin *f*

sponge [spʌndʒ] **I** *s* **1.** Schwamm *m*: **throw in the ~** *fig* das Handtuch werfen **2.** → **sponge cake 3.** *fig* Schnorrer(in) **II** *v/t* **4.** *a.* **~ down** (mit e-m Schwamm) abwaschen **5.** *fig* schnorren (**from, off** von, bei) **III** *v/i* **6.** *fig* schnorren (**off, on** bei): **~ off s.o.** *a.* j-m auf der Tasche liegen '**~ bag** *s bes Br* Kulturbeutel *m* '**~ cake** *s* Biskuitkuchen *m*

spong·er ['spʌndʒə] → **sponge** 3 '**spong·y** *Adj* **1.** schwammartig **2.** weich, *pej* teigig (*Brot etc*) **3.** nachgiebig (*Boden etc*)

spon·sor ['spɒnsə] **I** *s* **1.** Sponsor(in) (*a.* RUNDFUNK, TV), Geldgeber(in) **2.** Spender(in) **3.** Bürge *m*, Bürgin *f* **II** *v/t* **4.** sponsern **5.** bürgen für '**spon·ta·ne·ous** [spɒn'teɪnjəs] *Adj* spontan

spoof [spuːf] *s* F Parodie *f* (**of, on** *Akk*)

spook [spuːk] F **I** *s* Gespenst *n* **II** *v/t Am* j-m e-n Schrecken einjagen '**spook·y** *Adj* F unheimlich

spool [spuːl] *s* Spule *f*

▸ **spoon** [spuːn] *s* Löffel *m* '**~·feed** *v/t* (*unreg* **feed**) **1.** *Kind etc* füttern **2.** *fig* j-m alles vorkauen: **~ s.o. with s.th.,** **~ s.th. to s.o.** j-m *etw* vorkauen

spoon·ful ['spuːnfʊl] *s ein* Löffel (voll)

spo·rad·ic [spə'rædɪk] *Adj* (**~ally**) sporadisch, gelegentlich

S

spore [spɔː] s BIOL Spore f

spor·ran ['spɒrən] s *Schottentracht:* Felltasche f

► **sport** [spɔːt] **I** s **1. a)** Sport(art f) m, **b)** oft Pl allg Sport m **2. a.** *good* ~ F feiner od schlechter Kerl: *be a* ~ sei kein Spielverderber **3.** *in* ~ zum Scherz, im Spaß **II** *Adj* **4.** *Am Sport…* **III** v/t **5.** protzen mit; mit *e-m blauen Auge* herumlaufen '**sport·ing** *Adj* **1.** Sport… **2.** fair (*a. Chance*), anständig 'sports [spɔːts] *Adj* Sport…: ~ *car* Sportwagen m; ~ *centre* (Am center) Sportzentrum n; ~ *jacket* Sakko m, n ~-**man** ['-mən] s (*unreg* man) **1.** Sportler m **2.** feiner od anständiger Kerl '~-**man·like** *Adj* sportlich, fair, anständig '~-**man·ship** s Sportlichkeit f, Fairness f '~**,peo·ple** s Pl Sportler Pl '~**,wom·an** s (*unreg* woman) Sportlerin f

sport·y ['spɔːtɪ] *Adj* F **1.** sportlich; sportbegeistert **2.** flott (*Kleidung*)

► **spot** [spɒt] **I** s **1.** Punkt m, Tupfen m; Fleck m **2.** MED Pickel m **3.** Ort m, Platz m, Stelle f: *on the* ~ zur Stelle; an Ort u. Stelle; vor Ort; auf der Stelle, sofort; *put on the* ~ j-n in die Enge treiben; j-n in Verlegenheit bringen; *be in a* ~ F in Schwulitäten sein; → *rooted* **4.** fig *soft* ~ Schwäche f (*for* für) **5. a.** ~ *of Br* F ein bisschen **6.** RUNDFUNK, TV (Werbe)Spot m **7.** F Spot m (*Spotlight*) **II** v/t **8.** entdecken, sehen ~ *check* s Stichprobe f

spot·less ['spɒtlɪs] *Adj* **1.** tadellos sauber **2.** fig untad(el)ig

'**spot·light** I s Spotlight n, Scheinwerfer(licht n) m: *be in the* (*political*) ~ im Brennpunkt des (politischen) Interesses stehen **II** v/t (*a. unreg* light) anstrahlen; fig aufmerksam machen auf (Akk) '~**·on** *Adj u. Adv Br* F genau richtig

spot·ted ['spɒtɪd] *Adj* getüpfelt; fleckig '**spot·ty** *Adj* **1.** pick(e)lig **2.** fig uneinheitlich, unterschiedlich

spouse [spaʊz] s Gatte m, Gattin f

spout [spaʊt] **I** v/t **1.** Wasser etc (heraus)spritzen **II** v/i **2.** spritzen (*from* aus) **III** s **3.** (*Wasser- etc*)Strahl m **4.** Schnauze f, Tülle f **5.** *be up the* ~ F im Eimer sein (*Wagen etc*); in Schwulitäten sein (*Person*): *she's up the* ~ bei ihr ist was unterwegs

sprain [spreɪn] MED **I** v/t sich *den Knöchel etc* verstauchen: ~ *one's ankle* **II** s Verstauchung f

sprang [spræŋ] *Prät von* **spring**

sprat [spræt] s FISCH Sprotte f

sprawl [sprɔːl] **I** v/i **1. a.** ~ *out* ausgestreckt liegen od sitzen **2.** pej sich ausbreiten (*Stadt etc*) **II** v/t **3.** *be* ~*ed* (*out*) → 1

spray [spreɪ] **I** v/i **1.** sprühen, spritzen **II** v/t **2.** besprühen, spritzen (*with* mit); sich *die Haare* sprayen; etw sprühen, spritzen (*on* auf Akk); *Parfüm etc* versprühen, zerstäuben **III** s **3.** Sprühnebel m; Gischt f **4.** Spray m, n **5.** Sprüh-, Spraydose f; Zerstäuber m '**spray·er** → **spray** 5

spray gun s TECH Spritzpistole f

► **spread** [spred] **I** v/t (*unreg*) **1. a.** ~ *out* ausbreiten, *Arme a.* ausstrecken; *Finger etc* spreizen **2.** *Butter etc* streichen (*on* auf Akk); *Brot etc* (be)streichen (*with* mit) **3.** *Furcht, Krankheit, Nachricht etc* verbreiten, *Gerücht a.* ausstreuen **II** v/i (*unreg*) **4. a.** ~ *out* sich ausbreiten **5.** sich (*räumlich od zeitlich*) erstrecken (*over* über Akk) **6.** sich streichen lassen (*Butter etc*) **7.** sich verbreiten (*Furcht, Krankheit, Nachricht etc*), übergreifen (*to* auf Akk) (*Feuer, Epidemie etc*): → *wildfire* **III** s **8.** FLUG, ORN Spannweite f **9.** (*Brot*)Aufstrich m, Paste f **10.** Verbreitung f, Ausstreuung f **11.** fig Spektrum n **12.** F Festessen n '~-**sheet** s COMPUTER Tabellenkalkulation f

spree [spriː] s F: *go on a* ~ e-n draufmachen; e-e Sauftour machen; *go on a spending* (od *shopping*) ~ wie verrückt einkaufen

sprig [sprɪg] s Zweig m

spright·ly ['spraɪtlɪ] *Adj* rüstig

► **spring** [sprɪŋ] **I** v/i (*unreg*) **1.** springen: ~ *at* sich stürzen auf (Akk); ~ *to one's feet* aufspringen **2.** springen, schnellen: ~ *back* zurückschnellen; ~ *open* aufspringen (*Deckel etc*) **3.** ~ *up* aufkommen (*Wind*); aus dem Boden schießen (*Gebäude etc*) **4.** ~ *from* herrühren von **II** v/t (*unreg*) **5.** ~ *s.th. on s.o.* j-n mit etw überraschen **6.** ~ *leak* 1a **III** s **7.** Frühling m, Frühjahr n: *in* (*the*) ~ im Frühling **8.** Quelle f **9.** Sprung m **10.** TECH Feder f **11.** Elastizi-

tät f; Federung f **IV** Adj **12.** Frühlings…: ~ **flowers** '**~board** s Sprungbrett n (a. fig **for, to** für) ~ **chick·en** s: **he's no** ~ F er ist nicht mehr der Jüngste '**~·clean** v/t u. v/i gründlich putzen, eng. S. Frühjahrsputz machen (in Dat) '**~·on·ion** s Frühlings-od Lauchzwiebel f '**~·roll** s GASTR Frühlingsrolle f ~ **tide** s Springflut f, -tide f '**~·time** s Frühling(szeit f) m, Frühjahr n

spring·y ['sprɪŋɪ] Adj elastisch, federnd

sprin·kle ['sprɪŋkl] **I** v/t **1.** Wasser etc sprengen (**on** auf Akk); Salz etc streuen (**on** auf Akk); etw (be)sprengen od bestreuen (**with** mit) **II** s **2.** (Be)Sprengen n; (Be)Streuen n **3.** Sprühregen m '**sprin·kler** s **1.** (Rasen)Sprenger m; Sprinkler m, Berieselungsanlage f **2.** REL Weihwasserwedel m '**sprin·kling** s: **a** ~ **of** ein bisschen …, ein paar …

sprint [sprɪnt] (Sport) **I** v/i **1.** (a. allg) sprinten, spurten **II** s **2.** a. ~ **race** Sprint m **3.** Sprint m, Spurt m (beide a. allg): **put on a** ~ e-n Spurt hinlegen '**sprint·er** s SPORT Sprinter(in)

sprite [spraɪt] s Geist m, Kobold m

spritz·er ['sprɪtsə] s bes Am Weinschorle f, Gespritzte n

sprout [spraʊt] **I** v/i **1.** sprießen (Knospen etc), keimen (Kartoffeln, Saat etc) **II** v/t **2.** ~ **a beard** sich e-n Bart wachsen lassen **III** s **3.** Spross m; Trieb m; Keim m **4.** Pl Rosenkohl m

spruce[1] [spru:s] **I** Adj adrett **II** v/t u. v/i: ~ (**o.s.**) **up** F sich fein machen

spruce[2] [_] s BOT Fichte f

sprung [sprʌŋ] Part Perf u. Am Prät von **spring**

spud [spʌd] s F Kartoffel f

spun [spʌn] Prät u. Part Perf von **spin**

spunk [spʌŋk] s F Mumm m '**spunk·y** Adj F mutig

spur [spɜː] **I** s **1.** Sporn m (a. ZOOL) **2.** fig Ansporn m (**to** zu): **on the** ~ **of the moment** spontan **II** v/t **3.** e-m Pferd die Sporen geben **4.** oft ~ **on** fig anspornen (**to** zu)

spu·ri·ous ['spjʊərɪəs] Adj **1.** Pseudo…, Schein…, **2.** gefälscht, unecht

spurn [spɜːn] v/t Rat missachten: **a** ~**ed lover** ein verschmähter Liebhaber

,spur-of-the-'mo·ment Adj spontan

spurt[1] [spɜːt] **I** s **1.** SPORT Spurt m, Sprint m (beide a. allg): **put on a** ~ e-n Spurt hinlegen **2.** (Arbeits)Anfall m, (Gefühls)Aufwallung f **II** v/i **3.** SPORT spurten, sprinten (beide a. allg)

spurt[2] [_] v/i spritzen (**from** aus)

sput·ter ['spʌtə] **I** v/i **1.** stottern (a. MOT) **2.** zischen (Feuer etc) **II** v/t **3.** stottern

▶ **spy** [spaɪ] **I** v/i spionieren, Spionage treiben (**for** für): ~ **on** j-n nachspionieren **II** s Spion(in)

squab·ble ['skwɒbl] **I** v/i (sich) streiten (**about, over** um, wegen) **II** s Streit m

squad [skwɒd] s **1.** Mannschaft f, Trupp m **2.** (Überfall- etc)Kommando n (der Polizei); Dezernat n **3.** SPORT Kader m: ~ **player** Fußball: Ergänzungsspieler(in) ~ **car** s bes Am Streifenwagen m

squad·ron ['skwɒdrən] s MIL, FLUG Staffel f; SCHIFF Geschwader n

squal·id ['skwɒlɪd] Adj **1.** verwahrlost (Gebäude etc); erbärmlich (Verhältnisse etc) **2.** fig schmutzig (Geschichte)

squall[1] [skwɔːl] **I** v/i schreien **II** s Schrei m

squall[2] [_] s Bö f '**squall·y** Adj böig

squal·or ['skwɒlə] s Verwahrlosung f: **live in** ~ in erbärmlichen Verhältnissen leben

squan·der ['skwɒndə] v/t Geld, Zeit etc verschwenden (**on** an Akk, auf Akk, für, mit), Chance vertun

▶ **square** [skweə] **I** s **1.** Quadrat n **2.** Feld n (e-s Brettspiels): **be back to** ~ **one** fig wieder ganz am Anfang stehen **3.** (öffentlicher) Platz **4.** MATHE Quadrat(zahl f) n **5.** TECH Winkel(maß n) m **II** Adj **6.** quadratisch; Quadrat…: **three yards** ~ drei Yards im Quadrat; ~ **root** MATHE Quadratwurzel f; → **peg** 1 **7.** rechtwink(e)lig; eckig (Schultern etc) **8.** fair, gerecht **9. be** (**all**) ~ quitt sein **10.** F anständig, ordentlich (Mahlzeit) **III** Adv **11.** → **squarely IV** v/t **12.** a. ~ **off** (od **up**) quadratisch od rechtwink(e)lig machen **13.** a. in Quadrate einteilen: ~**d paper** kariertes Papier **14.** MATHE Zahl quadrieren, ins Quadrat erheben: **4** ~**d equals 16** 4 hoch 2 ist 16 **15.** Konto ausgleichen; Schulden begleichen; → **account** 5 **16.** ~ **s.th. with one's conscience** etw mit s-m Gewissen vereinbaren od in Einklang bringen **V** v/i **17.** übereinstimmen, in Einklang stehen (**with** mit) **18.** ~ **up** abrechnen **19.** ~ **up to** sich

j-m, e-m *Problem etc* stellen '**square·ly** *Adv* **1.** → **square** 6-8 **2.** direkt, genau

squash [skwɒʃ] **I** *v/t* **1.** zerdrücken, -quetschen: ~ **flat** flach drücken **2.** quetschen, zwängen (**into** in *Akk*) **3.** j-n zum Schweigen bringen (**with** mit); *Gerücht etc* ersticken **II** *v/i* **4.** sich quetschen *od* zwängen (**into** in *Akk*) **III** *s* **5.** Gedränge *n* **6.** → **lemon** 3, **orange** I **7.** SPORT Squash *n*: ~ **court** Squashcourt *m*; ~ **courts** *Pl* Squashhalle *f*; ~ **racket** Squashschläger *m*

'**squashy** *Adj* **1.** weich (*Frucht*) **2.** aufgeweicht (*Boden*)

squat [skwɒt] **I** *v/i* **1.** hocken, kauern: ~ **down** sich (hin)hocken *od* (-)kauern **2.** ~ **in a house** ein Haus besetzt haben **II** *Adj* **3.** gedrungen, untersetzt **III** *s* **4.** Hocke *f* **5.** besetztes Haus '**squat·ter** *s* Hausbesetzer(in)

squaw [skwɔː] *s* Squaw *f* (*Indianerfrau*)

squawk [skwɔːk] *v/i* F lautstark protestieren (**about** gegen)

squeak [skwiːk] **I** *v/i* **1.** piep(s)en (*Maus etc*) **2.** quietschen (*Tür etc*) **3.** ~ **through** F es gerade noch schaffen **II** *s* **4.** Piep(s)en *n*; Piep(s) *m*, Piepser *m*; *fig* F Piep *m* **5.** Quietschen *n* **6.** **that was a narrow** ~ F das war knapp '**squeak·y** *Adj* **1.** piepsig: ~ **voice** *a.* Piepsstimme *f* **2.** quietschend

squeal [skwiːl] *v/i* **1.** kreischen (**with** vor *Dat*) **2.** *fig* F singen: ~ **on s.o.** j-n verpfeifen

squeam·ish ['skwiːmɪʃ] *Adj* empfindlich, zart besaitet

squeeze [skwiːz] **I** *v/t* **1.** drücken; *Orangen etc* auspressen, -quetschen: ~ **out** *Schwamm etc* ausdrücken; *Saft etc* auspressen (**of** aus) **2.** quetschen, zwängen (**into** in *Akk*) **II** *v/i* **3.** sich quetschen *od* zwängen (**into** in *Akk*) **III** *s* **4.** **give s.th. a** ~ etw drücken; **put the** ~ **on s.o.** F j-n unter Druck setzen **5.** Gedränge *n* '**squeez·er** *s* Presse *f*

squelch [skweltʃ] *v/i* p(l)atschen

squib [skwɪb] *s* Knallfrosch *m*: → **damp** 1

squid [skwɪd] *Pl* **squid** *od* **squids** *s* Tintenfisch *m*, Kalmar *m*

squint [skwɪnt] **I** *v/i* **1.** schielen **2.** blinzeln **II** *s* **3.** Schielen *n*: **have a** ~ schielen

squirm [skwɜːm] *v/i* sich winden (**with** vor *Dat*) (*a. fig*)

squir·rel ['skwɪrəl] *s* ZOOL Eichhörnchen *n*

squirt [skwɜːt] **I** *v/i* spritzen (**from** aus) **II** *v/t* bespritzen (**with** mit) **III** *s* Strahl *m*

Sri Lan·ka [ˌsriːˈlæŋkə] *Eigenn* Sri Lanka *n*

stab [stæb] **I** *v/t* **1.** j-m e-n Stich versetzen; j-n niederstechen: ~ (**to death**) erstechen; **he was** ~**bed in the stomach** er bekam e-n Stich in den Bauch; → **s.o.** **in the back** *fig* j-m in den Rücken fallen **2.** ~ **one's finger at** mit dem Finger stoßen nach (*od* auf *Akk*) **II** *v/i* **3.** stechen (**at** nach; **with** mit) **III** *s* **4.** Stich *m*: ~ (**wound**) Stichverletzung *f*, -wunde *f*; → **in the back** *fig* Dolchstoß *m* **5.** **feel a** ~ **of pain** (**remorse**) e-n stechenden Schmerz verspüren (Gewissensbisse fühlen) **6.** **have** (*od* **make**) **a** ~ **at s.th.** F etw probieren '**stab·bing** *Adj* stechend (*Schmerz*)

sta·bil·i·ty [stəˈbɪlətɪ] *s* **1.** Stabilität *f* (*a. fig*) **2.** *fig* Dauerhaftigkeit *f* **3.** *fig* Ausgeglichenheit *f*

sta·bi·li·za·tion [ˌsteɪbəlaɪˈzeɪʃn] *s* Stabilisierung *f* (*a. fig*)

sta·bi·lize ['steɪbəlaɪz] *v/t u. v/i* (sich) stabilisieren (*a. fig*) '**sta·bi·liz·er** *s* TECH Stabilisator *m*

sta·ble¹ ['steɪbl] *Adj* **1.** stabil (*a. fig*) **2.** *fig* dauerhaft (*Beziehung etc*) **3.** *fig* ausgeglichen (*Person*)

sta·ble² [_] *s* Stall *m* (*a. fig*)

stack [stæk] **I** *s* **1.** Stapel *m*, Stoß *m* **2.** ~**s** (*od* **a** ~) **of** F jede Menge *Zeit etc* **3.** → **blow¹** 11 **II** *v/t* **4.** stapeln: ~ **up** aufstapeln **5.** voll stapeln (**with** mit) **6.** **the odds are** ~**ed against us** unsere Chancen sind gleich Null **III** *v/i* **7.** ~ **up against** *bes Am* F sich halten gegen

▶ **sta·di·um** ['steɪdjəm] *s* SPORT Stadion *n*

▶ **staff** [stɑːf] **I** *s* **1.** Mitarbeiter(stab *m*) *Pl*; Personal *n*, Belegschaft *f*; Lehrkörper *m*, Kollegium *n*; MIL Stab *m*: **editorial** ~ Redaktion *f*; **be on the** ~ zur Belegschaft gehören **2.** (*Amts*)Stab *m*; (*Fahnen*)Stange *f* **II** *v/t* **3.** besetzen (**with** mit) ~ **of·fi·cer** *s* MIL Stabsoffizier(in) ~ **room** *s* Lehrerzimmer *n*

stag [stæg] *s* ZOOL Hirsch *m*

▶ **stage** [steɪdʒ] **I** *s* **1.** THEAT Bühne *f* (*a. fig*): **go on the** ~ zum Theater gehen;

set the ~ for die Voraussetzungen schaffen für 2. Etappe f (*a. Radsport u. fig*), (Reise)Abschnitt *m*: **by (easy) ~s** etappenweise, *fig a*. Schritt für Schritt 3. Stadium *n*, Stufe f, Phase f 4. TECH Stufe f (*e-r Rakete*) **II** *v/t* 5. THEAT auf die Bühne bringen 6. *Ausstellung, Demonstration etc* veranstalten: → **comeback** '~-**coach** *s hist* Postkutsche f ~ **di·rec·tion** *s* Bühnen-, Regieanweisung f ~ **door** *s* Bühneneingang *m* ~ **fright** *s* Lampenfieber *n* ~ **name** *s* Künstlername *m*

stag·ger ['stægə] **I** *v/i* **1.** (sch)wanken, taumeln, (*Betrunkener a*.) torkeln **II** *v/t* 2. *j-n* sprachlos machen, umwerfen 3. *Arbeitszeit etc* staffeln '**stag·ger·ing** *Adj* umwerfend (*Nachricht etc*), Schwindel erregend (*Preis etc*)

stag·nant ['stægnənt] *Adj* **1.** stehend (*Gewässer*) 2. *bes* WIRTSCH stagnierend **stag·nate** [·'neɪt] *v/i bes* WIRTSCH stagnieren **stag·na·tion** *s* Stagnation f

stag night *s* Abschiedsfeier vom Junggesellendasein **stag par·ty** *s* → **stag night**

staid [steɪd] *Adj* **1.** gesetzt, seriös, *pej* verknöchert (*Person*) 2. altbacken

▶ **stain** [steɪn] **I** *s* **1.** Fleck *m* 2. *fig* Makel *m* 3. TECH Färbemittel *n*; (*Holz*)Beize f **II** *v/t* 4. beflecken *fig* 5. (ein)färben; *Holz* beizen: **~ed glass** Farbglas *n* **III** *v/i* 6. flecken '**stain·less** *Adj* nicht rostend, rostfrei (*Stahl*)

▶ **stair** [steə] *s* **1.** (Treppen)Stufe f 2. *Pl* Treppe f ~ **car·pet** *s* Treppenläufer *m* '~-**case** *s*, '~-**way** *s* Treppe f, *österr. südd*. Stiege f; Treppenhaus *n*

stake[1] [steɪk] **I** *s* **1.** Pfahl *m*, Pfosten *m* 2. *hist* Marterpfahl *m*; Scheiterhaufen *m* **II** *v/t* 3. *oft* ~ **out** abstecken: ~ (**out**) *a* (*od one's*) **claim** *fig* Ansprüche anmelden (**to** *auf Akk*) 4. *mst* ~ **out** *bes Am* F überwachen (*Polizei*)

stake[2] [·] **I** *s* **1.** Einsatz *m*: **be at ~** *fig* auf dem Spiel stehen; **play for high ~s** hoch *od* um hohe Einsätze spielen 2. Anteil *m*, Beteiligung f (**in** *a*. WIRTSCH): **have a ~ in** beteiligt sein an (*Dat*) **II** *v/t* 3. *Geld, Hoffnung* setzen (**on** *auf Akk*); *Ruf etc* riskieren, aufs Spiel setzen '**stake·out** *s bes Am* F (polizeiliche) Überwachung

stal·ac·tite ['stæləktaɪt] *s* GEOL Stalaktit *m* **stal·ag·mite** ['stæləgmaɪt] *s* GEOL Stalagmit *m*

stale [steɪl] *Adj* alt(backen) (*Brot etc*); abgestanden (*Luft etc*), (*Bier etc a*.) schal; *fig* abgedroschen (*Witz etc*)

stale·mate ['steɪlmeɪt] **I** *s* **1.** Schach: Patt *n* 2. *fig* Patt(situation f) *n*, Sackgasse f: **end in (a) ~** in e-r Sackgasse enden **II** *v/t* 3. *Schach*: patt setzen 4. *fig* in e-e Sackgasse führen

stalk[1] [stɔːk] *s* Stängel *m*, Stiel *m*; Halm *m*

stalk[2] [·] *v/i* stolzieren; staksen, steif(beinig) gehen

stall[1] [stɔːl] **I** *s* **1.** (*Obst- etc*)Stand *m* 2. *Pl* THEAT *Br* Parkett *n* 3. *Pl* REL Chorgestühl *n* 4. Box f (*im Stall*) **II** *v/t* 5. *Motor* abwürgen **III** *v/i* 6. absterben (*Motor*)

stall[2] [·] **I** *v/i* Ausflüchte machen; Zeit schinden **II** *v/t* *j-n* hinhalten; *etw* hinauszögern

stal·lion ['stæljən] *s* (Zucht)Hengst *m* **stal·wart** ['stɔːlwət] *Adj* **1.** kräftig, robust 2. *bes* POL treu (*Anhänger*)

stam·i·na ['stæmɪnə] *s* Stehvermögen *n*, (*physisch a*.) Kondition f

stam·mer ['stæmə] **I** *v/i* MED stottern **II** *v/t a*. ~ **out** stottern, stammeln **III** *s* MED Stottern *n*: **have** (*od* **speak with**) **a ~** stottern '**stam·mer·er** *s* MED Stotterer *m*, Stotterin f

▶ **stamp** [stæmp] **I** *v/t* **1.** ~ **one's foot** aufstampfen; ~ **out** Feuer austreten; *Übel* ausrotten 2. *Pass etc* (ab)stempeln; *Datum etc* aufstempeln (**on** *auf Akk*) 3. *Brief etc* frankieren: **~ed addressed envelope** frankierter Rückumschlag 4. ~ **out** TECH ausstanzen **II** *v/i* 5. sta(m)pfen, trampeln **III** *s* 6. (Brief)Marke f; (*Rabatt-, Steuer- etc*) Marke f 7. Stempel *m* (*a. Abdruck*) ~ **al·bum** *s* (Brief)Markenalbum *n* ~ **col·lec·tion** *s* (Brief)Markensammlung f ~ **col·lec·tor** *s* (Brief)Markensammler(in)

stam·pede [stæm'piːd] **I** *s* **1.** wilde Flucht (*von Tieren*); wilder Ansturm (**for** *auf Akk*): **there was a ~ for the door** alles stürzte zur Tür 2. *fig* (Massen)Ansturm *m* (**for** *auf Akk*) **II** *v/t* 3. in wilde Flucht jagen 4. ~ *s.o.* **into doing s.th.** *j-n* so überrumpeln, dass

S

er etw tut **III** v/i **5.** durchgehen

stamp·ing ground ['stæmpɪŋ] s fig F Tummelplatz m; Jagdrevier n

stance [stæns] s **1.** bes SPORT Stellung f **2.** fig Einstellung f, Haltung f (**on** zu)

▶ **stand** [stænd] **I** s **1.** (Obst-, Messe- etc) Stand m **2.** (Kleider-, Noten- etc)Ständer m **3.** Sport etc: Tribüne f: **in the ~** auf der Tribüne **4.** JUR Am Zeugenstand m: **take the ~** in den Zeugenstand treten **5.** (Taxi)Stand(platz) m **6.** fig Einstellung f (**on** zu): **take a ~** Position beziehen (**on**, **against** gegen) **II** v/i (unreg) **7.** allg stehen: **~ still** still stehen; **as matters** (od **things**) **~** nach Lage der Dinge, so wie die Dinge stehen; **my offer still ~s** mein Angebot steht od gilt noch; → **awe** I, **correct** 1, **clear** 14, **firm**¹ 1; **~ clear** III v/t (unreg) **9.** stellen (**on** auf Akk): **~ s.th. on its head** fig etw auf den Kopf stellen **10.** Beanspruchung, Hitze etc aushalten, ertragen; e-r Prüfung etc standhalten **11.** I can't **~ him** (**it**) ich kann ihn (das) nicht ausstehen od leiden **12. ~ s.o. a drink** F j-m e-n Drink spendieren **13.** Chance haben **14.** → **trial** f **15.** → **bail**¹ 2, **surety**

Verbindungen mit Präpositionen:

stand| by v/i **1.** zu j-m halten **2.** zu s-m Wort etc stehen, s-n Prinzipien etc treu bleiben **~ for** v/i **1.** stehen für, bedeuten **2.** eintreten für, vertreten **3.** sich etw gefallen lassen, dulden **4.** bes Br kandidieren für: **~ election** kandidieren, sich zur Wahl stellen **~ on** v/i **1.** stehen auf (Dat): **~ one's hands** (**head**) e-n Handstand (Kopfstand) machen; **do s.th. standing on one's head** F etw mit links machen **2. ~ ceremony** förmlich sein **~ o·ver** v/i überwachen, aufpassen auf (Akk)

Verbindungen mit Adverbien:

stand| a·bout, **~ a·round** v/i herumstehen **~ back** v/i zurücktreten **~ by** v/i **1.** daneben stehen: **stand idly by** tatenlos zusehen (a. fig) **~ down** v/i **1.** JUR den Zeugenstand verlassen **2.** verzichten; zurücktreten (**in** favo[u]r of zugunsten) **~ in** v/i einspringen (**for** für): **~ for s.o.** a. j-n vertreten **~ out** v/i **1.** hervorstechen; **~ against** (od **from**) sich abheben von **2.** sich hartnäckig wehren (**against** gegen) **~ to-**

geth·er v/i zs.-halten, -stehen **~ up I** v/i **1.** aufstehen; stehen: **standing up** im Stehen **2. ~ for** eintreten für **3. ~ to** Beanspruchung etc aushalten; j-m die Stirn bieten **II** v/t **4.** F j-n versetzen

'stand·a·lone Adj COMPUTER eigenständig, nicht vernetzt

▶ **stand·ard**¹ ['stændəd] **I** s **1.** Norm f; Maßstab m: **set high ~s** (**for**) viel verlangen (von), hohe Anforderungen stellen (an Akk); **be up to** (**below**) **~** den Anforderungen (nicht) genügen od entsprechen; **by present-day ~s** nach heutigen Begriffen **2.** Standard m, Niveau n: **~ of living** Lebensstandard **II** Adj **3.** normal, Normal...; durchschnittlich, Durchschnitts...; Standard..., TECH a. Serien..., serienmäßig: **~ format** Standardformat n; **~ letter** Standardbrief m **4.** maßgebend, Standard...

stand·ard² [_] **I** s Standarte f, (an Wagen) Stander m; MIL hist Banner n **II** Adj: **~ lamp** Br Stehlampe f

stand·ard·i·za·tion [ˌstændədaɪˈzeɪʃn] s Standardisierung f, Normung f, Vereinheitlichung f '**stand·ard·ize** v/t bes TECH standardisieren, normen, a. allg vereinheitlichen

'stand·by I Pl **-bys** s **1.** Reserve f **2. be on ~** in Bereitschaft stehen **II** Adj **3.** Reserve..., Not... **4.** FLUG Stand-by-... '**~-in** s **1.** FILM, TV Double n **2.** Ersatzmann m, -frau f; Vertreter(in)

stand·ing ['stændɪŋ] **I** Adj **1.** stehend: **~-room only** nur (noch) Stehplätze; → **ovation 2.** fig ständig: **~ order** WIRTSCH Dauerauftrag m **II** s **3.** Rang m, Stellung f; Ansehen n, Ruf m: **of high ~** hoch angesehen, von hohem Ansehen **4.** Dauer f: **of long ~** seit langem bestehend, alt

stand·off·ish [ˌstændˈɒfɪʃ] Adj F hochnäsig '**~-point** s fig Standpunkt m: **from my ~** von m-m Standpunkt aus '**~-still** s Stillstand m (a. fig): **be at a ~** stehen (Auto etc); ruhen (Produktion etc); **bring to a ~** Auto etc zum Stehen bringen; Produktion etc zum Erliegen bringen '**~-up** Adj **1. a)** Steh..., **b)** im Stehen (eingenommen) (Mahlzeit) **2. ~ fight** wüste Schlägerei

stank [stæŋk] Prät von **stink**

stan·za ['stænzə] s Strophe f

sta·ple[1] ['steɪpl] **I** s Heftklammer f; Krampe f: ~ **remover** Klammernentferner m **II** v/t heften: ~ **together** zs.-heften

sta·ple[2] [-] **I** s **1.** WIRTSCH Haupterzeugnis n (e-s Landes etc) **2.** Hauptnahrungsmittel n **II** Adj **3.** Haupt... **4.** üblich

sta·pler ['steɪplə] s (Draht)Hefter m

▸ **star** [stɑː] **I** s **1.** Stern m: **Ss and Stripes** Das Sternenbanner (Staatsflagge der USA); **see ~s** Sterne sehen; **you can thank your lucky ~s that** du kannst vom Glück reden od sagen, dass **2.** typographisch: Sternchen n **3.** Star m (Person) **II** Adj **4.** Haupt...; Star... **III** v/t **5.** Wort etc mit e-m Sternchen kennzeichnen **6.** **a film ~ring ...** ein Film mit ... in der Hauptrolle od den Hauptrollen **IV** v/i **7.** die od e-e Hauptrolle spielen (**in** in Dat) **~·board** ['⸱bəd] s FLUG, SCHIFF Steuerbord n

starch [stɑːtʃ] **I** s **1.** (Kartoffel-, Wäscheetc)Stärke f **2.** Pl stärkereiche Nahrungsmittel Pl; eng. S. Kohle(n)hydrate Pl **II** v/t **3.** Wäsche stärken '**starch·y** Adj **1.** stärkehaltig, -reich **2.** fig F steif

star·dom ['stɑːdəm] s (Star)Ruhm m

stare [steə] **I** v/i starren; große Augen machen; ~ **after** j-m nachstarren; ~ **at** j-n anstarren; → **space** 1 **II** v/t: ~ **s.o. out** (od **down**) j-n so lange anstarren, bis er verlegen wird; ~ **s.o. in the face** j-m ins Gesicht starren; vor j-s Augen liegen; fig klar auf der Hand liegen **III** s (starrer) Blick, Starren n

'**star·fish** s ZOOL Seestern m

'**star·fruit** s BOT Sternfrucht, Karambole, Baumstachelbeere

stark [stɑːk] **I** Adj nackt (Tatsachen etc): **be in ~ contrast to** in krassem Gegensatz stehen zu **II** Adv f: ~ **naked** splitternackt; ~ **staring** (od **raving**) **mad** total verrückt

stark·ers ['stɑːkəz] Adj Br F splitternackt

star·let ['stɑːlɪt] s Starlet n, Filmsternchen n

'**star·light** s Sternenlicht n

'**star·ling** ['stɑːlɪŋ] s ORN Star m

'**star·lit** Adj stern(en)klar

star·ry ['stɑːrɪ] Adj Stern(en)... ‚~·'**eyed** Adj blauäugig, naiv

'**Star-,Span·gled Ban·ner** s **1.** die Nationalhymne (der USA) **2.** das Sternenbanner (Staatsflagge der USA)

▸ **start** [stɑːt] **I** v/i **1.** a. ~ **off** anfangen, beginnen: ~ **doing** (od **to do**) **s.th.** anfangen, etw zu tun; **to** ~ **with** anfangs, zunächst; erstens; → **scratch** 7 **2.** a. ~ **off** (od **out**) aufbrechen (**for** nach): ~ **back for home** sich auf den Heimweg machen **3.** abfahren (Bus, Zug), ablegen (Boot), FLUG abfliegen, starten; (Sport) starten: ~**ing from Monday** ab Montag **4.** a. ~ **up** anspringen (Motor etc) **5.** zs.-fahren, -zucken (**at** bei) **II** v/t **6.** a. ~ **off** anfangen, beginnen **7.** a. ~ **up** Aktion starten, Geschäft, Familie etc gründen, Gerücht in Umlauf setzen, Computer starten **8.** Motor anlassen, starten **III** s **9.** Anfang m, Beginn m, (bes Sport) Start m: **at the** ~ am Anfang; (Sport) am Start; **for a** ~ erstens; **from** ~ **to finish** von Anfang bis Ende; (Sport) vom Start bis zum Ziel; **make a fresh** ~ (**in life**) noch einmal von vorn anfangen; **make a** ~ **on s.th.** mit etw anfangen **10.** Aufbruch m **11.** **give a** ~ → 5; **wake up with a** ~ aus dem Schlaf aufschrecken **12.** Vorsprung m (**on, over** vor Dat) '**start·er** s **1.** SPORT Starter(in) (Kampfrichter[in] u. Wettkampfteilnehmer[in]) **2.** MOT Starter m, Anlasser m **3.** F Vorspeise f: **as a** ~ als Vorspeise **4.** **for** ~**s** F zunächst einmal: **that's just for** ~**s** das ist nur der Anfang '**start·ing** Adj bes SPORT Start...: ~ **point** Ausgangspunkt m (a. fig)

star·tle ['stɑːtl] v/t **1.** erschrecken **2.** fig überraschen, bestürzen

start-up ['stɑːtʌp] s **1.** WIRTSCH Start-up n, Neugründung f (e-r Firma etc): ~ **company** (od **business**) Start-up-Unternehmen n (neu gegründete Firma etc); ~ **costs** Pl Anlaufkosten Pl **2.** COMPUTER Start m

star·va·tion [stɑː'veɪʃn] s Hungern n: **die of** ~ verhungern; ~ **diet** F Hungerkur f; Nulldiät f; ~ **wages** Pl Hungerlohn m

starve [stɑːv] **I** v/i **1.** hungern; ~ (**to death**) verhungern; **I'm starving** F ich komme fast um vor Hunger **II** v/t **2.** hungern lassen; ~ (**to death**) verhungern lassen; ~ (**out**) aushungern **3.** **be ~d of** knapp sein an (Dat)

star wars s Pl MIL F Krieg m der Sterne
▶ **state** [steɪt] **I** s 1. oft 2 POL Staat m 2.
POL Am (Bundes-, Einzel)Staat m: the
2s Pl F die (Vereinigten) Staaten Pl; →
evidence 2 3. Zustand m: ~ of mind
(Geistes-, Gemüts)Verfassung f, (-)Zustand m; be in a ~ of war sich im
Kriegszustand befinden mit; get in(to)
a ~ bes Br F sich aufregen; nervös werden; → **emergency, health** 2 4. Stand
m, Lage f **II** Adj 5. staatlich, Staats...: 2
Department POL Am Außenministerium n **III** v/t 6. angeben, nennen 7. erklären, JUR aussagen (that dass) 8. festlegen, -setzen: on the ~d date zum festgesetzten Termin '**state-less** Adj POL
staatenlos '**state-ly** Adj 1. gemessen
(Tempo etc) 2. prächtig
▶ **statement** ['steɪtmənt] s 1. Statement
n, Erklärung f; Angabe f; JUR Aussage
f: make a ~ e-e Erklärung abgeben (to
vor Dat) 2. WIRTSCH (Bank-, Konto-)
Auszug m
state of con-cern s POL Risikostaat m
,**state-of-the-'art** Adj neuest, auf dem
neuesten Stand der Technik stehend
states-man ['steɪtsmən] s (unreg man)
Staatsmann m '**states-man-like** Adj
staatsmännisch
stat-ic ['stætɪk] **I** Adj (~ally) 1. PHYS statisch (a. fig) 2. fig gleich bleibend, konstant **II** s 3. RADIO, TV atmosphärische
Störungen Pl **4.** ~s Sg PHYS Statik f
▶ **sta-tion** ['steɪʃn] **I** s 1. (a. Bus-, U-)
Bahnhof m, Station f 2. (Forschungs-,
Unfall- etc)Station f, Tankstelle f, (Feuer)Wache f, (Polizei)Revier n, (-)Wache f, (Wahl)Lokal n 3. RUNDFUNK,
TV Station f, Sender m **II** v/t 4. aufstellen, postieren; MIL stationieren
sta-tion-ar-y ['steɪʃnərɪ] Adj stehend
(Fahrzeug etc): **be ~** stehen
sta-tion-er ['steɪʃnə] s Schreibwarenhändler(in) '**sta-tion-er-y** s Schreibwaren Pl; Briefpapier n
sta-tion| house s Am (Polizei)Revier
n, (-)Wache f '~,**mas-ter** s Bahnhofsvorsteher(in) ~ **wag-on** s MOT Am
Kombiwagen m
sta-tis-ti-cal [stə'tɪstɪkl] Adj statistisch
sta'tis-tics s Pl 1. Statistik(en Pl) f: →
vital 2 2. Sg Statistik f (Wissenschaft,
Methode)
stat-ue ['stætʃuː] s Statue f, Standbild n

stat-ure ['stætʃə] s 1. Statur f, Wuchs m
2. fig Format n
sta-tus ['steɪtəs] s 1. Status m, Rechtsstellung f 2. → **marital** 3. Status m, Stellung f; Prestige n ~ **bar** s COMPUTER Statuszeile f ~ **quo** [kwəʊ] s Status m quo ~
sym-bol s Statussymbol n
stat-ute ['stætjuːt] s 1. Gesetz n: by ~
gesetzlich 2. Statut n, Pl a. Satzung f ~
book s Gesetzbuch n ~ **law** s Gesetzesrecht n
stat-u-to-ry ['stætjʊtərɪ] Adj 1. gesetzlich (garantiert od vorgeschrieben) 2.
satzungsgemäß
staunch[1] [stɔːntʃ] v/t Blut stillen
staunch[2] [ ] Adj 1. treu, zuverlässig 2.
standhaft, fest
▶ **stay** [steɪ] **I** s 1. Aufenthalt m: ~ in
hospital Krankenhausaufenthalt m 2.
JUR Aussetzung f, Aufschub m: he
was given (od granted) ~ of execution s-e Hinrichtung wurde aufgeschoben **II** v/i 3. bleiben (for od to lunch
zum Mittagessen) 4. wohnen (with
friends bei Freunden): ~ the night at
a hotel im Hotel übernachten **III** v/t
5. ~ the course (Sport) durchhalten
(a. fig)
Verbindungen mit Adverbien:
stay| **a-way** v/i wegbleiben, sich fern
halten (from von) ~ **down** v/i unten
bleiben (a. fig) ~ **in** v/i zu Hause od
drinnen bleiben ~ **on** v/i: ~ **as chair-
man** (weiterhin) Vorsitzender bleiben;
~ **at school** (mit der Schule) weitermachen ~ **out** v/i draußen bleiben ~ (**on
strike**) streiken ~ **up** v/i aufbleiben
'**stay-at-home** s Stubenhocker(in)
'**stay-ing pow-er** ['steɪɪŋ] s Ausdauer f
STD[1] [ˌestiː'diː] Abk (= **sexually trans-
mitted disease**) Geschlechtskrankheit
f
STD[2] Abk (= **subscriber trunk dial-
ling**) telph. Br Selbstwählferndienst
m: ~ **code** s TEL Br Vorwahl(nummer)
f
stead [sted] s: **in s.o.'s** ~ an j-s Stelle
stead-fast ['stedfɑːst] Adj 1. treu, zuverlässig 2. fest, unverwandt (Blick)
▶ **stead-y** ['stedɪ] **I** Adj 1. (stand)fest,
stabil 2. ruhig (Auge, Hand), gut (Nerven) 3. gleichmäßig 4. fest (Arbeitsplatz, Freundin etc) **II** v/t 5. j-n, Nerven
beruhigen **III** v/i 6. sich beruhigen **IV**

Interj **7.** *a.* ~ **on!** *Br* F Vorsicht!

▸ **steak** [steɪk] *s* Steak *n*; (*Fisch*)Filet *n*

▸ **steal** [stiːl] (*unreg*) I *v/t* **1.** stehlen (*a. fig*), Gemälde *etc* rauben: ~ **s.o.'s girlfriend** j-m die Freundin ausspannen; ~ **a glance at** e-n verstohlenen Blick werfen auf (*Akk*); → **march²** 5, **show** 1, **thunder** I II *v/i* **2.** stehlen **3.** sich stehlen, (sich) schleichen (*out of* aus)

stealth [stelθ] *s*: **by** → **stealthy**
'**stealth·y** *Adj* heimlich, verstohlen

▸ **steam** [stiːm] I *s* **1.** Dampf *m*: **full ~ ahead!** SCHIFF volle Kraft *od* Volldampf voraus!; **under one's own ~** *fig* auf eigene Faust; **let off ~** Dampf ablassen, *fig a.* sich Luft machen; **run out of** ~ *fig* s-n Schwung verlieren; **he ran out of ~ a.** ihm ging der Puste aus **2.** Dampf *m*, Dunst *m* II *v/i* **3.** dampfen (*a.* SCHIFF, BAHN): ~**ing** heiß dampfend heiß **4.** ~ **up** beschlagen III *v/t* **5.** GASTR dämpfen, dünsten **6.** ~ **open** Brief über Dampf öffnen **7. get ~ed up** beschlagen; *fig* F sich aufregen (*about* über *Akk*)

steam·er ['stiːmə] *s* **1.** Dampfer *m*, Dampfschiff *n* **2.** Dampfkoch-, Schnellkochtopf *m*

steam| i·ron *s* Dampfbügeleisen *n*
'**~,roll·er** *s* Dampfwalze *f* '**~·ship** → **steamer** 1

▸ **steel** [stiːl] I *s* Stahl *m*: → **nerve** 1 II *v/t*: ~ **o.s. for** sich wappnen gegen, sich gefasst machen auf (*Akk*) **~ wool** *s* Stahlwolle *f* '**~,work·er** *s* Stahlarbeiter(in) '**~·works** *Pl* (*oft Sg konstruiert*) Stahlwerk *n*

steel·y ['stiːlɪ] *Adj* **1.** ~ **blue** stahlblau **2.** *fig* hart (*Blick*); eisern (*Entschlossenheit*)

▸ **steep¹** [stiːp] *Adj* **1.** steil **2.** *fig* stark (*Preisanstieg etc*) **3.** F happig (*Forderung*), (*Preis a.*) gepfeffert, gesalzen

steep² [_] *v/t* eintauchen (*in* in *Akk*): *Wäsche* einweichen; **~ed in history** geschichtsträchtig II *v/i* weichen

steep·en ['stiːpən] *v/i* steiler werden

stee·ple ['stiːpl] *s* (*spitzer*) Kirchturm *m*, Kirchturmspitze *f* '**~·chase** *s* Pferdesport: Hindernisrennen *n*; Jagdrennen *n*; *Leichtathletik*: Hindernislauf *m*

steer¹ [stɪə] *s* (junger) Ochse

▸ **steer²** [stɪə] I *v/t* **1.** steuern, lenken **2.** *Kurs* steuern (*a. fig*) **3.** *j-n* lotsen, bug-

sieren II *v/i* **4.** ~ **by** SCHIFF ansteuern, Kurs nehmen auf (*Akk*); *fig* zusteuern auf (*Akk*); → **clear** 13 '**steer·ing** I *s* Steuerung *f*, Lenkung *f* II *Adj*: ~ **column** MOT Lenksäule *f*; ~ **wheel** MOT Lenkrad *n*, MOT Steuerrad *n*

stein [staɪn] *s* Maßkrug *m* (*für Bier*)

stel·lar ['stelə] *Adj* Stern(en)...

stem¹ [stem] *s* **1.** BOT Stiel *m* (*a. e-s Sektglases etc*), Stängel *m* **2.** LING Stamm *m* II *v/i* **3.** ~ **from** stammen *od* herrühren von

stem² [_] *v/t Blutung* stillen; *fig* eindämmen, stoppen

stench [stentʃ] *s* Gestank *m*

sten·cil ['stensl] *s* Schablone *f*

ste·nog·ra·pher [stə'nɒgrəfə] *s Am* Stenotypist(in)

▸ **step** [step] I *s* **1.** Schritt *m* (*a. Geräusch*): ~ **by** ~ Schritt für Schritt (*a. fig*); **take a** ~ e-n Schritt machen; **it's just a few** ~**s to the shop** es sind nur ein paar Schritte bis zum Laden; → **watch** 4 **2.** Stufe *f*; Sprosse *f*: (*pair of*) ~**s** *Pl* → **stepladder**; → **mind** 7 **3. be in** (*out of*) ~ *bes* MIL im Gleichschritt *od* Tritt (aus dem Tritt) sein; (*beim Tanzen*) im (aus dem) Takt sein; **be out of** ~ **with** *fig* nachhinken (*Dat*), zurück sein hinter (dat); **keep** (*in*) ~ **with** *fig* Schritt halten nach **4.** *fig* Schritt *m*: **take** ~**s** Schritte *od* etw unternehmen; **a** ~ **in the right direction** ein Schritt in die richtige Richtung; → **legal** 4 **5.** *fig* Schritt *m*, Stufe *f*: **three-** ~ **plan** Dreistufenplan *m* II *v/i* **6.** gehen; treten (*in* in *Akk*; **on** auf *Akk*): ~ **on it** MOT F Gas geben, auf die Tube drücken (*beide a. fig*)

Verbindungen mit Adverbien:

step| a·side *v/i* **1.** zur Seite treten **2.** *fig* Platz machen (**in favo[u]r of** für), zurücktreten (**as** als; **in favo[u]r of** zugunsten) ~ **back** *v/i* zurücktreten ~ **down** *v/i* **1.** herunter-, hinuntersteigen **2.** → **step aside** 2 ~ **for·ward** *v/i* **1.** vortreten, nach vorne treten **2.** *fig* sich melden (*Zeugen etc*) ~ **in** *v/i* **1.** eintreten **2.** *fig* einschreiten; sich einmischen ~ **out** *v/i* heraus-, hinaustreten; *bes Am* weggehen ~ **up** I *v/i* herauf-, hinaufsteigen II *v/t Produktion etc* steigern

step... ['step] Stief...: '**~·father** Stiefvater *m*; '**~·mother** Stiefmutter *f*

,step|-by-'step *Adj fig* schrittweise
'~,lad·der *s* Tritt- *od* Stufenleiter *f*

steppe [step] *s, oft Pl* GEOG Steppe *f*

step·ping stone ['stepɪŋ] *s* Trittstein
m; fig Sprungbrett *n* (**to** für)

▶ ster·e·o ['steriəʊ] **I** *s* **1.** Stereo *n*: **in
stereo** 2. Stereogerät *n*, -anlage *f* **II**
Adj **3.** Stereo…: **▶ stereo system**
Stereoanlage *f*, Musikanlage *f*; **stereo unit** Stereoanlage *f*

ster·e·o·type ['sterɪətaɪp] *s* Klischee
(-vorstellung *f*) *n* 'ster·e·o·typed *Adj*
klischeehaft; stereotyp

ster·ile ['steraɪl] *Adj* **1.** MED steril, keimfrei **2.** BIOL steril, (*a. Boden*) unfruchtbar **3.** *fig* steril, unoriginell ste·ril·i·ty
[stə'rɪlətɪ] *s* Sterilität *f* (*a. fig*); Unfruchtbarkeit *f*

ster·i·li·za·tion [,sterəlaɪ'zeɪʃn] *s* MED
Sterilisation *f*, Sterilisierung *f* ster·i·lize ['sterəlaɪz] *v/t* sterilisieren

ster·ling ['stɜːlɪŋ] **I** *s* das Pfund Sterling
II *Adj*: **~ silver** Sterlingsilber *n*

stern¹ [stɜːn] *Adj* streng (*Person, Blick,
Disziplin etc*)

stern² [_] *s* SCHIFF Heck *n*

ster·num ['stɜːnəm] *Pl* **-na** ['_nə],
-nums *s* ANAT Brustbein *n*

ster·oid ['stɪərɔɪd] *s* MED Steroid *n*

steth·o·scope ['steθəskəʊp] *s* MED
Stethoskop *n*

stet·son ['stetsn] *s* Stetson *m*, Cowboyhut *m*

ste·ve·dore ['stiːvədɔː] *s* SCHIFF *bes
Am* Schauermann *m*, Stauer *m*

stew [stjuː] **I** *v/t* Fleisch, *Gemüse*
schmoren, *Obst* dünsten: **~ed apples**
Pl Apfelkompott *n* **II** *v/i* schmoren,
dünsten: → **juice** 1 **II** *s* Eintopf *m*

stew·ard ['stjuːəd] *s* **1.** FLUG, SCHIFF
Steward *m* **2.** Ordner *m*

▶ stew·ard·ess [,stjuːə'des] *s* FLUG,
SCHIFF Stewardess *f*

stewed [stjuːd] *Adj* F blau (*betrunken*)

▶ stick¹ [stɪk] *s* **1.** Stock *m*, ([*Eis*]*Hockey
a.*) Schläger *m*; (*Besen-* etc)Stiel *m*; (*a.*
FLUG *Steuer*)Knüppel *m*: **walk with a ~**
am Stock gehen; **get hold of the wrong
end of the ~** F die Sache in den falschen *od* verkehrten Hals bekommen;
→ **cleft stick** 2. (trockener) Zweig, *Pl
a.* Brennholz *n* **3.** Stück *n* (*Kreide etc*),
Stange *f* (*Dynamit, Sellerie etc*), (*Lippen*)Stift *m*, (*Räucher*)Stäbchen *n*

Streifen *m* (*Kaugummi*) **4.** *a.* **~ of
furniture** F Möbelstück *n* **5. live out
in the ~s** F in der finstersten Provinz
leben

▶ stick² [stɪk] (*unreg*) **I** *v/t* **1.** mit *e-r* Nadel *etc* stechen (**into** in *Akk*) **2.** *etw* kleben (**on** auf *Akk*, an *Akk*); an-, festkleben (**with** mit) **3.** stecken: → **nose** I **4.** F
tun, stellen, setzen, legen **5.** *bes Br* F →
stand 11 **II** *v/i* **6.** kleben, halten; kleben
bleiben (**to** an *Dat*) **7.** stecken bleiben:
~ in s.o.'s mind *fig* j-m im Gedächtnis
bleiben **8. ~ at nothing** vor nichts zurückschrecken **9. ~ to** (F **by**) bei *s-r* Ansicht *etc* bleiben, zu *s-m* Wort *etc* stehen; **~ to** (F **by**) zu *j-m* halten: →
gun 1, **point** 1
Verbindungen mit Adverbien:

stick | **out I** *v/t* **1.** vorstehen, (*Ohren etc*)
abstehen **2.** *fig* auffallen: → **mile,
thumb** I **3. ~ for** bestehen auf (*Dat*)
II *v/t* **4.** aus-, vorstrecken: **stick one's
tongue out at s.o.** j-m die Zunge herausstrecken; → **neck** I **5.** durchhalten,
-stehen **~ to·geth·er** *v/i* **1.** (*a. v/t*) zs.kleben **2.** *fig* zs.-halten **~ up I** *v/t* **1.** F j-n,
Bank *etc* überfallen **2. stick 'em up!** F
Hände hoch! **II** *v/i* **3. ~ for** j-n verteidigen (*a. mit Worten*)

stick·er ['stɪkə] *s* Aufkleber *m* 'stick·ing *Adj*: **~ plaster** Heftpflaster *n*; **~
point** *fig* unüberwindliches Hindernis
(*bei Verhandlungen etc*)

'stick-in-the-mud *s* F Rückschrittler(in)

stick·ler ['stɪklə] *s*: **be a ~ for** es ganz genau nehmen mit, großen Wert legen
auf (*Akk*)

'stick·on *Adj*: **~ label** (Auf)Klebeetikett *n* '~·pin *s Am* Krawattennadel
f '~·up *s* F (Raub)Überfall *m*

stick·y ['stɪkɪ] *Adj* **1.** a) klebrig (**with**
von), b) → **stick-on** 2. schwül, drückend (*Wetter*) **3.** F heikel, unangenehm (*Lage*): **he'll come to** (*od* **meet**)
a ~ end mit ihm wird es ein böses Ende
nehmen

▶ stiff [stɪf] **I** *Adj* **1.** *allg* steif: **beat until ~**
GASTR steif schlagen; **have a ~ neck** *e*-n
steifen Nacken haben; → **bore²**, **lip** 1 **2.**
fig stark (*alkoholisches Getränk, Medizin*) **3.** *fig* schwer, schwierig (*Aufgabe*);
hart (*Strafe*); scharf (*Konkurrenz*);
hartnäckig (*Widerstand*) **4.** F happig,

stock

gepfeffert, gesalzen (*Preis*) **II** *s* 5. *sl*
Leiche f '**stiff·en I** *v/t* 1. *Wäsche* stär-
ken, steifen 2. *fig* verschärfen **II** *v/i*
3. steif werden 4. *fig* sich verschärfen
sti·fle ['staɪfl] **I** *v/t* ersticken, *fig a.* unter-
drücken **II** *v/i* ersticken
stig·ma ['stɪɡmə] *s* 1. *fig* Stigma *n* 2. *Pl*
-ta ['-tə] REL Stigma *n*, Wundmal *n*
'**stig·ma·tize** *v/t fig* brandmarken, stig-
matisieren
sti·let·to [stɪ'letəʊ] *Pl* **-tos** *s* Stilett *n* ~
heel f Bleistift-, Pfennigabsatz *m*
still¹ [stɪl] **I** *Adj* 1. *allg* still: → **keep** 15,
stand 7, **water** 2 2. ohne Kohlensäure
(*Getränk*) **II** *s* 3. *Film*, TV: Standfoto *n*
▸ **still**² [stɪl] **I** *Adv* 1. (immer) noch, noch
immer 2. *beim Komparativ:* noch **II** *Konj* 3.
dennoch, trotzdem
still³ [-] *s* CHEM Destillationsapparat *m*;
Destillierkolben *m*
'**still·born** *Adj* tot geboren ~ **life** *Pl* **lifes**
s MALEREI Stillleben *n*
stilt [stɪlt] *s* 1. Stelze f 2. ARCHI Pfahl *m*
'**stilt·ed** *Adj* gestelzt, gespreizt, ge-
schraubt
stim·u·lant ['stɪmjʊlənt] *s* MED Stimu-
lans *n*, Anregungsmittel *n*; *fig* Anreiz
m, Ansporn *m* (**to** für) **stim·u·late**
['-leɪt] *v/t* 1. MED *j-n*, *Kreislauf etc* sti-
mulieren, anregen, *fig a. j-n* anspornen
(**to do** zu tun); PHYSIOL reizen 2. *Pro-
duktion etc* ankurbeln **stim·u·lus**
['-ləs] *Pl* **-li** ['-laɪ] *s* 1. PHYSIOL Reiz
m 2. *fig* Anreiz *m*, Ansporn *m* (**to** für)
▸ **sting** [stɪŋ] **I** *v/t* (*unreg*) 1. *j-n* stechen
(*Biene etc*) 2. brennen auf (*Dat*) *od* in
(*Dat*): ~ **s.o. into action** *fig j-n* aktiv
werden lassen 3. F *j-n* neppen (**for**
um) **II** *v/i* 4. stechen (*Biene etc*) 5.
brennen (**from** von) (*Augen etc*) **III** *s* 6.
Stachel *m* 7. Stich *m* 8. Brennen *n*,
brennender Schmerz: **take the ~ out
of s.th.** *fig* e-r Sache den Stachel neh-
men '**sting·ing** *Adj*: ~ **nettle** BOT
Brennnessel f
stin·gy ['stɪndʒɪ] *Adj* F knick(e)rig (*Per-
son*), mick(e)rig (*Mahlzeit etc*): **be ~
with** knickern mit
stink [stɪŋk] **I** *v/i* (*unreg*) 1. stinken (**of**
nach): ~ **to high heaven** *wie die Pest
stinken; fig* zum Himmel stinken 2. F
hundsmiserabel sein **II** *v/t* 3. ~ **out** F
Zimmer etc verstänkern **III** *s* 4. Ge-
stank *m*: **there's a ~ of garlic in here**

hier stinkt es nach Knoblauch 5. *cause*
(*od* **kick up, raise**) *a* ~ F Stunk machen
(**about** wegen) ~ **bomb** *s* Stinkbombe f
stink·ing ['stɪŋkɪŋ] **I** *Adj* 1. stinkend 2. F
scheußlich; blöd **II** *Adv* 3. ~ **rich** F
stinkreich
stint [stɪnt] *s* a) Pensum *n*, b) Zeit f: **he
did a three-year** ~ **in the army** er war
drei Jahre lang beim Militär
stip·u·late ['stɪpjʊleɪt] *v/t* 1. zur Aufla-
ge *od* Bedingung machen 2. festsetzen,
vereinbaren **,stip·u·la·tion** *s* 1. Auflage
f, Bedingung f 2. Festsetzung f, Vereinba-
rung f
▸ **stir** [stɜː] **I** *v/t* 1. (um)rühren: ~ **up**
Staub aufwirbeln, *Schlamm* aufwühlen
2. *Glied etc* bewegen, rühren 3. *Blätter
etc* leicht bewegen, *Wasser* kräuseln
(*Wind*) 4. *fig j-n* aufwühlen, bewegen
5. ~ **up** *fig* Unruhe stiften, *Streit* entfa-
chen; *Erinnerungen* wachrufen **II** *v/i* 6.
sich rühren: ~ **from** sich fort- *od* weg-
rühren von 7. *fig* sich rühren, wach wer-
den **III** *s* 8. **give s.th. a** ~ etw (um)rüh-
ren 9. *cause* (*od* **create**) *a* ~ f für
Aufsehen sorgen '**stir·ring** *Adj* auf-
wühlend, bewegend
stir·rup ['stɪrəp] *s* Steigbügel *m*
▸ **stitch** [stɪtʃ] **I** *s* 1. *Nähen etc*: Stich *m*:
the wound needed eight ~es die
Wunde musste mit acht Stichen genäht
werden; **he had his ~es out yesterday**
ihm wurden gestern die Fäden gezogen
2. *Stricken etc*: Masche f: **drop a** ~ e-e
Masche fallen lassen 3. **have** (*od* **get**) *a*
(*od* **the**) ~ Seitenstechen haben; **be in
~es** F sich kaputtlachen 4. **he hadn't
got a** ~ **on** F er war splitterfasernackt
II *v/t* 5. *a.* ~ **up** zunähen, *Wunde* nähen:
~ **on** (**to**) *Knopf etc* annähen (**an** *Akk*)
6. *Buch* broschieren, heften
▸ **stock** [stɒk] **I** *s* 1. Vorrat *m* (**of** *an Dat*):
have s.th. in ~ etw vorrätig *od* auf La-
ger haben; **take** ~ WIRTSCH Inventur
machen; **take** ~ **of** *fig* sich klar werden
über (*Akk*) 2. WIRTSCH **a**) *bes Am* Ak-
tie(n *Pl*) f, **b**) *Pl* Aktien *Pl*, f, **c**) *Pl* Wert-
papiere *Pl* 3. GASTR Brühe f 4. WIRTSCH
Viehbe-
stand *m* 5. (*Gewehr*)Schaft *m* 6. *fig* Ab-
stammung f, Herkunft f **II** *v/t* 7.
WIRTSCH *Ware* vorrätig haben, führen
8. **be well ~ed** (**up**) **with** gut versorgt
sein mit **III** *v/i* 9. ~ **up** sich eindecken
(**on, with** mit) **IV** *Adj* 10. WIRTSCH ~

S

model Serienmodell *n*; ~ **size** Standardgröße *f* **11.** *pej* Standard..., stereotyp (*Ausrede*) '~**,breed·er** *s* Viehzüchter(in) '~**,breed·ing** *s* Viehzucht *f* '~**,brok·er** *s* WIRTSCH Börsenmakler(in) ~ **cor·po·ra·tion** *s* WIRTSCH *Am* Kapital- *od* Aktiengesellschaft *f* ~ **cube** *s* Brühwürfel *m* ~ **ex·change** *s* WIRTSCH Börse *f* ~**hold·er** *s* WIRTSCH *bes Am* Aktionär(in)
stock·ing ['stɒkɪŋ] *s* Strumpf *m* ~ **mask** *s* Strumpfmaske *f*
stock|-in-'trade *s*: **be part of s.o.'s** ~ *fig* zu j-s Rüstzeug gehören ~ **mar·ket** *s* WIRTSCH Börse *f* '~**pile I** *v/t* Vorrat *m* (*of an Dat*) *II v/t* e-n Vorrat anlegen an (*Dat*); *Lebensmittel etc* hamstern, horten '~**room** *s* Lager(raum *m*) *n* '~**still** *Adv* regungslos '~**tak·ing** *s* WIRTSCH Inventur *f*; *fig* Bestandsaufnahme *f*
stock·y ['stɒkɪ] *Adj* stämmig, untersetzt
sto·i·cal ['stəʊɪkl] *Adj* stoisch, gelassen ~ **sto·i·cism** ['‑ɪsɪzm] *s* Gelassenheit *f*
stoke [stəʊk] *I v/t a.* ~ **up** Feuer, Hass etc schüren *II v/i* ~ **up** F sich voll stopfen (*on, with* mit) '**stok·er** *s* Heizer(in)
stole[1] [stəʊl] *Prät von* **steal**
stole[2] [‑] *s* Stola *f*
sto·len ['stəʊlən] *Part Perf von* **steal**
stol·id ['stɒlɪd] *Adj* phlegmatisch
▸ **stom·ach** ['stʌmək] *I s* **1.** Magen *m*: **on an empty** ~ auf leeren *od* nüchternen Magen *rauchen etc*, mit leerem *od* nüchternem Magen *schwimmen gehen etc*; **on a full** ~ mit vollem Magen; **turn s.o.'s** ~ j-m den Magen umdrehen **2.** Bauch *m* **3.** (*for*) Appetit *m* (auf *Akk*); *fig* Lust *f* (auf *Akk*, zu) *II v/t* **4.** vertragen (*a. fig*) ~**ache** ['‑eɪk] *s* **1.** Magenschmerzen *Pl* **2.** Bauchschmerzen *Pl*, -weh *n* ~ **up·set** *s* Magenverstimmung *f*
stomp [stɒmp] *v/i* sta(m)pfen, trampeln
▸ **stone** [stəʊn] *I s* **1.** (a. *Edel-*, MED *Gallen- etc*)Stein *m*: **it's only a** ~**'s throw** (*away*) *from* es ist nur e-n Katzensprung entfernt von; **have a heart of** ~ ein Herz aus Stein haben; **leave no** ~ **unturned** *fig* nichts unversucht lassen **2.** BOT Kern *m*, Stein *m* **3.** (*Hagel*)Korn *n* **4.** *Pl* **stone**(**s**) *Br* Gewichtseinheit (= *6,35 kg*) *II v/t* **5.** mit Steinen bewerfen; ~ (**to death**) steinigen **6.** entkernen, ‑steinen ♀ **Age** *s* Steinzeit *f* '~'**broke**

Am → **stony-broke** '~**'cold I** *Adj* eiskalt *II Adv*: ~ **sober** F stocknüchtern
stoned [stəʊnd] *Adj sl* **1.** stinkbesoffen **2.** stoned (*unter Drogeneinwirkung*)
'**stone|-'dead** *Adj* mausetot '~**'deaf** *Adj* stocktaub ~ **fruit** *s* Steinfrucht *f*, *Koll* Steinobst *n* '~**ma·son** *s* Steinmetz(in) '~**ware** *s* Steingut *n*
ston·y ['stəʊnɪ] *Adj* **1.** steinig **2.** *fig* steinern (*Gesicht, Herz etc*), eisig (*Schweigen*) '~**'broke** *Adj bes Br* F total abgebrannt *od* pleite
stood [stʊd] *Prät u. Part Perf von* **stand**
stooge [stu:dʒ] *s* F *pej* Handlanger(in)
stool [stu:l] *s* **1.** (*Bar-*, *Klavier- etc*)Hocker *m*, (*Klavier- etc*)Stuhl *m*, (‑)Schemel *m*: **fall between two** ~**s** *fig* sich zwischen zwei Stühle setzen **2.** PHYSIOL Stuhl *m*
stoop [stu:p] *I v/i* **1.** *a.* ~ **down** sich bücken **2.** gebeugt gehen **3.** ~ **to** *fig* sich herablassen *od* hergeben zu: ~ **to doing s.th.** sich dazu herablassen *od* hergeben, etw zu tun *II s* **4.** gebeugte Haltung: **walk with a** ~ → **2**
▸ **stop** [stɒp] *I s* **1.** Halt *m*: **come to a** ~ anhalten, stoppen, *weit. S.* aufhören; **put a** ~ **to** e-r Sache ein Ende machen *od* setzen **2.** (*Bus*)Haltestelle *f* **3.** LING *bes Br* Punkt *m* **4.** **pull out all the** ~**s** *fig* alle Register ziehen *II v/i* **5.** stehen bleiben (*a. Uhr etc*), (an)halten, stoppen: ~ **by s.o.'s place** bei j-m vorbeischauen; → **dead** 14, **thief** 6. aufhören: ~ **at nothing** vor nichts zurückschrecken (**to get s.th.** um etw zu bekommen); → **short** 5 **7.** *bes Br* bleiben (**for supper** zum Abendessen) *III v/t* **8.** anhalten, stoppen; *Maschine etc* abstellen **9.** aufhören mit: ~ **doing s.th.** aufhören, etw zu tun **10.** ein Ende machen *od* setzen (*Dat*); *Blutung* stillen; *Arbeiten, Verkehr etc* zum Erliegen bringen; (*Boxen*) *Kampf* abbrechen **11.** *etw* verhindern; *j-n* abhalten (**from** von), hindern (**from** an *Dat*): ~ **s.o.** (**from**) **doing s.th.** j-n davon abhalten *od* daran hindern, etw zu tun **12.** *Rohr etc* verstopfen; *Zahn* füllen, plombieren: ~ **s.o.'s mouth** F j-m den Mund stopfen **13.** *Scheck* sperren (lassen)
Verbindungen mit Adverbien:
stop| **by** *v/i* vorbeischauen ~ **in** *v/i* **1.** vorbeischauen (*at* bei) **2.** *bes Br* zu

Hause bleiben **~ off** v/i F, **~ o•ver** v/i Zwischenstation machen (**in** in Dat) **~ round** v/i bes Am F vorbeischauen **~ up** I v/t Leitung etc verstopfen II v/i bes Br aufbleiben

'**stop**|**·cock** s TECH Absperrhahn m '**~·gap** I s Notbehelf m, Übergangslösung f; (Person) Aushilfe f, pej Lückenbüßer(in) II Adj: **~ measure** Überbrückungsmaßnahme f '**~·o·ver** s Zwischenstation f; FLUG Zwischenlandung f

stop·page ['stɒpɪdʒ] s **1.** Arbeitseinstellung f **2.** TECH Verstopfung f (a. MED) **3.** bes Br (Gehalts-, Lohn)Abzug m '**stop·per** s Stöpsel m

stop| **press** s bes Br letzte Meldungen Pl '**~·watch** s Stoppuhr f

stor·age ['stɔːrɪdʒ] s **1.** (Ein)Lagerung f **2.** Lager(raum m) n: **be in ~** eingelagert sein **3.** Lagergeld n **~ heat·er** s Speicherofen m

▸ **store** [stɔː] I s **1.** Vorrat m, Pl a. Bestände Pl (**of** an Dat): **there was a shock in ~ for us** auf uns wartete e-e unangenehme Überraschung; **have s.th. in ~** etw vorrätig od auf Lager haben; **have a surprise in ~ for** j-n e-e Überraschung für j-n haben **2.** bes Am Laden m, Geschäft n; bes Br Kauf-, Warenhaus n **3.** Lager(halle f, -haus n) n: **be in ~** bes Br eingelagert sein **4. set great** (**little**) **~ by** fig großen (wenig) Wert legen auf (Akk) II v/t **5.** a. **~ up** sich e-n Vorrat anlegen an (Dat) **6.** Kohle etc lagern; Möbel etc einlagern; Daten, Energie etc speichern '**~·card** s Kundenkreditkarte f **~ de·tec·tive** s Kaufhausdetektiv(in) f '**~·house** s **1.** Lagerhaus n **2.** fig Fundgrube f (**of** von): **be a ~ of good ideas** voller guter Ideen stecken '**~**,**keep·er** s bes Am Ladenbesitzer(in) '**~·room** ['-rʊm] s Lagerraum m

▸ **sto·rey** ['stɔːrɪ] s bes Br Stock(werk n) m, Etage f: **a six-~ building** ein sechsstöckiges Gebäude

stork [stɔːk] s ORN Storch m

▸ **storm** [stɔːm] I s **1.** Unwetter n; (a. fig Protest- etc)Sturm m: **a ~ in a teacup** Br fig ein Sturm im Wasserglas **2. take by ~** MIL im Sturm nehmen od (a. fig) erobern II v/t **3.** MIL etc stürmen III v/i **4.** stürmen, stürzen **~ cloud** s Gewitter-

wolke f: **the ~s are gathering** fig es braut sich etw zusammen '**storm·y** ['stɔːmɪ] Adj stürmisch (a. fig)

▸ **sto·ry**[1] ['stɔːrɪ] s **1.** Geschichte f; Märchen n (a. fig F): **his side of the ~** s-e Version; **it's the same old ~** es ist das alte Lied; **to cut a long ~ short** um es kurz zu machen, kurz u. gut; **→ go** 18 **2.** Story f, (Lebens-, Entwicklungs)Geschichte f **3.** Story f, Handlung f **4.** Journalismus: Story f, Bericht m (**on** über Akk)

▸ **sto·ry**[2] ['stɔːrɪ] Am → **storey** '**sto·ry**·**book** Adj ... wie im Märchen **~ line → story**[1] 3

stoup [stuːp] s REL Weihwasserbecken n

stout [staʊt] I Adj **1.** korpulent, (Frau a.) vollschlank **2.** fig hartnäckig II s **3.** Stout m (dunkles Bier mit starkem Hopfengeschmack)

▸ **stove** [stəʊv] s Ofen m, (zum Kochen a.) Herd m

stow [stəʊ] v/t a. **~ away** verstauen '**stow·a·way** s FLUG, SCHIFF blinder Passagier

strad·dle ['strædl] v/t breitbeinig od mit gespreizten Beinen stehen über (Dat); rittlings sitzen auf (Dat)

strag·gle ['strægl] v/i: **~ in** einzeln eintrudeln '**strag·gler** s Nachzügler(in) '**strag·gly** Adj struppig (Haar)

▸ **straight** [streɪt] I Adj **1.** gerade, (Haar) glatt: **~ line** gerade Linie, MATHE Gerade f; **keep a ~ face** ernst bleiben **2. get** (od **put**) **s.th. ~** etw in Ordnung bringen, Zimmer etc aufräumen; **set s.o. ~ about s.th.** fig j-m etw klarmachen **3.** offen, ehrlich (**with** zu) **4.** ohne Unterbrechung: **in ~ sets** (Tennis etc) ohne Satzverlust; **his third ~ win** (Sport) sein dritter Sieg hintereinander od in Folge **5.** pur: **drink one's whisky ~**; **two ~ whiskies** zwei Whisky pur **6.** sl **a)** hetero (heterosexuell), **b)** clean, sauber (nicht mehr drogenabhängig): **I'm ~** ich nehm grundsätzlich keine Drogen II Adv **7.** gerade: **~ ahead** geradeaus **8.** genau, direkt **9.** a. **~ off** sofort **10.** klar sehen, denken **11.** F a. **~ out** offen, ehrlich **12. ~ up?** Br F ehrlich? III s **13.** SPORT (Gegen-, Ziel)Gerade f '**~·a'way** Adv sofort

straight·en ['streɪtn] I v/t **1.** a. **~ up** gerade hängen, legen etc, Krawatte etc ge-

rade rücken **2. ~ out** fig Angelegenheit etc in Ordnung bringen, Missverständnis klären; F j-m (wieder) auf die Beine helfen; j-n (wieder) auf die richtige Bahn bringen **3. ~ up** in Ordnung bringen, aufräumen **II** v/i **4.** a. **~ out** gerade werden (Straße etc) **5. ~ up** sich aufrichten

straight'for·ward Adj **1.** aufrichtig **2.** einfach, unkompliziert **3.** glatt (Absage etc) **~'out** Adj bes Am F offen, ehrlich

strain [streɪn] **I** v/t **1.** Seil etc (an)spannen: **~ one's ears (eyes)** die Ohren spitzen (genau hinschauen) **2.** sich, Augen etc überanstrengen; sich e-n Muskel etc zerren: **~ a muscle** a. sich e-e Muskelzerrung zuziehen **3.** Gemüse, Tee etc abgießen **II** v/i **4.** sich anstrengen **5. ~ at** zerren od ziehen an (Dat): **~ at the leash** an der Leine zerren (Hund), fig es nicht mehr erwarten können **III** s **6.** Spannung f (a. TECH u. POL etc) **7.** fig Belastung f (on für): **put a great ~ on s.o.** j-n stark belasten **strained** Adj **1.** gezerrt: **~ muscle** a. Muskelzerrung f **2.** gezwungen (Lächeln etc) **3.** gespannt (Beziehungen) **4.** look **~** abgespannt aussehen '**strain·er** s Sieb n

strait [streɪt] s a. Pl Meerenge f, Straße f: **be in desperate (od dire) ~s** fig in e-r ernsten Notlage sein

'**strait**|**jack·et** s Zwangsjacke f: **put in a ~** j-n in e-e Zwangsjacke stecken **~'laced** Adj prüde

strand [strænd] s **1.** (Haar)Strähne f; (Woll- etc)Faden m, (Kabel)Draht m; fig Faden m (e-r Handlung etc)

strand·ed ['strændɪd] Adj: **be ~** SCHIFF gestrandet sein; **be (left) ~** fig festsitzen (**in** in Dat) (Person)

▶ **strange** [streɪndʒ] Adj **1.** merkwürdig, seltsam, sonderbar: **~ to say** so merkwürdig es auch klingen mag; **~ly (enough)** merkwürdiger-, seltsamer-, sonderbarerweise **2.** fremd (**to** s.o. j-m) **3. be ~** to nicht vertraut sein mit

▶ **stran·ger** ['streɪndʒə] s **1.** Fremde(r m), f: **I'm a ~ here** bin hier fremd; → **perfect** 2 **2. be a ~ to** → **strange** 3

stran·gle ['stræŋgl] v/t erwürgen, erdrosseln; fig abwürgen, ersticken '**~hold** s Würgegriff m: **have a ~ on** fig j-n, etw vollkommen beherrschen

stran·gu·late ['stræŋgjʊleɪt] v/t MED abschnüren, abbinden ,**stran·gu'la·tion** s **1.** Erwürgung f, Erdrosselung f **2.** MED Abschnürung f, Abbindung f

strap [stræp] **I** s **1.** Riemen m, Gurt m; Haltegriff m, Schlaufe f (in Bus etc); Träger m (an Kleid etc); (Uhr)(Arm-) Band n **II** v/t **2.** festschnallen (**to** an Dat): **be ~ped in** FLUG, MOT angeschnallt sein **3.** a. **~ up** Br Bein etc bandagieren **4. be ~ped (for cash)** F knapp bei Kasse sein; abgebrannt od pleite sein '**~,hang·er** s F **1.** Stehplatzinhaber(in) (in Bus etc) **2.** Pendler(in) **strap·less** ['stræplɪs] Adj schulterfrei (Kleid), (a. Badeanzug) trägerlos

stra·ta ['strɑːtə] Pl von **stratum**

strat·a·gem ['strætədʒəm] s (MIL Kriegs)List f

stra·te·gic [strə'tiːdʒɪk] Adj (**~ally**) strategisch; strategisch wichtig **strat·e·gist** ['strætɪdʒɪst] s Stratege m, Strategin f **strat·e·gy** ['-dʒɪ] s Strategie f

strat·i·fied ['strætɪfaɪd] Adj vielschichtig (Gesellschaft)

strat·o·sphere ['strætəʊ,sfɪə] s METEO Stratosphäre f

stra·tum ['strɑːtəm] Pl **-ta** ['-tə] s GEOL, SOZIOL Schicht f

straw [strɔː] s **1.** Stroh n: → **man** 3 **2.** Stroh-, a. Trinkhalm m: **the ~ that breaks the camel's back, the last ~** fig der Tropfen, der das Fass zum Überlaufen bringt; **clutch at ~s** fig sich an e-n Strohhalm klammern

▶ **straw·ber·ry** ['strɔːbərɪ] s BOT Erdbeere f **~ hat** s Strohhut m **~ man** s (unreg **man**) Strohmann m **~ poll, ~ vote** s POL Probeabstimmung f

stray [streɪ] **I** v/i **1.** sich verirren **2.** fig abschweifen (**from** von) (Gedanken etc) **II** Adj **3.** verirrt (Kugel, Tier); streunend (Tier) **4.** vereinzelt **III** s **5.** verirrtes od streunendes Tier

streak [striːk] s **1.** Streifen m; Strähne f (im Haar): **a ~ of lightning** ein Blitz m; **like a ~ of lightning** wie der Blitz **2.** fig (Charakter)Zug m **3.** fig (un)lucky ~ Glückssträhne (Pechsträhne) f; **winning (losing) ~** (a. Sport) Siegesserie (Niederlagenserie) f; **be on a lucky ~** e-e Glückssträhne haben '**streak·y** Adj streifig; durchwachsen (Speck)

▶ **stream** [striːm] **I** s **1.** Bach m **2.** Strö-

mung f: **go against the ~** fig gegen den Strom schwimmen **3.** (*Besucher-, Blut-, Verkehrs- etc*)Strom m; fig Flut f, Schwall m (*von Verwünschungen etc*) **4.** PÄD Br Leistungsgruppe f **II** v/i **5.** strömen (*Besucher, Blut, Licht etc*): **tears were ~ing down her face** Tränen liefen ihr übers Gesicht; **his face was ~ing with sweat** sein Gesicht war schweißüberströmt **6.** wehen, flattern (**in the wind** im Wind) **III** v/t **7.** PÄD Br Klasse in Leistungsgruppen einteilen **'stream•er** s **1.** Luft-, Papierschlange f **2.** COMPUTER Streamer m **'streaming** Adj: **he's got a ~ cold** er hat e-n fürchterlichen Schnupfen

'stream|•line v/t rationalisieren **'~•lined** Adj stromlinienförmig, windschnittig, -schlüpfig

▸ **street** [stri:t] s Straße f: **in** (*bes Am* **on**) **the ~** auf der Straße; **be** (**right**) **up s.o.'s ~** fig j-m zusagen; **he's not in the same ~ as me, I'm ~s ahead of him** F ich bin ihm haushoch überlegen; **walk the ~s** durch die Straßen laufen; auf den Strich gehen; → **man** 3; → *Info bei* **Straße** **~ bat•tle** s Straßenschlacht f **'~-car** s Am Straßenbahn f **~ lamp**, **~ light** s Straßenlaterne f **~ map** s Stadtplan m **~ val•ue** s (Straßen)Verkaufswert m (*von Drogen*) **~ vend•er**, **~ vend•or** s Straßenhändler(in) **'~•walker** s Strichmädchen n, Strichjunge m **'~•wise** Adj lebenstüchtig, clever

▸ **strength** [streŋθ] s **1.** Stärke f (*a. fig*), Kraft f, Kräfte Pl: **~ of character** Charakterfestigkeit f, -stärke; **~ of will** Willenskraft, -stärke; **on the ~ of** auf j-s Rat etc hin; **he hasn't got enough ~** er ist nicht kräftig genug; **go from ~ to ~** von Erfolg zu Erfolg eilen **2.** Macht f **3.** (An)Zahl f: **in ~** in großer Zahl, zahlreich; **at full ~** vollzählig; **below** (*od* **under**) **~** nicht vollzählig; unterbesetzt; **'strength•en I** v/t **1.** verstärken **2.** fig stärken: **~ s.o.'s resolve** j-n in s-m Vorsatz bestärken **II** v/i **3.** stärker werden, sich verstärken (*Wind etc*)

stren•u•ous ['strenjʊəs] Adj **1.** anstrengend **2.** unermüdlich

stress [stres] **I** s **1.** fig Stress m: **be under ~** unter Stress stehen, im Stress sein **2.** LING Betonung f: **lay ~ on** fig → 5; **~**

mark Akzent m, Betonungszeichen n **3.** PHYS, TECH Beanspruchung f, Belastung f; (*mechanische*) Spannung **II** v/t **4.** stressen: **be ~ed** gestresst sein **5.** LING betonen, fig a. Wert legen auf (*Akk*) **,stressed-'out** Adj stressgeplagt **'stress-free** Adj stressfrei **stress•ful** ['-fʊl] Adj stressig, aufreibend

▸ **stretch** [stretʃ] **I** v/t **1. ~ out** Arm etc ausstrecken; → **leg** 1 **2.** Seil etc spannen: **be fully ~ed** fig richtig gefordert werden **3.** Schuhe etc (aus)weiten **4.** fig es nicht so genau nehmen mit: **~ a point** ein Auge zudrücken **II** v/i **5.** sich dehnen, a. länger od weiter werden **6.** sich dehnen od strecken: **~ out** sich ausstrecken **7.** sich (*räumlich*) erstrecken (**to** bis zu), sich hinziehen (*räumlich*: **to** bis zu; *zeitlich*: **into** bis in Akk); fig reichen (**to** für) (*Vorräte etc*) **III** s **8.** have a ~ → 6; **be at full ~** fig sich sehr viel Mühe geben müssen; **not by any ~ of the imagination** nie u. nimmer **9.** Dehnbarkeit f, Elastizität f **10.** Strecke f (e-r Straße), (*Sport*) (*Gegen-, Ziel*)Gerade f **11.** Zeit(raum m, -spanne f) f: **at a ~** hintereinander; **do a three-year ~** F drei Jahre absitzen **IV** Adj **12.** → **stretchy** **'stretch•er** s Trage f **stretch marks** s Pl Schwangerschaftsstreifen Pl **'stretch•y** Adj dehnbar, elastisch

stri•at•ed [straɪ'eɪtɪd] Adj gestreift

strick•en ['strɪkən] Adj **1.** leidgeprüft (*Person*), schwer betroffen (*Gegend etc*) **2. ~ with** befallen od ergriffen von: → **panic-stricken**

strict [strɪkt] Adj streng (*Person, Disziplin, Gesetze etc*), (*Anweisungen etc a.*) strikt: **be ~ with** streng sein mit od zu od gegen; **in ~ confidence** streng vertraulich; **~ly** (**speaking**) streng genommen, genau genommen

stride [straɪd] **I** v/i (*unreg*) **1.** schreiten, mit großen Schritten gehen **II** s **2.** (großer) Schritt: **get into one's ~** fig (richtig) in Fahrt od Schwung kommen; **take s.th. in one's ~** fig etw mühelos verkraften **3.** fig Fortschritt m

stri•dent ['straɪdnt] Adj schrill

strife [straɪf] s Streit m

▸ **strike** [straɪk] **I** s **1.** WIRTSCH Streik m: **be** (**out**) **on ~** streiken, im Streik stehen; **go on ~** streiken, in den Streik tre-

ten **2.** (*Öl- etc*)Fund *m* **3.** MIL Angriff *m*
II *v/i* (*unreg*) **4.** ~ **at s.o.** → **strike out** 2
5. einschlagen (*Blitz*) **6.** schlagen
(*Uhr*): **it has just struck two o'clock**
es hat gerade zwei Uhr geschlagen **7.**
WIRTSCH streiken (**for** für) **8.** ~ **on** *fig*
kommen auf e-n Plan *etc* **III** *v/t* (*unreg*)
9. schlagen: ~ **s.o. a blow** j-m e-n
Schlag versetzen; → **dumb** 1 **10.** treffen;
einschlagen in (*Akk*) (*Blitz*): → **light-
ning** I **11.** Streichholz anzünden **12.**
SCHIFF auflaufen auf (*Akk*) **13.** strei-
chen (**from, off** aus e-m Verzeichnis
etc, von e-r Liste *etc*) **14.** *fig* stoßen
auf (*Öl, e-e Straße, Schwierigkeiten
etc*): → **oil** 2 **15.** → **balance** 1, **bargain**
1 **16. be struck by** beeindruckt sein
von; **how does the house ~ you?**
wie findest du das Haus?; **it struck
me as rather strange that** es kam
mir ziemlich seltsam vor, dass **17.** j-m
einfallen, in den Sinn kommen **18.**
Münze *etc* prägen **19.** Saite *etc* anschla-
gen: → **chord**¹, **note** 9 **20.** Lager, Zelt
abbrechen
Verbindungen mit Adverbien:
strike| back *v/i* zurückschlagen (*a. fig*)
~ **down** *v/t* **1.** niederschlagen **2.** *fig* nie-
derwerfen (*Krankheit*); dahinraffen ~
off *v/t* **1.** abschlagen **2.** *Br Solicitor*
von der Anwaltsliste streichen, e-m
Arzt die Approbation entziehen ~
out I *v/t* **1.** (aus)streichen **II** *v/i* **2.** ~ **at
s.o.** auf j-n einschlagen **3.** ~ **on one's
own** *fig* s-e eigenen Wege gehen, ~
WIRTSCH sich selbstständig machen ~
through *v/t* durchstreichen ~ **up I** *v/t*
1. Lied *etc* anstimmen **2.** Bekannt-
schaft, Freundschaft schließen, Ge-
spräch anknüpfen (**with** mit) **II** *v/i* **3.**
MUS einsetzen
strike| bal·lot *s* WIRTSCH Urabstim-
mung *f* '~·**bound** *Adj* bestreikt; vom
Streik lahm gelegt '~.**break·er** *s*
WIRTSCH Streikbrecher(in) ~ **call** *s*
WIRTSCH Streikaufruf *m* ~ **pay** *s*
WIRTSCH Streikgeld(er *Pl*)
'**strik·er** *s* **1.** WIRTSCH Streikende *m, f* **2.**
Fußball: Stürmer(in) '**strik·ing** *Adj* **1.**
auffallend, (*Ähnlichkeit, Vorschlag
etc*) verblüffend **2. be within ~
distance of** *fig* kurz vor e-m Erfolg
etc stehen

▶ **string** [strɪŋ] **I** *s* **1.** Schnur *f*, Bindfaden

m; (*Schürzen-, Schuh- etc*)Band *n*;
(*Puppenspiel*) Faden *m*, Draht *m*: **with
no ~s attached** *fig* ohne Bedingungen;
pull the ~s *fig* die Fäden ziehen; **pull a
few ~s** *fig* ein paar Beziehungen spie-
len lassen **2.** (*Perlen- etc*)Schnur *f* **3. a)**
Saite *f* (*e-r Gitarre, e-s Tennisschlägers
etc*); (*Bogen*)Sehne *f*: **have two ~s** (*od a
second ~, another ~*) **to one's bow** *fig*
zwei *od* mehrere Eisen im Feuer ha-
ben, **b)** **the ~s** *Pl* MUS die Streichinstru-
mente *Pl*; die Streicher *Pl* **4.** *fig* Reihe
f, Serie *f* **II** *Adj* **5.** MUS Streich… **III** *v/t*
6. Perlen *etc* aufreihen **7.** Gitarre *etc* be-
saiten, Tennisschläger *etc* bespannen
Verbindungen mit Adverbien:
string| a·long F **I** *v/t* j-n hinhalten **II**
v/i sich anschließen (**with s.o.** j-m) ~ **up**
v/t **1.** aufhängen **2.** F j-n aufknüpfen
string bean *s* BOT *bes Am* grüne Bohne
stringed in·stru·ment [strɪŋd] *s* Sai-
ten-, Streichinstrument *n*
strin·gent ['strɪndʒənt] *Adj* streng
string·y ['strɪŋɪ] *Adj* **1.** fas(e)rig (*Boh-
nen, Fleisch etc*) **2.** sehnig (*Arm etc*)
strip [strɪp] **I** *v/i* **1. a.** ~ **off** sich ausziehen
(**to** bis auf *Akk*), (*beim Arzt*) sich frei
machen; strippen: ~ **to the waist** den
Oberkörper frei machen **II** *v/t* **1.** Farbe
etc abkratzen, Tapete *etc* abreißen
(**from, off** von) **3.** ~ **s.o. of sth.** j-m
etw rauben *od* wegnehmen: **he was
~ped of his title** ihm wurde sein Titel
aberkannt **4. a)** *a.* ~ **down** Motor *etc*
auseinander nehmen, zerlegen, **b)** *Wa-
gen etc* ausschlachten **II** *s* **5.** (*Land-,
Papier- etc*)Streifen *m* **6.** Strip *m*: **do a** ~
strippen 7. *Fußball:* *Br* Dress *m* ~ **car-
toons** *s Pl Br* Comics *Pl*
stripe [straɪp] *s* **1.** Streifen *m* **2.** MIL (Är-
mel)Streifen *m*, Winkel *m* **striped** *Adj*
gestreift: ~ **pattern** Streifenmuster *n*
strip light·ing *s* Neonlicht *n*
strip·per ['strɪpə] *s* Stripper(in)
'**strip-tease** *s* Striptease *m, n*: **do a** ~ e-n
Striptease vorführen, strippen
strive [straɪv] *v/i* (*unreg*) **1.** sich bemü-
hen (**to do** zu tun) **2.** streben (**for, after**
nach) **3.** (an)kämpfen (**against** gegen)
striv·en ['strɪvn] *Part Perf von* **strive**
strobe light ['strəʊb] *s* Stroboskoplicht
n
strode [strəʊd] *Prät u. Part Perf von*
stride

stroke [strəʊk] **I** *v/t* **1.** streicheln: ~ *s.o.'s hair* j-m übers Haar streichen **II** *s* **2.** Schlag *m* (*a. Tennis, e-r Uhr etc*), Hieb *m*: *a ~ of genius fig* ein glänzender Einfall; *a ~ of luck fig* ein glücklicher Zufall; *at a ~ fig* auf 'einen Schlag; *on the ~ of ten* Punkt *od* Schlag zehn (Uhr) **3.** *give s.o. a ~* j-n einschenken **4.** MED Schlag(anfall) *m* **5.** (*Pinsel*)Strich *m*: *with a ~ of the pen* mit e-m Federstrich (*a. fig*); *he hasn't done a ~* (*of work*) *yet* er hat noch keinen Strich getan **6.** *Schwimmen:* Zug *m*; Stil(art *f*) *m*: ~ *backstroke, breaststroke* **7.** TECH (*Kolben*)Hub *m*; Takt *m*: *four-engine* Viertaktmotor *m* **8.** *Rudern:* Schlagmann *m*, -frau *f*

stroll [strəʊl] **I** *v/i* bummeln, spazieren **II** *s* Bummel *m*, Spaziergang *m*: *go for a* ~ e-n Bummel *od* Spaziergang machen '**stroll·er** *s* **1.** Bummler(in), Spaziergänger(in) **2.** *bes Am* Sportwagen *m* (*für Kinder*)

▸ **strong** [strɒŋ] **I** *Adj* (→ *a.* **strongly**) **1.** stark, kräftig (*Person, Arme etc*); fig mächtig (*Land etc*), stark (*Persönlichkeit etc*): → *sex* 1 **2.** stabil (*Möbel etc*), (*Schuhe etc a.*) fest; robust (*Person, Gesundheit, Konstitution a.*) kräftig, (*Herz, Nerven*) stark; fig unerschütterlich (*Beweise*), stark (*Verdacht*): → *point* 14 **3.** stark (*Strömung*), (*Wind etc a.*) kräftig **4.** kräftig (*Geruch, Geschmack*), (*a. Eindruck, Ähnlichkeit etc*) stark **5.** überzeugt (*Anhänger etc*) **6.** stark (*Getränk, Medikament etc*) **7.** ~ *language* Kraftausdrücke *Pl* **8.** groß, hoch (*Chance etc*), aussichtsreich (*Kandidat etc*) **9.** *a nine-~ team* ein neun Mann starkes Team; *an 8,000-~ community* e-e 8000-Seelen-Gemeinde; *our club is 500* ~ unser Klub hat 500 Mitglieder **II** *Adv* **10.** *be still going* ~ noch gut in Schuss sein (*alte Person, altes Gerät etc*) '~**box** *s* (Geld-, Stahl-)Kassette *f* '~**hold** *s* **1.** MIL Festung *f*; Stützpunkt *m* **2.** fig Hochburg *f*

strong·ly [strɒŋlɪ] *Adv:* **I~** *advised him against it* ich riet ihm dringend davon ab

,**strong**|-'**mind·ed** *Adj* willensstark ~**room** *s* Tresor(raum) *m*

stron·tium [strɒntɪəm] *s* CHEM Strontium *n*

strove [strəʊv] *Prät von* **strive**

struck [strʌk] *Prät u. Part Perf von* **strike**

struc·tur·al [strʌktʃərəl] *Adj* **1.** strukturell (bedingt), Struktur...: ~ *change* Strukturwandel *m*; ~**ly weak** strukturschwach **2.** TECH Bau..., Konstruktions... '**struc·ture I** *s* **1.** Struktur *f*; (Auf)Bau *m*, Gliederung *f* **2.** Bau *m*, Konstruktion *f* **II** *v/t* **3.** strukturieren; *Aufsatz etc* aufbauen, gliedern

▸ **strug·gle** [strʌgl] **I** *v/i* **1.** kämpfen (*with* mit; *for* um), fig *a.* sich abmühen (*with* mit; *to do zu tun*): ~ *for words* um Worte ringen **2.** zappeln, um sich schlagen *od* treten **3.** sich quälen: ~ *to one's feet* mühsam aufstehen, sich aufrappeln **II** *s* **4.** Kampf *m* (*a. fig*), Handgemenge *n*: ~ *for survival* Überlebenskampf, Kampf ums Überleben

strum [strʌm] *v/t* **a)** klimpern auf *e-r Gitarre etc*, **b)** *Melodie* klimpern

strung [strʌŋ] *Prät u. Part Perf von* **string**

strut¹ [strʌt] *v/i* stolzieren

strut² [ˌ] TECH **I** *s* Strebe *f*; Stütze *f* **II** *v/t* verstreben; (ab)stützen

strych·nine [strɪkniːn] *s* CHEM, PHARM Strychnin *n*

stub [stʌb] **I** *s* **1.** (*Bleistift-, Zigaretten-etc*)Stummel *m* **2.** Kontrollabschnitt *m* (*e-r Eintrittskarte etc*) **II** *v/t* **3.** sich die Zehe(n) anstoßen (*against, on* an *Dat*) **4.** ~ *out Zigarette* ausdrücken

stub·ble [stʌbl] *s* Stoppeln *Pl* '**stub·bly** *Adj* stopp(e)lig, Stoppel...

stub·born [stʌbən] *Adj* **1.** eigensinnig, stur **2.** hartnäckig (*Fleck, Widerstand*)

stub·by [stʌbɪ] *Adj:* ~ *fingers Pl* Wurstfinger *Pl*

stuc·co [stʌkəʊ] *s* ARCHI Stuck *m* '**stuc·coed** *Adj* Stuck...

stuck [stʌk] **I** *Prät u. Part Perf von* **stick²** **II** *Adj* **1.** *be* (*od get*) ~ klemmen; fig F hängen, nicht weiterkommen: *I was really* ~ ich war total aufgeschmissen; *be* ~ *with* F j-n, *etw* am Hals haben **2.** *be* ~ *on* F verknallt sein in (*Akk*) **3.** *Br* F *get* ~ *in* reinhauen (*beim Essen*); *get* ~ *into* sich stürzen auf (*ein Essen*) *od* in (*e-e Arbeit*) ,~-'**up** *Adj* F hochnäsig

stud¹ [stʌd] **I** *s* **1.** Beschlag- *od* Ziernagel *m* **2.** (*Kragen-, Manschetten*)Knopf

m **3.** Stollen *m* (*e-s Fußballschuhs etc*)
II *v/t* **4.** **be ~ded with** besetzt sein mit;
übersät sein mit

stud² [-] *s* Gestüt *n* (*Pferde*)

▸ **stu·dent** ['stju:dnt] *s* Student(in), PÄD
bes Am u. allg Schüler(in): **~ driver** *Am*
Fahrschüler(in)

stud farm *s* Gestüt *n*

stud·ied ['stʌdɪd] *Adj* wohl überlegt, *pej*
wohl berechnet (*Antwort etc*)

stu·di·o ['stju:dɪəʊ] *Pl* **-os** *s* **1.** *allg* Studio *n*, (*e-s Künstlers etc a.*) Atelier *n* **2.**
Studio *n*, Einzimmerappartement *n* **~
a·part·ment** *bes Am* **→ studio 2 ~
couch** *s* Schlafcouch *f* **~ flat** *bes Br*
→ studio 2

stu·di·ous ['stju:djəs] *Adj* fleißig

▸ **stud·y** ['stʌdɪ] **I** *s* **1.** *a. Pl* Studium *n* **2.**
Studie *f*, Untersuchung *f* (*of* über
Akk): **make** (*od* **carry out**) **a ~ of**
etw untersuchen **3.** *bes* MALEREI Studie
f (*of* zu) **4.** MUS Etüde *f* **5.** Arbeitszimmer *n* **II** *v/t* **6.** Medizin *etc, weit. S.*
Landkarte, j-s Gesicht etc studieren
III *v/i* **7.** studieren (*under s.o.* bei
j-m), *weit. S.* lernen (*for* für *e-e Prüfung*): **~ to be a doctor** Medizin studieren

stuff [stʌf] **I** *s* **1.** F *allg* Zeug *n*: **be good ~**
etw Gutes sein; **that's the ~!** so ist's
richtig!; genau!; **do one's ~** zeigen,
was man kann; **know one's ~** sich
gut auskennen **II** *v/t* **2.** (**with** mit) Hohl-
raum, *Tier* ausstopfen; *Kissen etc* ausstop-
fen, füllen; sich *die Taschen* voll stop-
fen: **~ed full of** gestopft voll von; **~
o.s.** F sich voll stopfen **3.** *etw* stopfen
(*into* in *Akk*) **4.** GASTR *Ente etc* füllen:
get ~ed! *Br sl* du kannst mich mal! **5. ~
up** *Loch etc* ver-, zustopfen (**with** mit):
my nose is ~ed up m-e Nase ist ver-
stopft *od* zu **stuffed** *Adj*: **~ shirt** F Fat-
ke *m* **'stuff·ing** *s* Füllung *f* (*a.* GASTR):
knock the ~ out of s.o. F j-n schaffen
'stuff·y *Adj* **1.** stickig **2.** *fig* prüde; spie-
ßig

stum·ble ['stʌmbl] *v/i* stolpern (**on,
over,** *fig* **at, over** über *Akk*): **~ across**
(*od* **on**) *fig* stoßen auf (*Akk*); **~
through** *Rede etc* herunterstottern
'stum·bling *Adj*: **~ block** *fig* Hindernis
n (**to** für)

stump [stʌmp] **I** *s* **1.** (*Baum-, Bein-, Ker-
zen- etc*)Stumpf *m*, (*Bleistift-, Kerzen-,*

Zahn-, Zigarren- etc)Stummel *m* **II** *v/t*
2. *I'm ~ed*, **you've got me ~ed there** F
da bin ich überfragt **3. ~ up** F *Geld* her-
ausrücken **III** *v/i* **4.** sta(m)pfen
'stump·y *Adj* kurz u. dick (*Arme etc*)

stun [stʌn] *v/t* betäuben; *fig* sprachlos
machen: **he was ~ned by the news**
die Nachricht hat ihm die Sprache ver-
schlagen

stung [stʌŋ] *Prät u. Part Perf von* **sting**

stunk [stʌŋk] *Prät u. Part Perf von* **stink**

stun·ner ['stʌnə] *s*: **she's a real ~** F sie
ist e-e klasse Frau **'stun·ning** *Adj* **1.**
fantastisch **2.** unglaublich (*Nachricht*)

stunt¹ [stʌnt] *s* **1.** (*gefährliches*) Kunst-
stück; (*Film*) Stunt *m* (*gefährliche
Szene, in der ein Stuntman die Rolle
des Darstellers übernimmt*): **do a ~**
ein Kunststück vorführen *od* zeigen;
e-n Stunt ausführen **2.** (*Werbe*)Gag *m*

stunt² [-] *v/t Wachstum* hemmen; *das
Wachstum* (*Gen*) hemmen: **~ed** ver-
kümmert

stunt| fly·ing *s* Kunstflug *m* **~ man** *s*
(*unreg man*) *Film*: Stuntman *m*,
Double *n* **~ wom·an** *s* (*unreg woman*)
Film: Stuntwoman *n*, Double *n*

stu·pen·dous [stju:'pendəs] *Adj* fan-
tastisch

▸ **stu·pid** ['stju:pɪd] *Adj* **1.** dumm **2.** *fig*
F blöd **stu'pid·i·ty** *s* Dummheit *f*

stu·por ['stju:pə] *s*: **in a drunken ~** im
Vollrausch

stur·dy ['stɜːdɪ] *Adj* **1.** stämmig (*Beine
etc*) **2.** *fig* hartnäckig (*Widerstand*)

stur·geon ['stɜːdʒən] *s* FISCH Stör *m*

stut·ter ['stʌtə] **I** *v/i* MED stottern (*a.
Motor*) **II** *v/t* **→ stammer** II **III** *s* **→
stammer** III **'stut·ter·er** *s* **→ stammerer**

▸ **style** [staɪl] *s* **1.** *allg* Stil *m*: **~ of
leadership** Führungsstil; **in ~** in gro-
ßem Stil; **that's not my ~** F das ist nicht
m-e Art **2.** Ausführung *f*, Modell *n* **3.**
COMPUTER Formatvorlage *f* **II** *v/t* **4.** ent-
werfen; gestalten: **styling mousse**
Kosmetik: Schaumfestiger *m*

styl·ish ['staɪlɪʃ] *Adj* **1.** stilvoll **2.** mo-
disch, elegant

styl·ist ['staɪlɪst] *s* **1.** Stilist(in) **2. a)** Mo-
deschöpfer(in), **b)** **→ hair stylist**
sty'lis·tic *Adj* (**~ally**) stilistisch, Stil...

styl·ize ['staɪlaɪz] *v/t* stilisieren

sty·lus ['staɪləs] *s* Nadel *f* (*e-s Platten-
spielers*)

sty·mie ['staɪmɪ] v/t F Gegner matt setzen; Plan etc vereiteln

styp·tic ['stɪptɪk] MED Adj blutstillend

Styr·ia ['stɪrɪə] Eigenn die Steiermark

Sty·ro·foam® ['staɪrəfəʊm] s Am Styropor® m

suave [swɑːv] Adj verbindlich, pej aalglatt

sub [sʌb] F I s 1. → subeditor, submarine I, subscription 1 2. SPORT Auswechselspieler(in) 3. Br Vorschuss m II v/i 4. → substitute IV III v/t 5. → subedit 6. Br j-m e-n Vorschuss geben

'sub·com·mit·tee s Unterausschuss m

,sub'con·scious I Adj unterbewusst: ~ly im Unterbewusstsein; F unbewusst II s Unterbewusstsein n: in one's ~ im Unterbewusstsein

,sub'con·ti·nent s Subkontinent m

'sub,cul·ture s SOZIOL Subkultur f

sub·cu·ta·ne·ous [ˌsʌbkjuːˈteɪnjəs] Adj subkutan, unter der od die Haut

,sub·di'vide v/t unterteilen **'sub·di,vision** s 1. Unterteilung f 2. Unterabteilung f

sub·due [səbˈdjuː] v/t Land etc unterwerfen; Ärger etc unterdrücken **sub'dued** Adj 1. gedämpft (Stimme), (Farben, Licht a.) dezent 2. (merkwürdig) ruhig od still (Person)

,sub'ed·it v/t redigieren **,sub'ed·i·tor** s Redakteur(in)

'sub,head·ing s Untertitel m

,sub'hu·man Adj unmenschlich

▶ **sub·ject** ['sʌbdʒɪkt] I s 1. Thema n: on the ~ of über (Akk); be the ~ of much criticism von verschiedenen Seiten kritisiert werden; change the ~ das Thema wechseln, von etw anderem reden 2. PÄD, UNI Fach n 3. LING Subjekt n, Satzgegenstand m 4. be the ~ of, be a ~ for Anlass od Grund geben zu 5. Untertan(in); Staatsangehörige m, f, -bürger(in) 6. Versuchsperson f, -tier n II Adj 7. ~ to anfällig für: be ~ to a. neigen zu 8. be ~ to unterliegen (Dat); abhängen von: be ~ to the approval of (erst noch) genehmigt werden müssen von; prices ~ to change Preisänderungen vorbehalten III v/t [səbˈdʒekt] 9. Land etc unterwerfen 10. ~ to e-m Test etc unterziehen; der Kritik etc aussetzen **sub·jec·tion** [səbˈdʒekʃn] s 1. Unterwerfung f 2. Abhängigkeit f (to von) **sub'jec·tive** Adj subjektiv

sub·ject mat·ter s Stoff m; Inhalt m

sub·ju·gate ['sʌbdʒʊgeɪt] v/t unterjochen, -werfen

sub·junc·tive (mood) [səbˈdʒʌŋktɪv] s LING Konjunktiv m

,sub'lease v/t unter-, weitervermieten, unter-, weiterverpachten (to an Dat)

,sub'let v/t (unreg let) unter-, weitervermieten (to an Dat)

sub·li·mate CHEM I v/t ['sʌblɪmeɪt] sublimieren II s ['-mət] Sublimat n

sub·lime [səˈblaɪm] Adj 1. großartig 2. iron großzügig (Missachtung), allumfassend (Unkenntnis)

sub·lim·i·nal [ˌsʌbˈlɪmɪnl] Adj PSYCH unterschwellig

,sub·ma'chine gun s Maschinenpistole f

,sub·ma'rine I s Unterseeboot n, U-Boot n II Adj untermeerisch, -seeisch

sub·merge [səbˈmɜːdʒ] I v/t (ein)tauchen (in in Akk) II v/i tauchen (U-Boot)

sub·mis·sion [səbˈmɪʃn] s 1. Einreichung f 2. Boxen etc: Aufgabe f

sub·mis·sive [səbˈmɪsɪv] Adj unterwürfig

sub·mit [səbˈmɪt] I v/t 1. Gesuch etc einreichen (to Dat od bei) 2. ~ that sich fügen (to Dat od in Akk) II v/i 3. aufgeben

,sub'nor·mal Adj 1. unterdurchschnittlich 2. unterdurchschnittlich intelligent

sub·or·di·nate I Adj [səˈbɔːdɪnət] I Adj untergeordnet (to Dat): be ~ to a. zurückstehen hinter (Dat); ~ clause LING Nebensatz m II s Untergebene m, f III v/t [-dɪneɪt] (to) unterordnen (Dat), zurückstellen (hinter Akk)

'sub,plot s Nebenhandlung f

sub·poe·na [səbˈpiːnə] JUR I s Vorladung f II v/t Zeugen vorladen

sub·scribe [səbˈskraɪb] I v/i 1. ~ to Zeitschrift etc abonnieren; abonniert haben 2. ~ to Ansicht etc billigen II v/t 3. Geld geben, spenden (to für) **sub'scrib·er** s Abonnent(in); (Fernsprech)Teilnehmer(in)

sub·scrip·tion [səbˈskrɪpʃn] s 1. (Mitglieds)Beitrag m 2. Abonnement n: take out a ~ to Zeitschrift etc abonnieren

'sub·sec·tion s Unterabteilung f

sub·se·quent ['sʌbsɪkwənt] Adj später

sub·ser·vi·ent [səb'sɜːvjənt] Adj 1. unterwürfig 2. untergeordnet (to Dat): be ~ to a. zurückstehen hinter (Dat)

sub·side [səb'saɪd] v/i 1. sich senken (Gebäude, Straße etc): ~ into a chair in e-n Sessel sinken 2. zurückgehen (Überschwemmung, Nachfrage etc), sich legen (Sturm, Zorn etc)

sub·sid·i·ar·i·ty [səb,sɪdɪ'ærətɪ] s POL Subsidiarität(sprinzip n) f

sub·sid·i·ar·y [səb'sɪdjərɪ] I Adj Neben...: ~ company → II; ~ subject PÄD, UNI Nebenfach n II s WIRTSCH Tochtergesellschaft f

sub·si·dize ['sʌbsɪdaɪz] v/t subventionieren

sub·si·dy ['-dɪ] s Subvention f

sub·sist [səb'sɪst] v/i existieren, leben (on von) sub·sist·ence s Existenz f: live at ~ level am Existenzminimum leben

,sub'son·ic Adj FLUG, PHYS Unterschall...: at ~ speed mit Unterschallgeschwindigkeit

► sub·stance ['sʌbstəns] s 1. Substanz f, Stoff m, Masse f 2. fig Substanz f: in ~ im Wesentlichen

,sub'stand·ard Adj minderwertig; LING inkorrekt

sub·stan·tial [səb'stænʃl] Adj 1. solid (Schrank etc) 2. fig beträchtlich, (Änderungen etc a.) wesentlich: ~ly a. im Wesentlichen 3. fig kräftig (Mahlzeit)

sub·stan·ti·ate [səb'stænʃɪeɪt] v/t beweisen, erhärten

sub·stan·tive ['sʌbstəntɪv] s LING Substantiv n, Hauptwort n

sub·sti·tute ['sʌbstɪtjuːt] I s Ersatz m; Ersatz(mann) m, Vertretung f, (Sport) Auswechselspieler(in): ~'s' bench SPORT Reserve-, Auswechselbank f II Adj Ersatz... ~ teacher Am Aushilfslehrer(in) III v/t: ~ A for B B durch A ersetzen, B gegen A austauschen od auswechseln IV v/i: ~ for einspringen für, j-n vertreten

'sub·struc·ture s ARCHI Fundament n, Unterbau m (beide a. fig)

,sub'ten·ant s Untermieter(in)

sub·ter·fuge ['sʌbtəfjuːdʒ] s List f

sub·ter·ra·ne·an [,sʌbtə'reɪnjən] Adj unterirdisch

'sub·ti·tle s Untertitel m

sub·tle ['sʌtl] Adj 1. fein (Unterschied etc), (Aroma etc a.) zart 2. raffiniert (Plan etc) 3. scharf (Verstand), scharfsinnig (Person)

'sub,to·tal s Zwischen-, Teilsumme f

► sub·tract [səb'trækt] v/t MATHE abziehen, subtrahieren (from von) sub'trac·tion s Abziehen n, Subtraktion f

,sub'trop·i·cal Adj subtropisch

► sub·urb ['sʌbɜːb] s Vorort m: live in the ~s am Stadtrand wohnen sub·ur·ban [sə'bɜːbən] Adj Vorort..., vorstädtisch, Vorstadt... sub·ur·bi·a [-bɪə] s 1. Vorstadt f: live in ~ am Stadtrand wohnen 2. Vorstadtleben n

sub·ver·sion [sʌb'vɜːʃn] s POL Subversion f 'sub'ver·sive [-sɪv] I Adj subversiv, umstürzlerisch II s Umstürzler(in)

sub·vert [sʌb'vɜːt] v/t Regierung zu stürzen versuchen

► sub·way ['sʌbweɪ] s 1. Unterführung f 2. Am U-Bahn f

► suc·ceed [sək'siːd] I v/i 1. Erfolg haben, erfolgreich sein (Person), (Plan etc a.) gelingen: he ~ed in doing it es gelang ihm, es zu tun 2. ~ to in e-m Amt nachfolgen: ~ to the throne auf dem Thron folgen II v/t 3. j-m nachfolgen, j-m od auf j-n folgen: ~ s.o. as j-s Nachfolger werden als

► suc·cess [sək'ses] s Erfolg m: without ~ ohne Erfolg, erfolglos

► suc·cess·ful [sək'sesfʊl] Adj erfolgreich: be ~ → succeed 1; he was ~ in doing it es gelang ihm, es zu tun

suc·ces·sion [sək'seʃn] s 1. Folge f: three times in ~ dreimal nach- od hintereinander; in quick ~ in rascher Folge 2. Nachfolge f suc'ces·sive [-sɪv] Adj aufeinander folgend: on three ~ days a. drei Tage nach- od hintereinander suc'ces·sor [-sə] s Nachfolger(in) (to in e-m Amt): ~ in office Amtsnachfolger(in); ~ to the throne Thronfolger(in)

suc·cinct [sək'sɪŋkt] Adj kurz (u. bündig), knapp

suc·cu·lent ['sʌkjʊlənt] Adj saftig

suc·cumb [sə'kʌm] v/i: ~ to e-r Krankheit, der Versuchung etc erliegen

► such [sʌtʃ] I Adj solch, derartig: such a man ein solcher od so ein Mann; no such thing nichts dergleichen II Adv so, derart: such a nice day so ein schö-

ner Tag; **such a long time** e-e so lange Zeit; **such is life** so ist das Leben **III** *Pron* solch: ▸ **such as** wie (zum Beispiel); **man as such** der Mensch als solcher '**~like I** *Adj* solche **II** *Pron* dergleichen

suck [sʌk] **I** *v/t* **1.** saugen **2.** lutschen (an *Dat*) **3.** ~ **under** hinunterziehen (*Strudel etc*) **II** *v/i* **4.** saugen (**at** an *Dat*) **5.** ~ **up to s.o.** *Br* F sich bei j-m lieb Kind machen wollen **III** *s* **6. have a** ~ of saugen *od* ziehen an (*Dat*); lutschen an (*Dat*) '**suck·er** *s* **1.** ZOOL Saugnapf *m*, -organ *n* **2.** TECH Saugfuß *m* **3.** *Am* Lutscher *m* **4.** F Gimpel *m*, leichtgläubiger Kerl: **be a** ~ **for** immer wieder reinfallen auf (*Akk*); verrückt sein nach '**suck·ing** *Adj*: ~ **pig** Spanferkel *n*

suck·le ['sʌkl] *v/t* säugen (*a.* ZOOL), stillen

suc·tion ['sʌkʃn] *s* Saugwirkung *f* ~ **pump** *s* TECH Saugpumpe *f*

Su·dan [su:'dɑ:n] *Eigenn* der Sudan

sud·den ['sʌdn] **I** *Adj* plötzlich: **be very** ~ sehr plötzlich kommen **II** *s*: **all of a** ~ ganz plötzlich, auf einmal

suddenly ['sʌdnli] *Adv* plötzlich, abrupt

suds [sʌdz] *s Pl* Seifenschaum *m*

sue [su:] JUR **I** *v/t* j-n verklagen (**for** auf *Akk*, wegen) **II** *v/i* klagen (**for** auf *Akk*)

suede, **suède** [sweɪd] *s* Wildleder *n*; Veloursleder *n*

su·et ['suɪt] *s* Nierenfett *n*, Talg *m*

▸ **suf·fer** ['sʌfə] **I** *v/i* **1.** leiden (**from** an *Dat*; *weit. S.* unter *Dat*) **2.** darunter leiden **II** *v/t* **3.** Niederlage, Rückschlag, *Verlust etc* erleiden; *Folgen* tragen '**suf·fer·er** *s*: *a cancer* ~ ein Krebskranker; *a migraine* ~ j-d, der an Migräne leidet '**suf·fer·ing** *s* Leiden *n*; Leid *n*

suf·fice [sə'faɪs] **I** *v/i* ausreichen (**for** für) **II** *v/t* j-m genügen, reichen

suf·fi·cient [sə'fɪʃnt] *Adj* genügend, genug, ausreichend: **be** ~ → **suffice I**

suf·fix ['sʌfɪks] *s* LING Suffix *n*, Nachsilbe *f*

suf·fo·cate ['sʌfəkeɪt] *v/i u. v/t* ersticken

suf·frage ['sʌfrɪdʒ] *s* POL Wahl-, Stimmrecht *n*

suf·fuse [sə'fju:z] *v/t*: **be** ~**d with** durchdrungen sein von

▸ **sug·ar** ['ʃʊgə] **I** *s* **1.** Zucker *m* **2.** *bes Am* F Schatz (*Anrede*) **II** *v/t* **3.** zuckern: → **pill 1** ~ **beet** *s* BOT Zuckerrübe *f* ~ **bowl** *s* Zuckerdose *f* ~ **cane** *s* BOT Zuckerrohr *n* ~ **dad·dy** *s* F *alter Knacker, der ein junges Mädchen aushält*

sug·ar·y ['ʃʊgərɪ] *Adj* **1.** zuck(e)rig, Zucker... **2.** *fig* süßlich

▸ **sug·gest** [sə'dʒest] *v/t* **1.** j-n vorschlagen (**as** als), *etw a.* anregen: **I** ~ **going** (*od* **that we go**) **home** ich schlage vor heimzugehen **2.** hindeuten *od* -weisen auf (*Akk*), schließen lassen auf (*Akk*): ~ **that** darauf hindeuten *od* -weisen, dass; darauf schließen lassen, dass **3.** andeuten: **I am not** ~**ing that** ich will damit nicht sagen, dass **sug'gest·i·ble** *Adj* beeinflussbar

▸ **sug·ges·tion** [sə'dʒestʃən] *s* **1.** Vorschlag *m*, Anregung *f*: **at s.o.'s** ~ auf j-s Vorschlag hin; **make** (*od* **offer**) **a** ~ e-n Vorschlag machen; **be open to** ~**s** für Vorschläge offen sein **2.** Anflug *m*, Spur *f* **3.** Andeutung *f* **4.** PSYCH Suggestion *f* **sug'ges·tive** *Adj* **1.** *be* ~ *of* → **suggest 2 2.** zweideutig (*Bemerkung etc*), viel sagend (*Blick etc*)

▸ **su·i·cid·al** [sʊɪ'saɪdl] *Adj* **1.** selbstmörderisch (*a. fig*): ~ **thoughts** *Pl* Selbstmordgedanken *Pl* **2.** selbstmordgefährdet **su·i·cide** ['sʊɪsaɪd] *s* **1.** Selbstmord *m* (*a. fig*): **commit** ~ Selbstmord begehen; **he tried to commit** ~ er unternahm e-n Selbstmordversuch; ~ **attempt** Selbstmordversuch *m*; → **attempt 1 2.** Selbstmörder(in)

▸ **suit** [su:t] **I** *s* **1.** Anzug *m*; Kostüm *n* **2.** *Kartenspiel:* Farbe *f*: **follow** ~ (Farbe) bedienen; *fig* dasselbe tun, nachziehen **3.** → **lawsuit II** *v/t* **4.** j-m stehen (*Farbe etc*) **5.** j-m passen (*Termin etc*): **that** ~**s me fine** das passt mir gut, das ist mir sehr recht **6.** ~ **s.th.**, **be** ~**ed to s.th.** geeignet sein *od* sich eignen für etw; **they are well** ~**ed** (*to each other*) sie passen gut zusammen **7.** ~ **yourself!** mach, was du willst! **8.** *etw* anpassen (**to** *Dat*)

▸ **suit·a·ble** ['su:təbl] *Adj* passend, geeignet (**for, to** für)

▸ **suit·case** ['su:tkeɪs] *s* Koffer *m*

suite [swi:t] *s* **1.** (*Möbel*)Garnitur *f* **2.** Zimmerflucht *f* **3.** MUS Suite *f*

suit·or ['su:tə] *s* **1.** Verehrer *m* **2.** WIRTSCH Übernahmeinteressent(in)

S

sulfate

sul·fate, sul·fide, sul·fur Am → **sulphate, sulphide, sulphur**

sulk [sʌlk] **I** v/i schmollen **II** s: **have the ~s** → I '**sulk·y** I Adj 1. schmollend 2. schnell schmollend **II** s 3. Trabrennen: Sulky n

sul·len ['sʌlən] Adj mürrisch

sul·phate ['sʌlfeɪt] s CHEM bes Br Sulfat n

sul·phide ['sʌlfaɪd] s CHEM bes Br Sulfid n

sul·phur ['sʌlfə] s CHEM, MIN bes Br Schwefel m **sul·phu·ric** [-'fjʊərɪk] Adj: **~ acid** Schwefelsäure f **sulphurous** ['-fərəs] Adj schwef(e)lig, Schwefel...

sul·tan ['sʌltən] s Sultan m

sul·try ['sʌltrɪ] Adj 1. schwül 2. aufreizend (Blick etc)

▶ **sum** [sʌm] **I** s 1. Summe f (a. MATHE), Betrag m 2. (einfache) Rechenaufgabe: **do~s** rechnen **II** v/t 3. **~ up** zs.-fassen 4. **~ up** j-n, etw abschätzen **III** v/i 5. **~ up** zs.-fassen: **to ~ up** zs.-fassend

sum·ma·rize ['sʌməraɪz] v/t u. v/i zs.-fassen '**sum·mar·y** s Zs.-fassung f **II** Adj summarisch (a. JUR); fristlos (Entlassung)

▶ **sum·mer** ['sʌmə] **I** s Sommer m: **in (the) ~** im Sommer **II** Adj Sommer... **~ camp** s Ferienlager n '**~house** s Gartenhaus n **~ sales** s Pl Sommerschlussverkauf m '**~time** s Sommer(zeit f) m: **in (the) ~** im Sommer **~ time** s bes Br Sommerzeit f (Uhrzeit)

sum·mer·y ['sʌmərɪ] Adj sommerlich, Sommer...

sum·mit ['sʌmɪt] **I** s Gipfel m (a. WIRTSCH, POL), fig a. Höhepunkt m **II** Adj bes WIRTSCH, POL Gipfel...: **~ conference**

sum·mon ['sʌmən] v/t 1. j-n zitieren (**to** in Akk); auffordern (**to do** zu tun) 2. Versammlung etc einberufen 3. **~ up** Kraft, Mut etc zs.-nehmen **sum·mons** ['-z] JUR **I** s Vorladung f **II** v/t j-n vorladen

sump [sʌmp] s TECH bes Br Ölwanne f

sump·tu·ous ['sʌmptʃʊəs] Adj luxuriös

▶ **sun** [sʌn] **I** s Sonne f **II** v/t: **~ o.s.** sich sonnen '**~bathe** v/i sonnenbaden, sich sonnen '**~beam** s Sonnenstrahl m '**~bed** s Sonnenbank f '**~block** s Sun-

blocker m (Sonnenschutzmittel mit sehr hohem Lichtschutzfaktor) '**~burn** s Sonnenbrand m '**~burned**, '**~burnt** Adj: **be ~** e-n Sonnenbrand haben

sun·dae ['sʌndeɪ] s Eisbecher m

▶ **Sun·day** ['sʌndɪ] s Sonntag m: **on ~ (am)** Sonntag; **on ~s** sonntags **~ best** s Sonntagsstaat m **~ school** s Sonntagsschule f

'**sun|·di·al** s Sonnenuhr f '**~down** → **sunset**

sun·dries ['sʌndrɪz] s Pl Diverses n, Verschiedenes n **sun·dry** ['-drɪ] Adj diverse, verschiedene: **all and ~** jedermann, pej Hinz u. Kunz

'**sun,flow·er** s BOT Sonnenblume f

sung [sʌŋ] Part Perf von **sing**

'**sun|,glass·es** s Pl, a. **pair of ~** Sonnenbrille f **~ god** s Sonnengott m

sunk [sʌŋk] Prät u. Part Perf von **sink**

sunk·en ['sʌŋkən] Adj 1. ge-, versunken; versenkt 2. eingefallen (Wangen), (a. Augen) eingesunken

sun|lamp s Höhensonne f, Quarzlampe f '**~light** s Sonnenlicht n '**~lit** Adj sonnenbeschienen

▶ **sun·ny** ['sʌnɪ] Adj sonnig (a. fig Wesen etc), fig fröhlich (Lächeln etc): **~ side up** nur auf 'einer Seite gebraten (Ei)

▶ **sun|·rise** ['sʌnraɪz] s Sonnenaufgang m: **at sunrise** bei Sonnenaufgang '**~roof** s 1. MOT Schiebedach n 2. Dachterrasse f '**~screen** s Sonnenschutzcreme f

▶ **sun|·set** ['sʌnset] s Sonnenuntergang m: **at sunset** bei Sonnenuntergang '**~shade** s Sonnenschirm m

▶ **sun|·shine** ['sʌnʃaɪn] s Sonnenschein m '**~stroke** s MED Sonnenstich m '**~tan** s (Sonnen)Bräune f: **~ lotion** Sonnenlotion f; **~ oil** Sonnenöl n '**~tanned** Adj braun gebrannt '**~up** → **sunrise ~ vi·sor** s MOT Sonnenblende f

su·per ['suːpə] Adj F super, klasse

su·per... ['suːpə] Über..., über...

,**su·per·a'bun·dant** Adj überreichlich

,**su·per·an·nu·at·ed** [,suːpə'rænjʊeɪtɪd] Adj 1. pensioniert, im Ruhestand 2. fig überholt, veraltet

su·perb [suː'pɜːb] Adj ausgezeichnet

su·per·cil·i·ous [,suːpə'sɪlɪəs] Adj hochnäsig

su·per·fi·cial [,suːpə'fɪʃl] Adj ober-

flächlich (*a. fig*) **su·per·fi·ci·al·i·ty** [ˌ-ˌfɪʃɪˈælətɪ] *s* Oberflächlichkeit *f*

su·per·flu·ous [suːˈpɜːfluəs] *Adj* überflüssig

ˌsu·perˈhu·man *Adj* übermenschlich ˌ∼imˈpose *v/t* Bild *etc* einblenden (**on** in *Akk*)

su·per·in·tend·ent [ˌsuːpərɪnˈtendənt] *s* 1. Aufsicht(sbeamte *m*, -beamtin *f*) *f* 2. *Br* Kriminalrat *m*, -rätin *f*

su·pe·ri·or [suːˈpɪərɪə] I *Adj* 1. (**to**) überlegen (*Dat*), besser (als): **be ∼ in number(s) to** *j-m* zahlenmäßig überlegen sein 2. ranghöher (**to** als): **be ∼ to** *a*. höher stehen als 3. ausgezeichnet, hervorragend 4. *pej* überheblich, -legen II *s* 5. Vorgesetzte *m*, *f* **su·pe·ri·or·i·ty** [ˌ-ˈɒrətɪ] *s* 1. Überlegenheit *f* (**over** gegenüber): **∼ in number(s)** zahlenmäßige Überlegenheit 2. Überheblichkeit *f*

su·per·la·tive [suːˈpɜːlətɪv] I *Adj* 1. unübertrefflich, überragend 2. **∼ degree** → 3 II *s* 3. LING Superlativ *m*

ˈsu·per·man *s* (*unreg* **man**) Supermann *m*

▶ ˈsu·perˈ·mar·ket [ˈsuːpəˌmɑːkɪt] *s* Supermarkt *m* ˌ∼ˈnatu·ral *Adj* übernatürlich II *s*: **the ∼** das Übernatürliche

su·per·nu·mer·a·ry [ˌsuːpəˈnjuːmərərɪ] *Adj* überzählig

ˈsu·perˌpow·er *s* POL Supermacht *f*

su·per·sede [ˌsuːpəˈsiːd] *v/t etw* ablösen, ersetzen

ˌsu·perˈson·ic *Adj* FLUG, PHYS Überschall...: **at ∼ speed** mit Überschallgeschwindigkeit ˈ∼star *s Sport etc*: Superstar *m*

su·per·sti·tion [ˌsuːpəˈstɪʃn] *s* Aberglaube *m*, *Pl* abergläubische Vorstellungen *Pl* **su·per·sti·tious** [ˌ-ˈstɪʃəs] *Adj* abergläubisch

ˈsu·perˌstruc·ture *s* ARCHI Oberbau *m*, SCHIFF (Deck)Aufbauten *Pl*; *fig* Überbau *m* ˈ∼ˌtank·er *s* SCHIFF Supertanker *m*

su·per·vene [ˌsuːpəˈviːn] *v/i* dazwischenkommen

su·per·vise [ˈsuːpəvaɪz] *v/t* beaufsichtigen **su·per·vi·sion** [ˌ-ˈvɪʒn] *s* Beaufsichtigung *f*: **under s.o.'s ∼** unter *j-s* Aufsicht **su·per·vi·sor** [ˈ-ˌvaɪzə] *s* Aufseher(in), Aufsicht *f*

▶ **sup·per** [ˈsʌpə] *s* 1. Abendessen *n*, österr. Nachtmahl *n*, schweiz. Nachtes-

sen *n*: **have ∼** zu Abend essen 2. *kleiner Imbiss am späten Abend* 3. → **lord** 3

sup·plant [səˈplɑːnt] *v/t* verdrängen

sup·ple [ˈsʌpl] *Adj* gelenkig (*Körper etc*), (*a. Material*) geschmeidig, (*Material*) biegsam, elastisch

sup·ple·ment I *s* [ˈsʌplɪmənt] 1. Ergänzung *f* (**to** *Gen od* zu) 2. Nachtrag *m*, Anhang *m* (**to** zu *e-m Buch*); Ergänzungsband *m* 3. Beilage *f* (*zu e-r Zeitung*) II *v/t* [ˈ-ment] 4. ergänzen, *Einkommen* aufbessern (**with** mit) **sup·ple·men·ta·ry** [ˌ-ˈmentərɪ] *Adj* ergänzend, zusätzlich: **∼ benefit** *Br* Sozialhilfe *f*

sup·pli·ca·tion [ˌsʌplɪˈkeɪʃn] *s* Flehen *n*

sup·pli·er [səˈplaɪə] *s* WIRTSCH Lieferant(in)

▶ **sup·ply** [səˈplaɪ] I *v/t* 1. liefern; stellen; sorgen für 2. *j-n, etw* versorgen, WIRTSCH beliefern (**with** mit) 3. *e-m Bedürfnis etc* abhelfen II *s* 4. Lieferung *f* (**to** an *Akk*) 5. Versorgung *f* 6. WIRTSCH Angebot *n*: **∼ and demand** Angebot u. Nachfrage; → **short** 2 7. *mst Pl* Vorrat *m* (**of** an *Dat*), *Pl a.* Proviant *m*, MIL Nachschub *m* 8. *Pl* (*Büro etc*)Bedarf *m* **∼ teach·er** *s Br* Aushilfslehrer(in)

▶ **sup·port** [səˈpɔːt] I *v/t* 1. (ab)stützen; *Gewicht etc* tragen; *fig Währung* stützen 2. *j-n* (*a. finanziell*), *Forderung etc* unterstützen, *Familie* unterhalten: **∼ Tottenham** ein Tottenham-Anhänger sein 3. *Hobby etc* finanzieren 4. *Theorie etc* beweisen, erhärten 5. *etw* aushalten, ertragen II *s* 6. Stütze *f*, TECH *a.* Stützbalken *m*, -pfeiler *m* 7. *fig* Unterstützung *f*: **in ∼ of** zur Unterstützung (*Gen*) **sup·port·a·ble** *Adj* erträglich

▶ **sup·port·er** [səˈpɔːtə] *s* Anhänger(in) (*a. Sport*), Befürworter(in) **sup·port·ing** *Adj* 1. **∼ wall** tragende Wand *f*, *fig* unterstützend: **∼ materials** *Pl* PÄD Begleitmaterial *n*; **∼ part** (*od* **role**) THEAT *etc* Nebenrolle *f*; **∼ program(me)** (*Film*) Beiprogramm *n* **sup·port·ive** *Adj*: **he was very ∼ when I** ... er war mir e-e große Stütze, als ich ...

▶ **sup·pose** [səˈpəʊz] I *v/t* 1. annehmen, vermuten: **I ∼ I must have fallen asleep** ich muss wohl eingeschlafen sein 2. **he is ∼d to be rich** er soll reich

sein; *you are not ~d to smoke here* du darfst hier nicht rauchen; *aren't you ~d to be at work?* solltest du nicht (eigentlich) in der Arbeit sein?; *what is that ~d to mean?* was soll denn das? **3.** *etw* voraussetzen **II** *v/i* **4.** *I ~ so* ich nehme es an, wahrscheinlich, vermutlich **III** *Konj* **5.** angenommen **6.** wie wäre es, wenn: *~ we went home?* wie wäre es, wenn wir nach Hause gingen? **sup·posed** *Adj* angeblich **sup·pos·ing** *Konj* **1.** → suppose 5, **6 2.** vorausgesetzt

sup·po·si·tion [ˌsʌpəˈzɪʃn] *s* Annahme *f*, Vermutung *f*

sup·pos·i·to·ry [səˈpɒzɪtəri] *s* MED Zäpfchen *n*

sup·press [səˈpres] *v/t* **1.** unterdrücken **2.** ELEK entstören

sup·pu·rate [ˈsʌpjʊəreɪt] *v/i* eitern

su·prem·a·cy [sʊˈpreməsɪ] *s* Vormachtstellung *f*

su·preme [sʊˈpriːm] *Adj* **1.** höchst, oberst **2.** höchst, größt **su·preme·ly** *Adv* höchst, absolut

sur·charge I *s* [ˈsɜːtʃɑːdʒ] Auf-, Zuschlag *m* (**on** auf *Akk*); POST Nach-, Strafporto *n* (**on** auf *Akk*) **II** *v/t* [sɜːˈtʃɑːdʒ] Nachporto *od* e-n Zuschlag erheben auf (*Akk*)

▸ **sure** [ʃɔː] **I** *Adj* (→ **surely**) **1.** *allg* sicher: *~ of o.s.* selbstsicher; *~ of victory* (*od winning*) siegessicher; *for ~* ganz sicher *od* bestimmt; *~ thing! bes Am* F (aber) klar!; *be* (*od feel*) *~ sicher; you are ~ to like this play* dir wird das Stück sicher *od* bestimmt gefallen; *be ~ to lock the door* vergiss nicht abzuschließen; *to be ~* sicher(lich); *make ~ that* sich (davon) überzeugen, dass; dafür sorgen, dass; *make ~ of s.th.* sich von etw überzeugen; sich etw sichern **II** *Adv* **2.** F sicher, klar **3.** *~ enough* tatsächlich *~,* **fire** *Adj* F (tod)sicher

sure·ly [ˈʃɔːlɪ] *Adv* **1.** sicher: → **slow** 1 **2.** sicher(lich), bestimmt **sure·ty** [ˈʃɔːrətɪ] *s bes* JUR Bürgschaft *f*, Sicherheit *f*; Bürge *m*, Bürgin *f*: *stand ~ for s.o.* für j-n bürgen

surf [sɜːf] **I** *s* Brandung *f* **II** *v/i* surfen **III** *v/t ~ the Internet* im Internet surfen

▸ **sur·face** [ˈsɜːfɪs] **I** *s* **1.** Oberfläche *f* (*a. fig*): *on the ~* äußerlich; vordergründig; oberflächlich betrachtet **2.** (*Straßen*-)

Belag *m*, (-)Decke *f* **II** *Adj* **3.** Oberflächen...: *~ mail* gewöhnliche Post (*Ggs. Luftpost*); *~ tension* PHYS Oberflächenspannung *f* **4.** *fig* oberflächlich **III** *v/i* **5.** auftauchen (*a. fig*) **IV** *v/t* **6.** *Straße* mit e-m Belag versehen

sur·fact·ant [sɜːˈfæktənt] *s* CHEM Tensid *n*

'**surf·board** *s* Surfboard *n*, -brett *n*

sur·feit [ˈsɜːfɪt] *s* Überangebot *n* (*of* an *Dat*)

surf·er [ˈsɜːfə] *s* Surfer(in) '**surf·ing** *s* Surfen *n*

surge [sɜːdʒ] **I** *s* **1.** *a ~ of people* e-e wogende Menschenmenge; *there was a sudden ~ forward* plötzlich drängte alles nach vorn **2.** *fig* Welle *f*, Woge *f* (*der Begeisterung*); (*Gefühls*)Aufwallung *f*, Anwandlung *f* **II** *v/i* **3.** drängen, strömen (*Menschenmenge*) **4.** *mst ~ up fig* aufwallen (*in* in *Dat*) (*Zorn etc*)

▸ **sur·geon** [ˈsɜːdʒən] *s* Chirurg(in) **sur·ger·y** [ˈsɜːdʒərɪ] *s* **1.** Chirurgie *f* **2.** *he needs ~* er muss operiert werden **3.** *Br* Sprechzimmer *n*; Sprechstunde *f*: *~ hours Pl* Sprechstunden *Pl* **sur·gi·cal** [ˈ-ɪkl] *Adj* **1.** chirurgisch; operativ; Operations...: *~ spirit Br* Wundbenzin *n* **2.** *~ stocking* Stützstrumpf *m* '**sur·gi·cen·ter** *s Am* Poliklinik *f*

sur·ly [ˈsɜːlɪ] *Adj* griesgrämig

sur·mise I *s* [ˈsɜːmaɪz] Vermutung *f* **II** *v/t* [sɜːˈmaɪz] vermuten

sur·mount [sɜːˈmaʊnt] *v/t Schwierigkeit etc* überwinden **sur·mount·a·ble** *Adj* überwindbar

▸ **sur·name** [ˈsɜːneɪm] *s* Familien-, Nach-, Zuname *m*: *what is his ~?* wie heißt er mit Familiennamen?

sur·pass [sɜːˈpɑːs] *v/t* übertreffen

sur·plus [ˈsɜːpləs] **I** *s* Überschuss *m* (*of* an *Dat*) **II** *Adj* überschüssig: *be ~ to requirements* zu viel sein

▸ **sur·prise** [səˈpraɪz] **I** *s* Überraschung *f*: *in ~* überrascht; *take by ~* überraschen; → *much* **2 II** *Adj* überraschend, Überraschungs... **III** *v/t* überraschen: *be ~d at* (*od by*) überrascht sein über (*Akk*); *I wouldn't be ~d if* es würde mich nicht wundern, wenn **sur·pris·ing** *Adj* überraschend: *~ly* (*enough*) überraschenderweise

sur·re·al·ism [səˈrɪəlɪzəm] *s* KUNST Surrealismus *m* **sur·re·al·ist I** *s* Surrea-

list(in) **II** *Adj* surrealistisch **sur͵re·al·
'istic** *Adj* (*~ally*) surrealistisch

sur·ren·der [səˈrendə] **I** *v/i* **1.** (*to*) MIL
sich ergeben (*Dat*), kapitulieren (vor
Dat) (*beide a. fig*): *~ to the police* sich
der Polizei stellen **II** *v/t* **2.** *etw* überge-
ben, ausliefern (*to Dat*) **3.** *Anspruch etc*
aufgeben, verzichten auf (*Akk*) **III** *s* **4.**
MIL Kapitulation *f* (*to* vor *Dat*) (*a. fig*)
5. (*of*) Aufgabe *f* (*Gen*), Verzicht *m*
(auf *Akk*)

sur·rep·ti·tious [͵sʌrəpˈtɪʃəs] *Adj*
heimlich, verstohlen

sur·ro·gate [ˈsʌrəgeɪt] *Adj*: *~ mother*
Leihmutter *f*

▶ **sur·round** [səˈraʊnd] *v/t* **1.** umgeben
2. *Haus etc* umstellen

▶ **sur·round·ing** [səˈraʊndɪŋ] **I** *Adj* um-
liegend **II** *s Pl* Umgebung *f*

sur·veil·lance [sɜːˈveɪləns] *s* Überwa-
chung *f*: *be under ~* überwacht werden

sur·vey I *v/t* [səˈveɪ] **1.** (sich) *etw* be-
trachten (*a. fig*) **2.** *Land* vermessen
3. *Haus etc* begutachten **II** *s* [ˈsɜːveɪ]
4. Umfrage *f* **5.** Überblick *m* (*of* über
Akk) **6.** Vermessung *f* **7.** Begutachtung
f **sur'vey·or** *s* **1.** Land(ver)messer(in)
2. Gutachter(in)

sur·viv·al [səˈvaɪvl] *s* **1.** Überleben *n* (*a.
fig*): *~ training* Überlebenstraining *n* **2.**
Überbleibsel *n* (*from* aus e-r Zeit)

▶ **sur·vive** [səˈvaɪv] **I** *v/t* **1.** *j-n, etw* über-
leben; *Erdbeben etc* überstehen (*Haus
etc*); *Jahrhundert etc* überdauern
(*Brauch etc*) **II** *v/i* **2.** überleben (*a.
fig*), am Leben bleiben **3.** erhalten blei-
ben *od* sein **sur'vi·vor** *s* Überlebende
m, f (*from, of Gen*)

sus·cep·ti·ble [səˈseptəbl] *Adj* **1.** emp-
fänglich (*to* für) **2.** anfällig (*to* für) **3.**
leicht zu beeindrucken(d)

▶ **sus·pect I** *v/t* [səˈspekt] **1.** *j-n* verdäch-
tigen (*of Gen*): *~ s.o. of doing s.th.* j-n
im *od* in Verdacht haben, etw zu tun;
be ~ed of doing s.th. im *od* unter
dem Verdacht stehen, etw zu tun **2.**
etw vermuten **3.** *etw* an-, bezweifeln
II *s* [ˈsʌspekt] **4.** Verdächtige *m, f* **III**
Adj [ˈsʌspekt] **5.** verdächtig, suspekt

sus·pend [səˈspend] *v/t* **1.** aufhängen
(*from* an *Dat*) **2.** *Verkauf, Zahlungen
etc* (vorübergehend) einstellen; *JUR
Strafe* zur Bewährung aussetzen: *he
was given a two-year ~ed sentence*

er bekam zwei Jahre mit Bewährung
3. *j-n* suspendieren (*from duty* vom
Dienst); vorübergehend ausschließen
(*from* aus); (*Sport*) sperren (*for two
games* für zwei Spiele) **sus'pend·er**
s **1.** *Br* Strumpfhalter *m*, Straps *m*: *~
belt* Strumpf(halter)-, Strapsgürtel *m*
2. *Pl, a. pair of ~s Am* Hosenträger *Pl*

sus·pense [səˈspens] *s* Spannung *f*: *in ~*
gespannt, voller Spannung; *keep s.o.
in ~* j-n auf die Folter spannen **sus·
'pen·sion** *s* **1.** MOT *etc* Aufhängung *f*:
~ bridge Hängebrücke *f* **2.** (vorüberge-
hende) Einstellung **3.** Suspendierung *f*;
vorübergehender Ausschluss; (*Sport*)
Sperre *f*: *he received a two-game ~*
er wurde für zwei Spiele gesperrt

sus·pi·cion [səˈspɪʃn] *s* **1.** Verdacht *m*
(*of* gegen): *be above* (*od beyond*) *~*
über jeden Verdacht erhaben sein; *be
under ~ of murder* unter Mordver-
dacht stehen **2.** *a. Pl* Verdacht *m*, Arg-
wohn *m*, Misstrauen *n* (*of* gegen): *with
~* argwöhnisch, misstrauisch **3.** Ver-
dacht *m*, Vermutung *f* **4.** *fig* Hauch
m, Spur *f* **sus'pi·cious** *Adj* **1.** verdäch-
tig **2.** argwöhnisch, misstrauisch (*of* ge-
gen): *become ~ a.* Verdacht schöpfen

sus·tain [səˈsteɪn] *v/t* **1.** *j-n* (*a. mora-
lisch*) stärken **2.** *Interesse etc* aufrecht-
erhalten **3.** *Schaden, Verlust* erleiden
4. MUS *Ton* (aus)halten **5.** JUR *e-m Ein-
spruch etc* stattgeben **6.** *Gewicht* aus-
halten, tragen **sus'tain·a·ble** *Adj* Ent-
wicklung, *Wachstum etc*: nachhaltig
sus'tained *Adj* anhaltend

su·ture [ˈsuːtʃə] MED **I** *s* Naht *f* **II** *v/t*
Wunde nähen

svelte [svelt] *Adj* gertenschlank (*Frau*)

swab [swɒb] MED **I** *s* **1.** Tupfer *m* **2.** Ab-
strich *m*: *take a ~* e-n Abstrich machen
II *v/t* **3.** *Wunde* abtupfen

swag·ger [ˈswægə] **I** *v/i* stolzieren **II** *s*:
walk with a ~ → **I**

swal·low¹ [ˈswɒləʊ] *s* ORN Schwalbe *f*

▶ **swal·low²** [ˈswɒləʊ] **I** *v/t* **1.** schlucken
(*a. fig* F glauben, *hinnehmen*): *~ one's
words* zugeben, dass man sich geirrt
hat; *~ up Betrieb, Gewinn etc* schlu-
cken, verschlingen **2.** *Ärger, Tränen
etc* hinunterschlucken, *s-n Stolz* verges-
sen **II** *v/i* **3.** schlucken **III** *s* **4.** Schluck *m*

swam [swæm] *Prät von* **swim**

swamp [swɒmp] **I** *s* Sumpf *m* **II** *v/t* über-

schwemmen: **be ~ed with** *fig* über-
schwemmt werden mit '**swamp·y** *Adj*
sumpfig

swan [swɒn] *s* ORN Schwan *m*

swank [swæŋk] F I *v/i* 1. angeben II *s* 2.
Angeber(in) 3. Angabe *f* '**swank·y** *Adj*
F 1. piekfein 2. angeberisch

'**swan·song** *s fig* Schwanengesang *m*

swap [swɒp] F I *v/t* 1. *etw* tauschen (**with**
mit), (ein)tauschen (**for** für, gegen): ~
places die Plätze tauschen II *v/i* 2. tau-
schen: ~ **over** (*od* **round**) die Plätze
tauschen III *s* 3. Tausch *m*: **do a** ~ tau-
schen 4. Tauschobjekt *n* ~ **meet** *s Am*
etwa Flohmarkt *m*, Tauschbörse *f*

swarm [swɔːm] I *s* 1. Schwarm *m* (*Bie-
nen*, *Touristen etc*) II *v/i* 2. schwärmen
(*Bienen*), (*Menschen a.*) strömen 3. ~
with wimmeln von: **the square was**
~ing with people auf dem Platz wim-
melte es von Menschen

swarth·y ['swɔːðɪ] *Adj* dunkel (*Haut*),
dunkelhäutig (*Person*)

swash·buck·ling ['swɒʃˌbʌklɪŋ] *Adj*
verwegen (*Person*), abenteuerlich
(*Film*)

swas·ti·ka ['swɒstɪkə] *s* Hakenkreuz *n*

swat [swɒt] I *v/t* Fliege *etc* totschlagen II
s → **swatter** '**swat·ter** *s* Fliegenklappe
f, -klatsche *f*

sway [sweɪ] I *v/i* 1. sich wiegen (**in the**
wind im Wind) (*Bäume etc*), schaukeln
(*Schiff etc*) II *v/t* 2. hin u. her bewegen,
s-n Körper wiegen, *Fahne etc* schwen-
ken 3. *j-n* beeinflussen; umstimmen III
s 4. Schaukeln *n*

▸ **swear** [sweə] (*unreg*) I *v/i* 1. schwören
(**on the Bible** auf die Bibel; **to God** bei
Gott): ~ **by** *fig* F schwören auf (*Akk*); **I**
couldn't ~ to it ich kann es nicht be-
schwören 2. fluchen: ~ **at s.o.** j-n wüst
beschimpfen II *v/t* 3. schwören (**to do**
zu tun; **that** dass): ~ **s.th. to s.o.** j-m
etw schwören; → **oath** 1 4. ~ **in** *Minister*,
Zeugen etc vereidigen; **I was sworn to**
secrecy ich musste hoch u. heilig ver-
sprechen, kein Wort darüber zu sagen
'**~·word** *s* Fluch *m*; Kraftausdruck *m*

▸ **sweat** [swet] I *v/i* (*Am a. unreg*) 1.
schwitzen (**with** vor *Dat*) (*a. fig* F) II
v/t (*Am a. unreg*) 2. ~ **out** *Krankheit*
ausschwitzen: ~ **it out** F durchhalten;
~ **blood** F sich abrackern (**over** mit)
III *s* 3. Schweiß *m*: **break out in a cold**

~ in kalten Schweiß *od* Angstschweiß
ausbrechen; **no ~!** F kein Problem!;
get in(to) a ~ *fig* F ins Schwitzen gera-
ten (**about** wegen) 4. F Schufterei *f*
'**~·band** *s* SPORT Schweißband *n*

▸ **sweat·er** ['swetə] *s* Pullover *m*

sweat gland *s* ANAT Schweißdrüse *f*
'**~·shirt** *s* Sweatshirt *n* (*weiter Baum-
wollpullover*)

sweat·y ['swetɪ] *Adj* 1. schweißig, ver-
schwitzt 2. nach Schweiß riechend,
Schweiß... 3. schweißtreibend

Swede [swiːd] *s* Schwede *m*, Schwedin *f*

▸ **Swe·den** ['swiːdn] *Eigenn* Schweden
n

▸ **Swed·ish** ['swiːdɪʃ] I *Adj* 1. schwe-
disch II *s* 2. LING Schwedisch *n* 3.
▸ **the Swedish** *Pl* die Schweden *Pl*

▸ **sweep** [swiːp] I *s* 1. **give the floor a** ~
den Boden kehren *od* fegen *od*
schweiz. wischen; **make a clean** ~ *fig*
gründlich aufräumen; (*Sport etc*)
gründlich abräumen 2. Hieb *m*, Schlag
m 3. Schornsteinfeger(in), Kaminkeh-
rer(in) II *v/t* (*unreg*) 4. *Fußboden*, *Krü-
mel etc* kehren, fegen, *schweiz.* wi-
schen: ~ **the board** (*Sport etc*) gründlich
abräumen; → **carpet** 1, **rug** 1 5. fegen
über (*Akk*) (*Sturm etc*); *fig* Land *etc*
überschwemmen (*Protestwelle etc*) 6.
~ **along** mitreißen; ~ **s.o. off his feet**
fig j-s Herz im Sturm erobern 7. *Hori-
zont etc* absuchen (**for** nach) III *v/i* (*un-
reg*) 8. kehren, fegen: → **broom** 9. rau-
schen (*Person*): ~ **past s.o.** an j-m vor-
beirauschen

Verbindungen mit Adverbien:

sweep | **a·side** (*Sport etc*) *etc* beisei-
te schieben ~ **a·way** *v/t* 1. aufräumen
mit 2. **be swept away by** *fig* mitgeris-
sen werden von ~ **up** *v/t* 1. (*a. v/i*) zs.-
kehren, -fegen 2. *j-n* hochreißen

sweep·er ['swiːpə] *s* 1. (*Straßen*)Keh-
rer(in) 2. Kehrmaschine *f* 3. *Fußball*:
Libero *m* '**sweep·ing** *Adj* 1. durchgrei-
fend (*Änderung etc*) 2. pauschal

▸ **sweet** [swiːt] I *Adj* 1. süß (*a. fig*): ~
nothings *Pl* Zärtlichkeiten *Pl*; ~ **pota-
to** BOT Batate *f*, Süßkartoffel *f*; **re-
venge is** ~ Rache ist süß; ~ **talk** F
Schmeichelei(en *Pl*) *f*; **have a** ~ **tooth**
gern naschen 2. lieblich (*Musik etc*) 3.
lieb II *s* 4. *Br* Bonbon *m*, *n*, Süßigkeit *f*,
österr. Zuckerl *n* 5. *Br* Nachtisch *m*: **for**

~ als *od* zum Nachtisch ˌ~-**and**-'**sour** *Adj* GASTR süß-sauer '~-**corn** *s* (Zucker)Mais *m*

sweet·en ['swi:tn] *v/t* **1.** süßen **2.** *fig* besänftigen; freundlicher stimmen **3.** *a.* ~ *up* F *j-n* schmieren **II** *v/i* **4.** süß(er) werden '**sweet·en·er** *s* **1.** Süßstoff *m* **2.** F Schmiergeld *n*

'**sweet·heart** *s* Schatz *m* (Anrede)

sweet·ie ['swi:tɪ] *s* F **1.** *Br* Bonbon *m*, *n* **2.** Süße *m*, *f*: **be a** ~ *fig* süß sein

'**sweet**|·**meat** *s* Leckerei *f* '~-**talk** *v/t* F *j-m* schmeicheln

▸ **swell** [swel] **I** *v/i* (*mst unreg*) **1.** *a.* ~ *up* MED (an)schwellen **2.** *fig* anschwellen (**into** zu); anwachsen (*Zahl etc*) **II** *v/t* (*mst unreg*) **3.** *a.* ~ *out* Segel blähen (*Wind*) **4.** *fig* Zahl *etc* anwachsen lassen **III** *s* **5.** SCHIFF Dünung *f* **IV** *Adj* **6.** *Am* F klasse '**swell·ing** *s* Schwellung *f*

swel·ter ['sweltə] *v/i* vor Hitze fast umkommen '**swel·ter·ing** *Adj* schwül

swept [swept] *Prät u. Part Perf von* **sweep**

swerve [swɜ:v] **I** *v/i* **1.** schwenken (**to the left** nach links), e-n Schwenk machen **2.** *fig* abweichen (**from** von) **II** *s* **3.** Schwenk(ung *f*) *m*, MOT *etc a.* Schlenker *m*

swift [swift] *Adj* schnell: **be** ~ **to do s.th.** etw schnell tun '**swift·ness** *s* Schnelligkeit *f*

swig [swig] F **I** *v/t* Getränk hinunterkippen **II** *s*: **take a** ~ **from the bottle** e-n Zug aus der Flasche tun; **take a** ~ **of beer** e-n kräftigen Schluck Bier nehmen

swill [swil] *v/t u. v/i pej* saufen

▸ **swim** [swim] **I** *v/i* (*unreg*) **1.** schwimmen: → **tide** 2 *fig* **2.** *fig* verschwimmen (**before s.o.'s eyes** vor j-s Augen); **my head was ~ming** mir drehte sich alles **II** *v/t* (*unreg*) **3.** Strecke schwimmen; Gewässer durchschwimmen **III** *s* **4. go for a** ~ schwimmen gehen '**swim·mer** *s* Schwimmer(in) '**swim·ming I** *s* Schwimmen *n* **II** *Adj* Schwimm-...: ~ **bath(s** *Pl*) *Br* Schwimm-, *bes* Hallenbad *n*; ~ **cap** Badekappe *f*, -mütze *f*; ~ **costume** Badeanzug *m*; ~ **pool** Swimmingpool *m*, Schwimmbecken *n*; (**pair of**) ~ **trunks** *Pl* Badehose *f*

'**swim·suit** *s* Badeanzug *m*

▸ **swin·dle** ['swindl] **I** *v/t j-n* beschwindeln (**out of** um): ~ *s.o.* **out of s.th.** *a.* j-m etw abschwindeln **II** *s* Schwindel *m* '**swin·dler** *s* Schwindler(in)

swine [swain] *s* **1.** *Pl* ~ ZOOL Schwein *n* **2.** *Pl* ~(**s**) *sl pej* Schwein *n*

swing [swiŋ] **I** *v/i* (*unreg*) **1.** (hin u. her) schwingen **2.** sich schwingen; einbiegen, -schwenken (**into** in Akk): ~ **round** sich ruckartig umdrehen; ~ **shut** zuschlagen (*Tor etc*) **3.** MUS schwungvoll spielen (*Band etc*); Schwung haben (*Musik*) **II** *v/t* **4.** etw, die Arme *etc* schwingen **III** *s* **5.** Schwingen *n* **6.** Schaukel *f* **7.** Boxen: Schwinger *m* **8.** *fig* Schwung *m*: **be in full** ~ in vollem Gang sein **9.** *fig* Umschwung *m*: ~ **in opinion** Meinungsumschwung ~ **door** *s* Pendeltür *f*

swinge·ing ['swindʒiŋ] *Adj bes Br* einschneidend (*Kürzungen etc*), extrem hoch (*Besteuerung etc*)

swing·ing ['swiŋiŋ] *Adj* **1.** schwingend **2.** *fig* schwungvoll **3.** *fig* lebenslustig

swipe [swaip] **I** *s* Schlag *m*: **take a** ~ **at** → **II** **II** *v/i*: ~ **at** schlagen nach **III** *v/t* F klauen

swirl [swɜ:l] **I** *v/i* wirbeln **II** *s* Wirbel *m*

swish [swɪʃ] **I** *v/i* **1.** sausen, zischen **2.** rascheln (*Seide etc*) **II** *v/t* **3.** mit *dem Schwanz* schlagen **III** *s* **4.** Sausen *n*, Zischen *n* **5.** Rascheln *n* **IV** *Adj* **6.** F feudal

▸ **Swiss** [swis] **I** *s* Schweizer(in): ▸ **the Swiss** *Pl* die Schweizer *Pl* **II** *Adj* schweizerisch, Schweizer(...): **Swiss roll** Biskuitrolle *f*

▸ **switch** [switʃ] **I** *s* **1.** ELEK, TECH Schalter *m* **2.** Gerte *f*, Rute *f* **3.** BAHN *Am* Weiche *f* **4.** *fig* Umstellung *f* **II** *v/t* **5.** *a.* ~ **over** ELEK, TECH (um)schalten, Produktion *etc* umstellen (**to** auf Akk): ~ **off** ab-, ausschalten; ~ **on** an-, einschalten **IV** *v/i* **6.** *a.* ~ **over** ELEK, TECH (um)schalten, fig überwechseln (**to** zu): ~ **off** abschalten (*a. fig* F *Person*), ausschalten; ~ **on** an-, einschalten; ~ **round** umschlagen (*Wind*) '~-**back** *s* **1.** Gebirgs-, Serpentinenstraße *f* **2.** Achterbahn *f* '~-**board** *s* **1.** ELEK Schalttafel *f* **2.** (Telefon)Zentrale *f*: ~ **operator** Telefonist(in)

S

▶ **Swit·zer·land** ['swɪtsələnd] *Eigenn die* Schweiz

swiv·el ['swɪvl] *v/i Prät u. Part Perf* **-eled**, *bes Br* **-elled** sich drehen: ~ **round** sich herumdrehen ~ **chair** *s* Drehstuhl *m*

swol·len ['swəʊlən] *Part Perf von* **swell** **,~·head·ed** *Adj fig* aufgeblasen

swoon [swu:n] *v/i* schwärmen (**over** für)

swoop [swu:p] **I** *v/i* **1.** *a.* ~ **down** herabstoßen (**on** auf *Akk*) (*Raubvogel*) **2.** *fig* zuschlagen (*Polizei etc*): ~ **on** herfallen über (*Akk*); e-e Razzia machen in (*Dat*) **II** *s* **3.** Razzia *f*

swop → **swap**

▶ **sword** [sɔːd] *s* Schwert *n*: **cross·~s** die Klingen kreuzen (**with** mit) (*a. fig*)

swore [swɔː] *Prät von* **swear**

sworn [swɔːn] **I** *Part Perf von* **swear II** *Adj* **1.** ~ **enemies** *Pl* Todfeinde *Pl* **2.** JUR eidlich

swot [swɒt] *Br* **F I** *v/i* büffeln, pauken (**for** für) **II** *v/t*: ~ **up** → **I III** *s* Büffler(in); Streber(in)

swum [swʌm] *Part Perf von* **swim**

swung [swʌŋ] *Prät u. Part Perf von* **swing**

syl·la·bi ['sɪləbaɪ] *Pl von* **syllabus**

syl·lab·ic [sɪ'læbɪk] *Adj* Silben...; ...silbig **syl·la·ble** ['sɪləbl] *s* Silbe *f*

syl·la·bus ['sɪləbəs] *Pl* **-bus·es**, **-bi** ['-baɪ] *s* PÄD, UNI Lehrplan *m*

sym·bi·o·sis [ˌsɪmbɪ'əʊsɪs] *s* BIOL Symbiose *f*

sym·bol ['sɪmbl] *s* Symbol *n* (*a.* CHEM), COMPUTER Sonderzeichen *n* **sym·bol·ic** ['-'bɒlɪk] *Adj* (**~ally**) symbolisch: **be~ of** *etw* symbolisieren **sym·bol·ism** ['-bəlɪzəm] *s* Symbolik *f* **sym·bol·ize** ['-bəlaɪz] *v/t* symbolisieren

sym·met·ri·cal [sɪ'metrɪkl] *Adj* symmetrisch **sym·me·try** ['sɪmətrɪ] *s* Symmetrie *f*

sym·pa·thet·ic [ˌsɪmpə'θetɪk] *Adj* (**~ally**) **1.** mitfühlend **2.** verständnisvoll; wohlwollend: **be ~ to** (*od* **toward[s]**) wohlwollend gegenüberstehen (*Dat*) **'sym·pa·thize** *v/i* **1.** mitfühlen (**with** mit) **2.** (**with**) Verständnis haben (für); wohl wollend gegenüberstehen (*Dat*); sympathisieren (mit) **'sym·pa·thiz·er** *s* Sympathisant(in)

▶ **sym·pa·thy** ['sɪmpəθɪ] *s* **1.** Mitgefühl

n: **in ~** mitfühlend; **letter of ~** Beileidsschreiben *n*; ~ **strike** WIRTSCH Sympathiestreik *m* **2.** Verständnis *n*; Wohlwollen *n*: **be in ~ with** sympathisieren mit **3.** *Pl* Sympathien *Pl*: **my sympathies are** (*od* **lie**) **with** m-e Sympathien gehören (*Dat*) **4.** *Pl* Beileid *n*, Teilnahme *f*

sym·phon·ic [sɪm'fɒnɪk] *Adj* (**~ally**) MUS sinfonisch **sym·pho·ny** ['-fənɪ] *s* Sinfonie *f*: ~ **orchestra** Sinfonieorchester *n*

sym·po·si·um [sɪm'pəʊzjəm] *Pl* **-si·ums**, **-si·a** [-zjə] *s* Symposium *n*, Symposion *n*

symp·tom ['sɪmptəm] *s* MED Symptom *n*, Anzeichen *n* (**of** für, von) (*beide a. fig*) **symp·to·mat·ic** [ˌ-'mætɪk] *Adj* (**~ally**) symptomatisch (**of** für)

syn·a·gogue ['sɪnəgɒg] *s* Synagoge *f*

syn·chro·nize ['sɪŋkrənaɪz] **I** *v/t* aufeinander abstimmen; *Film, Uhren* synchronisieren **II** *v/i* synchron sein (*Film*) *od* gehen (*Uhren*)

syn·di·cate ['sɪndɪkət] *s* WIRTSCH Konsortium *n*

syn·drome ['sɪndrəʊm] *s* MED Syndrom *n*

syn·er·gy ['sɪnədʒɪ] *s* Synergie *f*

syn·od ['sɪnəd] *s* REL Synode *f*

syn·o·nym ['sɪnənɪm] *s* LING Synonym *n* **syn·on·y·mous** [sɪ'nɒnɪməs] *Adj* synonym: **be ~ with** *fig* gleichbedeutend sein mit

syn·op·sis [sɪ'nɒpsɪs] *Pl* **-ses** [-si:z] *s* Zs.-fassung *f*

syn·tac·tic [sɪn'tæktɪk] *Adj* (**~ally**) LING syntaktisch **syn·tax** ['sɪntæks] *s* Syntax *f* (*a.* IT), Satzlehre *f*

syn·the·sis ['sɪnθəsɪs] *Pl* **-ses** [-si:z] *s* Synthese *f* **syn·the·size** ['-saɪz] *v/t* CHEM synthetisch *od* künstlich herstellen **'syn·the·siz·er** *s* Synthesizer *m*

syn·thet·ic [sɪn'θetɪk] *Adj* (**~ally**) CHEM synthetisch, Kunst...

syph·i·lis ['sɪfɪlɪs] *s* MED Syphilis *f*

sy·phon → **siphon**

Syr·ia ['sɪrɪə] *Eigenn* Syrien *n*

Syr·i·an ['sɪrɪən] **I** *Adj* syrisch **II** *s* Syrer(in)

syr·inge ['sɪrɪndʒ] *s* MED Spritze *f*

syr·up ['sɪrəp] *s* **1.** Sirup *m* **2.** MED (*Husten*)Sirup *m*, (-)Saft *m* **'syr·up·y** *Adj* **1.** sirupartig **2.** *fig* zuckersüß

sys·tem ['sɪstəm] *s* **1.** *allg* System *n*: ~ **of**

government Regierungssystem; → ***digestive*** 2, ***nervous*** 1, ***respiratory*** 2. (*Straßen- etc*)Netz *n* 3. IT Anlage *f*: **~ crash** Absturz *m*; **~ error** Systemfehler *m*; **~ failure** Systemausfall *m*; **~s analyst** Systemanalytiker(in) 4. Orga-

nismus *m*: **get s.th. out of one's ~** *fig* sich etw von der Seele reden **sys·tem·at·ic** [ˌsɪstəˈmætɪk] *Adj* (**~ally**) systematisch **sys·tem·a·tize** [ˈ_tɪmətaɪz] *v/t* systematisieren

---

T

T [tiː] *s Pl* **T's** *s* T *n*: **T that's him to a T** das ist er, wie er leibt u. lebt; **fit to a T** wie angegossen passen *od* sitzen; **suit s.o. to a T** j-m ausgezeichnet passen

tab [tæb] *s* **1.** Aufhänger *m*, Schlaufe *f*; Lasche *f* **2.** Etikett *n*, Schildchen *n* **3. keep ~s on** F j-n überwachen **4.** Rechnung *f*: **pick up the ~** (die Rechnung) bezahlen **5.** *a.* **~ stop** F Tabulator *m*

▶ **ta·ble** [ˈteɪbl] **I** *s* **1.** Tisch *m*: **at the·~** am Tisch; **under the ~** *fig* unter der Hand; **drink s.o. under the ~** j-n unter den Tisch trinken; **put on the ~** auf den Tisch legen (*a. fig*); **turn the ~s (on s.o.)** *fig* den Spieß umdrehen *od* umkehren **2.** Tisch *m*, (Tisch)Runde *f* **3.** Tabelle *f*: → ***content*** [1] 4. MATHE Einmaleins *n* **II** *v/t* **5.** *fig* auf den Tisch legen **6.** *Am fig* zurückstellen

▶ **table**|**·cloth** [ˈteɪblklɒθ] *s* Tischdecke *f*, -tuch *n* **~·lamp** *s* Tischlampe *f* **~·manners** *s Pl* Tischmanieren *Pl* **'~·spoon** *s* Eßlöffel *m*

tab·let [ˈtæblɪt] *s* **1.** PHARM Tablette *f* **2.** Stück *n* (*Seife*) **3.** (*Stein- etc*)Tafel *f*

ta·ble| **ten·nis** *s* SPORT Tischtennis *n* **'~·ware** *s* Geschirr *n u.* Besteck *n* **~ wine** *s* Tafel-, Tischwein *m*

tab·loid [ˈtæblɔɪd] *s* Boulevardblatt *n*, -zeitung *f* **~ press** *s* Boulevardpresse *f*

ta·boo [təˈbuː] **I** *s* Tabu *n* **II** *Adj* Tabu…: **~ subject** Tabu *n*; **be ~** tabu sein

tab·u·lar [ˈtæbjʊlə] *Adj* tabellarisch: **in ~ form** tabellarisch **tab·u·late** [ˈ_leɪt] *v/t* tabellarisch (an)ordnen **tab·u·la·tor** *s* typographisch: Tabulator *m*

tach·o·graph [ˈtækəʊɡrɑːf] *s* MOT Fahrten- *od* Fahrtschreiber *m*

ta·chom·e·ter [tæˈkɒmɪtə] *s* MOT Drehzahlmesser *m*

tac·it [ˈtæsɪt] *Adj* stillschweigend **tac·i·turn** [ˈ_tɜːn] *Adj* schweigsam, wortkarg

tack [tæk] **I** *s* **1.** Stift *m*, Zwecke *f* **2.** Heftstich *m* **3. change·~** *fig* umschwenken **II** *v/t* **4.** heften (**to** an *Akk*) **5.** *Stoffteile* heften **6. ~ on** anfügen (**to** *Dat*)

tack·le [ˈtækl] **I** *s* **1.** TECH Flaschenzug *m* **2.** (*Angel*)Gerät(e *Pl*) *n* **3.** Fußball: Angriff *m* (*auf e-n ballführenden Gegner*); Zweikampf *m* **II** *v/t* **4.** *Problem etc* angehen **5.** j-n zur Rede stellen (**about** *wegen*) **6.** Fußball: ballführenden Gegner angreifen

tack·y[1] [ˈtækɪ] *Adj* klebrig

tack·y[2] [_] *Adj* F schäbig; heruntergekommen

tact [tækt] *s* Takt *m* **tact·ful** [ˈ_fʊl] *Adj* taktvoll

tac·tic [ˈtæktɪk] *s* **1.** *oft Pl* Taktik *f*, taktischer Zug **2.** *Pl* (*a. Sg konstruiert*) MIL, SPORT Taktik *f* **tac·ti·cal** [ˈ_kl] *Adj* taktisch **tac·ti·cian** [ˈtɪʃn] *s* Taktiker(in)

tact·less [ˈtæktlɪs] *Adj* taktlos

tad·pole [ˈtædpəʊl] *s* ZOOL Kaulquappe *f*

taf·fe·ta [ˈtæfɪtə] *s* Taft *m*

taf·fy [ˈtæfɪ] *Am* → ***toffee***

tag[1] [tæɡ] **I** *s* **1.** Etikett *n*; (*Namens-, Preis*)Schild *n* **2.** stehende Redensart **3.** LING Frageanhängsel *n* **4.** COMPUTER Tag *m*, Marke *f*, Markierung *f* **II** *v/t* **5.** etikettieren; *Waren* auszeichnen: **~ (as)** *fig* bezeichnen als, *pej a.* abstempeln als **6.** COMPUTER taggen, markieren **7. ~ on → tack** 6 **III** *v/i* **8. ~ along** F mitgehen, -kommen; mittrotten: **~ along behind s.o.** hinter j-m hertrotten

tag[2] [_] *s* Fangen *n* (*Kinderspiel*): **play ~**

ta·glia·tel·le [ˌtæljəˈtelɪ] *s Sg* Bandnudeln *Pl*

▶ **tail** [teɪl] **I** *s* **1.** ZOOL Schwanz *m*: **with**

one's ~ *between one's legs fig* mit eingezogenem Schwanz **2.** Schwanz *m* (*e-s Drachens, e-r Kolonne etc*), (*e-s Flugzeugs etc a.*) hinterer Teil, (*e-s Kometen*) Schweif *m* **3.** *Pl* Frack *m* **4.** *Pl* Rück-, Kehrseite *f* (*e-r Münze*): → *head* 14 **5.** F Schatten *m*, Beschatter(in): *put a ~ on* j-n beschatten lassen **II** *v/t* **6.** F j-n beschatten **III** *v/i* **7.** ~ *off* schwächer werden, abnehmen **8.** ~ *back* MOT *bes Br* Rückstau *m* ~ *coat* s Frack *m* ~ *end* s Ende *n*, Schluss *m* '~*gate* **I** s MOT Hecktür *f* **II** *v/i u. v/t* MOT *bes Am* zu dicht auffahren (*auf Akk*) '~*light* s MOT Rücklicht *n*

▸ **tai·lor** ['teɪlə] **I** s Schneider(in) **II** *v/t* schneidern; *fig* zuschneiden (*to auf Akk*) '~*made* *Adj* maßgeschneidert (*a. fig*): ~ *suit* (*costume*) Maßanzug *m* (*Schneiderkostüm n*); *be ~ for fig* wie geschaffen sein für

'**tail**‖ *pipe* s MOT *Am* Auspuffrohr *n* '~*wind* s Rückenwind *m*

Tai·wan [ˌtaɪ'wɑːn] *Eigenn* Taiwan *n*

▸ **take** [teɪk] **I** s **1.** *Film*, TV: Einstellung *f* **2.** F Einnahmen *Pl* **II** *v/t* (*unreg*) **3.** *allg* nehmen: ~ *s.o. by the arm* (*in one's arms*) j-n am Arm (in die Arme) nehmen; *be ~n* besetzt sein (*Platz*); → *care* 2, 3, *place* 1, *prisoner, seat* 1, *etc* **4.** (*weg*)nehmen **5.** mitnehmen **6.** bringen **7.** MIL *Stadt etc* (*Schach etc*) Figur, Stein schlagen; *Gefangene* machen **8.** *Preis etc* erringen: → *lead*[2] 1 **9.** *Scheck etc* (an)nehmen; *Rat* annehmen: → *advice* 1, *blame* 4, *tip*[3] 2 **10.** *Kritik etc* hinnehmen **11.** fassen; Platz bieten für **12.** *etw* aushalten, ertragen **13.** dauern: *it took him two hours to do it* er brauchte zwei Stunden, um es zu tun **14.** *Prüfung, Spaziergang etc* machen; *Schritte* unternehmen **16.** → *take down* 4 **17.** *be ~n by* (*od with*) angetan sein von **18.** *he's got what it ~s* F er bringt alle Voraussetzungen mit **III** *v/i* (*unreg*) **19.** MED wirken, anschlagen

Verbindungen mit Präpositionen:
take‖ *af·ter* *v/i* j-m nachschlagen; *j-m* ähneln ~ *for* *v/t*: *what do you take*

me for? wofür hältst du mich eigentlich? ~ *from* *v/t* **1.** nehmen ~ *s.th. from s.o.* j-m etw wegnehmen **2.** MATHE abziehen von **3.** *Single* auskoppeln aus (*e-m Album*) **4.** *you can take it from me that* du kannst mir glauben, dass ~ *to* *v/i* **1.** Gefallen finden an (*Dat*) **2.** ~ *doing s.th.* anfangen, etw zu tun **3.** sich flüchten *od* zurückziehen in (*Akk*): ~ *one's bed* ins Bett gehen; → *heel*[2] 1

Verbindungen mit Adverbien:
take‖ *a·long* *v/t* mitnehmen ~ *a·part* *v/t* auseinander nehmen (*a. fig* F), zerlegen ~ *a·side* *v/t* j-n beiseite nehmen ~ *a·way* **I** *v/t* **1.** wegnehmen (*from s.o.* j-m) **2.** ... *to* ~ *Br* ... zum Mitnehmen (*Essen*) **II** *v/i* **3.** ~ *from s.th.* e-r Sache Abbruch tun, etw schmälern ~ *back* *v/t* **1.** MIL zurückerobern **2.** zurückbringen **3.** *Ware, etw Gesagtes* zurücknehmen **4.** bei j-m Erinnerungen wachrufen; *j-n* zurückversetzen (*to in Akk*) ~ *down* *v/t* **1.** herunternehmen, *Plakat etc* abnehmen **2.** *Hose* herunterlassen **3.** auseinander nehmen, zerlegen **4.** (*sich*) *etw* aufschreiben *od* notieren, sich *Notizen* machen ~ *in* *v/t* **1.** j-n (bei sich) aufnehmen: → *lodger* 2. *fig* etw einschließen **3.** *Kleidungsstück* enger machen **4.** *etw* begreifen **5.** j-n hereinlegen: *be taken in by* hereinfallen auf (*Akk*) ▸ **take**‖ *off* *v/t* **1.** *Kleidungsstück* ablegen, ausziehen, *Hut etc* abnehmen **2.** MED abnehmen, amputieren **3.** *Theaterstück etc* absetzen **4.** → *off* 9 **5.** WIRTSCH *Rabatt etc* abziehen **6.** F j-n nachahmen, -machen **II** *v/i* **7.** FLUG abheben **8.** SPORT abspringen **9.** F sich aufmachen ~ *on* *v/t* **1.** j-n einstellen **2.** *Arbeit etc* an-, übernehmen **3.** *Ausdruck, Farbe etc* annehmen **4.** sich anlegen mit ~ *out* *v/t* **1.** herausnehmen, *Zahn* ziehen: *take s.o. out of himself* j-n auf andere Gedanken bringen **2.** j-n ausführen, ausgehen mit **3.** *Versicherung* abschließen **4.** *s-n Frust etc* auslassen (*on an Dat*): *take it out on s.o.* sich an j-m abreagieren ~ *o·ver* **I** *v/t* *Amt, Macht, Verantwortung etc* übernehmen **II** *v/i* die Macht übernehmen ~ *up* **I** *v/t* **1.** *Flüssigkeit* aufnehmen, -saugen **2.** *Aufmerksamkeit, Zeit* in Anspruch nehmen, *Platz* einnehmen: *be taken*

up with stark in Anspruch genommen sein von **3.** *Vorschlag etc* aufgreifen **4.** ~ **doing s.th.** anfangen, sich mit etw zu beschäftigen **5. take s.o. up on his offer** auf j-s Angebot zurückkommen **6.** *Erzählung etc* aufnehmen, fortfahren mit **II** *v/i* **7.** sich einlassen (**with** mit)

'take|·a·way s *Br* **1.** Essen *n* zum Mitnehmen **2.** Restaurant *n* mit Straßenverkauf '~**home** *Adj:* ~ **pay** Nettolohn *m*, -gehalt *n*

tak·en ['teɪkən] *Part Perf von* take

▶ take|·off ['teɪkɒf] *s* **1.** FLUG Abheben *n*; Start *m*: ~ **ready** 1 **2.** SPORT Absprung *m* **3.** F Nachahmung *f:* **do a** ~ **off** → **take off** 6 '~**·out** *Am* → **takeaway** '~**,o·ver** *s* WIRTSCH Übernahme *f*

tak·er ['teɪkə] *s* Interessent(in) 'tak·ings *s Pl* Einnahmen *Pl*

talc [tælk] *s* **1.** MIN Talk *m* **2.** → **talcum powder**

tal·cum pow·der ['tælkəm] *s* Talkumpuder *m*; Körperpuder *m*

tale [teɪl] *s* **1.** Erzählung *f*; Geschichte *f*: **tell** ~**s** petzen; **tell** ~**s about** j-n verpetzen; **tell** ~**s out of school** *fig* aus der Schule plaudern; → **fairy tale, old** 1 **2.** Lüge(ngeschichte) *f*, Märchen *n*

tal·ent ['tælənt] *s* **1.** Talent *n* (*a. Person*), Begabung *f*; *Koll* Talente *Pl* (*Personen*): ~ **for acting** schauspielerisches Talent; **have great** ~ sehr begabt sein; **have a great** ~ **for music** musikalisch sehr begabt sein; ~ **scout** (*bes Sport*) Talentsucher(in) 'tal·ent·ed *Adj* talentiert, begabt

tal·is·man ['tælɪzmən] *s* Talisman *m*

▶ talk [tɔːk] **I** *s* **1.** Gespräch *n* (*a.* POL *etc*), Unterhaltung *f* (**with** mit; **about** über *Akk*): **have a long** ~ **with s.o.** ein langes Gespräch mit j-m führen, sich lange mit j-m unterhalten **2.** Sprache *f* (*Art zu reden*): → **baby talk 3.** Gerede *n:* **there has been a lot of** ~ **about** ... es ist viel die Rede von ... gewesen; **be the** ~ **of the town** Stadtgespräch sein; → **small** 1 **4.** Vortrag *m:* **give a** ~ e-n Vortrag halten (**to** vor *Dat*; **about, on** über *Akk*) **II** *v/i* **3.** reden, sprechen, sich unterhalten (**to, with** mit; **about** über *Akk*; **of** von): ~ **about s.th.** *a.* etw besprechen; **get o.s.** ~**ed about** ins Gerede kommen; ~**ing of s.th.** da wir gerade von ... sprechen; ~ **round s.th.** um

etw herumreden; **you can** ~!, **look who's** ~**ing!, you're a fine one to** ~! F das sagst ausgerechnet du!; → **all** 3, **big** 7, **devil** 1, **hat** 11 *v/t* **6.** *Unsinn etc* reden **7.** reden *od* sprechen *od* sich unterhalten über (*Akk*): → **shop** 3 **8.** ~ **s.o. into s.th.** j-n zu etw überreden; ~ **s.o. into doing s.th.** j-n überreden, etw zu tun; ~ **s.o. out of s.th.** j-m etw ausreden; ~ **s.o. out of doing s.th.** es j-m ausreden, etw zu tun; ~ **one's way out of s.th.** sich aus etw herausreden

Verbindungen mit Adverbien:

talk| **down I** *v/t* Flugzeug heruntersprechen **II** *v/i:* ~ **to s.o.** herablassend mit j-m reden ~ **o·ver** *v/t* Problem *etc* besprechen (**with** mit) ~ **round** *v/t* j-n bekehren (**to** zu), umstimmen ~ **through** *v/t* Problem *etc* ausdiskutieren

talk·a·tive ['tɔːkətɪv] *Adj* gesprächig, redselig '**talk·er** *s:* **be a good** ~ gut reden können '**talk·ing I** *s* Sprechen *n*, Reden *n:* **do all the** ~ allein das Wort führen **II** *Adj* sprechend: ~ **doll** Sprechpuppe *f;* ~ **point** Gesprächsthema *n*; Streitpunkt *m* '**talk·ing-to** *Pl* **-tos** *s* F Standpauke *f:* **give s.o. a** ~ j-m e-e Standpauke halten

talk show *s* TV Talkshow *f*

▶ tall [tɔːl] *Adj* **1.** groß (*Person*), hoch (*Gebäude etc*) **2.** F unglaublich (*Geschichte*): **that's a** ~ **order** das ist ein bisschen viel verlangt

tal·low ['tæləʊ] *s* Talg *m*

tal·ly ['tælɪ] **I** *s Sport etc:* Stand *m:* **keep a** ~ **of** Buch führen über (*Akk*) **II** *v/i* übereinstimmen (**with** mit) **III** *v/t a.* ~ **up** zs.-rechnen, -zählen

tal·on ['tælən] *s* ORN Kralle *f*, Klaue *f*

tam·bou·rine [ˌtæmbə'riːn] *s* MUS Tamburin *n*

▶ tame [teɪm] **I** *Adj* **1.** ZOOL zahm **2.** F fad, lahm **II** *v/t* **3.** *Tier* zähmen; *Leidenschaft etc* (be)zähmen

tam·per ['tæmpə] *v/i:* ~ **with** sich zu schaffen machen an (*Dat*)

tam·pon ['tæmpɒn] *s* MED Tampon *m*

tan [tæn] **I** *v/t* **1.** j-n, *Haut* bräunen **2.** *Fell* gerben **II** *v/i* **3.** bräunen, braun werden **III** *s* **4.** Bräune *f* **IV** *Adj* **5.** gelbbraun

tan·dem ['tændəm] *s* Tandem *n:* **in** ~ *fig* zusammen, gemeinsam (**with** mit)

tang [tæŋ] *s* (scharfer) Geruch *od* Geschmack

tan·gent ['tændʒənt] s MATHE Tangente f; *fig a.* ~ *fig* plötzlich (vom Thema) abschweifen

tan·ger·ine [ˌtændʒə'riːn] s BOT Mandarine f

tan·gi·ble ['tændʒəbl] *Adj* greifbar, *fig a.* handfest

tan·gle ['tæŋgl] I *v/t* 1. *a.* ~ **up** verwirren, durcheinander bringen (*beide a. fig*), verheddern: **get** ~**d** → 2 II *v/i* 2. sich verwirren, durcheinander kommen, sich verheddern (*alle a. fig*) 3. ~ **with** F aneinander geraten mit II *s* 4. Gewirr *n*, *fig a.* Wirrwarr *m*, Durcheinander *n*

tan·go ['tæŋgəu] I *Pl* -**gos** s MUS Tango *m* II *v/i* Tango tanzen: *it takes two to* ~ *fig* dazu gehören zwei

tank [tæŋk] I *s* 1. MOT *etc* Tank *m* 2. MIL Panzer *m* II *v/t* 3. ~**ed up** *Br* F voll (*betrunken*)

tank·ard ['tæŋkəd] s (Bier)Humpen *m*

tank·er ['tæŋkə] s SCHIFF Tanker *m*, Tankschiff *n*; MOT Tank-, BAHN *a.* Kesselwagen *m*

tank top s Pullunder *m*, (Träger)Shirt *n*

tan·ta·lize ['tæntəlaɪz] *v/t j-n* aufreizen; hinhalten (*with* mit) '**tan·ta·liz·ing** *Adj* verlockend

tan·ta·mount ['tæntəmaunt] *Adj:* **be** ~ **to** gleichbedeutend sein mit, hinauslaufen auf (*Akk*)

tan·trum ['tæntrəm] s Koller *m:* **have** (*od* **throw**) **a** ~ e-n Koller kriegen

Tan·za·nia [ˌtænzə'nɪə] *Eigenn* Tansania *n*

tap¹ [tæp] I *v/t* 1. **a)** → 3: ~ *s.o. on the shoulder* j-m auf die Schulter klopfen, **b)** antippen 2. mit *den Fingern, Füßen* klopfen (*on* auf *Akk*), mit *den Fingern* trommeln (*on* auf *Akk*, *Dat*) II *v/i* 3. ~ **on** (leicht) klopfen an (*Akk*) *od* auf (*Akk*) *od* gegen III *s* 4. (leichtes) Klopfen; Klaps *m*

▸**tap**² [tæp] I *s* 1. TECH Hahn *m:* **beer on** ~ Bier vom Fass; **have s.th. on** ~ *fig* etw zur Hand *od* auf Lager haben II *v/t* 2. *Fass* anzapfen, anstechen 3. *Telefon(leitung)* anzapfen, abhören 4. *Naturschätze etc* erschließen; *Vorräte etc* angreifen 5. *Br* F *j-n* anpumpen *od* anzapfen um (*for* um)

tap|-dance ['tæpdɑːns] *v/i* steppen ~ **danc·ing** s Stepptanz *m*

▸**tape** [teɪp] I *s* 1. *allg* Band *n*; (*Video-etc*)Kassette *f* 2. (Band)Aufnahme *f*; TV Aufzeichnung *f* 3. SPORT Zielband *n:* → **breast** II 4. → **tape measure** II *v/t* 5. *a.* ~ **up** (mit Klebeband) zukleben 6. (auf Band) aufnehmen; TV aufzeichnen: ~**d music** Musik *f* vom Band ~ **deck** s Kassettendeck *n* ~ **meas·ure** s Maß-, Messband *n*, Bandmaß *n*

ta·per ['teɪpə] *v/i* 1. *a.* ~ **off** spitz zulaufen, sich verjüngen 2. ~ **off** *fig* langsam nachlassen

'**tape-re,cord** → **tape** 6 ~ **re·cord·er** s Tonbandgerät *n*

ta·pes·try ['tæpɪstrɪ] s Gobelin *m*, Wandteppich *m*

'**tape-worm** s ZOOL Bandwurm *m*

tap wa·ter s Leitungswasser *n*

tar [tɑː] I *s* Teer *m* II *v/t* teeren: ~ **and feather** *j-n* teeren u. federn; **they are all** ~**red with the same brush** *fig pej* sie sind alle gleich

ta·ran·tu·la [tə'ræntjulə] s ZOOL Tarantel *f*

tar·dy ['tɑːdɪ] *Adj* spät, verspätet

tare [teə] s WIRTSCH Tara *f*

▸**tar·get** ['tɑːgɪt] I *s* 1. (Schieß-, Ziel-) Scheibe *f*; *fig* Zielscheibe *f* (*des Spotts etc*) 2. MIL Ziel *n* (*a. fig*); WIRTSCH *a.* Soll *n:* **set o.s. a** ~ **of doing s.th.** (es) sich zum Ziel setzen, etw zu tun; **meet** (*od* **reach**) **a** ~ ein Ziel erreichen II *v/t* 3. **be** ~**ed at** (*od* **on**) gerichtet sein auf (*Akk*); *fig* abzielen auf (*Akk*) ~ **group** s Zielgruppe *f* ~ **lan·guage** s Zielsprache *f*

tar·iff ['tærɪf] s 1. Zoll(tarif) *m* 2. *bes Br* Preisverzeichnis *n*

tar·mac ['tɑːmæk] s 1. Asphalt *m* 2. FLUG Rollfeld *n*

tar·nish ['tɑːnɪʃ] I *v/t* Ansehen *etc* beflecken II *v/i* anlaufen (*Metall*)

ta·rot ['tɑːrəu] s Tarot *m*, *n*

tar·pau·lin [tɑː'pɔːlɪn] s Plane *f*; SCHIFF Persenning *f*

tar·ra·gon ['tærəgən] s BOT Estragon *m*

tar·ry¹ ['tɑːrɪ] *Adj* teerig

tar·ry² ['tærɪ] *v/i* verweilen

tart¹ [tɑːt] *Adj* 1. herb; sauer 2. *fig* scharf, beißend

tart² [_] s 1. Obstkuchen *m*; Obsttörtchen *n* 2. F Flittchen *n*; Nutte *f*

tar·tan ['tɑːtən] s Schottenstoff *m*; Schottenmuster *n*

tar·tar ['tɑːtə] *s* CHEM Weinstein *m*; Zahnstein *m*

tar·tar(e) sauce ['tɑːtɑː '_] *s* GASTR Remouladensoße *f*

task [tɑːsk] *s* Aufgabe *f*: **take s.o. to ~** *fig* j-n zurechtweisen (**for** wegen) **~ force** *s* MIL Sonder-, Spezialeinheit *f*

tas·sel ['tæsl] *s* Troddel *f*, Quaste *f*

▸ **taste** [teɪst] **I** *s* **1.** Geschmack(ssinn) *m*: → **sense** 1 2. Geschmack *m*: **have no ~** nach nichts schmecken; **leave a bad ~ in s.o.'s mouth** *fig* e-n bitteren *od* schlechten Nachgeschmack bei j-m hinterlassen **3.** Kostprobe *f*: **have a ~ of** a) → 6, b) *fig* e-n Vorgeschmack bekommen von **4.** *fig* Geschmack *m*: **to s.o.'s ~** nach j-s Geschmack; **be in bad** (*od* **poor**) **~** geschmacklos sein; → **account** 3, **matter** 3 **5.** *fig* Vorliebe *f* (**for** für) **II** *v/t* **6.** kosten, probieren **7.** schmecken **8.** *fig* kosten, erleben, kennen lernen **III** *v/i* **9.** schmecken (**of** nach) **taste·ful** ['_fʊl] *Adj fig* geschmackvoll **'taste·less** *Adj* geschmacklos (*a. fig*) **'tast·y** *Adj* schmackhaft

tat [tæt] → **tit**[1]

ta·ta [ˌtæ'tɑː] *Interj Br* F tschüss!

tat·tered ['tætəd] *Adj* zerlumpt (*Kleidung, Person*); *fig* ruiniert, ramponiert (*Ruf etc*) **'tat·ters** *s Pl* Fetzen *Pl*, Lumpen *Pl*: **be in ~** zerlumpt sein (*Kleidung*); *fig* ruiniert *od* ramponiert sein

tat·too[1] [tæ'tuː] **I** *v/t* **1.** tätowieren **2.** *Muster etc* eintätowieren (**on** in *Akk*) **II** *s* **3.** Tätowierung *f*, Tattoo *m, n*: **~ pen** Tattoostift *m*

tat·too[2] [_] *s* MIL Zapfenstreich *m*; (*mst* abendliche) Musikparade

tat·ty ['tætɪ] *Adj bes Br* F schäbig (*Kleidung, Möbel etc*)

taught [tɔːt] *Prät u. Part Perf von* **teach**

taunt [tɔːnt] **I** *v/t* verhöhnen, -spotten (**for, with** wegen) **II** *s* höhnische *od* spöttische Bemerkung

Tau·rus ['tɔːrəs] *s* ASTR Stier *m*: **be (a) ~** Stier sein

taut [tɔːt] *Adj* **1.** straff (*Seil etc*) **2.** *fig* angespannt (*Gesichtsausdruck etc*) **'taut·en I** *v/t* spannen, straffen, straff anziehen **II** *v/i* sich spannen *od* straffen

taw·dry ['tɔːdrɪ] *Adj* (billig u.) geschmacklos

taw·ny ['tɔːnɪ] *Adj* gelbbraun

▸ **tax** [tæks] **I** *s* **1.** Steuer *f* (**on** auf *Akk*): **before** (**after**) **~** vor (nach) Abzug der Steuern, brutto (netto); → **put** 2 **II** *v/t* **2.** besteuern **3.** *j-s Geduld etc* strapazieren **'tax·a·ble** *Adj* steuerpflichtig

tax·a·tion [_] *s* Besteuerung *f*

tax| ad·vis·er *s* Steuerberater(in) **~ brack·et** *s* Steuergruppe *f*, -klasse *f* **~ con·sult·ant** *s* Steuerberater(in) **,~ de·duct·i·ble** *Adj* (steuerlich) absetzbar **~ disc** *s* (Auto)Steuermarke *f* **~ e·va·sion** *s* Steuerhinterziehung *f* **,~ 'free** *Adj u. Adv* steuerfrei **~ ha·ven** *s* Steueroase *f*, -paradies *n*

▸ **tax·i** ['tæksɪ] **I** *s* Taxi *n*, Taxe *f* **II** *v/i* FLUG rollen **'~·cab** → **taxi** I **~ driv·er** *s* Taxifahrer(in) **'~·me·ter** *s* Taxameter *m, n*, Fahrpreisanzeiger *m*

tax·ing ['tæksɪŋ] *Adj* anstrengend

tax·i| rank, ~ stand *s* Taxistand *m*

'tax| pay·er *s* Steuerzahler(in) **~ rate** *s* Steuersatz *m* **~ rea·sons** *s Pl* steuerliche Gründe *Pl* **~ re·lief** *s* Steuervergünstigung *f* **~ re·turn** *s* Steuererklärung *f*

'T-bone (**steak**) *s* T-Bone-Steak *n* (*Steak aus dem Rippenstück des Rinds*)

▸ **tea** [tiː] *s* Tee *m*: **not for all the ~ in China** nicht um alles in der Welt; → **cup** 1, **high tea ~ bag** *s* Tee-, Aufgussbeutel *m* **~ break** *s* Teepause *f* **~ cad·dy** *s* Teebüchse *f*, -dose *f*

▸ **teach** [tiːtʃ] (*unreg*) **I** *v/t* **1.** *Fach* lehren, unterrichten **2.** *j-n, a. j-m etw* lehren, *j-n* unterrichten in (*Dat*); *j-m etw* beibringen: **~ s.o. a lesson** *fig* j-m e-e Lektion erteilen **II** *v/i* **3.** unterrichten (**at** *an e-r Schule*)

▸ **teach·er** ['tiːtʃə] *s* Lehrer(in) **'teach·ing** *s* **1.** Unterrichten *n*; Lehrberuf *m* **2.** Lehre *f*

tea| cloth → **tea towel ~ co·sy** (*Am* **co·zy**) *s* Teewärmer *m* **'~·cup** *s* Teetasse *f*: → **storm** 1 **'~·house** *s* Teehaus *n*

teak [tiːk] *s* Teak(holz) *n*

'tea| ket·tle *s* Tee-, Wasserkessel *m* **'~·leaf** *s* (*unreg* **leaf**) **1.** Teeblatt *n* **2.** *Br sl* Langfinger *m*

▸ **team** [tiːm] **I** *s* **1.** SPORT Mannschaft *f*, Team *n*, *allg a.* Gruppe *f* **2.** Gespann *n* **II** *v/i* **3. ~ up** sich zs.-tun (**with** mit) **~ ef·fort** *s* Teamwork *n*: **by a ~** mit vereinten Kräften **~ game** *s* SPORT Mann-

T

schaftsspiel n '~•mate s SPORT Mannschaftskamerad(in) ~ spir•it s SPORT Mannschaftsgeist m; allg Gemeinschaftsgeist m

team-ster ['ti:mstə] s LKW-Fahrer(in)

'**team•work** s SPORT Mannschafts-, Zs.-spiel n; allg Teamwork n

tea| **par•ty** s Teegesellschaft f '~•pot s Teekanne f; → **tempest**

▸ **tear**[1] [tɪə] s Träne f: **be almost in ~s** den Tränen nahe sein, fast weinen; **~s** Pl **of joy** Freudentränen Pl; **burst into ~s** in Tränen ausbrechen

tear[2] [teə] I s 1. Riss m II v/t (unreg) 1. zerreißen; sich etw zerreißen (on an Dat); ~ **a muscle** sich e-n Muskel reißen, sich e-n Muskelriss zuziehen; **torn muscle** Muskelriss m 3. weg-, losreißen (from von): ~ **s.th. from s.o.** a. j-m etw entreißen; → **hair** 4. **be torn between ... and** fig hin- u. hergerissen sein zwischen (Dat) ... u III v/i (unreg) 5. (zer)reißen 6. F rasen, sausen 7. ~ **into s.o.** F über j-n herfallen (a. mit Worten)

Verbindungen mit Adverbien:

tear| a•way v/t weg-, losreißen (from von) (a. fig) ~ **down** v/t 1. Plakat etc herunterreißen 2. Haus etc abreißen ~ **off** v/t 1. abreißen; abtrennen 2. sich Kleidung vom Leib reißen 3. F Aufsatz etc hinhauen ~ **out** v/t 1. (her)ausreißen (of aus); Baum entwurzeln: → **hair** ~ **up** v/t 1. aufreißen 2. zerreißen

tear-drop ['tɪədrɒp] s Träne f

tear-ful ['tɪəfʊl] Adj 1. weinend 2. tränenreich (Abschied etc)

tear gas s Tränengas n

tear•ing ['teərɪŋ] Adj: **be in a ~ hurry** F es schrecklich eilig haben

tear-jerk-er ['tɪə,dʒɜːkə] s Schmachtfetzen m

tear-off ['teərɒf] Adj: ~ **calendar** Abreißkalender m

tea-room ['~-rʊm] s Teestube f

tease [ti:z] I v/t j-n, Tier necken, j-n hänseln (about wegen); j-n, Tier reizen II v/i: **he is only teasing** er macht nur Spaß III s Necker(in), Hänsler(in) '**teas•er** s 1. → **tease** III 2. F harte Nuss

tea| **ser•vice**, ~ **set** s Teeservice n '~•spoon s Teelöffel m

teat [ti:t] s 1. ZOOL Zitze f 2. Br (Gummi)Sauger m (e-r Saugflasche)

tea| **tow•el** s bes Br Geschirrtuch n ~ **trol•ley** s bes Br, ~ **wag•on** s bes Am Tee-, Servierwagen m

tech [tek] s F 1. bes Br FH (Fachhochschule) 2. Technologie f

▸ **tech•ni•cal** ['teknɪkl] Adj 1. allg technisch: ~ **knockout** (Boxen) technischer K.O. 2. fachlich, Fach...: ~ **term** Fachausdruck m **tech•ni•cal•i•ty** [,~'kælətɪ] s technische Einzelheit **tech'ni•cian** [-ʃn] s Techniker(in)

▸ **tech•nique** [tek'ni:k] s 1. TECH Technik f, Verfahren n 2. MUS, MALEREI, SPORT etc Technik f

tech-no ['teknəʊ] s MUS Techno n, m

tech-no-crat ['teknəʊkræt] s Technokrat(in)

▸ **tech-no-log-i-cal** [,teknə'lɒdʒɪkl] Adj technologisch; technisch **tech-nol-o-gist** [-'nɒlədʒɪst] s Technologe m, Technologin f

▸ **tech-nol-o-gy** [tek'nɒlədʒɪ] s Technologie f; Technik f: ~ **park** Technologiepark m

ted-dy (bear) ['tedɪ] s Teddy(bär) m

te-di-ous ['ti:djəs] Adj langweilig **te-di-um** ['~-djəm] s Langweiligkeit f

teem [ti:m] v/i (with) wimmeln (von); strotzen (von, vor Dat): **the square was ~ing with people** auf dem Platz wimmelte es von Menschen; **it is ~ing with rain** es regnet in Strömen

teen-age(d) ['ti:neɪdʒ(d)] Adj 1. im Teenageralter 2. Teenager..., für Teenager '**teen,ag•er** s Teenager m

teen band s Teenie-Group f, Teenie-Gruppe f

teens [ti:nz] s Pl: **be in one's ~** im Teenageralter sein

tee-ny ['ti:nɪ], **tee-ny-wee-ny** [,~-'wi:nɪ] Adj F klitzeklein, winzig

tee shirt [ti:] s T-Shirt n

tee-ter ['ti:tə] v/i (sch)wanken

teeth [ti:θ] Pl von **tooth**

teethe [ti:ð] v/i zahnen '**teeth•ing** Adj: ~ **troubles** Pl fig Kinderkrankheiten Pl

tee-to-tal-er s Am, **tee-to-tal-ler** s bes Br [ti:'təʊtlə] s Abstinenzler(in)

tel-e-cast ['telɪkɑːst] I v/t (mst unreg) im Fernsehen übertragen od bringen II s Fernsehsendung f

tel-e-com-mu-ni-ca-tions ['telɪkə,mju:nɪ'keɪʃnz] s Pl Telekommunikation f, Fernmeldewesen n ~ **sat-el-lite** s

Fernmelde-, Nachrichtensatellit *m*

tel·e·com·mut·er ['telɪkə,mjuːtə] *s* Telearbeiter(in) **tel·e·com·mut·ing** *s* Telearbeit *f*

▸ **tel·e·gram** ['telɪgræm] *s* Telegramm *n*: **by ~** telegrafisch

tel·e·graph ['telɪgrɑːf] I *s*: **by ~** telegrafisch II *v/t* j-m etw telegrafieren **tel·e·graph·ic** [ˌ-'græfɪk] *Adj* (*~ally*) telegrafisch

te·lep·a·thy [tɪ'lepəθɪ] *s* Telepathie *f*, Gedankenübertragung *f*

▸ **tel·e·phone** ['telɪfəʊn] I *s* 1. Telefon *n*: **by ~** telefonisch; **be on the ~** Telefon (-anschluss) haben; am Telefon sein 2. Hörer *m* II *v/i* 3. telefonieren, anrufen III *v/t* 4. anrufen: **~ s.th. to s.o.** j-m etw telefonisch durchgeben IV *Adj* 5. Telefon...: **~ banking** Telefonbanking *n*, **~ booth** (*Br* **box**) Telefon-, Sprechzelle *f*; **~ call** Telefonanruf *m*, -gespräch *n*; **~ directory** Telefon-, Fernsprechbuch *n*; **~ exchange** Fernsprechamt *n*; **~ number** Telefonnummer *f*

te·leph·o·nist [tɪ'lefənɪst] *s* *bes Br* Telefonist(in)

tel·e·pho·to lens ['telɪ,fəʊtəʊ] *s* FOTO Teleobjektiv *n*

tel·e·ra·di·ol·o·gy [ˌtelɪreɪdɪ'ɒlədʒɪ] *s* MED Teleradiologie *f*

tel·e·pro·cess·ing [ˌtelɪ'prəʊsesɪŋ] *s* IT Datenverarbeitung *f*

tel·e·scope ['telɪskəʊp] I *s* 1. Teleskop *n*, Fernrohr *n* II *v/t* 2. **a. ~ together** zs.-, ineinander schieben 3. *fig* verkürzen, komprimieren (*into* zu) III *v/i* 4. sich zs.- *od* ineinander schieben (lassen) **tel·e·scop·ic** [ˌ-'skɒpɪk] *Adj* (*~ally*) 1. teleskopisch: **~ sight** Zielfernrohr *n* 2. ausziehbar: **~ aerial** (*bes Am* **antenna**) Teleskopantenne *f*; **~ umbrella** Taschenschirm *m*

tel·e·shop·ping ['telɪʃɒpɪŋ] *s* Teleshopping *n*

tel·e·text ['telɪtekst] *s* Bildschirmtext *m*

tel·e·vise ['telɪvaɪz] → **telecast** I

▸ **tel·e·vi·sion** ['telɪ,vɪʒn] *s* 1. Fernsehen *n*: **on (the) ~** im Fernsehen; **watch ~** fernsehen; **work in ~** beim Fernsehen beschäftigt sein 2. Fernsehapparat *m*, -gerät *n* II *Adj* 3. Fernseh...: **~ set** → 2

tel·e·work·er ['telɪwɜːkə] *s* Telearbeiter(in) **tel·e·work·ing** *s* Telearbeit *f*

tel·ex ['teleks] *s* 1. Telex *n*, Fernschrei-

ben *n* 2. TECH Fernschreiber *m*

▸ **tell** [tel] (*unreg*) I *v/t* 1. sagen, erzählen: **I can't ~ you how ...** ich kann dir gar nicht sagen, wie ...; **you are ~ing me!** F wem sagst du das!; **→ another** 2 2. *Geschichte etc* erzählen: **→ tale** 1 3. *s-n Namen etc* nennen; *Grund etc* angeben; *Zeit anzeigen* (*Uhr*) 4. (mit Bestimmtheit) sagen; erkennen (**by** an *Dat*): **I can't ~ one from the other, I can't ~ them apart** ich kann sie nicht auseinander halten 5. j-m sagen, befehlen (**to do** zu tun) 6. **~ off** F j-m Bescheid stoßen (**for** wegen) II *v/i* 7. **who can ~?** wer weiß?; **you can never** (*od* **never can**) **~** man kann nie wissen 8. **~ on s.o.** j-n verpetzen *od* verraten 9. sich auswirken (**on** bei, auf *Akk*), sich bemerkbar machen: **~ against** einen sprechen gegen; von Nachteil sein für '**tell·er** *s bes Am* Kassierer(in) (*e-r Bank*): **~ automatic** (**machine**) Geldautomat *m*

tell·ing ['telɪŋ] *Adj* 1. aufschlussreich 2. schlagend (*Argument*), **,~'off** *s*: **give s.o. a** (**good**) **~** F j-m (kräftig) Bescheid stoßen *od* sagen

'**tell·tale** I *Adj* verräterisch II *s* F Zuträger(in), Petze *f*

tel·ly ['telɪ] *s bes Br* F 1. → **television** 1 2. Fernseher *m* (*Gerät*)

te·mer·i·ty [tɪ'merətɪ] *s* Frechheit *f*

temp [temp] *Br* F I *s* (*von e-r Agentur vermittelte*[*r*]) Zeitsekretär(in) II *v/i* als Zeitsekretär(in) arbeiten

tem·per ['tempə] I *s* 1. Temperament *n*, Gemüt(sart *f*) *n*, Wesen(sart *f*) *n* 2. Laune *f*, Stimmung *f*: **be in a bad ~** schlecht gelaunt sein; **keep one's ~** ruhig bleiben; **lose one's ~** die Beherrschung verlieren 3. F **be in a ~** gereizt *od* wütend sein; **fly into a ~** an die Decke gehen; → **fit²** 1, **work** 8 II *v/t* 4. TECH *Stahl* härten **tem·per·a·ment** ['~rəmənt] 1 → **temper** 1 2. Temperament *n*, Lebhaftigkeit *f* **tem·per·a·men·tal** [ˌ-rə'mentl] *Adj* 1. reizbar; launisch 2. veranlagungsmäßig, anlagebedingt: **~ly a.** von der Veranlagung her, von Natur aus

tem·per·ate ['tempərət] *Adj* gemäßigt

▸ **tem·per·a·ture** ['tempr(ə)tʃə] *s* Temperatur *f*: **have** (*od* **be running**) **a ~** erhöhte Temperatur *od* Fieber haben;

T

take s.o.'s ~ j-s Temperatur messen

tem·pest ['tempɪst] *s* (heftiger) Sturm (*poet außer in*): **~ in a teapot** *Am fig* Sturm im Wasserglas **tem·pes·tu·ous** [-'pestjʊəs] *Adj poet od fig* stürmisch

tem·pi ['tempi:] *Pl von* **tempo**

tem·plate ['templɪt] *s* Schablone *f*; COMPUTER Maske *f*, Dokumentvorlage *f*

tem·ple[1] [templ] *s* Tempel *m*

tem·ple[2] [-] *s* ANAT Schläfe *f*

tem·po ['tempəʊ] *Pl* **-pos, -pi** [-ˌpiː] *s* MUS Tempo *n* (*a. fig*)

tem·po·ral[1] ['tempərəl] *Adj* **1.** weltlich **2.** LING temporal, Zeit..., der Zeit

tem·po·ral[2] [-] *Adj* ANAT Schläfen...

tem·po·rar·y ['tempərəri] *Adj* vorübergehend, zeitweilig

tempt [tempt] *v/t* **1.** j-n in Versuchung führen (*a.* REL); j-n verführen (**to** zu; **to do** [*od* **into doing**] **s.th.** dazu, etw zu tun): **be ~ed to do s.th.** versucht *od* geneigt sein, etw zu tun **2.** ~ **fate** (*od* **providence**) das Schicksal herausfordern **temp·ta·tion** *s* Versuchung *f* (*a.* REL), Verführung *f* **'tempt·er** *s* Verführer *m* **'tempt·ing** *Adj* verführerisch **'tempt·ress** *s* Verführerin *f*

▸ **ten** [ten] **I** *Adj* **1.** zehn **II** *s* **2.** Zehn *f*: **~ of hearts** Herzzehn *f*; **~s** *Pl* **of thousands** zehntausende *Pl* **3.** MATHE Zehner *m*

ten·a·ble ['tenəbl] *Adj* haltbar

te·na·cious [tɪ'neɪʃəs] *Adj* hartnäckig, zäh **te·nac·i·ty** [tɪ'næsətɪ] *s* Hartnäckigkeit *f*, Zähigkeit *f*

ten·an·cy ['tenənsɪ] *s* Pacht-, Mietdauer *f*

ten·ant ['tenənt] *s* Pächter(in), Mieter(in)

▸ **tend**[1] [tend] *v/i* neigen, tendieren (**to, toward[s]** zu): **~ to do s.th.** dazu neigen, etw zu tun

tend[2] [-] *v/t* j-n pflegen, *a.* Wunde versorgen **II** *v/i*: **~ to ~** tun

tend·en·cy ['tendənsɪ] *s* Tendenz *f*; Neigung *f*: **have a ~** (*od* **toward[s]**) neigen *od* tendieren zu; **have a ~ to do s.th.** dazu neigen, etw zu tun **ten·den·tious** [-'denʃəs] *Adj* tendenziös

▸ **ten·der**[1] ['tendə] *Adj* **1.** empfindlich, *fig a.* heikel **2.** zart, weich (*Fleisch*) **3.** zärtlich

ten·der[2] [-] **I** *v/i* **1.** WIRTSCH ein Angebot machen (**for** für) **II** *v/t* **2.** → **resig-**

nation 1 III *s* **3.** WIRTSCH Angebot *n* **4.** **legal ~** gesetzliches Zahlungsmittel

ten·der[3] [-] *s* SCHIFF, BAHN Tender *m*

'ten·der|**·foot** *s* (*a. unreg* **foot**) *Am F* Anfänger(in), Neuling *m* ‚**~'heart·ed** *Adj* weichherzig

ten·der·ize ['tendəraɪz] *v/t* Fleisch zart *od* weich machen

'ten·der·loin *s* zartes Lendenstück

ten·don ['tendən] *s* ANAT Sehne *f*

ten·dril ['tendrəl] *s* BOT Ranke *f*

ten·e·ment ['tenəmənt] *s* Mietshaus *n*, *pej* Mietskaserne *f*

ten·ner ['tenə] *s* F Zehner *m* (*Br* Zehnpfundschein, *Am* Zehndollarschein)

ten·fold ['tenfəʊld] **I** *Adj* zehnfach **II** *Adv* zehnfach, um das Zehnfache: **in·crease ~** (sich) verzehnfachen

ten·nis ['tenɪs] *s* SPORT Tennis *n* **~ ball** *s* Tennisball *m* **~ court** *s* Tennisplatz *m* **~ el·bow** *s* MED Tennisarm *m* **~ play·er** *s* Tennisspieler(in) **~ rack·et** *s* Tennisschläger *m*

ten·or ['tenə] *s* **1.** MUS Tenor **2.** Tenor *m*, Sinn *m* **3.** Verlauf *m*

'ten·pin *s* **1.** *Bowling:* Kegel *m*: **~ bowling** *Br* Bowling *n* **2.** **~s** *Sg Am* Bowling *n*

tense[1] [tens] *s* LING Zeit *f*, Tempus *n*

tense[2] [-] *Adj* **1.** gespannt, straff (*Seil etc*), (an)gespannt (*Muskeln*) **2.** *fig* (an)gespannt (*Lage etc*); (über)nervös (*Person*)

ten·sile ['tensaɪl] *Adj* **1.** dehn-, spannbar **2.** **~ strength** Zug-, Zerreißfestigkeit *f*

ten·sion ['tenʃn] *s* **1.** Spannung *f* (*a.* ELEK): → **high tension 2.** *fig* Anspannung *f*; Spannung(en *Pl*) *f*

▸ **tent** [tent] *s* Zelt *n*

ten·ta·cle ['tentəkl] *s* ZOOL Tentakel *m*, Fühler *m*, **a)** Fühler *m*, **b)** Fangarm *m*

ten·ta·tive ['tentətɪv] *Adj* **1.** vorläufig; versuchsweise: **~ly** *a.* mit Vorbehalt **2.** vorsichtig, zögernd

ten·ter·hooks ['tentəhʊks] *s Pl*: **be on ~** wie auf glühenden Kohlen sitzen; **keep s.o. on ~** j-n auf die Folter spannen

▸ **tenth** [tenθ] **I** *Adj* **1.** zehnt **II** *s* **2.** *der, die, das* Zehnte: **the ~ of May** der 10. Mai **3.** Zehntel *n*: **a ~ of a second** e-e Zehntelsekunde

'ten·time *Adj* zehnmalig

tent| **peg** *s* Hering *m*, Zeltpflock *m* **~ pole** *s* Zeltstange *f*

ten·u·ous ['tenjʊəs] *Adj* **1.** dünn (*Faden etc*) **2.** fig lose (*Verbindung etc*); schwach (*Beweis etc*)

ten·ure ['te͵njʊə] *s* **1.** Innehabung *f* (*e-s Amtes*), (*von Grundbesitz a.*) Besitz *m* **2.** Amtsdauer *f*, Dienstzeit *f*

tep·id ['tepɪd] *Adj* lau(warm) (*a. fig*)

▸ **term** [tɜːm] **I** *s* **1.** Zeit(raum *m*) *f*, Dauer *f*; Laufzeit *f* (*e-s Vertrags etc*): ~ *of imprisonment* JUR Freiheitsstrafe *f*; ~ *of office* Amtsdauer, -periode *f*, -zeit; *in the long* (*short*) ~ auf lange (kurze) Sicht **2.** PÄD, UNI *bes Br* Trimester *n* **3.** Ausdruck *m*, Bezeichnung *f*: ~ *of abuse* Schimpfwort *n*, Beleidigung *f*; *in* ~*s of* was ... betrifft; *in* ~*s of money* finanziell (gesehen); *in no uncertain* ~*s* unmissverständlich; → *technical* 2 **4.** *Pl* Bedingungen *Pl*: ~*s of payment* WIRTSCH Zahlungsbedingungen; *on one's own* ~*s* zu s-n Bedingungen; *come to* ~*s* sich einigen (*with* mit); *come to* ~*s with s.th.* sich mit etw abfinden; → *easy* 5 **5.** *be on friendly* (*good*) ~*s with* auf freundschaftlichem Fuß stehen (gut auskommen) mit; → *speaking* **II** **II** *v/t* **6.** nennen, bezeichnen als

ter·mi·nal ['tɜːmɪnl] **I** *Adj* **1.** MED **a)** unheilbar (*Krankheit*), **b)** im Endstadium, **c)** Sterbe... **II** *s* **2.** BAHN *etc* Endstation *f*: → *air terminal* **3.** COMPUTER Terminal *n*, Endeinrichtung *f* **4.** ELEK (Anschluss)Klemme *f*; Pol *m* (*e-r Batterie*)

ter·mi·nate ['tɜːmɪneɪt] **I** *v/t* beenden; Vertrag kündigen, lösen; MED *Schwangerschaft* unterbrechen **II** *v/i* enden; ablaufen (*Vertrag*) **'ter·mi·na·tion** *s* **1.** Beendigung *f*; Kündigung *f*, Lösung *f*; MED (*Schwangerschafts*)Abbruch *m* **2.** Ende *n*; Ablauf *m*

ter·mi·ni ['tɜːmɪnaɪ] *Pl von* **terminus**

ter·mi·nol·o·gy [͵tɜːmɪ'nɒlədʒɪ] *s* Terminologie *f*, Fachsprache *f*

ter·mi·nus ['tɜːmɪnəs] *Pl* **-ni** ['-naɪ], **-nus·es** *s* BAHN *etc* Endstation *f*

ter·mite ['tɜːmaɪt] *s* ZOOL Termite *f*

ter·race ['terəs] *s* **1.** Terrasse *f* **2.** *Pl* SPORT *bes Br* Ränge *Pl* **3.** Häuserreihe *f*, -zeile *f* **'ter·raced** *Adj*: ~ *house Br* Reihenhaus *n*

ter·ra·cot·ta [͵terə'kɒtə] *s* Terrakotta *f*

ter·rain [te'reɪn] *s* Gelände *n*, Terrain *n*

ter·res·tri·al [tə'restrɪəl] *Adj* **1.** irdisch

2. Erd...: ~ *globe* Erdball *m* **3.** BOT, ZOOL Land...

▸ **ter·ri·ble** ['terəbl] *Adj* schrecklich, furchtbar (*beide a. fig F*)

ter·ri·er ['terɪə] *s* ZOOL Terrier *m*

ter·rif·ic [tə'rɪfɪk] *Adj* (~*ally*) F toll, fantastisch; wahnsinnig

ter·ri·fy ['terɪfaɪ] *v/t* *j-m* schreckliche Angst einjagen: *spiders* ~ *me, I'm terrified of spiders* ich habe schreckliche Angst vor Spinnen

ter·ri·to·ri·al [͵terɪ'tɔːrɪəl] *Adj* territorial, Gebiets...: ~ *claims Pl* Gebietsansprüche *Pl*; ~ *waters Pl* Hoheitsgewässer *Pl* **ter·ri·to·ry** ['-tərɪ] *s* **1.** (*a.* Hoheits-, Staats)Gebiet *n*, Territorium *n* **2.** ZOOL Revier *n* **3.** fig Gebiet *n*

ter·ror ['terə] *s* **1.** Entsetzen *n*: *in* ~ voller Entsetzen; in panischer Angst; *have a* ~ *of* panische Angst haben vor (*Dat*) **2.** Terror *m* **3.** Schrecken *m* (*Person, Sache*) **4.** F Landplage *f* (*bes Kind*) **'ter·ror·ism** *s* Terrorismus *m* **'ter·ror·ist I** *s* Terrorist(in) **II** *Adj* terroristisch, Terror... **'ter·ror·ize** *v/t* terrorisieren; einschüchtern

ter·ry(·cloth) ['terɪ(klɒθ)] *s* Frottier *m*

terse [tɜːs] *Adj* knapp (*Antwort etc*)

tes·sel·at·ed ['tesəleɪtɪd] *Adj* Mosaik...

▸ **test** [test] **I** *s* **1.** *allg* Test *m*: *put to the* ~ auf die Probe stellen; *stand the* ~ *of time* die Zeit überdauern; *pass* (*fail*) *a* ~ eine Prüfung (nicht) bestehen; → *driving test* 2 **2.** *test match* **II** *v/t* **3.** testen, prüfen **4.** *j-s* Geduld etc auf e-e harte Probe stellen

tes·ta·ment ['testəmənt] *s* **1.** → *will*[1] 2 **2.** ⌓ BIBEL Altes, Neues Testament **3.** fig Zeugnis *n* (*to Gen*) **tes·ta·men·ta·ry** [͵-'mentərɪ] *Adj* JUR testamentarisch

tes·ta·tor [te'steɪtə] *s* JUR Erblasser *m* **tes·ta·trix** [te'steɪtrɪks] *Pl* **-tri·ces** [-trɪsiːz] *s* JUR Erblasserin *f*

test| **card** *TV Br* Testbild *n* ~ **case** *s* JUR Musterprozess *m* ~ **drive** *s* MOT Probefahrt *f*: *go for a* ~ e-e Probefahrt machen '~**drive** *v/t* (*unreg drive*) *Auto* Probe fahren

tes·ter ['testə] *s* **1.** Tester(in), Prüfer(in) **2.** TECH Test-, Prüfgerät *n*

tes·ti·cle ['testɪkl] *s* ANAT Hoden *m*

tes·ti·fy ['testɪfaɪ] *v/i* **1.** JUR aussagen

(*for* für; *against* gegen) **2.** ~ **to** ein deutliches Zeichen sein für **I** *v/t* **3.** ~ *that* JUR aussagen *od* bezeugen, dass; *fig* ein deutliches Zeichen dafür sein, dass

tes·ti·mo·ni·al [ˌtestɪˈməʊnjəl] *s* **1.** Referenz *f* **2.** Anerkennungsgeschenk *n*

tes·ti·mo·ny [ˈtestɪmənɪ] *s* **1.** JUR Aussage *f* **2.** *be* (*a*) ~ *of* (*od* to) → *testify* 2

test·ing [ˈtestɪŋ] *Adj*: ~ *times* *Pl* harte Zeiten *Pl*

test| **lamp** *s* TECH Prüflampe *f* ~ **match** *s* Kricket: internationaler Vergleichskampf ~ **pat·tern** *s* TV *Am* Testbild *n* ~ **pi·lot** *s* FLUG Testpilot(in) ~ **tube** *s* CHEM Reagenzglas *n* '~-**tube ba·by** *s* Retortenbaby *n*

tes·ty [ˈtestɪ] *Adj* gereizt

tet·a·nus [ˈtetənəs] *s* MED Tetanus *m*

tetch·y [ˈtetʃɪ] *Adj* reizbar

teth·er [ˈteðə] **I** *s* Strick *m*; Kette *f*: *be at the end of one's* ~ *fig* mit s-n Nerven am Ende sein **II** *v/t* Tier anbinden; anketten

Teu·ton·ic [tjuːˈtɒnɪk] *Adj oft pej* teutonisch, (typisch) deutsch

▸ **text** [tekst] **I** *s* Text *m* **II** *v/t*: ~ *s.o.* j-m e-e SMS schicken

▸ **text·book** [ˈtekstbʊk] **I** *s* Lehrbuch *n* **II** *Adj* perfekt: ~ *example* Muster-, Paradebeispiel *n* (*of* für)

tex·tile [ˈtekstaɪl] **I** *s* Stoff *m*: ~*s* *Pl* Textilien *Pl* **II** *Adj* Textil-,

tex·tu·al [ˈtekstjʊəl] *Adj* textlich, Text-,

tex·ture [ˈtekstʃə] *s* Textur *f*, Gewebe *n*; Beschaffenheit *f*

Thai·land [ˈtaɪlænd] *Eigenn* Thailand *n*

tha·lid·o·mide [θəˈlɪdəmaɪd] *s* PHARM Thalidomid *n*, Contergan *n*: ~ *baby* Contergankind *n*

Thames [temz] *Eigenn* die Themse

▸ **than** [ðən] *Konj* als

▸ **thank** [θæŋk] **I** *v/t* j-m danken, sich bei j-m bedanken (*for* für): ▸ *thank you* (*very much*) danke (vielen Dank); *no, thank you* nein, danke; *say "Thank you"* sich bedanken; *he's only got himself to thank that* er hat es sich selbst zuzuschreiben, dass **II** *s Pl* Dank *m*: *with thanks* dankend, mit Dank; ▸ *thanks* (*a lot*) danke (vielen Dank); *no, thanks* nein, danke; *thanks to* dank (*Gen*), wegen (*Gen*) **thank·ful** [ˈ-fʊl] *Adj* dankbar (*for* für); froh (*that* dass; *to be* zu sein): ~*ly* a. zum Glück;

Gott sei Dank '**thank·less** *Adj* undankbar (*Aufgabe etc*)

'**Thanks·giv·ing** (**Day**) *s Am* Thanksgiving Day *m* (*Erntedankfest*; *4. Donnerstag im November*)

Am Thanksgiving Day gedenken die Amerikaner des Jahres 1621, als ihnen die Indianer zeigten, wie man erfolgreich Getreide anbaut. Bei dieser Familienfeier werden als Hauptspeise traditionsgemäß Putenbraten mit Preiselbeersoße, Süßkartoffeln und Gemüse gegessen. Zum Nachtisch gibt es **pumpkin pie.** Das ist eine Süßspeise aus Kürbisfleisch, das mit braunem Zucker, Zimt, Muskat, Milch und Eiern vermischt und dann gebacken wird. Dazu gibt es Vanilleeis.

'**thank-you** **I** *s* Dankeschön *n* **II** *Adj*: ~ *letter* Dankschreiben *n*

▸ **that¹** [ðæt] **I** *Pron u. Adj* **1.** das: *that is* (*to say*) das heißt; *at that* zudem, obendrein; ▸ (*he's always been*) *like that* (er war schon immer) so; *let it go at that* F lassen wir es dabei bewenden; *and that's that* u. damit basta **2.** jener, jene, jenes: *that car over there* das Auto dort drüben; *those who* diejenigen, welche **II** *Adv* **3.** F so; dermaßen: *it's that simple* so einfach ist das

▸ **that²** [ðæt] *Relativpron* der, die, das; welcher, welche, welches: *everything* ~ *alles, was*

▸ **that³** [ðæt] *Konj* dass

thatch [θætʃ] **I** *s* **1.** (Dach)Stroh *n*, Reet *n* **2.** Stroh-, Reetdach *n* **II** *v/t* **3.** mit Stroh *od* Reet decken: ~*ed* stroh-, reetgedeckt

thaw [θɔː] **I** *v/i* (auf)tauen, (*Tiefkühlkost*, *fig Person*) auftauen: *the snow is* ~*ing* es taut **II** *v/t* auftauen **III** *s* Tauwetter *n* (*a. fig* POL)

▸ **the¹** [ðə, *vor Vokalen* ðɪ] *bestimmter Artikel* **1.** der, die, das, *Pl* die **2.** *vor Maßangaben: one dollar* ~ *pound* ein Dollar das *od* pro Pfund

the² [-] *Adv*: ~ *...* ~ je ..., desto: ~ *sooner* ~ *better* je eher, desto besser

▶ **the·a·ter** s Am, **the·a·tre** s bes Br ['θɪətə] **1.** Theater n: *be in the ~* beim Theater sein **2.** (Hör)Saal m; MED Br Operationssaal m: *~ nurse* Operationsschwester f **3.** fig Schauplatz m: *~ of war* Kriegsschauplatz '~,go·er s Theaterbesucher(in)   **the·at·ri·cal** [θɪ'ætrɪkl] Adj **1.** Theater... **2.** fig theatralisch

theft [θeft] s Diebstahl m

▶ **their** [ðeə] Possessivpron ihr: *every-one took ~ seats* alle nahmen Platz

▶ **theirs** [ðeəz] Possessivpron: *it is ~* es gehört ihnen; *a friend of ~* ein Freund von ihnen; *our children and ~* unsere Kinder u. ihre

▶ **them** [ðəm] Pron **1.** sie (Akk); ihnen (Dat): *they looked behind ~* sie blickten hinter sich **2.** F sie (Nom): *we are younger than ~*

theme [θiːm] s Thema n (a. MUS) *~ park* s Themenpark m *~ song* s Film etc: Titelsong m *~ tune* s Film etc: Themamelodie f

▶ **them·selves** [ðəm'selvz] Pron **1.** verstärkend: sie od sich selbst: *they did it ~* sie haben es selbst getan **2.** refl sich: *they cut ~* **3.** sich (selbst): *they want it for ~*

▶ **then** [ðen] **I** Adv **1.** dann: → *but* **I 2.** da; damals: *by ~* bis dahin; *from ~ on* von da an **II** Adj **3.** damalig

the·o·lo·gi·an [θɪə'ləʊdʒən] s Theologe m,   Theologin f   **the·o·log·i·cal** [-'lɒdʒɪkl] Adj theologisch: *~ college* Priesterseminar n **the·ol·o·gy** [θɪ'ɒlə-dʒɪ] s Theologie f

the·o·rem ['θɪərəm] s bes MATHE (Lehr-)Satz m

the·o·ret·i·cal [θɪə'retɪkl] Adj theoretisch '**the·o·rist** s Theoretiker(in) '**the·o·rize** v/i theoretisieren (about, on über Akk) '**the·o·ry** s Theorie f: *in ~* in der Theorie, theoretisch

ther·a·peu·tic [ˌθerə'pjuːtɪk] Adj (*~ally*) **1.** MED therapeutisch **2.** F wohltuend; gesund '**ther·a·pist** s MED Therapeut(in) '**ther·a·py** s MED Therapie f

▶ **there** [ðeə] **I** Adv **1.** da, dort: *~ and then* auf der Stelle; *~ you are* bitte; da hast dus!, na also!; *~ you go!* So ists halt!; *~ you go again!* F fängst du schon wieder an!; → *over* **9 2.** (da-, dort)hin: *~ and back* hin u. zu-

rück; *get~* F es schaffen; *go~* hingehen **3.** *~ is*, Pl *~ are* es gibt od ist od sind: *~ are a lot of cars in the street* auf der Straße sind viele Autos; *~'s a good boy!* sei lieb od brav!; das war lieb von dir! **II** Interj **4.** so; da hast dus!, na also: *~, ~ ist* ja gut! '*~·a·bouts* Adv: *five pounds or ~* ungefähr od so etwa fünf Pfund ,~'af·ter Adv danach ,~'by Adv dadurch

▶ **there**|**fore** ['ðeəfɔː] Adv **1.** deshalb, daher **2.** folglich, also ,~·up'on Adv darauf

ther·mal ['θɜːml] **I** Adj **1.** thermisch, Thermo..., Wärme...: *~ printer* Thermodrucker m **2.** *~ spring* Thermalquelle f **II** s **3.** Thermik f

ther·mo·mat ['θɜːməˌmæt] s Isomatte f **ther·mom·e·ter** [θə'mɒmɪtə] s Thermometer n

Ther·mos® ['θɜːmɒs] s, Am a. *~ bottle*, bes Br a. *~ flask* Thermosflasche® f **ther·mo·stat** ['θɜːməʊstæt] s Thermostat m

▶ **these** [ðiːz] Pl like *this*

the·sis ['θiːsɪs] Pl *-ses* ['-siːz] s **1.** These f **2.** UNI Dissertation f, Doktorarbeit f

▶ **they** [ðeɪ] Pron **1.** sie od Pl: *~ who* diejenigen, welche; *~* man

they'd [ðeɪd] F für *they had*; *they would* **they'll** [ðeɪl] F für *they will* **they're** [ðeə] F für *they are* **they've** [ðeɪv] F für *they have*

▶ **thick** [θɪk] **I** Adj **1.** allg dick: *the ~ end of £500* F fast 500 Pfund; *give s.o. a ~ ear* F j-m eins od ein paar hinter die Ohren geben **2.** dick, dicht (Nebel etc): *be ~ with* wimmeln von; *~ with smoke* verräuchert; *the furniture was ~ with dust* auf den Möbeln lag dick der Staub; *they are ~ on the ground* F es gibt sie wie Sand am Meer **3.** bes Br F dumm **4.** bes Br F dick befreundet (*with* mit) **5.** *that's a bit ~* bes Br F das ist ein starkes Stück! **II** Adv **6.** dick, dicht: *lay it on ~* F dick auftragen **III** s **7.** *in the ~ of* fig mitten in (Dat): *in the ~ of the fight* im dichtesten Kampfgetümmel; *through ~ and thin* durch dick u. dünn **thick·en** ['~ən] **I** v/t Soße etc eindicken, binden **II** v/i dicker werden, (Nebel etc a.) dichter werden **thick·et** ['-ɪt] s Dickicht n ,**thick'head·ed** Adj F strohdumm

thick·ness [ˈθɪknɪs] s **1.** Dicke f **2.** Lage f, Schicht f **3.** bes Br F Dummheit f

thick·set Adj gedrungen, untersetzt ,~-'skinned Adj fig dickfellig

▸ **thief** [θiːf] Pl **thieves** [θiːvz] s Dieb(in): **stop, ~!** haltet den Dieb!; **they are** (as) **thick as thieves** F sie sind dicke Freunde

thigh [θaɪ] s ANAT (Ober)Schenkel m

thim·ble [ˈθɪmbl] s Fingerhut m

▸ **thin** [θɪn] **I** Adj **1.** dünn (Person, Arme etc a.) dürr, (Haar a.) schütter: **disappear** (od **vanish**) **into ~ air** fig sich in Luft auflösen; **produce out of ~ air** fig etw herzaubern; **this is just the ~ end of the wedge** fig pej das ist erst der Anfang; **be ~ on the ground** F dünn gesät sein; **he's getting ~ on top** F bei ihm lichtet es sich oben schon **2.** fig schwach (Rede etc), (Ausrede etc a.) fadenscheinig **II** Adv **3.** dünn **III** v/t **4.** Soße etc verdünnen, strecken **IV** v/i **5.** dünner werden, (Nebel, Haar a.) sich lichten, (Haar a.) schütter werden

▸ **thing** [θɪŋ] s **1.** (konkretes) Ding: **~s** Pl Sachen Pl (Getränke etc), (Gepäck, Kleidung etc a.) Zeug n; **what's this ~?** was ist das?; **I couldn't see a ~** ich konnte überhaupt nichts sehen **2.** fig Ding n, Sache f, Angelegenheit f: **a funny ~** etw Komisches; **another ~** etw anderes; **first ~ tomorrow** gleich morgen früh; **for one ~, ..., and for another** zum e-n ..., u. zum anderen; **make a ~ of** F etw aufbauschen; **know a ~ or two about** etw verstehen von; **this proves three ~s** das beweist dreierlei; → **done** 1, **last¹** 4, **near** 9, **old** 2, **right** 1 **3.** Pl fig Dinge Pl, Lage f, Umstände Pl **4.** Ding n (Mädchen, Tier), Kerl m

▸ **think** [θɪŋk] **I** v/t (unreg) **1.** denken, glauben, meinen (that dass): **I thought he was a burglar** ich hielt ihn für e-n Einbrecher **2. ~ out** (od **through**) etw durchdenken; **~ over** nachdenken über (Akk), sich etw überlegen; **~ up** sich etw ausdenken **3.** j-n, etw halten für: **~ o.s. clever** **4. I can't ~ why ...** ich kann nicht verstehen, warum ... **5. try to ~ where ...** versuch dich zu erinnern, wo ... **II** v/i (unreg) **6.** denken (of an Akk): **I ~ so** ich glaube od denke schon; **~ of doing s.th.** sich mit dem Gedanken

tragen od daran denken, etw zu tun; **I can't ~ of his name** mir fällt sein Name nicht ein, ich kann mich nicht an s-n Namen erinnern; **what do you ~ of** (od **about**) **...?** was halten Sie von ...?; → **better¹** III, **highly** 2, **little** 5, **nothing** I 7. nachdenken (**about** über Akk): **I'll ~ about it** ich überlege es mir; → **twice** III s **8.** F **have a ~ about** nachdenken über (Akk); **have another ~ coming** schief gewickelt sein '**think·er** s Denker(in) '**think·ing I** Adj **1.** denkend **2.** Denk...: **put on one's ~ cap** scharf nachdenken **II** s **3.** Denken n: **do some ~** nachdenken; **to my way of ~** m-r Meinung nach

think tank s Planungs-, Sachverständigenstab m

thin·ner [ˈθɪnə] s Verdünner m ,**thin-'skinned** Adj fig dünnhäutig

▸ **third** [θɜːd] **I** Adj (→ **thirdly**) **1.** dritt: **~ party** WIRTSCH, JUR Dritte m; ♀ **World** Dritte Welt **II** s **2.** der, die, das Dritte: **the ~ of May** der 3. Mai **3.** Drittel n **4.** MOT dritter Gang **III** Adv **5.** als Dritter (-e, -es) ,**~-'class** Adj drittklassig, -rangig ,**~-de'gree** Adj Verbrennungen dritten Grades

third·ly [ˈθɜːdlɪ] Adv drittens

,**third-'par·ty** Adj: **~ insurance** Haftpflichtversicherung f ,**~-'rate** → **third-class**

▸ **thirst** [θɜːst] s Durst m: **die of ~** verdursten; **~ for knowledge** fig Wissensdurst '**~-,quench·ing** Adj durstlöschend

thirst·y [ˈθɜːstɪ] Adj **1.** durstig: **be** (od **feel**) (**very**) **~** (sehr) durstig sein, (großen) Durst haben **2. gardening is ~ work** Gartenarbeit macht durstig

▸ **thir·teen** [,θɜːˈtiːn] Adj dreizehn

▸ **thir·teenth** [,θɜːˈtiːnθ] Adj dreizehnt

▸ **thir·ti·eth** [ˈθɜːtɪəθ] Adj dreißigst

▸ **thir·ty** [ˈθɜːtɪ] **I** Adj dreißig **II** s Dreißig f: **be in one's thirties** in den Dreißigern sein; **in the thirties** in den Dreißigerjahren (e-s Jahrhunderts)

▸ **this** [ðɪs] **I** Pron **1.** dieser, diese, dieses; dies, das: ▸ **like this** so; **this is what I expected** (genau) das habe ich erwartet; **these are his children** das sind s-e Kinder **2. after this** danach; **before this** zuvor **II** Adj **3.** dieser, diese, dieses: → **afternoon** I, **morning** I, **time** 4,

thrive

year **III** *Adv* **4.** F so, dermaßen

this·tle ['θɪsl] *s* BOT Distel *f*

thong [θɒŋ] *s* **1.** Riemen *m* **2.** Lendenschurz *m* **3.** Badeschuh *m* **4.** *mst* ~**s** Tanga(slip) *m*

tho·rax ['θɔːræks] *Pl* **-ra·ces** [´-rəsiːz], **-rax·es** [´-ræksɪz] *s* ANAT Brustkorb *m*

thorn [θɔːn] *s* **1.** Dorn *m*: *be a* ~ *in s.o.'s side (od flesh) fig* j-m ein Dorn im Auge sein **'thorn·y** *Adj* **1.** dornig **2.** *fig* heikel

thor·ough ['θʌrə] *Adj* (→ *thoroughly*) **1.** gründlich (*Person, Kenntnisse*), (*Prüfung etc a.*) eingehend, (*Reform etc a.*) durchgreifend **2.** fürchterlich (*Durcheinander, Langweiler etc*) '~**·bred** *s* Vollblüter *m* '~**·fare** *s* Hauptverkehrsstraße *f*: *no* ~ Durchfahrt verboten! '~**,go·ing** → *thorough* 1

▸ **thor·ough·ly** ['θʌrəlɪ] *Adv* **1.** → *thorough* 1 **2.** völlig, total: *I* ~ *enjoyed it* es hat mir unwahrscheinlich gut gefallen

▸ **those** [ðəʊz] *Pl von* **that¹**

▸ **though** [ðəʊ] **I** *Konj* **1.** obwohl: → *even*¹ **1. 2.** (je)doch **3.** *as* ~ als ob, wie wenn **II** *Adv* **4.** dennoch, trotzdem

thought¹ [θɔːt] *Prät u. Part Perf von* **think**

thought² [θɔːt] *s* **1.** Denken *n*: → *lost* 5 **2.** Gedanke *m* (*of* an *Akk*): *that's a* ~! gute Idee!; *on second* ~*s* (*Am* ~) wenn ich es mir überlege **3.** *with no* ~ *for* ohne Rücksicht auf (*Akk*), ohne an (*Akk*) zu denken **thought·ful** [´-fʊl] *Adj* **1.** nachdenklich **2.** rücksichtsvoll, aufmerksam **'thought·less** *Adj* **1.** gedankenlos **2.** rücksichtslos

▸ **thou·sand** ['θaʊznd] **I** *Adj* **1.** tausend: *a (od one)* ~ (ein)tausend **II** *s* **2.** Tausend *n*: ~*s of times* tausendmal; → *hundred* 2 **3.** MATHE Tausender *m*

▸ **thou·sandth** ['θaʊznθ] **I** *Adj* **1.** tausendst **II** *s* **2.** der, die, das Tausendste **3.** Tausendstel *n*: *a* ~ *of a second* e-e Tausendstelsekunde

thrash [θræʃ] **I** *v/t* **1.** j-n verdreschen, -prügeln; (*Sport*) F j-m e-e Abfuhr erteilen **2.** ~ *out* Problem etc ausdiskutieren **II** *v/i* **3.** ~ *about (od around)* sich *im Bett* herumwerfen; um sich schlagen; zappeln (*Fisch*) **'thrash·ing** *s*: *give s.o. a* ~ j-m e-e Tracht Prügel verpassen; (*Sport*) F j-m e-e Abfuhr erteilen

▸ **thread** [θred] **I** *s* **1.** Faden *m* (*a. fig*): *lose the* ~ *(of the conversation)* den Faden verlieren (*in e-m Gespräch*); *pick up the* ~ den Faden wieder aufnehmen **2.** TECH Gewinde *n* **II** *v/t* **3.** *Nadel* einfädeln **4.** *Perlen etc* auffädeln, -reihen (*on* auf *Akk*) **5.** ~ *one's way through* sich schlängeln durch, sich durchschlängeln zwischen (*Dat*) '~**·bare** *Adj* **1.** abgewetzt, (*Kleidung a.*) abgetragen **2.** *fig* abgedroschen

▸ **threat** [θret] *s* **1.** Drohung *f*: *under* ~ *of* unter Androhung von (*od Gen*) **2.** (*to*) Bedrohung *f* (*Gen od* für), Gefahr *f* (für)

▸ **threat·en** ['θretn] **I** *v/t* **1.** j-m drohen, j-n bedrohen (*with* mit): ~ *s.o. with s.th. a.* j-m etw androhen **2.** etw androhen, drohen mit **3.** ~ *to do s.th.* (damit) drohen, etw zu tun **4.** etw bedrohen, gefährden: *be* ~*ed with extinction* BIOL vom Aussterben bedroht sein **II** *v/i* **5.** drohen (*Gefahr etc*) **'threat·en·ing** *Adj* drohend: ~ *letter* Drohbrief *m*

▸ **three** [θriː] **I** *Adj* drei **II** *s* Drei *f*: ~ *of hearts* Herzdrei *f* '~**·act** *Adj*: ~ *play* THEAT Dreiakter *m* ,~'**cor·nered** *Adj* dreieckig ,~**-di'men·sion·al** *Adj* **1.** dreidimensional **2.** *fig* plastisch **three·fold** ['θriːfəʊld] **I** *Adj* dreifach **II** *Adv* dreifach, um das Dreifache: *increase* ~ (sich) verdreifachen '**three·piece** *Adj* dreiteilig ,~'**quar·ter** *Adj* Dreiviertel… '~**·time** *Adj* dreimalig

thresh [θreʃ] *v/t u. v/i* dreschen **'thresh·ing** *Adj*: ~ *machine* Dreschmaschine *f*

thresh·old ['θreʃhəʊld] *s* Schwelle *f* (*a. fig*): *be on the* ~ *of* an der Schwelle stehen zu (*od Gen*); *pain* ~ Schmerzschwelle

threw [θruː] *Prät von* **throw**

thrift [θrɪft] *s* Sparsamkeit *f* **'thrift·y** *Adj* sparsam

thrill [θrɪl] **I** *s* **1.** prickelndes Gefühl; Nervenkitzel *m* **2.** aufregendes Erlebnis **II** *v/t* **3.** *be* ~*ed* (ganz) hingerissen sein (*at, about* von): *I was* ~*ed to hear that* ich war begeistert, als ich hörte, dass **'thrill·er** *s* Thriller *m*, Reißer *m* **'thrill·ing** *Adj* fesselnd, packend

thrive [θraɪv] *v/i* gedeihen (*Pflanze, Tier*), sich prächtig entwickeln (*Kind*); *fig* blühen, florieren (*Geschäft etc*): ~

on geradezu aufblühen bei

throat [θrəʊt] *s* Kehle *f*; Gurgel *f*; Rachen *m*; Hals *m*: **force** (*od* **ram, thrust**) **s.th. down s.o.'s** ~ *fig* j-m etw aufzwingen; → **clear** 17, **sore** 1 '**throat·y** *Adj* rau; heiser (*Stimme*); mit e-r rauen *od* heiseren Stimme

throb [θrɒb] **I** *v/i* hämmern (*Maschine*), (*Herz etc a.*) pochen, schlagen **II** *s* Hämmern *n*, Pochen *n*, Schlagen *n*

throes [θrəʊz] *s Pl*: **be in the** ~ **of** (**doing**) **s.th.** mitten in etw (*Unangenehmem*) stecken

throm·bo·sis [θrɒmˈbəʊsɪs] *Pl* **-ses** [-siːz] *s* MED Thrombose *f*

throne [θrəʊn] *s* Thron *m* (*a. fig*): **come to the** ~ auf den Thron kommen

throng [θrɒŋ] **I** *s* Schar *f* (**of** von) **II** *v/i u. v/t* sich drängen (in *Dat*)

throt·tle [ˈθrɒtl] **I** *v/t* erdrosseln **II** *s* MOT, TECH Drosselklappe *f*: **go at full** ~ (mit) Vollgas fahren

▸ **through** [θruː] **I** *Präp* **1.** durch (*a. fig*): → **live**[1] Ib **2.** *Am* bis (einschließlich) **II** *Adv* **3.** durch; durch...: ~ **and** ~ durch u. durch; **wet** ~ völlig durchnässt; → **let through, read**[1] 1, *etc* **III** *Adj* **4.** durchgehend (*Zug etc*): ~ **traffic** Durchgangsverkehr *m* **5. be** ~ F fertig sein (**with** mit)

▸ **through·out** [θruːˈaʊt] **I** *Präp* **1.** ~ **the night** die ganze Nacht hindurch **2.** ~ **the country** im ganzen Land **II** *Adv* **3.** ganz, überall **4.** die ganze Zeit (hindurch) '~**way** *s Am* Schnellstraße *f*

▸ **throw** [θrəʊ] **I** *s* **1.** Leichtathletik: (*Diskus-, Speer*)Wurf *m* **2.** Wurf *m* (*a.* **stone** 1 **3.** Fußball: Einwurf *m*: **take the** ~ einwerfen **II** *v/t* (*unreg*) **4.** etw werfen (**at** nach): ~ **s.o. s.th.** j-m etw hin- *od* her- *od* zuwerfen; ~ **a three** e-e Drei werfen (*od* würfeln); ~ **open** *Tür etc* aufreißen; *fig* **Schloss** *etc* der Öffentlichkeit zugänglich machen; ~ **o.s. at s.o.** sich auf j-n stürzen; *fig* sich j-m an den Hals werfen; ~ **o.s. into** sich stürzen in (*Akk*) (*a. fig*): ~ **confusion** 2a, **doubt** 5, **light**[1] 1, **water** 1 5. ZOOL werfen **6.** *Hebel etc* betätigen **7.** *Reiter* abwerfen **8.** F *Party* schmeißen, geben **9.** F *Wutanfall etc* kriegen: → **tantrum** III *v/i* (*unreg*) **10.** werfen; würfeln

Verbindungen mit Adverbien:

throw| **a·bout**, ~ **a·round** *v/t*: **throw one's money about** mit Geld um sich werfen; → **weight** 3 ~ **a·way** *v/t* **1.** etw wegwerfen **2.** *Chance etc* vertun ~ **back** *v/t* zurückwerfen ~ **in** *v/t* **1.** hineinwerfen: **throw the ball in** (*Fußball*) einwerfen; → **sponge** 1, **towel** I **2.** etw (gratis) dazugeben: **throw s.th. in** (**for free**) etw (gratis) dazugeben ~ **off** *v/t* **1.** *Kleidungsstück* abwerfen, *Nervosität etc* ablegen **2.** *Verfolger* abschütteln **3.** *Krankheit* loswerden ~ **on** *v/t* sich *Kleidungsstück* überwerfen ~ **out** *v/t* **1.** j-n hinauswerfen (*a. fig entlassen*) **2.** etw wegwerfen **3.** *Vorschlag etc* ablehnen, verwerfen **4.** *Vorschlag etc* äußern **5.** j-n aus dem Konzept *od* aus der Fassung bringen ~ **o·ver** *v/t* *Freund etc* sitzen lassen (**for** wegen) ~ **to·geth·er** *v/t* **1.** zs.-werfen **2.** etw fabrizieren, zurechtbasteln **3.** *Leute* zs.-bringen ~ **up** *v/t* **1.** in die Höhe werfen, hochwerfen **2.** F *Job etc* hinschmeißen **3.** F *etw Gegessenes* brechen **II** *v/i* **4.** F brechen (*sich übergeben*)

'**throw·a·way** *Adj* **1.** Wegwerf... **2.** hingeworfen (*Bemerkung*)

'**throw·er** [ˈθrəʊə] *s* Werfer(in)

'**throw-in** → **throw** 3

thrown [θrəʊn] *Part Perf von* **throw**

thru [θruː] *Am* F → **through**

thrush[1] [θrʌʃ] *s* ORN Drossel *f*

thrush[2] [-] *s* MED Soor *m*

thrust [θrʌst] **I** *v/t* (*unreg*) **1.** j-n, etw stoßen (**into** in *Akk*): → **throat** 2. *etw* stecken, schieben (**into** in *Akk*): → **nose** 1 **II** *v/i* (*unreg*) **3.** ~ **at** stoßen nach **III** *s* **4.** Stoß *m* **5.** MIL Vorstoß *m* (*a. fig*) **6.** PHYS Schub(kraft *f*) *m*

'**thru·way** F → **throughway**

thud [θʌd] **I** *s* dumpfes Geräusch, Plumps *m* **II** *v/i* plumpsen

thug [θʌg] *s* Schläger(in)

▸ **thumb** [θʌm] **I** *s* ANAT Daumen *m*: **be all** ~**s** F zwei linke Hände haben; **be under s.o.'s** ~ F unter j-s Fuchtel stehen; **give s.th. the** ~**s up** (**down**) etw akzeptieren (ablehnen); **stick out like a sore** ~ F ins Auge springen; → **rule** 2, **twiddle II** *v/t*: ~ **a lift** per Anhalter fahren, trampen (**to** nach) **III** *v/i*: ~ **through a book** ein Buch durchblättern ~ **in·dex** *s* (*a. unreg* **index**) Daumenregister *n* '~**·nail** I *s* Daumennagel

m **II** *Adj* kurz (*Beschreibung etc*)
'**~screw** *s* 1. TECH Flügel- *od* Rändelschraube *f* 2. *hist* Daumenschraube *f* '**~tack** *s Am* Reißzwecke *f*, -nagel *m*

thump [θʌmp] **I** *v/t* 1. *j-m* e-n Schlag versetzen; *j-n* verprügeln 2. **~ out** *Melodie* herunterhämmern (**on the piano** auf dem Klavier!) **II** *v/i* 3. plumpsen 4. hämmern, pochen (*Herz*) 5. trampeln **III** *s* 6. dumpfes Geräusch, Plumps *m* 7. Schlag *m* '**thump·ing I** *Adj* 1. hämmernd (*Kopfschmerzen*) 2. F riesig, Mords… **II** *Adv* 3. **~ great** → 2

▸ **thun·der** ['θʌndə] **I** *s* Donner *m*, (*von Geschützen a.*) Donnern *n*: **steal s.o.'s ~** *fig* j-m die Schau *od* Show stehlen **II** *v/i* donnern (*a. fig Geschütze, Zug etc*) **III** *v/t a.* **~ out** *etw* brüllen, donnern '**~·bolt** *s* Blitz *m u.* Donnerschlag *m*: **like a ~** wie der Blitz '**~·clap** *s* Donner(-schlag) *m* '**~·cloud** *s* Gewitterwolke *f*
thun·der·ous ['θʌndərəs] *Adj* donnernd (*Applaus*)
▸ **thun·der|·storm** ['θʌndəstɔːm] *s* Gewitter *n* '**~·struck** *Adj* wie vom Donner gerührt
thun·der·y ['θʌndərɪ] *Adj* gewitt(e)rig
▸ **Thurs·day** ['θɜːzdɪ] *s* Donnerstag *m*: **on ~** (am) Donnerstag; **on ~s** donnerstags
thus [ðʌs] *Adv* 1. so, auf diese Weise 2. folglich, somit 3. **~ far** bisher
thwart [θwɔːt] *v/t Pläne etc* durchkreuzen, vereiteln; *j-m* e-n Strich durch die Rechnung machen
thyme [taɪm] *s* BOT Thymian *m*
thy·roid (gland) ['θaɪrɔɪd] *s* ANAT Schilddrüse *f*
ti·a·ra [tɪ'ɑːrə] *s* 1. Tiara *f* 2. Diadem *n*
Ti·bet [tɪ'bet] *Eigenn* Tibet *n*
tic [tɪk] *s* MED Tic(k) *m*, nervöses Zucken
tick¹ [tɪk] *s* ZOOL Zecke *f*
tick² [-] *s*: **on ~** F auf Pump
tick³ [-] **I** *s* 1. Ticken *n* 2. Haken *m*, Häkchen *n* (*Vermerkzeichen*) 3. *bes Br* F Augenblick *m*: **in a ~** sofort **II** *v/i* 4. ticken: **~ away** vergehen, -rinnen **III** *v/t* 5. *a.* **~ off** abhaken: → **off** F *j-n* anpfeifen *od* zs.-stauchen
tick·er ['tɪkə] *s* F Pumpe *f* (*Herz*)
▸ **tick·et** ['tɪkɪt] **I** *s* 1. (*Eintritts-, Theateretc*)Karte *f*; BAHN *etc* Fahrkarte *f*, -schein *m*, *schweiz.* Billet *n* (→ *Info*

bei **Fahrkarte**), FLUG Flugschein *m*, Ticket *n*; (*Gepäck- etc*)Schein *m* 2. Etikett *n*, (*Preis- etc*)Schild *n* 3. Strafzettel *m*: → **parking ticket** 4. POL *bes Am* Wahl-, Kandidatenliste *f* **II** *v/t* 5. etikettieren 6. **be ~ed for** *Am* e-n Strafzettel bekommen wegen 7. bestimmen, vorsehen (*for* für) '**~-kar·ten·kontrolleur(in)** ~ **ma·chine** *s* 1. Fahrkartenautomat *m* 2. Parkscheinautomat *m*
▸ **tick·et**| **of·fice** ['tɪkɪt,ɒfɪs] *s* Fahrkartenschalter *m* (→ *Info bei* **Fahrkarte**), (Theater)Kasse *f* ~ **tout** *s Br* Kartenschwarzhändler(in)
'**tick·ing-'off** *s* F Anpfiff *m*: **give s.o. a ~** j-n anpfeifen *od* zs.-stauchen
tick·le ['tɪkl] **I** *v/t u. v/i* kitzeln: ~ **s.o.'s fancy** *fig* j-n anmachen *od* antörnen; **be ~d pink** (*od* **to death**) F sich wie ein Schneekönig freuen (**at, by, with** über *Akk*); → **ivory** 2 **II** *s* Kitzeln *n* '**tick·lish** *Adj* kitz(e)lig (*a. fig*)
tid·al ['taɪdl] *Adj* Tiden…: ~ **wave** Flutwelle *f*; *fig* Welle *f*
tid·bit ['tɪdbɪt] *Am* → **titbit**
tid·dly·winks ['tɪdlɪwɪŋks] *s Sg* Flohhüpfen *n* (*Spiel für Kinder*)
▸ **tide** [taɪd] **I** *s* 1. Gezeiten *Pl*; Flut *f* 2. *fig* Strömung *f*, Trend *m*: **go** (*od* **swim**) **with** (**against**) **the ~** mit dem (gegen den) Strom schwimmen **II** *v/t* 3. ~ **over** *fig* j-n hinweghelfen über (*Akk*); *j-n* über Wasser halten '**~·mark** *s bes Br hum* schwarzer Rand (*in Badewanne*)
ti·di·ness ['taɪdɪnɪs] *s* Sauberkeit *f*, Ordentlichkeit *f*
▸ **ti·dy** ['taɪdɪ] **I** *Adj* 1. sauber, ordentlich, (*Zimmer a.*) aufgeräumt 2. F ordentlich, beträchtlich (*Gewinn etc*) **II** *v/t* 3. *a.* ~ **up** in Ordnung bringen, *Zimmer a.* aufräumen: ~ **away** weg-, aufräumen
▸ **tie** [taɪ] **I** *s* 1. Krawatte *f*, Schlips *m* 2. Band *n*; Schnur *f* 3. *Pl* fig Bande *Pl* 4. Stimmengleichheit *f*; (*Sport*) Unentschieden *n*: **end in a ~** unentschieden ausgehen 5. SPORT (*Pokal*)Spiel *n*, (-)Paarung *f* 6. BAHN *Am* Schwelle *f* **II** *v/t* 7. **a**) binden (**to** an *Akk*); (sich) *Krawatte etc* binden: **my hands are tied** *fig* mir sind die Hände gebunden, **b**) → **tie up** 1 8. **be ~d to** *fig* (eng) verbunden sein mit 9. **the game was ~d**

(*Sport*) das Spiel ging unentschieden aus III *v/i* 10. **they ~d for second place** (*Sport etc*) sie belegten gemeinsam den zweiten Platz

Verbindungen mit Adverbien:

'tie| down *v/t j-n* festlegen (**to** auf *Akk*) **~ in** *v/i* (**with**) übereinstimmen (mit), passen (zu) **~ up** *v/t* 1. *Paket etc* verschnüren: **→ knot** 1 2. **be tied up** WIRTSCH fest angelegt sein (**in** in *Dat*) 3. *etw* in Verbindung bringen (**with** mit) 4. *Verkehr etc* lahm legen

'tie|·break, '~·break·er *s* Tennis: Tie-Break *m*, *n* '~·on *Adj* Anhänge... '~·pin *s* Krawattennadel *f*

tier [tɪə] *s* 1. (Sitz)Reihe *f* 2. Lage *f*, Schicht *f* 3. *fig* Stufe *f*

'tie-up *s* (enge) Verbindung, (kausaler) Zs.-hang (**between** zwischen *Dat*)

tiff [tɪf] *s* kleine Meinungsverschiedenheit

ti·ger ['taɪgə] *s* ZOOL Tiger *m*

▶ tight [taɪt] I *Adj* 1. fest sitzend, fest angezogen 2. straff (*Seil etc*) 3. eng (*a. Kleidungsstück*): **→ corner** 2, **fit** 5 4. knapp (*Rennen etc*, WIRTSCH *Geld*) 5. F knickerig, knickrig 6. F blau (*betrunken*) 7. *in Zssgn* ...dicht: **→ airtight** 1, *etc* II *Adv* 8. fest: **hold tight** festhalten; **sit tight** sich nicht vom Fleck rühren; *fig* sich nicht beirren lassen 9. F gut: **sleep tight!** III *s* 10. *Pl*, *a*. ▶ (**pair of**) **tights** *bes Br* Strumpfhose *f*; 'tight·en I *v/t* 1. *Schraube etc* anziehen: ~ **one's belt** *fig* den Gürtel enger schnallen 2. *Seil etc* straffen: **~ up → 3** II *v/i* 3. **~ up on** Gesetz *etc* verschärfen

,tight|'fist·ed **→ tight** 5, '~·lipped *Adj* 1. mit zs.-gekniffenen Lippen 2. *fig* verschlossen: **be ~ about** nicht reden wollen über (*Akk*) '~·rope *s* (Draht)Seil *n*: **walk a ~** *fig* e-n Balanceakt ausführen; **~ walker** Drahtseilkünstler(in), Seiltänzer(in)

ti·gress ['taɪgrɪs] *s* ZOOL Tigerin *f*

tile [taɪl] I *s* 1. (*Dach*)Ziegel *m*: **be** (**out**) **on the ~s** F e-e Nacht durchmachen 2. Fliese *f*, Kachel *f*, *schweiz*. Plättli *n* II *v/t* 3. (mit Ziegeln) decken 4. fliesen, kacheln, *schweiz*. plätteln 'til·er *s* 1. Dachdecker(in) 2. Fliesenleger(in)

till¹ [tɪl] *s* (Laden)Kasse *f*

▶ till² [tɪl] **→ until**

tilt [tɪlt] I *v/t* 1. kippen II *v/i* 2. kippen,

---

sich neigen III *s* 3. (**at**) **full ~** F mit Volldampf *arbeiten*; mit Karacho *fahren etc*

tim·ber ['tɪmbə] *s* 1. *Br* Bau-, Nutzholz *n* 2. Balken *m*

▶ time [taɪm] I *s* 1. *allg* Zeit *f*: **some time ago** vor einiger Zeit; **all the time** die ganze Zeit; **at the time** damals; **at times** manchmal; **at the same time** gleichzeitig; trotzdem; **by the time** wenn; als; **for a time** e-e Zeit lang; **for the time being** vorläufig, fürs Erste; **from time to time** von Zeit zu Zeit; ▶ **in time** rechtzeitig; im Lauf der Zeit; **in no time** (**at all**) im Nu; **in two years' time** in zwei Jahren; ▶ **on time** pünktlich; **be ahead of one's time** s-r Zeit voraus sein; **be behind the times** rückständig sein; **do time** F sitzen (**for** wegen); **keep up** (**or move**) **with the times** mit der Zeit gehen; **take one's time** sich Zeit lassen; **there's no time to lose** wir haben keine Zeit zu verlieren; **→ bide**, **immemorial**, **mark** 11, **nick** 2, **play** 7 2. (Uhr)Zeit *f*: **what's the time?** wie spät ist es?; ▶ **what time?** um wie viel Uhr?; **this time tomorrow** morgen um diese Zeit 3. MUS Takt *m*: **in time** im Takt (*a. marschieren etc*); **in time with the music** im Takt zur Musik; **beat time** den Takt schlagen 4. Mal *n*: **time and time again, time after time** immer wieder; **every time I** ... jedes Mal, wenn ich ...; **how many times?** wie oft?; **next time** (**I** ...) das nächste Mal(, wenn ich ...); **this time** diesmal; **three times** dreimal; **three times four equals** (*od* **is**) **twelve** drei mal vier ist zwölf; **→ nine** I, **second¹** 1 II *v/t* 5. *etw* timen; stoppen, wie lang *j-n* braucht: **he was timed at 20 seconds** für ihn wurden 20 Sekunden gestoppt 6. **time well** sich e-n günstigen Zeitpunkt aussuchen für; (*Sport*) Flanke, Schlag *etc* gut timen **~ bomb** *s* Zeitbombe *f* (*a. fig*) '~·card *s* Stechkarte *f* **~ clock** *s* Stechuhr *f* '~·con,sum·ing *Adj* zeitaufwändig, -raubend **~ dif·fer·ence** *s* Zeitunterschied *m* '~·hon·o(u)red *Adj* althergebracht '~·keep·er *s* 1. SPORT Zeitnehmer(in) 2. **be a good ~** genau gehen (*Uhr*) **~ lag** *s* Zeitdifferenz *f* '~·lapse *Adj* Film: Zeitraffer...

time·less ['taɪmlɪs] *Adj* 1. immer während, ewig 2. zeitlos

time lim·it *s* Frist *f*

time·ly ['taɪmlɪ] *Adj* rechtzeitig

,**time-'out** *Pl* ,**times-'out** *s* SPORT Time-out *n*, Auszeit *f*

tim·er ['taɪmə] *s* Schaltuhr *f*; Kurzzeit-messer *m*: **an egg** ~ e-e Eieruhr

'**time**|,**sav·ing** *Adj* zeitsparend; '**~-share** *s* Anteil *m* an e-r Ferienwohnung **~ shar·ing** *s* Timesharing *n*, Anteile *Pl* an e-r Ferienwohnung **~ sig·nal** *s* RUNDFUNK Zeitzeichen *n* **~ switch** *s* Zeitschalter *m*

▸ **time**|·**ta·ble** ['taɪm,teɪbl] *s* **1.** Fahr-, Flugplan *m* **2.** PÄD *Br* Stundenplan *m* **3.** Zeitplan *m* **~ zone** *s* Zeitzone *f*

tim·id ['tɪmɪd] *Adj* ängstlich

tim·ing ['taɪmɪŋ] *s* Timing *n* (*Wahl des günstigen Zeitpunkts*)

▸ **tin** [tɪn] **I** *s* **1.** Zinn *n* **2.** *Br* (Blech-, Konserven)Dose *f*, (-)Büchse *f* **II** *Adj* **3.** zinnern, Zinn… **III** *v/t* **4.** verzinnen **5.** *Br* einmachen, -dosen: → **tinned**

tinc·ture ['tɪŋktʃə] *s* PHARM Tinktur *f*: ~ **of iodine** Jodtinktur

tin·der ['tɪndə] *s* Zunder *m*: (**as**) **dry as** ~ ~ **tinder-dry**; '**~-box** *s fig* Pulverfass *n* ,**~-'dry** *Adj* so trocken wie Zunder

tine [taɪn] *s* **1.** Zinke *f*, Zacke *f* (*e-r Gabel*) **2.** (*Geweih*)Sprosse *f*, Ende *n*

'**tin·foil** *s* Stanniol(papier) *n*; Alufolie *f*

ting [tɪŋ] **I** *v/i* klingeln, klirren **II** *s* Klingeln *n*, Klirren *n*

tinge [tɪndʒ] **I** *v/t* **1.** tönen: **be ~d with** *fig* e-n Anflug haben von, etw von … an sich haben **II** *s* **2.** Tönung *f*: **have a ~ of red** ins Rote spielen **3.** *fig* Anflug *m* (**of** von)

tin·gle ['tɪŋgl] **I** *v/i* prickeln, kribbeln (**with** vor *Dat*) **II** *s* Prickeln *n*, Kribbeln *n*

tin| **god** *s* F Idol *n* **~ hat** *s* MIL F (Stahl-) Helm *m*

tink·er ['tɪŋkə] **I** *s* Kesselflicker(in) **II** *v/i* *a.* **~ about** herumbasteln (**with** an *Dat*): **~ with** herumpfuschen an (*Dat*)

tin·kle ['tɪŋkl] **I** *v/i* bimmeln; klirren **II** *s* Bimmeln *n*; Klirren *n*: **give s.o. a ~** TEL *Br* F j-n anklingeln

tinned [tɪnd] *Adj Br* Dosen…, Büchsen…: ~ **fruit** Obstkonserven *Pl*; ~ **meat** Büchsenfleisch *n*

tin·ny ['tɪnɪ] *Adj* blechern (*Klang*)

tin o·pen·er *s Br* Dosen-, Büchsenöffner *m*

tin·sel ['tɪnsl] *s* **1.** Lametta *n* **2.** *fig* Flitter *m*

tint [tɪnt] **I** *s* (Farb)Ton *m*, Tönung *f*: **have a ~ of red** ins Rote spielen **II** *v/t* tönen

▸ **ti·ny** ['taɪnɪ] *Adj* winzig

▸ **tip**[1] [tɪp] *s* **1.** *allg* Spitze *f*: **it's on the ~ of my tongue** *fig* es liegt mir auf der Zunge; → **iceberg 2.** Filter *m* (*e-r Zigarette*)

tip[2] [.] **I** *v/t* **1.** Tisch etc kippen: ~ **over** umkippen; → **scale**[2] **2 2.** (aus)kippen, schütten **II** *v/i* **3.** kippen: ~ **over** umkippen **III** *s* **4.** *bes Br* (*Schutt- etc*)Abladeplatz *m*, (-)Halde *f* **5.** *Br fig* F Saustall *m*

▸ **tip**[3] [tɪp] **I** *s* **1.** Trinkgeld *n*: **I left him a 50p~** ich habe ihm 50 Pence Trinkgeld gegeben; → *Info bei* **Trinkgeld 2.** Tipp *m*, Rat(schlag) *m*: **take a ~ from me and …** hör auf mich u. … **II** *v/t* **3.** j-m ein Trinkgeld geben **4.** tippen auf (*Akk*) (**as** als) **5.** ~ **off** j-m e-n Tipp *od* Wink geben

'**tip-off** *s* F Tipp *m*, Wink *m*

tip·ple ['tɪpl] *s* F (*alkoholisches*) Getränk *n*

tip·sy ['tɪpsɪ] *Adj* angeheitert, beschwipst: **be ~** e-n Schwips haben

'**tip**|**toe I** *v/i* auf Zehenspitzen gehen **II** *s*: **stand on ~** sich auf die Zehenspitzen stellen; **walk on ~** → *I*; ,**~'top** *Adj* F erstklassig: **be in ~ condition** tipptopp in Ordnung sein

ti·rade [taɪ'reɪd] *s* Schimpfkanonade *f* (**against** gegen)

▸ **tire**[1] ['taɪə] *Am* → **tyre**

tire[2] [.] **I** *v/t* ermüden, müde machen: ~ **out** (völlig) erschöpfen **II** *v/i* ermüden, müde werden: ~ **of** *fig* j-n, etw satt bekommen; ~ **of doing s.th.** satt werden, etw zu tun

▸ **tired** ['taɪəd] *Adj* **1.** müde: ~ **out** (völlig) erschöpft; ▸ **be tired of** *fig* j-n, etw satt haben; **be tired of doing s.th.** es satt haben *od* sein, etw zu tun **2.** *fig* abgegriffen '**tired·ness** *s* Müdigkeit *f*

tire·less ['taɪəlɪs] *Adj* unermüdlich

tire·some ['taɪəsəm] *Adj* **1.** ermüdend **2.** *fig* lästig

ti·ro → **tyro**

tis·sue ['tɪʃuː] *s* **1.** BIOL Gewebe *n* **2.** Papier(taschen)tuch *n* **3.** *a.* ~ **paper** Seidenpapier *n*

tit[1] [tɪt] *s*: ~ **for tat** wie du mir, so ich dir

T

tit² [_] s sl 1. mst Pl Titte f: a) weibliche Brust, b) Brustwarze 2. Br blöde Sau

tit³ [_] s ORN Meise f

ti·tan·ic [taɪˈtænɪk] Adj (~ally) gigantisch

tit·bit ['tɪtbɪt] s bes Br Leckerbissen m

tit·il·late ['tɪtɪleɪt] v/t j-n (sexuell) anregen

ti·tle ['taɪtl] s 1. allg Titel m 2. JUR (Rechts)Anspruch m (**to** auf Akk) ~ **deed** s JUR Eigentumsurkunde f ~ **fight** s Boxen: Titelkampf m '~,**hold·er** s SPORT Titelhalter(in), -träger(in) ~ **page** s Titelseite f ~ **role** s THEAT etc Titelrolle f

'**tit·mouse** s (unreg **mouse**) ORN Meise f

tit·ter ['tɪtə] I v/i kichern II s Kichern n

tit·tle-tat·tle ['tɪtl,tætl] F I s Geschwätz n; Klatsch m, Tratsch m II v/i schwatzen; klatschen, tratschen

▸ **tit·u·lar** ['tɪtjʊlə] Adj nominell

▸ **to** I Präp [tuː; tʊ; tə] 1. Richtung u. Ziel, räumlich: zu, nach, an (Akk), in (Akk): **go ~ England** nach England fahren; → **bed** 1, **school²** 1, etc 2. in (Dat): **have you ever been ~ London?** bist du schon einmal in London gewesen? 3. Richtung, Ziel, Zweck: zu, auf (Akk), für: → **death** 1, **invite** 1, etc 4. Zugehörigkeit: zu, für, in (Akk): → **key** 1, **secretary** 1, etc 5. (im Verhältnis od Vergleich) zu, gegen(über): → **compare** 1, **nothing** 1, etc 6. Ausmaß, Grenze, Grad: bis, (bis) zu, (bis) an (Akk) 7. zeitliche Ausdehnung od Grenze: bis, bis zu, bis gegen, vor (Dat): **from three ~ four** von drei bis vier (Uhr); → **quarter** 2 8. Begleitung: zu, nach: → **dance** 1 9. zur Bildung des (betonten) Dativs: ~ **me** mir II Partikel [tʊ] 10. zur Bezeichnung des Infinitivs: ~ **go** gehen; **easy ~ understand** leicht zu verstehen 11. Zweck, Absicht: um zu: **he only does it ~ earn money** er tut es nur, um Geld zu verdienen; → **order** 9 12. zur Verkürzung e-s Nebensatzes: **he was the first ~ arrive** er kam als Erster; → **hear him talk** wenn man ihn (so) reden hört III Adv [tuː] 13. zu (geschlossen) 14. ~ **and fro** hin u. her; auf u. ab

toad [təʊd] s ZOOL Kröte f '~**stool** s BOT ungenießbarer Pilz; Giftpilz m

toad·y ['təʊdɪ] pej I s Kriecher(in), Speichellecker(in) II v/i: ~ **to s.o.** vor j-m kriechen

toast¹ [təʊst] I s 1. Toast m II v/t 2. toasten; rösten 3. F sich die Füße etc wärmen

toast² [_] I s Toast m, Trinkspruch m: **drink a ~ to** → II II v/t auf j-n od j-s Wohl trinken

toast·er ['təʊstə] s TECH Toaster m

▸ **to·bac·co** [təˈbækəʊ] Pl -cos s Tabak m **to'bac·co·nist** [_kənɪst] s Tabak-(waren)händler(in), österr. Trafikant(in)

to·bog·gan [təˈbɒgən] I s (Rodel)Schlitten m II v/i Schlitten fahren, rodeln, schweiz. schlitteln

tod [tɒd] s: **on one's ~** Br F ganz allein

▸ **to·day** [təˈdeɪ] I Adv 1. heute: **a week ~**, ~ **week** heute in e-r Woche od in acht Tagen 2. heutzutage II s 3. ~'**s paper** die heutige Zeitung, die Zeitung von heute 4. **of ~**, ~'**s** von heute, heutig

tod·dler ['tɒdlə] s Kleinkind n

tod·dy ['tɒdɪ] s Toddy m (grogartiges Getränk)

to-do [təˈduː] s F Theater n (**about** um)

▸ **toe** [təʊ] I s ANAT Zehe f: **be on one's ~s** fig gut drauf sein; auf Draht sein; **keep s.o. on his ~s** fig j-n auf Zack halten II v/t: ~ **the line** fig spuren '~**nail** s Zehennagel m

tof·fee ['tɒfɪ] s bes Br Toffee n, Karamellbonbon n, m: **he can't play tennis for ~** F er hat vom Tennisspielen keine Ahnung '~**nosed** Adj Br F eingebildet, hochnäsig

tof·fy ['tɒfɪ] → **toffee**

to·fu ['təʊfuː] s GASTR Tofu m

tog [tɒg] F I v/t: ~ **o.s. out** (od **up**) sich in Schale werfen II s Pl Klamotten Pl

▸ **to·geth·er** [təˈgeðə] I Adv zusammen (**with** mit); zusammen…: → **keep together, live¹** I, etc II Adj F ausgeglichen (Person) **to'geth·er·ness** s Zs.-gehörigkeit(sgefühl n) f

tog·gle| key ['tɒgl] s COMPUTER Umschalttaste f ~ **switch** s ELEK Kippschalter m

toil [tɔɪl] I s mühselige Arbeit II v/i sich plagen (**at** mit); sich schleppen

▸ **toi·let** ['tɔɪlɪt] s Toilette f: **go to the ~** auf die od zur Toilette gehen ~ **bag** s Br Kulturbeutel m ~ **pa·per** s Toilettenpapier n ~ **roll** s Rolle f Toilettenpapier

toothache

to·ken ['təʊkən] **I** s **1.** Zeichen n: *as a (od in)* ~ *of* als *od* zum Zeichen (*Gen*); zum Andenken an (*Akk*) **2.** Gutschein m **3.** (Spiel- *etc*)Marke f **II** *Adj* **4.** symbolisch **5.** Schein... **6.** Alibi... ~ **strike** s Warnstreik m

told [təʊld] *Prät u. Part Perf von* **tell**

tol·er·a·ble ['tɒlərəbl] *Adj* erträglich **'tol·er·a·bly** *Adv* leidlich, einigermaßen **'tol·er·ance** s **1.** Toleranz f (*of, toward[s]* gegenüber) **2.** MED, TECH Toleranz f **'tol·er·ant** *Adj* tolerant (*of, toward[s]* gegenüber) **tol·er·ate** ['-reɪt] *v/t* **1.** tolerieren, dulden **2.** j-n, *etw* ertragen

toll[1] [təʊl] s **1.** Benutzungsgebühr f, Maut f; Autobahngebühr f **2.** *take its* ~ *(on)* fig s-n Tribut fordern (von); s-e Spuren hinterlassen (bei)

toll[2] [~] *v/i* läuten (*bes Totenglocke*)

toll‖ bridge s gebührenpflichtige Brücke, Mautbrücke f **,~·'free** *Adj u. Adv* TEL *Am* gebührenfrei **~ road** s gebührenpflichtige Straße, Mautstraße f

tom [tɒm] s ZOOL Kater m

tom·a·hawk ['tɒməhɔːk] s *hist* Tomahawk m, Streitaxt f

▸ **to·ma·to** [təˈmɑːtəʊ] **I** *Pl* **-toes** s BOT Tomate f, *österr.* Paradeiser m **II** *Adj* Tomaten...: ~ *ketchup* Ket(s)chup n

tomb [tuːm] s Grab(mal) n; Gruft f

tom·boy ['tɒmbɔɪ] s Wildfang m (*Mädchen*)

'tomb·stone s Grabstein m

'tom·cat s ZOOL Kater m

tome [təʊm] s hum Wälzer m

tom·fool·er·y [,tɒm'fuːlərɪ] s Unsinn m

to·mo·gram ['tɒməgræm] s MED Tomogramm n

to·mog·ra·phy [təˈmɒgrəfɪ] s MED Tomographie f: *magnetic resonance* ~ (*Abk MRT*) Kernspintomographie f (*Abk* MR(T), KST)

▸ **to·mor·row** [təˈmɒrəʊ] **I** *Adv* **1.** morgen: *a week* ~, ~ *week* morgen in e-r Woche *od* in acht Tagen; ~ *morning* morgen früh; ~ *night* morgen Abend **II** s **2.** ~'s *paper* die morgige Zeitung, die Zeitung von morgen; *the day after* ~ übermorgen **3.** Zukunft f: *of* ~, ~'s von morgen

▸ **ton** [tʌn] s **1.** Tonne f (*Gewicht*) **2.** F ~s *Pl of* jede Menge ...; ~s *better* viel *od* wesentlich besser

tone [təʊn] **I** s **1.** *allg* Ton m; Klang m **2.** MUS *Am* Note f **3.** *fig* Niveau n **II** *v/t* **4.** ~ *down* Kritik *etc* abschwächen; ~ *up* j-n, *Muskeln* kräftigen **III** *v/i* **5.** ~ *(with)* harmonieren (mit), passen (zu) ~ **di·al·(l)ing** s TEL Tonwahl(verfahren n) f

ton·er ['təʊnə] s TECH, *a.* COMPUT Toner m: ~ *cartridge* Tonerkassette f

tongs [tɒŋz] s *Pl, a. pair of* ~ Zange f

▸ **tongue** [tʌŋ] s **1.** ANAT Zunge f (*a. fig*): ~ *in cheek* scherzhaft; *bite one's* ~ sich auf die Zunge beißen (*a. fig*); *hold one's* ~ den Mund halten; *stick one's* ~ *out at s.o.* j-m die Zunge herausstrecken. **II 2.** (*Mutter*)Sprache f **3.** Zunge f (*e-s Schuhs etc*); (*Land*)Zunge f: ~ *of land* **4.** Klöppel m (*e-r Glocke*) ~ **twist·er** s Zungenbrecher m

ton·ic ['tɒnɪk] s **1.** PHARM Tonikum n, Stärkungsmittel n: *be a real* ~ *allg* richtig gut tun **2.** Tonic n (→ *tonic water*): *a gin and* ~ ein Gin Tonic ~ **wa·ter** s Tonicwater n (*mit Kohlensäure u. Chinin versetztes Wasser*)

▸ **to·night** [təˈnaɪt] **I** *Adv* heute Abend; heute Nacht **II** s: ~'s *program(me)* das Programm (von) heute Abend

▸ **tonne** [tʌn] → **ton**

ton·sil ['tɒnsl] s ANAT Mandel f **ton·sil·li·tis** [,~sɪ'laɪtɪs] s MED Mandelentzündung f; *weit. S.* Angina f

▸ **too** [tuː] *Adv* **1.** zu **2.** zu, sehr **3.** auch **4.** auch noch, noch dazu

took [tʊk] *Prät von* **take**

▸ **tool** [tuːl] s **1.** Werkzeug n (*a. fig Person*), Gerät n: *be the* ~s *of s.o.'s trade fig* j-s Rüstzeug sein; → *down*[1] 14 **2.** V Schwanz m (*Penis*) ~ **bag** s Werkzeugtasche f **'~·bar** s COMPUT Symbolleiste f **~ box** s Werkzeugkasten m ~ **shed** s Geräteschuppen m

▸ **toot** [tuːt] MOT **I** *v/i* hupen **II** *v/t*: ~ *one's horn* hupen

▸ **tooth** [tuːθ] *Pl* **teeth** [tiːθ] s ANAT Zahn m (*a. e-s Kamms, e-r Säge, e-s Zahnrads etc*): *in the teeth of fig* gegen; trotz, ungeachtet; *fight* ~ *and nail fig* erbittert *od* verbissen kämpfen; *get one's teeth into fig* sich reinknien in (*Akk*); → *armed, brush*[1] 5, *cut* 10, *edge* 4, *skin* 1, *sweet* 1

▸ **tooth·ache** ['tuːθeɪk] s Zahnschmerzen *Pl*, -weh n

▸**tooth·brush** ['tu:θbrʌʃ] s Zahnbürste f

tooth·less ['tu:θlɪs] Adj zahnlos

▸**tooth|·paste** ['tu:θpeɪst] s Zahncreme f, -pasta f '**~·pick** s Zahnstocher m

tooth·some ['tu:θsəm] Adj 1. lecker, schmackhaft 2. F gut aussehend, attraktiv

toot·sie, **toot·sy** ['tutsɪ] s Kindersprache: Füßchen n

▸**top**[1] [tɒp] **I** s 1. oberer Teil; Gipfel m, Spitze f (e-s Bergs etc); Krone f, Wipfel m (e-s Baums); Kopfende n, oberes Ende (e-s Tischs etc); ▸ **at the top of** (the page) oben auf (der Seite); **from top to toe** von Kopf bis Fuß; **from top to bottom** von oben bis unten; **on top** oben (-auf); d(a)rauf; ▸ **on top of** (oben) auf (Dat od Akk), über (Dat od Akk); **on top of each other** auf-, übereinander; **on top of it** fig obendrein; **get on top of s.o.** F j-m zu viel od zu schwierig werden; → **thin** 1 2. fig Spitze f: **at the top of one's voice** aus vollem Hals; **be at the top of** an der Spitze (Gen) stehen; **stay on top** an der Spitze bleiben 3. (Bikini- etc)Oberteil n 4. Oberfläche f (e-s Tischs etc) 5. Deckel m (e-s Glases), (a. e-r Tube etc) Verschluss m; → **blow**[1] 11 6. MOT Verdeck n: → **hardtop** 7. MOT höchster Gang **II** Adj 8. oberst: **the top dog** F der, die Überlegene; **top hat** Zylinder m 9. fig Höchst…, Spitzen…: **~ gear** → 7; **top manager** Top-, Spitzenmanager(in); **at top speed** mit Höchstgeschwindigkeit; in Windeseile; → **management** 2 **III** v/t 10. bedecken (**with** mit) 11. fig übersteigen; übertreffen, toppen 12. **top the bill** der Star des Programms od die Hauptattraktion sein

Verbindungen mit Adverbien:

top|· off v/t bes Am abschließen, krönen (**with** mit) **~ out** v/t das Richtfest (Gen) feiern **~ up** v/t Tank etc auffüllen; F j-m nachschenken

top[2] [-] s Kreisel m (Spielzeug)

to·pee ['təʊpiː] s Tropenhelm m

'**top|·flight** Adj F Spitzen… '**~·heav·y** Adj kopflastig (a. fig), oberlastig

▸**top·ic** ['tɒpɪk] s Thema n: **~ of conversation** Gesprächsthema '**top·i·cal** Adj aktuell

'**top·knot** s Haarknoten m

top·less ['tɒplɪs] Adj oben ohne; Oben-ohne-…

,**top|-'lev·el** Adj auf höchster Ebene, Spitzen… '**~·most** Adj oberst ,**~-'notch** Adj F erstklassig, Spitzen…

to·pog·ra·phy [tə'pɒgrəfɪ] s Topographie f

top·per ['tɒpə] s F Zylinder m '**top·ping** s: **with a ~ of** whipped cream mit Schlagsahne darauf

top·ple ['tɒpl] **I** v/i 1. mst **~ over** umkippen **II** v/t 2. fig Regierung etc stürzen

,**top|-'quality** Adj Spitzen…: **~ product** Spitzenprodukt n ,**~-'se·cret** Adj streng geheim '**~·spin** s Tennis etc: Top-spin m (starker Aufwärtsdrall)

top·sy-tur·vy [,tɒpsɪ'tɜːvɪ] Adj F 1. in heilloser Unordnung 2. fig konfus, wirr

torch [tɔːtʃ] s 1. bes Br Taschenlampe f 2. Fackel f '**~·light** s: **by ~** bei Fackelschein; **~ procession** Fackelzug m

tore [tɔː] Prät von tear[2]

tor·ment I v/t [tɔː'ment] 1. quälen, fig a. plagen: **be ~ed by** gequält od geplagt werden von **II** s ['tɔːment] 2. Qual f: **be in ~**, **suffer ~(s)** Qualen leiden 3. Qualgeist m

torn [tɔːn] Part Perf von tear[2]

tor·na·do [tɔː'neɪdəʊ] Pl **-do(e)s** s Tornado m

tor·pe·do [tɔː'piːdəʊ] **I** Pl **-does** s SCHIFF, MIL Torpedo m **II** v/t torpedieren (a. fig) **~ boat** s Torpedoboot n

tor·pid ['tɔːpɪd] Adj träg(e) etc **tor·por** ['-pə] s Trägheit f

torque [tɔːk] s PHYS Drehmoment n

tor·rent ['tɒrənt] s 1. reißender Strom: **~s** Pl of rain sintflutartige Regenfälle Pl; **the rain fell in ~s** es goss in Strömen 2. fig Schwall m, Sturzbach m (**of** von) **tor·ren·tial** [tə'renʃl] Adj sintflutartig

tor·rid ['tɒrɪd] Adj sengend

tor·sion ['tɔːʃn] s PHYS Torsion f, Verdrillung f

tor·so ['tɔːsəʊ] Pl **-sos** s Rumpf m; KUNST Torso m

tort [tɔːt] s JUR unerlaubte Handlung

tor·toise ['tɔːtəs] s ZOOL Schildkröte f

tor·tu·ous ['tɔːtʃʊəs] Adj 1. gewunden (Pfad etc) 2. fig umständlich

tor·ture ['tɔːtʃə] **I** v/t 1. foltern 2. fig quälen: **be ~d by** gequält werden von **II** s 3. Folter(ung) f 4. fig Qual f **~·cham·ber** s Folterkammer f

tourist

To·ry ['tɔːrɪ] POL *Br* **I** *s* Tory *m*, Konservative *m*, *f* **II** *Adj* Tory..., toryistisch, konservativ

toss [tɒs] **I** *v/t* **1.** werfen: ~ *s.o. s.th.* j-m etw zuwerfen; ~ *back* Kopf zurückwerfen **2.** *Münze* hochwerfen: ~ *s.o. for s.th.* mit j-m um etw losen **II** *v/i* **3.** *a.* ~ *about,* ~ *and turn* sich (*im Schlaf etc*) hin u. her werfen **4.** *a.* ~ *up* e-e Münze hochwerfen: ~ *for s.th.* um etw losen, etw auslosen **III** *s* **5.** Wurf *m* **6.** Hochwerfen *n* (*e-r Münze*): *win the* ~ (*Sport*) die Wahl gewinnen **7.** *I don't give a* ~ *about it Br* F das ist mir völlig egal **8.** *a. tiny* ~ F Knirps *m* **9.** *it's a* ~ *whether* F es ist völlig offen, ob

tot¹ [tɒt] *s* **1.** *a. tiny* ~ F Knirps *m* **2.** Schluck *m* (*Alkohol*)

tot² [tɒt] [-] *v/t*: ~ *up* F zs.-rechnen, -zählen

▸ **to·tal** ['təʊtl] **I** *Adj* **1.** völlig, total, Total...: → *recall* 4 **2.** ganz, gesamt, Gesamt... **II** *s* **3.** Gesamtmenge *f*; (End-) Summe *f*: *a* ~ *of 20 cases* insgesamt 20 Kisten; *in* ~ insgesamt **III** *v/t* *Prät u. Part Perf* **-taled,** *bes Br* **-talled 4.** sich belaufen auf (*Akk*): ... ~(*l*)*ing £500* ... von insgesamt 500 Pfund **5.** *a.* ~ *up* zs.-rechnen, -zählen **to·tal·i·tar·i·an** [ˌtəʊtælɪˈteərɪən] *Adj* POL totalitär

to·tal·ly ['təʊtəlɪ] *Adv* völlig, ganz, absolut, vollkommen

tote [təʊt] *s Pferdesport:* F Toto *n, m*

tote bag [təʊt] *s bes Am* Einkaufstasche *f*

to·tem ['təʊtəm] *s* Totem *n* ~ *pole s* Totempfahl *m*

tot·ter ['tɒtə] *v/i* (sch)wanken **'tot·ter·y** *Adj* wack(e)lig

▸ **touch** [tʌtʃ] **I** *s* **1.** Tastempfindung *f*: *be soft to the* ~ sich weich anfühlen; → *sense* 1 2. Berührung *f*, MUS *etc* Anschlag *m*: *at the* ~ *of a button auf* Knopfdruck **3.** *get in* ~ *with s.o.* sich mit j-m in Verbindung setzen; *keep in* ~ *with s.o.* mit j-m in Verbindung bleiben; *lose* ~ den Kontakt verlieren (*with s.o.* zu j-m) **4.** (*Pinsel- etc*)Strich *m*: *put the finishing* ~*es to* letzte Hand legen an (*Akk*) **5.** *fig* Note *f*: *a personal* ~ **6.** Spur *f* (*Salz etc*); *fig* Anflug *m* (*von Ironie etc*): *a* ~ *of flu* e-e leichte Grippe **7.** *in(to)* ~ (*Fußball*) im (ins) Aus **II** *v/t* **8.** berühren; anfassen: ~ *wood!* toi, toi, toi!; → *nerve* 1 **9.** *Alko-*

hol, Essen etc anrühren **10.** *fig* herankommen an (*Akk*) **11.** *fig* rühren, bewegen **12.** *fig* berühren, betreffen **13.** F *j-n* anpumpen (*for* um) **III** *v/i* **14.** sich berühren **15.** ~ *on Thema etc* berühren, streifen

Verbindungen mit Adverbien:

touch| *down v/i* FLUG aufsetzen ~ *off v/t Explosion, Krise etc* auslösen ~ *up v/t* **1.** ausbessern; FOTO retuschieren **2.** *Br* F *j-n* befummeln, betatschen

‚touch-and-ˈgo *Adj* kritisch (*Situation etc*): *it was* ~ *whether* es stand auf des Messers Schneide, ob '~**-down** *s* FLUG Aufsetzen *n*

tou·ché ['tuːʃeɪ] *Interj* eins zu null für dich!

touched [tʌtʃt] *Adj* **1.** gerührt, bewegt **2.** *be* ~ F e-n Schlag haben **'touch·ing** *Adj* rührend, bewegend

'touch| line *s Fußball:* Seitenlinie *f* ~ *screen s* COMPUTER Berührungsbildschirm *m* '~**-stone** *s* Prüfstein *m* (*of* für) '~**-type** *v/i* blind schreiben

touch·y ['tʌtʃɪ] *Adj* **1.** empfindlich, reizbar **2.** heikel (*Thema*)

▸ **tough** [tʌf] *Adj* **1.** zäh (*Fleisch etc*): (*as*) ~ *as leather* (*od old boots*) zäh wie Leder **2.** widerstandsfähig (*Material etc*), (*Person a.*) zäh **3.** *fig* hart (*Haltung etc*): *get* ~ *with* hart vorgehen gegen **4.** *fig* hart (*Konkurrenz etc*), (*Problem, Verhandlungen etc a.*) schwierig **'tough·en** **I** *v/t a.* ~ *up* j-n hart *od* zäh machen **II** *v/i a.* ~ *up* hart *od* zäh werden

▸ **tour** [tʊə] **I** *s* **1.** Tour *f* (*of* durch): **a)** (Rund)Reise *f*, (-)Fahrt *f*: ~ *operator* Reiseveranstalter(in), **b)** Ausflug *m*, Wanderung *f* **2.** Rundgang *m* (*of* durch): *take s.o. on a* ~ *of* j-n herumführen in (*Dat*); → *conduct* 3, *guided* 1 **3.** THEAT *etc* Tournee *f* (*a. Sport*), Gastspielreise *f* (*of* durch): *be on* ~ auf Tournee sein (*in in Dat*) **II** *v/t* **4.** bereisen, reisen durch **5.** THEAT *etc* e-e Tournee (*a. Sport*) *od* Gastspielreise machen durch: *be* ~*ing Germany* auf Deutschlandtournee sein **III** *v/i* **6.** ~ (*a*)*round* → 4 **7.** THEAT *etc* e-e Tournee (*a. Sport*) machen, auf Tournee sein **'tour·ism** *s* Tourismus *m*, Fremdenverkehr *m*

▸ **tour·ist** ['tʊərɪst] **I** *s* Tourist(in) **II** *Adj* Touristen...: ~ *association* Fremden-

T

verkehrsverband m; ~ **class** FLUG, SCHIFF Touristenklasse f; ~ **season** Reisesaison f, -zeit f; ~ **trade** Fremdenverkehrsgewerbe n

tour·na·ment ['tɔːnəmənt] s Turnier n

tou·sled ['tauzld] Adj zerzaust (Haar)

tout [taut] I v/t 1. (aufdringlich) Reklame machen für 2. anpreisen (as als) II v/i 3. ~ **for business** Kunden werben III s 4. Br (Karten)Schwarzhändler(in)

▸ **tow** [təʊ] I v/t Boot etc schleppen, Auto etc a. abschleppen; ~ **away** falsch geparktes Fahrzeug abschleppen; ~ **give s.o. a ~** j-n abschleppen; **take in** ~ Auto etc abschleppen, Boot etc in Schlepptau nehmen; **with his children in** ~ F mit s-n Kindern im Schlepptau

▸ **to·ward** bes Am, **to·wards** bes Br [tə'wɔːd(z)] Präp 1. Richtung: auf (Akk) ... zu, (in) Richtung, zu: → **face** 13, etc 2. zeitlich: gegen: ~ **the end of** gegen Ende (Gen) 3. fig gegenüber 4. fig auf (Akk) ... hin: **they gave me s.th.** ~ it sie zahlten mir etw dazu

tow·el ['taʊəl] I s Handtuch n, (Badeetc)Tuch n: **throw in the** ~ (Boxen) das Handtuch werfen (a. fig); → **sanitary** 1 II v/t Prät u. Part Perf -eled, bes Br -elled a. ~ **down** (mit e-m Handtuch) abtrocknen od abreiben ~ **rail** s Handtuchhalter m

tow·er ['taʊə] I s Turm m: ~ **block** Br Hochhaus n II v/i: ~ **above** (od over) überragen (a. fig) '**tow·er·ing** Adj 1. turmhoch 2. fig überragend 3. **be in a** ~ **rage** vor Wut rasen

▸ **town** [taʊn] s (Klein)Stadt f: **go to** ~ in die Stadt fahren od gehen; **be out on the** ~ F e-n draufmachen; → **paint** 3 ~ **cen·tre** s Br Innenstadt f, City f

▸ **town**| **hall** [ˌtaʊn'hɔːl] s Rathaus n ~ **plan·ning** s Stadtplanung f

towns·folk ['taʊnzfəʊk] → **townspeople**

town·ship ['taʊnʃɪp] s Am (Stadt)Gemeinde f, (Kreis)Bezirk m

towns·peo·ple ['taʊnzˌpiːpl] s Pl Städter Pl, Stadtbevölkerung f

'**tow·rope** s MOT Abschleppseil n

tox·ic ['tɒksɪk] Adj (~ally) toxisch, giftig, Gift...: ~ **waste** Giftmüll m

toxi·co·logi·cal [ˌtɒksɪkə'lɒdʒɪkl] Adj toxikologisch

tox·in ['tɒksɪn] s BIOL Toxin n

▸ **toy** [tɔɪ] I s 1. Spielzeug n: ~s Pl Spielsachen Pl, -zeug n, WIRTSCH -waren Pl II v/i 2. ~ **with** spielen mit (a. fig) III Adj 3. Spielzeug... 4. ZOOL Zwerg... (Hund) ~ **shop** s Spielwarengeschäft n

▸ **trace**[1] [treɪs] I s 1. Spur f (a. fig): **without** (a) ~ spurlos; **lose all** ~ **of s.o.** j-n aus den Augen verlieren II v/t 2. j-n, etw ausfindig machen, aufspüren, etw finden: **he was** ~**d to** s-e Spur führte nach 3. a. ~ **back** etw zurückverfolgen (**to** bis zu): ~ **s.th. to** etw zurückführen auf (Akk) 4. (durch)pausen

trace[2] [-] s Zugleine f: **kick over the** ~**s** fig über die Stränge schlagen

trace el·e·ment s CHEM Spurenelement n

tra·che·a [trə'kiːə] Pl **-ae** [-iː] s ANAT Luftröhre f

trac·ing ['treɪsɪŋ] s Pause f ~ **pa·per** s Pauspapier n

▸ **track** [træk] I s 1. Spur f (a. e-s Tonbands etc u. fig): **be on the wrong** ~ auf der falschen Spur od auf dem Holzweg sein; **keep** ~ **of** sich auf dem Laufenden halten über (Akk); **lose** ~ **of** den Überblick verlieren über (Akk) 2. Pfad m, Weg m 3. BAHN Gleis n, Geleise n: **jump the** ~**s** aus den Schienen springen, entgleisen 4. SPORT (Lauf-, Radrenn)Bahn f, (Renn)Strecke f 5. TECH Raupe f, Gleis-, Raupenkette f 6. Nummer f (auf e-r Langspielplatte etc) II v/t 7. verfolgen: ~ **down** aufspüren; aufstöbern, -treiben ˌ~**-and-'field** Adj Am Leichtathletik...: ~ **sports** Pl Leichtathletik f '~**-ball** s Notebook: Trackball m, Rollkugel f

tracked [trækt] Adj: ~ **vehicle** Gleiskettten-, Raupenfahrzeug n

track·er dog ['trækə] s Spürhund m

track e·vents s Pl Leichtathletik: Laufdisziplinen Pl

track·ing sta·tion ['trækɪŋ] s Raumfahrt: Bodenstation f

track| **rec·ord** s 1. SPORT Bahnrekord m 2. **have a good** ~ fig einiges vorzuweisen haben '~**-suit** s Trainingsanzug m

tract[1] [trækt] s 1. Fläche f, Gebiet n 2. ANAT (Verdauungs)Trakt m, (Atem-) Wege Pl

tract[2] [-] s Traktat m, n, kurze Abhandlung

trac·ta·ble ['træktəbl] *Adj* folg-, fügsam

trac·tion ['trækʃn] *s* **1.** Ziehen *n* **2.** TECH Antrieb *m* **3.** MOT Bodenhaftung *f* **4. his leg is in ~** MED sein Bein ist im Streckverband **~ en·gine** *s* Zugmaschine *f*

trac·tor ['træktə] *s* Traktor *m*, Trecker *m*, Zugmaschine *f*

▸ **trade** [treɪd] **I** *s* **1.** Handel *m* (**in** mit *etw*) **2.** Branche *f*, Gewerbe *n*: **be in the tourist ~** im Fremdenverkehrsgewerbe (tätig) sein **3. do good ~** gute Geschäfte machen **4.** (*bes* Handwerks)Beruf *m*: **by ~** von Beruf **II** *v/i* **5.** handeln (**in** mit *etw*), Handel treiben: **~ with s.o.** *a.* mit j-m Geschäfte machen **6. ~ on** *pej* ausnutzen, ausnützen **III** *v/t* **7.** (ein)tauschen (**for** gegen) **8. ~ in** in Zahlung geben (**for** für) **~ a·gree·ment** *s* Handelsabkommen *n* **~ bar·ri·er** *s* Handelsbarriere *f*, -schranke *f* '**~·mark** *s* **1.** WIRTSCH Warenzeichen *n* **2.** *fig* Kennzeichen *n* **~ name** *s* Markenname *m* **~ price** *s* Großhandelspreis *m*

trad·er ['treɪdə] *s* Händler(in)

trades·man ['treɪdzmən] *s* (*unreg* **man**) **1.** (Einzel)Händler *m*; Ladeninhaber *m* **2.** Lieferant *m*: **~'s entrance** Lieferanteneingang *m*

▸ **trade| un·ion** [ˌtreɪd'juːnɪən] *s* Gewerkschaft *f* **~ un·ion·ist** *s* Gewerkschaftler(in)

trad·ing| part·ner ['treɪdɪŋ] *s* Handelspartner(in) **~ stamp** *s* Rabattmarke *f*

tra·di·tion [trə'dɪʃn] *s* Tradition *f*: **by ~** traditionell(erweise) **tra'di·tion·al** [-ʃənl] *Adj* traditionell: **~·ly** *a.* traditionellerweise; **it is ~ for them to** (*Inf*) es ist bei ihnen Brauch *od* so üblich, dass sie

▸ **traf·fic** ['træfɪk] **I** *s* **1.** Verkehr *m* **2.** (*bes* illegaler) Handel (**in** mit): **~ in drugs** Drogenhandel **II** *v/i* *Prät u. Part Perf* **-ficked 3.** (*bes* illegal) handeln (**in** mit) **~ cha·os** *s* Verkehrschaos *n* **~ cir·cle** *s* *Am* Kreisverkehr *m* **~ cone** *s* Pylon(e *f*) *m*, Leitkegel *m* **~ is·land** *s* Verkehrsinsel *f* **~ jam** *s* Verkehrsstauung *f*, -stockung *f*, Stau *m*

traf·fick·er ['træfɪkə] *s* (*bes* illegaler) Händler, (illegale) Händlerin (**in** mit): **drug ~** Drogenhändler(in)

▸ **traf·fic| light** ['træfɪk‚laɪt]œ *s Br mst*

Pl Verkehrsampel *f* **~ of·fence** *s*, **~ of·fense** *s Am* Verkehrsdelikt *n*

▸ **traffic| sign** ['træfɪk‚saɪn] *s* Verkehrszeichen *n*, -schild *n* **~ war·den** *s Br* Parküberwacher(in), Politesse *f*

trag·e·dy ['trædʒədɪ] *s* THEAT Tragödie *f* (*a. fig*), Trauerspiel *n*

trag·ic ['trædʒɪk] *Adj* (**~ally**) THEAT tragisch (*a. fig*): **~ally** *a.* tragischerweise; unter tragischen Umständen

trag·i·com·e·dy [ˌtrædʒɪ'kɒmədɪ] *s* THEAT Tragikomödie *f* (*a. fig*) ‚**trag·i'com·ic** *Adj* (**~ally**) tragikomisch

trail [treɪl] **I** *v/t* **1.** *etw* nachschleifen lassen **2.** verfolgen **3.** SPORT zurückliegen hinter (*Dat*) (**by** um) **II** *v/i* **4. ~ (along) behind s.o.** hinter j-m herschleifen **5.** sich schleppen **6.** SPORT zurückliegen ([**by**] *2 - 0* 0:2) **III** *s* **7.** Spur *f* (*a. fig*), JAGD *a.* Fährte *f*: **~ of blood** Blutspur *f*; **~ of dust** (**smoke**) Staubwolke *f* (Rauchfahne *f*); **be** (**hot**) **on s.o.'s ~** j-m (dicht) auf der Spur sein **8.** Pfad *m*, Weg *m*

▸ **trail·er** ['treɪlə] *s* **1.** MOT Anhänger *m* **2.** *Am* Caravan *m*, Wohnwagen *m* **3.** *Film*, TV: Trailer *m*, Vorschau *f*

▸ **train** [treɪn] **I** *s* **1.** BAHN Zug *m* (→ *Info bei Fahrkarte*): **by ~** mit der Bahn, mit dem Zug; **on the ~** im Zug; **~ ferry** *s* Eisenbahnfähre *f*; **~ set** (Spielzeug)Eisenbahn *f* **2.** Kolonne *f* **3.** Schleppe *f* **4.** *fig* Folge *f*, Kette *f* (*von Ereignissen etc*): **~ of thought** Gedankengang *m* **II** *v/t* **5.** *j-n* ausbilden (**as** als, zum), *a.* Auge, Verstand etc schulen; (Sport) trainieren; *Tier* abrichten, dressieren (**to do** zu tun) **6.** Geschütz, Kamera etc richten (**on** auf *Akk*) **III** *v/i* **7.** ausgebildet werden (**as** als, zum) **8.** SPORT trainieren (**for** für)

▸ **train·ee** [treɪ'niː] *s* Auszubildende(r), Praktikant(in), Trainee *m* '**train·er** *s* **1.** Ausbilder(in); Dresseur(in), Abrichter(in), Dompteur *m*, Dompteuse *f*; (Sport) Trainer(in) **2.** *Br* Turnschuh *m*

▸ **train·ing** ['treɪnɪŋ] **I** *s* **1.** Ausbildung *f*, Schulung *f*; Abrichten *n*, Dressur *f* SPORT Training *f*: **be in ~** im Training stehen, trainieren; (gut) in Form sein; **be out of ~** nicht in Form sein **II** *Adj* **3.** Ausbildungs…, Schulungs… **4.** SPORT Trainings…

traipse [treɪps] *v/i* F latschen

trait [treɪt] s (Charakter)Zug m, Eigenschaft f

trai·tor ['treɪtə] s Verräter m (**to** an Dat)

tra·jec·to·ry [trə'dʒektərɪ] s PHYS Flugbahn f

▸ **tram** [træm] s Br Straßenbahn(wagen m) f: **by** ~ mit der Straßenbahn; **on the** ~ in der Straßenbahn '~·car s Br Straßenbahnwagen m

tramp [træmp] I v/i 1. sta(m)pfen; trampeln II v/t 2. sta(m)pfen od trampeln durch III s 3. bes Br Tramp m, Landstreicher(in) 4. Wanderung f 5. bes Am Flittchen n

tram·ple ['træmpl] I v/i trampeln: ~ **on** herumtrampeln auf (Dat); fig j-s Gefühle mit Füßen treten II v/t zertrampeln: ~ **down** niedertrampeln; **be ~d to death** zu Tode getrampelt werden; → **underfoot**

tram·po·line ['træmpəliːn] s Trampolin n

'**tram·way** s Br Straßenbahn(linie) f

trance [trɑːns] s Trance f: **go into a** ~ in Trance verfallen

tran·quil ['træŋkwɪl] Adj 1. ruhig, friedlich 2. sorgenfrei **tran'quil·i·ty** s Am, **tran'quil·li·ty** s bes Br Ruhe m, Frieden m '**tran·quil·ize** v/t Am, '**tran·quil·lize** v/t bes Br j-n beruhigen, Tier a. betäuben '**tran·quil·(l)iz·er** s Beruhigungs- od Betäubungsmittel n

trans·act [træn'zækt] v/t Geschäft abwickeln, a. Handel abschließen **trans'ac·tion** s 1. Abwicklung f, Abschluss m 2. Transaktion f, Geschäft n

trans·at·lan·tic [,trænzət'læntɪk] Adj transatlantisch, Transatlantik...

tran·scen·den·tal [,trænsen'dentl] Adj: ~ **meditation** transzendentale Meditation

trans·con·ti·nen·tal ['trænz,kɒntɪ 'nentl] Adj transkontinental

tran·scribe [træn'skraɪb] v/t 1. abschreiben, kopieren 2. Stenogramm etc übertragen (**into** in Akk) 3. MUS transkribieren, umschreiben (**for** für) 4. ~ **onto** → **transfer** 3

tran·script ['trænskrɪpt] s Abschrift f, Kopie f **tran·scrip·tion** [,·'skrɪpʃn] s 1. Abschreiben n, Kopieren n 2. Übertragen n 3. MUS Transkription f, Umschreibung f 4. → **transcript** 5. → **phonetic** I

tran·sept ['trænsept] s ARCHI Querschiff n

trans·fer I v/t [træns'fɜː] 1. (**to**) Betrieb etc verlegen (nach); j-n versetzen (nach); (Sport) Spieler transferieren (zu), abgeben (an Akk); Geld überweisen (an j-n, auf ein Konto) 2. JUR Eigentum, Recht übertragen (**to** auf Akk) 3. ~ **to Bandaufnahme** etc überspielen auf (Akk) II v/i [træns'fɜː] 4. SPORT wechseln (**to** zu) (Spieler) 5. Reise: umsteigen (**from ... to** von ... auf Akk) III s ['trænsfɜː] 6. Verlegung f; Versetzung f; (Sport) Transfer m, Abgabe f; Überweisung f: ~ **fee** Transfersumme f, Ablöse(summe) f 7. JUR Übertragung f 8. Umsteigen n; bes Am Umsteige(fahr)karte f 9. bes Br Abziehbild n **trans'fer·a·ble** Adj übertragbar

trans·fig·ure [træns'fɪɡə] v/t verklären

trans·fix [træns'fɪks] v/t 1. durchstechen, -bohren (**with** mit) 2. **stand ~ed to the spot** wie angewurzelt dastehen

trans·form [træns'fɔːm] v/t etw umwandeln, a. j-n verwandeln (**into** in Akk) **trans·for·ma·tion** [,·fə'meɪʃn] s Um-, Verwandlung f **trans·form·er** [·'fɔːmə] s ELEK Transformator m

trans·fu·sion [træns'fjuːʒn] s MED Bluttransfusion f, -übertragung f

trans·gress [træns'ɡres] I v/t verletzen, verstoßen gegen II v/i sündigen (**against** gegen)

tran·si·ent ['trænzɪənt] Adj flüchtig, vergänglich

tran·sis·tor [træn'sɪstə] s ELEK Transistor m: ~ (**radio**) Transistorradio n

trans·it ['trænsɪt] s 1. Durchfahrt f 2. WIRTSCH Transport m: **in** ~ unterwegs, auf dem Transport ~ **camp** s Durchgangslager n

tran·si·tion [træn'sɪʒn] s Übergang m (**from ... to** von ... zu): **period of** ~ Übergangsperiode f, -zeit f **tran·si·tion·al** [·ʒənl] Adj Übergangs...

tran·si·tive ['trænsətɪv] Adj LING transitiv

tran·si·to·ry ['trænsɪtərɪ] → **transient**

trans·lat·a·ble [træns'leɪtəbl] Adj übersetzbar

▸ **trans·late** [træns'leɪt] I v/t 1. übersetzen (**from English into German** aus dem Englischen ins Deutsche) 2. ~ **into**

action fig in die Tat umsetzen **II** v/i **3.** sich *gut etc* übersetzen lassen

▸ **trans·la·tion** [træns'leɪʃn] s Übersetzung f: ~ *program* Übersetzungsprogramm n; ~ *software* Übersetzungssoftware f **trans'la·tor** s Übersetzer(in)

trans·lu·cent [trænz'luːsnt] Adj lichtdurchlässig: ~ *glass* Milchglas n

trans·mi·gra·tion [ˌtrænzmaɪ'greɪʃn] s Seelenwanderung f

trans·mis·sion [trænz'mɪʃn] s **1.** Übertragung f (e-r *Krankheit*) **2.** RUNDFUNK, TV Sendung f, Pl a. Programm n **3.** MOT Getriebe n: *automatic* ~ Automatikgetriebe n **4.** COMPUTER Übertragung f: ~ *error* Übertragungsfehler m

trans·mit [trænz'mɪt] **I** v/t **1.** *Krankheit* übertragen **2.** *Signale* (aus)senden; RUNDFUNK, TV *Programm* senden **3.** PHYS *Wärme etc* leiten; *Licht etc* durchlassen **II** v/i **4.** RUNDFUNK, TV senden **trans'mit·ter** s Sender m

trans·par·en·cy [træns'pærənsɪ] s **1.** Durchsichtigkeit f (a. fig) **2.** fig Durchschaubarkeit f **3.** Dia(positiv) n **4.** Folie f (für *Tageslichtprojektor*) **trans'par·ent** Adj **1.** durchsichtig **2.** fig durchsichtig, durchschaubar; offenkundig

tran·spi·ra·tion [ˌtrænspə'reɪʃn] s Transpiration f (a. BOT), Schweißabsonderung f **tran·spire** [-'spaɪə] v/i **1.** PHYSIOL transpirieren (a. BOT), schwitzen **2.** *it ~d that* es sickerte durch od wurde bekannt, dass **3.** F passieren

trans·plant I v/t [træns'plɑːnt] **1.** MED transplantieren, verpflanzen **2.** *Pflanze* um-, verpflanzen **3.** j-n umsiedeln, *Betrieb etc* verlegen (*to* nach) **II** s ['trænsplɑːnt] **4.** MED Transplantation f, Verpflanzung f **5.** MED Transplantat n ,**trans·plan'ta·tion** s **1.** → *transplant* 4 **2.** Um-, Verpflanzung f

▸ **trans·port I** v/t [træn'spɔːt] **1.** *Waren, Truppen* transportieren, a. *Personen* befördern **II** s ['trænspɔːt] **2.** Transport m, Beförderung f: ~ *café* Br Fernfahrerlokal n **3.** Beförderungs-, Verkehrsmittel n od Pl **4.** MIL Transportflugzeug n, (Truppen)Transporter m ,**trans·por'ta·tion** bes Am → *transport* 2 **trans'port·er** s MOT (Auto- etc)Transporter m

trans·sex·u·al [træn'sekʃʊəl] **I** Adj transsexuell **II** s Transsexuelle m, f

trans·sex·u·al·i·ty [ˌ.-ʃʊ'ælətɪ] s Transsexualität f

trans·verse ['trænzvɜːs] Adj Quer... ,**trans'verse·ly** Adv quer

trans·ves·tite [trænz'vestaɪt] s Transvestit m

trap [træp] **I** s **1.** Falle f (a. fig): *set a* ~ e-e Falle aufstellen; *set a* ~ *for s.o.* j-m e-e Falle stellen; *fall into s.o.'s* ~ j-m in die Falle gehen **2.** *shut one's* ~, *keep one's* ~ *shut* sl die Schnauze halten **II** v/t **3.** (in od mit e-r Falle) fangen **4.** *be ~ped* eingeschlossen sein (*Bergleute etc*) **5.** fig in e-e Falle locken: ~ *s.o. into doing s.th.* j-n dazu bringen, etw zu tun **6.** SPORT *Ball* stoppen '~**door** s Falltür f

tra·peze [trə'piːz] s Artistik: Trapez n: ~ *artist* Trapezkünstler(in) **tra·pe·zi·um** [-ʒəm] Pl -**zi·ums**, -**zi·a** [-ʒɪə] s MATHE bes Br Trapez n; bes Am Trapezoid n **trap·e·zoid** ['træpɪzɔɪd] s MATHE bes Br Trapezoid n; bes Am Trapez n

trap·per ['træpə] s Trapper m, Fallensteller(in)

trap·pings ['træpɪŋz] s Pl **1.** Rangabzeichen Pl **2.** fig Drum u. Dran n

trash [træʃ] s **1.** Am Abfall m, Müll m: ~ *can* Abfall-, Mülleimer m; Abfall-, Mülltonne f **2.** Schund m **3.** Quatsch m, Unsinn m **4.** bes Am Gesindel n 'trash·y Adj Schund...

trau·ma ['trɔːmə] s PSYCH Trauma n **trau·mat·ic** [ˌ.'mætɪk] Adj (~**ally**) traumatisch

▸ **trav·el** ['trævl] **I** v/i Prät u. Part Perf -**eled**, bes Br -**elled 1.** reisen: → *light²* 4 **2.** WIRTSCH reisen (*in* in e-r *Ware*) **3.** fahren; sich verbreiten (*Neuigkeit etc*); TECH *etc* sich bewegen; PHYS sich fortpflanzen **4.** *be really* ~ (*l*)*ing* F e-n ganz schönen Zahn draufhaben **II** v/t **5.** bereisen; *Strecke* zurücklegen **III** s **6.** Reisen n **7.** Pl (bes Auslands)Reisen Pl

▸ **trav·el| a·gen·cy** ['trævl,eɪdʒənsɪ] s Reisebüro n **~ a·gent** s Reisebüroinhaber(in) od -kaufmann m, -kauffrau f; weit. S., a. **~ a·gent's** s Reisebüro n

▸ **trav·el·er** s Am → **traveller ~'s check** Reise-, Travellerscheck m **trav·el·ing** Am → **travelling**

▸ **trav·el·ler** ['trævlə] s bes Br **1.** Reisende m, f: ~'s **cheque** Br Reise-, Travellerscheck m **2.** WIRTSCH (Handels)Ver-

treter(in) (*in* für) '**trav·el·ling** *Adj bes Br* **1.** Reise…: ~ (*alarm*) *clock* Reisewecker *m*; ~ *salesman* → **traveller** 2 **2.** Wander…: ~ *circus*

trav·e·log *s Am*, **trav·e·logue** *s* ['trævəlɒg] Reisebericht *m* (*Vortrag*), -film *m*

'**trav·el·sick** *Adj* reisekrank ~ **sick·ness** *s* Reisekrankheit *f*

trav·erse ['trævəs] *v/t* durch-, überqueren

trav·es·ty ['trævəstɪ] *s* Zerrbild *n*: **a ~ of justice** ein Hohn auf die Gerechtigkeit

trav·o·la·tor ['trævəleɪtə] *s* Rollsteig *m*

trawl·er ['trɔːlə] *s* SCHIFF Trawler *m*

▸ **tray** [treɪ] *s* **1.** Tablett *n* **2.** Ablagekorb *m*

treach·er·ous ['tretʃərəs] *Adj* **1.** verräterisch **2.** *fig* tückisch (*Strömung etc*) '**treach·er·y** *s* Verrat *m*

trea·cle ['triːkl] *s bes Br* Sirup *m* '**trea·cly** *Adj* **1.** sirupartig **2.** *fig* süßlich

tread [tred] **I** *v/i* (*unreg*) **1.** treten (*on* auf *Akk*; in *Akk*): ~ *carefully* vorsichtig auftreten; *fig* vorsichtig vorgehen; → *corn²*, *toe* **I II** *v/t* (*unreg*) **1.** Pfad, Wasser treten: ~ *in* eintreten (in *Akk*) **II** *s* **3.** Gang *m*; Schritt(e *Pl*) *m* **4.** MOT Profil *n* (*e-s Reifens*) '~·**mill** *s hist* Tretmühle *f* (*a. fig*)

trea·son ['triːzn] *s* Landesverrat *m*

▸ **treas·ure** ['treʒə] **I** *s* Schatz *m*, (*Person* F *a.*) Juwel *n*: ~ *hunt* Schatzsuche *f* **II** *v/t* etw zu schätzen wissen; *j-s* Andenken in Ehren halten '**treas·ur·er** *s* Schatzmeister(in) '**treas·ure trove** *s* Fundgrube *f* '**Treas·ur·y** *s* POL Finanzministerium *n*

▸ **treat** [triːt] *v/t* **1.** *j-n* behandeln (*like* wie); *etw* behandeln, umgehen mit: → *dirt* **2.** *etw* ansehen, betrachten (*as* als) **3.** MED *j-n* behandeln (*for* gegen): *be ~ed for* in ärztlicher Behandlung sein wegen **4.** CHEM, TECH *etw* behandeln (*with* mit; *against* gegen) **5.** *j-n* einladen (*to* zu): ~ *s.o. to s.th. a.* j-m etw spendieren; ~ *o.s. to s.th.* sich etw leisten *od* gönnen **II** *v/i* **6.** ~ *of* handeln von, behandeln **III** *s* **7.** (besondere) Freude, (besondere) Überraschung

trea·tise ['-tɪz] *s* (wissenschaftliche) Abhandlung (*on* über *Akk*)

▸ **treat·ment** ['triːtmənt] *s allg* Behandlung *f*

▸ **trea·ty** ['triːtɪ] *s* POL Vertrag *m*: *by ~* vertraglich

tre·ble ['trebl] **I** *Adj* dreifach **II** *v/t u. v/i* (sich) verdreifachen

▸ **tree** [triː] *s* Baum *m*: *in a ~* auf e-m Baum '**tree·less** *Adj* baumlos

'**tree|·line** *s* Baumgrenze *f* ~ *trunk s* Baumstamm *m*

tre·foil ['trefɔɪl] *s* **1.** BOT Klee *m* **2.** ARCHI Dreipass *m*

trek [trek] **I** *v/i* marschieren **II** *s langer, beschwerlicher Fußmarsch*

trel·lis ['trelɪs] *s* Spalier *n* (*für Pflanzen*)

▸ **trem·ble** ['trembl] **I** *v/i* zittern (*with* vor *Dat*): ~ *at the thought* (*od* *to think*) bei dem Gedanken zittern; ~ *for* zittern *od* bangen um **II** *s* Zittern *n*

tre·men·dous [trɪ'mendəs] *Adj* **1.** gewaltig **2.** F klasse, toll

trem·or ['tremə] *s* **1.** Zittern *n*: → *earth tremor* **2.** Schauder *m*

trench [trentʃ] *s* Graben *m*, MIL Schützengraben *m* ~ *coat s* Trenchcoat *m*

trend [trend] *s* **1.** Trend *m*, Tendenz *f* (*toward*[s] zu) **2.** Mode *f* '~·**set·ter** *s* Trendsetter(in) (*j-d, der e-n neuen Trend in Gang setzt od etw in Mode bringt*)

trend·y ['trendɪ] **I** *Adj* F modern, modisch: *be* ~ als schick gelten, in sein; ~ *disco* In-Disko *f* **II** *s* Schickimicki *m*

tres·pass ['trespəs] **I** *v/i:* ~ *on a*) Grundstück *etc* unbefugt betreten: *no ~ing* Betreten verboten!, **b)** *j-s* Zeit *etc* über Gebühr in Anspruch nehmen **II** *s* unbefugtes Betreten '**tres·pass·er** *s*: ~*s will be prosecuted* Betreten bei Strafe verboten!

▸ **tri·al** ['traɪəl] *s* **1.** JUR Prozess *m*, (Gerichts)Verhandlung *f*, (-)Verfahren *n*: ~ *by jury* Schwurgerichtsverfahren; *be on* (*od stand*) ~ vor Gericht stehen (*for* wegen) **2.** Erprobung *f*, Probe *f*, Prüfung *f*, Test *m*: *by ~ and error* durch Ausprobieren; *on* ~ auf *od* zur Probe; *be on* ~ erprobt *od* getestet werden; *he's still on* ~ er ist noch in der Probezeit **3.** *be a* ~ *to* j-m Ärger *od* Sorgen machen ~ *pe·ri·od s* Probezeit *f* ~ *run s* TECH Probelauf *m*; MOT Probefahrt *f*: *give a car a* ~ e-n Wagen Probe fahren

tri·an·gle ['traɪæŋgl] *s* **1.** MATHE Dreieck *n*: *eternal* ~ Dreiecksverhältnis *n* **2.**

T

MUS Triangel *m* **3.** *Am* → **set square**

tri·an·gu·lar [-ˈæŋɡʊlə] *Adj* dreieckig

tri·ath·lon [traɪˈæθlən] *s* SPORT Triathlon *n*, *m*

trib·al [ˈtraɪbl] *Adj* Stammes... **tribe** [traɪb] *s* Stamm *m*

tribes|·man [ˈtraɪbzmən] *s* (*unreg man*) Stammesangehörige *m* '**~,wom·an** *s* (*unreg woman*) Stammesangehörige *f*

tri·bu·nal [traɪˈbjuːnl] *s* JUR Gericht *n*

trib·u·tar·y [ˈtrɪbjʊtərɪ] *s* Nebenfluss *m*

trib·ute [ˈtrɪbjuːt] *s*: **be a ~ to** j-m Ehre machen; **pay ~ to** j-m Anerkennung zollen

trice [traɪs] *s*: **in a ~** F im Nu, im Handumdrehen

tri·ceps [ˈtraɪseps] *Pl* **triceps** *s* ANAT Trizeps *m*

▸ **trick** [trɪk] **I** *s* **1.** Trick *m* (*a. pej*), (*Karten- etc*)Kunststück *n*; **how's ~s?** F wie geht's?; **dirty ~** Gemeinheit *f* **2.** (*Kanten*)*spiel*: **play a ~ on s.o.** j-m e-n Streich spielen **3.** **have a ~ of doing s.th.** die (merkwürdige) Angewohnheit *od* die Eigenart haben, etw zu tun **4.** *Karten- spiel*: Stich *m*; **take** (*od win*) **a ~** e-n Stich machen **II** *Adj* **5.** Trick...: ~ **question** Fangfrage *f* **III** *v/t* **6.** *j-n* reinlegen: ~ **s.o. into doing s.th.** j-n mit e-m Trick dazu bringen, etw zu tun '**trick·er·y** *s* Tricks *Pl*

trick·le [ˈtrɪkl] *v/i* tröpfeln; rieseln

trick·ster [ˈtrɪkstə] *s* Betrüger(in), Schwindler(in) '**trick·y** *Adj* **1.** schwierig, (*Problem etc a.*) heikel **2.** durchtrieben, raffiniert

tri·cy·cle [ˈtraɪsɪkl] *s* Dreirad *n*

tri·fle [ˈtraɪfl] **I** *s* **1.** Kleinigkeit *f*; Lappalie *f*: **a ~** ein bisschen, etwas **2. a)** *bes Br* Trifle *n* (*Biskuitdessert*), **b)** *Am* Obstdessert mit Schlagsahne **II** *v/i* **3.** ~ **with** *fig* spielen mit: **he is not to be ~d with** er lässt nicht mit sich spaßen '**tri·fling** *Adj* unbedeutend, geringfügig

trig·ger [ˈtrɪɡə] **I** *s* Abzug *m* (*am Gewehr etc*): **pull the ~** abdrücken **II** *v/t* *fig* auslösen '**~,hap·py** *Adj* schießwütig

trig·o·nom·e·try [ˌtrɪɡəˈnɒmətrɪ] *s* MATHE Trigonometrie *f*

trike [traɪk] *s* F Dreirad *n*

tril·lion [ˈtrɪljən] *s* Billion *f*

tril·o·gy [ˈtrɪlədʒɪ] *s* Trilogie *f*

trim [trɪm] **I** *v/t* **1.** Hecke etc stutzen, be-

schneiden, sich *den Bart etc* stutzen: ~ **off** abschneiden **2.** *Kleidungsstück* besetzen (**with** mit): **~med with fur** pelzbesetzt, mit Pelzbesatz **II** *s* **3.** **give** *s.th.* **a ~** ↓ **4. be in good ~** F gut in Schuss sein (*Auto etc*), (*Person a.*) gut in Form sein **III** *Adj* **5.** gepflegt '**trim·ming** *s* **1.** *a. Pl* Besatz *m* **2.** *Pl* Zubehör *n*; Extras *Pl*: **with all the ~s** GASTR mit den üblichen Beilagen **3.** *Pl* Abfälle *Pl*

trin·ket [ˈtrɪŋkɪt] *s* (*bes billiges*) Schmuckstück

tri·o [ˈtriːəʊ] *Pl* **-os** GASTR Trio *n*, Terzett *n*

▸ **trip** [trɪp] *v/i* **1.** stolpern (*over* über *Akk*) **2.** sich vertun **II** *v/t* **3.** *a.* ~ **up** *j-m* ein Bein stellen (*a. fig*) **III** *s* **4.** Reise *f*; Ausflug *m*, Trip *m*: **go on a coach ~** e-n Busausflug machen **5.** *sl* Trip *m* (*Drogenrausch*): **be on a ~** auf dem Trip sein

tripe [traɪp] *s* **1.** GASTR Kaldaunen *Pl*, Kutteln *Pl* **2.** F Quatsch *m*, Mist *m*

tri·ple [ˈtrɪpl] **I** *Adj* dreifach: ~ **jump** (*Leichtathletik*) Dreisprung *m*; ~ **jumper** Dreispringer(in) **II** *v/t u. v/i* (sich) verdreifachen

tri·plet [ˈtrɪplɪt] *s* Drilling *m*

trip·li·cate [ˈtrɪplɪkət] *s*: **in ~** in dreifacher Ausfertigung

tri·pod [ˈtraɪpɒd] *s* FOTO Stativ *n*

trip·per [ˈtrɪpə] *s* (*bes Tages*)Ausflügler(in)

'**trip,wire** *s* Stolperdraht *m*

trite [traɪt] *Adj* abgedroschen; banal

tri·umph [ˈtraɪəmf] **I** *s* Triumph *m* (*over* über *Akk*): **in ~** im Triumph, triumphierend **II** *v/i* triumphieren (*over* über *Akk*) **tri·um·phal** [-ˈʌmfl] *Adj* Triumph...: ~ **arch** Triumphbogen *m*; ~ **procession** Triumphzug *m* **tri'um·phant** *Adj* triumphierend

triv·i·al [ˈtrɪvɪəl] *Adj* **1.** trivial, alltäglich, gewöhnlich **2.** unbedeutend, belanglos **triv·i·al·i·ty** [ˌ-ˈælətɪ] *s* **1.** Trivialität *f* **2.** Belanglosigkeit *f*

trod [trɒd] *Prät von* **tread** '**trod·den** *Part Perf von* **tread**

trol·ley [ˈtrɒlɪ] *s* *Br* Einkaufs-, Gepäckwagen *m*; Kofferkuli *m*; (*Tee- etc*)Wagen *m*

trom·bone [trɒmˈbəʊn] *s* MUS Posaune *f* **trom'bon·ist** *s* Posaunist(in)

▸ **troop** [truːp] **I** *s* **1.** Schar *f* **2.** *Pl* MIL Truppen *Pl* **II** *v/i* **3.** strömen **~ car·ri·er**

s FLUG, SCHIFF Truppentransporter *m*

troop·er ['tru:pə] *s* **1.** MIL Kavallerist *m*; Panzerjäger *m*: **swear like a ~** wie ein Landsknecht fluchen **2.** *Am* Polizist(in) (*e-s Bundesstaats*)

tro·phy ['trəʊfɪ] *s* Trophäe *f*

trop·ic ['trɒpɪk] *s* **1.** ASTR, GEOG Wendekreis *m* **2.** *Pl* Tropen *Pl* '**trop·i·cal** *Adj* tropisch, Tropen…: **~ forest** Tropenwald *m*; **~ rainforest** tropischer Regenwald

trot [trɒt] **I** *s* **1.** Trab *m*: **on the ~** F hintereinander; **have the ~s** F Dünnpfiff haben **II** *v/i* **2.** traben: **~ along** (*od off*) F ab-, losziehen **III** *v/t* **3.** *Pferd* traben lassen **4.** **~ out** F auftischen, von sich geben '**trot·ter** *s* Traber *m* (*Pferd*)

▸ **trou·ble** ['trʌbl] **I** *v/t* **1.** *j-n* beunruhigen **2.** *j-m* Mühe *od* Umstände machen; *j-n* bemühen (**for** um), bitten (**for** um; **to do** zu tun) **3.** **be ~d by** geplagt werden von, leiden an (*Dat*) **II** *v/i* **4.** sich bemühen (**to do** zu tun), sich Umstände machen (**about** wegen) **III** *s* **5.** Schwierigkeit *f*, Problem *n*: **be in ~** in Schwierigkeiten sein; **get into ~** a) *a.* **run into ~** in Schwierigkeiten geraten, b) Schwierigkeiten *od* Ärger bekommen (**with** mit), c) *j-n* in Schwierigkeiten bringen; **have ~ with** Schwierigkeiten *od* Ärger haben mit; **have ~ doing s.th.** Schwierigkeiten haben, etw zu tun **6.** Mühe *f*: **put s.o. to ~** j-m Mühe *od* Umstände machen; **take the ~ to do s.th.** sich die Mühe machen, etw zu tun **7.** *a. Pl* POL Unruhen *Pl* **8.** MED Leiden *n*, Beschwerden *Pl* '**~,mak·er** *s* Unruhestifter(in) '**~,shoot·er** *s* Friedensstifter(in)

trou·ble·some ['trʌblsəm] *Adj* lästig

trou·ble spot *s* Unruheherd *m*

trough [trɒf] *s* **1.** Trog *m* **2.** Wellental *n*

trounce [traʊns] *v/t* SPORT haushoch besiegen

troupe [tru:p] *s* THEAT *etc* Truppe *f*

▸ **trou·ser** ['traʊzə] **I** *s Pl, a.* ▸ **pair of trousers** Hose *f*: **~ wear** 3 **II** *Adj* Hosen…: **trouser suit** Hosenanzug *m*

trous·seau ['tru:səʊ] *Pl* **-seaux** ['-səʊz], **-seaus** *s* Aussteuer *f*

trout [traʊt] *Pl* **trouts**, *bes Koll* **trout** *s* FISCH Forelle *f*

trow·el ['traʊəl] *s* (Maurer)Kelle *f*: **lay it on with a ~** F dick auftragen

troy (**weight**) [trɔɪ] *s* Troygewicht *n* (*für Edelmetalle u. -steine*)

tru·ant ['tru:ənt] *s* (Schul)Schwänzer(in): **play ~** (die Schule) schwänzen

truce [tru:s] *s* MIL Waffenstillstand *m* (*a. fig*)

▸ **truck¹** [trʌk] **I** *s* **1.** MOT Lastwagen *m*; Fernlaster *m* **2.** BAHN *Br* (offener) Güterwagen *m* **II** *v/t* **3.** *bes Am* auf *od* mit Lastwagen transportieren

truck² [-] *s*: **have no ~ with** nichts zu tun haben wollen mit

truck driv·er *s* Lastwagenfahrer(in); Fernfahrer(in)

truck·er ['trʌkə] *Am* → **truck driver**

truck stop *s* *Am* Fernfahrerlokal *n*

truc·u·lent ['trʌkjʊlənt] *Adj* trotzig

trudge [trʌdʒ] *v/i* stapfen (**through** durch)

▸ **true** [tru:] *Adj* (→ **truly**) **1.** wahr: **be ~ a.** stimmen; **in the ~ sense of the word** im wahrsten Sinne des Wortes; → **come** 10 **2.** wahr, echt, wirklich: **~ love** wahre Liebe **3.** treu (**to** *Dat*): **stay ~ to one's principles** s-n Grundsätzen treu bleiben **4.** getreu (**to** *Dat*): **~ to form** wie nicht anders zu erwarten; **~ to life** lebensecht

truf·fle ['trʌfl] *s* BOT Trüffel *f*

tru·ism ['tru:ɪzəm] *s* Binsenwahrheit *f*

tru·ly ['tru:lɪ] *Adv* **1.** wahrheitsgemäß **2.** wirklich, wahrhaft **3.** aufrichtig: **Yours ~** *Am* Hochachtungsvoll (*Briefschluss*)

trump¹ [trʌmp] **I** *s* a) *Pl* Trumpf *m* (*Farbe*), b) *a.* **~ card** Trumpf(karte *f*) *m*: **play one's ~ card** *fig* s-n Trumpf ausspielen **II** *v/t* *Karte* mit e-m Trumpf stechen, mit e-m Trumpf *e-n* Stich machen

trump² [-] *v/t*: **~ up** *pej* erfinden, erdichten

trum·pet ['trʌmpɪt] **I** *s* MUS Trompete *f* **II** *v/i* trompeten (*Elefant*) '**trum·pet·er** *s* Trompeter(in)

trun·cate [trʌŋ'keɪt] *v/t* beschneiden, stutzen (*beide a. fig*)

trun·cheon ['trʌntʃən] *s* (Gummi-)Knüppel *m*, Schlagstock *m*

trun·dle ['trʌndl] *v/t Karren etc* ziehen

▸ **trunk** [trʌŋk] *s* **1.** (*Baum*)Stamm *m* **2.** ANAT Rumpf *m* **3.** Schrankkoffer *m* **4.** ZOOL Rüssel *m* (*des Elefanten*) **5.** MOT *Am* Kofferraum *m* **6.** *Pl, a.* **pair of ~s**

(*Bade*)Hose *f*; (*Sport*) Shorts *Pl* **~ road** *s Br* Fernstraße *f*

truss [trʌs] **I** *v/t, a.* **~ up 1.** *j-n* fesseln **2.** GASTR *Geflügel etc* dressieren **II** *s* **3.** MED Bruchband *n*

▶ **trust** [trʌst] **I** *v/t* **1.** trauen (*Dat*) **2.** sich verlassen auf (*Akk*): **~ s.o. to do s.th.** sich darauf verlassen, dass j-d etw tut; **~ him!** das sieht ihm ähnlich! **3.** (zuversichtlich) hoffen **II** *v/i* **4. ~ in** vertrauen auf (*Akk*) **5. ~ to** sich verlassen auf (*Akk*) **III** *s* **6.** Vertrauen *n* (**in** zu): **place** (*od put*) **one's ~ in** Vertrauen setzen in (*Akk*); **take s.th. on ~** einfach glauben; **position of ~** Vertrauensstellung *f* **7. hold s.th. in ~** etw treuhänderisch verwalten (**for** für); **place s.th. in s.o.'s ~** j-m etw anvertrauen **8.** WIRTSCH Trust *m*; *weit. S.* Großkonzern *m*

trust·ful ['trʌstfʊl], **'trust·ing** *Adj* vertrauensvoll; vertrauensselig
'trust,wor·thy *Adj* vertrauenswürdig

▶ **truth** [truːθ] *Pl* **truths** [truːðz] *s* Wahrheit *f*: **in ~** in Wahrheit; **there is some** (**no**) **~ in it** daran ist etw (nichts) Wahres; **to tell** (**you**) **the ~** um die Wahrheit zu sagen; → **home truth truth·ful** ['~fʊl] *Adj* **1.** wahrheitsgemäß **2.** wahrheitsliebend

▶ **try** [traɪ] **I** *s* **1.** Versuch *m*: **have a ~** es versuchen; → **worth I II** *v/t* **2.** versuchen (**to do** zu tun): **when their car didn't start, they tried pushing it** als ihr Wagen nicht ansprang, versuchten sie es mit Anschieben **3.** etw ausprobieren **4.** JUR (*über*) *e-e Sache* verhandeln; *j-m* den Prozess machen (**for** wegen) **5.** *j-n, j-s* Geduld, Nerven *etc* auf e-e harte Probe stellen **III** *v/i* **6.** es versuchen: **~ and come** *bes Br* F versuch zu kommen; → **hard** 12 **7. ~ for** *Br* sich bemühen um
Verbindungen mit Adverbien:
▶ **try** | **on** *v/t* **1.** *Kleidungsstück* anprobieren, *Hut etc* aufprobieren **2. try it on** *Br* F probieren, wie weit man kann **~ out I** *v/t* → **try 3 II** *v/i*: **~ for** *Am* → **try 7**
try·ing ['traɪɪŋ] *Adj* anstrengend
'try-out *s*: **give s.th. a ~** etw ausprobieren
tsar [zɑː] *s hist* Zar *m*
tsa·ri·na [zɑː'riːnə] *s* Zarin *f*

'**T-shirt** *s* T-Shirt *n*
tub [tʌb] *s* **1.** Bottich *m*; Tonne *f* **2.** (*Margarine- etc*)Becher *m* **3.** F (Bade-)Wanne *f* **4.** SCHIFF F Kahn *m*
▶ **tube** [tjuːb] *s* **1.** Röhre *f* (*a.* ANAT), Rohr *n* **2.** Schlauch *m* **3.** Tube *f* **4.** F U-Bahn *f* (*in London*): **by ~** mit der U-Bahn; **~ station** U-Bahn-Station *f*
'**tube·less** *Adj* schlauchlos (*Reifen*)
tu·ber ['tjuːbə] *s* BOT Knolle *f*
tu·ber·cu·lo·sis [tjuːˌbɜːkjʊ'ləʊsɪs] *s* MED Tuberkulose *f*
tu·bu·lar ['tjuːbjʊlə] *Adj* rohrförmig, Röhren..., Rohr...
TUC [tiːjuː'siː] *Abk* (= **Trades Union Congress**) Gewerkschaftsbund *m*
tuck [tʌk] **I** *s* Saum *m*; Biese *f* **II** *v/t* stecken: **~ s.th. under one's arm** sich etw unter den Arm klemmen **III** *v/i*: **~ into** *bes Br* F sich *etw* schmecken lassen
Verbindungen mit Adverbien:
tuck | **a·way** *v/t* **1.** wegstecken: **be tucked away** versteckt liegen (*Haus etc*) **2.** F *Essen* verdrücken, wegputzen **~ in I** *v/t* → **tuck up II** *v/i bes Br* F reinhauen, zulangen **~ up** *v/t a.* **~ in bed** *Kind* ins Bett packen
▶ **Tues·day** ['tjuːzdɪ] *s* Dienstag *m*: **on ~** (am) Dienstag; **on ~s** dienstags
tuft [tʌft] *s* (*Gras-, Haar- etc*)Büschel *n*
tug [tʌg] **I** *v/t* zerren, ziehen **II** *v/i* **1.** zerren *od* ziehen an (*Dat*) **II** *v/i* **3. ~ at** → **2 III** *s* **4.** *given s.th. a ~* → **2**; **~ of war** (*Sport*) Tauziehen *n* (*a. fig*)
tu·i·tion [tjuː'ɪʃn] *s* **1.** Unterricht *m* **2.** *bes Am* Unterrichtsgebühr(en *Pl*) *f*
tu·lip ['tjuːlɪp] *s* BOT Tulpe *f*
tulle [tjuːl] *s* Tüll *m*
tum·ble ['tʌmbl] **I** *v/i* **1.** fallen, stürzen, WIRTSCH purzeln (*Preise*) **2.** *a.* **~ down** einstürzen **3. ~ to s.th.** *bes Br* F etw kapieren **II** *s* **4.** Fall *m*, Sturz *m*: **have** (*od* **take**) **a ~** fallen, stürzen '**~-down** *Adj* baufällig **~ dry·er** *s* Trockenautomat *m*, Wäschetrockner *m*
tum·bler ['tʌmblə] *s* (Trink)Glas *n*
tum·my ['tʌmɪ] *s* F Bauch *m*: **he's got an upset** (*od* **a ~ bug**) er hat Bauchweh
tu·mor *Am*, **tu·mour** *s bes Br* ['tjuːmə] *s* MED Tumor *m*, Geschwulst *f*
tu·mult ['tjuːmʌlt] *s* Tumult *m* **tu·mul·tu·ous** [tjuː'mʌltjʊəs] *Adj* tumultartig, (*Applaus, Empfang*) stürmisch

tu·na ['tu:nə] *s* FISCH T(h)unfisch *m*, *schweiz.* Thon *m*

▶ **tune** [tjuːn] **I** *s* 1. Melodie *f*: **to the** ~ **of** nach der Melodie von; *fig* F in Höhe von *500 Pfund* etc 2. **be out of** ~ MUS verstimmt sein; **be in** (**out of**) ~ **with** *fig* (nicht) harmonieren *od* übereinstimmen mit **II** *v/t* 3. *a.* ~ **up** MUS stimmen 4. *a.* ~ **up** TECH *Motor* tunen 5. *mst* ~ **in** *Radio* etc einstellen (**to** auf *Akk*): **be** ~**d in to** *Sender, Programm* eingeschaltet haben; *fig* ein Gefühl haben für **III** *v/i* 6. ~ **up** (*Orchester*) stimmen 7. ~ **in** (das *Radio* etc) einschalten: ~ **in to** *Sender, Programm* einschalten **'tune·ful** [-fʊl] *Adj* melodiös **'tune·less** *Adj* unmelodiös **'tun·er** *s* 1. (*Klavier-* etc)Stimmer(in) 2. RADIO, TV Tuner *m* **'tun·ing** *Adj*: ~ **fork** Stimmgabel *f*

Tu·ni·sia [tjuːˈnɪzɪə] *Eigenn* Tunesien *n*
tun·nel ['tʌnl] **I** *s* Tunnel *m*; Unterführung *f* **II** *v/t Prät u. Part Perf* -**neled**, *bes Br* -**nelled** a) *Berg* durchtunneln, b) *Fluss* etc untertunneln **III** *v/i*: ~ **through** → IIa; ~ **under** → IIb
tun·ny ['tʌnɪ] *s* → **tuna**
tur·bid ['tɜːbɪd] *Adj* 1. trüb (*Flüssigkeit*); dick (*Rauch* etc) 2. *fig* verworren, wirr
tur·bine ['tɜːbaɪn] *s* TECH Turbine *f*
tur·bo ['tɜːbəʊ] *Pl* -**bos** *s* F → **turbocharger** ˌ~ˈcharg·er *s* MOT Turbolader *m*
tur·bot ['tɜːbət] *Pl* -**bots**, *bes Koll* -**bot** *s* FISCH Steinbutt *m*
tur·bu·lence ['tɜːbjʊləns] *s* Turbulenz *f* (*a.* PHYS) **'tur·bu·lent** *Adj* turbulent
turd [tɜːd] *s* V 1. Scheißhaufen *m* 2. Scheißkerl *m*
tu·reen [təˈriːn] *s* (Suppen)Terrine *f*
turf [tɜːf] **I** *Pl* **turfs**, **turves** [-vz] *s* 1. Rasen *m* 2. Sode *f*, Rasenstück *n* 3. **the** ~ der Pferderennsport **II** *v/t* 4. ~ **out** *bes Br* F *j-n* rausschmeißen
tur·gid ['tɜːdʒɪd] *Adj* MED geschwollen, *fig a.* schwülstig
Turk [tɜːk] *s* Türke *m*, Türkin *f*
▶ **tur·key** ['tɜːkɪ] *s* ORN Truthahn *m*, -henne *f*, Pute(r *m*) *f*: → **cold turkey**
▶ **Tur·key** ['tɜːkɪ] *Eigenn* die Türkei
▶ **Turk·ish** ['tɜːkɪʃ] **I** *Adj* türkisch **II** *s* LING Türkisch *n*
tur·mer·ic ['tɜːmərɪk] *s* GASTR Kurkuma *n*, Gelbwurzel *f*

tur·moil ['tɜːmɔɪl] *s* Aufruhr *m*: **be in a** ~ in Aufruhr sein

▶ **turn** [tɜːn] **I** *s* 1. (Um)Drehung *f*: **give s.th. a** ~ (**two** ~**s**) etw (zweimal) drehen 2. Biegung *f*, Kurve *f*: **make a right** ~ nach rechts abbiegen 3. **in** ~ der Reihe nach; abwechselnd: **in** (**his**) ~ seinerseits; **it is my** ~ ich bin dran *od* an der Reihe; **miss a** ~ (*Brettspiele*) einmal aussetzen; **take** ~**s** sich abwechseln (**at** bei); **take** ~**s at doing s.th.** (*od* **to do s.th.**) etw abwechselnd tun; → **wait** 3 4. *fig* Wende *f*, Wendung *f*: **at the** ~ **of the century** um die Jahrhundertwende; **take a** ~ **for the better** (**worse**) sich bessern (sich verschlimmern) 5. **do s.o. a good** (**bad**) ~ j-m e-n guten (schlechten) Dienst erweisen **II** *v/t* 6. drehen, *Schlüssel a.* herumdrehen: → **somersault** 7. *Schallplatte* etc umdrehen, *Seite* umblättern, *Braten* etc wenden: → **hair**, **inside** 1, **stomach** 1, **table** 1, **upside** 8. → **corner** 1 9. *Schlauch* etc richten (**on** auf *Akk*), *Antenne* ausrichten (**toward**[**s**] auf *Akk*), *Aufmerksamkeit* zuwenden (**to** *Dat*): → **back** 1, **blind** 1, **ear¹** 1 10. verwandeln (**into** in *Akk*) 11. ~ **against** j-n aufbringen gegen **III** *v/i* 12. sich drehen: ~ **on** *fig* abhängen von 13. abbiegen; einbiegen (**onto** auf *Akk*; **into** in *Akk*): → **left²** 4, **right** 15 14. sich umdrehen: ~ **against** *fig* sich wenden gegen; ~ **on** losgehen auf (*Akk*); ~ **to s.o.** sich j-m zuwenden; *fig* sich an j-n wenden; → **grave²** 15. *blass, sauer* etc werden; → **turtle** 16. sich verwandeln, *fig a.* umschlagen (**into, to** in *Akk*)
Verbindungen mit Adverbien:
turn| **a·way I** *v/t* 1. *Gesicht* etc abwenden (**from** von) 2. *j-n* abweisen, wegschicken **II** *v/i* 3. sich abwenden (**from** von) ~ **back I** *v/t* 1. *Bettdecke* zurückschlagen 2. *j-n* zurückschicken 3. *Uhr* zurückstellen: → **clock** 1 **II** *v/i* 4. umkehren 5. zurückblättern (**to** auf *Akk*) ~ **down** *v/t* 1. *Kragen* umlegen 2. → **turn back** 1 3. *Radio* etc leiser stellen 4. *j-n, Angebot* etc ablehnen ~ **in I** *v/t* 5. zurückgeben 2. *Gewinn* etc erzielen, machen 3. **turn o.s. in** sich stellen **II** *v/i* 4. F sich aufs Ohr hauen *od* legen
▶ **turn off I** *v/t* 1. *Gas, Wasser* etc abdrehen, *Licht, Radio* etc ausmachen,

-schalten, *Motor etc* abstellen **2.** F *j-n* anwidern; *j-m* die Lust nehmen **II** *v/i* **3.** abbiegen ▸ **turn**| **on** *v/t* **1.** *Gas, Wasser etc* aufdrehen, *a. Gerät* anstellen, *Licht, Radio etc* anmachen, anschalten **2.** F *j-n* antörnen, anmachen ~ **out I** *v/t* **1.** *Licht* ausmachen, -schalten **2.** *j-n* hinauswerfen **3.** *Tasche etc* (aus)leeren **4.** F *Waren* ausstoßen **II** *v/i* **5.** kommen (*for* zu) **6.** sich erweisen *od* herausstellen (*a success* als Erfolg; *to be false* als falsch), sich entpuppen (*to be a good swimmer* als guter Schwimmer) ~ **o·ver I** *v/t* **1.** → **turn** 7: **turn s.th. over in one's mind** sich etw durch den Kopf gehen lassen; → **leaf** 2 **2.** *etw* umdrehen **3.** *j-n, etw* übergeben (*to* Dat) **4.** WIRTSCH umsetzen **II** *v/i* **5.** sich umdrehen **6.** umkippen **7.** umblättern: *please* ~ bitte wenden ~ **round I** *v/i*: **turn one's car round** wenden **II** *v/i* sich umdrehen

'**turn**|·**a·bout** *s* Kehrtwendung *f* (*a. fig in, on* in *Dat*) '~·**a·round** → *turnabout* '~·**coat** *s* Abtrünnige *m, f*, Überläufer(in)

turn·ing ['tɜːnɪŋ] **I** *s* Abzweigung *f* **II** *Adj*: ~ **circle** MOT Wendekreis *m*; ~ **point** *fig* Wendepunkt *m*

tur·nip ['tɜːnɪp] *s* BOT Rübe *f*

'**turn**|·**off** *s* Abzweigung *f* '~·**out** *s* **1.** (*eng. S.* Wahl)Beteiligung *f* **2.** F Aufmachung *f* (*e-r Person*) '~·**o·ver** *s* WIRTSCH Umsatz *m* '~·**pike** *s Am* gebührenpflichtige Schnellstraße *f* Mautschranke *f* '~·**stile** [-ˌstaɪl] *s* Drehkreuz *n* '~·**ta·ble** *s* Plattenteller *m* '~·**up** *s Br* (Hosen)Aufschlag *m*

tur·pen·tine ['tɜːpəntaɪn] *s* CHEM Terpentin *n*

turps [tɜːps] *s Sg Br* F → *turpentine*

tur·quoise ['tɜːkwɔɪz] *s* MIN Türkis *m*

tur·ret ['tʌrɪt] *s* **1.** ARCHI Ecktürmchen *n* **2.** MIL (Panzer)Turm *m*, SCHIFF Gefechts-, Geschützturm *m*

tur·tle ['tɜːtl] *s* ZOOL (Wasser)Schildkröte *f*: **turn** ~ SCHIFF kentern '~·**neck** *s bes Am* Rollkragen(pullover) *m*

turves [tɜːvz] *Pl von* **turf**

tusk [tʌsk] *s* Stoßzahn *m* (*e-s Elefanten*)

tus·sle ['tʌsl] *s bes fig* (*over*) Gerangel *n* (um); Auseinandersetzung *f* (über *Akk*)

tus·sock ['tʌsək] *s* Grasbüschel *n*

tu·te·lage ['tjuːtɪlɪdʒ] *s* JUR Vormundschaft *f*

tu·tor ['tjuːtə] *s* **1.** Privat-, Hauslehrer(in) **2.** UNI *Br* Tutor(in)

tux [tʌks] F → *tuxedo*

tux·e·do [tʌk'siːdəʊ] *Pl* **-dos** *s Am* Smoking *m*

▸ **TV** [ˌtiːˈviː] **I** *s* **1.** Fernsehen *n*: **on** (**the**) ~ im Fernsehen; *watch* ~ fernsehen **2.** Fernseher *m* (*Gerät*) **II** *Adj* **3.** Fernseh…: ▸ *TV set* Fernsehgerät *n*; *TV guide* Fernsehzeitschrift *f*

twad·dle ['twɒdl] *s* F Quatsch *m*, Unsinn *m*

twang [twæŋ] *s*: **speak with a nasal** ~ näseln

tweed [twiːd] *s* Tweed *m* (*Stoff*)

tweet [twiːt] **I** *v/i* piep(s)en (*Vogel*) **II** *s* Piep(s)en *n*

tweez·ers ['twiːzəz] *s Pl, a.* **pair of** ~ Pinzette *f*

▸ **twelfth** [twelfθ] *Adj* zwölft

▸ **twelve** [twelv] *Adj* zwölf

▸ **twen·ti·eth** ['twentɪəθ] *Adj* zwanzigst

▸ **twen·ty** ['twentɪ] **I** *Adj* zwanzig **II** *s* Zwanzig *f*: **be in one's twenties** in den Zwanzigern sein; *in the twenties* in den Zwanzigerjahren (*e-s Jahrhunderts*)

twerp [twɜːp] *s* F Blödmann *m*, Heini *m*

▸ **twice** [twaɪs] *Adv* zweimal: ~ *as much* doppelt *od* zweimal so viel; ~ *the amount* die doppelte Menge; *think* ~ es sich genau überlegen (*before* bevor)

twid·dle ['twɪdl] *v/t*: ~ **one's thumbs** Däumchen drehen (*a. fig*)

twig¹ [twɪg] *s* Zweig *m*

twig² [-] *v/t u. v/i Br* F kapieren

twi·light ['twaɪlaɪt] *s* **1.** (*bes* Abend-) Dämmerung *f*: **at** ~ in der Dämmerung **2.** Zwie-, Dämmerlicht *n*

twin [twɪn] **I** *s* Zwilling *m* **II** *Adj* Zwillings…: ~ *brother* (*sister*) ~; ~ *beds* Pl zwei Einzelbetten; ~ *town* Partnerstadt *f* **III** *v/t*: **be** ~**ned with** die Partnerstadt sein von '~·**bed·ded** *Adj*: ~ *room* Zweibettzimmer *n*

twine [twaɪn] **I** *s* **1.** Bindfaden *m*, Schnur *f* **II** *v/t* **2.** *a.* **together** zs.-drehen **3.** ~ **one's arms round** die Arme schlingen um **III** *v/i* **4.** sich winden (*round* um)

twin-'en·gined *Adj* FLUG zweimotorig

twinge [twɪndʒ] *s* stechender Schmerz, Stechen *n*: *a* ~ *of conscience* Gewissensbisse *Pl*

twin·kle ['twɪŋkl] **I** *v/i* glitzern (*Sterne*),

(*a. Augen*) funkeln (**with** vor *Dat*) **II** *s* Glitzern *n*, Funkeln *n*: **with a ~ in one's eye** augenzwinkernd **'twin·kling** *s*: **in the ~ of an eye** im Handumdrehen, im Nu

twin·ning ['twɪnɪŋ] *s* Städtepartnerschaft *f*

twirl [twɜ:l] **I** *v/t* (herum)wirbeln **II** *v/i* wirbeln (**round** über *Akk*) **III** *s* Wirbel *m*

twirp → **twerp**

▸ **twist** [twɪst] **I** *v/t* 1. drehen: ~ **off** abdrehen, *Deckel* abschrauben; ~ **together** zs.-drehen; **his face was ~ed with pain** sein Gesicht war schmerzverzerrt 2. wickeln (**round** um): ~ **s.o. round one's little finger** *fig* j-n um den (kleinen) Finger wickeln 3. ~ **one's ankle** (mit dem Fuß) umknicken, sich den Fuß vertreten 4. *fig* entstellen, verdrehen **II** *v/i* 5. sich winden (*Person*), (*Fluss etc a.*) sich schlängeln **III** *s* 6. Drehung *f* 7. Biegung *f*: **be round the ~** *Br F* spinnen 8. *fig* (*überraschende*) Wendung 9. MUS Twist *m* **'twist·er** *s F* 1. Gauner(in) 2. *Am* Tornado *m*

twit [twɪt] *s bes Br F* Blödmann *m*

twitch [twɪtʃ] **I** *v/t* 1. zucken mit 2. zupfen an (*Dat*) **II** *v/i* 3. zucken

twit·ter ['twɪtə] **I** *v/i* zwitschern 2. *a.* ~ **on** F (aufgeregt) schnattern (**about** über *Akk*) **II** *s* 3. Gezwitscher *n*

▸ **two** [tu:] **I** *Adj* **1.** zwei: **in a day or ~** in ein paar Tagen; **break** (**cut**) **in ~** in zwei Teile brechen (schneiden); **the ~ cars** die beiden Autos; → **thing** 2 **I** *s* 2. Zwei *f*: ~ **of hearts** Herzzwei 3. **the ~ of us** wir beide; **in ~s** zu zweit, paarweise; **put ~ and ~ together** zwei u. zwei zs.-zählen **'~·act** *Adj*: ~ **play** THEAT Zweiakter *m* **'~·bit** *Adj Am F* klein, unbedeutend **,~·faced** *Adj* falsch, heuchlerisch

two·fold ['tu:fəʊld] **I** *Adj* zweifach **II** *Adv* zweifach, um das Zweifache: **increase** ~ (sich) verdoppeln

,two|·'hand·ed *Adj* 1. zweihändig 2. beidhändig **~·pence** ['tʌpəns] *s Br* zwei Pence: **I don't care** (*od* **give**) ~

F das ist mir völlig egal **~·pen·ny** ['tʌpnɪ] *Adj Br* 1. für zwei Pence, Zweipenny… 2. *fig* billig **'~·piece** *Adj* zweiteilig **,~·'seat·er** *s* FLUG, MOT Zweisitzer *m* **'~·time** **I** *Adj* zweimalig **II** *v/t F Freundin etc* betrügen (**with** mit)

ty·coon [taɪ'ku:n] *s* (*Industrie- etc*)Magnat *m*

tym·pa·num ['tɪmpənəm] *Pl* **-na** ['~nə], **-nums** *s* ANAT Trommelfell *n*

▸ **type** [taɪp] **I** *s* 1. Art *f*, Sorte *f*; Typ *m*: **of this ~** dieser Art; **she's not my ~** F sie ist nicht mein Typ **II** *v/t* 2. tippen, mit der Maschine schreiben 3. *Krankheit etc* bestimmen **III** *v/i* 4. Maschine schreiben, tippen **'~·cast** *v/t* (*unreg* **cast**) *Schauspieler* auf ein bestimmtes Rollenfach festlegen **'~·face** *s* Schriftart *f* **'~·script** *s* maschine(n)geschriebenes Manuskript **'~·set·ter** *s* Schriftsetzer(in) **'~·writ·er** *s* Schreibmaschine *f* **'~·writ·ten** *Adj* maschine(n)geschrieben

ty·phoid (**fe·ver**) ['taɪfɔɪd] *s* MED Typhus *m*

ty·phoon [taɪ'fu:n] *s* Taifun *m*

ty·phus ['taɪfəs] *s* MED Fleckfieber *n*, -typhus *m*

▸ **typ·i·cal** ['tɪpɪkl] *Adj* typisch (**of** für) **typ·i·fy** ['~faɪ] *v/t* 1. typisch sein für, kennzeichnen 2. ein typisches Beispiel sein für, verkörpern

typ·ing ['taɪpɪŋ] *Adj*: ~ **error** Tippfehler *m*; ~ **pool** Schreibzentrale *f*

▸ **typ·ist** ['taɪpɪst] *s* Schreibkraft *f*: → **shorthand**

ty·po·graph·ic [,taɪpə'græfɪk] *Adj* (**~ally**) typographisch: ~ **error** Druckfehler *m* **ty·pog·ra·phy** [~'pɒgrəfɪ] *s* Typographie *f*

ty·ran·ni·cal [tɪ'rænɪkl] *Adj* tyrannisch **tyr·an·nize** ['tɪrənaɪz] *v/t* tyrannisieren **'tyr·an·ny** ['tɪrənɪ] *s* Tyrannei *f* **ty·rant** ['taɪərənt] *s* Tyrann(in)

▸ **tyre** ['taɪə] *s bes Br* Reifen *m*, *schweiz.* Pneu *m*

ty·ro ['taɪərəʊ] *Pl* **-ros** *s* Anfänger(in)

Ty·rol ['tɪrəl, tɪ'rəʊl] *Eigenn* Tirol *n*

tzar [zɑ:] *s* → **tsar**

U

U [ju:] Pl **U's** s U n

u·biq·ui·tous [ju:'bɪkwɪtəs] Adj allgegenwärtig

ud·der ['ʌdə] s ZOOL Euter n

UEFA [ju:'eɪfə] Abk (= **Union of European Football Associations**) UEFA f

UFO ['ju:fəʊ] Pl **UFO's**, **UFOs** Abk (= **unidentified flying object**) Ufo n, UFO n

ugh [ʌx] Interj igitt!

ug·li·ness ['ʌglɪnɪs] s Hässlichkeit f

► ug·ly ['ʌglɪ] Adj 1. hässlich (a. fig) 2. bös, schlimm (Wunde etc)

UHT [,ju:eɪtʃ'ti:] Abk (= **ultra-heat-treated**): ~ **milk** H-Milch f

UK [ju:'keɪ] Abk (= **United Kingdom**) Vereinigtes Königreich; → Info bei **Britain**

UK: How do you pronounce ...?

Achten Sie auf die nicht ganz einfache Aussprache folgender geographischer Namen Großbritanniens:

Aldeburgh	['ɔ:ldbərə]
Armagh	[,ɑ:'mɑ:]
Berkshire	['bɑ:kʃə]
Berwick	['berɪk]
Cambridge	['keɪmbrɪdʒ]
Chiswick	['tʃɪzɪk]
Cirencester	['saɪərənsestə, 'sɪsɪtə]
Clwyd	['klu:ɪd]
Derby	['dɑ:bɪ]
Durham	['dʌrəm]
Dyfed	['dʌvɪd]
Edinburgh	['edɪnbərə]
Fermanagh	[fə'mænə]
Gloucester	['glɒstə]
Greenwich	['grenɪtʃ, 'grenɪdʒ]
Gwynedd	['gwɪnəð]
Hebrides	['hebrɪdi:z]
Leicester	['lestə]
Leominster	['lemstə, 'lemɪnstə]
Llandudno	[læn'dɪdnəʊ]
Norfolk	['nɔ:fək]
Norwich	['nɒrɪdʒ, 'nɒrɪtʃ]
Pembrokeshire	['pembrʊkʃə]
Plymouth	['plɪməθ]
Slough	[slaʊ]
Somerset	['sʌməset]
Thames	[temz]
Worcester	['wʊstə]

U·kraine [ju:'kreɪn] Eigenn die Ukraine

ul·cer ['ʌlsə] s MED Geschwür n

ul·te·ri·or [ʌl'tɪərɪə] Adj: ~ **motive** Hintergedanke m

ul·ti·ma·ta [,ʌltɪ'meɪtə] Pl von **ultimatum**

ul·ti·mate ['ʌltɪmət] I Adj letzt, End...; höchst II s: **the ~ in** das Höchste an (Dat); pej der Gipfel an (Dat) '**ul·timate·ly** Adv 1. schließlich 2. letztlich

ul·ti·ma·tum [,ʌltɪ'meɪtəm] Pl **-tums**, **-ta** [-tə] s Ultimatum n: **give s.o. an** ~ j-m ein Ultimatum stellen

ul·tra·high [,ʌltrə'haɪ] Adj: ~ **frequency** ELEK Ultrakurzwelle f ,~'**sonic** Adj Ultraschall... '~·**sound** s PHYS Ultraschall m: ~ **scanner** MED Ultraschallgerät n ,~'**vi·o·let** Adj ultraviolett

um·bil·i·cal [,ʌmbɪ'laɪkl] Adj: ~ **cord** ANAT Nabelschnur f

um·brage ['ʌmbrɪdʒ] s: **take** ~ **at** Anstoß nehmen an (Dat)

► um·brel·la [ʌm'brelə] s 1. (Regen-) Schirm m 2. fig Schutz m: **under the** ~ unter dem Schutz (Gen) ~ **organ·i·za·tion** s Dachorganisation f ~ **stand** s Schirmständer m

um·pire ['ʌmpaɪə] (Sport) I s Schiedsrichter(in) II v/i u. v/t als Schiedsrichter(in) fungieren (bei)

ump·teen [,ʌmp'ti:n] Adj: ~ **times** F x-mal ,**ump'teenth** Adj: **for the** ~ **time** F zum x-ten Mal

UN [ju:'en] Abk (= **United Nations**) UNO f: ~ **soldier** Blauhelm m

un·a·bashed [ˌʌnəˈbæʃt] *Adj* unverfroren

un·a·ble [ʌnˈeɪbl] *Adj*: **be ~ to do s.th.** unfähig *od* außerstande sein, etw zu tun; etw nicht tun können

un·a·bridged [ˌʌnəˈbrɪdʒd] *Adj* ungekürzt

un·ac·cept·a·ble [ˌʌnəkˈseptəbl] *Adj* unannehmbar (**to** für); unzumutbar: **be ~ to s.o.** j-m nicht zugemutet werden können

un·ac·com·pa·nied [ˌʌnəˈkʌmpənɪd] *Adj* ohne Begleitung (**by** *Gen*) (*a.* MUS)

un·ac·count·a·ble [ˌʌnəˈkaʊntəbl] *Adj* unerklärlich ,un·ac·count·a·bly *Adv* unerklärlicherweise

un·ac·cus·tomed [ˌʌnəˈkʌstəmd] *Adj* **1.** ungewohnt **2. be ~ to s.th.** etw nicht gewohnt sein; **be ~ to doing s.th.** es nicht gewohnt sein, etw zu tun

un·a·dul·ter·at·ed [ˌʌnəˈdʌltəreɪtɪd] *Adj* **1.** unverfälscht **2.** *fig* völlig (*Unsinn etc*)

un·af·fect·ed [ˌʌnəˈfektɪd] *Adj* **1. be ~ by** nicht betroffen werden von **2.** natürlich, ungekünstelt

un·am·big·u·ous [ˌʌnæmˈbɪgjʊəs] *Adj* unzweideutig

un·A·mer·i·can [ˌʌnəˈmerɪkən] *Adj* **1.** unamerikanisch **2.** antiamerikanisch

u·nan·i·mous [juːˈnænɪməs] *Adj* einmütig; einstimmig: **be ~ in doing s.th.** etw einmütig *od* einstimmig tun; **by a ~ decision** einstimmig

un·an·nounced [ˌʌnəˈnaʊnst] *Adj u. Adv* unangemeldet

un·an·swer·a·ble [ˌʌnˈɑːnsərəbl] *Adj* **1.** nicht zu beantworten(d) **2.** unwiderlegbar

un·ap·proach·a·ble [ˌʌnəˈprəʊtʃəbl] *Adj* unnahbar

un·armed [ˌʌnˈɑːmd] *Adj* unbewaffnet

un·asked [ʌnˈɑːskt] *Adj* **1.** ungestellt (*Frage*) **2.** unaufgefordert, ungebeten **3.** uneingeladen, ungebeten

un·as·sist·ed [ˌʌnəˈsɪstɪd] *Adv* ohne (fremde) Hilfe, (ganz) allein

un·as·sum·ing [ˌʌnəˈsjuːmɪŋ] *Adj* bescheiden

un·at·tached [ˌʌnəˈtætʃt] *Adj* ungebunden (*Person*)

un·at·tend·ed [ˌʌnəˈtendɪd] *Adj* unbeaufsichtigt

un·at·trac·tive [ˌʌnəˈtræktɪv] *Adj* unattraktiv

un·au·thor·ized [ˌʌnˈɔːθəraɪzd] *Adj* unbefugt, unberechtigt

un·a·vail·a·ble [ˌʌnəˈveɪləbl] *Adj* **1.** nicht erhältlich **2.** nicht erreichbar

un·a·void·a·ble [ˌʌnəˈvɔɪdəbl] *Adj* unvermeidlich

un·a·ware [ˌʌnəˈweə] *Adj*: **be ~ of s.th.** sich e-r Sache nicht bewusst sein, etw nicht bemerken; **be ~ that** nicht bemerken, dass ,un·a·wares *Adv*: **catch** (*od* **take**) *s.o.* ~ j-n überraschen

un·bal·ance [ʌnˈbæləns] *v/t* j-n aus dem (seelischen) Gleichgewicht bringen ,un·bal·anced *Adj* labil (*Charakter, Person*)

un·bear·a·ble [ʌnˈbeərəbl] *Adj* unerträglich

un·beat·a·ble [ˌʌnˈbiːtəbl] *Adj* unschlagbar (*a. Preise etc*)

un·beat·en [ˌʌnˈbiːtn] *Adj* ungeschlagen, unbesiegt

un·be·known [ˌʌnbɪˈnəʊn] *Adv*: ~ **to** *s.o.* ohne j-s Wissen

un·be·liev·a·ble [ˌʌnbɪˈliːvəbl] *Adj* unglaublich

un·bend [ʌnˈbend] (*unreg* **bend**) **I** *v/t* gerade biegen **II** *v/i* *fig* auftauen, aus sich herausgehen ,un·bend·ing *Adj* unbeugsam

un·bi·as(s)ed [ʌnˈbaɪəst] *Adj* unvoreingenommen, JUR unbefangen

un·bind [ʌnˈbaɪnd] *v/t* (*unreg* **bind**) losbinden

un·blem·ished [ʌnˈblemɪʃt] *Adj* makellos (*Ruf etc*)

un·born [ʌnˈbɔːn] *Adj* ungeboren

un·break·a·ble [ʌnˈbreɪkəbl] *Adj* unzerbrechlich

un·bri·dled [ʌnˈbraɪdld] *Adj* ungezügelt, zügellos

un·bro·ken [ʌnˈbrəʊkən] *Adj* **1.** heil, unbeschädigt **2.** ununterbrochen

un·buck·le [ʌnˈbʌkl] *v/t* auf-, losschnallen

un·bur·den [ʌnˈbɜːdn] *v/t*: ~ *o.s.* **to** *s.o.* j-m sein Herz ausschütten

un·but·ton [ʌnˈbʌtn] *v/t* aufknöpfen

un·called-for [ʌnˈkɔːldfɔː] *Adj* **1.** ungerechtfertigt **2.** unnötig **3.** deplatziert, unpassend

un·can·ny [ʌn'kænɪ] *Adj* unheimlich

un·ceas·ing [ʌn'siːsɪŋ] *Adj* unaufhörlich

un·cer·e·mo·ni·ous·ly ['ʌnˌserɪ'məʊnjəslɪ] *Adv* ohne viel Federlesens

un·cer·tain [ʌn'sɜːtn] *Adj* **1.** unsicher, ungewiss, unbestimmt: *be ~ of s.th.* sich e-r Sache nicht sicher sein; *be ~ how to do s.th.* nicht sicher sein, wie man etw tut **2.** unbeständig (*Wetter*) **3.** vage: → *term* **3 un'cer·tain·ty** *s* Unsicherheit *f*, Ungewissheit *f*

un·chain [ʌn'tʃeɪn] *v/t* losketten

un·changed [ʌn'dʒeɪndʒd] *Adj* unverändert ,**un'chang·ing** *Adj* unveränderlich

un·char·i·ta·ble [ʌn'tʃærɪtəbl] *Adj* unfair: *it was rather ~ of you* es war nicht gerade nett von dir

un·checked [ʌn'tʃekt] *Adj* **1.** ungehindert **2.** unkontrolliert, ungeprüft

un·chris·tian [ʌn'krɪstʃən] *Adj* unchristlich

un·civ·il [ʌn'sɪvl] *Adj* unhöflich ,**un·civ·i·lized** [-vəlaɪzd] *Adj* unzivilisiert

▶ **un·cle** ['ʌŋkl] *s* Onkel *m*: *cry* (*od say*) *~ Am* F aufgeben

---

Uncle Sam

Uncle Sam steht als Symbolfigur für die USA. Er wird als älterer, weißhaariger, bärtiger Herr dargestellt, auf dessen Anzug und Zylinder die amerikanische Flagge zu sehen ist.

---

un·com·fort·a·ble [ʌn'kʌmfətəbl] *Adj* **1.** unbequem **2.** *feel ~* sich unbehaglich fühlen

un·com·mit·ted [ˌʌnkə'mɪtɪd] *Adj* **1.** nicht zweckgebunden (*Gelder etc*) **2.** wechselhaft (*Person*) **3.** unabhängig (*Wähler*)

un·com·mon [ʌn'kɒmən] *Adj* ungewöhnlich: *not to be ~* nichts Ungewöhnliches sein

un·com·mu·ni·ca·tive [ˌʌnkə'mjuːnɪkətɪv] *Adj* verschlossen, wortkarg

un·com·plain·ing·ly [ˌʌnkəm'pleɪnɪŋlɪ] *Adv* geduldig, ohne Murren

un·com·pro·mis·ing [ʌn'kɒmprəmaɪzɪŋ] *Adj* kompromisslos

un·con·cerned [ˌʌnkən'sɜːnd] *Adj* **1.** *be ~ about* sich keine Gedanken *od* Sorgen machen über (*Akk*) **2.** *be ~ with* uninteressiert sein an (*Dat*)

un·con·di·tion·al [ˌʌnkən'dɪʃənl] *Adj* bedingungslos

un·con·firmed [ˌʌnkən'fɜːmd] *Adj* unbestätigt

un·con·scious [ʌn'kɒnʃəs] *Adj* **1.** MED bewusstlos **2.** *be ~ of s.th.* sich e-r Sache nicht bewusst sein, etw nicht bemerken **3.** unbewusst; unbeabsichtigt **un'con·scious·ness** *s* MED Bewusstlosigkeit *f*

un·con·sid·ered [ˌʌnkən'sɪdəd] *Adj* unbedacht, unüberlegt

un·con·sti·tu·tion·al ['ʌnˌkɒnstɪ'tjuːʃənl] *Adj* verfassungswidrig

un·con·trol·la·ble [ˌʌnkən'trəʊləbl] *Adj* unkontrollierbar; nicht zu bändigen(d) (*Kind*) ,**un·con'trolled** *Adj* unkontrolliert, ungehindert

un·con·ven·tion·al [ˌʌnkən'venʃənl] *Adj* unkonventionell

un·con·vinced [ˌʌnkən'vɪnst] *Adj*: *be ~* nicht überzeugt sein (*about* von) ,**un·con'vinc·ing** *Adj* nicht überzeugend

un·cooked [ʌn'kʊkt] *Adj* ungekocht, roh

un·cork [ʌn'kɔːk] *v/t* entkorken

un·count·a·ble [ʌn'kaʊntəbl] *Adj* unzählbar (*a.* LING) ,**un'count·ed** *Adj* unzählig

un·cou·ple [ʌn'kʌpl] *v/t* Wag(g)on etc abkoppeln, abkuppeln

un·couth [ʌn'kuːθ] *Adj* ungehobelt (*Person, Benehmen*)

un·cov·er [ʌn'kʌvə] *v/t* aufdecken, *fig a.* enthüllen

un·crit·i·cal [ʌn'krɪtɪkl] *Adj* unkritisch

un·crowned [ʌn'kraʊnd] *Adj* ungekrönt (*a. fig*)

un·crush·a·ble [ʌn'krʌʃəbl] *Adj* knitterfrei

unc·tion ['ʌŋkʃn] *s* REL Salbung *f*: *extreme ~* Krankensalbung **unc·tu·ous** ['-tjʊəs] *Adj* salbungsvoll

un·cut [ʌn'kʌt] *Adj* **1.** ungeschnitten **2.** ungekürzt (*Film, Roman etc*) **3.** ungeschliffen: **~ diamond** *a.* Rohdiamant *m*

un·dam·aged [ˌʌn'dæmɪdʒd] *Adj* unbeschädigt

un·dat·ed [ˌʌn'deɪtɪd] *Adj* undatiert, ohne Datum

U

un·de·cid·ed [ˌʌndɪˈsaɪdɪd] *Adj* **1.** unentschieden, offen **2.** unentschlossen: *he is still ~ about what to do* er ist sich noch nicht schlüssig, was er tun soll

un·de·lete [ˌʌndɪˈliːt] *v/t* Text, Datei etc wiederherstellen

un·de·ni·a·ble [ˌʌndɪˈnaɪəbl] *Adj* unbestreitbar

▶ **un·der** [ˈʌndə] **I** *Präp allg* unter (*Lage etc*: *Dat*; *Richtung*: *Akk*): *it costs ~ £10 a.* es kostet weniger als 10 Pfund; *have s.o. ~ one* j-n unter sich haben; → *discussion*, *impression* 2, *influence* I, *review* 1, *etc* **II** *Adv* unter; darunter '~a·chieve *v/i bes* PÄD hinter den Erwartungen zurückbleiben ,~'age *Adj* minderjährig '~·brush *bes Am* → *undergrowth* '~·car·riage *s* FLUG Fahrwerk *n*, -gestell *n* ,~'charge I *v/t* **1.** *j-m* zu wenig berechnen: *~ s.o. by £10* j-m 10 Pfund zu wenig berechnen **2.** *Betrag* zu wenig verlangen **II** *v/i* **3.** zu wenig berechnen *od* verlangen (*for* für) '~·clothes *s Pl* → *underwear* '~·coat *s* Grundierung *f* ,~'cov·er *Adj*: *~ agent* verdeckter Ermittler, verdeckte Ermittlerin ,~'cut *v/t* (*unreg cut*) *j-n* (im Preis) unterbieten ,~·de·vel·oped *Adj* unterentwickelt: *~ country* Entwicklungsland *n* '~·dog *s* Benachteiligte *m*, *f*, Unterdrückte *m*, *f* ,~'done *Adj* nicht durchgebraten ,~'es·ti·mate *v/t* **1.** zu niedrig schätzen *od* veranschlagen **2.** *fig* unterschätzen, -bewerten ,~·ex'pose *v/t* FOTO unterbelichten ,~'fed *Adj* unterernährt ,~'floor *Adj*: *~ heating* Fußbodenheizung *f* '~·foot *Adv*: *the grass was wet ~* das Gras war nass ,~'go *v/t* (*unreg go*) erleben, durchmachen; sich *e-r Operation etc* unterziehen ,~'grad [ˈɡræd] *s* F, ,~'grad·u·ate *s* UNI Student(in)

▶ **un·der·ground** [ˈʌndəɡraʊnd] **I** *Adj* **1.** unterirdisch: *~ car park* Tiefgarage *f* **2.** *fig* Untergrund... **II** *Adv* [ˌ-ˈɡraʊnd] **3.** unterirdisch, unter der Erde: *go ~ fig* untertauchen; in den Untergrund gehen **III** *s* **4.** *bes Br* U-Bahn *f*: *by ~* mit der U-Bahn **5.** *fig* Untergrund *m* '~·growth *s* Unterholz *n*, Gestrüpp *n* ,~'hand *Adj*, ,~'hand·ed *Adj* hinterhältig ,~'lie *v/t* (*unreg lie*) zugrunde liegen (*Dat*) ,~'line *v/t* unterstreichen (*a. fig*)

un·der·ling [ˈʌndəlɪŋ] *s*: *he's just an ~ pej* er ist nur ein Rädchen im Getriebe ,un·der|'ly·ing *Adj* zugrunde liegend ,~'manned *Adj* (personell) unterbesetzt ,~'men·tioned *Adj Br* unten erwähnt ,~'mine *v/t* **1.** unterspülen, -waschen **2.** *fig* untergraben, -minieren

un·der·neath [ˌʌndəˈniːθ] **I** *Präp* unter (*Lage*: *Dat*; *Richtung*: *Akk*) **II** *Adv* darunter **III** *s* F Unterseite *f*

,un·der|'nour·ished *Adj* unterernährt '~·pants *s Pl*, *a. pair of ~* Unterhose *f* '~·pass *s* (Straßen-, Eisenbahn)Unterführung *f* ,~'pay *v/t* (*unreg pay*) *j-m* zu wenig zahlen, *j-n* unterbezahlen ,~'play *v/t* **1.** *~ one's hand fig* nicht alle Trümpfe ausspielen **2.** *fig etw* herunterspielen ,un·der'priv·i·leged *Adj* unterprivilegiert ,~'rate *v/t* unterbewerten (*a. Sport*), -schätzen ,~'repre'sent·ed *Adj* unterrepräsentiert ,~'score → *underline* ,~'sec·re·tar·y *s* POL Staatssekretär(in) ,~'sell *v/t* (*unreg sell*) **1.** → *undercut* **2.** *Ware* verschleudern, unter Wert verkaufen: *~ o.s. fig* sich schlecht verkaufen '~·shirt *s Am* Unterhemd *n* '~·shorts *Am* → *underpants* '~·side *s* Unterseite *f* ,~'signed **I** *Adj* unterzeichnet **II** *s*: *the ~* der *od* die Unterzeichnete, die Unterzeichneten *Pl* ,~'size(d) *Adj* zu klein ,~'staffed → *undermanned*

▶ **un·der|·stand** [ˌʌndəˈstænd] (*unreg stand*) **I** *v/t* **1.** verstehen: *make o.s. understood* sich verständlich machen **2.** erfahren *od* gehört haben (*that* dass): *am I to ~ that …?* soll das heißen, dass …?; *give s.o. to ~ that* j-m zu verstehen geben, dass **II** *v/i* **3.** verstehen **4.** *not to ~ about* nichts verstehen von ,~'stand·a·ble *Adj* verständlich (*a. fig*): *understandably* a. verständlicherweise ,~'stand·ing I *s* **1.** Verstand *m*: *be* (*od go*) *beyond s.o.'s ~* über j-s Verstand gehen **2.** Verständnis *n* (*of* für): *with ~* verständnisvoll **3.** Abmachung *f*: *come to an ~* e-e Abmachung treffen (*with* mit); *on the ~ that* unter der Voraussetzung, dass **II** *Adj* **4.** verständnisvoll ,~'state *v/t* untertreiben, untertrieben darstellen ,~'state·ment *s* Untertreibung *f* ,~'stud·y THEAT **I** *s* zweite Besetzung **II** *v/t* die zweite Besetzung sein für ,~'take *v/t* (*unreg take*) **1.** *etw*

U

übernehmen **2.** sich verpflichten (**to do** zu tun) '**~tak·er** s (Leichen)Bestatter(in); Bestattungs-, Beerdigungsinstitut n ,**~the·'count·er** Adj F schwarz, illegal '**~tone** s **1. in an ~** mit gedämpfter Stimme **2.** fig Unterton m ,**~'val·ue** v/t unterbewerten, -schätzen ,**~'wa·ter** I Adj Unterwasser… **II** Adv unter Wasser '**~wear** s Unterwäsche f **~weight** I s ['~weɪt] Untergewicht n **II** Adj [,~'weɪt] untergewichtig (Person), zu leicht (**by** um) (Gegenstand): **be ~ by five kilos, be five kilos ~** fünf Kilo Untergewicht haben '**~world** s Unterwelt f '**~write** v/t (unreg **write**) **1.** Projekt unterstützen (**with** mit) **2.** etw versichern

un·de·served [,ʌndɪ'zɜːvd] Adj unverdient ,un·de'serv·ed·ly [-vɪdlɪ] Adv unverdient(ermaßen)

un·de·sir·a·ble [,ʌndɪ'saɪərəbl] Adj **1.** nicht wünschenswert **2.** unerwünscht

un·dies ['ʌndɪz] s Pl F (bes Damen)Unterwäsche f

un·dis·ci·plined [ʌn'dɪsɪplɪnd] Adj undiszipliniert, disziplinlos

un·dis·cov·ered [,ʌndɪ'skʌvəd] Adj unentdeckt; unbemerkt

un·dis·turbed [,ʌndɪ'stɜːbd] Adj ungestört

un·di·vid·ed [,ʌndɪ'vaɪdɪd] Adj ungeteilt (a. fig)

un·do [,ʌn'duː] v/t **1.** aufmachen, öffnen **2.** fig zunichte machen **3.** letzten Computerbefehl rückgängig machen ,un·'do·ing s: **be s.o.'s ~** j-s Ruin od Verderben sein

un·done [,ʌn'dʌn] Adj **1.** unerledigt: **leave nothing ~** nichts unversucht lassen **2.** offen: **come ~** aufgehen

un·doubt·ed [ʌn'daʊtɪd] Adj unbestritten **un'doubt·ed·ly** Adv zweifellos, ohne (jeden) Zweifel

un·dreamed-of [ʌn'driːmdɒv], **un·dreamt-of** [ʌn'dremtɒv] Adj ungeahnt

un·dress [,ʌn'dres] I v/i sich ausziehen, (beim Arzt) sich freimachen **II** v/t j-n ausziehen: **get ~ed →** I

un·due [,ʌn'djuː] Adj übermäßig

un·du·lat·ing ['ʌndjʊleɪtɪŋ] Adj sanft (Hügel)

un·dy·ing [ʌn'daɪɪŋ] Adj ewig, unsterblich, unvergänglich

un·earned [,ʌn'ɜːnd] Adj fig unverdient

un·earth [,ʌn'ɜːθ] v/t **1.** ausgraben **2.** fig ausfindig machen **un'earth·ly** Adj **1.** überirdisch **2.** unheimlich **3. at an ~ hour** F zu e-r unchristlichen Zeit

un·eas·i·ness [ʌn'iːzɪnɪs] s Unbehagen n **un'eas·y** Adj **1. be~** sich unbehaglich fühlen; **I'm ~ about** mir ist nicht wohl bei **2.** unruhig (Nacht, Schlaf)

un·eat·a·ble [,ʌn'iːtəbl] Adj ungenießbar

un·e·co·nom·ic ['ʌn,iːkə'nɒmɪk] Adj (**~ally**) unwirtschaftlich

un·ed·u·cat·ed [,ʌn'edjʊkeɪtɪd] Adj ungebildet

un·e·mo·tion·al [,ʌnɪ'məʊʃənl] Adj leidenschaftslos, kühl, beherrscht

▸ un·em·ployed [,ʌnɪm'plɔɪd] I Adj arbeitslos **II** s: **the ~** Pl die Arbeitslosen Pl

▸ un·em·ploy·ment [,ʌnɪm'plɔɪmənt] s Arbeitslosigkeit f: **~ benefit** Br, **~ compensation** Am Arbeitslosengeld n

un·end·ing [ʌn'endɪŋ] Adj endlos

un·en·dur·a·ble [,ʌnɪn'djʊərəbl] Adj unerträglich

un·Eng·lish [,ʌn'ɪŋglɪʃ] Adj unenglisch

un·en·vi·a·ble [,ʌn'envɪəbl] Adj wenig beneidenswert

un·e·qual [,ʌn'iːkwəl] Adj **1.** ungleich, unterschiedlich **2.** fig ungleich, einseitig **3. be ~ to** e-r Aufgabe etc nicht gewachsen sein ,un'e·qual(l)ed Adj unerreicht, unübertroffen

un·e·quiv·o·cal [,ʌnɪ'kwɪvəkl] Adj uneindeutig, unmissverständlich

un·err·ing [ʌn'ɜːrɪŋ] Adj unfehlbar

un·e·ven [,ʌn'iːvn] Adj **1.** uneben **2.** ungleich(mäßig) **3.** unterschiedlich, schwankend **4.** ungerade (Zahl) **5.** unregelmäßig (Pulsschlag etc)

un·e·vent·ful [,ʌnɪ'ventfʊl] Adj ereignislos

un·ex·am·pled [,ʌnɪg'zɑːmpld] Adj beispiellos, unvergleichlich

un·ex·pect·ed [,ʌnɪk'spektɪd] Adj unerwartet

un·ex·plained [,ʌnɪk'spleɪnd] Adj ungeklärt

un·ex·posed [,ʌnɪk'spəʊzd] Adj FOTO unbelichtet

un·ex·plored [,ʌnɪk'splɔːd] Adj unerforscht

un·fail·ing [ʌn'feɪlɪŋ] Adj unerschöpflich

U

un·fair [ˌʌnˈfeə] *Adj* unfair, (*Wettbewerb*) unlauter ‚**un'fair·ness** *s* Unfairness *f*

un·faith·ful [ˌʌnˈfeɪθfʊl] *Adj* untreu (**to** *Dat*)

un·fal·ter·ing [ʌnˈfɔːltərɪŋ] *Adj* unerschütterlich

un·fa·mil·iar [ˌʌnfəˈmɪljə] *Adj* **1.** nicht vertraut **2.** *be* ~ *with* nicht vertraut sein mit, sich nicht auskennen in (*Dat*)

un·fash·ion·a·ble [ˌʌnˈfæʃnəbl] *Adj* unmodern

un·fas·ten [ˌʌnˈfɑːsn] *v/t* aufmachen, öffnen; losbinden

un·fa·vou(r)·a·ble [ˌʌnˈfeɪvərəbl] *Adj* ungünstig: **a)** unvorteilhaft (**to, for** für), **b)** negativ, ablehnend (*Antwort etc*)

un·feel·ing [ʌnˈfiːlɪŋ] *Adj* gefühl-, herzlos

un·fin·ished [ˌʌnˈfɪnɪʃt] *Adj* unfertig; unvollendet

un·fit [ˌʌnˈfɪt] *Adj* **1.** unpassend, ungeeignet; unfähig, untauglich: ~ *for service bes* MIL dienstuntauglich, (-)untauglich; ~ *to drive* fahruntüchtig; → *consumption* 2 **2.** nicht fit, nicht in Form

un·flag·ging [ˌʌnˈflægɪŋ] *Adj* unermüdlich, unentwegt

un·fold [ˌʌnˈfəʊld] *v/t* auffalten, auseinander falten

un·fore·seen [ˌʌnfɔːˈsiːn] *Adj* unvorhergesehen, unvorhersehbar

un·for·get·ta·ble [ˌʌnfəˈgetəbl] *Adj* unvergesslich

un·for·giv·a·ble [ˌʌnfəˈgɪvəbl] *Adj* unverzeihlich

▸ **un·for·tu·nate** [ʌnˈfɔːtʃnət] *Adj* **1.** unglücklich; unglückselig **2.** bedauerlich

▸ **un·for·tu·nate·ly** [ʌnˈfɔːtʃnətlɪ] *Adv* leider

un·found·ed [ˌʌnˈfaʊndɪd] *Adj* unbegründet

un·fre·quent·ed [ˌʌnfrɪˈkwentɪd] *Adj* wenig besucht

un·friend·ly [ˌʌnˈfrendlɪ] *Adj* unfreundlich (**to** zu)

un·ful·filled [ˌʌnfʊlˈfɪld] *Adj* unerfüllt

un·furl [ˌʌnˈfɜːl] *v/t* Fahne etc auf-, entrollen, Segel losmachen

un·fur·nished [ˌʌnˈfɜːnɪʃt] *Adj* unmöbliert

un·gain·ly [ʌnˈgeɪnlɪ] *Adj* linkisch

un·gen·tle·man·like [ʌnˈdʒentlmənlaɪk], **un·gen·tle·man·ly** *Adj* wenig gentlemanlike

un·god·ly [ˌʌnˈgɒdlɪ] *Adj*: *at an* ~ *hour* F zu e-r unchristlichen Zeit

un·gov·ern·a·ble [ˌʌnˈgʌvənəbl] *Adj* unbeherrscht, ungezügelt (*Temperament*)

un·grate·ful [ʌnˈgreɪtfʊl] *Adj* undankbar

un·guard·ed [ˌʌnˈgɑːdɪd] *Adj* **1.** unbewacht **2.** *fig* unbedacht, unüberlegt

un·hap·pi·ness [ʌnˈhæpɪnɪs] *s* Traurigkeit *f*

▸ **un·hap·py** [ʌnˈhæpɪ] *Adj* unglücklich **un'hap·pi·ly** *Adv* unglücklicherweise, leider

un·harmed [ˌʌnˈhɑːmd] *Adj* unversehrt

un·health·y [ʌnˈhelθɪ] *Adj* **1.** kränklich, nicht gesund **2.** ungesund **3.** *pej* unnatürlich, krankhaft

un·heard [ˌʌnˈhɜːd] *Adj*: *go* ~ keine Beachtung finden ‚**un'heard-of** [-ɒv] *Adj* noch nie da gewesen, beispiellos

un·hes·i·tat·ing [ʌnˈhezɪteɪtɪŋ] *Adj* **1.** prompt **2.** bereitwillig: ~*ly a.* anstandslos

un·hinge [ˌʌnˈhɪndʒ] *v/t* **1.** Tür etc aus den Angeln heben **2.** ~ *s.o.('s mind) fig* j-n völlig aus dem Gleichgewicht bringen

un·ho·ly [ˌʌnˈhəʊlɪ] *Adj* F furchtbar, schrecklich

un·hoped-for [ʌnˈhəʊptfɔː] *Adj* unverhofft, unerwartet

un·hurt [ˌʌnˈhɜːt] *Adj* unverletzt

u·ni [ˈjuːnɪ] *s* F Uni *f* (*Universität*)

un·i·den·ti·fied [ˌʌnaɪˈdentɪfaɪd] *Adj* unbekannt, nicht identifiziert: ~ *flying object* unbekanntes Flugobjekt, Ufo *n*

u·ni·fi·ca·tion [ˌjuːnɪfɪˈkeɪʃn] *s* Vereinigung *f*

▸ **u·ni·form** [ˈjuːnɪfɔːm] **I** *Adj* einheitlich **II** *s* Uniform *f*: *in* ~ in Uniform ‚**u·ni·formed** *Adj* uniformiert, in Uniform ‚**u·ni·form·i·ty** *s* Einheitlichkeit *f*

u·ni·fy [ˈjuːnɪfaɪ] *v/t* **1.** verein(ig)en **2.** vereinheitlichen

u·ni·lat·er·al [ˌjuːnɪˈlætərəl] *Adj fig* einseitig

un·im·ag·i·na·ble [ˌʌnɪˈmædʒɪnəbl] *Adj* unvorstellbar ‚**un·im'ag·i·na·tive** *Adj* einfalls-, fantasielos

un·im·por·tant [ˌʌnɪmˈpɔːtənt] *Adj* unwichtig

un·im·pressed [ˌʌnɪm'prest] *Adj* unbeeindruckt (*by* von)

un·in·hab·it·a·ble [ˌʌnɪn'hæbɪtəbl] *Adj* unbewohnbar ,**un·in·hab·it·ed** *Adj* unbewohnt

un·in·jured [ˌʌnɪn'ɪndʒəd] *Adj* unverletzt

un·in·sured [ˌʌnɪn'ʃɔːd] *Adj* unversichert

un·in·tel·li·gent [ˌʌnɪn'telɪdʒənt] *Adj* unintelligent

un·in·tel·li·gi·ble [ˌʌnɪn'telɪdʒəbl] *Adj* unverständlich (*to* für *od Dat*)

un·in·tend·ed [ˌʌnɪn'tendɪd], **un·in·ten·tion·al** [ˌ-'tenʃənl] *Adj* unabsichtlich, unbeabsichtigt

un·in·ter·est·ed [ʌn'ɪntrəstɪd] *Adj* uninteressiert (*in* an *Dat*): **be ~** *in a.* sich nicht interessieren für ,**un·in·ter·est·ing** *Adj* uninteressant

un·in·ter·rupt·ed ['ʌn,ɪntə'rʌptɪd] *Adj* ununterbrochen

un·in·vit·ed [ˌʌnɪn'vaɪtɪd] *Adj* uneingeladen, ungebeten

▸ un·ion ['juːnjən] *s* **1.** Vereinigung *f*; Union *f*: ☆ *Jack* (*od Flag*) Union Jack *m* (*britische Nationalflagge*) **2.** Gewerkschaft *f*

Union Jack

Der Name der Flagge des Vereinigten Königreichs, **Union Jack**, bezieht sich auf die Vereinigung (**union**) Englands und Schottlands im Jahr 1707 sowie auf den Flaggenmast von Schiffen (**jack staff**). Die Flagge kann man sich aus drei übereinander liegenden Flaggen zusammengesetzt vorstellen: 1. die von **St George** für England (rotes Kreuz auf weißem Hintergrund), 2. die von **St Andrew** für Schottland (zwei diagonale weiße Streifen, die sich auf einem blauen Hintergrund kreuzen) und 3. die von **St Patrick** für Nordirland (zwei diagonale rote Streifen auf weißem Hintergrund).

'un·ion·ist *s* Gewerkschafter(in) '**un·ion·ize** *v/t u. v/i* (sich) gewerkschaftlich organisieren

u·nique [juː'niːk] *Adj* einzigartig; einmalig

u·ni·son ['juːnɪzn] *s*: *in* ~ gemeinsam

u·nit ['juːnɪt] *s* **1.** *allg* Einheit *f*; PÄD Unit *f*, Lehreinheit *f*; TECH Element *n*, Teil *n*; (Anbau)Element *n* **2.** Abteilung *f* **3.** MATHE Einer *m*

▸ u·nite [juː'naɪt] **I** *v/t* verbinden, -einigen **II** *v/i* sich vereinigen *od* zs.-tun: ~ *in doing s.th.* etw gemeinsam tun

▸ u·nit·ed [juː'naɪtɪd] *Adj* verein(ig)t: ▸ *United Kingdom* Vereinigtes Königreich (→ *Info bei Britain*); *United Nations Pl* Vereinte Nationen *Pl*; ▸ *United States* (*of America*) Vereinigte Staaten (von Amerika) *Pl*; *be united in* sich einig sein in (*Dat*)

u·ni·ty ['juːnəti] *s* **1.** Einheit *f* **2.** MATHE Eins *f*

u·ni·ver·sal [ˌjuːnɪ'vɜːsl] *Adj* **1.** universal, universell **2.** allgemein **3.** Welt…: ~ *language* (*time, etc*)

▸ u·ni·verse ['juːnɪvɜːs] *s* Universum *n*, Weltall *n*

▸ u·ni·ver·si·ty [ˌjuːnɪ'vɜːsəti] **I** *s* Universität *f*, Hochschule *f*: *go to* ~ die Universität besuchen **II** *Adj* Universitäts…: ~ *professor*, ~ *education* akademische Bildung, Hochschulbildung *f*; Universitätsausbildung *f*

un·just [ˌʌn'dʒʌst] *Adj* ungerecht (*to* gegen)

un·just·i·fi·a·ble [ˌʌndʒʌstɪ'faɪəbl] *Adj* nicht zu rechtfertigen, ungerechtfertigt

un·kempt [ˌʌn'kempt] *Adj* ungekämmt (*Haar*); ungepflegt (*Kleidung etc*)

un·kind [ʌn'kaɪnd] *Adj* unfreundlich (*to* zu) un'**kind·ness** *s* Unfreundlichkeit *f*

▸ un·known [ʌn'nəʊn] *Adj* unbekannt (*to Dat*): ~ *quantity* MATHE unbekannte Größe (*a. fig*), Unbekannte *f*

un·la·dy·like [ˌʌn'leɪdɪlaɪk] *Adj* wenig damenhaft

un·law·ful [ˌʌn'lɔːfʊl] *Adj* ungesetzlich, gesetzwidrig

▸ un·lead·ed [ˌʌn'ledɪd] *Adj* bleifrei (*Benzin*)

un·learn [ˌʌn'lɜːn] *v/t* (*a. unreg learn*) Ansichten *etc* ablegen, aufgeben

un·leash [ˌʌn'liːʃ] *v/t* **1.** *Hund* loslassen, von der Leine lassen **2.** *fig s-m Zorn etc* freien Lauf lassen: *all his anger was ~ed on her* sein ganzer Zorn entlud sich auf sie

U

un·leav·ened [ˌʌn'levnd] *Adj* ungesäuert

▸ un·less [ən'les] *Konj* wenn *od* sofern … nicht; es sei denn

un·like [ˌʌn'laɪk] *Präp* 1. im Gegensatz zu 2. *he is quite ~ his father* er ist ganz anders als sein Vater; *that is very ~ him* das sieht ihm gar nicht ähnlich **un·'like·ly** *Adj* 1. *he is ~ to come* es ist unwahrscheinlich, dass er kommt 2. unwahrscheinlich, unglaubwürdig

un·lim·it·ed [ʌn'lɪmɪtɪd] *Adj* unbegrenzt

un·list·ed [ʌn'lɪstɪd] *Adj* TEL: *be ~* nicht im Telefonbuch stehen, geheim sein; *~ number* Geheimnummer *f*

un·load [ʌn'ləʊd] *v/t Fahrzeug* entladen, *a. Gegenstände* ab-, ausladen, SCHIFF *Ladung, Schiff* löschen

un·lock [ˌʌn'lɒk] *v/t* 1. aufschließen 2. COMPUTER entsperren

un·loved [ʌn'lʌvd] *Adj* ungeliebt

un·luck·i·ly [ʌn'lʌkɪlɪ] *Adv* unglücklicherweise: *~ for me* zu m-m Pech **un·'luck·y** *Adj* unglücklich: *~ day* Unglückstag *m*; *be ~* Pech haben; Unglück bringen

un·made [ˌʌn'meɪd] *Adj* ungemacht (*Bett*)

un·man·age·a·ble [ˌʌn'mænɪdʒəbl] *Adj* 1. widerspenstig 2. unhandlich

un·man·ly [ˌʌn'mænlɪ] *Adj* unmännlich

un·manned [ˌʌn'mænd] *Adj* unbemannt

un·marked [ˌʌn'mɑːkt] *Adj* 1. nicht gekennzeichnet 2. SPORT ungedeckt, frei

un·mar·ried [ʌn'mærɪd] *Adj* unverheiratet, ledig

un·mask [ˌʌn'mɑːsk] *v/t fig* entlarven

un·matched [ˌʌn'mætʃt] *Adj* unvergleichlich, unübertroffen

un·men·tion·a·ble [ʌn'menʃnəbl] *Adj* Tabu…: *be ~* tabu sein

un·mer·ci·ful [ʌn'mɜːsɪfʊl] *Adj* erbarmungslos, unbarmherzig

un·mis·tak·a·ble [ˌʌnmɪ'steɪkəbl] *Adj* unverkennbar, unverwechselbar

un·moved [ˌʌn'muːvd] *Adj* ungerührt: *he remained ~ by it* es ließ ihn kalt

un·mu·si·cal [ˌʌn'mjuːzɪkl] *Adj* unmusikalisch

un·named [ˌʌn'neɪmd] *Adj* ungenannt

un·nat·u·ral [ʌn'nætʃrəl] *Adj* 1. unnatürlich 2. widernatürlich

un·nec·es·sar·y [ʌn'nesəsərɪ] *Adj* unnötig: *unnecessarily a.* unnötigerweise

un·nerve [ˌʌn'nɜːv] *v/t* 1. entnerven 2. entmutigen

un·no·ticed [ˌʌn'nəʊtɪst] *Adj*: *go (od pass) ~* unbemerkt bleiben

un·num·bered [ˌʌn'nʌmbəd] *Adj* unnummeriert

un·ob·tru·sive [ˌʌnəb'truːsɪv] *Adj* unauffällig

un·oc·cu·pied [ˌʌn'ɒkjʊpaɪd] *Adj* 1. leer (stehend), unbewohnt: *be ~* leer stehen 2. unbeschäftigt 3. MIL unbesetzt

un·of·fi·cial [ˌʌnə'fɪʃl] *Adj* inoffiziell

un·o·pened [ˌʌn'əʊpənd] *Adj* ungeöffnet

un·or·tho·dox [ʌn'ɔːθədɒks] *Adj* unorthodox; unkonventionell

un·pack [ˌʌn'pæk] *v/t u. v/i* auspacken

un·paid(-for) [ˌʌn'peɪd(fə)] *Adj* unbezahlt

un·par·al·leled [ʌn'pærəleld] *Adj* beispiellos, einmalig

un·par·don·a·ble [ʌn'pɑːdnəbl] *Adj* unverzeihlich

un·per·turbed [ˌʌnpə'tɜːbd] *Adj* gelassen, ruhig

un·pick [ˌʌn'pɪk] *v/t* auftrennen

un·play·a·ble [ˌʌn'pleɪəbl] *Adj* SPORT unbespielbar (*Platz*)

un·pleas·ant [ʌn'pleznt] *Adj* 1. unangenehm, (*Nachricht etc a.*) unerfreulich 2. unfreundlich

un·plug [ˌʌn'plʌg] *v/t* den Stecker (*Gen*) herausziehen

un·po·lished [ˌʌn'pɒlɪʃt] *Adj* 1. unpoliert 2. *fig* ungeschliffen, ungehobelt

un·pop·u·lar [ˌʌn'pɒpjʊlə] *Adj* unpopulär, unbeliebt: *make o.s. ~ with* sich bei *j-m* unbeliebt machen

un·prac·ti·cal [ˌʌn'præktɪkl] *Adj* unpraktisch

un·prec·e·dent·ed [ʌn'presɪdentɪd] *Adj* beispiellos, noch nie da gewesen

un·pre·dict·a·ble [ˌʌnprɪ'dɪktəbl] *Adj* 1. unvorhersehbar 2. unberechenbar (*Person*)

un·prej·u·diced [ˌʌn'predʒʊdɪst] *Adj* unvoreingenommen, JUR unbefangen

un·pre·pared [ˌʌnprɪ'peəd] *Adj* 1. unvorbereitet 2. nicht gefasst *od* vorbereitet (*for* auf *Akk*)

un·pre·ten·tious [ˌʌnprɪˈtenʃəs] *Adj* bescheiden, einfach

un·prin·ci·pled [ʌnˈprɪnsəpld] *Adj* skrupellos

un·print·a·ble [ˌʌnˈprɪntəbl] *Adj* nicht druckfähig *od* druckreif

un·pro·duc·tive [ˌʌnprəˈdʌktɪv] *Adj* unproduktiv (*a. fig*), unergiebig, unrentabel

un·pro·fes·sion·al [ˌʌnprəˈfeʃənl] *Adj* **1.** standeswidrig **2.** unfachmännisch

un·prof·it·a·ble [ʌnˈprɒfɪtəbl] *Adj* **1.** unrentabel **2.** *fig* nutz-, zwecklos

un·prompt·ed [ˌʌnˈprɒmptɪd] *Adj* spontan

un·pro·nounce·a·ble [ˌʌnprə-ˈnaʊnsəbl] *Adj* unaussprechbar

un·pro·tect·ed [ˌʌnprəˈtektɪd] *Adj* schutzlos; ungeschützt

un·proved [ˌʌnˈpruːvd], **un·prov·en** [-vn] *Adj* unbewiesen

un·pro·voked [ˌʌnprəˈvəʊkt] *Adj* grundlos

un·pub·lished [ˌʌnˈpʌblɪʃt] *Adj* unveröffentlicht

un·punc·tu·al [ˌʌnˈpʌŋktʃʊəl] *Adj* unpünktlich

un·pun·ished [ˌʌnˈpʌnɪʃt] *Adj* unbestraft, ungestraft: *go* ~ straflos bleiben

un·qual·i·fied [ˌʌnˈkwɒlɪfaɪd] *Adj* **1.** unqualifiziert, ungeeignet (*for* für) **2.** uneingeschränkt

un·ques·tion·a·ble [ʌnˈkwestʃənəbl] *Adj* unbestritten: *be* ~ *a.* außer Frage stehen **un·ques·tion·ing** *Adj* bedingungslos

un·quote [ˌʌnˈkwəʊt] *Adv* → *quote* 6

un·rav·el [ʌnˈrævl] **I** *v/t* **1.** *Pullover etc* auftrennen, -ziehen **2.** entwirren (*a. fig*) **II** *v/i* **3.** sich auftrennen *od* aufziehen

un·read·a·ble [ˌʌnˈriːdəbl] *Adj* unlesbar: **a)** nicht lesenswert, **b)** unleserlich

un·re·al [ˌʌnˈrɪəl] *Adj* unwirklich '**un-ˌre·al'is·tic** [-'lɪstɪk] *Adj* (*~ally*) unrealistisch

un·rea·son·a·ble [ʌnˈriːznəbl] *Adj* **1.** unvernünftig **2.** übertrieben, unzumutbar

un·rec·og·niz·a·ble [ˌʌnˈrekəɡnaɪzəbl] *Adj* nicht wieder zu erkennen(d)

un·re·lat·ed [ˌʌnrɪˈleɪtɪd] *Adj* **1.** nicht verwandt (*to* mit) **2.** *be* ~ in keinem Zs.-hang stehen (*to* mit)

un·re·lent·ing [ˌʌnrɪˈlentɪŋ] *Adj* unvermindert

un·re·li·a·ble [ˌʌnrɪˈlaɪəbl] *Adj* unzuverlässig

un·re·lieved [ˌʌnrɪˈliːvd] *Adj* ununterbrochen, ständig

un·re·mit·ting [ˌʌnrɪˈmɪtɪŋ] *Adj* unablässig, unaufhörlich

un·re·quit·ed [ˌʌnrɪˈkwaɪtɪd] *Adj* unerwidert (*Liebe*)

un·re·served [ˌʌnrɪˈzɜːvd] *Adj* **1.** uneingeschränkt **2.** nicht reserviert ,**un-re'serv·ed·ly** [-ɪdlɪ] *Adv* uneingeschränkt

un·rest [ʌnˈrest] *s* POL *etc* Unruhen *Pl*

un·re·strained [ˌʌnrɪˈstreɪnd] *Adj* hemmungslos, ungezügelt

un·re·strict·ed [ˌʌnrɪˈstrɪktɪd] *Adj* uneingeschränkt

un·re·ward·ing [ˌʌnrɪˈwɔːdɪŋ] *Adj* wenig lohnend, (*Aufgabe etc a.*) undankbar

un·ripe [ˌʌnˈraɪp] *Adj* unreif

un·ri·val(l)ed [ʌnˈraɪvld] *Adj* unerreicht, unübertroffen

un·roll [ˌʌnˈrəʊl] *v/t* auf-, entrollen

un·ruf·fled [ʌnˈrʌfld] *Adj* gelassen, ruhig

un·rul·y [ʌnˈruːlɪ] *Adj* **1.** ungebärdig, wild **2.** widerspenstig (*Haare*)

un·sad·dle [ˌʌnˈsædl] *v/t* **1.** *Pferd* absatteln **2.** *Reiter* abwerfen

un·safe [ˌʌnˈseɪf] *Adj* unsicher, nicht sicher: *feel* ~ sich nicht sicher fühlen

un·said [ˌʌnˈsed] *Adj*: *leave s.th.* ~ etw nicht aussprechen; *be left* (*od go*) ~ unausgesprochen *od* ungesagt bleiben

un·sal(e)·a·ble [ˌʌnˈseɪləbl] *Adj* unverkäuflich

un·salt·ed [ˌʌnˈsɔːltɪd] *Adj* ungesalzen

un·san·i·tar·y [ˌʌnˈsænɪtərɪ] *Adj* unhygienisch

un·sat·is·fac·to·ry [ˈʌnˌsætɪsˈfæktərɪ] *Adj* unbefriedigend ,**un'sat·is·fied** [-faɪd] *Adj* unzufrieden (*with* mit) ,**un'sat·is·fy·ing** [-faɪɪŋ] → *unsatisfactory*

un·sa·vou(r)·y [ˌʌnˈseɪvərɪ] *Adj* **1.** fad **2.** *fig* unerfreulich (*Angelegenheit*); anrüchig (*Stadtteil, Vergangenheit*)

un·sci·en·tif·ic [ˈʌnˌsaɪənˈtɪfɪk] *Adj* (*~ally*) unwissenschaftlich

un·screw [ˌʌnˈskruː] *v/t* ab-, losschrauben

un·script·ed [ˌʌnˈskrɪptɪd] *Adj* improvisiert

un·scru·pu·lous [ʌnˈskruːpjʊləs] *Adj* skrupel-, gewissenlos

un·seat [ˌʌnˈsiːt] *v/t* **1.** *Reiter* abwerfen **2.** *fig j-n* s-s Amtes entheben

un·seed·ed [ˌʌnˈsiːdɪd] *Adj* SPORT ungesetzt

un·seem·ly [ʌnˈsiːmlɪ] *Adj* ungebührlich, unziemlich

un·seen [ˌʌnˈsiːn] *Adj* **1.** ungesehen, unbemerkt; → **sight** 2 **2.** unsichtbar

un·self·ish [ˌʌnˈselfɪʃ] *Adj* selbstlos, uneigennützig

un·sen·ti·men·tal [ˈʌnˌsentɪˈmentl] *Adj* unsentimental

un·set·tle [ʌnˈsetl] *v/t j-n* beunruhigen; durcheinander bringen ,**un·set·tled** *Adj* **1.** unbesiedelt **2.** unbeglichen, unbezahlt (*Rechnung*) **3.** ungeklärt (*Frage etc*) **4.** unbeständig (*Wetter*) **5.** unsicher (*Lage etc*)

un·shak(e)·a·ble [ʌnˈʃeɪkəbl] *Adj* unerschütterlich

un·shav·en [ʌnˈʃeɪvn] *Adj* unrasiert

un·sight·ly [ʌnˈsaɪtlɪ] *Adj* unansehnlich; hässlich

un·signed [ˌʌnˈsaɪnd] *Adj* unsigniert (*Gemälde*), nicht unterschrieben *od* unterzeichnet (*Brief etc*)

un·skil(l)·ful [ˌʌnˈskɪlfʊl] *Adj* ungeschickt ,**un·skilled** *Adj* **1.** ungeschickt (*at, in* in *Dat*) **2.** ~ **worker** ungelernter Arbeiter

un·so·cia·ble [ʌnˈsəʊʃəbl] *Adj* ungesellig

un·so·cial [ʌnˈsəʊʃl] *Adj*: **work ~ hours** *Br* außerhalb der normalen Arbeitszeit arbeiten

un·sold [ˌʌnˈsəʊld] *Adj* unverkauft

un·so·lic·it·ed [ˌʌnsəˈlɪsɪtɪd] *Adj* unverlangt *od* unaufgefordert eingesandt (*Manuskript etc*), unbestellt (*Ware*)

un·solved [ˌʌnˈsɒlvd] *Adj* ungelöst (*Fall etc*)

un·so·phis·ti·cat·ed [ˌʌnsəˈfɪstɪkeɪtɪd] *Adj* **1.** unkultiviert **2.** TECH unkompliziert

un·sound [ˌʌnˈsaʊnd] *Adj* **1.** nicht gesund; nicht intakt *od* in Ordnung **2.** *fig* unklug, unvernünftig

un·spar·ing [ʌnˈspeərɪŋ] *Adj*: **be ~ in one's efforts** keine Mühe scheuen (*to do* zu tun)

un·speak·a·ble [ʌnˈspiːkəbl] *Adj* unbeschreiblich, unsäglich

un·spoiled [ˌʌnˈspɔɪld], ,**un·spoilt** [-t] *Adj* **1.** unverdorben **2.** nicht verwöhnt, (*Kind a.*) nicht verzogen

un·sport·ing [ˌʌnˈspɔːtɪŋ] *Adj*, **un·sports·man·like** [ˌʌnˈspɔːtsmənlaɪk] *Adj* unsportlich, unfair

un·sta·ble [ˌʌnˈsteɪbl] *Adj* **1.** instabil (*a. fig*) **2.** *fig* labil (*Person*)

un·stead·y [ˌʌnˈstedɪ] *Adj* **1.** wack(e)lig; (*Hand*) unsicher **2.** schwankend (*Preise etc*) **3.** ungleichmäßig

un·stint·ing [ʌnˈstɪntɪŋ] → **unsparing**

un·stop [ʌnˈstɒp] *v/t* **1.** *Flasche* entstöpseln **2.** *Abfluss etc* freimachen

un·stressed [ʌnˈstrest] *Adj* LING unbetont

un·stuck [ʌnˈstʌk] *Adj*: **come ~** abgehen, sich lösen; *fig* F auf den Bauch fallen (*Person*), schief gehen (*Plan etc*)

un·stud·ied [ˌʌnˈstʌdɪd] *Adj* ungekünstelt, natürlich

un·suc·cess·ful [ˌʌnsəkˈsesfʊl] *Adj* erfolglos; vergeblich: **be ~** keinen Erfolg haben (*in, with* bei, mit)

un·suit·a·ble [ˌʌnˈsuːtəbl] *Adj* unpassend, ungeeignet (*for, to* für)

un·sure [ˌʌnˈʃɔː] *Adj allg* unsicher: ~ **of o.s.** unsicher

un·sur·passed [ˌʌnsəˈpɑːst] *Adj* unübertroffen

un·sus·pect·ed [ˌʌnsəˈspektɪd] *Adj* **1.** unvermutet **2.** unverdächtig ,**un·sus·pect·ing** *Adj* nichts ahnend, ahnungslos

un·sweet·ened [ˌʌnˈswiːtnd] *Adj* ungesüßt

un·swerv·ing [ʌnˈswɜːvɪŋ] *Adj* unbeirrbar, unerschütterlich

un·tan·gle [ˌʌnˈtæŋgl] *v/t* entwirren (*a. fig*)

un·tapped [ˌʌnˈtæpt] *Adj* unerschlossen (*Naturschätze etc*)

un·teach·a·ble [ˌʌnˈtiːtʃəbl] *Adj* unbelehrbar

un·ten·a·ble [ˌʌnˈtenəbl] *Adj* unhaltbar (*Theorie etc*)

un·think·a·ble [ʌnˈθɪŋkəbl] *Adj* undenkbar, unvorstellbar ,**un·think·ing** *Adj* gedankenlos

un·ti·dy [ʌnˈtaɪdɪ] *Adj* unordentlich

un·tie [ˌʌnˈtaɪ] *v/t* aufknoten, *Knoten* lösen, *j-n etc* losbinden (*from* von)

▸ **un·til** [ən'tɪl] **I** *Präp* **1.** bis **2.** *not ~* erst: *not ~ Monday* erst (am) Montag; nicht vor Montag **II** *Konj* **3.** bis **4.** *not ~* erst wenn, nicht bevor

un·time·ly [ʌn'taɪmlɪ] *Adj* **1.** vorzeitig, verfrüht **2.** unpassend, ungelegen

un·tir·ing [ʌn'taɪərɪŋ] *Adj* unermüdlich

un·told [ˌʌn'təʊld] *Adj* unermesslich (*Reichtum, Schaden etc*)

un·touched [ʌn'tʌtʃt] *Adj* **1.** unberührt, unangetastet **2.** unversehrt, heil

un·trans·lat·a·ble [ˌʌntræns'leɪtəbl] *Adj* unübersetzbar

un·treat·ed [ˌʌn'triːtɪd] *Adj* unbehandelt

un·true [ˌʌn'truː] *Adj* **1.** unwahr **2.** untreu (*to Dat*)

un·truth [ʌn'truːθ] *s* Unwahrheit *f*

un·used¹ [ˌʌn'juːzd] *Adj* unbenutzt, ungebraucht

un·used² [ˌʌn'juːst] *Adj*: *be ~ to s.th.* an etw nicht gewöhnt sein, etw nicht gewohnt sein; *be ~ to doing s.th.* es nicht gewohnt sein, etw zu tun

un·u·su·al [ʌn'juːʒl] *Adj* ungewöhnlich

un·ut·ter·a·ble [ʌn'ʌtərəbl] *Adj* unbeschreiblich, unsäglich

un·var·nished [ʌn'vɑːnɪʃt] *Adj* ungeschminkt (*Wahrheit*)

un·var·y·ing [ʌn'veərɪŋ] *Adj* unveränderlich, gleich bleibend

un·veil [ˌʌn'veɪl] *v/t* enthüllen

un·versed [ʌn'vɜːst] *Adj* unbewandert (*in* in *Dat*)

un·voiced [ˌʌn'vɔɪst] *Adj* **1.** unausgesprochen **2.** LING stimmlos

un·want·ed [ˌʌn'wɒntɪd] *Adj* unerwünscht, (*Schwangerschaft a.*) ungewollt

un·war·rant·ed [ʌn'wɒrəntɪd] *Adj* ungerechtfertigt

un·wa·ver·ing [ʌn'weɪvərɪŋ] *Adj* unerschütterlich

un·wel·come [ʌn'welkəm] *Adj* unwillkommen

un·well [ʌn'wel] *Adj*: *be (od feel) ~* sich unwohl *od* nicht wohl fühlen

un·whole·some [ʌn'həʊlsəm] *Adj* ungesund

un·wield·y [ʌn'wiːldɪ] *Adj* unhandlich, sperrig

un·will·ing [ʌn'wɪlɪŋ] *Adj* widerwillig: *be ~ to do s.th.* nicht bereit *od* gewillt sein, etw zu tun; etw nicht tun wollen

un·wind [ˌʌn'waɪnd] (*unreg wind*) **I** *v/t* **1.** abwickeln **II** *v/i* **2.** sich abwickeln **3.** F abschalten, sich entspannen

un·wise [ˌʌn'waɪz] *Adj* unklug

un·wit·ting [ʌn'wɪtɪŋ] *Adj* **1.** unwissentlich **2.** unbeabsichtigt

un·wont·ed [ʌn'wəʊntɪd] *Adj* ungewohnt

un·wor·thy [ʌn'wɜːðɪ] *Adj*: *be ~ of s.th.* e-r Sache nicht würdig sein, etw nicht verdienen

un·wrap [ˌʌn'ræp] *v/t* auswickeln, -packen

un·writ·ten [ˌʌn'rɪtn] *Adj* ungeschrieben: *~ law* ungeschriebenes Recht; *fig* ungeschriebenes Gesetz

un·yield·ing [ʌn'jiːldɪŋ] *Adj* unnachgiebig

un·zip [ˌʌn'zɪp] *v/t* **1.** den Reißverschluss (*Gen*) aufmachen **2.** *e-e Datei* entpacken

▸ **up** [ʌp] **I** *Adv* **1.** oben; *1000 Meter etc* hoch, in e-r Höhe von: *~ there* dort oben; *jump ~ and down* hüpfen; *walk ~ and down* auf u. ab *od* hin u. her gehen; → *look up, take up, etc* **2.** *~ to* bis zu: *~ to a moment ago* bis vor e-m Augenblick; *be ~ to s.th.* F etw vorhaben, etw im Schilde führen; *not to be ~ to s.th.* e-r Sache nicht gewachsen sein; *it's ~ to you* das liegt bei Ihnen; → *ear¹* 1, *eye* 1, *feel* 6, *scratch* 6, *etc* **II** *Präp* **3.** oben auf (*Dat*); her-, hinauf: *~ the river* flussaufwärts; *~ yours!* Br V leck mich (doch) am Arsch!; → *climb* 3, *etc* **III** *Adj* **4.** nach oben (gerichtet), Aufwärts... **5.** *the ~ train* der Zug nach London **6.** *what's ~?* F was ist los? **7.** *be well ~ in* (*od on*) F viel verstehen von **8.** *~ for* → *sale* 1; *are you up for it?* bist du (mit) dabei? **IV** *s* **9.** *the ~s and downs Pl* die Höhen u. Tiefen *Pl* (*des Lebens*) **V** *v/t* **10.** F Angebot, Preis *etc* erhöhen **VI** *v/i* **11.** *he ~ped and left her* F er hat sie von heute auf morgen sitzen lassen **~· and-com·ing** *Adj* viel versprechend **~·bring·ing** *s* Erziehung *f* **'~·com·ing** *Adj* bevorstehend **~'date** *v/t* auf den neuesten Stand bringen; aktualisieren **'~·date** *s* Aktualisierung *f*; Neufassung *f* (*Buch*); COMPUTER aktualisierte Version, *Update n* **~'end** *v/t* hochkant stellen **~'grade** *v/t* **1.** *j-n* befördern **2.** TECH auf-, nachrüsten

~·heav·al [ˌ~'hiːvl] *s fig* Umwälzung *f*
¸~'hill I *v/t* 1. aufwärts, bergan **II** *Adj* 2. bergauf führend 3. *fig* mühselig, hart **~'hold** *v/t* (*unreg hold*) 1. *Rechte etc* schützen, wahren 2. JUR *Urteil* bestätigen **~·hol·ster** [ˌ~'həʊlstə] *v/t* polstern: **~ed** Polster... '**~·keep** *s* Unterhalt *m*; Unterhaltungskosten *Pl* ¸~'**mar·ket** *Adj* für den anspruchsvollen Kunden
up·on [ə'pɒn] *Präp* → **on** I

▸ **up·per** ['ʌpə] **I** *Adj* ober: **~ arm** Oberarm *m*; **~ class**(**es** *Pl*) SOZIOL Oberschicht *f*; **~ deck** SCHIFF Oberdeck *n* (*a. e-s Busses*); **gain** (*od* **get**) **the ~ hand** die Oberhand gewinnen (*of* über *Akk*) → **jaw** 1, **lip** 1 **II** *s* 1. Obermaterial *n* (*e-s Schuhs*) 2. Aufputschmittel *n* '**~·case** *Adj* großgeschrieben '**~·cut** *s* Boxen:
up·per·most ['ʌpəməʊst] **I** *Adj* oberst: **be ~** oben sein; *fig* an erster Stelle stehen; **be ~ in s.o. 's mind** *fig* j-n an erster Stelle stehen **II** *Adv* nach oben
up·pish ['ʌpɪʃ] *Adj* F, **up·pi·ty** ['ʌpəti] *Adj* F hochnäsig
up·right ['ʌpraɪt] **I** *Adj* 1. [*a.* ¸ʌp'raɪt] aufrecht, gerade; senkrecht 2. *fig* aufrecht, rechtschaffen **II** *Adv* [*a.* ¸ʌp'raɪt] 3. → 1: **sit ~** gerade sitzen **III** *s* 4. Pfosten *m*
up·ris·ing ['ʌpˌraɪzɪŋ] *s* Aufstand *m*
up·roar ['ʌprɔː] *s* Aufruhr *m*, Tumult *m*
up·root [ʌp'ruːt] *v/t* 1. *Pflanze* (mit den Wurzeln) ausreißen, *a. Baum etc* ausreißen 2. *fig* j-n herausreißen (*from* aus)

▸ **up·set I** *v/t* [ʌp'set] (*unreg set*) 1. umstoßen, umwerfen 2. *fig Pläne etc* durcheinander bringen, *Gleichgewicht* stören 3. *fig* j-n aus der Fassung bringen; aufregen; kränken, verletzen 4. **something has ~ my stomach** ich habe mir durch irgend(et)was den Magen verdorben **II** *s* ['ʌpset] 5. (*Magen*)Verstimmung *f* 6. *bes* SPORT Überraschung *f*
up·shot ['ʌpʃɒt] *s* Ergebnis *n*: **what was the ~ of ...?** was ist bei ... herausgekommen?
up·side ['ʌpsaɪd] *Adv*: **~ down** verkehrt herum; **turn ~ down** umdrehen, *a. fig* auf den Kopf stellen

▸ **up·stairs** [ˌʌp'steəz] **I** *Adv* 1. die Treppe her- od hinauf, nach oben 2. oben,

in e-m oberen Stockwerk 3. e-e Treppe höher **II** *Adj* 4. im oberen Stockwerk (gelegen), ober
up·start ['ʌpstɑːt] *s* Emporkömmling *m*
up·stream [ˌʌp'striːm] *Adv* flussauf(-wärts)
up·surge ['ʌpsɜːdʒ] *s* 1. Anschwellen *n* (*in Gen*) 2. Aufwallung *f*
up·take ['ʌpteɪk] *s*: **be quick** (**slow**) **on the ~** F schnell begreifen (schwer von Begriff sein)
up·tight ['ʌptaɪt] *Adj* F 1. nervös, reizbar 2. verklemmt

▸ **up-to-date** [ˌʌptə'deɪt] *Adj* 1. modern 2. aktuell, neu
up-to-the-min·ute [ˌʌptəðə'mɪnɪt] *Adj* 1. hochmodern 2. allerneu(e)st
up·town [ˌʌp'taʊn] *Am* **I** *Adv* in den Wohnvierteln, in die Wohnviertel **II** *Adj* in den Wohnvierteln (gelegen *od* lebend): **in ~ Los Angeles** in den Außenbezirken von Los Angeles **III** *s* Wohnviertel *Pl*, Außenbezirke *Pl*
up·turn ['ʌptɜːn] *s* Aufschwung *m* (*in Gen*) ¸up'**turned** *Adj* 1. nach oben gerichtet *od* gebogen: **~ nose** Stupsnase *f* 2. umgedreht

▸ **up·ward** ['ʌpwəd] **I** *Adv* 1. nach oben: **face ~** mit dem Gesicht nach oben 2. **from £2 ~** ab 2 Pfund; **~ of £2** F mehr als *od* über 2 Pfund; *fig* aufwärts **II** *Adj* 4. Aufwärts... **up·wards** ['~z] → **upward** I

u·ra·ni·um [juˈreɪnɪəm] *s* CHEM Uran *n*
ur·ban ['ɜːbən] *Adj* städtisch, Stadt...
ur·bane [ɜːˈbeɪn] *Adj* weltmännisch
ur·chin ['ɜːtʃɪn] *s* 1. Gassenjunge *m*, *pej* Range 2. Seeigel *m*
u·re·thra [ˌjʊəˈriːθrə] *Pl* **-thrae** [ˌ~θriː], **-thras** *s* ANAT Harnröhre *f*

▸ **urge** [ɜːdʒ] **I** *v/t* 1. *a.* **~ on** antreiben, *fig a.* anspornen (**to** zu) 2. j-n drängen (**to do** zu tun) 3. drängen auf (*Akk*) **II** *s* 4. Drang *m*, Verlangen *n* **ur·gen·cy** ['ɜːdʒənsɪ] *s* Dringlichkeit *f*

▸ **ur·gent** ['ɜːdʒənt] *Adj* dringend: **be ~** *a.* eilen; **be in ~ need of s.th.** etw dringend brauchen
u·ric ['jʊərɪk] *Adj* Urin...: **~ acid** Harnsäure *f*
u·ri·nal ['jʊərɪnl] *s* 1. Urinal *n* 2. Pissoir *n* '**u·ri·nar·y** *Adj* Urin..., Harn... **u·ri·nate** [ˌ~neɪt] *v/i* urinieren **u·rine** ['~rɪn] *s* Urin *m*

urn [ɜːn] *s* **1.** Urne *f* **2.** Großkaffee-, Großteemaschine *f*

u·rol·o·gist [ˌjʊəˈrɒlədʒɪst] *s* MED Urologe *m*, Urologin *f*

▶ **us** [ʌs] **I** *Personalpron* **1.** uns (*Akk od Dat von* **we**): **both of** ~ wir beide; → **all** 4 **2.** F wir (*Nom*): **they are older than** ~; **it's** ~ wir sinds **II** *Reflexivpron* **3.** uns: **we looked around** ~ wir sahen uns um

▶ **US(A)** [juːˈes (juːesˈeɪ)] *Abk* (= **United Stated** [*of America*]) USA *Pl*

US: How do you pronounce ...?

Achten Sie auf die nicht ganz einfache Aussprache folgender geographischer Namen aus dem amerikanischen Raum:

Albuquerque	[ˈælbəkɜːkɪ]
Arkansas	[ˈɑːkənsɔː]
Boise	[ˈbɔɪzɪ]
Colorado	[ˌkɒləˈrɑːdəʊ; *Am* ˌkɑːləˈræɾəʊ, -ˈrɑːdəʊ]
Connecticut	[kəˈnetɪkət]
Des Moines	[dɪˈmɔɪn]
Idaho	[ˈaɪdəhəʊ]
Illinois	[ˌɪlɪˈnɔɪ]
Iowa	[ˈaɪəʊə]
Missouri	[mɪˈzʊərɪ]
New Orleans	[ˌnjuːˈɔːlɪənz; *Am* ˌnuː-]
Ohio	[əʊˈhaɪəʊ]
Phoenix	[ˈfiːnɪks]
Utah	[ˈjuːtɑː, ˈjuːtɔː]
Yosemite	[jəʊˈsemɪtɪ]

us·a·ble [ˈjuːzəbl] *Adj* brauch-, verwendbar

us·age [ˈjuːzɪdʒ] *s* **1.** Brauch *m*, Gepflogenheit *f* **2.** (Sprach)Gebrauch *m* **3.** Behandlung *f*

▶ **use I** *v/t* [juːz] **1.** benutzen, gebrauchen, verwenden, *Taktik etc a.* anwenden: **I could use a drink** F ich könnte etw zu trinken vertragen **2.** *Benzin etc* (ver)brauchen: **use up** auf-, verbrauchen **3.** *j-n* benutzen (**for** für) **II** *v/i* [juːs] **4.** ▶ **I used to live here** ich habe

früher hier gewohnt; **he used to be a chain smoker** er war früher einmal Kettenraucher; → *Info bei* **früher III** *s* [juːs] **5.** Benutzung *f*, Gebrauch *m*, Verwendung *f*: **come into use** in Gebrauch kommen; **go out of use** außer Gebrauch kommen; **make use of** Gebrauch machen von, benutzen **6.** Verwendung(szweck *m*) *f*: **with many uses** vielseitig verwendbar **7.** Nutzen *m*: **be of use** nützlich *od* von Nutzen sein (**to** für); **it's no use complaining** es ist nutz- *od* zwecklos zu reklamieren, es hat keinen Zweck zu reklamieren; → **milk I**

used¹ [juːzd] *Adj* gebraucht: ~ **car** Gebrauchtwagen *m*

▶ **used²** [juːst] *Adj*: ▶ **be used to s.th.** an etw gewöhnt sein, etw gewohnt sein; ▶ **be used to doing s.th.** es gewohnt sein, etw zu tun

▶ **use·ful** [ˈjuːsfʊl] *Adj* nützlich: **make o.s.** ~ sich nützlich machen

▶ **use·less** [ˈjuːslɪs] *Adj* nutzlos: **it is** ~ *a.* es ist zwecklos; **he's** ~ F er ist zu nichts zu gebrauchen '**use·less·ness** *s* Nutzlosigkeit *f*

us·er [ˈjuːzə] *s* **1.** Benutzer(in) **2.** Verbraucher(in) ~**friend·ly** *Adj* benutzer- *od* verbraucherfreundlich

ush·er [ˈʌʃə] **I** *s* **1.** Platzanweiser *m* **2.** JUR Gerichtsdiener *m* **II** *v/t* **3.** *j-n* führen, geleiten (**into** *in Akk*; **to** *zu s-m Platz etc*) **ush·er·ette** [ˌ-ˈret] *s* Platzanweiserin *f*

USSR [jueses'ɑː] *Abk* (= **Union of Soviet Socialist Republics**) *hist* UdSSR *f*

▶ **u·su·al** [ˈjuːʒl] **I** *Adj* üblich: **as** ~ wie gewöhnlich *od* üblich; **it's not** ~ **for him to be so late** er kommt normalerweise nicht so spät; **is it** ~ **for him to be so late?** kommt er immer so spät? **II** *s das* Übliche: **the** ~ F (*in Pub etc*) wie immer

▶ **u·su·al·ly** [ˈjuːʒlɪ] *Adv* (für) gewöhnlich, normalerweise

u·sur·er [ˈjuːʒərə] *s* Wucherer *m*, Wucherin *f*

u·su·ri·ous [juːˈzjʊərɪəs] *Adj* wucherisch, Wucher...

u·surp [juːˈzɜːp] *v/t Macht etc* an sich reißen, sich *des Throns* bemächtigen

u·su·ry [ˈjuːʒʊrɪ] *s* Wucher *m*

u·ten·sil [juːˈtensl] *s* Gerät *n*: ~**s** *Pl a.*

U

Utensilien *Pl*

u·ter·us ['juːtərəs] *Pl* **-i** [' .aɪ], **-us·es** *s*
ANAT Gebärmutter *f*

u·til·i·tar·i·an [ˌjuːtɪlɪ'teərɪən] *Adj*
zweckmäßig, praktisch

u·til·i·ty [juː'tɪlətɪ] *s* **1.** Nutzen *m*, Nützlichkeit *f* **2.** → **public** 3a

u·ti·lize ['juːtəlaɪz] *v/t* nutzen

ut·most ['ʌtməʊst] **I** *Adj* äußerst, höchst, größt **II** *s* das Äußerste: *do one's ~* sein Möglichstes tun

U·to·pi·an [juː'təʊpjən] *Adj* utopisch

(*Gesellschaft*)

ut·ter ['ʌtə] **I** *Adj* total, völlig **II** *v/t etw* äußern, *Seufzer etc* ausstoßen, *Wort* sagen '**ut·ter·ance** *s* **1.** *give ~ to s-r* Meinung *etc* Ausdruck geben **2.** Äußerung *f*

U-turn ['juːtɜːn] *s* **1.** MOT Wende *f*: *do a ~* wenden **2.** *fig* Kehrtwendung *f*: *do a ~* e-e Kehrtwendung machen (*on* in *Dat*)

u·vu·la ['juːvjʊlə] *s* ANAT (Gaumen-)Zäpfchen *n*

V

V [viː] *Pl* **V's** *s* V *n*

vac [væk] *s* UNI *Br* F Semesterferien *Pl*

va·can·cy ['veɪkənsɪ] *s* **1.** freie *od* offene Stelle: *"vacancies"* „wir stellen ein" **2.** *"vacancies"* „Zimmer frei"; *"no vacancies"* „belegt" '**va·cant** *Adj* **1.** leer stehend, unbewohnt: *"~"* „frei" (*Toilette*) **2.** frei, offen (*Stelle*): → *situation* 3 **3.** *fig* leer (*Blick, Gesichtsausdruck*)

va·cate [və'keɪt] *v/t Hotelzimmer etc* räumen

▸ **va·ca·tion** [və'keɪʃn] **I** *s* **1.** *bes Am* Ferien *Pl*, Urlaub *m*: *be on ~* im Urlaub sein, Urlaub machen **2.** *bes Br* UNI Semesterferien *Pl*; JUR Gerichtsferien *Pl* **II** *v/i* **3.** *bes Am* Urlaub machen, die Ferien verbringen **va·ca·tion·er** *s bes Am* Urlauber(in)

vac·ci·nate ['væksɪneɪt] *v/t* impfen (*against* gegen), **vac·ci·na·tion** *s* Impfung *f* **vac·cine** ['_ːsiːn] *s* Impfstoff *m*

vac·il·late ['væsəleɪt] *v/i fig* schwanken (*between* zwischen *Dat*)

vac·u·um ['vækjʊəm] **I** *Pl* **-u·ums, -u·a** [' .jʊə] *s* PHYS Vakuum *n* **II** *v/t Teppich, Zimmer etc* saugen **~ clean·er** *s* Staubsauger *m* **~ bot·tle** *s Am*, **~ flask** *s Br* Warmhalteflasche *f* '**~-packed** *Adj* vakuumverpackt

vag·a·bond ['vægəbɒnd] *s* Vagabund(in), Landstreicher(in)

va·gi·na [və'dʒaɪnə] *s* ANAT Scheide *f*

va·grant ['veɪgrənt] *s* Nichtsesshafte *m*, *f*, Landstreicher(in)

vague [veɪg] *Adj* verschwommen, *fig a.*

vage: *be ~* sich nur vage äußern (*about* über *Akk*, zu); sich unklar ausdrücken; *I haven't got the ~st idea* ich habe nicht die leiseste Ahnung

▸ **vain** [veɪn] *Adj* **1.** eingebildet, eitel **2.** vergeblich: ▸ *in vain a.* vergebens **3.** *take s.o.'s name in vain* über j-n lästern

va·lence ['veɪləns] *s bes Am*, '**va·len·cy** *s bes Br* CHEM Valenz *f* (a. LING), Wertigkeit *f*

val·en·tine ['væləntaɪn] *s* **1.** Valentinskarte *f* **2.** *Person, der man am Valentinstag e-n Gruß schickt*

va·le·ri·an [və'lɪərɪən] *s* Baldrian *m*

val·et ['vælɪt] *s* (Kammer)Diener *m* **~ park·ing** *s* Parkservice *m* (*in guten Hotels und Restaurants*) **~ ser·vice** *s* Reinigungsdienst *m* (*im Hotel*)

val·iant ['væljənt] *Adj poet* tapfer

val·id ['vælɪd] *Adj* **1. a)** gültig (*for two weeks* zwei Wochen): *be ~a.* gelten, **b)** JUR rechtsgültig, -kräftig **2.** stichhaltig, triftig **va·lid·i·ty** [və'lɪdətɪ] *s* **1.** Gültigkeit *f*; JUR Rechtsgültigkeit *f*, -kraft *f* **2.** Stichhaltigkeit *f*, Triftigkeit *f*

▸ **val·ley** ['vælɪ] *s* Tal *n*

val·o(u)r ['vælə] *s poet* Tapferkeit *f*

▸ **val·u·a·ble** ['væljʊəbl] **I** *Adj* wertvoll **II** *s Pl* Wertgegenstände *Pl*, -sachen *Pl*

val·u·a·tion [ˌvæljʊ'eɪʃn] *s* **1.** Schätzung *f*: *carry out a ~ of etw* schätzen **2.** Schätzwert *m* (*im Hotel*)

▸ **val·ue** ['væljuː] **I** *s* **1.** *allg* Wert *m*: *be of ~* wertvoll sein (*to* für); *be good ~, be ~*

for money preisgünstig *od* -wert sein; **put** (*od place*) **a high ~ on** großen Wert legen auf (*Akk*) **2.** *Pl sittliche etc* Werte *Pl* **II** *v/t* **3.** *Haus etc* schätzen (*at* auf *Akk*) **4.** *j-n, j-s Rat etc* schätzen '~ **,add·ed tax** *s* WIRTSCH *Br* Mehrwertsteuer *f* ~ **judg(e)·ment** *s* Werturteil *n*

val·ue·less ['væljʊlɪs] *Adj* wertlos '**val·u·er** *s* Schätzer(in)

valve [vælv] *s* **1.** TECH, MUS Ventil *n* **2.** ANAT Klappe *f* **3.** ELEK *Br* Röhre *f*

vamp [væmp] *s* Vamp *m* (*Frau*)

vam·pire ['væmpaɪə] *s* Vampir *m*

van [væn] *s* **1.** Lieferwagen *m*, Transporter *m* **2.** BAHN *Br* (geschlossener) Güterwagen

van·dal ['vændl] *s* Vandale *m*, Vandalin *f*, Wandale *m*, Wandalin *f* **van·dal·ism** ['_dəlɪzəm] *s* Vandalismus *m*, Wandalismus *m* **van·dal·ize** ['_dəlaɪz] *v/t* mutwillig beschädigen *od* zerstören

vane [veɪn] *s* **1.** (*Propeller- etc*)Flügel *m* **2.** (*Wetter*)Fahne *f*

van·guard ['vænɡɑːd] *s a.* MIL Vorhut *f*; **be in the ~ of** *fig* an der Spitze (*Gen*) stehen

va·nil·la [və'nɪlə] *s* BOT Vanille *f*

van·ish ['vænɪʃ] *v/i* verschwinden; (*Angst, Hoffnung etc*) schwinden

van·i·ty ['vænɪtɪ] *s* Eitelkeit *f*

van·quish ['væŋkwɪʃ] *v/t poet* besiegen

van·tage point ['vɑːntɪdʒ] *s* Aussichtspunkt *m*; **from my ~** *fig* aus m-r Sicht

va·por *Am* → **vapour**

va·por·ize ['veɪpəraɪz] *v/i* verdampfen, -dunsten

va·por·ous ['veɪpərəs] *Adj* dunstig, Dunst...

va·pour ['veɪpə] *s* Dampf *m*, Dunst *m* ~ **trail** *s* FLUG Kondensstreifen *m*

var·i·a·ble ['veərɪəbl] **I** *Adj* **1.** variabel, veränderlich (*beide a.* MATHE, PHYS *etc*) **2.** schwankend, unbeständig, wechselhaft **3.** einstell-, regulierbar **II** *s* **4.** MATHE, PHYS Variable *f*, veränderliche Größe (*beide a. fig*) **'var·i·ance** *s* **be at ~ with** im Gegensatz *od* Widerspruch stehen zu **'var·i·ant I** *Adj* abweichend, verschieden **II** *s* Variante *f*, **var·i·a·tion** *s* **1.** Abweichung *f*; Schwankung *f* **2.** MUS Variation *f* (*on* über *Akk*)

var·i·cose ['værɪkəʊs] *Adj*: ~ **vein** MED Krampfader *f*

var·ied ['veərɪd] *Adj* **1.** unterschiedlich **2.** abwechslungsreich, bewegt

var·ie·gat·ed ['veərɪɡeɪtɪd] *Adj* **1.** unterschiedlich **2.** BOT panaschiert

va·ri·e·ty [və'raɪətɪ] *s* **1.** Abwechslung *f* **2.** Vielfalt *f*; WIRTSCH Auswahl *f*, Sortiment *n* (*of* an *Dat*): **for a ~ of reasons** aus den verschiedensten Gründen **3.** BOT, ZOOL Art *f* **4.** Varieté *n*, Varietee *n*

var·i·ous ['veərɪəs] *Adj* **1.** verschieden **2.** mehrere, verschiedene

var·nish ['vɑːnɪʃ] **I** *s* Lack *m* **II** *v/t* lackieren

var·y ['veərɪ] **I** *v/i* variieren, (*Meinungen*) auseinander gehen (*in* über *Akk*): ~ **in size** verschieden groß sein **II** *v/t* (ver)ändern; variieren

vas·cu·lar ['væskjʊlə] *Adj* ANAT, BOT Gefäß...

vase [vɑːz] *s* Vase *f*

vast [vɑːst] *Adj* gewaltig, riesig, (*Fläche a.*) ausgedehnt, weit **'vast·ly** *Adv* gewaltig, weitaus

vat [væt] *s* (großes) Fass

VAT [viːeɪ'tiː] *Abk* (= *value-added tax*) Mehrwertsteuer *f*

vaude·ville ['vɔːdəvɪl] *s Am* Varieté *n*, Varietee *n*

vault[1] [vɔːlt] *s* **1.** ARCHI Gewölbe *n* **2.** *a. Pl* (Keller)Gewölbe *n*; Stahlkammer *f*, Tresorraum *m*; Gruft *f*

vault[2] [_] **I** *v/i*: ~ **over** springen über (*Akk*) **II** *v/t* → **III** *s* Sprung *m*

vault·ed ['vɔːltɪd] *Adj* gewölbt

vault·ing ['vɔːltɪŋ] *Adj*: ~ **horse** (*Turnen*) Sprungpferd *n*

VCR [viːsiː'ɑː] *Abk* (= *video cassette recorder*) Videorekorder *m*

VD [viː'diː] *Abk* (= *venereal disease*) Geschlechtskrankheit *f*

VDU [viːdiː'juː] *Abk* (= *visual display unit*) Bildschirmanzeige *f*, Bildschirmdisplay *n*

▸ **veal**[1] [viːl] *s* Kalbfleisch *n* ~ **cut·let** *s* Kalbsschnitzel *n*

veer [vɪə] *v/i*: ~ **to the left** MOT den Wagen nach links reißen

veg [vedʒ] *Pl* **veg** *s* GASTR *bes Br* F Gemüse *n*

ve·gan ['viːɡən] *s* Veganer(in)

vege·burg·er ['vedʒɪbɜːɡə] *s* Gemüseburger *m*

▸ **veg·e·ta·ble** ['vedʒtəbl] **I** *s* **1.** *mst Pl*

V

Gemüse *n*: *and two ~s* u. zweierlei Gemüse; *be just a ~* nur noch dahinvegetieren **II** *Adj* Gemüse… **3.** Pflanzen… **veg·e·tar·i·an** [ˌvedʒɪˈteərɪən] **I** *s* Vegetarier(in): *he's a ~* er ist Vegetarier, er lebt vegetarisch **II** *Adj* vegetarisch

veg·e·tate [ˈvedʒɪteɪt] *v/i* dahinvegetieren **veg·e·ta·tion** *s* Vegetation *f*

veg·(g)ie [ˈvedʒɪ] F **I** *s* **1.** Vegetarier(in) **2.** *Pl. bes Am* Gemüse *n* **II** *Adj* **3.** vegetarisch **4.** *bes Am* Gemüse…

ve·he·mence [ˈviːəməns] *s* Vehemenz *f*, Heftigkeit *f* '**ve·he·ment** *Adj* vehement, heftig

▸ **ve·hi·cle** [ˈviːəkl] *s* **1.** Fahrzeug *n* **2.** *fig* Medium *n*

veil [veɪl] **I** *s* Schleier *m*: *~ of mist* Nebelschleier; *draw a ~ over fig* den Schleier des Vergessens breiten über (*Akk*) **II** *v/t* verschleiern (*a. fig*)

vein [veɪn] *s* ANAT Vene *f*, *weit. S.* Ader *f* (*a.* BOT, GEOL)

Vel·cro® [ˈvelkrəʊ] *s*: *~ (fastening)* Klettverschluss® *m*

ve·loc·i·ty [vɪˈlɒsətɪ] *s* PHYS, TECH Geschwindigkeit *f*

vel·vet [ˈvelvɪt] *s* Samt *m*: *(as) smooth as ~* samtweich '**vel·vet·y** *Adj* samtig (*a. fig Wein*)

vend·er → **vendor**

ven·det·ta [venˈdetə] *s* **1.** Blutrache *f* **2.** Fehde *f*

vend·ing [ˈvendɪŋ] *Adj*: *~ machine* (Verkaufs-, Waren)Automat *m* '**vend·or** *s* (Straßen)Händler(in), (*Zeitungs etc*)Verkäufer(in)

ve·neer [vəˈnɪə] **I** *s* **1.** Furnier *n* **2.** *fig* Fassade *f* **II** *v/t* **3.** furnieren

ven·er·a·ble [ˈvenərəbl] *Adj* ehrwürdig '**ven·er·ate** [ˈ-reɪt] *v/t* verehren ˌven·er·**a·tion** *s* Verehrung *f*

ve·ne·re·al [vəˈnɪərɪəl] *Adj*: *~ disease* Geschlechtskrankheit *f*

Ve·ne·tian [vəˈniːʃn] *Adj*: *~ blind* Jalousie *f*

Ven·e·zu·e·la [ˌvenɪˈzweɪlə] *Eigenn* Venezuela *n*

venge·ance [ˈvendʒəns] *s* Rache *f*: *take ~ on* sich rächen an (*Dat*); *with a ~* F gewaltig, u. wie

Ven·ice [ˈvenɪs] *Eigenn* Venedig *n*

ven·i·son [ˈvenɪzn] *s* GASTR Wild(bret) *n*

ven·om [ˈvenəm] *s* **1.** ZOOL Gift *n* **2.** *fig* Gift *n*, Gehässigkeit *f* '**ven·om·ous** *Adj* **1.** giftig: *~ snake* Giftschlange *f* **2.** *fig* giftig, gehässig

vent [vent] **I** *v/t* **1.** *s-e Wut etc* abreagieren (*on* an *Dat*) **II** *s* **2.** (Abzugs)Öffnung *f* **3.** Schlitz *m* (*in Kleid etc*) **4.** *give ~ to s-m Ärger etc* Luft machen

ven·ti·late [ˈventɪleɪt] *v/t* (be)lüften ˌven·ti·**la·tion** *s* Ventilation *f*, (Be)Lüftung *f* '**ven·ti·la·tor** *s* Ventilator *m*

ven·tral [ˈventrəl] *Adj* Bauch…: *~ fin* Bauchflosse *f*

ven·tri·cle [ˈventrɪkl] *s* ANAT Herzkammer *f*

ven·tril·o·quist [venˈtrɪləkwɪst] *s* Bauchredner(in)

ven·ture [ˈventʃə] **I** *s* **1.** *bes* WIRTSCH Unternehmen *n*: → *joint* 5 **II** *v/t* **2.** *Ruf etc* riskieren, aufs Spiel setzen (*on* bei) **3.** (*zu äußern*) wagen: *~ to do s.th.* es wagen, etw zu tun **III** *v/i* **4.** sich *wohin* wagen **5.** *~ on* sich wagen an (*Akk*)

ven·ture cap·i·tal *s* WIRTSCH Risikokapital *n*

ven·ue [ˈvenjuː] *s* Schauplatz *m*, (*Sport*) Austragungsort *m*

Ve·nus [ˈviːnəs] *s* ASTR die Venus

verb [vɜːb] *s* LING Verb *n*, Zeitwort *n* '**ver·bal** [ˈ-l] *Adj* **1.** mündlich **2.** Wort…: *he suffers from ~ diarrh(o)ea* F der bringt den Mund nicht zu **3.** *~ noun* LING Verbalsubstantiv *n* '**ver·bal·ize** [ˈ-bəlaɪz] *v/t* ausdrücken, in Worte fassen **ver·ba·tim** [ˈbeɪtɪm] *Adj* (wort-)wörtlich, *Adv a.* Wort für Wort **ver·bi·age** [ˈ-bɪɪdʒ] *s* (leeres) Wortgeklingel **ver·bose** [ˈ-bəʊs] *Adj* wortreich

ver·dict [ˈvɜːdɪkt] *s* **1.** JUR Spruch *m* (*der Geschworenen*): *~ of (not) guilty* Schuldspruch (Freispruch) *m*; *bring in (od return) a ~ of (not) guilty* auf (nicht) schuldig erkennen **2.** Meinung *f*, Urteil *n* (*on* über *Akk*)

ver·di·gris [ˈvɜːdɪgrɪs] *s* Grünspan *m*

verge [vɜːdʒ] **I** *s* Rand *m* (*a. fig*): *be on the ~ of* kurz vor (*Dat*) stehen; *be on the ~ of tears* den Tränen nahe sein; *she was on the ~ of falling* sie wäre beinahe gestürzt **II** *v/i*: *~ on fig* grenzen an (*Akk*)

ver·ger [ˈvɜːdʒə] *s* Küster(in)

ver·i·fi·a·ble [ˈverɪfaɪəbl] *Adj* nach-

weisbar **ver·i·fy** ['-faɪ] v/t **1.** bestätigen **2.** (über)prüfen **3.** nachweisen

ver·i·ta·ble ['verɪtəbl] Adj wahr (Triumph etc)

ver·mil·ion [və'mɪljən] Adj zinnoberrot

ver·min ['vɜ:mɪn] s (Pl konstruiert) **1.** Schädlinge Pl; Ungeziefer n **2.** fig Gesindel n, Pack n '**ver·min·ous** Adj voller Ungeziefer

ver·mouth ['vɜ:məθ] s Wermut m

ver·nac·u·lar [və'nækjʊlə] s Dialekt m, Mundart f

ver·nis·sage [,vɜ:nɪ'sɑ:ʒ] s Vernissage f

ver·sa·tile ['vɜ:sətaɪl] Adj **1.** vielseitig **2.** vielseitig verwendbar

verse [vɜ:s] s **1.** Poesie f, Versdichtung f **2.** Vers m **3.** Strophe f

versed [vɜ:st] Adj: be (well) ~ in beschlagen od bewandert sein in (Dat)

ver·sion ['vɜ:ʃn] s Version f: **a)** Darstellung f (e-s Ereignisses), **b)** Fassung f (e-s Textes), **c)** Übersetzung f, **d)** Ausführung f (e-s Geräts etc)

ver·sus ['vɜ:səs] Präp JUR, SPORT gegen

ver·te·bra ['vɜ:tɪbrə] Pl **-brae** ['-bri:], **-bras** s ANAT Wirbel m '**ver·te·bral** Adj: ~ **column** Rückgrat n, Wirbelsäule f **ver·te·brate** ['-breɪt] s ZOOL Wirbeltier n

ver·tex ['vɜ:teks] Pl **-ti·ces** ['-tɪsi:z], **-tex·es** s Scheitel(punkt) m

ver·ti·cal ['vɜ:tɪkl] I Adj senkrecht, vertikal II s MATHE Senkrechte f, Vertikale f

ver·ti·go ['vɜ:tɪɡəʊ] s MED Schwindel m: suffer from ~ an od unter Schwindel leiden

verve [vɜ:v] s Elan m, Schwung m

▶ **ver·y** ['verɪ] I Adv **1.** sehr: ~ much older sehr viel älter; I ~ much hope that ich hoffe sehr, dass; ~ high frequency ELEK Ultrakurzwelle f; → well¹ 1 **2.** aller...: the ~ last drop der allerletzte Tropfen; for the ~ last time zum allerletzten Mal; at the ~ least zum Allermindesten, allermindest II Adj **3.** the ~ genau der od die od das: the ~ opposite genau das Gegenteil; be the ~ thing genau das Richtige sein (for doing um zu tun); → act 1 **4.** the ~ thought of schon der od der bloße Gedanke an (Dat); the ~ idea! um Himmels willen!

ves·i·cle ['vesɪkl] s Bläschen n

ves·sel ['vesl] s **1.** Schiff n **2.** Gefäß n (a. ANAT, BOT)

vest [vest] I s **1.** Br Unterhemd n **2.** kugelsichere Weste **3.** Am Weste f II v/t **4.** ~ s.th. in s.o., ~ s.o. with s.th. j-m etw übertragen od verleihen: have a ~ed interest in ein persönliches Interesse haben an (Dat); ~ed interests Pl Interessengruppen Pl III v/i **5.** ~ in zustehen (Dat), liegen bei

ves·ti·bule ['vestɪbju:l] s (Vor)Halle f

ves·tige ['vestɪdʒ] s Spur f: there is not a ~ of truth in this story an dieser Geschichte ist kein Wort wahr

ves·try ['vestrɪ] s REL Sakristei f

vet¹ [vet] F I s Tierarzt m, -ärztin f II v/t bes Br überprüfen

vet² [-] s MIL Am F Veteran(in)

vet·er·an ['vetərən] I s **1.** MIL Veteran(in) (a. fig) II Adj **1.** altgedient; erfahren **3.** ~ car MOT Br Oldtimer m (Baujahr bis 1905)

vet·er·i·nar·i·an [,vetərə'neriən] s Am Tierarzt m, -ärztin f

vet·er·i·nar·y ['vetərɪnərɪ] Adj tierärztlich: ~ medicine Tier-, Veterinärmedizin f; ~ surgeon bes Br Tierarzt m, -ärztin f

ve·to ['vi:təʊ] I Pl **-toes** s **1.** Veto n II v/t **2.** sein Veto einlegen gegen **3.** untersagen

vexed ['vekst] Adj: ~ question leidige Frage

▶ **vi·a** ['vaɪə] Präp über (Akk), (bei Städtenamen a.) via

vi·a·ble ['vaɪəbl] Adj **1.** lebensfähig (a. fig) **2.** fig durchführbar, realisierbar

vi·a·duct ['vaɪədʌkt] s Viadukt m, n

vi·al ['vaɪəl] s (bes Arznei)Fläschchen n

vibes [vaɪbz] s Pl F **1.** (mst Sg konstruiert) MUS Vibraphon n **2.** Atmosphäre f (e-s Orts etc): I was getting positive ~ from her ich spürte, wie der Funke von ihr auf mich übersprang

vi·brant ['vaɪbrənt] Adj **1.** kräftig (Farben, Stimme etc) **2.** pulsierend (Leben) **3.** dynamisch (Person)

vi·bra·phone ['vaɪbrəfəʊn] s MUS Vibraphon n

vi·brate [vaɪ'breɪt] I v/i **1.** vibrieren, zittern **2.** flimmern (with heat vor Hitze) (Luft) **3.** the city ~s with life in der Stadt pulsiert das Leben II v/t **4.** in Schwingungen versetzen **vi'bra·tion** s

V

1. Vibrieren *n*, Zittern *n* **2.** *Pl* F → **vibes**
2 **vi'bra·tor** *s* Vibrator *m*

vic·ar ['vɪkə] *s* Pfarrer(in) **'vic·ar·age** *s*
Pfarrhaus *n*

vice¹ [vaɪs] *s* Laster *n*

vice² [-] *s* TECH *bes Br* Schraubstock *m*

vice...³ [-] *s* Vize..., stellvertretend

vice squad *s* Sittendezernat *n*, -polizei *f*

vi·ce ver·sa [ˌvaɪsɪ'vɜːsə] *Adv:* **and~** u.
umgekehrt

vi·cin·i·ty [vɪ'sɪnətɪ] *s*: **in the ~ of** in der
Nähe von (*od Gen*); **in this ~** hier in der
Nähe; **in the ~ of 40** *fig* um die 40 he-
rum

vi·cious ['vɪʃəs] *Adj* brutal **~ cir·cle** *s*
Circulus *m* vitiosus, Teufelskreis *m*

vi·cis·si·tudes [vɪ'sɪsɪtjuːdz] *s Pl* das
Auf u. Ab, (*des Lebens a.*) die Wechselfälle *Pl*

▶ **vic·tim** ['vɪktɪm] *s* Opfer *n*: **fall~ to** be-
troffen werden von; erkranken an (*Dat*)
'vic·tim·ize *v/t j-n* (immer wieder) zum
Sündenbock machen

vic·tor ['vɪktə] *s* Sieger(in) **vic·to·ri·ous**
[-'tɔːrɪəs] *Adj* siegreich

▶ **vic·to·ry** ['vɪktərɪ] *s* Sieg *m*: **~ cere·mony** Siegerehrung *f*

▶ **vid·e·o** ['vɪdɪəʊ] **I** *Pl* **-os** *s* **1.** Video
(-kassette *f*) *n*: **on~** auf Video **2.** →
video recorder II *v/t* **3.** auf Video auf-
nehmen, aufzeichnen **~ cam·er·a** *s* Vi-
deokamera *f* **~ cas·sette** *s* Videokas-
sette *f* **~ cas·sette re·cord·er** → **video
recorder ~ clip** *s* Videoclip *m* **~ nas·ty**
→ **nasty** 5 **'~phone** *s* Bildfernsprecher
m **~ re·cord·er** *s* Videorekorder *m* **~
re·cord·ing** *s* Videoaufnahme *f* **~ tape**
→ **video cassette '~tape** → **video** 3

vie [vaɪ] *v/i* wetteifern (**with** mit; **for** um)

Vi·en·na [vɪ'enə] *Eigenn* Wien *n*

Viet·nam [ˌvjet'næm] *Eigenn* Vietnam *n*

▶ **view** [vjuː] **I** *s* **1.** Sicht *f* (**of** auf *Akk*): **in
full ~ of** direkt vor *j-s* Augen; **in ~ of** *fig*
angesichts (*Gen*); **with a ~ to** *fig* mit
Blick auf (*Akk*); **with a ~ to doing
sth.** in der Absicht, etw zu tun; **be on ~** ausgestellt *od* zu besichti-
gen sein; **be hidden from ~** nicht zu se-
hen sein; **come into ~** in Sicht kom-
men; **have in ~** etw in Aussicht haben;
keep in ~ etw im Auge behalten; **block
s.o.'s ~** j-m die Sicht versperren **2.** Aus-
sicht *f*, Blick *m* (**of** auf *Akk*): **a room**

with a ~ ein Zimmer mit schöner Aus-
sicht; **there is a lovely ~ of the moun-
tains from here** von hier hat man e-n
herrlichen Blick auf die Berge **3.** FOTO
etc Ansicht *f* **4.** *fig* Ansicht *f*, Meinung *f*
(**about, on** über *Akk*): **in my ~** m-r An-
sicht nach; **take a dim** (*od* **poor**) **~ of**
etw negativ beurteilen **5.** *fig* Überblick
m (**of** über *Akk*) **II** *v/t* **6.** Haus *etc* be-
sichtigen **7.** *fig* betrachten (**as** als; **with**
mit) **III** *v/i* **8.** fernsehen **'view·er 1.**
(Fernseh)Zuschauer(in), Fernseher(in)
2. (*Dia*)Betrachter(in)

'view·find·er *s* FOTO Sucher *m* **'~·point**
s Gesichts-, Standpunkt *m*

vig·il ['vɪdʒɪl] *s* (Nacht)Wache *f*: **keep ~**
wachen (**over** bei) **'vig·i·lance** *s* Wach-
samkeit *f* **'vig·i·lant** *Adj* wachsam

vig·or ['vɪɡə] *Am* → **vigour 'vig·or·ous**
Adj energisch **'vig·our** *s bes Br* Energie
f

vile [vaɪl] *Adj* **1.** gemein, niederträchtig
2. F scheußlich

vil·la ['vɪlə] *s* Villa *f*

▶ **vil·lage** ['vɪlɪdʒ] *s* Dorf *n* **'vil·lag·er** *s*
Dorfbewohner(in)

vil·lain ['vɪlən] *s* **1.** Bösewicht *m*, Schur-
ke *m*, Schurkin *f* (*in Film etc*) **2.** *Br* F
Ganove *m*, Ganovin *f* **3.** F Bengel *m*

vin·ai·grette [ˌvɪnɪ'ɡret] *s* GASTR Essig
und Ölsoße *f*

vin·di·cate ['vɪndɪkeɪt] *v/t* **1.** *etw* recht-
fertigen; bestätigen **2.** *j-n* rehabilitieren
ˌvin·di·ca·tion *s* **1.** Rechtfertigung *f*;
Bestätigung *f* **2.** Rehabilitation *f*

vin·dic·tive [vɪn'dɪktɪv] *Adj* rachsüch-
tig

vine [vaɪn] *s* BOT **1.** (Wein)Rebe *f* **2.** Klet-
terpflanze *f*

vin·e·gar ['vɪnɪɡə] *s* Essig *m*

'vineˌ**grow·er** *s* Winzer(in) **'~·yard**
['vɪnjəd] *s* Weinberg *m*

vi·no ['viːnəʊ] *Pl* **-nos** *s* F Wein *m*

vin·tage ['vɪntɪdʒ] **I** *s* **1.** Jahrgang *m* (*e-s
Weins*) **2.** Weinernte *f*, -lese *f* **II** *Adj* **3.**
Jahrgangs...: **~ wine 4.** glänzend, her-
vorragend **5. ~ car** MOT *bes Br* Oldti-
mer *m* (*Baujahr 1919 - 30*)

vint·ner ['vɪntnə] *s* **1.** Weinhändler(in) **2.**
Am Winzer(in)

vi·o·la [vɪ'əʊlə] *s* MUS Bratsche *f*

vi·o·late ['vaɪəleɪt] *v/t* **1.** *Vertrag etc* ver-
letzen, *a. Versprechen* brechen, *Gesetz
etc* übertreten **2.** *Frieden, Ruhe etc* stö-

ren **3.** *Grab etc* schänden **4.** *Frau* schänden, vergewaltigen ‚**vi‧o‧la‧tion** *s* **1.** Verletzung *f*, Bruch *m*, Übertretung *f* **2.** Störung *f* **3.** Schändung *f* **4.** Vergewaltigung *f*

▶ **vi‧o‧lence** ['vaɪələns] *s* **1.** Gewalt *f* **2.** Gewalttätigkeit *f* **3.** Heftigkeit *f*

▶ **vi‧o‧lent** ['vaɪələnt] *Adj* **1.** gewalttätig **2.** gewaltsam: **~ crime** Gewaltverbrechen *n*; **die a ~ death** e-s gewaltsamen Todes sterben **3.** heftig (*Auseinandersetzung, Sturm etc*): **be in a ~ temper** geladen sein

vi‧o‧let ['vaɪələt] **I** *s* BOT Veilchen *n*: → **shrinking II** *Adj* violett

▶ **vi‧o‧lin** [ˌvaɪə'lɪn] *s* MUS Geige *f*, Violine *f*: **~ case** Geigenkasten *m* ‚**vi‧o'lin‧ist** *s* Geiger(in), Violinist(in)

vi‧o‧lon‧cel‧lo [ˌvaɪələn't∫eləʊ] *Pl* **-los** *s* MUS Violoncello *n*

VIP [ˌviːaɪ'piː] *Abk* (= **very important person**) VIP *m* (*prominente Persönlichkeit*)

vi‧per ['vaɪpə] *s* ZOOL Viper *f*

vi‧ral ['vaɪərəl] *Adj* MED Virus…: **~ infection** Virusinfektion *f*

vir‧gin ['vɜːdʒɪn] **I** *s* Jungfrau *f*: **she's still a ~** sie ist noch Jungfrau **II** *Adj* jungfräulich, unberührt (*beide a. fig*)

vir‧gin‧i‧ty [vɜː'dʒɪnɪtɪ] *s* Unschuld *f*, Jungfräulichkeit *f*

Vir‧go ['vɜːgəʊ] *s* ASTR Jungfrau *f*: **be (a) ~** Jungfrau sein

vir‧ile ['vɪraɪl] *Adj* **1.** männlich **2.** potent **vi‧ril‧i‧ty** [vɪ'rɪlətɪ] *s* **1.** Männlichkeit *f* **2.** Potenz *f*

vir‧tu‧al ['vɜːt∫ʊəl] *Adj* **1.** *a.* IT virtuell: **~ reality** virtuelle Realität **2.** **he's a ~ alcoholic** er ist praktisch schon Alkoholiker; **it's a ~ certainty that** es steht praktisch *od* so gut wie fest, dass ‚'**vir‧tu‧al‧ly** *Adv* praktisch, so gut wie

vir‧tue ['vɜːt∫uː] *s* **1.** Tugend(haftigkeit) *f* **2.** Tugend *f*: **make a ~ of necessity** aus der Not e-e Tugend machen **3.** Vorzug *m*, Vorteil *m* **4.** **by** (*od* **in**) **~ of** kraft (*Gen*), aufgrund (*Gen*)

vir‧tu‧o‧so [ˌvɜːtjʊ'əʊzəʊ] *bes* MUS **I** *Pl* **-sos, -si** [ˌ-ziː] *s* Virtuose *m*, Virtuosin *f* **II** *Adj* virtuos

vir‧tu‧ous ['vɜːt∫ʊəs] *Adj* tugendhaft **vir‧u‧lent** ['vɪrʊlənt] *Adj* **1.** (akut u.) bösartig (*Krankheit*); schnell wirkend (*Gift*) **2.** *fig* bösartig, gehässig

vi‧rus ['vaɪərəs] *s* MED *u.* COMPUTER Virus *n, a. m* **~ scan‧ner** *s* Virensuchprogramm *n*

▶ **vi‧sa** ['viːzə] **I** *s* Visum *n*, (*im Pass eingetragenes a.*) Sichtvermerk *m* **II** *v/t* ein Visum eintragen in (*Akk*)

vis‧à‧vis [ˌviːzɑː'viː] *Präp* in Anbetracht (*Gen*)

vis‧cer‧a ['vɪsərə] *s Pl* ANAT Eingeweide *Pl*

vis‧count ['vaɪkaʊnt] *s* Viscount *m* (*englischer Adelstitel*) '**vis‧count‧ess** *s* Viscountess *f*

vis‧cous ['vɪskəs] *Adj* dick-, zähflüssig, CHEM *a.* viskos

vise *Am* → **vice²**

vis‧i‧bil‧i‧ty [ˌvɪzə'bɪlətɪ] *s* Sicht(verhältnisse *Pl*, -weite *f*) *f* '**vis‧i‧ble** *Adj* **1.** sichtbar **2.** *fig (er)* sichtlich

vi‧sion ['vɪʒn] *s* **1.** Sehkraft *f* **2.** *fig* Weitblick *m* **3.** Vision *f*: **~ of the future** Zukunftsvision; **have ~s of doing s.th.** sich schon etw tun sehen **vi‧sion‧ar‧y** ['‧rɪ] **I** *Adj* **1.** weitblickend, weit blickend **2.** eingebildet, unwirklich **II** *s* **3.** Seher(in) **4.** Fantast(in), Träumer(in)

▶ **vis‧it** ['vɪzɪt] **I** *v/t* **1.** *j-n* besuchen, *Museum etc a.* besichtigen **2.** *etw* inspizieren **II** *v/i* **3.** **be ~ing** auf Besuch sein (*Am:* **in** in *Dat*; **with** bei) **4.** **~ with** *Am* plaudern mit **III** *v/i* **5.** Besuch *m*, Besichtigung *f* (**to** *Gen*): **for** (*od* **on**) **a ~** auf Besuch; **have a ~ from** Besuch haben von; **pay a ~ to** *j-m* e-n Besuch abstatten; *Arzt* aufsuchen **6.** *Am* Plauderei *f* (**with** mit) ‚**vis‧i'ta‧tion** *s* **1.** Inspektion *f* **2.** *fig* Heimsuchung *f* **3.** F *hum* überlanger Besuch **'vis‧it‧ing** *Adj* Besuchs…: **~ card** Visitenkarte *f*; **~ hours** *Pl* Besuchszeit *f*

▶ **vis‧i‧tor** ['vɪzɪtə] *s* Besucher(in) (**to** *Gen*; **from** aus): **~s** *Pl* **to England** Englandbesucher *Pl*; **have ~s** Besuch haben; **~s' book** Gästebuch *n*

vi‧sor ['vaɪzə] *s* **1.** Visier *n* (*a.* MIL *hist*) **2.** Schirm *m* (*e-r Mütze*) **3.** MOT (*Sonnen-*) Blende *f*

vis‧ta ['vɪstə] *s* Aussicht *f*, Blick *m* (**of** auf *Akk*)

vis‧u‧al ['vɪʒʊəl] *Adj* **1.** Seh… **2.** visuell: **~ aids** *Pl* PÄD Anschauungsmaterial *n*, Lehrmittel *Pl*; **~ display unit** COMPUTER Bildschirm *m* **3.** optisch **'visu‧al‧ize** *v/t* sich *etw* vorstellen

V

vi·tal ['vaɪtl] *Adj* (→ **vitally**) **1.** lebenswichtig (*Organ etc*) **2.** Lebens...: ~ **statistics** *Pl* Bevölkerungsstatistik *f*; F *hum* Maße *Pi* (e-r *Frau*) **3.** unbedingt notwendig (**to,** für für): ~ **of** ~ **importance** von größter Wichtigkeit **4.** vital **vi·tal·i·ty** [.'tælətɪ] *s* Vitalität *f* **vi·tal·ly** ['.təlɪ] *Adv* **1.** vital **2.** sehr viel: ~ **important** äußerst wichtig

vi·ta·min ['vɪtəmɪn] *s* Vitamin *n* ~ **pill** *s* Vitamintablette *f*

vit·re·ous ['vɪtrɪəs] *Adj* Glas...

vi·va ['vaɪvə] *Br* F → **viva voce**

vi·va·cious [vɪ'veɪʃəs] *Adj* lebhaft, temperamentvoll

vi·va vo·ce ['vəʊsɪ] *s* UNI mündliche Prüfung

viv·id ['vɪvɪd] *Adj* **1.** hell (*Licht*); kräftig, leuchtend (*Farben*) **2.** anschaulich (*Schilderung etc*), lebhaft (*Fantasie*)

viv·i·sec·tion [.vɪvɪ'sekʃn] *s* Vivisektion *f*

V-neck ['viːnek] *s* V-Ausschnitt *m* '**V-necked** *Adj* mit V-Ausschnitt

vo·cab ['vəʊkæb] F → **vocabulary** 2

vo·cab·u·lar·y [vəʊ'kæbjʊlərɪ] *s* **1.** Vokabular *n*, Wortschatz *m* **2.** Vokabular *n*, Wortregister *n*, Wörterverzeichnis *n*

vo·cal ['vəʊkl] **I** *Adj* **1.** Stimm...: ~ **cords** *Pl* ANAT Stimmbänder *Pl* **2.** F lautstark **II** *s* *Pl* **3.** ~ **s by XY** Gesang: XY

vo·ca·tion [vəʊ'keɪʃn] *s* **1.** Begabung *f* (**for** für) **2.** Berufung *f* **vo·ca·tion·al** [.'ʃənl] *Adj* Berufs...: ~ **training** Berufsausbildung *f*

vo·cif·er·ous [vəʊ'sɪfərəs] *Adj* lautstark (*Protest etc*)

vod·ka ['vɒdkə] *s* Wodka *m*

vogue [vəʊg] *s* Mode *f*: **be in** ~ Mode sein ~ **word** *s* Modewort *n*

▸ **voice** [vɔɪs] **I** *s* **1.** Stimme *f* (*a. fig*): **give** ~ **to** → 4 **2.** **have a** ~ **in** ein Mitspracherecht haben bei **3.** → **active** 2, **passive** 2 **II** *v/t* **4.** zum Ausdruck bringen **5.** LING stimmhaft aussprechen ~ **box** *s* Kehlkopf *m*

voiced [vɔɪst] *Adj* LING stimmhaft '**voice·less** *Adj* LING stimmlos

'**voice mail** *s* IT Voicemail *f*, telefonische Nachricht: ~ **box** Voicemailbox *f*, Sprachbox *f*

void [vɔɪd] **I** *Adj* **1.** leer: ~ **of** ohne **2.** JUR nichtig, ungültig: → **null II** *v/t* **3.** JUR

nichtig *od* ungültig machen **III** *s* **4.** *fig* (Gefühl *n* der) Leere

vol·a·tile ['vɒlətaɪl] *Adj* **1.** cholerisch (*Person, Temperament*); explosiv (*Lage etc*) **2.** CHEM flüchtig, (*Öl*) ätherisch

vol-au-vent ['vɒləʊvã:] *s* GASTR Königinpastete *f*

vol·can·ic [vɒl'kænɪk] *Adj* (~**ally**) vulkanisch, Vulkan... **vol·ca·no** [.'keɪnəʊ] *Pl* **-no(e)s** *s* Vulkan *m*

vo·li·tion [vəʊ'lɪʃn] *s*: **of one's own** ~ aus freien Stücken

vol·ley ['vɒlɪ] **I** *s* **1.** Salve *f*; (*Schlag- etc*) Hagel *m* **2.** *Tennis*: Volley *m*, Flugball *m*; (*Fußball*) Volleyschuss *m*: **take on the** ~ *Ball* volley nehmen **II** *v/t* **3.** *Ball* volley schießen (**into the net** ins Netz) '~**ball** *s* SPORT Volleyball *m*

volt [vəʊlt] *s* ELEK Volt *n* '**volt·age** *s* ELEK Spannung *f*

vol·u·ble ['vɒljʊbl] *Adj* **1.** redselig **2.** wortreich

▸ **vol·ume** ['vɒljuːm] *s* **1.** Band *m*: **a two-** ~ **novel** ein zweibändiger Roman; **speak** ~**s** *fig* Bände sprechen **2.** MATHE, PHYS Volumen *n*, Rauminhalt *m* **3.** (*Handels- etc*)Volumen *n*, (*Verkehrs-*) Aufkommen *n* **4.** Lautstärke *f*: **at full** ~ in voller Lautstärke; **turn to full** ~ *Radio etc* auf volle Lautstärke stellen, voll aufdrehen; **turn the** ~ **up** (**down**) lauter (leiser) drehen; ~ **control** Lautstärkeregler *m* **vo·lu·mi·nous** [vəˈluːmɪnəs] *Adj* **1.** bauschig (*Kleidungsstück*) **2.** geräumig, umfangreich (*Bericht etc*)

vol·un·tar·y ['vɒləntərɪ] *Adj* **1.** freiwillig: ~ **service overseas** *Br* Entwicklungsdienst *m* **2.** unbezahlt

vol·un·teer [.vɒlən'tɪə] *v/i* **1.** sich freiwillig melden (**for** zu) (*a.* MIL) **II** *v/t* **2.** *Hilfe etc* anbieten: ~ **to do s.th.** sich anbieten, etw zu tun **3.** *etw* von sich aus sagen **III** *s* **4.** Freiwillige *m, f* (*a.* MIL); freiwilliger Helfer, freiwillige Helferin

vo·lup·tu·ous [vəˈlʌptʃʊəs] *Adj* **1.** sinnlich (*Lippen, Mund*); üppig (*Formen*); aufreizend (*Bewegungen*) **2.** kurvenreich (*Frau*)

vom·it ['vɒmɪt] **I** *v/t* erbrechen, *Blut* spucken; *Feuer, Lava* speien, *Rauchwolken etc* ausstoßen **II** *v/i* (sich er)brechen, sich übergeben

vo·ra·cious [vəˈreɪʃəs] *Adj* unersättlich

VOTIVE (candles)?

(*Appetit*): **he's a ~ reader of comics** er verschlingt die Comics geradezu

vor·tex ['vɔːteks] *Pl* **-tex·es**, **-ti·ces** ['_tɪsiːz] *s* Strudel *m* (*a. fig*), Wirbel *m*

▸ **vote** [vəʊt] **I** *v/i* **1.** Abstimmung *f* (*about, on* über *Akk*): **put to the ~** abstimmen lassen über (*Akk*); **take a ~ on** abstimmen über (*Akk*); → *censure* 1 **2.** Stimme *f*; Stimmzettel *m*, Stimme *f*: **cast one's ~ for** stimmen für, *j-m* s-e Stimme geben **3.** *a. Pl* Wahlrecht *n*: **get the ~** wahlberechtigt werden **II** *v/i* **4.** wählen: **~ for** (*against*) stimmen für (gegen) **5.** **~ on** abstimmen über (*Akk*) **III** *v/t* **6.** wählen: **~ out of office** abwählen **7.** **~ s.o. s.th.** *j-m* etw bewilligen **8.** **~ that** F vorschlagen, dass

▸ **vot·er** ['vəʊtə] *s* Wähler(in)

vouch [vaʊtʃ] *v/i*: **~ for** sich verbürgen

für; bürgen für '**vouch·er** *s* Gutschein *m*

vow [vaʊ] **I** *s* Gelöbnis *n*: **make** (*od* **take**) **a ~** ein Gelöbnis ablegen **II** *v/t* geloben, schwören (**to do** zu tun)

vow·el ['vaʊəl] *s* LING Vokal *m*, Selbstlaut *m*

▸ **voy·age** ['vɔɪɪdʒ] *s* (See)Reise *f*

VSO [viːes'əʊ] *Abk* (= **voluntary service overseas**)

vul·can·ize ['vʌlkənaɪz] *v/t* vulkanisieren

vul·gar ['vʌlɡə] *Adj* **1.** vulgär, ordinär **2.** geschmacklos

vul·ner·a·ble ['vʌlnərəbl] *Adj* **1.** *fig* verletz-, verwundbar; schutzbedürftig **2.** anfällig (**to** für)

vul·ture ['vʌltʃə] *s* ORN Geier *m*

W

W ['dʌblju:] *Pl* **W's** *s* W *n*

wack·y ['wækɪ] *Adj* F verrückt

wad [wɒd] *s* **1.** (*Papier- etc*)Knäuel *m*; (*Watte- etc*)Bausch *m* **2.** Bündel *n* (*Banknoten etc*)

wad·dle ['wɒdl] *v/i* watscheln

wade [weɪd] **I** *v/t* durchwaten **II** *v/i* waten: **~ across** → I; **~ in** hineinwaten; F sich einmischen; **~ into** waten in (*Akk*); F losgehen auf *j-n*; sich reinknien in *e-e Arbeit*; **~ through** waten durch; F sich durchkämpfen durch, *Fachliteratur* etc *a.* durchackern '**wad·ing** *Adj*: **~ pool** *Am* Plan(t)schbecken *n*

wa·fer ['weɪfə] *s* **1.** (*bes* Eis)Waffel *f* **2.** REL Hostie *f*

waf·fle[1] ['wɒfl] *s* Waffel *f*

waf·fle[2] [_] *v/i bes Br* F schwafeln

waft [wɑːft] **I** *v/i* ziehen (*Duft etc*) **II** *v/t* wehen

wag[1] [wæɡ] **I** *v/t*: **~ one's finger at** *j-m* mit dem Finger drohen; **~ its tail** mit dem Schwanz wedeln **II** *v/i* wedeln (*Schwanz*): **tongues will ~** das wird Gerede geben; **set tongues ~ging** für Gerede sorgen **III** *s*: **with a ~ of its tail** schwanzwedelnd

wag[2] [_] *s* F unterhaltsamer Mensch

▸ **wage**[1] [weɪdʒ] *s mst Pl* Lohn *m*; Gehalt *n*

wage[2] [_] *v/t*: **~ (a) war against** (*od* **on**) MIL Krieg führen gegen; *fig* e-n Feldzug führen gegen

wage| **claim** *s*, **~ de·mand** *s* Lohn- *od* Gehaltsforderung *f* **~ earn·er** *s* Verdiener(in) **~ freeze** *s* Lohnstopp *m* **~ pack·et** *s* Lohn- *od* Gehaltstüte *f* **~ rise** *s* Lohn- *od* Gehaltserhöhung *f*

wa·ger ['weɪdʒə] **I** *s* Wette *f*: **have** (*od* **place**) **a ~ on** e-e Wette abschließen *od* eingehen auf (*Akk*) **II** *v/t*: **I'll ~ that** ich wette, dass

wag·gle ['wæɡl] *v/i u. v/t* F wackeln (mit)

wag·on *Br* → **wagon**

wag·on *Br* → wagon

wag·on ['wæɡən] *s* **1.** Fuhrwerk *n*, Wagen *m*: **be on the ~** F keinen Alkohol (mehr) trinken **2.** BAHN *Br* (offener) Güterwagen **3.** *Am* (*Tee- etc*)Wagen *m*

wail [weɪl] **I** *v/i* jammern (*Person*); heulen (*Sirene, Wind*) **II** *v/t* jammern **III** *s* Jammern *n*; Heulen *n*

wain·scot ['weɪnskət] *s* **1.** Fuß(boden)-, Scheuerleiste *f* **2.** (Wand)Täfelung *f*

▸ **waist** [weɪst] *s* Taille *f*: → **strip** 1 **~·coat** ['weɪskəʊt] *s bes Br* Weste *f*

W

'**~·line** s Taille f: *I'm watching my ~* ich muss auf m-e Linie achten

▶ **wait** [weɪt] **I** v/i **1.** warten (*for, on* auf Akk; [*for*] *10 minutes* 10 Minuten): *~ for s.o. a.* j-n erwarten; *~ for s.o. to do s.th.* darauf warten, dass j-d etw tut; warten, bis j-d etw tut; *this can ~* das kann warten, das hat Zeit (*until* bis); *keep s.o. waiting* j-n warten lassen; *I can't ~ to see him* ich kann es kaum erwarten, ihn zu sehen; *~ and see!* warte es ab!; *I'll have to ~ and see how ...* ich muss abwarten, wie ...; *~ up* F aufbleiben (*for* wegen) **2.** *~ on s.o.* j-n (*bes im Restaurant*) bedienen; *~ at (Am on) table* bedienen **II** v/t **3.** *~ one's chance* auf e-e günstige Gelegenheit warten (*to do* zu tun); *~ one's turn* warten, bis man an der Reihe ist **4.** *~ dinner for s.o.* bes Am F mit dem Abendessen auf j-n warten **III** s **5.** Wartezeit f: *have a long ~* lange warten müssen **6.** *lie in ~ for s.o.* j-m auflauern

▶ **wait·er** ['weɪtə] s Kellner m, Ober m, (*Anrede*) (Herr) Ober '**wait·ing I** s Warten n: *"no ~"* „Halt(e)verbot" **II** Adj: *play a ~ game* (*with s.o.*) j-n hinhalten; *~ list* Warteliste f

▶ **waiting room** ['weɪtɪŋruːm] s BAHN Wartesaal m; MED etc Wartezimmer n

▶ **wait·ress** ['weɪtrɪs] s Kellnerin f, Bedienung f, schweiz. Serviertochter f

waive [weɪv] v/t verzichten auf (Akk) '**waiv·er** s Verzicht m (*of* auf Akk); Verzichtserklärung f

wake¹ [weɪk] s SCHIFF Kielwasser n: *follow in the ~ of* fig folgen auf (Akk); *leave s.th. in one's ~ fig* etw zurücklassen

▶ **wake²** [weɪk] (*unreg*) **I** v/t a. ▶ *wake up* (auf)wecken; fig wecken, wachrufen: *wake s.o. up to s.th. fig* j-m etw bewusst machen **II** v/i a. ▶ *wake up* aufwachen, wach werden: *wake to s.th. fig* sich e-r Sache bewusst werden **wake·ful** ['ˌful] Adj schlaflos **wak·en** ['ˌən] **I** v/t a. *~ up* (auf)wecken **II** v/i a. *~ up* aufwachen, wach werden '**wak·ing** Adj: *he spends all his ~ hours studying* er lernt von früh bis spät

▶ **Wales** [weɪlz] Eigenn Wales n

▶ **walk** [wɔːk] **I** s **1.** Spaziergang m; Wanderung f: *go for* (od *take*) *a ~* e-n Spaziergang machen, spazieren gehen; *the*

church is just a five-minute ~ from here zu Fuß sind es nur fünf Minuten bis zur Kirche; *take the dog for a ~* den Hund Gassi führen **2.** Spazier-, Wanderweg m **3.** Gang m **4.** *from all ~s* (od *every ~*) *of life* Leute aus allen Berufen (od Schichten) **II** v/i **5.** (zu Fuß) gehen, laufen; spazieren gehen; wandern: *~ into* hineingehen in (Akk), hereinkommen in (Akk); *fig* in e-e Falle gehen; *~ all over s.o.* F j-n unterbuttern **III** v/t **6.** Strecke gehen, laufen: → *street* **7.** j-n begleiten (*to* zu; *home* nach Hause); *Hund* ausführen

Verbindungen mit Adverbien:

walk| a·way v/i **1.** → *walk off* **2.** *~ from* bei e-m Unfall (fast) unverletzt bleiben *~ in* v/i hineingehen, hereinkommen *~ off* v/i **1.** fort-, weggehen **2.** *~ with* F abhauen mit; *Preis etc* locker gewinnen *~ out* v/i **1.** hinausgehen; (*unter Protest*) den Saal verlassen, (*Delegation etc a.*) ausziehen: *~ of a meeting* e-e Versammlung (*unter Protest*) verlassen; *~ on s.o.* F j-n verlassen; j-n sitzen lassen **2.** in (den) Streik treten *~ up* v/i **1.** hinaufgehen, heraufkommen **2.** *~ to s.o.* auf j-n zugehen; *~!* treten Sie näher!

'**walk·a·bout** s bes Br F Bad n in der Menge: *do* (od *go on*) *a ~* ein Bad in der Menge nehmen

walk·er ['wɔːkə] s **1.** Spaziergänger(in); Wand(r)erer m, Wand(r)erin f: *be a fast ~* schnell gehen **2.** SPORT Geher(in) **walk·ies** ['ˌɪz] s Pl: *go ~* Br F Gassi gehen

walk·ie-talk·ie [ˌwɔːkɪˈtɔːkɪ] s Walkie-Talkie n, tragbares Funksprechgerät '**walk-in** Adj begehbar (*Schrank*)

walk·ing ['wɔːkɪŋ] **I** s **1.** Laufen n (a. Sport), Gehen n; Spazierengehen n; Wandern n **II** Adj: *a ~ dictionary* F ein wandelndes Wörterbuch; *be given one's ~ papers* Am F den Laufpass bekommen (*von Firma od Freundin*); *~ shoes* Pl Wanderschuhe Pl; *~ stick* Spazierstock m; *~ tour* Wanderung f

Walk·man® ['wɔːkmən] Pl **-mans** s Walkman® m (*kleiner Kassettenrekorder*)

'**walk-on** THEAT **I** Adj **1.** *~ part* → 2 **II** s **2.** Statistenrolle f **3.** Statist(in) '**~·out** s **1.** Auszug m (*by, of* e-r Delegation etc) **2.**

Ausstand *m*, Streik *m* '~,**o·ver** *s* F lockerer Sieg

► **wall** [wɔːl] **I** *s* **1.** Wand *f* (*a. fig*): **~ of fire** Feuerwand; **~s have ears** die Wände haben Ohren; **drive up the ~** F *j-n* wahnsinnig machen; **go to the ~** kaputtgehen (*Firma etc*) **2.** Mauer *f* (*a. fig*): **~ of silence** Mauer des Schweigens **II** *v/t* **3.** mit e-r Mauer umgeben: **~ed** von Mauern umgeben; **~ in** einmauern; **~ off** durch e-e Mauer abtrennen (**from** von); **~ up** zu- *od* einmauern '**~·chart** *s* Wandkarte *f*

► **wal·let** ['wɒlɪt] *s* Brieftasche *f*

'**wall,flow·er** *s fig* F Mauerblümchen *n*

wal·lop ['wɒləp] F **I** *s* **1.** Ding *n* (*harter Schlag*): **give s.o. a ~** → 2 **II** *v/t* **2.** *j-n* ein Ding verpassen **3.** SPORT *j-n* in die Pfanne hauen (**at** in *Dat*) '**wal·lop·ing** *Adj u. Adv*: **~** (**great**) F riesig, Mords…

wal·low ['wɒləʊ] *v/i*: **~ in** sich wälzen in (*Dat*), (*Tier a.*) sich suhlen in (*Dat*): **~ in luxury** im Luxus schwelgen; **~ in self-pity** sich in Selbstmitleid ergehen

wall| paint·ing *s* Wandgemälde *n* '~,**pa·per I** *s* Tapete *f* **II** *v/t* tapezieren ,~**-to-'~** *Adj*: **~ carpeting** Spannteppich *m*, Teppichboden *m*

wal·ly ['wɒlɪ] *s Br* F Trottel *m*

wal·nut ['wɔːlnʌt] *s* BOT Walnuss(baum *m*) *f* **~ cake** *s* Nusskuchen *m*

wal·rus ['wɔːlrəs] *Pl* **-rus·es**, *bes Koll* **-rus** *s* ZOOL Walross *n* **~ m(o)us·tache** *s* Seehundsbart *m*

waltz [wɔːls] **I** *s* MUS Walzer *m* **II** *v/i* Walzer tanzen; walzen

wand [wɒnd] *s* (*Zauber*)Stab *m*

► **wan·der** ['wɒndə] *v/i* **1.** wandern; bummeln, schlendern: **~ about** (*od* **around**) herumirren; **~ off** verschwinden **2.** **~ off the subject** vom Thema abschweifen **3.** **his mind ~s** er kann sich schlecht konzentrieren '**wan·der·ings** *s Pl* **1.** Reisen *Pl* **2.** **he's off on his ~ again** er ist wieder mal verschwunden

wane [weɪn] **I** *v/i* abnehmen (*Mond*); *fig* schwinden (*Einfluss etc*) **II** *s*: **be on the ~** im Schwinden begriffen sein

wan·gle ['wæŋgl] *v/t* F **1.** *Eintrittskarten etc* organisieren: **~ s.th. out of s.o.** *j-n* etw abluchsen **2.** **~ one's way out of** sich herauswinden aus **3.** **I'll ~ it** ich

werde das Kind schon schaukeln

wank [wæŋk] *v/i Br* V wichsen (*masturbieren*) '**wank·er** *s Br fig* V Wichser *m*

wan·na ['wɒnə] F *für* **want to; want a**

► **want** [wɒnt] **I** *v/t* **1.** *etw* wollen: **he knows what he ~s** er weiß, was er will; **~ to do s.th.** etw tun wollen; **~ s.o. to do s.th.** wollen, dass j-d etw tut; **~s.th. done** wollen, dass etw getan wird; **it ~s doing at once** F es muss sofort erledigt werden **2.** *j-n* brauchen; *j-n* sprechen wollen: **you are ~ed on the phone** du wirst am Telefon verlangt **3.** **be ~ed** (*polizeilich*) gesucht werden (**for** wegen) **4.** F *etw* brauchen, nötig haben **5.** F **you ~ to see a doctor** du solltest zum Arzt gehen **II** *v/i* **6.** wollen: **I don't ~ to** ich will nicht; **~ in** (**out**) F rein(raus)wollen **7.** **he does not ~ for anything** es fehlt ihm an nichts **III** *s* **8.** Mangel *m* (**of** an *Dat*): **for ~ of** mangels (*Gen*), in Ermang(e)lung (*Gen*); **be in ~ of** *etw* benötigen, brauchen **9.** Bedürfnis *n*, Wunsch *m* **~ ad** *s* Kleinanzeige *f*

want·ed ['wɒntɪd] *Adj*: **he's a ~ man** er wird (*polizeilich*) gesucht; er ist ein viel gefragter Mann '**want·ing** *Adj*: **they are ~ in** es fehlt *od* mangelt ihnen an (*Dat*); **be found ~** den Ansprüchen nicht genügen

wan·ton ['wɒntən] *Adj* **1.** mutwillig **2.** liederlich (*Frau, Leben*) **3.** lüstern (*Blick etc*)

► **war** [wɔː] *s* Krieg *m* (*a. fig*); *fig* Kampf *m* (**against** gegen): **be at ~ with** sich im Krieg(szustand) befinden mit; *fig* auf (dem) Kriegsfuß stehen mit; **declare ~ on** *j-m* den Krieg erklären, *fig a. j-m* den Kampf ansagen; → **wage²**

war·ble ['wɔːbl] *v/i* trillern (*Vogel*)

war| crime *s* Kriegsverbrechen *n* **~ crim·i·nal** *s* Kriegsverbrecher(in) *f* **~ cry** *s* **1.** MIL *hist* Schlachtruf *m* **2.** *fig* Parole *f*

ward [wɔːd] **I** *s* **1.** Station *f* (*e-s Krankenhauses*) **2.** POL *Br* Stadtbezirk *m* **3.** JUR Mündel *n* **II** *v/t* **4.** **~ off** *Schlag etc* abwehren, *Gefahr etc* abwenden '**ward·en** *s* **1.** Aufseher(in): → **traffic warden 2.** Haus-, Herbergsvater *m*, -mutter *f*; Heimleiter(in) **3.** *Am* (*Gefängnis*)Direktor(in) '**ward·er** *s Br* Aufsichtsbeamte *m*, -beamtin *f* (*in Gefängnis*)

► **ward·robe** ['wɔːdrəʊb] *s* **1.** (*Kleider-*)

W

Schrank *m* **2.** Garderobe *f* (*Kleiderbestand*)

ware [weə] *s in Zssgn* (*Glas- etc*)Waren *Pl*: → **tableware** '**~·house** *s* Lager (-haus) *n*

war·fare ['wɔːfeə] *s* Krieg(führung *f*) *m*

war| **game** *s* Kriegsspiel *n* (*a. für Kinder etc*), Planübung *f* '**~·head** *s* MIL Spreng-, Gefechtskopf *m* '**~·like** *Adj* **1.** kriegerisch **2.** Kriegs...

▶ **warm** [wɔːm] **I** *Adj* **1.** warm (*a. fig Farben, Stimme*): **I am** (*od feel*) **~** mir ist warm; **dress ~ly** sich warm anziehen **2.** *fig* warm, herzlich (*Empfang*) **II** *s* **3. come into the ~** *bes Br F* komm ins Warme! **III** *v/t* **4.** *a.* **~ up** wärmen, sich *die Hände etc* wärmen **IV** *v/i* **5.** *a.* **~ up** warm *od* wärmer werden, sich erwärmen: **~ to** *fig* sich für *j-n, etw* erwärmen

Verbindungen mit Adverbien:

warm| **o·ver** *v/t* **1.** *Am* → **warm up 2 2.** *bes Am fig* alte Geschichten *etc* aufwärmen **~ up I** *v/t* **1.** → **warm 4 2.** *Br Speise* aufwärmen **3.** *Motor* warm laufen lassen **4.** F Schwung bringen in (*Akk*) **II** *v/i* **5.** → **warm 5 6.** SPORT sich aufwärmen **7.** F in Schwung kommen

,**warm**|-'**blood·ed** *Adj* ZOOL warmblütig: **~ animal** Warmblüter *m* ,**~** '**heart·ed** *Adj* **1.** warmherzig **2.** → **warm 2**

'**war,mon·ger** *s* Kriegshetzer(in)

warm start *s* COMPUTER *u.* MOT Warmstart *m*

warmth ['wɔːmθ] *s* Wärme *f*, *fig a.* Herzlichkeit *f*

'**warm-up** *s* SPORT Aufwärmen *n*: **have a ~** sich aufwärmen

▶ **warn** [wɔːn] **I** *v/t* **1.** *j-n* warnen (**against, of** vor *Dat*): **~ s.o. not to do** (*od* **against doing**) **s.th.** *j-n* davor warnen, etw zu tun; **~ off** verscheuchen (von, aus) **2.** *j-n* verständigen (**of** von; **that** davon, dass) **II** *v/i* **3.** warnen (**against, of** vor *Dat*) '**warn·ing I** *s* **1.** Warnung *f* (**of** vor *Dat*): ohne Vorwarnung; **let this be a ~ to you** lass dir das e-e Warnung sein!, das soll dir e-e Warnung sein! **2.** Verwarnung *f*: **he was given a written ~** *a.* er wurde schriftlich verwarnt **II** *Adj* **3.** Warn...: **~ shot** Warnschuss *m*; **~ signal** Warnsignal *n*; **~ triangle** Warndreieck *n*

warp [wɔːp] *v/i* sich verziehen *od* werfen (*Holz*): **he must have a ~ed mind** *fig* er muss derartig veranlagt sein

war| **paint** *s* Kriegsbemalung *f* (*a. hum Make-up*) '**~·path** *s*: **be on the ~** auf dem Kriegspfad sein

war·rant ['wɒrənt] **I** *v/t* **1.** *etw* rechtfertigen **II** *s* **2.** JUR *arrest* **~** Haftbefehl *m*; **issue a ~ for s.o.'s arrest** Haftbefehl gegen *j-n* erlassen; → **death warrant, search warrant 3.** Rechtfertigung *f* '**war·ran·ty** *s* Garantie(erklärung) *f*: **the watch is still under ~** auf der Uhr ist noch Garantie

war·ri·or ['wɒrɪə] *s* Krieger(in)

War·saw ['wɔːsɔː] *Eigenn* Warschau *n*

'**war·ship** *s* Kriegsschiff *n*

wart [wɔːt] *s* Warze *f*: **~s and all** F ohne jede Beschönigung

'**war·time I** *s*: **in ~** in Kriegszeiten **II** *Adj* Kriegs...: **in ~ Germany** in Deutschland während des Kriegs

war·y ['weərɪ] *Adj* vorsichtig: **be ~ of** (*od* **about**) sich in Acht nehmen vor (*Dat*); **be ~ of doing s.th.** Bedenken haben, etw zu tun

was [wɒz] **1.** *ich, er, sie, es* war **2.** *Passiv: ich, er, sie, es* wurde

▶ **wash** [wɒʃ] **I** *s* **1.** Wäsche *f*: **be in the ~** in der Wäsche sein; **come out in the ~** *fig* F rauskommen; gut werden; **give s.th. a ~** etw waschen; **have a ~** sich waschen **2.** Waschanlage *f*, -straße *f* **3.** MED (*Mund*)Wasser *n* **II** *v/t* **4.** waschen, sich *die Hände etc* waschen: → **linen 2 III** *v/i* **5.** sich waschen **6.** sich *gut etc* waschen (lassen) **7. that won't ~** F das glaubt kein Mensch

Verbindungen mit Adverbien:

wash| **a·way** *v/t* wegschwemmen, -spülen **~ down** *v/t* **1.** Wagen *etc* waschen, abspritzen **2.** *Essen etc* hinunterspülen (**with** mit) **~ out** *v/t* **1.** auswaschen **2. be ~ed out** (*Sport etc*) wegen Regens abgesagt *od* abgebrochen werden **~ up I** *v/i* **1.** *Br* abwaschen, (das) Geschirr spülen **2.** *Am* → **wash 5 II** *v/t* **3.** anschwemmen, anspülen

wash·a·ble ['wɒʃəbl] *Adj* waschbar, -echt, (*Tapete*) abwaschbar

'**wash**|-**bag** *s bes Br* Kulturbeutel *m* '**~·,ba·sin** *s* Waschbecken *n*, *schweiz* Lavabo *n* '**~·board** *s* Waschbrett *n* '**~·board abs** *s Pl* Waschbrettbauch *m*

~·board stom·ach s Waschbrettbauch m '**~·bowl** s Am Waschbecken n, schweiz Lavabo n '**~·cloth** s Am Waschlappen m '**~·day** s Waschtag m

washed-out ['wɒʃt'aʊt] Adj 1. verwaschen 2. F schlapp, erschöpft '**wash·er** s 1. (Geschirr)Spülmaschine f; Am Waschmaschine f 2. → **dishwasher** 1 3. TECH Unterlegscheibe f

▸ **wash·ing** ['wɒʃɪŋ] I s Wäsche f (a. Textilien) II Adj Wasch..., Wäsche...: **washing line** Wäscheleine f; ▸ **washing machine** Waschmaschine f; **washing powder** Waschpulver n ,~·**up** s Br Abwasch m (a. Geschirr): **do the** ~ den Abwasch machen; ~ **liquid** (Geschirr-) Spülmittel n

'**wash·out** s F Pleite f '**~·room** s Am Toilette f

was·n't ['wɒznt] F für **was not**

▸ **wasp** [wɒsp] s ZOOL Wespe f '**wasp·ish** Adj giftig

▸ **waste** [weist] I v/t 1. Geld, Zeit etc verschwenden, -geuden (**on** an Akk, für); Chance etc vergeben: ~ **one's time doing s.th.** s-e Zeit damit verschwenden, etw zu tun; → **breath** 1 2. j-n auszehren II v/i 3. ~ **away** immer schwächer werden (Person) III Adj 4. ungenutzt, überschüssig; Abfall... 5. brachliegend (Land) IV s 6. Verschwendung f: ~ **of time** (money, space) Zeit-(Geld-, Platz)verschwendung f 7. Abfall m; Müll m '~,**bas·ket** s Papierkorb m ~ **dis·pos·al** s Abfall-, Müllbeseitigung f

waste·ful ['weistful] Adj verschwenderisch: **it is** ~ a. es ist Verschwendung (**to do** zu tun)

▸ **waste·pa·per bas·ket** [weist'peipə'baːskit] s Papierkorb m ~ **pipe** s Abflussrohr n ~ **prod·uct** s Abfallprodukt n

wast·er ['weistə] s Verschwender(in): **be a real time** ~ reine Zeitverschwendung sein

▸ **watch** [wɒtʃ] I s 1. (Armband-, Taschen)Uhr f 2. Wache f: **be on the** ~ **for** Ausschau halten nach; auf der Hut sein vor (Dat); **keep (a) careful** (od **close**) ~ **on** etw genau beobachten, scharf im Auge behalten II v/t 3. beobachten; zuschauen bei, sich etw ansehen: ~ **s.o. do(ing) s.th.** beobachten,

wie j-d etw tut; ~ **the clock** F ständig auf die Uhr schauen; → **television** 1, **TV** 1 4. aufpassen auf (Akk); achten auf (Akk): ~ **you don't spill the coffee** pass auf, dass du den Kaffee nicht verschüttest; ~ **it!** F pass auf!, Vorsicht!; ~ **one's step** fig aufpassen III v/i 5. zuschauen: ~ **for a)** a. ~ **out for** Ausschau halten nach, **b)** warten auf (Akk) 6. ~ **out!** pass auf!, Vorsicht!; ~ **out for** sich in Acht nehmen vor (Dat)

watch·ful ['wɒtʃful] Adj wachsam '~|,**mak·er** s Uhrmacher(in) ~·**man** ['-mən] s (unreg **man**) Wachmann m, Wächter m '~·**strap** s Uhr(arm)band n '~,**tow·er** s Wachturm m

▸ **wa·ter** ['wɔːtə] I s 1. Wasser n: **be un·der** ~ unter Wasser stehen; **that's all** ~ **under the bridge** fig das ist Schnee von gestern; **have** ~ **on the knee** MED Wasser im Knie haben; **throw cold** ~ **on** fig e-r Sache e-n Dämpfer aufsetzen; → **deep** 1, **head** 8, **high water, hot** 1 2. Pl Gewässer Pl; Wasser Pl (e-s Flusses etc): **still** ~s **run deep** fig stille Wasser sind tief; → **trouble** 4 II v/t 3. Blumen gießen, Rasen etc sprengen 4. Vieh tränken 5. ~ **down** verdünnen, -wässern; fig abschwächen III v/i 6. tränen (Augen): **the sight made my mouth** ~ bei dem Anblick lief mir das Wasser im Mund zusammen '~·**bed** s Wasserbett n ~ **bird** s Wasservogel m ~ **buf·fa·lo** s ZOOL Wasserbüffel m ~ **butt** s Regentonne f ~ **can·non** s (a unver cannon) Wasserwerfer m '~,**col·o(u)r** s 1. Wasser-, Aquarellfarbe f 2. Aquarellmalerei f 3. Aquarell n '~·**course** s Wasserlauf m '~·**cress** s BOT Brunnenkresse f '~·**fall** s Wasserfall m '~·**front** s Hafenviertel n '~·**hole** s Wasserloch n ~ **ice** s bes Br Fruchteis n

wa·ter·ing ['wɔːtərɪŋ] Adj: ~ **can** (Am a. **pot**) Gießkanne f

wa·ter|jump s SPORT Wassergraben m ~ **lev·el** s Wasserstand m ~·**lil·y** s BOT Seerose f

Wa·ter·loo [,wɔːtə'luː] s: **meet one's** ~ sein Waterloo erleben

'**wa·ter·mark** s Wasserzeichen n '~,**mel·on** s BOT Wassermelone f ~ **pipe** s 1. Wasserrohr n 2. Wasserpfeife f ~ **pis·tol** s Wasserpistole f ~ **po·lo** s SPORT Wasserball(spiel) n) m '~·**proof** I Adj

wasserdicht **II** *s bes Br* Regenmantel *m* **III** *v/t* wasserdicht machen, imprägnieren '~·**side** *s* Ufer *n* '~·**ski** *v/i* Wasserski laufen ~ **ski·ing** *s* Wasserskilaufen *n* ~ **sup·ply** *s* Wasserversorgung *f*; Wasserreserven *Pl* ~ **ta·ble** *s* Grundwasserspiegel *m* '~·**tight** *Adj* wasserdicht, *fig a.* hieb- u. stichfest ~ **va·po(u)r** *s* Wasserdampf *m* '~·**way** *s* Wasserstraße *f* '~·**wheel** *s* Wasserrad *n* '~·**wings** *s Pl* Schwimmflügel *Pl* '~·**works** *s Pl* (*oft Sg konstruiert*) Wasserwerk *n*: **turn on the** ~ F zu heulen anfangen

wa·ter·y ['wɔ:təri] *Adj* wäss(e)rig

watt [wɒt] *s* ELEK Watt *n*

▸ **wave** [weɪv] **I** *v/t* **1.** schwenken; winken mit: ~ **one's hand** winken; ~ **s.o. goodbye** j-m nachwinken, j-m zum Abschied zuwinken **2.** ~ **aside** j-n beiseite winken; *fig j-n, etw* abweisen; ~ **away** j-n mit e-r Handbewegung verscheuchen; ~ **on** j-n, *Verkehr* weiterwinken **3.** *Haar* wellen, in Wellen legen **II** *v/i* **4.** winken: ~ **at** (*od* **to**) **s.o.** j-m zuwinken **5.** wehen (*Fahne etc*) **6.** sich wellen (*Haar*) **III** *s* **7.** *allg* Welle *f* (*a. fig*): → **Mexican 8. give a friendly** ~ freundlich winken; **give s.o. a** ~ j-m zuwinken '~·**length** *s* ELEK, PHYS Wellenlänge *f*: **we aren't on the same** ~ *fig* wir haben nicht die gleiche Wellenlänge

wa·ver ['weɪvə] *v/i* **1.** flackern (*Licht, Augen*), zittern (*Stimme*) **2.** *fig* schwanken (*between* zwischen *Dat*)

wav·y ['weɪvɪ] *Adj* wellig, gewellt: ~ **line** Wellenlinie *f*

wax[1] [wæks] **I** *s* **1.** Wachs *n* **2.** PHYSIOL (*Ohren*)Schmalz *n* **II** *v/t* **3.** wachsen; *Fußboden a.* bohnern

wax[2] [_] *v/i* zunehmen (*Mond*)

wax·en ['wæksən] *Adj fig* wächsern

'**wax·work** *s* **1.** Wachsfigur *f* **2.** *Pl* (*mst Sg konstruiert*) Wachsfigurenkabinett *n*

wax·y ['wæksɪ] *Adj* wächsern (*a. fig*)

▸ **way** [weɪ] **I** *s* **1.** Weg *m*: **way back** Rückweg; **way home** Heimweg; **way in** Eingang *m*; **way out** Ausgang *m*; **ways and means** *Pl fig* Mittel *u.* Wege *Pl*; **by way of** über (*Akk*), via; statt; ▸ **by the way** *fig* übrigens; **be on the** (*od* **one's**) **way to** unterwegs sein nach; **give way** nachgeben; **go out of one's way** sich besondere Mühe geben (**to**

do zu tun); **lose one's way** sich verlaufen *od* verirren; **make way** Platz machen (**for** für); → **talk** 8, *etc* **2.** Richtung *f*, Seite *f*: **this way** hierher; hier entlang **3.** Weg *m*, Entfernung *f*, Strecke *f*: **be a long way from** weit entfernt sein von; **Easter is still a long way off** bis Ostern ist es noch lang **4.** Art *f*, Weise *f*: **in a way** (*od* **some ways**) in gewisser Hinsicht; **in no way** in keiner Weise; **no way!** F kommt überhaupt nicht in Frage!; **way of life** Lebensart, -weise; **to my way of thinking** m-r Ansicht nach; **if I had my way** wenn es nach mir ginge; **you can't have it both ways** du kannst nicht beides haben **5.** *mst Pl* Brauch *m*, Sitte *f*; Gewohnheit *f*: → **mend** 2 **II** *Adv* **6.** weit: **they are friends from way back** sie sind alte Freunde '~·**bill** *s* Frachtbrief *m* ,~'**lay** *v/t* (*unreg lay*) **1.** j-m auflauern **2.** j-n abfangen, abpassen

way·ward ['weɪwəd] *Adj* eigensinnig

▸ **we** [wi:] *Pron* wir *Pl*

▸ **weak** [wi:k] *Adj allg* schwach (**at, in** in *Dat*), (*Kaffee etc a.*) dünn: **be** (*od* **feel**) ~ **at the knees** F schwach auf den Beinen sein; weiche Knie haben; → **point** 14, **sex** 1, **spot** 4 '**weak·en I** *v/t* **1.** schwächen (*a. fig*) **II** *v/i* **2.** schwächer werden (*a. fig*) **3.** *fig* nachgeben

,**weak·'kneed** *Adj* F feig

weak·ling ['wi:klɪŋ] *s* Schwächling *m* '**weak·ness** *s allg* Schwäche *f*: **have a** ~ **for** e-e Schwäche haben für

weal [wi:l] *s* Striemen *m*

▸ **wealth** [welθ] *s* **1.** Reichtum *m* **2.** *fig* Fülle *f* (**of** von) ~·**tax** *s* Vermögenssteuer *f*

▸ **wealth·y** ['welθɪ] **I** *Adj* **1.** reich, wohlhabend, vermögend **II** *s* **2. the** ~ *Pl* die Reichen *Pl*

wean [wi:n] *v/t Kind* entwöhnen: ~ **s.o. off s.th.** j-n von etw abbringen, j-m etw abgewöhnen

▸ **weap·on** ['wepən] *s* Waffe *f* (*a. fig*): ~(**s**) **system** MIL Waffensystem *n*

weap·on·ry ['_·rɪ] *s* Waffen *Pl*

▸ **wear** [weə] **I** *s* **1.** *a.* ~ **and tear** Abnutzung *f*, Verschleiß *m*: **the worse for** ~ F abgenutzt (*Couch etc*); kaputt (*Person*) **2.** *oft in Zssgn* Kleidung *f* **II** *v/t* (*unreg*) **3.** *Bart, Brille, Schmuck* tragen, *Mantel etc a.* anhaben, *Hut etc a.* aufhaben (→

weigh

Info bei **tragen**): ~ **glasses** a. Brillenträger sein; ~ **the trousers** (*bes Am* **pants**) F die Hosen anhaben; → **seat belt** 4. ~ **an angry expression** verärgert dreinschauen; ~ **a happy smile** glücklich lächeln **III** v/i (*unreg*) 5. **s.th. to** ~ etw zum Anziehen 6. sich abnutzen 7. **he has worn well** er hat sich (*für sein Alter*) gut gehalten
Verbindungen mit Adverbien:
wear| down I v/t 1. Stufen abtreten, *Absätze* ablaufen, *Reifen* abfahren 2. *fig* j-n, *Widerstand etc* zermürben **II** v/i 3. sich abtreten *od* ablaufen *od* abfahren ~ **off** v/i nachlassen (*Schmerz etc*) ~ **on** v/i sich hinziehen ~ **out** I v/t 1. *Kleidung* abnutzen, abtragen 2. *fig* j-n erschöpfen **II** v/i 3. sich abnutzen *od* abtragen
wear·ing ['weərɪŋ] *Adj* ermüdend
wea·ri·some ['wɪərɪsəm] *Adj* 1. ermüdend 2. langweilig 3. lästig
wea·ry ['wɪərɪ] *Adj* 1. erschöpft 2. **be** ~ **of s.th.** etw satt haben
wea·sel ['wiːzl] I s ZOOL Wiesel *n* **II** v/i: ~ **out of** *bes Am* F sich lavieren aus (*e-r Verantwortung etc*)
▸ **weath·er** ['weðə] I s Wetter *n*; Witterung f: **in all** ~**s** bei jedem Wetter; **be under the** ~ F sich nicht wohl fühlen; **make heavy** ~ **of s.th.** *fig* sich etw unnötig schwer machen; → **permit** 2 **II** v/t *Krise etc* überstehen **III** v/i GEOL verwittern '~·**beat·en** *Adj* verwittert (*bes Gesicht*) '~·**bound** *Adj:* **the planes** (**ships**) **were** ~ die Flugzeuge (Schiffe) konnten wegen des schlechten Wetters nicht starten (auslaufen) ~ **chart** s Wetterkarte f '~·**cock** s Wetterhahn m ~ **eye** s: **keep a** ~ **open** aufpassen (**for** auf *Akk*) ~ **fore·cast** s Wettervorhersage f '~·**man** s (*unreg* **weather man**) RUNDFUNK, TV Wetteransager m '~·**proof** I *Adj* wetterfest **II** v/t wetterfest machen ~ **sat·el·lite** s Wettersatellit m ~ **sta·tion** s Wetterwarte f ~ **vane** s Wetterfahne f
weave [wiːv] I v/t (*unreg*) 1. weben 2. spinnen 2. flechten 3. *Prät u. Part Perf* **weaved:** ~ **one's way through** sich schlängeln durch **II** v/i (*unreg*) 4. weben 5. *Prät u. Part Perf* **weaved:** ~ **through** → 3 **III** s 6. Webart f '**weav·er** s Weber(in)
web [web] s 1. Netz *n* (*a. fig*): ~ **of lies**

Lügengespinst *n*, -gewebe *n*, -netz; **the** ♀ das World-Wide Web 2. ORN Schwimmhaut f
wed [wed] v/t (*a. unreg*) heiraten: **they were** ~ **in 1921** sie haben 1921 geheiratet
we'd [wiːd] F *für* **we had**; **we would**
▸ **wed·ding** ['wedɪŋ] I s Hochzeit f **II** *Adj* Hochzeits…: ~ **anniversary** Hochzeitstag m (*Jahrestag*); ~ **dress** Braut-, Hochzeitskleid *n*; ~ **ring** Ehering m
wedge [wedʒ] I s 1. Keil m: **drive a** ~ **between** *fig* e-n Keil treiben zwischen (*Akk*); → **thin** 1 2. Stück n (*Kuchen etc*), Ecke f (*Käse*) **II** v/t 3. verkeilen, mit e-m Keil festklemmen 4. ~ **in** einkeilen, -zwängen '~·**shaped** *Adj* keilförmig
▸ **Wednes·day** ['wenzdɪ] s Mittwoch m: **on** ~ (am) Mittwoch; **on** ~**s** mittwochs
wee[1] [wiː] *Adj* F klein: **a** ~ **bit** ein (kleines) bisschen; **the** ~ (**small**) **hours** *Pl* die frühen Morgenstunden *Pl*
wee[2] [-] F I v/i Pipi machen **II** s: **do** (*od* **have**) **a** ~ → I
▸ **weed** [wiːd] s 1. Unkraut n: ~ **killer** Unkrautvernichtungsmittel *n* 2. F Schwächling m **II** v/t 3. jäten: ~ **out** *fig* aussieben, -sondern (**from** aus) **III** v/i 4. (*Unkraut*) jäten '**weed·y** *Adj* 1. voll Unkraut 2. F rückgratlos
▸ **week** [wiːk] s Woche f: ~ **after** ~; ~ **in,** ~ **out** Woche für Woche; **after** ~**s of waiting** nach wochenlangem Warten; **for** ~**s** wochenlang; → **today** 1
▸ **week·day** ['wiːkdeɪ] s Wochen-, Werktag m: **on** ~**s** werktags
▸ **week·end** [ˌwiːk'end] I s Wochenende n: **at the** ~ am Wochenende **II** *Adj* ['-end] Wochenend… **III** v/i das Wochenende verbringen
▸ **week·ly** ['wiːklɪ] I *Adj* Wochen…; wöchentlich **II** *Adv* wöchentlich **III** s Wochen(zeit)schrift f, -zeitung f
wee·ny ['wiːnɪ] *Adj* F klitzeklein, winzig
weep [wiːp] (*unreg*) I v/i 1. weinen (**for, with** vor *Freude etc*; **for** um j-n; **over** über *Akk*) 2. nässen (*Wunde*) **II** v/t 3. *Tränen* weinen '**weep·ing** *Adj:* ~ **willow** BOT Trauerweide f '**weep·y** *Adj* F 1. weinerlich 2. rührselig
'**wee-wee** → **wee**[2]
weft [weft] s Schussfaden m
▸ **weigh** [weɪ] I v/t 1. (ab)wiegen 2. *fig*

abwägen (**against** gegen) **3.** ~ **anchor**
SCHIFF den Anker lichten **II** v/i **4.**
10 Kilo etc wiegen **5.** ~ **on** fig lasten auf
(Dat)
Verbindungen mit Adverbien:
weigh| **down** v/t niederdrücken (a.
fig): **be ~ed down with** überladen sein
mit: fig niedergedrückt werden von ~ in
v/i **1.** ~ **at** (Sport) **100 Kilo etc** auf die
Waage bringen **2.** F sich einschalten
(**with** mit) ~ **out** v/t ab-, auswiegen ~
up v/t etw abwägen; j-n einschätzen

▸ **weight** [weɪt] **I** s **1.** allg Gewicht n: **~s
and measures** Pl Maße u. Gewichte
Pl; **it's five kilos in** ~ es wiegt fünf Kilo;
gain (od **put on**) ~ zunehmen; **lose** ~
abnehmen **2.** Last f (a. fig): **his
decision took a** ~ **off my mind** bei
s-r Entscheidung fiel mir ein Stein
vom Herzen **3.** fig Bedeutung f: **not
to attach any** ~ **to s.th.** e-r Sache keine
Bedeutung od kein Gewicht beimes-
sen; **throw one's** ~ **about** (od **around**)
F sich aufspielen od wichtig machen; →
carry 5 II v/t **4.** beschweren: **be ~ed in
favo(u)r of** (**against**) bevorteilen (be-
nachteiligen) ~ **cat·e·go·ry** s SPORT Ge-
wichtsklasse f ~ **di·vi·sion** s SPORT Ge-
wichtsklasse f

weight·less ['weɪtlɪs] Adj schwerelos
weight| **lift·er** ['weɪtlɪftə] s SPORT Gewichtheber(in)
~ **lift·ing** s SPORT Gewichtheben n ~
train·ing s SPORT Gewichttraining n
weight·y ['weɪtɪ] Adj **1.** schwer **2.** fig ge-
wichtig; schwerwiegend

weir [wɪə] s Wehr n

weird [wɪəd] Adj **1.** unheimlich **2.** F son-
derbar, verrückt
weird·o ['wɪədəʊ] Pl **-os** s F irrer Typ

welch → **welsh²**

▸ **wel·come** ['welkəm] **I** Interj **1.** **wel-
come back** (od **home**)! willkommen
zu Hause!; **welcome to England!** will-
kommen in England! **II** Adj **2.** will-
kommen: **you are welcome to do it**
Sie können es gerne tun; ▸ **you're wel-
come** nichts zu danken!, keine Ursa-
che!, bitte sehr!, gern (geschehen)! **3.**
angenehm **III** v/t **4.** begrüßen (a. fig)
IV s **5.** Empfang m: **give s.o. a warm
welcome** j-m e-n herzlichen Empfang
bereiten **6.** **outstay** (od **overstay**)
one's welcome j-s Gastfreundschaft
überstrapazieren

W

weld [weld] **I** v/t schweißen: ~ **together**
zs.-, verschweißen **II** s Schweißnaht f,
-stelle f '**weld·er** s Schweißer(in)
wel·fare ['welfeə] s **1.** Wohl n, (e-r Per-
son a.) Wohlergehen n **2.** Am Sozialhil-
fe f: **be on** ~ Sozialhilfe beziehen ~
state s Wohlfahrtsstaat m

▸ **well¹** [wel] **I** Adv **1.** gut: (**all**) ~ **and
good** schön u. gut; **as** ~ ebenso, auch;
as ~ **as** sowohl … als auch; nicht nur
…, sondern auch; (**just**) **as** ~ ebenso
(gut), genauso (gut); **just as** ~ das
macht nichts; **very** ~ also gut, na gut;
I couldn't very ~ **say no** ich konnte
schlecht nein sagen; **be** ~ **in with s.o.**
auf gutem Fuß mit j-m stehen; **do** ~
gut daran tun (**to do** zu tun); ~ **done!**
bravo!; → **off 11 2.** gut, gründlich: **be
~ aware of s.th.** sich e-r Sache voll u.
ganz bewusst sein; **shake** ~ kräftig
schütteln **3.** weit: ~ **in advance** schon
lange vorher **II** Interj **4.** nun, also (of
unübersetzt) **5.** ~, ~! na so was! **III**
Adj **6.** gesund: **not to feel** ~ sich nicht
wohl fühlen **7.** **all's** ~ **that ends** ~ Ende
gut, alles gut; **it's all very** ~ **for you to
criticize** (laugh) du kannst leicht kriti-
sieren (du hast gut lachen)

well² [-] **I** s **1.** Brunnen m **2.** (Öl)Quelle
f **3.** ARCHI (Aufzugs- etc)Schacht m **II**
v/i **4.** quellen (**from** aus): **tears** ~**ed** (**up**)
in her eyes die Tränen stiegen ihr in
die Augen

we'll [wiːl] F für **we will**

,**well·ad·vised** Adj klug (Plan etc) ,~
ap'point·ed Adj gut ausgestattet ~
'**bal·anced** Adj **1.** ausgeglichen (Per-
son) **2.** ausgewogen (Ernährung etc)
,~'**be·ing** s Wohl(ergehen) n: **give
s.o. a sense of** ~ j-n mit Wohlbehagen
erfüllen ,~'**cho·sen** Adj gut gewählt:
with a few ~ **words** mit einigen wohl-
gesetzten Worten ,~'**done** Adj durch-
gebraten (Steak) ,~'**earned** Adj wohl-
verdient ,~'**found·ed** Adj (wohl) be-
gründet ,~'**groomed** Adj gepflegt ,~
'**heeled** Adj F betucht ,~in'**formed**
Adj **1.** gut unterrichtet **2.** (vielseitig)
gebildet ,~in'**ten·tioned** → **well-
-meaning** ,~'**kept** Adj **1.** gepflegt **2.**
streng gehütet (Geheimnis) ,~'**known**
Adj (wohl) bekannt ,~'**mean·ing** Adj
wohlmeinend (Person), (Rat etc a.)
gut gemeint, wohl gemeint ,~'**meant**

Adj gut gemeint, wohl gemeint **~·nigh** [´-naɪ] *Adv* beinahe, nahezu **,~·'off I** *Adj* reich **II** *s*: **the ~** *Pl* die Reichen *Pl* **,~·pro'por·tioned** *Adj* wohlproportioniert **~·read** [,-'red] *Adj* belesen **,~·'thought-of** *Adj* angesehen **,~·to-·'do** F → **well-off,~·'worn** *Adj* **1.** abgenutzt, abgetragen **2.** *fig* abgedroschen

Welsh[1] [welʃ] **I** *Adj* **1.** walisisch: **~** *rare·bit* GASTR überbackene Käseschnitte **II** *s* **2.** **the ~** *Pl* die Waliser *Pl* **3.** LING Walisisch *n*

welsh[2] [-] *v/i*: **~ on** F *Schulden* nicht bezahlen; *Versprechen* nicht halten

Welsh·man [´welʃmən] *s* (*unreg* **man**) Waliser *m* **'~·wom·an** *s* (*unreg* **woman**) Waliserin *n*

welt [welt] *s* Striemen *m*

wel·ter·weight [´weltəweɪt] (*Sport*) **I** *s* Weltergewicht *n* **II** *Adj* Weltergewichts…

went [went] *Prät von* **go**

wept [wept] *Prät u. Part Perf von* **weep**

were [wɜː] *du* warst, *Sie* waren, *wir, sie* waren, *ihr* wart

we're [wɪə] F *für* **we are**

weren't [wɜːnt] F *für* **were not**

were·wolf [´wɪəwʊlf] *s* (*unreg* **wolf**) Werwolf *m*

▶ **west** [west] **I** *s* **1.** Westen *m*: **in the ~** im Westen von (*od Gen*); **to the ~ of** → **5 2. the** ♀ *Br* Westengland *n*; *Am* die Weststaaten *Pl*; POL der Westen: **~** *wild* **1 II** *Adj* **3.** West…, westlich **III** *Adv* **4.** westwärts, nach Westen: **go ~** F draufgehen (*sterben, kaputtgehen*) **5. ~ of** westlich von (*od Gen*) **'~·bound** *Adj* nach Westen gehend *od* fahrend

west·er·ly [´westəlɪ] **I** *Adj* westlich, West… **II** *Adv* von *od* nach Westen

▶ **west·ern** [´westən] **I** *Adj* westlich,

West… **II** *s* Western *m* **'west·ern·er** *s* **1.** Bewohner(in) des Westens (*e-s Landes*) **2.** ♀ Weststaatler(in) **west·ern·most** [´-məʊst] *Adj* westlichst

west·ward [´westwəd] *Adj u. Adv* westlich, westwärts, nach Westen **'west·wards** *Adv* → **westward**

▶ **wet** [wet] **I** *Adj* **1.** nass, (*Farbe etc a.*) feucht: **be** (**still**) **~ behind the ears** F noch grün *od* feucht *od* noch nicht trocken hinter den Ohren sein; **~** *blan·ket* F Spiel-, Spaßverderber(in); → *paint* 5, *through* 3 **2.** regnerisch **3.** *Br* F weichlich: **don't be so ~!** sei nicht so ein Waschlappen! **II** *s* **4.** Nässe *f* **III** *v/t* (*mst unreg*) **5.** nass machen, anfeuchten: **~** *one's bed* ins Bett machen; **~** *one's whistle* F e-n zur Brust nehmen **'~·back** *s Am sl pej* illegaler Einwanderer (*in die USA*) aus Mexiko

weth·er [´weðə] *s* ZOOL Hammel *m*

we've [wiːv] F *für* **we have**

whack [wæk] *s* F **1.** (knallender) Schlag **2.** (An)Teil *m*: **Versuch** *m*: **have a ~ at s.th.** etw probieren **whacked** *Adj*: **be ~** (**out**) F geschlaucht *od* kaputt sein **'whack·ing** F **I** *Adj u. Adv*: **~** (**great**) Mords…, riesig **II** *s*: **give s.o. a ~** j-m e-e Tracht Prügel verpassen

▶ **whale** [weɪl] *s* ZOOL Wal *m*: **have a ~ of a time** F sich prächtig amüsieren

wharf [wɔːf] *Pl* **wharfs, wharves** [wɔːvz] *s* Kai *m*

▶ **what** [wɒt] **I** *Interrogativpron* **1.** was: **~'s for lunch?** was gibts zum Mittagessen?; **~ for?** wozu?; **~ about …?** wie wärs mit …?; **~ if …?** was ist, wenn …?; → *age* 1, *like*[1] 1, so 6, *etc* **II** *Relativpron* **2.** was: **he told me ~ to do** er sagte mir, was ich tun sollte; **know ~'s ~** F wissen, was Sache ist; **tell s.o. ~'s ~** F j-m Bescheid stoßen **III** *Adj* **3.** was (für ein); welch(er, e, es): **~** *luck!* so ein Glück!; → *colour* 1, *pity* 2, *etc* **4.** alle, die; alles, was: **I gave him ~ money I had** ich gab ihm, was ich an Geld hatte

▶ **what·ev·er** [wɒt'evə] **I** *Pron* **1.** was (auch immer); alles, was **2.** egal, was **II** *Adj* **3.** welch(er, e, es) … auch (immer) **4.** *no …* **~** überhaupt kein(e) … **what for** *s*: **I'll give him ~!** *bes Br* F dem werd ichs zeigen!

whats·it ['wɒtsɪt] *s* F Dingsbums *n*

what·so·ev·er → **whatever** 1, 2, 4

▸ **wheat** [wiːt] *s* BOT Weizen *m*: **sepa·rate the ~ from the chaff** *fig* die Spreu vom Weizen trennen **~ germ** *s* Weizenkeim *m*

whee·dle ['wiːdl] *v/t*: **~ s.o. into doing s.th.** j-n so lange schöntun, bis er etw tut; **~ s.th. out of s.o.** j-m etw abschmeicheln

▸ **wheel** [wiːl] **I** *s* **1.** Rad *n*: → **fifth** 1, **meal**¹, **oil** 4, **shoulder** 1, **spoke²** **2.** F **a)** *Pl* fahrbarer Untersatz, Wagen *m*, **b)** (Fahr)Rad *n* **3.** SCHIFF, MOT Steuer *n*: **be at the ~** MOT am Steuer sitzen (SCHIFF stehen); **take the ~** das Steuer übernehmen **II** *v/t* **4.** *Fahrrad, Patienten im Rollstuhl etc* schieben, *Servierwagen etc a.* rollen **III** *v/i* **5.** ~ **about** (*od* **[a]round**) herumfahren, -wirbeln **6.** kreisen (*Vogel*) **7.** ~ **and deal** F *pej* Geschäfte machen '~,**bar·row** *s* Schubkarre(n *m*) f '~**·base** *s* MOT Radstand *m* ~ **brace** *s* MOT Kreuzschlüssel *m* ,~'**chair** *s* MED Rollstuhl *m*: ~ **user** Rollstuhlfahrer(in) ~ **clamp** *s* Br Radkralle *f*, Parkriegel *m*

wheeled [wiːld] *Adj* **1.** ~ **vehicle** Räderfahrzeug *n* **2.** *in Zssgn* ...räd(e)rig ,**wheel·er-'deal·er** *s* F *pej* Geschäftemacher(in)

wheel·ie bin ['wiːlɪˌbɪn] *s* Br F Mülltonne (mit Rädern)

wheeze [wiːz] *v/i* keuchen, pfeifend atmen

▸ **when** [wen] **I** *Adv* **1.** *fragend:* wann **2.** *relativ:* **the day ~** der Tag, an dem *od* als; **the time ~ it happened** die Zeit, in *od* zu der es geschah **II** *Konj* **3.** wann **4.** als: **he broke a leg ~ skiing** er brach sich beim Skifahren ein Bein **5.** wenn: **say ~!** F sag ,halt'! sag, wenn du genug hast! **III** *Pron* **6.** **since ~?** seit wann?

▸ **when·ev·er** [wen'evə] *Konj* wann (auch) immer; jedes Mal, wenn

▸ **where** [weə] **I** *Adv* (*fragend u. relativ*) wo: ~ ... (**from**) woher?; ~ ... (**to**)? wohin? **II** *Konj* wo; wohin '~**·a·bouts** *s Pl* (*a. Sg konstruiert*) Verbleib *m* (*e-r Sache*), (*e-r Person a.*) Aufenthalt(sort) *m* ~'**as** *Konj* während, wohingegen ~'**by** *Adv* **1.** wodurch, womit **2.** wonach ,~·**up'on** *Konj* worauf(hin)

▸ **wher·ev·er** [weər'evə] *Adv* wo(hin)

auch (immer); ganz gleich, wo(hin)

whet [wet] *v/t* **1.** *Messer etc* schärfen **2.** *fig Appetit* anregen

▸ **wheth·er** ['weðə] *Konj* ob

whey [weɪ] *s* Molke *f*

▸ **which** [wɪtʃ] **I** *Interrogativpron* **1.** welch(er, e, es): ~ **of you?** wer von euch? **II** *Relativpron* **2.** welch(er, e, es); der, die, das **3.** *auf den vorhergehenden Satz bezüglich:* was **III** *Adj* **4.** *fragend u. relativ:* welch(er, e, es) ~'**ev·er** *Pron u. Adj* welch(er, e, es) auch (immer); ganz gleich, welch(er, e, es)

whiff [wɪf] *s* **1.** Luftzug *m*, Hauch *m* **2.** Duft(wolke *f*) *m* **3.** *fig* Anflug *m*, Hauch *m* (*of* von)

▸ **while** [waɪl] (**I** *s* **1.** Weile *f*: **a little ~ ago** vor kurzem; **for a ~** e-e Zeit lang; **e-n Augenblick**; → **once** 1 **II** *Konj* **2.** während **3.** obwohl **III** *v/t* **4.** ~ **away** sich *die Zeit* vertreiben (**by doing s.th.** mit etw)

whilst [waɪlst] → **while** II

whim [wɪm] *s* Laune *f*: **as the ~ takes one** nach Lust u. Laune

whim·per ['wɪmpə] **I** *v/i* winseln (*Hund*); wimmern (*Person*) **II** *v/t* wimmern **III** *s* Winseln *n*; Wimmern *n*

whim·si·cal ['wɪmzɪkl] *Adj* **1.** wunderlich **2.** launenhaft

whim·sy ['wɪmzɪ] *s* **1.** Wunderlichkeit *f* **2.** Spleen *m*

whine [waɪn] **I** *v/i* **1.** jaulen (*Hund*) **2.** jammern (**about** über *Akk*) **II** *s* **3.** Jaulen *n* **4.** Gejammer *n* '**whin·er** *s* Jammerer *m*, Jammrerin *f*

whin·ny ['wɪnɪ] *v/i* wiehern **II** *s* Wiehern *n*

▸ **whip** [wɪp] **I** *s* **1.** Peitsche *f* **2.** PARL *Br* Einpeitscher(in) **3.** GASTR Creme *f* **II** *v/t* **4.** (aus)peitschen: ~ **into shape** F j-n, etw auf Zack bringen **5.** *Sahne etc* schlagen **6.** *bes* SPORT F überfahren (*hoch schlagen*) **7.** *Br* F klauen **III** *v/i* **8.** sausen, flitzen, (*Wind*) fegen

Verbindungen mit Adverbien:

whip| back *v/i* zurückschnellen (*Ast etc*) ~ **off** *v/t* sich *ein Kleidungsstück* herunterreißen ~ **out** *v/t Revolver etc* zücken ~ **up** *v/t* **1.** ~ **whip** 5 **2.** *Interesse etc* entfachen **3.** *Essen etc* herzaubern '**whip·cord** *s* Peitschenschnur *f* '**lash** *s* **1.** Peitschenschnur *f* **2.** Peitschenhieb *m*: ~ (**injury**) MED Schleudertrauma *n*

whipped [wɪpt] *Adj*: ~ **cream** Schlagsahne *f*, -rahm *m*, österr. Schlagobers *m*

whip-ping ['wɪpɪŋ] *Adj*: ~ **boy** Prügelknabe *m*; ~ **cream** Schlagsahne *f*, -rahm *m*

whip-round *s* Br F Sammlung *f* (*im Büro etc*): **have a** ~ sammeln

whirr *bes Am* → **whirr**

whirl [wɜːl] I *v/i* 1. wirbeln II *v/t* 2. wirbeln III *s* 3. Wirbeln *n*; Wirbel *m*: **my head's in a** ~ mir schwirrt der Kopf; **give s.th. a** ~ F etw ausprobieren 4. *fig* Trubel *m*

whirl·i·gig ['wɜːlɪɡɪɡ] *s* 1. Kreisel *m* 2. Karussell *n*

'**whirl|·pool** *s* 1. Strudel *m* (*a. fig*) 2. *a.* ~ **bath** Whirlpool *m* (*Unterwassermassagebecken*) '~·**wind** *s* Wirbelwind *m*

whirr [wɜː] I *v/i* surren II *s* Surren *n*

whisk [wɪsk] I *v/t* 1. Wedel *m* 2. GASTR Schneebesen *m* II *v/t* 3. ~ **away** Fliegen wegscheuchen 4. *Eiweiß* schlagen

whisk·er ['wɪskə] *s* 1. Schnurrhaar *n*: **by a** ~ F ganz knapp 2. *Pl* Backenbart *m*

whis·key ['wɪskɪ] *s* (*amerikanischer od irischer*) Whisky

whis·ky ['wɪskɪ] *s* (*bes schottischer*) Whisky: ~ **and soda** Whisky Soda; **two whiskies** zwei Whisky

▶ **whis·per** ['wɪspə] I *v/i* 1. flüstern, leise sprechen (**to** mit) II *v/t* 2. flüstern, leise sagen: ~ **s.th. to s.o.** j-m etw zuflüstern III *s* 3. Flüstern *n*: **say s.th. in a** ~ etw im Flüsterton sagen 4. Gerücht *n*: **I've heard a** ~ **that** ich habe munkeln hören, dass '**whis·per·ing** *Adj*: ~ **campaign** Verleumdungskampagne *f*

whist [wɪst] *s* Whist *n* (*Kartenspiel*)

▶ **whis·tle** [wɪsl] I *v/i* 1. pfeifen: ~ **at** j-m nachpfeifen; ~ **for** (nach) j-m, e-m Taxi etc pfeifen; **he can** ~ **for it** F darauf kann er lange warten II *v/t* 2. pfeifen III *s* 3. Pfeife *f* 4. Pfiff *m*: **give a** ~ **of surprise** e-n überraschten Pfiff ausstoßen 5. → **wet** 5

▶ **white** [waɪt] I *Adj* 1. *allg* weiß: ~ **bread** Weißbrot *n*; ~ **coffee** Br Milchkaffee *m*, Kaffee *m* mit Milch; ~ **lie** Notlüge *f*; ~ **man** Weiße *m*; ~ **paper** POL Weißbuch *n*; ~ **wedding** Hochzeit *f* in Weiß; ~ **wine** Weißwein *m* II *s* 2. Weiß *n*: **dressed in** ~ weiß *od* in Weiß gekleidet 3. *oft* 2 Weiße *m*, *f* 4. Eiweiß *n*; *das* Weiße (*im Auge*) '~·**board** *s* Weiß-

wandtafel *f* ,~·'**col·lar** *Adj* Büro…: ~ **crime** Wirtschaftskriminalität *f*; ~ **worker** Büroangestellte *m*, *f*

whit·en ['waɪtn] I *v/t* weiß machen II *v/i* weiß werden

'**white·out** *s* Am Korrekturflüssigkeit *f*

'**white·wash** I *v/t* 1. tünchen, anstreichen; weißen 2. F etw übertünchen, beschönigen; *j-n* e-r Mohrenwäsche unterziehen II *s* 3. Tünche *f* 4. F Tünche *f*, Beschönigung *f*; Mohrenwäsche *f*

,**white·'wa·ter** *Adj*: ~ **canoeing** Wildwasserfahren *n*; ~ **rafting** Rafting *n*

whit·ish ['waɪtɪʃ] *Adj* weißlich

Whit·sun ['wɪtsn] *s* 1. Pfingstsonntag *m* 2. Pfingsten *n od Pl* **Whit Sun·day** [wɪt] → **Whitsun** 1

whit·tle ['wɪtl] *v/t* 1. (zurecht)schnitzen 2. *fig* ~ **away** Gewinn etc allmählich aufzehren; ~ **down** etw reduzieren (**to** auf *Akk*)

whiz(z) [wɪz] I *v/i*: ~ **by** (*od past*) vorbeizischen II *s* F As *n*, Kanone *f* (**at** in *Dat*) ~ **kid** *s* F Senkrechtstarter(in)

▶ **who** [huː] I *Interrogativpron* 1. wer; wen; wem: ~ **do you think you are?** für wen hältst du dich eigentlich? II *Relativpron* 2. *unverbunden*: wer; wen; wem 3. *verbunden*: welch(er, e, es); der, die, das

who'd [huːd] F *für* **who had**; **who would**

who·dun·(n)it [ˌhuːˈdʌnɪt] *s* F Krimi *m*

▶ **who·ev·er** [huːˈevə] F *Relativpron* wer auch (immer); wen auch (immer); wem auch (immer); egal, wer *od* wen *od* wem II *Interrogativpron*: ~ **can that be?** wer kann denn das nur sein?

▶ **whole** [həʊl] I *Adj* (→ **wholly**) ganz: → **hog** 1 II *s das* Ganze: **the** ~ **of the town** die ganze Stadt; **as a** ~ als Ganzes; **on the** ~ im Großen (u.) Ganzen; alles in allem '~·**food** *s* Vollwertkost *f* ,~·'**heart·ed** *Adj* ungeteilt (*Aufmerksamkeit*), ernsthaft (*Versuch etc*) ,~·'**heart·ed·ly** *Adv* uneingeschränkt, voll u. ganz '~·**meal** *Adj* Vollkorn…

'**whole·sale** *s* F 1. Großhandel *m* II *Adj* 2. Großhandels… 3. *pej* Massen… III *Adv* 4. en gros '**whole,sal·er** *s* Großhändler(in)

whole·some ['həʊlsəm] *Adj* 1. gesund 2. *fig* gut, nützlich

who'll [huːl] F *für* **who will**

whol·ly ['həʊllɪ] *Adv* gänzlich, völlig

W

▸ **whom** [hu:m] **I** *Interrogativpron* wen; wem **II** *Relativpron* welch(en, e, es), den (die, das); welch(em, er), dem (der): *the children, most of ~ were tired, ...* die Kinder, von denen die meisten müde waren, ...

whoop [hu:p] **I** *v/i* schreien, *bes* jauchzen **II** *v/t*: *~ it up* F auf den Putz hauen **III** *s* (*bes* Freuden)Schrei *m*: *~s Pl* of *victory* Siegesgeschrei *n* '**whoop-ing** *Adj*: *~ cough* MED Keuchhusten *m*

whop-per ['wɒpə] *s* F **1.** Mordsding *n* **2.** faustdicke Lüge '**whop-ping** *Adj u. Adv* F Mords..., riesig: *~ (big) lie →* **whopper** 2

whore [hɔ:] *s* Hure *f* '~**house** *s* Bordell *n*, Freudenhaus *n*

whor-tle-ber-ry ['wɜ:tl,berɪ] *s* BOT Blau-, Heidelbeere *f*

who's [hu:z] F *für* **who is**; **who has**

▸ **whose** [hu:z] **I** *Interrogativpron* wessen: *~ coat is this?, ~ is this coat?* wem gehört dieser Mantel? **II** *Relativpron* dessen, deren

▸ **why** [waɪ] *Adv* warum, weshalb: *~ not go by bus?* warum nimmst du nicht den Bus?; *~ on earth ...?* warum um alles in der Welt ...?

wick [wɪk] *s* Docht *m*: *get on s.o.'s ~* Br F j-m auf den Wecker fallen *od* gehen

wick-ed ['wɪkɪd] *Adj* **1.** gemein, niederträchtig **2.** *fig* unerhört **3.** *sl* super, geil

wick-er ['wɪkə] *Adj* Korb...: *~ basket* Weidenkorb *m*; *~ chair* Korbstuhl *m*

▸ **wide** [waɪd] **I** *Adj* (→ **widely**) **1.** breit **2.** weit offen, aufgerissen (*Augen*) **3.** *fig* umfangreich (*Wissen etc*), vielfältig (*Interessen etc*) **4.** → **mark**² 5 **II** *Adv* **5.** weit **6.** *go ~* (*Sport*) danebengehen ,~'**an-gle** *Adj*: *~ lens* FOTO Weitwinkelobjektiv *n* ,~**a'wake** *Adj* **1.** hellwach **2.** *fig* aufgeweckt, wach ,~'**eyed** *Adj* **1.** mit großen *od* aufgerissenen Augen **2.** *fig* naiv

wide-ly ['waɪdlɪ] *Adv* **1.** weit (*a. fig*): *it is ~ known that* es ist weithin bekannt, dass; *~ travel(l)ed* weit gereist **2.** *~ different* völlig verschieden '**wid-en** I *v/t* verbreitern **II** *v/i* breiter werden ,**wide**-**o**-**pen** → **wide** 2 ,~'**screen** *s Film*: Breitwand *f*, TV Breitbild *n* '~**screen** *Adj Film*: Breitwand..., TV Breitbild... '~**spread** *Adj* weit verbreitet

▸ **wid-ow** ['wɪdəʊ] *s* Witwe *f* '**wid-owed** *Adj* verwitwet: *be ~* verwitwet sein; *Witwe(r) werden* '**wid-ow-er** *s* Witwer *m*

▸ **width** [wɪdθ] *s* **1.** Breite *f*: *six feet in ~* sechs Fuß breit; *what ~ is ...?* wie breit ist ...? **2.** Bahn *f* (*Stoff etc*)

wield [wi:ld] *v/t* Einfluss, Macht ausüben

▸ **wife** [waɪf] *Pl* **wives** [waɪvz] *s* (Ehe-) Frau *f*, Gattin *f*

wig [wɪg] *s* Perücke *f*

wig-ging ['wɪgɪŋ] *s*: *give s.o. a ~* Br F j-m e-e Standpauke halten

wig-gle ['wɪgl] *v/t u. v/i* wackeln (mit)

wig-wam ['wɪgwæm] *s* Wigwam *m*

▸ **wild** [waɪld] **I** *Adj* **1.** *allg* wild: *the ♀ West* der Wilde Westen; → **oats** 2. stürmisch (*Wind, Applaus etc*) **3.** außer sich (*with* vor *Dat*) **4.** verrückt (*Idee etc*); ausschweifend (*Fantasie*) **5.** *it was just a ~ guess* ich hab einfach drauflosgeraten **II** *Adv* **6.** F *go ~* ausflippen; *run ~* Amok laufen; *let one's children run ~* s-e Kinder machen lassen, was sie wollen **III** *s* **7.** *in the ~* in freier Wildbahn '~**cat** *s* Wildkatze *f* **II** *Adj*: *~ strike* wilder Streik

wil-der-ness ['wɪldənɪs] *s* Wildnis *f* '**wild,fire** *s*: *spread like ~* sich wie ein Lauffeuer verbreiten ,~'**goose** *Adj*: *be a ~ chase* vergebliche Mühe sein '~**life** *s* Tier- u. Pflanzenwelt *f*

wil-ful ['wɪlfʊl] *Adj* **1.** eigensinnig **2.** absichtlich, *bes* JUR vorsätzlich

▸ **will**¹ [wɪl] *s* **1.** Wille *m*: *~ to live* Lebenswille; *against one's ~* gegen s-n Willen; *at ~* nach Belieben; *of one's own free ~* aus freien Stücken; *with the best ~ in the world, I can't do that* ich kann das beim besten Willen nicht tun **2.** *a. last ~ and testament* letzter Wille, Testament *n*: *make one's ~* sein Testament machen; → **remember** 3

▸ **will**² [wɪl] *v/i/hilf* **1.** *Futur*: *I'll be back in 10 minutes* ich bin in 10 Minuten zurück **2.** *Bereitschaft, Entschluss*: *I won't go there again* ich gehe da nicht mehr hin; *the door won't shut* die Tür schließt nicht; *~ you have some coffee?* möchtest du e-e Tasse Kaffee? **3.** *Bitte*: *shut the window, ~ you?* mach bitte das Fenster zu **4.** *Wiederholung*: *accidents ~ happen* Unfälle wird es immer geben; *boys ~ be boys* Jun-

windy

gen sind nun einmal so **5.** *Vermutung*: *that ~ be my sister* das wird *od* dürfte m-e Schwester sein

will·ful *Am* → **wilful**

wil·lies ['wɪlɪz] *s Pl*: *give s.o. the ~* F j-m unheimlich sein

▸ **will·ing** ['wɪlɪŋ] *Adj* **1.** bereit (*to do* zu tun): *~ to compromise* kompromissbereit; *God ~* so Gott will **2.** (bereit)willig

▸ **will·ing·ly** ['wɪlɪŋlɪ] *Adv* gern(e), bereitwillig '**will·ing·ness** *s* **1.** Bereitschaft *f*: *~ to compromise* Kompromissbereitschaft **2.** (Bereit)Willigkeit *f*

wil·low ['wɪləʊ] *s* BOT Weide *f* '**wil·low·y** *Adj* gertenschlank

'**will,pow·er** *s* Willenskraft *f*

wil·ly-nil·ly [ˌwɪlɪ'nɪlɪ] *Adv* wohl od übel

wilt [wɪlt] *v/i* **1.** verwelken, welk werden **2.** schlaff werden

wil·y ['waɪlɪ] *Adj* gerissen, raffiniert

wimp [wɪmp] *s* F Schwächling *m*, Versager *m*, Waschlappen *m*, Weichei *n*

▸ **win** [wɪn] **I** *s* **1.** *bes* SPORT Sieg *m* **II** *v/t* (*unreg*) **2.** gewinnen: → *day* **3.** *j-m etw* einbringen **III** *v/i* (*unreg*) **4.** gewinnen, siegen: *OK, you ~* okay, du hast gewonnen

Verbindungen mit Adverbien:

win| back *v/t* zurückgewinnen **~ out →** **win through ~ o·ver,** *v/o* round *v/t j-n* für sich gewinnen: *win s.o. over to* j-n gewinnen für **~ through** *v/i* sich durchsetzen

wince [wɪns] *v/i* zs.-zucken (*at* bei)

winch [wɪntʃ] TECH **I** *s* Winde *f* **II** *v/t* winden

▸ **wind**[1] [wɪnd] **I** *s* **1.** Wind *m*: *there's s.th. in the ~* es liegt etw in der Luft; *find out* (*od see*) *which way the ~ blows* fig sehen, woher der Wind weht; *get ~ of s.th.* fig Wind von etw bekommen; *get the ~ up* F Angst kriegen; *put the ~ up s.o.* F j-m Angst einjagen; *sail close to the ~* SCHIFF hart am Wind segeln; *fig* sich hart an der Grenze des Erlaubten bewegen; *take the ~ out of s.o.'s sails* fig j-m den Wind aus den Segeln nehmen **2.** Atem *m* **3.** MED Blähungen *Pl*: *it gives me* ~ davon bekomme ich Blähungen **II** *v/t* **4.** *j-m* den Atem verschlagen **5.** JAGD wittern ▸ **wind**[2][waɪnd] **I** *s* **1.** Umdrehung *f* **II** *v/t* (*unreg*) **2.** drehen (*an Dat*); *Uhr etc* auf-

ziehen **3.** wickeln (*round* um) **III** *v/i* (*unreg*) **4.** sich winden *od* schlängeln (*Pfad etc*)

Verbindungen mit Adverbien:

wind| back *v/t Film etc* zurückspulen **~ down I** *v/t* **1.** *Autofenster etc* herunterdrehen, -kurbeln **2.** *Produktion etc* reduzieren **II** *v/i* **3.** F sich entspannen **~ for·ward** *v/t Film etc* weiterspulen; *a.* **~ on** *Band* vorspulen **~ up I** *v/t* **1.** *Autofenster etc* hochdrehen, -kurbeln **2.** *Uhr etc* aufziehen **3.** *Versammlung etc* beschließen (*with* mit) **4.** *Unternehmen* auflösen **II** *v/i* **5.** F landen (*in in Dat*): *~ doing s.th.* am Ende etw tun; *you'll ~ having a heart attack* du kriegst noch mal e-n Herzinfarkt

wind·bag ['wɪndbæg] *s* F Schwätzer(in) '**~·break** *s* Windschutz *m* '**~·chill fac·tor** *s* METEO gefühlte Temperatur (*durch den Wind beeinflusstes Kältegefühl*) **~ en·er·gy** *s* Windenergie *f* '**~·fall** *s* **1.** *Pl* Fallobst *n* **2.** unverhofftes Geschenk, unverhoffter Gewinn

wind·ing ['waɪndɪŋ] *Adj* gewunden (*Pfad etc*): *~ stairs* *Pl* Wendeltreppe *f*

wind| in·stru·ment [wɪnd] *s* MUS Blasinstrument *n*

wind·lass ['wɪndləs] *s* TECH Winde *f*

wind·less ['wɪndlɪs] *Adj* windstill

wind·mill ['wɪnmɪl] *s* Windmühle *f*

▸ **win·dow** ['wɪndəʊ] *s* **1.** Fenster *n* (*a.* COMPUTER) **2.** Schaufenster *n* **3.** Schalter *m* (*in Bank etc*) **~ box** *s* Blumenkasten *m* **~ clean·er** *s* Fensterputzer(in) **~ dress·ing** *s* **1.** Schaufensterdekoration *f* **2.** *fig* Mache *f* **~ en·ve·lope** *s* Fensterumschlag *m* '**~·pane** *s* Fensterscheibe *f* **~ seat** *s* Fensterplatz *m* **~ shade** *s Am* Rollo *n* '**~·shop** *v/i*: *go ~ping* e-n Schaufensterbummel machen '**~·sill** *s* Fensterbank *f*, -brett *n*

wind·pipe ['wɪndpaɪp] *s* ANAT Luftröhre *f* '**~·pow·er** *s* Windkraft *f* '**~·screen** *s* MOT *bes Br* Windschutzscheibe *f*: **~ wiper** Scheibenwischer *m* '**~·shield** *Am* → **windscreen** '**~·surf·er** *s* Windsurfer(in) '**~·surf·ing** *s* Windsurfing *n* '**~·swept** *Adj* (vom Wind) zerzaust **~ tun·nel** *s* Windkanal *m*

wind·ward ['wɪndwəd] SCHIFF **I** *Adv* luvwärts **II** *s* Luv(seite *f*) *f*, *n*

wind·y ['wɪndɪ] *Adj* windig

▸ **wine** [waɪn] *s* Wein *m* **~ bar** *s* Weinlokal *n* **~ bot·tle** *s* Weinflasche *f* **~ glass** *s* Weinglas *n* **~ list** *s* Weinkarte *f*

win·ery ['waɪnərɪ] *s Am* Weingut *n*

▸ **wing** [wɪŋ] *s* **1.** *allg* Flügel *m*: **take s.o. under one's ~** *fig* j-n unter s-e Fittiche nehmen **2.** FLUG Tragfläche *f* **3.** MOT *Br* Kotflügel *m* '**wing·er** *s* SPORT Flügelstürmer(in)

wing| nut *s* TECH Flügelmutter *f* '**~·span** *s* FLUG, ORN Flügelspannweite *f*

wink [wɪŋk] **I** *v/i* zwinkern: **~ at** j-m zuzwinkern; *etw* geflissentlich übersehen **II** *s* Zwinkern *n*: **with a ~ of the eye** augenzwinkernd; **give s.o. a ~** j-m zuzwinkern; **I didn't get a ~ of sleep** (*od* **I didn't sleep a ~**) **last night** ich habe letzte Nacht kein Auge zugetan; → **forty** I

win·ner ['wɪnə] *s* **1.** Gewinner(in), (*bes Sport*) Sieger(in) **2. be a real ~** F ein Riesenerfolg sein '**win·ning I** *Adj* **1.** siegreich, Sieger…, Sieges…: **~ post** Zielpfosten *m* **2.** *fig* gewinnend (*Lächeln etc*) **II** *s Pl* **3.** Gewinn *m*

win·now ['wɪnəʊ] *v/t fig* reduzieren

win·o ['waɪnəʊ] *Pl* **-os** *s* F Säufer(in)

▸ **win·ter** ['wɪntə] **I** *s* Winter *m*: **in (the) ~** im Winter **II** *Adj* Winter…: **~ sports** *Pl* Wintersport *m* **III** *v/i* überwintern; den Winter verbringen '**win·ter·ize** *v/t Am Auto etc* winterfest machen '**win·ter·y** → **wintry**

'**win·ter·time** *s* Winter(zeit *f*) *m*: **in (the) ~** im Winter

win·try ['wɪntrɪ] *Adj* **1.** winterlich, Winter… **2.** *fig* frostig (*Lächeln*)

▸ **wipe** [waɪp] **I** *s*: **give s.th. a ~** etw abwischen **II** *v/t* Tisch *etc* (ab)wischen (*Krümel etc* wischen (*off* von): **~ one's feet** (*shoes*) sich die Füße (Schuhe) abputzen (*on* auf *Dat*); **~ one's nose** sich die Nase putzen; **~ clean** Tafel *etc* abwischen; **that'll ~ the smile off his face** *fig* da wird ihm das Lachen vergehen; **~ the floor with s.o.** F j-n fertig machen

Verbindungen mit Adverbien:

wipe| a·way *v/t* wegwischen, sich *die Tränen ab- od* wegwischen **~ off** *v/t* ab-, wegwischen **~ out** *v/t* **1.** auswischen **2.** *Menschen* auslöschen, *Rasse* ausrotten **3.** *Gewinn etc* zunichte machen **~ up** *v/t* aufwischen

▸ **wip·er** ['waɪpə] *s* MOT (*Scheiben*)Wischer *m*

▸ **wire** [waɪə] **I** *s* **1.** Draht *m* **2.** ELEK Leitung *f* **3.** *Am* Telegramm *n* **II** *v/t* **4.** *a.* **~ up** Leitungen verlegen in (*Dat*) **5.** *Am* j-m ein Telegramm schicken: **j-m etw telegrafieren ~ net·ting** *s* Maschendraht *m* '**~·tap** *v/t* j-n, j-s *Telefon* abhören **~ wool** *s* Stahlwolle *f*

wir·y ['waɪərɪ] *Adj* drahtig (*Figur etc*)

▸ **wis·dom** ['wɪzdəm] *s* Weisheit *f*, Klugheit *f* **~ tooth** *s* (*unreg* *tooth*) Weisheitszahn *m*

▸ **wise** [waɪz] **I** *Adj* (→ **wisely**) weise, klug: **you were ~ to do that, that was a ~ thing to do** es war klug von dir, das zu tun; **it's easy to be ~ after the event** hinterher kann man leicht klüger sein; **be none the ~r** nicht klüger sein als vorher; **get ~ to s.th.** F etw spitzkriegen; **~ guy** F Klugschwätzer(in) **II** *v/t*: **~ up** *bes Am* F j-n aufklären (*to* über *Akk*) **III** *v/i*: **~ up** *to* *bes Am* F etw spitzkriegen

wise·ly ['waɪzlɪ] *Adv* **1.** weise, klug **2.** klügerweise

▸ **wish** [wɪʃ] **I** *v/t* **1.** **I ~ he were here** ich wünschte *od* wollte, er wäre hier **2.** wollen: **I ~ to make a complaint** ich möchte mich beschweren **3.** j-m *etw* wünschen: **~ s.o. well** j-m alles Gute wünschen; **I wouldn't ~ that on my worst enemy** das würde ich nicht einmal m-m ärgsten Feind wünschen **II** *v/i* **4. if you ~ (to)** wenn du willst **5. ~ for s.th.** sich etw wünschen **III** *s* **6.** Wunsch *m* (*for* nach): **make a ~** sich etw wünschen; (**with**) **best ~es** herzliche Grüße (*Briefschluss*); **send one's best ~es for s.o.'s birthday** j-m e-n Glückwunsch zum Geburtstag schicken '**~·bone** *s* Gabelbein *n*, -knochen *m*

wish·ful ['wɪʃfʊl] *Adj*: **~ thinking** Wunschdenken *n*

wish·y-wash·y ['wɪʃɪˌwɒʃɪ] *Adj* F **1.** labb(e)rig **2.** *fig* lasch (*Person*); verschwommen (*Vorstellung etc*)

wisp [wɪsp] *s* (*Gras-, Haar*)Büschel *n*

wist·ful ['wɪstfʊl] *Adj* wehmütig

▸ **wit** [wɪt] *s* **1.** Geist *m*, Witz *m* **2.** geistreicher Mensch **3.** *a. Pl* Verstand *m*: **be at one's ~s' end** mit s-r Weisheit am Ende sein; **frighten s.o. out of his ~s** j-n zu Tode erschrecken; **keep one's ~s**

wonder

about one e-n klaren Kopf behalten

witch [wɪtʃ] *s* Hexe *f*; **~·craft** *s* Hexerei *f* **~ doc·tor** *s* Medizinmann *m* **~ hunt** *s* POL Hexenjagd *f* **(for, against** auf *Akk)*

▸ **with** [wɪð] *Präp* **1.** *allg* mit: *are you still ~ me?* kannst du mir folgen? **2.** bei: *she's staying ~ a friend* sie wohnt bei e-r Freundin; → *will*¹ 1, *etc* 3. von *(Dat)*: → *tremble* I, *etc* 4. von: → *part* 12, *etc* 5. für: *are you ~ me or against me?* bist du für od gegen mich?

with'draw *(irreg draw)* I *v/t* **1.** *Geld* abheben **(from** von) **2.** *Angebot etc* zurückziehen, *Anschuldigung etc* zurücknehmen: **~ from the market** vom Markt nehmen **3.** MIL *Truppen* zurück-, abziehen II *v/i* **4.** sich zurückziehen **5.** zurücktreten **(from** von) **with'draw·al** I *s* **1.** *make a* **~** Geld abheben **(from** von) **2.** Rücknahme *f* **3.** MIL Ab-, Rückzug *m* **4.** Rücktritt *m* **(from** von) MED **5. ~ symptoms** *Pl* MED Entziehungs-, Entzugserscheinungen *Pl*

with·er ['wɪðə] *v/i* eingehen, verdorren **'with·er·ing** *Adj* vernichtend *(Blick)*

with'hold *(irreg hold)* *Informationen, Zahlung etc* zurückhalten: **~ s.th. from s.o.** j-m etw vorenthalten

▸ **with·in** [wɪð'ɪn] *Präp* innerhalb *(Gen)*: → *income, sight* 3, *etc*

▸ **with·out** [wɪð'aʊt] *Präp* ohne *(Akk)* **~'stand** *v/t (unreg stand)* **1.** *e-m Angriff etc* standhalten **2.** *Beanspruchung etc* aushalten

wit·less ['wɪtlɪs] *Adj* geistlos

▸ **wit·ness** ['wɪtnɪs] I *s* **1.** *allg* Zeuge *m*, Zeugin *f*: **~ for the defence** *(Am defense)* JUR Entlastungszeuge; **~ for the prosecution** JUR Belastungszeuge II *v/t* **2.** Zeuge sein *(Gen)*; *Veränderungen etc* erleben: *did anybody ~ the accident?* hat j-d den Unfall gesehen? **3.** *etw* bezeugen, *Unterschrift* beglaubigen **4.** **~** denken Sie nur an *(Akk)* III *v/i* **5. ~ to** etw bezeugen **~ box** *s bes Br,* **~ stand** *s* Am Zeugenstand *m*

wit·ti·cism ['wɪtɪsɪzəm] *s* geistreiche *od* witzige Bemerkung

wit·ty ['wɪtɪ] *Adj* geistreich, witzig

wives [waɪvz] *Pl von* **wife**

wiz·ard ['wɪzəd] *s* **1.** Zauberer *m*, Zauberin *f*, Hexenmeister *m* **2.** *fig* Genie *n (at* in *Dat)*: *financial ~* Finanzgenie

wiz·ened ['wɪznd] *Adj* verhutzelt

wob·ble ['wɒbl] I *v/i* wackeln *(Tisch etc)*, zittern *(Stimme etc)*, schwabbeln *(Pudding etc)*, MOT flattern *(Reifen)* II *v/t* wackeln an *(Dat)*

woe [wəʊ] *s* Kummer *m*, Leid *n*: **~ betide you if** wehe, wenn du; *tale of ~* Leidensgeschichte *f* **'woe·ful** ['-fʊl] *Adj* bedauerlich, beklagenswert

wok [wɒk] *s* GASTR Wok *m*

woke [wəʊk] *Prät von* **wake**² **'wok·en** *Part Perf von* **wake**²

▸ **wolf** [wʊlf] **I** *Pl* **wolves** [wʊlvz] *s* **1.** ZOOL Wolf *m*: *a ~ in sheep's clothing* *fig* ein Wolf im Schafspelz; *cry ~ fig* blinden Alarm schlagen **2.** F Schürzenjäger *m* **II** *v/t* **3.** *a.* **~ down** F *Essen* hinunterschlingen **~ whis·tle** *s* F bewundernder Pfiff: *give s.o. a ~* j-m nachpfeifen

wolves [wʊlvz] *Pl von* **wolf**

▸ **wom·an** ['wʊmən] **I** *Pl* **wom·en** ['wɪmɪn] *s* Frau *f* **II** *Adj:* **~ doctor** Ärztin *f*; **~ driver** Frau *f* am Steuer; → *Info-Fenster S. 666* **'hat·er** *s* Frauenhasser *m*

wom·an·ish ['wʊmənɪʃ] *Adj pej* weibisch

wom·an·ize ['wʊmənaɪz] *v/i* hinter den Frauen her sein **'wom·an·iz·er** *s* Schürzenjäger *m*

wom·an·kind [ˌwʊmən'kaɪnd] *s* das weibliche Geschlecht **'wom·an·ly** *Adj* fraulich *(Figur etc)*; weiblich *(Tugend)*

womb [wuːm] *s* ANAT Gebärmutter *f*, Mutterleib *m*

wom·en ['wɪmɪn] *Pl von* **woman**: **~'s lib** F, **~'s movement** Frauenbewegung *f*; **~'s team** *(Sport)* Damenmannschaft *f*

won [wʌn] *Prät u. Part Perf von* **win**

▸ **won·der** ['wʌndə] **I** *v/t* **1.** neugierig *od* gespannt sein, gern wissen mögen *(if, whether* ob; *what* was); sich fragen, überlegen: *I ~ if you could help me* vielleicht können Sie mir helfen II *v/i* **2.** sich wundern, erstaunt sein *(about* über *Akk)* **3.** neugierig *od* gespannt sein: *well, I ~* na, ob wohl nicht **III** *v/t* **4.** Staunen *n*, Verwunderung *f*: *in ~* erstaunt, verwundert **5.** Wunder *n*: *nine days' ~* Eintagsfliege *f*; *it's a ~ (that)* es ist ein Wunder, dass; *(it's) no (od small, little) ~ (that)* kein Wunder, dass; *~s will never cease!* *hum* es geschehen noch Zeichen u. Wunder!;

W

women at work

Aus den meisten englischen Berufsbezeichnungen geht nicht hervor, ob es sich um einen Mann oder eine Frau handelt:

teacher	Lehrer, Lehrerin
doctor	Arzt, Ärztin
lawyer	Rechtsanwalt, Rechtsanwältin

Will man jedoch betonen, dass es sich um eine Frau handelt, kann man **female** oder **woman** voranstellen:

female/woman politician	Politikerin
female/woman architect	Architektin
female/woman surgeon *etc*	Chirurgin
Plural:	
female/women politicians *etc*	Politikerinnen

Die wenigen weiblichen Berufsbezeichnungen, die es im Englischen gibt, werden immer seltener verwendet. Man hört also eher **author** statt **authoress** (Schriftstellerin), **manager** statt **manageress** (Managerin), **conductor** statt **conductress** (Schaffnerin) *etc*.

Einige weibliche Berufsbezeichnungen sind aber dennoch erhalten geblieben:

waitress	Kellnerin
actress (man hört aber	Schauspielerin
inzwischen auch **actor**)	

<u>Wichtig</u>: Wenn man auf Englisch sagen will, welchen Beruf jemand ausübt, so muss man vor die Berufsbezeichnung – im Gegensatz zum Deutschen – grundsätzlich den unbestimmten Artikel **a** bzw. **an** stellen. (Das gilt natürlich auch für die Berufsbezeichnungen für Männer.):

| **She's <u>a</u> surgeon/<u>an</u> architect** *etc*. | Sie ist Chirurgin/Architektin. |

<u>Ausnahme</u>: Die Position kann nur mit einer einzigen Person besetzt werden, es gibt nicht mehrere Personen mit genau der gleichen Funktion. Sie ist eine ranghohe Funktion oder so etwas wie ein Titel. In diesem Fall steht oft weder der bestimmte noch der unbestimmte, sondern überhaupt kein Artikel vor der „Berufsbezeichnung":

She's head of the department.	Sie ist (die) Abteilungsleiterin.
She was elected president of	Sie wurde zur Präsidentin der
the organization.	Organisation gewählt.

---

do (*od* *work*) *~s* wahre Wunder vollbringen, Wunder wirken (*for* bei) **IV** *Adj* **6.** Wunder…
▶ **won·der·ful** [ˈwʌndəfʊl] *Adj* wunderbar '**won·der·land** *s* **1.** Wunderland *n* **2.** Paradies *n*

won·ky [ˈwɒŋkɪ] *Adj Br* F **1.** wack(e)lig **2.** schwach (*Herz*)
wont [wəʊnt] *Adj*: *be ~ to do s.th.* etw zu tun pflegen
won't [wəʊnt] F *für* **will not**
woo [wuː] *v/t j-n* umwerben

▸ **wood** [wʊd] *s* **1.** Holz *n*; → **touch** 8 **2.** *a.*
Pl Wald *m*: *be out of the ~* (*Am ~s*) *fig*
über den Berg sein; *he can't see the ~*
for trees fig er sieht den Wald vor lauter Bäumen nicht '*~cut s* Holzschnitt
m

wood·ed ['wʊdɪd] *Adj* bewaldet

▸ **wood·en** ['wʊdn] *Adj* hölzern (*a. fig*),
Holz...

wood·land ['wʊdlənd] *s* Waldland *n*,
Waldung *f* '*~peck·er s* ORN Specht *m*
'*~pile s* Holzhaufen *m*, -stoß *m*
'*~shed s* Holzschuppen *m* '*~wind*
['wɪnd] MUS **I** *s: the ~* die Holzblasinstrumente *Pl*; die Holzbläser *Pl* **II** *Adj*:
~ instrument Holzblasinstrument *n*
'*~worm s* ZOOL Holzwurm *m*

wood·y ['wʊdɪ] *Adj* **1.** waldig **2.** holzig

▸ **wool** [wʊl] *s* Wolle *f*: *pull the ~ over*
s.o.'s eyes fig j-m Sand in die Augen
streuen

▸ **wool·en** *Am*, **wool·len** *bes Br*
['wʊlən] **I** *Adj* wollen, Woll... **II** *s Pl*
Wollsachen *Pl*, -kleidung *f* '**wool·ly**,
Am a. 'wool·y *Adj* **1.** → **woolen** 1 **2.**
wollig **3.** *fig* wirr

Worces·ter sauce ['wʊstə] *s* Worcestersoße *f*

▸ **word** [wɜːd] *s* **1.** *allg* Wort *n*: *by ~ of*
mouth mündlich; *for ~* Wort für Wort;
wortwörtlich; *in a ~* in 'einem Wort; *in*
other ~s mit anderen Worten; *in one's*
own ~s mit eigenen Worten; *angry*
isn't the ~ for ... ärgerlich ist gar kein
Ausdruck für ...; *he's a man of few ~s*
er macht nicht viele Worte; *be as good*
as one's ~ halten, was man verspricht;
break one's ~ sein Wort brechen; *get*
(*od* **have**) *the final* (*od* **last**) *~* das
letzte Wort haben (*on* in *Dat*); *give*
s.o. one's ~ (*of* hono[u]r) j-m sein (Ehren)Wort geben; *he always has to*
have the last ~ er muss immer das
letzte Wort haben; *can I have a ~*
(*od* **a few ~s**) *with you?* kann ich Sie
mal kurz sprechen?; *have ~s* e-e Auseinandersetzung haben (*with* mit);
keep one's ~ Wort halten (*to* gegenüber); *put into ~s* etw ausdrücken, in
Worte fassen; *take s.o. at his ~* j-n beim
Wort nehmen; → **eat** 2, **edgeways**, **fail**
5, **mum**[1] I, **play** 4 **2.** *Pl* Text *m* (*e-s*
Lieds etc) **3.** Nachricht *f*: *there's been*
no ~ from her for months wir haben

schon seit Monaten nichts mehr von
ihr gehört; *send ~ that* Nachricht geben, dass **II** *v/t* **4.** *etw* ausdrücken, *Text*
abfassen, formulieren '**word·ing** *s*
Wortlaut *m* '**word·less** *Adj* wortlos,
stumm

word| or·der *s* LING Wortstellung *f*
'*~play s* Wortspielereien *Pl*

▸ **word| pro·cess·ing** ['wɜːd,prəʊsesɪŋ] *s* COMPUTER Textverarbeitung *f* ~
proces·sor *s* COMPUTER Textverarbeitungssystem *n*

word·y ['wɜːdɪ] *Adj* wortreich, langatmig

wore [wɔː] *Prät von* **wear**

▸ **work** [wɜːk] **I** *s* **1.** *allg* Arbeit *f*: *at ~* am
Arbeitsplatz; *be out of ~* arbeitslos
sein; *make short ~ of* kurzen Prozess
machen mit **2.** Werk *n* (*a. Tat*): → **art**
1 **3.** *Pl* (*oft Sg konstruiert*) Werk *n*, Fabrik *f* **4.** *Pl* TECH Werk *n*, Getriebe *n*: →
spanner 5. *the whole ~s Pl* F der ganze
Krempel **II** *v/i* **6.** arbeiten (*at, on* an
Dat): → **rule** 2 **7.** funktionieren (*a.*
fig) **III** *v/t* **8.** *j-n* arbeiten lassen: ~
o.s. into a temper F sich in e-n Wutausbruch hineinsteigern **9.** *Maschine etc*
bedienen **10.** bewirken: *how did you*
~ it? F wie hast du das geschafft?; →
miracle, **wonder** 5 **11.** ~ *s.th. into fig*
etw einbauen (*Akk*)

Verbindungen mit Adverbien:

work| in *v/t Zitate etc* einbauen ~ **off** *v/t*
1. *Schulden* abarbeiten **2.** *Zorn etc* abreagieren (*on* an *Dat*) ~ **out I** *v/t* **1.** ausrechnen; *fig* sich ausdenken **2.** *Plan*
etc ausarbeiten **II** *v/i* **3.** klappen: *it'll*
never ~ daraus kann nichts werden **4.**
aufgehen (*Rechnung etc*): *it didn't ~*
fig die Rechnung ist nicht aufgegangen
5. F trainieren ~ **o·ver** *v/t* F *j-n* zs.-schlagen ~ **up** *v/t* **1.** *Zuhörer etc* aufpeitschen, -wühlen: *be worked up* aufgeregt *od* nervös sein (*about* wegen) **2.**
sich *Appetit etc* holen; *Begeisterung*
etc aufbringen **3.** *etw* ausarbeiten (*into*
zu)

work·a·ble ['wɜːkəbl] *Adj* **1.** formbar **2.**
fig durchführbar

'**work·a·day** *Adj* Alltags...

work·a·hol·ic [ˌwɜːkə'hɒlɪk] *s* F Arbeitssüchtige *m*, *f*, Workaholic *m*

'**work|·bench** *s* TECH Werkbank *f*
'*~book s* PÄD Arbeitsheft *n* ~ **camp**

W

s Arbeitslager n '**~day** s **1.** Arbeitstag m **2.** Werktag m

▸ **work·er** ['wɜːkə] s **1.** Arbeiter(in) **2. be a hard ~** hart arbeiten

work force s **1.** Belegschaft f **2.** Arbeitskräftepotential n

work·ing ['wɜːkɪŋ] **I** Adj **1.** Arbeits...: **~ breakfast** Arbeitsfrühstück n; **~ capital** WIRTSCH Betriebskapital n; **~ day** → **workday**; **~ dinner** → **working lunch**; **~ hours** Pl Arbeitszeit f; **~ hypothesis** Arbeitshypothese f; **a ~ knowledge of French** französische Grundkenntnisse Pl; **have a ~ knowledge of** ein bisschen was verstehen von; **~ lunch** bes POL Arbeitsessen n; **in ~ order** in betriebsfähigem Zustand **2.** arbeitend, berufstätig: **~ class(es** Pl) Arbeiterklasse f **II** s Pl **3.** TECH Arbeits-, Funktionsweise f

'**work·**|**·load** s Arbeitspensum n **~·man** ['-mən] s (unreg **man**) Handwerker m **~·mate** s Br Arbeitskollege m, -kollegin f '**~·out** s F Training n **~ per·mit** s Arbeitserlaubnis f, -genehmigung f '**~·place** s Arbeitsplatz m: **in the ~** am Arbeitsplatz '**~·sheet** s Arbeitsblatt n

▸ **work·**|**·shop** ['wɜːkʃɒp] s **1.** Werkstatt f **2.** Workshop m (Seminar) '**~·shy** Adj arbeitsscheu **~ sta·tion** s Computerarbeitsplatz m, Workstation f '**~·top** s Arbeitsplatte f '**~·to-rule** s WIRTSCH Br Dienst m nach Vorschrift

▸ **world** [wɜːld] **I** s allg Welt f: **in the ~** auf der Welt; **what in the ~ ...?** was um alles in der Welt ...?; **a man of the ~** ein Mann von Welt; **all over the ~** in der ganzen Welt; **they are ~s apart** zwischen ihnen liegen Welten; **bring into the ~** auf die Welt bringen; **do s.o. a** (od **the**) **~ of good** j-m unwahrscheinlich gut tun; **mean** (**all**) **the ~ to s.o.** j-m alles bedeuten **II** Adj Welt...: **~ champion** Weltmeister(in); **~ championship** Weltmeisterschaft f; 2 **Cup** (Sport) Weltcup m, -pokal m; Fußballweltmeisterschaft f; 2 **Health Organization** Weltgesundheitsorganisation f; **~ language** Weltsprache f; **~ power** POL Weltmacht f; **~ record** Weltrekord m; **~ record holder** Weltrekordler(in); **~ war** Weltkrieg m '**~·fa·mous** Adj weltberühmt

world·ly ['wɜːldlɪ] Adj **1.** weltlich, irdisch **2.** weltlich (gesinnt) **~·wise** Adj weltklug

'**world·wide** Adj weltweit, Adv a. auf der ganzen Welt **World-Wide Web** s IT World-Wide Web m (weltweite Verknüpfung von Datenbanken)

▸ **worm** [wɜːm] **I** s **1.** ZOOL Wurm m **II** v/t **2.** Hund etc entwurmen **3. ~ one's way through** sich schlängeln od zwängen durch; **~ one's way into s.o.'s confidence** sich in j-s Vertrauen einschleichen **4. ~ s.th. out of s.o.** fig j-m etw entlocken '**~·eat·en** Adj wurmstichig '**~·hole** s Wurmloch n

▸ **worn** [wɔːn] Part Perf von **wear** '**~·out** Adj **1.** abgenutzt, abgetragen (Kleidung) **2.** fig erschöpft (Person)

▸ **wor·ried** ['wʌrɪd] Adj besorgt, beunruhigt: **be ~** sich sorgen, sich Sorgen machen (**about** über Akk, um, wegen) **wor·ri·some** ['-səm] Adj Besorgnis erregend, beunruhigend

▸ **wor·ry** ['wʌrɪ] **I** v/t j-n beunruhigen, j-m Sorgen machen **II** v/i sich sorgen, sich Sorgen machen (**about, over** über Akk, um, wegen): **not to ~** mach dir keine Gedanken; **~ at** sich abmühen mit **III** s Sorge f '**wor·ry·ing** → **worrisome**

▸ **worse** [wɜːs] **I** Adj u. Adv schlechter, schlimmer: **~ still** was noch schlimmer ist; **to make matters ~** zu allem Übel; **he's getting steadily ~** sein Zustand verschlechtert sich immer mehr **II** s Schlechteres n, Schlimmeres n: → **bad** 7, **turn** 4 '**wors·en** I v/t schlechter machen, verschlechtern **II** v/i schlechter werden, sich verschlechtern

▸ **wor·ship** ['wɜːʃɪp] **I** v/t Prät u. Part Perf **-shiped**, bes Br **-shipped 1.** Gott anbeten, a. Ahnen, Helden verehren; weit. S. j-n anbeten, vergöttern: **~ God** a. zu Gott beten **II** s **2.** Anbetung f, Verehrung f **3.** Gottesdienst m '**wor·ship·**(**p**)**er** s **1.** Anbeter(in), Verehrer(in) **2.** Kirchgänger(in)

▸ **worst** [wɜːst] **I** Adj schlechtest, schlimmst: **of the ~ kind** der übelsten Sorte **II** Adv am schlechtesten od schlimmsten: **come off ~** den Kürzeren ziehen (**in** bei) **III** s der, die, das Schlechteste od Schlimmste: **at** (**the**) **~** schlimmstenfalls; **if the ~ comes to**

the ~ wenn alle Stricke reißen; **the ~ of it is that** das Schlimmste daran ist, dass; **get the ~** den Kürzeren ziehen (**of** bei)

worth [wɜ:θ] **I** *Adj* wert: **it's ~ £10** es ist 10 Pfund wert; **a skirt ~ £20** ein Rock im Wert von 20 Pfund; **it's ~ a try** es ist e-n Versuch wert; **it isn't ~ it** es lohnt sich nicht; **it might be ~ your while** es könnte sich für dich lohnen (**to do** zu tun); **~ mentioning** erwähnenswert; **not ~ mentioning** nicht der Rede wert; **it isn't ~ waiting any longer** es lohnt sich nicht, noch länger zu warten; → **candle, salt** 1 **II** *s* Wert *m* '**worth·less** *Adj* wertlos ‚**worth'while** *Adj* lohnend: **be ~** sich lohnen **wor·thy** ['wɜ:ðɪ] *Adj* würdig: **~ of admiration** bewunderns-, bewunderungswürdig

▶ **would** [wʊd] *v/hilf* 1. *konditional:* **he said he ~ come** er sagte, er würde kommen; **he ~ have come** if es wäre gekommen, wenn; **what ~ you do if …?** was würdest du tun, wenn …?; **how ~ you know?** woher willst du denn das wissen?; **you ~n't understand** das verstehst du sowieso nicht; **you ~, ~n't you?** F das sieht dir ähnlich! 2. *Bereitschaft, Entschluss:* **he ~n't tell us what had happened** er wollte uns nicht sagen, was passiert war; **the door ~n't shut** die Tür schloss nicht; **I ~ rather not say what I think** ich sage lieber nicht, was ich denke 3. *höfliche Bitte:* **shut the window, ~ you?** mach doch bitte das Fenster zu 4. *Wiederholung:* **he ~ often take a walk after supper** er machte nach dem Abendessen oft e-n Spaziergang '**~·be** *Adj pej* Möchtegern…

wouldn't ['wʊdnt] F *für* **would not**

▶ **wound**[1] [wu:nd] **I** *s* Wunde *f*, Verletzung *f*: **open old ~s** *fig* alte Wunden aufreißen; → **rub** 3 **II** *v/t j-n* verwunden, verletzen; *fig j-s Stolz etc* verletzen

wound[2] [waʊnd] *Prät u. Part Perf von* **wind**[2]

wove [wəʊv] *Prät von* **weave** '**wov·en** *Part Perf von* **weave**

wow [waʊ] *Interj* F wow!, Mann!, Mensch!

wran·gle ['ræŋgl] **I** *v/i* (sich) streiten (**with** mit; **over** um) **II** *s* Streit *m*

▶ **wrap** [ræp] **I** *v/t* 1. *a.* **~ up** einpacken, -wickeln (**in** in *Akk*) 2. *etw* wickeln ([**a**]**round** um) 3. **~ up** F *Handel etc* unter Dach u. Fach bringen **II** *v/i* 4. **~ up** sich warm anziehen 5. **~ up!** F Schnauze! **III** *s* 6. *bes Am* Umhang *m* 7. F **be still under ~s** noch geheim sein; **keep under ~s** *etw* geheim halten '**wrap·per** *s Br* (Schutz)Umschlag *m* '**wrap·ping I** *s* Verpackung *f* **II** *Adj:* **~ paper** Einwickel-, Packpapier *n*

wrath [rɒθ] *s* Zorn *m*

wreak [ri:k] *v/t* anrichten; *Rache* üben

wreath [ri:θ] *Pl* **wreaths** [ri:ðz] *s* Kranz *m*

▶ **wreck** [rek] **I** *s* 1. SCHIFF Wrack *n* (*a. fig Person*) **II** *v/t* 2. **be ~ed** SCHIFF zerschellen; Schiffbruch erleiden 3. *Hoffnungen etc* zunichte machen '**wreck·age** *s* Trümmer *Pl* (*a. fig*), SCHIFF *a.* Wrackteile *Pl* '**wreck·er** *s* MOT *Am* Abschleppwagen *m*

wren [ren] *s* ORN Zaunkönig *m*

wrench [rentʃ] **I** *v/t* 1. **~ s.th. from** (*od* **out of**) **s.o.'s hand** j-m etw aus der Hand winden; **~ off** *Verschluss etc* mit e-m Ruck aufschrauben 2. MED sich *das Knie etc* verrenken **II** *s* 3. MED Verrenkung *f* 4. TECH *Br* Franzose *m*; *Am* Schraubenschlüssel *m*

wrest [rest] *v/t:* **~ s.th. from s.o.'s hand** j-m etw aus der Hand reißen

wres·tle ['resl] **I** *v/i* 1. ringen (**with** mit) 2. *fig* ringen, kämpfen (**with** mit; **for** um) **II** *v/t* 3. SPORT ringen gegen '**wres·tler** *s* SPORT Ringer *m* '**wrestling** (*Sport*) **I** *s* Ringen *n* **II** *Adj* Ring…: **~ match** Ringkampf *m*

wretch [retʃ] *s* 1. *a. poor ~* armer Teufel 2. *oft hum* Wicht *m* **wretch·ed** ['~ɪd] *Adj* 1. elend; (tod)unglücklich 2. scheußlich (*Kopfschmerzen, Wetter etc*) 3. verflixt

wrig·gle ['rɪgl] **I** *v/i* sich winden, zappeln: **~ out of** *fig* sich herauswinden aus; sich drücken vor (*Dat*) **II** *v/t* mit *den Zehen* wackeln

wring [rɪŋ] *v/t* (*unreg*) 1. *j-m die Hand* drücken; *die Hände* ringen 2. *oft* **~ out** *Wäsche etc* auswringen: **~ the truth out of** s.o. die Wahrheit aus j-m herausholen '**wring·ing** *Adv:* **~ wet** klatschnass

wrin·kle[1] ['rɪŋkl] **I** *s* Falte *f*, Runzel *f* **II** *v/t a.* **~ up** Stirn runzeln, *Nase* rümpfen

W

III *v/i* faltig *od* runz(e)lig werden
wrin·kle² [-] *s* F Kniff *m*, Trick *m*
▸ **wrist** [rɪst] *s* Handgelenk *n* '**·band** *s*
Armband *n*
wrist·let ['rɪstlɪt] *s* Armband *n*
'**wrist·watch** *s* Armbanduhr *f*
writ [rɪt] *s* JUR Befehl *m*, Verfügung *f*
▸ **write** [raɪt] (*unreg*) **I** *Buch etc, j-m*
e-n Brief etc schreiben: *it was written
on* (*od all over*) *his face fig* es stand
ihm im Gesicht geschrieben **2.** *bes
Am j-m* schreiben **II** *v/i* **3.** schreiben:
~ to s.o. j-m schreiben; → *home* 8
Verbindungen *mit Adverbien:*
write| back *v/i* zurückschreiben ~
down *v/t* aufschreiben, niederschrei-
ben ~ **in** *v/i* schreiben (*to an Akk*): ~
for *etw* anfordern ~ **off** *v/t* **1.** *j-n,*
WIRTSCH *etw* abschreiben **2.** *bes Br Wa-
gen* zu Schrott fahren ~ **out** *v/t* **1.** *Na-
men etc* ausschreiben **2.** *Bericht etc* aus-
arbeiten **3.** *j-m e-e Quittung etc* ausstel-
len **4.** RUNDFUNK, TV *j-n* herausschrei-
ben (*of aus e-r Serie*) ~ **up** *v/t* **1.** Notizen
etc ausarbeiten **2.** berichten über
(*Akk*); *etw* besprechen
'**write-off** *s* **1.** WIRTSCH Abschreibung *f*
2. *bes Br* Totalschaden *m*
▸ **writ·er** ['raɪtə] *s* **1.** Schreiber(in), Ver-
fasser(in), Autor(in) **2.** Schriftstel-
ler(in)
'**write-up** *s* (Presse)Bericht *m*; Bespre-
chung *f*, Kritik *f*
writhe [raɪð] *v/i* sich krümmen *od* win-
den (*in, with* vor *Dat*)

writ·ing ['raɪtɪŋ] **I** *s* **1.** Schreiben *n* (*Tä-
tigkeit*) **2.** (Hand)Schrift *f* **3.** *Pl* Werke
Pl **4.** *in ~* schriftlich **II** *Adj* **5.** Schreib...:
~ **desk** Schreibtisch *m*
writ·ten ['rɪtn] **I** *Part Perf von* **write** **II**
Adj schriftlich: ~ **language** Schrift-
sprache *f*
▸ **wrong** [rɒŋ] **I** *Adj* (→ **wrongly**) **1.**
falsch: ▸ **be wrong** falsch sein, nicht
stimmen; Unrecht haben; falsch gehen
(*Uhr*) **2.** unrecht: *you were wrong to
say that* es war nicht recht *od* richtig
von dir, das zu sagen **3.** *is anything
wrong?* ist etw nicht in Ordnung?
what's wrong with you? was ist los
mit dir?, was hast du? **II** *Adv* **4.** falsch:
get wrong j-n, etw falsch verstehen; *go
wrong* e-n Fehler machen; kaputtge-
hen; *fig* schief gehen **III** *s* **5.** Unrecht
n: *be in the wrong* im Unrecht sein
IV *v/t* **6.** *j-m* unrecht tun „*~'do·er* *s*
Misse-, Übeltäter(in) „*~'do·ing* *s* **1.**
Missetat(en *Pl*) *f* **2.** Vergehen *n od
Pl*
wrong·ful ['rɒŋfʊl] *Adj* **1.** ungerechtfer-
tigt **2.** gesetzwidrig
wrong·ly ['rɒŋlɪ] *Adv* zu Unrecht;
fälschlicherweise
wrote [rəʊt] *Prät von* **write**
wrought [rɔːt] *Adj*: ~ **iron** Schmiedeei-
sen *n* „*~'i·ron* *Adj* schmiedeeisern
wrung [rʌŋ] *Prät u. Part Perf von* **wring**
wry [raɪ] *Adj* süßsauer (*Lächeln*); sarkas-
tisch (*Humor*)
WWW *Abk* (= *World-Wide Web*)

X

X [eks] *Pl* **X's** ['eksɪ] *s* X *n*
xeno·pho·bia [‚zenə'fəʊbjə] *s* Auslän-
derfeindlichkeit *f* **xeno·pho·bic**
[‚zenə'fəʊbɪk] *Adj* ausländerfeindlich
Xmas ['eksməs, 'krɪsməs] F → *Christ-
mas*

X-ray ['eksreɪ] **I** *v/t* **1.** röntgen **II** *s* **2.**
Röntgenaufnahme *f*, -bild *n* **3.** Rönt-
genuntersuchung *f*: *have an ~* geröntgt
werden
xy·lo·phone ['zaɪləfəʊn] *s* MUS Xylo-
phon *n*

Y [waɪ] *Pl* **Y's** *s* Y *n*

yacht [jɒt] **I** *s* Jacht *f*; (*Sport*) (Segel-) Boot *n* **II** *v/i* **go ~ing** segeln gehen '**yacht·ing** *s* Segeln *n*

yachts·man ['jɒtsmən] *s* (*unreg man*) SPORT Segler *m* '**yachts,wom·an** *s* (*unreg woman*) SPORT Seglerin *f*

yank [jæŋk] F **I** *v/t* reißen an (*Dat*): **~ out** (her)ausreißen, *Zahn* ziehen **II** *v/i*: **~ on** reißen an (*Dat*) **III** *s* Ruck *m*

Yan·kee ['jæŋkɪ] *s* F Ami *m*

yap [jæp] **I** *v/i* **1.** kläffen **2.** F quasseln **II** *s* **3.** Kläffen *n* **4.** F Gequassel *n*

► **yard**¹ [jɑːd] *s* Yard *n*

► **yard**² [jɑːd] *s* Hof *m*

'**yard·stick** *s* fig Maßstab *m*

yarn [jɑːn] *s* **1.** Garn *n* **2.** F **spin a ~** Garn spinnen: **spin s.o. a ~ about** j-m e-e Lügengeschichte erzählen von

yawn [jɔːn] **I** *v/i* gähnen (*a.* fig) **II** *s* Gähnen *n*; Gähnen *n*: **be a big ~** F zum Gähnen (langweilig) sein

yeah [jeə] *Adv* F ja

► **year** [jɪə] *s* Jahr *n*: **~ after** Jahr für Jahr; **~ in, ~ out** jahraus, jahrein; **all ~ round** das ganze Jahr hindurch; **since the ~ dot** F seit e-r Ewigkeit; **this ~** dieses Jahr, heuer

year·ly ['jɪəlɪ] *Adj u. Adv* jährlich

yearn [jɜːn] *v/i* sich sehnen (**for** nach; **to do** danach, zu tun) '**yearn·ing I** *s* Sehnsucht *f* **II** *Adj* sehnsüchtig

yeast [jiːst] *s* Hefe *f*

yell [jel] **I** *v/i* schreien, brüllen (**with** vor *Dat*): **~ at s.o.** j-n anschreien *od* anbrüllen **II** *v/t a.* **~ out** etw schreien, brüllen **III** *s* Schrei *m*

► **yel·low** ['jeləʊ] **I** *Adj* **1.** gelb: **~ fever** MED Gelbfieber *n*; **☿ Pages** *Pl* TEL die gelben Seiten *Pl*, Branchenverzeichnis *n* **2.** F feig **II** *s* **3.** Gelb *n*: **the lights were at ~** *Am* die Ampel stand auf Gelb **III** *v/i* gelb werden, sich gelb färben (*Blätter etc*), vergilben (*Papier*)

yep [jep] *Adv* F ja

► **yes** [jes] **I** *Adv* ja: **yes and no** ja u. nein; ► **yes, please** ja, bitte **II** *s* Ja *n*: **~ man** *s* (*unreg man*) pej Jasager *m*

yes·ter·day ['jestədɪ] **I** *Adv* gestern:

yesterday morning gestern Morgen; ► **the day before yesterday** vorgestern; **I wasn't born yesterday** ich bin (doch) nicht von gestern **II** *s*: **yesterday's paper** die gestrige Zeitung

► **yet** [jet] **I** *Adv* **1.** *fragend:* schon **2.** noch: **not ~** noch nicht; **as ~** bis jetzt, bisher **3.** (doch) noch **4.** doch, aber **II** *Konj* **5.** aber, doch

ye·ti ['jetɪ] *s* Yeti *m*

yew [juː] *s* BOT Eibe *f*

'**Y-fronts** *Pl* Herrenunterhose *f*

Yid·dish ['jɪdɪʃ] *s* LING Jiddisch *n*

yield [jiːld] **I** *v/t* **1.** *Früchte* tragen, *Gewinn* abwerfen, *Resultat etc* ergeben, liefern **2.** *a.* **~ up** MIL *Stellung etc* überlassen (**to** *Dat*) **II** *v/i* **3.** nachgeben (*Boden etc*) **4.** nachgeben; MIL sich ergeben (**to** *Dat*): **~ to** MOT *Am* j-m Vorfahrt gewähren **III** *s* **5.** Ertrag *m*

YMCA [waɪemsiː'eɪ] *Abk* (= **Young Men's Christian Association**) CVJM *m* (*Christlicher Verein Junger Menschen*)

yo·ga ['jəʊgə] *s* Joga *m, n*, Yoga *m, n*

yog·h(o)urt yog·urt ['jɒgət] *s* Joghurt *m, n*, Jogurt *m, n*

yolk [jəʊk] *s* (Ei)Dotter *m, n*, Eigelb *n*

► **you** [juː] *Pron* **1.** (*Nom*) du, Sie, ihr; (*Dat*) dir, Ihnen, euch; (*Akk*) dich, Sie, euch **2.** man

you'd [juːd] F *für* **you had**; **you would**

you'll [juːl] F *für* **you will**

► **young** [jʌŋ] **I** *Adj* **1.** jung **II** *s* **2.** **the ~** die jungen Leute *Pl*, die Jugend **3.** ZOOL Junge *Pl* **young·ster** ['-stə] *s* Junge *m*

► **your** [jɔː] *Possessivpron* dein(e); *Pl* euer, eure; Ihr(e) (*a. Pl*)

you're [jʊə] F *für* **you are**

► **yours** [jɔːz] *Pron* dein(er, e, es); *Pl* euer, eure(s); Ihr(er, e, es) (*a. Pl*): **a friend of ~** ein Freund von dir

► **your·self** [jɔː'self] *Pl* **-selves** [-'selvz] *Pron* **1.** *verstärkend:* selbst: **you ~ told me, you told me ~** du hast es mir selbst erzählt **2.** *refl* dir, dich, sich: **did you hurt ~?** hast du dich verletzt?

► **youth** [juːθ] **I** *s* **1.** Jugend *f*: **in my youth** in meiner Jugend **2.** Jugendliche

m, f **3.** Koll Jugend f **II** Adj **4.** Jugend...: **youth club** Jugendklub m;
▸ **youth hostel** Jugendherberge f

you've [juːv] F für **you have**

Yu·go·slav [ˌjuːɡəʊˈslɑːv] **I** s Jugoslawe m, -lawin f **II** Adj jugoslawisch

Yu·go·sla·via [ˌjuːɡəʊˈslɑːvjə] Eigenn

Jugoslawien n

yum·my [ˈjʌmɪ] Adj F lecker

yup·pie [ˈjʌpɪ] s Yuppie m

YWCA [ˌwaɪdʌbljuːsiːˈeɪ] Abk (= **Young Women's Christian Association**) CVJF m (Christlicher Verein Junger Frauen und Mädchen)

Z

Z [zed, Am ziː] Pl **Z's** s Z n

Zam·bia [ˈzæmbɪə] Eigenn Sambia n

zap [zæp] v/t F **1.** umlegen, killen **2.** TV ~ **channels** zappen **3.** ~ **up** aufmotzen

zeal [ziːl] s Eifer m **zeal·ous** [ˈzeləs] Adj eifrig

ze·bra [ˈzebrə, ˈziːbrə] s ZOOL Zebra n ~ **cross·ing** s Br Zebrastreifen m

▸ **ze·ro** [ˈzɪərəʊ] **I** Pl **-ro(e)s** s Null f (Am a. TEL), (e-r Skala a.) Nullpunkt m: **10 degrees below** ~ 10 Grad unter null **II** Adj Null...: ~ **growth** Nullwachstum n **III** v/i: ~ **in on** MIL sich einschießen auf (Akk) (a. fig); fig sich konzentrieren auf (Akk) ˌ~·eˈmis·sion Adj schadstofffrei

zest [zest] s **1.** fig Würze f **2.** Begeisterung f: ~ **for life** Lebensfreude f

zig·zag [ˈzɪɡzæɡ] **I** s Zickzack m **II** Adj zickzackförmig, Zickzack... **III** v/i im Zickzack laufen, fahren etc, zickzackförmig verlaufen (Weg etc)

zilch [zɪltʃ] Pron sl nix, null

Zim·ba·bwe [zɪmˈbɑːbwɪ] Eigenn Simbabwe n

zinc [zɪŋk] s CHEM Zink n

▸ **zip** [zɪp] **I** s **1.** Reißverschluss m **2.** Zischen n, Schwirren n **3.** F Schmiss m, Schwung m **II** v/t **4.** ~ **the bag up** den Reißverschluss der Tasche zumachen; ~ **s.o. up** j-m den Reißverschluss zumachen **5.** e-e Datei komprimieren, zippen **III** v/i **6.** zischen, schwirren (Kugeln etc) **7.** F flitzen: ~ **by** (od past) vorbeiflitzen ~ **code** s Am etwa Postleitzahl f ~ **fas·ten·er** s bes Br → **zip** 1

▸ **zip·per** [ˈzɪpə] bes Am → **zip** 1

zo·di·ac [ˈzəʊdɪæk] s ASTR Tierkreis m: **signs** Pl **of the** ~ Tierkreiszeichen Pl

zom·bie [ˈzɒmbɪ] s Zombie m

zone [zəʊn] s Zone f

zoo [zuː] s Zoo m

zo·o·log·i·cal [ˌzəʊəˈlɒdʒɪkl] Adj zoologisch: ~ **gardens** Pl Tierpark m **zo·ol·o·gy** s Zoologie f

zoom [zuːm] F v/i **1.** ~ **in on** FOTO etw heranholen **2.** F sausen **3.** F in die Höhe schnellen (Preise) **II** s **4.** a. ~ **lens** FOTO Zoom(objektiv) n

zuc·chi·ni [zuːˈkiːnɪ] Pl ~**s**, ~ s Am BOT Zucchini f

Zu·rich [ˈzjʊrɪk] Eigenn Zürich n

Wörterverzeichnis
Deutsch-Englisch

A

A, a n A, a (a. MUS): fig **das A und O** the be-all and end-all, the essence; **von A bis Z** from beginning to end; **wer A sagt, muss auch B sagen** in for a penny, in for a pound

à Präp WIRTSCH (at) ... each

@ Abk IT (= **at**) @

Aal m eel: fig **sich winden wie ein ~** wriggle like an eel

aalen v/refl **sich ~** F laze, **in der Sonne**: bask in the sun

aalglatt Adj fig (as) slippery as an eel

Aargau m der Argovia

Aas n 1. carrion 2. V beast, (Frau) a. bitch: **kein ~** not a blessed soul

aasen v/i F **mit etw ~** squander s.th.

Aasgeier m a. fig vulture

ab I Adv 1. (weg, fort) off, away, THEAT exit, Pl (**beide** od **alle~**) exeunt: **links~** (to the) left; **weit ~** far off; F **~ (durch die Mitte)!** off with you! 2. F (los) off, (herunter) a. down: **der Knopf ist ~** the button is (od has come) off; → **Hut¹** 1 3. from: BAHN **Berlin ~ 16:30** dep. (= departure from) Berlin 16:30; F **von ... ~** from ... on 4. **~ und zu** now and then **II** Präp 5. örtlich: from: ~ **Seite 17** from page 17; WIRTSCH **~ Berlin (Fabrik, Lager)** ex Berlin (factory, warehouse) 6. zeitlich: from ... (on): **~ heute** from (VERW as of) today 7. Personen ~ **18 Jahren** from (the age of) 18 up(wards); Schuhe etc **~ € 50** from €50 up **III** Adj präd 8. F (ganz) **~ sein** be dead beat, be bushed

abändern v/t alter, change, modify, PARL amend, JUR commute

Abänderung f alteration, modification, PARL amendment, JUR commutation

Abänderungsantrag m PARL **e-n ~ einbringen** move an amendment

abarbeiten I v/t (Schulden etc) work off **II** v/refl **sich ~** slave (away)

Abart f BIOL u. fig variety **abartig** Adj abnormal, sexuell: a. perverse

Abbau m 1. TECH dismantling 2. BERGB working, exploitation (of a mine), mining (of coal): **~ unter Tage** underground working 3. CHEM decomposition, disintegration (a. METEO), im Kör-

per, von Blutalkohol etc: breakdown 4. fig der Kräfte: decline 5. von Ausgaben etc: reduction, cutback, (Entlassung) dismissal, (Personal2) a. retrenchment 6. von Missständen etc: (gradual) removal, von Vorurteilen etc: (gradual) overcoming

abbaubar Adj **biologisch ~** biodegradable; **schwer ~** Schadstoffe etc.: difficult to break down

abbauen I v/t 1. TECH dismantle, (Gerüst, Kulissen) take down, (Zelt, Lager etc) ~ take down, (Kohle, Erz) a. mine 3. CHEM (a. **sich ~**) decompose, a. PHYSIOL (Blutalkohol etc) break down: **sich ~** be broken down 4. (senken) reduce, cut back 5. (entlassen) dismiss 6. (Missstände etc) (gradually) remove, (Vorurteile etc) a. (gradually) overcome **II** v/i 7. → **nachlassen** 2

abbeißen v/t bite off

abbeizen v/t remove with corrosives

Abbeizmittel n remover

abbekommen v/t 1. get s.th. off 2. get: **etw ~ a**) a. **sein Teil ~** get one's share, **b**) (verletzt werden) get hurt, (beschädigt werden) be damaged

abberufen v/t (Gesandten) recall: **j-n von e-m Amt ~** relieve s.o. from office

abbestellen v/t cancel (one's order for), (Zeitung) discontinue: **j-n ~** ask s.o. not to come

abbetteln v/t **j-m etw ~** wheedle s.th. out of s.o.

abbiegen I v/i turn (off): (nach) **links ~** turn off left **II** v/t F fig head off, avoid

Abbieger(in) 1. vehicle turning off 2. driver turning off **Abbiegespur** f filter lane

Abbild n 1. (Nachbildung) copy 2. (Bild) picture, (Ebenbild) image, likeness 3. fig (Spiegelbild) reflection **abbilden** v/t portray, depict, (zeigen) show: **wie oben abgebildet** as shown above

Abbildung f picture, illustration

abbinden I v/t 1. untie, undo, (Krawatte etc) take off 2. (abschnüren) tie off, MED ligate **II** v/i 3. Zement etc: set

Abbitte f apology: **j-m ~ leisten** apolo-

gize to s.o. (*wegen* for) **abbitten** *v/t j-m etw* ~ ask s.o.'s pardon for s.th.

abblasen *v/t* **1.** (*Dampf*) blow off **2.** F *fig* (*Veranstaltung etc*) call off, cancel

abblättern *v/i Farbe etc*: flake off

abblenden I *v/t* **1.** (*Licht etc*) dim, (*Scheinwerfer*) dip, *Am* dim **II** *v/i* **2.** MOT dip (*Am* dim) the headlights **3.** FOTO stop down

Abblendlicht *n* MOT dipped (*Am* dimmed) headlights *Pl*, low beam

abblitzen *v/i* F *bei j-m* ~ meet with a rebuff from s.o.; *j-n* ~ *lassen* send s.o. packing

abblocken *v/t a. fig* block

abbrausen I *v/t* (*a. sich* ~) shower **II** *v/i* F *Auto etc*: roar off, zoom off

abbrechen I *v/t* **1.** break off: F *sich e-n* ~ nearly kill o.s. (*bei* doing *s.th.*) **2.** (*Haus etc*) pull down, (*Gerüst etc*) take down, (*Zelt*) strike: *das Lager* ~ break camp; → *Zelt* **3.** *fig* (*Beziehungen, Diskussion etc*) break off, (*Streik etc*) call off, (*Studium, Versuch etc*) abandon, (*Spiel, Kampf*) stop, (*Computerprogramm etc*) abort **II** *v/i* **4.** break off **5.** *fig* (*aufhören*) break off, stop, COMPUTER abort, cancel

abbremsen *v/t u. v/i* brake, slow down

abbrennen I *v/t* (*Haus etc*) burn down, (*Feuerwerk*) let off **II** *v/i* burn down: → *abgebrannt*

abbringen *v/t j-n von etw* ~ put s.o. off (doing) s.th., *Person: a.* talk s.o. out of (doing) s.th.; *j-n vom Rauchen etc* ~ get s.o. to stop smoking *etc*; *j-n von e-m Thema* ~ get s.o. off a subject; *davon lasse ich mich nicht* ~ nothing will make me change my mind about that

abbröckeln *v/i* crumble (away), *fig Kurse, Preise*: crumble

Abbruch *m* **1.** *e-s Hauses*: demolition **2.** *fig von Beziehungen etc*: break(ing) off, *bes* SPORT break-off, stop(ping) **3.** *e-r Sache* ~ *tun* detract from, (*schaden*) be detrimental to; *das tut der Sache k-n* ~! that makes no difference! **abbruchreif** *Adj* due for demolition, VERW condemned **Abbruchunternehmer(in)** demolition contractor

abbuchen *v/t* **1.** *e-e Summe von j-s Konto* ~ debit a sum to s.o.'s account **2.** → *abschreiben* 2

Abbuchung *f* **1.** debit entry **2.** *per Auf-*

trag: payment by standing order

Abbuchungsauftrag *m* debit order

abbummeln *v/t* F (*Überstunden*) loaf away

abbürsten *v/t* (*Staub*) brush off, (*Kleidung*) brush (down)

abbüßen *v/t* (*s-e Schuld*) expiate, atone for: JUR *s-e Strafe* ~ serve a sentence

Abc *n* ABC, alphabet, *fig the basics Pl*

Abc-Schütze *m* F (school) beginner

ABC-Waffen *Pl* NBC weapons *Pl*

Abdampf *m* TECH exhaust steam **abdampfen** *v/i* **1.** *Zug etc*: steam off, F *Person*: clear off **2.** TECH (*a. v/t*) evaporate

abdanken *v/i* resign, *König*: abdicate

Abdankung *f* resignation, abdication

abdecken *v/t* **1.** take off, uncover, (*Dach*) untile, (*Haus*) unroof, (*Tisch*) clear, (*Bett*) turn down **2.** (*zudecken*) cover (up), FOTO blank out **3.** WIRTSCH (*Schulden etc*) cover, meet **4.** *fig* (*einschließen*) cover **5.** SPORT mark, cover

abdichten *v/t* TECH seal, (*Maschinenteil*) pack, ca(u)lk, make *s.th.* watertight

abdrängen *v/t* push (*od* force) s.o., *s.th.* aside

abdrehen I *v/t* **1.** TECH twist off **2.** (*Gas, Wasser etc*) turn off, ELEK *a.* switch off **3.** (*Film*) finish (shooting) **II** *v/i* **4.** FLUG, SCHIFF turn away, (*ausscheren*) sheer off

abdriften *v/i a. fig* drift off

Abdruck¹ *m* (*Fuß♀, Finger♀*) (im)print, mark, (*Wachs♀, Zahn♀ etc*) impression, (*Gips♀*) cast

Abdruck² *m* **1.** printing **2.** text, (*Exemplar*) copy, (*Probe♀*) proof, (*Nachdruck*) reprint **abdrucken** *v/t* print

abdrücken **I** *v/t* **1.** (*Gewehr etc*) fire (*auf Akk* at) **2.** (*abformen*) make an impression of *s.th.*: *sich* ~ leave an imprint **3.** F *j-n* ~ hug s.o., squeeze s.o. **II** *v/i* **4.** pull the trigger: *auf j-n* ~ fire at s.o.

abduschen → *abbrausen* I

abdüsen *v/i* F zoom off

abebben *v/i fig* ebb away, *Zorn, Lärm etc: a.* die down, subside

Abend *m* evening, night (*beide a.* ~*veranstaltung*): *am* (*späten*) ~ (late) in the evening, (late) at night; *heute* ~ this evening, tonight; *morgen* (*gestern*) ~ tomorrow (last) night; *Sonntag* ~ Sun-

day evening; **guten ~!** good evening!; **zu ~ essen** have supper (od dinner); **es wird ~** it's getting dark; **man soll den Tag nicht vor dem ~ loben** don't count your chickens before they are hatched; **es ist noch nicht aller Tage ~** things may take a turn yet

Abend|andacht f evening prayer(s Pl) **~anzug** m evening dress **~blatt** n evening paper **~brot** n → **Abendessen** **~dämmerung** f dusk **~essen** n evening meal, dinner, supper ♀**füllend** Adj Film etc: full-length **~kasse** f box office **~kleid** n evening dress (Am gown) **~kurs** m evening class(es Pl)

Abendland n the Occident **abendländisch** Adj Western, occidental

abendlich Adj evening, of (od in) the evening

Abendmahl n REL the Holy Communion, the Lord's (MALEREI the Last) Supper: **das ~ nehmen** take Communion

Abendrot n, **Abendröte** f sunset glow

abends Adv in the evening(s): **bis ~** till evening; **um 7 Uhr ~** at seven (o'clock) in the evening, at 7 p.m.

Abend|schule f night school **~sonne** f setting sun **~stern** m evening star **~vorstellung** f THEAT evening performance **~zeitung** f → **Abendblatt**

Abenteuer n adventure (a. in Zssgn film, novel, playground, etc), (Liebes♀) (love) affair **Abenteuerferien** Pl adventure holidays Pl **Abenteuerleben** n adventurous life **abenteuerlich** Adj adventurous, fig (gewagt) risky, Idee, Plan etc: wild, fantastic, Aufmachung etc: eccentric, odd **Abenteuerlust** f love of adventure **Abenteurer** m adventurer **Abenteurerin** f adventuress

aber I Konj yet: **~ dennoch** yet, (but) still; **oder ~** otherwise, or else II Interj **~, ~!** come, come!; **~ ja!, ~ sicher!** (but) of course!; **~ nein!** oh no!, of course not!; **das ist ~ nett von dir** that's really nice of you **Aber** n but: **die Sache hat ein ~** there's just one catch to it; → **Wenn**

Aberglaube m superstition **abergläubisch** Adj superstitious

aberhundert Adj hundert und ~, **Hundert und** ♀ hundreds and (od upon) hundreds

aberkennen v/t bes JUR j-m etw ~ deprive s.o. of s.th.

abermalig Adj renewed, repeated **abermals** Adv again, once more **abernten** v/t reap, harvest, (Obst) pick **aberwitzig** Adj crazy, mad

abfackeln v/t (Erdgas) burn off

abfahren f I v/i **1.** (nach) for) leave, depart, start, SCHIFF sail: F **j-n ~ lassen** send s.o. packing **2.** Skiläufer: run (eng. S. start) downhill **3.** F **auf j-n (etw) (voll) ~** be wild about s.o. (s.th.), dig s.o. (s.th.) (the big way) II v/t **4.** (Schutt etc) cart off, remove **5.** (e-e Strecke) cover, travel, (überwachen) patrol **6.** (Reifen etc) wear down **7.** (Film, Tonband etc) start, run **8.** (Fahrkarte) use up **9.** **ihm wurde ein Bein etc abgefahren** he was run over and lost a leg etc

Abfahrt f **1.** (nach) for: start, departure **2.** (Autobahn♀) exit **3.** Skisport: downhill (run), (Hang) slope

abfahrtbereit Adj ready to leave **Abfahrts|lauf** m Skisport: downhill (run) **~läufer(in)** f downhiller **Abfahrtszeit** f time of departure

Abfall m **1.** a. **Abfälle** Pl waste (a. TECH), (Müll) refuse, rubbish, bes Am garbage, (Fleisch♀ etc) offal, (herumliegender ~) litter **2.** (Abnahme) decrease, (a. ELEK, a. fig Leistungs♀) drop **3.** POL defection, **von e-r** Partei: desertion (from), REL apostasy **~beseitigung** f waste disposal **~eimer** m rubbish (od litter) bin, Am trash (od garbage) can

abfallen v/i **1.** fall off, drop off: fig von **j-m ~** Angst etc: fall away from s.o., leave s.o. **2.** Gelände: fall away, slope, drop (steil steeply) **3.** (abnehmen) fall (off), drop, decrease, (zurückfallen) Läufer etc: drop back: **~ gegen** compare badly with **4.** (übrig bleiben) be left (über) **5.** F (herausspringen) be gained (bei by): **was fällt für mich dabei ab?** what's in it for me? **6.** (von from) e-r Partei: break away, defect, REL apostatize **abfallend** Adj Gelände: sloping: **steil ~** steep, precipitous

abfällig Adj Bemerkung: disparaging, Kritik: adverse, Meinung, Urteil etc: unfavo(u)rable: Adv **~ sprechen über** (Akk) speak disparagingly of

Abfall|produkt n waste product, ver-

wertbares: spin-off, by-product **~verwertung** f waste recovery, recycling **~wirtschaft** f waste industry, waste management

abfälschen v/t (*Ball*) deflect

abfangen v/t **1.** (*Brief, Ball, Angreifer etc*) intercept, (*Person*) a. catch, (*Angriff, Entwicklung*) check, (*Boxhieb*) parry, (*Läufer*) catch up with **2.** (*Fahrzeug*) get a car etc under control, FLUG pull out **3.** TECH (*Mauer*) prop up, (*Stoß etc*) absorb, (*sammeln*) collect

Abfangjäger m FLUG interceptor **Abfangsatellit** m hunter-killer satellite

abfärben v/i beim Waschen: run: ~ **auf** (*Akk*) **a)** *Farbe*: run into, **b)** *fig* rub off on

abfeilen v/t TECH file off

abfertigen v/t **1.** (*Waren, a.* FLUG, BAHN) dispatch, clear, (*Passagiere*) check in: **e-n Zug** ~ start a train **2.** (*j-n bedienen*) attend to, serve, deal with: F **j-n kurz** ~ give s.o. short shrift **3.** F SPORT dispose of, (*besiegen*) beat **Abfertigung** f **1.** dispatch (a. FLUG, BAHN), beim Zoll: (customs) clearance **2.** e-s Auftrags etc, von Kunden: attendance (Gen to) **3.** fig snub **4.** → **Abfertigungsschalter** m dispatch counter, FLUG check-in counter

abfeuern v/t (*Waffe, Schuss*) fire (**auf** Akk at); Fußball: (*Schuss*) let go with

abfinden I v/t (*Gläubiger*) pay (off), satisfy, (*Partner*) buy out, (*entschädigen*) pay s.o. compensation II v/refl **sich** ~ **mit j-m** (*etw*) come to terms with s.o. (s.th.), **mit etw** a. resign o.s. to s.th., put up with s.th., (*akzeptieren*) accept s.th.; **sich mit den Tatsachen** ~ a. face the facts; **damit kann ich mich nicht ~!** I just can't accept it! **Abfindung** f settlement, e-s Gläubigers: satisfaction, paying off, für Arbeitnehmer: severance pay, (*Entschädigung*) compensation

abflachen v/t (a. **sich** ~) flatten (out)

abflauen v/i Wind etc: drop, a. fig Wut

etc: die down, abate, *Krise, Verkehr etc*: ease off, WIRTSCH *Geschäfte, Konjunktur etc*: slacken (off), *Interesse etc*: flag

abfliegen I v/i FLUG start, take off, *Passagier*: fly, allg depart II v/t (*Strecke*) patrol (by plane)

abfließen v/i flow off (a. *Kapital*)

Abflug m FLUG start, takeoff, departure

abflugbereit Adj ready for takeoff

Abflughalle f departure lounge

Abflugzeit f (time of) departure

Abfluss m **1.** flowing off, discharge, von Kapital: outflow **2.** (~*stelle*) outlet

Abflussrohr n TECH drainpipe

abfordern v/t j-m etw ~ demand (fig a. exact) s.th. of (od from) s.o.

abformen v/t mo(u)ld, model

abfragen v/t **1.** j-n (etw) ~ test (in fig quiz) s.o. (on s.th.) **2.** COMPUTER interrogate

abfressen v/t crop, völlig: eat bare

abfrieren v/t ihm sind drei Zehen etc **abgefroren** he lost three toes etc through frostbite; F **sich e-n** ~ be freezing to death

Abfuhr f **1.** removal **2. a)** fig rebuff, F brush-off, **b)** SPORT defeat, beating: **sich e-e** ~ **holen** get a beating, fig meet with a rebuff

abführen I v/t **1.** lead s.o. away, gewaltsam: march s.o. off, (*Häftling*) take s.o. into custody: **j-n** ~ **lassen** have s.o. taken away **2.** ~ **von** e-m Thema etc: lead away from **3.** (*Steuern, Geld etc*) pay (over) (**an** Akk to) **4.** TECH (*Wasser etc*) drain off, (*Wärme etc*) carry off II v/i **5.** MED **a)** act as a laxative, **b)** move the bowels **abführend** Adj, **Abführmittel** n MED laxative

Abfüllanlage f bottling plant

abfüllen v/t draw off, (*Flaschen etc*) fill, (*Wein*) rack (off): **in Beutel** ~ bag; **in** (od **auf**) **Flaschen** ~ bottle

abfüttern ¹ v/t a. hum feed

abfüttern ² v/t (*Kleidung*) line

Abgabe f **1.** allg delivery, handing over, des Gepäcks: depositing, Am checking **2.** making (an offer, a comment, etc), giving (an opinion etc): ~ **der Wahlstimme** casting one's vote **3.** TECH von Wärme, Dampf etc: emission, von Energie etc: release, ELEK output **4.** (*Steuer*) tax, duty, (*Kommunal♗*) rate, Am local tax, (*Sozial♗*) contribu-

tion **5.** WIRTSCH (*Verkauf*) sale **6.** *e-s Schusses*: firing **7.** *Fußball etc*: pass

abgabenfrei *Adj* **a)** tax-free, **b)** duty-free **abgabenpflichtig** *Adj Person*: liable to payment of taxes (*etc*), *Einkommen*: taxable, *Waren*: dutiable

Abgang *m* **1.** leaving, departure, *a.* THEAT exit, *aus e-m Amt*: retirement from: *nach dem ~ von der Schule* after leaving school; *fig sich e-n guten ~ verschaffen* make a graceful exit **2.** *der Post, e-r Sendung*: dispatch, (*Abfahrt*) departure, SCHIFF sailing **3.** *beim Turnen vom Gerät*: dismount **4.** MED *von Blut, Eiter etc*: discharge, *von Steinen etc*: passage **5.** WIRTSCH **a)** → *Absatz* 3, **b)** (*Verlust*) loss, **c)** *Bankbilanz*: items *Pl* disposed of

abgängig *Adj österr.* missing

Abgangszeugnis *n* (school-)leaving certificate, *Am* diploma

Abgas *n* waste gas, MOT exhaust fumes *Pl* ♀*arm Adj* low-emission … **~entgiftung** *f* waste gas detoxification ♀**frei** *Adj* emission-free ♀**reduziert** *Adj* reduced-emission … **~(sonder)untersuchung** *f* exhaust-emission check **~test** *m* MOT fume emission test

abgearbeitet *Adj* worn out

abgeben I *v/t* **1.** (*bei*) (*Geld, Fahrkarte, Pass etc*) hand over (to), (*Brief, Waren etc*) deliver (to), (*Gepäck, Mantel etc*) deposit (at), *Am* check (at), (*einreichen*) hand in (to) **2.** (*an Akk*) (*abtreten, schenken*) give away, (*Leitung, Macht etc*) hand over, (*Amt etc*) surrender, (*Mitarbeiter*) transfer: *j-m etwas von etw ~ a.* share *s.th.* with s.o. **3.** (*verkaufen*) sell (*an Akk* to) **4.** SPORT (*an Akk* to) (*Ball*) pass, (*Spiel, Satz*) lose, (*Punkt*) concede **5.** (*Erklärung*) make, (*Urteil, Meinung*) give, (*Stimme*) cast **6.** (*Wärme, Dampf etc*) give off, emit, (*Energie*) release **7.** *e-n Schuss ~* fire (SPORT *a.* deliver) a shot, shoot **8.** *F* (*darstellen, sein*) be, (*Hintergrund, Filmstoff etc*) *a.* provide, serve as: *er würde e-n guten Lehrer etc ~* he would make a good teacher *etc* **II** *v/i* **9.** SPORT pass (the ball) **III** *v/refl* **10.** *sich ~ mit* concern o.s. with, *j-m* have dealings with s.o., associate with s.o.; *sich viel ~ mit* spend much time on (*od* with); *mit ihm gebe ich mich nicht ab!*

I've no time for him!; *damit kann ich mich nicht ~!* I can't be bothered with that!

abgebrannt *Adj F fig* broke

abgebrüht *Adj F fig* hardened

abgedroschen *Adj F* trite, hackneyed

abgefahren *Adj Reifen*: bald

abgegriffen *Adj* **1.** (well-)worn, *Buch*: well-thumbed **2.** → *abgedroschen*

abgehackt *Adj fig Sätze etc*: disjointed, *Redeweise*: chopped

abgehangen *Adj Fleisch*: hung

abgehärmt *Adj* haggard

abgehärtet *Adj* inured (to), *a. fig* hardened (against): *~ sein a.* be hardy

abgehen I *v/i* **1.** *allg* leave, FLUG, BAHN *a.* depart, SCHIFF *a.* sail (*alle: nach* for), *Brief, Funkspruch*: be sent; *von der Schule ~* leave school **2.** THEAT, *a. fig* make one's exit: *… geht (gehen) ab* exit … **3.** *Farbe, Knopf etc*: come off **4.** MED *Steine etc*: be discharged, *Fötus*: be aborted **5.** *Straße etc*: branch off **6.** → *weggehen* **3 7.** *Betrag etc*: be deducted, be taken off (*von* from): *hiervon gehen 7 % ab* 7 per cent to be deducted (from this amount) **8.** *fig von e-m Vorhaben etc ~* give up *a plan etc*; *davon gehe ich nicht ab!* nothing can change my mind about that!; *davon kann ich nicht ~!* I must insist on that! **9.** *F fig* (*fehlen*) *was ihm abgeht, ist Mut* what he lacks is courage; *ihm geht jeder Humor ab* he has no sense of humo(u)r at all **10.** *gut* (*glatt etc*) *~* go well (smoothly *etc*); *es ging nicht ohne Streit ab* there was a quarrel after all; *sie geht mir sehr ab* I miss her badly **II** *v/t* **11.** go (*od* walk) along, (*überwachen*) patrol

abgehetzt *Adj* **1.** (*atemlos*) breathless, *präd* out of breath **2.** (*erschöpft*) worn(-)out, exhausted

abgekämpft *Adj* exhausted, spent

abgekartet *Adj F* **~es Spiel** put-up job

abgeklärt *Adj Person*: mellow, *Urteil, Meinung etc*: balanced

abgelagert *Adj Wein*: matured, *Holz, Tabak etc*: seasoned

abgelegen *Adj* remote, secluded

abgelten *v/t* (*Ansprüche*) satisfy

abgemagert *Adj* emaciated

abgeneigt *Adj nicht ~ sein, etw zu tun*

be quite prepared to do s.th.; **ich bin nicht ~, es zu tun** I don't mind doing it

abgenutzt *Adj* a. *fig* worn(-out)

Abgeordnete *m, f* delegate, representative, *(Parlaments2)* Member of Parliament, *Am (Kongress2)* Congressman (-woman)

Abgeordnetenhaus *n* chamber of deputies, *Am* House of Representatives

abgepackt *Adj* WIRTSCH prepacked, packaged

abgerissen *Adj* **1.** *Kleidung*: ragged, shabby, *Person*: a. down-at-heel, seedy **2.** *Sätze, Gedanken etc*: incoherent, disjointed

abgerundet I *Adj Zahl*: round(ed), *fig* (well-)rounded **II** *Adv* in round figures

Abgesandte *m, f* envoy, POL a. emissary

abgeschieden *Adj* secluded

Abgeschiedenheit *f* seclusion

abgeschlafft *Adj* F whacked, dead beat

abgeschlossen *Adj* **1.** *Ausbildung etc*: completed **2.** TECH, a. *Wohnung*: self-contained

abgeschmackt *Adj fig* tasteless, *präd* in bad taste

abgesehen *Adv* ~ **von** apart *(bes Am* aside) from, except for; **vom Wetter ganz** ~ to say nothing of the weather

abgespannt *Adj* worn-out, exhausted

Abgespanntheit *f* exhaustion, fatigue

abgestanden *Adj* stale (a. *fig), Bier:* a. flat

abgestorben *Adj* dead, *Glieder:* numb

abgestumpft *Adj fig Gefühle etc:* deadened, blunted, dull(ed), *Person:* insensitive **(gegen** to)

abgetakelt *Adj* F down(-)at(-)heel

abgetragen *Adj Kleidung:* worn, shabby, *Schuhe:* worn(-)down

abgewinnen *v/t **j-m etw** ~* win s.th. from s.o.; **e-r Sache Geschmack** ~ acquire a taste for s.th.

abgewirtschaftet *Adj* run(-)down

abgewöhnen *v/t **j-m etw** ~* cure (*od* break) s.o. of s.th.; **j-m das Rauchen** ~ make s.o. stop smoking; **sich das Rauchen** ~ give up smoking

abgezehrt *Adj* emaciated

abgießen *v/t* **1.** *(Flüssigkeit)* pour off, *(Gemüse etc)* strain **2.** TECH cast

Abglanz *m (fig schwacher ~)* reflection

abgleichen *v/t* **1.** TECH equalize, ELEK align **2.** WIRTSCH *(Konten)* square

abgleiten *v/i* **1.** slip (off) **2.** *fig Person, Leistung etc*: go down, *Gedanken etc*: wander away: *Vorwürfe etc* **gleiten von ihm ab** he is deaf to

abgöttisch *Adj* idolatrous: *Adv* ~ **lieben** idolize, adore, *(j-n)* a. dote on

abgrasen *v/t* graze, F *fig* scour, comb

abgrenzen *v/t* a. *fig* mark off, demarcate **(gegen** from), *fig (unterscheiden)* differentiate, *(Begriffe)* define

Abgrenzung *f* demarcation, *fig* differentiation, *begriffliche*: definition

Abgrund *m* abyss (a. *fig*), chasm, precipice: *fig* **die Abgründe der Seele** *etc* the depths of the soul *etc*; **am Rande des ~s** on the brink of ruin *(od* disaster) **abgründig** *Adj* **1.** *(rätselhaft)* cryptic **2.** → **abgrundtief** *Adj* abysmal (a. *fig), fig Hass etc*: deadly

abgucken *v/t* **j-m etw** ~ learn (*od* copy) s.th. from s.o.

Abguss *m* TECH casting, *(Gips2 etc)* cast

abhaben *v/t* F **du kannst etw** ~ you can have some (of it)

abhacken *v/t* **1.** chop off, cut off **2.** *(Worte)* chop: → **abgehackt**

abhaken *v/t* **1.** unhook *od* **2.** *in e-r Liste*: tick *(Am* check) off: *fig* **etw** ~ cross s.th. off one's list

abhalftern *v/t* F *fig* **j-n** ~ sack s.o.

abhalten *v/t* **1.** hold *s.th.* away **(von sich** from o.s.) **2.** *(abwehren)* keep away, keep off, *(Schlag etc)* ward off **3.** *(hindern)* stop *(od* keep, prevent) **(j-n von** s.o. from *doing)*, *(abschrecken)* deter, discourage: **lassen Sie sich (durch mich) nicht ~!** I don't let me disturb you! **4.** *(Konferenz, Gottesdienst, Prüfung, Wahlen etc)* hold, *(Lehrstunde, Vorlesung)* give: **abgehalten werden** be held, take place **5. ein Kind** ~ hold a child over the pot **6.** SCHIFF *(a. v/i)* bear off

abhandeln *v/t* **1.** **j-m etw** ~ *(abkaufen)* buy s.th. from s.o.; **j-m 10 Euro (vom Preis)** ~ beat s.o. down by ten euros **2.** *(Thema etc)* deal with, treat

abhanden *Adv* ~ **kommen** get lost; **mir ist mein Bleistift ~ gekommen** I have lost my pencil

Abhandlung *f (über Akk* on) treatise, paper

Abhang m slope, *steiler*: precipice
abhängen I v/t **1.** take down, unhook, BAHN *etc* uncouple **2.** fig (*Konkurrenten etc*) shake off, (*Verfolger*) a. give s.o. the slip **II** v/i **3.** *Fleisch*: hang: → *abgehangen* **4.** ~ *von* depend on, a. finanziell: be dependent on: *das hängt ganz davon ab* it all depends; *letztlich ~ von* hinge on; *es hängt von ihm ab* it's for him to decide **5.** TEL hang up
abhängig *Adj* (*von*) dependent (on), (*drogen~*) addicted (to): LING *~e Rede* indirect speech; *~er Satz* subordinate clause; *~ sein von ~ abhängen* 4; *~ machen von* make s.th. conditional on
Abhängigkeit f (*von*) dependence (on), (*Drogen~*) dependency (on), addiction (to): *gegenseitige ~* interdependence
abhärmen v/refl *sich ~* pine away, *um* grieve over: → *abgehärmt*
abhärten v/t (*gegen* to, against) toughen, a. fig harden (*sich* o.s.)
Abhärtung f hardening
abhaspeln v/t a. fig reel off
abhauen I v/t cut off, chop off **II** v/i F beat it: *hau ab!* beat it!, get lost!
abheben I v/t **1.** lift off, take off, (*den Hörer*) pick up, (*Karten*) cut, (*Maschen*) slip **2.** (*Geld*) withdraw **II** v/i **3.** FLUG take off **4.** TEL flip flop 5. answer the (tele)phone **6.** *Kartenspiel*: cut **7.** fig ~ *auf* (*Akk*) refer to **III** v/refl *sich ~* **8.** (*gegen, von*) stand out (against), contrast (with)
abheften v/t file (away)
abheilen v/i heal (up)
abhelfen v/i (*e-r Sache*) remedy
abhetzen v/refl *sich ~* rush, *weit. S.* wear (*od* tire) o.s. out
Abhilfe f remedy: *~ schaffen* remedy things
abhobeln v/t TECH plane off
abholen v/t call for, come for, pick up, collect: *~ lassen* send for (for); *j-n von der Bahn ~* go to meet s.o. at the station
Abholmarkt m cash and carry
abholzen v/t (*Bäume*) cut down, (*Gebiet*) deforest **Abholzung** f deforestation
Abhöranlage f bugging system
abhorchen v/t MED auscultate, sound
abhören v/t **1.** → *abfragen* 1 **2.** → *abhorchen* **3.** (*Funkspruch etc*) intercept,

([*Telefon*]*Gespräch*) listen in on, monitor, F bug, (*Telefonleitung*) tap **4.** (*Tonaufnahme*) play back
Abi n F → *Abitur*
Abitur n school-leaving (*Am* final) examination
Abiturient(in) a) candidate for the school-leaving examination, b) school-leaver with the „Abitur"
Abiturzeugnis n „Abitur" certificate, *Br* GCE A-levels *Pl*, *Am* (Senior High School) graduation diploma
abjagen v/t *j-m etw ~* snatch s.th. away from s.o.; *j-m die Kunden etc ~* steal s.o.'s customers *etc*
abkanzeln v/t F *j-n ~* give s.o. a dressing-down
abkapseln v/refl *sich ~* shut (*od* cut) o.s. off
abkarten v/t F fix, rig: → *abgekartet*
abkassieren v/i F fig cash in
abkauen v/t chew (off), (*Fingernägel*) bite
abkaufen v/t *j-m etw ~* buy s.th. from s.o.; F fig *das kaufe ich dir etc nicht ab!* I won't buy that!
Abkehr f (*von*) turning away (from), break (with)
abkehren v/t (a. *sich ~*) turn away (*von* from): fig *sich ~ von* a. turn one's back on, e-r *Politik etc*: abandon
abklappern v/t F (*Läden etc*) scour (*nach* for), (*Museen etc*) do
abklären v/t clear: → *abgeklärt*
Abklatsch m fig imitation
abklemmen v/t pinch off, MED clamp, ELEK disconnect
abklingen v/i *Lärm etc*: abate, *Schmerz*: ease, *Fieber, Schwellung*: go down, *Wirkung*: wear off, *Sturm, Erregung etc*: subside, die down
abklopfen I v/t **1.** (*Putz etc*) knock off, (*Staub*) brush off **2.** bes MED tap, percuss **3.** F fig (*Argumente etc*) scrutinize (*auf Akk* for) **II** v/t **4.** *Dirigent*: stop the orchestra
abknabbern v/t nibble off
abknallen v/t F bump s.o. off
abknapsen v/t F *j-m etw ~* take s.th. off s.o.; *sich etw ~* stint o.s. of s.th.
abknicken v/t u. v/i snap (off): MOT *~de Vorfahrt* left-hand (*od* right-hand) turn of a main road at a road junction
abknöpfen v/t **1.** unbutton **2.** F *j-m etw ~*

wangle s.th. out of s.o.

abknutschen v/t F kiss and cuddle: **sich ~ snog**

abkochen v/t boil, (*Milch*) scald

abkommandieren v/t MIL detach, detail, assign, (*Offizier*) second (**nach, zu** to)

abkommen v/i **1.** get away (a. SPORT): (**nicht**) **~ können** (not to) be able to get away; **vom Wege ~** lose one's way, fig go astray; **vom Kurs ~** deviate (from one's course); MOT **von der Straße ~** get (od skid) off the road; fig **vom Thema ~** stray from the point **2.** von e-r Idee, e-m Plan etc **~** give up, drop; **von der Ansicht bin ich abgekommen** I've changed my views about that

Abkommen n bes POL agreement

abkömmlich Adj available: **er ist nicht ~** he cannot get away

Abkömmling m **1.** JUR descendant **2.** CHEM derivative

abkoppeln v/t uncouple

abkratzen I v/t scratch off, scrape off **II** v/i F (*sterben*) kick the bucket

abkühlen v/t, v/i u. v/refl **sich ~** a. fig cool off **Abkühlung** f cooling

abkupfern v/t F crib, copy

abkürzen I v/t shorten, (*Inhalt, Unterredung*) a. abridge, (*Wort*) a. abbreviate: (**den Weg**) **~** take a short cut **II** v/i take (*Weg*: be) a short cut **Abkürzung** f abridg(e)ment, abbreviation, des Weges: short cut (a. fig) **Abkürzungsverzeichnis** n list of abbreviations

abküssen v/t **j-n ~** smother s.o. with kisses

abladen v/t **1.** unload, (*Schutt, Müll*) dump **2.** fig (*Sorgen etc*) off-load: **Ärger ~ bei** vent one's anger on; → a. **abwälzen Abladeplatz** m unloading point, für Schutt, Müll: dump

Ablage f **1.** (*Ablegen*) von Akten: filing **2.** place to put s.th., (*Akten⁀*) file **3.** schweiz: branch

ablagern v/t (a. **sich ~**) CHEM, GEOL, MED deposit **2.** (a. v/i) (*Holz etc*) season, (*Wein*) mature: → **abgelagert Ablagerung** f CHEM, GEOL, MED a) deposition, b) deposit, sediment

Ablass m **1.** TECH outflow **2.** REL indulgence

ablassen I v/t **1.** let s.th. off (od out), (*Flüssigkeit*) drain off, (*Kessel, Wanne*)

etc) drain, (*Dampf*) blow off: **die Luft aus dem Reifen ~** deflate the tyres (*Am* tires), let the tyres down **2.** WIRTSCH a) sell (*Dat* to), b) **etw (vom Preis**) **~** knock s.th. off the price **II** v/i **3.** **von etw ~** stop doing s.th., give s.th. up; **von j-m ~** leave s.o. alone

Ablativ m LING ablative (case)

Ablauf m **1.** TECH a) discharge, b) (*Vorrichtung*) outlet, drain **2.** (*Verlauf*) course, run, (*Programm⁀*) order of events: **der ~ der Ereignisse** the course of events **3.** (*Ende*) end, e-r Frist, e-s Vertrages etc: expiration, e-s Wechsels: maturity: **nach** (od **mit**) **~** upon expiration (*Gen* of); **nach ~ von zwei Wochen** after two weeks

ablaufen I v/i **1.** (a. **~ lassen**) Wasser etc: run off, (*sich leeren*) drain off: fig **an ihm läuft alles ab** everything runs off him like water off a duck's back **2.** (*verlaufen*) go: **alles ist gut abgelaufen** everything went off (od turned out) well; **was dort abläuft** what's going on there **3.** (*enden*) run out, (*ungültig werden*) expire **4.** Uhr: run down, Seil etc: unwind, Film, Tonband: run: fig **s-e Uhr ist abgelaufen** his hour is come **II** v/t **5.** (*Strecke etc*) walk the length of **6.** (*Läden etc*) (**nach** for) scour, comb **7.** (*Sohlen etc*) wear out, (*Absätze*) wear down: → **Hacke²**, **Rang** 1

Ablaut m LING ablaut

ableben v/i die, pass away

Ableben n death, decease

ablecken v/t lick off

ablegen I v/t **1.** (*Hut, Mantel etc*) take off, (*alte Kleidung*) get rid of: **abgelegte Kleider** cast-offs Pl **2.** (e-e Last etc) put down, (*Akten etc*) file, (*Spielkarten*) discard, ZOOL (*Eier*) deposit **3.** fig (*Gewohnheit etc*) give up, drop **4.** (*Eid, Gelübde etc*) take: **e-e Prüfung ~** take (*mit Erfolg*: pass) an examination; → **Geständnis, Rechenschaft** etc **II** v/i **5.** take off one's things (od coat, hat, etc): **bitte legen Sie ab!** take off your coat, please! **6.** SCHIFF cast off, Raumfähre: separate

Ableger m LANDW layer, scion (a. F fig Sprössling)

ablehnen I v/t **1.** (*Angebot, Einladung etc*) refuse, (a. Bewerber etc) turn down, als unannehmbar: reject (a. PARL), höf-

lich: decline, JUR (*Zeugen*) challenge **2.** (*missbilligen*) disapprove of, (*Buch, Stück* etc) condemn **II** *v/i* **3.** refuse, decline **ablehnend** *Adj Antwort, Haltung* etc: negative, (*missbilligend*) disapproving: *Adv* ~ **gegenüberstehen** (*Dat*) disapprove of

Ablehnung *f* refusal, rejection (*a. e-r Person, a.* PARL), (*Missbilligung*) disapproval (*Gen* of)

ableisten *v/t* serve: → **Wehrdienst**

ableiten *v/t* **1.** TECH (*ablenken*) divert, (*Wasser* etc) drain off, (*Wärme*) carry off **2.** CHEM, MATHE, LING *u. fig* derive (*aus* from): *sich* ~ *a.* be derived: *s-e Herkunft* ~ *von* trace one's origin back to

Ableitung *f* **1.** TECH diversion, draining off (*etc*, → *ableiten* 1) **2.** MATHE, LING etc derivation, (*das Abgeleitete*) derivative

ablenken **I** *v/t* **1.** divert, (*Lichtstrahlen, Ball* etc) deflect **2.** (*j-n, j-s Aufmerksamkeit* etc) divert, distract: *den Verdacht von sich* ~ divert suspicion from o.s.; *j-n* (*von s-n Sorgen*) ~ take s.o.'s mind off his worries **II** *v/i* **3.** (*das Thema wechseln*) change the subject **4.** be a diversion: *das lenkt ab* that takes one's mind off things

Ablenkung *f* **1.** TECH deviation, deflection **2.** (*Zerstreuung*) diversion, distraction

Ablenkungsmanöver *n* MIL diversion, *fig a.* red herring

ablesen *v/t* **1.** (*Rede*) read (from notes) **2.** (*Messgerät* etc) read: *Gas* (*Strom*) ~ read the gas (electricity) meter **3.** *fig* (*feststellen*) see (*an Dat* from): *j-m etw vom Gesicht* ~ read s.th. in s.o.'s face; *j-m e-n Wunsch von den Augen* ~ anticipate s.o.'s wish

Ablesung *f* TECH reading

abliefern *v/t* deliver (*bei* to, at)

ablösbar *Adj* WIRTSCH redeemable

Ablöse *f* F → **Ablösesumme**

ablösen *v/t* **1.** remove, detach **2.** (*Posten* etc) relieve, (*Kollegen* etc) take over from, replace: *j-n* ~ (*vom Amt entheben*) relieve s.o. of his duties; *sich* (*od einander*) ~ take turns (*bei* at); *sich bei der Arbeit* ~ *a.* work in shifts **3.** *fig* (*folgen auf*) follow **4.** (*Hypothek* etc) redeem, (*Schuld* etc) pay off

Ablösesumme *f* SPORT transfer fee

Ablösung *f* **1.** removal, detachment **2.** *bei der Arbeit* etc: relief **3.** WIRTSCH redemption, repayment

Abluft *f* TECH waste air

ABM *Abk* (= **Arbeitsbeschaffungsmaßnahme**) job-creation measure

abmachen *v/t* **1.** F remove, take off **2.** arrange, agree on, settle on: *abgemacht!* agreed!, it's a deal!, o.k.!

Abmachung *f* arrangement, agreement

abmagern *v/i* grow thin, lose weight: → **abgemagert**

Abmagerungskur *f* (*e-e* ~ *machen* go [*od* be] on a) slimming diet

Abmahnung *f* (written) warning

abmalen *v/t* paint, (*kopieren*) copy

Abmarsch *m* marching off

abmarschieren *v/i* march off

abmelden **I** *v/t* cancel: *sein Auto* ~ take one's car off the road; *sein Telefon* ~ have one's telephone disconnected; *j-n* ~ *a*) polizeilich: give notice of s.o.'s change of address, *b*) *beim Verein* etc cancel s.o.'s membership; F *bei mir ist er abgemeldet!* I'm through with him! **II** *v/refl sich* ~ *a*) polizeilich: give notice of one's change of address, *b*) *bei s-m Verein* etc cancel one's membership, *c*) *bei j-m* (*vom Dienst* etc) report to s.o. that one is leaving

Abmeldung *f* **1.** cancellation **2.** notice of change of address

abmessen *v/t a. fig* measure

Abmessung *f* measurement: ~*en Pl a.* dimensions *Pl*

abmontieren *v/t* TECH take off, dismount, remove

abmühen *v/refl sich* ~, *etw zu tun* try hard to do s.th.; *sich mit etw* ~ struggle with s.th.

abmurksen *v/t* F *j-n* ~ do s.o. in

abmustern *v/t* (*Seeleute*) pay off

abnabeln *v/t* *ein Kind* ~ cut the umbilical cord; *fig sich* ~ cut the cord

abnagen *v/t* gnaw off: *e-n Knochen* ~ *Tier*: gnaw (*Mensch*: pick) a bone

abnähen *v/t* take in, tuck

Abnäher *m* tuck

Abnahme *f* **1.** taking off (*od* down), removal, MED amputation **2.** WIRTSCH (*bei* ~ on) purchase (*von* of) **3.** TECH acceptance, (~*prüfung*) inspection (test) **4.** ~ *e-r Parade* review (of the

troops **5.** (*Verringerung*) decrease, decline, *zahlenmäßige: a.* drop (*alle: Gen* in), *des Tempos, Gewichts:* loss (*Gen* in, of), *der Sehkraft etc:* failure, *des Interesses etc:* flagging, *des Mondes:* waning

abnehmbar *Adj* removable

abnehmen I *v/t* **1.** *allg* take off, TECH *a.* remove, MED *a.* amputate, (*Bart*) *a.* shave off, (*Bild, Gardinen etc*) take down, (*Obst*) gather, TEL (*den Hörer*) pick up: *j-m Blut~* take a blood sample from s.o. **2.** *j-m etw~* **a)** *allg* relieve s.o. of s.th., (*e-e Mühe, e-n Weg etc*) *a.* save s.o. s.th., **b)** (*wegnehmen*) take s.th. (away) from s.o., **c)** (*e-n Preis abverlangen*) charge s.o. s.th.: *j-m zu viel ~* overcharge s.o. **3.** (*abkaufen*) (*Dat* from) buy, purchase: F *fig das nimmt ihm keiner ab!* nobody will buy that! **4.** TECH accept, (*prüfen*) inspect, test **5.** *die Parade ~* review the troops **6.** (*e-e Prüfung*) hold: → *Beichte, Eid* etc **7.** (*Maschen*) decrease **8.** (*10 Pfund etc*) lose, get rid of **9.** (*Fingerabdrücke etc*) take **II** *v/i* **10.** *allg* Vorräte etc, *a. fig Einfluss etc:* decrease, diminish, *zahlenmäßig: a.* drop off, *Kräfte etc:* decline, dwindle, *Sehkraft:* fail, *Interesse:* flag, *Tempo:* slacken (off), slow down, *Sturm:* abate, *Mond:* (be on the) wane, *Tage:* grow shorter **11.** lose weight, *durch Diät:* be slimming

Abnehmer(in) *m* buyer, (*Kunde*) customer, (*Verbraucher*) consumer: *keine Abnehmer finden* find no market

Abneigung *f* (*gegen*) dislike (of, for), *stärker:* aversion (to)

abnorm *Adj* abnormal, (*ungewöhnlich*) exceptional, unusual

abnötigen *v/t j-m Respekt ~* command s.o.'s respect

abnutzen *v/t* (*a. sich ~*) wear out

Abnutzung *f* wear and tear

Abnutzungserscheinung *f* sign of wear, MED sign of degeneration

Abo *n* F → *Abonnement*

Abonnement *n* subscription (*auf Akk* to), THEAT *a.* season ticket (*bei* for)

Abonnent(in) subscriber (*Gen* to), THEAT season-ticket holder

abonnieren *v/t* subscribe to: *e-e Zeitung etc abonniert haben a.* have a subscription for, get

abordnen *v/t* delegate

Abordnung *f* delegation

Abort *m* MED miscarriage

abpacken *v/t* WIRTSCH pack(age)

abpassen *v/t* (*j-n, Gelegenheit*) wait for

abpausen *v/t* trace

abperlen *v/i von etw ~* drip off s.th.

abpfeifen *v/t u. v/i* SPORT (*das Spiel*) *~* stop the game **Abpfiff** *m* final whistle

abplacken, abplagen → *abrackern*

abprallen *v/i* rebound, bounce off, *Geschoss:* ricochet: *fig an j-m ~* make no impression on s.o.

Abpraller *m* SPORT rebound

abputzen → *abwischen*

abqualifizieren *v/t* dismiss

abquetschen *v/t* (*e-n Finger etc*) crush

abrackern *v/refl sich ~* F slave (away)

abrahmen *v/t* (*Milch*) skim

abrasieren *v/t* shave off

abraten *v/i j-m von etw ~* advise (*od* warn) s.o. against (doing) s.th.

abräumen *v/t* clear away, remove: *den Tisch ~* clear the table

abreagieren *v/t* (*an Dat* on) abreact, work off **II** *v/refl sich~* get rid of one's aggressions, F let off steam

abrechnen I *v/t* deduct, (*Spesen etc*) account for **II** *v/i* settle accounts: *mit j-m ~* settle up with s.o., *fig a.* get even with s.o. **Abrechnung** *f* **1.** settlement *f* (of accounts), (*Aufstellung*) statement **2.** → *Abzug* 4 **3.** *fig* (*Vergeltung*) requital: *Tag der ~* day of reckoning

Abrede *f etw in ~ stellen* deny s.th.

abreiben *v/t* **1.** rub off, (*Körper*) rub down **2.** wipe *s.th.* clean, polish **3.** (*Zitrone etc*) grate **Abreibung** *f* **1.** MED rub-down, *nasse:* sponge-down **2.** F (*Prügel, Niederlage*) beating

Abreise *f* (*bei m-r etc ~* on my *etc*) departure (*nach* for)

abreisen *v/i* (*nach* for) depart, leave

Abreiß... tear-off (*pad, calendar, etc*)

abreißen I *v/t* tear (*od* pull, rip) off, (*Faden etc*) snap, (*Gebäude*) pull down, demolish **II** *v/i* come off, *Faden etc:* snap, *fig* Verbindung etc: break off: *die Arbeit reißt nicht ab* there's no end of work

abrichten *v/t* (*Tier*) train, (*Pferd*) break in **Abrichtung** *f* training, breaking-in

abriegeln v/t (*Tür etc*) bolt, bar, (*Straße*) block (off), *durch Polizei*: cordon (MIL *a*. seal) off

abringen v/t **j-m etw ~** wring (*od* wrest) s.th. from s.o.; **sich ein Lächeln ~** force a smile

Abriss m **1.** (*Zs.-fassung*) summary, outline, (*Übersicht*) survey, (*Buch*) compendium **2.** *von Gebäuden*: demolition

abrücken I v/t move away **II** v/i march off, move off: *fig* **von j-m ~** disassociate o.s. from s.o.

Abruf m **1.** recall: **sich auf ~ bereithalten** stand by **2.** WIRTSCH **auf ~** on call

abrufbereit Adj on call

abrufen v/t **1.** (*j-n*) call s.o. away, recall **2.** (*Waren*) call **3.** (*Daten*) retrieve

abrunden v/t a. fig round off: *e-e Zahl* **nach oben** (**unten**) **~** round up (down); → **abgerundet** I

abrupt Adj abrupt, sudden

abrüsten v/i MIL disarm

Abrüstung f disarmament (*a. in Zssgn conference, talks, etc*)

abrutschen v/i **1.** slip off, slip down, *Messer*: slip **2.** fig *Person, Leistungen*: go down, sag

ABS Abk (= **Antiblockiersystem**) ABS, anti-lock braking

absacken v/i F **1.** sag, a. SCHIFF sink, FLUG pancake **2.** → **abrutschen** 2

Absage f cancellation, (*Ablehnung*) refusal, fig rejection (**an** *Akk at*)

absagen I v/t cancel, call off **II** v/i beg off, cry off: **j-m ~** tell s.o. that one can't come

absägen v/t **1.** saw off **2.** F fig (*j-n*) ax(e), fire

absahnen v/t F fig cream off

absatteln v/t (*Pferd*) unsaddle

Absatz m **1.** heel: **Schuhe mit hohen Absätzen** high-heeled shoes **2.** JUR, BUCHDRUCK paragraph: **neuer ~** new line **3.** WIRTSCH sale(s *Pl*): **guten** (*rei-ßenden*) **~ finden** find a ready market (F sell like hot cakes) **4.** (*Treppe ♫*) landing, *im Gelände*: terrace **~gebiet** n WIRTSCH market(ing area) **~markt** m, **~möglichkeit** f WIRTSCH market, outlet **~steigerung** f WIRTSCH sales increase **~stockung** f WIRTSCH stagnation of trade **~trick** m *Fußball*: backheel trick

absaufen v/i F BERGB, MOT be flooded, SCHIFF go down, *Person*: drown

absaugen v/t **1.** TECH suck off, a. MED aspirate **2.** (*Teppich etc*) vacuum

abschaben v/t scrape off

abschaffen v/t abolish, do away with, (*loswerden*) get rid of, (*Auto etc*) give up **Abschaffung** f abolition

abschalten I v/t switch off, turn off, ELEK cut off, disconnect **II** v/i F fig switch off, relax

abschätzen v/t estimate, a. fig (*j-s Fähigkeiten, die Lage etc*) assess, F fig size s.o., s.th. up **abschätzend** Adj assessing, speculative **abschätzig** Adj contemptuous, disparaging

Abschaum m scum (fig **der Menschheit** of the earth)

Abscheu m (**vor** *Dat*, **gegen**) horror (of), disgust (at, for), abhorrence (of), loathing (for): **~ haben vor** (*Dat*) abhor, detest, loathe

abscheuern v/t **1.** scrub (off) **2.** (*Haut*) rub off, scrape **3.** (*a. sich ~*) (*abnutzen*) wear thin

abscheulich Adj dreadful, abominable, *Verbrechen*: a. heinous, atrocious

abschicken → **absenden**

abschieben I v/t **1.** push away (**von** from) **2.** (*ausweisen*) deport **3.** F (*loswerden*) get rid of **II** v/i **4.** F push off

Abschiebung f JUR deportation

Abschiebungshaft f (**j-n in ~ nehmen** put s.o. on) remand pending deportation

Abschied m **1.** (*~nehmen*) parting, farewell, leave-taking, (*Abreise*) departure: **~ nehmen** (**von**) take leave (of), say goodbye(e) (to); **beim ~, zum ~** on parting **2.** (*Entlassung*) dismissal, MIL discharge, (*Rücktritt*) resignation

Abschieds... farewell (*letter, visit, etc*) **~kuss** m goodby(e) kiss: **j-m e-n ~ geben** kiss s.o. goodby(e) **~schmerz** m wrench **~stunde** f hour of parting **~worte** Pl words Pl of farewell

abschießen v/t **1.** (*Waffe*) fire, (*Kugel, Pfeil etc*) shoot, (*Rakete etc*) launch **2.** (*töten*) shoot, (*j-n*) a. pick s.o. off, (*Flugzeug*) shoot (*od* bring) down: F fig **j-n ~** put the skids under s.o.; → **Vogel** 1

Abschirmdienst m counterintelligence

abschirmen v/t (**gegen**) shield (from), protect (against)

Abschirmung f screen(ing), shield(ing)

abschlachten v/t a. fig slaughter

abschlaffen v/i wilt: → *abgeschlafft*

Abschlag m **1.** *Fußball*: goal kick, *Golf*: tee(-off) **2.** WIRTSCH (*Preisrückgang*) drop (in prices), (*Preisnachlass*) reduction, (*Teilzahlung*) part payment: *auf ~* on account

abschlagen v/t **1.** knock off (*od* down), (*Kopf*) cut off, (*Baum*) cut down **2.** a. v/i SPORT (*Ball*) kick off, *aus der Hand*: punt, *Golf*: tee off **3.** (*Angriff etc*) beat off **4.** *fig* (*ablehnen*) refuse, turn down

abschlägig *Adj* negative: *~e Antwort* refusal, denial; *Adv j-n* (*j-s Bitte etc*) *~ bescheiden* reject s.o. (s.o.'s request)

Abschlagszahlung f part payment

abschleifen v/t TECH grind off, *a. fig* polish: *sich ~ a. fig* wear off

Abschleppdienst m breakdown (*Am* wrecking) service **abschleppen** v/t FLUG, MOT tow off: F *j-n ~* drag s.o. off **Abschleppseil** n tow-rope **Abschleppwagen** m breakdown lorry, *Am* wrecker (truck)

abschließbar *Adj* lockable

abschließen v/t **1.** lock (up) **2.** (*isolieren*) shut off, TECH *a.* seal (off): → *abgeschlossen* 2 3. (*beenden*) end, close, finish, (*vollenden*) complete **4.** WIRTSCH (*Konten etc*) settle, (*Bücher etc*) close, balance, (*Vertrag etc*) conclude, sign, (*Verkauf*) effect: *ein Handel ~* strike a bargain, close a deal; *e-e Versicherung ~* take out a policy; *~ Vergleich* 1, *Wette* II *v/i* **5.** end, close (*a.* WIRTSCH), finish: *mit dem Leben abgeschlossen haben* have done with life

abschließend I *Adj* concluding, closing, final **II** *Adv* in conclusion, finally: *~ sagte er a.* he wound up by saying

Abschluss m **1.** *allg* conclusion, WIRTSCH *der Bücher etc*: closing, *der Konten etc*: settlement, *weit. S.* (*Geschäft*) deal, (*Verkauf*) sale: *zum ~ → abschließend* II; *etw zum ~ bringen* bring s.th. to a close **2.** F PÄD, UNI final examination *~prüfung* f **1.** PÄD, UNI final examination, finals *Pl*, *Am a.* graduation: *s-e ~ machen* (*an Dat*) graduate (at, *Am* from) **2.** WIRTSCH *der Bücher*: audit

Abschlusszeugnis n (school-)leaving certificate, *Am* (high-school) diploma

abschmecken v/t (*würzen*) season

abschmieren v/t TECH grease

abschminken v/t (*a. sich ~*) take off (*od* remove) s.o.'s (one's) make-up: F *schmink dir das ab!* forget it!

abschnallen v/t undo, (*Skier*) take off: MOT etc *sich ~* unfasten one's seatbelt

abschneiden I v/t **1.** cut off (*a. fig Zufuhr etc*): *j-m den Weg ~* bar s.o.'s way; *j-m das Wort ~* cut s.o. short **II** v/i **2.** (*den Weg*) ~ take a short cut **3.** *gut* (*schlecht*) ~ do (*od* come off) well (badly) **III** ♀ n **4.** performance

Abschnitt m **1.** *e-s Buches etc*: section, paragraph **2.** BIOL, MATHE segment **3.** (*Gebiet*) sector **4.** (*Zeit♀*) period, phase, *bes e-r Reise*: stage **5.** (*Kontroll♀*) counterfoil, coupon

abschnüren v/t **1.** → *abbinden* 2 **2.** *bes* MIL cut off **3.** *j-m die Luft ~* choke s.o.

abschöpfen v/t skim off (*a.* WIRTSCH *Gewinne*), (*Kaufkraft*) absorb: *fig den Rahm ~* take the cream off

abschotten v/refl *sich ~ fig* batten down the hatches, seal o.s. off

abschrägen v/t slope, bevel

abschrauben v/t screw off

abschrecken v/t **1.** deter, put *s.o.* off **2.** TECH quench, GASTR rinse with cold water

abschreckend I *Adj* deterrent: *~es Beispiel* warning; *~e Strafe* exemplary punishment **II** *Adv* ~ *wirken* act as a deterrent **Abschreckung** f deterrence: *zur ~ dienen* act as a deterrent

Abschreckungs|politik f policy of deterrence *~waffe* f deterrent (weapon)

abschreiben I v/t **1.** copy (out), PÄD crib **2.** WIRTSCH (*Maschine etc*) depreciate, write down, *vollständig*: write off (*a.* F *fig j-n, etw*), (*Betrag*) deduct **II** v/i **3.** PÄD crib **4.** *j-m ~* write (to s.o.) to say one can't come **Abschreibung** f WIRTSCH depreciation, write-off

Abschrift f copy: → *beglaubigt*

abschrubben v/t F scrub

abschuften → *abrackern*

abschürfen v/t, **Abschürfung** f MED graze

Abschuss m **1.** *e-r Waffe*: discharge **2.** *e-r Rakete etc*: launching

abschüssig *Adj* steep

Abschussliste f F hit list: *j-n auf die ~ setzen* put the skids under s.o.; *auf der ~ stehen* be a marked man

Abschussrampe *f* launching pad

abschütteln *v/t a.* fig shake off

abschwächen I *v/t* weaken, (*Aufprall etc*) soften, (*mildern*) tone down (*a. fig Bemerkung etc*) **II** *v/refl* **sich ~** weaken, *Sturm, Lärm etc*: subside

abschweifen *v/i mst fig* deviate, stray, *Blick, Gedanken*: wander: *vom Thema ~* digress (from one's subject)

abschwellen *v/i* **1.** MED go down **2.** *Lärm*: die down

abschwirren *v/i* F buzz off

abschwören *v/i* (*s-m Glauben etc*) renounce

Abschwung *m* WIRTSCH downturn

absegnen *v/t* F give one's blessing to

absehbar *Adj* **in ~er Zeit** in the foreseeable future; *nicht ~ sein* be impossible to predict (*Schaden*: to estimate)

absehen I *v/t* **1.** → **abgucken 2.** foresee: *es ist kein Ende abzusehen* there's no end in sight **3.** *es abgesehen haben auf* (*Akk*) **a)** be out to get, have an eye on, **b)** *j-n* F have it in for s.o. **II** *v/i* **4.** **~ von a)** (*unterlassen*) refrain from, **b)** (*außer Acht lassen*) disregard: → **abgesehen**

abseifen *v/t* soap down

abseilen I *v/t* (*a.* **sich ~**) mount. rope down **II** *v/refl* **sich ~** F fig (*sich absetzen*) make off

absein *v/i* F → **ab** 1, 2

abseits I *Präp* (*Gen*) off the road etc **II** *Adv* **~ stehen** stand aside, SPORT be offside; **~ liegen** be out of the way; fig sich **~ halten** keep aloof

Abseits *n* SPORT (*im ~ stehen* be) offside; fig *sich ins ~ manövrieren, ins ~ geraten* get (o.s.) isolated **Abseitsfalle** *f* offside trap **Abseitstor** *n* goal scored from an offside position

absenden *v/t* send (off), *bes* WIRTSCH dispatch, forward, (*Brief etc*) post, *Am* mail **Absender(in)** sender

Absenker *m* LANDW layer

absetzbar *Adj* **1.** *Ware*: sal(e)able **2.** *Ausgaben*: (*steuerlich ~*) deductible (for taxation) **3.** *Beamter*: removable

absetzen I *v/t* **1.** (*Last etc*) set down, put down, (*Hut, Brille etc*) take off, (*Geigenbogen*) lift **2.** (*Fahrgäste etc*) set down, (*a. Fallschirmspringer*) drop **3.** (*Beamten*) remove (from office), (*Herrscher*) depose **4.** (*Veranstaltung*

etc) cancel, (*Film etc*) take off, (*Tagesordnungspunkt etc*) remove **5.** (*Betrag etc*) deduct, (*Waren*) sell; *steuerlich ~* deduct from tax **6.** MED (*Medikament*) stop taking (*a medicament*), go off (*a drug*), (*Behandlung*) break off **7.** BUCHDRUCK set (up) in type: *e-e Zeile ~* begin a new paragraph **8.** CHEM *etc* deposit **II** *v/i* **9.** stop, break off: *ohne abzusetzen* in one go, *trinken*: in one gulp **III** *v/refl* **sich ~ 10.** MIL retreat, SPORT *Läufer etc*: break away, F fig make off

Absetzung *f* **1.** removal (from office), *e-s Herrschers*: deposition **2.** *e-s Films etc*: withdrawal, *e-r Veranstaltung etc*: cancel(l)ation

absichern I *v/t* → **sichern** 1 **II** *v/refl* **sich ~** cover o.s

Absicht *f* intention, *a.* JUR intent, (*Ziel*) aim, object: *in der ~ zu Inf* with the intention of *Ger*; *ich habe die ~ zu kommen* I intend (*od* I'm planning) to come; *mit e-r bestimmten ~* for a purpose; *mit ~* on purpose **absichtlich I** *Adj* intentional, deliberate, *bes* JUR wil(l)ful **II** *Adv* intentionally *etc*, on purpose **Absichtserklärung** *f* declaration of intent

absitzen I *v/i Reiter*: dismount **II** *v/t* F (*Zeit*) sit out, (*Strafe etc*) do, serve

absolut *Adj* absolute, (*völlig*) *a.* complete, total: **~ nicht** by no means; → **Gehör**

Absolution *f* REL absolution

Absolutismus *m* absolutism

absolutistisch *Adj* absolutist

Absolvent(in) school-leaver, *Am* graduate **absolvieren** *v/t* **1.** (*Schule etc*) finish, *Am* graduate from **2.** (*Kurs etc*) attend, complete **3.** (*Prüfung*) pass **4.** F (*leisten*) do, *mühsam*: get through

absondern I *v/t* **1.** separate, (*Kranke etc*) isolate **2.** BIOL secrete **II** *v/refl* **sich ~ 3.** cut o.s. off **Absonderung** *f* **1.** separation, isolation **2.** BIOL secretion

absorbieren *v/t a.* fig absorb

abspalten *v/t* (*a.* **sich ~**) split off

Abspann *m* FILM, TV end titles (and credits) *Pl*

absparen *v/t* **sich etw** (*vom Mund*) **~** pinch and scrape for s.th.

abspecken F → **abnehmen** 8, 11

abspeichern *v/t u. v/i* COMPUTER (*Daten*) store, (*sichern*) save

abspeisen v/t F feed, fig fob s.o. off

abspenstig Adj ~ **machen** (Dat) lure away (from); **j-m die Freundin ~ machen** steal s.o.'s girl(friend)

absperren v/t 1. (Straße etc) block off, durch Polizei: cordon off 2. (Strom, Wasser etc) turn (amtlich: cut) off 3. Dialekt lock (up) **Absperrung** f 1. barrier, (Polizei2) cordon 2. blocking off (etc, → **absperren**)

abspielen v/t 1. (Platte, Band etc) play 2. (Ball) pass II v/refl **sich** ~ 3. happen, take place, (los sein) be going on: F **da spielt sich nichts ab!** nothing doing!

absplittern v/i u. v/t (a. **sich** ~ fig Gruppe) splinter off

Absprache f arrangement: **laut-** → **absprachegemäß** Adv as agreed

absprechen I v/t 1. (bestreiten) deny (od dispute) s.o.'s talent etc; JUR **j-m ein Recht** ~ deprive s.o. of a right 2. (vereinbaren) agree (up)on, arrange II v/refl 3. **sich mit j-m** ~ agree with s.o. (**über** Akk about)

abspringen v/i 1. jump off, SPORT a. take off, FLUG jump, im Notfall: bail out, Lack etc: come off, Ball etc: bounce off 2. F jep quit, get (od back) out (**von** od) 3. F jep **und was springt für mich ab?** what's in it for me?

abspritzen v/t hose down

Absprung m jump, SPORT take-off

Absprungbalken m take-off board

abspulen v/t allg unreel

abspülen v/t rinse (off)

abstammen v/i (**von** from) be descended, LING be derived **Abstammung** f 1. descent, origin: **deutscher** ~ of German extraction 2. LING derivation

Abstammungslehre f theory of evolution

Abstand m 1. distance (a. fig), (Zwischenraum) space, (a. Zeit2) interval, fig (Unterschied) difference, gap, (Vorsprung) margin: **mit** ~ a) **besser** far better, b) **gewinnen** win by a wide margin; **in regelmäßigen Abständen** a. zeitlich: at regular intervals; fig ~ **halten**, ~ **wahren** keep one's distance; ~ **nehmen von** refrain from (doing); ~ → **Abstandssumme** f indemnity

abstatten v/t **j-m e-n Besuch** ~ pay s.o. a visit; → **Dank**

abstauben I v/t 1. dust 2. F (stehlen) swipe II v/i 3. Fußball: tap (the ball) in

abstechen I v/t (Schwein etc) stick II v/i ~ **von** stand out against (fig from)

Abstecher m a. fig excursion

abstecken v/t 1. (Kleid etc) fit 2. (Gelände, Kurs etc) mark out, mit Pfählen: stake out, (Grenzen etc) mark, fig (Positionen) define

abstehen v/i Ohren etc: stick out

Absteige f F pej dosshouse, Am flophouse

absteigen v/i 1. climb down, vom Fahrrad etc: get off, vom Pferd: a. dismount 2. (in Dat at) stay, put up 3. SPORT go down, be relegated **Absteiger** m SPORT relegated team (od club)

abstellen v/t 1. (Koffer etc) put down 2. (Möbel, Fahrrad etc) leave (**bei** with), (Auto etc) park 3. (Wasser, Gas etc) turn (amtlich: cut) off, (Maschine etc) stop, (Radio, Motor etc) switch off 4. fig (Missstand etc) remedy, stop 5. fig (ausrichten) (**auf** Akk) gear (to), aim (at) 6. → **abkommandieren**

Abstellfläche f MOT parking space **~gleis** n BAHN siding: fig **j-n aufs** ~ **schieben** shelve s.o. **~hahn** m TECH stopcock **~raum** m storeroom

abstempeln v/t stamp (a. fig), (Brief etc) postmark

absterben v/i 1. die (a. fig), Zehen etc: go numb 2. F Motor: stall

Abstieg m 1. descent, way down 2. fig decline, F comedown 3. SPORT (**vom** ~ **bedroht** threatened by) relegation

abstillen v/t (Kind) wean

abstimmen I v/i 1. vote (**über** Akk on): **über etw** ~ **lassen** put s.th. to the vote II v/t 2. (**auf** Akk) allg tune (to), fig (Farben etc) match (with), (Interessen etc) coordinate (with), (anpassen) adjust (to): **zeitlich aufeinander** ~ synchronize 3. (Konten etc) balance III v/refl **sich** ~ 4. come to an agreement (**mit** with)

Abstimmung f 1. voting, vote (**über** Akk on), poll: **die** ~ **ist geheim** voting is by ballot; **e-e** ~ **vornehmen** take a vote 2. tuning (etc, → **abstimmen** II)

abstinent Adj abstinent, abstemious

Abstinenz f (total) abstinence

Abstinenzler(in) teetotal(l)er

Abstoß m Fußball: goal kick **abstoßen**

I *v/t* **1.** (*Boot etc*) push off (*a. v/i*) **2.** (*Möbel*) knock, batter, (*Schuhe*) scuff **3.** (*Geweih, Haut etc*) shed: → **Horn** 1 **4.** MED (*Gewebe etc*) reject **5.** PHYS repel **6.** *fig* get rid of **7.** (*Ware*) sell off, (*Schulden*) get out of **8.** *fig* (*anwidern*) repel (*a. v/i*), revolt, disgust II *v/i* **9.** *Fußball*: take a goal kick **abstoßend** I *Adj fig* repulsive (*a.* PHYS) II *Adv*: ~ **hässlich** revolting, repulsive **Abstoßung** *f* PHYS *u. fig* repulsion, MED rejection

abstottern *v/t* **etw** ~ pay for s.th. in instal(l)ments

abstrahieren *v/t u. v/i* abstract

abstrakt *Adj* abstract

Abstraktion *f* abstraction

Abstraktum *n* LING abstract noun

abstreifen *v/t* **1.** (*Ring etc*) slip off, (*Haut, Geweih*) shed **2.** (*Schuhe*) wipe **3.** (*absuchen*) search, scour

abstreiten *v/t* **1.** (*Schuld, Tatsache etc*) deny **2.** → **absprechen** 1

Abstrich *m* **1.** (*Kürzung*) cut, curtailment: *fig* ~**e machen müssen** have to lower one's sights **2.** MED (*e-n ~ machen* take a) smear (*von den Mandeln*: swab)

abstrus *Adj* abstruse

abstufen *v/t* **1.** (*Gelände*) terrace **2.** (*Farben*) shade off **3.** *fig* (*Löhne etc*) grade, graduate **Abstufung** *f* **1.** (*Farb*②) shade **2.** *fig* gradation

abstumpfen I *v/t a. fig* blunt, dull: *j-n* ~ make s.o. insensible II *v/i u. v/refl* **sich** ~ become blunt (*fig* dulled, *Person*: insensible); → **abgestumpft**

Absturz *m* **1.** plunge, FLUG, COMPUTER crash **2.** *fig* downfall ~**stelle** *f* site (*od* scene) of the crash

abstürzen *v/i* plunge (down), FLUG, COMPUTER crash

abstützen *v/t* ARCHI prop, support

absuchen *v/t* (*nach* for) search all over, (*Gelände*) scour, comb, *mit Scheinwerfer*: sweep, (*Himmel, Horizont*) scan

absurd *Adj* absurd

Absurdität *f* absurdity

Abszess *m* MED abscess

Abszisse *f* MATHE abscissa

Abt *m* abbot

abtanzen *v/i* dance one's socks (*sl* butt) off

abtasten *v/t* **1.** feel (*nach* for), MED palpate: *fig* **j-n** ~ feel s.o. out, size s.o. up **2.** ELEK, TV scan

abtauchen *v/i* **1.** dive under **2.** F *fig* go to earth

abtauen I *v/t* (*Eis*) thaw, (*Kühlschrank*) defrost II *v/i* thaw

Abtei *f* abbey

Abteil *n* BAHN compartment

abteilen *v/t* divide, *durch e-e Wand*: partition off

Abteilung¹ *f* division, partitioning

Abteilung² *f* **1.** department, MED ward **2.** MIL detachment **3.** SPORT section, squad **Abteilungsleiter(in)** head of a department, *im Kaufhaus*: floor manager(ess)

abtippen *v/t* F type (out)

Äbtissin *f* abbess

abtöten *v/t* (*Bakterien, Nerv, fig Gefühle etc*) kill, deaden

abtragen *v/t* **1.** *allg* clear away, (*Gebäude etc*) pull down, (*Erhebung*) level: (**die Speisen**) ~ clear the table **2.** (*a. sich* ~) (*Kleidung etc*) wear out **3.** (*Schuld*) pay off

abträglich *Adj* detrimental (*Dat* to)

abtrainieren *v/t* (*Pfunde etc*) work off

Abtransport *m* transportation

abtransportieren *v/t* transport, take away

abtreiben I *v/t* **1.** (*Kind*) abort II *v/i* **2.** have an abortion **3.** *Boot, Floß etc*: drift off (*course*)

Abtreibung *f* MED (**e-e ~ vornehmen lassen** have an) abortion **Abtreibungspille** *f* abortion pill

abtrennen *v/t* **1.** separate, (*Raum*) *a.* partition off **2.** (*Kupon etc*) detach **3.** (*Ärmel etc*) take off, (*Futter*) take out **4.** (*Glied*) *durch Unfall*: sever

abtreten *v/t* **1.** (*Dat, an Akk*) give up, JUR cede: *j-m* **etw** ~ *a.* let s.o. have s.th. **2.** (*Teppich etc*) wear (out), (*Absätze etc*) wear down **3.** (*Schnee etc*) wipe off: F (**sich**) **die Füße** ~ wipe one's shoes II *v/i* **4.** go off, THEAT (make one's) exit (*a.* F *fig sterben*), *Regierung etc*: resign **5.** MIL ~! dismiss!

Abtretung *f* (*an Akk* to) JUR transfer, cession (*a.* POL *e-s Gebiets*)

abtrocknen *v/t u. v/i* dry: (**Geschirr**) ~ dry up

abtrünnig *Adj* unfaithful, disloyal, REL apostate: ~ **werden** → **abfallen** 6

Abtrünnige m, f deserter, renegade, REL apostate

abtun v/t fig (Argumente, a. j-n) dismiss (**als** as)

abtupfen v/t dab, MED a. swab

abverlangen → **abfordern**

abwägen v/t fig (Worte etc) weigh

abwählen v/t **1.** j-n ~ vote s.o. out of office **2.** PÄD (Fach) drop

abwälzen v/t (**auf** Akk on[to]) shuffle off, off-load: **die Verantwortung auf e-n anderen** ~ shift the responsibility (F pass the buck) to s.o. else

abwandeln v/t modify

abwandern v/i Bevölkerung etc: move, migrate, WIRTSCH Kapital: be drained off, SPORT Spieler: leave (the club), Zuschauer: drift off: **ins Ausland** ~ Wissenschaftler: brain-drain

Abwanderung f migration, a. WIRTSCH exodus, von Wissenschaftlern: brain drain

Abwandlung f modification

Abwärme f waste heat

Abwart(in) schweiz. caretaker

abwarten I v/t wait for: **das bleibt abzuwarten** that remains to be seen II v/i wait (and see): F ~ **(und Tee trinken)!** (let's) wait and see!

abwartend Adj **e-e** ~**e Haltung einnehmen** decide to wait and see, POL adopt a wait-and-see policy

abwärts Adv down, downward(s); **es geht** ~ **mit j-m** (etw) s.o. (s.th.) is going downhill

Abwärtstrend m downward trend

Abwasch m **1.** washing-up: F **das ist 'ein** ~**!** that can be done in one go! **2.** dirty dishes Pl **abwaschbar** Adj washable **abwaschen** I v/t wash off, (Geschirr) wash up II v/i do the dishes (od washing-up) **Abwaschwasser** n dishwater

Abwasser n waste water, sewage ~**kanal** m sewer ~**leitung** f sewerage

abwechseln v/i alternate, Personen: (a. **sich** ~) a. take turns (**bei** in), turnusmäßig: rotate **abwechselnd I** Adj alternate, alternating **II** Adv alternately, by turns **Abwechslung** f change, (Zerstreuung) diversion: ~ **brauchen** need a change; ~ **bringen in** (Akk) vary, liven up; **zur** ~ for a change **abwechslungsreich** Adj varied, Leben: eventful

Abweg m fig **auf** ~**e geraten** (**führen**) go (lead) astray **abwegig** Adj (irrig) wrong, (unsinnig) absurd

Abwehr f **1.** e-s Angriffs etc: repulse, SPORT (Ball2̱, Schlag2̱) block, durch Torwart: save, (Verteidigung) defen/ce (Am -se) (a. SPORT), fig warding off **2.** (Ablehnung) refusal, rejection, (Widerstand) resistance: **auf** ~ **stoßen** meet with resistance **3.** F MIL counter-intelligence **abwehren I** v/t **1.** (Angriff etc) beat back, repulse, SPORT (Ball, Schuss) block, (Schlag) a. parry, durch Torwart: save **2.** fig (Gefahr etc) avert, ward off, (Dank etc) refuse, (Ansinnen) reject **II** v/i **3.** fig refuse **4.** Boxer etc: parry, Fußball etc: clear, Torwart: save **Abwehr|haltung** f PSYCH defensiveness ~**kräfte** Pl MED resistance Sg ~**mechanismus** m defen/ce (Am -se) mechanism ~**reaktion** f defensive reaction (**gegen** to) ~**spieler(in)** defender, F defen/ce (Am -se) ~**stoffe** Pl MED antibodies Pl

abweichen v/i deviate (**vom Kurs** from the course), depart (**von der Regel** from the rule): (**voneinander**) ~ differ, vary; **vom Thema** ~ digress from the subject **abweichend** Adj divergent: (**voneinander**) ~ differing, varying **Abweichler(in)** POL deviationist

Abweichung f **1.** difference **2.** (**von** from) allg deviation, vom Thema: digression, von der Regel etc: departure

abweiden v/t (Wiese etc) graze (down)

abweisen v/t (j-n) turn s.o. away, refuse to see, schroff: rebuff, (Antrag etc) reject, refuse, JUR dismiss, MIL (Angriff etc) repulse **abweisend** Adj unfriendly, cool, Antwort: dismissive

Abweisung f e-r Bitte etc: rejection, refusal, e-r Person: a. rebuff, e-r Klage etc: dismissal, e-s Angriffs: repulse

abwenden v/t (Kopf etc, a. **sich** ~) turn away, (a. fig Gefahr etc) avert, (Schlag etc) ward off: **sich** (**innerlich**) ~ **von** turn one's back on

abwerben v/t entice away

abwerfen v/t **1.** (Kleidung, Decke etc) throw off, (Bomben etc) drop, (Reiter) throw, (Blätter, Geweih, Haut etc) shed, (Spielkarte) discard **2.** fig (Gewinn) yield, (Zinsen) bear

abwerten v/t (Währung) devalue

abwertend *Adj fig* depreciative

Abwertung *f* 1. WIRTSCH devaluation 2. *fig* depreciation

abwesend *Adj* 1. absent, *präd* away, out, not in 2. *fig* (*geistesabwesend*) absent-minded, *Blick*: faraway **Abwesende** *m, f* absentee: **die ~n** those absent

Abwesenheit *f* 1. (**während m-r** *etc* ~ during my *etc* absence): **durch ~ glänzen** be conspicuous by one's absence 2. *fig* (*Geistes2*) absent-mindedness

abwetzen *v/t* wear out

abwickeln *v/t* F *j-n ~* unwind, MED (*Verband*) *a.* take off 2. WIRTSCH (*Auftrag etc*) deal with, handle, (*Geschäfte etc*) transact, settle, JUR (*liquidieren*) wind up, (*Veranstaltung etc*) carry out (*od* through), conduct **Abwicklung** *f* handling, *e-s Geschäfts etc*: transaction, settlement, JUR winding-up, *Am* wind-up

abwiegen *v/t* weigh out

abwimmeln *v/t* F *j-n ~* brush s.o. off

abwinkeln *v/t* (*Arm etc*) bend

abwinken I *v/t Motorsport*: flag down II *v/i* give a sign of refusal, decline

abwischen *v/t* *etw* ~ a) wipe s.th. (clean), b) wipe s.th. off

abwracken *v/t* break up, scrap

abwürgen *v/t* 1. (*den Motor*) stall, kill 2. *fig* (*Diskussion etc*) choke off

abzahlen *m* pay off, *in Raten*: pay by instal(l)ments

abzählen *v/t* count, (*Geld*) *a.* count out: F *das kann man sich an den Fingern ~* that's not hard to guess

Abzahlung *f* payment (in full), *in Raten*: payment by (*Am* on) instal(l)ments, (*Rate*) instal(l)ment: *auf* ~ on hire purchase, *bes Am* on the instal(l)ment plan

abzapfen *v/t* (*Bier etc*) tap, draw (*off*)

abzäunen *v/t* fence off (*od* in)

Abzeichen *n allg* badge, MIL *a.* insignia *Pl*, FLUG marking

abzeichnen I *v/t* 1. (*von*) from) copy, draw 2. (*Brief etc*) initial, sign II *v/refl* *sich* ~ 3. stand out (*gegen* against), show 4. *fig* be emerging, be in the offing, *Gefahr etc*: loom

abziehen *v/t* 1. (*Ring etc*) take off, pull off, (*Haut, Bettbezug*) strip off, (*Bett*) strip, (*Hasen, Tomate etc*) skin 2. (*Schlüssel*) take out 3. (*von*) from) MATHE subtract, WIRTSCH deduct 4.

(*vervielfältigen*) make a copy (*od* copies) of, FOTO print 5. (*Messer etc*) whet, sharpen, (*Parkett*) surface 6. *bes* MIL (*Truppen etc*) withdraw 7. (*Flüssigkeiten*) draw off 8. F (*e-e Party etc*) give, throw: → *Schau* 2 II *v/i* 9. *allg* move off, F *a.* go off, clear out (*od* off), *bes* MIL *a.* withdraw, *Rauch etc*: escape, *Gewitter*: pass

abzielen *v/i* ~ *auf* (*Akk*) aim at

abzocken *v/t* fleece, rip off, screw

Abzug *m* 1. *bes* MIL withdrawal 2. TECH outlet, escape 3. (*Kopie*) copy, FOTO print, BUCHDRUCK proof 4. (*Lohn2 etc*) deduction, (*Rabatt*) discount: *nach ~ aller Kosten* all charges deducted; *vor* (*nach*) *der Steuern* before (after) taxation 5. *e-r Schusswaffe*: trigger

abzüglich *Präp* (*Gen*) less, deducting

abzugsfähig *Adj Betrag*: deductible

Abzugshaube *f* cooker hood

Abzugsrohr *n* TECH offlet

abzweigen I *v/i Weg etc*: branch off II *v/t* (*Gelder etc*) set aside

Abzweigung *f* turn-off

abzwicken *v/t* nip off

Accessoires *Pl* accessories *Pl*

Acetat *n* CHEM acetate

Aceton *n* CHEM acetone

ach *Interj* oh!: ~ *je!* oh dear!; ~ *komm!* come on!; ~ *nein?* you don't say so?; ~ *so!* oh, I see!; ~ *was!*, ~ *wo!* of course not!; ~ *und weh schreien* wail

Ach *n* F *mit ~ und Krach* barely: *mit ~ und Krach e-e Prüfung bestehen* scrape through an exam

Achat *m* agate

Achilles|ferse *f fig* Achilles' heel ~*sehne f* ANAT Achilles' tendon

Achse *f* axis, *Pl* axes, TECH axle: F *auf* (*der*) ~ *sein* be on the move

Achsel *f* shoulder: *die* ~ (*od mit den ~n*) *zucken* shrug one's shoulders ~*höhle f* armpit ~*zucken n* shrug (of one's shoulders)

Achsschenkel *m* MOT stub axle, *Am* steering knuckle

Achsschenkelbolzen *m* MOT kingpin

acht *Adj* eight: *in ~ Tagen* in a week('s time); *heute in ~ Tagen* today week; *vor ~ Tagen* a week ago; *alle ~ Tage* every other week

Acht[1] *f* (*Ziffer etc*) eight

Acht[2] *f hist* outlawry

Acht[3] *f* ~ *geben auf* (*Akk*) **a)** pay attention to, **b)** (*aufpassen*) keep an eye on; *gib ~!* look out!, be careful!; *außer ~ lassen* disregard; *etw in ~ nehmen* take care of s.th., watch s.th; *sich in ~ nehmen vor* (*Dat*) beware of, watch out for

achtbar *Adj* respectable, *Firma etc*: reputable, *Leistung etc*: creditable

Achtbarkeit *f* respectability

achte *Adj* eighth: *am ~n Mai* on the eighth of May, on May the eighth

Achteck *n* MATHE octagon

Achtel *n* eighth (part) *~finale* *n* SPORT round before the quarter final: *das ~ erreichen* reach the last sixteen *~note* *f* MUS quaver, *Am* eighth note

achten I *v/t* respect, (*Gesetz etc*) observe **II** *v/i* ~ *auf* (*Akk*) **a)** pay attention to, **b)** (*aufpassen*) keep an eye on, watch, **c)** (*schonend behandeln*) be careful with, **d)** (*Wert legen auf*) attach importance to; ~ *Sie darauf, dass ...* see to it that ...

ächten *v/t hist* outlaw, *fig* ostracize, (*verbieten*) ban

achtens *Adv* eighthly

Achter *m Rudern*: eight *~bahn* *f* roller coaster *~deck* *n* SCHIFF quarterdeck

achtfach *Adj u. Adv* eightfold

achthundert *Adj* eight hundred

achtjährig *Adj* **1.** eight-year-old: *ein ~es Kind* a. a child of eight **2.** *Zeitraum*: of eight years

achtlos *Adj* careless, thoughtless

Achtlosigkeit *f* carelessness

achtmal *Adv* eight times

achtsam *Adj* attentive, (*sorgsam*) careful **Achtsamkeit** *f* carefulness

Achtstundentag *m* eight-hour day

achtstündig *Adj* eight-hour **achttägig** *Adj* lasting a week, a week's *trip etc*

Achtung *f* **1.** (*vor* for) respect, esteem, regard; ~ *alle ~!* hats off! **2.** *~!* look out!, *bes* VERW *u.* MIL attention!, (*Aufschrift*) danger!, caution!; ~, *Stufe!* mind the step!

Achtungserfolg *m* succès d'estime: *sie erzielten einen ~* they put up a good (*od* reasonable) show

achtungsvoll *Adj* respectful

achtzehn *Adj* eighteen

achtzig I *Adj* eighty: F *auf ~ sein* be hopping mad; *er ist Mitte ~* he is in his mid-eighties **II** *♀ f* eighty **achtziger** *Adj die ~ Jahre e-s Jahrhunderts*: the eighties *Pl* **Achtziger(in)** octogenarian, man (woman) in his (her) eighties **Achtzigerjahre** → *achtziger*

Achtzylindermotor *m* eight-cylinder engine

ächzen *v/i* groan (*vor* with)

Acker *m* field, (*~land*) farmland *~bau* *m* agriculture, farming *~gerät* *n* agricultural implements *Pl ~land* *n* farmland

ackern *v/i* **1.** plough, *Am* plow **2.** F (*schuften*) slog (away)

a conto *Adv* WIRTSCH on account

Acryl *n* (*Chemiefaser*) acrylic

Acrylfarbe *f* acrylic paint

Acrylglas *n* acrylic glass

Action *f* action

a. D. *Abk* (= *außer Dienst*) retired

ad absurdum: *etw ~ führen* reduce s.th. to absurdity

ad acta: *fig etw ~ legen* consider s.th. closed

Adam *m* BIBEL *u. fig* Adam: F *seit ~s Zeiten* from the beginning of time

Adam Riese: *hum nach ~* according to Cocker

Adamsapfel *m* ANAT Adam's apple

Adamskostüm *n hum im ~* in one's birthday suit

Adapter *m* ELEK adapter

adäquat *Adj* adequate

addieren *v/t* add (up)

Addiermaschine *f* adding machine

Addition *f* addition

ade *Interj* goodbye(e) (*a. fig*), so long

Adel *m* aristocracy, nobility (*a. fig*), (*Adelstitel*) title: *von ~ sein* be of noble birth **ad(e)lig** *Adj* noble (*a. fig*), titled **Ad(e)lige** *m, f* aristocrat, nobleman (noblewoman) *~ Sg* the ~ *n Pl* the nobility **Sg adeln** *v/t* make *s.o.* a peer, *a. fig* ennoble

Adelskrone *f* coronet

Adelsstand *m* nobility, peerage

Ader *f allg* vein, (*Schlag*♀) artery, *fig a.* bent: *er hat e-e humoristische ~* he has a streak of humo(u)r

Aderlass *m a. fig* bloodletting

ädern *v/t* vein

adieu → *ade*

Adjektiv n adjective
adjektivisch Adj adjectival
Adjutant m MIL adjutant
Adler m eagle **Adlerauge** n eagle eye: fig ~n haben be eagle-eyed
Adlernase f aquiline nose
Admiral m SCHIFF, MIL admiral
Admiralität f admiralty
Admiralstab m naval staff
adoptieren v/t adopt
Adoption f adoption
Adoptiveltern Pl adoptive parents Pl
Adoptivkind n adopted child
Adrenalin n adrenalin(e)
Adressat(in) addressee
Adressbuch n directory, privat: address book
Adresse f address: WIRTSCH **erste ~** first-class borrower; fig **an die falsche ~ geraten** come to the wrong person; **an die richtige ~ geraten** come to the right shop
Adressenverzeichnis n mailing list
adressieren v/t (**an Akk** to) address, direct, (Waren) consign: **falsch ~** misdirect
adrett Adj neat
Adria f the Adriatic Sea
Advent m Advent
Advents... Advent (wreath, season, etc)
Adverb n adverb
adverbial Adj adverbial
Aerobic n SPORT aerobics Pl (a. Sg konstr) **~training** n aerobic workout
aerodynamisch Adj aerodynamic
Affäre f (a. Liebes2) affair: **sich aus der ~ ziehen** get out of it; **sich gut aus der ~ ziehen** master the situation
Affe m monkey, (Menschen2) ape: F (**blöder**) ~ twit; **eingebildeter ~** conceited ass
Affekt m emotion: **im ~** in the heat of passion **Affekthandlung** f JUR act committed in the heat of passion
affektiert Adj affected
Affektiertheit f affectation
affenartig Adj apelike, simian: F **mit ~er Geschwindigkeit** like a greased lightning
Affen|brotbaum m baobab **~liebe** f F doting love **~schande** f F crying shame **~theater** n F hell of a fuss
Affenzahn m F (**e-n ~ draufhaben** go at) breakneck speed

affig Adj F silly, (geziert) affected
Äffin f she-ape, she-monkey
Afghane m, **Afghanin** f, **afghanisch** Adj Afghan
Afghanistan n Afghanistan
Afrika n Africa
Afrikaner(in), **afrikanisch** Adj African
Afro-Look m (**im ~** with an) Afro hairstyle
After m ANAT anus
Ägäis f the Aegean Sea
Agave f BOT agave
Agent(in) agent **Agentur** f agency
Aggregat n allg aggregate, TECH unit **~zustand** m PHYS aggregate (state)
Aggression f aggression **aggressiv** Adj aggressive **Aggressivität** f aggressiveness
Agitation f political agitation **Agitator** m, **Agitatorin** f (political) agitator **agitatorisch** Adj rabble-rousing **agitieren** v/i agitate
Agonie f MED death throes Pl
Agrar... agrarian, agricultural **~erzeugnisse** Pl agricultural produce Sg **~wirtschaft** f rural economy
Ägypten n Egypt
Ägypter(in), **ägyptisch** Adj Egyptian
ah Interj oh!, ah! **äh** Interj **1.** angeekelt: ugh! **2.** stotternd: er! **aha** Interj aha!, I see!
Aha-Erlebnis n aha-experience
Ahle f awl, pricker
Ahn m ancestor
ähneln v/i (Dat) be (od look) like, resemble, take after one's father etc: **sich** (od **einander**) ~ be (od look) alike
ahnen I v/t (vorhersehen) foresee, (Unglück etc) have a presentiment (od foreboding) of, (vermuten) suspect, (spüren) sense, guess: **ohne zu ~, dass ...** without dreaming that ...; **wie konnte ich ~, dass ...** how was I to know that ...; **ich habe es geahnt!** I knew it! **II** v/i **mir ahnt Böses (nichts Gutes)** I fear the worst
Ahnentafel f genealogical table
ähnlich Adj similar (Dat to): ~ **sein** → **ähneln**; F **das sieht ihm ~!** that's just like him!; **so etw 2es** s.th. like that
Ähnlichkeit f (**mit** to) likeness, resemblance, similarity: ~ **haben mit** → **ähneln**
Ahnung f presentiment, F hunch, böse:

a. foreboding, misgiving, *(Vermutung)* suspicion; **F k-e ~!** no idea!; **k-e** *(blasse)* **~ haben von** have not the faintest idea of; **er hat von Tuten und Blasen k-e ~** he doesn't know the first thing about it, he hasn't got a clue

ahnungslos *Adj* unsuspecting, *(unwissend)* ignorant

Ahorn *m* maple

Ähre *f* ear: **~n lesen** glean

Aids *n* AIDS

aidskrank *Adj*: **~ sein** have AIDS

Aidskranke *m, f* AIDS sufferer *(od* patient*)*, person suffering from AIDS **Aidsopfer** *n* AIDS victim **Aidstest** *m* AIDS test: **e-n ~ machen lassen** have *(od* go for*)* an AIDS test

Airbag *m* MOT airbag

Ajatollah *m* ayatollah

Akademie *f* academy, *(Fachschule)* a. college

Akademiker(in) university man (woman) **akademisch** *Adj* academic(ally *Adv*): **~e Bildung** university education

Akazie *f* BOT acacia

akklimatisieren *v/t* **sich ~** *a. fig* acclimatize *(an Akk* to*)*

Akkord[1] *m* MUS chord

Akkord[2] *m* WIRTSCH *(im ~ arbeiten* do) piecework **Akkordarbeit** *f → Akkord*[2]

Akkordarbeiter(in) pieceworker

Akkordeon *n* accordion

Akkordsatz *m* piece rate

akkreditieren *v/t* **1.** *(Gesandten etc)* accredit *(bei* to*)* **2.** WIRTSCH open a credit for

Akkreditiv *n* **1.** POL credentials *Pl* **2.** WIRTSCH letter of credit *(Abk L/C)*: **j-m ein ~ eröffnen** open a credit in favo(u)r of s.o.

Akku *m* F, **Akkumulator** *m* accumulator, storage battery

Akkusativ *m* accusative (case)

Akkusativobjekt *n* direct object

Akne *f* MED acne

Akontozahlung *f* payment on account

Akquisiteur(in) WIRTSCH canvasser, agent

Akribie *f* meticulousness

Akrobat(in) acrobat

akrobatisch *Adj* acrobatic

Akt *m* **1.** act *(der Verzweiflung etc* of despair *etc)* **2.** THEAT act: **in drei ~en** *a.* three-act *play etc* **3.** *(Geschlechts*2*)* (sexual) act **4.** KUNST, FOTO nude

Akte *f mst Pl* file, record: **e-e ~ anlegen** open a file *(über Akk* on*)*; **zu den ~n legen** file, *fig* shelve

Aktendeckel *m* folder **~koffer** *m* attaché case **2kundig** *Adj* on record **~mappe** *f* **1.** folder **2.** → *Aktentasche* **~notiz** *f* note, memorandum, F memo **~ordner** *m* file **~schrank** *m* filing cabinet **~tasche** *f* briefcase **~wolf** *m* (paper) shredder **~zeichen** *n* file *(im Brief:* reference) number

Aktfoto *n* nude (photograph)

Aktie *f* share, *Am* stock: **~n besitzen** hold shares *(Am* stock*)* *(Gen* in, of*)*; *a. fig* **s-e ~n sind gestiegen** his stock has gone up; **F wie stehen die ~n?** how are things?

Aktien|gesellschaft *f* limited company, *Am* (stock) corporation **~index** *m* share index **~kapital** *n* share capital, (joint) stock **~kurs** *m* share price **~markt** *m* stock market, equity market **~mehrheit** *f* majority of stock: **die ~ besitzen** hold the controlling interest **~paket** *n* block of shares **~tausch** *m* stock swap(ping)

Aktion *f* *(Handlung)* action, *(Werbe*2*)* campaign, drive, *(Hilfs*2 *etc)* operation(s *Pl)*, *(Maßnahme)* measure(s *Pl)*: **~en** *Pl* activities *Pl*; **in ~ treten** act

Aktionär(in) WIRTSCH shareholder, *Am* stockholder

Aktionsradius *m a.* MIL range (of action)

aktiv *Adj allg* active, *Bilanz:* favo(u)rable, *MIL* regular: **~es Wahlrecht** right to vote; **~er Wortschatz** *a.* using vocabulary **Aktiv** *n* LING active (voice) **Aktiva** *Pl* WIRTSCH assets *Pl*: **~ und Passiva** assets and liabilities

Aktivbox *f* COMPUTER active speaker

aktivieren *v/t a. fig* activate **Aktivist(in)** POL activist

Aktivposten *m* WIRTSCH *u. fig* asset

Aktivurlaub *m* activity holiday

Aktmodell *n* nude model

aktualisieren *v/t* make topical, *Programm, Buch:* update **aktuell** *Adj (zeitnah)* topical, current, present-day, *(modern)* up(-)to(-)date, *the* latest ...: **ein ~es Problem** an acute *(od* immediate) problem; **e-e ~e Sendung** RADIO, TV a current-affairs program(me *Br)*

△ **aktuell** ≠ **actual**

aktuell	=	current, *the* latest
actual	=	eigentliche(r,-s);
		tatsächliche(r, -s)

Akupressur *f* acupressure
Akupunkteur(in) acupuncturist
Akupunktur *f* acupuncture
Akustik *f* acoustics *Pl* (*a. Sg konstr*)
akustisch *Adj* acoustic(ally *Adv*)
akut *Adj* MED acute, *fig a.* urgent
AKW *Abk* = **Atomkraftwerk**
Akzent *m* accent, (*Betonung, a. fig*) *a.* stress: **besonders ~ legen auf** (*Akk*) stress, emphasize
akzentfrei *Adj u. Adv* without an accent
Akzept *n* WIRTSCH acceptance **akzeptabel** *Adj* acceptable (*für* to), *Preis etc: a.* fair
Akzeptanz *f fig* acceptance
akzeptieren *v/t* accept (*a.* WIRTSCH), agree to
Alabaster *m* alabaster
Alarm *m* (**blinder ~** false) alarm: *a. fig* **~ schlagen** sound the alarm **~anlage** *f* alarm system **2bereit** *Adj* on the alert **~bereitschaft** *f* (*in ~* on the) alert
alarmieren *v/t* (*a. fig*), (*Polizei etc*) alert, call **~d** *Adj a. fig* alarming
Alarm|stufe *f* alert phase **~zustand** *m* (*in den ~ versetzen* put on the) alert
Albaner(in), albanisch *Adj* Albanian
Albanien *n* Albania
albern I *Adj* silly **II** *v/i* fool around
Albernheit *f* **1.** silliness **2.** silly remark
Albtraum *m a. fig* nightmare
Album *n* album
Alge *f* seaweed, alga, *Pl* algae
Algebra *f* algebra
algebraisch *Adj* algebraic(al)
Algerien *n* Algeria
Algerier(in), algerisch *Adj* Algerian
Algorithmus *m* algorithm
Alibi *n* (*ein ~ beibringen* produce an) alibi **Alibifrau** *f* token woman
Alibifunktion *f* cover-up function
Alimente *Pl* maintenance *Sg*
alkalisch *Adj* CHEM alkaline
Alkohol *m* alcohol, (*Getränk*) *a.* liquor, drink **~einfluss** *m unter ~* under the influence of alcohol **2frei** *Adj* nonalcoholic, soft *drink* **~gehalt** *m* alcoholic

content **~genuss** *m* consumption of alcohol
Alkoholiker(in), alkoholisch *Adj* alcoholic **alkoholisieren** *v/t* alcoholize: **alkoholisiert** drunk, JUR under the influence of alcohol
Alkoholismus *m* alcoholism
Alkohol|missbrauch *m* excessive drinking **~nachweis** *m* MOT alcohol (*od* breathalyzer) test **~problem** *n*: **ein ~ haben** have a drink problem **~spiegel** *m* blood alcohol concentration **2süchtig** *Adj* addicted to alcohol **~sünder(in)** F MOT drunken driver **~vergiftung** *f* alcoholic poisoning
all *Indefinitpron a.* (*jeder*) every: **~e beide** both (of them); **wir ~e** all of us; **fast ~e** almost everyone; **~(e) und jeder** all and sundry; **~e Menschen** all men, everybody; **~e Welt** all the world; **~e zwei Tage** every (other) day; **auf ~e Fälle** at all events; **ohne ~en Zweifel** without any doubt; → **alle, alles**
All *n* universe, (*Weltraum*) (outer) space
allabendlich *Adv* every evening
allbekannt *Adj* well-known, *pej* notorious
alle *Adj präd* F **1.** (*aufgebraucht*) all gone, finished, *Geld:* all spent: **~ machen** finish **2.** (*erschöpft*) dead beat, whacked: **j-n ~ machen** let s.o. have it
Allee *f* avenue

△ **Allee** ≠ **alley**

| Allee | = | avenue |
| alley | = | Gasse; Weg |

Allegorie *f* allegory
allein I *Adj präd u. Adv allg* alone, (*ohne Hilfe*) *a.* by oneself, on one's own, (*ohne Zeugen*) *a.* in private, (*nur*) only: **ganz ~** all alone; **~ stehen** *Person:* be unattached, be single; **einzig und ~** (simply and) solely; **du ~ bist schuld!** it's all your fault!; (*schon*) **~ der Gedanke** the very (*od* mere) thought **II** *Konj* (*aber*) but, however; **~ erziehend** *Adj* single; **~ reisende Kinder** unaccompanied minors; **~ stehend** unmarried, single, *weit. S.* unattached
Allein|erbe *m* sole heir **~erbin** *f* sole heiress **~erziehende** *m, f* single parent

(od father, mother) **~gang** m solo: **im ~** SPORT solo, fig a. single-handed **~herr-schaft** f autocracy **~herrscher(in)** autocrat

alleinig Adj only, sole, exclusive

Alleininhaber(in) sole owner

Alleinschuld f sole responsibility

Alleinsein n loneliness: **Angst vor dem ~** fear of being alone

Alleinstehende m, f single

Allein|unterhalter(in) THEAT solo entertainer **~verdiener(in)** sole earner **~verkaufsrecht** n monopoly **~vertretung** f sole agency **~vertrieb** m **den ~ haben für** be the sole distributors of

allemal Adv F (leicht) easily, any time; → **Mal**

allenfalls Adv (zur Not) if need be, (vielleicht) possibly, perhaps, (höchstens) at (the) most, at best

allenthalben Adv everywhere

aller... vor Sup best, highest, etc of all, very best, prettiest, etc

allerdings Adv **1.** (jedoch) but, though, however **2.** F (gewiss) indeed, certainly

allererst Adj first of all

allergen Adj, **Allergen** n MED allergenic

Allergie f MED allergy: **e-e ~ gegen etw haben** be allergic to s.th.

Allergiker(in) MED allergy sufferer

allergisch Adj MED allergic (**gegen** to)

allerhand Adj F quite a lot, a good deal: **das ist (ja) ~!** lobend: not bad!, tadelnd: that's a bit thick!

Allerheiligen n All Saints' Day

allerhöchstens Adv at the very most

allerlei I Adj all kinds of II 2 n medley

allerletzt Adj very latest: F **das ist das 2e!** that really is the limit! **allerliebst** Adj (very) lovely, sweet **allerneu(e)st** Adj very latest: **die ~e Mode** the latest fashion (F thing) **allernötigst** Adj most necesssary: **das 2e** only what is (od was) absolutely necessary

Allerseelen n All Souls' Day

allerseits Adv F **guten Morgen ~!** good morning everybody!

Allerwelts... ordinary, common

Allerwerteste m F posterior

alles Indefinitpron **1.** all, everything, the lot: **~ in allem** (taken) all in all; **vor allem** above all; **er kann ~** he can do anything; **auf ~ gefasst sein** be prepared for the worst; **j-n über ~ lieben** love

s.o. more than anything; F **um ~ in der Welt!** for heaven's sake!; → **Mädchen 2.** F everybody: **~ aussteigen!** get out everybody, please!

allesamt Adv F all (of them od us etc)

Alleskleber m all-purpose glue

Allesschneider m food slicer

allgegenwärtig Adj omnipresent

allgemein I Adj general, (öffentlich) public: **von ~em Interesse** of general interest; **auf ~en Wunsch** by popular request; **unter ~er Zustimmung** by common consent; **zur ~en Überraschung** to everybody's surprise; WIRTSCH **~e Unkosten** Pl overhead Sg; **~es Wahlrecht** universal suffrage; **~e Wehrpflicht** compulsory military service; **im 2en** → **II** Adv generally, in general, (im ganzen) on the whole: **es ist ~ bekannt, dass** it is a well-known fact that; **~ beliebt** popular with everyone; **~ gesprochen** generally speaking; **~ gültig** universally valid; **es ist ~ üblich** it is common practice; **~ verbreitet** widespread; **~ verbindlich** Adj generally binding **~ verständlich** Adj (easily) intelligible

Allgemein|befinden n general state of health **~bildung** f general education **~gut** n fig common knowledge

Allgemeinheit f (general) public

Allgemeinmedizin f general medicine: **Arzt für ~** general practitioner

Allgemeinwissen n general knowledge

Allgemeinwohl n public welfare

Allheilmittel n a. fig cure-all

Allianz f alliance

Alligator m alligator

alliiert Adj allied: hist **die Alliierten** the Allies Pl

alljährlich Adj annual(ly Adv), yearly, Adv a. every year

Allmacht f omnipotence **allmächtig** Adj omnipotent, bes Gott: almighty

allmählich Adj gradual(ly Adv), Adv a. by degrees, slowly

allmonatlich Adj u. Adv monthly

allnächtlich Adj u. Adv nightly

Allopathie f MED allopathy

Allparteien... all-party ...

Allrad... all-wheel (drive etc)

Allroundsportler(in) allrounder

allseitig Adj (allgemein) general, universal, (vielseitig) allround: **zur ~en Zu-**

friedenheit to the satisfaction of everybody **allseits** Adv on (od from) all sides: ~ **beliebt** very popular

Alltag m everyday life: (**grauer**) ~ daily routine **alltäglich** Adj everyday, (*üblich*) usual, (*durchschnittlich*) ordinary, (*banal*) banal, trivial

alltags Adv on workdays

Alltags... everyday (*clothes etc*)

allumfassend Adj all-embracing

Allüren Pl mst pej affectation Sg, airs (and graces) Pl

Allwetter... all-weather (*flying etc*)

allwissend Adj omniscient

allwöchentlich Adj u. Adv weekly

allzu Adv far too: ~ **spät** not too late. ~ **gut** only too well; ~ **sehr** all too much; ~ **viel** too much: ~ **viel ist ungesund** eating is as good as a feast; ~ **viele Fehler** far too many mistakes

Allzweck... all-purpose

Alm f alpine pasture, alp

Almosen n alms Pl, fig pej pittance, Am handout

Almosenempfänger(in) pauper

Alpaka n (~wolle) alpaca

Alpen Pl Alps Pl ~rose f Alpine rose ~veilchen n cyclamen ~vorland n foothills Pl of the Alps

Alphabet n alphabet

alphabetisch Adj alphabetical: ~ **ordnen** → **alphabetisieren** v/t arrange in alphabetical order

alphanumerisch Adj alphanumeric

alpin Adj Alpine: → **Kombination** 4

Alpinismus m alpinism

Alpinist(in) alpinist

Alptraum → **Albtraum**

als Konj 1. im Vergleich: as, verneint: but, nach Komp: than: **sobald ~ möglich** as soon as possible; **mehr ~ genug** more than enough; **sie ist alles andere ~ hübsch** she is anything but pretty 2. zur Bezeichnung e-r Eigenschaft: as, in one's capacity of: ~ **Entschuldigung** as (od by way of) excuse; **er starb ~ Bettler** he died (as) a beggar; ~ **Mädchen** (*bzw.* **als Kind**) as a girl (*bzw.* as a child) 3. ~ **ob** as if, as though 4. **er ist zu jung, ~ dass er es verstehen könnte** he is too young to understand it 5. zeitlich: when, as, (*während*) while: **damals, ~** at the time when; **gerade** ~ just as

also Konj 1. (*folglich*) so, therefore 2. F (*nun*) then: ~ **gut!** very well (then)!; **na ~!** there you are!; ~ **los!** let's get going, then!; **du kommst ~ nicht?** you're not coming then?

alt Adj 1. **allg** old, (*bejahrt*) a. aged, (*geschichtlich* ~) a. ancient, (*lange bestehend*) a. long-standing (*friendship etc*), (*ehemalig*) a. former (*pupil etc*), (*unverändert*) unchanged, unchanging: ~ **werden** → **altern**; **das ~e Rom** ancient Rome; **die ~en Sprachen** the classical languages; **wie ~ bist du?** how old are you?; **ein zehn Jahre ~er Junge** a ten-year-old boy, a boy of ten; **er ist** (*doppelt*) **so ~ wie ich** he is (twice) my age; fig **das ~e Lied** the same old story; **auf m-e ~en Tage** in my old age; **in ~en Zeiten** in former times; **es bleibt alles beim** ℒ**en** everything remains as it was (before); hum **hier werde ich nicht ~** I won't be here much longer; F ~ **aussehen** look a right fool; → **älter, Hase** 2. (*Ggs. frisch*) **allg** old, (*altbacken, schal*) a. stale, (*gebraucht*) a. second-hand, used: → **Eisen**

Alt m MUS alto

Altar m altar ~**bild** n, ~**blatt** n, ~**gemälde** n altarpiece

altbacken Adj 1. stale 2. F fig antiquated

Altbau m old building **Altbausanierung** f rehabilitation of old housing

Altbauwohnung f flat (*Am* apartment) in an old building

altbekannt Adj well-known

altbewährt Adj well-tried

Alte[1] m old man: **die ~n** old people; **der ~** (*Vater, Ehemann*) the old man, (*Chef*) the boss; **er ist wieder ganz der ~** he is quite himself again

Alte[2] f 1. old woman: F **die ~** (*Mutter, Ehefrau*) the old lady (*od* woman), (*Chefin*) the boss 2. ZOOL mother

altehrwürdig Adj time-hono(u)red

alteingesessen Adj old-established

Alteisen n scrap iron

Altenheim n → **Altersheim Altenpfleger(in)** geriatric nurse **Altenteil** n fig **sich aufs ~ zurückziehen** retire

Alter n 1. age, (*Bejahrtheit*) (old) age: **im ~ von 20 Jahren** at the age of 20; **er ist in m-m ~** he is my age; **mittleren ~s** middle-aged 2. (*alte Leute*) old people

älter *Adj* older: *mein ~er Bruder* my elder brother; *e-e ~e Dame* an elderly lady; *er ist (3 Jahre) ~ als ich* he is my senior (by three years); *er sieht (10 Jahre) ~ aus, als er ist* he looks (10 years) more than his age

altern *v/i* grow old, *a.* TECH age

alternativ *Adj*, **Alternative** *f* alternative

Alternativmedizin *f* alternative medicine

Alters|erscheinung *f* sign of old age **~genosse** *m*, **~genossin** *f* contemporary **~grenze** *f* age-limit: *flexible ~ für Beamte*: flexible retirement age **~gründe** *Pl aus ~n* for reasons of age **~gruppe** *f* age group **~heim** *n* old people's home **~klasse** *f bes* SPORT age group **~pyramide** *f* SOZIOL age pyramid **~rente** *f* old-age pension **2schwach** *Adj* infirm, *a.* F *fig* decrepit, *Stuhl etc*: rickety **~schwäche** *f* infirmity (of old age): *an ~ sterben* die of old age **~unterschied** *m* age difference **~versorgung** *f* old-age pension (scheme) **~vorsorge** *f* provision for (one's) old age

Altertum *n* antiquity **altertümlich** *Adj* ancient, *(veraltet)* antiquated

ältest *Adj* oldest, *in der Familie*: eldest

Älteste *m*, *f* oldest, eldest: *mein ~r* my eldest son

Altglas *n* TECH used glass **~container** *m* bottle bank

Altgriechisch *n* Old Greek

althergebracht *Adj* traditional

Althochdeutsch *n* Old High German

Altist(in) MUS alto(-singer)

altjüngferlich *Adj* old-maidish

altklug *Adj* precocious

Altlasten *Pl* old neglected deposits *Pl* of toxic waste

ältlich *Adj* elderly, oldish

Altmaterial *n* TECH salvage

Altmeister(in) SPORT ex-champion, *fig* past master

Altmetall *n* scrap metal

altmodisch *Adj* old-fashioned

Altöl *n* TECH waste oil, used oil

Altpapier *n* TECH waste (*od* used) paper

Altphilologe *m*, **Altphilologin** *f* classical philologist

altruistisch *Adj* altruistic

altsprachlich *Adj* classical

Altstadt *f* old town

Altstimme *f* MUS alto (voice)

Altweibersommer *m* Indian summer

Alufolie *f* alumin(i)um foil

Aluminium *n* aluminium, *Am* aluminum

Alzheimerkrankheit *f* Alzheimer's disease

am *(aus: an dem) Präp* **1.** at the, on the, *zeitlich*: *a.* in the: *~ Fenster* at the window; *~ Ufer* on the shore; *~ 1. Mai* (on) May 1st, (on) the first of May; *~ Anfang* at the beginning; *~ Himmel* in the sky; *~ Leben* alive; *~ Morgen* in the morning; *~ Wege* by the wayside **2.** *vor Sup er war ~ tapfersten* he was (the) bravest; *~ besten* best

Amalgam *n* CHEM amalgam

amalgamieren *v/t a. fig* amalgamate

Amaryllis *f* BOT amaryllis

Amateur(in) amateur

Ambiente *n* ambience

Ambition *f* ambition

ambivalent *Adj* ambivalent

Amboss *m* anvil

ambulant *Adj* **1.** MED ambulant, *(a. ~ behandelter Patient)* outpatient: *Adv ~ behandelt werden* receive outpatient treatment **2.** WIRTSCH *Gewerbe etc*: itinerant

Ambulanz *f (Krankenwagen)* ambulance, *(Klinik)* outpatients' department, *(Unfallstation)* casualty ward, *e-s Betriebes*: first-aid room

Ameise *f* ant

Ameisen|bär *m* anteater **~haufen** *m* anthill **~säure** *f* formic acid **~staat** *m* colony of ants

amen *Interj* amen: *fig zu allem Ja und 2 sagen* agree (meekly) to everything

Amerika *n* America

Amerikaner(in), **amerikanisch** *Adj* American

amerikanisieren *v/t* Americanize

Amerikanismus *m allg* Americanism

Amethyst *m* amethyst

Ami *m* F Yank

Aminosäure *f* CHEM amino acid

Amme *f* (wet) nurse **Ammenmärchen** *n pej* old wives' tale

Ammer *f* ZOOL bunting

Ammoniak *n* CHEM ammonia

Amnesie *f* MED amnesia

Amnestie *f*, **amnestieren** *v/t* JUR amnesty

Amöbe f BIOL am(o)eba

Amok: **~ laufen (fahren)** run (drive) amok **Amokfahrt** f mad drive

Amokläufer(in) person running amok

Amor m Cupid

amortisieren I v/t amortize **II** v/refl **sich ~** pay for itself

Ampel f **1.** hanging lamp **2.** (Verkehrs2) traffic light(s Pl)

Amperemeter n ELEK ammeter

Amperestunde f ELEK ampere-hour

Amphibien... amphibian (tank etc)

Amphitheater n amphitheat/re (Am -er)

Ampulle f PHARM ampoule

Amputation f MED amputation

amputieren v/t MED amputate

Amputierte m, f MED amputee

Amsel f ZOOL blackbird

Amt n **1.** (Posten) post, office, (Pflicht) (official) duty, function, (Aufgabe) task: **von ~s wegen** ex officio, officially; → **antreten** 1, **bekleiden** 2, **entheben** etc **2.** (Dienststelle) office, agency, department **3.** TEL exchange

amtieren v/i hold office: **~ als** act (od officiate) as **amtierend** Adj a) acting mayor etc, **b)** reigning champion etc

amtlich Adj official

Amts|antritt m **bei s-m** etc ~ upon his etc assuming office **~arzt** m, **~ärztin** f public-health officer **~bereich** m competence **~blatt** n official gazette **~eid** m **den ~ ablegen** take the oath of office, be sworn in **~enthebung** f removal from office, dismissal **~führung** f administration of [an] office, **~geheimnis** n official secret, (Schweigepflicht) official secrecy **~gericht** n lower district court **~geschäfte** Pl official duties Pl **~gewalt** f (official) authority **~handlung** f official act **~missbrauch** m abuse of (official) authority **2müde** Adj weary of one's office **~periode** f term (of office) **~schimmel** m hum red tape **~stunden** Pl office hours Pl **~träger(in)** f office holder **~vorgänger(in)** predecessor (in office) **~vormund** m public guardian **~vorsteher(in)** head official **~zeichen** n TEL dial(ling) tone **~zeit** f term (of office)

Amulett n charm

amüsant Adj amusing **amüsieren I** v/t amuse, entertain **II** v/refl **sich ~ a)**

amuse o.s., have a good time, **b)** (über Akk) laugh (at), make fun (of) **Amüsierviertel** n nightclub district

an I Präp (Dat) **1.** zeitlich: on: **~ e-m kalten Tag** on a cold day **2.** örtlich: on, at, (nahe) by, near, (neben) next to: **~ der Themse** on the Thames; **~ der Wand** on the wall; **~ der Kreuzung** at the crossing; **alles ist ~ s-m Platz** everything is in its place; **Tür ~ Tür wohnen** live door to door; fig **Kopf~ Kopf** neck and neck; **er hat so etw ~ sich** there is s.th. about him; **es ist ~ ihm zu reden** it is up to him to speak; **~ s-r Stelle** in his place **3.** (bei) by: **j-n ~ der Hand führen** lead s.o. by the hand; **j-n ~ der Stimme erkennen** recognize s.o. from (od by) his voice **4.** **~ (und für) sich** in itself, as such **II** Präp (Akk) **5.** (bestimmt für) to, for: **ein Brief ~ mich** a letter for me **6.** (gegen) at, stärker: against: **~ die Tür klopfen** knock at the door **III** Adv **7.** **von ... ~** from ... (on od onward); **von heute ~** from today (on); **von nun ~** from now on, henceforth **8.** F **~ - aus** on - off; **das Licht ist ~** the light is on; **er hatte noch s-n Mantel ~** he still had his coat on **9.** F **~ die 100 Euro kosten** cost about 100 euros

Anabolikum n MED anabolic steroid

Anachronismus m anachronism

anal Adj MED, PSYCH anal

Analgetikum n MED analgesic

analog Adj **1.** analogous (zu to) **2.** IT analog(ue)

Analogie f analogy

Analog|armbanduhr f analog(ue) watch **~rechner** m analog(ue) computer **~uhr** f analog(ue) clock

Analphabet(in) illiterate (person)

Analphabetentum n illiteracy

Analverkehr m anal intercourse

Analyse f analysis **analysieren** v/t analy/se (Am -ze) **Analysis** f analysis **Analytiker(in)** PSYCH analyst **analytisch** Adj analytic(al)

Anämie f MED an(a)emia

Ananas f BOT pineapple

Anarchie f anarchy **Anarchismus** m anarchism **Anarchist(in)** anarchist **anarchistisch** Adj anarchic(al)

Anästhesie f MED an(a)esthesia

Anästhesist(in) MED an(a)esthetist

Anatomie f **1.** anatomy **2.** institute of

anatomy **~saal** *m* dissecting room

anatomisch *Adj* anatomical

anbahnen I *v/t* pave the way for, (*Gespräch etc*) open, begin II *v/refl* **sich ~** be developing

anbändeln *v/i* F **mit j-m ~ a)** make up to s.o., **b)** → **anlegen** 14

Anbau *m* **1.** LANDW cultivation **2.** ARCHI annex, extension **anbauen** *v/t* **1.** LANDW cultivate, grow **2.** (**an** *Akk* to) build, add

Anbau|fläche *f* LANDW **a)** arable land, **b)** area under cultivation **~küche** *f* unit kitchen **~möbel** *Pl* sectional (*od* unit) furniture *Sg* **~schrank** *m* cupboard unit **~wand** *f* wall unit

anbehalten *v/t* (*Kleid etc*) keep on

anbei *Adv* WIRTSCH **~ erhalten Sie** enclosed please find; **~ schicke ich** I am enclosing

anbeißen I *v/t* bite into II *v/i Fisch:* bite, *a. fig* take the bait

anbellen *v/t a. fig* bark at

anberaumen *v/t* fix, appoint

anbeten *v/t a. fig* worship, adore

Anbeter(in) worship(p)er, (*Verehrer*) admirer

Anbetracht: **in ~** (*Gen*) considering, in view of

anbetteln *v/t* **j-n ~** beg s.o. (**um** for)

Anbetung *f* worship, adoration

anbiedern *v/refl* **sich ~** *pej* ingratiate o.s. (**bei** with)

anbieten I *v/t* offer II *v/refl* **sich ~** *Person:* offer one's services, *Gelegenheit:* present itself

Anbieter(in) **1.** (*Händler*) supplier **2.** WIRTSCH (potential) seller **3.** TEL carrier **4.** IT provider

anbinden *v/t* (**an** *Dat od Akk* to) tie (up), bind, (*Boot*) moor, (*Tier*) *a.* tether, *fig verkehrsmäßig, politisch etc:* link: → **angebunden**

Anblick *m* (**beim ersten ~** at first sight

anblicken *v/t* look at, *flüchtig:* glance at: **j-n finster ~** scowl at s.o.

anblinken *v/t* flash one's headlights at

anbraten *v/t* GASTR roast briefly

anbrechen I *v/t* (*Vorräte etc*) break into, (*Dose, Packung etc*) start (on), (*Flasche*) *a.* open II *v/i* begin, *Tag, fig neue Zeit:* dawn, *Nacht:* fall

anbrennen *v/i* (*a.* **~ lassen**) burn: F **er lässt nichts ~** he doesn't miss a trick

anbringen *v/t* **1.** (*Schild, Vorhang etc*) put up, (**an** *Dat* to) fix, fasten **2.** F bring (along) **3.** (*Bitte etc, a. Verbesserungen*) make, (*Gründe*) give, (*Bemerkung etc*) get in, (*Wissen*) display, (*Schlag*) land: **Kritik ~** criticize; → **angebracht**

Anbruch *m* beginning, dawn

anbrüllen *v/t* **j-n ~** bawl at s.o.

Andacht *f* REL **a)** devotion, **b)** (*Gebet*) prayers *Pl*, **c)** (short) service

andächtig *Adj* **1.** devout, pious **2.** *fig* rapt, attentive, *Stille etc:* solemn: *Adv* **~ zuhören** listen with rapt attention

andauern *v/i* last, continue, go on, *hartnäckig:* persist **andauernd** I *Adj* constant, continual, (*ständig*) incessant, (*hartnäckig*) persistent II *Adv* constantly *etc:* **etw ~ tun** keep doing s.th.

Andenken *n* **1.** (**zum ~** in) memory (**an** *Akk* of) **2.** (*Geschenk*) keepsake, (*Reise2*) souvenir (**an** *Akk* of)

ander I *Adj* **1.** *allg* other, (*weitere*) *a.* further, (*nächste*) *a.* next, (*zweite*) *a.* second, (*übrig*) *a.* the rest of, (*verschieden*) *a.* different: **ein ~es Buch** another book; **die ~en** (*übrigen*) **Bücher** the rest of the books; **am ~en Tag** (*en*) the next day; **ein ~es Hemd anziehen** put on a new shirt; **das ~e Geschlecht** the opposite sex; **ein ~er ganz ~er Mensch** he is a changed man; → **Ansicht** 1 II *Indefinitpron* **2. ein ~er, e-e ~e** someone else; **die ~en** the others; **der eine oder ~e** someone or other; **kein ~er als** no one else (*od* none) but, (*kein Geringerer als*) no less than **3. ~es, andres** other things *Pl*; **alles ~e** everything else; **alles ~e als** anything but, far from; **unter ~em** among other things; **eins nach dem ~en** one thing after the other; **das ist etw ganz ~es** that's a different thing altogether

anderenfalls *Adv* otherwise

andererseits *Adv* on the other hand

Anderkonto *n* WIRTSCH third-party account

andermal *Adv* **ein ~** some other time

ändern I *v/t* change, (*a. Kleidungsstück*) alter, (*variieren*) vary: **sein Testament ~** alter one's will; **es lässt sich nicht ~** it can't be helped; **ich kann es nicht ~** I cannot help it; **das ändert nichts an der Tatsache, dass ...** that doesn't alter the fact that ... II *v/refl* **sich ~** alter,

change: *die Zeiten ~ sich* times are changing; *das Wetter ändert sich* there will be a change in the weather

anders *Adv* **1.** differently (*als* from): *~ werden* change; *~ als s-e Freunde* unlike his friends; *~ gesagt* in other words; *~ denkend* thinking differently, POL *a.* dissident **2.** *bei Pron*: else: *jemand* somebody (*od* anybody) else; *niemand ~ als er* nobody but he; *wer~?* who else? **andersartig** *Adj* different **andersgläubig** *Adj* of a different faith, heterodox

andersherum I *Adv* the other way round II *Adj* F (*homosexuell*) queer

anderswo, *Adv*, **anderswohin** *Adv* elsewhere, somewhere else

anderthalb *Adj* one and a half: *~ Pfund* a pound and a half

Änderung *f* change, *a. von Kleidung*: alteration, (*Abⵇ*) modification

Änderungsantrag *m* POL amendment

anderweitig I *Adj* **1.** other, further II *Adv* **2.** otherwise: *wir haben die Stellung ~ vergeben* we have given the job to s.o. else **3.** elsewhere

andeuten I *v/t* **1.** hint at, suggest, intimate, (*kurz erwähnen*) mention *s.th.* briefly, indicate **2.** KUNST *u. fig* outline II *v/refl sich* ~ **3.** *Veränderung etc*: be in the offing **Andeutung** *f* hint, suggestion (*beide a. fig* Spur), versteckte: insinuation **andeutungsweise** *Adv* ~ *zu verstehen geben* → andeuten 1

Andorra *n* Andorra

Andrang *m* crush, press, (*Ansturm*) rush, WIRTSCH run (*auf Akk* on)

andrehen *v/t* **1.** (*Gas etc*) turn on, (*Licht etc*) *a.* switch on **2.** F *fig j-m etw* ~ fob s.th. off on s.o.

androhen *v/t j-m etw* ~ threaten s.o. with s.th. **Androhung** *f* threat: JUR *unter* ~ *von* (*od Gen*) under penalty of

Android*e* *m* android

anecken *v/i* F give offen/ce (*Am* -se) (*bei* to)

aneignen *v/t sich* ~ **1.** appropriate *s.th.* to o.s., take possession of, *widerrechtlich*: misappropriate, usurp **2.** (*Kenntnisse etc*) acquire, (*Meinung etc*) adopt **Aneignung** *f* **1.** appropriation **2.** acquisition

aneinander *Adv* (to, of, *etc*) each other: *~ denken* think of each other; *~ gera-*

ten (*mit* with) clash, (*handgemein werden*) come to blows; *~ grenzen* border on each other; *~ reihen* line up, *fig* string *words etc* together

Anekdote *f* anecdote

anekeln *v/t* disgust, sicken: *es ekelt mich an* it makes me sick

Anemone *f* BOT anemone

anerkannt *Adj* recognized, (*allgemein* ~) accepted, *Tatsache*: established

anerkennen *v/t* acknowledge, recognize, (*Ansprüche etc*) admit, (*lobend* ~) appreciate, (*billigen*) approve, (*Wechsel*) hono(u)r: *ein Tor* (*nicht*) ~ (dis)allow; *~de Worte* appreciative words

anerkennenswert *Adj* commendable **Anerkennung** *f* acknowledgement, recognition (*a.* POL), (*lobende* ~) appreciation, (*Billigung*) approval, WIRTSCH *e-s Wechsels*: acceptance: *in* ~ (*Gen*) in recognition of; *~ verdienen* deserve credit

anerziehen *v/t j-m etw* ~ instil(l) s.th. into s.o. **anerzogen** *Adj* acquired

anfachen *v/t* fan, *fig* kindle, stir up

anfahren *v/t* I. **1.** start (up) II *v/t* **2.** (*Güter etc*) deliver, F (*Getränke etc*) bring on **3.** (*rammen*) run into, (*a. Person*) hit, MOT collide with **4.** (*ansteuern*) stop (SCHIFF call) at **5.** TECH start **6.** F *j-n ~* snap at s.o.

Anfahrt *f* **1.** journey, ride **2.** (*Zufahrt*) approach, *vor e-m Haus*: drive

Anfall *m* **1.** MED attack, fit (*a. fig*), *leichter*: touch: *hum in e-m ~ von Großzügigkeit* in a fit (*od* burst) of generosity **2.** WIRTSCH, JUR accrual (*of a dividend etc*)

anfallen I *v/t* attack II *v/i* (*sich ergeben*) result, *Arbeit etc*: come up, *Kosten etc*: arise, *Gewinn etc*: accrue

anfällig *Adj* ~ *für a. fig* susceptible (*od* prone) to **Anfälligkeit** *f* proneness (*für* to), *weit. S.* delicacy

Anfang *m* beginning, start: *am ~, im ~, zu ~, ~ anfangs*: von ~ an (right) from the beginning (*od* start); *~ Mai* early in May; *den ~ machen* begin, lead off; *ein ~ ist gemacht* a start has been made; *in den Anfängen stecken* be in its infancy

anfangen I *v/t* begin, start, (*machen*) do: *ein neues Leben ~* turn over a new

leaf; *was soll ich bloß ~?* what on earth am I to do?; *er hat wieder angefangen zu rudern* he has taken up rowing again; *etw schlau ~* set about s.th. cleverly; *mit ihm ist nichts anzufangen* he's hopeless **II** *v/i* begin, start: *mit der Arbeit ~* begin (*od* start) (to) work; *bei e-r Firma ~* start work(ing) with a firm; *immer wieder von etw ~* keep harping on s.th.; *ich weiß nichts damit anzufangen* I don't know what to do with (*fig* make of) it; *das fängt ja gut an!* that's a fine start; *du hast angefangen!* you started it!; *fängst du schon wieder an?* are you at it again?

Anfänger(in) beginner

anfänglich I *Adj* initial, (*ursprünglich*) original **II** *Adv → anfangs Adv* at first, at (*od* the) beginning

Anfangs|buchstabe *m* initial letter: *großer* (*kleiner*) ~ capital (small) letter **~gehalt** *n* starting (*od* initial) salary **~gründe** *Pl* rudiments *Pl* **~kapital** *n* opening capital **~stadium** *n* initial stage **~zeit** *f* starting time

anfassen *v/t* **1.** seize, grab (*an Dat* by), (*berühren*) touch: *j-n ~* take s.o. by the hand; *fig Politiker etc zum* ♀ ... of the people, popular **2.** *fig* (*behandeln*) treat, handle, (*Problem etc*) tackle **II** *v/i* **3.** (*mit*) ~ lend a hand, help

anfauchen *v/t Katze*: spit at: *fig j-n ~* snap at s.o.

anfechtbar *Adj a.* JUR contestable

anfechten *v/t* contest (*a.* JUR), (*Urteil*) appeal from **Anfechtung** *f* **1.** contesting, *e-s Urteils*: appeal (*Gen* from) **2.** (*Versuchung*) temptation

anfeinden *v/t* be hostile to: *angefeindet werden* meet with hostility **Anfeindung** *f* hostility (*Gen* to)

anfertigen *v/t allg* make, WIRTSCH, TECH *a.* manufacture, PHARM prepare, (*Übersetzung, Zeichnung etc*) do: *ein Gutachten ~* deliver an expert opinion (*über Akk* on) **Anfertigung** *f* making *etc*, manufacture

anfeuchten *v/t* moisten

anfeuern *v/t fig* encourage, *durch Zurufe*: cheer (on), *Am* F root for

anflehen *v/t* implore

anfliegen I *v/t planmäßig*: fly to, *weit. S.* land on **II** *v/i* approach: *angeflogen*

kommen come flying (along)

Anflug *m* **1.** FLUG approach: *im ~ sein auf* (*Akk*) be approaching **2.** *fig* (*Spur*) touch, trace, hint

Anflugschneise *f* FLUG approach lane

anfordern *v/t* ask for, demand, request

Anforderung *f* demand, request (*beide*: *Gen* for), (*Leistungs*♀) demands *Pl*, standard: *auf ~* on request; *allen ~en genügen* meet all requirements, *Am* fill the bill; *den ~en nicht genügen* not to be up to standard; *hohe ~en stellen* make high demands (*an Akk* on), *Aufgabe etc*: *a.* be very exacting

Anfrage *f* inquiry, *a.* PARL question

anfragen *v/i* inquire (*bei j-m wegen etw* of s.o. about s.th.)

anfreunden *v/refl* *sich* ~ become friends; *sich mit j-m ~* make friends with s.o.; *sich mit e-m Gedanken etc* ~ get to like the idea *etc*

anfügen *v/t* **1.** add **2.** (*beilegen*) enclose (*Dat* with) **3.** TECH join, attach

anfühlen *v/t* (*a.* sich ~) feel

anführen *v/t* **1.** lead, (*Tabelle etc*) *a.* be at the head of, MIL command **2.** (*erwähnen*) state, mention, *einzeln*: specify, (*Gründe, Fakten etc*) give, (*Zeugen, Beweise etc*) produce, (*Beispiel, Buch etc*) quote: *zur Entschuldigung ~* plead (*as an excuse*) **3.** F *j-n ~* dupe s.o., fool s.o.

Anführer(in) leader

Anführungs|striche, ~zeichen *Pl* quotation marks *Pl*, inverted commas *Pl*

Angabe *f* **1.** statement, declaration, *genaue*: specification, (*Preis*♀) quotation: *~n Pl* information *Sg*; *nähere ~n machen* give (further) details; *~n zur Person* personal data; *ohne ~ von Gründen* without giving reasons **2.** F showing-off **3.** *Tennis etc*: service

angaffen *v/t* F gawk at, gape at

angeben I *v/t* **1.** give, state, *genau*: specify, (*Wert etc*) declare, (*Preise etc*) quote, (*Termin etc*) fix, (*Zeugen etc*) name, (*Richtung etc*) indicate, (*Tempo etc*) set: *zu niedrig ~* understate **II** *v/i* **2.** F (*mit*) show off ([with] *s.o., s.th.*), brag (about, of) **3.** *Kartenspiel*: deal first **4.** *Tennis etc*: serve

Angeber(in) F show-off **Angeberei** *f* F showing-off **angeberisch** *Adj* F bragging, (*protzig*) showy

angeblich I *Adj* alleged, *pej* would-be **II**

Adv allegedly: ~ *ist er reich* he is said to be rich

angeboren *Adj* innate, inborn (*beide, Dat* in), MED congenital, hereditary

Angebot *n* offer, *Auktion*: bid, (*Waren*♀) supply, (*Ausschreibungs*♀) tender, *Am* bid: ~ *und Nachfrage* supply and demand

angebracht *Adj* (*ratsam*) advisable, (*angemessen*) appropriate, proper: *nicht ~* → *unangebracht*; *es für ~ halten zu Inf* see fit to *Inf*

angebunden *Adj fig kurz ~* curt, short, brusque

angegossen *Adj* F *wie ~ passen* (*od sitzen*) fit like a glove

angegriffen *Adj* exhausted, *Gesundheit etc*: impaired, *Organ, Nerven*: affected: ~ *aussehen* look worn out

angehaucht *Adj* F *fig er ist kommunistisch (künstlerisch) ~* he has Communist leanings (an artistic bent)

angeheiratet *Adj* (related) by marriage: *~er Vetter* cousin by marriage

angeheitert *Adj* (a bit) tipsy, merry

angehen I *v/i* **1.** F begin, start, *Licht etc*: go on, *Feuer etc*: (begin to) burn **2.** *Pflanze etc*: take root **3.** ~ *gegen* fight against II *v/t* **4.** (*Gegner etc, a.* SPORT) attack, (*a. fig Problem etc*) tackle **5.** *fig* (*betreffen*) concern: *das geht dich nichts an!* that's none of your business!; *was geht mich das an?* what's that got to do with me? **6.** *j-n um etw ~* ask s.o. for s.th. III *v/unpers* **7.** *es geht an* it's passable; *es kann nicht ~, dass ...* it can't be true that ...

angehend *Adj* future, *Künstler etc*: budding: *~er Vater* father to be

angehören *v/i* (*Dat*) belong (to) (*a. fig*), *e-m Verein etc*: a. be a member (of): *fig das gehört der Vergangenheit an* that's a thing of the past

Angehörige *m*, *f* **1.** (*Familien*♀) relative, *abhängig*: dependant: *m-e ~n* my family; *die nächsten ~n benachrichtigen* notify the next of kin **2.** (*Mitglied*) member

Angeklagte *m*, *f* JUR defendant

angeknackst *Adj* F *fig* → **angeschlagen 3**

Angel[1] *f* (*Tür*♀) hinge: *a. fig aus den ~n heben* unhinge; *zwischen Tür und ~ a*) in passing, *b*) in a hurry

Angel[2] *f* fishing rod

Angelegenheit *f* affair, matter: *das ist m-e ~* that's my business; *kümmere dich um d-e ~en!* mind your own business!

angelehnt *Adj Tür etc*: ajar

angelernt *Adj Arbeiter*: semiskilled

Angelgerät *n* fishing tackle

Angelhaken *m* fish(ing) hook

angeln I *v/i* (*nach* for) fish, angle II *v/t* (*a.* F *fig sich ~*) catch, hook

Angelpunkt *m fig* pivot, central issue

Angelrute *f* fishing rod

Angelsachse *m*, **Angelsächsin** *f*, **angelsächsisch** *Adj* Anglo-Saxon

Angelschein *m* fishing permit

Angelschnur *f* fishing line

angemessen *Adj* suitable, appropriate, adequate (*alle: Dat* to), *Preis etc*: reasonable, fair, *Strafe*: just

angenehm *Adj* (*Dat* to) pleasant, agreeable: → **verbinden**

angenommen I *Adj Kind etc*: adopted, *Name*: *a.* assumed II *Konj* suppose, supposing

angepasst *Adj* PSYCH adjusted

Angepasstheit *f* adjustment

angeregt I *Adj* animated, lively II *Adv* animatedly: *sich ~ unterhalten a.* have a lively conversation

angereichert *Adj* CHEM enriched

angeschlagen *Adj* **1.** *Geschirr etc*: chipped **2.** *Boxer*: groggy **3.** *fig seelisch*: shaken, *Gesundheit etc*: shaky

angeschlossen *Adj Sender etc*: connected, linked-up

angeschmutzt *Adj* soiled

angesehen *Adj* respected, *Firma etc*: reputable, *Person*: distinguished

Angesicht *n* face: *von ~* by sight; *von ~ zu ~* face to face; *im ~* (*Gen*) → *angesichts* **2 angesichts** *Präp* (*Gen*) **1.** at the sight of **2.** *fig* in view of

angespannt *Adj Nerven etc*: strained, *a. Lage etc*: tense, *Person*: tense(d up), *Aufmerksamkeit*: close: *Adv ~ zuhören* listen intently

Angestellte *m*, *f* (salaried) employee: WIRTSCH *die ~n a.* the staff **Angestelltenversicherung** *f* employees' insurance

angestrengt *Adj* strained, *Aufmerksamkeit etc*: close: *Adv ~ nachdenken* think hard

angetan *Adj* ~ **sein von** be taken with; → *antun* 2

angetrunken *Adj* slightly drunk

angewandt *Adj Künste etc:* applied

angewiesen *Adj* ~ **sein auf** (*Akk*) depend on

angewöhnen *v/t j-m etw* ~ get s.o. used to s.th.; *sich etw* ~ get into the habit of, take to *smoking etc*

Angewohnheit *f* (*aus* ~ from) habit

angewurzelt *Adj wie* ~ **dastehen** stand rooted to the spot

Angina *f* MED tonsillitis

angleichen *v/t* (*a. sich* ~) (*Dat, an Akk* to) adapt, adjust **Angleichung** *f* (*an Akk* to) adaptation, adjustment

Angler(in) angler

angliedern *v/t* (*an Akk* to) affiliate, POL (*Gebiet etc*) annex **Angliederung** *f* affiliation, POL annexation

Anglikaner(in), **anglikanisch** *Adj* Anglican

Anglist(in) professor (*od* student) of English **Anglistik** *f* English language and literature, *Am* English philology

Anglizismus *m* Anglicism

Anglo... Anglo-...

anglotzen *v/t* F stare at, gape at

Angola *n* Angola

Angorawolle *f* angora wool

angreifbar *Adj* open to attack, *fig a.* vulnerable **angreifen** I *v/t* 1. attack (*a.* SPORT *u. fig*), CHEM corrode: JUR (*tätlich*) ~ assault 2. (*schwächen*) weaken, (*Augen etc*) affect, (*Nerven*) strain: → *angegriffen* 3. (*Vorräte etc*) break into 4. *fig* tackle II *v/i* 5. attack

Angreifer(in) attacker (*a.* SPORT *u. fig*), POL aggressor

angrenzen *v/i* ~ **an** (*Akk*) border on

angrenzend *Adj* adjacent, adjoining, *fig Gebiet etc:* related

Angriff *m* attack (*a.* SPORT *u. fig*): JUR (*tätlicher*) ~ assault (and battery); *zum* ~ *übergehen* take the offensive, SPORT begin to attack; *fig etw in* ~ *nehmen* tackle s.th.

Angriffs|fläche *f fig* point of attack: *j-m e-e* ~ *bieten* give s.o. a handle ~**krieg** *m* war of aggression ~**lustig** *Adj* aggressive ~**spiel** *n* SPORT attacking play ~**waffe** *f* offensive weapon

angrinsen *v/t* grin at

Angst *f* fear, *große:* dread, terror (*alle: vor Dat* of), (*Unruhe, a.* PSYCH) anxiety (*um* about): (*nur*) *k-e* ~! don't be afraid!; *aus* ~ *lügen* lie out of fear; *aus* ~, *bestraft zu werden* for fear of being punished; ~ *haben* be scared (*od* afraid) (*vor Dat* of); *um j-n* ~ *haben* be worried about s.o.; *j-n in* ~ (*und Schrecken*) *versetzen* frighten s.o. (to death); F *es mit der* ~ (*zu tun*) *bekommen* get the wind up; *mir ist* ♀ *und bange* I'm scared stiff

⚠ **Angst haben**	≠	**be anxious**
Angst haben	=	be scared/ frightened/ afraid (vor of)
be anxious	=	besorgt sein

Angstgegner *m* SPORT bogy team **Angsthase** *m* scaredy-cat

ängstigen *v/t* alarm, frighten, (*besorgt machen*) worry: *sich* ~ be afraid (*vor Dat* of), (*sich sorgen*) be worried (*um* about)

Angstkäufe *Pl* WIRTSCH panic buying *Sg*

ängstlich *Adj* timid, nervous, (*besorgt*) anxious: *Adv* ~ **gehütet** jealously guarded; ~ **bemüht zu** *Inf* anxious to *Inf*

Ängstlichkeit *f* nervousness, timidity, anxiety

Angstneurose *f* anxiety neurosis **Angstschrei** *m* cry of fear **Angstschweiß** *m* cold sweat **angstvoll** *Adj* anxious, fearful **Angstzustand** *m* (state of) anxiety: F *Angstzustände kriegen* get hysterical with fear

angucken *v/t* F look at

anhaben *v/t* 1. F (*Kleidung*) wear, (*a. Licht etc*) have on 2. *j-m nichts* ~ *können* be unable to get at s.o.

anhaften *v/i* 1. (*Dat*) stick, cling 2. *fig Mängel etc:* be inherent (*Dat* in)

anhalten I *v/t* 1. *allg* stop, (*Pferd, Auto etc*) *a.* pull up: *den Atem* ~ hold one's breath; *mit angehaltenem Atem* with bated breath 2. *j-n zu Fleiß etc* ~ urge s.o. to be *diligent etc* II *v/i* 3. stop, pull up 4. (*andauern*) last, continue, go on, *Wetter:* hold **anhaltend** *Adj* constant,

Regen etc: persistent, *Bemühungen etc*: sustained **Anhalter(in)** F hitchhiker: **per Anhalter fahren** hitchhike

Anhaltspunkt *m* clue: **k-e ~e haben** have nothing to go by

Anhang *m* **1.** *e-s Buches etc*: appendix, (*Ergänzung*) supplement, (*Nachtrag*) annex **2.** (*Angehörige*) dependants *Pl*, family *Sg*, (*Gefolgschaft*) followers *Pl*

anhängen I *v/t* **1.** hang up, (**an** *Akk* to) MOT, BAHN couple, *fig* (*anfügen*) add **2.** F **j-m etw ~** → **andrehen 2**; **j-m e-n Mord etc ~** pin a murder *etc* on s.o. **II** *v/i* **3.** *e-r Mode, Sekte etc*: follow, *e-r Idee*: believe in: *fig* **j-m ~ Ruf etc**: cling to s.o. **III** *v/refl* **4. sich ~** (**an** *Akk* to) hold on, cling; *fig* **sich ~ an** (*Akk*) *beim Fahren, Laufen etc*: follow

Anhänger *m* **1.** (*Schmuck*) pendant **2.** MOT trailer **3.** (*Koffer⊘ etc*) tag, label

Anhänger(in) follower, supporter, (*Jünger*) disciple, SPORT *etc* fan

Anhängerkupplung *f* trailer coupling

Anhängerschaft *f* followers *Pl*, following, SPORT *etc* fans *Pl*

anhängig *Adj Prozess etc*: pending: **e-e Klage ~ machen** institute legal proceedings

anhänglich *Adj* (*treu*) devoted, (*zärtlich*) affectionate

Anhängsel *n* appendage (*a*. F *Person*)

anhauchen *v/t* → **angehaucht**

anhauen *v/t* F → **angehen 6**

anhäufen *v/t* (*a*. **sich ~**) accumulate, pile up **Anhäufung** *f* accumulation

anheben *v/t* lift (up), *a. fig* (*Löhne etc*) raise

anheften *v/t* (**an** *Akk* to) fasten, (*annähen*) tack, baste, *mit Nadeln etc*: pin

anheim *Adv* **es j-m ~ stellen** leave it to s.o.('s discretion)

anheimelnd *Adj* (*gemütlich*) cosy, (*vertraut*) familiar

anheizen *v/t* (*Kessel*) fire, F *fig* fuel, (*Konjunktur etc*) heat up: **die Stimmung ~** whip up emotions

anheuern *v/t* (*a*. **sich ~**) *lassen*) sign on

Anhieb *m* F **auf ~** at the first go, (*sofort*) right off, *sagen können*: *a*. off the cuff

anhimmeln *v/t* F idolize, adore

Anhöhe *f* rise, hill, elevation

anhören I *v/t* (*Vortrag etc*) listen to (*a*. **sich ~**), (*Zeugen etc*) hear: **mit ~** overhear; **j-n bis zu Ende ~** hear s.o. out;

das hört man ihm an! you can tell by the way he talks! **II** *v/refl* **sich ~** F **das hört sich gut an!** that sounds good! **Anhörung** *f* JUR, PARL hearing

Anilinfarbe *f* anilin(e) dye

animalisch *Adj* animal, *pej* brutish

Animateur(in) (guest) host, entertainments officer

Animierdame *f* hostess **animieren** *v/t* (*j-n*) encourage, *a*. FILM animate

Animosität *f* animosity

Anis *m* BOT anise, (*Gewürz*) aniseed

ankämpfen *v/i* **~ gegen** fight against

Ankauf *m* buying, purchase

ankaufen *v/t* buy, purchase

Anker *m* **1.** SCHIFF anchor (*a*. TECH): **vor ~ gehen** drop anchor; **den ~ lichten** weigh anchor; **vor ~ liegen** ride at anchor **2.** ELEK armature **Ankerkette** *f* cable

ankern *v/i* **a)** (cast) anchor, **b)** ride at anchor

Ankerplatz *m* anchorage **Ankertau** *n* cable **Ankerwinde** *f* windlass

anketten *v/t* chain (**an** *Akk* to)

Anklage *f* accusation, charge, JUR *a*. indictment (*wegen* for): **~ erheben** bring (*od* prefer) a charge (*wegen* of); **unter ~ stehen** (*wegen*) **a)** be accused (of), **b)** be on trial (for)

Anklagebank *f* (**auf der ~** in the) dock

anklagen *v/t* (*Gen od wegen*) accuse (of), charge (with) **anklagend** *Adj* accusing **Ankläger(in)** JUR accuser: **öffentlicher Ankläger** Public Prosecutor

Anklageschrift *f* (bill of) indictment

Anklagevertreter(in) counsel for the prosecution

anklammern (**an** *Akk* to) **I** *v/t* (*Wäsche*) peg (on), TECH cramp, *mit Büroklammern*: clip **II** *v/refl* **sich ~** *a. fig* cling

Anklang *m* (**großen**) **~ finden** (**bei**) be well received (by), go down well (with); **k-n ~ finden** fall flat

ankleben *v/t* stick on (**an** *Akk* to)

Ankleidekabine *f* cubicle

ankleiden *v/t* (*a*. **sich ~**) dress

Ankleideraum *m* dressing room

anklicken *v/t* COMPUTER click (on)

anklopfen *v/i* knock (**an** *Akk od Dat* at)

Anklopfen *n* TEL call wait(ing)

anknabbern *v/t* nibble (at)

anknacksen *v/t* F crack (**sich den Arm** *etc* one's arm *etc*)

anknipsen v/t F (*Licht etc*) switch on
anknüpfen I v/t **1.** (*an Akk* to) tie, knot **2.** fig (*Unterhaltung etc*) begin, start: **Beziehungen ~** establish contacts (*mit* with) II v/i **3.** fig *~ an* (*Akk od Dat*) go on from, *j-s Worte etc*: go back to, *e-e Erzählung etc*: pick up the thread of, *e-e Tradition etc*: continue
Anknüpfungspunkt m fig starting point
ankommen I v/i **1.** arrive (*in Dat* at, in): *~ in* (*Dat*) a. reach; *~ um Zug etc*: arrive at, be due at **2.** F *~* (*bei* with) a) (*angestellt werden*) get a job, b) (*Anklang finden*) go down well, a. *Person*: be a success; *nicht ~ a*. be a flop; *damit kommt er bei mir nicht an* that cuts no ice with me **3.** *~ gegen* cope (*od* deal) with, *j-n* a. get the better of s.o.; *nicht ~ gegen* a. be powerless against II v/unpers **4.** *~ auf* (*Akk*) (*abhängen von*) depend on; *es kommt* (*ganz*) *darauf an* it (all) depends **5.** *~ auf* (*Akk*) (*wichtig sein*) matter; *worauf es* (*ihm*) *ankommt, ist zu gewinnen* the important thing (to him) is to win; *darauf kommt es an* that's the point; *es kommt ihm nicht auf den Preis an* money is no object; *darauf soll es* (*mir*) *nicht ~* never mind that **6.** *es auf etw ~ lassen* risk s.th.; *ich lasse es darauf ~* I'll risk it, I'll take a chance **7.** *es kommt mich hart an* I find it hard III v/t **8.** → **überkommen**
Ankömmling m arrival
ankoppeln v/t (*an Akk* couple (to), (*Raumfähre*) dock (with)
Ankopplungsmanöver n docking manoeuvre (*Am* maneuver)
ankotzen v/t V *es kotzt e-n an* it makes you sick
ankreiden v/t F *j-m etw ~* blame s.o. for s.th.
ankreuzen v/t mark with a cross
ankündigen I v/t announce, *durch Plakate*: bill, *in der Presse*: advertize, fig (*Frühling etc*) herald II v/refl *sich ~ Person*: announce one's visit, fig *Frühling etc*: announce itself
Ankündigung f announcement (*a.* fig), *in der Presse*: advertisement
Ankunft f (*bei s-r etc ~ on his etc*) arrival
Ankunfts... arrival (*airport, lounge, etc*)
Ankunftszeit f time of arrival

ankurbeln v/t fig (*Produktion etc*) step up, boost
anlächeln v/t smile at
anlachen v/t smile (*od* laugh) at: F *sich j-n ~* pick s.o. up
Anlage f **1.** (*das Anlegen*) e-s Gartens etc: laying out, (*Bau*) construction, (*Art der ~*) arrangement, layout **2.** (*Einrichtung*) installation, facility, (*Fabrik©*) plant, work(s Pl): *sanitäre ~n Pl* sanitary facilities Pl **3.** (*Grün©*) (public) garden(s Pl) (*od* park), grounds Pl, (*Sport©*) sports facilities Pl **4.** F (*Stereo©*) (hi-fi) set **5.** (*EDV-~*) system **6.** (*Entwurf*) draft, design, *e-s Romans etc*: structure **7.** mst Pl (*Begabung*) (*zu* for) talent, gift **8.** (*Veranlagung*) (*zu*) (natural) tendency (of), a. MED disposition (to) **9.** (*Kapital©*) investment: *~n Pl Bilanz*: assets Pl **10.** WIRTSCH (*Beilage*) enclosure: *in der* (*od als*) *~ sende ich Ihnen* enclosed please find
anlagebedingt Adj inherent
Anlage|berater(in) investment consultant **~kapital** n invested capital **~vermögen** n fixed assets Pl
Anlass m **1.** (*Gelegenheit*) occasion: *aus ~* (*Gen*) *~ anlässlich* **2.** (*Grund*) cause, reason: *aus diesem ~* for this reason; *beim geringsten ~* at the slightest provocation; *ohne jeden ~* for no reason at all; *~ geben zu* give rise to; *j-m ~ geben zu Inf* give s.o. cause to Inf; *ich sehe k-n ~ zu gehen* I see no reason to go; *etw zum ~ nehmen zu Inf* take occasion to Inf
anlassen I v/t **1.** F → **anbehalten 2.** (*Licht, Radio etc*) leave on **3.** (*Motor etc*) start (up) II v/refl **4.** *sich gut ~* make a good start, *Geschäft, Wetter etc*: promise well; *wie lässt er sich an?* how is he making out?
Anlasser m MOT starter
anlässlich Präp (*Gen*) on the occasion of
anlasten v/t *j-m etw ~* blame s.o. for s.th.
Anlauf m **1.** SPORT run-up, *bes Skispringen*: approach: (*e-n*) *~ nehmen* take a run **2.** fig (*beim ersten ~* at the first) attempt: *e-n neuen ~ nehmen* have another go **3.** a. TECH start
anlaufen I v/i **1.** SPORT run up (for the jump): *allg angelaufen kommen* come

running along; **~ gegen** → **anrennen** 2. (*a.* **~ lassen**) start (up) 3. *fig* start, get under way, FILM be shown 4. *Kosten etc*: mount up, *Zinsen etc*: accrue 5. (*beschlagen*) fog, (*sich verfärben*) tarnish: **blau ~** go blue II *v/t* 6. (*Hafen etc*) call at

Anlauf|schwierigkeiten *Pl* initial problems *Pl* **~stelle** *f* address (*od* office) to turn to **~zeit** *f* initial period

Anlaut *m* LING initial sound

anlauten *v/i* begin (**mit** with)

Anlegebrücke *f* landing stage

anlegen I *v/t* 1. (*Schmuck etc*) put on 2. (**an** *Akk*) (*Leiter etc*) put up (against), (*Lineal etc*) line up (against), (*Karte, Spielmarken etc*) lay down (next to): *j-e* **e-n strengen Maßstab ~** apply a strict standard; → **Hand** 3. (*Garten etc*) lay out, (*bauen*) construct, set up, (*einrichten*) instal(l), (*planen*) plan, design 4. (*Akte etc*) start 5. (*Kartei*) *a.* set up 5. (*Vorräte*) get in 6. (*Kapital*) invest, (*Summe*) spend (**für** *a*) 7. *e-n Säugling* **~** give a baby the breast 8. *die Ohren* **~** *Hund etc*: set back its ears 9. (*Holz, Kohle*) put on 10. (*e-n Verband*) apply 11. *es* **~ auf** (*Akk*) be out for (*od* to *Inf*); *darauf angelegt sein zu Inf* be designed to *Inf* II *v/i* 12. SCHIFF land: *im Hafen* (*od* **am Kai**) **~** dock 13. **~ auf** (*Akk*) *Schütze*: (take) aim at III *v/refl* 14. *sich mit j-m* **~** tangle (*od* pick a quarrel) with s.o., start a fight (*od* an argument) with s.o.

Anleger(in) WIRTSCH investor

Anlegestelle *f* SCHIFF landing place

anlehnen I *v/t* 1. lean (**an** *Akk* against), (*Tür etc*) leave ajar II *v/refl* *sich* **~ an** (*Akk*) 2. lean against 3. *fig* be model(l)ed on

Anlehnung *f* POL dependence (**an** *Akk* on): **in ~ an** (*Akk*) following

anleiern *v/t* F get on the road

Anleihe *f* WIRTSCH loan: *e-e* **~ bei j-m machen** borrow money from s.o., *fig* borrow from s.o.

anleimen *v/t* glue on (**an** *Akk* to)

anleiten *v/t* 1. guide, instruct 2. → **anhalten** 2

Anleitung *f* 1. guidance, direction 2. directions *Pl*, instructions *Pl*

anlernen *v/t* teach, train: → **angelernt**

anliegen *v/i* 1. (*eng*) **~** fit (tightly), cling

(**an** *Dat* to) 2. F **was liegt an?** what's on the agenda?

Anliegen *n* request, *weit.* S. concern

anliegend *Adj* 1. tight(-fitting), clinging 2. adjacent, neighbo(u)ring 3. WIRTSCH enclosed (**senden wir Ihnen** please find)

Anlieger(in) neighbo(u)r, resident: MOT **Anlieger frei!** residents only!

Anlieger|staat *m* POL neighbo(u)ring (**an** *Gewässern*: riparian) state **~verkehr** *m* resident traffic

anlocken *v/t* lure, *fig* attract

anlöten *v/t* solder (**an** *Akk* to)

anlügen *v/t* *j-n* **~** lie to s.o.

anmachen *v/t* F 1. fasten (**an** *Dat* to) 2. (*Licht etc*) switch on, (*Feuer*) light 3. (*mischen*) prepare, (*Salat*) dress, (*Mörtel etc*) temper 4. *j-n* **~ a**) (*bes Frau*) give s.o. the come-on, **b**) (*anschnauzen*) snap at s.o.; *das* (*sie*) *macht mich an* erotisch: it (she) turns me on

anmalen *v/t* paint: F *sich* **~** paint one's face

Anmarsch *m* MIL *im* **~ sein** be advancing (**auf** *Akk* towards)

anmaßen *v/t* *sich etw* **~** arrogate s.th. to o.s., *stärker*: usurp s.th.; *sich* **~ zu** *Inf* presume to *Inf*

anmaßend *Adj* arrogant, overbearing

Anmaßung *f* arrogance

Anmeldeformular *n* application form

anmelden I *v/t* 1. (*Besucher etc*) announce 2. (*j-n*) *in der Schule*, **zu** *e-m Kursus etc*: enrol(l) (at *school*, for *a course etc*), *beim Arzt etc*: make an appointment for *s.o.* with: *j-n polizeilich* **~** register s.o. (with the police) 3. TEL (*Gespräch*) book, *Am* place: **den Fernseher** (*das Radio*) **~** get a television (radio) licen/ce (*Am* -se) 4. (*Rechte, Forderungen etc*) raise: → **Konkurs, Patent** 1 II *v/refl* *sich* **~** 5. announce o.s. (*a. fig*), enrol(l) (**zu** for, **in** *Dat* at), *beim Arzt etc*: make an appointment for s.o.: *sich polizeilich* **~** register (with the police)

Anmeldung *f* 1. announcement 2. enrol(l)ment: (*polizeiliche*) **~** registration (with the police); *nur nach vorheriger* **~** by appointment only 3. reception (desk)

anmerken *v/t* 1. (*anstreichen*) mark, (*notieren*) make a note of 2. (*äußern*) re-

mark, observe **3. *j-m s-e* Verlegenheit** *etc* ~ notice s.o.'s embarrassment *etc*; ***sich nichts ~ lassen*** not to show one's feelings; ***man merkte ihr sofort an, dass ...*** you only had to look at her to see that ...; ***lass dir nichts ~!*** don't let on! **Anmerkung** *f* (***über** Akk* on) remark, *kritische*: comment, *schriftliche*: (foot)note, *erläuternde*: annotation: *e-n Text mit ~en versehen* annotate

Anmut *f* grace(fulness), charm, sweetness

anmuten *v/t **j-n** seltsam etc* ~ strike s.o. as (being) odd *etc*

anmutig *Adj* graceful, *a. Gegend etc*: charming

annageln *v/t* nail on (***an** Akk* to)

annähen *v/t* sew on (***an** Akk* to)

annähernd I *Adj* approximate II *Adv* (***nicht ~*** not) nearly **Annäherung** *f* approximation (*a. fig*), POL rapprochement **Annäherungsversuche** *Pl* approaches *Pl*, *amouröse*: advances *Pl*

Annahme *f* **1.** acceptance, *e-s Kindes*, *a. e-s Antrags etc*: adoption, *e-s Gesetzes*: passing, *bes Am* passage **2.** (*Vermutung*) assumption: *ich habe Grund zu der ~, dass ...* I have reasons to believe that ...; *in der ~, dass ...* on the assumption (*od* assuming) that ...; *gehe ich recht in der ~, dass ...?* am I right in thinking that ...? **3.** → **Annahmestelle** *f* receiving office **Annahmeverweigerung** *f* nonacceptance

Annalen *Pl* annals *Pl*

annehmbar *Adj* acceptable (***für*** to), *Preis etc*: *a.* fair, reasonable, (*leidlich*) passable **annehmen** I *v/t* **1.** *allg* accept, (*a. den Ball*) receive, (*e-r Bestellung etc*) take, (*Namen, Titel etc*) adopt (*a.* F *Kind*), assume, PARL (*Antrag*) carry, (*Gesetzesvorlage*) pass, (*Schüler*) admit **2.** (*Aussehen, Form etc*) assume, (*Farbe, Geruch*) take (on), (*Gewohnheit etc*) acquire **3.** (*vermuten*) assume, suppose, *bes Am* guess: *das ist nicht anzunehmen* that's unlikely; *kommt er?* **ich nehme** (**es**) **an** I suppose so; *nehmen wir an* (*od angenommen*), *er kommt* suppose (*od* supposing) he comes II *v/i* **4.** (*dankend*) ~ accept (with thanks) III *v/refl* **5.** *sich j-s* (*e-r Sache*) ~ take care of s.o. (s.th.)

Annehmlichkeit *f* amenity: *~en Pl des*

Lebens a. comforts *Pl* of life

annektieren *v/t* POL annex

Annonce *f* advertisement, F ad

annoncieren *v/t u. v/i* advertise

annullieren *v/t* annul, WIRTSCH (*Auftrag*) cancel, SPORT (*Treffer*) disallow

Anode *f* ELEK anode, plate

anöden *v/t* F *j-n ~* bore s.o. stiff

anomal *Adj* anomalous

Anomalie *f* anomaly

anonym *Adj* anonymous

Anonymität *f* anonymity

Anorak *m* anorak, parka

anordnen *v/t* **1.** arrange: *neu ~* rearrange **2.** (*verfügen*) order, direct

Anordnung *f* **1.** arrangement, (*Gruppierung*) grouping **2.** order, direction: *auf ~ von* (*od Gen*) by order of; *~en treffen* give orders

Anorexie *f* MED anorexia (nervosa)

anorganisch *Adj* inorganic

anormal *Adj* abnormal

anpacken I *v/t* **1.** → **packen 2 2.** F *fig* (*j-n*) treat, (*Problem etc*) tackle II *v/i* **3.** → **anfassen** 3

anpassen I *v/t* **1.** (*Anzug etc*) fit (on) **2.** (*Dat od an Akk*) *allg* adapt (to), *a.* WIRTSCH, TECH adjust (to), *farblich*: match (with) II *v/refl* *sich ~* **3.** (*Dat od an Akk* to) adapt (o.s.), adjust (o.s.): → **angepasst**

Anpassung *f* (***an** Akk* to) *allg* adaptation, adjustment **anpassungsfähig** *Adj* adaptable (***an** Akk* to) **Anpassungsfähigkeit** *f* adaptability

Anpassungsschwierigkeiten *Pl* difficulties *Pl* in adapting

anpeilen *v/t* **1.** FLUG, SCHIFF take a bearing of **2.** *fig* aim at

anpfeifen *v/t* SPORT *ein Spiel ~* give the starting whistle; F *j-n ~* blow s.o. up **Anpfiff** *m* SPORT (starting) whistle: F *e-n ~ kriegen* get ticked off

anpflanzen *v/t* plant, cultivate, grow

anpflaumen *v/t* F *j-n ~* pull s.o.'s leg

anpöbeln *v/t* molest, mob

Anprall *m* impact (***gegen*** [up]on)

anprangern *v/t* denounce

anpreisen *v/t* (*Waren*) (re)commend, praise, *durch Reklame*: boost

Anprobe *f* (***zur ~ kommen*** come for a) fitting

anprobieren *v/t u. v/i* try on, fit on

anpumpen *v/t* F *j-n ~* touch s.o. (***um*** for)

Anrainer *m Staat:* neighbo(u)ring country

Anraten *n auf ~ des Arztes etc* on the doctor's *etc* advice

anrechnen *v/t* **1.** *allg* (*berechnen*) charge, (*gutschreiben*) credit, allow, (*berücksichtigen*) take into account, (*abziehen*) deduct: PÄD *etw als Fehler ~* count s.th. as a mistake; *fig j-m etw als Verdienst ~* give s.o. credit for s.th.; *j-m etw hoch ~* think highly of s.o. for s.th.

Anrecht *n* (*auf Akk* to) right, claim

Anrede *f,* **anreden** *v/t* address

anregen *v/t* **1.** *allg* stimulate (*a. v/i*), (*den Appetit*) *a.* whet, (*ermuntern*) *a.* encourage: *j-n zum Nachdenken ~* give s.o. food for thought **2.** (*vorschlagen*) suggest **anregend** *Adj* stimulating: *Adv ~ wirken* have a stimulating effect

Anregung *f* **1.** stimulation, *fig a.* encouragement **2.** (*Vorschlag*) (*auf ~* at the) suggestion (*von od Gen of*)

anreichern I *v/t* CHEM, TECH enrich **II** *v/ refl sich ~* accumulate

Anreicherung *f* CHEM concentration

Anreise *f a)* journey there, **b)** (*Ankunft*) arrival

anreisen *v/i* **a)** travel, **b)** arrive

anreißen *v/t* **1.** F → **anbrechen** I **2.** (*Problem etc*) raise

Anreiz *m* incentive

anrennen *v/i ~ gegen* run against, MIL attack; *angerannt kommen* come running (up)

Anrichte *f* sideboard

anrichten *v/t* **1.** (*Speisen*) prepare, dress: *es ist angerichtet!* dinner *etc* is served! **2.** (*Unheil etc*) cause, (*Schaden*) do

anrüchig *Adj* dubious, F shady

anrücken *v/i* approach, MIL advance

Anruf *m* call **Anrufbeantworter** *m* TEL answerphone, *Am* answerer; → *Info bei* **answerphone**

anrufen I *v/t j-n ~* **a)** call s.o., **b)** TEL call (*od* ring) s.o. (up), **c)** *fig* appeal to s.o. (*um Hilfe etc* for help *etc*); *ein Gericht ~* appeal to a court **II** *v/i* make a phonecall: *bei j-m ~* → I b

Anrufweiterschaltung *f* call diversion, call transfer

anrühren *v/t* **1.** touch (*a. fig*) **2.** (*Farbe etc*) mix **3.** F *fig etw ~* start s.th.

ans = **an das**: → **Herz, Licht** *etc*

Ansage *f* **1.** RADIO, TV announcement **2.**

Kartenspiel: bid(ding)

ansagen *v/t u. v/i* announce, *Kartenspiel:* bid: **Trumpf ~** declare trumps; F *fig Sparen etc ist angesagt!* saving *etc* is the word!; → **Kampf** 1

Ansager(in) announcer

ansammeln *v/t* collect, gather, assemble (*alle a. sich ~*), (*anhäufen*) accumulate, amass **Ansammlung** *f* accumulation, (*Menschen*2) gathering, crowd

ansässig *Adj* resident (*in Dat* at, in): *~ werden* take up (one's) residence

Ansatz *m* **1.** TECH (*Kruste*) deposit, crust **2.** ANAT base: → **Haaransatz 3.** *fig* (*Beginn*) first sign(s *Pl*), (*Versuch*) attempt, (*Methode*) approach: *im ~ richtig* basically right; *gute* (*gewisse*) *Ansätze zeigen* show good (some) promise; *in den Ansätzen stecken bleiben* get stuck at the beginning **4.** MATHE statement **5.** MUS *e-s Bläsers:* embouchure, *e-s Sängers:* intonation **6.** WIRTSCH estimate

Ansatzpunkt *m fig* point of departure

ansaugen *v/t* take in, suck in

anschaffen *v/t* buy: *sich etw ~ a.* get o.s. s.th.; F *sich Kinder ~* have children

Anschaffung *f* **1.** buying, purchase **2.** (*das Angeschaffte*) acquisition

Anschaffungskosten *Pl* purchase cost *Sg* **Anschaffungspreis** *m* cost price

anschalten *v/t* switch on, turn on

anschauen → **ansehen**

anschaulich *Adj* (*deutlich*) clear, (*lebendig*) vivid, graphic

Anschauung *f* view, opinion, idea

Anschauungs|material *n* illustrative material, *eng. S.* audiovisual aids *Pl* **~unterricht** *m* visual instruction, object-teaching, *fig* object-lesson

Anschein *m* appearance: *allem ~ nach* to all appearances; *den ~ erwecken* give the impression; *sich den ~ geben* pretend, make believe; *es hat den ~, als ob* it looks as if

anscheinend *Adj* apparent: *Adv er ist ~ krank* he seems to be ill

anschicken *v/refl sich ~ zu Inf* get ready to *Inf, gerade:* be going to *Inf*

anschieben *v/t* (*Auto*) push-start

anschirren *v/t* (*Zugtier*) harness

Anschlag *m* **1.** (*Plakat*) poster, bill, (*Bekanntmachung*) notice **2.** (*Überfall, Bomben*2) attack (*auf Akk* on): *~ auf*

j-n (*j-s Leben*) attempt on s.o.'s life; *e-m ~ zum Opfer fallen* be assassinated **3.** MUS, TECH touch, *auf der Schreibmaschine*: stroke: *sie schreibt 400 Anschläge in der Minute* she types 400 strokes per minute **4.** WIRTSCH (*Kosten*ℤ) estimate **5.** TECH (*Sperre*) (limit) stop **6.** *das Gewehr im ~ halten* point the gun (*auf Akk* at) **7.** (*Auftreffen*) impact, *beim Schwimmen*: touch **Anschlagbrett** *n* notice (*Am* bulletin) board

anschlagen I *v/t* **1.** (*befestigen*) fasten (*an Akk* to), (*Zettel etc*) stick up, put up **2.** (*Taste, Ton etc*) strike, hit, (*Glocke*) ring: *fig e-n anderen Ton ~* change one's tune; *ein schnelleres Tempo ~* quicken one's pace **3.** (*anstoßen*) strike, hit, knock, (*Geschirr*) chip **II** *v/i* **4.** *~ an* (*Akk*) hit (*Wellen*: break) against; *mit dem Kopf an die Wand ~* hit one's head against the wall **5.** *Klingel etc*: (begin to) ring, *Hund*: bark **6.** *Schwimmen*: touch **7.** (*wirken*) (*bei* on) *Kur etc*: take effect, F *gutes Essen etc*: show

Anschlagzettel *m* bill, poster

anschleppen *v/t* (*a.* **angeschleppt bringen**) drag along

anschließen I *v/t* **1.** (*an Akk* to) lock, *mit Kette*: chain **2.** (*an Akk*) ELEK, TECH connect (to, with), link up (with), ELEK *mit Stecker*: plug in: → **angeschlossen 3.** (*hinzufügen*) add (*Dat* to) **II** *v/refl* **sich ~ 4.** (*an Akk*) (*angrenzen*) adjoin (*s.th.*), border (on) **5.** *fig* (*folgen*) follow: *an den Vortrag schloss sich e-e Diskussion an* the lecture was followed by a discussion **6.** *sich j-m ~* follow s.o., join s.o., *fig* take s.o.'s side; *sich j-s Meinung ~* agree with s.o.; *ich schließe mich an!* I agree, (*mache mit*) I'll join you! **7.** *sich an j-n ~* befriend s.o.; *er schließt sich leicht an* he makes friends easily **III** *v/i* **8.** *Kragen etc*: fit closely

anschließend I *Adj* **1.** adjacent, next **2.** following **3.** close-fitting **II** *Adv* **4.** afterward(s): *~ an die Vorstellung* following the performance

Anschluss *m* **1.** ELEK, BAHN, TECH *etc* connection, telephone (connection), (*Leitung*) line: TEL *k-n ~ bekommen*

not to get through; BAHN *~ haben* have a connection (*nach* to); *s-n ~ verpassen* miss one's connection; *fig den ~ verpassen* miss the boat; *den ~ finden an* (*Akk*) catch up with **2.** *fig* (*an e-e Partei etc*) affiliation (with), POL union **3.** *im ~ an* (*Akk*) after, following **4.** F (*Bekanntschaft*) contact, acquaintance: *~ finden* make contact (*od* friends) (*bei* with); *~ suchen* look for company *~dose f* ELEK wall socket *~flug m* connecting flight *~schnur f* ELEK flexible cord, flex *~treffer m* goal that leaves one more to level the score *~zug m* connecting train

anschmiegen *v/refl* **sich ~ an** (*Akk*) nestle against, *Kleid etc*: cling to

anschmiegsam *Adj* affectionate

anschmieren *v/t* F (*betrügen*) cheat

anschnallen I *v/t* buckle on, (*Skier*) put on **II** *v/refl* **sich ~** FLUG, MOT fasten one's seat belt

Anschnallpflicht *f* compulsory wearing of seat belts

anschnauzen *v/t* F *j-n ~* blow s.o. up

anschneiden *v/t* **1.** (*Brot etc*) cut into **2.** (*Kurve, Ball etc*) cut **3.** *fig* (*Thema etc*) broach: *ein anderes Thema ~* change the subject **Anschnitt** *m* first slice

anschrauben *v/t* screw on (*an Akk* to)

anschreiben I *v/t* **1.** write down, (*Spielstand*) score (*a. v/i*): *j-m etw ~* charge s.o. with s.th.; *etw ~ lassen* buy s.th. on credit; *fig bei j-m gut* (*schlecht*) *angeschrieben sein* be in s.o.'s good (bad) books **2.** *j-n ~* write (a letter) to s.o. **II** ℤ *n* **3.** covering letter

anschreien *v/t* shout at, scream at

Anschrift *f* address

Anschuldigung *f* accusation: *~en gegen j-n erheben* denounce s.o.

anschwärzen *v/t* F *j-n ~* run s.o. down, (*denunzieren*) denounce s.o. (*bei* to)

anschwellen *v/i allg* swell, *fig* (*zunehmen*) increase, rise

anschwemmen *v/t* wash ashore, (*Land*) deposit

ansehen I *v/t* look at: *sich etw ~ a.* take a look at, (*prüfen*) examine, (*beobachten*) watch; *sich e-n Film* (*ein Fernsehprogramm*) *~* see a film (watch a TV program[me]); *sich etw genau ~* take a close look at s.th.; *man sieht es ihr an, dass ...* you can tell by her face that

...; *man sieht ihm sein Alter nicht an* he doesn't look his age; *j-n ~ für* regard s.o. as, *fälschlich:* take s.o. for; *ich sehe es für* (*od* als) *m-e Pflicht an zu* Inf I consider it my duty to Inf; *etw mit ~* watch (*od* witness) s.th.; *ich kann es nicht länger mit ~!* I can't stand it any longer!; F *sieh mal einer an!* fancy that!; → *finster* 2, *schief* 3 II ♀ *n j-n vom* ♀ *kennen* know s.o. by sight; *ohne* ♀ *der Person* without respect of persons

Ansehen *n* (*Achtung*) reputation, standing, prestige: *von hohem ~* of high standing; *großes* (*od* ein hohes) *~ genießen* be highly esteemed; *an ~ verlieren* lose credit **ansehnlich** *Adj* handsome, considerable

anseilen *v/t* (*a. sich ~*) rope (up)

ansetzen I *v/t* **1.** (*an* Akk) (*Bohrer etc*) apply (to), put (on, to), (*Flöte, Glas etc*) put to one's lips **2.** (*an* Akk) (*anfügen*) add, join, (*annähen*) sew on **3.** (*Termin etc*) fix, set, (*Kosten etc*) assess, (*Preis*) quote, MATHE (*Gleichung*) set up **4.** (*entwickeln*) develop, (*Knospen etc*) *a.* put forth, (*Rost, Patina etc*) put on: *Fett~* put on weight **5.** (*Bowle, Teig etc*) prepare (*a.* CHEM), make, mix **6.** (*einsetzen*) bring in: *j-n ~ auf* (Akk) put s.o. onto; *e-n Hund* (*auf e-e Spur*) *~* set a dog on the trail **II** *v/i* **7.** begin, (*make a*) start, *fig Kritik, Reform etc:* set in: *a. fig zum Endspurt ~* set o.s. for the final spurt; *zur Landung ~* come in (to land); *zum Sprechen ~* start to speak; *zum Sprung ~* get ready for the jump **III** *v/refl sich ~* **8.** *Kalk etc:* accumulate, deposit

Ansicht *f* **1.** (*über* Akk) opinion (on), view (of): *m-r ~ nach* in my opinion, as I see it; *der ~ sein* (*od* die ~ vertreten), *dass ...* take the view that ...; *anderer ~ sein* take a different view, *weit. S.* disagree; *die ~en sind geteilt* opinion differs; *zu der ~ gelangen* (*od* kommen), *dass ...* decide that ... **2.** (*Bild*) view (*a.* TECH) **3.** WIRTSCH *zur ~* on approval

Ansichts(post)karte *f* picture postcard

Ansichtssache *f das ist ~* that's a matter of opinion

ansiedeln *v/t* **1.** settle (*a. sich ~*), WIRTSCH base, site: *in London ange-*

siedelt Firma etc: London-based **2.** *fig* place, (*Handlung etc*) set **Ansiedler(in)** settler **Ansiedlung** *f* settlement

Ansinnen *n* request, demand

anspannen *v/t* **1.** (*Zugtier*) harness (*an* Akk to) **2.** (*Seil etc*) tighten, stretch, (*Muskeln*) flex, tense **3.** *fig* (*Geist etc*) strain: *alle Kräfte ~* strain every nerve **Anspannung** *f* strain

anspielen I *v/i* **1.** *Kartenspiel:* (have the) lead, SPORT lead off, *Fußball:* kick off **2.** *fig ~ auf* (Akk) allude to, insinuate (*s.th.*) **II** *v/t* **3.** (*Karte*) lead: SPORT *j-n ~* pass to s.o. **Anspielung** *f* (*auf* Akk) allusion (to), insinuation (about)

anspitzen *v/t* point, sharpen

Ansporn *m* incentive (*für* to)

anspornen *v/t a. fig* spur (on)

Ansprache *f* **1.** (*-e ~ halten* deliver an) address (*an* Akk to) **2.** F *k-e ~ haben* have no one to talk to

ansprechbar *Adj Person:* responsive: F *er war nicht ~* you couldn't talk to him

ansprechen I *v/t* **1.** (*j-n*) speak to, address, *bes pej* accost, (*sich wenden an*) appeal to *s.o.* (*wegen* for) **2.** (*gefallen*) please, appeal to **3.** (*Problem etc*) touch (up)on **4.** (*reagieren*) *a.* TECH respond (*auf* Akk to) **5.** (*gefallen*) appeal (to the public) **ansprechend** *Adj* pleasing, attractive **Ansprechpartner(in)** person to turn to

anspringen I *v/i Motor:* start (up) **II** *v/i* jump at

Anspruch *m* (*auf* Akk to) *a.* JUR claim, right, *bes unbegründet:* pretension: *hohe Ansprüche stellen* be very demanding, *an j-n* make heavy demands on s.o.: *~ haben auf* (Akk) be entitled to; *in ~ nehmen* **a**) *~ erheben auf* (Akk) lay claim to, **b**) (*j-n, j-s Hilfe etc*) call on, (*j-s Zeit etc*) take up; *j-n in ~ nehmen Arbeit etc:* keep s.o. busy, *ganz* claim s.o.'s full attention

anspruchslos *Adj* undemanding (*a. fig Buch, Musik etc*), *geistig: a.* lowbrow, (*genügsam*) easily satisfied, (*schlicht*) plain, simple

Anspruchslosigkeit *f* undemandingness, (*Genügsamkeit*) modesty

anspruchsvoll *Adj* demanding (*a. fig*), *geistig: a.* highbrow, *Geschmack etc:* sophisticated, (*wählerisch*) particular

anspucken *v/t* spit (up)on, spit at

anstacheln *v/t* goad on, prod

Anstalt *f* **1.** establishment, institution, (*Lehr2*) institute, school **2.** (*Heil2*) sanatorium, *Am* sanitarium, F (*Nervenheil2*) mental home: **j-n in e-e ~ einweisen** institutionalize s.o. **3. ~en treffen zu** make arrangements for; **~en machen zu** *Inf* get ready to *Inf*

Anstand *m* (sense of) decency, (*Benehmen*) (good) manners *Pl* **anständig** *Adj* **1.** (*schicklich*) proper, decent, (*anständbar*) respectable: *Adv* **benimm dich ~!** behave yourself! **2.** F *Preis etc*: fair: **ein ~es Essen** a decent meal; **e-e ~e Arbeit** a good (*od* proper) job

Anstands|besuch *m* formal call **~dame** *f* chaperon **~gefühl** *n* tact

anstandshalber *Adv* for decency's sake

anstandslos *Adv* unhesitatingly, (*ungehindert*) freely

anstarren *v/t* gape at, stare at

anstatt **I** *Präp* (*Gen*) instead of **II** *Konj* **~ zu arbeiten** *etc* instead of working *etc*

anstauen *v/t* dam up: **sich ~** accumulate, *fig Wut etc*: build up; **s-e angestaute Wut** his pent-up rage

anstechen *v/t* prick, (*Fass*) tap

anstecken **I** *v/t* **1.** pin on, (*Ring*) put on, slip on **2.** (*anzünden*) set on fire, (*Kerze, Zigarre etc*) light **3.** MED *u. fig* infect (*mit* with): **er hat mich** (*mit s-m Schnupfen*) **angesteckt** he has given me his cold **II** *v/i* **4.** MED *u. fig* be infectious **III** *v/refl* **sich ~ 5. ich habe mich bei ihm** (*mit Grippe*) **angesteckt** I have caught the flu from him

ansteckend *Adj* MED *u. fig* infectious

Anstecknadel *f* pin, (*Abzeichen*) badge

Ansteckung *f* MED infection **Ansteckungsgefahr** *f* danger of infection

anstehen *v/i* **1.** queue (*bes Am* line) up (*nach* for) **2.** WIRTSCH, JUR be up (*zur Entscheidung* for decision), *Termin etc*: be fixed, *Punkt etc*: be on the agenda

ansteigen *v/i* rise, *fig a.* increase

anstelle *Präp* **~ von** (*od Gen*) instead of

anstellen **I** *v/t* **1.** (*Leiter etc*) put (*od* lean) (*an Akk* against) **2.** (*Wasser, Heizung etc*) turn on, (*Radio etc*) *a.* switch on, (*Maschine*) start **3.** (*einstellen*) employ, *bes Am* hire: **angestellt sein bei** work for; F **j-n zu etw ~** have s.o. do

s.th. **4.** (*durchführen*) make, carry out, F (*bewerkstelligen*) do, manage: **Nachforschungen ~** make inquiries; F **was haben sie mit dir angestellt?** what have they done to you?; **Dummheiten ~, etw** (*Dummes*) **~** get up to mischief; **was hast du** (*da*) **wieder angestellt?** what have you been up to (again)?; **wie hast du das angestellt?** how did you manage that?; → **Überlegung II** *v/refl* **sich ~ 5.** queue (*bes Am* line) up (*nach* for) **6.** F act, make (*als ob* as if): **sich bei etw ungeschickt ~** go about s.th. clumsily; **stell dich nicht so an!** don't make such a fuss!; **stell dich nicht so dumm an!** don't act stupid!

anstellig *Adj* handy, clever

Anstellung *f* place, employment, job

Anstieg *m* **1.** ascent **2.** *fig* (*Gen*) rise (in), increase (of)

anstiften *v/t* **1.** → **anzetteln 2. j-n ~ zu** put s.o. up to, incite s.o. to (do) **Anstifter(in)** instigator

anstimmen *v/t* MUS strike up

Anstoß *m* **1.** *Fußball:* kickoff **2.** *fig* impulse: **den ~ geben zu** start off, initiate **3.** F **bei j-m ~ erregen** scandalize s.o., give offen/ce (*Am* -se) to s.o.; **~ nehmen an** (*Dat*) take exception to

anstoßen **I** *v/t* **1.** (*j-n, etw*) knock (*od* bump) against: **sich den Kopf ~** bump one's head (*an Dat* against); **j-n** (*mit dem Ellbogen*) **~** nudge s.o. (*with the elbow*) **II** *v/i* **2.** *mit den Gläsern:* clink glasses: **~ auf** (*Akk*) drink to **3.** (*an Dat*) knock (*against*), bump (*into*): **mit dem Kopf ~** → **1 4. mit der Zunge ~** lisp **5.** *Fußball:* kick off

Anstößer(in) *schweiz.* resident, (*Nachbar*) neighbour

anstößig *Adj* offensive, scandalous, (*unanständig*) indecent

anstrahlen *v/t* (*Gebäude etc*) illuminate: **mit Scheinwerfern ~** floodlight; F *fig* **j-n ~** beam on s.o.

anstreben *v/t* aim at, strive for

anstreichen *v/t* **1.** paint **2.** (*Fehler etc*) mark: **etw rot ~** mark s.th. in red

Anstreicher(in) house painter

anstrengen **I** *v/t* **1.** strain, be a strain on, (*ermüden*) exhaust: → **angestrengt 2.** → **Prozess 2 II** *v/i* **3.** be exhausting, be a strain **III** *v/refl* **sich ~ 4.** make

an effort, try (hard), exert o.s.: **streng
dich mal an!** you could try a bit harder!
anstrengend *Adj* strenuous, trying (**für**
to) **Anstrengung** *f* **1.** (**mit äußerster ~**
with a supreme) effort **2.** (*Strapaze*)
strain, exertion
Anstrich *m* **1.** painting, (*Farbe*) paint **2.**
fig (*Anschein*) air, semblance
Ansturm *m* onrush (*a. fig*), MIL assault,
a. SPORT attack, WIRTSCH (**auf** *Akk*) run
(on), rush (for)
Antagonismus *m* antagonism
Antarktis *f* *the* Antarctic
antarktisch *Adj* Antarctic
antasten *v/t* **1.** *allg* touch, (*Vorräte etc*) *a.*
break into **2.** *fig* (*Rechte etc*) infringe
(up)on
Anteil *m* **1.** (**an** *Dat*) share (of, in),
WIRTSCH (*Beteiligung*) *a.* participation
(of), interest (in): *fig* **er hatte k-n ~
am Erfolg** he had no part in the success
2. (*Interesse*) interest, (*Mitgefühl*) sym-
pathy: **~ nehmen an** (*Dat*) take an in-
terest in, **j-s Unglück** sympathize with
s.o. in his misfortune, **j-s Freude** share
in s.o.'s joy **anteilig, anteilmäßig** *Adj*
u. Adv proportionate(ly)
Anteilnahme *f* sympathy (**an** *Dat* with):
s-e ~ aussprechen bei Todesfall: ex-
press one's sympathy
Anteilschein *m* → **Aktie**
antelefonieren F → **anrufen** I b
Antenne *f* aerial, *bes Am* antenna (*a.
fig*)
Anthologie *f* anthology
Anthrazit *m* MIN anthracite **anthrazit-
farben** *Adj* Stoff: charcoal grey (*Am*
gray)
anthropisch *Adj* BIOL, *Umwelt etc*:
anthropic: **~es Prinzip** anthropic prin-
ciple
anthropogen *Adj* BIOL, *Umwelt etc*:
anthropic, anthropogenic
Anti…, anti… anti…
Antialkoholiker(in) teetotal(l)er
Antibabypille *f* F *the* pill
Antibiotikum *n* MED antibiotic
Antiblockiersystem *n* MOT (*Abk ABS*)
anti-lock braking (system)
Antidepressivum *n* MED antidepres-
sant
Antifaschismus *m* antifascism
Antifaschist(in), **antifaschistisch** *Adj*
antifascist

Antigen *n* MED antigen
Antihaftbeschichtung *f* **mit ~** *Pfanne
etc*: nonstick
Antihistamin *n* MED antihistamine
antik *Adj* classical, ancient, *a. Möbel etc*:
antique **Antike** *f* **1.** (classical) antiquity
2. *mst Pl* antique
Antikörper *m* MED antibody
Antilope *f* ZOOL antelope
Antipathie *f* (**gegen**) antipathy (to,
against), dislike (of, for)
Antipersonenmine *f* anti-personnel
mine
Antiqua *f* BUCHDRUCK Roman (type)
Antiquar(in) **1.** second-hand bookseller
2. antique dealer
Antiquariat *n* second-hand bookshop
antiquarisch *Adj u. Adv* second-hand
antiquiert *Adj* antiquated
Antiquität *f* antique
Antiquitäten|händler(in) antique deal-
er **~laden** *m* antique shop
Antisemit(in) anti-Semite
antisemitisch *Adj* anti-Semitic
Antisemitismus *m* anti-Semitism
antiseptisch *Adj* antiseptic
antistatisch *Adj* antistatic
Antivirusprogramm *n* anti-virus pro-
gram
antönen *v/t* F turn on: **j-n ~** turn s.o. on;
das törnt mich an it turns me on
Antrag *m* **1.** application (**auf** *Akk* for),
JUR petition, PARL motion, bill: **e-n ~
stellen auf** (*Akk*) apply (JUR petition,
PARL move) for; **auf ~ von** (*od Gen*) on
the application *etc* of **2. er machte ihr
e-n ~** he proposed to her **3.** → **Antrags-
formular** *n* application form **Antrag-
steller(in)** applicant, PARL mover
antreffen *v/t* find, *zufällig*: come across
antreiben *v/t* **1.** *a. fig* drive (on), urge
(on) **2.** TECH drive **3.** *a. v/i* drift ashore
antreten I *v/t* **1. ein Amt ~** take up an
office; **die Arbeit** (*den Dienst*) **~** report
for work (duty); **e-e Reise ~** start off on
a journey; **e-e Strafe ~** begin to serve a
sentence; → **Erbschaft 2.** (*Motorrad*)
kick II *v/i* **3.** (*sich aufstellen*) line up
4. (*sich einfinden*) report (**bei** to) **5.**
SPORT enter (**bei, zu** for), (*zum Kampf
~*) compete (**gegen** against)
Antrieb *m* **1.** *fig* impulse, urge, (*Beweg-
grund*) motive, (*Anreiz*) incentive: **aus
eigenem ~** of one's own accord; **neuen**

~ geben a) *e-r Sache* give a fresh impetus to s.th., b) *j-m* give s.o. a new interest **2.** TECH drive

Antriebs|aggregat *n* TECH drive assembly **~kraft** *f* driving power **~schwäche** *f* PSYCH lack of drive

antriebsstark *Adj* PSYCH full of drive

Antriebswelle *f* MOT axle-drive shaft

antrinken *v/t* F **sich e-n ~** get drunk; **sich Mut ~** give o.s. Dutch courage

Antritt *m bei* ~ a) *s-r Reise* upon setting out on his journey, b) *s-s Amtes* on entering upon his office, c) *der Macht* on coming into power, d) *e-r Erbschaft* upon accession to an inheritance

Antritts|besuch *m* first call **~rede** *f* inaugural speech, PARL maiden speech

antun *v/t* **1.** *j-m etw* ~ do s.th. to s.o.: *j-m etw Gutes* ~ do s.o. a good turn; *sich etw* ~ lay hands upon o.s. **2.** *es hat j-m* ~ take s.o.'s fancy; → *angetan*

anturnen *v/t* F turn on; → *antörnen*

Antwort *f* (*auf Akk* to) answer, *fig* (*Reaktion*) *a.* response **antworten** *v/i u. v/t* answer, reply, *fig* respond; *auf e-e Frage* ~ answer a question; *j-m* ~ answer s.o., reply to s.o. **Antwortschein** *m* Post: (international) reply coupon

anvertrauen I *v/t* *j-m etw* ~ a) entrust s.o. with s.th., b) (*mitteilen*) confide s.th. to s.o. **II** *v/refl* **sich** *j-m* ~ a) confide in s.o., b) entrust o.s. to s.o.

anwachsen *v/i* **1.** grow on (*an Akk* to), (*Wurzeln schlagen*) take root **2.** *fig* increase (*auf Akk* to)

Anwalt *m*, **Anwältin** *f* **1.** JUR lawyer, *bes Am* attorney(-at-law), *beratender*: solicitor, *plädierender*: barrister, *Am* counselor-at-law, *vor Gericht*: counsel (*des Angeklagten* for the defence) **2.** *fig* advocate **Anwaltschaft** *f* the Bar

Anwalts|honorar *n* lawyer's fee **~kammer** *f* Bar Council (*Am* Association) **~kosten** *Pl* lawyer's fees *Pl*

Anwandlung *f* (*aus e-r* ~ *heraus* on an) impulse: *in e-r* ~ *von Freigebigkeit* in a fit of generosity

anwärmen *v/t* warm (up), preheat

Anwärter(in) (*auf Akk*) candidate (for), aspirant (to) **Anwartschaft** *f* (*auf Akk*) candidacy (for), qualification (for), JUR expectancy (of)

anweisen *v/t* **1.** (*j-n*) instruct, direct, (*anleiten*) guide, train **2.** (*zuweisen*) assign

(*Dat* to): *j-m e-n Platz* ~ show s.o. to his seat **3.** (*Betrag etc*) remit (*Dat* to), (*Honorar etc*) order the payment of

Anweisung *f* **1.** instruction, direction **2.** (*Zuweisung*) assignment **3.** *e-s Betrages etc*: remittance, transfer

anwendbar *Adj* applicable (*auf Akk* to)

anwenden *v/t* use, make use of, (*a. Gesetz etc, Heilmittel*) apply (*auf Akk* to): *falsch* ~ misapply; *nutzbringend* ~ make good use of; → *äußerlich, Gewalt* 1 **Anwender(in)** IT user

Anwendung *f* **1.** use, application (*auf Akk* to): *unter* ~ *von Zwang* by (using) force **2.** MED (hydrotherapeutic) treatment

Anwendungs|beispiel *n* example of use **~programm** *n* IT application program **~vorschrift** *f* directions *Pl* for use

anwerben *v/t* *allg* recruit

Anwerbung *f* recruitment

Anwesen *n* property, estate

anwesend *Adj* present (*bei* at): *nicht* ~ *sein* be absent **Anwesende** *m*, *f* person present: *~ ausgenommen* present company excepted **Anwesenheit** *f* (*in* ~ in the) presence (*von od Gen* of)

Anwesenheitsliste *f* attendance list

anwidern *v/t* → *anekeln*

Anwohner(in) → *Anlieger*

Anzahl *f* number

anzahlen *v/t* (*pay a sum* as a) deposit, make a down payment (on)

Anzahlung *f* deposit, *bei Ratenkäufen*: down payment

anzapfen *v/t* tap (*a.* ELEK, TEL)

Anzeichen *n* (*für* of) sign, *a.* MED symptom: *alle* ~ *sprechen dafür, dass* ... there is every indication that ...

Anzeige *f* **1.** announcement, notice, *bes* WIRTSCH advice, (*Inserat*) advertisement, F ad(vert): *e-e* ~ *aufgeben* a. advertise **2.** *bei e-r Behörde*: notification, (*Straf2*) information: (*bei der Polizei*) ~ *erstatten* → *anzeigen* 3

anzeigen *v/t* **1.** *j-m etw* ~ notify s.o. of s.th. **2.** (*angeben*) indicate, TECH *a.* register **3.** denounce: *j-n* (*etw*) (*bei der Polizei*) ~ report s.o. (s.th.) to the police **4.** (*deuten auf*) indicate: *es erscheint angezeigt zu Inf* it seems advisable to *Inf*

Anzeigen|blatt *n* advertising paper **~teil** *m* *e-r Zeitung*: advertisements *Pl*

Anzeiger *m* **1.** gazette **2.** TECH indicator
Anzeigetafel *f* SPORT scoreboard
anzetteln *v/t* (*Streik, Revolte etc*) insti-
gate: *e-e Verschwörung ~* plot (*gegen*
against)
anziehen I *v/t* **1.** (*Kleidung*) put on: *j-n ~*
dress s.o. **2.** PHYS attract (*a. fig*),
(*Feuchtigkeit, Geruch etc*) absorb, *fig*
(*Besucher etc*) draw **3.** (*Seil, Schraube
etc*) tighten, (*Bremse*) apply, (*Zügel*)
draw in **4.** (*Bein etc*) draw up **II** *v/i* **5.**
Pferd etc: pull away **6.** *Preise etc*: go
up **III** *v/refl sich ~* **7.** dress (o.s.), get
dressed **anziehend** *Adj* attractive,
charming: *Adv ~ wirken auf* (*Akk*) at-
tract **Anziehung** *f a. fig* attraction
Anziehungskraft *f* **1.** PHYS attraction,
der Erde: gravitational pull **2.** *fig* (*auf
Akk*) attraction (for), appeal (to)
Anziehungspunkt *m fig* cent/re
(*Am* -er) of attraction
Anzug *m* **1.** suit **2.** F *im ~ sein Feind*: be
approaching, *Gewitter*: be coming up
anzüglich *Adj Bemerkung etc*: perso-
nal, *Witz*: suggestive: *~ werden* get per-
sonal **Anzüglichkeit** *f mst Pl* personal
remark
anzünden *v/t* (*Zigarette etc*) light,
(*Streichholz*) strike, (*Haus*) set on fire
Anzünder *m* lighter
anzweifeln *v/t* doubt, question
Aorta *f* ANAT aorta
apart *Adj* striking, unusual
Apartheid *f* apartheid **Apartheidpolitik**
f apartheid policy
Apartment *n* flatlet, *Am* apartment
Apartmenthaus *n* block of flatlets, *Am*
apartment building
Apathie *f* apathy
apathisch *Adj* apathetic
aper *Adj österr., schweiz.* snow-free
Aperitif *m* aperitif
Apfel *m* apple: → *sauer* 1
Apfel|baum *m* apple tree **~kuchen** *m*
gedeckter ~ apple pie **~mus** *n* apple
sauce **~saft** *m* apple juice
Apfelsine *f* orange
Apfelstrudel *m* GASTR apfelstrudel
Apfelwein *m* cider
Aphorismus *m* aphorism
Apokalypse *f* apocalypse
Apostel *m a. fig* apostle **~geschichte** *f*
BIBEL *the* Acts *Pl* (of the Apostles)
Apostroph *m* apostrophe

Der Apostroph

Der Apostroph wird vor allem in
folgenden Fällen verwendet:

1. um bei abgekürzten Formen
einen oder mehrere weggelasse-
ne(n) Buchstaben zu ersetzen:

I am	→	I'm
you are	→	you're
do not	→	don't
it is	→	it's
fish and chips	→	fish 'n'chips

2. um Besitz anzuzeigen:

Mr Brown's jacket
my mother's car
our friends' house (*Plural*:
Apostroph nach dem **-s**)

bei Wörtern, die auf **-s** enden:

James' pen *oder* James's
pen, *beide gesprochen*:
['dʒeɪmzɪz,pen]

3. bei Zeitangaben wie folgenden:

Saturday's newspaper
today's special offer

Vorsicht bei folgenden „Fällen":

it's a poodle	=	es ist ein Pudel
it's lost its lead	=	er hat seine Leine ver- loren
it's	→	it is *oder* it has
its	=	Besitzform von it (= sein, ihr)

Apotheke *f* chemist's (shop), pharmacy,
Am drugstore
apothekenpflichtig *Adj* obtainable in
a chemist's shop (*Am* drugstore) only
Apotheker(in) pharmacist, (dispens-

ing) chemist, *Am* druggist
Apparat *m allg* apparatus (*a. fig*), fig *a.* machinery, (*Gerät*) instrument, (*Vorrichtung*) device, (*Foto2*) camera, (*Radio2*) radio, (*Fernseh2*) (TV) set, (*Telefon2*) F phone: TEL *am ~!* speaking!; *am ~ bleiben* hold the line
Apparatur *f* equipment
Appartement *n* 1. → *Apartment* 2. (hotel) suite
Appell *m* MIL roll call: *fig e-n ~ richten an* (*Akk*) → **appellieren** *v/i ~ an* (*Akk*) (make an) appeal to
Appenzell *n* Appenzell
Appetit *m* (*j-m ~ machen* give s.o. an) appetite (*auf Akk* for); *ich habe ~ auf Schokolade* I feel like some chocolate

---

Guten Appetit

Während es im Deutschen höflich ist, vor dem Essen einen „Guten Appetit!" zu wünschen, ist im Englischen ein solches Startsignal zu Beginn der Mahlzeit nicht so üblich. Man hört aber gelegentlich Folgendes:

Bon appetit! (*etwas förmlich*)
Enjoy your meal! (*vorwiegend von Kellnerinnen und Kellnern verwendet*)
Enjoy! (*besonders in den USA*)

---

appetitanregend *Adj*, **appetitlich** *Adj a. fig* appetizing
Appetitlosigkeit *f* loss of appetite
Appetitzügler *m* appetite suppressant
applaudieren *v/i* (*j-m*) applaud, cheer
Applaus *m* applause
approbiert *Adj* Arzt: qualified
Aprikose *f* BOT apricot
April *m* April: *j-n in den ~ schicken* make an April fool of s.o.; *~, ~!* April fool! **Aprilscherz** *m* April-fool joke; → *Info in Teil E-D bei* **April**
Aprilwetter *n* April weather
Aquaplaning *n* MOT aquaplaning
Aquarell *n*, **~farbe** *f* water colo(u)r **~maler(in)** water colo(u)rist
Aquarium *n* aquarium
Äquator *m* equator **Äquatortaufe** *f*

crossing-the-line ceremony
äquivalent *Adj*, **Äquivalent** *n* equivalent
Ära *f* era
Araber *m* Arab (*a. Pferd*)
Araberin *f* Arab (woman)
Arabien *n* Arabia
arabisch *Adj* Arab states *etc*, Arabian nights *etc*, Arabic *language etc*
Arbeit *f* 1. work (*a.* PHYS), (*Schwer2*) hard work, labo(u)r (*a.* POL), (*Aufgabe*) task, job: *Tag der ~* May Day, *Am* Labor Day; *geistige ~* brainwork; *an* (*od bei*) *der ~* at work; *an die ~ gehen* start work; *zur* (F *auf*) *~ gehen* go to work; *etw in ~ haben* be working on s.th.; *e-e undankbare ~* a thankless task 2. (*Mühe*) (*j-m viel ~ machen* give s.o. a lot of) trouble 3. (*Beschäftigung*) work, employment, job: *~ haben* be in work, have a job; *k-e ~ haben* be out of work, be without a job; *~ suchen* look for a job 4. (piece of) work, (*Qualitäts2*) workmanship: *künstlerische ~* work of art 5. (*Prüfungs2*) paper: *wissenschaftliche ~* treatise
arbeiten I *v/i allg* work, TECH function (*beide a. Herz etc*), run, *a.* WIRTSCH operate: *~ an* (*Dat*) be working on; *~ bei* work for; (*geschäftlich*) *~ mit* deal with, do business with; *mit Verlust ~* operate at a loss; *sein Geld ~ lassen* invest one's money II *v/t* (*anfertigen*) make III *v/refl sich ~ durch* work one's way through *the snow etc*
Arbeiter *m* worker, workman, *ungelernt*: labo(u)rer: *die ~* → **Arbeiterschaft**; *~ und Unternehmer* labo(u)r and management; → **angelernt**
Arbeiter... workers' ..., working-class ... (*family, area, etc*)
Arbeiterin *f* 1. (female) worker 2. ZOOL worker (bee *od* ant)
Arbeiterklasse *f* working class(es *Pl*)
Arbeiterschaft *f* working class(es *Pl*), *a.* POL Labo(u)r
Arbeitgeber(in) employer
Arbeitgeber|anteil *m Sozialversicherung*: employer's contribution **~verband** *m* employers' association
Arbeitnehmer(in) employee
Arbeitnehmeranteil *m* employee's contribution
Arbeitsablauf *m* work routine (*od* flow)

arbeitsam *Adj* industrious, diligent
Arbeits... *mst* TECH working (*table etc*)
~amt *n* employment office, *Br* job centre **~bedingungen** *Pl* working (TECH operating) conditions *Pl* **~beschaffungsmaßnahme** *f* (*Abk ABM*) job-creation measure, *Pl.* job-creation scheme **~beschaffungsprogramm** *n* job-creation scheme **~bescheinigung** *f* certificate of employment **~bogen** *m* PÄD work folder **~eifer** *m* zeal **~einkommen** *n* earned income **~einstellung** *f* stoppage of work, *e-s Betriebs*: shutdown, (*Streik*) strike **~erlaubnis** *f* work (*od* employment) permit **~essen** *n* working lunch (*od* dinner) **Ձfähig** *Adj* fit for work: POL **~e Mehrheit** working majority **~fläche** *f* *in der Küche*: worktop **~frieden** *m* industrial peace **~gang** *m* TECH working cycle: *in einem ~* in a single pass **~gebiet** *n* sphere of work **~gemeinschaft** *f* working pool, PÄD *etc* study group **~genehmigung** *f* (*Recht*) permission to work, (*Bescheinigung*) work permit **~gericht** *n* industrial tribunal **~grundlage** *f* work(ing) basis **Ձintensiv** *Adj* labo(u)r-intensive **~kampf** *m* labo(u)r dispute **~kleidung** *f* work clothes *Pl* **~klima** *n* work climate **~kraft** *f* 1. capacity for work 2. (*Person*) worker, *Pl* manpower *Sg* **~kräftemangel** *m* manpower shortage **~last** *f* *fig* workload **~leistung** *f* efficiency, TECH *a.* output **~lohn** *m* wages *Pl*, pay
arbeitslos *Adj* unemployed, jobless
Arbeitslose *m*, *f* unemployed person: *die ~n* the unemployed, the jobless
Arbeitslosen|geld *n* unemployment benefit **~hilfe** *f* unemployment relief **~unterstützung** *f* job-seeker's allowance **~zahl** *f* unemployment figures *Pl*
Arbeitslosigkeit *f* unemployment
Arbeits|markt *m* labo(u)r (*od* job) market: *die Lage auf dem ~* the job situation **~moral** *f* (working) morale **~nachweis** *m* employment agency
Arbeitsniederlegung *f* strike, walkout
arbeitsparend *Adj* labo(u)r-saving
Arbeitsplatz *m* 1. job: *freie Arbeitsplätze* vacancies *Pl*; *Schaffung von Arbeitsplätzen* job creation 2. working place **~beschreibung** *f* job description **~sicherung** *f* job security **~teilung** *f* job sharing **~vernichter** *m* job killer

Arbeits|prozess *m* **j-n wieder in den ~ eingliedern** put s.o. back to work **~raum** *m* workroom **~recht** *n* industrial law **Ձreich** *Adj* busy **Ձscheu** *Adj* workshy **~schluss** *m* end of work: *~ ist um ...* work finishes at ...; *nach ~* after work **~schutz** *m* industrial safety **~speicher** *m* COMPUTER main memory **~stunde** *f* (*Maßeinheit*) manhour, *Pl* working hours *Pl* **~suche** *f* search for work: *auf ~ sein* be job hunting **Ձsüchtig** *Adj* ~ *sein* be a workaholic **~tag** *m* working day, workday **~teilung** *f* division of labo(u)r **~tier** *n* F *fig* demon for work
Arbeit|suche *f* (*auf ~ sein* be) job hunting **~suchende** *m*, *f* job seeker
arbeitsunfähig *Adj* unfit for work, *dauernd*: permanently disabled
Arbeits|unfall *m* industrial accident **~vermittlung** *f* employment agency **~vertrag** *m* employment contract **~vorbereitung** *f* TECH operations scheduling **~weise** *f* (working) method, TECH *a.* procedure
Arbeitszeit *f* (*gleitende ~* flexible) working hours *Pl*: *gleitende ~ haben* be on flexitime **~verkürzung** *f* reduction in working hours
Arbeitszimmer *n* study
Archäologe *m*, **Archäologin** *f* arch(a)eologist
Archäologie *f* arch(a)eology
archäologisch *Adj* arch(a)eological
Arche *f* ark: *die ~ Noah* Noah's ark
Archipel *m* archipelago
Architekt(in) architect
architektonisch *Adj* architectural
Architektur *f* architecture
Archiv *n* archives *Pl*
Areal *n* area
Arena *f* arena
arg I *Adj* bad: *mein ärgster Feind* my worst enemy; *im Ձen liegen* be in a bad way II *Adv* badly, F (*sehr*) *a.* awfully
Argentinien *n* the Argentine
Argentinier(in), **argentinisch** *Adj* Argentine
Ärger *m* 1. (*über Akk* at, about *s.th.*, with *s.o.*) annoyance, irritation, (*Zorn*) anger: *zu m-m ~* to my annoyance 2. (*j-m ~ machen* cause s.o.) trouble: *das gibt ~* there will be trouble **ärger-**

lich Adj **1.** Person: (**über** Akk at, about s.th., with s.o.) annoyed, angry, F cross **2.** Sache: annoying: **wie ~!** a. what a nuisance!

ärgern I v/t annoy, make s.o. angry **II** v/refl **sich ~** (**über** Akk at, about s.th., with s.o.) be (od get) annoyed, be angry: **ärgere dich nicht!** take it easy!

Ärgernis n annoyance: JUR **öffentliches ~ erregen** cause a public nuisance; **~ erregen** give offen/ce (Am -se)

arglistig Adj malicious, JUR fraudulent: **~e Täuschung** wilful deceit

arglos Adj innocent, (nichts ahnend) unsuspecting **Arglosigkeit** f innocence

Argument n argument

Argumentation f argumentation

argumentieren v/i argue, reason

Argwohn m suspicion (**gegen** of): **~ schöpfen** grow suspicious **argwöhnisch** Adj suspicious (**gegen** of)

Arie f MUS aria

Arier(in), arisch Adj Aryan

Aristokrat(in) aristocrat **Aristokratie** f aristocracy **aristokratisch** Adj aristocratic(ally Adv)

Arithmetik f arithmetic

Arktis f the Arctic (regions Pl)

arktisch Adj a. fig arctic

arm Adj poor (**an** Dat in)

Arm m allg arm (a. TECH u. fig), (Ärmel) a. sleeve, e-s Flusses, Leuchters: a. branch: **in die ~e nehmen** embrace, hug; **j-n auf den ~ nehmen a)** pick s.o. up, **b)** F fig pull s.o.'s leg; **j-m in die ~e laufen** bump into s.o.; **j-m unter die ~e greifen** (**mit**) help s.o. (out with)

Armatur f armature, Pl fittings Pl

Armaturenbrett n MOT dashboard

Armband n bracelet **Armbanduhr** f wrist watch **Armbinde** f armlet, MED sling **Armbruch** m fractured arm

Arme m, f poor man (woman): **die ~n** the poor; **ich ~(r)!** poor me!

Armee f army **~korps** n army corps

Ärmel m sleeve: **ohne ~** sleeveless; F **etw aus dem ~ schütteln a)** pull s.th. out of a hat, **b)** do s.th. off the cuff

Ärmelaufschlag m cuff

Ärmelkanal m the Channel

ärmellos Adj sleeveless

Armenien n Armenia

armieren v/t ELEK (Kabel) armo(u)r, TECH (Beton) reinforce

...armig ...-armed, ...-branched

Armlehne f arm **Armleuchter** m **1.** chandelier **2.** F pej idiot, twerp

ärmlich Adj poor, (dürftig) a. shabby: **in ~en Verhältnissen leben** be poorly off; **aus ~en Verhältnissen stammen** come from a poor family

armselig Adj wretched, a. fig miserable

Armut f poverty (a. fig **an** Dat in, of)

Armuts|grenze f an (**unter**) **der ~ liegen** be on (under) the poverty line **~zeugnis** n j-m (**sich**) **ein ~ ausstellen** show s.o.'s (one's) incompetence

Aroma n (Duft) aroma, (Geschmack) flavo(u)r **Aromatherapie** f MED aromatherapy **aromatisch** Adj aromatic

arrangieren I v/t arrange **II** v/refl **sich ~** come to an arrangement (od agreement) (**mit** with)

Arrest m detention

arretieren v/t TECH arrest, stop

arrogant Adj arrogant

Arsch m V **1.** arse, Am a. ass: **leck mich am ~!** fuck you!; **er (es) ist im ~** he (it) has had it; **j-m in den ~ kriechen** suck up to s.o. **2.** → **Arschloch**

Arschkriecher(in) V arse licker

Arschloch n V arsehole, Am a. asshole, (Person) a. (stupid) bastard, shit

Arsen n CHEM arsenic

Arsenal n a. fig arsenal

Art f **1.** (Wesen) nature, (Beschaffenheit) a. kind: **sie hat e-e nette ~** she is a nice person, **mit Kindern** she has a way with children; **es ist nicht s-e ~ zu** Inf he's not the sort to Inf; **es ist (sonst) nicht ihre ~ (zu** Inf) it's not like her (to Inf); **Fragen allgemeiner ~** questions of general interest **2.** a. **~ und Weise** way, manner, (Verfahren) method: **auf diese ~** in this way; **s-e ~ zu sprechen** the way he talks; GASTR **nach ~ des Hauses** à la maison **3.** F (Benehmen) behavio(u)r, manners Pl **4.** (Sorte) kind, sort, type, BIOL species: **iron e-e ~ Dichter** a poet of sorts; fig **aus der ~ schlagen** go one's own way

Artenschutz m protection of species

Arterie f artery

Arteriosklerose f MED arteriosclerosis

artfremd Adj BIOL, MED alien, foreign

Arthrose f osteoarthritis, *seltener*: arthrosis

artig *Adj* well-behaved: *sei ~!* be good!, be a good boy (girl)!

Artikel m *allg* article, WIRTSCH a. item

artikulieren I v/t articulate II v/refl *sich ~* express o.s

Artillerie f artillery

Artischocke f BOT artichoke **Artischockenboden** m GASTR artichoke heart

Artist(in) (variety) artist

artistisch *Adj* artistic, acrobatic

Arznei f (*gegen* for) medicine, medicament, drug **Arzneikunde** f pharmaceutics Sg

Arzneimittel n → *Arznei* **~abhängigkeit** f drug dependence **~missbrauch** m drug abuse

Arzneipflanze f medicinal plant

Arzneischrank m medicine cabinet

Arzt m doctor, *formell*: physician: *zum ~ gehen* (go to) see the doctor; → *Allgemeinmedizin*

Arztberuf m medical profession

Ärztekammer f medical association

Ärzteschaft f medical profession

Arzthelfer(in) f doctor's assistant

Ärztin f lady doctor (*od* physician)

ärztlich I *Adj* medical: → *Attest* II *Adv* *j-n ~ behandeln* attend s.o.

As n → *Ass*

Asbest m asbestos

ASCII-Code m ASCII code

Asche f ashes *Pl* (a. fig), (*Zigaretten*² etc) ash: *glühende ~* embers *Pl*

Aschenbahn f SPORT cinder (MOT dirt) track **Aschenbecher** m ashtray

Aschenputtel n a. fig Cinderella

Aschermittwoch m Ash Wednesday

Ascorbinsäure f CHEM ascorbic acid

äsen v/i graze, browse

aseptisch *Adj* aseptic

Asiat(in), **asiatisch** *Adj* Asian

Asien n Asia

Asket(in), **asketisch** *Adj* ascetic

asozial *Adj* antisocial

Aspekt m aspect: *unter diesem ~ betrachtet* seen from this angle

Asphalt m asphalt **asphaltieren** v/t asphalt

Ass n (a. Tennis etc, a. F Person) ace

Assessor m, **Assessorin** f civil servant (*lawyer, teacher, etc*) who has completed his/her second state examination

Assistent(in) assistant

Assistenz|arzt m, **~ärztin** f junior doctor, assistant physician, medical assistant

assistieren v/i assist (*bei* in)

Assoziation f association

assoziieren v/t associate

Ast m *allg* branch, *im Holz*: knot: F *auf dem absteigenden ~ sein* be going downhill

Aster f BOT aster

Ästhet(in) (a)esthete

ästhetisch *Adj* (a)esthetical

Asthma n MED asthma **Asthmatiker(in)**, **asthmatisch** *Adj* asthmatic

Astrologe m, **Astrologin** f astrologer **Astrologie** f astrology **Astronaut(in)** astronaut **Astronomie** f astronomy **astronomisch** *Adj a*. F fig astronomic(al) **Astrophysik** f astrophysics Sg

ASU *Abk* = *Abgassonderuntersuchung*

Asyl n *allg* asylum: *um (politisches) ~ bitten* ask for (political) asylum

Asylant(in) person seeking (*od* having been granted) (political) asylum

Asylrecht n right of asylum

asymmetrisch *Adj* asymmetric(al)

asynchron *Adj* asynchronous

Atelier n studio

Atem m breath: *außer ~ (kommen)* get out of breath; (*tief*) *~ holen* take a (deep) breath; *fig mir stockte der ~* my heart stood still; *das verschlug mir den ~* that took my breath away; F *j-n in ~ halten* keep s.o. on the jump (*in Spannung*: in suspense); → *anhalten* 1

atemberaubend *Adj* fig breathtaking

Atembeschwerden *Pl* difficulty Sg in breathing **Atemgerät** n breathing apparatus, MED respirator **atemlos** *Adj a*. fig breathless **Atempause** f F breather **Atemübungen** *Pl* breathing exercises *Pl* **Atemwege** *Pl* respiratory tract Sg **Atemzug** m (fig *im gleichen ~* in one) breath: *bis zum letzten ~* to the last gasp

Atheismus m atheism **Atheist(in)** atheist **atheistisch** *Adj* atheistic(al)

Äther m CHEM ether

ätherisch *Adj* ethereal, etheric: *~es Öl* essential (*od* volatile) oil

Äthiopien n Ethiopia

Äthiopier(in), **äthiopisch** *Adj* Ethiopian

Athlet(in) athlete

athletisch *Adj* athletic

Äthyl *n* CHEM ethyl **Äthylen** *n* ethylene

atlantisch *Adj* Atlantic: *der* ²*e Ozean* the Atlantic (Ocean)

Atlas *m* 1. ANAT, GEOG atlas 2. (*Seiden*²) satin, (*Baumwoll*²) sateen

atmen I *v/i u. v/t* breathe: *schwer (tief)* ~ breathe hard (deep) II ² *n* breathing

Atmosphäre *f a. fig* atmosphere

atmosphärisch *Adj* atmospheric

Atmung *f* breathing, respiration: *künstliche* ~ artificial respiration

Atom *n* atom

atomar *Adj* atomic, nuclear

Atom|ausstieg *m* POL opting out of nuclear energy, *allmählicher:* nuclear phaseout ~**bombe** *f* atom(ic) bomb, A-bomb ~**bunker** *m* nuclear shelter ~**energie** *f* atomic energy ~**explosion** *f* atomic explosion ~**forschung** *f* atomic research ²**getrieben** *Adj* nuclear-powered ~**gewicht** *n* atomic weight ~**hülle** *f* atomic shell

atomisieren *v/t a. fig* atomize

Atom|kern *m* atomic nucleus ~**kontrolle** *f* atomic control ~**kraft** *f* nuclear power ~**kraftwerk** *n* nuclear power station ~**krieg(führung)** (*m*) *f* nuclear warfare) ~**macht** *f* POL nuclear power ~**modell** *n* atomic model ~**müll** *m* radioactive waste ~**physik** *f* atomic physics *Sg* ~**reaktor** *m* atom reactor ~**spaltung** *f* atom splitting ~**sperrvertrag** *m* POL nonproliferation treaty ~**sprengkopf** *m* nuclear warhead ~**test** *m* nuclear test ~**teststopp(abkommen** *n*) *m* test ban (treaty) ~**tod** *m* nuclear death

Atom-U-Boot *n* nuclear(-powered) submarine

Atomwaffen *Pl* atomic (*od* nuclear) weapons *Pl* ²**frei** *Adj* nuclear-free *zone* ~**gegner(in)** anti-nuclear protester

Atomzahl *f* atomic number **Atomzeitalter** *n* atomic age

Atrophie *f,* **atrophieren** *v/i* MED atrophy

ätsch *Interj* there!, serves you right!

Attaché *m* attaché

Attacke *f,* **attackieren** *v/t u. v/i* attack

Attentat *n* (*ein* ~ *auf j-n verüben* make an) attempt on s.o.'s life, (~ *mit Todesfolge*) assassination

Attentäter(in) assassin

Attest *n* (*ärztliches* ~ medical *od* doctor's) certificate

Attraktion *f* attraction

attraktiv *Adj* attractive

Attrappe *f* dummy

Attribut *n* *allg* attribute

attributiv *Adj* LING attributive

ätzen *v/t* 1. CHEM corrode, eat into 2. MED cauterize 3. KUNST etch

ätzend 1. *Adj* corrosive, *a. fig* caustic 2. F (*schlecht*) lousy, the pits

au *Interj* 1. ouch! 2. ~ *ja!* oh yes!

AU *Abk* = **Abgasuntersuchung**

Aubergine *f* BOT aubergine, eggplant

auch *Adv* 1. (*ebenfalls*) also, too, as well: *ich habe Hunger - ich* ~ I am hungry - so am I (F me too); *ich glaube es - ich* ~ I believe it - so do I; *ich kann es nicht - ich* ~ *nicht* I can't do it - nor (*od* neither) can I 2. (*sogar*) even: *ohne* ~ *nur zu fragen* without so much as asking 3. *zugestehend:* **wenn** ~ even if, although; *sosehr ich es* ~ *bedauere* however much I regret it 4. *verallgemeinernd:* **wann** ~ (*immer*) whenever; *wer es* ~ (*immer*) *sei* whoever it may be; *was er* ~ (*immer*) *sagt* whatever he may say; *so schwierig es* ~ *sein mag* difficult as it may be 5. *verstärkend:* **wirst du es** ~ **tun?** are you really going to do it?; *so schlimm ist es* ~ *wieder nicht!* it's not all that bad!

Audienz *f* audience (*bei* with)

Audiokassette *f* audio cassette

audiovisuell *Adj* audiovisual

Auditorium *n* 1. UNI (~ *maximum* main) lecture hall 2. (*Zuhörerschaft*) audience

auf I *Präp* (*Dat*) 1. *räumlich:* on, in, at: ~ *dem Tisch* on the table; ~ *der Straße* in (*Am* on) the street, on the road; ~ *See* at sea; ~ *der Post* at the post office; ~ *der Welt* in the world; ~ *dem Land* in the country; *er ist* ~ *s-m Zimmer* he is in his room 2. (*bei*) at, during, on: ~ *dem Ball* at the ball; ~ *s-r Reise* during (*od* on) his journey; ~ *Urlaub* on vacation, *bes Br* on holiday II *Präp* (*Akk*) 3. *räumlich:* (down) on, onto, into, (*hin*~) up, *Richtung:* to, toward(s): *er setzte sich* ~ *e-n Stuhl* he sat down on a chair; ~ *die Erde fallen* fall (on)to

the ground; **er ging ~ die Straße** he went (out) into the street; **ich ging ~ die Post** I went to the post office; **geh ~ dein Zimmer!** go to your room!; **sie zogen ~ das Land** they moved (in)to the country; *fig* ~ **Besuch kommen** come for a visit; ~ **Reisen gehen** go on a journey **4.** *zeitlich:* **a)** for: ~ **ein paar Tage** for a few days; ~ **Jahre hinaus** for years to come; **es geht ~ 9 (Uhr)** it's getting on for nine (o'clock); F ~ **e-e Tasse Kaffee** for a cup of coffee, **b)** after: **Stunde ~ Stunde verging** hour after hour went by, **c)** until: ~ **morgen verschieben** postpone until tomorrow; F ~ **bald!** see you soon! **5.** ~ **diese Weise** (in) this way; ~ **Deutsch** in German; ~ **s-n Befehl** by (*od* at) his order; ~ **m-e Bitte** (**hin**) on my request **6.** *bei Mengenangaben:* **von 80 Tonnen ~ 100 erhöhen** increase from 80 tons to 100; ~ **jeden entfallen ...** there is/are ... (for) each; ~ **die Sekunde** to the second; ~ **100 m sehen, hören etc:** at (*od* from) a hundred metres, **herankommen etc:** as close as 100 metres **III** *Adv* **7.** F **a)** (*offen*) open: **Augen ~!** *a.* watch out!, **b)** (*wach*) awake, (*auf den Beinen*) up (and going); ~ **sein a)** *Tür etc:* be open, **b)** *Person:* be up; **ich war die ganze Nacht ~** I was up all night **8.** ~ **und ab gehen** walk up and down (*od* to and fro); ~ **und davon gehen** run away **IV** *Interj* **9.** ~**! a)** (get) up!, **b)** F *a.* ~ **gehts!** let's go!, **c)** (*los*) come on!

Auf *n* **das ~ und Ab des Lebens** the ups and downs of life

aufarbeiten *v/t* **1.** (*Rückstände*) work (*od* clear) off, catch up on **2.** (*Möbel etc*) furbish up, do up **3.** *fig* work *s.th.* up, (*Eindrücke etc*) digest

aufatmen *v/i* draw a deep breath, *fig* breathe again (*od* freely), recover

aufbahren *v/t* (*Sarg*) put on the bier, (*Leiche*) lay out (in state)

Aufbau *m* **1.** (*das Aufbauen*) building, erection, construction, TECH assembly: *fig* **im ~ (begriffen) sein** be in its initial stages **2.** (*Struktur*) *a. fig* structure **3.** MOT car body

aufbauen I *v/t* **1.** build, erect, construct, TECH assemble, (*errichten*) set up, (*arrangieren*) arrange: **wieder ~** rebuild,

reconstruct **2.** (*ein Reich, Geschäft etc, den Angriff, Eiweiß,* F *e-n Politiker, Sportler etc*) build up, (*schaffen*) organize, set up: **sich e-e Existenz ~** build o.s. an existence; **e-e Theorie etc ~ auf** (*Dat*) base (*od* found) a theory *etc* on **II** *v/i* **3.** (*a. sich*) ~ **auf** (*Dat*) be based (*od* founded) on **III** *v/refl* **sich ~ 4.** be composed (*aus od* F) **5.** F **sich ~ vor** (*Dat*) plant o.s. (*mehrere:* line up) in front of

aufbäumen *v/refl* **sich ~ Pferd:** rear; *fig* **sich ~** make a (last) desperate effort; **sich ~ gegen** rebel against

aufbauschen *v/t fig* exaggerate

Aufbauten *Pl* SCHIFF superstructure *Sg*

aufbegehren *v/i* rebel (**gegen** against)

aufbehalten *v/t* F **den Hut ~** keep one's hat on

aufbekommen *v/t* F **1.** (*Tür etc*) get open, (*Knoten etc*) get undone **2.** (*Aufgabe*) be given *a* task (to do)

aufbereiten *v/t* **1.** *allg* prepare, (*Nahrungsmittel etc, fig Material etc*) *a.* process **2.** TECH *a.* treat **3.** (*Computertext*) edit **4.** *fig* work *s.th.* up

aufbessern *v/t allg* improve, (*Kenntnisse etc*) *a.* F brush up, (*Gehalt etc*) raise

aufbewahren *v/t* keep, preserve, (*lagern*) store (up) **Aufbewahrung** *f* (*sichere ~*) safekeeping: **j-m etw zur ~ geben** leave s.th. with s.o.

aufbieten *v/t* **1.** (*Kräfte, Mut etc*) muster, summon (up), (*Einfluss etc*) use **2.** (*Truppen*) mobilize **3.** (*Brautpaar*) publish (*od* call) the banns of

Aufbietung *f* **unter ~ aller Kräfte** by (a) supreme effort

aufbinden *v/t* undo, untie: → **Bär**

aufblähen I *v/t* **1.** (*a. sich ~*) blow out, swell **2.** WIRTSCH, MED inflate **II** *v/refl* **sich ~** → **aufblasen II**

aufblasbar *Adj* inflatable

aufblasen I *v/t* blow up, inflate **II** *v/refl* **sich ~** F *pej* puff o.s. up

aufbleiben *v/i* **1.** (*wachen*) sit up, stay up **2.** *Tür etc:* remain open

aufblenden *v/i* **1.** MOT turn on the headlights full beam **2.** FOTO open the diaphragm

aufblicken *v/i* look up: **zu j-m ~** look up at s.o. (*bes fig* to s.o.)

aufblitzen *v/i* flash (up)

aufblühen *v/i* (begin to) bloom, *fig*

Mädchen: blossom (out), *Stadt, Wirtschaft etc*: (begin to) flourish

aufbocken v/t MOT jack up

aufbohren v/t TECH bore open, (*Motor*) rebore, (*Zahn*) drill

aufbrauchen v/t use up, consume

aufbrausen v/i **1.** CHEM effervesce **2.** *Person*: flare up

aufbrausend *Adj fig* quick-tempered

aufbrechen I v/t **1.** (*Tür, Schloss etc*) break open, (*Kiste etc*) prize open, (*Pflaster etc*) break up **II** v/i **2.** *Knospe, Geschwür etc*: (burst) open, *Eis*: break up **3.** (*nach*) start, set out

aufbringen v/t **1.** → *aufbekommen* 1 **2.** (*Geld*) raise, (*Mittel*) find, *fig* (*Mut, Energie etc*) muster, summon (up) **3.** (*Gerücht, Mode etc*) start **4.** (*erzürnen*) anger, *stärker*: incense: *j-n gegen sich ~* get s.o.'s back up; → *aufgebracht* **5.** (*ein Schiff*) capture

Aufbruch m **1.** stay **2.** (*nach, zu* for) departure, start: *das Zeichen zum ~ geben* give the sign to leave

aufbrühen v/t (*Kaffee etc*) make, (*Tee*) a. brew

aufbügeln v/t **1.** (*Muster*) transfer (*auf Akk* on) **2.** (*Hose etc*) iron, press

aufbürden v/t *fig j-m etw ~* saddle s.o. with s.th.

aufdecken I v/t **1.** uncover, *fig a.* reveal, expose **2.** *das Bett ~* turn down the bed **3.** (*Tischtuch*) put on **II** v/i **4.** lay the table

aufdonnern v/refl *sich ~* F get (all) dolled up

aufdrängen I v/t *j-m etw ~* force s.th. on s.o. **II** v/refl *sich ~ Gedanke etc*: suggest itself; *sich j-m ~* impose o.s. on s.o.; *ich will mich nicht ~* I don't want to intrude

aufdrehen I v/t **1.** (*Ventil, Gas etc*) turn on **2.** (*Seil*) untwist **3.** F (*Radio*) turn up **4.** (*Haare*) put up in curlers **II** v/t **5.** F MOT step on the gas **6.** F *fig Person*: get going: → *aufgedreht*

aufdringlich *Adj* obtrusive, *Person: a.* importunate, pushing, *Farbe: a.* loud, *Musik*: noisy, *Geruch*: overpowering

Aufdringlichkeit f obtrusiveness

Aufdruck m imprint, *philat.* overprint

aufdrucken v/t print (*auf Akk* on)

aufdrücken v/t **1.** (*Tür etc*) push (*od* press) open **2.** F (*Pickel etc*) squeeze

open **3.** (*Stempel etc*) impress (*Dat od auf Akk* on)

aufeinander *Adv* **1.** (*übereinander*) one on top of another (*od* the other) **2.** (*gegenseitig*) one another, each other: *~ angewiesen sein* depend on each other; *~ abgestimmte Farben* matching colo(u)rs **3.** (*nacheinander*) one after the other; *~ folgen* succeed (one another); *~ folgend* successive, consecutive: *an drei ~ folgenden Tagen* on three days running; *~ prallen, ~ stoßen* collide, *fig Meinungen, Personen: a.* clash; *~ treffen* meet (one another)

Aufenthalt m **1.** stay **2.** BAHN *etc* (*fünf Minuten*) *~* five minutes') stop: *ohne ~* nonstop; *wir hatten zwei Stunden ~ in …* we stopped in … for two hours

Aufenthalts|erlaubnis f residence permit **~ort** m whereabouts *Sg*, (*Wohnsitz*) residence **~raum** m *Hotel etc*: lounge, *Schule etc*: common room

auferlegen v/t *j-m etw ~* impose s.th. on s.o.; *sich k-n Zwang ~* be free and easy

auferstehen v/i REL rise (from the dead)

Auferstehung f resurrection

aufessen v/t eat up, finish

auffädeln v/t thread, string

auffahren I v/i **1.** *~ auf* (*Akk*) MOT crash into, SCHIFF run on; MOT *zu dicht ~* tailgate **2.** *erschreckt*: (give a) start, *zornig*: flare up: *aus dem Schlaf ~* wake with a start **II** v/t **3.** F (*Speisen etc*) bring on

Auffahrt f **1.** *der Wagen*: driving up **2.** (*Zufahrt*) approach, (*Autobahn2*) slip road, *zu e-m Haus*: drive(way *Am*)

Auffahrunfall m MOT rear-end collision

auffallen v/i be conspicuous, attract attention: *j-m ~* strike s.o.; *das fällt nicht auf* nobody will notice; *unangenehm ~* make a bad impression

auffallend *Adj* noticeable, *Schönheit, Ähnlichkeit etc*: remarkable, striking

auffällig *Adj* **1.** → *auffallend* **2.** conspicuous, *Benehmen etc*: odd, strange, *Farbe, Kleidung etc*: loud, F flashy

auffangen v/t **1.** (*Ball etc, a. fig Worte etc*) catch, *fig* (*Nachrichten etc*) pick up, (*Funkspruch*) a. intercept **2.** (*mildern*) (*Fall, Stoß, a. fig Preissteigerung etc*) cushion, (*Schlag*) parry, *Boxen*: block, (*Angriff etc*) stop **3.** (*sammeln*) collect,

fig (*Flüchtlinge etc*) receive **4.** FLUG pull out

Auffanglager *n* reception camp

auffassen I *v/t* **1.** (*begreifen*) understand, grasp **2.** (*deuten*) interpret; *falsch* ~ misunderstand, misinterpret; *etw als Scherz* ~ take s.th. as a joke **II** *v/i* **3.** *leicht* (*schwer*) ~ F be quick (slow) on the uptake **Auffassung** *f* **1.** (*Ansicht*) view, opinion: *nach m-r* ~ in my view, as I see it **2.** (*Deutung*) interpretation **3.** → **Auffassungsgabe** *f* grasp, intelligence

auffindbar *Adj nicht* ~ not to be found

auffinden *v/t* find, discover

auffischen *v/t* F **1.** (*Schiffbrüchige etc*) fish out (of the water) **2.** → *aufgabeln*

aufflackern *v/i a. fig* flicker up

aufflammen *v/i a. fig* flare up

auffliegen *v/i* **1.** *Vogel*: fly up **2.** *Tür etc*: fly open **3.** F *Plan etc*: blow up: ~ *lassen* (*j-n*) expose, (*Bande*) bust, (*Veranstaltung*) break up

auffordern *v/t* **1.** *j-n* ~ (*, etw zu tun*) ask (*stärker*: order, JUR summon) s.o. (to do s.th.); *j-n dringend* ~ urge s.o. **2.** (*bitten*) invite: *e-e Dame* (*zum Tanz*) ~ ask a lady to dance **Aufforderung** *f* request, call, *stärker*: order, JUR summons, (*Ersuchen*) invitation

aufforsten *v/t* reafforest

auffressen *v/t* eat up, devour: F *fig die Arbeit frisst mich auf* I'm drowning in work

auffrischen I *v/t* freshen up, (*Farben etc, a. fig Gedächtnis etc*) refresh, (*Vorräte*) replenish, *fig* (*Kenntnisse*) brush up, (*Bekanntschaft*) revive **II** *v/i Wind*: freshen

Auffrischungskurs *m* refresher course

aufführen I *v/t* **1.** MUS, THEAT *etc* perform, present, (*Film*) *a.* show, (*Stück*) *a.* put on **2.** (*nennen*) state, show, *in e-r Liste*: list: *einzeln* ~ specify, itemize; *namentlich* ~ name **II** *v/refl sich* ~ **3.** behave: *sich schlecht* ~ *a.* misbehave **Aufführung** *f* THEAT *etc* performance, FILM *a.* showing, (*Darbietung*) show

Aufführungsrechte *Pl* performing rights *Pl*

auffüllen *v/t* fill up, top up, (*Vorräte etc*) replenish

Aufgabe *f* **1.** *e-s Briefs*: posting, *Am* mailing, *e-s Telegramms*: sending, *des*

Gepäcks: registering, *Am* checking, *e-r Annonce*: insertion, *e-r Bestellung*: giving, placing **2.** *allg e-s Plans*, *e-r Wohnung etc*: giving up (*a. Sport*), *e-s Geschäfts etc*: *a.* closing down, *e-s Amts etc*: resignation (*Gen* from) **3.** task, assignment, job, (*Pflicht*) duty, (*Zweck*) purpose, function: *es ist nicht m-e* ~ *zu Inf* it's not my job to *Inf*; *es sich zur* ~ *machen zu Inf* make it one's business to *Inf* **4.** (*Denk*2) problem, (*Schul*2) homework, lesson, exercise: *s-e* ~ *n machen* do one's homework **5.** *bes Volleyball*: service

aufgabeln *v/t* F pick up

Aufgabenbereich *m* (*das fällt nicht in m-n* ~ that is outside my) scope of duties

Aufgang *m* **1.** *der Gestirne*: rising **2.** (*Treppen*2) stairway

aufgeben I *v/t* **1.** (*Brief etc*) post, *bes Am* mail, (*Telegramm*) send, (*Gepäck*) register, *Am* check, (*Annonce*) insert, (*Bestellung*) give, place **2.** *allg* (*Wohnung, Beruf, Hoffnung, e-n Patienten etc*) give up, (*Amt etc*) *a.* retire from, (*Plan etc*) *a.* abandon, (*Wettkampf etc*) stop: *das Rauchen* ~ give up (*od* stop) smoking; F *gibs auf!* give (it) up! **3.** (*Rätsel*) ask, (*Schularbeit*) set, give **4.** (*den Ball*) serve **II** *v/i* **5.** give up, *Boxen u. fig* throw in the towel

aufgeblasen *Adj* F bumptious

Aufgebot *n* **1.** *das* ~ *bestellen* give notice of an intended marriage, *kirchlich*: ask the banns **2.** (*Menge*) array, crowd, (*Polizei*2) force, SPORT team, (*Spielerkader*) squad, pool of players: *mit starkem* ~ *erscheinen* turn out (*od* up) in full force; *das letzte* ~ the last reserves *Pl*

aufgebracht *Adj* (*gegen* with, *über Akk* at, about) angry, *stärker*: furious

aufgedonnert *Adj* F dolled up

aufgedreht *Adj* F *fig* in high spirits

aufgedunsen *Adj* bloated, swollen

aufgehen *v/i* **1.** *Sonne etc*, A *Teig*: rise, *Vorhang*: *a.* go up **2.** *Saat etc*: come up **3.** (*sich öffnen*) *allg* open, *Schleife etc*: *a.* come undone, *Naht*: come open, *Geschwür etc*: burst **4.** MATHE come out even: *die Aufgabe geht nicht auf* the sum doesn't work out; → *Rechnung* 1 **5.** ~ *in* (*Dat*) be (all) wrapped up in

one's work etc **6.** j-m ~ (klar werden) dawn on s.o.; **jetzt geht mir die Bedeutung s-r Worte auf** now I realize what he meant; → **Licht** 2 **7.** in Flammen ~ go up in flames

aufgehoben Adj fig **gut ~ sein** be in good hands (**bei j-m** with s.o.)

aufgeilen V I v/t turn s.o. on II v/refl **sich ~ an** (Dat) get turned on by

aufgeklärt Adj enlightened: (**sexuell**) ~ **sein** know the facts of life

aufgeknöpft Adj F fig chatty

aufgekratzt Adj F fig chirpy

aufgelegt Adj **gut zu etw ~ sein** be in the mood for s.th., feel like (doing) s.th.; **gut (schlecht) ~ sein** be in a good (bad) mood

aufgelöst Adj fig **1.** distraught: **in Tränen** ~ in tears **2.** (erschöpft) all in

aufgeräumt Adj fig cheerful

aufgeregt Adj excited, nervous, upset

aufgeschlossen Adj fig open (**für** to), Person: open-minded **Aufgeschlossenheit** f open-mindedness

aufgeschmissen Adj F ~ **sein** be (really) stuck

aufgeschossen Adj **hoch ~** Person: lanky, gangling

aufgesetzt Adj fig artificial

aufgesprungen Adj Lippen, Hände etc: chapped

aufgestaut Adj Ärger etc: pent-up

aufgeweckt Adj bright, clever

aufgießen → **aufbrühen**

aufgliedern v/t (sub)divide, nach Klassen: classify, statistisch etc: break down (**nach** Alter etc by), (e-n Satz) analyze

aufgraben v/t dig up

aufgreifen v/t **1.** (j-n) pick up, seize **2.** (Idee etc) take up

aufgrund → **Grund** 3

Aufguss m **1.** infusion **2.** fig rehash

aufhaben F I v/t **1.** (Hut etc) have on **2.** (Tür etc) have open **3.** (Schulaufgaben) have to do: **wir haben heute nichts auf** we have no homework today II v/i **4.** Geschäft etc: be open

aufhacken v/t pick up, break up

aufhaken v/t unhook, undo

aufhalsen v/t F **j-m etw ~** land s.o. with s.th.

aufhalten I v/t **1.** keep open **2.** (anhalten) stop, (j-n) detain, hold up (a. Auto, Verkehr), (hemmen) check, stay, (verzö-

gern) delay: **ich wurde durch den Regen aufgehalten** I was delayed by the rain; **ich will Sie nicht länger ~** don't let me keep you II v/refl **sich ~ 3.** stay (**im Ausland** abroad, **bei Freunden** with friends) **4. sich ~ mit** spend (unnütz: waste) one's time on

aufhängen I v/t **1.** (an Dat) hang up (on), TECH suspend (from): **j-n ~** hang s.o. **2.** F → **aufbürden** II v/refl **sich ~ 3.** hang o.s **Aufhänger** m **1.** am Mantel etc: tab **2.** F fig ~ (**für e-n Artikel** etc) peg (on which to hang a story etc)

Aufhängung f TECH suspension

aufhäufen v/t (a. **sich ~**) pile up, heap up, accumulate

aufheben v/t **1.** pick up, (hochheben) lift (up), (Hand) raise: **j-n ~** help s.o. up **2.** (aufbewahren) keep (**für später** for later): → **aufgehoben 3.** (Sitzung etc) close, (Belagerung) raise, (Boykott etc) call off **4.** (rückgängig machen) abolish, (Vertrag) cancel, (a. Ehe) annul, (Gesetz) abrogate, (Urteil) quash: **ein Verbot ~** lift a ban **5.** (ausgleichen) compensate, (e-e Wirkung) cancel, neutralize: **sich (einander) ~** cancel each other out (a. MATHE), neutralize each other **Aufheben** n fuss, ado: **viel ~(s) machen** make a big fuss (**von** about)

Aufhebung f **1.** abolition (**der Todesstrafe** of capital punishment), e-s Gesetzes: abrogation, e-s Vertrags: cancel(l)ation, a. e-r Ehe: annulment **2.** (Beendigung) termination, e-r Belagerung: raising, e-s Boykotts etc: calling-off **3.** e-r Wirkung: neutralization

aufheitern I v/t j-n ~ cheer s.o. up II v/refl **sich ~** Wetter: clear (up), a. fig Gemüt etc: brighten (up) **Aufheiterungen** Pl METEO sunny spells Pl

aufhellen I v/t **1.** (Farbe) lighten (a. FOTO) **2.** fig → **erhellen** 2 II v/refl **sich ~** → **aufheitern** II

aufhetzen v/t j-n ~ incite s.o. (**zu etw** to [do] s.th., **gegen** set s.o. against **Aufhetzung** f instigation, POL agitation

aufheulen v/i (give a) howl, MOT roar

aufholen I v/t (Arbeit etc) catch up on: **e-n Rückstand** (od Zeitverlust) ~ make up leeway II v/i (**gegenüber**) catch up (with, on), gain (on)

aufhorchen v/i **1.** prick (up) one's ears

2. *fig* sit up (and take notice)

aufhören *v/i* stop (*a.* ~ *mit*), (come to an) end: *sie hörte nicht auf zu reden* she didn't stop talking; *wo haben wir aufgehört?* where did we leave off?; *hör auf* (*damit*)*!* stop it!; ~ *zu arbeiten* F knock off (work[ing]); *ohne aufzuhören* without letup

aufkaufen *v/t* buy up

Aufkäufer(in) (wholesale) buyer

aufklappen *v/t u. v/i* open

aufklaren *v/i Wetter:* clear (up)

aufklären I *v/t* **1.** (*Geheimnis etc*) clear up, (*Mord etc*) *a.* solve, (*Irrtum etc*) correct **2.** (*j-n*) enlighten, inform (*über Akk* of): *j-n* (*sexuell*) ~ explain the facts of life to s.o. **3.** MIL reconnoitre (*Am* -er) **II** *v/refl* **sich** ~ **4.** be cleared up, be solved **5.** → *aufklaren*

Aufklärung *f* **1.** *e-s Falls etc:* clearing up, solution, *e-s Irrtums etc:* correction: ~ *verlangen* demand an explanation **2.** (*Belehrung*) enlightenment (*a.* PHIL), education, information: *sexuelle* ~ sex education **3.** MIL reconnaissance

Aufklärungs|film *m* sex education film **~flugzeug** *n* reconnaissance (*od* scout) plane **~quote** *f von Verbrechen:* clear-up rate **~satellit** *m* reconnaissance satellite **~zeit** *f hist* Age of Enlightenment

Aufklebeadresse *f* gummed address label

aufkleben *v/t* stick on (*auf Akk* to), FOTO mount **Aufkleber** *m* sticker

aufknöpfen *v/t* unbutton, undo

aufkochen *v/t* (*a.* ~ *lassen*) bring s.th. to the boil

aufkommen I *v/i* **1.** (*entstehen*) arise (*a.* *Zweifel, Verdacht etc*), *Wind:* spring up, *Nebel etc:* come up, *Mode etc:* come into fashion, *Gerücht:* start: *Zweifel ~ lassen* give rise to doubt; *nicht ~ lassen* suppress **2.** ~ *für* (*einstehen*) answer for, be responsible for, (*bezahlen*) pay; *für den Schaden* ~ compensate for the damage **3.** ~ *gegen* prevail against; *er kommt gegen sie nicht auf* he is no match for her; *niemanden neben sich ~ lassen* suffer no rival **4.** → *aufholen* **II II** ⚓ *n* **5.** (*Entstehung*) rise **6.** WIRTSCH yield

aufkratzen *v/t* scratch open: *sich ~* scratch o.s. sore

aufkrempeln *v/t* (*Hose*) turn up, (*Ärmel*) roll up

aufkreuzen *v/i* F *fig* turn up

aufkriegen F → *aufbekommen*

auflachen *v/i* (give a) laugh

aufladen I *v/t* **1.** load (*auf Akk* onto): F *fig j-m* (*sich*) *etw* ~ saddle s.o. (o.s.) with s.th. **2.** (*Batterie*) charge, (*Motor*) supercharge, boost **II** *v/refl* **sich** ~ **3.** *elektrisch:* become charged

Auflader *m* MOT supercharger

Auflage *f* **1.** *e-s Buches:* edition, *e-r Zeitung:* circulation **2.** (*Bedingung*) ([*j-m*] *etw zur* ~ *machen* make s.th. a) condition (for s.o.) **3.** TECH (*Stütze*) rest, support, (*Schicht*) layer, (*Belag*) coating, lining

Auflagenhöhe *f e-s Buches:* number of copies, *e-r Zeitung:* circulation

auflassen *v/t* F **1.** (*Tür etc*) leave open **2.** (*Hut etc*) keep on **3.** *j-n* (*lange*) ~ let s.o. stay up (late) **4.** (*Grundstück*) convey

auflauern *v/i j-m* ~ waylay s.o.

Auflauf *m* **1.** (*Menschen* ⚓) crowd, (*Tumult*) riot **2.** GASTR soufflé

auflaufen *v/i* **1.** SCHIFF run aground: *auf e-e Mine* ~ hit a mine **2.** run (*od* bump) (*auf Akk* into): *j-n* ~ *lassen* a) SPORT obstruct s.o. unfairly, b) *fig* give s.o. what for **3.** *Gelder etc:* accumulate, run up, *Zinsen:* a. accrue

Auflaufform *f* ovenproof dish

aufleben *v/i* (*wieder*) ~ *a. fig* revive; *er lebte förmlich auf* he really livened up

auflegen I *v/t* **1.** (*Kohlen, Schallplatte, Make-up etc*) put on, (*Tischtuch, Gedeck*) lay: *den* (*Telefon*)*Hörer* ~ → 4 **2.** (*Buch*) publish, print: *wieder* ~ reprint **3.** (*Aktien etc*) issue **II** *v/i* **4.** TEL replace the receiver, hang up

auflehnen *v/refl* **sich** ~ (*gegen*) rebel (against), oppose (*s.o., s.th.*) **Auflehnung** *f* rebellion (*gegen* against)

auflesen *v/t* pick up (*a.* F *fig j-n*)

aufleuchten *v/i a. fig* light up

aufliegen I *v/i* lie (*od* rest, lean) (*auf Dat* on) **II** *v/refl* **sich** ~ F MED get bedsore(s)

auflisten *v/t* list, make a list of

auflockern *v/t allg, a. fig* loosen up, (*Muskeln*) a. limber up, *fig* (*Unterricht etc*) a. liven up, (*Atmosphäre*) relax, (*Wohngebiet*) disperse

auflodern *v/i a. fig* flare up

auflösen I *v/t* **1.** *allg* dissolve, (*Versamm-*

lung etc) a. break up, (Verlobung) break off, MIL (Einheit) disband: ([**sich**] **in s-e Bestandteile**) ~ disintegrate **2.** MATHE (Gleichung, a. MUS Dissonanz) resolve (a. Rätsel etc), (Klammern) remove, MUS (Vorzeichen) cancel **3.** (Vertrag) cancel, annul, (Firma etc) liquidate, wind up **II** v/refl **sich** ~ **4.** allg dissolve, Versammlung etc: a. break up, MIL Einheit: disband: **sich in nichts** ~ vanish (into thin air), Hoffnung etc: go up in smoke; → **Luft** 1

Auflösung f allg dissolution, e-r Versammlung: a. breakup, e-r Firma: liquidation, e-s Vertrags: annulment, MIL disbandment, MATHE, FOTO resolution, (Zerfall) disintegration (a. fig)

Auflösungszeichen n MUS natural

aufmachen I v/t F **1.** allg open: **mach d-e Augen auf!** watch out! **2.** (zurechtmachen) make up, get up, design: **etw in der Presse groß** ~ splash s.th.; **e-e Rechnung** ~ write out (fig present) a bill **II** v/i **3.** F open, auf Klingelzeichen: answer the door: **j-m** ~ let s.o. in **III** v/refl **sich** ~ **4.** set out (**nach** for)

Aufmacher m F Zeitung: lead, eng. S. feature story (a. photo)

Aufmachung f **1.** presentation, getup, BUCHDRUCK layout: **etw in großer ~ herausbringen** feature s.th. prominently **2.** F (Kleidung) outfit, getup

Aufmarsch m marching up, von Truppen: deployment

aufmarschieren v/i a. fig march up

aufmerksam Adj attentive (a. höflich), (wachsam) watchful, (zuvorkommend) obliging: **j-n** ~ **machen auf** (Akk) call (od draw) s.o.'s attention to; ~ **werden auf** (Akk) notice, become aware of; Adv ~ **zuhören** listen attentively; **etw** ~ **verfolgen** follow s.th. closely

Aufmerksamkeit f **1.** attention, (Zuvorkommenheit) attentiveness: ~ **erregen** attract attention; (Dat) ~ **schenken** pay attention (to) **2.** (kleines Geschenk) small gift

aufmischen v/t **j-n** ~ mess s.o. up

aufmöbeln v/t F jazz up, (a. j-n) pep up

aufmuntern v/t **1.** → **ermuntern** l **2.** **j-n** ~ cheer (F pep) s.o. up; **~de Worte** Pl pep talk Sg **Aufmunterung** f **ich brauche e-e** ~ I need cheering up

aufmüpfig Adj F rebellious

aufnähen v/t sew on (**auf** Akk to)

Aufnahme f **1.** e-r Tätigkeit etc: taking up, von Beziehungen etc: establishing, von Nahrung: intake, von Wissen etc: absorption (a. PHYS), von Eindrücken etc: reception, taking in **2.** (in Akk) (Eingliederung) integration (within), (Einbeziehung) inclusion (into), (Zulassung) admission (in[to]), (Einschreibung) registration: ~ **finden** be admitted (**bei** [in]to) **3.** (Empfang) (a. fig **e-e kühle** etc ~ **finden** meet with a cool etc) reception (**bei** from) **4. a.** (Unterbringung) accommodation, ins Krankenhaus: admission (**in** Akk to), **b)** (Büro) reception (office) **5.** WIRTSCH von Kapital etc: raising, e-s Schadens: assessment **6.** FILM etc taking, shooting, (Bild) photo(graph), shot, (Ton♫) (sound) recording, pickup: **e-e** ~ **machen (von** of) take a picture, auf Band: make a (tape-)recording; **Achtung, ~!** FILM Action!, Camera!

aufnahmefähig Adj receptive (**für** to)

Aufnahmefähigkeit f receptivity

Aufnahme|gebühr f admission fee **~gerät** n RADIO, TV pickup (unit), (Ton♫) recorder, FOTO camera **~leiter** m FILM production (RADIO recording) manager **~prüfung** f entrance examination **~raum** m FILM etc studio **~wagen** m recording van (Am truck)

aufnehmen v/t **1.** (Last, fig Fährte etc) pick up, (Maschen) take up **2.** (empfangen) receive (a. fig Nachricht), (unterbringen) accommodate, **in** e-n Verein, ein Krankenhaus etc: admit (to), **in** e-e Liste etc: enter (into), (einbeziehen) include (**in** Akk into): **j-n bei sich** ~ put s.o. up; fig **etw übel** ~ take s.th. amiss **3.** (fassen) hold, (Passagiere etc) seat **4.** (Eindrücke etc) take in, (a. **in sich** ~ Wissen etc) absorb, (begreifen) grasp **5.** MED, PHYS absorb, (Nahrung) take in **6.** (Tätigkeit, Gespräch etc) take up, (Beziehungen) enter into, (Verkehr etc) open: **wieder** ~ resume; fig **den Kampf mit j-m** ~ take s.o. on; **ich kann es mit ihm nicht** ~ I'm no match for him; → **Kontakt 7.** (aufzeichnen) record, auf Band: a. tape(-record), (Protokoll) draw up, (Inventar) make an inventory of, (Schaden) assess, (Diktat, Personalien etc) take (down), (Tele-

gramm, Bestellung, Bild) take, (*Film*)
shoot: *j-n ~* take s.o.'s picture **8.**
WIRTSCH (*Geld etc*) borrow, (*a. Hypothek*) raise (**auf** *Akk* on)
aufnötigen *v/t j-m etw~* force s.th. upon
s.o.
aufopfern *v/t* sacrifice (**sich** o.s.)
aufopfernd *Adj* self-sacrificing
aufpäppeln *v/t* F *j-n ~* feed s.o. up
aufpassen *v/i* **1.** pay attention: *pass(t)*
auf! (*Vorsicht!*) look out!, watch out!; F
pass(t) mal auf! listen! **2.** *~ auf* (*Akk*)
look after, take care of, (*beobachten*)
watch (over); F *pass gut auf dich*
auf! take care (of yourself)! **Aufpasser(in)** *pej* watchdog, (*Spitzel*) spy
aufpeitschen *v/t a. fig* whip up (**sich**
o.s.)
aufpflanzen *v/t* plant: *fig* **sich** *~* plant
o.s. (**vor** *Dat* before)
aufpfropfen *v/t fig* graft (*Dat* on)
aufplatzen *v/i* burst (open)
aufplustern *v/refl* **sich** ~ **a)** *Vogel*: ruffle
its feathers, **b)** F *fig* puff o.s. up
aufpolieren *v/t a. fig* polish up
Aufprall *m* impact **aufprallen** *v/i ~ auf*
(*Akk*) hit, *Auto etc*: *a.* crash into
Aufpreis *m* WIRTSCH extra charge
aufpumpen *v/t* pump up
aufputschen *v/t* **1.** → *aufhetzen* **2.**
durch Drogen etc: F pep up (**sich**
o.s.), *fig* hype up, psych up **Aufputschmittel** *n* stimulant, F pep pill, *sl* upper
aufraffen **I** *v/t* snatch up **II** *v/refl* **sich** ~
fig pull o.s. together; **sich** ~, **etw zu tun**
bring o.s. to do s.th.
aufragen *v/i* loom (up)
aufräumen *v/t u. v/i* tidy (up): *fig* ~ *mit*
Missständen etc: do away with
aufrechnen *v/t* *etw* ~ set s.th. off (**gegen** against)
aufrecht *Adj* upright (*a. fig redlich*),
erect: *Adv* ~ *sitzen* sit up **~erhalten**
v/t maintain, (*Meinung etc*) adhere to
2erhaltung *f* maintenance
aufregen **I** *v/t* excite, (*beunruhigen*)
worry, upset, (*ärgern*) annoy **II** *v/refl*
sich ~ (**über** *Akk* about) get excited,
be upset **aufregend** *Adj* exciting,
(*beunruhigend*) upsetting **Aufregung**
f excitement: *nur k-e ~!* don't panic!
aufreiben **I** *v/t* **1.** (*Kräfte etc*) wear down:
j-n ~ wear s.o. down **2.** MIL wipe out **II**
v/refl **sich** ~ **3.** wear o.s. out

aufreibend *Adj* exhausting, (*nerven~*)
trying, stressful
aufreihen *v/t* (*a. sich~*) line up, (*Bücher
etc*) put *s.th.* in a row
aufreißen **I** *v/t* **1.** (*Packung etc*) tear
open, (*Straße etc*) tear up, (*Fenster,
Tür*) fling open, F (*Mund, Augen*) open
wide **2.** F **a)** *j-n ~* pick s.o. up, **b)** (*e-n
Job etc*) land **II** *v/i* **3.** *Naht etc*: burst,
Wolken etc: break up
aufreizen *v/t* **1.** → *aufhetzen* **2.** (*provozieren*) provoke **3.** (*Sinne*) excite **aufreizend** *Adj* (*a. sexuell ~*) provocative
aufrichten **I** *v/t* **1.** → *errichten* **2.** set upright, (*den Oberkörper*) straighten up,
(*j-n*) im Bett: raise, *vom Boden*: help
s.o. up **3.** *fig* (*trösten*) comfort, (*ermutigen*) encourage **II** *v/refl* **sich** ~ **4.**
straighten up, *im Bett etc*: sit up **5.** *fig* take heart (**an** *Dat* from)
aufrichtig *Adj* sincere, *Bedauern*: heartfelt, (*offen*) frank, (*ehrlich*) honest: *Adv*
es tut mir ~ Leid I really am sorry
Aufrichtigkeit *f* sincerity, honesty
aufriegeln *v/t* unbolt
Aufriss *m* ARCHI, MATHE elevation
aufrollen *v/t* **1.** (*zs.-rollen*) roll up, (*Fahne*) furl **2.** (*entrollen*) unroll, (*Fahne*) unfurl **3.** *fig* (*wieder*) ~ bring
up (again), (*Prozess etc*) reopen
aufrücken *v/i* move up, *im Rang*: *a.* be
promoted, MIL close the ranks
Aufruf *m allg* call, (*Appell*) appeal (**an**
Akk to), (*Namens2*) roll call
aufrufen **I** *v/t* *j-n* ~ call (out) s.o.'s name;
j-n ~, etw zu tun call (up)on s.o. to do
s.th. **II** *v/i*: **zum Streik** ~ call a strike
Aufruhr *m* turmoil (*a. fig*), (*Rebellion*)
uprising, revolt, (*Tumult*) riot (*a.* JUR)
aufrühren *v/t fig* **1.** (*Gefühle etc*) rouse,
(*alte Geschichten*) rake up **2.** → *aufwühlen* **2 Aufrührer(in)** rebel, POL agitator **aufrührerisch** *Adj* rebellious, *Reden etc*: seditious
aufrunden *v/t* round up (**auf** *Akk* to)
aufrüsten *v/t u. v/i* **1.** MIL arm: *wieder ~*
rearm **2.** COMPUTER upgrade **Aufrüstung** *f* armament
aufs = *auf das*
aufsagen *v/t* (*Gedicht etc*) recite
aufsammeln → *auflesen*
aufsässig *Adj* rebellious (**gegen** to)
Aufsatz *m* **1.** essay, PÄD *a.* composition,
(*Abhandlung*) paper, (*Zeitungs2*) arti-

cle **2.** TECH top, (*Kappe*) *a.* cap
aufsaugen *v/t a. fig* absorb
aufschauen → *aufblicken*
aufscheuchen *v/t a. fig* startle
aufschieben *v/t* **1.** push open **2.** *fig* (*auf Akk*, *bis* till) put off, postpone
Aufschlag *m* **1.** impact (*auf Akk od Dat* on): *dumpfer* ~ thud **2.** (*Ärmel≈, Am a. Hosen≈*) cuff, (*Hosen≈*) turnup, (*Jacken≈*) lapel **3.** WIRTSCH extra charge **4.** *Tennis*: service: ~ *haben* serve; *j-m den* ~ *abnehmen* break s.o.'s serve
Aufschlagball *m Tennis*: service (ball)
aufschlagen I *v/t* **1.** hit: *auf den* (*od dem*) *Boden* ~ hit the ground; *dumpf* ~ thud **2.** *Tennis*: serve II *v/t* **3.** break (open), (*Ei*) crack **4.** (*Buch etc*, *a. Augen*) open, (*Bett*) turn down: *Seite 10* ~ open at page 10 **5.** (*Ärmel etc*) roll up **6.** *sich das Knie etc* ~ bruise one's knee etc **7.** (*Gerüst etc*) mount, (*Zelt etc*) pitch: *s-n Wohnsitz in X* ~ take up residence in X; → *Zelt* **8.** (*Prozente etc*) add (*auf Akk* to)
Aufschläger(in) *Tennis*: server
aufschließen I *v/t* **1.** unlock, open **2.** BIOL, CHEM break down (*od* up) **3.** (*Bodenschätze, Bauland*) develop II *v/i* **4.** open the door *etc* (*j-m* for s.o.) **5.** MIL close the ranks, SPORT move up: ~ *zu* catch up with
aufschlitzen *v/t* slit open, slash
Aufschluss *m* ~ *geben* (*über Akk*) give information (on), explain (*s.th.*), *j-m* inform s.o. (about)
aufschlüsseln *v/t* (*Kosten*) allocate, *statistisch*: break down
aufschlussreich *Adj* informative, *weit. S.* revealing
aufschnallen *v/t* **1.** (*Gürtel etc*) unbuckle **2.** (*Decke etc*) strap on (*auf Akk* to)
aufschnappen *v/t* F *fig* pick up
aufschneiden I *v/t* cut open, (*Brot etc*) slice, (*Braten*) carve, MED (*Geschwür*) open, lance II *v/i* F brag, boast, show off **Aufschneider(in)** F show-off
Aufschnitt *m* cold cuts *Pl*
aufschnüren *v/t* untie, undo, (*Schuh etc*) unlace
aufschrauben *v/t* **1.** unscrew **2.** (*festschrauben*) screw on (*auf Akk* to)
aufschrecken I *v/t* startle: *j-n* ~ *aus s-n Gedanken etc*: rouse s.o. from II *v/i*

(give a) start: *aus dem Schlaf* ~ wake with a start
Aufschrei *m* cry, *fig* outcry
aufschreiben *v/t* write down, (*notieren*) take a note of: *j-n* ~ *Polizei*: book s.o.
aufschreien *v/i* cry out (*vor* with)
Aufschrift *f* inscription, (*Etikett*) label
Aufschub *m* postponement, (*Verzögerung*) delay, WIRTSCH (*Zahlungs≈*) respite, JUR *u. fig* reprieve: *die Sache duldet k-n* ~ the matter bears no delay
aufschürfen *v/t* (*Haut*) graze: *sich das Knie* ~ bark one's knee
aufschütteln *v/t* shake up
aufschütten *v/t* heap up, (*Damm*) raise
aufschwatzen *v/t* F *j-m etw* ~ talk s.o. into buying s.th.
aufschweißen *v/t* TECH weld open
aufschwemmen *v/t* bloat
aufschwingen *v/refl sich* ~ **1.** soar (*auf Akk* to) **2.** *fig* → *aufraffen* II
Aufschwung *m* **1.** *Turnen*: swing-up **2.** *fig* (*Auftrieb*) (fresh) impetus, WIRTSCH upswing, recovery, *seelisch*: uplift
aufsehen → *aufblicken*
Aufsehen *n* ~ *erregen* attract attention, *weit. S.* cause a stir (*od* sensation); *um* ~ *zu vermeiden* to avoid notice; ~ *erregend* sensational
Aufseher(in) attendant, (*Gefängnis≈*) warder
aufsein → *auf* 7
auf seiten *Adv* ~ *von* on the part of
aufsetzen I *v/t* **1.** *allg, a. fig* put on: *aufgesetzte Tasche* patch pocket **2.** (*Brief, Rede etc*) draft **3.** *j-n* ~ *im Bett etc*: set s.o. up **4.** *a. v/i* FLUG land: *weich* ~ make a soft landing II *v/refl sich* ~ **5.** sit up (*im Bett* in bed)
Aufsetzer *m Fußball etc*: bounce shot
aufseufzen *v/i* heave a sigh
Aufsicht *f* **1.** supervision, (*Polizei≈*) surveillance, JUR custody: *die* ~ *haben* (*od führen*) PÄD be on duty, be in charge (*über Akk* of), *bei e-r Prüfung*: invigilate (*an exam*); ~ *führend* supervisory, *teacher etc* in charge; *unter ärztlicher* ~ under medical supervision; *ohne* ~ *Kinder*: unattended **2.** supervisor, person in charge
Aufsichts|beamte *m*, **~beamtin** *f* supervisor, *im Gefängnis*: warder **~behörde** *f* supervisory board **~rat** *m* WIRTSCH supervisory board

aufsitzen v/i **1.** *auf Pferd, Fahrzeug:* get on, mount **2.** *(hereinfallen)* be taken in (*Dat* by) **3.** F *j-n ~ lassen* let s.o. down

aufsparen v/t a. fig save (*für* for)

aufsperren v/t *(Schnabel etc)* open wide: F *Mund und Nase ~* gape

aufspielen I v/t u. v/i play **II** v/refl *sich ~* F give o.s. airs; *sich als Held etc ~* play the hero *etc*

aufspießen v/t spear, *mit der Gabel: a.* fork, *mit e-r Nadel:* pin, *mit den Hörnern:* gore, *(Fleisch, a. fig Missstände etc)* skewer

aufspringen v/i **1.** jump up, leap up, *Ball:* bounce: *~ auf (Akk)* jump on to (*a train etc*) **2.** *Tür, Knospen:* burst open, *Haut:* chap, *Lippen:* crack

aufspulen v/t wind (up)

aufspüren v/t *a. fig* track down

aufstampfen v/i *(mit dem Fuß) ~* stamp one's foot

Aufstand m **1.** revolt, rebellion **2.** F *fig (Getue)* (big) fuss

Aufständische m, f rebel, insurgent

aufstapeln v/t stack (up)

aufstauen → aufgestaut, stauen

aufstechen v/t puncture, MED lance

aufstecken v/t **1.** *(Haar etc)* put up, pin up **2.** *(Kerzen)* put on: → *Licht* 2 **3.** *a.* v/i F *(aufgeben)* give s.th. up: *es ~* pack it in

aufstehen v/i **1.** rise, get up (*vom Tisch* from the table): *~ dürfen Kranke(r):* be allowed (to get) up **2.** *fig Volk etc:* rise (in arms), rebel

aufsteigen v/i **1.** *allg* rise, *Vogel: a.* soar (up), FLUG take off, *Bergsteiger:* go up **2.** *fig* rise, be promoted (SPORT to the next higher division) **3.** *~ auf ein Pferd, Fahrzeug:* get on, mount **4.** *fig Gefühle, a. Tränen:* rise, well up: *ein Verdacht stieg in mir auf* I had a suspicion (*dass* that)

Aufsteiger(in) 1. F *(sozialer) ~* social climber, *beruflicher:* success, F whiz kid **2.** SPORT (newly-)promoted team

aufstellen I v/t **1.** set up, *(Kragen etc)* put up, *(anordnen)* arrange, *(aufreihen)* line up, *(postieren)* place, *(a. Wachtposten)* post, *(Denkmal)* erect, *(Falle)* set, *(Leiter)* raise, *(Maschine etc)* install, *(Zelt)* pitch: *die Ohren ~ Tier:* prick its ears **2.** *(Kandidaten, Spieler etc)* nominate, *(Mannschaft)* compose, *(Truppe etc)* activate; POL *sich (als*

Kandidaten) ~ lassen stand (*Am* run) for *election etc* **3.** *(Liste, Tabelle etc)* make (up), prepare, *(Bilanz etc) a.* draw up, *(Theorie etc)* advance, *(Regeln etc)* lay down, state, MATHE *(Gleichung)* form: *e-n Rekord ~* set (up) (*od* establish) a record **II** v/refl *sich ~* **4.** place o.s. *(vor Dat* before), MIL form up: *sich hintereinander ~* line up

Aufstellung f **1.** setting up *(etc, → aufstellen* 1), *e-r Maschine etc:* installation **2.** *e-s Kandidaten, Spielers:* nomination, *(Mannschaft)* line-up **3.** *(Liste, Tabelle etc)* table, *(Übersicht)* survey, WIRTSCH statement: *~ e-r Bilanz* preparation of a balance sheet

aufstemmen v/t prize open

Aufstieg m **1.** ascent (*a.* FLUG), *(Weg)* way up **2.** *fig* rise, *(Beförderung)* promotion (*a. Sport*): *im ~ begriffen sein* be on the rise, be rising; SPORT *den ~ schaffen* be promoted

Aufstiegs|chancen Pl promotion prospects Pl **~spiel** n SPORT promotion tie

aufstöbern v/t track down, *fig a.* unearth

aufstocken v/t **1.** ARCHI raise **2.** *(Kapital etc)* increase

aufstöhnen v/i (give a loud) groan

aufstoßen I v/t **1.** push open **II** v/i **2.** burp, belch: *j-m ~ Speise:* repeat on s.o. **3.** F *fig j-m ~ (auffallen)* strike s.o.

aufstrebend *Adj fig* up-and-coming, rising, *bes Nation:* emergent

Aufstrich m *(Brot2)* spread

aufstülpen v/t F *(Hut etc)* clap on

aufstützen I v/t *(Arm etc)* prop up *(auf Dat, Akk* on) **II** v/refl *sich ~ auf (Dat, Akk)* lean (up)on

aufsuchen v/t **1.** *allg* visit, *(e-n Arzt etc)* (go and) see, *(Lokal, Toilette etc)* go to

auftakeln I v/t SCHIFF rig out **II** v/refl *sich ~* F get dolled up

Auftakt m **1.** MUS upbeat **2.** *fig (den ~ bilden* be a) prelude (*zu* to)

auftanken v/t u. v/i fill up, refuel

auftauchen v/i come up, emerge *(beide a. fig Problem etc)*, *U-Boot:* surface, *fig Person, Sache:* turn up, *Zweifel etc:* arise

auftauen I v/t thaw, *(Tiefkühlkost)* defrost **II** v/i *a. fig* thaw

aufteilen v/t **1.** distribute, share (out) **2.** *(einteilen)* divide (*in Akk* into)

auftischen *v/t* a. *fig* dish up

Auftrag *m* **1.** WIRTSCH order, a. *künstlerischer*: commission: *etw in ~ geben* order (*od* commission) s.th. (*bei j-m* from s.o.); *im ~ und auf Rechnung von* by order and for account of **2.** (*Anweisung*) order(s *Pl*) (a. MIL), instructions *Pl*, (*Mission*, a. MIL *Kampf*⚔) mission, (*Besorgung*) errand: *im ~ von* (*od Gen*) by order of, *handeln* act on behalf of

auftragen I *v/t* **1.** (*Speisen etc*) serve (up) **2.** (*Salbe, Make-up etc*) apply, put on **3.** *j-m etw ~, j-m ~, etw zu tun* instruct (*od* tell) s.o. to do s.th. **4.** (*Kleidung*) wear out **II** *v/i* **5.** *dieser Pullover trägt auf* this pullover makes you look fat(ter); F *fig* *dick ~* lay it on thick

Auftraggeber(in) f client, customer

Auftrags|bestätigung f vom Kunden: confirmation (*vom Lieferanten*: acknowledg[e]ment) of (an) order **~buch** n order book **~dienst** m TEL absent-subscriber service

auftragsgemäß *Adv* according to instructions, WIRTSCH as per order

Auftrags|lage f order situation **~werk** n e-s Künstlers: commissioned work

auftreffen *v/i* hit (*auf Dat, Akk* on)

auftreiben *v/t* F get hold of, find

auftrennen *v/t* (*Naht etc*) undo, (*Gestricktes*) unravel

auftreten I *v/i* **1.** *leise ~* tread softly; *er kann nicht mit dem verletzten Fuß ~* he can't walk on his injured foot **2.** THEAT make one's entrance, (*spielen*) appear (on stage) (*als* as), a. *Musiker*: perform: *Hamlet tritt auf* enter Hamlet; *zum ersten Mal ~* make one's debut **3.** (*erscheinen*) appear (*öffentlich* in public, *als Zeuge* as a witness, *vor Gericht* in court), (*hervortreten*) present o.s. (*als* as), (*sich benehmen*) behave: *als Vermittler ~* act as go-between **4.** *fig Problem, Zweifel etc*: arise, *plötzlich*: crop up, *Seuche etc*: occur **II** ♀ *n* **5.** appearance, THEAT a. performance, (*Vorkommen*) occurrence, *von Schwierigkeiten etc*: arising: THEAT *erstes ~* debut **6.** (*Benehmen*) behavio(u)r

Auftrieb *m* **1.** PHYS buoyancy, FLUG a. lift **2.** *fig* (fresh) impetus, WIRTSCH upswing: (*neuen*) *~ verleihen* give (a fresh) impetus (*Dat* to)

Auftritt *m* THEAT entrance, (*Szene*) scene (a. *fig Streit*)

auftrumpfen *v/i fig* come it strong: *~ gegen* make a strong showing against

auftun *v/refl sich ~* a. *fig* open

auftürmen I *v/t* pile up **II** *v/refl sich ~* loom (up), *fig Arbeit etc*: pile up

aufwachen *v/i* a. *fig* wake (up)

aufwachsen *v/i* grow up

aufwallen *v/i fig* surge, well up

Aufwand *m* **1.** expenditure (*an Dat* of), (*Kosten*) cost, expense: *e-n großen ~ an Energie etc erfordern* require a great deal of energy *etc*; *der ganze ~ war umsonst* it was a waste of time (energy, money, *etc*) **2.** (*Luxus*) luxury, (*Verschwendung*) extravagance: *e-n großen ~ treiben* be very extravagant

aufwändig *Adj* → **aufwendig**

Aufwandsentschädigung f expense allowance

aufwärmen I *v/t* **1.** warm up, heat up **2.** *fig* rehash, F drag up **II** *v/refl sich ~* **3.** warm o.s. up, SPORT warm up, limber up **Aufwärmen** *n* SPORT warm-up

Aufwartefrau f charwoman

aufwarten *v/i fig* ~ *mit* come up with

aufwärts *Adv* up, upward(s); *es geht ~ (mit ihm)* things are looking up (with him); *mit dem Geschäft geht es ~* business is improving

Aufwärtsentwicklung f upward trend

Aufwärtshaken m Boxen: uppercut

Aufwasch *m* → **Abwasch**

aufwaschen → **abwaschen**

aufwecken *v/t* wake (up)

aufweichen I *v/t* **1.** soak, (*Boden*) make soggy **2.** *fig* (*System etc*) undermine **II** *v/i* **3.** become soggy, a. *fig* soften

aufweisen *v/t etw ~, etw aufzuweisen haben* have (*od* show) s.th.; *große Mängel ~* have many defects

aufwenden *v/t* use, apply, (*Geld, Zeit*) spend (*für* on): (*viel*) *Mühe ~* take (great) pains **aufwendig** *Adj* large-scale, (*kostspielig*) expensive, extravagant **Aufwendungen** *Pl* expenditure *Sg*, expense *Sg*

aufwerfen I *v/t* **1.** (*Damm etc*) throw up **2.** *fig* (*Frage etc*) raise **II** *v/refl sich ~* **3.** set o.s. up (*zum Richter etc* as judge *etc*)

aufwerten *v/t* WIRTSCH (*Währung*) revalue (upward), a. *fig* upvalue **Aufwer-**

tung f WIRTSCH revaluation (upward), *fig* upgrading

aufwickeln v/t **1.** roll (*od* coil) up (*a.* **sich** ~) **2.** F (*Haare*) put up in curlers **3.** → *auswickeln*

aufwiegeln → *aufhetzen*

aufwiegen v/t *fig* offset, make up for

Aufwind m **1.** FLUG upwind **2.** → *Auftrieb* 2: WIRTSCH *im* ~ on the upswing

aufwinden v/t wind up, (*heben*) hoist

aufwirbeln v/t whirl up (*a. v/i*), (*Staub*) raise: *fig* (*viel*) **Staub** ~ cause quite a stir

aufwischen v/t (*Wasser etc*) mop up, (*Boden etc*) wipe, mop

aufwühlen v/t **1.** (*Erde etc*) turn up, (*Meer etc*) churn up **2.** *j-n* ~ stir s.o. deeply **aufwühlend** *Adj fig* stirring

aufzählen v/t enumerate, *einzeln*: specify, (*nennen*) name, give

Aufzählung f enumeration

aufzäumen v/t bridle: → *Pferd* 1

aufzehren v/t eat up, *fig a.* use up, (*Ersparnisse etc*) spend

aufzeichnen v/t *allg* record, *schriftlich*: *a.* write down, *auf Tonband*: *a.* tape(-record), TV (video-)tape **2.** draw (*auf Akk* on), sketch, TECH trace

Aufzeichnung f **1.** *a.* TECH, TV recording **2.** *Pl* notes *Pl*, record *Sg*, *weit.* S. papers *Pl*: **sich**~en **machen** make notes (*über Akk* of)

aufzeigen v/t show, demonstrate, (*Fehler etc*) point out

aufziehen I v/t **1.** (*Uhr etc*) wind up: **Spielzeug zum** 2 clockwork toys *Pl* **2.** (*hoch ziehen*) draw up, pull up, (*Fahne etc*) hoist, (*Vorhang*) raise **3.** (*öffnen*) (*Gardine etc*) open, draw, (*Schublade*) (pull) open, (*Schleife*) undo **4.** (*Reifen*) mount, (*Saiten*) put on, (*Bild etc*) mount (on cardboard): *fig* **andere Saiten** ~ change one's tune **5.** (*großziehen*) *allg* raise, (*Kind*) *a.* bring up, (*Tier*) *a.* rear **6.** F (*organisieren*) organize, mount, (*Unternehmen*) set up **7.** F *j-n* ~ tease s.o., pull s.o.'s leg **8.** MED (*Spritze*) fill **II** v/i **9.** *Wolken*: gather, *Gewitter. a.* be brewing (*a. fig Gefahr*) **10.** MIL march up

Aufzucht f breeding, raising

Aufzug m **1.** procession, parade **2.** (*Fahrstuhl*) lift, *Am* elevator **3.** F *pej* (*Aufmachung*) getup **4.** THEAT act

---

aufzwingen v/t *j-m etw* ~ force s.th. (up)on s.o.

Augapfel m ANAT eyeball: *fig* **etw wie s-n** ~ **hüten** guard s.th. like gold

Auge n **1.** ANAT eye: **gute** (**schlechte**) ~n **haben** have good (bad) eyesight (*od* eyes); **vor aller** ~n openly, in full view; **unter vier** ~n in private; **nur für** ~n just for show; ~ **um** ~! an eye for an eye!; F *fig* **blaues** ~ black eye; **mit e-m blauen** ~ **davonkommen** get off cheaply; **mit bloßem** ~ with the naked eye; **vor m-m geistigen** ~ in my mind's eye; *a. fig* **mit verbundenen** ~n blindfold; **das** ~ **des Gesetzes** the law; **im** ~ **behalten** keep an eye on, *fig* keep s.th. in mind; F *j-m etw aufs* ~ **drücken** land s.o. with s.th.; F *etw aufs* ~ **gedrückt bekommen** get landed with s.th.; *ins* ~ **fallen** catch the eye; *ins* ~ **fallend** a) striking, b) (*offensichtlich*) obvious; *ins* ~ **fassen** consider; *j-m etw vor* ~n **führen** make s.th. clear to s.o.; F *das kann leicht ins* ~ **gehen** that can easily go wrong; *das hätte leicht ins* ~ **gehen können!** that was close!; *etw im* ~ **haben** have s.th. in mind; *ein* ~ **haben auf** (*Akk*) have an eye on *s.o.*, *s.th.*; *s-e* ~n **überall haben** see everything; *sich etw vor* ~n **halten** bear s.th. in mind; *nicht aus den* ~n **lassen** keep one's eyes on; *große* ~n **machen** gape; F *ich wird* ~n **machen!** he's in for a surprise!; *sie hat* (*vielleicht*) ~n **gemacht!** you should have seen her face!; *j-m* (*schöne*) ~n **machen** make eyes at s.o.; *fig j-m die* ~n **öffnen** open s.o.'s eyes; *so weit das* ~ ~ **reicht** as far as the eye can see; F *ein* ~ **riskieren** risk a glance; *dem Tod, e-r Gefahr etc ins* ~ **sehen** look s.th. in the eye, face; *j-m in die* ~n **sehen** look s.o. full in the face; *fig in die* ~n **springen** leap to the eye, be obvious; *das stach mir ins* ~ it caught my fancy; *ich traute m-n* ~n **kaum** I could hardly believe my eyes; *aus den* ~n **verlieren** lose sight of; *fig die* ~n **verschließen vor** (*Dat*) close one's eyes to; *ein* ~ **zudrücken** turn a blind eye; *ich habe kein* ~ **zugetan** I didn't sleep a wink **2.** *auf Würfeln, Karten etc*: pip **3.** BOT eye **4.** (*Fett* 2) globule of fat

äugen v/i *bes* JAGD look

Augenarzt m, **Augenärztin** f eye specialist, ophthalmologist **Augenbank** f MED eye bank **Augenbinde** f MED (eye) patch

Augenblick m moment: **e-n** ~ **bitte!** just a moment, please!; **im** ~ at the moment; **im ersten** ~ for a moment; **im letzten** ~ at the (very) last moment; **alle** ~**e** every (*unbestimmt*: any) moment; **er zögerte k-n** ~ he didn't hesitate for a moment

augenblicklich I *Adj* **1.** (*sofortig*) immediate **2.** (*derzeitig*) present, current **3.** (*vorübergehend*) momentary **II** *Adv* **4.** (*sofort*) immediately **5.** at the moment, (just) now

Augen|braue f eyebrow ~**brauenstift** m eyebrow pencil ~**fältchen** *Pl* crow's-feet *Pl* ~**farbe** f colo(u)r of eyes ~**heilkunde** f ophthalmology ~**höhe** f (**in** ~ at) eye level ~**höhle** f ANAT eye socket, orbit ~**innendruck** m MED intra-ocular pressure ~**klappe** f eye patch ~**klinik** f eye clinic ~**leiden** n eye disease ~**licht** n (eye)sight ~**lid** n eyelid

Augenmaß n **1.** **ein gutes** ~ **haben** have a sure eye **2.** *fig* (good) *political etc* judg(e)ment

Augenmerk n **sein** ~ **richten auf** (*Akk*) direct one's attention to

Augenschein m appearance(s *Pl*): **dem** ~ **nach** to all appearances; **in** ~ **nehmen** inspect closely **augenscheinlich** *Adj* evident, apparent, obvious

Augen|spiegel m MED ophthalmoscope ~**tropfen** *Pl* MED eyedrops *Pl* ~**weide** f *fig* feast for the eyes ~**wimper** f eyelash ~**winkel** m **aus den** ~**n** *betrachten etc* out of the corner of one's eye

Augenwischerei f F eyewash

Augen|zahn m eyetooth ~**zeuge** m, ~**zeugin** f eyewitness ~**zeugenbericht** m eyewitness report ~**zwinkern** n (**mit e-m** ~ with a) wink

August m (**im** ~ in) August

Auktion f WIRTSCH auction (sale), public sale

Auktionator(in) auctioneer

Auktionshaus n auctioneers *Pl*

Aula f PÄD, UNI assembly hall

Aupairmädchen n au pair (girl)

aus I *Präp* (*Dat*) **1.** out of, from: ~ **dem Fenster sehen** look out of (*Am* out) the window; ~ **dem Haus gehen** leave the house; BAHN ~ **Berlin** from Berlin; ~ **unserer Mitte** from among us; ~ **der Flasche trinken** from the bottle **2.** (*Herkunft*) from, *zeitlich*: a. of: **er ist** ~ **Berlin** he comes from Berlin; ~ **ganz Spanien** from all over Spain; ~ **dem 19. Jh.** of the 19th century; **er liest** ~ **s-m Roman** he reads from his novel; **dem Deutschen** *übersetzen* from (the) German **3.** (*Material*) (made) of, from: *fig* ~ **ihm wurde ein guter Arzt** he became a good doctor **4.** (*Grund*) ~ **Mitleid** (*Neugier etc*) out of pity (curiosity etc); ~ **Liebe** from love; ~ **Liebe zu** for the love of; ~ **Prinzip** on principle; ~ **Spaß** for fun; ~ **Versehen** by mistake; ~ **der Mode** out of fashion **II** *Adv* **5.** **von ...** ~ from; **von hier** ~ from here; *fig* **von Natur** ~ by nature; **von mir** ~ **kann er gehen** he may go, for all I care; F **von mir** ~**!** I don't care!; **von sich** ~ of one's own accord **6.** F (*ausgeschaltet*) off, out: **ein** ~ **aus** on – off **7.** ~ **und ein** in and out; *fig* **bei j-m ein und** ~ **gehen** be a frequent visitor at s.o.'s house; **ich weiß nicht mehr ein noch** ~ I'm at my wits' end **8.** ~ **sein a)** *Licht, Radio etc:* be off, *Feuer etc:* be out, **b)** (*zu Ende sein*) be over; *fig* **die Schule ist** ~ school is over; *fig* **mit ihm ist es** ~ he has had it; **damit ist es (jetzt)** ~**!** that's all over now, **c)** SPORT be out, *Ball:* a. be out of play **9.** **wir waren gestern Abend** ~ we were out last night **10.** ~ **sein auf** (*Akk*) be out for (*od* to get); **sie ist auf sein Geld** ~ she is after his money

Aus n out: SPORT **im (ins)** ~ out (of play); *a. fig* **das bedeutete das** ~ **für ihn** with that he was out (of the game)

ausarbeiten *v/t* work out, *sorgfältig:* elaborate, (*entwickeln*) develop, (*entwerfen*) draw up

Ausarbeitung f working out, elaboration, development, *schriftliche:* draft

ausarten *v/i* degenerate (**in** *Akk*, **zu** into), *Party, Spiel etc:* get out of hand

ausatmen *v/i u. v/t* breathe out, exhale

ausbaden *v/t* F *etw* ~ **müssen**, *etw aus-zubaden haben* have to carry the can

ausbalancieren *v/t a. fig* balance (out)

Ausbau m **1.** TECH disassembly, removal **2.** ARCHI extension, (*Innen* 2) interior works *Pl* **3.** (*Erweiterung*) *a. fig* expan-

sion, development **4.** fig (Festigung) consolidation **ausbauen** v/t **1.** TECH dismantle, remove **2.** ARCHI extend: **das Dach** ~ build rooms into the attic **3.** (erweitern) a. fig extend, expand, develop: SPORT **s-n Vorsprung** ~ increase one's lead **4.** (festigen) strengthen, consolidate **ausbaufähig** Adj capable of development: fig **e-e** ~**e Stellung** a position with good prospects

ausbedingen v/t **sich etw** ~ reserve (o.s.) s.th.; **sich** ~**, dass ...** make it a condition that ...

ausbessern v/t mend, repair

Ausbesserung(sarbeit) f repair(s Pl)

ausbeulen I v/t **1.** TECH beat out **2.** (Hose etc) make baggy **II** v/refl **sich** ~ **3.** go baggy

Ausbeute f profit, a. BERGB, TECH yield, output, fig result(s Pl) **ausbeuten** v/t exploit (a. pej Arbeiter), BERGB a. work

Ausbeuter(in) pej exploiter

Ausbeutung f a. pej exploitation

ausbilden I v/t **1.** allg train, (schulen) a. instruct, (bilden) educate, (entwickeln) develop: **j-n zum Sänger** ~ train s.o. to be a singer **2.** BIOL form, develop **II** v/refl **sich** ~ **3.** a. **sich** ~ **lassen zu** train (od be trained, study) to be: → **ausgebildet 4.** → 2 **Ausbilder(in)** m/f, MIL instructor **Ausbildung** f allg training, PÄD, UNI education: **(noch) in der** ~ **stehen** be undergoing training

Ausbildungs|beihilfe f grant ~**gang** m training ~**platz** m training post ~**zeit** f period of training

ausbitten v/t **sich etw** ~ ask for s.th.

ausblasen I v/t blow out

ausbleiben I v/i fail to come, (fernbleiben) stay away, (aussetzen) stop: MED **die Periode blieb bei ihr aus** she missed her period; fig **es konnte nicht** ~**, dass ...** it was inevitable that ...; **(nicht) lange** ~ (not to) be long in coming **II** ⚥ n failure to come, (Abwesenheit) absence: MED ⚥ **der Periode** absence of the period

ausblenden v/t FILM, RADIO fade out

Ausblick m (**auf** Akk) **1.** view (of): **Zimmer mit** ~ **auf den See** room(s) overlooking the lake **2.** fig outlook (on)

ausbomben v/t bomb out

ausbooten v/t **1.** SCHIFF disembark **2.** F fig **j-n** ~ oust s.o., get rid of s.o.

ausbrechen I v/t **1.** break out (od off) **2.** → **erbrechen 2 II** v/i **3.** ~ **aus** (Dat) break out of, escape from, fig break away from (a. Sport): F **aus der Gesellschaft** ~ drop out of society **4.** Krieg, Feuer, Feuer, Krankheit etc: break out, Vulkan: a. erupt **5. in Tränen** ~ burst into tears; **ihm brach der Schweiß aus** he broke into a sweat; **in Gelächter** ~ burst out laughing **6.** MOT swerve out of line

Ausbrecher(in) escaped prisoner

ausbreiten I v/t **1.** allg spread (out), fig (Macht etc) extend, expand, (Wissen etc) display **II** v/refl **sich** ~ **2.** Feuer, Seuche etc, a. Gerücht etc: spread **3.** Gelände: spread (out), stretch (out), Panorama: open up (**vor j-m** before s.o.) **4.** F (sich breit machen) spread (o.s.) out **Ausbreitung** f spread(ing), extension, expansion

ausbrennen I v/t burn out, MED (Wunde) cauterize: → **ausgebrannt II** v/i burn out

Ausbruch m **1.** (Flucht) escape: ~ **aus dem Gefängnis** jailbreak, breakout **2.** fig e-s Kriegs, e-r Krankheit etc: outbreak, e-s Vulkans: a. eruption, (Gefühls⚥) a. (out)burst: **zum** ~ **kommen** break out

ausbrüten v/t a. fig hatch, F (e-e Krankheit) be sickening for

ausbuchen v/t **1.** WIRTSCH cancel **2.** → **ausgebucht**

ausbuchten v/refl **sich** ~ bulge (od curve) out(wards)

ausbuddeln v/t F dig up, dig out

ausbügeln v/t a. F fig iron out

ausbürgern v/t denaturalize

ausbürsten v/t brush (out)

Ausdauer f perseverance, a. TECH endurance, (Zähigkeit) tenacity, (Stehvermögen) bes SPORT staying power, stamina, (Geduld) patience

ausdauernd Adj **1.** persevering, körperlich: tireless, (geduldig) enduring **2.** LANDW perennial

ausdehnen v/t u. v/refl **sich** ~ a. PHYS, TECH stretch, expand, extend (**auf** Akk to): → **ausgedehnt**

Ausdehnung f extension (**auf** Akk to), expansion, (Verbreitung) spread(ing), (Ausmaß) extent, (Umfang) size

ausdenken v/t **sich etw** ~ think s.th. up,

F come up with, (*sich vorstellen*) imagine, (*erfinden*) invent, devise; *nicht auszudenken sein* be inconceivable; *die Folgen sind nicht auszudenken* the consequences could be disastrous

ausdiskutieren *v/t* thresh out

ausdörren *v/t* dry up, parch

ausdrehen *v/t* F (*Gas etc*) turn off, (*Licht*) *a.* switch off

Ausdruck¹ *m allg* expression (*a. Gesichts*²*, a.* MATHE *etc*), (*Wort*) *a.* word, term, (*Redewendung*) *a.* phrase: *idiomatischer* ~ idiom; *juristischer* ~ legal term; *zum* ~ *bringen* express; *zum* ~ *kommen* be expressed; F *das ist gar kein* ~! that's putting it mildly!

Ausdruck² *m* (*Computer*²) printout

ausdrucken *v/t* (*Text etc*) print out

ausdrücken I *v/t* 1. (*Frucht etc*) squeeze (out) 2. (*Zigarette etc*) stub out 3. (*formulieren*) express, put into words, (*zeigen*) show, reveal: *ich weiß nicht, wie ich es* ~ *soll* I don't know how to put it; *anders ausgedrückt* in other words II *v/refl* *sich* ~ 4. express o.s 5. (*sich zeigen*) reveal itself, be revealed

ausdrücklich I *Adj* express: ~*er Befehl* strict order II *Adv* expressly, (*besonders*) specially

Ausdruckskraft *f* expressiveness

ausdruckslos *Adj* expressionless, *Blick, Miene: a.* blank **ausdrucksvoll** *Adj* expressive **Ausdrucksweise** *f* style, diction, *weit. S.* language

ausdünsten *v/t* (*Geruch etc*) give off **Ausdünstung** *f* odo(u)r, perspiration

auseinander *Adv* apart, separated, F *Personen: a.* no longer together, *Ehe:* on the rocks: *... schreibt man* ~ ... is written in two words; *die Kinder sind zwei Jahre* ~ the children are two years apart in age; ~ *brechen* break asunder; ~ *bringen* (*Kämpfende, Freunde*) separate; ~ *dividieren* F *fig* split (up); ~ *fallen* fall apart, *fig a.* break up; ~ *falten* unfold; ~ *gehen* a) separate, part, *Menge:* disperse, b) *Meinungen etc:* be divided (*über Akk* on), c) F (*entzweigehen*) come apart, *fig Verbindung etc:* break off, *Verlobung:* be broken off, *Ehe:* go on the rocks, d) F (*dick werden*) grow fat; ~ *gehend fig* Ansichten etc: differing, divergent; ~ *halten* tell apart, distinguish between; *sich* ~ *leben* drift

apart; ~ *nehmen* a) take apart, TECH *a.* dismantle, b) F *fig* (*fertig machen*) bes SPORT clobber; ~ *reißen* tear apart, *fig a.* separate; *j-m etw* ~ *setzen* explain s.th. to s.o.; *sich* ~ *setzen mit e-r Frage etc:* deal with, *stärker:* tackle (*a problem etc*); ~ *treiben* disperse, scatter

Auseinandersetzung *f* 1. dealing (*mit* with) 2. argument: *bes* POL *kriegerische* ~ armed conflict

ausersehen *v/t* choose, select **auserwählen** *v/t* choose, select **auserwählt** *Adj* REL *das* ²*e Volk* the chosen people

ausfahrbar *Adj* telescopic

ausfahren I *v/t* 1. TECH extend, (*Fahrgestell*) *a.* lower 2. MOT run *the engine* at top speed, (*Kurve*) round 3. (*j-n*) take *s.o.* out for a drive, (*Baby etc*) take out 4. (*Waren*) deliver 5. wear out, rut: → *ausgefahren* II *v/i* 6. go for a drive

Ausfahrt *f* 1. drive 2. (*Tor*²) gateway, (*Autobahn*²) exit, (*Hafen*²) mouth: MOT ~ *freihalten!* keep exit clear!

Ausfall *m* 1. TECH (*Versagen*) failure, breakdown 2. (*Verlust*) loss, (*Fehlen*) absence, *des Unterrichts etc:* cancel(l)ation: SPORT *ein glatter* ~ (*Spieler*) F a dead loss 3. *Fechten:* lunge; *fig Ausfälle* attacks (*gegen* on) 4. (*Ergebnis*) outcome

ausfallen *v/i* 1. TECH fail, break down 2. *Haare etc:* fall out 3. not to take place: *Vortrag etc* ~ *lassen* call off, cancel; *morgen fällt die Schule aus* there is no school tomorrow 4. *Person:* be absent, be unavailable 5. *gut* (*schlecht*) ~ turn out well (badly); *der Sieg fiel knapp aus* it was a close victory

ausfällen *v/t* CHEM precipitate

ausfallend → **ausfällig** *Adj* (*er wurde* ~ he became) abusive

Ausfall|muster *n* WIRTSCH production (*od proof*) sample ~(**s)erscheinung** *f* MED deficiency (*bei Sucht:* withdrawal) symptom ~**straße** *f* arterial road

ausfasern *v/i* ravel out, fray (out) **ausfechten** *v/t fig* fight out

ausfertigen *v/t* (*Schriftstück*) draw up, (*Urkunde*) execute, VERW (*Pass etc*) issue

Ausfertigung *f* 1. drawing up, JUR execution 2. (*Kopie*) (*JUR* certified) copy: → *doppelt* I, *dreifach*

ausfindig *Adv* ~ *machen* find, discover

ausfliegen v/i fly out (a. v/t MIL), *Vögel*: leave the nest

ausfließen v/i flow out

ausflippen v/i F freak out, flip (out)

Ausflucht f mst Pl excuse

Ausflug m (**e-n ~ machen**) (make an) excursion (a. fig), (go on a) trip, (go for an) outing **Ausflügler(in)** (day) tripper, excursionist

Ausfluss m 1. TECH a) outflow, b) outlet 2. MED discharge

ausfragen v/t (*j-n*) (**über** Akk about) question, quiz, *neugierig*: pump

ausfransen v/i fray out

ausfressen v/t F **was hat er** etc **ausgefressen?** what has he etc been up to?

Ausfuhr f export, (**~güter**) exports Pl

ausführbar Adj 1. *Plan* etc: practicable 2. WIRTSCH exportable

ausführen v/t 1. WIRTSCH export 2. (*Plan, Arbeit, Gesetz, Befehl* etc) carry out, (a. *Gemälde* etc) execute, (*Auftrag* etc) fill: **Reparaturen ~** a. make repairs 3. (*darlegen*) explain, argue 4. take s.o. out, (*Hund*) take a dog for a walk

Ausführende m, f MUS performer

Ausfuhr\|genehmigung f WIRTSCH export licen\|ce (Am -se) **~handel** m export trade **~land** n exporting country

ausführlich I Adj detailed, full II Adv in detail: **sehr** (**ziemlich**) **~** at great (some) length; **~ beschreiben** give a detailed description (od account) of

Ausfuhrprämie f export bounty

Ausfuhrquote f export quota

Ausfuhrsperre f embargo on exports

Ausführung f 1. *e-s Vorhabens, Befehls* etc: carrying out, a. *e-s Gemäldes* etc: execution, *weit. S.* (*Fertigstellung*) completion 2. (*Qualität*) quality, (*Typ*) type, model, (*Konstruktion*) design 3. Pl remarks Pl, comments Pl

Ausfuhrzoll m export duty

ausfüllen v/t 1. fill, *fig* a. occupy: *ihre Arbeit füllt sie nicht aus* she is not satisfied by her work 2. (*Formular*) fill in, Am fill out, complete

Ausgabe f 1. handing out, distribution, *e-s Befehls*, *von Material* etc, a. WIRTSCH *von Aktien* etc: issue, *von Banknoten*: emission 2. *e-s Buchs*: edition, (*Exemplar*) copy, *e-r Zeitschrift*: issue, number 3. Pl expenditure Sg, (*Kosten*) expense(s Pl) **~kurs** m

WIRTSCH issue price **~stelle** f issuing office

Ausgang m 1. way out, exit: **am ~ des Dorfs** at the end of the village 2. (*Ende*) f mst Pl end, close, (*Ergebnis*) outcome, result: **Unfall mit tödlichem ~** fatal accident 3. (*Anfang*) beginning: **s-n ~ nehmen von** start from 4. outing: **~ haben** have the day etc off, MIL have a pass

Ausgangspunkt m a. fig starting point

Ausgangssperre f → **Ausgehverbot**

Ausgangssprache f source language

ausgeben I v/t 1. hand out, distribute, a. WIRTSCH (*Aktien* etc) issue, (*Geld*) spend 2. F **e-n** (od **e-e Runde**) **~** stand a round (of drinks) 3. **~ für**, **~ als** pass s.o., s.th. off as II v/refl **sich ~** 4. pose (**für**, **als** as)

ausgebeult Adj *Hose* etc: baggy

ausgebildet Adj trained

ausgebombt Adj bombed(-)out

ausgebrannt Adj gutted (by fire), a. fig burnt(-)out

ausgebucht Adj booked(-)up

ausgedehnt Adj extensive (a. fig), zeitlich: long

ausgedient Adj useless, discarded

ausgefahren Adj worn(-)out, rutty: → **Gleis**

ausgefallen Adj fig unusual, F off-beat

ausgefeilt Adj fig polished

ausgeglichen Adj a. fig (well-)balanced, a. Klima: equable

ausgehen v/i 1. go out: **er ist ausgegangen** a. he is not in 2. (*enden*) end: **gut ~** a. turn out well; LING **auf e-n Vokal ~** end in a vowel; SPORT **unentschieden ~** end in a draw 3. Geld, Vorräte etc: run out, Licht, Zigarette etc: go out: **mir ging das Geld aus** I ran out of money; fig **ihr ging die Geduld aus** she lost all patience; F **ihm ging die Puste aus** he ran out of steam 4. → **ausfallen** 2 5. **~ von** a) → **abgehen** 5, b) Anregung, Idee etc: come from, Wärme, Ruhe etc: be radiated by, c) proceed from, (*annehmen*) assume: **wenn wir davon ~, dass ...** proceeding on the assumption that ...; **man kann** (**ruhig**) **davon ~, dass ...** it is safe to assume that ...; **ich gehe davon aus, dass ...** a. I would think (that) ... 6. **~ auf** (Akk) be bent on; **auf Abenteuer**

~ seek adventure; *auf Betrug* ~ be out to cheat **7.** *leer* ~ come away empty-handed, *weit. S. a.* be left out in the cold; *(straf)frei* ~ get off scot-free

ausgehend *Adj das* **~e Mittelalter** the late Middle Ages *Pl; im ~en 19. Jh.* toward(s) the end of the 19th century

ausgehungert *Adj* starved (*fig nach* for)

Ausgehverbot *n* curfew: MIL ~ *bekommen* (*haben*) be confined to barracks

ausgeklügelt *Adj* ingenious, clever

ausgekocht *Adj* F *fig* shrewd, crafty

ausgelassen *Adj* gay, exuberant, (*laut*) boisterous: ~ *sein a.* be in high spirits

ausgelastet *Adj a.* **voll** ~ WIRTSCH, TECH working to capacity, *Person:* fully stretched

ausgelaugt *Adj* F *fig* washed(-)out

ausgemacht *Adj* **1.** (*sicher*) settled: *e-e* **~e Sache** a foregone conclusion **2.** *Gauner, Narr etc:* utter, perfect: *~er Blödsinn* utter nonsense

ausgenommen *I Konj* (*a.* ~*, wenn*) unless *it rains etc:* ~*, dass* … except that… **II** *Präp* except(ing), with the exception of: → **Anwesende**

ausgeprägt *Adj* marked: *~es Pflichtgefühl* strongly developed sense of duty

ausgepumpt *Adj* F *fig* bushed, *Am* pooped

ausgerechnet *Adv* F *fig* ~ *er* he of all people; ~ *Bananen* bananas of all things; ~ *heute* today of all days; ~ *jetzt* just now

ausgereift *Adj* mature(d) (*a. fig*), *Konstruktion etc:* perfected

ausgeschlossen *Adj* **1.** *sich* ~ *fühlen* feel left out of things **2.** impossible!: *das ist* ~*!* that's out of the question!; *jeder Zweifel ist* ~ there is no doubt about it

ausgeschnitten *Adj* (*tief*) ~ *Kleid etc:* low-necked

ausgesprochen *Adj fig* pronounced, decided, marked: *das war ~es Pech* that really was bad luck; *Adv* ~ *falsch* positively wrong

ausgestorben *Adj* extinct: *fig wie* ~ completely deserted

ausgesucht *Adj fig* select, exquisite: *~e Qualität* choice quality

ausgewachsen *Adj* **1.** full(y)-grown **2.**

F *fig Skandal etc:* full-blown

Ausgewiesene *m, f* expellee

ausgewogen *Adj fig* (well-)balanced

ausgezeichnet *Adj* excellent: *Adv das passt mir* ~ that suits me fine

ausgiebig I *Adj* *~en Gebrauch machen von* make full use of **II** *Adv* ~ *duschen* (*frühstücken etc*) have a good long shower (breakfast *etc*)

ausgießen *v/t* pour out, (*leeren*) empty

Ausgleich *m* **1.** balance, WIRTSCH *e-s Kontos, e-r Rechnung:* settlement, (*Entschädigung*) compensation: *als* ~ *für* by way of compensation for; *zum* ~ (*Gen*) in settlement of **2.** SPORT (*Treffer, Punkt*) equalizer: *den* ~ *erzielen* → *ausgleichen* **3** *ausgleichen* **I** *v/t* **1.** compensate (for), offset: *~de Gerechtigkeit* poetic justice **2.** WIRTSCH (*Konten etc*) balance, settle, (*Verlust*) cover, (*Defizit*) make good **II** *v/i* **3.** SPORT equalize

Ausgleichs|getriebe *n* MOT differential (gear) *~sport m sich schwimme etc als* ~ to keep fit *~tor n, ~treffer m* equalizer

ausgleiten *v/i a. fig* slip

ausgraben *v/t a. fig* dig up **Ausgrabung** *f mst Pl* excavation, F dig

ausgrenzen *v/t fig* exclude

Ausguck *m* SCHIFF, MIL lookout

Ausguss *m* sink, TECH outlet

aushacken *v/t* (*Augen etc*) pick out: → **Krähe**

aushaken I *v/t* unhook **II** *v/unpers* F *es hakte bei ihm aus* a) he lost the thread, b) he lost his cool, c) he flipped; *da hakts bei mir aus!* I just don't get it!

aushalten I *v/t* **1.** (*Schmerzen etc*) bear, stand, (*standhalten*) sustain: *es ist nicht auszuhalten* (*od zum* ~) it is unbearable **2.** F (*e-e Frau*) keep **3.** MUS (*Ton*) hold **II** *v/i* **4.** hold out: *er hält* (*es*) *nirgends lange aus* he never lasts long in any place (*od job*)

aushandeln *v/t* (*Tarif etc*) negotiate

aushändigen *v/t* hand over

Aushang *m* notice, bulletin

aushängen *v/t* **1.** (*Tür etc*) take off its hinges, **2.** (*Anschlag etc*) put up, (*Bild*) show

Aushängeschild *n* **1.** sign **2.** *fig* (*Person*) figurehead

ausharren *v/i* hold out, wait

ausheben v/t **1.** (*Grube etc*) dig **2.** →
aushängen 1 **3.** (*Nest*) rob **4.** fig
(*Bande etc*) round up
aushecken v/t F hatch, cook up
ausheilen v/i be cured, *Wunde*: heal up
aushelfen v/i **j-m** ~ help s.o. out (*mit*
with) **Aushilfe** f **1.** temporary help:
zur~ (*bei j-m*) *arbeiten* → *aushilfswei-*
se **2.** ~ **Aushilfskraft** f temporary
worker **aushilfsweise** Adv ~ *arbeiten*
work temporarily (*in Dat* at), *bei j-m*
a. help s.o. out
aushöhlen v/t hollow out, GEOL u. fig
erode, undermine
ausholen I v/i (*weit*) ~ **a)** *zum Schlag*
etc: swing back, **b)** fig *Erzähler*: go
far back; *mit der Axt* (*zum Schlag*) ~
raise the axe (to strike) **II** v/t F → *aus-*
fragen
aushorchen → *ausfragen*
aushungern v/t starve (out): → *ausge-*
hungert
auskennen v/refl **sich** ~ **a) in** e-m Ort:
know (one's way around) *a place*, **b) in**
(*Dat*), *mit* know all about
ausklammern v/t fig leave *s.th.* out of
consideration, ignore
Ausklang m a. fig finale
auskleiden v/t TECH line
ausklingen v/i fig end (**in** Dat with)
ausklinken v/t TECH release
ausklopfen v/t (*Staub etc*) beat out (*aus*
Dat of), (*Pfeife*) knock out
ausknipsen v/t F switch off
ausknobeln v/t F fig figure out
auskochen v/t **1.** boil, MED sterilize (by
boiling) **2.** → *ausgekocht*
auskommen v/i **1.** ~ *mit* make do (*od*
manage) with; *mit s-m Geld* ~ make
both ends meet; ~ *ohne* manage (*od*
do) without **2.** *mit j-m* ~ get on (*od*
along) with s.o. **Auskommen** n **1.** live-
lihood: *sein* ~ *haben* make a (decent)
living **2.** *mit ihm etc ist kein* ~ you can't
get on with him *etc*
auskosten v/t fig enjoy to the full
auskratzen v/t **1.** (*Topf etc*) scrape out **2.**
MED curette
auskugeln → *ausrenken*
auskühlen v/t cool, (*Körper*) chill
through
auskundschaften v/t spy out
Auskunft f **1.** information (*über* Akk
on, about): *nähere* ~ further particulars

Pl; **Auskünfte einholen** make inqui-
ries **2.** (*Stelle*) information office (*od*
desk), a. TEL Inquiries Pl
Auskunftei f WIRTSCH inquiry office
Auskunftsbeamte m, **Auskunftsbe-**
amtin f inquiry clerk
Auskunftsbüro n inquiry office
auskuppeln v/i MOT declutch
auskurieren v/t heal, cure
auslachen v/t laugh at, deride
ausladen v/t **1.** unload, SCHIFF (*Passa-*
giere etc) disembark **2.** F disinvite: *j-n*
~ a. ask s.o. not to come
ausladend Adj **1.** projecting, jutting out
2. fig Gebärde etc: sweeping
Auslage f **1.** (*Waren⌐*) (window) display,
(*Schaufenster*) shopwindow **2.** Pl (*j-m*
s-e ~*n ersetzen* refund s.o.'s) expenses
Pl
Ausland n foreign countries Pl: **im** ~,
ins ~ abroad; *aus dem* ~ from abroad;
die Reaktion des ~*s* reactions abroad
Ausländer(in) foreigner
ausländerfeindlich Adj hostile to for-
eigners **Ausländerfeindlichkeit** f
anti-alien feeling
ausländerfreundlich Adj foreigner-
-friendly, *präd* friendly to foreigners
ausländisch Adj foreign: ~*e Besucher*
a. visitors from abroad
Auslands... foreign (*department etc*)
~*aufenthalt* m stay abroad ~*flug* m in-
ternational flight ~*gespräch* n TEL in-
ternational call ~*korrespondent(in)*
foreign correspondent ~*reise* f journey
(*od* trip) abroad ~*schutzbrief* m MOT
(certificate of) international travel cov-
er ~*tournee* f tour abroad ~*verschul-*
dung f WIRTSCH foreign debts Pl
auslassen I v/t **1.** (*Wort etc*) leave out,
omit, (*Gelegenheit etc*) miss, (*über-*
springen) skip **2.** (*Ärger, Zorn etc*) vent
(*an Dat* on): *s-n Ärger an j-m* ~ a. take
it out on s.o. **3.** (*Butter etc*) melt **4.**
(*Naht, Saum*) let out **II** v/refl *sich* ~
5. talk (*at length*) (*über* Akk about)
Auslassung f omission
auslasten v/t TECH use to capacity: →
ausgelastet
Auslauf m **1.** SPORT run-out **2.** (chicken
etc) run: *die Kinder haben k-n* ~ the
children have nowhere to play **auslau-**
fen v/i **1.** *Flüssigkeit, Tank etc*: run out
2. SCHIFF sail **3.** (*enden*) end, *Vertrag,*

Amtszeit etc: expire, *a. Produktion:* run out: WIRTSCH **~ lassen** phase out, (*Modell*) discontinue **4.** *Farbe:* run, bleed

Ausläufer *Pl e-s Gebirges:* foothills *Pl*

Auslaufmodell *n* WIRTSCH phase-out model

Auslaut *m* LING final sound

ausleben *v/refl* **sich ~** live it up

auslecken *v/t* lick out, lick clean

auslegen *v/t* **1.** *allg* lay out, (*Kabel etc*) *a.* pay out, (*Waren*) *a.* display **2.** (*bedecken*) cover, (*verzieren*) inlay: **mit Teppich ~** *a.* carpet; **mit Papier ~** line with paper **3.** (*e-e Summe*) advance **4.** (*deuten*) interpret: **falsch ~** misinterpret **5.** TECH design (**auf** *Akk* for)

Ausleger *m* **1.** *e-s Krans:* jib, boom **2.** *a.* **Auslegerboot** *n* outrigger

Auslegeware *f* floor coverings *Pl*

Auslegung *f* interpretation

ausleiern *v/t* (*a. sich ~*) wear out

ausleihen *v/t* **1.** lend (out), loan **2.** **sich etw ~ von** borrow s.th. from

auslernen *v/i* complete one's training: **man lernt nie aus** (we) live and learn

Auslese *f* **1.** choice, selection: BIOL **natürliche ~** natural selection **2.** *fig* (*Elite*) flower **3.** wine made from selected grapes

auslesen[1] *v/t* select, TECH sort

auslesen[2] *v/t* finish (reading)

ausleuchten *v/t a. fig* illuminate

ausliefern *v/t* **1.** hand over (*Dat* to), WIRTSCH deliver: *fig* **j-m ausgeliefert sein** be at s.o.'s mercy **2.** POL extradite

Auslieferung *f* **1.** WIRTSCH delivery **2.** POL extradition **Auslieferungsvertrag** *m* JUR, POL extradition treaty

ausliegen *v/i Waren:* be on display, *Zeitungen:* be available

auslöffeln *v/t* spoon up: → **Suppe**

ausloggen *v/i* COMPUTER log out (*od* off)

auslöschen *v/t* **1.** → **löschen**[1] **1 2.** *fig* (*vernichten*) wipe out, (*töten*) *a.* kill

auslosen *v/t* draw (lots) for

auslösen *v/t* **1.** FOTO, TECH release, *a. fig* trigger (off), *fig* (*Wirkung etc*) produce, (*Begeisterung etc*) cause, (*Beifall*) arouse **2.** (*Pfand etc*) redeem

Auslöser *m* release, *a. fig* trigger

Auslosung *f* draw

Auslösung *f* **1.** releasing, triggering (*etc,* → **auslösen**). **2.** WIRTSCH compensation

ausloten *v/t* plumb, SCHIFF *u. fig* sound

ausmachen *v/t* **1.** F → **a) löschen** 1, **b) ausschalten** 1 **2.** (*sichten*) make out, spot, (*orten*) locate **3.** → **abmachen** 2 **4.** (*betragen*) amount to **5.** *fig* make up, form (part of): **das macht den Reiz s-r Bilder aus** this is what makes his pictures so attractive **6.** **das macht nichts (viel) aus** that doesn't matter (it matters a great deal); **wenn es Ihnen nichts ausmacht** if you don't mind; **macht es Ihnen etw aus, wenn ich rauche?** do you mind my smoking?; **die Kälte macht mir nichts aus** I don't mind the cold

ausmalen *v/t* **1.** paint, (*Bild*) colo(u)r **2.** *fig* depict (*Dat* to): **sich etw ~** picture s.th. (to o.s.)

Ausmaß *n* dimensions *Pl*, *a. fig* extent: **das ~ des Schadens** the extent of the damage; **gewaltige ~e annehmen** assume horrendous proportions

ausmergeln *v/t* emaciate

ausmerzen *v/t* (*Fehler*) eliminate

ausmessen *v/t* measure

ausmisten *v/t* muck out

Ausnahme *f* exception: **mit ~ von** (*od Gen*) with the exception of, except (for); **e-e ~ bilden** *a.* be exceptional; **bei j-m e-e ~ machen** make an exception in s.o.'s case **Ausnahme...** exceptional (*athlete, case, etc*) **Ausnahmezustand** *m* (**den ~ verhängen** declare a) state of emergency (**über** *Akk* in)

ausnahmslos *Adv u. Adj* without exception **ausnahmsweise** *Adv* by way of exception, (*diesmal*) for once

ausnehmen *v/t* **1.** (*Wild, Fisch*) gut, (*Geflügel*) draw: F *fig* **j-n ~** fleece s.o. **2.** (*ausschließen*) except, exclude

ausnüchtern *v/i* sober up

Ausnüchterungszelle *f* drying-out cell

ausnutzen *v/t a. pej* use, take advantage of, *a.* TECH exploit

Ausnutzung *f* use, *a. pej* exploitation

auspacken I *v/t* unpack, (*Geschenk*) unwrap **II** *v/i* F *fig* spill the beans

auspeitschen *v/t* whip, flog

auspfeifen *v/t* boo

ausplaudern *v/t* blab out

ausposaunen *v/t* F trumpet (forth)

auspreisen *v/t* WIRTSCH price

auspressen v/t squeeze (out)

ausprobieren v/t try (out), test

Auspuff m MOT exhaust

Auspufftopf m silencer, Am muffler

auspumpen v/t pump out

ausquartieren v/t lodge s.o. elsewhere

ausquetschen v/t F fig **j-n ~** grill s.o.

ausradieren v/t erase, fig a. wipe out

ausrangieren v/t discard

ausrasten v/i **1.** TECH be released **2.** F fig flip out

ausrauben v/t rob

ausräuchern v/t fumigate, JAGD u. fig smoke out

ausräumen v/t **1.** (Raum etc) clear, (Möbel) remove (**aus** Dat from) **2.** fig (Missverständnis etc) clear up, (Bedenken) dispel

ausrechnen v/t (fig **sich**) **etw ~** work s.th. out (for o.s.); F **er ist leicht auszurechnen** he is quite predictable; → **ausgerechnet**

Ausrede f (**faule ~** lame) excuse

ausreden I v/i finish (speaking): **j-n ~ lassen** hear s.o. out; **j-n nicht ~ lassen** cut s.o. short II v/t **j-m etw ~** talk s.o. out of s.th.

ausreichen v/i be enough: **e-e Woche etc ~** last a week etc **ausreichend** Adj **1.** sufficient, enough **2.** PÄD (Note) D

Ausreise f departure: **bei der ~** on leaving the country; **j-m die ~ verweigern** refuse s.o. permission to leave the country **Ausreisevisum** n exit visa

ausreißen I v/t pull out, tear out II v/i F run away (**vor j-m** before s.o., **von zu Hause** from home)

Ausreißer(in) F runaway

ausreiten v/i ride out

ausrenken v/t **sich den Arm etc ~** dislocate one's arm etc

ausrichten v/t **1.** straighten, in Linie: align, (anpassen) adjust (a. fig, **nach** to): **sich ~** line up; fig **sich** (od **sein Verhalten**) **~ nach** orientate o.s. to; **ausgerichtet auf** (Akk) aimed at **2.** (erreichen) achieve: **er wird** (**bei ihr**) **nichts ~** (**können**) he won't get anywhere (with her) **3.** (mitteilen) tell: **kann ich etw ~?** can I take a message?; **bitte richten Sie ihm m-e Grüße aus** please give him my (kind) regards **4.** (Veranstaltung) organize, (Hochzeit etc) arrange **Ausrichter(in)** organizer

Ausritt m ride

ausrollen I v/t (Teppich etc) unroll, (Teig) roll (out) II v/i MOT coast (FLUG taxi) to a standstill

ausrotten v/t a. fig root out, (Ungeziefer, a. Volk) exterminate

Ausrottung f extermination

ausrücken I v/i **1.** Feuerwehr etc: turn out, MIL march out **2.** F → **ausreißen** II II v/t **3.** (Wort etc) move out

Ausruf m cry, exclamation **ausrufen** v/t cry, (Namen etc) call out, (Streik) call, POL proclaim: **j-n zum König ~** proclaim s.o. king; **j-n ~ lassen** page s.o.

Ausrufungszeichen n exclamation mark

ausruhen v/i (a. **sich ~**) rest

ausrüsten v/t (**mit** with) equip (a. fig), supply, (Expedition etc) fit out

Ausrüstung f all g equipment, (Sport2) a. outfit, (Gerät) gear, (Zubehör) accessories Pl

ausrutschen v/i slip (**auf** Dat on)

Ausrutscher m F fig slip, gaffe

Aussaat f a) sowing, **b)** seed

Aussage f all g statement, künstlerische: a. message, JUR a. testimony: **nach Ihrer ~** according to what you said; JUR **die ~ verweigern** refuse to give evidence; **hier steht ~ gegen ~** it's his word against hers etc **aussagen** I v/i JUR give evidence (**unter Eid** upon oath) II v/t state, say, bes fig express

Aussagesatz m clause of statement

Aussatz m MED leprosy

Aussätzige m, f a. fig leper

aussaugen v/t suck: fig **j-n** (**bis aufs Blut**) **~** bleed s.o. (white)

Ausschabung f MED curettage

ausschachten v/t dig, excavate

ausschaffen v/t schweiz: expel

ausschalten v/t **1.** (Licht, Radio etc) switch off, ELEK (Strom) cut out, (Motor etc) stop **2.** (Gegner, Fehler etc) eliminate, (Gefahr) a. avoid, (Gefühle) exclude, bes SPORT neutralize

Ausschaltung f fig elimination

Ausschau f **~ halten** → **ausschauen** v/i look out (**nach** for)

ausscheiden I v/t **1.** eliminate, exclude, (aussondern) sort out, remove **2.** PHYSIOL excrete II v/i **3.** (nicht in Frage kommen) be ruled out, Person: be not eligible **4.** **~ aus** e-m Amt etc: retire

from, *e-r Firma etc*: leave, SPORT be eliminated from, *e-m Rennen etc*: drop out of **Ausscheidung** *f* **1.** elimination **2.** PHYSIOL excretion, excrements *Pl* **3.** → **Ausscheidungskampf** *m* SPORT qualifying contest

ausschenken *v/t* pour (out), *als Wirt*: sell

ausscheren *v/i* **1.** MOT swing out **2.** *fig* deviate (**aus** from)

ausschicken *v/t* send

ausschiffen *v/t* (*a. sich ~*) disembark

ausschlachten *v/t* **1.** (*Tier*) cut up **2.** F *fig* (*Auto etc*) cannibalize, *pej* (*e-n Fall etc*) exploit

ausschlafen I *v/t* (*Rausch*) sleep off II *v/i* (*a. sich ~*) get a good night's sleep, *morgens*: sleep late

Ausschlag *m* **1.** MED (*e-n ~ bekommen* break out into a) rash **2.** *fig* **den ~ geben für** be decisive of; *das gab den ~* that decided (*od* settled) it **3.** PHYS *e-s Pendels etc*: swing, *e-s Zeigers etc*: deflection, (*~weite*) amplitude

ausschlagen I *v/i* **1.** *Pferd*: kick out **2.** *Pendel etc*: swing, *Zeiger etc*: deflect **3.** BOT sprout, *Baum*: come into leaf II *v/t* **4.** (*Zahn etc*) knock out: → **Fass 5.** → **auskleiden 6.** (*ablehnen*) refuse, turn *s.th.* down

ausschlaggebend *Adj* (*a. von ~er Bedeutung*) decisive: *~ sein* be decisive (*für* of)

ausschließen I *v/t* **1.** → **aussperren 2.** *fig* (*j-n*) (*aus* from) exclude, *aus der Partei etc*: expel, (*nicht zulassen*) bar, SPORT disqualify; *zeitweilig*: suspend; JUR *die Öffentlichkeit ~* exclude the public **3.** (*Möglichkeit, Irrtum etc*) rule out, (*ausnehmen*) exclude, except: → **ausgeschlossen** II *v/refl* **sich ~ 4.** exclude o.s. (*von* from)

ausschließlich *Adj* exclusive

ausschlüpfen *v/i* ZOOL hatch (out)

Ausschluss *m* (*aus* from) exclusion, *aus der Partei etc*: expulsion, SPORT disqualification; *zeitweiliger ~* suspension; JUR *unter ~ der Öffentlichkeit* in closed session

ausschmücken *v/t* **1.** decorate **2.** *fig* (*Erzählung etc*) embroider

ausschneiden *v/t* cut out, (*Bäume etc*) prune: → **ausgeschnitten**

Ausschnitt *m* **1.** neck(line): *mit tiefem*

~ décolleté, low-necked **2.** (*Zeitungs*²) cutting, *Am* clipping **3.** (*Bild*²) detail, *Sport*, TV scene **4.** *fig* (*Teil*) (*aus*) part (of), extract (from)

ausschöpfen *v/t* **1.** (*Wasser, Boot*) bail out **2.** *fig* (*Thema etc*) exhaust

ausschreiben *v/t* **1.** (*Wort etc*) write out, (*Zahl*) write out (in words) **2.** → **ausstellen** 2 **3.** (*bekannt geben*) announce, (*e-e Stelle*) advertise, WIRTSCH invite tenders for: *e-n Wettbewerb ~* invite entries (WIRTSCH tenders) for a competition; *Wahlen ~* go to the country

Ausschreibung *f* WIRTSCH invitation to bid, SPORT invitation to a competition

Ausschreitung *f* mst *Pl* riot

Ausschuss *m* **1.** (*in e-m ~ sein* be *od* sit on a) committee **2.** WIRTSCH rejects *Pl*, TECH waste, scrap **Ausschussmitglied** *n* committee member

Ausschusssitzung *f* committee meeting

ausschütteln *v/t* shake out

ausschütten I *v/t* **1.** pour out, (*verschütten*) spill: *fig j-m sein Herz ~* unburden o.s. to s.o. **2.** WIRTSCH (*Dividende*) pay II *v/refl* **3.** *sich* (*vor Lachen*) *~* split one's sides laughing

ausschweifend *Adj Fantasie etc*: unbridled, *Leben etc*: dissolute

Ausschweifungen *Pl* excesses *Pl*

ausschweigen *v/refl* **sich ~** remain silent (*über Akk* about)

ausschwitzen *v/t* exude

aussehen I *v/i* look: *gut ~* **a**) be good-looking, **b**) (*gesund*) look well; *schlecht* (*krank*) *~* look ill; *wie sieht er aus?* what does he look like?; F *sie sah vielleicht aus!* she did look a sight!; *so siehst du aus!* nothing doing! II *v/unpers* F *es sieht nach Regen aus* it looks like rain; *damit es nach etw aussieht* to make it look impressive

Aussehen *n* looks *Pl*, appearance

aus sein → *aus* 8, 9, 10

außen *Adv* outside: *von ~* from (the) outside, from without; *nach ~* outward(s), *fig* outwardly (*calm etc*); F *er bleibt ~ vor* he's (left) out of it

Außenaufnahmen *Pl* FILM location shooting *Sg* **Außenbezirke** *Pl e-r Stadt*: outskirts *Pl* **Außenbordmotor** *m* outboard motor

aussenden *v/t* send out

Außendienst *m* field work: **im ~** in the field **~mitarbeiter(in)** field worker, WIRTSCH (*Vertreter*) *a.* sales representative

Außen|handel *m* foreign trade, *Am* foreign commerce **~kante** *f* outer edge **~minister(in)** Foreign Minister (*Br* Secretary), *Am* Secretary of State **~ministerium** *n* Foreign Ministry (*Br* Office), *Am* State Department **~politik** *f* foreign politics *Pl* (*bestimmte*: policy) **Ɔpolitisch** *Adj* foreign: **~e Debatte** debate on foreign affairs **~seite** *f* outside

Außenseiter(in) outsider

Außenspiegel *m* MOT outside rear-view mirror

Außenstände *Pl* WIRTSCH outstanding debts *Pl*

Außen|stelle *f* branch (office) **~stürmer(in)** *Fußball etc*: winger, outside **~tasche** *f* outer pocket **~wand** *f* outer wall **~welt** *f* outside world

außer I *Präp* (*Dat*) **1.** out of: → **Atem, Betrieb 3, Dienst, Reichweite**; *fig* **~ sich sein** be beside o.s. (*vor* with); **~ sich geraten** lose control of o.s **2.** (*abgesehen von*) apart (*bes Am* aside) from, except (for): **alle ~ dir** all except (*od* but) you **3.** (*neben*) besides, in addition to **II** *Konj* **4. ~** (*wenn*) unless; **~ dass** except that

außerberuflich *Adj* private

außerbetrieblich *Adj* external

außerdem *Adv* besides

äußere *Adj* outer, outside, external, WIRTSCH, POL foreign: **k-e ~n Verletzungen** no external injuries; POL **~ Angelegenheiten** foreign affairs **Äußere** *n* outside, *e-r Person*: (outward) appearance, *s.o.'s* looks *Pl*: **von angenehmem ~n** personable; **auf sein ~s achten** be particular about one's appearance

außerehelich *Adj Kind*: illegitimate, *Beziehungen etc*: extramarital

außergerichtlich *Adj* extrajudicial: **~er Vergleich** out-of-court settlement

außergewöhnlich *Adj* exceptional, uncommon, WIRTSCH *Belastungen etc*: extraordinary

außerhalb I *Präp* (*Gen*) out of: **~ des Hauses** outdoors, outside **II** *Adv* outside, (**~ der Stadt**) out of town

außerirdisch *Adj* (*a.* **~es Wesen**) extraterrestrial

äußerlich *Adj a. fig* outward, external, (*oberflächlich*) superficial: *Adv* MED **~ anzuwenden** for external application only; **~ betrachtet** on the face of it

Äußerlichkeit *f fig* superficiality: **bloße ~en** mere formalities

äußern I *v/t* utter, express, (*Verdacht, Kritik etc*) voice **II** *v/refl* **sich ~ a**) express o.s. (*od* give one's opinion) (*über Akk* on), **b**) (*in Dat* in) *Sache*: be shown, *Krankheit etc*: manifest itself

außerordentlich I *Adj* extraordinary, unusual, (*erstaunlich*) remarkable, (*hervorragend*) outstanding: **~er Professor** senior lecturer, *Am* associate professor **II** *Adv* (*sehr*) extremely

außerparlamentarisch *Adj* extraparliamentary **außerplanmäßig** *Adj* extraordinary, *Beamte*: supernumerary

außersinnlich *Adj* **~e Wahrnehmung** extrasensory perception

äußerst I *Adj* **1.** *räumlich*: outermost, remotest: *fig POL* **die ~e Linke** the extreme left **2.** *zeitlich*: latest, final: **der ~e Termin** *a.* the deadline **3.** *fig* extreme, utmost: **von ~er Wichtigkeit** of utmost importance; **im ~en Fall** at worst; **mit ~er Kraft** by a supreme effort **II** *Adv* **4.** extremely **III Ɔe, das 5.** the limit, the most, (*das Schlimmste*) the worst: **zum Ɔen entschlossen sein** be desperate; **bis zum Ɔen gehen** go to the last extreme; **sein Ɔes tun** do one's utmost; **auf das Ɔe gefasst sein** be prepared for the worst

außerstande *Adj* **~ sein** be unable

Äußerung *f* **1.** statement, remark **2.** *fig* (*Ausdruck*) expression, sign

aussetzen I *v/t* **1.** expose (*Dat* to, *a. fig e-r Gefahr, der Kritik etc*), (*Kind*) *a.* abandon, (*Tiere*) release **2.** SCHIFF (*Boot*) lower, (*Passagiere*) disembark, *pej* maroon **3.** (*Belohnung etc*) offer (*Dat* to): **e-n Preis auf j-s Kopf ~** put a price on s.o.'s head **4.** (*unterbrechen*) interrupt, (*Urteil, Verfahren, Zahlungen*) suspend: → **Bewährung 2 5. etw ~** (*od* **auszusetzen haben**) *an* (*Dat*) object to, criticize; **was ist daran auszusetzen?** what's wrong with it?; **er hat an allem etw auszusetzen** he finds fault with everything **II** *v/i* **6.** (*ver-*

sagen) fail, MOT misfire, *Herz*: miss a beat **7.** (*abbrechen*) stop, break off, (*e-e Pause machen*) take a rest, *bei e-m Spiel*: sit out: **~ mit e-r Behandlung etc**: interrupt; *ohne auszusetzen* without interruption; *Spiel*: (*e-e Runde*) **~** miss a turn

Aussetzer *m* **1.** MOT misfire **2.** F *fig* blackout

Aussicht *f* (*auf Akk* of) **1.** view: *ein Zimmer mit ~ auf das Meer* a room overlooking the sea **2.** *fig* chance, prospect: *Aussichten Pl a.* outlook *Sg*; *er hat ~en zu gewinnen* he stands a chance to win; *gute ~en auf Erfolg haben* stand a good chance of success

aussichtslos *Adj* hopeless: *e-e ~e Sache* a lost cause; *e-n ~en Kampf führen* fight a losing battle

Aussichtslosigkeit *f* hopelessness

Aussichtsplattform *f* observation platform

aussichtsreich *Adj* promising

Aussichtsturm *m* observation tower

Aussiedler(in) *m(f)* emigrant

aussitzen *v/t* F *etw ~* sit s.th. out

aussöhnen *v/t* reconcile (*sich* o.s.) (*mit* with, to)

Aussöhnung *f* reconciliation

aus|sondern, ~sortieren *v/t* sort out

ausspannen I *v/t* **1.** (*Pferde etc*) unharness: F *fig j-m die Freundin ~* steal s.o.'s girl(friend) **2.** spread out, stretch out II *v/i* **3.** relax, (take a) rest

aussparen *v/t* **1.** TECH leave open **2.** *fig* (*Thema etc*) leave out, avoid

aussperren *v/t j-n ~ a.* WIRTSCH lock s.o. out (*aus* of) **Aussperrung** *f* WIRTSCH lockout

ausspielen I *v/t* (*Karte*) play, *fig* (*Können*) bring to bear: *j-n gegen j-n ~* play s.o. off against s.o. II *v/i Kartenspiel*: lead: *wer spielt aus?* *a.* whose lead (is it)?; *fig er hat ausgespielt* he's finished

ausspinnen *v/t fig* spin out

ausspionieren *v/t* spy out, spy on *s.o.*

Aussprache *f* **1.** pronunciation **2.** discussion, *a.* PARL debate

aussprechen I *v/t* **1.** (*Wort*) pronounce: → *ausgesprochen* **2.** (*Beileid, Meinung etc*) express: → *Vertrauen* **3.** JUR (*Scheidung*) grant II *v/i* **4.** → *ausreden* I III *v/refl sich ~* **5.** express one's

views (*über Akk* on, about): *sich für* (*gegen*) *etw ~* speak for (against) s.th. **6. a)** *bei j-m* unburden o.s. to s.o., **b)** *mit j-m* F have it out with s.o.

Ausspruch *m* remark, saying

ausspucken *v/t u. v/i* spit out

ausspülen *v/t* rinse

ausstaffieren *v/t* F rig out

Ausstand *m* WIRTSCH strike, F walkout: *in den ~ treten* go on strike, walk out

ausstanzen *v/t* TECH punch out

ausstatten *v/t* (*mit*) **1.** fit out, equip, (*Wohnung*) *a.* furnish, (*Buch etc*) get up **2.** WIRTSCH *mit Kapital etc*: endow (*a. fig mit Talent etc*), JUR *mit Befugnissen etc*: vest **Ausstattung** *f allg* outfit, equipment, *e-r Wohnung*: furnishing, décor, THEAT *etc* sets and costumes *Pl*, (*Gestaltung*) design, (*Aufmachung*) get-up **Ausstattungsstück** *n* THEAT spectacular (show)

ausstechen *v/t* **1.** GASTR cut out **2.** *fig* (*j-n*) outdo, (*Rivalen*) cut out

ausstehen I *v/t* stand, bear, suffer: *es ist noch nicht ausgestanden* it's not over yet; F *ich kann ihn* (*es*) *nicht ~* I can't stand him (it) II *v/i Entscheidung*: be pending, *Zahlung*: be outstanding: *s-e Antwort steht noch aus* he hasn't answered yet

aussteigen *v/i* (*aus*) get out (of) (*a. fig e-m Unternehmen etc*), get off (*a train, bus, etc*), FLUG, SCHIFF disembark, F FLUG (*abspringen*) bail out (of), SPORT *aus e-m Rennen, fig aus der Kernenergie, e-m Geschäft etc*: opt out (of), *aus der Gesellschaft etc*: drop out (of)

Aussteiger(in) F dropout

ausstellen I *v/t* **1.** (*Waren, Bilder etc*) display, show, exhibit **2.** (*Rechnung, Attest, Scheck etc*) make out (*auf j-s Namen* in s.o.'s name), (*Pass*) issue, (*Wechsel*) draw (*auf Akk* on) II *v/i* **3.** exhibit

Aussteller(in) **1.** exhibitor **2.** WIRTSCH drawer

Ausstellfenster *n* MOT ventipane

Ausstellung 1. exhibition, show, (*Messe*) fair **2.** *e-r Urkunde etc*: issue

Ausstellungs|datum *n* date of issue **~gelände** *n* exhibition grounds *Pl* **~halle** *f* exhibition hall **~raum** *m* show-room **~stück** *n* exhibit **~zentrum** *n* exhibition centre

ausstempeln v/i clock out

aussterben v/i a. fig die out: → *ausgestorben*

Aussteuer f trousseau

aussteuern v/t ELEK modulate

Ausstieg m **1.** im Bus etc: exit (door) **2.** (das Aussteigen) (aus) exit (from), getting out (of), fig a. opting out (of nuclear energy, a business, etc)

Ausstiegluke f (escape) hatch

ausstopfen v/t stuff

Ausstoß m WIRTSCH output, production

ausstoßen v/t **1.** TECH eject, blow off, exhaust **2.** WIRTSCH turn out, produce **3.** (Worte etc) utter, (Schrei) a. give, (Seufzer) heave **4.** j-n ~ expel s.o. (aus from): j-n aus der Gesellschaft ~ ostracize s.o.

ausstrahlen v/t **1.** a. fig radiate **2.** RADIO broadcast, TV a. televise

Ausstrahlung f **1.** fig radiation, e-r Person: charisma **2.** broadcast(ing)

Ausstrahlungskraft f charisma

ausstrecken v/t (a. *sich ~*) stretch out: **die Hand ~ nach** reach (out) for; → *Fühler* 1

ausstreichen v/t cross out

ausströmen I v/i (aus from) Wärme etc, a. fig Ruhe etc: radiate, Geruch: emanate, Gas etc: escape II v/t radiate (a. fig), (Geruch) give off

aussuchen v/t choose, select: → *ausgesucht*

Austausch m (im ~ in) exchange (für for) **Austausch...** PÄD, UNI exchange (teacher, student, etc) **austauschbar** Adj interchangeable **austauschen** v/t (gegen) exchange (for), (ersetzen) replace (by) **Austauschmotor** m replacement engine

austeilen v/t distribute (an Akk to, unter Akk among), (Karten, F Schläge) deal (out)

Auster f oyster

Austernbank f oyster bed

austoben v/refl sich ~ Person: have one's fling, Kinder: have a good romp

austragen I v/t **1.** (Briefe etc) deliver: **Zeitungen ~** do a newspaper round (Am route) **2.** MED (Kind) carry to (full) term, weit. S. have **3.** (Streit etc) settle: **die Sache ~** F have it out **4.** (Turnier etc) hold, (Spiel) play **5.** (Daten etc) remove, cancel II v/refl sich ~ **6.**

aus e-r Anwesenheitsliste: sign out

Austragungsort m SPORT venue

Australien n Australia

Australier(in), **australisch** Adj Australian

austreiben I v/t **1.** → *vertreiben* **2.** (Teufel etc) exorcize: fig j-m etw ~ cure s.o. of s.th. II v/i **3.** BOT sprout

austreten I v/t **1.** (Feuer etc) stamp out **2.** (Pfad) tread **3.** (Schuhe) wear out **4.** (Stufen) wear down II v/i **5.** (aus) come out (of), Gas etc: escape (from) **6.** ~ aus e-m Verein etc: leave **7.** F (go and) spend a penny

austricksen v/t F a. SPORT trick

austrinken v/t u. v/i drink up, finish (one's drink)

Austritt m (aus Dat) leaving (a club etc)

austrocknen v/t u. v/i dry up

austüfteln v/t F (Plan etc) work out

ausüben v/t **1.** (Tätigkeit, Gewerbe) carry on, (Beruf etc) practise, (Funktion) perform, (Amt) hold, (Sport) go in for **2.** (Macht, Recht etc) exercise, (auf Akk on) (Einfluss etc) have, (Wirkung, Reiz etc) have, (Zwang etc) use: → *Druck*[1]

Ausübung f carrying on (etc), exercise: **in ~ s-r Pflicht** in the execution of his duty

ausufern v/i fig get out of hand

Ausverkauf m WIRTSCH **a)** selling off, **b)** (im ~ kaufen buy at a) sale, **c)** fig sell-out

ausverkaufen v/t sell off: *ausverkauft* sold out, THEAT etc. a. full (house etc)

auswachsen I v/t (Kleidung) grow out of II v/i BOT go to seed III v/refl sich ~ fig develop (zu into): → *ausgewachsen* IV Ⴍ n F **es ist zum Ⴍ! a)** it's enough to drive you crazy, **b)** (langweilig) it's dreadfully boring

Auswahl f **1.** selection, WIRTSCH a. choice, range: ... **in großer ~** a large assortment of ...; **zur ~** ... to choose from; **e-e ~ treffen** select (aus from) **2.** → *Auswahlmannschaft* **auswählen** v/t choose, select **Auswahlmannschaft** f SPORT representative team

Auswanderer m, **Auswanderin** f emigrant

auswandern v/i emigrate

Auswanderung f emigration

auswärtig Adj **1.** nonlocal, a. WIRTSCH

out-of-town **2.** POL foreign (*affairs, office, etc*): **~er Dienst** *a.* diplomatic service

auswärts *Adv* **1.** out, (*außer Haus*) away (from home), (*außerhalb der Stadt*) out of town: **~ essen** eat out; SPORT **~ spielen** play away from home; **~ wohnen** live out of town **2.** outward(s)

Auswärtsspiel *n* SPORT away match

auswaschen *v/t* wash out

Auswechselbank *f* SPORT substitutes' bench

auswechselbar *Adj* (*gegen*) exchangeable (for), (*ersetzbar*) replaceable (by)

auswechseln *v/t* (*gegen*) exchange (for), (*ersetzen*) replace (by), (*Rad etc*) change, SPORT (*Spieler*) substitute

Auswechselspieler(in) substitute

Auswechs(e)lung *f* exchange, (*Ersatz*) replacement, SPORT substitution

Ausweg *m fig* way out (**aus** of): **als letzter ~** as a last resort

ausweglos *Adj* hopeless

ausweichen *v/i* **1.** (*Dat*) make way (for), get out of the way (of), (*e-m Auto, Schlag etc, a. fig e-r Sache*) dodge: **j-s Blicken ~** avoid s.o.'s eyes; **e-r Frage ~** evade a question **2.** (*∧d antworten*) be evasive **3.** **~ auf** (*Akk*) switch to

ausweichend *Adj fig* evasive

Ausweich|manöver *n fig* evasive action **~möglichkeit** *f* alternative

ausweinen *v/refl* **sich ~** have a good cry (**bei j-m** on s.o.'s shoulder)

Ausweis *m* (*Personal∞*) identity (*Abk* ID) card, (*Mitglieds∞ etc*) card, *ent. S.* pass **ausweisen I** *v/t* **1.** (*aus* from) expel, (*Ausländer*) deport **2.** *fig j-n ~ als* show s.o. to be (*an expert etc*) **II** *v/refl* **sich ~ 3.** prove one's identity: *fig* **sich als Experte** *etc* **~** prove o.s. an expert *etc*

Ausweiskontrolle *f* identity (*Abk* ID) check **Ausweispapiere** *Pl* (identification) papers *Pl*

Ausweisung *f* (*aus* from) expulsion, *von Ausländern*: deportation

ausweiten *v/t* (*a.* **sich ~**) expand (*a. fig zu* into) **Ausweitung** *f* expansion

auswendig *Adv* by heart: MUS **~ spielen** play from memory; **etw in- und ~ kennen** know s.th. inside out

auswerfen *v/t* (*Anker etc*) cast

auswerten *v/t allg* evaluate, (*nutzen*)

utilize, WIRTSCH *a.* exploit

Auswertung *f* evaluation, utilization

auswickeln *v/t* unwrap

auswiegen *v/t* weigh out

auswirken *v/refl* **sich ~ a)** have consequences, **b)** **auf** (*Akk*) affect, **c)** **in** (*Dat*) result in: **sich positiv** (**negativ**) **~** have a favo(u)rable (negative) effect **Auswirkung** *f* **1.** effect (**auf** *Akk* on) **2.** → **Rückwirkung**

auswischen *v/t* wipe out: F **j-m eins ~** play a nasty trick on s.o.

auswringen *v/t* wring out

Auswuchs *m* **1.** MED outgrowth **2.** *fig* **a)** *Pl* excesses *Pl*, **b)** *der Fantasie*: product

Auswurf *m* **1.** MED sputum **2.** → **Abschaum**

auszahlen I *v/t* (*Summe*) pay (out), (*j-n*) pay off, (*Teilhaber*) buy out **II** *v/refl* **sich ~** *fig* pay

auszählen *v/t* (*a.* **e-n Boxer**) count out

Auszahlung *f* payment

auszeichnen I *v/t* **1.** distinguish, (*ehren*) hono(u)r: *j-n, etw* **mit e-m Preis ~** award a prize to; *e-n Soldaten* (**mit e-m Orden**) **~** decorate **2.** WIRTSCH (*Waren*) price **II** *v/refl* **sich ~ 3.** distinguish o.s.

Auszeichnung *f* **1.** (mark of) distinction, (*Orden*) decoration, (*Preis*) award: *e-e Prüfung* **mit ~ bestehen** pass with distinction **2.** WIRTSCH pricing

ausziehbar *Adj* pull-out, *Antenne etc*: telescopic **ausziehen I** *v/t* **1.** (*Kleidung*) take off: **j-n ~** undress s.o. **2.** (*Tisch etc*) pull out **3.** CHEM, TECH extract **II** *v/i* **4.** set out **5.** (*aus e-r Wohnung*) **~** move out (of a flat) **III** *v/refl* **sich ~ 6.** undress, take one's clothes off

Auszieh|feder *f* drawing pen **~platte** *f* *e-s Tisches*: leaf **~tisch** *m* pull-out table **~tusche** *f* drawing ink

Auszubildende *m, f* trainee

Auszug *m* **1.** departure, *demonstrativ*: walkout: **~** (**aus e-r Wohnung**) move (from a flat) **2. a)** CHEM extraction, **b)** *a. fig* extract (**aus** from), **c)** MUS arrangement **3.** WIRTSCH (*Konto∞*) statement (of account) **auszugsweise** *Adv* in parts: **~ vorlesen** read extracts from

auszupfen *v/t* pluck out

autark *Adj* WIRTSCH autarkic

Autarkie *f* autarky

authentisch *Adj* authentic(ally *Adv*)
Autismus *m* autism
autistisch *Adj* autistic
Auto *n* (motor)car, *bes Am* auto(mobile): ~ *fahren* drive (a car); *mit dem* ~ *fahren* go by car; *können Sie ~ fahren?, fahren Sie ~?* do you drive?; → *mitnehmen* 1
Autoabgase *Pl* (car) exhaust fumes (*od* emissions) *Pl*
Autoapotheke *f* (driver's) first-aid kit
Autoatlas *m* road atlas
Autobahn *f* motorway, *Am* highway, freeway **~auffahrt** *f* motorway *etc* approach, slip road **~ausfahrt** *f* exit **~dreieck** *n* motorway junction **~gebühr** *f* toll **~kreuz** *n* motorway *etc* intersection **~meisterei** *f* motorway maintenance authority **~raststätte** *f* motorway service area **~zubringer** *m* slip road
Autobiografie *f* autobiography
Autobombe *f* car bomb
Autodidakt(in) *m* autodidact
Auto|dieb(in) car thief **~diebstahl** *m* car theft **~fähre** *f* car ferry **~fahrer(in)** motorist, (car) driver **~fahrt** *f* drive
autofrei *Adj* traffic-free
Autofriedhof *m* F *fig* car dump
autogen *Adj* MED, TECH autogenous: MED ~*es Training* autogenic training
Autogramm *n* autograph **~jäger(in)** F autograph hunter **~stunde** *f* autograph(ing) session
Autohändler(in) car dealer
Autoindustrie *f* car (*od* automobile, automotive) industry
Autokino *n* drive-in (cinema)
Autoknacker(in) F car burglar
Autokolonne *f* line of cars, convoy
Automarke *f* make (of car)
Automat *m* **1.** (*Verkaufs♀*) vending machine, (*Spiel♀*) slot machine, (*Musik♀*) juke box, TECH automatic machine **2.** *fig* (*Person*) robot
Automatenrestaurant *n* automat
Automatik *f* automatism, TECH automatic system, MOT automatic transmission
Automatikgetriebe *n* automatic trans-

mission **Automatikgurt** *m* reel seat belt **Automatikschaltung** *f* automatic gear change (*Am* gearshift) **Automatikwagen** *m* automatic
Automation *f* automation
automatisch *Adj* automatic(ally *Adv*)
automatisieren *v/t* automate
Automechaniker(in) car mechanic
Automobil *n* automobile; → *Auto(...)* **~ausstellung** *f* motor show **~klub** *m* automobile association
autonom *Adj* autonomous
Autonomie *f* autonomy
Autonummer *f* (car) number
Autopilot *m* FLUG autopilot
Autopsie *f* MED autopsy, post-mortem
Autor *m*, **Autorin** *f* author, writer
Auto|radio *n* car radio **~reifen** *m* tyre, *Am* tire **~reisezug** *m* motorail train, *Am* autotrain **~rennen** *n* car (*od* motor) race **~rennsport** *m* motor racing **~reparatur(werkstatt)** *f* garage, repair (shop)
autorisieren *v/t* authorize
autoritär *Adj* authoritarian
Autorität *f* authority (*a. = Experte*)
Autoschalter *m* e-r *Bank:* drive-up counter **Autoschlosser(in)** car mechanic **Autoschlüssel** *m* car key
Autoskooter *m* dodgem
Autostopp *m* ~ *machen* hitchhike
Autosuggestion *f* autosuggestion
Autotelefon *n* car telephone
Autounfall *m* car accident: *er kam bei e-m ~ ums Leben* he died in a car crash
Autoverleih *m* car hire (*Am* car rental) service, *bes Am* rent-a-car (service) **Autowaschanlage** *f* carwash **Autowerkstatt** *f* garage, repair shop
Avantgarde *f*, **avantgardistisch** *Adj* avant-garde
Aversion *f* aversion (*gegen* to)
Avitaminose *f* MED avitaminosis
Avocado *f* BOT avocado
Axt *f* axe, *Am* ax
Azalee *f* BOT azalea
Azteke *m hist* Aztec
Azubi *m*, *f* F → *Auszubildende*
azurblau *Adj* azure (blue)

B, b *n* B, b, MUS B flat
babbeln *v/t u. v/i* F babble
Baby *n* baby **~ausstattung** *f* layette **~nahrung** *f* baby food **~pause** *f* baby break **~ruf** *m Wechselsprechanlage:* baby monitor, intercom **~sitter(in)** babysitter **~speck** *m* F puppy fat **~sprache** *f* babytalk **~tragetasche** *f* carrycot
Bach *m* stream, brook
Bache *f* ZOOL (wild) sow
Bachforelle *f* river trout
Bachstelze *f* ZOOL (water) wagtail
Backblech *n* baking tray
backbord *Adv* SCHIFF to port
Backbord *n, m* SCHIFF port (side)
Backe *f* **1.** cheek **2.** TECH (Spann2) jaw, (Schneid2) die **3.** *am Ski:* toe piece
backen I *v/t, a. v/i* bake, *Dialekt (braten)* fry **II** *v/i Lehm, Schnee etc:* cake, stick
Backen|bart *m* sideburns *Pl* **~knochen** *m* cheekbone **~zahn** *m* molar
Bäcker *m* baker: **beim ~** at the baker's
Bäckerei *f* **1.** baker's (shop) **2.** (das Backen) baking **3.** baker's trade
Bäckerladen *m → Bäckerei 1*
Bäckermeister(in) master baker
Back|fett *n* GASTR shortening **~form** *f* baking tin **~hefe** *f* baker's yeast **~obst** *n* dried fruit **~ofen** *m* oven **~pflaume** *f* prune **~pulver** *n* baking powder **~röhre** *f* oven **~stein** *m* brick **~waren** *Pl* bread, cakes and pastries *Pl*
Bad *n* **1.** bath (*a.* CHEM *u.* MED), *im Freien:* swim: **ein ~ nehmen → baden** 1 2. → a) **Badeanstalt**, b) **Badeort**, c) **Badezimmer**. → *Info bei bath*
Bade|anstalt *f* swimming pool, public baths *Pl* **~anzug** *m* swimsuit **~gast** *m* **1.** bather **2.** → **Kurgast ~hose** *f* swimming trunks *Pl* **~kappe** *f* bathing cap **~mantel** *m* bathrobe **~matte** *f* bath mat **~meister(in)** pool attendant, *am Strand:* lifeguard
baden I *v/i* **1.** have (*od* take) a bath **2.** swim: **~ gehen** a) go swimming, b) F *fig* come a cropper, *Sache:* go phut **II** *v/t* **3.** bath, *Am* bathe **III** *v/refl* sich **~ 4.** → 1 **5.** *fig* bask (*in Dat* in)
Bade|ort *m* seaside resort, (Kurort) health resort, spa **~sachen** *Pl* swim-

ming things *Pl* **~salz** *n* bath salts *Pl* **~schuhe** *Pl* beach shoes *Pl* **~tuch** *n* bath towel **~wanne** *f* bath(tub) **~zimmer** *n* bathroom; → *Info bei bath* **~zimmerschrank** *m* bathroom cabinet
Badreiniger *m* bath cleaner
baff *Adj* F **~ sein** be flabbergasted
BAföG *n* financial assistance scheme for students: **sie kriegt ~** she gets a grant
Bagage *f pej* bunch, lot: **die ganze ~!** the whole lot of them!
Bagatelle *f* trifle **bagatellisieren** *v/t* play down **Bagatellschaden** *m* petty damage(s *Pl*)
Bagger *m* TECH excavator
baggern *v/i u. v/t* excavate, *nass:* dredge
Baggersee *m* flooded quarry
Baggy-Pants *Pl* baggy pants *Pl*
Baguette *f* baguette
Bahn *f* **1.** (Weg) path, course: *fig* **sich ~ brechen** forge ahead; **auf die schiefe ~ geraten** go astray; **~ frei!** make way! **2.** (Straße) road, (Fahr2) lane, (Renn2) track, (Piste) course, piste **3.** → *Läufers, Schwimmers:* lane **4.** (Flug2) trajectory, ASTR course, (Umlauf2) orbit **5.** (Eis2) rink, (Kegel2) alley **6.** (Eisen2) railway, *Am* railroad, (Zug) train, (Straßen2) tram, *Am* streetcar: **mit der ~** by train, WIRTSCH by rail; **j-n zur ~ bringen** see s.o. off (at the station) **7.** (Papier2 etc) web, (Tuch2 etc) width
Bahn... railway (*Am* railroad) (*official etc*) **bahnbrechend** *Adj* pioneer(ing), *Erfindung etc:* revolutionary, epoch-making **BahnCard** *f* railcard *allowing half-price travel throughout Germany for one year* **Bahndamm** *m* railway (*Am* railroad) embankment
bahnen *v/t* (Weg) clear: **sich e-n Weg ~** force one's way (*durch* through); *fig* **den Weg ~ für** pave the way for
Bahn|fahrt *f* train journey **~fracht** *f* WIRTSCH rail carriage (*Am* freight) **2frei** *Adj u. Adv* WIRTSCH free on rail (*od* board) (*Abk* f.o.r., f.o.b.) **~hof** *m* railway (*Am* railroad) station: **auf dem ~** at the station; F *fig* **großer ~** red-carpet treatment
Bahnhofshalle *f* concourse **Bahnhofs-**

restaurant n station restaurant

Bahn|körper m permanent way **♀lagernd** Adv WIRTSCH to be called for at the station **~linie** f railway line **~polizei** f railway police **~reise** f train journey

Bahnsteig m platform

Bahn|strecke f line, Am track **~übergang** m level (Am grade) crossing

Bahnverbindung f train connection

Bahre f (Kranken♀) stretcher, (Toten♀) bier; → **Wiege**

Baiser n GASTR meringue

Baisse f WIRTSCH slump **Baissier** m bear

Bajonett n bayonet **~verschluss** m TECH bayonet joint (FOTO mount)

Bakterie f bacterium (Pl -ia), germ

bakteriell Adj bacterial

Bakteriologe m, **Bakteriologin** f bacteriologist

Balance f balance

Balanceakt m fig balancing act

balancieren v/t u. v/i balance

bald Adv 1. soon: **~ darauf** shortly afterwards; **so ~ wie möglich** as soon as possible; **bis ~!** see you soon! 2. F (beinahe) almost, nearly

Baldachin m canopy

baldig Adj speedy: **~e Antwort** early reply

Baldrian m BOT valerian

Balearen Pl the Balearic Islands

Balg m 1. skin 2. e-r Orgel, FOTO bellows Pl 3. F (Kind, Pl **Bälger**) brat

balgen v/refl **sich ~**, **Balgerei** f (um for) scuffle, tussle

Balkan m the Balkans

Balken m 1. beam: F **lügen, dass sich die ~ biegen** lie in one's teeth 2. ARCHI crossbar 3. → **Schwebebalken**

Balkendiagramm n bar chart

Balkenüberschrift f banner headline

Balkon m balcony, THEAT a. dress circle **~tür** f French window(s Pl) (Am door)

Ball¹ m ball: F fig **am ~ bleiben** keep at it

Ball² m (**auf e-m ~** at a) ball (od dance)

Ballast m a. fig ballast

Ballaststoffe Pl MED roughage Sg

ballen I v/t 1. make into a ball 2. **die Faust ~** clench one's fist II v/refl **sich ~** 3. form into a ball (od balls), Wolken: gather

Ballen m 1. ANAT ball (of one's foot od hand) 2. WIRTSCH bale

Ballerina f ballerina

Ballermann m F (Pistole) shooter, Am sl rod **ballern** v/i F bang (away)

Ballett n ballet, (Truppe) ballet company **Ballettschule** f ballet school **Balletttänzer(in)** ballet dancer

Ballistik f ballistics Pl (a. Sg konstr)

ballistisch Adj ballistic

Balljunge m ball boy

Ballkleid n ball dress

Ballmädchen n ball girl

Ballon m 1. balloon 2. (große Flasche) carboy, für Wein: demijohn **Ballonreifen** m balloon tyre (Am tire)

Ballspiel n ball game

Ballungs|gebiet n, **~raum** m, **~zentrum** n conurbation, WIRTSCH area of industrial concentration

Ballwechsel m Tennis: rally

Balsam m a. fig balm

balsamieren v/t embalm

Baltikum n the Baltic States Pl

baltisch Adj Baltic

Balz f ZOOL courting, (~zeit) mating season

balzen v/i court, (sich paaren) mate

Bambus(rohr n) m bamboo (cane)

Bambussprossen Pl GASTR bamboo sprouts Pl

Bammel m F **~ haben** (**vor** Dat) be in a blue funk (off), be scared stiff (off)

banal Adj trite, banal **Banalität** f banality (a. banale Bemerkung)

Banane f banana

Bananenrepublik f banana republic

Bananenstecker m ELEK banana plug

Banause m, **Banausin** f Philistine, lowbrow

Band¹ m (Buch) volume: fig **das spricht Bände** that speaks volumes

Band² n 1. (Farb♀, Zier♀, Ordens♀) ribbon, (Schürzen♀ etc) string, (Hut♀) band, (Isolier♀, Klebe♀, Maß♀, Ton♀, Video♀, Ziel♀) tape: **auf ~ aufnehmen** tape(-record) 2. TECH (Förder♀) (conveyor) belt, (Fließ♀) assembly line: fig **am laufenden ~** one after the other, (pausenlos) nonstop 3. ANAT ligament 4. RADIO wave band 5. mst Pl **Bande der Liebe** etc: bond, link

Band³ f MUS band, group

Bandage f bandage: fig **mit harten ~n**

with one's gloves off
bandagieren v/t bandage
Bandaufnahme f tape recording
Bandbreite f 1. ELEK band width 2. *Statistik etc*: spread 3. *fig* spectrum
Bande[1] f (*Diebes*⌂ *etc*) gang, F *pej a.*
bunch: **die ganze ~** the whole lot
Bande[2] f *Billard*, *Kegeln*: cushion, *Eishockey etc*: boards Pl
Bandeisen n band iron
Bandenkriminalität f gang crime
Bänderriss m MED torn ligament
Bänderzerrung f MED pulled ligament
Band|**filter** n, m RADIO band(-pass) filter **~förderer** m TECH belt conveyor
bändigen v/t (*zähmen*) tame, *fig a.* subdue, restrain, (*a. Naturkräfte*) control
Bändigung f taming (*etc*)
Bandit(in) bandit
Bandmaß n measuring tape
Bandnudeln Pl tagliatelle Pl
Bandscheibe f ANAT (intervertebral) disc **Bandscheibenschaden** m MED 1. damaged disc 2. → **Bandscheiben-vorfall** m slipped disc
Bandwurm m tapeworm **Bandwurm-satz** m *hum* endless sentence
bange Adj (*um* about) anxious, (*besorgt*) worried **Bange** f (*nur*) **k-e ~!**
don't worry! **j-m** (*od* **j-n**) **~ machen**
frighten s.o. **bangen** v/i u. v/refl *sich*
~ be worried (*um* about): **es bangt**
ihm vor ... he is afraid of ...
Bangladesch n Bangladesh
Bank[1] f 1. (*Sitz*⌂) bench, (*Schul*⌂) desk,
(*Kirchen*⌂) pew: *fig* **etw auf die lange ~**
schieben put s.th. off; F **durch die ~**
without exception, down the line 2.
→ **Drehbank**, **Werkbank**
Bank[2] f 1. WIRTSCH bank: **Geld auf der ~**
haben have money in the bank 2.
(*Spiel*⌂) bank: **die ~ halten** (**sprengen**)
hold (break) the bank; **auf ~ setzen** go
bank **~angestellte** m, f bank clerk **~an-weisung** f banker's order **~ausweis** m
bank return (*Am* statement) **~diskont**
m bank discount, (**~satz**) bank rate
~einlage f (bank) deposit
Bankett n 1. banquet 2. *e-r Straße*:
shoulder: **~e nicht befahrbar** soft
verges (*Am* shoulder)
Bank|**fach** n 1. banking 2. (*Stahlfach*)
safe(-deposit) box ⌂**fähig** Adj bankable
~geheimnis n banker's secrecy **~ge-**

schäft n 1. banking transaction 2.
banking (business) **~guthaben** n 1.
bank balance 2. → **Bankkonto**
Bankhalter(in) banker
Bankier m banker
Bank|**kauffrau** f, **~kaufmann** m bank
clerk **~konto** n bank account **~leitzahl**
f bank code (number) **~note** f
(bank)note, Am bill **~raub** m bank
robbery **~räuber(in)** bank robber
bankrott Adj bankrupt (*a. fig*), F broke
Bankrott m (*a. fig* **den ~ erklären** declare) bankruptcy; **~ machen** go bankrupt **Bankrotterklärung** f *a. fig* declaration of bankruptcy
Banküberfall m bank holdup
Banküberweisung f bank transfer
Bankverbindung f 1. (*Konto*) bank account 2. *e-r Bank*: correspondent
Bankwesen n banking
Bann m 1. ban, (*Kirchen*⌂) excommunication: **in den ~ tun** outlaw, REL excommunicate 2. spell: **in s-n ~ schlagen**
(*od* **ziehen**) → **bannen** 4; **unter dem**
~ stehen von (*od Gen*) be under the
spell of **bannen** v/t 1. banish (*a. fig Sorgen etc*), (*Gefahr*) ward off 2. (*böse*
Geister) exorcize 3. REL excommunicate 4. (*j-n*) (*fest-*) transfix, (*fesseln*)
captivate, spellbind: → **gebannt** 5. *fig*
capture (*auf ein Foto etc on*)
Banner n banner (*a. fig*), standard
Bannkreis m *fig* sphere (of influence)
Bannmeile f neutral zone
Bantamgewicht(ler m) n SPORT bantamweight
bar Adj 1. **~es Geld** (ready) cash; (**in**)
bezahlen pay cash; **gegen ~** for cash; **~**
ohne Abzug net cash 2. (*echt*) pure
(*gold etc*), *pej a.* downright: **~er Unsinn**
sheer nonsense; → **Münze** 1 3. **~ jeglicher Vernunft** devoid of any sense
Bar f bar, nightclub: **an der ~** at the bar
Bär m bear (*a.* WIRTSCH *Baissier*): ASTR
der Große (**Kleine**) **~** the Great (Little)
Bear; *fig* **j-m e-n ~en aufbinden** tell
s.o. a whopping lie
Baracke f hut, *pej* shack
Barauszahlung f cash payment
Barbar(in) *a. fig* barbarian
Barbarei f barbarism, (*Tat*) barbarity
barbarisch Adj barbarian, *a. fig pej* barbarous, (*grausam*) atrocious, F
(*schlimm*) awful

Bauarbeiter(in)

bärbeißig *Adj* gruff
Barbestand *m* cash in hand, *e-r Bank*: cash reserve
Bardame *f* barmaid
Bareinnahmen *Pl* cash receipts *Pl*
Bärendienst *m j-m e-n ~ erweisen* do s.o. a disservice **Bärenhunger** *m* F *e-n ~ haben* be ravenous
Barett *n* beret, *e-s Richters etc*: cap
barfuß, barfüßig *Adj u. Adv* barefoot(ed)
Bargeld *n* cash
bargeldlos *Adj u. Adv* cashless
barhäuptig *Adj* bareheaded
Barhocker *m* barstool
bärig *Adj* österr. great
Bärin *f* she-bear
Bariton *m* baritone (*a. Sänger*)
Barkasse *f* (motor) launch
Barkauf *m* cash purchase
Barkeeper *m* barman
Barkredit *m* cash loan
barmherzig *Adj* (*gegen* to) merciful, (*mildtätig*) charitable: → *Samariter*
Barmherzigkeit *f* mercy, charity
Barmittel *Pl* cash *Sg*
Barmixer *m* bartender
barock *Adj* baroque (*a. fig*), *fig* (*seltsam*) bizarre **Barock** *n, m* baroque period, (*~stil*) baroque style
Barometer *n a. fig* barometer **~stand** *m* barometric pressure
Baron *m* baron **Baronin** *f* baroness
Barren *m* **1.** (*Gold2 etc*) bullion, ingot **2.** *sport* parallel bars *Pl*
Barrengold *n* gold bullion
Barriere *f a. fig* barrier
Barrikade *f* barricade: *auf die ~n gehen a. fig* mount the barricades (*für* for)
barsch *Adj* gruff, brusque
Barsch *m* ZOOL perch, *a.* bass (*Pl mst* bass)
Barscheck *m* uncrossed cheque (*Am* check)
Bart *m* **1.** beard: *sich e-n ~ wachsen lassen* (*od stehen lassen*) grow a beard; F *so ein ~!* that's an old one! **2.** (*Schlüssel2*) bit **bärtig** *Adj* bearded
Bartstoppeln *Pl* stubble *Sg*
Barvermögen *n* liquid funds *Pl*
Barzahlung *f* cash payment: *gegen ~* cash down **Barzahlungsrabatt** *m* WIRTSCH cash discount
Basar *m* bazaar

Base[1] *f* female cousin
Base[2] *f* CHEM base
Basel *n* Basle, Basel
basieren *v/i ~ auf* (*Dat*) be based on
Basilika *f* ARCHI basilica
Basilikum *n* BOT basil
Basis *f* **1.** ARCHI, MATHE, MIL *etc* base **2.** *fig* (*Grundlage*) basis, foundation: POL (*an der*) *~* (at the) grassroots *Pl*
basisch *Adj* CHEM basic
Basis|demokratie *f* grassroots democracy **~lager** *n* mount. base camp **~station** *f* TEL base station
Baskenland *n the* Basque Provinces *Pl*
Baskenmütze *f* beret
Basketball(spiel *n*) *m* basketball
Bass *m allg* bass **Bassgeige** *f* (double) bass **Bassgitarre** *f* bass guitar
Bassin *n* tank, basin, (*Schwimm2*) pool
Bassist(in) 1. bass (singer) **2.** bass player
Bassschlüssel *m* MUS bass clef
Bassstimme *f* bass (voice, MUS *a.* part)
Bast *m* bast, raffia
basta *Interj* (*und damit*) *~!* and that's that!
Bastard *m* BOT, ZOOL hybrid, cross-(breed), (*Hund*) mongrel
Bastei *f* bastion
Bastelarbeit *f* **1.** handicraft (work) **2.** → *basteln* III
basteln I *v/t* make, (*bauen*) rig up, build **II** *v/i* do handicrafts: *~ an* (*Dat*) *a.* tinker at **III** 2 *n* handicrafts *Pl*, home mechanics *Pl*, *a. fig* tinkering
Bastion *f a. fig* bastion
Bastler(in) home mechanic, hobbyist
Bataillon *n* MIL battalion
Batik *f*, **batiken** *v/t u. v/i* batik
Batist *m* batiste, cambric
Batterie *f* ELEK, MIL, TECH *u. fig* battery **2betrieben** *Adj* battery-operated **~ladegerät** *n* MOT battery charger
Bau *m* **1.** construction: *im ~* under construction, being built **2.** (*~werk*) building: → *Bauten* **3.** TECH design, (*a. Auf2*) structure **4.** → *Baugewerbe*: F *fig er ist vom ~* he is an expert **5.** (*Fuchs2*) earth, (*Kaninchen2*) burrow **6.** F MIL (*Arrest*) detention: *3 Tage ~* 3 days in the guardhouse **~amt** *n* Building Authorities *Pl* **~arbeiten** *Pl* construction work *Sg*, *an e-r Straße*: roadworks *Pl* **~arbeiter(in)** construction worker

B

~art f style, TECH design, (*Typ*) model, type

Bauaufsichtsbehörde f building supervisory board

Bauch m belly (*a. fig*), stomach, F tummy, ANAT abdomen, (*Dick♀*) paunch: *sich den ~ halten vor Lachen* split one's sides laughing; *ich hab aus dem ~ heraus reagiert* fig it was a gut reaction **~ansatz** m beginnings Pl of a paunch **~entscheidung** f fig gut decision **~fell** n ANAT peritoneum **~fellentzündung** f MED peritonitis

bauchfrei Adj: **~es Shirt** (*od Top*) crop(ped) top

bauchig Adj bulbous

Bauch|klatscher m F belly flop **~landung** f FLUG belly landing: *e-e ~ machen* bellyland **~muskel** m stomach muscle **~nabel** m navel, F belly button **♀reden I** v/i ventriloquize **II ♀ n** ventriloquism **~redner(in)** ventriloquist **~schmerzen** Pl stomach-ache Sg **~speicheldrüse** f pancreas **~tanz** m belly dance **~tänzerin** f belly dancer

Bauchweh n F stomach-ache

Baudenkmal n historical monument

bauen I v/t **1.** build, construct, TECH a. make **2.** F fig (*machen*) make, (*Prüfung*) take, pass, (*verursachen*) cause: *e-n Unfall ~ have* an accident **II** v/i **3.** build (a house) **4.** fig **~ auf** (*Akk*) rely on

Bauer¹ n (bird)cage

Bauer² m **1.** farmer, fig pej peasant, boor **2.** Schach: pawn, Kartenspiel: jack **Bäuerin** f farmer's wife

bäuerlich Adj rustic

Bauernbrot n (coarse) brown bread

Bauernfänger(in) confidence trickster

Bauernfängerei f con game

Bauern|haus n farmhouse **~hof** m farm **~möbel** Pl rustic furniture Sg **~regel** f country saying

bauernschlau Adj crafty

Bauerwartungsland n development area **Baufach** n **1.** architecture **2.** building trade

baufällig Adj dilapidated

Bau|firma f builders and contractors Pl **~gelände** n **1.** building area **2.** → **Baustelle 1 ~genehmigung** f planning (and building) permission **~genossenschaft** f cooperative building associa-

tion **~gerüst** n scaffolding **~gewerbe** n building trade **~grund(stück n)** m (building) site **~handwerker** m workman in the building trade **~herr(in)** client, building owner **~ingenieur(in)** civil engineer **~jahr** n construction year: MOT **~** *1987* (a) 1987 model

Baukasten m box of bricks, (*Stabil♀*) construction set **Baukastensystem** n TECH unit construction system

Bauklotz m building block: F *da staunt man Bauklötze!* it's mind-boggling!

Baukunst f architecture **~land** n building land **~leiter(in)** site manager

baulich Adj architectural, structural: *in gutem ~en Zustand* in good repair

Baum m tree: *er sitzt auf dem ~* in the tree; *Geld etc wächst nicht auf Bäumen* doesn't grow on trees

Baumarkt m DIY cent/re (*Am* -er)

Baumbestand m stock of trees

Baumeister(in) master builder, *weit. S.* architect

baumeln v/i **1.** (*an Dat* from), dangle, swing: *mit den Beinen ~* dangle one's legs **2.** F (*am Galgen ~*) swing

Baumgrenze f timberline

Baumschere f LANDW pruning shears Pl

Baumschule f (tree) nursery

Baumstamm m trunk, *gefällter*: log

baumstark Adj fig (as) strong as an ox

Baumsterben n death of trees

Baumwolle f, **baumwollen** Adj cotton

Bauplan m architect's plan, TECH blueprint **Bauplatz** m (building) site

Bauprojekt n building project

Bausch m wad (*a. MED Watte♀*): *fig in ~ und Bogen* lock, stock and barrel **bauschen I** v/t u. v/refl *sich ~* billow **II** v/t puff out

bauschig Adj puffed out

Bauspar|kasse f building society **~vertrag** m building savings agreement

Bau|stahl m structural steel **~stein** m **1.** brick (*a. Spiel♀*), (*als Material*) stone (for building) **2.** fig element, component, (*Beitrag*) contribution **3.** ELEK module: *elektronischer ~* electronic chip **~stelle** f **1.** building site **2.** *auf Straßen*: roadworks Pl **~stil** m (architectural) style **~stoff** m building material **~stopp** m *e-n ~ verhängen* impose a halt on building **~substanz** f fabric

(of a building) **~techniker(in)** constructional engineer **~teil** n structural member, component part

Bauten Pl **1.** building Pl, structures Pl **2.** THEAT etc setting Sg

Bau|träger(in) 1. builder **2.** institution etc responsible for the building project **~unternehmer(in)** building contractor **~vorhaben** n building project **~weise** f (method of) construction, ARCHI style (of architecture) **~werk** n building **~zeichnung** f construction drawing

Bayer(in), **bay(e)risch** Adj Bavarian

Bayern n Bavaria

Bazi m österr. scoundrel, rascal

Bazillenträger(in) MED germ carrier

Bazillus m bacillus (Pl -cilli), germ, F bug

beabsichtigen v/t intend (**zu tun** to do, doing): **das war beabsichtigt** that was intentional

beachten v/t pay attention to, note, (berücksichtigen) take into account, consider, (bemerken) notice, (Vorschrift etc) observe: **nicht ~** ignore, disregard; **bitte zu ~** please note **beachtenswert** Adj noteworthy **beachtlich** Adj considerable **Beachtung** f (Gen) attention (to), (Befolgung) observing (of), (Berücksichtigung) consideration (of): **~ schenken** (Dat) → **beachten**

Beamte m official, (Staats2) government official, Br civil (Am public) servant, (Polizei2, Zoll2) officer **Beamtenlaufbahn** f civil service career

Beamtin f → **Beamte**

beängstigen v/t worry, alarm

beängstigend Adj worrying, alarming

beanspruchen v/t **1.** (Recht etc) claim **2.** (erfordern) demand, require, (Platz, Zeit) take up: **j-n ganz ~** keep s.o. busy **3.** (j-s Hilfe etc) avail o.s. of **4.** TECH stress

Beanspruchung f (Gen on) **1.** claim **2.** j-s Zeit, der Kräfte etc: demand **3.** a. TECH strain, stress

beanstanden v/t object to, criticize, a. WIRTSCH complain about, (Waren) reject

Beanstandung f (Gen) objection (to), complaint (about) **beantragen** v/t **1.** apply for (**bei j-m** to s.o.) **2.** (vorschlagen) propose, JUR, PARL move (for)

beantworten v/t a. fig answer (**mit** with), reply to: **mit Ja** (**Nein**) **~** answer yes (no) **Beantwortung** f answer, reply

bearbeiten v/t **1.** allg work, LANDW a. cultivate, till, TECH maschinell: a. machine, (verarbeiten) process, (behandeln) treat **2.** (Sachgebiet etc) work on, (erledigen) deal with, VERW a. process, verantwortlich: be in charge of **3.** (Buch) edit, neu: revise, für die Bühne etc: adapt **4.** MUS arrange **5.** j-n ~ **a)** (beeinflussen) work on s.o., **b)** F (verprügeln) give s.o. a working over; **mit den Fäusten** (**mit Fußtritten**) **~** pound (kick)

Bearbeitung f **1.** working (etc, → **bearbeiten**), treatment, LANDW cultivation, VERW processing **2.** e-s Buches: **a)** revision, **b)** revised edition, THEAT etc adaptation **3.** MUS arrangement

beargwöhnen v/t be suspicious of

Beatmung f (**künstliche**) **~** artificial respiration

beaufsichtigen v/t supervise, (Kind) look after

Beaufsichtigung f supervision

beauftragen v/t (anweisen) instruct, (Künstler etc) commission, (berufen) appoint: **j-n mit e-m Fall ~** put s.o. in charge of a case **Beauftragte** m, f representative, VERW commissioner

bebauen v/t **1.** build on **2.** LANDW cultivate

Bebauung f **1.** development **2.** LANDW cultivation

beben I v/i shake, tremble (a. Stimme etc, **vor** Dat with) **II** 2 n trembling, GEOL tremor, stärker: earthquake

bebildern v/t illustrate

bebrillt Adj spectacled

Becher m **1.** tumbler, mug, (Plastik2) beaker, (Eis2 etc) cup **2.** BOT cup, calix

bechern v/i F booze

Becken n **1.** basin (a. TECH), (Spül2) sink, (Klosett2) bowl, (Schwimm2) pool **2.** ANAT pelvis **3.** MUS cymbal

Beckenbruch m MED fractured pelvis

Beckenknochen m pelvic bone

Becquerel n PHYS Becquerel

Bedacht m **mit ~** (überlegt) with deliberation, (vorsichtig) carefully, (umsichtig) circumspectly **bedacht** Adj: **sein auf** (Akk) be intent on; **darauf ~ sein zu** Inf be anxious (od careful) to Inf

bedächtig Adj (überlegt) careful, (um-

sichtig) circumspect, (*langsam*) slow

bedanken v/refl **sich ~** say thank you, express one's thanks (**bei j-m** to s.o.): **ich bedanke mich!** thank you!; *iron* **dafür bedanke ich mich!** no, thank you very much!

Bedarf m (**an** *Dat*) need (of), *bes* WIRTSCH (*Nachfrage*) demand (for), (*Verbrauch*) consumption (of), (*Erfordernisse*) requirements *Pl* (of): **bei** (**nach**) **~** if (as) required; **~ haben an** (*Dat*) need; **den~ decken** meet the demand; **s-n ~ decken** get everything one needs

Bedarfs|artikel m commodity, *Pl* a. consumer goods *Pl* **~fall** m **im ~** if required **~güter** for) *Pl* consumer goods *Pl* **~haltestelle** f request stop

bedauerlich *Adj* regrettable, unfortunate **bedauerlicherweise** *Adv* unfortunately **bedauern** I v/t (*etw*) regret, (*j-n*) feel sorry for: **ich bedauere sehr, dass ...** I am very sorry that ... II v/i **bedaure!** sorry! **Bedauern** n regret (**über** *Akk* for), (*Mitleid*) pity (**mit** with): **zu m-m** (**großen**) **~** (much) to my regret **bedauernswert** *Adj* 1. pitiable 2. **~** deserving better

bedecken I v/t cover (up) II v/refl **sich ~** cover o.s., *Himmel*: cloud over

bedeckt *Adj* 1. *Himmel*: overcast 2. *fig* **sich ~ halten** keep a low profile

Bedeckung f 1. covering 2. (*Bewachung*) escort, *bes* SCHIFF convoy

bedenken v/t 1. consider, think *s.th.* over, (*beachten*) bear *s.th.* in mind 2. **j-n mit etw ~** give s.o. s.th.; **j-n in s-m Testament ~** remember s.o. in one's will **Bedenken** n *mst Pl* (*Einwand*) objection, (*Zweifel*) doubt: **k-e ~ haben** have no reservations (**wegen** about)

bedenkenlos I *Adj* unscrupulous II *Adv* (*ohne zu zögern*) without hesitation, (*blindlings*) without thinking

bedenklich *Adj* 1. (*zweifelhaft*) dubious 2. (*Besorgnis erregend*) alarming, (*ernst*) serious, critical, (*gefährlich*) dangerous 3. (*besorgt*) worried, sceptical

Bedenkzeit f time to think it over: **ich gebe dir bis morgen ~** I'll give you till tomorrow

bedeuten v/t 1. mean, *Symbol, Wort etc:*

a. stand for: **was soll das** (**denn**) **~?** what's the meaning of this?, *Bild etc:* what's that supposed to be?, *pej* what's the idea?; **das hat nichts zu ~!** it doesn't mean a thing!, (*macht nichts*) it doesn't matter!; **das bedeutet nichts Gutes!** that's a bad thing!; **das bedeutet mir viel** that's very important to me 2. **j-m etw ~** (*zu verstehen geben*) point s.th. out to s.o.; **j-m ~, dass ...** give s.o. to understand that ... **bedeutend I** *Adj* important, (*beträchtlich*) *a.* considerable, (*namhaft*) great, outstanding II *Adv* considerably, a great deal *better*

bedeutsam → bedeutungsvoll

Bedeutung f 1. meaning 2. (*Wichtigkeit*) importance, (*Tragweite*) import: **von ~** important, significant, *sachlich:* relevant (**für** to); **nichts von ~** nothing important; **→ beimessen** b

bedeutungsvoll *Adj* 1. significant 2. (*viel sagend*) meaningful

bedienen I v/t 1. (*Kunden etc*) serve: *iron* **ich bin bedient!** I've had enough! 2. (*Maschine etc*) operate 3. F SPORT pass (the ball) to II v/refl **sich ~** 4. *bei Tisch u. weit.* S. help o.s.: **~ Sie sich!** help yourself!; **sich e-r Sache ~** use s.th. III v/i 5. *bei Tisch etc:* serve **Bedienung** f 1. service 2. waiter, waitress 3. TECH operation

Bedienungs|anleitung f instructions *Pl* for use, *für Geräte:* operating instructions *Pl* **~knopf** m control knob **~komfort** m easy operation

bedingen v/t (*erfordern*) require, (*in sich schließen*) imply, (*nach sich ziehen*) entail, (*bestimmen*) determine, (*bewirken*) cause **bedingt I** *Adj* 1. **~ durch**, **~ von** conditional on, (*abhängig*) *a.* dependent on; **~ sein durch** *a.* be determined by 2. (*eingeschränkt*) *Erfolg, Zustimmung etc:* qualified II *Adv* 3. conditionally, (*nicht ganz*) up to a point, partly

Bedingung f condition: **~en** *Pl* terms *Pl*, (*Verhältnisse*) conditions *Pl*, (*Umstände*) *a.* circumstances *Pl*; **~en stellen** make stipulations; (**es**) **zur ~ machen, dass ...** make it a condition that ...; **unter der ~, dass ...** provided (that) ...; **unter diesen ~en** under these circumstances; **unter k-r ~** on no account;

WIRTSCH **zu günstigen ~en** on easy terms

bedingungslos *Adj* unconditional, *Gehorsam etc*: unquestioning

Bedingungssatz *m* conditional clause

bedrängen *v/t* press *s.o.* hard, *mit Bitten etc*: pester, *Sorgen, Zweifel etc*: beset: **(schwer) bedrängt** (*od* **in e-r bedrängten Lage) sein** be hard-pressed, be in (bad) trouble

bedrohen *v/t* threaten: ZOOL **bedrohte Arten** endangered species **bedrohlich I** *Adj* threatening, menacing, *Ausmaß, Lage etc*: alarming, *(unheilvoll)* ominous **II** *Adv* threateningly (*etc*)

Bedrohung *f* (*Gen* to) threat, menace (*beide a. fig Sache, Person etc*)

bedrucken *v/t* print

bedrücken *v/t* oppress, *seelisch*: depress **bedrückend** *Adj* depressing

Bedrückung *f* oppression, *seelische*: depression

bedürfen *v/i* (*Gen*) need, require, take: **es bedarf k-r weiteren Beweise** no further evidence is required

Bedürfnis *n* need (**nach** for), requirement, (*inneres ~*) urge

Bedürfnisanstalt *f* public convenience **bedürfnislos** *Adj* **er ist ~** he doesn't need much

bedürftig *Adj* needy, poor

Bedürftigkeit *f* neediness, poverty

Beefsteak *n* steak: **deutsches ~** beefburger

beehren *v/t* hono(u)r

beeiden, beeidigen *v/t* (*etw*) swear to

beeidigt *Adj* JUR sworn

Beeidigung *f* confirmation by oath

beeilen *v/refl* **sich ~** hurry: **beeil dich!** hurry up!, F get a move on!

beeindrucken *v/t* impress

beeinflussen *v/t* influence, *nachteilig*: affect

Beeinflussung *f* influence (*Gen* on)

beeinträchtigen *v/t* impair, affect (adversely), (*Ruf, Schönheit etc*) detract from, (*behindern*) impede, (*vermindern*) reduce **Beeinträchtigung** *f* (*Gen*) impairment (of), detraction (from), impeding (of), reduction (in)

beenden *v/t* **1.** *allg* (bring *s.th.* to an) end, conclude, close **2.** IT (*Anwendung*) close

Beendigung *f* conclusion, close

beengen *v/t* cramp

beerben *v/t* **j-n ~** be *s.o.*'s heir

beerdigen *v/t* bury **Beerdigung** *f* burial, funeral **Beerdigungsinstitut** *n* undertaker's, funeral directors *Pl*

Beere *f* berry, (*Wein♀*) grape

Beerenauslese *f* quality wine made from selected grapes

Beet *n* bed

Beete *f* BOT → **Bete**

befähigen *v/t* enable, qualify (**für, zu** for): **j-n (dazu) ~, etw zu tun** enable *s.o.* to do *s.th.* **befähigt** *Adj* (**zu**) capable (of), *zu e-m Amt etc*: qualified (for)

Befähigung *f* qualification (**zu** for), (*Fähigkeit*) ability

Befähigungsnachweis *m* certificate of qualification

befahrbar *Adj* passable, SCHIFF navigable

befahren I *v/t* drive on, (*benutzen*) use (*a road*), (*Strecke*) cover **II** *Adj* **e-e sehr** (*od* **stark**) **~e Straße** a busy road

befallen *v/t* attack (*a.* MED), *fig* seize: **~ werden von Furcht etc*: be seized by, *Insekten etc*: be infested by

befangen *Adj* **1.** inhibited, shy, self-conscious **2.** (*voreingenommen, a.* JUR) bias(s)ed: **in e-m Irrtum ~ sein** be labo(u)ring under a delusion

Befangenheit *f* **1.** self-consciousness, shyness **2.** JUR *etc* (**wegen ~** for) bias

befassen *v/refl* **sich ~ mit** concern *o.s.* with, *a. mit e-m Problem etc*: deal with

Befehl *m* order, (*a. Befehlsgewalt, Computer♀*) command: **auf ~ von** (*od Gen*) by order of; **(den) ~ haben zu** *Inf* be under orders to *Inf*; **den ~ haben** (**übernehmen**) be in (take) command (**über** *Akk* of)

befehlen I *v/t* **j-m etw ~** order *s.o.* to do *s.th.* **II** *v/i* give the orders

befehligen *v/t* be in command of

Befehls|bereich *m* MIL (area of) command **~form** *f* LING imperative

Befehlshaber(in) commander

Befehlsverweigerung *f* refusal to obey an order

befestigen *v/t* **1.** (**an** *Dat* to) fasten, fix **2.** (*Straße*) pave **3.** MIL fortify **4.** *fig* (*stärken*) strengthen

Befestigung *f* **1.** fastening, fixing **2.** MIL fortification **3.** *fig* strengthening

B

befeuchten v/t moisten

befinden I v/t etw für gut etc ~ think s.th. is good etc II v/refl sich ~ a) be, Gebäude etc: a. be located, b) (sich fühlen) be, feel III v/i (entscheiden) decide

Befinden n (state of) health

befindlich Adj alle im Haus ~en Möbel all furniture in the house

beflaggen v/t flag

beflecken v/t stain, soil, fig sully

befliegen v/t (Strecke) fly

beflügeln v/t fig (j-n) inspire, (anspornen) spur s.o. on, (j-s Fantasie) fire

befolgen v/t follow, (Rat) a. take, (Vorschrift) observe Befolgung f following (etc), observance (Gen of)

befördern v/t 1. convey, transport, (Güter) a. forward, Am od SCHIFF ship 2. im Rang: promote: er wurde zum Direktor (Major) befördert he was promoted manager (major) Beförderung f 1. conveyance, transport(ation), forwarding, Am od SCHIFF shipment 2. im Rang: promotion Beförderungsmittel n (means of) transportation

befrachten v/t load, SCHIFF u. fig freight

befragen v/t 1. (nach, über Akk about) question, ask, Meinungsforschung: poll, interview 2. (zu Rate ziehen) consult Befragung f interview, der Öffentlichkeit: (public opinion) poll

befreien I v/t (von from) allg free, bes POL u. SOZIOL liberate, (retten) rescue, von Steuern etc: exempt, von Haftung, Verpflichtungen: release, vom Unterricht: excuse, von e-r Last, von Sorgen, Schmerzen etc: relieve, von e-m Verdacht etc: clear (of) II v/refl sich ~ (von) free (od liberate) o.s. (from), von etw Lästigem: get rid of, von e-m Verdacht etc: clear o.s. (of)

Befreier(in) liberator

Befreiung f (von from) freeing (etc, → befreien I), liberation, (Rettung) rescue, von Steuern etc: exemption, von Verpflichtungen etc: release

Befreiungs|bewegung f liberation movement ~kampf m fight for independence ~krieg m war of liberation (od independence) ~versuch m e-s Gefangenen: attempt to escape

befremden I v/t take s.o. aback II 2 n astonishment (über Akk at)

befremdlich Adj strange

befreunden v/refl sich ~ become friends; sich ~ mit make friends with, fig get used to s.th.

befreundet Adj a. POL Nationen: friendly: ~ sein be friends (mit with)

befrieden v/t POL pacify

befriedigen v/t (j-n, j-s Hunger, Neugier etc) satisfy, (j-n) a. please, (Nachfrage, Wunsch) meet, (Erwartungen) a. come up to: schwer zu ~ hard to please befriedigend Adj satisfactory (a. PÄD Note) befriedigt Adj u. Adv satisfied, pleased Befriedigung f satisfaction

befristen v/t set a time limit on

befristet Adj limited (in time)

Befristung f (setting of a) time limit

befruchten v/t BIOL fertilize (a. fig), BOT pollinate, fig (anregen) stimulate: (künstlich) ~ inseminate (artificially) Befruchtung f BIOL fertilization (a. fig), BOT pollination: künstliche ~ artificial insemination

Befugnis f a. Pl authority, power(s Pl): j-m (die) ~ erteilen (zu Inf) authorize s.o. (to Inf) befugt Adj authorized

befühlen v/t feel, touch

Befund m allg findings Pl: MED ohne ~ negative; der (sein, ihr etc) ~ war negativ his (her etc) test was negative

befürchten v/t fear: es ist zu ~, dass ... it is feared that ...; wir müssen das Schlimmste ~ we must be prepared for the worst

Befürchtung f fear, Pl a. misgivings Pl

befürworten v/t advocate, (empfehlen) recommend, (unterstützen) support Befürworter(in) advocate Befürwortung f recommendation, support

begabt Adj gifted, talented

Begabung f gift, (a. Person) talent

begatten v/t copulate with, ZOOL mate with

Begattung f copulation, ZOOL mating

begeben I v/refl 1. sich ~ nach (od zu) go to, zu j-m: a. join, see; sich an die Arbeit ~ set to work; sich auf die Reise ~ set out (on one's journey); → Gefahr 2. sich ~ (sich ereignen) happen, occur II v/t 3. (Wechsel etc) negotiate

Begebenheit f occurrence, incident

begegnen v/i (Dat) 1. meet, F bump into, (a. e-r Sache) come across: sich ~ meet 2. (Schwierigkeiten etc) meet with, (entgegentreten) face, (vorbeugen)

obviate **3.** (*vorkommen*) be found (*bei* in) **4.** *j-m freundlich ~* treat s.o. kindly

Begegnung *f* meeting, (*a. feindliche ~*) encounter, SPORT bout, (*Spiel*) match

begehbar *Adj Weg:* passable **begehen** *v/t* **1.** walk on **2.** (*besichtigen*) inspect **3.** (*Fehler*) make, (*Verbrechen*) commit **4.** (*feiern*) celebrate, (*Feiertag*) observe

begehren *v/t* desire (*a. j-n*), *heftig:* crave for, (*verlangen*) demand: (*sehr*) *begehrt* (much) sought after, (very) much in demand **Begehren** *n* desire (*nach* for) **begehrenswert** *Adj* desirable

begehrlich *Adj* covetous, greedy

Begehung *f* **1.** inspection **2.** *e-s Verbrechens:* commission **3.** *e-s Festes:* celebration

begeistern I *v/t* fill s.o. with enthusiasm (*für* about), inspire **II** *v/refl sich ~ für* be (*od* get) enthusiastic about, *in Worten:* a. rave (F enthuse) about **III** *v/i* arouse enthusiasm (*durch* by)

begeisternd *Adj* rousing, inspiring, (*großartig*) marvel(l)ous

begeistert *Adj* enthusiastic (*von* about), keen (on), (*leidenschaftlich*) fervent: *~er Anhänger* (Gen *od* von) fan (of); *...begeistert* ...-minded, F ...-mad **II** *Adv* enthusiastic(ally): *~ sprechen von a.* rave about

Begeisterung *f* enthusiasm (*für* for, about): *mit ~ a.* enthusiastically

Begierde *f* (*nach* for) appetite, *bes sinnliche:* desire, lust **begierig** *Adj* eager (*nach, auf Akk* for): *ich bin ~ zu erfahren* I am anxious to know

begießen *v/t* **1.** pour water *etc* over (*od* on), (*Blumen*) water **2.** F *fig* celebrate (with a drink): *das müssen wir ~!* that calls for a drink!

Beginn *m* (*zu ~* at the) beginning **beginnen** *v/t u. v/i* begin, start, *förmlich:* commence

beglaubigen *v/t* certify, (*Diplomaten*) accredit (*bei* to) **beglaubigt** *Adj* (*öffentlich*) *~* certified (by a notary public); *~e Abschrift* certified copy, *als Vermerk:* a true copy **Beglaubigung** *f* certification, *e-s Gesandten:* accreditation **Beglaubigungsschreiben** *n* credentials *Pl*

begleichen *v/t* WIRTSCH pay, settle **Begleichung** *f* settlement, payment **Begleitbrief** *m* covering letter

begleiten *v/t* accompany (*a.* MUS *u. fig*), (*eskortieren*) a. SCHIFF, MIL, MOT escort **Begleiter** *m* **1.** companion, *dienstlicher:* attendant **2.** *e-r Dame etc:* escort **3.** MUS accompanist

Begleiterin *f → Begleiter* 1, 3

Begleit|erscheinung *f* concomitant, MED attendant symptom **~flugzeug** *n* escort plane **~musik** *f* incidental music, *fig* accompaniment **~person** *f* escort **~schein** *m* WIRTSCH waybill, *zollamtlicher:* (custom's) permit **~schiff** *n* escort vessel **~schreiben** *n* covering letter **~umstände** *Pl* attendant circumstances *Pl*

Begleitung *f* **1.** company, *a.* SCHIFF, MIL escort, (*Gefolge*) entourage: *ohne ~* unaccompanied (*a.* MUS); *in ~ von* (*od* Gen) accompanied by **2.** MUS accompaniment

beglücken *v/t j-n ~* make s.o. happy **beglückwünschen** *v/t* congratulate (*zu* on)

begnadet *Adj* inspired, highly gifted: *~ mit* blessed with

begnadigen *v/t*, **Begnadigung** *f* pardon, POL amnesty

begnügen *v/refl sich ~* (*mit* with) be content, (*auskommen*) make do

Begonie *f* BOT begonia

begraben *v/t a. fig* bury **Begräbnis** *n* burial, *feierliches:* a. funeral

begradigen *v/t* straighten

begreifen *v/t* understand (*a. v/i*), (*erfassen*) grasp: *du musst ~, dass ...* you must realize that ...; *das begreife ich nicht!* that's beyond me!; *schnell ~* F catch on quickly, be quick on the uptake

begreiflich *Adj* understandable: *j-m etw ~ machen* make s.th. clear to s.o. **begreiflicherweise** *Adv* understandably (enough)

begrenzen *v/t* **1.** mark off, (*die Grenze bilden von*) form the boundary of **2.** *fig* (*auf Akk* to) limit, restrict

Begrenztheit *f* limitations *Pl*

Begrenzung *f* **1.** (*auf Akk* to) limiting, restriction **2.** (*Grenze*) bounds *Pl*, limit **Begrenzungslicht** *n* MOT sidelight

Begriff *m* **1.** idea, notion, PHIL concept, (*Ausdruck*) term: *sich e-n ~ machen von* get an idea of, imagine; *du machst dir k-n ~!* you have no idea!;

B

ist dir das ein ~? does that mean anything to you?; *nach m-n ~en* as I see it **2.** F *schwer von ~* slow (in the uptake) **3.** *im ~ sein, etw zu tun* be about to do s.th.

begriffen *Adj er war im Fortgehen ~* he was leaving (*od* about to leave)

begrifflich *Adj* conceptual, *Denken:* abstract

Begriffsbestimmung *f* definition

Begriffsinhalt *m* PHIL intension

begriffsstutzig *Adj* dense, slow

Begriffsverwirrung *f* confusion

begründen *v/t* **1.** (*Behauptung etc*) give reasons for, (*Handlung*) explain, (*rechtfertigen*) justify **2.** (*gründen*) found, (*a. j-s Ruf, Rechte etc*) establish, (*Geschäft, Hausstand etc*) *a.* set up, *fig* lay the foundations of **begründet** *Adj* well-founded, (*gerechtfertigt*) justified: *~er Verdacht bes* JUR reasonable suspicion **Begründung** *f* **1.** reason(s *Pl*), argument(s *Pl*), (*Erklärung*) explanation: *mit der ~, dass ...* on the grounds that ...; *ohne jede ~* without giving any reasons **2.** (*Gründung*) establishment, foundation, setting up

begrüßen *v/t* greet, *freudig:* welcome (*a. fig*) **begrüßenswert** *Adj* welcome **Begrüßung** *f* greeting, welcome **Begrüßungs|ansprache** *f* welcoming speech **~geld** *n* POL welcome money

begünstigen *v/t* favo(u)r, (*Sache*) *a.* promote **Begünstigte** *m, f* WIRTSCH, JUR beneficiary **Begünstigung** *f* favo(u)ring, promotion, (*Bevorzugung*) preferential treatment, *finanzielle:* benefit, JUR acting as accessory after the fact

begutachten *v/t* give an (expert's) opinion on, (*prüfen,* F *besichtigen*) examine: *etw ~ lassen* obtain an expert's opinion on s.th.

begütert *Adj* wealthy, well-to-do

behaart *Adj* hairy, hirsute

behäbig *Adj* sedate, *Gestalt:* portly

behaftet *Adj ~ mit e-r Krankheit:* afflicted with, *Fehlern etc:* full of, *e-m Makel:* tainted with

behagen *v/i j-m ~* suit s.o., (*gefallen*) please s.o.: *das behagt mir (ganz und gar) nicht* I don't like that (at all) **Behagen** *n* ease, comfort, (*Vergnügen*) pleasure, (*Zufriedenheit*) contentment

behaglich I *Adj* comfortable, (*gemütlich*) cosy **II** *Adv* comfortably, (*zufrieden*) contentedly

Behaglichkeit *f* comfort, cosiness

behalten *v/t* keep, (*im Gedächtnis ~*) remember: *Recht ~* be right (in the end); *Geheimnis etc für sich ~* keep to o.s.; *behalte das für dich!* keep it under your hat!; *Nahrung bei sich ~* retain

Behälter *m* container, receptacle, *für Öl etc:* tank

behämmert *Adj* F → *bekloppt*

behänd(e) *Adj* nimble, agile (*a. geistig*), (*gewandt*) dexterous

behandeln *v/t allg* treat (*a.* MED, TECH), (*Thema, Problem etc, a. schwierige Person*) deal with, handle **Behandlung** *f* treatment, (*Handhabung*) handling: *in (ärztlicher) ~* under medical treatment

behängen *v/t* hang, (*drapieren*) drape, (*schmücken*) decorate: F *pej sie war mit Schmuck behängt* she was decked (out) with jewels

beharren *v/i* (*auf Dat*) persist (in), F stick (to): *darauf ~, dass ...* insist that ...

beharrlich *Adj* persistent, steadfast, (*hartnäckig*) stubborn **Beharrlichkeit** *f* perseverance, stubbornness

behauen *v/t* hew

behaupten I *v/t* **1.** maintain, claim, say (*dass* that): F *steif und fest ~, dass ...* insist that ... **2.** (*Recht etc*) maintain, assert **II** *v/refl* **sich ~ 3.** hold one's own, WIRTSCH *Kurse, Preise:* remain firm **Behauptung** *f* **1.** claim, assertion **2.** *von Rechten etc:* maintenance, assertion

Behausung *f* dwelling

beheben *v/t allg* remove, (*Schaden*) *a.* repair, (*Missstand*) *a.* remedy

Behebung *f* removal, repair

beheimatet *Adj ~ in* (*Dat*) resident in, living in, coming from

beheizbar *Adj* heatable

beheizen *v/t* heat

Behelf *m* makeshift

behelfen *v/refl* **sich ~** (*mit* with) make do, manage; *sich ~ ohne* do without

Behelfs... temporary (*bridge, home, etc*)

behelfsmäßig I *Adj* makeshift, temporary **II** *Adv* as a makeshift, temporarily

behelligen *v/t* bother, trouble, *stärker:* molest
behend(e) *Adj* → ***behänd(e)***
beherbergen *v/t* put up, accommodate, *a. fig* house
beherrschen I *v/t* **1.** rule (over), govern **2.** *fig* (*die Lage,* WIRTSCH *den Markt, s-e Gefühle etc*) control: ***j-n ~*** dominate s.o. **3.** have complete command of, (*Sprache*) have a good command of, speak, know: ***sein Handwerk ~*** know one's trade **II** *v/refl* ***sich ~*** **4.** control o.s
beherrschend *Adj* dominating
Beherrschung *f* **1.** rule, domination (*a. fig*) **2.** *fig* (*Gen* of) control, (*Können*) mastery, command **3.** → ***Selbstbeherrschung***
beherzigen *v/t* ***etw ~*** bear s.th. in mind
beherzt *Adj* courageous, F plucky
behilflich *Adj* ***j-m ~ sein*** help (*od* assist) s.o. (***bei*** in)
behindern *v/t* (***bei*** in) hinder, hamper, (*a. Sicht, Verkehr,* SPORT *Gegner*) obstruct **behindert** *Adj* (***körperlich*** *od* ***geistig***) ***~*** (physically *od* mentally) handicapped **Behinderte** *m, f* handicapped person **behindertengerecht** *Adj* suitable for disabled persons; (*Gebäude*) with wheelchair access **Behinderung** *f* **1.** hindrance, impediment, *a.* SPORT obstruction **2.** MED handicap
Behörde *f* (public) authority, (*Amt*) *a.* administrative body
behördlich *Adj* official
behüten *v/t* protect (***vor*** *Dat* from)
behutsam *Adj* cautious, careful, gentle
Behutsamkeit *f* caution, gentleness
bei *Präp* (*Dat*) **1.** *räumlich:* ***~ Berlin*** near Berlin; ***die Schlacht ~ Waterloo*** the Battle of Waterloo; ***~ Hofe*** at court; ***~m Bäcker*** at the baker's; ***~ Familie Braun, ~ Brauns*** at Braun's; ***~*** (*per Adresse*) ***Braun*** c/o (= care of) Braun; ***~ j-m sitzen*** sit with s.o.; ***arbeiten ~*** work for; ***e-e Stellung ~*** a job with; ***~m Heer*** (***~ der Marine***) in the army (navy); ***~ uns*** **a)** with us, **b)** (***zu Hause***) at home, **c)** (***in Deutschland***) in Germany, at home; ***ich habe kein Geld ~ mir*** I have no money on me; ***er hatte s-n Hund ~ sich*** he had his dog with him **2.** *zeitlich od e-n Zustand ausdrückend:* ***~ s-r Geburt*** (***Hochzeit***) at his birth (wedding); ***~ Tag*** (***Nacht***) by day (night), during the day (night); ***~ Licht*** by light; ***~ 70 Grad*** at 70 degrees; ***~ schönem Wetter*** when the weather is fine; ***~m Arbeiten*** while working; ***~ offenem Fenster*** with the window open; ***~ Regen*** (***Gefahr***) in case of rain (danger); F ***er ist nicht ganz ~ sich*** he's not all there **3.** (*angesichts*) ***~ so vielen Problemen*** with (*od* considering) all the problems; ***~ solcher Hitze*** in such heat; ***~ all s-n Bemühungen*** for all his efforts; → *a. die Verbindungen mit den entsprechenden Stichwörtern*
beibehalten *v/t* retain, maintain, (*Richtung, Tempo*) keep
Beiblatt *n* supplement (*Gen* to)
Beiboot *n* dinghy
beibringen *v/t* **1.** ***j-m etw ~*** teach s.o. s.th., (*verständlich machen*) get s.th. across to s.o.; ***j-m etw schonend ~*** break s.th. gently to s.o. **2.** ***j-m*** *e-e Niederlage* ***~*** inflict *s.th.* on s.o. **3.** (*vorlegen*) furnish, (*Beweise etc*) produce
Beichte *f a. fig* confession: ***j-m die ~ abnehmen*** confess s.o.
beichten *v/t u. v/i a. fig* confess
Beicht|geheimnis *n* confessional secret **~kind** *n* penitent **~stuhl** *m* confessional **~vater** *m* (father) confessor
beide *Adj* both, *unbetont:* the two, (*der, die, das eine od andere*) either: ***m-e ~n Brüder*** both my brothers, my two brothers; ***wir ~*** both of us, we two; ***alle ~*** both of them; ***in ~n Fällen*** in either case; ***kein(e)s von ~n*** neither (of the two); ***~ Mal*** both times
beiderlei *Adj* (of) both kinds: ***~ Geschlechts*** of either sex
beiderseitig *Adj u. Adv* on both sides, (*gegenseitig*) mutual(ly *Adv*) **beiderseits I** *Adv* on both sides, *fig a.* mutually **II** *Präp* (*Gen*) on both sides (of)
beidhändig *Adj* ambidextrous, SPORT two-handed
beidrehen *v/t* SCHIFF heave to
beieinander *Adv* together: (***dicht***) ***~*** next to each other; ***~ haben*** F have *s.th.* together; ***du hast wohl nicht alle ~!*** you must be out of your mind!; ***~ halten*** F keep *s.th.* together; F ***gut ~ sein*** be in good shape; F ***er ist nicht ganz ~*** he's not all there
Beifahrer(in) *im Pkw:* front passenger, *im Lkw:* driver's mate, *beim Rennen:*

B

co-driver **Beifahrersitz** *m* front-passenger seat

Beifall *m* applause, (*Zurufe*) (loud) cheers *Pl*, *fig* approval: ~ **ernten**, ~ **finden** draw applause, *fig* meet with approval, be acclaimed; ~ **klatschen**, ~ **spenden** applaud (*j-m* s.o.)

beifällig *Adj* approving(ly *Adv*)

Beifallsruf *m* cheer(s *Pl*)

Beifallssturm *m* thunderous applause

Beifilm *m* supporting film

beifügen *v/t* (*Dat*) add (to), *e-m Brief*: enclose (with)

Beifügung *f* LING apposition

Beigabe *f* **1.** addition, extra: **als** ~ *a.* into the bargain **2.** → **Beilage** 2

beige *Adj*, **Beige** *n* beige

beigeben **I** *v/t* add (*Dat* to) **II** *v/i* F **klein** ~ knuckle under, climb down

Beigeordnete *m*, *f* assistant, POL town council(l)or

Beigeschmack *m* (unpleasant) taste, *fig* smack (**von** of)

Beihilfe *f* **1.** *staatliche*: grant, (*Subvention*) subsidy **2.** JUR aiding and abetting: (*j-m*) ~ **leisten** aid and abet (s.o.)

beikommen *v/i* (*j-m*) get at, (*e-r Sache*) cope with

Beil *n* ax(e), hatchet, (*Fleischer*⌂) chopper

Beilage *f* **1.** (*Zeitungs*⌂) supplement, insertion, inset **2.** GASTR side dish: **Fleisch mit** ~ meat and vegetables *Pl*

beiläufig **I** *Adj* casual **II** *Adv* casually, (*übrigens*) by the way: **etw** ~ **erwähnen** mention s.th. in passing

beilegen *v/t* **1.** (*Dat*) add (to), *e-m Brief*: enclose (with) **2.** (*Namen*) give **3.** (*Streit*) settle

Beilegung *f* *e-s Streits*: settlement

beileibe *Adv* ~ **nicht**(!) certainly not(!), by no means(!)

Beileid *n* (*j-m sein* ~ **aussprechen** offer s.o. one's) condolences *Pl*: (**mein**) **herzliches** ~ *a. iron* my heartfelt sympathy!

Beileidsbesuch *m* visit of condolence

Beileidsbrief *m* letter of condolence

Beileidskarte *f* condolence card

beiliegen *v/i* be enclosed (*e-m Brief* etw with) **beiliegend** *Adj u. Adv* enclosed: ~ **übersenden wir Ihnen ...** enclosed please find ...

beim = **bei dem**

beimengen → **beimischen**

beimessen *v/t e-r Sache* **a)** *Glauben* ~ give credence to, **b)** *Bedeutung etc* ~ attach importance *etc* to

beimischen *v/t* **e-r Sache etw** ~ mix s.th. with s.th., add s.th. to s.th.

Beimischung *f* admixture

Bein *n* leg (*a. Hosen*⌂, *Tisch*⌂ *etc*): (**früh**) **auf den** ~**en sein** be up and about (early); **dauernd auf den** ~**en sein** be always on the go; **wieder auf den** ~**en sein** be back on one's feet (again); F *j-m* ~**e machen** make s.o. get a move on; **ich muss mich auf die** ~**e machen!** I must be off!; F **die** ~**e in die Hand nehmen** take to one's heels, run; *fig* **auf eigenen** ~**en stehen** stand on one's own two feet; *fig* *j-n* (**etw**) **auf die** ~**e stellen** set s.o. (s.th.) up; *j-m ein* ~ **stellen** *a. fig* trip s.o. up; **sich die** ~**e vertreten** stretch one's legs; → **Grab**

beinahe, F **beinah** *Adv* almost, nearly: ~ **etw tun** come near doing s.th.

Beinahezusammenstoß *m* near miss

Beiname *m* epithet

Bein|arbeit *f Boxen*: footwork, *Schwimmen*: legwork ~**bruch** *m* MED fractured leg: F *fig* **das ist kein** ~! that's no tragedy! ~**freiheit** *f* MOT legroom

beinhalten *v/t* contain, (*besagen*) say, *stillschweigend*: imply

Beinprothese *f* artificial leg

Beinschiene *f* MED splint

beiordnen *v/t* **1.** *j-m j-n* ~ assign s.o. to s.o. **2.** LING coordinate

Beipackzettel *m* instructions *Pl*

beipflichten *v/i* agree (*Dat* to)

Beiprogramm *n* FILM supporting program(me *Br*)

Beirat *m* advisory board

beirren *v/t* disconcert: **er lässt sich nicht** ~ he stands firm, F he sticks to his guns

beisammen *Adv* together ⌂**sein** *n* being together: **geselliges** ~ get-together

Beischlaf *m* sexual intercourse

Beisein *n* **im** ~ **von** (*od Gen*) in the presence of

beiseite *Adv* aside: ~ **lassen** disregard; ~ **legen** set aside (*a. Geld*); ~ **schaffen** remove, (*j-n*) get rid of; ~ **schieben** push (*Argument*: brush) aside; ~ **treten** step aside

beisetzen *v/t* **1.** (*Leiche*) bury **2.** (*Segel*)

set **Beisetzung** f burial, funeral

Beispiel n example, (*Vorbild*) model: (**wie**) **zum ~** for example, for instance (*Abk* e.g.); **ein ~ geben, mit gutem ~ vorangehen** set an example; **sich ein ~ an j-m (etw) nehmen** take s.o. (s.th.) as an example **beispielhaft** Adj exemplary, model ... **beispiellos** Adj unprecedented, unheard-of **beispielsweise** Adv for example, (as) for instance

beispringen → **beistehen**

beißen v/t u. v/i (**auf** Akk, **in** Akk s.th.) bite, *Rauch, Pfeffer* etc: a. burn: **nach j-m ~** snap at s.o.; F *fig* **die Farben ~ sich** the colo(u)rs clash; F **er wird dich schon nicht ~!** he won't eat you!

beißend Adj Wind etc, a. fig Kritik etc: biting, *Geruch*: acrid

Beißring m für Babys: teething ring

Beißzange f (**e-e ~** a pair of) pliers Pl

Beistand m **1.** help, aid, support: **j-m ~ leisten** → **beistehen 2.** → **Rechtsbeistand Beistandpakt** m POL mutual assistance pact **beistehen** v/i **j-m ~** help (od assist, stand by) s.o., come to s.o.'s aid, MED attend to

beisteuern v/t u. v/i contribute (**zu** to)

beistimmen → **zustimmen**

Beistrich m comma

Beitrag m contribution (a. fig), (*Mitglieds2*) subscription (fee), fee: **e-n ~ leisten** make a contribution (**zu** to)

beitragen v/t u. v/i contribute (**zu** to)

Beitrags|erhöhung f increase in contributions, increased contributions Pl 2**frei** Adj noncontributary

beitragspflichtig Adj liable to subscription

beitreiben v/t JUR (*Steuern* etc) collect, (*Schulden*) recover

beitreten v/i e-m Verein etc: join, e-m Vertrag: a. accede to **Beitritt** m joining (**zu** of a club etc) **Beitrittserklärung** f application for membership

Beiwagen m MOT sidecar

beiwohnen v/t (*Dat*) **1.** be present at, attend, *als Zeuge*: witness **2.** JUR have sexual intercourse with

Beiwort n epithet

Beize f **1.** corrosive, (*Holz2*) stain, *Färberei*: mordant, *Gerberei*: bate, METAL pickle **2.** (*Tabak2*) sauce **3.** GASTR marinade

beizeiten Adv in good time

beizen v/t **1.** TECH (*ätzen*) corrode, (*Holz*) stain, (*Häute*) bate, METAL pickle **2.** (*Tabak*) sauce **3.** GASTR marinate

bejahen v/t answer in the affirmative (a. v/i), a. fig say yes to **bejahend** Adj affirmative **Bejahung** f affirmation, fig positive attitude (*Gen* towards)

bejahrt Adj old, advanced in years

bejammern v/t lament

bekämpfen v/t fight (against), combat **Bekämpfung** f fight (*Gen* of)

bekannt Adj known, (*wohl~*) well--known (**wegen** for): **~ mit** acquainted with, **e-r Sache** a. familiar with s.th.; **~ geben** announce (*Dat* to); **j-n ~ machen mit** introduce s.o. to; **~ machen** announce, make s.th. known; **sich mit etw ~ machen** familiarize o.s. with s.th.; **das ist mir ~** I know (that); **dafür ~ sein, dass ...** have a reputation for Ger; **~ werden** become known, come out

Bekannte m, f friend, acquaintance

Bekanntenkreis m (circle of) friends Pl

Bekanntgabe f announcement

Bekanntheitsgrad m name recognition (rating)

bekanntlich Adv as everybody knows

Bekanntmachung f announcement, publication, *offizielle*: bulletin

Bekanntschaft f **1.** (*bei näherer ~* on closer) acquaintance: **j-s ~ machen** become acquainted with s.o. **2.** → **Bekanntenkreis**

bekehren v/t a. fig convert (**zu** to): **sich ~ (zu** to) become a convert, fig a. come round **Bekehrte** m, f convert **Bekehrung** f conversion

bekennen I v/t confess (to) **II** v/refl **sich ~ zu a)** e-r Tat: confess, **b)** e-m Glauben etc: profess, **c)** j-m stand by s.o., (*eintreten für*) stand up for s.o.; → **Farbe** 3, **schuldig** 1

Bekennerbrief m letter claiming responsibility

Bekenntnis n **1.** confession **2.** (*Glaubens2*) creed, (*Konfession*) denomination **~schule** f denominational school

bekiffen v/refl F **sich ~** get stoned; **bekifft sein** be stoned

beklagen I v/t lament, deplore, (*Tod* etc) mourn **II** v/refl **sich ~** complain (**über**

B

Akk of) **beklagenswert** *Adj* **1.** deplorable **2.** *Person:* pitiable

Beklagte *m, f* JUR defendant

beklauen *v/t* F *j-n* ~ steal from s.o.

bekleben *v/t* **1.** paste *s.th.* over **2.** *etw* ~ *mit* stick (*of* paste) *s.th.* on s.th.

bekleckern I *v/t* stain, mess up II *v/refl sich* ~ *mit* … spill … over o.s

bekleiden *v/t* **1.** dress: *fig* ~ *mit* (in)vest with **2.** (*Amt etc*) hold **Bekleidung** *f* clothing, clothes *Pl* **Bekleidungsindustrie** *f* clothing industry

beklemmen *v/t* oppress **beklemmend** *Adj* oppressive, *fig a.* eerie **Beklemmung** *f* oppression, *fig a.* anxiety

beklommen *Adj* uneasy, anxious

Beklommenheit *f* uneasiness, anxiety

bekloppt, beknackt *Adj* F nutty, batty, crazy, *präd* nuts

bekommen I *v/t allg* get, MED *a.* catch (*a.* F *Zug, Bus etc*), (*erhalten*) *a.* receive, (*erlangen*) obtain, (*Kind, Junge*) have: *Hunger* (*Durst*) ~ get hungry (thirsty); *sie bekommt ein Kind* she's going to have a baby; *Zähne* ~ cut one's teeth; *etw geschenkt* ~ be given s.th. (as a present); *wie viel* ~ *Sie* (*von mir*)? how much do I owe you?; F ~ *Sie schon?* are you being served? II *v/i j-m* (*gut*) ~ agree with s.o.; *j-m nicht* (*od schlecht*) ~ disagree with s.o.; *wohl bekomms!* cheers!; *fig es wird ihm schlecht* ~ he will regret it **bekömmlich** *Adj* wholesome, *Essen:* a. easily digestible, light, *Klima, Luft:* a. salubrious

beköstigen *v/t* feed: *sich selbst* ~ cook for o.s **Beköstigung** *f* feeding, (*Essen*) food: *bei voller* ~ with full board

bekräftigen *v/t* confirm, (*erhärten*) corroborate **Bekräftigung** *f* confirmation, corroboration

bekreuzigen *v/refl sich* ~ cross o.s

bekriegen *v/t* make war on: *sich* ~ be at war with one another

bekritteln *v/t pej* criticize

bekritzeln *v/t* scribble on

bekümmern *v/t* grieve, worry

bekunden *v/t* **1.** (*zeigen*) show, demonstrate **2.** (*erklären*) state, JUR *a.* testify

belächeln *v/t* smile (condescendingly) at

beladen *v/t* load, *fig a.* burden

Belag *m* **1.** covering, TECH (*Überzug*) a. coat(ing), (*Straßen* ~) surface, (*Brems* ~ *etc*) lining **2.** (*Brot* ~) (sandwich) filling, (*Aufstrich*) spread **3.** MED (*Zungen* ~) coating, (*Zahn* ~) tartar

belagern *v/t a. fig* besiege

Belagerung *f* siege

Belang *m* **1.** *von* ~ of importance (*für* to); *ohne* ~, *sachlich:* irrelevant **3.** *Pl* interests *Pl* **belangen** *v/t* JUR sue, *bes strafrechtlich:* prosecute **belanglos** *Adj* unimportant, *sachlich:* irrelevant (*für* to), (*gering*) negligible **Belanglosigkeit** *f* insignificance, *sachliche:* irrelevance

belassen *v/t etw an s-m Platz* ~ leave s.th. in its place; *es dabei* ~ leave it at that; *alles beim Alten* ~ leave things as they are

Belastbarkeit *f allg* (maximum) capacity, *a.* MED *etc* resistance, *a. fig* (relative) strength **belasten** *v/t* **1.** load (*a.* ELEK, TECH), (*beanspruchen*) stress, (*beschweren*) weight **2.** *fig* burden (*mit* with, *sich* o.s.), (*anstrengen, a.* WIRTSCH, MED, *a. Beziehungen etc*) put (*od* be) a strain on, *seelisch:* weigh on, worry, (*die Umwelt*) pollute, (*verseuchen*) TECH contaminate: *das belastet mich sehr* that's a great burden (*Sorge:* worry) to me; *damit kann ich mich jetzt nicht* ~ I can't be bothered with that now; → *erblich* **3.** (*Konto*) charge, (*Grundstück etc*) encumber: *j-n* (*od j-s Konto*) (*mit e-m Betrag*) ~ charge a sum to s.o.'s account **4.** JUR *u.* POL incriminate

belästigen *v/t* molest, (*plagen, stören*) (*mit* with) pester, bother **Belästigung** *f* **1.** molestation, pestering: *sexuelle* ~ sexual harassment **2.** nuisance

Belastung *f* **1.** loading (*etc,* → *belasten*) **2.** (*Last*) load (*a.* ELEK, TECH), TECH (*Beanspruchung*) stress (*Gen* on), (*Gewicht*) weight: *zulässige* ~ safe load **3.** *fig* (*Gen od für*) *allg* (*financial etc*) burden (to, on), (*Sorge*) worry (to), (*Mühe, Ärger*) trouble (to), *seelische od nervliche:* stress (on), (*Anstrengung, a.* MED, *a. von Beziehungen etc*) strain (on), *der Umwelt:* pollution (of), (*Verseuchung*) *a.* contamination (of): *er ist zu e-r* ~ *geworden Mitarbeiter etc:* he has become a liability **4.** WIRTSCH *e-s Kontos:* charge (to), *e-s*

Grundstücks etc: encumbrance (of) **5.** JUR *u.* POL incrimination

Belastungs|material *n* JUR incriminating evidence **~probe** *f* **1.** TECH load test **2.** *fig* (severe) test **~zeuge** *m*, **~zeugin** *f* witness for the prosecution

belaubt *Adj* leafy, in leaf

belaufen *v/refl* **sich ~ auf** (*Akk*) amount to, run up to, total

belauschen *v/t* eavesdrop on, listen to

beleben **I** *v/t* liven up, stimulate, *Getränk etc*: *a.* revive, get *s.o.* going (again), (*Zimmer etc*) brighten: **neu ~** put new life into **II** *v/refl* **sich ~** *Straße etc*: come to life, *Gesicht*: brighten up

belebt *Adj* animated, lively, *Straße etc*: busy

Beleg *m* **1.** *bes* WIRTSCH record, (*Beweis*) proof, (*~schein, Unterlage*) voucher, (*Quittung*) receipt **2.** LING (*Beispiel*) example, (*Quelle*) reference

belegen *v/t* **1.** (*bedecken*) cover, (*auskleiden, a. Bremsen etc*) line: **mit Teppichboden ~** carpet; **Brot mit Schinken etc ~** put ham *etc* on; → **belegt** 4 **2.** (*Zimmer etc*) occupy, (*buchen*) book, (*e-n Platz*) reserve **3.** UNI (*Fach, Vorlesungen*) enrol(l) for **4.** SPORT **den ersten** (**zweiten** *etc*) **Platz ~** be placed (*od* come in) first (second *etc*) **5.** **mit e-r Strafe** (**Steuer** *etc*) **~** impose a penalty (tax *etc*) on **6.** (*beweisen*) supply evidence for, verify, (*Textstelle, Wort*) give a reference for; → **belegt** 5

Belegexemplar *n* author's copy

Belegschaft *f* personnel, staff, employees *Pl*, TECH workers *Pl*, work force

Belegschein *m* voucher

belegt *Adj* **1.** *Raum, Platz*: taken, occupied, (*voll ~*) full (up) **2.** MED *Stimme*: husky, *Zunge*: coated **3.** TEL engaged, *Am* busy **4.** GASTR **~es Brot** sandwich, **~es Brötchen** filled roll **5.** documented: **das ist nirgends ~** there is no evidence for it

belehren *v/t* instruct, (*aufklären*) inform (*über Akk* of): **sich ~ lassen** listen to reason; **j-n e-s Besseren ~** set *s.o.* right, *weit. S.* open *s.o.*'s eyes

belehrend *Adj* instructive

Belehrung *f* instruction, (*Rat*) advice

beleibt *Adj* corpulent, stout

beleidigen *v/t* offend (*a. fig*), *gröblich*: insult: **ich wollte Sie nicht ~!** no of-

fen/ce (*Am* -se) meant! **beleidigend** *Adj* insulting **Beleidigung** *f* insult, JUR slander, *schriftliche*: libel

belesen *Adj* well-read

Belesenheit *f* wide reading

beleuchten *v/t* light (up), *a. festlich*: illuminate, *fig* throw light on **Beleuchter** *m* THEAT *etc* lighting technician

Beleuchtung *f* lighting, illumination (*a. fig*), (*Lichter*) *a.* light(s *Pl*) **Beleuchtungskörper** *m* lighting fixture, lamp

Belgien *n* Belgium

Belgier(in), **belgisch** *Adj* Belgian

belichten *v/t* FOTO expose

Belichtung *f* exposure

Belichtungs|automatik *f* automatic exposure **~messer** *m* light meter **~zeit** *f* exposure (time)

belieben *v/t bes iron* deign **II** *v/i* please: **wie es Ihnen beliebt** as you wish **III** ♀ *n* **nach** ♀ at will; **ganz nach** ♀ as you like **beliebig** **I** *Adj* any … (you like): **jeder ♀e** anyone; **in ~er Reihenfolge** in any order (you *etc* like) **II** *Adv* at will: **~ viele** as many as you *etc* like

beliebt *Adj* popular (**bei** with), *Ware*: very much in demand: **sich bei j-m ~ machen** ingratiate o.s. with s.o.

Beliebtheit *f* popularity (**bei** with)

Beliebtheitsgrad *m* popularity (rating)

beliefern *v/t*, **Belieferung** *f* supply

bellen *v/i u. v/t a. fig* bark

Belletristik *f* fiction

belletristisch *Adj* belletristic

Belobigung *f* praise, commendation

belohnen *v/t*, **Belohnung** *f* reward

belüften *v/t* ventilate

Belüftung *f* ventilation

Belüftungsanlage *f* ventilation system

belügen *v/t* **j-n ~** lie to s.o.; **sich selbst ~** deceive o.s

belustigen **I** *v/t* amuse **II** *v/refl* **sich ~ über** (*Akk*) be amused at

Belustigung *f* amusement

bemächtigen *v/refl* **sich j-s** (**e-r Sache**) **~** seize s.o. (s.th.)

bemalen *v/t* paint

bemängeln *v/t* criticize, fault: **daran ist nichts zu ~** it can't be faulted

bemannen *v/t* man: **bemannter Raumflug** manned space flight

bemänteln *v/t* cover up, (*beschönigen*) palliate

bemerkbar *Adj* noticeable: *sich ~ machen* draw attention to o.s., *Sache*: show, make itself felt **bemerken** *v/t* **1.** (*wahrnehmen*) notice **2.** (*äußern*) remark **bemerkenswert** *Adj* remarkable (*wegen* for)

Bemerkung *f* remark, comment, *schriftliche*: note, (*Anmerkung*) annotation

bemessen I *v/t* **1.** proportion (*nach* to), (*berechnen*) calculate, *zeitlich*: a. time, TECH dimension, (*Leistung*) rate, (*Strafe, Preis etc*) fix **2.** *fig* (*bewerten*) measure (*nach* by) **II** *v/refl* **sich ~ 3.** be proportioned (*etc*, → I) **III** *Adj* **4.** (*knapp*) ~ limited; *m-e Zeit ist knapp* ~ I am pressed for time

bemitleiden *v/t* pity
bemitleidenswert *Adj* pitiable
bemittelt *Adj* well(-)off, well-to-do
bemogeln *v/t* F cheat
bemühen I *v/t* trouble (*mit* with, *um* for), (*Arzt, Fachmann etc*) call in **II** *v/refl* **sich ~** take trouble (*od* pains) (*mit* over), make an effort, try (hard); *sich ~ um* **a)** try to get, (*e-e Stellung*) apply for, **b)** (*e-n Verletzten etc*) try to help s.o., (*od j-s Gunst*) court s.o.'s favo(u)r; *bemüht sein zu Inf* endeavo(u)r *to Inf*, *eifrig*: be anxious to *Inf*; *~ Sie sich nicht!* don't trouble (*od* bother)! **Bemühung** *f* effort(s *Pl*), (*Mühe*) trouble

bemüßigt *Adj* **sich ~ fühlen zu** *Inf* feel bound (*od* obliged) to *Inf*

bemuttern *v/t* mother
benachbart *Adj* neighbo(u)ring
benachrichtigen *v/t* (*von* of) inform, notify, WIRTSCH advise **Benachrichtigung** *f* notification, WIRTSCH advice

benachteiligen *v/t* put s.o. at a disadvantage, *bes sozial etc*: discriminate against: (*sozial*) *benachteiligt* underprivileged **Benachteiligung** *f* discrimination (*Gen* against), (*Nachteil*) disadvantage, handicap

benebelt *Adj* F *fig* fuddled
Benefiz|spiel *n* SPORT charity match **~vorstellung** *f* charity performance
benehmen *v/refl* **sich ~** behave (*gegenüber* towards): *sich gut ~* behave well, behave o.s.; *sich schlecht ~* misbehave, behave badly; *benimm dich!* behave yourself! **Benehmen** *n* **1.** beha-

vio(u)r, conduct, manners *Pl* **2.** VERW *im ~ mit* in agreement with; *sich ins ~ setzen mit* get in touch with

beneiden *v/t* envy (*j-n um etw* s.o. s.th.)
beneidenswert *Adj* enviable
Beneluxstaaten *Pl* Benelux countries *Pl*

benennen *v/t* **1.** name, call **2.** (*Termin*) fix, (*Kandidaten*) nominate: *j-n als Zeugen ~* call s.o. as a witness

Bengel *m* rascal
benommen *Adj* dazed
Benommenheit *f* daze, numbness
benoten *v/t* PÄD mark, *Am* grade
Benotung *f* **a)** marking, *Am* grading, **b)** marks *Pl*, *Am* grades *Pl*
benötigen *v/t* need: *dringend ~* be in urgent need of, need *s.th.* badly
benutzen *v/t* use, make use of, (*sich zu nutze machen*) a. profit by: → *Gelegenheit 1*

Benutzer|(in) user **⌂freundlich** *Adj* user-friendly **~handbuch** *n* manual **~oberfläche** *f* user (*od* system) interface

Benutzung *f* use
Benutzungs|gebühr *f* fee, charge **~recht** *n* JUR right to use, user

Benzin *n* **1.** MOT petrol, *Am* gasoline, F gas; → a. **Kraftstoff** (...) **2.** CHEM benzine, (*Test⌂*) white spirit **~feuerzeug** *n* fuel lighter **~fresser** *m* F (*Auto*) fuel guzzler **~gutschein** *m* petrol (*Am* gas) coupon **~hahn** *m* fuel cock **~kanister** *m* petrol can, F jerry can **~motor** *m* petrol (*Am* gasoline) engine **~pumpe** *f* fuel pump **~tank** *m* fuel tank **~uhr** *f* fuel ga(u)ge **~verbrauch** *m* petrol (*Am* gasoline) consumption

Benzol *n* benzene, benzol
beobachten *v/t* **1.** watch, observe **2.** (*wahrnehmen*) notice **3.** (*Feiertag, Gesetz etc, Stillschweigen etc*) observe
Beobachter(in) *m* observer (*a.* MIL, POL *etc*), (*Zuschauer*) onlooker
Beobachtung *f* **1.** observation **2.** (*Einhaltung*) observance (*Gen* of)
Beobachtungsgabe *f* powers *Pl* of observation **Beobachtungsstation** *f* observation station (MED ward)
bepacken *v/t* load (*mit* with)
bepflanzen *v/t* plant (*mit* with)
bequatschen *v/t* F **1.** thrash *s.th.* out **2.** *j-n zu etw ~* talk s.o. into doing s.th.

bequem I *Adj* **1.** comfortable, (*günstig*) easy (*a.* WIRTSCH *Bedingungen, Raten etc*), convenient: **es sich ~ machen** make o.s. comfortable (*od* at home), (*fig* take the easy way out **2.** *Person*: comfort-loving, (*träge*) lazy **II** *Adv* **3.** (*leicht*) easily **bequemen** *v/refl* **sich dazu ~, etw zu tun** deign (*od* bring o.s.) to do s.th.; **sich zu e-r Antwort** *etc* ~ deign to give an answer *etc*

Bequemlichkeit *f* **1.** comfort, ease **2.** (*Trägheit*) indolence **3.** (*Einrichtung*) convenience, *Pl a.* amenities *Pl*

berappen *v/t u. v/i* pay

beraten I *v/t* (*j-n*) advise (**bei** on), (*etw*) discuss: **sich ~ lassen von** consult; **gut** (**schlecht**) ~ **sein** be well (ill-)advised (**zu** *Inf* to *Inf*) **II** *v/refl* **sich mit j-m über etw** ~ discuss s.th. with s.o.

beratend *Adj* advisory

Berater(in) adviser: **fachmännischer** (*od* **fachärztlicher**) ~ consultant

Beratung *f* **1.** discussion (**über** *Akk* of), (*Besprechung*) consultation **2.** → **Beratungsstelle** *f* advisory board, information cent/re (*Am* -er)

berauben *v/t* (*Gen* of) rob, *fig a.* deprive

berauschen *v/t* intoxicate: *fig* **sich ~ get** intoxicated (**an** *Dat* with)

berauschend *Adj a. fig* intoxicating: *iron* **nicht gerade** ~ not so hot

berechenbar *Adj* calculable, *fig* predictable **berechnen** *v/t* calculate (*a. fig*), (*schätzen*) estimate (**auf** *Akk* at), WIRTSCH (*in Rechnung stellen*) charge (*j-m etw* s.o. s.th.) **berechnend** *Adj fig* calculating **Berechnung** *f* calculation: *fig* **mit** ~ with deliberation

berechtigen I *v/t* **j-n** (**zu e-r Sache**) ~ entitle s.o. (to [do] s.th.), (*ermächtigen*) authorize s.o. (to do s.th.), (*befähigen*) qualify s.o. (to s.th.) **II** *v/i* **zu e-r Sache** ~ entitle to s.th.; **zu der Annahme** (**Hoffnung**) ~, **dass** ... warrant the assumption (hope) that ...

berechtigt *Adj* (**zu** to) entitled, authorized, (*gerechtfertigt*) justified, *Anspruch etc*: legitimate

Berechtigung *f* right (**zu** to), (*Ermächtigung*) authorization, (*Vollmacht*) authority, (*Rechtmäßigkeit*) legitimacy

bereden *v/t* **1.** **etw** ~ discuss s.th. **2.** → **überreden Beredsamkeit** *f* eloquence

beredt *Adj a. fig* eloquent

Bereich *m* **1.** area **2.** *fig* field, sphere, sector: **im** ~ **des Möglichen liegen** be within the bounds of possibility, be possible; **im sozialen** ~ in the social sector, socially; **im persönlichen** ~ on the personal side, personally **3.** MIL (*Reichweite*) range

bereichern *v/t a. fig* enrich (**sich** o.s.)

Bereicherung *f a. fig* enrichment

bereift *Adj Bäume etc*: rimy

Bereifung *f* MOT tyres *Pl, Am* tires *Pl*

bereinigen *v/t* (*Streit, a.* WIRTSCH *Konto*) settle, (*Missverständnis etc*) iron out, (*Statistik*) adjust

Bereinigung *f* settlement, adjustment

bereisen *v/t* travel around, tour, WIRTSCH *a.* cover

bereit *Adj* ready, (*gewillt*) *a.* prepared, willing: **sich** ~ **erklären** (*od* **finden**) **zu** *Inf* agree (*freiwillig: a.* volunteer) to *Inf*; **zu allem** ~ game for anything; **bist du** ~? (are you) ready?

bereiten *v/t* **1.** prepare, (*Tee etc*) *a.* make **2.** (*zufügen*) give, (*verursachen*) cause: **Ärger** ~ cause trouble; **j-m Vergnügen** ~ give s.o. pleasure

bereithalten I *v/t* **etw** ~ have s.th. ready **II** *v/refl* **sich** ~ be ready (**für** for)

bereitliegen *v/i* be ready

bereitmachen *v/t* (*a.* **sich** ~) (**zu** for) get ready, prepare (o.s.)

bereits *Adv* already

Bereitschaft *f* **1.** readiness: **in** ~ **sein** → **bereitstehen**; (**sich**) **in** ~ **halten** → **bereithalten 2.** (*Polizeieinheit etc*) squad **Bereitschafts|arzt** *m,* **~ärztin** *f* duty doctor **~dienst** *m* standby duty: ~ **haben** *Arzt etc*: be on call **~polizei** *f* riot police **~tasche** *f* carrying (FOTO camera) case

bereitstehen *v/i* **1.** be ready, MIL stand by **2.** (*verfügbar sein*) be available

bereitstellen *v/t* provide, make available **Bereitstellung** *f* provision

bereitwillig *Adj* willing, (*eifrig*) eager

Bereitwilligkeit *f* readiness, eagerness

bereuen *v/t* regret

Berg *m* mountain (*a. fig*), *kleiner*: hill: *fig* **~e von** piles of; **~e versetzen** move mountains; **j-m goldene ~e versprechen** promise s.o. the moon; **über den** ~ **sein** be over the worst; **über alle ~e** off and away; **die Haare standen ihm zu ~e** his hair stood on end; **er**

hielt damit nicht hinterm ~ he made no bones about it

bergab *Adv a. fig* downhill

Bergakademie *f* mining college

Bergamt *n* mining office

Bergarbeiter(in) miner

bergauf *Adv* uphill: *fig* **es geht wieder ~** things are looking up

Bergbahn *f* mountain railway

Bergbau *m* mining (industry)

bergen *v/t* **1.** (*retten*) rescue, (*Leichen, Fahrzeuge, Güter*) recover, SCHIFF salvage, (*Segel*) take in **2.** (*enthalten*) contain, hold, *fig* harbo(u)r: *e-e gewisse Gefahr (in sich)* ~ involve a certain danger

Bergführer(in) mountain guide

bergig *Adj* mountainous

Berg|kette *f* mountain range **~kristall** *m* crystallized quartz **~land** *n* mountainous country **~massiv** *n* massif **~predigt** *f* BIBEL Sermon on the Mount **~rücken** *m* (mountain) ridge **~schuh** *m* mountaineering boot **~spitze** *f* mountain peak **~steigen** *n* mountaineering **~steiger(in)** mountain climber, mountaineer **~stiefel** *m* → *Bergschuh* **~straße** *f* mountain road **~tour** *f* mountain tour

Berg-und-Tal-Bahn *f* switchback (railway), *Am* roller coaster

Bergung *f* (*Rettung*) rescue, *von Toten, Fahrzeugen etc*: recovery, SCHIFF salvage

Bergungs|arbeiten *Pl* rescue work *Sg*, SCHIFF salvage operations *Pl* **~dienst** *m* recovery (SCHIFF salvage) service **~fahrzeug** *n* recovery (FLUG crash) vehicle **~mannschaft** *f* rescue party, SCHIFF salvage crew

Bergwacht *f* mountain rescue service

Bergwanderung *f* mountain hike

Bergwerk *n* mine

Bericht *m* (*über Akk*) report (on), (*a. Erzählung*) account (of): ~ *erstatten* report (*über Akk* on, *j-m* to s.o.)

berichten *v/t u. v/i* report (*über Akk* on, *j-m* to s.o.), (*erzählen*) relate: *j-m etw* ~ (*melden*) inform s.o. of s.th.

Berichterstatter(in) reporter, RADIO, TV *a.* commentator, *im Ausland*: correspondent

Berichterstattung *f* reporting, (*Presse*Ω) *a.* coverage, (*Bericht*) report

berichtigen *v/t* (*etw*) rectify, (*a. j-n*) correct (*sich* o.s.), TECH *a.* adjust

beriechen *v/t* sniff at

Beringstraße *f the* Bering Strait

beritten *Adj* mounted, on horseback

Berliner¹ I *m* Berliner **II** *Adj* (of) Berlin

Berliner² *m* GASTR doughnut

Bermuda|dreieck *n* Bermuda triangle **~inseln** *Pl the* Bermudas *Pl* **~shorts** *Pl* bermudas *Pl*

Bern *n* Bern(e)

Bernhardiner *m* (*Hund*) St. Bernard

Bernstein *m* amber

bersten *v/i* burst (*fig vor Dat* with)

berüchtigt *Adj* notorious (*wegen* for)

berücksichtigen *v/t* consider (*a. j-n*), take into consideration, (*bedenken*) *a.* bear in mind, allow for **Berücksichtigung** *f* consideration: *unter ~ s-s Alters etc* considering his age *etc*

Beruf *m* occupation, F job, *akademischer od freier*: profession, (*Gewerbe*) trade, (*Geschäft*) business, (*Fach*) line: *von* ~ by profession, by trade

berufen I *v/t j-n* ~ appoint s.o. (*zu e-m Amt* to, *zum Vorsitzenden* chairman) **II** *v/i/refl sich* ~ *auf* (*Akk*) (*zitieren*) cite; *sich auf etw* ~ rely on, *entschuldigend*: plead (*ignorance etc*); *sich darauf* ~, *dass* ... plead that ...; *darf ich mich auf Sie* ~? may I mention your name? **III** *Adj* (*befähigt*) qualified: *sich ~ fühlen zu Inf* feel called upon to *Inf*; *aus ~em Munde* from a competent authority

beruflich *Adj* professional, vocational; → *a. Berufs...*

Berufs|ausbildung *f* vocational training **~aussichten** *Pl* career prospects *Pl* **~berater(in)** vocational (*od* careers) adviser **~beratung** *f* vocational (*od* careers) guidance **~bild** *n* job description **~erfahrung** *f* (vocational) experience **~fachschule** *f* vocational college **~geheimnis** *n* professional secret (*Schweigepflicht*: secrecy) **~krankheit** *f* occupational disease **~leben** *n* professional (*od* active) life **~risiko** *n* occupational hazard **~schule** *f* vocational school **~soldat(in)** regular (soldier) **~spieler(in)** SPORT professional (player) **~sportler(in)** professional **tätig** *Adj* working, (*angestellt*) employed **~tätige**

m, *f* working person ~**verbot** *n* ban on pursuing one's career ~**verkehr** *m* rush-hour traffic

Berufung *f* **1.** *innere*: calling **2.** (*Ernennung*) appointment (*zu* to) **3.** *unter* ~ *auf* (*Akk*) with reference to **4.** ~ *einlegen* file an) appeal (*bei* with, *gegen* from)

Berufungs|gericht *n*, ~**instanz** *f* JUR court of appeal ~**verfahren** *n* JUR **1.** appeal proceedings *Pl* **2.** (*Modus*) appellate procedure

beruhen *v/i* **1.** ~ *auf* (*Dat*) rest on, be based on, (*zurückzuführen sein*) be due to **2.** *etw auf sich* ~ *lassen* let s.th. rest; *lassen wir die Sache auf sich* ~*!* let's leave it at that!

beruhigen I *v/t* reassure, (*besänftigen*) calm (down): ~ *Sie sich doch!* calm down!; *seien Sie beruhigt, ich werde ... rest* assured I'll ...; *wenn Sie das beruhigt* if that puts your mind at rest **II** *v/refl* *sich* ~ *allg* calm down, *Lage*: quieten down **beruhigend** *Adj* **1.** reassuring **2.** MED sedative **Beruhigung** *f* calming (down) (*etc*), *der Lage*: stabilization, (*Gefühl der* ~) reassurance: *zu m-r* ~ much to my relief; *zu d-r* ~ *sei gesagt etc* to put your mind at rest

Beruhigungs|mittel *n*, ~**pille** *f* MED sedative, *fig* sedative ~**spritze** *f* sedative injection

berühmt *Adj* famous (*wegen* for): F *fig das ist nicht gerade* ~*!* that's nothing to write home about!

Berühmtheit *f* **1.** fame: ~ *erlangen* become famous **2.** (*Person*) celebrity

berühren I *v/t* **1.** touch, *fig seelisch*: *a.* affect: → *peinlich* 3 **2.** *fig* (*Thema etc*) touch (up)on, (*js Interessen etc*) concern **II** *v/refl* *sich* ~ **3.** touch, *fig a.* meet

Berührung *f* touch, (*Kontakt*) contact: *in* ~ *kommen mit* come into contact with

Berührungsängste *Pl* ~ *haben* be scared at the idea of contact

Berührungspunkt *m* point of contact

besagen *v/t* say, (*bedeuten*) mean: *das besagt gar nichts!* that doesn't mean anything!

besagt *Adj bes* JUR aforesaid

besamen *v/t* inseminate, BOT pollinate

Besan *m* (*Segel*) mizzen

besänftigen *v/t* (*a. sich* ~) calm down: *j-n* ~ placate s.o. **Besänftigung** *f* calming (down), placating

Besanmast *m* mizzenmast

besät *Adj fig* ~ *mit* covered with

Besatz *m Mode*: trimming(s *Pl*)

Besatzung *f* **1.** MIL **a)** occupying forces *Pl*, **b)** garrison **2.** FLUG, SCHIFF crew

Besatzungs|macht *f* occupying power ~**streitkräfte** *Pl* occupying forces *Pl*

besaufen *v/refl sich* ~ F get sloshed

Besäufnis *n* F booze-up

beschädigen *v/t* damage

Beschädigung *f* **1.** damaging **2.** (*Schaden*) *a. Pl* damage (*Gen* to)

beschaffen[1] *v/t j-m etw* ~ get (*od* procure) s.o. s.th.; (*sich*) *etw* ~ get s.th., *mit Mühe*: get hold of s.th.

beschaffen[2] *Adj gut* (*schlecht*) ~ in good (bad) condition, good (bad)

Beschaffenheit *f* condition, state, (*Eigenschaft*) quality, (*Art*) nature

Beschaffung *f* procurement

Beschaffungskriminalität *f* drug-related crime

beschäftigen I *v/t* **1.** *j-n* ~ occupy s.o., keep s.o. busy, (*j-m etw zu tun geben*) find s.o. s.th. to do **2.** (*Arbeitnehmer*) employ **3.** (*j-n, j-s Geist etc*) occupy, *Problem*: preoccupy, be on *s.o.'s* mind **II** *v/refl* **4.** *sich* ~ (*mit*) be busy (with), work (at); *sich mit e-m Problem etc* ~ deal with a problem *etc*

beschäftigt *Adj* **1.** busy **2.** employed (*bei* with)

Beschäftigte *m*, *f* employee

Beschäftigung *f* **1.** occupation, work, activity: *sie muss* ~ *haben* she must have s.th. to do **2.** employment, job: *ohne* ~ unemployed, out of work

Beschäftigungs|politik *f* employment (*od* manpower) policy ~**programm** *n* POL job creation program(me *Br*), job creation scheme ~**therapie** *f* occupational therapy

beschälen *v/t* (*Stute*) cover

beschämen *v/t j-n* ~ shame s.o., (*übertreffen*) put s.o. to shame **beschämend** *Adj* shameful **beschämt** *Adj* ashamed (*über Akk ot*) **Beschämung** *f* shame: *zu m-r* ~ to my shame

beschatten *v/t* (*verfolgen*) shadow

beschauen *v/t* (*a. sich etw* ~) (have a) look at **beschaulich** *Adj* contempla-

B

tive, (*friedlich*) tranquil

Bescheid *m* (*Antwort*) answer, VERW notice, (*Mitteilung*) information (*über Akk* about): **~ bekommen** be informed; **j-m ~ geben** let s.o. know (*über Akk* about); F **j-m gehörig ~ sagen** give s.o. a piece of one's mind; **~ wissen** be informed (*über Akk* of), b) **mit, in** (*Dat*) know all about, c) (*eingeweiht sein*) be in the know, *iron* know the score; **in e-r Sache genau ~ wissen** know the ins and outs of s.th.

bescheiden[1] *v/t* **1.** *bes* VERW, JUR notify: → **abschlägig 2. es war ihm nicht beschieden zu** *Inf* it was not granted to him to *Inf* **II** *v/refl* **3. sich ~ mit** be content with

bescheiden[2] *Adj* modest (*a. fig*), (*einfach*) *a.* simple

Bescheidenheit *f* modesty

bescheinen *v/t* shine on: **von der Sonne beschienen** sunlit

bescheinigen *v/t* certify: **j-m etw ~** *a. iron* attest to s.o. s.th.; **den Empfang ~** (*Gen od* **von**) acknowledge receipt of, *e-s Geldbetrages*: give a receipt for; **hiermit wird bescheinigt, dass ...** this is to certify that ...

Bescheinigung *f* **1.** attestation, certification **2.** (*Urkunde*) certificate

bescheißen *v/t* V **j-n** (**um etw**) **~** cheat (*od* do) s.o. (out of s.th.)

beschenken *v/t* **j-n ~** give s.o. a present (*od* presents); **j-n mit etw ~** give s.o. s.th.

bescheren *v/t* **j-m etw ~** give (*fig* bring) s.o. s.th. **Bescherung** *f* distribution of (Christmas) presents: *fig* **e-e schöne ~!** a fine mess!; **da haben wir die ~!** there you are!; F **die ganze ~** the whole bag of tricks

bescheuert → **bekloppt**

beschichten *v/t* TECH coat

beschicken *v/t* **1.** (*Messe etc*) exhibit at **2.** (*Kongress etc*) send delegates to **3.** TECH charge

beschießen *v/t* fire at, *mit Artillerie*: shell, bombard (*a.* PHYS)

beschildern *v/t* (*Straßen etc*) signpost **Beschilderung** *f* **1.** signposting **2.** (*Schilder*) signposts *Pl*

beschimpfen *v/t* **j-n ~** call s.o. names **Beschimpfung** *f a. Pl* abuse

Beschiss *m* V swindle, rip-off, (*Rein-*

fall) frost **beschissen** *Adj* V shitty

beschlafen *v/t fig* **etw ~** sleep on s.th.

Beschlag *m* **1.** (*mst* **Beschläge** *Pl*) metal fitting(s *Pl*), (*Huf~*) shoeing **2.** (*Feuchtigkeit*) condensation, (*Überzug*) film **3. in ~ nehmen, mit ~ belegen** (*Plätze etc*) F grab, (*j-n, Unterhaltung etc*) monopolize **beschlagen I** *v/t* **1.** put metal fittings on, (*Pferd*) shoe **2.** (*Spiegel etc*) steam up **II** *v/refl* **sich ~ 3.** *Glas etc*: steam up, *Metall*: oxidize, (*schimmeln*) go mo(u)ldy **III** *Adj* **4. gut ~ sein in** (*Dat*) be well up in **Beschlagenheit** *f* sound knowledge (**in** *Dat* of)

Beschlagnahme *f* seizure, confiscation **beschlagnahmen** *v/t* seize, confiscate, *fig* monopolize

beschleichen *v/t fig* **j-n ~** *Furcht etc*: creep up on s.o.

beschleunigen *v/t u. v/i* accelerate (*a.* MOT, PHYS), speed up (*beide a.* **sich ~**): **das Tempo ~** speed up

Beschleuniger *m* TECH, PHYS accelerator

Beschleunigung *f* MOT acceleration (*a.* PHYS *u. fig*), speeding up

Beschleunigungs|spur *f* MOT acceleration lane **~vermögen** *n* acceleration

beschließen *v/t* **1.** (**zu** *Inf to Inf*) decide, *endlich*: make up one's mind **2.** (*beenden*) close, end, *endgültig: a.* settle

beschlossen *Adj* agreed, settled

Beschluss *m* decision, resolution: PARL **e-n ~ fassen** pass a resolution

beschlussfähig *Adj* **~ sein** constitute a quorum; **die Versammlung** *etc* **ist** (*nicht*) **~** there is a (no) quorum

beschmieren *v/t* smear

beschmutzen *v/t* dirty, soil, *fig* sully

beschneiden *v/t* **1.** trim, (*Baum*) prune, (*Fingernägel etc*) cut **2.** MED circumcise **3.** *fig* (*kürzen*) cut (down), curtail

Beschneidung *f* **1.** trimming (*etc* **2.** MED circumcision **3.** *fig* curtailment

beschnüffeln, beschnuppern *v/t* sniff at: F *fig* **sich** (**gegenseitig**) **~** take stock of each other

beschönigen *v/t* palliate, gloss over

Beschönigung *f* palliation

beschränken I *v/t* (**auf** *Akk* to) limit, restrict **II** *v/refl* **sich ~ auf** (*Akk*) confine o.s. to, *Sache*: be confined to

beschränkt *Adj* **1.** limited, restricted **2.**

pej geistig: dense, (*engstirnig*) narrow-minded **Beschränktheit** *f* **1.** limitedness **2.** *pej* stupidity, narrow-mindedness **Beschränkung** *f* (**auf** *Akk* to) limitation, restriction

beschreiben *v/t* **1.** (*Blatt etc*) write on **2.** (*schildern*) describe (*a.* MATHE): **nicht zu ~** indescribable **Beschreibung** *f* **1.** (**das spottet jeder ~** that beggars) description **2.** TECH specification

beschreiten *v/t* walk on: *fig* **neue Wege ~** tread new paths

beschriften *v/t* inscribe, (*Umschlag*) address, (*Kiste etc*) mark, (*Ware etc*) label **Beschriftung** *f* inscription

beschuldigen *v/t* **j-n e-r Sache ~** accuse s.o. of s.th. **Beschuldigte** *m, f* accused

Beschuldigung *f* accusation, charge

beschummeln *v/t* F cheat (**um** out of)

Beschuss *m* fire, bombardment (*a.* PHYS): **unter ~ geraten** *a. fig* come under fire; **unter ~ nehmen** a) → **beschießen**, b) *fig* attack

beschützen *v/t* protect (**vor** *Dat*, **gegen** from) **Beschützer(in)** protector, protectress

beschwatzen *v/t* **j-n ~, etw zu tun** coax s.o. to do (*od* into doing) s.th.

Beschwerde *f* **1.** (*Mühe*) trouble, hardship **2.** MED complaint: **sein Herz macht ihm ~n** his heart is giving him trouble **3.** (*Klage*) complaint (**über** *Akk* about), JUR appeal (**gegen** from), (**~grund**) grievance **~buch** *n* complaints book **~führer(in)** JUR complainant

beschweren **I** *v/t* weight, *fig* weigh down **II** *v/refl* **sich ~** complain (**über** *Akk* about, of, **bei** to)

beschwerlich *Adj* onerous, (*ermüdend*) tiring

beschwichtigen *v/t* appease (*a.* POL), (*beruhigen*) calm down, placate **Beschwichtigungspolitik** *f* policy of appeasement

beschwindeln *v/t* **j-n ~** lie to s.o.

beschwingt *Adj fig* elated, buoyant, *Melodie:* bouncy

beschwipst *Adj* F tipsy, merry

beschwören *v/t* **1.** *bes* JUR swear to **2.** (*Geister*) conjure up (*a. fig*), (*bannen*) exorcise **3.** **j-n ~** (*anflehen*) implore s.o. **Beschwörung** *f* **1.** (*Flehen*) entreaty **2.**

(*Geister ~*) invocation, exorcism

beseelen *v/t fig* inspire, (*Dinge*) bring to life

beseelt *Adj* inspired, *Dinge:* animate

besehen *v/t* (*a.* **sich etw ~**) have a look at, *prüfend:* a. examine

beseitigen *v/t* **1.** *allg* remove, (*Abfälle*) a. dispose of, *fig* a. eliminate, (*Missstände etc*) a. redress **2.** **j-n ~** (*töten*) do away with s.o.

Beseitigung *f allg* removal, (*Abfall ~*) disposal, *fig* a. elimination

Besen *m* **1.** broom, *kleiner:* brush: *fig* **neue ~ kehren gut** a new broom sweeps clean; F **ich fresse e-n ~, wenn ...** I'll eat my hat if ... **2.** *pej* (*Frau*) (old) hag **Besenstiel** *m* broomstick

besessen *Adj* (**von**) possessed (by), *fig* a. obsessed (with), (*rasend*) frantic: **wie ~** like mad **Besessenheit** *f fig* obsession, (*Raserei*) frenzy

besetzen *v/t* **1.** (*Platz*) take, (*a. Haus, Land etc*) occupy **2.** (*Stelle etc*) fill: **wir wollen diesen Posten mit e-r Frau ~** we want to put a woman in this position **3.** (*Rolle, Stück etc*) cast: **neu ~** recast **4.** (*Kleid etc*) trim (**mit** with) **besetzt** *Adj* **1.** occupied (*a.* MIL, POL), *Platz:* a. taken, *Bus etc:* full (up) **2.** THEAT **das Stück ist gut besetzt** the play is well cast **3.** TEL engaged, *Am* busy **4.** JUR *Gericht etc* **~ mit** composed of **Besetztzeichen** *n* TEL engaged (*Am* busy) signal

Besetzung *f* **1.** occupation **2.** a) *e-r Stelle etc:* filling, b) (*Personal*) staff, *des Gerichts,* a. *e-r Sportmannschaft:* composition, (*Wettkampfteilnehmer*) entrants *Pl* **3.** THEAT a) casting, b) cast

besichtigen *v/t* view, inspect, (*Stadt etc*) visit, see: **zu ~ sein** be on view

Besichtigung *f* inspection (*a.* MIL), visit (*Gen* to): **~ von Sehenswürdigkeiten** sight-seeing

besiedeln *v/t* settle, colonize: **dicht** (**dünn**) **besiedelt** densely (sparsely) populated **Besied(e)lung** *f* settlement, colonization

besiegeln *v/t a. fig* seal

besiegen *v/t* defeat, beat, *fig* overcome, conquer **Besiegte** *m, f* the defeated, loser: **die ~n** *a.* the vanquished

besingen *v/t* sing (of)

besinnen *v/refl* **sich ~ 1.** (*überlegen*) re-

flect, think: **ohne sich zu** ~ without thinking twice; **sich anders** ~ change one's mind; **sich e-s Besseren** ~ think better of it **2. sich auf j-n** (etw) ~ remember s.o. (s.th.) **besinnlich** Adj contemplative **Besinnung** f **1.** (Bewusstsein) consciousness: **die** ~ **verlieren** lose consciousness, fig lose one's head; **wieder zur** ~ **kommen** regain consciousness, fig come to one's senses; fig **j-n zur** ~ **bringen** bring s.o. to his senses **2.** (Überlegung) (auf Akk) contemplation (of), reflection (on)

besinnungslos Adj unconscious, fig blind **Besinnungslosigkeit** f unconsciousness, fig blindness

Besitz m **1.** possession (Gen, **an** Dat, **von** of): ~ **ergreifen von a**) a. **in** ~ **nehmen** take possession of, **b**) fig take hold of s.o.; **im** ~ **sein von** (od Gen) be in possession of; → **gelangen** 1 **2.** (~**tum**) possession(s Pl), property, estate

besitzanzeigend Adj ~**es Fürwort** possessive pronoun

besitzen v/t possess, own, (a. Eigenschaft etc) have **Besitzer(in)** possessor, owner, (e-s Passes etc) holder: **den Besitzer wechseln** change hands **Besitzergreifung** f, **Besitznahme** f taking possession (**von** of), gewaltsame: seizure

besitzlos Adj unpropertied

Besitzstand m Geschäft: acquired (od vested) rights, JUR status of possession, ownership

Besitztum n, **Besitzung** f possession(s Pl), estate

besoffen Adj F sloshed, plastered

besohlen v/t (neu ~ re)sole

besolden v/t pay **besoldet** Adj salaried **Besoldung** f pay, salary

besonder Adj **1.** special, particular, (bestimmt) a. specific, (außergewöhnlich) exceptional, Freude, Ehre etc: great: **nichts 2es** nothing unusual; **in diesem** ~**n Fall** in this particular case **2.** (gesondert) separate **Besonderheit** f special quality (od feature) **besonders** Adv especially, particularly, (hauptsächlich) a. above all, (außergewöhnlich) exceptionally, (sehr) very much

besonnen Adj sensible, level-headed,

(ruhig) calm **Besonnenheit** f level-headedness, (Ruhe) calmness

besorgen v/t **1. j-m etw** ~ get s.o. s.th., provide s.o. with s.th.; **sich etw** ~ get (od buy) s.th.; F **dem werde ichs** ~**!** I'll give him what for! **2.** (erledigen) see to, deal with, (Haushalt) manage: F **wird besorgt!** will do!

Besorgnis f concern, anxiety: ~ **erregend** alarming, worrying **besorgt** Adj (**um** about) concerned, worried **Besorgtheit** f **1.** → **Besorgnis** **2.** (**um** for) solicitude, concern

Besorgung f **1.** (Beschaffung) procurement **2.** (Einkauf) purchase, (Auftrag, Weg) errand: ~**en machen** go shopping **3.** (Erledigung) dealing (Gen with), des Haushalts etc: management

bespannen v/t mit Stoff etc: cover, mit Saiten: string **Bespannung** f (Überzug) cover, (Saiten) strings Pl

bespielen v/t ein Tonband etc (mit etw) ~ record (s.th.) on tape etc

bespielt Adj Kassette etc: prerecorded **bespitzeln** v/t j-n ~ spy on s.o.

bespötteln v/t scoff at

besprechen v/t **1.** discuss, talk s.th. over; **sich mit j-m** ~ discuss the matter with s.o **2.** (Buch, Film etc) review **3.** (Tonband etc) record s.th. on **4.** MED cure by magic formulas **Besprechung** f **1.** discussion, weit. S. conference: **er ist in e-r** ~ he is in conference **2.** (Buch2 etc) review **Besprechungsexemplar** n review copy

besprengen v/t sprinkle, spray

bespritzen v/t spatter, splash

bespucken v/t spit at, spit on

besser Adj u. Adv (**als** than): **immer** ~ better and better; **umso** ~ so much the better; (oder) ~ **gesagt** or rather; ~ **gestellt** better-off; ~ **ist** ~ let's keep on the safe side; ~ **werden** improve, get better; **es geht ihm heute** ~ he is better today; **es geht** (wirtschaftlich) ~ things are looking up; **er ist** ~ **dran als ich** he is better off than me; **ich weiß es** ~ I know better; **er täte** ~ (**daran**) **zu gehen** he had better go; **etw 2es** something better; **j-n e-s 2en belehren** set s.o. right, weit. S. open s.o.'s eyes; → **besinnen** 1, **Hälfte** **bessern I** v/t improve, (j-n moralisch) reform **II** v/refl **sich** ~ improve, mora-

lisch: mend one's ways

Besserung *f* improvement: MED *auf dem Wege der ~* on the way to recovery, F on the mend; *gute ~!* hope you feel better soon!

Besserverdienende *Pl* higher-paid *employees, managers etc*

Besserwisser(in), **besserwisserisch** *Adj* know-(it-)all

Bestallung *f* appointment

Bestand *m* **1.** (*continued*) existence, (*Fortdauer*) duration: *von ~ sein*, *~ haben* be lasting, last; *k-n ~ haben* be short-lived, JUR not to be valid (in law) **2.** (*Vorrat*) *a. Pl* (*an Dat* of) stock, supplies *Pl*: *~ an Bäumen* (*Fischen, Vieh etc*) tree (fish, cattle, *etc*) population; → *eisern* **3.** (*Kapital&* assets *Pl*, (*Aktien&* etc) holdings *Pl*, (*Kassen&* cash in hand, (*Waren&* stock on hand, *Bilanz:* inventory **4.** (*Fahrzeug&* rolling stock, fleet **5.** MIL (*effective*) strength

beständig I *Adj* **1.** constant, (*dauerhaft*) *a.* lasting, (*beharrlich*) steady (*a.* WIRTSCH *Markt, Nachfrage*), (*stabil*) stable **2.** (*zuverlässig*) reliable, *Leistung etc:* consistent, *Wetter:* settled **3.** (*widerstandsfähig*) *a.* TECH resistant (*gegen* to), *Farben:* fast **II** *Adv* **4.** constantly (*etc*)

Beständigkeit *f* **1.** constancy, lastingness, steadiness, stability **2.** (*Zuverlässigkeit*) reliability **3.** (*Widerstandsfähigkeit*) *a.* TECH resistance (*gegen* to), (*Farbechtheit*) fastness

Bestandsaufnahme *f* WIRTSCH stocktaking, *Am* inventory: *e-e ~ machen a.* fig take stock

Bestandteil *m* part, component, constituent (part), (*Grund&* element, *e-r Mischung:* ingredient: → *auflösen* 1

bestärken *v/t* (*in Dat* in) strengthen, confirm, (*ermutigen*) encourage

bestätigen I *v/t a.* WIRTSCH *Auftrag:* confirm, (*den Empfang*) acknowledge (receipt of), (*bescheinigen*) certify **II** *v/refl sich ~* be confirmed, prove true

Bestätigung *f* **1.** confirmation, (*Empfangs&* acknowledgement **2.** (*Schreiben*) letter of confirmation, (*Bescheinigung*) certificate

bestatten *v/t* bury **Bestattung** *f* funeral, burial **Bestattungsinstitut** *n* undertakers *Pl, Am* funeral home

bestäuben *v/t* **1.** dust, spray **2.** BOT pollinate **Bestäubung** *f* **1.** spraying, dusting **2.** BOT pollination

bestaunen *v/t* marvel at

beste *Adj u. Adv* best: *mein ~r Freund* my best friend; *der* (*die*) *erste &* the first comer; *das erste &* the first thing; *am ~n wissen etc* know *etc* best; *am ~n, wir besuchen ihn* the best thing to do would be to call on him; *im ~n Fall* at best; *im ~n Alter, in den ~n Jahren* in the prime of life; *in ~m Zustand* in perfect condition; *mit ~m Dank* with many thanks; (*von*) *~r Qualität* of first-class (*od* prime) quality; *e-e Geschichte* (*ein Lied*) *zum & geben* tell a story (oblige with a song); *j-n zum &n haben* pull s.o.'s leg; *sein &s tun* (*od geben*) do one's best; *das & herausholen* (*od daraus machen*) make the best of it; *unsere Beziehungen etc sind nicht die ~n* are not of the best; → *bestens, Kraft* 1

bestechen *v/t* **1.** bribe: *sich ~ lassen* take bribes **2.** *fig a. v/i* impress (*durch* by) **bestechend** *Adj* fig impressive, *Leistung:* brilliant **bestechlich** *Adj* corrupt(ible): *~ sein a.* be open to bribery **Bestechlichkeit** *f* corruptibility **Bestechung** *f* bribery: *passive ~* taking of bribes

Bestechungs|affäre *f* corruption scandal **~geld** *n* bribe money **~versuch** *m* attempted bribery

Besteck *n* **1.** (*Ess&* knife, fork and spoon, *Koll od ~e Pl* cutlery *Sg* **2.** MED (set of) instruments *Pl*

bestehen *v/t* **1.** (*durchmachen*) go (*od* come) through, (*Kampf etc*) win, (*Prüfung etc*) pass: *nicht ~* fail; *fig die Probe ~* stand the test **II** *v/i* **2.** exist, *weit.* S. *Bedenken, Grund etc: a.* be, (*fort~*) continue, last, (*noch ~*) remain, (*have*) survive(d); *~ bleiben* continue (to exist), survive **3.** *~ aus* be made of, *a. weit.* S. consist of **4.** *~ auf* (*Dat*) insist on: *ich bestehe darauf, dass du kommst*) I insist (on your coming) **5.** *in e-r Prüfung:* passing **Bestehen** *n* **1.** existence: *seit ~ der Firma* ever since the firm was founded; *das 50-jährige ~ feiern* celebrate the fiftieth anniversary **2.** *e-r Prüfung:* passing **3.** *sein ~ auf* (*Dat*)

his insistence on **bestehend** *Adj* existing, *(gegenwärtig)* present

bestehlen *v/t* rob, steal from

besteigen *v/t (Berg, Turm etc)* climb (up), *(a. Thron)* ascend, *(Pferd, Fahrrad)* mount, *(Schiff, Zug etc)* board

Besteigung *f* ascent

Bestellbuch *n* WIRTSCH order book

bestellen *v/t* **1.** order *(a. WIRTSCH)*, *(Zimmer etc)* book, *(Taxi)* call **2.** *j-n* *(zu sich)* ~ ask s.o. to come, send for s.o. **3.** *j-m e-e Nachricht etc* ~ give *(od send)* s.o. a message etc; *kann ich etw ~?* can I take a message? **4.** LANDW cultivate **5.** → *ernennen* **6.** *es ist schlecht um ihn etc bestellt* things are looking bad for him etc **7.** F *fig er hat nicht viel zu ~* he doesn't rate high *(bei* with)

Besteller(in) WIRTSCH orderer, *(Käufer)* buyer

Bestell||karte *f*, *~schein* *m* order form

Bestellung *f* **1.** order: *auf ~ gemacht* made to order, *Am* custom-made **2.** *(Nachricht)* message **3.** LANDW cultivation **4.** → *Ernennung*

bestenfalls *Adv* at best

bestens *Adv* extremely well: *(ich) danke ~!* thank you very much!; F *ist ja ~!* that's just great!

besteuern *v/t* tax

Besteuerung *f* taxation

bestialisch *Adj* atrocious, F *fig a.* awful

Bestie *f* beast, *fig* brute

bestimmen I *v/t* **1.** *(festsetzen)* determine, *(entscheiden)* decide, *(Preis, Ort, Termin etc)* fix **2.** *(anordnen)* order, decide: *er hat (dabei) nichts zu ~* he has no say (in this matter) **3.** *bes durch Vertrag, Gesetz:* provide **4.** *(~d beeinflussen)* determine *(a pers od etc)*: *bestimmt werden durch (od von)* be determined by, depend on **5.** *(ausersehen)* intend *(für, zu* for): *j-n zu s-m Nachfolger ~* name s.o. as one's successor; → *bestimmt 3* **6.** *(ermitteln)* determine *(a. MATHE, PHYS etc)*, *(Begriff)* define II *v/i* **7.** *(anordnen)* give orders: *hier bestimme ich!* F I'm the boss here! **8.** *~ über (Akk)* dispose over

bestimmend *Adj* determinant *(factor etc)*, LING determinative

bestimmt I *Adj* **1.** *Anzahl, Tag etc:* certain, *Absicht, Plan etc:* special, *Verdacht*

etc: definite: *etw ♀es a)* *(etw Besonderes)* something *(od anything)* special, *b)* *(etw Genaues)* something *(od anything)* definite **2.** *(entschlossen)* determined, firm **3.** *~ sein a)* *(gemeint sein für,* b) *zu etw* be destined for *(od to be)*, *c)* *nach* WIRTSCH be destined for, FLUG, SCHIFF be bound for II *Adv* **4.** *(gewiss)* certainly, for certain: *(ganz)* ~ definitely; *~ wissen, dass ...* know for sure that ...; *er kommt ~* he is sure to come; *ich kann es nicht ~ sagen* I can't tell with certainty **5.** *(mit Nachdruck)* firmly, categorically

Bestimmtheit *f* certainty, *(Entschlossenheit)* firmness: *mit ~ bestimmt* II

Bestimmung *f* **1.** *(Festsetzung)* fixing *(of a date etc)*, *(Entscheidung)* decision *(Gen on* **2.** *(Vorschrift)* regulation, rule, *im Gesetz, Vertrag:* provision **3.** *(Ermittlung)* determination *(a. MATHE, PHYS etc)*, *(Begriff♀)* definition **4.** *(Zweck)* intended purpose: *e-n Bau etc s-r ~ übergeben* inaugurate, open *s.th.* to the public **5.** LING qualification: *adverbiale ~* adverbial element **6.** *(Berufung)* vocation, *(Schicksal)* destiny **7.** → *Bestimmungsort*

Bestimmungsbahnhof *m* station of destination **Bestimmungsflughafen** *m* airport of destination

bestimmungsgemäß *Adj u. Adv* as directed

Bestimmungsort *m* (place *od* point of) destination

Bestleistung *f* record, best performance **bestmöglich** *Adj* best possible

bestrafen *v/t* punish *(wegen, für* for), JUR *(verurteilen) a.* sentence *(mit* to)

Bestrafung *f* punishment, *(Strafe) a.* penalty *(a. Sport)*

bestrahlen *v/t* **1.** *(erleuchten)* shine on, illuminate **2.** PHYS irradiate, MED *a.* give *s.o.* ray treatment **Bestrahlung** *f* PHYS irradiation, MED *a.* ray treatment

bestrebt *Adj* ~ *sein zu Inf* endeavo(u)r *(od* strive) to *Inf*, *eifrig:* be anxious to *Inf* **Bestrebung** *f* effort, endeavo(u)r, *(Versuch)* attempt

bestreichen *v/t Brot etc* ~ *mit* spread *s.th.* on; *mit Butter* ~ butter

bestreiken *v/t* go out *(od* be) on strike against **bestreikt** *Adj* strike-bound

bestreiten *v/t* **1.** *(anfechten)* dispute,

contest, (*leugnen*) deny **2.** (*Kosten etc*) bear, meet, pay (for) **3.** (*Programm*) fill: *sie bestritt die ganze Unterhaltung allein* she did all the talking

bestreuen v/t strew: *mit Salz etc* ~ sprinkle with salt *etc*

Bestseller(liste f) m best seller (list)

bestücken v/t SCHIFF, MIL arm (with guns), *weit*. S. equip, *a. fig* provide (*mit* with)

Bestuhlung f seating

bestürmen v/t **1.** storm **2.** fig (*drängen*) urge, (*anflehen*) implore, *mit Fragen*: bombard

bestürzen v/t dismay **bestürzend** Adj dismaying **bestürzt** Adj dismayed (*über Akk* at) **Bestürzung** f (*zu s-r etc* ~ to his *etc*) dismay

Besuch m **1.** visit (*Gen*, **bei**, *in* Dat to), *kurzer*: call (*bei j-m* on s.o., at s.o.'s house *etc*), (*Aufenthalt*) stay (*bei* at): *auf* ~, *zu* ~ on a visit; *bei j-m zu* ~ *sein* be staying with s.o.; *e-n* ~ *machen bei* → *besuchen* I **2.** *e-r Schule etc*: attendance (at) **3.** (*Besucher*) visitor(s Pl), guest(*s* Pl), company **besuchen** v/t (*j-n*) go and see, *formell*: visit, pay a visit to, *kurz*: call on **2.** (*Ort*) visit, (*Lokal etc*) go to, *häufig*: frequent, (*Schule, Veranstaltung etc*) go to, attend: *gut besucht* well attended

Besucher(in) visitor (*Gen* to), caller, (*Gast*) guest, *häufiger*: patron, (*Zuschauer*) spectator

Besuchszeit f visiting hours Pl

besudeln v/t soil, *fig a.* sully, (*entweihen*) defile

Betablocker m MED beta blocker

betagt Adj aged, old

betasten v/t feel, touch

betätigen I v/t TECH (*bedienen*) operate, (*Knopf, Hebel etc*) actuate, (*Bremse*) apply, (*in Gang setzen*) put into action, (*steuern*) control **II** v/refl *sich* ~ (*in* Dat in) be active, *im Haushalt etc*: work, busy o.s.; *sich* ~ *als* act (*od* work) as; *sich politisch* ~ be active in politics; *sich sportlich* ~ do sports **Betätigung** f **1.** activity, (*Arbeit*) work, job: *körperliche* ~ (physical) exercise **2.** TECH actuation, operation **Betätigungsfeld** n field (of activity), *weit*. S. outlet

betäuben I v/t a. fig stun, daze, *völlig*: make *s.o.* unconscious, F knock *s.o.*

out, *durch Lärm*: deafen, (*berauschen*) intoxicate, MED an(a)esthetize, (*Nerven, Schmerz*) deaden: fig *wie betäubt* stunned **II** v/refl *sich* ~ fig seek consolation (*mit, durch* in) **Betäubung** f **1.** stunning (*etc*) **2.** (*Benommenheit*) daze **3.** MED **a)** an(a)esthetization, **b)** (*örtliche*) ~ (*Narkose*) (local) an(a)esthesia **Betäubungsmittel** n narcotic, MED a. an(a)esthetic

Bete f BOT beet: *Rote* ~ beetroot

beteiligen I v/t *j-n* ~ (*an* Dat in) **a)** a. WIRTSCH give s.o. a share, **b)** (*mitmachen lassen*) let s.o. take part; *beteiligt sein* (*an* Dat) participate (in), WIRTSCH have a share (in), *am Gewinn*: share (in), *an e-m Unfall etc*: be involved (in), JUR be a party (to) **II** v/refl *sich* ~ (*an* Dat) **a)** take (a) part (in), participate (in), **b)** WIRTSCH take an interest (in), **c)** contribute (to), help (in); *sich an den Kosten* ~ share (in) the expenses **Beteiligte** m, f person concerned (*od* involved)

Beteiligung f **1.** participation **2.** (*Anteil*) (*an* Dat in) share, interest **3.** (*Kapitalanlage*) investment, (*Aktienbesitz*) holding(*s* Pl), (*Teilhaberschaft*) partnership **4.** (*Teilnahme*) (*an* Dat at) attendance, (*Wahl₂ etc*) turnout

beten v/i pray (*um* for), say a prayer, *bei Tisch*: say grace

beteuern v/t protest (*s-e Unschuld* one's innocence), swear to, (*versichern*) affirm (solemnly) **Beteuerung** f protestation, solemn affirmation (*a.* JUR)

betiteln v/t **1.** (*Buch etc*) give a title to **2.** F *pej j-n ...* ~ call s.o. ...

Beton m concrete

betonen v/t a. fig stress, emphasize

betonieren v/t concrete

Betonklotz m **1.** concrete block **2.** pej (*Haus*) concrete pile **Betonkopf** m F pej hardliner **Betonmischmaschine** f cement mixer

betont I Adj fig emphatic, marked: *mit* ~*er Gleichgültigkeit* with studied (*od* marked) indifference **II** Adv markedly

Betonung f a. fig stress, emphasis

betören v/t bewitch, turn s.o.'s head

Betracht m *in* ~ *ziehen* take into consideration; *außer* ~ *lassen* disregard; *in* ~ *kommen* be a possibility; *nicht in* ~ *kommen* be out of the question

betrachten v/t look at, fig a. view: fig **j-n als Freund** etc ~ look upon s.o. as (od consider s.o.) a friend etc; **genau betrachtet** strictly speaking

beträchtlich Adj considerable

Betrachtung f view (Gen of), besinnliche: contemplation, (Erwägung) consideration: **~en anstellen über** (Akk) reflect on; **bei näherer ~** on closer inspection

Betrag m amount, sum: **im ~ von** to the amount of **betragen I** v/i amount to, insgesamt: total **II** v/refl **sich ~** behave **III** ♀ n behavio(u)r, conduct

betrauen v/t entrust (**mit** with)

betrauern v/t mourn

Betreff m WIRTSCH reference, im Brief: re: …

betreffen v/t **1.** (angehen) concern, (sich beziehen auf) refer to: **was mich betrifft** as for me, as far as I am concerned; **was das betrifft** as to that **2.** (berühren) affect: → **betroffen 2 betreffend** Adj **1.** concerning **2.** (fraglich) concerned: **die ~e Person** (**Sache**) the person (matter) concerned in question); **das ~e Buch** the book referred to

betreiben I v/t **1.** pursue, (Unternehmen) manage, run, (Sport, Hobby) go in for, do **2.** TECH operate, run **II** ♀ n **3. auf♀ von** (od Gen) at the instigation of

Betreiber(in) WIRTSCH etc person (Pl body Sg) running an enterprise etc

betreten¹ I v/t step on (to), (Gebiet) set foot on, (Raum) enter **II** ♀ n ♀ **verboten!** keep off!, no entrance!

betreten² Adj embarrassed: **~es Schweigen** awkward silence

betreuen v/t look after, a. (Kunden) attend to, (Sportler) coach, WIRTSCH (Gebiet etc) serve **Betreuer(in)** s.o. who looks after (od s.th.), SPORT coach **Betreuung** f care (von od Gen of, for)

Betrieb m **1.** (Unternehmen) enterprise, company, business, firm, (Fabrik) factory, works Sg, plant: **öffentliche ~e** public utilities **2.** (Leitung) management, running **3.** TECH (Bedienung) operation: **in ~** working, in operation; **außer ~** not working, (defekt) out of order; **in ~ setzen** put into operation, start; **außer ~ setzen** put out of action **4.**

fig activity, (Trubel) bustle, (Verkehr) (heavy) traffic: **wir hatten heute viel ~** we were very busy today **betrieblich** Adj internal, company **betriebsam** Adj active, busy **Betriebsamkeit** f activity, (Geschäftigkeit) bustle

Betriebs|angehörige m, f employee **~anleitung** f operating instructions Pl **~ausflug** m (annual) work outing ♀**blind** Adj routine-blinded **~direktor(in)** production manager ♀**fähig** Adj in (good) working condition **~ferien** Pl works holidays Pl **~fest** n company fête **~geheimnis** n trade secret ♀**intern** Adj internal **~kapital** n working capital **~klima** n work climate **~kosten** Pl running costs Pl **~leiter(in)** works (od production) manager **~rat** m (Person: member of the) works council ♀**sicher** Adj fail-safe, reliable (in service) **~sicherheit** f safety (in operation), reliability **~stilllegung** f closure, shutdown **~störung** f stoppage, e-r Maschine etc: breakdown **~system** n operating system **~unfall** m industrial accident **~verfassung** f industrial relations scheme

Betriebswirt(in) graduate in business management **Betriebswirtschaft(slehre)** f business management

betrinken v/refl **sich ~** get drunk

betroffen Adj **1.** (bestürzt) shocked, dismayed, präd taken aback **2.** (berührt) affected (**von** by): **die ~en Personen** the persons concerned **Betroffenheit** f (**über** Akk at) dismay, shock

betrüben v/t sadden

betrüblich Adj sad

betrübt Adj sad (**über** Akk at, about)

Betrug m cheat, swindle, JUR fraud, (Täuschung) deception **betrügen** v/t u. v/i cheat, swindle, JUR defraud, (Ehepartner etc) deceive: **j-n um etw ~** cheat (od do) s.o. out of s.th.; **sich (selbst) ~** deceive o.s **Betrüger(in)** fraud, swindler

Betrügerei f cheating, (Tat) deceit, a. JUR fraud

betrügerisch Adj deceitful, fraudulent

betrunken Adj drunken, präd drunk

Betrunkene m, f drunk

Betrunkenheit f drunkenness

Bett n bed (a. GEOL, TECH): **im ~** in bed; **j-n zu ~ bringen** put s.o. to bed; **ins ~**

gehen go to bed (F *mit j-m* with s.o.), F turn in; *das ~ hüten (müssen)* be laid up (*wegen* with) **Bettcouch** f sofa-bed **Bettdecke** f (*Wolldecke*) blanket, (*Steppdecke*) quilt, (*Tagesdecke*) bedspread

Bettel m *der ganze ~* the whole (wretched) business

bettelarm Adj desperately poor **Bettelbrief** m begging letter **betteln** v/i beg (*um* for): ~ **gehen** go begging

Bettelstab m *j-n an den ~ bringen* reduce s.o. to poverty

betten v/t bed (*a.* TECH): *wie man sich bettet, so liegt man* as you make your bed, so you must lie on it

Bett|flasche f *österr., südd.* hot-water bottle **~jacke** f bed jacket **~lägerig** Adj laid up **~laken** n sheet **~lektüre** f bedtime reading

Bettler(in) beggar

Bettnässen n bed-wetting

Bettnässer(in) bed-wetter

Bettruhe f (period of) bed rest: *j-m ~ verordnen* order s.o. to stay in bed

Bettung f TECH bed(ding)

Bettvorleger m bedside rug

Bettwäsche f, **Bettzeug** n bed linen

betucht Adj F well-heeled, well-to-do

betupfen v/t dab, MED swab

beugen I v/t **1.** bend (*a.* fig *das Recht*), (*den Kopf*) bow: fig *vom Alter gebeugt* bowed with age **2.** LING inflect, (*Substantiv*) decline, (*Verb*) conjugate II v/refl *sich ~* **3.** bend **4.** fig (*Dat* to) bow, submit

Beule f bump, *in Blech etc*: dent

beunruhigen I v/t disturb, *stärker*: alarm II v/refl *sich ~* be worried (*über* Akk, *wegen* about) **Beunruhigung** f anxiety, (*Sorge*) worry

beurkunden v/t record, (*beglaubigen*) certify, (*Geburt etc*) register **Beurkundung** f recording, registration, certification

beurlauben v/t give *s.o.* leave (*od* time off), *vom Amt*: suspend (from office): *beurlaubt* on leave

Beurlaubung f (granting of a) leave, *vom Amt*: suspension (from office)

beurteilen v/t judge (*nach* by): *falsch ~* misjudge; *das kann ich (kannst du) nicht ~!* I am (you are) no judge (of this)! **Beurteilung** f judg(e)ment,

(*Einschätzung*) assessment, *in Personalakten*: confidential report

Beute f booty, (*a. Diebes2*) loot, *e-s Tieres*: prey (*a.* fig *Gen* to), JAGD bag: *zur ~ fallen* (*Dat*) *a.* fig fall a prey to

Beutel m bag, F (*Geld2*) purse, ZOOL pouch (*a. Tabaks2*), sac **beuteln** v/t F fig shake (up) **Beuteltier** n marsupial

bevölkern v/t populate, (*bewohnen*) inhabit: *dicht bevölkert* densely populated **Bevölkerung** f population

Bevölkerungs|dichte f population density **~explosion** f population explosion **~politik** f population policy **~rückgang** m decline in population **~schicht** f social stratum (*od* class)

bevollmächtigen v/t *j-n~* authorize s.o. (*etw zu tun* to do s.th.), JUR give s.o. power of attorney **Bevollmächtigte** m, f authorized person (WIRTSCH, JUR representative), POL plenipotentiary

Bevollmächtigung f authorization, (*Vollmacht*) authority, power, JUR power of attorney

bevor Adv before: *nicht ~* not until

bevormunden v/t *j-n~* keep s.o. in leading strings, *geistig*: spoon-feed s.o.

bevorraten v/t VERW stock up

bevorrechtigt Adj privileged

bevorstehen v/i **1.** be approaching, be forthcoming, *Probleme etc*: lie ahead, *Krise etc*: be imminent **2.** *j-m ~* be in store for s.o., await s.o. **bevorstehend** Adj forthcoming, *pleasures etc* to come, (*drohend*) impending, imminent

bevorzugen v/t (*vor* Dat) prefer (to), (*begünstigen*) favo(u)r (above) **bevorzugt** Adj privileged, (*Lieblings…*) favo(u)rite, (*beliebt*) (most) popular: *~e Behandlung* preferential treatment

Bevorzugung f preference (*Gen* given to)

bewachen v/t guard, watch, SPORT mark **Bewachung** f **1.** guarding (*etc*) **2.** (*Mannschaft*) guard(s Pl)

bewachsen Adj ~ *mit* overgrown with, covered with

bewaffnen v/t arm (*sich* o.s., *a.* fig) **bewaffnet** Adj *a.* fig armed (*mit* with) **Bewaffnung** f arming, (*Waffen*) arms Pl, weapons Pl

bewahren v/t **1.** (*erhalten*) keep: *die Fassung ~* keep one's head, keep cool

B

2. (*behüten*) (*vor* Dat from) keep, preserve, protect: → **Gott**

bewähren v/refl **sich ~** prove one's (*od* its) worth, stand the test, *Sache: a.* prove a success, *Grundsatz:* hold good: **sich ~ als** prove to be *a good remedy etc*; **sich nicht ~** prove a failure; **sich in e-r Krise ~** show up well in a crisis

bewahrheiten v/refl **sich ~** prove (to be) true, (*sich erfüllen*) come true

bewährt Adj (*erprobt*) well-tried, (*zuverlässig*) reliable, (*erfahren*) experienced

Bewahrung f (*vor* Dat from) preservation, (*Schutz*) a. protection

Bewährung f **1.** trial, (*crucial*) test **2.** JUR (release on) probation: **3 Monate Gefängnis auf ~** a suspended sentence of three months; **die Strafe wurde zur ~ ausgesetzt** the defendant was placed on probation

Bewährungs|frist f JUR (period of) probation **~helfer(in)** probation officer

Bewährungsprobe f fig (acid) test

bewaldet Adj wooded, woody

bewältigen v/t cope with, master, manage, (*Strecke*) cover **Bewältigung** f (*Gen*) coping (with), mastering (*s.th.*)

bewandert Adj (*gut*) **~ in** (*Dat*) well versed in (*od* well up) in

Bewandtnis f **damit hat es folgende ~** the case is this; **das hat s-e eigene ~** thereby hangs a tale

bewässern v/t irrigate

Bewässerung f irrigation

bewegen I v/t **1.** move, TECH *a.* work, set *s.th.* going: fig **etw ~** move s.th., get things moving **2.** fig (*rühren*) move, touch: **sage mir, was dich bewegt!** tell me what's on your mind! **3.** **j-n ~ zu** Inf prompt (*od* get) s.o. to Inf; **was hat ihn** (*bloß*) **dazu bewogen?** what(ever) made him do it?; **er ließ sich nicht ~** he was adamant II v/refl **sich ~ 4.** a. fig move: **sich nicht von der Stelle ~** (*lassen*) not to budge; fig **die Preise ~ sich zwischen ...** range between ...

bewegend Adj fig moving

Beweggrund m (*tieferer ~* real) motive

beweglich Adj **1.** movable (*a. Feiertag*), mobile, TECH *a.* flexible: **~e Teile** (**~es Ziel**) moving parts (target); JUR **~e Sachen** movables **2.** *körperlich, geistig:* agile, *Politik etc:* flexible

Beweglichkeit f mobility, flexibility, *geistige, körperliche:* agility

bewegt Adj **1.** See: rough **2.** fig *Zeiten, Leben etc:* turbulent **3.** fig (*gerührt*) moved, touched: **mit ~er Stimme** in a choked voice

Bewegung f **1.** movement, motion (*a.* PHYS), *absichtsvolle:* move: **k-e ~!** don't move!; **in ~** TECH in motion, fig astir; **in ~ kommen** get moving; **in ~ setzen** a. fig start; **sich in ~ setzen** start to move; fig **in e-e Sache ~ bringen** get s.th. moving **2.** (*körperliche*) **~** (physical) exercise **3.** POL *etc* movement **4.** (*Gemüts~*) emotion

Bewegungsfreiheit f freedom of movement (TECH motion, fig action), fig elbowroom

bewegungslos Adj u. Adv motionless, immobile

Bewegungs|studie f motion study **~therapie** f therapeutic exercises Pl **~unfähig** Adj unable to move

beweihräuchern v/t fig adulate

beweinen v/t mourn, lament

Beweis m (*für* of) proof, (*a.* JUR *Beweise*) evidence: **als ~, zum ~** as proof; **zum ~ e-r Sache** to prove s.th.; **bis zum ~ des Gegenteils** pending proof to the contrary; **den ~ erbringen** (*od* **liefern**) **für etw, etw unter ~ stellen** prove s.th.; **als ~ s-r Zuneigung** as a token of his affection **Beweisaufnahme** f JUR hearing of evidence

beweisbar Adj provable: **ist es ~?** can it be proved? **beweisen** v/t **1.** prove (*j-m etw* s.th. to s.o.) **2.** (*zeigen*) show

Beweis|führung f argumentation, JUR presentation of the evidence **~kraft** f conclusiveness **~kräftig** Adj conclusive **~lage** f nach der ~ on the evidence **~last** f **die ~ obliegt dem Kläger** the onus (of proof) is on the plaintiff **~material** n evidence **~mittel** n (piece of) evidence: **die ~** Pl the evidence Sg (*für* of) **~stück** n (piece of) evidence, *vom Gericht zugelassenes:* exhibit

bewenden v/i **es dabei ~ lassen** leave it at that

bewerben v/refl **sich ~ um** apply for (*bei* to), (*kandidieren*) stand for, Am *a.* run for, *e-n Preis etc:* compete for

Bewerber(in) applicant, candidate, (*Wett~*, a. WIRTSCH *bei Ausschreibun-*

gen) competitor, SPORT *a.* entrant

Bewerbung *f* application (*um* for)

Bewerbungsformular *n* application form **Bewerbungsschreiben** *n* (letter of) application **Bewerbungsunterlagen** *Pl* application documents *Pl*

bewerfen *v/t j-n ~ mit* pelt s.o. with

bewerkstelligen *v/t* manage

bewerten *v/t* **1.** (*Leistung etc*) assess, (*a. j-n*) judge, rate: *der Sprung wird mit 7 Punkten bewertet* rates (*od* scores) 7 points **2.** WIRTSCH (*mit* at) value, assess: *zu hoch* (*niedrig*) *~* overrate (underrate)

Bewertung *f* assessment, WIRTSCH *a.* valuation, PÄD mark(s *Pl*), *Am* grade(s *Pl*), SPORT point(s *Pl*), score(s *Pl*)

bewilligen *v/t* **1.** allow (*j-m etw* s.o. s.th.) **2.** (*Antrag, Mittel etc*) grant, PARL appropriate **Bewilligung** *f* **1.** *von Mitteln etc*: grant(ing), PARL appropriation **2.** (*Erlaubnis*) permission

bewirken *v/t* bring *s.th.* about, give rise to, result in: *~, dass jemand etw tut* cause s.o. to do s.th.; *das Gegenteil ~* produce the opposite effect

bewirten *v/t* entertain

bewirtschaften *v/t* **1.** (*Gut etc*) run: *bewirtschaftet Berghütte etc*: open (to the public) **2.** LANDW cultivate **3.** WIRTSCH (*Mangelware*) ration

Bewirtschaftung *f* **1.** running **2.** LANDW cultivation **3.** WIRTSCH rationing

Bewirtung *f* entertainment, hospitality, *im Gasthaus*: food and service

bewohnbar *Adj* (in)habitable

bewohnen *v/t* live in, inhabit

Bewohner(in) *m* occupant, (*Mieter*) tenant, *e-s Gebietes etc*: inhabitant

bewölken *v/refl sich ~* get cloudy, *völlig*: cloud over **bewölkt** *Adj* cloudy **Bewölkung** *f* clouding over, (*Wolken*) clouds *Pl*

Bewölkungsauflockerung *f* cloud dispersal **Bewölkungszunahme** *f* increasing cloudiness

Bewunderer *m*, **Bewunderin** *f* admirer **bewundern** *v/t* admire (*wegen* for) **bewundernswert** *Adj* admirable **Bewunderung** *f* admiration

bewusst *Adj* **1.** conscious (*Gen* of): *sich e-r Sache ~ sein* (*werden*) be aware of (realize) s.th. **2.** (*absichtlich*) deliberate **3.** (*besagt*) said: *die ~e Person a.* the

person in question **bewusstlos** *Adj* unconscious: *~ werden* lose consciousness **Bewusstlosigkeit** *f* unconsciousness **Bewusstsein** *n* consciousness, *fig a.* awareness: *bei* (*vollem*) *~* (fully) conscious; *das ~ verlieren* lose consciousness; *j-n zum ~ bringen* bring s.o. round; *fig j-m etw zum ~ bringen* bring s.th. home to s.o.; *wieder zu*(*m*) *~ kommen* come to, regain consciousness; *fig j-m zum ~ kommen* dawn on s.o.; *fig in dem ~ zu Inf* (*od dass*) conscious of *Ger* **bewusstseinserweiternd** *Adj Droge*: mind-expanding

bezahlen *v/t u. v/i* pay, (*Ware*) pay for: *fig etw teuer ~* pay dearly for s.th.; *sich bezahlt machen* pay (off)

Bezahlfernsehen *n* pay TV

Bezahlung *f* (*gegen ~* for) payment, (*Entgelt*) pay

bezähmen *v/t* (*Neugier etc*) restrain

bezaubern *v/t* bewitch, enchant, *fig a.* charm: *~d* charming, delightful

bezeichnen *v/t* **1.** (*kennzeichnen*) mark **2.** (*benennen*) designate (*als* as), call, (*beschreiben*) describe, (*angeben*) indicate, (*bedeuten*) stand for **bezeichnend** *Adj* typical, characteristic (*für* of) **bezeichnenderweise** *Adv* typically (enough) **Bezeichnung** *f* **1.** marking **2.** (*Benennung*) designation, (*Name*) *a.* name, term, (*Zeichen*) sign

bezeugen *v/t* JUR *u. fig* testify to)

bezichtigen *v/t* accuse (*Gen* of)

beziehbar *Adj* **1.** *Wohnung etc*: ready for occupation **2.** WIRTSCH *Ware*: obtainable

beziehen I *v/t* **1.** (*Bett*) put clean sheets on, (*Sessel etc*) (*neu ~*) re-)cover **2.** (*Wohnung etc*) move into **3.** *Posten ~* take up one's post **4.** (*Informationen etc*) get, obtain, (*Ware*) a buy, (*Gehalt*) draw, (*Zeitung*) take **5.** *etw ~ auf* (*Akk*) relate (*od* apply) s.th. to: *er bezog es auf sich* he took it personally **II** *v/refl sich ~* **6.** *Himmel*: cloud over **7.** *sich ~ auf* (*Akk*) refer to, *Sache*: relate to; *sich auf j-n ~* use s.o.'s name (as a reference)

Bezieher(in) WIRTSCH buyer, customer, *e-r Zeitung*: subscriber (*Gen* to)

Beziehung *f* (*zu*) (*a. persönliche ~*) relation (to), relationship (with), connection (with), *Pl* (*Verbindungen*) connec-

B

tions *Pl* (with): **diplomatische ~en** diplomatic relations; **gute ~en haben a)** have good connections, **b)** *zu j-m* be on good terms with s.o., have a good relationship with s.o.; *in dieser (jeder)* ~ in this (every) respect; *in gewisser* ~ in a way; *in politischer* ~ politically; *in wirtschaftlicher* ~ economically

Beziehungskiste f F *fig* relationship

Beziehungskomödie f THEAT relationship comedy

Beziehungssatz m LING relative clause

beziehungsvoll *Adj* suggestive

beziehungsweise *Konj* **1.** *(oder vielmehr)* or rather **2.** or … respectively *(nachgestellt)*: **mit dem Auto ~ mit der Bahn** by car or train respectively

Beziehungswort n LING antecedent

beziffern *v/t* number, *(schätzen)* estimate *(auf Akk* at): **sich ~ auf** *(Akk)* amount to

Bezirk m district, *(a. Wahl2)* ward, *Am* precinct

Bezug m **1.** *(Überzug)* cover, *(Kissen2)* a. slip **2.** *e-r Wohnung etc*: moving in(to *a flat etc)* **3.** *von Waren*: purchase, *e-r Zeitung, von Aktien*: subscription *(Gen* to): **bei ~ von** *100 Stück* on orders of **4.** *fig* reference *(auf Akk* to): **in ~ auf** *(Akk)* → **bezüglich** II; **~ nehmen auf** *(Akk)* refer to **5.** **Bezüge** *Pl* income *Sg, (Gehalt)* salary *Sg* **bezüglich I** *Adj* ~ *(auf Akk)* relating to; LING *es* **Fürwort** relative pronoun **II** *Präp* concerning: **~ Ihres Schreibens** with reference to your letter **Bezugnahme** f *unter ~ auf* *(Akk)* with reference to

Bezugs|bedingungen *Pl* terms *Pl* of sale **~person** f *j-s* ~ person to whom s.o. relates most closely, parent person **~preis** m purchase *(e-r Zeitung:* subscription) price **~punkt** m reference point **~quelle** f source (of supply)

bezwecken *v/t* **etw** *mit* **etw** ~ be aiming at s.th.

bezweifeln *v/t* doubt, question

bezwingen *v/t* overcome, conquer, *(schlagen)* a. defeat: **sich ~** *fig* restrain o.s **Bezwinger(in)** conqueror, SPORT winner *(Gen* over) **Bezwingung** f overcoming, defeat(ing), conquest

BH m F bra

Bibel f Bible **bibelfest** *Adj* well versed in the Scriptures

Bibelspruch m verse from the Bible

Biber m ZOOL beaver

Biberpelz m beaver (fur)

Bibliographie f bibliography

Bibliothek f library **Bibliothekar(in)** librarian **Bibliothekswissenschaft** f library science

bieder *Adj* honest, upright, *iron* simple

biegen I *v/t* bend **II** *v/refl* **sich ~** bend; → **lachen II III** *v/i* **nach links (rechts)** ~ turn left (right); **um e-e Ecke** ~ turn (round) a corner **IV** 2 *n* **auf** 2 **oder Brechen** by hook or by crook

biegsam *Adj* pliable, flexible, *Körper*: supple **Biegsamkeit** f pliability, flexibility, *körperliche*: suppleness

Biegung f bend

Biene f **1.** ZOOL bee **2.** F *(Mädchen)* chick

Bienen|fleiß m assiduity **~haus** n apiary, beehouse **~königin** f queen bee **~korb** m beehive **~schwarm** m swarm of bees **~staat** m colony of bees **~stich** m bee-sting **~stock** m beehive **~wabe** f honeycomb **~wachs** n beeswax

Bienenzucht f beekeeping

Bienenzüchter(in) beekeeper

Bier n beer: **helles** ~ lager, *Am* light beer; **dunkles** ~ *etwa* brown ale, *Am* dark beer; **~ vom Fass** beer on draught; F **das ist dein** ~! that's your problem! **~brauerei** f brewery **~deckel** m beer mat **~dose** f beer can 2**ernst** *Adj* F deadly serious **~fass** n beer barrel **~flasche** f beer bottle **~garten** m beer garden **~glas** n beer glass **~hefe** f brewer's yeast **~keller** m *(Lokal)* beer tavern **~krug** m beer mug, *Am* stein **~stube** f beer tavern **~zelt** n beer tent

Biest n a. F *fig* beast

bieten I *v/t* **1.** offer *(j-m etw* s.o. s.th.), *(Anblick, Schwierigkeiten etc)* present, *(Leistung, Programm etc)* a. show: **das lässt sie sich nicht ~** she won't stand for that; → **Stirn 2.** WIRTSCH bid **II** *v/refl* **sich ~ 3.** *Anblick, Gelegenheit etc*: present itself **Bieter(in)** WIRTSCH bidder

Bigamie f bigamy

bigott *Adj* bigoted

Bikarbonat n CHEM bicarbonate

biken *v/i* bike, cycle

Bikini m bikini

Bilanz f balance, *(Aufstellung)* balance sheet: **die ~ ziehen** strike the balance *(Gen* of), *fig* a. take stock *(Gen* of);

fig **negative** ~ negative record
Bilanzjahr n financial year
Bilanzposten m balance-sheet item
Bild n allg picture (a. TV u. fig), (Foto) a. photo, in Büchern: a. illustration, (Ab2, Eben2) image (a. OPT, TV), (Gemälde) painting, (Porträt) portrait, (Anblick) a. sight, (Vorstellung) idea, RHET image, metaphor: fig ~ **der Zerstörung** scene of destruction etc; **im ~e sein** be in the picture, **über** (Akk) know about; **sich ein ~ machen von** get an idea of, visualize; **du machst dir kein ~!** you have no idea!; **j-n ins ~ setzen** inform s.o., put s.o. in the picture; **ein falsches ~ bekommen** get a wrong impression **~archiv** n photographic archives Pl **~ausfall** m TV picture loss, blackout **~band** m illustrated book **~bericht** m photo-report
bilden I v/t **1.** form, shape (a. fig), (Satz) make up **2.** (schaffen) create, (gründen) establish, set up, (Regierung) form **3.** (hervorbringen) form, develop **4.** (e-n Bestandteil etc) form, (a. Attraktion, Grenze, Gefahr etc) be **5.** (j-n) geistig: educate, (j-s Geist) a. cultivate; → **gebildet II** v/i **6.** broaden the mind **III** v/refl **sich ~ 7.** form, develop **8.** geistig: educate o.s., improve one's mind
bildend Adj educational, (lehrreich) informative: **~e Künste** fine arts
Bilder|buch n picture book **~buch...** F fig storybook ..., perfect **~galerie** f picture gallery **~rätsel** n picture puzzle **2reich** Adj richly illustrated, Sprache etc: rich in images **~schrift** f pictographic script **~sprache** f imagery
Bildfläche f TV image area: F fig **auf der ~ erscheinen** turn up; **von der ~ verschwinden** disappear
bildhaft Adj fig graphic
Bildhauer(in) sculptor
Bildhauerei f sculpture
bildhauern v/i u. v/t F sculpt
bildhübsch Adj (very) lovely
bildlich Adj pictorial, graphic, Ausdruck etc: figurative
Bildnis n portrait
Bild|punkt m IT pixel **~qualität** f FOTO, TV picture quality **~redakteur(in)** picture editor **~regie** f camera-work **~röhre** f picture tube **~schärfe** f definition
Bildschirm m screen, IT a. monitor,

VDU **~arbeit** f VDU work **~arbeitsplatz** m work station **~schoner** m screen saver
bildschön Adj (very) beautiful
Bildstörung f TV image interference
Bildtelefon n videophone
Bildung f **1.** (das Bilden) forming, formation, (Entwicklung) a. development, (Schaffung) a. creation, (Gründung) establishment, e-s Ausschusses etc: setting-up: LING ~ **des Perfekts** forming (of) the perfect **2.** (Geistes2) education, culture, (Schul2 etc) formal education: **etw für s-e ~ tun** improve one's mind **3.** (Benehmen) (good) breeding
Bildungs... educational (reform etc)
Bildungs|gang m (course of) education **~grad** m educational level **~lücke** f gap in one's education **~notstand** m education crisis **~urlaub** m educational leave **~weg** m (course of) education: **zweiter ~** the second way of obtaining university qualification through evening classes and correspondence courses **~wesen** n education
Billard n billiards Sg **~kugel** f billiard ball **~stock** m cue
Billett n schweiz. ticket
Billiarde f quadrillion
billig Adj **1.** cheap, Preis: low **2.** fig cheap, Ausrede, Rat etc: poor **3.** (angemessen) fair
Billig|... cut-price, Am cut-rate (offer etc) **~anbieter** m cheap (od cut-price) supplier
billigen v/t approve of, VERW approve
billigend Adj approving(ly Adv)
Billig|flug m cheap flight **~lohnland** n low-wage(s) country
Billigung f approval
Billion f trillion
bimmeln v/i ring, tinkle
Bimsstein m pumice (stone)
binär Adj, **Binär...** binary
Binde f **1.** (Arm2) armband, bandage, (Schlinge) sling, (Augen2) blindfold, F (Damen2) sanitary towel (Am napkin) **2.** F fig **e-n hinter die ~ gießen** hoist one **~gewebe** n ANAT connective tissue **~glied** n (connecting) link **~haut** f ANAT conjunctiva **~hautentzündung** f MED conjunctivitis **~mittel** n **1.** TECH bonding agent **2.** GASTR thickening

binden I v/t **1.** tie (*an Akk* to), (*zs.-~*) tie (up), (*Strauß*) make, (*Knoten, Schlips etc*) tie **2.** (*Buch*) bind **3.** TECH bind **4.** GASTR bind, thicken **5.** MUS tie, *legato*: slur **6.** WIRTSCH (*Geldmittel*) tie up, (*Preise*) fix **7.** *Fechten, a.* MIL (*Truppen*) bind **8.** *fig* (*j-n verpflichten*) bind, commit; → **gebunden II** v/i **9.** bind **10.** GASTR bind, thicken **11.** TECH *Zement etc*: harden, set, *Kunststoff*: bond **III** v/refl **sich ~ 12.** *fig* commit o.s., tie o.s. word

bindend *Adj fig* binding (*für* upon)
Binde|strich *m* hyphen: **mit ~ schreiben** hyphen(ate) **~wort** *n* conjunction
Bindfaden *m* string
Bindis *Pl* (*Schmuck*) bindis *Pl*
Bindung *f* **1.** *fig* tie (*a.* POL), bond, (*Beziehung*) (lasting) relationship, (*Verpflichtung*) commitment **2.** (*Ski2*) binding **3.** MUS ligature
Bingo *n Spiel*: bingo
binnen *Präp* (*Dat od Gen*) within: **~ kurzem** before long
Binnen|gewässer *n* inland water **~hafen** *m* inland port **~handel** *m* domestic trade **~land** *n* interior
Binnen|markt *m* home (*der EU*: single) market **~meer** *n* inland sea **~schiffahrt** *f* inland navigation
Binse *f* BOT rush: F *in die ~n gehen* go to pot **Binsenweisheit** *f* truism
Biochemie *f* biochemistry
Biochemiker(in) biochemist
biodynamisch *Adj* biodynamic
Bioerzeugnis *n* organic product
Biogas *n* biogas
Biogenetik *f* biogenetics *Sg*
Biograph(in), **Biograf(in)** biographer
Biographie *f*, **Biografie** *f* biography
biographisch, **biografisch** *Adj* biographical
Bioladen *m* whole food shop
Biologe *m*, **Biologin** *f* biologist
Biologie *f* biology
biologisch *Adj* biological
Biomasse *f* biomass
Biomüll *m* organic waste
Biophysik *f* biophysics *Pl* (*a. Sg konstr*)
Biopsie *f* MED biopsy
Biorhythmus *m* biorhythm
Biosphäre *f* biosphere
Biotechnik *f* bioengineering
Biotop *n* biotope

Birke *f* birch (tree)
Birma *n* Burma
Birnbaum *m* pear-tree **Birne** *f* **1.** BOT pear **2.** (*Glüh2*) bulb **3.** F (*Kopf*) noodle **birnenförmig** *Adj* pear-shaped
bis I *Präp* **1.** *zeitlich*: till, until, (*~ spätestens*) by: **~ heute** so far, to date; **~ jetzt** up to now; **~ jetzt** (*noch*) **nicht** not as yet; **~ auf weiteres** for the present, *bes* VERW until further notice; **~ in die Nacht** into the night; **~ vor einigen Jahren** until a few years ago; **~ zum Ende** (right) to the end; (*in der Zeit*) **vom ... ~** between ... and; F **~ dann** (**~ morgen)!** see you later (tomorrow)! **2.** *räumlich*: (up) to, as far as: **~ hierher** up to here; **~ wohin?** how far?; (*von hier*) **~ London** (from here) to London **3.** *vor Zahlen*: **7 ~ 10 Tage** from 7 to 10 days, between 7 and 10 days; **~ zu 10 Meter hoch** as high as ten metres; **~ zu 100 Personen** as many as 100 persons; **~ drei zählen** count up to three **4.** **~ auf das letzte Stück** down to the last bit **5.** **~ auf** (*Akk*) except, but: **alle ~ auf einen** all but one **II** *Konj* **6.** till, until
Bisam *m* **1.** ZOOL musk **2.** (*Pelz*) musquash **Bisamratte** *f* ZOOL muskrat
Bischof *m*, **Bischöfin** *f* bishop **bischöflich** *Adj* episcopal **Bischofssitz** *m* episcopal see
bisexuell *Adj* bisexual
bisher *Adv* up to now, so far: **~** (*noch*) **nicht** not (as) yet; **wie ~** as before; **die ~ beste Leistung** the best performance so far **bisherig** *Adj* past, previous, (*derzeitig*) present: **die ~en Ergebnisse** results so far
Biskaya: **der Golf von ~** the Bay of Biscay
Biskuit *m* GASTR sponge **~kuchen** *m* sponge cake **~rolle** *f* Swiss roll
bislang → **bisher**
Biss *m a.* F *fig* bite
bisschen *Adj u. Adv* **ein** (*kleines*) **~** a (little) bit, a little; **kein ~** not a bit
Bissen *m* **1.** bite, morsel, mouthful **2.** (*Imbiss*) snack
bissig *Adj* **1.** vicious: **ein ~er Hund** *a.* a dog that bites **2.** *fig Bemerkung*: cutting, *Person*: snappish
Bisswunde *f* bite
Bistum *n* bishopric

Bit *n* IT bit

bitte *Adv* **1.** *bei Bitten und Aufforderungen:* please: **~, gib mir die Zeitung!** would you pass me the paper, please; **~ nicht!** please don't; *(aber)* **~!** *(gern)* certainly, go ahead **2. ~** *(sehr od schön!)* **a)** *nach "danke"* (*oft unübersetzt*): not at all, you're welcome, that's all right, **b)** *nach "Entschuldigung"*: it's all right, that's okay, *bes Am* F no problem, **c)** *beim Anbieten* (*oft unübersetzt*): here you are, F there you go **3. wie ~?** pardon?, sorry?, *Am* excuse me? **4. ~ schön?** (*was wünschen Sie?*): can I help you?, *Am* may I help you?

Bitte *f* request, *dringende:* entreaty: **auf j-s ~** at s.o.'s request; **ich habe e-e ~ an Sie** I have a favo(u)r to ask of you

bitten *v/t u. v/i* (*j-n um etw* s.o. for s.th.), (*ersuchen*) request, (*dringend ~*) beg, (*anflehen*) implore: **um j-s Namen (Erlaubnis) ~** ask s.o.'s name (permission); **j-n zu sich ~** ask s.o. to come; **für j-n ~** intercede for s.o.; **es wird gebeten, dass ...** it is requested that ...; **wenn ich ~ darf** if you don't mind; **darf ich ~?** **a)** this way, please!, **b)** may I have this dance?, **c)** dinner is served!

bitter *Adj u. Adv a. fig* bitter: **es ist mein ~er Ernst** I mean it!; **er hat es ~ nötig** he badly needs it; **das ist ~!** that's hard!

bitterböse *Adj* furious, (*schlimm*) wicked **bitterernst** *Adj* dead serious

Bitterkeit *f a. fig* bitterness

bitterlich *Adv* **~ weinen** weep bitterly

Bittgesuch *n*, **Bittschrift** *f* petition

Bittsteller(in) petitioner

Biwak *n*, **biwakieren** *v/i* bivouac

bizarr *Adj* bizarre

Bizeps *m* biceps

Black-out *n* blackout

blähen **I** *v/i* Zwiebeln *etc:* give you wind **II** *v/t u. v/refl* **sich ~** fill out

Blähungen *Pl* wind *Sg*, flatulence *Sg*

blamabel *Adj* embarrassing, *stärker:* disgraceful **Blamage** *f* disgrace, fiasco

blamieren I *v/t j-n ~* make s.o. look like a fool, *weit. S.* compromise s.o. **II** *v/refl* **sich ~** make a fool of o.s., *weit. S.* compromise o.s.; → *Knochen*

blank *Adj* **1.** shining, (*~ geputzt*) polished, *Schuhe:* shiny **2.** (*bloß*) naked, bare (*a.* TECH) **3.** (*abgetragen*) shiny **4.** F (*pleite*) broke **5.** F **~er Unsinn** *etc*

sheer nonsense *etc*

blanko *Adj* WIRTSCH (*Adv* in) blank

Blankoscheck *m* blank cheque (*Am* check) **Blankovollmacht** *f* full discretionary power, *fig* carte blanche

Bläschen *n* **1.** small bubble **2.** MED (*Haut~*) small blister, (*Eiter~*) pustule

Blase *f* **1.** (*Luft~*) bubble, *im Glas etc:* flaw. **~n ziehend** vesicant **2.** (*Sprech~*) balloon **3. a)** ANAT bladder, **b)** MED (*Haut~*) blister **4.** F *pej* bunch, lot **~balg** *m* bellows *Pl*

blasen *v/i u. v/t allg* blow, MUS play

Blasen|entzündung *f*, **~katarr(h)** *m* cystitis **~leiden** *n* bladder trouble

Bläser(in) MUS wind player: **die ~** *Pl* the wind (section) *Sg*

blasiert *Adj* conceited

Blasinstrument *n* MUS wind instrument

Blaskapelle *f* brass band

Blasmusik *f* **1.** music for brass instruments **2.** (playing of a) brass band

Blasphemie *f* blasphemy

blass *Adj* pale (*vor* with), *fig* colo(u)rless: **~ werden** (turn) pale, *Farbe:* fade; **blasser Neid** sheer envy; **~ vor Neid** green with envy; → *Ahnung*

Blässe *f* paleness, pallor

Blatt *n* **1.** BOT leaf: *fig* **kein ~ vor den Mund nehmen** not to mince matters **2.** (*Papier~*) leaf, sheet, (*Seite*) page: MUS **vom ~ spielen** sight-read; *fig* **das steht auf e-m anderen ~** that's a different matter altogether; **das ~ hat sich gewendet** the tide has turned **3.** (*Zeitung*) (news)paper **4.** KUNST (*Druck*) print, (*Zeichnung*) drawing, (*Stich*) engraving **5.** (*Spielkarte*) card, (*gezogene Karten*) a good *etc* hand **6.** (*Säge~, Ruder~ etc*) blade

Blättchen *n* **1.** small leaf (*etc*, → *Blatt*) **2.** ANAT, BOT, CHEM lamella, TECH membrane **3.** slip (of paper) **4.** (*Zeitung*) local paper

blättern *v/i* **1.** *in e-m Buch etc* **~** leaf through a book *etc* **2.** COMPUTER scroll **3.** → *abblättern*

Blätterteig *m* flaky pastry

Blatt|feder *f* TECH leaf spring **~gold** *n* gold leaf **~grün** *n* chlorophyll **~laus** *f* greenfly **~säge** *f* pad saw **~salat** *m* green salad **~werk** *n* foliage

blau *Adj* **1.** blue: **~er Fleck** bruise; F **~er**

Brief a) (letter of) dismissal, **b)** PÄD letter of warning; → **Auge** 1, **Blut** 2. F (*betrunken*) tight, sloshed **Blau** *n* blue
blauäugig *Adj a. fig* blue-eyed
Blaubeere *f* BOT bilberry, *Am* blueberry
blaublütig *Adj* blue-blooded
Blaue *n* **Fahrt ins ~** mystery tour
Bläue *f* blue(ness) **bläuen** *v/t* dye blue
Blaufuchs *m* ZOOL arctic (WIRTSCH blue) fox
Blauhelm *m* UN soldier
Blaukohl *m*, **Blaukraut** *n* GASTR red cabbage
bläulich *Adj* bluish
Blaulicht *n* **mit ~** with its lights flashing
blaumachen *v/i* F stay away (from work), *sl* skive
Blaumeise *f* ZOOL blue tit
Blaupause *f* blueprint
Blausäure *f* CHEM prussic acid
Blaustrumpf *m fig* bluestocking
Blazer *m* blazer
Blech *n* **1.** sheet metal, (*~tafel*) metal sheet **2.** (*Back2*) baking tray **3.** F (*Unsinn*) rubbish **Blechbüchse** *f*, **Blechdose** *f* tin, (tin) can
blechen *v/t u. v/i* F cough up for
blechern *Adj* (of) tin, *Klang*: tinny
Blechinstrument *n* MUS brass instrument
Blechschaden *m* MOT bodywork damage, dent(s *Pl*)
Blechschere *f* plate shears *Pl*
blecken *v/t* **die Zähne ~** *Tier*: bare its fangs
Blei *n* **1.** lead: **aus ~** (made of) lead; *fig* (*schwer*) **wie ~** leaden **2.** JAGD shot, (*Kugel*) bullet
Bleibe *f* F place to stay
bleiben *v/i* **1.** stay (*im Bett* in bed, *zu Hause* at home, *draußen* out, *zum Essen* for dinner); *wo bleibt er denn nur?* what has taken him?; F *fig und wo bleibe ich?* and where do I come in?; → **Ball**¹ **2. ~ bei** stick to (*der Wahrheit* the truth); *etw ~ lassen* not to do s.th., (*aufhören mit*) stop (doing) s.th.; *lass das ~!* stop it!; *das werde ich schön ~ lassen!* I'll do nothing of the kind! → **Sache** 2 **3.** *in e-m Zustand*: remain, keep: *geschlossen (gesund, trocken, kalt etc) ~* stay closed (healthy, dry, cold); *für sich ~* keep to o.s.; *das bleibt unter uns!* F keep it under your

hat!; *~ Sie (doch) sitzen!* don't get up!; *es bleibt dabei!* that's final!; *und dabei bleibt es!* and that's that! **4.** (*übrig~*) be left (*Dat* to), remain
bleibend *Adj* lasting, *a. Schaden etc*: permanent
bleich *Adj* pale (*vor* with): *~ werden* (turn) pale
bleichen *v/t u. v/i* bleach
Bleichgesicht *n* paleface
Bleichmittel *n* bleach(ing agent)
bleiern *Adj a. fig* leaden
Bleifarbe *f* lead paint **bleifrei** *Adj Benzin*: unleaded **Bleigehalt** *m* lead content **bleihaltig** *Adj* containing lead, *Benzin*: leaded **Bleikristall** *n* lead crystal **Bleistift** *m* (lead) pencil
Bleistiftspitzer *m* pencil sharpener
Bleivergiftung *f* lead poisoning
Blendautomatik *f* FOTO automatic aperture control
Blende *f* **1.** (*Schirm*) screen **2.** FOTO diaphragm, (*Öffnung*) aperture, (*Öffnungsweite*) f-stop: (*bei*) *~ 8* at f-8 **3.** *am Kleid etc*: facing
blenden **I** *v/t* **1.** (*j-n, j-s Augen*) dazzle (*a. fig*) **2.** (*j-s Augen ausstechen*) blind **II** *v/i* **3.** dazzle, be dazzling (*a. fig beeindrucken*) **4.** *fig* (*täuschen*) deceive **III** 2 *n* **5.** MOT glare
blendend **I** *Adj* dazzling (*a. fig*), *fig* brilliant (*Leistung etc*): *~ aussehen* look great **II** *Adv* dazzlingly (*etc*): *sich ~ amüsieren* have a great time; *~ weiß* dazzling white
Blendeneinstellung *f* FOTO aperture setting **Blendenskala** *f* FOTO aperture ring
Blendenzahl *f* FOTO f-stop
Blender(in) *m(f) fig* fake
blendfrei *Adj* antiglare
Blendschutz|scheibe *f* MOT antiglare screen **~zaun** *m* MOT antiglare barrier
Blendung *f* **1.** blinding, MOT *etc* dazzle, glare **2.** *fig* (*Täuschung*) deception
Blick *m* **1.** (*auf Akk* at) look, *flüchtiger*: (quick) glance: *auf den ersten ~* at first sight; *mit einem ~* at a glance; *e-n ~ werfen auf* (*Akk*) have a look at **2.** (*Aussicht*) view (*auf Akk* of): *mit ~ auf* (*Akk*) with a view of, overlooking *the lake etc*
blicken *v/i* look (*auf Akk* at): *um sich ~* look around; *sich ~ lassen* show o.s.; *das lässt tief ~!* that's very revealing!

Blick|fang m eyecatcher **~feld** n a. fig field of vision **~kontakt** m eye contact **~punkt** m 1. OPT visual focus: fig *im ~ stehen* be in the centre of interest 2. fig point of view **~richtung** f 1. line of vision 2. fig direction **~winkel** m 1. angle of view 2. fig point of view

blind I Adj 1. blind (a. fig **gegen**, **für** to, **vor** Dat with): **auf einem Auge ~** blind in one eye; fig **j-n ~ machen gegen** blind s.o. to; → **Passagier** 2. Spiegel: cloudy, Metall: tarnished 3. ARCHI, TECH blind II Adv 4. fliegen etc blind, fig vertrauen etc blindly; **~ schreiben** touch-type

Blindbewerbung f speculative application

Blinddarm m appendix **Blinddarmentzündung** f appendicitis **Blinddarmoperation** f appendectomy

Blinde m, f blind man (woman): **die ~n** the blind; **das sieht doch ein ~r!** you can see that with half an eye!

Blindenheim n home for the blind

Blindenhund m guide dog, Am seeing-eye dog **Blindenschrift** f braille

Blindenstock m blind man's cane

Blindflug m instrument (od blind) flying

Blindgänger m 1. MIL dud 2. F fig dud, washout

Blindheit f (a. fig **mit ~ geschlagen** struck with) blindness

blindlings Adv blindly

Blindschleiche f ZOOL blindworm

Blindversuch m blind test

blinken v/i 1. sparkle, Sterne: twinkle, (aufleuchten) flash 2. a. v/t (signalisieren) (flash a) signal, flash **Blinker** m 1. MOT indicator 2. Angeln: spoon bait

Blinklicht n MOT a) flashing light (a. Ampel), b) → **Blinker** 1 **Blinkzeichen** n flashing (MOT indicator) signal

blinzeln v/i 1. blink 2. → **zublinzeln**

Blitz m 1. lightning, (~strahl) flash (of lightning): **vom ~ getroffen** struck by lightning; fig **wie vom ~ getroffen** thunderstruck; **wie der ~** → **blitzschnell** II 2. FOTO flash **Blitzableiter** m lightning conductor **blitzartig** → **blitzschnell Blitzaufnahme** f FOTO flash shot **Blitzbesuch** m lightning visit **Blitzbirne** f FOTO flashbulb

blitzblank Adj u. Adv sparkling clean

blitzen I v/i 1. **es hat geblitzt** there was (a flash of) lightning 2. (auf~) flash 3. fig flash, (glänzen) sparkle II v/t 4. FOTO F flash

Blitzgerät n (electronic) flash (gun)

blitzgescheit Adj F very bright

Blitz|krieg m blitzkrieg **~lampe** f FOTO flashbulb **~licht** n FOTO flashlight: **mit ~ fotografieren** (use a) flash **~lichtwürfel** m flashcube

blitzsauber Adj F (as) clean as a whistle

Blitz|schlag m lightning **~schnell** I Adj lightning ... II Adv with lightning speed, like a flash (od shot) **~start** m lightning start **~strahl** m streak of lightning **~würfel** m FOTO flashcube

Block m 1. allg block (a. Häuser~, Briefmarken~ etc, a. hist Richt~), (Schreib~) a. pad, (Fahrkarten~) book (of tickets) 2. (Fels~) boulder 3. WIRTSCH, PARL, POL bloc

Blockade f blockade

Blockbuchstabe m block letter **Blockflöte** f recorder **blockfrei** Adj POL nonaligned **Blockhaus** n log cabin

blockieren v/t block, (a. v/i Räder) lock, TECH jam

Blockschokolade f cooking chocolate

Blockschrift f block letters Pl

Blockstaat m POL aligned state

blöd Adj F (dumm) stupid, (albern) silly, (unangenehm) awkward **Blödel...** slapstick (show etc) **blödeln** v/i fool around **Blödheit** f F stupidity, silliness **Blödmann** m F idiot, silly ass **Blödsinn** m F (Unsinn) rubbish, (a. Unfug) nonsense **blödsinnig** Adj idiotic

blöken v/i Schaf: bleat, Rind: low

blond Adj blond(e), fair, fair-haired

blondieren v/t dye one's hair blond

Blondine f blonde

bloß I Adj 1. bare, naked: **mit ~en Füßen** barefoot(ed); **mit ~en Händen** with one's bare hands; **mit dem ~en Auge** with the naked eye 2. (nichts als) mere: **der ~e Gedanke** the mere thought II Adv 3. only, simply, merely: **komm ~ nicht rein!** don't you dare come in!

Blöße f 1. bareness, nakedness 2. Sport u. fig opening: **sich e-e ~ geben** leave o.s. wide open

bloßlegen v/t lay bare, expose (a. fig)

bloßstellen v/t expose, show s.o. up

B

Bloßstellung f exposure

Blouson m, n blouson

Bluff m, **bluffen** v/i u. v/t bluff

blühen v/i blossom (a. fig), be in bloom, fig (gedeihen) thrive: F **wer weiß, was uns noch blüht!** who knows what's in store for us! **blühend** Adj flowering, fig flourishing, Aussehen: healthy, Gesundheit: glowing, Fantasie: lively

Blume f **1.** flower: **j-m etw durch die ~ sagen** hint to s.o. that; **lasst ~n sprechen!** say it with flowers! **2.** des Weins: bouquet, des Biers: head, froth

Blumen|beet n flower bed **~erde** f garden mo(u)ld **~händler(in)** florist **~kohl** m cauliflower **~laden** m flower shop **~muster** n floral design **2reich** Adj fig flowery **~strauß** m bunch of flowers, bouquet **~topf** m flowerpot, plant pot **~zwiebel** f flower bulb

blumig Adj flowery (a. fig), Wein: with a fine bouquet

Bluse f blouse

Blut n blood: **sie kann kein ~ sehen** she can't stand the sight of blood; **~ spenden** donate (od give) blood; fig **blaues (junges) ~** blue (young) blood; **j-n bis aufs ~ reizen** drive s.o. wild; F **~ (und Wasser) schwitzen** sweat blood; **~ vergießen** shed blood; **böses ~ machen** breed bad blood; **(nur) ruhig ~!** take it easy!; **die Musik liegt ihm im ~** music is in his blood **~alkohol(gehalt)** m blood alcohol **2arm** Adj **1.** MED an(a)emic **2.** fig very poor **~armut** f MED an(a)emia **~bad** n fig massacre **~bank** f MED blood bank **~bild** n MED blood count **~blase** f MED blood blister

Blutdruck m MED (j-s ~ messen take s.o.'s) blood pressure **blutdrucksenkend** Adj MED hypotensive

blutdürstig Adj bloodthirsty

Blüte f **1.** blossom, flower **2.** (~zeit) flowering time, bes bei Bäumen: blossom: **in voller ~** in (full) bloom **3.** fig (~zeit) heyday, WIRTSCH time of prosperity: **in voller (od höchster) ~ stehen** be flourishing; **in der ~ s-r Jahre** in his prime **4.** fig (Elite) flower, elite **5.** (Stil2 etc) howler **6.** F (Falschgeld) dud

Blutegel m ZOOL leech

bluten v/i bleed (**aus** from): F fig **schwer ~ müssen** have to pay through

the nose; **~den Herzens** with a heavy heart

Blüten|honig m honey made from blossoms and flowers **~knospe** f (flower) bud **~lese** f fig anthology **~staub** m pollen **2weiß** Adj snow-white

Bluter m MED h(a)emophiliac

Blut|erguss m MED h(a)ematoma, bruise **~farbstoff** m h(a)emoglobin **~fleck** m bloodstain **~gefäß** n blood vessel **~gerinnsel** n MED blood clot **~gruppe** f blood group **~hochdruck** m MED high blood pressure **~hund** m bloodhound

blutig Adj bloody (a. fig), (blutbefleckt) bloodstained, GASTR Steak: rare: fig **~er Anfänger** rank beginner; **es ist mein ~er Ernst** I'm dead serious

blutjung Adj very young

Blutkonserve f unit of stored blood

Blutkörperchen n blood corpuscle

Blutkreislauf m (blood) circulation

Blutlache f pool of blood

blutleer, blutlos Adj a. fig bloodless

Blutorange f blood orange **Blutplasma** n blood plasma **Blutprobe** f **1.** blood (JUR alcohol) test **2.** MED blood sample

Blutrache f vendetta

blutrot Adj (dark) crimson

blutrünstig Adj fig gory, Geschichte etc: blood-curdling

Blutsauger m a. fig bloodsucker

Blutschande f incest

Blutsenkung f MED blood sedimentation

Blutspender(in) blood donor

blutstillend Adj (a. **~es Mittel**) styptic

blutsverwandt Adj related by blood (**mit** to) **Blutsverwandte** m, f blood relation **Blutsverwandtschaft** f consanguinity

Bluttat f bloody deed

Bluttransfusion f blood transfusion

bluttriefend Adj dripping with blood

blutüberströmt Adj covered with blood

Blutübertragung f blood transfusion

Blutung f bleeding, starke, a. innere: h(a)emorrhage

blutunterlaufen Adj bloodshot

Blutvergießen n bloodshed

Blutvergiftung f blood poisoning

Blutverlust m loss of blood

Blutwäsche f MED (h[a]emo)dialysis

Blutwurst f GASTR black pudding

Blutzucker(spiegel) m MED blood sugar (level) **Blutzufuhr** f blood supply

BLZ Abk = **Bankleitzahl**

BND m = **Bundesnachrichtendienst**

Bö f gust, squall

Bob m SPORT bob(sleigh)

Bobbahn f bob(sleigh) run

Bock m **1.** ZOOL buck, (Widder) ram, (Ziegen2) he-goat: F **alter ~** old goat; fig **e-n ~ schießen** make a blunder; **den ~ zum Gärtner machen** set the fox to keep the geese; F **~ haben, etw zu tun** feel like doing s.th.; F **~ auf etw haben** feel like s.th.; → **null 2.** (Gestell) stand, (Hebe2) jack **3.** Turnen: buck: **~ springen** leapfrog **4.** bock (beer) **bockbeinig** Adj fig stubborn **Bockbier** n bock (beer)

bockig Adj fig stubborn, sulky

Bockshorn n **j-n ins ~ jagen** scare s.o.

Bockspringen n leapfrog

Boden m **1.** (Erd2) ground, LANDW u. fig soil, e-s Gefäßes, des Meeres: bottom, (Fuß2 etc) floor: **am ~, auf dem ~** on the ground (od floor); SPORT **am ~ sein** be down; **zu ~ fallen** fall to the ground; F fig (völlig) **am ~ zerstört** absolutely shattered; **auf britischem ~** on British soil; **den ~ unter den Füßen verlieren** a. fig get out of one's depth; (**an**) **~ gewinnen** (**verlieren**) gain (lose) ground; fig **aus dem ~ schießen** mushroom (up); **etw aus dem ~ stampfen** conjure s.th. up **2.** (Dach2) attic

Boden|abstand m MOT ground clearance **~belag** m floor covering **~fläche** f **1.** LANDW acreage **2.** ARCHI floor space **~frost** m ground frost **~haftung** f MOT road holding **~haltung** f Eier **aus ~** free-range

bodenlos Adj **1.** bottomless **2.** F fig incredible, shocking

Boden|nebel m ground fog **~personal** n FLUG ground crew **~radar** n ground-based radar **~reform** f land reform **~satz** m **1.** sediment **2.** F pej dregs Pl **~schätze** Pl mineral resources Pl **~see** m der Lake Constance

bodenständig Adj native, (örtlich) local

Bodenstation f Raumfahrt: earth (od tracking) station

Bodenstewardess f ground hostess

Bodenstreitkräfte Pl ground forces Pl

Bodenturnen n floor exercises Pl

Body m **1.** (Körper) body **2.** Kleidung: body(stocking), Am body suit

Bodyguard m bodyguard

Bodypainting n body painting, body art

Bogen m **1.** allg bow, (Biegung) bend, curve, ELEK, MATHE arc, ARCHI arch, vault, TECH bend, Eislauf: curve, Skisport: turn: fig **e-n großen ~ um j-n machen** give s.o. a wide berth; **den ~ überspannen** overdo it **2.** (Papier2) sheet

bogenförmig Adj arched

Bogengang m arcade **Bogenlampe** f arc lamp **Bogenschießen** n archery

Bogen|schütze m, **~schützin** f archer

Bohle f plank

Böhmen n Bohemia

Böhme m, **Böhmin** f, **böhmisch** Adj Bohemian: **das sind für mich böhmische Dörfer** that's (all) Greek to me

Bohne f BOT bean, (Sau2) broad bean: **Grüne ~n** French (od string) beans; **Weiße ~n** haricot beans; F fig **blaue ~n** bullets; F **nicht die ~!** not a bit!

Bohnen|kaffee m (F real) coffee **~stange** f beanpole (a. F fig Person) **~stroh** n F **dumm wie ~** as thick as a plank

Bohner m floor polisher **bohnern** v/t polish **Bohnerwachs** n floor polish

bohren I v/t **1.** TECH drill, (aus~) bore, (Tunnel etc) drive II v/i **2.** allg drill (**nach** for), mit dem Finger etc: bore: → Nase **3.** fig Schmerz, Reue etc: gnaw (**in** Dat at) **4.** fig (forschen) probe, (nicht lockerlassen) keep at it (**bis** until) III v/refl **5.** **sich ~ in** (Akk) bore into

bohrend Adj fig Schmerz etc: gnawing, Blick: piercing, Fragen: probing

Bohrer m drill

Bohrinsel f oil rig **Bohrloch** n drill hole **Bohrmaschine** f drill(ing machine) **Bohrmeißel** m, **Bohrstahl** n boring tool **Bohrturm** m derrick

Bohrung f drilling, (Loch) (drill) hole, MOT bore

Bohrversuch m trial drilling

böig Adj gusty, FLUG bumpy

Boiler m water heater, TECH boiler

Boje f buoy

Bolivien n Bolivia

B

Bollwerk n a. fig bulwark
Bolschewismus m Bolshevism
Bolzen m TECH bolt
bombardieren v/t bomb, a. PHYS u. fig bombard
bombastisch Adj bombastic(ally Adv)
Bombe f 1. bomb: → **einschlagen** 6 2. F Fußball: rocket
Bomben|alarm m bomb alert ~**angriff** m bomb attack, air raid ~**anschlag** m 1. bomb attack 2. → ~**attentat** n bomb attempt (**auf j-n** on s.o.'s life) ~**besetzung** f F THEAT etc star cast ~**drohung** f bomb threat ~**erfolg** m F huge success, smash hit 2**fest I** Adj bombproof **II** Adv F fig ~**überzeugt** dead sure ~**gehalt** n F fantastic salary ~**geschäft** n F roaring business ~**sache** f F knockout 2**sicher** Adj 1. bombproof 2. F sure-fire: **es ist e-e ~e Sache** it's a dead cert ~**stimmung** f F **es herrschte e-e** ~ everybody was in roaring high spirits
Bomber m bomber (a. F fig Sport)
Bomberjacke f bomber jacket
bombig Adj F great, terrific
Bon m voucher, (Kassen2) receipt
Bonbon m, n 1. sweet (a. Pl), Am candy 2. F fig bonbon
Bond m WIRTSCH bond
Bonus m WIRTSCH 1. bonus, premium 2. special dividend
Bonze m pej bigwig
boomen v/i boom
Boot n boat: ~ **fahren** go boating; fig **wir sitzen alle im gleichen ~** we are all in the same boat
booten v/t u. v/i IT boot up
Boots|fahrt f boat trip ~**flüchtlinge** Pl boat people Pl ~**haus** n boathouse ~**mann** m SCHIFF 1. boatswain 2. MIL petty officer ~**verleih** m boat hire
Bord[1] m 1. FLUG, SCHIFF **an ~** on board, aboard; **an ~ gehen** go aboard, FLUG board the plane; **an ~ nehmen** take aboard; **über ~ gehen** a. fig go by the board; **über ~ werfen** a. fig throw overboard 2. (Rand) edge
Bord[2] n (Bücher2) shelf
Bordbuch n SCHIFF logbook
Bordcomputer m on-board (MOT a. dashboard) computer
Bordell n brothel
Bord|funk m a) ship's radio, b) aircraft radio (equipment) ~**karte** f FLUG boarding pass ~**mechaniker(in)** FLUG flight mechanic ~**radar** n airborne radar ~**stein** m kerb(stone), Am curb(stone) ~**verpflegung** f in-flight meals Pl
Borg m **auf ~** on credit
borgen v/t 1. borrow: **sich etw ~** borrow s.th. 2. (leihen) lend, bes Am loan
Borke f bark, (Kruste, a. MED Schorf) crust
borniert Adj narrow-minded
Börse f 1. (Geld2, a. Boxen) purse 2. WIRTSCH (an [auf] der ~ on the) stock exchange: **an die ~ gehen** Firma: go public
Börsen|bericht m market report ~**blatt** n financial (news)paper 2**fähig** Adj marketable, listed: ~**e Wertpapiere** listed securities ~**geschäft** n stock market transaction ~**krach** m F (stock exchange) crash ~**kurs** m F market price, quotation ~**makler(in)** stockbroker ~**notierung** f quotation ~**spekulant(in)** stock exchange speculator ~**zettel** m stock list
Borste f bristle
borstig Adj 1. bristly 2. F fig gruff
Borte f border, (Besatz2) braid, (Tresse) galloon
bösartig Adj 1. vicious (a. Tier) 2. MED malignant **Bösartigkeit** f 1. viciousness 2. malignancy
Böschung f slope, (Ufer2) embankment
böse I Adj 1. (schlimm) bad, (verrucht) a. evil, wicked, F (scheußlich) a. nasty: **e-e ~ Sache** a bad business 2. (bösartig) vicious, nasty 3. (unartig) naughty, bad 4. (zornig) angry: **j-m** (od **auf j-n**) ~ **sein** be angry (F mad) at s.o., be cross with s.o.; ~ **werden** get angry; **bist du mir ~, wenn ...?** would you mind terribly if ...? 5. F MED bad, (entzündet) sore: **e-e ~ Erkältung** a bad cold; **ein ~r Finger** a sore finger **II** Adv 6. badly (etc): **es sieht ~ aus** things look bad; **ich habe es nicht ~ gemeint** I meant no harm **Böse I** m, f bad person **II** n evil, harm: ~**s im Sinn haben** be up to no good; ~**s reden über** (Akk) speak ill of
Bösewicht m a. fig iron villain
boshaft Adj malicious **Bosheit** f malice,

(*Bemerkung*) snide remark, (*Tat*) nasty trick: *aus ~* out of spite

Bosnien *n* Bosnia **~-Herzegowina** *n* Bosnia-Herzegovina

Bosnier(in), **bosnisch** *Adj* Bosnian

Boss *m* F boss

böswillig *Adj* malicious, JUR a. wilful

Böswilligkeit *f* malevolence, JUR wilfulness

Botanik *f* botany **Botaniker(in)** botanist **botanisch** *Adj* botanic(al)

Bote *m* messenger, (*Kurier*) courier

Botengang *m* (*e-n ~ machen* run an) errand

Botin *f* → **Bote**

Botschaft *f* **1.** message (*a. fig*), (*Nachricht*) news **2.** POL embassy

Botschafter(in) ambassador

Bottich *m* vat, tub

Bouillon *f* clear soup, consommé

Bouillonwürfel *m* stock cube

Boulevard *m* boulevard **~presse** *f* gutter press **~zeitung** *f* tabloid

Boutique *f* boutique

Bowle *f* punch bowl, (*Getränk*) (cold) punch

Box *f* **1.** (*Pferde2*) box **2.** *für Rennwagen*: pit **3.** (*Park2*) parking space **4.** FOTO box camera **5.** (*Lautsprecher2*) speaker

Boxe *f* → **Box** 1

boxen I *v/i* box, *a. weit. S.* fight II ♀ *n* boxing **Boxer** *m* (*Hund*) boxer **Boxer(in)** boxer

Boxershorts *Pl* boxer shorts *Pl*

Boxhandschuh *m* boxing glove **Boxkampf** *m* fight, boxing match **Boxring** *m* ring **Boxsport** *m* boxing

Boygroup *f* MUS boy band

Boykott *m*, **boykottieren** *v/t* boycott

brachliegen *v/i* **1.** lie fallow **2.** *fig Talent etc*: go to waste

Brahmane *m*, **brahmanisch** *Adj* Brahman

Branche *f* WIRTSCH **1.** industrial sector, trade **2.** line (of business)

Branchen|kenntnis *f* knowledge of the trade **2üblich** *Adj* usual in the trade **~verzeichnis** *n* classified directory

Brand *m* **1.** (*in ~* on) fire: *in ~ geraten* catch fire; *in ~ stecken* set fire to; F *e-n ~ haben* be dying of thirst **2.** BOT blight, mildew **3.** MED gangrene **~anschlag** *m* arson attack **~blase** *f* blister **~bombe** *f* incendiary bomb

branden *v/i a. fig* surge: *~ gegen a.* break against

Brandenburg *n* Brandenburg

Brand|gefahr *f* fire hazard **~geruch** *m* burnt smell **~herd** *m* **1.** source of (the) fire **2.** *fig* trouble spot

Brandkatastrophe *f* fire disaster

Brandmal *n* **1.** brand **2.** *fig* stigma

brandmarken *v/t a. fig* brand

Brand|mauer *f* fire wall **~schaden** *m* fire damage **~sohle** *f* insole **~stelle** *f* scene of the fire **~stifter(in)** arsonist **~stiftung** *f* arson

Brandung *f* surf, breakers *Pl*

Brand|ursache *f* cause of the fire **~wunde** *f* burn **~zeichen** *n* brand

Branntwein *m* spirits *Pl*

Brasilianer(in), **brasilianisch** *Adj* Brazilian

Brasilien *n* Brazil

Bratapfel *m* baked apple

braten *v/t u. v/i* roast, *auf dem Rost*: grill, broil, barbecue, *in der Pfanne*: fry, *im Ofen*: bake: F (*in der Sonne*) *~* roast (in the sun)

Braten *m* roast, (*Keule*) joint: F *fig fetter ~* fine catch; *den ~ riechen* smell a rat **~fett** *n* dripping **~soße** *f* gravy

bratfertig *Adj* oven-ready

Brat|fett *n* cooking fat **~fisch** *m* fried fish **~hering** *m* grilled (and pickled) herring **~huhn** *n* roaster, broiler

Bratkartoffeln *Pl* fried potatoes *Pl*

Bratofen *m* oven **Bratpfanne** *f* frying pan **Bratröhre** *f* oven

Bratsche *f* MUS viola

Bratspieß *m* spit

Bratwurst *f* fried (*od* grilled) sausage

Brauch *m* custom, (*alter ~*) tradition, (*Gewohnheit*) practice, WIRTSCH usage

brauchbar *Adj* usable, (*nützlich*) useful, *Plan etc*: practicable

brauchen I *v/t* **1.** need, (*erfordern*) require, (*bes Zeit*) take: *wie lange wird er ~?* how long will it take him?; *ich brauche drei Tage dazu* it will take me three days **2.** → a) *gebrauchen*), b) *verbrauchen* II *v/hilf* **3.** need, have to: *du brauchst es nicht zu tun* you needn't (*od* you don't have to) do it; *du brauchst es nur zu sagen!* just say so!

Braue *f* (eye)brow

brauen *v/t* brew **Brauer(in)** brewer

3

Brauerei f brewery

braun Adj brown, (von der Sonne) a. tanned: ~ **werden** tan, get a tan; ~ **gebrannt** tanned **Bräune** f brownness, (Sonnen2) (sun)tan

bräunen I v/t brown, Sonne: tan II v/i u. v/refl **sich** ~ get brown, Haut, Person: a. tan, get a tan

Braunkohle f brown coal, lignite

bräunlich Adj brownish

Bräunungs|creme f liquid tan (make--up) ~**studio** n solarium

Brause f 1. sprinkler, rose 2. → **Dusche** 3. F pop **Brausebad** n shower

Brauselimonade f (fizzy) lemonade, Am lemon soda

brausen v/i 1. Wind, Auto etc: roar, Brandung, Orgel etc: surge: ~**der Beifall** thunderous applause 2. F (flitzen) zoom 3. → **duschen**

Brausepulver n sherbet powder

Brausewürfel m effervescent tablet

Braut f bride, (Verlobte) fiancée, F (Freundin) (my etc) girl **Bräutigam** m (bride)groom, (Verlobter) fiancé

Braut|jungfer f bridesmaid ~**kleid** n wedding dress ~**paar** n engaged couple, am Hochzeitstag: bride and bridegroom ~**schau** f F **auf** ~ **gehen** look out for a wife ~**schleier** m bridal veil

brav (ruf m) n brave, F (artig) well-behaved: **sei(d)** ~! be good!; **sei (schön)** ~ **und geh zu Bett!** go to bed like a good boy (od girl)! 2. honest, good, a. iron worthy

bravo Interj well done!, bravo!

Bravo (ruf m) n bravo, Pl cheers Pl

BRD f (= **Bundesrepublik Deutschland**) FRG

Brechdurchfall m MED diarrh(o)ea with vomiting

Brecheisen n TECH crowbar

brechen I v/t allg break (a. fig Eid, Rekord, Schweigen, Widerstand, Willen etc), fig (Gesetz, Vertrag) a. violate, PHYS (Strahlen) a. refract: (sich) den **Arm** ~ break one's arm; **die Ehe** ~ commit adultery 2. F MED (er~) vomit II v/i 3. break (a. fig Stimme, Widerstand etc) 4. ~ **aus** (Dat) burst out of 5. fig ~ **mit** j-m, e-r Gewohnheit etc: break with 6. F MED be sick, vomit III v/refl **sich** ~ 7. Wellen: break, PHYS Licht etc: be refracted **Brecher** m breaker

Brech|mittel n 1. MED emetic 2. F fig ein

~ **sein** Person: be a (real) pest, Sache: be a dreadful thing ~**reiz** m MED nausea

Brechstange f TECH crowbar

Brechung f PHYS refraction **Brechungswinkel** m angle of refraction

Brei m 1. mush (a. fig), (Hafer2) porridge, (Kinder2 etc) mash, pudding: **j-n zu** ~ **schlagen** beat s.o. to a pulp; → **Katze, Koch** 2. TECH (Papier2) pulp **breiig** Adj mushy

breit I Adj broad (a. fig Akzent, Lachen etc), a. TECH wide, (flach) flat, fig Interesse etc: widespread: **die** ~**e Öffentlichkeit** the public at large; **ein** ~**es Publikum** a wide public; → **Masse** 4 II Adv ~ **gefächert** wide-ranging; **sich** ~ **machen** F Person: spread o.s. out, fig Angst etc: spread; **sie haben sich im ganzen Haus** ~ **gemacht** they behaved as if they owned the place

Breitband... RADIO, TV broadband ..., wideband ...

Breitbandkabelnetz n RADIO, TV broadband (od wideband) cable network

breitbeinig Adj u. Adv with legs apart

Breite f width, breadth (a. fig), ASTR, GEOG latitude: **der** ~ **nach** breadthwise; F **in die** ~ **gehen** put on weight **Breiten|grad** m (degree of) latitude: **der 30.**~ the 30th parallel ~**kreis** m parallel ~**sport** m mass sport(s Pl)

breitschlagen v/t F **j-n** ~ talk s.o. round, **zu etw** talk s.o. into (doing) s.th.; **sich** ~ **lassen** give in

breitschult(e)rig Adj broad-shouldered

Breitseite f a. fig broadside

Breitspur f BAHN broad ga(u)ge

breittreten v/t F enlarge (up)on (a subject etc): **etw überall** ~ talk about s.th. too much

Breitwandfilm m wide-screen film

Bremen n Bremen

Bremsbelag m MOT brake lining

Bremse[1] f ZOOL horsefly

Bremse[2] f MOT etc brake

bremsen I v/t 1. brake, (Fall) cushion 2. F fig check, (verlangsamen) slow down II v/i 3. brake, apply the brakes III v/refl **sich** ~ 4. F restrain o.s.: **sich mit etw** ~ cut down on s.th.

Brems|fallschirm m brake parachute ~**flüssigkeit** f brake fluid ~**kraftver-**

stärker m brake booster **~leuchte** f, **~licht** n stop light **~pedal** n brake pedal **~scheibe** f brake disc

Bremsspur f skid mark(s Pl)

Bremstrommel f MOT brake drum

Bremsung f braking, PHYS retardation

Bremsvorrichtung f brake mechanism

Bremsweg m braking distance

brennbar Adj combustible **Brennelement** n fuel element

brennen I v/t allg burn, (Porzellan etc) a. fire, (Schnaps) distil(l), (Kaffee etc) roast, fig (CD) a. write II v/i burn (a. Sonne, Augen, Haut), Haus etc: a. be on fire, fig Wunde, Nessel: sting, Pfeffer etc: be hot, Licht, Lampe: be on on: **es brennt!** fire!; F **wo brennt's denn?** what's wrong?; fig **vor Ungeduld ~** be burning with impatience; F **darauf~ zu** Inf be dying to Inf

brennend I Adj burning (a. fig Hitze, Frage, Interesse etc) II Adv **es interessiert mich ~** I'm terribly interested in it, **ob** I'm dying to know if

Brenner m 1. (Schnaps2) distiller 2. TECH (Schweiß2) torch, (Gas2, Öl2) burner

Brennerei f distillery

Brenn|holz n firewood **~material** n fuel **~nessel** f BOT (stinging) nettle **~ofen** m kiln, METALL furnace **~punkt** m a. fig focal point, focus: **fig in den ~ rücken** focus attention on; **im ~ des Interesses stehen** be in the focus of attention **~spiegel** m burning mirror **~spiritus** m methylated spirit **~stab** m KERNPHYSIK fuel rod **~stoff** m fuel **~stoffzelle** f TECH fuel cell

Brennweite f OPT focal distance

brenzlig Adj 1. burnt 2. F fig ticklish

Bresche f breach: **e-e ~ schlagen** a. fig clear the way (**für** for); fig **in die ~ springen** step into the breach

Brett n board (a. Spiel2), (Regal2) shelf, (Tablett) tray, SPORT springboard: **schwarzes ~** notice (Am bulletin) board; F **~er** Pl skis Pl; F fig **ein ~ vor dem Kopf haben** be very dense

Brettspiel n board game

Brezel f pretzel

Brief m letter; → **blau ~beschwerer** m paperweight **~bogen** m sheet of writing paper **~bombe** f letter bomb **~freund(in)** pen friend **~geheimnis** n

privacy of correspondence **~kasten** m am Haus: letterbox, Am mailbox, der Post: postbox, Am mailbox, für Vorschläge etc: suggestion box, Zeitung: Question and Answer Column: **elektronischer ~** electronic mailbox; **toter ~** Spionage: letter drop **~kastenfirma** f letter-box company **~kopf** m letterhead; → Info bei **official** u. bei **compliment**

brieflich Adj u. Adv in writing, by letter(s)

Briefmarke f (postage) stamp

Briefmarken|album n stamp album **~automat** m stamp machine **~sammler(in)** stamp collector, philatelist **~sammlung** f stamp collection

Brief|öffner m letter opener, paper knife **~papier** n notepaper **~post** f mail, post, Am first-class mail **~tasche** f wallet, Am billfold

⚠ **Brieftasche**	≠ **briefcase**
Brieftasche	= wallet, Am billfold
briefcase	= Aktentasche

Brief|taube f ZOOL carrier pigeon **~telegramm** n letter telegram, Am lettergram **~träger(in)** postman (postwoman) **~umschlag** m envelope **~waage** f letter balance **~wahl** f postal vote, absentee voting **~wechsel** m correspondence

Bries n GASTR sweetbread

Brigade f brigade

Brikett n briquette

brillant Adj brilliant

Brillant m diamond

Brille f 1. (e-e ~ a pair of) glasses (od spectacles) Pl, F specs Pl, (Schutz2) goggles Pl 2. (Klosett2) toilet seat

Brillen|etui n spectacle case **~fassung** f, **~gestell** n spectacle frame **~glas** n lens, glass **~schlange** f 1. ZOOL spectacled cobra 2. F foureyes Pl (Sg konstr)

Brillenträger(in) **~ sein** wear glasses

bringen v/t 1. (her~) bring, (holen) get, fetch (alle: **j-m etw** s.o. s.th.) 2. (weg~, hin~) take ([zu] **j-m** to s.o.), (setzen, stellen, legen) put: **j-n ins Krankenhaus ~** take s.o. to the hospital 3. (geleiten)

B

take: *j-n nach Hause* (*zur Bahn etc*) ~ see s.o. home (to the station *etc*) **4.** (*verursachen*) cause, (*Gewinn, Glück, Linderung etc*) bring, (*Zinsen*) bear: *j-n dazu ~, dass er etw tut* make s.o. do s.th. **5.** (*Film etc*) show, present, THEAT a. bring, MUS play, (*Lied*) sing, *Zeitung etc*: bring, have, carry (*an article etc*) **6.** (*leisten*) do, (*erreichen*) manage: *es zu etw ~* make one's mark (in life); F *das bringts!* that's the stuff!; *das bringts* (*auch*) *nicht!* that's no use!; *er bringt es nicht!* **a**) he just can't do it!, **b**) he's no good!; → *Leistung* 1, *weit* II **7.** *mit Präp an sich ~* get hold of; *er brachte es auf 7 Punkte* he managed seven points; *es bis zum Major etc ~* make it to major *etc*; *mit sich ~* involve, (*erfordern*) require, make it necessary; *ich kann es nicht über mich* (*od übers Herz*) *~, das zu tun* I can't bring myself to do it; *j-n um etw ~* rob s.o. of s.th., (*betrügen*) do s.o. out of s.th.; *j-n wieder zu sich ~* bring s.o. round (*od* to); *j-n zum Lachen etc ~* make s.o. laugh *etc*; → *hinter* I

brisant *Adj* high-explosive, *fig* explosive **Brisanz** *f* explosive effect, *fig* explosiveness

Brise *f* (*steife ~* strong) breeze

Brite *m* British man, Briton, F Brit: *die ~n Pl* the British **Britin** *f* British woman **britisch** *Adj* British: *die ⊇en Inseln* the British Isles

bröck(e)lig *Adj* crumbly

bröckeln *v/t u. v/i* crumble

Brocken *m* **1.** piece, *großer*: hunk, (*Bissen*) morsel, bit, (*Klumpen*) lump: F *ein ~* (*von Mann*) a hulk of a man; *ein harter ~* a toughie **2.** *Pl e-r Sprache*: scraps *Pl*, *e-r Unterhaltung*: snatches *Pl*

brodeln *v/i* bubble, simmer, *fig* seethe (*vor Dat* with)

Brokat *m* brocade

Broker *m* WIRTSCH broker

Brokkoli *Pl* broccoli *Sg*

Brom *n* CHEM bromine

Brombeere *f* blackberry

Bromid *n* CHEM bromide

Bromsäure *f* CHEM bromic acid

Bromsilber *n* CHEM bromide of silver

Bronchial|asthma *n* MED bronchial asthma **~katarr(h)** *m* MED bronchial catarrh

bringen	bring/take
irgendwohin bringen; vom Standort des Sprechers weg	**take** **He was taken to** (*Am* **to the**) **hospital.** Er wurde ins Krankenhaus gebracht.
herbringen; zum Standort des Sprechers oder Entgegennehmenden hin	**bring** **Would you bring me another glass of beer, please.** Bringen Sie mir bitte noch ein Glas Bier.
holen, herbringen	**get**, **fetch** **Would you fetch me my shoes from the bedroom, please?** Würdest du mir bitte die Schuhe aus dem Schlafzimmer bringen?

Bronchien *Pl* bronchi *Pl*

Bronchitis *f* MED bronchitis

Bronze *f* bronze **~medaille** *f* bronze medal **~zeit** *f* archeol. Bronze Age

Brosame *f mst Pl fig* crumb

Brosche *f* brooch

broschiert *Adj* paperback

Broschüre *f* pamphlet

Brot *n* bread, (*Laib*) loaf: (*belegtes*) *~* sandwich; *fig das tägliche ~* one's daily bread; *sein ~ verdienen* earn a living **Brotaufstrich** *m* spread

Brötchen *n* roll **~geber(in)** F boss

Brot|getreide *n* breadgrain **~kasten** *m* bread bin, *Am* breadbox **~korb** *m* bread basket: *j-m den ~ höher hängen* put s.o. on short commons **~krume** *f*, **~krümel** *m* (bread)crumb

brotlos *Adj fig* jobless, *Tätigkeit*: unprofitable: *das ist e-e ~e Kunst!* there is

no money in it!

Brotmesser *n* bread knife **Brotneid** *m* professional jealousy **Brotröster** *m* toaster **Brotschneidemaschine** *f* bread slicer **Brotzeit** *f Dialekt* (break for a) snack

browsen *v/i:* **im Web browsen** browse on the web

Browser *m* IT browser

brr *Interj* **1.** (*halt*) whoa! **2.** (*pfui*) ugh!

Bruch *m* **1.** breaking, (*~schaden*) breakage: **zu ~ gehen** break, be smashed; **~ machen** crash; *ein Auto etc* **zu ~ fahren** smash up **2.** *fig* breaking-off, rupture, *des Eides, Friedens etc:* breach, *e-s Gesetzes etc:* violation: **~ mit der Vergangenheit** (clean) break with the past; *in* **die Brüche gehen** break up, *Ehe: a.* go on the rocks **3.** MED (*Knochen~*) fracture, (*Eingeweide~*) rupture, hernia: **sich e-n ~ heben** rupture o.s **4.** *F* (*Schund*) junk **5.** MATHE fraction **~band** *n* MED truss

Bruchbude *f F* ramshackle place, dump, *fig sl* lousy joint

brüchig *Adj* **1.** fragile, (*spröde*) brittle **2.** *fig Stimme:* cracked, *Ehe etc:* shaky

Bruch|landung *f* crash landing **~rechnung** *f* fractions *Pl* **~schaden** *m* breakage **~sicher** *Adj* breakproof **~stelle** *f* crack, MED point of fracture

Bruchstrich *m* MATHE fraction stroke

Bruchstück *n* fragment (*a. fig*), *Pl fig a.* snatches *Pl* **bruchstückhaft I** *Adj* fragmentary **II** *Adv* in fragments

Bruch|teil *m* fraction: **im ~ e-r Sekunde** in a split second **~zahl** *f* fraction

Brücke *f* **1.** bridge (*a.* ELEK, SCHIFF, *Turnen, a. Zahn~*): **e-e ~ bauen** (*od* **schlagen**) **über** (*Akk*) build a bridge across; *fig* **alle ~n hinter sich abbrechen** burn one's boats **2.** (*kleiner Teppich*) rug

Brückenkopf *m* bridgehead

Brückenpfeiler *m* bridge pier

Bruder *m* brother (*a.* REL, *Pl* brethren), (*Mönch*) monk, F (*Kerl*) guy: F **unter Brüdern** among friends

Bruderkrieg *m* fratricidal war

brüderlich *Adj* brotherly

Brüderlichkeit *f* brotherliness

Brudermord *m*, **Brudermörder(in)** fratricide

Brüderschaft *f* brotherhood: (*mit j-m*) **~ trinken** drink the pledge of close friendship

Brühe *f* **1.** *für Suppen etc:* stock, (*Fleisch~ etc*) broth **2.** F *pej* **a)** dirty water, **b)** (*Getränk*) slop, swill, dishwater **3.** F (*Schweiß*) sweat

brühen *v/t* scald

brüh|heiß *Adj* scalding (hot) **~warm** *Adj fig* hot (*news etc*): *Adv* **j-m etw ~ wieder erzählen** tell s.th. straightaway to s.o.

Brühwürfel *m* stock cube

brüllen *v/i u. v/t* roar (*a. fig Geschütz, Motor etc*), *Rind:* bellow, (*muhen*) low, *Kinder:* shout, (*heulen*) howl, bawl: **vor Lachen ~** roar with laughter ❷ *n* roar: F **er** (**es**) **ist zum ~!** he's (it's) a scream!

Brummbär *m fig* grumbler

brummen *v/i* **1.** *Bär etc:* growl **2.** (*summen*) *a.* ELEK hum: *fig* **mir brummt der Kopf** my head is throbbing **3.** *fig Person:* (*über Akk* about) growl, grumble **4.** F *fig im Gefängnis:* do time **Brummer** *m* **1.** (*Fliege*) bluebottle, (*Hummel*) bumblebee **2.** F (*dicker*) **~ →** **Brummi** *m* F (*Lastwagen*) truck, *Br a.* lorry, *Br a.* juggernaut **brummig** *Adj* grumpy

Brummkreisel *m* humming top

Brummschädel *m* F headache, (*Kater*) hangover

Brunch *m* brunch

brünett *Adj*, **Brünette** *f* brunette

Brunft *f*, **brunften** *v/i* JAGD rut

Brunftzeit *f* rutting season

Brunnen *m* well, (*Quelle*) spring, (*Spring~, Trink~*) fountain (*a. fig*), MED (mineral) waters *Pl* **~kresse** *f* BOT watercress **~kur** *f* mineral-water cure

Brunst *f* ZOOL rut, *des Weibchens:* heat, (*~zeit*) rutting season

brünstig *Adj* ZOOL rutting, in heat

brüsk *Adj* brusque

brüskieren *v/t* snub

Brüssel *n* Brussels

Brust *f* **1.** breast, chest, (*Busen*) bosom, *sl* boob(y), breasts *Pl:* *e-m Kind* **die ~ geben** breastfeed; *Schwimmen:* **100 m ~** 100 m breaststroke; F *fig* **e-n zur ~ nehmen** have a quick one; *sich j-n* **zur ~ nehmen** give s.o. hell **2.** → **Bruststück Brust-an-Brust-Rennen** *n* neck-

B

and-neck race **Brustbein** n **1.** ANAT breastbone **2.** beim Geflügel: wishbone **Brustbeutel** m money bag **Brustbild** n head-and-shoulder portrait

brüsten v/refl **sich ~** boast (**mit** about)

Brust|fell n ANAT pleura **~fellentzündung** f MED pleurisy **~kasten** m, **~korb** m rib cage, chest **~krebs** m MED breast cancer **~schwimmen** n breaststroke **~stimme** f MUS chest voice **~stück** n GASTR brisket, von Lamm, Kalb, Geflügel: breast **~tasche** f breast pocket

Brustton m fig **im ~ der Überzeugung** with deep conviction

Brüstung f parapet, (Balkon2 etc) balustrade, (Fenster2) breast

Brustwarze f nipple **Brustweite** f chest measurement, e-r Frau: bust

Brut f **1.** (Brüten) brooding **2.** (Junge) brood, (Fisch2) spawn **3.** F fig (Kinder) brood, (Gesindel) scum

brutal Adj brutal **Brutalität** f brutality **Brutapparat** m incubator

brüten I v/i brood (fig **über** Dat over), hatch, Henne: sit **II** v/t → **Rache brütend** Adj fig **~e Hitze** sweltering heat **Brüter** m PHYS **schneller ~** fast breeder (reactor)

Brutstätte f fig hotbed

brutto Adj, **Brutto...** gross (income, weight, etc) **Bruttoinlandsprodukt** n gross domestic product **Bruttoregistertonne** f gross register ton **Bruttosozialprodukt** n gross national product

BSE Abk (Rinderwahnsinn) BSE: **Verbreitung von ~** BSE spread; **ein Tier auf ~ testen** test an animal for BSE **~frei** Adj BSE-free **~infiziert** Adj BSE-infected **~Krise** f BSE crisis **~negativ** Adj BSE-negative **~positiv** Adj BSE-positive **~Verdacht** m suspicion of BSE

Btx Abk = **Bildschirmtext**

Bub m Dialekt boy **Bube** m Kartenspiel: jack **Bubi** m F pej pipsqueak

Buch n book (a. WIRTSCH), (Dreh2) script: **~ führen** keep accounts, do the bookkeeping; **~ führen über** (Akk) keep a record of; fig **wie er (es) im ~e steht** typical **~besprechung** f book review

Buchbinder(in) bookbinder **Buchdruck** m printing **Buchdrucker(in)** printer

Buchdruckerei f **1.** printing plant, press **2.** (Gewerbe) printing

Buche f beech (tree)

buchen v/t **1.** (Flug, Reise, Zimmer etc) book, reserve **2.** WIRTSCH (ver~) book: fig **etw als Erfolg ~** put s.th. down as a success

Bücherei f library

Bücher|freund(in) book lover **~gutschein** m book token **~narr** m, **~närrin** f bibliomaniac **~regal** n bookshelf **~revision** f WIRTSCH audit **~schrank** m bookcase **~ständer** m bookstand **~stütze** f bookend **~wand** f wall of bookshelves

Bücherwurm m hum bookworm

Buchfink m ZOOL chaffinch

Buch|forderungen Pl WIRTSCH book claims Pl **~führung** f WIRTSCH bookkeeping, accountancy: **doppelte ~** double-entry bookkeeping **~gemeinschaft** f book club **~halter(in)** accountant

Buchhaltung f **1.** accounts department **2.** → **Buchführung**

Buchhandel m book trade **Buchhändler(in)** bookseller **Buchhandlung** f bookshop, Am bookstore

Buchmacher(in) bookmaker

buchmäßig Adj u. Adv WIRTSCH according to the books

Buchmesse f book fair

Buchprüfer(in) WIRTSCH auditor, accountant

Buchprüfung f WIRTSCH audit

Buchsbaum m BOT box (tree)

Buchse f TECH bush(ing), liner, ELEK socket

Büchse f **1.** tin, can, große: a. box **2.** (Gewehr) gun, rifle

Büchsen|bier n canned beer **~fleisch** n tinned (od canned) meat **~milch** f tinned (od canned) milk

Büchsenöffner m tin (od can) opener

Buchstabe m letter: **großer (kleiner) ~** capital (small) letter **buchstabengetreu** Adj literal **buchstabieren I** v/t spell, (mühsam lesen) spell out: **falsch ~** misspell **II** 2 n spelling

buchstäblich Adj a. fig literal

Bucht f bay, kleine: inlet

Buchumschlag m (book) jacket

Buchung f **1.** booking, reservation **2.** WIRTSCH booking, (Posten) entry

Buchweizen m BOT buckwheat

Buckel m 1. hump (a. fig), (buckliger Rücken) hunchback, (schlechte Haltung) stoop: **e-n ~ machen** stoop, Katze: arch its back 2. F (Rücken) back 3. F (Hügel) hillock

bücken v/refl **sich ~** bend (down) (nach etw to pick up s.th.)

bucklig Adj hunchbacked **Bucklige** m, f hunchback

Bückling m 1. GASTR smoked herring 2. F (Verbeugung) bow

buddeln v/i u. v/t F dig

Buddhismus m Buddhism

Buddhist(in), **buddhistisch** Adj Buddhist

Bude f 1. (Verkaufs♀) kiosk, (Markt♀) stall 2. (Hütte) shack 3. F (Zimmer etc) place, pej dump, (Studenten♀) digs Pl, (Lokal) sl joint: **Leben in die ~ bringen** liven things up

Budget n budget: **etw im ~ vorsehen** budget for s.th.

Büfett n 1. sideboard 2. (Schanktisch) counter, bar 3. GASTR buffet

Büffel m ZOOL buffalo **büffeln** v/t u. v/i F swot, cram **Büffler(in)** F swot

Bug m 1. SCHIFF bow, FLUG nose: fig **Schuss vor den ~** warning shot 2. ZOOL shoulder (a. GASTR)

Bügel m 1. (Kleider♀) hanger 2. (Steig♀) stirrup 3. (Brillen♀) ear piece 4. TECH bow, (Metall♀) shackle **~brett** n ironing board **~eisen** n iron **~falte** f crease **~frei** Adj noniron, drip-dry

bügeln v/t u. v/i iron, (Hose etc) press

Buggy m 1. (Kinderwagen) buggy 2. (Auto) beach buggy

bugsieren v/t SCHIFF tow, F fig steer

buh I Interj boo! **II** ♀ n boo

buhen v/i F boo

buhlen v/i: ~ **um** court (od woo) s.o., s.th., strive after s.th.; **um j-s Gunst ~** court s.o.'s favo(u)r

Buhmann m fig bogey man

Buhne f TECH groyne

Bühne f 1. THEAT stage, weit. S. theat/re (Am -er): **hinter der ~** a. fig backstage; F fig **etw über die ~ bringen** bring s.th. off; **glatt über die ~ gehen** go off smoothly; **von der politischen** etc **~ abtreten** quit the political etc scene 2. (Podium, a. TECH) platform

Bühnen|anweisung f stage direction

~arbeiter(in) stage hand **~bearbeitung** f stage adaptation **~beleuchtung** f stage lighting **~bild** n (stage) set **~bildner(in)** stage designer **~fassung** f stage version **~künstler(in)** stage artist **~laufbahn** f stage career **~meister(in)** stage manager **~rechte** Pl stage rights Pl **♀reif** Adj ready for the stage **~stück** n (stage) play **~werk** n drama

bühnenwirksam Adj stageworthy

Buhrufe Pl boos Pl

Bukett n bouquet (a. des Weins)

Bulette f GASTR meatball

Bulgare m Bulgarian **Bulgarien** n Bulgaria **Bulgarin** f, **bulgarisch** Adj Bulgarian

Bulimie f bulimia

Bullauge n SCHIFF porthole

Bulldogge f ZOOL bulldog

Bulle m 1. ZOOL bull (a. F pej Mann) 2. F pej (Polizist) cop, bull: **die ~n** a. the fuzz

Bullenhitze f F scorching heat

Bulletin n bulletin

bullig Adj 1. Person: bull-like, hefty 2. F Hitze: scorching

Bully n 1. (Hockey): bully 2. (Eishockey): face-off

bum Interj bang!

Bumerang m boomerang

Bummel m (**e-n ~ machen** go for a) stroll **Bummelant(in)** dawdler, slowcoach, Am slowpoke

Bummelei f dawdling, (Faulenzen) loafing **bumm(e)lig** Adj (langsam) slow, dawdling **bummeln** v/i F 1. (schlendern) (go for a) stroll: **~ gehen** go for a stroll, weit. S. go on a binge 2. (trödeln) dawdle, (faulenzen) loaf

Bummelstreik m go-slow

Bummelzug m F slow train

bums Interj bang! **Bums** m bang, crash

bumsen v/i 1. bang, crash 2. V **mit j-m** (v/t **j-n**) **~** bang s.o., screw s.o., have it off with s.o. **Bumslokal** n F low dive

Bund[1] n bundle, Schlüssel, Radieschen etc: bunch

Bund[2] m 1. von Personen: union, (Band) bond: **~ der Ehe** union, bond of marriage 2. (Pakt) pact 3. POL alliance, (Staaten♀) federation: **der ~ a)** the Federal Government, **b) → Bundesrepublik, c)** F für **Bundeswehr** 4. (Verband) association, union

B

Bund³ m (Hosen♀ etc) waistband
Bündel n bundle **bündeln** v/t bundle up, ELEK bunch, OPT, PHYS focus
bündelweise Adv in bundles
Bundes... POL (German) Federal ..., German **~bahn** f österr., schweiz. Federal Railway(s Pl) **~bürger(in)** German citizen **♀deutsch** Adj German ~ebene f: **auf ~** on a national level **~gebiet** n Federal territory **~genosse** m, **~genossin** f ally **~gerichtshof** m Federal Supreme Court **~kanzler(in)** Chancellor, schweiz. head of the Federal Chancellery **~land** n (federal) state: **die alten Bundesländer** former West Germany, the old Laender; **die neuen Bundesländer** former East Germany, the new Laender **~liga** f SPORT Bundesliga, Federal league: **erste (zweite)** ~ First (Second) Division **~minister(in)** (German) Federal minister (**für** of) **~nachrichtendienst** m Federal Intelligence Service **~präsident(in)** President of the German Federal Republic, österr. (Federal) President, schweiz. President of the Federal Council **~rat** m Bundesrat, Upper House (of the Federal Parliament), schweiz. Swiss government, Council of Ministers **~regierung** f Federal Government **~republik** f **(Deutschland)** Federal Republic (of Germany) **~staat** m federal state, (Staatsform) (con)federation **~straße** f Federal road **~tag** m Bundestag, Lower House (of the German parliament) **~tagsabgeordnete** m, f member of the Bundestag **~tagspräsident(in)** speaker of the Bundestag **~trainer(in)** coach of the (German) national team **~verfassungsgericht** n Federal Constitutional Court **~wehr** f (German) Armed Forces Pl
bundesweit Adj u. Adv nationwide
Bundfaltenhose f pleated trousers Pl
bündig Adj Stil, Rede: concise, (genau) precise, (knapp) curt: → **kurz** 4
Bündnis n alliance: **~ für Arbeit** alliance for jobs **♀frei** Adj POL nonaligned **~partner(in)** ally
Bundweite f waist (size)
Bungalow m bungalow
Bungeejumping n bungee jumping
Bunker m MIL bunker (a. Kohlen♀, a. Golf), (Luftschutz♀) air-raid shelter

Bunsenbrenner m CHEM Bunsen burner
bunt Adj **1.** colo(u)rful (a. fig), multicolo(u)red, Glas: stained, (gefärbt) colo(u)red: → **Hund 2.** fig (~gewürfelt) chequered, Am checkered, motley, mixed, (abwechslungsreich) varied: **~er Abend** evening of entertainment, variety show; F Adv **er treibt es zu ~** he goes too far; **es ging ~ zu** things were pretty lively
Buntdruck m **1.** colo(u)r printing **2.** colo(u)r print **Buntstift** m crayon
Buntwäsche f colo(u)reds Pl
Bürde f a. fig burden
Burg f castle
Bürge m JUR guarantor (a. fig), bes Strafrecht: surety, weit. S. (Referenz) reference **bürgen** v/i **~ für** JUR stand surety for, weit. S. guarantee, vouch for
Bürger(in) citizen, (Einwohner) inhabitant, resident
Bürgerinitiative f POL citizens' action group, local pressure group
Bürgerkrieg m civil war
bürgerlich Adj **1.** middle-class, pej bourgeois: **~e Küche** home cooking **2.** (nichtadlig) untitled **3.** (staats~) civil, civic: **♀es Gesetzbuch** Civil Code; **~es Recht** civil law
Bürgerliche m, f commoner
Bürgermeister(in) mayor
bürgernah ad people-oriented, grass-roots (politician, politics, etc)
Bürgerpflicht f civic duty
Bürgerrecht n mst Pl civil rights Pl
Bürgerrechtler(in) civil rights activist
Bürgerrechtsbewegung f civil rights movement
Bürgerschaft f citizens Pl
Bürgersteig m pavement, Am sidewalk
Bürgertum n the middle classes Pl
Bürgin f → **Bürge**
Bürgschaft f JUR (Sicherheit) surety, guarantee (a. fig), im Strafrecht: bail: **~ leisten, die ~ übernehmen** stand surety, im Strafrecht: a) (Bürge: go bail, b) Angeklagter: give bail, c) **für e-n Wechsel** etc guarantee a bill etc
Burgund n Burgundy
Burgunder(wein) m burgundy
Büro n (**im ~** at the) office **~angestellte** m, f office employee (od worker, clerk) **~arbeit** f office work **~automation** f of-

fice automation **~bedarf** *m* office supplies *Pl* **~chef(in)** head clerk **~computer** *m* office computer, office PC **~gebäude** *n* office building
Bürohengst *m* F desk jockey
Büroklammer *f* paper clip
Bürokrat(in) bureaucrat **Bürokratie** *f* **1.** bureaucracy **2.** → ***Bürokratismus*** **bürokratisch** *Adj* bureaucratic(ally *Adv*) **Bürokratismus** *m* red tape
Büromaschine *f* office machine
Büromöbel *Pl* office furniture *Sg*
Büropersonal *n* office staff
Bürostunden *Pl*, **Bürozeit** *f* office hours *Pl*
Bursche *m* **1.** (*Junge*) boy, lad **2.** (*Kerl*) fellow, F guy: ***ein übler ~*** a bad egg
Burschenschaft *f* (students') fraternity
burschikos *Adj* tomboyish, (*unbekümmert*) casual
Bürste *f* brush (*a.* ELEK, TECH) **bürsten** *v/t* brush: ***sich die Haare ~*** brush one's hair **Bürstenschnitt** *m* crew cut
Bürzel *m* ZOOL rump, GASTR parson's nose
Bus *m* (*a.* IT) bus, (*Reise*2) coach: ***mit dem ~ fahren*** go by bus
Busbahnhof *m* bus terminal
Busch *m* **1.** bush (*a. Urwald*), (*Strauch*) shrub, (*Gehölz*) copse, thicket: F *fig* ***bei j-m auf den ~ klopfen*** sound s.o.; ***hinterm ~ halten mit*** be quiet about; ***etw ist im ~!*** there's s.th. going on! **2.** (*großer Strauß*) bunch
Büschel *n* **1.** bunch, (*Haar*2) tuft, wisp, (*Blüten*2 *etc*) cluster **2.** PHYS pencil, brush
buschig *Adj* bushy (*a. Haar*)
Buschwindröschen *n* wood anemone
Busen *m* breast(s *Pl*), bust, bosom (*a. fig*) **Busenfreund(in)** bosom friend
Busfahrer(in) bus driver
Busfahrt *f* bus ride, (*Reise*) coach tour
Bushaltestelle *f* bus stop **Buslinie** *f* bus route: ***die ~ 8*** (bus) number 8
Bussard *m* ZOOL buzzard
Buße *f* **1.** penance, (*Sühne*) atonement: ***~ tun*** → ***büßen*** **2.** JUR (*Strafe*) penalty, (*Geld*2) fine: ***zu e-r ~ von 100 Euro verurteilt werden*** be fined 100 euros
büßen *v/t u. v/i* (*Buße tun*) do penance: ***~ für*** atone for, *fig* pay (*od* suffer) for; ***das sollst du mir ~!*** you'll pay for that!
Büßer(in) penitent
busserln *v/t österr.* kiss
Bußgeld *n* fine **~bescheid** *m* notice of fine due **~katalog** *m* list of fines
Busspur *f* bus lane
Buß- und Bettag *m* Day of Prayer and Repentance
Büste *f* bust
Büstenhalter *m* brassière, F bra
Butan *n* CHEM butane
Butt *m* (*Fisch*) flounder
Bütte *f* tub, vat
Büttenpapier *n* handmade paper
Büttenrede *f* carnival speech
Butter *f* butter: F ***alles in ~!*** everything's okay! **~berg** *m* F *fig* butter mountain **~blume** *f* BOT buttercup **~brot** *n* (slice of) bread and butter: F ***für ein ~*** **a)** (*bekommen*) for a song, **b)** (*arbeiten*) for peanuts **~brotpapier** *n* greaseproof paper **~creme** *f* GASTR butter cream **~dose** *f* butter dish **~messer** *n* butter knife **~milch** *f* buttermilk
buttern I *v/t* **1.** (spread with) butter **2.** F ***Geld in etw ~*** sink money into s.th. **II** *v/i* **3.** make butter
butterweich *Adj a.* F *fig* very soft
Butzenscheibe *f* bull's-eye (pane)
Bypass *m* MED bypass
Byte *n* IT byte
bzw. *Abk* = ***beziehungsweise***

C

C, c *n a.* MUS C, c
Cabrio(let) *n* MOT convertible, *bes Am a.* cabriolet
Cadmium *n* CHEM cadmium
Café *n* café
Cafeteria *f* cafeteria
Callboy *m* male prostitute
Callgirl *n* call girl
Call-Center *n* call cent/er (*Br a.* -re)
campen *v/i* camp

Camper(in) camper

Camping|ausrüstung f camping gear **~bus** m camper, Am RV **~führer** m camping guide **~platz** m camping site, campsite **~tisch** m folding table

Campus n campus

canceln v/t (Flug etc) cancel

Cape n cape

Car|port m carport **~-Sharing** n car sharing

Cashewnuss f BOT cashew (nut)

Cäsium n CHEM c(a)esium

Casting n FILM, TV (Rollenbesetzung) casting

Catcher(in) all-in wrestler

CB-Funk m CB (= citizens' band) radio

CD f IT CD **CD-Brenner** m CD burner, CD writer **CD-Player** m CD player **CD-ROM** f CD-ROM **CD-ROM-Laufwerk** n CD-ROM drive **CD-Spieler** m CD player

C-Dur n MUS C major

Cellist(in) cellist **Cello** n cello

Celsius n celsius: 20 Grad **~** a. 20 degrees centigrade

Cembalo n harpsichord

Cent m cent (auch Eurocent)

Chalet n chalet

Chamäleon n ZOOL u. fig chameleon

Champagner m champagne

Champignon m (button) mushroom

Chance f chance, Pl (Aussichten) a. prospects Pl: **k-e ~, nicht die geringste ~** not a chance; **bei j-m ~n haben** stand a chance with s.o. **Chancengleichheit** f equal opportunities Pl

Chanson n chanson

Chaos n chaos **Chaot(in)** F chaotic person, POL violent anarchist, weit. S. yob **chaotisch** Adj chaotic(ally Adv)

Charakter m allg character, e-r Sache: a. nature: Gespräche etc **vertraulichen ~s** of a confidential nature **~darsteller(in)** THEAT character actor (actress)

Charaktereigenschaft f trait

Charakterfehler m weakness, flaw

charakterfest Adj of strong character

charakterisieren v/t 1. (kennzeichnen) characterize, mark 2. (beschreiben) describe (als as) **Charakterisierung** f 1. characterization 2. (Beschreibung) description **Charakteristik** f 1. characterization 2. MATHE, TECH characteristic **charakteristisch** Adj (für of) charac-

teristic, typical **charakterlich I** Adj of (one's) character, moral **II** Adv in character **charakterlos** Adj 1. unprincipled, weak 2. (nichtssagend) colo(u)rless **Charakterlosigkeit** f lack of character

Charakter|rolle f THEAT character part **~schwäche** f weakness (of character) **~stärke** f strength (of character) **2voll** Adj full of character, Gesicht etc: a. striking **~zug** m trait

Charge f 1. THEAT supporting part 2. METAL charge

Charisma n charisma **charismatisch** Adj charismatic(ally Adv)

charmant Adj charming

Charme m (s-n **~ spielen lassen** turn on the old) charm

Charta f POL charter

Charter m charter **~flug** m charter flight **~maschine** f charter plane

chartern v/t charter

Chassis n chassis

Chat m Internet: chat **~raum** m chat room **chatten** v/i chat

Chauffeur(in) driver, chauffeur

Chauvi m F male chauvinist (pig)

Chauvinismus m (männlicher **~** male) chauvinism **Chauvinist(in)** 1. chauvinist 2. → **Chauvi**

chauvinistisch Adj chauvinistic

checken v/t check

Checkliste f check list

Chef m 1. head, F boss 2. (Küchen2) chef **~arzt** m, **~ärztin** f senior consultant **~etage** f (in der **~** on the) executive floor **~ideologe** m, **~ideologin** f chief ideologue

Chefin f 1. → **Chef** 2. F the boss's wife

Chef

Obwohl man besonders in den USA das Wort **chief** (neben dem sehr geläufigen **boss**) salopp für einen Vorgesetzten, Abteilungsleiter bzw. Firmenchef verwendet, sollte man als „Nicht-Muttersprachler" den Gebrauch dieses Wortes im Sinne von „Chef" vermeiden, denn **chief** bezeichnet in erster Linie einen „Häuptling" (bei den Indianern etc). Nur in be-

stimmten Amtstiteln ist das Wort üblich, z. B. **Chief of Police** (Polizeipräsident), **Chief of Staff** (Generalstabschef). Ansonsten sollte man **boss** verwenden.

Chefredakteur(in) editor in chief
Chefsekretär(in) executive (*od* personal) assistant, *Am* executive (*od* private) secretary
Chemie *f* chemistry **Chemiefaser** *f* synthetic fibre (*Am* fiber) **Chemieindustrie** *f* chemicals industry
Chemikalien *Pl* chemicals *Pl*
Chemiker(in) (analytical) chemist
chemisch *Adj* chemical: **~e Reinigung** dry cleaning; *Adv* **etw ~ reinigen lassen** have s.th. dry-cleaned
Chemotechniker(in) laboratory technician
Chemotherapie *f* MED chemotherapy
Chester|käse *m* Cheshire (cheese)
Chicorée *m* BOT chicory
Chiffre *f* cipher, code, *e-r Anzeige*: box number **~anzeige** *f* box-number advertisement **~nummer** *f* box number
chiffrieren *v/t* (en)code
Chile *n* Chile
Chilene *m*, **Chilenin** *f*, **chilenisch** *Adj* Chilean
chillen *v/i* (*entspannen*) chill (out)
China *n* China
Chinakohl *m* Chinese leaves *Pl*
Chinese *m*, **Chinesin** *f*, **chinesisch** *Adj* Chinese
Chinin *n* quinine
Chintz *m* chintz
Chip *m* **1.** *a.* IT chip **2.** *Pl* GASTR crisps, *Am* potato chips *Pl*

△ **Chips**	≠	*Br* **chips**
Chips	=	crisps, *Am* potato chips
Br chips	=	Pommes frites

Chipkarte *f* chip card, smart card
Chirurg(in) surgeon **Chirurgie** *f* surgery **chirurgisch** *Adj* surgical
Chlor *n* CHEM chlorine **~gas** *n* chloric gas
Chlorid *n* CHEM chloride
Chloroform *n* MED chloroform

Chlorophyll *n* BOT chlorophyll
Choke *m* MOT choke
Cholera *f* MED cholera
cholerisch *Adj* choleric
Cholesterin *n* MED cholesterol **Cholesterinspiegel** *m* MED cholesterol level
Chor *m* choir (*a.* ARCHI), (**~gesang**) chorus (*a.* THEAT): *fig* **im ~** in chorus
Choral *m* hymn, chorale
Choreograph(in) choreographer
Choreographie *f* choreography
Chor|gesang *m* choral singing (*od* music) **~gestühl** *n* (choir) stalls *Pl* **~knabe** *m* choirboy **~sänger(in)** *f* chorister
Christ... → **Weihnachts...**
Christ(in) Christian **Christenheit** *f* Christendom **Christentum** *n* Christianity **Christkind** *n* **1.** infant Jesus **2.** F Father Christmas, Santa Claus
christlich *Adj* (*Adv* like a) Christian
Chrom *n* chromium, METAL *a.* chrome
chromatisch *Adj* MUS chromatic
Chromosom *n* chromosome
Chronik *f* chronicle
chronisch *Adj* MED *u. fig* chronic(ally *Adv*)
Chronist(in) chronicler
Chronologie *f* chronology
chronologisch *Adj* chronological
circa *Adv* about, approximately
City *f* city (*od* town) centre, *Am* downtown

△ **City**	≠	**city**
City	=	city centre, *Am* downtown
city	=	(Groß)Stadt
the City	=	*die* Londoner City (= Bankenviertel)

Clique *f* clique, F crowd
Clou *m* high spot, (*Höhepunkt*) climax, (*Pointe*) point
Clown *m* clown (*a. fig*)
Cockpit *n* cockpit, FLUG *a.* flight deck
Cocktail *m* cocktail **~kleid** *n* cocktail dress **~party** *f* cocktail party **~tomate** *f* cocktail tomato
Code *m* code **codieren** *v/t* (en)code
Codierung *f* (en)coding
Cola *f* Coke®

C

Computer *m* computer **Computerarbeitsplatz** *m* work station **computergesteuert** *Adj* computer-controlled
computergestützt *Adj* computerized,
computer-controlled **Computergrafik**
f computer graphics *Pl*

Rund um den Computer

abbrechen	**abort, cancel**
abspeichern	**save**
abstürzen	**crash**
anklicken	**click (on)**
Ausdruck	**printout**
Befehl	**command**
Bildschirm	**monitor, screen**
Bildschirmschoner	**screen saver**
booten	**boot up**
CD-ROM	**CD-ROM**
CD-ROM-Laufwerk	**CD-ROM drive**
Datei	**file**
Diskette	**diskette, floppy (disk)**
Diskettenlaufwerk	**disk drive**
Drucker	**printer**
entfernen	**delete**
Fenster	**window**
Festplatte	**hard disk**
formatieren	**format**
Laufwerk	**drive**
Lautsprecher	**speaker**
Maus	**mouse**
Mauspad	**mouse mat, mousepad**
Menüleiste	**menu bar**
Modem	**modem**
Ordner	**folder**
Pfad	**path**
Schnittstelle	**interface**
Sicherungskopie	**backup (copy)**
Softwarepaket	**software package**
Sonderzeichen	**symbol**
Soundkarte	**sound card**
Speicher	**memory**
speichern	**save (auf to)**
Statuszeile	**status bar**
Symbolleiste	**toolbar**
Tastatur	**keyboard**
Treiber	**driver**
Zeichen	**character**
Zwischenablage	**clipboard**

computerisieren *v/t* computerize
Computer|programm *n* computer program **~spiel** *n* computer game **~tomographie** *f* computer(ized) axial tomography **2unterstützt** *Adj* computer-
-aided, computer-assisted **~virus** *m*
computer virus
Container *m* container
Containerschiff *n* container ship
Contergankind *n* F thalidomide child
cool *Adj sl* (*gefasst*) cool, laid-back: **~
bleiben** stay cool
Cookie *n* IT cookie
Cooldown *n* SPORT cool-down
Copyshop *m* copy shop
Couch *f* couch **~garnitur** *f* three-piece
suite **~tisch** *m* coffee table
Coup *m* coup
Coupé *n* MOT coupé
Coupon *m* coupon, *im Scheckbuch*:
counterfoil
Courage *f* F courage, pluck
couragiert *Adj* F courageous, plucky
Courtage *f* WIRTSCH commission, broker's fee
Cousin *m* (male) cousin; → *Kusine*
Crashkurs *m* crash course
Creme *f* cream, GASTR crème **2farben**
Adj cream-colo(u)red **~speise** *f* crème
Cremetorte *f* cream gateau
Creutzfeldt-Jakob-Krankheit *f* MED
Creutzfeldt-Jakob disease, CJD
Cup *m* SPORT cup
Cupfinale *n* cup final
Curry *n* **1.** curry **2.** curry powder **~wurst**
f curried (*od* grilled) sausage
Cursor *m* COMPUTER cursor
Cutter(in) *m* FILM *etc* editor, cutter
Cyber|café *n* IT cybercafé **~freak** *m* IT
cyberfreak **~geld** *n* IT cybermoney
~space *m* IT cyberspace

D

D, d *n* D, d, MUS D

da I *Adv* **1.** *(dort)* there, *(hier)* here: **der (die, das)** *...* ~ that ... (there); ~ **und dort** here and there; **er ist** ~ he's here, he has arrived; ~ **kommt sie** here she comes; ~ **liegt die Schwierigkeit** that's the difficulty; ~ **(hast du)!** there you are!; ~ **sein** be there, *(existieren)* exist, *(anwesend sein)* be present; **bist du noch** ~? are you still here?; **ist kein Brot** ~? is there any bread left?; **ich bin gleich wieder** ~! I'll be right back!; **ist j-d** ~ **gewesen?** has anyone been?; *fig* **noch nie** ~ **gewesen** unprecedented, unheard-of, **b)** F **(voll)** ~ **sein** geistig: be all there, *(in Form sein)* be in great shape, *(bei Bewusstsein)* be conscious **2.** *zeitlich:* then, at that time: ~ **erst** only then; **hier und** ~ now and then **3.** **sieh** ~! look (at that)!; ~ **haben wir's!** there (you are)!; **nichts** ~! nothing doing! **4.** *(in diesem Falle)* there, here, in that case: ~ **bin ich Ihrer Meinung** I do agree with you there (of here); **was kann man** ~ **machen?** what's to be done?; **was gibts denn** ~ **zu lachen?** what's so funny about it?; **und** ~ **zögerst du noch?** and you still hesitate? **II** *Konj* **5.** as, since, because

dabei I *Adv* **1.** *(in der Nähe)* near, near by, close by: **ein Brief war nicht** ~ there was no letter (with it) **2.** ~ **sein, etw zu tun** be about to do, be on the point of doing **3.** *(gleichzeitig)* at the same time: **sie strickte und hörte Radio** ~ while knitting she listened to the radio **4.** *(außerdem)* as well, into the bargain **5.** *(obwohl)* yet, nevertheless **6.** *(bei diesem Anlass)* on the occasion, *(dadurch)* as a result: ~ **gab es Streit** this led to a quarrel; **alle** ~ **entstehenden Kosten** all costs incurred; **es kommt nichts** ~ **heraus** nothing will come of it **7.** *(anwesend)* present, there; ~ **sein** be present, be there, take part, *(mit ansehen)* be a witness: *fig* **ich bin** ~ count me in; → **bleiben** 3 **8. ich dachte mir nichts** ~ **bei eigenen Worten** *etc:* I meant no harm, *bei Worten etc anderer:*

I paid no particular attention to it; **es ist nichts** ~! *(es ist leicht)* there's nothing to it!, *(es ist harmlos)* there's no harm in it!; **was ist schon** ~? what of it?; **lassen wir es** ~! let's leave it at that!; **was soll ich** ~ **tun?** where do I come into the picture? **II** *Konj* **9.** but, (and) yet

dabeibleiben *v/i* stay (od remain) with it, them *etc;* → *a.* **bleiben** 3

dabeihaben *v/t* F have *s.o., s.th.* there: **ich habe kein Geld dabei** I have no money on me

dabeistehen *v/i* stand by

dableiben *v/i* remain, stay

Dach *n allg* roof, MOT *a.* top, *fig a.* shelter: **unter** ~ **und Fach bringen a)** shelter, **b)** *fig* complete; F *fig* **eins aufs** ~ **kriegen** get it in the neck

Dach|boden *m* loft **~decker(in)** *m* roofer **~fenster** *n* dormer (window) **~first** *m* ridge (of a roof) **~garten** *m* roof garden **~gepäckträger** *m* MOT roof rack **~geschoss** *n* attic stor(e)y, loft **~gesellschaft** *f* WIRTSCH holding company **~kammer** *f* attic, garret **~luke** *f* skylight **~pappe** *f* roofing (felt) **~rinne** *f* gutter, eaves *Pl*

Dachs *m* ZOOL badger

Dach|stuhl *m* roof truss, *aus Holz:* timbering **~terrasse** *f* roof terrace **~verband** *m* WIRTSCH umbrella organization **~wohnung** *f* attic flat **~ziegel** *m* (roofing) tile

Dackel *m* ZOOL dachshund

dadurch I *Adv* **1.** *örtlich:* through it (od there), that way **2.** *(auf diese Weise)* by it, *(deswegen)* because of that: **alle** ~ **verursachten Schäden** all damages caused thereby; **sie verschlief und kam** ~ **zu spät** she overslept, and so (od that's why) she was late **II** *Konj* **3.** ~, **dass es regnete** because of (od owing to) the rain **4.** ~, **dass ich weniger trinke** by drinking less

dafür I *Adv* **1.** for it (them, this, *etc)* **2.** *(stattdessen)* in return (for it), instead (of it) **3.** ~ **sein** be for it, be in favo(u)r of it; **ich bin** ~ **zu bleiben** I'm for staying; **ich bin sehr** ~! I'm all for it!; PARL

die Mehrheit ist ~ the ayes have it; →
sprechen I 4. F **ich kann nichts** ~ it's
not my fault 5. ~ **wirst du ja bezahlt**
that's what you are paid for II *Konj*
6. **er wurde** ~ **bestraft, dass er gelo-
gen hatte** he was punished for lying
7. ~ **sorgen, dass** see to it that 8.
(*als Ausgleich*) but (then): **sie arbeiten
langsam,** ~ **aber sorgfältig** they are
slow but diligent **Dafürhalten** *n nach
m-m etc* ~ in my *etc* opinion, I *etc* say
see it

dagegen I *Adv* 1. *allg* against it (*od
that*): ~ **hilft Wärme** warmth is good
for it; ~ **hilft nichts** there is no remedy
(for it), *weit. S.* it can't be helped; ~ **sein**
be against (*od* opposed to) it; **ich bin~,
dass du allein gehst** I'm against
you(r) going alone; **haben Sie etw** ~,
wenn ich rauche? do you mind if I
smoke (*od* my smoking)?; **ich habe
nichts** ~ I don't mind 2. (*verglichen
mit*) by (*od* in) comparison, compared
with 3. (*im Austausch*) in exchange
(for it) II *Konj* 4. (*jedoch*) but, however,
on the other hand, (*während*) whereas,
while

dagegen|halten → **einwenden** ~**spre-
chen** *v/i fig* speak against it ~**stellen**
v/refl **sich** ~ *fig* oppose it

daheim *Dialekt* I *Adv* at home, (*in der
Heimat*) back home II 2 *n* home

daher I *Adv* 1. from there 2. *a.* **von** ~
(*deshalb*) therefore; ~ **kommt es, dass**
that's why (*od* how); ~ **ihr Misstrauen**
hence her suspicion II *Konj* 3. *a.* **von** ~
(*deshalb*) that's why, (and) so

dahergelaufen *Adj* F *pej* **jeder** ~**e Kerl**
any guy who hangs along

dahin I *Adv* 1. there: **auf dem Weg** ~ on
the way there; **ist es noch weit bis** ~?
is it much farther? 2. *zeitlich*: **bis** ~ **a)**
until then, till then, **b)** by then; **bis** ~
bin ich fertig I'll be finished by then
3. ~ **gehend, dass** to the effect that;
sich ~ **gehend äußern** (**einigen**)**, dass**
say (agree) that 4. **es** ~ (*soweit*) **brin-
gen, dass** bring matters to the stage
where; **j-n** ~ **bringen, dass** bring s.o.
to the point of *Ger* II *Adj* 5. gone, lost

dahingehen *v/i* pass

dahingestellt *Adj* **etw** ~ **sein lassen**
leave it open as to whether; **das bleibt**
~ that remains to be seen

dahinten *Adv* back there

dahinter *Adv* behind it *etc*, at the back
(of him *etc*), *Am* back of him *etc*; *fig* **es
ist nichts** ~ there's nothing behind it; F
sich ~ **klemmen** buckle down (to it); F
~ **kommen** find out (about it); *fig* ~
stecken be behind it, be at the bottom
of it: **es steckt mehr** ~ there's more to
it than meets the eye

dahin|vegetieren *v/i* vegetate ~**ziehen**
v/i move (*Wolken*: drift) along

Dahlie *f* BOT dahlia

dalassen *v/t* F leave

daliegen *v/i* lie (there)

dalli *Adv* F ~**,** ~**!, mach** ~**!** get a move on!

Dalmatiner *m* ZOOL Dalmatian

damalig *Adj* then, *nachgestellt*: at that
time: **in der** ~**en Zeit** → **damals** *Adv*
then, in those days: **die Leute** (**von**) ~
the people of that time

Damast *m* damask

Dame *f* 1. lady, *beim Tanzen*: partner: ~
des Hauses hostess; *m-e* ~**n und Her-
ren!** ladies and gentlemen! 2. a)
(~*spiel*) draughts (*Am* checkers) *Sg*,
b) (~*stein*) king, c) *Schach etc*: queen

Damebrett *n* draughtboard, *Am* check-
erboard

Damen|binde *f* sanitary towel (*Am*
napkin) ~**doppel(spiel)** *n Tennis*: the
women's doubles *Pl* ~**einzel(spiel)** *n
Tennis*: the women's singles *Pl* ~**fahrrad**
n lady's bicycle ~**friseur(in)** ladies'
hairdresser ~**fußball** *m* women's foot-
ball (*od* soccer)

damenhaft *Adj* ladylike

Damen|konfektion *f* ladies' ready-
-made (*Am* ready-to-wear) clothing
~**mannschaft** *f* SPORT women's team
~**schneider(in)** dressmaker ~**toilette** *f*
ladies' toilet (*Am* restroom) ~**unterwä-
sche** *f* ladies' underwear, *feine*: lin-
gerie ~**wahl** *f* ladies' choice

Damespiel *n* → **Dame** 2 a

damit I *Adv* (*od* them, *betont*:
that, those), (*mittels*) by it, with it:
ich bin ~ **fertig** I've finished with it;
was willst du ~? what do you want
it for?; **was soll ich** ~? what am I sup-
posed to do with it?; **was willst du** ~
sagen? what are you trying to say?;
~ **ist der Fall erledigt** so much for that;
F ~ **ist es nichts!** it's no go! II *Konj* so
that: ~ **nichts passiert** lest anything

should happen; *ich bringe es mit, ~ du es dir ansehen kannst* I'll bring it (here) for you to look at

dämlich *Adj* F stupid, silly

Damm *m* **1.** bank, (*Deich*) dike, (*Stau2*) dam, (*Bahn2*) embankment, (*Fahr2*) roadway: F fig *ich bin nicht auf dem ~* I don't feel well; *sie ist wieder auf dem ~* she's fit again **2.** ANAT perineum

dämm(e)rig *Adj* dusky, *Beleuchtung*: faint, dim **Dämmerlicht** *n* twilight

dämmern I *v/unpers* **es dämmert** a) *morgens*: it is getting light (*abends*: dark), **b)** F *fig* (*bei*) *j-m* it's beginning to dawn on s.o. **II** *v/i* **vor sich hin ~** doze, be half asleep **Dämmerung** *f* (*Morgen2*) dawn, (*Abend2*) dusk, (*a. Halbdunkel*) twilight: *in der ~* a) at dawn, **b)** at dusk, at nightfall

Dämmung *f* TECH insulation

Dämon *m* demon

dämonisch *Adj* demoniac(al)

Dampf *m* (*Wasser2*) steam, (*Dunst*) vapo(u)r, *aggressiver*: fume: F *fig ~ ablassen* let off steam; ~ *dahinter machen* put on steam; *j-m ~ machen* make s.o. get a move on **~bad** *n* steam bath **~bügeleisen** *n* steam iron

dampfen *v/i* steam

dämpfen *v/t* **1.** GASTR, TECH steam **2.** (*Schall*) deaden, silence, (*Stimme*) lower, (*Ton*) muffle, (*Trompete etc*) mute, (*Stoß etc*) cushion, absorb, (*Farbe, Licht etc*) soften: → *gedämpft* **3.** *fig* (*mäßigen*) restrain, (*Gefühle*) subdue, (*Stimmung*) put a damper on

Dampfer *m* steamer

Dämpfer *m allg* damper (*a. fig*), MUS *a.* mute: F *fig e-n ~ bekommen* to damp(en)ed; (*Dat*) *e-n ~ aufsetzen* put a damper on

Dampf|kessel *m* steam boiler **~kochtopf** *m* pressure cooker **~maschine** *f* steam engine **~reiniger** *m* steam cleaner **~schiff** *n* steamship **~walze** *f a. fig* steamroller

Damwild *n* ZOOL fallow deer

danach *Adv* **1.** *zeitlich*: after (that), afterward(s), (*später*) later on: *bald ~* soon after **2.** *Reihenfolge*: then, next, behind (*od* after) him *etc* **3.** (*gemäß*) according to it, (*entsprechend*) accordingly: F *das Essen war billig, aber es war auch ~* but it tasted like it, too;

mir ist nicht ~ I don't feel like it **4.** *~ fragen* ask for it; *sich ~ sehnen zu Inf* long to *Inf*; *sich ~ erkundigen* inquire about it

Däne *m* Dane

daneben *Adv* **1.** beside (*od* next to) it (*od* them): *im Haus ~* next door **2.** *a. Konj* (*außerdem*) besides, (*gleichzeitig*) at the same time **3.** (*im Vergleich*) beside it (*od* them *etc*), in comparison **4.** (*vorbei*) off the mark: *~!* missed!

daneben|benehmen *v/refl sich ~* F behave badly **~gehen** *v/i* **1.** *Schuss etc*: miss **2.** F *fig* misfire, go wrong **~greifen** *v/i* **1.** MUS strike a wrong (*fig* false) note **2.** *beim Fangen*: miss **3.** F *fig bei e-r Prognose etc*: be wide of the mark

daneben|schießen *v/i* miss **~treffen** *v/i* miss

Dänemark *n* Denmark

Dänin *f* Dane **dänisch** *Adj* Danish

dank *Präp* (*Gen, Dat*) *a. iron* thanks to

Dank *m* thanks *Pl*, (*~barkeit*) gratitude, (*Lohn*) reward: *vielen* (*od herzlichen, besten, schönen*) *~!* many thanks!, thank you very much!; *als ~, zum ~* by way of thanks; *j-m s-n ~ abstatten* extend (*od* express) one's thanks to s.o.; *j-m ~ schulden* owe s.o. a debt of gratitude; *das ist der* (*ganze*) *~!* that's gratitude for you!; → *Gott*

dankbar *Adj* **1.** grateful (*j-m für etw* to s.o. for s.th.), *Publikum*: appreciative: *ich wäre Ihnen ~, wenn Sie kämen* I'd be much obliged if you came **2.** (*lohnend*) rewarding **3.** F *fig Material etc*: hard-wearing **Dankbarkeit** *f* (*aus ~* out of) gratitude (*für* for)

danken I *v/i* **1.** thank (*j-m für etw* s.o. for s.th.): *danke* (*schön*)*!* (many) thanks!, thank you (very much)!; (*nein*) *danke!* no, thank you!, no, thanks!; *nichts zu ~* you are welcome; *wie kann ich Ihnen nur ~?* how can I begin to thank you?; F *na, ich danke!* thank you for nothing! **2.** (*ablehnen*) decline **II** *v/t* **3.** *j-m etw ~* reward s.o. for s.th. **4.** → *verdanken*

dankenswerterweise *Adv* **1.** kindly **2.** *fig* commendably

Dankesbrief *m* thank-you letter

Dankeschön *n* thank-you

Dankesworte *Pl* words *Pl* of thanks

Dankgebet *n* thanksgiving (prayer)

Dankschreiben *n* letter of thanks

dann I *Adv* **1.** then, after that: *~ und*

wann every now and then; *was passierte ~?* what happened next?; F *bis ~!* see you (later)! **2.** (*in diesem Fall*) then, in that case **II** *Konj* **3.** F (well) then, so: *~ eben nicht!* all right, forget it!

daran *Adv* **1.** at (*od* on, in, to) it (*od* that): *es waren k-e Knöpfe ~* there were no buttons on it; *halt dich ~ fest!* hold on to it!; *nahe ~* close to it; *fig ich habe ihn nicht geschlagen, aber ich war nahe ~* but I nearly did; → *nahe* II 2. *~ anschließend, im Anschluss ~* afterward(s) **3.** *es ist nicht ~ zu denken* it's out of the question; *ich glaube nicht ~* I don't believe it; *es ist etw (nichts) ~* there's s.th. (nothing) in it; *es liegt mir viel ~* it's very important to me; *~ ist kein wahres Wort* there's not a word of truth in it; *man wird nicht ~ sterben* you don't die of it; *du tust gut ~ zu gehen* you are wise to go; *das Schönste ~ war* the best thing about it was; → *liegen*

daran|gehen *v/i* get down to it: *~, etw zu tun* get down to doing s.th. **~machen** *v/refl* **sich ~** F → *darangehen*

daransetzen *v/t alles ~, um zu Inf* spare no effort to *Inf*

darauf *Adv* **1.** *räumlich:* on it *etc*, on top of it **2.** *zeitlich:* after (that), then: *bald ~* soon after; *e-e Woche ~* a week later **3.** *fig ich freue mich ~* I'm looking forward to it; *~ wollen wir trinken!* let's drink to that!; *sie ging direkt ~ zu* she went straight for it; *~ steht Gefängnis* there is a prison penalty for that; *~ bin ich stolz* I'm proud of it; *wie kommt er nur ~?* whatever makes him think of that?; *ich komme nicht ~* (F *drauf*) I can't think of it!

daraufhin *Adv* **1.** as a result, consequently **2.** (*danach*) after that **3.** etw *~ prüfen, ob* examine s.th. to see if

daraus *Adv* **1.** from it *etc*: *~ lernen* (*vorlesen*) learn (read) from it **2.** *etc*: *was ist ~ geworden?* what has become of it?; *~ wird nichts!* F nothing doing! **3.** for it *etc*: *ich mache mir nichts ~* **a)** I don't care for it, **b)** (*es stört mich nicht*) that doesn't worry me (a bit)

darben *v/i* suffer want, (*hungern*) starve

darbieten *v/t* **1.** present (*sich* itself) **2.** (*aufführen*) perform **Darbietung** *f* **1.**

presentation **2.** THEAT *etc* performance

darbringen *v/t* (*Dat* to) present, give

darin *Adv* **1.** in it *etc*: *was ist ~?* what's in it (*od* inside)? **2.** there, in this (respect): *~ irren Sie sich!* there you are mistaken!; *~ liegt der Unterschied* that's the difference **3.** at it, at that: *~ ist er sehr gut* he is very good at that

darlegen *v/t* show, state: *j-m etw ~* explain s.th. to s.o. **Darlegung** *f* explanation, (*Aussage*) statement

Darlehen *n* loan (*bank*, contract, etc): *ein ~ aufnehmen* raise (*od* take up) a loan

Darlehens... loan (*bank*, contract, etc)

Darm *m* **1.** ANAT bowel(s *Pl*), intestine(s *Pl*), gut('s *Pl*): *den ~ entleeren* evacuate the bowels, defecate **2.** (*Wurst2*) (sausage) skin **~entleerung** *f* defecation **~flora** *f* intestinal flora **~geschwür** *n* intestinal ulcer **~grippe** *f* gastroenteric influenza **~krebs** *m* cancer of the intestine, bowel cancer **~saite** *f* catgut (string) **~spiegelung** *f* enteroscopy **~trägheit** *f* constipation **~verschluss** *m* ileus

darstellen *v/t* **1.** *allg* represent, (*beschreiben*) describe (*a.* MATHE), portray, (*zeigen*) show, (*ausdrücken*) express, (*bedeuten*) constitute, mean: *falsch ~* misrepresent; *was soll das ~?* what's that supposed to be?; *e-e Belastung ~* be a burden **2.** THEAT *etc* act, play, *weit. S.* interpret: F *fig er stellt etw dar* he is really somebody **3.** CHEM prepare **4.** COMPUTER display **darstellend** *Adj* **1.** *~e Geometrie* descriptive geometry **2.** → *Kunst* **1 Darsteller** *m* player, actor: *der ~ des Faust* the actor playing Faust **Darstellerin** *f* actress, player

darstellerisch *Adj* acting: *s-e ~e Leistung* his performance (*od* acting)

Darstellung *f* **1.** representation, description, (*Bericht*) account: *grafische ~* graph, diagram **2.** THEAT *etc* acting, performance, *weit. S.* interpretation **3.** CHEM preparation

darüber *Adv* **1.** *räumlich:* over it (*od* that) (*a. zeitlich*), above it *etc*: *das Zimmer ~* the room above; *ich bin ~ eingeschlafen* I fell asleep over it **2.** (*mehr*) more **3.** *~ hinaus* **a)** beyond it *etc*, **b)** fig over and above that, (*außerdem*) moreover; *fig er ist ~ hinaus* he is past (all)

that **4.** fig (über e-e Sache) about it (od that), (über ein Thema) on that, on it: **ich freue mich ~** I'm glad about it; **~ vergisst er alle s-e Sorgen** that takes his mind off his problems; **~ kam sie nicht hinweg** she didn't get over it; fig **~ stehen** be above it

darum Adv **1.** räumlich: (a)round it etc **2. ich bat ihn ~** I asked him: **a)** for it, **b)** to do it; **~ geht es nicht!** that's not the point! **3. → deshalb**

darunter Adv **1.** räumlich: under it etc, underneath: **das Zimmer ~** the room below; **~ trug sie ...** underneath she was wearing ...; fig **~ fallen** come under (a law etc); fig **~ liegen** be below (standard); **s-n Namen ~ setzen** put one's name (od sig-nature) to it **2.** (weniger) less, under: **F ~ tut er es nicht** he won't do it for less **3.** (dabei) among them, (einschließlich) including **4. ~ leiden, dass** suffer from Ger; **was verstehst man ~?** what do you understand by it?; **~ kann ich mir nichts vorstellen** that doesn't mean anything to me

Darwinismus m Darwinism

das I bestimmter Artikel the: **~ Buch des Monats** the book of the month **II** Demonstrativpron this (one), that (one): **~ war sie!** that was her!; **~ sind s-e Bücher** those are his books; **~ ist es ja (gerade)!** that's the point!; **nur ~ nicht!** anything but that! **III** Relativpron which: **~ Geschäft, ~ ich meine** the shop (which) I'm talking of **IV** Personalpron F für **es**

da sein v/i → **da** I 1

Dasein n (**der Kampf ums ~** the struggle for) existence

dasitzen v/i sit there: fig **ohne Geld ~** be left without a penny

dass Konj that: **so ~** so that; **es sei denn, ~** unless; **ohne ~** without Ger; **ich weiß, ~ ich recht habe** I know I'm right; **er entschuldigte sich, ~ er zu spät kam** he apologized for being late; **nicht, ~ ich wüsste** not that I know of; **es ist lange her, ~ ich sie gesehen habe** it's a long time since I saw her; F **~ du ja hingehst!** be sure to go!

dastehen v/i stand there: **mittellos ~** be penniless; F **wie stehe ich jetzt da!** what a fool I look now!

Date n (Termin, Partner) date

Datei f (data) file **Dateienverzeichnis** n directory **Dateiname** m file name

Daten Pl data Pl, facts Pl, (Personal2) particulars Pl; **~ verarbeitend** data-processing **~ausgabe** f IT data output **~austausch** m IT data exchange, data interchange **~autobahn** f IT information highway **~bank** f IT data bank **~bestand** m IT database **~bit** n IT data bit **~eingabe** f IT data input **~erfassung** f IT data collection **~format** n IT data format **~komprimierung** f IT data compression **~missbrauch** m data abuse **~netz** n data network **~pflege** f data management **~satz** m (data) record **~schutz** m data protection **~schutzbeauftragte** m, f data protection commissioner **~speicher** m data memory **~speicherung** f data storage **~träger** m IT data medium **~übertragung** f IT data transfer (od communications) **~verarbeitung** f data processing **~verbund** m data network

datieren v/t u. v/i date (**von, aus** from)

Dativ m dative (case) **Dativobjekt** n dative (od indirect) object

Datscha f dacha

Dattel f BOT date

Datum n date: **ohne ~** undated; **welches ~ haben wir heute?** what's the date today?; **neueren ~s** of recent date

Datumsangabe

Im amerikanischen Englisch wird das Datum in einem Brief auf eine Weise geschrieben, die für Deutschsprachige sehr verwirrend sein kann. Den **11. Oktober 2001** z. B. schreibt man oft folgendermaßen: **10/11/2001**, d.h. der **Monat** wird zuerst genannt, dann der Tag, dann das Jahr. Oft wird auch das **Jahr** zuerst genannt, dann der Monat und dann der Tag: **2001/10/11** oder **2001-10-11**. Das kann leicht zu Verwechslungen führen (11. Oktober oder 10. November?). Deshalb ist es ratsam, besonders bei wichigen Verabredungen und Terminabsprachen –

sich darauf zu einigen, den Monatsnamen auszuschreiben bzw. die übliche Kurzform dafür zu wählen, also: **11 October 2001** oder **11 Oct 2001**.

Datums|grenze f GEOG date line **~stempel** m date stamp, (*Gerät*) dater
Dauer f duration (*a.* LING, MUS), period (of time), *bes,* JUR term, (*Länge*) length: **von ~** lasting; **von kurzer** (*od nicht von*) **~ sein** be short-lived, not to last long; **auf die ~** in the long run; **der Lärm ist auf die ~ unerträglich** you can't stand the noise for long; **das kann auf die ~ nicht so weitergehen** that can't go on indefinitely; **für die ~ von** (*od Gen*) for the duration of; **für die ~ von zwei Jahren** for a period of two years
Dauer|arbeitslose m, f long-term unemployed person **~arbeitslosigkeit** f chronic unemployment **~auftrag** m WIRTSCH standing order **~belastung** f **1.** TECH continuous load **2.** *fig* permanent stress **~beschäftigung** f permanent job
Dauerbrenner m F long-running success (*od hit*)
Dauergast m permanent guest
dauerhaft *Adj allg* durable, (*beständig*) *a.* permanent, lasting, (*haltbar*) *a.* hard-wearing, solid: **~ sein** *a.* wear well **Dauerhaftigkeit** f durability
Dauerkarte f season ticket **Dauerlauf** m SPORT jogging: **im ~** at a jog (trot)
Dauerlutscher m F lollipop
dauern v/i last, go on, (*Zeit* ~) take: **zwei Stunden ~** take two hours; **wie lange dauert es denn noch?** How much longer will it take?; **es wird lange ~, bis** it will be a long time before; **das dauert mir zu lange!** that's too long for me! **dauernd I** *Adj* constant: **~er Wohnsitz** permanent residence **II** *Adv* constantly; **er tun** keep doing; **er kommt ~ zu spät** he is always late; **das passiert ~** that happens all the time
Dauer|parker(in) long-term parker **~regen** m continuous rain **~stellung** f permanent post **~welle** f (**~n haben** F have a) perm **~zustand** m **zum ~ werden** become permanent (*pej* chronic)
Daumen m thumb: **am ~ lutschen** suck one's thumb; F **j-m die ~ drücken** keep one's fingers crossed for s.o.; (*die*) **~ drehen** twiddle one's thumbs; **über den ~ gepeilt** at a rough estimate
Daumennagel m thumbnail
Daunen *Pl* down *Sg* **~decke** f eiderdown

davon *Adv* **1.** *räumlich:* **das Dorf liegt nicht weit ~** (*entfernt*) the village is not far away (*od* from it); **~ zweigt ein Weg ab** a path branches off it **2.** (*dadurch*) **ich wachte ~ auf** I was awakened by it; **~ wird man dick** that makes you fat; F **das kommt ~!** that'll teach you!; **was habe ich ~?** what do I get out of it? **3. hast du schon ~ gehört?** have you heard about it yet?; **genug ~!** enough of that! **4. auf und ~** up and away
davon|fliegen v/i fly off, fly away **~jagen** v/t chase away **~kommen** v/i get away, get off, escape: **mit dem Leben ~** survive; → **Schreck ~laufen** v/i run away **~machen** v/refl **sich ~** F make off, beat it **~stehlen** v/refl **sich ~** steal away **~tragen** v/t **1.** *a. fig* carry off: → **Sieg 2.** (*Verletzung*) sustain, (*Krankheit*) get, catch
davonziehen v/i move away (*od* off): SPORT **j-m ~** pull away from s.o.
davor *Adv* **1.** before (*od* in front of) in *etc:* **mit e-m Garten ~** with a garden in front **2.** *zeitlich:* before that **3. ~ habe ich Angst** I'm afraid of that; **ich habe ihn ~ gewarnt** I warned him of it
dazu *Adv* **1.** (*zusätzlich*) in addition to it, besides: **sie sang und spielte ~ Gitarre** she sang and accompanied herself on the guitar; **möchten Sie Reis ~?** would you like rice with it?; **und sie ist noch ~ hübsch** and she is pretty into the bargain **2.** (*zu diesem Zweck*) for it, for that purpose: **~ ist er (es) ja da!** that's what he (it) is there for! **3. wie ist es ~ gekommen?** how did that come about?; **~ darf es nicht kommen** that must not happen; **ich kam nie ~** I never got (a)round to it; F **wie komme ich ~?** why on earth should I?
dazu|gehören v/i belong to it *etc*; → *a.* **gehören ~gehörig** *Adj* belonging to it (*od* them) **~kommen** v/i **1.** (*gerade ~*

D

happen to) come along (*als* when) **2.** join s.o., *Sache*: be added **~lernen** v/t u. v/i learn (*s.th.* new)

dazutun I v/t F add II **⚲** n *ohne sein etc* **⚲** without his *etc* help

dazwischen *Adv* between (them), in between (*a. zeitlich*), (*darunter*) among them **~fahren** v/i step in, interfere, *im Gespräch*: interrupt **~kommen** v/i intervene: *wenn nichts dazwischenkommt* if all goes well **~liegen** v/i *Zeit*: intervene **~reden** v/i *j-m* **~** interrupt s.o. **~rufen** v/t u. v/i shout

dazwischentreten v/i intervene

DD-Diskette f double density disk

Deal m F deal

dealen v/i push (*mit etw* s.th.)

Dealer(in) dealer

Debakel n débâcle, fiasco

Debatte f a. PARL debate: *zur* **~** *stehen* be under discussion; *das steht nicht zur* **~** that's not the issue

debattieren v/t u. v/i (*über e-e Sache* s.th.) debate, discuss

Debet n WIRTSCH debit **Debetsaldo** m debit balance **Debetseite** f debit side

debil *Adj* MED feebleminded

Debüt n debut: *sein* **~** *geben* → **debütieren** v/i make one's debut

dechiffrieren v/t decipher, decode

Deck n SCHIFF (*an* **~**, *auf* **~** on) deck

Deckbett n feather quilt

Deckchen n doily

Decke f **1.** (*Woll* **⚲**) blanket, (*Bett* **⚲**) (bed)cover, (*Tisch* **⚲**) (table)cloth: F *mit j-m unter einer* **~** *stecken* be in league with s.o.; *fig sich nach der* **~** *strecken* cut one's coat according to one's cloth **2.** (*Zimmer* **⚲**) ceiling: F *fig* (*vor Freude*) *an die* **~** *springen* jump with joy; (*vor Wut*) *an die* **~** *ge-hen* go through the roof; *mir fiel die* **~** *auf den Kopf* I felt shut in **3.** TECH cover(ing), (*Straßen* **⚲**) surface, MOT (*Lauf* **⚲**) (outer) cover

Deckel m lid (*a. hum Hut*), cover, (*Schraub* **⚲**) (screw) cap: F *j-m eins auf den* **~** *geben* tick s.o. off (properly)

decken I v/t **1.** *ein Tuch etc* **~** *über* (*Akk*) cover s.th. with **2.** (*Haus*) roof: *ein Dach mit Stroh* (*Ziegeln, Schiefer*) **~** thatch (tile, slate) a roof **3.** *den Tisch* **~** lay (*od* set) the table (*für drei Personen* for three) **4.** (*schützen*) a. *fig u. pej*

shield, protect: *j-n* **~** cover up for s.o., SPORT mark s.o.; *den Rückzug* **~** cover the retreat **5.** WIRTSCH *allg* cover, (*Kosten, Bedarf*) a. meet **6.** ZOOL (*begatten*) cover, serve II v/i **7.** *Farbe etc*: cover (*well etc*) **8.** SPORT cover, mark, *Boxer*: cover (up) III v/refl *sich* **~ 9.** cover o.s., *Boxer*: cover up **10.** (*mit* with) MATHE coincide, *fig a.* tally

Decken|beleuchtung f ceiling lighting **~gemälde** n ceiling fresco **~leuchte** f ceiling lamp, MOT dome lamp

Deck|farbe f TECH body colo(u)r **~feder** f deck feather **~mantel** m *fig* cloak **~name** m pseudonym, MIL code name

Deckung f **1.** (*in* **~** *gehen* take) cover **2.** WIRTSCH *allg* cover, (*Sicherheit*) a. security, (*Bedarfs* **⚲**) supply: *k-e* **~** no funds **3.** SPORT covering, marking, *Boxen, Fechten*: etc guard **4.** MATHE u. *fig* coincidence

deckungsgleich *Adj* MATHE congruent

Deckweiß n opaque white

Decoder m decoder

Defätismus m defeatism **Defätist(in)**, **defätistisch** *Adj* defeatist

defekt *Adj* defective (*a.* MED), faulty

Defekt m (*an Dat* in) defect (*a.* MED), fault

defensiv *Adj*, **Defensive** f (*in der* **~** on the) defensive

defilieren v/i march past

definierbar *Adj* definable: *schwer* **~** difficult to define

definieren v/t define

Definition f definition

definitiv *Adj* definite (*answer etc*), positive (*offer etc*): *Adv* *es steht* **~** *fest, dass* ... it is definite that ...

Defizit n WIRTSCH u. *fig* deficit

deflationär, deflatorisch *Adj* WIRTSCH deflationary **Deflation** f deflation

deflorieren v/t deflower

deformieren v/t a. TECH deform

deftig *Adj* F *Essen*: solid, *Witz etc*: earthy, *Preise*: steep, *Schlag etc*: sound

Degen m sword, *Fechten*: épée

Degeneration f degeneration **degenerativ** *Adj* degenerative **degenerieren** v/i, **degeneriert** *Adj* degenerate

Degenfechten n SPORT épée fencing

degradieren v/t MIL demote, *bes fig* degrade

dehnbar *Adj* a. *fig* elastic

dehnen I *v/t allg* stretch (*a. fig*), TECH expand, (*Vokale*) lengthen, (*Worte*) drawl II *v/refl* **sich ~** stretch (o.s.)

Dehnung *f* extension, stretch(ing), TECH expansion, LING lengthening

dehydrieren *v/t* CHEM dehydrate

Deich *m* dike, dam, (*Fluss2*) levee

Deichsel *f* pole, (*~arm*) shaft

deichseln *v/t* F manage, wangle

dein *Possessivpron* 1. your: REL **~ Wille geschehe** Thy will be done 2. **~er, ~e, ~(e)s, der (die, das) ~e** yours; **e-r ~er Freunde** a friend of yours 3. **der (die, das) ~(ig)e** your own, yours; **die ~(ig)en** your family, your people

deiner *Personalpron* (of) you: **wir werden ~ gedenken** we shall remember you

deinerseits *Adv* on your part

deinesgleichen *Indefinitpron* people like you, *pej* the likes of you

deinetwegen *Adv* (*dir zuliebe*) for your sake, (*wegen dir*) because of you

deinig → **dein** 3

Dekade *f allg* decade

dekadent *Adj* decadent **Dekadenz(erscheinung)** *f* (symptom of) decadence

Dekagramm *n österr.* ten grams: **10 ~ Käse** 100 grams of cheese

Dekan(in) *m* REL, UNI dean

Dekanat *n* dean's office

deklarieren *v/t* WIRTSCH declare

deklassieren *v/t* declass, SPORT outclass

Deklination *f* 1. LING declension 2. PHYS declination **deklinierbar** *Adj* declinable **deklinieren** *v/t* decline

Dekolletee *n* (*tiefes ~* plunging) neckline **dekolletiert** *Adj* décolleté

dekontaminieren *v/t* decontaminate

Dekor *n* 1. decoration, *e-s Raumes:* décor, (*Muster*) pattern 2. THEAT décor, set(s *Pl*) **Dekorateur(in)** (*Schaufenster2*) window-dresser, (*Innen2*) interior designer, THEAT scene painter

Dekoration *f allg* decoration, (*Schaufenster2*) window display, (*Innen2*) furnishings *Pl*, THEAT set(s *Pl*)

dekorativ *Adj* decorative

dekorieren *v/t allg* decorate (*a. mit Orden*), (*Schaufenster*) *a.* dress

Dekret *n*, **dekretieren** *v/t* decree

Delegation *f* delegation **delegieren** *v/t*, **Delegierte** *m, f* delegate

Delfin *m, n* → **Delphin¹**, **Delphin²**

delikat *Adj* delicious, *a. fig Problem etc:* delicate **Delikatesse** *f* delicacy, *fig* (*Takt*) *a.* discretion

Delikatessgeschäft *n* delicatessen *Sg*

Delikt *n* offen/ce (*Am* -se)

Delinquent(in) *m* offender

Delirium *n a. fig* delirium

Delle *f* F dent

Delphin¹ *m* ZOOL dolphin

Delphin² *n*, **Delphinschwimmen** *n* butterfly (stroke)

Delta *n* delta

dem I *bestimmter Artikel* **gib es ~ Jungen** give it to the boy II *Demonstrativpron wie ~ auch sei* however that may be; **nach ~, was ich gehört habe** from what I've heard III *Relativpron* **der, ~ ich es gegeben habe** the one (*od* person) I gave it to

Demagoge *m* demagogue

Demagogie *f* demagogy

Demagogin *f* demagogue

demagogisch *Adj* demagogic(ally *Adv*)

Demarkationslinie *f* demarcation line

demaskieren *v/t a. fig* unmask

Dementi *n* POL (official) denial

dementieren *v/t* deny (officially)

dementsprechend *Adv* accordingly

demgegenüber *Adv* in contrast to this

demgemäß *Adv* accordingly

demnach *Adv* 1. therefore 2. → **demgemäß**

demnächst *Adv* shortly, soon: **~ erscheinend** *etc* forthcoming

Demo *f* F (*Demonstration*) demo

Demograph(in) demographer

Demographie *f* demography

demographisch *Adj* demographic

Demokassette *f* F demo (tape)

Demokrat(in) POL democrat

Demokratie *f* democracy

demokratisch *Adj* democratic(ally *Adv*)

demokratisieren *v/t* democratize

demolieren *v/t* demolish, wreck

Demonstrant(in) *m* demonstrator **Demonstration** *f* (POL **e-e ~ veranstalten** hold a) demonstration: *fig* **e-e ~ der Macht** a show of force

Demonstrations|recht *n* right to demonstrate **~verbot** *n* ban on demonstrations **~zug** *m* protest march

demonstrativ *Adj* demonstrative,

Schweigen etc: pointed: *Adv* ~ **den Saal verlassen** walk out (in protest)

Demonstrativpronomen *n* demonstrative (pronoun)

demonstrieren *v/t u. v/i allg* demonstrate

Demontage *f* TECH *u. fig* dismantling

demontieren *v/t* dismantle (*a. fig*), take down, (*zerlegen*) take apart

demoralisieren *v/t* demoralize

Demoskopie *f* (public) opinion research **demoskopisch** *Adj* ~**e Umfrage** (public) opinion poll

Demoversion *f* demo version

Demut *f* humility **demütig** *Adj* humble

demütigen *v/t* humiliate: **sich** ~ humble o.s **Demütigung** *f* humiliation

denaturieren *v/t* CHEM, PHYS denature

Den Haag *n* The Hague

Denkanstoß *m* impulse: **j-m e-n ~ geben**, (**bei j-m**) **als ~ wirken** set s.o. thinking **Denkart** *f* way of thinking

Denkaufgabe *f* problem, brain teaser

denkbar *Adj* thinkable, conceivable: **es ist durchaus ~, dass** it's quite possible that; *Adv* **es ist ~ leicht** it's really quite simple; **die ~ beste Methode** the best method imaginable

Denkblase *f* thought bubble

Denke *f* (*Denkweise*) mentality, way of thinking

denken *v/t u. v/i* **1.** *allg* think, (*sich vorstellen*) *a.* fancy, imagine, (*annehmen*) *a.* suppose, *Am F* guess: **das gibt e-m zu ~** that makes you think; **~ Sie nur!** just imagine!; **ich denke schon** I (should) think so; **das habe ich mir gedacht** I thought as much; **das hättest du dir ~ können!** you should have known that!; **ich dachte mir nichts dabei** I thought nothing of it; **solange ich ~ kann** as long as I remember; F **denkste!** that's what you think! **2.** (*erwägen*) think of, consider: **er denkt daran zu kommen** he thinks of coming; **ich denke nicht daran!** I wouldn't dream of it! **3.** ~ **an** (*Akk*) **a)** think of (*od* about), **b)** remember: **an Schlaf war nicht zu ~** sleep was out of the question; **wenn ich nur daran denke!** the mere thought of it! **4.** ~ **über** (*Akk*) think about (*od* of) **Denken** *n* thinking, thought **Denker(in)** *m* thinker

Denkfabrik *f* F think-tank

denkfähig *Adj* intelligent

denkfaul *Adj* mentally lazy: **er ist** ~ **a.** he is too lazy to think

Denkfehler *m* flaw in one's reasoning

Denkmal *n* monument (*a. fig*), (*Statue*) statue: **j-m ein ~ setzen a.** fig erect a monument to s.o. ⚑**geschützt** *Adj*: **denkmalgeschütztes Bauwerk** listed building ~**pflege** *f* preservation of historic buildings and monuments ~**schutz** *m* **unter ~ stehen** be listed (as a historic monument), *iron Person*: be a protected animal

Denk|pause *f* pause for reflection ~**prozess** *m* thought process ~**schrift** *f* memorandum ~**vermögen** *n* intelligence ~**weise** *f* → **Denkart** ⚑**würdig** *Adj* memorable ~**zettel** *m* fig (**j-m e-n ~ verpassen** teach s.o. a) lesson

denn **I** *Konj* **1.** because, since **2.** *nach Komparativ*: than: **mehr ~ je** more than ever **3.** **es sei** ~ unless **II** *Adv* **4.** then: **wo war es ~?** where (then) was it?; **war es ~ so schlimm?** was it really that bad?; **was ist ~?** what is it now?; **wieso ~?** (but) why?; **wo warst du ~ nur?** where on earth have you been?

dennoch *Konj* (but) still, yet

Dental(laut) *m* LING dental

Denunziant(in) *m* informer **denunzieren** *v/t* **j-n ~** denounce s.o. (**bei** to)

Deo *n* F deodorant

Deodorant(spray *m*, ~**stift** *m*) *n* deodorant (spray, stick)

Deoroller *m* roll-on (deodorant)

deplatziert *Adj Person*: out of place, *Bemerkung etc*: *a.* misplaced

Deponie *f* dump, tip **deponieren** *v/t* (**bei** with) deposit, leave

deportieren *v/t* deport

Deportierte *m, f* deportee

Depositen *Pl.* WIRTSCH deposits *Pl*

Depot *n* **1.** *allg* depot, WIRTSCH (~**konto**) deposit **2.** *schweiz.* (*Pfand*) deposit

Depotschein *m* WIRTSCH deposit receipt

Depression *f allg* depression

depressiv *Adj* PSYCH depressive, depressed

deprimieren *v/t* depress **deprimierend** *Adj* depressing

Deputation *f* delegation

der I *bestimmter Artikel* the: ~ **arme Peter** poor Peter **II** *Demonstrativpron*

that (one), this (one): **~ mit ~ Brille** the one with the glasses; *pej* **~ und sein Wort halten?** him keep his word? **III** *Relativpron* who, which: **er war ~ Erste, ~ es erfuhr** he was the first to know **IV** *Personalpron* F **für er**

derart *Adv* so: **die Folgen waren ~, dass** the consequences were such that

derartig I *Adj* such: **nichts ~es** nothing of the kind **II** *Adv* → **derart**

derb *Adj* **1.** strong, sturdy, *Leder etc:* stout, *Stoff, Essen etc:* coarse **2.** *fig Sprache, Manieren etc:* coarse, crude, *a. Witz:* earthy **Derbheit** *f* coarseness; **~en** *Pl* crude jokes (*od* remarks) *Pl*

derentwegen I *Adv* because of her (*od* that *etc*) **II** *Relativpron* because of whom (*od* which)

dergleichen *Demonstrativpron* **1.** *adjektivisch:* such **2.** *substantivisch:* such a thing, the like: **nichts ~** no such thing; **und ~ mehr** a) and so on, b) and the like

Derivat *n* CHEM, LING derivative

derjenige *Demonstrativpron* that: **~, der** (*od* **welcher**) he (*od* the one) who

dermaßen → **derart**

Dermatologe *m*, **Dermatologin** *f* MED dermatologist

Dermatose *f* dermatosis, skin disease

derselbe *Demonstrativpron* the same

derzeit *Adv* at present

derzeitig *Adj* **1.** present **2.** (*damalig*) then, *nachgestellt:* at the time

Desaster *n* disaster

desensibilisieren *v/t* MED, FOTO desensitize

Deserteur(in) MIL deserter

desertieren *v/i a. fig* desert

desgleichen *Adv u. Konj* likewise

deshalb *Adv u. Konj* therefore, that's why: **gerade ~!** that's just why!; **~ musst du doch nicht gehen** there's no need for you to go; **sie ist ~ nicht glücklicher** she isn't any happier for it

Designer... designer (*fashions, jeans, dress, drug etc*)

Designer(in) designer

designiert *Adj* **der ~e Präsident** the president designate

desillusionieren *v/t* disillusion

Desinfektion *f* disinfection **Desinfektionsmittel** *n* disinfectant, MED *a.* antiseptic **desinfizieren** *v/t* disinfect

Desinformation *f* disinformation

Desinteresse *f* indifference, lack of interest

desinteressiert *Adj* indifferent

Desktop-Publishing *n* desktop publishing (*Abk* **DTP**)

desolat *Adj* desolate

desorientiert *Adj* PSYCH confused

Despot(in) *a. fig* despot

despotisch *Adj* despotic(al)

dessen I *Relativpron* whose, *Sache: a.* of which **II** *Demonstrativpron* **sich ~ bewusst sein, dass ...** be aware (of the fact) that ...; **~ bin ich sicher** I'm quite sure of that **III** *Possessivpron* **mein Bruder und ~ Frau** my brother and his wife; **~ ungeachtet** nevertheless

Dessert *n* GASTR dessert

Destillat *n* distillate

destillieren *v/t u. v/i* distil(l)

desto I *Adv* (all) the: **~ besser!** all (*od* so much) the better! **II** *Konj* **je ... the: je mehr, ~ besser** the more the better

destruktiv *Adj* destructive

deswegen → **deshalb**

Detail *n* (**ins ~ gehen** go into) detail **detaillieren** *v/t* specify **detailliert I** *Adj* detailed **II** *Adv* in detail

Detektiv|(in) detective **~büro** *n* detective agency **~roman** *m* detective story

Deut *m* **k-n ~ wert** (**besser**) not worth a farthing (not a bit better)

deuten I *v/t* interpret, (*Zeichen, Traum etc*) read: **falsch ~** misinterpret, *fig* misconstrue **II** *v/i* **~ auf** (*Akk*) point at (*bes fig* to): **alles deutet darauf hin, dass** there is every indication that

deutlich *Adj allg* clear, (**~ hörbar**) *a.* distinct, (*lesbar*) *a.* legible, (*eindeutig*) *a.* plain: **~er Wink** broad hint; **~er Fortschritt** visible progress; F *fig* **~ werden** speak in very plain terms; **muss ich noch ~er werden?** do I have to spell it out (to you)? **Deutlichkeit** *f* clearness, clarity: *fig* **in aller ~** in plain terms

deutsch *Adj* German; *Adv* **~ reden** talk (in) German; F *fig* **mit j-m ~ reden** speak plainly with s.o.

Deutsch, das ~ German: **auf ~, in ~** in German; **er kann gut ~** he speaks German well

Deutsch|amerikaner(in), **2-amerikanisch** *Adj* German-American

Deutsche *m*, *f* German

deutsch-englisch *Adj* POL Anglo-German, LING German-English

deutschfeindlich *Adj* anti-German

deutsch-französisch *Adj* POL Franco--German, LING German-French

deutschfreundlich *Adj* pro-German

Deutschland *n* Germany

Deutschlehrer(in) German teacher

deutschsprachig *Adj Text*: German--language, *Gebiet*: German-speaking

Deutschunterricht *m* PÄD German lessons *Pl*: **~ geben** teach German

Deutung *f* interpretation

Devise *f* **1.** motto **2.** *Pl* WIRTSCH foreign exchange (*od* currency) *Sg*

Devisen|abkommen *n* foreign exchange agreement **~bestimmungen** *Pl* currency regulations *Pl* **~börse** *f* foreign exchange market

Devisenbringer *m* F *fig* bringer of foreign exchange

Devisen|geschäft *n* foreign exchange transaction **~händler(in)** foreign exchange dealer **~knappheit** *f* (foreign) currency stringency

Devisenkurs *m* exchange rate

devisenträchtig *Adj* F exchange-yielding **Devisenvergehen** *n* currency offen/ce (*Am* -se)

devot *Adj pej* servile

Devotionalien *Pl* REL devotional objects *Pl*

Dezember *m* (**im ~** in) December

dezent *Adj* discreet, unobtrusive, *Farbe, Musik etc*: soft

dezentral *Adj* decentralized

dezentralisieren *v/t* decentralize

Dezernat *n* department

Dezernent(in) head of (a) department

Dezibel *n* decibel

Dezimal|bruch *m* MATHE decimal (fraction) **~stelle** *f* decimal (place) **~system** *n* decimal system: **nach dem ~** decimally

Dezimalzahl *f* decimal (number)

Dezimeter *m, n* decimet/re (*Am* -er)

dezimieren *v/t* decimate

d. h. *Abk* (= *das heißt*) i.e

Dia *n* F slide

Diabetes *m* MED diabetes

Diabetiker(in) diabetic

Diabetrachter *m* slide viewer

diabolisch *Adj* diabolic(al)

Diafilm *m* dia film

Diagnose *f* (**e-e ~ stellen** make a) diagnosis

diagnostizieren *v/t u. v/i* diagnose

diagonal *Adj*, **Diagonale** *f* diagonal

Diagonalreifen *m* MOT cross-ply tyre (*Am* tire)

Diagramm *n* diagram, graph

Diakon *m* deacon **Diakonisse** *f* Protestant (nursing) sister

Dialekt *m* (**~ sprechen** speak) dialect

dialektfrei *Adv* **~ sprechen** speak standard German *etc*

Dialektik *f* dialectics *Sg*

Dialog *m* (**e-n ~ führen** carry on a) dialog(ue *Br*), COMPUTER dialog **~feld** *n* COMPUTER dialog box **~form** *f* dialog(ue *Br*) form

Dialyse *f* MED dialysis

Diamant *m*, **diamanten** *Adj* diamond

diametral *Adj* diametric(al): *Adv* **~ entgegengesetzt** diametrically opposed

Diapositiv *n* slide

Diaprojektor *m* slide projector

Diarahmen *m* slide frame

Diät *f* (special) diet: **~ halten**, *Adv* **~ leben** (keep to a) diet; **j-n auf ~ setzen** put s.o. on a diet

Diätassistent(in) dietician

Diäten *Pl* PARL attendance allowance

Diätfahrplan *m* F dietary schedule

Diätkost *f* dietary food

Diätvorschrift *f* dietary

dich I *Personalpron* you **II** *Reflexivpron* yourself: **schau ~ an!** look at yourself!

dicht I *Adj* **1.** *allg Nebel, Wald, Menge etc*: dense, *Verkehr*: *a.* heavy, *Haar, Hecke etc*: thick, *Stoff etc*: close(ly woven) **2.** (*undurchlässig*) tight, *Gefäß, Boot etc*: leakproof: F *fig* **er ist nicht ganz ~** he's got a screw loose **3.** (**~ zs.-gedrängt**) compact, *fig Handlung etc*: tight **II** *Adv* **4.** densely, thickly: **~ schließen** shut tightly; **~ gedrängt stehen** stand closely packed **5. ~ an** (*Dat*), **~ bei** close to; **~ aufeinander folgen** follow closely (*zeitlich*: in rapid succession); **~ hinter j-m** close (*od* hard) on s.o.'s heels; *fig* **er war ~ daran aufzugeben** he was on the point of giving up; **~ bevorstehen** *Termin*: be very near, *Entscheidung etc*: be imminent; **~ behaart** (very) hairy; **~ besiedelt, ~ bevölkert** densely populated

Dichte *f* **1.** density (*a.* PHYS), denseness,

thickness, *des Verkehrs: a.* heaviness **2.** *fig der Handlung etc:* tightness

dichten[1] *v/t* TECH seal, pack

dichten[2] **I** *v/t* write **II** *v/i* write poetry *(od plays etc)* **Dichter(in)** poet(ess), *allg* writer **dichterisch** *Adj* poetic(al): **~es Schaffen** poetic *(od* literary*)* work, **~e Freiheit** poetic licence **Dichtersprache** *f* poetic language

dichthalten *v/i* F keep one's mouth shut
Dichtkunst *f* poetry
dichtmachen F **I** *v/t* shut (up) **II** *v/i* **(den Laden)** ~ shut up shop
Dichtung[1] *f* TECH seal, packing
Dichtung[2] *f allg* literature, *(Vers* 2*)* poetry, *(Gedicht)* poem, *(Gesamtwerk)* (literary *od* poetic) work(s *Pl*): *fig* **~ und Wahrheit** fact and fiction
Dichtungs|masse *f* TECH sealing compound **~ring** *m*, **~scheibe** *f* washer

dick I *Adj* **1.** *allg* thick, *(dicht) a.* dense, heavy, *(massig, umfangreich) a.* big, large, *(beleibt)* stout, fat: **~e Milch** curdled milk; F **~er Verkehr** heavy traffic; **~ machen** be fattening; **~ werden** grow fat; *durch ~ und dünn* through thick and thin **2.** F *(eng)* close, intimate, *(groß)* big: *sie sind ~e Freunde* they are (as) thick as thieves; **~es Lob ernten** reap lavish praise; **~er Auftrag** fat order; → **Ende** 1, **Luft** 1 **II** *Adv* **3.** thick(ly): **~ mit Butter bestrichen** thickly spread with butter **4.** F *(sehr)* very: **~ befreundet sein** be great pals *(mit j-m* with s.o.*)*; *ich habe ihn (es)* ~ I'm sick of him (it); → **auftragen** 5
dickbäuchig *Adj* fat-bellied
Dickdarm *m* ANAT colon
Dicke[1] *f allg* thickness, TECH *a.* diameter, *(Dichte) a.* denseness, heaviness, *(Massigkeit) a.* bigness, *(Umfang) a.* bulkiness, *(Beleibtheit)* stoutness, fatness
Dicke[2] *m, f* F fat person
Dickerchen *n* F fatso
dickfellig *Adj* F *fig* thick-skinned
Dickfelligkeit *f* F callousness
dickflüssig *Adj* thick(-flowing)
Dickhäuter *m* ZOOL pachyderm
Dickicht *n* **1.** thicket **2.** *fig* labyrinth
Dickkopf *m* F *fig* pigheaded fellow: *e-n ~ haben* → **dickköpfig** *Adj* **~ sein** be pigheaded **Dickköpfigkeit** *f* pigheadedness, stubbornness

dicklich *Adj* **1.** *Person:* plump **2.** → **dickflüssig**
Dickmilch *f* soured milk
dickschalig *Adj* BOT thick-skinned
Dickwanst *m* F fatso
Didaktik *f* didactics *Sg*
didaktisch *Adj* didactic(ally *Adv*)
die I *bestimmter Artikel* the **II** *Demonstrativpron* this (one), that (one): ~ *nicht!* not she! **III** *Relativpron* who, *bei Sachen:* which **IV** *Personalpron f für* **sie** 1

Dieb(in) *f* thief
Diebes|bande *f* gang of thieves **~beute** *f*, **~gut** *n* stolen goods *Pl*, loot
diebisch *Adj* **1.** thievish **2.** *fig Freude etc:* malicious: *Adv* **sich ~ freuen** F be tickled pink *(über Akk* at*)*
Diebstahl *m* theft, JUR larceny: **einfacher (schwerer)** ~ petty (grand) larceny; *geistiger* ~ plagiarism **?sicher** *Adj* theftproof **~sicherung** *f* MOT theft protection **~versicherung** *f* insurance against theft

dienen *v/i* **1.** serve *([bei] j-m* s.o., *zu* for, *als* as): *dazu ~ zu Inf* serve to *Inf*; *womit kann ich ~?* what can I do for you?; *damit ist mir nicht gedient* that's of no use to me; *wozu soll das ~?* what's the use of that? **2.** MIL serve *(bei* in*)*
Diener *m* **1.** *a. fig* servant **2.** *(Verbeugung)* bow *(vor Dat* to*)* **Dienerin** *f* maid(servant), *fig* handmaid
Dienerschaft *f* servants *Pl*
dienlich *Adj* useful *(Dat* to*)*, expedient: ~ *sein* **a)** *j-m* be of help *(Sache:* use*)* to s.o., **b)** *e-r Sache* further s.th.
Dienst *m* **1.** *allg* service *(an Dat* to*)*, MIL *a.* duty: *öffentlicher* ~ civil service; *im (außer)* ~ on (off) duty; ~ *haben* be on duty, *Apotheke:* be open; ~ *habend* on duty; *j-m e-n guten (schlechten)* ~ *erweisen* do s.o. a good (bad) turn; *j-m gute ~e leisten* serve s.o. well; *in ~ stellen (Schiff etc)* put into service; *(j-m) den ~ versagen* fail (s.o.); *nach Vorschrift* work-to-rule (campaign) **2.** *(Stellung)* post, employment, *(Arbeit)* work: *im ~e (Gen) stehen* be employed by, work for, *pej* be on *s.o.'s* payroll; *außer* ~ retired; *den ~ quittieren* resign; → **antreten** 1

Dienstag m (**am ~** on) Tuesday

dienstags Adv on Tuesdays

Dienstalter n (**nach dem ~** by) seniority

Dienstantritt m (**bei ~** on) taking up duty (od one's job)

dienstbar Adj subservient (Dat to): **sich etw ~ machen** utilize (od exploit) s.th.

dienstbereit Adj **1.** Arzt: on duty, Apotheke: open **2.** (gefällig) helpful

Diensteifer m zeal, pej officiousness

dienststeifrig Adj zealous, pej officious

dienstfrei Adj **~er Tag** day off; **~ haben** be off duty

Dienst|gebrauch m **nur für den ~** for official use only **~geheimnis** n official secret (Pflicht: secrecy) **~gespräch** n TEL official call **~grad** m MIL rank, Am grade, SCHIFF rating

Dienstherr(in) employer **Dienstjahre** Pl years Pl of service **Dienstleistung** f service (rendered): **~en** services **Dienstleister** m service provider

Dienstleistungs|betrieb m (öffentlicher~ public) services enterprise **~gewerbe** n service industries Pl

dienstlich Adj official: Adv ~ **verhindert** prevented by official duties

Dienst|mädchen n maid(servant), help **~marke** f identity disc **~pistole** f service pistol **~plan** m duty roster **~reise** f official trip **~schluss** m **nach ~** after (office) hours **~stelle** f (official) department **~stunden** Pl office hours Pl

diensttauglich Adj fit for (MIL active) service **dienstuntauglich** Adj unfit for (military) service

Dienst|verhältnis n (contract of) employment **~vorschrift** f regulations Pl **~wagen** m official car **~weg** m (**auf dem ~** through) official channels Pl **~wohnung** f company, army etc flat (od house) **~zeit** f **1.** office (od working) hours Pl **2.** (period of) service

diesbezüglich Adj u. Adv concerning this, in this connection

Diesel[1] n (Kraftstoff) diesel (oil)

Diesel[2] m (Auto) diesel

Dieselmotor m Diesel engine

dieser, **diese**, **dies(es)**, Pl **diese** Demonstrativpron **I** adjektivisch: this, Pl these: **dieser Tage a)** (neulich) the other day, **b)** (bald) one of these days **II** substantivisch: **a)** this one, Pl these,

b) he, she, it, Pl they: **dieses und jenes**, **dies und das** this and that, various things

diesig Adj Wetter: hazy

diesjährig Adj this year's

diesmal Adv this time

Dietrich m picklock, (Nachschlüssel) skeleton key

diffamieren v/t slander, defame

Differenz f difference

Differenzialgetriebe n MOT differential (gear) **Differenzialrechnung** f MATHE differential calculus

differenzieren v/t u. v/i differentiate

differieren v/i differ (**um** by)

diffus Adj **1.** PHYS diffuse(d) **2.** fig vague

digital Adj digital **Digitalanzeige** f digital display **digitalisieren** v/t digitalize

Digital|kamera f digital camera **~rechner** m digital computer **~technik** f digital technology **~uhr** f digital watch (od clock)

Diktat n **1.** (PÄD **~ schreiben** write od do) dictation; **das ~ aufnehmen** take the dictation **2.** fig (Befehl) dictate

Diktator m dictator **diktatorisch** Adj dictatorial **Diktatur** f dictatorship

diktieren v/t u. v/i a. fig dictate (**j-m** to s.o.)

Diktiergerät n dictating machine

Dilemma n dilemma, F fix

Dilettant(in), **dilettantisch** Adj dilettante

Dill m BOT dill

Dimension f **1.** MATHE, PHYS dimension **2.** Pl (Umfang) dimensions Pl, fig (Ausmaß) a. extent

DIN Abk (= **Deutsche Industrienormen**) German Industrial Standards: **~ A4** A4

Ding n **1.** allg way, (Gegenstand) a. object: **vor allen ~en** above all; F **armes ~!** poor thing!; fig **guter ~e sein** be cheerful **2.** Pl (Angelegenheiten) things Pl, matters Pl: **der Stand der ~e** the state of affairs; (so,) **wie die ~e liegen** as matters stand; **unverrichteter ~e** without having achieved anything; **das geht nicht mit rechten ~en zu** F there's s.th. fishy about it **3.** F **ein tolles ~** a wow; **ein ~ drehen** pull a job; → **verpassen** 2 **4.** F **das ist nicht mein ~** it's not my (kind of) thing

dingfest Adj **j-n ~ machen** arrest s.o.

Dings, Dingsbums, Dingsda *m, f, n* F thingumajig

Dinosaurier *m* dinosaur

Diode *f* ELEK diode

Dioxid *n* CHEM dioxide

Dioxin *n* dioxin

Diözese *f* diocese

Diphtherie *f* MED diphtheria

Diphthong *m* diphthong

Diplom *n* diploma

Diplom... *allg* diplomaed, graduate (*engineer etc*), qualified (*interpreter etc*) **Diplomarbeit** *f* dissertation

Diplomat(in) *a. fig* diplomat

Diplomatie *f a. fig* diplomacy

diplomatisch *Adj a. fig* diplomatic(ally *Adv*)

dir I *Personalpron* you, to you **II** *Reflexivpron* yourself: **wasch ~ die Hände!** wash your hands!

direkt I *Adj* **1.** *allg* direct (*a.* LING), (*unmittelbar*) *a.* immediate, (*unverblümt*) *a.* plain: **~e Informationen** *Pl a.* firsthand information **II** *Adv* **2.** (*geradewegs*) direct, (*a. geradeheraus*) straight **3.** (*unmittelbar, a.* F *sofort*) directly, immediately: **~ vor dir** right in front of you **4.** (*genau*) directly, exactly: **~ nach Süden liegen** face due south **5.** F **das ist ~ lächerlich** *etc* that's downright ridiculous *etc* **6.** RADIO, TV live

Direktflug *m* direct flight

Direktion *f* **1.** management **2.** manager's office **3.** (*Leitung*) direction

Direktive *f* instruction(s *Pl*)

Direktor *m* **1.** WIRTSCH director, manager **2.** PÄD headmaster, principal **Direktorat** *n* **1.** directorship **2.** headmaster's office **Direktorin** *f* **1.** directress, manageress **2.** PÄD headmistress, principal **Direktorium** *n* board of directors **Direktrice** *f* Textilindustrie: directress

Dirigent(in) MUS conductor, conductress

dirigieren *v/t u. v/i* direct, MUS conduct

Dirigismus *m* WIRTSCH planned economy

Dirndl(kleid) *n* dirndl

Dirne *f* prostitute, whore

Disharmonie *f a. fig* discord

disharmonisch *Adj a. fig* discordant

Diskant *m* MUS treble

Diskette *f* COMPUTER diskette, floppy (disk)

Diskettenlaufwerk *n* disk drive

Diskjockey *m* disc jockey

Disko *f* F disco

Diskont *m*, **diskontieren** *v/t* WIRTSCH discount **Diskontsatz** *m* discount rate

Diskothek *f* discotheque

Diskrepanz *f* discrepancy

diskret *Adj* discreet

Diskretion *f* discretion

diskriminieren *v/t* discriminate against **Diskriminierung** *f* discrimination (*Gen* against)

Diskus *m* SPORT discus

Diskussion *f* discussion (**über** *Akk* on) **Diskussions|leiter(in)** (panel) chairman **~teilnehmer(in)** panel(l)ist

Diskussionsveranstaltung *f* forum

Diskuswerfen *n* discus throwing

Diskuswerfer(in) discus thrower

diskutabel *Adj* debatable

diskutieren *v/t u. v/i* discuss, debate

dispensieren *v/t* **j-n ~** exempt s.o. (**von** from [doing])

Display *n* display

disponieren *v/i* make (one's) arrangements, plan ahead: **über etw (j-n) ~** dispose of s.th. (s.o.) **disponiert** *Adj* **gut** (**schlecht**) **~ sein** be in good (bad) form **Disposition** *f* **1.** *a.* MED disposition **2.** *Pl* (**s-e ~en treffen** make one's) arrangements *Pl* **Dispositionskredit** *m* WIRTSCH overdraft facilities *Pl*

Disqualifikation *f* disqualification (**wegen** for) **disqualifizieren** *v/t a. fig* disqualify (**wegen** for)

Dissertation *f* UNI dissertation, thesis

Dissident(in) POL dissident

Dissonanz *f* MUS dissonance, fig *a. Pl* discord

Distanz *f* distance, fig *a.* detachment: **~ halten** keep one's distance (**gegenüber** from) **distanzieren** *v/refl* **sich ~** keep one's distance; **sich ~ von** dis(as)sociate o.s. from

distanziert *Adj* fig distanced, reserved

Distel *f* BOT thistle **~fink** *m* ZOOL goldfinch

Disziplin *f* **1.** discipline **2.** (*Fach*) discipline, branch **3.** SPORT event

disziplinarisch *Adj* disciplinary

Disziplinarstrafe *f* disciplinary punishment **Disziplinarverfahren** *n* disciplinary proceedings *Pl*

diszipliniert *Adj* disciplined

disziplinlos *Adj* undisciplined, unruly
Disziplinlosigkeit *f* lack of discipline
Diva *f* star
Divergenz *f a. fig* divergence
divergieren *v/i a. fig* diverge
divers *Adj* various, sundry
diversifizieren *v/t u. v/i* WIRTSCH diversify
Dividend *m* MATHE dividend
Dividende *f* WIRTSCH dividend
dividieren *v/t u. v/i* MATHE divide (**durch** by)
Division *f* MATHE, MIL division
Divisor *m* MATHE divisor
DM *f* (= *Deutsche Mark*) *hist* deutschmark
doch I *Konj* **1.** (*aber*) but **II** *Adv* **2.** (*dennoch*) yet, however, nevertheless: *höflich, ~ bestimmt* polite yet firm; *also ~!* I knew it!; *ich habe also ~ Recht* so I'm right after all **3.** *du kommst nicht mit? - ~!* you won't come along? - Oh yes, I will!; *er kommt ~?* he will come, won't he?; *ja ~!* yes, indeed!, of course!; *nicht ~!* a) don't!, b) certainly not!; *setzen Sie sich ~!* do sit down, please!; *frag ihn ~!* just ask him!; *sei(d) ~ mal still!* be quiet, will you!; *das ist ~ Peter!* why, that's Peter!
Docht *m* wick
Dock *n* dock **Dockarbeiter(in)** docker
Dogge *f* ZOOL *Deutsche ~* Great Dane; *Englische ~* mastiff
Dogma *n* dogma
dogmatisch *Adj* dogmatic(ally *Adv*)
Dohle *f* ZOOL *(jack)daw*
Doktor *m* UNI doctor (*a.* F *Arzt*): *s-n machen* take (*od* work for) one's doctor's degree **Doktorand(in)** doctorand, doctoral candidate
Doktor|arbeit *f* (doctoral) thesis **~vater** *m* F supervisor **~würde** *f* doctorate
Doktrin *f* doctrine
Dokument *n* document (*a. fig*), JUR *a.* deed: WIRTSCH *~e gegen Zahlung* documents against payment
Dokumentar... documentary (*report, play, etc*) **~film** *m* documentary (film)
Dokumentation *f* documentation
dokumentieren *v/t* document, *fig a.* demonstrate, show
Dokumentvorlage *f* IT template
Dolch *m* dagger **Dolchstoß** *m* dagger thrust, *fig* stab in the back

Dole *f schweiz., südd.* drain
Dollar *m* dollar
dolmetschen *v/i* interpret (*a. v/t*), act as interpreter **Dolmetscher(in)** interpreter **Dolmetscherinstitut** *n* school (UNI institute) for interpreters
Dolomiten *Pl* the Dolomites *Pl*
Dom *m* cathedral

Domäne *f* domain, *fig a.* province
domestizieren *v/t* domesticate
dominant *Adj* dominant
Dominante *f* MUS, BIOL dominant
dominieren *v/t u. v/i* dominate: *~d* dominant, dominating
Dominikaner(in) POL, **dominikanisch** *Adj*, **Dominikaner(mönch)** *m* Dominican
Domino *n*, **~spiel** *n* (game of) dominoes *Sg* **~stein** *m* domino
Domizil *n* domicile
Dompfaff *m* ZOOL bullfinch
Dompteur *m*, **Dompteuse** *f* animal trainer
Donau *f* the Danube
Donner *m* thunder, *fig* (*Getöse*) *a.* roar: F *wie vom ~ gerührt* thunderstruck
donnern I *v/i/unpers* **1.** *es donnert* it is thundering **II** *v/i fig* **2.** *Motoren, Stimme etc*: thunder, roar **3.** F *~ gegen* crash against (*od* into) **III** *v/t fig* **4.** (*Befehle etc*) roar, thunder (out) **5.** F (*schlagen, schmeißen*) slam **donnernd** *Adj fig* thunderous (*applause etc*)
Donnerstag *m* (*am ~* on) Thursday
donnerstags *Adv* (on) Thursdays
Donnerwetter F I *n* (*Krach*) row II *Interj ~!* wow!; *warum* (*wo etc*) *zum ~?* why (where *etc*) the hell?
doof *Adj* F dopey, *bes Am* dumb
dopen *v/t* dope: *sich ~* take dope
Doping *n* doping
Dopingkontrolle *f* dope test
Doppel *n* **1.** duplicate **2.** *Tennis*: doubles *Pl* **~agent(in)** double agent **~bett** *n* double bed **~decker** *m* **1.** biplane **2.** F (*Bus*) double-decker
doppeldeutig *Adj* (*vage*) ambiguous, (*anzüglich*) suggestive **Doppeldeutig-**

keit f ambiguity, suggestiveness
Doppelfehler m Tennis: double fault
Doppelfenster n 1. double window 2. Pl double glazing Sg
Doppelgänger(in) double, F look-alike
Doppel|haushälfte f semi-detached (house) **~kinn** n double chin **~klick** m double click **2klicken** v/i double-click **~leben** n: ein ~ führen lead (od live) a double life **~name** m hyphenated name **~pass** m 1. SPORT one-two 2. (doppelte Staatsbürgerschaft) two passports, weit. S. a. dual citizenship (od nationality) **~punkt** m colon **~reifen** m MOT dual tyre (Am tire) **~rolle** f a. fig double role
doppelseitig I Adj Stoff: double-faced, reversible II Adv on both sides
Doppelsieg m SPORT double win
Doppelspiel n 1. double game 2. → **Doppel** 2
Doppelstecker m ELEK two-way plug
doppelt I Adj double, bes TECH dual, twin, bes ELEK duplex: den ~en Preis (od das 2e) zahlen pay the double price; in ~er Ausfertigung in duplicate II Adv doubly (painful etc), double, twice: ~ so groß (viel) twice as big (much)
Doppeltür f double doors Pl **Doppelverdiener** Pl dual-income family Sg
doppelwandig Adj double-walled
Doppelzentner m quintal **Doppelzimmer** n double room
Dorf n village **~bewohner(in)** villager
dörflich Adj village (life etc), rustic
Dorn m 1. BOT thorn, (Stachel) spine (a. ZOOL): fig j-m ein ~ im Auge sein be a thorn in s.o.'s side 2. TECH spike, mandrel, e-r Schnalle: tongue
Dornenkrone f crown of thorns
dornenlos Adj thornless
dornenreich Adj fig thorny
Dornenstrauch m bramble
Dornröschen n Sleeping Beauty
dörren v/t dry **Dörrobst** n dried fruit
Dorsch m ZOOL cod
dort Adv there: ~ drüben over there; von ~ → **dorther** Adv from there
dorthin Adv there
Dose f 1. box 2. (Konserven2) tin, can 3. ELEK (Steck2) outlet
Dosen... → **Büchsen...**
dösen v/i 1. doze 2. daydream

dosieren v/t dose, fig give s.th. in small etc doses **Dosierung** f a. fig dosage
Dosis f a. fig dose: zu geringe ~ underdose; → **Überdosis**
dotieren v/t endow (mit with): ein mit € 100 000 dotiertes Turnier a tournament carrying a € 100,000 prize; e-e gut dotierte Stellung a well-paid position **Dotierung** f 1. endowment 2. (Gehalt) payment, remuneration
Dotter n yolk
doubeln v/t u. v/i double (für for)
Double n FILM double, stand-in
downloaden v/t download
Downsyndrom n MED Down's syndrome
Dozent(in) (university) lecturer, Am assistant professor **dozieren** v/t u. v/i a. fig lecture (über Akk on)
Drache m dragon
Drachen m 1. (e-n ~ steigen lassen fly a) kite 2. SPORT hang glider 3. F pej battle-ax(e) **~fliegen** n hang gliding **~flieger(in)** hang glider (pilot)
Dragee, Dragée n dragée, coated tablet
Draht m wire: POL heißer ~ hot line; F auf ~ sein a) be in good form, b) (wachsam, helle) be on the ball **~bürste** f wire brush **~esel** m hum bike **~funk** m wired radio **~glas** n wire(d) glass
Drahthaar... ZOOL wirehaired (terrier etc)
drahtig Adj fig Person: wiry
drahtlos Adj wireless, radio-...
Drahtsaite f MUS wire
Drahtseil n wire rope, Zirkus: tightrope **~akt** m tightrope act (fig walk)
Drahtseilbahn f cable railway
Drahtzaun m wire fence
Drahtzieher(in) fig wirepuller
drakonisch Adj Draconian
drall Adj buxom, strapping
Drall m TECH twist, a. SPORT spin
Drama n a. fig drama: aus etw ein ~ machen dramatize s.th. **Dramatik** f a. fig drama **Dramatiker(in)** dramatist **dramatisch** Adj a. fig dramatic(ally Adv) **dramatisieren** v/t a. fig dramatize **Dramaturg(in)** THEAT dramaturge **Dramaturgie** f dramaturgy
dran Adv F 1. → **daran** 2. ich bin ~ it's my turn; jetzt ist er ~! now he's (in) for it! 3. du bist gut ~! you are lucky!; er ist übel (od arm) ~ he's in a bad way;

drehen

spät ~ sein be late; **an der Sache ist was ~** there is s.th. in it; **man weiß nie, wie man mit ihr ~ ist** you never know what to make of her; **jetzt weiß ich, wie ich ~ bin** now I know where I stand; → **drauf** 2, **Drum, glauben** II

dranbleiben v/i F fig: **an etw ~** keep at it; **bleiben Sie bitte dran! a)** TEL hang on **b)** TV **stay tuned,** Am a. **stay ahead**

Drang m (Trieb) urge, impulse, (Verlangen) desire (**nach** for): ~ **nach Erkenntnis** thirst for knowledge

Drängelei f F pushing and shoving

drängeln v/t u. v/i F **1.** push, shove **2.** fig pester **3.** MOT tailgate

drängen I v/t **1.** push: fig **j-n ~, etw zu tun** urge s.o. to do s.th., stärker: pressure s.o. into doing s.th.; **ich lasse mich nicht ~!** I won't be rushed! II v/i **2.** push, Menge: throng **3.** fig be urgent, be pressing: **die Zeit drängt** time is running short **4. auf Zahlung ~** press for payment; **auf e-e Entscheidung ~** urge a decision III v/refl **sich ~ 5.** crowd (**um** round): **sich nach vorne ~ 4. auf Zahlung ~** (**zur Tür** etc) force one's way to the front (towards the door etc); fig **sich nach etw ~** be keen on (doing) s.th. IV ⌕ n **6. auf sein** ⌕ **hin** at his insistence

drängend Adj urgent **Drängler(in)** F **1.** pusher **2.** MOT tailgater

drangsalieren v/t torment

dranhalten v/refl: **sich ~** F **a)** hurry up, **b)** keep at it **drankommen** v/i F **1. jetzt komme ich dran** now it's my turn; **als erster** (**nächster**) **~ be** first (next) **2.** PÄD be asked (a question)

drankriegen v/t F **da hast du mich drangekriegt!** you've got me there!

drannehmen v/t F (Patienten) take, (Schüler) ask

drapieren v/t drape

drastisch Adj drastic(ally Adv)

drauf F Adv **1.** → **darauf 2.** ~ **und dran sein, etw zu tun** be on the point of doing s.th.; **gut ~ sein** be in a good mood, be in good form; **er hatte 150 Sachen ~** he was doing 100 miles

Draufgänger(in) daredevil, (Erfolgsmensch) go-getter, bei Frauen: wolf

draufgängerisch Adj reckless, F gutsy

draufgehen v/i F **1.** be killed **2.** be lost, Geld: go down the drain, (kaputtgehen) go to pot **draufhaben** v/t F (schwer)

was ~ be (just) great (od super) (**in** Dat at) **draufkommen** v/i F **j-m ~** find s.o. out; → **darauf** 3

draufkriegen v/t F **eins ~ a)** get it in the neck, **b)** SPORT get a thrashing

drauflegen v/t → **draufzahlen** I

drauflos F **I** Adv straight ahead **II** Interj (**feste**) ~**!** come on! **drauflosgehen** v/i F make straight for it

drauflosreden v/i F start rattling away

draufmachen v/t F **e-n ~** have a ball (saufend: a booze-up), go to town

draufstoßen v/t F fig **j-n ~** spell it out to s.o. **draufzahlen** F **I** v/t pay an extra **100 marks etc II** v/i lose money

draußen Adv outside, (im Freien) a. in the open (air), SCHIFF at sea: ~ **im Garten** out in the garden; **bleib(t)** ~**!** keep out!

drechseln v/t turn: → **gedrechselt**

Drechsler(in) wood turner

Dreck m **1.** dirt, stärker: filth, (Schlamm) mud: fig **im** ~ **sitzen** be in a mess; **j-n** (**etw**) **in den** ~ **ziehen** drag s.o.'s name (s.th.) in the mud; **j-n wie** (**den letzten**) ~ **behandeln** treat s.o. like dirt; **er hat** (**viel**) ~ **am Stecken** he has a lot to answer for **2.** fig (Kram, Quatsch) rubbish: **er kümmert sich** ~ **darum** he doesn't care a damn; **das geht dich e-n** ~ **an!** that's none of your business!

Dreckding n F damn thing

dreckig Adj dirty, filthy, fig (gemein) a. nasty, mean: ~**e Witze** dirty jokes; Adv ~ **lachen** give a dirty laugh; **es geht ihm** ~ he's having a bad time

Drecknest n F pej dump, hole

Drecksau f, **Dreckschwein** n V **1.** (dirty) pig **2.** (Lump) swine

Dreckskerl m F swine, bastard

Dreckwetter n F filthy weather

Dreh m F trick: **den richtigen** ~ **heraushaben** have got the hang of it

Dreharbeiten Pl FILM shooting Sg

Drehbank f TECH lathe

drehbar Adj rotatable

Drehbleistift m propelling pencil

Drehbuch n script, a. fig scenario

Drehbuchautor m scriptwriter

Drehbühne f revolving stage

drehen I v/t **1.** allg turn, (ver~) twist (a. fig): fig **man kann es ~ und wenden** (**wie man will**) whichever way you look at it **2.** (Zigarette etc) roll **3.** (Film)

shoot **4.** F *fig* wangle: → **Ding** 3 **5.** TECH
turn **II** *v/i* **6.** turn (round): **~ an** (*Dat*)
turn, *a. fig* fiddle with; F **daran ist
nichts zu ~ und zu deuteln** that's a fact
III *v/refl* sich **~ 7.** turn, go round,
schnell: spin round: **die Erde dreht
sich um die Sonne** the earth revolves
around the sun; **mir dreht sich alles**
my head is spinning; *fig* **sich ~ um** re-
volve round, *Gespräch:* be about; **es
dreht sich darum, ob** it's a question
of whether
Dreher(in) TECH lathe operator
Dreh|kraft *f* rotatory force **~kran** *m*
slewing crane **~kreuz** *n* turnstile **~mo-
ment** *n* TECH torque **~orgel** *f* barrel or-
gan **~pause** *f* FILM shooting break
~punkt *m* TECH *u. fig* pivot **~schalter**
m rotary switch **~scheibe** *f* BAHN turn-
table, *fig* hub
Drehstrom *m* ELEK threephase current
~motor *m* threephase A.C. motor
Drehstuhl *m* swivel chair
Drehtag *m* FILM shooting day
Drehtür *f* revolving door
Drehung *f* turn(ing), rotation: **schnelle
~** spin
Drehzahl *f* revolutions *Pl* per minute
(*Abk* r.p.m.) **~messer** *m* revolution
counter **~regelung** *f* speed control
drei I *Adj* three: F **sie kann nicht bis ~
zählen** she is pretty dim(witted); **~
viertel** three-quarter; **es war ~ viertel
zwei** it was a quarter to two; **~ viertel
voll** three-quarters full **II** ♀ *f* (number)
three, PÄD satisfactory
Dreiakter *m* THEAT three-act play
dreibeinig *Adj* three-legged
dreidimensional *Adj* three-dimen-
sional
Dreieck *n* triangle
dreieckig *Adj* triangular
Dreiecksverhältnis *n* (love) triangle
Dreieinigkeit *f* REL Trinity
Dreierkonferenz *f* TEL three-party con-
ference, three-way conference
dreifach *Adj* threefold, triple: **die ~e
Menge** three times the amount; **in
~er Ausfertigung** in triplicate; **das
♀e** three times as much, triple
dreifarbig *Adj* tricolo(u)r
Dreifuß *m* tripod
Dreiganggetriebe *n* three-speed gear
dreihundert *Adj* three hundred

dreijährig *Adj*, **Dreijährige** *m, f* three-
year-old
Dreiklang *m* MUS triad
Dreikönige *Pl* REL (**zu ~** on) Epiphany
dreimal *Adv* three times
Dreimeilenzone *f* three-mile limit
Dreimeterbrett *n* three-metre (diving)
board
dreimotorig *Adj* three-engined
dreinblicken *v/i* F look *sad etc* **dreinre-
den** *v/i* F interfere (*j-m od* **bei** with)
Dreirad *n* tricycle
Dreisatz *m* MATHE rule of three
dreisilbig *Adj* trisyllabic
Dreisprung *m* SPORT triple jump
dreispurig *Adj Fahrbahn:* three-lane(d)
dreißig I *Adj* thirty; **sie ist Ende ~** she is
in her late thirties **II** ♀ *f* thirty **dreißiger**
Adj **die ~ Jahre** *e-s Jhs.:* the thirties *Pl*
Dreißiger(in) man (woman) of thirty
(*od* in his [her] thirties): **er ist in den
Dreißigern** he is in his thirties **Dreißi-
gerjahre** → **dreißiger**
dreist *Adj Person:* impertinent, F
cheeky, *a. fig Lüge etc:* brazen
dreistellig *Adj* MATHE three-digit
Dreistigkeit *f* impertinence, F cheek
dreistufig *Adj* TECH three-stage
Dreitagebart *m* (designer) stubble
dreitägig *Adj* three-day
Dreiteiler *m Anzug:* three-piece
dreiteilig *Adj* three-piece
Dreiviertel|stunde *f* three quarters *Pl*
of an hour **~takt** *m* MUS three-four
time
Dreiweg... TECH three-way (*switch etc*)
dreiwertig *Adj* CHEM trivalent
dreiwöchig *Adj* three-week
Dreizack *m* trident
dreizehn *Adj* thirteen: F *fig* **jetzt
schlägts aber ~!** that's the limit!
dreizehnt *Adj* thirteenth
Dreizimmerwohnung *f* three-room
flat (*od* apartment)
Dresche *f* F hiding
dreschen *v/t u. v/i* LANDW thresh: →
Phrase
Dreschmaschine *f* threshing machine
Dresseur(in) animal trainer **dressieren**
v/t Tier: train, (*Kind etc*) drill
Dressing *n* (salad) dressing
Dressman *m Pl* **-men** male model
Dressur *f* **1.** (animal) training **2.** SPORT
→ **Dressurreiten** *n* dressage

Drift f SCHIFF drift (current) **driften** v/i drift

Drill m MIL u. fig drill

drillen v/t allg, a. fig drill: **gedrillt sein auf** (Akk) be practised at

Drilling m triplet

drin Adv F 1. → **darin: er ist ~** he's inside 2. fig **das ist (bei mir) nicht ~!** that's not on!, that's out!; **es ist noch alles ~** anything is still possible; **mehr war nicht ~** that was the best I etc could do

dringen v/i 1. **~ durch** force one's way through, Licht etc: penetrate, Wasser etc: seep through 2. **~ aus** (Dat) Geräusch etc: come from 3. **~ in** (Akk) penetrate (into), Wasser: a. seep into, a. fig invade; fig **an die Öffentlichkeit ~** leak out 4. **~ bis zu** reach, get as far as 5. fig **~ auf** (Akk) insist on, press for 6. fig **(mit Fragen) in j-n ~** press s.o. (with questions); **mit Bitten in j-n ~** plead with s.o. **dringend I** Adj urgent, pressing, Notwendigkeit etc: imperative, Verdacht etc: strong, Gründe: compelling **II** Adv **~ brauchen** need urgently (od badly); **~ notwendig** imperative; **~ empfehlen** recommend strongly; **j-n ~ ersuchen** entreat s.o.

dringlich Adj urgent

Dringlichkeit f urgency: **von größter ~** of top (od first) priority

Dringlichkeitsantrag m PARL emergency motion **Dringlichkeitsstufe** f priority (class): **höchste ~** top priority

drinnen Adv inside, indoors

drinstecken v/i F **da steckt viel Arbeit drin** a lot of work has gone into it

dritt Adj third: **~er Klasse** third-class; POL **die ~e Welt** the Third World; **wir waren zu ~** there were three of us; **sie gingen zu ~ hin** three of them went

Dritte m, f third, JUR third party: **~(r) werden** SPORT finish third

Drittel n third **drittens** Adv third(ly)

drittklassig Adj fig third-rate

drittletzt Adj last but two

drittrangig Adj third-rate

Droge f drug

drogenabhängig Adj addicted to drugs: **~ sein** a. be a drug addict

Drogenabhängige m, f drug addict

Drogenabhängigkeit f drug addiction

Drogen|handel m drug trafficking **~händler(in)** drug dealer **~konsum** m

use of drugs **~kurier** m (drug) mule **~missbrauch** m drug abuse **~rausch** m F **(im ~** on a) trip **~sucht** f drug addiction **2süchtig** Adj addicted to drugs **~süchtige** m, f drug addict **~szene** f drug scene **~tote** m, f drug-related death

Drogerie f chemist's (shop), Am drugstore

Drogist(in) chemist, Am druggist

Drohbrief m threatening letter

drohen v/i threaten (j-m s.o.): **j-m ~ a) mit der Faust (dem Finger)** shake one's fist (finger) at s.o., **b)** fig (j-m bevorstehen) be in store for s.o.; **mit der Polizei ~** threaten to call the police; **er drohte zu ertrinken** he threatened to drown, he was in danger of drowning

drohend Adj 1. threatening 2. fig (bevorstehend) imminent: **~e Gefahr** a. threat, menace

Drohne f a. fig drone

dröhnen v/i boom, roar, (widerhallen) resound (**von** with): fig **mein Kopf dröhnt** my head is ringing

Drohung f threat, menace

drollig Adj droll, funny

Dromedar n ZOOL dromedary

Drops Pl (**saure ~** acid) drops Pl

Drossel[1] f ZOOL thrush

Drossel[2] f TECH choke

drosseln v/t TECH throttle (a. fig), (Heizung) turn down

drüben Adv over there, on the other side

Druck[1] m allg pressure, fig a. stress, MED (**~gefühl**) sensation of pressure: **ein ~ auf den Knopf genügt** just press the button; fig **auf j-n ~ ausüben, j-n unter ~ setzen** put s.o. under pressure; F **im ~ sein** zeitlich: be pressed for time

Druck[2] m 1. printing: **zum ~ gehen** go to press; **im ~ sein** be printing 2. (Kunst2) print 3. (~Art) print 4. (Textil2) print

Druck|abfall m drop in pressure **~anstieg** m increase in pressure **~ausgleich** m pressure compensation

Druckbuchstabe m block letter: **in ~n schreiben** a. print

Drückeberger(in) F shirker

druckempfindlich Adj sensitive to pressure, Obst: easily bruised

drucken v/t allg print

drücken I v/t 1. allg press, (quetschen) a.

squeeze, (*Taste*) *a.* push: **j-m die Hand ~** shake hands with s.o.; **j-m etw in die Hand ~** put (*heimlich*: slip) s.th. into s.o.'s hand; **j-n (an sich) ~** hug s.o.; → **Daumen 2.** (j-n) *Schuh*: pinch, hurt, *fig Sorgen, Schulden etc*: weigh heavily on *s.o.* **3.** *fig* (*Leistung, Preise etc*) bring (*od* force) down, (*Rekord*) better (**um** by) **4.** *sl* (*Heroin etc*) shoot **II** *v/i* **5.** *allg* press, *Rucksack etc*: *a.* hurt, *Schuh*: pinch, *fig Hitze etc*: be oppressive: **~ auf** (*Akk*) press on, (*Knopf etc*) press, push; *fig* **auf die Stimmung ~** cast a gloom (on everything) **III** *v/refl* **sich ~ 6.** F shirk: **~ vor e-r Sache ~** shirk (doing) s.th.

drückend *Adj fig Schulden etc*: heavy, *Schwüle etc*: oppressive

Drucker *m a.* COMPUTER printer

Drücker *m Türschloss*: latch, *Gewehr*: trigger: F *fig* **am ~ sitzen** be at the controls; **auf den letzten ~** down to the last minute

Druckerei *f* printing office

Druckerzeugnis *n* publication

Druckfehler *m* misprint

Druckfehlerverzeichnis *n* errata *Pl*

druckfertig *Adj* ready for (the) press: **~es Manuskript** fair copy

Druckkabine *f* FLUG pressurized cabin

Druckknopf *m* press-stud, F popper, *Am* snap fastener, TECH push button

Druckluft *f* compressed air **Druckluft...** compressed-air (*starter, drive, etc*)

Druckluftbremse *f* air brake

Druck|maschine *f* printing machine **~messer** *m* TECH pressure ga(u)ge **~mittel** *n fig* lever **~reif** → **druckfertig**

Drucksache *f* **1.** *Post*: printed (*Am a.* second-class) matter **2.** PARL Document

Druckschrift *f* **1.** block letters *Pl*: **in ~ schreiben** *a.* print **2.** printing type **3.** publication

Druck|stelle *f* tender spot, *bei Obst*: bruise **~verband** *m* MED compression bandage **~wasserreaktor** *m* pressurized water reactor **~welle** *f* e-r *Explosion*: shock wave **~zeile** *f* printline

drum *Adv* F → **darum**

Drum *n*: **das ganze ~ und Dran** everything that goes with it; **mit allem ~ und Dran** with all the trimmings

drunter *Adv* F **1.** → **darunter 2. es ging**

alles ~ und drüber it was absolutely chaotic

Drüse *f* gland **Drüsen...** glandular

Dschungel *m a. fig* jungle

Dschunke *f* junk

DTP *n* (= **Desktop-Publishing**) DTP

du *Personalpron* you: **bist ~ es?** is that you?; **~ Glückliche(r)!** lucky you!; **mit j-m per ~ sein** → **duzen** b

Dübel *m*, **dübeln** *v/t* dowel, peg

Dublee... gold-plated (*watch etc*)

ducken I *v/t* **den Kopf ~** duck one's head **II** *v/refl* **sich ~** crouch (down), *ausweichend*: duck, *fig* cringe (**vor** before) **Duckmäuser(in)** F *pej* cringer, (*Heuchler*) hypocrite

dudeln *v/t u. v/i* F tootle

Dudelsack *m* bagpipe(s *Pl*)

Duell *n* duel (**auf Pistolen** with pistols), *fig a.* fight, (*Rede2*) *a.* battle of words

duellieren *v/refl* **sich ~** fight a duel

Duett *n* MUS duet

Duft *m* smell, scent, fragrance, aroma

dufte *Adj* F great, super

duften *v/i* smell (**nach** of): **süß ~** smell sweet **duftend** *Adj* fragrant

duftig *Adj* gossamer, filmy

Duftnote *f* special scent

Duftstoff *m* scent, aroma

dulden *v/t* **1.** tolerate: **ich dulde es nicht** I won't have it (**dass** that); → **Aufschub 2.** → **erdulden Dulder(in)** (patient) sufferer **Duldermiene** *f iron* **mit ~** with a martyred expression

duldsam *Adj* (**gegen**) tolerant (of), (*nachsichtig*) indulgent (to), (*geduldig*) patient (with) **Duldsamkeit** *f* tolerance (**gegen** of), forbearance

Duldung *f* toleration, permission

dumm *Adj allg* stupid, *bes Am* dumb, F (*albern*) *a.* silly, *fig* (*unangenehm*) *a.* awkward: **zu ~!, so etw 2es!** how stupid!, what a nuisance!; F **~es Zeug** (*reden* talk) rubbish; **sich ~ stellen** act the fool; **ich lasse mich nicht für ~ verkaufen** I'm not that stupid; **die Sache wird mir zu ~** I'm sick and tired of it; *Adv* **j-m ~ kommen** get fresh with s.o.; **frag nicht so ~!** don't ask such silly questions! **Dumme** *m, f* fool: F **der ~ sein** be left holding the baby

dummerweise *Adv* F **1. ~ habe ich es vergessen** like a fool I forgot it **2.** unfortunately

Dummheit f 1. stupidity 2. stupid thing: *was für e-e ~!* what a stupid thing to do!; *(mach) k-e ~en!* don't do anything stupid!, none of your tricks!

Dummkopf m F fool, idiot

dumpf Adj 1. Geräusch etc: dull, muffled: *~er Aufprall* thud 2. (muffig) stuffy, (modrig) musty 3. fig (stumpfsinnig) dull, Atmosphäre etc: gloomy, dismal 4. fig Gefühl etc: dark, Schmerz: dull

Dumping n WIRTSCH dumping

Düne f dune

Dung m dung, manure **Düngemittel** n → **Dünger** düngen v/t u. v/i fertilize **Dünger** m fertilizer, (Mist) dung, manure **Dunggrube** f manure pit

dunkel I Adj 1. allg dark, (düster) a. gloomy (a. fig), Farbe: a. deep: **es wird ~** it is getting dark 2. Stimme, Ton etc: deep 3. fig allg dark, (unbestimmt) a. vague, dim, (geheimnisvoll) a. mysterious, (zwielichtig) shady, dubious: *j-n im ₂n lassen* leave s.o. in the dark (über Akk about); F *im ₂n tappen* grope in the dark; Adv *sich ~ erinnern* remember dimly II ₂ n 4. the dark, darkness (a. fig)

Dünkel m conceit

dunkelblau Adj dark blue

dunkelblond Adj dark blond

dunkelhaarig Adj dark(-haired) **dunkelhäutig** Adj dark(-skinned), swarthy

Dunkelheit f darkness, fig a. obscurity: → **Einbruch** 2

Dunkelkammer f FOTO darkroom

dunkelrot Adj dark red

Dunkelziffer f estimated number of unknown cases

dünn I Adj 1. allg thin, Gewebe etc: a. flimsy, Stimme, Flüssigkeit etc: a. weak, Haar: a. sparse, PHYS Luft: rare 2. fig (dürftig) poor, meag/re (Am -er) II Adv *~ besiedelt* sparsely populated; F fig *~ gesät sein* be scarce, be few and far between

Dünndarm m small intestine

Dünndruck(ausgabe f) m India-paper edition

Dünne f allg thinness (a. fig), weakness

dünnflüssig Adj thin, liquid, Öl: thin-bodied

dünnhäutig Adj a. fig thin-skinned

Dünnheit f → **Dünne**

dünnmachen v/refl *sich ~* F make o.s. scarce

Dunst m haze, mist, (Ausdünstung) vapo(u)r, fumes Pl, (Dampf) steam: F fig *er hat k-n (blassen) ~ davon* he hasn't the foggiest (idea) about it

dünsten v/t u. v/i GASTR stew

Dunstglocke f blanket of smog

dunstig Adj hazy, misty

Dunstschleier m (veil of) haze

Dünung f SCHIFF swell

Duo n MUS duo

Duplikat n duplicate, copy

Dur n MUS (in ~ in) major

durch I Präp 1. through: *quer~* across; *~ ganz Amerika reisen* etc all over America 2. (mittels) by, by means of, (bes über j-n) through: *~ Zufall* by chance 3. MATHE *10 ~ 2* 10 divided by 2 4. → *wegen* II Adv 5. zeitlich: during, through(out): *das ganze Jahr ~* throughout the year; *die ganze Nacht ~* all night long; F *es ist 5 Uhr ~* it is past five 6. F *~ und ~* through and through, completely: *~ und ~ nass* drenched

durchackern v/t F plough (Am plow) through **durcharbeiten** I v/t work (od go) through II v/i work through (without a break) III v/refl *sich ~* a. fig work one's way through

durchatmen v/i (tief) ~ breathe deeply

durchaus Adv 1. thoroughly, quite: *~!* absolutely!; *~ möglich!* quite possible!; *wenn er ~ kommen will* if he insists on coming 2. *~ nicht* by no means; *~ nicht!* absolutely not!; *er wollte ~ nicht gehen* he absolutely refused to go

durchbeißen I v/t bite through II v/refl *sich ~* F fig struggle through

durchbiegen v/refl *sich ~* sag

durchblättern v/t leaf through

Durchblick m 1. view (auf Akk of) 2. F fig grasp: *~ haben* → **durchblicken** 3; *sich den (nötigen) ~ verschaffen* find out what's what **durchblicken** v/i 1. look through 2. fig *~ lassen* intimate (dass that) 3. F (kapieren) get it, (Bescheid wissen) know the score: *da blicke ich nicht durch!* I don't get it!

durchbluten v/t supply with blood

Durchblutung f (blood) circulation

durchblutungs|fördernd Adj MED stimulating (blood) circulation **₂störung** f MED circulatory disturbance

durchbohren v/t pierce, stab: fig **j-n mit Blicken** ~ look daggers at s.o.

durchbohrend Adj fig Blick: piercing

'**durchbrechen**[1] **I** v/t break in two (a. v/i) **II** v/i allg break through (a. MIL u. Sport), MED burst, Zähne: erupt, (zum Vorschein kommen) come through, fig reveal itself

durch'**brechen**[2] v/t allg break through, (Blockade) a. run, (Regel etc) break

durchbrennen v/i **1.** ELEK Sicherung: blow, Birne: burn out **2.** F fig (ausreißen) run away, mit Geld: a. make off, mit Liebhaber: a. elope

durchbringen I v/t **1.** allg get s.o., s.th. through, (Kranken) pull s.o. through, (Familie etc) support **2.** (Geld) squander, blow **II** v/refl sich ~ **3.** get by

Durchbruch m **1.** breakthrough (a. fig), MED perforation, der Zähne: eruption: fig **zum** ~ **kommen** show, become manifest, Idee: gain acceptance **2.** (Öffnung) opening

durchdacht Adj reasoned **durchdenken** v/t logisch: reason s.th. (out)

durchdrängen v/refl sich ~ force one's way through

durchdrehen I v/t **1.** GASTR mince **II** v/i **2.** Räder: spin **3.** F flip, vor Angst: panic

durch'**dringen**[1] v/t **1.** get through, penetrate **2.** (j-n) Gefühl etc: fill, pervade

'**durchdringen**[2] v/i **1.** get through, penetrate, Stimme etc: be heard: fig **bis zu j-m** ~ reach s.o. **2.** fig ~ **mit e-m Vorschlag etc**: succeed with, get s.th. accepted '**durchdringend** Adj allg penetrating, Blick: a. piercing, Stimme: a. loud, shrill, Geruch: a. pungent: ~**e Kälte** biting cold; ~**er Schrei** scream

durchdrücken v/t **1.** (Knie) straighten **2.** F → **durchsetzen**[1] **I**

durchdrungen Adj filled (von with)

durcheinander I Adv ~ **sein** be at sixes and sevens, be in a mess; **ganz** ~ **sein** Person: be all mixed up, (aufgeregt) be in a flap; **alles** ~ **essen** eat everything as it comes; ~ **bringen** jumble up, a. fig (Begriffe etc) mix up, (j-n) confuse; get s.o. all flustered: **alles** ~ **bringen** get everything mixed up; ~ **geraten** get mixed up; ~ **reden** talk all at once **II** ♀ n a. fig confusion, mess

'**durchfahren**[1] v/i pass (od go, MOT drive) through, BAHN a. go nonstop

(bis to): **die Nacht** ~ travel all night

durch'**fahren**[2] v/t pass (od go, MOT drive) through, (Strecke) drive

Durchfahrt f allg passage, (Tor2) gate(way): ~ **verboten!** no thoroughfare!

Durchfahrtsstraße f through road

Durchfall m **1.** MED diarrh(o)ea **2.** F THEAT flop **durchfallen** v/i **1.** fall through **2.** F a) (a. ~ **lassen**) in e-r Prüfung: fail, bes Am flunk, **b)** bei e-r Wahl: be defeated, **c)** Vorschlag etc: be turned down, **d)** THEAT etc be a flop

Durchfallquote f PÄD failure rate

durchfechten v/t fig fight s.th. through

durchfeiern v/i F make a night of it

durchfinden v/i u. v/refl **sich** ~ find one's way through: (**sich**) **nicht mehr** ~ be (completely) at a loss

'**durchfliegen**[1] v/i **1.** fly through, FLUG a. fly nonstop **2.** → **durchfallen** 2 a

durch'**fliegen**[2] v/t **1.** fly through, (Strecke) fly, cover **2.** fig (Post, Zeitung etc) skim (od glance) through

durchfließen v/t flow (od run) through

durchfluten v/t fig Licht etc: flood a room etc, Gefühl etc: flow through s.o.

durchfragen v/refl **sich** ~ ask one's way (zu to)

durchfroren Adj fig frozen stiff

Durchfuhr f WIRTSCH transit

durchführbar Adj practicable, feasible: **schwer** ~ difficult to carry out

durchführen I v/t **1.** lead (od take) s.o., s.th. through **2.** (Arbeit, Plan etc) carry out (od through), (Tests etc) do, (Projekt etc) realize, (Veranstaltung) organize, (Gesetz) enforce **II** v/i **3.** ~ **durch** lead through; **unter e-r Brücke** ~ go (od lead) under a bridge

Durchführung f carrying out, realization, JUR enforcement

Durchführungsvorschrift f implementing regulation

Durchfuhrzoll m WIRTSCH transit duty

durchfüttern v/t F feed, (j-n) a. support

Durchgang m **1.** passage, (Weg) a. alley: ~ **verboten!, kein** ~**!** no thoroughfare!; **den** ~ **versperren** block the passage **2.** ASTR, WIRTSCH transit **3.** (Phase) stage, e-r Wahl: round (a. Sport), e-s Rennens etc: heat, (Zeitabschnitt) rotation (period) **durchgängig** Adj general

Durchgangslager n transit camp ~**straße** f through road ~**verkehr** m

1. through traffic **2.** → *Durchfuhr*

durchgeben *v/t* (*Meldung etc*) pass on: *telefonisch* ~ phone; (*im Radio*) ~ announce (on the radio)

durchgebraten *Adj* GASTR well done

durchgefroren → *durchfroren*

durchgehen I *v/i* **1.** *allg* go through, *Antrag, Gesetz etc*: *a.* be passed: *etw* ~ *lassen* let s.th. pass, tolerate s.th.; F *j-m etw* ~ *lassen* let s.o. get away with s.th. **2.** F run away, *mit Geld*: *a.* make off, *Liebende*: *a.* elope, *Pferd*: bolt: *fig mit j-m* ~ *Fantasie etc*: run away with s.o.; *ihm gingen die Nerven durch* he lost his head **II** *v/t* **3.** (*prüfen*) go over, go through

durchgehend I *Adj* through *train etc*, *Betrieb etc*: continuous (*a.* TECH) **II** *Adv* throughout: ~ *geöffnet* open all day

durchgeistigt *Adj* spiritual

durchgeknallt *Adj sl Freund, Freundin, Bemerkung etc*: *Br* over-the-top ..., over the top, *Abk* OTT

durchgreifen I *v/i* (*gegen*) take steps (against), F crack down (on) **II** ♀ *n* (*hartes, schnelles*) ♀ (*gegen*) (rigorous, fast) action (against), F crackdown (on) **durchgreifend** *Adj* drastic, *Reform etc*: radical, sweeping

durchhalten *v/i* hold out (to the end), F stick it out **II** *v/t* keep *s.th.* up, (*Tempo etc*) *a.* stand **Durchhaltevermögen** *n* staying power, stamina

durchhängen *v/i* **1.** sag **2.** F *fig* **a)** *Person*: feel low, **b)** *Sendung etc*: be dull

Durchhänger *m* F *e-n* ~ *haben* feel low

durchhecheln *v/t* F *fig* gossip about, run *s.o., s.th.* down

durchhungern *v/refl sich* ~ scrape a living

'durchkämmen¹ *v/t* **1.** (*Haar*) comb out **2.** *fig a* **durch'kämmen²** comb (*nach* for)

durch|kämpfen I *v/refl sich* ~ *a. fig* fight one's way through **II** *v/t* → *durch-fechten* ~*kauen* *v/t* chew s.th. well: F *fig etw* ~ go over s.th. again and again ~*kneten* *v/t* knead thoroughly ~*kommen* *v/i* **1.** *allg* come through (*a. fig*), *Kranker*: *a.* pull through, *am Telefon*, *durch e-e Prüfung*: get through, *Sonne*: break through **2.** *fig* (*mit* on) manage, get by: *mit dieser Ausrede kommst du*

nicht durch! you won't get away with this excuse!

durchkreuzen *v/t fig* thwart

durchkriechen *v/i* creep (*od* crawl) through

Durchlass *m* passage **durchlassen** *v/t* let *s.o., s.th.* through (*od* pass), (*Licht*) transmit: *Wasser* ~ leak; F *fig etw* ~ let s.th. pass, overlook s.th.

durchlässig *Adj* pervious (*für* to)

Durchlauf *m* **1.** TECH, COMPUTER pass **2.** SPORT heat **'durchlaufen¹ I** *v/i* run through, COMPUTER (*a.* ~ *lassen*) pass (through) **II** *v/t* (*Schuhe etc*) wear through **durch'laufen²** *v/t* run (*fig a.* go, pass) through, (*Strecke*) cover: *die Schule* ~ pass through school

durchlaufend *Adj a.* TECH continuous

Durchlauferhitzer *m* instantaneous water heater

durchleben *v/t* go (*od* live) through: (*im Geiste*) *noch einmal* ~ relive

durchlesen *v/t* read *s.th.* through: *sorgfältig* ~ peruse; *flüchtig* ~ skim

durch'leuchten¹ *v/t* **1.** MED X-ray, screen **2.** *fig* investigate, probe into *s.o.'s past etc* **'durchleuchten²** *v/i* shine through **Durch'leuchtung** *f* MED X-ray examination, screening

durchliegen *v/refl sich* ~ get bedsores

durchlöchern *v/t* **1.** perforate: *völlig durchlöchert* riddled with holes; *von Kugeln durchlöchert* riddled with bullets **2.** *fig* shoot holes in

durchmachen I *v/t allg* go through, (*Krankheit etc*) *a.* undergo: *er hat viel durchgemacht* he has been through a lot **II** *v/i* F (*die Nacht*) ~ make a night of it

Durchmarsch *m*, **durchmarschieren** *v/i* march through

Durchmesser *m* diameter

durchmogeln *v/refl sich* ~ F wangle one's way through

durchnässen *v/t* soak, drench

durchnehmen *v/t* PÄD do, go through

durchpausen *v/t* trace

durchpeitschen *v/t* (*Gesetz etc*) rush *s.th.* through, F *Am* railroad

durchqueren *v/t* cross, traverse

durchrasen *v/i* race (*od* tear) through

durchrasseln → *durchfallen* 2 a

durchrechnen *v/t* calculate: *noch einmal* ~ check

Durchreiche f (service) hatch

Durchreise f auf der ~ on one's way through; **ich bin nur auf der ~** I'm just passing through

Durchreisevisum n transit visa

durch|reißen I v/t tear (in two) **II** v/i tear, *Faden etc*: snap **~ringen** v/refl **sich ~** make up one's mind: **sich ~, etw zu tun** finally bring o.s. to do s.th. **~rosten** v/i rust through **~rutschen** v/i F slip through (a. fig), bei e-r Prüfung: scrape through **~rütteln** v/t shake (up), jolt **~sacken** v/i FLUG pancake

Durchsage f announcement

durchsagen v/t (Befehl etc) pass on, im Radio: announce

durchsägen v/t saw through

durchschaubar Adj Motive etc: obvious, a. Person: transparent: **schwer ~ Person, Charakter**: inscrutable, puzzling, enigmatic **durchschauen** v/t see through s.o., s.th.: **du bist durchschaut!** F I've got your number!

durch|scheinen v/i shine through: **~d** transparent, translucent **~scheuern** v/t (Stoff etc) wear through

durchschimmern v/i shimmer through

durchschlafen v/i sleep through

Durchschlag m 1. (Sieb) strainer 2. (Kopie) (carbon) copy, F carbon 3. ELEK blowout **'durchschlagen**[1] **I** v/t 1. cut in two 2. GASTR pass s.th. through a strainer **II** v/i 3. Nässe etc: come through, Farbe: show through 4. ELEK Sicherung: blow 5. MED act as a laxative 6. fig (sich auswirken) be(come) effective: **~ auf** (Akk) affect **III** v/refl **sich ~** 7. fight one's way through: **sich mühsam ~** scrape through; **sich allein ~** fend for o.s **durch'schlagen**[2] v/t Geschoss: penetrate **'durchschlagend** Adj fig very effective, Erfolg etc: sweeping, Idee etc: conclusive: **mit ~em Erfolg** very effectively

Durchschlagpapier n copy paper, flimsy

Durchschlagskraft f e-r Kugel etc: penetration, fig e-s Arguments etc: force

durch|schlängeln v/refl **sich ~** Person: thread one's way through (fig wriggle) through **~schleusen** v/t 1. (Schiff) lock 2. fig get s.o., s.th. through **~schlüpfen** v/i slip through **~schmelzen** v/i KERNPHY-

SIK melt down **~schmoren** v/i F Kabel etc: char, scorch

'durchschneiden[1] v/t cut (in two)

durch'schneiden[2] v/t 1. cut 2. fig intersect, Straße etc: cut through, (Wasser, Luft) cleave

Durchschnitt m average: **im ~** on (an od the) average; **über** (unter) ~ above (below) (the) average; **im ~ verdienen** etc average; (guter) ~ **sein** be (a good) average **durchschnittlich I** Adj average, (gewöhnlich) a. ordinary, (mittelmäßig) a. mediocre **II** Adv on (an od the) average: **~ verdienen** etc a. average **Durchschnitts...** average (age, income, speed, temperature, etc)

Durchschreibeblock m carbon-copy pad **durchschreiben** v/t make a (carbon) copy of

durchschreiten v/t walk through

Durchschrift f (carbon) copy

durchschwimmen v/t swim (through od across)

durchschwitzen v/t soak with sweat

durchsehen I v/i see (od look) through **II** v/t look s.th. over, go through, (prüfen) check: **flüchtig ~** glance through

'durchsetzen[1] **I** v/t etw ~ get s.th. through (od accepted); **~, dass etw geschieht** succeed in getting s.th. done; **s-n Willen ~** have one's way **II** v/refl **sich ~** Person: assert o.s., have one's way, Idee etc: be accepted, catch on, Partei, Kandidat(in): be successful; **sich ~ gegen** prevail against, F win out over (a. Sport): **er kann sich nicht ~** he has no authority **durch'setzen**[2] v/t intersperse (mit with) **'Durchsetzungsvermögen** n self-assertion, authority: **~ haben** a. be able to assert o.s

Durchseuchung f spread of infection

Durchsicht f examination, inspection: **bei ~ der Akten** on looking through (prüfend: on checking) the papers

durchsichtig Adj transparent, fig a. obvious

Durchsichtigkeit f a. fig transparency

durchsickern v/i ooze (od seep) out, a. fig leak out

durch|spielen v/t 1. (Szene, Stück etc) play s.th. through 2. fig rehearse, go through **~sprechen** v/t talk s.th. over, discuss **~starten** v/i FLUG climb and re-

accelerate, F go round again **~stecken** v/t (od pass) s.th. through **~stehen** v/t **1.** fig get through **2.** → **durchhalten** II **~stellen** v/t TEL **ein Gespräch ~** put a call through

durchstöbern v/t rummage through

'**durchstoßen**[1] v/i break (od push) through **durch'stoßen**[2] v/t penetrate, pierce, (Wolken etc) break through

durchstreichen v/t cross out, cancel

durchstreifen v/t roam

durchströmen v/t a. fig flow through

durchsuchen v/t search, (Gebiet etc) comb, scour **Durchsuchung** f search

Durchsuchungsbefehl m search warrant

durchtrainiert Adj top fit

durchtrennen v/t sever

durchtreten v/t MOT (Pedal) step on, Am floor, (Starter) kick

durchtrieben Adj sly

durchwachsen Adj **1.** Speck: streaky **2.** präd F fig so-so, mixed

Durchwahl f TEL **1.** (Direktwahl) direct dial(l)ing **2.** (Nebenstelle) extension

durchwählen v/i **nach Berlin ~** dial through to Berlin, dial Berlin direct

durchwandern v/t hike through

durchweg Adv all of it (od them), without exception, down the line

durchweicht Adj drenched, soaked

durchwühlen v/t rummage through

durchwursteln v/refl **sich ~** F muddle through

durchzählen v/t bes MIL count off

'**durchziehen**[1] I v/t **1.** pull s.th. through **2.** F fig (Vorhaben etc) push (od see) s.th. through II v/i **3.** pass (od march) through **4.** GASTR **gut ~ lassen** cook well III v/refl **sich ~ 5.** fig Motiv etc: run through **durch'ziehen**[2] v/t pass (od march) through, Fluss etc, a. fig Motiv etc: run through, fig Schmerz etc: shoot through, Geruch: fill

durchzucken v/t a. fig flash through

Durchzug m **1.** passage, march through **2.** (Luftzug) draught, Am draft: **~ machen** air the room thoroughly

durchzwängen v/refl **sich ~** squeeze (o.s.) through

dürfen I v/hilf **etw tun ~** be allowed to do s.th.: **darf ich ihn besuchen?** may I visit him?; **ja, Sie ~** yes, you may; **nein, Sie ~ es nicht** no, you can't (od

mustn't); **wir ~ stolz auf ihn sein** we can be proud of him; **du darfst so etw nicht sagen!** you mustn't say things like that!; **was darf es sein?** Verkäufer(in): what can I do for you?, Gastgeber(in): what would you like?; **das dürfte genügen** that should be enough II v/t **er darf (es)** he is allowed to; **das darf man auf k-n Fall** you can't possibly do that III v/i **wenn ich nur dürfte** if only I were allowed to

dürftig Adj poor, meag/re (Am -er), scanty: **in ~en Verhältnissen leben** be poorly off; fig **~e Kenntnisse** scanty knowledge (**von** of) **Dürftigkeit** f poorness (a. fig), meagreness

dürr Adj **1.** allg dry, Äste, Holz: a. dead, Boden: a. barren **2.** Körper, Mensch: thin, gaunt, skinny, Hals: scrawny **3.** fig **in ~en Worten** in plain terms

Dürre f drought **Dürrekatastrophe** f disastrous drought **Dürreschäden** Pl drought damage Sg

Durst m thirst (a. fig **nach** for): **~ haben** (**bekommen**) be (get) thirsty; **den Durst löschen** quench (od slake) one's thirst F **er hat e-n über den ~ getrunken** he has had one too many

dürsten v/i fig thirst (**nach** for)

durstig Adj thirsty (a. fig **nach** for)

durstlöschend, durststillend Adj thirst-quenching **Durststrecke** f fig hard slog, hard times Pl

Duschbad n shower bath **Dusche** f shower, douche (a. MED): fig **wie e-e kalte ~ auf j-n wirken** bring s.o. down to earth with a bump **duschen** v/i u. v/refl **sich ~** (have a) shower

Dusch|gel n shower foam **~kabine** f shower cubicle **~raum** m shower room **~vorhang** m shower curtain

Düse f nozzle

Dusel m F fluke, luck: **~ haben** be lucky; **mit ~** by a fluke **duselig** Adj F **1.** dopey, dazed (a. schläfrig) drowsy

düsen v/i F zoom

Düsen|antrieb m jet propulsion: **mit ~** jet-propelled **~flugzeug** n jet plane **düsengetrieben** Adj jet-propelled **Düsen|jäger** m MIL jet fighter **~pilot(in)** jet pilot **~triebwerk** n jet engine **~verkehrsflugzeug** n jetliner

Dussel m F dope **dusslig** Adj F dopey

düster Adj a. fig dark, gloomy, dismal:

~e Aussichten bleak prospects

Dutzend n (**zwei ~** two) dozen: **♀e von Leuten** dozens of people; **zu ♀en** in dozens; **♀ Mal** dozens of times **♀weise** Adv a. by the dozen

duzen v/t **j-n ~ a)** address s.o. with „du", **b)** a. **sich mit j-m ~** be on first-name terms with s.o.

Duzfreund(in) intimate friend

DV f (= **Datenverarbeitung**) DP

Dynamik f allg dynamics Pl (oft Sg

Dynamiker(in) go-getter

dynamisch Adj a. fig dynamic: WIRTSCH **~e Rente** index-linked pension

dynamisieren v/t **1.** speed s.th. up **2.** WIRTSCH (Renten etc) index-link

Dynamit n dynamite

Dynamo(maschine f) m ELEK dynamo

Dynastie f dynasty

D-Zug m fast train

konstr), fig a. dynamism

Dynamiker(in) go-getter

E

E, e n E, e (a. MUS)

Ebbe f low tide: **~ und Flut** high tide and low tide; **es ist ~** the tide is out

eben I Adj **1.** (flach) even, level, flat, (glatt) smooth **II** Adv **2.** (so~, gerade) just (now): **~ erst** only just; **ich wollte ~ gehen** I was just going to leave **3.** (genau) just, exactly: (**das ist es ja**) **~!** that's it!; **~ nicht!** on the contrary! **4. ~ noch** (mit Mühe) only just **5.** (nun einmal) just: **es taugt ~ nichts** it's just no good; **er ist ~ der Bessere** he's better, that's all; **so ist es ~!** that's the way it is!; **dann ~ nicht!** all right, forget it!

Ebenbild n image: **das ~ s-s Vaters** the spit and image of his father

ebenbürtig Adj equal: **j-m ~ sein** be s.o.'s equal, fig a. be a match for s.o.

ebender(selbe), **ebendie(selbe)**, **ebendas(selbe) I** Demonstrativpron the very same **II** Adj that very man, woman, thing **ebendeswegen** Adv for that very reason

Ebene f **1.** GEOG plain **2.** MATHE plane **3.** fig (Stufe) level: **auf staatlicher** (höchster) **~** at government (top) level

ebenerdig Adj at ground level

ebenfalls Adv likewise, nachgestellt: too, as well: **~ nicht** (kein) ... not ... either; **danke, ~!** thanks, the same to you!

Ebenholz n ebony

ebenmäßig Adj well-proportioned, Gesichtszüge: regular

ebenso Adv **1.** just as good etc **2.** (in) the

same way: **~ gut** (just) as well; **~ viel** just as much (od many) **3.** → **ebenfalls**

Eber m ZOOL boar

Eberesche f BOT mountain ash

ebnen v/t level: → **Weg**

EC m = **Eurocity**

Echo n echo, fig a. response: **ein lebhaftes ~ finden** meet with a lively response **Echolot** n echo sounder

Echse f ZOOL lizard

echt I Adj genuine (a. fig Gefühl etc), Dokument: authentic, Farbe: fast, Haar(farbe): natural, (wirklich) real (a. Gold, Leder etc), (wahr) true (a. Freund etc), (rein) pure: **ein ~er Engländer** a true (od real) Englishman **II** Adv really: F **~ gut!** real good!; **das ist ~ Paul!** that's Paul all over! **Echtheit** f genuineness (etc), authenticity

Echtzeit f IT real time **~verarbeitung** f IT real-time processing

Eckball m SPORT corner

Ecke f **1.** corner (a. Kante, Straßen♀, a. Sport): **an der ~** at (Haus: on) the corner; **gleich um die ~** just round the corner; fig **an allen ~n und Enden** everywhere; **es fehlte an allen ~n und Enden** we were short on everything; F **j-n um die ~ bringen** bump s.o. off **2.** F (Stückchen) piece, (Strecke) stretch, (Gegend) corner

eckig Adj square, angular, fig awkward **...eckig** ....-cornered

Ecklohn m basic wage **Eckpfeiler** m **1.** ARCHI corner pillar **2.** fig cornerstone **Eckplatz** m corner seat **Eckstoß** m

SPORT corner kick **Eckzahn** *m* eyetooth **Eckzins** *m* basic interest rate

E-Commerce *m* (= *elektronischer Handel*) IT e-commerce

Ecuador *n* Ecuador

edel *Adj* **1.** *a. fig* noble **2.** *Metall, Stein:* precious, *Wein etc:* exquisite **Edel|gas** *n* inert gas **~holz** *n* rare wood **~metall** *n* precious metal

edelmütig *Adj* noble-minded

Edel|pilzkäse *m* blue cheese **~stahl** *m* high-grade steel **~stein** *m* precious stone, *geschliffener:* gem **~tanne** *f* BOT silver fir **~weiß** *n* BOT edelweiss

Editor *m* IT editor

Edutainment *n* edutainment

EDV *f* (= *elektronische Datenverarbeitung*) EDP, electronic data processing **EDV-Anlage** *f* electronic data processing equipment

Efeu *m* BOT ivy

Effeff *n* F *etw aus dem ~ können* be a real wizard at s.th.

Effekt *m* effect, (*Ergebnis a.*) result

Effekten *Pl* WIRTSCH securities *Pl*, (*Aktien und Obligationen*) stocks and bonds *Pl* **~börse** *f* stock exchange **~händler(in)** stock dealer **~makler(in)** stockbroker

Effekthascherei *f* sensationalism, (cheap) showmanship

effektiv *Adj* **1.** effective **2.** (*tatsächlich*) actual

Effektivität *f* effectiveness

effektvoll *Adj* effective, striking

Effizienz *f* efficiency

EG *f* (= *Europäische Gemeinschaft*) *hist* EC, European Community

egal *Adj präd* F **1.** *das ist (ganz) ~* it doesn't matter; *das ist mir (ganz) ~* I don't care; *das ist mir nicht ~* I do care; *ganz ~, wer (warum etc)* no matter who (why *etc*) **2.** (*gleich*) the same

Egge *f*, **eggen** *v/t* harrow

Egoismus *m* egoism **Egoist(in)** ego-(t)ist **egoistisch** *Adj* egotistic(al), selfish **egozentrisch** *Adj* self-centred, *Am* self-centered

eh *Adv* **1.** *Dialekt* → **ohnehin 2.** *seit ~ und je* always; *wie ~ und je* as ever

ehe *Konj* before; *nicht ~* not until; → *eher, ehest*

Ehe *f* marriage: *sie hat e-e Tochter aus erster ~* she has a daughter by her first

marriage; *die ~ brechen* commit adultery; *(mit j-m) die ~ schließen* get married (to s.o.); *sie führen e-e glückliche ~* they are happily married **eheähnlich** *Adj:* **~e Gemeinschaft** common-law marriage; *in e-r ~en Gemeinschaft leben* cohabit **Eheberater(in)** marriage guidance counsel(l)or **Eheberatung(sstelle)** *f* marriage guidance (bureau) **Ehebett** *n* marriage bed **Ehebrecher(in)** adulterer (adulteress) **ehebrecherisch** *Adj* adulterous **Ehebruch** *m* adultery **Ehefrau** *f* wife, *weit. S.* married woman **Ehegatten** *Pl* husband and wife **Ehekrach** *m* F marital row **Ehekrise** *f* marital crisis **Eheleben** *n* married life

ehelich *Adj* marital, *Kind:* legitimate

ehemalig *Adj* former, ex-…, (*verstorben*) late **ehemals** *Adv* formerly

Ehemann *m* husband, *weit. S.* married man **Ehepaar** *n* married couple: *das ~ Brown* Mr. and Mrs. Brown

Ehepartner(in) (marriage) partner

eher *Adv* **1.** earlier, sooner: *je ~, desto lieber* the sooner the better **2.** (*lieber*) rather, (*leichter*) more easily, (*mehr*) more, (*wahrscheinlicher*) more likely

Ehering *m* wedding ring

ehern *Adj* **1.** (of) brass **2.** *fig Gesetz, Wille:* iron

Ehescheidung *f* divorce; → *a. Scheidung(s…)* **Eheschließung** *f* marriage

ehest I *Adj* earliest **II** *Adv* *am ~en* (the) earliest, (the) first, (*am besten*) best; *er kann uns am ~en helfen* if anyone can help us, it's him

Ehestand *m* matrimony **Ehestreit** *m* marital row **Ehevertrag** *m* marriage contract **Eheversprechen** *n* promise of marriage

ehrbar *Adj* hono(u)rable, respectable

Ehre *f* hono(u)r: *zu ~n* (*Gen od von*) in hono(u)r of; *ihm zu ~n* in his hono(u)r; *j-m die ~ erweisen zu Inf* do s.o. the hono(u)r of *Ger*; *j-m die letzte ~ erweisen* pay one's last respects to s.o.; *j-m (k-e) ~ machen* be a (no) credit to s.o.; *in ~n halten* hold in hono(u)r; *mit wem habe ich die ~?* to whom have I the pleasure of speaking? **ehren** *v/t* hono(u)r, (*achten*) respect: *diese Haltung etc ehrt ihn* does him credit **Ehren|amt** *n* honorary post **2amtlich I**

Adj honorary **II** *Adv* in an honorary capacity **~bürger(in)** honorary citizen **~doktor** *m* honorary doctor
Ehrengast *m* guest of hono(u)r
ehrenhaft *Adj* hono(u)rable, upright
ehrenhalber *Adv* for hono(u)r's sake: **Doktor ~** doctor honoris causa
Ehren|kodex *m* code of hono(u)r **~legion** *f* Legion of Hono(u)r **~mal** *n* (war) memorial **~mann** *m* man of hono(u)r **~mitglied** *n* honorary member **~platz** *m* place of honorary **~rechte** *Pl* JUR **bürgerliche ~** civil rights *Pl* **~rettung** *f* vindication **~runde** *f* (*e·e ~ drehen* do a) lap of hono(u)r **~sache** *f* matter of hono(u)r **~schuld** *f* debt of hono(u)r **~tag** *m* great day **~titel** *m* honorary title **~treffer** *m* SPORT consolation goal **~tribüne** *f* VIP lounge
ehrenvoll *Adj* hono(u)rable
Ehrenwache *f* guard of hono(u)r
ehrenwert *Adj* respectable
Ehrenwort *n* word of hono(u)r: **sein ~ geben** give one's word; **~!** I promise (you)! **Ehrenzeichen** *n* decoration
ehrerbietig *Adj* (**gegen** towards) respectful, deferential
Ehrfurcht *f* (**vor** *Dat*) respect (for), *stärker*: awe (of); **~ gebietend** awe-inspiring
ehrfürchtig *Adj* respectful, reverential
Ehrgefühl *n* sense of hono(u)r
Ehrgeiz *m* ambition
ehrgeizig *Adj* ambitious
ehrlich I *Adj* honest, *Handel, Spiel etc*: fair, (*aufrichtig*) *a.* sincere, (*echt*) genuine, (*offen*) frank: **~ währt am längsten** honesty is the best policy; **seien wir (doch) ~!** let's face it! **II** *Adv* honestly (*etc*): **~ gesagt** to tell you the truth; F **~?** really? **Ehrlichkeit** *f* honesty
ehrlos *Adj* disgraceful
Ehrung *f* hono(u)r (*Gen* conferred on)
ehrwürdig *Adj* venerable, REL Reverend
ei *Interj* oh
Ei *n* 1. egg, PHYSIOL ovum: *fig* **wie ein ~ dem anderen gleichen** be as like as two peas; F **wie aus dem ~ gepellt** spick and span; **j-n wie ein rohes ~ behandeln** handle s.o. with kid gloves 2. *Pl* F (*Geld*) quid *Pl*, *Am* bucks *Pl* 3. *Pl* V (*Hoden*) balls *Pl*, *bes Am* nuts *Pl*
Eibe *f* BOT yew (tree)

Eiche *f* BOT oak (tree), (*Holz*) oak
Eichel *f* 1. BOT acorn 2. ANAT glans
Eichelhäher *m* ZOOL jay
eichen *v/t* (*Maße, Gewichte*) adjust, (*Messinstrumente*) calibrate
Eichhörnchen *n* ZOOL squirrel
Eichmaß *n* standard (measure)
Eid *m* oath: **e·n ~ ablegen** (*od* **leisten, schwören**) take an oath, swear (**auf die Bibel** by the Bible); **j-m e·n ~ abnehmen** administer an oath to s.o.; **unter ~ aussagen** testify on oath; JUR **an ~es statt → eidesstattlich**
Eidechse *f* ZOOL lizard
eidesstattlich *Adj u. Adv* in lieu of (an) oath: **~e Erklärung** affidavit
Eidgenosse *m*, **Eidgenossin** *f* Swiss (citizen): **die ~n** the Swiss **eidgenössisch** *Adj* Swiss
eidlich I *Adj* **~e Aussage**, **~e Erklärung** sworn statement, *schriftliche*: affidavit **II** *Adv* on (*od* under) oath
Eidotter *n* (egg) yolk
Eier|becher *m* eggcup **~kocher** *m* egg boiler **~kopf** *m* F *humb* egghead **~kuchen** *m* pancake **~löffel** *m* egg spoon **~schale** *f* eggshell **♀schalenfarben** *Adj* off--white **~schwamm** *m österr.* chanterelle **~speise** *f* egg dish **~stock** *m* ANAT ovary **~uhr** egg timer **~wärmer** *m* egg cosy
Eifer *m* zeal, eagerness, (*Begeisterung*) enthusiasm, *fervo(u)r*: **blinder ~** rashness; **blinder ~ schadet nur** haste is waste; **im ~ des Gefechts** in the heat of the moment **eifern** *v/i* 1. **nach etw ~** strive for s.th. 2. **~ gegen** rail against 3. **→ wetteifern**
Eifersucht *f* jealousy (**auf** *Akk* of)
eifersüchtig *Adj* jealous (**auf** *Akk* of)
eifrig *Adj* keen, ardent, (*emsig*) busy: *Adv* **~ bemüht sein zu** *Inf* be anxious to *Inf*
eigen I *Adj* 1. own, of one's own: **sich etw zu ♀ machen** make s.th. one's own, adopt; **ein ~es Zimmer** a room of one's own 2. (*persönlich*) personal, private: **nur für den ~en Gebrauch** only for one's own use; **~e Ansichten** personal views 3. (*typisch*) characteristic, typical: **mit dem ihr ~en Charme** with her characteristic charm 4. (*genau*) particular, fussy **II** ♀ *n* 5. *my etc* own

...eigen ...-owned: **staats~** state-owned
Eigenart *f* peculiarity
eigenartig *Adj* peculiar **eigenartiger- weise** *Adv* strangely enough
Eigenbedarf *m* one's personal needs *Pl, e-s Landes:* domestic requirements *Pl*
Eigenbrötler(in) 1. eccentric **2.** solitary (person)
Eigenfinanzierung *f* self-financing
Eigengewicht *n* dead (TECH net) weight
eigenhändig I *Adj* personal: **~e Unter- schrift** one's own signature **II** *Adv* personally, oneself
Eigenheim *n* house of one's own
Eigenheit *f* peculiarity
Eigeninitiative *f* one's own initiative
Eigen|leben *n* fig **ein ~ entwickeln** take on a life of its own **~liebe** *f* self-love, narcissism **~lob** *n* self-praise
eigenmächtig *Adj* high-handed, *(unbe- fugt)* unauthorized **Eigenmächtigkeit** *f* **1.** high-handedness **2.** arbitrary act
Eigenname *m* proper name *(od noun)*
Eigennutz *m* self-interest
eigennützig *Adj* selfish
eigens *Adv* (e)specially
Eigenschaft *f* quality, *(Merkmal)* characteristic, CHEM, PHYS, TECH property: **in s-r ~ als** in his capacity of *(od as)*
Eigenschaftswort *n* LING adjective
Eigensinn *m* stubbornness
eigensinnig *Adj* stubborn
eigenständig *Adj* independent
eigentlich I *Adj* real, actual: **im ~en Sinne** in the true sense of the word **II** *Adv* actually, really, *(von Rechts we- gen)* by rights: **was wollen Sie ~?** what do you want anyhow?
Eigentor *n a.* fig own goal
Eigentum *n* property, JUR ownership: **geistiges ~** intellectual property **Ei- gentümer(in)** owner, proprietor (pro- prietress)
eigentümlich *Adj* **1.** characteristic *(Dat* of) **2.** *(seltsam)* peculiar, strange
Eigentümlichkeit *f all* peculiarity
Eigentums|recht *n* (right of) owner- ship, title *(an Dat* of) **~wohnung** *f* free- hold flat, *Am* condominium
Eigenwille *m* self-will **eigenwillig** *Adj*

1. self-willed, headstrong **2.** *fig Stil etc:* very individual **Eigenwilligkeit** *f fig* (strong) individualism
eignen *v/refl* **sich ~ (als** as, **zu** as, for) *Sache:* be suitable, *Person:* be suited; **sich als Geschenk (Lehrer** etc) **~** *a.* make a good present (teacher *etc)*
Eigner(in) owner
Eignung *f (zu, für)* suitability (for), *e-r Person:* a. qualification (for, to be)
Eignungstest *m* aptitude test
Eilauftrag *m* WIRTSCH rush order **Eil- bote** *m* **durch~n** express, *Am* (by) spe- cial delivery **Eilbrief** *m* express letter, *Am* special delivery (letter)
Eile *f* hurry, rush: **in ~ sein** be in a hurry; **damit hat es k-e ~** there's no hurry
Eileiter *m* ANAT Fallopian tube
eilen *v/i* hurry, *Sache:* be urgent: **Eilt!** Urgent!; **es eilt nicht** there's no hurry
eilends *Adv* hurriedly, in a hurry
Eilfracht *f* express goods *Pl, Am* fast freight
eilig *Adj* hurried, *(dringend)* urgent: **es ~ haben** be in a hurry **eiligst → eilends**
Eilmarsch *m* forced march **Eilpaket** *n* express parcel **Eiltempo** *n* **im ~** in dou- ble quick time **Eilzug** *m* fast train
Eilzustellung *f* special delivery
Eimer *m* bucket *(a.* TECH), pail: *F die Uhr etc ist im ~* has had it; *F ihre Ehe ist im ~* their marriage is in tatters
eimerweise *Adv* in bucketfuls
ein[1] I *Adj* one: **~ für alle Mal** once and for all; **~ und derselbe (Mann)** one and the same person **II** *unbestimmter Arti- kel a, vor Vokal:* an: **~ (gewisser) Herr Brown** a (od one) Mr. Brown; **~es Ta- ges** one day **III** *Indefinitpron (jemand)* one, *(etwas)* one thing: **~er von beiden** one of them; → *a.* **einer**
ein[2] *Adv* **1.** *Schalter:* on: **~ - aus** on - off **2. ~ und aus gehen** come and go *(bei j-m* at s.o.'s place); **ich weiß nicht mehr ~ noch aus** I'm at my wits' end
Einakter *m* THEAT one-act play
einander *Adv* each other, one another
einarbeiten I *v/t* **1.** *j-n ~* acquaint s.o. with his (new) work, F break s.o. in **2.** *etw ~ in (Akk)* work s.th. into **II** *v/refl* **sich ~ 3.** get into the (new) job *(od* subject *etc)*
einarmig I *Adj* one-armed **II** *Adv* with one arm

einäschern v/t burn to ashes, (*Leiche*) cremate

Einäscherung f e-r *Leiche*: cremation

einatmen v/t u. v/i breathe in, inhale: *tief ~* take a deep breath

einäugig Adj one-eyed

Einbahn... one-way (*street, traffic*)

einbalsamieren v/t embalm

Einband m binding, cover

einbändig Adj in one volume

Einbau m installation, fitting **Einbau...** built-in, fitted (*kitchen, cupboard, etc*)

einbauen v/t build in, install, fit: *fig etw ~ in* (*Akk*) work s.th. into

einbegriffen Adj (*mit*) ~ included

einbehalten v/t keep back, withhold, (*abziehen*) deduct

einberufen v/t **1.** (*Versammlung*) call, PARL convoke **2.** MIL (*zu*) call up (for) Am draft (to)

Einberufung f **1.** calling, PARL convocation **2.** MIL conscription, Am draft

Einberufungsbescheid m MIL call-up order, Am draft papers Pl

einbetten v/t embed

Einbettkabine f SCHIFF single-berth cabin

Einbettzimmer n single room

einbeulen v/t dent

einbeziehen v/t include (*in* Akk in)

einbiegen v/i (*in e-e Straße etc*) turn (into): *links ~* turn left

einbilden v/refl *sich ~* **1.** (*sich vorstellen*) imagine, (*glauben*) think: *bilde dir ja nicht ein, dass ...* don't think that ...; *das bildest du dir nur ein* you're imagining things; *was bildest du dir eigentlich ein?* who do you think you are? **2.** *sich etw ~ (auf* Akk) be (very) conceited (about); *darauf brauchst du dir nichts einzubilden* that's nothing to be proud of **Einbildung** f **1.** illusion: *das ist reine ~* you're (he is *etc*) imagining things **2.** (*Dünkel*) conceit

Einbildungskraft f imagination

einbinden v/t **1.** (*Buch*) bind **2.** MED bandage **3.** fig include, integrate

einbläuen v/t *j-m etw ~* drum s.th. into s.o.'s head

einblenden I v/t FILM, RADIO, TV fade in II v/refl *sich ~ in* (*Akk*) tune in to

Einblendung f fade-in, intercut

einbleuen → **einbläuen**

Einblick m fig (*sich* [*e-n*] ~ *verschaffen* get an) insight (*in* Akk into); ~ *nehmen in* (*Akk*) inspect

einbrechen I v/i **1.** *in ein Haus etc* ~ break into a house *etc*; *bei ihm wurde eingebrochen* his house was burgled **2.** MIL u. fig ~ *in* (*Akk*) invade **3.** (*einstürzen*) collapse **4.** (*ins Eis*) ~ break through the ice **5.** fig *Kälte etc*: set in, *Nacht*: fall: *bei ~ der Dunkelheit* at nightfall **6.** fig break down, SPORT a. wilt **7.** WIRTSCH (*Verluste erleiden*) suffer heavy losses, *Kurse*: slump II v/t **8.** (*Tür etc*) break down

Einbrecher(in) burglar

einbringen I v/t **1.** bring in, (*als Reingewinn*): net, (*Kapital, a. fig*) contribute (*in* Akk to): *es bringt mir ... ein* it gets me ...; *das bringt nichts ein!* it doesn't pay! **2.** (*Verlust, Zeit*) make up (for) **3.** PARL *e-e Gesetzesvorlage* ~ introduce a bill **4.** JUR *e-e Klage* ~ file an action II v/refl *sich ~* **5.** commit o.s.

einbrocken v/t *etw* ~ crumble s.th. into the soup; fig *j-m* (*sich*) *etw* ~ get s.o. (o.s.) into trouble; *das hat er sich selbst eingebrockt!* it's his own fault!

Einbruch m **1.** break-in, (*~diebstahl*) burglary **2.** *bei ~ der Dunkelheit* at nightfall; *bei ~ der Kälte* when the cold (weather) sets in **3.** MIL u. fig invasion (*in* Akk of) **4.** METEO *von Kaltluft*: influx of cold air **5.** (*Einsturz*) collapse **6.** WIRTSCH (*Kurs~ etc*) slump, (*Verlust*) loss **7.** fig setback, SPORT wilting, *völliger:* breakdown *~diebstahl* m burglary

einbruchsicher Adj burglar-proof

einbürgern v/t naturalize: *sich ~* become naturalized, fig become established (*Wort*: adopted); *es hat sich (bei uns) so eingebürgert* it has become a custom (with us)

Einbürgerung f naturalization

Einbuße f loss (*an* Dat of)

einbüßen I v/t lose II v/i ~ *an* (*Dat*) lose some of

einchecken v/t u. v/i FLUG check in

eincremen v/t cream

eindämmen v/t dam up, fig a. check, (*Feuer etc*) get s.th. under control, POL contain

eindecken I v/t *j-n* ~ *mit* supply s.o. with; *gut eingedeckt sein* be well stocked; F *mit Arbeit eingedeckt sein*

be swamped with work **II** v/refl **sich ~** stock up (**mit** on)

eindeutig Adj clear, unequivocal

Eindeutigkeit f clearness

eindeutschen v/t Germanize

eindimensional Adj one-dimensional

eindösen v/i F doze off

eindrängen v/refl **sich ~** (**in** Akk) push one's way in(to), fig intrude (into)

eindringen v/i (**in** Akk) get in(to), gewaltsam: force one's way in(to), Messer, Kugel etc: penetrate (s.th.), MIL a. invade (s.th.); **auf j-n ~** attack s.o., **b)** fig Gefühle etc: come over s.o.; **mit** Fragen etc **auf j-n ~** press s.o. with

eindringlich Adj Warnung etc: urgent, Rede etc: forceful

Eindringlichkeit f urgency

Eindruck m 1. impression: **~ machen** be impressive; **auf j-n ~ machen** impress s.o.; **e-n schlechten ~ machen** make a bad impression (**auf** Akk on); **den ~ erwecken, dass ...** give the impression that...; **ich habe den ~, dass ...** I have a feeling that ...; → **erwerben, schinden** 2 2. (Spur) imprint

eindrücken v/t (Scheibe etc) break, (Tür etc) force, (einbeulen) dent

eindrucksvoll Adj impressive

einebnen v/t flatten, level (out fig)

eineiig Adj **~e Zwillinge** identical twins

eineinhalb Adj one and a half

Einelternteilfamilie f one-parent family

einengen v/t narrow down, restrict: **sich eingeengt fühlen** feel cramped

einer Pron someone, somebody; → a. **ein¹** III

Einer m 1. MATHE digit 2. SCHIFF single (sculler)

einerlei I Adj 1. **das ist** (**mir**) **~** it's all the same (to me), it is all one (to me); **~ wer** (**wo** etc) no matter who (where etc) 2. (gleichartig) the same **II** ♀ n 3. monotony: (**ewiges**) ♀ same old routine

einerseits, einesteils Adv on the one hand

einfach I Adj 1. allg simple, (leicht) a. easy, (schlicht) a. plain (a. Essen) 2. single: **~e Fahrkarte** single (ticket), Am one-way ticket **II** Adv 3. simply, just: **ich musste ~ lachen** I couldn't help laughing

Einfachheit f simplicity, plainness: **der**

~ halber to simplify matters

einfädeln I v/t 1. thread 2. fig arrange, geschickt: contrive **II** v/refl **sich ~** 3. MOT get in lane, filter (**in** Akk into): **sich links ~** filter to the left

einfahren I v/i 1. come in, arrive 2. BERGB descend into a mine **II** v/t 3. (Ernte) bring in 4. (Auto) run in 5. FLUG (Fahrgestell) retract 6. (Tor etc) crash into

Einfahrt f 1. entrance, drive(way), zur Autobahn: approach: **~ freihalten!** keep clear of the gate(s)! 2. entry (**in** Akk into): **der Zug aus ... hat ~ auf Gleis 1** the train from ... is now coming in on track 1 3. BERGB descent

Einfall m 1. (Gedanke) idea 2. (**in** Akk) MIL invasion (of), (Überfall) raid (on) 3. PHYS (Licht♀) incidence

einfallen v/i 1. fig j-m: occur to s.o.; **mir fällt eben ein, dass ... a.** I've just remembered that ...; **es fällt mir** (**jetzt**) **nicht ein** I can't think of it now; **was fällt dir ein? a)** how dare you!, **b)** you must be joking!; **ich werde mir schon was ~ lassen** I'll come up with s.th.; → **Traum 2**. MIL **in ein Land ~** invade a country; F fig **bei j-m ~** descend on s.o. 3. Licht: enter 4. MUS enter, join in 5. im Gespräch: butt in (**in** Akk on)

einfallslos Adj unimaginative, dull

Einfallslosigkeit f lack of ideas

einfallsreich Adj imaginative, inventive

Einfallsreichtum m wealth of ideas (od invention)

Einfallswinkel m PHYS angle of incidence

Einfalt f naivety, simpleness

einfältig Adj naive, simple

Einfaltspinsel m F pej nincompoop

Einfamilienhaus n detached house

einfangen v/t a. fig catch, capture

einfarbig Adj unicolo(u)r(ed), Stoff: plain

einfassen v/t 1. enclose, (umsäumen, a. Kleid) edge, border 2. (Edelstein) set, (Brillenglas etc) frame

Einfassung f 1. enclosure, border, edge 2. frame, e-s Edelsteins: setting

einfetten v/t grease, (Haut) cream

einfinden v/refl **sich ~** arrive, F turn up, (sich versammeln) assemble

einflechten v/t fig etw **~** (erwähnen)

mention s.th. in passing; **etw ~ in** (Akk) work (od insert) s.th. into

einfliegen I v/t (j-n, etw) fly in, (Flugzeug) test(-fly) **II** v/i (sich nähern) approach: **~ in** (Akk) fly into, enter

einfließen v/i flow into(to **in** Akk): fig **etw ~ lassen** slip s.th. in, (andeuten) give s.th. to understand

einflößen v/t (j-m etw ~) give s.o. s.th. (to drink); fig **j-m Bewunderung** (**Ehrfurcht, Mut** etc) **~** fill (od inspire) s.o. with admiration (awe, courage, etc); **j-m Angst ~** fill s.o. with fear

Einflugschneise f approach corridor

Einfluss m influence (**auf** Akk on): **~ haben auf** (Akk) **a)** have an influence on, influence, **b)** (einwirken) have an effect on, affect; → **geltend Einflussbereich** m sphere of influence **Einflussnahme** f intervention (**auf** Akk in)

einflussreich Adj influential

einförmig Adj uniform, (eintönig) monotonous **Einförmigkeit** f uniformity, (Eintönigkeit) monotony

einfrieren I v/i **1.** Rohre etc: freeze (up), Wasser: freeze over, Schiff im Hafen: become icebound **2.** fig freeze: **etw ~ lassen** freeze s.th. up **II** v/t **3.** GASTR (deep-)freeze **4.** fig (Löhne, Preise etc, POL Beziehungen) freeze

Einfügemodus m COMPUTER insert mode

einfügen I v/t (**in** Akk) fit in(to), insert (into), COMPUTER a. paste (into) **II** v/refl **sich ~** (**in** Akk) fig fit in (with), Person: adjust (to)

Einfügetaste f COMPUTER insert key

einfühlen v/refl **sich ~** (**in** Akk) empathize (with) **einfühlsam** Adj sensitive

Einfühlungsvermögen n empathy

Einfuhr f WIRTSCH **1.** import **2.** konkret: imports Pl **Einfuhrartikel** m imported article, Pl imports Pl **Einfuhrbestimmungen** Pl import regulations Pl

einführen I v/t **1.** introduce, (Methode etc) a. adopt **2.** **j-n ~** introduce s.o. (**in** Akk into, **bei** to); **j-n (in ein Amt) ~** inaugurate s.o. **3.** (hineinstecken) (**in** Akk into) insert, introduce **4.** WIRTSCH import

Einfuhr|genehmigung f import licen/ce (Am -se) **~land** n importing

country **~stopp** m import ban

Einführung f **1.** allg introduction, e-s Gegenstandes: a. insertion, (Amts2) inauguration **2.** → **Einfuhr** 1

Einführungs... introductory (course, price, offer, etc)

Einfuhrverbot n import ban (**für** on)

einfüllen v/t pour in(to **in** Akk)

Eingabe f **1.** application (**bei** to, **um**, **für** for) **2.** COMPUTER input **Eingabedaten** Pl COMPUTER input data Pl **Eingabetaste** f COMPUTER enter key, return key

Eingang m **1.** entrance, way in, entry **2.** (**zu** to) access, entry, admission; → a. **Zutritt 3.** von Waren: arrival, von Briefen etc: receipt: **bei ~, nach ~** on receipt **4. Eingänge** Pl **a)** von Waren: arrivals Pl, **b)** von Post: incoming mail Sg, **c)** (Einnahmen) receipts Pl **5.** (**zu ~** at the) beginning (Gen of)

eingängig Adj Melodie etc: catchy

eingangs I Adv at the beginning **II** Präp (Gen) at the beginning of

Eingangs|datum n date of receipt **~halle** f entrance hall **~stempel** m date stamp **~worte** Pl opening words Pl

eingebaut Adj built-in, TECH a. integrated

eingeben v/t **1.** (Dat to) (Arznei) give, administer **2.** (Daten) enter (**in e-n Computer** into a computer) **3.** fig **j-m e-n Gedanken ~** give s.o. an idea

eingebildet Adj **1.** Krankheit etc: imaginary **2.** (dünkelhaft) conceited (**auf** Akk about), (anmaßend) arrogant

Eingeborene(r) m/f native

Eingebung f inspiration, (Regung) a. impulse: **e-r plötzlichen ~ folgend** acting on the spur of the moment

eingefallen Adj Wangen etc: hollow, Gesicht: haggard

eingefleischt Adj inveterate: **~er Junggeselle** confirmed bachelor

eingehen I v/i **1.** Geld, Post, Waren: come in, arrive; **~d** incoming **2. ~ in die Sprache** etc enter: → **Geschichte 2 3. bei j-m ein- und ausgehen** be a frequent visitor at s.o.'s place **4. ~ auf** (**in** Vorschlag etc) accept, agree to, (Einzelheiten etc) deal with, (e-e Frage etc) go into, (e-n Scherz etc) go along with; **auf j-n ~** respond to s.o., humo(u)r s.o., (j-m zuhören) listen to s.o. **5.** Tier, Pflanze: die (a. F Mensch: **vor**

Dat with), F *Sportler etc*: go under, *Firma etc*: fold up **6.** (*einlaufen*) shrink **7.** F *das geht ihm nicht ein* he can't grasp it **II** *v/t* **8.** (*Vertrag, Ehe etc*) enter into; → *Risiko, Wette*

eingehend I *Adj fig* thorough, detailed **II** *Adv* thoroughly, in detail

eingeklemmt *Adj* MED *Bruch*: strangulated, *Nerv*: trapped

eingemacht *Adj Obst etc*: preserved, *in Essig*: pickled

eingemeinden *v/t* incorporate (*in Akk* into)

eingenommen *Adj* ~ *sein von* be taken with; *von sich selbst* ~ *sein* be full of o.s.; ~ *sein für* (*gegen*) be prejudiced towards (against)

eingerostet *Adj a. fig* rusty

eingeschlossen *Adj* **1.** locked in **2.** *im Preis etc*: included

eingeschnappt *Adj* F in a huff: *sie ist leicht* ~ she is very touchy

eingespielt *Adj* (*gut*) *aufeinander* ~ *sein a. fig* make a good team

Eingeständnis *n* (*nach eigenem* ~ by one's own) admission, *stärker*: confession **eingestehen** *v/t* admit

eingestellt *Adj* **1.** ~ *gegen* opposed to **2.** ~ *auf* (*Akk*) prepared for, geared to **3.** *sozial etc* ~ socially *etc* minded; *materialistisch* ~ *sein* be very materialistic

eingetragen *Adj* WIRTSCH registered

Eingeweide *Pl* insides *Pl*, F innards *Pl*, (*Gedärme*) intestines *Pl*, guts *Pl*

Eingeweihte *m, f* insider: *die* ~*n Pl* those in the know

eingewöhnen *v/refl sich* ~ settle in (*in Dat* into)

eingießen *v/t* pour (out)

eingipsen *v/t* MED put in plaster

eingleisig *Adj* single-track, *a. fig* one--track

eingliedern I *v/t* (*in Akk*) integrate (into), incorporate (into), (*Land*) annex (to): *j-n wieder* ~ rehabilitate s.o. **II** *v/refl sich* ~ → *einfügen* II

Eingliederung *f* integration, *e-s Gebiets*: annexation

eingraben I *v/t* **1.** (*Leichnam, Schatz etc*) bury, (*Pfahl, Pflanze etc*) dig in **2.** (*einritzen*) engrave (*in Akk* on) **II** *v/refl sich* ~ **3.** dig (o.s.) in, entrench o.s., *Tier*: burrow itself (*in Akk* into)

eingravieren *v/t* engrave (*in Akk* on)

eingreifen I *v/i* **1.** step in, intervene, *störend, a.* JUR interfere (*in Rechte* with), MIL cut in: go into action: *in ein Gespräch* ~ cut in on a conversation; *in die Debatte* ~ interfere in the debate; *in j-s Leben* ~ *Ereignis*: affect s.o.'s life **2.** TECH mesh (*in Akk* with) **II** ♀ *n* **3.** intervention, interference, action **eingreifend** *Adj fig* drastic, far-reaching **Eingreiftruppe** *f*: *schnelle* ~ rapid reaction force

Eingriff *m* **1.** MED (*kleiner* ~ minor, *verbotener* ~ illegal) operation **2.** (*in Akk*) intervention (in), *störender*: interference (with, in)

einhaken I *v/t* hook s.th. in **II** *v/refl sich* ~ link arms (*bei j-m* with s.o.) **III** *v/i fig* cut in (*bei* on): *bei e-r Sache* ~ take s.th. up

Einhalt *m e-r Sache* ~ *gebieten* put a stop to, check **einhalten** *v/t* (*Versprechen*) keep, (*Vertrag, Frist, Vorschrift etc*) keep to, observe, (*Verpflichtung*) meet: *die Richtung* ~ keep going in the same direction **Einhaltung** *f* (*Gen*) adherence (to), observance (of)

einhämmern *v/t fig j-m etw* ~ drum s.th. into s.o.'s head

Einhand... SCHIFF single-handed

einhandeln *v/t etw für* (*od gegen*) *etw* ~ swap (*od* exchange) s.th. for s.th.; F *fig sich etw* ~ land o.s. with s.th.

einhändig *Adj u. Adv* single-handed

einhängen I *v/t* **1.** (*Tür*) put s.th. on its hinges **2.** TEL *den Hörer* ~ hang up, replace the receiver **II** *v/refl sich bei j-m* ~ take s.o.'s arm **III** *v/i* → **2**

einhauen → *einschlagen* 1, 2

einheimisch *Adj* local, native, *a.* BOT, ZOOL indigenous, WIRTSCH domestic: ~*e Mannschaft* SPORT home team

Einheimische *m, f* native, *e-s Ortes*: resident, local

einheimsen *v/t* F (*Geld etc*) pocket, rake in, (*Lob etc*) win

einheiraten *v/i* ~ *in* (*Akk*) marry into

Einheit *f* **1.** *allg* unit: *e-e geschlossene* ~ *bilden* form an integrated whole **2.** (*Geschlossenheit*) *a.* POL unity

einheitlich *Adj* uniform, homogeneous, (*genormt*) standard(ized), (*gemeinsam*) united

Einheitlichkeit *f* **1.** uniformity **2.** unity

Einheits|front *f* POL united front ~*ge-*

bühr f standard rate **~liste** f POL single list (Am ticket) **~preis** m standard price, (Pauschale) flat-rate price **~staat** m centralized state **~wert** m Steuerrecht: rateable value

einheizen v/i F fig j-m ~ give s.o. hell

einhellig Adj unanimous

Einhelligkeit f unanimity

einher ~ walk etc along

einholen I v/t 1. (erreichen) catch up with (a. fig), (verlorene Zeit, Versäumtes) make up for 2. (beschaffen) get, (Erlaubnis, Gutachten etc) a. obtain: **Auskünfte** ~ make inquiries (über Akk about); **Rat** ~ seek advice (bei from) 3. (Segel) strike, (Schiff) tow in II v/i 4. F ~ **gehen** go shopping

Einhorn n unicorn

einhüllen v/t (in Akk) wrap up (in), cover (with): fig **eingehüllt in Nebel** etc enveloped in fog etc

einhundert Adj a (Am u. betont: one) hundred

einig Adj 1. Volk etc: united 2. ~ **sein mit** be in agreement with; (sich) ~ **werden** come to an agreement (über Akk about); **sich ~ sein, dass ...** be agreed that ...; **sich nicht ~ sein** (über Akk on) disagree, differ

einige Indefinitpron I adjektivisch 1. a few, some, (mehrere) several 2. a) (viel) quite a (bit of), (etwas) some, b) (viele) quite a few: **es besteht ~ Hoffnung, dass ...** there is some hope that ...; **es erregte ~s Aufsehen** it caused quite a stir; ~ **Mal** several times 3. (ungefähr) some hundred marks etc II substantivisch 4. Pl a few, some, (mehrere) several 5. → **einiges**

einigen I v/t unite II v/refl **sich** ~ (über Akk, auf Akk) agree (on), reach an agreement (about)

einigermaßen Adv a) to some extent, somewhat, b) (ziemlich) quite, fairly, c) (leidlich) fairly well, F so-so

einiges Indefinitpron something, some things, (viel) quite a bit: ~ **davon** some of it; **er hat ~ gelernt** he has learned a thing or two; **sein Plan hat ~ für sich** there is s.th. to be said for his plan

Einigkeit f (Eintracht) unity, harmony, (Übereinstimmung) agreement, consensus: **es herrschte ~ darüber, dass ...** we (od they) all agreed that ...

Einigung f 1. e-s Volkes etc: unification 2. (Absprache) agreement, settlement: **es wurde k-e ~ erzielt** no agreement was reached (über Akk on)

einimpfen v/t fig j-m etw ~ a) indoctrinate s.o. with s.th., b) → **einhämmern**

einjagen v/t j-m Angst (od e-n Schrecken) ~ frighten s.o., give s.o. a fright

einjährig Adj 1. Kind etc: one-year-old 2. Kurs etc: one-year 3. BOT annual

einkalkulieren v/t take s.th. into account, allow for

Einkauf m 1. purchase: **Einkäufe machen** → **einkaufen** II 2. (Einkaufen) purchasing, buying 3. WIRTSCH purchasing department **einkaufen** I v/t buy, purchase II v/i ~ (**gehen**) go (od do one's) shopping **Einkäufer(in)** WIRTSCH buyer

Einkaufs|abteilung f purchasing department **~bummel** m e-n ~ **machen** go on a shopping spree, schwächer: have a look around the shops **~korb** m (shopping) basket **~liste** f shopping list **~preis** m purchase price: **zum** ~ at cost price **~tasche** f shopping bag **~wagen** m Br (shopping) trolley, Am (shopping) cart **~zentrum** n shopping cent/re (Am -er) **~zettel** m shopping list

einkehren v/i stop off (in Dat at)

einkerben v/t, **Einkerbung** f notch

einkesseln v/t MIL encircle

einklagen v/t etw (gegen j-n) ~ sue (s.o.) for s.th.

einklammern v/t put s.th. in brackets

Einklang m MUS unison, fig a. harmony: fig in ~ **bringen** reconcile (mit with); **nicht im** ~ **stehen** be at variance

einkleiden I v/t j-n ~ a. MIL fit s.o. out II v/refl **sich** (neu) ~ fit o.s. out with a new set of clothes

einklemmen v/t (sich) **den Finger** ~ get one's finger caught (in Dat in); → **eingeklemmt**

einknöpfbar Adj Futter etc: button-in

einkochen v/t boil down, (einmachen) preserve

einkommen v/i 1. SPORT come in 2. VERW ~ **um** apply for **Einkommen** n income, earnings Pl, (Staats²) revenue

Einkommensgruppe f income bracket

einkommensschwach Adj low-income

einkommensstark *Adj* high-income
Einkommensteuer *f* income tax **~er-klärung** *f* income-tax return
einköpfen *v/t Fußball*: head in
einkreisen *v/t* 1. MIL surround, *a.* POL encircle 2. *fig* (*Problem etc*) narrow down **Einkreisungspolitik** *f* policy of encirclement
Einkünfte *Pl* income *Sg*, earnings *Pl*, (*Staats♀*) revenue *Sg*
einkuppeln *v/t* MOT let in the clutch
einladen I *v/t* 1. (*Güter etc*) load (in) 2. *j-n ~* invite s.o. (*zum Abendessen etc* to dinner *etc*), ask s.o. (round); *ich lade dich (dazu) ein!* that's my treat!, this is on me! II *v/i* 3. *a. fig* invite
einladend *Adj* inviting; (*verlockend*) tempting, (*lecker*) delicious(-looking)
Einladung *f* invitation: *auf ~ von* (*od Gen*) at the invitation of
Einlage *f* 1. *im Brief*: enclosure, *in der Zeitung etc*: insert 2. (*Schuh♀*) support, (*Einlegesohle*) insole 3. (*Slip♀, Windel♀*) liner 4. (*Polster*) padding 5. (*Zahn♀*) temporary filling 6. (*Suppen♀*) garnish 7. *bei der Bank*: deposit, (*Kapital♀*) contribution 8. THEAT *etc* interlude, extra
Einlass *m* admittance (*zu* to): *sich ~ verschaffen* get in; *~ ab 18 Uhr* opening at 18:00 hours
einlassen I *v/t* 1. let *s.o., s.th.* in, admit: *Wasser* (*in die Wanne*) ~ run a bath 2. (*in Akk* in) (*Edelsteine*) set, TECH embed II *v/refl* 3. *sich ~ auf* (*Akk*) get involved in, *pej* let o.s. in for, (*in Vorschlag*) agree to, (*e-e Frage*) go into; *lass dich nicht darauf ein!* leave it alone!; *sich mit j-m ~* get involved with s.o. (*a. erotisch*); *sich mit j-m auf e-n Kampf (ein Wortgefecht) ~* F tangle with s.o.
Einlauf *m* 1. MED (*j-m e-n ~ machen* give s.o. an) enema 2. SPORT finish
einlaufen I *v/i* 1. come in (*a. Sport*), SCHIFF put in 2. *Wasser*: run in: *Badewasser ~ lassen* run a bath 3. *Kleidung*: shrink: *nicht ~d* nonshrink II *v/t* 4. (*Schuhe*) wear in III *v/refl* **sich ~** 5. SPORT warm up
einläuten *v/t* ring in
einleben → **eingewöhnen**
Einlegearbeit *f* inlaid work
einlegen *v/t* 1. (*Film etc*) put in, insert, *in*

e-n Brief: *a.* enclose (in *od* with): *fig e-e Pause ~* have a break; *e-n Spurt ~* put in a spurt; → *Wort* 2 2. (*Geld bei der Bank*) deposit 3. GASTR (*in Essig*) ~ pickle 4. TECH inlay (*mit* with) 5. (*Beschwerde etc*) lodge, file: → *Berufung* 4, *Protest, Veto* 6. *j-m* (*sich*) *die Haare ~* set s.o.'s (one's) hair
Einleger(in) WIRTSCH depositor
Einlegesohle *f* insole
einleiten *v/t* 1. start, begin, (*Verhandlungen*) *a.* open, (*Maßnahmen, Reformen etc*) initiate, (*a. Nebensatz*) introduce 2. (*Schadstoffe*) discharge 3. MED (*Geburt etc*) induce 4. JUR institute: *e-n Prozess ~ gegen* bring an action against
einleitend I *Adj* introductory, opening, *Maßnahmen*: preliminary II *Adv* by way of introduction **Einleitung** *f* 1. start, opening, introduction (*a.* LING), (*Vorwort*) preface 2. MED induction 3. JUR institution
einlenken *v/i fig* relent
einlesen I *v/t* IT read II *v/refl* **sich ~ in** (*Akk*) get into
einleuchten *v/i* make sense (*j-m* to s.o.): *es will mir nicht ~, dass* ... I don't see why ... **einleuchtend** *Adj* clear, *Argument*: convincing
einliefern *v/t* 1. *j-n ins Krankenhaus* (*Gefängnis*) ~ take s.o. to (the) hospital (to prison) 2. (*Briefe etc*) post, send
Einlieferung *f* 1. (*in Akk* to) *ins Krankenhaus*: admission, *ins Gefängnis, in e-e Anstalt*: committal 2. *von Briefen etc*: posting
Einlieferungsschein *m* postal receipt
einlochen *v/t* 1. *Golf*: put(t) 2. F *j-n ~* put s.o. in clink
einloggen *v/i* COMPUTER log in (*od* on)
einlösen *v/t* 1. (*Pfand, Wertpapier*) redeem, (*Scheck*) cash 2. *fig* (*Versprechen etc*) keep
einlullen *v/t fig* lull
einmachen *v/t* preserve, *in Gläser*: *a.* bottle
einmal *Adv* 1. once: *~ eins ist eins* once one is one; *~ im Jahr* once a year; *~ und nie wieder* never again; *noch ~* once more; *noch ~ so alt (wie er)* twice his age; *auf ~* at one go, (*gleichzeitig*) at the same time, (*plötzlich*) suddenly 2. (*früher*) once, before: *das war ~* that's all in the past; *es war ~* once

upon a time there was; **ich war schon ~ da** a) I've been there before, **b)** I was there once; **haben Sie schon ~ ...?** have you ever ...? **3.** (*zukünftig*) one day, some day (or other); **wenn du ~ groß bist** when you grow up **4.** (*später*) later on **5. nicht ~** not even, not so much as **6.** (*eben*) **ich bin ~ so** I can't help it; **es ist nun ~ so** that's the way it is **7. erst ~** first **8. hör ~!** listen!; **lasst ihn doch ~ reden!** let him talk, will you!; **stell dir ~ vor!** just imagine!

Einmaleins *n* **1.** (multiplication) table **2.** *fig* basics *Pl*

Einmalhandtuch *n* disposable towel

einmalig *Adj* **1.** *bes* WIRTSCH single, nonrecurring; **~e Abfindung** single payment **2.** *fig* (*einzigartig*) unique, singular, unparallel(l)ed, F fantastic: **e-e ~e Chance** the chance of a lifetime; *Adv* **~ schön** absolutely beautiful

Einmalzahlung *f* single payment, *Versicherung*: lump sum (*Abk* ls)

Einmannbetrieb *m* one-man business

Einmarsch *m* marching in, (*Einfall*) *a.* invasion **einmarschieren** *v/i* march in: **in ein Land ~** march into (*od* enter, invade) a country

einmischen *v/refl* **sich ~** (*in Akk* in, with) meddle, interfere; **sich in ein Gespräch ~** join in (*störend*: F butt in on) a conversation; **misch dich da nicht ein!** just keep out of it!

Einmischung *f* interference

einmotorig *Adj* single-engined

einmotten *v/t* **1.** put *s.th.* in mothballs **2.** *fig* MIL mothball

einmünden *v/i u. v/i* **in** (*Akk*) *Fluss*: flow into, *Straße*: lead into, join, *fig* lead to

Einmündung *f Fluss*: mouth, estuary, *Straße*: junction

einmütig *Adj* unanimous

Einmütigkeit *f* unanimity

Einnahme *f* **1.** taking **2.** MIL capture, *e-s Landes*: occupation **3.** *Pl* receipts *Pl*, (*Erlös*) proceeds *Pl*, (*Einkommen*) earnings *Pl*, income *Sg*, *des Staates*: revenue *Sg* **~quelle** *f* source of income

einnehmen *v/t* **1.** (*Mahlzeit*) have, (*Medikament*) take **2.** (*Geld*) take in, (*verdienen*) earn **3.** MIL capture, (*Land etc*) occupy **4.** (*Platz, Raum*) take up: **s-n Platz ~** take one's seat **5.** (*innehaben*) hold **6.** *fig* **j-n (für sich) ~** win s.o.

over, *stärker*: charm s.o.; **j-n gegen sich ~** set s.o. against o.s

einnehmend *Adj fig* winning, engaging

einnicken *v/i* F nod off, doze off

einnisten *v/refl* **sich ~** nest, *fig Person*: install o.s

Einöde *f* wilderness

einölen *v/t* oil, (*Haut etc*) rub oil into

einordnen I *v/t* **1.** arrange (*nach* according to), *in Akten*: file **2.** (*klassifizieren*) classify, *in ein System etc*: integrate (into), (*Kunstwerk etc*) place, *zeitlich*: date, (*einreihen*) (*unter Akk* with) class, (*Person*) rank **II** *v/refl* **sich ~ 3.** → **einfügen II 4.** MOT get in lane: **sich links ~** get into the left lane, *Br* filter to the left

einpacken I *v/t* pack (up), (*einwickeln*) wrap up, (*Paket*) do up **II** *v/i* pack: F *fig* **da können wir ~!** we might as well pack up and go!

einparken *v/t u. v/i* park (between two cars)

einpassen *v/t* TECH fit *s.th.* in(to *in Akk*)

einpauken *v/t* F swot up on

einpendeln *v/refl* **sich ~** find its (own) level

einpennen *v/i* F drop off

Einpersonenhaushalt *m* one-person (*od* single-person) household

einpferchen *v/t fig* coop up

einpflanzen *v/t* **1.** LANDW plant **2.** MED (*Organ*) implant

Einphasen..., **einphasig** *Adj* ELEK single-phase

einplanen *v/t* include (in the plan), plan, (*berücksichtigen*) allow for

einpolig *Adj* ELEK single-pole

einprägen I *v/t* imprint (*in Akk* on): *fig* **j-m etw ~** impress s.th. on s.o.; **sich etw ~** remember, (*lernen*) memorize **II** *v/refl* **sich j-m ~** stick in s.o.'s mind

einprägsam *Adj* easily remembered, *Melodie etc*: catchy

einprogrammieren → **eingeben** 2

einquartieren I *v/t* MIL billet (**bei** on) **II** *v/refl* **sich ~ bei** move in with

Einquartierung *f* MIL billeting

einrahmen *v/t fig* frame

einrammen *v/t* ram *s.th.* in(to *in Akk*)

einrasten *v/i* **1.** TECH click into place, engage **2.** → **einschnappen** 2

einräumen *v/t* **1.** (*Bücher, Wäsche etc*)

put away, (*Zimmer*) put the furniture in a room: **e-n Schrank ~** put (the) things into a cupboard **2.** *fig* **j-m etw ~** grant s.th. to s.o.

einräumend *Adj* LING concessive

Einrede *f* JUR plea, demurrer

einreden I *v/t* **j-m (sich) etw ~** talk s.o. (o.s.) into (believing) s.th.; **j-m (sich) ~, dass ...** persuade s.o. (o.s.) that ...; **das lasse ich mir nicht ~** I refuse to believe that; **das redest du dir (doch) nur ein!** you're imagining it! **II** *v/i* **auf j-n ~ a)** talk insistently to s.o., **b)** urge s.o.

einregnen I *v/i* **eingeregnet sein** be caught by the rain; *fig* **auf j-n ~** rain on s.o. **II** *v/unpers* **es regnet sich ein** the rain is settling in

Einreibemittel *n* liniment

einreiben *v/t* rub s.th. in: **die Haut mit ... ~** rub ... into the skin

einreichen *v/t* (**bei** to) send in, *persönlich:* hand in, (*unterbreiten*) submit: JUR **e-e Klage ~** file (*od* bring) an action

einreihen I *v/refl* **sich ~** (**in** *Akk*) take one's place (in), join (*s.th.*) **II** *v/t* class, classify: *fig* **j-n ~ unter** (*Akk*) rank s.o. with

Einreiher *m* single-breasted suit

Einreise *f* entry **~genehmigung** *f* entry permit **~visum** *n* entry visa

einreißen I *v/t* **1.** tear **2.** (*Haus etc*) demolish, pull *s.th.* down **II** *v/i* **3.** tear **4.** F *fig Unsitte etc:* spread

einrenken I *v/t* **1.** MED set **2.** *fig* straighten *s.th.* out **II** *v/refl* **sich ~ 3.** F *fig* sort itself out

einrennen *v/t* F break open: → **Tür**

einrichten I *v/t* **1.** (*Zimmer*) furnish, (*Küche, Geschäft etc*) fit *s.th.* out, equip, (*installieren*) install **2.** (*Schule, Betrieb etc*) set up, (*gründen*) found, establish, (*Buslinie etc*) open **3.** (*ermöglichen*) arrange: **es ~, dass ...** a. see (to it) that ...; **wenn du es ~ kannst** if you can (manage to) make it **II** *v/refl* **sich ~ 5. sich** (**neu**) **~** (re)furnish one's flat (*od* house); **~ häuslich 6.** (*sparen*) make ends meet **7. sich ~ auf** (*Akk*) prepare for; **auf so etw sind wir nicht eingerichtet** we're not prepared for that sort of thing

Einrichtung *f* **1.** furniture, *e-r Küche etc:* fittings *Pl*, (*Büro♀, Betriebs♀ etc*) equipment **2.** (*Anlage, Einbau*) instal-

lation: **die sanitären ~en** *a.* sanitation *Sg* **3.** (*Errichtung*) setting up, (*Gründung*) foundation **4.** (**öffentliche ~,** *weit. S.* facility: *fig* **zu e-r ständigen ~ werden** become a permanent institution **5.** → **Vorrichtung**

Einrichtungsgegenstände *Pl* equipment *Sg*, fixtures *Pl*

einrosten *v/i a. fig* get rusty

einrücken I *v/t* **1.** (*Zeile*) indent **2.** (*Anzeige*) put *s.th.* in a *newspaper etc* **II** *v/i* **3.** MIL **a)** (*eingezogen werden*) be called up, **b)** march in: **~ in** (*Akk*) march into

eins I *Adj* **1.** one: **um ~** at one (o'clock); SPORT **~ zu zwei** one two; F *fig* **~ zu null für dich!** score one for you! **2.** (*einig*) **~ sein** (*od* **werden**) **mit** agree with **3.** (*einerlei*) **es ist mir alles ~** I couldn't care less; **das ist doch alles ~** it all amounts to the same thing **II** *Indefinitpron* **4.** one thing: **~ gefällt mir nicht** there is one thing I don't like about it; **noch ~** another thing

Eins *f* number *one*, PÄD (*Note*) A: **e-e ~ schreiben** get an A; F *fig* **wie e-e ~** just super

einsacken F **I** *v/t a. fig* bag **II** *v/i Boden etc:* sag

einsam *Adj* lonely, *Leben, Ort etc:* isolated, secluded **Einsamkeit** *f* loneliness, seclusion, isolation

einsammeln *v/t* gather, (*Hefte, Spenden etc, a. F Personen*) collect

Einsatz *m* **1.** (*eingesetztes Stück*) insert, *am Kleid:* insert, (*Filter♀*) element **2.** (*Spiel♀*) stake (*a. fig*): **den ~ verdoppeln** double the stake(s) **3.** (*Wagnis*) risk: **unter ~ s-s Lebens** at the risk of one's life **4.** MUS entry: **den ~ geben** give the cue **5.** (*Anstrengung*) effort(s *Pl*), hard work, (*Eifer*) zeal, (*Hingabe*) dedication: **harter ~** SPORT hard tackling; **mit vollem ~** all out **6.** (*Verwendung*) use, employment, *von Arbeitskräften:* a. deployment: **im (praktischen) ~** TECH in (practical) operation **7.** MIL, *der Polizei etc:* action, *taktischer, a. von Waffen:* deployment, (*Kampf♀*) mission: **im ~ stehen** be on duty, MIL be in action; **zum ~ kommen** be brought in(to action)

Einsatzbefehl *m* MIL combat order

einsatz|bereit *Adj* **1.** ready for duty

(MIL action, TECH use): **sich ~ halten** stand by; **etw ~ halten** have s.th. ready 2. → **einsatzfreudig ~fähig** Adj usable, (verfügbar) available, MIL operational, Person: fit to work etc, Sportler: fit (to play etc)

einsatzfreudig Adj zealous, keen

Einsatz|gruppe f, **~kommando** n task force **~wagen** m police car (od van)

einscannen v/t scan in

einschalten I v/t 1. (Licht, Gerät etc) switch on, turn on, TECH a. connect: **e-n Sender ~** tune in to; **den Motor ~** start the engine; **den dritten Gang ~** shift into third gear 2. fig (einfügen) put in, insert: **e-e Pause ~** have a break 3. fig (beteiligen) call in: **in e-n (od bei e-m) Fall Sachverständige ~** call (od bring) in experts on a case **II** v/refl **sich ~** 4. fig step in, intervene: **sich in ein Gespräch ~** join in a conversation 5. TV Zuschauer: tune in (**in** Akk to) 6. TECH switch itself on (automatically)

Einschaltquote f RADIO, TV viewing figures Pl, ratings Pl, Am Nielsen rating

einschärfen v/t **j-m ~ zu** Inf urge (od warn) s.o. to Inf

einschätzen v/t 1. fig judge, assess, rate: **falsch ~** misjudge; **zu hoch (niedrig) ~** overrate (underrate) 2. steuerlich: assess **Einschätzung** f fig assessment: **nach m-r ~** to my estimation

einschenken v/t pour (out)

einschicken v/t send in

einschieben v/t 1. put in, insert 2. fig fit in **Einschiebung** f insertion

einschießen I v/t 1. (Scheibe etc) shoot in, smash in 2. (Waffe) try, test 3. SPORT drive the ball home **II** v/refl **sich ~** 4. a. fig zero in (**auf** Akk on) **III** v/i 5. SPORT score

einschiffen v/refl **sich ~** embark (**nach** for), board a (od the) ship

einschlafen v/i 1. fall asleep, a. Bein etc: go to sleep 2. fig Briefwechsel, Unterhaltung etc: peter out 3. fig (sterben) die peacefully, pass away

einschläfern v/t 1. put s.o. to sleep (a. MED), (schläfrig machen) make s.o. drowsy 2. (Tier) put down 3. fig (Gewissen) soothe, (Wachsamkeit) dull

einschläfernd Adj MED u. fig soporific

Einschlag m 1. **-s** Geschosses: impact, des Blitzes: striking 2. fig streak, touch:

ein stark südländischer ~ a strong element of the Mediterranean 3. MOT lock

einschlagen I v/t 1. (Nagel) drive in (**in** Akk) 2. (Fenster etc) break, smash (in): **mit eingeschlagenem Schädel** with one's head bashed in; **sich die Zähne ~** knock one's teeth out 3. (einwickeln) wrap up 4. (Richtung) take, (Weg) a. follow 5. fig (Laufbahn) enter, (Verfahren, Politik etc) adopt: **e-n anderen Weg ~** adopt a different method **II** v/i 6. (**in** Akk) Geschoss: hit (Blitz: strike) (the house etc): fig **wie e-e Bombe ~** fall like a bombshell, cause a sensation 7. fig (gut) **~ be** a (great) success, be a (big) hit 8. **~ auf** (Akk) beat (od hit away at) s.o., s.th. **III** v/refl **sich ~** 9. Tennis: warm up

einschlägig Adj relevant: **ein ~er Fall** a case in point; Adv **~ vorbestraft** previously convicted for the same offence

Einschlagwinkel m MOT steering lock angle

einschleichen v/refl **sich ~** fig creep in(to **in** Akk); **sich in j-s Vertrauen ~** worm one's way into s.o.'s confidence

einschleppen v/t (Krankheit etc) bring s.th. in(to **in** Akk)

einschleusen v/t fig (**in** Akk) (j-n) infiltrate (into), (etw) smuggle in(to)

einschließen v/t 1. lock (od shut) s.o., s.th. (**sich** o.s.) up (od in) 2. (umgeben) enclose, a. MIL surround, encircle 3. fig include (**in** Akk in) **einschließlich I** Präp (Gen) including, inclusive of: **bis ~ Seite 7** up to and including page 7 **II** Adv **von Montag bis ~ Freitag** from Monday to Friday inclusive, Am Monday through Friday

einschmeicheln v/refl **sich bei j-m ~** ingratiate o.s. with s.o., play up to s.o.

einschmeichelnd Adj ingratiating

einschmelzen v/t u. v/i melt (down)

einschmieren F → **eincremen**

einschmuggeln v/t smuggle in(to **in** Akk)

einschnappen v/i 1. catch, click 2. F fig go into a huff: → **eingeschnappt**

einschneiden v/t (**in** Akk into) cut, carve **einschneidend** Adj fig incisive, drastic, Bedeutung etc: far-reaching

einschneien v/t **eingeschneit werden** get (od be) snowed in (od up)

Einschnitt m 1. cut, incision, (Kerbe)

notch **2.** *fig* crucial event, (*Wendepunkt*) turning point

einschränken I *v/t* **1.** restrict (*auf Akk* to), (*Ausgaben*) cut down, (*a. das Rauchen etc*) cut down on (*smoking etc*), (*Produktion etc*) reduce **2.** *fig Behauptung etc*) qualify **II** *v/refl* **sich ~ 3.** economize (*in Dat* in), cut down expenses **einschränkend** *Adj* restrictive (*a.* LING), *Behauptung etc*: qualifying

Einschränkung *f* **1.** restriction, reduction, cut **2.** (*Vorbehalt*) qualification: *ohne ~* without reservation

einschrauben *v/t* screw in(to *in Akk*)

Einschreibe|brief *m* registered letter **~gebühr** *f* registration fee

einschreiben I *v/t* **1.** *e-n Brief ~ lassen* have a letter registered; *2! registered!* **2.** (*j-n*) enter, (*als Mitglied*: enrol): *sich ~ lassen* → **II** *v/refl* **sich ~ 3.** sign up, UNI register, enrol(l) **Einschreibung** *f* signing up, UNI enrol(l)ment

einschreiten *v/i* intervene, step in: *~ gegen* take action against

Einschub *m* insertion, TECH insert, ELEK slide-in module

einschüchtern *v/t* intimidate

Einschüchterung *f* intimidation

einschulen *v/t ein Kind ~* put a child to school

Einschuss *m* **1.** (*Treffer*) hit, (*Loch*) bullet hole, MED entry wound **2.** SPORT scoring (shot)

einschweißen *v/t in Folie*: shrink-wrap

einschwenken *v/i* turn (*in Akk* into): *nach links ~* turn (to the) left; *fig ~ (auf Akk)* come round (to)

Einsegnung *f* consecration, *von Kindern*: confirmation

einsehen I *v/t* **1.** have a look at, (*prüfen*) inspect **2.** (*Garten etc*) see, MIL (*Gelände*) observe **3.** *fig* (*verstehen*) understand, see, realize: *ich sehe nicht ein, weshalb* I don't see why **II** *§* n **4.** *ein* *§* *haben* show some consideration (*mit* for), (*vernünftig sein*) be reasonable

einseitig *Adj* one-sided (*a. fig*), POL unilateral, MED *a.* on one side, (*parteiisch*) bias(s)ed: *~e Ernährung* unbalanced diet; *Adv ~ beschrieben* written on one side (only); *etw sehr ~ darstellen* give a one-sided description of s.th.

Einseitigkeit *f* one-sidedness, *fig a.* bias, partiality

einsenden *v/t* send in **Einsender(in)** sender, *an Zeitungen*: contributor

Einsendeschluss *m* closing date (for entries) **Einsendung** *f* sending in, *bei e-m Wettbewerb*: entry

Einser *m* F → *Eins*

einsetzen I *v/t* **1.** put in, (*einfügen*) insert **2.** (*Ausschuss etc*) set up **3.** (*anwenden*) use, employ, (*Kraft etc*) apply, (*Einfluss, Können etc*) bring into play **4.** put into action, (*Polizei etc*) call in, (*Arbeitskräfte etc*) employ: *j-n ~ in* (*Dat*) (*od bei*) assign s.o. to; *j-n als Erben ~* appoint s.o. one's heir **5.** (*Geld*) stake, *beim Wetten*: bet: *fig sein Leben ~* risk one's life **II** *v/refl* **sich ~ 6.** exert o.s.: *sich voll ~* go all out; *sich ~ für* support, (*plädieren für*) speak up for, (*verfechten*) champion; *sich bei j-m für j-n ~* intercede with s.o. for s.o. **III** *v/i* **7.** start (off), *Fieber, Regen etc*: set in **8.** MUS come in **Einsetzung** *f* **1.** insertion **2.** (*Ernennung*) appointment

Einsicht *f* **1.** examination (*in Akten* of records): *~ nehmen in* (*Akk*) examine **2.** *fig* (*Verständnis*) understanding: *zur ~ kommen* listen to reason **3.** *fig* (*Erkenntnis*) insight: *zu der ~ gelangen, dass ...* realize that ...

einsichtig *Adj* reasonable

Einsichtnahme *f* (*zur ~* for) inspection

einsickern *v/i* seep in: *~ in* (*Akk*) seep into, *a. fig Agenten etc*: infiltrate into

Einsiedler(in) hermit

einsilbig *Adj* monosyllabic (*a. fig*), *fig* (*wortkarg*) taciturn, silent

Einsilbigkeit *f fig* taciturnity

einsinken *v/i* sink in(to *in Akk*), *Boden etc*: cave in, sag

einsitzen *v/i* JUR serve a sentence

Einsitzer *m* FLUG, MOT single-seater

einsortieren *v/t* sort in(to *in Akk*)

einspannen *v/t* **1.** (*Pferd*) harness **2.** TECH clamp, fix: *e-n Bogen* (*in die Schreibmaschine*) ~ insert a sheet of paper into the typewriter **3.** F *j-n ~* rope s.o. in

einsparen *v/t* save, (*Arbeitsplatz*) eliminate **Einsparung** *f* saving, *e-s Arbeitsplatzes*: elimination

einspeichern *v/t* IT read in

einspeisen *v/t* feed (*in Akk* into)

einsperren v/t lock up

einspielen I v/t **1.** (*Geld*) bring in **2.** TV (*zeigen*) show, (*einblenden*) fade in **3.** MUS (*Instrument*) play in **4.** (*Stück, Lied etc*) record **II** v/refl **sich ~ 5.** get into practice, SPORT warm up **6.** *fig Sache:* get going (properly): **sich aufeinander ~** get used to one another; → **eingespielt Einspielergebnisse** *Pl* box-office returns *Pl*

einsprachig *Adj* monolingual

einspringen v/i *fig* help out, step in(to the breach): **für j-n ~** take s.o.'s place, fill in for s.o.

Einspritz... MOT (fuel) injection (*engine, pump, etc*)

einspritzen v/t inject (*in Akk* into): **j-m etw ~** give s.o. an injection of s.th.

Einspruch *m* (*gegen*) objection (to) *a.* JUR, protest (against), *bes* POL veto (against), JUR appeal (against): **~ erheben** (*gegen*) object (to), JUR (file an) appeal (against), POL veto (s.th.)

Einspruchs|frist *f* appeal period **~recht** *n* right to appeal, POL (power of) veto

einspurig *Adj* BAHN single-track, *Straße:* single-lane

einst *Adv* **1.** (*früher*) once **2.** (*künftig*) one day

einstampfen v/t (*Schriften etc*) pulp

Einstand *m* **1.** (**s-n ~ geben** celebrate the) start of one's new job **2.** *fig* debut **3.** *Tennis:* deuce

einstäuben v/t dust

einstecken v/t **1.** *allg* put in: **den Stecker ~** put the plug in **2.** put *s.th.* in one's pocket (*od* bag *etc*), (*einpacken*) take **3.** F *fig* (*Gewinn etc*) pocket, (*Tadel etc*) *a.* swallow, (*Schlag*) take: **er kann viel ~** he can take a lot

einstehen v/i **~ für** answer for, take responsibility for, (*garantieren*) vouch for

Einsteigekarte *f* FLUG boarding pass

einsteigen v/i **1.** get in(to *in Akk*), *in ein Verkehrsmittel:* get on (*a bus, train, plane*): **alle(s) ~!** all aboard!; F *fig in ein Projekt etc* **~** get in on, start on (*od* in); **er ist in die Politik eingestiegen** he went into politics; *hart* **~** SPORT play rough **2.** (*eindringen*) climb (*od* get) in(to *in Akk*)

einstellbar *Adj* adjustable

einstellen I v/t **1.** put *s.th.* in(to *in Akk*),

(*Möbel*) store, (*Auto*) put in the garage **2.** (*Arbeiter etc*) take on **3.** (*auf Akk*) TECH set (to) (*a. Uhr*), adjust (to) (*a. fig*), (*Radio etc*) tune in (to), OPT focus (on) **4.** (*beenden*) stop, discontinue, (*Zahlungen etc*) *a.* suspend: JUR **die Klage ~** drop the action; **das Verfahren ~** dismiss the case; **die Arbeit ~** stop work, (*streiken*) (go on) strike, walk out; **den Betrieb ~** shut down; MIL **das Feuer** (**die Feindseligkeiten**) **~** cease fire (hostilities) **5.** (*e-n Rekord*) tie, equal **II** v/refl **sich ~ 6.** appear, turn up, *fig Fieber etc:* set in, *Probleme, Folgen etc:* arise: **sich wieder ~** come back (again) **7. sich ~ auf** (*Akk*) adjust (to), adapt (to), (*sich vorbereiten*) prepare (o.s.) for: **sich ganz auf j-n ~** give s.o. one's undivided attention

einstellig *Adj Zahl:* one-digit, *Dezimalzahl:* one-place

Einstellknopf *m* control knob

Einstellung *f* **1.** *von Arbeitskräften:* employment **2.** TECH adjustment, setting, OPT, FOTO focus(s)ing, focus **3.** FILM (camera) angle, (*Szenen2*) take **4.** (*Beendigung*) discontinuance, cessation (*a.* MIL *von Feindseligkeiten*), (*Betriebs2*) stoppage, *von Zahlungen:* suspension: JUR **~ des Verfahrens** dismissal of a case; **~ e-r Klage** withdrawal of an action **5.** *fig* (*Anpassung*) adjustment (*auf Akk* to) **6.** (*zu*) (*Haltung*) attitude (towards), (*Meinung*) opinion (of): **s-e politische ~** his political view *Pl*, F his politics *Pl*

Einstieg *m* **1.** entrance, way in **2.** *fig* (*in Akk*) entry (into), getting in (on), start (on *od* in): **~ in die Kernenergie** opting for nuclear energy

Einstiegluke *f* (access) hatch

Einstiegsdroge *f* gateway (*od* starter) drug

einstig *Adj* former

einstimmen I v/i **1. in ein Lied** (*das Gelächter*) **~** join in a song (the laughter) **II** v/t **2.** MUS (*ein Instrument*) tune (up) **3.** *fig j-n* (*sich*) **~** (*auf Akk*) put s.o. (o.s.) in the proper mood (for)

einstimmig *Adj* **1.** MUS for one voice **2.** *Beschluss etc:* unanimous

Einstimmigkeit *f* unanimity, consensus

einstöckig *Adj* one-stor(e)y

einstöpseln v/t plug in

einstoßen v/t smash (in)

einstreichen v/t F (*Geld etc*) pocket

einstreuen v/t fig (*Bemerkung*) insert: *Zitate etc in s-e Rede* ~ intersperse one's speech with quotations *etc*

einströmen v/i flow in(to *in Akk*)

einstudieren v/t learn *s.th.* (by heart), THEAT rehearse

Einstudierung f THEAT production

einstufen v/t class, grade, *nach Leistung*: rate: *hoch* ~ rate high

Einstufen…, einstufig Adj single-stage

Einstufung f classification, rating

einstündig Adj one-hour, of one hour

einstürmen v/i ~ *auf* (*Akk*) rush at, MIL attack; fig *auf j-n* ~ assail s.o. (*mit Fragen* with questions)

Einsturz m, **einstürzen** v/i collapse

Einsturzgefahr f danger of collapse

einstweilen Adv meanwhile, in the meantime, (*vorläufig*) for the time being **einstweilig** Adj temporary: JUR ~*e Verfügung* interim order, (*Unterlassungsbefehl*) injunction

eintägig Adj one-day

Eintagsfliege f 1. ZOOL day fly, ephemera 2. fig nine days' wonder

eintauchen I v/t dip in(to *in Akk*) II v/i dive in(to *in Akk*)

eintauschen v/t (*gegen* for) exchange, (*in Zahlung geben*) trade *s.th.* in

einteilen v/t 1. divide (up) (*in Akk* into), (*nach*) *Begabung etc*: rate (according to) 2. (*Zeit*) organize, (*Geld*) budget, (*sparen mit*) use *s.th.* sparingly 3. *j-n* ~ *zu* assign s.o. to, MIL detail s.o. for

Einteiler m, **einteilig** Adj one-piece

Einteilung f 1. (*in Akk* into) division, *nach Klassen*: classification 2. *der Zeit, Arbeit etc*: planning, organization, *des Geldes*: budgeting

eintippen v/t type in(to *in Akk*)

eintönig Adj monotonous, *Leben*: a. humdrum, dull

Eintönigkeit f monotony

Eintopf m GASTR stew

Eintracht f harmony

einträchtig Adj harmonious, peaceful

Eintrag m entry (*a.* WIRTSCH), WIRTSCH (*Posten*) a. item: ~ *ins Klassenbuch* black mark

eintragen I v/t 1. enter (*a.* WIRTSCH), VERW register, *als Mitglied*: enrol(l): *sich* ~ *lassen* (*bei*) register (with), en-

rol(l) (in); → *eingetragen* 2. fig *j-m etw* ~ (*Lob, Sympathie etc*) earn s.o. s.th. II v/refl *sich* ~ 3. register, (*sich vormerken lassen*) put one's name down: *sich in e-e Anwesenheitsliste* ~ sign in

einträglich Adj profitable

Eintragung f 1. registration, enrol(l)-ment 2. → *Eintrag*

eintreffen I v/i 1. arrive (*in Dat, auf Dat* at) 2. fig (*geschehen*) happen, (*sich erfüllen*) prove (*od* come) true II ℥ n 3. (*bei m-m etc* ℥ on my etc) arrival

eintreten I v/i 1. go in, come in: *er trat ins Haus ein* he went into (*od* entered) the house; *bitte treten Sie ein!* do come in, please! 2. fig ~ *in e-e Firma, e-n Verein etc*: join, enter; *in den Krieg* ~ enter the war; *in Verhandlungen* ~ enter into negotiations 3. (*sich ereignen*) happen, take place, a. *Tod*: occur, *Fall, Umstände etc*: arise: *es trat Stille ein* silence fell; *es ist e-e Besserung eingetreten* there has been an improvement 4. ~ *für* stand up for *s.o.*, support *s.th.* 5. ~ *auf* (*Akk*) kick II v/t 6. (*Tür etc*) kick in (*od* down) 7. (*Schuhe*) break in 8. *ich habe mir e-n Dorn etc* (*in den Fuß*) *eingetreten* I've run a thorn *etc* into my foot

eintrichtern v/t F *j-m etw* ~ drum s.th. into s.o.'s head

Eintritt m 1. (*in Akk* into) entry, entrance: *bei s-m* ~ *in den Klub* on his joining the club 2. beginning, *des Winters etc*: setting in, *stärker*: onset: *nach* ~ *der Dunkelheit* after dark 3. *e-s Umstandes*: occurrence 4. (*Zutritt*) admission: ~ *frei!* admission free!; ~ *verboten!* no entry! 5. → *Eintrittsgebühr*

Eintritts|gebühr f, ~**geld** n admission (fee) ~**karte** f (admission) ticket

eintrocknen v/i dry up

eintrudeln v/i F turn up

einüben v/t (*sich*) etw ~ practise s.th.

einverleiben v/t 1. (*Dat, in Akk* to) add, (*Land*) annex 2. F *sich etw* ~ (*essen, trinken*) get outside of

Einvernehmen n agreement, (good) understanding: *in gutem* ~ on good terms; *im* ~ *mit* in agreement with; *stillschweigendes* ~ tacit understanding

einverstanden Adj ~ *sein* agree; *mit*

etw ~ *sein* agree to (*od* approve of) s.th.; ~*!* all right!, okay!

Einverständnis *n* (*zu*) consent (to), approval (of): *sein* ~ *erklären* (give one's) consent

Einwand *m* objection (*gegen* to): *Einwände erheben* raise objections

Einwanderer *m*, **Einwanderin** *f* immigrant

einwandern *v/i* immigrate (*in Akk* to)

Einwanderung *f* immigration

Einwanderungs... immigration (*country, quota, etc*) **Einwanderungsland** *n* country open to immigrants **Einwanderungsverbot** *n* ban on immigration

einwandfrei *Adj* (*tadellos*) impeccable, (*fehlerfrei*) flawless, perfect: *Adv* ~ *der Beste* undoubtedly the best; *es steht* ~ *fest* it is beyond question

einwärts *Adv* inward(s)

einwechseln *v/t* **1.** (*Geld*) change (*in Akk, gegen* into) **2.** SPORT *j-n* ~ send s.o. on the field

einwecken → *einmachen*

Einwegflasche *f* nonreturnable bottle

Einwegspritze *f* MED disposable syringe

einweichen *v/t* soak

einweihen *v/t* **1.** open, inaugurate, REL consecrate **2.** F *fig* (*Kleid etc*) christen **3.** *j-n* ~ *in* (*Akk*) initiate s.o. into; *j-n in ein Geheimnis* ~ let s.o. into a secret; *eingeweiht sein* be in the know; → *Eingeweihte* **Einweihung** *f* (formal) opening, REL consecration

Einweihungsfeier *f* opening ceremony

einweisen *v/t* **1.** *j-n* ~ *in* (*Akk*) send s.o. to, JUR *e-e Heilanstalt*: commit s.o. to; *j-n in ein Krankenhaus* ~ hospitalize s.o. **2.** *j-n* ~ *in* *s-n Aufgabenbereich etc*: brief s.o. in, introduce s.o. to, *ein Amt*: inaugurate s.o. into **3.** (*Fahrer, Fahrzeug*) direct (*in Akk* into) **Einweisung** *f* **1.** JUR *in e-e Heilanstalt*: committal to; ~ *ins Krankenhaus* hospitalization **2.** (*in Akk*) briefing (in), introduction (to)

einwenden *v/t etw* ~ (*gegen*) object (to); ~, *dass* ... argue that ...; *ich habe nichts dagegen einzuwenden* I have no objections; *es lässt sich nichts dagegen* ~ there is nothing to be said against it

Einwendung *f* → *Einwand*

einwerfen *v/t* **1.** (*Ball etc, a. fig Bemerkung etc*) throw in **2.** (*Fenster etc*) smash **3.** (*Brief etc*) post, *Am* mail, (*Münzen*) insert, put in

einwertig *Adj* CHEM monovalent

einwickeln *v/t* **1.** wrap up **2.** F *fig j-n* ~ take s.o. in, *schmeichelnd*: softsoap s.o.

einwilligen *v/i* (*in Akk* to) agree, consent

Einwilligung *f* approval, consent

einwirken *v/i* ~ *auf* (*Akk*) **a)** have an effect on, **b)** (*angreifen*) affect (*a*. CHEM), **c)** (*beeinflussen*) influence: *auf j-n* ~ (*j-n überreden*) work on s.o.; *etw* ~ *lassen* let s.th. take effect **Einwirkung** *f* (*auf Akk* on) effect, (*Einfluss*) influence

Einwohner(in) inhabitant, *e-r Stadt*: *a*. resident **Einwohnermeldeamt** *n* residents' registration office **Einwohnerschaft** *f* inhabitants *Pl*, population

Einwohnerzahl *f* (total) population

Einwurf *m* **1.** SPORT throw-in **2.** (*Münz2*) **a)** insertion, **b)** slot **3.** *fig* objection, (*Bemerkung*) comment

Einzahl *f* LING singular

einzahlen *v/t* pay in: *Geld bei der Bank* ~ deposit money at the bank; *Geld* (*auf ein Konto*) ~ pay money into an account **Einzahlung** *f* payment, *bei der Bank*: deposit **Einzahlungsschein** *m* pay(ing)-in slip, deposit slip

einzäunen *v/t* fence in

Einzäunung *f* enclosure, fence

einzeichnen *v/t* sketch in, (*markieren*) mark (*in, auf Dat* on): ... *ist nicht eingezeichnet* ... isn't on the map

Einzel *n Tennis*: singles *Pl* **~anfertigung** *f* special design: *es ist e-e* ~ it was custom-built **~antrieb** *m* TECH separate drive **~aufstellung** *f* WIRTSCH itemized list **~beispiel** *n* isolated case **~betrag** *m* (single) item **~bett** *n* single bed **~disziplin** *f* SPORT individual event **~exemplar** *n* unique specimen (*Buch*: copy): **~fall** *m* isolated case

Einzelgänger(in) loner

Einzelhaft *f* solitary confinement

Einzel|handel *m* retail trade **~handelspreis** *m* retail price **~händler(in)** retailer **~haus** *n* detached house

Einzelheit *f* detail: *bis in alle* ~*en* down to the last detail; *auf* ~*en eingehen* go into detail

Einzel|interessen *Pl* individual interests *Pl* **~kampf** *m* **1.** MIL hand-to-hand combat, FLUG F dogfight **2.** SPORT individual competition **~kind** *n* only child

einzellig *Adj* BIOL monocellular

einzeln I *Adj* **1.** single, individual, (*getrennt*) separate, isolated: **ein ~er Schuh** an odd shoe **2. ~e** *Pl* several, some, a few; METEO **~e Schauer** scattered showers **II** *Adv* **3.** singly, individually, separately: **~ eintreten** enter one by one (*od* one at a time); **~ aufführen** specify, itemize **Einzelne I** *m, f* individual: **jeder ~ (von uns)** every (single) one (of us); **~** *Pl* some, a few **II** *das ~* the detail(s *Pl*): **im ~n** in detail, (*im Besonderen*) in particular; **ins ~ gehen** go into detail; **ins ~ gehend** detailed; **~s gefällt mir nicht** I don't like some things (*od* points)

Einzel|person *f* individual **~spiel** *n* Tennis: singles *Pl* (match) **~stück** *n* **1.** odd piece **2.** unique specimen **~teil** *n* TECH (component) part **~unterricht** *m* private lessons *Pl* **~wesen** *n* individual (being) **~zelle** *f* JUR solitary cell **~zimmer** *n* single room

einzierhbar *Adj* TECH **1.** retractable **2.** WIRTSCH collectible

einziehen I *v/t* **1.** draw *s.th.* in, TECH retract, (*Fahne*) haul down: **den Kopf ~** duck; SCHIFF **die Segel ~** take in sail; **die Riemen ~** ship the oars **2.** (*einsaugen*) draw in, inhale, breathe, (*Flüssigkeit*) soak in **3.** put in, (*Gummiband etc*) *a.* thread in, (*e-e Wand etc*) put up **4.** MIL call up, draft **5.** JUR seize, confiscate, (*Banknoten etc*) withdraw (from circulation) **6.** (*Steuern etc*) collect **7.** → **Erkundigung II** *v/i* **8.** enter, *in ein Haus etc*: move in(to **in** *Akk*, **bei** with), MIL march in(to **in** *Akk*), *fig Frühling etc*: arrive: **er zog ins Parlament ein** he took his seat in Parliament **9.** *Flüssigkeit etc*: soak in

einzig I *Adj* **1.** only, single, (*alleinig*) sole: **kein ~es Auto** not a single car; **sein ~er Halt** his sole support; **nicht ein ~es Mal** not once **2.** → **einzigartig I II** *Adv* **3.** only, (*a. ~ und allein*) solely, entirely: **das ist das ~ Richtige** that's the only thing to do **einzigartig** *Adj* unique, *Schönheit etc*: singular, *Leistung etc*: unequal(l)ed, (*großartig*) *a.*

fantastic: *Adv* **~ schön** *a.* weit. *S.* marvel(l)ous

Einzige I *m, f* the only one: **kein ~r** not (a single) one **II** *das ~* the only thing

Einzimmerwohnung *f* one-room flat (*Am* apartment)

einzuckern *v/t* sugar

Einzug *m* **1.** entry, *fig des Frühlings etc*: coming, arrival **2.** moving in(to **in** *e-e Wohnung etc*) **3.** (*Papier2*) paper feed **Einzugsermächtigung** *f* standing order for a direct debit **Einzugsgebiet** *n* GEOG catchment area

Eipulver *N* dried egg

Eis *n* **1.** ice: F *fig* **etw auf ~ legen** put s.th. on ice; **das ~ brechen** break the ice; **~ laufen** ice-skate **2.** (*Speise2*) ice cream: **~ am Stiel** ice lolly, *Am* popsicle® **~bahn** *f* (ice-)skating rink **~bär** *m* polar bear **~becher** *m* GASTR sundae **~bein** *n* GASTR pickled knuckle of pork **~berg** *m* iceberg **~bergsalat** *m* iceberg lettuce **~beutel** *m* MED ice bag **~blumen** *Pl* frostwork *Sg* **~bombe** *f* GASTR bombe glacée

Eischnee *m* GASTR beaten egg white

Eisdiele *f* ice-cream parlo(u)r

Eisen *n* iron: *fig ein heißes ~ anfassen* tackle a hot issue; **j-n zum alten ~ werfen** throw s.o. on the scrap heap, shelve s.o.; **er gehört zum alten ~** he's past it; **zwei ~ im Feuer haben** have more than one string to one's bow; **(man muss) das ~ schmieden, solange es heiß ist** strike while the iron is hot

Eisenbahn *f* railway, *Am* railroad, (*Zug*) train: **mit der ~** by rail, by train; → **Bahn(…) Eisenbahner(in)** railwayman, *Am* railroadman

Eisenbahn|fähre *f* train ferry **~knotenpunkt** *m* (railway, *Am* railroad) junction **~netz** *n* railway (*Am* railroad) network **~schaffner(in)** guard, conductor **~wagen** *m* railway carriage, coach, *Am* railroad car

Eisen|erz *n* iron ore **~gehalt** *m* iron content **~gießerei** *f* iron foundry

eisenhaltig *Adj* **1. ~ sein** contain iron **2.** MIN ferruginous

Eisen|hut *m* BOT monkshood **~hütte** *f*, **~hüttenwerk** *n* ironworks *Pl* (*oft Sg konstr*) **~mangel** *m* MED iron deficiency

Eisenoxid *n* CHEM ferric oxide

Eisenwaren *Pl* ironware *Sg*, hardware *Sg* ~**geschäft** *n* hardware store
Eisenzeit *f hist* the Iron Age
eisern *Adj a. fig* iron, of iron, *Nerven*: of steel, (*unnachgiebig*) *a.* adamant, hard, firm: ~*e Sparsamkeit* rigorous economy; ~*e Gesundheit* cast-iron constitution; ~*er Bestand* permanent stock; ~*e Regel* hard and fast rule; *s-e* ~*e Ruhe* his imperturbability; ~ *sein* be adamant; *Adv* ~ *an etw festhalten* adhere rigidly to s.th.; ~ *sparen* save rigorously; → *Lunge* 1, *Vorhang*
Eiseskälte *f* icy cold
Eisfach *n* freezer compartment **eisfrei** *Adj* free of ice **eisgekühlt** *Adj* chilled
Eisglätte *f* icy roads *Pl*
Eishockey *n* ice hockey
Eishockeyschläger *m* ice-hockey stick
Eishockeyspieler *m* ice-hockey player
eisig *Adj a. fig* icy; ~ *kalt* icy-cold
Eiskaffee *m* GASTR iced coffee
eiskalt *Adj* **1.** ice-cold **2.** GASTR chilled **3.** *fig* **a)** *Blick, Vernunft etc*: icy, *Mensch*: cold (as ice), **b)** (*gelassen*) cool, **c)** (*frech*) brazen
Eiskübel *m* ice bucket
Eiskunstlauf *m* figure skating
Eiskunstläufer(in) figure skater
Eislauf *m* ice-skating **eislaufen** *v/i* → *Eis* **Eisläufer(in)** ice-skater
Eismeer *n* polar sea: *Nördliches* (*Südliches*) ~ Arctic (Antarctic) Ocean
Eispickel *m* ice pick
Eisprung *m* PHYSIOL ovulation
Eis|*revue f* ice show ~*salat m* iceberg lettuce ~*schießen* *n* (Continentaltype) curling ~*schnelllauf* *m* speed skating ~*schnellläufer(in)* speed skater ~*scholle* *f* ice floe ~*schrank* *m* refrigerator, F fridge, *Am* icebox ~*sport* *m* ice sports *Pl* ~*stadion* *n* ice stadium ~*tanz* *m* ice dancing ~*tee* *m* iced tea ~*waffel* *f* ice-cream wafer ~*wasser* *n* ice water ~*würfel* *m* GASTR ice cube ~*zapfen* *m* icicle
Eiszeit *f* ice age, glacial period
eitel *Adj* **1.** vain, conceited **2.** (*nichtig*) vain, futile: *eitle Hoffnung* idle hope; *eitle Versprechungen* empty promises
Eitelkeit *f allg* vanity, (*Nichtigkeit*) *a.* futility
Eiter *m* MED pus **Eiterbeule** *f* abscess, boil, *fig* festering sore **Eiterbläschen**

n pustule **eit(e)rig** *Adj* suppurative, festering **eitern** *v/i* fester, suppurate
Eiterpfropf *m* core **Eiterpickel** *m* spot, pimple **Eiterung** *f* suppuration
Eiweiß *n* white of egg, (egg) white, BIOL albumen, protein **2arm** *Adj* low in protein, low-protein (*diet etc*) ~*bedarf* *m* protein requirement ~*mangel* *m* protein deficiency **2reich** *Adj* rich in protein, high-protein (*diet etc*)
Eizelle *f* BIOL egg cell, ovum
Ejakulation *f* PHYSIOL ejaculation
Ekel[1] *m* (*vor Dat*) disgust (at), revulsion (against): ~ *empfinden* → *ekeln*; F ... *ist* (*sind*) *mir ein* ~ I can't stand ...
Ekel[2] *n* F *pej* nasty person, beast, (*lästige Person*) pest
ekelerregend *Adj* repulsive **Ekelgefühl** *n* revulsion **ekelhaft**, **ek(e)lig** *Adj* revolting, disgusting
ekeln *v/i/refl* **sich** ~ *u. v/unpers* **es ekelt mich** (*od* **mich ekelt, ich ekle mich**) **davor** (*vor ihm*) it (he) makes me sick
EKG *n* (= *Elektrokardiogramm*) ECG, electrocardiogram
Eklat *m* stir, sensation, (*Skandal*) scandal, (*Krach*) row **eklatant** *Adj* striking, *pej* flagrant, blatant
Ekstase *f* ecstasy: *in* ~ *geraten* go into ecstasies (*über Akk* over)
ekstatisch *Adj* ecstatic(ally *Adv*)
Ekzem *n* MED eczema
Elan *m* verve, zest
Elast(h)an® *n* Elastane®
Elastik *n* elastic **elastisch** *Adj* elastic(ally *Adv*) (*a. fig*), (*federnd*) springy, (*biegsam*) MOT, TECH flexible (*a. fig*)
Elastizität *f a. fig* elasticity, flexibility
Elch *m* ZOOL elk, *nordamerikanischer*: moose **Elchtest** *m* MOT moose (*od* elk) test, *fig a.* acid (*od* litmus) test
Electronic Banking *n* electronic banking
Elefant *m* elephant: *wie ein* ~ *im Porzellanladen* like a bull in a china shop
Elefanten|*bulle* *m* ZOOL bull elephant ~*hochzeit* *f* WIRTSCH giant merger ~*kuh* *f* ZOOL cow elephant ~*rüssel* *m* trunk
elegant *Adj* elegant (*a. fig*), smart: *fig e-e* ~*e Lösung* a neat (*od* clever) solution **Eleganz** *f a. fig* elegance
Elegie *f* elegy
elegisch *Adj* elegiac, *fig a.* melancholy

elektrifizieren *v/t* electrify
Elektrifizierung *f* electrification
Elektrik *f* electricity, (*Anlage*) electrical system **Elektriker(in)** electrician
elektrisch I *Adj* electric(al): **~er Schlag** (**Strom, Stuhl**) electric shock (current, chair) **II** *Adv* electrically: **~ betreiben** *a.* run by electricity **elektrisieren** *v/t a. fig* electrify
Elektrizität *f* electricity, (*Strom*) (electric) current **Elektrizitätswerk** *n* (electric) power station
Elektroauto *n* electric car
Elektrobohrer *m* electric drill
Elektrochemie *f* electrochemistry
Elektrode *f* electrode: **negative ~** cathode; **positive ~** anode
Elektro|enzephalogramm *n* MED (*Abk EEG*) electroencephalogram **~fahrzeug** *n* electric vehicle **~gerät** *n* electrical appliance **~geschäft** *n* electrical shop **~grill** *m* electric grill **~herd** *m* electric cooker **~ingenieur(in)** electrical engineer **~kardiogramm** *n* MED (*Abk EKG*) electrocardiogram
Elektrolyse *f* electrolysis
Elektromagnet *m* electromagnet
Elektromotor *m* (electric) motor
Elektron *n* PHYS electron
Elektronen|blitz(gerät *n*) *m* FOTO electronic flash (gun) **~gehirn** *n* electronic brain **~mikroskop** *n* electron microscope
Elektronik *f* **1.** electronics *Sg* **2.** electronic system
elektronisch *Adj* electronic(ally *Adv*): **elektronische Post** e-mail; **elektronischer Briefkasten** (voice) mailbox; **elektronischer Handel** e-commerce; **elektronisches Geld** online: electronic cash
Elektroofen *m* electric stove **Elektrophysik** *f* electrophysics *Sg*
Elektrorasierer *m* electric razor
Elektroschock *m* electroshock
Elektro|smog *m* electromagnetic pollution, electronic smog **~technik** *f* electrical engineering **~techniker(in)** electrical engineer
elektrotechnisch *Adj* electrotechnical, *Bauteil, Industrie etc*: electrical
Elektrotherapie *f* MED electrotherapy
Element *n allg* element, ELEK *a.* battery, cell: *fig* **in s-m ~ sein** be in one's ele-

ment; *pej* **asoziale ~e** (*Personen*) anti-social elements
elementar *Adj* **1.** (*naturhaft*) elemental **2.** (*grundlegend*) elementary (*duty, mistake, etc*)
Elementarbegriff *m* fundamental idea
Elementar|gewalt *f* elemental force **~teilchen** *n* PHYS elementary particle **~unterricht** *m* elementary instruction
elend I *Adj* **1.** miserable, wretched (*beide a. fig pej*): **~ aussehen** look dreadful; **sich ~ fühlen** feel wretched (*od* terrible) **2.** (*arm*) poverty-stricken, (*erbärmlich*) pitiable **3.** F *fig* (*schrecklich*) terrible, awful **II** *Adv* **4.** miserably: **~ zugrunde gehen** perish miserably **5.** F *fig* (*sehr*) terribly, awfully
Elend *n* misery, (*Armut*) poverty: → **Häufchen, stürzen**
Elendsquartier *n* hovel
Elendsviertel *n* slum(s *Pl*)
elf *Adj* eleven
Elf¹ *f* **1.** (number) eleven **2.** *Fußball:* team
Elf² *m*, **Elfe** *f* elf
Elfenbein *n*, **elfenbeinern** *Adj*, **elfenbeinfarbig** *Adj* ivory **Elfenbeinküste** *f* the Ivory Coast **Elfenbeinturm** *m fig* ivory tower
Elfmeter *m Fußball:* penalty (kick) **~schießen** *n* penalty shoot-out
elft *Adj*, **Elfte** *m*, *f* eleventh
elftens *Adv* in the eleventh place
eliminieren *v/t* eliminate
elitär *Adj* elitist **Elite** *f* élite **Elitedenken** *n* elitism
Elixier *n* elixir
Ellbogen *m* elbow: F *fig* **s-e ~ gebrauchen** use one's elbows **~freiheit** *f* elbow room **~gelenk** *n* elbow joint **~gesellschaft** *f* ruthlessly competitive society **~mensch** *m* (tough) go-getter
Elle *f* **1.** (*Knochen*) ulna **2.** (*Maß*) cubit, (*Zollstock*) yard stick
ellenlang *Adj* F *fig* endless
Ellipse *f* MATHE ellipse
elliptisch *Adj* MATHE elliptic(al)
El Salvador *n* El Salvador
Elsass *n das* Alsace
Elsässer(in), **elsässisch** *Adj* Alsatian
Elster *f* ZOOL magpie
elterlich *Adj* parental (*duty, love, etc*), parents' (*bedroom etc*)
Eltern *Pl* parents *Pl*: F *fig* **nicht von**

schlechten ~ terrific
Elternabend *m* parent-teacher meeting
Elternbeirat *m* PÄD parents' council
Elternhaus *n* (one's parents') home
elternlos *Adj* orphan(ed)
Elternschaft *f* **1.** parenthood **2.** (*Eltern*) parents *Pl* **Elternsprechtag** *m* PÄD open day **Elternteil** *m* parent **Elternzeit** *f* (*Erziehungsurlaub*) (extended) parental leave: ~ *nehmen* take parental leave
E-Mail *f* e-mail, E-mail: *j-m e-e* ~ *schicken* send s.o. an e-mail, e-mail s.o.; → *Info bei e-mail u. bei compliment* ~-**Adresse** *f* e-mail (*od* E-mail) address
Email *n*, **Emaille** *f*, **emaillieren** *v/t* enamel
Emanze *f* F *pej* women's libber
Emanzipation *f* emancipation: *die* ~ *der Frau* a. women's liberation
emanzipatorisch *Adj* emancipatory
emanzipieren I *v/t* emancipate II *v/refl* **sich** ~ become emancipated
Embargo *n* WIRTSCH embargo
Embolie *f* MED embolism
Embryo *m* embryo
embryonal *Adj* embryonic, embryo
emeritieren *v/t* UNI retire
Emigrant(in) emigrant **Emigration** *f* emigration: *in der* (*die*) ~ in(to) exile
emigrieren *v/i* emigrate
Emission *f* **1.** PHYS emission **2.** WIRTSCH issue
Emotikon *n* COMPUTER emoticon; → *Info bei chat*
Emotion *f* emotion
emotional *Adj* emotional
emotionalisieren *v/t* emotionalize
emotionell *Adj* emotional
Empfang *m* **1.** (*Erhalt*) receipt: *nach* ~, *bei* ~ on receipt; *in* ~ *nehmen* receive, (*j-n*) meet **2.** (*Begrüßung*) reception (*a. Veranstaltung*), welcome: *j-m e-n begeisterten* ~ *bereiten* give s.o. an enthusiastic reception **3.** RADIO *etc* reception **4.** *Hotel etc*: reception (desk)
empfangen I *v/t* receive (*a. Radio etc*), (*begrüßen*) *a.* welcome: *sie empfängt niemanden* she refuses to see anybody; *wir wurden sehr freundlich* ~ we met with a friendly reception II *v/i* MED (*schwanger werden*) conceive
Empfänger(in) receiver, recipient, *e-s Briefes*: addressee

empfänglich *Adj* (*für* to) receptive, susceptible (*a.* MED), MED prone: *für Eindrücke* ~ impressionable **Empfänglichkeit** *f* (*für* to) receptivity, *a.* MED susceptibility
Empfängnis *f* MED conception **2verhütend** *Adj* (*a.* ~*es Mittel*) contraceptive ~**verhütung** *f* contraception
Empfangs|**antenne** *f* receiving aerial (*Am* antenna) ~**bereich** *m* RADIO **1.** range of reception **2.** frequency range ~**bescheinigung** *f* receipt ~**bestätigung** *f* acknowledg(e)ment of receipt ~**chef(in)** reception (*Am* room) clerk ~**dame** *f*, ~**herr** *m* receptionist
empfehlen I *v/t* **1.** recommend (*j-m etw* s.th. to s.o.): *nicht zu* ~ not to be recommended; *es empfiehlt sich zu Inf* it is advisable to *Inf* II *v/refl* **sich** ~ **2.** *Sache, Tun*: recommend itself **3.** (*weggehen*) take one's leave **empfehlenswert** *Adj* recommendable, (*ratsam*) advisable **Empfehlung** *f* (*auf* ~ on) recommendation: *gute* ~*en haben* have good references
Empfehlungsschreiben *n* letter of recommendation
empfinden I *v/t* feel (*a. v/i*), (*Mitleid etc*) *a.* have: *etw als lästig* ~ find s.th. a nuisance II **2** *n* (*Gefühl*) feeling, (*Meinung*) opinion, (*Sinn*) sense: *nach m-m* **2** the way I see it
empfindlich *Adj* **1.** *allg* sensitive (*gegen* to) (*a.* MED, FOTO, TECH), (*zart*) delicate: *fig* ~*e Stelle* tender spot **2.** (*leicht gekränkt*) touchy, (*reizbar*) irritable (*a. Magen*): *Adv* ~ *reagieren* overreact **3.** (*spürbar*) *Kälte, Strafe etc*: severe, *Verlust*: bad: *Adv* ~ *kalt* bitterly cold; *fig er war* ~ *getroffen* he was badly hit
Empfindlichkeit *f* **1.** *allg* sensitivity (*gegen* to), FOTO *a.* speed, (*Zartheit*) delicacy **2.** *fig* touchiness, irritability
empfindsam *Adj* (*feinfühlig*) sensitive, (*gefühlvoll*) sentimental
Empfindung *f* **a)** (*Sinneswahrnehmung*) sensation, perception, **b)** (*Gefühl*) feeling, emotion **empfindungslos** *Adj* insensitive (*für, gegen* to), *Glied*: numb
empirisch *Adj* empirical
empor *Adv* up, upward(s), *in Zssgn* → *a.* (*hin*)*auf...*, *hoch...* **emporarbeiten**

v/refl **sich ~** work one's way up
Empore *f* ARCHI gallery
empören I *v/t* **1.** outrage, shock **II** *v/refl* **sich ~ 2.** be outraged (*über Akk* at) **3.** *Volk etc*: rebel (*gegen* against)
empörend *Adj* outrageous, shocking
emporkommen *v/i fig* rise (in life)
Emporkömmling *m* upstart, parvenu
emporragen *v/i* tower (*über Akk* above)
emporschießen *v/i* shoot up
empört *Adj* indignant (*über Akk* at)
Empörung *f* **1.** indignation (*über Akk* at) **2.** (*Aufstand*) revolt, rebellion
emsig *Adj* busy, (*fleißig*) industrious, hard-working **Emsigkeit** *f* bustle, (*Fleiß*) industry, (*Eifer*) zeal
Emulsion *f* emulsion
E-Musik *f* serious music
End|abnehmer(in) WIRTSCH ultimate buyer **~abrechnung** *f* final account **~bahnhof** *m* terminus **~betrag** *m* (sum) total
Ende *n* **1.** *allg* end, *zeitlich: a.* close, *e-s Films etc: a.* ending: **~ (der Durchsage)!** end of the message!, *Funk*: over (and out)!; **~ Mai** at the end of May; **~ der dreißiger Jahre** in the late thirties; **am ~** in the end, after all, (*schließlich*) eventually, (*vielleicht*) maybe; **letzten ~s** when all is said and done; *fig* **ich bin am ~** I'm finished; **bis zum bitteren ~** to the bitter end; *e-r Sache ein ~ machen* (*od bereiten*) put an end to s.th.; *etw zu ~ führen* finish s.th., see s.th. through; **zu ~ gehen a)** → **enden, b)** (*knapp werden*) run short; **zu ~ sein** be over, *Zeit:* be up; *ein böses ~ nehmen* come to a bad end; **~ gut, alles gut** all's well that ends well; F *das dicke ~ kommt nach* there will be hell to pay; *die Arbeit geht ihrem ~ entgegen* the work is nearing completion; *es geht mit ihm zu ~* he's going fast; → *Latein, Lied, Weisheit* **2.** F **a)** (small) piece, **b)** (long) distance (*od* way): *bis dahin ist es noch ein ganzes ~* it is still a long way to go
Endeffekt *m* final result: *im ~* in the final analysis, in the end
endemisch *Adj* MED endemic
enden *v/i allg* (come to an) end, *allmählich:* draw to a close, (*aufhören*) finish, stop, *Vertrag etc*: expire: *mit e-r Prüge-

lei ~ end in a brawl; LING **~ auf** (*Akk*) end with; *nicht ~ wollend* unending; *das Stück endet tragisch* the play has a tragic ending
Endergebnis *n* final result
Endgerät *n* IT terminal
endgültig I *Adj* final: *-e ~e Antwort* a definite answer **II** *Adv* finally, (*für immer*) for good: *das steht ~ fest* that's final **Endgültigkeit** *f* finality
Endivie *f* BOT endive
Endkampf *m* SPORT (*in den ~ kommen* reach the) final(s *Pl*) **endlagern** *v/t* KERNPHYSIK permanently dispose of **Endlagerung** *f von Atommüll*: ultimate disposal
endlich I *Adj* final, ultimate, MATHE *u.* PHIL finite **II** *Adv* finally, at last: *~ doch* after all **Endlichkeit** *f* finiteness
endlos *Adj* endless
Endlosigkeit *f* endlessness
Endlospapier *n* continuous paper
Endlösung *f* POL *hist* Final Solution
endogen *Adj* endogenous
Endoskop *n* MED endoscope
End|phase *f* final stage **~preis** *m* retail price **~produkt** *n* end product **~reim** *m* end rhyme **~resultat** *n* final result **~runde** *f* SPORT final(s *Pl*) **~silbe** *f* final syllable **~spiel** *n* SPORT final(s *Pl*): *ins ~ einziehen* go to the finals **~spurt** *m a. fig* final sprint, finish **~station** *f* **1.** terminus **2.** *fig* end of the road **~summe** *f* (sum) total
Endung *f* LING ending
End|verbraucher(in) end user **~verstärker** *m* ELEK output amplifier **~ziel** *n* final objective, ultimate goal **~ziffer** *f* last number **~zweck** *m* final purpose
Energie *f* energy (*a. fig*), ELEK *a.* power
Energie|bedarf *m* energy demand **Łgeladen** *Adj fig* bursting with energy
Energiekrise *f* energy crisis
energielos *Adj* lacking energy, weak
Energielosigkeit *f* lack of energy
Energie|politik *f* energy policy **~quelle** *f* source of energy **Łsparend** *Adj* energy-saving **~sparlampe** *f* energy-saving lamp **~steuer** *f* energy tax **~verbrauch** *m* energy consumption **~verschwendung** *f* waste of energy (*fig* of effort)
Energieversorgung *f* power supply
Energiewirtschaft *f* energy industry

E

energisch *Adj* energetic(ally *Adv*), *Worte*, *Ton etc*: firm, *Kinn*, *Protest etc*: strong: **~ werden** put one's foot down

eng I *Adj* **1.** *allg* narrow (*a. fig*), (*beengt*) *a.* cramped, crowded, *Kleidung*: tight: **~er werden** narrow; **ein Kleid ~er machen** take a dress in; **auf ~em Raum zs.-leben** live crowded together; **fig in ~en Grenzen** within narrow bounds; F **das wird zeitlich sehr ~** I've got a tight schedule already; → **Sinn** 5, **Wahl** 2 **2.** *fig* close: **~e Zs.-arbeit** close cooperation; → **Kreis** 1 **II** *Adv* **3.** narrowly (*etc*): **~ anliegend** tight(-fitting); **~ befreundet sein** be close friends; F **das darf man nicht so ~ sehen!** let's be (more) broadminded!

Engagement *n* **1.** THEAT *etc* engagement **2.** POL *u. fig* commitment **engagieren I** *v/t* engage, employ, take *s.o.* on **II** *v/refl* **sich ~** POL *u. fig* get (*od* be) involved (**in** *Dat* in) **engagiert** *Adj fig* dedicated, committed

⚠ **engagiert** ≠ **engaged**

engagiert	= dedicated, committed
engaged	= 1. verlobt 2. *Telefon*, *Toilette*: besetzt

Enge *f* **1.** narrowness (*a. fig*), *von Kleidung*: tightness: **in großer ~ leben** live in very cramped conditions **2.** (*enge Stelle*) narrow passage, (*Meer²*) strait **3.** *fig* **j-n in die ~ treiben** drive s.o. into a corner; **in die ~ getrieben** with one's back to the wall

Engel *m* angel

Engelsgeduld *f* endless patience

engherzig *Adj* small-minded

England *n* England; → **Info bei Britain**

Engländer *m* **1.** Englishman: **er ist ~** he is English; **die ~** *Pl* the English *Pl* **2.** TECH monkey wrench

Engländerin *f* Englishwoman

englisch *Adj* English: **die ~e Staatskirche** the Anglican Church

Englisch *n* English, the English language: **er spricht gutes ~** he speaks good English; **aus dem ~en übersetzt** translated from (the) English; (**gut**) **~**

sprechen speak English (well); **~ sprechend** English-speaking; **~ geschrieben** (written) in English

englisch-deutsch *Adj* **1.** POL Anglo--German **2.** LING English-German

Englischhorn *n* MUS cor anglais

englischsprachig *Adj* English-language **Englischunterricht** *m* English lesson(s *Pl*)

engmaschig *Adj* **1.** fine-meshed **2.** *fig* close-meshed

Engpass *m fig* bottleneck, (*Versorgungs²*) supply shortfall

en gros *Adv* WIRTSCH wholesale

engstirnig *Adj* narrow-minded

Engstirnigkeit *f* narrow-mindedness

Enkel *m* grandchild, (*~sohn*) grandson

Enkelin *f* granddaughter

Enklave *f* enclave

enorm *Adj* enormous, huge, F (*toll*) terrific: *Adv* **~ schnell** incredibly fast

en passant *Adv* in passing

Ensemble *n* **1.** MUS, *Mode*: ensemble **2.** THEAT company, (*Besetzung*) cast

entarten *v/i* degenerate

entartet *Adj* degenerate, *fig a.* decadent

Entartung *f* degeneration

entbehren *v/t* **1.** (*auskommen ohne*) do without: **kannst du ... ~?** can you spare ...? **2.** (*vermissen*) miss **entbehrlich** *Adj* dispensable, expendable

Entbehrung *f* privation, want

entbinden I *v/t* **1.** MED (*e-e Frau*) deliver (**von** of): **entbunden werden von ...** *a.* give birth to ... **2.** *fig* (**von** from) release, excuse **II** *v/i* **3.** MED give birth to a child **Entbindung** *f* **1.** MED delivery **2.** *fig* release (**von** from)

Entbindungsheim *n* maternity home

Entbindungsklinik *f* maternity clinic

Entbindungsstation *f* maternity ward

entblättern I *v/t/t* **1.** strip *s.th.* of leaves **II** *v/refl* **sich ~ 2.** shed (its) leaves **3.** *hum* shed one's clothes, strip

entblöden *v/refl* **sich nicht ~ zu** *Inf* have the nerve to *Inf*

entblößen *v/t*, **entblößt** *Adj* bare

entbrennen *v/i fig Kampf*: break out, *a. Zorn etc*: flare up

entdecken *v/t* discover, (*herausfinden*) *a.* find out, (*bemerken*) see, (*j-n*) *a.* spot: **zufällig ~** stumble (up)on

Entdecker(in) discoverer

Entdeckung *f* discovery

Britisches und amerikanisches Englisch

Die mit einem Sternchen* gekennzeichneten Wörter werden auch im britischen Englisch verwendet.

Deutsch	Britisch	Amerikanisch
Abfall	rubbish	garbage*
Aluminium	aluminium	aluminum
Apotheke	chemist's	drugstore
Aufzug	lift	elevator
Autobahn	motorway	highway, freeway
Bahn	railway	railroad
Benzin	petrol	gas, gasoline
Bonbon	sweet	candy
Briefkasten	letterbox, postbox	mailbox
Brieftasche	wallet	billfold
Bürgersteig	pavement	sidewalk
Chips	crisps	potato chips
City, Innenstadt	city centre	downtown
Entschuldigung!	sorry	excuse me
Erdgeschoss	ground floor	first floor
1. Stock	first floor	second floor
Fahrplan	timetable	schedule
Führerschein	driving licence	driver's license
Fußball	football	soccer*
Fußgänger-unterführung	subway	(pedestrian) underpass*
Garderobe	cloakroom	checkroom
Gaspedal	accelerator	gas pedal
Geldschein	note	bill
Geschäft	shop	store*
Gleis(e)	rails	tracks*
Handtasche	handbag	purse, pocketbook
Herbst	autumn	fall

E

Deutsch	Britisch	Amerikanisch
Hose	**trousers**	**pants**
Hosenträger	**braces**	**suspenders**
Keks	**biscuit**	**cookie**
Kinderwagen	**pram**	**baby carriage**
Kino	**cinema**	**movie theater**
(Kino)Film	**film**	**movie***
Kofferraum	**boot**	**trunk**
Kreisverkehr	**roundabout**	**traffic circle**
Laden	**shop**	**store**
Limousine	**saloon**	**sedan**
Marmelade	**jam**	**jelly**
Motorhaube	**bonnet**	**hood**
Natürlich!	**of course**	**sure***
öffentliche Verkehrsmittel	**public transport**	**public transportation**
Pommes frites	**chips**	**(French) fries***
Pony (*Frisur*)	**fringe**	**bangs**
Postleitzahl	**postcode**	**zip code**
Privatschule	**public school**	**private school**
Punkt	**full stop**	**period**, *bei Internet-Adressen*: **dot***
Radiergummi	**rubber**	**eraser***
Rechnung	**bill**	**check**
Reißverschluss	**zip**	**zipper**
Reißzwecke	**drawing pin**	**thumbtack**
Schnuller	**dummy**	**pacifier**
Schrank	**cupboard**	**closet**
(Schul)Ferien	**holidays** *Pl*	**vacation**
Talkshow	**chat show**	**talk show**
Tankstelle	**petrol station**	**gas station**
Taschenlampe	**torch**	**flashlight**

Deutsch	Britisch	Amerikanisch
Taxi	**taxi**	**cab***
U-Bahn	**underground**	**subway**
Unterhemd	**vest**	**undershirt**
Urlaub	**holiday**	**vacation**
Warteschlange	**queue**	**line***
Wasserhahn	**tap**	**faucet**
Watte	**cotton wool**	**cotton**
W.C.	**toilet**	**bathroom, restroom**
Weste	**waistcoat**	**vest**
Wie bitte?	**pardon?, sorry?**	**excuse me?**
Windel	**nappy**	**diaper**
Windschutzscheibe	**windscreen**	**windshield***
Wohnung	**flat**	**apartment***

Entdeckungsreise f a. fig expedition
Ente f **1.** ZOOL duck: **junge ~** duckling; F fig **lahme ~** slowcoach **2.** GASTR **a)** roast duck, **b)** white wine cup with champagne **3.** (Zeitungs2) hoax, canard **4.** F MED (bed) urinal
entehren v/t dishono(u)r (a. Frau), disgrace, (entwürdigen) degrade **Entehrung** f dishono(u)r(ing), degradation
enteignen v/t expropriate, (j-n) dispossess **Enteignung** f expropriation
enteisen v/t clear of ice, TECH defrost, de-ice **Enteisung** f TECH defrosting, de-icing **Enteisungsanlage** f defroster, de-icing system
Entenbraten m roast duck
Entenei n duck's egg
Entenjagd f duck shooting
enterben v/t disinherit
Enterich m ZOOL drake
entern v/t board
Enter-Taste f COMPUTER enter key, return key
entfachen v/t **1.** (Feuer) kindle **2.** fig (Begierde etc) rouse, (e-e Diskussion etc) provoke
entfallen v/i **1.** **es ist mir ~** it has slipped my memory; **der Name ist mir ~** the name escapes me **2.** be cancel(l)ed, be dropped: **entfällt in Formularen**: not applicable **3.** **auf j-n ~** fall to s.o.
entfalten **I** v/t **1.** unfold (a. fig), open, spread out **2.** fig (Fähigkeiten etc) develop, (Aktivität etc) launch into, (Pracht etc) display **II** v/refl **sich ~ 3.** Blüte etc: open, unfold **4.** fig develop (zu into) **Entfaltung** f **1.** unfolding **2.** fig von Mut, Pracht, Macht etc: display, (Entwicklung) development
entfärben v/t remove the colo(u)r from, CHEM, TECH decolo(u)rize, (bleichen) bleach
entfernen **I** v/t **1.** allg, a. fig remove: **j-n von der Schule ~** expel s.o. from school **2.** COMPUTER delete **II** v/refl **sich ~** leave, go away: fig **sich vom Thema ~** depart from the subject
Entfernentaste f COMPUTER delete key
entfernt **I** Adj a. fig remote, distant, Ähnlichkeit etc: a. faint: **e-e Meile ~ von** a mile away from; **zwei Meilen voneinander ~** two miles apart; **weit ~ davon zu** Inf far from Ger **II** Adv a. **weit ~** far away; **~ verwandt** distantly related; **nicht im 2esten** not in the least

Entfernung f 1. (*Abstand*) distance, (*Reichweite*) range: **in e-r ~ von** at a distance of; **aus der (einiger) ~** from the (a) distance; **aus kurzer ~** at close range 2. (*Beseitigung, a. fig*) removal

Entfernungs|messer m FOTO range finder **~skala** f FOTO focus(s)ing scale

entfesseln v/t fig unleash, (*Streit etc*) provoke: **e-n Krieg ~** start a war

entfesselt Adj fig raging

entfetten v/t remove the grease (*od* fat) from, TECH degrease

entflammbar Adj inflammable **entflammen I** v/t 1. TECH ignite 2. fig rouse, kindle **II** v/i 3. → 1 4. → **entbrennen**

entflechten v/t WIRTSCH decartelize

entfliegen v/i fly away (*Dat* from)

entfliehen v/i ([*aus*] *Dat* from) flee, escape

entfremden I v/t alienate (*Dat* from) **II** v/refl **sich (j-m) ~** become estranged (from s.o.) **Entfremdung** f estrangement, a. SOZIOL alienation

entfrosten v/t TECH defrost

Entfroster m TECH defroster

entführen v/t kidnap, abduct, (*ein Flugzeug*) hijack **Entführer(in)** kidnapper, (*Flugzeug♀*) hijacker **Entführung** f kidnapping, (*Flugzeug♀*) hijacking

entfusionieren v/t u. v/i WIRTSCH demerge **Entfusionierung** f WIRTSCH demerger

entgegen I Präp (*Dat*) contrary to, against: **~ allen Erwartungen** contrary to all expectations **II** Adv Richtung: towards: **dem Wind ~** against the wind

entgegen|arbeiten → **entgegenwirken** **~bringen** v/t fig j-m Vertrauen (Zuneigung) **~** show trust in (affection for) s.o.; **e-r Sache Interesse ~** show an interest in s.th. **~gehen** v/i (*Dat*) walk towards, go to meet, fig approach, (*e-r Gefahr, der Zukunft*) face, (*dem Untergang etc*) be heading for: **dem Ende ~** be drawing to a close

entgegengesetzt Adj 1. opposite 2. fig Meinung etc: contrary, opposed (*Dat* to), *Interessen:* conflicting

entgegenhalten v/t fig 1. **j-m etw ~** point s.th. out to s.o. 2. **e-r Sache etw ~** say s.th. in answer to s.th., counter s.th. with s.th.

entgegen|kommen I v/i j-m **~** come to-

wards (*od* to) s.o., approach s.o., fig oblige s.o., make s.o. concessions; **j-m auf halbem Wege ~** bes fig meet s.o. halfways; **j-s Wünschen ~** comply with s.o.'s wishes **II** ♀ n obligingness, (*Zugeständnis*) concession(s *Pl*) **~kommend** Adj 1. oncoming 2. fig obliging **~laufen** v/i j-m **~** run towards s.o.

Entgegennahme f acceptance

entgegennehmen v/t accept, take

entgegensehen v/i (*Dat*) await, freudig: look forward (to), gelassen: face

entgegenstehen v/i stand in the way (*Dat* of): **dem steht nichts entgegen** there's nothing to be said against that

entgegenstellen I v/t fig 1. → **entgegenhalten** 2 2. **j-m etw ~** set s.th. against s.o. **II** v/refl 3. **sich j-m (e-r Sache) ~** resist s.o. (s.th.)

entgegentreten v/i 1. **j-m ~** a) step (*od* walk) up to s.o., b) fig oppose s.o. 2. (*e-m Missstand etc*) take steps against, (*e-m Gerücht*) contradict

entgegenwirken v/i (*Dat*) work against, counteract, stärker: fight

entgegnen v/i reply, schlagfertig: retort

entgehen v/i escape (*a. dem Tod etc*): fig **j-m ~** escape s.o. ('s notice), (*ein Flugzeug*) hijack, (*Flugzeug♀*) hijacker: **er ließ sich die Gelegenheit nicht ~** he seized the opportunity; **ihr entging nichts** she didn't miss a thing

entgeistert Adj u. Adv dum(b)founded

Entgelt n remuneration, payment, (*Lohn, Gehalt*) pay, (*Gebühr*) fee, JUR consideration, (*Belohnung*) reward: **gegen ~** against payment; **als ~ für** in consideration of **entgelten** v/t **j-m etw ~** pay s.o. for s.th.; fig **j-m etw ~ lassen** make s.o. pay for s.th.

entgiften v/t detoxicate, (*Kampfstoffe, Giftmüll*) decontaminate

entgleisen v/i 1. BAHN run off the rails, be derailed 2. fig go too far, make a faux pas **Entgleisung** f 1. BAHN derailment 2. fig faux pas, gaffe

entgleiten v/i (*Dat*) 1. **j-m ~** a) slip out of s.o.'s hand(s), b) fig slip away from s.o.

entgräten v/t bone

enthaaren v/t depilate **Enthaarungscreme** f depilatory cream

enthalten I v/t contain, (*fassen*) hold, (*umfassen*) comprise: **mit ~ sein** be included (*in Dat* in) **II** v/refl **sich ~** ab-

→ **entbrennen**

stain (*Gen* from); PARL **sich der Stimme ~** abstain

enthaltsam *Adj* abstemious, *sexuell:* continent **Enthaltsamkeit** *f* abstinence, *sexuelle:* continence

Enthaltung *f* (*a.* Stimm♘) abstention

enthärten *v/t* (*Wasser*) soften

enthaupten *v/t* behead, decapitate **Enthauptung** *f* beheading, decapitation

enthäuten *v/t* skin, (*Obst etc*) *a.* peel

entheben *v/t* (*Gen*) relieve (of), *e-r Pflicht etc: a.* release (*od* exempt) (from): **j-n s-s Amtes ~** remove s.o. from office, dismiss s.o.

enthüllen I *v/t* **1.** unveil, bare, (*zeigen*) show **2.** *fig* reveal, bring *s.th.* to light, (*Verbrechen etc*) *a.* expose **II** *v/refl* **sich ~ 3.** *fig* reveal o.s., *Sache:* be revealed (*Dat* to) **Enthüllung** *f* **1.** unveiling **2.** *fig* disclosure, exposure

Enthüllungsjournalismus *m* investigative journalism

Enthusiasmus *m* enthusiasm **Enthusiast(in)** enthusiast, F fan **enthusiastisch** *Adj* enthusiastic(ally *Adv*)

entjungfern *v/t* deflower

entkalken *v/t* descale

entkeimen *v/t* disinfect, degerm(inate)

entkernen *v/t* stone, (*Äpfel*) core

entkleiden I *v/t* **1.** *a.* **sich ~** undress **2.** *fig* (*Gen*) divest, strip

entkoffeiniert *Adj* decaffeinated

entkommen I *v/i* ([*aus*] *Dat* from) get away, escape **II** ♘ *n* (**es gab kein** ♘ there was no) escape

entkorken *v/t* uncork

entkräften *v/t* **1.** weaken, (*erschöpfen*) exhaust **2.** *fig* invalidate (*a.* JUR), (*a. widerlegen*) refute **Entkräftung** *f* **1.** weakening **2.** (*Schwäche*) weakness, (*Erschöpfung*) exhaustion **3.** *fig* invalidation (*a.* JUR), refutation

entkrampfen *v/t* (*a.* **sich ~**) relax

entladen I *v/t* **1.** unload (*a. Gewehr*), *a.* ELEK discharge **2.** *fig* (*Zorn etc*) give vent to, vent **II** *v/refl* **sich ~ 3.** *Gewitter:* break **4.** ELEK discharge **5.** *Gewehr etc:* go off **6.** *fig Spannung:* be released, *Zorn:* erupt **Entladung** *f* **1.** unloading, *a.* ELEK discharge **2.** *fig* explosion, outburst

entlang *Adv u. Präp* along: **die Straße ~** along (*od* down) the street; **hier ~, bitte!** this way, please! **entlanggehen**

v/t (*v/i* **~ an** *Dat*) go (*od* walk) along

entlarven *v/t* unmask, expose

entlassen *v/t* **1.** dismiss, (*pensionieren*) pension off: **j-n fristlos ~** dismiss s.o. without notice **2.** (*aus* *Dat* from) (*Gefangene*) release, (*a. Patienten*) discharge **Entlassung** *f* **1.** dismissal **2.** (*aus* *Dat* from) release, discharge

Entlassungspapiere *Pl* discharge papers *Pl*

entlasten *v/t* relieve (*fig von* of), JUR exonerate, clear *s.o.* of a charge, WIRTSCH (*Vorstand etc*) give *s.o.* a release **entlastend** *Adj* JUR exonerating **Entlastung** *f* relief, JUR exoneration, WIRTSCH release

Entlastungs|material *n* JUR exonerating evidence **~straße** *f* bypass **~zeuge** *m*, **~zeugin** *f* JUR witness for the defen/ce (*Am* -se) **~zug** *m* BAHN relief train

entlauben *v/t* defoliate **entlaubt** *Adj* bare **Entlaubungsmittel** *n* defoliant

entlaufen *v/i* run away (*Dat* from)

entlausen *v/t* delouse

entledigen *v/refl* **sich ~** (*Gen*) **1.** get rid of, *e-s Kleidungsstücks:* take off **2.** *fig e-r Aufgabe:* carry out, discharge, *e-r Verpflichtung:* fulfil(l)

entleeren *v/t* empty: MED **den Darm ~** evacuate (the bowels)

entlegen *Adj* remote, out-of-the-way

entlehnen *v/t* (*Wort etc*) borrow (*Dat, aus, von* from)

entleihen *v/t* borrow (*aus, von* from)

Entlein *n* duckling

entloben *v/refl* **sich ~** break off one's engagement

entlocken *v/t fig* (*Dat* from) elicit, draw

entlohnen *v/t* pay **Entlohnung** *f* pay, payment, remuneration

entlüften *v/t* TECH deaerate, (*Bremse*) bleed

Entlüfter *m* TECH deaerator

Entlüftung *f* TECH aeration, airing

Entlüftungsschraube *f* MOT vent screw

entmachten *v/t* **j-n** (**etw**) **~** deprive s.o. (s.th.) of his (its) power

entmenscht *Adj* inhuman, brutish

entmilitarisieren *v/t* demilitarize **Entmilitarisierung** *f* demilitarization

entmündigen *v/t* (legally) incapacitate

Entmündigung *f* (legal) incapacitation

E

entmutigen v/t discourage, dishearten

Entmutigung f discouragement

Entnahme f e-r Probe etc: taking, von Geld: withdrawal

entnazifizieren v/t POL hist denazify

Entnazifizierung f denazification

entnehmen v/t (Dat) take (from, out of), (e-m Buch etc) borrow (from), (zitieren) quote (from); fig etw ~ aus (od Dat) gather from; **ich entnehme Ihren Worten, dass ...** I take it that ...

entnerven v/t enervate

entpacken v/t (e-e Datei) unzip

entpersönlichen v/t depersonalize

entpolitisieren v/t depoliticize

entprivatisieren v/t deprivatize

entpuppen v/refl **sich ~ als** F fig turn out to be

entrahmen v/t (Milch) skim

enträtseln v/t solve, unravel, (Schrift etc) decipher

entrechten v/t j-n ~ deprive s.o. of his rights

entreißen v/t **j-m etw** ~ a. fig snatch s.th. from s.o.

entrichten v/t pay

entriegeln v/t unlock

entrinnen I v/i (Dat from) escape, get away II ♀ n (**es gab kein** ♀ there was no) escape

entrollen v/t unroll, (Fahne etc) unfurl

entrosten v/t remove the rust from

entrücken v/t fig (Dat from) carry away, remove **entrückt** Adj fig enraptured

entrümpeln v/t clear out

entrüsten I v/t fill s.o. with indignation, shock, scandalize II v/refl **sich ~** (über Akk) get indignant (at s.th., with s.o.), be shocked (at) **entrüstet** Adj indignant, shocked **Entrüstung** f indignation: **ein Schrei der ~** an outcry

entsaften v/t extract the juice from

Entsafter m juice extractor, juicer

entsagen v/i **e-r Sache ~** renounce s.th., **dem Thron** ~ a. abdicate; **dem Alkohol** ~ give up drink **Entsagung** f renunciation **entsagungsreich** Adj Leben: full of privations

entschädigen v/t (für for) compensate (a. fig), für Auslagen: reimburse: fig **die Aussicht entschädigte uns für den langen Aufstieg** the view made up for the long climb **Entschädigung** f compensation (a. fig), reimbursement

entschärfen v/t (Mine etc) defuse (a. fig Krise, Lage etc), (Munition) deactivate, fig (e-e Rede etc) take the edge off

Entscheid m decree, decision

entscheiden I v/t decide, endgültig: settle, JUR rule (über Akk on): **damit war die Sache entschieden** that settled it; **das musst du** ~ that's up to you II v/i (über Akk) decide (on), (den Ausschlag geben) be decisive (for) III v/refl **sich** ~ be decided, Person: decide, make up one's mind; **sich** ~ **für** decide on, settle on; **er entschied sich dagegen** he decided against it **entscheidend** Adj decisive, (kritisch) a. crucial, Fehler etc: fatal: ~**e Stimme** casting vote

Entscheidung f (über Akk on) decision, JUR a. ruling: **e-e** ~ **treffen** (od **fällen**) make (od come to) a decision

Entscheidungs|bedarf m **es besteht** ~ this calls for a decision ~**freiheit** f freedom of choice ~**kampf** m **1.** MIL decisive battle **2.** fig showdown ~**spiel** n SPORT deciding match, decider, (Endspiel) final ~**träger(in)** decision-maker

entschieden I Adj **1.** determined, firm, Gegner: decided, declared, Anhänger: sta(u)nch **2.** (eindeutig) decided, definite II Adv **3.** firmly, decidedly, (zweifellos) definitely: **ich bin (ganz)** ~ **dafür** I'm strongly in favo(u)r of it, I'm all for it **Entschiedenheit** f determination, firmness: **mit (aller)** ~ categorically

entschlacken v/t **1.** TECH remove the slag from **2.** MED purify, (den Darm) purge

Entschlackung f MED purification, des Darmes: purge

entschlafen v/i fig pass away

entschließen v/refl **sich** ~ (**zu, für** on, **zu tun** to do) decide, make up one's mind; **sich anders** ~ change one's mind **Entschließung** f POL resolution

entschlossen I Adj determined, firm, resolute: **zu allem** ~ **sein** be ready for anything II Adv resolutely, firmly: **kurz** ~ without a moment's hesitation **Entschlossenheit** f determination

Entschluss m decision: **e-n** ~ **fassen, zu e-m** ~ **kommen** make (od reach) a decision; **zu dem** ~ **kommen zu** Inf make up one's mind to Inf, decide to Inf

entschlüsseln *v/t* decipher
Entschlusskraft *f* determination
entschuldbar *Adj* excusable **entschuldigen I** *v/t* excuse: *das ist nicht zu ~* that is impardonable; *bitte*, *~ Sie mich (für heute Abend)* I beg to be excused (for tonight) **II** *v/i* *~ Sie!* excuse me!, *(Verzeihung)* sorry!, *Am* excuse me! **III** *v/refl sich ~* apologize (*bei j-m für etw* to s.o. for s.th.), *für Abwesenheit:* excuse o.s **entschuldigend** *Adj* apologetic(ally *Adv*) **Entschuldigung** *f* excuse, *(Vorwand)* pretext, *(Verzeihung)* apology: *j-n um ~ bitten* apologize to s.o. (*wegen* for); *als ~*, *zur ~* as an excuse (*für* for); *~!* → **entschuldigen II Entschuldigungsgrund** *m* (*etw als ~ anführen* offer s.th. as an) excuse

Entschuldigung

Im englischsprachigen Raum entschuldigt man sich relativ häufig. Wenn man z. B. mit jemandem im Geschäft, auf der Straße usw. aus Versehen in Berührung kommt, passiert es gar nicht so selten, dass sich beide betroffenen Personen gleichzeitig entschuldigen, egal wer an der „leichten Karambolage" schuld war.

So entschuldigt man sich im Allgemeinen auf Englisch:

Sorry.
I'm sorry.
Am **Excuse me.**
etwas formeller:
I'm so sorry.
I (do) beg your pardon.
I do apologize.

bei Schluckauf, Magenknurren *etc*:

Excuse me.

wenn einem ein Rülpser rausrutscht:

Pardon me.

als Auftakt zu einer Frage:

Excuse me, *where's the nearest ...?*

Pardon?, Pardon me?, *formeller* **I beg your pardon?** mit fragender Intonation (Stimme) heißt „Wie bitte?", wenn man etwas nicht verstanden hat.

Entschwefelungsanlage *f* TECH desulphurization plant
entschwinden *v/i* disappear
entsetzen I *v/t* horrify, shock, appal(l) **II** *v/refl sich ~ (über Akk* at) be horrified, *moralisch:* be shocked **III** ℒ *n* (*zu m-m* ℒ to my) horror **entsetzlich I** *Adj* horrible, terrible, atrocious **II** *Adv* terribly, F (*äußerst*) *a.* awfully
Entsetzlichkeit *f* horribleness, atrocity
entseuchen *v/t* decontaminate
Entseuchung *f* decontamination
entsichern *v/t (Schusswaffe)* release the safety catch of, cock
entsinnen *v/refl sich ~ (Gen)* recall, recollect; *wenn ich mich recht entsinne* if I remember rightly
entsorgen *v/t* dispose of the nuclear (*od* toxic *etc*) waste (of a plant *etc*)
Entsorgung *f* disposal of nuclear (*od* toxic *etc*) waste
entspannen I *v/refl sich ~* **1.** *allg* relax, *Person: a.* take it easy **2.** *fig Lage etc:* ease off **II** *v/t* **3.** relax **III** *v/i* **4.** be relaxing **Entspannung** *f* relaxation (*a. fig*), POL détente, WIRTSCH easing
Entspannungs|politik *f* policy of détente **~übung** *f* relaxation exercise
entsperren *v/t* IT unlock
entspiegelt *Adj* OPT antireflection
entspinnen *v/refl sich ~ (aus* from) arise, develop
entsprechen *v/i (Dat)* **1.** correspond (to, with), agree (with), (*gleichwertig sein*) be equivalent (to): *er entspricht nicht der Beschreibung* he doesn't answer the description **2.** (*Anforderungen, Erwartungen etc*) come up (to), (*e-r Bitte*) comply (with): *den Anforderungen nicht ~* fail to meet the requirements **entsprechend I** *Adj* (*Dat* to) corresponding, (*passend*) ap-

propriate, (*angemessen*) adequate, (*gleichwertig*) equivalent, (*jeweilig*) respective **II** *Adv* correspondingly (*etc*): **er verhielt sich ~** he acted accordingly **III** *Präp* (*Dat*) according to, in compliance with: **den Umständen ~** as can be expected under the circumstances **Entsprechung** *f* equivalent

entspringen *v/i* **1.** *Fluss*: have its source (**in** *Dat* in) **2.** *fig* (*Dat*, **aus** from) spring, arise, come

entstaatlichen *v/t* denationalize

Entstaatlichung *f* denationalization

entstammen *v/i* (*Dat* from) descend, *fig* (*herrühren von*) come, derive

entstauben *v/t* (free *s.th.* from) dust

entstehen I *v/i* **1.** come into being, develop (**aus** from) **2.** (*eintreten*) arise, come about, *Schwierigkeiten*, *Kosten etc*: (**aus**, **durch**) arise (*od* result) (from), be caused (by) **3.** (*geschaffen*, *gebaut*, *konstruiert werden*) be created (built, produced), (*geschrieben*, *komponiert*, *gemalt werden*) be written (composed, painted) **II** ⚲ *n* **4.** → **Entstehung: im** ⚲ **begriffen** in the making

Entstehung *f* coming into being, development, emergence, (*Ursprung*) origin, beginning, (*Schaffung*) creation

Entstehungsgeschichte *f* genesis

entsteigen *v/i* (*Dat*) get out of

entsteinen *v/t* stone

entstellen *v/t* **1.** disfigure **2.** *fig* (*Tatsachen etc*) distort, (*Bericht*) garble

Entstellung *f* **1.** disfigurement **2.** *fig* distortion

Entstickungsanlage *f* denitrification plant

entstören *v/t* ELEK radioshield, screen

Entstörung *f* screening, RADIO interference suppression

enttarnen *v/t* (*Spion*) unmask, expose

enttäuschen I *v/t* disappoint, let *s.o.* down **II** *v/i* be disappointing

Enttäuschung *f* disappointment

entthronen *v/t a. fig* dethrone

entvölkert *Adj* depopulated

entwachsen *v/i* **e-r Sache ~** grow out of s.th., outgrow s.th.

entwaffnen *v/t a. fig* disarm

entwaffnend *Adj fig* disarming

entwarnen *v/i* give the all-clear

Entwarnung *f* all-clear (signal)

entwässern *v/t* **1.** (*Boden*) drain **2.** MED

(*Gewebe*) dehydrate **Entwässerung** *f* **1.** draining **2.** MED dehydration **Entwässerungsanlage** *f* drainage system

entweder *Konj* **~ ... oder** either … or; **~ oder!** take it or leave it!

Entweder-oder *n* **hier gibt es nur ein ~** you've got to decide one way or the other

entweichen *v/i* escape (*Dat*, **aus** from)

entweihen *v/t* desecrate

Entweihung *f* desecration

entwenden *v/t* **j-m etw ~** steal (*od* purloin) s.th. from s.o.

entwerfen *v/t* **1.** sketch, outline (*a. fig e-n Plan etc*), (*gestalten*) design **2.** (*Programm etc*) plan, (*Plan etc*) work out, devise **3.** (*Vertrag etc*) draw up, draft **Entwerfer(in)** designer

entwerten *v/t* **1.** (*Briefmarke, Fahrschein etc*) cancel **2.** WIRTSCH **a)** (*Geld*) demonetize, **b)** → **abwerten 3.** *fig* devalue, *völlig*: invalidate **Entwerter** *m* ticket-cancelling machine **Entwertung** *f* **1.** cancel(l)ation **2.** *fig* devaluation

entwickeln I *v/t* **1.** *allg* develop, (*Wärme etc*) *a.* generate, (*Verfahren etc*) *a.* evolve, work out: **er entwickelte mir s-e Theorie** he expounded his theory to me **2.** *fig* (*Tatkraft etc*) display, show: **Geschmack für etw ~** acquire a taste for s.th. **II** *v/refl* **3. sich ~** (**aus**, **zu**) develop (from, into), grow (out of, into); *fig* **sich gut ~** be shaping well

Entwickler *m* FOTO developer

Entwicklung *f* development (*a. fig*), *a.* BIOL evolution, (*Tendenz*) *a.* trend

Entwicklungs|abteilung *f* planning department, Development **~alter** *n* formative years *Pl*, *eng. S.* age of puberty **~dienst** *m* Voluntary Service Overseas, *Am* Peace Corps ⚲**fähig** *Adj* capable of development, *Stellung etc*: progressive **~geschichte** *f* history, BIOL genesis **~helfer(in)** development aid worker, *Br* member of the Voluntary Service Overseas, *Am* Peace Corps Worker **~hilfe** *f* development aid **~jahre** *Pl* → **Entwicklungsalter ~kosten** *Pl.* development costs **~land** *n* developing country **~politik** *f* third world policy **~prozess** *m* (process of) development **~stufe** *f* stage of development, phase **~zeit** *f* **1.** period of devel-

opment **2.** → *Entwicklungsalter* **3.** MED incubation period **4.** FOTO developing time

entwirren v/t disentangle, unravel

entwischen v/i (*Dat* from) escape, slip away: *j-m* ~ a. give s.o. the slip

entwöhnen v/t **1.** (*Säugling*) wean **2.** *j-n* *e-r Sucht etc* ~ cure s.o. of **Entwöhnung** f **1.** weaning **2.** curing, cure

entwürdigen v/t degrade (**sich** o.s.)

entwürdigend *Adj* degrading

Entwürdigung f degradation

Entwurf m **1.** (*Konzept*) (first) draft, (*Skizze*, a. *fig*) outline, (*Plan*) plan, blueprint, (*Gestaltung*) design, (*Modell*) model **2.** WIRTSCH, JUR (*Vertrags*♀) draft, PARL (*Gesetz*♀) bill

entwurzeln v/t a. *fig* uproot

entziehen I v/t **1.** *j-m etw* ~ *allg* withdraw s.th. from s.o. (a. MED), (*vorenthalten*) withhold s.th. from s.o., (*Rechte etc*) deprive (*od* strip) s.o. of s.th.; *j-m den Führerschein* (*die Lizenz etc*) ~ revoke s.o.'s licen/ce (*Am* -se); *etw j-s Zugriff* (*Einfluss*) ~ remove s.th. from s.o.'s reach (influence); PARL *etc j-m das Wort* ~ rule s.o. out of order **2.** CHEM extract (*Dat* from) **II** v/refl **sich** ~ (*Dat*) evade, (*meiden*) avoid; **sich** *j-s Blicken* ~ disappear (from s.o.'s view); → *Kenntnis*

Entziehung f withdrawal (a. MED), *von Rechten etc*: deprivation, (*Lizenz*♀ *etc*) revocation, *zeitweilige*: suspension

Entziehungs|anstalt f drying-out cen-t/re (*Am* -er) **~kur** f withdrawal treatment

entziffern v/t decipher, (*Handschrift*) a. make out, (*entschlüsseln*) decode

Entzifferung f deciphering, decoding

entzücken I v/t charm, delight **II** ♀ *n* (*vor* ♀ with) delight (*über* *Akk* at) **entzückt** *Adj* delighted (*über* *Akk* at, **von** with) **Entzückung** f **1.** delight **2.** → *Verzückung*

Entzug m → *Entziehung*

Entzugserscheinung f MED withdrawal symptom

entzündbar *Adj* inflammable **entzünden I** v/t **1.** light **II** v/refl **sich** ~ **2.** catch fire (*an Dat* from) **3.** CHEM, TECH ignite **4.** MED become inflamed **5.** *fig* (*an Dat* by) *Leidenschaft etc*: be roused, *Streit*:

be sparked off **entzündet** *Adj* MED inflamed, *Augen*: red **entzündlich** *Adj* MED inflammatory **Entzündung** f MED inflammation **entzündungshemmend** *Adj* antiphlogistic **Entzündungsherd** m MED focus of inflammation

entzwei *Adv* in two, in half, (*zerbrochen*) in pieces, broken

entzweibrechen v/t u. v/i break in two

entzweien I v/t divide: *Freunde* ~ turn friends against each other **II** v/refl **sich** ~ fall out (*mit* with)

entzweigehen v/i break, go to pieces

Entzweiung f split, rupture

Enzephalitis f MED encephalitis

Enzian m **1.** BOT gentian **2.** (*Schnaps*) (yellow) gentian spirit

Enzyklopädie f encyclop(a)edia

enzyklopädisch *Adj* encyclop(a)edic

Enzym n BIOL enzyme

Epidemie f epidemic **epidemisch** *Adj* epidemic(ally *Adv*)

Epidemiologe m, **Epidemiologin** f epidemiologist

Epidermis f MED epidermis

Epigone m epigone

Epigramm n epigram

Epik f **1.** epic poetry **2.** narrative literature **Epiker(in)** **1.** epic poet **2.** narrative author

Epilepsie f MED epilepsy **Epileptiker(in)**, **epileptisch** *Adj* epileptic

Epilog m epilog(ue *Br*)

episch *Adj* epic

Episode f a. MUS episode **episodenhaft** *Adj* episodic(ally *Adv*)

Epoche f (~ *machen* mark an) epoch; ~ *machend* epoch-making

Epos n epic (poem), epos

er *Personalpron* he, *von Dingen*: it: ~ *ist es!* it's him! **Er** m *es ist ein* ~ it's a he

Erachten n *m-s* ~*s* in my opinion

erarbeiten v/t **1.** (a. *Wissen*) work (hard) for, acquire (a. *Wissen etc*) **2.** (*zs.-tragen*) compile, (*entwickeln*) develop

Erb|adel m hereditary nobility **~anlage** f genetic make-up, MED hereditary disposition **~anspruch** m hereditary title

erbarmen I v/t **1.** *j-n* ~ move s.o. to pity **II** v/refl **sich** ~ (*Gen*) take pity (on) **III** ♀ *n* pity, compassion: *kein* ♀ *kennen* be merciless **erbarmenswert** *Adj* pitiful

erbärmlich I *Adj* **1.** *allg* pitiful, (*elend*) a.

miserable, wretched, (*gering*) *a.* paltry **2.** (*gemein*) mean **3.** F terrible, awful **II** *Adv* **4.** pitifully (*etc*) **5.** F (*äußerst*) awfully: ~ **wenig** precious little

erbarmungslos *Adj* merciless

erbauen I *v/t* **1.** build, erect **2.** *fig* edify: F **er ist nicht besonders erbaut davon** he's not exactly enthusiastic about it **II** *v/refl* **3. sich ~ (an** *Dat* by) be delighted, be uplifted **Erbauer(in)** builder, (*Gründer*) founder **erbaulich** *Adj* edifying (*a. iron*), REL *Schrift*: devotional

Erbauung *f* **1.** building, construction, erection **2.** *fig* edification

Erbe[1] *m* heir, successor (*beide*: *j-s* of *od* to s.o., *a. fig*): ~ **e-s Vermögens** heir (*od* successor) to an estate; **j-n zum ~n einsetzen** make s.o. one's heir

Erbe[2] *n* inheritance, *fig* heritage

erbeben *v/i* (*vor* *Dat* with, *bei* at) shake, tremble

erben *v/t* inherit (*a. fig*), (*Geld*) *a.* come into **Erbengemeinschaft** *f* JUR community of heirs

erbetteln *v/t* (*sich*) *etw* ~ get s.th. by begging, *pej* scrounge s.th. (*von* off)

erbeuten *v/t* MIL capture, take

Erbfaktor *m* gene **Erbfehler** *m* hereditary defect **Erbfeind(in)** sworn enemy **Erbfolge** *f* JUR (*gesetzliche* ~ intestate) succession **Erbgut** *n* BIOL genotype **erbgutschädigend** *Adj* genetically damaging

Erbin *f* heiress

erbitten *v/t* (*sich*) *etw* ~ ask for s.th.

erbittern *v/t* anger **erbittert** *Adj* **1.** *Gegner, Kampf etc*: fierce **2.** (*über* *Akk*) embittered (at, by), resentful (against)

Erbitterung *f* bitterness, (*Zorn*) anger **Erbkrankheit** *f* hereditary disease

erblassen *v/i* go pale, turn pale

Erblasser(in) *f* JUR the deceased, *testamentarisch*: testator (testatrix)

Erblast *f* *fig* (evil) legacy

erbleichen → **erblassen**

erblich *Adj* hereditary, *Titel etc*: inheritable: *Adv* ~ **belastet sein** MED be subject to a(n) hereditary taint

erblicken *v/t* see, catch sight of

erblinden *v/i* go blind **Erblindung** *f* going blind, loss of (one's) sight

erblühen *v/i* blossom (*a. fig* **zu** into)

Erbmasse *f* **1.** JUR estate **2.** BIOL genetic make-up, gene pool **Erbonkel** *m* rich uncle

erbost *Adj* furious

erbrechen I *v/t* **1.** break open, (*Tür*) force, (*Brief*) open **2.** MED vomit, bring up **II** *v/i u. v/refl* **sich** ~ **3.** MED vomit, be sick **III** ☉ *n* **4.** MED vomiting: *fig bis zum* ☉ ad nauseam

Erbrecht *n* **1.** law of succession **2.** (*Anspruch*) hereditary title

erbringen *v/t* produce

Erbschaft *f* inheritance: *e-e* ~ *machen* inherit; *e-e* ~ *antreten* succeed to an estate

Erbschaftssteuer *f* inheritance tax **Erbschein** *m* certificate of heirship **Erbschleicher(in)** *pej* legacy-hunter **Erbse** *f* pea **Erbsensuppe** *f* pea soup **Erbstück** *n* heirloom **Erbsünde** *f* REL original sin **Erbtante** *f* rich aunt

Erbteil *n* share of the inheritance

Erd|achse *f* earth's axis ~**anziehungskraft** *f* gravity ~**apfel** *m* österr. potato ~**arbeiten** *Pl* excavations *Pl* ~**atmosphäre** *f* (earth's) atmosphere ~**bahn** *f* earth's orbit

Erdball *m* globe, *weit. S.* earth

Erdbeben *n* earthquake ~**gebiet** *n* **1.** earthquake area **2.** area hit by an earthquake ~**herd** *m* seismic focus

Erdbeere *f* strawberry

Erd|bevölkerung *f* population of the earth ~**boden** *m* ground, earth: *etw dem* ~ *gleichmachen* raze s.th. to the ground; *vom* ~ *verschwinden* vanish; *fig es (er) war wie vom* ~ *verschluckt* it (he) had vanished (into thin air)

Erde *f* **1.** earth, soil, (*Boden*) ground: *über der* ~ above ground **2.** (*Erdball*) (planet) earth: *auf* ~**n** on earth; *auf der ganzen* ~ all over the world **3.** ELEK (*a. an* ~ *legen*) earth, *Am* ground

erden *v/t* ELEK earth, *Am* ground

erdenken *v/t* think up, (*erfinden*) invent: *erdacht* imaginary **erdenklich** *Adj* imaginable, conceivable: *sich alle* ~*e Mühe geben* do one's utmost

Erderwärmung *f* global warming

Erdgas *n* natural gas

Erdgeschichte *f* history of the earth **Erdgeschoss, Erdgeschoß** österr. *n* ground (*Am* first) floor

erdichten v/t make up

erdichtet Adj made-up

erdig Adj earthy

Erd|innere n interior of the earth **~kabel** n underground cable **~karte** f map of the world **~kruste** f crust of the earth **~kugel** f globe, weit. S. earth

Erdkunde f geography

erdkundlich Adj geographic(al)

Erdleitung f 1. ELEK earth (Am ground) wire 2. TECH underground pipe(line)

Erdnuss(butter) f peanut (butter)

Erdoberfläche f surface of the earth

Erdöl n (mineral) oil, petroleum

erdolchen v/t j-n ~ stab s.o. to death

Erdreich n earth, soil

erdreisten v/refl sich ~ zu Inf dare (od have the cheek) to Inf

erdrosseln v/t strangle

erdrücken v/t 1. crush (to death) 2. fig overwhelm: **von Arbeit erdrückt werden** be swamped with work

erdrückend Adj fig Sorgen etc: crushing, Übermacht etc: overwhelming, Beweismaterial: damning

Erd|rutsch m a. POL landslide **~satellit** m earth satellite **~schicht** f layer of the earth, stratum **~stoß** m seismic shock

Erdteil m continent

erdulden v/t endure, suffer

Erd|umdrehung f rotation of the earth **~umfang** m circumference of the earth **~umkreisung** f orbit around the earth **~umlaufbahn** f earth orbit

Erdung f ELEK earth, earthing, Am ground, grounding

Erdwärme f geothermal energy

ereifern v/refl sich ~ get excited (**über** Akk about)

ereignen v/refl sich ~ happen, take place, occur **Ereignis** n event, (Vorfall) incident, (große Sache) great event, sensation: **freudiges ~** (Geburt) happy event **ereignislos** Adj uneventful **ereignisreich** Adj very eventful, (aufregend) exciting

Erektion f erection

Eremit m hermit

ererbt Adj inherited, BIOL a. hereditary

erfahren I v/t 1. hear, be told, find out 2. (erleben) experience, (erleiden) suffer, (empfangen) get, receive **II** v/i 3. ~ **von** get to know about, hear about (od that) **III** Adj 4. experienced,

(alt~) seasoned, (bewandert) well versed (**in** Dat in): **er ist in diesen Dingen sehr ~ a.** he's an old hand at that sort of thing

Erfahrenheit f experience **Erfahrung** f experience (nur Sg = Kenntnis, Praxis): **technische ~ a.** know-how; **aus** (eigener) ~ from experience; **durch ~ klug werden** learn the hard way; **in ~ bringen** learn, find out; **die ~ machen, dass ...** find that ...; **wir haben bisher mit dem Wagen nur gute ~en gemacht** we've had absolutely no trouble with the car so far; **die ~ hat gezeigt, dass ...** past experience has shown that ...

Erfahrungs|austausch m exchange of experience **2gemäß** Adv as experience shows, we know from experience

erfassen v/t 1. seize, grasp, take: **er wurde vom Auto erfasst** he was hit by the car 2. (begreifen) grasp, understand: **er hats erfasst!** he's got it! 3. (registrieren) register, record, (Daten eingeben) capture, **manuell a.** key in, (einbeziehen) include, cover: **zahlenmäßig ~** count; **steuerlich ~** tax

Erfassung f registration, von Daten etc: capture, **manuelle a.** keying-in

erfinden v/t invent, (erdichten) make s.th. up **Erfinder(in)** inventor

Erfindergeist m inventiveness

erfinderisch Adj inventive, (fantasievoll) imaginative, (findig) resourceful: → **Not 2 Erfindung** f invention (a. fig), (Idee) idea, fig (Lüge) fabrication **Erfindungsgabe** f inventive talent, (Phantasie) imagination

erfindungsreich Adj inventive

erflehen v/t implore

Erfolg m success, (Ergebnis) result, outcome, (Wirkung) effect, (Leistung) achievement: **guter ~** good result; **er (es) war ein (großer) ~** he (it) was a (great) success; **~ haben** succeed, be successful; **k-n ~ haben** be unsuccessful, fail; **ein Fest etc zu e-m ~ gestalten** make a success of it; **mit dem ~, dass ...** with the result that ...

erfolgen v/i 1. follow 2. (sich ereignen) take place, happen, Zahlung: be made **erfolglos** Adj unsuccessful, (fruchtlos) fruitless

Erfolglosigkeit f failure, fruitlessness

erfolgreich *Adj* successful

Erfolg|s|aussichten *Pl* chances *Pl* of success **~autor(in)** best-selling author **~beteiligung** *f* WIRTSCH profit-sharing **~chance** *f* chance (of success) **~erlebnis** *n* **1.** success experience **2.** → **~gefühl** *n* sense of achievement **~kurs** *m* *auf~* on the road to success (*od* victory) **~mensch** *m* go-getter **~quote** *f* success rate **~roman** *m* best-selling novel **~story** *f* success story, tale of success **~typ** *m* born winner, achiever **~zwang** *m unter~ stehen* be under pressure to succeed (*od* do well)

erfolgversprechend *Adj* promising

erforderlich *Adj* necessary, required: *unbedingt ~* essential **erfordern** *v/t* require, call for, (*Zeit, Mut etc*) *a.* take

Erfordernis *n* requirement, demand, (*Voraussetzung*) prerequisite

erforschen *v/t* investigate, study, research, (*Land*) explore: *sein Gewissen ~* search one's conscience

Erforscher(in) explorer

Erforschung *f* (*Gen*) investigation (of, into), research (into), exploration (of)

erfragen *v/t* ask (for), inquire (about)

erfreuen I *v/t* please **II** *v/refl* **sich ~ an** (*Dat*), **sich ~** (*Gen*) enjoy

erfreulich *Adj* pleasant, pleasing, *Nachricht etc*: welcome, (*befriedigend*) gratifying, (*ermutigend*) encouraging

erfreulicherweise *Adv* fortunately

erfrieren I *v/i* freeze to death, *Pflanzen*: be killed by frost: *ihm sind zwei Finger erfroren* he lost two fingers through frostbite **II** *v/t* *sich die Ohren erfroren haben* have frostbitten ears

Erfrierung *f* MED frostbite

erfrischen *v/t* refresh (*sich* o.s.), revive

erfrischend *Adj* (*a. fig*) refreshing

Erfrischung *f* refreshment

Erfrischungs|getränk *n* **1.** soft drink **2.** cool drink **~raum** *m* refreshment room **~tuch** *n* towelette

erfüllen I *v/t* **1.** *a. fig* fill (*mit* with): *ein erfülltes Leben* a full life **2.** (*Aufgabe, Pflicht, Vertrag etc*) fulfil(l), (*Wunsch*) *a.* grant, (*Bedingung, Erwartungen etc*) meet, (*Versprechen*) keep, (*Zweck*) serve **3.** *s-e Arbeit erfüllt ihn* he finds his work very satisfying **II** *v/refl* **sich ~ 4.** come true **Erfüllung** *f* fulfil(l)ment: *in ~ gehen* come true

Erfüllungsort *m* WIRTSCH place of fulfil(l)ment

erfunden *Adj* imaginary, *pej* fictitious, (all) made up

ergänzen *v/t* **1.** complement (*sich od einander* one another) **2.** (*vervollständigen*) complete, (*hinzufügen*) supplement, add: *etw laufend ~* keep s.th. up to date **3.** (*Vorräte etc*) replenish

ergänzend I *Adj* complementary, (*nachträglich*) supplementary, (*zusätzlich*) additional **II** *Adv* in addition

Ergänzung *f* **1.** completion, (*Nachtragung*) supplementation, (*Hinzufügung*) addition **2.** (*das Ergänzte*) complement (*a.* LING, MATHE), supplement, addition, *zu e-m Gesetz*: amendment

Ergänzungsband *m* supplement **Ergänzungsspieler(in)** *Fußball*: squad player

ergattern *v/t* F (manage to) get hold of

ergeben I *v/t* **1.** result in, (*betragen*) come to, (*abwerfen*) yield **2.** (*zeigen*) show, prove **II** *v/refl* **sich ~ 3.** (*Dat* to) surrender, capitulate: *fig sich dem Trunk ~* take to drink(ing) **4.** *Schwierigkeiten etc*: arise, *Diskussion etc*: ensue: *sich ~ aus* result (*od* arise) from; *daraus ergibt sich, dass …* it follows that …; *es hat sich so ~* it just happened that way **5.** *sich ~ in* (*Akk*) resign o.s. to **III** *v/t* **6.** (*Dat* to) loyal, devoted, (*schicksals~*) resigned

Ergebenheit *f* devotion, loyalty

Ergebnis *n allg* result, outcome, *e-r Untersuchung*: *a.* findings *Pl*, SPORT (*Punktzahl*) *a.* score

ergebnislos *Adj* without result: *~ bleiben* (*od* **verlaufen**) come to nothing

ergehen I *v/i* **1.** (*an Akk*) *Befehl etc*: be issued, *Einladung etc*: be sent, *Berufung, Ruf*: be offered **2.** JUR *Gesetz*: come out, *Urteil, Beschluss*: be passed **3.** *etw über sich ~ lassen* endure s.th. **II** *v/refl* **sich ~ 4. über** *ein Thema etc* hold forth on **5.** *in Vermutungen etc* indulge in **III** *v/unpers* **6.** *es ist ihm schlecht ergangen* he had a bad time of it; *wie ist es dir ergangen?* how did you fare?; *mir ist es genauso ergangen* it was the same with me

ergiebig *Adj* **1.** *allg* productive (*a. fig Gespräch etc*), *Vorkommen etc*: rich, *Geschäft*: lucrative, *fig Thema etc*:

fruitful **2.** (*sparsam*) economical

ergießen v/refl **sich ~ in** (**auf, über**) (*Akk*) pour into (on to, over)

erglühen v/i glow (**vor** *Dat* with)

Ergonomie f ergonomics Sg

ergonomisch Adj ergonomic

ergötzen v/refl **sich ~ an** (*Dat*) be amused by, *schadenfroh*: gloat over

ergrauen v/i turn grey (*Am* gray)

ergreifen v/t **1.** seize, (*Dieb etc*) a. arrest **2.** (*Maßnahmen etc*) take: → **Besitz 1, Flucht¹, Wort 1 3.** fig overcome, seize, (*bewegen*) move: **Angst ergriff sie** she was seized with fear **ergreifend** Adj fig moving **Ergreifung** f **1.** seizure, e-s Diebs etc: a. apprehension **2.** von Maßnahmen etc: taking

ergriffen Adj fig (**tief ~** deeply) moved

Ergriffenheit f emotion

ergründen v/t get to the bottom of, (*Ursache etc*) find out

Erguss m **1.** MED (*Samen*2) emission, (*Blut*2) effusion (of blood) **2.** fig effusion, a. iron outpouring

Ergussgestein n GEOL effusive rock

erhaben adj **1.** TECH raised, embossed **2.** fig lofty, sublime, grand **3.** fig **~ über** (*Akk*) above, **über jeden Tadel** (**alles Lob**) **~** beyond reproach (all praise)

Erhabenheit f fig grandeur, loftiness

erhalten I v/t **1.** get, receive, (*erlangen*) obtain: **e-n Preis ~** be awarded (od given) a prize **2.** (*bekommen*) keep, maintain, (*Frieden, Freiheit etc*) a. preserve: **j-n am Leben ~** keep s.o. alive; **das erhält (e-n) jung** that keeps you young; **j-m das Augenlicht ~** save s.o.'s eyesight **3.** (*ernähren*) keep, support II v/refl **sich ~ 4.** survive **5. sich ~ von** subsist on III Adj **6. gut ~ sein** be in good condition; **~ bleiben** survive; **noch ~ sein** remain, be left

erhältlich Adj obtainable, available: **schwer ~** hard to get hold of

Erhaltung f (*Bewahrung*) preservation, (a. *Versorgung*) maintenance, upkeep

erhängen v/t hang (**sich ~** o.s.)

erhärten v/t fig corroborate, confirm

erhaschen v/t catch

erheben I v/t **1.** allg raise (a. fig Stimme, Bedenken etc), lift (up): **j-n in den Adelsstand ~** raise s.o. to the peerage; → **Anklage, Anspruch 2.** (*Zölle, Steuern*) levy, impose, (*Gebühr*) charge

II v/refl **sich ~ 3.** *Person*: rise (to one's feet), get up **4.** *Berg, Haus etc*: rise (**über** *Dat* above) **5.** *Wind, fig Bedenken, Geschrei etc*: arise **6.** *Volk*: rise (in arms), revolt

erhebend Adj fig edifying

erheblich I Adj considerable, (*wichtig*) important II Adv considerably: **~ besser** much better

Erhebung f **1.** (*Boden*2) rise (in the ground), elevation **2.** elevation (**in den Adelsstand** to a peerage) **3.** von Zoll, Steuern: levy, imposition, von Gebühren: charge **4.** statistische: survey: **~en anstellen** (**über** *Akk*) make investigations (about), investigate (into) **5.** (*Volks*2) uprising, revolt

Erheiterung f amusement

erhellen I v/t **1.** light up, illuminate **2.** fig shed light (up)on II v/refl **sich ~ 3.** brighten

erhitzen I v/t heat (up): fig **die Gemüter ~** make feelings run high II v/refl **sich ~** get hot, fig get heated (*Person*: excited) **erhitzt** Adj **1.** hot, *Person*: a. flushed **2.** fig *Debatte etc*: heated

erhoffen v/t (a. **sich ~**) hope for

erhofft Adj hoped-for

erhöhen v/t allg raise (a. fig **auf** Akk to, **um** by), fig (*steigern*) a. increase, (*verstärken*) intensify, (*Wirkung, Eindruck etc*) enhance, heighten II v/refl **sich ~** increase, Preis etc: rise, go up **Erhöhung** f **1.** (*Anhöhe*) elevation, (*Hügel*) hill **2.** fig raising, (*Steigerung, Zunahme*) (*Gen* in) increase, rise, (*Verstärkung*) intensification, heightening **3.** (*Lohn*2, *Gehalts*2) rise, Am raise, (*Preis*2) increase

erholen v/refl **sich ~** recover (*von* from, a. fig Kurse, Preise), (*sich ausruhen*) take a rest, relax: **du siehst sehr erholt aus** you look very rested (od fit) **erholsam** Adj restful, relaxing **Erholung** f **1.** recovery (**von** from, a. fig u. WIRTSCH), (*Entspannung*) rest, relaxation **2.** (*Ferien*) holiday, Am vacation

Erholungs|aufenthalt m holiday, Am vacation ⌂**bedürftig** Adj in need of a rest (od holiday) **~gebiet** n recreation area **~heim** n rest home **~ort** m (health od holiday) resort **~pause** f rest, breather **~reise** f holiday (Am vaca-

tion) trip **~urlaub** m holiday, Am vacation, MIL convalescent leave, **~wert** m recreational value **~zentrum** n recreation park

erhören v/t hear, answer

erigieren v/i PHYSIOL become erect

Erika f BOT heather

erinnern I v/t **j-n ~** remind s.o. (**an** Akk of); **j-n daran ~, dass ...** remind s.o. that ... **II** v/refl **sich** (**an j-n** od **etw**) **~** remember (od recall) (s.o. od s.th.); **wenn ich mich recht erinnere** if I remember rightly; **soviel ich mich ~ kann** as far as I remember **III** v/i **~ an** (Akk) remind one of, fig a. be suggestive of **Erinnerung** f memory, recollection, reminiscence (alle: **an** Akk at), (Andenken) memento, souvenir, keepsake, (Mahnung) reminder: **~en** Pl reminiscences Pl, (Memoiren) a. memoirs Pl; **zur ~ an** (Akk) in memory of; **in guter ~ haben** have fond memories of

Erinnerungstafel f memorial tablet

Erinnerungsvermögen n memory

Erinnerungswert m sentimental value

erkalten v/i 1. get cold 2. fig cool (off)

erkälten v/refl **sich ~** catch a cold; **er ist stark erkältet** he has a bad cold

Erkältung f cold

erkämpfen v/t gain (od win) (after a hard struggle): **sich etw hart ~ müssen** have to struggle hard for s.th.

erkaufen v/t buy: **etw teuer ~ müssen** (have to) pay a high price for s.th.; **j-s Schweigen ~** bribe s.o. into silence

erkennbar Adj recognizable, (wahrnehmbar) discernible, to be seen

erkennen v/t 1. recognize (**an** Dat by), (wahrnehmen) make out, see, (entdecken) detect, ∨ spot, (identifizieren) identify, MED diagnose: **~ an** (Dat) a. know by; **~ lassen** show, reveal; **zu ~ geben** indicate, give to understand; **sich zu ~ geben** disclose one's identity, fig come out into the open; JUR **j-n für schuldig ~** find s.o. guilty 2. (einsehen) realize, see **II** v/i 3. JUR **~ über** (Akk) decide on; **~ auf** (Akk) pass a sentence of

erkenntlich Adj **sich** (**j-m**) **~ zeigen** show (s.o.) one's gratitude

Erkenntnis f knowledge, PHIL a. cognition, (Einsicht) realization, (Gedanke)

idea, (Entdeckung) discovery: **neueste ~se** the latest findings; **zu der ~ gelangen, dass** (come to) realize that

Erkenntnisstand m **nach dem neuesten ~** according to the latest findings

Erkennung f recognition, identification

Erkennungs|dienst m criminal identification department **~marke** f identity disc, Am identification tag **~melodie** f signature tune **~wort** n password **~zeichen** n 1. sign to be recognized by 2. FLUG identification sign

Erker m ARCHI oriel

Erkerfenster n bay window

erklärbar Adj explainable **erklären I** v/t 1. explain (**j-m etw** s.th. to s.o.): **kannst du mir ~, warum?** can you tell me why?; **ich kann es mir nicht ~** I don't understand it 2. (deuten) interpret, (veranschaulichen) illustrate: **etw an e-m Beispiel ~** illustrate s.th. by an example 3. (kundtun) declare, express, announce: **j-n für gesund ~** pronounce s.o. healthy; JUR **er wurde für tot erklärt** he was declared dead; → **Einverständnis** 1, **Rücktritt** 1 **II** v/refl **sich ~** 4. explain o.s., declare o.s. (a. durch Heiratsantrag), Sache: be explained: **sich ~ für** (**gegen**) declare for (against); **sich einverstanden ~** consent (**mit** to); **sich solidarisch ~** declare one's solidarity (**mit** with) **erklärend** Adj explanatory **erklärlich** Adj explainable, (verständlich) understandable **erklärt** Adj Gegner etc: declared **Erklärung** f 1. (**zur ~** by way of) explanation (**für** of) 2. a. POL declaration, statement: **e-e ~ abgeben** make a statement

erklettern, erklimmen v/t climb (up), (Gipfel) climb up to

erklingen v/i be heard, sound, ring out

erkranken v/i fall ill (od sick) (**an** Dat with), Organ: be diseased: **~ an** (Dat) a. get, come down with; **erkrankt sein an** (Dat) a. have **Erkrankung** f illness, sickness, e-s Organs: disease

erkunden v/t explore, MIL reconnoitre/re (Am -er), (feststellen) find out

erkundigen v/refl **sich ~** (**über** Akk about) ask, inquire, make inquiries; **sich nach dem Weg ~** ask the way; **sich nach j-m** (od **j-s Befinden**) **~** inquire after s.o.

Erkundigung f inquiry: **~en einziehen** make inquiries (**über** Akk about)

Erkundung f MIL reconnaissance

erlahmen v/i **1.** grow weary, tire **2.** fig Eifer, Interesse etc: flag, wane

erlangen v/t get, obtain, (erreichen) attain, reach, (gewinnen) gain, acquire

Erlass m **1.** (Gen) e-r Schuld etc: release (from), e-r Strafe etc: remission (of) **2. a)** issuing, e-s Gesetzes: enactment, **b)** (Verordnung) decree

erlassen v/t **1.** (Verordnung) issue, publish, (Gesetz) enact **2.** (Strafe etc) remit, (Gebühren) waive: **j-m e-e Schuld, Verpflichtung etc ~** release s.o. from

erlauben v/t allow, permit (**j-m etw** s.o. to do s.th.): **j-m ~, etw zu tun** a. give s.o. permission to do s.th.; **sich ~ zu** Inf take the liberty of Ger, pej a. dare (to) Inf; **sich etw ~** (gönnen) treat o.s. to s.th.; **~ Sie(, dass ich rauche)?** may I (smoke)?; **wenn Sie ~** if you don't mind; **~ Sie mal!, was ~ Sie sich?** who do you think you are?; **er kann sich das ~ weit.** S. he can get away with it

Erlaubnis f permission: **j-n um ~ bitten** ask s.o.'s (od s.o. for) permission (**etw zu tun** to do s.th.); **die ~ erhalten zu** Inf be given permission to Inf

erläutern v/t explain, comment (up)on: **durch Beispiele ~** illustrate

erläuternd Adj explanatory, illustrative

Erläuterung f (**zur ~** by way of) explanation, illustration, (Anmerkung) note

Erle f BOT alder

erleben v/t experience, (Abenteuer, schöne Tage etc) have, (bes Schlimmes) a. go through, (noch mit~) live to see, (mitansehen) see: **ich habe (es) selbst erlebt, was es heißt, arm zu sein** I know from experience what it means to be poor; **ich habe es oft erlebt(, dass ...)** I've often seen it happen (that ...); **wir werden es ja ~!** we'll see!

Erlebnis n experience, (Ereignis) event, (Abenteuer) adventure

erlebnisreich Adj eventful

erledigen I v/t **1.** (beenden) finish (off), (sich kümmern um) deal with, take care of, (Problem, Geschäft etc) settle, (Auftrag) carry out: **würden Sie das für mich ~?** would you do that for me? **2.** (abtun) dismiss **3.** F **j-n ~** allg finish

s.o. (a. Sport), (umbringen) a. do s.o. in **II** v/refl **4. sich ~ selbst ~** take care of itself, F sort itself out **erledigt** Adj **1.** settled, finished: **das wäre ~!** that's that!; **das ist für mich ~** the matter's closed as far as I'm concerned **2.** F fig Person: finished, done for, (erschöpft) a. whacked: **der ist ~!** he's done for!; **du bist für mich ~!** I'm through with you!

Erledigung f **1.** settlement: **zur umgehenden ~** for immediate attention **2.** Pl errands Pl, (Einkäufe) shopping Sg

erlegen v/t JAGD shoot, kill

erleichtern v/t (Aufgabe etc) make s.th. easier, facilitate, (Bürde) lighten, (Not, Schmerz etc) relieve, (a. Gewissen) ease: **sich das Herz ~** unburden one's heart; **das erleichterte mich sehr** that was a great relief to me; F fig **j-n um s-e Brieftasche etc ~** relieve s.o. of

erleichtert Adj relieved: **ich war ~, als ...** it was a relief to me when ...

Erleichterung f **1.** lightening, facilitation, easing **2.** relief (**über** Akk at): **zu m-r (großen) ~** (much) to my relief **3.** Pl WIRTSCH, POL relief Sg, facilities Pl

erleiden v/t suffer, go through, (Verletzungen, Verlust) sustain: **den Tod ~** die

erlernbar Adj learnable

erlernen v/t learn

erlesen Adj select, choice, exquisite

erleuchten v/t **1.** light (up), illuminate **2.** fig enlighten **Erleuchtung** f **1.** illumination **2.** fig enlightenment, (Einfall) idea, inspiration

erliegen I v/i (Dat) (e-r Versuchung etc) succumb (to), (e-m Irrtum etc) be the victim (of) **II** ~ n zum ⚲ **kommen** break down; **etw zum ⚲ bringen** bring s.th. to a standstill

erlogen Adj made(-)up: **das ist ~** that's a lie

Erlös m proceeds Pl

erloschen Adj **1.** extinct (a. Familie, Vulkan etc) **2.** fig Blick, Gefühl etc: dead

erlöschen I v/i go out, a. fig Leben: be extinguished, (Vertrag etc) expire **II** ⚲ n extinction, (Ablauf) expiry

erlösen v/t (**von** from) release, free, (retten) rescue: **j-n ~ iron** put s.o. out of his (her) misery, REL save (od redeem) s.o.;

E

er ist erlöst (*tot*) his sufferings are over **erlösend** *Adj fig das ~e Wort sprechen* break the tension; *ein ~es Gefühl* a great relief **Erlösung** *f* 1. *aus Gefangenschaft etc*: release 2. REL salvation 3. (*Erleichterung*) relief

ermächtigen *v/t* authorize (*j-n zu etw* s.o. to do s.th.) **Ermächtigung** *f* authorization, (*Befugnis*) authority

ermahnen *v/t* admonish (*j-n zur Vorsicht etc* to be careful *etc*), (*warnen*) caution, warn (*a.* Sport) **Ermahnung** *f* admonition, (*Warnung*) warning, *bes* SPORT (first) caution

Ermangelung *f: in ~* (*Gen*) for want of

ermäßigen *v/t* reduce, cut: *zu ermäßigten Preisen* at reduced prices **II** *v/refl* **sich ~** be reduced (*auf Akk* to) **Ermäßigung** *f* reduction

ermatten → **erlahmen** 1 **ermattet** *Adj* tired, exhausted, worn(-)out, *geistig*: weary **Ermattung** *f* fatigue

ermessen I *v/t* (*abschätzen*) estimate, assess, (*beurteilen*) judge, (*begreifen*) appreciate, realize **II** 2 *n* judg(e)ment, discretion: *ich stelle es in Ihr* 2 I leave it to you(r discretion); *das liegt ganz in Ihrem* 2 *a.* it's entirely up to you **Ermessensfrage** *f* matter of opinion **Ermessensspielraum** *m* latitude

ermitteln I *v/t* find out, establish, (*Ort etc*) locate, (*bestimmen*) determine **II** *v/i* polizeilich: investigate, carry out investigations (*gegen* concerning) **Ermittler(in)** investigator **Ermittlung** *f* 1. finding out *s.th.*, (*Bestimmung*) determination 2. JUR investigation, inquiry: *~en anstellen* a) make inquiries (*über Akk* about), b) → *ermitteln* **II** 3. *Pl* (*Feststellungen*) findings *Pl* **Ermittlungs|ausschuss** *m* fact-finding committee **~beamte** *m*, **~beamtin** *f* investigating officer **~verfahren** *n* JUR preliminary proceedings *Pl*

ermöglichen *v/t* make *s.th.* possible, (*gestatten*) allow: *j-m ~, etw zu tun* make it possible for (*od* enable) s.o. to do s.th.; *etw ~ a.* enable s.th. to be done

ermorden *v/t* murder **Ermordete** *m*, *f* (murder) victim **Ermordung** *f* murder, (*Attentat*) assassination

ermüden *v/t u. v/i* tire **ermüdend** *Adj*

tiring **ermüdet** *Adj* tired **Ermüdung** *f* tiredness, *a.* TECH fatigue **Ermüdungserscheinung** *f a.* TECH sign of fatigue

ermuntern *v/t* (*ermutigen*) encourage (*zu etw, etw zu tun* to do s.th.), (*anregen*) stimulate **ermunternd** *Adj* encouraging **Ermunterung** *f* encouragement

ermutigen *v/t* encourage (*zu etw, etw zu tun* to do s.th.) **ermutigend** *Adj* encouraging, reassuring **Ermutigung** *f* (*zur ~* as an) encouragement

ernähren I *v/t* feed, nourish, (*unterhalten*) support: *schlecht ernährt* malnourished **II** *v/refl* **sich ~** (*von*) live (on), *fig* make a living (by) **Ernährer(in)** supporter, breadwinner **Ernährung** *f* 1. feeding, (*Nahrung*) food, MED nutrition: *schlechte ~* malnutrition 2. (*Unterhalt*) support **Ernährungsweise** *f* eating habits *Pl* **Ernährungswissenschaft** *f* dietetics *Sg* **Ernährungswissenschaftler(in)** dietician

ernennen *v/t* appoint (*j-n zu etw* s.o. s.th.) **Ernennung** *f* appointment (*zum* as *od* to the post of)

erneuern I *v/t allg* (*Angebot, Vertrag, a.* TECH) renew, (*auswechseln*) *a.* replace, *fig* (*wieder aufleben lassen*) *a.* revive **II** *v/refl* **sich ~** be renewed, revive **Erneuerung** *f allg* renewal, TECH *a.* replacement, *fig a.* revival

erneut I *Adj* renewed, new, (*wiederholt*) repeated, *Versuch*: *a.* fresh **II** *Adv* again, once more

erniedrigen I *v/t* 1. degrade, (*demütigen*) humiliate 2. → *herabsetzen* 2 **II** *v/refl* **sich ~** 3. degrade o.s.: *sich (so weit) ~, etw zu tun* lower o.s. to do s.th. **erniedrigend** *Adj* degrading, humiliating **Erniedrigung** *f* degradation, (*Demütigung*) humiliation

ernst I *Adj* serious, (*~haft*) *a.* earnest, (*bedrohlich*) *a.* grave, (*feierlich*) solemn, grave, (*streng*) *a.* severe, (*wichtig*) *a.* grave, weighty: *~e Musik* serious music; *~ gemeint* serious, sincere; *~ zu nehmend* serious **II** *Adv* seriously (*etc*), in earnest: *ich meine es ~* I'm serious about it, I mean it; *j-n (etw) ~ nehmen* take s.o. (s.th.) seriously; *das war nicht ~ gemeint!* I (*etc*) didn't mean it!

Ernst *m allg* seriousness, (*Ernsthaftig-*

keit) *a.* earnestness, (*Bedrohlichkeit*) *a.* gravity, (*Strenge*) *a.* severity: **allen ~es** in all seriousness; **~ machen mit** go ahead with; **ich meine es im ~, es ist mein voller ~** I'm dead serious; **ist das dein ~?** are you serious?

Ernstfall *m* emergency: **im ~ a)** in case of emergency, **b)** if things come to the worst, **c)** MIL in the event of a war

ernsthaft *Adj* serious: **sich ~e Sorgen machen um** be seriously worried about **Ernsthaftigkeit** *f* seriousness

ernstlich I *Adj* serious **II** *Adv* **~ krank** seriously ill; **~ böse** really angry

Ernte *f* harvest (*a. fig*), (*Ertrag*) crop

Ernteausfall *m* crop failure

Erntedankfest *n* harvest festival

erntefrisch *Adj* … fresh from the fields

ernten *v/t u. v/i* harvest, reap (*a. fig*)

Ernteschäden *Pl* crop damage *Sg*

Erntezeit *f* harvest time

ernüchtern *v/t* sober: *fig* **j-n ~** *a.* bring s.o. down to earth again

Ernüchterung *f* **1.** sobering-up **2.** *fig* disillusionment

Eroberer conqueror **erobern** *v/t a. fig* conquer; → **Sturm** 2 **Eroberung** *f* (*fig* **e-e ~ machen** make a) conquest

eröffnen I *v/t* **1.** *allg* open, *feierlich:* inaugurate: MIL **das Feuer ~** open fire **2.** *fig* (*Aussichten etc*) open (up), offer **3.** **j-m etw ~** disclose s.th. to s.o., inform s.o. of s.th. **II** *v/i* open (*a. Schach*) **III** *v/refl* **sich ~ 5.** *Möglichkeit etc:* present itself

Eröffnung *f* **1.** opening (*a. Schach*), inauguration **2.** (*Mitteilung*) disclosure **Eröffnungs|ansprache** *f* inaugural address **~beschluss** *m* JUR order to proceed, *Konkursverfahren:* bankruptcy order **~feier** *f* opening ceremony **~kurs** *m* WIRTSCH opening quotation

erogen *Adj* erogenous

erörtern *v/t* discuss

Erörterung *f* discussion (*Gen* of)

Erosion *f* erosion

Erotik *f* eroticism

erotisch *Adj* erotic(ally *Adv*)

erpicht *Adj* **~ sein auf** (*Akk*) be very (F dead) keen on; **darauf ~ sein zu** *Inf* be bent on *Ger*

erpressbar *Adj* open to blackmail

erpressen *v/t* **j-n ~** blackmail s.o. (*etw zu tun* into doing s.th.); **etw ~** extort

s.th. (**von** from) **Erpresser(in)** blackmailer **Erpresserbrief** *m* blackmail letter

Erpressung *f* blackmail **Erpressungsversuch** *m* blackmail attempt

erproben *v/t* try (out), test **erprobt** *Adj* well-tried, (*erfahren*) experienced

Erprobung *f* trial, test

erquicken *v/t* refresh (**sich** o.s.) **erquickend** *Adj* refreshing **erquicklich** *Adj fig* uplifting: *iron* **wenig ~** not exactly edifying **Erquickung** *f* refreshment

erraten *v/t* guess

errechnen *v/t* work out, calculate: **sich ~ aus** be calculated from

erregbar *Adj* excitable, (*reizbar*) irritable **Erregbarkeit** *f* excitability, (*Reizbarkeit*) irritability

erregen I *v/t* **1.** *allg* excite (*a.* ELEK), *sexuell: a.* arouse, (*reizen*) irritate, (*erzürnen*) infuriate **2.** *fig* (*verursachen*) produce, cause: **j-s Zorn ~** provoke s.o.'s anger; **Bewunderung ~** excite admiration; → **Ärgernis, Aufsehen II** *v/refl* **sich ~ 3.** (*über Akk* about) get excited, get all worked up, *zornig:* get angry **erregend** *Adj* exciting **Erreger** *m* **1.** *a.* ELEK exciter **2.** MED pathogen, (*Keim*) germ **erregt** *Adj* excited (*a. sexuell*), *Debatte etc:* heated, *Zeiten:* turbulent

Erregung *f* **1.** creation, excitation (*a.* ELEK), causing **2.** excitement, *sexuelle: a.* (state of) arousal, (*Zorn*) anger

erreichbar *Adj* within reach, (*verfügbar*) available, *fig* attainable: **leicht ~** within easy reach; **zu Fuß** (**mit dem Wagen**) **leicht ~** within easy walking (driving) distance; **er ist nie ~** you just can't get hold of him **erreichen** *v/t* **1.** (*Ort, Person, Sache*) reach, (*Bus, Zug etc*) catch, (*einholen*) catch up with: **j-n telefonisch ~** get s.o. on the phone; *fig* **ein hohes Alter ~** live to an old age; **leicht zu ~** → **erreichbar 2.** *fig* achieve, (*erlangen*) obtain, get: **etw ~** get somewhere; (*es*) **~, dass …** succeed in *Ger*; **haben Sie** (**bei ihm**) **etw erreicht?** did you get anywhere (with him)? **Erreichung** *f* attainment: **nach ~ der Altersgrenze** on reaching the retirement age

erretten *v/t* (**aus, von** from) save, rescue **Errettung** *f* rescue

errichten *v/t* **1.** build, erect, (*Statue, Ge-*

rüst etc) put up **2.** *fig* (*gründen*), *bes* WIRTSCH set up **Errichtung** *f* **1.** building, erection **2.** *fig* foundation

erringen *v/t* gain, (*Preis*) *a.* win, (*Erfolg*) *a.* achieve

erröten *v/i* blush (*vor* with, *über Akk* at)

Errungenschaft *f* **1.** acquisition **2.** *fig* achievement, (*Großtat*) feat

Ersatz *m* **1.** (*a.* ~*mann*) substitute, *ständiger*: replacement(s *Pl* MIL): **als ~ für j-n** to replace s.o.; *das* (*er*) *ist kein ~ für ...* that (he) can't replace ... **2.** WIRTSCH, JUR compensation, (*Entschädigung*) *a.* indemnification, (*Schaden²*) damages *Pl*: **als ~ für a**) by way of compensation, **b**) in exchange (*od* return) for **~anspruch** *m* claim for compensation **~bank** *f* SPORT substitutes' bench **~batterie** *f* spare battery **~befriedigung** *f* PSYCH compensation **~dienst** *m* → **Wehrersatzdienst ~handlung** *f* PSYCH displacement activity, *bes weit. S.* compensation **~kasse** *f* health insurance society **~leistung** *f* compensation

Ersatz|mann *m* substitute (*a.* Sport), replacement (*a.* MIL) **~mine** *f* refill **~mittel** *n* substitute, *bes pej* ersatz

Ersatzmutter *f* mother-substitute

ersatzpflichtig *Adj* liable for damages

Ersatzreifen *m* spare tyre (*Am* tire)

Ersatzspieler(in) SPORT substitute

Ersatzteil *m*, *n* TECH replacement part, *mitgeliefert*: spare (part) **Ersatzteilchirurgie** *f* MED spare-part surgery

Ersatzteillager *n* spare parts store

ersatzweise *Adv* alternatively

ersaufen *v/i* F drown

ersäufen *v/t a.* F *fig* drown

erschaffen *v/t* create, make

Erschaffung *f* creation

erschallen *v/i* ring out, resound

erscheinen I *v/i* **1.** *allg* appear (*a.* Geist: *j-m* to s.o.), (*kommen*) *a.* come, F turn up, *Buch etc*: *a.* be published, come out: *soeben erschienen* just published; *vor Gericht ~* appear in court **2.** (*scheinen*) (*j-m* to s.o.) seem, appear: *es erscheint ratsam* it would seem advisable **II** ² *n* **3.** *allg* appearance, *e-s Buches etc*: *a.* publication **4.** (*Anwesenheit*) attendance (*bei* at)

Erscheinung *f* **1.** appearance, (*Geister²*) apparition, (*Traumbild*) vision: *in ~ treten* appear, *fig* Sache: *a.* make

itself felt; *stark* (*kaum*) *in ~ treten* be very (not) much in evidence; *er tritt kaum in ~* he keeps very much in the background **2.** *fig* sign, symptom (*a.* MED), (*Vorgang, Natur²*) phenomenon **3.** (*äußere ~*) (outward) appearance, (*Persönlichkeit*) figure **Erscheinungsjahr** *n* year of publication

erschießen I *v/t* shoot (dead): *j-n ~ lassen* have s.o. shot **II** *v/refl* **sich ~** shoot o.s

Erschießung *f* shooting, *standrechtliche*: execution (by a firing squad)

erschlaffen *v/i* **1.** *Muskeln etc*: grow tired, *Haut*: (begin to) sag **2.** *Person*: tire **3.** → *erlahmen* 1

erschlagen I *v/t* kill **II** *Adj* F *wie ~* a) (*verblüfft*) dum(b)founded, **b**) (*erschöpft*) dead-beat, whacked

erschleichen *v/t* **sich etw ~** obtain s.th. by trickery; *sich j-s Vertrauen ~* worm o.s. into s.o.'s confidence

erschließen I *v/t* open (up) (*a.* Markt *etc*), (*Gebiet, a. Bauland*) develop **II** *v/refl* **sich j-m ~** Geheimnis *etc*: be revealed to s.o., *Möglichkeiten etc*: open up before s.o. **Erschließung** *f* opening (up), development

erschöpfen I *v/t allg, a. fig* exhaust **II** *v/refl* **sich ~** exhaust o.s., *fig* Vorräte, *Thema etc*: be exhausted: *sich ~ in* (*Dat*) Tätigkeit *etc*: be limited to

erschöpfend *Adj* **1.** exhausting **2.** *fig* (*gründlich*) exhaustive **erschöpft** *Adj* exhausted (*von* by), (*verbraucht*) spent, *Batterie*: *a.* dead, run(-)down

Erschöpfung *f* (*bis zur ~* to the point of) exhaustion **Erschöpfungszustand** *m* (state of) exhaustion

erschrecken I *v/t* frighten, scare, (*aufschrecken*) startle: → *Tod* II *v/i* be frightened (*über Akk* at) **III** ² *n* fright **erschreckend** *Adj* frightening, *stärker*: appalling: *Adv ~ wenige* alarmingly few **erschrocken** *Adj u. Adv* frightened, (*bestürzt*) shocked

erschüttern *v/t* shake (*a.* fig), (*bestürzen*) shock, (*rühren*) move deeply **erschütternd** *Adj* shocking, (*ergreifend*) deeply moving **Erschütterung** *f* shock (*a.* fig), (*Rührung*) emotion

erschweren *v/t* make s.th. (more) difficult, complicate, (*hemmen*) impede, (*verschlimmern, a.* JUR) aggravate

erschwerend *Adj* JUR aggravating
erschwert *Adj* more difficult, harder
erschwindeln *v/t* **sich etw von j-m ~** cheat s.th. out of s.o.
erschwingen *v/t* afford **erschwinglich** *Adj* within s.o.'s means: **zu ~en Preisen** at reasonable prices; **das ist für uns nicht ~** we can't afford it
ersehen *v/t* **(aus** from) see, gather
ersehnen *v/t* long for
ersetzbar *Adj* replaceable (*a.* TECH), *Schaden:* reparable, *Verlust:* recoverable **ersetzen** *v/t* (etw, j-n) replace **(durch** by), (j-n) *a.* take the place of, *(ausgleichen)* compensate for, make up for: **j-m den Schaden (die Auslagen)** ~ compensate s.o. for the damage (reimburse s.o. for expenses) **Ersetzung** *f* replacement, *e-s Schadens etc:* compensation, *von Kosten:* reimbursement
ersichtlich *Adj* apparent, evident, clear: **ohne~en Grund** for no apparent reason; **daraus wird ~** hence it appears
ersinnen *v/t* think up, devise, invent
erspähen *v/t* F spot
ersparen *v/t* **1.** (*a. sich* ~) save **2.** *fig sich etw* ~ spare o.s. s.th.; **j-m Arbeit (Kosten** *etc)* ~ save s.o. work (money *etc*); **ihr bleibt nichts erspart** she gets all the bad breaks **Ersparnis** *f* **1.** (*an Arbeit etc)* saving (in) **2.** *Pl* savings *Pl*
ersprießlich *Adj* fruitful, profitable
erst *Adv* (at) first, *(zuvor)* first, *(bloß)* only, just, *(nicht früher als)* only, not till, not until: *(eben)* ~ just (now); ~ **als (dann, jetzt)** only when (then, now); ~ **nächste Woche** not before next week; ~ **nach** only (*od* not until) after; **es ist ~ fünf Uhr** it's only five o'clock; **ich muss ~ (noch) telefonieren** I've got to make a phone call first
erstarken *v/i* grow strong(er)
erstarren *v/i* grow stiff, stiffen, *vor Kälte:* go numb, CHEM *etc* solidify, *Blut:* coagulate, *fig* run cold, *(gefrieren)* freeze (*a. fig vor Dat* with): **vor Schreck** ~ *a.* be paralysed with fear **erstarrt** *Adj* stiff, *vor Kälte: a.* numb, *fig* paralysed
Erstarrung *f* stiffness, *vor Kälte:* numbness, CHEM solidification, *fig* paralysis, rigidity
erstatten *v/t* **1.** (*Auslagen etc)* refund

(j-m to s.o.) **2. Anzeige ~ gegen** report s.o. to the police; → **Bericht**
Erstattung *f* refund(ing)
Erstaufführung *f* THEAT *etc* première, FILM *a.* first run
erstaunen I *v/t* astonish, *stärker:* amaze **II** *v/i* → **staunen I III** ♀ *n* astonishment, *stärker:* amazement: **in** ♀ **setzen** → I; **(sehr) zu m-m** ♀ (much) to my surprise **erstaunlich** *Adj* astonishing, amazing **erstaunlicherweise** *Adv* astonishingly, to my *etc* surprise (*od* amazement) **erstaunt** *Adj* **(über** *Akk* at) astonished, amazed
Erstausgabe *f* first edition
erstbeste *I Adj* first, F any (old) **II** *substantivisch:* **der (die)** ♀ the first person one happens to see, just anyone; **das** ♀ the next best (F any old) thing
erste *Adj* first: **Karl der** ♀ **(Karl I.)** Charles the First (Charles I); ~ **Qualität** prime quality; **das ~ Mal** the first time; **beim ~n Mal** the first time, *(sofort) a.* straightaway; **zum ~n Mal** for the first time; **der** ♀ **des Monats** the first (day) of the month; ~ **Beste** → **erstbeste**; *als* ♀*(r),* **als** ♀s first; **er war der** ♀ he was first; **er war der** ♀, **der ...** he was the first to *Inf*; **der (die)** ♀ *der Klasse:* top boy (girl); **fürs** ♀ for the moment; → **Blick 1, Geige, Hand, Hilfe 1** *etc*
erstechen *v/t* stab (to death)
erstehen[1] *v/i fig* rise, *Gebäude:* be built
erstehen[2] *v/t (kaufen)* buy, get
ersteigen *v/t (Berg etc)* climb, ascend, *(Gipfel)* climb up to
ersteigern *v/t* buy s.th. at an auction
Ersteigung *f* ascent, climbing
erstellen *v/t* **1.** *(Gebäude etc)* erect, build **2.** *(Buch)* produce **3.** *(Bilanz, Gutachten etc)* prepare, draw up
erstens *Adv* first(ly), first of all
erster → **erste erstere** *Adj* the former
erstgeboren *Adj* first-born
Erstgeburtsrecht *n* birthright
erstgenannt *Adj* first-mentioned
ersticken I *v/t* (j-n) suffocate, choke, (*a. Feuer, fig Gefühl, Aufstand)* smother, (*a. fig Lachen)* stifle: → **Keim 1 II** *v/i* suffocate **(durch, an** *Dat* from): **an e-r Gräte** ~ choke (to death) on a bone; *fig* **in Arbeit** ~ be swamped with work **III** ♀ *n* suffocation: **zum** ♀ **(heiß)**

stifling(ly) hot **erstickend** *Adj a.* fig stifling **Erstickung** *f* suffocation

Erstickungs|anfall *m* choking fit **~tod** *m* death from suffocation

erstklassig *Adj* first-class, first-rate, top-quality (*goods etc*)

Erstling *m* 1. first-born child 2. *fig* first work

erstmalig I *Adj* first **II** *Adv*, *a* **erstmals** for the first time

Erstmeldung *f* exclusive report, F scoop

erstrahlen *v/i* shine

erstrangig *Adj* first-rate

erstreben *v/t* strive after, aim for, (*begehren*) desire

erstrebenswert *Adj* desirable

erstrecken *v/refl* 1. **sich ~** (*bis zu* to) extend, stretch 2. *fig* **sich ~ über** (*Akk*) cover; **sich ~ auf** (*Akk*) (*betreffen*) concern; apply to

Erstschlag *m* MIL first strike

erstürmen *v/t* (take by) storm

Erstürmung *f* storming

Erstwähler(in) *m(f)* first-time voter

ersuchen I *v/t* **j-n ~ zu** *Inf* ask (*od* request) s.o. to *Inf*; **j-n um etw ~** request s.th. from s.o. **II ♀** *n* (*auf sein ♀ hin* at his) request

ertappen *v/t* catch (*bei* at): **j-n beim Stehlen ~** catch s.o. stealing; *fig* **sich bei etw ~** catch o.s. doing s.th.

erteilen I *v/t* (*Befehl, Rat, Unterricht etc*) give (*j-m* [to] s.o.), (*ein Recht etc*) confer (*Dat* on), (*Patent etc*) grant: **j-m das Wort ~** ask s.o. to speak; → **Lob**

ertönen → **erklingen**

Ertrag *m* yield, BERGB *etc* output, (*Einnahmen*) (*aus* from) proceeds *Pl*, returns *Pl*

ertragen *v/t* bear, endure, stand, (*dulden*) put up with: **das ist kaum noch zu ~** that is hardly bearable; **ich kann den Gedanken nicht ~, dass ...** I can't bear to think that ...; **nicht zu ~** unbearable

erträglich I *Adj* bearable, (*a. leidlich*) tolerable **II** *Adv* tolerably well

ertragreich *Adj* productive, profitable

Ertragslage *f* WIRTSCH profit situation

ertränken *v/t* drown (*sich* o.s.)

erträumen *v/t* **sich etw ~** dream of s.th.

ertrinken *v/i* drown, be drowned

Ertüchtigung *f* physical training

erübrigen I *v/t* (*Geld*) save, (*Zeit*) spare **II** *v/refl* **sich ~** be unnecessary

eruieren *v/t* find out

Eruption *f* eruption

erwachen I *v/i* wake up (*a. fig*), awake, *fig Erinnerungen, Gefühle etc*: be awakened, *Argwohn etc*: be aroused **II ♀** *n* (*fig unsanftes ♀* rude) awakening

erwachsen[1] *v/i* arise (*aus* from)

erwachsen[2] *Adj*, **Erwachsene** *m, f* grown-up, adult **Erwachsenenbildung** *f* adult education

erwägen *v/t* consider, think s.th. over: **den Kauf e-s Autos ~** consider buying a car **Erwägung** *f* (*etw in ~ ziehen* take s.th. into) consideration

erwählen *v/t* choose

erwähnen *v/t* mention

erwähnenswert *Adj* worth mentioning

Erwähnung *f* mention

erwärmen I *v/t* warm (up): *fig j-n für etw ~* get s.o. interested in s.th. **II** *v/refl* **sich ~** get warm(er); *fig* **sich für etw ~** warm to s.th.

Erwärmung *f* warming: **~ der Erdatmosphäre** global warming

erwarten *v/t* expect, (*warten auf*) wait for: *fig j-n ~ Überraschung etc*: be in store for s.o.; **ein Kind ~** be expecting (a baby); **ich kann es kaum ~ (zu** *Inf*) I can hardly wait (to *Inf*); **das war zu ~** that was to be expected **II ♀** *n* **über alles ♀** beyond all expectation; **wider ♀** contrary to all expectations

Erwartung *f* expectation, (*Hoffnung, Aussicht*) expectancy, anticipation: *in ~ e-r Sache* awaiting s.th.; *in ~ Ihres Briefes etc a.* looking forward to your letter *etc*; **den (***od j-s***) ~en entsprechen** come up to (s.o.'s) expectations; **hinter den (***od j-s***) ~en zurückbleiben** fall short of (s.o.'s) expectations

erwartungsgemäß *Adv* as (was to be) expected **Erwartungshaltung** *f* expectancy, (level of) expectations *Pl* **Erwartungshorizont** *m* expectations *Pl*

erwartungsvoll *Adj* expectant(ly *Adv*)

erwecken *v/t* 1. (*j-n, etw*) **wieder zum Leben ~** revive 2. *fig* (*Interesse, Verdacht etc*) arouse, (*Erinnerungen*) bring back, (*Hoffnungen*) raise, (*Vertrauen*) inspire: → **Anschein, Eindruck** 1. *etc*

erwehren *v/refl* **sich ~** (*Gen*) ward off, resist; **sich nicht ~ können** (*Gen*) be

helpless against; **man konnte sich des Eindrucks nicht ~, dass ...** you couldn't help feeling that ...

erweichen v/t soften (*a. fig j-n*), fig (*rühren*) move: **sich ~ lassen** give in

erweisen I v/t **1.** (*beweisen*) prove, show **2.** (*Ehre, Dienst, Gefallen etc*) do, (*Gunst*) grant, (*Achtung*) show: → **Ehre II** v/refl **3.** sich ~ **als** prove (od turn out) to be **4.** sich (*j-m gegenüber*) **dankbar ~** show one's gratitude (towards s.o.)

erweitern I v/t (*Straße etc*) widen, (*Gebäude, Betrieb etc, fig Einfluss etc*) extend, (*Buch*) enlarge, (*Kenntnisse*) broaden **II** v/refl **sich ~** widen, MED dilate, WIRTSCH expand, *Kenntnisse*: increase

Erweiterung f widening (*etc*), extension, enlargement, MED dilatation

Erwerb m acquisition, purchase

erwerben v/t acquire (*a. fig Wissen, Ruf, Rechte etc*), (*kaufen*) a. purchase, (*verdienen*) earn, fig (*Ruhm, Reichtum etc*) gain, win: **sich Verdienste ~ um** render great service(s) to

erwerbsfähig Adj fit for work: **im ~en Alter** of employable age

Erwerbsfähigkeit f ability to work

Erwerbsleben n working life

erwerbslos → **arbeitslos**

Erwerbsminderung f reduction in earning capacity

Erwerbsquelle f source of income

erwerbstätig Adj (gainfully) employed

Erwerbstätige m, f employed person

Erwerbstätigkeit f gainful employment

erwerbsunfähig Adj unfit for work

Erwerbsunfähigkeit f incapacity to work **Erwerbszweig** m **a)** branch of industry, **b)** line (of business)

Erwerbung f acquisition, purchase

erwidern v/t **1.** (*auf Akk* to) reply, answer: **auf m-e Frage erwiderte er ...** in reply to my question he said ... **2.** fig (*MIL Feuer, fig Gruß, Besuch etc*) return **Erwiderung** f **1.** (*auf Akk* to) reply, answer **2.** fig return

erwiesenermaßen Adv as has been proved

erwirken v/t obtain, secure

erwirtschaften v/t (*Gewinn*) make

erwischen v/t allg catch (*a. fig*): **sich ~ lassen** get caught; F **ihn hats bös erwischt!** he's got it bad!

erwünscht Adj desired, (*willkommen*) welcome, (*wünschenswert*) desirable

erwürgen v/t strangle

Erz n ore

erzählen I v/t tell, *kunstvoll:* narrate: **man hat mir erzählt** I've been told; **man erzählt sich** they say; F **das kannst du mir nicht ~!** pull another one! **II** v/i tell a story (*od* stories): **~ von, ~ über** (*Akk*) tell (s.o.) of (*od* about); **erzähl mal!** do tell!

erzählenswert Adj worth telling

Erzähler(in) narrator, storyteller, (*Schriftsteller*) narrative writer

Erzählung f narration, story, tale, (*Bericht*) account, LITERATUR (short) story

Erzbischof m archbishop **erzbischöflich** Adj archiepiscopal **Erzbistum** n, **Erzdiözese** f archbishopric

Erzengel m archangel

erzeugen v/t allg produce, TECH a. make, LANDW a. grow, CHEM, PHYS generate, fig (*verursachen*) a. cause, create **Erzeuger** m **1.** father **2.** allg producer, a. TECH manufacturer, LANDW a. grower **Erzeugerland** n country of origin **Erzeugnis** n product (*a. fig*), LANDW mst Pl produce Sg, *literarisches, geistiges:* production: **eigenes ~** my etc own make **Erzeugung** f production, TECH a. manufacture, CHEM, PHYS generation, fig creation **Erzeugungskosten** Pl production costs Pl

Erzfeind(in) archenemy **Erzfeindschaft** f archrivalry, deadly feud

Erzgauner(in) (real) scoundrel

Erzherzog(in) archduke (archduchess)

Erzhütte f smelting works Pl (*a. Sg konstr*)

erziehbar Adj educable: **schwer ~es Kind** problem child **erziehen** v/t bring s.o. up, raise, *geistig:* educate: **j-n zu etw ~** train (*od* teach) s.o. to be (*od* do) s.th.; → **erzogen Erzieher** m educator, (*Lehrer*) teacher, (*Hauslehrer, Internats*2) tutor **Erzieherin** f (lady) teacher, *eng.* 2. nursery-school teacher, (*Internats*2 *etc*) governess

erzieherisch Adj educational

Erziehung f upbringing, *geistige, politische, a. Verkehrs*2 *etc:* education, (*Ausbildung*) training, (*Lebensart*) breeding, (*Manieren*) manners Pl

Erziehungs|anstalt f approved (Am reform) school **~berater(in)** educational adviser **~beratung** f child guidance **~berechtigte** m, (**a**) parent, **b**) (legal) guardian **~geld** n child-raising allowance **~urlaub** m child-raising leave **~wissenschaft** f educational science

erzielen v/t obtain, get, (Erfolg, Ergebnis etc) achieve, (Einigung etc) reach, (Gewinn) make, (Preis) fetch, SPORT (Punkte, Treffer) score

erzkonservativ Adj ultra-conservative

erzogen Adj **gut ~** well bred; **schlecht ~** ill-bred

erzürnt Adj angry, furious

erzwingen v/t force

es Personalpron it, bei bekanntem Geschlecht: he, she: **ich bin ~!** it's me!; **bist du ~?** is it you?; **~ gibt** there is, there are; **ich hoffe ~** I hope so; **ich weiß ~ (nicht)** I (don't) know; er kann nicht schwimmen, **aber ich kann ~** but I can; du bist müde, **ich bin ~ auch** so am I; **ich will!~** I want to; **ich will ~ versuchen** I'll try; **~ wurde getanzt** there was dancing, we (they) danced

Escape-Taste f escape key

Esche f BOT ash (tree)

Esel m 1. donkey, männlicher: jackass 2. F fig (silly) ass: **alter ~** old fool

Eselin f she-ass

Eselsbrücke f fig mnemonic (aid): **j-m e-e ~ bauen** give s.o. a hint

Eskalation f escalation

eskalieren v/i u. v/t escalate

Eskapade f escapade

Eskimo m Eskimo

Eskorte f, **eskortieren** v/t escort

Esoterik f esotericism

Esoteriker(in), **esoterisch** Adj esoteric

Espe f BOT asp **Espenlaub** n **zittern wie ~** tremble like an aspen leaf

Espresso m espresso

Essay m essay (**über** Akk on)

Essayist(in) f essayist

essbar Adj eatable, (genießbar) edible: **~er Pilz** (edible) mushroom

Essbesteck n cutlery (set)

Esse f 1. chimney 2. (Schmiede♀) forge

essen I v/t u. v/i eat: **etw gern ~** like; **man isst dort ganz gut** the food is quite good there; F fig **gegessen sein** be history; → **Abend, Mittag** etc II ♀ n eating, (Kost) food, (Gericht) dish,

(Mahlzeit) meal, (Fest~) dinner (party): ♀ **und Trinken** food and drink

Essenmarke f meal ticket, Br a.) luncheon voucher **Essensgeber** m child-raising

Essenszeit f lunchtime, abends: dinnertime

Essenz f a. fig essence

Esser(in) eater: → **stark** 1

Essgeschirr n crockery, (Service) dinner service

Essgewohnheiten Pl eating habits Pl

Essig m vinegar: F fig **damit ist es ~!** it's all off! **Essiggurke** f gherkin

Essigsäure f acetic acid

Essig- und Ölständer m cruet stand

Esskastanie f (sweet) chestnut **Esslöffel** m tablespoon: **zwei ~** two tablespoonfuls **Esslust** f appetite **Essstäbchen** Pl chopsticks Pl **Esstisch** m dining table **Esswaren** Pl food Sg **Esszimmer** n dining room

Estland n Est(h)onia

Estragon m BOT tarragon

etablieren v/refl **sich ~** become established, geschäftlich: set o.s. up, start a business, häuslich: settle in

Etablissement n establishment

Etage f floor, stor(e)y; → **Info bei floor**

Etagen|bett n bunk bed **~heizung** f single-stor(e)y heating (system) **~wohnung** f flat, Am apartment

Etappe f a. SPORT stage, leg: **in ~n** in stages

Etat m budget **~ansatz** m budgetary estimate **~entwurf** m draft budget **~jahr** n fiscal year ♀**mäßig** Adj budgetary, Beamter: permanent

E-Technik f electrical engineering

etepetete Adj F 1. (geziert) la-di-da 2. (eigen) fussy, finicky

Ethik f ethics Sg **~unterricht** m ethics

ethisch Adj ethical

ethnisch Adj ethnic

Ethnographie f ethnography **ethnographisch** Adj ethnographic(ally Adv)

Ethnologe m, **Ethnologin** f ethnologist **Ethnologie** f ethnology

Ethos n ethos, weit. S. ethics Pl

Etikett n label, (Preisschild) price tag **Etikette** f (**Verstoß gegen die ~** breach of) etiquette

etikettieren v/t put a label on, fig label

etliche Indefinitpron Pl several: **~s** Sg a number of things; **~ Mal** several times

Etüde f MUS étude

Etui n case

etwa Adv 1. a. in ~ (ungefähr) about, approximately, F around; in ~ dasselbe more or less the same; wann ~? approximately when?, (um wie viel Uhr) a. F around what time? 2. (vielleicht) by any chance, (zum Beispiel) for instance, (let's) say: nicht ~, dass ... not that it mattered etc; ist das ~ besser? is that any better?; du glaubst doch nicht ~ ...? surely you don't think ...?

etwaig Adj any

etwas I Indefinitpron something, verneinend, fragend od bedingend: anything: ~ anderes something (anything) else II Adj some, any, (wenig) a little: ich brauche ~ Geld I need some money III Adv a little: es erscheint ~ merkwürdig it seems a bit funny IV ♀ n ein gewisses ♀ a certain something

Etymologie f etymology

etymologisch Adj etymological

Et-Zeichen n ampersand

EU f (= Europäische Union) EU, European Union

euch Personalpron (to) you, refl: yourselves, nach Präp: you: setzt ~! sit down!

Eucharistie f the Eucharist

euer I Possessivpron 1. your: eu(e)re Mutter your mother; unser und ~ Haus our house and yours 2. der (die, das) eu(e)re yours II Personalpron 3. (Gen von ihr) of you

Eugenik f eugenics Sg

Eule f owl: fig ~n nach Athen tragen carry coals to Newcastle

Eunuch m eunuch

Euphemismus m euphemism euphemistisch Adj euphemistic(ally Adv)

Euphorie f euphoria

eure → euer

eurerseits Adv for (od on) your part

euresgleichen Pron people like yourselves, pej the likes of you

eurethalben, euretwegen, (um) euretwillen Adv because of you, (euch zuliebe) for your sake

Eurhythmie f eurhythmics Sg

Euro... Euro..., euro...

Euro m (Währung) euro, a. Euro: Einführung des ~ introduction of the euro ~-Banknote f euro note ~cent m euro-

cent ~city(zug) m eurocity (train) ~gebiet n euro area ~land n 1. alle Länder mit Euro: Euroland 2. einzelnes Land: euro country (od state)

Europa n Europe

Europäer(in) European europäisch Adj European

Europäische Union f European Union

Europa|meister(in) SPORT European champion ~meisterschaft f European championships Pl ~pokal m European cup ~politik f Euro-politics Pl

Europarat m Council of Europe

europaweit I Adj cross-Europe ..., Europe-wide II Adv Europe-wide, all over (od throughout) Europe

Euro|skeptiker(in) Eurosceptic ~währung f Eurocurrency ~zone f eurozone

Euter n udder

Euthanasie f euthanasia

evakuieren v/t evacuate (a. MIL u. PHYS)

Evakuierung f evacuation

evangelisch Adj Protestant

Evangelist m evangelist Evangelium n gospel (a. fig): das ~ des Matthäus the Gospel according to St. Matthew

Evaskostüm n F im ~ in the nude

Eventualität f eventuality

eventuell I Adj possible II Adv possibly, (notfalls) if necessary, (gegebenenfalls) should the occasion arise

⚠ **eventuell ≠ eventually**

| eventuell | = possibly |
| eventually | = schließlich |

Evolution f evolution

ewig I Adj 1. eternal, everlasting, perpetual: ~er Schnee perpetual snow; die ♀e Stadt (Rom) the Eternal City; seit ~en Zeiten from time immemorial, F for ages 2. F (ständig) eternal, constant, endless II Adv 3. eternally, forever: für immer und ~ for ever and ever; F es ist ~ schade it's just too bad; ~ (lange) for ages; es dauert ~ it's taking ages Ewigkeit f eternity: bis in alle ~ to the end of time; F es ist e-e ~, seit ... it's ages since ...; ich habe e-e ~ gewartet I've waited for ages

EWS Abk (= Europäisches Währungssystem) EMS

Ex... ex-...

exakt *Adj* precise, exact: *die ~en Wissenschaften* the exact sciences

Exaktheit *f* precision

Examen *n* examination, F exam: *~ machen* take one's exams

Exekution *f* execution

exekutiv *Adj*, **Exekutive** *f* executive

Exekutivgewalt *f* executive power

Exempel *n* **ein ~ statuieren** set a warning example; → **Probe** 2

Exemplar *n* specimen, sample, *e-s Buches*: copy, *e-r Zeitschrift*: issue

exemplarisch I *Adj* exemplary **II** *Adv* **j-n ~ bestrafen** make an example of s.o.

exerzieren *v/t u. v/i* MIL drill

Exhibitionismus *m* exhibitionism, JUR indecent exposure

Exhibitionist(in) exhibitionist

exhumieren *v/t* exhume

Exil *n* (*im ~* in) exile: *ins ~ gehen* go into exile

Exilregierung *f* government in exile

Existenz *f* **1.** existence, (*Unterhalt*) livelihood: *gesicherte ~* secure position **2.** *pej* (*Person*) character: → *verkracht* 2 **~angst** *f* PSYCH existential anxiety, *weit. S.* economic fears *Pl* **~berechtigung** *f* right to exist, (*Grund*) raison d'être

Existenzialismus *m* existentialism

Existenzialist(in), **existenzialistisch** *Adj* existentialist

existenziell *Adj* **1.** existential **2.** *von ~er Bedeutung* vitally important

Existenz|kampf *m* struggle for existence **~minimum** *n* subsistence level

existieren *v/i* **1.** exist, be: *nur wenige ~ noch* there are only a few left **2.** (*leben*) (*von* on) exist, live

exklusiv *Adj* exclusive, *Kreis*: select

Exklusivbericht *m* exclusive (story)

Exklusivrechte *Pl* exclusive rights *Pl*

exkommunizieren *v/t* excommunicate

Exkremente *Pl* excrements *Pl*

Exkursion *f* excursion, field trip

exmatrikulieren *v/t* UNI cancel s.o.'s registration

Exodus *m a. fig* exodus

Exot(in) exotic

exotisch *Adj* exotic(ally *Adv*)

Expander *m* expander

Expansion *f* expansion

Expansionspolitik *f* expansionism

expedieren *v/t* dispatch

Expedition *f* **1.** expedition **2.** WIRTSCH forwarding (department)

Experiment *n* experiment **Experimental...**, **experimentell** *Adj* experimental

experimentieren *v/i* experiment (*an Dat* on, *mit* with)

Experte *m*, **Expertin** *f* expert

Expertise *f* **1.** expertise **2.** (*Gutachten*) expert's opinion

explodieren *v/i* explode

Explosion *f* explosion, blast

explosionsartig *Adj a. fig* explosive

Explosions|gefahr *f* danger of explosion **~kraft** *f* explosive force

explosiv *Adj a. fig* explosive

Exponat *n* exhibit

Exponent *m* MATHE *u. fig* exponent

exponieren *v/t* expose (*sich* o.s.) (*Dat* to) **exponiert** *Adj* exposed

Export *m* exportation, exporting, (*Waren*) exports *Pl* **~abteilung** *f* export department **~artikel** *m* export article (*od* item), *Pl a.* exports *Pl* **~ausführung** *f* TECH export model

Exporteur(in) exporter

Exportgeschäft *n*, **Exporthandel** *m* export trade

exportieren *m* export (*nach* to)

Exportland *n* exporting country

Exportleiter(in) export manager

Exportware *f* → *Exportartikel*

express I *Adv* **~ schicken** send express (*Am* by special delivery) **II** ♀ *m* express (train)

Expressionismus *m* expressionism

Expressionist(in), **expressionistisch** *Adj* expressionist

extern *Adj* external ♀**gespräch** *n* TEL outside (*od* external) call

extra I *Adj* extra **II** *Adv* extra, (*gesondert*) *a.* separately, (*eigens*) specially, (*absichtlich*) on purpose: *~ für dich* just for you **III** ♀ *n* (*Zubehör etc*) extra

Extrablatt *n* *e-r Zeitung*: extra

extrahieren *v/t*, **Extrakt** *m* extract

Extrakt *m* extract

extravagant *Adj* extravagant, outré

extravertiert *Adj* (*a. ~er Mensch*) extrovert

extrem I *Adj* extreme **II** ♀ *n* (*bis zum* ♀ to the) extreme **Extremismus** *m* extremism **Extremist(in)**, **extremis-**

tisch *Adj* extremist
Extremitäten *Pl* extremities *Pl*
extrovertiert → **extravertiert**
Exzellenz *f* (*Eure, Seine* ~ your, his) Excellency

Exzentriker(in) eccentric
exzentrisch *Adj a.* MATHE, TECH eccentric
Exzess *m* excess: *bis zum* ~ to excess
Eyeliner *m* eyeliner

F

F, f *n* F, f (*a.* MUS)
Fabel *f* fable (*a. fig*), *e-s Dramas etc*: plot
fabelhaft *Adj* fantastic(ally *Adv*)
Fabeltier *n* fabulous beast
Fabrik *f* factory, works *Pl* (*oft Sg konstr*), mill **Fabrikanlage** *f* (manufacturing) plant **Fabrikant(in) 1.** factory owner **2.** manufacturer **Fabrikarbeit** *f* **1.** factory work **2.** → **Fabrikware Fabrikarbeiter(in)** factory worker **Fabrikat** *n* product, (*Typ*) make **Fabrikation** *f* production
Fabrikations|nummer *f* serial number ~**programm** *n* production schedule
Fabrik|besitzer(in) factory owner ~**gebäude** *n* factory building ~**gelände** *n* factory site ⊇**neu** *Adj* brand-new ~**schiff** *n* factory ship ~**ware** *f* manufactured product(s *Pl*)
fabrizieren *v/t* manufacture, make, *fig a.* concoct, (*anstellen*) manage (to do)
Facette *f* facet
Facettenauge *n* ZOOL compound eye
Fach *n* **1.** compartment, partition, *im Regal*: shelf **2.** (~*bereich*) field, line: *er ist vom* ~ he is an expert; *das schlägt nicht in mein* ~ that's not in my line **3.** WIRTSCH (*Branche*) line (of business) **4.** (*Studien*⊇, *Unterrichts*⊇) subject
...fach *in Zssgn* ...fold, (...*mal*) ... times
Fach|arbeit *f* skilled work ~**arbeiter(in)** skilled worker, *Pl* skilled labo(u)r ~**arzt** *m*, ~**ärztin** *f* specialist (*für* in) ⊇**ärztlich** *Adj* (*Adv* by a) specialist ~**ausbildung** *f* special(ized) training ~**ausdruck** *m* technical term ~**bereich** *m* **1.** → **Fachgebiet 2.** UNI department ~**buch** *n* specialist book
Fächer *m* **1.** fan **2.** *fig* range, spectrum
fächerartig → **fächerförmig** *Adj* fanlike: *Adv* **sich** ~ **ausbreiten** fan out

fächern *v/t* (*a.* **sich** ~) fan out
Fachfrau *f* (woman) expert
Fachgebiet *n* (special) field
fachgemäß, fachgerecht *Adj* expert(ly *Adv*), professional(ly *Adv*)
Fach|geschäft *n* specialist shop (*Am* store) ~**handel** *m* specialized trade (*od* dealers *Pl*) ~**hochschule** *f* (technical) college ~**idiot(in)** F *pej* specialist borné ~**ingenieur(in)** specialist (engineer) ~**jargon** *m* technical jargon ~**kenntnis(se** *Pl*) *f* specialized knowledge *Sg*, know-how *Sg* ~**kräfte** *Pl* qualified personnel *Sg*, specialists *Pl* ~**kreis** *m* **in** ~**en** among the experts
fachkundig *Adj* competent, expert
Fachlehrer(in) *m* subject teacher
Fachleute *Pl* experts *Pl*
fachlich *Adj* technical, professional
Fachliteratur *f* specialized literature
Fachmann *m* (*in Dat* at, *für* on) expert, specialist **fachmännisch** *Adj* expert(ly *Adv*), specialist, *Arbeit*: professional: ~**es Urteil** expert opinion
Fach|personal *n* qualified personnel ~**presse** *f* trade press ~**richtung** *f* field ~**schule** *f* technical college
Fachsimpelei *f* shoptalk
fachsimpeln *v/i* talk shop
Fach|sprache *f* technical language (*od* terminology) ~**studium** *n* special(ized) studies *Pl* ~**übersetzer(in)** technical translator ~**verband** *m* professional (*gewerblicher*: trade) association
Fachwerk *n* framework, half-timbering **Fachwerkhaus** *n* half-timbered house
Fachwissen *n* → **Fachkenntnis(se)**
Fachwörterbuch *n* specialized dictionary **Fachzeitschrift** *f* (professional, *gewerbliche*: trade) journal
Fackel *f a. fig* torch **fackeln** *v/i* F **nicht lange** ~ lose no time

fade *Adj* **1.** tasteless, (*schal*) stale, *Bier*: flat **2.** *fig* (*langweilig*) boring, dull

Faden *m* thread (*a. fig*), ELEK, TECH filament, MED stitch, *von Bohnen*, *e-r Marionette*: string: MED **die Fäden ziehen** remove the stitches; *fig* **der rote ~** the thread (running through the story *etc*); **den ~ verlieren** lose the thread (of one's speech *etc*); **es hing an e-m ~** it hung by a thread; **er hält alle Fäden in der Hand** he pulls the strings **~kreuz** *n* OPT reticule **~nudeln** *Pl* vermicelli *Pl*

fadenscheinig *Adj* threadbare (*a. fig*), *fig Ausrede*: flimsy

Fagott *n* MUS bassoon

Fagottist(in) (*a.*) bassoonist

fähig *Adj* able, capable, (*begabt*) gifted, talented, (*qualifiziert*) qualified: **~ sein zu** be capable of; *pej* **zu allem ~** capable of anything, *Verbrecher etc*: desperate; (*dazu*) **~ sein, etw zu tun** be capable of doing s.th., be able (*od* qualified) to do s.th. **Fähigkeit** *f* ability, capability, (*Begabung*) talent

fahl *Adj* pale, *Gesicht*: *a.* ashen

Fähnchen *n* **1.** pennant, SPORT marker **2.** F (*Kleid*) cheap, flimsy dress

fahnden *v/i* **~ nach** search for **Fahnder(in)** investigator **Fahndung** *f* search

Fahndungs|aktion *f* (police) search **~dienst** *m* tracing and search department **~liste** *f* wanted list

Fahne *f* **1.** flag, *bes fig* banner, SCHIFF, MIL colo(u)rs *Pl*: *fig* **mit fliegenden ~n untergehen** go down fighting **2.** F *e-e* **~ haben** reek of the bottle **3.** BUCHDRUCK galley (proof)

Fahnenflucht *f* desertion: **~ begehen** desert

fahnenflüchtig *Adj* **~ sein** be a deserter

Fahnen|mast *m*, **~stange** *f* flagpole

Fähnrich *m* MIL cadet: SCHIFF **~ zur See** midshipman

Fahrausweis *m* ticket **Fahrbahn** *f* road, carriageway, (*Spur*) lane

fahrbar *Adj* mobile

Fahrbereitschaft *f* car pool

Fähre *f* ferry

Fahreigenschaften *Pl* MOT road performance *Sg*

fahren I *v/i* **1.** *allg* go (*mit* by bus, train,

etc), MOT drive, *auf e-m Fahrrad*, *in e-m Fahrzeug*: ride, SCHIFF sail, (*verkehren*) run, (*ab~*) leave, depart, go, (*in Fahrt sein*) be moving: *der Zug etc* **fährt zweimal am Tag** runs (*od* goes) twice a day; **über e-e Brücke ~** cross a bridge; **rechts ~!** keep to the right!; **~ mit** *Diesel etc*: run on, be diesel-driven *etc*; *fig* **mit der Hand ~ über** (*Akk*) run one's hand *etc* over; **in etw ~** *Kugel*, *Messer etc*: go into; **gut** (*schlecht*) **~ bei** fare well (ill) with, do well (badly) by; **es** (*der Gedanke*) **fuhr mir durch den Kopf** it flashed through my mind; **was ist in ihn gefahren?** what has got into him?; F **e-n ~ lassen** fart, let go **II** *v/t* **2.** (*lenken*) drive, (*befördern*) *a.* take, (*Güter*) *a.* transport, SCHIFF sail, (*Boot*) row, (*Strecke*) drive, cover, do: **das Auto fährt 150 km/h** the car does 150 km/h **3.** SPORT (*e-e Zeit*) make, clock: **ein Rennen ~** participate in a race **4.** TECH (*e-e Schicht*) work, (*e-e Leitung*) run, (*a. e-e Anlage*) operate **5.** TV (*e-e Sendung etc*) run

fahrend *Adj* travel(l)ing, itinerant

Fahrenheit *n* Fahrenheit: **30 Grad ~** 30 degrees Fahrenheit

Fahrer(in) MOT **a)** *allg* driver, **b)** (*Chauffeur*) chauffeur (chauffeuse)

Fahrerflucht *f* hit-and-run offen/ce (*Am* -se): **~ begehen** fail to stop after an accident

Fahrgast *m* passenger, *bes e-s Taxis*: fare **Fahrgeld** *n* fare **Fahrgelegenheit** *f* (means of) transport

Fahrgemeinschaft *f* car pool

Fahrgestell *n* **1.** MOT chassis, FLUG undercarriage **2.** F (*Beine*) pins *Pl*

fahrig *Adj* nervous, jumpy, (*unaufmerksam*) inattentive

Fahrkarte *f* ticket (**nach** to)

Fahrkarten

Einzelfahrkarte	**single (ticket)**, *Am* **one-way ticket**
Rückfahrkarte	**return (ticket)**, *Am* **round-trip ticket**
Tagesrückfahrkarte	*Br* **day return (ticket)**

Zeitkarte	*Br* **period return (ticket)** (*für beliebig viele Hin- und Rückfahrten mit normalerweise 3 Monaten Gültigkeit*)

An einem Fahrkartenschalter in Großbritannien

A	Ich hätte gern eine Fahrkarte nach Bristol.	**I'd like a ticket to Bristol, please.**
B	Erster oder zweiter (Klasse)?	**First or second (class)?**
A	Zweiter (Klasse), bitte.	**Second (class), please.**
B	Einfach oder hin und zurück?	**Single or return?**
A	Einfach.	**Single.**
A	Wann fährt der nächste Zug nach Bristol?	**When's the next train to Bristol?**
B	10:30 Uhr von Bahnsteig 3.	**Ten thirty from platform three.**
A	Muss ich irgendwo umsteigen?	**Do I have to change?**
B	Nein, das ist ein durchgehender Zug.	**No, you don't, it's a direct train.**
A	Dann hätte ich gern noch eine Platzkarte für den Zug	**I'd also like to reserve a seat on the eleven o'clock train**

um 11:00 Uhr am kommenden Montag von Bristol nach Swansea. ...	**from Bristol to Swansea next Monday.** ...

Fahrkarten|automat *m* ticket machine **~kontrolle** *f* ticket inspection **~kontrolleur(in)** ticket inspector **~schalter** *m* ticket office

Fahrkomfort *m* MOT driving comfort

fahrlässig *Adj* careless, *a.* JUR negligent: **~e Tötung** manslaughter (*A m* in the second degree) **Fahrlässigkeit** *f* carelessness, *a.* JUR negligence

Fahrlehrer(in) MOT driving instructor

Fahrplan *m* timetable (*a. fig*), *bes Am* schedule **Fahrplanänderung** *f* change in the timetable **Fahrplanauszug** *m* individual timetable

fahrplanmäßig I *Adj* scheduled **II** *Adv* according to schedule, on time

Fahr|praxis *f* driving experience **~preis** *m* fare **~preisermäßigung** *f* fare reduction **~prüfung** *f* driving test

Fahrrad *n* bicycle, F bike **~fahrer(in)** cyclist

Fahr|rinne *f* SCHIFF lane **~schein** *m* ticket **~scheinautomat** *m* ticket machine **~schule** *f* driving school **~schüler(in)** MOT learner (driver), *Am* student driver **~spur** *f* lane

Fahrstuhl *m* lift, *Am* elevator

Fahrstunde *f* driving lesson

Fahrt *f* **1.** (*Auto*2) drive, ride, (*Reise*) journey, trip, SCHIFF *a.* voyage, cruise: **auf ~ gehen** go on a trip; **auf der ~ nach X** on the way to X; **gute ~!** have a good trip! **2.** (*Tempo*) speed (*a.* SCHIFF): **in voller ~** at full speed: **in ~ kommen a)** get under way, **b)** F *fig* get going; F **j-n ~ bringen a)** get s.o. going, **b)** make s.o. wild; F **in ~ sein** *Person:* **a)** be going it strong, **b)** be wild **Fahrtdauer** *f* length of the trip: **die ~ beträgt 3 Stunden** it will take 3 hours (to get there)

Fährte *f a. fig* trail, track: *fig* **auf der falschen ~ sein** be on the wrong track

Fahrtenbuch *n* MOT logbook

Fahrtenschreiber *m* MOT tachograph

Fahrtkosten *Pl* travel(l)ing (*od* travel) costs

Fahrtrichtungsanzeiger *m* MOT direction indicator

fahrtüchtig *Adj Wagen*: roadworthy, *Fahrer*: fit to drive

Fahrtunterbrechung *f* stop

Fahrtwind *m* airstream

fahruntüchtig *Adj Fahrzeug*: not roadworthy, *Person*: unfit to drive

Fahrverbot *n j-n mit ~ belegen* suspend s.o.'s driving licence (*Am* driver's license) **Fahrwasser** *n* F *fig* track: *im richtigen ~ sein* be in one's element

Fahrweise *f* (way of) driving **Fahrwerk** *n* MOT chassis, FLUG undercarriage

Fahrzeug *n* vehicle, SCHIFF vessel **~brief** *m* MOT (vehicle) registration document **~halter(in)** car owner **~papiere** *Pl* documents *Pl* **~park** *m* MOT fleet (of cars) **~verkehr** *m* (vehicular) traffic

Faible *n* weakness, *für j-n*: soft spot

fair *Adj* fair **Fairness** *f* fairness

Fäkalien *Pl* f(a)eces *Pl*

Fakir *m* fakir

Faksimile *n* facsimile

faktisch *Adj* actual(ly *Adv*), *Adv* a. in fact

Faktor *m* a. BIOL, MATHE factor

Faktum *n* fact **Fakten** *Pl* facts *Pl*, (*Angaben etc*) data *Pl*

Fakultät *f* UNI faculty, *bes Am* department

fakultativ *Adj* optional

Falke *m* ZOOL falcon, JAGD *u. fig* POL *a.* hawk **Falkenbeize** *f* falconry

Fall *m* **1.** *allg* fall (*a.* MIL), WIRTSCH *a.* drop, *fig* (*Sturz*) downfall: *zu ~ bringen* **a)** *j-n* cause s.o. to fall, *im Kampf*: bring s.o. down (*a. fig*), *durch Beinstellen*: trip s.o. up (*a. fig*), **b)** (*Pläne etc*) thwart, (*Gesetzentwurf etc*) defeat; *fig zu ~ gebracht werden, zu ~ kommen* fall, *a. Sache*: be ruined **2.** *allg* case (*a.* JUR, LING, MED), (*Angelegenheit*) *a.* matter, affair: *auf alle Fälle* **a)** in any case, (*ganz bestimmt*) definitely, **b)** *a.* *für alle Fälle* just in case, to be on the safe side; *für den* (*od im*) *~, dass er kommt* in case he should come; *im ~e* (*Gen*) in the event of; *gesetzt den ~* suppose, supposing; *in diesem ~* in that case; F *klarer ~!* sure (thing)!; *das ist* (*nicht*) *ganz mein ~* that's right

up my street (not my cup of tea); *das ist auch bei ihr der ~* it's the same with her

Falle *f* trap (*a. fig*), (*Schlinge*) snare, (*Grube*) pit: *fig j-m in die ~ gehen* walk into the trap set by s.o.; *j-m e-e ~ stellen* set a trap for s.o.

fallen *v/i* **1.** *allg* fall (*von* from, off), (*hin~*) fall down, (*hinunter~*) drop: *~ lassen* drop; *von der Leiter ~* fall off a ladder; *ich bin gefallen* I had a fall; *er ließ sich in e-n Sessel ~* he dropped into a chair; *fig ~ lassen* drop **2.** MIL *Festung etc*: fall, *Soldat*: *a.* be killed (in action) **3.** *fig allg* fall, drop, *Fieber, Preise etc*: *a.* go down **4.** *Name, Bemerkung etc*: fall: *es fielen harte Worte* there were harsh words; *sein Name fiel auch* his name was mentioned too **5.** *Urteil etc*: fall, be made: *die Entscheidung ist noch nicht gefallen* the matter is still undecided **6.** SPORT *Tor etc*: be scored: *die Entscheidung fiel in der letzten Minute* the decider came in the last minute **7.** *Schüsse fielen* shots were fired **8.** *Hindernis, Schranke etc*: be removed, go **9.** *fig an j-n ~ Erbe etc*: fall (*od* go) to s.o. **10.** *~ auf* (*Akk*) *Blick, Licht etc, fig Fest, Verdacht etc*: fall on: *die Wahl fiel auf sie* she was chosen **11.** *~ unter* come under **12.** *~ in* (*Akk*) fall into: *in Schlaf ~* fall asleep; *fig j-m in den Arm ~* restrain s.o.; → *Ohnmacht* 2

fällen *v/t* **1.** (*Baum etc*) cut down **2.** JUR *ein Urteil ~* (*über Akk*) pass sentence, *a. fig* pass judg(e)ment; → *Entscheidung*

Fallgeschwindigkeit *f* PHYS rate of fall

fällig *Adj* WIRTSCH due, payable: *längst ~* (long) overdue; *~ werden* become due (*od* payable), (*verfallen*) expire

Fälligkeit *f* (*bei* at) maturity

Fallobst *n* windfall

Fallout *m* KERNPHYSIK fallout

Fallrückzieher *m* *Fußball*: overhead kick

falls *Konj* if, in case: *~ nicht* if not, unless; *~ sie kommt* if she comes, if she should come, if she happens to come

Fallschirm *m* parachute **~absprung** *m* parachute jump (*od* descent) **~abwurf** *m* airdrop **~jäger(in)** MIL paratrooper **~springen** *n* parachute jumping, SPORT

skydiving **~springer(in)** parachutist, SPORT skydiver

Fallstrick *m fig* trap

Fallstudie *f* case study

Falltür *f* trapdoor

falsch I *Adj* **1.** wrong, (*unwahr*) *a.* untrue, *präd* not true: **~e Darstellung** misrepresentation **2.** (*künstlich*) false, (*gefälscht*) forged, fake(d), *Geld: a.* counterfeit: **~er Name** fictitious name **3.** (*unaufrichtig*) false, (*unangebracht*) *a.* misplaced **II** *Adv* **4.** wrongly, falsely (*etc*): **~ aussprechen** mispronounce; **~ schreiben** misspell; **~ verstehen** misunderstand; **~ gehen** *Uhr*: be wrong; **~ singen** sing out of tune; **~ spielen** cheat; **~ geraten!** wrong guess!; TEL **~ verbunden!** sorry, wrong number!

Falschaussage *f* JUR false testimony

fälschen *v/t allg* fake, (*Unterschrift, Urkunde etc*) *a.* forge, (*Geld*) *a.* counterfeit, WIRTSCH (*Bücher etc*) tamper with, F doctor **Fälscher(in)** forger, counterfeiter

Falschfahrer(in) wrong-way driver

Falschgeld *n* counterfeit money

Falschheit *f* falseness

fälschlich I *Adj* wrong, false **II** *Adv* → **fälschlicherweise** *Adv* wrongly, falsely, (*aus Versehen*) by mistake

Falsch|meldung *f* false report, hoax **~parken** parking offence **~spieler(in)** cardsharper, cheat

Fälschung *f* **1.** forging, (*Geld*②) *a.* counterfeiting **2.** (*Bild etc*) fake, forgery

fälschungssicher *Adj* forgery-proof

Faltbett *n* folding bed **Faltblatt** *n* leaflet

Faltboot *n* folding canoe

Fältchen *n* wrinkle, *Pl* crow's-feet *Pl*

Falte *f* **1.** fold, (*Knitter*②, *Bügel*②) crease, (*Rock*②) pleat: **~n werfen** pucker **2.** (*Runzel*②) crease, wrinkle, line

fälteln *v/t* pleat

falten *v/t* fold, (*in Falten legen*) pleat

Faltenrock *m* pleated skirt

Falter *m* ZOOL butterfly

faltig *Adj* creased, *Haut: a.* wrinkled, *Gesicht: a.* lined

Faltkarton *m* collapsible cardboard box **Faltprospekt** *m* leaflet

Falz *m*, **falzen** *v/t* fold, TECH rabbet

familiär *Adj* **1.** family (*affairs etc*) **2.** *fig* (*vertraut*) familiar, (*zwanglos*) informal **3.** LING familiar, colloquial

Familie *f* family: (*die*) **~ Miller** the Miller family; **e-e ~ gründen** start a family; **~ haben** have children; **es liegt in der ~** it runs in the family

Familien|angehörige *m, f* member of the family **~angelegenheit** *f* family affair **~anschluss** *m* **~ haben** live (there) as one of the family **~betrieb** *m* family business (*od farm*) **~fest** *n* family celebration **~gericht** *n* JUR family court **~kreis** *m* family circle **~leben** *n* family life **~mitglied** *n* member of the family **~name** *m* surname, last name **~oberhaupt** *n* head of the family **~packung** *f* WIRTSCH family pack **~planung** *f* family planning **~rat** *m* family council **~roman** *m* roman fleuve **~sinn** *m* sense of family **~stand** *m* marital status **~vater** *m* **1.** head of the family **2.** family man **~verhältnisse** *Pl* family background *Sg* **~zuwachs** *m* new arrival (to the family)

Fan *m* fan

Fanatiker(in) fanatic **fanatisch** *Adj* fanatic(al) **Fanatismus** *m* fanaticism

Fang *m* **1.** *a. fig* catch, (*Fischzug*) *a.* haul **2.** ZOOL (*Vogelkralle*) claw, (*~zahn*) fang, *des Ebers*: tusk

Fangarm *m* ZOOL tentacle

fangen I *v/t* **1.** catch: **sich ~ lassen** get caught; **Feuer ~** catch fire **2.** *fig* catch, *durch Fragen etc*: trap **II** *v/refl* **sich ~ 3.** be caught **4.** *beim Stolpern etc*: catch *o.s.* **5.** *fig* **sich (wieder) ~** rally (*a. Sport*), recover, *weit.* S. get a grip on *o.s.* (again) **III** ⌀ *n* **6.** ⌀ **spielen** play catch (*Am* tag) **Fänger(in)** catcher

Fangfrage *f* trick question

Fangopackung *f* MED mud pack

Fangzahn *m* ZOOL fang

Fanklub *m* fan club

Fantasie *f* **1.** imagination, (*Geist*) mind: **schmutzige ~** dirty mind; **nur in s-r ~** only in his mind; **ohne ~** → **fantasielos 2.** *mst Pl* fantasy **3.** MUS fantasia **fantasielos** *Adj* unimaginative

---

△ **Fantasie** ≠ **fantasy**

Fantasie	= imagination
fantasy	= Fantasiegebilde, Hirngespinst

Fantasiepreis *m* exorbitant price

fantasiereich → **fantasievoll**

fantasieren *v/i* **1.** (day)dream, fantasize **2.** MED be delirious, rave (*a. fig von* about) **3.** MUS improvise

fantasievoll *Adj* imaginative

Fantast(in) visionary **Fantasterei** *f* fantasy **fantastisch** *Adj* fantastic(ally *Adv*), F (*großartig*) *a.* terrific(ally *Adv*), (*unglaublich*) *a.* incredible

Farb|abzug *m* FOTO colo(u)r print **~aufnahme** *f* colo(u)r photo **~band** *n* typewriter ribbon **~display** *n* IT colo(u)r display **~drucker** *m* colo(u)r printer

Farbe *f* **1.** colo(u)r, (*Farbton*) *a.* shade, (*Anstrich, Mal*⸩) paint, *für Haar, Stoff:* dye: *in ~* TV in colo(u)r; → *leuchtend* **2.** (*Gesichts*⸩) complexion, colo(u)r **3.** *Kartenspiel:* suit: ~ **bekennen** follow suit, *fig* show one's true colo(u)rs **4.** *Pl e-s Klubs etc:* colo(u)rs *Pl*

Farben

blau	**blue**
braun	**brown**
gelb	**yellow**
grau	**grey**, *Am* **gray**
grün	**green**
lila	**lilac**
orange	**orange**
rosa	**pink**
rot	**red**
schwarz	**black**
violett	**purple**
weiß	**white**

Farbabstufungen

dunkelblau	**dark blue**, *bes Kleidung:* **navy**
dunkelgelb	**dark yellow**
dunkelgrün	**dark green**
dunkelrot	**dark red**
hellblau	**light blue**
hellgelb	**light/pale yellow**
hellgrün	**light green**
hellrot	**light red**
knallrot	**bright red**
lila	**lilac**, *dunkler:* **mauve**

orange	**orange**
pink	△ **shocking pink**
purpur(rot)	**crimson**
rosa	**pink**
türkis	**turquoise**
violett	**purple**, *heller:* **violet**

Die deutsche Endung **-lich** bei Farben wird im Englischen meist durch **-ish** bzw. **-y** wiedergegeben. Beachten Sie dabei auch die Schreibweise:

bläulich	**bluish, bluey**
bräunlich	**brownish, browny**
gelblich	**yellowish, yellowy**
gräulich	**greyish**, *Am* **grayish**
grünlich	**greenish, greeny**
rötlich	**reddish, reddy**
weißlich	**whitish**

farbecht *Adj* colo(u)rfast, nonfading

färben I *v/t* **1.** (*Haar, Stoff*) dye, (*Glas, Papier*) stain, (*tönen*) tint, colo(u)r (*a. fig*): **gefärbter Bericht** colo(u)red report **2.** (*ab~*) stain, lose colo(u)r II *v/refl* **sich ~ 3.** (*Laub:* change) colo(u)r: **sich rot** *etc* ~ turn red *etc*

farbenblind *Adj* colo(u)r-blind

farben|freudig, **~froh** *Adj* colo(u)rful **Farbenlehre** *f* PHYS theory of colo(u)rs **farbenprächtig** *Adj* colo(u)rful **Farbenspiel** *n* play of colo(u)rs

Farb|fernsehen *n* colo(u)r television (*od* TV) **~fernseher** *m*, **~fernsehgerät** *n* colo(u)r television (*od* TV) set **~film** *m* colo(u)r film **~filter** *n, m* FOTO colo(u)r filter **~foto** *n* colo(u)r photo **~fotografie** *f* **1.** colo(u)r photography **2.** (*Bild*) colo(u)r photo **~gebung** *f* colo(u)r scheme

farbig *Adj* colo(u)red (*a. Rasse*), *fig* colo(u)rful **Farbige** *m, f* colo(u)red person (*od* man, woman): **die ~n** the col-

o(u)red people; → *Info bei* **politically correct**

Farbkopierer *m* colo(u)r copier

farblich *Adj* colo(u)r, *a. Adv* in colo(u)r

farblos *Adj a. fig* colo(u)rless

Farbskala *f* colo(u)r chart **Farbstift** *m* colo(u)red pencil, crayon **Farbstoff** *m* TECH dye, (*Lebensmittel2*) colo(u)ring **Farbton** *m* **1.** hue, *heller:* tint, *dunkler:* shade **2.** MALEREI, FOTO tone

Färbung *f. fig* colo(u)ring, hue **Farbwiedergabe** *f* colo(u)r fidelity **Farbzusammenstellung** *f* colo(u)r scheme

Farce *f* THEAT burlesque, *a. fig* farce

Farm *f* farm **Farmer(in)** farmer

Farn *m*, **Farnkraut** *n* BOT fern

Fasan *m* ZOOL pheasant

faschieren *v/t* österr. mince

Fasching *m*, **Faschings...** carnival

Faschismus *m* fascism **Faschist(in)**, **faschistisch** *Adj* fascist

Faselei *f*, **faseln** *v/i* F drivel

Faser *f* ANAT, BOT fibre, *Am* fiber

faserig *Adj* fibrous, *Fleisch etc:* stringy

fasern *v/i* fray

Fass *n* barrel, *kleines:* keg, (*Bottich*) vat, tub: *Bier vom* ~ *Fassbier*, (*frisch*) *vom* ~ beer on tap (*od* draught), *wine* from the wood; *fig das ist ein* ~ *ohne Boden* there is no end to it; *das schlägt dem* ~ *den Boden aus!* that's the last straw!

Fassade *f* façade, front (*a. fig*)

fassbar *Adj* **1.** (*verständlich*) comprehensible: *schwer* ~ difficult (to understand) **2.** → *greifbar* 2

Fassbier *n* draught beer

fassen I *v/t* **1.** (*ergreifen*) take hold of, grasp, (*packen*) seize, *a.* TECH grip: F *zu* ~ *kriegen* get hold of; *j-n an* (*od bei*) *der Hand* ~ take s.o. by the hand **2.** (*Verbrecher etc*) apprehend, catch **3.** (*ein*~) mount (*in silver etc*), (*Edelstein*) *a.* set **4.** *räumlich:* (*Personen*) *a.* accommodate, seat, (*enthalten*) contain **5.** *fig* (*begreifen*) grasp, understand, (*glauben*) believe: *nicht zu* ~ unbelievable, incredible **6.** (*ausdrücken*) put, formulate: *etw in Worte* ~ put s.th. into words **7.** *fig e-n Gedanken* ~ form an idea; → *Beschluss, Entschluss, Fuß* 1, *Plan²* 1 **II** *v/i* **8.** ~ *an* (*Akk*) touch; ~ *nach* grasp at **III** *v/refl sich* ~ **9.** re-

gain one's composure, compose o.s.: → *gefasst* 1 **10.** *sich kurz* ~ be brief; *fasse dich kurz!* make it brief!; → *Geduld*

Fassette *f* → **Facette**

Fasson *f* **1.** (*Form*) shape, (*Schnitt*) cut: *fig nach s-r* (*eigenen*) ~ after one's own fashion **2.** → **Fassonschnitt** *m* (*Frisur*) trim, short back and sides

Fassung *f* **1.** *e-r Brille:* frame, *e-r Lampe:* socket, *e-s Edelsteins:* setting **2. a)** (*Ab2*) formulation, **b)** text, wording, **c)** version (*of book, film, etc*) **3.** (*Beherrschung*) composure: *j-n aus der* ~ *bringen* put s.o. out; *die* ~ *bewahren* keep one's head; *die* ~ *verlieren* lose one's composure (*vor Wut:* temper); *s-e* ~ *wiedergewinnen* → *fassen* 9; *er war ganz außer* ~ he was completely beside himself; → *ringen* I

Fassungskraft *f* (powers *Pl* of) comprehension, mental capacity

fassungslos *Adj* stunned, speechless: ~ *vor Schmerz* (*Glück*) beside o.s. with grief (joy) **Fassungslosigkeit** *f* shock

Fassungsvermögen *n* **1.** capacity **2.** → *Fassungskraft*

fast *Adv* almost, *vor Zahlenangaben: a.* nearly, *in Verneinungen:* hardly: ~ *nie* hardly ever; ~ *nichts* a. next to nothing

fasten I *v/i* fast **II** 2 *n* fast(ing)

Fastenkur *f* starvation cure **Fastentag** *m* day of fasting **Fastenzeit** *f* Lent

Fast Food *n* fast food

Fastnacht *f* **1.** Shrove Tuesday, Mardi gras **2.** → *Fasching(s...)*

Faszination *f* fascination

faszinieren *v/t* fascinate, mesmerize

fatal *Adj* **1.** (*verhängnisvoll*) fatal, disastrous **2.** (*peinlich*) (very) awkward

Fatalismus *m* fatalism **Fatalist(in)** fatalist **fatalistisch** *Adj* fatalist(ic)

Fata Morgana *f a. fig* fata morgana

fauchen *v/i* snarl, *Katze:* spit, hiss

faul *Adj* **1.** *Obst, Ei, Zahn etc:* rotten (*a. Holz*), bad, *Fisch, Fleisch:* bad, off, (*stinkend*) putrid **2.** F *fig* rotten, *Kompromiss etc:* hollow: ~*er Kunde* shady customer; ~*e Sache* fishy business; ~*er Witz* bad joke; *an der Sache ist etw* ~ there is s.th. fishy about it **3.** (*träge*) lazy, idle **faulen** *v/i* go bad, rot

faulenzen *v/i* loaf, laze around, *pej a.* be

lazy **Faulenzer(in)** idler, (*Faulpelz*) lazybones Sg **Faulheit** f laziness

faulig Adj rotten, (*modrig*) mo(u)ldy, (*faulend*) rotting **Fäulnis** f rottenness, decay (a. MED), (*Verwesung*) putrefaction: **in ~ übergehen** (begin to) rot

Faulpelz m F lazybones Sg

Faultier n **1.** ZOOL sloth **2.** → *Faulpelz*

Faun m faun

Fauna f fauna

Faust f fist: fig **auf eigene ~** F off one's own bat; **mit eiserner ~** with an iron hand; **mit der ~ auf den Tisch schlagen** put one's foot down; **das passt wie die ~ aufs Auge a)** (*passt nicht*) it goes together like chalk and cheese, **b)** (*passt genau*) it fits (perfectly); → **ballen** 2 **Fäustchen** n fig **sich ins ~ lachen** laugh up one's sleeve **faustdick** Adj as big as your fist: F fig **e-e ~e Lüge** a whopping great lie; Adv **er hat es ~ hinter den Ohren** he's a sly one **faustgroß** Adj as big as your fist

Faust|handschuh m mitt(en) **~schlag** m punch **~skizze** f rough sketch

Fauteuil m österr. armchair

favorisieren v/t favo(u)r

Favorit(in) a. SPORT favo(u)rite

Fax n, **faxen** v/t TEL F fax **Faxanschluss** m fax connection: **haben Sie e-n ~?** have you got a fax machine?

Faxen Pl nonsense Sg: **~ machen a)** pull faces, **b)** clown about

Faxnummer f fax number

Fazit n result, upshot, (*Schlussfolgerung*) conclusion: **das ~ ziehen aus** sum s.th. up, draw one's conclusion from

FCKW Abk (= *Fluorchlorkohlenwasserstoff*) CFC

Feber m österr. → *Februar*

Februar m (**im ~** in) February

Fecht... fencing (*glove, mask, etc*)

fechten I v/i **1.** fence, (*kämpfen, a. fig*) fight **2.** F (*betteln*) beg: **~ gehen** go begging **II** ♀ n **3.** fencing **Fechter(in)** fencer **Fechtsport** m fencing

Feder f **1.** feather, (*Schmuck*♀) plume: fig **sich mit fremden ~n schmücken** adorn o.s. with borrowed plumes; F **noch in den ~n liegen** be still in bed; fig **~n lassen müssen** not to escape unscathed **2.** (*Schreib*♀) pen, (*Spitze*) nib **3.** TECH spring **Federball**

m shuttlecock, (*Spiel*) badminton **Federbett** n duvet, featherbed **federführend** Adj responsible

Federgewicht(ler m) n SPORT featherweight **Federhalter** m fountain pen

Federkernmatratze f spring-interior mattress

federleicht Adj (as) light as a feather

Federlesen n fig **nicht viel ~s machen mit** make short work of

federn I v/i be springy, be elastic, (*nachgeben*) give, (*schnellen*) bounce **II** v/t a. TECH spring, cushion: **gut gefedert** well sprung

federnd Adj springy, elastic, resilient **Federung** f springs Pl, MOT suspension

Feder|vieh n poultry **~zeichnung** f pen--and-ink drawing

Fee f fairy: **gute ~** fairy godmother **Fegefeuer** n purgatory

fegen I v/t **1.** sweep: **Schnee ~** clear away the snow **2.** schweiz. scrub; → **Platz** 5 **II** v/i a. fig sweep, F (*flitzen*) a. flit, rush

Fehde f (**in ~ liegen** be at) feud

fehl Adv → **Platz** 2

Fehlanzeige f MIL, TECH nil return: F **~!** negative! **fehlbar** Adj fallible

Fehlbarkeit f fallibility

Fehlbesetzung f **1.** THEAT miscast **2.** Sport etc: wrong choice

Fehlbetrag m deficit

Fehlbezeichnung f misnomer

Fehldiagnose f MED wrong diagnosis

Fehleinschätzung f misjudg(e)ment

fehlen I v/i **1.** be absent (**in der Schule, bei e-r Sitzung** etc from) **2.** (*nicht vorhanden sein*) be missing: **ihm ~ zwei Zähne** he has two teeth missing; **du hast uns sehr gefehlt!** we really missed you! **3.** (*mangeln*) be lacking: **ihm fehlt (es an) Mut** he is lacking (in) courage; **uns fehlt es am nötigen Geld** we haven't got the money; **es ~ uns immer noch einige Helfer** we still need some helpers; **es fehlt uns an nichts** we have got everything we want; **es fehlte an jeder Zs.-arbeit** there was no cooperation whatsoever; **das fehlte gerade noch!** that's all we etc needed!; **wo fehlts denn?** what's the trouble?; **fehlt Ihnen etwas?** is anything wrong with you?; **es fehlte nicht viel, und er ...** he very nearly

Fax

FAX TO:	**Ms Anne Spencer, Northern Cameras, Liverpool**	FAX AN:	Frau Anne Spencer, Northern Cameras, Liverpool
FAX No.:	**0 04 41 51-7 94 11 99**	FAX Nr.:	0 04 41 51-7 94 11 99
FROM:	**Stephan Ebner**	VON:	Stephan Ebner
FAX:	**(00 49) 89-3 22 73 60**	FAX:	(00 49) 89-3 22 73 60
RE:	**Fuji MX 500 Digital Camera**	BETREFF:	Fuji MX 500 Digitalkamera
DATE:	**29th October 1999**	DATUM:	29. Oktober 1999
PAGES	**(including cover sheet): 1**	SEITEN	(inklusive Deckblatt): 1

F

Dear Ms Spencer,

Three months ago, while I was on holiday in England, I bought a <u>Fuji MX 500 Digital Camera</u> from your shop. Unfortunately right from the beginning the autofocus did not work to my satisfaction and I need to get it repaired here in Germany.

I was told when I bought the camera that it was under a 2-year world-wide guarantee. I would be grateful if you could confirm this by return fax and let me know where I can get it fixed in Munich.

Thank you very much for your help.

Yours sincerely,

Stephan Ebner

Sehr geehrte Frau Spencer,

vor drei Monaten habe ich während eines Urlaubs in England in Ihrem Geschäft eine <u>Digitalkamera Fuji MX 500</u> gekauft. Leider hat der Autofocus von Anfang an nicht zufriedenstellend funktioniert, und ich muss ihn hier in Deutschland reparieren lassen.

Beim Kauf wurde mir gesagt, dass für die Kamera weltweit eine zweijährige Garantie gewährt wird. Ich wäre Ihnen dankbar, wenn Sie mir dies per Fax umgehend bestätigen könnten und mir mitteilen würden, wo ich in München die Kamera reparieren lassen kann.

Vielen Dank für Ihre Hilfe.

Mit freundlichen Grüßen

Stephan Ebner

... **4.** *fig* **weit gefehlt! a)** try again **b)** (*nichts dergleichen*) he *etc* couldn't be more wrong **II** ♀ *n* **5.** absence (*bei, in Dat* from), *bes häufiges*: absenteeism **6.** (*Mangel*) lack, absence **fehlend**

Adj **1.** absent **2.** (*nicht vorhanden*) missing **3.** (*ausstehend*) outstanding **Fehlentscheidung** *f* wrong decision (*a. Sport*), mistake **Fehlentwicklung** *f* undesirable development

Fehler m **1. a.** fig mistake, error, fig u. SPORT fault: **grober ~** blunder; **e-n ~ machen** make a mistake; **dein (eigener) ~!** (that's) your (own) fault! **2.** (Mangel) fault, defect, bes TECH flaw

fehlerfrei Adj faultless, perfect, (makellos) flawless **fehlerhaft** Adj faulty (a. TECH), (unrichtig) incorrect, full of mistakes: TECH **~e Stelle** flaw **Fehlermeldung** f IT error message **Fehlerquelle** f source of error (TECH trouble) **Fehlerquote** f error rate **Fehlerverzeichnis** n errata Pl

Fehlgeburt f MED miscarriage

fehlgeleitet Adj fig misguided

Fehl|griff m mistake, (falsche Wahl) a. wrong choice **~investition** f bad investment **~kalkulation** f miscalculation **~kauf** m bad buy **~konstruktion** f a.) faulty design, **b)** s.th. badly designed **~leistung** f (freudsche ~) Freudian) slip **~pass** m SPORT bad pass

Fehlplanung f bad planning

Fehlschlag m fig failure, F washout

fehlschlagen v/i fig fail, go wrong

Fehl|schluss m fallacy **~schuss** m miss **~start** m false start: **e-n ~ verursachen** jump the gun **~tritt** m a. fig slip **~urteil** n misjudg(e)ment, judicial error **~verhalten** n lapse **~versuch** m SPORT unsuccessful attempt **~wurf** m SPORT miss **~zeit** f Gleitzeit: time debit

fehlzünden v/i, **Fehlzündung** f MOT misfire, backfire

Feier f celebration, party, fête, (Festakt) ceremony: **zur ~ des Tages** to mark the occasion **Feierabend** m **~ machen** finish (work), F knock off (work), Geschäft: close; **nach ~** after work

feierlich Adj solemn, (förmlich) ceremonious: Adv **~ begehen** celebrate **Feierlichkeit** f **1.** solemnity, ceremoniousness **2.** (Feier) ceremony

feiern I v/t allg celebrate, (Festtag) a. keep, observe, (Jahrestag) a. commemorate II v/i celebrate, have a party: F fig **~ müssen** Arbeiter: be laid off

Feiertag m (gesetzlicher ~) public) holiday; **kirchlicher ~** religious holiday

feige Adj coward

Feige f BOT fig **Feigenbaum** m fig tree

Feigenblatt n a. fig fig leaf

Feigheit f cowardice

Feigling m coward

Feile f file

feilen v/t u. v/i file: fig **~ an** (Dat) polish

feilschen v/i haggle (**um** about)

fein I Adj **1.** allg fine, (dünn, zart) a. delicate: **~es Gebäck** fancy cakes Pl; **~er Regen** (light) drizzle **2.** Qualität: fine, (erlesen) a. choice, excellent, (elegant) elegant, (vornehm) refined: **~e Art, ~er Ton** good form; F **sich ~ machen** dress up; **nur vom £sten** only of the best **3.** Ohr, Gespür etc: keen, fine, sensitive: **~er Humor** subtle humo(u)r; **~er Unterschied** subtle (od fine) distinction **4.** (nett) a. iron nice, fine: **~!** fine!, good! II Adv **5.** finely (etc): a. fig **~ gesponnen** fine-spun; **er ist ~ heraus** he's sitting pretty

Feinabstimmung f ELEK, TECH u. fig fine tuning **Feinarbeit** f precision work

Feinbäckerei f patisserie

Feind m enemy, rhet foe, (Gegner) adversary: **Freund und ~** friend and foe; **sich ~e machen** make enemies; **sich j-n zum ~ machen** antagonize s.o.

Feindin f enemy

feindlich Adj MIL enemy (troops etc), a. Person, Haltung etc: hostile (**gegen** to[-wards]): WIRTSCH **~e Übernahme** hostile takeover

Feindlichkeit f hostility

Feindschaft f enmity, hostility, antagonism

feindselig Adj hostile (**gegen** to)

Feindseligkeit f hostility (**gegen** to): MIL **die ~en einstellen** cease hostilities

Feindstaat m enemy state

Feineinstellung f TECH fine adjustment

feinfühlig Adj sensitive, delicate, tactful

Feingefühl n sensitivity, (Takt) tact

Feingehalt m standard

Feingold n fine gold

Feinheit f allg fineness, (Zartheit) a. delicacy, (Erlesenheit) a. exquisiteness, (Vornehmheit) refinement, (Eleganz) elegance, (Raffinesse) subtlety: **die ~en** the finer points, the niceties; **die letzten ~en** the finishing touches

Feinkost f delicatessen Pl

Feinkostladen m delicatessen (shop)

feinmaschig Adj fine-meshed

Feinmechanik f precision mechanics Sg

Feinschmecker(in) gourmet, F foodie

Feinschmeckerlokal n gourmet restaurant
Feinschnitt m *Tabak:* fine cut
feinsinnig *Adj Person:* sensitive
Feinwäsche f delicate fabrics *Pl*
Feinwaschmittel n washing powder for delicate fabrics
Feinwerktechnik f precision mechanics *Sg*
feist *Adj* fat, stout
feixen v/i F smirk
Feld n *allg* field (*a. fig Gebiet*), ARCHI a. panel, (*Schach2 etc*) square: *auf dem ~* in the field; *im ~ arbeiten* WIRTSCH, *Forschung etc:* do fieldwork; *das ~ anführen* SPORT lead the field; *fig das ~ behaupten* stand one's ground; *das ~ räumen* beat a retreat; *zu ~e ziehen gegen* fight (*od* campaign) against
Feld|arbeit f 1. LANDW work in the fields 2. WIRTSCH, *Forschung etc:* fieldwork **~bett** n campbed **~flasche** f MIL water bottle **~forschung** f field research, fieldwork **~früchte** *Pl* field crop(s *Pl*) **~herr(in)** *hist* general **~hockey** n field hockey
Feld|küche f field kitchen **~lager** n bivouac, camp **~lazarett** n MIL casualty clearing station, *Am* evacuation hospital **~marschall(in)** field marshal
Feldsalat m BOT lamb's lettuce
Feldspat m MIN feldspar
Feldspieler(in) SPORT outfield player
Feldstecher m field glasses *Pl*, binoculars *Pl*
Feldstudie f field study
Feldversuch m field test
Feld-, Wald- und Wiesen-... F common-or-garden ...
Feldwebel(in) MIL sergeant
Feldweg m country lane
Feldzug m MIL campaign
Felge f 1. TECH rim 2. SPORT circle
Felgenbremse f rim brake
Fell n 1. ZOOL coat 2. *abgezogenes:* hide, skin (*a. hum Haut*), *ungegerbtes:* pelt, *gegerbtes:* fur: *das ~ abziehen* (*Dat*) skin; *fig ein dickes ~ haben* have a thick skin; *F j-m das ~ über die Ohren ziehen* fleece s.o.; *s-e ~e davonschwimmen sehen* see one's hopes dashed
Fels m *a. fig* rock **~block** m boulder
Felsen m rock, cliff

felsenfest *Adj* unshakable: *Adv ich bin ~ davon überzeugt* I'm absolutely convinced of it
Felsen|küste f rocky coast **~riff** n reef
felsig *Adj* rocky
Felsklettern n rock climbing
Felsspalte f crevice **Felswand** f wall of rock, rock face **Felszacke** f crag
feminin *Adj* feminine (*a.* LING), *pej* effeminate
Feminismus m feminism
Feminist(in), feministisch *Adj* feminist
Fenchel m BOT fennel
Fenster n window (*a.* COMPUTER): *fig* POL *ein ~ nach dem Westen* a gate to the west; *das Geld zum ~ hinauswerfen* throw one's money away; F *er ist weg vom ~* he has had his chips **~bank** f, **~brett** n windowsill **~briefumschlag** m window envelope **~glas** n window glass **~laden** m shutter **~leder** n chamois (leather) **~platz** m window seat **~rahmen** m window frame **~scheibe** f windowpane
Ferien *Pl* holidays *Pl, bes* JUR, UNI *od* Am vacation *Sg*, PARL recess *Sg*: *die großen ~* the long vacation; *~ machen* go on holiday (*Am* vacation)
Ferien... holiday (*camp, home, village, etc*) **~kurs** m vacation course **~lager** n holiday camp **~ort** m holiday resort **~reise** f holiday (*Am* vacation) trip **~reisende** m, f holidaymaker **~wohnung** f holiday flat **~zeit** f holiday period
Ferkel n ZOOL young pig, piglet: *fig pej du ~!* you (dirty) pig!
Ferment n enzyme, ferment
fern I *Adj* far (*a. Adv*), (*entfernt*) far-off, *a. fig* distant, remote: *der 2e Osten* the Far East; *von ~* from (*od* at) a distance, from afar; *fig in nicht allzu ~er Zukunft* in the not too distant future; *~ halten* keep away (*a. sich ~ halten, von* from): *j-n von sich ~ halten* keep s.o. at a distance; *etw von j-m ~ halten* keep s.th. from s.o.; *es liegt mir ~ zu Inf* far be it from me to *Inf*; *nichts lag mir ~er (als)* nothing was farther from my mind (than); *j-m ~ stehen* have no contact (*od* connection) with s.o. **II** *Präp* (*Dat*) far (away) from **fernab** *Adv* far away
Fern|abfrage f TEL remote control facil-

ity ~amt n TEL long-distance exchange ~auslöser m FOTO cable release ~bedienung f remote control 2bleiben I v/i (Dat from) stay away, der Schule etc: be absent II 2 n absence, häufiges: absenteeism ~blick m vista ~diagnose f telediagnosis

Ferne f distance: aus der ~ from (od at) a distance, from afar; in der ~ far away, far off; fig (noch) in weiter ~ (still) a long way off

ferner I Adj further: → a. fern II Adv further(more), besides: ~ liefen SPORT also ran; F fig er erschien unter ~ liefen he was among the also rans

Fernfahrer(in) MOT long-distance lorry driver, Am long-haul truck driver, F trucker **Fernfahrt** f long-distance trip

Fernflug m long-distance flight

Ferngespräch n long-distance call

ferngesteuert Adj remote-controlled: ~es Geschoss guided missile

Fernglas n binoculars Pl

Fernheizung f district heating

fernher (von) ~ from afar

Fernkopierer m telecopier

Fernkursus m correspondence course

Fern|laster m F, ~lastwagen m long--distance lorry, Am long-haul truck

Fernleitung f TEL long-distance line, ELEK transmission line, TECH pipeline

Fern|lenkung f remote control ~lenk-waffe f guided weapon (od missile)

Fernlicht n MOT full (od high) beam

Fernmelde|amt n telephone exchange ~satellit m communications satellite ~technik f (tele)communications Sg ~turm m radio and TV tower ~wesen n telecommunications Sg

fernmündlich → telefonisch

Fernost..., fernöstlich Adj Far Eastern

Fernrohr n telescope

Fernschreiben n (per ~) by) telex

Fernschreiber m telex machine

Fernseh... television (od TV) (aerial, camera, interview, studio, network, etc) ~ansager(in) telecaster ~ansprache f televised address ~anstalt f → **Fernsehsender** 2 ~apparat m → **Fernsehgerät** ~debatte f televised debate ~diskussion f TV panel discussion ~empfänger m → **Fernsehgerät**

Fernsehen I n (im ~ on) television (od TV): etw im ~ bringen (od übertragen)

telecast (od televise) s.th. II 2 v/i watch television, teleview **Fernseher** m F 1. → **Fernsehgerät** 2. televiewer

Fernseh|fassung f television (od TV) adaptation ~gebühr f television licence fee ~gerät n television set, TV (set) ~programm n 1. television (od TV) program(me Br) 2. (Heft) program(me Br) guide ~rechte Pl television rights Pl ~röhre f television tube ~satellit m TV satellite ~schirm m (television) screen ~sender m 1. television transmitter 2. (Anstalt) television (broadcasting) station 3. (Kanal) television channel ~sendung f television (od TV) program(me Br), telecast ~spiel n television play ~teilnehmer(in) 1. TV licen/ce (Am -se) holder 2. → **Fernsehzuschauer(in)** ~turm m television tower ~übertragung f television (od TV) broadcast ~zeitschrift f TV guide ~zuschauer(in) television viewer, televiewer, Pl a. television audience Sg, viewing public Sg

Fernsicht f view

Fernsprech... → a. **Telefon...** ~amt n telephone exchange ~auftragsdienst m answering service ~automat m pay phone ~buch n telephone directory, F phone book

Fernsprecher m (öffentlicher ~ public) telephone, F phone

Fernsprechgebühren Pl telephone charges Pl **Fernsprechnetz** n telephone system **Fernsprechteilnehmer(in)** telephone subscriber

fern|steuern v/t operate s.th. by remote control 2steuerung f remote control

Fern|straße f major road, (Autobahn) motorway, Am freeway ~studium n → **Fernunterricht** ~tourismus m long-haul tourism ~transport m long--distance (Am long-haul) transport ~überwachung f remote monitoring ~unterricht m correspondence course ~verkehr m long-distance traffic ~verkehrsstraße f → **Fernstraße** ~waffe f long-range weapon ~wärmenetz n long-distance heating system ~ziel n long-term objective ~zug m long-distance train ~zugriff m IT remote access

Ferse f allg heel: j-m auf den ~n a) sein be hard on s.o.'s heels, b) folgen dog s.o.'s footsteps

fertig I *Adj* **1.** (*bereit*) ready: (*Achtung,*) **~, los!** ready, steady, go! **2.** (*beendet*) finished, completed: **~ sein mit** have finished (with); *fig* **~ werden mit** cope (*od* deal) with, (*Kummer etc*) get over; (*gut*) **ohne ... ~ werden** manage (*od* get along) (quite well) without ... **3.** WIRTSCH finished, TECH prefabricated, *Kleidung:* ready-made, *Essen:* ready-to-eat, precooked **4.** *fig* accomplished, (*gereift*) mature **5.** F *fig* **a)** *a.* **fix und ~** (*erschöpft*) bushed, **b)** (*ruiniert*) done for, **c)** (*sprachlos*) flabbergasted: *der ist ~!* he has had it! **II** *Adv* **6.** *etw* **~ bringen** get s.th. done, manage s.th., brin s.th. off; *es* **~ bringen zu** *Inf* manage to *Inf*; *ich brachte es nicht ~* I couldn't do it, *weit.* S. I couldn't bring myself to do it; **~ machen a)** get s.o., s.th. ready, **b)** (*vollenden*) finish, **c)** F *j-n* **~ machen a)** (*erschöpfen, umbringen*) finish s.o. (off), (*zermürben*) get s.o. down, **b)** (*hart kritisieren*) slam s.o., (*verprügeln*) mess s.o. up, clobber s.o. (*a. Sport*); **~ stellen** finish, complete

Fertigbauweise *f* TECH prefabricated construction

fertigen *v/t* make, produce

Fertigerzeugnis *n,* **Fertigfabrikat** *n* finished product **Fertiggericht** *n* GASTR instant meal **Fertighaus** *n* prefabricated house, F prefab

Fertigkeit *f* (*Geschick*) skill, (*Begabung*) talent, (*Können*) proficiency (*in Dat* in)

Fertigprodukt *n* finished product

Fertigstellung *f* completion

Fertigteil *n* prefabricated part, *Pl* assembly units *Pl*

Fertigung *f* manufacture, production

Fertigungsstraße *f* TECH production line

Fes *m* fez

fesch *Adj* **1.** F (*modisch*) smart, chic **2.** (*hübsch*) attractive **3.** *österr.* (*nett*) nice: *sei ~!* be a good boy/girl!

Fessel[1] *f mst Pl a. fig* shackle, (*Fuß*Ω) fetter, (*Handschelle*) handcuff: *j-m ~n anlegen, j-n in ~n legen →* **fesseln** 1

Fessel[2] *f* **1.** ANAT ankle **2.** ZOOL pastern

fesseln *v/t* **1.** *j-n ~* tie s.o. up (*an Akk* to), *mit Handschellen:* handcuff s.o. **2.** *fig* **ans Bett gefesselt** confined to

one's bed, bedridden **3.** *fig* fascinate, captivate, (*Aufmerksamkeit, Auge etc*) catch **fesselnd** *Adj fig* fascinating, riveting, gripping

fest I *Adj* **1.** *allg* firm (*a. fig Absicht, Entschluss etc, a.* WIRTSCH *Börse, Kurse etc*), (*hart*) hard, *Währung:* a. stable, (*nicht flüssig, ~gefügt*) solid, (*widerstandsfähig*) strong, (*starr*) fixed, TECH *a.* (*orts~*) stationary, (*straff, a. Schraube*) tight, (*gut befestigt*) firmly fixed: **~ werden** harden, *Flüssigkeit:* solidify, *Zement etc:* set **2.** *fig Einkommen, Kosten, Preise, Termin etc:* fixed, *Abmachung: a.* binding, *Kunde:* regular, *Stellung, Wohnsitz:* permanent, F *Freund(in):* steady: **~er Wohnsitz** JUR *a.* fixed abode; **~er Schlaf** sound sleep; **~e Freundschaft** lasting friendship **II** *Adv* **3.** firmly (*etc*): **~ schlafen** sleep soundly; *etw* **~ abmachen** settle s.th. definitely; *Kapital* **~ anlegen** tie up capital; *Geld:* **~ angelegt** tied-up; *j-n* **~ anstellen** employ s.o. on a permanent basis; **~ angestellt** permanently employed; (F **steif und**) **~ behaupten, dass ...** (absolutely) insist that ...; *ich bin* **~ davon überzeugt, dass ...** I'm absolutely convinced that ...; *das habe ich (ihm)* **~ versprochen** I gave (him) my word for it; *a. fig* **~ verwurzelt** deeply rooted **4.** F *a.* **~e** (*mächtig*) properly: *immer ~e!* go at it!

Fest *n* **1.** celebration, festivities *Pl,* (*Gesellschaft*) party: *ein* **~ feiern** celebrate **2.** (*~tag*) holiday, REL feast: *Frohes ~!* **a)** Merry Christmas!, **b)** Happy Easter!

Festakt *m* ceremony

festbinden *v/t* tie *s.o.,* s.th. up: **~ an** (*Dat*) tie s.o., s.th. to

festbleiben *v/i* remain firm

Festessen *n* dinner, *großes: a.* banquet

festfahren *v/refl* **sich ~** *a. fig* get stuck, *Gespräche:* reach a deadlock

festfressen *v/refl* **sich ~** TECH seize, jam

Festgeldkonto *n* fixed-term, deposit account

festgelegt, festgesetzt *Adj* fixed

festhalten I *v/t* **1.** hold on to, grip **2.** (*j-n*) hold, keep, (*inhaftieren*) a. detain **3.** *fig in Wort, Ton:* record, *im Bild, mit der Kamera:* photograph, film, capture: *e-n Gedanken* **~** make a (*geistig:* men-

tal) note of an idea; *etw schriftlich ~* put s.th. down in writing **II** *v/refl sich ~* **4.** hold tight, hold on: *sich ~ an* (*Dat*) *a. fig* hold on to

festigen I *v/t allg* strengthen, (*Macht etc*) *a.* consolidate, (*Währung etc*) *a.* stabilize **II** *v/refl sich ~* strengthen, grow stronger, *Währung etc: a.* stabilize, *Wissen:* improve

Festigkeit *f* firmness, strength, steadiness, stability; → **fest**

Festigung *f* strengthening, consolidation, stabilization

festklammern I *v/t* clip (TECH clamp) s.th. on (*an Akk* to) **II** *v/refl sich ~ an* (*Dat*) cling to **festkleben I** *v/t* (*an Akk* to) stick, glue **II** *v/i* stick (*an Dat* to)

festklemmen I *v/t* clamp (fast), wedge **II** *v/i* stick (fast), jam, be jammed

Festkörper *m* PHYS solid **Festkurs** *m* WIRTSCH fixed rate **Festland** *n* **a)** mainland, **b)** (*Ggs. Meer*) land, **c)** continent

Festland(s)... continental

festlegen I *v/t* **1.** → **festsetzen** 1 2. (*Grundsätze etc*) lay down, define **3.** SCHIFF (*Kurs*) plot **4.** WIRTSCH (*Kapital*) tie up **5.** *j-n auf e-e Sache ~* pin s.o. down to s.th. **II** *v/refl* **6.** *sich ~ auf* (*Akk*) commit o.s. to, (*entscheiden für*) decide on

festlich I *Adj* festive, (*glanzvoll*) splendid **II** *Adv* festively (*etc*): *~ begehen* celebrate; *~ gestimmt* in a festive mood **Festlichkeit** *f* **1.** festivity **2.** (*Stimmung*) festive atmosphere

festliegen *v/i* **1.** be fixed, *Kapital:* be tied up **2.** MOT be stuck, SCHIFF be grounded

festmachen I *v/t* **1.** (*an Dat od Akk* to) fix, fasten, SCHIFF moor **2.** *fig* fix, settle, (*Handel*) *a.* clinch: *etw ~ an* (*Dat*) fix s.th. on **II** *v/i* **3.** SCHIFF moor

Festmeter *m, n* cubic met/re (*Am* -er) **festnageln** *v/t* nail down (*a. fig auf Akk* to)

Festnahme *f,* **festnehmen** *v/t* arrest

Festnetz *n* TEL fixed line network

Festplatte *f* COMPUTER hard disk *~nlaufwerk n* hard disk drive

Festpreis *m* fixed price

Festrede *f* (ceremonial) address

Festredner(in) official speaker

Festsaal *m* (banqueting) hall **Fest-**

schrift *f* commemorative publication

festsetzen I *v/t* **1.** (*Zeit, Ort etc*) fix, arrange (*auf Akk* for), (*Gehalt, Preis, Strafe etc*) fix (*auf Akk* at), (*Schaden; Steuer*) assess, (*Bedingungen*) lay down, agree on, (*vorschreiben*) prescribe **2.** (*inhaftieren*) arrest **II** *v/refl sich ~* **3.** settle (*in Dat* in)

festsitzen *v/i* MOT be stuck (*a.* F *fig mit e-r Arbeit etc*), SCHIFF be stranded

Festspeicher *m* COMPUTER read-only memory (*Abk* ROM)

Festspiel *n* festival performance: *~e Pl* → **Festspielwoche** f festival

feststehen *v/i Termin etc:* be fixed, (*sicher sein*) be certain, *als Tatsache:* be a fact **feststehend** *Adj* **1.** TECH stationary **2.** *fig Tatsache etc:* established

feststellbar *Adj* **1.** ascertainable, (*merklich*) noticeable **2.** TECH lock-type

Feststellbremse *f* parking brake

feststellen *v/t* **1.** find out, discover, (*Sachverhalt etc*) establish, MED diagnose, (*Ort, Lage, Fehler*) locate **2.** (*erkennen*) realize, see, (*bemerken*) notice **3.** (*erklären*) state **4.** TECH lock **Feststellung** *f* **1.** establishing (*etc*, → **feststellen**), discovery **2.** (*Wahrnehmung*) observation: *er machte die ~, dass ...* he found (*od* realized) that ... **3.** (*Bemerkung*) remark, (*Erklärung*) statement

Feststelltaste *f* shift lock

Feststoffrakete *f* solid-fuel rocket

Festtag *m* (REL religious) holiday

festtäglich *Adj* festive

Festung *f* fortress, *kleinere:* fort

festverzinslich *Adj* WIRTSCH fixed interest (bearing): *~e Anlagepapiere* investment bonds

Festwoche f, *a. Pl* festival

Festzelt *n* marquee

festziehen *v/t* tighten

Festzug *m* procession

Fetisch *m* fetish **Fetischismus** *m* fetishism **Fetischist** *m* fetishist

fett *Adj* **1.** *allg* fat, (*~leibig*) *a.* obese, *Speisen:* fatty, *Milch, Boden etc:* rich: *~ machen* fatten; *Adv ~ essen* eat fatty food **2.** F *fig* fat, rich, big: *~e Beute* big haul **3.** BUCHDRUCK bold: *~ gedruckt* in bold type

Fett *n* **1.** fat, (*Braten2*) dripping, (*Back2*) shortening: F *fig sein ~ weghaben*

have caught it **2.** (*Körper2*) fat, F flab: ~ **ansetzen** put on (a lot of) weight **3.** TECH (*Schmier2*) grease

fettarm *Adj* low-fat ..., *präd* low in fat

Fettauge *n* blob of fat

Fettcreme *f* rich oil-based cream

Fettdruck *m* BUCHDRUCK bold(-faced) type

fetten I *v/t* grease **II** *v/i* be greasy

Fettfleck *m* grease spot **Fettgehalt** *m* fat content **Fettgewebe** *n* fatty tissue

fetthaltig *Adj* containing fat, fatty, *Creme*: oil-based

fettig *Adj* fat, fatty, *Creme*: oily, *Haar, Haut etc*: greasy

Fettleber *f* MED fatty liver

fettleibig *Adj* obese

Fettleibigkeit *f* obesity

Fettnäpfchen *n* F *fig* (*bei j-m*) *ins* ~ *treten* put one's foot in it **Fettsack** *m* F *pej* fatso **Fettsalbe** *f* greasy ointment **Fettschicht** *f* layer of fat

Fettsucht *f* MED obesity **Fettwanst** *m* F **1.** paunch **2.** → *Fettsack*

Fetus *m* BIOL f(o)etus

Fetzen *m* **1.** rag (*a. hum Kleid*), (*Papier2*) scrap, (*Stoff2*) shred: *in* ~ in shreds and tatters; F *dass die* ~ *fliegen* like crazy **2.** *Pl* F *fig* (*Gesprächs2 etc*) snatches *Pl* **fetzig** *Adj* F wild, wicked

feucht *Adj* damp, *a. Augen, Lippen, Haut etc*: moist, *Luft*: humid, *Klima etc*: wet, (*~kalt*) clammy: *~e Hände* sweaty palms **feuchtfröhlich** *Adj* F (very) merry **Feuchtigkeit** *f* damp(-ness), moisture, (*bes Luft2*) humidity: *vor* ~ *schützen!* keep in a dry place!

Feuchtigkeits|creme *f* moisturizing cream, moisturizer **~gehalt** *m* moisture content, *der Luft etc*: a. humidity

feudal *Adj* **1.** *hist* feudal **2.** F *fig* sumptuous, (*vornehm*) posh

Feudalismus *m* *hist* feudalism

Feuer *n* **1.** *allg* fire: MIL ~*!* fire!; *haben Sie* ~? have you got a light?; *j-m* ~ *geben* give s.o. a light; *das Olympische* ~ the Olympic flame; *fig durchs* ~ *gehen für* go through fire and water for; *mit dem* ~ *spielen* play with fire; *zwischen zwei* ~ *geraten* be caught between the devil and the deep blue sea; → *eröffnen* 1 **2.** SCHIFF (*Signal2*) beacon **3.** *fig allg* fire, (*Eifer*) *a.* fervo(u)r, (*Temperament*) *a.* spirit: ~ *und*

Flamme sein be all for it

Feuer|alarm *m* fire alarm **~bestattung** *f* cremation **~eifer** *m* zeal **~einstellung** *f* MIL cessation of fire **2fest** *Adj* fireproof, (*unverbrennbar*) incombustible **~gefahr** *f* danger of fire **2 gefährlich** *Adj* flammable **~gefecht** *n* MIL gun battle **~haken** *m* poker **~kraft** *f* MIL fire power **~leiter** *f* fire ladder, (*Nottreppe*) fire escape **~löscher** *m* fire extinguisher **~melder** *m* fire alarm

feuern *v/t* **1.** (*Ofen*, MIL *Salut*) fire, (*Holz, Kohle*) *a.* burn **2.** F (*schleudern*) hurl, SPORT slam (*the ball*): *j-m e-e* ~ land s.o. one **3.** F (*entlassen*) fire **Feuerprobe** *f* *fig* acid test **feuerrot** *Adj* flaming red, *Gesicht*: *a.* crimson

Feuer|schaden *m* damage caused by fire **~schiff** *n* lightship **~schlucker(in)** fire-eater **~schutz** *m* **1.** fire prevention **2.** MIL covering fire **~stein** *m* flint **~stelle** *f* fireplace, hearth **~taufe** *f* *fig* baptism of fire **~teufel** *m* F fire bug **~treppe** *f* fire escape

Feuerung *f* **1.** (*Anlage*) heating **2.** (*Brennstoff*) fuel

Feuer|versicherung *f* fire insurance **~wache** *f* fire station **~waffe** *f* firearm **Feuerwehr** *f* fire brigade: F *wie die* ~ like a flash **Feuerwehrauto** *n* fire engine **Feuerwehrmann** *m* fireman

Feuerwerk *n* fireworks *Pl* (*a. fig*)

Feuerwerkskörper *m* firework

Feuerzange *f* tongs *Pl*

Feuerzangenbowle *f* burnt punch

Feuerzeug *n* (cigarette) lighter

Feuerzeugbenzin *n* lighter fluid

Feuilleton *n* feature pages *Pl*

Feuilletonist(in) feature writer

feurig *Adj* **1.** *fig* fiery, passionate, ardent **2.** *Wein*: rich, heady

Fiasko *n* fiasco

Fibel[1] *f* PÄD primer

Fibel[2] *f* (*Spange*) fibula

Fiber *f* fibre, *Am* fiber

Fiberglas *n* fibre (*Am* fiber) glass

Fichte *f* BOT spruce, F pine (tree)

Fichtenholz *n* deal

Fichtennadelbad *n* spruce-needle bath

ficken *v/t u. v/i* V fuck

fidel *Adj* cheerful

Fieber *n* fever (*a. fig*), (high) temperature: ~ *haben* → *fiebern* 1; *j-m* (*od j-s*) ~ *messen* take s.o.'s temperature

Fieberanfall m attack of fever
fieberfrei Adj **sie ist ~** her temperature is back to normal again
fieberhaft Adj a. fig feverish
Fieberkranke m, f fever case
Fieberkurve f temperature curve
Fiebermittel n antipyretic
fiebern v/i 1. have (od be running) a temperature, (fantasieren) be delirious 2. fig be feverish (**vor** with): **~ nach** yearn for
Fieber|tabelle f temperature chart **~thermometer** n (clinical) thermometer **~traum** m feverish dream
fiebrig → **fieberhaft**
Fiedel f, **fiedeln** v/t u. v/i F fiddle
fies Adj F nasty, mean
Fiesling m F meanie
Figur f 1. allg figure (a. MATHE, MUS), (Körperbau) a. build: **e-e gute** (**schlechte**) **~ machen** cut a fine (poor) figure 2. im Buch, Film etc: figure, character: **komische ~** a) figure of fun, b) strange character 3. (Schach♘) piece, Pl a. chessmen 4. KUNST figure, statue, kleinere: figurine **figurativ** Adj LING figurative
figurbetont Adj tight-fitting, body-hugging
figurieren v/i figure (**als** as) **figürlich** Adj 1. KUNST figural 2. LING figurative
Fiktion f fiction **fiktiv** Adj fictitious
Filet n GASTR fillet **Filetsteak** n fillet steak **Filetstück** n piece of sirloin
Filiale f branch (office), subsidiary, (Kettenladen) chain store
Filialleiter(in) branch manager
Filigran n, **Filigranarbeit** f filigree
Film m 1. FOTO film 2. (Spiel♘, a. TV) film, bes Am a. movie: **e-n ~ drehen** (**über** Akk) shoot (od make) a film (of), film s.th.: F **mir ist der ~ gerissen** I had a blackout 3. (~branche) the cinema, bes Am the movies Pl: **beim ~ sein** a) be in the film (bes Am a. movie) business, **b)** be a film (bes Am a. movie) actor (od actress) 4. (Häutchen) film, coat(ing)
Filmarchiv n film library **Filmatelier** n film studio **Filmaufnahme** f 1. shooting (of a film) 2. (Szene) shot, take **Filmbericht** m film report
Filmemacher(in) film (bes Am a. movie) maker **filmen I** v/t film, shoot **II** v/i be filming, make a film, bei

Außenaufnahmen: be on location
Filmfestspiele Pl film festival Sg
Filmgelände n studio lot **Filmgesellschaft** f film (Am motion-picture) company **Filmindustrie** f film (Am motion-picture) industry
filmisch Adj cinematic(ally Adv)
Film|kamera f film (od movie) camera, (Schmal♘) cinecamera **~kritik** f film review **~kritiker(in)** film critic **~kunst** f cinematography **~material** n footage **~musik** f 1. film music 2. the music to the film **~pack** m film pack **~preis** m film (bes Am a. movie) award **~produzent(in)** (film) producer **~projektor** m film (bes Am a. movie) projector **~regisseur(in)** film (bes Am a. movie) director **~reklame** f screen advertising **~schauspieler(in)** film (od screen, bes Am a. movie) actor (actress) **~star** m film (bes Am a. movie) star **~streifen** m reel, weit. S. strip **~studio** n film studio **~theater** n cinema, Am movie theater **~verleih** m 1. film distribution 2. (Gesellschaft) film distributors Pl **~vorführer(in)** projectionist **~vorführung** f film (bes Am a. movie) show **~vorschau** f für Kritiker: preview, (Ausschnitte, als Reklame) trailer, in der Zeitung: forthcoming films Pl **~welt** f film world, Am a. movieland
Filter m, n filter **Filteranlage** f filtration plant **Filtereinsatz** m filter element **Filterkaffee** m filtered coffee
filtern v/t filter, (Kaffee) a. percolate
Filterpapier n filter paper **Filterzigarette** f filter(-tipped) cigarette
Filtrat n filtrate **filtrieren** v/t filter
Filz m 1. felt 2. F (~hut) felt hat 3. F pej a) (Geizhals) skinflint, **b)** POL corruption
filzen I v/t F fig frisk **II** v/i Wolle: felt **Filzhut** m felt hat
filzig Adj 1. (verfilzt) felted, Haar etc: matted 2. F fig (geizig) mean, stingy
Filzlaus f ZOOL crab louse
Filzpantoffel m mst Pl felt slipper
Filzstift m felt(-tipped) pen
Fimmel m F craze: **e-n ~ haben für** be mad about
Finale n 1. finale 2. SPORT final (round), finals Pl
Finalist(in) SPORT finalist
Finalsatz m LING final clause
Finanz... mst financial (adviser, paper,

etc) **~amt** n inland (*Am* internal) revenue (office), *fig pej the* Tax Man **~ausschuss** m finance committee **~beamte** m, **~beamtin** f revenue officer

Finanzen Pl finances Pl

Finanzgericht n tax tribunal **Finanzgeschäft** n financial transaction

finanziell Adj financial **finanzieren** v/t finance, (*Anstalt etc*) oft fund

Finanzierung f financing **Finanzierungsgesellschaft** f finance company **Finanz|jahr** n fiscal (*od* financial) year **2kräftig** Adj financially strong, potent **~lage** f financial situation **~mann** m financier **~minister(in)** minister of finance, *Br* Chancellor of the Exchequer, *Am* Secretary of the Treasury **~ministerium** n ministry of finance, *Br* Treasury, *Am* Treasury Department **~politik** f financial (*od* fiscal) policy **2schwach** Adj financially weak **~teil** m e-r Zeitung: financial section

Finanzwelt f financial world

Finanzwesen n (public) finance

finden I v/t 1. (*a. vor~*) find: *nirgends zu ~* nowhere to be found; *fig ein Ende ~* come to an end; *ich fand k-e Worte* I was at a loss for words 2. *fig (halten für)* find, think: *ich finde es gut (, dass ...)* I think it's good (that ...); *wie ~ Sie das Buch?* how do you like (*od* what do you think of) the book?; *~ Sie (nicht)?* do (don't) you think so?; *ich weiß nicht, was sie an ihm findet* I don't know what she sees in him II v/refl **sich ~** 3. *Sache*: be found, *Person*: find o.s. (*umringt etc* surrounded *etc*): *das wird sich ~* we'll see III v/i 4. *nach Hause ~* find one's way home; *zu sich selbst ~* sort o.s out

Finder(in) finder

Finderlohn m finder's reward

Findling m GEOL erratic block

Finesse f finesse, Pl tricks Pl: *Auto etc mit allen ~n* with all the refinements

Finger m finger (*a. am Handschuh*): *sich die ~ verbrennen a. fig* burn one's fingers; *sich in den ~ schneiden* a) cut one's finger, b) *fig* make a big mistake; *j-m auf die ~ klopfen a. fig* rap s.o.'s knuckles; *lass die ~ davon!* a) hands off!; b) *fig* leave well alone!; *fig sich etw aus den ~n saugen* make s.th. up; *j-m auf die ~ sehen* keep a sharp

eye on s.o.; *j-n um den kleinen ~ wickeln* twist s.o. round one's little finger; *k-n ~ rühren (od krümmen)* not to lift a finger; *er hat überall s-e ~ im Spiel* he's got a finger in every pie; → **abzählen**

Fingerabdruck m fingerprint: *genetischer ~* genetic (*od* DNA) fingerprint; *(j-m) Fingerabdrücke abnehmen* take s.o.'s fingerprints

fingerfertig Adj nimble-fingered

Fingerfertigkeit f dexterity

Fingerhut m 1. BOT foxglove 2. thimble

fingern I v/i **~ an** (*Dat*) finger II v/t F (*bewerkstelligen*) wangle

Finger|nagel m fingernail **~ring** m ring **~schale** f finger bowl **~spitze** f fingertip **~spitzengefühl** n sure instinct, (*Takt*) tact **~sprache** f finger language **~übung** f finger exercise **~zeig** m pointer, (*Warnung*) warning sign

fingieren v/t fake, (*erfinden*) fabricate

fingiert Adj fake(d), (*fiktiv*) fictitious

Finish n Sport u. TECH finish

Fink m ZOOL finch

Finne[1] f (*Rückenflosse*) fin

Finne[2] m, **Finnin** f Finn **finnisch** Adj Finnish

Finnland n Finland

finster Adj 1. a. fig dark, (*düster*) black, gloomy 2. (*grimmig*) grim, (*böse*) evil, sinister: *~er Blick* black look; Adv *j-n ~ ansehen* glower at s.o. 3. F fig (*fragwürdig*) shady, (*schlecht*) bad: *es sieht ~ aus!* things are looking bad!

Finsternis f darkness, gloom(iness)

Finte f bes SPORT feint, *fig* a. trick

Firlefanz m (*Plunder*) frippery, junk

Firma f firm, company: *die ~ Bosch* (the) Bosch (Company); (*An*) *~ X.* im Brief: Messrs. X., the X. Company

Firmament n (*am ~* in the) sky

Firmen|name m company name **~schild** n company name, facia, an e-r Maschine etc: nameplate **~sitz** m (company) headquarters Pl **~stempel** m firm('s) stamp **~verzeichnis** n trade directory **~wagen** m company car **~wert** m goodwill **~zeichen** n F logo

firmieren v/i **~ als** have the company name of

Firmung f REL confirmation

Firn m corn snow

Firnis m, **firnissen** v/t varnish

First *m* ridge

Fis *n* MUS F sharp

Fisch *m* 1. fish: **~e** *Pl mst* fish *Sg* (*als Pl konstr*); F *fig* **ein großer** (*od dicker*) **~** a big fish; **kleine ~e a**) (*Lappalie*) peanuts *Pl*, **b**) (*Leute*) small beer 2. *Pl* ASTR Pisces *Sg*: **er ist ~** he is [a] Pisces

Fischauge *n* FOTO fish-eye (lens)

fischen **I** *v/t u. v/i* fish (**nach** for, *a.* F *fig*): → **trüb(e)** 1 **II ♀** *n* fishing

Fischer *m* fisherman **~boot** *n* fishing boat **~dorf** *n* fishing village

Fischerei *f* 1. fishing 2. (*Gewerbe*) fishing industry **~flotte** *f* fishing fleet **~grenze** *f* fishing limit **~hafen** *m* fishing port **~recht** *n* fishing right(s *Pl*)

Fisch|fang *m* fishing **~filet** *n* GASTR fish fillet **~gabel** *f* fish fork **~gericht** *n* GASTR fish dish **~geruch** *m* fishy smell **~geschäft** *n* fishmonger('s) **~grätenmuster** *n* *Textilien*: herringbone (pattern) **~gründe** *Pl* fishing grounds *Pl*, fishery *Sg* **~händler(in)** fishmonger, *Am* fish dealer **~industrie** *f* fish-processing industry **~konserven** *Pl* tinned (*od* canned) fish *Sg* **~kunde** *f* ichthyology **~kutter** *m* (fishing) trawler **~laich** *m* (fish) spawn **~markt** *m* fish market **~mehl** *n* fishmeal **~otter** *m* ZOOL otter **~reiher** *m* ZOOL heron **~restaurant** *n* fish (*od* seafood) restaurant **~schuppe** *f* scale **~stäbchen** *n* GASTR fish finger (*Am* stick) **~sterben** *n* fish kill **~vergiftung** *f* MED fish poisoning **~zucht** *f* fish farming **~zug** *m* catch, haul (*a. fig*)

Fiskus *m* 1. Treasury 2. (*der Staat*) the government

Fisolen *Pl* österr. French beans *Pl*, runner beans *Pl*

Fistelstimme *f* 1. MUS falsetto 2. *pej* squeaky voice

fit *Adj* (**sich ~ halten**) keep) fit; **j-n** (**etw**) **~ machen** *fig* get s.o. (s.th.) into shape

Fitness *f* (physical) fitness

Fitness|center *n* fitness centre (*Am* center), gym **~lehrer(in)** fitness instructor

Fittich *m* (*fig* **j-n unter s-e ~e nehmen** take s.o. under one's wing)

fix **I** *Adj* 1. *Gehalt, Kosten etc*: fixed: **~e Idee** fixed idea, obsession 2. F (*schnell*) quick (**in** *Dat* at), (*aufgeweckt*) smart, sharp 3. **~ und fertig a**) all ready, **b**) → **fertig** 5 a **II** *Adv* 4. F in a flash: **mach**

(**mal**) **~!** make it snappy!

fixen *v/i u. v/t sl* shoot (*drugs*), *nur v/i* mainline, be on the needle

Fixer(in) *sl* junkie

Fixer|raum *m*, **~stube** *f* F junkies' centre (*Am* center)

Fixierbad *n* FOTO fixer **fixieren** *v/t* 1. *allg., a.* MALEREI, FOTO, MED fix, *fig a.* determine: **etw schriftlich ~** record (*od* formulate) s.th. 2. PSYCH **fixiert sein auf** (*Akk*) be fixated (*od* have a fixation) on 3. (*anstarren*) stare at **Fixiermittel** *n* FOTO fixative **Fixierung** *f* 1. fixing (*a.* FOTO *etc*) 2. PSYCH fixation

Fixstern *m* fixed star

Fixum *n* WIRTSCH fixed sum (*od* salary)

Fjord *m* fjord, fiord

FKK *Abk* = **Freikörperkultur ~Anhänger(in)** nudist **~Gelände** *n* nudist camp **~Strand** *n* nudist beach

flach *Adj* flat, (*eben*) *a.* level, even, (*seicht, a. fig*) shallow, (*niedrig*) low (*a.* SPORT *Schuss etc*): **~er Teller** shallow (*weit. S.* dinner) plate; **~ machen** (*klopfen etc*) flatten; **~ werden** flatten (out); **mit der ~en Hand** with the flat of one's hand **Flachdach** *n* flat roof

Fläche *f* (*Ober♀*) surface (*a.* MATHE), MATHE (*Ebene*) plane, (*Seiten♀*) side, (*Grund♀*) base, (*Gebiet*) area, space, (*Boden♀*) floorspace: (*weite*) **~** expanse

Flächenausdehnung *f* area

Flächenbrand *m* extensive fire

flächendeckend *Adj* area-wide, overall, global, (*landesweit*) countrywide, nationwide

Flächeninhalt *m* MATHE area

Flächenmaß *n* surface measurement

Flächenstilllegung *f* set-aside scheme

flachfallen *v/i* F fall through

Flachheit *f* flatness, *fig* shallowness

Flach|land *n* flat country **~mann** *m* F hip flask **~pass** *m* *Fußball*: low pass

Flachrelief *n* KUNST bas-relief

Flachs *m* 1. BOT flax 2. F kidding

Flachschuss *m* *Fußball*: low ball

flachsen *v/i* F joke around, kid

flackern *v/i* flicker

Fladen *m* flat cake

Fladenbrot *n* pitta bread

Flagge *f* flag: **die ~ streichen** *a. fig* lower the flag; **unter falscher ~** under false colo(u)rs; *fig* **~ zeigen** make a stand

flaggen I v/i fly (*Person*: hoist) a flag (*od* flags) **II** v/t flag, signal

Flaggschiff n a. fig flagship

Flair n aura, (*Reiz*) charm, (*Instinkt, Talent*) flair

Flak f **1.** → **Flakgeschütz 2.** → **Flakartillerie** f antiaircraft artillery

Flakfeuer n antiaircraft fire, F flak

Flakgeschütz n antiaircraft gun

Flakon n, m small bottle

flambieren v/t GASTR flame

Flamingo m ZOOL flamingo

flämisch Adj Flemish

Flamme f a. fig flame: **in ~n aufgehen** go up in flames; **in ~n stehen** be ablaze; **auf kleiner ~ kochen** cook on a low heat **flammen** v/i blaze **flammend** Adj fig fiery, *Rede etc*: stirring

Flammenmeer n sea of flames

Flanell m flannel

Flanke f allg flank, (*Seite*) side, *Fußball*: cent/re (Am -er), *Turnen*: (flank) vault **flanken** v/i *Fußball*: cent/re (Am -er) **flankieren** v/t flank: WIRTSCH, POL **~de Maßnahmen** supporting measures

Flansch m, **flanschen** v/t TECH flange

Flaps m lout **flapsig** Adj loutish

Fläschchen n **1.** small bottle, PHARM phial **2.** (*Baby*) bottle

Flasche f **1.** bottle, (*Gas etc*) cylinder: **e-e ~ Wein** a bottle of wine; **e-m Baby die ~ geben** give a baby its bottle; **mit der ~ aufziehen** bottle-feed **2.** F fig (*Versager*) bum, washout, dud

Flaschen|bier n bottled beer **~gas** n bottled gas **~grün** Adj bottle-green **~kind** n bottle-fed baby **~milch** f bottled milk **~öffner** m bottle opener **~pfand** n deposit (on a bottle) **~post** f bottle post **~tomate** f plum tomato **~wein** m bottled wine

flaschenweise Adv by the bottle

Flaschenzug m TECH block and pulley

flatterhaft Adj flighty, (*unstet*) fickle

flattern v/i allg flutter (a. MED, TECH), flap, *Räder*: wobble

flau Adj **1.** (*unwohl*) queasy, (*schwach*) faint, (*matt*) listless **2.** *Geschmack*: stale **3.** FOTO *Negativ*: flat **4.** WIRTSCH slack

Flaum m down **flaumig** Adj downy

Flausch m fleece **flauschig** Adj fluffy

Flausen Pl F nonsense Sg, silly ideas Pl

Flaute f **1.** SCHIFF lull **2.** WIRTSCH slack period

Flechte f **1.** BOT lichen **2.** MED eczema **3.** (*Zopf*) braid **flechten** v/t (*Haar*) plait, (*Kranz*) wind, (*Korb*) weave

Fleck m **1.** (*Schmutz*) spot, (*Wein etc*) stain: MED **blauer ~** bruise **2.** fig (*Schand*) blemish **3.** F (*Stelle*) patch, (*Stück Land*) patch: **am falschen ~** a. fig in the wrong place; **fig nicht vom ~ kommen** not to make any headway, not to be getting anywhere; **sich nicht vom ~ rühren** not to budge

Fleckchen n **1.** speck **2.** fig (*ein schönes ~ Erde* a lovely) spot

flecken v/i stain **Flecken** m → **Fleck**

Fleckenentferner m stain remover

fleckenlos Adj a. fig spotless

Fleckfieber n → **Flecktyphus**

fleckig Adj spotted, (*befleckt*) stained

Flecktyphus m MED (epidemic) typhus

Fledermaus f ZOOL bat

Flegel m **1.** LANDW flail **2.** (*Lümmel*) lout

Flegelei f loutish behavio(u)r **flegelhaft** Adj loutish **Flegeljahre** Pl (*in den ~n sein* be at an) awkward age Sg

flehen I v/i **~ um** beg for, implore **II** ♀ n entreaty, entreaties Pl

flehend, flehentlich Adj imploring, *Bitte*: urgent: Adv **~ bitten um** → **flehen I**

Fleisch n **1.** lebendes: flesh (a. fig): **das eigene ~ und Blut** one's own flesh and blood; **j-m in ~ und Blut übergehen** become second nature (to s.o.); F **sich ins eigene ~ schneiden** cut off one's nose to spite one's face; **vom ~ fallen** grow thin; BOT ZOOL **~fressend** carnivorous **2.** GASTR meat, (*Frucht*) flesh

Fleischbrühe f consommé, (*Fond*) (*mst* beef) broth

Fleischer(in) butcher **Fleischerei** f, **Fleischerladen** m butcher's shop

Fleisch|extrakt m mst beef extract **~farben** Adj flesh-colo(u)red **~fresser** m ZOOL carnivore **~gericht** n meat dish

Fleischhauer(in) österr. butcher

fleischig Adj allg fleshy, *Tier*: meaty

Fleisch|kloß m **1.** GASTR meatball **2.** F (*Person*) mound of flesh **~konserven** Pl tinned (*od* canned) meat Sg **~küchle** n südd. meatball

fleischlich Adj carnal

fleischlos Adj *Diät*: meatless

Fleisch|pastete f meat pie **~pflanzerl** n

südd. meatball **~tomate** f beef tomato
~vergiftung f MED meat poisoning
~waren Pl MED meat products Pl **~wolf** m
mincer, *Am* meat grinder
Fleischwunde f MED flesh wound
Fleischwurst f pork sausage
Fleiß m diligence, industry, (*Mühe*) hard
work: *viel* **~** *verwenden auf* (*Akk*) take
great pains over; *ohne* **~** *kein Preis* no
sweet without sweat **fleißig I** *Adj* dili-
gent, hard-working, busy **II** *Adv* dili-
gently, F (*viel*) a lot
flektieren v/t LING inflect
flennen v/i F cry, howl, bawl
fletschen v/t *die Zähne* **~** snarl
flexibel *Adj* a. fig flexible
Flexibilität f a. fig flexibility
Flexion f LING inflection
flicken v/t mend, (*zs.-~*) patch up (a. F
fig) **Flicken** m patch
Flick|schuster(in) cobbler **~werk** n fig
patchwork, patch-up job(s Pl) **~zeug** n
1. sewing kit 2. MOT etc repair kit
Flieder m BOT lilac
Fliege f 1. ZOOL fly: *er tut k-r* **~** *was zu-
leide* he wouldn't hurt a fly; *die
Menschen starben wie die* **~**n like flies;
zwei **~**n *mit einer Klappe schlagen*
kill two birds with one stone; F **e-e** **~**
machen beat it 2. (*Querbinder*) bow
tie
fliegen I v/i i. *allg* fly, *mit dem Flugzeug*:
a. go by air: **~** *lassen* fly; → *Luft* 3 2. fig
(*eilen*) fly, rush 3. F *fig aus e-r Stellung*:
be fired, get the sack, a. *aus der Schule,
e-r Wohnung etc*: be kicked out (of) 4. F
fig **~** *auf* (*Akk*) really go for; *auf j-n* **~** a.
fall for s.o. **II** v/t 5. (*Flugzeug, Personen
etc*) fly, a. (*Strecke*) a. cover, (*Kurve*) a.
do **III** ♀ n 6. flying, (*Luftfahrt*) aviation
fliegend *Adj* flying (a. *Sport*): **~er** *Händ-
ler* hawker; **~er** *Teppich* magic carpet
Fliegenfänger m flypaper
Fliegengewicht(ler m) n SPORT fly-
weight **Fliegenklatsche** f fly swatter
Fliegenpilz m toadstool
Flieger m 1. ZOOL u. *Pferderennen*: flier,
flyer 2. *airman* (a. MIL), pilot 3. MIL *Br*
aircraftman 2nd class, *Am* airman bas-
ic 4. F (*Flugzeug*) plane 5. *Radsport*:
sprinter **Fliegeralarm** m air-raid warn-
ing **Fliegerangriff** m air raid **Flieger-
horst** m air base
Fliegerin f airwoman, woman pilot

fliegerisch *Adj* flying
Fliegerjacke f bomber jacket
fliehen I v/i (*vor Dat* from, *nach, zu* to)
flee, run away, (*ent~*) escape **II** v/t
avoid, shun **fliehend** *Adj* 1. fleeing, fu-
gitive 2. *Stirn, Kinn*: receding
Fliehkraft f PHYS centrifugal force
Fliese f tile **Fliesenleger(in)** tiler
Fließarbeit f assembly-line work
Fließband n assembly line, (*Förder-
band*) conveyor belt **Fließbandferti-
gung** f assembly-line production
fließen v/i *allg* flow (a. fig), *Wasser, Fluss
etc*: a. run **fließend** *Adj* 1. flowing, *Was-
ser*: running 2. *Verkehr*: fast-moving 3.
Sprache etc: fluent: *Adv* **er spricht** **~**
Englisch he speaks fluent English 4.
Grenze etc: fluid
Fließheck n MOT fastback
flimmern v/i shimmer, TV flicker
flink *Adj* quick, a. *Füße, Hände*: nimble
Flinte f gun, (*Schrot♀*) shotgun: fig *die* **~**
ins Korn werfen throw in the towel
Flipchart f flip chart
Flipper m pinball machine
flippern v/i F play pinball
flippig *Adj* F kooky
Flirt m flirtation, (*Person*) flirt
flirten v/i flirt
Flittchen n F hussie
Flitter m 1. *Koll* sequins Pl 2. fig a)
~glanz m glitter, b) a **~kram** m tinsel
Flitterwochen Pl honeymoon Sg
flitzen v/i F 1. flit 2. streak
Flitzer m F nippy little car
Flitzer(in) F (*Nackter*) streaker
floaten v/t u. v/i WIRTSCH float
Flocke f *allg* flake, (*Staub♀ etc*) fluff
flocken v/i *allg* flake **flockig** *Adj* flaky,
(*locker*) fluffy, CHEM flocculent
Floh m ZOOL flea: F fig *j-m e-n* **~** *ins Ohr
setzen* put ideas into s.o.'s head
Flohmarkt m flea market
Flop m flop
Flor[1] m (*Blüte*) bloom, (*Blumenfülle*)
mass of flowers (*od* blossoms)
Flor[2] m 1. (*Gewebe*) gauze 2. (*Trauer♀*)
crêpe (band) 3. *Samt, Teppich*: pile
Flora f flora **floral** *Adj* floral
Florenz n Florence
Florett n foil **~fechten** n foil fencing
florieren v/i flourish
Floskel f empty phrase
floskelhaft *Adj* meaningless, empty

Floß n raft

Flosse f **1.** ZOOL fin, *e-s Wals, Seelöwen etc:* flipper (*a.* Schwimm♀) **2.** FLUG stabilizer fin **3.** F (*Hand*) paw, mitt, (*Fuß*) trotter

flößen v/t u. v/i float

Flöte f **1.** MUS flute, (*Block*♀) recorder **2.** (*hohes Glas*) flute glass **3.** *Kartenspiel:* flush **flöten** v/t u. v/i **1.** *Person* play the flute (*od* recorder), *a. fig* flute, *Vogel:* sing; F ~ **gehen** go down the drain

Flötist(in) flautist, flute-player

flott I Adj **1.** (*schnell*) brisk, (*schwungvoll*) lively, F zippy, *Person:* dashing, breezy **2.** (*schick*) smart, snazzy **3.** SCHIFF ~ **sein** be afloat; → **flottmachen** 1 **II** Adv **4.** briskly (*etc*): ~ **leben** live it up

Flotte f FLUG, SCHIFF fleet

Flottenstützpunkt m SCHIFF naval base

flottmachen v/t **1.** SCHIFF float, set afloat **2.** *etw* (*wieder*) ~ get s.th. going again

Flöz n BERGB, GEOL seam

Fluch m **1.** (*Verwünschung*) curse **2.** (~*wort*) curse, oath, swearword

fluchen v/i curse, swear: **auf** (*od über*) **j-n** (*etw*) ~ curse s.o. (s.th.)

Flucht[1] f flight (*vor Dat* from, *a. fig*), *e-s Gefangenen:* escape: **auf der** ~ **erschossen** *etc* while fleeing, *Gefangener:* while attempting to escape; **auf der** ~ **sein** be on the run (*vor Dat* from); **die** ~ **ergreifen**→ **flüchten** 1; **in die** ~ **schlagen** put to flight; *fig* **die** ~ **nach vorn antreten** seek refuge in attack

Flucht[2] f ARCHI, TECH alignment, straight line

fluchtartig I Adj hasty **II** Adv hastily, in a hurry **flüchten** v/i **1.** flee (*nach, zu* to), run away, *Gefangener:* escape (*aus* from) **2.** (*a.* **sich** ~) take shelter (*od refuge*) (*in Akk* in): *fig* **sich in Ausreden** ~ resort to excuses

Fluchthelfer(in) escape agent

flüchtig I Adj **1.** (*hastig*) hasty, (*kurz*) brief, flying, *Blick, Prüfung etc:* cursory, (*oberflächlich*) superficial, (*schlampig*) careless, slapdash: ~**e Bekanntschaft** passing acquaintance **2.** (*vergänglich*) fleeting **3.** (*entflohen*) fugitive, escaped, *Schuldner etc:* absconding: ~**er Fahrer** hit-and-run driver; ~ **werden** escape, JUR abscond **4.**

CHEM volatile **II** Adv **5.** hastily (*etc*): ~ **durchlesen** skim over; *j-n* ~ **kennen** know s.o. vaguely; ~ **sehen** catch a glimpse of

Flüchtigkeitsfehler m slip

Flüchtling m fugitive, POL refugee

Flüchtlingslager n refugee camp

Fluchtversuch m attempt to escape

Fluchtwagen m getaway car

Fluchtweg m escape route

Flug m flight: *fig* (*wie*) **im** ~(*e*) very quickly ~**bahn** f trajectory, FLUG flight path ~**ball** m SPORT volley ~**begleiter(in)** flight attendant **♀bereit** Adj ready for take-off ~**betrieb** m air traffic ~**blatt** n leaflet ~**boot** n flying boat, seaplane ~**datenschreiber** m flight recorder, black box ~**dauer** f flying time

Flügel m **1.** allg wing (*a.* POL *u. Sport*), (*Propeller*♀ etc) blade, (*Altar*♀) panel, MIL flank: *fig j-m* **die** ~ **stutzen** clip s.o.'s wings; *j-m* ~ **verleihen** lend wings to s.o.; → **link**♀ **2.** MUS grand (piano): **am** ~ ... accompanied by ...

Flügelfenster n casement window

flügellos Adj wingless

Flügelmutter f TECH wing nut ~**schlag** m flapping of wings ~**schraube** f TECH thumbscrew ~**stürmer(in)** SPORT winger ~**tür** f double door

flugfähig Adj airworthy

Fluggast m (air) passenger

Fluggastabfertigung f **1.** passenger clearance **2.** (*Schalter*) check-in desk

flügge Adj fully fledged: ~ **werden** a) fledge, **b)** *fig Person:* begin to stand on one's own two feet

Fluggeschwindigkeit f flying speed

Fluggesellschaft f airline ~**hafen** m airport ~**höhe** f (flying) altitude ~**kapitän** m (flight) captain ~**karte** f **1.** (air) ticket **2.** aeronautical map **♀klar** Adj ready for take-off ~**körper** m flying object, MIL missile ~**lehrer(in)** flying instructor ~**leitung** f air traffic control ~**linie** f **1.** (*Strecke*) (air) route **2.** F (*Gesellschaft*) airline (company) ~**lotse** m air traffic controller ~**nummer** f flight number ~**objekt** n **unbekanntes** ~ unidentified flying object ~**passagier** m (air) passenger ~**personal** n aircrew, *Koll* flying personnel ~**plan** m timetable ~**platz** m airfield, *großer:* airport ~**preis** m (air) fare ~**reise** f journey

by air **~schalter** *m* flight desk **~schein** *m* **1.** (air) ticket **2.** pilot's licen|ce (*Am* -se) **~schneise** *f* approach corridor **~schreiber** *m* flight recorder, black box **~sicherheit** *f* air safety **~sicherung** *f* air traffic control **~steig** *m* gate **~strecke** *f* (air) route, *zurückgelegte*: distance flown, (*Etappe*) leg **~stunde** *f* **1.** flying hour **2. nach zwei ~n** after a two-hour flight; **sechs ~n entfernt** six flight-hours away **2tauglich** *Adj* fit to fly, *Flugzeug*: airworthy **~technik** *f* aeronautical engineering **~ticket** *n* (air) ticket **2tüchtig** *Adj* airworthy **~überwachung** *f* air traffic control **~verbindung** *f* air connection **~verkehr** *m* air traffic, *planmäßiger*: air services *Pl* **~wetter** *n* good flying weather **~zeit** *f* flying time

Flugzeug *n* (aero)plane, *Am* (air)plane, aircraft (*a. Pl*): **mit dem ~** by air, by plane **~absturz** *m* air (*od* plane) crash **~bau** *m* aircraft construction **~besatzung** *f* aircrew **~entführer(in)** hijacker, skyjacker **~entführung** *f* hijacking, skyjacking **~fabrik** *f* aircraft factory **~führer(in)** pilot **~halle** *f* hangar **~industrie** *f* aircraft industry **~katastrophe** *f* air disaster **~konstrukteur(in)** aircraft designer **~träger** *m* SCHIFF, MIL aircraft carrier **~unglück** *n* air disaster, air crash

Flugziel *n* destination

Fluidum *n fig* aura, air, *e-s Ortes*: atmosphere

fluktuieren *v/i* fluctuate

Flunder *f* ZOOL flounder

flunkern *v/i* fib, tell (tall) stories

Fluor *n* fluorine: **mit ~ anreichern** fluoridate **Fluorchlorkohlenwasserstoff** *m* (*Abk* **FCKW**) chlorofluorocarbon (*Abk* CFC)

fluoreszieren *v/i* fluoresce

fluoreszierend *Adj* fluorescent

Flur¹ *m* (*Haus*2) hall, (*Gang*) corridor

Flur² *f* open fields *Pl*: *fig* **allein auf weiter ~** all alone **Flurbereinigung** *f* consolidation (of farmland)

Flurschaden *m* crop damage

Fluse *f* dirt swirl, *Am* lint roll

Fluss *m* **1.** river, *kleiner*: stream **2.** (*das Fließen*) flow(ing), *fig des Verkehrs, der Rede*: flow: **in ~ kommen** get going

flussabwärts *Adv* down the river,

downstream **Flussarm** *m* arm of a river **flussaufwärts** *Adv* up the river, upstream **Flussbett** *n* riverbed

Flüsschen *n* (little) stream

Flussdiagramm *n* flow chart, flow diagram

flüssig I *Adj* **1.** liquid, (*geschmolzen*) molten: **~ machen, ~ werden** liquefy, melt **2.** *fig* flowing, fluent: → *a.* **fließend 3.** WIRTSCH (*verfügbar*) liquid, available; WIRTSCH **~ machen** realize, convert into cash **II** *Adv* **4.** in liquid form **5.** *fig* fluently, *Verkehr etc*: smoothly

Flüssiggas *n* liquid gas

Flüssigkeit *f* **1.** *a.* WIRTSCH liquidity **2.** liquid

Flüssigkeits|bremse *f* MOT hydraulic brake **~maß** *n* liquid measure

Flüssigkristallanzeige *f* liquid crystal display (*Abk* LCD)

Flusskrebs *m* ZOOL freshwater crayfish

Flusslauf *m* course of a river **Flussmündung** *f* mouth (of a river), estuary

Flusspferd *n* ZOOL hippopotamus, F hippo

Flussufer *n* riverbank, riverside

flüstern I *v/t u. v/i* (speak in a) whisper: F **dem werde ich was ~!** I'll tell him a thing or two! **II** *2 n* whisper(ing)

Flüster|propaganda *f* whispering campaign **~ton** *m* **im ~** in a whisper

Flut *f* **1.** (*Ggs. Ebbe*) high tide: **es ist ~** the tide is in **2.** *mst* Flut *waters* *Pl*, (*Wogen*) waves *Pl* **3.** *fig von Tränen, Briefen etc*: flood, *von Worten*: *a.* torrent

fluten I *v/i Wasser, a. fig Verkehr, Menschen, Licht*: flood, stream, pour **II** *v/t* flood

Flutkatastrophe *f* flood disaster

Flutlicht *n* floodlights *Pl*: **bei ~** under floodlight **Flutwelle** *f* tidal wave

Fock *f* SCHIFF foremast **~segel** *n* foresail

Föderalismus *m* federalism

föderalistisch *Adj* Staatsaufbau: federal, *Bestrebungen*: federalistic

fohlen *v/i* ZOOL foal **Fohlen** *n* foal, (*Hengst*2) colt, (*Stuten*2) filly

Föhn *m* **1.** (*Haartrockner*) hair drier **2.** (*Wind*) foehn **föhnen** *v/t* (*Haar*) (blow-)dry

Föhre *f* BOT pine (tree)

Folge *f* **1.** (*Aufeinander*2) succession, (*Reihen*2) order, (*Serie*) series: **in der**

~ subsequently; *dreimal etc in ~* three times *etc* running (*od* in a row); *in rascher ~* in rapid succession **2.** (*Fortsetzung*) instal(l)ment, TV part, (*bes zweiter Teil*) sequel, (*Reihe*) serial, (*Heft, Ausgabe*) number, issue **3.** (*Ergebnis, logische ~*) consequence, (*ernste Nachwirkung, Kriegs2 etc*) aftermath, after-effect: (*üble*) *~n haben* have (dire) consequences; *die ~n tragen* bear the consequences; *zur ~ haben* result in, lead to; *als ~ davon* as a result **4.** *~ leisten* (*Dat*) → *folgen* 2

Folgeerscheinung f → **Folge** 3

Folgekosten Pl follow-up costs Pl

folgen v/i **1.** *allg* follow (*a. mit den Blicken, a. zuhören, verstehen, sich richten nach*), *j-m als Nachfolger. a.* succeed, *j-m im Rang: a.* come after: *Brief folgt!* letter will follow!; *wie folgt* as follows; *daraus folgt, dass ...* (from this) it follows that ...; *j-s Beispiel ~* follow s.o.'s example; *können Sie* (*geistig*) *~?* do you follow me?; *ich kann Ihnen da* (*-rin*) *nicht ~* (*zustimmen*) I can't agree with you there **2.** (*e-m Befehl etc*) obey, (*e-r Aufforderung etc*) comply with, (*e-r Einladung*) accept **3.** F (*folgsam sein*) obey (*j-m* s.o.) **folgend** Adj following, (*nächst*) a. next, (*später*) subsequent: *am ~en Tage* the following (*od* next) day; *im 2en* in the following; *es handelt sich um 2es* the matter is as follows, F what it's (all) about is this **folgendermaßen** Adv as follows

folgenreich, folgenschwer Adj momentous, (*sehr ernst*) grave

folgerichtig Adj logical, consistent

folgern v/t (*aus* from) conclude, deduce **Folgerung** f (*e-e ~ ziehen* draw a) conclusion

Folgesatz m **1.** LING consecutive clause **2.** MATHE, PHIL corollary **Folgeschäden** Pl MED secondary (*JUR* consequential) damage *Sg* **Folgezeit** f (*in der ~* in the) period following

folglich Konj (*somit*) thus, (*daher*) consequently, therefore

folgsam Adj obedient, (*brav*) good

Folie f foil (*a. fig*), (*Plastik2*) film, *für Tageslichtprojektor:* (overhead) transparency

Folienkartoffel f jacket potato (baked in alumin[i]um foil), baked potato

Folklore f folklore, *weit. S. a.* traditional music (and dance)

folkloristisch Adj folkloristic

Folter f *a. fig* torture: *fig j-n auf die ~ spannen* keep s.o. on tenterhooks

foltern v/t, **Folterung** f torture, *fig a.* torment

Fon n → **Phon**

Fön® m → **Föhn** 1

Fond m **1.** background **2.** MOT back (of the car)

Fonds m WIRTSCH fund, (*Gelder*) funds Pl, (*Staatspapiere*) government stocks Pl

Fondue f, n GASTR fondue

fönen → **föhnen**

Fonotypist(in) → **Phonotypist(in)**

Fontäne f fountain, (*Wasserstrahl*) jet of water

Fonzahl f → **Phonzahl**

forcieren v/t force **forciert** Adj forced

Förderband n conveyor belt

Förderer m, **Förderin** f promoter, supporter, (*Mäzen[in]*) patron(ess), *bes Am* sponsor **förderlich** Adj (*Dat* to) conducive, (*nützlich*) useful, beneficial

Fördermenge f BERGB output

fordern v/t **1.** *allg* demand (*von j-m* of s.o.), (*er~*) a. call for, WIRTSCH a. claim, (*Preis*) ask (for): *zu viel ~* ask (*od* expect) too much, (*Preis*) overcharge (*von j-m* s.o.) **2.** challenge, SPORT a. push *s.o.* to the limit: *er war voll gefordert* he was fully stretched; *nun ist der Minister gefordert* now it's for the minister to act **3.** (*Todesopfer etc*) claim

fördern v/t **1.** *allg* promote, support, *als Gönner:* patronize, *bes Am* sponsor, (*ermutigen*) encourage, (*förderlich sein*) help, be good for: *~des Mitglied* (*~de Maßnahmen*) supporting member (measures) **2.** BERGB produce; → **zutage**

Förderpreis m (literary *etc*) award

Forderung f demand (*nach* for, *an Akk* on), WIRTSCH call, (*Preis2*) charge, JUR (*Anspruch*) claim: *~en stellen* make demands, JUR enter claims

Förderung f **1.** promotion, *der Künste, des Sports etc:* patronage, sponsorship, (*Ermutigung*) encouragement **2.** (*Kohle2, Öl2 etc*) production, output

Forelle f ZOOL trout: *~ blau* trout au bleu

Forke f LANDW pitchfork

Form f **1.** *allg* form (*a.* LING, PHYS, *a. Art und Weise*), (*Gestalt*) *a.* shape (*a. fig*), *Mode:* style, *bes* TECH design, styling: LING **aktive (passive)** ~ active (passive) voice; **in aller** ~ formally; **in** ~ **von** (*od Gen*) in the form of; **in höflicher (netter)** ~ politely (in a nice way); **der** ~ **halber** pro forma, *weit. S.* to keep up appearances; **die** ~ **wahren** observe the proprieties; *fig* **(greifbare)** ~**(en) annehmen** take shape **2.** TECH (*Modell*) model, (*Guss2, Press2*) mo(u)ld, (*Spritz2 etc*) die **3.** (*Kuchen2*) tin, (*Ausstech2*) pastry cutter **4.** *bes* SPORT form, condition: **in (guter)** ~ in good form (*od* shape); **in bester** ~, **groß in** ~ in top form; **nicht in** ~ off form; **in** ~ **bleiben, sich in** ~ **halten** keep in trim, keep fit; **in** ~ **kommen a)** get into shape, **b)** *fig* get going

formal *Adj* formal

Formaldehyd n CHEM formaldehyde

Formalien Pl formalities Pl

Formalität f formality

Format n **1.** format, size **2.** *fig* stature, calib/re (*Am* -er)

formatieren v/t (*Text*) format

Formation f formation **Formations...** formation (*flying, dancing, etc*)

Formatvorlage f IT template

formbar *Adj* METAL malleable

Formblatt n form

Formel f **1.** CHEM, MATHE *u. fig* formula **2.** (*fester Wortlaut*) (set) formula, (*Floskel*) (set) phrase **Formel-I-Rennen** n MOT formula-one race

formell *Adj* formal

Formelwagen m formula car

formen v/t u. v/i form, shape (*beide a.* sich~), (*j-n, j-s Charakter*) *u.* TECH mo(u)ld

Formenlehre f **1.** LING morphology **2.** MUS theory of musical forms

Formfehler m irregularity, JUR formal defect, *gesellschaftlicher:* faux pas

Formgebung f TECH styling, design

formieren v/t u. v/i *(a.* sich ~) *allg* form up

förmlich I *Adj* **1.** *allg* formal, (*feierlich*) *a.* ceremonious **2.** F (*regelrecht*) regular **II** *Adv* **3.** F (*buchstäblich*) literally

Förmlichkeit f *allg* formality

formlos *Adj* **1.** shapeless **2.** *fig* (*zwanglos*) informal (*a.* JUR)

Formsache f matter of form, (**reine** ~

mere) formality **formschön** *Adj* TECH beautifully designed, very stylish **Formtief** n SPORT **ein** ~ **haben** be off form

Formular n form

formulieren v/t formulate, phrase, word: **wie soll ich es** ~**?** how shall I put it? **Formulierung** f formulation, wording, phrasing, *einzelne:* phrase

Formung f forming, shaping

formvollendet *Adj* perfect(ly shaped), finished, *Benehmen etc:* perfect

forsch *Adj* spirited, brisk, F peppy

forschen v/i **1.** do research (work) **2.** ~ **nach** search for **3.** (*fragen*) inquire, *stärker:* probe **forschend** *Adj* inquiring(ly *Adv*), *Blick:* searching

Forscher(in) researcher, (*Wissenschafter*) *a.* (research) scientist, (*Entdecker*) explorer **Forscherdrang** m intellectual curiosity, inquiring mind

Forschgeist f spirit(edness), (*dash*), F pep

Forschung f *a. Pl* research, (*Abteilung*) Research (Department)

Forschungs... research (*work, institute, etc*) ~**auftrag** m research assignment ~**reise** f **1.** expedition **2.** research trip ~**reisende** m, f explorer ~**satellit** m research satellite

Forst m forest

Förster(in) forester, forest ranger

Forst|haus n forester's house ~**revier** n forest district ~**wesen** n, ~**wirtschaft** f, ~**wissenschaft** f forestry

fort *Adv* **1.** (*weg*) away, off, gone: **sie sind schon** ~ they have already gone (*od* left); **ich muss** ~ I must be going **2.** (*verschwunden*) gone, lost **3. und so** ~ and so on; **in einem** ~ continuously

Fort n MIL fort

Fort... , fort... → *a.* Weg..., weg..., Weiter..., weiter...

fortan *Adv* from now on

Fortbestand m continued existence

fortbestehen v/i continue, survive, *Kunstwerk etc:* live on

fortbewegen I v/t move **II** v/refl **sich** ~ move, (*gehen*) walk

Fortbewegung f moving, (loco)motion

fortbilden v/refl **sich** ~ continue one's education (*od* training), *eng. S.* do a course, *weit. S.* improve one's knowledge **Fortbildung** f continuing educa-

tion: **berufliche ~** further (vocational) training **Fortbildungskurs** m (further training) course

fortbleiben v/i stay away

Fortdauer f continuation

fortdauern v/i continue, last

fortdauernd Adj continuous, lasting

forte Adv, **Forte** n MUS forte

fortfahren v/i **1.** leave, MOT a. drive away **2.** (weitermachen) continue: **~ zu reden** continue (od go on) talking; **mit s-r Erzählung ~** continue (with) one's story; **fahren Sie fort!** go on!

fortfliegen v/i fly away, fly off

fortführen v/t **1.** lead s.o. away **2.** go on with, continue, (Geschäft etc) carry on

Fortführung f continuation

Fortgang m **1.** departure **2.** progress

fortgehen v/i **1.** go (away), leave **2.** fig (weitergehen) go on, continue

fortgeschritten Adj Schüler, Alter, Stadium, Stunde etc: advanced: **Kurs für 2e** advanced course

fortgesetzt I Adj continued, constant **II** Adv continually, constantly

fortjagen v/t j-n: chase s.o. away, F kick s.o. out

fortlaufen v/i **1.** run away ([vor] j-m from s.o.) **2.** (weitergehen) continue

fortlaufend Adj continuous, Nummer etc: consecutive: Adv **~ nummeriert** numbered consecutively

fortpflanzen I v/t allg propagate, BIOL a. reproduce, PHYS a. transmit, fig a. spread **II** v/refl **sich ~** BIOL reproduce, PHYS be propagated, travel, fig spread

Fortpflanzung f allg propagation, BIOL a. reproduction, PHYS a. transmission, fig a. spread(ing)

Fortpflanzungsorgan n reproductive organ

Fortsatz m ANAT process, appendix

fortschreiben v/t **1.** (Statistik, Projekt etc) update, (Wert) reassess **2.** fig perpetuate

fortschreiten v/i fig advance (a. Zeit), progress **fortschreitend** Adj progressive **Fortschritt** m progress, (Verbesserung) improvement: **~e machen** make progress (od headway), **große ~e machen** make great strides **fortschrittlich** Adj progressive, advanced, Anlage etc: (very) modern, up-to-date

fortsetzen v/t continue (a. **sich ~**), (wie-

deraufnehmen) resume **Fortsetzung** f continuation, e-r Geschichte etc: a. sequel: **~ folgt** to be continued; **~ auf (von) Seite 2** continued on (from) page 2 **Fortsetzungsroman** m serial

fortwährend I Adj constant, continuous, incessant **II** Adv constantly (etc): **er ruft ~ an a.** he keeps ringing up

Fortzahlung f continued payment

Forum n allg forum, fig a. platform

fossil Adj, **Fossil** n (a. fig) fossil

Foto n F photo **~album** n photo album **~apparat** m camera **~ausrüstung** f photographic equipment

fotogen Adj photogenic

Fotograf(in) photographer

Fotografie f **1.** photography **2.** photograph, picture **fotografieren** v/i u. v/t photograph, take a picture (od pictures) (of) **fotografisch** Adj photographic(ally Adv)

Foto|kopie f, **2kopieren** v/t photocopy **~kopierer** m photocopier

Fotolabor n photographic laboratory

Fotomodell n (photographer's) model

Foto|montage f photomontage **~reportage** f photographic reportage

Fotosatz m BUCHDRUCK photocomposition: **im ~ herstellen** photocompose

Fotosynthese f → **Photosynthese**

Fotothek f photographic library

Fotozelle f ELEK photocell

Fötus m BIOL f(o)etus

fotzen v/t österr. **j-n ~** give s.o. a cuff on the ear

Foul(spiel) n, **foulen** v/i u. v/t foul

Foyer n foyer, lounge, Am lobby

Fracht f **1.** (Ladung) load, (Luft2 air) freight, (Schiffs2) cargo **2.** (Beförderung, ~geld) carriage, Am freight(age), SCHIFF freightage **Frachtbrief** m consignment note, Am waybill

Frachter m SCHIFF freighter

Fracht|flugzeug n (air) freighter **2frei** Adj carriage paid, Am freight prepaid **~führer** m carrier **~gebühr** f, **~geld** n → **Fracht 2 ~gut** n freight, SCHIFF cargo: **als ~** by goods (Am freight) train **~kosten** Pl freight charges (od costs) Pl **~raum** m cargo hold, (Ladekapazität) freight capacity **~sätze** Pl freight rates Pl **~schiff** n cargo ship, freighter

Frachtverkehr m freight traffic

Frack m tailcoat, tails Pl: **im ~** in evening

dress, in tails **~hemd** n dress shirt

Frage f **1.** allg question, zweifelnde od unangenehme: query, (Erkundigung) inquiry, (Zweifel) a. doubt: **e-e ~ an j-n haben** have a question to ask s.o.; **(j-m) e-e ~ stellen** ask (s.o.) a question; **die ~ stellt sich nicht** the question does not arise; **ohne ~** undoubtedly; **das ist eben die ~** that's just the point; **etw in ~ stellen** a) question (od doubt) s.th., b) (gefährden) jeopardize s.th.; F **gar k-e ~!** of course! **2.** (Angelegenheit) matter, question: **das ist e-e ~ der Zeit** that's a matter of time; **das ist e-e andere ~** that's a different matter; → **infrage**

Fragebogen m form, questionnaire

Frageform f LING interrogative form

Fragefürwort n LING interrogative (pronoun)

fragen I v/t u. v/i ask, (aus~) question, query: **nach etw (j-m) ~** inquire about s.th. (after s.o.); **(j-n) etw ~** ask (s.o.) a question; **(j-n) ~ nach** ask (s.o.) for; **j-n nach s-m Namen (dem Weg) ~** ask s.o. his name (the way); **es fragt sich, ob ...** it's a question of whether ...; **ich frage mich, warum ...** I (just) wonder why ...; **niemand fragte danach** nobody bothered about it; **wenn ich ~ darf** if I may ask; **WIRTSCH (sehr) gefragt** in (great) demand; **da fragst du mich zu viel** I'm afraid I can't tell you that; **er wird sich ~ lassen müssen, warum ...** he'll have to answer (the question) why ... **II** ♀ n ♀ **kostet nichts** there's no harm in asking **fragend** Adj questioning, inquiring, LING interrogative

Frage|satz m LING interrogative clause (od sentence) **~stellung** f a. fig question **~stunde** f PARL question time

Frage-und-Antwort-Spiel n quiz, a. fig question and answer game

Fragewort n LING interrogative **Fragezeichen** n LING interrogative mark, a. fig query

fraglich Adj **1.** (zweifelhaft) doubtful **2.** (betreffend) in question

fraglos Adv undoubtedly

Fragment n fragment **fragmentarisch I** Adj fragmentary **II** Adv fragmentarily, in fragmentary form

fragwürdig Adj questionable, (verdächtig) dubious, F shady

Fraktion f **1.** PARL parliamentary party,

(Untergruppe) faction **2.** CHEM fraction

Fraktions|führer(in), **~vorsitzende** m, f party (Am floor) leader

fraktionslos Adj independent

Fraktionszwang m party discipline

Fraktur f MED fracture

Franke m Franconian, hist Frank

Franken¹ n GEOG Franconia

Franken² m (Münze) (Swiss) franc

frankieren v/t stamp, mit e-r Maschine: frank **frankiert** Adj prepaid, post paid: **der Brief ist nicht ausreichend ~** they didn't put enough stamps on this letter **franko** Adv prepaid

Frankreich n France

Franse f **1.** fringe **2.** Pl (Pony) F fringe Sg, bangs Pl **fransen I** v/i (aus~) fray **II** v/t fringe **fransig** Adj fringed, (ausgefranst) frayed

Franziskaner m Franciscan (friar)

Franzose m Frenchman: **die ~n** Pl the French Pl; **er ist ~** he is a Frenchman, he is French **Französin** f Frenchwoman: **sie ist ~** she is French

französisch Adj French: **~es Bett** (double) divan **II** ♀ n LING French: **aus dem ♀en (ins ♀e)** from (into) French

frappant Adj remarkable, Ähnlichkeit etc: striking **frappieren** v/t amaze

Fräse f **1.** TECH milling machine, für Holz: shaper **2.** LANDW rotary hoe **fräsen** v/t u. v/i TECH mill, (Holz) shape

Fraß m **1.** F pej muck **2.** (Tierfutter) feed **3.** (Schädlings♀) damage, (Rost♀, Säure♀) corrosion

Fratze f **1.** grimace: **~n schneiden** pull faces **2.** F (Gesicht) sl mug

Frau f **1.** woman, VERW female, vor Namen: Mrs., Ms: **die ~ von heute** modern women **2.** (Ehe♀) wife: **wie geht es Ihrer ~?** how is Mrs. X.? **3.** (Herrin) lady: **gnädige ~** (Anrede) madam

Frauen|arzt m, **~ärztin** f gyn(a)ecologist **~beauftragte** m, f official women's representative **~beruf** m female profession; → Info bei **women ~bewegung** f women's liberation (F lib) **♀feindlich** Adj anti-women **~frage** f question of women's rights **~gestalt** f LITERATUR female character **~haus** n refuge for battered women **~heilkunde** f gyn(a)ecology **~held** m ladykiller **~krankheit** f,

~leiden *n* gyn(a)ecological disorder

~quote *f* female quota, quota of women

Frauenrechte *Pl* women's rights *Pl*

Frauenrechtler(in) feminist

Frauen|sport *m* women's sport(s *Pl*) **~zeitschrift** *f* women's magazine

Fräulein *n* 1. (young) lady, girl, *vor Namen, Anrede:* Miss 2. F (*Verkäuferin*) salesgirl, (*Kellnerin*) waitress

fraulich *Adj* womanly, feminine

Freak *m* F freak

frech *Adj* impudent, F cheeky, *Am* fresh, (*dreist*) bold, brazen, (*kess*) saucy

Frechheit *f* impudence, F cheek: **so e-e ~!** what (a) cheek!; **die ~ besitzen zu** *Inf* have the cheek to *Inf*

Fregatte *f* frigate

frei I *Adj* 1. *allg* free (**von** from, of), *Straße etc:* a. clear, (*unabhängig*) a. independent, unattached, (*ungezwungen*) free and easy, (*~zügig*) liberal, (*offen*) a. frank, open: **ist dieser Platz noch ~?** is this seat taken?; **Zimmer ~!** room(s) to let (*Am* rent); vacancies *Pl*; **ein ~er Tag** a free day, (*dienst~*) a day off; **den Oberkörper ~ machen** strip to the waist; **~er Beruf** independent profession; **~e Künste** liberal arts; **die ~e Wirtschaft** free enterprise; **ein ~er Mensch** (*der tun kann, was er will*) a free agent; **~e Fahrt** MOT clear road, BAHN green light; **~e Fahrt haben** a. fig have the green light; → **Fuß** 1, **Hand**, **Stück** 1 2. (*unbeschrieben*) blank: **e-n ~en Platz lassen** leave a blank 3. *Posten:* open, vacant: **~e Stelle** vacancy 4. *Aussicht, Gelände etc:* open: **in der ~en Natur, im ~en** in the open (country); → **Himmel** 5. (*kostenlos*) free (of charge), (*porto~*) prepaid: **Eintritt ~** admission free 6. (*~schaffend*) *Journalist etc:* freelance 7. PHYS free, CHEM a. uncombined: **Wärme wird ~** heat is released 8. TEL *Leitung:* vacant, *Am* not busy 9. SPORT (*ungedeckt*) unmarked **II** *Adv* 10. freely (*etc*): **~ sprechen** speak openly, *Redner(in):* speak without notes; **~ erfunden** (entirely) fictitious, made(-)up; **~ heraus** frankly, point-blank; **Lieferung ~ Haus** franco domicile; **~ an Bord** free on board (f.o.b.); **~ finanziert** privately financed; **~ laufende Hühner** free-running chicken

Freibad *n* open-air swimming pool

freibekommen *v/t* 1. F **e-n Tag etc ~** get a day *etc* off 2. *j-n ~* get s.o. released; **etw ~** free s.th.

Freiberufler(in) freelance **freiberuflich** *Adj* self-employed, *Journalist etc:* freelance, *Anwalt, Arzt:* in private practice (*a. Adv*): *Adv* **~ tätig sein** a. work (as a) freelance **Freibetrag** *m* tax allowance

Freibier *n* free beer **freibleibend** *Adj u. Adv* WIRTSCH without engagement

Freibrief *m* fig excuse (**für** for)

Freiburg *n* (*Schweiz*) Fribourg

Freidenker(in) freethinker

Freier *m* suitor, *iron e-r Prostituierten:* customer

Freiexemplar *n* free copy

Freifahrschein *m* free ticket

Freiflug *m* free flight

Freigabe *f allg* release, *des Wechselkurses:* floating, *e-r Strecke etc:* clearance

freigeben *v/t* 1. *j-m e-n Tag etc ~* give s.o. a day *etc* off 2. *allg* release, (*Wechselkurs*) float, (*Startbahn, Strecke etc*) clear: **etw für den Verkehr ~** open s.th. to traffic; **etw zur Veröffentlichung ~** release s.th. for publication

freigebig *Adj* generous

Freigebigkeit *f* generosity

Freigehege *n* open-air enclosure

Freigepäck *n* baggage allowance

Freigrenze *f* tax exemption limit

freihaben *v/i* f have the day off: **Freitag habe ich frei** Friday is my day off

Freihafen *m* free port

freihalten *v/t* 1. (*Sitzplatz*) keep, (*Einfahrt etc*) keep clear 2. (*Stelle etc*) keep open 3. *j-n ~* treat s.o., pay for s.o.

Freihandbücherei *f* open access library **Freihandel** *m* free trade

Freihandelszone *f* free trade area

freihändig *Adj u. Adv Schießen:* without support, *Radfahren etc:* with no hands, *Zeichnen etc:* freehand **Freihandzeichnung** *f* freehand drawing

Freiheit *f* freedom, liberty: **dichterische ~** poetic licen/ce (*Am* -se); **in ~ sein** be free; **in ~ setzen** release; **sich die ~ nehmen zu** *Inf* take the liberty of *Ger*, **sich ~en erlauben** take liberties (**gegenüber** with)

freiheitlich *Adj* free, *Gesinnung:* liberal

Freiheits|beraubung *f* deprivation of

liberty, JUR illegal detention **~bewegung** f POL freedom movement **~entzug** m imprisonment **~kampf** m struggle for freedom, revolt **~kämpfer(in)** freedom fighter **~krieg** m war of liberation **~liebe** f love of freedom **~strafe** f JUR prison sentence: **zu e-r ~ von 5 Jahren verurteilt werden** be sentenced to 5 years' imprisonment

freiheraus Adv openly, straight out

Freikarte f free (THEAT a. complimentary) ticket

freikaufen I v/t pay for s.o.'s release **II** v/refl **sich ~** pay to be set free

Freiklettern n free climbing

freikommen v/i get free, JUR be released, (freigesprochen werden) be acquitted

Freikörperkultur f nudism: **Anhänger(in) der ~** nudist **Freilandgemüse** n outdoor vegetables Pl

freilassen v/t, **Freilassung** f release

Freilauf m MOT u. Fahrrad: (a. **im ~ fahren**) freewheel

freilegen v/t lay open, expose, uncover

freilich Adv of course

Freilicht|bühne f, **~theater** n open-air theat/re (Am -er) **~kino → Autokino**

Freilos n free (lottery) ticket, SPORT bye

Freiluft... open-air ..., outdoor ...

freimachen I v/t POST stamp, prepay **II** v/refl **sich ~** free o.s. (**von** from), F (sich Zeit nehmen) arrange to be free

Freimaurer m freemason **~loge** f freemason's (od Masonic) lodge

Freimut m, **Freimütigkeit** f cando(u)r, openness **freimütig** Adj candid, open

freinehmen v/t (**sich**) **e-n Tag** etc ~ take a day etc off

Freiplastik f free-standing sculpture

Freiplatz m **1.** THEAT etc free seat **2.** Tennis etc: outdoor court

freischaffend Adj freelance

freischwimmen v/refl **sich ~** a) pass one's 15-minute swimming test, b) fig learn to stand on one's own two feet

freisetzen v/t CHEM, PHYS release (a. fig): **j-n ~** make s.o. redundant; **freigesetzte Arbeitskräfte** redundant workers

Freisetzung f CHEM, PHYS release (a. fig), von Arbeitskräften: redundancy

freispielen v/refl **sich ~** break clear

Freisprech|apparat m TEL hands-free

set (od unit) **~anlage** f MOT hands-free car kit

freisprechen v/t **1.** (**von**) REL absolve (from), JUR acquit (of), von e-r Schuld: exonerate (from), von e-m Verdacht: clear (of) **2.** (Lehrling) release s.o. from his indentures

Freispruch m JUR acquittal

Freistaat m free state, republic

freistehen v/i **1.** SPORT be unmarked **2.** **j-m ~** be up to s.o.; **es steht Ihnen frei zu** Inf you are at liberty (od free) to Inf

freistellen v/t **1. j-n ~** a. MIL exempt s.o. (**von** from) **2. j-m etw ~** leave s.th. (up) to s.o. **Freistellung** f (**von** from) exemption, MIL release

Freistil m, **Freistil...** SPORT freestyle

Freistoß m Fußball: free kick

Freistunde f PÄD free period

Freitag m (**am ~ on**) Friday

freitags Adv on Friday(s)

Freitod m suicide **freitragend** Adj ARCHI, TECH cantilever, self-supporting **Freitreppe** f (outdoor) steps Pl **Freiübungen** Pl (free) exercises Pl, cal(l)isthenics Pl

Freiumschlag m stamped addressed envelope **Freiverkehr** m WIRTSCH **im ~** in the open market, Am over the counter

Freiverkehrsbörse f WIRTSCH kerb market

freiweg Adv F straight out

Freiwild n fig fair game

freiwillig I Adj voluntary, (aus sich heraus) spontaneous **II** Adv voluntarily, of one's own free will: **sich ~ melden** volunteer (**zu** for) **Freiwillige** m, f volunteer **Freiwilligkeit** f voluntariness

Freiwurf m SPORT free throw

Freizeichen n TEL dial(l)ing tone

Freizeit f **1.** free (od leisure, spare) time **2.** PÄD holiday (od weekend) course **~ausgleich** m free time compensation **~beschäftigung** f leisure-time activity (od activities Pl), eng. S. hobby **~gestaltung** f leisure-time activities Pl **~hemd** n sports shirt **~industrie** f leisure industry **~kleidung** f casual (od leisure) wear **~park** m leisure park **~sektor** m leisure sector **~zentrum** n leisure cent/re (Am -er)

Freizone f free zone

freizügig Adj **1.** WIRTSCH unrestricted **2.**

(*großzügig*) generous, liberal **3.** *moralisch*: permissive, free, *Film etc*: a. candid

Freizügigkeit f **1.** *von Arbeitskräften etc*: free(dom of) movement **2.** (*Großzügigkeit*) generosity **3.** permissiveness, *e-s Films etc*: cando(u)r

fremd *Adj allg* strange, (*unbekannt*) a. unfamiliar, unknown, (*seltsam*) a. odd, (*ausländisch, weit. S. ~artig*) foreign: **~e Leute** strangers; **~e Hilfe** outside help; **~es Eigentum** other people's property; *fig* **j-m ~ sein** a) be unknown to s.o., b) (*wesens~*) be foreign (*od* alien) to s.o.'s nature; **ich bin hier (selbst) ~** I'm a stranger here (myself)

Fremdarbeiter(in) foreign worker

fremdartig *Adj* foreign, (*merkwürdig*) strange, *Pflanze etc*, a. *fig* exotic

Fremdartigkeit f strangeness

Fremde¹ *m*, *f* stranger, (*Ausländer[in]*) foreigner, (*Tourist[in]*) tourist

Fremde² *f* foreign parts *Pl*: **in die (der) ~** away from home, *weit. S.* abroad

fremdenfeindlich *Adj* hostile to strangers, (*ausländerfeindlich*) hostile to foreigners

Fremden|führer(in) (tourist) guide **~hass** *m* xenophobia **~heim** *n* guesthouse **~industrie** f tourist industry **~legion** f Foreign Legion **~verkehr** *m* tourism **~verkehrsbüro** *n* tourist office **~zimmer** *n* room (to let)

fremdgehen *v/i* be unfaithful (to one's husband *od* wife)

Fremd|herrschaft f foreign rule **~kapital** *n* loan capital **~körper** *m* **1.** foreign body **2.** *fig* alien element

fremdländisch *Adj* foreign, exotic

Fremdling *m* stranger

Fremdsprache f foreign language

Fremdsprachen|korrespondent(in) foreign correspondence clerk **~sekretär(in)** bilingual secretary **~unterricht** *m* foreign-language teaching (*od* lessons *Pl*)

fremd|sprachig *Adj* **1.** speaking a foreign language **2.** *Buch, Unterricht etc*: → **~sprachlich** *Adj* foreign-language

Fremdwort *n* foreign word

frequentieren *v/t* frequent

Frequenz f **1.** ELEK, PHYS frequency **2.** MED (*Puls② etc*) (pulse) rate **3.** (*Besucherzahl*) number of visitors **4.** (*Ver-*

kehrsdichte) density of traffic **Frequenzbereich** *m* ELEK frequency range

Fresko(malerei f) *n* fresco

Fressalien *Pl* F grub

Fresse f V mug, kisser: **halt die ~!** fuck up!

fressen I *v/t* **1.** eat, *Raubtier*: a. devour, V *Mensch*: stuff o.s. with, (*sich ernähren von*) eat, feed on: **e-m Tier (...) zu ~ geben** feed an animal (on ...); F **er wird dich schon nicht ~** he won't bite you; → **Besen** 1, **Narr** 2. F *fig* (*verbrauchen*) gobble up (*money*), consume (*fuel etc*) **II** *v/refl* **3.** **sich ~ in** (*Akk*) a. *Säure etc*: eat into **III** *v/i* **4.** eat, V *Person*: eat like a pig **5.** *fig* **~ an** (*Dat*) *Rost etc*: eat away **Fressen** *n fig* food, V (*Essen*) grub: F *fig* **das war ein gefundenes ~ für ihn** that was just what he was waiting for

Fresserei f **1.** V guzzling **2.** F blowout

Fressgier f voraciousness **Fresssack** *m* F glutton **Fresssucht** f MED b(o)ulimia

Frettchen *n* ZOOL ferret

Freude f joy (*über Akk* at), pleasure, delight: **~ haben** (*od* **finden**) **an** (*Dat*) enjoy; **j-m ~ bereiten** make s.o. happy; **ich hoffe, es macht dir ~!** I hope it will give you pleasure; **es macht mir k-e ~** I don't enjoy it; **zu m-r großen ~** much to my delight; → **Leid** 1

Freuden|fest *n* celebration **~feuer** *n* bonfire **~schrei** *m* cry of joy **~tag** *m* red-letter day **~tränen** *Pl* tears *Pl* of joy

freudestrahlend *Adj* radiant (with joy)

freudig *Adj* joyful, cheerful: **~es Ereignis** happy event; **~e Nachricht** good news *Pl* **freudlos** *Adj* cheerless, bleak

freudsch *Adj* → **Fehlleistung**

freuen I *v/refl* **sich ~** be glad (*od* happy, pleased) (*über Akk* about); **sich ~ an** (*Dat*) enjoy; **sich ~ auf** (*Akk*) be looking forward to **II** *v/t* impers: **das freut mich sehr** I'm glad to hear that; **ich hoffe, es freut dich** I hope it will give you pleasure **III** *v/unpers* **es freut mich, Sie zu sehen** nice to see you; **es würde mich ~, wenn ...** I'd be very pleased if ...

Freund *m* friend (a. *fig*), *e-s Mädchens*: boyfriend: **~ und Feind** friend and foe; *fig* **ein ~ sein von** be fond of; **ein ~ der**

Musik etc a music *etc* lover; → **dick** 2

Freundchen *n ironisch* mate, *Am* buddy

Freundeskreis *m* (circle of) friends *Pl*

Freundin *f* friend (*a. fig*), *e-s Jungen*: girlfriend

Freund(in)

Freund(in), gute(r) Bekannter	**friend**
Freund, Partner, mit dem man eine Liebesbeziehung hat	**boyfriend**
Freundin, Partnerin, mit der man eine Liebesbeziehung hat	**girlfriend**

Beim Vorstellen eines Freundes/ einer Freundin:
Dies ist mein Freund Peter.
(*Liebesbeziehung*)
This is Peter, my boyfriend.
Dies ist meine Freundin Lisa.
(*Liebesbeziehung*)
This is Lisa, my girlfriend.

Aber:
Dies ist mein Freund Hans.
(*ein Bekannter*)
This is Hans, a friend of mine.
Dies ist meine Freundin Gabi.
(*eine Bekannte*)
This is Gabi, a friend of mine.

---

freundlich *Adj* **1.** friendly (*gegen* to), (*lieb*) kind, (*nett*) nice: **~e Grüße** kind regards (*an Akk* to); **bitte seien Sie so ~ und ...** (will you) be so kind as to ...; **sehr ~!** very kind of you! **2.** *Klima etc*: mild, pleasant, *Zimmer etc*: cheerful

freundlicherweise *Adv* kindly

Freundlichkeit *f* friendliness, kindness

Freundschaft *f* friendship: **~ schließen mit** make friends with; **aus ~** because we *etc* are friends **freundschaftlich** *Adj* friendly, amicable: **j-m ~ gesinnt sein** be well-disposed towards s.o.

Freundschafts|besuch *m* POL goodwill visit **~dienst** *m* (**j-m e-n ~ erwei-**

-sen do s.o. a) good turn **~spiel** *n* SPORT friendly (game)

Frevel *m allg* sacrilege, (*Untat, a. fig*) (**an** *Dat*, **gegen** against) crime, outrage

frevelhaft *Adj* sacrilegious, *Tat etc*: outrageous **Freveltat** *f* outrage, crime

Frevler(in) offender, *bes* REL sinner

Frieden *m* peace, (*Ruhe*) tranquil(l)ity: **innerer ~** peace of mind; **im ~** in peacetime; **~ schließen** make peace; **mit j-m ~ schließen** make (it) up with s.o.; **lass mich in ~!** leave me alone!

Friedens|bedingungen *Pl* peace terms *Pl* **~bewegung** *f* POL peace movement **~bruch** *m* JUR breach (POL violation) of the peace **~forschung** *f* peace research **~gespräche** *Pl* peace talks *Pl* **~initiative** *f* peace initiative **~konferenz** *f* peace conference **~kundgebung** *f* peace rally **~nobelpreis** *m* Nobel Peace Prize **~politik** *f* policy of peace **~schluss** *m* conclusion of the peace treaty **~taube** *f* dove of peace **~truppe** *f* peacekeeping force **~verhandlungen** *Pl* peace negotiations *Pl* **~vertrag** *m* peace treaty **~zeit** *f* times *Pl* of peace, peacetime *Sg* (**-en** *Pl*)

friedfertig *Adj* peaceable

Friedhof *m* cemetery

friedlich *Adj* peaceful, *Tier*: gentle

Friedlichkeit *f* peacefulness

friedliebend *Adj* peace-loving

frieren *v/i u. v/unpers* freeze: **ich friere, mich friert, es friert mich** I am cold, *stärker*: I'm freezing; **ich friere an den Füßen** I've got cold feet; **es friert** it is freezing

Fries *m* ARCHI, *Textilien*: frieze

frigide *Adj* frigid **Frigidität** *f* frigidity

Frikadelle *f* GASTR meatball

Frikassee *n* GASTR fricassee

Frisbeescheibe® *f* frisbee disc®

frisch I *Adj* **1.** *Obst etc*: fresh, *Eier*: *a.* freshly-laid, *Salat etc*: *a.* green, *Brot*: *a.* new: **~e Farbe** wet paint; **~e Luft schöpfen** get some fresh air; **sich ~ machen** freshen up; *fig* **mit ~en Kräften** refreshed, with renewed strength; **noch in ~er Erinnerung** fresh in my *etc* mind **2.** (*sauber*) clean **3.** (*kühl*) fresh, cool, chilly **4.** *fig* (*lebhaft*) fresh (*a. Farbe*), brisk, lively **II** *Adv* **5.** freshly (*etc*), (*von neuem*) again: **~ gestrichen!**

wet paint!; **~ gebacken** fresh from the oven; **~ verheiratet** just married

Frische f allg freshness (a. fig), körperliche: a. vigo(u)r, (Lebhaftigkeit) a. briskness, liveliness, (Kühle) coolness: fig **in alter ~** as alive and well as ever

Frisch|ei n fresh(ly laid) egg **~fleisch** n fresh meat **~gemüse** n fresh vegetables Pl **~haltebeutel** m polythene bag **~haltefolie** f cling film **~haltepackung** f vacuum (od keep-fresh) package **~milch** f fresh milk **~obst** n fresh fruit **~zellentherapie** f MED living-cell therapy

Friseur(in) hairdresser: **beim ~** at the hairdresser's **Friseursalon** m hairdresser's shop **Friseuse** f hairdresser

frisieren I v/t 1. **j-n ~** do s.o.'s hair 2. F fig (Bilanz etc) doctor, (Motor) soup up **II** v/refl **sich ~** 3. do one's hair

Frisiersalon m hairdresser's salon

Frist f (fixed) period of time, time limit, (Zeitpunkt) deadline, WIRTSCH (Nach2) respite, JUR (Strafaufschub) reprieve: WIRTSCH, JUR **drei Tage ~** three days' grace; **innerhalb e-r ~ von 10 Tagen** within a ten-day period; **e-e ~ setzen (einhalten)** fix (meet) a deadline

fristen v/t **sein Leben (od Dasein) ~** scrape a (bare) living

fristgemäß, **fristgerecht** Adj u. Adv in time, within the prescribed time limit

fristlos Adj u. Adv (j-n ~ entlassen dismiss s.o.) without notice **Fristverlängerung** f extension (of the deadline)

Frisur f hairstyle, (Schnitt) haircut

Fritten Pl F chips Pl, Am fries Pl

Fritteuse f GASTR deep fryer

frittieren v/t deep-fry

frivol Adj (leichtfertig) frivolous, (anzüglich) risqué **Frivolität** f frivolity

froh Adj glad, cheerful: **sei ~, dass du nicht dabei warst** be thankful you weren't there

fröhlich Adj cheerful, (lustig) a. merry **Fröhlichkeit** f cheerfulness, (Lustigkeit) a. high spirits Pl

frohlocken v/i (über Akk) rejoice (in, at), schadenfroh: gloat (over) **II** 2 n jubilation, gloating

Frohnatur f cheerful person

Frohsinn m cheerfulness

fromm Adj 1. pious, devout 2. **~er Wunsch** wishful thinking **Frömmelei**

f sanctimoniousness **Frömmigkeit** f piety

Fron(arbeit) f fig drudgery

frönen v/i (Dat) indulge in

Fronleichnam m Corpus Christi

Front f allg front, MIL (Linie) a. front line: **an der ~** at the front; **hinter der ~** behind the lines; fig **~ machen gegen** turn against, resist; SPORT **in ~ gehen (liegen)** take (be in) the lead

Frontal... head-on, frontal **Frontalangriff** m frontal attack **Frontalzusammenstoß** m head-on collision

Frontantrieb m MOT front-wheel drive

Frontkämpfer(in) front-line soldier, ehemaliger: ex-serviceman, Am veteran

Frontlader m front loader **Frontmotor** m front-mounted engine

Frontwechsel m fig about-face

Frosch m 1. ZOOL frog: F **sei kein ~!** don't be a spoilsport! 2. (Knall2) squib **~augen** Pl fig bulging eyes Pl **~mann** m MIL etc frogman **~perspektive** f (aus der ~ sehen have a) worm's-eye view **~schenkel** m GASTR frog's leg

Frost m frost **frostbeständig** Adj frost-resistant **Frostbeule** f chilblain

Frosteinbruch m sudden frost

frösteln I v/i shiver (with cold): **mich fröstelt** I feel shivery **II** 2 n shivering

frostfrei Adj free of frost, frost-free

frostig Adj frosty, fig a. icy

Frostsalbe f chilblain ointment

Frostschaden m frost damage

Frostschutz m frost protection **~mittel** n antifreeze **~scheibe** f MOT defrosting screen

Frostwetter n frosty weather

Frottee, **Frotté** österr. m, n terry(cloth), towel(l)ing

frottieren v/t rub down

Frottier(hand)tuch n terry towel

Frucht f 1. BOT fruit (a. Pl): **Früchte tragen** a. fig bear fruit 2. Pl fig fruit(s Pl)

fruchtbar Adj 1. BIOL fertile: fig **auf ~en Boden fallen** fall on fertile ground 2. fig fruitful, Schriftsteller: prolific **Fruchtbarkeit** f 1. fertility 2. fig fruitfulness

Fruchtblase f amniotic sac

Fruchtbonbon m, n fruit drop

Fruchteis n fruit-flavo(u)red ice cream

fruchten v/i be of use, have an effect: **es**

hat nichts gefruchtet it was no use
Fruchtfleisch n (fruit) flesh
fruchtlos Adj fruitless, fig a. futile
Frucht|presse f juicer **~saft** m fruit juice **~wasser** n PHYSIOL amniotic fluid **~zucker** m fructose
frugal Adj frugal
früh I Adj early: **ein ~er van Gogh** an early (work by) van Gogh; → **früher, frühest, frühestens II** Adv early: **heute ~** this morning; (**schon**) ~ early on; ~ **genug** soon enough; **von ~ bis spät** from morning till night; **zu ~ kommen** be early
Frühaufsteher(in) early riser (F bird)
Frühe f (early) morning: **in aller ~** early in the morning
früher I Adj earlier, (*ehemalig*) former, (*einstig*) past: **der ~e Besitzer** the previous owner **II** Adv earlier, (*eher*) a. sooner, (*einstmals*) in the past: ~ **oder später** sooner or later; ~ **habe ich geraucht** I used to smoke; ~ **hat er nie geraucht** he never used to smoke, he didn't use to smoke; **ich kenne sie von ~** I know her from way back

---

früher (= used to)

Beachten Sie, dass die geläufigste Übersetzung von „früher" mit **used to** gebildet wird:

Sie war früher Innenarchitektin.
She used to be an interior designer.

Früher bin ich viel ins Kino gegangen.
I used to go to the cinema a lot.

△ Der Ausdruck **formerly** bzw. **in former times** bedeutet nur im <u>historischen</u> Kontext „früher, in früheren Zeiten".

Früherkennung f MED early diagnosis
frühest Adj earliest: **in ~er Kindheit** at a very early age
frühestens Adv at the earliest
Frühgeburt f premature birth
Frühgeschichte f early history
Frühjahr n (**im ~** in [the]) spring
Frühjahrs|mode f spring fashions Pl

~müdigkeit f spring tiredness
Frühkartoffeln Pl new potatoes Pl
Frühling m a. fig spring(time): **im ~** in (the) spring
frühlingshaft Adj springlike, spring
Frühlingsrolle f GASTR spring roll
Frühlingswetter n spring weather
Frühmesse f, **Frühmette** f matins Pl
frühmorgens Adv early in the morning
Frühnebel m early morning fog
frühreif Adj a. fig precocious **Frühreife** f precociousness, fig a. precocity
Früh|schicht f early shift **~schoppen** m pre-lunch drink(s Pl) **~sommer** m early summer **~sport** m early morning exercises Pl **~stadium** n early stage
Frühstück n breakfast: **zweites ~** mid-morning snack, Br elevenses Pl; → Info bei **breakfast**
frühstücken I v/i (have) breakfast **II** v/t have s.th. for breakfast
Frühstücks|fernsehen n breakfast television **~fleisch** n luncheon meat **~pause** f morning break
Früh|warnsystem n early warning system **~zeit** f early period, (*Vorzeit*) prehistoric times Pl **ᶜzeitig I** Adj early, (*vorzeitig*) untimely, premature **II** Adv early, in good time **~zug** m early train **~zündung** f MOT advanced ignition
Frust m F, **Frustration** f PSYCH frustration **frustrieren** v/t frustrate
Fuchs m **1.** ZOOL **a)** fox, **b)** (*Pferd*) sorrel **2.** → **Fuchspelz 3.** fig **alter ~** cunning old devil; **schlauer ~** sly fox
Fuchsbau m fox's den
Fuchsie f BOT fuchsia
Füchsin f ZOOL vixen
Fuchs|jagd f fox hunt(ing) **~pelz** m fox (fur) **ᶜrot** Adj ginger **~schwanz** m **1.** ZOOL foxtail **2.** TECH pad saw
fuchsteufelswild Adj F hopping mad
Fuchtel f F **j-n unter s-r ~ halten** keep s.o. under one's thumb
fuchteln v/i ~ **mit** wave s.th. around, (*drohend*): brandish; **mit den Händen ~** gesticulate wildly
Fug m **mit ~ und Recht** rightly
Fuge¹ f MUS fugue
Fuge² f TECH joint, (*Naht*) seam, (*Falz*) groove: **aus den ~n gehen a)** fall apart, **b)** fig be thrown out of joint
fugen v/t joint

fügen I v/t TECH joint **II** v/refl **sich ~** (*Dat od in Akk* to) (*nachgeben*) submit, give in, (*sich abfinden*) resign o.s.: **sich e-m Befehl ~** comply with an order; → **unabänderlich III** v/unpers **es fügt sich, dass ...** it so happens that ...; **fügsam** *Adj* obedient **Fügung** *f* (act of) providence, (stroke of) fate: **durch e-e glückliche ~** by a lucky coincidence

fühlbar *Adj fig* noticeable, (*beträchtlich*) considerable

fühlen I v/t *allg* feel, (*spüren*) *a.* sense **II** v/i feel: **~ nach** feel for; **mit j-m ~** feel with s.o. **III** v/refl **sich glücklich etc ~** feel happy *etc*; **sich ~ als** see o.s. as

Fühler *m* **1.** ZOOL feeler, antenna, tentacle: *fig* **die ~ ausstrecken** put out one's feelers **2.** TECH sensor

Fühlung *f* contact: **~ haben mit** be in touch with; **~ nehmen mit** contact, get in touch with

Fühlungnahme *f* contacts *Pl*

Fuhre *f* **a)** loaded cart, **b)** (cart)load

führen I v/t **1.** lead (*nach, zu* to), (*geleiten*) *a.* take, (*herum~*) guide: *Besucher in ein Zimmer* (*durchs Haus*) **~** show s.o. into a room (over the house) **2.** (*an~*) lead, head, MIL *a.* command **3.** *fig* lead, (*verwalten, leiten*) be in charge of, (*Betrieb, Haushalt etc*) manage, run, (*Amt*) hold, (*Bücher*) keep, (*Geschäfte etc, e-n Prozess etc*) conduct, (*Verhandlungen etc*) carry on: → **Gespräch, Klage** 2 **4.** (*Namen*) bear, go by (*the name of*), (*Titel*) hold, *Buch*: have, bear, (*Wappen*) have: → **Schild**[1] 1 **5.** (*Ware*) *auf Lager*: carry (in stock), *zum Verkauf*: sell, deal in **6.** (*handhaben*) use, wield **7.** (*bei sich tragen*) (*Waffe etc*) carry, have with (*od on*) one: ELEK **Strom~ a)** be live, **b)** conduct current **8.** *e-n Schlag* **~** strike a blow **9.** *Werkzeug, Leitung* **~ durch** (*um etc*) pass s.th. through (around *etc*) **II** v/i **10.** *allg* lead, SPORT *a.* be in the lead: **~ nach**, *a. fig* **~ zu** lead to; *fig* **das führt zu nichts** that won't get us (you *etc*) anywhere; SPORT **mit zwei Toren ~** be two goals ahead **III** v/refl **11.** *sich gut etc* **~** conduct o.s **führend** *Adj* leading: **~ sein** lead, rank in first place

Führer *m* (*Handbuch*) guide(book)

Führer(in) **1.** *allg* leader, (*Leiter*) *a.* head, MIL *a.* commander, SPORT (*Mannschafts2*) captain **2.** (*Fremden2*) guide **3.** MOT driver, FLUG pilot, (*Kran2 etc*) operator

führerlos *Adj* **1.** without a leader (*od guide etc*) **2.** *Wagen*: driverless, *Flugzeug*: pilotless

Führernatur *f* born leader **Führerschaft** *f* leadership, *Koll the* leaders *Pl*

Führerschein *m* MOT driving licence, *Am* driver's license: **~n ~ machen** take one's driving test **~entzug** *m* revocation of s.o.'s driving licence (*etc*)

Fuhrpark *m* car pool, fleet (of vehicles)

Führung *f* **1.** guidance, POL *etc* leadership, MIL command, WIRTSCH (*Unternehmens2*) management, *Koll the* leaders *Pl*: **unter der ~ von** headed by; **die ~ übernehmen** take charge (→ *a.* 5) **2.** *in e-m Museum etc*: (guided) tour (**durch** of) **3.** *von Verhandlungen etc*: conduct **4.** (*Benehmen*) good *etc* conduct, behavio(u)r **5.** SPORT lead: **in ~ gehen**, **die ~ übernehmen** take the lead; **in ~ sein** be in the lead *e.g. e-s Titels*: use

Führungs|aufgabe *f* executive function **~etage** *f* executive floor **~gremium** *n* executive committee **~kraft** *f* WIRTSCH executive, *Pl* executive personnel *Sg*, POL leaders *Pl* **~schicht** *f* ruling class(es *Pl*) **~schwäche** *f* lack of (*od poor*) leadership **~spitze** *f* top echelons *Pl* **~stil** *m* (style of) leadership **~tor** *n*, (letzter) **~treffer** *m* goal that puts a team into the lead **~zeugnis** *n* certificate of (good) conduct

Fuhr|unternehmen *n* haulage company **~unternehmer(in)** haulage contractor **~werk** *n* horse-drawn vehicle, cart

Fülle *f* fullness (*a. fig*), (*Klang2 etc*) richness, (*Über2*) wealth, abundance, (*Körper2*) corpulence: → **Hülle** 4

füllen v/t **1.** fill (*a. sich* **~**): *der Aufsatz* **füllte drei Seiten** took up three pages; **in Flaschen ~** bottle **2.** GASTR stuff

Füller *m* F, **Füll(feder)halter** *m* fountain pen

füllig *Adj* full, *Figur, Person*: plump **Füllsel** *n* filling, *fig a.* padding (*a. Pl*)

Füllung *f* **1.** filling (*a. Zahn2*) **2.** GASTR stuffing **3.** (*Polsterung*) padding

Füllwort *n* filler

fummeln v/i F **1.** fiddle around (**an** *Dat*

with) **2.** (*knutschen*) pet

Fund *m* finding, discovery, (*Gefundenes*) find: **e-n ~ machen** make a find

Fundament *n* ARCHI foundations *Pl*

fundamental *Adj* fundamental, basic

Fundamentalismus *m* fundamentalism **Fundamentalist(in)**, **fundamentalistisch** *Adj* fundamentalist

Fundbüro *n* lost property office, *Am* lost and found

Fundgrube *f* fig (gold)mine

fundieren *v/t* **1.** *fig* substantiate **2.** (*Anleihe, Schuld*) fund

fundiert *Adj* **1.** *Wissen etc, a. Geschäft*: sound **2.** *Anleihe, Schuld*: funded

fündig *Adj* **~ werden** a. *fig* strike gold

Fundsache *f* lost article, *Am* lost property *Sg* **Fundstätte** *f Archäologie*: site (of the discovery)

Fundus *m fig* store (**von, an** *Dat* of)

fünf I *Adj* five: *fig* (**alle**) **~e gerade sein lassen** stretch a point **II** ♀ *f* five, PÄD (*Note*) poor, *Br* E, *Am* F **Fünfeck** *n* pentagon **fünfeckig** *Adj* pentagonal

Fünfer *m* **1.** five-cent piece; five-euro note (*Am* bill), F fiver **2.** → **fünf II**

fünffach *Adj u. Adv* fivefold **fünfhundert** *Adj* five hundred **fünfjährig** *Adj* five-year-old, *präd* five years old: *ein ~es Kind* a. a child of five

Fünfkampf *m* SPORT pentathlon **Fünfkämpfer(in)** pentathlete

Fünflinge *Pl* quintuplets *Pl*, F quins *Pl*

fünfmal *Adv* five times

Fünfprozentklausel *f* PARL five per cent hurdle

fünfstellig *Adj* Zahl: five-digit, *Dezimalzahl*: five-place

fünft *Adj* fifth: → **Kolonne, Rad** 1 **Fünftagewoche** *f* five-day working week

Fünftel *n* fifth

fünfzehn *Adj* fifteen

fünfzig I *Adj* fifty; *sie ist Mitte ~* she is in her mid-fifties **II** ♀ *f* fifty **fünfziger I** *Adj* **1.** *die ~ Jahre e-s Jhs.*: the fifties *Pl* **II** ♀ *m* **2.** man of fifty: *er ist in den* ♀n he is in his fifties **3.** F fifty-pfennig piece, fifty-mark note (*Am* bill) **Fünfzigerin** *f* woman of fifty (*od* in her fifties) **Fünfzigerjahre** → **fünfziger**

fungieren *v/i ~ als* act (*Sache*: serve) as

Funk *m* radio; → *a.* **Rundfunk, Radio**

Funkamateur(in) radio ham

Funkausstellung *f* radio and TV exhibition

Funkbild *n* photo-radiogram

Fünkchen *n* → **Funke** *m a. fig* spark: *fig ein ~ (von) Verstand* a modicum of sense; *kein ~ Hoffnung* not a flicker of hope

funkeln *v/i* sparkle (*a. fig Geist, Witz*), (*glitzern*) glitter, *Sterne*: twinkle, *Augen*: flash

funkelnagelneu *Adj* F brand-new

Funkempfänger *m* radio receiver

funken *v/t* radio (*a. v/i*), send out: F *fig zwischen uns hat es sofort gefunkt* we clicked the moment we met

Funken *m* → **Funke**

funkentstört *Adj* radio-screened

Funker(in) radio operator

Funk|gerät *n* radio (set) **~haus** *n* broadcasting cent/re (*Am* -er) **~meldung** *f* radio message **~peilgerät** *n* radio direction finder (RDF) **~ruf(dienst)** *m* paging **~rufempfänger** *m* bleep(er) **~signal** *n* radio signal **~sprechgerät** *n tragbares*: walkie-talkie **~sprechverkehr** *m* radio telephony **~spruch** *m* radio message **~station** *f*, **~stelle** *f* radio station **~stille** *f* radio silence **~streife** *f* **1.** radio patrol **2.** → **~streifenwagen** *m* radio patrol car **~taxi** *n* radio cab **~technik** *f* radio engineering **~telefon** *n* radio telephone

Funktion *f* function, (*Stellung*) position: *in ~ treten* go into action

Funktionär(in) official

funktionell *Adj* functional **funktionieren** *v/i* function, work (*a.* F *fig*) **funktionsfähig** *Adj* functioning, working **Funktionsstörung** *f* MED malfunction **Funktionstaste** *f* function key (*a.* IT)

Funk|turm *m* radio tower **~uhr** *f* radio (signal) controlled clock **~verbindung** *f* radio contact **~verkehr** *m* radio communication(s *Pl*)

für I *Präp allg* for, (*als Ersatz*) *a.* in exchange (*od* return) for, (*zu Gunsten von*) *a.* in favo(u)r of, (*anstatt*) *a.* instead of: *Jahr ~ Jahr* year after year; *~ mich* for me, (*m-r Ansicht nach*) to me; *ich ~ m-e Person* I myself; *~s Erste* for the moment; *~ sich leben* live by o.s.; *an und ~ sich* actually; *e-e Sache ~ sich* another matter entirely; *das hat viel ~*

sich there's a lot to be said for it; **was ~ (ein) ...?** what (kind of) ...? **II** $\underline{\Omega}$ *n* **das** $\underline{\Omega}$ **und Wider** the pros and cons *Pl*

Fürbitte *f a.* REL intercession

Furche *f* LANDW, ANAT furrow (*a. fig Runzel*), GEOL, TECH *a.* groove, (*Wagenspur*) rut

Furcht *f* (**vor** of) fear, *stärker:* dread: **aus ~ vor** for fear of; **j-m ~ einflößen** (*od* **einjagen**) frighten s.o.; **~ einflößend**, **~ erregend** frightening

furchtbar I *Adj* terrible, *stärker:* dreadful **II** *Adv* terribly, F (*sehr*) *a.* awfully

fürchten I *v/t* be afraid of, *stärker:* dread: **ich fürchte, wir schaffen es nicht** I fear we're not going to make it **II** *v/i* **für j-n ~** fear for s.o. **III** *v/refl* **sich ~** (**vor** *Dat* of) be frightened, be scared, be afraid; **sich ~ vor** (*Dat*) *a.* dread; **sich** (**davor**) **~ zu** *Inf* be scared to *Inf*; be afraid of *Ger*

fürchterlich → **furchtbar**

furchtlos *Adj* fearless, intrepid

Furchtlosigkeit *f* fearlessness

furchtsam *Adj* timorous

Furchtsamkeit *f* timorousness

füreinander *Adv* for each other, for one another

Furie *f* **1.** MYTH Fury **2.** *fig* virago

Furnier *n*, **furnieren** *v/t* veneer

Furore *f:* **~ machen** cause a sensation

Fürsorge *f* **1.** care (**für** for), *liebevolle:* solicitude: **ärztliche ~** medical care **2.** **öffentliche ~** public welfare **3.** F (**von der ~ leben** live on) social security

Fürsorger(in) welfare worker

fürsorglich *Adj* considerate, solicitous

Fürsprache *f* intercession (**für** for, **bei** with), (*Empfehlung*) recommendation

Fürsprecher(in) intercessor, (*Vermittler*) mediator, (*Verfechter*) advocate

Fürst *m* prince (*a. Titel u. fig*), (*Herrscher*) ruler: F **leben wie ein ~** live like a king **Fürstenhaus** *n* dynasty **Fürstentum** *n* principality **Fürstin** *f* princess **fürstlich** *Adj* princely (*a. fig*), prince's, *fig* sumptuous, *Trinkgeld etc:* generous: *Adv* **j-n ~ bewirten** (**belohnen**) entertain (reward) s.o. royally

Furt *f* ford

Furunkel *m* MED boil

Fürwort *n* LING pronoun

Furz *m*, **furzen** *v/i* V fart

Fusel *m* F rotgut

Fusion *f* **1.** CHEM fusion **2.** WIRTSCH merger

fusionieren *v/t u. v/i* WIRTSCH merge

Fusionsfieber *n* WIRTSCH merger mania

Fuß *m* **1.** foot, *Pl* feet: **zu ~** on foot; **zu ~ gehen** walk; **zu ~ erreichbar** within walking distance; **gut zu ~ sein** be a good walker; **(Dat) auf dem ~e foigen** follow on the heels of; *fig* **auf die Füße fallen** fall on one's feet; **auf freiem ~** at large; **j-n auf freien ~ setzen** release s.o.; **auf eigenen Füßen stehen** stand on one's own two feet; **auf großem ~e leben** live in grand style; **auf gutem ~e stehen mit** be on good terms with; **auf schwachen Füßen stehen** be shaky; **mit beiden Füßen auf der Erde stehen** have both feet firmly on the ground; **kalte Füße bekommen** *a.* F *fig* get cold feet; → **link 2.** *e-s Berges, e-r Seite, Liste etc:* foot, bottom, *e-s Glases:* stem, *e-r Lampe:* stand: **am ~e des Berges** at the foot of the mountain **3.** (*Maß*) foot (= 30,48 cm): **10 ~ lang** ten feet long; → *Info bei* **foot**

Fußabdruck *m* footprint **Fußangel** *f* mantrap, *fig* trap **Fußbad** *n* footbath

Fußball *m* **1.** football, *Am* soccer ball **2.** (*Spiel*) football, *bes Am* soccer

Fußball... football (*club*, *match*, *etc*)

Fußballen *m* ANAT ball of the foot

Fußballer(in) F footballer

Fußball‖länderspiel *n* international (football) match **~platz** *m* football pitch **~spieler(in)** football player **~toto** *m*, *n* football pools *Pl*, F the pools *Pl* **~verband** *m* football association **~weltmeister** *m* world cup holders *Pl* **~weltmeisterschaft** *f* world cup

Fußbank *f* footstool

Fußboden *m* **1.** floor **2.** → **~belag** *m* floor covering, flooring **~heizung** *f* underfloor heating

Fuß‖breit *m* **k-n ~ weichen** not to budge an inch **~bremse** *f* MOT footbrake

Fussel *f*, *m* F (piece of) fluff **fusselig** *Adj* F covered in fluff: *fig* **sich den Mund ~ reden** talk one's head off

fußen *v/i* **~ auf** (*Dat*) be based (up)on

Fußende *n* (**am ~** at the) foot

Fußfehler *m* *Tennis:* foot fault

F

Fußgänger(in) pedestrian
Fußgängerbrücke f footbridge
Fußgänger|übergang m, ~überweg m
pedestrian crossing ~unterführung f
(pedestrian) underpass, Br a. subway
~zone f pedestrian precinct
Fußgelenk n ANAT ankle
fußhoch Adj Schnee etc: ankle-deep
Fuß|matte f doormat, MOT floor mat
~note f footnote ~pfad m footpath
~pflege f pedicure ~pfleger(in) pedi-
curist, bes Br chiropodist ~pilz m
MED athlete's foot ~puder m foot pow-
der ~sohle f sole (of the foot) ~spur f
footprint ~stapfe f footstep: fig in j-s
~n treten follow s.o.'s footsteps ~stütze
f footrest ~tritt m 1. (Geräusch) footstep
2. (Spur) footprint 3. (Stoß) kick: j-m
e-n ~ versetzen give s.o. a kick, kick
s.o. ~volk n fig rank and file (of a party
etc) ~weg m 1. footpath 2. e-e Stunde
etc ~ an hour's etc walk

futsch Adj präd F (weg) gone, (kaputt)
broken, sl bust: es ist ~ a. it has had it
Futter¹ n 1. (Vieh♀) fodder, (Nahrung)
food, feed 2. F (Essen) grub, sl chow
Futter² n Mode, TECH lining, ARCHI cas-
ing
Futteral n case, (Hülle) cover
futtern v/i F tuck in(to) v/t
füttern¹ v/t a. COMPUTER feed
füttern² v/t (Rock etc, a. TECH) line
Futternapf m feeding bowl
Futterneid m fig envy, jealousy
Futterstoff m lining (material)
Fütterung f feeding
Futur n LING (a. erstes ~) future (tense);
zweites ~ future perfect (tense)
Futurismus m futurism
Futurist(in), futuristisch Adj futurist
Futurologe m, Futorologin f futurolo-
gist
Futurologie f futurology
Futurum n → Futur

G

G, g n a. MUS G, g
Gabe f 1. (an Akk to) gift, present,
(Spende) contribution, (Schenkung)
donation 2. (Begabung) gift, talent
Gabel f 1. allg fork, (Heu♀, Mist♀) a.
pitchfork 2. TEL cradle, rest 3. am Fahr-
rad: fork, der Deichsel: shafts Pl 4. (Ge-
weih♀) spire gabelförmig Adj forked
gabeln I v/refl sich ~ fork (off od
out) II v/t fork Gabelstapler m forklift
(truck) Gabelung f fork
Gabentisch m table with (the) presents
Gabun n Gabon
gackern v/i cluck
gaffen v/i gape Gaffer(in) gawper
Gag m gag
Gage f fee
gähnen I v/i a. fig yawn II ♀ n yawn(ing)
gähnend Adj a. fig yawning: Adv ~ leer
sein be completely empty
Gala f gala dress
Gala... pl (concert, performance, etc)
galant Adj gallant
Galeere f galley
Galerie f allg gallery

Galerist(in) gallery owner
Galgen m gallows Pl Galgenfrist f →
Gnadenfrist Galgenhumor m gallows
(od grim) humo(u)r
Galionsfigur f a. fig figurehead
gälisch Adj, Gälisch n LING Gaelic
Gallapfel m oakapple
Galle f 1. ANAT gall bladder 2. PHYSIOL u.
fig bile, a. BOT, ZOOL gall: fig mir kam
die ~ hoch my blood was up
Gallen|blase f ANAT gall bladder ~gang
m bile (od gall) duct ~kolik f MED bil-
ious attack ~leiden n MED bilious com-
plaint ~stein m MED gallstone
Gallert n jelly
gallertartig Adj jelly-like, gelatinous
Gallier(in) hist Gaul
Galopp m gallop: im ~ at a gallop, fig a.
in a hurry; kurzer (od leichter) ~ can-
ter galoppieren v/i gallop
galvanisch Adj galvanic(ally Adv): ~e
Zelle voltaic cell; ~e Verzinkung elec-
trogalvanizing Galvaniseur(in) galva-
nizer, electroplater galvanisieren v/t
galvanize (a. MED), TECH a. electroplate

Galvanotechnik f electroplating
Gamasche f gaiter, (Wickel⸗) puttee
Gambia n the Gambia
Gammaglobulin n MED gamma globulin
Gammastrahl m PHYS gamma ray
Gammastrahlung f gamma radiation
Gammelei f F loafing around
gammelig Adj F **1.** Wurst etc: old, Obst: rotten **2.** (ungepflegt) scruffy
gammeln v/i F loaf (od bum) around
Gammler(in) F layabout, loafer, bum
Gämsbock m ZOOL chamois buck
Gämse f ZOOL chamois
gang Adj ~ **und gäbe sein** be quite common (od usual)
Gang m **1.** → **Gangart 2.** (Spazier⸗) walk, (Besorgung) errand, (Weg) way, (Besuch) visit **3.** (Verlauf) course: **s-n ~ gehen** take its course **4.** TECH running, working, action, (Arbeits⸗) operation: **etw in ~ setzen** (od **bringen**) a. fig start s.th., get s.th. going; **in ~ kommen** a. fig get going, get started; **im ~(e) sein** a) TECH be running, be working, **b)** fig be under way, be in progress; fig **es ist etw im ~e** s.th. is going on; **in vollem ~e sein** be in full swing **5.** MOT gear, a. TECH speed: **erster ~** first (od bottom) gear; **in den dritten ~ schalten** change (Am shift) into third (gear); **den ~ herausnehmen** put the car in neutral **6.** (Flur) corridor (a. BAHN), hall(way), (Durch⸗) passage (-way), (Bogen⸗) arcade, zwischen Sitzen: aisle, (Laufsteg) walkway, (Stollen) tunnel **7.** ANAT duct **8.** GASTR course: **Essen mit fünf Gängen** five-course meal
Gangart f gait, walk, e-s Pferdes: pace (a. fig Tempo)
gangbar Adj Weg: passable, a. fig practicable
gängeln v/t F **j-n ~** keep s.o. in leading strings
gängig Adj **1.** Ausdruck: current, Methode etc: (very) common **2.** WIRTSCH Ware: saleable, fast-selling
Gangschaltung f MOT gear change, Am gearshift, (Fahrrad) gears Pl
Gangster m gangster **~bande** f gang of criminals **~boss** m gang boss, gangland leader **~braut** f moll
Gangstertum n gangsterism

Gangway f **1.** FLUG steps Pl **2.** SCHIFF gangway
Ganove m F pej crook
Gans f goose, Pl geese: **junge ~** gosling; fig **dumme ~** stupid thing (od girl)
Gänschen n gosling
Gänse|blümchen n daisy **~braten** m roast goose **~füßchen** Pl F quotation marks Pl, inverted commas Pl **~haut** f fig goosepimples Pl, bes Am goose bumps Pl: **dabei kriege ich e-e ~** it gives me the creeps **~leberpastete** f pâté de foie gras
Gänsemarsch m **im ~** in single file
Gänserich m gander
Gänseschmalz n goose dripping
ganz I Adj **1.** whole, (vollständig) a. complete: **~ Deutschland** all (od the whole) of Germany; **die ~e Stadt** the whole town; **in der ~en Welt** all over the world; **~e Länge** total (od overall) length; **~e Zahl** whole number; **~e zwei Stunden** for two solid hours, (nicht mehr) for just two hours; **von ~em Herzen** with all my heart; **den ~en Morgen** (Tag) all morning (day); **die ~e Nacht** (hindurch) all night long; **die ~e Zeit** all the time; **F mein ~es Geld** all my money **2.** F (heil) intact, in one piece: **~ machen** mend **II** Adv **3.** (völlig) completely, totally: **~ aus Holz** etc all wood etc; **das ist etw ~ anderes** that's a different matter altogether; **nicht ~** not quite; **nicht ~ zehn Minuten** just under ten minutes; **~ gewiss** certainly; **~ nass** wet through; **~ wie du willst** just as you like; **(ich bin) ~ Ihrer Meinung** I quite agree; **er ist ~ der Vater** he's just like his father; → **Ohr 4.** **~ und gar** totally, completely; **~ und gar nicht** not at all **5.** (ziemlich) quite, F pretty, (sehr) really: **~ gut** quite good, F not bad; **~ wenig** a tiny bit; **ich würde es ~ gern tun, aber ...** I wouldn't mind (doing it), but ...; **~ besonders, weil** (e)specially since
Ganze n whole, (Gesamtheit) a. entirety: **einheitliches ~s** integral whole; **als ~s** as a whole; **das ~** the whole thing; **aufs ~ gehen** go all out; **jetzt geht es ums ~** it's all or nothing now; **im ~n** altogether, in all, WIRTSCH wholesale: → **groß 7**
Ganzheit f (**in s-r ~** as a) whole

Ganzheits|medizin f holistic medicine **~methode** f *ped* **1.** → *Ganzwortmethode* **2.** a. **~unterricht** m integrated curriculum

ganzjährig *Adj* all-year: *Adv* ~ **geöffnet** open all year round

gänzlich *Adj u. Adv* complete(ly), total(ly), entire(ly); *Adv* ~ **geöffnet** open all day

Ganzmetall... TECH all-metal

ganzseitig *Adj* full-page **ganztägig** *Adj* all-day: *Adv* ~ **geöffnet** open all day

Ganztags|beschäftigung f full-time job **~schule** f all-day school(ing)

Ganzwortmethode f PÄD whole-word method

gar[1] *Adj* GASTR done, cooked: *nicht* ~ underdone

gar[2] *Adv* **1.** ~ *nicht* not at all; ~ *nichts* not a thing, nothing at all, absolutely nothing; ~ *nicht so schlecht (viel)* not all that bad (much); ~ *keiner* nobody at all; *es besteht* ~ *kein Zweifel* there's no doubt whatsoever **2.** *(etwa)* perhaps, *(so~)* even: *oder* ~ ... let alone ...

Garage f garage

Garant(in) guarantor; → a. **Bürge**

Garantie f guarantee: *die Uhr hat ein Jahr* ~ the watch has got a year's guarantee; *die Reparatur geht noch auf* ~ the repair is covered by the guarantee; *dafür kann ich k-e* ~ *übernehmen* I can't guarantee that; F *er fällt unter* ~ *durch* he's bound to fail, **garantieren** *v/t (v/i* ~ *für)* guarantee (a. *fig)*

Garantieschein m guarantee

Garantiezeit f guarantee

Garbe f LANDW sheaf

Garde f MIL the Guards *Pl: fig die alte* ~ the Old Guard

Garderobe f **1.** cloakroom, *Am* checkroom **2.** THEAT dressing room **3.** *(Flur~)* coat rack **4. a)** coat (and hat), **b)** *(Kleidung)* clothes *Pl*, wardrobe

Garderoben|frau f, **~mann** m cloakroom *(Am* checkroom) attendant **~marke** f cloakroom ticket, *Am* check **~ständer** m coat rack

Garderobier m, **Garderobiere** f THEAT dresser

Gardine f curtain

gären *v/i* **1.** *(a.* ~ *lassen)* ferment **2.** *fig Hass etc:* seethe: *im Land gärte es* the country was seething with discontent

Garn n thread, *(Baumwoll~)* a. cotton: *fig j-m ins* ~ *gehen* fall into the *(od* s.o.'s) trap; *ein* ~ *spinnen* spin a yarn

Garnele f shrimp, prawn

garnieren *v/t allg* decorate, *(Kleid, Hut)* a. trim, GASTR a. garnish *(a. fig)*

Garnison f MIL garrison

Garnison(s)stadt f garrison town

Garnitur f **1.** *Wäsche etc:* set, *(Möbel~)* a. suite **2.** *(Besatz)* trimmings *Pl* **3.** *fig zur ersten (zweiten)* ~ *gehören* be first-rate (second-rate)

Garten m garden: *botanischer* ~ botanical gardens *Pl*; BIBEL *der* ~ **Eden** the garden of Eden **~arbeit** f gardening **~architekt(in)** landscape gardener **~bau** m horticulture **~bau...** horticultural *(show etc)* **~fest** n garden party **~geräte** *Pl* gardening tools *Pl* **~haus** n summerhouse **~lokal** n beer garden **~möbel** *Pl* garden furniture *Sg* **~schere** f pruning shears *Pl, bes Br* secateurs *Pl* **~stadt** f garden city **~zaun** m garden fence **~zwerg** m **1.** (garden) gnome **2.** F *fig* little squirt

Gärtner(in) gardener **Gärtnerei** f **1.** *(Gartenarbeit)* gardening **2.** *(Betrieb)* market garden, *Am* truck farm

Gärung f **1.** fermentation **2.** *fig (state of)* unrest **Gärungsprozess** m (process of) fermentation

Gas n gas: MOT ~ **geben** step on the gas *(a.* F *fig)*; ~ **wegnehmen** throttle back *(od* down); *mit* ~ **vergiften** gas

Gas|anzünder m gaslighter **~backofen** m gas oven **~behälter** m gas tank **~beheizt** *Adj* gas-fired **~feuerzeug** n gaslighter **~flasche** f gas cylinder

gasförmig *Adj* gaseous

Gas|hahn m gas tap **~heizung** f gas heating **~herd** m gas stove **~kammer** f gas chamber **~kocher** m gas *(od* camping) stove **~leitung** f gas mains *Pl* **~-Luft-Gemisch** n gas-air mixture **~maske** f gas mask **~ofen** m gas stove **~pedal** n MOT accelerator, *Am* gas pedal **~rohr** n gaspipe

Gasse f alley, *(a. Spalier)* lane

Gast m **1.** guest, *in e-m Lokal etc:* customer, *(Besucher)* visitor: *Gäste haben* a. have company **2.** THEAT guest (performer *od* artist) **~arbeiter(in)** foreign worker **~dirigent(in)** guest conductor **~dozent(in)** guest lecturer

geben

Gäste|buch *n* visitors' book **~haus** *n* guesthouse **~zimmer** *n* **1.** guestroom **2.** *in e-r Pension etc:* lounge

gastfreundlich *Adj* hospitable

Gastfreundschaft *f* hospitality

Gastgeber(in) *m* **1.** host **2.** *P
l SPORT* home team *Sg* **Gastgeberin** *f* hostess

Gasthaus *n*, **Gasthof** *m* restaurant, (*bes Land2*) inn

Gasthörer(in) *UNI* guest student, *Am* auditor

gastieren *v/i THEAT* give a guest performance, *bes Am* guest

Gastland *n* host country

gastlich *Adj* hospitable

Gastlichkeit *f* hospitality

Gastmannschaft *f* visiting team

Gastprofessor(in) visiting professor

Gastrecht *n* (right of) hospitality

Gastritis *f MED* gastritis

Gastrolle *f THEAT* guest part

Gastronom(in) restaurant proprietor (*Koch:* chef) **Gastronomie** *f* **1.** (*Gewerbe*) catering trade **2.** (*Kochkunst*) gastronomy **gastronomisch** *Adj* **1.** catering **2.** gastronomic(al)

Gastspiel *n THEAT* guest performance

Gaststätte *f* restaurant

Gaststättengewerbe *n* catering trade

Gaststube *f* lounge, taproom

Gasturbine *f* gas turbine

Gastvorlesung *f*, **Gastvortrag** *m* guest lecture **Gastvorstellung** *f THEAT* guest performance

Gastwirt *m* landlord, proprietor

Gastwirtin *f* landlady, proprietress

Gastwirtschaft *f* restaurant

Gasvergiftung *f* gas poisoning

Gaswerk *n* gasworks *Pl* (*a. Sg konstr*)

Gaszähler *m* gasmeter

Gatte *m* husband, *JUR* spouse

Gatter *n* (*Tor*) gate, (*Zaun*) fence

Gattin *f* wife, *JUR* spouse

Gattung *f* **1.** *BIOL* genus **2.** (*Art*) species, (*Sorte*) kind, type **3.** *KUNST* (art) form, *LITERATUR* genre

Gattungsbegriff *m* generic term

Gattungsname *m* **1.** *BIOL* generic name **2.** *LING* collective (*od common*) noun

GAU *m* (= *größter anzunehmender Unfall*) **1.** maximum credible accident, MCA **2.** *fig* absolute disaster

Gaukler(in) **1.** tumbler **2.** clown

Gaul *m* horse, *pej* nag: *alter ~* (old) jade;

fig **e-m geschenkten ~ sieht man nicht ins Maul** never look a gift horse in the mouth

Gaumen *m* palate **~laut** *m LING* palatal

Gaumenzäpfchen *n ANAT* uvula

Gauner(in) swindler, crook, *sl* con man, (*Halunke*) rascal **~sprache** *f* thieves' Latin **~streich** *m*, **~stück** *n* swindle

Gaze *f* gauze (*a. MED*), cheesecloth

Gazelle *f ZOOL* gazelle

geachtet *Adj* esteemed

Geächtete *m*, *f* outlaw

geartet *Adj* disposed: *er ist so ~, dass ...* he is the kind of person that ...; *anders ~ sein* be different

geb. *Abk* (= *geborene*) née

Gebäck *n* (*fancy*) cakes *Pl*, (*Kekse*) biscuits *Pl*, *Am* cookies *Pl*

Gebälk *n* beams *Pl*, timberwork

geballt *Adj* **1.** *Faust:* clenched **2.** *fig* concentrated

gebannt *Adj u. Adv* spellbound

Gebärde *f* gesture **gebärden** *v/refl sich ~* (*wie* like) behave, act

Gebärden|spiel *n* gestures *Pl*, gesticulation, pantomime (*a. fig*) **~sprache** *f* **1.** sign language **2.** *THEAT* mimicry

Gebaren *n* behavio(u)r, *WIRTSCH* conduct

gebären **I** *v/t* give birth to: *geboren werden* be born; → *geboren* **II** *v/i* give birth

Gebärmutter *f ANAT* womb, uterus **~krebs** *m MED* cancer of the womb **~vorfall** *m MED* (uterine) prolapse

Gebäude *n* building, *prächtiges:* edifice (*a. fig Gedanken2*), *fig* structure **~komplex** *m* complex (of buildings)

Gebein *n* **1.** bones *Pl* **2.** *Pl* (*sterbliche Reste*) (mortal) remains *Pl*

Gebell *n* barking

geben *v/t* **1.** *allg* (*j-m etw* s.o. s.th., s.th. to s.o.) give, (*reichen*) *a.* hand, (*gewähren*) *a.* grant: *lass dir e-e Quittung ~!* ask for a receipt!; ~ *Sie mir bitte Frau X TEL* can I speak to Mrs. X, please; F *fig es j-m ~* let s.o. have it; → *Anlass* 2, *Bescheid*, *gegeben* **2.** (*Unterricht, Fach etc*) give, teach **3.** (*Konzert etc*) give, (*Essen, Party*) *a.* have, (*Stück etc*) perform, F do, (*Film*) show: *was wird heute Abend gegeben?* what's on tonight? **4.** (*er~*) produce, yield: *Milch ~* give milk; *zweimal fünf gibt*

zehn two times five makes ten; *das gibt e-e gute Suppe* that will make a good soup; *Flecken ~* (*od* leave) stains; *fig das gibt k-n Sinn* that doesn't make sense; *ein Wort gab das andere* one word led to another **5.** (*tun, legen etc*) put, (*dazu~*) add **6.** *von sich ~* **a)** CHEM give off, emit, **b)** (*Äußerung etc*) make, (*Schrei etc*) give, let out, **c)** (*erbrechen*) bring up; *sie gab k-n Ton von sich* she didn't utter a sound. **7.** *viel ~ auf* (*Akk*) set great store by s.th., think highly (*od* a lot) of s.o.; *ich gebe nicht viel auf* (*Akk*) I don't think much of **II** *v/i* **8.** give (*mit vollen Händen* freely) **9.** *Kartenspiel:* deal: *wer gibt?* whose deal is it? **10.** *Tennis:* serve **III** *v/refl* *sich ~* **11.** (*sich benehmen*) act, behave: *sich gelassen ~* pretend to be calm; *er gibt sich gern als Experte* he likes to act the expert **12.** *Gelegenheit etc:* arise **13.** (*nachlassen, vorübergehen*) pass, F blow over: *das wird sich alles ~* everything will be all right, things will come right **IV** *v/unpers* **14.** *es gibt* there is, there are: *der beste Spieler, den es je gab* the best player of all time; *es gibt viel zu tun* there was a lot to do; F *was gibts?* what's up?; *was gibts Neues?* what's new?; *was gibts zum Mittagessen?* what's for lunch?; *was gibts heute Abend im Fernsehen?* what's on television tonight?; *das gibt es* (*bei mir*) *nicht!* that's out!; *das gibts doch nicht!* you're joking!; *heute wirds noch was ~* (*Gewitter, Krach etc*) I think we're in for s.th.; *er hat Recht, da gibts nichts!* he's right, and no mistake about it! **V** ♀ *n* **15.** giving: ♀ *ist se-liger denn Nehmen* it is more blessed to give than to receive **16.** *Kartenspiel:* *am ♀ sein* be dealing; *er ist am ♀* it's his deal

Geber(in) **1.** giver, *Kartenspiel:* dealer **2.** TEL transmitter

Geberlaune *f in ~ sein* be in a generous mood

Gebet *n* prayer: F *fig j-n ins ~ nehmen* give s.o. a good talking-to

Gebetbuch *n* prayerbook

Gebiet *n* **1.** area, region, (*Bezirk*) district, zone, (*Staats♀*) territory **2.** *fig* (*Fach♀*) field, (*Bereich*) a. sphere:

Fachmann auf dem ~ (*Gen*) authority on

gebieten **I** *v/t* **1.** *j-m ~, etw zu tun* order s.o. to do s.th. **2.** (*Achtung, Ehrfurcht*) command **3.** (*erfordern*) require, call for: *die Vernunft gebietet uns zu Inf* reason demands of us to *Inf* **II** *v/i* **4.** *~ über* (*Akk*) control, rule over, (*verfügen über*) have at one's disposal; → *geboten* **Gebieter** *m* master, lord, (*Herrscher*) ruler **Gebieterin** *f* mistress

gebieterisch *Adj* domineering, *Ton etc:* peremptory

Gebietsanspruch *m* territorial claim

Gebietshoheit *f* territorial sovereignty

Gebietsleiter(in) WIRTSCH regional manager

gebietsweise *Adv* *~ Regen* local showers

Gebilde *n* (*Ding*) thing, object, (*Werk*) work, creation, (*Gefüge*) structure

gebildet *Adj* educated, (well-)informed, (*kultiviert*) cultured, refined

Gebinde *n* (*Blumen♀*) arrangement

Gebirge *n* mountains *Pl*

gebirgig *Adj* mountainous

Gebirgs | **ausläufer** *m* spur *~gegend* *f* mountainous region *~kette* *f* mountain range *~volk* *n* mountain people (*od* tribe) *~zug* *m* mountain range

Gebiss *n* **1.** (set of) teeth *Pl, künstliches:* dentures *Pl* **2.** *am Zaum:* bit

Gebläse *n* TECH fan, (*~maschine*) blower *~motor* *m* MOT supercharger engine

geblümt *Adj* floral, flowered

Geblüt *n a.* ZOOL blood

gebogen *Adj* bent, *Nase:* hooked

gebongt *Adj* F *ist ~!* will do!

geboren *Adj* born: *~er Deutscher* (*Berliner*) *sein* be German (a Berliner) by birth; *~e Schmidt* née Schmidt; *sie ist e-e ~e Schmidt* her maiden name is Schmidt; *fig ~ sein zu* be born to be (*od* to do), *e-m Beruf etc:* be cut out for; *er ist der ~e Geschäftsmann* he is a born businessman; → *a.* **gebären**

geborgen *Adj* safe, secure

Geborgenheit *f* safety, security

Gebot *n* **1.** BIBEL commandment **2.** (*Vorschrift*) rule **3.** (*Erfordernis*) requirement, necessity: *das ~ der Vernunft* (*des Herzens, der Stunde*) the dictates *Pl* of reason (of one's heart,

of the moment) **4.** WIRTSCH bid **5.** *j-m zu ~e stehen* be at s.o.'s disposal **geboten** *Adj* (*nötig*) necessary, (*dringend* ~) imperative, (*gehörig*) due: ~ *sein a.* be called for

Gebotsschild *n* mandatory sign

Gebr. *Abk* (= **Gebrüder**) Bros

gebrannt *Adj* burnt, *Kaffee etc*: roasted, *Keramik*: fired: → **Kind**

Gebräu *n* brew, *fig a.* concoction

Gebrauch *m* **1.** use, (*Anwendung*) *a.* application (*a.* MED, PHARM), LING usage: ~ *machen von* use, make use of; *von etw guten* (*schlechten*) ~ *machen* put s.th. to good (bad) use; *außer* ~ *kommen* pass out of use; *im* ~ *sein* be in use, be used; *etw in* ~ *nehmen* put s.th. into use; *der* ~ *s-s linken Arms* the use of his left arm; *zum persönlichen* ~ for personal use; *vor* ~ *schütteln!* shake before use! **2.** *mst Pl* practice, (*Sitte*) custom

gebrauchen *v/t* **1.** use: *kannst du das* ~? can you make use of that?; *das kann ich gut* ~ I can make good use of that; *s-n Verstand* ~ use one's brains; *du wirst nicht mehr gebraucht* you can go; F *er ist zu nichts zu* ~ he is hopeless **2.** F use, do with: *ich könnte e-n Kognak* ~ I could do with a brandy

gebräuchlich *Adj* common (*a.* LING), (*üblich*) normal: *allgemein* ~ in common use; *nicht mehr* ~ no longer used

Gebrauchs|anleitung *f,* **~anweisung** *f* directions *Pl* for use, instructions *Pl* (for use) **~artikel** *m* article of daily use **2fähig** *Adj* usable **~fahrzeug** *n* utility vehicle **2fertig** *Adj* ready for use **~grafik** *f* commercial art **~güter** *Pl* (consumer) durables *Pl* **~muster** *n* registered design **~wert** *m* practical value

gebraucht *Adj* used, WIRTSCH *a.* secondhand

Gebrauchtwagen *m* used (*od* secondhand) car **~händler(in)** used car dealer

gebräunt *Adj* tanned, bronzed

Gebrechen *n* disability, (physical) handicap, infirmity

gebrechlich *Adj* frail, infirm

Gebrechlichkeit *f* frailty, infirmity

gebrochen *Adj* broken (*a.* LING), *fig a.* broken-hearted: *sie spricht nur* ~ *Englisch* she speaks only broken English

Gebrüder *Pl* WIRTSCH ~ (*Abk* **Gebr.**)

Wolf Wolf Brothers (*Abk* Bros.)

Gebrüll *n* roaring, bellowing (*a.* ZOOL), (*Geschrei*) screaming, yelling

gebückt *Adj* stooping: **~e Haltung** stoop

Gebühr *f* **1.** charge, fee, (*Tarif*) rate, (*Post2*) postage, (*Straßenbenutzungs2*) toll: **ermäßigte** ~ reduced rate **2.** *nach* ~ duly; **über** ~ unduly, excessively

gebühren *v/i* *j-m* ~ be due to s.o.

gebührend I *Adj* due, proper **II** *Adv* duly, properly

Gebühren|einheit *f* unit **~erlass** *m* remission of fees **2frei** *Adj* free of charge **~ordnung** *f* scale of fees (*od* charges)

gebührenpflichtig *Adj* subject to charges: **~e Straße** toll road; **~e Verwarnung** summary fine

Gebührensatz *m* rate

gebündelt *Adj* bundled, PHYS *a.* pencil(l)ed

gebunden *Adj* **1.** BUCHDRUCK bound **2.** CHEM bound (*a.* PHYS), fixed: **~e Wärme** latent heat **3.** MUS legato (*a. Adv*), slurred **4.** *fig Person*: bound, tied, engaged: *vertraglich* ~ bound by contract; *sich an etw* ~ *fühlen* feel committed to s.th. **5.** WIRTSCH *Kapital*: tied (up) **6.** GASTR thickened **7.** *in* ~*er Rede* in verse

Geburt *f* **1.** birth (*a. fig*), (*Abstammung*) *a.* descent: *von* ~ *Deutsche(r) sein* be a German by birth **2.** MED (child)birth, (*Entbindung*) delivery: *von* ~ *an* from birth; *bei der* ~ *sterben* die at birth; F *fig e-e schwere* ~ a tough job

Geburten|kontrolle *f,* **~regelung** *f* birth control **~rückgang** *m* decline in the birthrate

geburten|schwach *Adj* low-birthrate (*year etc*) **~stark** *Adj* high-birthrate

Geburtenüberschuss *m* excess of births

Geburtenziffer *f* birthrate

gebürtig *Adj*: *er ist* ~*er Engländer* he is English by birth

Geburts|anzeige *f* birth announcement **~datum** *n* date of birth **~haus** *n* mein *etc* ~ the house where I *etc* was born **~helfer** *m* obstetrician **~helferin** *f* midwife **~hilfe** *f* obstetrics *Sg, eng. S.* midwifery **~jahr** *n* year of birth **~jahrgang** *m* cohort **~land** *n* native country **~ort** *m* birthplace: ~ *und Ge-*

burtstag place and date of birth **~stadt**
f native town **~stunde** *f* **1.** hour of birth
2. *fig* birth

Geburtstag *m* birthday, VERW date of
birth: *sie hat heute ~* it's her birthday
today; *(ich) gratuliere zum ~* many
happy returns (of the day)

Geburtstags… birthday (*card, party,
present, etc*)

Geburtstagskind *n* birthday boy (girl)

Geburtsurkunde *f* birth certificate

Gebüsch *n* bushes *Pl*, shrubbery

gedacht *Adj* assumed: *~ als* intended
(*od* meant) as (*od* to be)

Gedächtnis *n* memory: *aus dem ~* from
memory, (*auswendig*) by heart; *sich
etw ins ~ zurückrufen* recall s.th.;
zum ~ an (*Akk*) in memory of **~hilfe**
f mnemonic (aid) **~lücke** *f* lapse of
memory **~schwund** *m* amnesia, loss
of memory **~störung** *f* partial amnesia
~training *n* **~übung** *f* memory training

gedämpft *Adj* **1.** *Schall:* muffled,
*Stimme, Farbe, Licht, fig Stimmung
etc,* F *a. Person:* subdued: *~r Optimis-
mus* guarded optimism **2.** GASTR
steamed

Gedanke *m* thought (*an Akk* of, *über
Akk* on), (*Einfall, Absicht*) *a.* idea: *kein
schlechter ~!* not a bad idea!; *in ~* ab-
sent-mindedly; *in ~n versunken* lost in
thought; *j-n auf andere ~n bringen* get
s.o.'s mind on to other things; *j-n auf
den ~n bringen zu Inf* give s.o. the idea
of *Ger; j-n auf dumme ~n bringen* give
s.o. silly ideas; *j-s ~n lesen* read s.o.'s
mind; *sich ~n machen über* (*Akk*)
think about, *besorgt:* be worried about;
wie kommst du auf den ~n? what
makes you think of that?; → *spielen*
1, *tragen* 9

Gedanken|austausch *m* exchange of
ideas **~blitz** *m* sudden inspiration, F
brainwave **~freiheit** *f* freedom of
thought **~gang** *m* train of thought

Gedankenleser(in) mind-reader

gedankenlos *Adj* thoughtless, (*rück-
sichtslos*) *a.* inconsiderate, (*leichtsin-
nig*) careless

Gedankenlosigkeit *f* thoughtlessness

gedankenreich *Adj* full of ideas

Gedankenreichtum *m* wealth of ideas

Gedanken|sprung *m* jump (from one
idea to the other) **~strich** *m* dash

Gedankenübertragung *f* telepathy

gedankenvoll *Adj* pensive

Gedankenwelt *f* (world of) ideas *Pl*

gedanklich *Adj* intellectual

Gedärm *n, mst* **Gedärme** *Pl* intestines
Pl, ZOOL entrails *Pl*

Gedeck *n* **1.** cover: *ein ~* (*mehr*) *aufle-
gen* set a (another) place **2.** (*Speise*) set
meal **3.** (*~preis*) cover charge

Gedeih: *auf ~ und Verderb* come what
may

gedeihen I *v/i* thrive, prosper, develop
well, *fig a.* progress: *so weit gediehen
sein, dass* have reached a point where
II ♀ *n* thriving (*etc*), prosperity, success

gedenken I *v/i* (*Gen*) think of, remem-
ber, (*erwähnen*) mention, (*feiern*) com-
memorate **II** *v/t zu tun ~* think of doing,
intend to do **III** ♀ *n* (*im* ♀ *an Akk* in)
memory (of); → *a.* **Andenken** 1

Gedenk|feier *f* commemoration (cere-
mony) **~gottesdienst** *m* memorial ser-
vice **~minute** *f* a minute's silence (*für*
in memory of) **~münze** *f* commemora-
tive coin **~rede** *f* commemorative ad-
dress **~stätte** *f* memorial (place) **~stein**
m memorial (stone) **~stunde** *f* hour of
remembrance **~tafel** *f* commemorative
plaque **~tag** *m* day of remembrance

Gedicht *n* poem: F *fig dieses Kleid ist
ein ~* this dress is a (perfect) dream

Gedichtsammlung *f* collection of
poems, (*Auswahl*) anthology

gediegen *Adj* **1.** METALL native, solid,
pure **2.** WIRTSCH good-quality, (*ge-
schmackvoll*) tasteful **3.** *Wissen, Cha-
rakter etc:* solid **Gediegenheit** *f allg* so-
lidity

Gedränge *n* **1.** (*Menge*) crowd, F crush
2. (*Ansturm*) rush (*nach, um* for) **3.**
Rugby: scrummage **4.** F *fig damit wir
nicht ins ~ kommen* so that we don't
get pushed for time **5.** → **Gedrängel**
n pushing **gedrängt** *Adj* **1.** crowded,
packed: *Adv ~ voll* (F jam-)packed **2.**
fig Stil etc: concise

gedrechselt *Adj fig Rede, Stil:* stilted

gedruckt *Adj* **1.** printed **2.** F *lügen wie ~*
lie through one's teeth

gedrückt *Adj fig* depressed (*a.*
WIRTSCH): *die Stimmung war ~* spirits
were low; *~er Stimmung sein* be in
low spirits

gedrungen *Adj Gestalt:* stocky

Geduld *f* patience: ~ **haben mit** be patient with; *jetzt reißt mir aber die ~!* that's done it!; *sich in ~ fassen* have patience **gedulden** *v/refl sich* ~ be patient; ~ *Sie sich bitte e-n Augenblick!* wait a minute, please!

geduldig *Adj* patient

Gedulds|probe *f e-e ~ für j-n sein* be a test of s.o.'s patience **~spiel** *n* puzzle

gedungen *Adj* hired (*killer etc*)

gedunsen *Adj* bloated

geehrt *Adj* hono(u)red: *im Brief: Sehr ~er Herr X* Dear Mr. X!; *Sehr ~e Herren* Dear Sirs, Gentlemen

geeignet *Adj* (*für* for) suitable, suited, right, qualified: *er ist nicht dafür ~* he's not the right man for it; *im ~en Augenblick* at the right moment; *~e Schritte unternehmen* take appropriate action

Gefahr *f* danger, threat (*beide: für* for, to), (*Risiko*) risk: *auf eigene ~* at one's own risk; *außer ~* out of danger; *auf die ~ hin zu Inf* at the risk of *Ger*; *ohne ~* safely; *sich e-r ~ aussetzen, sich in ~ begeben* expose o.s. to danger, take risks; ~ *laufen zu Inf* run the risk of *Ger*; *in ~ bringen* → *gefährden*; *es besteht k-e ~* it's perfectly safe; → *schweben 1*

gefährden *v/t* endanger, (*bedrohen*) threaten, (*aufs Spiel setzen*) (put at) risk, (*in Frage stellen*) jeopardize

gefährdet *Adj* endangered: ~ *sein* a. be in danger, be at risk

Gefährdung *f* **1.** endangering (*etc*, ~ → *gefährden*) **2.** (*Gen* to) danger, threat

Gefahren|herd *m* (constant) source of danger, POL trouble spot **~stelle** *f* danger spot **~zone** *f* danger zone

Gefahrenzulage *f* danger money

gefährlich *Adj* dangerous (*Dat*, *für* to), risky, (*ernst*) grave, critical: *~e Krankheit* serious illness **Gefährlichkeit** *f* danger(ousness), (*Ernst*) gravity

gefahrlos *Adj* not dangerous, safe

Gefährt *n* vehicle

Gefährte *m*, **Gefährtin** *f* companion

gefahrvoll *Adj* dangerous

Gefälle *n* **1.** fall, slope, incline, *e-r Straße: a.* gradient, *bes Am* grade **2.** ELEK, MATHE, PHYS gradient **3.** *fig* difference(*s Pl*), (*Lohn2, Preis2*) differential

gefallen¹ *v/i* **1.** please: *es (er) gefällt mir (nicht)* I (don't) like it (him); F *er gefällt mir nicht* (*er sieht krank aus*) he doesn't look too well; *solche Filme ~ der Masse* films like that appeal to the masses; *hat dir das Konzert ~?* did you enjoy the concert?; *wie gefällt es Ihnen in Berlin?* how do you like Berlin? **2.** *sich etw ~ lassen* put up with s.th.; *das lasse ich mir nicht ~!* I'm not going to put up with it!; *sie lässt sich von ihm nichts ~* she won't stand any nonsense from him; *das lasse ich mir ~!* now you're talking! **3.** *sich ~ in* (*Dat*) indulge in; *sich in der Rolle des Fachmanns ~* fancy o.s. as an expert

gefallen² *Adj* fallen, MIL *a.* killed in action: *die Gefallenen Pl* the dead *Pl*

Gefallen¹ *m* (*j-m e-n ~ tun* do s.o. a) favo(u)r: *j-n um e-n ~ bitten* ask a favo(u)r of s.o.

Gefallen² *n* pleasure: *~ finden an a*) *e-r Sache*: enjoy, take pleasure in, **b**) *j-m*: like, take a (fancy) to

Gefallenendenkmal *n* war memorial

gefällig *Adj* **1.** agreeable, pleasant **2.** (*hilfsbereit*) obliging, kind: *j-m ~ sein* oblige s.o., help s.o.; F *etw zu trinken ~?* would you like s.th. to drink?; → *gefälligst* **Gefälligkeit** *f* **1.** obligingness: *etw aus ~ tun* do s.th. out of sheer kindness **2.** → *Gefallen¹*

gefälligst *Adv iron* if you don't mind: *sei ~ still!* be quiet, will you!

gefangen *Adj* **1.** caught, MIL captive, (*eingekerkert*) imprisoned, in prison: *sich ~ geben* surrender; *j-n ~ halten* **a**) keep (*od* hold) s.o. prisoner, **b**) *fig* hold s.o. under one's spell, *Sache*: have s.o. spellbound; ~ *nehmen* arrest, MIL capture, take *s.o.* prisoner, *fig* captivate **2.** *fig* captivated

Gefangene *m*, *f* prisoner, (*Straf2*) convict **Gefangenenlager** *n* prison camp, MIL prisoner-of-war camp

Gefangennahme *f* arrest, MIL capture

Gefangenschaft *f* imprisonment, MIL captivity: *in ~ geraten* be taken prisoner

Gefängnis *n* **1.** prison, jail, *Br a.* gaol: *ins ~ kommen* be sent (*od* go) to prison **2.** → *Freiheitsstrafe* **~direktor(in)** governor (*Am* warden) (of a prison)

Gefängnisstrafe *f* → *Freiheitsstrafe*

Gefängniszelle f prison cell

Gefasel n F drivel

Gefäß n vessel (a. ANAT, BIOL), receptacle, (Schale) bowl, (Topf) jar **gefäßerweiternd** Adj PHARM vasodilating

Gefäßkrankheit f vascular disease

gefasst Adj 1. calm, composed 2. ~ **sein auf** (Akk) be prepared for; **sich ~ machen auf** (Akk) prepare for; F **er kann sich auf etw ~ machen** he's in for it now

Gefasstheit f calmness, composure

gefäßverengend Adj vasoconstrictive

Gefecht n 1. fight, battle: **außer ~ setzen** a. fig put s.o., s.th. out of action; → **Eifer, Hitze** 2. SPORT fencing bout

Gefechts|kopf m MIL warhead **~stand** m MIL command post, FLUG turret

gefeit Adj immune (**gegen** to)

Gefieder n plumage, feathers Pl

gefiedert Adj feathered

Geflecht n 1. a. fig network, mesh 2. ANAT (Nerven2) plexus

gefleckt Adj spotted

Geflügel n poultry (a. in Zssgn disease, farm, farming, etc) **~händler(in)** poulterer **~salat** m GASTR chicken salad **~schere** f poultry shears Pl

geflügelt Adj 1. winged 2. fig **~es Wort** saying

Geflunker n fibbing, (Lügen) fibs Pl

Geflüster n whispering

Gefolge n 1. entourage, (Bedienstete) attendants Pl, (Trauer2) cortège, mourners Pl 2. fig **im ~ von** (od Gen) in the wake of **Gefolgschaft** f followers Pl, adherents Pl **Gefolgsmann** m 1. hist vassal 2. bes POL follower, supporter

gefräßig Adj greedy, ZOOL voracious **Gefräßigkeit** f greediness, ZOOL voracity

Gefreite m, f MIL lance corporal, Am private first class, FLUG aircraftman first class, Am airman third class

Gefrieranlage f refrigeration plant

Gefrierbeutel m freezer bag

gefrieren v/i (a. ~ **lassen**) freeze

Gefrier|fach n freezer, freezing compartment **~fleisch** n frozen meat

Gefrierpunkt m (auf dem ~) at freezing point **Gefrierschrank** m freezer

Gefrierschutzmittel n TECH antifreeze

gefriertrocknen v/t freeze-dry

Gefriertruhe f deep freeze, freezer

Gefüge n structure, fig a. system

gefügig Adj compliant, docile: **j-n ~ machen** bring s.o. to his heel

Gefühl n 1. allg feeling, (Empfindung) a. sentiment, (Wahrnehmung) a. sensation, (Tastsinn) touch, feel: **ein ~ der Kälte** a cold sensation; **für mein ~, m-m ~ nach** my feeling is that, I think that; **ich habe das ~, dass ...** I have a feeling that ...; **mit ~** → **gefühlvoll II** 2. (für) (Gespür) sense (of), (Begabung) flair (for languages) etc: **sich auf sein ~ verlassen** rely on one's instinct 3. mst Pl feeling, emotion: **j-s ~e verletzen** hurt s.o.'s feelings **gefühllos** Adj 1. Gliedmaßen: numb 2. fig insensitive (**gegen** to), (hartherzig) unfeeling, heartless **Gefühllosigkeit** f 1. numbness 2. fig heartlessness, cruelty

gefühlsarm Adj (emotionally) cold

Gefühlsausbruch m (emotional) outburst

gefühlsbetont Adj emotional

Gefühlsduselei f F sentimentality

Gefühlsleben n emotional life

gefühlsmäßig Adj emotional, weit. S. intuitive, instinctive

Gefühlsmensch m emotional person

Gefühlsnerv m sensory nerve

Gefühlsregung f emotion

Gefühlssache f **das ist ~** it's a matter of feeling

gefühlvoll I Adj full of feeling, (empfindsam) sensitive, (gefühlsbetont) emotional, (a. pej rührselig) sentimental **II** Adv feelingly (etc), singen etc: with feeling, F (vorsichtig) gently

gefüllt Adj filled, GASTR a. stuffed

gefurcht Adj furrowed

gegeben Adj given: **etw als ~ voraussetzen** take s.th. for granted; **unter den ~en Umständen** under the circumstances; **zu ~er Zeit** a) when the occasion arises, **b)** at some future time **gegebenenfalls** Adv should the occasion arise, (notfalls) if necessary

Gegebenheit f given fact: **~en** Pl circumstances Pl, (Tatsachen) reality Sg

gegen I Präp 1. toward(s), zeitlich: a. at about: **~ Osten** toward(s) the east, eastward(s); **~ zehn** (Uhr) (at) about ten o'clock 2. against (a. fig): **~ die Wand lehnen** lean against the wall; **ein Mittel ~** a remedy for; **~ die Vernunft** contrary

to reason; *ich wette 10 ~ 1* I bet you ten to one **3.** (*~über*) toward(s), to: *freundlich ~* to **4.** (*im Vergleich zu*) compared with **5.** (*für*) in return for: *~ Bezahlung* for cash; *etw eintauschen ~* exchange s.th. for **6.** JUR, SPORT versus **II** *Adv* **7.** (*ungefähr*) about, around

Gegen|angebot *n* counteroffer **~angriff** *m a. fig* counterattack **~anzeige** *f* MED contraindication **~argument** *n* counterargument **~befehl** *m* counterorder **~beispiel** *n* counterexample **~besuch** *m* return visit: *j-m e-n ~ machen* return s.o.'s visit **~bewegung** *f bes fig* countermovement **~beweis** *m* (*den ~ antreten* furnish) proof to the contrary, JUR *a.* counterevidence

Gegend *f* region (*a.* ANAT), area, (*Landschaft*) countryside, (*Wohn2*) neighbo(u)rhood: *in der ~ von* (*od Gen*) near, around, in the *Munich etc* area; *in unserer ~* where we live

Gegendarstellung *f* correction, reply **Gegendemonstration** *f* counterdemonstration **Gegendienst** *m* reciprocal service: *als ~* in return; *zu ~en gern bereit* glad to reciprocate

gegeneinander *Adv* against (*zueinander*: toward[s]) each other (*od* one another), (*gegenseitig*) mutually; *~ halten* compare

Gegeneinladung *f* return invitation **Gegen|erklärung** *f* counterstatement **~fahrbahn** *f* opposite lane **~frage** *f* counterquestion **~gerade** *f* SPORT back straight, *bes Am* backstretch **~gewicht** *n a. fig* counterweight: *ein ~ bilden zu* counterbalance **~gift** *n* antidote **~kandidat(in)** rival (candidate)

Gegenklage *f* JUR cross action **Gegenleistung** *f* return (service): *als ~* in return (*für* for)

Gegenlicht *n* back light(ing): *bei ~* against the light **~aufnahme** *f* contre-jour shot **~blende** *f* lens hood

Gegen|liebe *f er stieß mit s-m Vorschlag auf wenig ~* his suggestion didn't go down particularly well **~maßnahme** *f* countermeasure: *~n ergreifen* take steps (*gegen* against) **~mittel** *n a. fig* antidote **~offensive** *f* counteroffensive **~partei** *f* opposite (*od* other) side, POL opposition, SPORT opponents *Pl* **~pol** *m fig* counterpart **~probe** *f* (*a.*

die ~ machen) crosscheck **~rede** *f* reply, (*Einwand*) objection

Gegenrevolution *f* counterrevolution **Gegenrichtung** *f the* opposite direction: *Verkehr aus der ~* oncoming traffic

Gegensatz *m* **1.** contrast: *im ~ zu* in contrast to (*od* with), as opposed to, unlike *the British etc*; *im ~ dazu* by way of contrast **2.** (*Gegenteil*) the opposite **3.** *mst Pl der Meinungen etc*: differences *Pl* **gegensätzlich** *Adj* opposite, *Meinungen etc*: contrary, (*unvereinbar*) conflicting, (*verschieden*) clashing

Gegenschlag *m a. fig* counterblow: *zum ~ ausholen* get ready to hit back **Gegenseite** *f* opposite (*od* other) side **gegenseitig** *Adj* mutual, reciprocal: *~e Abhängigkeit* interdependence; *~es Interesse* mutual interest; *Adv sich ~ helfen* help one another (*od* each other)

Gegenseitigkeit *f* reciprocity, mutuality: *Abkommen auf ~* mutual agreement; *auf ~ beruhen* be mutual; *iron das beruht ganz auf ~* the feeling is mutual

Gegen|sinn *m im ~* in the opposite direction **~spieler(in)** antagonist, *a.* SPORT opponent, *a.* POL opposite number **~spionage** *f* counterespionage **~sprechanlage** *f* intercom (system)

Gegenstand *m* **1.** object (*a. fig*), thing, *bes* WIRTSCH item, article: *fig ~ des Mitleids* object of pity; *~ des Spotts* figure of fun **2.** (*Thema*) subject, (*Inhalt*) subject-matter, (*Angelegenheit*) matter, affair, (*Streitfrage*) issue: *zum ~ haben* deal with **gegenständlich** *Adj* concrete (*a.* LING), (*anschaulich*) graphic (-ally *Adv*), KUNST representational **gegenstandslos** *Adj* **1.** abstract, KUNST *a.* nonrepresentational **2.** *fig* (*hinfällig*) invalid, (*unbegründet*) unfounded

gegensteuern *v/i* **1.** MOT correct (with the lock) **2.** *fig* take countermeasures **Gegenstimme** *f* **1.** PARL vote against: *ohne ~ a.* unanimously **2.** *fig* objection **Gegenströmung** *f* **1.** countercurrent **2.** *fig* countermovement **Gegenstück** *n* (*zu*) counterpart (of), KUNST pendant (to)

Gegenteil *n* opposite (*von* of): (*ganz*) *im ~* on the contrary

gegenteilig *Adj* contrary, opposite: **~er Meinung sein** disagree; *Adv* ~ **entscheiden** come to a different decision

Gegentor *n*, **Gegentreffer** *m* SPORT goal against: **ein Gegentor hinnehmen (müssen)** concede a goal

gegenüber I *Adv* **1.** opposite, across the way (*od* street), *Person*: *a.* face to face: **sie saßen einander ~** they sat facing one another **II** *Präp* (*Dat*) **2.** opposite, facing: **sich** *e-r Aufgabe*, *e-m Gegner etc* **~ sehen** be up against **3.** *fig* to, toward(s): **er war mir ~ sehr höflich** he was very polite to me **4.** (*im Vergleich zu*) compared with, as against **5.** (*im Gegensatz zu*) in contrast to **6.** (*in Anbetracht von*) in view of, in the face of **III** ♀ *n* **7.** person opposite: vis-à-vis, SPORT opponent, POL *etc* opposite number **8.** house opposite (*od* across the road) **~liegen** *v/i* (*Dat*) be opposite, face **~sehen** *v/refl* **sich** *e-m Problem etc* **~** be confronted with **~stehen** *v/i* **1.** *j-m* **~** face s.o.; **sich** (*od* **einander**) **~** be facing each other, *feindlich* be enemies **2.** (*e-m Problem etc*) be faced (*od* confronted) with, be up against

gegenüberstellen *v/t fig* (*Dat* with) (*j-n*) confront, (*etw*) compare

Gegenüberstellung *f* **1.** *a.* JUR confrontation **2.** (*Vergleich*) comparison

gegenübertreten *v/i j-m* **~** face s.o.

Gegenverkehr *m* oncoming traffic

Gegenversuch *m* control test

Gegenvorschlag *m* counterproposal

Gegenwart *f* **1.** *the* present (time): ... *der* **~** present-day, contemporary **2.** (*in ihrer etc* **~**) in her *etc*) presence **3.** LING present (tense)

gegenwärtig I *Adj* **1.** present, current, (*heutig*) present-day, contemporary, of our time, today's **2.** → **anwesend II** *Adv* **3.** at the moment, at present, (*heutzutage*) nowadays, these days

gegenwartsbezogen, **gegenwartsnah(e)** *Adj* topical

Gegenwartsliteratur *f* contemporary literature **Gegenwartsprobleme** *Pl* present-day problems *Pl*

Gegenwehr *f* opposition, resistance

Gegenwert *m* equivalent (value)

Gegenwind *m* headwind

gegenzeichnen *v/i u. v/t* countersign

Gegenzug *m* **1.** *Schach u. fig* counter-

move **2.** train coming from the other direction

gegliedert *Adj* **1.** jointed **2.** *fig* organized, structured, (*unterteilt*) subdivided

Gegner *m* **1.** opponent (*a. Sport*), (*Feind*) adversary, enemy (*a.* MIL), (*Rivale*) rival: **ein ~ sein von** be against **2.** JUR opposing party **Gegnerin** *f* → **Gegner** 1 **gegnerisch** *Adj* opposing (*a.* JUR *u. Sport*), antagonistic, *a.* MIL enemy, hostile: **die ~e Partei** *a.* the other side **Gegnerschaft** *f* **1.** opposition, opponents *Pl* **2.** (*Widerstand*) opposition (*gegen* to), (*Rivalität*) rivalry

Gehabe *n* affectation, airs *Pl*

Gehackte *n* → **Hackfleisch**

Gehalt¹ *m* **1.** *fig* (*Inhalt*) content, (*Substanz*) substance **2.** (*an Dat od*) content, *prozentualer*: percentage, CHEM *a.* concentration: **~ an Öl** oil content

Gehalt² *n* salary, pay: **bei vollem ~** on full pay

gehaltlos *Adj* **1.** *Nahrung*: unsubstantial **2.** *fig* empty, lacking substance

Gehalts|abrechnung *f* salary statement, F pay slip **~abzug** *m* deduction from salary **~ansprüche** *Pl* salary expectations *Pl* **~empfänger(in)** salaried employee **~erhöhung** *f* salary increase, *bes Am* (pay) raise **~forderung** *f* salary claim **~gruppe** *f*, **~klasse** *f* salary bracket **~kürzung** *f* salary cut **~liste** *f* payroll **~streifen** *m* pay slip **~stufe** *f* salary bracket **~zahlung** *f* payment of salary

Gehaltszulage *f* **1.** bonus **2.** → **Gehaltserhöhung**

gehaltvoll *Adj* **1.** *Nahrung*: substantial **2.** *fig* rich in content, (*tief*) profound

gehendikapt *Adj* handicapped

geharnischt *Adj fig* sharp, withering

gehässig *Adj* spiteful, venomous

Gehässigkeit *f* **a)** spite(fulness), venom, venomousness, **b)** spiteful words *Pl* (*od* act)

Gehäuse *n* **1.** TECH case, casing, *e-s Geräts*: cabinet, *e-r Kamera*: body **2.** ZOOL shell

gehbehindert *Adj* **sie ist ~** she can't walk properly

Gehege *n* enclosure, *für Tiere*: *a.* pen, JAGD preserve: *fig j-m* **ins ~ kommen** get in s.o.'s way, cross s.o.

geheim *Adj allg* secret, (*vertraulich*) *a.* confidential, (*verborgen*) *a.* hidden, *Lehre etc:* occult: *im* ℒen secretly; *in ~er Wahl* by closed ballot; *~! auf Dokumenten:* Restricted!; *streng ~!* top-secret!; *etw ~ halten* keep s.th. secret (*vor Dat* from)

Geheim... secret (*agent, agreement, order, etc*) *~akte f* classified document, *Pl* secret files *Pl* *~dienst m* secret service *~fach n* secret drawer *~haltung(s-pflicht) f* (observance of) secrecy *~konto n* secret account

Geheimnis *n* secret (*vor Dat* from), (*Rätsel*) *a.* mystery: *ein* (*kein*) *~ machen aus* make a (no) secret out of

Geheimnis|krämer(in), *~tuer(in)* mystery-monger *~krämerei f*, *~tuerei f* mystery-mongering *~träger(in)* POL bearer of official secrets ℒumwittert *Adj* mysterious

Geheimnisverrat *m* JUR betrayal of a state (WIRTSCH trade) secret

geheimnisvoll *Adj* mysterious

Geheim|nummer *f* **1.** secret (TEL ex-directory) number **2.** → *Geheimzahl* *~polizei f* secret police *~polizist(in)* member of the secret police *~sache f* secret (MIL, POL security) matter *~tipp m* F hot tip *~zahl f* (*Bank*) PIN number *~zeichen n* secret sign, (*Chiffre*) code

gehemmt *Adj* inhibited

gehen I *v/i* **1.** (*zu Fuß ~*) walk, go (on foot): *schwimmen* (*tanzen*) *~* go swimming (dancing); *auf die* (*od zur*) *Bank* (*Post*) *~* go to the bank (post office); *auf die Straße ~* **a**) go out into the street, **b**) *fig* take to the streets; *über die Brücke ~* cross the bridge; *fig an die Arbeit ~* get down to work; *das geht zu weit* that is going too far; *wie ich ging und stand ~* as I was, **b**) (*sofort*) at once **2.** (*fort~*) go, leave, (*aus e-m Amt scheiden*) *a.* resign: *er ist gegangen* he's gone, he has left; *j-n ~ lassen* let s.o. go (*straffrei* off) **3.** (*verkehren*) (*nach, bis* to, as far as) go, run: *der Zug geht über München* the train goes via Munich **4.** (*führen*) (*nach* to) go, lead: *~ um* go round **5.** (*funktionieren*) go, work, *Maschine: a.* run, *Klingel:* go, ring, *Radio etc:* be on: *die Uhr geht nicht mehr* the watch has stopped; *fig das Gedicht geht so ...*

the poem goes like this ... **6.** WIRTSCH *Ware:* (*gut*) *~* sell (well); → *Geschäft.* **7.** *Teig:* rise **8.** *Wind:* blow **9.** *~ an* (*Akk*) *fig* **a**) (*reichen*) go as far as, reach to, **b**) *Erbe etc:* fall to, go to **10.** *fig das Fenster geht auf die Straße* the window looks out on(to) the street; *die Fenster ~ nach Westen* the windows face (*od* look) west **11.** *fig das geht gegen dich* this is meant for you **12.** *fig in die Industrie* (*Politik etc*) *~* go into industry (politics etc); *in den Saal ~ 100 Personen* the hall holds (*od* seats) 100 persons; *der Schaden geht in die Millionen* the damage runs into millions; *wie oft geht 2 in 10?* how many times goes 2 into 10?; *in sich ~* do a bit of soul-searching **13.** F *fig mit e-m Jungen, Mädchen ~* go steady; *fest ~* go steady **14.** *fig nach s-n Worten zu ~* to go by his words; *wenn es nach ihr ginge* if she had her way **15.** *fig ~ über* (*Akk*) go beyond; *ihre Familie geht ihr über alles* her family means everything to her; *es geht nichts über ...* there's nothing like ... **16.** *vor sich ~* happen; *was geht hier vor?* what's going on?; *wie geht das vor sich?* how does it go (*od* work)? II *v/unpers* **17.** *fig* (*klappen*) work, (*möglich sein*) be possible, (*erlaubt sein*) be allowed: *es geht* **a**) it works, **b**) (*ich kann es allein*) I can manage; *es geht nicht* **a**) it doesn't work, **b**) it can't be done, it's impossible; *es wird schon ~* it'll be all right; *es geht* (*eben*) *nicht anders* it can't be helped **18.** (*er~*) be, feel: *wie geht es Ihnen?, wie gehts?* how are you?, *zu e-m Kranken:* how are you feeling?: *es geht mir gut* I'm fine, *geschäftlich:* I'm doing fine; *es geht mir schlecht* I'm not feeling too good, *geschäftlich:* things aren't going too well; *mir geht es genauso* I feel exactly the same way, F same here; *ihm ist es genauso gegangen* it was the same with him; *so geht es, wenn man lügt* that's what comes of lying; *es sich gut~ lassen* have a good time, enjoy o.s.; *sich ~ lassen* **a**) let o.s. go, (*sich nicht beherrschen*) lose one's temper, **b**) (*sich entspannen*) relax **19.** *es geht auf 10* (*Uhr*) it is getting on for ten **20.** *es geht über m-e Kraft* it's too much for me **21.** *es geht um den Frie-*

den (**sein Leben**) peace (his life) is at stake; **ihr geht es nur ums Geld** she's just interested in the money; **worum geht es?** what's it all about?, what's the problem?; **es geht darum zu Inf** it's a question of Ger; **darum geht es (ja)!** that's the (whole) point!; **darum geht es hier gar nicht** that's not the point III v/t 22. (Strecke etc) walk, (on foot): hum **er ist gegangen worden** he was sacked IV ⚥ n 23. walking: **50 km** ⚥ SPORT 50 kilomet/res (Am -ers) walk

Geher(in) SPORT walker

geheuer Adj **nicht** (**ganz**) ~ (unheimlich) creepy, (verdächtig) fishy, (riskant) a bit risky; **er** (**die Sache**) **ist mir nicht** ~ I've got a funny feeling about him (it)

Geheul n howling, howls Pl

Gehilfe m, **Gehilfin** f 1. helper, assistant 2. (Büro ⚥ etc) clerk 3. JUR (Tat ⚥) accessory before the fact

Gehirn n 1. a. fig brain 2. F (Verstand) brain(s Pl), mind

Gehirn... cerebral; → a. **Hirn...**

Gehirn|blutung f cerebral h(a)emorrhage **~chirurgie** f brain surgery **Gehirn|erschütterung** f concussion **~hautentzündung** f meningitis

Gehirntumor m cerebral tumo(u)r

Gehirnwäsche f POL brainwashing: **j-n e-r ~ unterziehen** brainwash s.o.

gehoben Adj Stellung: high, senior, Stil: elevated, WIRTSCH up-market (article, shop, etc): **~e Ansprüche** expensive tastes; **~e Stimmung** high spirits Pl

Gehöft n farm(stead)

Gehölz n copse, coppice, small wood

Gehör n 1. (sense of) hearing, ear(s Pl): **feines ~** sensitive ear; MUS **absolutes ~** perfect pitch; **nach dem ~** by ear 2. (~ **finden**) a) hearing: **e-r Warnung, Bitte etc kein ~ schenken** turn a deaf ear to; **sich ~ verschaffen** make o.s. heard

gehorchen v/i **j-m** (**e-m Befehl** etc) (**nicht**) ~ (dis)obey s.o. (an order etc)

gehören I v/i 1. belong (Dat to): **wem gehört das Buch?** whose book is this?; **gehört es dir?** is it yours?; **es gehört mir** it belongs to me, it is mine; fig **das gehört nicht hierher!** that's beside the point!; **der Raumfahrt gehört die Zukunft** the future belongs to space travel

2. ~ **zu** belong to (a. als Mitglied), als Teil: a. be part of, (zählen zu) rank (od be) among; **er gehört zu den besten Spielern** he is one of the best players; **es gehört zu s-r Arbeit** it is part of his job; **dazu gehört a**) **Geld** you need money for that, **b**) **Zeit** that kind of thing takes time, **c**) **Mut** it takes (a lot of) courage; **dazu gehört schon einiges!** that takes a lot of doing!; **es gehört nicht viel dazu!** there's nothing to it! 3. ~ **unter** (Akk) come under 4. ~ **in** (Akk) belong in: F **du gehörst ins Bett!** you should be in bed! II v/refl **sich ~** 5. be proper: **wie es sich gehört** properly; **er weiß, was sich gehört** he knows how to behave; **das gehört sich nicht!** it's not done!

Gehörfehler m hearing defect

Gehörgang m auditory canal

gehörig I Adj 1. (j-m, **zu etw**) belonging to: (**nicht**) **zur Sache** ~ (ir)relevant 2. (gebührend) right, due, proper 3. F (groß) good, sound: **e-e ~e Tracht Prügel** a good hiding; **j-m e-n ~en Schrecken einjagen** put the fear of God into s.o. II Adv 4. duly, properly

gehörlos Adj deaf **Gehörlosenschule** f school for the deaf

Gehörn n horns Pl, JAGD antlers Pl

Gehörnerv m auditory nerve

gehörnt Adj horned: fig **~er Ehemann** cuckolded husband

gehorsam Adj obedient (**gegen** to)

Gehorsam m obedience (**gegen[über]** to): **j-m den ~ verweigern** disobey s.o.

Gehörsinn m sense of hearing

Gehörverlust m loss of hearing

Gehsteig m pavement, Am sidewalk

Gehupe n F blaring horns Pl

Gehversuch m attempt to walk

Geier m a. fig vulture

Geifer m 1. slaver, (Schaum) foam 2. fig venom **geifern** v/i 1. dribble, slaver 2. fig ~ **gegen** rail at

Geige f violin: (**auf der**) ~ **spielen** play (on) the violin; (**die**) **erste** (**zweite**) ~ **spielen** play first (second) violin (fig fiddle) **geigen** v/i play the violin

Geigen|bauer(in) f violin-maker **~harz** n resin **~kasten** m violin case

Geigenstrich m stroke (of the bow)

Geiger(in) violinist

Geigerzähler m Geiger counter

geil Adj 1. F pej randy, V horny, (lüstern) lecherous: fig ~ sein auf (Akk) be hot for, be dead keen on 2. F (echt) ~ hot, terrific, wicked

Geisel f (j-n als ~ nehmen take s.o.) hostage ~drama n hostage drama

Geiselnahme f taking of hostages

Geiselnehmer(in) hostage-taker

Geiß f ZOOL (nanny) goat, (Reh2) doe

Geißel f 1. whip 2. BIOL flagellum 3. fig scourge **geißeln** v/t 1. whip, REL flagellate 2. fig castigate **Geißeltierchen** n flagellate **Geißelung** f 1. flagellation 2. fig castigation

Geist m 1. (Verstand) mind, intellect, (Denken) spirit, (Esprit) wit: ~ und Körper mind and body; ein großer ~ a great mind (od thinker); ein Mann von ~ a (man of) wit; im ~e a) vor sich sehen: in one's mind's eye, b) bei j-m sein etc: in one's thoughts; hum den ~ aufgeben give up the ghost, Motor etc: a. conk out; F j-m auf den ~ gehen get on s.o.'s nerves; → scheiden III 2. (Haltung) spirit, (Kampf2 etc) morale: der ~ der Zeit the spirit of the times; wes~es Kind er ist what sort of person he is 3. spirit, ghost: böser ~ evil spirit, demon; der Heilige ~ the Holy Ghost

Geisterbahn f ghost train **Geisterbild** n TV double image **Geistererscheinung** f apparition **Geisterfahrer(in)** driver using the motorway in the wrong direction

geisterhaft Adj ghostly

Geisterhand f wie von ~ as if by magic

Geisterstadt f ghost town

Geisterstunde f witching hour

geistesabwesend Adj absent(-minded)

Geistesabwesenheit f absent-mindedness **Geistesarbeit** f brainwork **Geistesblitz** m (flash of) inspiration, (Idee) brainwave

Geistesgegenwart f presence of mind

geistesgegenwärtig Adv ~ sprang er zur Seite he had the presence of mind to jump aside

Geistesgeschichte f history of thought (od ideas): die deutsche ~ the history of German thought

geistesgestört Adj mentally disturbed **Geistesgestörte** m, f mentally disturbed person **geisteskrank** Adj mentally ill, a. pej insane **Geisteskranke** m, f mental case (od patient), bes pej lunatic, Pl the mentally ill

Geisteskrankheit f mental disease

Geistesleben n intellectual life

Geistesprodukt n (intellectual) product, F brainchild

geistesschwach Adj feeble-minded **Geistesschwäche** f feeble-mindedness

Geistesstörung f mental disorder

Geistesverfassung f frame of mind

geistesverwandt Adj congenial (mit to)

Geistesverwandtschaft f affinity

Geistesverwirrung f confused state of mind

Geisteswissenschaft f arts subject, Pl the arts Pl, the humanities Pl

Geisteswissenschaftler(in) scholar, (Student) arts student

geisteswissenschaftlich Adj arts ...

Geisteszerrüttung f mental derangement, dementia

Geisteszustand m mental state

geistig¹ I Adj mental (a. PSYCH), (intellektuell) intellectual, (seelisch) spiritual: ~es Eigentum intellectual property; → Diebstahl II Adv mentally (etc): ~ anspruchsvoll demanding, highbrow; ~ behindert mentally handicapped **geistig²** Adj ~e Getränke spirits Pl, alcoholic drinks Pl

geistlich Adj 1. religious, spiritual, Musik etc: a. sacred: ~er Orden religious order 2. clerical, (kirchlich) ecclesiastical: der ~e Stand the clergy; ~es Amt ministry **Geistliche** 1. m clergyman, bes protestantischer: minister, (Priester) priest, MIL chaplain, padre 2. f woman priest; woman minister: die ~n Pl → **Geistlichkeit** f the clergy

geistlos Adj trivial, (langweilig) dull, (seicht) insipid, (dumm) stupid

Geistlosigkeit f lack of wit, dullness, insipidity, (Bemerkung) platitude

geistreich Adj witty, brilliant **geisttötend** Adj soul-destroying **geistvoll** Adj 1. → geistreich 2. (tief) profound

Geiz m stinginess, meanness **geizen** v/i ~ mit be stingy with; mit Lob etc ~ be sparing with (od stint) one's praise

Geizhals m miser, F meanie

geizig Adj miserly, stingy, mean

Gejammer n F *pej* moaning
Gejohle n F howling
Gekicher n F giggling
Gekläff n F yapping
Geklapper n F rattling, clatter
Geklimper n F *pej* tinkling
geknickt *Adj* F *fig* crestfallen
gekonnt *Adj* competent, masterly
gekränkt *Adj* offended, hurt
Gekritzel n *pej* **1.** scrawling, scribbling **2.** (*Schrift*) scrawl, scribble
gekünstelt *Adj* artificial, affected
gekürzt *Adj* abridged
Gel n CHEM, *Kosmetik*: gel
Gelächter n laughter
geladen *Adj* **1.** *allg* loaded, MIL *a.* charged **2.** F *fig* **~ sein** (*auf Akk*) be furious (*od* mad) (at)
Gelage n feast, banquet, (*Trink2*) drinking bout, F binge
gelagert *Adj fig* **anders ~** different; **in besonders ~en Fällen** in special cases
gelähmt *Adj a. fig* paralyzed
Gelände n country, ground, terrain, (*Bau2, Ausstellungs2 etc*) site: **auf dem ~** e-s Betriebs *etc*: on the premises
Gelände... cross-country (*car, race, etc*)
Geländefahrzeug n off-roader
geländegängig *Adj* all-terrain
Geländer n (*~stange*) railing, (*Treppen2*) banisters Pl, (*Balkon2 etc*) balustrade
Geländewagen m cross-country vehicle
gelangen v/i **1. ~ an** (*Akk*) (*od nach, zu, auf Akk*) reach, arrive at, get (*od* come) to; **ans Ziel ~ a.**) reach one's destination, **b.**) *fig* achieve one's end, F make it); **in den Besitz ~ von** (*od Gen*) get hold of, acquire; **in j-s Hände ~** get into (*od* reach) s.o.'s hands **2. zu etw ~** win (*od* gain, achieve) s.th.; **zu Reichtum ~** become rich; → **Ansicht** 1, **Einsicht** 3, **Erkenntnis**, **Macht** 1, **Schluss** 2 **3.** THEAT *etc* **zur Aufführung ~** be performed
gelangweilt *Adj u. Adv* bored
gelassen *Adj* calm, composed
Gelassenheit f calmness, composure: **mit ~** calmly, coolly
Gelatine f gelatine
geläufig *Adj* **1.** *Ausdruck etc*: common, current, (*vertraut*) familiar: **das ist mir ~** I'm familiar with that **2.** fluent

Geläufigkeit f **1.** familiarity **2.** fluency
gelaunt *Adj* **gut** (**schlecht**) **~ sein** be in a good (bad) mood
Geläut(e) n ringing
gelb *Adj*, **Gelb** n yellow, *Verkehrsampel*: amber; **bei 2** on amber; **der ~e Sack** the bag for recyclable waste; **~e Seiten** (*Branchenadressbuch*) Yellow Pages
Gelbe n vom Ei: yolk: F *fig* **das ist auch nicht das ~ vom Ei!** it's not all that good!
gelblich *Adj* yellowish
Gelbsucht f MED jaundice
Geld n money: **~er** Pl funds Pl, money; **bares ~** cash; **großes ~** notes Pl, Am bills Pl; **kleines ~** change; F (**viel**) **~ machen** make (a lot of) money; **das große ~ machen** make big money, make a packet; **etw zu ~ machen** turn s.th. into cash, sell s.th. off; **um ~ spielen** play for money; F **im ~ schwimmen** be rolling in money; **das geht ins ~** that costs a packet; **~ spielt k-e Rolle** money is no object; → **Fenster, Heu**
Geld|abwertung f (currency) devaluation **~angelegenheiten** Pl money (*od* financial) matters Pl **~anlage** f investment **~anweisung** f money order, remittance **~aufwertung** f (currency) revaluation **~ausgabe** f (financial) expenditure **~automat** m cash dispenser, Am money machine **~betrag** m amount (*od* sum) of money **~beutel** m purse **~buße** f fine **~einwurf** m **1.** insertion of coins **2.** am Automaten: (coin) slot **~entwertung** f currency depreciation, inflation **~geber(in)** financial backer, investor **~geschäfte** Pl money transactions Pl **~geschenk** f gift of money **~gier** f greed for money, avarice **2gierig** *Adj* greedy for money, avaricious **~knappheit** f lack of money, (financial) stringency
geldlich *Adj* financial, pecuniary
Geld|mangel m lack of money **~mann** m financier **~markt** m money market **~mittel** Pl funds Pl **~prämie** f bonus, (*Belohnung*) reward, (*Preis*) award, (cash) prize **~quelle** f source of money (*od* income) **~schein** m (bank)note, Am bill **~schrank** m safe **~schwierigkeiten** Pl financial difficulties Pl **~sendung** f (cash) remittance **~sorgen** Pl financial worries Pl **~spende** f dona-

geltend

tion, contribution **~strafe** *f* (*a. j-n mit e-r~ belegen*) fine **~stück** *n* coin **~umtausch** *m* exchange of money, conversion **~verdienen** *n* moneymaking **~verdiener(in)** moneymaker, *in der Familie:* breadwinner, F be hard up **~verlegenheit** *f* financial embarrassment: **in ~ sein** be short of money, F be hard up **~verschwendung** *f* waste of money **~waschanlage** *f* money laundering outfit **~wäsche** *f* *fig* money laundering **~wechsel** *m* 1. → **Geldumtausch** 2. (*Stelle*) Change **~wechsler** *m* (*Automat*) change machine **~wert** *m* cash (*Kaufkraft:* currency) value

Gelee *n* 1. GASTR jelly 2. PHARM gel
gelegen *Adj* 1. situated, located 2. (*passend*) convenient, suitable: **es kommt mir sehr ~** it suits me fine
Gelegenheit *f* 1. opportunity, chance: **die ~ ergreifen** (*od benutzen, beim Schopf packen*) seize the opportunity; **die ~ verpassen** miss the chance; **bei der ersten besten ~** at the first opportunity; → **passend** 2. (*Anlass*) occasion: **bei ~** → **gelegentlich** III; **bei dieser ~** on this occasion 3. (*Koch2, Wasch2 etc*) facility 4. WIRTSCH bargain
Gelegenheits|arbeit *f* casual work (*od job*) **~arbeiter(in)** casual labo(u)rer **~job** *m* occasional job (*bzw.* work)
gelegentlich I *Adj* occasional, (*zufällig*) chance II *Adv* occasionally, (*manchmal*) *a.* sometimes
gelehrig *Adj* clever, quick to learn
Gelehrsamkeit *f* erudition, learning
gelehrt *Adj* learned **Gelehrte** *m, f* learned man (woman), scholar, scientist
Geleit *n a.* MIL escort, SCHIFF *a.* convoy: **j-m freies ~ geben** JUR grant s.o. safe-conduct **geleiten** *v/t* escort (*a.* SCHIFF, MIL), accompany
Geleitschiff *n* escort ship
Geleitschutz *m* escort, SCHIFF *a.* convoy
Geleitzug *m* SCHIFF convoy
Gelenk *n allg* joint, TECH *a.* link, (*~verbindung*) articulation
Gelenk... TECH articulated: **Gelenkbus** *m* articulated bus
Gelenkentzündung *f* MED arthritis
gelenkig *Adj* flexible (*a.* TECH), supple, lithe **Gelenkigkeit** *f* flexibility, suppleness, litheness

Gelenkrheumatismus *m* MED articular rheumatism
gelernt *Adj* trained, *Arbeiter:* skilled
geliebt *Adj* dear, beloved
Geliebte 1. *m* lover 2. *f* love(r), sweetheart, (*Mätresse*) mistress
gelieren *v/i* (*a.* ~ **lassen**) jell
gelinde *Adv* ~ **gesagt** to put it mildly
gelingen I *v/i u. v/unpers* succeed, be successful, be a success, (*gut geraten*) turn out well: **nicht** ~ not to succeed (*etc*), fail; **ihm gelang die Flucht, es gelang ihm zu fliehen** he succeeded in escaping, he managed to escape; **es gelang ihm nicht**(*, das zu tun*) he failed (to bring it off); **endlich ist es mir gelungen** at last I managed (*od* made) it II 2 *n* success: **gutes 2!** good luck!; **auf gutes 2!** to success!
gellend *Adj* piercing, shrill; *Adv* ~ **lachen** shriek with laughter
geloben *v/t* promise, vow, swear
Gelöbnis *n* vow, pledge **gelobt** *Adj* **das 2e Land** BIBEL the Land of Promise
gelöst *Adj fig* relaxed
gelten I *v/i* 1. (*wert sein*) be worth (*10 dollars etc*): *fig* **viel** (**wenig**) ~ count for much (little) (*bei* with); **was er sagt, gilt** what he says goes; → **Wette** 2. (*gültig sein*) be valid, be good, *Preis, Vertrag etc:* be effective, *Gesetz etc: a.* be in force: (*weiterhin*) ~ hold (good); ~ **für** apply to; **das gilt für alle** that applies to (F goes for) all of you; ~ **lassen** allow (*a.* Sport), (*als*) accept (as), let *s.o., s.th.* pass (for); **das lasse ich ~!** I'll agree to that!; **es gilt!** done!, it's a deal!; **das gilt nicht!** a) that's not allowed (*od* fair), b) *Sport etc:* that doesn't count!; **mein Angebot gilt noch!** my offer still stands! 3. ~ **als** be regarded as, be considered to be 4. *j-m* ~ *Bemerkung, Schuss etc:* be meant for s.o., be aimed at s.o., *Liebe, Hass etc:* be for s.o. II *v/unpers* **es gilt zu** *Inf* it is necessary (for *us etc*) to *Inf*; **es gilt als sicher, dass ... a**) it seems certain that ..., **b**) *er kommt a.* he's sure to come 6. **es galt unser Leben** *etc* our lives *etc* were at stake **geltend** *Adj* current(ly valid), *Gesetz, Recht etc: a.* effective, *nachgestellt:* in force, *Meinung etc:* accepted: ~ **machen** (*Anspruch, Rechte*) assert, enforce, *als Entschuldi-*

gung: plead; **~ machen, dass ...** maintain that ...; (**bei j-m**) **s-n Einfluss ~ machen** bring one's influence to bear (on s.o.)

Geltung f (*Gültigkeit*) validity, (*Wert*) value, (*Ansehen*) prestige, (*Einfluss*) influence, (*Bedeutung*) weight: **~ haben → gelten 2; an ~ verlieren** lose prestige; **e-r Sache ~ verschaffen** enforce s.th.; **etw zur ~ bringen** show s.th. (off) to advantage; **zur ~ kommen** show to advantage

Geltungsbedürfnis n, **geltungsbedürftig** Adj craving for admiration

Gelübde n (**ein ~ ablegen** take a) vow

gelungen Adj successful, *präd* a success, *Werk etc:* excellent

Gelüst n craving (**nach** for)

gelüsten v/unpers **es gelüstet mich nach** I am craving for, I feel like

gemächlich Adj u. Adv leisurely, (*ohne Hast*) a. unhurried

gemacht Adj fig **ein ~er Mann** a made man; **sie waren ~e Leute** they had got it made

Gemahl m husband: **Ihr Herr ~** Mr. X

Gemahlin f wife: **Ihre Frau ~** Mrs. X

gemahnen v/t u. v/i (**j-n**) **~ an** (Akk) remind (s.o.) of

Gemälde n painting, picture **~ausstellung** f exhibition of paintings **~galerie** f picture (od art) gallery

gemäß I Adj appropriate (*Dat* to) II Präp (*Dat*) according to, in accordance with, pursuant to, under (*a law etc*)

gemäßigt Adj moderate (a. POL), *Klima, Zone:* temperate

Gemäuer n walls Pl: **altes ~** (old) ruins

Gemecker n F pej belly-aching

gemein Adj **1.** pej low, mean, nasty, F (*scheußlich*) awful (*job etc*), (*ordinär*) vulgar, (*unanständig*) dirty, filthy (*joke etc*): **~er Trick** dirty trick **2. etw ~ haben** have s.th. in common (**mit** with) **3.** *allg* common (a. BOT, MATHE, ZOOL), general: **das ~e Volk** the common people

Gemeinde f **1.** POL municipality, (*verwaltung*) a. local government (od authority), (*~bewohner*) community **2.** (*Pfarr2*) parish, (*~mitglieder*) a. parishioners Pl, (*Kirchen2*) congregation **3.** (*Zuhörer*) audience **4.** (*Anhänger*) following **~amt** n **1.** local authority **2.** municipal office **~bezirk** m district

~haus n **1.** REL parish hall **2.** → **Gemeindezentrum ~rat**[1] m municipal council **~rat**[2] m, **~rätin** f (*Person:* council[1]or) **~schwester** f district nurse **~steuern** Pl (local) rates Pl, Am local taxes Pl **~verwaltung** f local government (od authority) **~vorstand** m local board **~wahl** f local election **~zentrum** n community cent/re (Am -er)

gemeingefährlich Adj Verbrecher: dangerous: **~ sein** be a public danger

Gemeingut n a. fig common property

Gemeinheit f a) meanness, nastiness, b) mean thing (to do od say): **so e-e ~!** what a dirty trick!, enttäuscht: what rotten luck!

gemeinhin Adv generally

Gemeinkosten Pl overhead (cost) Sg

gemeinnützig Adj for the public benefit, public welfare ..., *Betrieb, Verein:* nonprofit(-making)

Gemeinplatz m commonplace

gemeinsam I Adj common (a. MATHE), *Eigentum, Aktion, Konto etc:* joint, *Freund etc:* mutual: **his[t] 2er Markt** Common Market; **~e Sache machen** make common cause (**mit** with); **sie haben vieles ~** they have a great deal in common; → **Nenner** II Adv jointly, together: **etw ~ tun** do s.th. together

Gemeinsamkeit f der Ansichten etc: common ground, der Interessen etc: mutuality, des Handelns: joint action, (*Verbundenheit*) solidarity: **~en entdecken** discover things in common

Gemeinschaft f community (a. POL), (*Gruppe*) team, (*Verband*) association: **eheliche ~** JUR matrimony; **in enger ~ leben** live close together (**mit** with)

gemeinschaftlich → gemeinsam

Gemeinschafts~anschluss m TEL party line **~antenne** f communal aerial (Am antenna) **~arbeit** f teamwork **~erziehung** f **1.** PÄD coeducation **2.** social education **~geist** m community spirit **~produktion** f coproduction **~raum** m communal room **~sendung** f simultaneous broadcast, hookup

Gemeinschuldner(in) bankrupt

Gemeinsinn m public spirit

gemeinverständlich Adj intelligible to all, popular

Gemeinwesen n community, (*Staat*) polity **Gemeinwohl** n public weal

gemessen *Adj fig* measured: **~en Schrittes** with measured steps

Gemetzel *n* slaughter, massacre

Gemisch *n* mixture

gemischt *Adj a. fig* mixed **gemischtwirtschaftlich** *Adj* WIRTSCH mixed-type

Gemme *f* gem

Gemsbock → **Gämsbock**

Gemse → **Gämse**

Gemüse *n* vegetable, *Koll* vegetables *Pl, bes Am* F veg(g)ies *Pl,* (*Grün*) greens *Pl* **~(an)bau** *m* vegetable gardening, *Am* truck farming **~garten** *m* kitchen garden **~händler(in)** greengrocer **~konserven** *Pl* tinned (*od* canned) vegetables *Pl* **~laden** *m* greengrocer's shop

gemustert *Adj* (*a.* **in sich ~**) patterned

Gemüt *n* (*Geist*) mind, (*Seele*) soul (*a. Person*), (*Herz, Gefühl*) heart, feeling, (*Wesensart*) disposition, nature: **die ~er bewegen** cause quite a stir; F **sich e-e Flasche Wein zu ~e führen** get outside a bottle of wine; → **erhitzen** I

gemütlich *Adj* **1.** comfortable, snug, cosy, (*angenehm*) pleasant: **mach es dir ~!** a) make yourself at home!, b) *a.* **sei ~!** relax! **2.** *Person:* good-natured, pleasant **3.** *a. Adv* (*gemächlich*) leisurely, unhurried(ly *Adv*), *Adv* (*ungestört*) in peace **Gemütlichkeit** *f* **1.** cosiness (*etc*) **2.** cosy (*od* relaxed) atmosphere **3.** (*Gemächlichkeit*) leisure(liness): **in aller ~** → **gemütlich** 3

Gemüts|art *f* disposition, nature **~bewegung** *f* emotion 2**krank** *Adj* emotionally disturbed **~krankheit** *f* emotional disturbance, mental disorder **~mensch** *m* F a) warm-hearted person, b) *iron* callous beast **~ruhe** *f* peace of mind: F **in aller ~** calmly, *iron* as cool as you please **~verfassung** *f,* **~zustand** *m* frame of mind, (mental) state

gemütvoll *Adj* soulful, sentimental, *Person:* warm(-hearted)

Gen *n* BIOL gene

genau I *Adj* exact, accurate, precise, *Bericht etc:* detailed, (*sorgfältig*) careful, (*streng*) strict: 2**eres** particulars *Pl,* further details *Pl;* **man weiß nichts 2es** we don't know anything definite II *Adv* exactly (*etc*): **~ dasselbe** (**das Gegenteil**) exactly (*od* just) the same (the

opposite); **~ das, was ich brauche** just what I need; **~ in der Mitte** right in the middle; **~** (**um**) **10 Uhr** (at) ten o'clock sharp; **~ beobachten** (**zuhören**) watch (listen) closely; **ich weiß es ~** I know it for sure; **sich ~ an die Regeln halten** keep strictly to the rules; **es nicht sehr ~ nehmen** (*mit* about); (**stimmt**) **~!** exactly!; **~ genommen** strictly speaking

Genauigkeit *f* exactness, accuracy, precision, (*Sorgfalt*) thoroughness

genauso → **ebenso**; **~ gut** → **ebenso**

Gen|bank *f* gene bank **~datei** *f* DNA file

Genealogie *f* genealogy

genehm *Adj j-m* **~ sein** suit s.o.

genehmigen *v/t* approve (*a.* VERW, JUR), (*zulassen*) permit, VERW authorize, license: F **sich e-n ~** have a drink

Genehmigung *f* **1.** approval, permission, authorization **2.** (*Lizenz*) permit, licen|ce (*Am* -se)

geneigt *Adj* inclined (*a. fig zu* to)

General(in) *m* MIL general

General... general (*agency, amnesty, etc*) **~bass** MUS basso continuo **~bevollmächtigte** *m, f* **1.** POL plenipotentiary **2.** WIRTSCH general representative **~direktor(in)** general manager

General|konsul(in) consul general **~konsulat** *n* consulate general **~leutnant** *m* lieutenant general **~major(in)** major general **~probe** *f a. fig* dress rehearsal **~sekretär(in)** secretary-general **~staatsanwalt** *m,* **~staatsanwältin** *f* Chief State Prosecutor **~stab** *m* MIL General Staff **~streik** *m* general strike **~überholung** *f* TECH complete overhaul **~versammlung** *f* **1.** WIRTSCH general meeting **2.** POL *der* UNO: General Assembly **~vertreter(in)** general agent **~vollmacht** *f* JUR general power of attorney

Generation *f* generation: *Mobiltelefon etc der dritten ~* third-generation …

Generationenvertrag *m* contract between the generations

Generations|konflikt *m,* **~problem** *n* generation gap

Generator *m* ELEK generator

generell *Adj* general

genesen *v/i* recover (**von** from), get well **Genesung** *f* convalescence, *völlige:* re-

covery **Genesungs...** convalescent (*home*, *leave*, *etc*)

Genetik *f* genetics *Sg*

Genetiker(in) genetic scientist

genetisch *Adj* genetic(ally *Adv*)

Genf *n* Geneva **Genfer** *Adj* Genevan: *der ~ See* See Lake Geneva

Genfood *n* GM foods

genial *Adj* of genius, inspired, (*großartig*) brilliant, ingenious: *e-e ~e Idee* a. *iron* a brilliant idea **Genialität** *f* genius, brilliancy, ingenuity

Genick *n* (back of the) neck: (**sich**) *das ~ brechen* break one's neck; *fig das brach ihm das ~* that was his undoing **Genickschuss** *m* shot in the neck

Genie *n allg* genius

genieren **I** *v/t j-n ~* embarrass s.o., (*stören*) bother s.o. **II** *v/refl* **sich ~** be embarrassed, be shy; *~ Sie sich nicht!* don't be shy!

genießbar *Adj* edible, eatable, *Getränk*: drinkable **genießen** *v/t* **1.** enjoy, *stärker*: relish **2.** (*zu sich nehmen*) have, eat, drink **3.** *fig* (*Vorteil*, *Ruf etc*) enjoy, have, (*Erziehung etc*) receive, get: *j-s Vertrauen ~* be in s.o.'s confidence **Genießer(in)** bon vivant

Genitalien *Pl* genitals *Pl*

Genitiv *m* LING genitive (case)

Gen|manipulation *f* genetic engineering **⌂manipuliert** *Adj* genetically manipulated, *in Zssg(n)*: GM ...

Genom *n* genome

genormt *Adj* standardized

Genosse *m*, **Genossin** *f* **1.** POL comrade **2.** F *pal* **Genossenschaft** *f* WIRTSCH, **genossenschaftlich** *Adj* cooperative

Genre *n allg* genre

Gentechnik *f* genetic engineering

gentechnikfrei *Adj* GM-free

gentechnisch *Adj*: *~ verändert* genetically modified (*od* engineered)

Genua *n* Genoa

genug *Adj u. Adv* enough, sufficient(ly): *mehr als ~* more than enough; *ich habe nicht ~ Zeit* I haven't enough time (*od* time enough) to do it; *~ (davon)!* enough (of that)!; *ich habe ~ davon!* I've had enough of that!

Genüge *f* **1.** *zur ~* (well) enough, sufficiently, (*nur zu gut*) only too well, (*oft genug*) often enough **2.** *~ tun* (*Dat*) → **genügen 2 genügen** *v/i* **1.** be enough,

be sufficient: *das genügt (mir)!* that's enough (for me)!, that'll do (for me)!, *fig a.* that's good enough (for me)! **2.** (*Anforderungen etc*) satisfy, meet

genügend *Adj* **1.** *a. Adv* → **genug 2. 2.** (*befriedigend*) satisfactory

genügsam *Adj* content with little, modest, *im Essen*: *a.* frugal

Genugtuung *f* (*über Akk* at) satisfaction, gratification: *ich hörte mit ~, dass ...* I was gratified to hear that ...

Genuss *m* **1.** *von Speisen, Getränken*: consumption, eating, drinking, *von Tabak*: smoking, *von Drogen*: taking **2.** (*Vergnügen*) pleasure: *etw mit ~ essen, lesen, tun* with relish; *ein wahrer ~* a real treat **3.** *a.* JUR (*Nutznießung, Besitz*) enjoyment: *in den ~ e-r Sache kommen* get the benefit of) s.th.

Genussmittel *n* semiluxury food, drink, and tobacco, *anregendes*: stimulant

genusssüchtig *Adj* hedonistic

Geograph(in), **Geograf(in)** geographer

Geographie, **Geografie** *f* geography

geographisch, **geografisch** *Adj* geographic(al)

Geologe *m*, **Geologin** *f* geologist

Geologie *f* geology

geologisch *Adj* geological

Geometer *m* surveyor

Geometrie *f* geometry

geometrisch *Adj* geometric(al)

Geophysik *f* geophysics *Sg*

Geopolitik *f* geopolitics *Sg*

Gepäck *n* luggage, *bes Am* baggage **⌂abfertigung** *f* **1.** BAHN luggage (*bes Am* baggage) processing, FLUG checking-in of luggage (*bes Am* baggage) **2.** (*Schalter*) luggage (*bes Am* baggage) office, FLUG check-in counter **⌂ablage** *f* luggage (*bes Am* baggage) rack **⌂annahme** *f* → **Gepäckabfertigung ⌂aufbewahrung** *f* **1.** receiving of left luggage (*bes Am* baggage) **2.** (*Schalter*) left-luggage office, *Am* baggage room **⌂ausgabe** *f* FLUG baggage claim **⌂kontrolle** *f* luggage (*bes Am* baggage) check **⌂schein** *m* luggage ticket, *Am* baggage check **⌂stück** *n* piece of luggage (*bes Am* baggage) **⌂träger** *m* **1.** porter **2.** *am Fahrrad*: carrier, MOT (*Dach⌂*) roof rack

gepanzert *Adj* armo(u)red

Gepard *m* ZOOL cheetah

gepfeffert *Adj fig Preise, Rechnung etc*: steep, *Prüfungsfrage etc*: tough, *Brief etc*: sharp, *Witz*: juicy

gepflegt *Adj Person, Äußeres etc*: well-groomed, *Garten etc*: *a.* well-tended, *Wein, Speisen etc*: select, excellent, *Gespräch, Stil etc*: cultured, refined

Gepflogenheit *f* habit, custom, WIRTSCH *etc* practice

Geplänkel *n a. fig* skirmish

Geplapper *n* F babbling, *pej (Geschwätz) a.* chatter(ing)

Geplauder *n* chatting, chat

Gepolter *n* rumbling

Gepräge *n fig* stamp, character: (*Dat*) **das ~ geben** leave one's stamp on

gequält *Adj* pained, *Lächeln*: forced

Gequassel *n*, **Gequatsche** *n* F blather

gerade I *Adj* **1.** straight (*a. fig*), *Haltung*: upright, erect, (*eben*) even (*a. Zahl*): *a.* F *fig* **~ biegen** straighten out **2.** *fig (aufrichtig)* sincere, *Person*: *a.* upright **II** *Adv* **1.** (*soeben, a. genau*) just: **~ erst** just now; **nicht ~ schön** *etc* not exactly beautiful *etc*; **er wollte ~ gehen** he was just about to leave; **ich war ~ dort als ...** I happened to be there when ...; **nun ~!** now more than ever!; **~ du!** especially you!; **warum ~ ich?** why me of all people?; **~ an diesem Tag** on that very day

Gerade *f* **1.** MATHE straight line **2.** SPORT straight: **linke** (**rechte**) **~** *Boxen*: straight left (right)

gerade|aus *Adv* straight ahead (*od* on) **~heraus** *Adv fig* straight out, frankly

gerädert *Adj* F *fig* **wie ~** (absolutely) whacked

geradeso *etc* → **ebenso** *etc*

geradestehen *v/i fig* answer (**für** for)

geradewegs *Adv* straight, directly, (*sofort*) straightaway

geradezu *Adv* **1.** (*fast*) almost, next to, (*wirklich*) really **2.** → **geradeheraus**

Geradheit *f* **1.** straightness **2.** *fig* uprightness, honesty

geradlinig *Adj* **1.** straight (*a. Adv*), *Abstammung etc*: lineal, direct, *Bewegung*: linear **2.** *fig* straight(forward)

gerammelt *Adj* F **~ voll** (**von**) chock-full (of), jam-packed (*od* crammed) (with)

Gerangel *n* F tussle, *ring fig a.* wrangling

Gerät *n* **1.** TECH device, F gadget, (*a.*

*Haushalts*②) appliance, (*Apparat, a. Turn*②) apparatus, (*Mess*②) instrument **2.** (*Radio*②, *Fernseh*②) set **3.** Koll (*Ausrüstung, a. Sport*②) equipment, gear, (*Werkzeug*) tools *Pl*, (*Küchen*②) utensils *Pl* **4.** (*Motorrad*②) machine

geraten[1] *v/i* **1.** turn out (**gut** well, **zu kurz** too short *etc*) **2.** **an j-n ~** come across s.o.; **an etw ~** come by (*od* get) s.th.; **an e-n Betrüger ~** fall into the hands of a swindler; **in Schwierigkeiten ~** get into difficulties; **in e-n Sturm ~** be caught in a storm; → **Abweg, Adresse, außer** 1, **Bahn** 1, **Brand** 1 *etc* **3.** **~ nach** *Kind*: take after (*one's father*)

geraten[2] *Adj* (*ratsam*) advisable

Geräte|schuppen *m* toolshed **~turnen** *n* apparatus gymnastics *Sg*

Geratewohl *n* **aufs ~** at random

Gerätschaften *Pl* → **Gerät** 3

Geratter *n* rattling, rattle

geräumig *Adj* spacious, roomy **Geräumigkeit** *f* spaciousness, roominess

Geräusch *n* sound, (*a.* ELEK *Störung*) noise

geräuscharm *Adj* quiet, noiseless

Geräuschdämpfung *f* sound damping

Geräuschkulisse *f* background noise

geräuschlos *Adj* noiseless, silent **Geräuschlosigkeit** *f* noiselessness

Geräuschpegel *m* decibel (*od* noise) level **geräuschvoll** *Adj* noisy, loud

gerben *v/t* tan **Gerber(in)** tanner

Gerberei *f* tannery

Gerbsäure *f* tannic acid

gerecht *Adj* **1.** just, fair **2.** *j-m* (*e-r Sache*) **~ werden** do justice to, (*Anforderungen, Wünschen etc*) meet, fulfil(l), (*Erwartungen*) *a.* come up to **gerechterweise** *Adv* justly, *einräumend*: to be fair **gerechtfertigt** *Adj* justified

Gerechtigkeit *f* justice, fairness; → **widerfahren**

Gerechtigkeitssinn *m* sense of justice

Gerede *n* talk, (*Klatsch*) gossip: **ins ~ kommen** get talked about

geregelt *Adj Arbeit, Zeiten etc*: regular

gereizt *Adj* irritable, irritated (*a.* MED)

Gereiztheit *f* irritability, irritation

Geriatrie *f* geriatrics *Sg*

Gericht[1] *n* (*Speise*) dish, (*Gang*) course

Gericht[2] *n* court (of justice), law court, *fig* tribunal, (*die Richter*) the court,

G

(*Gebäude*) court(house): *das Jüngste ~* REL the Last Judgement; *vor ~ bringen* take s.o., s.th. to court; *vor ~ gehen* go to court; *vor ~ aussagen* testify in court; *vor ~ kommen* come before the court; *j-n vor ~ stellen* bring s.o. to trial; *fig mit j-m ins ~ gehen* take s.o. to task; *zu ~ sitzen über* (*Akk*) sit in judg(e)ment on **gerichtlich** judicial, legal: *~ vereidigt* sworn
Gerichtsbarkeit f jurisdiction
Gerichts|beschluss m court order: *durch ~* by order of the court **~gebäude** n law court, courthouse **~hof** m court of justice, law court **~kosten** Pl costs Pl (of an action) **~medizin** f forensic medicine **~mediziner(in)** medical expert (*Am* examiner) **~referendar(in)** junior lawyer (*who has passed his first State Examination*) **~saal** m courtroom **~stand** m (legal) venue, WIRTSCH legal domicile **~urteil** n judg(e)ment, in *Strafsachen*: sentence **~verfahren** n 1. (*Prozess*) (legal) proceedings Pl, lawsuit, (*Strafprozess*) trial 2. (*Verfahrensweise*) court procedure **~verhandlung** f (judicial) hearing, (*Strafverhandlung*) trial **~vollzieher(in)** bailiff, *Am* marshal

gering I Adj little, small, slight, (*niedrig*) low, *Meinung, Qualität: a.* poor, *Hoffnung, Chance etc:* slim, *Bedeutung, Rolle etc:* minor: *in ~erem Maße* to a less degree; *kein ♀erer als* no less a person than; *nicht im ♀sten* in the least; *das soll m-e ~ste Sorge sein!* that's the least of my worries!; → *Chance* II *Adv ~ achten* think little of, (*Folgen, Gefahr etc*) disregard
geringfügig Adj insignificant, negligible, slight, minor, *Betrag, Vergehen:* small, petty **Geringfügigkeit** f insignificance, slightness, smallness
gering|schätzig Adj contemptuous, *Bemerkung: a.* disparaging **♀schätzung** f (*für, Gen*) disdain (of), low regard (for)
gerinnen v/i coagulate, *bes Blut: a.* clot, *Milch:* curdle **Gerinnsel** n MED clot
Gerinnung f coagulation
Gerippe n allg skeleton, fig (*Gerüst*) a. frame
gerippt Adj ribbed
gerissen Adj F fig cunning, crafty

Germ m österr. baker's yeast
Germane m, **Germanin** f Teuton
germanisch Adj Germanic, Teutonic
Germanist(in) Germanist, (*Student[in]*) a. student of German **Germanistik** f German (studies Pl od philology)
Germknödel m österr. dumpling made of yeast dough
gern(e) Adv gladly, with pleasure: *~ haben* like, be fond of; *etw(jdn) ~ tun* a) like (love) to do (od doing) s.th., **b)** (*dazu neigen*) tend to do s.th.; *etw ~ essen (trinken)* like s.th.; *~ lesen* like reading; *ich hätte (möchte) ~ ...* I'd (I would) like to *Inf*; (*ja*), *~!* yes, please!, I'd love to!; (*aber*) *~!* gladly!, of course!; *herzlich* (*od liebend*) *~!* with great pleasure!; *~ geschehen!* not at all!, (you're) welcome!; *ich möchte ~ wissen, ob ...* I'd like to know if ..., (*ich frage mich*) I wonder if ...; *er kann ~ kommen!* a) he's welcome!, **b)** (*von mir aus*) I don't mind if he comes!; *das kannst du ~ haben!* you're welcome to it!; *er sieht es nicht ~* he doesn't like it; F *du kannst mich ~ haben!* go to blazes!
Gernegroß m F show-off
Geröll n GEOL scree, (*Geschiebe*) rubble
Gerontologie f MED gerontology
Gerste f BOT barley
Gerstenkorn n 1. barleycorn 2. MED sty
Gerte f switch, twig
gertenschlank Adj (slim and) willowy
Geruch m smell, pej odo(u)r (a. fig), (*bes Duft*) scent **geruchlos** Adj odo(u)rless **Geruchsnerv** m olfactory nerve **Geruchssinn** m (sense of) smell
Gerücht n rumo(u)r: *es geht das ~, dass ...* it is rumo(u)red that ...
geruhen v/t ~, *etw zu tun* deign to do s.th.
gerührt Adj fig touched, moved
Gerümpel n pej junk
Gerundium n LING gerund
Gerüst n 1. (*Bau♀ etc*) scaffold(ing), (*Arbeitsbühne*) stage, (*Rahmen*) frame 2. fig frame(work)
gerüttelt Adj fig *ein ~ Maß an* (*Dat*) a fair amount of
gesalzen Adj 1. salted 2. → *gepfeffert*
gesammelt Adj 1. *~e Werke* collected works 2. fig concentrated
gesamt Adj whole, entire, all, *Bedarf,*

Einfuhr, Erlös, Preis etc: total
Gesamt|ansicht *f* general view **~auflage** *f e-r Zeitung*: total circulation, *e-s Buchs*: total number of copies published **~ausgabe** *f* **1.** *e-s Werks*: complete edition **2.** *Pl* WIRTSCH total expenditure *Sg* **~betrag** *m* total (amount) **~bevölkerung** *f* total population **~bild** *n fig* overall picture **2deutsch** *Adj* all-German **~eindruck** *m* general impression **~einnahme(n** *Pl) f* WIRTSCH total receipt(s *Pl)*
Gesamtheit *f* totality, *the whole*: **die ~ der Arbeiter** *etc* all the workers *etc*; **in s-r ~** in its entirety, as a whole
Gesamt|hochschule *f* comprehensive university **~kosten** *Pl* overall (*od* total) cost *Sg* **~länge** *f* overall length **~note** *f* PÄD aggregate mark **~schaden** *m* total damage **~schule** *f* comprehensive school **~sieger(in)** overall winner **~summe** *f* (sum) total, total amount **~umsatz** *m* total turnover **~werk** *n* complete works *Pl* **~zahl** *f* total (number)
Gesandte *m, f* POL envoy
Gesandtschaft *f allg* legation
Gesang *m* singing, (*Lied*) song, (*Fach*) (**~ studieren** study) voice
Gesangbuch *n* REL hymnbook
Gesanglehrer(in) singing teacher
gesanglich *Adj* vocal
Gesangunterricht *m* singing lessons *Pl* **Gesangverein** *m* choral society
Gesäß *n* buttocks *Pl*, F bottom
Gesäßtasche *f* back pocket
gesch. *Abk* (= **geschieden**) div
Geschäft *n allg* business, (*Handel*) a. trade, (*Transaktion*) a. (business) deal, transaction, (*Firma*) a. firm, enterprise, (*Büro*) office, (*Laden* 2) a. shop, *bes Am* store, (*Angelegenheit*) a. affair: **ein gutes (schlechtes) ~** a good (bad) deal; **ein gutes ~ machen** make a good profit (F a packet) (**mit** etw out of); **~e machen mit** deal in, *gewinnreich*: make money out of; **mit j-m ~e machen, mit j-m ins ~ kommen** do business with s.o.; **gut im ~ sein** be doing well; **in ~en** on business; **wie gehen die ~e?** how's business?; **~ ist ~!** business is business!; **er versteht sein ~!** he knows his business (*od* stuff!)
geschäftehalber *Adv* on business

Geschäftemacher(in) *pej* profiteer
geschäftig *Adj* busy, active
Geschäftigkeit *f* activity
geschäftlich I *Adj* business, commercial **II** *Adv* as regards business; **~ verreist** away on business; **~ zu tun haben** have (some) business (**mit** with)
Geschäfts|abschluss *m* (business) transaction (*od* deal) **~bedingungen** *Pl* terms *Pl* of business **~bereich** *m* sphere of activity, scope, *e-s Ministers*: portfolio, JUR jurisdiction **~bericht** *m* (business) report **~beziehungen** *Pl* business connections *Pl* **~brief** *m* business letter **~essen** *n* business lunch **2fähig** *Adj* competent, having legal capacity **~fähigkeit** *f* legal capacity **~frau** *f* businesswoman **~freund(in)** business associate, colleague
geschäftsführend *Adj* managing, executive, acting **Geschäftsführer(in)** manager(ess), *e-s Vereins etc*: secretary **Geschäftsführung** *f* management
Geschäfts|gebaren *n* business methods *Pl* **~geheimnis** *n* business secret **~haus** *n* **1.** shop (*od* office) building **2.** (*Firma*) commercial firm, company **~inhaber(in)** owner (of a business), *e-s Ladens etc*: proprietor (proprietress) **~jahr** *n* financial year **~kosten** *Pl* business expenses *Pl*: **auf ~** on expense account **~lage** *f* business situation **~leben** *n* (**im ~** in) business (life) **~leitung** *f allg* management **~leute** *Pl* businesspeople **~mann** *m* businessman
geschäftsmäßig *Adj u. Adv* business-like
Geschäfts|ordnung *f* rules *Pl* of procedure, PARL standing orders *Pl*: **zur ~** on a point of order **~partner(in)** (business) partner **~räume** *Pl* business premises *Pl*, offices *Pl* **~reise** *f* (**auf ~** on a) business trip **2schädigend** *Adj* damaging to business **~schädigung** *f* JUR injurious malpractice, *weit. S.* trade libel (*Gen* on) **~schluss** *m* closing time: **nach ~** a. after business hours **~sinn** *m* business sense **~sitz** *m* place of business **~stelle** *f* office(s *Pl*) **~straße** *f* shopping street **~stunden** *Pl* office hours *Pl*, (*Laden*) opening hours *Pl* **~träger(in)** POL chargé d'affaires
geschäftstüchtig *Adj* smart, efficient (in business) **Geschäftstüchtigkeit** *f*

G

business efficiency, smartness

geschäfts|unfähig *Adj* JUR legally incapacitated **Geschäftsunfähigkeit** *f* JUR legal incapacity

Geschäfts|verbindung *f* business connection **~verkehr** *m* business (dealings *Pl*) **~viertel** *n* commercial district, *Am* a. downtown **~wert** *m* e-r *Firma*: goodwill **~zimmer** *n* office **~zweig** *m* branch (of business)

geschehen I *v/i* happen, occur, take place: *ihm wird nichts* **~** nothing will happen to him; *was soll damit (mit ihm)* **~?** what's to be done with it (him)?; *es muss etw* **~!** s.th. must be done!; *da war es um ihn* **~** he was done for; → *recht* 5 **II** ♀ *n* happenings *Pl*, events *Pl*

gescheit *Adj* clever, intelligent, bright, (*vernünftig*) wise, sensible

Geschenk *n* present, gift: *j-m etw zum* **~** *machen* give s.o. s.th. (as a present); *als* **~** *verpacken* gift-wrap **~artikel** *m* gift **~gutschein** *m* gift voucher **~packung** *f* gift box

Geschichte *f* **1.** story, (*Erzählung*) a. narrative **2.** (a. *Wissenschaft*) history: *die* **~** *der Neuzeit* modern history; *in die* **~** *eingehen* go down in history **3.** F business, thing: *die ganze* (*iron* *e-e schöne*) **~** the whole (a nice) business **geschichtlich** *Adj* historical, (*~ bedeutsam*) historic

Geschichts|buch *n* history book **~forscher(in)** historian **~forschung** *f* historical research **~lehrer(in)** history teacher **~unterricht** *m* history

Geschick¹ *n* (*Schicksal*) fate, lot
Geschick² *n* skill
Geschicklichkeit *f* skill, (*Gewandtheit*) dexterity, (*Raffinesse*) cleverness
geschickt *Adj* skil(l)ful (*zu* at, *in* *Dat* in), (*gewandt*) a. dexterous, (*raffiniert*) a. clever
Geschicktheit *f* → **Geschicklichkeit**
geschieden *Adj* *Person*: divorced, *Ehe*: dissolved: *m-e* **~e** *Frau* my ex-wife
Geschiedene 1. *m* divorcé, divorced man **2.** *f* divorcée, divorced woman
Geschirr *n* **1.** dishes *Pl*, *irdenes*: crockery, (*Tafel♀*) tableware, service, (*Porzellan*) china, (*Küchen♀*) kitchenware, pots and pans *Pl*: *das* **~** *abräumen*

clear the table; **~** *spülen* do the dishes, wash up **2.** (*Pferde♀ etc*) harness
Geschirr|spüler *m*, **~spülmaschine** *f* dishwasher **~spülmittel** *n* washing-up liquid **~tuch** *n* tea towel

geschlagen *Adj* **1.** beaten, defeated: *sich* **~** *geben* admit defeat **2.** F (*ganz*) full: *zwei* **~e** *Stunden* (*lang*) two solid hours

Geschlecht *n* **1.** BIOL sex: *beiderlei* **~s** of both sexes; *das andere* (*schwache, schöne*) **~** the opposite (weaker, fair) sex **2.** LING gender **3.** (*Gattung*) race, (*Abstammung*) lineage, (*Familie*) family: *das menschliche* **~** the human race

geschlechtlich *Adj* sexual

Geschlechts|akt *m* sexual act **~hormon** *n* sex hormone ♀**krank** *Adj* suffering from a venereal disease, having VD **~krankheit** *f* venereal disease (*Abk* V.D.) **~leben** *n* sex life

geschlechtslos *Adj* sexless, asexual

Geschlechts|merkmal *n* sex characteristic **~organ** *n* sex(ual) organ **~reife** *f* sexual maturity ♀**spezifisch** *Adj* sex-specific **~teil** *n mst Pl* genitals *Pl* **~trieb** *m* sexual urge **~umwandlung** *f* sex change **~verkehr** *m* sexual intercourse **~wort** *n* LING article

geschliffen *Adj* **1.** *Glas*: cut **2.** *fig Stil, Sprache etc*: polished

geschlossen I *Adj* **1.** closed, LING, MIL close: (*in sich*) **~** a. TECH self-contained, *fig* compact; **~e** *Gesellschaft* closed society, (*Fest*) private party; **~e** *Veranstaltung* private meeting; **~e** *Ortschaft* built-up area **2.** (*vereint*) united **II** *Adv* **3.** (*einstimmig*) unanimously: **~** *hinter j-m stehen* be solidly behind s.o.

Geschmack *m* taste (a. *fig an Dat for*), (*Aroma*) a. flavo(u)r: **~** *finden an* (*Dat*) develop a taste for; *e-n guten* **~** *haben* **a)** *Essen*: taste good, **b)** *fig Person*: have good taste; *für m-n* **~** for my taste; *das ist nicht nach m-m* **~** that's not to my taste; *über* **~** *lässt sich* (*nicht*) *streiten* there's no accounting for tastes

geschmacklich *Adj u. Adv* in taste

geschmacklos *Adj* tasteless: **~** *sein fig* a. be in bad taste **Geschmacklosigkeit** *f* a. *fig* tastelessness: *das war e-e* **~** that was in bad taste

Geschmacks|richtung *f* taste **~sache** *f*

(*das ist ~* that's a) matter of taste **~sinn** *m* (sense of) taste **~verirrung** *f* lapse of taste **~verstärker** *m* flavour enhancer

geschmackvoll *Adj* tasteful: **~** *sein fig a.* be in good taste

geschmeidig *Adj* 1. supple, pliant, (*glatt*) sleek, soft 2. *fig* flexible

Geschnatter *n* cackling, F *fig a.* chatter(ing)

Geschöpf *n* 1. creature 2. *fig* creation

Geschoss¹ *n* projectile, (*Kugel*) *a.* bullet, (*Wurf*Ⴍ, *Raketen*Ⴍ) missile

Geschoss², **Geschoß** *österr. n* (*Stockwerk*) stor(e)y, floor

geschraubt *Adj Rede, Stil etc*: stilted

Geschrei *n* 1. a) shouting, yelling, (*Baby*Ⴍ) *a.* bawling, b) shouts *Pl*, screams *Pl* 2. F *fig* (*um* about) fuss, noise

geschult *Adj* trained (*a. Auge*)

Geschütz *n gun*: *fig* **schweres ~ auffahren** bring up one's heavy guns

Geschützfeuer *n* gunfire, shelling

geschützt *Adj alg* protected

Geschützturm *m* turret

Geschwader *n* SCHIFF squadron, FLUG group, *Am* wing

Geschwafel *n* F *pej* waffle

Geschwätz *n pej* twaddle, (*Klatsch*) gossip **geschwätzig** *Adj* talkative, F gabby, (*klatschsüchtig*) gossipy

Geschwätzigkeit *f* talkativeness

geschweige *Konj* (*~ denn*) not to mention, let alone, much less

Geschwindigkeit *f* speed, PHYS velocity, (*Tempo*) *a.* rate, pace: *mit e-r ~ von ...* at a speed (*od* rate) of ...

Geschwindigkeits|begrenzung *f*, **~beschränkung** *f* speed limit **~messer** *m* tachometer, MOT *a.* speedometer **~rekord** *m* speed record **~überschreitung** *f* speeding

Geschwister *Pl* brother(s *Pl*) and sister(s *Pl*), siblings *Pl* **geschwisterlich** *Adj* a) brotherly, b) sisterly

Geschwisterpaar *n* a) brother and sister, b) two brothers (*od* sisters) *Pl*

geschwollen *Adj* 1. swollen 2. *fig Sprache etc*: pompous, bombastic

Geschworene *m*, *f* JUR juror: *die ~n Pl* the (members *Pl* of the) jury *Sg*

Geschworenenbank *f* jury box, *weit. S.* the jury

Geschwulst *f* MED tumo(u)r, growth

geschwungen *Adj* curved

Geschwür *n* MED abscess, boil, ulcer

Geselchte *n österr.* salted and smoked meat

Geselle *m* journeyman

gesellen *v/refl sich ~ zu* join

gesellig *Adj* social, gregarious (*a. fig*), *Person*: sociable: **~es Leben** social life

Geselligkeit *f* 1. sociability 2. social life: *die ~ lieben* be fond of company

Gesellin *f* → **Geselle**

Gesellschaft *f* 1. society: *die vornehme ~* high society; *Dame der ~* society lady 2. (*Umgang*) (*in guter ~* in good) company: *in j-s ~* in s.o.'s company; *j-m ~ leisten* a) keep s.o. company, b) join s.o. (*bei in*) 3. party, (*Gäste*) *a.* guests *Pl*: *e-e ~ geben* give a party 4. (*Vereinigung*) society, WIRTSCH company, *Am a.* corporation: → *Haftung*² 5. F *pej* bunch, lot **Gesellschafter(in)** 1. companion 2. WIRTSCH partner

gesellschaftlich *Adj* social

Gesellschaftsanzug *m* formal dress

gesellschaftsfähig *Adj* socially acceptable, *weit. S.* presentable

Gesellschafts|kritik *f* social criticism **Ⴍkritisch** *Adj* socio-critical **~ordnung** *f* social order **~recht** *n* company law **~reise** *f* package (*od* conducted) tour **~schicht** *f* (social) class, social stratum **~spiel** *n* parlo(u)r game **~system** *n* social system **~tanz** *m* ballroom dance

Gesellschaftswissenschaft *f* 1. sociology 2. *Pl* social sciences *Pl*

Gesenk *n* TECH die, swage

Gesetz *n alg* law, (*Einzel*Ⴍ) *a.* act: *nach dem ~* under the law (*über Akk* on); *vor dem ~* in the eyes of the law

Gesetz|blatt *n* law gazette **~buch** *n* code (of law) **~entwurf** *m* (draft) bill

Gesetzeskraft *f* legal force: *~ erhalten* pass into law; *~ verleihen* enact

Gesetzeslücke *f* loophole in the law

Gesetzesvorlage *f* (draft) bill

gesetzgebend *Adj* legislative: → *Gewalt* 2 **Gesetzgeber** *m* legislator

Gesetzgebung *f* legislation

gesetzlich *Adj* legal, statutory, (*rechtmäßig*) lawful, legitimate: **~** *geschützt* protected (by law), *Erfindung etc*: patented, *Warenzeichen etc*: registered, *bes literarisches Werk*: copyright

Gesetzlichkeit f legality, lawfulness

Gesetzlosigkeit f lawlessness

gesetzmäßig *Adj* legal, lawful, *Anspruch*: legitimate **Gesetzmäßigkeit** f legality, lawfulness, legitimacy

gesetzt I *Adj* **1.** sedate: **~en Alters, in ~em Alter** of mature age **2.** SPORT seeded: **~er Spieler** seed **II** *Konj* → **Fall 2 Gesetztheit** f sedateness

gesetzwidrig *Adj* unlawful, illegal **Gesetzwidrigkeit** f **1.** unlawfulness, illegality **2.** offen/ce (*Am* -se), illegal act

Gesicht n **1.** face, (*Miene*) a. look: **ein trauriges ~ machen** look sad; **ein langes ~ machen** pull a long face; **das ~ verziehen** make a face; **j-m etw ins ~ sagen** tell s.o. s.th. to his (her) face; **j-m wie aus dem ~ geschnitten sein** be the spit and image of s.o.; *fig* **sein wahres ~ zeigen** show one's true face; **das ~ verlieren (wahren)** lose (save one's) face; **das gibt der Sache ein ganz anderes ~** that puts a different complexion on the matter **2.** (*Sehkraft*) (eye)sight: **das zweite ~** second sight; **zu ~ bekommen** catch sight of, see; **aus dem ~ verlieren** lose sight of

Gesichts|ausdruck m (facial) expression, face **~creme** f face cream **~farbe** f complexion **~feld** n OPT field of vision **~kontrolle** f face check **~kreis** m horizon

gesichtslos *Adj fig* featureless

Gesichts|maske f face mask **~massage** f facial massage, F facial **~milch** f cleansing milk **~muskel** m facial muscle **~packung** f face pack **~pflege** f care of the face **~plastik** f facial surgery **~punkt** m **1.** point of view, viewpoint, angle: **von diesem ~ aus (gesehen)** (looked at) from this point of view **2.** (*Einzelheit*) point, aspect **~verlust** m loss of face **~wasser** n face lotion **~winkel** m OPT visual angle **~züge** *Pl* features *Pl*

Gesindel n riffraff

gesinnt *Adj* **1.** disposed (*Dat* towards). **2.** *in Zssgn* ...-minded

Gesinnung f (cast of) mind, character, (*Überzeugung*) convictions *Pl*, views *Pl*

gesinnungslos *Adj* unprincipled

Gesinnungswandel m change of heart, *bes* POL about-face

gesittet *Adj* civilized

Gesöff n F *pej* awful stuff

gesondert *Adj* separate

Gespann n **1.** (*Pferde2 etc*) team **2.** MOT, SPORT combination **3.** *fig* pair

gespannt *Adj* **1.** *Seil etc*: tight, taut **2.** *fig Lage, Nerven etc*: tense, *Beziehungen etc*: a. strained, *Aufmerksamkeit*: close **3.** (*begierig*) eager, anxious, (*neugierig*) curious, (*aufgeregt*) excited: **~ sein auf** (*Akk*) be anxious (*stärker*: dying) to see (*od* know); **ich bin ~, ob (wie etc)** ... I wonder if (how *etc*) ...; **da bin ich aber ~!** I can't wait to see that!

Gespanntheit f **1.** tension (*a. fig der Beziehungen, Lage, Nerven etc*), (*Nerven2*) a. tenseness **2.** a) eagerness, intentness, b) (anxious) anticipation

Gespenst n ghost, *bes fig* (*Gefahr*) spect/re (*Am* -er)

gespenstisch *Adj* **1.** ghostly, F spooky **2.** *fig* eerie, nightmarish

Gespiele m, **Gespielin** f playmate

Gespött n mockery, derision: **j-n zum ~ machen** make a laughingstock of s.o.

Gespräch n talk (*a.* POL), conversation, (*Telefon2*) a. call, (*Diskussion*) discussion, (*Zwie2*) dialog(ue *Br*): **ein ~ führen mit** have a talk *etc* with; **das ~ auf etw bringen** steer the conversation round to s.th.; **im ~ sein** be under discussion; **mit j-m ins ~ kommen** get talking to s.o.; **mit j-m im ~ bleiben** stay in contact (*od* touch) with s.o.

gesprächig *Adj* talkative, (*mitteilsam*) communicative

Gesprächs|bereitschaft f willingness to have talks (*od* to negotiate): **er zeigte ~** he showed that he was ready to talk (*od* was open to negotiation) **~einheit** f → **Gebühreneinheit ~partner(in)** interlocutor, *weit. S. interesting etc* person to talk to **~runde** f POL round of talks **~stoff** m topic(s *Pl*) (of conversation)

gespreizt *Adj fig* affected

Gespür n (*für* for) flair, nose

gest. *Abk* (= **gestorben**) died

gestaffelt *Adj Anordnung etc*: staggered, *Löhne, Steuern, Zinsen etc*: graduated

Gestalt f **1.** form, shape: **in ~ von** in the form (*od* shape) of; (*feste*) **~ annehmen** take shape **2.** (*Figur, Person*) fig-

ure, (*Roman♀ etc, a.* F *Typ*) *a.* character **3.** (*Wuchs*) build **gestalten I** v/t **1.** (*formen*) shape, fashion, (*Raum etc*) decorate, (*Kunstwerk*) create, (*entwerfen*) design: *etw interessant ~* make s.th. interesting **2.** (*Fest etc*) arrange, (*a. Freizeit, Leben*) organize **II** v/refl *sich ~* **3.** (*werden*) develop: *sich ~ zu* become, turn into, (turn out to) be (*a success etc*); *sich anders ~* turn out differently **Gestalter(in) 1.** (*Schöpfer*) creator, TECH designer, stylist **2.** organizer **gestalterisch** *Adj* creative, artistic, TECH *etc* design(ing) **Gestaltung** f **1.** shaping (*a. fig*), forming, design, *e-s Kunstwerks*: creation, (*Form*) form, shape **2.** arrangement, organization

gestanden *Adj ein ~er Mann* a man who has made his mark (in life) **geständig** *Adj* confessing (one's guilt): *~ sein* confess **Geständnis** n *a.* JUR confession: *ein ~ ablegen* confess; *j-m ein ~ machen* confess s.th. to s.o.

Gestank m stench, F stink

gestatten v/t allow, permit: *~ Sie (, dass ich …)?* may I (…)?; *~ Sie e-e Frage?* may I ask you s.th.?; *wenn Sie ~* with your permission

Geste f *a. fig* gesture

gestehen v/t u. v/i confess: → *offen*

Gestehungskosten Pl WIRTSCH production costs Pl, *für Material*: prime cost *Sg*

Gestein n rock

Gestell n stand, rack, shelve, (*Bock*) trestle, (*Rahmen*) frame

gestellt *Adj* **1.** FOTO posed, unnatural **2.** → *stellen* 5

Gestellungsbefehl m MIL call-up (*Am* induction) order

gestern *Adv* yesterday: *~ Abend* yesterday evening, (*spät*) last night; *Zeitung etc von ~* yesterday's; *fig er ist nicht von ~* he wasn't born yesterday

gestielt *Adj allg* stemmed

Gestik f gestures Pl

gestikulieren v/i gesticulate

Gestirn n star **gestirnt** *Adj* starry

Gestöber n drift(ing), flurry (of snow)

gestochen *Adj wie ~ Handschrift:* very neat; *Adv* FOTO *~ scharf* very sharp

gestört *Adj* disturbed, disordered, PSYCH unbalanced, TECH faulty

Gestotter n stuttering

gesträhnt *Adj Haar:* streaked-in

Gesträuch n shrubbery, bushes Pl

gestreift *Adj* striped

gestrichen *Adj* **1.** painted **2.** *Wort etc:* deleted **3.** *~ voll* level, (*übervoll*) brimful(l); *drei ~e Teelöffel (voll)* three level teaspoons (full)

gestrig *Adj* of yesterday: *die ~e Zeitung* yesterday's paper

Gestrüpp n **1.** undergrowth, brushwood **2.** *fig* jungle

Gestühl n seats Pl, (*Kirchen♀*) pews Pl

Gestüt n stud farm, (*Pferde*) stud

Gesuch n application, request, petition

gesucht *Adj* **1.** wanted (*a.* JUR), (*begehrt*) much sought-after, in (great) demand **2.** *fig* Höflichkeit etc: studied

Gesudel n → *Sudelei*

gesund *Adj allg* healthy (*a. fig Appetit, Klima etc*), sound (*a. fig Ansicht, Firma, Schlaf etc*), Kost, Lebensweise etc: *a.* healthful, (*geistig ~*) sane: *~ sein a.* be in good health, be well; *~ und munter* (as) fit as a fiddle; (*wieder*) *~ werden* → *gesunden*; *Gemüse ist ~* vegetables are good for you(r health); *iron das ist (ganz) ~ für ihn!* that's good for him!; → *Menschenverstand*

Gesundbeter(in) faith healer

gesunden v/i recover (*a. fig*)

Gesundheit f health, healthiness (*a. von Kost, Klima, Lebensweise*), (*geistige ~*) sanity: *bei guter ~ sein* be in good health; *auf j-s ~ trinken* drink to s.o.'s health; *auf Ihre ~!* your health!; *~! beim Niesen:* bless you!

gesundheitlich *Adj* physical: *sein ~er Zustand* his (state of) health; *aus ~en Gründen* for health reasons; *Adv wie geht's ~ ihm gut* he is in good health; *wie geht's ~?* how's your health?

Gesundheits|amt n public health office **~apostel** m iron health freak **♀bewusst** *Adj* health-conscious **~farm** f health farm **♀fördernd** *Adj* health-improving **♀halber** *Adv* for health reasons **~pflege** f (personal) hygiene, health care **~reform** f health service reform(s Pl) **~schaden** m health defect **♀schädlich** *Adj* injurious to health, unhealthy **~wesen** n Public Health (Service) **~zeugnis** n health certificate **~zustand** m (state of) health

gesundschreiben v/t: *j-n ~* pass s.o. fit

gesundschrumpfen v/t u. v/refl sich ~ F slim down **gesundstoßen** v/refl sich ~ F line one's pockets

Gesundung f a. fig recovery

geteilt Adj **1.** divided: **~er Meinung sein** disagree; **darüber kann man ~er Meinung sein** that's a matter of opinion **2.** (gemeinsam) shared

Getöse n din, (deafening) noise

getragen Adj **1.** Kleidung: secondhand, old **2.** fig measured, slow, solemn

Getrampel n trampling

Getränk n drink, beverage

Getränke|automat m drinks dispenser **~karte** f list of beverages, oft: wine list **~steuer** f alcohol tax

getrauen v/refl sich ~ → **trauen²** II

Getreide n grain, cereal(s Pl) **~arten** Pl cereals Pl **~bau** m cultivation of cereals **~ernte** f grain harvest, (Ertrag) a. grain crop **~feld** n grain field **~land** n **1.** grain-growing country (od land) **2.** (Felder) grain fields Pl **~pflanze** f cereal plant **~silo** m (grain) silo

getreu Adj (genau) true, faithful

Getriebe n **1.** TECH gear(ing), mechanism, MOT transmission, gearbox **2.** fig wheels Pl **3.** fig (Betrieb) bustle, rush **~schaden** m MOT gearbox trouble

getrost Adv confidently, safely

Getto n ghetto

Getue n F fuss (**um** about)

Getümmel n turmoil

geübt Adj Auge etc: practised, Person: experienced

Gewächs n **1.** plant **2.** WIRTSCH produce, growth **3.** wine, (Sorte, Jahrgang) vintage **4.** MED growth

gewachsen Adj **j-m ~ sein** be a match for s.o.; **e-r Sache ~ sein** be up (od equal) to s.th.; **sich der Lage ~ zeigen** rise to the occasion

Gewächshaus n greenhouse, hothouse

gewagt Adj daring (a. fig), risky, Witz etc: risque

gewählt Adj fig Sprache: refined

Gewähr f guarantee: **ohne ~** without guarantee, auf Fahrplänen, Preislisten etc: subject to change; **für etw ~ bieten** (od **leisten**) guarantee s.th.

gewähren v/t grant (**j-m e-e Bitte** s.o. a request), (Einblick, Schutz, Vorteil etc) give, afford: **j-n ~ lassen** let s.o. have his way

gewährleisten v/t guarantee, ensure

Gewahrsam m **in ~ nehmen a)** take s.th. in safe keeping, **b)** take s.o. in custody

Gewährsfrau f, **Gewährsmann** m informant, source

Gewalt f **1.** violence (a. Gewalttätigkeit), force: **mit ~ a)** by force; **mit aller ~ a)** with all one's strength, **b)** fig at all costs; **j-m ~ antun** do violence to s.o.; **~ anwenden** use force; → **roh 3 2.** (Macht) power, VERW, JUR authority, (Beherrschung) control (**über** Akk of): **die gesetzgebende ~** the legislature; **höhere ~** act of God; **etw in s-e ~ bringen** gain control of s.th.; **etw** (od) **in der ~ haben** have s.th. (o.s.) under control; **in j-s ~ sein** be in s.o.'s power (od hands); **die ~ verlieren über** (Akk) lose control over **Gewaltakt** m act of violence

Gewaltanwendung f (use of) force

Gewaltenteilung f POL separation of powers

gewaltfrei Adj non-violent

Gewaltherrschaft f tyranny

gewaltig Adj **1.** (mächtig) powerful, mighty **2.** (riesig) enormous, huge, colossal (a. F fig Irrtum etc)

gewaltlos Adj I Adj nonviolent II Adv without violence

Gewaltlosigkeit f nonviolence

Gewaltmarsch m forced march

Gewaltmaßnahme f drastic measure

Gewaltmonopol n monopoly on the use of force

gewaltsam I Adj forcible, Tod etc: violent II Adv forcibly, by force: **etw ~ öffnen** force s.th. (open)

Gewaltsamkeit f violence

Gewalttat f act of violence **gewalttätig** Adj violent, brutal **Gewalttätigkeit** f a) violence, **b)** act of violence

Gewaltverbrechen n crime of violence **Gewaltverbrecher(in)** violent criminal **Gewaltverzichtsabkommen** n POL nonaggression treaty

Gewand n **1.** robe **2.** fig garment

gewandt Adj agile, nimble, Auftreten etc: elegant, (wendig) clever **Gewandtheit** f agility, elegance, cleverness

gewappnet Adj fig prepared (**für** for)

gewärtig Adj **~ sein** (Gen) → **gewärtigen** v/t expect, (rechnen mit) reckon with: **etw zu ~ haben** be in for s.th.

Gewäsch n F pej blather

Gewässer n (stretch of) water, Pl waters Pl, rivers and lakes Pl **~schutz** m prevention of water pollution

Gewebe n (woven) fabric, feines: tissue (a. ANAT u. fig von Lügen etc), (Webart) weave **~probe** f MED tissue sample

Gewehr n gun, bes MIL rifle **~kolben** m (rifle) butt **~kugel** f (rifle) bullet **~lauf** m (rifle) barrel

Geweih n antlers Pl, horns Pl

Gewerbe n trade, business, (Beruf) occupation: **Handel und ~** trade and industry **~freiheit** f freedom of trade **~gebiet** n industrial estate **~lehrer(in)** teacher at a trade school **~ordnung** f industrial code **~schein** m trade licen/ce (Am -se) **~schule** f trade school **~steuer** f trade tax

gewerbetreibend Adj carrying on a trade, industrial **Gewerbetreibende** m, f person carrying on a trade, trader

Gewerbezweig m (branch of) trade (od industry)

gewerblich Adj commercial, industrial, trade **gewerbsmäßig** Adj professional, gainful, Adv a. for gain

Gewerkschaft f trade (Am labor) union **Gewerkschaftler(in)** (trade, Am labor) unionist **gewerkschaftlich** Adj trade (Am labor) union: Adv **~ organisiert** unionized, organized

Gewerkschafts... (trade, Am labor) union (boss, member, official, etc)

Gewerkschaftsbund m federation of trade (Am labor) unions

Gewicht n a. fig weight: **ein ~ von ... haben** weigh ...; **nach ~ verkaufen** sell by weight; fig ~ **haben** carry weight (bei with); (nicht) **ins ~ fallen** be of (no) importance; ~ **legen auf** (Akk) stress, emphasize; ~ **beimessen** (Dat) attach importance to; ~ **verleihen** (Dat) lend weight to; → **spezifisch**

gewichten v/t Statistik: weigh; fig (neu) ~ (re)assess

Gewichtheben n SPORT weight lifting

Gewichtheber(in) weight lifter

gewichtig Adj a. fig weighty

Gewichtsabnahme f loss of weight

Gewichtsklasse f SPORT weight (class)

Gewichtsverlust m loss of weight

Gewichtszunahme f increase in weight

gewillt Adj ~ **sein, etw zu tun** be willing

(od ready) to do s.th.

Gewimmel n swarm(ing), von Insekten etc: swarming mass, (Menschen2) milling crowd

Gewinde n TECH thread

Gewindebohrer m (screw) tap

Gewinn m 1. WIRTSCH profit (a. fig), (Ertrag, Zuwachs) gain(s Pl): **Gewinn- und-Verlust-Rechnung** profit and loss account; **mit ~** at a profit; ~ **ziehen aus** profit by; ~ **bringend** profitable 2. fig (Vorteil) gain, advantage 3. (Preis, Lotterie2) prize, (Spiel2) winnings Pl 4. (~los) winner 5. fig (Person etc) asset (für to) **~anteil** m share in (the) profits, dividend **~beteiligung** f profit sharing

Gewinnchance f chance (of winning)

gewinnen I v/t 1. (Krieg, Wahl etc, a. j-s Vertrauen etc) win, (Preis, Geld) get, (erlangen) gain (a. Zeit, Einblick etc): **Höhe ~** FLUG gain height; **j-n für sich ~** win s.o. over; **j-n für etw ~** win s.o. to s.th.; → **Spiel** 2 2. (erzeugen) produce, BERGB mine, win, (rück~) recover (aus from) II v/i 3. (bei, in Dat at) win, be the winner, Los, Zahl etc: come up a winner 4. (profitieren) gain: fig **an Bedeutung ~** gain in importance; **sie hat sehr gewonnen** she has greatly improved **gewinnend** Adj a. fig winning, engaging **Gewinner(in)** winner

Gewinn|los n winning ticket, winner **~maximierung** f WIRTSCH maximization of profits **~spanne** f profit margin

Gewinnsucht f (aus ~ from) greed

Gewinnung f winning, production

Gewinnzahl f winning number

Gewinsel n pej whining

Gewirr n tangle (a. fig), (Straßen2 etc) maze, (Durcheinander) jumble

gewiss I Adj 1. certain: **nichts Gewisses** nothing definite 2. **e-r Sache ~ sein** be certain (od sure) of s.th. II Adv 3. certainly, for certain: **~!** certainly!, sure!; **aber ~!** but of course!

Gewissen n conscience: **j-m ins ~ reden** reason with s.o. **gewissenhaft** Adj conscientious **Gewissenhaftigkeit** f conscientiousness **gewissenlos** Adj unscrupulous **Gewissenlosigkeit** f unscrupulousness

Gewissens|bisse Pl twinges Pl of remorse **~frage** f matter of conscience **~freiheit** f freedom of conscience

~gründe Pl **aus ~n** for reasons of conscience **~konflikt** m, **~not** f moral dilemma **~zwang** m moral constraint

gewissermaßen Adv so to speak

Gewissheit f certainty: **mit ~** for certain; **sich ~ verschaffen** make sure (**über** Akk of); (**zur**) **~ werden** become a certainty

Gewitter n 1. thunderstorm 2. fig storm

gewittern v/unpers **es gewittert** there is a thunderstorm

Gewitterwolke f thundercloud

gewittrig Adj thundery

gewitzt Adj F smart, clever

gewogen fig **j-m ~ sein** be well disposed to (od toward[s]) s.o.

gewöhnen v/t u. v/refl **sich** (**j-n**) **~ an** (Akk) get (s.o.) used to; **sich daran ~, etw zu tun** get used to doing s.th.

Gewohnheit f habit: **die ~ haben, etw zu tun** be in the habit of doing s.th.; **aus ~** from habit; **sich etw zur ~ machen** make a habit of s.th.

Gewohnheits... habitual (drinker etc)

gewohnheitsmäßig Adj u. Adv habitual(ly), Adv a. out of habit

Gewohnheitssache f matter of habit

Gewohnheitstier n F creature of habit

gewöhnlich I Adj 1. common, ordinary, (üblich) usual 2. pej common, vulgar **II** Adv 3. commonly (etc): (**für**) ~ usually, normally; **wie ~** as usual

gewohnt Adj usual: **etw** (**zu tun**) ~ **sein** be used to (doing) s.th.

Gewöhnung f (**an** Akk to) 1. habituation 2. (Sucht) addiction

Gewölbe n ARCHI vault **gewölbt** Adj 1. ARCHI vaulted, arched 2. Stirn: domed

Gewühl n → **Gewimmel**

gewunden Adj winding, a. fig tortuous

Gewürz n spice, condiment, seasoning **~gurke** f pickled gherkin **~mischung** f mixed herbs (od spices) Pl **~nelke** f clove **~ständer** m spice rack

gezahnt, gezähnt Adj allg toothed, serated (a. BOT), Briefmarke: perforated

Gezeiten Pl tide(s Pl)

Gezeiten... tidal

Gezeitenkraftwerk n tidal power plant

Gezeitenwechsel m turn of the tide

Gezeter n pej nagging

gezielt Adj fig Maßnahme etc: specific, Indiskretion etc: calculated

geziemen v/unpers **wie es sich geziemt** as is proper **geziemend** Adj proper

geziert Adj affected

Gezwitscher n chirping, twitter(ing)

gezwungen Adj fig Lächeln etc: forced, Benehmen: stiff, Atmosphäre: (con-)strained: Adv ~ **lachen** force a laugh

gezwungenermaßen Adv of necessity: ~ **etw tun** be forced to do s.th.

ggf(s). Abk = **gegebenenfalls**

Ghana f Ghana

Gicht f MED gout **~knoten** m gouty node

Giebel m gable

Gier f greed(iness) (**nach** for)

gierig Adj greedy (**nach** for)

gießen v/t 1. pour 2. (be~) water 3. TECH found, KUNST cast **II** v/i 4. pour: **es gießt** (**in Strömen**) it is pouring (with rain) **Gießer(in** TECH founder

Gießerei f TECH 1. casting 2. (Betrieb) foundry

Gießkanne f watering can

Gift n a. fig poison, ZOOL venom: F **darauf kannst du ~ nehmen!** you bet your life on it! **Giftgas** n poison gas

gifthaltig Adj poisonous, toxic

giftig Adj poisonous, fig a. venomous, (vergiftet) poisoned, CHEM, MED toxic

Gift|mischer(in poisoner **~mord** m (murder by) poisoning **~müll** m toxic waste **~pilz** m poisonous mushroom, toadstool **~schlange** f 1. venomous (od poisonous) snake 2. fig snake **~stoff** m poisonous (od toxic) substance **~zahn** m (poison) fang

Gigabyte n gigabyte

Gigant m fig giant

gigantisch Adj gigantic(ally Adv)

Gilde f guild

Ginster m BOT broom

Gipfel m summit (a. fig POL), top, peak, fig a. height: **auf dem ~ der Macht** at the height (od peak) of power; F **das ist** (**doch**) **der ~!** that's the limit!

Gipfelkonferenz f summit conference

gipfeln v/i fig ~ **in** (Dat) culminate in

Gipfeltreffen n POL summit (meeting)

Gips m TECH plaster, KUNST, MED a. plaster of Paris, CHEM gypsum **~abdruck** m plaster cast **~bein** n F leg in plaster

gipsen v/t (MED put in) plaster

Gipsverband m MED plaster cast

Giraffe f ZOOL giraffe

glauben

girieren v/t WIRTSCH endorse
Girlande f garland
Girobank f WIRTSCH clearing bank **Girokonto** n current (bes Am checking) account
Girozentrale f clearing house
Gischt m, f (sea) spray
Gitarre f guitar **Gitarrist(in)** guitarist
Gitter n 1. lattice, vor Fenstern: a. grille, (~stäbe) bars Pl, (Draht&) (wire) screen, (~rost) grate: **hinter ~n** behind bars 2. OPT grating 3. ELEK u. auf Landkarten: grid **~bett** n cot, Am crib **~fenster** n lattice (od barred) window **~mast** m ELEK pylon **~netz** n auf Landkarten: grid
Glacéhandschuhe, Glaceehandschuhe Pl (fig **mit ~n anfassen** handle s.o. with) kid gloves Pl
Gladiole f BOT gladiolus
Glanz m 1. lust/re (Am -er) (a. fig), shine, gloss, (Glitzern) glitter, (Leuchtkraft) brilliance (a. fig) 2. fig glamo(u)r, (Pracht) splendo(u)r
glänzen v/i shine (a. fig Person), gleam, Nase, Stoff etc: be shiny, (funkeln) a. sparkle
glänzend Adj 1. lustrous, glossy, shining, Nase, Stoff etc: shiny 2. fig brilliant, (großartig) splendid: Adv **sich ~ amüsieren** have a great time
Glanzlack m gloss paint **Glanzleder** n patent leather **Glanzleistung** f brilliant performance (od feat)
Glanzlicht n a. fig highlight
glanzlos adj a. fig dull
Glanz|nummer f star turn **~papier** n glazed paper **~punkt** m fig highlight, F high spot **~stück** n pièce de résistance
glanzvoll Adj splendid, magnificent
Glanzzeit f heyday
Glas n 1. glass, (Einmach& etc) jar: **drei~ Wein** three glasses of wine 2. (Brillen& etc) lens, glass, (Fern&, Opern&) glasses Pl **Glasbläser** m glass blower **Glascontainer** m bottle bank
Glaserei f glazier's (work)shop
gläsern Adj 1. (of) glass 2. fig (durchschaubar) transparent
Glas|faser f, **~fiber** f glass fib/re (Am -er) **~faserkabel** n fibre-optic cable **~haus** n wer im **~** sitzt, soll nicht mit Steinen werfen people who live in glass houses should not throw stones
glasieren v/t 1. TECH glaze 2. GASTR glaze, mit Zuckerguss: ice, Am frost
glasig Adj glassy (a. fig), vitreous
Glaskeramikkochfeld n glass ceramic cooking zone **glasklar** Adj a. fig crystal-clear **Glasmalerei** f glass painting
Glasnost f POL glasnost
Glas|scheibe f (glass) pane **~scherben** Pl (pieces Pl of) broken glass Sg **~schneider** m TECH glass cutter
Glasur f 1. TECH glaze, enamel 2. GASTR glaze, (Zucker&) icing, Am frosting
Glaswaren Pl POL glassware
glatt I Adj 1. allg smooth (a. fig Landung, Verlauf etc, a. pej Person, Manieren), (eben) a. even, (poliert) polished 2. (rutschig) slippery 3. Zahl etc: even, round 4. F fig (klar) plain, Sieg etc: clear, Absage: flat, Lüge: downright: **das ist ~er Wahnsinn** that's sheer madness II Adv 5. smoothly (etc), (ganz) clean; **~ rasiert** clean shaven; **~ (anliegend)** TECH flush; F fig **~ gewinnen** win clearly, win hands down 6. F fig **~ ablehnen** (leugnen) refuse (deny) flatly; **das bringt er ~ fertig** I wouldn't put it past him; **~ gehen** go smoothly; **etw ~ vergessen** clean forget (about) s.th.
Glätte f a. fig e-r Person: smoothness, pej slipperiness
Glatteis n (black, Am glare) ice, weit. S. icy ground, icy roads Pl: fig **j-n aufs ~ führen** trip s.o. up
glätten I v/t 1. smooth, (polieren) polish (a. fig) 2. schweiz. (bügeln) iron II v/refl **sich ~** smooth down
glattstellen v/t WIRTSCH square, even up
glattweg Adv F → **glatt** 6
Glatze f bald head: **e-e ~ haben (bekommen)** be (go) bald
Glatzkopf m 1. → **Glatze** 2. F (Person) baldie **glatzköpfig** Adj bald(headed)
Glaube m (an Akk in) allg belief, (Vertrauen, Bekenntnis) faith: **in gutem ~n** a. JUR in good faith: **~n schenken** (Dat) give credence to, believe; **den ~n verlieren** lose faith **glauben** I v/t allg believe, (vermuten) a. think, suppose, Am a. guess: **das glaube ich dir nicht!** I don't believe you!; **es ist nicht zu ~!** it's incredible! II v/i believe (**an** Akk

in): **an j-n ~ a.** have faith in s.o., trust s.o.; **ich glaube, ja!** I think so!; F **er (es) hat dran ~ müssen** he (it) has had it; **er wird dran ~ müssen** he's for it

Glaubens|bekenntnis n creed (a. fig), confession (of faith) **~freiheit** f religious freedom **~gemeinschaft** f denomination, church **~genosse** m, **~genossin** f fellow believer **~krieg** m religious war **~lehre** f, **~satz** m dogma

glaubhaft Adj credible, plausible, (überzeugend) convincing: **etw ~ machen** a. JUR substantiate s.th.

gläubig Adj believing, REL a. religious, (fromm) devout **Gläubige** m, f believer: **die ~n** Pl the faithful Pl

Gläubiger(in) WIRTSCH creditor

glaubwürdig Adj credible, reliable **Glaubwürdigkeit** f credibility

gleich I Adj **1.** same, Lohn, Rechte, Stellung etc: equal (a. MATHE, TECH), (identisch) identical: **in ~er Höhe mit** level with; **auf ~e Weise** (in) the same way; **zur ~en Zeit** at the same time; **das ist mir ~!** it's all the same to me!, pej I don't care!; **ganz ~, wann (wer** etc) no matter when (who etc); **das 2e** the same (thing); **3 mal 3 ist ~ 9** three times three equals (od is) nine **II** Adv **2.** equally, alike: **~ alt (groß)** of the same age (size); **~ hoch wie** level with; **~ schnell** just as fast; **~ aussehen (gekleidet sein)** look (be dressed) alike; **alle ~ behandeln** treat everybody the same way; **~ bleiben** (a. sich **~ bleiben)** stay the same (od unchanged): **das bleibt sich ~!** that makes no difference!; **~ bleibend** constant, Nachfrage, Qualität etc: steady; **~ gesinnt** like-minded, kindred (souls); **~ lautend** identical: **~ lautendes Wort** homonym **3.** (sofort) at once, right away, in a moment: **~ darauf, ~ danach** immediately afterwards; **~ nach** ... right after ...; **es ist ~ 11 (Uhr)** it's almost eleven (o'clock); **ich komme ~!** (I'm) coming!, just a minute!; **(ich) bin ~ wieder da!** I'll be right back!; F **bis ~!** see you soon (od later)! **4.** (direkt) immediately, directly: **~ neben** ... right next to ...; **~ gegenüber** just (od directly) opposite

gleichaltrig Adj (of) the same age

gleichartig Adj of the same kind, homogeneous, (ähnlich) like, similar

gleichbedeutend Adj (mit) synonymous (with) (a. LING), equivalent (to)

Gleichbehandlung f equal treatment

gleichberechtigt Adj having equal rights **Gleichberechtigung** f equal rights Pl, equality

gleichen v/i (Dat) be (od look) like: **sich** (od **einander) ~** be (od look) alike, be similar; **j-m ~ an** (Dat) equal s.o. in

gleicher|maßen Adv **1.** equally **2.** → **~weise** Adv in like manner, likewise

gleichfalls Adv also, likewise: **danke, ~!** (thanks), the same to you!

gleichförmig Adj **1.** uniform, (eintönig) monotonous **2.** (regelmäßig) regular **Gleichförmigkeit** f **1.** uniformity, monotony **2.** regularity

gleichgeschlechtlich Adj **~e Beziehung** same-sex relationship; **~es Paar** same-sex couple

Gleichgewicht n a. fig balance, equilibrium (a. PHYS): **seelisches ~** (mental) equilibrium; **das ~ der Kräfte** POL the balance of power; **j-n aus dem ~ bringen** a. fig throw s.o. off balance; **das ~ verlieren** lose one's balance

gleichgültig Adj indifferent (gegen to), (belanglos) unimportant: **das (er) ist mir ~** I don't care (for him); **es ist völlig ~, ob** ... it doesn't matter at all whether ...; **~, wann (ob** etc) no matter when (whether etc); **es war ihm völlig ~ (geworden)** he was past caring

Gleichgültigkeit f indifference (gegen to)

Gleichheit f equality, identity, (Einheitlichkeit) uniformity

Gleichheitszeichen n MATHE equals sign

gleichkommen v/i (Dat) **1.** equal (an Dat in) **2.** (entsprechen) amount to

gleichmachen v/t make equal (Dat to): → **Erdboden Gleichmacherei** f pej egalitarianism

gleichmäßig Adj regular, even, (gleichbleibend) constant, (ebenmäßig) symmetrical: Adv **etw ~ verteilen** distribute s.th. evenly **Gleichmäßigkeit** f regularity, evenness, constancy, symmetry

Gleichmut m equanimity, calmness

gleichmütig Adj calm, imperturbable

gleichnamig *Adj* of the same name, MATHE *Bruch*: with a common denominator

Gleichnis *n* simile, BIBEL parable

gleichrangig *Adj* **1.** of the same rank **2.** *fig* of equal importance

Gleichrichter *m* ELEK rectifier

gleichschalten *v/t fig* coordinate, POL bring into line

Gleichschritt *m* MIL marching in step

gleichseitig *Adj* equilateral

gleichsetzen *v/t* **1.** equate (*Dat*, **mit** with) **2.** → **gleichstellen** 2

Gleichstand *m* SPORT level score

gleichstellen *v/t* **1.** → **gleichsetzen** 1 2. **j-n ~** put s.o. on an equal footing (*Dat* with)

Gleichstellung *f* equalization

Gleichstrom *m* ELEK direct current (DC)

gleichtun *v/t* **es j-m ~** equal (*od* match) s.o. (**an** od in Dat in)

Gleichung *f* equation

gleichwertig *Adj* of the same value, equivalent, (*gleich gut*) equally good, *Gegner*: evenly matched

gleichzeitig *Adj u. Adv* simultaneous(ly), *Adv a.* at the same time

Gleichzeitigkeit *f* simultaneousness

gleichziehen *v/i* SPORT (*einholen, a. fig*) (**mit** with) catch up with, draw level, (*ausgleichen*) equalize, level the score

Gleis *n* rail(s *Pl*), *bes Am* track(s *Pl*), line: *fig* **auf ein totes ~ schieben** put s.o., s.th. on ice; *das ausgefahrene* ~ **a)** the beaten track, **b)** (*a. das alte* ~) the same old rut **Gleiskörper** *m* permanent way

Gleitboot *n* hydroglider, hydroplane

gleiten *v/i* **1.** glide, slide, (*rutschen*) slip, *Hand, fig Lächeln, Blick etc*: pass: *er ließ den Brief in die Tasche ~* he slipped the letter into his pocket **2.** *fig Arbeitnehmer*: make use of flextime **gleitend** *Adj fig Lohn-, Preisskala etc*: sliding: *~e Arbeitszeit* → **Gleitzeit**

Gleit|fläche *f* sliding surface **~flug** *m* glide **~flugzeug** *n* glider **~klausel** *f* WIRTSCH escalator clause **~komma** *n* floating point **~mittel** *n* lubricant **~schirm** *m* SPORT paraglider **~schirm- fliegen** *n* paragliding **~schutz** *m* MOT antiskid device **~wachs** *n* Skisport: gliding wax **~zeit** *f* flexible working

hours *Pl*, flextime **~zeitkarte** *f* time card

Gletscher *m* glacier **~brand** *m* glacial sunburn **~kunde** *f* glaciology **~spalte** *f* crevasse

Glied *n* **1.** limb, member: *der Schreck fuhr ihr in die ~er* she had a bad shock **2.** (*Penis*) (male) member, penis **3.** (*Ketten2, a. fig Binde2*) link **4.** MIL rank **5.** (*Mit2*) member **gliedern I** *v/t* (*ordnen*) arrange, organize, (*unterteilen*) (sub)divide (*in Akk* into) **II** *v/refl* **sich ~ in** (*Akk*) be (sub)divided into

Glieder|puppe *f* jointed doll, KUNST lay figure **~schmerz** *m* rheumatism

Gliederung *f* (*Anordnung*) arrangement, organization, (*Aufbau*) structure, (*Unterteilung*) (sub)division

Gliedmaßen *Pl* limbs *Pl*

glimmen *v/i* smo(u)lder (*a. fig*), glow

Glimmer *m* MIN mica

Glimmstängel *m* F fag

glimpflich *Adj* mild, light: *Adv* **~ mit j-m verfahren** be lenient with s.o.; **~ davonkommen** get off lightly

glitschig *Adj* F slippery

glitzern *v/i* glitter

global *Adj* global, *fig a.* general

Globalisierung *f* globalization

Globus *m* globe

Glöckchen *n*, **Glöcklein** *n* little bell

Glocke *f* **1.** bell: F *fig* **etw an die große ~ hängen** shout s.th. from the housetops **2.** (*Käse2 etc*) cover

Glockenblume *f* bellflower

glockenförmig *Adj* bell-shaped

Glocken|geläut *n* bell ringing **~gießer** (*-in*) bell founder **~rock** *m* flared skirt **~schlag** *m* stroke (of the clock) **~spiel** *n* chime(s *Pl*), carillon **~stuhl** *m* belfry

Glockenturm *m* bell tower, belfry

Glorie *f* **1.** glory **2.** → **Glorienschein** *m fig* halo

glorreich *Adj* glorious

Glossar *n* glossary

Glosse *f* **1.** (*Rand2*) gloss **2.** *Zeitung etc*: commentary

Glotzaugen *Pl* F goggle-eyes *Pl*

Glotze *f* F (*Fernseher*) gogglebox, *Am* tube **glotzen** *v/i* F goggle, gawp

Glück *n* **1.** luck, fortune, (*Glücksfall*) good luck: *auf gut ~* on the off-chance, (*wahllos*) at random; *zum ~* fortunately; *zu m-m ~* luckily for me; **~ brin-**

gend lucky; **~ haben** be lucky; *er hatte kein ~* he had no luck; *das ~ haben zu* Inf have the good fortune to Inf; **~ gehabt!** that was lucky!; **noch mal ~ gehabt!** that was close!; **viel ~!** good luck!; **j-m ~ wünschen a)** wish s.o. luck, **b)** (*gratulieren*) congratulate s.o. (**zu etw** on s.th.), *zum Geburtstag* wish s.o. (a) happy birthday; (**es ist**) **ein ~, dass …** (it's a) good thing that …; *er kann von ~ sagen, dass …* he may thank his lucky stars that … **2.** (*~seligkeit*) happiness, bliss

Glück	happiness/luck
Glück haben	**be lucky**
Er hatte Glück, dass er seine Brieftasche wieder gefunden hat.	He was lucky to find his wallet again.
Hast du ein Glück!	You lucky devil!
Heute ist mein Glückstag.	It's my lucky day.
Glückszahl	lucky number
Glücksbringer	lucky charm
	aber:
(innerlich) glücklich	happy
glücklich sein	be happy
Glück(sgefühl)	happiness
Sie scheint in ihrem neuen Job ganz glücklich zu sein.	She seems to be quite happy in her new job.

Glucke f **1.** ZOOL sitting hen **2.** fig (mother-)hen **glucken** v/i **a)** sit, **b)** cluck
glücken → **gelingen** I
gluckern v/i glug, gurgle
glücklich I Adj happy, (*vom Glück begünstigt*) lucky, fortunate: *sich ~ preisen* (*od schätzen*) count o.s. lucky; *ein*

~er Einfall a happy thought **II** Adv happily, (*mit Glück*) luckily, (*sicher*) safely, F (*endlich*) finally, at (long) last
glücklicherweise Adv luckily, fortunately, as luck would have it
Glückssache f *es ist ~* it is a matter of luck
Glücksbringer m mascot, (*Gegenstand*) a. lucky charm
glückselig Adj blissful, very happy
Glückseligkeit f bliss, happiness
glucksen v/i gurgle, (*lachen*) chuckle
Glücks|fall m lucky chance (F break), stroke of luck **~göttin** f Fortune **~kind** n child of Fortune **~klee** m four-leaf clover **~pfennig** m lucky penny **~pilz** m F lucky dog **~spiel** n **1.** game of chance, Koll gambling **2.** fig gamble **~spieler(in)** gambler **~stern** m lucky star **~strähne** f streak of luck **~tag** m lucky (od happy) day
glückstrahlend Adj radiant (with happiness)
Glückstreffer m **1.** SPORT fluke (hit od shot) **2.** fig stroke of luck
Glückwunsch m congratulations Pl (**zu** on), good wishes Pl (**für** for): *m-n* (od herzlichen) **~!** congratulations!, *zum Geburtstag* happy birthday!
Glückwunsch… congratulatory **~karte** f greetings card **~telegramm** n greetings telegram
Glühbirne f light bulb
glühen I v/i (**vor** Dat with) glow, fig a. burn **II** v/t TECH anneal **glühend** Adj **1.** glowing (a. fig), Metall: a. red-hot, Kohle: live: Adv **~ heiß** scorching **2.** fig Liebe, Verlangen etc: burning, ardent
Glüh|faden m filament **~wein** m mulled wine, Am glogg **~würmchen** n glowworm
Glut f **1.** (blazing) heat **2.** (glowing) fire **3.** (**~asche**) embers Pl, (Kohlen⌀) live coal **4.** fig ardo(u)r, glow
Glyzerin n CHEM glycerin(e)
GmbH f (= **Gesellschaft mit beschränkter Haftung**) limited liability company
Gnade f **1.** mercy: *j-m auf ~ und Ungnade ausgeliefert sein* be at s.o.'s mercy; *~ vor Recht ergehen lassen* show mercy **2.** (Gunst) favo(u)r **3.** REL grace

gnaden v/i *dann gnade dir Gott!* (then) God help you!

Gnadenakt m act of grace **Gnadenfrist** f reprieve: *e-e ~ von drei Tagen* three days' grace **gnadenlos** Adj merciless

Gnadenstoß m a. fig coup de grâce

gnädig Adj gracious, (barmherzig) merciful: *~e Frau in der Anrede:* madam

Gnom m gnome

Gobelin m Gobelin (tapestry)

Gokart m MOT go-kart, kart

Gold n gold: *~ gewinnen* SPORT win gold; *es ist nicht alles ~, was glänzt* all that glitters is not gold **Goldader** f vein of gold **Goldbarren** m ingot of gold **Goldbergwerk** n gold mine

golden Adj **1.** (of) gold, (vergoldet) gilt **2.** fig golden: *~e Hochzeit* golden wedding; *~e Schallplatte* golden disc

Goldfisch m goldfish **goldgelb** Adj golden(-yellow) **Goldgräber(in)** gold digger **Goldgrube** f F fig goldmine

Goldhamster m ZOOL golden hamster

goldig Adj F sweet, Am a. cute

Goldklumpen m lump of gold, nugget **Goldlack** m BOT wallflower

Goldmedaille f gold medal **Gold|medaillengewinner(in)** gold medal(l)ist **~mine** f goldmine **~münze** f gold coin **~plombe** f gold filling

Goldrahmen m gilt frame **goldrichtig** Adj u. Adv F dead right, Person: okay

Goldschmied(in) goldsmith

Gold|schnitt m gilt edge(s Pl): *mit ~ Buch etc:* gilt-edged **~stück** n **1.** gold coin **2.** F fig (Person) jewel **~waage** f *jedes Wort auf die ~ legen* weigh every word

Goldwährung f gold standard

Golf[1] m GEOG gulf

Golf[2] n SPORT golf **Golfplatz** m golf course, (golf) links Pl **Golfschläger** m golf club **Golfspiel** n **1.** golf **2.** game of golf **Golfspieler(in)** golfer

Golfstaat m Gulf state

Golfstrom m GEOG Gulf Stream

Gondel f gondola, e-r Seilbahn: a. (cable) car

Gong(schlag) m (sound of the) gong

gönnen v/t **1.** *j-m etw ~* not to (be-)grudge s.o. s.th.; *j-m etw nicht ~* → *missgönnen* **2.** *j-m (sich) etw ~* allow s.o. (o.s.) s.th.

Gönner(in) patron(ess) **gönnerhaft** Adj

patronizing **Gönnermiene** f (*mit ~* with a) patronizing air

Gonokokken Pl MED gonococci Pl

Gonorrhö(e) f MED gonorrh(o)ea

Gör n, **Göre** f F pej brat

Gorilla m gorilla (a. sl Leibwächter)

Gosse f a. fig gutter

Gotik f KUNST **a)** Gothic (style), **b)** Gothic period **gotisch** Adj Gothic

Gott m God, (Gottheit) god, deity: *~ sei Dank!* thank God!; *leider ~es* unfortunately; *~ bewahre!*, *~ behüte!* God forbid!; *weiß ~* (, *was etc*) God knows (what etc); *um ~es willen!* for God's sake!; *großer ~!*, *lieber ~!* good Lord!; *der liebe ~* the good Lord; → *wahr*

Götterbild n idol

Götterspeise f GASTR jelly

Gottesdienst m (divine) service

gottesfürchtig Adj godfearing, pious

Gotteshaus n house of God, church

Gotteslästerer m, **Gotteslästerin** f blasphemer

Gotteslästerung f blasphemy

Gottesmutter f Mother of God

Gottessohn m Son of God

Gottheit f deity, god, goddess **Göttin** f goddess **göttlich** Adj divine, godlike

gottlos Adj ungodly, (böse) wicked

Gottlosigkeit f ungodliness, wickedness

gotterbärmlich Adj F Zustand etc: pitiful, (schlimm) dreadful

gottverdammt Adj V (god)damned

gottverlassen Adj F godforsaken

Gottvertrauen n trust in God

gottvoll Adj F fig capital, very funny

Götze m, **Götzenbild** n idol

Gouverneur(in) governor

Grab n grave, (bes ~mal) tomb: fig *mit einem Bein im ~ stehen* have one foot in the grave; *fig sich im ~e umdrehen* turn in one's grave; *verschwiegen wie das ~* (as) silent as the grave

graben I v/t dig, (Schacht etc) sink: *ein Loch (od e-n Gang) ~* ZOOL burrow **II** v/i dig (*nach* for) **III** v/refl sich ~ (*in* Akk into) dig, Tier: burrow itself, fig Kugel etc: bury itself; fig *sich in j-s Gedächtnis ~* engrave itself on s.o.'s memory

Graben m ditch (a. Sport), MIL trench, (Burg2) moat, GEOL graben, rift

Grabes|stille f deathly silence **~stimme**

f (**mit ~** in a) sepulchral voice

Grabfund *m* grave find **Grabgewölbe** *n* (burial) vault, tomb **Grabinschrift** *f* epitaph **Grabkammer** *f* burial chamber **Grabmal** *n* tomb, (*Denkmal*) monument **Grabrede** *f* funeral oration

Grabstätte *f* burial place, (*Grab*) tomb **Grabstein** *m* tombstone, gravestone

Grad *m allg* degree (*a.* UNI *u.* fig), MIL *etc* rank, grade: (**bei**) **10 ~ Wärme** (**Kälte**) (at) ten degrees above (below) zero (*od* freezing point); **Verwandte(r) zweiten** (**dritten**) **~es** relative once (twice) removed; **Verbrennungen dritten ~es** third-degree burns; *fig* **bis zu e-m gewissen ~** to a certain degree, up to a point; **im höchsten ~e** in the highest degree, extremely

Gradeinteilung *f* graduation **gradieren** *v/t* CHEM, TECH graduate **Gradmesser** *m fig* ga(u)ge, barometer **Gradnetz** *n auf Karten*: (map) grid **graduell** *Adj* gradual, *a. Adv* in degree **graduieren I** *v/t* **1.** TECH graduate **2.** UNI confer a degree upon **II** *v/i* **3.** UNI graduate **Graduierte** *m, f* graduate

Graf *m* count, *britischer*: earl

Graffito *m, n* (*Pl* **Graffiti**) graffito

Grafik *f* **1.** graphic arts *Pl*, (*Gestaltung*) art(work) **2.** (*Bild*) **a)** KUNST, COMPUTER: graphic, (*Druck*) print, **b)** TECH graph, diagram, **c)** illustration (*s Pl*) **Grafikbildschirm** *m* graphics screen **Grafiker(in) 1.** (graphic) artist **2.** commercial artist, (graphic) designer **Grafikkarte** *f* IT graphics card **Grafikmodus** *m* IT graphics mode **Grafikprogramm** *n* IT graphics software **grafisch** *Adj* **1.** graphic, art … **2.** TECH graphic, diagrammatic: **~e Darstellung** → **Grafik** 2b

Gräfin *f* countess

Grafit *m* graphite **~bombe** *f* MIL graphite bomb

Grafologe *m*, **Grafologin** *f* graphologist **Grafologie** *f* graphology **grafologisch** *Adj* graphological

Grafschaft *f* county

gram *Adj* **j-m** (**wegen e-r Sache**) **~ sein** bear s.o. a grudge (because of s.th.)

Gram *m* grief, sorrow **grämen I** *v/t* grieve **II** *v/refl* **sich ~** (**über** *Akk*, **wegen**) grieve (over), (*sich sorgen*) worry (about) **grämlich** *Adj* morose, sullen

Gramm *n* gramme, *Am* gram

Grammatik *f* grammar, (*~buch*) grammar book **grammatikalisch**, **grammatisch** *Adj* grammatical

Grammofon *n* gramophone, *Am* phonograph

Granat *m* MIN garnet

Granatapfel *m* BOT pomegranate

Granate *f* **1.** MIL shell, (*Gewehr~, Hand~*) grenade **2.** F SPORT cannonball **Granat|feuer** *n* shellfire **~splitter** *m* shell splinter **~werfer** *m* mortar

grandios *Adj* grandiose, F (*toll*) terrific

Granit *m* granite

Granne *f* **1.** LANDW awn, beard **2.** ZOOL kemp

Grapefruit *f* grapefruit

Graphik *etc* → **Grafik**

Graphit *m* → **Grafit**

Graphologe *etc* → **Grafologe**

Gras *n* grass: ZOOL **~ fressend** graminivorous. F **das ~ wachsen hören** hear the grass grow; **über etw ~ wachsen lassen** let the grass grow over s.th.; **ins ~ beißen** bite the dust

grasbedeckt *Adj* grassy

grasen *v/i* graze

grasgrün *Adj* grass-green

Gras|halm *m* blade of grass **~hüpfer** *m* ZOOL grasshopper **~narbe** *f* turf

grassieren *v/i* be rife, *Krankheit*: *a.* rage: **es ~ Gerüchte, dass …** there are rumo(u)rs that …

grässlich *Adj* horrible, terrible, ghastly (*alle a.* F *fig*), (*scheußlich*) dreadful, hideous, *Verbrechen*: monstrous, atrocious

Grat *m* **1.** TECH bur(r) **2.** (*Berg~*) ridge

Gräte *f* (fish)bone

Gratifikation *f* gratuity, bonus

gratis *Adv* free (of charge)

Grätsche *f* *Turnen*: straddle, (*Sprung*) straddle vault **grätschen** *v/t u. v/i* straddle, *v/i* do a straddle vault

Gratulant(in) congratulator, wellwisher **Gratulation** *f* congratulations *Pl* (**zu** on) **gratulieren** *v/i* congratulate (**j-m zu etw** s.o. on s.th.): **j-m zum Geburtstag ~** wish s.o. many happy returns (of the day); (**ich**) **gratuliere!** congratulations!

Gratwanderung *f* *fig* tightrope walk

grau I *Adj* grey, *Am* gray, *fig a.* bleak: **der ~e Alltag** the drab monotony of everyday life; → **Haar, Vorzeit II** *Adv*

~ **meliert** greying, *Am* graying
Graubrot *n* rye bread
Graubünden *n* the Grisons
Gräuel *m* 1. horror: *er (es) ist mir ein* ~ I loathe him (it) 2. (*~tat*) atrocity
Gräuelmärchen *n* atrocity story
Gräueltat *f* atrocity
grauen *v/i u. v/unpers* **es graut mir** (*od mir graut*) **vor** (*Dat*) I dread (the thought of), I am terrified of
Grauen *n* horror (*vor Dat* of) **grauenhaft, grauenvoll** *Adj* a. F *fig* horrible
grauhaarig *Adj* grey-(*Am* gray-)haired
gräulich *Adj* 1. greyish, *Am* grayish; 2. → **grässlich**
Graupe *f* pearl barley
Graupel(**n** *Pl*) *f* soft hail, sleet
graupeln *v/unpers* **es graupelt** a soft hail is falling
grausam *Adj* 1. cruel 2. F *fig* awful
Grausamkeit *f* cruelty
Grauschleier *m fig* greyness, *Am* grayness
grausen → **grauen Grausen** *n* → **Grauen grausig** → **grauenhaft**
Grauzone *f fig* grey (*Am* gray) area
Graveur(**in**) engraver **gravieren** *v/t* engrave **gravierend** *Adj fig* serious
Gravierung *f* engraving
Gravitationsgesetz *n* PHYS gravitation **Gravitationsgesetz** *n* law of gravitation
Grazie *f* grace **graziös** *Adj* graceful
Greencard *f* green card
greifbar *Adj* 1. handy, (*verfügbar*) available: *in ~er Nähe*, *Adv* ~ *nahe* a. *fig* near at hand, within reach 2. *fig* (*konkret*) tangible, concrete (*results etc*): *~e Formen annehmen* be taking shape
greifen I *v/t* 1. seize, take hold of, grab: *zum* ♀ *nah* within reach; *fig zu hoch gegriffen Preis etc*: too high 2. (*Saite*) stop, (*Taste*) touch, (*Note, Akkord*) strike **II** *v/i* 3. ~ *an* (*Akk*) touch; ~ *nach* reach for, *fest*: grasp at, *hastig*: grab for; ~ *in* (*Akk*) reach into; ~ *zu a*) reach for, b) *fig* (*Maßnahmen, e-m Mittel etc*) resort to; *fig um sich* ~ spread; → *Arm, Tasche* ♀, *Waffe etc* 4. *Bremse, Räder, Feile etc*: grip 5. *fig* (*wirken*) (begin to) take effect, have an impact
Greifer *m* TECH gripper (hand)
Greifvogel *m* bird of prey
Greifzange *f* gripping tongs *Pl* (a. *Sg* konstr) **Greifzirkel** *m* cal(l)ipers *Pl*

greis *Adj* (very) old **Greis** *m* (very) old man **Greisenalter** *n* old age **greisenhaft** *Adj* senile **Greisenhaftigkeit** *f* senility **Greisin** *f* (very) old woman
grell *Adj Licht*: glaring (*a. fig*), *Farbe*: a. loud, *Ton etc*: shrill
Gremium *n* body (*of experts etc*)
Grenzbereich *m* 1. border area 2. *fig* borderland **Grenzbewohner**(**in**) inhabitant of the border area
Grenze *f* 1. border, (*Landes*♀) a. frontier, (*Grenzlinie*) boundary (*a. fig*): *an der* ~ on the border, at the frontier; *fig die* ~ *ziehen* draw the line at 2. *fig* borderline, (*Schranke*) limit (*Gen* to), bounds *Pl* (*Gen* of): *in* ~*n* within limits, up to a point; *ohne* ~*n* → **grenzenlos**; *sich in* ~*n halten* keep within (reasonable) limits, *iron Erfolg etc*: be rather limited; ~*n setzen* (*Dat*) set limits to; *alles hat s-e* ~*n* there is a limit to everything
grenzen *v/i* a. *fig* border (*an Akk* on)
grenzenlos *Adj* boundless, immense, *Elend, Leid etc*: infinite, *Macht*: unlimited: *Adv* ~ *dumm* incredibly stupid
Grenzenlosigkeit *f* boundlessness, immensity, infinity
Grenzfall *m fig* borderline case
Grenzgänger(**in**) **a**) (*a. illegal*) border crosser, **b**) frontier commuter
Grenz|gebiet *n* 1. border area 2. *fig* borderland **~konflikt** *m* border dispute **~kontrolle** *f* border control **~kosten** *Pl* WIRTSCH marginal cost *Sg* **~land** *n* border area **~linie** *f* boundary (line), borderline (*a. fig*), POL demarcation line, SPORT line **~pfahl** *m* boundary post **~posten** *m* border guard **~schutz** *m* frontier protection, (*Truppe*) border police **~stadt** *f* frontier town **~stein** *m* boundary stone **~übergang** *m* border crossing (point), checkpoint
grenzüberschreitend *Adj* WIRTSCH, POL border-crossing, across the border(s)
Grenzverkehr *m* (*kleiner* ~ local) border traffic **Grenzwert** *m* MATHE, PHYS limit(ing value), threshold value
Grenzzwischenfall *m* border incident
Greuel *ect* → **Gräuel**
Grieben *Pl* GASTR greaves *Pl*
Grieche *m* Greek **Griechenland** *n* Greece **Griechin** *f* Greek (woman)

griechisch *Adj* Greek, KUNST *etc a.* Grecian: **~orthodox** Greek (Orthodox): **~römisch** Gr(a)eco-Roman

Griechisch *n* LING Greek

griesgrämig *Adj* F grumpy, grouchy

Grieß *m* **1.** GASTR semolina **2.** TECH grit **3.** MED gravel **~brei** *m* semolina pudding

Griff *m* **1.** (*nach*) grasp (at), grab (for), reaching (for): *fig* **~ nach der Macht** bid for power; **e-n guten ~ machen** make a good choice (**mit** with); **im ~ haben** (**in den ~ bekommen**) (*Situation etc*) have (get) *s.th.* under control, *a. geistig:* have (get) a (good) grip on, (*a. j-n*) be (get) on top of **2.** (*Hand2*) movement (of the hand), (*a. Turnen*), *mount.*, *Ringen etc:* hold, MUS stop, fingering **3.** (*Tür2, Messer2 etc*) handle, (*Koffer2 etc*) grip, (*Halte2*) *im Bus etc:* strap **4.** *von Stoff:* feel

griffbereit *Adj* (ready) to hand, handy

Griffel *m* *allg* style

griffig *Adj* **1.** *Werkzeug etc, a. fig Ausdruck etc:* handy **2.** *Fahrbahn etc:* having a good grip, *Reifen etc:* nonskid

Griffleiste *f* *beim Wörterbuch etc:* edge index

Grill *m* GASTR grill, *Am* barbecue: ... **vom ~** roast *chicken etc*

Grille *f* **1.** ZOOL cricket **2.** F *fig* silly idea, whim

grillen *v/t* grill, *im Freien: a.* barbecue

Grillparty *f* barbecue

Grimasse *f* grimace: **~n schneiden** pull faces, grimace

grimmig *Adj a. fig* grim, fierce

Grind *m* MED scab

grinsen *v/i,* **Grinsen** *n* (*über Akk* at) grin, *höhnisch:* sneer

grippal *Adj* MED **~er Infekt** influenza(l) infection

Grippe *f* influenza, F 'flu

Grippe... influenza (*epidemic, virus, etc*)

grippekrank *Adj* down with influenza, F having the 'flu

Grippewelle *f* wave of influenza

grob *Adj* **1.** *allg* coarse (*a.* TECH, *a. fig derb, unfein*), *Arbeit, Oberfläche, Skizze etc:* rough: *fig* **wir sind aus dem Gröbsten heraus** we are over the worst; **ein Mann fürs 2e** a man for the dirty work; → **schätzen** 1 **2.** *fig Fehler, Lüge, Verstoß etc:* gross **3.**

(*unhöflich*) rude: **gegen j-n ~ werden** be rude to s.o.

Grobeinstellung *f* TECH coarse adjustment

Grobheit *f* coarseness, roughness, *fig a.* rudeness: **~en** *Pl* rude words *Pl*

Grobian *m* rude fellow, ruffian

grobkörnig *Adj* coarse-grained

grobmaschig *Adj* wide-meshed

grölen *v/i u. v/t* bawl, roar

Groll *m* ranco(u)r, resentment, (*Zorn*) anger

grollen *v/i* **1.** be angry: **j-m ~** have a grudge against s.o. (**wegen** because of) **2.** *Donner:* rumble

Grönland *n* Greenland

Gros *n* main body

Groschen *m fig* penny, *Am* cent: F **der ~ ist gefallen!** the penny has dropped!

Groschenroman *m* F penny dreadful, *Am* dime novel

groß I *Adj* **1.** *allg* big, *Buchstabe: a.* capital, *Fläche, Zahl, Raum etc, a. Familie, Einkommen etc: a.* large: **wie ~ ist es?** what size is it? **2.** *Person:* tall, *Berg, Turm etc:* high **3.** *Reise, Zeitspanne:* long, *Entfernung:* great **4.** (*erwachsen*) grown-up, F *Bruder, Schwester:* big, **2en** *Pl* the grown-ups *Pl* **5.** *fig allg* great, (*beträchtlich*) *a.* big, *Fehler:* big, bad, *Hitze, Kälte:* intense: *Friedrich der 2e* Frederick the Great; *2-München* Greater Munich; **e-e größere Sache** a major affair; **~e Worte** big words; **~ angelegt** large-scale; **2es leisten** achieve great things; → *Ferien, Geld, Los* 1, *Welt* 6. (**~artig**) great, grand: F **ganz ~** super, terrific; **in etw ~ sein** be great at (doing) *s.th.;* **ich bin kein ~er Tänzer** I'm no great dancer **7.** *im 2en* on a large scale, WIRTSCH wholesale, in bulk; *im 2en und Ganzen* on the whole, by and large **II** *Adv* **8.** F **etw ~ feiern** celebrate *s.th.* in great style; **~ in Mode sein** be all the rage

Großabnehmer(in) WIRTSCH bulk purchaser

Großaktionär(in) major shareholder

Großangriff *m* MIL large-scale attack

großartig *Adj* grand, great, marvel-(l)ous, (*prächtig*) splendid, magnificent, (*toll*) *a.* fantastic

Großaufnahme *f* FILM close-up

Großauftrag m WIRTSCH large (*od* big) order

Großbank f big (*od* major) bank

Großbetrieb m large-scale enterprise

Großbritannien n Great Britain; → *Info bei* **Britain**

Großbuchstabe m capital (letter)

Größe f 1. *allg* size (*a. Kleider*♀ *etc*), (*Körper*♀) height, (*Flächeninhalt*) dimensions Pl, area: **welche ~ haben Sie?** what size do you take? 2. MATHE, PHYS quantity, ASTR magnitude 3. *fig* (*Ausmaß*) extent, (*Bedeutung*) greatness 4. F *fig* (*Person*) great figure, celebrity, authority, FILM, SPORT *etc* star

Großeinkauf m WIRTSCH bulk purchase

Großeinsatz m large-scale operation

Großeltern Pl grandparents Pl

Großenkel(in) *etc* → **Urenkel** *etc*

Größenordnung f 1. ASTR *etc* order (of magnitude) 2. *fig* scale: **dieser ~** of this order

großenteils Adv mostly, largely

Größenverhältnisse Pl proportions Pl, dimensions Pl

Größenwahn m megalomania

größenwahnsinnig Adj megalomaniac

Großfahndung f dragnet operation

Großfamilie f extended family

Großfeuer n big blaze, four-alarm fire

Großflughafen m major airport

Großformat n large size

Großfürst(in) grand duke (duchess)

Großgrundbesitz m large land holdings Pl, large estates Pl

Großgrundbesitzer(in) big landowner

Großhandel m wholesale trade: **im ~** wholesale **Großhandels...** wholesale

Großhändler(in) wholesaler

Großhandlung f wholesale firm

großherzig → **großmütig**

Großherzog(in) grand duke (duchess)

Großhirn n ANAT cerebrum

Großindustrie f big industry

Großindustrielle m, f big industrialist

Grossist(in) wholesaler

großjährig → **volljährig**

Großkapitalist(in) big capitalist

Groß|kauffrau f, **~kaufmann** m big merchant

Großkonzern m big concern

großkotzig Adj F (*protzig*) flash, (*angeberisch*) show-off(ish), arrogant

Großküche f canteen kitchen

Groß|kunde m, **~kundin** f big client

Großkundgebung f mass rally

Großmacht f super power

Großmarkt m hypermarket

Großmaul n F bigmouth

Großmut f magnanimity, generosity

großmütig Adj magnanimous, generous

Großmutter f grandmother **Großneffe** m grandnephew **Großnichte** f grandniece **Großonkel** m great-uncle

Großprojekt n large-scale project

Großraum m **der ~ München** Greater Munich **~büro** n open-plan office **~flugzeug** n wide-bodied jet

Großrechner m mainframe computer

Großreinemachen n thorough housecleaning

großschreiben v/t capitalize

Großschreibung f capitalization

großsprecherisch Adj boastful

großspurig Adj arrogant

Großstadt f big city

Großstädter(in) city-dweller

großstädtisch Adj of a big city, urban

Großtante f great-aunt

Großtat f great feat

Großteil m large part **größtenteils** Adv for the most part, mostly

Großtuer(in) boaster, show-off **großtuerisch** Adj boastful **großtun** v/i talk big: **~ mit** brag about, show off with

Großunternehmen n large-scale enterprise **Großunternehmer(in)** big industrialist

Großvater m grandfather

Großveranstaltung f big event, *bes* POL mass rally **Großverdiener(in)** big earner **Großwildjagd** f big game hunt(ing)

großziehen v/t raise, (*Tier*) rear

großzügig Adj 1. generous (*a. freigebig*), broad-minded 2. (*geräumig*) spacious 3. *Planung, Anlage etc*: large-scale

Großzügigkeit f 1. broad-mindedness, generosity 2. large scale

grotesk Adj grotesque

Grotte f grotto

Grübchen n dimple

Grube f pit, BERGB *a.* mine

Grübelei f brooding **grübeln** v/i (*über Akk* over, on) brood, muse

Grubenarbeiter(in) miner

Grubenunglück n mine disaster

grüezi Interj schweiz. hello

Gruft f tomb, vault, in Kirchen: crypt

Grufti m F wrinkly

grün Adj green (a. fig u. POL), Hering: fresh: ~er Salat lettuce; F ~er Junge greenhorn; die ⱡen POL the Greens, the Green Party; fig ~es Licht geben (bekommen) give s.o. (get) the green light (für for); der ~e Punkt the symbol for recyclable packaging; e-e Entscheidung vom ~en Tisch an armchair decision; ~ vor Neid green with envy; j-n ~ und blau schlagen beat s.o. black and blue; auf k-n ~en Zweig kommen get nowhere; F er ist dir nicht ~ he has it in for you

Grün n allg green (a. Golf): bei ~, auf ~ MOT at green; F das ist dasselbe in ~ it's practically the same thing

Grund m 1. (Boden) ground, (MeeresⱢ, a. e-s Gefäßes) bottom (a. fig): am ~, auf dem ~ at the bottom; auf ~ laufen SCHIFF run aground; fig e-r Sache auf den ~ gehen (kommen) go (get) to the bottom of s.th. 2. ~ (und Boden) land, property: F fig in ~ und Boden verdammen etc outright, sich schämen: terribly 3. (~lage) basis, foundation(s Pl): auf ~ von (od Gen) on the basis (od strength) of, (wegen) because of; von ~ auf verändern etc: entirely, thoroughly, radically; im ~e (genommen) actually, basically 4. (VernunftⱢ) reason, (Ursache) a. cause, (BewegⱢ) a. motive: aus diesem ~ for this reason; aus persönlichen Gründen for personal reasons; mit gutem ~ for good reason, justly; allen (k-n) ~ haben zu Inf have every (no) reason to Inf: ich frage aus e-m bestimmten ~ I ask for a reason; zu ~e → zugrunde

Grund|anstrich m priming coat ~ausbildung f MIL. basic training ~bedeutung f primary meaning ~begriff m basic concept, Pl fundamentals Pl ~besitz m landed property, real estate ~besitzer(in) landowner ~bestandteil m basic component, element

Grundbuch n land register ~amt n land registry ~auszug m extract from the land register

grundehrlich Adj thoroughly honest

gründen I v/t found (a. e-e Familie), establish, set up: fig etw ~ auf (Akk) base (od found) s.th. on II v/refl sich ~ auf (Akk) fig be based on III v/i ~ auf (Dat) rest (od be based) on, (herrühren von) be due to **Gründer(in)** founder

grundfalsch Adj absolutely wrong

Grund|farbe f PHYS primary colo(u)r ~fläche f (surface) area, MATHE base, ARCHI floor space ~gebühr f basic rate (od charge) ~gedanke m basic idea

Grundgehalt n basic salary **Grundgesetz** n basic (constitutional) law

grundieren v/t ground, TECH prime **Grundierfarbe** f primer **Grundierung** f (Schicht) priming coat

Grundkapital n initial capital, (Aktien) original stock **Grundkenntnisse** Pl basic knowledge Sg **Grundkurs** m UNI basic course

Grundlage f foundation, fig a. basis: jeder ~ entbehren be completely unfounded

Grundlagenforschung f basic research

grundlegend Adj basic(ally Adv), fundamental, Buch etc: definitive

gründlich Adj a. fig thorough: ~e Arbeit leisten make a thorough job of it

Gründlichkeit f thoroughness, carefulness

Grundlinie f MATHE, SPORT base line

Grundlohn m basic wage(s Pl)

grundlos I adj fig groundless, unfounded II Adv for no reason (at all)

Grund|mauer f foundation wall ~nahrungsmittel n, mst Pl basic food(stuff)

Gründonnerstag m Maundy Thursday

Grund|prinzip n basic principle ~rechnungsart f die vier ~en the four fundamental operations of arithmetics ~rechte Pl POL basic rights Pl ~regel f ground rule ~riss m 1. ARCHI ground plan 2. fig outline(s Pl)

Grundsatz m principle: es sich zum ~ machen, etw zu tun make it a rule to do s.th. **grundsätzlich I** Adj fundamental II Adv in principle: ich bin ~ dagegen I am absolutely against it

Grundschule f primary (od elementary, Am a. grade) school **Grundschüler(in)** primary (od elementary) pupil

Grundstein m ARCHI foundation stone: fig den ~ legen zu lay the foundations of

Grundsteinlegung f laying (of) the foundation stone

Grund|stock m basis **~stoff** m CHEM element, (Rohstoff) raw material **~stoffindustrie** f basic industry **~strich** m beim Schreiben: downstroke

Grundstück n plot (of land), WIRTSCH, JUR property, real estate, (Bau♀) a. site

Grundstücks|makler(in) (real) estate agent, Am realtor **~markt** m property market **~preis** m land price

Grund|studium n UNI basic course **~stufe** f PÄD elementary classes Pl **~ton** m 1. MUS keynote 2. (Farbe) ground shade **~übel** n basic evil (weit. S. problem)

Gründung f foundation, (Geschäfts♀, Familien♀ etc) setting up

Gründungsvertrag m founding treaty

grund|verkehrt Adj utterly wrong **~verschieden** Adj entirely different

Grundwasser n (under)ground water **~spiegel** m ground-water level

Grund|wehrdienst m basic military service **~wortschatz** m basic vocabulary

Grundzahl f cardinal number

Grundzug m characteristic (feature), Pl basics Pl, (Umrisse) outline(s Pl): **in s-n Grundzügen schildern** outline

grünen v/i be (od turn) green

Grünfläche f green space, lawn, e-r Stadt: park area **Grünfutter** n LANDW green fodder **Grüngürtel** m green belt

Grünkohl m (curly) kale

grünlich Adj greenish

Grünschnabel m F whippersnapper

Grünspan m verdigris

Grünspecht m ZOOL green woodpecker

Grünstreifen m → **Mittelstreifen**

grunzen v/i u. v/t grunt

Grünzeug n F a) greens Pl, b) herbs Pl

Gruppe f all group (a. WIRTSCH Konzern), (Arbeits♀) a. team, MIL squad

Gruppen|arbeit f teamwork **~bild** n group photo **~dynamik** f group dynamics Pl (a. Sg konstr) **~reise** f group travel **~sex** m group sex **~therapie** f group therapy

gruppenweise Adv in groups

gruppieren I v/t group: **neu ~** regroup II v/refl **sich ~** form a group (od groups) (um [a]round)

Gruppierung f 1. grouping, formation

2. (Gruppe) group(s Pl)

Grusel... horror (film, story, etc)

gruselig Adj creepy, spooky

gruseln v/t, v/i u. v/iunpers **es gruselt mir** (od **mich**), **mich gruselt** it gives me the creeps; **es war zum ♀** it was enough to give you the creeps

Gruß m greeting(s Pl) (aus from), MIL salute: **viele Grüße** (od **e-n schönen ~**) **an ...** give my regards (herzlicher: my love) to ...; **mit besten Grüßen, mit freundlichem ~** Yours sincerely; **herzliche Grüße** love, best wishes; → Info bei **compliment**

grüßen I v/t greet, bes MIL salute, F say hello: F **grüß dich!** hello (there)!, hi!; **~ Sie ihn von mir!** give my regards (herzlicher: my love) to him! II v/i say good morning (etc), say hello, bes MIL salute

gschamig Adj österr. shy

gucken v/i look, peep

Guckloch n peephole

Guerillakrieg m guerrilla war(fare)

Gugelhupf m österr., südd. ring cake

Gulasch m GASTR goulash

Gulaschsuppe f goulash soup

Gulden m hist niederländischer: guilder

Gülle f schweiz., südd. liquid manure

gültig Adj valid (a. fig Argument etc), good (a. Sport), (in Kraft) effective (**ab, vom** as from), in force, (gesetzlich) legal: **~ werden** become valid, Vertrag etc: become effective **Gültigkeit** f validity, JUR, POL legal force **Gültigkeitsdauer** f (period of) validity, e-s Vertrags: mst term: **s-e ~ verlieren** expire

Gummi 1. m, n rubber, (Kleb♀) gum 2. m F (Kondom) rubber 3. n → **Gummiband** 4. m → **Radiergummi**

gummiartig Adj rubbery

Gummi|ball m rubber ball **~band** n rubber band, (in Kleidung) elastic **~bärchen** n GASTR jelly baby **~baum** m rubber tree, (Zimmerpflanze) rubber plant

gummieren v/t gum, TECH rubberize

Gummi|handschuh m rubber glove **~knüppel** m (rubber) truncheon, Am club, F billy **~linse** f FOTO zoom lens **~paragraph** m F elastic clause **~schlauch** m 1. rubber hose 2. MOT inner tube **~stiefel** m wellington (boot), Am rubber boot **~strumpf** m elastic stocking **~zug** m elastic

Gunst f favo(u)r; **zu ~en** → zugunsten
günstig Adj favo(u)rable (**für** to), (passend) convenient; **~e Gelegenheit** opportunity; **im ~sten Fall** at best; **zu ~en Bedingungen** on easy terms; **~es Angebot**, **~er Kauf** bargain
Günstling m favo(u)rite
Günstlingswirtschaft f favo(u)ritism
Gurgel f throat, (Schlund) gullet
Gurgelmittel n gargle
gurgeln v/i gargle, Wasser etc: gurgle
Gürkchen n (a. **saures ~**) gherkin
Gurke f 1. cucumber, (Essig&) gherkin 2. F fig (Niete) lemon
Gurkenhobel m cucumber slicer
gurren v/i coo
Gurt m belt (a. FLUG, MOT, a. Patronen&), (Halte&, Trage&) strap
Gürtel m belt (a. fig Zone), fig (Polizei&, Absperrung) cordon: **den ~ enger schnallen** a. fig tighten one's belt
Gürtel|linie f waist(line): **unter der (od die) ~** a. fig below the belt; **~reifen** m MOT radial tyre (Am tire) **~rose** f MED shingles Pl **~schnalle** f belt buckle **~tasche** f belt bag, bum bag, bes Am sl fanny bag **~tier** n armadillo
Gurtstraffer m seatbelt tensioner
Guru m guru
GUS f (= **Gemeinschaft Unabhängiger Staaten**) CIS
Guss m 1. TECH (Gießen) founding, casting, (~eisen) cast iron (od metal), (Produkt) casting: fig (wie) **aus einem ~** a piece 2. (Wasserstrahl etc) gush, jet, (Regen&) downpour 3. (Zucker& etc) icing (Zucker& etc) **~beton** m cast concrete **~eisen** n cast iron **&eisern** Adj cast-iron **~form** f mo(u)ld **~stahl** m cast steel
gut I Adj allg good, Wetter etc: a. fine: **ganz ~** quite good, not bad; **also ~!** all right (then)!; **schon ~!** never mind!; **(es ist) ~, dass ..., nur ~, dass ...** (it's a) good thing that ...; **auch ~!, es ist ganz ~ so!** it's just as well!; **~ werden** (gelingen) turn out well; **(wieder) ~ werden** come right (again), be all right; **sei (bitte) so ~ und ...** would you be good enough to ...; **in e-r Sache ~ sein** be good at (doing) s.th.; **das ist ~ gegen (od für) Erkältungen** that's good for colds; **mir ist nicht ~!** I don't feel (so) well; **wozu soll das ~ sein?** what's that in aid of?; **er ist immer**

für e-e Überraschung ~ he's always good for a surprise; **lass (mal od es) ~ sein!** that'll do!; **& und Böse** good and evil; **im &en** in a friendly way, (gütlich) amicably **II** Adv well, aussehen, riechen, schmecken etc: good: **er spricht ~ Englisch** he speaks good English; **~ aussehend** good-looking; **~ bezahlt** well-paid; **~ gebaut** well-built; **~ gehen** go (off) well, work out well: **das kann nicht ~ gehen!** that's bound to go wrong!; **wenn alles ~ geht** if nothing goes wrong; **mir geht es ~** I'm (finanziell: doing) well (od fine); **~ gelaunt** in a good mood, F chirpy; **~ gemeint** well-meant; **~ situiert** well-to-do; **j-m ~ sein** do s.o. good; **~ unterrichtet** well-informed; **es ~ haben** have it good, have a good time; **du hast es ~!** you are lucky!; **es ist ~ möglich, es kann ~ sein** it may well be; **es gefällt mir ~** I (do) like it; **~ gemacht!** well done!; **so ~ wie gewonnen** as good as won; **so ~ wie nichts** hardly anything; **so ~ wie unmöglich** practically impossible; **~ zwei Stunden** a good two hours; **~ (und gern)** easily; **ich kann ihn doch nicht ~ fragen** I can't very well ask him; F **mach's ~!** a) good luck!, b) so long!, take care (of yourself)!; → Gute, Reise

Gut n 1. (Besitz) good(s Pl), property, possession(s Pl): fig **das höchste ~** the greatest good 2. mst Pl a) WIRTSCH goods Pl, b) BAHN goods Pl, Am WIRTSCH 3. (Land&) estate 4. TECH (Füll& etc) material, stock
Gutachten n (expert) opinion **Gutachter(in)** expert, JUR expert witness
gutartig Adj 1. good-natured 2. MED benign **Gutartigkeit** f 1. good nature 2. MED benignity
gutbürgerlich Adj solid middle-class: **~e Küche** good plain cooking
Gutdünken n discretion: **handle nach eigenem ~** use your own discretion
Gute n the good: **das ~ an der Sache** the good thing about it; **~s tun** do good; **des ~n zu viel tun** overdo it; **das ist des ~n zu viel** that's too much of a good thing; **alles ~!** all the best!, good luck!
Güte f 1. goodness, kindness: **würden Sie die ~ haben zu** Inf would you be

so kind as to *Inf*; F (*du*) *m-e ~!* good gracious! **2.** WIRTSCH quality: *erster ~* **a)** first-class, **b)** *iron* of the first water
Güteklasse *f* WIRTSCH grade, quality
Gutenachtgeschichte *f* bedtime story
Gutenachtkuss *m* goodnight kiss
Güter|bahnhof *m* goods station, *Am* freight depot **~gemeinschaft** *f* JUR community of property **~kraftverkehr** *m* road haulage **~trennung** *f* JUR separation of property **~verkehr** *m* goods (*Am* freight) traffic **~wagen** *m* BAHN (goods) waggon, *Am* freight car **~zug** *m* goods (*Am* freight) train
Gütezeichen *n* mark of quality, *fig a.* hallmark
gutgläubig *Adj* **1.** credulous **2.** acting (*od* done) in good faith, bona fide
Gutgläubigkeit *f* credulity, gullibility
Guthaben *n* credit (balance), (*Konto*) account
gutheißen *v/t etw ~* approve (of) s.th.
gutherzig *Adj* kind(-hearted)
gütig *Adj* kind (*zu* to)
gütlich I *Adj* **1.** amicable **II** *Adv* **2.** amicably **3.** *sich ~ tun an* (*Dat*) help o.s. to, take (*od* eat, drink) one's fill of
gutmachen *v/t* make good, (*a. Zeit etc*) make up for, (*Fehler etc*) put right
gutmütig *Adj* good-natured
Gutmütigkeit *f* good nature
Gutsbesitzer(in) (big) landowner
Gutschein *m* coupon, *bes Br* voucher
gutschreiben *v/t j-m etw ~* credit s.o.

with s.th., pass s.th. to s.o.'s credit
Gutschrift *f* **1.** credit (entry *od* item) **2.** (*Gutschein*) credit voucher
Gutschriftanzeige *f* credit note
Guts|haus *n* manor (house) **~herr(in)** lord (lady) of the manor **~hof** *m* estate
Gutsverwalter(in) (landowner's) steward
guttural *Adj* guttural
gutwillig *Adj* willing (to oblige)
Gutwilligkeit *f* willingness
Gymnasialbildung *f* secondary school education **Gymnasiast(in)** grammar-school (*Am* high-school) student
Gymnasium *n etwa* grammar school, *Am* high school

⚠ **Gymnasium** ≠ **gymnasium**

| Gymnasium | = grammar school, *Am* high school |
| gymnasium | = Turnhalle |

Gymnastik *f* gymnastics *Sg*, (physical) exercises *Pl*, (*Freiübungen*) *a.* callisthenics *Pl* **~anzug** *m* leotard **~ball** *m* exercise ball, plastic ball
gymnastisch *Adj* gymnastic
Gynäkologe *m*, **Gynäkologin** *f* gyn(a)ecologist
Gynäkologie *f* gyn(a)ecology
gynäkologisch *Adj* gyn(a)ecological

H

H, h *n* H, h
ha *Interj* ha, ah
Haar *n a.* BOT hair: *sich die ~e kämmen* (F *machen*) comb (do) one's hair; *sich die ~e schneiden lassen* get a haircut; *sich die ~e raufen* tear one's hair; *fig aufs ~* to a T; *sich aufs ~ gleichen* be absolutely identical; *um ein ~* by a hair's breadth; *um ein ~ wäre ich überfahren worden* I just missed being run over, I had a narrow escape; *er* (*es*) *ist um kein ~ besser* he (it) is not a bit better; *~e spalten* split hairs; *ein ~ in der*

Suppe finden find a fly in the ointment; *sich in die ~e geraten* quarrel, clash; *sich in den ~en liegen* be at loggerheads, be quarrel(l)ing; *sie hat ~e auf den Zähnen* she's a tough customer; F *es hing an e-m ~* it was touch and go; *sein Leben hing an e-m ~* his life hung by a thread; *das ist bei den ~en herbeigezogen* that's (pretty) far-fetched; *ihr wurde kein ~ gekrümmt* they did not touch a hair on her head; F *~e lassen müssen* **a)** not to escape unscathed, **b)** (*Verluste erleiden*) suffer

(heavy) losses; *kein gutes ~ an j-m lassen* pull s.o. to pieces; *ihm standen die ~e zu Berge, ihm sträubten sich die ~e* it made his hair stand on end; *lass dir deshalb k-e grauen ~e wachsen!* don't lose any sleep over it!

Haar|ansatz *m* hairline **~ausfall** *m* loss of hair **~band** *n* headband, (*Schleife*) (hair) ribbon **~bürste** *f* hairbrush

haaren *v/i* **1.** *a. sich ~ Tier*: lose its hair **2.** *Pelz etc*: shed (hairs)

Haarentferner *m* hair remover

Haarersatz *m* hairpiece, (*Perücke*) wig

Haaresbreite *f* **er entging um ~ e-m Unfall** he escaped an accident by a hair's breadth; *sie ging nicht um ~ von ihrer Meinung ab* she didn't budge from her opinion one little bit

Haar|farbe *f* hair colo(u)r **~färbemittel** *n* hair dye **~festiger** *m* setting lotion

Haargarn *n* hair yarn

Haargefäß *n* ANAT capillary (vessel)

Haargel *n* hair gel

haargenau *Adj* precise: F (*stimmt*) *~!* dead right!

haarig *Adj* hairy (*a.* F *fig gefährlich, schwierig*) **...haarig** ...-haired

haarklein *Adj* (down) to the last detail

Haarklemme *f* hair clip **Haarkur** *f* hair restorer **haarlos** *Adj* hairless, (*kahl*) bald **Haarmittel** *n* restorer

Haarnadel *f* hairpin

Haarnadelkurve *f* MOT hairpin bend

Haar|netz *n* hairnet, *flüssiges*: hair lacquer **~öl** *n* hair oil **~pflege** *f* hair care **~riss** *m* hairline crack, *in Glasur*: craze

haarscharf I *Adj* very precise, exact **II** *Adv* by a hair's breadth: *der Wagen fuhr ~ an uns vorbei* the car missed us by an inch

Haar|schleife *f* (hair) ribbon, bow **~schnitt** *m* haircut

Haarspalterei *f* splitting hairs: *~ treiben* split hairs

Haarspange *f* (hair) slide, *Am* barrette

Haarspitzen *Pl* hair tips *Pl*

Haarspliss *m* split ends *Pl*

Haarspray *m, n* hairspray

Haarsträhne *f* strand of hair

haarsträubend *Adj* hair-raising

Haar|teil *n* hairpiece **~trockner** *m* hairdrier **~wäsche** *f*, **~waschen** *n* shampoo **~waschmittel** *n* shampoo

Haarwasser *n* hair tonic

Haarwuchs *m* growth of (the) hair, (*Haare*) hair **~mittel** *n* hair restorer

Haarwurzeln *Pl* roots *Pl* of one's hair

Hab *n* (*all sein*) *~ und Gut* all one's possessions *Pl*

Habe *f* possessions *Pl*, belongings *Pl*

haben I *v/t* have (got), (*besitzen*) *a.* own, possess: *etw ~ wollen* want (to have) s.th.; *er will es so ~* that's the way he wants it; *du kannst es ~!* you may have it!, *gern*: you're welcome to it!; (*noch*) *zu ~ sein Ware*: be (still) available; F *sie ist noch zu ~* she's still to be had; *was hast du?* what's wrong?; F *er hat es im Hals* he has a bad throat; *wir ~ schönes Wetter* the weather is fine (here); *wir ~ Winter!* it's winter!; *Dialekt es hat viel Schnee* there's a lot of snow; *welche Farbe hat das Kleid?* what colo(u)r is the dress?; *da hast dus!* there you are!, *fig a.* I told you so!; *das hätten wir!* well, that's that!; F *und damit hat sichs!* and that's final!; F *er hats ja!* he can (well) afford it!; *woher hast du das?* where did you get that from?, (*Nachricht*) who told you?; *was hast du gegen ihn?* what have you got against him?; *was habe ich davon?* a) what do I get out of it?, b) *wenn ...?* what's the good if ...?; *ich habe nicht viel davon gehabt* I didn't get much out of it; *das hat du nun davon!* there (you are)!; F *ich habs!* (I've) got it!; *das werden wir gleich ~!* (that's) no problem!; *wie gehabt* as had, same as ever; F *sie ~ etw miteinander* they are lovers; *die Prüfung hatte es in sich* the exam was pretty tough; *er hat etw Überspanntes* there's s.th. eccentric about him; *das hat er so an sich* that's the way he is; *er hat viel von s-m Vater* he takes after his father; *ich habe viel zu erzählen* I have a lot to tell; *dafür bin ich nicht zu ~!* count me out!; *hab dich nicht so!* don't make a fuss!, (*führ dich nicht so auf*) don't take on so! **II** *v/hilf* have: *hast du ihn gesehen?* have you seen him?; *du hättest es mir sagen sollen!* you should (*od* might) have told me!; *er hätte es tun können* he could have done it

Haben *n* WIRTSCH credit: → **Soll** 1

Habenichts *m* have-not

Habenseite f WIRTSCH credit side
Habgier f greed **habgierig** Adj greedy
habhaft Adj j-s, e-r Sache ~ **werden** get hold of, e-s Verbrechers: a. catch
Habicht m ZOOL hawk
Habilitation f university lecturing qualification **habilitieren** v/refl **sich** ~ qualify to give lectures at a university
Habitat n ZOOL habitat
Habseligkeiten Pl belongings Pl
Habsucht f greed
habsüchtig Adj greedy
Hachse f 1. ZOOL hock 2. GASTR knuckles Pl 3. F (Bein) leg, Pl pins Pl
Hackbeil n chopper **Hackbraten** m meat loaf **Hackbrett** n 1. chopping board 2. MUS dulcimer
Hacke¹ f LANDW hoe, (Pickel) pickax(e)
Hacke² f Dialekt (Ferse, Absatz) heel: F **sich die ~n ablaufen** run o.s. off one's feet (nach for)
hacken I v/t 1. (a. v/i) hack, LANDW a. hoe 2. chop II v/i 3. (nach at) pick, peck
Hackepeter m GASTR raw minced meat mixed with onions and spices
Hacker(in) F COMPUTER hacker
Hack|fleisch n minced (Am ground) meat: F **aus dir mache ich ~!** I'll make mincemeat of ya! **~messer** n chopper **~ordnung** f. fig pecking order
Häcksel m, n LANDW chaff
Hacksteak n GASTR beefburger
Hader m quarrel, strife, (Zwietracht) discord **hadern** v/i quarrel (mit with)
Hafen m 1. harbo(u)r, (Handels2) port, (~anlagen) dock(s Pl): **in den ~ einlaufen** put into port 2. fig (ruhiger) ~ haven **~anlagen** Pl docks Pl **~arbeiter(in)** docker **~becken** n harbo(u)r basin, (wet) dock **~einfahrt** f harbo(u)r entrance **~gebühren** Pl harbo(u)r dues Pl **~meister(in)** harbo(u)r master **~rundfahrt** f boat tour of a harbo(u)r **~stadt** f (sea)port **~viertel** n dock area, docklands Pl
Hafer m oats Pl: F **ihn sticht der ~** he's getting cocky **Haferbrei** m porridge **Haferflocken** Pl rolled oats Pl **Hafergrütze** f groats Pl **Hafermehl** n oatmeal **Haferschleim** m gruel
Haff n lagoon
Haft f 1. custody: **in ~** under arrest, in custody; **j-n in ~ nehmen** take s.o. into

custody 2. (~strafe) imprisonment
Haftanstalt f prison
haftbar Adj (für for) responsible, JUR liable: **j-n ~ machen** make s.o. liable, hold s.o. responsible
Haftbefehl m arrest warrant: **~ gegen j-n** warrant for s.o.'s arrest
haften¹ v/i (an Dat to) (a. ~ **bleiben**) cling, stick: fig **im Gedächtnis ~** stick (in one's mind)
haften² v/i (für for) be (held) responsible, JUR be liable: **~ für** guarantee
Haft|entlassung f release (from custody) **~fähigkeit** f 1. adhesive power(s Pl) 2. JUR fitness to undergo detention
Häftling m prisoner
Haftnotiz f self-stick (removable) note
Haftpflicht f (legal) liability
haftpflichtig Adj liable (für for)
Haftpflichtversicherung f third party (liability) insurance
Haftrichter(in) (committing) magistrate **Haftstrafe** f imprisonment
Haftung¹ f TECH adhesion
Haftung² f (legal) liability, (Bürgschaft) guarantee: **beschränkte (persönliche)** ~ limited (personal) liability; **Gesellschaft mit beschränkter** ~ private limited (liability) company; **~ übernehmen** accept liability (für for)
Haftvermögen n adhesive power(s Pl)
Hagebutte f BOT rose hip
Hagel m 1. hail 2. von Schlägen etc: hail, shower, von Schimpfwörtern etc: volley, torrent **Hagelkorn** n hailstone
hager Adj gaunt
Hagerkeit f gauntness
haha Interj ha ha
Häher m ZOOL jay
Hahn m 1. ZOOL cock, (Haus2) a. rooster: F **im Korb sein** be cock of the walk; **es kräht kein ~ danach** nobody cares (two hoots) about it 2. (Wetter2) weathercock 3. (Wasser2) tap, Am faucet, (Fass2) spigot 4. (Gewehr2) hammer
Hähnchen n GASTR chicken
Hahnen|fuß m BOT crowfoot **~kamm** m a. BOT cockscomb **~kampf** m cockfight
Hai m, **Haifisch** m shark
Haifischflosse f shark fin
Hain m grove
Häkchen n 1. small hook 2. in e-r Liste: tick, Am check 3. LING apostrophe

Häkelarbeit f, **Häkelei** f crochet work
häkeln v/t u. v/i crochet
Häkelnadel f crochet needle
haken v/t hook (**an** Akk onto)
Haken m **1.** allg hook, (Kleider2) a. peg:
~ und Öse hook and eye; Boxen: **rech-
ter** (**linker**) **~** right (left) hook **2.** →
Häkchen 2 **3.** F fig **der ~ an der Sache**
the snag; **die Sache hat e-n ~** there is a
catch to it; **da sitzt der ~** there's the
snag
Hakenkreuz n swastika
Hakennase f hooked nose
Halali n JAGD (**das ~ blasen** sound the)
mort
halb I Adj half: **e-e ~e Stunde** half an
hour; **~ drei** half past two; **~ Deutsch-
land** half of Germany; MUS **~e Note**
half note; MUS **~er Ton** semitone; **auf
~er Höhe** halfway (up); **die ~e Summe**
half the sum; **zum ~en Preis** for half
the price, (a) half-price; fig **nur die
~e Wahrheit** only half the truth; **e-e
~e Sache** a half-measure; **er macht
k-e ~en Sachen** he doesn't do things
by halves; **nichts 2es und nichts Gan-
zes** neither one thing nor the other; **mit
~em Herzen → halbherzig**; **j-m auf
~em Wege entgegenkommen** bes fig
meet s.o. halfway; **sich auf ~em Wege
einigen** split the difference **II** Adv half,
(fast) almost: **~ so viel wie** as much as;
~ und ~ half and half, (zum Teil) partly; F
(**mit j-m**) **~e-~e machen → halbpart**;
es ist ~ so schlimm it's not as bad
as all that; **~ fertig** half-finished,
WIRTSCH semifinished; GASTR **~ gar** un-
derdone, rare; SPORT **~ links** inside left;
SPORT **~ rechts** inside right; **~ nackt**
half naked; a. LING **~ offen** half-open;
~ tot half-dead; a. fig **~ verdaut** undi-
gested; **~ verfault** rotting; **~ verhungert**
starving; **~ wach** half-awake, dozing; **~
lachend**, **~ weinend** half laughing, half
crying; **~ wünschte er, dass ...** he half
wished that ...; **das ist ja ~ geschenkt**
that's a giveaway; **damit war die Sache
~ gewonnen** that was half the battle
halbamtlich Adj semiofficial
Halb|bildung f superficial knowledge
2bitter Adj plain (chocolate) **~blut** n
1. (Person) half-caste **2.** (Pferd) half-
-breed
Halbblut..., **Halbblüter** m, **halbblütig**

Adj ZOOL half-breed
Halbbruder m half brother
halbdunkel Adj dusky, Raum: dimly-lit
Halbdunkel n semidarkness, twilight
Halbe m, f, n pint (of beer)
Halbedelstein m semiprecious stone
...halben, **...halber** in Zssgn (wegen) on
account of, due to, (um ... willen) for
the sake of, (zwecks) for
Halbfabrikat n semifinished product
halbfett Adj **1.** BUCHDRUCK (Adv in)
semibold **2.** Käse etc: medium-fat
Halbfinale n SPORT semifinal
Halbformat n FOTO half-frame
halbgebildet Adj semiliterate
Halbgott m demigod **Halbgöttin** f de-
migoddess
Halbheit f half measure
halbherzig Adj half-hearted(ly Adv)
halbhoch Adj medium-high, Sport etc:
shoulder-high
halbieren v/t halve, divide (od cut) in
half, MATHE bisect
Halbinsel f peninsula
Halbjahr n half-year, (period of) six
months Pl **Halbjahr(e)s...** half-yearly,
six-month ... **halbjährig** Adj Dauer:
half-yearly, six-month ..., of six
months, Alter: six-month-old **halbjähr-
lich** Adj u. Adv half-yearly, semiannu-
al(ly), Adv a. every six months
Halbkreis m semicircle
Halbkugel f a. GEOG hemisphere
halblang Adj medium-length, Rock,
Hose etc: knee-length, LING Laut:
half-long: F **mach mal ~!** draw it mild!
halblaut I Adj low **II** Adv in an under-
tone
Halbleder n half-leather: **in ~ gebun-
den** half-bound **halbleinen** Adj half-
-linen **Halbleinen** n half-linen (cloth):
in ~ gebunden half-cloth **Halbleiter**
m ELEK semiconductor **Halblinke** m,
f SPORT inside left
halbmast Adv (**auf ~** at) half-mast
Halbmesser m radius
Halbmittelgewicht(ler m) n Boxen etc:
light middleweight
Halbmond m half moon, (a. Symbol)
crescent: **wir haben ~** there's a half
moon
halbmondförmig Adj crescent-shaped
halboffiziell Adj semiofficial
halbpart Adv F (**mit j-m**) **~ machen** go

halves (F fifty-fifty) with s.o.

Halbpension f half-board **Halbprofil** n semiprofile **Halbrechte** m, f SPORT inside right

Halbrelief n half relief, mezzo-relievo

halbrund Adj semicircular

Halbrund n semicircle

Halbschlaf m doze **Halbschuh** m (low) shoe **Halbschwergewicht(ler)** m) n Boxen etc: light heavyweight **Halbschwester** f half sister **halbseiden** Adj **1.** half-silk **2.** pej (a. **~es Milieu**) demimonde **halbseitig** Adj **1.** BUCHDRUCK half-page **2.** MED unilateral: **~e Lähmung** hemiplegia **Halbstarke** m, f F yobbo **Halbstiefel** m ankle boot

halbstündig Adj half-hour **halbstündlich** Adj u. Adv half-hourly, Adv a. every half-hour **halbtägig** Adj half a day's, half-day **halbtags** Adv **~ arbeiten** work part-time

Halbtags… half-day, part-time (job etc) **~kraft** f part-time worker, part-timer

Halbton m **1.** MUS semitone **2.** FOTO, BUCHDRUCK half-tone

Halbvokal m LING semivowel

Halbwahrheit f half-truth

Halbwaise f half-orphan

halbwegs Adv (just) a bit (better etc), (leidlich) tolerably, F so-so

Halbwelt f demimonde

Halbwert(s)zeit f PHYS half-life

Halbwissen n superficial knowledge

Halbwüchsige m, f adolescent, teenager

Halbzeit f **1.** half(-time): **erste (zweite) ~** first (second) half **2.** → **~pause** f halftime **~stand** m half-time score

Halde f **1.** (Schutt♀) dump, (Schlacken♀) slag heap, (Kohlen♀) coal stocks Pl **2.** WIRTSCH (surplus) stocks Pl: **auf ~ liegen** stockpile; **auf ~ liegen** be (excessively) stockpiled

Halfpipe f SPORT halfpipe

Hälfte f half: **die ~ der Leute (Zeit)** half the people (time); **um die ~ teurer sein** cost half as much again; **Kinder zahlen die ~** children pay half(-price); **zur ~** half (of it od them); F **m-e bessere ~** my better half

Halfter n **1.** a. m (Zaum) halter **2.** a. f (pistol) holster

Hall m sound, (Wider♀) echo

Halle f **1.** hall, (Vor♀) a. entrance hall, (Hotel♀) foyer, lounge **2.** (Werks♀) shop, (Flugzeug♀) hangar **3.** (Turn♀) gymnasium, F gym, (Tennis♀) covered court(s Pl), (Schwimm♀) indoor (swimming) pool: **in der ~** indoors

halleluja Interj, ♀ n hallelujah

hallen v/i (von) with) reverberate, echo

Hallen… SPORT indoor (handball, tennis, record, sports, etc) **~fußball** m five-a-side football **~(schwimm)bad** n indoor (swimming) pool

hallo Interj hello, F hi, erstaunt: hey: **~** (, Sie)! excuse me!, F hey, you!

Hallo n fig hullabaloo

Hallodri m F scallywag

Halluzination f hallucination

halluzinatorisch Adj hallucinatory

Halluzinogen I n hallucinogen II ♀ Adj hallucinogenic

Halm m blade, (Getreide♀) stalk

Halo m ASTR, MED halo

Halogen n halogen **Halogenbirne** f halogen bulb **Halogenlampe** f halogen lamp **Halogenlicht** n halogen light **Halogenscheinwerfer** m MOT halogen headlight

Hals m allg neck, (Kehle, Rachen) throat: MED **steifer ~** stiff neck; **aus vollem ~(e) schreien** etc: at the top of one's voice, **lachen** roar with laughter; **~ über Kopf** headlong, (hastig) a. helter-skelter, sich verlieben etc: head over heels; **bis an den ~** up to one's neck (fig a. ears); **auf dem** (od **am**) **~ haben** have s.o., s.th. on one's back, be stuck with; **j-m die Polizei** etc **auf den ~ hetzen** get the police etc onto s.o.; **sich j-n (etw) vom ~(e) schaffen** get rid of s.o. (s.th.); **j-m um den ~ fallen** fling one's arms round s.o.'s neck; **sich j-m an den ~ werfen** throw o.s. at s.o.; **sich den ~ brechen** break one's neck; fig **das bricht ihm den ~** that'll be his undoing; F **e-r Flasche den ~ brechen** crack a bottle; F **er hat es in den falschen ~ bekommen** he took it the wrong way; F **es hängt mir zum ~(e) heraus!** I'm fed up (to the teeth) with it!; **bleib mir damit vom ~(e)!** don't bother me with that!; → **umdrehen, Wasser**

Halsabschneider(in), **halsabschneiderisch** Adj fig cutthroat

Halsband n **1.** necklace **2.** Tier: collar

halsbrecherisch Adj breakneck

Hals|entzündung f MED sore throat **~kette** f necklace **~kragen** m a. ZOOL collar

Hals-Nasen-Ohren|-Arzt m, **~Ärztin** f ear, nose and throat specialist

Halsschlagader f carotid (artery)

Halsschmerzen Pl **~ haben** have a sore throat

halsstarrig Adj stubborn

Halstuch n neckerchief, (Schal) scarf

Hals- und Beinbruch! F break a leg!

Halsweh n → **Halsschmerzen**

Halswirbel m ANAT cervical vertebra

halt¹ Interj stop, bes MIL halt, (warte) wait (a minute), (es genügt) that'll do

halt² Adv → **eben** 5

Halt m 1. hold, für die Füße: a. foothold, (Stütze, a. fig) support 2. fig (moral) stability 3. (Anhalten) stop: **ohne ~** nonstop; j-m, e-r Sache **~ gebieten** call a halt to; stop; **~ machen** (make a) stop: fig **vor nichts ~ machen** stop at nothing

haltbar Adj 1. Material: durable, hard-wearing, TECH a. wear-resistant, Farbe: fast 2. Lebensmittel: not perishable: **begrenzt ~** perishable; **~ sein** keep (well); **~ machen** preserve; **~ bis ...** to be used before ... 3. SPORT stoppable (shot) 4. fig Theorie etc: tenable

Haltbarkeit f 1. durability, TECH a. (long etc) service life, WIRTSCH shelf life, von Farben: fastness 2. von Lebensmitteln: keeping quality: **von geringer ~** perishable 3. fig e-r Theorie etc: tenability

Haltbarkeitsdatum n sell-by date

Haltegriff m strap

Haltelinie f MOT stop line

halten I v/t 1. (fest~) hold, (stützen) hold (up), support: **er hielt ihr den Mantel** he held her coat for her; → **Stellung** 1 2. (in e-m Zustand ~) keep: **sauber (trocken, warm) ~** keep clean (dry, warm); → **Ordnung** 3. (ab~) allg hold, (Hochzeit, Messe) celebrate, (Mahlzeit, Schläfchen etc) take, have 4. (beibe~, ein~) keep, (Preise, Geschwindigkeit etc) hold (a. MUS Ton), maintain: → **Versprechen, Wort** 5. SPORT (Schuss) stop, block, Torwart: save, (Rekord) hold 6. (ent~, fassen) hold, contain 7. (Rede etc) make, deliver, (Vortrag etc) give: → **Vorlesung** 8. (auf~, an~) hold back, stop, keep: **er**

war nicht zu ~ there was no holding him; **mich hält hier nichts mehr** there is nothing holding me here any more; **haltet den Dieb!** stop thief! 9. **sich** (ein Auto, e-n Hund, Personal etc) ~ keep, (e-e Zeitung) take 10. (behandeln) treat: **er hielt s-e Kinder sehr streng** he was very strict with his children 11. **~ für** (irrtümlich: mis)take s.o., s.th. for, consider s.o., s.th. (to be): **ich halte es für ratsam** I think it advisable; **man sollte es nicht für möglich ~, aber ...** you wouldn't believe it but ...; **wofür ~ Sie mich (eigentlich)?** who do you think I am?; **für wie alt hältst du ihn?** how old do you think he is? 12. **viel ~ von** think highly (stärker: the world) of; **nicht viel ~ von** not to think much of; **er hält nichts vom Sparen** he doesn't believe in saving; **was ~ Sie von ...?** a) what do you think of ...?, b) e-r Tasse Tee etc? a. how about a cup of tea etc? 13. (handhaben) do, handle: **wie hältst du es mit ...?** what do you usually do about ...?; **das kannst du ~, wie du willst!** please yourself! 14. **etw auf sich ~** → 21 II v/i 15. hold (a. fig Wetter), (haltbar sein) last, Lebensmittel, Blumen etc: keep 16. (an~) stop, MOT a. draw up, pull up 17. Torwart: save 18. **an sich ~** restrain o.s., control o.s 19. **~ auf** (Akk) pay attention to, (Wert legen auf) set great store by, (bestehen auf) insist on 20. **~ auf** (Akk) a) SCHIFF a. **~ nach** head for, b) (zielen) aim at; **nach Süden ~** be heading south; **mehr nach links ~** keep (aim) more to the left 21. **auf sich ~ a)** be particular about one's appearance, **b)** be self-respecting 22. **zu j-m ~** stand by s.o., F stick to s.o., (Partei nehmen) side with s.o. III v/refl **sich ~** 23. (fest~) hold on (an Dat to): fig **sich ~ an** (Akk) (Tatsachen, Vorschriften etc) keep to, F stick to; **sich an j-n ~** rely on s.o., (wegen Schadenersatz: hold s.o. liable 24. Material etc: wear well, last long, Lebensmittel, Blumen etc: keep, Wetter: hold: F **sie hat sich gut gehalten** she is well-preserved 25. **sich ~ für** think (od consider) s.o. (to be): **sie hält sich für etw Besonderes** she thinks she's s.th. special 26. **sich aufrecht ~** hold (od carry)

o.s. upright; *ich kann mich kaum noch auf den Beinen* ~ I'm ready to drop **27.** (*bleiben*) keep, stay: *du musst dich warm* ~ you must keep warm; *halte dich mehr links* keep more to the left; *sich an der Spitze* ~ stay at the top; *er hat sich bei der Firma nicht lange gehalten* he didn't last long with the firm **IV** ♀ *n* **28.** MOT *zum* ♀ *bringen* stop, bring *s.th.* to a standstill; *fig da gab es kein* ♀ *mehr* there was no holding them (*etc*) **29.** → *Haltung* 3

Haltepunkt *m* stop

Halter *m* TECH holder, (*Griff*) handle, (*Stütze*) rest

Halter(in) JUR owner

Halterung *f* TECH holding device

Halte|schild *n* stop sign **~signal** *n* stop signal **~stelle** *f* stop **~verbot** *n* no stopping (zone) **~verbotsschild** *n* no stopping sign

haltlos *Adj* **1.** *Charakter, Mensch:* unstable, weak **2.** *Theorie etc:* untenable, (*unbegründet*) unfounded

Haltlosigkeit *f* **1.** weakness, instability **2.** untenableness, unfoundedness

haltmachen → *Halt* 3

Haltung *f* **1.** (*Körper*♀) posture, (*Stellung, a. Sport*) position, (*Pose*) pose: MIL ~ *annehmen* stand to attention **2.** *fig* (*Benehmen*) deportment, behavio(u)r, (*Einstellung*) attitude (*gegenüber* towards), (*Fassung*) composure: *politische*~ political outlook (*od* views *Pl*); ~ *bewahren* a) control o.s., b) *a.* ~ *zeigen* bear up well **3.** *e-s Tieres etc:* keeping

Haltungsschaden *m* MED damaged posture

Halunke *m* scoundrel

Hamburger I *m* **1.** *a* **Hamburgerin** *f* Hamburger **2.** GASTR hamburger **II** *Adj* **3.** (of) Hamburg

Häme *f* F sneers *Pl*, snide remarks *Pl*: *voller* ~ *sagen etc:* sneeringly

hämisch *Adj* malicious, sneering

Hammel *m* **1.** ZOOL wether **2.** GASTR mutton **3.** F *fig* idiot **~braten** *m* roast mutton **~fleisch** *n* mutton **~keule** *f* leg of mutton

Hammelsprung *m* PARL division

Hammer *m* **1.** hammer (*a. MUS, Sport u. Auktion*), (*Holz*♀) mallet, PARL *etc* gavel: ~ *und Sichel* hammer and sickle;

unter den ~ *kommen* come under the hammer **2.** F *fig* (*Schlag etc, tolle Sache*) whammy: *das ist ein* ~*!* (*unerhört*) that beats everything!

Hammerklavier *n* piano(forte)

hämmern I *v/i* **1.** hammer, *fig Herz, Puls: a.* pound **2.** ~ *auf* (*Akk*), ~ *gegen* hammer away at, pound (at) **II** *v/t* **3.** hammer, beat, (*schmieden*) forge

Hammer|werfen *n* SPORT hammer throwing **~werfer(in)** hammer thrower

Hämoglobin *n* h(a)emoglobin

Hämophile *n* MED h(a)emophiliac

Hämorr(ho)iden *Pl* MED h(a)emorrhoids *Pl*, F piles *Pl*

Hampelmann *m* **1.** jumping Jack **2.** F *fig* fidget, (*Kasper*) clown

Hamster *m* ZOOL hamster

Hamsterkäufe *Pl* panic buying *Sg*

hamstern *v/t u. v/i* hoard

Hand *f* hand (*a.* ~*schrift, Kartenspiel*): *j-m die* ~ *geben* (*od reichen, schütteln*) shake hands with s.o.; ~ *in* ~ *gehen* walk (*fig* go) hand in hand (*mit* with); *Hände hoch* (*weg*)*!* hands up (off)*!; Fußball:* ~ *hands!; fig die öffentliche* ~ the public authorities *Pl*, the State; *j-s rechte* ~ s.o.'s right-hand man; *an* ~ *von* (*od Gen*) by means of, on the basis of; *aus erster* (*zweiter*) ~ *kaufen, wissen etc:* firsthand (secondhand); *bei der* ~, *zur* ~ at hand, handy; *mit der* ~, *von* ~ *machen etc:* by hand; *unter der* ~ secretly, on the quiet; *etw unter der* ~ *verkaufen* sell s.th. privately; *zu Händen auf Brief:* c/o (= care of), VERW Attention *Mr. Smith;* *mit leeren Händen abziehen* go away empty-handed (*mit*) ~ *anlegen* lend a hand; *etw in die Hände bekommen* get hold of s.th.; *j-m in die Hände fallen* fall into s.o.'s hands; *j-m etw an die* ~ *geben* furnish s.o. with s.th.; *aus der* ~ *geben* part with; *j-n in der* ~ *haben* have s.o. in one's grip (F over a barrel); ~ *und Fuß haben* make sense; *j-m freie* ~ *lassen* give s.o. a free hand; *von der* ~ *in den Mund leben* live from hand to mouth; *letzte* ~ *an etw legen* put the finishing touches to s.th.; *fig die Hände in den Schoß legen* twiddle one's thumbs; *aus der* ~ *legen* lay aside; *s-e* ~ *ins Feuer legen für* put one's hand into the fire for; *es liegt in s-r*

~ it's up to him; *es liegt klar auf der* ~ it's obvious; *fig etw in die* ~ *nehmen* take charge of s.th.; *j-n (dat) in die Hände spielen* play (s.th.) into s.o.'s hands; *a. fig* ~ *voll* handful; *alle Hände voll zu tun haben* have one's hands full; *in andere Hände übergehen* change hands; *das war von langer* ~ *vorbereitet* that was carefully planned long beforehand; *e-e* ~ *wäscht die andere* you scratch my back and I'll scratch yours; *sich mit Händen und Füßen (gegen etw) wehren* fight (s.th.) tooth and nail; *von der* ~ *weisen* dismiss; *es lässt sich nicht von der* ~ *weisen, dass ...* it can't be denied that ...; *mit beiden Händen zugreifen* jump at the chance

Hand|arbeit *f* 1. (*Ggs. Kopfarbeit*) manual work 2. (*Ggs. Maschinenarbeit*) handiwork, handicraft, (*Erzeugnis*) handmade article: *diese Vase ist* ~ this vase is handmade 3. *a.* PÄD needlework **~arbeiter(in)** *n* PARL manual worker **~aufheben** *n* PARL *durch* ~ by a show of hands **~ball** *m* (European) handball, *Am* team handball **~ballen** *m* ANAT ball of the thumb

Handballer(in) F, **Handballspieler(in)** handball player

handbetätigt *Adj* TECH hand-operated, manual **Handbetrieb** *m* manual operation: *mit* ~ → *handbetätigt*

Hand|bewegung *f* gesture: *j-n durch e-e* ~ *auffordern zu Inf* motion s.o. to *Inf* **~bibliothek** *f* reference library **~bohrer** *m* TECH gimlet **~bohrmaschine** *f* hand drill **Ωbreit** *Adj* a few inches wide **~breit(e)** *f* hand's breadth **~bremse** *f* handbrake **~buch** *n* manual, handbook, (*Führer*) guide

Händchen *n* ~ *halten* hold hands

Handcreme *f* hand cream

Händedruck *m* handshake

Handel *m* 1. commerce, business, (*Handelsverkehr*) trade (*mit etw* in, *j-m* with), *bes Börse*: trading, (*a. illegaler* ~) traffic; *~ und Gewerbe* trade and industry; *im ~* on the market; *nicht mehr im ~* off the market; *in den ~ bringen (kommen)* put (be) on the market; ~ *treiben mit* **a)** *etw* deal in s.th., **b)** *j-m* trade (*od* do business) with s.o.; ~ *treibend* trading 2. (*Geschäft*) (busi-

ness) transaction, F deal, *fig a.* bargain, (*Tausch*Ω) barter

Händel *Pl* quarrel *Sg*, fight *Sg*: ~ *suchen* (try to) pick a quarrel

handeln **I** *v/i* 1. *allg* act, (*Maßnahmen ergreifen*) *a.* take action, (*sich verhalten*) *a.* behave 2. WIRTSCH trade, do business (*mit j-m* with s.o.): ~ *mit e-r Ware*: trade (*od* deal, *bes illegal*: traffic) in 3. (*feilschen*) (*um*) bargain (for), haggle (over): *er lässt mit sich* ~ he is open to an offer (*weit. S.* a suggestion) 4. ~ *von Buch, Film etc*: be about, deal with **II** *v/t* 5. WIRTSCH *gehandelt werden* be sold, *an der Börse*: be traded, be listed, *fig Name etc*: be mentioned **III** *v/unpers* 6. *es handelt sich um* it concerns, it is a question of, it is about; *worum handelt es sich?* what is it (all) about?, what's the problem?; *es handelt sich darum, ob (od wer etc)* the question is whether (*od* who *etc*); *darum handelt es sich (nicht)!* that's just (not) the point!; *bei dem Opfer handelt es sich um e-n Ausländer* the victim is a foreigner **IV** Ω *n* 7. acting (*etc*): *gemeinsames (rasches)* Ω joint (quick) action

Handels|abkommen *n* trade agreement **~attaché** *m* commercial attaché **~bank** *f* merchant bank **~barriere** *f* trade barrier **~bericht** *m* trade (*od* market) report **~beschränkungen** *Pl* trade restrictions *Pl* **~betrieb** *m* commercial enterprise **~bezeichnung** *f* trade name **~beziehungen** *Pl* trade relations *Pl* **~bilanz** *f* (*aktive* ~ surplus, *passive* ~ adverse) balance of trade **~defizit** *n* trading deficit **Ωeinig** *Adj* ~ *werden* come to terms (*mit* with) **~firma** *f* (commercial) firm **~flotte** *f* merchant fleet **~genossenschaft** *f* traders' cooperative **~gericht** *n* commercial court **~gesellschaft** *f* (trading) company, *Am* (business) corporation: *offene* ~ general partnership **~gesetzbuch** *n* Commercial Code **~hafen** *m* trading port **~kammer** *f* Chamber of Commerce **~kette** *f* chain (of stores) **~klasse** *f* *Äpfel der* ~ *A* grade one apples **~korrespondenz** *f* commercial correspondence **~kredit** *m* business loan **~krieg** *m* trade war(fare) **~macht** *f* (great) trading nation **~marine** *f* merchant

navy **~marke** f trade name, brand **~minister(in)** minister of commerce, Br Trade Secretary, Am Secretary of Commerce **~ministerium** n ministry of commerce, Br Board of Trade, Am Department of Commerce **~name** m trade name **~nation** f trading nation **~niederlassung** f 1. business establishment 2. (Sitz) registered seat 3. (Zweigstelle) branch **~partner(in)** trading partner **~platz** m trading cent/re (Am -er) **~politik** f trade policy **~rabatt** m trade discount **~recht** n commercial law **~register** n commercial (od trade) register: **ins ~ eintragen (lassen)** register, Am incorporate **~schiff** n trading vessel **~schiffahrt** f merchant shipping **~schranke** f trade barrier **~schule** f commercial school **~spanne** f trade margin **~sperre** f (trade) embargo **~stadt** f commercial cent/re (Am -er) 2üblich Adj usual in the trade: **~e Qualität** commercial quality; **~e Bezeichnung** trade name **~verkehr** m trade, trading **~vertrag** m trade agreement **~vertreter(in)** commercial representative **~vertretung** f commercial agency, POL trade mission **~volumen** n volume of trade **~ware** f commodity: **~n** Pl merchandise Sg **~weg** m trade route **~wert** m market value **~zweig** m line of business

hände|ringend Adv imploringly, (verzweifelt) despairingly 2**schütteln** n shaking of hands, handshake 2**trockner** m hand drier

Handfertigkeit f manual skill

handfest Adj 1. sturdy, strong 2. fig Skandal, Krach etc: huge, Beweis etc: solid, Lüge: whopping

Hand|feuerlöscher m fire extinguisher **~feuerwaffe** f hand gun, Pl mst small arms Pl **~fläche** f palm 2**gearbeitet**, 2**gefertigt** Adj handmade **~gelenk** n wrist: **er aus dem ~** off the cuff, (mühelos) just like that 2**gemacht** Adj handmade 2**gemalt** Adj handpainted

Handgemenge n fray, brawl

Hand|gepäck n hand luggage (Am baggage), FLUG a. cabin luggage (Am baggage), carry-on luggage (Am baggage) 2**geschrieben** Adj handwritten 2**gestrickt** Adj 1. handknitted 2. F pej home-made 2**gewebt** Adj handwo-

ven 2. → **handgestrickt** 2

Handgranate f hand grenade

handgreiflich Adj 1. **er wurde ~** he got violent, sexuell: he started to paw 2. fig (offensichtlich) obvious, plain

Handgreiflichkeiten Pl violence Sg

Handgriff m 1. handle, grip 2. fig movement of the hand, (Bedienung) manipulation: **mit wenigen ~en machen** etc: in no time, (geschickt) deftly

Handhabe f (Beweis) etc, (Druckmittel) lever: **er hat keinerlei ~** he hasn't got a leg to stand on

handhaben v/t 1. (Werkzeug etc) use, manage, handle, (Maschine) operate 2. fig handle, deal with, (anwenden) apply **Handhabung** f handling (a. fig), management, use, operation, fig (Anwendung) application

Handheld m handheld (computer)

Handicap n a. fig handicap (**für** to)

Hand|kamera f hand-held camera **~kante** f side of the hand: **Schlag mit der ~** → → **kantenschlag** m (karate) chop **~karren** m handcart **~koffer** m small suitcase **~kuss** m j-m e-n **~ geben** kiss s.o.'s hand; F fig **mit ~** gladly **Handlanger(in)** m odd-job man (woman), pej dogsbody, POL etc henchman

Händler(in) trader, merchant, dealer: → **fliegend**

Handlesekunst f palmistry

handlich Adj handy

Handlichkeit f handiness

Handlung f 1. act, action 2. e-s Films etc: action, story, (Schema) plot: **Ort der ~** scene (of action)

Handlungs|bedarf m **es besteht (kein) ~** this calls (there is no need) for action **~bevollmächtigte** m, f (authorized) agent, proxy 2**fähig** Adj JUR having disposing capacity, weit. S. Regierung etc: functioning, a. Mehrheit: working **~fähigkeit** f JUR legal capacity, weit. S. capacity to act **~freiheit** f freedom of action: **j-m ~ geben** give s.o. a free hand **~gehilfe** m, **~gehilfin** f (commercial) clerk, (Verkäufer[in]) shop assistant 2**reich** Adj full of action, action-packed **~reisende** m, f commercial travel(l)er **~schema** n plot **~spielraum** m room for manoeuvre (Am maneuver) **~vollmacht** f limited authority to act and sign **~weise** f way of acting, conduct,

(Vorgehen) procedure

Handmühle *f* handmill **Handpflege** *f* care of one's hands, manicure

Handpuppe *f* glove puppet

Handreichung *f a. Pl* help

Handrücken *m* back of the hand **Handsäge** *f* hand saw **Handschelle** *f (a. j-m ~n anlegen)* handcuff

Handschlag *m* handshake: *durch ~ bekräftigen* shake hands on; F *er tut k-n ~* he doesn't lift a finger

Handschrift *f* **1.** handwriting, *a. fig s.o.'s* hand **2.** *(Text)* manuscript

Handschriftendeutung *f* graphology

handschriftlich I *Adj* handwritten **II** *Adv* in writing, *korrigieren etc:* by hand

Handschuh *m* glove *(a. Sport)* **Handschuhfach** *n* MOT glove compartment

Handspiegel *m* hand mirror **Handspiel** *n Fußball:* hands *Sg*

Handstand *m* handstand **Handstandüberschlag** *m* handspring

Handsteuerung *f* manual control

Handstreich *m* coup (de main)

Handtasche *f* handbag, *Am* purse, pocketbook

Handtuch *n (das ~ werfen a.* F *fig* throw in the) towel **~halter** *m* towel rack

Handumdrehen *n im ~* in no time

handverlesen *Adj a. fig* handpicked **Handwaffe** *f* small weapon **Handwagen** *m* handcart

Handwaschbecken *n* washbasin

Handwäsche *f* hand wash(ing)

Handwerk *n* trade, *(bes Kunst⚡) craft: das ~ (Berufsstand)* the trade; *ein ~ lernen* learn a trade; *fig j-m das ~ legen* put a stop to s.o.('s game); *j-m ins ~ pfuschen* botch at s.o.'s trade; *er versteht sein ~* he knows his business *(od* stuff*)* **Handwerker(in)** (skilled) manual worker, *(bes Kunst⚡)* craftsman (craftswoman)

handwerklich *Adj* craft …, craftsman's …: *~er Beruf* skilled trade; *~es Können* craftsmanship, skill(s *Pl)*

Handwerks|kammer *f* chamber of handicrafts **~meister(in)** master craftsman (craftswoman) **~zeug** *n* tools *Pl (fig a.* of the trade)

Handwurzel *f* ANAT wrist, carpus **~knochen** *m* wristbone, carpal bone

Handy *n* mobile (phone), *Am mst* cellphone

⚠ **Handy** ≠ **handy**

| Handy | = | mobile (phone), *Am* cellphone |
| handy | = | handlich, praktisch |

Hand|zeichen *n* **1.** sign **2.** PARL show of hands **~zeichnung** *f* sketch **~zettel** *m* leaflet

hanebüchen *Adj* ridiculous, incredible

Hanf *m* hemp

Hang *m* **1.** *(a. Ski⚡)* slope **2.** *fig (zu)* (natural) inclination (to, for), bent (for), tendency (to), *(Anfälligkeit)* proneness (to)

Hangar *m* hangar

Hänge|backen *Pl* flabby cheeks *Pl* **~bahn** *f* suspension railway **~bauch** *m* (drooping) paunch **~brücke** *f* suspension bridge **~brust** *f*, **~busen** *m* sagging breasts *Pl* **~lampe** *f* hanging lamp

hangeln *v/i Turnen:* climb *(od* travel) hand over hand

Hängematte *f* hammock

hängen **I** *v/i* **1.** hang *(an der Decke etc* from, *an e-m Haken etc* on): *voller Bilder, Früchte etc ~* be full of; *über j-m ~, a. fig Schicksal etc:* hang over s.o.; *fig die ganze Arbeit hängt an mir* I am stuck with all the work; → *Tropf* **2.** *(an Dat* to) *Schmutz etc:* cling, stick **3.** *(festsitzen)* be stuck, be caught: F *fig woran hängts?* what's the problem?; *er hängt in Latein* he's bad at Latin **4.** *~ an (Dat)* **a)** *am Geld, Leben etc:* love, *a. an e-m Brauch etc:* cling to, **b)** *an j-m:* be fond of, be devoted to; *~ bleiben* **a)** *(an Dat)* get *(od* be) caught (by), catch (on, in), get *(od* be) stuck (in): *fig im Gedächtnis ~ bleiben* stick in one's mind, **b)** *(klemmen)* jam, stick, **c)** *fig (aufgehalten werden)* be held up, SPORT be stopped *(an Dat* by); *~ lassen* **a)** let *s.th.* hang, (let *s.th.)* dangle, **b)** F *(vergessen)* leave: F *fig j-n ~ lassen* leave s.o. in the lurch, **c)** *sich ~ lassen* let o.s. go **5.** *(schief sein)* be lopsided **II** *v/t* **6.** *j-n ~* hang s.o.; *gehängt werden* be hanged **7.** *etw ~ an (Akk)* **a)** *die Decke etc:* hand s.th. from, **b)** *die Wand, e-n Haken etc:* hang s.th. on,

c) (*ein~, anhaken*) hook s.th. on to **III** *v/refl* **8. sich ~ an** (*Akk*) hang on to; F **sich ans Telefon ~** get on the phone; **sich an j-n ~** cling (*od* stick) to s.o., (*beschatten*) trail s.o., *Laufsport etc*: drop in behind s.o. **IV** ♀ *n* **9.** F **mit ♀ und Würgen** only just, barely; **er hat mit ♀ und Würgen die Prüfung bestanden** he (barely) scraped through

Hänge|ohren *Pl* drooping (*od* floppy) ears *Pl* **~partie** *f Schach*: adjourned game **~pflanze** *f* hanging plant

Hängeschrank *m* wall cabinet

Hansdampf *m* F **~ in allen Gassen** jack-of-all-trades

Hanse *f* Hanseatic League

hanseatisch *Adj* Hanseatic

Hänselei *f* teasing, F kidding

hänseln *v/t* tease, F kid

Hansestadt *f* Hanse town

Hanswurst *m pej* clown

Hantel *f* dumbbell

hantieren *v/i* **1.** bustle (*gemütlich*: potter) around **2. ~ mit** work with, handle; **~ an** (*Dat*) work on, *pej* fiddle with

hapern *v/i/unpers* F **es hapert mit** (*od* **bei**) there are problems with; **es hapert an** (*Dat*) there isn't (*od* aren't) enough; **woran hapert es?** what's the problem?

Häppchen *n* (*Bissen*) morsel, (*Appetit♀*) titbit, (*Brötchen*) canapé

Happen *m* **1.** bite (to eat): **e-n ~ essen** have a bite **2.** *fig* (*Beute*) (*ein fetter ~* a fine) catch

happig *Adj* F *Preis etc*: steep

Happy End *n* happy ending

Härchen *n* little (*od* tiny) hair

Hardcover, Hard Cover *n Buch etc*: hard-cover

Hardliner *m* hardliner

Hardware *f* COMPUTER hardware

Harem *m* harem

Harfe *f* MUS harp **Harfenist(in)** *m(f)* harpist

Harke *f* rake: F *fig* **j-m zeigen, was e-e ~ ist** show s.o. what's what

harmlos *Adj* harmless

Harmlosigkeit *f* harmlessness

Harmonie *f a. fig* harmony

Harmonielehre *f* MUS harmony

harmonieren *v/i* harmonize (**mit** with)

harmonisch *Adj* MATHE, MUS harmonic(al), *a. fig* harmonious

harmonisieren *v/t a. fig* harmonize

Harn *m* (*Urin*) urine **Harnblase** *f* ANAT bladder

Harnflasche *f* urinal

Harnisch *m* (suit of) armo(u)r, (*Brust♀*) cuirass

Harn|leiter *m* ANAT ureter **~probe** *f* MED urine sample **~röhre** *f* ANAT urethra **~säure** *f* MED uric acid **♀treibend** *Adj* (*a. **~es Mittel***) diuretic **~untersuchung** *f* urinalysis **~wege** *Pl* urinary tract *Sg*

Harpune *f* harpoon

harren *v/i* wait (*Gen od auf Akk* for)

Harsch(schnee) *m* crusted snow

hart I *Adj* **1.** hard (*a. Landung*): **~es Ei** hard-boiled egg **2.** *fig allg* hard, (*streng*) *a. Strafe, Kritik etc*: *a.* severe, (*zäh, schwierig*) *a.* tough (*a. Politik, Kurs etc*), SPORT rough (*play, player*), *Schlag, Verlust etc*: heavy, *Worte, Gegensätze, Farben etc*: harsh: **~e Tatsachen** hard facts; **er blieb ~** he stood firm; **das war ~!** that was tough!; **das war ~ für ihn** that was hard on him; → **nehmen, Nuss, Schule 3.** *Droge, Getränk, Währung*: hard **II** *Adv* **4.** *allg* hard, (*streng*) *a.* severely; **~ gefroren** frozen hard; **~ gekocht** hard-boiled; **~ arbeiten** work hard; **es ging ~ auf ~** it was either do or die; **wenn es ~ auf ~ geht** when it comes to the crunch **5. ~** (*dicht, nahe*) **an** (*Dat*) hard by, close to; SCHIFF **~ am Wind** closehauled

Härte *f* **1.** hardness **2.** *fig* toughness, SPORT roughness, rough play, (*Schärfe*) harshness, severity: JUR (*unbillige ~* undue) hardship **3.** FOTO contrast

Härtefall *m* case of hardship

härten I *v/t* harden, (*Stahl*) temper **II** *v/i* harden, grow hard

Härtetest *m* endurance test, *fig* acid test

Hartgeld *n* coins *Pl*

hartgesotten *Adj fig* hard-boiled, *Verbrecher etc*: hardened

Hartgummi *n, m* hard rubber

hartherzig *Adj* hard-hearted

Hartkäse *m* hard cheese

hartnäckig *Adj* stubborn (*a. Krankheit*), (*beharrlich*) persistent **Hartnäckigkeit** *f* stubbornness, persistence

Hartplatz *m* hard pitch (*Tennis*: court)

Hartschalenkoffer *m* hard-top case

Härtung *f* hardening, *von Stahl*: *a.* tempering

Hartwurst f hard sausage
Harz n resin, (*Geigen2*) rosin
harzig *Adj* resinous
Hasardspiel n game of chance, *fig* gamble
Hasch n F (*Haschisch*) hash
Haschee n GASTR hash
haschen[1] I *v/t* (*sich ~ play*) catch II *v/i ~ nach* snatch at, *fig* seek
haschen[2] *v/i* F smoke hash
Häschen n young hare, F bunny
Häscher(in) *pej* catchpole
Hascherl n *Dialekt armes ~* poor little thing, poor creature
Haschisch n hashish
Hase m hare: *fig alter ~* old hand; *sehen, wie der ~ läuft* see how things develop; *da liegt der ~ im Pfeffer* that's the real problem; *mein Name ist ~* (, *ich weiß von nichts*)*!* search me!
Haselnuss f 1. hazelnut 2. → **Haselnussstrauch** m hazelnut (tree)
Hasen|braten m roast hare **~fuß** m F coward **~klein** n, **~pfeffer** m GASTR jugged hare **~scharte** f MED hare lip
Häsin f female hare, doe
Haspel f TECH hasp, reel **haspeln** v/t 1. TECH reel, wind 2. a. v/i splutter
Hass m (*auf Akk, gegen* of, for) hatred, hate: *auf ~* out of hatred; *e-n ~ haben auf* (*Akk*) → **Pest**
hasserfüllt *Adj* full of hate, *Blick etc*: venomous
hässlich *Adj* ugly, *fig a.* nasty
Hassliebe f love-hate relationship
Hast f hurry, *des Lebens*: rush
hasten v/i hurry
hastig I *Adj* 1. hurried, (*voreilig*) rash 2. (*schlampig*) slapdash II *Adv* 3. hastily, in a hurry: *nicht so ~!* just a minute!
hätscheln v/t cuddle, *fig* pamper
Haube f 1. bonnet, (*Kapuze*) hood, (*Schwestern2 etc*) cap, (*Nonnen2*) cornet: *fig unter die ~ bringen* find a husband for 2. (*Trocken2*) (hair-)drier 3. *der Vögel*: crest 4. TECH cover, MOT bonnet, *Am* hood, FLUG cowling
Hauch m 1. breath, (*Luft2*) breath of wind, (*Duft2*) whiff 2. LING aspiration 3. *fig* (*Anflug*) touch **hauchdünn** *Adj* 1. wafer-thin, *Gewebe, Kleid etc*: flimsy 2. *fig Chance, Vorsprung etc*: very slim, *Mehrheit etc*: bare: *~er Sieg* knife-edge victory **hauchen** v/i u. v/t breathe (*a. fig*

flüstern), LING aspirate **Hauchlaut** m LING aspirate
Haudegen m *alter ~* F warhorse
Haue[1] f (*Hacke*) hoe
Haue[2] f F (*~ kriegen* get a) spanking
hauen I *v/t u. v/i (j-n)* hit, *mit der Hand*: a. slap, (*prügeln*) thrash, (*Kind*) a. spank: *sich ~* fight, scrap; → **Ohr, Pauke** 2. F (*schmeißen*) bang, slam 3. *Dialekt* (*hacken*) hew, cut, (*Holz*) chop, (*fällen*) chop down II *v/i* 4. hit (out) (*nach* at)
Hauer m ZOOL tusk
Häufchen n small heap (*etc*, → **Haufen**): *fig wie ein ~ Unglück* (*od Elend*) (looking) the picture of misery
Haufen m 1. heap, pile: F *über den ~ rennen* (*fahren*) knock s.o., s.th. down; *j-n über den ~ schießen* shoot s.o. down; *über den ~ werfen* a) (*Plan etc*) upset, b) (*Theorie etc*) explode 2. F (*große Menge*) loads of, a lot (*od lots*) of: *er hat e-n ~ Freunde* he has lots (*od a lot*) of friends; *e-n ~ Geld kosten* (*verdienen*) cost (make) a packet 3. F (*Schar*) crowd, (*Gruppe*) bunch, MIL outfit 4. V (*Kot2*) turd
häufen I *v/t* heap up, *fig a.* accumulate: *gehäuft* heaped II *v/refl* *sich ~ a. fig* accumulate, pile up, *Schulden*: a. mount, (*zahlreicher werden*) increase (in number), (*sich ausbreiten*) spread
haufenweise *Adv* F in piles, (*in Massen*) in crowds: *er hat ~ Geld* he has loads of money
Haufenwolke f cumulus (cloud)
häufig I *Adj* frequent, (*verbreitet*) widespread II *Adv* frequently, often: *~ besuchen* a. frequent **Häufigkeit** f frequency, (high) incidence
Häuflein n → **Häufchen**
Häufung f accumulation, (*Zunahme*) increase, (*Verbreitung*) spreading, (*Wiederholung*) frequent occurrence
Haupt n a. fig head: *etw an ~ und Gliedern reformieren* reform s.th. root and branch
Haupt- main, chief, principal **~abnehmer(in)** biggest buyer (*od importer*) **~abteilungsleiter(in)** (senior) head of department **~aktionär(in)** (principal shareholder (*Am* stockholder) **~akzent** m primary stress **~altar** m high altar **2amtlich** *Adj u. Adv* full-time, *Adv a.* on a full-time basis **~angeklagte** m, f

principal defendant ~**anschluss** m TEL main line ~**anteil** m principal (fig lion's) share ~**attraktion** f main attraction, highlight ~**aufgabe** f main duty (od work) ~**augenmerk** n **sein ~ richten auf** (Akk) give one's special attention to ~**ausgang** m main exit ~**bahnhof** m main station ~**beruf** m main job 2**beruflich** Adj u. Adv full-time, Adv a. as one's main job ~**beschäftigung** f main job ~**bestandteil** m main constituent 2**betrieb** m **1.** WIRTSCH (Zentrale) head office, der Produktion: central works Pl (a. Sg konstr) **2.** → ~**betriebszeit** f WIRTSCH peak hours Pl, (Saison) main season, Verkehr: rush hours Pl ~**buch** n WIRTSCH main ledger ~**darsteller(in)** leading actor (actress), lead ~**einfahrt** f, ~**eingang** m main entrance ~**einkaufszeit** f peak shopping hours Pl

Häuptelsalat m österr. lettuce

Haupt|fach n PÄD, UNI main subject, Am major: **als** (od **im**) **~ studieren** study s.th. as a main subject, Am major in ~**fehler** m chief mistake, weit. S. main fault ~**feldwebel** m MIL sergeant major, Am first sergeant ~**figur** f central figure, THEAT etc main character ~**film** m feature film ~**gang** m GASTR main course ~**gebäude** n main building ~**gedanke** m main idea ~**gericht** n GASTR main course ~**geschäft** n **1.** (Tätigkeit, Umsatz) main business **2.** → ~**geschäftsstelle** f head office, (Laden) main store ~**geschäftszeit** f peak business hours Pl ~**gesichtspunkt** m major consideration ~**gewicht** n fig main emphasis ~**gewinn** m first prize ~**grund** m main reason ~**hahn** m TECH main tap ~**kasse** f main cash desk, THEAT box office ~**last** f main burden: **die ~ tragen** bear the brunt (Gen of)

Häuptling m **1.** chieftain **2.** F boss

Haupt|mahlzeit f main meal ~**mangel** m main fault (Schwäche: weakness)

Hauptmann m MIL captain

Haupt|masse f bulk ~**merkmal** n chief characteristic ~**nahrung** f staple (food) ~**nenner** m MATHE common denominator ~**niederlassung** f WIRTSCH head office, headquarters Pl ~**person** f most important person, central figure (THEAT a. character) ~**postamt** m main

post office ~**probe** f THEAT dress (MUS general) rehearsal ~**quartier** n headquarters Pl ~**reisezeit** f peak tourist season

Hauptrolle f THEAT etc leading role, main part, lead: fig **die ~ spielen** Sache: be all-important, Person: be the central figure

Hauptsache f main (od most important) thing: **~, du bist da!** (the) main thing (is), you're here! **hauptsächlich** Adj u. Adv main(ly), chief(ly)

Haupt|saison f peak season ~**satz** m LING main clause ~**schalter** m ELEK master switch ~**schlagader** f ANAT aorta ~**schlüssel** m master key ~**schuld** f **er trägt die ~ daran** it's mainly his fault ~**schuldige** m, f chief culprit, JUR principal ~**schule** f extended elementary school (classes 5-9) ~**sendezeit** f TV prime time ~**sitz** m head office, headquarters Pl, weit. S. principal place of business, base ~**speicher** m COMPUTER main memory ~**stadt** f capital (city) ~**straße** f main street ~**studium** n PÄD, UNI degree module, (Fächer) main subjects Pl ~**stütze** f fig mainstay ~**täter(in)** JUR principal (in the first degree) ~**teil** m main part, weit. S. most of it ~**thema** n main subject ~**ton** m **1.** LING main stress **2.** MUS keynote ~**tor** n main gate ~**treffer** m first prize, F jackpot ~**tribüne** f grandstand ~**unterschied** m main difference

Hauptverkehrsstraße f main road

Hauptverkehrszeit f rush hour

Haupt|versammlung f general meeting ~**vertreter(in)** general agent ~**verwaltung** f head office ~**waschgang** m main wash ~**wort** n noun ~**zeuge** m, ~**zeugin** f chief witness ~**ziel** n main objective ~**zweck** m main purpose

hau ruck Interj heave-ho

Haus n house (a. ASTR, THEAT, Firma), (Gebäude) building, (Heim, Familie) family, (Geschlecht) dynasty: PARL **das** (Hohe) ~ the House; **außer ~** out, not in; **im ~** inside, WIRTSCH on the premises; **ins ~** in(doors), fig **ins ~ stehen** be forthcoming; **das steht uns noch ins ~** we are yet in for that; **j-n nach ~(e) bringen** take (od see) s.o. home; **nach ~(e) kommen** come (od get) home; **zu ~(e)** a. SPORT at home;

er ist nicht zu ~e a. he is not in; **bei uns zu ~(e)** where I come from, at home; fig **in e-r Sache zu ~e sein** be at home in s.th.; **sich wie zu ~(e) fühlen** feel at home; **fühl dich (ganz) wie zu ~e!** make yourself at home!; fig **von ~(e) aus** originally, actually; THEAT **vor vollem ~(e) spielen** play to a full house; **aus gutem ~(e) sein** come from a good family; **~ halten** economize: **~ halten mit** be economical with; **mit s-n Kräften ~ halten** husband one's energies

Haus|angestellte m, f domestic (servant) **~antenne** f roof aerial (bes Am antenna) **~apotheke** f medicine cabinet **~arbeit** f 1. housework 2. a. PÄD homework **~arrest** m (j-n unter ~ stellen place s.o. under) house arrest **~arzt** m, **~ärztin** f family doctor, es Kurhotels etc: resident doctor **~aufgabe(n** Pl) f (s-e ~ machen a. fig do one's) homework **~aufsatz** m PÄD essay to be written at home

Haus|ball m private dance, house party **~bar** f cocktail cabinet, mit Theke: bar **~bau** m house building **~besetzer(in)** squatter **~besetzung** f squatting

Haus|besitzer(in) house owner, (Vermieter[in]) landlord (landlady) **~besuch** m home visit **~bewohner(in)** occupant, (Mieter[in]) tenant **~boot** n houseboat **~brand** m domestic fuel

Häuschen n 1. small house, cottage: F fig (ganz) aus dem ~ geraten get into a flap (wegen about, vor Dat with); ganz aus dem ~ sein F be wild (vor with) 2. F (Abort) loo, Am john

Haus|detektiv(in) store detective **~eigentümer(in)** → **Hausbesitzer(in)**

hausen v/i 1. (wohnen) live 2. fig (übel) ~ wreak havoc (unter Dat among)

Häuserblock m block (of houses)

Häuserflucht f row of houses

Haus|flur m hall(way) **~frau** f housewife **~freund(in)** iron (secret) lover **~friedensbruch** m illegal entry of s.o.'s house, weit. S. violation of s.o.'s privacy **~gebrauch** m für den ~ for use in the home; F fig für den ~ reichen be enough to get by on **~gehilfe** m, **~gehilfin** f domestic help(er) 2**gemacht** Adj GASTR u. fig home-made **~gemeinschaft** f house community, eng. S. household

Haushalt m 1. household, (Heim) home, (Haushaltung) housekeeping: (j-m) den ~ führen run the household (for s.o.); j-m im ~ helfen help in the house 2. WIRTSCH, POL budget 3. BIOL balance **Haushälter(in)** housekeeper

haushälterisch Adj economical

Haushalts|... a) household (article etc), b) WIRTSCH, POL budget (committee, debate, etc), budgetary (deficit, policy, etc) **~geld** n housekeeping money **~gerät** n household appliance **~jahr** n fiscal year **~loch** n budget deficit **~mittel** Pl budgetary means Pl: (gebilligte) ~ appropriations Pl **~packung** f family pack **~plan** m PARL budget: im ~ vorsehen budget for

Haushaltungskosten Pl household expenses Pl **Haushaltungsvorstand** m head of the(c) household

Hausherr m 1. head of (the) household 2. (Vermieter) landlord 3. (Gastgeber) host **Hausherrin** f 1. lady of the house 2. (Vermieterin) landlady 3. (Gastgeberin) hostess

haushoch I Adj huge (a. F fig): **haushoher Sieg** smashing victory; **haushohe Niederlage** crushing defeat **II** Adv ~ **gewinnen** win hands down; ~ **schlagen** trounce; ~ **verlieren** get an awful drubbing; **j-m ~ überlegen sein** be streets ahead of s.o.

Haushund m domestic dog

hausieren v/i mit etw ~ (gehen) hawk s.th., a. fig peddle s.th.

Hausierer(in) hawker, peddler

Hauskatze f domestic cat

Hauskleid n house frock

Hauslehrer(in) private tutor(ess)

häuslich Adj domestic, household, (Familien...) family, (das Zuhause liebend) homekeeping, domesticated: JUR **~e Gemeinschaft** joint household; im ~en Kreis in the family circle; **er ist sehr ~** he's a real housebody; Adv **sich ~ einrichten** (od **niederlassen**) settle down, iron **bei j-m** come to stay with s.o.

Häuslichkeit f domesticity

Hausmacherart f GASTR nach ~ homemade, traditional-style ...

Hausmann m house husband

Hausmannskost f good plain cooking

Haus|marke f own brand, (Wein) house

wine, F one's favo(u)rite brand ~**meister(in)** caretaker ~**mittel** n household remedy ~**müll** m household waste ~**musik** f music-making in the home ~**nummer** f house number ~**ordnung** f house rules Pl

Hausrat m household effects Pl

Hausratversicherung f household contents insurance

Haussammlung f door-to-door collection **Hausschlüssel** m front-door key **Hausschuh** m slipper

Hausse f Börse: bull market, boom: **auf ~ spekulieren** bull the market ~**markt** m bull market ~**spekulant(in)** bull ~**spekulation** f bull operation

Haussprechanlage f intercom

Haussuchung f house search **Haussuchungsbefehl** m search warrant

Haus|telefon n intercom ~**tier** n domestic animal, pet ~**tür** f front door ~**verbot** n j-m ~ **erteilen** order s.o. to stay away (from a house etc) ~**verwalter(in) 1.** → **Hausmeister(in) 2.** property manager(ess) ~**verwaltung** f property management ~**wirt** m landlord ~**wirtin** f landlady ~**wirtschaft** f **1.** housekeeping **2.** → ~**wirtschaftslehre** f domestic science, bes Am home economics Sg ~**zeitung** f house organ ~**zelt** n frame tent

Haut f allg skin (a. fig), ANAT, BOT a. membrane, auf der Milch etc: a. film, (Schale) a. peel, (Fell) hide: **bis auf die ~ durchnäßt** soaked to the skin; F **mit ~ und Haar** completely; F **auf der faulen ~ liegen, sich auf die faule ~ legen** loaf; **e-e dicke ~ haben** bes fig have a thick skin; **mit heiler ~ davonkommen** come out of it unscathed; **s-e (eigene) ~ retten** save one's skin; **sich s-r ~ wehren** defend o.s.; **ich möchte nicht in s-r ~ stecken** I wouldn't like to be in his shoes; **er ist nur noch ~ und Knochen** he's just skin and bones; **es kann eben k-r aus s-r ~** a leopard can't change his spots; **das geht e-m unter die ~** it gets under your skin

Hautabschürfung f (skin) abrasion, graze **Hautarzt** m, **Hautärztin** f dermatologist

Hautausschlag m (skin) rash: **e-n ~ bekommen** come out in a rash

Häutchen n ANAT, BOT membrane, pellicle, (a. Nagel♀) cuticle, auf Milch etc: skin

Hautcreme f skin cream

häuten I v/t skin, flay **II** v/refl **sich** ~ ZOOL shed its skin, Schlange: slough off

hauteng Adj skin-tight

Hautevolee f oft iron upper crust (F)

Hautfarbe f colo(u)r (of one's skin), complexion **hautfarben** Adj flesh-colo(u)red, skin-colo(u)red

Hautkrankheit f skin disease

Hautkrebs m MED skin cancer

hautnah Adj **1.** bes SPORT (very) close **2.** F fig (anschaulich) vivid, realistic

Hautpflege f skin care

Hautpflegemittel n skin-care product

Hautpilz m MED fungal infection **Hautsalbe** f skin ointment **Hautschere** f cuticle scissors Pl **Hauttransplantation** f skin graft(ing)

Häutung f ZOOL sloughing

Hautverletzung f, **Hautwunde** f superficial wound, (skin) lesion

Havarie f (Unfall) accident, (Schaden) damage: SCHIFF (**große** [**kleine**]) ~ (general [petty]) average

Haxe f Dialekt für **Hachse**

HD-Diskette f HD disquette

he Interj hey

Hebamme f midwife

Hebebaum m TECH heaver **Hebebühne** f TECH lifting platform, MOT car lift

Hebel m lever: **den ~ ansetzen** apply the lever, fig tackle it; fig **alle ~ in Bewegung setzen** move heaven and earth; **am längeren ~ sitzen** be in the stronger position; **an den ~n der Macht sitzen** be at the controls **Hebelarm** m lever arm **Hebelgriff** m Ringen etc: lever hold **Hebelkraft** f, **Hebelmoment** n, **Hebelwirkung** f leverage

heben I v/t **1.** allg lift (a. Sport), raise, TECH a. hoist: F fig **e-n** ~ have a drink, hoist one **2.** fig (Augen, Stimme, Niveau, Moral etc) raise, (Ansehen, Wirkung etc) enhance **3.** Dialekt (halten) hold **II** v/refl **sich** ~ **4.** Vorhang etc: rise, go up, Nebel: lift: **sich** ~ **und senken** rise and fall **5.** fig Stimmung etc: rise, improve, Wohlstand: a. increase **III** ♀ n **6.** lifting (etc), SPORT weight-lifting

Heber m **1.** CHEM (Saug♀) siphon, (Stech♀) pipette **2.** → **Gewichtheber**

Hebevorrichtung f, **Hebezeug** n TECH

H

lifting gear, hoist

hebräisch I *Adj*, **II** ⚥ *n*, **das** ⚥**e** Hebrew

Hebriden *Pl the* Hebrides *Pl*

Hebung *f* **1.** lifting, *a.* e-s *Wracks, Schatzes etc*: raising **2.** *fig* improvement, rise, (*Erhöhung*) increase, (*Förderung*) promotion **3.** *poet* stress(ed syllable)

hecheln *v/i Hund etc*: pant

Hecht *m* **1.** ZOOL pike: F *fig* **toller ~** some guy; **er ist** (**wie**) **der ~ im Karpfenteich** he really stirs things up **2.** F (*Mief*) fug

hechten *v/i Schwimmen*: do a pike-dive, *Turnen*: do a long-fly, *Fußball etc*: dive full-length

Hechtsprung *m Schwimmen*: pike-dive, *Turnen*: long-fly, *Fußball etc*: (flying) dive

Heck *n* SCHIFF stern, MOT rear, back, FLUG tail

Heckantrieb *m* MOT rear-wheel drive

Hecke *f* hedge

Hecken|rose *f* dogrose **~schere** *f* hedge clippers *Pl* **~schütze** *m* sniper

Heck|fenster *n* rear window **~flosse** *f* MOT tailfin **~klappe** *f* tailgate

hecklastig *Adj* FLUG, MOT tailheavy

Heck|licht *n* FLUG, MOT taillight **~motor** *m* rear engine **~scheibe** *f* rear window

Heckscheibenheizung *f* rear-window defroster **Heckscheibenwischer** *m* rear(-window) wiper

Heckspoiler *m* MOT back spoiler

heda *Interj* hey (there)

Hedonismus *m* hedonism

Hedonist(in) hedonist

hedonistisch *Adj* hedonistic(ally *Adv*)

Heer *n* army, *fig* host

Heeres... army (*command, group, etc*)

Heerschar *f fig* host

Hefe *f* **1.** yeast **2.** *fig* (*Abschaum*) dregs *Pl* **Hefegebäck** *n* yeast pastries *Pl*

Hefeteig *m* yeast dough

Heft¹ *n* **1.** (*Schreib*⚥, *Schul*⚥) exercise book **2.** e-r *Zeitschrift*: number, issue, e-s *Buches*: fascicle, (*Exemplar*) copy **3.** (*Bändchen*) booklet

Heft² *n* (*Griff*) handle, e-s *Dolchs etc*: hilt; *fig* **das ~ in der Hand haben** (**behalten**) hold the rein (stay in control)

Heftchen *n* (*Briefmarken*⚥ *etc*) book

heften I *v/t* **1.** (**an** *Akk* to) fix, *mit Nadeln etc*: pin; *fig* **s-e Augen ~ auf** (*Akk*) fix one's eyes on **2.** (*Saum etc*) baste,

tack **3.** BUCHDRUCK stitch: **geheftet** in sheets **II** *v/refl* **4. sich an j-s Fersen ~** stick hard on s.o.'s heels; *fig* **sich ~ auf** (*Akk*) *Blicke, Augen etc*: be glued to

Hefter *m* file

Heft|faden *m*, **~garn** *n* tacking thread

heftig *Adj allg* violent, fierce, *Kälte, Schmerz*: *a.* severe, *Regen*: heavy, (*wütend*) furious, *a. Worte*: angry, vehement, (*leidenschaftlich*) passionate

Heftigkeit *f* violence, fierceness, vehemence, severity, passion

Heftklammer *f* paper clip, TECH staple

Heftmaschine *f* TECH stapler **Heftpflaster** *n* MED (sticking) plaster **Heftstich** *m Näherei*: tack(ing stitch) **Heftzwecke** *f* drawing pin, *Am* thumbtack

hegen *v/t* **1.** (*Wild etc*) preserve, (*Pflanze etc*) tend, (*schützen*) protect: **~ und pflegen** *a. fig* take loving care of **2.** *fig* (*Hass, Verdacht etc*) have, (*Hoffnung, Wunsch etc*) *a.* cherish

Hehl: **kein(en) ~machen aus** make no secret of

Hehler(in) JUR receiver of stolen goods, *sl* fence **Hehlerei** *f* JUR receiving of stolen goods, *sl* fencing

hehr *Adj* sublime, noble

Heide¹ *m* heathen, pagan

Heide² *f* **1.** heath(land), (**~moor**) moorland **2.** → **Heidekraut** *n* BOT heather

Heidelbeere BOT bilberry, *bes Am* blueberry

Heiden... F → **Mords... ~geld** *n* F *ein ~ kosten etc*: a lot of money, a packet

Heidentum *n* heathenism, paganism

Heideröschen *n* BOT heath rose

Heidin *f* → **Heide¹**

heidnisch *Adj* heathen, pagan

Heidschnucke *f* ZOOL moorland sheep

heikel *Adj* **1.** *Situation, Thema etc*: delicate, *a. Problem*: tricky: **ein heikler Punkt** a sore point **2.** *Dialekt Person*: fussy, *im Essen*: squeamish

heil *Adj Person*: unharmed, safe and sound, *Sache*: undamaged, whole, intact: **wieder ~** a) healed(-up), mended, b) repaired; *fig* **e-e ~e Welt** an intact world **Heil** *n* well-being, good, REL salvation: **sein ~ versuchen** try one's luck; **sein ~ in der Flucht suchen** take flight, run for it; *hist* **~!** hail!

Heiland *m* REL Savio(u)r

Heilanstalt f sanatorium, (*Nerven2*) (mental) home **heilbar** *Adj* curable

Heilbarkeit f curability

Heilbrunnen m mineral spring

Heilbutt m ZOOL halibut

heilen I v/t cure, (*Wunde*) heal: *j-n ~ von a. fig* cure s.o. of **II** v/t *Wunde*: heal (up) **heilend** *Adj* healing, curative

Heil|erde f healing earth **~fasten** n fasting cure **2froh** *Adj* F **~ sein** be really glad **~gymnastik** m F physiotherapist **~gymnastik** f physiotherapy

heilig I *Adj* holy, (*geheiligt, geweiht*) sacred (*a. fig Eid, Pflicht etc*), (*unverletzlich*) sacrosanct, (*fromm*) saintly, pious: *der ~e Paulus* Saint (*Abk* St.) Paul; *der 2e Abend* Christmas Eve; *die 2e Jungfrau* the Blessed Virgin; *die 2e Nacht* Holy Night; *der 2e Vater* the Holy Father; *das 2e Land* the Holy Land; *fig ~e Kuh* sacred cow; *ihm ist nichts ~* nothing is sacred to him; → *Geist* 3, *Schrift* 2, *Stuhl* 1 **II** *Adv* **~ halten** hold s.th. sacred, (*Sonntag etc*) keep (holy), observe; **~ sprechen** canonize **Heilige** m, f a. fig saint **heiligen** v/t **1.** hallow, sanctify; → *Zweck* 2. (*heilig halten*) hold s.th. sacred

Heiligenschein m halo, gloriole

Heiligkeit f holiness, *a. fig* sacredness, sanctity, *e-r Person*: saintliness: *Seine* (*Eure*) ~ (*Papst*) His (Your) Holiness

Heiligsprechung f canonization

Heiligtum n **1.** (*Stätte*) (holy) shrine **2.** (*Reliquie*) (sacred) relic, F s.th. sacred: *das ist sein ~!* that's sacred to him!

Heiligung f sanctification (*a. fig*), *des Sonntags etc*: observance

Heilklima n healthy climate **Heilkraft** f healing power (*Pl* **heilkräftig** *Adj* curative **Heilkraut** n medicinal herb **Heilkunde** f medicine

heillos *Adj* F *Durcheinander etc*: hopeless, unholy, *a. Schreck etc*: frightful

Heil|methode f cure, treatment **~mittel** n (*gegen* for) remedy, cure (*beide a. fig*), medicine **~pädagogik** f therapeutic pedagogy **~pflanze** f medicinal herb **~praktiker(in)** nonmedical practitioner, *Am* naturopathic doctor **~quelle** f mineral spring

heilsam *Adj a. fig* salutary, healthy: *~ sein (für)* a. be good (for)

Heilsarmee f Salvation Army

Heil|schlaf m healing sleep, (*Verfahren*) hypnotherapy **~serum** n MED antiserum

Heilung f a) (*von* of) curing, cure (*a. fig*), **b)** *e-r Wunde etc*: healing, **c)** (*Genesung*) recovery

Heilungsprozess m healing process

Heil|verfahren n (medical) treatment, therapy **~wirkung** f therapeutic effect

heim *Adv* home

Heim n (*Zuhause, Anstalt*) home, (*Jugend2, Studenten2 etc*) hostel **~arbeit** f homework, outwork, *weit. S.* cottage industry **~arbeiter(in)** homeworker

Heimat f home (*a. fig*) (→ *a.* **Heimatland, -ort, -stadt**), BOT, ZOOL habitat: *zweite ~* second home; *in der ~* at home; *in m-r ~ a.* in my (native) country, where I come from **~dichtung** f regional literature **~film** m (sentimental) film with a regional background **~hafen** m SCHIFF home port **~kunde** f PÄD local studies *Pl* **~land** n home (*od* native) country

heimatlich *Adj* home, native, (*~ anmutend*) homelike, *präd* like home, *Am* hom(e)y **heimatlos** *Adj* homeless

Heimatort m home town (*Dorf*: village)

Heimatmuseum n museum of local history **Heimatstadt** f home town

Heimatvertriebene m, f expellee

heimbegleiten v/t *j-n ~* see s.o. home

Heimchen n ZOOL (house) cricket

Heimcomputer m home computer

heimelig *Adj* cosy, F hom(e)y

heimfahren v/i go home, (*a. v/t*) drive home **Heimfahrt** f journey home

heimfinden v/i find one's way home

Heimgang m fig death **heimgehen** v/i **1.** go home **2.** fig pass away, die

Heimindustrie f cottage industry

heimisch *Adj* Industrie, Produkte etc: domestic, home, Bevölkerung, Pflanze, Tier: native, indigenous, Gewässer: inland, home (*waters*): *~ sein in* (*Dat*) a. fig be at home in; *~ werden* settle (down), become acclimatized (*in* Dat to); *sich ~ fühlen* feel at home

Heimkehr f return (home) **heimkehren** v/i return home, come back **Heimkehrer(in)** homecomer, POL repatriate

Heimkind n institution child **Heimkino** n home movies *Pl* **heimkommen** v/i return (*od* come, get) home **Heimlei-**

ter(in) head of a home (*od* hostel)
heimleuchten *v/t* F *j-m* ~ send s.o. packing
heimlich I *Adj allg* secret, (*unerlaubt*) a. clandestine, (*verstohlen*) furtive **II** *Adv* secretly (*etc*), in secret, (*a.* ~, **still und leise**) F on the quiet; ~ **tun** be secretive (**mit** about) **Heimlichkeit** *f* **1.** secrecy, furtiveness **2.** *mst Pl* secret
Heimlichtuerei *f* secretiveness
Heim|mannschaft *f* SPORT home team ~**niederlage** *f* SPORT home defeat ~**orgel** *f* MUS electric organ ~**reise** *f* journey home: **auf der** ~ on the way home ♀**reisen** *v/i* go (*od* travel) home ~**sieg** *m* SPORT home victory ~**spiel** *n* SPORT home game ~**stärke** *f* SPORT home strength ~**stätte** *f a. fig* home
heimsuchen *v/t* **1.** *Katastrophe etc*: strike, BIBEL visit, *Krankheiten etc*: plague, afflict, *Vorahnungen etc*, *a.* Gespenst: haunt: **heimgesucht** von struck (*etc*) by; **von Dürre (Krieg) heimgesucht** drought-ridden (war-torn) **2.** F (*besuchen*) descend on **Heimsuchung** *f* BIBEL visitation, *fig a.* affliction, (*Plage*) ordeal, (*Katastrophe*) disaster
Heimtrainer *m* exercise machine, (*Fahrrad*) exercise bike
Heimtücke *f* perfidy, (*Verrat*) treachery
heimtückisch *Adj* insidious (*a. fig Krankheit*), treacherous
Heimvorteil *m* SPORT advantage of playing at home
heimwärts *Adv* homeward(s), home
Heimweg *m* (**auf dem** ~ on my *etc*) way home **Heimweh** *n* homesickness: ~ **haben** be homesick (**nach** for)
Heimwerker(in) do-it-yourselfer, DIYer, DIY woman
Heimwerker... do-it-yourself (*kit etc*)
heimzahlen *v/t* *j-m* etw ~ repay s.o. for
heimzu *Adv* F on the way home
Heini *m* F *pej* twerp, twit
Heinzelmännchen *n* brownie
Heirat *f* marriage, (*a. Partie*) match
heiraten *v/t u. v/i* (*j-n*) ~ marry (s.o.), get married (to s.o.)
Heirats|annonce *f* marriage ad ~**antrag** *m* (*marriage*) proposal: **e-n** ~ **machen** propose (*Dat* to) ~**anzeige** *f* **1.** marriage announcement **2.** marriage ad ♀**fähig** *Adj* marriageable: **im** ~**en Al-**

ter of marriageable age ~**markt** *m* marriage market ~**schwindler(in)** marriage impostor ~**urkunde** *f* marriage certificate ~**vermittlung** *f* **1.** marriage brokerage **2.** (*Büro*) marriage bureau
heiser *Adj* (**sich** ~ **reden** *a. fig* talk o.s.) hoarse **Heiserkeit** *f* hoarseness
heiß *Adj* **1.** *allg* hot, *fig* (*leidenschaftlich*) a. ardent, passionate, *Kampf etc*: a. fierce, *Diskussion*: heated: ~**e Zone** torrid zone; **etw** ~ **machen** heat s.th. up; **mir ist (wird)** ~! I'm (getting) hot!; → **Draht, Eisen, Hölle, Ofen 2 2.** F *fig* (*toll, geil, gefährlich*) hot: ~**e Ware** hot goods *Pl*; ~**er Tip** hot tip; → **Höschen II** *Adv* **3.** hotly (*etc*): ~ **begehrt** coveted; **etw** ~ **ersehnen** long for s.th. (fervently); ~ **ersehnt** longed-for; **sie lieben sich** ~ **und innig** they adore each other; ~ **geliebt** dearly loved; ~ **umkämpft** fiercely embattled; ~ **umstritten a)** highly controversial, **b)** hotly debated; → **hergehen**
heißblütig *Adj* hot-blooded, passionate
heißen[1] **I** *v/i* **1.** be called (**nach** after): **wie** ~ **Sie?** what's your name?; **wie heißt das?** **a)** what's that called?, **b)** **auf Englisch?** what's that (called) in English, what's the English (word) for it? **2.** (*lauten*) read, be **3.** (*bedeuten*) mean: **was heißt das?, was soll das** ~**? a)** what does it mean?, **b)** what do you mean (by this)?, *verdutzt*: what's the (big) idea?; **das hieße, das würde** ~ that would mean; **das will (et)was** ~! that's saying something!; **das will nichts** ~! that doesn't mean a thing!; **soll das** ~**, dass ...?** do you mean to say that ...?; **das soll nicht** ~**, dass ...** that doesn't mean that ...; **das heißt** that is (*Abk* i.e.) **II** *v/unpers* **4. es heißt, dass ...** they say that ...; **in dem Brief heißt es, dass ...** the letter says that ... **5. jetzt heißt es handeln!** now it's time to act! **III** *v/t* **6.** (*nennen*) call **7.** *j-n etw tun* ~ tell s.o. to do s.th.; → **willkommen**
heißen[2] *v/t* SCHIFF hoist
Heißhunger *m a. fig* (sudden) craving (**nach** for)
heißlaufen *v/i* (*a.* **sich** ~) TECH overheat, F *Telefonleitung*: be buzzing
Heißluft... hot-air ...
Heißluftherd *m* fan-assisted oven

Heißsporn *m fig* hothead
Heißwasser... → **Warmwasser...**
heiter *Adj* **1.** (*vergnügt*) cheerful, (*gelassen*) serene, (*amüsant*) amusing, funny: F *iron* (*das*) *kann ja ~ werden!* nice prospects! **2.** (*hell, sonnig*) bright, sunny: → **Himmel 3.** MUS scherzando
Heiterkeit *f* **1.** cheerfulness, serenity, funniness, (*Gelächter*) laughter: *~ erregen* cause amusement **2.** brightness
Heizanlage *f* heating system
heizbar *Adj* heatable, with heating
Heizdecke *f* electric blanket
Heizelement *n* heating element
heizen I *v/t* (*Raum etc*) heat, (*Ofen*) fire **II** *v/i* put (*od* have) the heating on
Heizer *m* boilerman, SCHIFF, BAHN stoker
Heizfläche *f* heating surface **~gas** *n* fuel gas **~kessel** *m* boiler **~kissen** *n* electric pad **~körper** *m* radiator, ELEK heater **~kosten** *Pl* heating costs *Pl*
Heizlüfter *m* fan heater **Heizmaterial** *n* fuel **Heizofen** *m* **1.** stove **2.** (electric, oil, *etc*) heater **Heizöl** *n* (fuel) oil
Heizplatte *f* hotplate
Heizung *f* **1.** (central) heating **2.** → **Heizkörper**
Heizungs|anlage *f* heating system **~monteur** *m* heating engineer
Hektar *n* hectare
Hektik *f* hectic atmosphere, *des Lebens*: mad rush, F rat race, *e-r Person*: nervy state: F *nur k-e ~!* take it easy!
hektisch *Adj* hectic(ally *Adv*)
Hektoliter *m, n* hectolit/re (*Am* -er)
Held *m* hero (*des Tages*) of the day)
Heldenepos *n* epic (poem)
heldenhaft *Adj* heroic(ally *Adv*)
Helden|sage *f* saga **~tat** *f* heroic deed
Heldentenor *m* MUS heroic tenor
Heldentum *n* heroism
Heldin *f* heroine
helfen *v/i* **1.** (*j-m*) help, assist, aid, lend *s.o.* a hand: *j-m bei etw ~* help s.o. with s.th.; *j-m aus (in den) Mantel ~* help s.o. off (on) with his *etc* coat; *fig j-m aus e-r Verlegenheit ~* help s.o. out of a difficulty; *ihm ist nicht zu ~* there is no help for him, *iron* he's hopeless; *er weiß sich zu ~* **a)** he can look after himself, **b)** (*er hat gute Einfälle*) he is resourceful; *sich nicht mehr zu ~ wissen* be at one's wits' end; *ich kann

mir nicht ~ **a)** I can't help it, **b)** ..., *ich muss einfach lachen etc* I can't help laughing *etc*; *iron dir werd ich* (*schon*) *~!* just you wait! **2.** *Sache*: help: *das hilft gegen Schnupfen* that's good for colds; *das hilft mir wenig!* that's not much help!, F a fat lot it helps!; *das half* that worked; *es hilft nichts* it's no use; *da hilft kein Jammern!* it's no use complaining!; *da hilft nur eines* there's only one thing for it **Helfer(in)** helper, assistant: *ein Helfer in der Not* a friend in need **Helfershelfer(in)** accomplice
Helgoland *n* Heligoland
Helium *n* CHEM helium
hell I *Adj* **1.** light, *Farbe*: *a.* pale, *Licht etc*: bright, *Haar, Teint*: fair, *Kleidung etc*: light-colo(u)red, *Klang, Stimme*: clear, *Gelächter*: loud: *~es Bier* lager; *es wird schon ~* it is getting light already **2.** *fig* (*gescheit*) bright, intelligent **3.** F (*sehr groß*) great, *Unsinn, Verzweiflung etc*: utter, *Neid*: pure: *~er Wahnsinn* sheer madness **II** *Adv* **~ begeistert** (absolutely) enthusiastic **hellblau** *Adj* light blue **hellblond** *Adj* very fair
helle *Adj präd* F bright, intelligent
Helle¹ *f, n* brightness, (bright) light
Helle² *n* F (glass of) beer (*Br* lager)
Heller *m* F **k-n** (*roten*) *~ wert* not worth a cent; *auf ~ und Pfennig* to the last penny
hellgrün *Adj* light green
hellhörig *Adj* **1.** *fig das machte ihn ~* that made him prick up his ears **2.** *Haus, Wände*: poorly soundproofed
Helligkeit *f* brightness (*a.* (*Licht*) light, PHYS luminosity **Helligkeitsregelung** *f* TECH brightness control
Helling *f* SCHIFF slip(way), (building) cradle
helllicht *Adj am ~en Tage* in broad daylight
hellrot *Adj* light red
hellsehen I *v/i* have second sight, be clairvoyant **II** ♀ *n* clairvoyance
Hellseher(in), hellseherisch *Adj* clairvoyant
hellwach *Adj a. fig* wide-awake
Helm *m* helmet
Hemd *n* shirt, (*Unter♀*) vest, *Am* undershirt: *fig j-n bis aufs ~ ausziehen*

fleece s.o. **Hemdbluse** f shirt **Hemd-blusenkleid** n shirtwaist(er Br)
Hemdsärmel m shirtsleeve: **in ~n** in one's shirtsleeves **hemdsärm(e)lig** Adj a. fig shirtsleeve
Hemisphäre f hemisphere
hemmen v/t **1.** a. fig (aufhalten) stop, check, fig (behindern) hinder, impede **2.** PSYCH inhibit: → **gehemmt Hemmnis** n obstacle **Hemmschuh** m fig drag (**für** on) **Hemmschwelle** f PSYCH inhibition threshold **Hemmung** f **1.** check, hindrance **2.** PSYCH inhibition, weit. S. a. scruple: **~en haben** be inhibited; **nur k-e ~en!** don't be shy! **3.** TECH stop, e-r Uhr: escapement
hemmungslos Adj **1.** unrestrained, Weinen etc: a. uncontrollable **2.** (bedenkenlos) unscrupulous **Hemmungslosigkeit** f **1.** lack of restraint, recklessness **2.** unscrupulousness
Hengst m stallion, (Zucht2) stud
Henkel m handle **Henkelkrug** m jug
henken v/t hang **Henker** m executioner: F (**wer, wo** etc) **zum ~?** → **Teufel**
Henna f henna
Henne f ZOOL hen
Hepatitis f MED hepatitis
her Adv **1.** zeitlich: ago: **wie lange ist es ~?** how long ago was it?; **das ist lange ~** that was a long time ago; **es ist ein Jahr ~, dass ...** it's a year since ... **2.** räumlich: **von ...** ~ from; **von oben ~** from above; **von weit ~** from afar; **um mich ~** around me; **~ damit!** give (it to me)!; → **herhaben** etc, **hinter I 3.** fig **von ...** ~ from the point of view of; **vom Technischen ~** from a technical point of view, technically (speaking)
herab Adv down: fig **von oben ~** condescendingly
herab... down; → a. **herunter**
herabblicken v/t → **herabsehen**
herabgehen, herabhängen, herabkommen → **heruntergehen** etc
herablassen I v/t let down, lower **II** v/refl **sich ~ zu antworten** etc deign to answer etc **herablassend** Adj condescending (**zu** towards)
Herablassung f condescension
herabsehen v/i ~ **auf** (Akk) a. fig look down on
herabsetzen v/t **1.** reduce, lower, (kür-

zen) cut (back): (**im Preis**) ~ reduce (in price); **zu herabgesetzten Preisen** at reduced prices, cut-price ... **2.** fig (j-n) disparage, (Leistung) belittle
herabsetzend Adj fig disparaging
Herabsetzung f **1.** reduction (a. WIRTSCH), (Kürzung) a. cut **2.** fig disparagement
herabsteigen v/i descend, climb (od come) down, vom Pferd: dismount
herabwürdigen v/t degrade (**sich** o.s.)
Herabwürdigung f degradation
Heraldik f heraldry
heran Adv near, close: ~ **an** (Akk) up to; **nur ~!** come closer! **~bilden** v/t (a. **sich ~**) train (**zu** to be) **~bringen** v/t bring up (**an** Akk to) **~führen** v/t lead (od bring) up (**an** Akk to): fig **j-n an etw ~** introduce s.o. to s.th. **~gehen** v/i ~ **an** (Akk) **a)** go up to, **b)** fig (e-e Aufgabe etc) approach, tackle **~holen** v/t **1.** fetch, get **2.** FOTO zoom in on **~kämpfen** v/refl **sich ~** (**an** Akk) SPORT close in (on), pull up (to) **~kommen** v/i **1.** → **herannahen 2.** ~ **an** (Akk) come up to (a. fig), approach, (e-e Leistung etc) come near; fig **an j-n ~** get through to s.o.; **an etw ~** get at (od get hold of) s.th.; fig **die Sache** (od **es**) **an sich ~ lassen** wait and see; **er (es) kommt nicht an ... heran** a. he (it) can't touch ... **~machen** v/refl **sich ~ an** (Akk) F **a)** (etw) set to work on, **b)** (j-n) sidle up to, fig approach, schmeichelnd: make up to, beeinflussend: start working on
herannahen v/i draw near, approach **Herannahen** n approach
heran|pirschen v/refl **sich ~ an** (Akk) creep up to **~reichen** v/i ~ **an** (Akk) **a)** come up to, **b)** fig come near, touch **~reifen** v/i (**zu** into) ripen, fig Plan etc: a. mature, Person: a. grow up **~rücken** v/i **1.** come close(r) (**an** Akk to): **an j-n ~** move up (close) to s.o. **2.** → **herannahen ~treten** v/i **an** j-n ~ go up to s.o., a. fig approach s.o., fig Problem etc: confront s.o.
heranwachsen v/i grow up: ~ **zu** grow (up) into **Heranwachsende** m, f adolescent, young person
heranwagen v/refl **sich ~ an** (Akk) venture near, (j-n) dare to approach, fig (e-e Aufgabe etc) dare to tackle
heranziehen I v/t **1.** pull s.th. up (**an**

Akk to) **2.** (*aufziehen*) raise, (*Nachwuchs etc*) train **3.** *j-n ~* (*zu e-r Aufgabe etc*) call on s.o. (to do *s.th.*), enlist s.o.('s services) (for *s.th.*); *e-n Fachmann ~* call in an expert **4.** (*zitieren*) cite, invoke **II** *v/i* **5.** draw near, approach

herauf *Adv* up, upwards: (*hier*) *~* up here; *den Berg ~* up the hill, uphill; *den Fluss ~* up the river, upstream; *die Treppe ~* up the stairs, upstairs; *in Zssgn → a.* empor... *~***arbeiten** *v/refl sich ~ a.* fig work one's way up *~***beschwören** *v/t* **1.** (*Erinnerungen etc*) conjure up **2.** (*Unheil etc*) bring on *~***kommen** *v/i* come up (*zu* to) *~***schalten** *v/t* MOT skill up *~***setzen** *v/t* (*Preis etc*) raise *~***steigen** *v/t* (*Berg, Treppe etc*) climb, mount *~***ziehen I** *v/t* pull *s.o.*, *s.th.* up **II** *v/i* draw near, approach, *Gewitter: a.* come up

heraus *Adv* out (*aus* of): *zum Fenster ~* out of the window; *fig aus e-m Gefühl der Verlassenheit etc ~* from (*od* out of) a sense of; *~ damit!* out with it!; *~ mit der Sprache!* F spit it out!; F *jetzt ist es ~!* now the secret's out! *~***arbeiten** *v/t a.* fig work out **II** *v/refl sich ~ aus* work one's way out of, fig *a.* manage to get out of *~***bekommen** *v/t* **1.** (*Fleck etc*) get out (*aus* of) **2.** fig (*Rätsel etc*) work out, solve, (*den Sinn*) figure out, F (*Ergebnis*) get, (*Geheimnis etc*) find *s.th.* out: *etw aus j-m ~* get s.th. out of s.o. **3.** *Sie bekommen noch 10 Euro heraus* you get ten euros change *~***bringen** *v/t* **1.** → **herausbekommen** I **2.** *a.* fig bring out, (*Buch*) *a.* publish, THEAT produce: *sie brachte kein Wort heraus* she couldn't say a word; *fig j-n* (*etw*) *groß ~* give s.o. (s.th.) a big buildup *~***fahren I** *v/i* **1.** come (*od* drive) out (*aus* of) **2.** fig *Bemerkung etc*: slip out **II** *v/t* **3.** drive out (*aus* of): SPORT *er hat e-e gute Zeit* (*den Sieg*) *herausgefahren* he made good time (won the race) *~***fallen** *v/i* (*aus* of) fall out, *Sache: a.* drop out *~***filtern** *v/t a.* fig filter out *~***finden I** *v/t* find, (*entdecken*) find out, discover **II** *v/i* find one's way out (*aus* of)

Herausforderer *m*, **Herausforderin** *f* challenger, POL rival (candidate) **herausfordern I** *v/t* (*j-n*) challenge, *trotzig*: defy, (*provozieren*) *a.* provoke: *j-n zum Duell ~* challenge s.o. to a duel;

fig das Schicksal ~ court disaster, F ask for it; *Kritik* (*Protest*) *~ →* **II II** *v/i zur Kritik* (*zum Protest*) *~* invite (*od* provoke) criticism (protest) **herausfordernd** *Adj* challenging, (*trotzig*) defiant, (*aufreizend*) provocative **Herausforderung** *f* challenge (*a.* fig *Aufgabe etc*), (*Provokation*) provocation, (*Trotz*) defiance

Herausgabe *f* **1.** surrender (*a.* JUR), delivery **2.** BUCHDRUCK editing, (*Veröffentlichung*) publication **herausgeben I** *v/t* **1.** (*Dat* to) hand *s.th.* over, give *s.th.* back, return **2.** (*Buch etc*) publish, *als Bearbeiter*: edit, (*Briefmarken etc. a. Vorschrift etc*) issue **3.** *j-m 10 Euro ~* give s.o. ten euros change **II** *v/i* **4.** (*j-m*) *~* give (s.o.) change (*auf Akk* for); *können Sie* (*auf 200 Euro*) *~?* can you give change (for 200 euros)? **Herausgeber(in)** (*Verleger*) publisher, (*Redakteur, Verfasser*) editor

herausgehen *v/i* **1.** → **hinausgehen** 1: *fig aus sich ~* come out of one's shell **2.** *Fleck etc*: come out (*aus* of) **heraus|greifen** *v/t* pick out, (*Beispiel etc*) cite *~***gucken** *v/i* peep out *~***haben** *v/t* F fig have found *s.th.* out, (*Rätsel, Aufgabe*) have got, have solved: *jetzt hat er es heraus* he has got the hang of it now *~***halten** *v/t* fig *j-n* (*sich*) *aus e-r Sache ~* keep s.o. (o.s.) out of s.th.

heraus|helfen *v/i j-m ~ a.* fig help s.o. out (*aus* of) *~***holen** *v/t* **1.** get *s.o.*, *s.th.* out (*aus* of) (*a.* fig *retten*) **2.** fig (*Geld, Geheimnis, Antwort etc*) get *s.th.* out (*aus* of); *das Letzte aus sich ~* make a supreme effort *~***hören** *v/t* hear, fig detect (*aus in s.o.'s words etc*) **herauskehren** *v/t* fig act, play *the expert etc*, (*zeigen*) show

herauskommen *v/i* **1.** (*aus*) come out (of), emerge (from), *a.* fig get out (of): *fig er kam aus dem Lachen nicht heraus* he couldn't stop laughing; *sie ist auf dem Foto gut herausgekommen* she came out well in the photo; F *groß ~* be a great success **2.** fig *Gesetz, Erzeugnis etc*: come out, *Buch: a.* be published, appear, *Briefmarken etc*: be issued: *mit e-m neuen Modell ~ Firma*: come out with a new model; F *fig ~ mit* come out with, (*gestehen*) ad-

mit **3**. (*aus* of) **a**) MATHE be the result, **b**) *fig* come (out): *es kommt nichts dabei heraus* it doesn't pay; *es kommt auf eins* (*od dasselbe*) *heraus* it boils down to the same thing; → *a.* ***herausspringen*** 2

heraus|kriegen F → ***herausbekommen*** **~kristallisieren** v/t u. v/refl sich ~ *fig* crystallize (*aus* of) **~lassen** v/t let out (*aus* of) **~laufen I** v/i run out (*aus* of) **II** v/t SPORT (*e-n Sieg, Vorsprung etc*) gain **~locken** v/t *j-n* ~ lure s.o. out (*aus* of); *fig etw aus j-m* ~ worm s.th. out of s.o. **~machen** F *v/t* (*aus*) take out (of), remove (from) **II** v/refl *sich* ~ *fig* be coming on well

herausnehmbar *Adj* removable

herausnehmen v/t (*aus*) take s.o., s.th. out (of), remove (from): *sich die Mandeln* ~ *lassen* have one's tonsils out; *fig sich etw* ~, *sich Freiheiten* ~ take liberties

herausplatzen v/i F **1.** burst out laughing **2.** ~ *mit* blurt out

herausputzen v/t (*sich*) ~ dress (o.s.) up, F spruce (o.s.) up

heraus|ragen v/i (*aus*) jut out (from), *Haus etc*: tower (above), *fig* stand out (from) **~reden** v/refl *sich* ~ talk one's way out (*aus* of) **~reißen** v/t **1.** pull (*Papier*: tear) s.th. out **2.** *fig j-n aus s-r Umgebung etc*: tear s.o. away from, *dem Schlaf, e-m Traum etc*: rouse s.o. from, *der Arbeit etc*: interrupt s.o. in; F *j-n* ~ *Aussage, Leistung etc*: save s.o. **~rücken I** v/t **1.** push (*od* move) s.th. out (*aus* of) **2.** → 3 **a II** v/i **3.** *fig* ~ *mit* **a**) come out with, (*Geld*) fork out, cough up, **b**) (*der Wahrheit etc*) come out with; *mit der Sprache* ~ talk, (*gestehen*) come out with it **~rutschen** v/i F *fig* slip out: *das ist mir so herausgerutscht* it just slipped out

heraus|schauen v/i **1.** look out (*aus* of) **2.** → ***herausspringen*** 2 **~schinden** v/t *etw* ~ *aus* manage to get s.th. out of **~schlagen** v/t (*aus* of) **1.** knock s.th. out **2.** F *fig get s.th. out: Geld* ~ *aus* make money out of; *möglichst viel* ~ make the most of it **~schneiden** v/t cut s.th. out (*aus* of) **~sehen** v/i look out (*aus* of) **~springen** v/i **1.** jump out (*aus* of) **2.** F *fig* be gained (*bei* by): *was springt für mich dabei he-*

raus? what's in it for me?

herausprudeln v/i bubble out, *fig Worte etc*: come spluttering out

herausstellen I v/t **1.** put s.th. out(side) **2.** *fig* point out, (*betonen*) emphasize, underline: *groß* ~ highlight, feature (*a.* THEAT) **II** v/refl *sich* ~ **3.** turn out (*als* to be), come to light: *es stellte sich heraus, dass sie Recht hatte* she turned out to be right

heraus|strecken v/t stick out (*aus* of): → *Zunge* **~streichen** v/t **1.** cross out (*aus* of) **2.** *fig* praise s.o., s.th. (to the skies): *sich* ~ blow one's own trumpet **~strömen** v/i *a. fig* pour out (*aus* of) **~suchen** v/t (*aus*) choose (from), pick out (of) **~wachsen** v/i *a.* ~ *aus* grow out of, (*Kleidung*) *a.* outgrow **~wagen** v/refl/v/t ~ venture out (*aus* of) **~winden** v/refl *sich* ~ *aus* wriggle out of **~wirtschaften** v/t get s.th. out (*aus* of): *e-n Gewinn* ~ make a profit (*aus* out of) **~ziehen** v/t *allg* pull out (*aus* of), (*Zahn*) *a.* extract, *fig* (*Truppen*) *a.* withdraw (*aus* from)

herb *Adj* **1.** sour, tart, *Wein*: dry, *Duft*: tangy **2.** *fig Worte, Schicksal etc*: harsh, *Enttäuschung, Verlust etc*: bitter, *Schönheit, Stil etc*: austere

Herbarium *n* herbarium

herbei *Adv* here, up, over; → *a.* ***her..., heran... ~eilen*** v/i come running (up) **~führen** v/t *fig* bring about, cause, lead to, *bes* MED induce **~lassen** v/refl *sich* ~, *etw zu tun* condescend to do s.th. **~rufen** v/t call (over), (*Arzt etc*) call for, send for **~schaffen** v/t bring (up), fetch, get, (*Zeugen, Beweise etc*) produce **~sehnen** v/t long for **~strömen** v/i flock to the scene: ~ *zu* flock to **~wünschen** v/t *sich etw* ~ long for s.th.; *sich j-n* ~ wish s.o. were (*od* was) here **~ziehen** v/t pull s.o., s.th. near: → *Haar*

herbekommen v/t get s.o., s.th. (here)

herbemühen I v/t *j-n* ~ ask s.o. to come (here) **II** v/refl *sich* ~ take the trouble to come

Herberge f **1.** (*Jugend2*) (youth) hostel **2.** (*Gasthaus*) inn **3.** (*Obdach*) shelter

Herbergsmutter f, **Herbergsvater** m (hostel) warden

herbestellen v/t ask s.o. to come

herbeten v/t rattle off

Herbheit f **1.** sourness, *des Weins etc*: dryness **2.** *fig e-r Kritik etc*: harshness, *e-r Enttäuschung etc*: bitterness, *der Schönheit, des Stils*: austerity

herbitten v/t *j-n* ~ ask s.o. to come

herbringen v/t bring *s.o., s.th.* (along)

Herbst m autumn, *Am a.* fall

Herbstfärbung f autumnal tints *Pl*

Herbstferien Pl autumn break *Sg*

herbstlich Adj autumn(al)

Herbstmonat m autumn month

Herbstzeitlose f BOT meadow saffron

Herd m **1.** (*Küchen2*) (kitchen) stove, cooker, (*Ofen*) oven **2.** fig (*Heim*) hearth **3.** fig cent/re (*Am* -er), seat, (*a. Erdbeben2, Krankheits2*) focus

Herde f **1.** herd, (*Schaf2 etc*) flock **2.** fig *pej the* (common) herd

Herdentier n ZOOL gregarious animal: fig pej **ein** ~ **sein** follow the herd

Herdentrieb m a. fig herd instinct

Herdinfektion f MED focal infection

Herdplatte f hotplate

herein Adv in: **von draußen** ~ from outside; ~! come in!; **hier** ~! this way, please!; → a. **ein…, hinein…,** F **rein…**

herein|bekommen v/t a. WIRTSCH get s.th. in, (*Außenstände*) recover, (*Sender*) get ~**bitten** v/t *j-n* ~ ask s.o. (to come) in ~**brechen** v/i fig *Nacht*: fall, *Sturm*: break, *Winter*: set in: fig ~ **über** (*Akk*) *Unglück etc*: befall ~**bringen** v/t bring in, *mit Mühe*: get in ~**fallen** v/t F fig ~ (**auf** *Akk*) be taken in (by), fall for (*s.o., s.th.*); ~ **mit** make a (bad) mistake with ~**führen** v/t *j-n* ~ show s.o. in(to *in Akk*) ~**holen** v/t **1.** bring *s.o., s.th.* in **2.** WIRTSCH (*Aufträge*) get (in) ~**kommen** v/i come in (a. WIRTSCH *Aufträge*), (*eindringen*) get in: ~ **in** (*Akk*) come into (*od* inside) ~**lassen** v/t let *s.o., s.th.* in ~**legen** v/t F fig *j-n* ~ take s.o. for a ride, fool s.o., a. *finanziell*: take s.o. in; **man hat uns hereingelegt** we have been had ~**nehmen** v/t take *s.th.* in(to **in** *Akk*), WIRTSCH (*Waren*) take in, fig include, fit in ~**platzen** v/i F burst in(to **in** *Akk*) ~**schauen** v/i **1.** look in(to **in** *Akk*) **2.** F (**bei** *j-m*) ~ drop by (at s.o.'s place) ~**schneien** v/i F fig (**bei** *j-m*) ~ blow in (at s.o.'s place) ~**ziehen** → **hineinziehen** I

herfahren I v/i travel (*od* come, drive) here: **hinter** *j-m* ~ drive behind s.o., fol-

low s.o.'s car **II** v/t *j-n* ~ drive s.o. here

Herfahrt f (**auf der** ~ on the) journey (*od* way) here

herfallen v/i ~ **über** (*Akk*) fall upon, attack

herfinden v/i find one's way

herführen v/t *j-n* ~ bring s.o. here; **was führt Sie her?** what brings you here?

Hergang m course (of events), the way s.th. happened, (*Umstände*) circumstances Pl: **schildern Sie** (**mir**) **den** ~! tell me what (*od* how it) happened!

hergeben v/t **etw** ~ hand s.th. over, give s.th. away: **etw wieder** ~ give s.th. back; **gib** (**es**) **her!** give (it to me)!; fig **s-n Namen** (*od* **sich**) ~ **zu** (*od* **für**) **etw** lend one's name to s.th.

hergebracht → **herkömmlich**

hergehen v/unpers fig **es ging hoch her** things were pretty lively; **es ging heiß her** the sparks flew

hergehören → **hierher gehören**

herhaben v/t F **wo hast du das her?** a) where did you get that (from)?, b) fig (*Nachricht etc*) who told you that?

herhalten v/i F ~ **müssen** have to suffer (for it), *Sache*: have to serve (**als** as)

herholen m fetch: fig **weit hergeholt** far-fetched **herkommen** v/i here

Hering m **1.** ZOOL herring; hum **wie die** ~**e** packed like sardines **2.** tent peg

herkommen v/i **1.** come (here): **wo kommst du her?** where do you come from?; **komm her!** come here! **2.** fig ~ **von** allg come from, be due to, *Wort*: a. be derived from **herkömmlich** Adj conventional (a. MIL *Waffe*), customary, traditional **Herkunft** f origin, *e-r Person*: a. birth, descent, (*Milieu*) origins Pl, background: **er ist deutscher** ~ he is of German extraction, *eng. S.* he is German by birth

Herkunftsland n country of origin

herlaufen v/i run here: **hinter** *j-m* ~ a. fig run after s.o. **herleiten** v/t fig (a. **sich**) ~ **von** derive from **hermachen** v/refl **sich** ~ **über** (*e-e Arbeit etc*) set about, tackle, (*Essen, fig j-n*) attack

Hermelin 1. n ZOOL ermine **2.** m (*Pelz*) ermine (fur)

hermetisch Adj hermetic(ally Adv)

hernehmen v/t (**von** from) take, get: F fig (**sich**) *j-n* ~ give s.o. hell

hernieder(…) → **herab(…), herunter(…)**

Heroin n heroin
heroinsüchtig Adj heroin-addicted
Heroinsüchtige m, f heroin addict
heroisch Adj heroic(ally Adv) **Heroismus** m heroism **Heros** m hero
Herpes m MED herpes
herplappern v/t F rattle off
Herr m gentleman, (Besitzer, Gebieter) master, (Herrscher) ruler (über Akk over, of): **mein ~!** Sir!; **m-e ~en!** gentlemen!; ~ **Miller** Mr. Miller; ~ **Doktor** (Professor etc) Doctor (Professor etc); **Ihr ~ Vater** your father; SPORT **~en** Pl men Pl; (**Gott**) **der** ~ the Lord (God); **der ~ Jesus** Our Lord Jesus; **sein eigener ~ sein** be one's own boss; **e-r Sache ~ werden** master, (get s.th. under) control; ~ **der Lage sein** have the situation well in hand; → **Land** 3
Herrchen n e-s Hundes: master
Herren|ausstatter m men's outfitter, Am haberdasher **~bekleidung** f men's wear **~doppel** n Tennis: men's doubles Pl **~einzel** n Tennis: men's singles Pl **~fahrrad** n man's bicycle **~friseur(in)** barber, men's hairdresser **~haus** n mansion **~konfektion** f men's ready--to-wear clothes Pl
herrenlos Adj ownerless, Hund: stray
Herren|mode f men's fashion **~schneider(in)** gentlemen's tailor **~schnitt** m (Frisur) Eton crop, shingle **~toilette** f men's toilet, gents Sg
Herrgott: der ~ the Lord (God), God; V ~ (**noch mal**)! for God's sake!
Herrgottsfrühe f **in aller ~** at an unearthly hour
herrichten v/t arrange, make, F fix, (bereiten) prepare, make, (fertig machen) get s.th. ready, (Zimmer) tidy, (reparieren) do up, repair: F **sich ~** smarten o.s. up
Herrin f mistress (a. e-s Tieres), lady, (Herrscherin) ruler **herrisch** Adj imperious, (barsch) peremptory
herrje Interj good gracious, dear me
herrlich Adj marvel(l)ous, wonderful, magnificent, F fantastic: Adv F **sich ~ amüsieren** have great fun
Herrschaft f **1.** (über Akk over) power, control, (Regierung) rule, über Monarchen: a. reign: fig **die ~ verlieren über** (Akk) lose control of **2. m-e ~en!** ladies and gentlemen!, F folks!
herrschaftlich Adj nobleman's, hist

manorial, (vornehm) stately
herrschen v/i **1.** rule (über Akk over): **über e-n Staat** etc ~ rule a state etc **2.** fig prevail, reign, Krankheit: rage: **es herrschte Frieden, Ordnung** etc: there was …; **es herrschte Stille** silence reigned **herrschend** Adj **1.** ruling **2.** fig prevailing, current
Herrscher m ruler, sovereign, monarch
Herrscherhaus n (ruling) dynasty
Herrscherin f → **Herrscher**
Herrschsucht f domineeringness, F bossiness **herrschsüchtig** Adj domineering, F bossy
herrufen m j-n ~ call s.o. (here) **herrühren** v/i ~ **von** come (zeitlich: date) from, be due to **hersagen** v/t say, recite **herschaffen** v/t bring (od get) s.o., s.th. (here) **hersehen** v/i look (here)
Herspiel n SPORT return match
herstellen v/t **1.** WIRTSCH, TECH produce (a. e-n Film), manufacture, make **2.** fig (Frieden, Ordnung, Kontakte etc) establish, (Verbindung) make **3.** F put (od place) s.th. here **Hersteller(in)** manufacturer, maker, a. FILM producer
Herstellerfirma f manufacturers Pl
Herstellung f **1. a)** manufacture, a. e-s Buches, Films: production, **b)** Production (Department) Pl **2.** fig establishment, making (of contacts etc)
Herstellungskosten Pl production costs Pl **Herstellungsverfahren** n manufacturing method (od process)
Hertz n PHYS cycles Pl (per second), hertz
herüber Adv **1.** over (here), über Grenze, Straße etc: across: **hier ~!** over here!, this way! **2.** F → **hinüber** **herüberkommen** v/i come over (a. auf Besuch), über Grenze, Straße etc: come across
Herübersetzung f translation from the foreign language
herum Adv **1.** (rings~) around: **immer um etw ~** round and round s.th. **2.** (ziellos, verstreut) around, (a)round (the room, town, etc) **3.** (in der Nähe) around **4. um die Ecke ~** (a)round the corner; **rechts ~** (to the) right; **anders** (**falsch, so**) ~ the other (the wrong, this) way round **5.** F **um … ~** (ungefähr) around, about (2 o'clock, ten dollars, etc); **um Ostern ~** around

Easter **6.** (*vorbei*) over, up: *Zeit etc*: ~ *sein* be over

herum... dance, move, travel, walk, etc (a)round, about **~ärgern** *v/refl* *sich* ~ *mit* be plagued with **~bekommen**, **~bringen** → *herumkriegen* **~drehen** **I** *v/t* turn round (*a. sich ~*), F (*wenden*) turn over **II** *v/i* F ~ *an* (*Dat*) fiddle with **~drücken** *v/refl* *sich* ~ F **1.** hang around **2.** *um e-e Sache* dodge s.th.

herum|fahren **I** *v/i* **1.** drive around, go (*od* travel) around **2.** *um etw* ~ drive round s.th. **3.** (*sich umdrehen*) spin round **II** *v/t* **4.** drive (*od* take) s.o., s.th. around **~fragen** *v/i* ask around **~fuchteln** ~ *fuchteln* (*im Park etc*) **~führen** **I** *v/t* **j-n** ~ lead s.o. around; *j-n im Haus etc* ~ show s.o. around the house *etc*; → *Nase* **II** *v/i* F *mit j-m um etw* ~ *Straße, Zaun etc*: run (a)round s.th. **~fuhrwerken** *v/i* F bustle around **~gehen** *v/i* **1.** walk (*od* go) around (*im Park etc* the park *etc*): *j-m im Kopf* ~ go round and round in s.o.'s head, haunt s.o.'s mind **2.** *um etw* ~ (*a.* F *herumreichen*) go round s.th. **3.** *Gegenstand*: be passed around **4.** *fig Gerücht etc*: make the round **5.** *Zeit, Tag etc*: pass **~hängen** *v/i* F *fig* hang around (*mit* with)

herum|kommandieren *v/t* *j-n* ~ order s.o. around **~kommen** *v/i* **1.** *um etw* ~ come (*mühsam od fig* get) round s.th., *fig a.* avoid s.th.; *um die Tatsache kommen wir nicht herum* we can't get away from that (fact) **2.** (*reisen*) get around: *er ist weit herumgekommen* he has seen a lot of the world **~kriegen** *v/t* F **1.** *j-n* ~ get s.o. round; *j-n dazu* ~, *dass er etw tut* talk s.o. into doing s.th. **2.** (*Zeit*) get through **~laufen** *v/i* (*um etw*) ~ run (*od* go) around (s.th.); *frei* ~ *Verbrecher etc*: be at large, *Hund etc*: run free **~lungern** *v/i* loiter (*od* hang, loaf) around **~pfuschen** *v/i* ~ *an* (*Dat*) monkey (about) with **~reichen** **I** *v/t* hand (*od* pass) *s.th.* (a)round: F *fig j-m* ~ pass s.o. to (all) one's friends **II** *v/i* (*um etw*) ~ *Gürtel etc*: go (a)round (s.th.) **~reißen** *v/t* (*Steuer etc*) pull *s.th.* around **~reiten** *v/i* **1.** (*um etw*) ~ ride (a)round (s.th.) **2.** F *fig auf e-r Sache* ~ keep harping on s.th.

herum|schlagen *v/refl* *sich* ~ *mit* a) *j-m*

fight with s.o., **b)** *e-r Sache* struggle with s.th. **~schnüffeln** *v/i* F *fig* snoop around **~stehen** *v/i* ~ *um* stand (a)round (*s.o., s.th.*) **~stoßen** *v/t* F *j-n* ~ push s.o. around **~streiten** *v/refl* *sich* ~ F squabble (*über Akk* about, over) **~tragen** *v/t* **1.** carry *s.o., s.th.* around (*mit sich* with one) **2.** *fig* (*Neuigkeit etc*) spread *s.th.* around **~trampeln** *v/i* trample (*auf Dat* on)

herumtreiben *v/refl* *sich* ~ F **1.** knock around **2.** → *herumlungern* **Herumtreiber(in)** **1.** loiterer, loafer **2.** tramp

herum|werfen *v/t* etw ~ throw s.th. around **~zeigen** *v/t* etw ~ show (*zur Prüfung*: pass) s.th. round **~ziehen** *v/i* move (*od* wander) around

herunter *Adv* **1.** down, (*weg*) off: ~ *damit!* down with it!; ~ *mit dem Hut!* off with your hat!; *die Treppe* ~ down the stairs, downstairs; *den Fluss* ~ down the stream, downstream **2.** F *fig* ~ *sein* be run down, be in bad shape: *er ist mit den Nerven ganz* ~ he is a nervous wreck **3.** F → *hinunter*

herunter... *mst* down; → *a.* **herab...**, F **hinab...**, **hinunter...** **~bekommen** *v/t* F etw ~ get s.th. down (*weg*: off)

herunterfahren *v/t* (*Computer*) shut down

herunterfallen *v/i* fall down: *vom Baum* ~ fall (*od* drop) off the tree

heruntergehen *v/i* go down (*a.* FLUG), *fig Preise etc*: *a.* fall, drop: *mit der Geschwindigkeit* ~ slow down; *mit den Preisen* ~ reduce (*od* lower) prices

heruntergekommen *Adj* seedy, shabby, *gesundheitlich: präd* in bad shape, *a.* WIRTSCH run-down, *moralisch:* degenerate

herunter|handeln *v/t* (*Preise etc*) beat s.th. (*um* by) **~hängen** *v/i* hang down (*von* from) **~hauen** *v/t* F *j-m e-e* ~ slap s.o.('s face) **~holen** *v/t* **1.** get *s.o., s.th.* down **2.** F shoot (*od* bring) *s.th.* down **~klappen** *v/t* turn *s.th.* down

herunterkommen *v/i* **1.** come (*mühsam:* get) down **2.** *gesundheitlich:* get into bad shape, WIRTSCH get run down, *stärker:* be ruined, *moralisch:* go down-hill, sink low, (*verwahrlosen*) go to seed, (*verfallen*) decay; → *heruntergekommen* **3.** ~ *von* F get over, (*Drogen etc*) *sl* kick

H

herunter|machen v/t F **1.** knock, pull *s.o.*, *s.th.* to pieces **2.** → **~putzen** v/t F **j-n** ~ blow s.o. up **~schalten** v/i MOT (*in den ersten Gang*) ~ change (*od* shift) down (into first [gear])

herunterschrauben v/t fig lower

herunter|spielen v/t F fig *etw* ~ play s.th. down **~stürzen** v/i fall down (*von* from) **~wirtschaften** v/t F *etw* ~ run s.th. down

hervor Adv out of, (out) from, forth: *hinter e-m Baum* ~ from behind a tree

hervorbringen v/t produce

hervorgehen v/i **1.** (*als Sieger etc*) ~ come off (a winner *etc*) **2.** follow (*aus* from): *daraus geht hervor, dass ... from this follows that ...; aus dem Brief geht nicht hervor, ob ...* the letter doesn't say whether ... **3.** (*aus* from) (*entstehen*) develop, spring, (*stammen*) come: *aus der Ehe gingen drei Kinder hervor* there were three children of this marriage **hervorheben** v/t **1.** MALEREI, BUCHDRUCK *etw* ~ set s.th. off **2.** fig emphasize, stress, (*hinweisen auf*) point out

hervorholen v/t *etw* ~ (*aus*) get s.th. out (of), produce s.th. (from)

hervor|ragen v/i **1.** project, stick out **2.** fig stand out (*unter Dat* among) **~ragend I** Adj **1.** projecting **2.** fig outstanding, excellent, superior, *Persönlichkeit, Bedeutung etc*: prominent **II** Adv **3.** excellently, outstandingly (well)

hervor|rufen v/t **1.** THEAT call for **2.** fig call forth, (*bewirken*) a. cause, give rise to, produce **~stechen** v/i stand out (*aus* from) **~stechend** Adj **1.** → *hervorragend* 2 **2.** (*auffallend*) striking

hervortreten v/i **1.** step forth, (*aus*) step out (of), emerge (from) **2.** (*sich abheben*) stand out, fig *Tatsache etc*: emerge, become evident: *etw ~ lassen* set s.th. off, fig bring s.th. out, show s.th. **3.** Adern, Augen: protrude **4.** → **hervortun** v/refl *sich* ~ distinguish o.s. (*als* as, *durch* by)

herwagen v/refl *sich* ~ dare to come

Herweg m (*auf dem* ~ on the) way here

Herz n heart (a. fig), Kartenspiel: hearts Pl: *im Grunde s-s ~ens* at heart; *leichten ~ens* with a light heart; *schweren ~ens* with a heavy heart, very reluctantly; *von ~en gern* with the (greatest)

pleasure, gladly; *von* (*ganzem*) *~en danken etc*: with all my *etc* heart; *von ~en kommend* heartfelt; *auf ~ und Nieren prüfen* put *s.th.* to the acid test, F vet *s.o.*, *s.th.* (thoroughly); *j-m das ~ brechen* break s.o.'s heart; *sich ein ~ fassen* take heart, pluck up courage; *j-m zu ~en gehen* move s.o. deeply; *er ist mir ans ~ gewachsen* I have grown fond of him; *was haben Sie auf dem ~en?* what's on your mind?, *weit. S.* what can I do for you?; *j-m etw ans ~ legen* enjoin s.th. on s.o.; *das liegt mir sehr am ~en* that's very important to me; *s-m ~en Luft machen* give vent to one's feelings; *j-n ins ~ schließen* take s.o. to one's heart; *sie sind ein ~ und eine Seele* they are very close, F they are as thick as thieves; → *ausschütten* 1, *bringen* 7, *Stoß* I 1, *tief* I

Herzanfall m heart attack

Herzass n Kartenspiel: ace of hearts

Herzasthma n cardiac asthma

Herzbeschwerden Pl heart trouble Sg

Herzbeutel m ANAT pericardium

Herzchen n Anrede: darling

Herzchirurg(in) heart surgeon

Herzdame f (Karte) queen of hearts

herzeigen v/t show: *zeig (mal) her!* let me see!

herzen v/t hug, (*kosen*) cuddle

Herzensangelegenheit f affair of the heart: *das ist mir e-e ~* it is a matter dear to my heart **Herzensbrecher** m F ladykiller **Herzenslust** f *nach* ~ to one's heart's content **Herzenswunsch** m dearest wish

herzerfrischend Adj (very) refreshing

herzergreifend Adj (deeply) moving

Herzerweiterung f MED dilatation of the heart **Herzfehler** m MED cardiac defect

Herzflimmern n MED heart flutter

herzförmig Adj heart-shaped

herzhaft Adj **1.** (*kräftig*) hearty **2.** → *beherzt* **Herzhaftigkeit** f heartiness

herziehen I v/t **1.** draw *s.th.* near(er) **2.** *hinter sich* ~ drag *s.o.*, *s.th.* along (behind one) **II** v/i **3.** move here. F fig *über j-n* (*etw*) ~ run s.o. (s.th.) down

herzig Adj sweet, lovely

Herz|infarkt m MED cardiac infarction, F *mst* heart attack, coronary **~kammer** f

ANAT ventricle **~katheter** *m* MED cardiac catheter **~kirsche** *f* BOT heart cherry **~klappe** *f* MED cardiac valve **~klappenfehler** *m* MED valvular (heart) defect **~klopfen** *n* beating (MED palpitation) of the heart: **er hatte ~** his heart was throbbing (**vor** *Dat* with) **♀krank** *Adj* suffering from a heart condition, cardiac **~kranke** *m, f* MED cardiac **~kranzgefäß** *n* ANAT coronary vessel **~leiden** *n* heart disease (od condition)

herzlich *Adj* cordial, hearty (*a. Lachen*), *Empfang, Lächeln, Person etc*: *a.* warm, friendly, *Anteilnahme, Bitte etc*: sincere, heartfelt: **~e Grüße, mit ~en Grüßen** kind regards (**an** *Akk* to), *intimer*: (with) love; → **Beileid, Dank Herzlichkeit** *f* heartiness, cordiality, warmth, sincerity

herzlos *Adj* heartless
Herzlosigkeit *f* heartlessness
Herz-Lungen-Maschine *f* MED heart-lung machine
Herzmassage *f* MED heart massage
Herzog *m* duke **Herzogin** *f* duchess
herzoglich *Adj* ducal
Herzogtum *n* dukedom, duchy
Herzoperation *f* heart operation
Herz|rhythmusstörung *f* arrythmia **~schlag** *m* **1.** heartbeat **2.** heart attack (od failure) **~schrittmacher** *m* MED (cardiac) pacemaker **~schwäche** *f* cardiac insufficiency **~spezialist(in)** heart specialist **♀stärkend** *Adj* (a. **~es Mittel**) cardiotonic **~stillstand** *m* MED cardiac arrest **~stück** *n* fig core **~tod** *m* death by heart failure

herzu(...) → **heran(...), herbei(...), hinzu(...)**

Herzverpflanzung *f* MED heart transplant
Herzversagen *n* MED heart failure
herzzerbrechend *Adj* heartbreaking
herzzerreißend *Adj* heartrending
Hessen *n* Hesse **Hesse** *m*, **Hessin** *f*, **hessisch** *Adj* Hessian
heterogen *Adj* heterogeneous
heterosexuell *Adj*, **Heterosexuelle** *m, f* heterosexual
Hetze *f* **1.** (**gegen**) agitation (against), (virulent) campaign (against), (Rassen♀) baiting (against) **2.** F (Eile) (mad) rush, rat race **3.** → **Hetzjagd** 1, 2
hetzen I *v/t* **1.** *a. fig* hunt, hound **2.** *e-n*

Hund *etc* **~ auf** (*Akk*) set a dog *etc* on **3.** *fig* rush: **sich ~** rush o.s., drive o.s. (hard) **II** *v/i* **4.** (**gegen** against) agitate, (schmähen) vituperate **5.** F (hasten, sich beeilen) rush, hurry
hetzerisch *Adj* Reden etc: inflammatory
Hetzjagd *f* **1.** hunt(ing) (with hounds) **2.** *fig* (Verfolgung) chase **3.** → **Hetze** 2
Hetzrede *f* inflammatory speech
Heu *n* hay: F **er hat Geld wie ~** he's rolling in money **~boden** *m* hayloft
Heuchelei *f* hypocrisy, (Verstellung) dissimulation, (Gerede) cant
heucheln I *v/t* simulate, feign **II** *v/i* play the hypocrite, dissemble
Heuchler(in) hypocrite
heuchlerisch *Adj* hypocritical
heuen *v/i* make hay
heuer *Adv* österr., schweiz. this year
Heuer *f* SCHIFF pay **heuern** *v/t* SCHIFF hire
Heuernte *f* hay harvest
Heugabel *f* hayfork, pitchfork
heulen *v/i* **1.** ZOOL howl **2.** F bawl, *a. fig* Sirene: wail: *fig* **es ist zum ♀** it's a (great) shame **Heuler** *m* F (Fehler) howler **Heulsuse** *f* F pej crybaby
heurig *Adj* österr. this year's
Heurige *m* österr. new wine
Heuschnupfen *m* hay fever
Heuschober *m* haystack
Heuschrecke *f* ZOOL grasshopper, locust
heute I *Adv* today, this day: **~ Abend** this evening, tonight; **~ in acht Tagen** a week from now, *Br a.* today week; **~ vor acht Tagen** a week ago (today); **von ~** → **heutig**; **von ~ an** from today; *fig* **von ~ auf morgen** overnight **II** *das* **♀** the present, today
heutig *Adj* today's, of today, (gegenwärtig) *a.* present(-day), modern: **bis auf den ~en Tag** to this day
heutzutage *Adv* nowadays, today
Hexe *f* witch (*a. fig*), sorceress, *fig* (böses Weib) hellcat: (alte) ~ (old) hag
hexen *v/i* practise witchcraft: F **ich kann doch nicht ~!** I can't work miracles!
Hexen|jagd *f* fig witch-hunt **~kessel** *m* fig inferno **~meister** *m* sorcerer **~schuss** *m* MED F lumbago
Hexerei *f* witchcraft, magic (*a. fig*): **das ist k-e ~!** there's nothing to it!

H

Hickhack *m* F squabbling

Hieb *m* **1.** stroke, blow, (*Faust2*) *a.* punch: F *~e bekommen* get a thrashing; *auf einen* ~ at one go **2.** *fig* (*Seiten2*) dig (*auf Akk* at) **hieb- und stichfest** *Adj fig* watertight, cast-iron

hier *Adv allg* here (*a. fig in diesem Fall*), (*anwesend*) *a.* present; ~ *sein* be here, be present; ~ *drinnen* (*draußen, oben*) in (out, up) here; ~ *und da* here and there, *zeitlich:* now and then; ~ *und heute* here and now; *von* ~ *an* (*od ab*) from here (on); ~ *entlang!* this way!; ~, *bitte!* here you are!

hieran *Adv* **1.** ~ *kann man sehen, dass ...* you can see from this that ...; ~ *ist kein wahres Wort* there is not a word of truth in this **2.** ~ *schließt sich ... an* this is followed by ...

Hierarchie *f* hierarchy

hieraus *Adv* from this, out of this

hierbei *Adv* here, (*bei dieser Gelegenheit*) on this occasion, (*in diesem Zs.-hang*) in this connection

hierdurch *Adv* by this, hereby

hierfür *Adv* for this, for it

hierher *Adv* here, this way, over here: *bis* ~ up to here, *a. zeitlich:* so far; *bis* ~ *und nicht weiter* this far and no further; (*komm*) ~! come here!; ~ *gehören* belong here: *fig das gehört nicht* ~ *a.* that's irrelevant

hierhin *Adv* here **hierhinauf** *Adv* up here **hierhinein** *Adv* in here

hierin *Adv a. fig* in this, here

hiermit *Adv* with this, here, *förmlich:* herewith, (*beiliegend*) *a.* enclosed

hiernach *Adv* **1.** *zeitlich:* after this (*od it*) **2.** (*demzufolge*) according to this

Hieroglyphe *f* hieroglyph

Hiersein *n während s-s ~s* during his stay (here)

hierüber *Adv fig* about this (subject)

hierum *Adv* **1.** (a)round this **2.** → *hierherum* 2 **3.** *fig* about this (*od it*): ~ *geht es nicht* that's not the point

hierunter *Adv* **1.** under this, among these **2.** *fig verstehen etc:* by this, by that: ~ *fällt ...* this includes ...

hiervon *Adv* of (*od* from) this

hierzu *Adv* **1.** (*dafür*) for this **2.** (*im Gegensatz* ~ in contrast) to this

hierzulande *Adv* in this country, here

hiesig *Adj* local, *nachgestellt:* here, of this place (*od* country)

hieven *v/t a. fig* heave

Hi-Fi-Anlage *f* hi-fi set

high *Adj* F high

Highlife *n* F high life: ~ *machen* live it up

Hightech *n* high tech **Hightechindustrie** *f* high-tech industry

Hilfe *f* **1.** help, aid, assistance, *für Notleidende:* relief: *ärztliche* ~ medical assistance; *erste* ~ first aid; ~ *flehend* imploring; *j-m* ~ *leisten* help s.o., aid s.o.; *j-m zu* ~ *kommen* (*eilen*) come (rush) to s.o.'s aid: *etw zu* ~ *nehmen* make use of, use; *um* ~ *rufen* call for help; ~ *suchend* seeking (for) help; *mit* ~ *von* → *mithilfe; ohne* ~ without help, unaided; (*zu*) ~*!* help! **2.** (*Hilfskraft*) help **Hilfeleistung** *f* aid, assistance, help **Hilferuf** *m a. fig* cry for help **Hilfestellung** *f a. fig* support

hilflos *Adj* helpless **Hilflosigkeit** *f* helplessness **hilfreich** *Adj a. fig* helpful

Hilfsaktion *f* relief (*zur Rettung:* rescue) action **Hilfsarbeiter(in)** unskilled worker, labo(u)rer **hilfsbedürftig** *Adj* in need (of help), (*notleidend*) needy **hilfsbereit** *Adj* ready to help, helpful **Hilfsbereitschaft** *f* readiness to help **Hilfs|dienst** *m* emergency service *~fonds* *m* relief fund *~kraft* f **1.** assistant, help **2.** temporary worker *~mittel* *n* aid *~motor* *m* auxiliary engine (ELEK motor) *~organisation* *f* relief organization *~quelle* *f* source of help, *Pl* resources *Pl* *~verb* *n* auxiliary verb *~werk* *n* relief organization *~wissenschaft* *f* complementary science (*od* subject)

Himbeere *f* BOT raspberry

Himbeergeist *m* white raspberry brandy **Himbeersaft** *m* raspberry juice

Himbeerstrauch *m* BOT raspberry bush

Himmel *m* sky, REL *u. fig* heaven: *der* ~ *auf Erden* heaven on earth; *am* ~ in the sky; *fig* (*wie*) *aus heiterem* ~ out of the blue; *unter freiem* ~ in the open air; *zum* ~ (*empor*) skyward(s), heavenward(s); *im* ~ *sein* be in heaven; *in den* ~ *heben* praise s.o., s.th. to the skies; F *weiß der* ~ (, *wo*)! God knows (where)!; *das schreit zum* ~ it's a crying shame; F *das stinkt zum* ~ that stinks to high heaven; *um* ~*s willen!*

a) *a.* (*ach,*) *du lieber ~!* good heavens!, b) *a. ~* (*noch mal!*) for Heaven's sake!

himmelangst *Adj mir war* (*od wurde*) *~* I was scared to death **Himmelbett** *n* four-poster **himmelblau** *Adj* sky-blue

Himmelfahrt *f Christi ~* a) the Ascension of Christ, b) (*an ~* on) Ascension Day; *Mariä ~* a) the Assumption of the Virgin Mary, b) Assumption Day

Himmelfahrts|kommando *n* F MIL suicide mission *~nase* *f* F tip-tilted nose *~tag* *m* (*am ~* on) Ascension Day

Himmelreich *n* kingdom of heaven **Himmelschlüssel** *m* BOT primrose **himmelschreiend** *Adj* outrageous, terrible: *~e Schande* crying shame

Himmels|karte *f* star map *~körper* *m* celestial body *~richtung* *f* direction, *Kompaß:* cardinal point

himmelweit I *Adj fig* vast: *es ist ein ~er Unterschied zwischen* (*Dat*) ... there is a world of difference between ... I *Adv ~ verschieden sein* differ enormously

himmlisch *Adj* heavenly, divine, *fig a.* marvel(l)ous

hin I *Adv* 1. (*dort~*) there: *nichts wie ~!* let's go!; *~ zu* to, *Richtung:* towards; (*bis*) *~ zu* a) as far as, b) *fig* (even) including, *zeitlich:* till; *über e-e Sache ~* over s.th.; *~ und her* to and fro, back and forth; *~ und zurück* there and back, *Fahrkarte:* return (*bes Am* round-trip) (*ticket*); *~ und her gerissen sein* a) *zwischen* be torn between, b) F *von* be gone over; *etw ~ und her überlegen* think s.th. over carefully 2. *auf e-e Sache ~* (*als Folge*) as a result of, (*auf Grund von*) on the basis of, (*wegen*) because of, (*in Beantwortung*) in reply to, on; *auf s-e Bitte ~* at his request; *auf ihren Rat ~* at her advice 3. *~ und wieder* now and then 4. F *~ oder her* a) more or less, give or take (*ten dollars, years, etc*), b) *a. ... ~, ... her* I don't care; *Anstand ~, Anstand her* fairness or no F *Adj präd* 5. F *~ sein* a) (*kaputt*) be wrecked, *a. fig* be ruined, (*verloren*) be gone, (*erschöpft*) be dead(-beat), (*tot*) be gone, be done for: *es* (*er*) *ist ~ allg a.* it (he) has had it; *~ ist ~!* gone is gone!, b) (*ganz*) *~* (*von*) → *hingerissen* I

Hin *n* → **Hin und Her**

hinab(...) → *herab(...), herunter(...), hinunter(...)*

hinarbeiten *v/i ~ auf* (*Akk*) work towards, aim at

hinauf *Adv up: da ~* up there; *bis ~ zu* up to; *den Berg ~* up the hill, uphill; *die Straße ~* up the street; (*die Treppe*) *~* upstairs

hinauf... *climb, drive, look, etc up*, → *a. empor..., hoch... ~gehen* I *v/i* go up (*a. fig Preise etc*): *mit dem Preis ~* raise the price II *v/t* go up: *die Treppe ~ a.* go upstairs *~steigen* *v/i* go (*klettern:* climb) up: *auf etw ~ a.* mount s.th.

hinaus *Adv* 1. out, outside: *~ aus* out of; *da ~!* this way (out)!; *zum Fenster ~* out of the window; *nach vorn* (*hinten*) *~ wohnen* live at the front (back); *~ sein über* (*Akk*) be beyond, be past; *über das Alter* (*od darüber*) *ist er ~* he is past that age; *~* (*mit dir od euch*)! out (with you)!, get out!; *~ damit!* out with it!; → *a. hinauslaufen, -wollen etc* 2. *über etw ~ a. fig* beyond, (*höher als, mehr*) above, over: *auf Jahre ~* for years (to come); → *darüber* 3

hinaus|begleiten *v/t j-n ~* see s.o. out (*aus* of) *~ekeln* *v/t* F *j-n ~* freeze s.o. out (*aus* of) *~fliegen* *v/i* 1. (*a. v/t*) fly out 2. F *fig* get kicked out, *aus e-r Stellung:* a. get the sack *~gehen* *v/i* 1. go out (*aus* of) 2. *fig ~ auf* (*Akk*) *Fenster etc:* open on(to) 3. *fig ~ über* (*Akk*) go beyond, *Sache:* a. exceed

hinauslaufen *v/i* 1. run out (*aus* of) 2. *fig ~ auf* (*Akk*) come to, amount to, lead to; *es läuft auf dasselbe hinaus* it comes (*od* amounts) to the same thing

hinauslehnen *v/refl sich ~* lean out (*aus* of) **hinausschieben** *v/t fig* put s.th. off, postpone

hinauswachsen *v/i fig über j-n* (*sich*) *~* surpass s.o. (*o.s.*)

hinauswagen *v/refl sich ~* venture (to go) out (*aus* of) **hinauswerfen** *v/t* 1. throw s.th. out (*aus* of): → *Fenster* 2. F (*j-n*) throw (*od* kick) s.o. out (*aus* of), *aus e-r Firma etc:* a. sack, fire

hinauswollen *v/i* 1. want to go (*od* get) out (*aus* of) 2. *fig worauf will er hinaus?* what is he driving at?; *worauf will das hinaus?* what's the idea (of that)?; *hoch ~* be aiming high

hinausziehen I v/t **1.** pull s.o., s.th. out (*aus* of) **2.** fig etw ~ drag s.th. out **II** v/i **3.** go out, march out **III** v/refl **sich** ~ **4.** drag on, *Arbeit, Prozess etc*: take longer than expected **hinauszögern** v/t delay: **sich** ~ be delayed

hinbiegen v/t F fig etw ~ wangle s.th.

Hinblick n im ~ auf (*Akk*) with regard to, in view of

hinbringen v/t **1.** take s.o., s.th. there **2.** (*Zeit etc*) pass, spend **3.** → **hinkriegen**

hindenken v/i **wo denkst du hin!** of course not!

hinderlich *Adj* cumbersome, troublesome: ~ **sein** (*Dat*) hamper, impede, be a handicap to, **j-m** a. be in s.o.'s way

hindern v/t hamper, impede, (*stören*) interfere (**bei** with): **j-n am Arbeiten** ~ prevent (*od* keep) s.o. from working

Hindernis n allg (**für** to) obstacle, fig a. impediment, (*Nachteil*) handicap: fig **auf** ~**se stoßen** run into obstacles; **j-m** ~**se in den Weg legen** put obstacles in s.o.'s way; **e-e Reise mit** ~**sen** a journey full of mishaps ~**lauf** m obstacle race

hindeuten v/i ~ **auf** (*Akk*) point at, fig point to, indicate

Hindu m Hindu

Hinduismus m Hinduism

hindurch *Adv* **1.** räumlich: through: **mitten** (*od* **ganz**) ~ right through **2.** zeitlich: through(out): **die ganze Nacht** (**den ganzen Tag**) ~ all night (day) (long); **das ganze Jahr** ~ throughout the year **hindurch...** → **durch...**

hinein *Adv* in, inside, a. zeitlich: into (*May etc*): **da** ~ in there; **bis tief in die Nacht** ~ far into the night; F ~**!** let's go! ~**bekommen** v/t get s.o., s.th. in(to **in** *Akk*) ~**denken** v/refl **sich** ~ in (*Akk*) go into, **j-n** s.o.'s into s.o.'s position

hineingehen v/i **1.** (**in** *Akk*) go in(to), enter (*the house etc*) **2.** fig hold: **in die Kanne gehen zwei Liter hinein** the can holds two litres; **in den Saal gehen 500 Personen hinein** the hall seats 500 persons **3.** F → **hineinpassen** 2

hinein|geraten v/i ~ **in** (*Akk*) get into ~**knien** v/refl **sich** ~ in (*Akk*) F fig buckle down to ~**kommen** v/i (**in** *Akk*) come in(to), (*gelangen*) get in(to)

hineinkriegen F → **hineinbekommen**

hinein|leben v/i **in den Tag** ~ take it easy ~**legen** v/t **1.** put s.th. in(to **in** *Akk*) **2.** → **hereinlegen** ~**passen** v/i **1.** fit in(to **in** *Akk*) **2.** go in(to **in** *Akk*) ~**reden** v/i **j-m** ~ interrupt s.o.; fig **j-m** (**in s-e Angelegenheiten**) ~ interfere with s.o.'s affairs ~**stecken** v/t F a. fig put s.th. in(to **in** *Akk*): → **Nase**

hineinsteigern v/refl **sich** ~ in (*Akk*) get worked up about, **s-e Wut** work o.s. up into a rage **hineinversetzen** → **versetzen II hineinziehen I** v/t pull (*od* draw) s.o., s.th. in (*Akk*); fig **j-n in e-e Sache** ~ involve s.o. in s.th. **II** v/i march (*od* move) in(to **in** *Akk*)

hinfahren I v/t take (*od* drive) s.o., s.th. there **II** v/i (MOT a. drive) there

Hinfahrt f journey there: **auf der** ~ on the way there

hinfallen v/i fall (down)

hinfällig *Adj* **1.** (*gebrechlich*) frail **2.** fig (*ungültig, überholt*) invalid, no longer valid: **etw** ~ **machen** invalidate s.th.

hinfinden v/i (a. **sich** ~) find one's way there

Hinflug m outward flight, (**auf dem** ~ on the) flight there

hinführen I v/t **j-n** ~ lead (*od* take) s.o. there (*od* **zu** to) **II** v/i lead (*od* go) there: fig **wo soll das** (**noch**) ~**?** where is this leading to?

Hingabe f **1.** (**an** *Akk*) devotion, dedication: **mit** ~ a. lovingly **2.** (*Aufopferung*) sacrifice **hingeben I** v/t give away, (*opfern*) sacrifice, give up **II** v/refl **sich** ~ **a)** e-r Aufgabe etc: devote (*od* dedicate) o.s. to, der Verzweiflung etc. abandon o.s. to, **b)** **j-m** give o.s. to s.o.; **sich Hoffnungen** (**Illusionen**) ~ have hopes (illusions)

hingebungsvoll *Adj u. Adv* devoted(ly), *Adv a.* with dedication

hingegen *Konj* however, on the other hand

hingehen v/i **1.** go (there): **wo gehst du hin?** where are you going? **2.** *Zeit etc*: pass, go by **3.** fig (*tragbar sein*) pass, do: **etw** ~ **lassen** let s.th. pass

hingehören v/i belong: **wo gehört das hin?** where does this belong (*od* go)?

hingeraten v/i get (**irgendwo** somewhere): **wo ist es** (**er**) **hingeraten?** what has become of it (him)?

hingerissen I *Adj* (**von**) enraptured

hinhalten *v/t* **1.** *j-m etw ~* hold s.th. out to s.o.; → *Kopf* I **2.** *fig j-n ~* put s.o. off, keep s.o. on a string **Hinhaltetaktik** *f* delaying tactics *Pl (oft Sg konstr)*

hinhauen F I *v/t* **1.** slam *s.th.* down **2.** *fig (Arbeit, Zeichnung etc)* knock off II *v/i* **3.** *fig (klappen)* work, *(gut sein)* be okay, *(stimmen)* be right, *(ausreichen)* do III *v/refl* *sich ~* **4.** *fig* hit the ground, *(schlafen gehen)* hit the sack

hinhören *v/i* listen

hinken *v/i* (walk with a) limp: *der Vergleich hinkt* that's a lame comparison

hinknien *v/i (a. sich ~)* kneel down

hinkommen *v/i* **1.** come *(od get)* there: *fig wo kämen wir denn hin, wenn ...* where would we be if ... **2.** F go, belong: *wo kommt das hin?* where does that go? **3.** F *mit s-m Geld etc*: manage **4.** F *(stimmen)* be right: *wieder ~ (in Ordnung kommen)* come right

hinkriegen *v/t* F manage: *etw ~ (fertig bekommen)* get s.th. done

hinlangen *v/i* F *(kräftig) ~* a) *(zuhauen)* let go with a wallop, b) *fig (really) go to town (bei on)*

hinlänglich *Adj* sufficient

hinlegen I *v/t* **1.** put *(od lay)* down **2.** F *(Geld)* fork out **3.** F *(machen, zeigen)* do *s.th.* brilliantly: *sie haben ein tolles Spiel hingelegt* they played a fantastic game II *v/refl* *sich ~* **4.** lie down

hinmachen F I *v/t* **1.** fix **2.** a) *(j-n)* kill, b) *(etw)* wreck, break II *v/i* **3.** *Dialekt* hurry up: *mach(t) hin!* get a move on!

hinnehmen *v/t* **1.** accept, *fig a.* take, put up with **2.** F *mit ~* take *s.o., s.th.* along

hinreichen I *v/t* **1.** → *reichen* 1 II *v/i* **2.** be sufficient, do **3.** *~ (bis) zu* go as far as **hinreichend** *Adj* sufficient

Hinreise *f* journey there *(od* out), SCHIFF voyage out: *auf der ~* on the way there

hinreißen *v/t* *fig* **1.** enrapture, thrill: → *hingerissen* **2.** *sich ~ lassen* (let o.s.) be carried away *(von* by, *zu* into *doing)*

hinreißend *Adj* breathtaking, fantastic

hinrichten *v/t* execute

Hinrichtung *f* execution

hinschaffen *v/t* get there

hinschauen → *hinsehen*

hinschicken *v/t* send

hinschludern *v/t* F *etw ~* knock s.th. off sloppily

hinschmeißen *v/t* F **1.** *(werfen)* chuck down **2.** *(aufgeben)* chuck in

hinschreiben I *v/t* write (down): *rasch ~* jot down, *(Brief etc)* dash off II *v/i* write (to s.o.) **hinsehen** *v/i* look: *ohne hinzusehen* without looking; *bei näherem* ♀ at a closer look

hin sein → *hin* II

hinsetzen I *v/t* **1.** set *(od put) s.th.* down, *(j-n)* seat, *(Kind)* sit *s.o.* down **2.** *(hinschreiben)* put: *wo soll ich m-n Namen ~?* where shall I put my name? II *v/refl* *sich ~* **3.** sit down, take a seat

Hinsicht *f in dieser (in einer, in jeder) ~* in this (in one, in every) respect; *in mancher (vieler) ~* in some (many) respects *(od* ways); *in politischer ~* politically **hinsichtlich** *Präp (Gen)* with regard to, regarding, as to

Hinspiel *n* SPORT first leg

hinstellen I *v/t* **1.** put, place, *(abstellen)* put down **2.** F *(Haus etc)* put up **3.** *fig j-n (etw) ~ als* make s.o. (s.th.) out to be II *v/refl* *sich ~* **4.** stand *(vor j-n in front of s.o.)* **5.** *fig sich ~ als* claim *(fälschlich:* pretend) to be

hintansetzen, hintanstellen *v/t fig* put *s.th.* last, *(vernachlässigen)* neglect

hinten *Adv* at the back *(od* rear), *(im Hintergrund)* in the background: *~ im Garten* at the back of the garden; *~ am Auto* at the rear of the car; *~ im Buch* at the end of the book; *nach ~* to the back, *(zurück)* back, *(rückwärts)* backwards; *von ~* from the back, from behind; F *den sehe ich am liebsten von ~* I'm glad to see the back of him; *das reicht ~ und vorn nicht* that's not nearly enough; *das stimmt ~ und vorn nicht* that's all wrong **hintenherum** *Adv* F **1.** around to the back **2.** *fig* on the quiet

hintenüber *Adv* backwards

hinter I *Präp (Dat u. Akk)* behind: *~ dem Haus* behind *(od* at the back of) the house; *fig etw ~ sich bringen* get s.th. over (with), *(Strecke)* cover; *~ etw kommen* find out about s.th., *(verstehen)* get (the hang of) s.th.; *j-n (etw) ~ sich lassen* leave s.o. (s.th.) behind; *etw ~ sich haben* have s.th. behind one; *er hat schon viel Schlimmes ~*

H

sich he has been through a lot; *fig* ~ *j-m stehen* be behind s.o., *a.* **sich ~ j-n stellen** back s.o. (up); ~ *j-m (etw) her sein* be after s.o. (s.th.) II *Adj* → *hintere*

Hinter|achsantrieb *m* MOT rear-axle **~achse** *f* MOT rear axle **~ausgang** *m* rear exit **~backe** *f* F buttock

Hinterbänkler(in) PARL backbencher

Hinterbein *n* hind leg: *fig* **sich auf die ~e stellen** put up a fight

Hinterbliebene *m, f* surviving dependant: *die ~n* the bereaved

hinterbringen *v/t j-m etw* ~ inform s.o. of s.th.

Hinterdeck *n* SCHIFF afterdeck

hintere *Adj* back, rear: *die ~n Reihen* the back rows, the rows at the back; *die* ²*n konnten kaum etw sehen* those at the back could hardly see anything

hintereinander *Adv* **1.** one behind the other, *in Reihenfolge*: one after the other (*a. zeitlich*): *drei Tage (dreimal)* ~ three days (times) running (*od* in a row, at a stretch); *zum dritten Mal* ~ for the third successive time, for the third time in a row; ~ *gehen* walk one behind the other; ~ *schalten* ELEK connect in series **2.** → *nacheinander*

Hintereingang *m* rear entrance

hinterfragen *v/t* scrutinize (closely)

Hinterfuß *m* hind foot **Hintergebäude** *n* back building **Hintergedanke** *m* ulterior motive, arrière-pensée

hintergehen *v/t* deceive, cheat

Hintergrund *m* (*fig vor dem* ~ against the) background (*Gen* of); *in den* ~ *drängen* thrust s.o., s.th. into the background; *sich im* ~ *halten* stay in the background **Hintergrund...** background (*information, music, etc*)

hintergründig *Adj* enigmatic(al), cryptic, (*tief*) profound, *Humor etc*: subtle

Hintergrundinformation *f* piece of background information

Hinterhalt *m* **1.** (*a. aus dem* ~ *angreifen*) ambush **2.** *fig etw im* ~ *haben* have s.th. in reserve

hinterhältig → *hinterlistig*

Hinter|hand *f* **1.** ZOOL hindquarters *Pl* **2.** *fig* (*noch*) *etw in der* ~ *haben* have s.th. up one's sleeve **~haus** *n* back building

hinterher *Adv* **1.** *räumlich*: behind, after **2.** *zeitlich*: afterwards, after the event **3.**

~ *sein, dass ...* see to it that ...; → *hinter* I

hinterherlaufen *v/i* run behind: *j-m* ~ run (*od* walk) behind s.o., (*verfolgen, a.* F *fig*) run after s.o.

Hinterhof *m* backyard **Hinterkopf** *m* back of one's head: F *etw im* ~ *haben* have s.th. at the back of one's mind

Hinterland *n* hinterland

hinterlassen I *v/t a. allg* leave (behind), *testamentarisch: a.* bequeath (*j-m etw* s.th. to s.o.) II *Adj Werke etc*: posthumous **Hinterlassenschaft** *f* JUR estate, *fig* legacy **Hinterlassung** *f unter* ~ *von* (*od Gen*) leaving s.th. behind

hinterlegen *v/t* deposit (*bei* with)

Hinterlegung *f* deposit: *gegen* ~ *von* (*od Gen*) on depositing s.th.

Hinterlist *f* **1.** insidiousness, underhandedness, *(verschlagen)* crafty

Hintermann *m* **1.** *mein etc* ~ the man (MOT car) behind me *etc* **2.** *fig mst Pl* man behind it

Hintermannschaft *f* defen/ce (*Am* -se)

Hintern *m* F bottom, backside, behind: *fig sich auf den* ~ *setzen* buckle down to work

Hinterrad *n* rear wheel **Hinterradantrieb** *m* MOT rear-wheel drive

hinterrücks *Adv* **1.** from behind **2.** *fig* behind s.o.'s back

Hinter|seite *f* back **~sitz** *m* back seat

hinterste *Adj* back (most), (*letzte*) last, hindmost: *am* ~*n Ende* at the very end

Hinterteil *n* **1.** back (part), rear **2.** → *Hintern*

Hintertreffen *n ins* ~ *geraten* fall behind, *weit. S.* be losing out

hintertreiben *v/t* prevent, (*Gesetz etc*) torpedo, (*vereiteln*) foil

Hintertreppe *f* back stairs *Pl*

Hintertür *f* **1.** back door **2.** *a* **Hintertürchen** *n* (*Ausweg*) loophole

Hinterwäldler(in) backwoodsman, *Am a.* hick **hinterwäldlerisch** *Adj* backwoods ..., *Am a.* hick ...

hinterziehen *v/t* **Steuern** ~ evade taxes

Hinterzimmer *n* back room

hintun *v/t* F put: *fig ich weiß nicht, wo ich ihn* ~ *soll* I can't place him

hinüber *Adv* over, *quer*: across: *da* ~*!* over there!; F ~ *sein* **a)** (*tot*) be gone,

b) (*betrunken*) be dead to the world, **c)** (*kaputt*) be ruined, have had it, **d)** (*verdorben*) gone bad **hinüberfahren I** *v/t* take (MOT *a.* drive) *s.o.*, *s.th.* over (*od* across) (*über Akk a bridge etc*) **II** *v/i* go (*od* travel, MOT drive) across (*od* over) (*nach, zu*)

Hinübersetzung *f* translation into the foreign language

Hin und Her: *das* ~ the coming and going, *a. fig* the to-and-fro; *nach langem* ~ after endless discussions

hin- und herlaufen *v/i* run to and fro

Hin- und Rück|fahrkarte *f* return (*Am* round-trip) ticket **~fahrt** *f* return journey, *Am* round trip **~flug** *m* return (*Am* round-trip) flight

hinunter *Adv* down: *den Hügel* ~ down the hill, downhill; *die Treppe* ~ down the stairs, downstairs; *die Straße* ~ down the street; *da* ~*!* down there!

hinunter... *fall, look, walk, etc* down, ~ *a. herunter...* **~gehen I** *v/i* → *heruntergehen* **II** *v/t* go (*od* walk) down (*the street, etc*) **~schlucken** *v/t a. fig* swallow **~spülen** *v/t a. fig* wash down **~stürzen I** *v/t* **1.** throw *s.o.*, *s.th.* down: *sich* ~ throw o.s. down **2.** (*rennen*) rush down (*the stairs etc*) **3.** (*trinken*) gulp down **II** *v/i* **4.** crash down

hinwagen *v/refl* *sich* ~ venture there

hinweg *Adv* **1.** (*fort*) away, off **2.** *über e-e Sache* ~ over (*od* across) s.th.; *fig über j-s* (*od* **j-s Kopf**) ~ over s.o.'s head **3.** *fig darüber ist er* ~ (*e-e Enttäuschung etc*) he has got over that

Hinweg *m* (*auf dem* ~ on the) way there

hinweg... → *fort..., weg...*

hinweg|gehen *v/i fig* ~ *über* (*Akk*) pass over, ignore; *lachend* (*achselzuckend*) *über etw* ~ laugh (shrug) s.th. off **~helfen** *v/t j-m über etw* ~ *a. fig* help s.o. to get over s.th. **~kommen** *v/i über etw* ~ *a. fig* get over s.th. **~sehen** *v/i über etw* ~ **a)** see (*od* look) over s.th., **b)** *fig* ignore s.th., overlook s.th. **~setzen I** *v/i über e-n Graben etc* ~ jump over **II** *v/refl sich* ~ *über* (*Akk*) → *hinweggehen*

Hinweis *m* (*auf Akk*) **1. a)** (*Rat*) tip, (*Wink*) hint (as to), **b)** *a. Pl* information (on, about), **c)** (*Anhaltspunkt*) indication (of), clue (as to), **d)** (*Anmerkung*) note (about), comment (on): *sach-*

dienliche ~*e* relevant information; ~*e zur Benutzung* directions for use **2.** (*Verweis*) reference (to) **3.** (*Anspielung*) allusion (to) **hinweisen I** *v/t j-n auf etw* ~ point s.th. out to s.o. **II** *v/i* ~ *auf* (*Akk*) *a. fig* a) indicate, (*verweisen*) refer to; *darauf* ~, *dass ...* point out (*betonen*: emphasize) that ...

hinweisend *Adj* ~*es Fürwort* demonstrative pronoun

Hinweis|schild *n*, **~tafel** *f* sign

hinwerfen *v/t* **1.** throw *s.th.* down, F (*fallen lassen*) drop (*a. fig Bemerkung etc*): *sich* ~ throw o.s. down; *j-m etw* ~ throw s.th. to s.o. **2.** F *fig* (*aufgeben*) chuck **3.** F *fig* (*Brief etc*) dash off

hinwirken *v/i* ~ *auf* (*Akk*) work towards

hinwollen *v/i* F want to go: *wo willst du hin?* where are you going?

hinziehen I *v/t* **1.** *a. fig* draw *s.o.*, *s.th.* (*zu* to, towards): *fig sich hingezogen fühlen zu* feel drawn towards **2.** *fig* (*verzögern*) drag *s.th.* out **II** *v/t* **3.** move (*über Akk* across, *zu* towards), (*umziehen*) move there **III** *v/refl sich* ~ **4.** *zeitlich*: drag on (*über Wochen etc* for weeks etc) **5.** *räumlich*: stretch (*bis zu* to, as far as)

hinzielen *v/i fig* ~ *auf* (*Akk*) aim at, *Sache*: be aimed at

hinzu *Adv* in addition, besides

hinzufügen *v/t* (*Dat*) add (to), (*beilegen*) enclose (with) **Hinzufügung** *f* addition: *unter* ~ *von* (*od Gen*) (by) adding, *als Beilage*: enclosing

hinzukommen *v/i* **1.** come (along): ~ *zu* (*sich anschließen*) join (*s.o.*, *s.th.*) **2.** be added, (*nachfolgen*) follow: *hinzu kommt, dass ...* add to this ..., besides ...; *es kommt noch hinzu, dass er ...* what is more he ... **hinzusetzen I** *v/t* (*Bemerkung etc*) add **II** *v/refl sich* (*zu j-m*) ~ join s.o., sit (down) with s.o. **hinzuziehen** *v/t a. fig* add **hinzuziehen** *v/t j-n* ~ call s.o. in, consult s.o.

Hiobsbotschaft *f* bad news *Sg*

Hipsters *Pl* (*Hüfthose*) hipsters *Pl*, *Am* hiphuggers *Pl*

Hirn *n* **1.** ANAT brain **2.** GASTR brains *Pl* **3.** *fig* (*Verstand*) brain(s *Pl*), (*Geist*) head, mind: *sich das* ~ *zermartern* rack one's brains

Hirngespinst *n* (*ein reines* ~ a mere)

fantasy, (*verstiegene Idee*) pipe dream
Hirnhaut ANAT meninges *Pl* **Hirnhautentzündung** *f* MED meningitis
hirnlos *Adj a.* F *fig* brainless
Hirnrinde *f* ANAT cerebral cortex
hirnrissig *Adj* F mad
Hirntod *m* brain death
Hirsch *m* stag, *als Gattung:* deer **~braten** *m* roast venison **~fänger** *m* hunting knife **~kalb** *n* fawn **~keule** *f* GASTR haunch of venison **~kuh** *f* hind **~leder** *n,* ⊇**ledern** *Adj* buckskin
Hirse *f* BOT millet
Hirte *m* heardsman, (*Schaf⊇*) shepherd (*a.* REL): *der Gute ~* (*Christus*) the (Good) Shepherd
Hirten|brief *m* REL pastoral **~spiel** *n* pastoral **~volk** *n* pastoral people
Hirtin *f* heardswoman, (*Schaf⊇*) shepherdessa
his, His *n* MUS B sharp
hissen *v/t* hoist
Historiker(in) historian **historisch** *Adj* historical, (*geschichtlich bedeutsam*) historic (*figure, moment, etc*)
Hit *m* MUS *u.* F *fig* hit **Hitliste** *f* MUS *the* top ten *etc* (of the week *etc*) **Hitparade** *f* MUS hit parade
Hitze *f allg* heat, *fig a.* passion: *in der ~ des Gefechts* in the heat of the moment ⊇**beständig** *Adj* heat-resistant ⊇**empfindlich** *Adj* sensitive to heat, heat-sensitive ⊇**frei** *Adj* **~ haben** have time off from school because of very hot weather
Hitzegrad *m* degree of heat
Hitzewelle *f* heat wave
Hitzschlag *m* heat stroke
HIV-negativ *Adj* HIV negative
HIV-positiv *Adj* HIV positive
H-Milch *f* long-life milk, UHT milk
Hobby *n* hobby **~raum** *m* workroom
hobeln *v/i u. v/t* plane
hoch *I Adj* **1.** *allg* high (*a. fig Einkommen, Kosten, Preis etc*), *Baum, Gestalt etc: a.* tall, *Schnee, Wasser:* deep, *Tempo etc, a. Ehre, Wert etc: a.* great, *Strafe:* heavy, *Stimme, Ton:* high(-pitched): *ein hohes Alter erreichen* live to a ripe old age; *e-e hohe Niederlage* SPORT a crushing defeat; MUS *das hohe C* top C; PARL *das Hohe Haus* the House; *der hohe Norden* the far North; *fig das ist mir zu ~!* that's above me!; →

Maß¹ 4, *Ross, Tier etc* **II** *Adv* **2.** high (*a. zahlenmäßig etc*), *fig* highly: *~ auflösend Bildschirm:* high-resolution; *~ begabt* highly gifted (*od* talented); *~ bezahlt* highly paid; *~ dotiert* highly paid, *Turnier etc:* carrying a high price; *~ empfindlich* highly sensative, FOTO high-speed (*film*); *~ entwickelt* highly developed, TECH sophisticated; *fig ~ gestellt* high-ranking; *~ gewachsen* tall; *~ qualifiziert* highly qualified; *~ schrauben* (*Preise*) force up, (*Erwartungen*) raise; *sich ~ schrauben* spiral up; *~ oben* high up, *am Himmel:* on high; *~ gewinnen* win high; *~ schätzen* esteem highly; *~ spielen* SPORT get trounced; *~ spielen* play (*a. fig* gamble) high; *sie kamen drei Mann ~* there were three of them; *j-m etw ~ und heilig versprechen* promise s.o. s.th. solemnly; *wenn es ~ kommt* at (the) most; *Hände ~!* hands up!; → *hinauswollen* 2 **3.** → **a)** *hinauf,* **b)** *herauf* **4.** MATHE *fünf ~ zwei* five (raised) to the second power; *sechs ~ drei* six cubed
Hoch *n* **1.** METEO *u. fig* high **2.** (*~ruf*) cheers *Pl*
Hochachtung *f* deep respect: *alle ~!* my compliment!; *mit vorzüglicher ~* → **hochachtungsvoll** *Adv Briefschluss:* Yours faithfully, Sincerely yours
Hochadel *m* high nobility
hochaktuell *Adj* highly topical
hochalpin *Adj* (high) alpine
Hochaltar *m* high altar
hochangesehen *Adj* highly esteemed
hochanständig *Adj* very decent
Hochantenne *f* overhead aerial (*bes Am* antenna)
hoch|arbeiten *v/refl* *sich ~* work one's way up **~auflösend** *Adj* high-resolution, TV *a.* high-definition
Hoch|bahn *f* elevated railway (*Am* railroad) **~bau** *m* structural engineering
hochberühmt *Adj* very famous, celebrated **hochbetagt** *Adj* very old, aged
Hochbetrieb *m* intense activity, (*Stoßzeit*) peak time, *im Verkehr:* rush hour, (*Hochsaison*) high season: *es herrschte ~* they (*od* we) were extremely busy
hoch|bringen *v/t* **1.** bring *s.o., s.th.* up **2.** (*heben*) get *s.th.* up **3.** *fig* (*Firma etc*) make *s.th.* a going concern: *e-e Firma*

wieder ~ put a firm back on its feet

~brisant *Adj* **1.** high-explosive **2.** *fig* explosive

Hochburg *f fig* stronghold

hochdeutsch *Adj*, **Hochdeutsch** *n* standard (*od* High) German

Hochdruck *m* **1.** METEO, PHYS high pressure: *fig* **mit ~ arbeiten** work (at) full blast **2.** MED (*Blut*Ω) high blood pressure **Hochdruckgebiet** *n* METEO high--pressure area

Hochebene *f* plateau

hocherfreut *Adj* (most) delighted (*über Akk* at)

Hochfinanz *f* high finance

hochfliegen *v/i* **1.** fly up, soar **2.** F *fig* explode, blow up **hochfliegend** *Adj fig Pläne etc*: ambitious, high-flown

Hoch|form *f* (*in~* in) top form **~format** *n* upright format **~frequenz** *f* radio frequency, *in Zssgn* radio-frequency, high-frequency

Hochfrisur *f* upswept hairstyle

hochgebildet *Adj* highly educated

Hochgebirge *n* high mountain region, high mountains *Pl*

Hochgebirgs... alpine, mountain

Hochgefühl *n* elation

hochgehen I *v/i* **1.** *allg* go up, *Vorhang, Preise*: *a.* rise **2.** F *Bombe etc*: explode, blow up, *fig Person*: *a.* hit the ceiling: *etw* ~ *lassen* blow s.th. up **3.** F *Verbrecher etc*: be caught: ~ *lassen* expose, (*schnappen*) nab, (*Bande*) round up, *sl* bust **II** *v/t* → *hinaufgehen* II

Hochgenuss *m* (real) treat

hochgeschlossen *Adj* high-necked

Hochgeschwindigkeits... high-speed ... **~zug** *m* high-speed train

hochgespannt *Adj Erwartungen etc*: high, *Pläne etc*: ambitious **hochgestochen** *Adj* F **1.** (*eingebildet*) stuck-up **2.** (*blasiert*) jumped-up, very highbrow

Hochglanz *m* high polish (*od* gloss)

Hochglanzpapier *n* high-gloss paper

hochgradig *Adj* **1.** extreme, TECH high--grade **2.** F *fig Unsinn etc*: utter

hochhackig *Adj* high-heeled

hochhalten *v/t* **1.** hold s.o., s.th. up **2.** *fig* uphold, (*j-s Andenken*) hono(u)r

Hochhaus *n* tower block, high rise

hochheben *v/t* lift (up), raise

hochinteressant *Adj* most interesting

hochjubeln *v/t* F glorify

hochkant *Adv* on end: ~ *stellen a.* up-end **hochkarätig** *Adj* **1.** high-carat **2.** *fig* 24-carat, top(-calibre)

hochklappen *v/t* fold s.th. up

hochkommen *v/i* **1.** come up: (*wieder*) ~ get up (again), *fig* get back on one's feet **2.** *fig im Leben*: get ahead, F make it **3.** *wenn es hochkommt* at the most, at best

Hochkonjunktur *f* WIRTSCH boom

hochkrempeln *v/t* roll up

hochkriegen F → *hochbringen*

Hochland *n* highland(s *Pl*)

hochleben *v/i* **j-n** ~ *lassen* give three cheers for s.o., *bei Tisch*: toast s.o.; *er lebe hoch!* three cheers for him!

Hochleistung *f* high performance

Hochleistungs... TECH high-pow-er(ed), high-powered ..., heavy-duty ... **~sport** *m* competitive sport(s *Pl*) **~sportler(in)** competitive (*weit. S.* top) athlete

hochmodern *Adj* ultramodern

Hochmoor *n* moor

Hochmut *m* arrogance

hochmütig *Adj* arrogant

hochnäsig *Adj* stuck-up

hochnehmen *v/t* **1.** pick s.o., s.th. up **2.** F *fig* **j-n** ~ **a)** (*hänseln*) pull s.o.'s leg, **b)** (*übervorteilen*) fleece s.o., take s.o. for a ride, **c)** (*verhaften*) nab s.o.

Hochofen *m* (blast) furnace

hochprozentig *Adj* **1.** CHEM highly concentrated **2.** *Schnaps etc*: high-proof

hochrechnen *v/t* project

Hochrechnung *f* projection, *a.* (computer) forecast

Hochrelief *n* high relief **Hochruf** *m* cheer **Hochsaison** *f* peak season

hochschaukeln *v/t* F *fig* (*a.* **sich ~**) escalate **hochschnellen** *v/i* **1.** bounce up **2.** *fig Preise*: rocket

Hochschul|abschluss *m* (university) degree **~ausbildung** *f* university (*od* college) training (*od* education)

Hochschule *f* **a)** university, college, **b)** college, academy **Hochschüler(in)** university (*od* college) student

Hochschul|lehrer(in) university teacher **~reife** *f* matriculation standard

hochschwanger *Adj* far advanced in pregnancy

Hochsee *f* high sea(s *Pl*)

Hochseefischerei *f* deep-sea fishing

H

Hochseejacht f ocean yacht
Hochsitz m JAGD (raised) hide
Hochsommer m (**im ~** in) midsummer
Hochspannung f 1. ELEK high tension (od voltage) 2. fig high tension, (gespannte Erwartung) great suspense
Hochspannungskabel n high-voltage cable
hochspielen v/t fig **etw ~** play s.th. up
Hochsprache f standard language: **die deutsche ~** Standard German
hochsprachlich Adj standard: **nicht ~** substandard
Hochspringer(in) SPORT high jumper
Hochsprung m SPORT high jump
höchst Adv highly, most, extremely: → **höchste Höchstalter** f maximum age
Hochstapelei f 1. a. fig imposture 2. (Übertreibung) (gross) overstatement
hochstapeln v/i 1. be an impostor 2. (übertreiben) exaggerate
Hochstapler(in) impostor, fig fraud
Höchstbelastung f TECH maximum load
Höchstbetrag m maximum (amount)
höchste Adj allg highest, WIRTSCH, TECH a. maximum, top, (größte) a. tallest, (oberste) a. uppermost, (äußerste) a. extreme, utmost: **am ~n** highest; **aufs** 2 → **höchst**; → **Zeit** 1
Hochstelltaste f shift key
höchstens Adv 1. at (the) most, at best: VERW **ein Betrag** etc **von ~** not exceeding 2. (außer) except
Höchst|fall m **im ~** → **höchstens** 1 **~form** f SPORT top form **~geschwindigkeit** f maximum (od top) speed: **mit ~** at top speed; **zulässige ~** speed limit
Höchst|grenze f upper limit **~leistung** f allg top performance, SPORT a. record, TECH a. maxium output, in der Forschung etc: supreme achievement
Höchstmaß n **ein ~ an Sicherheit** etc a maximum of safety etc
höchstpersönlich Adj personal(ly Adv), Adv a. in person
Höchst|preis m maximum price: **zum ~** at the highest price **~stand** m highest level **~strafe** f maximum penalty 2**wahrscheinlich** Adv in all probability **~wert** m maximum value 2**zulässig** Adj maximum (permissible)
Hochtouren Pl **auf ~ bringen a**) (Motor etc) rev s.th. up to full speed, **b**) fig get

s.o., s.th. really going; **auf ~ laufen** run at full speed, a. fig go at full blast
hochtourig Adj MOT high-revving
hochtrabend Adj pompous
hochtreiben v/t fig force up
Hoch- und Tiefbau m structural and civil engineering
hochverdient Adj Sieg, Erfolg etc: well-deserved, Person: of great merit
hochverehrt Adj highly esteemed, in der Anrede: Dear Mr. Brown etc; **~er Herr Präsident!** Mr. President, Sir!
Hochverrat m high treason
hochverräterisch Adj treasonable
hochverzinslich Adj high-interest-bearing
Hochwald m timber forest
Hochwasser n 1. bei Flut: high tide (od water) 2. (Überschwemmung) flood: **der Fluss führt ~** the river is in flood
Hochwasser|gefahr f danger of flooding **~katastrophe** f flood disaster **~stand** m high-water level
hochwerfen v/t throw s.o., s.th. up
hochwertig Adj high-grade, high-quality, präd of high quality, Lebensmittel: highly nutritious
Hochwild n big game
Hochzeit f wedding, (Trauung) a. marriage: **~ haben, ~ feiern** get married; **zur ~ schenken (bekommen)** give (get) as a wedding present
Hochzeits... wedding (present, dress, etc) **~nacht** f wedding night **~reise** f honeymoon (trip): **auf ~** honeymooning **~tag** m wedding day, (Jahrestag) wedding anniversary
hochziehen v/t allg draw up, (Last, Hose etc, a. Flugzeug) pull up, (Fahne, Segel) hoist: **sich ~ an** (Dat) **a**) pull o.s. up by, **b**) F fig get an ego-boost out of
Hocke f 1. squat: **in die ~ gehen** squat down 2. **a**) Turnen: crouch, **b**) Kunstspringen: tuck (position), **c**) → **Hocksprung**
hocken v/i 1. squat, crouch 2. Dialekt sit, Vogel: perch: **über s-n Büchern ~** pore over one's books **Hocker** m stool
Höcker m ZOOL hump, (Schnabel2) knob
Hockey n hockey **~schläger** m hockey stick **~spieler(in)** hockey player
Hocksprung m Turnen: squat jump, übers Pferd etc: squat vault, Kunst-

springen: tuck(ed) jump

Hode *f*, **Hoden** *m* ANAT testicle

Hodensack *m* ANAT scrotum

Hof *m* **1.** yard, (*Innen2*) *a.* court(yard), (*Hinter2*) backyard, (*Schul2*) schoolyard **2.** (*Bauern2*) farm **3.** (*Fürsten2*) court: *am ~, bei ~e* at court; *j-m den ~ machen* court s.o. **4.** ASTR, MED, OPT halo

Hofdame *f* lady-in-waiting

hoffen *v/i u. v/t* (*auf Akk*) hope (for), (*vertrauen*) trust (in): *ich hoffe (es)* I hope so; *ich hoffe nicht* I hope not; *das will ich nicht ~* I hope not; *~ wir das Beste!* let's hope for the best!

hoffentlich *Adv* I (*od* we) hope so, let's hope so, F hopefully: *~ nicht!* I hope not!

Hoffnung *f* hope (*auf Akk* of): *die ~ aufgeben* (*verlieren*) abandon (lose) hope; *j-m ~en machen* raise s.o.'s hopes; *er machte mir k-e ~en* he didn't hold out any hopes for me; *sich ~en machen* have hopes (*auf Akk* of Ger); *mach dir k-e* (*falschen*) *~en!* don't be too hopeful!; *s-e ~ setzen auf* (*Akk*) pin one's hopes on; *j-n in s-n ~en enttäuschen* dash s.o.'s hopes; (*neue*) *~ schöpfen* have new hopes; *es besteht k-e ~* there is no hope; *in der ~ zu Inf* hoping to Inf; *er ist m-e einzige ~* he is my only hope; POL, *Sport etc die große ~* the (great) white hope

Hoffnungslauf *m* SPORT repechage

hoffnungslos *Adj a. fig* hopeless: *er ist ein ~er Fall* he's hopeless **Hoffnungslosigkeit** *f* hopelessness, despair

Hoffnungsschimmer *m* glimmer of hope **Hoffnungsträger(in)** POL, *Sport etc the* (great) white hope

hoffnungsvoll *Adj* hopeful, *präd* full of hope (*a. Adv*), *Talent etc*: promising

hofieren *v/t* flatter, *pej* fawn upon

höfisch *Adj* courtly

höflich *Adj* (*zu* to) polite, courteous **Höflichkeit** *f* **1.** (*aus ~* out of) politeness: *in aller ~* very politely **2.** *mst Pl* compliment

Höflichkeitsbesuch *m* courtesy visit

Hofnarr *m hist u. iron* court jester

Hofrat *m österr.* Counsel(l)or

hohe → hoch I

Höhe *f* **1.** *allg* height, *über dem Meeresspiegel*, *a.* FLUG *etc* altitude, (*Niveau*)

level: *in e-r ~ von ...* at a height (*od* an altitude) of ...; *in die ~* up (→ *a. Zssgn mit hoch*); *an ~ verlieren* lose height; *auf der ~ von* **a)** GEOG in the latitude of (*London etc*), **b)** SCHIFF off (*Dover etc*); *auf gleicher ~* (fig on *a.*) level (*mit* with); *fig auf der ~ s-s Ruhms* (*s-r Macht etc*) at the height of his fame (power); F *auf der ~ sein* be in good form; *auf der ~* (*der Zeit*) *sein* be up to date; *ich bin nicht ganz auf der ~* I'm not feeling up to the mark; F *das ist doch die ~!* that's the limit! **2.** (*An2*) hill, height(s *Pl*), (*Gipfel*) top, summit **3.** *e-s Betrages etc*: amount, *e-r Strafe etc*: degree: *e-e Summe in ~* a sum (to the amount) of; *Betrag, Strafe etc bis zu e-r ~ von* up to, not exceeding

Hoheit *f* **1.** POL sovereignty **2.** (*Titel*) (*Seine, Ihre*) *~* (His, Her) Highness **3.** *fig* grandeur, majesty

hoheitlich *Adj* sovereign

Hoheits|abzeichen *n* national emblem, FLUG nationality marking **~gebiet** *n* (*deutsches ~* German) territory **~gewässer** *Pl* territorial waters *Pl*

Höhen|flosse *f* FLUG tail plane **~flug** *m* **1.** high-altitude flight **2.** *fig* (intellectual *etc*) flight **~krankheit** *f* altitude sickness **~kurort** *m* mountain (health) resort **~lage** *f* altitude **~leitwerk** *n* FLUG elevator unit **~messer** *m* altimeter **~sonne** *f* **1.** mountain sun **2.** MED sunray lamp, sunlamp **~unterschied** *m* difference in altitude **2verstellbar** *Adj* height-adjustable **~zug** *m* range of hills, mountain range

Höhepunkt *m allg* peak, height, climax (*a. e-s Dramas, a. Orgasmus*), *des Ruhms etc*: zenith, *e-r Epoche etc*: heyday, *e-s Festes etc*: highlight: *auf dem ~* at its height; *auf dem ~ s-r Macht* at the height of his power; *das Fest erreichte s-n* (*od den*) *~, als* the party reached its (*od a*) climax when

höher *Adj u. Adv* higher (*a. fig*), (*rang~*) senior: *~er Dienst* senior service; *~e Bildung* higher education; *~e Schule* secondary school; *in ~em Maße* to a greater extent, more; *nach 2em streben* strive for higher things; *fig ~ schrauben* increase, (*Preise*) force up

hohl Adj a. fig hollow: **in der ~en Hand** in the hollow of one's hand

Höhle f **1.** (etw) **2.** ZOOL hole (a. F fig Behausung): fig **sich in die ~ des Löwen wagen** beard the lion in his den **3.** ANAT cavity, (Augen2) socket

Höhlen|forscher(in) spel(a)eologist, F pot-holer **~forschung** f spel(a)eology

Höhlenmensch m cave man

Hohlheit f a. fig hollowness

Hohl|kehle f TECH groove **~kopf** m F numskull **~körper** m MATHE hollow body **~kreuz** n MED hollow back **~kugel** f hollow sphere **~maß** n measure of capacity, dry measure **~raum** m cavity, hollow **~saum** m hemstitch **~schliff** m hollow grinding: **mit ~** hollow-ground **~spiegel** m concave mirror

Höhlung f hollow, cavity

Hohlweg m ravine **Hohlziegel** m cavity brick, fürs Dach: hollow tile

Hohn m scorn, derision, (höhnische Bemerkung) sneers Pl: **nur ~ und Spott ernten** earn but scorn and derision; **ein ~ auf** (Akk) a mockery of; **j-m zum ~** in defiance of s.o.; **~ lachen** sneer; fig **e-r Sache ~ sprechen** make a mockery of s.th. **höhnen** v/i (über Akk at) sneer, jeer **Hohngelächter** n derisive laughter **höhnisch** Adj sneering

hohnlächeln v/i sneer

Hokuspokus m hocus-pocus, F fig a. mumbo-jumbo: **~!** hey presto!

hold Adj **1.** lovely, sweet **2.** das Glück war **ihm ~** he was lucky

Holdinggesellschaft f WIRTSCH holding company

holen v/t **1.** (etw) get, fetch: **j-m etw ~** get s.th. for s.o.; **etw aus der Tasche ~** take (od draw) s.th. out of one's pocket; F **da ist nichts zu ~!** there's nothing in it (for us)!; **bei ihm ist nichts zu ~!** you won't get anything out of him!; → **Atem, Luft 2 2.** (j-n) call: **j-n ~ lassen** send for s.o. **3.** (ab-~) come for, pick s.o., s.th. up **4.** **sich etw ~ a)** get o.s., fetch, b) F (Krankheit etc) catch, get; **du wirst dir noch etw ~!** you'll catch s.th. yet!; **sich bei j-m e-n Rat ~** ask s.o.'s advice; **sich e-n Preis ~** win (od get, Sache: fetch) a prize; → **Abfuhr 2**

Holland n Holland

Holländer m Dutchman: **die ~** the

Dutch **Holländerin** f Dutchwoman

holländisch Adj, 2 n LING Dutch

Hölle f hell: **in der ~** in hell; **die ~ auf Erden** hell on earth; F **j-m die ~ heiß machen** give s.o. hell; **j-m das Leben zur ~ machen** make life a perfect hell for s.o.; **zur ~ damit!** to hell with it!; **die ~ ist los!** all hell has broken loose!

Höllen|angst f F **e-e ~ haben** be scared stiff (**vor** Dat of) **~lärm** m infernal noise: **e-n ~ machen** make a hell of a noise **~maschine** f time bomb

Höllenqual f F fig agony: **~en ausstehen** suffer hell **Höllentempo** n F (**mit e-m ~** at) breakneck speed

höllisch Adj infernal, F hellish, awful: Adv **~** auch: be damn careful; **es tut ~ weh** it hurts like hell

Holm m beam, am Barren: bar, FLUG spar

Holocaust m holocaust

Hologramm n OPT hologram

Holographie f holography

holp(e)rig Adj **1.** Weg etc: bumpy **2.** fig Vers etc: clumsy **holpern** v/i **1.** bump, jolt **2.** fig beim Lesen: stumble

Holunder m BOT elder **~beere** f elderberry **~tee** m elderflower tea

Holz n **1.** wood, (Nutz2) timber: **aus ~** (made of) wood, wooden; **~ verarbeitend** wood processing; fig **aus dem gleichen ~ geschnitzt** of the same stamp; **aus härterem ~ geschnitzt** made of sterner stuff **2.** (Kegel) pin: **gut ~!** good bowling!

Holz|bauweise f timber(-frame) construction **~bearbeitung** f woodworking **~bläser(in)** MUS **1.** woodwind player **2.** Pl the woodwind (section)

holzen v/i F Fußball: clog, play rough

hölzern Adj wooden, fig a. clumsy

Holzfäller(in) woodcutter, bes Am lumberjack

holzfrei Adj Papier: wood-free

Holzhacken n wood chopping

Holzhammer m mallet: F fig **mit dem ~** with a sledgehammer

Holzhandel m timber (Am lumber) trade **Holzhaus** n wooden house

holzig Adj woody, Rettich etc: stringy

Holzkitt m plastic wood **Holzkohle** f charcoal **Holzscheit** n log

Holzschnitt m wood engraving

Holzstoß m stack of wood

Holztäfelung f wood(en) panel(l)ing

Holzverarbeitung f wood processing

Holzweg m F fig **auf dem ~ sein a)** be on the wrong track, **b)** be very much mistaken

Holzwolle f wood wool, Am excelsior

Holzwurm m woodworm

Home|banking n home banking **~page** f home page **~shopping** n home shopping **~trainer** m exercise machine, (Fahrrad) exercise bike

Homo m F gay, pej a. homo, queer

Homoehe f F gay marriage, same-sex marriage

homogen Adj homogeneous

Homonym n LING homonym

Homöopath(in) m MED hom(o)eopath

Homöopathie f hom(o)eopathy

homöopathisch Adj hom(o)eopathic(ally Adv)

homophil Adj, **Homophile** m homophile

Homosexualität f homosexuality

homosexuell Adj, **Homosexuelle** m, f homosexual, f a. lesbian

Honig m honey **~kuchen** m gingerbread **~lecken** n F **das war kein ~!** that was no picnic! **~melone** f honeydew melon ²**süß** Adj (as) sweet as honey, fig honeyed

Honorar n fee, -s Autors: royalty

Honoratioren Pl notabilities Pl

honorieren v/t **1.** j-n ~ pay (a fee to) s.o. **2.** etw ~ pay for s.th. **3.** WIRTSCH (Wechsel etc) hono(u)r, fig (belohnen) a. reward

honoris causa: Professor etc ~ honorary professor etc

Hopfen m BOT Hop: F fig **an ihm ist ~ und Malz verloren** he's hopeless

hopp Interj **a)** hop!, **b)** a. ~, ~! quick!

hoppla Interj (wh)oops!, (nanu) hey!

hops Interj jump! **Hops** m hop **hopsa** Interj (wh)oops! **hopsen** v/i, **Hopser** m hop

hopsgehen v/i F **a)** break, get broken, **b)** go down the drain, **c)** get nabbed, **d)** kick the bucket

hopsnehmen v/t F nab

hörbar Adj audible

Hör|behinderte m, f hearing-impaired person **~bild** n radio feature **~brille** f earglasses Pl **~buch** n talking book

horchen v/i listen (**auf** Akk to), heim-

lich: a. eavesdrop: **horch!** listen!

Horcher(in) eavesdropper

Horchposten m MIL u. fig listening post

Horde f a. fig horde, pej a. gang

hören v/t u. v/i **1.** hear (**von** about, of), (an~, a. fig ~ **auf** [Akk]) listen to: **hör mal!** listen!; **ich lasse von mir ~!** I'll be in touch!; **wie ich höre, will er kommen** I understand he wants to come **2.** F (gehorchen) obey **3.** UNI (Vorlesung) attend, (Fach) study

Hörensagen n (**vom ~** by) hearsay

Hörer m **1.** (Zu2, Radio2 etc) listener, UNI student **2.** (Kopf2) earphone(s Pl) **3.** TEL receiver: **den ~ auflegen** hang up **Hörerin** f → **Hörer** 1

Hörerschaft f **1.** the listeners Pl, audience **2.** UNI (number of) students Pl

Hörfehler m MED hearing defect **Hörfolge** f radio series (in Fortsetzungen: serial)

Hörfunk m radio

Hörgerät n, **Hörhilfe** f hearing aid

hörig Adj j-m ~ **sein** a. sexuell: be enslaved to s.o. **Hörigkeit** f bondage

Horizont m (**am ~** on the) horizon (a. fig): **s-n ~ erweitern** broaden one's mind; F **das geht über m-n ~** that's beyond me **horizontal** Adj, **Horizontale** f horizontal

Hormon n hormone

Hormon..., hormonal Adj hormonal

Hörmuschel f TEL earpiece

Horn n **1.** allg horn, (Schnecken2) a. feeler: **aus ~** (made of) horn; fig **sich die Hörner abstoßen** sow one's wild oats; F j-m **Hörner aufsetzen** cuckold s.o.; → **Stier** 1 **2.** MUS horn, MIL bugle: fig **ins gleiche ~ stoßen** chime in with s.o.

Hornbläser(in) m MUS horn player **Hornbrille** f horn-rimmed spectacles Pl

Hörnchen n **1.** little horn **2.** GASTR croissant **3.** ZOOL squirrel

Hörnerv m auditory nerve

Hornhaut f **1.** horny skin, callus **2.** des Auges: cornea

Hornisse f ZOOL hornet

Hornist(in) m MUS hornist, MIL bugler

Hornsignal n bugle call

Hornvieh n horned cattle

Horoskop n (j-m **das ~ stellen** cast s.o.'s) horoscope

H

Hörrohr n **1.** ear trumpet **2.** MED stethoscope

Horror m horror (**vor** Dat of)

Horrorfilm m horror film

Hörsaal m lecture hall

Hors d'oeuvre n GASTR hors d'oeuvre

Hörspiel n radio play

Horst m nest, (Adler2 etc) eyrie

Hort m **1.** (Schatz) hoard, treasure **2.** (Zufluchtsort) (safe) refuge **3.** fig (Bollwerk) stronghold **4.** (Kinder2) day nursery

horten v/t hoard

Hortensie f BOT hydrangea

Hörvermögen n hearing

Hörweite f hearing range: **in** (**außer**) ~ within (out of) hearing (od earshot)

Höschen n (Damen2) panties Pl, knickers Pl: F **heiße** ~ hot pants Pl

Hose f (a. **ein Paar** ~**n**) (a pair of) trousers Pl, pants Pl, (Freizeit2) slacks Pl, (kurze ~) shorts Pl: **zwei** ~**n** two pairs of trousers (etc); (**sich**) **in die** ~(**n**) **machen a**) make a mess in one's pants, **b**) F fig be scared stiff; F **die** ~**n anhaben** wear the trousers (bes Am pants); F **das ging in die** ~ that was a complete flop; F **tote** ~ complete washout

Hosen|anzug m trouser suit, bes Am pantsuit ~**bein** n trouser leg ~**boden** m (trouser) seat: F fig **sich auf den** ~ **setzen** buckle down to work ~**bügel** m trouser hanger ~**bund** m waistband ~**rock** m divided skirt, bes Am pantskirt ~**schlitz** m fly ~**tasche** f trouser(s) pocket ~**träger** Pl (pair of) braces Pl, Am suspenders Pl

Hospital n hospital

Hospitant(in) UNI guest student

hospitieren v/i PÄD sit in on classes (UNI lectures) (**bei** with)

Hospiz n hospice

Host m COMPUTER host

Hostess f hostess

Hostie f host, consecrated wafer

Hot Dog n u. m hot dog

Hotel n hotel: ~ **garni** bed and breakfast hotel ~**boy** m page (boy), Am bellboy ~**fach** n, ~**gewerbe** n hotel business

Hotelier m hotelier

Hotline f hot line

Hub m MOT etc stroke, e-s Krans: lift

hüben Adv over here, on this side: ~ **und** (od **wie**) **drüben** on both sides

Hubkraft f lifting capacity

Hubraum m MOT cubic capacity

hübsch Adj pretty, a. Mann: good-looking, (nett) nice, F fig a. fine: **ein** ~**es Sümmchen** a tidy sum; **es wäre** ~, **wenn** ... it would be nice (od lovely) if ...; **das wirst du** ~ **bleiben lassen!** you're not going to do anything of the sort!; **na**, ~e(r)! hey, good-looking!

Hubschrauber m helicopter ~**lande-platz** m heliport

Hubstapler m forklift (truck)

Hubvolumen n MOT swept volume

Hucke f F j-m **die** ~ **voll hauen** give s.o. a sound thrashing; **j-m die** ~ **voll lügen** tell s.o. a pack of lies

huckepack Adv F pick-a-back **Huckepackverkehr** m pick-a-back traffic

hudeln v/i F work sloppily

Huf m hoof

Hufeisen n horseshoe

Hufeisenform f (**in** ~ arranged in a) horseshoe

hufeisenförmig Adj horseshoe-shaped

Huflattich m BOT coltsfoot

Hufschmied(in) farrier

Hüftbein n hip-bone **Hüfte** f hip

Hüft|gelenk n hip joint ~**gürtel** m, ~**halter** m suspender (Am garter) belt 2**hoch** Adj u. Adv waist-high, Wasser: waist-deep ~**leiden** n hip complaint

Hüftumfang m hip measurement

Hügel m hill, kleiner: hillock, (Erd2) mound **hüg(e)lig** Adj hilly

Huhn n fowl, chicken (a. GASTR), (Henne) hen: **mit den Hühnern aufstehen** (**zu Bett gehen**) get up with the lark (go to bed early); F **da lachen ja die Hühner!** that's a laugh!; **dummes** ~ silly goose; **verrücktes** ~ crazy thing

Hühnchen n **1.** (young) chicken: F fig **mit j-m ein** ~ **zu rupfen haben** have a score to settle with s.o. **2.** (Brat2) (roast) chicken

Hühnerauge n MED corn: F fig **j-m auf die** ~**n treten** tread on s.o.'s corns

Hühneraugenpflaster n corn plaster

Hühner|brühe f chicken broth ~**brust** f **1.** GASTR chicken breast **2.** MED pigeon breast ~**ei** n hen's egg ~**farm** f chicken farm ~**futter** n chickenfeed ~**hof** m chicken yard ~**hund** m ZOOL pointer ~**leiter** f chicken ladder ~**pest** f VET fowl pest ~**stall** m henhouse ~**stange**

f perch ~**zucht** *f* chicken farming

huldigen *v/i* **1.** *j-m* ~ pay homage to s.o. **2.** *fig* (*e-r Ansicht etc*) embrace, (*e-m Laster etc*) indulge in **Huldigung** *f* homage (**an** *Akk*, **für** *od Gen* to)

Hülle *f* **1.** cover, wrap(ping), (*Schallplatten*2) sleeve, *Am* jacket (*a. Buch*2, *Schutz*2), (*Umschlag, Ballon*2) envelope, (*Futteral*) case; *fig* **die sterbliche** ~ the mortal remains *Pl* **2.** F (*Kleidung*) clothes *Pl* **3.** *fig* veil, cloak **4. in** ~ **und Fülle** in abundance, plenty of, *whisky etc* galore **hüllen** *v/t* (**in** *Akk*) wrap *s.o., s.th.* (up) (in), cover (with): *fig* **sich in Schweigen** ~ remain silent (**über** *Akk* about); **in Schweigen gehüllt** wrapped in silence; **in Dunkel (Nebel) gehüllt** shrouded in darkness (fog)

hüllenlos *Adj* naked

Hülse *f* **1.** BOT hull, husk, (*Schote*) pod **2.** TECH sleeve, socket, (*Etui, Geschoss*2 *etc*) case **Hülsenfrucht** *f* legume(n), *Pl bes* GASTR pulse *Sg*

human *Adj* humane, F *a.* decent, MED human

Humanismus *m* humanism: *hist der* ~ Humanism **Humanist(in)** humanist, PÄD, UNI classicist, *hist* Humanist

humanistisch *Adj* humanist(ic), PÄD, UNI classical: → **Gymnasium**

humanitär *Adj* humanitarian

Humanität *f* humaneness, humanity

Humankapital *n* WIRTSCH human resources, human capital

Humanmedizin *f* human medicine

Humbug *m* humbug

Hummel *f* ZOOL bumblebee

Hummer *m* ZOOL lobster

Hummerkrabben *Pl* king prawns *Pl*

Humor *m* (sense of) humo(u)r: *den* ~ **behalten** (**verlieren**) keep (lose) one's sense of humo(u)r; *etw mit* ~ **aufnehmen** take s.th. in good humo(u)r

Humoreske *f* humorous sketch (*od* story), humoresque **Humorist(in)** humorist **humoristisch** *Adj* humorous

humorlos *Adj* humo(u)rless: *er ist völlig* ~ *a.* he has absolutely no sense of humo(u)r **humorvoll** *Adj* humorous

humpeln *v/i* limp

Humus *m* humus ~**erde** *f* humus soil

Humusschicht *f* humus layer, topsoil

Hund *m* dog, (*Jagd*2) hound: *junger* ~ puppy; *fig pej* **feiger** (**schlauer**) ~ yellow (sly) dog; F (*gemeiner*) ~ bastard; *der arme* ~! (the) poor sod!; *das ist ja ein dicker* ~! that takes the cake!; *auf den* ~ **kommen** go to the dogs; (*ganz*) *auf dem* ~ **sein** be down and out, *gesundheitlich*: *a.* be a wreck; *vor die* ~**e gehen a)** go to the dogs, **b)** (*sterben*) kick the bucket; *wie* ~ **und Katze leben** lead a cat-and-dog life; *er ist bekannt wie ein bunter* ~ he's known all over the place; *da liegt der* ~ **begraben!** that's it (*od* why)!; *damit kann man k-n* ~ **hinterm Ofen hervorlocken!** that won't tempt anybody!, that's just no good!; ~**e, die bellen, beißen nicht** barking dogs seldom bite

Hunde|**ausstellung** *f* dog show **2elend** *Adj* F *mir ist* ~ I feel lousy ~**futter** *n* dog food ~**halsband** *n* dog collar ~**hütte** *f* (dog) kennel **2kalt** *Adj* F *es ist* ~ it is freezing cold ~**kuchen** *m* dog biscuit ~**leben** *n* F dog's life ~**leine** *f* dog lead, dog leash ~**marke** *f* dog licence disc, *Am* dog tag **2müde** *Adj* F dog-tired

hundert *Adj a* (*od one*) hundred: *einige* (*od ein paar*) 2 *Leute* a few hundred people; *zu* ~**en** in hundreds; ~ *Mal* a hundred times **Hundert**[1] *n* (*Maß*) hundred: *zehn von* ~ ten in a hundred, ten per cent **Hundert**[2] *f* hundred **Hunderter** *m* **1.** MATHE **a)** (hundred), **b)** three-figure number **2.** F one-hundred-euro *etc* note (*Am* bill)

hunderterlei *Adj* a hundred and one

Hunderteuroschein *m* one-hundred-euro note (*Am* bill)

hundertfach I *Adj* hundredfold **II** *Adv* a hundred times

Hundertjahrfeier *f* centenary, *Am* centennial **hundertjährig** *Adj* **1.** one-hundred-year-old **2.** of a hundred years, hundred years' ...

Hundertmeterlauf *m* *the* 100-met/re (*Am* -er) dash

hundertprozentig *Adj* a hundred per cent (*a. fig*), *Alkohol, Wolle etc*: pure, *fig* out-and-out (*conservative etc*): F *das weiß ich* ~ I'm dead sure

Hundertschaft *f der Polizei*: squadron **hundertst** *Adj* hundredth **hundertstel** *Adj*, 2 *n* hundredth **hunderttausend** *Adj* a (*od one*) hundred thousand

Hunde|**salon** *m* dog parlo(u)r ~**wetter** *n* F filthy weather ~**zucht** *f* **1.** dog

breeding **2.** (breeding) kennel(s *Pl*)
~züchter(in) dog breeder
Hündin *f* bitch
hündisch *Adj fig* cringing
hundsgemein *Adj* F dirty, low-down,
(*böse, ekelhaft*) nasty, (*schwierig*) hell-
ish **hundsmiserabel** *Adj* F lousy
Hundstage *Pl* dog days *Pl*
Hüne *m* giant **Hünengrab** *n* megalithic
grave **hünenhaft** *Adj* gigantic
Hunger *m allg* hunger (*a. fig nach* for),
(*Hungersnot*) a. famine: **~ haben** (**be-
kommen**) be (get) hungry; **~ leiden**
go hungry; **~s** (*od vor*~) **sterben** starve
to death; F **ich sterbe vor ~** I'm starv-
ing; **Hungerkur** *f* starvation diet
Hungerleider(in) *m* starveling
Hungerlohn *m* starvation wages *Pl*
hungern I *v/i* go hungry, starve, *bes fig*
hunger (*nach* for), (*fasten*) starve *v/i*,
go without food II *v/refl* **sich zu Tode ~**
starve o.s. to death
hungernd *Adj* hungry, starving
Hungerödem *n* MED famine (o)edema
Hungersnot *f* famine
Hungerstreik *m* (**in den ~ treten** go on
a) hunger strike **Hungertod** *m* death
from starvation: **den ~ erleiden** die
of starvation **Hungertuch** *n* F *fig am*
~ nagen be starving
hungrig *Adj a. fig* hungry (*nach* for):
das macht ~ that makes you hungry
Hunne *m*, **Hunnin** *f hist* Hun
Hupe *f* horn: **auf die ~ drücken** → **hu-
pen** *v/i* hoot, sound the horn
hüpfen *v/i* hop, skip, *Ball:* bounce
Hup|signal *n*, **~zeichen** *n* MOT hoot
Hürde *f* **1.** *a. fig* (**e-e ~ nehmen** take a)
hurdle **2.** (*Pferch*) fold
Hürdenlauf *m* SPORT hurdle race, hurd-
ling **Hürdenläufer(in)** *m* hurdler
Hure *f* whore **Hurenbock** *m* whore-
monger **Hurenhaus** *n* whorehouse
hurra *Interj* hurray!, hurrah!
Hurrapatriot(in) *m* jingoist
Hurrapatriotismus *m* jingoism
Hurrikan *m* hurricane
husch *Interj* whoosh!, *scheuchend:*
shoo!
huschen *v/i* flit
hüsteln *v/i* cough slightly
husten I *v/i* cough (*a.* F *fig Motor etc*):
stark ~ have a bad cough; F *fig* **~ auf**
(*Akk*) not to give a damn for II *v/t*

(*aus*~) cough up: F *fig* **dem werde
ich was ~!** to hell with him!
Husten *m* cough **~anfall** *m* coughing fit
~bonbon *m*, *n* cough drop **~reiz** *m*
tickle in the throat **~saft** *m* cough syrup
~tropfen *Pl* cough drops *Pl*
Hut¹ *m* **1.** hat: **den ~ abnehmen** (*od zie-
hen*) take off one's hat (*fig vor j-m* to
s.o.); **~ ab** (*vor dir*)! I'll take my hat off
(to you)!; **alles unter einen ~ bringen**
reconcile things; F **damit habe ich
nichts am ~** I can't be bothered with
that!; **ihm ging der ~ hoch** he blew
his top; F *fig* **den ~ nehmen müssen**
have to go (*od* resign); **das kannst
du dir an den ~ stecken!** (you can)
keep it! **2.** *e-s Pilzes:* cap
Hut² *f* **1.** *in j-s* ~ in s.o.'s care, under s.o.'s
protection; **in guter** (*od sicherer*) ~
sein be safe (*bei* with) **2.** *auf der* ~ **sein**
be on one's guard (*vor Dat* against)
Hutablage *f* hat rack
hüten I *v/t* look after, (*Kinder*) *a.* mind,
(*Vieh, fig Geheimnis etc*) guard, (*Vieh*)
a. tend: → **Bett** II *v/refl* **sich ~** (*vor Dat*)
be on one's guard (against), watch out
(for); **sich ~, etw zu tun** take care not
to do s.th.; **ich werde mich ~!** I'll do
nothing of the sort!; **hüte dich vor
…!** beware of …! **Hüter(in)** guardian,
keeper: *hum* **der Hüter des Gesetzes**
(the arm of) the Law
Hutgeschäft *n* hat shop **Hutgröße** *f* hat
size **Hutkrempe** *f* (hat) brim
Hutmacher *m* hatter
Hutmacherin *f* milliner
Hutschnur *f* hat string: F *fig* **das geht
mir über die ~!** that's going too far!
Hütte *f* **1.** hut, (*Holz*~, *Block*~) cabin,
(*Schutz*~) refuge: **ärmliche ~** shack,
shanty **2.** → **Hüttenwerk**
Hütten|industrie *f* iron and steel indus-
try **~käse** *m* GASTR cottage cheese
Hüttenwerk *n* metallurgical plant
Hyäne *f* ZOOL hyena
Hyazinthe *f* BOT hyacinth
hybrid *Adj*, **Hybride** *m*, *f* hybrid
Hydrant *m* hydrant
Hydrat *n* CHEM hydrate
Hydraulik *f* hydraulics *Pl* (*oft Sg konstr*)
hydraulisch *Adj* hydraulic
hydrieren *v/t* hydrogenate
Hydrokultur *f* hydroponics *Sg*
Hydrolyse *f* CHEM hydrolysis

Hygiene f hygiene
hygienisch Adj hygienic(ally Adv)
Hygrometer n hygrometer
Hymne f hymn (**an** Akk to)
Hyperbel f 1. MATHE hyperbola 2. LING hyperbole
hyperkorrekt Adj hypercorrect
hyperkritisch Adj hypercritical
Hyperlink m IT hyperlink
hypermodern Adj ultramodern
Hypertonie f MED hypertension
Hypnose f (**in** od **unter** ~ under) hypnosis **hypnotisch** Adj hypnotic(ally Adv)
Hypnotiseur(in) f hypnotist
hypnotisieren v/t hypnotize
Hypochonder m, **hypochondrisch** Adj hypochondriac

Hypotenuse f MATHE hypotenuse
Hypothek f 1. mortgage: **e-e** ~ **aufnehmen** raise a mortgage (**auf** Akk on); **mit e-r** ~ **belasten** (encumber with a) mortgage **hypothekarisch** Adj u. Adv by (od on) mortgage
Hypotheken|bank f mortgage bank ~**brief** m mortgage deed ⩲**frei** Adj unmortgaged ~**gläubiger(in)** f mortgagee ~**pfandbrief** m mortgage bond ~**schuldner(in)** f mortgagor
Hypothese f hypothesis
hypothetisch Adj hypothetical
Hypotonie f MED hypotension
Hysterie f MED hysteria
hysterisch Adj hysterical: **e-n** ~**en Anfall bekommen** go into hysterics

I

I, i n I, i: **i wo!** not a bit of it!, oh no!
i. A. Abk (= **im Auftrag**) p.p
IC m = **Intercity**
ICE m = **Intercityexpresszug**
ich Pron I: ~ **bins!** it is I!, F it's me!; ~ **selbst** (I) myself; ~ **Idiot!** what a fool I am! **Ich** n self, PSYCH ego: **mein zweites** (od **anderes**) ~ my other self, (Freund etc) my alter ego; **mein besseres** ~ my better self **Ichform** f (**in der** ~ **geschrieben** written in the) first person
ideal Adj ideal **Ideal** n ideal **Idealfall** m ideal case: **im** ~ ideally **idealisieren** v/t idealize **Idealismus** m idealism **Idealist(in)** f idealist **idealistisch** Adj idealistic(ally Adv)
Idee f 1. idea, (Gedanke) a. thought, (Begriff) concept: **gute** ~! good idea!; **ich kam auf die** ~ **zu** Inf it occurred to me to Inf; **wie kamst du auf die** ~? what gave you the idea?; **wie kamst du auf die** ~ **ihn einzuladen?** what made you invite him? 2. F **e-e** ~ (just) a bit
ideell Adj ideal (a. MATHE), Motive etc: idealistic, Wert: sentimental
ideenarm, **ideenlos** Adj lacking in ideas, unimaginative **ideenreich** Adj full of ideas, imaginative **Ideenreichtum** m wealth of ideas

identifizierbar Adj identifiable **identifizieren** v/t identify: **sich** ~ **mit** identify (o.s.) with **Identifizierung** f identification **identisch** Adj identical (**mit** with) **Identität** f identity
Identitäts|krise f identity crisis ~**nachweis** m proof of (one's) identity
Ideologe m, **Ideologin** f ideologue **Ideologie** f ideology **ideologisch** Adj ideological
Idiom n idiom, (Sprache) language **Idiomatik** f phraseology, (Wendungen) idioms (and phrases) Pl
idiomatisch Adj idiomatic(ally Adv)
Idiot(in) f idiot
Idiotenhügel m F nursery slope
idiotensicher Adj F foolproof
Idiotie f idiocy: F **e-e** ~ (sheer) lunacy
idiotisch Adj idiotic(ally Adv)
Idol n idol
Idyll n idyll **Idylle** f 1. idyll 2. LITERATUR pastoral poem (MALEREI scene)
idyllisch Adj idyllic(ally Adv)
Igel m hedgehog
Iglu m u. n igloo
ignorant Adj ignorant **Ignoranz** f ignorance **ignorieren** v/t ignore
ihm Personalpron (Dat von er u. es) (to) him, (to) it: **ich glaube (es)** ~ I believe him; **ein Freund von** ~ a friend of his

ihn *Personalpron (Akk von* **er**) him, *von Dingen:* it

ihnen I *Personalpron (Dat Pl von* **er, sie, es**) (to) them: *ich habe es ~ gesagt* I've told them; *ein Freund von ~* a friend of theirs **II** ♀ *(Dat von* **Sie**) (to) you: *ist er ein Freund von* ♀? is he a friend of yours?; *die Schuld liegt bei* ♀ the fault is yours

ihr I *Personalpron* **1.** *(Dat von* **sie** *Sg*) (to) her, *von Dingen:* (to) it: *e-e Tante von ~* an aunt of hers; → *a.* **ihm 2.** *(Nom Pl von* **du**) you **II** *Possessivpron* **3.** *Sg* her, *von Dingen:* its, *Pl* their: *e-r ~er Brüder* one of her (*od* their) brothers, a brother of hers (*od* theirs) **4.** ♀ *Anrede:* your **5.** *der* (**die, das**) *~(ig)e* hers (*Pl* theirs, *Anrede:* ♀ yours)

ihrerseits *Adv* as far as she's (*Pl* they're, *Anrede:* ♀ you're) concerned

ihresgleichen *Indefinitpron* **1.** the likes of her (*Pl* them), her (*Pl* their) equals *Pl* **2.** ♀ the likes of you, your equals *Pl*

ihrethalben, ihretwegen, ihretwillen *Adv* **1.** for her (*Pl* their) sake **2.** ♀ for your sake

ihrig → **ihr** III

Ikone *f* icon

illegal *Adj* illegal

illegitim *Adj* illegitimate

Illusion *f* illusion: *sich ~en hingeben* delude o.s.; *darüber mache ich mir k-e ~en* I have no illusions about that **illusionslos** *Adj u. Adv* without (any) illusions **illusorisch** *Adj* illusory

Illustration *f* illustration, picture **illustrieren** *v/t* illustrate, *fig a.* demonstrate **Illustrierte** *f* (glossy) magazine, F mag

im = *in dem* → in¹

Image *n* image **~pflege** *f* image cultivation

imaginär *Adj* imaginary

Imbiss *m* (*e-n ~ einnehmen* have a) snack **~halle** *f*, **~stube** *f* snack bar

Imitation *f* allg imitation, (*Nachbildung*) *a.* copy **imitieren** *v/t* imitate

Imker(in) *f* beekeeper

immanent *Adj* inherent (*Dat* to)

Immatrikulation *f* UNI enrolment

immatrikulieren *v/t* (*a.* **sich ~ lassen**) enrol (*an Dat* at)

immens *Adj* immense, tremendous

immer *Adv* **1.** (*ständig*) always, constantly, all the time, (*jedes Mal*) *a.* every time: *noch ~* still; *noch ~ nicht* not yet; *~ wenn* whenever; *~ wieder* over and over again, time and again; *etw ~ wieder tun* keep doing s.th.; *sie redete ~ weiter* she kept (on) talking, F she went on and on **2.** *vor Komp:* *~ besser* better and better; *~ schlimmer* worse and worse; *~ größer werdend* ever increasing; *~ während* everlasting, eternal **3.** F ~ (*je*) *zwei* two at a time **4.** *wann* (*auch*) ~ whenever; *was* (*auch*) ~ whatever; *wer* (*auch*) ~ whoever; *wo* (*auch*) ~ wherever

immergrün *Adj* ♀ *n* evergreen

immerhin *Adv* **1.** still, after all: *~!* not too bad! **2.** (*wenigstens*) at least

Immigrant(in) *m* immigrant

Immigration *f* immigration

immigrieren *v/i* immigrate

Immobilien *Pl* real estate *Sg*, (real) property *Sg* **~händler(in)**, **~makler(in)** estate agent, *Am* realtor **~markt** *m* property market

immun *Adj* immune (*gegen* to): *~ machen* → **immunisieren** *v/t* immunize (*gegen* against) **Immunität** *f* immunity (*gegen* to, against, from)

Immunkörper *m* MED antibody

Immunologe *m*, **Immunologin** *f* immunologist

Immunologie *f* immunology

Immun|schwäche *f* MED immunodeficiency **~schwächekrankheit** *f* immune deficiency syndrome **~system** *n* immune system

Imperativ *m* imperative

Imperfekt *n* LING imperfect (tense)

Imperialismus *m* imperialism

imperialistisch *Adj* imperialist(ic)

Imperium *n a. fig* empire

Impfaktion *f* MED vaccination programme (*Br*) **Impfarzt** *m*, **Impfärztin** *f* vaccinator

impfen *v/t* vaccinate, inoculate: *sich ~ lassen* (*gegen* against) be vaccinated, get a vaccination

Impf|pass *m* vaccination card **~pistole** *f* vaccination gun **~schein** *m* vaccination certificate **~stoff** *m* vaccine

Impfung *f* vaccination, inoculation

Implantat *n* implant

implantieren *v/t* implant

implizieren *v/t* imply

implodieren *v/i* implode

Implosion f implosion
imponieren v/i *j-m ~* impress s.o., *(j-m Respekt einflößen)* command s.o.'s respect **imponierend** Adj impressive
Imponiergehabe n **1.** ZOOL display behavio(u)r **2.** fig attempt to impress
Import m WIRTSCH **1.** importing **2.** *(~güter)* imports Pl **Import...** import *(agency, company, trade, etc)* **Importeur(in)** importer **Importgeschäft** n **1.** import trade **2.** *(Firma)* import company **importieren** v/t *(a. COMPUTER)* import
imposant Adj imposing, impressive
impotent Adj impotent
Impotenz f impotence
imprägnieren v/t impregnate, *(bes Stoff)* waterproof **Imprägniermittel** n impregnating agent **Imprägnierung** f impregnation, waterproofing
Impression f impression **Impressionismus** m KUNST impressionism **Impressionist(in)** impressionist **impressionistisch** Adj impressionist(ic)
Impressum n imprint, *e-r Zeitung: a.* masthead
Improvisation f improvisation
improvisieren v/t u. v/i allg improvise, *(Rede etc) a.* extemporize, F ad-lib
Impuls m impulse: *e-m (plötzlichen) ~ folgend* on (an) impulse; *fig neue ~e geben* give a fresh impetus *(Dat* to)
impulsiv I Adj impulsive II Adv *~ handeln* act on impulse
imstande Adj präd *zu etw ~ sein* be capable of (doing) s.th.; *(nicht) ~ sein, etw zu tun* be (un)able to do s.th.; *dazu ist er glatt ~ iron* I wouldn't put it past him!
in[1] Präp **1.** räumlich: *(wo)* in, at, *(innerhalb)* within, *(wohin)* into, in: *~ England* in England; *waren Sie schon einmal ~ England?* have you ever been to England?; *im Haus* in(side) the house, indoors; *~ der (die) Kirche (Schule)* at (to) church (school); *er ist Kassierer ~ e-r Bank* he is a cashier in *(od* at) a bank **2.** zeitlich: in, *(während)* during, *(innerhalb)* within: *im Mai* in May; *~ diesem Jahr* this year; *~ diesem Alter* at this age **3.** *~ größter Eile* in a great rush; *im Kreis* in a circle; *~ Behandlung sein* be having treatment; *ein Mann ~ s-r Stellung* a

man in his position; *gut ~ Chemie* good at chemistry
in[2] Adj F *~ sein* be in
inaktiv Adj inactive, CHEM a. inert
inakzeptabel Adj unacceptable
Inangriffnahme f *(Gen)* starting (on), tackling (of)
Inanspruchnahme f *(Gen, von)* **1.** *(Benutzung)* use (of) **2.** *(Beanspruchung)* demands Pl (on), bes TECH strain (on)
Inbegriff m epitome **inbegriffen** Adj präd included: *Frühstück ist im Preis ~* breakfast is included in the price
Inbetriebnahme f *(Gen)* opening, starting: *bei ~ der Anlage* when the plant is put into operation
Inbrunst f ardo(u)r, fervo(u)r
inbrünstig Adj ardent, fervent
indem Konj **1.** by: *er entkam, ~ er aus dem Fenster sprang* he escaped by jumping out of the window **2.** *(während)* as, while
Inder(in) Indian
indessen I Adv **1.** meanwhile **2.** *(jedoch)* however II Konj **3.** whereas
Index m index
indexieren v/t COMPUTER index
Indexlohn m WIRTSCH index-linked wages Pl
Indianer(in), **indianisch** Adj (Red) Indian
Indien n India
indifferent Adj indifferent *(gegenüber* to)
Indigo m, n indigo
Indikation f MED indication: *soziale ~* social grounds Pl for termination of pregnancy
Indikativ m LING indicative (mood)
indirekt Adj indirect: *~e Rede* LING indirect *(od* reported) speech
indisch Adj Indian
indiskret Adj indiscreet
Indiskretion f indiscretion
indiskutabel Adj impossible: *~ sein a.* be out of the question
indisponiert Adj indisposed
individualisieren v/t individualize **Individualismus** m individualism **Individualist(in)** individualist **individualistisch** Adj individualist(ic) **Individualität** f individuality **Individualverkehr** m personal transport **individuell** I Adj individual II Adv *~ gestalten* indi-

vidualize; *das ist ~ verschieden* that varies from person to person (*od* from case to case) **Individuum** *n* individual

Indiz *n* **1.** indication, sign **2.** JUR **a)** (*Spur*) clue, **b)** → **Indizienbeweis(e** *Pl*) *m* circumstantial evidence *Sg*

Indochina *n* Indochina

indoeuropäisch, indogermanisch *Adj* Indo-European

Indonesien *n* Indonesia

Indonesier(in), indonesisch *Adj* Indonesian

Indossament *n* WIRTSCH endorsement

Indossant(in) *m* endorser **Indossat(in)** endorsee **indossieren** *v/t* endorse

Induktion *f allg* induction

Induktions|motor *m* induction motor **~strom** *m* induction current

industrialisieren *v/t* industrialize

Industrialisierung *f* industrialization

Industrie *f* industry, (*~zweig*) (branch of) industry: *in der ~* (*tätig*) *sein* be (employed) in industry

Industrie... *mst* industrial (*nation, diamond, product, etc*) **~anlage** *f* industrial plant **~arbeiter(in)** industrial worker **~berater(in)** consultant **~betrieb** *m* industrial undertaking (*Anlage*: plant) **~gebiet** *n* industrial area **~gelände** *n* industrial estate **~gesellschaft** *f* industrial society **~gewerkschaft** *f* industry-wide union: **~** *Metall* metalworkers' union **~kauffrau** *f*, **~kaufmann** *m* officer (*od* clerk) in an industrial company **~land** *n* industrialized country

industriell *Adj* industrial

Industrielle *m, f* industrialist

Industrie|macht *f* industrial power **~messe** *f* industrial fair **~müll** *m* industrial waste **~park** *m* industrial park **~roboter** *m* industrial robot **~spionage** *f* industrial espionage **~stadt** *f* industrial town

Industrie- und Handelskammer *f* chamber of industry and commerce

Industrieverband *m* federation of industries **Industriezweig** *m* (branch of) industry

induzieren *v/t allg* induce

ineinander *Adv* in(to) one another, *zwei: a.* in(to) each other: **~** *verliebt* in love (with each other); **~** *fließen* merge into one another, *Farben: a.*

run; **~** *greifen* **a)** TECH interlock, *Räder etc:* mesh, gear, **b)** *fig Aktionen etc:* interlink, be interconnected; **~** *passen* fit together, fit into each other; **~** *schieben* (*a. sich ~ schieben lassen*) telescope

infam *Adj* infamous, disgraceful

Infanterie *f* MIL infantry

infantil *Adj* infantile

Infarkt *m* MED **1.** infarct **2.** → **Herzinfarkt**

Infekt *m,* **Infektion** *f* infection

Infektions|gefahr *f* risk of infection **~herd** *m* focus of infection **~krankheit** *f* infectious disease

infektiös *Adj* infectious, contagious

Inferno *n a. fig* inferno

infiltrieren *v/t u. v/i a. fig* infiltrate

Infinitesimalrechnung *f* infinitesimal calculus

Infinitiv *m* LING infinitive

infizieren I *v/t a. fig* infect **II** *v/refl sich ~* catch an infection, become infected: *er hat sich bei ihr infiziert* he caught the disease from her

in flagranti *Adv* **j-n ~** *ertappen* catch s.o. in the act (*Dieb etc: a.* red-handed)

Inflation *f* inflation

inflationär, inflationistisch *Adj* inflationary

Inflationsrate *f* inflation rate, rate of inflation

Info *f* F info

infolge *Präp* (*Gen*) as a result of, owing to **infolgedessen** *Adv* as a result (of this), consequently

Informant(in) informant, source

Informatik *f* computer science, informatics *Sg*

Informatiker(in) computer scientist

Information *f a. Pl* information *Sg*: *zu Ihrer ~* for your information

informationell *Adj* informational

Informations|blatt *n* newssheet **~büro** *n* information office **~fluss** *m* flow of information **~material** *n* information(al material) **~schalter** *m,* **~stand** *m* information desk **~technologie** *f* information technology (*Abk* IT)

informativ *Adj* informative

informieren I *v/t* (*über Akk*) *allg* inform (of, about), (*benachrichtigen*) *a.* notify (of), let *s.o.* know (about), (*anweisen*) *a.* instruct (as to), brief (on): *falsch ~* misinform **II** *v/refl sich ~* in-

form o.s **informiert** *Adj* informed: **~e Kreise** (well-)informed circles
Infostand *m* F → *Informationsstand*
Infotainment *n* infotainment
infrage *Adv:* **~ kommen** be a possibility, *Person: a.* be eligible; **das kommt gar nicht ~** that's out of the question
infrarot *Adj* infrared **Infrarot** *n,* **Infrarot…** infrared **Infraschall** *m* infrasound **Infraschall…** infrasonic
Infrastruktur *f* infrastructure
Infusion *f* infusion
Ingenieur(in) engineer
Ingenieurbüro *n* engineering office
Ingwer *m* ginger **~bier** *n* ginger beer
Inhaber(in) *e-r Firma, e-s Hotels etc:* owner, proprietor (proprietress), *(Wohnungs²)* occupant, *e-s Amtes, Titels, Patents, Rekords etc:* holder, *e-s Wechsels, Wertpapiers etc:* holder, bearer
Inhaber|aktie *f* bearer share **~scheck** *m* cheque (*Am* check) to bearer
inhaftieren *v/t* arrest, take *s.o.* into custody **Inhaftierung** *f* **1.** arrest(ing) **2.** *(Haft)* detention
inhalieren *v/t* inhale
Inhalt *m* **1.** contents *Pl, (Raum²)* capacity, volume **2.** *fig (Gehalt)* content(s *Pl*), subject matter, *(Sinn, Zweck)* meaning: **des ~s, dass …** to the effect that …; **wesentlicher ~** essence; **mein Leben hat k-n ~** my life is meaningless (*od* empty) **inhaltlich** *Adv* in content
Inhaltsangabe *f* summary, synopsis
Inhaltserklärung *f* WIRTSCH list of contents
inhaltslos *Adj* empty, meaningless, *Rede etc:* lacking in substance **inhaltsreich** *Adj* rich in substance, *Leben:* full, rich
Inhaltsverzeichnis *n* list *(Buch:* table) of contents
inhuman *Adj* inhuman
Initiale *f* initial
Initiative *f* **1.** initiative: **die ~ ergreifen** take the initiative; **auf s-e ~ hin** on his initiative; **aus eigener ~** on one's own initiative **2.** *(Bürger²)* action group
Initiator *m,* **Initiatorin** *f* initiator
Injektion *f* injection, F shot
Injektions|nadel *f* hypodermic needle **~spritze** *f* (hypodermic) syringe
injizieren *v/t* inject

Inkasso *n* WIRTSCH **(zum ~** for) collection **~…** *mst* collection *(agency, business, etc)* **~vollmacht** *f* authority to collect
inklusive I *Präp (Nom, Gen)* including, inclusive of: **~ Verpackung** packing included **II** *Adv* **bis zum 4. Mai ~** up to and including May 4th
inkognito *Adv,* **Inkognito** *n* incognito
inkompatibel *Adj* incompatible
inkompetent *Adj* incompetent
inkonsequent *Adj* inconsistent
Inkonsequenz *f* inconsistency
In-Kraft-Treten *n* coming into force: **bei ~** upon taking effect; **Tag des ~s** effective date
inkrementell *Adj:* **~e Suche** COMPUTER incremental search
Inkubationszeit *f* MED incubation period
Inkubator *m* MED incubator
Inland *n* **1.** *(Ggs. Ausland)* home: **im Inund Ausland** at home and abroad **2.** *(Landesinnere)* inland, interior
Inland… → *inländisch*
Inländer(in) native **inländisch** *Adj a.* WIRTSCH home, domestic, *Verkehr:* internal
Inlands|absatz *m* WIRTSCH domestic sales *Pl* **~flug** *m* domestic (*od* internal) flight **~markt** *m* home (*od* domestic) market **~post** *f* inland (*Am* domestic) mail
Inline|skaten *n* in-line skating **~skater(in)** in-line skater **~skates** *Pl* in-line skates *Pl,* F blades *Pl*
inmitten *Präp (Gen)* in the middle of
innehaben *v/t (Amt, Stelle, Rekord etc)* hold **innehalten** *v/i* stop, pause
innen *Adv* inside, *(im Haus) a.* indoors: **~ und außen** inside and out(side); **nach ~ (zu)** inwards; **von ~** from (the) inside
Innen|ansicht *f* interior view **~architekt(in)** interior designer **~architektur** *f* interior design **~aufnahme** *f* FILM, FOTO interior **~ausstattung** *f* **a)** interior decoration, **b)** décor, furnishings *Pl,* MOT trim **~bahn** *f* SPORT inside lane **~beleuchtung** *f* interior (*od* indoor) lighting **~dienst** *m* office work: **im ~ tätig sein** be an office worker **~durchmesser** *m* inside diameter **~einrichtung** *f* → *Innenausstattung* **~fläche** *f*

1. inside **2.** *der Hand*: palm **~hof** *m* (inner) courtyard **~leben** *n* inner life **~leuchte** *f* MOT interior (*od* courtesy) light **~minister(in)** minister of the interior, *Br* Home Secretary, *Am* Secretary of the Interior **~ministerium** *n* ministry of the interior, *Br* Home Office, *Am* Department of the Interior **~politik** *f* domestic politics *Pl* (*e-r Regierung*: policy) **2politisch** *Adj* domestic, internal **~raum** *m* interior **~seite** *f* (*auf der ~* [on the]) inside **~stadt** *f* inner city, (town) cent/re (*Am* -er), *Am a.* downtown: *in der ~ von Chicago* in downtown Chicago **~tasche** *f* inside pocket **~temperatur** *f* internal (*od* indoor) temperature **~wand** *f* inside wall

inner *Adj* inside, WIRTSCH, POL internal, domestic, MED internal, (*seelisch*) inner, (*geistig*) mental: *fig ein ~er Widerspruch* an inconsistency; **~er Halt** moral backbone; **~e Ruhe** peace of mind

innerbetrieblich *Adj* WIRTSCH internal

Innere *n* **1.** interior (*a.* GEOG), inside, (*Mitte*) heart, cent/re (*Am* -er): *im ~n* inside, *e-s Landes*: in the interior; *Minister des ~n → Innenminister* **2.** *fig* heart, soul, mind, core: *in ihrem tiefsten ~n* deep down; → *a. Innerste*

Innereien *Pl* innards *Pl*, guts *Pl*

innerhalb I *Präp* (*Gen*) **1.** inside, within (*a. fig*): *~ der Familie* within the family **2.** *zeitlich*: in, within, (*während*) during: *~ der Arbeitszeit* during working hours; *~ weniger Tage* within a few days **II** *Adv* **3.** *~ von* only within

innerlich I *Adj* **1.** inner, *a.* MED internal **2.** *fig* inward(-looking), (*gefühlsmäßig*, *-betont*) emotional, (*nachdenklich*) thoughtful **II** *Adv* **3.** internally: *~* (*anzuwenden*) PHARM for internal use (only) **4.** *fig* inwardly, (*insgeheim*) *a.* secretly **Innerlichkeit** *f* inwardness, sensitivity, depth of feeling

innerparteilich *Adj* inner-party ..., internal

innerst *Adj* innermost, *fig a.* inmost: *die ~en Gedanken* one's most secret thoughts

innerstaatlich *Adj* internal

innerstädtisch *Adj* urban

Innerste *n* the innermost part, (*Mittelpunkt*) *a.* heart, midst: *fig bis ins ~ getroffen* cut to the quick

innert *Präp* (*Gen*) österr., schweiz. within, inside of, in

innewohnen *v/i* be inherent (*Dat* in)

innig *Adj* (*zärtlich*) tender, (*glühend*) ardent, fervent, *Wunsch*: *a.* devout, (*herzlich*) heartfelt, sincere, *Freundschaft*: close, intimate: *Adv j-n ~ lieben* love s.o. dearly, be devoted to s.o. **Innigkeit** *f* tenderness, ardo(u)r, sincerity

Innovation *f* innovation **innovationsfreudig, innovativ** *Adj* innovative

Innung *f* guild

inoffiziell *Adj* unofficial, (*zwanglos*) informal

inopportun *Adj* inopportune

in petto *Adv etw ~ haben* have s.th. up one's sleeve

in puncto *Präp* as regards

Input *m a.* IT input

Inquisition *f* Inquisition

Insasse *m*, **Insassin** *f e-s Autos etc*: passenger, *e-s Gefängnisses, Heims etc*: inmate **Insassenversicherung** *f* MOT passenger insurance (cover)

insbesondere *Adv* (e)specially, in particular

Inschrift *f* inscription

Insekt *n* insect, *bes Am a.* bug

Insekten|bekämpfungsmittel *n* insecticide **~fresser** *m* ZOOL insectivore **~kunde** *f* entomology **~schutzmittel** *n* insect repellent **~stich** *m* insect bite **Insektizid** *n* insecticide

Insel *f* island (*a. fig*), *poet u. bei Eigennamen*: isle: *die ~ Wight* the Isle of Wight; *die Britischen ~n* the British Isles **~bewohner(in)** islander **~gruppe** *f* archipelago **~staat** *m* island state **~volk** *n* islanders *Pl* **~welt** *f* islands *Pl*

Inserat *n* advertisement, F ad

Inserent(in) advertiser **inserieren I** *v/t* advertise **II** *v/i ~ in* (*Dat*) advertise in, put an advertisement (F ad) into

insgeheim *Adv* secretly

insgesamt *Adv* altogether, in all, (*als Ganzes*) as a whole: *s-e Schulden betragen ~ ...* his debts total ...

Insider(in) insider

insofern I *Adv* as far as that goes **II** *Konj ~* (*als*) in so far as

insolvent *Adj* insolvent

Insolvenz *f* insolvency

Inspekteur(in) MIL inspector **Inspekti-**

on *f* **1.** inspection **2.** (*das Auto zur ~ bringen* put the car in for a) service

Inspektor *m*, **Inspektorin** *f* inspector

Inspiration *f* inspiration **inspirieren** *v/t j-n zu etw* inspire s.o. to (do) s.th.; *sich ~ lassen* be inspired (*von* by)

inspizieren *v/t* inspect, examine

Installateur(in) *f* plumber, (*Elektro*♀) electrician, (*Gas*♀) gas fitter

Installation *f* installation **installieren I** *v/t* install **II** *v/refl sich ~* install o.s

instand *Adv ~ halten* keep s.th. in good condition, maintain, service; *~ setzen* repair, (*renovieren*) renovate

Instandhaltung *f* maintenance

inständig *Adj* urgent; *Adv j-n ~ um etw bitten* implore s.o. for s.th.

Instandsetzung *f* repair, (*Renovierung*) renovation **Instandsetzungsarbeit** *f* repair work, repairs *Pl*

Instanz *f* authority, JUR instance: *höhere ~en* higher authorities (JUR courts); *in erster ~* JUR at first instance; *Gericht erster ~* court of first instance; *in letzter ~ a. fig* in the last instance

Instanzenweg *m* JUR (successive) stages *Pl* of appeal; *auf dem ~* through the prescribed channels

Instinkt *m* instinct, *weit. S.* feeling: *aus~* from (*od* by) instinct, instinctively **instinktiv** *Adj* instinctive **instinktlos** *Adj fig* showing a sad lack of flair

Institut *n* (*in e-m ~* at an) institute

Institution *f a. fig* institution **institutionalisieren** *v/t* institutionalize **institutionell** *Adj* institutional

instruieren *v/t j-n ~* give s.o. instructions, *a.* MIL brief s.o., (*unterrichten*) inform s.o. **Instruktion** *f allg* instruction **instruktiv** *Adj* instructive

Instrument *n a. fig* instrument **Instrumentalmusik** *f* instrumental music

Instrumenten|brett *n allg* instrument panel **~fehler** *m* TECH instrumental error **~flug** *m* instrument flying

instrumentieren *v/t* MUS orchestrate

Insuffizienz *f bes* MED insufficiency

Insulaner(in) *f* islander

Insulin *n* insulin

inszenieren *v/t* THEAT stage (*a. fig*), *a.* FILM, TV produce, (*Regie führen*) direct **Inszenierung** *f* production: *... in der ~ von X ...* produced by X

intakt *Adj* intact

integer *Adj man etc* of integrity

integral *Adj*, **Integral** *n* MATHE integral **Integralrechnung** *f* integral calculus

Integration *f* integration **integrieren** *v/t u. v/refl sich ~* integrate (*in Akk* into, within); *~der Bestandteil* integral part **integriert** *Adj* integrated

Integrität *f* integrity

Intellekt *m* intellect **intellektuell** *Adj*, **Intellektuelle** *m*, *f* intellectual, F highbrow **intelligent** *Adj* intelligent

Intelligenz *f* intelligence, (*~schicht*) intelligentsia: *künstliche ~* artificial intelligence **~quotient** *m* intelligence quotient, I.Q. **~test** *m* intelligence test

Intendant(in) director

Intensität *f* intensity **intensiv** *Adj* intensive, *Gefühl, Interesse etc:* intense

intensivieren *v/t* intensify

Intensivierung *f* intensification

Intensivkurs *m* crash course

Intensivstation *f* MED intensive-care unit (*Abk* ICU): *auf der ~ liegen* be in intensive care

interaktiv *Adj* interactive

Intercityexpresszug *m* (German *od* ICE) high-speed train

Intercity(zug) *m* intercity (train)

interessant *Adj* interesting

Interesse *n* interest (*an Dat, für* in): *~ haben an* (*od für*) → **interessieren** II; *~ zeigen* show an interest (*an Dat, für* in); *im öffentlichen ~* in the public interest; *ich tat es in d-m ~* for your sake; *es liegt in d-m eigenen ~* it's in your own interest; *mit ~* → **interessieren** II; *j-s ~n vertreten* (*od wahrnehmen*) look after (*formell:* represent) s.o.'s interests; *es besteht kein ~ an* (*Dat*) nobody is interested in, *e-r Ware etc:* there is no demand for **interessehalber** *Adv* out of interest **interesselos** *Adj* uninterested, indifferent

Interesselosigkeit *f* indifference

Interessen|gebiet *n* field of interest **~gemeinschaft** *f* community of interests, WIRTSCH (*Vereinigung*) combine, pool **~sphäre** *f* POL sphere of influence

Interessent(in) interested party, WIRTSCH prospective buyer, taker

interessieren I *v/t* interest (*für* in): *das Buch etc* **interessiert mich nicht** *...*

doesn't interest me, I'm not interested in ...; *das interessiert mich (überhaupt) nicht!* I'm not (a bit) interested!, *(das ist mir egal)* I couldn't care less!; *es wird dich ~ (zu hören), dass ...* you'll be interested to know that ...; *wen interessiert das schon?* who cares? **II** *v/refl sich ~ für* be interested in, take (*od* show) an interest in, *(kaufen wollen)* a. be in the market for **III** *v/i* be of interest: *das interessiert hier nicht!* that's irrelevant! **interessiert I** *Adj* interested (*an Dat* in) (*a. Käufer etc*) **II** *Adv* with interest, interestedly
Interface *n* COMPUTER interface
Interkontinental|flug *m* intercontinental flight **~rakete** *f* intercontinental ballistic missile
Intermezzo *n* MUS intermezzo, interlude (*a. fig*)
intern *Adj* internal
Internat *n* boarding school
international *Adj* international **internationalisieren** *v/t* internationalize
Internatsschüler(in) boarder
Internet *n* IT Internet, F Net: *im ~* on the Internet **~anschluss** *m* Internet connection: *haben Sie einen ~?* are you on the Internet? **~seite** *f* Web page **~server** *m* Internet provider **~slang** *m* Internet jargon **~surfer(in)** Internet surfer, Net surfer, Web surfer **~user** *m* Internet user, Net user **~zugang** *m* Internet access; → *Info bei* **chat**
Interngespräch *n* TEL internal call
internieren *v/t* intern **Internierte** *m*, *f* internee **Internierung** *f* internment
Internierungslager *n* internment camp
Internist(in) MED internist
interparlamentarisch *Adj* interparliamentary
interplanetarisch *Adj* interplanetary
Interpret(in) interpreter, MUS *a.* performer, *(Sänger[in])* singer **Interpretation** *f* interpretation **interpretieren** *v/t* interpret, *(auffassen)* a. read, JUR construe
Interpunktion *f* punctuation
Interpunktionszeichen *n* punctuation mark
Interrailkarte *f* interrail ticket
Interregio *m* BAHN regional fast train
Interrogativ... interrogative *(pronoun, sentence, etc)*

Intervall *n* interval **Intervallschaltung** *f* MOT interval switch **Intervalltraining** *n* SPORT interval training
intervenieren *v/i* intervene
Intervention *f* intervention
Interview *n*, **interviewen** *v/t* interview
Interviewer(in) interviewer
intim *Adj allg* intimate, *Bar, Zimmer etc*: *a.* cosy: *sexuell*: *mit j-m ~e Beziehungen haben, mit j-m ~ sein* have intimate relations with s.o.; *ein ~er Kenner sein von (od Gen)* have an intimate knowledge of **Intimbereich** *m* **1.** ANAT genitals *Pl* **2.** → **Intimsphäre**
Intimfeind(in) archenemy
Intimität *f* intimacy: *es kam zu ~en zwischen ihnen* they became intimate
Intim|leben *n* private life **~sphäre** *f* (*in j-s ~ eindringen* violate s.o.'s) privacy **~spray** *m* vaginal spray **~verkehr** *m* intercourse
intolerant *Adj* intolerant
Intoleranz *f* intolerance
Intonation *f* LING, MUS intonation
intonieren *v/t* intonate
Intranet *n* Intranet
intransitiv *Adj* LING intransitive
intravenös *Adj* MED intravenous
Intrigant(in) schemer
Intrige *f* plot, intrigue, scheme **intrigieren** *v/i* (plot and) scheme
introvertiert *Adj* introverted: *~er Mensch* introvert
Intuition *f* intuition
intuitiv *Adj* intuitive
Invalide *m*, **Invalidin** *f* invalid
Invalidität *f* disablement, disability
Invasion *f* invasion
Inventar *n* *(Verzeichnis)* inventory, *(Gegenstände)* stock: *festes ~* fixture(s *Pl*); *totes ~* dead stock; *lebendes ~* livestock; *sie gehört schon zum ~ hum* she is one of the fixtures; *ein ~ aufnehmen (von)* → **inventarisieren I** *v/i* take inventory (*od* stock) **II** *v/t* take an inventory of
Inventur *f* WIRTSCH inventory, stocktaking: *~ machen* take inventory (*od* stock)
Inversion *f* inversion
investieren *v/t u. v/i a. fig* invest
Investition *f* WIRTSCH investment, *(Kapitalaufwand)* capital expenditure
Investitions... *mst* investment (*bank,*

loan, etc) **~anreiz** *m* investment incentive **~güter** *Pl* capital goods *Pl*

Investment|fonds *m* investment fund **~gesellschaft** *f* investment company

In-vitro-Fertilisation *f* MED in vitro fertilization

inwendig *Adj* inwardly: F *in- und auswendig kennen* know *s.th.* inside out

inwiefern *Konj* in what way, how

inwieweit *Konj* to what extent

Inzahlungnahme *f* part exchange, *Am* trade-in

Inzest *m* incest

Inzucht *f* intermarriage, *a.* ZOOL inbreeding

inzwischen *Adv* in the meantime

Ion *n* PHYS ion **ionisieren** *v/t* ionize

Ionosphäre *f* ionosphere

i-Punkt *m* dot over the i: *bis auf den ~ fig* down to the last detail

Irak *m der* Iraq

Iraker(in), **irakisch** *Adj* Iraqi, Iraki

Iran *m der* Iran

Iraner(in), **iranisch** *Adj* Iranian

irdisch *Adj* earthly, *(weltlich)* worldly, *(sterblich)* mortal

Ire *m* Irishman: *die ~n Pl* the Irish *Pl*

irgend *Adv* **1.** F *~ so ein ...* some sort of ... **2.** *wann (wo) es ~ geht* whenever (wherever) it might be possible; *wenn ich ~ kann* if I possibly can; *so rasch wie ~ möglich* as soon as at all possible

irgend|ein *Indefinitpron* some, *verneint u. fragend:* any: *auf ~e Weise* somehow; *besteht noch ~e Hoffnung?* is there any hope at all? **~einer** → *irgendjemand*

irgendetwas *Indefinitpron* something, *fragend:* anything; *wir müssen ~ tun!* we've got to do s.th.!

irgendjemand *Indefinitpron* someone, somebody, *fragend:* anyone, anybody

irgendwann *Adv* **1.** some time (or other) **2.** any time **irgendwas** F → *irgendetwas*

irgendwelche *Indefinitpron* any: *ohne ~ Kosten* without any expense at all

irgend|wie *Adv* somehow, some way (or other) **~wo** *Adv* somewhere, *verneint u. fragend:* anywhere: *~ anders* somewhere else **~woher** *Adv* from somewhere, *verneint u. fragend:* from anywhere **~wohin** *Adv* somewhere, *verneint u. fragend:* anywhere

Irin *f* Irishwoman: *sie ist ~* she is Irish

Iris *f* ANAT, BOT iris

irisch I *Adj* Irish: *~e Republik* Republic of Ireland, Eire; *die ~ See* the Irish Sea **II** *~ LING* Irish

Irland *n* Ireland

Ironie *f* irony *(des Schicksals* of fate)

ironisch *Adj* ironic(ally *Adv)* **ironisieren** *v/t etw ~* treat s.th. with irony

irrational *Adj* irrational

irre I *Adj* **1.** mad, insane, crazy: *~s Zeug reden* be raving **2.** F *fig* mind-blowing, *Idee, Tempo etc:* crazy, mad: *~ (gut)* fantastic, super, wild; *ein ~r Typ* a super guy; *drinnen war e-e ~ Hitze* inside it was awfully hot; *wie ~ arbeiten etc* like crazy **II** *Adv* **3.** F awfully *(big, hot, etc)*, *(wie verrückt)* like crazy: *~ viel(e)* an awful lot of

Irre¹ *m, f* madman (madwoman), lunatic, F *fig* nutcase: F *wie ein ~r arbeiten, fahren etc* like crazy

Irre² *f j-n in die ~ führen* → *irreführen*

irreal *Adj* **1.** unreal **2.** unrealistic

irreführen *v/t fig* mislead, *(täuschen) a.* deceive: *sich ~ lassen* be deceived *(von* by) **irreführend** *Adj* misleading

irrelevant *Adj* irrelevant

irremachen → *beirren*

irren *v/refl* **1.** *sich ~ (in Dat* about *s.o.,* in *s.th.)* be wrong, be mistaken; *ich habe mich im Datum geirrt* I got the date wrong; *er hat sich in der Tür geirrt* he went to the wrong door; *ich kann mich (auch) ~* (of course,) I may be wrong; *da irrst du dich aber (gewaltig)!* you're very much mistaken there!; *wenn ich mich nicht irre* if I'm not mistaken **II** *v/i* **2.** wander, err, stray *(alle a. fig Blicke, Gedanken etc)* **3.** be wrong, be mistaken **III** *~ II* *n* **4.** *~ ist menschlich* we all make mistakes

Irrenhaus *n* F *fig* *hier gehts zu wie im ~!* it's like a madhouse here!

irreparabel *Adj* irreparable

Irrfahrt *f* odyssey **Irrgarten** *m* mace, labyrinth **Irrglaube** *m* erroneous belief, *(Ketzerei)* heresy

irrig(erweise *Adv)* *Adj* wrong(ly)

irritieren *v/t allg* irritate, *(ärgern) a.* annoy, *(unsicher machen) a.* confuse

Irrsinn *m a.* fig madness **irrsinnig** → *irre* **Irrsinnige** *m, f* → *Irre¹*

Irrtum *m* mistake, error *(a.* JUR*)*, *(Miss-*

verständnis) misunderstanding: **im ~ sein, sich im ~ befinden** to be mistaken, be wrong; **mir ist ein ~ unterlaufen** I (have) made a mistake; **da muss ein ~ vorliegen!** there must be some mistake!; F **~!** (sorry, but) you're wrong there! **irrtümlich** *Adj* wrong(ly *Adv*) **irrtümlicherweise** *Adv* by mistake

ISBN-Nummer *f* ISBN number

Ischias *m, n,* MED *f* sciatica

Ischiasnerv *m* sciatic nerve

ISDN|-Anschluss *m* ISDN connection (*od* access) **~-Karte** *f* ISDN controller **~-Nummer** *f* ISDN number

Islam *m* Islam **islamisch** *Adj* Islamic

Island *n* Iceland

Isländer(in) Icelander

isländisch *Adj* Icelandic

Isolation *f* **1.** isolation **2.** → *Isolierung* 2 **Isolierband** *n* insulating tape

isolieren I *v/t* **1.** isolate **2.** ELEK, TECH insulate (**gegen** against) II *v/refl* **sich**

~ **3.** isolate o.s., (*sich abkapseln*) cut o.s. off

Isolier|kanne *f* vacuum flask **~material** *n* insulating material **~schicht** *f* insulating layer

Isolierstation *f* MED isolation ward

Isolierung *f* **1.** isolation **2.** ELEK, TECH insulation

Isomatte *f* foam mattress, thermomat

Isotop *n* CHEM isotope

Israel *n* Israel

Israeli *m, f,* **israelisch** *Adj* Israeli

Israelit(in), israelitisch *Adj* Israelite

Istbestand *m* WIRTSCH actual amount, *an Waren:* actual stock

Italien *n* Italy

Italiener(in) Italian **italienisch** *Adj* Italian **Italienisch** *n* LING Italian

i-Tüpfelchen *n:* **bis aufs ~** *fig* down to the last (*od* tiniest) detail

IWF *m* (= *Internationaler Währungsfonds*) IMF

J

J, j *n* J, j

ja *Adv* **1.** yes, PARL aye, *Am* yea, *bei der Trauung:* I do: **~?** (*tatsächlich*) really?, (*stimmts*) right?, TEL hello; **nun ~** well (yes); **~ doch!, aber ~!** yes, of course!, sure!; **ich glaube ~!** I think so! **2.** (*schließlich*) after all: **du kennst ihn ~** you know what he's like **3.** *feststellend:* **da bist du ~!** there you are!; **ich habs dir ~ gesagt** didn't I tell you?; **das ist ~ schrecklich** but that's just terrible!; **es regnet ~!** oh dear, it's raining! **4.** *ermahnend:* **sei ~ vorsichtig!** do (*drohend:* you) be careful!; **bring es ~ mit!** make sure you bring it!; **sags ihm ~ nicht!** don't tell him! **5.** *überrascht:* **~, weißt** (*od* **wusstest**) **du denn** (*das*) **nicht?** do you mean to say you didn't know? **6.** *einschränkend:* **ich würde es ~ gern tun, aber ...** I'd really like to do it, but ...

Ja *n* yes, PARL aye, *Am* yea: **mit ~ oder Nein antworten** answer yes or no; **~ sagen** (**zu** to) say yes, *fig a.* agree

Jacht *f* yacht **~klub** *m* yacht club

Jacke *f* jacket, (*Strick2*) cardigan: F *fig* **das ist ~ wie Hose** it's much of a muchness **Jackenkleid** *n* two-piece dress

Jacketkrone *f* jacket crown

Jackett *n* jacket

Jade *m, f* MIN jade

Jagd *f* **1.** hunt(ing), shoot(ing): **auf** (**die**) ~ **gehen** go hunting **2.** *fig* (**nach**) chase (after), pursuit (of): ~ **machen auf** (*Akk*) chase (after), pursue; **e-e wilde** ~ **nach** a mad rush for **~beute** *f* bag **~bomber** *m* MIL fighter bomber **~flieger(in)** MIL fighter pilot **~flugzeug** *n* MIL fighter (plane) **~hund** *m* hound, (*Rasse*) short-haired pointer **~hütte** *f* (hunting) lodge **~rennen** *n* *Pferdesport:* steeplechase **~revier** *n* hunting ground **~schein** *m* hunting licen/ce (*Am* -se) **~zeit** *f* hunting season

jagen I *v/t* **1.** hunt, shoot **2.** *fig* (*verfolgen*) chase (after), (*suchen*) hunt (for): **ein Ereignis jagte das andere** things happened really fast; F **damit kannst du mich ~!** I just hate that! **3.** F *j-m* (*sich*) **e-e Kugel durch den**

Kopf ~ blow s.o.'s (one's) brains out; **den Ball ins Netz** ~ slam the ball home; **etw in die Luft** ~ blow s.th. up **II** v/i **4.** go hunting, go shooting, hunt **5.** fig (*rasen*) race **6.** ~ **nach** fig chase after, hunt for **III** ♀ n **7.** hunt(ing), shoot(ing)

Jäger m **1.** huntsman, hunter **2.** → **Jagdflieger**, **Jagdflugzeug**

Jägerin f huntress, huntswoman

Jaguar m ZOOL jaguar

jäh I Adj **1.** (*plötzlich*) sudden, abrupt; fig **ein ~es Erwachen** a rude awakening **2.** (*steil*) steep: ~**er Abhang** precipice **II** Adv **3.** (*plötzlich*) all of a sudden, abruptly **4.** ~ **abfallend** precipitous

Jahr n **1.** year: **ein halbes** ~ half a year, six months; **alle** ~**e** every year; ~ **für** ~ year after year; **im** ~**e 1938** in (the year of) 1938; **in diesem (im nächsten)** ~ this (next) year; **heute vor einem** ~ a year ago today; **von** ~ **zu** ~ from year to year; **auf** ~**e hinaus** for years to come; **seit** ~**en (nicht)** (not) for years; **im Lauf der** ~**e** through (*od* over) the years; → **jünger** 1 **2.** (*Lebens*♀) year, (*Alter*) age: **das Kind ist zwei** ~**e (alt)** the child is two (years old); **mit** (*od* **im Alter von**) **20** ~**en** at the age of twenty; **in die** ~**e kommen** be getting on; **in den besten** ~**en sein** be in the prime of life

jahraus Adv ~, **jahrein** year in, year out

Jahrbuch n yearbook, almanac

jahrelang I Adj longstanding, lasting for years: ~**e Erfahrung** years of experience **II** Adv for years

Jahres... mst annual (*balance sheet, report, ring, etc*), yearly ~**abschluss** m WIRTSCH annual accounts Pl ~**beginn** m (**zum** ~ at the) beginning of the year ~**bestleistung** f SPORT record of the year ~**ende** n (**zum** ~, **am** ~ at the) end of the year ~**gehalt** n annual salary ~**hälfte** f **erste (zweite)** ~ first (second) half of the year ~**hauptversammlung** f WIRTSCH annual general meeting ~**tag** m anniversary ~**wagen** m MOT one-year-old car ~**zahl** f year ~**zeit** f season: **in dieser** ~ at this time of year

jahreszeitlich Adj seasonal

Jahrgang m **1.** age group, PÄD year: **sie ist** ~ **1900** she was born in 1900; **er ist mein** ~ we were born in the same year; **die Jahrgänge 1970-80** the 1970-80 age group **2.** von Wein: vintage, year

Jahrhundert n century

jahrhunderte|alt Adj centuries old ~**lang** Adv (Adj lasting) for centuries

jährlich I Adj yearly, annual **II** Adv yearly, every year, once a year: *1000 Euro etc* ~ a year, per annum

Jahrmarkt m (**auf dem** ~ at the) fair

Jahrtausend n millennium

Jahrtausendfeier f millenary

Jahrzehnt n decade, ten years Pl

jahrzehntelang I Adj lasting for decades: ~**e Forschungsarbeit** decades of research **II** Adv for decades

Jähzorn m (**im** ~ in a fit of) violent temper **jähzornig** Adj irascible: **er ist** ~ a. he has a violent temper

Jalousie f (Venetian) blind(s Pl)

Jamaika n Jamaica

Jammer m **1.** (*Elend*) misery: F **es ist ein** ~, **dass** ~ **jammerschade 2.** (*Wehklagen*) lamentation, wailing **jämmerlich** I Adj **1.** (*elend*) miserable, wretched, pitiful, (fig pej minderwertig) a. deplorable: **mir war** ~ **zumute** I felt (just) miserable **2.** (*kläglich*) heart-rending, piteous **II** Adv **3.** miserably (etc): ~ **weinen** cry piteously; ~ (*schlecht*) *singen etc* terribly; ~ **versagen** (*umkommen*) fail (die) miserably

jammern I v/i moan, laut: wail: ~ **nach der Mutter etc** cry for; ~ **über** (Akk) moan about, (*sich beklagen*) complain of **II** ♀ n moaning, wailing

jammerschade Adj (**es ist**) ~, **dass** ... it's such a shame (*od* too bad) that ...

Janker m österr., südd **1.** jacket **2.** (*Strickjacke*) cardigan

Jänner m österr. → **Januar**

Januar m (**im** ~ in) January

Japan n Japan

Japaner(in), **japanisch** Adj, **Japanisch** n LING Japanese

Jargon m jargon

Jasager(in) yes-person

Jasmin m BOT jasmin(e)

Jastimme f PARL aye, Am yea

jäten v/t u. v/i weed

Jauche f liquid manure

Jauchegrube f cesspool

jauchzen v/i shout for joy

jaulen v/i a. fig howl

Jause f österr. (break for a) snack

jawohl Adv yes, (ganz recht) that's right

Jawort n **sie gab ihm ihr ~** she said yes

Jazz m jazz **Jazzband** f, **Jazzkapelle** f jazz band **Jazzmusik** f jazz (music) **Jazzsänger(in)** jazz singer

je I Adv **1.** ever: **ohne ihn ~ gesehen zu haben** without ever having seen him **2.** → **eh 2. jeher 3. sie kosten ~ e-n Dollar** they cost a dollar each; **für ~ 10 Personen** for every ten persons; **es gibt sie in Schachteln mit ~ 10 Stück** they come in boxes of ten **4. ~ nach** according to; **~ nachdem** it (all) depends (→ 6) II Konj **5. ~ eher, desto besser** the sooner the better; **~ länger, ~ lieber** the longer the better; **~ nachdem** according to what he says, depending on how you do it (→ 4)

Jeans Pl jeans Pl **~anzug** m denim suit **~jacke** f denim jacket **~stoff** m denim

jede, ~r, ~s Indefinitpron **1.** (~ Einzelne) each, (~ Beliebige) any, (~ von zweien) either, verallgemeinernd: every: **ich hörte ~s (einzelne) Wort** I heard every (single) word; **~s zweite Auto** every other car; **ohne ~n Zweifel** without any doubt; **zu ~r Zeit** any time; **bei ~m Wetter** in any weather; **auf ~n Fall** in any case **2.** each (od every) one, everyone: **~(r) von ihnen** each (od all) of them

jedenfalls Adv **1.** in any case, at any rate, anyway **2.** (wie dem auch sei) be that as it may **3.** (wenigstens) at least

jedermann Indefinitpron everyone, everybody, anyone, anybody: **das ist nicht ~s Sache** it's not everyone's cup of tea

jederzeit Adv any time, always

jedesmal → **Mal²**

jedoch Adv however, still

jegliche, ~r, ~s → **jede, ~r, ~s**

jeher Adv **von ~** always

jein Adv F yes and no

jemals Adv ever

jemand Indefinitpron somebody, someone, fragend u. verneint: anybody, anyone: **es kommt ~** somebody's coming; **ist ~ hier?** is anybody here?; **~ anders** someone (od anyone) else; **sonst noch ~?** anyone else?

Jemen m der Yemen

jene, ~r, ~s Demonstrativpron **1.** that, Pl those: **seit ~m Tag** from that day on **2.** that one, Pl those

jenseits I Präp (Gen) on the other side of, beyond, across **II** Adv on the other side: **~ von** beyond **III** 2 n the hereafter: F **j-n ins 2 befördern** send s.o. to kingdom come

Jesus m Jesus: **~ Christus** Jesus Christ; **der Herr ~** the Lord Jesus

Jesuskind n the infant Jesus

Jet m FLUG jet **Jetlag** m jet lag **Jetset** m jet set **jetten** v/i F jet

jetzig Adj current, present(-day), (bestehend) existing

jetzt Adv now, (heutzutage) a. nowadays: **erst ~** only now; **noch ~** even now; **bis ~** so far, verneint: a. (as) yet

Jetzt n the present (time)

jeweilig I Adj respective, (vorherrschend) prevailing: **der ~e Präsident** the president then in office; **der ~en Mode entsprechend** according to the fashion (at the time) **II** Adv → **jeweils 4**

jeweils Adv **1. ~ zwei** two at a time **2.** (immer) always: **sie kommt ~ am Montag** she comes every Monday; **er trainiert ~ zwei Stunden** he does two hours of training a time **3.** (je) each: **Übungen mit ~ 20 Fragen** with 20 questions each **4.** (jeweilig) in each case

jiddisch Adj, **Jiddisch** n LING Yiddish

Job m F job **jobben** v/i F job

Jobsharing n job sharing

Joch n (fig **das ~ abschütteln** shake off the) yoke **~bein** n ANAT cheekbone

Jockei m, **Jockey** m jockey

Jod n CHEM iodine

jodeln v/t u. v/i yodel

jodhaltig Adj containing iodine

jodieren v/t **1.** CHEM iodinate **2.** MED, FOTO iodize

Jodsalbe f iodine ointment **Jodsalz** n iodized salt **Jodtablette** f iodine tablet **Jodtinktur** f tincture of iodine

Joga m yoga

joggen v/i jog, go jogging **Jogger(in)** jogger **Jogging** n jogging **Jogginganzug** m tracksuit

Jog(h)urt m, n yog(h)urt

Johannisbeere f **Rote ~** redcurrant; **Schwarze ~** blackcurrant

johlen v/i bawl, yell

Joint Venture n WIRTSCH joint venture

Joker m joker

Jolle f SCHIFF dinghy

Jongleur(in) juggler **jonglieren** v/t u. v/i a. fig juggle (**mit** [with] s.th.)

Jordanien n Jordan **Jordanier(in), jordanisch** Adj Jordanian

Joule n PHYS joule

Journalismus m journalism

Journalist(in) f journalist

Journalistik f journalism

journalistisch Adj journalistic(ally Adv)

jovial Adj affable

Joystick m Computerspiel: joystick

Jubel m jubilation, cheers Pl **Jubeljahr** n REL jubilee: F **alle ~e einmal** once in a blue moon **jubeln** v/i cheer: (**vor Freude**) ~ shout for joy, rejoice

Jubilar(in) person celebrating his (her) jubilee **Jubiläum** n anniversary **Jubiläumsausgabe** f jubilee edition

jucken I v/t, v/i u. v/unpers itch: **mich juckts** I'm itching; **sich ~** scratch o.s.; **es juckt mich am Arm, mein Arm juckt** my arm's itchy; **der Pullover juckt** the pullover's scratchy; F fig **es juckt mich zu** Inf I'm itching to Inf; **das juckt mich nicht!** what do I care? II ♀ n itch(ing)

Juckreiz m itch(ing)

Jude m Jew **Judenhass** m anti-Semitism **Judentum** n 1. Judaism 2. (die Juden) the Jews Pl, Jewry 3. (jüdisches Wesen) Jewishness **Judenverfolgung** f persecution of (the) Jews **Jüdin** f Jewish woman (bzw. lady, girl): **sie ist ~** she is Jewish **jüdisch** Adj Jewish

Judo n judo **Judoka** m judoka

Jugend f 1. youth: **von ~ an** from childhood, from a child; **in m-r ~** when I was young 2. (~lichkeit) youth(fulness) 3. (junge Leute) youth: **die ~ (von heute)** the young people (of today); **die deutsche ~** the young Germans Pl (of today) 4. → **Jugendmannschaft ~amt** n youth welfare department **~arbeitslosigkeit** f youth unemployment **~arrest** m JUR short-term detention for young offenders **~buch** n book for young people ♀**frei** Adj **~er Film** U (Am G) rated film; **nicht ~er Film** X film, film for adults only **~freund(in)** friend from one's youth ♀**gefährdend**

Adj harmful to young persons **~gericht** n juvenile court **~herberge** f youth hostel **~kriminalität** juvenile delinquency **~lager** n youth camp

jugendlich Adj youthful (a. Kleidung, Aussehen), (jung) young, JUR juvenile: **~er Leichtsinn** youthful recklessness

Jugendliche m, f young person, m a. youth, JUR a. juvenile

Jugendlichkeit f youthfulness

Jugend|liebe f puppy love, (Person) old flame **~mannschaft** f SPORT youth team **~meister(in)** SPORT youth champion **~richter(in)** judge of a juvenile court **~schutz** m legal protection for children and young persons **~stil** m Jugendstil, art nouveau **~strafanstalt** f remand home **~sünde** f sin of one's youth **~zeit** f youth

Jugoslawien n Yugoslavia

Jugoslawe m, **Jugoslawin** f, **jugoslawisch** Adj Yugoslav

Juli m (**im ~** in) July

jung Adj young, (jugendlich) youthful: **ziemlich ~** youngish; fig **~es Unternehmen** new company; **~er Wein** new wine; **von ~ auf** from childhood; ♀ **und Alt** young and old; **~ heiraten** (**sterben**) marry (die) young; → **jünger** 1, **jüngst** 1, **Hund**

Junge¹ m boy, F (junger Mann) lad: **dummer ~** silly boy; F **schwerer ~** heavy; **~, ~!** boy, oh boy!

Junge² n ZOOL young (one), e-s Hundes: a. puppy, e-r Katze: a. kitten, e-s Raubtiers: a. cub, (Elefant, Robbe etc) calf: **die ~n** the young; **~ werfen** (od **bekommen**) → **jungen** v/i have young (od Hündin: puppies, Katze: kittens)

jungenhaft Adj boyish

Jungenstreich m schoolboy prank

jünger Adj 1. younger: **sie sieht ~ aus als sie ist** she doesn't look her age; **das macht sie um Jahre ~** that takes years off her age 2. (zeitlich näher) more recent, later: **ein Foto ~en Datums** a more recent photograph

Jünger m disciple, fig a. follower

Jungfer f **alte ~** old maid

Jungfern|fahrt f maiden voyage **~flug** m maiden flight **~häutchen** n ANAT hymen **~rede** f maiden speech

Jungfrau f 1. virgin: **die Heilige ~, die ~**

Maria the Holy Virgin, the Virgin Mary; *sie ist noch ~* she's still a virgin **2.** ASTR (*er ist ~* he is [a]) Virgo
jungfräulich *Adj* virginal, *fig* virgin
Jungfräulichkeit *f* virginity
Junggeselle *m* (*eingefleischter ~* confirmed) bachelor
Junggesellenbude *f* F bachelor pad
Junggesellenleben *n* bachelor's life
Junggesellin *f* bachelor girl
Jüngling *m* youth
jüngst *Adj* **1.** youngest **2.** latest: *der ~e Tag* the Day of Judg(e)ment; *die ~en Ereignisse* the latest events; *der ~en Vergangenheit* of the recent past
Jüngste *m, f, n* the youngest: *unser ~r, unsere ~* our youngest (child); *sie ist auch nicht mehr die ~* she is no spring chicken any more
jungverheiratet *Adj* newly-wed
Juni *m* (*im ~* in) June
junior I *Adj* **1.** junior: *Herr X ~* Mr. X jr **II** *m* **2.** *Sport u. F e-r Familie:* junior **3.** WIRTSCH **a)** son of the owner, **b)** *a* **Juniorpartner(in)** junior partner **Junioren...** SPORT junior (*class, team, etc*) **Juniorpass** *m* BAHN young persons' railcard
Junkmail *f* spam
Junktim *n* POL package deal
Junta *f* POL junta
Jupe *m schweiz.* skirt
Jura[1] *m* GEOL Jurassic (period)

Jura[2]: *~ studieren* study (*Br a.* read) law **Jurastudent(in)** law student **Jurastudium** *n* law studies *Pl*
Jurist(in) **1.** lawyer **2.** (*Student[in]*) law student **Juristensprache** *f* legalese
juristisch *Adj* legal: *~e Fakultät* faculty of law, *Am a.* law school; *~e Person* legal entity, juristic person
Jury *f* **1.** jury, (panel of) judges *Pl*, *für e-e Ausstellung:* selection committee **2.** JUR jury
justierbar *Adj* adjustable **justieren** *v/t* adjust **Justierung** *f* adjustment
Justitiar(in) legal adviser
Justiz *f* justice, *the* law **~beamte** *m*, **~beamtin** *f* judicial officer **~behörde** *f* judicial authority **~gebäude** *n* law courts *Pl* **~gewalt** *f* judiciary (power) **~irrtum** *m* judicial error, miscarriage of justice **~minister(in)** minister of justice, *Br* Lord Chancellor, *Am* Attorney General **~ministerium** *n* ministry of justice, *Am* Department of Justice **~mord** *m* judicial murder **~verwaltung** *f* administration of justice, *konkret:* legal administrative body
Jute *f* jute
Juwel *n a. fig* jewel: *~en Pl* jewel(le)ry *Sg*, (*Edelsteine*) precious stones
Juwelier(in) jewel(l)er
Juweliergeschäft *n* jewel(l)er's shop
Jux *m* F (practical) joke: *aus ~ for* fun

K

K, k *n* K, k
K *n* (= *Kilobyte*) K
Kabarett *n* cabaret (show), (satirical) revue **Kabarettist(in)** cabaret artist
kabarettistisch *Adj* revue ..., cabaret ...
kabbelig *Adj See:* choppy
Kabel *n* ELEK cable **Kabelanschluss** *m* cable connection **Kabelfernsehen** *n* cable television (*od* TV) **Kabelkanal** *m* cable channel
Kabeljau *m* ZOOL cod(fish)
Kabine *f* **1.** FLUG, SCHIFF cabin **2.** *e-s Aufzugs:* cage, *e-r Seilbahn:* car **3.** (*Umkleide~, Dusch~ etc*) cubicle, (*Mannschafts~*) locker room
Kabinett *n* POL cabinet
Kabinetts|beschluss *m* decision of the cabinet **~liste** *f* list of cabinet members **~sitzung** *f* cabinet meeting **~umbildung** *f* cabinet reshuffle
Kabrio(lett) *n* MOT convertible, *bes Am a.* cabriolet
Kabuff *n* F cubby(hole)
Kachel *f*, **kacheln** *v/t* tile
Kachelofen *m* tiled stove
Kacke *f*, **kacken** *v/t u. v/i* V crap, shit
Kadaver *m* carcass (*a. pej Leiche*) **~ge-**

horsam m pej blind obedience

Kader m MIL, POL cadre, SPORT a. pool

Kadett(in) SCHIFF, MIL cadet

Kadi m hum (**j-n vor den ~ schleppen** haul s.o. before the) judge

Kadmium n CHEM cadmium

Käfer m 1. ZOOL beetle (a. MOT F VW) 2. F fig (Mädchen) chick

Kaff n F dump, awful hole

Kaffee m coffee: **~ kochen** (od **machen**) make coffee; **zwei ~, bitte!** two coffees, please!; **~ mit Milch** white coffee; F fig **das ist doch kalter ~!** that's old hat! **~automat** m coffee machine **~bohne** f coffee (bean) **~haus** n café, coffeehouse **~kanne** f coffeepot **~klatsch** m F hen party, Am coffee klatsch **~löffel** m coffee spoon **~maschine** f coffee machine, coffee maker **~mühle** f coffee grinder **~pause** f coffee break **~satz** m coffee grounds Pl **~service** n coffee set **~strauch** m BOT coffee shrub **~tasse** f coffee cup

Käfig m a. ELEK, TECH cage

kahl Adj 1. (~ werden od grow) bald; **Kopf:** ~ **geschoren** shaven 2. fig allg bare, Baum: a. leafless, Felsen: a. naked, Gegend: a. barren, bleak

Kahlheit f 1. baldness 2. fig bareness (etc, → **kahl** 2)

Kahlkopf m F baldhead(ed person)

kahlköpfig Adj bald(headed)

Kahlschlag m 1. a) deforestation, b) clearing 2. fig demolition **~sanierung** f wholesale redevelopment

Kahn m 1. (rowing od fishing) boat: ~ **fahren** go boating 2. (Last2 etc) barge 3. F (Schiff) tub **~fahrt** f boat trip

Kai m quay, wharf **~mauer** f quay wall

Kaiser m emperor **Kaiserin** f empress **Kaiserkrone** f 1. imperial crown 2. BOT crown imperial **kaiserlich** Adj imperial **Kaiserreich** n empire **Kaiserschmarrn** m österr. cut-up and sugared pancake with raisins **Kaiserschnitt** m MED C(a)esarean (section od operation)

Kajak m a. SPORT kayak

Kajal n kohl

Kajütboot n cabin boat **Kajüte** f cabin

Kakadu m ZOOL cockatoo

Kakao m cocoa: F fig **durch den ~ ziehen** make fun of, roast, (parodieren) send up **~baum** m cacao (tree)

Kakerlake f ZOOL cockroach, Am roach

Kaktee f, **Kaktus** m BOT cactus

Kalauer m dreadful pun, corny joke

Kalb n calf **kalben** v/i calve

Kalb|fell n calfskin **~fleisch** n veal **Kalbs|braten** m roast veal **~haxe** f knuckle of veal **~keule** f leg of veal **~kopf** m calf's head **~leder** n calf (leather) **~schnitzel** n escalope of veal

Kaleidoskop n a. fig kaleidoscope

Kalender m calendar, (Taschen2) diary **Kalenderjahr** n calendar year

Kali n CHEM potash

Kaliber n a. fig calib/re (Am -er)

Kalifornien n California

Kalium n CHEM potassium **~permanganat** n CHEM potassium permanganate

Kalk m 1. CHEM lime, (Ätz2) quicklime 2. MED calcium 3. (~stein) chalk, limestone 4. → **Kalkdünger** m lime fertilizer

kalken v/t 1. (Wände etc) whitewash 2. LANDW lime **kalkig** Adj chalky (a. fig), limy

Kalkmangel m MED calcium deficiency

Kalkstein m GEOL limestone

Kalkulation f a. fig calculation

kalkulieren v/t u. v/i a. fig calculate: **falsch ~** miscalculate

Kalorie f PHYS calorie

kalorienarm Adj low-calorie: ~ **sein** be low in calories **Kalorienbedarf** m calorie requirement **Kaloriengehalt** m calorie content **kalorienreich** Adj high-calorie: ~ **sein** be rich in calories

kalt I Adj a. fig cold, (gefühls~) a. frigid: **mir ist ~** I'm cold; **es (mir) wird ~** it's (I'm) getting cold; **2er Krieg** Cold War; GASTR **~e Platte** cold meats Pl; F **das lässt mich ~!** that leaves me cold!; **j-m die ~e Schulter zeigen** give s.o. the cold shoulder II Adv coldly: **etw ~ stellen** put s.th. to cool; **~ essen** have a cold meal; F **~ lächelnd** (as) cool as you please; **es überlief mich ~** a cold shiver ran down my spine; F fig ~ **bleiben** keep cool, keep one's head

Kaltblüter m cold-blooded animal

kaltblütig I Adj cold-blooded, fig a. cool II Adv coolly, umbringen etc: in cold blood **Kaltblütigkeit** f cold-bloodedness, coolness, sangfroid

Kälte f cold, a. fig coldness, (Gefühls2) a. frigidity: **es sind 10 Grad ~** the tem-

perature is ten degrees below zero; **bei dieser ~** in this cold; **draußen in der ~** (out) in the cold **2beständig** *Adj* cold-resistant **~einbruch** *m* cold snap **~gefühl** *n* feeling of cold **~grad** *m* degree of frost **~periode** *f* cold spell **~welle** *f* cold wave

kaltherzig *Adj* cold(hearted), unfeeling

Kaltluft *f* cold air: **polare ~** polar air **kaltmachen** *v/t* F *j-n ~* bump s.o. off, do s.o. in **kaltschnäuzig** *Adj* F cool **kaltschweißen** *v/t u. v/i* TECH cold-weld **Kaltstart** *m* cold start

kaltstellen *v/t* F *fig* relegate *s.o.* to the background, *bes* SPORT neutralize

Kalzium *n* CHEM calcium

Kambodscha *n* Cambodia **Kambodschaner(in)**, **kambodschanisch** *Adj* Cambodian

Kamel *n* 1. ZOOL camel 2. F *fig* idiot, blockhead **Kamelhaar...** camel-hair

Kamera *f* (*vor der ~ stehen* be on) camera

Kamerad(in) MIL comrade, (*Gefährte*) companion, fellow, mate, F pal, buddy **Kameradschaft** *f* comradeship, (good) fellowship **kameradschaftlich** *Adj u. Adv* comradely, like a good fellow

Kamerafrau *f* camerawoman

Kameraführung *f* FILM camerawork

Kameramann *m* cameraman

Kameratasche *f* camera case

Kamerun *n* Cameroon

Kamille *f*, **Kamillen...** BOT camomile

Kamin *m* 1. chimney (*a. mount.*) 2. (*offener*) ~ fireside: *am ~* by the fireside

Kamm *m* 1. comb: *fig* **alle über einen ~ scheren** lump them all together 2. ZOOL comb, crest 3. (*Wellen2*) crest 4. (*Gebirgs2*) ridge **kämmen I** *v/t* comb (*a.* TECH): *j-n ~*, *j-m die Haare ~* comb s.o.'s hair; *sich die Haare ~* → **II** *v/refl* **sich ~** comb (*od* do) one's hair

Kammer *f* 1. chamber (*a.* ANAT, TECH), small room, closet 2. PARL chamber, house 3. (*Anwalts2 etc*) association **~diener** *m* valet **~musik** *f* chamber music **~orchester** *n* chamber orchestra **~ton** *m* MUS concert pitch **~zofe** *f* lady's maid

Kammgarn *n*, **Kammgarn...** worsted

Kampagne *f* campaign

Kampf *m* 1. *a. fig* fight, battle, *schwerer*: struggle (*alle*: *gegen* against, *um* for),

(*Streit*) conflict, controversy: **den ~ ansagen** a) *j-m* challenge s.o., b) declare war (*Dat* on); **~ dem Hunger!** war on hunger!; **sich zum ~ stellen** give battle; **innere Kämpfe** inner conflicts; → **Dasein** 2. MIL combat, fight 3. (*Wett2*) contest, (*Box2*) fight, (*a.* Ring2) bout, match **~abstimmung** *f e-r Gewerkschaft*: strike ballot **~ansage** *f* challenge (*an Akk* to) **2bereit** *Adj fig* ready for battle (SPORT to fight) **~einsatz** *m* operational mission

kämpfen I *v/i* (*für, um* for) *a. fig* fight, battle, struggle: *mit j-m ~* SPORT fight (with) s.o.; *mit Schwierigkeiten zu haben* have (to struggle against) difficulties; *ich habe lange mit mir gekämpft* I had a long battle with myself; *sie kämpfte mit den Tränen* she was fighting back her tears **II** *v/t* fight **III** *v/refl* **sich ~** struggle (*od* fight one's way) (*durch* through, *nach oben a. fig* up) **kämpfend** *Adj* fighting: **~e Truppen** combatant troops

Kampfer *m* CHEM camphor

Kämpfer(in) fighter (*a. Sport u. fig*), MIL *a.* combatant **kämpferisch** *Adj* fighting, *fig a.* aggressive

kampferprobt *Adj* MIL veteran, seasoned

kampffähig *Adj* MIL fit for action, SPORT fighting fit

Kampf|flugzeug *n* tactical (*od* combat) aircraft **~geist** *m* fighting spirit: **~ zeigen** show fight **~gericht** *n* SPORT the judges *Pl* **~hahn** *m a. fig* fighting cock **~handlung** *f* fighting, action **~hubschrauber** *m* (helicopter) gunship **~hund** *m* fighting (*od* dangerous) dog

kampflos *Adj u. Adv* without a fight: **~ gewinnen** SPORT win by default

kampflustig *Adj* belligerent

Kampf|maßnahme *f mst Pl bei Tarifkonflikt*: militant action **~platz** *m* battlefield, *Sport u. fig* arena **~richter(in)** judge, *Tennis etc*: umpire **~schwimmer(in)** MIL frogman **~sport** *m* combative sport, (*Karate etc*) martial arts *Pl* **~stoff** *m* MIL agent, chemical *etc* weapon **~truppe** *f* MIL combat troops *Pl* **2unfähig** *Adj* disabled: *j-n ~ machen* disable s.o., put s.o. out of action **~verband** *m* MIL combat unit

kampieren *v/i* camp

Kanada n Canada

Kanadier[1] m (Boot) Canadian (canoe) **Kanadier**[2] m, **Kanadierin** f, **kanadisch** Adj Canadian

Kanal m 1. channel, künstlicher: canal, duct, (Rinne) conduit: fig **dunkle Kanäle** secret channels; F **den ~ voll haben a)** be sloshed, **b)** be fed up to here 2. ANAT duct 3. RADIO, TV channel

Kanalinseln Pl the Channel Islands Pl

Kanalisation f 1. von Flüssen: canalization 2. im Haus: drains Pl, e-r Stadt: sewage system **kanalisieren** v/t 1. (Fluss) canalize 2. (Stadt etc) provide with sewers 3. fig channel

Kanal|küste f the Channel coast **~tunnel** m Channel Tunnel

Kanarienvogel m canary

kanarisch Adj die 2en Inseln the Canaries Pl, the Canary Islands Pl

Kandare f curb (bit): fig **j-n an die ~ nehmen** take s.o. in hand

Kandelaber m candelabrum

Kandidat(in) a. fig candidate **Kandidatenliste** f list of candidates, POL Am a. ticket **Kandidatur** f candidacy **kandidieren** v/i (**für** for) be a candidate, stand, run: **für das Amt des Präsidenten ~** run for president

kandiert Adj Früchte: candied

Kandis(zucker) m (sugar) candy

Känguru(h) n ZOOL kangaroo

Kaninchen n ZOOL rabbit **~bau** m (rabbit) burrow **~stall** m rabbit hutch

Kanister m can(ister)

Kännchen n jug: **ein ~ Kaffee** GASTR a pot of coffee

Kanne f can, (Tee2, Kaffee2) pot

Kannibale m, **Kannibalin** f, **kannibalisch** Adj cannibal

Kanon m allg canon

Kanone f 1. MIL cannon, gun (a. F Waffe): fig **unter aller ~** just lousy 2. F (Könner) wizard, bes SPORT ace

Kanonenboot n gunboat

Kanonenfutter n fig cannon fodder

kanonisch Adj REL canonical: **~es Recht** canon law

Kantate f MUS cantata

Kante f allg edge, (Rand) a. border, e-s Abgrunds: brink, (Webe2) selvage: F fig **etw auf die hohe ~ legen** save some money; **etw auf der hohen ~ haben** have saved some money

kanten v/t 1. cant, tilt, (Ski) carve 2. TECH (ab~) edge **Kanten** m (Brot2) crust

Kantholz n squared timber

kantig Adj squared, a. fig Gesicht etc: angular

Kantine f canteen

Kanton m canton

Kanu n (a. ~ **fahren**) canoe (a. Sport)

Kanüle f MED cannula, (drain) tube

Kanute m, **Kanutin** f SPORT canoeist

Kanzel f 1. (**auf der ~** in the) pulpit 2. FLUG cockpit 3. MIL turret

Kanzlei f office

Kanzler(in) 1. POL chancellor 2. UNI vice-chancellor **Kanzleramt** n chancellor's office **Kanzlerkandidat(in)** candidate for the chancellorship

Kap n GEOG cape

Kapazität f 1. capacity (a. fig), ELEK capacitance 2. fig (leading) authority (**auf dem Gebiet** Gen on the subject of)

Kapelle f 1. REL chapel 2. MUS band **Kapellmeister(in)** director of music, (Dirigent) conductor, e-s Tanzorchesters: bandmaster (a. MIL), bandleader

Kaper f BOT caper

kapern v/t SCHIFF capture, seize, F fig nab

kapieren F I v/t get: **das kapiere ich nicht!** I don't get it! II v/i get it: **kapiert?** (have you) got it?; **sie hat schnell kapiert** she caught on quickly

Kapillargefäß n ANAT capillary (vessel)

kapital Adj Fehler, Irrtum etc: capital

Kapital n capital, fig a. asset, (Grund2) capital stock: ~ **und Zinsen** principal and interest; fig ~ **schlagen aus** capitalize on **~abwanderung** f capital outflow **~anlage** f investment **~anlagegesellschaft** f investment trust **~anleger(in)** investor **~bildung** f accumulation of capital **~einkommen** n investment income **~erhöhung** f increase of capital **~ertragssteuer** f capital yields tax **~flucht** f flight of capital **~geber(in)** financier **~gesellschaft** f joint-stock company, corporation

kapitalisieren v/t capitalize **Kapitalisierung** f capitalization

Kapitalismus m capitalism

Kapitalist(in) capitalist

kapitalistisch Adj capitalist(ic)

K

kapitalkräftig Adj (financially) powerful, potent

Kapitalmarkt m capital market

Kapitalverbrechen n capital crime

Kapitalzins m interest on capital

Kapitän(in) allg captain

Kapitänleutnant m second lieutenant

Kapitänspatent n master's certificate

Kapitel n chapter (a. REL): fig das ist ein ~ für sich that's another story

Kapitell n ARCHI capital

Kapitulation f a. fig capitulation, surrender **kapitulieren** v/i (vor Dat) to) capitulate, surrender, fig a. give in

Kaposisarkom n MED Kaposi's sarcoma

Kappe f 1. cap: F fig ich nehme es auf m-e ~ I'll take the responsibility for it 2. TECH top, cap 3. des Schuhs: (toe) cap

kappen v/t 1. (Tau etc) cut 2. LANDW (beschneiden) lop, top

Käppi n cap, MIL a. kepi

Kapriole f capriole (a. Reiten), caper

kaprizieren v/refl sich ~ auf (Akk) set one's heart on, insist on

kapriziös Adj capricious

Kapsel f 1. (Behälter) case, container 2. ANAT, BOT, PHARM, Raumfahrt: capsule

Kapselriss m MED laceration of the capsule

kaputt Adj F ~ sein a) Sache: be broken, be bust, be torn, Maschine etc: be out of order, MED Organ: be ruined, be bad, Nerven: be shattered, fig Ehe etc: be on the rocks, b) Person: (ruiniert) be ruined, be finished, (erschöpft) be worn out, be all in: ~er Typ complete wreck; mein Auto ist ~ my car has broken down (endgültig: has had it) **~fahren** v/t F smash up, wreck **~gehen** v/i F 1. Sache: break, tear, Auto etc: break down, sl conk out, fig Ehe etc: break up, go on the rocks 2. Person: a) finanziell: go bust, b) nervlich: crack (up), go to pieces **~lachen** v/refl sich ~ F kill o.s. laughing **~machen** F I v/t 1. break, smash, fig ruin, bust 2. fig j-n ~ a) beruflich: ruin s.o., b) nervlich: get s.o. down, make s.o. crack up, c) körperlich: kill s.o. II v/refl sich ~ 3. wear o.s. out, kill o.s. (mit over, doing s.th.) **~schlagen** v/t F smash

Kapuze f hood, e-r Kutte: cowl

Kapuzen|jacke f hooded jacket **~pulli** m hooded jumper, hooded sweater

Karabiner m 1. MIL carbine 2. → **Karabinerhaken** m spring hook

Karaffe f carafe, für Wein: a. decanter

Karambolage f 1. Billard: cannon, Am carom 2. F (Zs.-stoß) crash, collision

Karamell n GASTR caramel

Karaoke n karaoke

Karat n carat

Karate n karate **~kämpfer(in)** karateka **~schlag** m karate chop

...karätig ...-carat

Karawane f caravan **Karawanenstraße** f caravan track (od route)

Kardan|gelenk n TECH cardan (od universal) joint **~welle** f TECH cardan shaft

Kardinal m REL cardinal **~fehler** m cardinal fault **~frage** f cardinal question **~zahl** f cardinal (number)

Kardiologe m, **Kardiologin** f MED cardiologist

Karenz|tag m unpaid day of sick leave **~zeit** f Versicherung: waiting period, WIRTSCH period of restriction

Karfiol m österr. cauliflower

Karfreitag m REL Good Friday

karg I Adj 1. (dürftig) meagre, Am meager, scanty, poor, Leben, Essen: frugal, Boden etc: barren 2. (schmucklos) austere 3. (sparsam) sparing **II** Adv ~ bemessen sein Portion etc: be (very) meagre, fig Freizeit etc: be (very) limited **Kargheit** f meagreness, Am meagerness, poorness

kärglich Adj → **karg** 1

Karibik f the Caribbean

kariert Adj chequered, Am checkered

Karies f MED tooth decay, caries

Karikatur f caricature (a. fig), (Witzzeichnung) mst cartoon **Karikaturist(in)** caricaturist, cartoonist

karikieren v/t caricature, cartoon

kariös Adj MED decayed

karitativ Adj charitable: für ~e Zwecke for charity

Karneval m carnival

Karnevals... → **Faschings...**

Kärnten n Carinthia

Karo n 1. check, square 2. Kartenspiel: diamonds Pl **~ass** n ace of diamonds

Karosserie f MOT (car) body

Karotte f BOT carrot

Karpfen m ZOOL carp

Karre f **1.** F fig (**alte**) ~ (Auto) bus, crate, jalopy **2.** → **Karren** m cart, (Schub2) (wheel)barrow: F fig **j-m an den ~ fahren** step on s.o.'s toes; **den ~ in den Dreck fahren** make things up; **den ~ wieder aus dem Dreck ziehen** clear up the mess; **j-n vor s-n ~ spannen** rope s.o. in

Karriere f career: ~ **machen** make a career for o.s., weit. S. get to the top

Karrierefrau f career woman

Karrieremacher(in) pej careerist

Karst m GEOL karst

Karte f allg card, (Land2) map, (See2) chart, (Eintritts2, Fahr2 etc) ticket, (Speise2) menu, (Wein2) wine list: **nach der ~ speisen** dine à la carte; **die gelbe** (**rote**) ~ **Fußball**: the yellow (red) card; ~**n spielen** play cards; **gute ~n haben** have a good hand; **s-e ~n auf den Tisch legen** a. fig show one's hand, put one's cards on the table; fig **alles auf eine ~ setzen** put all one's eggs in one basket; → **legen** 6

Kartei f (~führen) keep a) card index (**über** Akk on) ~**karte** f file (od index) card ~**kasten** m card-index box

Kartell n cartel, WIRTSCH a. combine, trust

Karten|haus n **1.** SCHIFF chartroom **2.** fig house of cards ~**kunststück** n card trick ~**legen** n reading the cards ~**leger(in)** fortune-teller ~**leser** m IT card reader ~**spiel** n **1.** a) card playing, b) einzelnes: card game **2.** (Karten) pack (Am a. deck) of cards ~**ständer** m map stand ~**telefon** n cardphone ~**verkauf** m sale of tickets ~**vorverkauf** m advance booking

Kartoffel f potato ~**brei** m mashed potatoes Pl ~**chips** Pl potato crisps (Am chips) Pl ~**käfer** m potato beetle (bes Am bug) ~**puffer** m potato fritter ~**püree** n mashed potatoes Pl ~**salat** m potato salad ~**schalen** Pl potato peelings Pl ~**schäler** m TECH potato peeler ~**stock** m schweiz. mashed potatoes Pl ~**suppe** f potato soup

Kartograph(in) cartographer, mapmaker **Kartographie** f cartography

Karton m **1.** (~papier) cardboard **2.** (Schachtel) cardboard box

kartoniert Adj BUCHDRUCK paperback(ed)

△ **Karton** ≠ **carton**

Karton	= (cardboard) box
carton (of milk; of cigarettes)	= Milchtüte; Stange Zigaretten

---

Karussell n (~ **fahren** have a ride on the) merry-go-round

Karwoche f REL Holy Week

karzinogen Adj MED carcinogenic

Karzinom n MED carcinoma, cancer

kaschieren v/t fig conceal, cover up

Kaschmir m cashmere

Käse m **1.** cheese **2.** F fig (Unsinn) rubbish, (dumme Sache) stupid business ~**auflauf** m cheese soufflé ~**blatt** n F rag ~**gebäck** n cheese biscuits Pl ~**glocke** f cheese cover ~**kuchen** m cheesecake ~**platte** f GASTR cheese platter ~**rei** f cheese dairy ~**rinde** f cheese rind

Kaserne f MIL barracks Pl (a. Sg konstr)

Käsestange f (Gebäck) cheese straw

käsig Adj **1.** caseous, cheesy **2.** F fig (blass) pasty

Kasino n **1.** (Spiel2) club, casino **2.** (Speiseraum) a) MIL (officers') mess, b) e-s Betriebs etc: cafeteria, canteen

Kaskoversicherung f MOT comprehensive insurance

Kasper m **1.** Punch **2.** fig clown

Kasperletheater n Punch and Judy (show)

Kassa f österr. cashdesk, (im Supermarkt) checkout

Kassageschäft n WIRTSCH cash transaction

Kasse f **1.** cashbox, (Laden2) till, (Registrier2) cash register: F **e-n Griff in die ~ tun** dip into (od rob) the till; **der Film hat volle ~n gebracht** the film was a box-office success **2.** im Warenhaus, in der Bank etc: cash desk, im Supermarkt etc: checkout (counter), im Kino etc: cash till window, THEAT etc a. box office: **zahlen Sie bitte an der ~!** pay at the desk, please!; fig **j-n zur ~ bitten** make s.o. pay up **3.** (Bargeld) cash, WIRTSCH (Barzahlung) cash (payment): **gegen ~** for cash; **netto ~** net cash; ~ **bei Lieferung** cash on delivery (COD); ~ **machen** a) cash up, b) F

count one's cash, **c)** F *fig* cash in heavily, make a packet; F *gut bei* ~ *sein* be flush; *knapp bei* ~ *sein* be (a bit) hard up; *gemeinsame* ~ *machen* split the expenses; *getrennte* ~ *machen* go Dutch **4.** F (*Kranken2*) (*er ist in k-r* ~ he has no) health insurance **5.** F (*Spar2*) (savings) bank

Kassen|abschluss *m* balancing of the (cash) accounts ~**anweisung** *f* cash order ~**arzt** *m*, ~**ärztin** *f* health-plan doctor ~**automat** *m Parkgebühren:* (car park) pay machine ~**bestand** *m* cash balance ~**bon** *m* sales check (*Am* slip) ~**buch** *n* cashbook ~**erfolg** *m* THEAT *etc* box-office hit ~**magnet** *m fig* crowd-puller ~**patient(in)** health-plan patient ~**prüfung** *f* cash audit: *e-e* ~ *vornehmen* audit the cash ~**schlager** *m* F **1.** → *Kassenerfolg* **2.** money-spinner ~**sturz** *m* F ~ *machen* count one's cash ~**wart(in)** treasurer ~**zettel** *m* sales check (*Am* slip)

Kasserolle *f* casserole

Kassette *f* **1.** box, (*Schmuck2*) casket, (*Geld2*) cashbox **2.** *für Bücher:* slipcase **3.** (*Schallplatten2*) box set **4.** (*Video2, Tonband2 etc*) cassette **5.** (*Film2 etc*) cartridge **6.** ARCHI coffer

Kassetten|deck *n* cassette deck ~**rekorder** *m* cassette recorder

kassieren I *v/t* **1.** (*Miete, Beiträge etc*) collect **2.** F **a)** (*Honorar etc*) collect, take, **b)** (*beschlagnahmen*) take (away), seize, **c)** (*verhaften*) nab, catch, **d)** (*einstecken müssen*) take, suffer, (*Schlag, Niederlage etc*) take, get **3.** JUR (*Urteil*) quash **II** *v/i* **4.** collect (the money): *darf ich bei Ihnen* ~? *Kellner:* would you mind paying now?; F *fig kräftig* ~ cash in (heavily) (*bei* on)

Kassierer(in) cashier, (*Bank2*) *a.* teller

Kastagnette *f* MUS castanet

Kastanie *f* BOT chestnut: *fig für j-n die* ~*n aus dem Feuer holen* pull the chestnuts out of the fire for s.o.

Kastanienbaum *m* chestnut (tree)

kastanienbraun *Adj* chestnut

Kästchen *n* **1.** small box (*od* case), casket **2.** (*Rechen2*) square **3.** *in Zeitungen etc:* box

Kaste *f* caste

kasteien *v/refl sich* ~ **1.** REL mortify the flesh **2.** *fig* deny o.s.

Kasten *m* **1.** box (*a.* F *Brief2*), case, (*Truhe*) chest, *für Getränke:* crate: F *fig er hat was auf dem* ~ he's brainy, he's on the ball **2.** F *fig* (*Haus, Fernseher, Fußballtor*) box, (*Auto, Flugzeug*) bus, crate, (*Schiff*) tub **3.** → *Kästchen* 3 **4.** *österr., schweiz.* cupboard

Kastrat *m* eunuch **Kastration** *f* castration **kastrieren** *v/t* castrate

Kasus *m* LING case

Kat *m* → *Katalysator* 2

Katakomben *Pl* catacombs *Pl*

Katalog *m*, **katalogisieren** *v/t* catalog(ue *Br*)

Katalysator *m* **1.** CHEM *u. fig* catalyst **2.** MOT catalytic converter ~**auto** *n* catalyst car, F cat car

Katapult *n*, **katapultieren** *v/t* catapult

Katapultstart *m* FLUG catapult takeoff

Katarr(h) *m* MED (common) cold, catarrh

Kataster *m, n* land register

katastrophal *Adj* catastrophic(ally *Adv*), *a.* F *fig* disastrous **Katastrophe** *f a.* F *fig* catastrophe, disaster

Katastrophen|alarm *m* red alert ~**einsatz** *m* (*im* ~ on) duty in a disaster area ~**fall** *m* (*im* ~ in an) emergency ~**film** *m* disaster film ~**gebiet** *n* disaster area ~**hilfe** *f* disaster relief ~**schutz** *m* disaster control (*od* prevention) ~**tourismus** *m* disaster tourism

Katechismus *m* REL catechism

Kategorie *f* category **kategorisch** *Adj* categorical: *Adv* ~ *ablehnen a.* refuse flatly **kategorisieren** *v/t* categorize

Kater *m* **1.** ZOOL tom(cat) **2.** F *fig* (*e-n* ~ *haben*) have a) hangover

Katheder *n* (teacher's *od* lecturer's) desk

Kathedrale *f* cathedral

Katheter *m* MED catheter

Kat(h)ode *f* cathode **Kat(h)odenstrahlröhre** *f* cathode-ray tube

Katholik(in), **katholisch** *Adj* (Roman) Catholic

Katholizismus *m* Catholicism

Kätzchen *n* **1.** ZOOL kitten **2.** BOT catkin

Katze *f* ZOOL cat: F *fig das ist für die Katz* that's all for nothing; *Katz und Maus spielen mit* play cat and mouse with; *die* ~ *im Sack kaufen* buy a pig in a poke; *die* ~ *aus dem Sack lassen* let the cat out of the bag; *wie die* ~ *um den*

Kehlkopfkrebs

heißen Brei gehen beat about the bush

Katzenauge n **1.** cat's eye (a. MIN u. TECH) **2.** F (Rückstrahler) rear reflector

katzenhaft Adj catlike, feline

Katzen|hai m cat shark **~jammer** m F hangover: (**moralischen**) **~ haben** a. be down in the dumps, have the blues **~klo** n cat tray **~sprung** m fig **ein~ von hier** a stone's throw from here **~streu** f cat litter **~wäsche** f F fig (**~ machen**) have a) cat's lick

Kauderwelsch n double Dutch, lingo

kauen v/t u. v/i chew: **an den Nägeln ~** bite one's nails

kauern v/i u. v/refl **sich ~** crouch (od squat) (down)

Kauf m **1.** (Kaufen) buying, purchase: **zum ~** for sale; **~** when buying; fig **etw ... in ~ nehmen** put up with s.th.; **leichten ~es davonkommen** get off cheaply **2.** (das Gekaufte) purchase, F buy: **ein guter ~** a good bargain (od buy) **~angebot** n WIRTSCH bid

kaufen v/t u. v/i buy (a. fig bestechen), purchase: **~ bei** go to, buy at; **er hat sich ein Auto gekauft** he has bought (himself) a car, F **dafür kann ich mir nichts ~!** that's no use to me!; **den kaufe ich mir!** I'll tell him what's what!

Käufer(in) buyer, purchaser

Käuferschicht f group of buyers

Kauf|frau f businesswoman **~halle** f small department store **~haus** n department store **~kraft** f purchasing (der Kunden: spending) power **~kräftig** Adj Kunde: well-to-do, Währung: hard

käuflich Adj **1.** purchasable: (nicht) **~ sein** (not to) be for sale; **~e Liebe** prostitution; Adv **etw ~ erwerben** purchase s.th. **2.** fig venal, corrupt

Käuflichkeit f fig venality, corruptness

Kauflustige m, f prospective buyer, weit. S. shopper

Kaufmann m (Pl **Kaufleute**) **1.** allg businessman, Pl businessmen, businesspeople, (Händler) merchant, trader, dealer **2.** (Einzelhandels2) shopkeeper, Am a. storekeeper, eng. S. grocer

kaufmännisch Adj commercial, business: **~e(r) Angestellte(r)** (commercial) clerk

Kaufpreis m (purchase)

price **Kaufvertrag** m contract of sale

Kaufzwang m (**kein ~** no) obligation (to buy)

Kaugummi m chewing gum

Kaulquappe f ZOOL tadpole

kaum Adv hardly, scarcely, (nur gerade) barely, only just: **~ zu glauben** hard to believe; **~ möglich** hardly possible; **wohl ~(!)** hardly(!); **ich glaube ~, dass** I hardly think that; **~ war sie gegangen, als ...** no sooner had she gone than ...

Kaumuskel m ANAT masticatory muscle

Kausalität f causality

Kausal|kette f chain of cause and effect **~satz** m causal clause **~zusammenhang** m causal connection

Kaution f WIRTSCH security, JUR (Haft2) bail: **~ stellen** WIRTSCH furnish security, JUR stand bail; **gegen ~** JUR on bail

Kautschuk m caoutchouc, India rubber

Kauwerkzeuge Pl BIOL masticatory organs Pl

Kauz m **1.** ZOOL screech-owl **2.** F (komischer) **~** odd (od queer) fellow, bes Am oddball **kauzig** Adj F queer, odd

Kavalier m gentleman

Kavaliersdelikt n peccadillo

Kavallerie f cavalry

Kavallerist m cavalryman, trooper

Kaviar m caviar(e)

Kaviarbrot n French bread

KB, Kbyte n (= **Kilobyte**) KB

keck Adj pert (a. fig flott), cheeky, saucy

Keckheit f pertness, sauciness

Kegel m **1.** MATHE, TECH cone **2.** ninepin, skittle(pin): → **Kind Kegelbahn** f skittle (bes Am bowling) alley

kegelförmig Adj conical, cone-shaped

Kegelklub m skittles club

Kegelkugel f skittle (od bowling) ball

kegeln v/i play (at) skittles (od ninepins): **~ gehen** go bowling

Kegelsport m skittles Sg

Kegelstumpf m MATHE truncated cone

Kegler(in) skittles player, bowler

Kehle f **1.** ANAT throat: **j-m die ~ durchschneiden** cut s.o.'s throat; fig **etw in die falsche ~ bekommen** take s.th. the wrong way; **das Wort blieb mir in der ~ stecken** the word stuck in my throat **2.** TECH flute

Kehlkopf m ANAT larynx **~entzündung** f MED laryngitis **~krebs** m MED cancer of

the larynx, F throat cancer

Kehllaut m guttural (sound)

Kehraus m last dance

Kehre f 1. (Kurve) (sharp) bend 2. Skisport, Eislauf: turn, Turnen: rear vault

kehren¹ I v/t 1. etw nach oben (unten, außen etc) ~ turn s.th. upwards (down, outside, etc); den Rücken ~ a. fig turn one's back (Dat on); in sich gekehrt withdrawn, PSYCH introvert(ed); → oberst II v/t/refl sich ~ 2. → wenden 4 3. sich nicht ~ an (Dat) ignore III v/i 4. kehrt! MIL about turn!

kehren² v/t u. v/i (fegen) sweep

Kehricht m sweepings Pl, (Müll) rubbish, Am garbage

Kehrmaschine f road sweeper

Kehrreim m burden, refrain

Kehrschaufel f dust pan

Kehrseite f 1. reverse 2. hum back 3. fig other side, (Nachteil) drawback

kehrtmachen v/i 1. turn round, MIL face about 2. (zurückgehen) turn back

Kehrtwendung f a. fig about-face

Kehrwert m MATHE reciprocal

keifen v/i nag, bicker

Keil m 1. a. fig wedge 2. (Zwickel) gore, gusset **Keilabsatz** m wedge heel

keilen F I v/t j-n ~ rope s.o. in (für for) II v/i/refl sich ~ fight

Keiler m ZOOL wild boar

Keilerei f F → Prügelei

keilförmig Adj wedge-shaped

Keilriemen m TECH V-belt

Keilschrift f cuneiform (script)

Keim m 1. BIOL germ, embryo (beide a. fig), BOT a. bud, fig a. seed(s Pl): fig im ~ in embryo; etw im ~ ersticken nip s.th. in the bud 2. MED germ, bacillus

Keimblatt n 1. BOT cotyledon 2. BIOL germ layer **Keimdrüse** f PHYSIOL gonad

keimen v/i 1. BIOL germinate, BOT a. sprout 2. fig be aroused, grow, Hoffnung etc: stir

keimfrei Adj sterile: ~ machen sterilize

Keimling m BIOL embryo, BOT a. sprout

keimtötend Adj germicidal, antiseptic: ~es Mittel germicide

Keimträger(in) m(f) MED (germ) carrier

Keimzelle f 1. germ cell 2. fig nucleus

kein Indefinitpron no, not any, not a: ich habe ~ Geld I have no money, I haven't (got) any money; du bist ~ Kind mehr

you are not a child any more; ~ Wort mehr! not another word!; ~ anderer als X none other than X; es kostet ~e 100 Euro it costs less than 100 euros

keine, keiner, keines (od keins) Indefinitpron 1. von Personen: no one, nobody, not one, none: ~(r) von ihnen none (od not one, von zweien: neither) of them; ~(r) von uns beiden neither of us, mehrere: none of us 2. von Sachen: not any, none, not one: ich will keins von beiden I want neither (of the two)

keinerlei Adj no … what(so)ever, no … at all: sie kennt ~ Rücksicht she knows no consideration at all

keinesfalls Adv on no account, under no circumstances **keineswegs** Adv by no means, not at all, not in the least

keinmal Adv not once, never

Keks m biscuit, Am cookie: F j-m auf den ~ gehen get on s.o.'s wick

Kelch m 1. goblet, REL chalice, cup (a. fig): der ~ ist an mir vorübergegangen I have been spared the bitter cup 2. BOT calyx, cup **Kelchblatt** n BOT sepal **Kelchhülle** f BOT calycle

Kelle f 1. (Suppen2) ladle 2. (Maurer2) trowel 3. BAHN etc signal(l)ing disk

Keller m cellar

Kellerassel f ZOOL woodlouse

Kellerei f wine cellars Pl

Kellergeschoss n basement

Kellermeister(in) m(f) cellarman

Kellerwohnung f basement (flat)

Kellner m waiter **Kellnerin** f waitress

Kelte m Celt

Kelter f (wine)press **keltern** v/t press

Keltin f Celt **keltisch** Adj Celtic

Kenia n Kenya

kennen v/t allg know, (vertraut sein mit) a. be acquainted (od familiar) with, (er~) recognize (an Dat by): wir ~ uns we know each other, schon a. we have already met; ich kenne sie von der Schule we were at school together; kennst du mich noch? do you remember me?; das ~ wir! we know all about that!; er kennt nichts als s-e Arbeit he lives only for his work; sie kennt k-e Müdigkeit she never gets tired; kein Erbarmen ~ know no mercy; ~ Sie den (Witz) (schon)? have you heard this one?; ~ lernen become acquainted with, get (od come) to know;

j-n ~ **lernen** meet s.o.; *j-n näher* ~ **lernen** (get to) know s.o. better; *wir haben uns in B.* ~ **gelernt** we first met in B.

Kenner(in) (*Kunst2 etc*) connoisseur, (*Fachmann*) (*Gen*) expert (at, in, of), authority (on)

Kennerblick *m* (*mit* ~ with an) expert's eye **Kennermiene** *f* (*e-e* ~ **aufsetzen** assume the) air of an expert

Kennmelodie *f* signature tune

kenntlich *Adj* (*an Dat* by) recognizable, distinguishable: ~ **machen** mark

Kenntnis *f* knowledge: ~ **haben von** know (about), be aware of; ~ **nehmen von** take note of; *j-n in* ~ **setzen von** inform s.o. of; *gute* ~**se haben in** (*Dat*) have a good knowledge of, be well grounded in; *das entzieht sich m-r* ~ I don't know anything about it

Kenntnisnahme *f zu Ihrer* ~ for your attention; *mit Bitte um* ~*!* please take note!

Kennwort *n a.* IT, MIL password

Kennzeichen *n* **1.** (distinguishing) mark, characteristic, (*Anzeichen*) sign, symptom (*a.* MED): *besondere* ~ *Pl* distinguishing marks *Pl* **2.** fig hallmark **3.** (*polizeiliches*) ~ MOT registration (*Am* license) number **~leuchte** *f* MOT number-ber-plate (*Am* license-plate) light **~schild** *n* MOT number (*Am* license) plate

kennzeichnen *v/t* **1.** mark **2.** fig characterize, (go to) show **kennzeichnend** *Adj* characteristic (*für* of): ~*es Merkmal* distinguishing feature

Kennziffer *f* code number, WIRTSCH reference number, *e-s Inserats*: box number

kentern *v/i* (*a.* **zum 2 bringen**) capsize

Keramik *f* **1.** ceramics *Sg*, pottery **2.** ceramic (article), piece of pottery **Keramiker(in)** ceramist

Kerbe *f*, **kerben** *v/t* notch

Kerbel *m* BOT chervil

Kerbholz *n f etw auf dem* ~ **haben** have done s.th. wrong; *er hat einiges auf dem* ~ he has quite a record

Kerker *m* hist dungeon

Kerl *m* F fellow, bloke, chap, *Am* guy, *pej* type: *ein anständiger* ~ a decent sort; *ein feiner* ~ a splendid fellow, *Am* a great guy; *ein lieber* (*od netter*) ~ a

dear; *ein* (*ganzer*) ~ a real man; *ein übler* ~ a nasty customer

Kern *m* **1.** *von Kernobst*: pip, *von Steinobst*: stone, *bes Am* pit, *e-r Nuss*: kernel: fig *sie hat e-n guten* ~ she is good at heart **2.** fig core (*a.* ELEK, TECH, *a.* ~ *es Reaktors*), nucleus (*a.* PHYS), (*Wesen*) essence: *der* ~ *der Sache* the heart of the matter; POL *harter* ~ hard core **3.** → **Stadtkern** **~arbeitszeit** *f* core time **~brennstoff** *m* nuclear fuel **~energie** *f* nuclear energy **~explosion** *f* nuclear explosion **~fach** *n* PÄD, UNI basic subject **~familie** *f* SOZIOL nuclear family **~forschung** *f* nuclear research **~frage** *f* crucial question **~fusion** *f* nuclear fusion **~gehäuse** *n* BOT core **2gesund** *Adj* thoroughly healthy, F (as) sound as a bell **~holz** *n* heartwood

kernig *Adj* fig robust, (*markig*) pithy, (*derb*) earthy, F (*toll*) super, terrific

Kernkraft *f* nuclear power **~gegner(in)** antinuclear campaigner **~werk** *n* nuclear power station

kernlos *Adj* BOT seedless

Kern|obst *n* pome **~physik** *f* nuclear physics *Pl* (*mst Sg konstr*) **~physiker(in)** nuclear physicist **~punkt** *m* fig central point (*od* issue) **~reaktor** *m* nuclear reactor **~schmelze** *f* (nuclear core) meltdown **~seife** *f* curd soap **~spaltung** *f* nuclear fission **~spintomographie** *f* magnetic resonance tomography (*od* imaging) (*Abk* MRT, MRI) **~spruch** *m* fig pithy saying **~stück** *n* fig essential part, main item **~teilchen** *n* nuclear particle **~waffe** *f* nuclear weapon

Kernwaffen|potenzial *n* nuclear capability **~verbot** *n* ban on nuclear weapons **~versuch** *m* nuclear weapons test

Kernzeit *f* (*Arbeitszeit*) core time

Kerosin *n* CHEM kerosene

Kerze *f* **1.** candle (*a.* ELEK, PHYS) **2.** (*Zünd2*) MOT spark(ing) plug

kerzengerade *Adv* bolt upright

Kerzenhalter *m* candlestick

Kerzenlicht *n* (*bei* ~ by) candlelight

kess *Adj* F pert, saucy

Kessel *m* **1.** kettle, *großer*: cauldron, TECH vat, (*Heiz2 etc*) boiler **2.** GEOL basin, hollow **3.** MIL pocket **Kesselpauke** *f* MUS kettledrum **Kesselstein** *m* TECH scale, fur **Kesseltreiben** *n* fig (*gegen*)

hunt (for), POL witch hunt (against)

Ket(s)chup *m, n* (tomato) ketchup

Kette *f* **1.** *allg* chain (*a.* CHEM, WIRTSCH, MATHE), (*Hals2*) *a.* necklace: *fig* **j-n an die ~ legen** put a curb on s.o. **2.** *fig* chain (*a. Beweis2, Befehls2 etc*), (*Reihe*) line, string, (*Folge*) series: *e-e ~ bilden zur Absperrung:* form a cordon, *zum Weiterreichen:* form a line (*od* human chain) **3.** (*Berg2 etc*) chain, range **4.** JAGD (*Rebhühner*) covey **5.** *e-s Ketten- fahrzeugs:* track **6.** *Weberei* warp

ketten *v/t a. fig* chain (**an** *Akk* to)

Ketten|brief *m* chain letter **~fahrzeug** *n* tracked vehicle **~laden** *m* multiple shop, chain store **~raucher(in)** chain- smoker **~reaktion** *f* chain reaction

Ketzer(in) *a. fig* heretic **Ketzerei** *f* heresy **ketzerisch** *Adj* heretical

keuchen *v/i* pant, puff (*a.* BAHN), *a. v/t* gasp

Keuchhusten *m* MED whooping cough

Keule *f* **1.** club **2. chemische ~** (Chemi- cal) Mace® **3.** GASTR leg

keusch *Adj* chaste

Keuschheit *f* chastity

Keyboard *n* keyboard

Kfz *n* (= *Kraftfahrzeug*) motor vehicle **~Steuer** *f* motor-vehicle tax, *Br* road tax **~Versicherung** *f* car insurance

KI *f* (= *künstliche Intelligenz*) AI

Kibbuz *m* kibbutz

Kichererbsen *Pl* chickpeas *Pl*

kichern *v/i* (*über Akk* at) giggle, *spöt- tisch:* snigger

Kickboard *n* (skate) scooter, kickboard (scooter)

kicken *v/t u. v/i* kick

Kid *n* F kid

Kiebitz *m* **1.** ZOOL peewit, lapwing **2.** F *fig* (*Zuschauer*) kibitzer

Kiefer[1] *f* BOT pine

Kiefer[2] *m* ANAT jaw

Kieferchirurgie *f* MED oral surgery

Kieferhöhle *f* maxillary sinus

Kiefernzapfen *m* BOT pine cone

Kieferorthopäde *m,* **Kieferorthopädin** *f* orthodontist

Kiel *m* keel **kieloben** *Adv* bottom up **Kielraum** *m* SCHIFF bilge **Kielwasser** *n* (*fig in j-s* **~ segeln** sail in s.o.'s) wake

Kieme *f* gill

Kies *m* **1.** (*a. mit ~ bestreuen*) gravel **2.** F *fig* (*Geld*) lolly, *Am* bread

Kiesel *m* flint, pebble **~erde** *f* CHEM sil- ica, siliceous earth **~säure** *f* CHEM si- licic acid

Kieselstein *m → Kiesel*

Kies|grube *f* gravel pit **~strand** *m* shin- gle (beach) **~weg** *m* gravel path

Kiez *m* F district, area

kiffen *v/i* F smoke pot (*od* hash)

killen *v/t* F kill **Killer(in)** F killer

Kilobyte *n* kilobyte

Kilo(gramm) *n* kilogram(me *Br*)

Kilohertz *n* ELEK, PHYS kilohertz

Kilojoule *n* PHYS kilojoule

Kilometer *m* kilomet/re (*Am* -er) **~geld** *n* mileage allowance **~pauschale** *f* flat mileage allowance **~stand** *m* mileage (reading) **~stein** *m* milestone **2weit** *Adv* for miles (and miles) **~zähler** *m* mileage indicator

Kilowatt(stunde *f*) *n* kilowatt (hour)

Kimme *f* MIL backsight

Kind *n* child (*a. fig*), F kid, (*Klein2*) *a.* baby: *ein ~ erwarten* (*bekommen*) be expecting (going to have) a baby; *von ~ auf* from childhood; F *mit ~ und Kegel* (with) bag and baggage; *fig das ~ mit dem Bade ausschütten* throw the baby out with the bathwater; *das ~ beim rechten Namen nennen* call a spade a spade; (*ein*) *gebranntes ~ scheut das Feuer* once bitten, twice shy; → *Geist* 2, *lieb* **Kindbettfieber** *n* MED puerperal fever **Kindchen** *n* little child, baby

Kinder|arbeit *f* child labo(u)r **~arzt** *m,* **~ärztin** *f* p(a)ediatrician **~bett(chen)** *n* cot, *Am* crib **~buch** *n* children's book **~dorf** *n* children's village

Kinderei *f* childish trick

Kinder|ermäßigung *f* reduction for children **~erziehung** *f* bringing up chil- dren **~fahrkarte** *f* child's ticket, half **~fahrrad** *n* child's bicycle **2feindlich** *Adj* hostile to children, antichildren **2freundlich** *Adj* **1.** fond of children **2.** suitable for children **~garten** *m* kin- dergarten, *unter 5 Jahren:* nursery school **~gärtner(in)** kindergarten teacher **~geld** *n* children's allowance **~gesicht** *n fig* baby face **~hort** *m* day nursery **~kanal** *m* TV children's channel **~kleid** *n* child's dress **~kleidung** *f* chil- dren's wear **~krankheit** *f* **1.** children's disease **2.** *fig* teething troubles *Pl* **~läh-**

mung f MED (*spinale*) ~ polio(myelitis) **2leich** *Adj* dead easy **2lieb** *Adj* very fond of children **~lied** n children's song, nursery rhyme **2los** *Adj* childless **Kinder|mädchen** n nanny, nurse(maid) **~pflege** f child care **~pornographie** f child pornography **2reich** *Adj* with many children: **~e Familie** large family **~schänder** m child abuser, child molester **~schuhe** *Pl* children's shoes *Pl*: *fig* **noch in den ~n stecken** be still in its infancy **~sendung** f children's program(*me Br*) **2sicher** *Adj* childproof **~sicherung** f MOT childproof lock **~sitz** m child seat **~spiel** n *fig* **das ist ein ~ (für ihn)** that's child's play (for him) **~spielplatz** m children's playground **~stube** f 1. nursery 2. *fig* upbringing **~tagesstätte** f day nursery, *Am* day-care center **~wagen** m pram, *Am* baby carriage **~zimmer** n children's room, nursery **~zulage** f children's allowance

Kindes|alter n childhood, *frühes*: infancy **~liebe** f filial love **~misshandlung** f child abuse **~tötung** f JUR infanticide

kindgerecht *Adj* suitable for children **Kindheit** f childhood: **von ~ an** from childhood **kindisch** *Adj* childish: **~es Wesen** childishness **kindlich** *Adj* 1. childlike, childish 2. *Liebe, Respekt etc*: filial **Kindlichkeit** f childishness **Kindskopf** m F *fig* (big) child, silly **Kinetik** f kinetics *Pl* (*a. Sg konstr*) **kinetisch** *Adj* kinetic **Kinkerlitzchen** *Pl* F (*Plunder*) gimcrackery *Sg*, (*Verzierungen*) frills *Pl* **Kinn** n chin **Kinnbacken** m, **Kinnlade** f jaw(bone) **Kinnhaken** m *Boxen*: hook to the chin **Kino** n 1. cinema, *Am* movie theater 2. (*~vorstellung*) cinema, *the* pictures *Pl*, *bes Am the* movies *Pl*: **ins ~ gehen** go to the pictures (*od* movies) **Kinobesucher(in)** cinemagoer, *bes Am* moviegoer **Kinoknüller** m blockbuster **Kiosk** m kiosk **Kipferl** n österr. croissant **Kippe**[1] f F (*Zigaretten2*) stub, F fag end, *bes Am* butt **Kippe**[2] f 1. BERGB tip, (*a. Müll2*) dump 2. *Turnen*: upstart, *Am* kip 3. *fig* **es (er) steht auf der ~** it is touch and go (with

him) **kippen I** *v/t* 1. (*um~*) tilt, tip over, (*aus~*) tip out: F *fig* **e-n ~** have a quick one 2. F *fig* (*Projekt etc, Person, Regierung*) overturn, SPORT (*Spiel*) turn **II** *v/i* 3. tip (over), topple (over), (*um~*) overturn, capsize

Kippfenster n tilting window **~lastwagen** m tipper, *Am* dump truck **~schalter** m ELEK flip switch **Kirche** f (*in der ~* at) church: **zur ~ gehen** go to church; F *fig* **wir wollen doch die ~ im Dorf lassen!** let's not exaggerate things!

Kirchen|buch n parish register **~chor** m church choir **~diener(in)** sexton **~gemeinde** f parish **~geschichte** f church history **~jahr** n ecclesiastical year **~lied** n hymn **~musik** f sacred music **~recht** n canon law **~schiff** n ARCHI nave **~steuer** f church tax **~stuhl** m pew **~tag** m Church congress

Kirchgang m churchgoing **Kirchgänger(in)** churchgoer **Kirchhof** m churchyard, (*Friedhof*) graveyard

kirchlich *Adj* church …, ecclesiastical: *Adv* **sich ~ trauen lassen, ~ heiraten** have a church wedding; **~ bestattet werden** be given a Christian burial

Kirchturm m church tower, steeple **~politik** f parish-pump politics *Pl* (*a. Sg konstr*) **~spitze** f spire **Kirchweih** f parish fair **Kirschbaum** m cherry tree **Kirschblüte** f a) cherry blossom, b) (*zur Zeit der ~* at) cherry-blossom time **Kirsche** f cherry: *fig* **mit ihm ist nicht gut ~n essen** it's best not to tangle with him

Kirsch|kern m cherry stone **~kuchen** m cherry cake **~likör** m cherry brandy **2rot** *Adj* cherry(-red) **~tomate** f cherry tomato **~torte** f cherry gateau **~wasser** n kirsch

Kissen n cushion, (*Kopf2*) pillow **~bezug** m cushion slip, (*Kopf2*) pillowcase **Kiste** f 1. box, WIRTSCH case, (*Truhe*) chest, (*Latten2*) crate 2. → **Kasten** 2 **Kitsch** m kitsch, (*Schund*) trash **kitschig** *Adj* kitschy, trashy, (*süßlich*) mawkish **Kitt** m cement, (*Glaser2*) putty **Kittchen** n F (*im ~* in) clink **Kittel** m smock, frock, (*Arbeits2*, **~schürze**) overall, (*Arzt2*) (white) coat

K

kitten v/t cement, (*Glas*) putty, fig (*Ehe etc*) patch up

Kitz n ZOOL kid, (*Reh♀*) fawn

Kitzel m tickle, fig a. itch, (*Nerven♀*) a. thrill, kick **kitzeln** v/t u. v/i a. fig tickle **Kitzler** m ANAT clitoris, F clit **kitzlig** Adj a. fig ticklish

Kiwi[1] m ZOOL kiwi

Kiwi[2] f BOT kiwi

Klacks m F (*Butter etc*) dollop, blob: fig **das ist ein ~** that's nothing; **das ist ein ~ für ihn** that's easy (*finanziell*: peanuts) for him

Kladde f **1.** scribbling pad **2.** WIRTSCH waste book **3.** rough copy

klaffen v/i gape, *Abgrund etc*: a. yawn: **~de Wunde** gaping wound

kläffen v/i a. F fig yap

Klage f **1.** (*Weh♀*) lament(ation) (*um, über* Akk for, over) **2.** (*Beschwerde*) complaint (*über* Akk about): **~ führen über** (Akk) make complaints (*od* complain) about; **es sind ~n laut geworden** there have been complaints **3.** JUR action (*auf* Akk for), suit, (*Scheidungs♀*) petition, (*~schrift*) statement of claim: **~ erheben** (*od* **führen**) institute proceedings (*gegen* against, **wegen** for) (→ a. **klagen** 3); **e-e ~ abweisen** dismiss an action **~lied** n lamentation

klagen I v/i **1.** (*weh~*) lament (*um, über* Akk over, about) **2.** ~ **über** (Akk) complain of (a. MED) (*od* about); **ohne zu ~** without complaining; **ich kann nicht ~** I have no cause for complaint **3.** JUR go to court: **gegen j-n ~** (**wegen** for) sue s.o., bring an action against s.o. II v/t **4.** **j-m sein Leid ~** pour out one's troubles to s.o.

Kläger(in) JUR plaintiff, (*Scheidungs♀*) petitioner

Klageschrift f JUR statement of claim

Klageweg m JUR **auf dem** (*od* **im**) **~** by entering legal action

kläglich → **jämmerlich**

klaglos Adv without complaining

Klamauk m F **1.** (*Lärm*) racket **2.** (*Rummel*) to-do **3.** THEAT etc slapstick

klamm Adj **1.** clammy **2.** numb (with cold) **3.** F fig **~ sein** be hard up

Klamm f GEOL narrow gorge

Klammer f **1.** allg clip, TECH a. clamp, cramp, (*Wäsche♀*) peg, bes Am pin **2.**

(*Zahn♀*) brace(s Pl) **3.** MATHE, BUCHDRUCK *runde*: parenthesis, *eckige*: bracket, *geschweifte*: brace: **etw in ~n setzen** put s.th. in parentheses, bracket s.th.; **~ auf (zu)** open (close) brackets; **die ~(n) auflösen** MATHE remove the brackets

Klammeraffe m IT at sign (@)

klammern I v/t (**an** Akk to) clip, TECH a. clamp, (*Wäsche*) peg, pin II v/refl **sich ~ an** (Akk) a. fig cling to

Klammernentferner m *Büroartikel*: staple remover

klammheimlich Adv F on the quiet

Klamotte f F **1.** (*alte*) **~** (*Film etc*) oldie **2.** Pl (*Kleider*) rags Pl, togs Pl, (*Sachen*) things Pl, junk Sg

Klang m sound, ring, (*Tonqualität*) tone, (*~farbe*) timbre: **unter den Klängen von** (*od* Gen) to the strains of **Klangfarbe** f timbre **Klangfülle** f sonority

klanglich Adj tonal

klanglos Adj toneless

Klangregler m RADIO etc: tone control

klangrein Adj **~ sein** have a pure sound **klangschön** Adj **~ sein** have a beautiful tone **Klangtreue** f fidelity **klangvoll** Adj **1.** sonorous, melodious **2.** fig Name etc: illustrious **Klangwiedergabe** f sound reproduction

klappbar Adj (*zs.-*) collapsible, folding, (*auf~*) hinged **Klappbett** n folding bed **Klappdeckel** m snap lid

Klappe f **1.** allg flap (a. TECH), (*Tisch♀* etc) a. leaf, MOT (*Lade♀*) tailboard **2.** ANAT valve **3.** (*Augen♀*) (eye) patch **4.** bei Blasinstrumenten: key **5.** F fig mouth, trap: **e-e große ~ haben** have a big mouth; **halt die ~!** shut up!

klappen I v/t **1.** **nach oben ~** → **hochklappen; nach unten ~** → **herunterklappen; der Sitz läßt sich nach hinten ~** the seat folds back II v/i **2.** clack, laut: bang, (*zu~*) click shut **3.** F fig work (out well), go off well, succeed: **~ wie am Schnürchen** go like clockwork; **es klappt nicht** it won't work; **nichts klappte** nothing worked; **wenn alles klappt** if all goes well; **es wird schon ~!** it'll work out all right!; **hat es mit dem Job geklappt?** did you get the job all right?

Klappentext m e-s Buches: blurb

Klapper f rattle **~kasten** m, **~kiste** f F

(*Auto*) rattletrap, old banger

klappern I *v/i* **1.** clatter, rattle, *Absätze:* clack, *Stricknadeln:* click: **mit dem Geschirr ~** rattle the dishes; **auf der Schreibmaschine ~** clatter away on the typewriter **2.** *vor Kälte:* shiver: **er klapperte vor Kälte (Angst) mit den Zähnen** his teeth were chattering with cold (fear) **II** ♀ *n* **3.** clatter(ing) (*etc*)

Klapperschlange *f* ZOOL rattlesnake

Klapp(fahr)rad *n* folding bicycle

Klappmesser *n* jackknife

klapprig *Adj* F **1.** rattly, (*wacklig*) rickety **2.** (*Person*) shaky

Klapp|sitz *m* folding (*od* jump) seat, MOT *a.* dickey, *Am* rumble seat **~stuhl** *m* folding chair **~tisch** *m* folding (*od* drop-leaf) table

Klaps *m* **1.** (*a.* **e-n ~ geben**) slap, smack **2.** F *fig* **e-n ~ haben** be nuts

Klapsmühle *f* F funny farm, loony bin

klar I *Adj allg* clear (*a. fig*), (*deutlich*) *a.* distinct, *fig Entscheidung, Ziel etc: a.* clear-cut, (*vernünftig*) *a.* lucid, (*offensichtlich*) *a.* plain, obvious: **zum Start** FLUG ready for takeoff; **e-n ~ Kopf behalten** keep one's wits about one; **sich ein ~es Bild machen von** get a clear idea of; **~e Verhältnisse schaffen** get things straight; **es ist ~, dass ...** it is clear (*od* evident) that ...; **es ist mir ~** (*od ich bin mir darüber im* ♀**en**), **dass ...** I realize (*od* I'm aware) that ...; **ist das ~?** is that clear?; **das ist mir (nicht ganz) ~** I (don't quite) understand; (**na**) **~!** of course!, sure!; **alles ~?** a) everything o.k.?, b) got it? **II** *Adv* **~ und deutlich** a) clearly, distinctly, b) *fig* straight; **etw ~ zum Ausdruck bringen** make s.th. plain; F *fig* **~ sehen** see (the light); **~ werden** become clear (*Dat* to); **sich ~ werden über** (*Akk*) geht *s.th.* clear in one's mind, (*sich entscheiden*) make up one's mind about; **es wurde mir ~, dass ...** I realized that ...; → *a.* **klargehen, -kommen** *etc*

Kläranlage *f* sewage (purification) plant **Klärbecken** *n* settling basin

klären I *v/t* **1.** purify, clear **2.** *fig* clear up, clarify, sort *s.th.* out **II** *v/refl* **sich ~ 3.** *Himmel etc:* clear (up) **4.** *fig Frage:* be settled, *Problem:* be solved

klargehen *v/i* F be all right

Klarheit *f a. fig* clearness, clarity: **sich ~ verschaffen über** (*Akk*) find out about

Klarinette *f* MUS clarinet

klarkommen *v/i* F manage, get by: **mit e-r Sache ~** understand s.th.; **mit j-m ~** get along (fine) with s.o.; **kommst du damit klar?** can you manage?

klarmachen *v/t* **1.** *j-m etw ~* make s.th. clear (*od* explain s.th.) to s.o. **2.** *sich ~*, **dass ...** realize that ... **3.** SCHIFF clear, make *s.th.* ready **4.** F *alles ~* settle it

Klärschlamm *m* sewage sludge

Klarsicht|folie *f* transparent sheet, cling film **~packung** *f* transparent packing **~scheibe** *f* MOT antimist panel

klarstellen *v/t fig etw ~* get s.th. straight, (*sagen*) state s.th. clearly

Klartext *m* clear text: **im ~ a**) in clear, **b**) *fig* in plain language

Klärung *f* **1.** purification **2.** *fig* clarification, clearing up

Klasse *f allg* class, PÄD *a.* form, *Am* grade, WIRTSCH *a.* quality, grade, (*Steuer*♀, *Alters*♀) bracket: **erster ~ a.** F *fig* first-class; **nach ~n ordnen** class, classify; F **er (es) ist große** (*od einsame*) **~** he (it) is super (*od* fantastic); **~!** super!, great!

Klassen|arbeit *f* (classroom) test **~beste** *m*, *f* top pupil **~bewusstsein** *n* class consciousness **~buch** *n* (class) register, *Am* classbook **~gesellschaft** *f* class society **~hass** *m* class hatred **~kamerad(in)** classmate **~kampf** *m* POL class struggle **~lehrer(in)** form teacher, *Am* class teacher, homeroom teacher

klassenlos *Adj* classless

Klassen|lotterie *f* class (*od* Dutch) lottery **~sprecher(in)** PÄD class president, *Br* form captain **~treffen** *n* class reunion **~unterschied** *m* class difference **~zimmer** *n* classroom

klassifizieren *v/t* classify

Klassifizierung *f* classification

Klassik *f* **1.** classical period **2.** classical music **Klassiker(in)** **1.** classic(al author) **2.** (*großer Künstler etc*) great artist (*etc*) **3.** (*Werk*) classic **klassisch** *Adj* **1.** classical **2.** (*typisch, vorbildlich, zeitlos*) classic **Klassizismus** *m* classicism **klassizistisch** *Adj* classicistic

Klatsch *m* **1.** *ins Wasser:* splash **2.** (*Klaps*) smack, slap **3.** F (*Geschwätz*)

gossip **~base** f F gossip(monger)

Klatsche f 1. (*Fliegen♀* fly)swatter 2. F PÄD crib 3. F gossip(monger)

klatschen I v/i 1. (*Beifall ~*) applaud, clap 2. *in die Hände ~* clap one's hands 3. (*an Akk* against) *Regen etc*: splash, *Wellen*: crash 4. F gossip (*über Akk* about) **II** v/t 5. *etw ~ auf* (*Akk*) (*od* **gegen, an** *Akk*) slap s.th. on (*od* against) 6. *Beifall ~* → 1

Klatscherei f F → **Klatsch**

Klatsch|**geschichte** f piece of gossip **~kolumnist(in)** gossip columnist **~maul** f real gossip **~mohn** m BOT corn poppy ♀**nass** *Adj* F dripping wet: **~ werden** get soaked to the skin **~spalte** f F *e-r Zeitung*: gossip column

Klaue f 1. ZOOL claw (*a.* TECH), *der Raubvögel*: *a.* talon, (*Pfote*) paw (*a.* F *ig Hand*): *fig in j-s ~n geraten* fall into s.o.'s clutches 2. F *fig* (*Schrift*) scrawl

klauen v/t *u.* v/i F pinch, swipe, *fig* (*Ideen etc*) steal, borrow

Klause f *e-s Einsiedlers*: hermitage

Klausel f JUR clause, stipulation, (*Vorbehalt*) proviso

Klaustrophobie f claustrophobia

klaustrophobisch *Adj* claustrophobic

Klausur f PÄD, UNI (*e-e ~ schreiben* do a) test **~arbeit** f → **Klausur**

Klausurtagung f closed meeting

Klaviatur f MUS keyboard

Klavier n piano(forte): *auf dem* (*am*) ~ on (at) the piano; ~ *spielen* (*können*) play the piano **~abend** m piano recital **~auszug** m piano score **~begleitung** f piano accompaniment **~konzert** n 1. MUS piano concert 2. → *Klavierabend* **~lehrer(in)** piano teacher **~schemel** m piano stool **~schule** f (*Buch*) piano tutor **~sonate** f MUS piano sonata **~spieler(in)** pianist **~stimmer(in)** (piano) tuner **~stunde** f piano lesson **~unterricht** m piano lessons *Pl*

Klebeband n adhesive (*od* sticky) tape

Klebebindung f adhesive binding

Klebefolie f adhesive film

kleben I v/t 1. (*an Akk* to) glue, paste 2. F *j-m e-e* ~ paste s.o. one **II** v/i 3. (*klebrig sein*) be sticky 4. (*an Dat* to) adhere, stick: *das Kleid klebte ihr am Körper* her dress clung to her body; *fig an j-m ~* remain glued to s.o.; *an s-m Posten ~* hang on to one's job; ~ *bleiben* a) stick

(*an Dat* to), b) F *fig* get stuck (*in Dat* in, at)

Klebepresse f FILM splicer

Kleber m 1. gluten 2. → *Klebstoff*

Klebestelle f FILM splice **Klebestreifen** m adhesive tape, Scotch tape® **Klebezettel** m gummed label

klebrig *Adj* sticky, tacky, (*klebend*) adhesive **Klebrigkeit** f stickiness

Klebstoff m adhesive, (*Leim*) glue

kleckern F **I** v/i 1. *Person*: make a mess 2. *Farbe*: drip **II** v/t 3. *etw ~ auf* (*Akk*) spill s.th. on **kleckerweise** *Adv* F in dribs and drabs

Klecks m F 1. stain, blot 2. (~ *Butter etc*) blob **klecksen** v/i F 1. make blots (*od* stains), make a mess 2. *pej* (*malen*) daub

Klee m BOT clover: F *über den grünen ~ loben* praise s.o., s.th. to the skies

Kleeblatt n 1. cloverleaf: *vierblättriges* ~ four-leaf(ed) clover 2. (*Straßenkreuzung*) cloverleaf (intersection)

Kleiber m ZOOL nut hatch

Kleid n 1. dress (*a. fig*), frock, gown 2. *Pl* clothes *Pl*, clothing *Sg*: *~er machen Leute* fine feathers make fine birds 3. JAGD (*Fell*) fur, coat, (*Feder♀*) plumage

kleiden I v/t 1. dress, clothe: *fig etw in Worte* ~ clothe (*od* couch) s.th. in words 2. *j-n* (*gut*) ~ suit (*od* become) s.o., look well on s.o. **II** v/i/refl *sich* ~ 3. dress: *sich* ~ *in* (*Akk*) wear

Kleider|**bügel** m coat hanger **~bürste** f clothes brush **~haken** m coat hook **~schrank** m wardrobe **~ständer** m clothes tree (*im Geschäft*: rack) **~stoff** m (dress) material

kleidsam *Adj* becoming

Kleidung f clothing, dress, clothes *Pl*

Kleidungsstück n article of clothing, garment

Kleie f bran

klein I *Adj* 1. *allg* small, (~*wüchsig*) *a.* short, *Finger, Zeh, Haus etc*: little: *sehr* ~, *winzig* ~ very small, tiny, F teeny; *ziemlich* ~ rather small, smallish; *von* ~ *auf* from a child; *im ♀en* in miniature; WIRTSCH *im ♀en verkaufen* retail; *mein* ~*er Bruder* my little (*od* young) brother; *die Welt ist* (*doch*) ~! it's a small world! 2. (*unbedeutend*) small, little, *a.* JUR minor, petty: *aus* ~*en Verhält-*

nissen kommen be of humble origin(s); **ein ~er Beamter** a minor official; **ein ~er Geist** a small mind; **der ~e Mann** the man in (*Am* on) the street; **das ~ere Übel** the lesser evil; **bis ins Qste** (down) to the last detail; **das ist m-e ~ste Sorge** that's the least of my worries **II** *Adv* **3.** small: F **ein** (**ganz**) **~ wenig** a little (*od* tiny) bit; **~ anfangen** start in a small way; **~ kariert** small-check(ed); **~ schneiden** cut up, chop (up); F **Ordnung wird bei ihm ~ geschrieben** he isn't a great one for order; → **beigeben** II

Klein|aktie *f* baby share (*Am* stock) **~aktionär(in)** small shareholder (*Am* stockholder) **~anzeige** *f* classified advertisement (F ad) **~arbeit** *f* *fig* spadework **~asien** *n* Asia Minor **~auto** *n* small car **~bahn** *f* narrow-ga(u)ge railway (*Am* railroad) **~bauer** *m*, **~bäuerin** *f* small farmer **~betrieb** *m* small(-scale) enterprise **~bildkamera** *f* 35 mm camera **~buchstabe** *m* small letter **~bürger(in)**, **Qbürgerlich** *Adj* petty bourgeois **~bus** *m* minibus

Kleine[1] *m*, *f* little one

Kleine[2] *n* F **etw ~s** a baby

Klein|familie *f* SOZIOL nuclear family **~format** *n* small size: **im ~** small-format **~garten** *m* allotment (garden) **~gärtner(in)** allotment gardener **~gedruckte** *n* **das ~ lesen** read the small print **~geld** *n* (small) change: *fig* **das nötige ~ haben** have the wherewithal **~gewerbe** *n* small trade **~handel** *m* retail trade **~händler(in)** retailer

Kleinhirn *n* ANAT cerebellum

Kleinholz *n* firewood: F **~ machen aus** a) **j-m** make mincemeat of s.o., b) **e-r Sache** smash s.th. to pieces

Kleinigkeit *f* trifle, little (*od* small) thing, (*Geschenk*) little something, (*Detail*) minor detail: **e-e ~ essen** have a bite; **das war e-e** (**k-e**) **~** that was (not) easy

Klein|industrie *f* small industry **~kalibergewehr** *n* small-bore rifle

kleinkariert *Adj* F *fig* small-minded

Klein|kind *n* infant **~kram** *m* trifles *Pl* **~kredit** *m* small(-scale) credit **~krieg** *m* guer(r)illa warfare: *fig* **e-n ~ führen mit** keep up a running battle with

kleinkriegen *v/t* F (manage to) break:

fig **j-n ~** *körperlich*: wear s.o. out, *moralisch*: get s.o. down; **nicht kleinzukriegen** *a. Person*: indestructible

Kleinkunst *f* cabaret

kleinlaut *Adj* (very) subdued

kleinlich *Adj* **1.** (*genau*) pedantic **2.** (*engstirnig*) narrow-minded **3.** (*geizig*) mean **Kleinlichkeit** *f* **1.** pedantry **2.** narrow-mindedness **3.** meanness

Kleinod *n* jewel, *fig a.* treasure

Klein|rentner(in) person receiving a small pension **Qschreiben** *v/t* **ein Wort ~** write a word with a small (initial) letter **~staat** *m* minor state **~stadt** *f* small town **~städter(in)**, **Qstädtisch** *Adj* provincial

Kleinst|lebewesen *n* BIOL microorganism **Qmöglich** *Adj* smallest possible

Kleinvieh *n* small domestic animals *Pl*: F *fig* **~ macht auch Mist** many a little makes a mickle **Kleinwagen** *m* small car

kleinwüchsig *Adj* small, short

Kleister *m*, **kleistern** *v/t* paste

Klematis *f* BOT clematis

Klementine *f* clementine

Klemmbrett *n* clipboard

Klemme *f* **1.** clamp (*a.* ELEK, TECH), clip, ELEK terminal **2.** F *fig* **in der ~ sein** (*od* **sitzen**) be in a fix (*od* tight spot); **j-m aus der ~ heifen** help s.o. out of a fix

klemmen I *v/t* **1.** (*fest~*) jam (*a.* TECH), (*quetschen*) squeeze, (*stecken*) stick: **ich habe mir den Finger geklemmt** → **3 II** *v/i* **2.** *Tür, Schublade etc*: be jammed, be stuck: F *fig* **wo klemmts?** what's wrong?, where's the snag? **III** *v/refl* **sich ~ 3.** jam one's finger (*etc*), get one's finger (*etc*) caught **4.** squeeze o.s. (*in Akk* into, **hinter** *Akk* behind): F *fig* **sich ~ hinter** a) **e-e Sache** get down to s.th., b) **j-n** get cracking on s.o.

Klemmmappe *f* spring folder

Klempner(in) 1. TECH metal roofer **2.** (*Installateur*) plumber **Klempnerei** *f* metal roofer's (*bzw.* plumber's) workshop

Kleptomanie *f* kleptomania

klerikal *Adj* clerical **Kleriker(in)** cleric

Klerus *m* clergy

Klette *f* **1.** BOT bur(r), *große*: burdock **2.** *fig* (**sich wie e-e ~ an j-n hängen** cling to s.o. like a) leech

K

Kletterer *m*, **Kletterin** *f* climber **Kletter-gerüst** *n für Kinder*: climbing frame
klettern *v/i allg* climb, BOT *a.* creep, *fig a.* go up (**auf** *Akk* to): **auf e-n Baum** ~ climb a tree
Kletter|pflanze *f* climber **~rose** *f* rambler **~stange** *f* climbing pole
Klettverschluss *m* Velcro®, velcro fastening
klicken *v/i* click
Klient(in) *f* JUR client
Kliff *n* GEOL cliff
Klima *n* climate, *fig a.* atmosphere: **das soziale** ~ the social climate **Klimaanlage** *f* air-conditioning (system): **mit e-r** ~ **ausrüsten** air-condition
klimatisch *Adj* climatic(ally *Adv*)
klimatisieren *v/t* air-condition
Klimatologie *f* climatology
Klimaveränderung *f*, **Klimawechsel** *m* change in climate
Klimmzug *m* SPORT chin-up: **e-n** ~ **machen** do a chin-up, chin o.s. up
klimpern *v/i* **1.** (*a.* ~ **mit**) jingle **2.** ~ **auf** (*Dat*) strum on *the guitar*, tinkle on *the piano*
Klinge *f* blade
Klingel *f* bell
Klingelknopf *m* bell push, call button
klingeln *v/i* **1.** ring (**[nach]** *j-m* for s.o.): **bei** *j-m* ~ ring s.o.'s doorbell; **es klingelt** a) the doorbell is ringing, b) there's the bell **2.** *Motor*: ping **II** *v/t* **3.** *j-n* **aus dem Bett** ~ get s.o. out of bed
Klingelzeichen *n* ring, bell (signal)
klingen *v/i* sound (*a. fig*), ring, *Gläser*: clink, *Metall*: clank; *fig* **das klingt schon besser** that sounds better, that's more like it; **das klingt nach Neid** that sounds like envy
klingend *Adj Stimme*: melodious; → **Münze** 1
Klinik *f* clinic, (*Privat*2) nursing home
Klinikum *n* clinical cent/re (*Am* -er)
klinisch *Adj* clinical: ~ **tot** clinically dead
Klinke *f* (*Tür*2 door) handle
Klinker *m* ARCHI clinker
klipp *Adv* ~ **und klar** clearly, plainly; **ich habe ihm** ~ **und klar gesagt, dass ...** I told him straight out that ...
Klippe *f* **1.** GEOL reef, rock **2.** *fig* (**e-e** ~ **umschiffen** clear an) obstacle
klirren *v/i* **1.** *Scheiben, Teller etc*: rattle,

Besteck, Geschirr etc: clatter, *Ketten*: clank, *Gläser etc*: clink, chink, *Münzen, Schlüssel etc*: jingle: ~ **mit** rattle (*one's chains, keys, etc*) **2.** RADIO produce harmonic distortion
Klischee *n fig* cliché **Klischeevorstellung** *f* stereotyped idea
Klistier *n* MED enema
Klitoris *f* ANAT clitoris
klitschig *Adj Brot etc*: doughy
klitzeklein *Adj* F teeny(-weeny)
Klo *n* F loo, *Am* john
Kloake *f* sewer, cesspool (*a. fig*)
Kloben *m* **1.** TECH block **2.** (*Holz*2) log
klobig *Adj* bulky, (*plump, a. fig*) clumsy
Klon *m* clone 2en *v/t* clone
klönen *v/i* F (have a) natter
Klopapier *n* F toilet (*Br a.* loo) paper
klopfen **I** *v/i* **1.** (*an Akk* at, on) knock, *sanft*: tap: **es klopft** there's somebody (knocking) at the door; → **Busch** 1, **Finger, Schulter** 2. *Herz etc*: beat, *heftig*: throb: *fig* **mit** ~ **dem Herzen** with a beating heart **3.** *Motor*: knock **II** *v/t* **4.** (*Teppich etc*) beat, (*Steine*) break: **im Takt** ~ beat time **Klopfer** *m* **1.** (*Tür*2) doorknocker **2.** (*Teppich*2) carpet beater **klopffest** *Adj* knock-proof
Klöppel *m* **1.** *e-r Glocke etc*: clapper **2.** *Textilien*: (lace) bobbin **Klöppelkissen** *n* lace pillow **klöppeln** *v/i* make lace **Klöppelspitze** *f* bone lace
Klops *m* meatball
Klosett *n* lavatory, toilet
Klosettpapier *n* toilet paper
Kloß *m* dumpling (*a.* F *fig Person*): *fig* **ich hatte e-n** ~ **im Hals** I had a lump in my throat
Kloster *n* (*Mönchs*2) monastery, (*Nonnen*2) convent, nunnery: **ins** ~ **gehen** enter a monastery (*etc*), become a monk (*od nun*) ~**bruder** *m* friar ~**frau** *f* nun ~**leben** *n* monastic life
klösterlich *Adj* monastic
Klotz *m* **1.** block (of wood), log: *fig* **er ist mir nur ein** ~ **am Bein** he is just a millstone round my neck **2.** → **Bauklotz** 3. F *pej* oaf, *Am sl* klutz
klotzig *Adj* bulky, heavy
Kluft[1] *f a. fig* gap, (*Abgrund*) abyss: **die** ~ **überbrücken** bridge the gap
Kluft[2] *f* F togs *Pl*, gear
klug **I** *Adj* **1.** intelligent, clever, (*gescheit*) smart, bright, shrewd, (*vernünftig*) sen-

sible, wise, judicious, (*vorsichtig*) prudent: *ein ~er Rat* a sound advice; *so ~ wie zuvor* none the wiser; *der Klügere gibt nach* the wiser head gives in; *das Klügste wäre zu warten* it would be best to wait. F *ich werde aus ihr (der Sache) nicht ~* I can't make her (it) out; *wirst du daraus ~?* does it make sense to you? **II** *Adv* **3.** intelligently (*etc*): *du hättest klüger daran getan zu gehen* you would have been wise to go

klugerweise *Adv* (very) wisely: *~ hat sie geschwiegen a.* she had the good sense to keep quiet

Klugheit *f* intelligence, brightness, (*Vernunft*) good sense, (*Vorsicht*) prudence

Klugscheißer(in) V smart arse, *Am* smart ass

klumpen *v/i* become lumpy, *Blut*: clot

Klumpen *m* lump, (*a. Blut*2) clot, (*Erd*2) clod **Klumpfuß** *m* MED clubfoot

klumpig *Adj* lumpy, *Blut*: clotted

Klüngel *m pej* clique

Klunkern *Pl* F *sl* rocks *Pl*

Klub *m* club

Klüver *m* SCHIFF jib **~baum** *m* jib boom

knabbern *v/i u. v/t* (*an Dat* at) nibble, gnaw: F *fig ich hatte lange daran zu ~ a)* I didn't get over it easily, **b)** it took me some time to figure it out

Knabe *m* boy, lad: F *alter ~* old chap

Knabenchor *m* boys' choir **knabenhaft** *Adj* boyish

Knackarsch *m sl* pert bum

Knäckebrot *n* crispbread

knacken I *v/t a. fig* crack: F *ein Auto ~* break into a car **II** *v/i* crack, *Stufen etc*: *a.* creak, *Zweige etc*: snap **Knacker** *m* F *alter ~* old fog(e)y **Knacki** *m* F jailbird

knackig *Adj* **1.** crisp, *Apfel etc*: crunchy **2.** F *fig* dishy

Knacklaut *m* LING glottal stop

Knackpunkt *m* F *fig* crunch point

Knacks *m* crack (*a.* F *fig Defekt*): *fig er hat e-n ~ (weg)* **a)** his health is shaken, **b)** his nerves are all shot, **c)** *seelisch:* he is badly hit, **d)** *geistig:* he's slightly cracked; *ihre Ehe hat e-n ~* their marriage is cracking up

Knall *m* **1.** *allg* bang, *e-s Korkens*: pop, (*Peitschen*2, *Schuss*) crack, (*Düsen*2) (sonic) boom **2.** *fig* (*Krach*) row **3.** F *e-n ~ haben* be nuts **4.** F *fig ~*

und Fall (all) of a sudden; *j-n ~ und Fall entlassen* dismiss s.o. on the spot 2**blau** *Adj* F bright blue **~bonbon** *m, n* (party) cracker **~effekt** *m* clou, bang

knallen I *v/i* **1.** (*a. ~ mit*) *Tür etc*: bang, slam, *Peitsche*: crack, *Korken*: pop: *es knallte zweimal* there were two loud bangs (*Schüsse*: shots) **2.** F (*schießen*) bang, fire **3.** F (*prallen*) crash (*gegen* into): *mit dem Kopf an die Windschutzscheibe ~* hit one's head on the windscreen; F *sonst knallts!* or else! **4.** F *Sonne:* beat down **II** *v/t* **5.** (*werfen, hauen, stoßen*) slam, bang: *fig j-m e-e ~* paste s.o. one; → *Latz* **Knaller** *m* F **1.** → *Knallkörper* **2.** → *Knüller*

Knall|erbse *f* (toy) torpedo **~frosch** *m* jumping cracker **~gas** *n* CHEM oxyhydrogen (gas) 2**hart** *Adj* F **1.** *Schlag etc*: smashing, powerful **2.** *fig* tough, brutal: *Adv j-m etw ~ ins Gesicht sagen* tell s.o. s.th. with brutal frankness

knallig F **I** *Adj* **1.** *Farbe etc*: loud, glaring **2.** (*eng*) skintight **II** *Adv* **3.** *~ bunt* gaudy; *~ heiß* scorching

Knall|kopf *m* F idiot **~körper** *m* banger

knallrot *Adj* bright red, *Gesicht etc*: scarlet, crimson **knallvoll** *Adj* F **1.** jampacked **2.** (*betrunken*) sloshed

knapp I *Adj* **1.** (*spärlich*) scanty, meag/re (*Am* -er): *~ sein* be scarce, be in short supply; *~ werden* Vorräte, Zeit: run short; → *Kasse* s **2.** *Sieg, Entscheidung etc*: narrow: *~e Mehrheit* bare majority; *mit ~er Not* barely, only just, *entrinnen* have (*od* make) a narrow escape **3.** *fig Stil etc*: concise, terse, *Antwort, Befehl etc*: brief, short: *in ~en Worten* in a few words **4.** *vor Zahlen*: *~(e) zwei Stunden* just under two hours; *in e-m ~en Jahr* in less than a year; *~ 10 Minuten* barely (*od* just) ten minutes **5.** *Kleid etc*: tight **II** *Adv* **6.** (*kaum*) only just **7.** *~ sitzen* fit tightly; *m-e Zeit ist ~ bemessen* I'm pushed for time; *~ gewinnen* win by a narrow margin; *e-e Prüfung ~ bestehen* scrape through; F (*aber*) *nicht zu ~!* **a)** (*natürlich*) you bet!, **b)** (*viel*) plenty of, **c)** (*und wie*) and how!; F *j-n ~ halten* keep s.o. short

Knappheit *f* **1.** scantiness, (*Mangel*) scarcity, shortage **2.** *e-s Sieges etc*: nar-

K

rowness **3.** *fig des Stils etc:* terseness, conciseness, *e-r Antwort etc:* shortness **4.** *e-s Kleides etc:* tightness

Knappschaft *f* miners' association

Knarre *f* F gun

knarren *v/i* creak

Knast *m* F (*im ~* in) clink (*sl*): **~ schieben** do time **~bruder** *m*, **~schwester** *f* F jailbird

Knatsch *m* F row

knattern *v/i Schüsse etc:* rattle, *Motorrad etc:* roar, *Segel, Fahne:* flap

Knäuel *m, n* **1.** (*Woll2 etc*) ball **2.** (*Wirrwarr*) tangle **3.** (*Menschen2*) cluster

Knauf *m* **1.** (*Tür2*) knob **2.** ARCHI capital **3.** (*Degen2*) pommel

Knauser *m* F miser **Knauserei** *f* F stinginess **knauserig** *Adj* F stingy

knausern *v/i* F be stingy (*mit* with)

Knaus-Ogino-Methode *f* MED rhythm method

knautschen *v/t* F crease, crumple

Knautschzone *f* MOT crumple zone

Knebel *m*, **knebeln** *v/t a. fig* gag

Knecht *m* farmhand, *fig* slave **Knechtschaft** *f* slavery

kneifen I *v/t* **1.** pinch: *j-n* (*od j-m*) *in den Arm ~* pinch s.o.'s arm **II** *v/i* **2.** pinch **3.** F (*vor Dat*) dodge (*s.th.*), back out (of), *aus Angst:* chicken out (of, on)

Kneifzange *f* (*e-e ~* a pair of) pincers *Pl*

Kneipe *f* F pub, *Am* saloon

Kneipenbummel *m* (*a. e-n ~ machen*) pub-crawl

Kneippkur *f* MED Kneipp('s) cure

Knete *f* F **1.** → **Knetmasse 2.** (*Geld*) lolly, *Am* bread **kneten** *v/t* knead, (*massieren*) *a.* massage, (*formen*) mo(u)ld **Knetmasse** *f* plasticine

Knick *m* **1.** (*Biegung*) (sharp) bend: *die Straße macht e-n ~* the road bends sharply **2.** *in Papier etc:* crease, fold, *in Draht etc:* kink **3.** *fig* (*Leistungs2 etc*) (sharp) drop

knicken *v/t* **1.** (*a. v/i*) break, snap: → *geknickt* **2.** (*Papier etc*) crease, fold: *nicht ~!* do not bend! **3.** (*a. v/i*) (*Metall etc*) buckle, bend, (*Draht*) kink

knickerig *Adj* F stingy, mean

Knicks *m* curtsy: *e-n ~ machen* (drop a) curtsy (*vor j-m* to s.o.)

Knie *n* **1.** knee: *bis an die ~* up to one's knees, knee-deep; *j-n auf den ~n bitten* beg s.o. on bended knees; *in die*

~ brechen collapse; *in die ~ gehen* **a)** sag at the knees, **b)** *fig* go to the wall; *j-n in die ~ zwingen* a. *fig* force s.o. to his knees; *fig etw übers ~ brechen* rush s.th.; F *ich bekam weiche ~* I went weak at the knees, I became scared; *j-n übers ~ legen* give s.o. a spanking **2.** (*Biegung*) bend **3.** TECH elbow, bend

Knie|beuge *f* SPORT knee bend **~fall** *m* REL genuflection **2frei** *Adj* above-the-knee **~gelenk** *n* ANAT, TECH knee joint **~kehle** *f* ANAT hollow of the knee

knielang *Adj* knee-length

knien I *v/i* (*vor Dat* before) kneel, be on one's knees **II** *v/refl* **sich ~** kneel down: *F fig sich ~ in* (*Akk*) get down to

Kniescheibe *f* ANAT kneecap

Knieschützer *m* kneepad

Kniestrumpf *m* knee-length sock

knietief *Adj* knee-deep

Kniff *m* **1.** crease, fold **2.** *fig* trick

kniff(e)lig *Adj* tricky

kniffen *v/t* fold (down), crease

knipsen I *v/t* **1.** (*Fahrkarte*) punch **2.** F *j-n ~* take s.o.'s picture, snap s.o. **II** *v/i* **3.** F take photos, snap

Knirps *m* little man (*Am* guy), *pej* squirt

knirschen *v/i* grate, *Schnee etc:* crunch: *mit den Zähnen ~* grind one's teeth

knistern *v/i* crackle, *bes Papier, Seide:* rustle: *fig der Saal knisterte vor Spannung* the atmosphere in the hall was electric

Knitterfalte *f* crease

knitterfrei *Adj* creaseproof, noncrease

knittern *v/i a. v/t* crease, wrinkle

knobeln *v/i* **1.** (*um* for) throw dice, toss **2.** F (*tüfteln*) puzzle (*an Dat* over)

Knoblauch *m* BOT garlic **~kapsel** *f* garlic pill **~zehe** *f* clove of garlic

Knöchel *m* (*Finger2*) knuckle, (*Fuß2*) ankle **~bruch** *m* ankle fracture

knöchellang *Adj* ankle-length

Knochen *m* bone: *Fleisch mit* (*ohne*) *~* meat on (off) the bone; *bis auf die ~* **a)** *abgemagert* just skin and bones, **b)** *nass* soaked to the skin; F *der Schreck fuhr mir in die ~* I was shaken to the core; *das ist ihm in die ~ gefahren* it really got to him; *sich bis auf die ~ blamieren* make an absolute fool of o.s **~arbeit** *f* hard slog, gruel(l)ing work **~bau** *m* bone structure **~bildung** *f* bone formation **~bruch** *m* fracture

(of a bone) **~gerüst** n skeleton **2hart**
Adj F (as) hard as stone **~haut** f ANAT
periosteum **~krebs** m MED bone cancer
~mark n (bone) marrow **~mehl** n
LANDW bone meal **~mühle** f F fig sweat
shop **~splitter** m bone splinter
knochentrocken Adj F bone-dry
knöchern Adj bone ..., bony, osseous
knochig Adj bony
Knödel m dumpling
Knolle f BOT tuber, (Zwiebel) bulb
Knollen m lump **~blätterpilz** m Grüner
~ death cap **~nase** f F bulbous nose
~sellerie m BOT celeriac
Knopf m **1.** button **2.** TECH (push) but-
ton, push: **auf e-n ~ drücken** push a
button **3.** → **Knauf** 1, 3 **4.** F fig →
Knirps Knopfdruck m **auf** (od **per**) **~**
at the touch of a button **knöpfen** v/t
button: **zum 2** buttoned **Knopfloch** n
buttonhole: F fig **aus allen Knopflö-
chern platzen** be bursting at the seams
Knopfzelle f round cell
Knorpel m **1.** ANAT cartilage **2.** GASTR
gristle **knorpelig** Adj **1.** ANAT cartilagi-
nous **2.** GASTR gristly
Knorren m knot, snag **knorrig** Adj **1.**
gnarled, knotty **2.** fig Person: gruff
Knospe f, **knospen** v/i bud
Knoten I m **1.** knot: **e-n ~ machen** tie a
knot (**in** Akk into); F fig **bei ihm ist
endlich der ~ geplatzt** he has caught
on at last **2.** (Haar2) bun, knot **3.**
SCHIFF knot: **10 ~ machen** do ten knots
4. BOT, MED knot, a. ASTR, PHYS node **II**
v/t **5.** knot, tie a knot in **~punkt** m **1.**
BAHN etc junction **2.** fig cent/re (Am
-er)
knotig Adj a. fig knotty
Know-how n know-how, expertise
Knuff m F poke, heimlicher: nudge: **j-m
e-n ~ geben** ~ **knuffen** v/t **j-n ~** punch
(heimlich: nudge) s.o.
Knülch m F bloke, Am guy, sl creep
knüllen v/t u. v/i crumple
Knüller m F sensation, (big) hit, PRESSE
scoop
knüpfen I v/t tie, make, (Teppich) knot:
etw ~ an (Akk) fasten (fig Bedingung
etc: attach) s.th. to; fig Hoffnungen ~
an (Akk) pin one's hopes on **II** v/refl
sich ~ an (Akk) fig Bedingung etc: be
attached to, Erinnerung etc: be con-
nected with, (folgen) arise from

Knüppel m **1.** (heavy) stick, club, (Poli-
zei2) truncheon, bes Am club: fig **j-m
e-n ~ zwischen die Beine werfen**
put a spoke in s.o.'s wheels **2.** (Steuer2,
Schalt2) stick **~damm** m log road, Am
corduroy road **2dick** Adv **es kommt
immer gleich ~!** it never rains but
pours!
knüppeln v/t beat, club
Knüppelschaltung f MOT **mit ~** with
floor-mounted gear change
knurren v/i **1.** (a. v/t) growl, snarl **2.** fig
(murren) grumble (**über** Akk at) **3.** Ma-
gen: rumble: **mir knurrt der Magen** I'm
famished
knurrig Adj F fig grumpy
knusp(e)rig Adj Brötchen etc: crisp
Knute f knout: fig **unter j-s ~ stehen** be
under s.o.'s thumb
knutschen v/i neck, smooch, snog
Knutschfleck m F love bite
k. o. Adj präd Boxen: knocked out: **j-n ~
schlagen** knock s.o. out; F fig **ich bin ~**
I'm all in **K. o.** m Boxen: knockout
Koala(bär) m koala bear
Koalition f POL coalition
Kobalt m MIN cobalt **~blau** n cobalt blue
~bombe f cobalt bomb
Kobold m (hob)goblin, (a. Kind) imp
Koch m cook: **viele Köche verderben
den Brei** too many cooks spoil the
broth **~banane** f Baum u. Frucht: plan-
tain **~buch** n cookery book, bes Am
cookbook **2echt** Adj Farbe: (boil)fast
kochen I v/t **1.** cook, (Wasser, Eier,
Wäsche etc) boil, (Kaffee, Tee) make
II v/i **2.** cook, do the cooking: **sie kocht
gut** she is a good cook **3.** Speise: be
cooking, Wasser: be boiling: **~d heiß**
boiling hot, scalding; **leicht ~, auf klei-
ner Flamme ~** simmer; fig **er kochte
innerlich** (od **vor Wut**) he was seething
with rage **III 2** n **4.** cooking: **zum 2
bringen** a) etw bring s.th. to the boil,
b) fig **j-n** make s.o.'s blood boil
Kocher m cooker
Köcher m quiver
kochfertig Adj ready-to-cook, instant
Koch|gelegenheit f cooking facilities
Pl **~geschirr** n MIL mess tin (Am kit)
Köchin f cook
Koch|kunst f cookery, cuisine, culinary
art **~kurs(us)** m cookery course **~löffel**
m wooden spoon **~nische** f kitchenette

K

~platte f hot plate **~rezept** n (cooking) recipe

Kochsalz n 1. table salt 2. CHEM sodium chloride **2arm** Adj low-salt **~lösung** f MED saline (solution)

Kochtopf m cooking pot, saucepan

Kochwäsche f boil wash

Kode m code

kodieren v/t code

Kodierung f coding

Köder m, **~n** v/t a. fig bait: **er lässt sich mit Geld nicht ködern** he is not tempted by money

Koeffizient m MATHE coefficient

Koexistenz f coexistence

Koffein n caffeine

koffeinfrei Adj decaffeinated

Koffer m bag, case, (Hand2) suitcase, (Schrank2) trunk: **die ~ packen** pack one's bags; F fig **die ~ packen** leave; **aus dem ~ leben** live out of a suitcase

Koffer|anhänger m luggage tag **~kuli** m (luggage) trolley, Am cart **~radio** n portable **~raum** m MOT boot, Am trunk: **viel ~ haben** have much luggage space

Kognak m cognac, brandy

Kohl m 1. BOT cabbage 2. F fig (red k-n ~ don't talk) rubbish

Kohldampf m F **~ haben** be starving

Kohle f 1. coal, (Holz2) charcoal (a. MALEREI): **ausgeglühte ~** cinders Pl; **glühende ~** ember; **ich saß (wie) auf (glühenden) ~n** I was on tenterhooks 2. F fig (Geld) lolly, Am bread: **Hauptsache, die ~ stimmt!** it's all right as long as the money is right!

kohlehaltig Adj carboniferous

Kohlehydrat n carbohydrate

Kohlekraftwerk n coal power plant

Kohlen|bergbau m coal mining **~bergwerk** n coal mine **~dioxid** n CHEM carbon dioxide **~monoxid** n CHEM carbon monoxide **~revier** n coalfield **~säure** f CHEM carbonic acid **~staub** m coal dust **~stoff** m CHEM carbon **~wasserstoff** m CHEM hydrocarbon

Kohle|papier n carbon (paper) **~stift** m charcoal **~tablette** f charcoal tablet **~vorkommen** n coal deposit(s Pl) **~zeichnung** f charcoal (drawing)

Kohlkopf m BOT cabbage

Kohlmeise f ZOOL great titmouse

kohlrabenschwarz Adj coal-black

Kohlrabi m BOT kohlrabi

Kohlrübe f BOT swede

Kohlsprossen Pl österr. Brussels sprouts Pl

Kohlweißling m ZOOL cabbage butterfly

Koitus m coitus, coition

Koje f SCHIFF berth, bunk

Kokain n cocaine

kokett Adj coquettish **Koketterie** f coquetry **kokettieren** v/i a. fig flirt

Kokolores m F rubbish

Kokon m cocoon

Kokos|faser f coconut fibre (Am fiber), coir **~fett** n coconut fat **~milch** f coconut milk **~nuss** f coconut **~palme** f coconut palm

Koks¹ m 1. TECH coke 2. → **Kohle** 2

Koks² m sl (Kokain) coke

koksen v/i sl take coke

Kolben m 1. (Motor2) piston, (Pumpen2, a. MED e-r Spritze) plunger 2. CHEM flask 3. (Gewehr2) butt 4. BOT spike 5. F (Nase) conk **~fresser** m MOT F jamming of the piston **~hub** m piston stroke **~ring** m piston ring **~stange** f piston rod

Kolchos m, **Kolchose** f kolkhoz, collective farm

Kolibakterie f MED colibacillus

Kolibri m ZOOL hummingbird

Kolik f MED colic

Kollaborateur(in) POL collaborator

Kollaps m MED (a. e-n ~ erleiden) collapse

Kolleg n 1. UNI a) (single) lecture, b) course of lectures: **ein ~ halten über** (Akk) lecture on 2. → **Kollegstufe**

Kollege m colleague, (Arbeits2) workmate **kollegial** Adj cooperative, helpful: Adv **sich ~ verhalten** be loyal (**gegenüber** to[wards]) **Kollegin** f → **Kollege Kollegium** n PÄD (teaching) staff, Am a. faculty

Kolleg|mappe f (underarm) briefcase **~stufe** f PÄD etwa sixth-form college

Kollekte f REL collection

Kollektion f collection, WIRTSCH (Waren2) a. range, (Muster2) samples Pl, (Auswahl) selection **kollektiv** Adj, **Kollektiv** n collective **kollektivieren** v/t collectivize **Kollektivschuld** f collective guilt **Kollektivum** n LING collec-

tive (noun) **Kollektivwirtschaft** f collective economy

Kollektor m ELEK commutator, (a. Sonnen2) collector

Koller m F (e-n ~ kriegen fly into a) tantrum

kollidieren v/i collide, fig Interessen etc: a. clash

Kollier n necklace

Kollision f collision, fig a. clash, conflict **Kollisionskurs** m a. fig (auf ~ on a) collision course

Kolloquium n colloquium

Köln n Cologne

Kölner I m inhabitant of Cologne **II** Adj (of) Cologne: der ~ Dom Cologne Cathedral **Kölnerin** f → **Kölner** I

Kölnischwasser n eau-de-Cologne

kolonial, Kolonial... colonial

Kolonialismus m colonialism

Kolonialmacht f colonial power

Kolonialreich n colonial empire

Kolonie f colony **Kolonisation** f colonization **kolonisieren** v/t colonize **Kolonist(in)** colonist, settler

Kolonnade f ARCHI colonnade

Kolonne f allg column (a. MATHE, BUCHDRUCK), (Fahrzeug2) a. line, MIL convoy: ~ fahren drive in line (MIL convoy); fig POL die fünfte ~ the Fifth Column **Kolonnenspringer(in)** MOT F queue jumper

Kolophonium n colophony, rosin

Koloratur f coloratura

kolorieren v/t colo(u)r **Kolorit** n 1. MUS colo(u)r 2. MALEREI colo(u)ring 3. fig (Lokal2) (local) colo(u)r, atmosphere

Koloss m colossus, fig a. giant

kolossal I Adj colossal, huge, F fig a. enormous **II** Adv F fig enormously: ~ viel an enormous amount (of)

Kolportage f 1. sensationalizm 2. → **Kolportageliteratur** f trashy (od sensational) literature

kolportieren v/t spread

Kolumbien n Colombia

Kolumne f column **Kolumnentitel** m BUCHDRUCK (lebender ~ running) head(line)

Kolumnist(in) columnist

Koma n MED coma: im ~ liegen be in a coma

Kombi m → **Kombiwagen**

Kombikarte f combi-ticket

Kombinat n WIRTSCH hist collective combine

Kombination f 1. allg combination (a. Schach, e-s Schlosses etc), Fußball etc: (combined) move 2. fig (Schlussfolgerung) deduction, (Vermutung) conjecture 3. Mode: set, ensemble, (Montur) overalls Pl, (Flieger2) flying suit 4. SPORT **alpine** ~ alpine combined; → **nordisch**

Kombinationsgabe f power(s Pl) of deduction **Kombinationsschloss** n combination lock

kombinieren I v/t 1. (mit with) combine, (Kleidungsstücke) a. wear together **II** v/i 2. SPORT combine: gut ~ show excellent teamwork 3. fig (folgern) deduct, (vermuten) conjecture

Kombiwagen m estate car, bes Am station wagon

Kombüse f SCHIFF galley

Komet m ASTR comet **kometenhaft** Adj fig comet-like, meteoric

Komfort m (Bequemlichkeit) comfort, (Luxus) luxury, (Ausstattungs2) conveniences Pl: mit allem ~ with all modern conveniences (Gerät etc: extras) **komfortabel** Adj (bequem) comfortable, (mit Komfort) luxurious

Komfort|**telefon** n (added) feature telephone ~**wohnung** f luxury flat

Komik f the comic, (komische Wirkung) comic effect (od touch): e-r gewissen ~ nicht entbehren have a comic side **Komiker** m comedian (a. F fig), comic actor **Komikerin** f comedienne, comic actress **komisch** Adj 1. comic(al), funny: ~e Oper comic opera; was ist daran so ~? what's so funny about it? 2. F fig funny, queer: ich habe so ein ~es Gefühl I feel funny; das kam mir sehr ~ vor I found that very strange; das 2e daran ist ... the funny thing about it is ...; ~, dass ... (it's) funny that ...

komischerweise Adv funnily enough

Komitee n committee

Komma n comma, im Dezimalbruch: (decimal) point: vier ~ fünf (4,5) four point five; null ~ drei point three

Kommandant(in) commander **Kommandantur** f (garrison, Am post) headquarters Pl **Kommandeur(in)** commanding officer **kommandieren**

I *v/t* **1.** command (*a.* F *fig*), be in command of: *j-n* ~ *zu* detach (*einteilen*: detail) s.o. to **II** *v/i* **2.** (be in) command: ~*der General* commanding general **3.** F *fig* give the orders

Kommanditgesellschaft *f* WIRTSCH limited partnership

Kommanditist(in) WIRTSCH limited partner

Kommando *n allg* command, (*Befehl*) *a.* order, (~*truppe*) commando (unit), (*Abteilung*) detachment: (*wie*) *auf* ~ (as if) by command **~brücke** *f* SCHIFF (navigating) bridge **~kapsel** *f* *Raumfahrt*: command module **~raum** *m* control room **~turm** *m* (conning od control) tower **~zentrale** *f* control cent/re (*Am* -er)

kommen *n allg* **I** *v/i* **1.** *allg* come (*a.* F *e-n Orgasmus haben*), (*heran*~) *a.* approach, (*gelangen*) get (*bis* to), (*an*~) arrive: *angelaufen* ~ come running; *j-n* ~ *sehen* see s.o. coming (*od* come); *fig ich habe es* ~ *sehen* I saw it coming; (~ *lassen* a) (*j-n*) send for, call, b) (*etw*) order; *zu spät* ~ be (*od* come) late; *weit* ~ *a. fig* get far; *wie weit bist du gekommen?* how far did you get? (→ 10); *er wird bald* ~ he won't be long; *wann kommt der nächste Bus?* when is the next bus due (*to* arrive)?; *zur Schule* ~ start school; *komme, was wolle* come what may; *fig mir kam der Gedanke* the idea entered my mind; *ihr kamen die Tränen* her eyes filled with tears; *später kamen mir Zweifel* afterwards I started to have doubts; (*na*,) *komm schon!* come on!; *ich komme* (*schon*)! (I'm) coming!; F ~ *Sie mir nicht so!* don't (you) try that on me!; → *Gefängnis* 1 **2.** *fig* ~ *auf* (*Akk*) a) (*herausfinden*) hit on, b) (*sich erinnern*) think of, c) (*sich belaufen*) amount to, come to; *ich komme nicht darauf!* I just can't think of it!; *darauf komme ich gleich* (*zu sprechen*)! I'll be coming to that!; *wie kommst du darauf?* what makes you think (*od* say) that?; *auf jeden von uns* ~ *zwei Äpfel* each of us will get two apples; *er kommt auf 3000 Euro im Monat* he makes 3,000 euros a month; → *Schliche, Sprache* 2 *etc* **3.** *fig hinter etw* ~ find out **4.** F *fig er*

kommt nach s-r Mutter he takes after his mother **5.** *fig was ist über dich gekommen?* what has come over (*od* got into) you? **6.** *um etw* ~ lose, (*verpassen*) miss **7.** ~ *von* come from, *fig a.* be due to **8.** *fig* ~ *zu* come by, get; *zu Geld* ~ come into money; (*wieder*) *zu sich* ~ come round (*od* to), *weit. S.* recover; *ich bin nicht dazu gekommen, den Brief zu schreiben* I didn't get round to writing the letter; *wie* ~ *Sie dazu?* how dare you? **II** *v/i/unpers* **9.** *es kommt j-d* s.o. is coming **10.** (*geschehen*) happen, come (about): *so musste es ja* ~*!* it was bound to happen that way!; *wie kommt es, dass ...?* why is it that ...?, F how come ...?; *daher kommt es, dass ...* that's why ...; *es kam zum Krieg* there was a war; *es ist so weit gekommen, dass ...* things have got to a stage where ... **III** *v* **2** *n* **11.** coming, (*Ankunft*) arrival: *fig ... sind wieder im* **2** *...* are coming (*od* on the way in) again

kommend *Adj* coming, (*zukünftig*) *a.* future: ~*e Woche* next week; *in den* ~*en Jahren* in the years to come; *die* ~*e Generation* the rising generation; *er ist der* ~*e Mann* he is the coming man

Kommentar *m* (*zu* on) commentary, (*Stellungnahme*) comment: *kein* ~*!*, *überflüssig!* no comment!

kommentarlos *Adv* without comment

Kommentator(in) commentator

kommentieren *v/t* comment on

kommerzialisieren *v/t* commercialize

kommerziell *Adj* commercial

Kommilitone *m*, **Kommilitonin** *f* fellow student

Kommiss *m* F (*beim* ~ in the) army

Kommissar(in) **1.** commissioner **2.** → *Kriminalkommissar* **3.** POL *hist* (*Sowjet*) commissar **kommissarisch** *Adj* **1.** (*vorübergehend*) temporary **2.** (*stellvertretend*) deputy

Kommission *f* commission (*a.* WIRTSCH), committee: WIRTSCH *in* ~ on commission

Kommissionär(in) WIRTSCH commission agent

Kommissionsbuchhändler(in) wholesale bookseller **Kommissionsgeschäft** *n* commission business

Kommode *f* chest of drawers

kommunal *Adj* local, municipal

Kommunal|abgaben *Pl* local rates (*Am* taxes) *Pl* **~beamte** *m*, **~beamtin** *f* municipal officer **~politik** *f* local politics *Pl* (*a. Sg konstr*) **~verwaltung** *f* local government **~wahlen** *Pl* local elections *Pl*

Kommune *f* **1.** community **2.** (*Wohngemeinschaft*) commune

Kommunikation *f* communication

Kommunikations|mittel *n* means of communication, *Pl a.* (mass) media *Pl* **~schwierigkeiten** *Pl* lack *Sg* of communication **~system** *n* communications system **~technik** *f* communications technology **~wissenschaft** *f* communication science

kommunikativ *Adj* communicative

Kommunikee *n* → **Kommuniqué**

Kommunion *f* (Holy) Communion

Kommuniqué *n* communiqué

Kommunismus *m* communism

Kommunist(in) communist

kommunistisch *Adj* communist

kommunizieren *v/i allg* communicate

Komödiant *m* comedian, *fig pej* play-actor **Komödiantin** *f* comedienne **Komödie** *f* comedy, *fig* farce

Kompagnon *m* WIRTSCH partner

kompakt *Adj allg* compact

Kompanie *f* MIL company

Komparativ *m* comparative (degree)

Komparse *m*, **Komparsin** *f* FILM *etc* extra, bit player

Kompass *m* (*nach dem* ~) by) compass **~haus** *n* SCHIFF binnacle **~nadel** *f* compass needle **~rose** *f* compass card

kompatibel *Adj allg* compatible

Kompensation *f allg* compensation **Kompensationsgeschäft** *n* barter transaction

kompensieren *v/t allg* compensate (for) (*a.* PSYCH)

kompetent *Adj allg* competent, (*zuständig*) *a.* responsible (*beide:* **für** for), (*befugt*) *a.* authorized

Kompetenz *f* competence, (*Zuständigkeit*) *a.* responsibility, (*Befugnis*) *a.* authority: **s-e ~en überschreiten** exceed one's authority **~bereich** *m* sphere of authority **~streit** *m*, **~streitigkeit** *f mst Pl* demarcation dispute

kompilieren *v/t* compile

Komplementärfarbe *f* complementary colo(u)r

komplett *Adj* complete

komplex *Adj* complex **Komplex** *m allg* complex: PSYCH **e-n ~ haben** have a complex (F hangup) (*wegen* about)

Komplikation *f allg* complication

Kompliment *n* (*j-m ein ~ machen* pay s.o. a) compliment; **~!** congratulations!

Komplize *m*, **Komplizin** *f* accomplice

komplizieren *v/t* complicate

kompliziert *Adj* complicated, complex (*character etc*), intricate (*problem etc*): MED **~er Bruch** compound fracture

Komplott *n* (*a. ein ~ schmieden*) plot (*gegen* against)

Komponente *f* component

komponieren *v/t u. v/i a. fig* compose

Komponist(in) composer

Komposition *f a. fig* composition

Kompositum *n* compound (word)

Kompost *m*, **kompostieren** *v/t* compost

Kompott *n* GASTR stewed fruit

Kompresse *f* MED compress

Kompression *f* (*Daten*2) compression

Kompressor *m* TECH compressor, MOT supercharger

komprimieren *v/t* (*a. Daten*) compress, *fig* condense

Kompromiss *m* compromise: **e-n ~ schließen** (make a) compromise (*über Akk* on) **Kompromissbereitschaft** *f* willingness to compromise

kompromisslos *Adj* uncompromising

Kompromisslösung *f* compromise solution **Kompromissvorschlag** *m* **e-n ~ machen** suggest a compromise

kompromittieren *v/t* compromise (*sich* o.s.)

Kondensat *n* condensate **Kondensation** *f* condensation **Kondensator** *m* **1.** TECH condenser **2.** ELEK capacitor

kondensieren *v/t u. v/i* condense

Kondens|milch *f* evaporated milk **~streifen** *m* FLUG condensation trails *Pl* **~wasser** *n* condensation water

Kondition *f allg* condition (WIRTSCH *mst Pl*), SPORT *a.* trim, shape: **e-e ausgezeichnete ~ haben** be very fit

Konditional *n* LING conditional (mood) **~satz** *m* conditional clause

Konditions|schwäche *f* SPORT lack of stamina, poor shape **2stark** *Adj* very fit **~training** *n* SPORT fitness training

K

Konditor(in) pastry cook
Konditorei f cake shop, *weit. S.* café
Kondolenz(...) → **Beileid(s...)**
kondolieren v/i **j-m** ~ condole with s.o. (**zu** on)
Kondom n, m condom, *Am a.* prophylactic
Konfekt n sweets *Pl, bes Am* (soft) candy, (*Pralinen*) chocolates *Pl*
Konfektion f (manufacture of) ready-to-wear clothes *Pl*
Konfektions... ready-to-wear (*clothes, suit, etc*) **~größe** f size
Konferenz f conference, meeting **~dolmetscher(in)** conference interpreter
Konferenzschaltung f RADIO, TV *etc* conference system **Konferenzteilnehmer(in)** conference member
konferieren v/i confer (**über** *Akk* on)
Konfession f (**welcher ~ gehören Sie an?** what is your) denomination(?)
konfessionell *Adj* denominational
konfessionslos *Adj* nondenominational **Konfessionsschule** f denominational school
Konfetti n confetti
Konfiguration f COMPUTER configuration
Konfirmand(in) confirmand
Konfirmation f confirmation
konfirmieren v/t confirm
konfiszieren v/t confiscate, seize
Konfitüre f jam
Konflikt m (**in ~ geraten** come into) conflict (**mit** with)
konfliktscheu *Adj*: **sie ist ~** she doesn't like confrontation
Konfliktstoff m matter for conflict
konform *Adj* conforming, MATHE conformal: **mit j-m ~ gehen** agree with s.o. (**in** *Dat* about) **Konformismus** m conformism **Konformist(in)**, **konformistisch** *Adj* conformist
Konfrontation f confrontation
konfrontieren v/t **j-n** ~ confront s.o. (**mit** with)
konfus *Adj* confused, *Person: a.* muddleheaded **Konfusion** f confusion
Konglomerat n *a. fig* conglomerate
Kongress m congress, convention: POL *Am der* ~ Congress **~mitglied** n POL *Am* Congressman (-woman) **~teilnehmer(in)** congress member
kongruent *Adj* MATHE *u. fig* congruent

Kongruenz f MATHE congruence
Konifere f BOT conifer
König m *allg* king
Königin f *a.* ZOOL queen **~mutter** f queen mother **~pastete** f vol-au-vent **~witwe** f queen dowager
königlich *Adj* royal, *Macht, Insignien etc: a.* regal, *fig a.* kingly: *Adv* **sich ~ amüsieren** have great fun
Königreich n kingdom, *rhet* realm
Königs|haus n royal house (*od* dynasty) **~krone** f royal crown **~sohn** m king's son, prince **~tiger** m ZOOL Bengal tiger **~tochter** f king's daughter, princess **~würde** f royal dignity
konisch *Adj* conic(al)
Konjugation f conjugation
konjugieren v/t conjugate
Konjunktion f LING conjunction
Konjunktiv m LING subjunctive (mood) **~satz** m subjunctive clause
Konjunktur f WIRTSCH business cycle, (*Hoch2*) boom, (*Tendenz, Lage*) economic trend (*od* situation) **~abschwächung** f downward trend, downswing **~aufschwung** m upswing **~barometer** n business barometer **2bedingt** *Adj* cyclic(al) **~bericht** m economic report **2dämpfend** *Adj* countercyclical
konjunkturell *Adj* cyclic(al), economic
Konjunktur|politik f trade-cycle policy **~schwankungen** *Pl* cyclical fluctuations *Pl* **~spritze** f F shot in the arm **~verlauf** m economic trend
konkav *Adj* concave
Konkordat n concordat
konkret *Adj* *allg* concrete, (*genau*) *a.* specific, precise: **du musst dich etw ~er ausdrücken** you must be more explicit
konkretisieren I v/t put s.th. in concrete form (*od* terms) II v/refl **sich ~** take shape, *Idee:* gel
Konkubine f concubine
Konkurrent(in) competitor, (WIRTSCH *a.* business) rival
Konkurrenz f **1.** competition, rivalry: **j-m ~ machen** enter into competition (*od* compete) with s.o. **2.** WIRTSCH competitor(s *Pl*), rival(s *Pl*), *Koll a.* competition: **die ~ ausschalten** eliminate one's competitors **3.** (*Wettbewerb*) competition, contest, SPORT *a.* event: **außer ~** hors concours **~erzeugnis** n

rival product **⟨fähig** *Adj* competitive, able to compete **~fähigkeit** *f* competitiveness **~firma** *f,* **~geschäft** *n* rival firm **~kampf** *m* (*mörderischer ~* cut-throat) competition **~klausel** *f* restraint clause

konkurrenzlos *Adj* unrival(l)ed
konkurrieren *v/i* compete (*um* for)
Konkurs *m* bankruptcy: *in ~ gehen, ~ machen* go bankrupt **~antrag** *m* petition in bankruptcy **~erklärung** *f* declaration of insolvency **~masse** *f* bankrupt's estate **~verfahren** *n* (*das ~ eröffnen* institute) bankruptcy proceedings *Pl* **~verwalter(in)** trustee in bankruptcy, *gerichtlich:* (official) receiver

können *v/hilf, v/i, v/t* **1.** (*vermögen*) be able to: *kannst du es?* can you do it?; *er hätte es tun ~* he could have done it; *ich habe nicht arbeiten ~* I was unable to work; *ich kann nicht mehr!* I can't go on!, F I've had it!, *seelisch:* I can't take any more!, (*essen*) I can't manage (*od* eat) any more!; F *da kann man nichts machen!* there's nothing to be done!; *du kannst mich mal!* go to hell! **2.** (*beherrschen*) know: *~ Sie tanzen?* do you (know how to) dance?, can you dance?; *sie kann kein Spanisch* she doesn't know (*od* speak) Spanish; F *er kann etwas* he is a capable fellow, he knows his stuff; *er kann (gar) nichts!* he's absolutely incapable! **3.** (*dürfen*) be allowed to: *kann ich jetzt gehen?* can I go now?; *Sie ~ (es) mir glauben!* (you may) believe me! F *das kann doch nicht wahr sein!* but that's impossible! **4.** *es kann sein, dass er noch kommt* he may (*od* might) come yet; *ich kann mich irren* I may be mistaken; *wann könnte das gewesen sein?* when might that have been?; *du könntest Recht haben* you may (*od* could) be right; F *kann sein!* maybe! **5.** *ich kann nichts für ...* I'm not responsible (*od* to blame) for ...; *ich konnte doch nichts dafür!* it wasn't my fault! **6.** F *mit j-m (gut) ~* get on with s.o. (like a house on fire) **Können** *n* skill, ability

Könner(in) expert, *bes* SPORT ace
Konnossement *n* WIRTSCH bill of lading
Konsekutivsatz *m* consecutive clause

Konsens *m* consensus, (*Einwilligung*) consent

konsequent *Adj* (*folgerichtig*) consistent, logical, (*unbeirrbar*) firm, resolute, (*kompromisslos*) uncompromising: *~ bleiben* remain firm; *Adv ~ verfolgen* pursue resolutely **Konsequenz** *f* **1.** consequence: *die ~en tragen* bear the consequences; *die ~en ziehen* draw the conclusions (*aus* from), *weit. S. act* accordingly **2.** (*Beharrlichkeit*) consistency: *mit eiserner ~* resolutely

konservativ *Adj,* **Konservative** *m, f* conservative, POL *Br a.* Tory
Konservatorium *n* conservatory
Konserve *f* **1.** preserve(d food), (*Dose*) tin, can: *~n Pl* tinned (*od* canned) food *Sg*; *von ~n leben* live out of tins (*od* cans) *fig Musik aus der ~* canned music **2.** → **Blutkonserve**
Konserven|büchse *f,* **~dose** *f* tin, can **~fabrik** *f* canning factory, cannery
konservieren *v/t allg* preserve
Konservierung *f* preservation
Konservierungsmittel *n* preservative
Konsistenz *f* consistency
Konsole *f allg* console
konsolidieren *v/t u. v/refl sich ~* consolidate
Konsonant *m* consonant
konsonantisch *Adj* consonant(al)
Konsortium *n* WIRTSCH syndicate
Konspiration *f* conspiracy, plot
konspirativ *Adj* conspiratorial
konspirieren *v/i* conspire, plot
konstant *Adj allg* constant: *Adv sich ~ weigern* refuse obstinately
Konstante *f a. fig* constant
konstatieren → **feststellen** 1-3
Konstellation *f* constellation
konsterniert *Adj* completely taken aback, dismayed
konstituieren *v/t* constitute: PARL *sich ~ als ...* resolve itself into ...; *~de Versammlung* constituent assembly
Konstitution *f allg* constitution
konstitutionell *Adj allg* constitutional
konstruieren *v/t* construct (*a.* LING, MATHE), TECH *a.* design, build, *fig pej* fabricate
Konstrukteur(in) design engineer
Konstruktion *f* construction (*a.* LING, MATHE), (*Entwurf, Bauart*) design, (*Bau*) structure **Konstruktionsfehler**

m constructional fault, faulty design
konstruktiv *Adj* **1.** *bes fig* constructive **2.** TECH constructional, structural, design
Konsul(**in**) *f* consul **Konsular...** consular **Konsulat** *n* consulate
Konsultation *f* consultation
konsultieren *v/t* consult
Konsum¹ *m* cooperative (store), F coop
Konsum² *m a. fig* consumption
Konsument(**in**) *a. fig* consumer
Konsum|gesellschaft *f* consumer society **~güter** *Pl* consumer goods *Pl*
konsumieren *v/t a. fig* consume
Kontakt *m allg* contact: *fig mit j-m in ~ stehen* be in contact (*od* touch) with s.o.; *mit j-m ~ aufnehmen* get in touch with s.o., contact s.o. **~abzug** *m* FOTO contact print **~arm** *Adj* unsociable: *er ist ~ a.* F he is a bad mixer **~frau** *f* contact **2freudig** *Adj* sociable: *er ist ~ a.* F he is a good mixer **~gift** *n* contact poison **~linse** *f* OPT contact lens **~mann** *m* contact **~person** *f bes* MED contact **~schalter** *m* touch sensitive switch
Kontamination *f* contamination
kontaminieren *v/t* contaminate
Kontensparen *n* saving through accounts
Konter *m* SPORT counter-attack
konterkarieren *v/t* thwart
kontern *v/i u. v/t a. fig* counter
Konterrevolution *f* counterrevolution
Kontext *m* (*aus dem ~ gerissen* quoted out of) context
Kontinent *m* continent: *der* (*europäische*) *~* the Continent
kontinental *Adj* continental
Kontingent *n* contingent (*a.* MIL), WIRTSCH *a.* quota **kontingentieren** *v/t* fix a quota for, (*rationieren*) ration
kontinuierlich *Adj* continuous
Kontinuität *f* continuity
Konto *n* account: *ein ~ haben bei* have (*od* keep) an account with (*od* at); F *fig das geht auf sein ~* that's his doing, (*ist s-e Schuld*) *a.* he is to blame for it **~auszug** *m* bank statement **~auszugsdrucker** *m* bank statement printer **~buch** *n* account book, *des Kunden*: passbook
Kontoinhaber(**in**) account holder
Kontokorrent *n* current account
Kontonummer *f* account number

Kontorist(**in**) (office) clerk
Kontostand *m* balance (of an account)
kontra I *Präp* contra, JUR *u. fig* versus **II** *Adv* **~ sein** be against **III** *2 n fig* objection: *2 geben Kartenspiel*: double; F *fig j-m 2 geben* hit back at s.o.; **→ Pro**
Kontrabass *m* MUS double bass
Kontrahent(**in**) JUR contracting party, *fig* opponent, *bes* SPORT rival
Kontraindikation *f* contraindication
Kontrakt *m* contract; **→ a. Vertrag**
Kontraktion *f allg* contraction
kontraproduktiv *Adj* counterproductive
Kontrapunkt *m* MUS counterpoint
konträr *Adj* contrary, opposite
Kontrast *m allg* contrast: *e-n ~ bilden* (*zu*) *→* **kontrastieren** **kontrastarm** *Adj* FOTO flat **kontrastieren** *v/i ~* (*mit*) contrast (with), form a contrast (to)
Kontrast|mittel *n* MED radiopaque material **~regler** *m* contrast control **2reich** *Adj* FOTO, TV contrasty
Kontrollabschnitt *m* stub
Kontrolle *f allg* (*a. Beherrschung*) control (*über* Akk *of*), *von Gepäck, Geräten etc*: inspection, check, (*Überwachung*) supervision: *unter* (*außer*) *~* under (out of) control; *unter ärztlicher ~* under medical supervision; *er verlor die ~ über s-n Wagen* he lost control of his car; *... steht unter ständiger ~* a constant check is kept on ...
Kontrolleur(**in**) inspector, supervisor
Kontrollfunktion *f* controlling function **Kontrollgang** *m* round
kontrollieren *v/t allg* (*a. beherrschen*) control, (*Gepäck, Geräte, Ausgaben etc*) check, (*überwachen*) supervise
Kontrolllampe *f* control light
Kontrollleuchte *f* pilot lamp
Kontroll|punkt *m* checkpoint **~turm** *m* FLUG control tower **~uhr** *f* telltale clock **~zentrum** *n* control cent/re (*Am* -er), mission control
kontrovers *Adj* controversial
Kontroverse *f* controversy, argument
Kontur *f* contour, outline
Konus *m* MATHE cone
Konvention *f* convention
Konventionalstrafe *f* penalty (for nonperformance)
konventionell *Adj* conventional

Konvergenz f WIRTSCH convergence: *Nachhaltigkeit der ~* persistence of convergence

konvergieren v/i MATHE converge

Konversation f conversation **Konversationslexikon** n encyclop(a)edia

konvertierbar Adj convertible **konvertieren** v/t u. v/i (a. COMPUTER) convert (WIRTSCH *in* Akk into, REL *zu* to): *j-n ist* (od *hat*) *konvertiert* a. he was converted

konvex Adj MATHE convex

Konvoi m (*im* od *unter ~* in) convoy

Konzentrat n CHEM concentrate

Konzentration f concentration **Konzentrations|fähigkeit** f power(s Pl) of concentration **~lager** n POL concentration camp **~schwäche** f lack of concentration

konzentrieren v/t u. v/refl *sich* ~ allg concentrate (*auf* Akk on) **konzentriert** Adj concentrated: *in ~er Form* in tabloid form; Adv ~ *arbeiten etc* a. work etc with concentration

konzentrisch Adj concentric(ally Adv)

Konzept n rough draft (od copy), *für e-e Rede*: a. notes Pl, (Plan) plan(s Pl): *fig j-n aus dem ~ bringen* put s.o. off his stroke, F rattle s.o.; *aus dem ~ kommen* lose the thread; *fig j-m das ~ verderben* thwart s.o.'s plans; *das passt ihm nicht ins ~* that doesn't suit him at all **Konzeption** f conception

Konzern m combine, group

Konzert n MUS **1.** concert, (*Solo2*) recital: *ins ~ gehen* go to a concert **2.** (*Stück*) concerto **~abend** m concert (evening)

Konzertflügel m concert grand

konzertiert Adj WIRTSCH, POL ~*e Aktion* concerted action

Konzert|meister(in) leader, Am concertmaster **~saal** m concert hall

Konzession f **1.** (*Zugeständnis*) concession (*an* Akk to) **2.** licen/ce (Am -se)

Konzessivsatz m concessive clause

Konzil n council

konziliant Adj conciliatory

konzipieren v/t (*entwickeln*) conceive, (*entwerfen*) draft: *konzipiert für* a. TECH designed for

Kooperation f cooperation

kooperativ Adj cooperative

kooperieren v/i cooperate

Koordinate f MATHE coordinate

koordinieren v/t coordinate

Kopf m **1.** allg head (a. BOT, MUS, TECH), (*Brief2 etc*) a. letterhead, (*Pfeifen2*) bowl, (*Hut2*) crown, (*Oberteil*) top, (*Spreng2*) warhead: *~ hoch!* cheer up!, chin up!; *~ an ~ Rennen, Wahl*: neck to neck; *von ~ bis Fuß* from head to foot, from top to toe; *mit bloßem ~* bare-headed; *über j-s ~ hinweg* a. fig over s.o.'s head; *fig pro ~* per person, a head, VERW per capita; *sie ist nicht auf den ~ gefallen* she is no fool; *ich war wie vor den ~ geschlagen* I was thunderstruck; *den ~ hängen lassen* a. fig hang one's head; *F sein Geld auf den ~ hauen* blow one's money; *den ~ hinhalten* take the blame (*für* for); *~ und Kragen riskieren* risk one's neck; *F fig ~ stehen* be in a flap; *ich weiß nicht, wo mir der ~ steht* I don't know whether I'm coming or going; *j-m zu ~e steigen* go to s.o.'s head; *auf den ~ stellen* turn s.th. upside down, *Tatsachen*: stand facts on their heads; *... steht auf dem ~* ... is upside down; *F und wenn du dich auf den ~ stellst!* and if it kills you!; *j-n vor den ~ stoßen* offend s.o.; *j-m über den ~ wachsen* a) outgrow s.o., b) fig be too much for s.o.; *j-m den ~ waschen* a) wash s.o.'s hair, b) a. j-m den ~ zurechtrücken straighten s.o. out; *sie will immer mit dem ~ durch die Wand* she always wants to have her own way regardless; *j-m etw auf den ~ zusagen* tell s.o. straight out; → *Nagel, schütteln* **2.** fig (*Person, Geist*) allg head, (*Verstand*) a. mind, brains Pl, (*Führer*) a. leader, brain: *er war der ~ des Unternehmens* he was the head (od brain) of the enterprise; *aus dem ~* by heart; *das will mir nicht aus dem ~* I can't get it out of my mind; *etw im ~ rechnen* work s.th. out in one's head; *F das hältst du ja im ~ nicht aus!* it's incredible!; *e-n kühlen (klaren) ~ bewahren* keep a cool (clear) head; *sich etw durch den ~ gehen lassen* think s.th. over; *es muss nicht immer nach d-m ~ gehen!* you can't always have things your own way!; *ich habe die Zahlen nicht im ~* I can't give you the figures off the cuff; *er hat andere*

K

Dinge im ~ he has other things on his mind; *er hat nur Fußball im* ~ he thinks of nothing but football; *schlag dir das aus dem* ~*!* forget it!; *sich etw in den* ~ *setzen* take s.th. into one's head; *j-m den* ~ *verdrehen* turn s.o.'s head; *den* ~ *verlieren* lose one's head; *sich den* ~ *zerbrechen* rack one's brains (*über* acc over); → *herumgehen* 1, *richtig* 1

Kopf|bahnhof *m* terminal ~**ball** *m* header ~**bedeckung** *f* headgear, hat

Köpfchen *n* F ~ *haben* have brains

köpfen *v/t* **1.** behead **2.** (*Ball*) head

Kopf|ende *n* head ~**entscheidung** *f* reasoned decision ~**haar** *n* hair (on the head) ~**haut** *f* scalp ~**hörer** *m* headphone, *Pl a.* headset ~**kissen** *n* pillow

kopflastig *Adj* top-heavy

Kopflaus *f* head louse

kopflos *Adj* **1.** headless **2.** *fig* panicky: ~ *werden* lose one's head, panic; *Adv* ~ *handeln* act in panic

Kopf|nicken *n* nod ~**putz** *m* headdress ~**rechnen** *n* mental arithmetic ~**salat** *m* lettuce **2scheu** *Adj fig* ~ *werden* become confused; *j-n* ~ *machen* confuse (*od* intimidate) s.o.

Kopfschmerz *m mst Pl* (~*en haben* have a) headache

Kopfschuss *m* shot in the head

Kopfschütteln *n mit e-m* ~ → **kopfschüttelnd** *Adv* with a shake of the head **Kopfsprung** *m* header **Kopfstand** *m* headstand

kopfstehen → *Kopf* 1

Kopf|steinpflaster *n* cobblestone pavement ~**steuer** *f* poll tax ~**stütze** *f* headrest ~**tuch** *n* (head)scarf

kopfüber *Adv* head first, headlong

Kopfverletzung *f* head injury **Kopfweh** *n* → *Kopfschmerz* **Kopfzerbrechen** *n j-m* ~ *machen* puzzle s.o.

Kopie *f allg* copy, FOTO *a.* print, (*Zweitschrift*) *a.* duplicate

kopieren *v/t allg* copy (*a. fig*), *a.* TECH duplicate, FOTO *a.* print, *fig* (*nachahmen*) *a.* imitate

Kopierer *m* copier

Kopier|gerät *n* copier ~**papier** *n* copying paper ~**schutz** *m* copyright protection ~**stift** *m* indelible pencil

Kopilot(in) copilot

Koppel *f* **1.** enclosure, (*Pferde*2) paddock **2.** *e-e* ~ *Hunde*: a leash, *Pferde*: a string

koppeln *v/t a. fig* (*an Akk* to) couple, link: *Raumschiffe* ~ dock spaceships; *fig etw* ~ *mit* couple (*od combine*) s.th. with **Kopplung** *f* coupling (*a. fig*), *Raumfahrt*: docking

Koproduktion *f* coproduction

Koralle *f* coral **Korallenbank** *f* coral reef

Koran *m* Koran

Korb *m* **1.** *allg* basket (SPORT *a. Treffer*): *ein* ~ (*voll*) *Äpfel* a basketful of apples; → *Hahn* 1 **2.** F *fig j-m e-n* ~ *geben* turn s.o. down; *e-n* ~ *bekommen* be turned down **Korbball** *m* SPORT netball **Korbblütler** *n* BOT composite

Körbchen *n e-s Büstenhalters*: cup

Korb|macher(in) basketmaker ~**möbel** *Pl* wicker furniture *Sg* ~**sessel** *m* wicker chair ~**sofa** *n* wicker settee ~**stuhl** *m* wicker chair ~**waren** *Pl* wickerwork *Sg*

Kord *m* corduroy

Kordel *f* cord **Kordelzug** *m* drawstring

Kordhose *f* cords *Pl*, corduroys *Pl*

Kordsamt *m* corduroy, cord velvet

Korea *n* Korea

Koreaner(in), koreanisch *Adj* Korean

Korfu *n* Corfu

Korinthe *f* currant

Kork *m* cork **Korkeiche** *f* BOT cork oak

Korken *m* cork ~**zieher** *m* corkscrew

Korn[1] *n* **1.** (*Getreide*) grain, cereals *Pl*: → *Flinte*2 **2.** (*Getreide*2, *Samen*2, *Sand*2, *a.* FOTO, TECH) grain

Korn[2] *n* MIL front sight: F *fig aufs* ~ *nehmen* attack, go for

Kornblume *f* cornflower

Körnchen *n* granule: *fig ein* ~ *Wahrheit* a grain of truth

Kornfeld *n* cornfield, *Am* grainfield

körnig *Adj* grainy, granular, *Reis*: (cooked) kernelly, *in Zssgn* ...-grained

Kornkammer *f a. fig* granary

Körnung *f* granulation, grain

Koronar... MED coronary (*artery, vessel*)

Körper *m allg* body (*a. des Weines*), MATHE, PHYS *a.* solid, (*Schiffs*2) hull: ~ *und Geist* body and mind; *am ganzen* ~ *zittern* tremble all over ~**bau** *m* build, physique ~**behinderte** *m, f* physically disabled (*od* handicapped) person: *die* ~*n Pl a.* the handicapped ~**behinderung** *f* physical handicap

Körperchen *n* corpuscle, particle

körpereigen *Adj* BIOL endogenous
Körper|geruch *m* body odo(u)r **~größe** *f* height **~haltung** *f* posture, bearing **~kontakt** *m* physical contact
körperlich *Adj allg* physical, bodily, *(stofflich)* corporeal *(a.* JUR): **~e Arbeit** manual work; *Adv* **j-n ~ angreifen** attack s.o. bodily; → **Züchtigung**
Körperpflege *f* care of the body, *(personal)* hygiene **~mittel** *n* cosmetic
Körperschaft *f* corporation, *(corporate)* body: **gesetzgebende ~** legislative (body) **Körperschaftsteuer** *f* corporation tax
Körper|sprache *f* body language **~teil** *m* part *(Glied:* member) of the body **~verletzung** *f (schwere ~* grievous) bodily harm **~wärme** *f* body heat
Korps *n* corps **~geist** *m* esprit de corps
korpulent *Adj* corpulent, stout
Korpus *n* corpus
korrekt *Adj* correct
Korrektheit *f* correctness
Korrektor(in) (proof)reader
Korrektur *f allg* correction, BUCHDRUCK *etc (~lesen)* proofreading: **~ lesen** proofread **~band** *n* correction tape **~bogen** *m*, **~fahne** *f* proof **~flüssigkeit** *f* correction fluid, *Am* whiteout **~speicher** *m* correction memory **~taste** *f* correction key **~zeichen** *n* proofreader's mark
Korrespondent(in) correspondent, WIRTSCH correspondence clerk
Korrespondenz *f* correspondence
korrespondieren *v/i* correspond
Korridor *m allg* corridor
korrigieren *v/t allg* correct, PÄD *a.* mark, *(ändern) a.* change, alter
korrodieren *v/t u. v/i* corrode **Korrosion** *f* corrosion **korrosionsbeständig** *Adj* corrosion-resistant **Korrosionsschutz** *m* corrosion prevention, *in Zssgn* anticorrosive *(agent, paint, etc)*
korrumpieren *v/t*, **korrupt** *Adj* corrupt **Korruption** *f* corruption
Korse *m* Corsican
Korsett *n a. fig* corset
Korsika *n* Corsica
Korsin *f*, **korsisch** *Adj* Corsican
Kortison *n* cortisone
Koryphäe *f* (eminent) authority
koscher *Adj a.* F *fig* kosher
Kosename *m* pet name

Kosinus *m* MATHE cosine
Kosmetik *f* **1.** beauty culture **2.** *fig* cosmetic **Kosmetiker(in)** cosmetician, beautician
Kosmetik|industrie *f* cosmetics industry **~koffer** *m* vanity box *(od* case) **~salon** *m* beauty parlo(u)r *(Am a.* shop) **~tuch** *n* paper tissue
Kosmetikum *n mst Pl* cosmetic
kosmetisch *Adj* cosmetic(ally *Adv)*
kosmisch *Adj* cosmic(ally *Adv)*
Kosmonaut(in) cosmonaut
Kosmopolit(in), **kosmopolitisch** *Adj* cosmopolitan
Kosmos *m* cosmos
Kost *f* food, fare *(a. fig* geistige ~), diet, *(Küche)* cooking, *(Beköstigung)* board: **fleischlose ~** meatless diet; *(freie)* **~ und Logis** (free) board and lodging
kostbar *Adj* precious, valuable *(a. fig* Zeit etc), *(teuer) a.* expensive: *fig* **jede Minute ist ~** every minute counts
Kostbarkeit *f* **1.** preciousness, valuableness **2.** precious object, treasure, *Pl a.* valuables *Pl*
kosten¹ *v/t (v/i ~ von)* taste *(a. fig)*, try
kosten² *v/t* cost, *fig (Zeit etc) a.* take: **was kostet das?** how much is that?; F **er hat es sich etw ~ lassen** he spent a lot of money on it; **es hat mich viel Mühe gekostet** it gave me a lot of trouble; **es kostete ihn das Leben** it cost him his life; **koste es, was es wolle** at all costs; F **das kostet Nerven!** that's hard on the nerves!
Kosten *Pl* cost(s *Pl), (Auslagen)* expenses *Pl, (~aufwand)* expenditure *Sg:* **die ~ tragen** bear *(od* meet) the cost(s); **~ sparend** cost-saving; *fig* **auf ~ von** *(od Gen)* at the expense of; **auf m-e ~** at my expense; **k-e ~ scheuen** spare no expense; *fig* **auf s-e ~ kommen** get one's money's worth **~anschlag** *m* estimate **~aufwand** *m* cost, expenditure: **mit e-m ~ von ...** at a cost of ... **~beteiligung** *f* cost sharing **2dämpfend** *Adj* cost-cutting **2deckend** *Adj* cost-covering **~explosion** *f* costs explosion **~faktor** *m* cost factor **~frage** *f* **es ist e-e ~** it is a question of cost *(od* of what it costs) **2günstig** *Adj* cost-effective **2intensiv** *Adj* cost-intensive
kostenlos *Adj u. Adv* free, gratis

Kosten-Nutzen-Analyse f cost-benefit analysis

kostenpflichtig Adj liable to pay the costs, (abschleppen etc) at the owner's expense

Kostenpunkt m F costs Pl: **~?** how much? **Kostenrechnung** f costing

kosten|senkend Adj cost-cutting **~sparend** Adj cost-saving

Kostensteigerung f cost increase

Kostgeld n board (allowance)

köstlich Adj delicious, exquisite, fig delightful: Adv **sich ~ amüsieren** have great fun **Köstlichkeit** f **1.** deliciousness **2.** GASTR titbit, delicacy

Kostprobe f a. fig sample, taste

kostspielig Adj expensive, costly

Kostüm n **1.** (woman's) suit **2.** costume (a. THEAT), dress **Kostümball** m fancydress ball **kostümieren** v/t dress s.o. up: **sich ~** dress up (**als** as)

Kostümprobe f THEAT dress rehearsal

Kostümverleih m costume rental

Kot m excrement, f(a)eces Pl

Kotelett n GASTR chop, cutlet

Koteletten Pl sideboards Pl, Am sideburns Pl

Köter m pej cur

Kotflügel m mudguard, Am fender

kotzen v/i V throw up, sl puke: **ich finde es (ihn) zum ℒ!** it (he) makes me sick!; **das ist ja zum ℒ!** that's enough to make one puke!

Krabbe f ZOOL shrimp, größere: prawn

Krabbelalter n crawling stage

krabbeln I v/i crawl **II** v/t tickle

Krabbencocktail m prawn cocktail

Krach m **1.** crash, bang, (Lärm) (loud) noise, din, F row, racket: **~ machen** make a noise (od racket), be noisy **2.** F row, quarrel: **mit j-m ~ haben** have a row with s.o.; **~ schlagen** raise hell

krachen I v/i crash (a. Donner), Eis, Schuss etc: crack, Dielen etc: creak, Tür etc: slam, bang, (bersten) burst, explode: **zu Boden ~** crash to the ground (od floor); **gegen e-n Baum ~** crash into a tree **II** v/refl **sich ~** F (streiten) have a row, fight

krächzen v/t u. v/i croak

kraft Präp (Gen) JUR by virtue of

Kraft f **1.** allg, a. fig strength, (a. Natur℘ u. PHYS) force, (Tat℘) energy, ELEK, PHYS, TECH power (a. fig Fähigkeit):

mit aller ~ with all one's might; **mit frischer (letzter) ~** with renewed (one's last ounce of) strength; SCHIFF **volle ~ voraus** full speed ahead; **Kräfte sammeln** build up one's strength; **m-e Kräfte lassen nach** my strength fails; **das geht über m-e ~** that's too much for me; **ich bin am Ende m-r Kräfte** I can't take any more; **nach (besten) Kräften** to the best of one's ability; **~ schöpfen** gain strength (**aus** from); **er tat, was in s-n Kräften stand** he did everything within his power; → **vereinen 2.** (politische ~, Machtgruppe) force: fig **treibende ~** driving force **3.** (Rechts℘) force: **in ~ sein (setzen, treten)** be in (put into, come into) force, be(come) effective; **außer ~ setzen** annul, invalidate, (Gesetz) repeal, (Vertrag etc) cancel, zeitweilig: suspend; **außer ~ treten** expire, lapse **4.** (Arbeits℘) worker, employee, Pl a. personnel, staff

Kraft|akt m stunt **~anstrengung** f, **~aufwand** m (strenuous) effort **~ausdruck** m swearword **~brühe** f beef tea

Kräfteverfall m loss of strength

Kräfteverschleiß m waste of energy

Kraftfahrer(in) driver, motorist

Kraftfahrzeug n motor vehicle **~brief** m (vehicle) registration document, Br a. logbook **~mechaniker(in)** motor mechanic **~schein** m (vehicle) registration document **~steuer** f motor-vehicle tax, bes Br road tax **~versicherung** f car insurance

Kraftfeld n PHYS field of force

Kraftfutter n LANDW concentrated feed

kräftig I Adj **1.** strong, robust, sturdy (alle a. TECH), (kraftvoll) powerful, Schlag etc: a. heavy, hard, Händedruck: firm: F **er nahm e-n ~en Schluck** he took a good swig; fig **~e Farbe** deep (od rich) colo(u)r; WIRTSCH **~er Aufschwung** sharp upswing **2.** (nahrhaft) substantial, nourishing **II** Adv **3.** strongly (etc), F (ausgiebig) soundly, heartily: **er ist ~ gebaut** he is powerfully built; **~ zuschlagen** hit hard **kräftigen** v/t strengthen: **sich ~ a.** become stronger

Kräftigungsmittel n MED tonic

kraftlos Adj weak, feeble

Kraft|probe f trial of strength **~protz** m

F muscleman **~rad** n motorcycle

Kraftstoff m fuel **~anzeiger** m fuel ga(u)ge **~leitung** f fuel pipe (od line) **~Luft-Gemisch** n fuel(-air) mixture **~pumpe** f fuel pump **~verbrauch** m fuel consumption

kraftstrotzend Adj bursting with strength, vigorous, powerful

Kraft|übertragung f power transmission **~verkehr** m motor traffic **~verschwendung** f waste of energy ₂**voll** Adj powerful, vigorous, strong **~wagen** m motor vehicle **~werk** n power station **~wort** n swearword

Kragen m (j-n beim ~ packen seize s.o. by the) collar: F ihm platzte der ~ he blew his top; jetzt geht es ihm an den ~ he is in for it now **~weite** f collar size: welche ~ haben Sie? what size collar do you take?; F sie (das) ist genau m-e ~! she's (it's) just my cup of tea!

Krähe f ZOOL crow; fig e-e ~ hackt der anderen kein Auge aus dog does not eat dog

krähen v/i crow

Krähenfüße Pl fig crow's-feet Pl

Krake m ZOOL octopus

Krakeel m F row **krakeelen** v/i F make a row **Krakeeler(in)** F roisterer

Krakel m F scrawl **Krakelei** f F scrawl (-ing) **krak(e)lig** Adj F scrawly **krakeln** v/t u. v/i F scrawl

Kral m kraal

Kralle f claw (a. F Fingernagel), (Park₂) wheel clamp: fig in den ~n haben have s.o., s.th. in one's clutches **krallen I** v/t s-e Finger ~ in (Akk) dig one's fingers into **II** v/refl sich ~ a) an (Akk) cling to, b) in (Akk) dig one's claws (Person: nails) into

Kram m F 1. things Pl, stuff, (Plunder) junk, rubbish 2. fig business: den ganzen ~ hinschmeißen chuck the whole thing; ich hab den ~ satt! I'm sick of the whole business!; j-m nicht in den ~ passen not to suit s.o.'s plans

kramen F I v/i rummage (about) (nach for): fig in Erinnerungen ~ take a trip down memory lane **II** v/t etw ~ aus fish s.th. out of one's bag etc

Krampe f TECH cramp, staple

Krampf m 1. MED (Muskel₂) cramp, (~anfall) spasm, convulsion: e-n ~ be-

kommen get a cramp 2. F fig (das ist doch alles ~ that's just a lot of) rubbish

Krampfader f varicose vein **krampfartig** Adj convulsive

krampfhaft Adj 1. MED convulsive, spasmodic 2. ~ desperate, frantic(ally Adv), Lachen: forced: Adv sich ~ festhalten an (Dat) cling desperately to

krampflösend Adj spasmolytic

Kran m TECH crane **~führer(in)** crane driver

Kranich m ZOOL crane

krank Adj sick (a. fig), präd ill, Organ etc: diseased, Zahn: bad, (leidend) invalid, suffering, ailing (a. fig): ~ werden fall ill (od sick), become (od be taken) ill; sich ~ fühlen feel ill; fig das macht mich ganz ~! that drives me crazy!; ~ melden → krankmelden; ~ schreiben → krankschreiben **Kranke** m, f sick person, patient **kränkeln** v/i be in poor health, be sickly, be ailing (a. fig)

kranken v/i a. fig ~ an (Dat) suffer from

kränken v/t hurt, wound, offend: j-n ~ hurt s.o.('s feelings)

Kranken|anstalt f hospital **~auto** n ambulance **~besuch** m visit (to a sick person), e-s Arztes: sick call: ~e machen a. visit patients **~bett** n sickbed **~blatt** n medical record **~geld** n sick pay **~geschichte** f case (od medical) history **~gymnast(in)** physiotherapist **~gymnastik** f remedial gymnastics Sg, physiotherapy

Krankenhaus n hospital **~aufenthalt** m stay in (a) hospital **~einweisung** f hospitalization **~kosten** Pl hospital expenses Pl **~tagegeld** n sum paid by a private sickness insurance fund for each day in hospital

Kranken|kasse f health insurance (company) **~lager** n sickbed: nach langem ~ after a long illness **~pflege** f nursing **~pfleger** m male nurse **~schein** m health insurance certificate **~schwester** f nurse **~stand** m number of sick persons **~versicherung** f health insurance **~wagen** m ambulance **~zimmer** n sickroom

krankfeiern v/i F stay away from work on the pretext of being ill, Br skive

krankhaft Adj 1. MED pathological 2. fig morbid, abnormal

Krankheit f a. fig illness, sickness, dis-

ease: *nach langer ~* after a long illness
Krankheits|bild *n* clinical picture **~erreger** *m* pathogen(ic agent)
krankheitshalber *Adv* owing to illness
Krankheits|herd *m* focus of a disease **~keim** *m* germ **~überträger(in)** carrier **~verlauf** *m* course of a disease
kranklachen *v/refl* **sich ~** F nearly die with laughter
kränklich *Adj* sickly **2keit** *f* sickliness
krankmelden *v/refl* **sich ~** report sick
Krankmeldung *f* notification of illness (to one's employer): *zehn ~en* ten persons reported sick
krankschreiben *v/t j-n ~* write s.o. off sick, MIL put s.o. on the sick list
Kränkung *f* insult
Kranz *m* **1.** garland, *am Grab*: (*e-n ~ niederlegen* lay a) wreath **2.** fig circle, ring **3.** GASTR ring **4.** ASTR corona
Kränzchen *n* fig (ladies') circle, (*Kaffee2*) coffee (F hen) party
Kranzgefäß *n* ANAT coronary artery
Kranzniederlegung *f* (ceremonial) laying of a wreath
Krapfen *m* GASTR doughnut
krass *Adj* crass, gross: *krasser Egoist* (*Außenseiter*) crass egotist (rank outsider); *krasser Widerspruch* (*Unterschied*) flagrant contradiction (huge difference); *e-e krasse Lüge* a blatant lie; *Adv* **sich ~ ausdrücken** be very blunt; **~ zutage treten** become blatantly obvious
Krater *m* crater **Kraterlandschaft** *f* crater(ed) landscape
Krätze *f* MED scabies
kratzen *v/t u. v/i* scratch, (*scharren*) scrape: *sich ~* scratch o.s.; *sich am Ohr ~* scratch one's ear; *den Rest aus dem Topf ~* scrape the last bit from the pot; *der Pullover kratzt* (*mich am Hals*) the pullover scratches (my neck); fig *mein Hals kratzt* I've got a sore throat; F *das kratzt mich nicht!* **a)** that doesn't bother me!, **b)** I couldn't care less!; → **Kurve Kratzer** *m* F scratch **kratzfest** *Adj* scratch-resistant **kratzig** *Adj* scratchy **Kratzwunde** *f* scratch
Kraul *n*, **kraulen**[1] *v/t u. v/i* crawl
kraulen[2] *v/t* (*Fell, Bart*) ruffle
Kraul|schwimmen *n* crawl **~schwimmer(in)** crawler **~staffel** *f* crawl relay
kraus *Adj* **1.** *Haar*: frizzy, curly, *Stirn*: wrinkled: *~ ziehen* → *krausen* **2.** fig *Gedanken etc*: confused, muddled
Krause *f* (*Rüsche*) frill, ruffle **kräuseln I** *v/t* **1.** (*Stoff*) gather **2.** (*Haar*) friz(z), crimp **3.** (*Wasser*) ruffle, ripple **4.** fig *die Lippen ~* curl one's lips; → a. **krausen II** *v/refl* **sich ~ 5.** → 2 **6.** *Rauch etc*: curl up **krausen** *v/t* wrinkle, pucker: *die Stirn ~* knit one's brow; *die Nase ~* wrinkle one's nose **kraushaarig, krausköpfig** *Adj* curly-haired
Kraut *n* **1.** (*das Grüne*) (stem and) leaves *Pl*, tops *Pl*: *ins ~ schießen* run to leaf, fig run wild; F *wie ~ und Rüben* (*durcheinander*) higgledy-piggledy **2.** (*Heil2, Küchen2*) herb: *gegen ... ist kein ~ gewachsen* there is no remedy for ... **3.** *Dialekt* **a)** cabbage, **b)** sauerkraut **4.** F (*Tabak*) weed
Kräuter|butter *f* herb butter **~essig** *m* aromatic vinegar **~käse** *m* green cheese **~likör** *m* herb-flavo(u)red liqueur **~tee** *m* herb tea
Krawall *m* **1.** (*Aufruhr*) riot **2.** F (*~ machen od schlagen* kick up a) row
Krawallmacher(in) rioter, rowdy
Krawatte *f* tie, *Am* necktie
kraxeln *v/i* F *Dialekt* climb, scramble
Kreatin *n* MED creatine
Kreation *f* *Mode*: creation **kreativ** *Adj* creative **Kreativität** *f* creativity
Kreatur *f* creature, fig pej a. tool
Krebs *m* **1.** ZOOL crayfish, *Am* crawfish, (*Taschen2*) crab **2.** ASTR (*er ist ~* he is [a]) Cancer **3.** MED cancer: *~ erregend, ~ erzeugend* carcinogenic: *~ erregend wirken* cause cancer
krebsartig *Adj* MED cancerous
Krebs|forschung *f* cancer research **~früherkennung** *f* early cancer diagnosis **~geschwulst** *f* MED cancerous tumo(u)r, carcinoma **~geschwür** *n* **1.** MED cancerous ulcer **2.** fig canker **~knoten** *m* MED cancerous lump **~kranke** *m, f* person suffering from cancer, cancer patient **~krankheit** *f*, **~leiden** *n* cancer
Krebsschere *f* ZOOL crayfish claw
Krebstiere *Pl* crustaceans *Pl*
Krebsvorsorge *f* MED cancer prevention **~untersuchung** *f* MED cancer screening
Krebszelle *f* MED cancer(ous) cell
Kredit[1] *n* WIRTSCH credit (side)

Kredit[2] *m* WIRTSCH credit, (*Darlehen*) a. loan: **e-n ~ aufnehmen (überziehen)** raise (overdraw) a credit; **ich habe bei der Bank ~** my credit with the bank is good; **auf ~ kaufen** buy on credit **~anstalt** *f* credit bank **~aufnahme** *f* borrowing **~brief** *m* letter of credit **~geber(in)** lender **~hai** *m* F *pej* loan shark

kreditieren *v/t* **j-m etw ~** credit s.o.('s account) with s.th.

Kredit|karte *f* credit card **~kauf** *m* purchase on credit **~knappheit** *f* credit stringency **~nehmer(in)** borrower **~spritze** *f* credit injection **2würdig** *Adj* credit-worthy **~würdigkeit** *f* credit-worthiness, credit rating

kregel *Adj* F chirpy, *Am* chipper

Kreide *f* chalk, (*Zeichen2*) a. crayon: F *fig* **bei j-m in der ~ stehen** owe s.o. money **2bleich, 2weiß** *Adj* (as) white as a sheet **~zeichnung** *f* chalk drawing **~zeit** *f* the Cretaceous period

kreieren *v/t* create

Kreis *m* **1.** *allg* circle (a. *fig Personen2*), (*~lauf*) cycle, ELEK circuit, *fig* (*Wirkungs2*) sphere, field: **sich im ~e drehen** a. *fig* move in a circle; **der Skandal zog weite** (*od* **immer weitere**) **~e** the scandal involved more and more persons; **hier schließt sich der ~** we've come full circle; **im engsten ~ feiern** celebrate within the family circle (*od* with one's close friends); **im ~e der Familie** in the family (circle); **in den besten ~en** in the best circles; **weite ~e der Bevölkerung** wide sections of the population; **aus gut unterrichteten ~en** from well-informed quarters **2.** POL district, *Am* county **~abschnitt** *m* MATHE segment **~ausschnitt** *m* MATHE sector **~bahn** *f* orbit

kreischen I *v/i* a. *fig* shriek, squeal **II 2** *n* shrieking, shrieks *Pl*, screeching

Kreisdiagramm *n* pie chart

Kreisel *m* **1.** (peg)top **2.** PHYS gyroscope, gyro **~kompass** *m* gyrocompass

kreisen *v/i* (move in a) circle, *bes* TECH rotate, revolve (a. *fig Gedanken etc*), *Blut, Geld:* circulate, FLUG orbit: **etw ~ lassen** pass s.th. round; **die Arme etc ~ lassen** → II; **die Erde kreist um die Sonne** the earth revolves (a)round the sun **II** *v/t* **die Arme etc**

~ swing one's arms *etc* (in a circle)

Kreisfläche *f* MATHE area of a circle, circular area **kreisförmig** *Adj* circular

Kreislauf *m* *allg* cycle (a. TECH), *des Blutes, Geldes:* circulation, ELEK, TECH a. circuit, ASTR revolution **~störung** *f* MED circulatory disturbance, *Pl mst* bad circulation *Sg* **~versagen** *n* MED circulatory collapse

kreisrund *Adj* circular

Kreissäge *f* circular saw

Kreißsaal *m* MED delivery room

Kreisstadt *f* district town, *Am* county seat **Kreisverkehr** *m* roundabout, *Am* traffic circle

Krem, F, *m* cream

Krematorium *n* crematorium, *Am* crematory

Kreml *m the* Kremlin

Krempe *f* brim

Krempel *m* → **Kram**

Kren *m* *österr.* horseradish

krepieren *v/i* **1.** F die, perish, *Mensch:* a. kick the bucket, peg out **2.** *Geschoss:* burst, explode

Krepp *m*, **Krepp**~ *m* crepe (*paper etc*)

Kresse *f* BOT cress

Kreta *n* Crete

Kreter(in), kretisch *Adj* Cretan

kreuz *Adv* **~ und quer** crisscross (*durchs Land ziehen* the country)

Kreuz *n* **1.** *allg* cross (a. *fig*), BUCHDRUCK dagger, obelisk: ASTR **das ~ des Südens** the Southern Cross; **über** ~ crosswise; **j-n ans ~ schlagen** nail s.o. to the cross; **ein ~ schlagen** make the sign of the cross; *fig* **sein ~ tragen** bear one's cross; **es ist ein ~ mit ihm** (*damit*) he (it) is a real problem; F **zu ~e kriechen** knuckle under (*vor j-m* to s.o.) **2.** ANAT (small of the) back: **mir tut das ~ weh** my back aches; F *fig* **j-n aufs ~ legen** take s.o. for a ride **3.** MUS sharp **4.** *Kartenspiel:* club(s *Pl*)

Kreuzband *n* ANAT crucial ligament

Kreuzbein *n* ANAT sacrum

kreuzen I *v/t* **1.** *allg* cross, TECH a. intersect, BIOL a. crossbreed **II** *v/i* **2.** SCHIFF cruise **III** *v/refl* **sich ~ 3.** → 1 **4.** *fig* cross, *Interessen etc:* clash: **ihre Blicke kreuzten sich** their eyes met

Kreuzer *m* SCHIFF cruiser

Kreuz|fahrer *m hist* crusader **~fahrt** *f* **1.** *hist* crusade **2.** SCHIFF (**e-e ~ machen**

K

go on a) cruise **~feuer** n a. fig crossfire: **ins ~ der öffentlichen Meinung** (od **der Kritik**) **geraten** come under fire from all sides **~gang** m ARCHI cloister

kreuzigen v/t a. fig crucify

Kreuzigung f crucifixion

Kreuz|otter f ZOOL common viper **~ritter** m hist Knight of the Cross **~schlitzschraubenzieher** m Phillips screwdriver® **~schlüssel** m TECH four-way socket wrench **~spinne** f ZOOL cross (od garden) spider **~stich** m (a. **im ~ sticken**) cross-stitch

Kreuzung f **1.** allg crossing, BIOL a. crossbreeding, (Mischrasse) crossbreed **2.** (Straßen2 etc) crossing, intersection, junction

Kreuzverhör n cross-examination, weit. S. F grilling: **ins ~ nehmen** cross-examine, weit. S. F grill

Kreuzweg m REL Way of the Cross

Kreuzworträtsel n crossword (puzzle)

Kreuzzug m hist u. fig (a. **e-n ~ unternehmen**) crusade (**gegen** against)

kribbelig Adj F (nervös) nervous, jittery, (gereizt) edgy: **das** (**sie**) **macht mich ganz ~** that (she) gets terribly on my nerves **kribbeln** v/i **1.** (jucken) itch, tickle, (prickeln) tingle: F fig **es kribbelte mir in den Fingern, etw zu tun** I was itching to do s.th. **2.** crawl

Kricket n cricket **~spieler(in)** cricketer

kriechen v/i a. fig creep, crawl: pej vor **j-m ~** crawl to s.o. **Kriecher(in)** pej crawler, toady **kriecherisch** Adj pej crawling, toadying

Kriechpflanze f creeper **Kriechspur** f **1.** trail **2.** MOT slow (Am creeper) lane

Kriechtier n reptile

Krieg m war, (~führung) warfare: **Kalter ~** cold war; **im ~** (Soldat: away) in the war; **im ~ mit** at war with; (Dat) **den ~ erklären** a. fig declare war on; **~ führen** be at (od wage) war (**mit**, **gegen** against); **~ führend** belligerent; **in den ~ ziehen** go to war

kriegen v/t F allg get, (erwischen) a. catch; → a. **bekommen** I; **es mit j-m zu tun ~** get into trouble with s.o.

Krieger(in) m warrior **Kriegerdenkmal** n war memorial **kriegerisch** Adj warlike, martial, a. fig belligerent; POL **~e Auseinandersetzung** armed conflict

Kriegerwitwe f war widow

Kriegführung f warfare

Kriegs|ausbruch m outbreak of war: **bei ~** when the war broke out **~berichterstatter(in)** war correspondent **~beschädigte** m, f war-disabled person **~dienst** m war service **~dienstverweigerer** m conscientious objector **~entschädigungen** Pl reparations Pl **~erklärung** f declaration of war

Kriegsfall m **im ~** in case of war

Kriegs|film m war film **~flotte** f navy, fleet **~freiwillige** m, f (war) volunteer

Kriegsfuß m **auf ~ stehen mit** a) **j-m** be at daggers drawn with s.o., b) **e-r Sache** have (great) trouble with s.th.

Kriegs|gebiet n war zone **~gefahr** f danger of war **~gefangene** m, f prisoner of war, P.O.W. **~gefangenenlager** n prisoner-of-war (od P.O.W.) camp **~gefangenschaft** f captivity: **in ~ geraten** be taken prisoner **~gegner(in)** **1.** pacifist **2.** the enemy **~gericht** n (a. **vor ein ~ stellen**) court-martial

Kriegsgewinnler(in) war profiteer

Kriegs|gräberfürsorge f War Graves Commission **~hafen** m naval port **~held** war hero **~hetzer(in)** warmonger **~hinterbliebenen** Pl war widows and orphans Pl **~kamerad(in)** fellow soldier **~marine** f navy **~material** n matériel **~opfer** n war victim **~pfad** m **auf dem ~ sein** a. F fig be on the warpath **~rat** m F fig **~ halten** hold a council of war **~schauplatz** m theat/re (Am -er) of war **~schiff** n warship **~spielzeug** n war toys Pl **~teilnehmer(in)** combatant, ehemaliger: ex-serviceman, Am veteran

Kriegsverbrechen n war crime

Kriegsverbrecher|(in) war criminal **~prozess** m war (crimes) trial

Kriegs|versehrte m, f war-disabled person **~waise** f war orphan 2**wichtig** Adj Betrieb etc: essential to the war effort: **~e Ziele** strategic targets **~zeit** f wartime: **in ~en** in time(s) of war **~zustand** m (state of) war: **im ~** at war

Krim f the Crimea

Krimi m F thriller (a. fig), whodun(n)it

Kriminal|beamte m, **~beamtin** f detective, C.I.D. officer **~fall** m criminal case **~film** m crime film

kriminalisieren v/t criminalize

Kriminalist(in) **1.** criminologist **2.** de-

tective **kriminalistisch** *Adj* criminal investigation … **Kriminalität** *f* **1.** criminality **2.** (*Zahl der Verbrechen*) crime: *ansteigende* ~ increasing crime rate

Kriminal|kommissar(in) detective superintendent, *Am* captain of police **~polizei** *f* criminal investigation department (C.I.D.), plain-clothes police **~polizist(in)** → *Kriminalbeamte* **~roman** *m* detective (*od* crime) novel

kriminell *Adj*, **Kriminelle** *m*, *f* criminal

Krimskrams *m* F junk, rubbish

Kringel *m* ring, (*Schnörkel*) squiggle

Kripo *f* F → *Kriminalpolizei*

Krippe *f* **1.** (*Futter²*) manger, crib **2.** (*Weihnachts²*) (Christmas) crib, *Am* crèche **3.** (*Kinder²*) crèche

Krippenspiel *n* Nativity play

Krise *f* (*e-e schwere ~ durchmachen* go through a bad) crisis; *in e-e ~ geraten* enter a state of crisis **kriseln** *v/unpers es kriselt* there is trouble brewing, *in ihrer Ehe* they seem to be going through a crisis, *in der Regierung* a government crisis is looming

krisen|anfällig *Adj* crisis-prone **~fest** *Adj* stable **²gebiet** *n* crisis area **~geschüttelt** *Adj* crisis-ridden

Krisen|herd *m* crisis cent/re (*Am* -er), trouble spot **~management** *n* crisis management **~stab** *m* crisis management group **~zeit** *f* time of crisis

Kristall¹ *m* crystal

Kristall² *n* crystal (glass), cut glass, (*~waren*) crystal (goods *Pl*)

kristallen *Adj* crystalline, *a*. *fig* crystal

kristallinisch *Adj* crystalline

Kristallisation *f* crystallization

kristallisieren *v/i u*. *v/refl sich ~ a*. *fig* crystallize

kristallklar *Adj* crystal-clear

Kristallzucker *m* crystal sugar

Kriterium *n* **1.** criterion (*für* of) **2.** *Radsport:* circuit race

Kritik *f* criticism (*an Dat* of), (*Rezension*) review, (*die Kritiker*) the critics *Pl:* ~ *hervorrufen* give rise to criticism; ~ *üben an* (*Dat*) criticize; *e-e ~ schreiben über* (*Akk*) *a*. review; *gute ~en haben* get (*od* have) good reviews, have a good press; F *unter aller* (*od jeder*) ~ beneath contempt **Kritiker(in)** critic, (*Rezensent*) reviewer **Kritikfähigkeit** *f* critical faculties *Pl* **kritiklos** *Adj* uncrit-

ical **kritisch** *Adj allg, a*. PHYS, TECH critical (*gegenüber* of), *fig a*. crucial

kritisieren *v/t u*. *v/i* criticize

kritteln *v/i pej* ~ *an* (*Dat*) find fault with, cavil at

Kritzelei *f*, **kritzeln** *v/t u*. *v/i* scribble

Kroate *m*, **Kroatin** *f* Croat

Kroatien *n* Croatia

kroatisch *Adj* Croatian

Krokant *m* GASTR brittle

Krokette *f* GASTR croquette

Kroko *n* WIRTSCH → *Krokodilleder*

Krokodil *n* ZOOL crocodile **Krokodilleder** *n* crocodile (skin *od* leather)

Krokodilstränen *Pl* F *fig* (~ *weinen* shed) crocodile (*od* false) tears *Pl*

Krokus *m* BOT crocus

Krone *f* **1.** crown (*a*. *fig*), (*Adels²*, *a*. *Kopfputz*) coronet: *fig die ~ der Schöpfung* the pride of creation; F *das setzt allem die ~ auf!* that beats everything!; *e-n in der ~ haben* be tight **2.** TECH cap, top, (*Kappe*) crown, crest **3.** (*Zahn²*) crown **4.** (*Münze*) in Schweden: krona, *in Dänemark u*. *Norwegen:* krone **5.** (*Kronleuchter*) chandelier

krönen *v/t* crown (*j-n zum König* s.o. king), *fig* climax: *fig von Erfolg gekrönt* crowned with success

Kronenkorken *m* crown cork

Kron|erbe *m*, **~erbin** *f* heir (heiress) to the crown **~juwelen** *Pl* crown jewels *Pl* **~kolonie** *f* crown colony **~leuchter** *m* chandelier **~prinz** *m* crown prince (*a*. *fig*), *Br* Prince of Wales **~prinzessin** *f* crown princess, *Br* Princess Royal

Krönung *f* **1.** coronation **2.** *fig* crowning (event): *die ~s-r Laufbahn* the climax of his career; *die ~ des Abends* the highlight (F high spot) of the evening **Krönungsfeierlichkeiten** *Pl* coronation ceremonies *Pl*

Kronzeuge *m*, **Kronzeugin** *f* chief witness: ~ *werden* turn Queen's (King's, *Am* State's) evidence

Kropf *m* **1.** ZOOL crop **2.** MED goitre, *Am* goiter

Krösus *m* *hum* Croesus: *ich bin doch kein ~!* I'm no millionaire!

Kröte *f* **1.** ZOOL toad **2.** *Pl* F *fig* (*Geld*) dough *Sg*, pennies *Pl*

Krücke *f* **1.** crutch: *an ~n gehen* walk on crutches **2.** (*Stock² etc*) crook **3.** F *pej*

(*Versager*) washout
Krückstock *m* walking stick
Krug *m* **1.** jug, *großer*: pitcher, (*Bier2*) (beer) mug, stein **2.** *Dialekt* pub, inn
Krume *f* **1.** (*Acker2*) topsoil **2.** → **Krümel** *m* crumb: **voller ~ →** **krümelig** *Adj* crumbly **krümeln** *v/t u. v/i* crumble
krumm I *Adj* crooked (*a. F fig unredlich*), *Holz etc*: warped, (*verbogen*) *a.* bent, (*hakenförmig*) hooked: **~e Haltung** stoop; **~er Schnabel** curved beak; **~ biegen** bend; **ganz ~ und schief** awry, lopsided; F **sich ~ und schief lachen** laugh one's head off; **~e Sache** (*od* **Tour**) crooked business; **ein ~es Ding drehen** pull a fast one; **etw auf die ~e Tour versuchen** try to wangle s.th. **II** *Adv* **~ gewachsen** crooked; **sich ~ halten, ~ gehen** stoop, slouch; F *fig* **sich ~ legen** pinch and scrape; F **~ nehmen** take *s.th.* amiss
krummbeinig *Adj* bow-legged
krümmen I *v/t* **1.** bend, crook **II** *v/refl* **sich ~ 2.** bend, *Holz*: warp, *Metall*: buckle **3.** (*sich winden*) *allg* bend, *Straße*: *a.* curve, *Wurm etc*: squirm: **sich ~ vor Schmerz etc**: writhe with, *Verlegenheit*: *a.* squirm with; **sich vor Lachen ~ →** **krummlachen**
krummlachen *v/refl* **sich ~** F laugh one's head off
Krümmung *f* bend, curve, turn, MATHE, MED, PHYS, TECH curvature
Krupp *m* MED croup
Kruppe *f des Pferdes*: croup
Krüppel *m* (*a.* **zum ~ machen**) cripple: **zum ~ werden** be crippled
krüpp(e)lig *Adj* crippled, deformed
Kruste *f allg* crust, *des Schweinebratens*: crackling **Krustentier** *n* crustacean
krustig *Adj* crusty
Kruzifix *n* REL crucifix
Kryochirurgie *f* cryosurgery
Krypta *f* ARCHI crypt
Krypton *n* CHEM crypton
Kuba *n* Cuba
Kubaner(in), **kubanisch** *Adj* Cuban
Kübel *m* (*Eimer*) bucket (*a.* TECH), pail, (*Trog*) tub: F *fig* **es gießt wie aus ~n** it's coming down in buckets
Kubik… cubic (*content, measure, etc*) **~meter** *m, n* cubic metre (*Am* meter) **~wurzel** *f* MATHE cube root **~zahl** *f* cube
kubisch *Adj* cubic(al) **Kubismus** *m*

KUNST cubism **Kubist(in)** cubist **kubistisch** *Adj* cubist(ic)
Kubus *m* MATHE cube
Küche *f* **1.** kitchen, *kleine*: kitchenette; → **Teufel 2.** cooking, cuisine, cookery, (*Speisen*) meals *Pl*, food: **kalte (warme) ~** cold (hot) meals; **die chinesische ~** Chinese cooking; → **gutbürgerlich 3.** F → **Küchenpersonal**
Kuchen *m* cake
Küchenbenutzung *f mit ~* with use of kitchen
Kuchenblech *n* baking sheet (*od* tin)
Küchenchef(in) chef (de cuisine)
Kücheneinrichtung *f* kitchen furniture and fittings *Pl*
Kuchenform *f* cake tin
Kuchengabel *f* pastry fork
Küchen|gerät *n mst Pl* kitchen utensil (*elektrisch*: appliance) **~geschirr** *n* kitchenware **~herd** *m* kitchen range **~hilfe** *f* kitchenmaid **~kraut** *n* potherb **~maschine** *f* food processor **~messer** *n* kitchen knife **~personal** *n* kitchen staff **~schrank** *n* (kitchen) cupboard
Kuchenteig *m* cake mixture
Kuchenteller *m* dessert plate
Küchen|tisch *m* kitchen table **~waage** *f* kitchen scales *Pl* **~wecker** *m* (kitchen) timer **~zettel** *m* menu
Kuckuck *m* **1.** ZOOL cuckoo: F **wo (wer** *etc*) **zum ~!** where (who *etc*) the devil! **2.** *hum* bailiff's seal
Kuckucks|ei *n* F *fig* **ein ~** a cuckoo in the nest **~uhr** *f* cuckoo clock
Kuddelmuddel *m, n* F *a. fig* muddle
Kufe *f* runner, FLUG skid
Kugel *f* **1.** ball (*a.* TECH), (*a. Erd2*) globe, ASTR, MATHE sphere: **die Erde ist e-e ~** the earth is a sphere **2.** (*Gewehr2 etc*) bullet; → **jagen 3 3.** SPORT (*Kugel2 etc*) bowl: **er stieß die ~ auf 22 m** he put the shot at 22 metres; F *fig* **e-e ruhige ~ schieben** have a cushy job
Kugelfang *m* butt
kugelförmig *Adj* globular, spherical
Kugel|gelenk *n allg* (ball-and-)socket joint **~hagel** *m* hail of bullets **~kopf** (-**schreibmaschine** *f*) *m* golfball (typewriter) **~lager** *n* ball bearing
kugeln I *v/t u. v/i* roll **II** *v/refl* **sich ~** roll about (*im Schnee* in the snow)
kugelrund *Adj* (as) round as a ball
Kugelschreiber *m* ballpoint (pen), *Br*

biro® **∼mine** f refill

kugelsicher *Adj* bulletproof

Kugel|stoßen n (**Sieger im ∼** winner in the) shot put **∼stoßer(in)** shot-putter

Kuh f cow: fig **heilige ∼** sacred cow; F pej **dumme ∼!** silly cow! **∼fladen** m cowpat **∼glocke** f cowbell **∼handel** m F fig horse trading **∼haut** f cowhide

kühl Adj a. fig cool, chilly: **es (mir) wird ∼** it's getting (I feel) chilly; fig (j-m gegenüber) **∼ bleiben** remain cool (toward[s] s.o.); Adv **etw ∼ lagern** store s.th. cool; fig **j-n ∼ empfangen** give s.o. a cool reception; → **Kopf** 2

Kühl|anlage f cooling plant (MOT system) **∼apparat** m cooling apparatus **∼becken** n KERNPHYSIK cooling pond **∼box** f cold box

Kühlcontainer m cooltainer

Kühle f coolness (a. fig), cool

kühlen I v/t cool (a. TECH), chill II v/i have a cooling effect

Kühler m 1. TECH cooler 2. MOT radiator

Kühlerblock m MOT radiator core

Kühlerfigur f MOT radiator mascot

Kühlerhaube f MOT bonnet, Am hood

Kühl|-Gefrier-Kombination f fridge-freezer **∼haus** n cold-storage house **∼mantel** m TECH cooling jacket **∼mittel** n coolant **∼raum** m cold-storage chamber, SCHIFF refrigerating hold **∼schiff** n refrigerator ship **∼schlange** f TECH cooling coil **∼schrank** m refrigerator, F fridge **∼tasche** f cold bag (od box) **∼theke** f refrigerated counter **∼truhe** f (chest) freezer **∼turm** m cooling tower

Kühlung f 1. a. TECH cooling 2. TECH cooling system 3. (Kühle) coolness

Kühlwagen m BAHN refrigerator wagon (Am car, MOT truck)

Kühlwasser n cooling water

Kuhmilch f cow's milk

kühn Adj allg bold, (gewagt) a. daring (a. fig): **das übertrifft m-e ∼sten Träume** that goes beyond my wildest dreams

Kühnheit f boldness

Kuhstall m cowshed

Küken n a. fig chick

kulant Adj bes WIRTSCH accommodating, Preis etc: fair **Kulanz** f WIRTSCH fair dealing

Kuli m coolie

kulinarisch Adj culinary

Kulisse f THEAT etc mst Pl scenery, set,

(Seiten∼) wing, (Hintergrund, a. fig) background: **hinter den ∼n** a. fig behind the scenes, backstage

kullern F → **kugeln**

kulminieren v/i ASTR culminate (fig **in** Dat in)

Kult m cult: **e-n ∼ treiben** make a cult (**mit** out of) **∼figur** f cult figure **∼film** m cult film **∼filmregisseur(in)** cult film director **∼handlung** f ritual act

kultisch Adj ritual, cultic

kultivieren v/t a. fig cultivate

kultiviert Adj cultivated, cultured, Person: a. civilized, Geschmack: refined

Kultur f 1. allg culture, (**∼gemeinschaft**, **∼niveau**) a. civilization, (Kultiviertheit) a. refinement: **die abendländische ∼** (the) Western civilization; **er hat (k-e) ∼** he is (un)cultured; F **in ∼ machen** be into culture; **unbeleckt von der ∼** untouched by civilization 2. LANDW cultivation, (Pflanzenbestand, a. Bakterien∼, Pilz∼) culture **∼abkommen** n POL cultural agreement **∼austausch** m cultural exchange **∼banause** m, **∼banausin** f F philistine **∼beilage** f e-r Zeitung: arts supplement **∼betrieb** m F cultural acitivities Pl **∼beutel** m Br sponge bag, toilet bag, washbag

kulturell Adj cultural

Kultur|erbe n cultural heritage **∼film** m documentary **∼geschichte** f 1. history of civilization (a. Buch) 2. cultural history 2**geschichtlich** Adj cultural-historical **∼gut** n cultural asset(s Pl) **∼hoheit** f POL der Länder: independence in educational and cultural matters **∼kanal** m TV cultural channel **∼landschaft** f 1. land developed and cultivated by man 2. fig cultural scene **∼leben** n cultural life

kulturlos Adj uncultured, uncivilized

Kulturlosigkeit f lack of culture

Kultur|mensch m civilized man **∼pessimismus** m cultural pessimism **∼pflanze** f cultivated plant **∼politik** f cultural (and educational) policy 2**politisch** Adj politico-cultural **∼revolution** f cultural revolution **∼schock** m cultural shock **∼sprache** f cultural (od civilized) language **∼stätte** f place of cultural interest **∼stufe** f stage (od level) of civilization **∼volk** n civilized people (od nation, race)

K

Kultusminister(in) Minister of Culture, Education, and Church Affairs

Kümmel m **1.** BOT caraway (a. Gewürz): *Echter* ~ cumin **2.** (*~schnaps*) kümmel

Kummer m grief, sorrow, (Verdruss) trouble, worry, worries Pl, problems Pl: ~ *haben* have trouble; *hast du* ~? is anything troubling you?; F *ich bin* ~ *gewöhnt!* I'm used to this sort of thing!

kümmerlich Adj miserable, (armselig) a. poor, meagre, Am meager, (Vegetation etc: sparse: Adv *sich* ~ *durchschlagen* (*mit Stundengeben etc*) eke out a bare existence (by giving lessons etc)

kümmern I v/refl *sich* ~ *um* a) look after, take care of, b) (*sich Gedanken machen*) care (od trouble) about, c) (*beachten*) pay attention to, d) (*sorgen für*) see to: *ich muss mich um das Mittagessen* ~ I must see to our lunch; *kümmere dich um d-e eigenen Angelegenheiten!* mind your own business!; *sich nicht* ~ *um* not to bother about, ignore, (*vernachlässigen*) neglect II v/t *was kümmert mich* ... what do I care about ...; *was kümmerts mich?* that's not my problem!; *was kümmert dich das?* what concern is that of yours? III v/i develop poorly

kummervoll Adj woebegone, sad

Kumpan m F companion, fellow (a. pej Kerl), pej accomplice

Kumpel m **1.** BERGB pitman, miner **2.** F mate, pal, chum, Am buddy

kumpelhaft Adj chummy

kündbar Adj Vertrag etc: terminable, Kapital: at call, Anleihe: redeemable, Stellung, Miete etc: subject to notice: *er ist jederzeit* ~ he can be given notice at any time

Kunde m customer (a. pej Kerl), client: *fester* ~ regular customer

Kunden|**beratung** f (customer) advisory service (od office) **~dienst** m service (to the customer), eng. S. aftersales service, (Abteilung) service department **~fang** m pej (*auf* ~ *ausgehen* be) touting **Ꝗfreundlich** Adj customer-friendly **~kartei** f list of customers **~kreditkarte** f storecard, Am charge

card **~kreis** m customers Pl, clientele **~nummer** f client code **~stamm** m regular customers Pl (od clientele) **~werbung** f canvassing (of customers)

Kundgebung f POL meeting, rally

kundig Adj expert, experienced, (geübt) a. Auge, Hand: practised: *des Lesens* ~ able to read

kündigen I v/t (Vertrag etc) terminate, (Abonnement etc) cancel, (Kapital etc) call in: *s-e Stellung* ~ quit one's job; *die Wohnung* ~ give notice of one's intention to leave, *j-m* give s.o. notice to quit, F *j-n* ~ dismiss s.o., sack s.o. II v/i allg give notice (*j-m* s.o., *bei e-r Firma* to a firm): *j-m* (*zum 1. Mai*) ~ give s.o. notice (Vermieter: to quit) (for May 1st), dismiss s.o. (as of May 1st); (*j-m*) *drei Monate im Voraus* ~ give (s.o.) three months' notice; *mir ist* (*zum 1. Mai*) *gekündigt worden* I'm under notice to leave (on May 1st)

Kündigung f allg notice, von Kapital etc: notice of withdrawal, e-s Vertrages etc: termination, e-s Abonnements etc: cancel(l)ation, (Entlassung) dismissal: ~ (*e-r Wohnung*) Vermieter: notice to quit, Mieter: notice of one's intention to leave; *vierteljährliche* ~ *vereinbaren* agree on three months' notice; *er drohte* (*s-m Chef*) *mit der* ~ he threatened to leave

Kündigungs|**frist** f period of notice: *mit halbjähriger* ~ at six months' notice **~grund** m grounds Pl for giving notice (*des Arbeitgebers*: for dismissal) **~schreiben** n (written) notice, des Arbeitgebers: letter of dismissal **~schutz** m protection against unlawful dismissal (*für Mieter*: unwarranted eviction)

Kundin f (female) customer (etc); → *Kunde* **Kundschaft** f a) customers Pl, clientele, b) F (Kunde) customer, c) (*das Kundesein*) patronage

Kundschafter(in) scout, spy

künftig I Adj future, coming: *~e Generationen* a. generations to come II a *~hin* Adv in future, from now on

Kunst f **1.** art: *die schönen Künste* the fine arts; *die bildende* ~ graphic art; *die darstellenden Künste* THEATER etc the performing arts, MALEREI etc the pictorial arts; *die* ~ *der Gegenwart* contemporary art; F *was macht die* ~?

how are things?; → **schön** 1 **2.** (~*fertig-keit*) art, skill, (*Kniff*) trick: **die ~ des Schreibens** the art of writing; **ärztliche ~** medical skill; F **das ist k-e ~!** that's easy!; **das ist e-e brotlose ~** there's no money in it; **die ganze ~ besteht darin zu** *Inf* the whole trick is to *Inf*; **sie ließ alle ihre Künste spielen** she used all her wiles; **ich bin mit m-r ~ am Ende** I'm at my wits' end

Kunst|akademie f academy of arts **~ausstellung** f art exhibition **~banause** m, **~banausin** f F philistine **~band** m art book **~betrieb** m *pej* cultural activities *Pl* **~denkmal** n monument of art **~diebstahl** m theft of objets d'art **~druck** m art print(ing) **~druckpapier** n art paper **~dünger** m artificial fertilizer **~eisbahn** f artificial ice rink **~erzieher(in)** art teacher **~erziehung** f art (education) **~fahrer(in)** trick cyclist **~faser** f synthetic fibre (*Am* fiber) **~fehler** m MED professional blunder

kunstfertig *Adj* skil(l)ful, skilled **Kunstfertigkeit** f skill, skil(l)fulness **Kunst|flieger(in)** stunt flyer **~flug** m aerobatics *Sg*, stunt flying **~flug...** aerobatic (*figure, team, etc*) **~form** f art form **~freund(in)** art lover **~galerie** f art gallery **~gegenstand** m objet d'art 2**gerecht** *Adj* skil(l)ful, expert **~geschichte** f art history

Kunstgewerbe n arts and crafts *Pl*, applied art(s *Pl*)

Kunstgewerbler(in) artisan

Kunst|glied n artificial limb **~griff** m trick **~handel** m art trade **~händler(in)** art dealer **~handlung** f art dealer's (shop) **~handwerk** n → **Kunstgewerbe** **~herz** n MED artificial heart **~historiker(in)** art historian **~hochschule** f art college **~honig** m artificial honey **~kenner(in)** (art) connoisseur **~kritiker(in)** art critic **~leder** n imitation leather

Künstler(in) artist, MUS, THEAT performer, (*Zirkus*2 *etc*) artiste **künstlerisch** *Adj* artistic(ally *Adv*): **~er Leiter** art director; *Adv* **ein ~ wertvoller Film** a film of artistic merit; **~ begabt sein** have an artistic talent **Künstlername** m THEAT, FILM stage name **Künstlertum** n artistry, *Koll the* artistic world

Künstlerviertel n artists' quarter **Künstlerwerkstatt** f studio, *weit. S.* (artist's) workshop

künstlich *Adj* *allg* artificial (*a. fig*), *Zähne etc*: a. false, (*nachgemacht*) a. imitation (*leather*), *Fasern etc*: synthetic, man-made, (*unecht*) fake: **~e Intelligenz** artificial intelligence; MED **~e Niere** kidney machine; *Adv* **j-n ~ ernähren** feed s.o. artificially

Kunstlicht n FOTO artificial light **Kunstliebhaber(in)** art lover **kunstlos** *Adj* simple, plain **Kunst|maler(in)** artist, painter **~pause** f iron *e-e* ~ *machen* pause for effect **~reiter(in)** trick rider **~sammler(in)** art collector **~sammlung** f art collection **~schätze** *Pl* art treasures *Pl* **~schule** f art school **~schwimmen** n water ballet **~seide** f artificial silk, rayon **~sprache** f artificial language **~springen** n (fancy) diving **~springer(in)** (fancy) diver

Kunststoff m synthetic material, plastic (material): **~e** f *Pl* plastics *Pl*; **aus ~** (of) plastic 2**beschichtet** *Adj* plastic-laminated **~industrie** f plastics industry **~kleber** m plastic adhesive **~rasen** m artificial lawn

Kunst|stopfen n invisible mending **~stück** n trick, (*akrobatisches ~*) stunt, *fig a.* (great) feat: *iron* ~*!* small wonder!; **das ist doch kein ~!** anyone can do that! **~student(in)** art student **~tischler(in)** cabinetmaker **~turnen** n gymnastics *Sg* **~turner(in)** gymnast **~verständige** m, f art expert **~verständnis** n appreciation (*od* expert knowledge) of art

kunstvoll *Adj* (highly) artistic, (~ *gestaltet*) elaborate, (*raffiniert*) ingenious **Kunst|werk** n work of art **~wort** n coinage **~zeitschrift** f art magazine

kunterbunt *Adv* ~ **durcheinander** higgledy-piggledy

Kupee nt → **Coupé**

Kupfer n copper **Kupferblech** n sheet copper **Kupferdraht** m copper wire **kupferhaltig** *Adj* containing copper **Kupfermünze** f copper (coin) **kupfern** *Adj* (of) copper **kupferrot** *Adj* copper-red **Kupfer|stecher(in)** copperplate engraver

K

Kupferstich m copperplate (engraving)
kupieren v/t (*Tier*) dock, (*a. Schwanz, Ohren*) crop
Kupon m → **Coupon**
Kuppe f **1.** (*Berg*⩰) (hill)top **2.** (*Finger*⩰) tip
Kuppel f dome
kuppelförmig Adj dome-shaped
Kuppelei f JUR procuration **kuppeln I** v/t **1.** allg (an Akk) couple (with), connect (to) **II** v/i (ein~) (let in the) clutch, (aus~) declutch **2.** pej matchmake **Kuppler(in)** JUR procurer (procuress), pej matchmaker
Kupplung f **1.** CHEM, TECH coupling **2.** MOT clutch: **die ~ treten (loslassen)** → **kuppeln** 2; **die ~ schleifen lassen** let the clutch slip
Kupplungs|belag m MOT clutch facing **~pedal** n clutch pedal **~scheibe** f clutch disc **~stecker** m ELEK coupler plug
Kur f cure, (course of) treatment: **e-e ~ machen** take a cure (od a course of treatment); **zur ~ fahren** go to a health resort (od spa); F **während m-r ~ in ...** during my stay at ...
Kür f Turnen: free (od voluntary) exercise(s Pl), Eiskunstlauf etc: free skating (etc)
Kuratorium n board of trustees
Kuraufenthalt m stay at a health resort (od spa)
Kurbel f crank, handle **kurbeln I** v/i crank, F MOT turn the steering wheel **II** v/t in die Höhe ~ wind s.th. up
Kurbelwelle f MOT crankshaft
Kürbis m **1.** BOT pumpkin **2.** F (*Kopf*) nut
Kurde m, **Kurdin** f, **kurdisch** Adj Kurd
Kurfürst(in) elector (electress)
Kurgast m visitor (to a health resort od spa) **Kurhaus** n kurhaus, casino
Kurhotel n health-resort hotel
Kurie f REL Curia
Kurier(in) courier, messenger
kurieren v/t a. fig cure (**von** of)
Kuriergepäck n diplomatic bag
kurios Adj strange, curious, odd
Kuriosität f curiosity, (*Rarität*) a. curio
Kuriosum n odd thing, odd fact
Kur|konzert n spa concert **~ort** m spa, health resort **~park** m spa gardens Pl

Kurpfuscher(in) quack
Kurpfuscherei f quackery
Kurpromenade f promenade (at a spa)
Kurs m **1.** (*Devisen*⩰, *Wechsel*⩰) rate (of exchange), exchange rate, (*Aktien*⩰ etc) price, rate, quotation: **zum ~ von** at a rate of; **außer ~ setzen** withdraw from circulation; **die ~e geben nach (ziehen an)** prices are softening (hardening); **hoch im ~ stehen a)** Aktien: be high, **b)** fig be popular (**bei** with) **2.** FLUG, SCHIFF course, fig a. line: **~ nehmen auf** (Akk) set course for, a. fig head for; **e-n falschen ~ einschlagen** take the wrong course (fig a wrong line); POL **harter (weicher) ~** hard (soft) line; → **abweichen 3.** course, class: **e-n ~ für Englisch besuchen** attend a course in English (od English classes)
Kursänderung f **1.** FLUG, SCHIFF change of course (a. fig) **2.** WIRTSCH change in the exchange rate **Kursanstieg** m WIRTSCH rise (in rates od prices) **Kursbericht** m WIRTSCH (stock) market report **Kursbuch** n (railway, Am railroad) timetable
Kürschner(in) furrier **Kürschnerei** f **a)** furrier's trade, **b)** furrier's shop
Kurseinbruch m WIRTSCH fall in prices, slump
Kursgewinn m WIRTSCH (price) gains Pl, bei Devisen: exchange profits Pl
kursieren v/i Geld: circulate, fig Gerüchte etc: a. go round
Kursindex m WIRTSCH share price index
kursiv Adj italic: **etw ~ drucken** print s.th. in italics
Kurs|korrektur f course correction (a. fig): **e-e ~ vornehmen** correct the course **~leiter(in)** (course) instructor, teacher **~notierung** f WIRTSCH quotation **~rückgang** m WIRTSCH decline in prices **~schwankung** f **a)** bei Devisen: exchange rate fluctuation, **b)** an der Börse: price fluctuation **~teilnehmer(in)** course participant **~verlust** m **a)** bei Devisen: exchange loss, **b)** an der Börse: (stock price) loss **~wagen** m BAHN through coach (od carriage) **~wechsel** m POL change of policy **~wert** m WIRTSCH market value **~zettel** m Börse: price list, stock list
Kurtaxe f health resort tax

Kürübung f SPORT free exercise

Kurve f allg curve, MATHE a. graph, e-r Straße etc: a. bend, turn, Pl F e-r Frau: curves Pl: **die Straße macht e-e ~** the road bends; **unübersichtliche ~** blind bend; MOT **die ~ schneiden** cut the curve; **der Wagen wurde aus der ~ getragen** the car was flung out of the bend; FLUG **in die ~ gehen** bank; F fig **die ~ kratzen** beat it, push off; **der kriegt die ~ nie!** he'll never make it!

kurven v/i **1.** curve, FLUG bank **2.** F (herum~) cruise around

Kurven|bild n diagram, graph **~diagramm** n line graph **~festigkeit** f, **~lage** f MOT cornering stability **~lineal** n (French) curve **Qreich** Adj **1.** Straße: full of bends, winding **2.** F fig Frau: curvaceous **~technik** f MOT cornering technique

Kurvenvorgabe f SPORT stagger

kurz I Adj **1.** allg short (a. fig), zeitlich a. brief: **kürzer werden (machen)** get (make) shorter, shorten; **5 m zu ~ sein** be five metres short; **~e Hose** shorts Pl; fig **den Kürzeren ziehen** be worsted, lose; F **etw~ und klein schlagen** smash s.th. to bits; **~es Gedächtnis** short memory; **mit ein paar ~en Worten** in a few words, briefly; **nach ~em Zögern** after a moment of hesitation; **in kürzester Zeit** in no time; **binnen ~em** shortly; **seit ~em** for some little time (now); **bis vor~em** until quite recently; F **machs ~!** be brief! **2.** (schroff) short, curt (**gegen** j-n with s.o.) **II** Adv **3.** räumlich: short: **~ vor ...** just before ...; **~ hinter dem Bahnhof** just after the station; **~ geschnitten** cropped; **zu ~ werfen** throw (too) short; **er wird ~ Tom genannt** he is called Tom for short; fig **zu ~ kommen** get a bad deal, Sache: be neglected; F **j-n ~ halten** keep s.o. very short (**mit Geld** of money); F **~ treten a)** (sich einschränken) tighten one's belt, **b)** (sich schonen) take things easy, go slow **4.** zeitlich: briefly, (vorübergehend) for a while, (flüchtig) for a moment; **~ vor, ~ zuvor** shortly before; **~ nach, ~ darauf** shortly after; **über ~ oder lang** sooner or later; **j-n ~ abweisen** be short with s.o.; **sich ~ ausruhen** take a short rest; **~ entschlossen** with

out the slightest hesitation; **~ (gesagt), um es ~ zu machen** to cut a long story short; **~ und gut** in short; **fasse dich ~!** please be brief!; fig **~ (und bündig)** briefly, concisely, (schroff) curtly, ablehnen: flatly; **~ angebunden** short, curt (**gegen** with)

Kurzarbeit f short time (work) **kurzarbeiten** v/i be on (od work) short time **Kurzarbeiter(in)** short-time worker

kurzärm(e)lig Adj short-sleeved

kurzatmig Adj short-winded

kurzbeinig Adj short-legged

Kurzbericht m brief report, summary

Kurzbiographie, Kurzbiografie f profile

Kürze f allg shortness (a. fig), zeitlich: a. briefness, brevity, fig (Knappheit) conciseness: **in ~** shortly, before long; **in aller ~** very briefly; **in der ~ liegt die Würze** brevity is the soul of wit

Kürzel n shorthand expression

kürzen v/t allg shorten (**um** by), (Buch etc) a. abridge, (Löhne, Ausgaben etc) cut, MATHE (Bruch) reduce: **j-s Lohn um 200 Euro ~** dock 200 euros off (od from) s.o.'s wages

kurzerhand Adv without further ado: **j-n ~ entlassen** dismiss s.o. on the spot; **~ ablehnen** refuse flatly

Kurzfassung f abridged version

Kurzfilm m short (film)

Kurzform f short(ened) form

kurzfristig I Adj WIRTSCH short-term, fig Pläne etc: short-range, (plötzlich) sudden, (sofortig) immediate **II** Adv **a)** at short notice, **b)** for a short period

Kurzgeschichte f short story

Kurzhaar... a. ZOOL, **kurzhaarig** Adj short-haired

kurzhalten → kurz II 3

kurzlebig Adj a. fig short-lived

kürzlich Adv recently, not long ago: **(erst) ~** (just) the other day

Kurzmeldung f news flash **Kurznachrichten** Pl news bulletin Sg, news Sg in brief, the news headlines Pl **Kurzparkzone** f limited parking zone

kurzschließen v/t ELEK short(-circuit)

Kurzschluss m **1.** ELEK short circuit: **e-n ~ verursachen in** (Dat) short-circuit **2. → Kurzschlusshandlung** f panic action: **e-e ~ begehen** do s.th. rash, aus Angst: panic **Kurzschrift** f

shorthand, stenography: **in ~** in short-
hand
kurzsichtig *Adj* shortsighted (*a. fig*),
nearsighted **Kurzsichtigkeit** *f* short-
sightedness (*a. fig*), nearsightedness
Kurzstrecke *f* short distance
Kurzstrecken... short-distance, short-
-range **~läufer(in)** sprinter **~rakete** *f*
short-range missile **~verkehr** *m* short-
-distance (*od* short-haul) traffic
kurztreten → *kurz* II 3
kurzum *Adv* in short
Kürzung *f allg* shortening, *e-s Buches
etc*: *a.* abridgement, *von Ausgaben
etc*: cut (*Gen* in), MATHE *e-s Bruchs*: re-
duction
Kurzurlaub *m* short holiday
Kurzwaren *Pl* haberdashery *Sg, Am* no-
tions *Pl*
Kurzwelle *f* 1. RADIO short wave 2. →
Kurzwellenbehandlung
Kurzwellen... short-wave (*transmitter,
receiver, etc*) **Kurzwellenbehandlung**
f MED radiothermy
kurzwellig *Adj* short-wave
Kurzwort *n* abbreviation, contraction
Kurzzeit... short-time **~gedächtnis** *n*
short-term memory **~messer** *m* timer
kuschelig *Adj* (soft and) cuddly, *Sessel
etc*: cosy **kuscheln** *v/refl* **sich ~** snuggle
(**an** *Akk* up to *s.o.*, **in** *Akk* down in *bed
etc*) **Kuscheltier** *n* cuddly toy **kuschel-
weich** *Adj* (soft and) cuddly
kuschen *v/i* 1. *Hund:* lie down 2. *F fig*
(**vor** *j-m*) ~ knuckle under (to *s.o.*)
Kusine *f* (female) cousin

Kuss *m* kiss: *flüchtiger* ~ peck; *sich mit
e-m* ~ (*von j-m*) *verabschieden* kiss
s.o. goodbye **kussecht** *Adj* kissproof
küssen *v/t u. v/i* kiss: *sie küssten sich*
(*zum Abschied*) they kissed (good-
bye); *j-m die Hand* ~ kiss *s.o.'s* hand
Kusshand *f j-m e-e* ~ *zuwerfen* blow
s.o. a kiss; *F fig mit* ~ gladly
Küste *f* coast, shore: *an der* ~ *leben* live
at the seaside
Küsten|bewohner(in) coastal inhabit-
ant **~fischerei** *f* inshore fishing **~gebiet**
n coastal area **~gewässer** *Pl* coastal
waters *Pl* **~linie** *f* coast line **~schiff-
fahrt** *f* coastal shipping **~schutz** *m*
shore protection **~straße** *f* coast(al)
road **~strich** *m* coastal strip **~wache**
f coast guard (station)
Kustos *m im Museum:* curator
Kutsche *f* carriage, coach: *hum alte* ~
(*Auto*) (old) rattletrap **Kutscher(in)**
coachman, driver **kutschieren** *v/t u.
v/i* F (*j-n*) *durch die Gegend* ~ drive
(*s.o.*) around
Kutte *f* (*Mönchs*♀) cowl
Kutteln *Pl schweiz., südd.* tripe
Kutter *m* SCHIFF cutter
Kuwait *n* Kuwait
Kybernetik *f* cybernetics *Pl* (*a. Sg
konstr*) **Kybernetiker(in)** cyberneti-
cian, cyberneti(ci)st **kybernetisch**
Adj cybernetic(ally *Adv*)
kyrillisch *Adj* Cyrillic
KZ *n* concentration camp **KZ-Häftling** *m*
concentration camp prisoner

L

L, l *n* L, l
labberig *Adj* F *a. fig* 1. sloppy, (*fade*) in-
sipid, (*schal*) stale 2. (*weich*) limp
laben *v/refl* **sich ~ an** (*Dat*) refresh o.s.
with, *fig e-m Anblick:* feast (o.s.) on
labern *v/i* F drivel
Labial(laut) *m* LING labial (sound)
labil *Adj* unstable, labile
Labilität *f* instability, lability
Labor *n* F lab: *im* ~ *untersuchen* lab-ex-
amine **Laborant(in)** laboratory assist-

ant **Laboratorium** *n* laboratory
Laborbefund *m* test result(s *Pl*)
laborieren *v/i* F MED suffer (*an* *Dat*
from)
Laborversuch *m* laboratory experi-
ment
Labrador *m* ZOOL labrador
Labyrinth *n a. fig* labyrinth, maze
Lachanfall *m* laughing fit
Lache[1] *f* pool, puddle
Lache[2] *f* F laugh

lächeln I v/i (*über Akk* at) smile, *verschmitzt*: grin: *sie lächelte freundlich* she gave a friendly smile; *immer nur ~!* keep smiling! **II** ⚥ n smile

lachen I v/i laugh (*über Akk* at): *sie lachte schallend* he roared with laughter; *sie lachte verlegen* she gave an embarrassed laugh; F *dass ich nicht lache!* don't make me laugh!; *sie hat nichts zu ~* her life is no bed of roses; *du hast gut ~!* you can laugh!; *da kann ich nur ~!* excuse me while I laugh!; *es wäre ja gelacht, wenn …* it would be ridiculous if …; *wer zuletzt lacht, lacht am besten* he who laughs last laughs loudest; → *Fäustchen* **II** ⚥ n laughing, laugh(ter): *j-n zum* ⚥ *bringen* make s.o. laugh; *sich vor* ⚥ *biegen* nearly die laughing; ⚥ *ist gesund* laughter is the best medicine; F *das ist nicht zum* ⚥ that's no joke; *das ist ja zum* ⚥ that's ridiculous **lachend** Adj laughing: *die ~en Erben* the joyful heirs; *der ~e Dritte* the real winner **Lacher** m **1.** laugher: *er hatte die ~ auf s-r Seite* he had the laugh on his side **2.** F (*Lachen*) laugh **Lacherfolg** m *e-n ~ haben* (*od ernten*) raise a laugh

lächerlich Adj **1.** ridiculous, absurd, (*komisch*) funny: *~ machen* ridicule, make fun of; *sich ~ machen* make a fool of o.s.; *das* ⚥*e daran* the ridiculous thing about it; *etw ins* ⚥*e ziehen* turn s.th. into a joke; *fig sich ~ vorkommen* feel ridiculous; *~ wirken* be ridiculous **2.** fig (*gering*) trifling, petty: *für e-e ~e Summe* for a ridiculously low sum **Lächerlichkeit** f **1.** ridiculousness **2.** mst Pl trifle

Lachfältchen Pl laughter lines Pl **Lachgas** n MED laughing gas **lachhaft** Adj laughable, ridiculous **Lachkrampf** m (*e-n ~ bekommen* have a) laughing fit **Lachmuskel** m ANAT risible muscle **Lachs** m salmon

lachs|farben, **~rosa** Adj salmon-pink **Lachsschinken** m smoked, rolled fillet of ham

Lack m (*Firnis*) varnish, (*Farb*⚥) lacquer, (*Einbrenn*⚥) enamel, MOT paint (-work): F fig *der ~ ist ab!* all the glamo(u)r is gone! **Lackarbeit(en** Pl) f lacquerwork **Lackfarbe** f varnish (paint) **lackieren** v/t **1.** varnish, enamel, mit Farblack:

lacquer, MOT paint: *sich die Fingernägel ~* paint one's nails **2.** F fig dupe: *er war der Lackierte* he was the dupe **Lackierer(in** TECH varnisher, painter **Lackierung** f → *Lack* **Lackleder** n patent leather **Lackmus** m CHEM litmus **Lackmuspapier** n CHEM litmus paper **Lackschaden** m MOT damage to the paintwork **Lackschuhe** Pl patent-leather shoes Pl **Lackstift** m MOT touch-up applicator **Lade|fläche** f loading area **~gerät** n ELEK battery charger **~hemmung** f MIL (*a. ~ haben*) jam **~klappe** f MOT tailboard **~kontrollleuchte** f MOT charge control lamp

laden¹ v/t **1.** (*a. Kamera, Computer*) load **2.** ELEK, PHYS charge **3.** fig etw *auf sich ~* burden (*od* saddle) o.s. with **laden²** v/t **1.** (*ein~*) invite **2.** JUR (*vor~*) summon (vor~)

Laden m **1.** shop, Am store: → *dichtmachen* **II** ⚥ **2.** F fig (*Betrieb, Verein*) shop, outfit: → *schmeißen* 3 **3.** (*Fenster*⚥) shutter **~dieb(in** shoplifter **~diebstahl** m shoplifting: *zwei Ladendiebstähle* two cases of shoplifting **~hüter** m shelf warmer, drug in (*Am* on) the market **~inhaber(in** shopkeeper, Am storekeeper **~kasse** f till **~kette** f chain (of shops) **~mädchen** n F shopgirl **~preis** m retail price **~schild** n shop sign **~schluss** m closing time **~straße** f shopping street **~tisch** m (*fig unter dem ~*) under the) counter

Laderampe f loading ramp **Laderaum** m loading space, SCHIFF (ship's) hold, FLUG cargo bay **lädieren** v/t damage, (*verletzen*) injure, a. fig batter, fig (*Image, Ruf*) dent **Ladung¹** f **1.** WIRTSCH load, freight, FLUG, SCHIFF cargo, (*Lieferung*) shipment: F *e-e ~ Schnee* a load of snow **2.** ELEK, MIL, PHYS charge **Ladung²** f JUR summons

Lage f **1.** position, situation (*beide a. fig*), *e-s Hauses etc*: site, location: *e-e schöne ~ haben* be beautifully situated; METEO *in höheren ~n* higher up; fig *die politische ~* the political situation; *die rechtliche ~* the legal position; *unangenehme ~* predicament; *nach ~ der Dinge* as matters stand;

in der ~ sein, etw zu tun be in a position to do s.th.; → *Herr, peilen* I, *versetzen* 5, 9 2. (*Schicht*) layer, GEOL *a.* stratum, BERGB bed, TECH ply, (*Reihe*) tier 3. MUS register 4. F *e-e ~ Bier ausgeben* buy a round of beer

Lagenstaffel *f Schwimmen:* medley relay

Lageplan *m* site plan

Lager *n* 1. bed, JAGD lair 2. *a. fig* POL *etc* camp: *ein ~ aufschlagen* pitch camp; *fig ins gegnerische ~ überwechseln* change sides 3. WIRTSCH (*Waren*⌐) stock, store(s *Pl*), (*Raum, Gebäude*) storehouse, warehouse: *etw auf ~ haben* have s.th. in stock, F *fig a.* up one's sleeve) 4. BERGB bed, deposit 5. TECH (*Unterlage*) support, (*Kugel*⌐ *etc*) bearing **Lagerarbeiter(in)** warehouseman **Lagerbestand** *m* WIRTSCH (*den ~ aufnehmen* take) stock **Lagerbier** *n* lager

lagerfähig *Adj* storable
Lagerfähigkeit *f* shelf life
Lagerfeuer *n* campfire
Lagergebühr *f* storage (fee)
Lagerhaltung *f* storekeeping
Lagerhaus *n* warehouse
Lagerist(in) storekeeper
Lagerleben *n* camp life
Lagerleiter(in) camp leader

lagern I *v/i* 1. rest, lie down (*beide a. sich ~*), MIL camp 2. *Waren:* be stored 3. (*ab~*) mature II *v/t* 4. WIRTSCH store, keep 5. (*betten*) lay, rest: MED *das Bein hoch ~* put the leg up; → *gelagert* 2, TECH rest

Lagerraum *m* storeroom **Lagerstätte** *f* 1. bed, JAGD lair 2. BERGB, GEOL deposit

Lagerung *f* 1. storage, warehousing 2. (*Alterung, Reifung*) seasoning 3. TECH bearing application

Lagerverwalter(in) storekeeper
Lageskizze *f* sketch map
Lagune *f* lagoon

lahm I *Adj* 1. lame 2. F stiff, tired, (*kraftlos*) limp 3. F *fig Ausrede etc:* lame, *Film etc:* tame, dull; → *Ente* 1 II *Adv* 4. *~ legen fig* paralyze, (*Verkehr etc*) *a.* bring to a standstill, (*Anlage, Gerät etc*) knock out **Lahmarsch** *m* V drip **lahmarschig** *Adj* V slow, lame, listless **lahmen** *v/i* limp

lähmen *v/t a. fig* paralyze: *vor Angst*

wie gelähmt paralyzed with fear
Lahmheit *f allg* lameness, F *fig a.* dullness, slowness
Lähmung *f* 1. MED paralysis 2. *fig* paralyzing
Laib *m* loaf
Laiberl *n österr* 1. round loaf 2. (*aus Fleisch*) burger 3. *ein ~ Brot* a loaf of bread
Laich *m,* **laichen** *v/i* spawn
Laie *m* layman: *da bin ich absoluter ~* I don't know the first thing about it
Laien... 1. lay (*priest etc*) 2. amateur (*actor etc*) **laienhaft** *Adj* amateurish
Lakai *m a. fig pej* lackey
Lake *f* GASTR brine
Laken *n* (*Bett*⌐) sheet
Lakritze *f* liquorice
lallen *v/t u. v/i* blabber, speak thickly
Lama[1] *m* REL Lama
Lama[2] *n* ZOOL llama
Lamelle *f* BOT, TECH lamella, MOT (*Kühler*⌐) rib, (*Brems*⌐, *Kupplungs*⌐) disc
lamentieren *v/i* F complain (*über Akk* about)
Lametta *n* (silver) tinsel
Lamm *n,* **lamm ~braten** *m* roast lamb
Lämmchen *n* lambkin
Lamm|fell *n* lambskin *~fleisch* *n* lamb *~keule* *f* GASTR leg of lamb
Lampe *f* lamp, light, (*Glühbirne*) bulb
Lampenfieber *n* stagefright
Lampenschirm *m* lampshade
Lampion *m* Chinese lantern
lancieren *v/t fig* launch
Land *n* 1. (*Fest*⌐) land: *zu ~e* by land; *ans ~* ashore; *fig ins ~ gehen Zeit:* pass; F *e-n Job etc an ~ ziehen* land a job etc; *wieder ~ sehen* see daylight again 2. (*Ggs. Stadt*) country, (*Acker*⌐) soil, (*~besitz*) land: *auf dem ~e* in the country; *aufs ~* (in)to the country 3. POL *a*) country, (*Gebiet*) territory, *b*) BRD: (Federal) Land, state *c*) Österreich: Province: *außer ~es gehen* go abroad; *aus aller Herren Länder* from all four corners of the earth; *hier zu ~e* → *hierzulande* **Landarbeiter(in)** farm hand **Land|arzt** *m,* *~ärztin* *f* country doctor *~besitz* *m* landed property
Landbevölkerung *f* rural population
Lande|anflug *m* FLUG landing approach *~bahn* *f* runway *~brücke* *f* SCHIFF landing stage *~deck* *n* SCHIFF

flight deck **~erlaubnis** f landing clearance, permission to land **~fähre** f *Raumfahrt:* landing module

Landeier Pl farm eggs Pl

landeinwärts Adv (further) inland

Landeklappe f FLUG landing flap

landen v/i u. v/t allg land (a. fig e-n Schlag, Erfolg etc), SCHIFF a. disembark, F fig a. end up (**in** Dat in): **weich ~** make a soft landing; SPORT **auf dem 4. Platz ~** come in fourth; F fig **damit kannst du bei ihr nicht ~** with that you won't get anywhere with her

Landenge f isthmus

Landepiste f landing strip **Landeplatz** m 1. FLUG airstrip 2. SCHIFF quay, wharf

Ländereien Pl lands Pl, estates Pl

Länderkampf m SPORT 1. international competition 2. → **Länderspiel** n international match **Ländervorwahl** f country code

Landes... a) national, b) regional, *e-s Bundeslandes:* BRD (of the) Land, *in Österreich:* Provincial (*government etc*) **~farben** Pl national colo(u)rs Pl **~grenze** f border, frontier **~innere** n interior **~meister(in)** SPORT national champion **~regierung** f (state) government **~sprache** f national language **~tracht** f national costume **~üblich** Adj customary **~vater** m iron Father of the Land **~verrat** m treason **~währung** f national currency **~weit** Adj u. Adv nationwide

Landeverbot n FLUG **~ erhalten** be refused permission to land

Land|fahrzeug n land vehicle **~flucht** f rural exodus **~friedensbruch** m breach of the public peace **~gang** m SCHIFF shore leave **~gemeinde** f rural community **~gericht** n JUR district (od superior) court **~gestützt** Adj MIL **~e Rakete** land-based missile **~haus** n country house **~karte** f map **~kreis** m (administrative) district

landläufig Adj common(ly Adv)

Landleben n country life

ländlich Adj rural, (bäurisch) rustic

Landluft f country air

Landmaschine f agricultural machine

Landmesser(in) surveyor

Land|pfarrer(in) country parson **~plage** f fig iron nuisance, pest **~rat** m BRD: district administrator **~ratsamt**

n BRD: district administration (office)

Landratte f F landlubber

Landregen m persistent rain

Landschaft f 1. landscape (a. MALEREI), scenery, countryside: **die politische ~** the political scene 2. region, country

landschaftlich Adj 1. GEOG regional 2. *Schönheit etc:* scenic(ally Adv): **~ schöne Strecke** scenic road

Landschafts|gärtner(in) landscape gardener **~maler(in)** landscape painter **~pflege** f, **~schutz** m conservation **~schutzgebiet** n (natural) preserve

Landsitz m country seat

Landsmann m Pl **Landsleute** (fellow) countryman, compatriot **Landsmannschaft** f expellee organization

Landstraße f country road

Landstreicher(in) tramp

Landstreicherei f JUR vagrancy

Land|streitkräfte Pl land forces Pl **~strich** m region, district **~tag** m Deutschland: Landtag, state parliament **~tagswahlen** Pl state elections Pl

Landung f landing, FLUG a. touchdown, SCHIFF a. disembarkation, (*Ankunft*) arrival: FLUG **zur ~ ansetzen** come in to land

Landungsbrücke f landing stage, jetty

Landurlaub m SCHIFF shore leave

Landvermessung f (land) surveying

Landweg m 1. country road 2. overland route: **auf dem ~** by land

Landwein m vin du pays

Landwirt(in) farmer **Landwirtschaft** f 1. agriculture, farming 2. (*Anwesen*) farm **landwirtschaftlich** Adj, **Landwirtschafts...** agricultural

Landzunge f GEOG promontory

lang I Adj 1. allg long, (*langatmig*) a. lengthy, F *Person:* tall: **über kurz oder ~** sooner or later; **seit ~em** for a long time; → **Bank**[1] 1, **Hand**, **Sicht** 1 etc **II** Adv 2. allg long: **4 Fuß ~** 4 feet long; **~ entbehrt** long missed: **~ ersehnt, ~ erwartet** long-awaited; **~ werden** lengthen; **die Zeit wird mir ~** time hangs heavy on my hands; F **~ und breit** at great length; **e-e Woche ~** for a week; **die ganze Woche ~** all week, the whole week long; **mein ganzes Leben ~** all my life 3. (*ent~*) along 4. → **lange**

L

langärm(e)lig *Adj* long-sleeved

langatmig *Adj fig* lengthy, long-winded

langbeinig *Adj* long-legged, F leggy

lange *Adv* long, a long time: *das ist (schon) ~ her* that was a long time ago (→ *a.* **her** 1); *das ist noch ~ hin* that's still a long way off; *wie ~ noch?* how much longer?; *wie ~ lernen Sie schon Englisch?* how long have you been learning English?; *noch ~ nicht* not for a long time (yet); *noch ~ nicht fertig (gut genug etc)* not nearly ready (good enough etc); *bis ~ nach Mitternacht* until well past midnight; *ich bleibe nicht ~ (weg)* I won't be long

Länge *f* **1.** *allg* length: *von 10 Metern ~* ten metres long (*od* in length); *der ~ nach* lengthwise; *bis ~* stretch s.th., *fig* drag s.th. out; *fig sich in die ~ ziehen* drag on; SPORT *er gewann mit zwei ~n Vorsprung* he won by two lengths **2.** *mst Pl im Roman, Film etc:* dull passage, longueur **3.** GEOG longitude **4.** LING, *poet* long

längelang *Adv* (at) full length

langen F I *v/t* **1.** *j-m etw ~* (*geben*) hand (*od* give) s.o. s.th.; *j-m e-e ~* land s.o. one **II** *v/i* **2.** *~ nach* reach for; *~ in* (*Akk*) reach into **3.** (*reichen*) reach (*bis* to *od* as far as) **4.** be enough (*für* for), (*auskommen*) manage (*mit* with, on): *dafür langt mein Geld nicht* I haven't got enough money for that; *das langt mir* that will do for me; *langt das?* will that do?; *das langt mir für (od damit lange ich)* e-e Woche that'll last me a week; *fig mir langts!, jetzt langts mir aber!* I've had enough!, I'm sick of it!

Längengrad *m* GEOG degree of longitude **Längenkreis** *m* GEOG meridian **Längenmaß** *n* linear (*od* long) measure

längerfristig *Adj u. Adv* covering (*od* for) a prolonged period

Langeweile *f* boredom: *~ haben* be (*od* feel) bored; F *ich sterbe vor ~* I'm bored to death

langfristig I *Adj* long-term **II** *Adv* on a long-term basis: *~ (gesehen)* in the long term **langgehen** *v/i* F go along: *fig wissen, wos langgeht* know the score; *j-m zeigen, wos langgeht* tell s.o. what's what **Langhaar...,** **langhaarig** *Adj* long-haired **Langjacke** *f* long

jacket **langjährig** *Adj* of many years, long-standing, *Freiheitsstrafe etc:* long

Lang|lauf *m* cross-country skiing, langlauf **~läufer(in)** cross-country skier

langlebig *Adj allg* long-live(ish), WIRTSCH durable, KERNPHYSIK long-life

länglich *Adj* long(ish), oblong

langmütig *Adj* patient, forbearing

längs I *Präp* along: *~ der Küste* alongshore **II** *Adv* lengthwise

Längsachse *f* longitudinal axis

langsam I *Adj allg, a. geistig:* slow, (*allmählich*) *a.* gradual: *~er werden* slow down **II** *Adv* slowly, (*allmählich*) *a.* gradually: *~, aber sicher* slowly but surely; (*immer schön*) *~!* not so fast!; *er wird ~ alt* he's getting old; F *es wurde ~ Zeit!* it was about time!; *~ reichts mir!* I'm getting fed up with this!; *~er fahren etc* slow down; F *fig ~ treten* slow down

Langsamkeit *f* slowness

Langschläfer(in) late riser

Langspielplatte *f* long-playing record

Längsschnitt *m* longitudinal section

längst *Adv* long ago, long since: *am~en* longest; *~ nicht so gut* not nearly as good; *das ist ~ vorbei (vergessen)* that's long past (forgotten); *ich weiß es ~* I've known it for a long time; *er sollte ~ da sein* he should have been here long ago; *→ fällig*

längstens *Adv* **1.** at the longest (*od* most) **2.** (*spätestens*) at the latest

langstielig *Adj* long-stemmed

Langstrecke *f* **1.** SPORT (long) distance, **2.** MIL long range

Langstrecken... long-distance, MIL *a.* long-range **~lauf** *m* SPORT (long-)distance run (*od* race) **~läufer(in)** (long-)distance runner **~rakete** *f* long-range missile

Languste *f* rock lobster

langweilen *v/t* bore: *sich ~* be (*od* get) bored; *sich zu Tode ~* F be bored stiff **Langweiler(in)** F bore **langweilig** *Adj* boring, dull: *~ sein a.* be a bore **Langwelle** *f* RADIO long wave **Langwellenbereich** *m* long-wave band **langwierig** *Adj* lengthy, protracted (*a.* MED) **Langwierigkeit** *f* lengthiness **Langzeit|...** long-term (*memory, effect*) **~arbeitslose** *Pl* long-term unemployed *Pl* **~arbeitslosigkeit** *f* long-

-term unemployment

Lanolin *n* CHEM lanolin

Lanze *f* lance

La-Ola-Welle *f* SPORT Mexican wave

lapidar *Adj* terse, succinct

Lappalie *f* (mere) trifle

Lappen *m* **1.** (piece of) cloth, (*Lumpen*) rag, (*Wisch2*) cloth, (*Staub2*) duster: F *j-m durch die ~ gehen* **a)** slip through s.o.'s fingers, F **b)** *Person:* give s.o. the slip **2.** ANAT, BOT lobe **3.** F (bank)note, Am bill **4.** F (*Kleid etc*) rag

läppern *v/unpers* F *es läppert sich* it all adds up

Lappin *f* Lapp

läppisch *Adj* F silly, (*kindisch*) childish

Lappland *n* Lapland

Lapsus *m* slip, lapse

Laptop *m* laptop (computer)

Lärche *f* BOT larch

Lärm *m* **1.** *allg* noise, (*Getöse*) din, (*Motoren2*) roar, (*Radau*) racket, row: ~ *machen* → *lärmen*; F ~ *schlagen* raise a hue and cry (*gegen* against) **2.** *fig* (*Aufheben*) fuss (*um* about)

Lärmbekämpfung *f* noise abatement

Lärmbelästigung *f* noise pollution

lärmempfindlich *Adj* sensitive to noise

lärmen *v/i* make much noise, be noisy

Lärmpegel *m* noise (*od* decibel) level

Lärmschutz *m* noise protection *~wall m* noise barrier

Larve *f* ZOOL larva

lasch *Adj* F **1.** (*schlaff*) limp **2.** *fig Disziplin etc:* lax, *a. Person:* slack **3.** (*fade*) insipid

Lasche *f* flap, *am Schuh:* tongue, TECH fishplate, flat link

Laser *m* PHYS laser *~chirurgie f* laser surgery *~drucker m* laser printer *~medizin f* laser medicine *~pistole f* laser gun *~strahl m* laser beam *~technik f* laser technology

lassen I *v/hilf* **1.** let: *lass mich sehen* let me see; *das Licht brennen ~* leave the light(s) on; *j-n warten ~* keep s.o. waiting; *ich lasse mich nicht zwingen* I won't be forced **2.** *j-n etw tun ~* have (*stärker:* make) s.o. do s.th.; *den Arzt kommen ~* send for the doctor; ~ *Sie ihn eintreten* ask him (to come) in **3.** *etw machen ~* have s.th. made (*od* done); *sich die Haare schneiden ~*

have one's hair cut; *ich ließ es mir zuschicken* I had it sent to me **4.** *ich habe mir sagen ~* I have been told; *der Wein lässt sich trinken* the wine is drinkable; *dies Wort lässt sich nicht übersetzen* this word is untranslatable; *das lässt sich nicht mehr ändern* it's too late now to do anything about it; *das lässt sich nicht beweisen* it can't be proved; *die Tür ließ sich leicht öffnen* the door opened easily; *ich lasse von mir hören!* I'll be in touch!; → *machen* 13, *sagen etc* **II** *v/t* **5.** leave: *lass alles, wie es ist!* leave everything as it is!; *wo soll ich mein Gepäck ~?* where shall I leave (*od* put) my luggage? **6.** (*über~*) *j-m etw ~* leave s.o. s.th., let s.o. have s.th.; *lass mir das Buch noch e-e Weile!* let me keep the book a while longer!; F *fig das muss man ihm ~!* you've got to hand it to him! **7.** (*unter~*) stop: *lass das!* don't!, stop that!; ~ *wir das!* enough of that!; *du solltest das Rauchen ~!* you ought to stop smoking! **III** *v/i* **8.** *von j-m (e-r Sache) ~* part from s.o. (with s.th.)

lässig I *Adj* casual, nonchalant, F cool, (*nach~*) careless **II** *Adv* F (*spielend*) easily: *er gewann ~* he won hands down

Lässigkeit *f* nonchalance

Lasso *n*, *m* lasso

Last *f* **1.** *allg, a. fig* load, burden, (*Gewicht*) weight: JUR ~ *der Beweise* weight of the evidence; *j-m zur ~ fallen* be a burden to s.o.; *j-m etw zur ~ legen* charge s.o. with s.th. **2.** *mst Pl* WIRTSCH burden, charge: *öffentliche ~en* public charges; *soziale ~en* social burdens; *zu ~en* → *zulasten* **3.** ELEK (*unter ~* under) load

lasten *v/i* ~ *auf* (*Dat*) *a. fig* weigh (heavily) on, rest on

Lastenaufzug *m* goods lift, *Am* freight elevator **Lastenausgleich** *m* equalization of burdens

Laster¹ *m* F MOT lorry, *Am* truck

Laster² *n* vice **lasterhaft** *Adj* depraved, corrupt, wicked **Lasterhöhle** *f* den of iniquity **Lasterleben** *n* dissolute life

lästerlich *Adj* abusive, (*gottes~*) blasphemous **lästern** *v/i* ~ *über* (*Akk*) run *s.o., s.th.* down: *Gott ~* blaspheme

lästig _Adj_ troublesome, (_ärgerlich_) annoying: **j-m ~ fallen** (_od_ **sein**) be a nuisance to s.o., get on s.o.'s nerves

Lastkahn _m_ barge **Lastkraftwagen** _m_ lorry, _Am_ truck

Last-Minute-Flug _m_ last-minute flight

Lastschrift _f_ WIRTSCH **1.** debit entry **2.** → **Lastschriftanzeige** _f_ debit note

Lastwagen _m_ lorry, _Am_ truck **~fahrer(in)** lorry (_Am_ truck) driver

Lastzug _m_ MOT truck trailer

Lasur _f_ glaze

Latein _n_ Latin: _fig_ **ich bin mit m-m ~ am Ende!** I give up!

Lateinamerika _n_ Latin America

Lateinamerikaner(in), **lateinamerikanisch** _Adj_ Latin-American

lateinisch _Adj_ Latin: **auf ~** in Latin

latent _Adj_ latent **Latenzzeit** _f_ BIOL, MED latency period (COMPUTER, KERNPHYSIK time)

Laterne _f_ lantern, lamp

Laternenpfahl _m_ lamppost

Latinum _n_ PÄD _hist_ **großes ~** Latin proficiency certificate; **kleines ~** intermediate Latin certificate

Latrine _f_ latrine

Latsche _f_ BOT dwarf pine

latschen _F_ **I** _v/i_ trudge: **~ auf** (_Akk_) step on **II** _v/t_ **j-m e-e ~** paste s.o. one

Latschen _m_ _F_ **a)** slipper, **b)** (old) shoe: **aus den ~ kippen** keel over

Latte _f_ **1.** lath, slat, (_Zaun~_) picket **2.** SPORT (cross-)bar: **die ~ überqueren** Hochsprung: clear the bar **3.** _F fig_ **e-e ganze ~ von** a whole string of

Lattenkiste _f_ crate

Lattenzaun _m_ paling, picket fence

Latz _m_ bib: _F fig_ **j-m e-e vor den ~ knallen** zap s.o. **Lätzchen** _n_ bib

Latzhose _f_ (pair of) dungarees _Pl_

lau _Adj_ lukewarm (_a. fig_), tepid, _Wind_, _Luft etc_: mild

Laub _n_ foliage, leaves _Pl_

Laubbaum _m_ deciduous tree

Laube _f_ arbo(u)r, (_Garten~_) summerhouse

Laubengang _m_ arcade

Laubenkolonie _f_ allotment gardens _Pl_

Laubfrosch _m_ tree frog

Laubsäge _f_ fretsaw **~arbeit** _f_ fretwork

Laubwald _m_ deciduous forest

Laubwerk _n_ foliage

Lauch _m_ BOT leek **~zwiebel** _f_ spring onion, _Am_ green onion

Lauer _f_ **auf der ~ liegen** be lying in wait

lauern _v/i_ _Gefahr etc_: lurk: **~ auf** (_Akk_) be lying in wait for; **auf e-e Gelegenheit ~** be watching out for an opportunity

Lauf _m_ **1.** (_das Laufen_) run(ning), (_Wett~_) race, run: **100-Meter-~** 100 metre run (_od_ dash); _fig_ **den Dingen ihren ~ lassen** let things ride; **sie ließ ihren Tränen freien ~** she let her tears flow freely; **s-n Gefühlen freien ~ lassen** give vent to one's feelings, let go **2.** (_Ver~_) course: **im ~ der Zeit** (_des Gesprächs_) in the course of time (of the conversation); **im ~e der letzten Jahre** during the last few years; **das ist der ~ der Welt!** such is life! **3.** TECH **a)** run, movement, action, play, **b)** working, operation **4.** (_Gewehr~ etc_) barrel **5.** JAGD leg **6.** MUS run, passage **7.** (_Fluss~_, _Bahn_) course **Laufbahn** _f_ (_e-e ~ einschlagen_ take up a) career

Laufbursche _m_ errand boy

Laufdisziplin _f_ SPORT running event

laufen _I_ _v/i_ **1.** _allg_ run (_a. fig_), (_gehen_) walk, go, (_fließen etc_) flow: **er ließ Wasser in die Wanne** he ran water into the tub; **j-n ~ lassen** let s.o. go (_straffrei:_ off); _F_ **m-e Nase läuft** my nose is running; **fig mir lief ein Schauer über den Rücken** a shudder ran down my spine **2.** TECH work, _Motor etc_: run: **Kamera läuft!** camera on!; **die Maschine läuft nicht** the machine doesn't work **3.** _Film_, _Stück etc_: run, show, be on: **läuft der Hauptfilm schon?** has the main film started yet? **4.** (_ver~_) go, (_im Gange sein_) be going on, _Antrag etc_: be under consideration: _F_ **wie ist es denn gelaufen?** how did it go?; **die Sache ist gelaufen** (_vorbei_) it's all over, **b)** (_gelungen_) it's in the bag; **die Dinge ~ lassen** let things ride; **da läuft nichts!** nothing doing!; **so läuft das!** that's the name of the game!; **was da in Bonn so läuft** what's going on in Bonn **5.** (_gültig sein_) WIRTSCH, JUR run, be valid: **der Mietvertrag läuft 5 Jahre** the lease runs for five years **6.** **auf j-s Namen ~** (made out) in s.o.'s name; **unter dem Namen X ~** go by the name of X **7.** (_undicht sein_) leak **II** _v/t_ **8.** (_Strecke_) run,

do, *(gehen)* walk: **e-n neuen Rekord ~** run a new record; **e-e Zeit von 20 Sekunden ~** clock a time of 20 seconds **9. sich Blasen ~** get blisters (from walking) **III** *v/unpers* **10. hier läuft es sich gut (schlecht)** walking (skiing *etc*) is good (bad) here **IV** *v/refl* **11. sich warm ~** warm up

laufend I *Adj* **1.** current: **im ~en Monat** this month; **~e Berichterstattung** running commentary; **~e Kosten** overheads; **~e Nummern** serial numbers; **~e Kontrolle** regular inspection **2. auf dem ~en sein** be up to date, weit. S. be fully informed; **j-n (sich) auf dem ~en halten** keep s.o. (o.s.) informed (F posted) **3.** *Schach:* bishop **2.** *(Teppich)* runner, rug **4.** TECH slide, cursor, ELEK rotor

Lauferei *f fig* running around, trouble

Läuferin *f* → **Läufer** 1

Lauffeuer *n fig* (**sich verbreiten wie ein ~** spread like) wildfire **Lauffläche** *f e-s Reifens:* tread, *e-s Skis:* running surface **Laufgitter** *n* playpen

läufig *Adj* ZOOL in heat, on heat

Lauf|junge *m* errand boy **~kran** *m* TECH travel(l)ing crane **~kundschaft** *f* casual customers *Pl* **~masche** *f* ladder, *bes Am* run **~pass** *m* F **j-m den ~ geben** send s.o. packing, *(Freund[in])* ditch s.o. **~planke** *f* SCHIFF gangway **~schritt** *m* **im ~** at the double **~schuhe** *Pl* running *(od* track) shoes *Pl* **~sport** *m* running **~ställchen** *n* playpen **~steg** *m* TECH *u. Mode:* catwalk, SCHIFF gangway **~training** *n* SPORT running workout **~werk** *n* mechanism, drive assembly, COMPUTER drive

Laufzeit *f* **1.** *e-s Vertrages:* life, term, *e-s Wechsels:* currency, *e-s Films:* run **2.** TECH, *e-s Tonbands etc:* running time **Laufzettel** *m* inter-office slip, tracer

Lauge *f* lye, *(Seifen2)* suds *Pl*

Lauheit *f a. Fig* lukewarmness

Laune *f* **1.** mood, temper: **schlechte ~ haben, schlechter ~ sein** be in a bad mood *(od* temper); **bester ~ sein** be in a great mood; **j-n bei (guter) ~**

halten *a. iron* keep s.o. happy; **~n haben** be moody **2.** *(Grille)* whim, caprice

launenhaft *Adj* moody, *fig* capricious, fickle, *Wetter:* changeable

launig *Adj* humorous **launisch** *Adj* **1.** → **launenhaft 2.** ill-tempered, peevish

Laus *f* louse *(Pl* lice)

Lauschangriff *m* bugging operation

lauschen *v/i* listen *(Dat, auf Akk* to): *(heimlich)* ~ eavesdrop *(Dat* on)

Lauscher(in) listener, eavesdropper

lauschig *Adj* snug, cosy

lausen *v/t* louse: F *fig* **mich laust der Affe!** did you ever! **lausig** *Adj* F **1.** *(schlecht)* lousy **2.** *Kälte etc:* dreadful, awful: *Adv* ~ **wehtun** hurt awfully

laut¹ I *Adj* loud *(a. fig)*, *(lärmend)* noisy: ~ **werden a)** become audible, **b)** *fig* become known, *Wünsche etc:* be expressed, **c)** *Person:* begin to shout: **es wurde das Gerücht ~, dass ...** it was rumo(u)red that ... **II** *Adv* loud(ly): **etw ~ sagen** say s.th. out loud; ~ **lesen (denken)** read (think) aloud; ~ **und deutlich** loud and clear

loud:

vom Ton, von der Lautstärke her laut (Gegenteil „leise"):

loud music, a loud voice, a loud doorbell, a loud cry/shriek

Hier kann man das, was laut ist, theoretisch „leiser stellen".

noisy:

unangenehmen Lärm verursachend, geräuschvoll (Gegenteil „ruhig"):

a noisy family/street/pub

Hier geht es um etwas „von Natur aus" Lautes/Lärmendes, das man mehr oder weniger so hinnehmen muss wie es ist.

laut² *Präp* according to, WIRTSCH as per

Laut *m* sound *(a. LING)*, noise: JAGD **~ geben** give tongue; **sie gab k-n ~ von sich** she didn't utter a sound

Laute *f* MUS lute

L

lauten *v/i* **1.** run, read, go: *der Text lautet wie folgt* the text reads as follows **2.** ~ *auf* (*Akk*) *Urteil:* be; *auf* (*den Namen*) *X* ~ *Pass etc:* be (made out) in the name of X

läuten *v/i u. v/t* ring, toll: *es läutet* there is a ring at the door, PÄD the bell is ringing; F *fig ich habe* (*etw*) *davon* ~ *hören* I've heard s.th. to that effect

lauter I *Adj* **1.** *Gold etc:* pure **2.** *fig* (*aufrichtig*) sincere, hono(u)rable **II** *Adv* **3.** nothing but: *aus* ~ *Bosheit* from sheer spite; *vor* ~ *Lärm* for all the noise; *das sind* ~ *Lügen* it's all lies

Lauterkeit *f fig* sincerity, integrity

läutern *v/t allg* purify, CHEM *a.* clarify, *fig a.* chasten **II** *v/refl sich* ~ *fig* reform

Läuterung *f fig* reformation

Läutewerk *n e-s Weckers:* alarm (bell)

lauthals *Adv* ~ *lachen* roar with laughter; ~ *schreien* roar, scream

Lautheit *f* loudness, noisiness

Lautlehre *f* phonetics *Sg*

lautlos *Adj* soundless, noiseless, silent: *es herrschte* ~*e Stille* there was hushed silence

Lautschrift *f* phonetic transcription

Lautsprecher *m* ELEK (loud)speaker ~**anlage** *f* public-address system

lautstark *Adj a. Protest etc:* loud: ~*e Minderheit* vocal minority

Lautstärke *f* loudness, ELEK *a.* (sound) volume: *mit voller* ~ (at) full blast

Lautstärkeregler *m* volume control

Lautverschiebung *f* LING sound shift

Lautzeichen *n* phonetic symbol

lauwarm *Adj* lukewarm (*a. fig*), tepid

Lava *f* lava

Lavabo *n schweiz.* washbasin

Lavendel *m* BOT lavender

lavieren *v/i fig* manoeuvre, *Am* maneuver

Lawine *f a. fig* avalanche

lawinenartig *Adj u. Adv* avalanche-like: ~ *anwachsen* snowball

Lawinen|gefahr *f* danger of avalanches ≈**sicher** *Adj* avalanche-proof ~(*such*)**hund** *m* avalanche search dog ~**warnung** *f* avalanche warning

lax *Adj* lax, *Moral: a.* loose

Layout *n* layout

Layouter(in) layout man (woman)

Lazarett *n* (military) hospital

LCD-Anzeige *f* LCD display

Lean| Management *n* lean management ~ **Production** *f* lean production

leasen *v/t* lease **Leasing** *n* leasing

leben I *v/i* **1.** live, (*am Leben sein*) *a.* be alive, (*existieren*) exist: *hier lebt es sich gut* it's not a bad life here; *lebt er noch?* is he still alive?; *bescheiden* ~ lead a modest life; ~ *von* live on; *er lebt vom Stundengeben* he makes a living by teaching; ~ *für* live for, devote one's life to; ~ *und* ~ *lassen* live and let live; *es lebe* ~...! long live ...! **2.** (*wohnen*) live, reside: *sie lebt bei ihrer Mutter* she lives with her mother **II** *v/t* **3.** live **III** ≈ *n* **4.** living (*etc*): *zum* ≈ *zu wenig, zum Sterben zu viel* barely enough to keep body and soul together

Leben *n* **1.** life: *das* ~ *in Kanada* life in Canada; *ein Kampf auf* ~ *und Tod* a life-and-death struggle; *aus dem* ~ *gegriffen* taken from life; *am* ~ *sein* live, be alive; *am* ~ *bleiben* stay alive, survive; *ums* ~ *bringen* kill; *am* ~ *erhalten* keep alive; *sich das* ~ *nehmen* kill o.s., commit suicide; *ums* ~ *kommen* lose one's life, be killed; *mit dem* ~ *davonkommen* escape (alive); *fig ein neues* ~ *beginnen* turn over a new leaf; *ins* ~ *rufen* call into being, launch; *j-m das* ~ *schenken* a) spare s.o.'s life, b) *e-m Kind:* give birth to; *im öffentlichen* ~ *stehen* be a public figure; *mein* ~ *lang* all my life; *ich tanze für mein* ~ *gern* I just love to dance; *ich würde für mein* ~ *gern ...* I would give anything to *Inf: das gibts nur einmal im* ~ that'll happen just once in a lifetime; F *nie im* ~!, *im* ~ *nicht!* not on your life!; *so ist das* ~ (*eben*)! such is life!; → *Hölle, schwer machen* **2.** (~ *und Treiben*) activity, (*Vitalität*) liveliness, vitality: ~ *bringen in* (*Akk*) liven up; → *Bude* 4

lebend *Adj* living, LING *a.* modern (*language*), (*am Leben*) alive, BIOL live: LANDW ~*es Inventar* livestock; *die* ≈*en* the living; *von* ~*en* those still alive; BIOL ~ *gebährend* viviparous

Lebendgewicht *n* live weight

lebendig *Adj* **1.** living, *präd* alive: *bei* ~*em Leibe* alive; *fig wieder* ~ *werden Erinnerung etc:* come back **2.** (*lebhaft*) lively, *Geist:* alert, (*anschaulich*) vivid

Lebendigkeit *f* liveliness, vividness

Lebens|abend *m* old age **~abschnitt** *m* period of (one's) life **~ader** *f* fig lifeline **~alter** *n* age **~angst** *f* existential dread **~anschauung** *f* view of life, approach to life **~arbeitszeit** *f* working life **~art** *f* **1.** way of life **2.** manners *Pl* **~auffassung** *f* philosophy (of life) **~aufgabe** *f* life task: *sich etw zur ~ machen* devote one's life to s.th. **~bedingungen** *Pl* (living) conditions *Pl* **⚷bedrohlich** *Adj* life-threatening **~bedürfnisse** *Pl* necessaries *Pl* of life **⚷bejahend** *Adj* positive(-minded) **~bejahung** *f* positive approach to life **~berechtigung** *f* right to live **~bereich** *m* sphere of life **~beschreibung** *f* life, biography **~dauer** *f* duration of life, lifespan, TECH (service) life **~ende** *n bis an mein etc ~* to the end of my *etc* days **~erfahrung** *f* experience of life **~erhaltungssystem** *n* MED, TECH life-support system **~erinnerungen** *Pl* memoirs *Pl* **~erwartung** *f* life expectancy **⚷fähig** *Adj a.* fig viable **~form** *f* **1.** way of life **2.** BIOL form of life **~frage** *f* vital question **~freude** *f* joy of life, zest (for life) **~gefahr** *f* danger to life: *~!* danger!; *in ~ schweben* be in danger of one's life, MED be in a critical condition; *außer ~ sein* be out of danger, MED be off the critical list; *unter ~* at the risk of one's life **⚷gefährlich** *Adj* extremely dangerous, perilous, *Krankheit, Verletzung:* very serious **~gefährte** *m*, **~gefährtin** *f* (life) companion, partner in life **~gemeinschaft** *f* life partnership

Lebensgeschichte *f* life story

lebensgroß *Adj* life-size(d)

Lebensgröße *f* life size: *in ~ a)* life-size(d), **b)** F fig large as life

Lebenshaltung *f* standard of living

Lebenshaltungskosten(index *m) Pl* cost *Sg* of living (index)

Lebensinteressen *Pl* vital interests *Pl*

Lebens|jahr *n* year of one's life: *im 20. ~* at the age of 20 **~kampf** *m* struggle for survival **~kraft** *f* vigo(u)r, vitality

lebenslang I *Adj* lifelong **II** *Adv* all one's life **lebenslänglich** *Adj* JUR (for) life: *e Freiheitsstrafe* life imprisonment; F *er hat ~ bekommen* he got a life term

Lebenslauf *m* **1.** (course of) life, career **2.** personal record, curriculum vitae

lebenslustig *Adj* fond of life, F swinging

Lebensmittel *Pl* food(stuffs *Pl) Sg*, groceries *Pl*, provisions *Pl* **~abteilung** *f* food department **~geschäft** *n* grocery, food shop (*Am* store) **~händler(in)** grocer **~industrie** *f* food industry **~vergiftung** *f* food poisoning

lebensmüde *Adj* weary of life

lebensnotwendig *Adj* vital, essential

Lebensqualität *f* quality of life

Lebens|raum *m* living space **~retter(in)** life-saver, rescuer **~rhythmus** *m* rhythm (of life) **~standard** *m* standard of living **~stellung** *f* permanent position **~stil** *m* lifestyle

lebensüberdrüssig → *lebensmüde*

lebensunfähig *Adj* nonviable

Lebens|unterhalt *m* (*s-n ~ verdienen* earn one's living (*od* livelihood) (*mit* out of) **⚷untüchtig** *Adj* unable to cope with life **~versicherung** *f* life insurance **~wandel** *m* life, conduct **~weise** *f* way of life, (*Gewohnheiten*) habits *Pl*: *gesunde ~* healthy living, (*bes Diät*) regimen **~weisheit** *f* worldly wisdom, (*Spruch*) maxim **~werk** *n* lifework

lebenswert *Adj* worth living

lebenswichtig *Adj* vital, essential

Lebens|wille *m* will to live **~zeichen** *n* sign of life **~zeit** *f* lifetime: *auf ~* for life **~ziel** *n*, **~zweck** *m* aim in life

Leber *f* liver: fig *frisch* (*od frei*) *von der ~ weg* frankly **~fleck** *m* mole **~knödel** *m* GASTR liver dumpling **~krankheit** *f* liver disease **~krebs** *m* MED cancer of the liver **~pastete** *f* GASTR liver pâté **~tran** *m* cod-liver oil **~wurst** *f* liver sausage, *bes Am* liverwurst **~zirrhose** *f* MED cirrhosis of the liver

Lebewesen *n* living being, creature, BIOL organism

Lebewohl *n ~ sagen* bid *s.o.* farewell

lebhaft *Adj allg* lively, fig *Fantasie etc: a.* vivid, *Interesse: a.* keen, *Verkehr etc:* busy, *Farben etc: a.* gay, (*munter*) vivacious, animated, *a.* WIRTSCH brisk: *wir ~ bedauern* regret s.th. very much; *e-r Sache ~ widersprechen* flatly contradict s.th.; *das kann ich mir ~ vorstellen* I can just imagine **Lebhaftigkeit** *f* liveliness, fig *a.* vividness

Lebkuchen *m* gingerbread (cake)

leblos *Adj* lifeless (*a.* fig), inanimate

Lebzeiten *Pl* **zu s-n ~** **a)** in his (life-)time, **b)** when he was still alive

lechzen *v/i* **~ nach** *a. fig* thirst after

leck *Adj* leaky: **~ sein → lecken¹**; SCHIFF **~ werden** spring a leak **Leck** *n* leak

lecken¹ *v/i* leak, SCHIFF have sprung a leak

lecken² *v/t* lick, (*auf~*) lap (up)

lecker *Adj* delicious, tasty, F yummy

Leckerbissen *m a. fig* titbit, *Am* tidbit

Leckerei *f* dainty, sweet

Leder *n* leather (*a.* F *Fußball*): F *fig* **vom ~ ziehen** let go (**gegen** against)

Leder... leather (*coat, glove, etc*) **~fett** *n* TECH dubbing **~gebunden** *Adj* leather-bound **~hose** *f* leather trousers *Pl* **~jacke** *f* leather jacket

ledern¹ *Adj* **1.** leather. **2.** *fig* (*zäh*) leathery **3.** *fig* (*langweilig*) dull

ledern² *v/t* polish with a chamois

Lederwaren *Pl* leather goods *Pl*

ledig *Adj* **1.** single, unmarried: **~e Mutter** unmarried mother **2. e-r Sache ~ sein** be free of s.th.

lediglich *Adv* only, merely

Lee *f* SCHIFF lee: **nach ~** leeward

leer *Adj allg* empty (*a. fig*), *Haus, Stelle: a.* vacant, *Blatt, Kassette:* blank: **die Batterie ist ~** the battery has run out (MOT is dead); *fig* **mit ~en Händen** empty-handed; **~e Drohung** empty threat; **~es Gerede** idle talk, F hot air; *Adv* **~ laufen (lassen)** *a.* TECH idle, **b)** drain, run dry, **c)** SPORT *j-n* **~ laufen lassen** sell s.o. a dummy; **~ stehen** *Haus etc:* be empty, be unoccupied; **~ stehend** unoccupied, vacant; **ins 2e starren** stare into space; **ins 2e gehen** *Schlag etc:* miss; **→ ausgehen** 7, *Magen* **Leere** *f a. fig* emptiness, void **leeren** *v/t allg* empty (*a.* **sich ~**), (*Glas*) *a.* drain, (*Teller*) *a.* clear

Leer|gewicht *n* dead weight **~gut** *n* WIRTSCH empties *Pl*

Leerkassette *f* blank cassette

Leerlauf *m* **1. a)** TECH idle running, **b)** MOT neutral (gear): **im ~ fahren** coast **2.** *fig* **a)** *im Betrieb:* wastage (of energy), **b)** running on the spot

Leertaste *f* space bar, space key

Leerung *f* emptying (*etc*): POST **nächste ~** next collection

Leer|zeichen *n* blank, space, **~zeile** *f* space, empty line

Lefzen *Pl* flews *Pl*

legal *Adj* legal, lawful: **auf ~em Wege** by legal means, lawfully **legalisieren** *v/t* legalize **Legalisierung** *f* legalization **Legalität** *f* legality, lawfulness: **außerhalb der ~** outside the law

Legasthenie *f* dyslexia

Legastheniker(in) dyslexic

Legat¹ *m* (papal) legate

Legat² *n* JUR legacy

legen I *v/t* **1.** put, place, (*hin~*) lay *s.o., s.th.* down: **ein Kind ins Bett ~** put a child to bed; *fig* **er legte die Entscheidung in m-e Hände** he placed the decision in my hands **2.** (*Teppich, Rohre, Kabel, Minen etc*) lay, (*Bombe*) plant **3.** (*zs.-legen*) fold **4.** (*Haare*) set: **bitte waschen und ~** shampoo and set, please **5.** ZOOL (*Eier*) lay **6. Karten ~** tell fortunes by the cards **7.** SPORT *j-n* **~** bring s.o. down **II** *v/refl* **sich ~ 8.** lie down: **sich ins Bett ~** go to bed *9. fig Wind, Zorn, Lärm etc:* die down, blow over, *Schmerz, Begeisterung etc:* wear off, *Spannung:* ease off **10.** *fig* **sich ~ auf** (*e-e Tätigkeit*) take up, go in for **11. sich j-m aufs Gemüt ~** (begin to) depress s.o. **III** *v/i* **12.** ZOOL lay (eggs)

legendär *Adj* legendary

Legende *f a. fig* legend

leger *Adj* casual, informal

Leggin(g)s *Pl* (pair of) leggings *Pl*

legieren *v/t* **1.** TECH alloy **2.** GASTR thicken **Legierung** *f* TECH alloy

Legion *f* legion

Legionär *m* legionnaire

Legislative *f* **1.** legislative body, legislature **2.** legislative power

Legislaturperiode *f* legislative period

legitim *Adj* legitimate **Legitimation** *f* **1.** legitimation, proof of identity, credentials *Pl* **2.** (*Berechtigung*) authority

legitimieren I *v/t* **1.** legitimate **2.** (*berechtigen*) authorize **II** *v/refl* **sich ~ 3.** prove one's identity

Legitimität *f* legitimacy

Leguan *m* ZOOL iguana

Lehen *n hist* fief

Lehm *m* loam, (*Ton*) clay, F (*Dreck*) mud **Lehmboden** *m* loamy soil

lehmig *Adj* loamy, F (*dreckig*) muddy

Lehne *f* (*Stuhl2*) back(rest), (*Arm2*) arm(rest) **lehnen** *v/t, v/i u.* **sich** lean (**an** *Akk*, **gegen** against): **sich aus**

dem Fenster ~ lean out of the window
Lehnstuhl *m* easy chair
Lehnwort *n* LING loan (word)
Lehr|amt *n* **1.** (*Beruf*) teaching (profession) **2.** (*Stellung*) teaching post **~anstalt** *f* educational establishment, school **~auftrag** *m* UNI teaching assignment, lectureship **~beauftragte** *m*, *f* UNI assistant (*Am*) associate) lecturer **~beruf** *m* **1.** PÄD teaching profession **2.** WIRTSCH skilled trade **~brief** *m* certificate of apprenticeship, (*Vertrag*) indentures *Pl* **~buch** *n* textbook
Lehre¹ *f* **1.** teaching(s *Pl*), (doctrine), (*Lehrmeinung*) theory, science: *die christliche ~* the Christian doctrine; *e-e ~ aufstellen* establish a theory **2.** (*Warnung*) lesson, (*Ratschlag*) (piece of) advice, *e-r Geschichte etc*: moral: *e-e ~ ziehen aus* draw a lesson from; *das sollte dir e-e ~ sein!* let that be a lesson to you! **3.** (*e-e ~ machen* serve one's) apprenticeship (*bei* with)
Lehre² *f* TECH ga(u)ge, (*Schablone*) model
lehren *v/t u. v/i* teach: *j-n lesen ~* teach s.o. (how) to read; *er lehrt Recht* UNI *a.* he lectures on law; *fig das wird die Zukunft ~* time will show
Lehrer *m* teacher, *Br a.* master, (*Fahr2, Ski2 etc*) instructor **Lehrer(aus)bildung** *f* teacher training **Lehrerfortbildung** *f* in-service training of teachers
Lehrerin *f* (lady) teacher, *Br a.* mistress
Lehrerkollegium *n* (teaching) staff, *bes Am a.* faculty **Lehrerkonferenz** *f* staff (*bes Am a.* faculty) meeting
Lehrerzimmer *n* staff room
Lehrfach *n* **1.** subject **2.** → *Lehramt* 1
Lehrgang *m* course (of instruction) (*für* in) **Lehrgeld** *n* **~ zahlen müssen** learn it the hard way **Lehrjahre** *Pl a.* fig (years *Pl* of) apprenticeship *Sg* **Lehrkörper** *m* teaching (UNI academic) staff **Lehrkraft** *f* teacher
Lehrling *m* apprentice, trainee
Lehr|meister *m* master **~methode** *f* teaching method **~mittel** *Pl* teaching aids *Pl* **~plan** *m* curriculum, syllabus
lehrreich *Adj* instructive, informative
Lehr|satz *m* **1.** MATHE theorem **2.** REL dogma **~stelle** *f* apprenticeship: *offene ~* vacancy for an apprentice **~stoff** *m* **1.** a) subject, b) *e-s einzelnen Fachs*: sub-

ject matter **2.** → *Lehrplan* **~stück** *n* THEAT didactic play **~stuhl** *m* UNI chair, professorship: *den ~ für Recht (inne-) haben* hold the chair of law **~tochter** *f* schweiz. apprentice **~vertrag** *m* articles *Pl* of apprenticeship **~werkstatt** *f* training workshop **~zeit** *f* apprenticeship
Leib *m* body, (*Bauch*) *a.* belly, (*Unter2*) abdomen, (*Mutter2*) womb: *am ganzen ~e zittern* tremble all over; *etw am eigenen ~e erfahren* experience s.th. for o.s.; F *zu ~e rücken* a) *j-m* press s.o. hard, attack s.o., b) *fig* e-m *Problem* tackle a problem; *sich j-n vom ~e halten* keep s.o. at arm's length; *~ und Leben riskieren* risk life and limb; *die Rolle war ihr auf den ~ geschrieben* she was made for the part; *mit ~ und Seele* heart and soul; → *lebendig* 1
Leibchen *n* österr., schweiz., südd **1.** (*Unterhemd*) vest, *Am* undershirt **2.** (*Sporttrikot*) shirt
Leibeigene *m*, *f* serf
leiben *v/i das ist Michael wie er leibt und lebt* that's Michael all over
Leiberl *n* österr. → *Leibchen*
Leibes|kräfte *Pl aus ~n* with all one's might, *schreien etc*: at the top of one's voice **~übungen** *Pl* physical exercise (PÄD education) *Sg*
Leibgericht *n* favo(u)rite dish
leibhaftig I *Adj* real, true: *das ~e Ebenbild* the living image; *der ~e Teufel* the devil incarnate **II** *Adv* in person, in the flesh **leiblich** *Adj* **1.** bodily, physical: *~es Wohl* physical well-being, *weit. S.* creature comforts *Pl*; *für das ~e Wohl ist gesorgt* food and drink will be provided **2.** (*blutsverwandt*) full, own, *Eltern, Erbe*: natural: *~er Bruder* blood brother; *ihr ~er Sohn* her own son
Leibrente *f* life annuity
Leibschmerzen *Pl* stomach-ache *Sg*
Leib|wache *f*, **~wächter(in)** bodyguard
Leibwäsche *f* underwear
Leiche *f* (dead) body, corpse: *fig über ~n gehen* stop at nothing; F *nur über m-e ~!* over my dead body!
Leichen|begängnis *n* funeral **~bestatter** *m* undertaker **2blass** *Adj* deathly pale **~halle** *f* mortuary **~hemd** *n* shroud **~rede** *f* funeral oration **~schauhaus** *n* morgue **~starre** *f* MED rigor mortis **~tuch** *n a. fig* shroud **~verbrennung**

f cremation **~wagen** *m* hearse **~zug** *m* funeral procession

Leichnam *m* (dead) body, corpse

leicht I *Adj* **1.** *allg* light (*a. fig Arbeit, Lektüre, Musik, Regen, Schlag, Speisen, Wein etc*), TECH *a.* lightweight, (*mild*) *a.* mild (*a.* PHARM, *Tabak etc*), (*sanft*) *a.* gentle: **e-e ~e Erkältung** a slight cold; **er hat e-e ~e Bronchitis** he has a mild case (F a touch) of bronchitis; **~e Steigung** gentle slope; F **~es Mädchen** hussy; *fig* **mit ~er Hand** effortlessly; **etw auf die ~e Schulter nehmen** make light of s.th. **2.** (*einfach*) easy, simple: **~er Sieg** walkover; **das ist ~ that's** easy; **nichts ~er als das!** no problem at all!; **sie hat es nicht ~** (**mit ihm**) she is having a rough time (with him); **es war ihm ein Les** it was easy for him **3.** (*gering, a.* JUR) slight, minor, *Strafe:* mild: **~er Fehler** slight (*od minor*) mistake; **~e Verletzung** minor injury **II** *Adv* **4.** lightly (*etc*): **etw ~ berühren** touch s.th. gently (*od* lightly); **~ bekleidet** lightly (*stärker:* scantily) dressed **5.** easily: **sie ist ~ gekränkt** she is easily offended; **sie lernt ~** she is a good learner; **das schaffe ich ~** I can manage that easily; **sich mit e-r Sache ~ tun** find s.th. easy, find it easy to do s.th.; **es ist ~ möglich** it is well possible; **das ist ~ gesagt** it's not as easy as that; **~er gesagt als getan** easier said than done; **es ~ nehmen** take it easy; **nimms ~!** take it easy!; *fig so etw fällt ihm ~** he finds that sort of thing easy; **es fällt ihm nicht ~** it isn't easy for him; **j-m etw ~ machen** make s.th. easy for s.o.; **sich das Leben ~ machen** take it easy; **du machst es dir zu ~!** it's not as easy as that! **6.** slightly: **ich bin ~ erkältet** I've (got) a slight cold; **~ entzündlich** inflammable; **~ verdaulich** easily digestible, light; **~ verderblich(e Waren** *Pl*) perishable(s *Pl*); **~ verständlich** easy to understand; **~ verwundet** *Adj* lightly wounded

Leicht|athlet(in) (track-and-field) athlete **~athletik** *f* (track-and-field) athletics *Pl* (*a. Sg konstr*) **~bauweise** *f* lightweight construction **~benzin** *n* light petrol (*Am* gasoline) **~beton** *m* lightweight concrete

leichtblütig *Adj* lighthearted, sanguine

Leichter *m* SCHIFF lighter

leichtfertig *Adj* **1.** light, frivolous **2.** (*unbedacht*) careless, (*fahrlässig*) irresponsible **Leichtfertigkeit** *f* **1.** frivolity **2.** (*Unbedachtheit*) carelessness

leichtfüßig *Adj* light-footed **Leichtgewicht** *n* SPORT lightweight

leichtgläubig *Adj* gullible

Leichtgläubigkeit *f* gullibility

leichthin *Adv* airily, casually

Leichtigkeit *f* lightness, *fig a.* easiness, ease: **mit (größter) ~** (very) easily

leichtlebig *Adj* easy-going

Leichtlohngruppe *f* low-wage unskilled labo(u)r

Leicht|matrose *m*, **~matrosin** *f* ordinary seaman

Leichtmetall *n* light metal

Leichtsinn *m* **1.** carelessness, *stärker:* recklessness: **sträflicher ~** criminal negligence **2.** frivolity, flightiness

leichtsinnig *Adj* **1.** careless, *stärker:* reckless, (*unbedacht*) rash **2.** frivolous, flighty **leichtsinnigerweise** *Adv* carelessly (enough)

leid *Adj präd ich bin es* ~ a) I'm tired of it, b) *etw zu tun* I'm tired of doing s.th.

Leid *n* **1.** grief, sorrow, (*Unglück*) misfortune: **j-m sein ~ klagen** pour out one's heart to s.o.; **Freud** *und* **~ mit j-m teilen** share one's joys and sorrows with s.o. **2.** (*Schaden*) harm, (*Unrecht*) wrong: **j-m ein ~ zufügen** harm s.o. **3.** (*es*) *tut mir ~!* (I'm) sorry!; **es tut mir ~ a) um** I feel sorry for, **b) dass ...** I am (so) sorry that ...; **das tut mir aber ~!** I'm sorry to hear that!; *es tut mir (ja) ~, aber ich kann nicht kommen etc* I'm afraid I can't come *etc*; **sie tut mir ~** I feel sorry for her; **das wird dir noch ~ tun!** you'll regret it!; *zu* ~ → **zuleide**

leiden I *v/t* **1.** suffer, bear, endure: *Hunger* ~ *a.* starve; → *Not* **1 2.** (*nicht*) ~ *können* (dis)like; *ich kann ihn (es) nicht* ~ *a.* I can't stand him (it); *er war dort nur geduldet* he was only tolerated there **II** *v/i* **3.** suffer (*an Dat, unter Dat* from), (*Schmerzen haben*) be suffering, be in pain: *s-e Gesundheit hat darunter gelitten* it told on his health

Leiden *n* **1.** suffering **2.** MED disease, illness, (*Beschwerden*) complaint

leihen	borrow/lend
<u>sich</u> etwas leihen (*man bekommt etwas*)	**borrow**
Kann ich mir kurz deinen Kuli leihen? Ich musste mir 20 Mark leihen.	**Can I borrow your pen for a minute?** **I had to borrow 20 marks.**
etwas <u>ver</u>leihen (*man gibt etwas weiter*)	**lend,** *Am* **loan**
Kannst du mir 20 Mark leihen? Ich habe ihr meinen Schirm geliehen.	**Can you lend** (*Am* **loan**) **me 20 marks?** **I lent** (*Am* **loaned**) **her my umbrella.**

leidend *Adj* suffering, (*krank*) ailing, sickly: **~ aussehen** look ill
Leidenschaft *f* passion: **Autos sind s-e ~** cars are his passion
leidenschaftlich *Adj* passionate, (*glühend*) *a.* ardent: *Adv* **ich esse ~ gern Pizza** I just love pizza **Leidenschaftlichkeit** *f* passionateness, ardo(u)r
leidenschaftslos *Adj* dispassionate
Leidensgenosse *m*, **Leidensgenossin** *f* fellow sufferer **Leidensgeschichte** *f* **1.** **die ~** (*Christi*) Christ's Passion **2.** *fig* sad story, *iron* tale of woe
Leidensmiene *f iron* doleful expression
Leidensweg *m fig* **ihr Leben war ein einziger ~** hers was a life of suffering
leider *Adv* unfortunately: **~!** *a.* alas!: **ich muss ~ gehen** (I am) sorry, but I must be going; I am afraid I have to go; **ja, ~!** I'm afraid so; **~ nein, ~ nicht** unfortunately not, I'm afraid not
leidgeprüft *Adj* sorely tried
leidig *Adj* tiresome, unpleasant
leidlich *Adj* tolerable, passable: *Adv* **mir geht es ~** I'm not too bad
Leidtragende *m*, *f* **1.** mourner: **die ~n** the bereaved **2.** **er ist** (*immer*) **der ~** he is (always) the one to suffer
Leidwesen *n* **zu m-m ~** to my regret
Leier *f* MUS *hist* lyre: F *fig* **immer die alte ~** always the same old story
Leierkasten *m* barrel organ
Leierkasten|frau *f*, **~mann** *m* organ-grinder
Leih|arbeit *f* contract work **~bibliothek** *f*, **~bücherei** *f* lending library

leihen *v/t* **1.** **j-m etw ~** lend (*bes Am* loan) s.o. s.th. **2.** **sich etw ~** borrow s.th. (**bei, von** from)
Leihfrist *f* lending period
Leihgabe *f* KUNST loan **Leihgebühr** *f* hire charge, *für Bücher:* lending fee **Leihhaus** *n* pawnshop **Leihmutter** *f* surrogate mother **Leihwagen** *m* hire car **leihweise** *Adv* on loan
Leim *m* glue: F **aus dem ~ gehen a)** come apart, **b)** *fig Ehe etc:* break up, **c)** *fig Person:* grow fat; *fig* **j-m auf den ~ gehen** be taken in by s.o. **leimen** *v/t* **1.** glue (together) **2.** F *fig* **j-n ~** take s.o. for a ride **Leimfarbe** *f* glue colo(u)r
Lein *m* BOT flax
Leine *f* (*Schnur*) string, cord, (*Wäsche⌂*) clothes) line, (*Hunde⌂*) leash, lead, (*Angel⌂*) (fishing) line: **den Hund an die ~ nehmen** (**an der ~ führen**) put (keep) the dog on the lead; *fig* **j-n an der ~ halten** keep s.o. on a short lead; F **~ ziehen** push off, *sl* scram
leinen *Adj* linen **Leinen** *n* **1.** linen, (*Segeltuch*) canvas **2.** BUCHDRUCK cloth: **in ~ gebunden** clothbound **Leinenschuh** *m* canvas shoe
Leinöl *n* linseed oil
Leinsamen *m* BOT linseed
Leintuch *n* **1.** (*Stoff*) linen **2.** (*Laken*) sheet
Leinwand *f* **1.** (*Zelt⌂ etc*) canvas (*a.* MALEREI) **2.** (*Film⌂ etc*) screen **Leinwandknüller** *m* FILM blockbuster film (*od* movie)
leise *Adj* quiet, *Stimme etc: a.* low, soft

L

(*a. Musik, Ton etc*): **sei(d) ~!** be quiet!, don't make such a noise!; *das Radio ~(r) stellen* turn the radio down; *auf ~n Sohlen* treading softly; *fig ich habe nicht die ~ste Ahnung* I haven't the faintest idea; *Adv* (*sprich*) **~(r)!** not so loud!

Leiste *f* **1.** ANAT groin **2.** (*Latte*) lath, (*Holz2*) strip of wood **3.** ARCHI fillet

leisten *v/t* **1.** do, manage, (*vollbringen*) achieve, accomplish, (*erfüllen*) perform (*a.* JUR): *gute Arbeit ~* do a good job; *Erstaunliches ~* achieve amazing things **2.** (*gewähren*) render: *für geleistete Dienste* for services rendered; *j-m Beistand ~ → beistehen*; *Ersatz ~* provide a replacement; *Zahlungen ~* make payments; *→ Beitrag, Eid etc* **3.** F *sich etw ~* **a)** afford s.th., (*gönnen*) treat o.s. to s.th., **b)** *fig* (*erlauben*) get up to (*od* do) s.th.; *ich kann mir (k)ein Auto ~* I can('t) afford a car; *fig ich kann mir das nicht ~* I can't afford to do that; *er darf sich k-n Fehler mehr ~* he can't afford another mistake; *was hat er sich da wieder geleistet?* what has he been up to again?

Leisten *m* last: *fig alles über einen ~ schlagen* measure everything by the same yardstick

Leistenbruch *m* MED inguinal hernia

Leistung *f* **1.** *allg, a.* WIRTSCH, PÄD, Sport, TECH *etc* performance, (*Großtat*) achievement, feat, (*Arbeits2*) work, (*Ausstoß*) output, (*Ergebnis*) result(s *Pl*), ELEK, PHYS, TECH *a.* power, *Leistung als Einheit*: wattage, *abgegebene*: output, *aufgenommene*: input: *schulische ~en* achievements at school; *nach ~ bezahlt werden* be paid by results; *e-e gute ~ bringen* make a good showing; F *e-e reife ~!* (*iron* jolly) good show!; *schwache ~!* poor show! **2.** (*Dienst2*) service(s *Pl*) rendered, (*Sozial2*) contribution, (*Versicherungs2 etc*) benefit, (*Zahlung*) payment

leistungs|berechtigt *Adj Versicherter*: entitled to claim **2beurteilung** *f* rating **~bezogen** *Adj* performance-oriented **2denken** *n* performance-oriented outlook **2druck** *m* pressure (to perform) **~fähig** *Adj allg* efficient, TECH *a.* powerful, *körperlich*: fit, WIRTSCH productive **2fähigkeit** *f allg* efficiency,

TECH *a.* power, capacity, *körperliche*: fitness, WIRTSCH productivity, PÄD *etc* ability **~gerecht** *Adj u. Adv* according to performance

Leistungs|gesellschaft *f* achievement-oriented society **~knick** *m* sudden drop in performance **~kontrolle** *f* PÄD achievement control **~kurs** *m* PÄD achievement control **~geschichte** I am taking history as a) special subject **~lohn** *m* WIRTSCH achievement wage(s *Pl*) **~niveau** *n* standard (of performance), PÄD *a.* achievement level **2orientiert** *Adj* achievement-oriented **~prinzip** *n* performance principle **~prüfung** *f* performance (PÄD achievement) test **~schild** *n* TECH rating plate **2schwach** *Adj* low-performance, inefficient (*beide a.* TECH), weak **~soll** *n* target **~sport** *m* competitive sport(s *Pl*) **~sportler(in)** competitive athlete **~stand** *m* performance level **2stark** *Adj* (highly) efficient, *a.* TECH high-performance, powerful **2steigernd** *Adj* performance-enhancing **~steigerung** *f* increase in performance (*od* efficiency *etc*), improvement **~test** *m → Leistungsprüfung* **~träger(in)** top performer **~wettbewerb** *m* WIRTSCH efficiency contest **~wille** *m* will to achieve **~zentrum** *n* SPORT training cent/re (*Am* -er) **~zuschlag** *m* efficiency bonus

Leitartikel *m* editorial, *bes Br* leading article, *leading* **Leitartikler(in)** editorial (*bes Br* leader) writer

Leitbild *n* model, example

leiten *v/t* **1.** *allg* lead, (*j-n*) *a.* guide, (*anführen*) head, (*verwalten*) run, manage, be in charge of, (*Verkehr*) direct, route (*über Akk* over); *e-e Sitzung* (*Diskussion etc*) *~* chair a meeting (discussion *etc*); SPORT *das Spiel ~* (be the) referee; *ein Orchester ~* conduct an orchestra; *wer leitet die Delegation?* who is the head of the delegation? **2.** (*weiter~*) pass on (*an Akk* to) **3.** PHYS (*a. v/i*) conduct

leitend *Adj* **1.** leading, guiding, WIRTSCH managing, executive: *~e(r) Angestellte(r)* executive; *~e Stellung* managerial (*bes Am* executive) post **2.** PHYS (*nicht*) *~* (non)conductive

Leiter¹ *m* **1.** *allg* leader, (*Abteilungs2 etc*) head, (*Firmen2 etc*) managing di-

rector, manager, (Schul2) headmaster, *bes Am* principal, (Chor2, Orchester2) conductor **2.** PHYS conductor

Leiter² *f a. fig* ladder

Leiterin *f* leader, (Chefin) head, manageress, (Schul2) headmistress, *bes Am* principal, (Chor2 etc) conductress

Leitersprosse *f* rung (of a ladder)

Leiterwagen *m* (hand)cart

Leitfaden *m* textbook, manual, guide

leitfähig *Adj* PHYS conductive

Leitfähigkeit *f* conductivity

Leit|gedanke *m* central theme **~hammel** *m a. fig pej* bellwether **~kultur** *f* POL defining culture **~linie** *f* **1.** MOT white line **2.** *Pl fig* guidelines *Pl* **~motiv** *n* MUS leitmotiv, *fig a.* keynote **~planke** *f* MOT crash barrier, *Am* guard rail **~prinzip** *n*, **~satz** *m* guiding principle **~spruch** *m* motto **~stelle** *f* central office **~strahl** *m* FLUG guide beam **~studie** *f* pilot study **~tier** *n* leader

Leitung *f* **1.** leadership, WIRTSCH management, *a. künstlerische*: direction, *e-r Veranstaltung*: organization, (Verwaltung) administration, (Aufsicht) supervision, control: *die ~ haben von* (od Gen) be in charge of, be the head of, head; *unter s-r ~* under his direction; MUS *unter der ~ von X* conducted by X **2.** (die Leiter) the leaders *Pl*, management **3. a)** PHYS conduction, ELEK transmission, **b)** ELEK: TECH line, (Rohr2) pipeline, (Gas2, Strom2, Wasser2 etc) main(s *Pl*), **c)** ELEK (Kabel) lead **4.** TEL line: *die ~ ist besetzt* the line is busy (od engaged); F *fig e-e lange ~ haben* be slow in the uptake

Leitungs|mast *m* pole, pylon **~netz** *n* supply network, *für Wasser, Gas etc*: mains system **~schnur** *f* ELEK cord, *bes Br* flex **~wasser** *n* tap water

Leitwährung *f* WIRTSCH key currency

Leitwerk *n* FLUG tail unit

Leitzins *m* central bank discount rate

Lektion *f* PÄD unit: F *fig j-m e-e ~ erteilen* teach s.o. a lesson

Lektor *m*, **Lektorin** *f* **1.** UNI lecturer **2.** (Verlags2) reader

Lektüre *f* (leichte etc ~ light etc) reading, (Lesestoff) *a.* reading matter

Lemming *m* ZOOL *u. fig* lemming

Lende *f* ANAT, GASTR loin

Lenden|gegend *f* ANAT lumbar region

~schurz *m* loincloth **~stück** *n* GASTR sirloin **~wirbel** *m* lumbar vertebra

Leninist(in), **leninistisch** *Adj* Leninist

lenkbar *Adj* **1.** TECH manoeuvrable, *Am* maneuverable, *Rakete*: guided **2.** *Kind etc*: tractable **lenken** *v/t* **1.** *allg* steer, (fahren) *a.* drive **2.** *fig* direct, guide, (Staat) govern, (Wirtschaft etc) control **3.** *fig j-s Aufmerksamkeit ~ auf* (Akk) direct (od draw) s.o.'s attention to; *die Unterhaltung ~ auf* (Akk) steer the conversation round to; *den Verdacht ~ auf* (Akk) throw suspicion on

Lenker *m* (Lenkrad) steering wheel, (Lenkstange) handlebar

Lenker(in) driver

Lenkrad *n* MOT steering wheel **~schaltung** *f* (steering-)column gear change (*Am* shift) **~schloss** *n* steering-column (od steering-wheel) lock

lenksam → **lenkbar** 2

Lenksäule *f* MOT steering column (od post) **Lenkstange** *f* handlebar

Lenkung *f* **1.** steering (etc, → **lenken**) **2.** TECH steerage, guidance, control (*a.* WIRTSCH) **3.** MOT steering mechanism

Lenz *m* **1.** *rhet* spring(tide) **2.** *Pl fig* (Lebensjahre) summers *Pl*

lenzen SCHIFF **I** *v/t* pump out **II** *v/i* scud

Leopard *m* ZOOL leopard

Lepra *f* MED leprosy **~kranke** *m*, *f* leper

Lerche *f* ZOOL lark

lernbar *Adj* learnable

lernbegierig *Adj* eager to learn, keen

lernbehindert *Adj* learning-disabled

Lerneifer *m* eagerness to learn, studiousness

lernen *v/t u. v/i* learn (aus, bei, von from), (studieren) study: *kochen ~* learn (how) to cook; *er lernt gut* (*schlecht*) he is a good (slow) learner; *etw auswendig ~* learn s.th. by heart; F *er lernt Autoschlosser* he's training as a car mechanic (bei at); *sie hilft ihrer Mutter lernen jeden Tag mit ihr* her mother helps her with her homework every day; *aus s-n Fehlern ~* learn from one's mistakes; *j-n (etw) schätzen ~* come to appreciate s.o. (s.th.); *das will gelernt sein!* that's not so easy!; F *manche ~s nie!* some people never learn!; → *gelernt*; → *Info-Fenster S. 384*

lernen   **learn/study**

△ „Lernen" ist nicht unbedingt gleich **learn**. Wenn man für eine Prüfung, einen Abschluss *etc* lernt, heißt es **study** bzw. bei Wiederholung von Stoff **revise**.

learn

Kinder lernen schnell.	**Children learn quickly.**
Schlittschuhlaufen lernen	**learn to skate**
ein Gedicht auswendig lernen	**learn a poem by heart**

study

Was macht Peter? – Er lernt.	**What's Peter doing? – He's studying.**

revise

Ich muss für die Prüfung morgen lernen.	**I've got to revise for tomorrow's exam.**

Lernende *m, f,* **Lerner(in)** learner
lernfähig *Adj* able to learn
Lern|hilfe *f* learning aid **~mittelfreiheit** *f* free learning aids *Pl*
Lernprogramm *n* **1.** *allg* learning software (*od* tool): **multimediale ~e** multimedia learning tools **2.** (*Anleitung zu e-r Computeranwendung*) tutorial **3.** *auf Sprachen bezogen:* CALL application **4.** (*Selbstlernprogramm*) self-study course
Lern|prozess *m* learning process **~schwester** *f* MED trainee nurse **~spiel** *n* educational game **~stoff** *m* subject matter **~ziel** *n* educational objective
Lesart *f* reading, version (*a. fig*)
lesbar *Adj* legible, (*lesenswert*) readable
Lesbe *f* F dike (*sl*)
Lesbierin *f,* **lesbisch** *Adj* lesbian
Lese *f* LANDW gathering, (*Wein2*) vintage
Lese|brille *f* reading glasses *Pl* **~buch** *n* reading book, reader **~gerät** *n* TECH reader **~kopf** *m* COMPUTER read(ing) head **~lampe** *f* reading lamp

lesen¹ I *v/t* **1.** read: **falsch ~** misread; **flüchtig ~** skim (through); **s-e Schrift ist kaum zu ~** his handwriting is hard to decipher; **er hat viel gelesen** he is well-read; **das Buch liest sich gut** the book reads well; **da war** (*od* **stand**) **zu ~, dass ...** it said there that ...; *fig* **etw in j-s Augen** (**Gesicht**) **~** see s.th. in s.o.'s eyes (face); → **Messe 2.** UNI lecture on **II** *v/i* **3.** read (*in Dat* in, *aus* from) **4.** UNI lecture (**über** *Akk* on)
lesen² *v/t* gather, (*Ähren*) glean, (*Wein*) vintage
lesenswert *Adj* worth reading
Leseprobe *f* THEAT reading rehearsal
Leser(in) reader
Leseratte *f* F bookworm
Leserbrief *m* reader's letter, *an e-e Zeitung:* letter to the editor
Leserkreis *m* readers *Pl:* **e-n großen ~ haben** be widely read
leserlich *Adj* legible **2keit** *f* legibility
Lese|saal *m* reading room **~stoff** *m* reading (matter) **~stück** *n* PÄD reading (selection) **~zeichen** *n* bookmark
Lesung *f* reading: PARL **in zweiter ~** on second reading
Lethargie *f* lethargy
Lette *m,* **Lettin** *f,* **lettisch** *Adj* Latvian
Lettland *n* Latvia
letzt *Adj* **1.** *allg* last, (*endgültig*) *a.* final, (*später*) *a.* latter, (*ehemalig*) *a.* former, *Neuheit etc:* latest: **~en Sonntag** last Sunday; **im ~en Sommer** last summer; **in ~er Zeit** lately, recently; **~en Endes** after all; **2e(r) sein** be last; **als 2e(r) gehen** go last, be the last to go; **er wäre der 2e, dem ich vertrauen würde** he is the last person I would trust; **das wäre das 2e, was ich tun würde** that's the last thing I would do; F **das (er) ist doch das 2e!** that (he) is the absolute end!; **m-e ~en Ersparnisse** the last of my savings; → **Hand, Mal², Schrei etc 2.** (*äußerst*) last, extreme: **bis ins 2e** down to the last detail; **bis zum 2en aushalten** hold out to the end; **bis aufs 2e ausplündern** *etc* completely, totally; → **Ehre, herausholen 2, Kraft 1, Ölung 2 3.** F (*schlecht*) poorest, worst: **das ist der ~e Mist** that's absolute rubbish; → **Dreck 1**
Letzt: **zu guter ~** in the end, at long last
letztemal → **Mal²**

L

letztendlich → *letztlich*

letztens → *letzthin*

Letztere *Adj der* (**die, das**) ~ the latter

letztgenannt *Adj the* last-mentioned

letzthin *Adv* lately **letztjährig** *Adj das* **~e Festival** last year's festival

letztlich *Adj* **1.** ultimately, in the end **2.** (*doch*) after all

letztwillig *Adj* JUR testamentary, *a. Adv* by will: **~e Verfügung** last will (and testament)

Leucht|bombe *f* flare (bomb) **~diode** *f* light-emitting diode

Leuchte *f* **1.** lamp, light **2.** F *fig* luminary: *er ist k-e große* ~ he is no genius

leuchten *v/i* shine, (*auf~*) flash, *fig Augen:* light (up), (*glänzen*) shine, sparkle: *mit e-r Lampe* ~ shine a light; *j-m* ~ light the way for s.o., *beim Suchen etc:* shine the torch for s.o.; *j-m ins Gesicht* ~ shine the (*od a*) lamp (*od torch*) in s.o.'s face **leuchtend** *Adj* shining (*a. fig Beispiel etc*), *Farbe etc:* bright, *Zifferblatt etc:* luminous: *fig etw in ~en Farben schildern* paint s.th. in glowing colo(u)rs **Leuchter** *m* candlestick, (*Wand~*) sconce, (*Kron~*) chandelier

Leucht|faser *f* luminous paint **~feuer** *n* beacon **~gas** *n* city gas, coal gas **~kraft** *f* luminosity **~kugel** *f* (signal) flare **~pistole** *f* flare pistol **~reklame** *f* luminous advertising, neon lights *Pl* **~röhre** *f* neon tube (*od* lamp) **~schirm** *m* fluorescent screen **~spurgeschoss** *n* tracer bullet **~stift** *m* highlighter **~stoffröhre** *f* fluorescent lamp (*od* tube) **~turm** *m* lighthouse **~zeiger** *m* luminous hand

Leuchtzifferblatt *n* luminous Dialekt

leugnen I *v/t* deny: ~, *etw getan zu haben* deny having done s.th.; *es lässt sich nicht* ~, *es ist nicht zu* ~ it cannot be denied, it is undeniable **II** *v/i* deny everything, JUR deny the charge

Leukämie *f* MED leuk(a)emia

Leumund *m* reputation

Leumundszeugnis *n* certificate of good character

Leute *Pl* people *Pl* (*a.* F *Mitarbeiter etc*), MIL *etc a.* men *Pl*, (*Arbeiter*) *a.* men *Pl*, workers *Pl:* *die* ~ people; *m-e* ~ (*Familie*) my people, F my folks *Pl*; F *hallo, ~!* hi, folks!; *es waren etwa 20* ~ *da* there were about 20 persons present; *etw un-*

ter die ~ *bringen* make s.th. public

Leutnant *m* MIL second lieutenant (*a.* FLUG *Am*), FLUG pilot officer: ~ *zur See* acting sublieutenant, *Am* ensign

leutselig *Adj* affable

Leviten *Pl j-m die* ~ *lesen* read s.o. the riot act

Levkoje *f* BOT stock

lexikalisch *Adj* lexical

Lexikograph(in) lexicographer

Lexikographie *f* lexicography

lexikographisch *Adj* lexicographical

Lexikon *n* **1.** encyclop(a)edia **2.** dictionary

Libanese *m*, **Libanesin** *f*, **libanesisch** *Adj* Lebanese

Libanon *m der* Lebanon

Libelle *f* **1.** ZOOL dragonfly **2.** TECH water level, (*Blase*) bubble

liberal *Adj*, **Liberale** *m*, *f* liberal, POL Liberal **liberalisieren** *v/t* liberalize

Liberalismus *m* liberalism

Liberalität *f* liberality

Liberia *n* Liberia

Libero *m Fußball:* libero

Libido *f* PSYCH libido

Libretto *n* libretto

Libyen *n* Libya

Libyer(in), **libysch** *Adj* Libyan

licht *Adj* **1.** (*hell*) bright: PSYCH *u. fig* **~er Augenblick** lucid interval **2.** *Wald:* thin, *Haar: a.* thinning **3.** TECH **~e Höhe** clear height, *e-r Durchfahrt:* overhead clearance; **~e Weite** inside width

Licht *n* **1.** light, (*Tages~*) daylight: ~ *machen, das* ~ *anmachen* turn on the light(s); *fig bei* ~(*e*) *besehen* on closer inspection, (*streng genommen*) strictly speaking; *ans* ~ *bringen* (*kommen*) bring (come) to light; ~ *bringen in* (*Akk*) throw light on; *das* ~ *der Welt erblicken* see the light of day, be born; *etw in e-m anderen* ~ *erscheinen lassen* reveal s.th. in a different light; F *j-n hinters* ~ *führen* deceive (*od* dupe) s.o.; *etw ins rechte* ~ *rücken* put s.th. in its true light; *das* ~ *scheuen* shun the light; *ein schlechtes* (*od schiefes*) ~ *werfen auf* (*Akk*) show s.o., s.th. in a bad light **2.** (*~quelle*) light, (*Lampe*) lamp, (*Kerze*) candle: *bei* ~ *arbeiten* work by lamplight; *die* ~*er der Großstadt* the lights of the city; F *er ist kein großes* ~ he is no genius;

mir geht ein ~ auf I see (daylight); *j-m ein ~ aufstecken* open s.o.'s eyes; → *grün, Scheffel* **3.** KUNST (high)light **4.** *~er Pl* JAGD eyes *Pl*

Licht|anlage f lighting system **~bild** n photo(graph), (*Dia*) slide **~bildervortrag** m slide lecture **~blick** m fig ray of hope, (*Trost*) comfort: *der einzige ~ (in m-m Leben)* the only bright spot (in my life) **~bogen** m ELEK arc

lichtbrechend *Adj* OPT refractive

lichtdurchlässig *Adj* permeable to light

lichtecht *Adj* lightproof, nonfading

lichtempfindlich *Adj* sensitive to light, light-sensitive, OPT, FOTO (photo-)sensitive: *~ machen* FOTO sensitize **Lichtempfindlichkeit** f sensitivity to light, (light-)sensitivity, FOTO speed

lichten¹ I *v/t* **1.** (*Wald, Reihen etc*) thin (out) **II** *v/refl* **sich ~ 2.** *Nebel etc:* clear, lift **3.** *Haare, Reihen, Wald etc:* be thinning (out), *Vorräte etc:* dwindle

lichten² *v/t* **den Anker ~** weigh anchor

lichterloh *Adv* **~ brennen** be ablaze

Licht|filter n, m FOTO light filter **~geschwindigkeit** f (*mit ~* at) speed of light **~griffel** m COMPUTER light pen **~hof** m **1.** ARCHI atrium **2.** ASTR, FOTO, TV halo **~hupe** f (*mit ~* MOT (headlamp) flasher: *die ~ betätigen* flash one's lights **~jahr** n light year **~kegel** m cone of light **~leitung** f ELEK light circuit (*od* mains *Pl*) **~maschine** f MOT dynamo **~orgel** f colo(u)r organ **~quelle** f source of light **~schacht** m ARCHI light well **~schalter** m ELEK light switch **2scheu** *Adj* **1.** shunning the light **2.** fig shady **~schranke** f photoelectric barrier **~schutzfaktor** m protection factor **2stark** *Adj* FOTO *Objektiv:* fast **~stärke** f luminous intensity, FOTO speed **~stift** m COMPUTER light pen **~strahl** m ray (*od* beam) of light

lichtundurchlässig *Adj* opaque

Lichtung f clearing

Lid n eyelid **Lidschatten** m eye shadow

lieb *Adj allg* dear, (*liebenswert*) a. sweet, (*nett*) nice, kind, (*artig*) good: **2er Herr X** im Brief: Dear Mr. X; **sei ~!** be good!; **sei(en Sie) so ~!** be a dear!, do you mind?; **sei(en Sie) so ~ und ...** do me a favo(u)r and ...; *es ist mir ~, dass ...* I am glad that ...; *es*

ist mir nicht ~, dass ... I don't like it that ...; *mehr als mir ~ war* more than I really wanted; fig *das ~e Geld* always the money; *~ gewinnen* grow (very) fond of; *~ haben* love, be fond of; *sich bei j-m ~ Kind machen* ingratiate o.s. with s.o.; → *Gott, lieber, liebst*

liebäugeln *v/i fig* **~ mit** have one's eye on, flirt with the idea of *Ger*

Liebchen n love, sweetheart

Liebe¹ f **1.** (*zu*) love (of, for), (*Zuneigung*) affection (for): *die große ~* the love of one's life; *aus ~ zu* out of love for; *aus ~ heiraten* marry for love; *mit ~ schmücken etc* with loving care; *~ macht blind* love is blind; *die ~ geht durch den Magen* the way to a man's heart is through his stomach **2.** (*körperliche*) ~ love(making), sex **3.** F (*Person*) sweetheart, love, flame

Liebe² m, f dear (person): *m-e ~!* my dear (girl)!; *mein ~r!* my dear man!; *m-e ~n!* my dears!

liebebedürftig *Adj* **~ sein** need a lot of affection

Liebelei f flirtation

lieben I *v/t* **1.** love, (*gern haben*) a. like: *sich ~* love each other, (*einander*) make love; *er liebt es nicht, wenn ...* he doesn't like it if ...; *ich würde ~d gern kommen* I'd love to come; *~d gern!* gladly! **2.** *j-n ~ sexuell:* make love to s.o. **II** *v/i* **3.** (*be in*) love **4.** *sexuell:* make love **Liebende** m, f lover

liebenswert *Adj* lovable, amiable

liebenswürdig *Adj* kind, obliging: *sehr ~ von Ihnen!* very kind of you!

liebenswürdigerweise *Adv* kindly

Liebenswürdigkeit f **1.** kindness **2.** *Pl* a) compliments *Pl*, b) *iron* insults *Pl*

lieber *Adv* (*eher*) rather, sooner, (*besser*) better: *~ haben (als)* prefer (to), like s.o., sth. better (than); *du solltest ~ gehen* you had better go; *mst iron ich wüsste nicht, was ich ~ täte!, nichts ~ als das!* there's nothing I'd like better; (*ich möchte*) *~ nicht!* I would (*od* I'd) rather not!

Liebes|abenteuer n, **~affäre** f love affair **~brief** m love letter **~dienst** m → *Gefallen¹* **~entzug** m PSYCH deprivation **~erklärung** f declaration of love: (*j-m*) *e-e ~ machen* declare one's love (to s.o.) **~erlebnis** n **1.** experience of

love **2.** love (affair) **~gabe** f (charitable) gift **~gedicht** n love poem **~geschichte** f love story **~heirat** f love match **~kummer** m lovesickness: **~ haben** be lovesick **~leben** n love life **~lied** n love song **~mühe** f *das ist verlorene ~!* that's a waste of time! **~paar** n (pair of) lovers *Pl*, courting couple **~roman** m romance **~spiel** n loveplay **~szene** f love scene

liebevoll *I Adj* loving, affectionate **II** *Adv* **~ pflegen** take loving care of

Liebhaber m **1.** *allg* lover, (*Fan*) a. enthusiast, fan, (*Sammler*) collector, (*Kenner*) connoisseur: **~** *der Kunst etc* art *etc* lover **2.** THEAT *jugendlicher ~* juvenile lead **Liebhaber...** collector's (*price, item, value*)

Liebhaberei f *fig* (*aus* ~ as a) hobby

Liebhaberin f **1.** → **Liebhaber** 1 **2.** THEAT *jugendliche ~* jeune première

liebkosen v/t, **Liebkosung** f caress

lieblich *Adj* **1.** lovely, charming, sweet, (*reizend*) delightful, pleasant **2.** *Wein:* mellow, *Duft:* sweet **Lieblichkeit** f loveliness, charm, sweetness

Liebling m darling, favo(u)rite, (*Kind, Tier*) pet: **~!** (my) love!, darling! **Lieblings...** favo(u)rite **~schüler(in)** teacher's pet **~thema** n pet subject

lieblos *Adj* loveless, *Worte etc:* unkind, *Eltern etc:* uncaring; *Adv* **~** *zubereitet* prepared carelessly (F any old how)

Lieblosigkeit f unkindness, coldness

Liebreiz m charm, grace

Liebschaft f (love) affair

liebst *I Adj* dearest, (*bevorzugt*) favo(u)rite: *m-e ~e Sendung etc* a. the program(me) *etc* I like best **II** *Adv am ~en* best (*od* most) of all; *am ~en spiele ich Tennis* I like tennis best; *es wäre mir am ~en, wenn* ... it would suit me best if ... **Liebste** m, f (*mein ~r, m-e ~*) my) darling (*od* love, sweetheart)

Liechtenstein n Liechtenstein

Lied n song, (*Weise*) air, tune, (*Kunst*❷) lied: *geistliches ~* hymn; *fig es ist immer das alte ~* it's the same old story every time; *das Ende vom ~* the upshot; *ich kann ein ~ davon singen* I can tell you a thing or two about it

Liederabend m lieder recital

Liederbuch n songbook

liederlich *Adj* **1.** slovenly, sloppy **2.** *Le-*

ben etc: dissolute

Liedermacher(in) singer-songwriter

Lieferant(in) supplier, (*Vertrags*❷) contractor: **~** *für Speisen und Getränke* caterer **Lieferauto** n → **Lieferwagen lieferbar** *Adj* available: *die Ware ist sofort ~* the article can be supplied (*od* delivered) at once **liefern** *I v/t* **1.** *j-m etw* (a. *fig Beweise etc*) ~ supply s.o. with s.th. **2.** (*aus~*) deliver (*Dat* to) **3.** (*Ertrag etc*) yield, give, a. *fig* provide: *e-n harten Kampf ~* put up a good fight; *ein gutes Spiel ~* play well, make a good showing **4.** F *er ist geliefert!* he's done for!, he's had it! **II** *v/i* **5.** supply, deliver

Lieferschein m delivery note

Liefertermin m date of delivery

Lieferung f **1.** (*Be*❷) supply, (*Aus*❷) delivery: *zahlbar bei ~* cash on delivery, C.O.D. **2.** (*Sendung*) consignment, *Am mst* shipment **3.** BUCHDRUCK instal(l)-ment

Liefervertrag m supply (*od* delivery) contract

Lieferwagen m delivery van (*Am* truck), *kleiner:* pickup **Lieferwerk** n supplier's plant, suppliers *Pl*

Lieferzeit f delivery time

Liege f couch, (*Camping*❷) campbed, (*Garten*❷) lounger

Liegegeld n SCHIFF demurrage

liegen v/i **1.** lie, be: *lass das Buch ~!* leave the book alone!; *liegst du bequem?* are you comfortable?; (*krank*) *im Bett ~* be (ill) in bed; F *fig damit liegst du richtig!* (there) you are on the right track!; *an der Kette ~* be chained up; *es lag Schnee* there was snow; *sein Schreibtisch liegt voll Bücher* his desk is covered with books; **~ bleiben a)** remain lying; (*im Bett*) **~ bleiben** stay in bed; *bleib ~!* don't get up!, **b)** *Auto etc:* break down, *Fahrer etc:* be (*od* get) stranded, **c)** *Schnee:* settle, **d)** *Arbeit etc:* be left unfinished: *das kann* (*bis nächste Woche*) *~ bleiben* that can wait (till next week), **e)** *Ware:* be left unsold, **f)** (*vergessen werden*) be left behind; **~ lassen a)** leave behind, **b)** (*Arbeit etc*) leave unfinished, **c)** leave *things* lying around: *alles stehen und ~ lassen* drop everything; → *links* 1; *das Geld*

liegt auf der Bank the money is in the bank; SPORT **er liegt auf dem dritten Platz** he is (lying) in third place; *fig* **wie die Dinge ~** as matters stand; **die Sache liegt so ...** the matter is as follows...; **die Preise ~ bei ...** prices are at (*ungefähr*: around) ...; **wo ~ s-e Schwächen?** what are his weak points?; **da liegt der Fehler!** that's where the trouble lies! **2.** (*an Dat*) lie (on), be (situated) (at, near): **das Hotel liegt zentral** the hotel is centrally situated; **nach Süden ~** face south; → **fern** I 3. *fig j-m* **~ a)** suit s.o., **b)** (*gefallen*) appeal to s.o.; **die Rolle liegt ihr** the part suits her; **er (es) liegt mir nicht** he (it) isn't my cup of tea **4.** *fig* **woran liegt es?** what's the reason (for it)?; **woran liegt es, dass er nie gewinnt?** why is it (that) he never wins?; **daran liegt es** that's (the reason) why; **es liegt daran, dass ...** the reason is that ...; **was liegt daran?** who cares?; **mir liegt viel (wenig) daran** it means a lot (it doesn't mean much) to me; **es liegt nicht an ihr (, wenn)** it's not her fault (*od* she is not to blame) (if); **an mir solls nicht ~! a)** it's all right by me!, **b)** I'll do my best!; **es liegt bei** (*od* **an**) **dir** (**zu entscheiden**) it is up to you (to decide)

Liegenschaften *Pl* real estate *Sg*
Liegeplatz *m* SCHIFF berth **Liegesitz** *m* MOT reclining seat **Liegestuhl** *m* deckchair, *Am* beachchair **Liegestütz** *m* SPORT (**e-n ~ machen do a**) press-up (*bes Am* push-up) **Liegewagen** *m* BAHN couchette **Liegewiese** *f* lawn
Lifestyledrug *f* lifestyle drug
Lift *m* lift (*a.* Ski2), *Am* elevator
Liftboy *m* bell boy
liften *v/t* MED lift: **sich** (**das Gesicht**) **~ lassen** have a facelift
Liga *f* league, SPORT *a.* division
Likör *m* liqueur
lila *Adj* lilac, *dunkler*: mauve
Lilie *f* BOT lily
Liliputaner(in) Lilliputian
Limonade *f* fizzy drink, *Am* soda pop
Limousine *f* MOT limousine, saloon (car), *Am* sedan
Linde *f* BOT lime (tree)
Lindenblütentee *m* lime-blossom tea
lindern *v/t* (*Not etc*) relieve, alleviate,

(*Schmerzen*) *a.* soothe, ease
Linderung *f* relief, alleviation, easing: (*j-m*) **~ verschaffen** bring (s.o.) relief
Lineal *n* ruler
linear *Adj* WIRTSCH, MATHE linear
Linguist(in) linguist
Linguistik *f* linguistics *Sg*
Linie *f* allg line (*a. fig*), (*Strecke*) route, POL *etc* course, policy, (*Partei2*) party line: **auf die (schlanke) ~ achten** watch one's figure; **mit der ~ 2 fahren** take the number two; *fig* **auf der ganzen ~** all along the line, completely; **in erster ~** in the first place
Linien|bus *m* regular bus **~dienst** *m* bes FLUG regular service **~flug** *m* scheduled flight **~flugzeug** *n*, **~maschine** *f* scheduled plane **~netz** *n* (rail *etc*) network: **das ~ der U-Bahn** the underground (system) **~papier** *n* ruled paper **~richter(in)** SPORT linesman 2**treu** *Adj* loyal (to the line): **~ sein** toe the line **~treue** *m, f* party liner **~verkehr** *m* regular service (*od* traffic)
liniieren, linieren *v/t* rule, line
link *Adj* left: **die ~e Seite** *von Stoff*: the reverse (side); **auf der ~en Seite, ~er Hand** on the left; **~er Hand sehen Sie ...** on your left you see ...; POL, SPORT **~er Flügel** left wing; POL **dem ~en Flügel angehören** be left-wing; *fig* **er ist wohl mit dem ~en Fuß zuerst aufgestanden!** he must have got out of bed on the wrong side; **~e Masche a)** purl (stitch), **b)** *a.* **~e Tour** F *fig* dirty trick; F **ein ganz ~er Typ** a real bastard
Linke¹ *f* **1.** left hand, *Boxen*: left **2.** POL *the* Left **3.** left (side): **zu ihrer ~n** on her left **Linke²** *m, f* POL left-winger, leftist **linken** *v/t* F con, take *s.o.* for a ride **linkisch** *Adj* awkward, clumsy
links *Adv* **1.** on (*od* to) the left: **nach ~** (to the) left; **von ~** from the left; **~ von** (on *od* to the) left of; **~ von mir** on (*od* to) my left; **~ abbiegen** turn left; **sich ~ halten** keep (to the) left; *fig* **~ liegen lassen** ignore; F **~ sein a)** be left-handed, **b)** *a.* **~ stehen** POL be left-wing; **~ stricken** purl; F *fig* **das mach ich mit ~** that's kid's stuff (for me) **2.** (*verkehrt herum*) on the wrong side, inside out
Links|abbieger *m* MOT vehicle (*Pl* traffic *Sg*) turning left **~außen** *m* SPORT outside left 2**bündig** *Adj* flush left, left

justified **~extremist(in)** POL left-wing extremist **2extremistisch** Adj POL (of the) extreme left **2gerichtet** Adj POL left-wing

Linkshänder(in) left-hander: **~ sein** be left-handed

linksherum Adv **1.** TECH anticlockwise **2.** anziehen etc inside out

Linkskurve f left turn

linksrheinisch Adj u. Adv on the left bank of the Rhine

Linksruck m POL swing to the left

Linkssteuerung f MOT left-hand drive

Linksverkehr m in Großbritannien ist **~** in Great Britain they drive on the left

Linoleum n linoleum, F lino

Linse f **1.** TECH lens **2.** OPT lens

Lippe f lip: von den **~n** ablesen lip-read; ich brachte es nicht über die **~n** I couldn't bring myself to say it; fig sich auf die **~n** beißen bite one's lip; F e-e (große) **~** riskieren speak up

Lippenbekenntnis n (ein **~** ablegen pay) lip service (zu to) **Lippenblütler** m BOT labiate **Lippenlaut** m LING labial (sound) **Lippenpflegestift** m lip salve **Lippenstift** m lipstick

liquid(e) Adj WIRTSCH liquid, solvent

Liquidation f **1.** WIRTSCH liquidation (a. POL Tötung), winding up **2.** (Honorarforderung) fee, charge, (Rechnung) bill

liquidieren v/t **1.** WIRTSCH liquidate (a. POL töten), wind up **2.** charge

Liquidität f WIRTSCH liquidity, solvency

lispeln v/t u. v/i lisp. (flüstern) whisper

List f ruse, trick, cunning: zu e-r **~** greifen resort to a ruse, use a trick

Liste f allg list (a. POL), (Wahl2) a. ticket, (Wähler2 etc) register: j-n auf die **~** setzen put s.o.'s name on the list; F fig schwarze **~** black list; j-n auf die schwarze **~** setzen blacklist s.o.

Listenpreis m WIRTSCH list price

listig Adj cunning, sly, crafty

Litanei f litany

Litauen n Lithuania

Liter n, m litre, Am liter

literarisch I Adj literary II Adv sich **~** betätigen write, be a writer

Literat(in) man (woman) of letters, literary man (woman)

Literatur f literature

Literatur..., literary **~angaben** Pl bibliography Sg **~gattung** f literary genre

~geschichte f history of literature **~kritiker(in)** literary critic **~preis** m literary award **~wissenschaft** f literature, literary studies Pl

literweise Adv fig by the gallon

Litfaßsäule f advertising pillar

Lithographie f lithography

Litschi f BOT lychee

Liturgie f liturgy

Litze f **1.** (Tresse) braid, lace **2.** ELEK (Schnur) cord, flex

live Adj u. Adv live

Livesendung f live broadcast

Livree f livery: in **~** → **livriert** Adj liveried

Lizenz f (e-e **~** haben hold a) licen/ce (Am -se): in **~** herstellen under licence **~ausgabe** f BUCHDRUCK edition printed under licence **~geber(in)** licenser, licensor **~gebühr** f royalty **~inhaber(in)**, **~nehmer(in)** licensee **~vertrag** m licensing agreement

LKW m (= Lastkraftwagen) lorry, bes Am truck **~Fahrer(in)** lorry driver, bes Am truck driver

Lob n (über jedes **~** erhaben beyond) praise: j-s **~** singen sing s.o.'s praises; (Dat) spenden **~** erteilen → **loben**

Lobby f a. POL lobby

Lobbyist(in) lobbyist

loben v/t u. v/i (wegen Gen, Dat for) praise, commend: das lob' ich mir! that's what I like!; da lobe ich mir ... give me ... any time; j-n **~d** hervorheben single s.o. out for praise **lobenswert** Adj laudable, commendable

Lobhudelei f base flattery

löblich → **lobenswert**

Loblied n fig ein **~** auf j-n singen sing s.o.'s praises **lobpreisen** v/t praise, extol **Lobrede** f eulogy: e-e **~** auf j-n halten eulogize s.o.

Loch n **1.** allg hole, im Zahn: a. cavity, im Reifen: puncture, im Zaun etc: gap, (Schlag2) pothole: fig ein **~** reißen in (Akk) make a hole in; ein **~** im Haushalt stopfen stop a gap in the budget; F er pfeift auf dem letzten **~** he's on his last legs **2.** F fig a) (Behausung etc) hole, dump, b) (Gefängnis) sl jug

lochen v/t (knipsen) punch, (stanzen) stamp, (perforieren) perforate

Locher m TECH punch, perforator

löcherig *Adj a. fig* full of holes
löchern *v/t* F *j-n* ~ pester s.o.
Lochkarte *f* punch(ed) card
Lochsäge *f* compass saw
Lochstreifen *m* punched tape
Lochung *f* perforation
Lochzange *f* punch pliers *Pl*, BAHN ticket punch
Locke *f* curl: ~**n haben** have curly hair
locken[1] *v/t u. v/refl* **sich** ~ curl
locken[2] *v/t* **1.** (*Tier*) lure, bait, (*rufen*) call **2.** *fig* lure, tempt: **es lockt mich sehr zu** *Inf* I'm very much tempted to *Inf*; ~**des Angebot** tempting offer
Lockenkopf *m* (*Person*) curly-head
Lockenwickler *m* curler
locker *Adj* **1.** *allg* loose (*a. fig Sitten etc*), (*schlaff*) *a.* slack, *Boden: a.* friable, *Teig etc:* light: → **Schraube** 1 **2.** *fig Benehmen, Atmosphäre etc:* relaxed, easy, *Person: a.* cool: *Adv* F **das schafft er** ~ he can do that easily **Lockerheit** *f* **1.** looseness (*etc*) **2.** *fig* easy manner
lockerlassen *v/i* F **nicht** ~ not to let up, keep (*on*) trying **lockermachen** *v/t* F (**bei** *j-m*) **Geld** ~ (make s.o.) fork out (*od* come across with) money
lockern I *v/t* loosen, (*Seil etc*) slacken, (*Griff etc, a. fig Disziplin etc*) relax: **s-e Muskeln** ~ loosen up one's muscles **II** *v/refl* **sich** ~ become loose (*a. fig Sitten etc*), slacken, SPORT limber up, *fig Stimmung etc:* relax
Lockerung *f* loosening, *a. fig* relaxation **Lockerungsübung** *f* SPORT limbering-up exercise
lockig *Adj* curly
Lockmittel *n a. fig* bait **Lockruf** *m* ZOOL (*mating*) call **Lockspitzel** *m* POL stool pigeon, agent provocateur
Lockung *f* lure, temptation
Lockvogel *m a. fig* decoy ~**werbung** *f* WIRTSCH loss-leader selling
Lodenmantel *m* loden (coat)
lodern *v/i a. fig* blaze
Löffel *m* **1.** spoon, (*Schöpf2*) ladle, TECH *a.* scoop: **ein** ~ **voll** a spoonful; F *fig* **den** ~ **weglegen** (*sterben*) peg out **2.** JAGD *u.* F (*Ohr*) ear: **schreib dir das hinter die** ~**!** get that into your thick head once and for all!
Löffelbiskuit *m* spongefinger
löffeln *v/t* spoon **Löffelstiel** *m* spoon handle

löffelweise *Adv* by the spoonful
Logarithmentafel *f* MATHE log table
Logarithmus *m* MATHE logarithm
Logbuch *n* SCHIFF log(book)
Loge *f* **1.** THEAT box **2.** (*Freimaurer2*) lodge
Logik *f* logic **logisch** *Adj allg* logical: F (**das ist doch**) ~**!** naturally!, of course!
logischerweise *Adv* logically
Logistik *f* logistics *Pl* (*mst Sg konstr*)
logo *Adj präd* F sure (thing) **Logo** *m, n* (*Firmenzeichen, Aufdruck etc*) logo
Logopäde *m*, **Logopädin** *f* speech therapist **Logopädie** *f* logop(a)edics *Pl* (*mst Sg konstr*), speech therapy
Lohn *m* **1.** wages *Pl*, pay(ment) **2.** *fig* (**zum** ~ in) reward (**für** for): *fig* **s-n wohlverdienten** ~ **erhalten** *a. iron* get one's just deserts ~**abschluss** *m* wage agreement ~**ausfall** *m* loss of wages ~**ausgleich** *m* **bei vollem** ~ without cuts in pay ~**buchhalter(in)** wages clerk ~**büro** *n* pay office ~**empfänger(in)** wage earner
lohnen I *v/refl* **1.** **sich** ~ be worth(while), pay; **es lohnt sich** it's worth it; **es lohnt sich zu** *Inf* it's worth Ger, it pays to *Inf*; **der Film lohnt sich** the film is worth seeing; **Verbrechen lohnt sich nicht** crime doesn't pay **II** *v/t* **2.** (*be-*) reward: *j-m etw schlecht* ~ ill repay s.o. **3. die Mühe** (*e-n Besuch*) ~ be worth the trouble (a visit) **lohnend** *Adj* **1.** *finanziell:* paying, profitable **2.** *fig* worthwhile, rewarding, (*sehenswert etc*) worth seeing (*etc*)
Lohn|erhöhung *f* wage increase, (pay) rise, *Am* raise ~**forderung** *f* wage claim ~**fortzahlung** *f im Krankheitsfall* statutory sick pay ~**gefälle** *n* wage differential ~**gruppe** *f* pay bracket 2**intensiv** *Adj* wage-intensive ~**kampf** *m* wage dispute ~**kosten** *Pl* wage costs *Pl*: **sehr hohe** ~ **haben** *Firma:* have a huge payroll ~**kürzung** *f* wage cut: ~ *im Krankheitsfall* sick-leave cuts ~**nebenkosten** *Pl* employers' costs *Pl*, wage incidentals *Pl* ~**Preis-Spirale** *f* wage-price spiral ~**runde** *f* round of wage negotiations
Lohnsteuer *f* wage(s) tax ~**jahresausgleich** *m* annual adjustment of income tax ~**karte** *f* wage(s) tax card
Lohnstopp *m* pay freeze **Lohnstreifen**

m pay slip **Lohntarif** *m* wage rate
Lohntüte *f* wage packet

Loipe *f* cross-country (skiing) trail

Lok *f* BAHN F engine

lokal *Adj* local

Lokal *n* restaurant, (*Kneipe*) pub, *Am*
saloon **Lokal...** local (*newspaper, re-porter, press, etc*) **~anästhesie** *f* MED lo-cal an(a)esthesia **~fernsehen** *n* local TV

lokalisieren *v/t* locate, *a.* MED localize
(*auf Akk* to)

Lokal|kolorit *n* local colo(u)r **~patrio-tismus** *m* local patriotism **~radio** *n* lo-cal radio **~sender** *m* RADIO local radio
(station), TV local TV (station), RADIO,
TV local broadcasting (station) **~termin**
m JUR visit to the scene (of the crime)
~verkehr *m* local traffic

Lokomotive *f* engine **Lokomotivfüh-rer(in)** engine driver, *Am* engineer

Lombardkredit *m* WIRTSCH collateral
loan

Lombardsatz *m* rate for (central bank)
loans on securities

Londoner *Adj* (of) London

Londoner(in) Londoner

Lorbeer *m* 1. BOT laurel (tree), bay (tree)
2. GASTR (*~blatt*) bay leaf 3. *Pl fig* lau-rels *Pl*: **sich auf s-n ~en ausruhen** rest
on one's laurels; **damit kannst du (bei
ihr) k-e ~en ernten** that won't get you
anywhere (with her) **~blatt** *n* bay leaf

Lore *f* BAHN tipper

los[1] *Adj präd* 1. (*ab, weg*) off: **der Knopf
ist ~** the button is off; **der Hund ist ~**
the dog is loose 2. F *j-n, etw* **~ sein**
be rid of; **den wären wir ~!** good rid-dance!; **mein Geld bin ich ~** my money
is gone; → *a.* **losgehen, loslegen** *etc* 3.
F **was ist ~** a) (*mit dir*)? what's the mat-ter (*od* what's wrong) (with you)?, **b)**
(*hier*)? what's going on (here)?, **c)** *in
Berlin* an *Veranstaltungen etc*: what's
on in Berlin?, *politisch etc*: what's
going on in Berlin?; **da war** (*schwer*)
was ~ a) *Stimmung, Trubel etc*: things
were really happening, **b)** *Ärger, Streit*:
the sparks were flying; **hier ist nichts**
(*nie was*) **~!** nothing doing (*od* no ac-tion) around here!; **wo ist hier was
~?** where can you go around here?;
mit ihm ist nicht viel ~ he isn't up to
much

los[2] *Interj* let's go!, *anfeuernd*: go!;

(*schieß*) **~!** fire away!; SPORT **Achtung,
fertig, ~!** ready, steady, go!; **nun aber**
(*od* **nichts wie**) **~!** let's get going (*od*
cracking)!; **nun mal ~!** here goes!; **~,
sag schon!** come on, tell me!

Los *n* 1. lot, (*Lotterie*2) ticket, number:
ein ~ ziehen draw a lot (*Lotterie*: tick-et); **das große ~ ziehen** a) win first
prize, **b)** *fig* hit the jackpot, **c)** *mit j-m*
(*etw*) strike it lucky with s.o. (s.th.); *etw*
durch das ~ entscheiden decide s.th.
by drawing lots (*durch Münzwurf*: by a
toss-up); **das ~ fiel ihn zu** *Inf* it fell
upon him to *Inf* 2. *fig* lot, fate: **ein
schweres ~** a hard lot 3. WIRTSCH lot

losarbeiten *v/t* work for

lösbar *Adj* 1. CHEM soluble 2. *Rätsel etc*:
solvable

losbekommen *v/t* get *s.o., s.th.* off

losbinden *v/t* untie

losbrechen **I** *v/t* break off **II** *v/i Sturm
etc*: break, *Gelächter etc*: break out

löschen[1] *v/t* 1. (*Feuer, Licht etc*) extin-guish, put out; *fig* **den Durst ~** quench
one's thirst 2. TECH quench, (*Kalk*)
slake 3. (*Tinte*) blot 4. (*streichen*) strike
off, cancel (*a. Hypothek*), *bes* COMPU-TER delete, (*a. Bandaufnahme etc*)
erase, (*Schuld*) settle: **ein Konto ~** close
an account 5. *fig* (*aus~*) efface

löschen[2] *v/t* SCHIFF unload

Lösch|fahrzeug *n* fire engine, *Am* fire
truck **~gerät** *n* fire extinguisher, *Koll*
fire-fighting equipment **~mannschaft**
f fire brigade **~papier** *n* blotting paper
~taste *f* erase button, COMPUTER delete
key

lose *Adj allg, a. fig* loose

Lösegeld *n* ransom

loseisen F *fig v/refl* **sich** (*v/t j-n*) **~** get
(s.o.) away (**von** from)

losen *v/i* **~ um** draw lots (*mit e-r Münze*:
toss up) for

lösen **I** *v/t* 1. (*ab~*) remove, detach 2.
(*Haare, Krawatte etc*) undo, (*Bremse
etc*) release, (*lockern, a.* MED) loosen,
relax 3. (*Aufgabe, Rätsel etc*) solve
(*a.* MATHE), (*Frage*) answer, (*Konflikt
etc*) resolve, settle 4. *fig* (*Ehe etc*) dis-solve, (*Verlobung*) break off, (*Verbin-dung etc*) sever, (*Vertrag*) terminate 5.
(*Fahr-, Eintrittskarte*) buy, get 6. CHEM
dissolve **II** *v/refl* **sich ~** 7. come loose,
Knoten etc: come undone, (*sich ab~*)

L

come off, (*sich lockern*) loosen (*a.* MED): ***ein Schuss löste sich*** the gun went off **8.** ***sich ~*** (***von*** from) free o.s., *a.* SPORT break away **9.** *Problem etc*: solve itself, *Konflikt etc*: resolve itself **10.** *Spannung etc*: ease: → ***gelöst*** **11.** CHEM dissolve

losfahren *v/i* leave, *selbst*: drive off

losgehen *v/i* **1.** leave, *a. Gewehr, Schuss etc*: go off **2.** F (*beginnen*) start, begin: ***gleich gehts los!*** it's just about to begin!; ***jetzt gehts los!*** here goes!, here we go!; ***es kann ~!*** we're (*od* I'm *etc*) ready!; ***jetzt gehts schon wieder los!*** here we go again! **3.** F (*abgehen*) come off **4.** ***~ auf*** (*Akk*) head (*od* make) for; ***mit dem Messer auf j-n ~*** go for s.o. with a knife

loshaben *v/t* F: ***er hat*** (***schwer***) ***was los*** he's very good (***in*** *Dat* at), he's on the ball

losheulen *v/i* F burst into tears

loskaufen *v/t* buy *s.o.* free, ransom

loskommen *v/i* (***von***) *allg* get away (from), *fig a.* get rid (of)

loskriegen *v/t* F **1.** get *s.th.* off **2.** (*loswerden*) get rid of

loslachen *v/i* (***laut***) ***~*** laugh out (loud)

loslassen I *v/t* **1.** let go of, let *s.o.* go, release: ***den Hund auf j-n ~*** set the dog on s.o.; F *fig* ***j-n auf die Menschheit ~*** let s.o. loose on humanity; ***das Buch lässt e-n nicht mehr los*** the book is quite unputdownable; ***der Gedanke lässt mich nicht*** (***mehr***) ***los*** I can't get it out of my mind **2.** (*Schlag etc*) let go with, (*Feuerwerk*) let off, (*Protest etc*) launch, (*Brief etc*) let fly with, (*Witz etc*) crack **II** *v/i* **3.** let go: ***nicht ~!*** *a.* hang on!

loslegen *v/i* F **1.** get cracking, *Läufer, Auto etc*: zoom off, *Fahrer*: *a.* step on it **2.** *fig* (*reden, schimpfen*) get going, *stärker*: let fly (***gegen*** at): ***dann legte er los*** *allg* then he really got going; ***leg los!*** fire away!

löslich *Adj* CHEM soluble

loslösen → ***lösen*** 1, 2, 6, 7

losmachen I *v/t* **1.** → ***lösen*** 1, 2 **2.** SCHIFF cast off **II** *v/refl* ***sich ~*** → ***lösen*** 7

losreißen I *v/t* tear off **II** *v/refl* ***sich ~*** break (*fig* tear o.s.) away (***von*** from)

losrennen *v/i* dash off, run off

lossagen *v/refl* ***sich ~ von*** break with

losschlagen I *v/t* (*Waren*) sell off, *Auktion*: knock off **II** *v/i* MIL strike

losschnallen *v/t* unbuckle: FLUG, MOT ***sich ~*** undo one's seat belt

losschrauben *v/t* unscrew

lossteuern *v/i* ***~ auf*** (*Akk*) *a. fig* make (*od* head) for

Losung[1] *f* **1.** MIL password **2.** *fig* watchword, POL *a.* slogan

Losung[2] *f* JAGD dung

Lösung *f allg* solution

Lösungsmittel *n* CHEM solvent

loswerden *v/t* **1.** get rid of: ***ich werde das Gefühl nicht los, dass …*** I can't help feeling that …; ***das musste ich mal ~!*** I had to get that off my chest! **2.** F (*verlieren*) lose, (*ausgeben*) spend

losziehen *v/i* **1.** set out, march off **2.** *fig* ***~ gegen*** lay into, let fly at

Lot *n* **1.** MATHE (***ein ~ fällen*** drop a) perpendicular: ***aus dem ~*** out of plumb; *fig* ***im ~ sein*** be in good order; ***etw wieder ins ~ bringen*** set s.th. right again **2.** (*Blei*♀) plumb (bob) **3.** TECH (*Lötmetall*) solder **loten** *v/t u. v/i* plumb, *mit Echolot*: sound

löten *v/t* TECH solder

Lotion *f* lotion

Lötkolben *m* soldering iron **Lötlampe** *f* soldering lamp, *bes Am* blowtorch

Lötmetall *n* solder

lotrecht *Adj* perpendicular, vertical

Lotse *m* SCHIFF pilot **lotsen** *v/t* **1.** SCHIFF pilot **2.** F *fig* ***j-n ~*** guide s.o. (***durch*** through), (*schleppen*) drag s.o. off (***in*** *Akk* to)

Lotsendienst *m* MOT driver-guide service **Lotsengebühr** *f* SCHIFF pilotage

Lotsin *f* pilot

Lotterie *f* lottery **~gewinn** *m* (lottery) prize **~los** *n* (lottery) ticket **~spiel** *n* lottery, *fig* gamble

Lotto *n* **1.** (*Spiel*) lotto, bingo **2.** (*Zahlen*♀) Lotto, (West German numbers pool) lottery: ***im ~ spielen*** do Lotto **Lottoannahme(stelle)** *f* Lotto ticket agency **Lottoschein** *m* Lotto ticket

Löwe *m* **1.** ZOOL lion **2.** ASTR (***er ist ~*** he's [a]) Leo

Löwen|anteil *m fig* lion's share **~mähne** *f fig* (thick) mane **~maul** *n* BOT snapdragon **~zahn** *m* BOT dandelion

Löwin *f* ZOOL lioness

loyal *Adj* loyal (*j-m gegenüber* to s.o.)
Loyalität *f* loyalty
LP *f* (= *Langspielplatte*) LP
Luchs *m* ZOOL lynx: *fig Augen haben (aufpassen) wie ein ~* have eyes (watch) like a hawk
Lücke *f a. fig* gap, (*Gesetzes2 etc*) *a.* loophole: *e-e ~ schließen* fill a gap
Lückenbüßer(in) stopgap
lückenhaft *Adj* **1.** *Gebiss etc*: full of gaps, gappy **2.** *fig* incomplete: *~es Wissen a.* sketchy knowledge
lückenlos *Adj* **1.** without gaps **2.** *fig* complete, full: *~e Beweiskette* watertight evidence
Lückentest *m* completion test, gap-fill
Luder *n* F **1.** (*gemeines*) *~* beast, (*Frau*) *a.* bitch; (*ordinäres*) *~* hussy **2.** *armes ~* poor creature; *dummes ~* silly fool **3.** (*kleines*) *~* brat, (little) devil
Luft *f* **1.** air: *die ~ ablassen aus* deflate; F *fig da war* (*bei der Sache*) *die ~ raus* all the steam was gone; *an die* (*frische*) *~ gehen*, (*frische*) *~ schöpfen*, F *~ schnappen* get some (fresh) air; F *fig j-n an die* (*frische*) *~ setzen* chuck s.o. out, (*entlassen*) *a.* fire s.o.; *fig sich in ~ auflösen* vanish into thin air, *Pläne etc*: go up in smoke; *j-n wie ~ behandeln* cut s.o. dead; (*völlig*) *aus der ~ gegriffen sein* be (totally) unfounded; *es liegt etw in der ~* there is s.th. in the wind; *die ~ ist rein* the coast is clear; F *es ist dicke ~* there is trouble brewing **2.** (*Atem2*) breath: *die ~ anhalten* hold (*od catch*) one's breath; F *halt* (*mal*) *die ~ an!* pipe down!, (*übertreib nicht*) come off it!; *tief ~ holen* take a deep breath, *fig* swallow hard; *nach ~ ringen* gasp for air; F *mir blieb die ~ weg* I was dumbfounded, *vor Schreck* I was breathless with shock **3.** (*~raum*) sky, air: *in die ~ jagen, in die ~ fliegen* blow up; F *fig in die ~ gehen* blow one's top, hit the roof; *das hängt* (*alles*) *noch in der ~!* it's all (still) up in the air!; *in der ~ zerreißen* tear s.o., s.th. to pieces **4.** (*~zug*) breeze **5.** F (*Platz*) space, room: *ich muss erst etw ~ schaffen* I must make some room first; *fig sich* (*od s-m Herzen, Zorn etc*) *~ machen* let off steam; *endlich hab ich wieder ~!* I can breathe again at last!

Luft|angriff *m* air raid **~aufnahme** *f* aerial photograph (*od shot od view*) **~ballon** *m* balloon **~bild** *n* aerial view **~bildkarte** *f* aerial map **~blase** air bubble
Luft-Boden-... MIL air-to-ground ...
Luftbrücke *f* airlift
Lüftchen *n* (gentle) breeze
luftdicht I *Adj* (*a. ~ machen*) airproof **II** *Adv* **~ verschließen** airseal
Luftdruck *m* METEO atmospheric pressure, TECH air pressure, *e-r Explosion*: blast **Luftdruck...** TECH air-pressure
lüften *v/t* **1.** (*a. v/i*) air, ventilate: *s-e Kleidung ~* give one's clothes an airing **2.** (*heben*) lift, raise **3.** *fig ein Geheimnis ~* disclose a secret
Lüfter *m* TECH ventilator, (*Entlüfter2*) exhaustor, (*Gebläse*) blower
Luftfahrt *f* aviation **~gesellschaft** *f* airline **~industrie** *f* aircraft industry
Luft|fahrzeug *n* aircraft TECH air-craft **~feuchtigkeit** *f* (atmospheric) humidity **~filter** *n*, *m* air filter **~flotte** *f* air fleet **~fracht** *f* airfreight **~frachtbrief** *m* air waybill **2gekühlt** *Adj* air-cooled **2gestützt** *Adj* MIL air-launched **2getrocknet** *Adj* air-dried **~gewehr** *n* air gun **~herrschaft** *f* air supremacy **~hoheit** *f* air sovereignty **~hülle** *f* atmosphere
luftig *Adj* **1.** airy, breezy: *in ~er Höhe* high up **2.** *fig Kleidung*: flimsy, light
Luft|kammer *f* BIOL, TECH air chamber **~kampf** *m* air combat **~kissenboot** *n* hovercraft **~kissenfahrzeug** *n* air cushion vehicle, hovercraft **~korridor** *m* air corridor **2krank** *Adj* airsick **~kühlung** *f* air cooling **~kurort** *m* climatic health resort **~landetruppen** *Pl* airborne troops *Pl* **2leer** *Adj* air-void: *~er Raum* vacuum **~linie** *f 100 km ~* 100 km as the crow flies **~loch** *n* airhole, FLUG *a.* air pocket
Luft-Luft-... MIL air-to-air (*missile etc*)
Luftmangel *m* MED want (*od lack*) of air
Luftmatratze *f* air mattress, air bed
Luftpirat(in) *m* hijacker, skyjacker
Luftpistole *f* air pistol
Luftpost *f* (*mit od per ~*) by airmail
Luftpost(leicht)brief *m* air letter
Luft|pumpe *f* air pump **~raum** *m* air space **~reinhaltung** *f* air-pollution control **~rettungsdienst** *m* air rescue service **~röhre** *f* ANAT windpipe **~sack** *m*

FLUG windsock, MOT airbag **~schiff** n airship, dirigible **~schlauch** m air tube, Fahrrad, MOT inner tube

Luftschleuse f Raumfahrt: air lock

Luftschlösser Pl castles in the air

Luftschraube f FLUG airscrew

Luftschutz m air-raid precautions Pl **Luftschutz|keller** m, **~raum** m air-raid shelter **~übung** f air-raid drill

Luft|spiegelung f mirage **~sprung** m vor Freude e-n **~ machen** jump for joy **~streitkräfte** Pl air force Sg **~strom** m, **~strömung** f air current **~stützpunkt** m MIL air base **~taxi** n air taxi

Lufttransport m air transport, airlift

Lüftung f 1. ventilation 2. → **Lüftungsanlage** f ventilation (system)

Luftveränderung f change of air

Luftverkehr m air traffic

Luftverkehrslinie f airline, airway

Luftverschmutzung f air pollution

Luftverteidigung f air defen/ce (Am -se) **Luftwaffe** f MIL air force

Luftweg m 1. air route: auf dem **~e** by air 2. Pl ANAT respiratory tracts Pl

Luftwiderstand m air resistance, FLUG, TECH a. drag **Luftzufuhr** f air supply

Luftzug m draught, Am draft

Lüge f lie: etw **~n strafen** belie s.th.

lugen v/i peer

lügen I v/i lie, tell a lie (od lies): ich müsste **~**, wenn ... I'd be lying if ... **II** v/t das ist gelogen! that's a lie!

Lügendetektor m lie detector **Lügengeschichte** f cock-and-bull story

Lügner(in) f(m) liar **lügnerisch** Adj Person: lying, (a. Behauptung etc: untrue, false

Luke f 1. (Einstiegs2, Lade2 etc) hatch 2. (Dach2) skylight

lukrativ Adj lucrative

lukullisch Adj sumptuous dinner etc

Lümmel m lout **lümmelhaft** Adj loutish **lümmeln** v/refl sich **~** F sprawl

Lump m scoundrel, blackguard

lumpen v/t F sich nicht **~ lassen** come down handsomely

Lumpen m 1. rag 2. Pl rags Pl (a. Kleidung) **~pack** n bunch of no-gooders

lumpig Adj fig 1. (gemein) shabby 2. (gering) paltry, measly (ten dollars etc)

Lunchpaket n packed lunch

Lunge f 1. ANAT lungs Pl: MED eiserne **~** iron lung; fig die grünen **~n** e-r Stadt the lungs of a city 2. GASTR lights Pl

Lungen... pulmonary (artery, embolism, etc) **~braten** m österr. filet of beef **~entzündung** f pneumonia **~flügel** m ANAT lung **~heilstätte** f sanatorium, bes Am sanitarium 2**krank** Adj (**~kranke** m, f person) suffering from (a) lung disease **~krankheit** f lung disease **~krebs** m MED lung cancer **~tuberkulose** f pulmonary tuberculosis

Lungenzug m e-n **~ machen** inhale

Lunte f F fig **~ riechen** smell a rat

Lupe f magnifying glass: F fig unter die **~** nehmen scrutinize s.o., s.th. closely

lupenrein Adj 1. Diamant: flawless 2. F fig clean, perfectly honest

Lupine f BOT lupine

Lust f 1. (Neigung) inclination, (Verlangen) desire, (Interesse) interest: hätten Sie **~** zu kommen? would you like to come?; ich hätte große **~** zu kommen I'd love to come; ich habe **~** zu tanzen I feel like dancing; F ich hätte **~** auf ein Bier I feel like a beer; ich hätte nicht übel **~** zu Inf I have half a mind to Inf; ich habe k-e **~** (dazu od darauf) I don't feel like it, I'm not in the mood (for it); die (od alle) **~** verlieren (an Dat) lose all interest in s.th. 2. (Vergnügen) pleasure (a. PSYCH), delight: etw mit **~** und Liebe tun put one's whole heart into s.th. 3. (sexuelle Begierde) (sexual) desire (od appetite), pej lust, (sexueller Genuss) (sexual) pleasure

lustbetont Adj PSYCH hedonistic

Lüster m chandelier

Lüsterklemme f lustre terminal

lüstern Adj 1. (gierig) greedy (nach for) 2. lecherous, lewd **Lüsternheit** f 1. greediness 2. lecherousness, lewdness

Lustgewinn m PSYCH pleasure gain

lustig Adj merry, cheerful, jolly, (komisch) funny, amusing: er (es) ist sehr **~** he (it) is great fun; sich **~** machen über (Akk) make fun of; iron das kann ja **~** werden! nice prospects!; F solange du **~** bist as long as you like; Adv F sie unterhielten sich **~** (unbekümmert) weiter they blithely went on talking (regardless) **Lustigkeit** f 1. gaiety, cheerfulness 2. funniness, fun

Lüstling m lecher

lustlos Adj allg listless, WIRTSCH a. slack

Lustmolch m F (old) lecher **Lustmord** m sex murder **Lustmörder(in)** sex kill-

L

er **Lustobjekt** *n* sex object
Lustschloss *n* summer residence
Lustspiel *n* THEAT comedy
lutschen *v/t u. v/i* suck (**an** *Dat* s.th.): →
　Daumen
Lutscher *m* 1. lollipop 2. → *Schnuller*
Luv *n*, **Luvseite** *f*, **luvwärts** *Adv* SCHIFF
　windward
Luxemburg *n* Luxembourg
luxuriös *Adj* luxurious
Luxus *m a. fig* luxury
Luxus... luxury, de luxe **~artikel** *m* lux-
　ury (article), *Pl a.* luxury goods *Pl*
　~ausführung *f* de luxe model **~damp-**
　fer *m* luxury liner **~hotel** *n* luxury hotel

~leben *n* life of luxury **~restaurant** *n*
　first-class restaurant **~wagen** *m* MOT
　luxury car
Luzern *n* Lucerne
Lymphdrüse *f* ANAT lymph gland
Lymphe *f* PHYSIOL lymph
Lymphgefäß *n* ANAT lymphatic (vessel)
Lymphknoten *m* ANAT lymph node
lynchen *v/t* lynch
Lynchjustiz *f* (**~ üben** resort to) lynch
　law
Lynchmord *m* lynching
Lyrik *f* 1. poetry 2. (*lyrische Art*) lyricism
Lyriker(in) (lyric) poet(ess), lyricist **ly-**
　risch *Adj* lyric, *a. fig* lyrical

M

M, m *n* M, m
Maat *m* SCHIFF (ship's) mate
Machart *f* make, style, type
machbar *Adj* practicable, possible
Mache *f* F 1. make-believe, show 2. *j-n in*
　die ~ nehmen work s.o. over
machen I *v/t* 1. *allg* make, (*zubereiten*) *a.*
　prepare (*dinner etc*), (*erledigen*) *a.* do
　(*one's homework etc*), (*Foto, Prüfung*)
　take: *etw ~ aus* (*Dat*) make s.th. of (*od*
　from); *aus dem Keller e-e Werkstatt ~*
　turn the cellar into a workshop; *fig aus*
　j-m e-n Star ~ make a star of s.o.; *sie*
　machten ihn zum Abteilungsleiter
　they made him head of the depart-
　ment; → *gemacht* 2. (*in Ordnung*
　bringen) do, put in order, (*reparieren*)
　a. fix, repair, (*Bett*) make, (*Zimmer*)
　do, tidy up 3. (*tun*) do: *was macht*
　er? what is he doing?, *beruflich:* what
　does he do for a living?, (*wie geht es*
　ihm?) how is he (getting on)?; *was*
　machst du morgen? what are you
　doing tomorrow?; *wird gemacht!*
　okay, I'll do it!, *sl* will do!; *gut ge-*
　macht! well done!; *machs gut!* take
　care (of yourself)!; *das lässt sich ~!*
　that can be done (*od* arranged)!; *so*
　etw macht man nicht! that isn't done!;
　da ist nichts zu ~! nothing doing!; *da*
　(-gegen) kann man nichts ~! it can't
　be helped!; F *er wird es nicht mehr*

lange ~ he (*der Motor etc*: it) won't last
much longer; *der Wagen macht 160*
km/h the car does 100 mph 4. (*Appetit,*
Freude etc) give: *das macht Durst!* that
makes you thirsty!; *das macht das*
Wetter it's the weather 5. *j-n gesund*
~ cure s.o.; *j-n glücklich ~* make s.o.
happy 6. (*aus~*) matter: *das macht*
nichts! that doesn't matter!, never
mind!; *das macht mir nichts!* I don't
mind (*pej* care)! 7. *sich etw* (*nichts*)
~ aus (*Dat*) (not to) care about (*Spei-*
sen etc: for); *mach dir nichts daraus!*
don't worry (about it)!; *ich mache mir*
nichts aus ihm I don't care (much) for
him 8. F (*ergeben*) be: *4 mal 5 macht 20*
four times five is twenty; *was* (*od wie*
viel) *macht das?* how much is that?;
das macht 10 Euro that will be ten
euros 9. F (*fungieren als*) be, act as:
den Schiedsrichter ~ be (the) referee
II *v/refl sich ~* 10. F come along (well),
be getting on (well): *wie macht sich*
der Neue? how is the new man coming
along?; *die Sache macht sich!* things
are shaping up well!; *das Bild macht*
sich gut dort the picture looks nice
there 11. *sich an e-e Sache ~* get
down to (doing) s.th.; *sich an die Arbeit ~* get
down to work III *v/i* 12. F *mach, dass*
du fortkommst! off with you!, get lost!;
mach schnell!, *mach schon!* hurry

machen   do/make/take/go

Das deutsche Verb „machen" wird im Englischen häufig durch **do**, **make**, **take** oder auch **go** wiedergegeben.

do
betont die Aktivität, die Tätigkeit:

den Abwasch machen	**do the washing-up**
die Hausarbeit machen	**do the housework**
Einkäufe machen	**do the shopping**
Gymnastik machen	**do exercises**
seine Hausaufgaben machen	**do one's homework**
sein Zimmer machen	**do one's room**
sich die Haare machen	**do one's hair**

make
betont das Endprodukt und den damit verbundenen Aufwand:

Tee/Kaffee machen/kochen	**make some tea/coffee**
das Essen machen	**make the dinner**
ein Kleid machen	**make a dress**

auch auf Abstrakta bezogen:

einen Fehler machen	**make a mistake**
eine Bemerkung machen	**make a remark**
ein Theater machen	**make a fuss**
Fortschritte machen	**make progress**
Krach machen	**make a noise**

take
in feststehenden Ausdrücken:

einen Ausflug nach … machen	**take a trip to …**
einen Spaziergang machen	**take a walk**
eine Prüfung machen	**take an exam**
ein Foto machen	**take a photo**
Pause machen	**take a break**

go
in feststehenden Ausdrücken:

eine Kreuzfahrt machen	**go on a cruise**
einen Spaziergang machen	**go for a walk**
eine Weltreise machen	**go on a round-the-world trip**
Urlaub machen	**go on holiday**

up!, get a move on! **13.** (*tun*) do: *lass ihn nur ~!* a) let him (do as he pleases)!, b) (*überlass es ihm*) just leave it to him! **14.** F *er macht jetzt in* (*handelt mit*) *Radios* he deals in (*od* sells) radios now; *sie macht jetzt in* (*beschäftigt sich mit*)

moderner Kunst she's into modern art now
Machenschaften *Pl* machinations *Pl*
Macher(in) *fig* doer
Macho *m* F macho
Macht *f* **1.** power (*über Akk* of), (*Stärke*)

a. might, force: **die ~ der Gewohnheit** the force of habit; **mit aller ~** with all one's might; **die ~ ergreifen** seize power, take over; **an die ~ kommen** (*od* **gelangen**) come into power; **an der ~ sein** be in power; **es steht nicht in m-r ~** it is not within my power **2.** (*Staat, Gruppe*) power **~befugnis** *f* power, authority **~bereich** *m* sphere of influence **~ergreifung** *f* seizure of power

machtgierig *Adj* power-hungry

Machthaber(in) ruler

mächtig I *Adj allg* powerful, mighty (*beide a. Schlag, Stimme etc*), (*gewaltig*) *a.* enormous **II** *Adv* F tremendously, awfully; **du bist~ gewachsen** you have grown a lot

Machtkampf *m* power struggle

machtlos *Adj* powerless, helpless

Machtmissbrauch *m* abuse of power

Machtpolitik *f* power politics *Pl*

Machtübernahme *f* assumption of power, takeover **machtvoll** *Adj a. fig* powerful **Machtwechsel** *m* transition of power **Machtwort** *n* **ein ~ sprechen** put one's foot down

Machwerk *n* concoction, F lousy job

Macke *f* F kink: **e-e ~ haben a)** be nuts, **b)** *Auto etc*: be acting up

Mädchen *n* girl, (*Dienst2*) maid: *fig ~ für alles* dogsbody **mädchenhaft** *Adj* girlish **Mädchenname** *m* girl's name, *e-r Ehefrau*: maiden name

Made *f* maggot, *im Obst*: *a.* worm: *fig wie die ~ im Speck leben* be in clover

Mädel *n* F girl(ie)

madig *Adj* maggoty, *Obst*: *a.* worm-eaten: F *j-n od etw ~ machen* knock; *j-m etw ~ machen* spoil s.th. for s.o.

Madonna *f* Madonna

Maf(f)ia *f a. fig* mafia

Mafioso *m* mafioso

Magazin *n* **1.** warehouse, depot (*a.* MIL), storeroom **2.** FOTO, TECH magazine (*a. Gewehr2*) **3.** (*Zeitschrift*) magazine

Magd *f* maid

Magen *m* stomach: *auf nüchternen* (*od* **leeren**) **~** on an empty stomach; *j-m schwer im ~ liegen* lie heavily on s.o.'s stomach, F *fig* worry s.o. terribly; *sich den ~ verderben* upset one's stomach **~beschwerden** *Pl* stomach trouble *Sg*

Magen|geschwür *n* (stomach) ulcer **~grube** *f* pit of the stomach **2krank** *Adj ~ sein* suffer from a stomach complaint **~krebs** *m* MED stomach cancer

Magenleiden *n* gastric complaint

Magensäure *f* MED gastric acid

Magenschleimhaut *f* stomach lining **~entzündung** *f* gastritis

Magenschmerzen *Pl* stomach-ache *Sg*

Magenverstimmung *f* indigestion

mager *Adj* **1.** *allg* lean (*a. fig*), (*dünn*) *a.* thin, (*fettarm*) low-fat: **~e Kost** *a. fig* slender fare **2.** *fig* (*dürftig*) meag/re (*Am* -er), poor **3.** BUCHDRUCK light-faced

Magermilch *f* skimmed milk

Magerquark *m* low-fat curd cheese

Magersucht *f* MED anorexia (nervosa)

Magie *f* magic

Magier(in) magician

magisch *Adj* magic(al)

Magister *m* UNI Master (**Artium** of Arts, **Abk** M.A.)

Magnesium *n* CHEM magnesium

Magnet *m a. fig* magnet

Magnet... magnetic (*field, needle, etc*) **~bahn** maglev **~band** *n* magnetic tape

magnetisch I *Adj a. fig* magnetic **II** *Adv* magnetically: *j-n ~ anziehen* have a magnetic effect on s.o.

magnetisieren *v/t* magnetize

Magnetkarte *f* magnetic card

Magnetstreifen *m* magnetic stripe

Magnetzündung *f* magneto ignition

Mahagoni *n*, **~holz** *n* mahogany

mähen[1] *v/t u. v/i* mow, cut

mähen[2] *v/i Schaf*: bleat

Mahl *n* meal, (*Fest2*) banquet

mahlen *v/t u. v/i* grind

Mahlzeit *f* meal: F (*prost*) **~!** good night!

Mahnbescheid *m* (court) order to pay

Mähne *f allg* mane

mahnen *v/t* **1.** (*er~*) admonish, urge (*j-n zur Vorsicht etc* s.o. to be careful *etc*) **2.** (*erinnern, a. fig*) remind (*an Akk, wegen* of), (*Schuldner etc*) send *s.o.* a reminder: *j-n wegen e-r Sache ~* remind s.o. of s.th. **Mahnmal** *n* memorial **Mahnung** *f* **1.** (*Er2*) admonition, warning **2.** WIRTSCH reminder

Mahnwache *f* POL protest vigil

Mai *m* (*im ~* in) May: *der Erste ~* May Day **~baum** *m* maypole **~feier** *f* May Day celebrations *Pl* **~glöckchen** *n*

M

BOT lily of the valley **~käfer** *m* cockchafer

Mailbox *f* mailbox

mailen *v/t u. v/i* e-mail, mail: **j-m (etw) mailen** mail (s.th. to) s.o.

Mailing *n* mailshot **~liste** *f* mailing list

Mais *m* maize, *Am* corn **Maisflocken** *Pl* cornflakes **Maiskolben** *Pl* (corn-)cob, GASTR corn on the cob **Maismehl** *n* Indian (*Am* corn) meal

Maiso(n)nette *f* maison(n)ette, *Am* duplex (apartment)

Majestät *f a. fig* majesty

majestätisch *Adj* majestic(ally *Adv*)

Majestätsbeleidigung *f a. fig bes iron* lese-majesty

Majo *f* F, **Majonäse** *f* → **Mayonnaise**

Majoran *m* BOT marjoram

makaber *Adj* macab’re (*Am* -er)

Makel *m* flaw, *fig a.* blemish, (*Schande*) stigma **makelios** *Adj* immaculate, perfect, *fig a.* impeccable

mäkeln *v/i* carp (**an** *Dat* at)

Make-up *n* makeup

Makkaroni *Pl* GASTR macaroni *Sg*

Makler(in) (*Börsen*⸻) (stock)broker, (*Grundstücks*⸻) (*Am* real) estate agent, (*Wohnungs*⸻) *a.* flat agent

Makrele *f* ZOOL mackerel

Makro *n* COMPUTER macro

Makro..., makro... macro...

Makulatur *f* waste paper, *fig* rubbish

mal *Adv* **1.** MATHE times, multiplied by: **6 ~ 4 Meter** six metres by four **2.** F → **einmal**

Mal[1] *n* **1.** (*Zeichen*) mark, sign, (*Fleck*) spot; → **Muttermal** etc **2.** *Baseball* etc: base, (*Malfeld*) *Rugby*: in-goal

Mal[2] *n* time: **dieses ~** this time; **dieses eine ~** this once; **ein anderes ~** some other time; **ein paar ~** several (*od* a few, F a couple of) times; **das erste ~, beim ersten ~** the first time; **das letzte ~** the last time; **zum letzten ~, ein letztes ~** for the last time; **das nächste ~** the next time; **jedes ~** every time, (*immer*) always: **jedes ~, wenn er kam** whenever (*od* every time) he came; **mit einem ~** all of a sudden; **ein für alle ~** once and for all; **von ... zu ~ besser** better every time

Malaria *f* MED malaria

Malediven *Pl* the Maldives

malen **I** *v/t* paint (*a. fig*), (*zeichnen*)

draw, (*porträtieren*) portray: *fig* **etw zu schwarz ~** paint too black a picture of s.th. **II** *v/refl* **sich ~** *fig* be reflected (*in s.o.’s face etc*) **Maler** *m* painter, (*Kunst*⸻) *a.* artist **Malerei** *f* painting **Malerin** *f* (woman) painter, artist

malerisch *Adj* **1.** picturesque **2.** **~es Können** artistic talent

Mallorca *n* Majorca

malnehmen *v/t* MATHE multiply

Malta *n* Malta

malträtieren *v/t* maltreat, batter

Malve *f* BOT mallow

Malz *n* malt **Malzbier** *n* malt beer

Malzeichen *n* MATHE multiplication sign

Malzkaffee *m* malt coffee

Mama *f* F mummy, mum, *Am* mom

Mammographie *f* MED mammography

Mammut *n* ZOOL mammoth **~unternehmen** *n fig* mammoth enterprise

man *Indefinitpron* **1.** one, you, we: **~ kann nie wissen** you never can tell; **~ muss es tun** it must be done; **~ nehme** take **3.** (*andere Leute*) they, people: **~ hat mir gesagt** I have been told; **~ sagt** people say; **~ holte ihn** he was fetched

Management *n* management

managen *v/t* F manage, (*deichseln*) *a.* wangle **Manager(in)** manager

manch *Indefinitpron* many a: **~ eine(r)** many (people); **in ~em hat er recht** he’s right about some things; **so ~er (~es)** a good many people (things) **manche** *Pl* some, quite a few **mancherlei** *Adj* various, many, a number of, several, *substantivisch*: a number of things

manchmal *Adv* sometimes

Mandant(in) JUR client

Mandarine *f* BOT tangerine

Mandat *n* JUR, PARL, POL mandate, *des Anwalts*: brief: PARL **sein ~ niederlegen** resign one’s seat

Mandatar(in) *österr.* elected representative

Mandel *f* **1.** BOT almond **2.** ANAT tonsil

Mandelentzündung *f* MED tonsillitis

mandelförmig *Adj* almond-shaped

Manege *f* (circus) ring

Mangan *n* CHEM manganese

Mangel[1] *m* mangle: *fig* **j-n in die ~ nehmen** put s.o. through the mill

Mangel² *m* **1.** defect, fault, flaw, (*Nachteil*) drawback **2.** (*an Dat*) shortage, lack, scarcity (*alle*: of), deficiency (in): **aus ~ an →** *mangels* **Mangelberuf** *m* understaffed occupation **Mangelerscheinung** *f* MED deficiency symptom

mangelhaft *Adj* faulty, defective, (*unzulänglich*) insufficient, inadequate, deficient, unsatisfactory (*a.* PÄD), poor **Mängelhaftung** *f* WIRTSCH responsibility for defects

mangeln¹ *v/t* (*Wäsche*) press

mangeln² *v/i u. v/unpers* be wanting, be lacking: *es mangelt an* (*Dat*) there is a lack (*od* want, shortage) of; *es mangelt mir an Geld etc* I am short of (*od* I need) money etc; *es mangelt ihm an* (*od der*) *Mut* he lacks (*od* is lacking in) courage; *ihr ~des Selbstvertrauen* her lack of self-confidence

mangels *Präp* (*Gen*) for lack (*od* want) of: *~ Beweisen* for lack of evidence **Mangelware** *f* scarce commodity: *~ sein a.* F *fig* be in short supply

Mango *f* BOT mango

Manie *f* mania

Manier *f* **1.** manner, way (of doing *s.th.*), (*Kunststil*) style **2.** *mst Pl* manner(s *Pl*): *gute* (*schlechte*) *~en* good (bad) manners

manierlich *Adj* well-mannered, (*brav*) good, well-behaved: *Adv sich ~ benehmen* behave o.s., be good

manifest *Adj a.* MED manifest

Manifest *n* POL manifesto

Maniküre *f* **1.** manicure **2.** manicurist

maniküren *v/t u. v/i* manicure

Manipulation *f allg* manipulation

manipulieren *v/t* manipulate

manisch *Adj* PSYCH manic **manisch--depressiv** *Adj* manic-depressive

Manko *n* **1.** WIRTSCH deficiency, (*Fehlbetrag*) deficit **2.** *fig* shortcoming

Mann *m* man (*Pl* men), (*Ehe②*) husband: *der ~ auf der Straße* the man in the street; *ein Gespräch von ~ zu ~* a man-to-man talk; *wie ein ~* (*geschlossen*) as one man; *bis auf den letzten ~* to a man; *ein Kampf ~ gegen ~* a hand-to-hand fight; *s-n ~ stehen* stand one's ground; F *an den ~ bringen* get rid of (*goods, a joke, etc*), (*Tochter*) marry off; *den starken ~ markieren* throw one's weight about; *ein ~, ein Wort!* a promise is a promise; *10 Euro pro ~* 10 euros each (*od* per head); *~!* (oh) boy!, *begeistert: a.* wow!

Männchen *n* **1.** little man, manikin: *~ malen* doodle **2.** ZOOL male, (*Hahn*) cock: F *~ machen* sit up and beg

Mannequin *n* mannequin, model

Männer *Pl von* **Mann**: (*Für*) *~ am WC*: Men, Gentlemen **Männer...** men's ...

Männerchor *m* male(-voice) choir

Mannesalter *n* manhood: *im besten ~* in the prime of life

Manneskraft *f* bes sexuell: virility

mannhaft *Adj* manly, (*tapfer*) *a.* brave

mannigfach, mannigfaltig *Adj* diverse, manifold **Mannigfaltigkeit** *f* diversity

männlich *Adj* BIOL, BOT, TECH male, *Wesen, Auftreten etc*: manly, masculine (*a.* LING), *Frau*: mannish **Männlichkeit** *f* manliness

Mannsbild *n* F man, fellow

Mannschaft *f Sport u. fig* team, FLUG, SCHIFF crew, (*Such②* *etc*) party: MIL *die ~en Pl* the ranks *Pl* **Mannschaftsaufstellung** *f* SPORT team selection, line-up **~führer(in)** *f* SPORT (team) captain **~geist** *m* team spirit **~kapitän(in)** *f* SPORT (team) captain **~sport** *m* team sport **~wagen** *m* MIL personnel carrier, *der Polizei*: police van **~wertung** *f* SPORT team classification **~wettbewerb** *m* team event

mannshoch *Adj u. Adv* head-high

mannstoll *Adj* F *pej* man-crazy

Mannweib *n pej* mannish woman

Manometer *n* TECH pressure ga(u)ge

Manöver *n* **1.** *a. fig* manoeuvre, *Am* maneuver **2.** MIL manoeuvres *Pl*, *Am* maneuvers *Pl*, exercise

Manöverkritik *f fig* post-mortem

manövrieren *v/i a. fig* manoeuvre, *Am* maneuver

manövrierunfähig *Adj* disabled

Mansarde *f* attic

Mansch *m* F **1.** slush **2.** *pej* (*Essen*) mush **manschen** *v/i* F mess about

Manschette *f* **1.** cuff: F *fig ~n haben vor* (*Dat*) be scared stiff of; *~n bekommen* get the wind up **2.** TECH sleeve **Manschettenknopf** *m* cuff-link

Mantel *m* coat, *loser*: cloak **Manteltarif(vertrag)** *m* collective agreement (on working conditions)

manuell *Adj* manual

M

Manuskript *n* manuscript, FILM script
Mappe *f* (*Aktentasche*) briefcase, (*Schul2*) *a.* schoolbag, (*Akten2*) folder, file, (*Zeichen2 etc*) portfolio

△ **Mappe** ≠ **map**	
Mappe	= *Ordner*: folder; *Aktenmappe*: briefcase
map	= Landkarte, Stadtplan

Marathonlauf *m* marathon (race)
Märchen *n* fairytale, *fig* (tall) story, yarn **~buch** *n* book of fairytales
märchenhaft *Adj* magical, fairytale …, F *fig* (*toll*) fantastic
Märchen|land *n*, **~welt** *f* fairyland
Marder *m* ZOOL marten
Margarine *f* margarine
Marienbild *n* Madonna
Marienkäfer *m* ZOOL ladybird
Marihuana *n* marijuana, *sl* pot
Marille *f* österr. apricot
Marinade *f* GASTR marinade
Marine *f* (*Handels2*) merchant navy, (*Kriegs2*) navy **~blau** *n*, **2blau** *Adj* navy blue **~offizier** *m* naval officer **~soldat(in)** marine **~stützpunkt** *m* naval base
marinieren *v/t* GASTR marinade
Marionette *f a. fig* marionette, puppet
Marionetten|regierung *f fig* puppet government **~spiel** *n* puppet show **~theater** *n* puppet theat/re (*Am* -er)
Mark[1] *n* marrow, *fig* (*Innerstes*) *a.* core: *j-m durch ~ und Bein gehen* set s.o.'s teeth on edge; *bis ins ~* to the quick
Mark[2] *f hist* mark: *zehn ~* ten marks; *f jede ~ umdrehen* count every penny
Mark[3] *f hist* march
markant *Adj* striking, prominent: *~e Persönlichkeit* outstanding personality; *~e Gesichtszüge* striking features
Marke *f* **1.** (*Fabrik2*) make, type, (*Sorte*) brand, sort **2.** (*Markierung*) mark **3.** (*Rekord*) record **4.** (*Brief2, Steuer2 etc*) stamp; → *Dienstmarke, Essenmarke etc* **5.** F (*Person*) (quite a) character
Marken|artikel *m* WIRTSCH proprietary article **~benzin** *n* brand name petrol (*Am* gasoline) **~butter** *f* best quality

butter **~fabrikat** *n* proprietary make **~name** *m* trade (*od* brand) name **~schutz** *m* protection of trademarks **~zeichen** *n* trademark
markerschütternd *Adj* bloodcurdling
Marketing *n* WIRTSCH marketing **~direktor(in)** marketing director (*od* manager)
markieren *v/t* **1.** mark (*a. fig*), (*hervorheben*) accentuate, underline **2.** (*vortäuschen*) act, play: → *Mann* **3.** SPORT **a)** (*decken*) mark, **b)** (*e-n Treffer*) score
Markierung *f* mark(ing)
markig *Adj fig Worte etc*: pithy
Markise *f* sunblind, awning
Markstein *m fig* milestone
Markt *m* **1.** *allg* market: *auf dem ~* in (*od* on) the market; *auf den ~ bringen* market **2.** (*~platz*) market-place **3.** (*Jahr2*) fair **~analyse** *f* market analysis **~anteil** *m* share of the market **~durchdringung** *f* WIRTSCH market penetration **2fähig** *Adj* Produkt: marketable **~forscher(in)** market researcher **~forschung** *f* market research **~führer** *m* market leader **2gängig** *Adj* marketable, *Preis*: current **~halle** *f* covered market **~lücke** *f* WIRTSCH gap in the market **~nische** *f* WIRTSCH market niche: *e-e ~nische besetzen* fill a gap in the market **~platz** *m* market-place
marktschreierisch *Adj fig* ostentatious, loud
Markt|stand *m* (market) stall **~studie** *f* market analysis **~tag** *m* market day **~wert** *m* market value **~wirtschaft** *f* market economy: *freie ~* a. free enterprise; *soziale ~* social market economy
Marmelade *f* jam, (*bes Orangen- u. Zitronen2*) marmalade, *Am* jelly

△ **Marmelade** ≠ **marmalade**	
Marmelade	= jam
marmalade	= Orangen-, Zitronen-marmelade

Marmor *m*, **marmorieren** *v/t* marble
Marokkaner(in), **marokkanisch** *Adj* Moroccan
Marokko *n* Morocco
Marone *f* BOT (sweet) chestnut

Marotte f quirk

Mars m ASTR u. MYTH Mars

marsch Interj 1. MIL (**vorwärts ~!** forward) march! 2. F **~!** (schnell) get a move on!; **~ ins Bett!** off to bed with you!

Marsch[1] m walk, MIL march (a. MUS): **sich in ~ setzen** move off

Marsch[2] f GEOL marsh

Marschbefehl m MIL marching orders Pl

marschbereit Adj ready to march

Marschflugkörper m MIL cruise missile

Marschgepäck n MIL field kit

marschieren v/i 1. march (a. **~ lassen**) 2. F fig Sache: be (well) under way

Marsch|kolonne f MIL marching column **~musik** f military marches Pl **~route** f 1. MIL route 2. fig strategy **~verpflegung** f MIL marching rations Pl

Marsmensch m Martian

Marstall m royal stables Pl

Marter f torture, fig a. ordeal **martern** v/t torture, fig a. torment **Marterpfahl** m stake

Martinshorn n F (police, ambulance od fire-engine) siren

Märtyrer(in) a. fig martyr: **iron sich zum ~ machen** make a martyr of o.s

Martyrium n a. fig martyrdom

Marxismus m Marxism

Marxist(in), marxistisch Adj Marxist

März m (**im ~** in) March

Marzipan n marzipan

Masche f (Strick@ etc) stitch, in e-m Netz: mesh: fig **durch die ~n des Gesetzes schlüpfen** find a loophole in the law 2. F a) trick, ploy, b) (Mode) fad, craze

Maschendraht m wire netting

Maschine f 1. machine, F (Motor) engine 2. (Flugzeug) plane, (Düsen@) jetliner 3. F (Motorrad) motorcycle 4. (Schreib@) typewriter: **~ schreiben** type 5. (Näh@) (auf od mit der ~ nähen use the) sewing machine 6. (Wasch@) washing machine: **ich habe heute drei ~n** (Wäsche) **gewaschen** I have had three wash loads today

maschinegeschrieben Adj typewritten, typed

maschinell I Adj machine ..., mechan-

ical II Adv by machine, machine-...: **~ bearbeiten** machine; **~ betrieben** (hergestellt) machine-driven (-made)

Maschinen|bau m mechanical engineering **~bauer(in), ~bauingenieur(in)** mechanical engineer **~befehl** m COMPUTER machine (od computer) instruction **~fabrik** f engineering works Pl (a. Sg konstr) **~gewehr** n machine-gun **~laufzeit** f machine running time **2lesbar** Adj COMPUTER machine-readable **~öl** n machine oil **~park** m machinery **~pistole** f submachine-gun **~raum** m engine-room **~schaden** m mechanical breakdown, SCHIFF, MOT engine trouble **~schrift** f typescript: **in ~** typewritten **2waschbar** Adj machine-washable

Maschinerie f a. fig machinery

Maschineschreiben n typewriting, typing

Maser f im Holz etc: vein

Masern Pl MED measles Pl (a. Sg konstr)

Maserung f von Holz: grain

Maske f mask (a. MED, COMPUTER, FOTO, Schutz@), THEAT make-up, fig a. guise: **in der ~** (Gen) under the guise of; fig **die ~ fallen lassen** show one's true face

Maskenball m fancy-dress ball

Maskenbildner(in) make-up artist

maskenhaft Adj mask-like

Maskerade f a. fig masquerade

maskieren I v/t 1. j-n ~ a) mask s.o., b) dress s.o. up 2. a. TECH conceal II v/refl **sich ~ 3.** a) dress up, disguise o.s., b) put on a mask **maskiert** Adj masked

Maskierung f disguise, (Maske) mask

Maskottchen n mascot

maskulin Adj, **Maskulinum** n LING masculine

Masochismus m masochism

Masochist(in) m masochist

masochistisch Adj masochistic

Maß[1] n 1. measure: **~e und Gewichte** weights and measures; fig **mit zweierlei ~ messen** apply double standards; **das ~ überschreiten** overshoot the mark; **~ halten** be moderate 2. Pl measurements Pl, e-s Zimmers etc: a. dimensions Pl: **bei j-m ~ nehmen** take s.o.'s measurements; **nach ~** (**gemacht**) made(-)to(-)measure (→ a. **maßgeschneidert**) 3. → **Maßband** 4. fig (Aus@) extent, degree: **ein gewis-**

ses (*hohes*) **~** *an* (*Dat*) a certain degree (a high measure) of; *in hohem* **~e** to a high degree, highly; *in höchstem* **~e** extremely; *in gleichem* **~e** to the same extent, equally; *in dem* (*od solchem*) **~e, wie ...** as ... (accordingly); *über alle* **~en** exceedingly, beyond all measure **5.** (*Mäßigung*) moderation: *in* **~en a**) a. *mit* **~** *und Ziel* in moderation, **b**) to some extent; *ohne* **~** *und Ziel* immoderately

Maß² *f* **a**) litre (*Am* liter) of beer, **b**) → **Maßkrug**

Massage *f* massage

Massagesalon *m* massage parlo(u)r

Massaker *n*, **massakrieren** *v/t* massacre, slaughter

Maßanzug *m* tailor-made (*Am* custom--made) suit

Maßarbeit *f fig* precision work

Maßband *n* tape measure

Masse *f* **1.** (*Materie*) mass (*a.* PHYS), (*Substanz*) *a.* substance, (*Teig*2 *etc*) mixture, CHEM compound **2.** (*Menge*) masses *Pl*: F **~e-e ~** (*von*) *Bücher*(*n*) masses (*od* lots, loads) of books **3.** (*Mehrzahl*) bulk, majority **4.** (*Menschen*2) crowd: *die* (*breite*) **~** *a. pej* the masses *Pl* **5.** WIRTSCH (*Erb*2, *Konkurs*2 *etc*) estate, assets *Pl* **6.** ELEK (*a. an* **~** *legen*) earth, *Am* ground

Maßeinheit *f* measure, unit of measurement

Massen... mass (*demonstration, production, tourism, etc*) **~abfertigung** *f a. pej* mass processing **~andrang** *m* huge crowd, F terrible crush **~arbeitslosigkeit** *f* mass unemployment **~entlassungen** *Pl* mass dismissals *Pl* **~erzeugung** *f*, **~fabrikation** *f*, **~fertigung** *f* mass production **~flucht** *f* mass exodus, (*Panik*) stampede **~grab** *n* mass grave **~güter** *Pl* bulk goods *Pl*

massenhaft *Adv* F masses (*od* lots, heaps) of

Massen|karambolage *f* MOT (multiple) pile-up **~kundgebung** *f* rally, mass meeting **~medium** *n* mass medium (*Pl* media) **~mord** *m* mass murder **~mörder**(*in*) mass murderer (murderess) **~produktion** *f* mass production **~psychose** *f* mass hysteria **~quartier** *n* mass accommodation **~schlägerei** *f* F free-for-all **~sport** *m* popular sport

~sterben *n* widespread deaths *Pl* (*von Tieren*: dying-off) **~tierhaltung** *f* battery farming **~unterhaltung** *f* mainstream entertainment **~vernichtungswaffen** *Pl* weapons *Pl* of mass destruction **~versammlung** *f* mass meeting

massenweise → **massenhaft**

Masseur(*in*) masseur (masseuse)

Masseuse *f Sex*: masseuse

Maßgabe *f nach* **~** (*Gen*) in accordance with; *mit der* **~,** *dass ...* provided that ...

maßgebend *Adj* **1.** decisive, *Meinung etc*: *a.* authoritative, *Persönlichkeit etc*: leading, prominent: *das ist* (*für mich*) *nicht* **~!** that's no criterion (for me)!; *s-e Meinung ist nicht* **~** his opinion does not count (here) **2.** (*zuständig*) competent, *Buch, Werk etc*: standard

maßgeblich *Adj* decisive: **~en** *Anteil haben* (*Adv* **~** *beteiligt sein*) *an* (*Dat*) play a decisive role in, be instrumental in doing; **~e** *Kreise* influential circles

maßgerecht *Adj* true(-)to(-)size

maßgeschneidert *Adj* tailor-made (*a. fig*), *Am* custom-made

Maßhalteappell *m* call for restraint

maßhalten → **Maß¹** 1

massieren¹ *v/t* massage: *j-n* **~** *a.* give s.o. a massage

massieren² *v/t* (*a. sich* **~**) mass, concentrate

massig *Adj* massive, bulky

mäßig I *Adj* **1.** *allg* moderate, *im Trinken*: *a.* temperate **2.** (*mittel* **~**) mediocre, (rather) poor, *Befinden*: F (fair to) middling **II** *Adv* **3.** moderately, in moderation **mäßigen I** *v/t allg* moderate, (*Zorn etc*) curb, control, (*Kritik etc*) tone down; → *gemäßigt* **II** *v/refl* *sich* **~** restrain (*od* control) o.s.: *sich beim Trinken etc* **~** cut down on drinks *etc* **Mäßigung** *f* moderation, restraint

massiv *Adj* **1.** *Gold, Holz etc*: solid **2.** *fig Angriff, Drohung etc*: massive, vehement: F **~** *werden* cut up rough

Massiv *n* GEOL massif **~bau**(*weise f*) *m* ARCHI massive construction

Maßkrug *m* beer mug, stein

maßlos I *Adj* immoderate, *Freude, Zorn etc*: inordinate, boundless, excessive **II** *Adv* immoderately (*etc*), F terribly: **~** *übertrieben* grossly exaggerated

Maßlosigkeit f lack of restraint, excess

Maßnahme f measure, step

maßregeln v/t (**wegen** for) (*rügen*) reprimand, (*strafen*) punish, discipline, SPORT penalize **Maßregelung** f (*Rüge*) reprimand, (*Strafe*) disciplinary action, SPORT penalty

Maßschneider(in) bespoke (*Am* custom) tailor

Maßstab m 1. (*Zollstock*) rule 2. (*Karten♀ etc*) scale: **im ~ 1 : 10** on a scale of 1:10; **im verkleinerten (vergrößerten) ~** on a reduced (an enlarged) scale; **in großem ~** a. fig large-scale 3. fig standard: (**neue**) **Maßstäbe setzen** set (new) standards; **e-n anderen** (**strengen**) **~ anlegen** apply a different (strict) standard (**an** Akk to) 4. fig yardstick, ga(u)ge: **das ist kein ~!** that's no criterion!

maßstabgerecht Adj (true) to scale

maßvoll Adj moderate, reasonable, (*zurückhaltend*) restrained

Mast¹ m SCHIFF mast, (*Leitungs♀*) pylon, (*Stange*) pole

Mast² f LANDW 1. fattening 2. (*~futter*) mast

Mastdarm m ANAT rectum

mästen I v/t fatten **II** v/refl **sich ~** gorge o.s. (**an** Dat on)

Masturbation f masturbation

masturbieren v/i masturbate

Mastvieh n fat stock

Match n, m match, game

Matchball m Tennis: match point

Material n material (a. fig), TECH Koll materials Pl **~fehler** m material defect

Materialismus m materialism

Materialist(in) materialist

materialistisch Adj materialist(ic)

Materie f 1. matter 2. fig (*Thema*) subject (matter) **materiell** Adj 1. material 2. → **materialistisch** 3. financial

Mathe f F maths Sg, Am math

Mathematik f mathematics Pl (*mst* Sg konstr)

Mathematiker(in) mathematician

mathematisch Adj mathematical

Matinee f THEAT morning performance

Matjeshering m young salted herring

Matratze f mattress

Matriarchat n matriarchate

Matrixdrucker m dot matrix printer

Matrize f 1. (a. **auf ~ schreiben**) stencil

2. BUCHDRUCK matrix 3. TECH (*Stanz♀ etc*) die, (*Schablone*) stencil

Matrose m, **Matrosin** f sailor

Matsch m F mush, (*Schlamm*) mud, (*bes Schnee♀*) slush **matschig** Adj F 1. muddy, slushy 2. Obst etc: mushy

matt Adj 1. (*glanzlos*) dull, Papier etc, a. FOTO mat(t), Glas: frosted, Glühbirne: opal, (*Licht*) dim 2. Person: exhausted, a. Stimme, Applaus etc: feeble, weak 3. WIRTSCH slack 4. Schach: checkmate

Matte f allg mat: F **auf der ~ stehen** be there

Mattglas n frosted glass

Mattigkeit f fatigue

Mattscheibe f 1. FOTO focus(s)ing screen 2. a) TV screen, b) F telly, Am tube 3. F fig **~ haben** have a blackout

Matura f österr., schweiz. school-leaving exam, Br A-levels Pl

maturieren v/i österr. take one's A-levels

Mätzchen Pl F 1. (*Unsinn*) nonsense Sg 2. tricks Pl: **k-e ~!** none of your tricks!

Mauer f wall: hist **die** (**Berliner**) **~** the (Berlin) Wall **~blümchen** n F wallflower

mauern I v/i 1. build a wall, lay bricks 2. F Kartenspiel: stonewall, SPORT shut up shop **II** v/t 3. build

Maul n 1. ZOOL mouth, (*Rachen*) jaws Pl 2. V (*Mund*) sl trap: **das ~ aufreißen** brag; **halts ~!** shut up!

maulen v/i F grumble, grouse

Maulesel m mule **Maulheld(in)** F braggart **Maulkorb** m (a. Dat **e-n ~ anlegen**) muzzle (a. fig) **Maultier** n mule

Maul- und Klauenseuche f VET foot-and-mouth (disease), FMD

Maulwurf m ZOOL mole

Maulwurfshügel m molehill

Maurer(in) bricklayer **~kelle** f trowel

maurisch Adj Moorish

Maus f a. COMPUTER mouse (Pl mice, COMPUTER a. mouses): hum **weiße ~** traffic policeman; F **graue ~** nondescript person; → **Katze, Mäuse** **mäuschenstill** Adj (as) quiet as a mouse, (*reglos*) stockstill: **es war ~** not a sound was to be heard

Mäuse Pl von **Maus** 1. mice: F **weiße ~ sehen** see pink elephants 2. F (*Geld*) lolly, Am bread

Mausefalle f 1. mousetrap 2. fig death-

trap **Mauseloch** n mousehole

mausern v/i u. v/refl **sich ~** moult; F fig **sich ~ zu** develop into

mausetot Adj F stone-dead

Maus|klick m mouse click: **per ~** by clicking the mouse **~pad** n mouse pad **~taste** f mouse key (od button) **~zeiger** m mouse pointer

Maut(gebühr) f toll **Mautstelle** f tollhouse, Am turnpike **Mautstraße** f toll road, Am turnpike (road)

maximal I Adj maximum **II** Adv maximally, at (the) most

Maxime f maxim

Maximum n maximum

Mayonnaise f GASTR mayonnaise

Mäzen(in) patron, sponsor

MB, Mbyte n (= **Megabyte**) MB

Mechanik f 1. allg mechanics Pl (a. Sg konstr) 2. e-r Uhr etc: mechanism **Mechaniker(in)** mechanic **mechanisch** Adj mechanical, fig a. automatic **mechanisieren** v/t mechanize **Mechanismus** m allg mechanism

Meckerer m, **Meckerin** f F grumbler

meckern v/i 1. Ziege: bleat (a. F fig lachen) 2. F fig (schimpfen) grumble

Mecklenburg-Vorpommern n Mecklenburg-Western Pomerania

Medaille f medal

Medaillengewinner(in) SPORT medal winner, medal(l)ist

Medaillon n 1. GASTR, KUNST medallion 2. (Schmuck) locket

Medien Pl media Pl

Medien|forschung f media research **~konzern** m multimedia group **~verbund** m multimedia system

Medikament n drug, medicament

Mediothek f media library

Meditation f meditation

meditieren v/i meditate (**über** Akk on)

Medium n allg medium; → **Medien**

Medizin f allg medicine, (Arznei) a. medicament: **Doktor der ~** doctor of medicine (Abk M.D.)

Mediziner(in) 1. medical student, F medic 2. physician, doctor

medizinisch Adj medical, (arzneilich) medicinal **medizinisch-technische Assistentin** (Abk MTA) medical laboratory assistant

Medizinmann m witch doctor, medicine man

Meer n sea (a. fig), (Welt2) ocean: **das offene ~** the high seas Pl; **am ~** by the sea, Urlaub: a. at the seaside **Meerbusen** m gulf **Meerenge** f strait(s Pl)

Meeres|arm m arm of the sea, inlet **~biologie** f marine biology **~boden** m → **Meeresgrund ~früchte** Pl seafood Sg **~grund** m seabed, bottom of the sea **~höhe** f → **Meeresspiegel ~kunde** f oceanography **~spiegel** m (**über dem ~** above) sea level

Meerrettich m BOT horseradish

Meersalz n sea salt

Meerschweinchen n ZOOL guinea pig

Meerwasser n sea water

Megabyte n megabyte

Megafon n → **Megaphon**

Megahertz n megahertz, megacycle

Megahit m huge hit, smash hit, megahit: **zum ~ werden** become a megahit etc

Megaphon n megaphone

Megatonne f megaton

Megavolt n megavolt

Mehl n flour, grobes: meal **Mehlbanane** f → **Kochbanane**

mehlig Adj Äpfel etc: mealy

Mehlspeise f 1. farinaceous food 2. österr. (Süßspeise) sweet dish

mehr I Indefinitpron more: **~ als 50 Autos** more than (od over) 50 cars; **und dergleichen ~** and the like; (immer) **~ und ~** more and more; **noch ~** still more; **was willst du noch ~?** what more do you want? **II** Adj more: **mit ~ Glück** with more luck; **~ und ~** (od **immer ~**) **Leute** more and more people **III** Adv more: **umso ~, nur noch ~** all the more; **umso ~** (als) all the more (as); **nicht ~ a)** no more, **b)** no longer, not any longer; **nie ~** never again; **ich habe keins** (od **keine**) **~** I haven't got any more; **ich habe nichts ~** I've got nothing left; **kein Wort ~** (davon)! not another word (about it)!; **ich kann nicht ~!** I'm finished!, beim Essen: I couldn't eat another thing!; **er ist ~ praktisch veranlagt** he is more of a practical man **IV** ♀ n **ein** ♀ **an Zeit** more time

Mehr|arbeit f extra work, (Überstunden) overtime **~aufwand** m extra (od additional) cost(s Pl), time etc

mehrbändig Adj in several volumes

Mehrbelastung f additional load (fig

burden) **Mehrbereichsöl** *n* multigrade oil **Mehrbetrag** *m* surplus, (*Zuschlag*) extra charge

mehrdeutig *Adj* ambiguous

mehren *v/t u. v/refl* **sich ~** increase

mehrere *Adj u.* **Indefinitpron** several

Mehrerlös *m* additional revenue

mehrfach I *Adj* several, (*wiederholt*) repeated, *bes* TECH *etc* multiple: **~e Verletzungen** multiple injuries; **in ~er Hinsicht** in several respects; **~er deutscher Meister** several times German champion **II** *Adv* several times, (*wiederholt*) repeatedly: **er ist ~ vorbestraft** he has several previous convictions

Mehrfache *n* **ein ~s der Summe** *etc* several times the amount *etc*

Mehrfachstecker *m* multiple plug

Mehrfamilienhaus *n* multiple dwelling

mehrfarbig *Adj* multicolo(u)r

Mehrheit *f* majority: **mit absoluter** (**einfacher, knapper, großer**) **~** by an absolute (a simple, a narrow, a large) majority; **mit zehn Stimmen ~** by a majority of ten; **~ schweigend mehrheitlich** *Adj u. Adv* (by the) majority

Mehrheitsbeschluss *m* majority decision **Mehrheitswahlrecht** *n* majority vote system

mehrjährig *Adj* of (*od* lasting) several years, several years' …

Mehrkosten *Pl* additional (*od* extra) cost(s *Pl*), (*Zuschlag*) extra charge *Sg*

mehrmalig *Adj* repeated

mehrmals *Adv* several times

Mehrparteiensystem *n* multiparty system

mehrseitig *Adj* **1.** MATHE polygonal **2.** POL multilateral **mehrsilbig** *Adj* polysyllabic **mehrsprachig** *Adj* polyglot, multilingual **mehrstellig** *Adj Zahl*: multidigit **mehrstimmig** *Adj* for several voices: **~er Gesang** part singing

mehrstöckig *Adj* multistor(e)y

mehrstufig *Adj* multistage

mehrstündig (**mehrtägig**) *Adj* of (*od* lasting) several hours (days)

mehrteilig *Adj* consisting of several parts, *Film etc*: in several parts

Mehrverbrauch *m* increased consumption **Mehrwegverpackung** *f* reusable package **Mehrwertsteuer** *f* value-added tax (*Abk* VAT)

Mehrzahl *f* **1.** majority **2.** LING plural

Mehrzweck… multipurpose …

meiden *v/t* avoid

Meile *f* mile

Meilenstein *m a. fig* milestone

meilenweit *Adv* for miles (and miles): **~ entfernt von** *a. fig* miles (away) from

mein *Possessivpron* my: **~er, ~e, ~(e)s, der** (**die, das**) **~(ig)e** mine; **die ~(ig)en** my family, F my people, my folks; **ich habe das ~(ig)e getan** I've done my share (*od* bit)

Meineid *m* (**e-n ~ leisten** commit) perjury **meineidig** *Adj* perjured: **~ werden** perjure o.s., commit perjury

meinen *v/t, v/i* **1.** think: **was ~ Sie dazu?** what do you think?; **~ Sie** (**wirklich**)? do you (really) think so? **2.** mean: **wie ~ Sie das?** how do you mean?, *drohend*: what do you mean by that?; **~ Sie das ernst?** do you really mean it?; **so war es nicht gemeint** I (he *etc*) didn't mean it (like that); **sie meint es gut** she means well (**mit dir** by you); **es war gut gemeint** it was well-meant; **er hat es nicht böse gemeint** he meant no harm **3.** (*sprechen von*) mean, refer to: **~ Sie ihn?** do you mean him? **4.** (*bedeuten*) mean **5.** **wenn du meinst** if you say so; **wie Sie ~** as you wish; **ich meine ja nur!** it was just a thought!

meiner *Personalpron* (*Gen of* **ich**) (of) me: **erinnern Sie sich ~?** do you remember me? **meinerseits** *Adv* for my part: **ich ~** I for one; **ganz ~! a)** the pleasure is (*od* has been) mine!, **b)** *hum* same here! **meinesgleichen** *Indefinitpron* people like me, F the likes of me

meinetwegen *Adv* **1.** (*wegen mir*) on my account, because of me, (*mir zuliebe*) for my sake **2.** **~ kann er gehen** I don't mind if he goes, *iron* he can go for all I care **3.** (*zum Beispiel*) let's say

meinige → mein

Meinung *f* opinion (**über** *Akk* of, about, on): **e-e schlechte ~ haben von** have a low opinion of; **m-r ~ nach** in my opinion; **der ~ sein** think, believe, be of the opinion; **derselben** (**anderer**) **~ sein** (dis)agree; **ganz m-r ~!** I quite agree!; **F j-m gehörig die ~ sagen** give s.o. a piece of one's mind; **→ geteilt** 1

Meinungs|äußerung *f* statement **~austausch** *m* exchange of views

(*über* Akk on) 2**bildend** Adj opinion-forming **~bildung** f forming of an opinion: **öffentliche ~** forming of public opinion **~forscher(in)** f pollster **~forschung** f opinion research **~freiheit** f freedom of opinion (*od* speech) **~führer(in)** opinion-leader **~umfrage** f (public) opinion poll **~umschwung** m swing of opinion **~verschiedenheit** f **1.** difference of opinion **2.** disagreement, argument (*über* Akk about)

Meise f **1.** ZOOL tit(mouse) **2.** F *du hast wohl 'ne ~?* you must be nuts!

Meißel m, **meißeln** v/t u. v/i chisel

Meiß(e)ner Porzellan n Dresden china

meist I Adj **1.** most, most of: *die ~en Leute* most people; *die ~e Zeit* most of the time II Indefinitpron **2.** *das ~e* (*davon*) most of it; *die ~en a)* most (of them), **b)** most people III Adv **3.** → *meistens* **4.** *am ~en* most

meistbietend Adj **~er Interessent** highest bidder; Adv **~ verkaufen** sell to the highest bidder

meistens, **meistenteils** Adv mostly, usually, most of the time

Meister m **1.** master (craftsman): *s-n ~ machen* take one's master craftsman's diploma **2.** *im Betrieb:* foreman **3.** (*Könner*) a. fig od iron master: → *Übung* 1 **4.** SPORT champion, (*Mannschaft*) champions Pl **Meisterbrief** m master craftsman's diploma

meisterhaft I Adj masterly II Adv brilliantly: *iron es ~ verstehen zu lügen etc* be an expert liar *etc*

Meisterin f **1.** master craftswoman **2.** *im Betrieb:* forewoman **3.** master's wife **4.** → *Meister* 3, 4 **Meisterleistung** f masterly performance, great feat **meistern** v/t allg master

Meisterprüfung f examination for the master craftsman's diploma

Meisterschaft f **1.** (*Können*) mastery **2.** SPORT championship, (*Titel*) a. title

Meisterstück n fig masterstroke

Meisterwerk n masterpiece

Melancholie f, MED **melancholisch** Adj melancholy

Melanom n MED melanoma

Melanzani Pl österr. aubergines Pl, Am eggplants

Meldeamt n residents' registration office

melden I v/t **1.** report, (*Geburt etc*) register, (*ankündigen*) announce: *j-m etw ~* notify s.o. of s.th.; *Er hat nichts zu ~* he has no say (in the matter), *weit. S.* he has no chance (*gegen j-n* against s.o.) **2.** SPORT enter II v/refl *sich ~* **1.** report (*bei* to, *zur Arbeit* for work): VERW *sich polizeilich ~* register with the police; → *krankmelden* **4.** Interessent, Zeuge etc: get in touch (*bei* with): *sich freiwillig ~* volunteer (*zu* for); *ich werde mich ~* I'll be in touch; *wenn du etw brauchst, melde dich!* if you need anything, let me know!; *sich auf ein Inserat ~* answer an advertisement **5.** answer (the phone): *es meldet sich niemand* there is no reply **6.** Schüler: put up one's hand **7.** SPORT enter (one's name) (*für* for) **8.** fig Alter, Schmerz etc: make itself felt

Meldepflicht f obligatory registration, MED duty of notification

meldepflichtig Adj subject to registration, MED notifiable

Meldung f **1.** report (a. Anzeige), (Presse2) a. news (item), (Mitteilung) announcement, notification, (Funk2, Computer2 etc) message **2.** VERW registration (*bei* with) **3.** (*zu* for) application, zu e-r Prüfung etc, a. SPORT entry

melken v/t u. v/i a. fig milk

Melodie f melody, tune

melodiös, **melodisch** Adj melodic

melodramatisch Adj melodramatic

Melone f **1.** BOT melon **2.** F (Hut) bowler (hat), Am derby

Membran f ANAT membrane, a. TECH diaphragm

Memoiren Pl memoirs Pl

Menge f **1.** quantity, amount, MATHE set: *e-e (große) ~ von* a lot of, F lots of; *e-e ~ Bücher* a. a great many books; F *jede ~ Geld, Geld in rauhen ~n* heaps of money **2.** (*Menschen2*) crowd

mengen I v/t mix (*in* Akk into) II v/refl *sich ~* → *mischen* II

Mengenangabe f (indication of) quantity **Mengenlehre** f MATHE set theory **mengenmäßig** Adj quantitative **Mengenrabatt** m WIRTSCH bulk discount

Meniskus m ANAT meniscus

Menorca n Minorca

Mensa f (university) canteen

Mensch m **1.** human being: *der ~* man;

ich bin auch nur ein ~ I'm only human **2.** → *Menschheit* **3.** (*Person*) person, man (woman): (*die*) ~*en* people; *gern unter* ~*en sein* enjoy human company; *kein* ~ nobody, not a soul; F ~*!* → *Menschenskind* Mensch *ärgere dich nicht!* *n* (*Spiel*) ludo

Menschen|affe *m* ape ~**alter** *n* generation, (*Lebensspanne*) lifetime ~**feind(in)** misanthropist ~**fresser(in)** cannibal, (*Tier*) man-eater ~**freund(in)** philanthropist ~**gedenken** *n seit* ~ within living memory ~**gestalt** *f in* ~ in human form; *ein Teufel in* ~ a devil incarnate ~**hand** *f von* ~ **geschaffen** man-made ~**handel** *m* slave trade ~**hass** *m* misanthropy ~**kenner(in)** good judge of character ~**kenntnis** *f* knowledge of human nature ~**kette** *f* human chain ~**leben** *n* **1.** (human) life: ~ *sind nicht zu beklagen* there were no fatalities **2.** lifetime ♀**leer** *Adj* deserted ~**menge** *f* crowd (of people) ~**mögliche** *n*: *das* ~ everything that is humanly possible ~**raub** *m* kidnapping ~**rechte** *Pl* human rights *Pl* ♀**scheu** *Adj* shy, unsociable ~**schlag** *m* breed (of people), race ~**seele** *f* human soul: *k-e* ~ not a living soul

Menschenskind *Interj* good heavens!, *vorwurfsvoll:* for heaven's sake!

menschenunwürdig *Adj* degrading, *Wohnung etc:* unfit for human beings

Menschenverstand *m gesunder* ~ common sense

Menschenwürde *f the* dignity of man

Menschheit die ~ man, mankind

menschlich *Adj* **1.** human: *die* ~*e Natur* human nature; *nach* ~*em Ermessen* as far as one can possibly judge **2.** (*human*) humane **3.** F (*erträglich*) tolerable **Menschlichkeit** *f* **1.** human nature **2.** (*Humanität*) humaneness, humanity: *Verbrechen gegen die* ~ crime against humanity

Menstruation *f* MED menstruation

menstruieren *v/i* MED menstruate

Mentalität *f* mentality

Menthol *n* CHEM menthol: *mit* ~ mentholated

Menü *n* **1.** GASTR set meal, set lunch; (*Tagesangebot*) fixed(-price) menu, today's special **2.** COMPUTER *u. fig* menu

~**anzeige** *f* menu display ♀**gesteuert** *Adj* menu-driven ~**leiste** *f* menu bar

⚠ **Menü** ≠ **menu**
(*Speisenfolge*)

Menü	= set meal, set lunch
menu	= Speisekarte

Meridian *m* ASTR, GEOG meridian

Merkblatt *n* leaflet

merken *v/t* notice, (*fühlen*) feel, sense, (*erkennen*) realize, see, (*entdecken*) discover: *etw* ~ *a.* become aware of s.th.: *man merkte an s-r Stimme, dass ...* you could tell by his voice that ...; ~ *lassen* show, let on; *sich etw* ~ remember, make a mental note of; ~ *Sie sich das!* remember that!

merklich I *Adj* noticeable, (*deutlich*) marked, (*beträchtlich*) considerable **II** *Adv* noticeably (*etc*)

Merkmal *n* characteristic: *besondere* ~*e* distinguishing marks

Merkspruch *m* mnemonic

Merkur *m* ASTR Mercury

merkwürdig *Adj* strange, odd **merkwürdigerweise** *Adv* oddly enough

meschugge *Adj* F crazy, nuts

messbar *Adj* measurable

Messbecher *m* measuring cup

Messdiener(in) REL server

Messe¹ *f* REL mass: (*die*) ~ *lesen* say Mass

Messe² *f* MIL mess

Messe³ *f* (trade) fair

Messe|besucher(in) visitor to a (*od* the) fair ~**gelände** *n* exhibition cent/re (*Am* -er) ~**halle** *f* exhibition hall

messen I *v/t* measure, TECH *a.* ga(u)ge: (*mit der Uhr*) ~ time; *fig j-n mit Blicken* ~ size s.o. up **II** *v/refl sich mit j-m* ~ match o.s. against s.o., SPORT compete with s.o.; *sich nicht* ~ *können mit* a) *j-m* be no match for s.o., b) *e-r Sache* not to stand comparison with s.th. **III** *v/i* measure, be ... long (*od* high, wide, *etc*), *Person:* be ... (tall): ~ *gemessen*

Messer *n allg* knife, TECH *a.* blade, MED *a.* scalpel: *fig Kampf bis aufs* ~ fight to the death; *auf* (*des*) ~*s Schneide stehen* be on a razor's edge; F *j-n ans* ~ *liefern* betray s.o. **messerscharf** *Adj* razor-sharp, *fig* (*scharfsinnig*) *a.* keen

M

Messer|schnitt m razor cut **~spitze** f knife point: **e-e ~ Salz** a pinch of salt
Messerstecherei f knifing
Messerstich m **1.** stab **2.** stab wound
Messestand m exhibition stand
Messgerät n measuring instrument, (*Lehre*) ga(u)ge, (*Zähler*) meter
Messias m Messiah
Messing n brass
Messinstrument n → **Messgerät**
Messtischblatt n ordnance map
Messuhr f meter, dial ga(u)ge
Messung f measurement
Metall n metal
Metallarbeiter(in) metalworker
Metall|bearbeitung f metalworking **~industrie** f metalworking industry
metallisch *Adj* metal, *a.* fig metallic
Metallurgie f metallurgy
metallurgisch *Adj* metallurgic(al)
Metallverarbeitung f metal processing **Metallwaren** *Pl* metal goods *Pl*, hardware *Sg*
Metamorphose f metamorphosis
Metapher f metaphor
Meta|physik f metaphysics *Sg* **~physisch** *Adj* metaphysical
Metastase f MED metastasis
Meteor m meteor
Meteorit m meteorite
Meteorologe m meteorologist
Meteorologie f meteorology
Meteorologin f meteorologist
meteorologisch *Adj* meteorological
Meter n, m metre, *Am* meter **~lang** *Adj* very long **~maß** n **1.** (*Bandmaß*) tape measure **2.** → **~stab** m (pocket) rule
Meterware f yard goods *Pl*
Methadon n methadone
Methode f method **Methodik** f **1.** methodology **2.** method(s *Pl*)
methodisch *Adj* methodical
Methylalkohol m methyl alcohol
Metier n profession, job
Metrik f metre, *Am* meter **metrisch** *Adj* **1.** *Maß etc:* metric **2.** MUS *etc* metrical
Metzger(in) butcher
Metzgerei f butcher's shop
Meute f **1.** pack (of hounds) **2.** fig mob
Meuterei f mutiny **Meuterer** m, **Meuterin** f mutineer **meutern** v/i mutiny, F fig rebel **meuternd** *Adj* mutinous
Mexikaner(in), **mexikanisch** *Adj* Mexican

Mexiko n Mexico
miau *Interj*, **miauen** v/i miaow
Mic n F (*Mikrophon*) mic, bes Br mike
mich I *Personalpron* me II *Reflexivpron* myself
mick(e)rig *Adj* F *Sache:* measly, *Person:* puny, (*kränklich*) sickly
Mieder n bodice **Miederhöschen** n panty girdle **Miederwaren** *Pl* foundation garments *Pl*
Mief m F fug, pong
Miene f expression, (*Gesicht*) face: **überlegene ~** superior air; **e-e ernste ~ aufsetzen** look serious; **e-e finstere ~ machen** scowl; **gute ~ zum bösen Spiel machen** put on a brave face, grin and bear it; **~ machen, etw zu tun** make as if to do s.th.; **ohne e-e ~ zu verziehen** without batting an eyelid
Mienenspiel n facial expressions *Pl*
mies F I *Adj* bad, lousy: **~e Laune haben** be in a foul mood; **j-n (etw) ~ machen** run s.o. (s.th.) down; **~er Kerl** bastard; **~e Sache** awful mess II *Adv* **sich ~ fühlen** feel lousy; **es geht ihm ~** he's in a bad way **Miesepeter** m F sourpuss
Miesmuschel f ZOOL mussel
Miete f rent: **zur ~ wohnen** live in a rented flat (*od Am* apartment), *als Untermieter:* live in lodgings (**bei** with)
Mieteinnahme f rental income
mieten v/t rent, (*Auto etc*) a. hire
Mieter(in) tenant, (*Unter2*) lodger, *Am* roomer **Mieterschutz** m (legal) protection of tenants
mietfrei *Adj* rent-free
Mietgebühr f rental (charge)
Mietpreis m **1.** rent **2.** → **Mietgebühr**
Mietshaus n block of flats, *Am* apartment house
Mietverhältnis n tenancy **Mietvertrag** m tenancy agreement, *für Sachen:* hire contract **Mietwagen** m hired car **Mietwagenverleih** m car-hire service **Mietwohnung** f (rented) flat, *Am* apartment
Migräne f MED migraine
Mikro n F (*Mikrofon*) mic, bes Br mike
Mikrobe f microbe
Mikro|chip m microchip **~chirurgie** f microsurgery **~computer** m microcomputer **~elektronik** f microelectronics *Sg* **~film** m microfilm **~fon** n microphone **~kosmos** m microcosm **~orga-**

M

nismus m microorganism
Mikroprozessor m microprocessor
Mikroskop n microscope **mikroskopisch** Adj (a. ~ **klein**) microscopic(al)
Mikrowelle f microwave
Mikrowellenherd m microwave oven
Milbe f ZOOL mite
Milch f **1.** (**dicke** od **saure** ~ curdled) milk **2.** der Fische: (soft) roe **Milchbar** f milk bar **Milchbrei** m milk pudding
Milchflasche f milk bottle
Milchgeschäft n dairy
Milchglas n TECH frosted glass
milchig Adj milky
Milchkaffee m white coffee
Milch|kännchen n milk jug **~kanne** f milk can **~kuh** f milcher **~mädchenrechnung** f F naive reasoning **~mixgetränk** n milk shake **~produkte** Pl dairy products **~pulver** n powdered milk **~reis** m rice pudding **~schorf** m MED milk crust **~shake** m milkshake **~straße** f Milky Way **~tüte** f carton of milk **~wirtschaft** f dairy farming **~zahn** m milk tooth
mild I Adj allg mild, Klima, Lächeln, Verweis etc: a. gentle, Strafe, Richter etc: a. lenient, Speise: a. light, Licht: mellow, soft **II** Adv **~e gesagt** to put it mildly; **etw ~e beurteilen** take a lenient view of s.th. **Milde** f mildness (etc, → **mild** I), (Nachsicht) leniency **mildern I** v/t (Schlag, Gegensatz etc) soften, (Schmerz, Leiden etc) ease, alleviate, (a. Kummer, Ärger etc) soothe, (Ansicht etc) moderate, (Aussage etc) qualify, (Urteil, Strafe) mitigate, (Wirkung etc) reduce; JUR **~de Umstände** extenuating circumstances **II** v/refl **sich ~** grow milder, Schmerz: ease, Ansicht etc: soften **Milderung** f von Schmerz: alleviation, e-r Strafe: mitigation, e-r Aussage etc: qualification, e-r Ansicht: moderation **Milderungsgrund** m JUR extenuating circumstance
mildtätig Adj charitable
Milieu n environment (a. BIOL, CHEM), SOZIOL a. (social) background
milieubedingt Adj due to environmental factors **milieugeschädigt** Adj maladjusted, deprived
militant Adj militant
Militär n **1.** (**beim** ~ in the) armed forces Pl (od army) **2.** military personnel, sol-

diers Pl **~arzt** m, **~ärztin** f medical officer **~attaché** m military attaché **~dienst** m military service **~diktatur** f military dictatorship
militärisch Adj military, Gebaren etc: martial **Militarismus** m militarism **Militarist(in)** militarist **militaristisch** Adj militaristic(ally Adv)
Militärkapelle f military band
Militärpolizei f military police
Militär|putsch m military putsch **~regierung** f military government
Military f Reitsport: three-day event
Militärzeit f time of (military) service
Miliz f militia
Millennium n millennium
Milliardär(in) multimillionaire
Milliarde f billion
Millimeter m, n millimet/re (Am -er) **~arbeit** f F **das war** ~ that was a precision job **~papier** n graph paper
Million f million: **5 ~en Dollar** five million dollars
Millionär(in) millionaire
Millionengeschäft n multimillion dollar etc deal **Millionenstadt** f city of over a million inhabitants
millionstel Adj millionth
Milz f ANAT spleen **~brand** m anthrax
Mime m actor **mimen** v/t act, play, fig a. feign **Mimik** f **1.** mimic art **2.** → **Mienenspiel mimisch** Adj mimic
Mimose f **1.** BOT mimosa **2.** fig oversensitive person
mimosenhaft Adj fig oversensitive
Minarett n minaret
minder I Adv less: **nicht** ~ no less **II** Adj less(er), Bedeutung: minor, Qualität: inferior **minderbegabt** Adj less gifted
minderbemittelt Adj less well-off: F **geistig** ~ not very bright
Minderheit f minority; → a. **Minderzahl Minderheitsregierung** f minority (-party) government
minderjährig Adj under age
Minderjährige m, f minor
Minderjährigkeit f minority
mindern I v/t lessen, reduce, lower, (beeinträchtigen) detract from **II** v/refl **sich** ~ diminish, decrease
Minderung f (Gen) decrease (in), reduction (in, of), (Wert2) depreciation
minderwertig Adj inferior, of inferior quality, WIRTSCH a. low-grade **Minder-**

M

wertigkeit f inferiority, WIRTSCH inferior quality

Minderwertigkeitsgefühl n inferiority feeling **Minderwertigkeitskomplex** m inferiority complex

Minderzahl f *in der ~ sein* a) be in the minority, b) be outnumbered

mindest *Adj* least, slightest: *nicht die ~e Aussicht* not the slightest chance; *nicht im 2en* not in the least, not at all; *zum 2en* at least; *das 2e* the (very) least

Mindest... minimum (*age, price, etc*) **~anforderung** f minimum requirement **~betrag** m minimum (amount)

mindestens *Adv* at least

Mindest|gehalt n (**~lohn** m) minimum salary (wage) **~maß** n (*etw auf das ~ beschränken* keep s.th. down to a) minimum **~zahl** f minimum

Mine f **1.** BERGB, MIL mine **2.** (*Bleistift2*) lead, (*Kugelschreiber2*) cartridge, (*Ersatz2*) refill

Minenfeld n MIL minefield **Minenleger** m SCHIFF minelayer **Minenräumboot** n, **Minensuchboot** n minesweeper

Mineral n mineral **~bad** n **1.** mineral bath **2.** (*Kurort*) spa

Mineralogie f mineralogy

Mineral|öl n mineral oil **~quelle** f mineral spring **~wasser** n mineral water

Miniatur f miniature

miniaturisieren v/t TECH miniaturize

Mini|bar f minibar **~bus** m minibus **~golf** n miniature golf **~kleid** n minidress

minimal *Adj* minimal, minimum, *fig* negligible **Minimum** n minimum

Minirock m miniskirt

Minister(in) minister, *Br* Secretary (of State), *Am* Secretary

Ministerialdirektor(in) head of a ministerial department

Ministerium n ministry, *Am* department

Ministerpräsident(in) Prime Minister, *e-s deutschen Bundeslandes*: Minister President (*Pl* Ministers President)

Ministerrat m **1.** cabinet (council) **2.** *der EU*: Council of Ministers

Ministrant(in) REL altar server

Minna f F *grüne ~* Black Maria, *Am* paddy wagon; *j-n zur ~ machen* give s.o. hell

Minnesänger m minnesinger

Minorität f minority

minus I *Präp* minus **II** *Adv* **~ 10 Grad** ten degrees below zero **III** 2 n (*Fehlbetrag*) deficit, *fig* (*Nachteil*) disadvantage

Minuspunkt m **1.** SPORT penalty point **2.** *fig* minus, drawback

Minuszeichen n MATHE minus sign

Minute f minute (*a.* ASTR, MATHE): *auf die ~ pünktlich kommen* come on the dot; *in letzter ~* at the last moment; *es klappte auf die ~* it was perfectly timed

minutenlang I *Adj* lasting several minutes, several minutes of … **II** *Adv* for (several) minutes

Minutenzeiger m minute-hand

minuziös *Adj* detailed, meticulous

Minze f BOT mint

mir *Personalpron* me, to me, (*~ selbst*) (to) myself: *~ ist kalt* I feel cold; *ich wusch ~ die Hände* I washed my hands; *ein Freund von ~* a friend of mine; *du bist ~ ein schöner Freund!* a fine friend you are!; *von ~ aus →meinetwegen*; *wie du ~, so ich dir* tit for tat

Mirabelle f BOT yellow plum

Misanthrop(in) misanthropist

Mischehe f mixed marriage

mischen I v/t allg mix (*a.* RADIO, FILM etc), (*Tee, Tabak etc*) blend, (*Karten*) shuffle, (*Dateien*)merge, collate **II** v/refl fig *sich ~ unter* (*Akk*) mix (*od* mingle) with; *sich ~ in* (*Akk*) interfere (*od* meddle) with; *sich in das Gespräch ~* join in (*störend*: butt in on) the conversation **III** v/i beim Kartenspiel: shuffle

Mischling m **1.** BIOL hybrid **2.** (*Mensch*) half-caste, *bes pej* half-breed

Mischmasch m F hotchpotch

Mischpult n RADIO, TV mixer

Mischrasse f mixed race

Mischung f mixture (*a. fig*), (*Tabak2, Tee2 etc*) blend, (*Keks2, Pralinen2*) assortment

Mischungsverhältnis n mixing ratio

Misch|volk n mixed race **~wald** m mixed forest **~wort** n hybrid (word)

miserabel *Adj* miserable, F lousy

Misere f calamity

Mispel f BOT medlar

missachten v/t **1.** (*nicht beachten*) disregard, ignore **2.** (*gering schätzen*) hold in contempt, disdain, despise

Missachtung f disregard, (*Verachtung*) disdain: **~ des Gerichts** contempt of court

Missbehagen n feeling of uneasiness

Missbildung f deformity

missbilligen v/t disapprove (of)

missbilligend Adj disapproving

Missbilligung f disapproval

Missbrauch m abuse, misuse, *vorsätzlicher: a.* improper use

missbrauchen v/t abuse (*a. sexuell*)

missdeuten v/t misinterpret

Missdeutung f misinterpretation

missen v/t (*entbehren*) do without

Misserfolg m failure, F flop

Missernte f crop failure

Missetat f misdeed

Missetäter(in) malefactor, offender

missfallen v/i **er (es) missfällt mir** I don't like him (it) **Missfallen** n displeasure, disapproval: **j-s ~ erregen** incur s.o.'s displeasure **Missfallensäußerung** f expression of disapproval

missgebildet Adj deformed

Missgeburt f **1.** deformed child (*od* animal), freak **2.** fig failure, F flop

missgelaunt Adj **~ sein** be in a bad mood

Missgeschick n (*Pech*) bad luck, misfortune, (*Panne*) mishap **missglücken** v/i fail, be unsuccessful **missgönnen** v/t **j-m etw** begrudge s.o. s.th. **Missgriff** m mistake **Missgunst** f resentment **missgünstig** Adj resentful **misshandeln** v/t maltreat **Misshandlung** f maltreatment, JUR assault and battery

Mission f mission **Missionar(in)**, **missionarisch** Adj missionary

missionieren I v/i do missionary work **II** v/t convert

Missklang m a. fig dissonance

Misskredit m discredit: **in ~ bringen** bring discredit upon; **in ~ geraten** get a bad name

misslich Adj awkward, difficult

misslingen v/i fail, be unsuccessful

Missmanagement n mismanagement

missmutig Adj disgruntled: **ein ~es Gesicht machen** look morose

missraten I v/i fail, turn out a failure, go wrong: **das ist mir ~** I've bungled it **II**

Adj Kind: wayward

Missstand m deplorable state of affairs: **Missstände abschaffen** remedy abuses

misstrauen v/i (*j-m, e-r Sache*) distrust, mistrust **Misstrauen** n (*gegen* of) distrust, mistrust, suspicion

Misstrauensantrag m PARL motion of no confidence **Misstrauensvotum** n PARL vote of no confidence

misstrauisch Adj distrustful, (*argwöhnisch*) suspicious, (*unsicher*) doubtful

Missverhältnis n disproportion: **in e-m ~ stehen** be out of proportion (**zu** to)

missverständlich Adj misleading

Missverständnis n misunderstanding

missverstehen v/t misunderstand, (*j-s Absichten*) mistake

Misswahl f beauty contest

Misswirtschaft f mismanagement

Mist m **1.** LANDW dung, manure, (*Tierkot*) droppings Pl **2.** F (*Plunder*) rubbish, (*Unsinn*) a. crap: **~ machen, ~ bauen** make a cock-up, mess it up; **~ verzapfen** talk rot; (**so ein**) **~!** damn it!

Mistel f BOT mistletoe

Mistelzweig m (sprig of) mistletoe; → *Info bei* **mistletoe**

Mist|gabel f pitchfork **~haufen** m manure heap **~käfer** m ZOOL dungbeetle **~kerl** m V bastard **~kübel** m österr. rubbish bin, Am trashcan **~stück** n V (*Mann*) bastard, (*Frau*) bitch

mit I *Präp* **1.** with: **ein Haus ~ Garten** a house with a garden; **Tee ~ Rum** tea with rum; **Zimmer ~ Frühstück** bed and breakfast; **ein Korb ~ Obst** a basket of fruit **2.** (*mithilfe von*) with: **~ der Bahn** (*Post etc*) by train (post *etc*); **~ Bleistift** in pencil; **~ Gewalt** by force **3.** (*Art und Weise*) with: **~ Absicht** intentionally; **~ lauter Stimme** in a loud voice; **~ Verlust** at a loss; **~ einem Wort** in a word; **~ 8 zu 11 Stimmen** by 8 votes to 11; **was ist ~ ihm?** what's the matter with him?; **wie steht es ~ Ihrer Arbeit?** how's your work getting on?; **wie stehts ~ dir?** how about you? **4.** *zeitlich:* **~ 20 Jahren** at (the age of) twenty; **~ dem 3. Mai** as of May 3rd; → **Zeit** 1 **II** *Adv* **5.** also, too: **~ dabei sein** be there too; **das gehört ~ dazu** that's part (and parcel) of it; **er war ~ der Beste** he was one of the best; → **mitgehen** *etc*

Mitarbeit f cooperation, collaboration, (*Hilfe*) a. assistance (**bei** in): **unter ~ von** (*od Gen*) in collaboration with
mitarbeiten v/i a) (**an** *Dat*, **bei**) cooperate (in), collaborate (on), *bei e-r Zeitung etc*: contribute (to), b) PÄD take an active part in the lessons
Mitarbeiter(in) 1. employee, *bes wissenschaftlich*: collaborator, **bei** *e-r Zeitung*: contributor (to): **freier Mitarbeiter** freelance(r) 2. (*Kollege*) colleague
Mitarbeiterstab m staff
Mitbegründer(in) co-founder
mitbekommen v/t **1.** *etw* ~ get (*od* be given) s.th. **2.** F (*verstehen*) catch, get, (*aufschnappen*) pick up: **hast du das mitbekommen?** did you get that?
mitbenutzen v/t share *s.th.* (with s.o.)
mitbestimmen v/i (**bei** *e-r Sache*) ~ have a say in the matter **Mitbestimmung(srecht** n) f codetermination, (*Arbeiter*2) a. worker participation
Mitbewerber(in) competitor
Mitbewohner(in) fellow occupant
mitbringen v/t **1.** bring *s.o.*, *s.th.* along (with one) **2.** *fig* (*Fähigkeiten*) have, possess **Mitbringsel** n little present
Mitbürger(in) fellow citizen: **ausländische Mitbürger(innen)** immigrant-residents
Miteigentümer(in) joint owner
miteinander Adv with each other, (*zusammen*) together: **alle ~** one and all **Miteinander** n togetherness
Mit|erbe m coheir **~erbin** f coheiress
miterleben v/t witness
Mitesser m MED blackhead
mitfahren v/i **mit** *j-m* ~ ride (*od* go) with s.o. **Mitfahrgelegenheit** f **biete ~ nach Köln** lift offered to Cologne
mitfühlen v/i sympathize (**mit** with)
mitfühlend Adj sympathetic
mitführen v/t carry with one
mitgeben v/t **j-m** *etw* ~ give s.o. s.th. (to take with him)
Mitgefangene m, f fellow-prisoner
Mitgefühl n sympathy: **j-m sein ~ ausdrücken** offer one's sympathies (*im Trauerfall*: condolences) to s.o.
mitgehen v/i **1.** go along (**mit** *j-m* with s.o.): F *etw* **~ lassen** pinch (*od* lift) s.th. **2.** *fig Zuhörer etc*: respond (**mit** to)
mitgenommen Adj F *fig* worn out, exhausted: Adv **~ aussehen** a. Person:

look the worse for wear
Mitgift f dowry
Mitglied n member
Mitglieder|versammlung f general meeting **~zahl** f membership
Mitgliedsausweis m membership card
Mitgliedsbeitrag m (membership) fee (*Am dues Pl*)
Mitgliedschaft f membership
Mitgliedstaat m member state
mithalten v/i **1.** a. fig keep up (**mit** with) **2.** *Kartenspiel*: stay in the bidding
Mitherausgeber(in) coeditor
Mithilfe f aid, assistance, cooperation
mithilfe, mit Hilfe Präp u. Adv: ~ **von** (*od Gen*) with the help of, fig a. by means of
mithören I v/t listen (in) to, *zufällig*: overhear, *heimlich*: eavesdrop on, (*abhören*) monitor, (*Funkspruch etc*) intercept II v/i listen, *heimlich*: eavesdrop
Mitinhaber(in) joint owner, copartner
mitkommen v/i **1.** come along **2.** *in der Schule*: keep up (with the class): **gut ~** get on well; **nicht ~** do badly; F **da komme ich** (**einfach**) **nicht mit!** that's beyond me! **mitlaufen** v/i run (along) with, SPORT run (in the race)
Mitläufer(in) POL *pej* hanger-on, fellow traveller
Mitlaut m LING consonant
Mitleid n (**aus** ~ out of) pity (**für** for); **mit j-m ~ haben** have pity (*od* compassion) on s.o., pity s.o., be sorry for s.o.; ~ **erregend** pitiful, pitiable
Mitleidenschaft f **in ~ gezogen werden** be (adversely) affected (**durch** by)
mitleidig Adj compassionate, sympathetic: **ein ~es Lächeln** a contemptuous smile **mitleid(s)los** Adj pitiless
mitmachen I v/i **1.** take part, join in, (*zs.-arbeiten*) cooperate: F **da mache ich nicht mit!** count me out on that! II v/t **2.** *allg* take part in, (*Lehrgang etc*) a. attend, (*Mode*) follow, go with, (*Spiel etc*) join in **3.** F **j-s Arbeit ~** do s.o.'s job as well **4.** F (*ertragen*) live (*od* go) through, suffer: **das mache ich nicht mehr lange mit!** I won't take that much longer!
Mitmensch m fellow (man *od* being)
mitmischen v/i F be in on the action: **bei** *etw* ~ be in on s.th., take part in s.th.
mitnehmen v/t **1.** take along, take with

one, (*ausleihen*) borrow: **j-n im Auto ~**
give s.o. a lift **2.** (*wegnehmen*) take
away **3.** F (*kaufen*) take, buy **4.** F (*Se-
henswürdigkeit etc*) take in **5.** *fig* (*ler-
nen*) profit (*aus* from) **6.** F *fig* **j-n** (*sehr*)
~ take it out of s.o.: → *mitgenommen*

mitrechnen *v/t* include: **nicht mitge-
rechnet** not counting

mitreden *v/t* **etw** (*od* **ein Wörtchen**)
mitzureden haben have a say (**bei** in)

Mitreisende *m, f* fellow passenger

mitreißen *v/t* **1.** carry (*od* sweep) along
2. *fig* carry away **mitreißend** *Adj fig*
thrilling, *Musik, Rede etc*: rousing

mitsamt *Präp* (*Dat*) together with

mitschicken *v/t* send (along), *im Brief*:
enclose **mitschleppen** *v/t* drag along
(with one) **mitschneiden** *v/t auf Ton-
band etc*: record **mitschreiben I** *v/t*
write down **II** *v/i* take notes

Mitschuld *f* joint guilt, complicity (**an**
Dat in) **mitschuldig** *Adj* **an e-r Sache
~ sein** be implicated in s.th.

Mitschuldige *m, f* accessory (**an** *Dat*
to)

Mitschüler(in) classmate

mitschwingen *v/i* resonate: *fig* **darin
schwingt ... mit** it has overtones of ...

mitsingen *v/t u. v/i* join in the singing
(of) **mitspielen** *v/i* **1.** join in, SPORT play,
be on the team, THEAT appear **2.** F *fig*
(**bei**) *Person*: go along (with), *Sache*:
play a part (in): **ich spiele nicht mehr
mit!** count me out! **3.** F **j-m übel ~ a**)
treat s.o. badly, **b**) play a nasty trick
on s.o. **Mitspieler(in)** player

Mitspracherecht *n* right to a say

Mittag *m* midday, noon: **heute ~** at noon
today; **zu ~ essen** have lunch **Mittag-
essen** *n* (**beim** [**zum**] **~** at [for]) lunch

mittags *Adv* **a**) at noon, **b**) at lunchtime

Mittags|pause *f* lunch break **~ruhe** *f*
afternoon rest period **~schlaf** *m,*
~schläfchen *n* siesta, afternoon nap
~zeit *f* (**zur ~** at) lunchtime

Mittäter(in) JUR accomplice

Mitte *f* middle, (*Mittelpunkt*) cent/re
(*Am* -er): *fig* **die goldene ~** the golden
mean; POL **die ~** the centre; **in unserer
~** in our midst; **in der ~ zwischen** half-
way between; **~ Juli** in the middle of
July, in mid-July; **in der ~ des 18.
Jhs.** in the mid-18th-century; **~ dreißig
sein** be in one's mid-thirties; F **ab**

durch die ~! off you go!

mitteilen I *v/t* **j-m etw ~** inform (VERW
notify) s.o. of s.th., tell s.o. s.th., (*Wissen
etc*) impart s.th. to s.o. **II** *v/refl* **sich j-m
~ a**) *Person*: confide in s.o., **b**) *fig Erre-
gung etc*: communicate itself to s.o.
mitteilsam *Adj* communicative

Mitteilung *f* information, communica-
tion, report, VERW notification, (*Nach-
richt*) message, news *Pl*

mittel I *Adj* → **mittler II** *Adv* F (*mäßig*)
middling, so-so

Mittel *n* **1.** means *Pl* (*a.* Sg *konstr*), (*Ver-
fahren*) method, way, (*Hilfs2*) expedi-
ent: **~ und Wege finden** find ways
and means; **~ zum Zweck sein** be a
means to an end; **als letztes ~** as a last
resort; **ihm ist jedes ~ recht** he stops at
nothing **2.** (*Heil2*) remedy (**gegen** for)
3. *Pl* resources *Pl* (*a. fig* gütige **~**),
(*Geld2*) funds *Pl*, means *Pl*: **aus öf-
fentlichen ~n** from the public purse
4. (*Durchschnitt*) (**im ~** on an) average

Mittelalter *n* Middle Ages *Pl*
mittelalterlich *Adj* medi(a)eval
mittelbar *Adj* indirect

Mittelding *n* cross, s.th. in between

mitteleuropäisch *Adj* **~e Zeit** (*Abk*
MEZ) Central European Time

Mittelfeld(spieler(in)) *n Fußball*: mid-
field (player) **Mittelfinger** *m* middle
finger **mittelfristig** *Adj* WIRTSCH me-
dium-term **Mittelgebirge** *n* highlands
Pl **Mittelgewicht** *n Boxen*: middle-
weight **mittelgroß** *Adj* medium-sized,
Person: of medium height

Mittelklasse *f* **1.** WIRTSCH medium price
range **2.** → **Mittelstand 1 Mittelklasse-
wagen** *m* medium-range car

Mittellinie *f* **1.** *a.* SPORT cent/re (*Am* -er)
line, *Tennis*: centre service line **2.**
MATHE median line

Mittelmaß *n* average, *pej* mediocrity
mittelmäßig *Adj* average, mediocre
Mittelmäßigkeit *f* mediocrity

Mittelmeer *n the* Mediterranean (Sea)
Mittelmeer... Mediterranean

Mittelohrentzündung *f* inflammation
of the middle ear, otitis

mittelprächtig *Adj* F middling

Mittelpunkt *m* cent/re (*Am* -er), *fig a.*
heart, hub: **im ~ des Interesses ste-
hen** be the focus of interest

mittels *Präp* by (means of), through

M

Mittelschiff n ARCHI nave

Mittelsmann m mediator, go-between

Mittelstand m **1.** middle classes Pl: **gehobener ~** upper middle class **2.** WIRTSCH small and medium-sized enterprises (od firms) Pl., SME

mittelständisch Adj, **Mittelstands...** middle-class: WIRTSCH **mittelständische Betriebe** → **Mittelstand** 2

Mittelstrecken|läufer(in) middle-distance runner **~rakete** f MIL medium--range missile

Mittelstreifen m centre strip, Am median strip **Mittelstück** n **1.** middle part **2.** GASTR middle **Mittelstufe** f PÄD etwa middle school, Am junior high **Mittelstürmer(in)** SPORT cent/re (Am -er) forward **Mittelweg** m fig (e-n ~ einschlagen steer a) middle course; **der goldene ~** the golden mean **Mittelwelle** f ELEK medium wave **Mittelwert** m mean (value) **Mittelwort** n LING participle

mitten Adv ~ **in** (an, auf, unter Dat) in the middle of; ~ **in der Menge etc** in the thick of; ~ **unter uns** in our midst; ~ **hinein** right into it; ~ **ins Herz** right into the heart **mittendrin** Adv right in the middle (of it) **mittendurch** Adv right through (od across)

Mitternacht f (um ~ at) midnight

mittler Adj middle, central, (durchschnittlich) average, medium, bes PHYS, TECH mean, (mittelmäßig) middling: **~en Alters** middle-aged; **~er Beamter** lower-grade civil servant; **~es Einkommen** (Management) middle income (management); **der 2e Osten** the Middle East; **von ~er Qualität** of medium quality; → **Reife** 2 **Mittler(in)** mediator **mittlerweile** Adv meanwhile, (in the) meantime, since, by now

Mittsommer m midsummer

Mittwoch m (am ~ on) Wednesday **mittwochs** Adv on Wednesday(s)

mitunter Adv now and then

mitverantwortlich Adj jointly responsible **Mitverantwortung** f joint responsibility

mitverdienen v/i be earning as well

Mitverfasser(in) coauthor

mitwirken v/i (bei) a) Person: cooperate (in), a. THEAT take part (in), Musiker etc: perform, b) Sache: contribute (to) Mit-

wirkende m, f THEAT actor, player (a. MUS), Pl cast Sg: ~ **sind ...** the cast includes ... **Mitwirkung** f cooperation, (Teilnahme) participation: **unter ~ von** (od Gen) assisted by, THEAT starring ...

Mitwisser(in) person who is in on the secret, JUR accessory

mitzählen → **mitrechnen**

Mix m mix

Mixbecher m shaker **mixen** v/t mix **Mixer** m **1.** (Bar2) bartender, mixer **2.** TV etc: mixer **3.** → **Mixgerät** n mixer, liquidizer **Mixgetränk** n mixed drink

Mixtur f mixture

Mob m mob

mobben v/t bully, harass

Mobbing n bullying, harassment at work

Möbel n a) → **Möbelstück**, b) Pl furniture Sg **~geschäft** n furniture shop **~händler(in)** furniture dealer **~politur** f furniture polish **~spedition** f removal firm **~stoff** m furniture fabric **~stück** n piece of furniture **~tischler(in)** cabinet-maker **~wagen** m furniture van, Am moving truck

mobil Adj **1.** allg mobile: MIL ~ **machen** mobilize **2.** F (munter) active

Mobile n mobile

Mobilfunk m IT mobile (od wireless) communications Pl

Mobiliar n furniture

mobilisieren v/t fig mobilize

Mobilisierung f mobilization

Mobilmachung f MIL mobilization

Mobiltelefon n mobile phone, cellphone

möblieren v/t furnish: **neu ~** refurnish

möbliert Adj furnished: **~es Zimmer** furnished room, bed-sitter; Adv F ~ **wohnen** live in lodgings

Möchtegern... iron would-be (artist etc)

modal Adj allg modal

Modalität f modality

Mode f fashion: **die neueste ~** the latest fashion; pej **neue ~n** new-fangled ideas; (die) **große ~ sein** be (all) the fashion (od rage); **in** (aus der) ~ **kommen** come into (go out of) fashion; **mit der ~ gehen** follow the latest fashion **~artikel** m novelty **2bewusst** Adj fashion-conscious **~farbe** f fashionable colo(u)r **~geschäft** n fashion shop

(sich über einen MOKIERD (meer)

Modehaus n 1. (*Unternehmen*) fashion house 2. fashion shop

Modell n allg model, in natürlicher Größe: mock-up, TECH a. design, type: j-m ~ stehen sit (od pose) for s.o. **Modellathlet(in)** model athlete **Modellbauer(in)** TECH model(l)er, model builder

Modelleisenbahn f model railway

Modellflugzeug n model airplane

modellieren v/t model, mo(u)ld

Modellkleid n model (dress)

Modem n ELEK modem

Modenschau f fashion show

Moder m mo(u)ld

Moderation f TV presentation, Am moderation

Moderator(in) f TV presenter, Am moderator **moderieren** v/t TV present, Am moderate

mod(e)rig Adj mo(u)ldy, Geruch: a. musty **modern**[1] v/i mo(u)lder, rot

modern[2] Adj modern, up(-)to(-)date, (modisch) fashionable

Moderne f 1. modern age 2. Kunst etc der ~ modernist art etc

modernisieren v/t modernize

Modernisierung f modernization

Modesalon m fashion house

Modeschmuck m costume jewel(le)ry

Modeschöpfer m couturier

Modeschöpferin f couturière

Mode|tanz m "in"-dance **~wort** n vogue word **~zeichner(in)** fashion designer **~zeitschrift** f fashion magazine

modifizieren v/t allg modify, (Ausdruck) a. qualify **Modifizierung** f modification, qualification

modisch Adj fashionable, stylish

Modul n TECH module

modulieren v/t modulate

Modus m 1. (Art und Weise) way, method, a. MUS u. COMPUTER mode 2. LING mood

Mofa n → **Motorfahrrad**

mogeln v/i F cheat

Mogelpackung f F deception package

mögen I v/i 1. (wollen) want, like: ich mag nicht essen etc I don't want to eat etc; ich möchte gern ein Bier I would like (to have) a beer **II** v/t 2. (wünschen) want, like: ich möchte ihn sehen I want (od would like) to see him 3. (gern haben) like, be fond

of: nicht ~ dislike; ich mag k-n Kaffee I don't like (od care for) coffee; lieber ~ like better, prefer **III** v/hilf 4. ich möchte wissen I should like to know, I wonder; ich möchte lieber ... I would rather ...; das möchte ich doch einmal sehen! well, I should like to see that!; ich mochte noch nicht nach Hause gehen I didn't want to go home yet; mag er sagen, was er will let him say what he wants; das mag (wohl) sein that may be so; mag sein, dass perhaps; wo er auch sein mag wherever he may be; möge es ihm gelingen! may he succeed!; was mag das bedeuten? I wonder what it could mean?; sie mochte 30 Jahre alt sein she would be (od she looked) thirty years old

Mogler(in) F cheat

möglich Adj allg possible, (durchführbar) a. practicable: ~er Käufer potential buyer; alle ~en ... all sorts of; alles ~e all sorts of things etc; sein ~stes tun do what one can, stärker: do one's utmost; es ~ machen → ermöglichen; nicht ~! impossible!, F no kidding!; das ist eher ~! more likely!; es ist ~, dass er kommt he may come; so bald wie ~ as soon as possible **möglicherweise** Adv possibly, perhaps, maybe

Möglichkeit f possibility, (Gelegenheit) a. opportunity, (Aussicht) a. chance: nach ~ if possible, as far as possible; es besteht die ~, dass there is a possibility (od it is possible) that; ich sehe k-e ~ zu Inf I cannot see any chance of Ger, ist das die ~! that's not possible!

möglichst Adv ~ bald as soon as possible; ~ klein as small as possible, attr the smallest possible

Mohammedaner(in), **mohammedanisch** Adj Moslem

Mohn m 1. BOT poppy 2. → **Mohnsamen** m poppy-seed

Möhre f, **Mohrrübe** f BOT carrot

Mokka m mocha

Molch m ZOOL newt

Mole f SCHIFF mole, jetty

Molekül n CHEM molecule **molekular** Adj, **Molekular...** molecular

Molke f whey **Molkerei** f dairy

Molkereibutter f blended butter

Moll n MUS minor (key)

mollig Adj F 1. (gemütlich) cosy, snug 2. (rundlich) plump

Molotowcocktail m Molotov cocktail, petrol bomb

Moment[1] m (im ~ at the) moment

Moment[2] n 1. factor, element, aspect 2. PHYS momentum

momentan I Adj 1. (vorübergehend) momentary 2. (gegenwärtig) present II Adv 3. momentarily 4. at the moment

Monarch(in) monarch, sovereign

Monarchie f monarchy

Monarchist(in), **monarchistisch** Adj monarchist

Monat m month: im ~ Mai in (the month of) May; im ~, pro ~ a month, monthly; F sie ist im dritten ~ she is three months gone **monatelang** I Adj months of II Adv for months **monatlich** Adj u. Adv monthly, Adv a. a month

Monatsgehalt n monthly salary (od pay) **Monatskarte** f monthly season ticket, Am monthly ticket **Monatsrate** f monthly instal(l)ment **Monatsschrift** f monthly (magazine)

Mönch m monk

Mönchskloster n monastery

Mönchsorden m monastic order

Mond m moon, (Trabant) a. satellite: fig **hinter dem ~ leben** be behind the times

mondän Adj fashionable, chic

Mond|aufgang m moonrise **~finsternis** f lunar eclipse **~gestein** n moon rocks Pl 2hell Adj moonlit **~landefähre** f lunar module **~landung** f moon landing **~nacht** f moonlit night **~schein** m moonlight **~sichel** f crescent (of the moon) **~sonde** f moon probe **~stein** m moonstone 2süchtig Adj moonstruck **~süchtige** m, f sleepwalker

Moneten Pl F dough Sg, sl lolly

Mongolei f die Mongolia

Mongole m, **Mongolin** f, **mongolisch** Adj Mongol(ian)

Mongolismus m (Downsyndrom) a. pej mongolism; → **Downsyndrom**

mongoloid Adj (mit den Merkmalen des Downsyndroms) a. pej mongoloid

monieren v/t criticize, complain about

Monitor m TV monitor

mono Adj F (Adv ~ **abspielbar**) mono

monogam Adj monogamous

Monogramm n monogram

Monographie f monograph

Monolog m monolog(ue Br)

Monopol n monopoly (auf Akk on)

monopolisieren v/t monopolize

monoton Adj monotonous

Monotonie f monotony

Monster n monster **Monster...** F fig mammoth (enterprise, trial, etc)

monströs Adj monstrous

Monstrum n (Pl **Monstren**) monster

Monsun m monsoon

Montag m (am ~ on) Monday

Montage f 1. TECH mounting, fitting, installation, (Zs.-bau) assembly: **auf ~ sein** be away on a construction job 2. FOTO, FILM etc montage **~band** n assembly line **~halle** f assembly shop

montags Adv on Monday(s)

Montanindustrie f coal, iron, and steel industries Pl

Monteur(in) TECH fitter, FLUG, MOT mechanic

Monteuranzug m overalls Pl

montieren v/t TECH mount (a. FOTO etc), fit, instal(l), (zs.-bauen) assemble

Montur f outfit, F get-up

Monument n monument (für to)

monumental Adj monumental

Moor n fen, bog, moor

Moos n 1. BOT moss 2. F (Geld) dough, sl lolly **moosgrün** Adj moss-green

Mop m → **Mopp**

Moped n moped, motorbicycle

Mopp m mop

Mops m ZOOL pug

Moral f morals Pl, (~lehre) ethics Pl (a. Sg konstr), (Kampf2, Arbeits2 etc) morale: **doppelte ~** double standards Pl; **die ~ heben** raise the morale

Moralapostel m pej moralizer

moralisch Adj moral **moralisieren** v/i moralize **Moralist(in)** moralist

Moralpredigt f (j-m e-e ~ halten give s.o. a) sermon

Morast m morass, a. fig mire

Morchel f BOT morel

Mord m murder (an Dat of): **e-n ~ begehen** commit murder; F **es gibt ~ und Totschlag** there will be a hell of a row

Mordanklage f murder charge: **unter ~ stehen** be charged with murder

Mordanschlag m attempted murder: **e-n ~ auf j-n verüben** make an attempt on s.o.'s life

morden I v/i commit murder, kill **II** v/t murder, kill **Mörder** m murderer

Mörderin f murderess

mörderisch Adj allg murderous, Kampf etc: a. deadly, Hitze etc: a. terrible, Rennen etc: a. gruel(l)ing, Tempo: a. breakneck, Konkurrenz etc: cutthroat

Mord|fall m murder case **~kommission** f murder (Am homicide) squad

Mords... F a) (groß) great, terrific, fantastic, b) (schrecklich) terrible **~angst** f **e-e ~ haben** be in a flat panic, be scared stiff **~ding** n whopper **~glück** n fantastic stroke of luck **~kerl** m great guy **~krach** m terrific noise, awful racket: **e-n ~ schlagen** raise hell

mordsmäßig F **I** Adj terrible **II** Adv terribly **Mordsspaß** m F terrific fun

Mordverdacht m suspicion of murder

Mordwaffe f murder weapon

morgen Adv tomorrow: **~ früh** (Abend) tomorrow morning (evening od night); **~ Mittag** at noon tomorrow; **heute ♀** this morning; **~ in 14 Tagen** a fortnight tomorrow; **~ in e-r Woche** a week from tomorrow; **~ um diese Zeit** this time tomorrow

Morgen¹ m (**guten ~!**) good morning(!): **am (frühen) ~** (early) in the morning

Morgen² m (Landmaß) acre

Morgen|andacht f morning prayer **~dämmerung** f dawn, daybreak **~essen** n schweiz. breakfast **~grauen** n **beim ~** at dawn **~gymnastik** f s-e **~ machen** do one's daily dozen **~muffel** m F **ein ~ sein** be grumpy in the morning

Morgenrock m dressing gown

Morgen|rot n, **~röte** f red sky, fig dawn

morgens Adv in the morning(s): **~ um 4** (**Uhr**) at four (o'clock) in the morning; **von ~ bis abends** from morning till midnight

Morgen|sonne f (**~ haben**) get the) morning sun **~stunde** f morning hour: **in den frühen ~n** in the small hours

morgig Adj tomorrow's: **der ~e Tag** tomorrow

Mormone m, **Mormonin** f, **mormonisch** Adj Mormon

Morphium n morphine

morsch Adj rotten, fig a. shaky

Morsealphabet n Morse (code)

morsen v/t u. v/i morse

Mörser m allg mortar

Morsezeichen n Morse signal

Mörtel m mortar **~kelle** f trowel

Mosaik n a. fig mosaic

Mosaikfußboden m tessellated floor

Moschee f mosque

Mosel f (Fluss) the Moselle

mosern v/i F gripe, grumble

Moskau n Moscow

Moskito m ZOOL (tropical) mosquito

Moskitonetz n mosquito net

Moslem m, **Moslemin** f Moslem, Muslim

Motel n motel

Motiv n **1.** motive (**zu** for): **aus welchem ~ heraus?** for what reason? **2.** KUNST motif, FILM etc a. theme, FOTO subject

Motivation f motivation **motivieren** v/t **1.** (anregen) motivate **2.** (begründen) explain, give reasons for **motiviert** Adj motivated

Motor m engine, bes ELEK motor (a. fig) **~boot** n motorboat **~fahrrad** n motorized bicycle **~haube** f a) MOT bonnet, Am hood, b) FLUG (engine) cowling **motorisieren** v/t motorize

Motor|öl n engine oil **~pumpe** f power pump

Motorrad n (**~ fahren** ride a) motorcycle (F motorbike): **~ mit Beiwagen** combination **~fahrer(in)** motorcyclist

Motorroller m (motor) scooter

Motor|säge f power saw **~schaden** m engine trouble **~schlitten** m snowmobile **~sport** m motor sport

Motte f ZOOL moth

Mottenkiste f F **aus der ~** ancient

Mottenkugel f mothball

Motto n motto

motzen v/i F moan

Mountainbike n mountain bike

Möwe f ZOOL (sea)gull

Mücke f ZOOL mosquito, midge: fig **aus e-r ~ e-n Elefanten machen** make a mountain out of a molehill

Mückenstich m mosquito bite

Mucks m F (**k-n ~ sagen** not to utter a) sound **mucksen** v/i (a. **sich ~**) stir, make a sound **mucksmäuschenstill** Adj F Person: as quiet as a mouse: **es**

M

war ~ you could have heard a pin drop

müde *Adj* tired, weary, (*erschöpft*) exhausted, (*schläfrig*) sleepy: **zum Umfallen ~** ready to drop; **~ werden** get tired; **e-r Sache ~ werden** grow weary (*od* tired) of s.th.; **ich bin es ~** I have had enough (of it); **nicht ~ werden zu** *Inf* not to tire of *Ger* **Müdigkeit** *f* tiredness, weariness, sleepiness, exhaustion

Muffe *f* TECH sleeve, socket

Muffel *m* F sourpuss **...muffel** *m* **er ist ein Party~** he is a party-loather; **er ist ein Krawatten~** he's not a tie man

Muffensausen *n* F **~ haben** (**kriegen**) be in (get into) a flat panic

Mühe *f* trouble, pains *Pl*, (*Anstrengung*) effort, (*Schwierigkeiten*) difficulties *Pl* (**mit** with, in doing): **vergebliche** (**große**) **~** waste of time (*od* energy); **mit Müh und Not** barely, with (great) difficulty; **sich** (**große**) **~ geben** take (great) trouble (*od* pains) (**mit** over), try hard; **sich die ~ machen zu** *Inf* go to the trouble of *Ger*; **k-e ~ scheuen** spare no effort (*od* pains); **gib dir k-e ~!, spar dir die ~!** save yourself the trouble!, don't bother! **mühelos I** *Adj* effortless, easy **II** *Adv* easily, effortlessly **mühevoll** *Adj* hard, difficult, *Aufgabe, Weg etc*: *a.* laborious

M

Mühle *f* **1.** mill: → *Wasser* **2.** (*~spiel*) (nine men's) morris **3.** F *pej* FLUG, MOT crate, bus

Mühlrad *n* millwheel

mühsam, mühselig I *Adj* troublesome, (*schwierig*) hard, (*ermüdend*) tiring **II** *Adv* with difficulty: **sich etw ~ verdienen** work hard for s.th.; **sich ~ erheben** struggle to one's feet

Mulatte *m*, **Mulattin** *f* mulatto

Mulde *f* hollow, depression

Mull *m* muslin, MED gauze

Müll *m* rubbish, refuse, *Am* garbage **Müllabfuhr** *f* refuse (*Am* garbage) collection **Müllabladeplatz** *m* rubbish tip, *Am* garbage dump **Müllberg** *m* mountain of rubbish (*Am* garbage) **Müllbeseitigung** *f* waste disposal **Müllbeutel** *m* bin liner, *Am* garbage bag **Mullbinde** *f* MED gauze bandage **Müllcontainer** *m* refuse skip **Mülldeponie** *f* waste disposal site, *Am* sanitary (land)fill **Mülleimer** *m* rubbish bin,

Am garbage can **Müllentsorgung** *f* waste disposal

Müller *m* miller

Müll|fahrer *m* dustman, *Am* garbage man **~platz** *m* dump **~schlucker** *m* rubbish chute **~tonne** *f* dustbin, *Am* garbage can **~trennung** *f* waste separation **~verbrennungsanlage** *f* incinerating plant **~verwertungsanlage** *f* waste utilization plant **~wagen** *m* dustcart, *Am* garbage truck

mulmig *Adj* F **1.** (*gefährlich*) ticklish **2. mir ist ganz ~ zumute a)** I feel queasy (*od* funny), **b)** I've got an uneasy feeling, *stärker:* I am scared

Multi *m* F multinational (concern)

Multi|funktionstastatur *f* multiple-function keyboard **⊋kulturell** *Adj* multicultural **~media...** *in Zssg.* multimedia... **~millionär(in)** multimillionaire

Multiple-Choice-Verfahren *n* multiple choice method

Multiplex(kino) *n* multiplex (cinema)

Multiplikation *f* MATHE multiplication

Multiplikator *m* multiplier

multiplizieren *v/t* multiply (**mit** by)

Multivitamin|präparat *n* multivitamin (preparation) **~saft** *m* multivitamin juice

Mumie *f* mummy

Mumm *m* F spunk, guts *Pl*

Mumps *m* MED mumps *Sg*

München *n* Munich

Mund *m* mouth: **aus j-s ~e** from s.o.'s mouth; **wie aus einem ~e** as one man; **~ und Nase aufsperren** stand gaping, be dum(b)founded; **den ~ halten** keep one's mouth shut; **halt den ~!** shut up!; F **den ~ voll nehmen** talk big; **du nimmst mir das Wort aus dem ~e** you are taking the very words out of my mouth; F **j-m über den ~ fahren** cut s.o. short; **in aller ~e sein** be the talk of the town; **nicht auf den ~ gefallen sein** have a ready (*od* glib) tongue; → **absparen, Blatt** 1, **stopfen** 3, **verbrennen** 1, **wässerig** *etc*

Mundart *f* dialect

Munddusche *f* (dental) water jet

Mündel *n* JUR ward **mündelsicher** *Adj* WIRTSCH **~e Papiere** gilt-edged securities *Pl*

münden *v/i* **~ in** (*Akk*) lead to (*a. fig*), *Fluss:* flow into, *Straße:* lead into

Mundgeruch *m* MED bad breath, halitosis

Mundharmonika *f* mouth organ

mündig *Adj* **1.** JUR (*~ werden* come) of age **2.** *fig* responsible, mature

mündlich *Adj Erklärung etc*: verbal, *Prüfung*: oral: *~e Überlieferung* oral tradition; *Adv alles Weitere ~* I'll tell you the rest when I see you

Mund|pflege *f* oral hygiene **~schutz** *m* MED mask, *Boxen*: gumshield **~stück** *n* **1.** MUS, TECH mouthpiece **2.** *e-r Zigarette*: tip

mundtot *Adj* ~ *machen* (reduce to) silence, POL gag, muzzle

Mündung *f* **1.** (*Fluss♀*) mouth, *den Gezeiten unterworfene*: estuary **2.** ANAT, TECH mouth, *e-r Schusswaffe*: muzzle

Mund|wasser *n* mouthwash **~werk** *n* F *ein loses ~ haben* have a loose tongue **~winkel** *m* corner of one's mouth

Mund-zu-Mund-Beatmung *f* MED mouth-to-mouth resuscitation, F kiss of life

Munition *f a. fig* ammunition

munkeln *v/i u. v/t* whisper: *man munkelt, dass …* it is rumo(u)red that …

Münster *n* minster, cathedral

munter *Adj* **1.** awake, (*auf*) up (and about) **2.** *fig* lively, (*vergnügt*) cheerful, chirpy, (*rüstig*) vigorous; → *gesund*

Munterkeit *f* liveliness, high spirits *Pl*

Muntermacher *m* F pick-me-up

Münze *f* **1.** coin: *klingende ~* hard cash; *fig etw für bare ~ nehmen* take s.th. at face value **2.** (*Denk♀*) medal **3.** (*Münzanstalt*) mint **Münzeinwurf** *m* coin slot **münzen** *v/t u. v/i* coin, mint: *fig auf j-n gemünzt sein* be meant for s.o.

Münz|fernsprecher *m* pay phone, *Br a.* coin box **~sammlung** *f* coin collection **~tank(automat)** *m* coin-operated petrol pump **~wechsler** *m* change machine

mürbe *Adj* **1.** *Gebäck*: crumbly, *Obst*: mellow, very ripe, *Fleisch*: tender, *Holz*: rotten, (*brüchig*) brittle **2.** *fig* worn out: *j-n ~ machen* wear s.o. down; *~ machen* give in, wilt

Mürbeteig *m* short pastry

Mure *f* mudflow

Murks *m* F botch-up: *~ machen* → **murksen** *v/i* F make a hash of things

Murmel *f* marble

murmeln *v/i u. v/t* murmur, mutter

Murmeltier *n* marmot, *Am a.* woodchuck: *fig schlafen wie ein ~* sleep like a top (*od* log)

murren *v/i* grumble (*über Akk* about)

mürrisch *Adj* surly, grumpy

Mus *n* puree, mash

Muschel *f* **1.** ZOOL mussel, (*~schale*) shell **2.** (*Hör♀*) earpiece, (*Sprech♀*) mouthpiece

muschelförmig *Adj* shell-shaped

Muscle-Shirt *n* muscle shirt

Muse *f* MYTH Muse, *fig* muse

Museum *n* museum

Musical *n* musical

Musik *f* **1.** (*~ machen* play) music **2.** (*~kapelle*) band **musikalisch** *Adj* musical: *~e Untermalung* incidental music

Musikalität *f* musicality

Musikant(in) *musician*

Musikbegleitung *f* (musical) accompaniment **Musikbox** *f* jukebox

Musiker(in) musician

Musik|festspiele *Pl* music festival *Sg* **~hochschule** *f* conservatory **~instrument** *n* musical instrument **~kapelle** *f* band **~kassette** *f* music cassette **~lehrer(in)** music teacher **~stück** *n* piece of music **~stunde** *f* music lesson **~unterricht** *m* music lessons *Pl* **~wissenschaft** *f* musicology

musisch *Adj Person, Begabung*: artistic: PÄD *~e Fächer* fine arts (subjects)

musizieren I *v/i* make music **II** *v/t* play

Muskat *m* nutmeg **Muskatblüte** *f* mace **Muskatnuss** *f* nutmeg apple

Muskel *m* muscle: *die ~n spielen lassen* flex one's muscles **~faser** *f* muscular fibre (*Am* fiber) **~kater** *m* F stiffness, sore muscles *Pl*: *~ haben* feel stiff and aching **~paket** *n*, **~protz** *m* F muscleman **~riss** *m* MED muscle rupture, torn muscle: *sich e-n ~ zuziehen* rupture a muscle **~schwund** *m* MED muscular dystrophy **~zerrung** *f* MED pulled muscle

Muskulatur *f* muscular system, muscles *Pl* **muskulös** *Adj* muscular

Müsli *n* muesli

Muslim *n*, **Muslimin** *f* Muslim **muslimisch** *Adj* Muslim

Muss *n* **es ist ein ~** it is a must

Muße *f* leisure: *mit ~* at leisure

müssen *v/i u. v/hilf* have to: *ich muss* I

M

must, I have (got) to; *ich musste* I had to; *ich müsste (eigentlich)* I ought to; *du musst nicht hingehen* you needn't (*od* don't have to) go; *sie ~ bald kommen* they are bound to come soon; *der Zug müsste längst hier sein* the train is (long) overdue; *ich musste (einfach) lachen* I couldn't help laughing; *muss das sein?* is that really necessary?, do you have to?; *wenn es unbedingt sein muss* if it can't be helped

Mußestunde f leisure hour

müßig Adj idle, (*sinnlos*) a. pointless, useless, futile: *~es Gerede* idle talk

Müßiggang m idleness

Müßiggänger(in) m idler

Muster n **1.** (*nach e-m ~ arbeiten* work from a) pattern **2.** (*Probe*) sample, specimen **3.** (*Stoff2 etc*) pattern, design **4.** (*Vorbild*) model: *sie ist das ~ e-r guten Hausfrau* she's a model housewife *~beispiel* n classic example (*für* of) *~betrieb* m model plant *~exemplar* n **1.** sample, specimen **2.** BUCHDRUCK specimen copy **3.** *bes iron* perfect example *~gatte* m, *~gattin* f *bes iron* model husband (wife)

mustergültig, **musterhaft** Adj exemplary, model: *Adv sich ~ benehmen* behave perfectly

Muster|haus n show house *~knabe* m *bes iron* paragon, *pej* prig *~koffer* m WIRTSCH sample case *~kollektion* f WIRTSCH sample collection

mustern v/t **1.** study, scrutinize, *neugierig*: eye, look *s.o.* up and down, *abschätzend*: size *s.o.* up **2.** MIL (*Truppen*) inspect, (*Wehrpflichtigen*) examine: *gemustert werden* F have one's medical **3.** pattern: → *gemustert*

Muster|prozess m JUR test case *~schüler(in)* model pupil, *pej* swot

Musterung f **1.** scrutiny **2.** MIL *der Truppe:* review, *e-s Wehrpflichtigen:* medical examination (for military service)

Mut m courage, F pluck, (*Wage2*) daring: *~ fassen* (*od schöpfen*) pluck up courage; *j-m den ~ nehmen* discourage s.o.; *den ~ sinken lassen* (*od verlieren*) lose heart, despair; *nur ~!* cheer up!; *guten ~es sein* be in good spirits; *zu ~e → zumute*

Mutation f BIOL mutation

mutieren v/i mutate

mutig Adj courageous, brave **mutlos** Adj discouraged, disheartened, (*verzagt*) despondent **Mutlosigkeit** f discouragement, (*Verzagtheit*) despondency

mutmaßen v/t speculate, conjecture **mutmaßlich** Adj probable, *Täter, Vater etc:* presumed **Mutmaßung** f (*über Akk* about) conjecture, speculation

Mutprobe f test of courage

Mutter¹ f mother: *werdende ~* expectant mother; *e-e ~ von vier Kindern* a mother of four **Mutter²** f TECH nut

Mütterberatungsstelle f child welfare centre, Am maternity care

Mutter|boden m, *~erde* f LANDW topsoil *~gesellschaft* f WIRTSCH parent company

Muttergottes f (Virgin) Mary

Muttergottesbild n madonna

Mutterhaus n REL mother house

Mutterherz n mother's heart

Mutter|instinkt m maternal instinct *~komplex* m mother fixation *~kuchen* m MED placenta *~leib* m womb

mütterlich Adj motherly, (*a. von der Mutter her*) maternal

mütterlicherseits Adv on one's mother's side: *Onkel ~* maternal uncle

Mütterlichkeit f motherliness

Mutter|liebe f motherly love *~mal* n MED birthmark *~milch* f mother's milk: *mit ~ genährt* breastfed

Muttermund m ANAT uterine orifice

Mutterschaft f maternity, motherhood

Mutterschafts|geld n maternity benefit *~urlaub* m maternity leave *~vertretung* f maternity cover

Mutterschutz m legal (job) protection for expectant and nursing mothers

mutterseelenallein Adj präd u. Adv all alone

Mutter|söhnchen n F mummy's darling *~sprache* f mother tongue, first language

Muttersprachler(in) native speaker

Mutterstelle f *bei j-m ~ vertreten* be like a (second) mother to s.o.

Muttertag m Mother's Day

Muttertier n mother, dam

Mutterwitz m common sense, (*Schlagfertigkeit*) natural wit

Mutti f F mummy, mum, Am mom

mutwillig *Adj* wilful, wanton
Mütze *f* cap
MWSt., **MWSt.** (= **Mehrwertsteuer**)
　VAT
Myrr(h)e *f* myrrh
mysteriös *Adj* mysterious
Mystik *f* mysticism **Mystiker(in)** mystic

mystisch *Adj* **1.** *Symbol, Lehre etc*:
　mystic, (*die Mystik betreffend*) mystical
　2. (*geheimnisvoll*) mysterious
Mythe *f* myth **mythisch** *Adj* mythical
Mythologie *f* mythology
mythologisch *Adj* mythological
Mythos *m*, **Mythus** *m* myth

N

N, n *n* N, n
na *Interj* F well, *erstaunt, empört*: hey: **~,
　~!** come on (now)!; **~ also!** there you
　are!; **~ schön!** all right then!; **~, so
　was!** just fancy that!; **→ und, war-
　ten**[1] I
Nabe *f* TECH hub
Nabel *m* navel: *fig der* **~** *der Welt* the
　hub of the world
Nabelschnur *f* umbilical cord
nach I *Präp* (*Dat*) **1.** *Richtung*: to, to-
　ward(s), for: **~ England gehen** go to
　England; **~ England abreisen** leave
　for England; **der Zug ~ London** the
　train for London; *das Schiff fährt* **~
　Singapur** ... is bound for Singapore;
　der Balkon geht **~ Süden** the balcony
　faces south **2.** (*hinter*) after: **e-r ~ dem
　anderen** one after the other, one by
　one; **bitte, ~ Ihnen!** after you, please!
　3. (*später*) after, (*binnen*) within, in
　(*three days etc*): **zehn Minuten ~ drei**
　ten minutes past three **4.** (*gemäß*) ac-
　cording to, by, from: *diesem Brief* **~**
　by (*od* according to) this letter; **~ deut-
　schem Recht** under German law; *die
　Uhr* **~ dem Radio stellen** set the clock
　by the radio; **~ e-m Roman von Balzac**
　after a novel by Balzac; **wenn es ~ mir
　ginge** if I had my way; **→ Ansicht** 1,
　Natur, Uhr *etc* **5.** *Ziel, Absicht*: for: **~
　Gold graben** dig for gold; **~ j-m fragen**
　ask for s.o. **II** *Adv* **6.** after: **mir ~!** after
　me!, follow me! **7.** *zeitlich*: **~ und ~** little
　by little; **~ wie vor** (now) as ever
nachäffen *v/t* F ape
nachahmen *v/t* imitate, copy, (*parodie-
　ren*) take off
nachahmenswert *Adj* exemplary
Nachahmung *f allg* imitation

Nachbar *m* neighbo(u)r: *die* **~n** *a.* the
　people next door, *weit. S.* the neigh-
　bo(u)rhood **Nachbarhaus** *n* neigh-
　bo(u)ring house: *im* **~** next door
Nachbarin *f* neighbo(u)r
Nachbarland *n* neighbo(u)ring country
nachbarlich *Adj* **1.** *a.* **gut~** neigh-
　bo(u)rly **2.** *Garten etc*: next-door
Nachbarschaft *f* neighbo(u)rhood, (*die
　Nachbarn*) *a.* the neighbo(u)rs *Pl*
Nachbau *m* TECH reproduction, copying
nachbauen *v/t* reproduce, copy
Nachbeben *n* aftershock
Nachbehandlung *f* TECH subsequent
　treatment, *a.* MED aftertreatment, af-
　tercare
nachbessern I *v/t* touch up, (*Gesetz
　Beschluss*) amend **II** *v/i* make improve-
　ments
nachbestellen *v/t* order some more,
　WIRTSCH place a repeat order for
Nachbestellung *f* WIRTSCH repeat or-
　der (*Gen* for)
nachbeten *v/t* parrot
nachbilden *v/t* copy, reproduce
Nachbildung *f* copy, replica
nachdatieren *v/t* postdate
nachdem *Konj* **1.** *zeitlich*: after, when **2.**
　→ je 4 **3.** (*da, weil*) since
nachdenken I *v/i* think (*über Akk*
　about): *denk mal nach!* think a little!
　II *v* reflection: *ich brauche Zeit
　zum* 2 I need time to think (it over)
nachdenklich *Adj* thoughtful, pensive:
　j-n **~ machen** set s.o. thinking; *es
　macht e-n* **~** it makes you think
Nachdruck[1] *m* stress, emphasis: *mit* **~
　a)** emphatically, **b)** energetically; **~ le-
　gen auf** (*Akk*), (*Dat*) **~ verleihen**
　stress, emphasize

Nachdruck² m reprint: **~ verboten!** all rights reserved! **nachdrucken** v/t reprint: **unerlaubt ~** pirate

nachdrücklich I Adj emphatic, Forderung etc: forceful **II** Adv emphatically: **etw ~ betonen** emphasize s.th. (strongly); **etw ~ empfehlen** recommend s.th. strongly; **~ verlangen** insist on

Nachdrucksrecht n right of reproduction

nacheifern v/i j-m **~** emulate s.o.

nacheinander Adv **1.** one after another, zeitlich: a. in succession **2.** (abwechselnd) by turns

nachempfinden v/t **1.** → **nachfühlen 2. e-r Sache nachempfunden sein** be model(l)ed on s.th.

nacherzählen v/t retell

Nacherzählung f PÄD reproduction

Nachfahr(e) m descendant

nachfahren v/i j-m **~** follow s.o.

Nachfass|schreiben n follow-up letter **~werbung** f follow-up advertising

Nachfeier f after-celebration

Nachfolge f succession: **j-s ~ antreten** → **nachfolgen** v/i j-m (im Amt) **~** succeed s.o. (in office) **nachfolgend** Adj following **Nachfolger(in)** successor

Nachforderung f additional claim

nachforschen v/i (Dat) investigate

Nachforschung f investigation: **~en anstellen** (über Akk) investigate

Nachfrage f **1.** WIRTSCH demand (nach for) **2.** inquiry **nachfragen** v/i inquire, ask

Nachfrist f WIRTSCH extension of time, respite

nachfühlen v/i j-m etw **~** (können) feel with s.o, understand s.o.'s feelings about s.th. **nachfüllen** v/t **1.** fill up, refill, top up **2.** (Wasser etc) add **Nachfüllpack** m refill pack

nachgeben v/i **1.** Sache: give, völlig: give way, WIRTSCH Kurse, Preise: drop **2.** Person: (Dat to) give in, yield

Nachgebühr f surcharge

Nachgeburt f MED afterbirth

nachgehen v/i **1.** j-m, e-r Spur etc: follow **2.** e-m Vorfall etc: look into, e-m Hinweis etc: follow, check up on **3.** Geschäften etc: attend to, e-m Beruf: pursue: **s-r Arbeit ~** go about one's work **4.** s-n Neigungen etc: indulge

in, s-m Vergnügen: seek, pursue **5.** Uhr: be slow, lose: **m-e Uhr geht** (e-e **Minute) nach** my watch loses (a minute) **6.** j-m **~** Worte, Erlebnis etc: haunt s.o.

nachgemacht Adj **1.** (gefälscht) forged, (unecht) fake **2.** (künstlich) artificial, imitation (leather etc)

nachgerade Adv **1.** (geradezu) really **2.** (allmählich) by now

Nachgeschmack m a. fig aftertaste

nachgiebig Adj **1.** Boden etc: yielding, soft, Material: a. pliable **2.** Person: compliant, soft **3.** WIRTSCH Kurse etc: soft

Nachgiebigkeit f **1.** pliability, des Bodens etc: softness **2.** compliance

nachgießen v/t **1.** → **nachfüllen** 2 **2.** → **nachschenken**

nachhaken v/i F follow (it) up

nachhaltig I Adj Wirkung etc: lasting, Bemühungen etc: sustained, Entwicklung, Wachstum: sustainable, (wirkungsvoll) effective, (stark) strong **II** Adv **~ wirken** have a lasting effect; **~ beeinflussen** influence strongly

nachhause Adv österr., schweiz. → **Haus**

nachhelfen v/i help: **e-r Sache ~** help s.th. along

nachher Adv afterward(s), (später) later (on): **bis ~!** see you later!, so long!

Nachhilfe f private lessons Pl **~lehrer(in)** (private) tutor **~stunde** f **1.** private lesson **2.** Pl → **~unterricht** m private lessons Pl

Nachhinein Adv **im ~** after the event

nachhinken v/i fig lag behind

Nachholbedarf m bes WIRTSCH backlog demand, fig deficit

nachholen v/t **1.** make up for (lost time etc): **er hat viel nachzuholen** he has a lot to catch up on **2.** (später holen) fetch later

Nachhut f MIL rearguard: **die ~ bilden** a. fig bring up the rear

nach|impfen v/t MED revaccinate **~jagen** v/i (Dat) chase after, a. fig pursue

Nachklang m fig echo, reminiscence

Nachkomme m descendant, offspring (a. Pl): **ohne ~n** JUR without issue

nachkommen v/i **1.** come later **2.** (folgen) follow **3.** (Schritt halten) a. fig keep up (mit with) **4.** e-r Bitte, e-m Befehl:

comply with, *e-r Pflicht*: meet, *e-m Versprechen*: keep

Nachkommenschaft *f* descendants *Pl*, JUR issue **Nachkömmling** *m* **1.** → *Nachkomme* **2.** (*Kind*) late arrival

Nachkriegs... post-war ...

Nachkur *f* MED after-treatment

Nachlass *m* **1.** estate: *literarischer ~* unpublished works *Pl* **2.** (*Preis*♀ *etc*) reduction: *e-n ~ gewähren* allow a discount (*auf Akk* on)

nachlassen I *v/i* **1.** decrease, weaken, (*schlechter werden*) deteriorate (*a. Gesundheit, Sehkraft etc*), *Eifer, Interesse etc*: flag, slacken, *Wind*: drop, *Sturm, Regen etc*: let up, *Lärm etc*: subside, *Schmerz*: ease, *Kräfte*: wane off, *Leistung, Nachfrage etc*: drop (off) **2. a)** *gesundheitlich*: grow weaker, **b)** *leistungsmäßig*: go off, be slowing down, *Sportler, beim Lauf etc*: wilt, **c)** *geistig*: lose one's grip; *nicht ~!* hang on! **II** *v/t* **3.** leave (behind) *nachgelassene Werke* unpublished works **4.** *etw ~* (*von*) → *Nachlass* 2 **III** ♀ *v/t* **5.** decrease, weakening (*etc*), deterioration, dropping off, let-up; → 1

Nachlassgericht *n* JUR probate court

nachlässig *Adj* careless, negligent, (*schlampig*) sloppy **Nachlässigkeit** *f* carelessness, negligence, sloppiness

nachlaufen *v/i j-m ~* run after s.o.; *den Mädchen ~* chase (after) the girls

Nachlese *f* *fig* epilog(ue *Br*) (*zu* to)

nachlesen *v/t* read up, look *s.th.* up

nachliefern *v/t* supply *s.th.* subsequently (*zusätzlich*: in addition) **~lösen** *v/i u. v/t* (*e-e Fahrkarte*) *~* buy a ticket en route (*od on arrival*) **~machen** *v/t allg* imitate, copy, (*fälschen*) forge: *j-m etw ~* copy s.th. s.o. does; *das soll ihm erst mal e-r ~!* I'd like to see anyone do better! **~messen** *v/t* check

Nachmittag *m* (*am ~* in the) afternoon; *heute ~* this afternoon **nachmittags** *Adv* in the afternoon **Nachmittagsvorstellung** *f* THEAT *etc* matinée

Nachnahme *f* *etw als* (*od mit, per, gegen*) *~ schicken* send s.th. cash (*Am* collect) on delivery (C.O.D.)

Nachnahmegebühr *f* C.O.D. charge

Nachnahmesendung *f* C.O.D. parcel

Nachname *m* surname, last (*od* second)

name: *e-n gemeinsamen ~n führen* have the same surname (*od* second name)

nachplappern *v/t* parrot

Nachporto *n* surcharge

nachprüfbar *Adj* verifiable **nachprüfen** *v/t* **1.** check **2.** *bes* PÄD re-examine, (*später prüfen*) examine at a later date

Nachprüfung *f* **1.** check(ing) **2.** PÄD, UNI examination at a later date

nachrechnen *v/i u. v/t* check

Nachrede *f* *üble ~* defamation

nachreichen *v/t* (*Papiere*) hand in later

Nachricht *f* (*e-e ~* a piece of) news *Sg*, (*Mitteilung*) message, (*Zeitungs*♀) news (item) *Sg*: *~en Pl* RADIO, TV news *Sg*, newscast; *~ erhalten von* hear from; *j-m ~ geben* let s.o. know; *e-e ~ hinterlassen* leave a message

Nachrichten|agentur *f*, *~büro* *n* press agency **~dienst** *m* **1.** RADIO, TV news service **2.** MIL intelligence service **~satellit** *m* communications satellite **~sendung** *f* RADIO, TV newscast, news broadcast **~sperre** *f* POL news blackout **~sprecher(in)** news reader, newscaster **~technik** *f* (tele)communication(s) (engineering) **~wesen** *n* communications *Pl*

nachrücken *v/i* **1.** (*aufrücken*) *a. fig* move up **2.** MIL follow on

Nachruf *m* obituary

nachrüsten *v/i* **1.** MIL, POL close the armament gap **2.** *a. v/t* TECH retrofit, (*Computer etc*) upgrade

Nachrüstsatz *m* TECH add-on kit

nachsagen *v/t* **1.** repeat **2.** *j-m etw ~* say s.th. of s.o.; *man sagt ihr nach, dass sie ...* she is said to be *arrogant etc*

Nachsaison *f* off season **Nachsatz** *m* **1.** postscript **2.** LING final clause

nachschauen → *nachsehen*

nachschenken *v/t u. v/i j-m* (*etw*) *~* top s.o. up (with s.th.)

nachschicken → *nachsenden*

Nachschlag *m* (*Essen*) second helping

nachschlagen I *v/t* **1.** (*Wort etc*) look *s.th.* up **II** *v/i* **2.** (*Wort etc*) look up, (*Computer etc*) upgrade ... **2. im Lexikon** ~ consult a dictionary **3.** F *fig j-m* ~ take after s.o.

Nachschlagewerk *n* reference book

Nachschlüssel *m* duplicate key

Nachschub *m* (*an Dat* of) supply (*a. fig*), *Koll* supplies *Pl* **~weg** *m* supply line

Nachschuss *m Fußball*: follow-up shot
nachsehen I *v/i* **1.** gaze after **2.** (*nach etw sehen*) have a look: **~ ob ...** (go and) see whether ... **II** *v/t* **3.** (*prüfen*) inspect, check, (*Schulhefte etc*) correct **4. → nachschlagen** I **5.** *j-m etw ~* forgive s.o. s.th. **Nachsehen:** *das ~ haben* be the loser, be left out
nachsenden *v/t* forward
Nachsicht *f* forbearance, (*Milde*) leniency: **~ üben** be lenient; *mit j-m ~ haben* be lenient towards s.o.
nachsichtig *Adj* lenient, forbearing
Nachsilbe *f* LING suffix
nachsinnen *v/i* reflect (*über Akk* on)
nachsitzen *v/i* **~ müssen** be kept in
Nachsommer *m* late (*od* Indian) summer **Nachsorge** *f* MED aftercare
Nachspeise *f* **→** *Nachtisch*
Nachspiel *n* **1.** MUS postlude **2.** THEAT epilog(ue *Br*) **3.** (*sexuelles ~*) afterplay **4.** *fig* sequel **nachspielen** *v/i* SPORT play (*~ lassen*) allow) extra time
nächst I *Sup von* **nahe II** *Adj* **1.** *örtlich*: nearest (*a. fig Verwandtschaft etc*), (*kürzest*) *a.* shortest: *die ~e Umgebung* the immediate vicinity; *aus ~er Entfernung* at close range **2.** *zeitlich, Reihenfolge*: next: *am ~en Tage* the next day; *in den ~en Tagen* in the next few days; *Mittwoch ~er Woche* Wednesday week; *in ~er Zeit* in the near future; *bei ~er Gelegenheit* at the first opportunity; *im ~en Augenblick* the next moment **III** *Adv* **3.** *am ~en* (*Dat* to) next, nearest, closest; *fig j-m am ~en stehen* be closest to s.o.; (*Dat*) *am ~en kommen* come closest to **4.** *fürs ~e* for the time being **IV** *Präp* **5.** (*Dat*) *örtlich, Reihenfolge*: next to
nächstbest *Adj* **1.** (*beliebig*) first **2.** *in Qualität*: second-best
Nächstbeste 1. *m, f* the next best, the first person **2.** *n* the next best (thing)
Nächste 1. *m, f a*) neighbo(u)r, *one's* fellow: *jeder ist sich selbst der ~* charity begins at home, **b**) *the* next (one): *der ~, bitte!* next (one) please! **2.** *n* the next (*od* first) thing: *was kommt als ~s?* what comes next?
nach|stehen *v/i* *j-m ~* (*in od an Dat*) be inferior to s.o. (in); *j-m in nichts ~* be in no way inferior to s.o. **~stehend I** *Adj* following **II** *Adv* in the following

nachstellen I *v/t* **1.** (*Uhr*) put back **2.** TECH (re)adjust **II** *v/i* **3.** *j-m ~ a*) be after s.o., **b**) persecute s.o.
Nachstellung *f* **1.** TECH (re)adjustment **2.** LING postposition **3.** *fig* persecution
Nächstenliebe *f* charity
nächstens *Adv* (very) soon
nächstliegend *Adj* nearest: *fig das ~e* the obvious thing
nachsuchen *v/i* apply (*um* for)
Nacht *f* (*bei ~ a*) at night: *gute ~! a.* iron good night!; *heute ~* tonight; *fig die ~ zum Tage machen* turn night into day; *es wird ~* it is getting dark; *zu ~ essen* have supper; *bis spät* (*od* tief) *in die ~* till late in the night; *über ~ a. fig* overnight; *die ganze ~* (*hindurch od lang*) all night (long); *im Schutze* (*od Dunkel*) *der ~, bei ~ und Nebel* under the cover of night, *weit.* S. secretly
nachtanken *v/t u. v/i* refuel
Nacht|arbeit *f* nightwork **2blind** *Adj* night-blind **~creme** *f* night cream **~dienst** *m* (*~ haben* be on) night duty
Nachteil *m* disadvantage, (*Mangel*) *a.* drawback, *Sport., a. fig* handicap: *zum ~ von* (*od Gen*) to the disadvantage of; *im ~ sein* be at a disadvantage
nachteilig *Adj* disadvantageous, detrimental (*für* to): *nichts 2es* nothing unfavo(u)rable **II** *Adv* **~ beeinflussen** affect adversely
nächtelang *I Adj* taking up several nights **II** *Adv* night after night
Nachtessen *n* (*beim ~* at) supper **Nachtfrost** *m* night frost **Nachthemd** *n* (*Herren2*) nightshirt, (*Damen2, Kinder2*) nightdress, F nightie
Nachtigall *f* ZOOL nightingale
Nachtisch *m* dessert, sweet, F afters *Pl*
Nachtklub *m* nightclub
Nachtleben *n* nightlife
nächtlich *Adj* nocturnal, (*bes all~*) nightly: *der ~e Park* the park at night
Nacht|lokal *n* nightclub **~portier** *m* night porter **~quartier** *n* place for the night, MIL night quarters *Pl*
Nachtrag *m* supplement **nachtragen** *v/t* **1.** *j-m etw ~ fig* bear s.o. a grudge for s.th. **2.** *schriftlich*: add **nachtragend** *Adj* unforgiving **nachträglich I** *Adj* additional, supplementary, (*verspätet*) belated, (*später*) later **II** *Adv* subsequently, later: **~ herzlichen Glück-**

wunsch! belated best wishes!

Nachtragshaushalt m supplementary budget

nachtrauern v/i (Dat) mourn (s.o., s.th.)

Nachtruhe f sleep

nachts Adv at (od during the) night

Nachtschicht f (~ haben be) on) night shift

nachtschlafend Adj zu ~er Zeit in the middle of the night

Nachtschwärmer(in) night owl

Nacht|schwester f night nurse ~**sichtgerät** n infra-red binoculars Pl. (od telescope) ~**speicherofen** m night storage heater ~**strom** m ELEK night current ~**tarif** m off-peak rates Pl ~**tisch** m bedside table ~**tischlampe** f bedside lamp ~**topf** m chamber pot

Nachttresor m night safe

Nacht-und-Nebel-Aktion f undercover operation **Nachtwache** f night watch **Nachtwächter** m 1. night watchman 2. F pej dope

nachtwandeln v/i sleepwalk **nachtwandlerisch** Adj somnambulistic: mit ~er Sicherheit with uncanny sureness

Nachtzug m night train

Nachuntersuchung f checkup

nachvollziehen v/t understand, duplicate **nachwachsen** v/i grow again

Nachwahl f PARL by-election, Am special election **Nachwehen** Pl fig aftermath Sg **nachweinen** v/t u. v/i → **nachtrauern, Träne**

Nachweis m 1. proof, evidence, (Zeugnis) certificate: **den ~ führen** (od **erbringen**) prove, show 2. (Feststellung) detection

nachweisbar Adj demonstrable, detectable: ... **sind ~** a. ... can be proved

nachweisen v/t prove, establish: **man konnte ihm nichts ~** nothing could be proved against him; **j-m e-n Fehler ~** show that s.o. has made a mistake

nachweislich I Adj demonstrable **II** Adv demonstrably, as can be proved

Nachwelt: **die ~** posterity

Nachwirkung f after-effect: ~**en** Pl fig a. aftermath Sg

Nachwort n epilog(ue Br)

Nachwuchs m 1. the young generation, (Berufs2) young talent (a. Sport), F new blood, WIRTSCH junior staff, trainees Pl, (Polizei2 etc) recruits Pl: **der ärztli-**

che ~ the new generation of doctors 2. F offspring, (Baby) addition to the family

Nachwuchs... talented, young ..., up--and-coming ..., junior ~**kraft** f junior employee ~**schauspieler(in)** up-and--coming young actor (actress)

Nachwuchssorgen Pl ~ **haben** have difficulty (in) finding young talent

nach|zahlen v/t u. v/i pay extra, pay later ~**zählen** v/t check 2**zahlung** f additional (od extra) payment ~**zeichnen** v/t copy, (pausen) trace ~**ziehen I** v/t 1. drag (od pull) behind one, (Fuß) drag 2. (Strich etc) trace, (Augenbrauen) pencil: **die Lippen ~** touch up one's lips 3. TECH (Mutter etc) tighten **II** v/i 4. follow, fig follow suit

Nachzügler(in) straggler, a. fig latecomer, hum (Kind) late arrival

Nacken m (nape of the) neck: **j-m im ~ sitzen a)** Verfolger etc: be hard on s.o.'s heels, **b)** fig be breathing down s.o.'s neck; → **steifen** ~**schlag** m fig blow ~**stütze** f MOT headrest ~**wirbel** m ANAT cervical vertebra

nackt Adj naked, (bloß) bare (a. fig Leben, Wand etc), bes KUNST nude: **völlig ~** stark naked; ~ **baden** swim in the nude; **sich ~ ausziehen** strip; ~**e Tatsachen** hard facts; **die ~e Wahrheit** the plain truth

Nacktbadestrand m nudist beach

Nacktheit f nakedness, fig a. bareness

Nacktkultur f nudism

N

Nadel f allg needle, e-s Plattenspielers: stylus, (Steck2, Haar2, Ansteck2 etc) pin ~**baum** m conifer(ous tree) ~**öhr** n 1. eye of a needle 2. fig bottleneck ~**stich** m (fig pin)prick ~**streifen** m Anzug etc mit ~ pinstripe(d) suit etc

Nadelwald m coniferous forest

Nagel m allg nail: fig **etw an den ~ hängen** give s.th. up; **Nägel mit Köpfen machen** do things properly; **den ~ auf den Kopf treffen** hit the nail on the head; **er ist ein ~ zu m-m Sarg** he is a nail in my coffin ~**bett** n ANAT nail bed ~**bürste** f nail brush ~**feile** f nail file ~**haut** f cuticle

Nagellack m nail varnish (Am enamel) ~**entferner** m nail-varnish remover

nageln v/t nail (an Akk, auf Akk to)

nagelneu Adj brand-new

Nagelschere f (pair of) nail scissors Pl

Nagelteppich m carpet of nails

nagen v/t u. v/i gnaw (a. fig): ~ **an** (Dat) gnaw (od nibble) at **nagend** Adj Hunger: gnawing, Zweifel etc: nagging

Nager m, **Nagetier** n rodent

Nahaufnahme f FILM etc close-up

nahe I Adj allg near, close (beide a. fig), (~ gelegen) nearby, (bevorstehend) a. approaching, Tod etc: imminent: **der ♀ Osten** the Middle East; ~ **an Tränen** on the verge of tears; **in ~r Zukunft** in the near future **II** Adv near, close, nearby: ~ **bei** near (to), close to; ~ **beieinander** close together; fig j-m etw ~ **bringen** make s.o. appreciate s.th.; fig j-m ~ **gehen** affect s.o. deeply; ~ **gelegen** nearby; fig ~ **kommen** come close (Dat to); **sich** (od **einander**) ~ **kommen** become close; fig j-m etw ~ **legen** suggest s.th. to s.o.; j-m ~ **legen, etw zu tun** urge s.o. to do s.th.; fig ~ **liegen** seem (very) likely, stärker: be the obvious thing; **die Vermutung liegt ~, dass ...** it is fair to assume that ...; ~ **liegend** obvious; fig j-m ~ **stehen** be close to s.o. ~ **verwandt** closely related; **von nah und fern** from far and near; **von ~m** up close, at close range; **j-m zu ~ treten** offend s.o.; **ich war ~ daran, ihn zu ohrfeigen** I very nearly slapped his face **III** Präp (Dat) a. fig near, close (to)

Nähe f allg nearness (a. fig), (Umgebung) vicinity, neighbo(u)rhood: (ganz) **aus der ~** at close range; **ganz in der ~** quite near; **in d-r ~** near you; **in greifbare ~ gerückt** near at hand

nahebei Adv nearby

nahen v/i approach, zeitlich: draw near

nähen I v/t sew, a. MED stitch: **sich ein Kleid ~** make a dress for o.s **II** v/i sew

näher I Komp von nahe **II** Adj **1.** nearer, closer: **die ~e Umgebung** the (immediate) vicinity **2.** Angaben etc: further, more detailed: **bei ~er Betrachtung** on closer inspection **III** Adv **3.** ~ (an Dat, bei) to) nearer, closer: ~ **kommen** come (zeitlich: draw) nearer **4.** more closely: **ich kenne ihn ~** I know him quite well; **sich mit e-r Sache ~ befassen** go into a matter (more closely); **etw ~ erläutern** explain s.th. at greater detail; fig j-m etw ~ **bringen** make s.th.

accessible to s.o.; **Menschen einander ~ bringen** bring people closer together; ~ **kommen** get (od be) nearer (Dat to); fig j-m ~ **kommen** become closer to s.o.; **jetzt kommen wir der Sache schon ~!** now we're getting somewhere!; fig ~ **liegen** be more obvious

Nähere: das ~ the details Pl, (further) particulars Pl: **ich weiß nichts ~s** I don't know any details

Näherei f sewing

Naherholungsgebiet n recreation area in the immediate vicinity of a big city

nähern I v/refl **sich ~** approach, zeitlich: a. draw near; **sich j-m ~** approach s.o. **II** v/t bring s.th. nearer (Dat to)

Näherungswert m MATHE approximate value

nahezu Adv almost, nearly, next to

Nähgarn n sewing thread

Nahkampf m **1.** MIL close combat **2.** Boxen: infighting

Nähkasten m sewing box

Nähmaschine f sewing machine

Nähnadel f sewing needle

Nährboden m **1.** für Bakterien: culture medium **2.** fig breeding ground

Nährcreme f nutrient cream

nähren I v/t feed, fig (Hoffnung etc) nourish, (Hass etc) a. harbo(u)r: **sich ~ von** live on **II** v/i be nourishing

nahrhaft Adj nutritious, nourishing

Nährstoff m nutrient

Nahrung f food, (Kost) diet: **geistige ~** food for the mind

Nahrungsaufnahme f food intake

Nahrungskette f BIOL food chain

Nahrungsmangel m lack of food

Nahrungsmittel n food(stuff), Pl foodstuffs Pl **~chemiker(in)** food chemist

Nährwert m nutritional value

Nähseide f sewing silk

Naht f allg seam, TECH a. joint: F **aus den (od allen) Nähten platzen** a. fig be bursting at the seams **nahtlos** Adj **1.** a. TECH seamless **2.** fig smooth

Nahverkehr m local traffic

Nahverkehrszug m commuter train

Nähzeug n sewing kit

Nahziel n immediate objective

naiv Adj naive: **~er Maler** primitive

Naivität f naivety

Name m allg name, (Ruf) a. reputation: **wie ist Ihr ~?** what is your name?; **im**

~n (*Gen*), in *j-s* ~n → **namens** II; (*nur*) **dem** ~n **nach** by name (only); **sich e-n** ~n **machen** make a name for o.s.; *fig* **das Kind beim rechten** ~n **nennen** call a spade a spade; → **hergeben**

namenlos *Adj* **1.** nameless, (*unbekannt*) *a.* anonymous **2.** *fig* unspeakable

namens I *Adv* by the name of, called II *Präp* (*Gen*) in the name of, on behalf of

Namens|aktie *f* registered share (*Am* stock) ~**patron(in)** *f* patron saint ~**schild** *n* **1.** *aus Metall od Plastik*: nameplate **2.** *an der Kleidung*: name tag ~**schwester** *f* namesake ~**tag** *m* name day ~**vetter** *m* namesake

namentlich I *Adj* **1.** by name: ~**e Abstimmung** roll-call vote II *Adv* **2.** by name **3.** *fig* (e)specially

namhaft *Adj* **1.** (*beträchtlich*) considerable **2.** (*berühmt*) well-known **3.** ~ **machen** name, *weit. S.* identify

nämlich I *Adj* (very) same II *Adv* namely, that is (to say); ..., you know

nanu *Interj* hey

Napalm *n* CHEM, MIL napalm

Napf *m* bowl

Napfkuchen *m* deep-dish cake

Nappa(leder) *n* nap(p)a (leather)

Narbe *f* **1.** MED scar: *fig* ~**n hinterlassen** leave a scar **2.** BOT stigma **3.** LANDW topsoil

narbig *Adj* scarred

Narkose *f* (*in* ~ under) an(a)esthesia

Narkose(fach)|arzt *m*, ~**ärztin** *f* an(a)esthetist

Narkotikum *n*, **narkotisch** *Adj* narcotic **narkotisieren** *v/t* an(a)esthetize

Narr *m* fool: F *e-n* ~**en gefressen haben an** (*Dat*) be crazy about; *j-n zum* ~**en halten** → **narren** *v/t j-n* ~ make a fool of s.o., fool s.o. **Narrenfreiheit** *f* fool's licen/ce (*Am* -se) ~ **narrensicher** *Adj* F foolproof **Narrheit** *f* tomfoolery, folly **Närrin** *f* fool **närrisch** *Adj* foolish, (*verrückt*) mad, (*sonderbar*) odd

Narzisse *f* BOT narcissus: *Gelbe* ~ daffodil

Narzissmus *m* PSYCH narcissism

narzisstisch *Adj* narcissistic

nasal *Adj* nasal **nasalieren** *v/t* nasalize **Nasallaut** *m* nasal (sound)

naschen *v/i u. v/t* nibble (**an** *Dat*, **von** at): *sie nascht gern* she has a sweet tooth

Nascherei *f mst Pl* sweets *Pl*, F goodies *Pl* **naschhaft** *Adj* sweet-toothed **Naschkatze** *f* nibbler

Nase *f* nose (*a. fig u.* TECH): F *pro* ~ *e-n* **Dollar** one dollar each; *fig* *e-e gute* (*od feine*) ~ *haben für* have a good nose for; *in der* ~ *bohren* pick one's nose; F *fig auf die* ~ *fallen* come a cropper; *j-m etw auf die* ~ *binden* tell (s.th. to) s.o.; *j-n an der* ~ *herumführen* lead s.o. up the garden path; *j-m auf der* ~ *herumtanzen* do what one likes with s.o.; *auf der* ~ *liegen* be laid up; *man sieht es dir an der* ~ *an* it's written all over your face; *immer der* ~ *nach* follow your nose; *es j-m unter die* ~ *reiben* rub it in; *s-e* ~ *in etw hineinstecken* poke one's nose into everything; *die* ~ *voll haben* be fed up (*von* with); *die* ~ *vorn haben* be one step ahead (of one's competitors); *j-m etw vor der* ~ *wegschnappen* take s.th. away from under s.o.'s nose; *der Zug fuhr mir vor der* ~ *weg* I missed the train by an inch; *j-m die Tür vor der* ~ *zuschlagen* slam the door in s.o.'s face; → **zuhalten** 2

näseln *v/i* speak through one's nose II ♀ *n* (nasal) twang **näselnd** *Adj* nasal

Nasen|bein *n* nasal bone ~**bluten** *n* nosebleed ~**flügel** *m* nostril ~**länge** *f um e-e* ~ *gewinnen* win by a whisker ~**loch** *n* nostril ~**rücken** *m* bridge of the nose ~**scheidewand** *f* nasal septum ~**schleimhaut** *f* nasal mucous membrane ~**spitze** *f* tip of the nose ~**spray** *m, n* nose spray ~**tropfen** *Pl* nose drops *Pl*

naseweis *Adj* saucy, cheeky

Nashorn *n* ZOOL rhinoceros, F rhino

nass *Adj* wet: ~ *machen* wet (*sich* o.s.); ~ *werden* get wet; *durch und durch* ~, ~ *bis auf die Haut* wet through, wet to the skin; → **triefen**

nassauern *v/i* F sponge (**bei** on)

Nässe *f* wet(ness): *„vor* ~ *schützen!"* "keep dry!" **nässen** I *v/t* wet, (*anfeuchten*) moisten II *v/i Wunde* weep

nasskalt *Adj* damp and cold, *Hand etc*: clammy **Nassrasur** *f* wet shave **Nasszelle** *f* (prefab) bathroom unit

Nastuch *n schweiz.* handkerchief

Nation *f* nation **national** *Adj* national **National|feiertag** *m* national holiday

N

~flagge f national flag **~gericht** n national dish **~held(in)** national hero (heroine) **~hymne** f national anthem

nationalisieren v/t nationalize

Nationalisierung f nationalization

Nationalismus m nationalism

Nationalist(in) nationalist

nationalistisch Adj nationalist(ic)

Nationalität f nationality

National|mannschaft f SPORT national team **~park** m national park **~rat¹** m 1. österr. Austrian Parliament 2. schweiz. Swiss Parliament **~rat²** m, **~rätin** f 1. österr. member of the Austrian Parliament 2. schweiz. member of the Swiss Parliament **~sozialismus** m National Socialism **~sozialist(in)**, **2sozialistisch** Adj National Socialist, pej Nazi **~spieler(in)** SPORT international (player)

Natrium n CHEM sodium

Natron n bicarbonate of soda

Natter f ZOOL adder, a. fig viper

Natur f allg nature: **in der freien ~** in the open country; **nach der ~ zeichnen** draw from nature (od life); **von ~ (aus)** by nature; **Fragen grundsätzlicher ~** fundamental questions; **die Sache ist ernster ~** it's a serious matter; **er hat e-e gesunde ~** he has a healthy constitution **Naturalien** Pl natural produce Sg: **in ~ zahlen** pay in kind

naturalisieren v/t naturalize

Naturalismus m allg naturalism

naturalistisch Adj naturalist(ic)

Naturbursche m nature-boy

Naturdenkmal n natural monument

Naturell n disposition, temperament

Natur|ereignis n, **~erscheinung** f natural phenomenon **~forscher(in)** naturalist **~forschung** f natural science **~freund(in)** nature lover **2gemäß** Adj natural **~geschichte** f natural history **~gesetz** n law of nature **2getreu** Adj true to nature, lifelike **~gewalt** f mst Pl force of nature **~heilkunde** f naturopathy **~heilkundige** m, f naturopath **~katastrophe** f natural disaster **~kost** f health food(s) **~kostladen** m health food shop (od store) **~lehrpfad** m nature trail

natürlich I Adj allg natural (a. echt, angeboren, ungekünstelt, a. JUR Kind, Person, Tod): **~e Größe** actual size; **e-s**

~en Todes sterben die a natural death **II** Adv naturally, Interj a. of course, Am sure

Natürlichkeit f allg naturalness

Natur|park m wildlife park **~schutz** m conservation: **unter ~ stehen** be protected, Tier, a. F fig Person: be a protected animal **~schützer(in)** conservationist **~schutzgebiet** n nature reserve **~talent** n (Person) natural **~volk** n primitive race **~wissenschaft** f mst Pl (natural) science **~wissenschaftler(in)** (natural) scientist **2wissenschaftlich** Adj scientific **~wunder** n 1. natural wonder 2. (Person) prodigy **~zustand** m natural state, **(im ~** in a) state of nature

Nautik f navigation

nautisch Adj nautical

Navigation f navigation

navigieren v/t u. v/i navigate

Nazi m pej Nazi **Nazismus** m pej Nazism **nazistisch** Adj pej Nazi

Neapel n Naples

Nebel m 1. fog (a. fig), mist, leichter: haze: **stellenweise ~** fog in patches 2. ASTR nebula **nebelhaft** Adj fig nebulous, hazy **nebelig** Adj foggy, misty

Nebel|krähe f ZOOL hooded crow **~leuchte** f, **~scheinwerfer** m MOT fog lamp **~schlussleuchte** f MOT rear fog lamp

neben Präp (Dat) (a. Akk) örtlich: beside, by (od at) the side of, by, (dicht ~) close to, near, next to: **setzen Sie sich ~ mich** sit beside (od next to) me 2. (außer) besides, apart from: **~ anderen Dingen** among other things 3. (verglichen mit) compared with (od to) 4. (gleichzeitig mit) simultaneously with

nebenamtlich Adj part-time (job etc)

nebenan Adv **a)** (im Haus ~) next door, **b)** (im Zimmer ~) in the next room

Neben|anschluss m, **~apparat** m TEL extension **~arbeit** f 1. extra work 2. minor job **~ausgaben** Pl incidentals Pl, extras Pl

Nebenausgang m side exit

Nebenbedeutung f connotation

nebenbei Adv 1. in addition, as well, on the side 2. (beiläufig) in passing: **~ bemerkt** incidentally

Nebenberuf m sideline: **im ~ → nebenberuflich II nebenberuflich I** Adj

sideline **II** *Adv* as a sideline
Nebenbeschäftigung *f* sideline
Nebenbuhler(in) rival (in love)
nebeneinander I *Adv* side by side: **~ wohnen** live next door to each other; **~ bestehen** coexist; **~ stellen a)** put (*od* place) side by side (*od* next to each other), **b)** (*vergleichen*) compare **II** ♀ *n* coexistence
Neben|eingang *m* side entrance **~einkünfte** *Pl*, **~einnahmen** *Pl* incidental earnings *Pl*, extra income *Sg* **~erscheinung** *f* side effect (MED symptom) **~fach** *n* PÄD subsidiary subject, *Am* minor (subject) **~fluss** *m* tributary **~gebäude** *n* **1.** adjoining building **2.** (*Anbau*) annex(e) **~gedanke** *m* secondary objective **~geräusch** *n* background noise, RADIO interference **~gleis** *n* BAHN siding, *Am* sidetrack **~handlung** *f* subplot
nebenher *Adv* **1.** → **nebenbei I 2.** by his (*od* her) side, beside
Neben|kosten *Pl* extras *Pl* **~linie** *f* **1.** BAHN branch line **2.** *im Stammbaum*: collateral line **~mann** *m* **mein** (*sein etc*) **~** the person next to me (him *etc*) **~produkt** *n* by-product, spin-off **~rolle** *f* THEAT minor part (*fig* role)
Nebensache *f* minor matter: **das ist ~!** that's quite unimportant (here)!
nebensächlich *Adj* minor, unimportant, (*belanglos*) irrelevant
Nebensaison *f* low season
Nebensatz *m* LING subordinate clause
nebenstehend I *Adj* in the margin **II** *Adv* **~** (*abgebildet*) opposite
Neben|stelle *f* branch (office), TEL extension **~straße** *f* side (road), byroad **~tisch** *m* (*am* **~** at) the next table **~verdienst** *m* extra earnings *Pl* (*od* income) **~wirkung** *f* side effect **~zimmer** *n* next (*od* adjoining) room
neblig *Adj* foggy, misty
nebst *Präp* (*Dat*) together (*od* along) with, (*einschließlich*) including
Necessaire *n* **1.** (*Reise♀*) toilet bag **2.** (*Nagel♀*) manicure set
necken *v/t* tease **neckisch** *Adj* playful, *Bemerkung etc*: *a.* teasing
Neffe *m* nephew
Negation *f* negation **negativ** *Adj*, **Negativ** *n* MATHE, FOTO, PHYS negative
Neger *m* **1.** *a. pej* Negro (*wird heutzu-*

tage mst als abwertend empfunden) **2.** F *fig* **a)** ghostwriter, **b)** TV idiot card **Negerin** *f a. pej* Negress (*wird heutzutage mst als abwertend empfunden*); → *Info bei* **politically correct**
negieren *v/t* negate, deny
Negligé, Negligee *n* négligé
nehmen *v/t allg* take (*a. an sich ~*, *a.* den Bus *etc*, ein Hindernis, e-e Kurve, MIL e-e Stellung *etc*), (*an~*) *a.* accept, (*weg~*) take away (*Dat* from), (*kaufen*) *a.* buy, (*Preis*) *a.* charge, (*anstellen*) *a.* engage, hire: *etw zu sich ~* have s.th. to eat, eat s.th.; (*sich*) *e-n Anwalt ~* retain counsel; *fig auf sich ~* take upon o.s., (*Amt etc*) assume, (*Verantwortung*) accept; *es sich nicht ~ lassen zu Inf* insist on *Ger*; *er versteht es, die Kunden zu ~* he has a way with the customers; *wie mans nimmt!* that depends!; F *er ist hart im* ♀ he can take a lot (of punishment); → *Angriff, Anspruch, Beispiel*
Nehrung *f* spit, sand bar
Neid *m* envy (*auf Akk* of), jealousy: *aus ~* out of envy; *der pure ~* sheer envy; *grün vor ~ sein* be green with envy; *das muss ihm der ~ lassen* you have to hand it to him **neiden** *v/t j-m etw ~* envy s.o. s.th. **Neider** *m* **viele ~ haben** be envied by many people **Neidhammel** *m pej* dog in the manger
neidisch I *Adj* (*auf Akk* of) envious, jealous **II** *Adv* enviously, with envy
neidlos *Adj u. Adv* without envy
Neige *f* **1.** *zur ~ gehen Leben etc*: draw to its close, *Vorräte etc*: run out **2.** *im Glas etc*: rest, dregs *Pl*: *bis zur ~ leeren* drain to the dregs; *fig bis zur bitteren ~* to the bitter end **neigen I** *v/t* **1.** bend, incline, (*senken*) lower, (*beugen*) bow, (*kippen*) tilt **II** *v/refl sich ~* **2.** bend, incline, (*sich verbeugen*) bow (*vor Dat* to), *Gelände*: slope **3.** *fig Jahr etc*: be drawing to its close **III** *v/i* **4.** ~ *zu* have a tendency to, be inclined to, tend towards, ~ *zu Krankheit etc*: be prone to; *ich neige zu der Ansicht, dass ...* I am inclined to think that ... **Neigung** *f* **1.** *allg* inclination, (*Gefälle*) slope, gradient, dip **2.** *fig* (*Hang*) (*zu*) inclination, tendency (to, towards), *a.* POL *etc* trend (to), *e-r Krankheit etc*: proneness (to) **3.** *fig* (*Vorliebe*) (*zu*) liking (for, of),

penchant, predilection (for) **4.** *fig* (*Zu*2) (*zu*) affection (for), love (of)

Neigungswinkel *m* angle of inclination

nein *Adv* no: **~ und abermals ~!** for the last time, no!; **aber ~!** of course not!, certainly not!; **~, so etwas!** well, I never!

Nein *n* no: **mit (e-m) ~** answer in the negative, *a. weit. S.* say no

Neinstimme *f* no (*Pl* noes), *Am* nay

Nektar *m* nectar

Nektarine *f* BOT nectarine

Nelke *f* **1.** BOT carnation **2.** (*Gewürz*2) clove

nennen I *v/t* **1.** *allg* call, (*a. be~*) name: **das nenne ich ...** that's what I call ... **2.** (*angeben*) name, (*erwähnen*) mention, (*Beispiele, s-n Namen*) give, (*Kandidaten*) nominate: SPORT *j-n ~ für* enter s.o. for **II** *v/refl sich* **~ 3.** call o.s. (*a. iron*), be called: *iron* **und das nennt sich Fachmann!** and he (*od* she) is supposed to be an expert!

nennenswert *Adj* worth mentioning

Nenner *m* MATHE (*a. fig* **etw auf e-n gemeinsamen ~ bringen** reduce s.th. to a common ~) denominator; *fig* **e-n gemeinsamen ~ finden** reach an agreement (on the matter)

Nennung *f* naming, mention, *von Kandidaten*: nomination, *Sport etc*: entry

Nennwert *m* WIRTSCH nominal (*od* face) value: **zum ~** at par; **unter dem ~** below par

Neofaschismus *m* neo-fascism

Neofaschist(in), **neofaschistisch** *Adj* neo-fascist

Neologismus *m* neologism

Neon *n* neon

Neonazi *m*, **neonazistisch** *Adj* neo-nazi

Neonleuchte *f*, **Neonlicht** *n* neon light

Neopren® (*Synthesekautschuk*) Neoprene® **~anzug** *m* neoprene suit

Nepp *m* F rip-off

neppen *v/t* F fleece, rip *s.o.* off

Nepplokal *n* clip (*Am* gyp) joint

Nerv *m* nerve, BOT *a.* vein: **die ~en behalten** (**verlieren**) keep (lose) one's head; F *j-m auf die ~en fallen* (*od gehen*), F *j-m den ~ töten* get on s.o.'s nerves; **er hat ~en wie Drahtseile** he's got nerves of steel; **sie ist mit den ~en am Ende** (F **völlig fertig**)

she's a nervous wreck; **~en zeigen** get nervy; F **du hast vielleicht ~en!** you've got a nerve!

nerven *v/t* F *j-n ~* get on s.o.'s nerves

Nerven|arzt *m*, **~ärztin** *f* neurologist **2aufreibend** *Adj* nerve-racking **~belastung** *f* (nervous) strain **~bündel** *n* F *fig* **sie ist ein ~** she is a bundle of nerves **~entzündung** *f* neuritis **~gas** *n* MIL nerve gas **~kitzel** *m fig* thrill **~klinik** *f* mental hospital, psychiatric clinic **2krank** *Adj* mentally ill **~krankheit** *f* nervous disease **~krieg** *m fig* war of nerves **~sache** *f* F **das ist reine ~!** that's just a question of nerves! **~säge** *f* F pain in the neck **~schmerz** *m* neuralgia **~schwäche** *f* weak nerves *Pl* **2stark** *Adj* strong-nerved **~stärke** *f* strong nerves *Pl*: **~ beweisen** remain cool **~system** *n* nervous system **~zentrum** *n a. fig* nerve cent/re (*Am* -er) **~zusammenbruch** *m* nervous breakdown

nervig *Adj* F pesky

nervlich *Adj* nervous

nervös *Adj allg* nervous: **~ werden** get nervous; *j-n ~ machen* make s.o. nervous, *stärker*: get on s.o.'s nerves

Nervosität *f* nervousness

nervtötend *Adj* F nerve-racking

Nerz *m* **1.** ZOOL mink **2.** → **Nerzmantel** *m* mink (coat)

Nessel *f* BOT nettle: F *fig* **sich in die ~n setzen** get o.s. into trouble

Nessessär *n* → **Necessaire**

Nest *n* **1.** *allg* nest: *fig* **das eigene ~ beschmutzen** foul one's own nest; F **das ~ war leer** the bird('s) had flown **2.** F small place, (*Kaff*) dump

Nesthäkchen *n* pet of the family

Nestwärme *f fig* warmth and security

nett *Adj allg* nice (*a. iron*): **sei so ~ und hilf mir** be so kind as to help me; (*das ist*) **~ von dir** that's nice of you

netto *Adv* WIRTSCH net, clear

Nettobetrag *m* net amount **Nettoeinkommen** *n* net income **Nettogewicht** *n* net weight **Nettolohn** *m* take-home pay **Nettopreis** *m* net price

Netz *n* **1.** *allg* net (*a. Sport u. fig*), (*Gepäck*2) rack: *fig j-m ins ~ gehen* walk into s.o.'s net **2.** (*Verkehrs*2, *Versorgungs*2) network (*a.* TEL, RADIO, TV *etc*), (*Strom*2) mains *Pl*: **ans ~ gehen** *Kraftwerk*: go into operation **3.** IT net-

work **4.** (*Internet*) net, Net: **im ~** on the net **~anschluss** *m* ELEK mains connection **~ball** *m* *Tennis*: net (ball) **~betreiber** *m* TEL carrier, IT network operator **~empfänger** *m* ELEK mains receiver **~haut** *f* ANAT retina **~hemd** *n* string vest **~plan** *m* network **~plantechnik** *f* network analysis **~provider** *m* IT Internet Service Provider, ISP **~schalter** *m* ELEK power switch **~strumpf** *m* net (*od* mesh) stocking **~teil** *n* ELEK power supply unit **~werk** *n* *allg* network **~zugang** *m* IT (Inter)net access, access to the (Inter)net

neu *I* *Adj* *allg* new, (*frisch*) *a.* fresh (*a. fig*), (*~artig*) *a.* novel, (*~zeitlich*) *a.* recent, modern, (*erneut*) renewed: **ganz ~** brand-new; **wie ~** as good as new; **ein ~er Anfang** a fresh start; **~eren Datums** of recent date; **~e Schwierigkeiten** more problems; **~ere Sprachen** modern languages; **~este Nachrichten** latest news; **das ist mir ~!** that's new to me! *II* *Adv* newly, (*kürzlich*) recently, (*erneut*) again, afresh: **~ anfangen** start anew; **~ beleben** revive; **~ entdeckt a**) recently discovered, **b**) rediscovered; **~ eröffnen** reopen; **~ gestalten** reorganize, TECH remodel, redevelop; **~ schreiben** rewrite

neuartig *Adj* novel, new (type of)
Neuauflage *f* **1.** BUCHDRUCK **a**) new edition, **b**) → **Neudruck 2.** *fig* repeat (performance) **Neuausgabe** *f* new edition
Neubau *m* new building
Neubaugebiet *n* new housing estate
Neubearbeitung *f* **1. a)** revised edition, **b**) revision **2.** THEAT *etc* adaptation
Neubildung *f* **1.** (new) formation, reorganization **2. a**) PHYSIOL regeneration, **b**) MED tumo(u)r **3.** LING neologism
Neudruck *m* reprint
Neue *I* *n* **1.** s.th. new: **das ~ daran** what's new about it; **das ~ste** (*Nachricht, Mode etc*) the latest thing; **was gibts ~s?** what's new?; **das ist mir nichts ~s** that's no news to me **2.** *aufs ~, von* 2*m* afresh, anew; *seit* 2*m* of late *II* *m*, *f* **3.** new man (woman)
Neueinstellung *f* **1.** taking on (new) labo(u)r **2.** new employee
neuerdings *Adv* recently, of late
Neuerer *m*, **Neuerin** *f* innovator
Neuerscheinung *f* new publication

Neuerung *f* innovation
neuestens *Adv* quite recently, lately
Neufassung *f* **a**) revised version, **b**) (*Vorgang*) revision
Neufundland *n* Newfoundland
neugeboren *Adj* newborn: *fig* **ich fühle mich wie ~** I feel a different person
Neugeborene *n* newborn (child)
Neugestaltung *f* reshaping, reorganization, TECH remodel(l)ing
Neugier *f* (*aus ~* out of) curiosity
neugierig *Adj* (*auf Akk*) curious (about, of), *stärker*: inquisitive (after, about): *ich bin ~, ob ...* I wonder if ...
Neugliederung *f* reorganization
neugotisch *Adj* neo-Gothic
Neugründung *f* (new) foundation, re-establishment
Neuguinea *n* New Guinea
Neuheit *f* newness, novelty (*a. Erfindung*), TECH *a.* innovation
Neuigkeit *f* (*e-e ~* a piece of) news *Sg*
Neujahr *n* New Year('s Day): **Prosit ~!** Happy New Year! **Neujahrstag** *m* New Year's Day **Neujahrswunsch** *m mst Pl* good wishes *Pl* for the New Year
Neuland *n fig* **~ erschließen** break new ground; **das ist ~ für mich** that is new territory to me
neulich *Adv* the other day, recently
Neuling *m* (*in Dat, auf e-m Gebiet*) newcomer (to), novice (at)
neumodisch *Adj pej* newfangled
Neumond *m* new moon
neun *I* *Adj* nine: *alle ~e!* strike! *II* 2̸ *f* (number) nine **neunhundert** *Adj* nine hundred **neunjährig** *Adj* **1.** nine-year-old **2.** nine-year, of nine years
neunmal *Adv* nine times
neunmalklug *Adj iron* smart-alecky
neunt *Adj* **1.** ninth **2.** *zu ~* (the) nine of us (*od* them *etc*) **Neunte** *m*, *f*, *n* ninth **Neuntel** *n* ninth **neuntens** *Adv* ninth(ly) **neunzehn** *Adj* nineteen **neunzehnt** *Adv* nineteenth
neunzig *I* *Adj* **1.** ninety; *er ist Anfang ~* he is in his early nineties *II* 2̸ *f* 2. (number) ninety **neunziger** *Adj in den ~ Jahren e-s Jhs.*: in the nineties **Neunziger(in)** man (woman) of ninety, nonagenarian **Neunzigerjahre** → **neunziger**
Neuordnung *f* reorganization
Neuphilologe *m*, **Neuphilologin** *f*

teacher (*od* student) of modern languages

Neuphilologie f modern languages *Pl*

Neuralgie f MED neuralgia

neuralgisch *Adj* MED neuralgic: *fig ~er Punkt* critical point, POL trouble spot

Neuregelung f revision

Neureiche m, f parvenue: *die ~n* the nouveaux riches *Pl*

Neurochirurg(in) neurosurgeon

Neurologe m, **Neurologin** f neurologist

Neurose f MED neurosis **Neurotiker(in)**, **neurotisch** *Adj* neurotic

Neuschnee m fresh (*Am* new) snow

Neuseeland n New Zealand

neusprachlich *Adj* modern-language

neutral *Adj* (*Adv* **sich ~ verhalten** remain) neutral **neutralisieren** v/t neutralize **Neutralität** f neutrality

Neutron n neutron

Neutronenbombe f neutron bomb

Neutrum n LING neuter

Neuverfilmung f remake **Neuwahl** f new election **neuwertig** *Adj* practically new **Neuzeit** f modern times *Pl* **neuzeitlich** *Adj* modern

nicht *Adv* not: ~ **besser** (**länger**) no better (longer); ~ (**ein**)**mal** not even; ~ **mehr** no longer, not any more; (**bitte**) ~! (please) don't!; ~ **wenige** quite a few; ~ **existent** nonexisting; ~ **rostend** rustproof, *Stahl*: stainless; ~, **dass ich wüsste!** not that I know of!; **er ist krank**, ~ **wahr?** he is ill, isn't he?; **du tust es doch**, ~ **wahr?** you will do it, won't you?; → **auch**, **gar²**, **nur**

Nichtangriffspakt m POL nonaggression treaty **Nichtbeachtung** f (*von od Gen* of) e-r *Warnung etc*: disregard, *der Vorschriften etc*: nonobservance

Nichte f niece

Nicht|**einhaltung** f noncompliance (*Gen* with) **~einmischung** f POL noninterference, nonintervention **~erfüllung** f JUR nonperformance **~erscheinen** n nonappearance, JUR *a.* default

nichtig *Adj* **1.** (*belanglos*) trivial, (*wertlos*) vain: **~er Vorwand** flimsy excuse **2.** JUR (**null und**) ~ (null and) void

Nichtigkeit f **1.** triviality, vanity: **~en** *Pl* trifles *Pl* **2.** JUR nullity

Nichtmitglied n nonmember **Nichtraucher(in)** nonsmoker **Nichtraucher...** non-smoking ..., no-smoking ...

nichts *Indefinitpron* nothing, not ... anything: ~ **ahnend** unsuspecting; ~ **sagend** *Worte etc*: empty, meaningless, *Antwort*: vague, (**farblos**) colo(u)rless; ~ **als Ärger** nothing but trouble; ~ **weniger als das** anything but that; ~ **da!** nothing doing!, that's out!; **so gut wie** ~ next to nothing; **das ist** ~ **für mich!** that's not my thing!; **mir** ~, **dir** ~ just like that, (**frech**) quite coolly; **weiter** ~? is that all?; **F wie** (**blitzschnell**) in a flash; F **wie hin!** let's go (there fast)!; → **dergleichen**, **gar²**, **machen**, **Nähere etc** **Nichts** n **1.** nothing(ness), (*Leere*) void: **aus dem ~ a)** (*erscheinen etc*) from nowhere, **b)** (*schaffen etc*) out of nothing; **vor dem ~ stehen** be left with nothing **2.** **ein ~ a)** a trifle, (a mere) nothing, **b)** *pej* a nobody

Nichtschwimmer(in) nonswimmer

nichtsdesto|**trotz** *Adv* F, **~weniger** *Adv* nevertheless, none the less

Nichtskönner(in) incompetent person, F washout **nichtsnutzig** *Adj* worthless, good-for-nothing

Nichtstuer(in) idler, loafer

Nichtstun n idling, loafing: **s-e Zeit mit** ~ **verbringen** idle away one's time

Nichtswisser(in) ignoramus

Nicht|**vorhandensein** n nonexistence, lack **~wissen** n ignorance **~zahlung** f WIRTSCH **bei** ~ in default of payment

Nichtzutreffende n **~s streichen!** delete where inapplicable!

Nickel n nickel

Nickelbrille f steel-rimmed spectacles *Pl*

nicken v/i nod (one's head) **Nickerchen** n F (**ein** ~ **machen** have a) nap

nie *Adv* never: **fast** ~ hardly ever; **noch** ~ never (before); ~ **wieder** never again; ~ **und nimmer** never ever

nieder I *Adj* low (*a. fig gemein*), *Wert*, *Rang*: inferior, *Dienststelle etc*: lower **II** *Adv* low, (*herab*) down: ~ **mit ...!** down with ...! **~brennen** v/t u. v/i burn down **~brüllen** v/t **j-n** ~ shout s.o. down **~deutsch** *Adj* Low German **~drücken** v/t **1.** press down, (*Taste*, *Hebel*) press **2.** *fig* depress

Niederfrequenz f ELEK low frequency

Niedergang m decline **niedergehen** v/i go down (*a.* FLUG), *Gewitter*: burst

niedergeschlagen *Adj* *fig* depressed,

dejected, downcast

Niedergeschlagenheit f dejection

niederholen v/t (Flagge, Segel) haul down, lower **niederknien** v/i kneel down **niederkommen** v/i be confined

Niederkunft f delivery, confinement

Niederlage f **1.** defeat: *e-e ~ erleiden* be defeated **2.** WIRTSCH **a)** depot, warehouse, **b)** → **Niederlassung** 2

Niederlande Pl the Netherlands Pl

Niederländer m Dutchman, Netherlander: *die ~* the Dutch **Niederländerin** f Dutch woman, Netherlander

niederländisch Adj Dutch

niederlassen I v/t **1.** lower, let s.th. down **II** v/refl *sich ~* **2.** sit down **3.** (in Dat) make one's home (at), take up residence (at), a. als Siedler etc: settle (in, at) **4.** set up in business (od as doctor, as a lawyer, etc), establish o.s. (als as) **Niederlassung** f **1.** establishment, settling **2.** WIRTSCH **a)** place of business, **b)** (Filiale) branch (office)

niederlegen I v/t lay down, (Amt) resign from: *die Waffen ~* lay down one's arms; *die Arbeit ~* (go on) strike, walk out; *etw schriftlich ~* put s.th. down in writing **II** v/refl *sich ~* lie down

Niederlegung f (Gen) laying down (of), e-s Amtes: resignation (from)

niedermachen v/t **1.** slaughter, massacre **2.** → (j-n) *fertig (machen)* II 6

niederreißen v/t pull down (a. fig)

Niedersachsen n Lower Saxony

niederschießen v/t shoot s.o. down

Niederschlag m **1.** METEO precipitation, rain(fall) **2.** CHEM precipitate, (Ablagerung) sediment: *radioaktiver ~* fallout; fig *s-n ~ finden in* (Dat) be reflected in **3.** Boxen: knockdown, bis zehn: knockout **niederschlagen** I v/t **1.** j-n ~ knock s.o. down, Boxen: (a. bis zehn) knock s.o. out **2.** (Augen) cast down **3.** fig (unterdrücken) suppress, (Aufstand) put down **4.** JUR (Verfahren) quash **II** v/refl *sich ~* **5.** CHEM precipitate **6.** fig be reflected (in Dat in)

niederschlagsreich Adj rainy, wet

niederschmettern v/t j-n ~ knock s.o. down, fig shatter s.o.

niederschmetternd Adj fig shattering

niederschreiben v/t write down, record **Niederschrift** f **1.** writing down **2.** notes Pl, record, minutes Pl

Niederspannung f ELEK low tension

Niedertracht f **1.** baseness **2.** (Handlung) perfidy, F dirty trick

niederträchtig Adj low, perfidious

Niederung f lowland(s Pl)

niederwerfen I v/t fig j-n ~ Krankheit: lay s.o. low **2.** → **niederschlagen** 3 **II** v/refl *sich ~* **3.** throw o.s. down: *sich vor j-m ~* throw o.s. at s.o.'s feet

niedlich Adj sweet, cute

niedrig Adj allg low (a. Adv), Herkunft etc: a. lowly, humble, (gemein) a. base, Qualität: inferior, Strafe: light: *~ fliegen* fly low; (Preise etc) *~ halten* keep down **Niedrigkeit** f allg lowness

niemals → **nie**

niemand I Indefinitpron nobody, no one: *ich habe ~(en) gesehen* I didn't see anybody; *~ anders* nobody else; *~ anders als er* none other than he; *es war sonst ~ da* nobody else was present **II** ℲΣ m pej *er ist ein* ℲΣ he is a nobody

Niemandsland n a. fig no man's land

Niere f ANAT kidney: MED *künstliche ~* kidney machine; F fig *das geht mir an die ~n* that really gets me down

Nierenbeckenentzündung f pyelitis

nierenförmig Adj kidney-shaped

Nierenspender(in) kidney donor

Nieren|stein m MED kidney stone *~verpflanzung* f kidney transplant

nieseln v/i, **Nieselregen** m drizzle

niesen v/i sneeze

Niespulver n sneezing powder

Niete f **1.** (e-e ~ ziehen draw a) blank **2.** F (Reinfall, Versager) flop, washout

nieten v/t u. v/i TECH rivet

Nietenhose f jeans Pl (with studs)

Nigeria n Nigeria

Nihilismus m nihilism **Nihilist(in)** nihilist **nihilistisch** Adj nihilist(ic)

Nikolaustag m St. Nicholas' Day

Nikotin n nicotine Ⅎarm Adj low-nicotine Ⅎfrei Adj nicotine-free *~vergiftung* f nicotine poisoning

Nilpferd n ZOOL hippopotamus

Nimbus m nimbus, halo, fig a. aura

Nimmerwiedersehen n auf ~ for good

Nippel m TECH nipple

nippen v/t u. v/i sip (an Dat at)

Nippsachen Pl knick-knacks Pl

nirgends Adv nowhere   **nirgendwo (-hin)** Adv nowhere, not … anywhere

Nische f niche, recess
nisten v/i nest
Nistplatz m nesting place
Nitrat n CHEM nitrate
Nitroglyzerin n CHEM nitroglycerine
Niveau n level, (Bildungs2 etc) a. standard: **unter dem ~** not up to standard; **~ haben** have class; **ein hohes ~ haben** have high standards; **das ist unter m-m ~** that's beneath me; **geistiges ~** level of intelligence **niveaulos** Adj dull, mediocre
nivellieren v/t a. fig level
Nixe f water nymph
Nizza n Nice
nobel Adj 1. noble(-minded) 2. F (großzügig) generous 3. (vornehm) high-class, F posh, ritzy
Nobelherberge f F posh hotel
Nobelpreis m Nobel prize **Nobelpreisträger(in)** Nobel prize winner
noch I Adv 1. still: **immer ~** still; **~ nicht** not yet; **~ nie** never before; **~ gestern** only yesterday; **~ heute** even today; **~ lange nicht** not by a long chalk; **~ im 18. Jh.** as late as the 18th century; **wie heißt sie ~?** what's her name again?; F **~ und ~ a)** oodles of, piles of, **b)** (sehr) awfully 2. (mehr) more: **~ einer** one more, another; **~ einmal** once more; **~ einmal so viel** as much again; **~ etwas!** and another thing!; **~ etwas?** anything else?; **~ besser** (mehr) even better (more); **nur ~ 5 Minuten** only five minutes more 3. **sei es ~ so klein** no matter how small (it is) II Konj → **weder**
nochmalig Adj repeated, second, new
nochmals Adv once more
Nocke f TECH cam
Nockenwelle f MOT camshaft
Nomade m, **Nomadin** f nomad **Nomaden...**, nomadisch Adj nomadic
Nominativ m LING nominative (case)
nominell Adj nominal
nominieren v/t nominate, name
No-Name-Produkt n no-name product
Nonne f nun
Nonnenkloster n nunnery, convent
Nonsens m nonsense
nonstop Adv nonstop
Non-Stop-Flug m nonstop flight
Noppe f, **noppen** v/t nap
Nord inv North **Nordatlantikpakt** m

North Atlantic Treaty
Norden m north, North: **nach ~** to (od towards) the north; **im ~ von** (od Gen) north of **nordisch** Adj northern, (skandinavisch) Nordic: Skisport: **~e Kombination** Nordic Combined
Nordirland n Northern Ireland; → Info bei Britain
nördlich I Adj northern, northerly II Adv **~ von** (od Gen) (to the) north of
Nord|licht n 1. northern lights Pl 2. Northerner **~ost(en)** m, **2östlich** Adj u. Adv northeast **~pol** m North Pole **~polarkreis** m Arctic Circle
Nordrhein-Westfalen n North Rhine-Westphalia
Nordsee f the North Sea
Nord|west(en) m, **2westlich** Adj u. Adv northwest **~wind** m north wind
Nörgelei f grumbling, niggling **nörgeln** v/i (an Dat about) grumble, niggle
Nörgler(in) grumbler, niggler
Norm f norm, standard **normal** Adj normal, TECH standard **Normalbenzin** n regular (grade) petrol (Am gasoline)
normalerweise Adv normally
Normalfall m im ~ normally **Normalgewicht** n normal (od average) weight
normalisieren I v/t normalize II v/refl sich ~ return to normal
Normalisierung f normalization
Normalverbraucher(in) average consumer: F **Otto ~** Mr. Average
normen, normieren v/t standardize
Norwegen n Norway
Norweger(in), norwegisch Adj Norwegian
Nostalgie f nostalgia
nostalgisch Adj nostalgic
Not f 1. need, (Elend) misery: **~ leiden** suffer want; **in ~ geraten** become destitute (→ 3) 2. (Notwendigkeit) necessity: **~ macht erfinderisch** necessity is the mother of invention; **aus der ~ e-e Tugend machen** make a virtue of necessity; **zur ~,** F **wenn ~ am Mann ist** if need be; **es tut ~,** F **dass ...** it is necessary that ... 3. (Bedrängnis) distress (a. SCHIFF), (Schwierigkeit) difficulty, trouble: **in ~ sein** be in trouble: **in ~ geraten** run into difficulties (→ 1); **~leidend** needy; F **s-e** (liebe) **~ haben mit** really have problems with; → **knapp** 2

Notar(in) notary **Notariat** n notary's office **notariell** Adj notarial: Adv ~ **beglaubigt** attested by a notary

Not|arzt m, **~ärztin** f doctor on call **~arztwagen** m emergency ambulance **~aufnahme** f (Krankenhaus) casualty (department) **~aufnahmelager** n transit camp **~ausgang** m emergency exit **~behelf** m makeshift **~bremse** f emergency brake **~dienst** m (~ haben be on) emergency duty

notdürftig Adj scanty: Adv etw ~ **reparieren** patch s.th. up

Note f 1. PÄD mark, Am grade 2. MUS note: ganze ~ semibreve; halbe ~ minim; nach ~n singen etc sing ~ from music 3. POL note, memorandum 4. fig (persönliche ~ personal) touch: e-r Sache e-e besondere ~ verleihen add a special touch to s.th. 5. → **Banknote**

⚠ **Note** ≠ **note**
(Unterricht)

| Note | = mark, Am grade |
| note | = 1. Br Geldschein 2. Musiknote |

Notebook n (Computer) notebook
Noten|bank f bank of issue **~blatt** n sheet of music **~heft** n music book **~pult** n music stand **~system** n PÄD marking (Am grading) system
Notepad n (Computer) notepad
Notfall m emergency: für den ~ (just) in case; im ~ → **notfalls** Adv if necessary, if need be, in an emergency
notgedrungen Adv of necessity: ~ **musste er gehen** he had no choice but to go **Notgroschen** m nest egg
notieren I v/t 1. make a note of 2. (Kurse) quote (zu at) II v/i 3. WIRTSCH be quoted (mit at, with)
Notierung f WIRTSCH quotation
nötig Adj necessary: etw (dringend) ~ **haben** need s.th. (badly); das habe **ich nicht ~!** I don't have to stand for that!; iron du hast es (gerade) ~! you of all people!; mit dem ~en Respekt with due respect; (nur) das ❨ste (just) what is absolutely necessary; es ist nicht ~, dass du kommst there is no need for you to come **nötigen** v/t

---

force, compel, urge, (e-n Gast) press: **lassen Sie sich nicht ~!** help yourself!; **er ließ sich lange ~** he needed no coaxing
Nötigung f coercion, JUR a. duress
Notiz f 1. note: sich ~en machen take notes; fig k-e ~ nehmen von take no notice of, ignore 2. (Presse❨) (news) item **Notizblock** m notepad, Am memo pad **Notizbuch** n notebook
Notlage f predicament, plight
Notlager n shakedown
notlanden v/i make a forced landing
Notlandung f forced landing
notleidend → **Not** 3
Notlösung f temporary solution
Notlüge f white lie
Notmaßnahme f emergency measure
notorisch Adj notorious
Notruf m TEL emergency call **~nummer** f emergency number **~säule** f emergency telephone

---

Notrufnummer

Die Notrufnummer in Großbritannien lässt sich leicht merken: **999 (nine, nine, nine)**. Wählt man sie, wird man nach der gewünschten Notdienststelle gefragt: **police** (Polizei), **ambulance** (Krankenwagen/Notarzt) oder **fire brigade** (Feuerwehr).
Die entsprechende einheitliche Notrufnummer in den USA ist **911 (nine, one, one)**.

N

Notrutsche f FLUG escape chute
Notschrei m a. fig cry for help
Notsignal n distress signal **Notsitz** m jump seat **Notstand** m 1. → **Notlage** 2. POL state of emergency
Notstandsgebiet n 1. WIRTSCH depressed area 2. (Katastrophengebiet) disaster area
Notstromaggregat n emergency generator **Notunterkunft** f provisional accommodation **Notwehr** f (aus ~, in ~ in) self-defen/ce (Am -se)
notwendig Adj necessary (für to, for): **unbedingt ~** imperative
notwendigerweise Adv of necessity
Notwendigkeit f necessity

Nougat *m, n* → *Nugat*

Novel Food *n* novel foods *Pl*

Novelle *f* **1.** novella **2.** PARL amendment

November *m* (*im ~ in*) November

Novum *n* s.th. new, novelty

Nu *m im ~ in* no time, F in a jiffy

Nuance *f* nuance, shade

nüchtern *Adj* **1.** with an empty stomach: → *Magen* **2.** (*Ggs. betrunken*) sober: *wieder ~ werden* sober up **3.** *Essen*: bland **4.** (*sachlich*) sober, matter-of-fact, *Gebäude etc*: austere, functional, (*leidenschaftslos*) unemotional

Nudel *f* **1.** noodle **2.** F *sie ist e-e ulkige ~* she is a funny bird

Nugat *m, n* chocolate nut cream

nuklear *Adj* nuclear

null *Adj* nought, *bes Am od* PHYS, TECH *etc* zero, TEL 0 (*Aussprache:* əʊ), *Am* zero, *Fehlanzeige, a.* SPORT nil, *bes Am* zero: *~ Grad* zero degrees; F *in ~ Komma nichts* in a jiffy; *~ Komma drei* (nought) point three; *~ Fehler* no (*Am* zero) mistakes; SPORT *zwei zu ~* two (to) nothing, two-nil; *Tennis:* *15:0* fifteen love; *das Spiel endete 0:0* the match was a scoreless draw; F *er hat ~ Ahnung* (*davon*) he doesn't know a thing about it; *ich habe ~ Bock darauf* I'm not a bit keen on that; *~ nichtig* **2 Null** *f* nought, *bes Am od* PHYS, TECH *etc* zero: F *fig er ist e-e ~* he's a cipher (*od* nobody); *gleich ~ sein* be nil

nullachtfünfzehn *Adj* F run-of-the-mill

Nulldiät *f* no-calorie (*od* crash) diet

Nulllösung *f* zero option **Nullmenge** *f* MATHE null set **Nullpunkt** *m* zero, ELEK, TECH neutral point: *auf dem ~ a.* fig at zero **Nullrunde** *f* agreement on a wage freeze **Nullsummenspiel** *n* zero-sum game **Nulltarif** *m* **a)** free transport, **b)** free admission: *zum ~* free **Nullwachstum** *n* WIRTSCH zero growth

numerisch *Adj* numerical

Nummer *f* **1.** number (*a. Programm2 etc*), *e-r Zeitung:* *a.* issue, (*Größe*) *a.* size: F *auf ~ Sicher gehen* play it safe **2.** V (*Koitus*) trick **num(m)erieren** *v/t* number **Num(m)erierung** *f* numbering

Nummernblock *m* number block

Nummernkonto *n* numbered account

Nummernscheibe *f* TEL Dialekt

Nummernschild *n* MOT number plate

nun **I** *Adv* **1.** (*jetzt*) now, (*dann*) then: *von ~ an* from now on, (*seitdem*) from that time (onward) **2.** well: *~ ja* well, you see); *~ gut!* all right!; *was ~?* what now (*od* next)?; *es geht ~ mal nicht!* it's just not on! **II** *Konj* **3.** ~ (*da*) now that, since

nur *Adv* only, just, simply, (*nichts als*) nothing but, (*ausgenommen*) except: *~ einmal* just once; *~ noch* only; *~ dass* except (that); *~ weil* just because; *wenn ~* if only; *nicht ~ ..., sondern auch ...* not only ..., but also ...; *~ zu!* go on!; *warum hast du das ~ gesagt?* F why on earth did you say that?; *was meint sie ~?* whatever does she mean?; *das nicht!* anything but that!; *du weißt ~ zu gut, dass ...* you know very well that ...; *so viel ich ~ kann* as much as I possibly can; *ohne auch ~ zu lächeln* without so much as a smile

Nürnberg *n* Nuremberg

nuscheln *v/i u. v/t* mumble

Nuss *f* nut: *fig e-e harte ~* a hard nut to crack **Nussbaum** *m* walnut tree, (*Holz*) walnut **nussbraun** *Adj* hazel

Nussknacker *m* nutcracker

Nussschale *f* nutshell

Nüster *f* ZOOL nostril

Nut *f* TECH groove

Nutte *f* F tart, *Am* hooker

Nutzanwendung *f* practical application **nutzbar** *Adj* usefull: *~ machen* utilize, LANDW cultivate **Nutzbarkeit** *f* usefulness **Nutzbarmachung** *f* utilization, *von Bodenschätzen:* exploitation, LANDW cultivation

nutzbringend *Adj* profitable, useful: *~ anwenden* turn s.th. to good account

nütze *Adj* *zu etw ~ sein* be useful, be of use; *zu nichts ~ sein* be (of) no use

Nutzeffekt *m* efficiency

nutzen, nützen **I** *v/i* be of use, be useful (*zu* for, *j-m* to s.o.), (*vorteilhaft sein*) be of advantage (*j-m* to s.o.), benefit (*j-m* s.o.): *das nützt nichts* that's no use; *das nützt wenig* that doesn't help much; *was nützt das?* what good is that?; *was nützt es, dass du weinst?* what is the use of your crying? **II** *v/t* use, make use of **Nutzen** *m* use, (*Gewinn*) profit, (*Vorteil*) advantage, *a.* JUR benefit: *~ ziehen aus* profit (*od* benefit) from; *von ~ sein* → *nutzen* **I**

Nutzer(in) VERW user
Nutz|fahrzeug n utility vehicle **~fläche** f usable area (WIRTSCH floor space) **~holz** n timber **~last** f payload **~leistung** f effective output (od power)
nützlich Adj useful, (hilfreich) helpful
Nützlichkeit f usefulness
nutzlos Adj useless
Nutzlosigkeit f uselessness

Nutznießer(in) beneficiary
Nutzpflanze f useful plant
Nutzung f use, utilization
Nutzungsrecht n usufruct, right to use
Nylon® n nylon **~strümpfe** Pl nylons Pl
Nymphe f nymph
Nymphomanin f nymphomaniac

O

O, o n O, o
o Interj oh: **o ja!** oh yes!
Oase f oasis
ob Konj whether, if: **als ~** as if; **so tun als ~** make as if; F **(na) und ~!** you bet!; **~ er wohl kommt?** I wonder if he will come
OB m (= **Oberbürgermeister**) Mayor
o. B. (= **ohne Befund**) negative
Obacht f **~ geben auf** (Akk) pay attention to; **~!** look out!
Obdach n shelter **obdachlos** Adj (**~ werden** be left) homeless **Obdachlose** m, f homeless person **Obdachlosenasyl** n shelter for the homeless
Obduktion f postmortem (examination), autopsy **obduzieren** v/t **j-n ~** carry out an autopsy on s.o.
O-Beine Pl bandy legs Pl, bow legs Pl
O-beinig Adj bandy-legged, bow-legged
oben Adv above, (an der Spitze) at the top, im Hause: upstairs: **ganz ~** a. fig right at the top; **hier ~** up here; **hoch ~** high up; **nach ~** up(wards), im Hause: upstairs; **von ~** a. fig from above; **von ~ bis unten** from top to bottom; **von ~ herab behandeln** etc condescendingly; F **~ ohne** topless; **~ erwähnt** above, above-mentioned **obenan** Adv at the top (od head) **obenauf** Adv on top, uppermost, on the surface: F fig **~ sein** be fit and well, be on top of the world **obendrein** Adv on top of it (all), nachgestellt: into the bargain
obenhin Adv **1.** (flüchtig) superficially **2.** (beiläufig) casually
Oben-ohne-... topless (dress, bar, etc)
ober Adj upper; → **oberst**

Ober m waiter
Ober|arm m upper arm **~arzt** m, **~ärztin** f assistant medical director **~aufsicht** f superintendence, supervision **~befehl** m supreme command (**über** Akk of) **~befehlshaber(in)** commander-in-chief **~begriff** m generic term **~bekleidung** f outer garments Pl **~bürgermeister(in)** (Br Lord) Mayor **~deck** n SCHIFF upper deck
Oberfläche f allg surface: **an** (od **auf**) **der ~** on the surface; **an die ~ kommen** (come to the) surface
oberflächlich Adj allg superficial, fig a. shallow, Bekanntschaft: casual; Adv **~ betrachtet** on the face of it
Oberflächlichkeit f superficiality
Ober|geschoss n upper floor **~grenze** f upper limit, ceiling
oberhalb Präp (Gen) above
Ober|hand f **die ~ gewinnen** get the upper hand (**über** Akk of) **~haupt** n head, chief **~haus** n PARL upper house, Br House of Lords **~haut** f epidermis **~hemd** n shirt **~herrschaft** f supremacy **~hoheit** f sovereignty
Oberin f **1.** REL Mother Superior **2.** im Krankenhaus: matron
oberirdisch Adj u. Adv overground, ELEK overhead
Ober|kellner(in) head waiter (waitress) **~kiefer** m upper jaw **~körper** m upper part of the body: **den ~ freimachen** strip to the waist **~landesgericht** n regional court of appeal **~lauf** m e-s Flusses: upper course (od reaches Pl) **~leder** n upper **~leitung** f **1.** supervision, overall control **2.** ELEK overhead

cable **~licht** n skylight, *über e-r Tür*: fanlight **~liga** f SPORT top German amateur league **~lippe** f upper lip **~priester(in)** high priest (priestess)

Obers n *österr.* cream, (*Schlagsahne*) whipped cream

Ober|schenkel m thigh **~schicht** f SOZIOL upper class(es *Pl*) **~schwester** f senior nurse **~seite** f upper side, top (side)

oberst *Adj* uppermost, top(most), (*höchst*) a. highest, *fig* a. supreme, chief: *das 2e zuunterst kehren* turn everything upside down

Oberst m colonel

Oberstaats|anwalt m, **~anwältin** f senior public prosecutor

Oberstimme f MUS upper part

Oberstudien|direktor m headmaster, *Am* principal **~direktorin** f headmistress, *Am* principal **~rat** m senior assistant master **~rätin** f senior assistant mistress

Oberstufe f PÄD upper school (*Am* grades *Pl*), *Universität*: advanced level **Oberteil** m, n top

Oberwasser n *fig* (*wieder*) ~ *bekommen* (*od* **haben**) be on top (again)

obgleich *Konj* (al)though, even though

Obhut f care: *j-n* (*etw*) *in s-e* ~ *nehmen* take care (*od* charge) of s.o. (s.th.)

obig *Adj* above

Objekt n object (a. LING u. KUNST), WIRTSCH (*Haus etc*) a. property **objektiv** *Adj* objective, (*unparteiisch*) a. impartial **Objektiv** n OPT (object) lens **objektivieren** v/t objectify **Objektivität** f objectiveness **Objektträger** m slide

Oblate f wafer, REL a. host

obliegen v/i *j-m* ~ be s.o.'s duty, *bes* JUR be incumbent on s.o.

obligat *Adj* obligatory, indispensable, *iron* inevitable **Obligation** f WIRTSCH bond, debenture **obligatorisch** *Adj* (*für*) obligatory (on), compulsory (for)

Obmann m, **Obmännin** f **1.** chief **2.** *Schiedsgericht*: umpire, *der Geschworenen*: foreman (forewoman)

Oboe f oboe **Oboist(in)** oboist

Obrigkeit f authorities *Pl*, government **Observatorium** n observatory **observieren** v/t put under surveillance **Obsession** f PSYCH obsession **obsiegend** *Adj* JUR prevailing

obskur *Adj allg* obscure, (*fragwürdig*) dubious, F shady

Obst n fruit **~bau** m fruit-growing

Obst|baum m fruit tree **~ernte** f fruit-gathering, (*Ertrag*) fruit crop **~garten** m orchard **~händler(in)** fruiterer, *Am* fruit seller **~konserven** *Pl* tinned (*od* canned) fruit **~kuchen** m fruit tart **~messer** n fruit knife

Obstruktion f obstruction

Obst|saft m (fruit) juice **~salat** m fruit salad **~wasser** n fruit brandy

obszön *Adj* obscene, filthy

Obszönität f obscenity

Obus m trolley bus

obwohl → **obgleich**

Ochse m **1.** ox (*Pl* oxen), *eng.* S. bullock **2.** F (*Person*) ass

ochsen v/t u. v/i F cram, swot

Ochsenschwanzsuppe f oxtail soup

Ocker m ochre, *Am* ocher

Ode f ode

öde *Adj* **1.** (*verlassen*) deserted, desolate, (*unfruchtbar*) barren, waste **2.** *fig* (*langweilig*) dreary, dull, (*eintönig*) monotonous **Öde** f **1.** desert, waste, wasteland **2.** *fig* dreariness, monotony

Ödem n MED (o)edema

oder *Konj* or: ~ (*aber*) (or) else, otherwise, *drohend*: or else; F *du kommst doch,* ~? you are coming, aren't you? → **entweder**

Ödipuskomplex m Oedipus complex

Ödland n wasteland

Odyssee f a. fig odyssey

Ofen m **1.** stove, (*Back2*) oven, (*Hoch2*) furnace, (*Brenn2 etc*) kiln: F *jetzt ist der* ~ *aus!* it's curtains (for us *etc*)! **2.** F *heißer* ~ (big motor)bike

ofenfest *Adj* ovenproof

Ofen|heizung f stove heating **~kartoffel** f jacket potato, baked potato **~rohr** n stovepipe

offen **I** *Adj allg* open (a. fig Brief, Geheimnis, Hass, Markt etc), Stelle: a. vacant, (*aufrichtig*) a. frank, outspoken, (*unentschieden*) a. undecided: **~e Rechnung** outstanding account; **~er Wein** wine served by the glass; *die* **~e See** the open (sea); *zu j-m* ~ *sein* be open with s.o.; *für Vorschläge* ~ *sein* be open to suggestions; *a. fig* ~ *bleiben* remain open; *a. fig* ~ *halten* keep s.th. open; *a. fig* ~ *lassen* leave s.th. open; ~

stehen a) be open (*fig j-m* to s.o.): *es steht ihm ~ zu gehen* he is free to go, **b)** *Rechnungen:* be outstanding **II** *Adv* **s-e Meinung ~ sagen** speak one's mind freely; *~ gestanden, ~ gesagt* frankly (speaking); *~ schwul* F openly gay; → *Handelsgesellschaft, Straße* 1, *Tür*

offenbar I *Adj* → **offensichtlich** I **II** *Adv* apparently, evidently; *~ ist er krank* he seems to be ill **offenbaren** *v/t* reveal

Offenbarung *f* revelation (*a.* F *fig*)

Offenbarungseid *m a. fig* declaration of bankruptcy

Offenheit *f* openness, frankness

offenherzig *Adj* **1.** open-hearted, candid, frank **2.** *Kleid etc*: revealing

offenkundig *Adj Lüge, Irrtum etc*: obvious, *stärker:* blatant

offensichtlich I *Adj* evident, obvious, apparent **II** *Adv* → **offenbar** II

offensiv *Adj* offensive **Offensive** *f* (*die ~ ergreifen* take the) offensive

öffentlich I *Adj allg* public (*a. Dienst, Recht etc*): *~e Mittel* public funds; *~e Schulen* state (*Am* public) schools; JUR *in ~er Sitzung* in open court; *Adv ~ auftreten* appear in public; *~ bekannt machen* make public, publicize; → *Ärgernis etc*

Öffentlichkeit *f* the (general) public, (*Öffentlichsein, a.* JUR) publicity: *an die ~ treten* appear before the public; *etw an die ~ bringen* bring s.th. before the public; *in die ~ flüchten* resort to publicity; *in aller ~* publicly, openly; → *Ausschluss*

Öffentlichkeitsarbeit *f* public relations *Pl*

öffentlich-rechtlich *Adj* under public law, public

offerieren *v/t*, **Offerte** *f* offer

offiziell *Adj* official

Offizier(in) (commissioned) officer

Offiziersanwärter(in) officer cadet

Offizierskasino *n* officers' mess

offiziös *Adj* semiofficial

offline *Adv* IT offline: *~ arbeiten* work offline

Offline-Betrieb *m* offline operation

öffnen *v/t* (*a. sich ~*) open (*a. fig*)

Öffner *m* opener **Öffnung** *f allg* opening, (*Lücke*) *a.* gap, (*Schlitz*) *a.* aperture

Öffnungszeiten *Pl* business (*od* office) hours *Pl*

Offsetdruck *m* offset (printing)

oft, des Öfteren, öfters, oftmals *Adv* often, frequently

OHG *f* (= *offene Handelsgesellschaft*) general partnership

Ohm *n* ELEK ohm **ohmsch** *Adj* ohmic: *~es Gesetz* Ohm's law

ohne I *Präp* (*Akk*) without: *~ s-e Verletzung hätte er gewonnen* but for his injury he would have won; F *~ mich!* count me out!; *nicht ~* not half bad; → *Frage* 1 *etc* **II** *Konj* without: *~ ein Wort* (*zu sagen*) without (saying) a word

ohnegleichen *Adj* unparallel(l)ed: *e-e Frechheit ~* (an) incredible impudence

ohnehin *Adv* anyhow, anyway

Ohnmacht *f* **1.** powerlessness **2.** MED unconsciousness, faint: *in ~ fallen* faint

ohnmächtig *Adj* **1.** powerless, helpless **2.** MED unconscious: *~ werden* faint

Ohr *n* ear: *ein ~ haben für* have an ear for; *ganz ~ sein* be all ears; *nur mit halbem ~ zuhören* listen only with half an ear, only half-listen; F *j-m in den ~en liegen* pester s.o.; *viel um die ~en haben* have a lot on one's plate; *sich aufs ~ legen* get some shuteye; *schreib dir das hinter die ~en!* now don't forget that!; *ich traute m-n ~en nicht!* I couldn't believe my ears!; *j-n übers ~ hauen* cheat s.o.; *j-m zu ~en kommen* come to s.o.'s ears; *halt die ~en steif!* chin up; *bis über die ~en verliebt* (*verschuldet etc*) up to the ears in love (in debt *etc*); → *faustdick, spitzen, taub* 1

Öhr *n* eye

Ohren|arzt *m*, *~ärztin* *f* ear specialist *~beichte* *f* REL auricular confession *~betäubend* *Adj* deafening *~leiden* *n* ear complaint *~sausen* *n* buzzing in one's ears *~schmalz* *n* MED earwax *~schmerzen* *Pl* earache *~schützer* *Pl* earmuffs *Pl* *~zerreißend* *Adj* ear-splitting *~zeuge* *m*, *~zeugin* *f* earwitness

Ohrfeige *f a. fig* slap in the face: *j-m e-e ~ geben* → **ohrfeigen** *v/t j-n ~* slap s.o.('s face)

Ohrhörer *Pl* earphones *Pl* **Ohrläppchen** *n* ANAT earlobe **Ohrmuschel** *f*

ANAT external (*od* outer) ear **Ohrring** *m* earring **Ohrwurm** *m* **1.** ZOOL earwig **2.** F catchy tune

Okkultismus *m* occultism

Okkupation *f* occupation

okkupieren *v/t* occupy

Ökobilanz *f* eco-balance

Ökologe *m* ecologist **Ökologie** *f* ecology **Ökologin** *f* ecologist **ökologisch** *Adj* ecological

Ökonom(in) *m* economist

Ökonomie *f* economy, (*Wissenschaft*) economics *Sg*

ökonomisch *Adj* economical

Öko|steuer *f* WIRTSCH ecotax, ecological tax **~system** *n* ecosystem **~tourismus** *m* ecotourism

Oktaeder *m* MATHE octahedron

Oktan *n* CHEM octane

Oktanzahl *f* octane number

Oktave *f* MUS octave

Oktober *m* (**im ~** in) October

Okular *n* OPT eyepiece

Ökumene *f* REL ecumenical movement **ökumenisch** *Adj* ecumenical

Okzident *m* occident

Öl *n* oil: *nach ~ bohren* drill for oil; *auf ~ stoßen* strike oil; *in ~ malen* paint in oils; *fig ~ ins Feuer gießen* add fuel to the flames; *~ auf die Wogen gießen* pour oil on troubled waters **Ölbaum** *m* olive tree **Ölberg** *m* BIBEL Mount of Olives **Ölbild** *n* oil painting **Ölbohrung** *f* oil drilling **Öldruck** *m* **1.** MALEREI oleograph **2.** TECH oil pressure

Oldtimer *m* **1.** veteran car (*od* plane *etc*) **2.** F (*Person*) old-timer

Oleander *m* BOT oleander

ölen *v/t* oil, TECH *a.* lubricate: F *wie ein geölter Blitz* like greased lightning

Ölfarbe *f* colo(u)r, oil paint **Ölfeld** *n* oilfield **Ölfilter** *m*, *n* oil filter **Ölförderland** *n* oil-producing country **Ölgemälde** *n* oil painting **Ölgewinnung** *f* (*von Erdöl:* oil, *aus Samen:* oil extraction) **Ölgötze** *m* F *wie ein ~* like a stuffed dummy **ölhaltig** *Adj* oily, oil-containing, oleaginous **Ölhaut** *f* oilskin **Ölheizung** *f* oil heating

ölig *Adj a. fig* oily, *bes fig* unctuous

oliv *Adj* olive(-colo[u]red) **Olive** *f* olive **Olivenbaum** *m* olive tree **Olivenöl** *n* olive oil **olivgrün** *Adj* olive-green

Ölkanne *f* oil can **Ölkatastrophe** *f* oil disaster **Ölkrise** *f* oil crisis **Ölkuchen** *m* TECH oil cake **Öllampe** *f* oil lamp **Ölleitung** *f* TECH oil pipe, oil line, *über Land:* pipeline **Ölmalerei** *f* oil painting **Ölmessstab** *m* MOT (oil) dipstick **Ölofen** *m* oil furnace **Ölpest** *f* oil catastrophe **Ölproduzent(in)** oil producer **Ölquelle** *f* *erbohrte:* oil well, *natürliche:* oil spring, *Am* gusher **Ölsardine** *f* sardine **Ölschiefer** *m* oil shale **Ölschwemme** *f* WIRTSCH oil glut **Ölstandsanzeiger** *m* oil-level ga(u)ge **Öltank** *m* oil tank **Öltanker** *m* (oil) tanker, oiler **Ölteppich** *m* oil slick

Ölung *f* **1.** oiling, TECH *a.* lubrication **2.** REL *die Letzte ~* the Extreme Unction

ölverschmiert *Adj* oily, oiled: *~es Gefieder* oily feathers

Ölverschmutzung *f* oil pollution

ölverseucht *Adj* oil-contaminated, oil-polluted

Ölvorkommen *n* oil deposit, *Koll* oil resources *Pl* **Ölwanne** *f* MOT oil sump **Ölwechsel** *m* MOT oil change **Ölzeug** *n* oilskins *Pl* **Ölzweig** *m* olive branch

Olymp *m* GEOG, MYTH Olympus

Olympia... SPORT Olympic

Olympiade *f* SPORT Olympic Games *Pl*, Olympics *Pl*

olympisch *Adj* **1.** Olympian **2.** SPORT Olympic: *2e Spiele* → *Olympiade*

Oma *f* F grandma, granny

Ombuds|frau *f*, **~mann** *m* POL ombudsman (ombudswoman)

Omelett *n*, **Omelette** *f* omelet(te)

Omen *n* omen **ominös** *Adj* ominous, (*anrüchig*) F shady

Omnibus(...) → *Bus(...)*

onanieren *v/i* masturbate

Onkel *m* uncle

Onkologie *f* MED oncology

online *Adv* IT online: *~ ordern* order *s.th.* online; *~ arbeiten* work online

Online|bank *f* online bank **~Banking** *n* online banking **~datenbank** *f* online database **~dienst** *m* online service, content provider **~shop** *m* online store

Onyx *m* MIN onyx

Opa *m* F grandad, grandpa

Opal *m* MIN opal

Op-Art *f* KUNST op art

Open-Air-Festival *n* open-air festival **Open-Air-Gelände** *n* open-air venue **Open-Air-Konzert** *n* open-air concert

Open-End-Diskussion f open-end(ed) discussion
Oper f (**in die ~ gehen** go to the) opera
operabel Adj MED (**nicht ~** in)operable
Operateur(in) (operating) surgeon
Operation f operation
Operations|basis f MIL base of operations **~narbe** f postoperative scar **~radius** m MIL operating radius, range **~saal** m operating theatre (Am room) **~schwester** f theatre sister, Am operating-room nurse **~tisch** m operating table
operativ Adj 1. MED surgical, operative: **~er Eingriff** operation; Adv **etw ~ entfernen** remove s.th. surgically (od by surgery) 2. MIL operational
Operator(in) IT operator
Operette f operetta
operieren v/t u. v/i allg operate: **j-n ~** operate on s.o. (**wegen** for); **sich ~ lassen** undergo an operation; **ich muss (am Magen) operiert werden** I have to have an (a stomach) operation
Opern|arie f operatic aria **~ball** m opera ball **~führer** m opera guidebook **~glas** n opera glass(es P) **~haus** n opera house **~komponist(in)** opera composer **~musik** f operatic music **~sänger(in)** opera singer
Opfer n 1. sacrifice (a. fig), (**~gabe**) offering: **~ bringen** make sacrifices; **j-m etw zum ~ bringen** bes fig sacrifice s.th. for (od to) s.o. 2. (Unfall etc) victim: **j-m (od e-r Sache) zum ~ fallen** fall victim to, e-m Betrüger etc: a. be victimized by **opferbereit** Adj ready to make sacrifices **Opfergabe** f offering **opfern** v/t u. v/i sacrifice (a. fig), (hingeben) a. give **Opferstock** m REL offertory **Opfertier** n sacrificial animal **Opferung** f sacrifice
Opiat n PHARM opiate
Opium n opium: fig **~ fürs Volk** opiate for the people **~höhle** f opium den **~raucher(in)** opium smoker
Opossum n ZOOL opossum
Opponent(in) opponent
opponieren v/i (**gegen j-n od etw**) **~** oppose (s.o. od s.th.)
opportun Adj opportune
Opportunist(in), **opportunistisch** Adj opportunist
Opposition f opposition (**gegen** to)

Oppositions|führer(in) POL opposition leader **~partei** f opposition (party)
Optativ m LING optative (mood)
optieren v/i opt (**für** for)
Optik f 1. optics Pl (mst Sg konstr): fig **nur der ~ wegen** for (optical) effect only 2. FOTO lens system
Optiker(in) optician
optimal Adj optimal: **~e Bedingungen** optimum conditions
optimieren v/t optimize
Optimismus m optimism
Optimist(in) optimist
optimistisch Adj optimistic(ally Adv)
Optimum n optimum
Option f allg option
optisch Adj optical
Opus n (Pl **Opera**) work: MUS **~ 12** opus 12

Orakel n, **Orakelspruch** m oracle
oral I Adj oral II Adv orally, by mouth
orange Adj orange(-colo[u]red)
Orange f orange
Orangeade f orangeade
Orangeat n candied orange peel
Orangen|baum m orange tree **~marmelade** f (orange) marmalade
Orangensaft m orange juice
Orang-Utan m ZOOL orang-utan
Oratorium n MUS oratorio
Orchester n orchestra, (Tanz etc) a. (big) band **~graben** m (orchestra) pit **~musik** f orchestral music **~sitz** m stall
orchestrieren v/t orchestrate
Orchidee f BOT orchid
Orden m 1. REL (**in e-n ~ eintreten** join an) order 2. order, decoration, medal
Ordensband n (medal) ribbon
Ordensbruder m (brother) member (of an order), REL friar
Ordensschwester f REL sister, nun
ordentlich I Adj 1. tidy, orderly, neat 2. (anständig) decent, good, respectable: **~e Leute** decent (od respectable) people 3. F (richtig) good, sound, proper, (anständig) decent: **~e Ausbildung** proper training; **e-e ~e Leistung** a good job; **ein ~es Frühstück** a decent breakfast 4. Mitglied, Professor: full II Adv 5. tidily, properly (etc): **sich ~ benehmen** behave properly; **s-e Sache ~ machen** do a good job 6. F (richtig) properly, soundly: **j-m ~ die Meinung sagen** give s.o. a good piece of one's

O

mind; **ich habs ihm mal ~ gegeben** I really let him have it

Ordentlichkeit f orderliness, neatness

Order f, **ordern** v/t WIRTSCH order

Ordinalzahl f MATHE ordinal (number)

ordinär Adj **1.** (vulgär) vulgar, common: **sie ist sehr ~** she is very common; **sie sieht ordinär aus** sl she looks like a tart **2.** (alltäglich) ordinary

---

⚠ **ordinär** ≠ **ordinary**

| ordinär | = common, vulgar |
| ordinary | = normal, alltäglich |

Ordinariat n **1.** UNI (full) professorship **2.** REL diocesan authorities Pl

Ordinarius m UNI (full) professor

ordnen v/t **1.** put s.th. in order, (Akten) file, (an~, sortieren) arrange, sort (out) **2.** (regeln) order, organize, (Angelegenheit) settle, arrange **Ordner** m **1.** (Akten2 etc) file **2.** COMPUTER folder

Ordnung f allg order (a. Disziplin, Grad, Kategorie, Größen2, Reihenfolge, a. BIOL, MATHE etc), (An2) **1.** arrangement, (Vorschriften) a. rules Pl, (System) a. system: fig **erster ~** of the first order; **Straße erster ~** primary road; **der ~ halber → ordnungshalber**, (das ist) **in ~!** all right!, okay!, o.k.!; **es** (F **er**) **ist in ~** it's (he's) all right; **nicht in ~ sein** be out of order, fig a. be wrong, gesundheitlich: be out of sorts; **etw ist nicht in ~** (**damit**) s.th. is wrong (with it); **in ~ bringen** put s.th. right, fig a. straighten s.th. out, (Zimmer2 etc) tidy up, (reparieren) repair, F fix; **~ halten** keep order; **etw in ~ halten** keep s.th. in order; **~ schaffen** establish order; PARL **j-n zur ~ rufen** call s.o. to order

ordnungsgemäß I Adj regular, orderly **II** Adv duly

ordnungshalber Adv (only) as a matter of form, WIRTSCH a. for your information

ordnungsliebend Adj orderly

Ordnungsruf m PARL call to order

Ordnungsstrafe f fine

ordnungswidrig Adj irregular

Ordnungszahl f ordinal (number)

Organ n allg organ (a. fig Zeitung, Körperschaft, Stimme), (Behörde) a.

authority: **ausführendes ~** executive body **~bank** f MED organ bank **~empfänger(in)** MED organ receiver **~erkrankung** f MED organic disease

Organisation f organization

Organisationstalent n **er hat** (od **er ist ein**) **~** he has organizing ability

Organisator m organizer

organisatorisch Adj organizational: **~e Fähigkeit(en)** organizing ability

organisch Adj allg organic(ally Adv)

organisieren v/t **1.** organize: (**nicht**) **organisierter Arbeiter** (non)unionist; **organisierte Kriminalität** organized crime **2.** F (sich beschaffen) commandeer

Organismus m allg organism

Organist(in) organist

Organ|**spende** f MED organ donation **~spender(in)** MED organ donor **~transplantation** f, **~verpflanzung** f MED organ transplant(ation)

Orgasmus m orgasm, climax

Orgel f organ **~bauer(in)** organ builder **~konzert** n organ recital **~pfeife** f organ pipe **~register** n organ stop

Orgie f orgy: **~n feiern** have orgies

Orient m East, Orient: **der Vordere ~** the Near East **Orientale** m, **Orientalin** f, **orientalisch** Adj oriental

orientieren I v/t **1.** orient(ate) (**nach** according to) **2.** inform (**über** Akk about, of): **gut orientiert sein** be well informed **II** v/refl **sich ~ 3.** (**nach**, fig **an** Dat) by) orient(ate) o.s., be guided: SPORT **sich nach vorn ~** go forward **4.** (**über** Akk) inform o.s. (of, about), find out (about)

Orientierung f **1.** orientation: **die ~ verlieren** lose one's bearings **2.** information: **zu Ihrer ~** for your guidance

Orientierungs|**punkt** m point of reference **~sinn** m sense of direction **~stufe** f PÄD orienteering term

original Adj original: Adv **~ französisch** genuine French; **etw ~ übertragen** broadcast s.th. live

Original n allg original, F (Person) a. character: **ein Buch im ~ lesen** read a book in the original **Originalfassung** f original version: **in der deutschen ~** in the original German version

originalgetreu Adj faithful

Originalität f a. fig originality

Original|kopie f FILM etc master copy
~verpackung f original packing
originell Adj original, (komisch) funny
Orkan m hurricane, fig a. storm
orkanartig Adj Sturm etc: violent; fig
~er Beifall thunderous applause
Orkanstärke f gale force
Ornament n ornament
ornamental Adj ornamental
Ornat m allg robe(s Pl), vestments Pl
Ornithologe m, **Ornithologin** f ornithologist
ornithologisch Adj orncithologic(al)
Ort[1] m allg place (→ a. **Ortschaft**),
(Stelle) spot, (Örtlichkeit) locality,
(Schauplatz) scene: (hier) **am ~** (here)
in this place; **~ und Zeit** place and time;
~ der Handlung scene (of action); **an ~
und Stelle** (a. fig sofort) on the spot;
höheren ~s at high quarters
Ort[2] n vor ~ a) BERGB at the pit face, b)
fig on the scene (of action); **Besichtigung vor ~** on-site inspection
orten v/t SCHIFF etc locate
orthodox Adj orthodox
Orthographie, **Orthografie** f orthography
orthographisch, **orthografisch** Adj
orthographic(al): Adv **~ richtig schreiben** spell correctly
Orthopäde m orthop(a)edist
Orthopädie f orthop(a)edics Pl (a. Sg
konstr) **Orthopädin** f orthop(a)edist
orthopädisch Adj orthop(a)edic
örtlich Adj a. MED local: **~e** (Adv **~**) **Regenschauer** isolated rainshowers; Adv
~ beschränken localize (**auf** Akk to)
Örtlichkeit f locality
Ortsangabe f statement of place, auf
Brief: (name of) town **ortsansässig**
Adj, **Ortsansässige** m, f resident, local **Ortsbehörde** f local authorities Pl
ortsfremd Adj nonlocal
Ortsgespräch n TEL local call
Ortskenntnis f knowledge of a place: **~
besitzen** → **ortskundig** Adj **~ sein**
know (one's way around) the place
Orts|name m place name **~netz** n TEL
local network **~netzkennzahl** f area
code **~schild** n place-name sign **~sinn**
m sense of direction **~teil** m district
2üblich Adj customary in a place **~ver-**

~änderung f change of place (od scenery) **~verkehr** m allg local traffic **~zeit** f
local time **~zulage** f, **~zuschlag** m
WIRTSCH local bonus
Ortung f SCHIFF etc location
Öse f eye
Osmose f osmosis
osmotisch Adj osmotic
Ossi m, f F Ossi, East German
Ost m **1.** East **2.** east wind **Ostblock** m
POL Eastern bloc **ostdeutsch** Adj, **Ostdeutsche** m, f East German
Osten m east, e-r Stadt: East End, GEOG,
POL the East: **der Ferne (Mittlere, Nahe) ~** the Far (Middle, Near) East; **im ~**
in the east; **nach ~** (to the) east, eastward(s); **von ~, aus ~** Wind: easterly
ostentativ Adj pointed: **~er Beifall** demonstrative applause; Adv **er wandte
sich ~ ab** he pointedly turned away
Osteoporose f MED osteoporosis
Osterei n Easter egg **Osterfest** n →
Ostern Osterglocke f BOT (yellow)
daffodil **Osterhase** m Easter bunny
österlich Adj (of) Easter
Ostermontag m Easter Monday
Ostern n od Pl (**an ~** at) Easter
Österreich n Austria
Österreicher(in), **österreichisch** Adj
Austrian
Ostersonntag m Easter Sunday
Osterweiterung f POL eastern expansion
Osteuropäer(in), **osteuropäisch** Adj
East European
östlich I Adj eastern, easterly II Adv **~
von** (to the) east of
Östrogen n BIOL (o)estrogen
Ostsee f the Baltic (Sea)
ostwärts Adv east(wards)
Ostwind m east wind
OSZE f (= **Organisation für Sicherheit
und Zusammenarbeit in Europa**)
OSCE
Oszillograph m oscilloscope, oscillograph
Otter[1] m ZOOL otter
Otter[2] f ZOOL (Schlange) viper
out Adj F out
outen v/t out
outsourcen v/t outsource
Outsourcing n outsourcing
Ouvertüre f overture (**zu** to)
oval Adj, **Oval** n oval

O

Ovation f (*j-m ~en bereiten* give s.o. an) ovation

Overall m (*Arbeitsanzug*) overalls *Pl*, boilersuit, (*modischer ~*) jumpsuit

Overheadfolie f transparency

Overheadprojektor m overhead projector

Overkill m overkill

Ovulation f BIOL ovulation **Ovulationshemmer** m MED anovulant

Oxid, Oxyd n CHEM oxide **Oxidation** f oxidation **oxidieren** v/t u. v/i oxidize

Oxidierung f oxidation

Oxygen n oxygen

Ozean m ocean

Ozeandampfer m ocean liner

ozeanisch Adj oceanic

Ozeanographie f oceanography

Ozelot m ZOOL ocelot

Ozon n ozone **~alarm** m ozone alert **♀haltig** Adj ozonic **~loch** n ozone hole, hole in the ozone layer **~schicht** f ozone layer **~werte** Pl ozone levels Pl

P

P, p n P, p

paar Indefinitpron *ein ~* a few, some, F a couple of; *ein ~ Mal* several (*od* a few, F a couple of) times **Paar** n pair, (*bes Mann u. Frau*) couple: *ein ~* (*neue*) *Schuhe* a (new) pair of shoes **paaren** v/t **1.** (*a. sich ~*) ZOOL pair, couple, mate **2.** SPORT match **3.** fig (*a. sich ~*) combine

Paarlaufen n Eiskunstlauf: pair skating

Paarung f **1.** ZOOL pairing, mating **2.** SPORT matching, (*Spiel, Kampf*) match

Paarungszeit f ZOOL mating season

paarweise Adv in pairs, two by two

Pacht f lease, (*~geld*) rent: *in ~ geben* → *verpachten*; *in ~ nehmen* → *pachten* v/t (take on) lease: *iron er meint, er habe es* (*für sich*) *gepachtet* he thinks he has got a monopoly on that

Pächter(in) lessee, leaseholder, (*Land♀*) a. tenant (farmer) **Pachtung** f leasing

Pachtvertrag m lease

Pack¹ m pack, (*Paket*) parcel, (*Bündel*) bundle: → *Sack* 1

Pack² n (*Lumpen♀*) riffraff

Päckchen n small parcel (a. POST), (a. Zigaretten♀) packet, bes Am pack

Packeis n pack ice

packen I v/t **1.** (*Koffer, Sachen etc*) pack, (*Paket*) make up: F *pack dich!* beat it! **2.** (*an Dat* by) grab, seize **3.** fig j-n ~ a) Furcht etc: seize s.o., b) (*mitreißen*) grip s.o., thrill s.o. **4.** F fig (*Problem etc*) lick: *es ~* a) (*schaffen*) make it, manage, b) (*verstehen*) get it **II** v/i **5.** pack (up)

Packen m pack mule, (*Haufen*) pile (a. fig)

packend Adj fig gripping, thrilling

Packer(in) packer

Packesel m pack mule, fig packhorse

Packpapier n wrapping paper, (*Papiersorte*) brown paper

Packpferd n packhorse

Packung f **1.** (*Päckchen, a. Zigaretten♀*) packet, bes Am pack **2.** MED pack **3.** TECH packing, gasket **4.** F fig SPORT *e-e ~ bekommen* take a hammering

Packungsbeilage f MED patient information leaflet

Packwagen m luggage van, Am baggage car

Pädagoge m, **Pädagogin** f a) teacher, b) education(al)ist **Pädagogik** f pedagogics Sg, education

pädagogisch Adj pedagogical, educational: *~e Hochschule* college of education

Paddel n paddle **Paddelboot** n canoe

paddeln v/t u. v/i paddle

paffen v/i u. v/t F puff (away) (at *one's pipe etc*), smoke

Page m **1.** hist page **2.** (*Hotel♀*) page (boy), bellboy, Am bellhop

Pagenkopf m (*Frisur*) page-boy cut

Pagode f pagoda

Paket n package (a. fig POL etc), kleines: packet, (*Post♀*) parcel, bes Am a. package: *ein ~ Aktien* a parcel (od block) of shares **~annahme** f parcel counter **~bombe** f parcel bomb **~karte** f parcel

registration card ~**post** f parcel post
~**schalter** m parcel counter ~**zustel-
lung** f parcel delivery
Pakistan n Pakistan **Pakistaner(in), pa-
kistanisch** Adj Pakistani
Pakt m pact, agreement
paktieren v/i make a deal (**mit** with)
Palast m palace
palastartig Adj palatial
Palästina n Palestine
Palästinenser(in), palästinensisch
Adj Palestinian
Palatschinke f österr. GASTR pancake
Palaver n, **palavern** v/i F palaver
Palette f 1. MALEREI palette 2. fig range
3. TECH pallet: **auf ~n stapeln** → **palet-
tieren** v/t TECH palletize
paletti: F (**es ist**) **alles ~** everything's just
fine (**bes** Am hunky dory)
Palisade f palisade
Palme f palm (tree): F **j-n auf die ~ brin-
gen** drive s.o. up the wall
Palmsonntag m REL Palm Sunday
Palmtop m (Computer) palmtop
Palm|wedel m, ~**zweig** m palm branch
Pampe f F mush
Pampelmuse f BOT grapefruit
Pamphlet n lampoon
pampig Adj F 1. (breiig) mushy 2. (frech)
stroppy
Pandabär m panda
panieren v/t GASTR bread(crumb): **pa-
niert** breaded
Paniermehl n breadcrumbs Pl
Panik f panic: **in ~** panic-stricken, F pan-
icky; (**e-e**) drive s.o. agreement panic broke
out; **in ~ geraten** (**versetzen**) panic; F
nur k-e ~! don't panic! **Panikmache**
f scaremongering **panisch** Adj panic:
von ~er Angst erfasst panic-stricken;
e-e ~e Angst haben vor be terrified of
Panne f 1. breakdown, (Reifen²) punc-
ture: **ich hatte e-e ~ a**) my car broke
down, **b**) I had a puncture 2. fig (Miss-
geschick) mishap, (Fehler) F slip-up:
böse ~ foul-up **Pannendienst** m MOT
breakdown service
Panorama n panorama ~**fenster** n pic-
ture window
Pant(h)er m ZOOL panther
Pantoffel m slipper: fig **unter dem ~
stehen** be henpecked
Pantoffelheld m henpecked husband
Pantomime¹ f (panto)mime, dumb

show **Pantomime**² m, **Pantomimin** f
mime
pantomimisch Adj pantomimic: Adv ~
darstellen mime
pantschen I v/i splash (about) II v/t
(Wein etc) water down, adulterate
Panzer m 1. hist armo(u)r 2. MIL tank 3.
ZOOL shell **Panzerabwehr...** MIL anti-
tank (rocket, gun, etc)
Panzer|faust f MIL antitank grenade
launcher ~**glas** n bulletproof glass
~**kreuzer** m SCHIFF, MIL armo(u)red
cruiser
panzern v/t armo(u)r: fig **sich ~** arm
o.s.; → **gepanzert**
Panzerplatte f armo(u)r-plate
Panzer|schrank m safe ~**tür** f ar-
mo(u)red door
Panzerung f (Schutz) armo(u)r
Panzerwagen m armo(u)red car
Papa m F daddy, dad, pa
Papagei m ZOOL parrot
Papageienkrankheit f psittacosis
Paparazzi m/Pl paparazzi Pl
Papaya f BOT papaya
Papier n paper (a. Schriftstück): ~**e** Pl a)
(Ausweis) (identity) papers Pl, b)
WIRTSCH securities Pl, papers Pl:
(nur) **auf dem ~** on paper (only); **zu
~ bringen** commit to paper; **s-e ~e be-
kommen** (entlassen werden) get one's
cards
Papiereinzug m paper feed
papieren Adj 1. (of) paper 2. fig prosy
Papier|fabrik f paper mill ~**geld** n paper
money ~**korb** m waste-paper basket
~**kram** m (annoying) paperwork ~**krieg**
m F red tape ~**schlange** f paper
streamer ~**schnipsel** m, ~**schnitzel**
m scrap of paper ~**taschentuch** n tis-
sue ~**tiger** m iron paper tiger ~**vor-
schub** m paper feed
Papierwaren Pl stationery Sg
Papierwarengeschäft n stationer's
(shop, bes Am store)
Papp m (Brei) pap, (Kleister) paste
Pappband m 1. pasteboard (binding) 2.
(Buch) paperback **Pappbecher** m pa-
per cup **Pappdeckel** m pasteboard
Pappe f cardboard, pasteboard: F fig
nicht von ~ Leistung etc: quite some-
thing, Person: quite formidable
Pappel f BOT poplar
Pappenstiel m F fig trifle: **etw für e-n ~**

kaufen buy s.th. for a song

pappig *Adj* sticky

Pappkarton *m* cardboard box

Pappmaché, **Pappmaschee** *n* papier-mâché

Pappschachtel *f* cardboard box

Pappteller *m* paper plate

Paprika *m* **1.** (*Gewürz*) paprika **2.** → **~schote** *f* green (*od* sweet) pepper

Papst *m* pope **päpstlich** *Adj* papal

Papsttum *n* papacy

Parabel *f* **1.** (*Gleichnis*) parable **2.** MATHE parabola

Parabolantenne *f* TV parabolic aerial (*Am* antenna), F dish

parabolisch *Adj* parabolic(ally *Adv*)

Parade *f* **1.** MIL parade (*a. fig*), review: **j-m in die ~ fahren** cut s.o. short **2.** *Boxen, Fechten*: parry, *Fußball*: save

Paradebeispiel *n* classic example

Paradeiser *m* österr. tomato

Paradies *n* (*im ~* in) paradise **paradiesisch** *Adj* paradisiac(al), *fig* heavenly

paradox *Adj* paradoxical

Paradox *n*, a **Paradoxon** *n* paradox

paradoxerweise *Adv* paradoxically

Paraffin *n* CHEM paraffin

Paragraph *m* **1.** section, article **2.** (*Absatz*) paragraph **3.** (*~zeichen* §) section mark

parallel *Adj u. Adv* parallel (*mit, zu* to)

Parallele *f* parallel (line): *fig* **e-e ~ ziehen** draw a parallel (*zu* to)

Parallelogramm *n* MATHE parallelogram

Paralympics *Pl* SPORT Paralympics

paralysieren *v/t a. fig* paralyse

Parameter *m* MATHE parameter

paramilitärisch *Adj* paramilitary

paranoid *Adj* MED paranoid **Paranoiker(in)**, **paranoisch** *Adj* paranoiac

Paranuss *f* BOT Brazil nut

paraphieren *v/t* POL initial

Parapsychologie *f* parapsychology

Parasit *m* BIOL u. *fig* parasite

parasitisch *Adj a. fig* parasitic(al)

parat *Adj* ~ **haben** have s.th. ready

Pärchen *n* (*courting*) couple, twosome

Parcours *m* SPORT course

Pardon *m* **kein ~ kennen** be merciless; **~!** sorry!

Parfüm *n* perfume, scent

Parfümerie *f* perfumery

Parfümfläschchen *n* scent bottle

parfümieren **I** *v/t* perfume, scent **II** *v/refl* **sich ~** put on perfume

Paria *m* pariah

parieren **I** *v/t* **1.** (*Schlag etc*) parry, *fig a.* counter (*mit* with) **2.** (*Pferd*) pull up **II** *v/i* **3.** parry **4.** F (*gehorchen*) obey

Pariser(in) Parisian

Parität *f* parity

paritätisch *Adj* proportional, pro rata

Park *m* park

Park-and-ride-System *n* park-and-ride

Parkbucht *f* MOT lay-by **Parkdeck** *n* MOT parking level **parken** *v/t u. v/i* park: ♀ **verboten!** no parking!; **schräg ~** angle-park; **in zweiter Reihe ~** double-park; **~de Autos** parked cars

Parkett *n* **1.** parquet **2.** (*Tanz*♀) (dance) floor **3.** THEAT stalls *Pl*, *Am* parquet

Park|gebühr *f* parking fee **~(hoch)haus** *n* multistor(e)y car park, *Am* parking garage

parkinsonsch *Adj*: **~e Krankheit** Parkinson's disease

Park|kralle *f* wheel clamp **~licht** *n* parking light **~lücke** *f* parking space **~platz** *m* car park, *Am* parking lot, *einzelner*: parking space **~scheibe** *f* parking disc **~scheinautomat** *m* ticket machine **~sünder(in)** parking offender **~uhr** *f* parking meter **~verbot** *n* **hier ist ~** there's no parking here; **im ~ stehen** be parked illegally **~wächter(in)** **1.** park keeper **2.** MOT car park attendant

Parlament *n* (*im ~ sitzen* be *od* sit in) parliament

parlamentarisch *Adj* parliamentary

Parlaments|ausschuss *m* parliamentary committee **~ferien** *Pl* recess **~mitglied** *n* member of parliament **~sitzung** *f* sitting (of parliament) **~wahlen** *Pl* parliamentary elections *Pl*

Parmesan(käse) *m* Parmesan (cheese)

Parodie *f* parody, F take-off

parodieren *v/t* parody, F take *s.o.* off

Parodontose *f* MED periodontosis

Parole *f* MIL password, *fig* watchword, POL *a.* slogan

Paroli *n fig* **j-m ~ bieten** stick up to s.o.

Parsing *n* IT parsing

Partei *f* party (*a.* POL *u.* JUR), SPORT side, (*Miet*♀) tenant: **die vertragschließenden ~en** the contracting parties; **j-s ~ ergreifen, für j-n ~ nehmen** side with

s.o.; *gegen j-n ~ ergreifen* take sides against s.o.; *~ sein* be a party, be biassed; *über den ~en stehen* remain impartial **~apparat** *m* party machine **~basis** *f* rank and file (of a party) **~buch** *n* party membership book **~disziplin** *f* party discipline: *sich der ~ beugen* follow the party line **~freund(in)** fellow-member (of a party) **~führer(in)** party leader **~führung** *f* **1.** party leadership **2.** *Koll* party leaders *Pl* **~gänger(in)** *m* partisan, party man **~genosse** *m*, **~genossin** *f* party member

parteiisch, **parteilich** *Adj* partial
Parteilichkeit *f* partiality
parteilos *Adj* independent, nonparty
Parteilose *m*, *f* nonparty member
Parteimitglied *n* party member
Parteinahme *f* partisanship
Partei|politik *f* party politics *Pl* **2politisch** *Adj* party-political **~programm** *n* (party) platform **~spende** *f* party donation **~tag** *m* party conference (*Am* convention) **~versammlung** *f* party meeting **~vorsitzende** *m*, *f* party leader **~vorstand** *m* executive committee (of a party) **~zugehörigkeit** *f* party membership

Parterre *n* **1.** ground (*Am* first) floor **2.** THEAT pit, *Am* orchestra circle
Partie *f* **1.** (*Teil*) part **2.** WIRTSCH (*Warenmenge*) lot **3.** THEAT *etc* part, rôle **4.** (*Spiel*) game, SPORT *a.* match **5.** F *ich bin mit von der ~!* count me in! **6.** F *e-e gute ~ sein* be a good match (*od* catch); *e-e gute ~ machen* marry a fortune
partiell *Adj* partial
Partikel *f* LING, PHYS particle
Partisan(in) partisan, guerilla
Partitur *f* MUS score
Partizip *n* LING participle: *~ Präsens/Perfekt* present/past participle
Partner(in) partner **Partnerschaft** *f* partnership: *eingetragene ~* registered partnership (*von Paaren*) **partnerschaftlich** *Adj u. Adv* as (equal) partners, joint(ly)
Partnerstadt *f* twin town
Partnervermittlung *f* dating agency, (*Ehe*) marriage bureau
Party *f* party **~raum** *m* party room **~service** *m* catering service **~zelt** *n* party

tent, *bes Br* marquee
Parzelle *f* plot, *bes Am* lot
parzellieren *v/t* parcel out
Pascha *m* pasha
Pass *m* **1.** (*Gebirgs2*) pass **2.** (*Reise2*) passport **3.** SPORT pass
passabel *Adj* passable
Passage *f* *allg* passage (*a.* MUS, *e-s Buches etc*), (*Einkaufs2*) arcade
Passagier(in) passenger: *blinder ~* deadhead, SCHIFF stowaway **~liste** *f* passenger list **~schiff** *n* passenger ship
Passant(in) passer-by (*Pl* passers-by)
Passat(wind) *m* trade wind
Passbild *n* passport photo(graph)
passé *Adj* F *das ist ~* a) that went out long ago, b) that's a thing of the past
passen I *v/i* **1.** *a.* fig fit (*j-m, auf j-n* s.o., *für od zu etw* s.th.): *die Beschreibung passt auf ihn* the description fits him; *~ zu* farblich *etc*: go well with, match; *fig sie ~ (gut) zueinander* they are well suited to each other; *das passt (nicht) zu ihm!* that's just like him (not like him)! **2.** *j-m ~* (*recht sein, zusagen*) suit s.o.; *passt es dir morgen?* would tomorrow suit you (*od* be all right [with you])?; *das passt mir gut* that suits me fine; *das (er) passt mir gar nicht!* I don't like it (him) at all!; F *das könnte dir so ~!* nothing doing! **3.** *Kartenspiel, a.* SPORT (*abspielen*) pass: *ich passe!* pass!; *fig da muss ich ~!* I must pass there! II *v/t* **4.** → *einpassen* **5.** SPORT *den Ball ~ zu* pass (the ball) to
passend *Adj* **1.** fitting (*a. Kleidung u. fig*), farblich *etc*: matching: *e-e dazu ~e Krawatte* a (neck)tie to match **2.** (*geeignet, zeitlich ~*) suitable; right: *die ~en Worte* the right words; *bei ~er Gelegenheit* at the right moment **3.** F *haben Sie es ~?* beim Bezahlen: have you got the right money?
Passepartout *n* mount
Passform *f* fit
passierbar *Adj* passable, practicable
passieren I *v/i* **1.** pass **2.** (*sich ereignen*) happen, take place: *was ist passiert?* what's happened?; *mir ist nichts passiert* I'm all right; *j-m ~* happen to s.o. II *v/t* **3.** pass (*by od* through) **4.** GASTR pass (through a sieve *etc*), strain
Passierschein *m* pass, permit
Passion *f* **1.** passion **2.** REL, MUS *etc* Pas-

sion **passioniert** Adj enthusiastic, keen
Passionsspiel n Passion play

passiv Adj allg passive: **~es Mitglied**
nonactive member; **~er Wortschatz**
recognition vocabulary; → **Bestechung Passiv** in LING passive (voice)

Passiva Pl WIRTSCH liabilities Pl
Passivität f passiveness, inaction
Passivposten m WIRTSCH debit item
Passivrauchen n passive smoking
Passivseite f WIRTSCH liability side
Passkontrolle f passport control
Passstraße f (mountain) pass
Passstück n TECH fitting piece, adapter
Passus m passage
Passwort n a. IT password
Paste f paste
Pastell n (Bild, Farbe, Malerei) pastel
~farbe f pastel **~stift** m crayon
Pastete f pie, feine: pâté
pasteurisieren v/t pasteurize
Pastille f lozenge
Pastor(in) pastor, minister
Pate m a) godfather, b) → **Patin**, c) →
Patenkind: **~ stehen bei** be godfather
(od godmother) to, fig sponsor, weit. S.
be behind **Patenkind** n godchild, godson, goddaughter **Patenonkel** m godfather **Patenschaft** f sponsorship: fig
die ~ übernehmen für sponsor
patent Adj F ingenious, clever
Patent n **1.** patent (**auf** Akk for): **ein ~**
anmelden apply for a patent; (**zum**) **~**
angemeldet patent pending **2.** (Offiziers2) commission **~amt** n patent office **~anmeldung** f patent application
Patentante f godmother
Patent|anwalt m, **~anwältin** f patent attorney
patentfähig Adj patentable
patentieren v/t patent: **etw ~ lassen**
take out a patent for s.th.
Patent|inhaber(in) patentee **~lösung** f
ready-made solution **~recht** n objektives: patent law, subjektives: patent
right 2**rechtlich** Adj u. Adv under patent law: **~ geschützt** patented **~rezept**
n fig magic formula, panacea **~schutz**
m protection by patent **~verletzung** f
patent infringement
Pater m (Pl **Patres**) father
pathetisch Adj lofty, emotional, pej
pompous
Pathologie f pathology

pathologisch Adj pathological
Pathos n emotion(al style): **falsches ~**
bathos
Patience f patience, Am solitaire
Patient(in) patient
Patin f godmother
Patina f a. fig patina
Patriarch m patriarch
patriarchalisch Adj patriarchal
Patriarchat n patriarchate
Patriot(in) patriot
patriotisch Adj patriotic(ally Adv)
Patriotismus m patriotism
Patrizier(in) hist Patrician
Patron m **1.** patron **2.** REL patron saint **3.**
F fellow: pej **übler ~** nasty customer
Patronat n patronage
Patrone f allg cartridge
Patronengurt m cartridge belt
Patronenhülse f cartridge case
Patronin f **1.** patroness **2.** REL patron
saint
Patrouille f, **patrouillieren** v/i MIL patrol
patsch Interj splat!, bei Schlag: smack!
Patsche f F **in der ~ sitzen** be in a
scrape; **j-m aus der ~ helfen** help s.o.
out of a (tight) spot **patschen** v/i u.
v/t im Wasser: splash, (schlagen) smack
patschnass Adj soaking wet
Patt n Schach: stalemate (a. fig POL), fig
a. deadlock
patzen v/i, **Patzer** m F blunder, boob
patzig Adj F snotty, stroppy
Pauke f a) bass drum, b) (Kessel2) kettledrum: F **auf die ~ hauen** allg go to
town; **mit ~n und Trompeten** gloriously **pauken** v/i **1.** play the kettledrum(s) **2.** F PÄD (a. v/t) cram, swot
Paukenschlag m drumbeat: fig **wie ein**
~ like a bombshell
Pauker(in) **1.** MUS drummer **2.** F teacher
pausbäckig Adj chubby
pauschal I Adj **1.** Preis etc: all-in(clusive) **2.** fig sweeping, wholesale **II**
Adv **3.** in a lump sum **4.** fig wholesale
Pauschalbetrag m, **Pauschale** f lump
sum, im Hotel etc: all-in price, Am
American plan
Pauschal|gebühr f flat rate **~reise** f
package tour **~urlaub** m package holiday **~urteil** n fig sweeping judg(e)ment
Pause¹ f rest (a. MUS), (Arbeits2,
Schul2) break, Am recess, bes THEAT,

SPORT interval, *Am* intermission, (*Sprech\%*) pause: *e-e ~ machen* a) take a break, **b)** *beim Sprechen*: pause

Pause² *f* TECH tracing, copy, blueprint

pausen *v/i* trace

pausenlos *Adj* uninterrupted, nonstop

pausieren *v/i* pause, take a break

Pauspapier *n* tracing paper

Pavian *m* ZOOL baboon

Pavillon *m* ARCHI, WIRTSCH pavilion

Pay-TV *n* pay TV

Pazifik *m the* Pacific (Ocean)

Pazifismus *m* pacifism

Pazifist(in), **pazifistisch** *Adj* pacifist

PC *m* (= *Personalcomputer*) PC **PC--Arbeitsplatz** *m* computer workplace

Pech *n* **1.** pitch: *fig wie ~ und Schwefel zs.-halten* be as thick as thieves **2.** F *fig* bad luck: *~ haben* be unlucky (*bei* with); *~ gehabt!* tough luck! **\%schwarz** *Adj* jet-black, *Nacht*: pitch-dark **~strähne** *f* run of bad luck **~vogel** *m* F *fig* unlucky fellow (*od* girl)

Pedal *n* pedal

Pedant(in) *m* pedant, stickler

Pedanterie *f* pedantry

pedantisch *Adj* pedantic(ally *Adv*)

Pediküre *f* pedicure

Peepshow *f* peep show

Pegel *m a. fig* level

Pegelstand *m* water level

peilen I *v/t* take the bearings of: *fig die Lage* ~ see how the land lies; → *Daumen* **II** *v/i* take the bearings **Peilfunk** *m* directional radio **Peilgerät** *n* radio direction finder **Peilung** *f* a) locating, **b)** (*Ergebnis*) bearing

Pein *f* pain, agony **peinigen** *v/t* torment **Peiniger(in)** tormentor

peinlich I *Adj* **1.** embarrassing, *Situation*, *Stille etc*: a. awkward: *es ist mir sehr ~* I feel awful about it **2.** (~ *genau*) meticulous, scrupulous **II** *Adv* **3.** ~ (~ *genau*) meticulously; ~ *sauber* scrupulously clean; *j-n ~ berühren* pain s.o.; ~ *berührt* embarrassed, pained; *etw ~st vermeiden* take great care to avoid s.th. **Peinlichkeit** *f* **1.** awkwardness **2.** awkward situation (*od* remark)

Peitsche *f* whip **peitschen** *v/i u. v/t* whip, *a. fig Regen etc*: lash

Peitschenhieb *m* (whip)lash

Pekinese *m* (*Hund*) Pekin(g)ese

pekuniär *Adj* financial, pecuniary

Pelikan *m* ZOOL pelican

Pelle *f*, **pellen** *v/t* skin, peel; → *Ei* 1

Pellkartoffeln *Pl* potatoes *Pl* boiled in their skins

Pelz *m* fur (*a. Kleidung*), *unbearbeitet*: skin, hide: *j-m auf den ~ rücken* a) (*bedrohen*) come at s.o., **b)** (*bedrängen*) press s.o. hard **pelzgefüttert** *Adj* fur-lined **Pelzhandel** *m* fur trade **Pelzhändler(in)** furrier

pelzig *Adj* **1.** furry **2.** MED *Zunge*: furred, coated, *Gefühl*: numb

Pelz|kragen *m* fur collar **~mantel** *m* fur coat **~mütze** *f* fur cap, fur hat

Pelztier *n* fur-bearing animal **~farm** *f* fur farm **~jäger(in)** trapper **~zucht** *f* fur farming

Pendel *n* pendulum

pendeln *v/i* **1.** swing, oscillate **2.** BAHN *etc* shuttle, *Person*: commute

Pendel|tür *f* swing door **~uhr** *f* pendulum clock **~verkehr** *m* **1.** BAHN *etc* shuttle service **2.** commuter traffic

Pendler(in) commuter

penetrant *Adj* **1.** *Geruch etc*: penetrating **2.** F *fig Person*: pushy

penibel *Adj* fussy

Penis *m* penis

Penizillin *n* penicillin

Penne *f* F **1.** school **2.** *pej* (*Nachtasyl*) dosshouse, *Am* flophouse

pennen *v/i pej* F kip, sleep (*a. fig*)

Penner(in) F *pej* **1.** dosser, bum **2.** sleepyhead

Pension *f* **1.** (old-age) pension: *in ~ gehen* retire; *in ~ sein* be retired **2.** (*Fremden\%*) boarding-house, private hotel **3.** (*Verpflegung*) board

Pensionär(in) pensioner

Pensionat *n* boarding-school

pensionieren *v/t* pension (off): *sich ~ lassen* retire

pensioniert *Adj* retired, in retirement

Pensionierung *f* retirement

Pensions|alter *n* retirement age **\%berechtigt** *Adj* eligible for a pension

Pensionsgast *m* boarder

pensionsreif *Adj* F due for retirement

Pensum *n* (allotted) task, *weit. S.* workload: *großes ~* a great deal of work

Penthouse *n* penthouse

Peperoni *Pl* GASTR chil(l)i peppers *Pl*

Pepsin *n* CHEM, MED pepsin

per *Präp* per, by: *~ Adresse* care of (*Abk*

P

c/o); **~ Bahn** by train; → **du**

Perestroika f POL perestroika

perfekt Adj **1.** perfect **2.** Vertrag etc: settled, F in the bag: **etw ~ machen** settle (od clinch) s.th. **Perfekt** n LING perfect (tense) **Perfektion** f perfection

perfektionieren v/t (make) perfect

Perfektionist(in) perfectionist

perforieren v/t perforate

Pergament n parchment **Pergamentpapier** n greaseproof paper

Periode f allg period (a. der Frau), ELEK cycle: → **ausbleiben** I

periodisch Adj periodic(al): **~er Dezimalbruch** recurring decimal

Peripherie f periphery, e-r Stadt: a. outskirts Pl, IT peripherals Pl

Peripheriegerät n peripheral

Periskop n periscope

perkutan Adj MED percutaneous

Perle f **1.** pearl, (Glas~ etc, a. Schweiß~) bead: **~n vor die Säue werfen** cast (one's) pearls before swine **2.** fig (a. Person) jewel, gem

perlen v/i **1.** Getränk: sparkle **2.** Schweiß, Wasser: trickle (down)

Perlenkette f pearl necklace

Perlhuhn n ZOOL guinea fowl

Perlmuschel f pearl oyster

Perl|mutt n, **~mutter** f mother-of-pearl

permanent Adj permanent

Perpetuum mobile n perpetual motion machine

perplex Adj bewildered

Perron m schweiz. platform

Persenning f tarpaulin

Perser(in) Persian

Perser(teppich) m Persian carpet

Persianer m **1.** Persian lamb(skin) **2.** → **~mantel** m Persian lamb coat

Persilschein m F **1.** hist denazification certificate **2.** fig clean bill of health

persisch Adj Persian: **der ~e Golf** the Persian Gulf

Person f person, THEAT character: LING **erste ~** first person; **in eigener ~** personally; **ich für m-e ~** I for my part; **pro ~** each; **ein Tisch für sechs ~en** a table for six; **sie ist die Güte in ~** she is kindness personified; → **juristisch**

Personal n personnel, staff: **zu wenig ~ haben** be understaffed **~abteilung** f personnel department **~akte** f personal

file **~ausweis** m identity card **~chef(in)** personnel manager **~computer** m personal computer

Personalien Pl particulars Pl, personal data Pl

Personalpronomen n personal pronoun

personell Adj personal, (das Personal betreffend) personnel

Personen|aufzug m lift, Am elevator **~beförderung** f passenger transport(ation Am) **~beschreibung** f personal description **~gesellschaft** f WIRTSCH partnership **~kraftwagen** m motor car, Am a. auto(mobile) **~kreis** m circle **~kult** m personality cult **~schaden** m personal injury **~stand** m marital status **~wagen** m → **Personenkraftwagen ~zug** m slow train

personifizieren v/t personify

persönlich I Adj personal II Adv personally, (selbst) a. in person

Persönlichkeit f personality, (bedeutender Mensch) a. personage: **e-e ~ des öffentlichen Lebens** a public figure

Perspektive f **1.** KUNST etc perspective **2.** fig perspective, (Aussicht) a. prospect, (Standpunkt) point of view: **das eröffnet neue ~n** that opens up new vistas **perspektivisch** Adj perspective, Zeichnung etc: in perspective

Peru n Peru

Peruaner(in), peruanisch Adj Peruvian

Perücke f wig

pervers Adj perverse **Perversität** f perversity **pervertiert** Adj perverted

Pessar n MED pessary

Pessimismus m pessimism

Pessimist(in) pessimist

pessimistisch Adj pessimistic(ally Adv)

Pest f plague: **j-n hassen wie die ~** hate s.o.'s guts; F **stinken wie die ~** stink to high heaven

Pestizid n pesticide

Petersilie f BOT parsley

Petition f petition

Petrochemie f petrochemistry

petrochemisch Adj (a. **~es Produkt**) petrochemical

Petrodollar m petrodollar

Petroleum n **1.** → **Erdöl 2.** (Leucht~)

paraffin, *bes Am* kerosene **~lampe** *f* paraffin (*od* kerosene) lamp

petto: *etw in ~ haben* have s.th. up one's sleeve

Petze *f* F telltale, sneak **petzen** *v/i* F sneak (**gegen** *j-n* on s.o.)

Pfad *m a.* COMPUTER *u. fig* path **~finder** *m* boy scout **~finderin** *f* girl guide, *Am* girl scout

Pfahl *m* stake, (*Pfosten*) post, ARCHI pile, (*Mast*) pole **Pfahlbau** *m* pile dwelling **Pfahlwurzel** *f* BOT tap root

Pfand *n* security, (*Gegenstand*) pawn, pledge, *im Spiel*: forfeit, (*Flaschen~ etc*) deposit: **als** (*od* **zum**) **~ geben** pawn, *a. fig* pledge; **für etw ~ zahlen** pay a deposit on s.th. **pfändbar** *Adj* distrainable **Pfandbrief** *m* WIRTSCH bond **pfänden** *v/t* (*etw*) seize, (*a. j-n*) distrain (up)on: *j-n* **~** levy a distress on s.o.; **den Lohn ~** garnish wages

Pfänderspiel *n* (game of) forfeits *Pl* **Pfandflasche** *f* bottle with deposit **Pfandhaus** *n*, **Pfandleihe** *f* pawnshop **Pfandleiher(in)** pawnbroker **Pfandschein** *m* pawn ticket **Pfändung** *f* (*Gen*) seizure (of), distraint (upon)

Pfanne *f* **1.** pan: F *fig j-n in die* **~** *hauen* **a)** (*besiegen*) clobber s.o., **b)** (*kritisieren*) give s.o. a roasting **2.** ANAT socket **3.** (*Dach~*) pantile

Pfannkuchen *m* pancake: *Berliner* **~** doughnut

Pfarramt *n allg* rectory **Pfarrbezirk** *m* parish **Pfarrei** *f* rectory, vicarage **Pfarrer** *m* pastor, minister, (*katholischer* **~**) (parish) priest

Pfarrerin *f* woman pastor

Pfarrgemeinde *f* parish

Pfarrhaus *n* rectory, vicarage

Pfarrkirche *f* parish church

Pfau *m* ZOOL peacock

Pfauenauge *n* ZOOL peacock (butterfly)

Pfauenfeder *f* peacock feather

Pfeffer *m* **1.** pepper: → *Hase* **2.** F (*Schwung*) pep **~gurke** *f* GASTR gherkin **~kuchen** *m* gingerbread **~minz** *n* peppermint (drop) **~minze** *f a.* BOT peppermint **~mühle** *f* pepper mill

pfeffern *v/t* **1.** *a. fig* pepper: → *gepfeffert* **2.** F (*werfen*) chuck

Pfefferstreuer *m* pepper caster

Pfeife *f* **1.** (*Signal~*) whistle, (*Orgel~ etc*) pipe: *fig* **nach** *j-s* **~** *tanzen* dance to s.o.'s tune **2.** (*Tabaks~*) pipe: **~ rauchen a)** smoke a pipe, **b)** be a pipe smoker **3.** F idiot, dope

pfeifen I *v/i* **1.** whistle (*j-m* to s.o.), *Schiedsrichter etc*: blow the whistle, *Zuschauer*: boo: F **ich pfeife auf das Geld** I don't give a damn about the money **II** *v/t* **2.** (*Lied etc*) whistle: F **ich werd dir was ~!** to hell with you! **3.** SPORT **ein Spiel ~** referee a match

Pfeifen|kopf *m* bowl **~raucher(in)** pipe smoker **~reiniger** *m* pipe cleaner

Pfeifkonzert *n* (hail of) catcalls *Pl*

Pfeil *m* arrow, (*Wurf~, Blas~*) dart: *mit* **~** *und Bogen* with bow and arrow

Pfeiler *m* pillar (*a. fig*), (*Brücken~*) pier

pfeilförmig *Adj* V-shaped **pfeilgerade I** *Adj* (as) straight as an arrow **II** *Adv* straight **Pfeilgift** *n* arrow poison

pfeilschnell *Adj u. Adv* (as) quick as lightning, *Adv a.* like a shot

Pfeilspitze *f* arrowhead

Pfennig *m hist* pfennig, *fig* penny, *Am* cent: **jeden ~ umdrehen** count every penny; **es ist k-n ~ wert** it's not worth a thing

Pfennigabsatz *m* stiletto heel

Pfennigfuchser(in) F penny pincher

Pferch *m* pen, fold **pferchen** *v/t* (*Tiere*) pen, (*Menschen*) cram

Pferd *n* **1.** horse: *zu ~e* on horseback; *fig* **das beste ~ im Stall** the number one; F *fig* **aufs falsche ~ setzen** back the wrong horse; **das ~ beim Schwanze aufzäumen** put the cart before the horse; **mit ihr kann man ~e stehlen** she's a good sport **2.** *Turnen*: (vaulting) horse **3.** *Schach*: knight

Pferde|äpfel *Pl* horse droppings *Pl* **~fleisch** *n* horse-meat **~fuhrwerk** *n* horse-drawn vehicle **~fuß** *m des Teufels*: cloven foot, *fig* snag **~koppel** *f* paddock **~länge** *f* SPORT **um zwei ~n** by two lengths **~rennbahn** *f* race course **~rennen** *n* horse racing, *einzelnes*: horse race **~schwanz** *m* **1.** horse's tail **2.** (*Frisur*) ponytail **~stall** *m* stable **~stärke** *f* horsepower (*Abk* H.P.) **~zucht** *f* horse breeding, (*Gestüt*) stud farm

Pfiff *m* **1.** whistle **2.** F *fig* (*Schwung*) pep: *mit* **~** *Film etc*: with a difference; *der*

Mantel hat ~ the coat's got real style; **_das gibt der Sache erst den richtigen_** ~ that gives it that extra something

Pfifferling _m_ BOT chanterelle: _fig_ **k-n ~ wert** not worth a damn

pfiffig _Adj_ smart, clever, F _fig_ peppy

Pfiffigkeit _f_ smartness, cleverness

Pfiffikus _m_ hum smart fellow

Pfingsten _n_ (**an ~** at) Whitsun

Pfingstfest _n →_ **Pfingsten**

Pfingstmontag _m_ Whit Monday

Pfingstrose _f_ BOT peony

Pfingstsonntag _m_ Whitsunday

Pfirsich _m_ peach

Pflanze _f_ 1. plant: ZOOL **~n fressend** herbivorous 2. F type, character

pflanzen _v/t a. fig_ plant

Pflanzen|faser _f_ plant (_od_ vegetable) fibre (_Am_ fiber) **~fett** _n_ vegetable fat **~fresser** _m_ ZOOL herbivore **~kost** _f_ vegetable foodstuffs _Pl_ **~kunde** _f_ botany **~öl** _n_ vegetable oil **~reich** _n_ vegetable kingdom, flora **~schutzmittel** _n_ pesticide **~welt** _f_ flora

Pflanzer(in) planter **pflanzlich** _Adj_ plant, vegetable **Pflanzung** _f_ plantation

Pflaster _n_ 1. (_Straßen2_) pavement, (_Kopfstein2_) cobbles _Pl_: _fig_ **ein heißes** (**teures**) ~ a dangerous (an expensive) place 2. MED (sticking) plaster, _bes Am_ band-aid **~maler(in)** pavement artist

pflastern _v/t_ 1. (_Straße_) pave 2. F MED plaster (_a. fig kleben_)

Pflasterstein _m_ paving stone

Pflaume _f_ 1. plum, (_Dörr2_) prune 2. F (_Person_) dope

Pflaumen|baum _m_ plum (tree) **~kuchen** _m_ plum tart **~mus** _n_ plum jam

Pflege _f allg_ care, (_Kranken2_) nursing, TECH maintenance, servicing, _e-s Gartens, fig der Künste, von Beziehungen:_ cultivation: **in ~ geben** (**nehmen**) (take) into care; **ein Kind in ~ geben** (**nehmen**) foster a child **2bedürftig** _Adj_ in need of (_od_ needing) care **~eltern** _Pl_ foster-parents _Pl_ **~fall** _m_ nursing case **~geld** _n_ nursing allowance **~heim** _n_ nursing home **~kind** _n_ foster-child **2leicht** _Adj_ easy-care, (_Mensch_) easy to handle; **~mutter** _f_ foster-mother

pflegen I _v/t_ look after, care for, (_Kind,_ _Kranke_) _a._ nurse, (_Blumen, Garten etc_) tend, (_Kleidung, sein Äußeres_) groom, (_instand halten_) keep _s.th._ in good condition, TECH _a._ service, (_Daten_) maintain, _fig_ (_Künste, Beziehungen, Freundschaft_) cultivate: → **gepflegt, Umgang 1 II** _v/i_ (_etw_) **zu tun** ~ be in the habit of doing (s.th.); **sie pflegte zu sagen** she used to say, she would say; **solche Aktionen ~ fehlzuschlagen** such actions usually (_od_ tend to) fail **III** _v/refl_ **sich ~ a**) take care of one's appearance, **b**) look after o.s., F take things easy

Pflegepersonal _n_ MED nursing staff

Pfleger _m_ 1. MED (male) nurse 2. JUR curator **Pflegerin** _f_ MED nurse

Pflege|sohn _m_ foster-son **~stelle** _f_ foster home **~tochter** _f_ foster-daughter **~vater** _m_ foster-father **~versicherung** _f_ nursing care insurance

pfleglich _Adj_ careful: _Adv_ ~ **behandeln** take good care of

Pflegschaft _f_ JUR curatorship

Pflicht _f_ 1. duty: **die ~ ruft!** duty calls! 2. → **Pflichtübung** **2bewusst** _Adj_ conscientious, dutiful **~bewusstsein** _n_ sense of duty **~eifer** _m_ zeal **2eifrig** _Adj_ zealous **~erfüllung** _f_ performance of one's duty **~fach** _n_ PÄD compulsory subject **~gefühl** _n_ sense of duty **2gemäß I** _Adj_ dutiful, due **II** _Adv_ duly **2getreu** _Adj_ dutiful **~lektüre** _f_ required reading, set books _Pl_

pflichtschuldig _Adj u. Adv_ as (it) is my etc duty, _Adv mst_ **~st** _a._ duly

Pflicht|teil _m, n_ JUR legal portion **~treue** _f_ dutifulness, loyalty **~übung** _f_ SPORT compulsory (_od_ set) exercise: _fig_ **e-e reine** ~ purely a matter of duty **2vergessen** _Adj_ derelict of duty **~versäumnis** _n_ dereliction of duty **~verteidiger(in)** JUR assigned counsel

Pflock _m_ peg, (_Pfahl_) stake

pflücken _v/t_ pick

Pflug _m_, **pflügen** _v/t u. v/i_ plough, _Am_ plow

Pforte _f_ gate, door, _fig_ gateway

Pförtner(in) gatekeeper, porter, _Am_ doorman **~haus** _n_ lodge **~loge** _f_ porter's office (_od_ lodge)

Pfosten _m_ post, (_Tür2, Fenster2_) jamb

Pfote _f_ ZOOL paw (_a._ F _Hand_)

Pfropf _m_ MED clot, thrombus

pfropfen v/t **1.** stopper **2.** F (hinein~) cram **3.** LANDW graft

Pfropfen m stopper, cork, (Stöpsel, Watte2 etc) plug

Pfropf|messer n grafter ~**reis** n graft

Pfründe f **1.** REL prebend, (Kirchenamt) benefice, living **2.** fig sinecure

pfui Interj (for) shame!, Sport etc: boo!, angeekelt: ugh!, zum Kind od Hund: no!; → **Teufel**

Pfund n **1.** pound (Abk lb.): **3 ~ Mehl** three pounds of flour **2.** ~ (**Sterling**) pound (sterling) (Abk £)

pfundweise Adj u. Adv by the pound

Pfusch m, **Pfuscharbeit** f **1.** F bad job, botch-up **2.** österr. (Schwarzarbeit) illicit work, moonlighting **pfuschen** v/i u. v/t F bungle: → **Handwerk**

Pfuscher(in) F bungler

Pfuscherei f F bungling

Pfütze f puddle

Phallus m phallus

Phallussymbol n phallic symbol

Phänomen n a. fig phenomenon

phänomenal Adj phenomenal

Phantasie etc → **Fantasie**

Phantom n phantom **Phantombild** n identikit picture **Phantomschmerzen** Pl phantom limb pains Pl

Pharisäer(in) fig pharisee, hypocrite

pharisäisch Adj pharisaic(al)

Pharmaindustrie f pharmaceutical industry

Pharmakologe m, **Pharmakologin** f pharmacologist

Pharmakologie f pharmacology

Pharmakonzern m pharmaceutical company

Pharmazeut(in) pharmacist

Pharmazeutik f pharmaceutics Sg

pharmazeutisch Adj pharmaceutical

Pharmazie f pharmacy

Phase f allg, a. ELEK phase

Philanthrop(in) philanthropist

Philanthropie f philanthropism

philanthropisch Adj philanthropic(ally Adv)

Philatelie f philately

Philatelist(in) philatelist

Philharmonie f philharmonic orchestra (od society)

Philippinen Pl the Philippines

Philister m, **philisterhaft** Adj Philistine

Philologe m, **Philologin** f teacher (od scholar) of language and literature, Am philologist **Philologie** f study of language and literature, Am philology

philologisch Adj language and literature …, Am philological

Philosoph(in) philosopher

Philosophie f philosophy

philosophieren v/i philosophize

philosophisch Adj philosophic(al)

Phlegma n phlegm

Phlegmatiker(in) phlegmatic person

phlegmatisch Adj phlegmatic(ally Adv)

pH-neutral Adj pH-balanced

Phobie f PSYCH u. fig phobia

Phon n PHYS phon

Phonem n LING phoneme

Phonetik f phonetics mst Sg

Phonetiker(in) phonetician

phonetisch Adj phonetic(ally Adv)

Phonotypist(in) audio typist

Phonzahl f decibel level

Phosphat n CHEM phosphate 2**frei** Adj phosphate-free

Phosphor m CHEM phosphorus

Phosphoreszenz f phosphorescence

phosphoreszieren v/i phosphoresce: ~**d** phosphorescent

phosphorig Adj CHEM phosphorous

Photo(…) → **Foto(…)**

Photosynthese f photosynthesis

Phrase f phrase (a. MUS), pej a. cliché, platitude, POL catchphrase: F ~**n dreschen** talk in platitudes

Phrasendrescher(in) F phrasemonger

phrasenhaft Adj empty, meaningless

ph-Wert m pH factor

Physik f physics Sg **physikalisch** Adj physical **Physiker(in)** physicist

Physikum n preliminary (medical) examination

Physiognomie f physiognomy

Physiologe m, **Physiologin** f physiologist

Physiologie f physiology

physiologisch Adj physiological

Physiotherapeut(in) MED physiotherapist **Physiotherapie** f physiotherapy

physisch Adj physical

Pianist(in) pianist

picheln v/i u. v/t F tipple

Pickel[1] m TECH pick(axe), (Eis2) icepick

Pickel[2] m MED pimple, spot

picken v/t u. v/i peck, (greifen) pick
picklig Adj pimply
Picknick n picnic: **ein ~ machen →**
picknicken v/i (have a) picnic
pieken v/t u. v/i F prick **piekfein** Adj F
posh, Kleidung etc: very smart
piepen v/i cheep, Maus: squeak, ELEK
bleep: F **bei dir piepts wohl?** are you
off your rocker?; **er (es) war zum ♀**
he (it) was a scream **piepsen → piepen**
Piepser m bleeper, beeper
Pier m SCHIFF jetty, pier
Piercing n body piercing
piesacken v/t F torment, persecute
Pietät f piety, reverence: **aus ~** out of re-
spect (**gegenüber** of) **pietätlos** Adj ir-
reverent **pietätvoll** Adj reverent
Pigment n pigment
Pik¹ m F **e-n ~ auf j-n haben** have it in
for s.o. **Pik²** m (mountain) peak
Pik³ n Kartenspiel: spade(s Pl)
pikant Adj a. fig piquant, spicy
Pike f F **etw von der ~ auf lernen** learn
s.th. from the bottom up
pikiert Adj fig piqued (**über** Akk about)
Pikkolo m **1.** boy waiter **2.** (Sekt) cham-
pagne miniature **~flöte** f MUS piccolo
Piktogramm n pictogram
Pilger(in) pilgrim **Pilgerfahrt** f pilgrim-
age **pilgern** v/i **1.** make (od go on) a pil-
grimage **2.** F wander
Pilgerschaft f pilgrimage
Pille f pill: F **die ~ nehmen** be on (od
take) the pill; fig **e-e bittere ~** a bitter
pill (to swallow)
Pillenknick m F sudden drop in birth-
rates **Pillenschachtel** f pillbox
Pilot(in) 1. FLUG pilot **2.** (racing) driver
Pilotfilm m pilot (film)
Pilotprojekt n pilot project
Pilotsendung f pilot broadcast
Pilz m fungus (a. MED), essbarer: mush-
room, giftiger: toadstool: **~e suchen**
(**gehen**) go mushrooming; **wie ~e**
aus dem Boden schießen mushroom
(up)
Pilzkrankheit f mycosis, BOT fungus
Pilzvergiftung f mushroom poisoning
PIN Abk (Geheimzahl) PIN
pingelig Adj, **Pingeligkeit** f F nitpicking
Pinguin m ZOOL penguin
Pinie f BOT (stone) pine
pink Adj Farbe: shocking pink
Pinkel m F dope: **feiner ~** toff

pinkeln v/i F pee: **~ gehen** go for a pee
Pinne f SCHIFF helm
Pinnwand f pinboard
Pinscher m ZOOL pinscher
Pinsel m brush **pinseln** v/i u. v/t paint (a.
MED), F (schmieren) daub
Pinselstrich m stroke of the brush
Pinzette f (pair of) tweezers Pl
Pionier(in) 1. MIL engineer **2.** fig pio-
neer
Pionier|arbeit f fig pioneering work
~geist m fig pioneering spirit **~leis-**
tung f fig pioneering feat
Pipette f, **pipettieren** v/t CHEM pipette
Pipi n F wee-wee: **~ machen** wee
Pirat(in) pirate **Piratensender** m RADIO,
TV pirate station **Piraterie** f piracy (a.
fig)
Pirouette f, **pirouettieren** v/i pirouette
Pirsch f stalk, still hunt: **auf die ~ gehen**
go (deer)stalking **pirschen** v/i ~ **auf**
(Akk) stalk **Pirschjagd** f → **Pirsch**
Pisse f, **pissen** v/i V piss
Pistazie f BOT pistachio (Baum u.
Frucht)
Piste f **1.** SPORT **a)** (racing) track, course,
b) piste, ski-run **2.** FLUG runway
Pistenrowdy m terror of the slopes
Pistole f pistol: **mit vorgehaltener ~** at
pistol-point; fig **j-m die ~ auf die Brust**
setzen hold a pistol to s.o.'s head; **wie**
aus der ~ geschossen like a shot
Pistolentasche f holster
Pixel n IT pixel
Pizza f GASTR pizza **Pizzeria** f pizzeria
Pkw m = **Personenkraftwagen**
Placebo n MED placebo
Plackerei f F drudgery, grind
plädieren v/i JUR plead (**für, auf** Akk
for)
Plädoyer n final speech, fig plea
Plage f (Mühe) trouble, bother, (Ärger-
nis) nuisance, (Insekten♀ etc) plague (a.
BIBEL) **Plagegeist** m nuisance, pest
plagen I v/t trouble, worry, torment,
(belästigen) harass, F plague, mit Bitten
etc: a. pester: **geplagt von** troubled by
II v/refl **sich ~** toil away, (sich abmü-
hen) take pains (**mit** with)
Plagiat n plagiarism
plagiieren v/i u. v/t plagiarize
Plakat n poster, placard
plakatieren v/t placard
plakativ Adj fig slogan-like, graphic

Plakette f badge

plan Adj plane, level

Plan¹ m fig j-n auf den ~ rufen make s.o. step in; auf dem ~ erscheinen appear on the scene

Plan² m **1.** allg plan, (Zeit♀, Arbeits♀ etc) a. schedule, (Absicht) a. intention, (Vorhaben) a. project, scheme (a. pej): **e-n ~ fassen** make a plan; **Pläne schmieden** make (od hatch) plans, pej plot, scheme; **was steht heute auf dem ~?** what's on today? **2.** (Entwurf) plan, (Zeichnung) a. design, (grafische Darstellung) diagram **3.** (Karte) map

Plane f tarpaulin, awning

planen v/t allg plan, zeitlich: a. schedule, (vorhaben) a. intend, (entwerfen) a. design **Planer(in)** planner

Planet m planet

planetarisch Adj planetary

Planetarium n planetarium

planieren v/t level, (Gelände) a. grade **Planierraupe** f TECH bulldozer

Planke f plank, board

Plänkelei f, **plänkeln** v/i a. fig skirmish

Plankton n ZOOL plankton

planlos Adj without plan, aimless, unsystematic(ally Adv) **Planlosigkeit** f lack of plan (od system), aimlessness

planmäßig I Adj **1.** planned, systematic **2.** Verkehr: scheduled **II** Adv **3.** according to plan (zeitlich: schedule), as planned, ankommen etc: on schedule

Planquadrat n grid square

Planstelle f permanent post

Plantage f plantation

Plan(t)schbecken n paddling pool **plan(t)schen** v/i splash (about)

Planung f → Plan² 2 **2.** planning: in der ~ → **Planungsstadium** n im ~ in the planning stage

planvoll Adj methodical, systematic **Planwirtschaft** f planned economy

Plappermaul n chatterbox

plappern v/t u. v/i chatter, babble

plärren v/i u. v/t (weinen) blubber, cry, (schreien) bawl, RADIO etc blare

Plasma n PHYS plasma

Plastik¹ f **1.** KUNST sculpture **2.** MED plastic cuneat

Plastik² n plastic

Plastik|beutel m polythene bag **~bombe** f plastic bomb **~folie** f polythene sheet **~tüte** f plastic bag

plastisch Adj **1.** plastic **2.** fig (anschaulich) vivid, graphic(ally Adv) **3.** MED **~e Chirurgie** plastic surgery; **Facharzt für ~e Chirurgie** plastic surgeon

Platane f BOT plane (tree)

Plateau n plateau

Platin n platinum

platinblond Adj platinum blonde

platonisch Adj Platonic, Liebe etc: platonic(ally Adv)

platsch Interj, **platschen** v/i splash

plätschern v/i Wasser: ripple, Bach etc: murmur, Wellen: lap

platt Adj **1.** (flach) flat, (eben) level: ~ **drücken** etc flatten; F MOT **e-n ~en haben** have a flat tyre (Am tire) **2.** fig Redensart etc: trite, banal **3.** F ~ **sein** vor Staunen: be flabbergasted; **da bin ich aber ~!** a. well, I'm floored!

Platt n Low German **plattdeutsch** Adj, **Plattdeutsch(e)** n Low German

Platte f **1.** (Stein♀) slab, (Fliese) flag, flagstone, (Holz♀) board, (Wand♀, Fußboden♀) panel, (Keramik♀) tile, (Glas♀, Blech♀) sheet **2.** (Fels♀) ledge **3.** (Tisch♀) table top, ausziehbar: leaf **4.** (Herd♀) hotplate **5.** (Teller, a. Speise) dish: **kalte ~** cold cuts Pl; F **die ~ putzen** beat it **6.** (Schall♀) record, disc, Am disk: F **die ~ kenn ich!** I know that line!; **leg 'ne andere ~ auf!** put another record on! **7.** F (Glatze) bald pate

Platten|hülle f record sleeve **~sammlung** f record collection **~speicher** COMPUTER disk memory **~spieler** record player

Plattform f a. POL platform

Plattfuß m **1.** flatfoot **2.** F MOT...

plattfüßig Adj flat-footed

Plattheit f **1.** flatness **2.** fig... ness, (Floskel) platitude

Plättli n schweiz. tile... vorbeilas-

Platz m **1.** (Raum) ro~...sparen save chen (für for) mak~...sy, space-consen) make way (a.~...space; ~ rauber~ spread, entstesuming; fig ~...keit, Arbeits♀, Stuhen) arise **2.** (TISCH Stadt) place, dien♀ etc, e...Zeit♀ etc) site, (Standt (Lage, a. Position: fig ~ fehl am ~e ort, Stellu♀ be out of place, Bemer~ sein Pe~ uncalled for **3.** öffentlicher: kung e~(Sitz♀) seat: ist dieser ~ noch squar♀

frei? is this seat taken?; **~ nehmen** take a seat, sit down **5.** (Sport♀) field, (Tennis♀) court, (Golf♀) course: F **j-n vom ~ fegen** play s.o. into the ground; **j-n vom ~ verweisen** send s.o. off; **auf eigenem** (gegnerischem) **~ spielen** play at home (out of town); → **belegen** 4

Platzangst f **1.** PSYCH agoraphobia **2.** F (Engegefühl) claustrophobia

Platzanweiser(in) usher (usherette)

Plätzchen n **1.** little place, spot **2.** (Gebäck) biscuit, Am cookie

platzen v/i **1.** allg burst, Bombe etc: a. explode, (reißen) crack, split: fig **ins Zimmer ~** burst into the room; → **Kragen 2.** fig (vor with) explode, burst **3.** F fig (scheitern) come to nothing, sl bust, go phut, Plan etc: fall through, Verlobung: be broken off, Freundschaft etc: break up, WIRTSCH Wechsel: bounce: **~ lassen** (Bande etc) bust up, (Veranstaltung etc) break up

Platzherren Pl SPORT home team Sg

platzieren v/t allg place: **sich ~** position o.s.; SPORT **sich als Dritter ~** be placed third **platziert** Adj Schuss: well-placed

Platzierung f SPORT place

Platzkarte f seat reservation (ticket)

Platzmangel m lack of space

Platzpatrone f blank cartridge

Platzregen m cloudburst

Platzverweis m SPORT **e-n ~ erhalten** be sent off

Platzwunde f MED laceration

Plauderei f chat **Plauderer** m, **Plauderin** f conversationalist **plaudern** v/i (have a) chat, (aus~) blab; → **Schule** ...derton m **im ~** in a conversational ...conversationally

...el Adj plausible: **j-m etw ~ ma-** Pla ...ke s.th. clear to s.o.

Plebu.c → **platzieren**

pleite ..iming

Pleite f ...biscite

...bust **2.** fig **~ sein** be (dead) broke

Plenar..saal m ...ruptcy: **~ machen** go room ...sitzung ...'ne ~! what a frost! **Plenum** n PARL ...plenary) assembly **Pleuelstange** f TECH ...ary session **Plissee** n ...pleats Pl ...ecting rod pleated skirt **plissieren** ...eerock m **Plombe** f **1.** TECH (lead) sea ...leat
...(Zahn♀)

filling plombieren v/t **1.** seal (with lead) **2.** (Zahn) fill

plötzlich I Adj sudden **II** Adv suddenly, (ganz ~) all of a sudden: F **aber etwas ~!** make it snappy!

plump Adj **1.** (dick) plump **2.** (unbeholfen) clumsy (a. fig), (taktlos) tactless, Lüge, Schmeichelei: gross, Ausrede: flimsy

Plumpheit f **1.** plumpness **2.** clumsiness, grossness, etc

plumps Interj, **Plumps** m thud

plumpsen v/i thud, plop

plumpvertraulich Adj chummy: **~ werden** get chummy

Plunder m a. fig junk, rubbish

Plünderer m, **Plünderin** f looter **plündern** v/t u. v/i plunder, loot, (Stadt) a. pillage, F (Kühlschrank etc) raid

Plural m LING plural (number)

Pluralismus m pluralism

pluralistisch Adj pluralistic

plus Präp plus **Plus** n **1.** MATHE plus sign **2.** (Überschuss) surplus, (Gewinn) profit **3.** fig plus, asset, advantage

Plüsch m plush **~tier** n cuddly toy

Pluspunkt m **1.** credit point **2.** fig plus, asset

Plusquamperfekt n LING pluperfect (tense), past perfect

Pluszeichen n MATHE plus sign

Plutonium n plutonium

PLZ Abk (= **Postleitzahl**) postcode, Am zip code

Pneu m schweiz. tyre, Am tire

pneumatisch Adj pneumatic(ally Adv)

Po m F bottom, bum

Pöbel m rabble **pöbelhaft** Adj vulgar

pochen v/i **1.** (an Dat an) knock, rap, tap **2.** Blut, Schläfen: throb, Herz: a. beat **3.** fig **~ auf** (Akk) insist on

pochieren v/t GASTR poach

Pocke f pock: MED **~n** Pl smallpox Sg

Pockenimpfung f MED smallpox vaccination **Pockennarbe** f pockmark **pockennarbig** Adj pockmarked, pitted

Podest n, m platform, bes fig pedestal

Podium n rostrum, platform

Podiumsdiskussion f panel discussion

Poesie f a. fig poetry **Poet(in)** poet (poetess) **poetisch** Adj poetic(al)

Pogrom n pogrom

Pointe f point, e-s Witzes: a. punch line

pointiert *Adj* pointed

Pokal *m* cup (*a. Sport*), goblet **~endspiel** *n*, **~finale** *n* cup final **~sieger(in)** cup winner **~spiel** *n* cup tie

Pökelfleisch *n* salt meat

pökeln *v/t* pickle, salt

pokern *v/i a.* fig play poker

Pokerspiel *n a.* fig game of poker

Pol *m allg* pole (*a. Sport*) **Polar...** polar

polar *Adj*, **Polar...** polar

polarisieren *v/t u. v/refl* **sich ~** *a.* fig polarize **Polarität** *f* polarity

Polar|kreis *m* **nördlicher (südlicher) ~** Arctic (Antarctic) Circle **~licht** *n* **nördliches (südliches) ~** northern (southern) lights *Pl* **~stern** *m* Pole Star

Pole *m* Pole

Polemik *f* polemic(s *Sg*) **Polemiker(in)** polemicist **polemisch** *Adj* polemic **polemisieren** *v/i* polemize

polen *v/t* ELEK pole

Polen *n* Poland

Police *f* (insurance) policy

polieren *v/t u.* fig polish

Poliklinik *f* outpatients' clinic

Polin *f* Pole, Polish woman

Politbüro *n* Politburo

Politesse *f* (woman) traffic warden

Politik *f* **1.** *allg* politics *Pl* (*a. Sg konstr*): **in der ~** in politics; **in die ~ gehen** go into politics; **über ~ reden** talk politics **2.** (*Taktik*) policy **Politiker(in)** politician **Politikum** *n* political issue

politisch *Adj* **1.** political: **~er Berater** policy adviser; *Adv* **er ist ~ tätig** he is in politics; **~ interessiert sein** be politically minded; **~ korrekt** politically correct; → *Info* bei **politically correct 2.** (*klug*) politic

politisieren I *v/i* talk politics **II** *v/t* politicize, make *s.o.* politically aware

Politisierung *f* politicalization

Politologe *m*, **Politologin** *f* political scientist

Politologie *f* political science

Politprominenz *f* political top brass, top brass politicians *Pl*

Politur *f allg* polish

Polizei *f* police *Pl*: **die ~ rufen** (*od holen*) call the police; F **er ist bei der ~** he is a police officer **~aufgebot** *n* police detachment **~aufsicht** *f* **unter ~** under police supervision **~auto** *n* police

car, patrol car **~beamte** *m*, **~beamtin** *f* police officer **~behörde** *f* police (authorities *Pl*) **~dienststelle** *f* police station **~einsatz** *m* police operation **~funk** *m* police radio **~hund** *m* police dog **~knüppel** *m* truncheon, *Am* club **~kommissar(in)** police inspector **~kontrolle** *f* police check

polizeilich *Adj u. Adv* **a)** (of the) police, **b)** by the police

Polizei|revier *n* **1.** (*Bereich*) (police) district, *Am* precinct **2.** (*Büro*) police station, *Am* station house **~schüler(in)** police cadet **~schutz** *m* police protection **~staat** *m* police state **~streife** *f* police patrol, (*Streifenpolizist*) *bes Am* patrolman **~stunde** *f* closing time **~wache** *f* police station, *Am* station house

Polizist *m* policeman, constable

Polizistin *f* policewoman

Pollen *m* BOT pollen **~flug** *m* pollen count

polnisch *Adj*, **Polnisch(e)** *n* LING Polish

Polo *n* SPORT polo

Polohemd *n* polo shirt

Polster *n* **1.** (*Sessel2 etc*) upholstery, (*Kissen*) cushion **2.** *in Kleidung*: pad (-ding) **3.** (*Fett2*) flab, layer of fat **4.** *fig* (*finanzielles ~, Auftrags2 etc*) bolster **Polsterer** *m*, **Polsterin** *f* upholsterer

Polster|garnitur *f* three-piece suite **~möbel** *Pl* upholstered furniture *Pl*

polstern *v/t* upholster, (*Kleidung*) pad: F *fig* **sie ist gut gepolstert** she's well padded

Polstersessel *m* easy chair, armchair

Polsterstuhl *m* upholstered chair

Polsterung *f* **1.** upholstery **2.** padding

Polterabend *m* eve-of-the-wedding party **poltern** *v/i* **1.** make a racket, crash about **2.** (*schimpfen*) bluster

Polyamid *n* polyamide

Polyäthylen *n* polythene

Polyester *m* polyester

Polymer(e) *n* polymer

Polynesien *n* Polynesia

Polyp *m* **1.** ZOOL polyp **2.** MED polypus: **~en** *Pl* (*in der Nase*) adenoids *Pl* **3.** F (*Polizist*) cop

polyphon *Adj* MUS polyphonous

Polytechnikum *n* polytechnic

Pomade *f* pomade

P

Pommern *n* Pomerania
Pommes frites *Pl* chips *Pl*, *Am* French fries *Pl*
Pomp *m* pomp **pompös** *Adj* pompous
Pontius: von ~ zu Pilatus laufen F run from pillar to post
Ponton *m* pontoon
Pony[1] *n* ZOOL pony
Pony[2] *m* fringe, *Am* bangs *Pl*
Pop-Art *f* pop art
Popcorn *n* popcorn
Popel *m* F bogey
popelig *Adj* F piffling
Popelin(e *f*) *m* poplin
popeln *v/i* F pick one's nose
Popgruppe *f* pop group
Popmusik *f* pop music
Popo *m* F bottom, bum
populär *Adj* popular
popularisieren *v/t* popularize
Popularität *f* popularity
Populist(in), **populistisch** *Adj* POL populist
Pore *f* pore
Porno(film) *m* porn (*od* blue) movie
Pornographie *f* pornography
pornographisch *Adj* pornographic(ally *Adv*)
Pornoheft *n* porn (*od* girlie) magazine
porös *Adj* porous
Porree *m* BOT leek
Portal *n* portal (*auch im Internet*)
Portemonnaie *n* purse
Portier *m* **1.** (*Hotel*℈) porter **2.** → *Pförtner*
Portion *f* portion, *beim Essen*: helping, *Tee, Kaffee*: pot: F *fig* **halbe ~** shrimp; **e-e gehörige ~ Frechheit** a good deal of impudence
Portmonee *n* → *Portemonnaie*
Porto *n* postage **portofrei** *Adj* postage paid **Portokasse** *f* WIRTSCH petty cash
portopflichtig *Adj* liable to postage
Porträt *n* portrait **porträtieren** *v/t j-n ~* paint s.o.'s portrait, *fig* portray s.o.
Porträtmaler(in) *f* portraitist
Portugal *n* Portugal
Portugiese *m*, **Portugiesin** *f*, **portugiesisch** *Adj* Portuguese
Portwein *m* port
Porzellan *n* porcelain, (*a. Geschirr*) china: *unnötig ~ zerschlagen* do a lot of unnecessary damage **Porzellanladen** *m* china shop: → *Elefant*

Posaune *f* **1.** (*~ blasen* play the) trombone **2.** *fig* trumpet
Posaunist(in) *m(f)* trombonist
Pose *f* pose, *fig a.* air, act **posieren** *v/i* pose (*als* as) **Position** *f* **1.** *allg* position, SPORT *a.* place: *fig ~ beziehen* take one's stand **2.** WIRTSCH item
positiv I *Adj allg* positive, (*bejahend*) *a.* affirmative **II** *Adv* F for certain
Positur *f* posture: *sich in ~ setzen* strike an attitude
Posse *f a. fig* farce, burlesque
possessiv *Adj* LING possessive
Possessiv(pronomen) *n* possessive pronoun
possierlich *Adj* droll, funny
Post *f* post, *bes Am* mail, (*~dienst*) postal service, (*~amt*) post office: **elektronische ~** electronic mail; **mit der ~** by post, *Am* by mail; **mit gleicher** (*od getrennter*) **~** under separate cover; **mit der ~ schicken** post, *Am* mail; **ist ~ für mich da?** are there any letters for me? **postalisch** *Adj* postal
Post|amt *n* post office **~anschrift** *f* postal (*Am* mailing) address **~anweisung** *f* postal (*od* money) order **~bank** *f* post office girobank **~beamte** *m*, **~beamtin** *f* post-office (*Am* postal) clerk **~bote** *m* postman, *Am* mailman, **~botin** *f* postwoman **~dienst** *m* postal service
Posten *m* **1.** MIL post, (*Wach*℈) guard, sentry: **~ stehen** be on guard, MIL stand sentry; *fig* **auf dem ~ sein a)** be on one's toes, **b)** *gesundheitlich*: be in good shape: *nicht (ganz)* **auf dem ~ sein** be a bit under the weather; → *beziehen* 3, *verloren* 2. (*Stellung, Amt*) post, position, job **3.** WIRTSCH (*Waren*℈) lot, (*Rechnungs*℈ *etc*) item, (*Eintrag*) entry
Poster *n* poster
Postfach *n* post-office box, PO box **~nummer** *f* (PO) box number
Post|flugzeug *n* mail plane **~gebühr** *f* postage: **~en** *Pl a.* postal charges *Pl*
Postgeheimnis *n* postal secrecy
Postgiro *n* (post-office) giro **~amt** *n* Post Office Giro centre **~konto** *n* Br National Giro account
posthum *Adj* posthumous
postieren *v/t* place (*sich* o.s.)
Postkarte *f* postcard, *Am* postal card
postlagernd *Adj u. Adv* poste restante,

Am (in care of) general delivery
Postleitzahl *f* postcode, *Am* zip code
postmodern *Adj* post-modern
Postpaket *n* parcel (sent by post): **per ~** by parcel post **Postscheck** *m Br* (Post-Office) Giro cheque
Postskript(um) *n* postscript
Post|sparbuch *n* Post-Office savings book **~stempel** *m* postmark
Postulat *n*, **postulieren** *v/t* postulate
postum *Adj* posthumous
postwendend *Adv* by return (of post), *Am* by return mail, *F fig* right away
Postwertzeichen *n* (postage) stamp
Postwurfsendung *f* mail circular
Postzug *m* mail train
Postzustellung *f* postal delivery
potent *Adj allg* potent, *sexuell*: *a.* virile, *fig a.* powerful, WIRTSCH *a.* financially strong
Potentat *m* potentate
Potenz *f* 1. PHYSIOL potency, virility 2. MATHE power: **zweite ~** square; **dritte ~** cube; **in die 4. ~ erheben** raise to the power (of) four 3. *fig* power, strength
Potenzial *n*, **potenziell** *Adj* potential
potenzieren *v/t* 1. MATHE raise to a higher power 2. *fig* magnify
Potpourri *n* MUS *u. fig* potpourri, medley
Pottasche *f* potash
Power *f* power: F **ihm fehlt (die richtige) ~** he's got no oomph
Pracht *f* splendo(u)r, pomp: F **es war e-e wahre ~** it was just great **~exemplar** *n* splendid specimen, *a.* beauty
prächtig *Adj* 1. splendid, magnificent (*beide a. fig*), *Wetter*: glorious 2. F *fig* (*großartig*) great (*a. Person*), super
Prachtkerl *m* F splendid fellow, great guy **Prachtstraße** *f* boulevard
Prachtstück *n* → **Prachtexemplar**
prachtvoll *adj* → **prächtig**
prädestinieren *v/t* predestine
Prädikat *n* 1. LING predicate 2. *beim Namen*: title 3. (*Wertung*) rating, attribute, PÄD mark, grade
Prädikats|nomen *n* LING predicate complement **~wein** *m* quality-tested wine (with special attributes)
Präfix *n* LING prefix
Prag *n* Prague

prägen *v/t* 1. stamp, (*Geld*) mint, (*Leder, Metall*) emboss 2. *fig* (*Wort*) coin, (*j-n, j-s Charakter*) form, mo(u)ld, (*Sache*) set the tone of, determine, (*beeinflussen*) influence: **ein ~der Einfluss** a formative influence
Pragmatiker(in) pragmatist
pragmatisch *Adj* pragmatic(al)
Pragmatismus *m* pragmatism
prägnant *Adj* terse, pithy
Prägnanz *f* terseness, pithiness
Prägung *f* 1. stamping, coining 2. *fig* a) stamp, character, b) forming
prähistorisch *Adj* prehistoric(ally *Adv*)
prahlen *v/i* talk big: **mit etw ~** brag (*od* boast) about s.th., show off (with) s.th.
Prahler(in) braggart, F show-off
Prahlerei *f* a) showing-off, boasting, b) (*Äußerung*) boast(s *Pl*)
prahlerisch *Adj* boastful
Praktik *f* practice, method: *pej* **~en** *Pl* (sharp) practices *Pl* **Praktikant(in)** trainee **Praktiker(in)** practical person, expert **Praktikum** *n* UNI practical training (period)
praktisch I *Adj allg* practical (*a ~ veranlagt*), (*geschickt*) handy (*a. Gerät etc*): **~er Arzt** general practitioner; **~e Ausbildung** on-the-job training; **~es Beispiel** concrete example; **~er Versuch** field test II *Adv* practically, as good as (*done etc*), (*in der Praxis*) in practice
praktizieren *v/t u. v/i allg* practise
Praline *f*, **Pralinee** *n* chocolate
prall *Adj* 1. *Sack, Brieftasche etc*: bulging, *Ball etc*: hard, *Segel*: full, *Früchte, Schenkel etc*: firm, *Muskeln*: taut 2. *Sonne*: blazing **prallen** *v/i* 1. *Ball etc*: bounce (**auf Akk** against), (*stoßen*) crash (**an Akk, gegen** into) 2. *Sonne*: blaze down (**auf Akk** on)
prallvoll *Adj* F (full to) bursting, bulging
Präludium *n* prelude
Prämie *f* 1. (*Preis*) award, prize, (*Belohnung*) reward, (*Dividende, Leistungs2*) bonus 2. (*Versicherungs2 etc*) premium
prämienbegünstigt *Adj* bonus-linked: **~es Sparen** → **Prämiensparen** *n* saving under the (Federal) bonus system
prämieren, prämiieren *v/t* 1. award a prize to 2. give a bonus for
Prämisse *f* premise
prangen *v/i* (**an** *Dat*, **auf** *Dat* on) be resplendent, *weit. S.* be displayed

Pranger m hist stocks Pl: a. fig **an den ~ stellen** pillory
Pranke f ZOOL paw (a. fig Hand)
Präparat n **1.** preparation **2.** mikroskopisches: slide preparation, bes ANAT specimen **präparieren** v/t **1.** prepare (a. **sich ~, auf** Akk for) **2.** (sezieren) dissect **3.** (konservieren) preserve
Präposition f LING preposition
Prärie f prairie
Präsens n LING present (tense)
Präsent n present
Präsentation f presentation
präsentieren I v/t allg present (**j-m etw** s.o. with s.th.) **II** v/i MIL present arms **III** v/refl **sich ~** present o.s
Präsenz f presence
Präsenzbibliothek f reference library
Präsenzdienst m österr. military service
Präservativ n condom, sheath, Am a. prophylactic
Präsident(in) allg president, (Vorsitzender) chairman, PARL Speaker, JUR presiding judge **Präsidentenwahl** f presidential election **Präsidentschaft** f presidency **Präsidentschaftskandidat(in)** presidential candidate
präsidieren v/i preside (over)
Präsidium n **1.** (Vorsitz) presidency **2.** (Vorstand) (presiding) committee **3.** Polizei: police headquarters Pl
prasseln v/i Feuer: crackle, Regen, Hagel: patter, Geschosse: hail
Prasserei f feasting, weit. S. high life
prassen v/i feast, weit. S. live in luxury
Prätendent(in) pretender (**auf** Akk to)
Präteritum n LING preterite, past tense
präventiv Adj, **Präventiv...** preventive, MED mst prophylactic
Präventivkrieg m preventive (od preemptive) war **~maßnahme** f preventive measure **~schlag** m MIL preemptive (first) strike
Praxis f allg practice (a. JUR, MED), (Erfahrung) a. experience: **in der ~** in practice; **etw in die ~ umsetzen** put s.th. into practice
Präzedenzfall m precedent, JUR a. leading case: **e-n ~ schaffen** set a precedent
präzis(e) Adj precise, exact **präzisieren** v/t specify **Präzision** f precision **Präzisionsarbeit** f precision work

predigen v/t u. v/i a. fig preach
Prediger(in) preacher
Predigt f a. fig sermon
Preis m **1.** price, (Fahr♀) fare: **zum ~e von** at a price of; **im ~ steigen (fallen)** go up (drop); fig **um jeden ~** at all costs; **um k-n ~** not at any price **2.** im Wettbewerb: prize (a. fig), (Film♀ etc) award: **e-n ~ erringen** win (Sache: fetch) a prize **3.** (Belohnung) prize, reward **4.** (Lob) praise **~absprache** f price agreement **~änderung** f change in price(s): **~en vorbehalten** subject to change **~angabe** f quotation (of prices): **ohne ~** not priced, not marked **~anstieg** m rise in prices **~aufschlag** m extra charge **~ausschreiben** n (prize) competition ♀**bewusst** Adj price-conscious **~bindung** f price maintenance **~boxer(in)** prize-fighter
Preiselbeere f BOT cranberry
preisen v/t praise; → **glücklich I**
Preisentwicklung f price trend **~erhöhung** f price increase **~ermäßigung** f price reduction **~festsetzung** f price fixing, pricing **~frage** f price question
Preisgabe f abandonment, e-s Geheimnisses etc: revelation, disclosure **preisgeben** v/t abandon, (Geheimnis etc) reveal, give away, (aufgeben) surrender
preisgekrönt Adj prize-winning
Preisgericht n jury **~gestaltung** f price formation **~grenze** f price limit ♀**günstig** → **preiswert ~klasse** f price range **~lage** f price range: **in mittlerer (jeder) ~** medium-priced (in all prices) **~-Leistungs-Verhältnis** n price-performance ratio, F value for money
preislich Adj u. Adv in price
Preisliste f price list **~nachlass** m discount **~politik** f price policy **~rätsel** n competition puzzle **~richter(in)** judge **~rutsch** m price slide **~scanner** m (supermarket checkout) scanner, barcode (od price) scanner **~schild** n price tag **~schwankung** f price fluctuation **~senkung** f price reduction **~steigerung** f rise in prices, Pl a. rising prices Pl **~stopp** m price freeze
Preisträger(in) prize winner
Preistreiberei f forcing up of prices
Preisverteilung f presentation (of prizes)
preiswert Adj cheap, low-priced: **~ sein**

a. be good value, be a bargain
prekär *Adj* precarious, awkward
Prellbock *m* BAHN buffer stop, *fig* buffer
prellen *v/t* **1.** MED bruise **2.** *fig* cheat (**um** of) **Prellung** *f* MED contusion, bruise
Premiere *f* THEAT *etc* first night
Premier(minister(in)) prime minister
Presse[1] *f* TECH press, (*Saft*[2]) squeezer
Presse[2] *f allg the* press: *er hatte e-e gute* (*schlechte*) ~ he had a good (bad) press ~**agentur** *f* press agency ~**amt** *n* press office ~**ausweis** *m* press card ~**bericht** *m* press report ~**büro** *n* press agency ~**dienst** *m* news service ~**empfang** *m* press reception ~**erklärung** *f* press release ~**feldzug** *m* press campaign ~**fotograf(in)** press photographer ~**freiheit** *f* freedom of the press ~**konferenz** *f* press conference ~**meldung** *f* news item
pressen *v/t allg* press (*a. v/i*), (*aus*~) squeeze
Presse|schau *f*, ~**spiegel** *m* press review ~**sprecher(in)** press spokesman (spokeswoman) ~**stimmen** *Pl* press commentaries *Pl* ~**tribüne** *f* press box (PARL gallery) ~**vertreter(in)** reporter ~**wesen** *n the* press ~**zensur** *f* censorship of the press ~**zentrum** *n* press cent/re (*Am* -er)
pressieren *v/i österr., südd.* be urgent: *mir pressiert's* I'm in a hurry
Pressluft *f* compressed air ~**bohrer** *m* pneumatic drill ~**hammer** *m* pneumatic hammer
Presswehen *Pl* MED bearing-down pains *Pl*
Prestige *n* prestige ~**frage** *f* matter of prestige ~**verlust** *m* loss of prestige
Preußen *n* Prussia **Preuße** *m*, **Preußin** *f*, **preußisch** *Adj* Prussian
prickeln **I** *v/i* **1.** *Haut etc*: tingle, (*kitzeln*) tickle (*auf der Zunge* the palate), *Sekt*: prickle, *im Glas*: sparkle **II** ♀ *n* **2.** tingling (sensation), *in den Gliedern*: *a.* pins and needles *Pl*, *von Sekt*: prickle **3.** *fig* thrill **prickelnd** *Adj* **1.** tingling, prickly **2.** *fig* thrilling
Priester *m* priest **Priesteramt** *n* priesthood **Priesterin** *f* priestess **priesterlich** *Adj* priestly **Priesterweihe** *f* ordination (of a priest)
prima *Adj* **1.** WIRTSCH first-rate, prime **2.**

F (*a. Interj*) great, super
primär *Adj* primary
Primar|arzt *m*, ~**ärztin** *f österr.* consultant
Primas *m* REL primate
Primat *m, n* primacy
Primaten *Pl* ZOOL primates *Pl*
Primel *f* BOT primrose
primitiv *Adj* primitive
Primitivität *f* primitiveness
Primzahl *f* MATHE prime number
Printmedium *n* print medium
Prinz *m* prince **Prinzessin** *f* princess
Prinzgemahl *m* Prince Consort
Prinzip *n* (*aus* ~ on, *im* ~ in) principle
prinzipiell *Adj u. Adv* on principle
Prinzipienreiter(in) *pej* stickler (for principles)
Prior *m* REL prior
Priorin *f* REL prioress
Priorität *f* priority (*über, vor Dat* over): ~*en setzen* establish priorities
Prise *f* **1.** *e-e* ~ *Salz* (*Tabak*) a pinch of salt (snuff) **2.** SCHIFF prize
Prisma *n* prism **prismatisch** *Adj* prismatic(ally *Adv*) **Prismensucher** *m* FOTO prismatic viewfinder
Pritsche *f* **1.** plank bed **2.** MOT platform **3.** (*Narren*♀) slapstick
privat **I** *Adj* private, (*persönlich*) *a.* personal **II** *Adv* privately, in private
Privatadresse *f* home address
Privatangelegenheit *f* → *Privatsache*
Privat|besitz *m* in private (*od* personal) property: *in* ~ privately owned ~**dozent(in)** (unsalaried) lecturer, *Am* instructor ~**eigentum** *n* → *Privatbesitz* ~**fernsehen** *n* private television ~**gebrauch** *m* (*zum* ~ for one's) private use ~**gespräch** *n* private conversation (TEL call) ~**initiative** *f* **1.** initiative **2.** WIRTSCH private venture
privatisieren **I** *v/t* WIRTSCH privatize **II** *v/i* live on one's private income **Privatisierung** *f* privatization
Privat|kunde *m* private customer ~**lehrer(in)** private teacher ~**mann** *m* private person ♀**rechtlich** *Adj u. Adv* under private law ~**sache** *f* private matter (*od* affair): *das ist m-e* ~*!* that's my (own) business! ~**schule** *f* private (*Br a.* independent, public) school; → *Info bei* **public** *u. bei* **preparatory**
Privatsekretär(in) private secretary

Privatstunden Pl, **Privatunterricht** m private lessons Pl

Privatwirtschaft f private enterprise

Privileg n, **privilegieren** v/t privilege

pro Präp per: ~ **Jahr** per annum, a year; ~ **Kopf** per head, each; ~ **Stück** a piece; ~ **Stunde** per hour **Pro** n das ~ **und Kontra** the pros and cons Pl

Probe f 1. (Muster, Waren♀, a. MED Blut♀ etc) sample, (Gesteins♀, Erz♀, Schrift♀ etc, a. TECH) specimen, iron (Kost♀) a. taste: **e-e** ~ s-s Könnens, Mutes etc **ablegen** give a sample (iron taste) of 2. (Erprobung) test, try-out, (Überprüfung) check: **auf** ~ e probeweise; **j-n auf die** ~ **stellen** put s.o. to the test, try s.o.; **etw auf e-e harte** ~ **stellen** put s.th. to a severe test, tax s.th. severely; ~ **fahren** test-drive; ~ **fliegen** test-fly; **die** ~ **aufs Exempel machen** put it to the test 3. THEAT etc rehearsal: ~**n abhalten** hold rehearsals, rehearse

Probe|abzug m BUCHDRUCK proof ~**alarm** m practice alarm ~**aufnahme** f 1. FILM screen test: **von j-m** ~ **machen** screen-test s.o. 2. für Schallplatten: test recording ~**auftrag** m, ~**bestellung** f trial order ~**bohrung** f trial drill ~**exemplar** n specimen copy ~**fahrt** f test (od trial) run ~**flug** m test (od trial) flight ~**jahr** n year of probation ~**lauf** m TECH test run

proben v/t u. v/i allg rehearse

Probenummer f specimen copy **Probepackung** f trial package **Probeseite** f specimen page **Probesendung** f sample sent on approval **Probestück** n sample, specimen **probeweise** Adv on a trial basis, anstellen etc: a. on probation **Probezeit** f trial period: **am e-r** ~ **von 3 Monaten** at the end of three months' probation

probieren v/t 1. try, (Speisen, Wein etc) a. taste, (prüfen) test: **es mit j-m (etw)** ~ try s.o. (s.th.); F **es bei j-m** ~ try it on with s.o. 2. → **anprobieren**

Problem n problem: **kein** ~! no problem (at all!) **Problematik** f problematic nature, problems Pl

problematisch Adj problematic(al)

Problemkind n problem child

Problemkreis m complex of problems

problemlos Adj unproblematic(ally Adv), Adv a. without (any) difficulties

Problemstellung f 1. formulation of a problem 2. problem

Problemstück n THEAT thesis play

Produkt n product (a. MATHE u. fig), (Natur♀) produce

Produkthaftung f product liability

Produktion f allg production, (Ausstoß) a. output: **in** ~ **gehen** go into production

Produktions|anlage f production plant(s Pl) ~**ausfall** m loss of production ~**güter** Pl producer goods Pl ~**kapazität** f production capacity ~**kosten** Pl production costs Pl ~**leiter(in)** production manager ~**mittel** Pl means Pl of production ~**rückgang** m fall in production ~**stätte** f production site ~**steigerung** f increase in production ~**ziel** n production target

produktiv Adj productive **Produktivität** f productivity

Produkt|manager(in) product manager ~**palette** f product range, range of products ~**pirat** m product pirate ~**piraterie** f product piracy

Produzent(in) allg producer, LANDW a. grower **produzieren I** v/t allg produce, LANDW a. grow **II** v/refl **sich** ~ F show off

profan Adj 1. (weltlich) profane 2. (alltäglich) trivial

professionell Adj professional

Professor m professor

Professorin f (woman) professor

Professur f professorship, chair

Profi m F pro

Profi... professional (football etc)

Profil n allg profile (a. fig), TECH a. section, MOT (Reifen♀) tread: **im** ~ in profile; fig ~ **haben** have personality; **an** ~ **gewinnen** improve one's image

profilieren I v/t 1. TECH profile, contour 2. fig present in clear outline **II** v/refl **sich** ~ 3. Politiker etc: distinguish o.s.

profiliert Adj fig clear-cut, Persönlichkeit: distinguished

Profilneurose f obsession with one's image **Profilsohle** f profiled sole **Profilstahl** m TECH section steel

Profit m profit: ~ **schlagen aus** profit from (od by) **profitabel** Adj profitable **profitieren** v/i u. v/t profit (**von** by, from)

Profitjäger(in) pej profiteer

pro forma *Adv* as a matter of form
Pro-forma-Rechnung *f* pro forma invoice
profund *Adj* profound
Prognose *f* forecast, *bes* MED prognosis
Programm *n* **1.** *allg* program(me *Br*), POL *a.* platform, TV (*Kanal*) *mst* channel, (*Zeitplan*) *a.* schedule: *was steht heute auf dem ~?* what's the program(me) for today?; F *das passt mir gar nicht ins ~!* that doesn't suit me at all! **2.** COMPUTER program **3.** *e-r Waschmaschine etc:* cycle ~**änderung** *f* change of program(me *Br*)
programmatisch *Adj* programmatic(ally *Adv*)
programmgemäß *Adv* according to plan
Programmgestaltung *f* program(me *Br*) planning, programming
programmgesteuert *Adj* COMPUTER program-controlled
Programm|heft *n* program(me *Br*) ~**hinweis** *m* program(me *Br*) note
programmierbar *Adj* COMPUTER programmable **programmieren** *v/t* program(me *Br*): *fig auf etw programmiert sein* to be conditioned to (do) s.th.
Programmierer(in) programmer
Programmier|fehler *m* bug ~**sprache** *f* programming language
Programmierung *f* programming
Programm|punkt *m* item, POL plank ~**steuerung** *f* IT program control ~**taste** *f* program key ~**vorschau** *f* program(me *Br*) roundup, FILM trailer(s *Pl*) ~**wahl** *f* **1.** TV channel selection **2.** *e-r Waschmaschine etc:* cycle selection ~**zeitschrift** *f* program(me *Br*) guide
Progression *f* *allg* progression
progressiv *Adj*, **Progressive** *m, f* progressive
Prohibition *f* *Am* hist. Prohibition
Projekt *n* project **Projektgruppe** *f* WIRTSCH task force **projektieren** *v/t* project
Projektion *f* projection
Projektmanager(in) project manager
Projektor *m* projector
projizieren *v/t allg* project
Proklamation *f* proclamation
proklamieren *v/t* proclaim
Pro-Kopf-Einkommen *n* per capita income

Prokura *f* WIRTSCH (power of) procuration: *j-m ~ erteilen* confer power of procuration on s.o. **Prokurist(in)** authorized representative, officer authorized to act and sign on behalf of the firm
Prolet(in) *pej* prole **Proletariat** *n* proletariat(e) **Proletarier(in)**, **proletarisch** *Adj* proletarian
Prolog *m* prolog(ue)
prolongieren *v/t* renew
Promenade *f* *allg* promenade **Promenadendeck** *n* SCHIFF promenade deck
Promille *n* per mil, F MOT blood alcohol **Promillegrenze** *f* MOT (blood) alcohol limit
prominent *Adj* prominent
Prominente *m, f* public figure, celebrity **Prominenz** *f* notables *Pl*, public figures *Pl*, celebrities *Pl*
Promotion *f* UNI doctorate
promovieren **I** *v/t* confer a doctorate on **II** *v/i* take one's (doctor's) degree
prompt *Adj* prompt, quick
Pronomen *n* LING pronoun
Propaganda *f* propaganda ~**feldzug** *m* propaganda campaign
Propagandist(in), **propagandistisch** *Adj* propagandist
propagieren *v/t* propagate
Propan(gas) *n* propane
Propeller *m* propeller
Prophet(in) prophet(ess)
prophetisch *Adj* prophetic(ally *Adv*)
prophezeien *v/t* prophesy, predict
Prophezeiung *f* prophecy
prophylaktisch *Adj* MED prophylactic(ally *Adv*) **Prophylaxe** *f* prophylaxis
Proportion *f* proportion **proportional** *Adj* proportional: *umgekehrt ~* conversely proportional (*zu* to) **Proportionalschrift** *f* proportional spacing **Proporz** *m* proportional representation
Prorektor(in) UNI vice-chancellor
Prosa *f* prose **Prosadichtung** *f* prose writing **Prosaiker(in)** **1.** prose writer, prosaist **2.** *fig* prosaic person **prosaisch** *Adj fig* prosaic(ally *Adv*), dull
prosit *Interj* your health!, cheers!
Prospekt *m* **1.** (*Werbe2 etc*) brochure, (*Faltblatt*) leaflet **2.** THEAT backdrop
prost → prosit
Prostata *f* ANAT prostate (gland)
prostituieren *v/refl* **sich ~** *a. fig* prosti-

P

tute o.s. **Prostituierte** f prostitute
Prostitution f prostitution

Protagonist(in) m(f) fig protagonist

Protégé m protégé **protegieren** v/t patronize, sponsor: **von j-m protegiert werden** be s.o.'s protégé

Protein n protein

Protektion f patronage

Protektionismus m WIRTSCH protectionism

protektionistisch Adj WIRTSCH protectionist

Protektorat n 1. POL protectorate 2. fig patronage

Protest m protest (a. WIRTSCH): **aus (unter)** ~ in (under) protest; ~ **einlegen** enter a protest (**gegen** against)

Protestant(in), **protestantisch** Adj Protestant **Protestantismus** m Protestantism **protestieren** v/i protest (**gegen etw** against s.th., Am a. s.th.)

Protestkundgebung f protest rally

Protestmarsch m protest march

Prothese f 1. artificial limb 2. (Zahn2) denture(s Pl)

Protokoll n 1. record, (Sitzungs2) minutes Pl: ~ **führen** take the minutes; **zu** ~ **geben** place on record, JUR depose, state (in evidence); **zu** ~ **nehmen** take down 2. POL protocol

protokollarisch Adj 1. on record, minuted: Adv ~ **festhalten** → **protokollieren** 2. POL (of) protocol

Protokoll|chef(in) POL chief of protocol ~**führer(in)** keeper of the minutes, recording clerk, JUR clerk of the court

protokollieren v/t record, enter in the minutes, take s.th. down

Proton n PHYS proton

Protoplasma n BIOL protoplasm

Prototyp m prototype

Protz m F show-off **protzen** v/i F show off (**mit** [with] s.o., s.th.)

protzig Adj F ostentatious, showy

Proviant m provisions Pl

Provider m IT (access) provider

Provinz f 1. province 2. (Ggs. Hauptstadt) the provinces Pl, fig pej backwater: **finsterste** (od **hinterste**) ~ **sein** be utterly provincial **provinziell** Adj, **Provinzler(in)** pej provincial

Provision f WIRTSCH (**auf** ~ on) commission

provisorisch Adj provisional, tempo-

rary **Provisorium** n 1. provisional agreement 2. (Notbehelf) makeshift

Provokateur(in) troublemaker **Provokation** f provocation **provozieren** v/t provoke: ~**d** provocative

Prozedur f procedure, iron ritual

Prozent n 1. per cent, Am percent: **zu 5** ~ at five per cent; **zu wie viel** ~? at what percentage? 2. Pl F (Gewinnanteil) percentage, (Rabatt) discount Sg

…**prozentig** in Zssgn per cent

Prozent|punkt m percentage point ~**satz** m allg percentage

prozentual Adj proportional: ~**er Anteil** percentage; Adv ~ **am Gewinn beteiligt sein** receive a percentage of the profit

Prozess m 1. process 2. JUR lawsuit, (Straf2) trial: **e-n** ~ **anstrengen gegen** bring an action against; **gegen j-n e-n** ~ **führen** be engaged in a lawsuit with s.o.; **e-n** ~ **gewinnen (verlieren)** win (lose) a case; **j-m den** ~ **machen** put s.o. on trial; fig **kurzen** ~ **machen** make short work (**mit** of)

Prozessakten Pl case files Pl

Prozess|gegenstand m matter in dispute ~**gegner(in)** opposing party

prozessieren v/i go to court, litigate: **gegen j-n** ~ **a)** bring an action against s.o., **b)** be engaged in a lawsuit with s.o.

Prozession f procession

Prozesskosten Pl (legal) costs Pl

Prozesskostenhilfe f legal aid

Prozessor m IT processor

Prozess|ordnung f code of procedure ~**partei** f party (to the action)

Prozessrechner m ELEK, COMPUTER process control computer

Prozesssteuerung f TECH process control

Prozessvollmacht f power of attorney

prüde Adj prudish: (**nicht**) ~ **sein** mst be a (no) prude **Prüderie** f prudery

prüfen v/t 1. examine, inspect, genau: scrutinize, (e-n Vorfall etc) investigate, look into, (e-n Vorschlag etc) consider, (nach~, über~) check, WIRTSCH (Bücher) audit, JUR (Entscheidung) review, TECH (erproben) (put to the) test: ~**der Blick** searching glance 2. PÄD, UNI examine, test: → **staatlich** II 3. (heimsuchen) afflict

Prüfer(in) PÄD, UNI examiner, TECH test-

er, WIRTSCH auditor

Prüfling *m* examinee, candidate

Prüfstand *m* TECH test bed: *fig* **auf dem** ~ being tested

Prüfstein *m fig* touchstone, test

Prüfung *f* **1.** PÄD examination, test, F exam: → **ablegen** 4 **2.** (*Untersuchung*) examination, *genaue*: *a.* scrutiny, *e-s Vorfalls etc*: *a.* investigation, (*Nach2̠, Über2̠*) check(ing), WIRTSCH (*Buch2̠*) audit, JUR review **3.** TECH (*Erprobung*) test, trial **4.** (*Heimsuchung*) trial, affliction **5.** SPORT (*Wettbewerb*) event

Prüfungs|angst *f* F exam nerves *Pl* **~arbeit** *f*, **~aufgabe** *f* examination (*od* test) paper **~ausschuss** *m* → **Prüfungskommission** **~gebühr** *f* examination fee **~kommission** *f* board of examiners **~ordnung** *f* examination regulations *Pl* **~zeugnis** *n* certificate

Prüfverfahren *n* method of testing

Prüfvorrichtung *f* testing apparatus

Prügel *m* **1.** (heavy) stick, cudgel **2.** *Pl* F ~ **beziehen** get a (sound) thrashing, *a.* SPORT get clobbered

Prügelei *f* fight, brawl

Prügelknabe *m fig* scapegoat

prügeln *v/t* thrash, clobber: **sich** ~ (have a) fight

Prügelstrafe *f* corporal punishment

Prunk *m* splendo(u)r, *pej* pomp

Prunkstück *n* F showpiece

prunkvoll *Adj* splendid, magnificent

prusten *v/i* snort (**vor** *Dat* with)

PS *Abk* **1.** (= **Pferdestärken**) H.P. **2.** (= **Postskriptum**) PS

Psalm *m* psalm **Psalmist(in)** *f* psalmist

Psalter *m* psalter

Pseudo..., **pseudo...** pseudo...

Pseudokrupp *m* MED pseudo-croup

pseudonym *Adj* pseudonymous

Pseudonym *n* pseudonym, *e-s Schriftstellers*: *a.* pen name

pst *Interj* (*still*) shh!, (*horch*) psst!

Psyche *f* psyche

psychedelisch *Adj* psychedelic

Psychiater(in) *f* psychiatrist, F shrink

Psychiatrie *f* **1.** psychiatry **2.** (*Abteilung*) psychiatric ward

psychiatrisch *Adj* psychiatric

psychisch *Adj* psychic(al), (*a* ~ *bedingt*) psychological, mental: **~e Erkrankung** mental illness

Psychoanalyse *f* psychoanalysis

Psychoanalytiker(in) psychoanalyst

Psychogramm *n* psychograph, *fig a.* profile

Psychologe *m*, **Psychologin** *f* psychologist **Psychologie** *f* psychology

psychologisch *Adj* psychological

Psychopath(in) psychopath

psychopathisch *Adj* psychopathic

Psychopharmakon *n* (*Pl* **-ka**) psychochemical

Psychose *f a. fig* psychosis

psychosomatisch *Adj* psychosomatic

Psychoterror *m* psychological intimidation

Pychotherapeut(in) psychotherapist

psychotherapeutisch *Adj* psychotherapeutic(ally *Adv*)

Psychotherapie *f* psychotherapy

psychotisch *Adj* psychotic(ally *Adv*)

Pubertät *f* puberty

pubertieren *v/i* go through puberty

publik *Adj* ~ **sein** (**werden**) be (become) common knowledge; ~ **machen** make *s.th.* public

Publikation *f* publication

Publikum *n* *the* public, audience, TV *a.* viewers *Pl*, RADIO *a.* listeners *Pl*, SPORT spectators *Pl*, (*Gäste*) customers *Pl*, (*Besucher*) visitors *Pl*

Publikums|erfolg *m* great (popular) success **~geschmack** *m* (**dem** ~ **entsprechen** be in) the public taste **~liebling** *m* darling of the public

publizieren *v/t* publish

Publizist(in) publicist, journalist

Publizistik *f* journalism

publizistisch *Adj* journalistic(ally *Adv*)

Pudding *m* blancmange

Pudel *m* ZOOL poodle: F **dastehen wie ein begossener** ~ look crestfallen **~mütze** *f* bobble hat **2̠nass** *Adj* F soaking wet **2̠wohl** *Adj* F **sich** ~ **fühlen** feel great

Puder *m*, F *a. n* powder **Puderdose** *f* powder compact **pudern** *v/t* powder

Puderquaste *f* puff

Puderzucker *m* icing (*Am* confectioner's) sugar

Puff [1] *m* **1.** (*Stoß*) thump, *in die Rippen*: poke, dig, *leichter*: nudge: F *fig* **er** (**es**) **kann schon e-n** ~ **vertragen** he (it) can stand a knock **2.** (*Knall*) pop, bang

Puff [2] *m*, *a. n* (*Bordell*) brothel

Puffärmel *m* puffed sleeve

puffen I v/t thump, *leicht*: nudge **II** v/i puff
Puffer m **1.** *allg* buffer **2.** → **Kartoffelpuffer Pufferstaat** m buffer state
Puffreis m puffed rice
Pulle f F bottle: *fig* **volle ~** full blast
Pulli m (light) sweater
Pullover m sweater, pullover
Pullunder m tank top
Puls m pulse: **j-m den ~ fühlen** feel s.o.'s pulse, *fig* sound s.o. out **Pulsader** f artery **pulsieren** v/i a. *fig* pulsate
Pulsschlag m pulse beat **Pulswärmer** m wristlet **Pulszahl** f pulse rate
Pult n *allg* desk, (*Redner2*) lectern: MUS **am ~ XY** XY conducting
Pulver n *allg* powder, (*Schieß2*) gunpowder: F *fig* **er hat das ~ nicht erfunden** he is no great light; **~ Schuss** 1
Pulverfass n a. *fig* powder keg: *fig* **wie auf e-m ~ sitzen** be sitting on top of a volcano
pulverisieren v/t pulverize
Pulverkaffee m instant coffee
Pulverschnee m powdery snow
Puma m ZOOL puma, *Am* cougar
pummelig *Adj* F plump
Pump m F **auf ~** on tick
Pumpe f **1.** pump **2.** *sl* (*Herz*) ticker
pumpen v/t u. v/i **1.** pump **2.** F (*leihen*) lend, *bes Am* loan: **sich etw ~** borrow s.th. (**bei j-m** from s.o.)
Pumpernickel m pumpernickel
Pumps m court shoe
Punker(in) punk
Punkt m **1.** point (a. MATHE, *Sport etc*), (*Tüpfelchen*) dot, LING, BUCHDRUCK full stop, *Am* period, *bei Internetadressen*: dot: **der grüne ~** symbol for recyclable packaging; **nach ~en siegen** win on points; **~ 10 Uhr** at ten o'clock sharp **2.** (*Stelle*) spot: *fig* **bis zu e-m gewissen ~** up to a point; → **tot, wund 3.** *fig* (*Einzelheit*) point, item, (*Thema*) subject: **in vielen ~en** in many respects; F **der springende ~** the crux (of the matter), the whole point; **die Sache auf den ~ bringen** hit the nail squarely on the head, put it in a nutshell; → **strittig**
punkten I v/t dot **II** v/i SPORT score (points)
punktieren v/t MED puncture
pünktlich I *Adj* punctual: **sei ~!** be on

time!; **sie ist selten ~** she's a bad timekeeper **II** *Adv* punctually, on time: **~ um 10 Uhr** at ten o'clock sharp
Pünktlichkeit f punctuality
Punkt|richter(in) SPORT judge **~sieg** m win on points, points decision **~sieger(in)** winner on points **~spiel** n league match **~system** n points system
punktuell *Adj* selective(ly *Adv*), *Adv* a. at certain points
Punsch m GASTR punch
Pupille f pupil
Püppchen n dolly **Puppe** f **1.** doll (a. F *Mädchen*), (*Marionette, a. fig*) puppet (*Kleider2, a. für Crashtests*) dummy: F **bis in die ~n schlafen** sleep till all hours **2.** ZOOL chrysalis, pupa, *des Seidenspinners*: cocoon
Puppen|spiel n puppet show **~spieler(in)** puppeteer **~stube** f doll's house, *Am* dollhouse **~theater** n puppet theat/re (*Am* -er) **~wagen** m doll's pram, *Am* doll carriage (*od* buggy)
pur *Adj* pure, (*bloß*) a. sheer, *Whisky*: neat, *Am* straight
Püree n GASTR purée, mash
Puritaner(in) Puritan **puritanisch** *Adj hist* Puritan, *pej* puritanical
Purpur m, **purpurrot** *Adj* crimson
Purzelbaum m forward roll
purzeln v/i tumble
Push-up-BH m push-up bra
Puste f F breath: **außer ~ sein** be puffed
Pustel f MED pustule
pusten v/i u. v/t puff, (*blasen*) a. blow: F MOT **er musste ~** he was breathalyzed
Pute f ZOOL turkey (hen): F *fig* **dumme ~** silly goose **Puter** m ZOOL turkey (cock)
puterrot *Adj* (**~ werden** turn) scarlet
Putsch m POL putsch, coup (d'état), revolt **putschen** v/i revolt
Putschist(in) putschist
Putte f putto
Putz m **1.** ARCHI plaster: ELEK **unter ~** buried, concealed; F *fig* **auf den ~ hau(en a)** go to town, **b)** (*angeben*) show off **2.** F (*Krach*) row: **~ machen** raise hell
putzen I v/t clean (a. *Gemüse*), (*Schuhe*) polish, *Am* shine, (*Gefieder*) preen: **sich die Nase ~** blow one's nose; **sich die Zähne ~** brush one's teeth **II** v/i clean: **~** (*gehen*) work as a cleaner **III** v/refl **sich ~** a. *fig* preen o.s
Putz|frau f, **~hilfe** f cleaning lady

putzig *Adj* F funny
Putz|kolonne *f* cleaning crew, cleaners *Pl* **~lappen** *m* cloth
Putzmann *m* cleaner
Putzmittel *n* cleaning agent
putzmunter *Adj* F **1.** (*wach*) wide-awake **2.** (*vergnügt*) chirpy
Putzteufel *m* dirt-obsessed housewife
Putzzeug *n* cleaning things *Pl*

puzzeln *v/i* do a (jigsaw) puzzle
Puzzle *n* jigsaw (puzzle)
Pygmäe *m*, **Pygmäin** *f* pygmy
Pyjama m (pair of) pyjamas (*Am* pajamas) *Pl*
Pyramide *f a. fig* pyramid
pyramidenförmig *Adj* pyramidal
Pyrenäen *Pl the* Pyrenees *Pl*

Q

Q, q *n* Q, q
Quacksalber(in) quack
Quacksalberei *f* quackery
Quadrant *m allg* quadrant
Quadrat *n* square: **2 Fuß im ~** 2 feet square; MATHE **ins ~ erheben** square; **3 zum** (*od im*) **~ ist 9** three squared equals nine **quadratisch** *Adj* square, MATHE quadratic **Quadratmeter** *m*, *n* square metre (*Am* meter) **Quadratur** *f* quadrature: *fig* **die ~ des Kreises** the squaring of the circle **Quadratwurzel** *f* square root **quadrieren** *v/t* square
quadrophon *Adj* quadrophonic(ally *Adv*)
quaken *v/i* Ente: quack, Frosch: croak
quäken *v/i* squawk
Quäker(in) Quaker
Qual *f* agony, *seelische: a.* anguish (*beide a.* **~en** *Pl*), (*hartes Los, Nervenprobe*) ordeal: **unter ~en** in (great) pain, *fig* with great difficulty; **es war e-e ~** it was hell; **die ~ der Wahl** an embarras de richesse, the ordeal of choice
quälen I *v/t* torment, (*foltern*) torture (*beide a. fig*), *fig* (*bedrücken*) haunt, *mit Bitten etc*: pester; → **gequält II** *v/refl* **sich ~** (*mit*) **a)** *innerlich:* torment o.s. (with), **b)** (*sich abmühen*) struggle hard (with), **c)** *e-r Krankheit:* suffer (badly) (from) **quälend** → **qualvoll** **Quälerei** *f* **1.** tormenting (*etc*, → **quälen** I) **2.** torment, torture
Quälgeist *m* pest, tormentor
Qualifikation *f* qualification
Qualifikationsrunde *f* SPORT qualifying round
qualifizieren *v/t u. v/refl* **sich ~** qualify

(*für* for): **qualifiziert** *allg* qualified
Qualität *f* quality
qualitativ *Adj* qualitative
Qualitäts|arbeit *f* high-quality work **~kontrolle** *f* quality control **~management** *n* quality management **~sicherung** *f* quality assurance **~ware** *f* high-quality article, *Koll* quality goods *Pl* **~wein** *m* quality-tested wine
Qualle *f* ZOOL jellyfish
Qualm *m*, **qualmen** *v/i u. v/t* smoke
qualmig *Adj* smoky
qualvoll *Adj* very painful, *Schmerzen:* excruciating, *a. seelisch:* agonizing
Quäntchen *n* dram, *fig a.* grain
Quantenphysik *f* quantum physics *Sg*
Quantensprung *m* quantum leap
Quantentheorie *f* quantum theory
quantifizieren *v/t* quantify **Quantität** *f* quantity **quantitativ** *Adj* quantitative **Quantum** *n* quantum, amount, (*Anteil*) share, quota
Quarantäne *f* (*unter ~ stellen* put in) quarantine
Quark *m* **1.** GASTR curd cheese **2.** → **Quatsch**
Quartal *n* quarter (year)
Quartett *n* **1.** MUS quartet(te) **2.** *fig* foursome **3.** (*Spiel*) happy families *Pl*
Quartier *n* accommodation, *bes* MIL quarters *Pl*
Quarz *m* quartz **~uhr** *f* quartz watch
quasi *Adv* as it were
quasseln → **quatschen**
Quaste *f* **1.** tassel **2.** → **Puderquaste**
Quatsch *m* F *allg* rubbish, rot: **~ machen a)** fool around, **b)** do s.th. stupid; **red k-n ~!** don't talk rubbish!, *weit. S.*

you're kidding! **quatschen** *v/i* F **1.** talk rubbish **2.** (*klatschen*) gossip **3.** (*plaudern*) chat, waffle **4.** (*ausplaudern*) blab **Quatschkopf** *m* F silly ass

Quecke *f* BOT couch grass

Quecksilber *n* quicksilver, mercury **~säule** *f* mercury column **~vergiftung** *f* mercury poisoning

Quelldatei *f* COMPUTER source file

Quelle *f* spring, (*Fluss②*) source (*a. fig Text, Ursprung, Person etc*), (*Brunnen, Öl②*) well: *fig etw aus sicherer ~ wissen* have s.th. on good authority

quellen *v/i* **1.** (*aus*) from) pour (*a. fig*), *Blut, Wasser:* well, gush **2.** (*anschwellen*) swell: *Erbsen etc ~ lassen* soak

Quellen|angabe *f* reference: *~n Pl* bibliography *Sg* **~material** *n* source material **~steuer** *f* withholding tax **~studium** *n* basic research

Quellgebiet *n* headwaters *Pl*

Quellprogramm *n* COMPUTER source program

Quellwasser *n* spring water

Quengelei *f* F beefing, *e-s Kindes:* whining **quengelig** *Adj* grumpy, whining

quengeln *v/i* grumble, *Kind:* whine

Quentchen *n* → **Quäntchen**

quer *Adv* **a)** crosswise, across, **b)** diagonally, **c)** at right angles (*zu* to): *~ über* (*Akk*) across; *~ gestreift* horizontally striped; F *fig sich ~ legen, ~ schießen* make trouble

Quer… *mst* cross … **Querachse** *f* lateral axis **Querbalken** *m* crossbeam **Querdenker(in)** unconventional thinker

Quere *f* *j-m in die ~ kommen* get in s.o.'s way

querfeldein *Adv* across country **Querfeldeinlauf** *m* cross-country race

Querflöte *f* transverse flute

Querformat *n* horizontal format

Querkopf *m* F pigheaded fellow

Querlatte *f* SPORT crossbar

Querpass *m* SPORT cross pass

Querpfeife *f* MUS fife

Querschiff *n* ARCHI transept

Querschläger *m* MIL ricochet

Querschnitt *m* cross-section (*a. fig durch* of)

querschnitt(s)gelähmt *Adj*, **Querschnitt(s)gelähmte** *m, f* MED paraplegic

Querschnitt(s)lähmung *f* MED paraplegia

Querschnittzeichnung *f* sectional drawing

Querstraße *f* intersecting road: *zweite ~ rechts* second turning on the right

Querstreifen *m* cross stripe

Querstrich *m* horizontal line, dash

Quertreiber(in) F obstructionist

Quertreiberei *f* F obstruction(ism)

Querulant(in) troublemaker

Quer|verbindung *f* cross connection, *fig a.* link **~verweis** *m* cross reference

quetschen *v/t* squeeze (*a. fig sich* o.s.), MED bruise, (*zer~*) crush

Quetschung *f* MED bruise, contusion

Quickie *m* F *allg* quickie

quicklebendig *Adj* F lively, active, *bes ältere Person:* spry

quieken *v/i* squeak

quietschen *v/i* squeal, squeak

quietschvergnügt *Adj* F chirpy, cheerful

Quinte *f* MUS fifth

Quintessenz *f* essence

Quintett *n* MUS quintet(te)

Quirl *m* **1.** GASTR beater **2.** BOT whorl **3.** *fig* live wire **quirlen** *v/t* (*Eier etc*) whisk, beat **quirlig** *Adj* fig lively

quitt *Adj* *mit j-m ~ sein* (*werden*) be (get) quits with s.o.

Quitte *f* BOT quince

quittieren *v/t* **1.** give a receipt for: *fig etw mit e-m Lächeln etc ~* meet s.th. with a smile *etc* **2. den Dienst ~** resign

Quittung *f* (*gegen ~* on) receipt: *fig das ist die ~ für d-n Leichtsinn etc* that's what you get for being so careless *etc*

Quittungsblock *m* receipt book

Quittungsformular *n* receipt form

Quiz *n* quiz **Quizmaster(in)** quizmaster

Quizsendung *f* quiz program(me *Br*)

Quote *f* quota, (*Anteil*) share, rate

Quotenregelung *f* quota regime

Quotient *m* MATHE quotient

quotieren *v/t* WIRTSCH quote

R

R, r *n* R, r

Rabatt *m* (*mit 3 Prozent ~* at a 3 percent) discount

Rabattmarke *f* trading stamp

Rabbi, Rabbiner *m* rabbi

Rabe *m* raven

Rabenmutter *f* uncaring mother

rabenschwarz *Adj* jet-black, *Nacht:* pitch-dark

rabiat *Adj* (*wütend*) furious, (*roh*) rough, brutal, (*rücksichtslos*) ruthless

Rache *f* revenge, vengeance: *aus ~* in revenge (*für* for); *~ schwören* vow vengeance; *~ nehmen* (*od üben*) → *rächen* II; *Tag der ~* day of reckoning

Racheakt *m* act of revenge

Rachen *m* 1. ANAT throat 2. (*Maul, a. fig Schlund*) jaws *Pl*, maw: F *fig j-m etw in den ~ schmeißen* cast s.th. into s.o.'s hungry maw; *er kann den ~ nicht voll kriegen* he can't get enough

rächen I *v/t* (*an Dat* on, upon) avenge, revenge II *v/refl sich ~* take revenge, get one's own back; *sich an j-m ~* revenge o.s. (*od* take revenge) on s.o.; *fig es rächte sich* (*bitter*), *dass er ...* he had to pay dearly for *Ger*

Rachenkatarr(h) *m* MED pharyngitis

Rachitis *f* MED rickets *Pl* (*a. Sg konstr*)

rachitisch *Adj* MED rickety

Rachsucht *f* vindictiveness

rachsüchtig *Adj* vindictive

rackern *v/i* F slave away

Rad *n* 1. wheel: *ein ~ schlagen* a) *Pfau:* spread the tail, b) turn cartwheels; *das fünfte ~ am Wagen sein* be the fifth wheel; *fig unter die Räder kommen* go to the dogs, SPORT F take a hammering 2. (*Fahr~*) bicycle, F bike; *~ fahren* a) cycle, (ride a) bicycle, F bike, b) F *pej* toady

Radar *m, n* radar *~falle f* MOT F radar (speed) trap *~gerät n* radar (set) *~kontrolle f* radar control *~schirm m* radar screen *~schirmbild n* radar display *~sichtgerät n* radarscope

Radau *m* F (*~ machen* kick up a) row

Raddampfer *m* paddle steamer

radebrechen *v/t Englisch etc ~* speak broken English *etc*

radeln *v/i* F cycle, pedal, bike

Rädelsführer(in) ringleader

rädern *v/t hist* break *s.o.* on the wheel; → *gerädert*

Radfahrer(in) 1. cyclist 2. F *pej* toady

Radfahrweg *m* cycle track

Radicchio *m* BOT radicchio

radieren *v/t u. v/i* 1. (*aus~*) erase, rub *s.th.* out 2. KUNST etch

Radiergummi *m* eraser, *Br a.* rubber

Radierung *f* KUNST etching

Radieschen *n* BOT radish

radikal *Adj*, **Radikale** *m, f* radical

radikalisieren *v/t* radicalize

Radikalismus *m* radicalism

Radikalkur *f* drastic cure, *fig* drastic measures *Pl*

Radio *n* radio, *Br a.* wireless: *im ~* on the radio; *~ hören* listen to the radio

radioaktiv *Adj* radioactive: *~er Niederschlag* fallout

Radioaktivität *f* radioactivity

Radioapparat *m* radio (set), *Br a.* wireless (set)

Radiologe *m*, **Radiologin** *f* MED radiologist

Radiorekorder *m* radio cassette recorder **Radiowecker** *m* radio alarm (clock)

Radium *n* CHEM radium

Radius *m* radius

Rad|kappe *f* hub cap *~kasten m* wheel case *~rennbahn f* cycling track *~rennen n* cycle race *~sport m* cycling *~sportler(in)* cyclist *~tour f* cycle tour *~wandern n* cycling tour(s *Pl.*) *~weg m* cycle track

RAF *f* (= *Rote Armee Fraktion*) Red Army Faction

raffen *v/t* 1. (*auf~*) snatch up, (*Kleid etc*) gather up 2. *fig* condense, tighten

Raffgier *f* greed

Raffinade *f* refined sugar **Raffinerie** *f* refinery **Raffinesse** *f* (*Schlauheit*) cleverness, (*Feinheit*) subtlety, sophistication, *des Geschmacks etc: a.* refinement

raffinieren *v/t* refine **raffiniert** *Adj* 1. refined, (*fig verfeinert*) a. subtle, sophisticated 2. *fig* (*schlau*) clever

Rafting *n* white-water rafting

Rage f rage, fury: *j-n in ~ bringen* make s.o. furious

ragen v/i tower, loom: *~ aus* (*Dat*) rise (*horizontal*: project) from

Raglanärmel Pl raglan sleeves Pl

Ragout n GASTR ragout

Rahe f SCHIFF yard

Rahm m cream; → *abschöpfen*

rahmen v/t frame, (*Dias*) mount

Rahmen m allg frame (a. MOT, TECH), fig a. framework, (*Bereich*) scope, (*Grenzen*) limits Pl, (*Hintergrund*) setting: *im ~ von* (*od Gen*) within the scope of; *im ~ des Festes* in the course of the festival; *im ~ der Ausstellung finden … statt* the exhibition will include …; *im ~ des Möglichen* within the bounds of possibility; *in großem ~* on a large scale; *aus dem ~ fallen* a) be unusual, be off-beat, b) F (*sich schlecht benehmen*) get out of line, misbehave; *den ~ e-r Sache sprengen* go beyond the scope of s.th.

Rahmen|abkommen n skeleton agreement **~bedingungen** Pl general conditions Pl **~erzählung** f link and frame story **~gesetz** n skeleton law **~handlung** f frame (story) **~programm** n fringe events Pl

rahmig Adj creamy

Rahmkäse m cream cheese

Rahsegel n square sail

Rakete f rocket, MIL a. missile

Raketen|abschussbasis f rocket launching site, MIL missile base **~abwehrsystem** n antiballistic missile defence system **~antrieb** m rocket propulsion: *mit ~* rocket-propelled, rocket-powered **~stützpunkt** m MIL missile base

Rallye f (motor) rally

RAM n (= *random access memory*) RAM

rammen v/t ram

Rampe f 1. ramp 2. THEAT apron

Rampenlicht n THEAT footlights Pl: fig *im ~ stehen* be in the limelight

ramponieren v/t F a. fig batter

Ramsch m a) WIRTSCH rejects Pl, b) F pej junk, trash

ran Interj F let's go!; *in Zssgn* → *heran…*

Rand m 1. edge, *e-s Tellers etc*: rim, *des Hutes*: brim, *e-r Seite etc*: margin, *e-r Wunde*: lip, *e-s Abgrunds, a. fig* brink:

voll bis zum ~ brimful; *e-n ~ lassen* leave a margin; *am ~e des Waldes* (*der Stadt*) on the edge of the wood (on the outskirts of the town); fig *am ~e des Ruins* (*e-s Krieges, der Verzweiflung etc*) on the brink of ruin (war, despair, etc); *am ~e* (*e-s*) *notieren etc*: in the margin, b) *erwähnen etc*: in passing; (*nur*) *am ~e erleben, interessieren etc*: (only) marginally; *am ~e bemerkt* by the way 2. (*Schmutz~*) mark, *in der Badewanne etc*: F a. tidemark 3. F *außer ~ und Band* a) *Kinder etc*: completely out of hand, b) *vor Freude etc*: quite beside o.s.; → *zurande*

Randale f F *~ machen* → *randalieren* v/i raise hell, riot

Randalierer(in) hooligan, rioter

Randbemerkung f a) marginal note, b) passing remark **Randerscheinung** f side issue **Randgebiet** n borderland (a. fig), *e-r Stadt*: outskirts Pl

Randgruppe f fringe group

randlos Adj Brille: rimless

Randproblem n side issue

Randstein m → *Bordstein*

Randstreifen m MOT shoulder

Rang m 1. rank (a. MIL), (*Stand*) status, (*Stellung*) position, (*Güte*) quality: fig *ersten ~es* first-class, first-rate; *j-m den ~ ablaufen* outstrip s.o.; *j-m den ~ streitig machen* compete with s.o.; *alles was ~ und Namen hat* all the notables (F VIP's) 2. THEAT *erster ~* dress circle, *Am* first balcony; *zweiter ~* upper circle, *Am* second balcony; SPORT *die Ränge* Pl the terraces Pl 3. *Lotto, Toto*: (dividend) class

Rangabzeichen n badge of rank, Pl insignia Pl

rangehen v/i F go it

rangeln v/i F scuffle: fig *um etw ~* wrangle for s.th.

Rangfolge f order of precedence

ranghoch Adj high-ranking

rangieren I v/t BAHN shunt, *Am* switch **II** v/i fig rank (*vor j-m* before s.o.)

Rangiergleis n siding

Rangliste f SPORT ranking list, table

Rangordnung f order of precedence, hierarchy

ranhalten v/refl *sich ~* F a) (*sich beeilen*) get on with it, b) (*zugreifen*) dig in

rank Adj a. *~ und schlank* slim

Ranke *f* BOT tendril **ranken** *v/i u. v/refl* **sich ~** climb, creep

Ranking *n Leistungseinstufung:* ranking

ranlassen *v/t* F **j-n an etw ~** let s.o. (have a go) at s.th.; *lass mich mal ran!* let me have a go!

rannehmen *v/t* F **j-n ~** ride s.o. hard

Ranzen *m* knapsack, (*Schul*🄂) satchel

ranzig *Adj* rancid

rapid(e) *Adj* rapid

Rappe *m* black horse

Rappel *m* F **e-n ~ haben** be off one's rocker; **e-n ~ kriegen** flip (one's lid)

Rap *m*, **rappen** *v/i* rap

Rappen *m schweiz.* Swiss centime

Raps *m* BOT rape(seed)

rar *Adj* rare (*a. fig exquisit*), scarce: F **sich ~ machen** make o.s. scarce

Rarität *f* rarity, (*Sache*) *mst* curiosity

rasant *Adj* **1.** (*sehr schnell*) fast **2.** *fig* meteoric **3.** *Entwicklung, Fortschritt etc:* rapid

rasch *Adj* quick, *Handlung etc: a.* swift, speedy, *Tempo:* fast: *mach ~!* be quick!

rascheln *v/i* rustle

rasen *v/i* **1.** (*sich sehr schnell fortbewegen*) race (along), tear (along): **~ gegen** run into, *Auto: a.* crash into **2.** *vor Zorn etc:* rave **3.** *Sturm, Meer:* rage

Rasen *m* grass, (*~platz*) lawn

rasend I *Adj* **1.** *Person:* raving, *Schmerzen:* agonizing: **~e Kopfschmerzen** a splitting headache; **~e Wut** violent rage; **~ werden** (**machen**) go (drive s.o.) mad **2.** *Tempo:* breakneck II *Adv* **3.** F madly (*in love etc*): **etw ~ gern tun** be mad about s.th.

Rasenmäher *m* lawn mower

Rasensprenger *m* sprinkler

Raser(in) F speeder **Raserei** *f* **1.** F MOT speeding **2.** (*Wut*) fury, (*Wahnsinn*) frenzy, madness

Rasierapparat *m* safety razor: (*elektrischer ~* electric) shaver

Rasiercreme *f* shaving cream

rasieren I *v/t* (*sich ~ lassen* get a) shave II *v/refl* **sich ~** (have a) shave: *sich elektrisch ~* use an electric shaver

Rasier|klinge *f* razor blade **~messer** *n* (straight) razor **~pinsel** *m* shaving brush **~schaum** *m* shaving foam **~seife** *f* shaving stick

Rasierwasser *n* aftershave (lotion)

Rasierzeug *n* shaving things *Pl*

raspeln *v/t* grate: → **Süßholz**

Rasse *f allg* race (*a. fig*), ZOOL (*Zucht*) breed **Rassehund** *m* pedigree dog

Rassel *f* rattle **rasseln** *v/i* rattle: F **durch e-e Prüfung ~** fail (in an examination), *bes Am* flunk (an exam)

Rassen... *mst* racial (*discrimination, problem, policy, etc*). **~hass** *m* race hatred **~krawall** *m* race riot **~mischung** *f* mixture of races, (*Tier*) crossbreed **~schranke** *f* colo(u)r bar **~trennung** *f* (racial) segregation, *hist in Südafrika:* apartheid **~unruhen** *Pl* race riots *Pl*

Rassepferd *n* thoroughbred (horse)

rassig *Adj* thoroughbred, *fig a.* racy

Rassismus *m* racism

Rassist(in), **rassistisch** *Adj* racist

Rast *f* rest, (*Pause*) *a.* break: (*e-e*) *machen* → **rasten**

Rastalocken *Pl* dread locks *Pl*

Raste *f* TECH catch, (*Fuß*🄂) footrest

rasten *v/i* (take a) rest

Raster *m* FOTO, BUCHDRUCK screen, TV *a.* raster, ELEK grid

Rasthaus *n* motorway restaurant

rastlos *Adj* restless

Rastplatz *m* resting place, MOT layby, *Am* rest stop

Raststätte *f* MOT service area

Rasur *f* shave

Rat *m* **1.** (*piece of*) advice, (*Vorschlag*) suggestion, (*Empfehlung*) recommendation, (*Ausweg*) way out: *auf s-n ~ hin* on his advice; *j-n um ~ fragen* (*j-s ~ folgen*) ask s.o.'s advice; *~ schaffen* find a way out; *~ suchen* seek advice; *~ wissen* know what to do; *k-n ~ mehr wissen* be at a loss; *zu ~e* → **zurate 2. a)** (*Versammlung*) council, board, **b)** (*Person*) council(l)or

Rate *f* **1.** instal(l)ment: *in ~n zahlen* pay by (*od* in) instal(l)ments **2.** (*Geburten*🄂, *Zuwachs*🄂 *etc*) rate

raten *v/t u. v/i* **1.** *j-m (zu etw) ~* advise s.o. (to do s.th.); *~ etw zu tun* recommend doing s.th.; *zur Vorsicht ~* recommend caution; *wozu ~ Sie mir?* what do you advise me to do?, what would you recommend? **2.** (*er...*) guess, (*Rätsel*) *a.* solve: F *rate mal!* just guess!; *falsch geraten!* wrong guess!

Ratenzahlung *f* payment by instal(l)-ments

Ratespiel n guessing (TV panel) game
Ratgeber m reference book
Ratgeber(in) f adviser
Rathaus n townhall, *bes Am* city hall
Ratifikation f, **Ratifizierung** f ratification **ratifizieren** v/t ratify
Ration f (*eiserne ~* iron) ration
rational *Adj* rational **rationalisieren** v/t rationalize **Rationalisierung** f rationalization **Rationalisierungsfachfrau** f, **Rationalisierungsfachmann** m efficiency expert **Rationalismus** m rationalism **rationell** *Adj* rational, (*wirtschaftlich*) efficient
rationieren v/t ration
Rationierung f rationing
ratlos *Adj* helpless: *~ sein* a. be at a loss
Ratlosigkeit f helplessness
ratsam *Adj* advisable, wise
Ratschlag m (piece of) advice: *einige gute Ratschläge* some good advice
Rätsel n riddle, puzzle (*a. fig*), (*Geheimnis*) a. mystery, enigma: *es ist mir ein (völliges) ~* it's a (complete) mystery to me, F it beats me; *er ist mir ein ~* I can't make him out; *sie stehen vor e-m ~* they are baffled
rätselhaft *Adj* baffling, puzzling, (*geheimnisvoll*) mysterious
Rätselraten n *fig* speculation
Ratte f ZOOL rat
Rattenfänger(in) ratcatcher, *fig* Pied Piper **Rattengift** n rat poison
rattern v/i, **Rattern** n rattle, clatter
rau *Adj allg* rough, *Klima, Behandlung, Stimme etc*: a. harsh, *Luft etc*: a. raw, *Hals*: sore, *Gegend*: wild, bleak, (*uneben*) rugged, (*grob*) coarse: *~e Hände* chapped hands; *~e See* stormy sea; *~e Stimme* hoarse (*od* husky) voice; *~e Sitten* rough practices; *~, aber herzlich* pretty rough; *fig die ~e Wirklichkeit* (the) harsh reality; F *in ~en Mengen* lots of
Raub m **1.** robbery, (*Menschen♀*) kidnap(p)ing **2.** (*Beute*) loot, (*Opfer*) prey: *ein ~ der Flammen werden* be destroyed by fire **Raubbau** m ruinous exploitation: *~ treiben mit* a) exploit ruthlessly, b) *s-r Gesundheit* ruin one's health **Raubdruck** m pirate edition
rauben v/t steal, (*Menschen*) kidnap: *j-m etw ~* a. *fig* rob s.o. of s.th.

Räuber(in) robber, (*Straßen♀*) highwayman **Räuberbande** f gang of robbers, *Am* holdup gang
räuberisch *Adj* rapacious, predatory: *~er Überfall* (armed) robbery, holdup **Raubfisch** m predatory fish **Raubkopie** f pirate copy
Raubmord m murder with robbery **Raubritter** m *hist* robber baron **Raubtier** n beast of prey **Raubüberfall** m (armed) robbery, holdup **Raubvogel** m bird of prey **Raubzug** m raid
Rauch m (*fig sich in ~ auflösen* go up in) smoke **rauchen** v/i u. v/t smoke, CHEM *etc* fume: F *e-e ~* have a smoke; ♀ *verboten!* No smoking!; → *Pfeife* 2
Räucher... GASTR smoked (*eel etc*)
Raucher m **1.** (*starker ~* heavy) smoker **2.** → *~abteil* n smoking compartment
Raucherhusten m MED smoker's cough
Raucherin f → *Raucher* 1
räuchern v/t GASTR smoke, cure
Räucherstäbchen n joss stick
Rauchfahne f trail of smoke
rauchig *Adj* smoky (*a. fig Stimme*)
Rauch|**melder** m smoke detector **~säule** f column of smoke **~verbot** n ban on smoking: *~!* No smoking! **~vergiftung** f smoke poisoning **~waren** Pl **1.** (*Pelze*) furs Pl **2.** tobacco products Pl
Rauchwolke f cloud of smoke
Räude f VET mange **räudig** *Adj* mangy
rauf(...) F → *herauf(...)*, *hinauf(...)*
Raufasertapete f woodchip (wall)paper
Raufbold m brawler, rowdy
raufen v/t *sich die Haare ~* tear one's hair **II** v/i u. v/refl *sich ~* brawl, fight (*um* for) **Rauferei** f brawl, fight
rauh → *rau*
Rauhaar... ZOOL wirehaired
Rauheit f roughness (*etc*)
Rauhreif m → *Raureif*
Raum m **1.** room **2.** (*Platz*) room, space (*a.* PHIL, PHYS), (*Gebiet*) area, region, (*Spiel♀*) scope, room: *im ~ (von) München* in the Munich area; *~ geben* (*e-m Gedanken*) give way to, (*e-r Hoffnung etc*) indulge in; *fig im ~ stehen* (*Problem etc*): be there **3.** (*Welt♀*) (outer) space
Raumanzug m space suit
Raumdeckung f SPORT zone defen|ce (*Am* -se)

räumen v/t **1.** leave, *bei Gefahr*, a. MIL evacuate, *(Wohnung)* quit, vacate, *(Saal, Straße etc*, a. WIRTSCH *Lager)* clear; → *Feld* **2.** *(weg~)* remove: → *Weg*

Raumfähre f space shuttle

Raumfahrt f space travel *(od* flight), astronautics *Sg* **Raumfahrt...** space *(medicine, programme, etc)*

Räumfahrzeug n bulldozer, *für Schnee*: snow clearer

Raumgestalter(in) interior decorator *(od* designer)

Raumgleiter m space shuttle

Rauminhalt m volume, capacity

Raumkapsel f space capsule

Raumlabor n space lab

räumlich *Adj* spatial, (of) space, three-dimensional, *Akustik*: stereophonic, OPT stereoscopic: *Adv* ~ **(sehr) beengt** cramped (for space) **Räumlichkeit** f room: ~**en** *Pl* premises *Pl*

Raummaß n solid measure **Raummeter** n, a. m cubic metre *(Am* meter)

Raumordnung f regional policy

Raumpfleger(in) cleaner

Räumpflug m bulldozer

Raumschiff n spacecraft, *bemanntes*: spaceship **Raumsonde** f space probe **Raumstation** f space station

Räumung f *allg* clearing, a. WIRTSCH clearance, *bei Gefahr*: evacuation *(a.* MIL), JUR *(Zwangs*♀*)* eviction

Räumungs|klage f JUR action for eviction **~verkauf** m WIRTSCH clearance sale

raunen v/i u. v/t whisper, murmur

Raupe f ZOOL caterpillar

Raupen|fahrzeug n crawler (truck) **~kette** f crawler **~schlepper** m track-laying *(od* crawler) tractor

Raureif m hoarfrost

raus *Interj* F get out!

raus(...) F → *heraus(...), hinaus(...)*

Rausch m intoxication *(a. fig)*, drunkenness, *(Drogen*♀*)* F high, *fig* ecstasy: **e-n ~ haben** be drunk; **s-n ~ ausschlafen** sleep it off

rauscharm *Adj* low-noise

rauschen I v/i **1.** *Blätter, Seide*: rustle, *Wasser, Bach etc*: rush, *Brandung etc*: roar, *Beifall*: thunder, *Tonband etc*: be noisy **2.** *Person*: sweep **II** ♀ n **3.** rustling *(etc)*, ELEK noise **rauschend** *Adj* **1.** rustling *(etc)* **2.** *fig Fest*: grand, glitter-

ing, *Beifall*: thunderous

Rauschgift n drug(s *Pl coll*) **~dezernat** n drug squad **~fahnder** m anti-drug agent **~handel** m drug traffic **~händler(in)** drug trafficker, dealer, *sl* pusher **~sucht** f drug addiction ♀**süchtig** *Adj* drug-addicted: ~ **sein** a. be a drug addict, be on drugs **~süchtige** m, f drug addict

Rauschgold n gold foil

rausfliegen v/i → *hinausfliegen* 2

rausgeben F → *herausgeben*

räuspern v/refl **sich ~** clear one's throat

rausschmeißen v/t F kick *s.o.* out, *(entlassen)* a. fire: *rausgeschmissen werden* a. get the boot **Rausschmeißer** f **1.** *in Lokalen*: bouncer **2.** get-out dance **Rausschmiss** m F the boot

Raute f **1.** lozenge, *bes* MATHE rhomb **2.** BOT rue **rautenförmig** *Adj* MATHE rhombic

Rave m, **~musik** f rave **Raver(in)** raver

Razzia f (police) raid *(od* round-up)

Reagenzglas n CHEM test tube

reagieren v/i *(auf Akk* to) react, *fig u.* TECH a. respond **Reaktion** f *(auf Akk* to) reaction, *fig a.* response

reaktionär *Adj*, **Reaktionär(in)** reactionary

Reaktions|fähigkeit f reactions *Pl*, CHEM reactivity ♀**schnell** *Adj* ~ **sein** have fast reactions **~zeit** f reaction time

Reaktor m PHYS reactor **~block** m reactor block **~kern** m reactor core **~sicherheit** f reactor safety

real *Adj* **1.** *(Ggs. ideal)* real *(a.* WIRTSCH) **2.** *(Ggs. irreal)* realistic(ally *Adv)*

Realeinkommen n real earnings *Pl*, real income

realisieren v/t *allg* realize

Realismus m realism **Realist(in)** realist **realistisch** *Adj* realistic(ally *Adv)*

Realität f reality, *(Gegebenheit)* a. fact

Reallohn m real wages *Pl*

Realschule f secondary school (leading to O-levels), *Am* junior high school

Rebe f *(Weinstock)* vine, *(Weinranke)* tendril

Rebell(in) a. *fig* rebel **rebellieren** v/i a. *fig* rebel **Rebellion** f a. *fig* rebellion **rebellisch** *Adj* a. *fig* rebellious

Rebhuhn n ZOOL partridge

Rebstock m BOT vine

Rechaud m spirit burner

Rechen m rake
Rechen|anlage f computer **~aufgabe** f (arithmetical) problem, leichte: sum **~fehler** m miscalculation, mistake **~maschine** f calculator, calculating machine
Rechenschaft f **~ ablegen über** (Akk) answer for; **j-n zur ~ ziehen** call s.o. to account (**wegen** for); **j-m schuldig sein** be answerable to s.o. (**über** Akk for) **Rechenschaftsbericht** m 1. statement (of accounts) 2. report
Rechen|schieber m, **~stab** m slide rule
Rechenzentrum n computer centre (Am center)
Recherche f investigation
recherchieren v/i investigate
rechnen I v/t 1. MATHE calculate, (aus~) work out 2. (veranschlagen) estimate, (berücksichtigen) count, allow for: **die Kinder nicht gerechnet** not counting the children 3. **j-n ~ zu** count s.o. among **II** v/i 4. calculate, bes PÄD sums: **falsch ~** miscalculate; **gut ~ können** be good at figures 5. (zählen) count: fig **~ zu** count among; **~ mit, ~ auf** (Akk) (bauen auf) count on, (erwarten) expect, reckon with; **mit mir kannst du nicht ~!** count me out! 6. (sparen) economize **III** v/refl 7. be profitable, pay off **IV** ♀ n 8. calculation, PÄD arithmetic
Rechner m 1. calculator 2. computer **Rechner(in)** calculator: **er ist ein guter Rechner** he is good at figures **rechnergesteuert** Adj computer-controlled
Rechnung f 1. a) (Be♀) calculation, b) (Aufgabe) problem, sum: **die ~ ging nicht auf** a. fig it didn't work out; → **Strich** 1 2. WIRTSCH account, bill, (Waren♀) invoice, im Lokal: bill, Am mst check: **die ~, bitte!** can I have the bill, please!; **auf ~** on account; **auf ~ kaufen** buy on credit; **das geht auf m-e ~!** that's on me!; fig **das geht auf s-e ~** that's his doing; **laut ~** as per invoice; fig **e-r Sache ~ tragen, etw in ~ ziehen** take s.th. into account; **j-m etw in ~ stellen** charge s.th. to s.o.'s account; fig **da hatte er die ~ ohne den Wirt gemacht** he had reckoned without his host
Rechnungs|betrag m invoice total **~hof** m audit office, Am audit division,

EU: Court of Auditors **~jahr** n financial year **~prüfer(in)** auditor **~prüfung** f audit **~wesen** n accountancy
recht I Adj 1. right, right-hand, POL right(-wing), rightist: **~e Hand** right hand (a. fig Person); **im ~e Hand** on the right; **~er Hand sehen Sie …** on your right you see …; **im ~en Winkel** (zu) at right angles (to) 2. allg right, (richtig) a. correct, (geeignet) a. suitable, (gerecht) a. just, fair: **das ist nur ~ und billig** that's only fair; **so ists ~!** that's it!; **ganz ~!** quite right!, exactly!; **zur ~en Zeit** at the right moment; **mir ists ~** that's all right with me, I don't mind; **mir ist alles ~** I don't care; **ist Ihnen ~, wenn …?** would you mind if …?; **schon ~!** it's all right!; → **Ding** 2, **Mittel** 1 3. (echt) real, true, regular: **er hat k-n ~en Erfolg** he is not much of a success **II** Adv 4. right(ly), well, correctly, (richtig) properly, (sehr) very, (ziemlich) rather, quite: **~ gut** not bad; **es gefällt mir ~ gut** I rather like it; **erst ~** all the more; **(nun) erst ~ nicht** (now) less than ever; **wenn ich es ~ überlege** (when I) come to think of it; **ich weiß nicht ~** I wonder; **daran tun zu** Inf do right to Inf; **es geschieht ihm ~** it serves him right; **das kommt mir gerade ~** that comes in handy; **man kann es nicht allen ~ machen** you can't please everybody; **verstehen Sie mich ~** don't get me wrong; **wenn ich Sie ~ verstehe** if I understand you rightly **III** ♀e, **das** 5. the right thing: **nicht das ♀e, nichts ♀es** not the real thing; **nach dem ♀en sehen** look after things
Recht n 1. (Gesetz) law, (Gerechtigkeit) justice: **~ und Ordnung** law and order; **nach deutschem ~** under German law; **von ~s wegen** by law, fig by rights; **gleiches ~ für alle** equal rights for all; **~ sprechen** administer justice; **im ~ sein** be in the right; **~ haben** be right; **~ behalten** be right in the end; **j-m ~ geben** agree with s.o. 2. (Berechtigung) right, (Anspruch) a. claim, title (alle: **auf** Akk to), (Vor♀) privilege, (Befugnis) power, authority: **mit ~, zu ~** justly, rightly; **das ~ haben zu** Inf have the right (od be entitled) to Inf; **zu s-m ~ kommen** come into one's own; **er hat es mit vollem ~ getan** he had every right to do

so; *alle ~e vorbehalten* all rights reserved

Rechte *f* **1.** right (hand *od* side): *zur ~n* on the right (hand); *zu s-r ~n* on (*od* to) his right **2.** *Boxen*: right **3.** POL *the* Right

Rechteck *n* rectangle

rechteckig *Adj* rectangular

rechtfertigen *v/t* justify (*sich* o.s.), (*verteidigen*) *a.* defend

Rechtfertigung *f* justification: *zu m-r ~* in my defen/ce (*Am* -se)

rechtgläubig *Adj* orthodox

rechthaberisch *Adj* dogmatic(ally *Adv*), (*stur*) self-opinionated, pigheaded

rechtlich I *Adj* legal, (*rechtmäßig*) *a.* lawful **II** *Adv* legally: *~ verpflichtet* bound by law

rechtlos *Adj* without rights

rechtmäßig *Adj* lawful, *Erbe etc*: legitimate: *Adv das steht ihm ~ zu* he is (legally) entitled to it **Rechtmäßigkeit** *f* lawfulness, legality

rechts *Adv* on the right (hand side): *nach ~* to the right; *~ von ihm* on his right; *~ abbiegen* turn off right; *sich ~ halten* keep to the right; POL *~ stehen* belong to the Right; POL *~ orientiert* right-wing **Rechtsabbieger** *m* MOT vehicle (*Pl* traffic *Sg*) turning right

Rechts|anspruch *m* legal claim (*auf Akk* to) **~anwalt** *m*, **~anwältin** *f* lawyer, *Br a.* solicitor, *vor Gericht*: counsel, barrister, *Am* attorney(-at-law)

Rechtsaußen *m* *Fußball*: outside right

Rechts|behelf *m* legal remedy **~beistand** *m* legal adviser, *vor Gericht*: counsel **~berater(in)** legal adviser **~beratungsstelle** *f* legal aid office **~beugung** *f* perversion of justice **~bruch** *m* breach of law

rechtsbündig *Adj* flush right, right justified

rechtschaffen *Adj* honest, upright

Rechtschaffenheit *f* honesty, probity

Rechtschreib|fehler *m* spelling mistake **~programm** *n* spellchecker **~reform** *f* spelling reform

Rechtschreibung *f* spelling

Rechtsextremist(in) right-wing extremist

Rechts|fall *m* (law) case **~frage** *f* question of law **~gefühl** *n* sense of justice

~gelehrte *m*, *f* jurist, lawyer **~geschäft** *n* legal transaction

rechtsgültig *Adj* legal(ly valid): *~ machen* validate

Rechtsgutachten *n* legal opinion

Rechtshänder(in) right-hander: *~ sein* be right-handed

rechtsherum *Adv* to the right

Rechtskraft *f* legal force, validity: *~ erlangen* become effective

rechtskräftig *Adj* legal(ly binding), *Urteil*: final, *Gesetz*: effective

Rechtskurve *f* right-hand bend

Rechts|lage *f* legal position **~mittel** *n* legal remedy: *ein ~ einlegen* lodge an appeal **~nachfolger(in)** successor in interest **~norm** *f* legal norm

Rechtspflege *f* administration of justice **Rechtsprechung** *f* jurisdiction, administration of justice

rechts|radikal *Adj* extreme right-wing **£radikale** *m*, *f* right-wing extremist **£ruck** *m* POL swing to the right

Rechtsschutz *m* legal protection **~versicherung** *f* legal costs insurance

Rechts|sicherheit *f* legal certainty **~spruch** *m* legal decision, *in Zivilsachen*: judgment, *in Strafsachen*: sentence **~staat** *m* constitutional state

rechtsstaatlich *Adj* constitutional

Rechtsstaatlichkeit *f* rule of law

Rechtssteuerung *f* right-hand drive

Rechtsstreit *m* lawsuit, action

Rechtstitel *m* legal title

rechtsunfähig *Adj* (legally) disabled

rechts|unwirksam *Adj* ineffective **~verbindlich** *Adj* (legally) binding (*für* on)

Rechtsverfahren *n* legal procedure, (*Prozess*) (legal) proceedings *Pl*

Rechtsverkehr *m* right-hand traffic: *in Italien ist ~* in Italy they drive on the right

Rechtsverletzung *f* infringement

Rechtsvertreter(in) legal representative, (*Bevollmächtigter*) (authorized) agent; → *a.* **Rechtsanwalt Rechtsweg** *m* course of law: *auf dem ~* by legal action; *den ~ beschreiten* go to law

rechtswidrig *Adj* illegal **Rechtswidrigkeit** *f* **1.** illegality **2.** unlawful act

rechtswirksam → **rechtskräftig**

Rechtswissenschaft *f* jurisprudence, law

rechtwink(e)lig *Adj* right-angled, rectangular

rechtzeitig I *Adj* punctual **II** *Adv* in time (*zu* for), (*pünktlich*) on time: *gerade* (*od genau*) ~ in the nick of time

Reck *n* SPORT horizontal bar

recken *v/t* stretch: *den Hals ~* (*nach etw*) crane one's neck (to see s.th.)

Reckturnen *n* bar exercises *Pl*

recycelbar *Adj* recyclable

recyceln *v/t* recycle

Recycling *n* TECH recycling

Redakteur(in) *f* (woman) editor

Redaktion *f* **1.** (*Tätigkeit*) editing **2.** (*Personal*) editorial staff **3.** (*Büro*) editorial office **redaktionell** *Adj* editorial: *Adv* ~ *bearbeiten* edit

Rede *f* **1.** speech, address: *e-e* ~ *halten* make a speech; *F große ~n schwingen* talk big **2.** (*Reden*) talk(ing), speech (*a.* LING), (*Gespräch*) conversation, talk, (*Worte*) words *Pl*, language: LING *direkte* (*indirekte*) ~ direct (reported *od* indirect) speech; *die* ~ *kam auf* (*Akk*) the conversation (*od* talk) turned to; (*j-m*) ~ (*und Antwort*) *stehen* account (to s.o.) (über *Akk* for); *j-n zur* ~ *stellen* take s.o. to task (*wegen Gen* for); *wovon ist die ~?* what are you (*od* they) talking about?; *davon kann k-e* ~ *sein!* that's out of the question!; *es ist nicht der* ~ *wert* it is not worth mentioning, *bei Dank:* don't mention it!, (*macht nichts*) never mind!; *der langen* ~ *kurzer Sinn* to cut a long story short; → *verschlagen*¹ 4

Redefreiheit *f* freedom of speech

Redegabe *f* eloquence

redegewandt *Adj* eloquent

Redegewandtheit *f* eloquence

Redekunst *f* rhetoric

reden I *v/t u. v/i* speak, talk (*beide:* *mit* to, *über Akk* about, of): *über Politik* ~ talk politics; *von sich* ~ *machen* cause a stir; *j-m ins Gewissen* ~ appeal to s.o.'s conscience; *ich habe mit dir zu* ~ I'd like a word with you; *lass uns vernünftig darüber ~!* let's talk sense!; *sie lässt nicht mit sich* ~ she won't listen to reason; *nicht zu* ~ *von ...* not to mention ...; ~ *wir von etw anderem!* let's change the subject!; *du hast gut* ~*!* you can talk!; *darüber lässt sich* ~*!* that's a possibility! **II** *v/refl sich hei-*

ser (*in Wut etc*) ~ talk o.s. hoarse (into a rage *etc*) **III** ⚥ *n* talking: *j-n zum* ⚥ *bringen* make s.o. talk

Redensart *f* phrase, (*sprichwörtliche* ~) saying, *Pl* empty talk *Sg*; *das ist nur so e-e* ~ it's just a way of speaking

Rede|schwall *m* flood of words ~*verbot* *n* ban on speaking: *j-m* ~ *erteilen* ban s.o. from speaking ~*weise* *f s-e etc* ~ the way he *etc* talks ~*wendung* *f* figure of speech, idiom

redigieren *v/t* edit

redlich *Adj* honest, upright: *sich* ~(*e*) *Mühe geben* do one's best

Redlichkeit *f* honesty, probity

Redner(in) *m* speaker

Rednerbühne *f* rostrum, (speaker's) platform **Rednergabe** *f* gift of rhetoric **Rednerpult** *n* speaker's desk

redselig *Adj* talkative

Redseligkeit *f* talkativeness

reduzieren *v/t* reduce (*auf Akk* to): *sich* ~ be reduced

Reede *f* SCHIFF roadstead, road(s *Pl*): *das Schiff liegt auf der* ~ the ship is (lying) in the roads **Reeder(in)** shipowner **Reederei** *f* shipping company

reell *Adj* **1.** (*echt*) real (*chance etc*) **2.** (*anständig*) honest, decent, *Firma:* solid, *Ware:* good, *Preis, Bedienung:* fair

Reep *n* SCHIFF rope

Reetdach *n* thatched roof

Referat *n* **1.** report, (*Vortrag*) *a.* lecture, PÄD, UNI (seminar) paper: *ein* ~ *halten* → *referieren* **2.** department

Referendar(in) 1. → *Gerichtsreferendar(in)* **2.** → *Studienreferendar(in)*

Referendum *n* referendum

Referent(in) 1. official in charge: *er ist persönlicher Referent* he is personal assistant (*Gen* to) **2.** speaker, (*Berichterstatter*) *a.* reporter, JUR, PARL referee

Referenz *f* reference ~*kurs* *m* WIRTSCH reference rate

referieren *v/t u. v/i* (*über Akk* on) report, *in e-m Vortrag:* (give a) lecture, *bes* UNI give a paper

reflektieren I *v/t* PHYS reflect **II** *v/i fig* reflect (*über Akk* on): F ~ *auf* (*Akk*) have one's eye on **Reflektor** *m* reflector

Reflex *m* reflex

Reflexbewegung *f* reflex action

Reflexion *f* PHYS *u. fig* reflection

reflexiv *Adj* LING reflexive **Reflexivpronomen** *n* reflexive pronoun

Reflexzonenmassage *f* MED reflexology

Reform *f* reform **Reformation** *f* reformation **Reformator(in)** reformer

reformbedürftig *Adj* in need of reform

Reformbestrebungen *Pl* reformatory efforts *Pl* **Reformhaus** *n* health food shop (*Am* store)

reformieren *v/t* reform **Reformierte** *m*, *f* member of the Reformed Church

Reformkost *f* health food(s *Pl*)

Reformstau *m* reform jam

Refrain *m* refrain

Regal *n* shelves *Pl*

Regatta *f* regatta, boat race

rege *Adj allg* lively, *geistig, körperlich: a.* active, *Fantasie:* vivid, *Verkehr etc:* busy: WIRTSCH **~ Nachfrage** keen demand; **~n Anteil nehmen an** (*Dat*) show an active interest in

Regel *f* **1.** rule: **in der ~** as a rule, usually; **zur ~ werden** become a rule (*od* habit); **es sich zur ~ machen zu** *Inf* make it a rule to *Inf*; **nach allen ~n der Kunst** in style **2.** PHYSIOL period

regelbar *Adj* adjustable

Regelfall *m* **im ~** as a rule

regellos *Adj* irregular, (*unordentlich*) disorderly

Regellosigkeit *f* irregularity

regelmäßig *Adj* regular, *zeitlich: a.* periodical, (*geordnet*) a. regulated, orderly

Regelmäßigkeit *f* regularity

regeln *v/t allg* regulate, TECH (*einstellen*) a. adjust, (*Verkehr*) a. direct, (*Angelegenheit etc*) settle: **das wird sich (schon) alles ~** that will sort itself out

regelrecht I *Adj* **1.** proper **2.** F regular, real **II** *Adv* **3.** properly **4.** F downright

Regelstudienzeit *f* time limit for a course of study

Regelungstechnik *f* control engineering

Regelverstoß *m* SPORT foul

regelwidrig *Adj* irregular, SPORT against the rules, foul **Regelwidrigkeit** *f* irregularity, SPORT foul

regen *v/t u. v/refl* **sich ~** move, stir: *fig* **sich ~** *Gefühle etc:* stir, arise

Regen *m* rain, *fig a.* shower: **saurer ~** acid rain; **ich bin in den ~ gekommen**

I was caught in the rain; F *fig* **vom ~ in die Traufe kommen** jump out of the frying-pan into the fire; F *fig* **ein warmer ~** a windfall

regenarm *Adj* with low rainfall

Regenbogen *m* rainbow **~farben** *Pl* colo(u)rs *Pl* of the rainbow **~haut** *f* ANAT iris **~presse** *f* trashy weeklies *Pl*

Regeneration *f* BIOL, MED regeneration

Regenerationsfähigkeit *f* regenerative power **regenerieren** *v/i u. v/refl* **sich ~** *allg* regenerate

Regen|fälle *Pl* **starke ~** heavy rain(fall) *Sg* **~guss** *m* heavy shower, downpour **~haut** *f* plastic mac **~mantel** *m* raincoat **Qreich** *Adj* rainy **~rinne** *f* gutter, MOT roof rail

Regenschauer *m* shower

Regenschirm *m* umbrella

Regent(in) regent

Regen|tag *m* rainy day **~tonne** *f* water butt **~tropfen** *m* raindrop **~wald** *m* rainforest **~wasser** *n* rainwater **~wetter** *n* rainy weather **~wolke** *f* raincloud **~wurm** *m* earthworm **~zeit** *f* rainy season, *tropische: the* rains *Pl*

Reggae *m* MUS reggae

Regie *f* **1.** THEAT *etc* direction: **unter der ~ von** under the direction of, directed by; **~ führen** (**bei**) direct (*s.th.*) **2.** (*Leitung*) management, (*Verwaltung*) administration: *fig* **in eigener ~** on one's own **~anweisung** *f* stage direction

Regieassistent(in) assistant director

Regiefehler *m fig* slip-up **Regieraum** *m* TV central control room

regieren I *v/t* govern (*a.* LING), rule, *Herrscher:* reign over, (*leiten*) manage, control **II** *v/i* rule, *Herrscher: a.* reign (*a. fig*) **Regierung** *f* **1.** government, administration, *e-s Herrschers:* reign: **unter der ~ von** (*od Gen*) under the reign of; **an der ~ sein** be in power; **an die ~ kommen** take office, come into power **2.** (*Kabinett*) Government

Regierungs|beamte *m*, **~beamtin** *f* government official **~bezirk** *m* administration district **~bildung** *f* formation of the government **~chef(in)** head of government **~erklärung** *f* policy statement **~koalition** *f* ruling coalition **~partei** *f* ruling party **~sprecher(in)** government spokesperson **~umbildung** *f* (government) reshuffle **~vorlage** *f* gov-

R

ernment bill **~wechsel** *m* change of government

Regime *n* regime

Regimekritiker(in) POL dissident

Regiment *n* 1. (*a. das ~ führen*) rule 2. MIL regiment

Region *f* region

regional *Adj*, **Regional...** regional

Regisseur(in) THEAT, FILM director, TV producer

Register *n* register (*a.* MUS), *in e-m Buch*: index: F **alle ~ ziehen** pull all the stops

Registrator(in) registrar **Registratur** *f* registry **registrieren** *v/t* register (*a. fig*), record (*a.* TECH), *fig* (*bemerken*) note **Registrierkasse** *f* cash register

Reglement *n* regulation(s *Pl*)

Regler *m* TECH controller

reglos *Adj* motionless

regnen *v/Imp u. v/i a. fig* rain: *es regnete in Strömen* it was pouring (with rain); *fig* *es regnete Anfragen* there was a deluge of inquiries

regnerisch *Adj* rainy

Regress *m* WIRTSCH, JUR recourse

regresspflichtig *Adj* liable to recourse

regsam *Adj* active

Regsamkeit *f* activity

regulär *Adj* regular

regulierbar *Adj* TECH adjustable

regulieren *v/t* 1. regulate, (*einstellen*) adjust 2. (*Rechnung etc*) settle

Regung *f* movement, (*Gefühls2*) emotion, (*Anwandlung*) impulse

regungslos *Adj* motionless

Reh *n* 1. ZOOL (roe) deer 2. GASTR venison

Rehabilitation *f allg* rehabilitation

Rehabilitationszentrum *n* MED rehabilitation cent/re (*Am* -er)

rehabilitieren *v/t* rehabilitate

Rehabilitierung *f* rehabilitation

Reh|bock *m* roebuck **~braten** *m* roast venison **~geiß** *f* doe **~kalb** *n*, **~kitz** *n* fawn **~keule** *f* GASTR leg of venison

Rehrücken *m* GASTR saddle of venison

Reibach *m* F **e-n ~ machen** make one's pile

Reibe *f*, **Reibeisen** *n* grater

reiben I *v/t* 1. rub: *sich die Hände ~* rub one's hands; → **Nase** 2. (*zer~*) grate II *v/i* 3. chafe: → **wund**

Reiberei *f mst Pl* (constant) friction

Reibfläche *f* striking surface

Reibung *f a. fig* friction

reibungslos *Adj a. fig* smooth(ly *Adv*)

Reibungspunkt *m fig* cause of friction

Reibungsverlust *m* TECH friction(al) loss

Reibungswärme *f* TECH frictional heat

reich I *Adj allg* rich (*an Dat* in), (*vermögend*) a. wealthy, (*reichlich*) a. abundant, copious, (*prächtig*) a. sumptuous: *e-e ~e Auswahl* a wide selection (*an Dat, von* of) II *Adv* richly, copiously: *~ beschenkt* loaded with gifts

Reich *n* empire, (*König2, a. Pflanzen2, Tier2, a.* REL) kingdom, RHET *od fig* realm: *das Dritte ~* the Third Reich

reichen I *v/t* 1. (*j-m etw*) hand (*od pass*) (*s.o. s.th.*), (*die Hand*) give, hold out to, (*dar~*) offer, (*servieren*) serve II *v/i* 2. ~ *bis* (*od an Akk*) reach to, extend to, (*hinauf~*) come up to, (*hinab~*) go down to; *so weit das Auge reicht* as far as the eye can see 3. (*aus~*) last (out), do, be enough: *das reicht! a. tadelnd*: that will do!; *das Brot reicht nicht* there isn't enough bread; *damit ~ wir bis Mai* it will last us till May; *es reicht für alle* there is enough to go round; F *mir reichts!* I've had enough!, I'm fed up!

reichhaltig *Adj allg* rich, *Bibliothek etc*: extensive: *~e Auswahl* wide selection; *~es Programm* varied programme

Reichhaltigkeit *f* richness, variety

reichlich I *Adj* ample, abundant, plentiful, plenty of (*time, food, etc*), *Bezahlung etc*: generous II *Adv* F (*ziemlich*) rather, F pretty: *~ versehen sein mit* have plenty of

Reichsstadt *f hist* (*freie*) *~* free imperial city **Reichstag** *m hist* Reichstag, *im Mittelalter*: Imperial Diet

Reichtum *m* (*an Dat* of) riches *Pl*, *a. fig* wealth, (*Überfluss*) abundance

Reichweite *f* reach, FLUG, MIL, *Funk*: range: *in* (*außer*) *~* within (out of) reach

reif *Adj* ripe, *a. fig* mature: *~ werden* → **reifen**

Reif[1] *m* (*Rau2*) hoarfrost **Reif**[2] *m* ring, (*Arm2*) bracelet, (*Stirn2*) circlet

Reife *f* 1. ripeness, *bes fig* maturity 2. *mittlere ~* intermediate high school certificate, *Br etwa* GCE O-levels *Pl*

reifen *v/i a. fig* ripen, mature: ~ *lassen* mature

Reifen *m* **1.** MOT *etc* tyre, *Am* tire: *die ~ wechseln* change tyres **2.** (*Fass*♀, *Kinder*♀ *etc*) hoop ~*panne f,* ~*schaden m* puncture, blowout, *bes Am* flat ~*wechsel m* tyre (*Am* tire) change

Reifeprüfung *f* → *Abitur*

Reifezeugnis *n* → *Abiturzeugnis*

Reifglätte *f* MOT slippery frost

reiflich I *Adj* nach ~*er Überlegung* after careful consideration **II** *Adv* (*sich*) *etw* ~ *überlegen* consider s.th. carefully

Reifrock *m* crinoline

Reigen *m* round dance: *den* ~ *eröffnen a. fig* lead off

Reihe *f* row, *von Bäumen etc*: range, (*Linie*) line, *hintereinander*: file, *nebeneinander*: rank, (*Sitz*♀) row (of seats), (*Anzahl*) series, number, (*Aufeinanderfolge*) succession: MATHE *geometrische* ~ geometric progression; *sich in e-r* ~ *aufstellen* line up; F *e-e ganze* ~ *von* a whole string of; *aus den* ~*n* (*Gen*) from among; *Kritiker aus den eigenen* ~*n* critics from among the own ranks; (*immer*) *der* ~ *nach* in turn, one after the other; *außer der* ~ out of turn; *ich bin an der* ~ it's my turn; *warten, bis man an der* ~ *kommt* wait one's turn; F *fig aus der* ~ *sein* be out of sorts; *aus der* ~ *tanzen* step out of line; *wieder in die* ~ *bringen* straighten *s.o., s.th.* out

Reihenfolge *f* order, sequence: *in zeitlicher* ~ in chronological order

Reihenhaus *n* terraced (*Am* row) house

Reihenschaltung *f* ELEK series connection **Reihenuntersuchung** *f* MED mass screening

reihenweise *Adv* **1.** in rows **2.** F *fig* by the dozen

Reiher *m* ZOOL heron

Reim *m* rhyme **reimen** *v/t, v/i u. v/refl sich* ~ rhyme (*auf Akk* with)

rein I *Adj* **1.** *allg* pure (*a.* BIOL, CHEM, Alkohol, Seide *etc, a. fig*), (*unverdünnt*) *a.* neat, (*sauber*) clean, clear (*a.* Haut, Gewissen), Gewinn: net, clear, *fig* (*bloß*) mere, sheer; ~*e Wolle* pure wool; ~*(st)e Freude* pure joy; *e-e* ~*e Formalität* a mere formality; ~*e Mathematik*

pure mathematics; ~*er Wahnsinn* sheer madness; *die* ~*e Wahrheit* the (plain) truth; *durch* ~*en Zufall* by pure accident; *etw ins* ♀*e bringen* sort s.th. out; *mit j-m ins* ♀*e kommen* get things straightened out with s.o.; *ins* ♀*e schreiben* make a fair copy of; → *Luft* 1, *Tisch, Wein* 2 *etc* **II** *Adv* **2.** purely: ~ *pflanzliches Fett* pure vegetable fat; ~ *seiden* (of) pure silk; *aus* ~ *persönlichen Gründen* for purely personal reasons; *fig* ~ *waschen* clear (*von* of); → *zufällig* **3.** F (*völlig*) absolutely: ~ *gar nichts* absolutely nothing

rein(...) F → *herein(...), hinein(...)*

Reineclaude *f* → *Reneklode*

Reinemachefrau *f* cleaning lady

Reinerlös *m,* **Reinertrag** *m* net proceeds *Pl*

Reinfall *m* F (*Misserfolg*) flop, (*Enttäuschung*) letdown, frost

reinfallen → *hereinfallen*

Reingewicht *n* net weight

Reingewinn *m* net (*od* clear) profit

reinhängen *v/refl* F *sich* (*voll*) ~ go flat out

Reinheit *f* purity (*a. fig*), cleanness

reinigen *v/t* clean, *a.* MED cleanse (*von* of), (*Blut etc, a. fig*) purify, (*Luft*) clear, METAL refine, *chemisch*: dry-clean

Reinigung *f* **1.** cleaning (*etc*) **2.** (*Geschäft*) dry cleaners *Pl*: *etw in die* ~ *geben* send s.th. to the cleaners

Reinigungs|milch *f* Kosmetik: cleansing milk ~*mittel n* detergent

Reinkarnation *f* reincarnation

Reinkultur *f* F *Kitsch in* ~ pure unadulterated trash

reinlegen → *hereinlegen*

reinlich *Adj* (*sauber*) clean, *Person*: cleanly, (*ordentlich*) neat, tidy

Reinlichkeit *f* cleanliness, neatness

reinrassig *Adj* Hund *etc*: pedigree, *Pferd*: thoroughbred

Reinschrift *f* fair copy

reinseiden *Adj* (of) pure silk

Reis[1] *n* BOT twig, (*Pfropf*♀) scion

Reis[2] *m* rice

Reisauflauf *m* rice pudding

Reise *f* journey, FLUG, SCHIFF voyage, *längere*: travel, (*Rund*♀) tour, *mst kürzere*: trip: *e-e* ~ *mit dem Auto* (*Zug*) a journey by car (train); *ich plane e-e* ~ *durch Amerika* I'm planning to travel

through America; *auf ~n sein* be travel(l)ing; *gute ~!* have a nice trip!, bon voyage!; → *antreten* 1 ~**andenken** *n* souvenir

Reise|**apotheke** *f* first-aid kit ~**beglei-**
ter(in) 1. travel companion 2. → *Reise-*
leiter(in) ~**bekanntschaft** *f* travel-
(l)ing acquaintance ~**bericht** *m* (*Buch,*
Film, Vortrag) travelog(ue *Br*) ~**be-**
schreibung *f* book of travels ~**büro**
n travel agency ~**bus** *m* coach ~**diplo-**
matie *f* POL shuttle diplomacy ~**erinne-**
rungen *Pl* reminiscences *Pl* of one's
travels 2**fertig** *Adj* ready to start ~**fie-**
ber *n* F holiday fever

Reise|**führer(in)** 1. (*Person*) guide 2.
guide(book) ~**gefährte** *m*, ~**gefährtin**
f travel companion ~**gepäck** *n* luggage,
Am baggage ~**geschwindigkeit** *f*
cruising speed ~**gesellschaft** *f* 1. tour-
ist party 2. → *Reiseveranstalter*

Reise**kosten** *Pl* travel(l)ing expenses
Pl ~**zuschuss** *m* travel([l])ing allow-
ance

Reise|**krankheit** *f* travel sickness ~**land**
n tourist country ~**leiter(in)** courier
reise**lustig** *Adj* fond of travel(l)ing
Reise**mobil** *n* camper, *Am* mobile
home reise**müde** *Adj* travel-weary

reisen I *v/i* (*nach* to) travel, go, make a
trip: *zu s-n Verwandten ~* go to visit
one's relatives; *er ist weit gereist* he
has travel(l)ed a lot; *ins Ausland ~*
go abroad II 2 *n* travel, travel(l)ing Rei-
sende *m, f* 1. travel(l)er, *weit. S.* tour-
ist, (*Fahrgast*) passenger 2. → *Hand-*
lungsreisende

Reise|**necessaire** *n* toilet case ~**pass** *m*
passport ~**prospekt** *m* travel brochure
~**route** *f* route, itinerary ~**ruf** *m* police
message ~**scheck** *m* traveller's cheque,
Am traveler's check ~**schreibmaschi-**
ne *f* portable typewriter ~**tasche** *f* trav-
el(l)ing (*od* overnight) bag, holdall
~**unterlagen** *Pl* travel documents *Pl*
~**veranstalter(in)** tour operator ~**ver-**
kehr *m* holiday traffic ~**wecker** *m* trav-
el(l)ing (alarm) clock ~**zeit** *f* holiday
season ~**ziel** *n* destination

Reiß**aus: ~ nehmen** take to one's heels
Reiß**brett** *n* drawing-board

reißen I *v/t* 1. *allg* tear (*in Stücke* to
pieces), (*weg~*) *a.* snatch (off), (*zerren,*
ab~, heraus~) pull: *mit sich ~* drag, *Flu-*

---

ten: sweep; *an sich ~* snatch, (*a. die*
Macht) seize; *sich ~* (*verletzen*) tear
o.s. (*an Dat* on); F *sich ~ um* fight
over; F *ich reiße mich nicht darum* I
can do without; → *Witz* 1 2. SPORT **a**)
(*die Latte etc*) knock down, **b**) *Ge-*
wichtheben: snatch 3. *Raubtier:* kill II
v/i 4. *allg* tear, (*auf~*) burst, split,
MED rupture, *Kette, Saite etc:* break,
snap: *~ an* (*Dat*) tear at; → *Geduld* 5.
SPORT knock down the bar III 2 *n* 6.
F MED rheumatism **reißend** *Adj* 1. rap-
id, *Fluss etc:* torrential; → *Absatz* 3 2.
Tier: rapacious 3. *Schmerz:* searing

Reißer *m* F 1. (*Buch, Film etc*) thriller 2.
(*Erfolg*) hit **reißerisch** *Adj* sensa-
tional, loud: ~*e Werbung* *a.* ballyhoo

Reiß**feder** *f* drawing pen **Reißleine** *f* rip
cord **Reißnagel** *m* → **Reißzwecke**
Reißverschluss *m* zip(per): *den ~*
e-r Jacke zumachen (*aufmachen*)
zip up (unzip) a jacket

Reiß**zahn** *m* ZOOL fang, canine tooth
Reiß**zwecke** *f* drawing pin, *Am* thumb-
tack

reiten I *v/i* ride (*a. v/t*), go on horseback
II 2 *n* riding **Reiter** *m* 1. rider, horse-
man 2. *Kartei:* tab **Reiterei** *f* cavalry
Reiterin *f* rider, horsewoman

Reit|**gerte** *f* riding crop ~**hose** *f* (riding)
breeches *Pl* ~**peitsche** *f* riding crop
~**pferd** *n* saddle horse ~**schule** *f* riding
school ~**sport** *m* riding ~**stiefel** *Pl* rid-
ing boots *Pl* ~**turnier** *n* horse show
~**unterricht** *m* riding lessons *Pl*

Reitweg *m* bridle-path

Reiz *m* 1. PHYSIOL, PSYCH *u. fig* stimulus
(*Pl* stimuli), MED (*Reizung*) irritation
2. (*Zauber*) charm, (*Anziehung*) ap-
peal, attraction, (*Verlockung*) lure,
(*Kitzel*) thrill: *der ~ des Neuen* the
novelty; *s-n ~ (für j-n) verlieren* pall
(on s.o.); *s-e ~e spielen lassen* display
one's charms; *das hat k-n ~ für mich*
that does not appeal to me

reizbar *Adj* irritable, touchy
Reizbarkeit *f* irritability

reizen I *v/t* 1. irritate (*a.* MED), (*ärgern*) *a.*
annoy, (*auf~*) provoke, (*ein Tier*) bait 2.
(*anregen*) stimulate, (*Gefühle, Neugier*
etc) (a)rouse, (*Gaumen*) tickle 3. (*ver-*
locken) tempt, (*anziehen*) appeal to:
es reizte ihn zu gehen he was tempted
to go; *es würde mich ~ zu Inf* I

wouldn't mind *Ger*; *das reizt mich gar nicht* that doesn't appeal to me at all **II** *v/i* **4.** *Skat*: bid **reizend** *Adj* charming, delightful, *(hübsch)* lovely, sweet

Reizgas *n* CS gas

Reizhusten *m* MED dry cough

reizlos *Adj* **1.** unattractive, *Mädchen*: a. plain, *(langweilig)* boring **2.** MED bland

Reizschwelle *f* stimulus threshold

Reizthema *n* emotive issue

Reizüberflutung *f* stimulus satiation

Reizung *f* a. MED irritation, stimulation

reizvoll *Adj* charming, attractive, fascinating, *Aufgabe etc*: challenging

Reizwäsche *f* sexy underwear

Reizwort *n* emotive word

rekapitulieren *v/t* recapitulate

rekeln *v/refl* **sich** ~ loll (about)

Reklamation *f* complaint

Reklame *f* advertising, *(Anzeige)* advertisement, F ad: ~ **machen (für)** advertise *(Akk)* **Reklame...** → **Werbe...**

Reklamerummel *m* pej ballyhoo

reklamieren I *v/i* complain **(wegen** about), *bes* SPORT protest **(gegen** against) **II** *v/t* complain about

rekonstruieren *v/t* reconstruct

Rekonvaleszenz *f* convalescence

Rekord *m* record: **e-n ~ aufstellen** set up a record

Rekordhalter(in), Rekordinhaber(in) record holder **Rekordlauf** *m* record run **Rekordversuch** *m* attempt on the record **Rekordzeit** *f* record time

Rekrut(in), rekrutieren *v/t* recruit

rektal *Adj* MED rectal

Rektion *f* LING government: **die ~ e-s Verbs** the case governed by a verb

Rektor *m* **1.** PÄD headmaster, principal **2.** UNI rector **Rektorat** *n* **1.** rectorship, rectorate **2.** *(Büro)* headmaster's *(od* principal's, UNI rector's) office

Rektorin *f* PÄD headmistress, principal

Relais *n* ELEK relay

Relation *f* relation(ship): **in k-r ~ stehen zu** be out of all proportion to

relational *Adj* a. IT relational

relativ *Adj allg* relative, *Adv* a. comparatively **Relativität** *f* relativity **Relativitätstheorie** *f* theory of relativity

Relativsatz *m* LING relative clause

relevant *Adj* relevant **(für** to)

Relief *n* relief

Religion *f* **1.** religion **2.** PÄD religious instruction

Religions... → **Glaubens... Religionsfreiheit** *f* freedom of worship **Religionsgemeinschaft** *f* confession, *kleinere*: religious community

Religionsunterricht *m* religious instruction **Religionszugehörigkeit** *f* religious affiliation

religiös *Adj* religious

Relikt *n* **1.** *(Rest)* relic **2.** BIOL relict

Reling *f* SCHIFF rail

Reliquie *f* relic

Reliquienschrein *m* reliquary

Remake *n* remake

Reminiszenz *f* reminiscence

Remis *n* Schach: draw

Remittenden *Pl* returns *Pl*

Remoulade *f* GASTR tartar sauce

rempeln *v/t* F jostle, bump into

Ren *n* ZOOL reindeer

Renaissance *f* hist Renaissance, *fig* renaissance

Rendezvous *n* rendezvous *(a. Raumfahrt)*, date

Rendite *f* WIRTSCH (net) yield

Reneklode *f* BOT greengage

Rennbahn *f* *(Pferde*R*)* racecourse, race track *(a.* MOT*)* *(Rad*R*)* (cycling) track **Rennboot** *n* speedboat

rennen *v/i* run, rush, dash, *(wett*~*)* race: ~ **gegen** run into; **schneller ~ als** outrun; **sie rannten um die Wette** they raced each other; → **Verderben II** *v/t* F **j-m ein Messer** *etc* **in die Brust ~** run a knife *etc* into s.o.'s chest; **j-n über den Haufen ~** knock s.o. down

Rennen *n* running *(etc)*, *(Wett*R*)* race, *(Einzel*R*)* heat: **totes ~** dead heat; **das ~ machen** come in first, win, *fig* come out on top

Renner *m* F *fig* (great) hit

Renn|fahrer(in) racing driver, *(Rad*R*)* racing cyclist ~**läufer(in)** ski racer

Renn|pferd *n* racehorse ~**rad** *n* racing cycle ~**schi** *m* racing ski ~**schuh** *m* spike(s shoe) ~**sport** *m* racing ~**stall** *m* **1.** (racing) stable **2.** F MOT racing team ~**strecke** *f* **1.** → **Rennbahn 2.** distance ~**wagen** *m* racing car

Renommee *n* reputation

renommieren *v/i* **(mit** of) boast, brag

renommiert *Adj* **(wegen** for) famous, noted

renovieren *v/t* renovate, F do up, (*Innenraum*) redecorate **Renovierung** *f* renovation, redecoration

rentabel *Adj* profitable

Rentabilität *f* profitability

Rente *f* 1. (*Alters*²) (old-age) pension, (*Sozial*²) (social insurance, *Am* Social Security) pension: F *auf* (*od in*) *~ gehen* retire 2. (*Jahres*²) annuity

⚠ **Rente**	≠	**rent**
Rente	=	pension
rent	=	Miete

Renten|alter *n* retirement age **~anpassung** *f* index-linked adjustment of pensions **~berechnung** *f* calculation of pensions **~empfänger(in)** pensioner **~markt** *m* WIRTSCH bond market **~papiere** *Pl* fixed interest bonds *Pl* **~reform** *f* pension reform **~versicherung** *f* pension scheme **~zugangsalter** *n* pensionable age

rentieren *v/refl sich ~* be profitable, *a. weit. S.* pay, be worthwhile

Rentner(in) (old-age) pensioner

reorganisieren *v/t* reorganize

Rep *m* F → **Republikaner(in)** 2

reparabel *Adj* reparable, repairable

Reparation *f* reparation

Reparatur *f* repair (*a Pl*): *in ~* being repaired, under repair; *zur ~ geben* have s.th. repaired **²bedürftig** *Adj* in need of repair **~kosten** *Pl* cost *Sg* of repairs **~werkstatt** *f* workshop, MOT garage

reparieren *v/t* repair, F fix: (*nicht mehr*) *zu ~* repairable (beyond repair)

repatriieren *v/t* repatriate

Repertoire *n* THEAT *u. fig* repertoire

Replik *f* 1. reply (*a.* JUR) 2. KUNST replica

Report *m* 1. report 2. WIRTSCH contango

Reportage *f* coverage, (*Bericht*) report, commentary **Reporter(in)** reporter

Repräsentant(in) representative

Repräsentantenhaus *n* PARL *Am* House of Representatives

Repräsentation *f* representation: *der ~ dienen* be a status symbol **repräsentativ** *Adj* 1. (*typisch*) representative (*für* of) 2. (*eindrucksvoll*) impressive

repräsentieren *v/t* represent

Repressalie *f* reprisal

repressiv *Adj* repressive

reprivatisieren *v/t* WIRTSCH denationalize

Reproduktion *f* *allg* reproduction, (*Bild*) *a.* print

reproduzieren *v/t* reproduce

Reptil *n* reptile

Republik *f* republic

Republikaner(in) 1. republican 2. POL *die Republikaner Pl* the Republicans (*rightist party*)

republikanisch *Adj* republican

Requiem *n* MUS requiem

requirieren *v/t* MIL requisition

Requisiten *Pl* THEAT *etc* properties *Pl*, F props *Pl*

resch *Adj* österr. crunchy, crispy

Reservat *n* 1. (nature) reserve 2. (*Indianer*² *etc*) reservation

Reserve *f* 1. *allg* reserve (*a.* MIL *u. fig*): WIRTSCH *stille ~n* hidden reserves; *in ~ halten* keep s.th. in reserve; F *j-n aus der ~* (*heraus*)*locken* bring s.o. out of his shell 2. SPORT reserve team **~bank** *f* SPORT (substitutes') bench **~kanister** *m* spare (*Br a.* jerry) can **~rad** *n* MOT spare wheel **~spieler(in)** SPORT substitute

reservieren *v/t allg* (*a. ~ lassen*) reserve, (*vorbestellen*) *a.* book: *j-m e-n Platz ~* keep (*od* save) a seat for s.o.

reserviert *Adj a. fig* reserved

Reservist(in) MIL reservist

Reservoir *n a. fig* reservoir

Residenz *f* residence

residieren *v/i* reside

Resignation *f* resignation

resignieren *v/i* give up

resigniert *Adj* resigned(ly *Adv*)

resistent *Adj* resistent (*gegen* to)

resolut *Adj* resolute, determined

Resolution *f* resolution

Resonanz *f a. fig* resonance

resorbieren *v/t* resorb

Resorption *f* resorption

resozialisieren *v/t* rehabilitate

Resozialisierung *f* rehabilitation

Respekt *m* respect (*vor* for): *sich ~ verschaffen* make o.s. respected; *bei allem ~* with all due respect **respektabel** *Adj* respectable **respektieren** *v/t* respect **respektlos** *Adj* irreverent

respektvoll *Adj* respectful

Ressentiment *n* resentment

Ressort *n* (*das fällt nicht in mein ~* that

is not my) department

Ressortleiter(in) head of department

Rest *m allg* rest, a. MATHE remainder, (*Über2*) remnant, CHEM, JUR, TECH residue, (*Speise2*) leftovers *Pl*, WIRTSCH balance, *fig* (*Spur*) vestige, *Pl e-r Kultur etc*: remains *Pl*: **der letzte ~** the last bit(s *Pl*); **sterbliche ~e** mortal remains; F **das gab ihm den ~** that finished him (off)

Restaurant *n* restaurant

restaurieren *v/t* restore

Restbestand *m* WIRTSCH remaining stock

Restbetrag *m* WIRTSCH balance

restlich *Adj* remaining, *a.* CHEM, JUR, MATHE residual: **die ~e Zeit** *a.* the rest of his *etc* time **restlos I** *Adj* complete, total **II** *Adv* completely, perfectly

Restrisiko *n* residual risk

Resultat *n* result, SPORT score, results *Pl* **resultieren** *v/i* result (**aus** from)

Resümee *n* summary

resümieren *v/t* sum up

Retorte *f* retort

Retortenbaby *n* test-tube baby

Retourkutsche *f* **e-e** ~ tit for tat

Retrospektive *f* **1.** (*in der* ~ in) retrospect **2.** retrospective (exhibition)

Retrovirus *m* MED retrovirus

retten I *v/t* (**aus, vor** *Dat* from) save, rescue, (*befreien*) deliver, (*bergen*) recover, salvage (*a. fig*): **j-m das Leben** ~ save s.o.'s life; F **der Abend war gerettet** the evening was saved **II** *v/i* SPORT (make a) save **III** *v/refl* **sich** ~ escape; **sich nicht mehr** ~ **können vor** (*Dat*) be swamped with **Retter(in)** rescuer

Rettich *m* BOT radish

Rettung *f* rescue, (*Entkommen*) escape, (*Bergung*) recovery, *bes* SCHIFF salvage, REL salvation: **das war s-e** ~ that saved him; **es gab k-e** ~ **für ihn** he was past help; **du bist m-e einzige** (*od letzte*) ~ you are my last hope

Rettungs|aktion *f a. fig* rescue operation **~anker** *m* sheet anchor **~boje** *f* life buoy **~boot** *n* lifeboat **~dienst** *m* rescue service **~gerät** *n* life-saving equipment **~hubschrauber** *m* rescue helicopter

rettungslos *Adj* hopeless(ly *Adv*): *Adv* ~ **verloren sein** be beyond all hope

Rettungs|mannschaft *f* rescue party **~ring** *m* lifebelt, *fig hum* love handles *Pl* (*Fettwulst an den Hüften*) **~schwimmer(in)** lifeguard **~trupp** *m* rescue squad **~versuch** *m* rescue attempt **~wagen** *m* ambulance

Return *m* return (*a. Tennis*)

Return-Taste *f* return key

retuschieren *v/t* touch up

Reue *f* (**über** *Akk* for) remorse, *bes* REL repentance **reuen** *v/t* **s-e Tat** (*das Geld*) **reute ihn** he regretted what he had done (the money) **II** *v/unpers* **es reut mich, dass** ... I am sorry (*od* I regret) that ... **reuevoll, reuig, reumütig** *Adj* remorseful, repentant

Revanche *f* revenge **~kampf** *m*, **~spiel** *n* SPORT return match

revanchieren *v/refl* **sich** ~ **1.** take one's revenge (**an** *Dat* on), get one's own back **2.** *als Dank*: return the favo(u)r, reciprocate (**mit** with)

Revanchismus *m* POL revanchism

Revanchist(in), revanchistisch *Adj* revanchist

Revers *m*, *n* (*Aufschlag*) lapel

revidieren *v/t* **1.** revise **2.** check, audit

Revier *n allg* district, (*Polizei2*) *Am a.* precinct, (*Wache*) police station, (*Bereich*) *e-s Polizisten*: beat, *e-s Briefträgers*: round, ZOOL *u. fig* territory

Revision *f* **1.** check(ing), WIRTSCH audit(ing), (*Zoll2*) examination **2.** revision **3.** JUR (~ **einlegen** lodge an) appeal (**bei** with) **4.** BUCHDRUCK final proofreading

Revisor(in) WIRTSCH auditor

Revolte *f*, **revoltieren** *v/i* revolt

Revolution *f* revolution **revolutionär** *Adj*, **Revolutionär(in)** revolutionary **revolutionieren** *v/t* revolutionize **Revoluzzer(in)** *pej* (would-be) revolutionary

Revolver *m* revolver, F *a.* gun

Revolverblatt *n pej* sensational rag

Revolverheld(in) *pej* gunslinger

Revue *f* **1.** THEAT revue **2.** (*Zeitschrift*) review

Rezensent(in) critic, reviewer

rezensieren *v/t*, **Rezension** *f* review

Rezept *n* MED prescription, (*Koch2*) recipe, formula (*beide a. fig*); → *Info-Fenster S. 1158* **2frei** *Adj* over-the-counter **~gebühr** *f* prescription charge

R

Rezept | recipe/prescription

△ Machen Sie bitte nicht den Fehler, „Rezept" mit **receipt** gleichzusetzen: Letzteres ist die Quittung bzw. der Kassenbon. Die richtigen Übersetzungen für Rezept sind:

1. **recipe**
ein Rezept für einen Kuchen — **a recipe for a cake**

2. **prescription**
Der Arzt stellte ein Rezept aus. — **The doctor wrote out a prescription.**

Rezeption f im Hotel: reception, Am check-in desk

rezeptpflichtig Adj available only on prescription, prescription(-only) …

Rezession f WIRTSCH recession

reziprok Adj reciprocal

R-Gespräch n TEL reversed-charge call, Am collect call

Rhabarber m BOT rhubarb

Rhein m the Rhine

Rheinländer(in) Rhinelander

Rheinland-Pfalz n the Rhineland-Palatinate

Rheinwein m Rhine wine, *weißer:* hock

Rhesusaffe m rhesus (monkey)

Rhesusfaktor m MED rhesus factor

Rhetorik f rhetoric

rhetorisch Adj rhetorical

Rheuma n F MED rheumatism **rheumatisch** Adj MED rheumatic(ally Adv)

Rheumatismus m MED rheumatism

Rhinozeros n ZOOL rhinoceros

Rhodos n Rhodes

Rhombus m MATHE rhomb(us)

rhythmisch Adj rhythmical

Rhythmus m rhythm

Ribisel f österr. currant

Richtantenne f directional aerial (Am antenna)

richten¹ I v/t **1.** *allg* direct (**auf** Akk to, **gegen** against): ~ **auf** (Akk) (*Waffe, Kamera etc*) a. point (*od* level, aim) at, (*Augen etc*) a. turn on, (*Aufmerksamkeit, Bemühungen etc*) a. concen-

trate on; ~ **an** (Akk) (*Bitte, Brief etc*) address to, (*Frage*) put to **2.** (*her~*) fix, get *s.th.* ready, (*vorbereiten*) prepare, (*in Ordnung bringen*) bring *s.th.* in order, tidy *s.th.* (up), (*Zimmer, Haare etc*) a. do, (*reparieren*) repair, mend, fix, (*aus~*) align, (*einstellen*) adjust, (*Segel*) trim, (*gerade legen*) straighten (out *fig*): **sich die Zähne ~ lassen** have one's teeth done **II** v/refl **3.** *sich* ~ **an** (Akk) address o.s. to; **sich ~ auf** (Akk) *Aufmerksamkeit etc*: focus on; **sich ~ gegen** be directed against, *Bemerkung etc*: be aimed at; **sich ~ nach** orient(ate) o.s. by, (*j-s Wünschen etc*) comply with, (*Vorschriften*) a. keep to, (*j-s Urteil*) go by, (*der Mode etc*) follow, (*j-s Vorbild*) follow *s.o.'s* example, *Sache*: be model(l)ed on, (*abhängen von*) depend on, (*bestimmt werden von*) be determined by, (*übereinstimmen, a.* LING) agree with; **ich richte mich nach Ihnen!** I leave it to you!

richten² v/t a. v/i judge: **über j-n** ~ a. pass judgment on s.o.

Richter(in) judge **Richteramt** n judicial office **richterlich** Adj judicial

Richter-Skala f Richter scale

Richtfest n topping-out ceremony

Richtfunk m directional radio

Richtgeschwindigkeit f MOT recommended speed

richtig I Adj **1.** (Ggs. falsch) right, correct, (wahr) true, (genau) accurate: (**sehr**) ~! (quite) right!, exactly!; F **er ist nicht ganz ~ im Kopf** he is not quite right in the head **2.** (geeignet) right, suitable, appropriate, proper, (gerecht) fair, just: **es war ~ von dir, dass du ihnen geholfen hast** you did right to help them; **so ist's ~!** that's it! **3.** (echt) real, true: **ein ~er Engländer** a true Englishman; **s-e ~e Mutter** his real mother; **ein ~er Feigling** a regular coward **II** Adv **4.** right(ly), correctly (etc), (methodisch ~) the right way, F (völlig) properly: **etw** ~ **machen** do s.th. right; ~ **böse** really (F real) angry; ~ **gehend** real, regular; **geht d-e Uhr ~?** is your watch right?; ~ **stellen** put s.th. right, correct; F **und** ~, … and sure enough …

Richtige¹ m, f the right man (woman), F **zum Heiraten:** Mr. (Mrs.) Right: *iron* **ihr seid mir die ~n!** a fine lot you

are!; F **sechs ~ haben** *im Lotto*: have six right

Richtige² *n the* right thing: **er hat nichts ~s gelernt** he hasn't really learnt anything; **das ist für sie genau das ~** that's just right for her

Richtigkeit *f* correctness, rightness: **das hat schon s-e ~** it's all right

Richtlinien *Pl* guidelines *Pl*

Richtpreis *m* WIRTSCH recommended price

Richtschnur *f fig* guiding principle

Richtstrahler *m* → **Richtantenne**

Richtung *f* **1.** direction, (*Kurs*) course (*a.* FLUG, SCHIFF), *fig a.* line, trend: **in ~ auf** (*Akk*) in the direction of; **aus allen ~en** from all directions; *fig* **etw in dieser ~** s.th. along these lines **2.** (*Denkweise*) line (of thought), (*Ansicht*) views *Pl*, (*Bewegung*) movement, (*Kunst* etc) school

richtunggebend, richtungweisend *Adj* guiding, trendsetting

Richtwert *m*, **Richtzahl** *f* index

Ricke *f* ZOOL doe

riechen I *v/i* smell (**nach** of, **an** *Dat* at): **schlecht ~** smell (bad); **es riecht nach Gas** I can smell gas **II** *v/t* smell, (*wittern*) scent: F *fig* **ich kann ihn nicht ~** I can't stand him; **er hat es gerochen** he got wind of it; **das konnte ich doch nicht ~!** how was I to know?; → **Braten, Lunte**

Riecher *m* F nose: *fig* **e-n guten ~ haben für** have a good nose for

Ried *n* reed, (*Moor*) marsh

Riefe *f*, **riefeln** *v/t* groove, flute

Riege *f* Turnen: squad, *fig* brigade

Riegel *m* **1.** bolt, bar, zum Einhaken: latch: *fig* **e-r Sache e-n ~ vorschieben** put a stop to s.th. **2.** (**~ Seife** etc) bar, (**~ Schokolade**) row, *Am* strip

Riemen¹ *m* strap, (*Gewehr²*) sling, (TECH Treib²) belt: *fig* **sich am ~ reißen** pull o.s. together

Riemen² *m* (*Ruder*) oar

Ries *n* (*Papiermaß*) ream

Riese *m* giant

rieseln *v/i* trickle, run, *Schnee*: fall softly

Riesen... giant, gigantic, enormous **~erfolg** *m* huge success, *a.* Film etc: smash hit **~felge** *f* Turnen: giant swing

riesengroß, riesenhaft → **riesig** 1

Riesenrad *n* Ferris wheel

Riesenschlange *f* boa constrictor

Riesenschritt *m* **mit ~en** with giant strides

Riesenslalom *m* Skisport: giant slalom

riesig I *Adj* **1.** *a. fig* gigantic(ally *Adv*), colossal, enormous, huge **2.** F tremendous, (*toll*) terrific, super **II** *Adv* **3.** F tremendously, terribly, enormously

Riesin *f* giantess

Riff *n* reef

rigoros *Adj* rigorous

Rigorosum *n* UNI viva (voce)

Rille *f* groove

Rind *n* **1.** (*Kuh*) cow, (*Stier*) bull, (*Ochse*) ox: **~er** *Pl* cattle *Sg* **2.** (**~fleisch**) beef

Rinde *f* **1.** bark **2.** (*Brot²*) crust, (*Käse²*) rind

Rinder|braten *m* roast beef **~filet** *n* fillet of beef **~wahn(sinn)** *m* mad cow disease **~zucht** *f* cattle farming **~zunge** *f* GASTR ox tongue

Rindfleisch *n* beef

Rind(s)leder *n* cowhide

Rindvieh *n* **1.** cattle **2.** F pej idiot

Ring *m* allg ring (*a.* Turnen, Boxen), (*Kreis*, *a. fig*) *a.* circle, WIRTSCH pool, *Am* combine, (*Kettenglied*) link

Ringbuch *n* ring (od loose-leaf) binder **~einlage** *f* loose-leaf pages *Pl*

ringeln I *v/t* curl, (*herum~*) coil (**um** around) **II** *v/refl* **sich ~** curl, coil, (*schlängeln*) wind, meander

Ringelnatter *f* ZOOL grass snake

Ringelsocken *Pl* striped socks *Pl*

Ringelspiel *n* österr. roundabout, merry-go-round, *Am* carousel

Ringeltaube *f* ZOOL wood pigeon

ringen I *v/i* wrestle (*a. fig* **mit sich**, **e-m Problem** with), *fig* struggle (**um, nach** for): **nach Atem ~** gasp for breath; **nach Fassung ~** try to regain one's composure; **nach Worten ~** struggle for words **II** *v/t* wring

Ringen *n* wrestling, *fig* struggle

Ringer(in) *m* SPORT wrestler

Ringfinger *m* ring finger

ringförmig *Adj* ring-shaped, annular

Ringkampf *m* wrestling (match)

Ringkämpfer(in) wrestler

Ringrichter(in) *n* Boxen: referee

rings *Adv* (all) around

ringsherum, ringsum, ringsumher *Adv* round about, (*überall*) everywhere

Rinne *f* (*Rille*) groove (*a.* ANAT, BOT),

R

(Dach2) gutter, (Leitungs2) conduit, (Wasser2) gully, (Kanal) channel

rinnen v/i **1.** run, flow, (tröpfeln) drip, trickle: fig **das Geld rinnt ihr durch die Finger** money just slips through her fingers **2.** (lecken) leak

Rinnsal n trickle

Rinnstein m gutter

Rippchen n GASTR rib (of pork)

Rippe f **1.** allg rib, (Heiz2, Kühl2) a. fin **2.** (~ Schokolade) row, Am strip

Rippenfell n ANAT pleura

Rippenfellentzündung f MED pleurisy

Rippenhirt n ribbed shirt

Rippenspeer m GASTR cured pork rib

Rippenstoß m dig in the ribs

Risiko n risk: **auf eigenes ~** at one's own risk; **mit vollem ~** at all risks; **ein ~ eingehen** take a risk **risikofrei** Adj safe **risikofreudig** Adj risk-taking, prepared to take a risk (od risks)

Risikogruppe f high-risk group **~kapital** n WIRTSCH risk capital, venture capital

risikoreich Adj risky

Risikostaat m POL state of concern

riskant Adj risky **riskieren** v/t risk

Rispe f BOT panicle

Riss m **1.** tear, rent, in der Haut: chap, (Spalte) cleft, crevice, in der Freundschaft etc: rift, split **2.** ARCHI, TECH draft

rissig Adj cracked, fissured, Haut: chappy, chapped: **~ werden** crack, Haut: chap; **~e Hände** chapped hands

Risswunde f laceration

Rist m des Fußes: instep, der Hand: back of the hand

Ritt m ride

Ritter m knight: **j-n zum ~ schlagen** knight s.o. **Rittergut** n manor

ritterlich Adj knightly, fig chivalrous

Ritterlichkeit f gallantry, chivalry

Ritterorden m order (of knights)

Rittersporn m BOT larkspur

rittlings Adv astride (**auf** Dat s.th.)

Ritual n, **rituell** Adj ritual

Ritus m rite

Ritze f crack, gap, chink

Ritzel n TECH pinion

ritzen v/t scratch, (schnitzen) carve

Rivale m, **Rivalin** f, **rivalisieren** v/i rival **Rivalität** f rivalry

Rizinusöl n castor oil

Robbe f ZOOL seal

Robe f gown, (Amts2) robe

Roboter m robot **~arm** m robotic arm **~technik** f robotics Pl

robust Adj allg robust

röcheln v/i breathe stertorously

Rochen m ZOOL ray

rochieren v/i Schach: castle, SPORT switch positions

Rock¹ m **1.** (Damen2) skirt **2.** (Jackett) jacket, coat

Rock² m rock (music) **~band** f rock group

Rocker(in) F rocker

Rockmusik f rock (music)

Rodel m österr., südd. sledge **Rodelbahn** f toboggan run **rodeln** v/i toboggan **Rodelschlitten** m toboggan, (Renn2) luge

Rodler(in) f tobogganist

Rodung f clearing

Rogen m roe

Roggen m rye **~brot** n rye-bread

roh Adj **1.** allg raw, (unverarbeitet) a. crude, Diamant, Entwurf etc: a. rough **2.** WIRTSCH (brutto) gross **3.** fig (primitiv) crude, (derb, grob) rough, stärker: brutal: **mit ~er Gewalt** with brute force **Rohbau** m shell **Rohbilanz** f WIRTSCH trial balance **Rohdiamant** m rough diamond **Roheisen** n pig iron **Roherz** n crude ore **Rohfaser** f crude fibre (Am fiber) **Rohfassung** f (Entwurf) rough draft **Rohgewicht** n gross weight **Rohgewinn** m gross profit **Rohgummi** n, a. m crude rubber

Rohheit f **1.** roughness, stärker: brutality **2.** brutal act

Rohkost f raw vegetables Pl and fruit

Rohleder n rawhide

Rohling m **1.** aus Holz od Metall: blank **2.** e-r CD: blank CD **3.** Mensch: brute, ruffian

Rohmaterial n raw material

Rohöl n crude oil

Rohprodukt n raw product

Rohr n **1.** (Schilf2) reed, (Bambus2, ~stock) cane **2.** TECH tube, pipe, (Kanal) duct **3.** (Geschütz2) barrel: F **volles ~** flat out **4.** österr. (Backofen) oven **Rohrbruch** m burst pipe

Röhrchen n (Tabletten2) (small) tube,

für Alkoholtest: breathalyzer: *j-n ins ~ blasen lassen* breathalyze s.o.

Röhre f **1.** *allg* tube, (*Leitungs*2) pipe **2.** ELEK, RADIO, TV valve, *bes Am* tube: F *in die ~ gucken* a) TV sit in front of the box, b) *fig* be left out in the cold **3.** (*Brat*2) oven **4.** JAGD gallery

röhren v/i *Hirsch*: bell

Rohrleitung f conduit, *im Haus*: plumbing, (*Fern*2) pipeline

Rohrmöbel *Pl* **1.** wicker furniture **2.** → *Stahl(rohr)möbel*

Rohrnetz n *Wasser etc*: mains *Pl*

Rohrpost f pneumatic post

Rohrschelle f TECH pipe clamp

Rohrspatz m F *schimpfen wie ein ~* rant and rave

Rohrstock m cane

Rohrzange f TECH pipe wrench

Rohrzucker m cane sugar

Rohseide f raw silk **Rohstahl** m crude steel **Rohstoff** m raw material

Rohzucker m unrefined sugar

Rohzustand m (*im ~* in the) crude state

Rollbahn f FLUG runway

Rolle[1] f **1.** *allg* roll (*a.* FLUG, *Turnen*), (*Walze*) *a.* roller, *am Flaschenzug*: pulley, *unter Möbeln*: castor, (*Spule*) reel, (*Draht*2, *Tau*2) coil: *e-e ~ Garn* a reel of cotton **2.** → *Schriftrolle etc*

Rolle[2] f THEAT *u. fig* part, role (*a.* PSYCH): *e-e ~ spielen* play a part (*a. fig bei, in Dat* in), *fig a.* figure (in); *das spielt k-e ~* that doesn't make any difference; *Geld spielt k-e ~* money is no object; *aus der ~ fallen* forget o.s., misbehave; *fig die ~n (ver)tauschen* reverse roles

rollen v/i *u.* v/t roll, *auf Rädern*: wheel, FLUG taxi; *fig ins* 2 *kommen* (*od bringen*) get under way

Rollen|besetzung f THEAT casting ~*lager* n TECH roller bearing ~*spiel* n PSYCH role-playing ~*tausch* m *fig* reversal of roles ~*verteilung* f **1.** THEAT casting **2.** *fig* respective roles *Pl*

Roller m **1.** MOT (*od Kinder*2 *od Tret*2 *für Erwachsene*) scooter **2.** *Fußball*: daisy cutter

Rollfeld n FLUG taxiway, runway

Rollfilm m roll film **Rollkommando** n flying (*od hit*) squad **Rollkragen(pullover)** m polo neck (sweater)

Rollladen m roller blind

Rollmops m GASTR rollmop

Rollschuh m (*a. ~ laufen*) roller-skate

Rollschuhbahn f roller-skating rink

Rollschuhläufer(in) roller-skater

Rollstuhl m wheelchair **Rollstuhlfahrer(in)** wheelchair user **Rolltreppe** f escalator

Rom n Rome

ROM n (= *read-only memory*) ROM

Roman m novel

Romana(salat) m cos (lettuce)

Romanheld(in) hero(ine) (of the novel)

Romanik f KUNST Romanesque (style *od* period) **romanisch** *Adj* LING Romance, *Baustil*: Romanesque

Romanist(in) student of (*od* lecturer in) Romance languages and literature

Romanschriftsteller(in) novelist

Romantik f romanticism, KUNST Romanticism **Romantiker(in)** Romantic, *fig* romantic **romantisch** *Adj* romantic(ally *Adv*), KUNST *etc* Romantic

romantisieren v/t romanticize

Romanze f *a. fig* romance

Römer m (*Pokal*) rummer

Römer(in) Roman

römisch *Adj* Roman: *~-katholisch* Roman Catholic

Rommee n rummy

röntgen v/t MED X-ray

Röntgen n PHYS (*Einheit*) roentgen

Röntgen|apparat m X-ray unit ~*arzt* m, ~*ärztin* f roentgenologist ~*aufnahme* f X-ray (picture) ~*bestrahlung* f X-ray treatment

Röntgenologe m, **Röntgenologin** f radiologist

Röntgenologie f radiology

Röntgenschirm m (fluorescent) screen

Röntgen|strahlen *Pl* X-rays *Pl* ~*untersuchung* f X-ray examination

rosa *Adj* pink

rosarot *Adj a. fig* rose-colo(u)red

Rose f **1.** BOT rose **2.** MED erysipelas

Rosé m (*Wein*) rosé

Rosenkohl m Brussels sprouts *Pl*

Rosenkranz m REL rosary

Rosenmontag m Monday before Lent

Rosette f rosette

rosig *Adj a. fig* rosy

Rosine f raisin: F (*große*) ~*n im Kopf haben* have big ideas

Rosmarin m BOT rosemary

Ross n horse, RHET steed: *fig sich aufs*

hohe ~ setzen give o.s. airs

Rosshaar *n* horsehair

Rost[1] *m a.* fig rust

Rost[2] *m (Feuer2)* grate, *(Brat2)* grill

Rostbraten *m* roast joint

rosten *v/i* rust: *nicht ~d → rostfrei*

rösten *v/t (Kaffee etc)* roast, *(Brot)* toast, *(Kartoffeln)* fry

rostfrei *Adj* rustproof, stainless

Rösti *Pl schweiz.* grated roast potatoes *Pl*

rostig *Adj a.* fig rusty

Röstkartoffeln *Pl* fried potatoes *Pl*

Rostschutzmittel *n* antirust agent

Roststelle *f* patch of rust

rot I *Adj* red, POL *oft* Red: *das 2e Kreuz* the Red Cross; *~ werden im Gesicht:* go red, flush, *(verlegen)* blush; fig WIRTSCH *~e Zahlen schreiben* be in the red; → *rotsehen, Faden, Tuch 2* II *Adj ~ glühend* red-hot **Rot** *n m,* *(Schminke)* rouge: *die Ampel steht auf ~* the lights are at red; *bei ~* at red

Rotation *f* rotation

Rotationsdruck *m* rotary printing

rotblond *Adj* sandy-haired, *Haar:* sandy

Rotbuche *f* copper beech

Rotdorn *m* pink hawthorn

Rote *m, f* POL Red

Röte *f* redness, *(Scham2)* blush

Rötel *m* red chalk

Röteln *Pl* MED German measles *Pl*

röten *v/t* blush: *sich ~ Gesicht: a.* flush

Rotfuchs *m* (red) fox **rothaarig** *Adj* red-haired **Rothaarige** *m, f* redhead **Rothaut** *f (Indianer)* redskin

rotieren *v/i* rotate, F fig flip

Rotkäppchen *n* (Little) Red Riding Hood

Rotkehlchen *n* ZOOL robin (redbreast)

Rotkohl *m,* **Rotkraut** *n* red cabbage

rötlich *Adj* reddish

rotsehen *v/i* F fig see red

Rotstift *m* red pencil: fig *den ~ ansetzen* make cuts *(bei in)*

Rottanne *f* spruce

Rotte *f* gang, horde

Rötung *f* reddening

Rotwein *m* red wine

Rotwild *n* red deer

Rotz *m* V snot **Rotzfahne** *f* V snotrag

rotzfrech *Adj* F snotty

Rouge *n* rouge

Roulade *f* GASTR *etwa* beef olive

Rouleau *n* roller blind

Roulett(e) *n* roulette

Route *f* route, *(Reise2)* itinerary

Routine *f allg* routine, *(Erfahrung)* practice, experience **routinemäßig** *Adj* routine(ly *Adv*) **Routinier** *m* old hand **routiniert** *Adj* experienced

Rowdy *m* rowdy, hooligan

Rubbellos *n* scratchcard

rubbeln *v/i* rub, *(Lotterie)* buy scratch-cards

Rübe *f* 1. BOT *Weiße ~* turnip; *Rote ~* beetroot; *Gelbe ~* carrot 2. F *(Kopf)* nut

Rubel *m* rouble

rüber(...) F → *herüber(...), hinüber(...)*

rüberkommen *v/i* F 1. come over 2. THEAT *etc* come across 3. *mit Geld etc ~* come across with

Rubin *m* MIN ruby

Rubrik *f* heading, *(Spalte)* column, *(Klasse)* category

Ruck *m* jerk, start, jolt *(a.* fig*)*, *(Zerren)* yank, F fig POL swing: *in einem ~ (auf einmal)* at one go; *sich e-n ~ geben* pull o.s. together

Rückansicht *f* back view

Rückantwort *f* reply

ruckartig I *Adj* jerky II *Adv* with a jerk, *(plötzlich)* abruptly

rückbezüglich *Adj* LING reflexive

Rückblende *f* FILM flashback *(auf Akk* to) **rückblenden** *v/i* FILM flash back *(auf Akk* to)

Rückblick *m* review *(auf Akk at)*: *im ~* in retrospect, *auf (Akk)* looking back on

rückdatieren *v/t* backdate

rücken I *v/t allg* move, *(schieben) a.* shift, *(weg~)* push (away) II *v/i* move, *(Platz machen)* move over: *näher ~ a.* zeitlich: draw near, approach; *im Rang höher ~* rise; *an j-s Stelle ~* take s.o.'s place; → *Leib*

Rücken *m* back *(a. Buch2, Hand2 etc)*, *(Berg2)* ridge, *(Nasen2)* bridge, GASTR saddle: *hinter j-s ~* behind s.o.'s back; *j-m in den ~ fallen* fig stab s.o. in the back; → *kehren*[1] 1, *steifen*

Rückendeckung *f* fig backing, support

rückenfrei *Adj Shirt etc:* backless, halterneck

Rücken|lehne *f* back(rest) *~mark* *n* ANAT spinal cord *~schmerzen* *Pl* back-

ache Sg **~schwimmen** n backstroke **~wind** m following wind **~wirbel** m ANAT dorsal vertebra

Rückeroberung f reconquest

rückerstatten v/t return, (Geld) refund

Rückfahrkarte f return (ticket), Am round-trip ticket

Rückfahrt f return journey (od trip): **auf der ~** a. on the way back

Rückfall m relapse (a. fig), JUR a. recidivism **rückfällig** Adj relapsing, JUR a. recidivist: **~ werden** (have a) relapse

Rückfenster n rear window

Rückflug m return flight

Rückfrage f checkback

rückfragen v/i check (**bei** with)

Rückführung f in die Heimat: repatriation

Rückgabe f return, SPORT pass back

Rückgang m decline, drop, fall

rückgängig Adj 1. → **rückläufig** 2. **~ machen** undo, (Auftrag etc) cancel

Rückgewinnung f recovery

Rückgrat n spine, backbone (a. fig)

rückgratlos Adj fig spineless

Rückhalt m support **rückhaltlos I** Adj unreserved, (offen) frank **II** Adv without reserve: **j-m ~ vertrauen** have complete confidence in s.o.

Rückhand f Tennis: backhand

Rückhandschlag m backhand (stroke)

Rückkampf m SPORT return match

Rückkauf m repurchase, (Einlösung) redemption **Rückkaufsrecht** n right of repurchase (od redemption)

Rückkehr f (bei **m-r** ~ on my) return

Rückkopplung f ELEK feedback (a. fig)

Rückkunft f → **Rückkehr**

Rücklagen f reserve(s Pl), savings Pl

Rücklauf m am Bandgerät: rewind

rückläufig Adj dropping, declining: **~e Tendenz** downward tendency

Rücklicht n MOT rear light, taillight

rücklings Adv (nach hinten) backwards, (von hinten) from behind

Rückmarsch m march back **Rückpass** m SPORT back pass **Rückporto** n return postage **Rückprall** m rebound

Rückreise f → **Rückfahrt Rückruf** m 1. WIRTSCH recall 2. TEL ring back

Rucksack m rucksack, Am backpack **~tourismus** m backpacking **~tourist(in)** backpacker

Rückschlag m fig setback **Rück-**

schluss m conclusion: **Rückschlüsse ziehen aus** (Dat) draw conclusions from **Rückschreiben** n reply **Rückschritt** m step back(ward) **rückschrittlich** Adj retrograde, POL reactionary

Rückseite f allg back, e-s Hauses etc: a. rear, e-r Münze etc: reverse, e-r Platte: flip side: **siehe ~!** see overleaf!

⚠ **Rückseite** ≠ Br **backside**

Rückseite	= back, reverse
Br backside	= Hintern

Rücksendung f return

Rücksicht f consideration: **mit** (od **aus**) **~ auf** (Akk) out of consideration for, considering; **ohne ~ auf** (Akk) regardless of; (**k-e**) **~ nehmen auf** (Akk) show (no) consideration for, make (no) allowances for **Rücksichtnahme** f consideration **rücksichtslos** Adj inconsiderate (**gegen** of), thoughtless, Fahren etc: reckless, (skrupellos) ruthless **Rücksichtslosigkeit** f lack of consideration, recklessness **rücksichtsvoll** Adj considerate (**gegen** of)

Rücksitz m backseat, (Sozius) pillion

Rückspiegel m MOT rearview mirror

Rückspiel n SPORT return match

Rücksprache f consultation: **mit j-m ~ nehmen** consult (with) s.o.

rückspulen v/t u. v/i Film, Tonband etc: rewind **Rückspultaste** f rewind key

Rückstand m 1. CHEM residue 2. (Zahlungs2) arrears Pl, (Arbeits2) a. backlog: **im ~ sein mit** be behind with, SPORT be down one goal etc **rückständig** Adj 1. backward, Land: a. underdeveloped 2. **~e Miete** arrears Pl of rent

Rückständigkeit f backwardness

Rückstau m MOT tailback

Rückstoß m e-r Schusswaffe: recoil, kick

Rückstrahler m rear reflector

Rücktaste f Schreibmaschine: back spacer, Tonbandgerät etc: rewind key

Rücktritt m 1. (**von** from) e-m Amt: resignation, e-m Vertrag: withdrawal: **s-n ~ erklären** announce (od tender) one's resignation 2. F → **Rücktrittbremse** f am Fahrrad: backpedal brake

Rücktritts|gesuch n (letter of) resignation **~recht** n right of rescission

R

rückübersetzen v/t translate back (*in Akk* into *English etc*) **Rückübersetzung** f retranslation **rückvergüten** v/t, **Rückvergütung** f refund

rückversichern v/t reinsure (*sich* o.s.): *fig* **sich ~ antreten** play safe

Rückversicherung f reinsurance

Rückward f back, back wall

rückwärtig Adj back, rear **rückwärts** Adv backwards: **~ fahren in** (*Akk*) (*od aus Dat*) back into (*od* out of)

Rückwärtsgang m MOT (*im ~* in) reverse (gear) **Rückweg** m way back, return: **den ~ antreten** head for home

ruckweise I Adj jerky **II** Adv jerkily, in jerks

rückwirkend Adj JUR retroactive: **~ ab** backdated to **Rückwirkung** f (*auf Akk* upon) reaction, repercussion

rückzahlbar Adj repayable

Rückzahlung f repayment, refund

Rückzieher m **1.** *Fußball:* overhead kick **2.** F **e-n ~ machen** back down

Rückzug m retreat **Rückzugsgefecht** n a. fig rearguard action

rüde Adj rude, coarse

Rüde m ZOOL male dog (*od* wolf, fox)

Rudel n pack (*a. fig*), *Rehe etc:* herd

Ruder n oar, (*Steuer♀*) rudder (*a.* FLUG), helm: **am ~** at the helm (*a. fig*); fig **ans ~ kommen** come into power

Ruderboot n rowing boat

Ruderer m rower, oarsman

Ruderin f oarswoman

Ruderklub m rowing club

rudern v/t u. v/i row **II** ♀ n rowing

Ruderregatta f boat race, regatta

Rudersport m rowing

Ruf m **1.** call (*a.* TEL u. fig), (*Schrei*) cry, shout: **e-n ~ erhalten nach** be offered an appointment (UNI a chair) at; TEL **~ 3721** Tel. 3721 **2.** (*Leumund*) reputation: *Künstler etc* **von ~** of high repute, noted *artist etc*; **im ~** (*Gen*) **stehen** be reputed to be

rufen I v/i call, (*schreien*) cry, shout: **~ nach** call for (*a. fig*); **um Hilfe ~** cry for help **II** v/t call, (*herbei~*) a. summon: **~ lassen** send for; **du kommst mir wie gerufen** you're just the person I need **III** ♀ n calling, calls Pl

Rüffel m F dressing-down

Rufmord m character assassination

Rufname m name by which one is

called: **wie ist Ihr ~?** what name are you called by?

Ruf|nummer f telephone number **~umleitung** f TEL call forwarding (*Abk* CF)

Rufweite f **in** (*außer*) **~** within (out of) calling distance

Rugby n SPORT rugby

Rüge f reprimand, rebuke **rügen** v/t (*wegen* for) **a**) (*j-n*) reprimand, rebuke, **b**) (*etw*) criticize, *öffentlich:* a. censure

Ruhe f rest (*a.* PHYS u. *Erholung*), (*Stille*) quiet, (*a. Schweigen*) silence, (*Frieden*) peace, (*Gemüts♀*) calm(ness), composure: **~ und Ordnung** law and order; **die ~ vor dem Sturm** the calm before the storm; **die ewige** (*od letzte*) **~** eternal rest; **in aller ~** very calmly, (*gemütlich*) leisurely; **überlege es dir in aller ~** take your time about it; **~ bewahren** keep quiet, *nervlich:* keep cool; **sich zur ~ setzen** retire; **zur ~ bringen** quieten down; **~, bitte!** quiet, please!; **lass mich in ~!** leave me alone!; **lass mich damit in ~!** I don't want to hear about it!; **er möchte s-e ~ haben** he wants to be left in peace; F **er hat die ~ weg!** he's (as) cool as a cucumber; **immer mit der ~!** take it easy!

ruhebedürftig Adj in need of (a) rest

Ruhebett n couch **Ruhegehalt** n pension

ruhelos Adj restless

ruhen v/i allg rest, *Arbeit, Verkehr etc:* be at a standstill, *Verhandlungen etc:* be suspended: **~ auf** (*Dat*) *Blick, Last, Verantwortung etc:* rest on; **er ruhte nicht, bis** he didn't rest until; **hier ruht** here lies; **lass die Vergangenheit ~!** let bygones be bygones!

Ruhe|pause f break, rest **~platz** m resting place **~stand** m (*vorzeitiger ~* early) retirement: **im ~** retired; **in den ~ treten** retire; **in den ~ versetzen** retire, pension *s.o.* off **~stätte** f resting place

Ruhestörer(in) disturber of the peace **Ruhestörung** f JUR **öffentliche ~** disturbance of the peace

Ruhetag m day of rest, (*dienstfreier Tag*) day off, *e-s Lokals etc:* closing day: **Montag ~!** closed on Mondays!

ruhig I Adj **1.** allg quiet (*a. Farbe, Gegend,* WIRTSCH *Markt*), (*still*) a. silent, (*bewegungslos*) still, (*friedlich*) peace-

(Marginal tab: R)

ful, (*geruhsam*) restful, (*gelassen*) calm, (*gemächlich*) leisurely (*a. Adv*), (*glatt*) smooth (*a.* TECH), *Hand etc*: steady, *See*: calm: (*sei*) ~*!* (be) quiet!; *sei ganz* ~*!* (*unbesorgt*) don't worry!; ~ *bleiben* keep calm; *k-e* ~*e Minute haben* not to have a moment's peace **II** *Adv* **2.** quietly (*etc*): *das Haus liegt* ~ the house is in a quiet area; ~ *verlaufen* be uneventful **3.** F easily, very well: *tu das* ~*!* go right ahead!; *du kannst* ~ *dableiben!* (you can) stay if you want!

Ruhm *m* fame, glory: ~ *erlangen* win fame **rühmen** I *v/t* praise (*wegen* for) **II** *v/refl sich* ~ (*Gen*) pride o.s. (on), boast (*of s.th.*)

Ruhmesblatt *n* *das ist kein* ~ *für ihn* that's not exactly to his credit

rühmlich *Adj* laudable, praiseworthy: ~*e Ausnahme* noteworthy exception

ruhmlos *Adj* inglorious

ruhmreich, ruhmvoll *Adj* glorious

Ruhr *f* MED dysentery

Rührbesen *m* GASTR whisk

Rührei *n* scrambled eggs *Pl*

rühren I *v/t* **1.** (*Teig etc*) stir, (*bewegen*) *a.* move: *fig er hat k-n Finger gerührt* he did not lift a finger; → *Donner, Trommel* **2.** *fig* touch, move (*zu Tränen* to tears) **II** *v/i* **3.** stir **4.** ~ *an* (*Akk*) **a)** touch, **b)** *ein Thema etc*: touch (up)on **III** *v/refl sich* ~ **5.** stir, move: MIL *rührt euch!* (stand) at ease!; *sich nicht* (*von der Stelle*) ~ not to budge (an inch) **6.** *fig* do (*od* say) s.th., *Gefühl*: make itself felt

rührend *Adj* touching, moving, (*liebevoll*) very kind

Ruhrgebiet *n* the Ruhr (area)

rührig *Adj* active, busy, enterprising

Rührlöffel *m* stirring spoon

rührselig *Adj* sentimental, mawkish: ~*e Geschichte* F sob story

Rührung *f* emotion: *er brachte vor* ~ *kein Wort heraus* he was choked with emotion

Ruin *m* ruin: *vor dem* ~ *stehen* be on the brink of ruin

Ruine *f* ruin (*s Pl*) **ruinieren** *v/t allg* ruin (*sich* o.s.) **ruinös** *Adj* ruinous

rülpsen *v/i*, **Rülpser** *m* belch

Rum *m* rum

rum(...) F → *herum(...)*

Rumänien *n* Romania **Rumäne** *m*, **Ru-**

mänin *f*, **rumänisch** *Adj* Romanian

Rummel *m* F **1.** (*Betriebsamkeit*) (hustle and) bustle, (*Aufheben*) fuss, to-do: *großen* ~ *machen um* make a big fuss about **2. a)** fun fair, **b)** → **Rummelplatz** *m* fairground, amusement park

rumoren *v/i* rumble (around)

Rumpelkammer *f* lumber room

rumpeln *v/i* rumble

Rumpf *m* **1.** ANAT trunk, body, *e-r Statue u. fig* torso **2.** (*Schiffs*②) hull, (*Flugzeug*②) fuselage

rümpfen *v/t* *die Nase* ~ turn up one's nose (*über Akk* at)

Rumpsteak *n* rump steak

Run *m* run (*auf Akk* on)

rund I *Adj* **1.** *allg* round (*a. fig Summe, Zahl etc*): *Gespräche am* ~*en Tisch* round-table talks; *fig* ~*e 1000 Euro* 1,000 euros or so; *e-e* ~*e Leistung* a perfect performance **II** *Adv* **2.** (*etwa*) about, roughly: ~ *gerechnet* in round figures **3.** ~ *um* (a)round *the world etc*

Rundbau *m* rotunda

Rundblick *m* panorama

Runde *f* **1.** (*Gesellschaft*) circle **2.** (*Rundgang*) round: *s-e* ~ *machen* make one's rounds, *bes Polizist*: be on one's beat; *die* ~ *machen Geschichte etc*: go the round **3.** *Boxen, Golf etc*: round (*a. fig Verhandlungs*②), *Renn-, Laufsport*: lap; *über die* ~*n kommen* go the distance, stay the course; F *gerade so über die* ~*n kommen* just about make it, scrape by, *a. finanziell*: get by **4.** (~ *Bier etc*) round: F *e-e* ~ *schmeißen* stand a round (*of beer etc*)

runden *v/i/refl sich* ~ grow round, *fig* (*Gestalt annehmen*) take shape

runderneuern *v/t* (*Reifen*) retread

Rundfahrt *f* (*sightseeing*) tour (*durch* of) **Rundflug** *m* circuit

Rundfrage *f* general inquiry, survey

Rundfunk *m* **1.** broadcasting, radio: *im* ~ on the radio (*od* air); ~ *hören* listen to the radio; *im* ~ *übertragen* (*od senden, bringen*) broadcast; *beim* ~ sein work in broadcasting; *in Zssgn* → *a. Funk..., Radio...* **2.** ~*anstalt* *f* broadcasting company, *Am* radio corporation ~*gerät* *n* radio (set) ~*hörer(in)* listener ~*programm* *n* radio program(me *Br*) ~*sender* *m* → *Rundfunkstation* ~*sendung* *f* broadcast,

radio program(me *Br*) **~sprecher(in)** (radio) announcer **~station** f radio station

Rundgang m round, tour (**durch** of)
rundheraus Adv flatly, straight out
rundherum Adv all (a)round
rundlich Adj plump, chubby
Rundreise f tour (**durch** of)
Rundschreiben n circular (letter)
Rundstrecke f circuit**rundum** Adv all (a)round
Rundung f curve (*Pl* F *e-r Frau*)
rundweg Adv flatly
Rune f rune
runter(...) F → **herunter(...)**, **hinunter(...)**
Runzel f wrinkle, line
runz(e)lig Adj wrinkled, lined
runzeln v/t wrinkle: **die Stirn ~** frown
Rüpel m lout **rüpelhaft** Adj rude
rupfen v/t (*Huhn etc*) pluck: F *fig* **j-n ~** fleece s.o.; → **Hühnchen** 1
ruppig Adj **1.** shaggy **2.** *fig* gruff
Rüsche f frill
Ruß m soot **~partikel** m soot particle
Russe m Russian
Rüssel m proboscis, *des Elefanten: a.* trunk, *des Schweins:* snout
rußen v/i smoke **rußig** Adj sooty
Russin f, **russisch** Adj Russian
Russland n Russia

rüsten (**für, zu** for) **I** v/i MIL arm: *fig* **gerüstet** armed, ready **II** v/refl **sich ~** prepare, get ready
rüstig Adj vigorous, sprightly, fit
Rüstung¹ f (*Ritter*⚔) armo(u)r
Rüstung² f MIL armament
Rüstungs|ausgaben Pl defen/ce (*Am* -se) expenditure *Sg* **~begrenzung** f arms limitation **~industrie** f defen/ce (*Am* -se) industry **~kontrolle** f arms control **~stopp** m arms freeze **~wettlauf** m arms race
Rüstzeug n *fig* equipment
Rute f **1.** switch, (*a. Zucht*⚔) rod **2.** (*Angel*⚔) fishing rod **3.** JAGD **a)** penis, **b)** (*Schwanz*) tail, *des Fuchses:* brush
Rutengänger(in) diviner
Rutsch m **1.** slide, (*Erd*⚔) landslide: F *in einem ~* in one go; *guten ~* (*ins neue Jahr*)! Happy New Year! **2.** F (*kleiner Ausflug*) (short) trip **Rutschbahn** f slide **Rutsche** f slide, TECH *a.* chute **rutschen** v/i slide, (*aus~*) slip (*gleiten*) glide, MOT etc skid
rutschig Adj slippery
rutschsicher Adj nonslip, MOT nonskid
rütteln **I** v/t shake, TECH vibrate **II** v/i *Fahrzeug:* shake, jolt, TECH vibrate: **~ an** (*Dat*) **a)** *der Tür:* rattle (at), **b)** *fig* shake, (*in Frage stellen*) question; *daran ist nicht zu ~!* that's a fact!

S

S, s n S, s
Saal m hall
Saarland n the Saarland
Saat f (*das Säen*) sowing, (*Same*) seed (*a. fig*), (*Getreide etc*) crop(s *Pl*) **~gut** n seed(s *Pl*) **~kartoffel** f seed potato
Sabbat m Sabbath
sabbern v/i slaver, drool
Säbel m sabre, *Am* saber
Sabotage f sabotage **Sabotageakt** m act of sabotage **Saboteur(in)** saboteur
sabotieren v/t *a. fig* sabotage
Saccharin n saccharin(e)
Sachbearbeiter(in) official (WIRTSCH clerk) in charge (**für** of) **Sachbeschädigung** f damage to property **sachbe-**
zogen Adj pertinent **Sachbuch** n nonfiction book, *Pl Koll* nonfiction *Sg*
sachdienlich Adj relevant, pertinent, helpful
Sache f **1.** thing, object: F **~n** *Pl allg* things *Pl* (*a. Speisen etc*), (*Habseligkeiten*) *a.* belongings *Pl*; F MOT *mit 100 ~n* at 60 (miles per hour) **2.** (*Angelegenheit*) affair, matter, business, (*Frage, Problem*) problem, (*Thema, Gebiet*) subject, (*Fall*) case, JUR *u. wetr.* S. (*Anliegen*) cause: *e-e ~ für sich* a matter apart; *in ~n Umwelt* concerning the environment; *in eigener ~* on one's own behalf; *bei der ~ bleiben* stick to the point; *er war nicht bei der ~* he was in-

attentive (*od* absent-minded); **für e-e gute ~ kämpfen** fight for a good cause; **s-e ~ gut (schlecht) machen** do a good (bad) job; **(sich) s-r ~ sicher sein** be sure of one's ground; **zur ~ kommen** get to the point, *weit. S.* get down to business; **das ist s-e ~!** that's his problem (*od* affair)!; **es ist s-e ~ zu** *Inf* it's his business to *Inf*; **es ist ~ des Vertrauens** it's a matter of trust; **das tut nichts zur ~** that makes no difference; **die ~ ist die, dass ...** the point is that ...; F **j-m sagen, was ~ ist** tell s.o. what's what; F **mach k-e ~n!** erstaunt: you're kidding!, *warnend*: no funny business!; → **gemeinsam** I

Sachfrage *f* factual issue **sachfremd** *Adj* irrelevant **Sachgebiet** *n* subject, field **sachgemäß, sachgerecht** *Adj* proper, appropriate **Sachkenner(in)** expert **Sachkenntnis** *f* expert knowledge, expertise

sachkundig → **sachverständig**

Sachlage *f* state of affairs, position **sachlich** *Adj* **1.** factual, (*sachbezogen*) *a.* technical, (*zweckbetont, a.* ARCHI, TECH) functional: **aus ~en Gründen** for technical (*od* practical) reasons; *Adv* ~ **richtig** factually correct **2.** (*nüchtern*) matter-of-fact, realistic(ally *Adv*), (*emotionslos*) unemotional, (*objektiv*) objective, (*praktisch*) practical (-minded)

sächlich *Adj* LING neuter

Sachlichkeit *f* matter-of-factness, objectivity, ARCHI, TECH functionalism

Sachregister *n* (subject) index

Sachschaden *m* material damage, damage to property

Sachse *m* Saxon **Sachsen** *n* Saxony **Sachsen-Anhalt** *n* Saxony-Anhalt **Sächsin** *f*, **sächsisch** *Adj* Saxon

Sachspende *f* donation in kind

sacht I *Adj* soft, gentle **II** *Adv a.* ~e softly, gently, (*vorsichtig*) cautiously, (*langsam*) slowly: ~e**!** gently does it!; F (*immer*) ~e**!** take it easy!

Sachverhalt *m* the facts *Pl* (of the case)

Sachverstand *m* expertise, know-how **sachverständig** *Adj* expert, competent, *Person: a.* knowledgeable

Sachverständige *m, f* expert, JUR expert witness **Sachverständigengutachten** *n* expert opinion

Sachwert *m* real value: **~e** *Pl* material assets *Pl*

Sachzwang *m* practical constraint

Sack *m* **1.** sack, bag, ANAT, ZOOL sac: **der gelbe ~** the bag for recyclable waste; **mit ~ und Pack** with bag and baggage **2.** V (*Hoden*) balls *Pl* **sacken** *v/i* sink, give way, sag, *Person:* slump

Sackgasse *f* **1.** cul-de-sac **2.** *fig* dead end, impasse

Sackhüpfen *n*, **Sacklaufen** *n* sack race

Sadismus *m* sadism **Sadist(in)** sadist

sadistisch *Adj* sadistic(ally *Adv*)

säen *v/t u. v/i a. fig* sow: **dünn gesät** scarce, few and far between

Safari *f* safari **~park** *m* safari (*Am:* animal) park

Safe *m, n* safe

Safran *m*, **safrangelb** *Adj* saffron

Saft *m allg* juice (*a.* F ELEK *Strom*), BOT sap: *fig* **ohne ~ und Kraft** → **saftlos** 2; → **schmoren** 1 **saftig** *Adj* **1.** juicy, BOT lush **2.** F *fig Witz etc:* juicy, spicy, *Ohrfeige:* resounding, *Preise etc:* stiff, steep, *Antwort, Niederlage:* crushing

saftlos *Adj* **1.** juiceless, dry **2.** *fig mst* **saft- und kraftlos** lame, wishy-washy

Saftpresse *f* squeezer, juice extractor

Saga *f* saga

Sage *f* **1.** legend **2.** *fig* rumo(u)r

Säge *f* saw **Sägeblatt** *n* saw blade **Sägebock** *m* sawhorse **Sägefisch** *m* sawfish **Sägemehl** *n* sawdust

sagen *v/t u. v/i* say: **j-m etw ~** say s.th. to s.o., tell s.o. s.th.; → **Meinung, Wahrheit** *etc*; **j-m etw ~ lassen** let s.o. know s.th.; **ich habe mir ~ lassen, dass ...** I've been told that ...; **etw (nichts) zu ~ haben** have a (no) say (**bei** in); **das hat nichts zu ~** that doesn't matter; **~ Sie ihm, er soll kommen** tell him to come; **was sagst du zu ... ?** what do you say to ...?, (*wie wäre es mit?*) how about ...?; **was willst du damit ~?** what do you mean (by that?); *das Buch, Bild etc* **sagt mir nichts** doesn't mean a thing to me; **wie sagt man ... auf Englisch?** what is the English for ...?; **ich habs dir ja gleich gesagt!** I told you so!; **lass dir das gesagt sein!** put that in your pipe and smoke it!; **man sagt, er sei krank** they say he is ill, he is said to be ill; **was Sie nicht ~!** you don't say!; F **wem ~ Sie das!** you're telling

me!; **~ wir zehn Stück** (let's) say ...; (**das**) **sagst du!** F says you!; **sage und schreibe** no less than; **es** (od **damit**) **ist nicht gesagt, dass ...** that doesn't necessarily mean that ...; **unter uns gesagt** between you and me; **gesagt, getan** no sooner said than done; → **schwer** II

Sagen n F **das ~ haben** be the boss, **bei** (od **in** Dat) have the (final) say in

sägen v/t u. v/i saw

sagenhaft Adj **1.** legendary, mythical **2.** F fig fantastic, terrific, incredible

Sägespäne Pl wood shavings Pl

Sägewerk n sawmill

Sago m GASTR sago

Sahara f the Sahara

Sahne f cream: F fig **erste ~** really great **~bonbon** m, n toffee, Am taffy **~eis** n icecream **~käse** m cream cheese **~quark** m high-fat curd cheese **~torte** f cream gateau

sahnig Adj creamy

Saison f season **2abhängig** Adj seasonal **~arbeiter(in)** seasonal worker **2bedingt** Adj seasonal **~schlussverkauf** m WIRTSCH seasonal sale

Saite f MUS string, chord; → **aufziehen** 4

Saiteninstrument n stringed instrument

Sakko m (sportlicher: sports) jacket

Sakrament n REL sacrament

Sakrileg n sacrilege

Sakristei f vestry

Salamander m ZOOL salamander

Salami f GASTR salami

Salamitaktik f POL salami tactics Sg

Salat m salad, (Pflanze) lettuce: F fig **da haben wir den ~!** there you are! **Salat|besteck** n salad servers Pl **~kopf** m (head of) lettuce **~öl** n salad oil **~schüssel** f salad bowl **~soße** f salad dressing

Salbe f ointment

Salbei m, f BOT sage

Salbung f anointing, a. fig unction

salbungsvoll Adj unctuous

Saldo m WIRTSCH balance: **per ~** a. fig on balance

Saline f saltworks Pl (a. Sg konstr)

Salmiak m CHEM ammonium chloride

Salmiakgeist m liquid ammonia

Salmonellen Pl salmonellae Pl **~erkrankung** f salmonellosis

Salon m drawing room, Am parlor, SCHIFF saloon, (Kosmetik2 etc) salon

salonfähig Adj presentable, Benehmen, Witz: respectable: **nicht ~** Witz: risqué

Salpeter m CHEM saltpetre (Am -er)

Salpetersäure f CHEM nitric acid

Salsa m, **~musik** f salsa

Salsasoße f salsa

Salto m a. fig somersault

Salut m (**~ schießen** fire a) salute

Salve f (Gewehr2) volley (a. fig), (Geschütz2) salvo, (Ehren2) salute

Salz n a. fig salt **salzarm** Adj **~e Kost** low-salt diet **Salzbergwerk** m salt mine **salzen** v/t salt, fig a. season; → **gesalzen Salzfässchen** n salt cellar **Salzgehalt** m salt content **Salzgurke** f pickled gherkin **salzhaltig** Adj saline **Salzhering** m salted herring

salzig Adj salty

Salzkartoffeln Pl boiled potatoes Pl

salzlos Adj salt-free **Salzsäule** f fig **zur ~ erstarren** freeze **Salzsäure** f CHEM hydrochloric acid **Salzsee** m salt lake **Salzstange** f saltstick **Salzstreuer** m salt shaker **Salzwasser** n salt water

Samariter m (**barmherziger ~** good) Samaritan

Samba m MUS samba

Sambia n Zambia

Same m → **Samen** m **1.** BOT seed (a. fig) **2.** PHYSIOL sperm, semen

Samen|bank f MED, VET sperm bank **~erguss** m ejaculation **~faden** m spermatozoon **~flüssigkeit** f semen **~kapsel** f BOT seed capsule **~leiter** m ANAT vas deferens **~spender** m (sperm) donor

Samenstrang m ANAT spermatic cord

Sammel|aktion f fund-raising campaign, (Material2) (salvage) collection **~band** m anthology **~becken** n reservoir (a. fig), GEOG catchment area **~begriff** m generic term **~bestellung** f collective order **~büchse** f collecting box **~fahrschein** m group ticket **~lager** n assembly camp **~mappe** f file

sammeln I v/t **1.** allg collect (a. TECH), (Holz, a. fig Erfahrungen etc) gather, (Beeren etc) pick, (Kunden, Stimmen etc) canvass for, (an~) accumulate; → **gesammelt 2.** (ver~) gather, wieder:

rally **3.** OPT focus **II** v/i **4.** (**für** for) collect money, *bes für j-n*: pass the hat (around) **III** v/refl **sich ~ 5.** (*sich an~*) gather, accumulate **6.** (*sich ver~*) assemble, meet, rally **7.** fig (a. **s-e Gedanken ~**) concentrate, collect one's thoughts, (*sich fassen*) compose o.s.; → **gesammelt 2 8.** OPT focus

Sammelsurium n omnium gatherum

Sammler(in) collector

Sammlerwert m collector's value

Sammlung f **1.** collection, (*Gedicht2*) anthology **2.** museum **3.** fig concentration, (*Fassung*) composure

Samstag m (**am ~** on) Saturday

samstags Adv on Saturdays

samt I Adv **~ und sonders** all of them, F the whole lot **II** Präp together with, along with

Samt m velvet, (*Baumwoll2*) velveteen

samtartig Adj velvety

Samthandschuh m fig **j-n mit ~en anfassen** handle s.o. with kid gloves

sämtlich I Adj all: **~e Anwesende(n)** all those present; **~e Werke** the complete works **II** Adv all of them

Sanatorium n sanatorium, Am sanatarium

Sand m sand: F **wie ~ am Meer** any number of; fig **im ~e verlaufen** come to nothing; **j-m ~ in die Augen streuen** throw dust in s.o.'s eyes; F **ein Projekt** etc **in den ~ setzen** waste

Sandale f sandal

Sandalette f high-heeled sandal

Sandbahn f MOT dirt track **Sandbank** f sandbank **Sandboden** m sandy soil

Sanddorn m BOT sea buckthorn

Sandelholz n sandalwood

Sandgrube f sand pit

sandig Adj sandy

Sandkasten m sandpit, Am sandtable **Sandkorn** n grain of sand **Sandmännchen** n fig sandman **Sandpapier** n sandpaper **Sandplatz** m Tennis: clay court **Sandsack** m sandbag, Boxen: body bag **Sandstein** m sandstone **sandstrahlen** v/t sandblast **Sandstrahlgebläse** n sandblaster **Sandstrand** m sandy beach **Sandsturm** m sandstorm **Sanduhr** f hour glass

sanft Adj allg soft, gentle, Tod: easy, peaceful: **mit ~er Gewalt** with gentle force

Sänfte f sedan (chair)

Sanftheit f softness, gentleness

Sanftmut f gentleness

Sänger m **1.** singer **2.** (*Vogel*) songbird

Sängerfest n choral festival

Sängerin f singer

sang- und klanglos Adv quietly, simply

sanieren I v/t (*Haus, Stadtteil*) redevelop, (a. *Firma*) rehabilitate **II** v/refl **sich ~ a)** WIRTSCH get back on one's feet again, **b)** F fig line one's own pockets

Sanierung f redevelopment, a. WIRTSCH rehabilitation **Sanierungsgebiet** n redevelopment area

sanitär Adj sanitary: **~e Einrichtungen** sanitary facilities

Sanitäter(in) ambulance (od first-aid) man (woman), Am paramedic, medic(al orderly)

Sankt (*Abk* **St.**) Saint (*Abk* St.)

Sanktion f, **sanktionieren** v/t sanction

Saphir m **1.** MIN sapphire **2.** a **~nadel** f am Plattenspieler: sapphire (needle)

Sardelle f anchovy

Sardellenpaste f anchovy paste

Sardine f sardine

Sardinien n Sardinia

Sarg m coffin, Am a. casket

Sarkasmus m sarcasm

sarkastisch Adj sarcastic(ally Adv)

Sarkom n MED sarcoma

Sarkophag m sarcophagus

Satan m Satan

satanisch Adj satanic(ally Adv)

Satellit m allg satellite

Satelliten|bild n, satellite picture **~fernsehen** n satellite TV **~schüssel** f satellite dish **~staat** m POL satellite (state) **~stadt** f satellite town **~übertragung** f TV satellite transmission

Satin m satin, (*Baumwoll2*) sateen

Satire f satire (**auf** Akk on) **Satiriker(in)** satirist **satirisch** Adj satirical

satt Adj **1.** satisfied, F full up: **ich bin ~** I've had enough; **sich ~ essen** eat one's fill; **das macht ~** that's very filling; Adv **~ zu essen haben** have enough to eat; F **etw** (**j-n**) (**gründlich**) **~ haben** be sick and tired of (od be fed up with) s.th. (s.o.) **2.** fig Farbe: deep, rich, Klang: full **3.** fig complacent **4.** F Preis etc: stiff, steep, Schlag etc: powerful

Sattel m allg saddle (a. Gebirgs2), (Nasen2) bridge: fig **j-n aus dem ~ heben** oust s.o.; **fest im ~ sitzen** be firmly in the saddle **sattelfest** Adj fig **in e-r Sache ~ sein** be well up in s.th.

satteln v/t saddle

Sattel|schlepper m MOT 1. road tractor 2. (~zug) articulated lorry, Am semitrailer (truck) **~tasche** f saddle bag **~zeug** n saddle and harness

sättigen I v/t 1. satisfy (a. fig ja-s Neugier etc), fill 2. CHEM, a. WIRTSCH saturate **II** v/i 3. be filling **Sättigung** f satiation, (Sattsein) satiety, CHEM u. fig saturation

Sättigungspunkt m CHEM u. fig saturation point

Sattler(in) saddler **Sattlerei** f saddlery

saturieren v/t saturate

Satyr m satyr

Satz m 1. LING sentence, clause 2. (Lehr2) principle, tenet, MATHE theorem 3. BUCHDRUCK **a)** (type)setting, composition, **b)** (Text) (set) matter 4. MUS movement 5. Tennis etc: set 6. (~ Briefmarken, Werkzeuge etc) set 7. (Boden2) sediment, dregs Pl, (Kaffee2) grounds Pl 8. (Preis, Tarif) rate: **zum ~ von** at the rate of 9. (Sprung) leap: **e-n ~ machen** (take) a leap

Satz|aussage f LING predicate **~ball** m Tennis etc: set point **~bau** m LING syntax, construction **~gefüge** n LING compound sentence **~gegenstand** m LING subject **~spiegel** m BUCHDRUCK type area **~teil** m LING part of sentence, clause

Satzung f statute, mst Pl e-s Vereins etc: statutes and articles Pl

satzungsgemäß Adj statutory, a. Adv in accordance with the statutes

Satzzeichen n punctuation mark

Sau f 1. ZOOL sow: V **unter aller ~** lousy; **zur ~ machen** a) j-n let s.o. have it, b) etw ~rauslassen live it up 2. V fig a) (dirty) pig, (Frau) slut, b) pej swine, (Frau) bitch

sauber Adj 1. allg clean (a. fig anständig), (ordentlich) neat (a. fig Lösung etc): **~ machen** clean (up), tidy (up); **~ sein** Kind: be potty-trained 2. F (unbewaffnet) sl clean 3. F iron nice, (just) great

säuberlich Adj clean, neat, (sorgfältig) careful

Saubermann iron **Herr u. Frau ~** Mr. and Mrs. Clean **säubern** v/t 1. clean (up), tidy (up) 2. (räumen) clear (**von** of) 3. fig, a. POL purge

Säuberung f 1. cleaning (etc) 2. → **Säuberungsaktion** f POL purge

saublöd → **saudumm**

Saubohne f BOT broad bean

Sauce f → **Soße**

Sauciere f sauce boat

Saudi m Saudi

Saudi-Arabien n Saudi Arabia

saudi-arabisch Adj Saudi Arabian

saudumm Adj V damned stupid

sauer I Adj 1. allg sour (a. Boden, Geruch, Milch), CHEM acid (a. Drops, Regen), Gurke: pickled: **~ werden** Milch: turn (sour), curdle; fig **in den sauren Apfel beißen müssen** have to swallow the bitter pill 2. F fig (verärgert) sour, cross: **~ werden** get cross; **j-m das Leben ~ machen** make life miserable for s.o. **II** Adv 3. **~ verdientes Geld** hard-earned money; F fig **~ reagieren** be annoyed (**auf** Akk at)

Sauerampfer m BOT sorrel

Sauerei f → **Schweinerei**

Sauerkirsche f BOT sour cherry

Sauerkraut n GASTR sauerkraut

säuerlich Adj a. fig (a bit) sour

Sauermilch f curdled milk

säuern v/t make sour, (Teig) leaven

Sauerstoff m oxygen **~flasche** f oxygen cylinder **~mangel** m MED lack of oxygen

Sauerstoffmaske f oxygen mask

Sauerstoffzelt n MED oxygen tent

Sauerteig m leaven

saufen v/t u. v/i 1. Tier: drink 2. F Person: booze, (nicht Alkoholisches) guzzle **Säufer(in)** F alcoholic, boozer

Sauferei f F 1. boozing 2. → **Saufgelage** n F drinking bout, booze-up

saugen v/t u. v/i 1. suck (**an** Dat s.th.); → **Finger 2.** (staub~) vacuum

säugen v/t suckle (a. ZOOL), nurse, breastfeed **Sauger** m der Babyflasche: teat, Am nipple **Säugetier** n mammal

saugfähig Adj absorbent

Säugling m baby, formell: infant

Säuglingspflege f baby care

Säuglings|schwester f baby nurse **~sterblichkeit** f infant mortality

saukalt Adj V bloody cold

Satzzeichen

Zeichen	Deutsch	Englisch
,	Komma	**comma**
.	Punkt	**full stop,** *Am* **period,** *bei Internet-Adressen:* **dot**
!	Ausrufezeichen	**exclamation mark,** *Am* **exclamation point**
?	Fragezeichen	**question mark**
;	Strichpunkt, Semikolon	**semicolon**
:	Doppelpunkt	**colon**
'	Apostroph	**apostrophe**
„…", '…'	Anführungszeichen	**quotation marks, inverted commas**
‚…', '…'	einfache Anführungszeichen	**single quotation marks**
„…"; "…"	doppelte Anführungszeichen	**double quotation marks**
(…)	(runde) Klammern	**brackets,** *bes Am* **parentheses**
[…]	eckige Klammern	**square brackets,** *Am* **brackets**
⟨…⟩	spitze Klammern	**angle brackets**
{…}	geschweifte Klammern	**braces**
-	Bindestrich, Trennstrich	**hyphen**
–	Gedankenstrich	**dash**
*	Sternchen	**asterisk**
/	Schrägstrich	**slash, oblique**
\	Backslash	**backslash**
@	at-Zeichen, „Klammeraffe"	**at sign, commercial at**

Säule *f* column, pillar (*a. fig*)
Säulendiagramm *n* bar chart
Säulengang *m* colonnade
Saum *m* hem(line), (*Naht*) seam
saumäßig *Adj* F awful, lousy
säumen *v/t* **1.** hem **2.** *fig* line, skirt
säumig *Adj* **1.** late, tardy **2.** WIRTSCH *~er Zahler* (**Schuldner**) defaulter
Sauna *f* sauna
saunieren *v/i* have a sauna
Säure *f* sourness, *a.* MED *im Magen:* acidity, CHEM acid **säurebeständig** *Adj*, **säurefest** *Adj* acid-proof
Saure-Gurken-Zeit *f* F off-season, *in der Presse:* silly season
säurehaltig *Adj* acid(ic)

Saurier *m* saurian
Saus: *in ~ und Braus leben* live on (*od* off) the fat of the land
säuseln *v/i u. v/t* whisper, *iron Person:* purr
sausen *v/i* **1.** F whiz, rush, dash **2.** *Wind:* rush, *a. Geschoss etc:* whistle, *Ohren:* buzz; F *~ lassen* (*Angebot etc*) pass up, (*Plan etc*) give *s.th.* a miss, (*j-n*) drop
Saustall *m* pigsty, F *fig a.* awful mess
Sauwetter *n* F filthy weather **sauwohl** *Adj* F *sich ~ fühlen* feel real good
Saxophon, Saxofon *n* saxophone
S-Bahn *f* suburban (fast) train(s *Pl*), *Am* rapid transit
scannen *v/t* IT scan

Scanner *m* IT scanner, *Strichkode*: barcode reader

Schabe *f* ZOOL cockroach

schaben *v/t u. v/i* scrape

Schabernack *m* practical joke, hoax

schäbig *Adj allg* shabby, *fig a.* mean

Schäbigkeit *f* shabbiness, *fig a.* meanness

Schablone *f* **1.** (*Mal2*) stencil, TECH template **2.** *fig* (*Denk2*) stereotype, cliché, (*Schema*) (fixed) routine

schablonenhaft *Adj fig* stereotyped, (*mechanisch*) mechanical, routine …

Schach *n* **1.** (*Spiel*) chess: ~ **spielen** play (at) chess **2.** (*~stellung*) check: ~! check!; ~ **und matt!** checkmate!; *j-m* ~ **bieten** check s.o., *fig* stand up to s.o.; *in* ~ **halten** keep in check (a. *fig*), *mit e-r Waffe: a.* cover

Schachbrett *n* chessboard **Schachbrettmuster** *n* chequer, *Am* checker

Schachcomputer *m* chess computer

Schacher *m* haggling, *bes* POL horse-trading

schachern *v/i* haggle (*um* about, over)

Schachfigur *f* chessman, piece, *fig* pawn **schachmatt** *Adj* **1.** (check)mate: ~ **setzen** *a. fig* checkmate **2.** F (*erschöpft*) exhausted, all in **Schachpartie** *f* game of chess **Schachspiel** *n* **1.** (game of) chess **2.** chess set

Schachspieler(in) *f* chess player

Schacht *m allg* shaft (*a.* BERGB), (*Mannloch*) manhole

Schachtel *f* **1.** box, (*Papp2*) *a.* carton, (*Zigaretten2*) packet, *bes Am* pack **2.** F *fig* **alte** ~ old bag **~satz** *m* LING involved sentence

Schachzug *m a. fig* move

schade *Adj präd* (*es ist* [*sehr*]) ~ it's a (great) pity (*um* about, *dass* that), F it's too bad (*he couldn't come etc*); *wie* ~! what a pity!; *dafür ist* (*er*) *zu* ~! it (he) is too good for it!; *darum* (*um ihn*) *ist es nicht* ~ it (he) is no great loss

Schädel *m* skull (*a.* F *Hirn*) **~basisbruch** *m* fracture of the skull-base **~bruch** *m* fracture of the skull

Schädeldecke *f* ANAT skullpan

schaden *v/i* (*Dat*) damage, harm, be detrimental (to): *das schadet der Gesundheit* that's bad for your health; *das schadet nichts* it won't do any

harm, (*das macht nichts*) it doesn't matter; *iron* **das schadet ihm gar nichts!** that serves him right!; **ein Versuch kann nicht** ~ there is no harm in trying

Schaden *m allg* damage (**an** *Dat* to), (*bes körperlicher* ~) injury, harm, (*Mangel*, *a.* TECH) defect, (*Nachteil*) disadvantage, (*Verlust*) loss: ~ **nehmen** be damaged, *Person*: be harmed; *durch* ~ **wird man klug** once bitten twice shy

Schadenersatz *m* damages *Pl*, compensation, indemnification: ~ **erhalten** (**fordern, leisten**) recover (claim, pay) damages; *auf* ~ **(ver)klagen** sue for damages **Schadenersatzklage** *f* action for damages **schadenersatzpflichtig** *Adj* liable for damages

Schadenfreiheitsrabatt *m* MOT no-claims bonus

Schadenfreude *f* malicious glee, gloating: **voller** ~ → **schadenfroh** *Adj* gloating(ly *Adv*); ~ **sein** gloat

Schadensbegrenzung *f* limiting (of) the damage

schadhaft *Adj* damaged, faulty, defective, *Zähne*: decayed

schädigen *v/t allg* damage, *gesundheitlich*: *a.* injure, harm, (*a. Ruf*) impair: *wir sind schwer geschädigt worden* we have suffered heavy losses **Schädigung** *f* (*Gen*) damage (to), impairment (of) **schädlich** *Adj allg* (*Dat*) harmful (to), injurious (to), (*gesundheits~*) *a.* bad (for your health), (*nachteilig*) detrimental (to), (*schlecht*) bad (for) **Schädlichkeit** *f* harmfulness

Schädling *m* ZOOL pest **Schädlingsbekämpfung** *f* pest control **Schädlingsbekämpfungsmittel** *n* pesticide

schadlos *Adj j-n* ~ **halten** indemnify s.o. (**für** for); **sich** ~ **halten** recoup o.s., **an j-m** recoup one's loss from s.o.

Schadstoff *m* harmful substance, (*Umwelt2*) pollutant **2arm** *Adj* low-emission **~ausstoß** *m* noxious emission **~belastung** *f* pollution level **2frei** *Adj* emission-free, zero-emission

Schaf *n* **1.** ZOOL sheep (*a. Pl*): *fig* **schwarzes** ~ black sheep **2.** F *fig* ninny **Schafbock** *m* ZOOL ram **Schäfchen** *n* lamb: *fig* **sein** ~ **ins Trockene bringen** feather one's nest **Schäfer** *m* shepherd **Schäferhund** *m* shepherd('s dog):

(*Deutscher*) ~ (*Rasse*) Alsatian, *bes Am* German shepherd (dog) **Schäferin** *f* shepherdess

schaffen I *v/t* **1.** (*er*~) create, produce, *a. fig* (*herstellen*) *a.* make, (*bewirken*) bring about, cause, (*gründen*) found, set up, establish: *er ist zum Lehrer* (*für den Posten*) *wie geschaffen* he is a born teacher (cut out for the job); → *Ordnung* **2.** (*hin*~) take (*in Akk, nach, zu* to), (*stellen, legen*) put: → *Hals, Weg, Welt* **3.** (*bewältigen*) manage, F (*Bus, Zug etc erreichen*) catch, (*Rekord*) set up: *es* ~ make it, (*Erfolg haben*) *a.* succeed; *das hätten wir geschafft!* we've done it!; ~ *wir es bis dorthin* (*in 3 Stunden*)? can we make it there (in three hours)? **4.** *ich habe damit nichts zu* ~ that's no business of mine, I wash my hands of it; *mit ihm will ich nichts zu* ~ *haben* I don't want anything to do with him **5.** F *j-n* ~ (*erschöpfen*) take it out of s.o., *nervlich*: get s.o. down; *ich bin geschafft!* I've had it! **II** *v/i* **6.** *Dialekt* work **7.** *sich zu* ~ *machen* potter about, *an e-r Sache*: busy o.s. with, *unbefugt*: tamper with **8.** *j-m* (*viel od schwer*) *zu* ~ *machen* give (*od* cause) s.o. (no end of) trouble, *gesundheitlich*: trouble s.o. **III** ⚤ *n* **9. a)** work, (*kreative*) activity, **b)** (*Werke*) work(s *Pl*)

Schaffensdrang *m* creative urge, *weit. S.* zest for work **Schaffenskraft** *f* creative power, *weit. S.* vigo(u)r

Schaffner *m* conductor, (*Zug*⚤) *Br mst* guard **Schaffnerin** *f* conductress

Schaffung *f* creation, (*Gründung*) foundation, setting-up (*etc,* → *schaffen* 1)

Schafherde *f* flock of sheep **Schafhirt(in)** *m(f)* shepherd (shepherdess) **Schafleder** *n* sheepskin

Schafott *n* scaffold

Schafpelz *m* sheepskin: *fig Wolf im* ~ wolf in sheep's clothing **Schafschur** *f* sheep shearing **Schafskäse** *m* GASTR sheep's milk cheese

Schaft *m allg* shaft, (*Gewehr*⚤) stock, (*Werkzeug*⚤, *Schlüssel*⚤) shank, (*Stiefel*⚤) leg **Schaftstiefel** *m* high boot

Schafwolle *f* sheep's wool **Schafzucht** *f* sheep breeding

Schah *m hist* Shah

Schakal *m* ZOOL jackal

schäkern *v/i* joke around, (*flirten*) flirt

schal *Adj* stale, flat, *fig a.* empty

Schal *m* scarf, (*Woll*⚤) comforter

Schale[1] *f* **1.** (*Gefäß*) bowl, *flache:* dish **2.** (*Waag*⚤) (scale) pan

Schale[2] *f* **1.** (*Eier*⚤, *Nuss*⚤) shell, (*von Obst, Gemüse*) skin, *abgeschält:* peel (-ing), (*Hülse*) husk. F *sich in* ~ *werfen* dress up

schälen I *v/t* (*Obst, Gemüse*) peel, (*Nüsse, Eier*) shell, (*Hülsenfrüchte*) husk, (*Tomate etc*) skin **II** *v/refl sich* ~ *Haut etc*: peel off

Schalensitz *m* MOT bucket seat

Schalk *m* wag **schalkhaft** *Adj* waggish

Schall *m* **1.** sound: *schneller als der* ~ supersonic **2.** echo **Schalldämmung** *f* sound insulation **schalldämpfend** *Adj* sound-deadening **Schalldämpfer** *m* sound absorber, MOT silencer (*a. an Schusswaffen*) ~ muffler

schalldicht *Adj* soundproof

schallend *Adj* resounding (*a. Ohrfeige*): *~es Gelächter* peals of laughter; *Adv er lachte* ~ he roared with laughter

Schallgeschwindigkeit *f* sonic speed, speed of sound **Schallgrenze** *f* → **Schallmauer** *f* (*die* ~ *durchbrechen* break the) sound barrier

Schallplatte *f* record, disc

Schallplatten|aufnahme *f* disc recording **~musik** *f* recorded music

schallschluckend *Adj* sound-absorbing **Schalltrichter** *m* trumpet

Schallwelle *f* sound wave

Schalotte *f* shallot

schalten I *v/i* **1.** ELEK, TECH switch (*auf Akk* to), *mit Hebel:* shift (the levers), MOT change gear(s), shift gears: *in den dritten Gang* ~ change (*od* shift) into third (gear) **2.** F (*begreifen*) get it, catch on: *schnell* ~ **a)** do some quick thinking, **b)** catch on quickly, *immer:* be quick on the uptake **3.** ~ *und walten* be in charge (of things); *j-n* ~ *und walten lassen* give s.o. a free hand **II** *v/t* **4.** TECH switch, turn, (*Getriebe, Gang, a. Hebel*) shift **5.** ELEK (*um*~) switch (*auf Akk* to), (*verdrahten*) wire **6.** *e-e Anzeige* ~ place an ad

Schalter *m* **1.** (*Post*⚤, *Bank*⚤) counter, (*Fahrkarten*⚤ *etc*) booking (*od* ticket) office, FLUG *etc* desk **2.** ELEK switch

~beamte m, **~beamtin** f counter (od booking) clerk **~dienst** m counter duty **~halle** f main hall **~stunden** Pl business hours Pl

Schalt|getriebe n MOT gearbox **~hebel** m MOT (gear)shift lever, ELEK switch lever, TECH control lever: fig **an den ~n der Macht sitzen** be at the controls **~jahr** n leap year **~kasten** m ELEK switchbox **~knopf** m (control) button **~kreis** m ELEK circuit **~plan** m wiring diagram **~pult** n control desk **~sekunde** f leap second **~tafel** f ELEK switchboard **~tag** m leap day **~uhr** f timer

Schaltung f 1. MOT (Bauteil) gearshift assembly, (Vorgang) gear change (od shift) 2. ELEK (Aufbau) circuitry, (Verbindung) connection(s Pl), (Verdrahtung) wiring 3. TECH (Steuerung) control(s Pl)

Scham f 1. allg shame: **rot vor ~ →** **schamrot** 2. → **Schamteile**

Schamane m, **Schamanin** f Shaman

Schambein n ANAT pubic bone

schämen v/refl **sich ~** be (od feel) ashamed ([wegen] Gen, für of); **schäme dich!** shame on you!

Schamgefühl n sense of shame

Schamhaare Pl pubic hair Sg

schamhaft Adj bashful, modest **Schamhaftigkeit** f bashfulness, modesty

Schamlippen Pl ANAT labia Pl

schamlos Adj shameless, (unanständig) indecent, Lüge etc: barefaced

Schamlosigkeit f shamelessness

Schamottestein m ARCHI firebrick

Schampon n, **schamponieren** v/t shampoo

schamrot Adj red with shame: **~ werden** blush with shame

Schamteile Pl private parts Pl, genitals Pl, weibliche: a. pudenda Pl

Schande f disgrace (für to), (Unehre) a. shame: j-m od e-r Sache **~ machen** be a disgrace to; **zu ~n →** **zuschanden**

schänden v/t dishono(u)r, sexuell: violate, rape, (entweihen) desecrate

Schandfleck m stain, blot, (hässlicher Anblick) eyesore **schändlich** Adj disgraceful, Lüge etc: scandalous

Schandtat f outrage **Schändung** f disgrace (Gen to), sexuell: violation, rape, (Entweihung) desecration

Schänke f tavern

Schankstube f (public) bar

Schanze f (Sprung2) ski-jump

Schanzentisch m ski-jump platform

Schar f troop, group, crowd, flock, von Mädchen etc: bevy **scharen** v/t u. v/refl **sich ~ (um)** gather (od rally) (round); **e-e Menge etc um sich ~** rally a crowd etc round one

scharenweise Adv in crowds, in flocks

scharf I Adj 1. allg sharp (a. fig Auge, Kritik, Kurve, Ohren, Wind, Zunge etc), fig Ton: a. piercing, Verstand, Blick etc: a. keen 2. Munition: live, Bombe etc: armed 3. (~ gewürzt) hot, Essig, Schnaps etc: strong, Geruch: acrid, (ätzend) caustic, fig a. biting 4. (jäh) sharp, abrupt 5. (genau) sharp, exact, (deutlich) clear: FOTO **ein ~es Bild** a sharp(ly defined) picture 6. (streng) sharp, severe, strict, (hart) hard, (heftig) fierce: **~e Konkurrenz** stiff competition; **~er Protest** fierce protest; **~es Tempo** hard pace; **~e Bewachung** close guard(ing); **~er Hund** savage dog, F fig tough guy 7. F (geil) randy, hot, weit. S. sexy: **~ sein auf** (Akk) be very keen on, sexuell: be hot for 8. F j-n **~ machen** a) **gegen** set s.o. against, b) **auf** (Akk) make s.o. keen on, c) sexuell: turn s.o. on II Adv 9. sharply (etc): **~ aufpassen** pay close attention, vorsichtig: watch out; **~ bremsen** brake hard; FOTO **~ einstellen** focus; **~ nachdenken** think hard; **~ schießen** shoot with live ammunition; **~ verurteilen** condemn severely

Scharfblick m fig perspicacity

Schärfe f 1. allg sharpness, fig a. severity, strictness, des Verstandes: a. keenness, (Heftigkeit) a. fierceness: fig **in aller ~** very severely, in all strictness 2. des Geruchs, Geschmacks: pungency 3. (Seh2, Hör2) acuteness, OPT, FOTO definition, focus 4. (Säure) acidity

Scharfeinstellung f OPT, FOTO **a)** focus(s)ing, **b)** focus(s)ing control

schärfen v/t a. fig sharpen

Schärfentiefe f FOTO depth of focus

scharfkantig Adj sharp-edged

Scharfmacher(in) F agitator

Scharfmacherei F agitation

Scharfrichter m executioner

Scharfschießen n live shooting

Scharf|schütze *m*, **~schützin** *f* sharp-shooter, sniper

scharfsichtig *Adj fig* perspicacious

Scharfsinn *m* acumen **scharfsinnig** *Adj* sharp-witted, astute, shrewd

Scharlach *m* **1.** scarlet **2.** → **~fieber** *n* MED scarlet fever **ℓrot** *Adj* scarlet

Scharlatan *m* charlatan, quack, F fraud

Scharnier *n* hinge

Schärpe *f* sash

scharren *v/i* scrape (**mit den Füßen** one's feet), *Hund, Pferd etc*: paw

Scharte *f* **1.** (*Kerbe*) nick: *fig die ~ (wieder) auswetzen* make up for it **2.** → **Schießscharte schartig** *Adj* jagged

scharwenzeln *v/i* bow and scrape: *um j-n ~* dance attendance on s.o.

Schaschlik *n* GASTR shashlik

schassen *v/t* (*entlassen*) kick out

Schatten *m* shadow (*a. Fleck, fig Verfolger*), (*kühlender ~*, *Dunkel*) shade: *im ~* in the shade; *fig in den ~ stellen* outshine, eclipse; *in j-s ~ stehen* be in s.o.'s shadow; *er kann über s-n ~ springen* the leopard can't change its spots; *er ist nur noch ein ~ s-r selbst* he is but a shadow of his former self

Schatten|bild *n* silhouette, KUNST shadowgraph **~boxen** *n* shadow-boxing

Schattendasein *n* *ein ~ führen* live in the shadow

Schattendatei *f* shadow file

schattenhaft *Adj* shadowy

Schattenkabinett *n* POL shadow cabinet **Schattenriss** *m* silhouette

Schattenseite *f* shady (*fig* seamy) side

schattieren *v/t* shade **Schattierung** *f* shading, (*Farbton*) shade (*a. fig*)

schattig *Adj* shady

Schatulle *f* casket

Schatz *m* **1.** *a. fig* treasure **2.** F darling, love, sweetie, *Am* honey, hon: *du bist ein ~!* you are an angel!

Schatzamt *n* Treasury

Schätzchen *n* darling, sweetheart

schätzen *v/t* **1.** estimate, guess, (*Schaden, Wert etc*) *a.* assess (*auf Akk* at): *wie alt ~ Sie ihn?* how old would you say he is?; *grob geschätzt* at a rough guess **2.** (*vermuten*) suppose, *Am* F guess **3.** (*hoch~*) esteem, think

highly of, (*würdigen*) appreciate: → **glücklich** I

schätzenswert *Adj* commendable

Schätzer(in) *Versicherung etc*: assessor

Schatzgräber(in) treasure seeker

Schatzkammer *f* treasury

Schatzmeister(in) treasurer

Schatzsuche *f* treasure hunt

Schätzung *f* **1.** estimate, guess, WIRTSCH, JUR assessment **2.** (*Hoch ℓ*) estimation, esteem, (*Würdigung*) appreciation

schätzungsweise *Adv* approximately

Schau *f* **1.** show, exhibition: *zur ~ stellen* exhibit, display, *fig a.* parade; *fig nur zur ~* only for show **2.** (*Fernseh ℓ etc*) show: F *e-e ~ abziehen* put on a show; *j-m die ~ stehlen* steal the show from s.o. **3.** *fig* (point of) view

Schaubild *n* chart, graph, diagram

Schaubude *f* (show) booth

Schauder *m* shudder, shiver

schauderhaft *Adj* horrible, dreadful

schaudern *v/i* (*vor Dat* with, *bei* at) shudder, shiver; → *a.* **grauen**

schauen *v/i* look (*auf Akk* at, *als Vorbild*: upon): F *schau, dass du ...* mind you ...; *iron schau, schau!* well, well!

Schauer *m* **1.** (*Regen ℓ etc*) shower (*a. fig*) **2.** (*Schauder*) shudder, shiver, (*~ der Erregung*) thrill; → *laufen* **1 schauerartig** *Adj* **~e Regenfälle** *Pl* showers *Pl* **schauerlich** *Adj* horrible, terrible (*a. fig*), (*unheimlich*) weird, F creepy

Schauermärchen *n* F horror story

schauern → **schaudern**

Schaufel *f* **1.** shovel, *für Mehl, Zucker etc*: scoop, TECH *e-s Wasserrades*: paddle **2.** (*Geweih ℓ*) palm

Schaufelgeweih *n* palmed antlers *Pl*

schaufeln *v/t u. v/i* shovel, (*graben*) dig

Schaufenster *n* shop window, *fig* showcase **~auslage** *f* window display

Schaufenster|bummel *m* *e-n ~ machen* go window-shopping **~dekoration** *f* window dressing

Schaugeschäft *n* show business

Schaukampf *m* exhibition bout

Schaukasten *m* showcase

Schaukel *f* swing **schaukeln** *v/t u. v/i* swing, *Wiege, Stuhl, Schiff*: rock: F *fig die Sache ~* manage (*od* swing) it

Schaukelpferd *n* rocking horse

Schaukelpolitik *f* seesaw policy

S

Schaukelstuhl m rocking chair
Schaulaufen n exhibition skating
schaulustig Adj curious **Schaulustige** m, f curious bystander, pej gaper
Schaum m foam (a. TECH), (a. Bier2) froth, (Gischt) spray, (Seifen2) lather: GASTR **zu ~ schlagen** beat (to a froth)
Schaumbad n bubble bath
schäumen v/i foam, froth: fig (**vor Wut**) **~** foam (with rage)
Schaumfestiger m (styling) mousse
Schaumgummi m, n foam rubber
schaumig Adj frothy
Schaumlöscher m foam fire extinguisher
Schaumschläger(in) pej hot-air artist **Schaumschlägerei** f hot air
Schaumstoff m TECH foamed (plastic) material **Schaumteppich** m FLUG foam carpet **Schaumwein** m sparkling wine
Schaupackung f WIRTSCH dummy
Schauplatz m (**am ~** at the) scene
Schauprozess m JUR show trial
schaurig → **schauerlich**
Schauspiel n 1. play, drama 2. fig spectacle, sight **Schauspieler** m actor, fig play-actor **Schauspielerei** f acting, fig play-acting **Schauspielerin** f actress **schauspielerisch** Adj theatrical, Talent etc: acting **schauspielern** v/i play-act, F put on an act
Schauspielhaus n theat/re (Am -er)
Schauspielschule f drama school
Schausteller(in) exhibitor, auf Jahrmärkten etc: showman
Schaustück n showpiece, exhibit
Schautanz m exhibition dancing
Scheck m (**über** Akk for) cheque, Am check **Scheckbuch** n, **Scheckheft** n chequebook, Am checkbook
scheckig Adj piebald, dappled
Scheckkarte f cheque (Am check) card
scheel Adv **~ ansehen** look askance at
Scheffel m (**sein Licht unter den ~ stellen** hide one's light under a) bushel
scheffeln v/t (Geld) rake in
Scheibe f 1. disc (a. TECH u. F Schallplatte), TECH a. wheel, (Unterleg2) washer 2. (Glas2) pane 3. (Ziel2) target 4. Eishockey: puck 5. (Brot2 etc) slice: F **da(von) kannst du dir e-e ~ abschneiden!** you can take a leaf out of his (her etc) book!

Scheiben|bremse f MOT disc brake **~kupplung** f disc clutch **~schießen** n target practice **~waschanlage** f MOT windscreen (Am windshield) washers Pl **~wischer** m MOT windscreen (Am windshield) wiper
Scheich m sheik(h) **~tum** n sheik(h)-dom
Scheide f 1. sheath (a. BOT), (Säbel2) a. scabbard 2. ANAT vagina
scheiden I v/t separate, divide, JUR (Eheleute) divorce, (Ehe) dissolve: **sich ~ lassen**, a. **geschieden werden** get a divorce (**von** from) II v/i lit part (**von** from): **aus dem Dienst ~** retire from service, resign; **aus e-r Firma ~** leave a firm III v/refl **sich ~** separate; **hier ~ sich die Geister** here opinions are divided
scheidend Adj parting, Jahr. closing
Scheide|wand f partition, fig barrier **~weg** m fig **am ~** at a crossroads
Scheidung f 1. separation 2. e-s Ehe-paares: divorce (**von** from), e-r Ehe: dissolution: **die ~ einreichen** file a petition for divorce
Scheidungs|grund m ground for divorce **~klage** f divorce suit
Schein[1] m 1. (Licht2) light, gedämpfter: glow 2. fig (An2) appearance: **etw nur zum ~ tun** pretend to do s.th.; **den ~ wahren** keep up appearances; **der ~ trügt** appearances are deceptive
Schein[2] m 1. (Zettel) slip, (Bescheinigung) certificate (a. UNI) 2. (Geld2) (bank) note, Am a. bill
Scheinangriff m feint (attack)
scheinbar Adj seeming, apparent, Grund etc: ostensible: Adv **er ging nur ~ darauf ein** he only pretended to agree
Scheinehe f fictitious marriage
scheinen v/i 1. shine, (glänzen) gleam 2. fig appear, seem: **wie es scheint** as it seems; **es scheint mir** it seems to me; **er scheint nicht zu wollen**; **mir scheint, er will nicht** he doesn't seem to want to
Scheinfirma f dummy firm
Scheinfriede m hollow peace
Scheingeschäft n fictitious transaction
scheinheilig Adj hypocritical, false
Scheinheiligkeit f hypocrisy
Scheintod m suspended animation

scheintot *Adj* seemingly dead

Scheinwerfer *m* floodlight, (*Such2*) searchlight, MOT headlight, FILM klieg light, THEAT (*a* **~licht** *n*) spotlight

Scheiß... V bloody ..., fucking ...

Scheiß(dreck) *m* → **Scheiße** 2

Scheiße *f* V **1.** (*Kot*) shit, crap: *fig* **in der ~ sitzen** be in the shit **2.** *fig* (*Mist*) (bull)shit, (*Schlamassel*) (bloody) mess: **~!** shit!; **~ bauen** foul things up

scheißen *v/i* V shit, crap

Scheißkerl *m* V shit, (bloody) bastard

Scheit *n* piece of wood, *großes*: log

Scheitel *m* parting (of the hair): **vom ~ bis zur Sohle** from top to toe

scheiteln *v/t* (*sich*) **das Haar ~** part one's hair **Scheitelpunkt** *m* MATHE apex, *fig a.* peak, ASTR zenith

Scheiterhaufen *m* (funeral) pyre, *hist* (*auf dem ~* at the) stake

scheitern **I** *v/i* (*an Dat*) fail (because of), *Verhandlungen: a.* break down, SPORT be stopped (by): **daran ist er gescheitert** that was his undoing **II** *2 n* failure, breakdown

Schelle *f* **1.** (little) bell **2.** TECH clamp, clip

schellen → **klingeln** 1, 3

Schellfisch *m* haddock

Schelm *m* rogue

schelmisch *Adj* roguish, impish

Schelte *f* scolding

schelten *v/t* scold, chide (*a. v/i*)

Schema *n* **1.** (*Muster*) pattern, system: **nach e-m ~** schematically; F **nach ~ F** by rote **2.** (*~bild*) diagram, scheme

schematisch *Adj* schematic(ally *Adv*), systematic(ally *Adv*), *pej* mechanical **schematisieren** *v/t* schematize

Schemel *m* (foot)stool

schemenhaft *Adj* shadowy

Schenke *f* → **Schänke**

Schenkel *m* **1.** ANAT (*Ober2*) thigh, (*Unter2*) shank **2.** MATHE side, leg

schenken *v/t* give (as a present), (*stiften*) donate (*a.* JUR), (*gewähren*) grant: *j-m* **etw ~** give s.o. s.th. (as a present); (*zum Geburtstag* for his *etc* birthday); *fig* **sich etw ~** skip s.th., give s.th. a miss; F **geschenkt!** forget it!; → **Aufmerksamkeit** 1, **Gehör** 2, **Glaube**, **Leben** 1 *etc*

Schenkung *f* donation **Schenkungsurkunde** *f* deed of donation

scheppern *v/i* F rattle

Scherbe *f* fragment, broken piece

Schere *f* **1.** (*e-e ~*) a pair of (*or*) scissors *Pl*, *große*: shears *Pl* **2.** ZOOL pincer **3.** SPORT scissors *Sg* **scheren I** *v/t* **1.** trim, (*Haare*) *a.* cut, (*Schaf*) shear, (*Hecke*) clip **II** *v/refl* **2.** F **sich nicht ~ um** not to care about **3.** F **sich nach Hause** (*ins Bett etc*) **~** go home (to bed *etc*); **scher dich!** beat it!

Scherenschnitt *m* silhouette

Schererei *f* F trouble: *j-m* **viel ~en machen** give s.o. no end of trouble

Scherflein *n* **sein ~ beisteuern** give one's mite, *weit. S.* do one's bit

Schermaus *f* **1.** *österr., südd.* (*Wühlmaus*) vole **2.** *schweiz.* (*Maulwurf*) mole

Scherz *m* joke: (*s-n*) **~ treiben mit** make fun of; *im* **~, zum ~** as a joke, for fun; **~ beiseite** joking apart **Scherzartikel** *m* novelty **scherzen** *v/i* joke: **damit ist nicht zu ~** that's not to be trifled with

scherzhaft *Adj* joking, humorous

scheu *Adj* shy, timid: *ein Tier* **~ machen** frighten **Scheu** *f* shyness, timidity

scheuchen *v/t* chase, (*ver~*) shoo away

scheuen **I** *v/i Pferd etc*: shy, take fright (*vor Dat* at) **II** *v/t* shun, avoid, shy away from: *k-e Kosten* (*Mühe*) **~** spare no expense (pains) **III** *v/refl* **sich ~, etw zu tun** be afraid of (*od* shrink from) doing s.th.; *sich nicht* **~ zu** *Inf* not to be afraid to *Inf, pej* have the nerve to *Inf*

Scheuerlappen *m* floor cloth

scheuern **I** *v/t* **1.** scour, scrub **2.** (*die Haut*) chafe **3.** F *j-m* **e-e ~** slap s.o. (*od* s.o.'s face) **II** *v/i* **4.** chafe

Scheuklappe *f a. fig* blinker

Scheune *f* barn

Scheusal *n* monster (*a. fig*), F (*Ekel*) beast, (*bes Kind*) horror

scheußlich *Adj* horrible (*a.* F *fig*), *Aussehen, Verbrechen: a.* hideous, (*abstoßend*) revolting, F *Wetter:* filthy; *Adv* F **~ kalt** *etc* terribly cold *etc*

Schi(...) → **Ski**(...)

Schicht *f* **1.** *allg* layer, (*Farb2*) *a.* coat (-ing), GEOL stratum (*Pl* strata), bed, FOTO emulsion **2.** *fig* (*Gesellschafts2*) class, *Pl a.* social strata: **breite ~en der Bevölkerung** large sections **3.** (*Arbeitszeit, Arbeiter*) shift: **~ arbeiten** do shift work **Schichtarbeit** *f* shift work

Schichtarbeiter(in) shift worker
schichten v/t pile up, (Holz etc) stack
Schichtwechsel m change of shift
schichtweise Adv 1. in layers 2. arbeiten: in shifts
schick Adj 1. Kleidung, Aussehen: smart, chic, stylish, Hotel etc: posh, (modebewusst, modern) trendy 2. F (toll) great, super **Schick** m chic, stylishness
schicken I v/t 1. send (nach, zu to): (j-m) etw ~ send s.th. (to s.o.), send (s.o.) s.th.; **j-n einkaufen** ~ send s.o. to do the shopping II v/refl 2. **sich für j-n** ~ befit s.o.; **es schickt sich nicht!** that is not the done thing!
Schickeria f the chic set, the trendies Pl
Schickimicki m F trendy
schicklich Adj proper, fitting
Schicksal n fate, destiny, (Los) a. lot: **das** ~ **herausfordern** tempt fate; **j-n s-m** ~ **überlassen** leave s.o. to his fate; **sein** ~ **ist besiegelt** his fate is sealed
schicksalhaft Adj fateful
Schicksals|frage f fatal question **~gefährte** m, **~gefährtin** f, **~genosse** m, **~genossin** f companion in distress **~schlag** m (bad) blow
Schiebedach n MOT sliding (od sunshine) roof **Schiebefenster** n sliding (nach oben: sash) window
schieben I v/t 1. push, (Fahrrad etc) a. wheel, (gleiten lassen) slip, in die Tasche, den Mund etc: put: **sich durch die Menge** etc ~ push one's way through the crowd etc; → **Bank¹** 1 II v/i 2. push 3. F wangle: ~ (**mit**) traffic (in), profiteer (with)
Schieber m TECH allg slide, (Absperr2) gate, (Riegel) bar, bolt
Schieber(in) F profiteer
Schiebetür f sliding door
Schiebung f F wangle, manipulation, put-up job, SPORT a. fix
schiech Adj österr. ugly
Schiedsgericht n court of arbitration, Sport etc: jury **schiedsgerichtlich** Adj arbitral, a. Adv by arbitration
Schiedsrichter(in) arbitrator, bei Wettbewerben: judge, Pl jury, SPORT umpire, referee: **als** ~ **fungieren** → **schiedsrichtern**
schiedsrichterlich Adj u. Adv SPORT of (od by) the umpire (od referee)

schiedsrichtern v/i referee, umpire
Schiedsspruch m (arbitral) award
Schiedsverfahren n arbitration proceedings Pl

schief I Adj 1. oblique, (schräg) slanting, lop-sided: ~**e Absätze** worn-down heels; ~**e Ebene** inclined plane; **der 2e Turm von Pisa** the Leaning Tower of Pisa; fig ~**es Lächeln** wry smile 2. fig (falsch) false, wrong, distorted, warped: → **Bahn** 1, **Licht** 1 II Adv 3. obliquely, aslant, at an angle: F ~ **gehen** go wrong; F fig **j-n** ~ **ansehen** look askance at s.o.
Schiefer m slate ~**dach** n slate roof
Schieferplatte f, **Schiefertafel** f slate
schieflachen v/refl **sich** ~ F laugh one's head off
schiefwink(e)lig Adj oblique(-angled)
schielen v/i 1. (have a) squint, be cross-eyed: **auf dem rechten Auge** ~ have a squint in one's right eye 2. F fig (gucken) peer: ~ **auf** (Akk) (od **nach**) steal a glance at, begehrlich: ogle at
Schienbein n ANAT shin(bone), tibia
Schiene f 1. BAHN etc rail, Pl a. track Sg 2. TECH bar 3. MED splint **schienen** v/t MED put in a splint (od in splints)
Schienen|bus m rail bus **~fahrzeug** n rail vehicle **~netz** n railway (Am railroad) system
Schienenstrang m track, railway line
schier I Adj sheer, pure II Adv (fast) almost, nearly
Schierling m BOT hemlock
Schießbefehl m order to fire
Schießbude f shooting gallery
schießen I v/i 1. (auf Akk at) shoot (a. Sport), fire: **gut** ~ be a good shot 2. (sausen) (durch through): fig **ein Gedanke schoss durch m-n Kopf** a thought flashed through my mind 3. (hervor~) Blut, Wasser etc: shoot (od gush) (**aus** from od out of) 4. (schnell wachsen) shoot up: → **Kraut** 1, **Pilz** 5. sl (Rauschgift spritzen) shoot, mainline II v/t 6. allg shoot (a. Sport u. FOTO): **ein Tor** ~ score (a goal) III v/i 7. shooting, (Wett~) shooting match: F fig **es** (**er**) **ist zum 2** it (he) is a scream **Schießerei** f 1. gunfight 2. (Geknalle) (incessant) shooting
Schießhund m F fig **aufpassen wie ein** ~ watch like a hawk

Schießplatz m (shooting) range

Schieß|pulver n gunpowder **~scharte** f embrasure **~scheibe** f target **~stand** m shooting-range, MIL rifle-range

schießwütig Adj trigger-happy

Schiff n **1.** (*auf dem ~* on board) ship **2.** (*Kirchen*➋) nave, (*Seiten*➋) aisle

schiffbar Adj navigable

Schiffbau m shipbuilding

Schiffbruch m shipwreck: **~** *erleiden* be shipwrecked, fig fail **Schiffbrüchige** m, f shipwrecked person

Schiffchen n **1.** little ship (od boat) **2.** (*Weber*➋) shuttle **3.** MIL forage cap

Schiffer(in) (*Fluss*➋) bargee, Am bargeman, (*Schiffsführer*) (ship's) captain, F skipper **~klavier** n accordion

Schifferknoten m sailor's knot

Schifffahrt f navigation

Schifffahrtslinie f shipping line

Schifffahrtsweg m shipping route

Schiffs|arzt m, **~ärztin** f ship's doctor

Schiffsbesatzung f (ship's) crew

Schiffschaukel f swing boat

Schiffs|eigner(in) shipowner **~junge** m ship's boy **~koch** m, **~köchin** f ship's cook **~küche** f galley **~ladung** f shipload, (*Fracht*) cargo, freight **~rumpf** m hull

Schiffs|schraube f screw **~verkehr** m shipping **~werft** f shipyard

Schikane f harassment, Pl a. persecution Sg, Rennsport: chicane: F fig *mit allen* **~n** *ausgestattet* etc with all the trimmings **schikanieren** v/t harass, persecute, F pick on

schikanös Adj vexatious, spiteful

Schikoree m → **Chicorée**

Schild[1] n **1.** MIL, a. TECH shield: *fig etw im ~e führen* be up to s.th. **2.** (*Mützen*➋) peak, visor

Schild[2] n (*Aushänge*➋) sign, (*Namens*➋, *Tür*➋, *Firmen*➋) nameplate, (*Wegweiser*) signpost, (*Verkehrs*➋) road sign, (*Straßen*➋) street sign, (*Etikett*) label, (*Anhänger*) tag

Schildbürger(in) Gothamite, *weit. S.* simpleton **~streich** m folly

Schilddrüse f ANAT thyroid gland

schildern v/t allg describe, (*erzählen*) a. relate, *kurz:* outline **Schilderung** f description, (*Erzählung*) account

Schilderwald m F jungle of road signs

Schildkröte f (*Land*➋) tortoise, (*See*➋)

turtle **Schildkrötensuppe** f turtle soup

Schildpatt n tortoiseshell

Schilf n reed, (*~gürtel*) reeds Pl

schilfig Adj reedy **Schilfmatte** f rush mat **Schilfrohr** n reed

schillern v/i shine in various colo(u)rs, *matt:* shimmer, (*glänzen*) sparkle

schillernd Adj **1.** iridescent, opalescent, *Stoff:* shot **2.** fig *Charakter etc:* (dazzling but) dubious

Schilling m hist (Austrian) shilling

Schimäre f chimera

Schimmel[1] m ZOOL white horse

Schimmel[2] m (*Pilz*) mo(u)ld, mildew

schimm(e)lig Adj mo(u)ldy

schimmeln v/i go mo(u)ldy

Schimmelpilz m mo(u)ld

Schimmer m gleam, glimmer (a. fig *Spur*): F fig **k-n** (*blassen*) **~** *haben* not to have the foggiest (idea)

Schimpanse m, **Schimpansin** f ZOOL chimpanzee

Schimpf m *mit ~ und Schande* ignominiously **schimpfen I** v/i **1.** scold (*mit j-m* s.o.): **~** *auf* (*Akk*) complain about, rail at **II** v/t **2.** scold **3.** *j-n e-n Lügner etc ~* call s.o. a liar etc **Schimpfwort** n invective, (*Fluch*) swearword

Schindel f shingle **~dach** n shingle roof

schinden v/t **1.** drive *s.o.* hard, (*quälen*) maltreat: *sich~* slave away **2.** (*heraus~*) F fig wangle: *Eindruck~* (*wollen*) try to impress, show off; *Zeit ~* play for time **Schinder(in)** fig slave-driver **Schinderei** f (real) grind

Schindluder n F **~** *treiben mit* play fast and loose with

Schinken m **1.** GASTR ham **2.** F fig (*Bild*) (great) daub, (*Buch*) fat tome, (*Film*) slushy film **~speck** m bacon

Schippe f shovel: F fig *j-n auf die* **~** *nehmen* pull s.o.'s leg

schippen v/t u. v/i shovel

Schirm m **1.** (*Regen*➋) umbrella, (*Sonnen*➋) parasol, (*Lampen*➋) (lamp-) shade, (*Schutz*➋) shield, screen, (*Mützen*➋) peak **2.** (*Bild*➋ etc) screen **3.** (*Fall*➋) parachute **4.** *e-s Pilzes:* pileus **5.** fig protection **schirmen** v/t shield

Schirmherr(in) patron(ess)

Schirmherrschaft f patronage: *unter der ~ von ...* under the auspices of ...

Schirmmütze f peaked cap

Schirmständer m umbrella stand

S

Schiss m V **1.** shit **2.** fig ~ **haben** be scared stiff; ~ **bekommen** get cold feet

schizophren Adj, **Schizophrene** m, f PSYCH schizophrenic

Schizophrenie f PSYCH schizophrenia

Schlacht f a. fig battle (**bei** of)

schlachten v/t kill, slaughter

Schlachtenbummler(in) SPORT fan, supporter

Schlächter(in) a. fig butcher

Schlächterei f butcher's shop

Schlacht|feld n battlefield **~hof** m slaughterhouse, abattoir **~plan** m a. F fig plan of action **~ruf** m war cry

Schlachtschiff n battleship

Schlachtung f slaughter(ing)

Schlachtvieh m meat stock

Schlacke f **1.** METAL dross, (a. Vulkan②) slag, (Asche) cinders Pl **2.** Pl MED **a)** waste products Pl, **b)** → **Ballaststoffe**

schlackern v/i F wobble, Kleid etc: flap, Knie: tremble: fig **mit den Ohren** ~ be flabbergasted

Schlaf m sleep: **e-n festen (leichten)** ~ **haben** be a sound (light) sleeper; F **das kann ich im** ~**!** I can do that blindfold

Schlafanzug m (pair of) pyjamas Pl, Am pajamas Pl **Schläfchen** n (**ein** ~ **machen** take a) nap

Schlafcouch f studio couch

Schläfe f ANAT temple

schlafen v/i sleep (a. F fig), be asleep, F fig be napping: ~ **gehen, sich** ~ **legen** go to bed; **mit j-m** ~ sleep with s.o.; ~ **Sie gut!** sleep well!; ~ **Sie darüber!** sleep on it!

Schlafenszeit f bedtime

schlaff Adj **1.** Seil, Segel: slack (a. fig nachlässig), Haut, Muskeln, a. Person: flabby, Körper, Glieder, Händedruck: limp **2.** F lame: **~e Leistung** slack performance, bad show; **~er Typ** lame fellow **Schlaffheit** f slackness (a. fig), flabbiness, limpness, F lameness

Schlaf|gast m overnight guest **~gelegenheit** f sleeping accommodation

Schlaf|koje f allg berth **~krankheit** f sleeping sickness **~lied** n lullaby

schlaflos Adj sleepless: **j-m ~e Nächte bereiten** give s.o. sleepless nights

Schlaflosigkeit f insomnia

Schlafmittel n sleeping pill

Schlafmütze f F fig sleepyhead

schläfrig Adj sleepy, drowsy

Schläfrigkeit f sleepiness, drowsiness

Schlaf|rock m dressing gown **~saal** m dormitory **~sack** m sleeping bag

Schlaf|sofa n bed-couch **~stadt** f dormitory town **~störungen** Pl disturbed sleep Sg **~tablette** f sleeping pill

schlaftrunken Adj drowsy

Schlafwagen m BAHN sleeping car, sleeper

schlafwandeln v/i sleepwalk **Schlafwandler(in)** sleepwalker, somnambulist **schlafwandlerisch** Adj somnambulistic: **mit ~er Sicherheit** with uncanny sureness, unerringly

Schlafzimmer n bedroom **Schlafzimmerblick** m hum bedroom eyes Pl

Schlag m **1.** (Hieb) blow (a. fig. also), (Faust②) a. punch (a ~**kraft**, mit der flachen Hand: slap, dumpfer: thump, thud: **j-m e-n** ~ **versetzen** deal s.o. a blow, fig hit s.o. hard; ~ **ins Gesicht** a. fig slap in the face; **das war ein** ~ **für ihn** that was a blow to him; **ein** ~ **ins Wasser** a flop; ~ **auf** ~ in rapid succession; **auf einen** ~, **mit einem** ~ in one go, (plötzlich) abruptly **2.** MIL (a. Atom②) strike **3.** TECH impact, a. ELEK shock **4.** Rudern, Schwimmen: stroke, Golf, Tennis: shot **5.** (Blitz②) stroke (of lightning) **6.** (Herz②, Puls②) beat, (Glocken②) stroke **7.** F fig stroke: **ich dachte, mich trifft der** ~**!** I was floored! **8.** F (Portion) helping **9.** (Wagen②) door **10.** race, sort, bes ZOOL breed: **Leute s-s** ~**es** men of his stamp (pej his sort) **11.** österr. (whipped) cream

Schlagabtausch m **1.** Boxen: exchange of punches **2.** offener ~ Fußball: end to end stuff **3.** fig crossing of swords **Schlagader** f artery **Schlaganfall** m MED stroke

schlagartig Adj abrupt

Schlagbaum m barrier

Schlagbohrer m TECH percussion drill

schlagen I v/t **1.** strike, hit, (verprügeln) beat, mit der Faust: punch, mit der flachen Hand: slap: **e-n Nagel in die Wand** ~ drive a nail into the wall; **j-m etw aus der Hand** ~ knock s.th. from s.o.'s hand; **j-n zu Boden** ~ knock s.o. down; **sich** ~ (have a) fight; **sich um etw** ~ fight over s.th.: fig **etw auf den Preis** ~ add s.th. on to the price;

→ ***Alarm, Brücke*** 1, ***Flucht***[1], ***geschlagen*** **2.** (*Sahne*) whip, (*Eier etc*) beat **3.** (*Bäume, Holz*) fell, cut **4.** *fig* beat, (*besiegen*) *a.* defeat: ***sich geschlagen geben*** admit defeat, give up **II** *v/i* **5.** strike, hit: ***nach j-m ~*** hit out at s.o.; ***um sich ~*** lash out **6.** ***~ an*** (*Akk*) (*od* ***gegen***) beat against; ***mit dem Kopf ~ an*** (*Akk*) strike (*od* bump) one's head against; → ***Art*** 4, ***Fach*** 2 *etc* **7.** *Herz, Puls*: beat, *heftig*: throb, *Uhr*: strike **8.** *Nachtigall etc*: sing **9.** *die Nachricht* ***ist mir auf den Magen geschlagen …*** has affected my stomach **III** *v/refl* **10.** *fig* ***sich gut*** *etc* ***~*** give a good account of o.s **11.** ***sich auf j-s Seite ~*** side with s.o., *weit. S.* go over to s.o.

schlagend *Adj* **1.** *fig* convincing, *Beweis*: conclusive **2.** → ***Wetter*** 2

Schlager *m* **1.** popsong, (*Erfolgs*♀) hit (tune) **2.** *fig* hit, sensation, (*Verkaufs*♀) (sales) hit, moneymaker

Schläger *m* (*Kricket*♀, *Tischtennis*♀ *etc*) bat, (*Tennis*♀ *etc*) racket, (*Golf*♀) club, (*Hockey*♀) stick

Schläger(in) **1.** (*Rowdy*) tough, *Boxen*: *Am* F slugger **2.** SPORT *Baseball, Kricket*: batsman (batswoman)

Schlägerei *f* brawl, punch-up

Schlagermusik *f* pop music

Schlagersänger(in) pop singer

schlagfertig *Adj* quick-witted, quick at repartee **Schlagfertigkeit** *f* ready wit

Schlaginstrument *n* MUS percussion instrument

Schlagkraft *f* **1.** *Boxen u. fig* punch **2.** MIL combat effectiveness

schlagkräftig *Adj* **1.** powerful **2.** → ***schlagend*** 1

Schlaglicht *n*: *fig* ***ein ~ werfen auf*** (*Akk*) highlight

Schlagloch *n* pothole

Schlagmann *m beim Rudern*: stroke

Schlagobers *n österr.*, **Schlagrahm** *m* → ***Schlagsahne***

Schlag|ring *m* **1.** knuckleduster **2.** MUS plectrum, F pick **~sahne** *f* whipped cream **~seite** *f* SCHIFF list: ***~ haben*** be listing, F (*betrunken sein*) be half-seas-over **~stock** *m* **1.** *der Polizei*: truncheon, riot stick **2.** MUS drumstick

Schlagwerk *n* striking mechanism

Schlagwort *n* catchword, *fig a.* slogan, *Pl pej* platitudes *Pl* **Schlagwortkatalog** *m* subject catalog(ue *Br*)

Schlagzeile *f* headline: ***~n machen, in die ~n geraten*** make the headlines

Schlagzeug *n* MUS percussion, drums *Pl*

Schlagzeuger(in) percussionist, drummer

schlaksig *Adj* gangling, lanky

Schlamassel *m, n* F mess

Schlamm *m* mud **Schlammbad** *n* MED mud bath **schlammig** *Adj* muddy

Schlammpackung *f* MED mud pack

Schlampe *f* F slut **schlampen** *v/i* F do a sloppy job **Schlamper(in)** F slouch

Schlamperei *f* F sloppiness, (*Arbeit*) mess, sloppy work

schlampig *Adj* F slovenly, sloppy

Schlange *f* **1.** ZOOL snake **2.** (*Menschen*♀, *Auto*♀) queue, *Am* line: F ***~ stehen*** (***nach*** for) stand in a queue, queue up, *Am* stand in line, line up **3.** *fig* serpent; ***falsche ~*** snake in the grass

schlängeln *v/refl* ***sich ~*** wriggle, *fig Weg etc*: wind, *Fluss*: *a.* meander; ***sich durch die Menge*** *etc* ***~*** worm one's way through the crowd *etc*

Schlangen|biss *m* snakebite **~gift** *n* snake poison **~haut** *f*, **~leder** *n* snakeskin **~linie** *f* wavy line: ***in ~n fahren*** zigzag (along the road)

schlank *Adj* slender, slim, *fig* lean: ***auf die ~e Linie achten*** watch one's weight; ***~e Produktion*** lean production

Schlankheit *f* slimness **Schlankheitskur** *f* slimming (diet): ***e-e ~ machen*** be slimming, go (*od* be) on a diet

schlapp *Adj* **1.** → ***schlaff*** **2.** worn-out, (*lustlos*) listless **Schlappe** *f* setback, (*Niederlage*) beating, defeat **schlappmachen** *v/i* F wilt, break down

Schlappschwanz *m* F softy, sissy

Schlaraffenland *n a. fig* Cockaigne

schlau *Adj* clever, smart, (*listig*) crafty, sly: F ***~e Bücher*** clever books; ***ich werde nicht ~ daraus*** I can't make head or tail of it **Schlauberger(in)** F smartie

Schlauch *m* **1.** tube, (*Wasser*♀) hose, (*Fahrrad*♀, *Auto*♀) (inner) tube **2.** F *fig* **a)** (*Zimmer*) tunnel, **b)** (*Strapaze*) hard slog **3.** F ***auf dem ~ stehen*** be (completely) clueless **Schlauchboot** *n* rubber dinghy

schlauchen F **I** *v/t* ***j-n ~*** take it out of s.o., *seelisch*: *a.* go hard with s.o. **II**

v/i das schlaucht (ganz schön)! that's tough going!

Schläue f → **Schlauheit**

Schlaufe f loop

Schlauheit f cleverness, smartness, (*Listigkeit*) slyness **Schlaukopf** m, **Schlaumeier(in)** F smartie

schlecht I *Adj allg* bad, *Augen-, Gedächtnis, Gesundheit, Qualität, Leistung etc: a.* poor, *Luft: a.* stale, (*böse*) *a.* wicked: *nicht ~!* not bad!; *~e Laune* bad mood (*od* hard) times; *~ sein in* (*Dat*) be poor at; *~ werden Essen etc:* go off; *es werden mir* I feel (I'm getting) sick; F *fig es kann e-m ~ dabei werden!* it's enough to make you sick!; → *Dienst* 1 **II** *Adv* bad(ly): *~ aussehen allg* look bad, *Person: a.* look ill; *~ und recht* after a fashion; *~ beraten sein* be ill-advised; *~ gelaunt* in a bad mood, cross; *~ machen* run down, knock; *~ reden von* speak ill of; *~ riechen* smell bad; *es steht ~ um ihn* he's in a bad way; *~ daran sein* be badly off; *es bekam ihm ~ Essen etc:* it didn't agree with him, *fig* it did him no good; *er kann es sich ~ leisten zu Inf* he can ill afford to *Inf*; *heute geht es ~* it's a bit awkward today; *ich kann ~ ablehnen* I can't very well refuse; *ich staunte nicht ~* F I wasn't half surprised **schlechterdings** *Adv* absolutely **schlechthin** *Adv* absolutely, (*an sich*) as such **Schlechtigkeit** f (*Bosheit*) badness, (*Gemeinheit*) baseness

Schlechtwetterfront f bad weather front **Schlechtwetterperiode** f spell of bad weather

schlecken *v/t* (*Eis*) lick

Schlehe f BOT bush

schleichen *v/i* creep, sneak, crawl (*a. Auto, Zeit*): (*auf den Zehenspitzen*) ~ tiptoe; *fig sich in j-s Vertrauen ~* worm one's way into s.o.'s confidence **schleichend** *Adj fig* a) *Krankheit:* lingering, (*tückisch*) insidious, b) *Fieber, Gift:* slow, c) *Inflation etc:* creeping

Schleich|handel m illicit trade **~weg** m 1. secret path 2. *fig* underhand means *Pl: auf ~en a.* surreptitiously **~werbung** f surreptitious advertising

Schleier m veil (*a. fig*), (*Dunst~, Ne-*

bel~) haze, FOTO fog

Schleiereule f ZOOL barn owl

schleierhaft *Adj* mysterious: *das ist mir ~!* that's a mystery to me!

Schleife f 1. bow, (*Haar~*) *a.* ribbon 2. FLUG, ELEK, COMPUTER, *e-s Flusses etc:* loop

schleifen[1] *v/t* 1. (*schärfen*) grind, whet 2. TECH smooth, (*Holz*) sand, (*Edelstein, Glas*) cut 3. MIL F drill *s.o.* hard

schleifen[2] **I** *v/t* drag (along) (*a. fig j-n*), (*Rock, Schleppe etc*) trail **II** *v/i ~ lassen* drag; MOT *die Kupplung ~ lassen* let the clutch slip

Schleifer(in) 1. TECH *allg* grinder, (*Glas~, Edelstein~*) *a.* cutter 2. MIL F martinet

Schleif|maschine f grinding machine **~mittel** n abrasive **~papier** n emery paper **~ring** m ELEK slip ring **~stein** m whetstone, *drehbarer:* grindstone

Schleim m slime, MED, PHYSIOL mucus, *bes der Atemwege:* phlegm **~beutel** m ANAT bursa **~drüse** f mucous gland **Schleimhaut** f mucous membrane **schleimig** *Adj* slimy (*a. fig pej*), (*zähflüssig*) viscous **schleimlösend** *Adj* expectorant

schlemmen *v/i* feast, gormandize **Schlemmer(in)** gormandizer, gourmand **Schlemmerei** f feasting, gormandizing

schlendern *v/i* stroll, saunter **Schlendrian** m F *pej* dawdling

schlenkern *v/t u. v/i* dangle, swing (*mit den Armen* one's arms)

schlenzen *v/t u. v/i* SPORT scoop

Schlepp m *in ~ nehmen* (*im ~ haben*) *a. fig* take (have) in tow

Schleppdampfer m tug

Schleppe f *am Kleid:* train, trail

schleppen I *v/t* drag (*a. fig j-n*), (*tragen*) carry, F tote, SCHIFF, FLUG, MOT tow: F (*Kunden*) ~ tout **II** *v/refl sich ~* drag on, *Person:* drag o.s. (along), *a. Auto, Zeit etc:* limp (along) **schleppend** *Adj* sluggish, slow (*a. WIRTSCH*), (*mühsam*) labo(u)red, *Sprache:* slow, drawling

Schlepper m 1. SCHIFF tug 2. MOT tractor

Schlepper(in) F (*Kundenwerber*) tout **Schleppflugzeug** n towplane **Schleppkahn** m lighter, barge (in tow) **Schlepp|lift** m ski tow **~netz** n dragnet

Schleppschiff n tug **Schleppseil** n → **Schlepptau** n towrope: **ins ~ nehmen** → **Schlepp**

Schlesien n Silesia

Schlesier(in), **schlesisch** Adj Silesian

Schleswig-Holstein n Schleswig-Holstein

Schleuder f 1. catapult (a. FLUG), sling, Am slingshot 2. TECH a) → **Zentrifuge**, b) (Wäsche⌕) spin dryer **~gefahr** f risk of skidding: **Achtung ~!** slippery road ahead **~honig** m strained honey

schleudern I v/t 1. fling, hurl, sling, FLUG catapult 2. TECH (Honig) strain, (Wäsche) spin-dry II v/i 3. MOT skid, (a. **ins ⌕ geraten**) go into a skid (a. fig)

Schleuder|preis m knockdown price **~sitz** m FLUG ejector seat, F fig hot seat **~ware** f cut-price article(s Pl)

schleunig I Adj prompt, quick, (hastig) hasty II Adv a **schleunigst** promptly, quickly, (hastig) hastily

Schleuse f sluice, floodgate (a. fig), (Kanal⌕) lock

schleusen v/t 1. SCHIFF lock 2. fig channel, (j-n) steer, über die Grenze etc: smuggle

Schleusentor n floodgate **Schleusenwärter(in)** lock-keeper

Schliche Pl tricks Pl: **j-m auf die ~ kommen** find s.o. out

schlicht I Adj (einfach) simple, plain II Adv ~ (**und einfach**) (quite) simply

schlichten I v/t (Streit etc) settle II v/i mediate (**zwischen** Dat between)

Schlichter(in) mediator

Schlichtheit f simplicity, plainness

Schlichtung f settlement, durch Schiedsspruch: arbitration **Schlichtungsausschuss** m arbitration committee

Schlichtungsversuch m attempt at conciliation

Schlick m sludge

Schliere f streak

Schließe f fastening, clasp

schließen I v/t 1. close (a. ELEK Stromkreis), shut, (Fabrik etc) a. shut down, (ver~) lock: → **Lücke 2.** fig (Bündnis etc) enter into, (Vergleich) reach, come to: → **Ehe, Freundschaft, Frieden** etc 3. (Debatte, Versammlung) close, conclude, end, (Brief, Rede) a. wind up

(**mit den Worten** by saying) II v/i 4. shut, close, Fabrik etc: a. shut down 5. (enden) (come to a) close: **er schloss mit den Worten** he wound up by saying 6. (folgern) conclude (**aus** from): **von sich auf andere ~** judge others by o.s.; **auf etw ~ lassen** suggest (od point to) s.th. III v/refl **sich ~ 7.** close, shut; → **Kreis** 1

Schließfach n (Bank⌕) safe deposit box, (Bahnhofs⌕) (left-luggage) locker

schließlich Adv finally, (am Ende) eventually, (eigentlich) after all

Schließmuskel m ANAT sphincter

Schließung f 1. closing (a. der Debatte etc, ELEK des Stromkreises), shutting, e-r Fabrik etc: shutdown, closure 2. e-r Ehe, e-s Vertrages etc: contraction

Schliff m 1. (Schleifen) grinding, (Schärfen) a. sharpening 2. von Edelsteinen, Glas: cut 3. fig polish, refinement: **e-r Sache den letzten ~ geben** put the finishing touches to s.th.

schlimm Adj allg bad (Komp. worse, Sup. worst), (böse, a. hum) a. wicked, Erkältung, Wunde etc: a. nasty: **~er Finger** (**Hals**) sore finger (throat); **das ist e-e ~e Sache** that's terrible, that's a bad business; **es sieht ~ aus** it looks bad; **das ist halb so ~!** it's not as bad as all that!, verzeihend: it doesn't matter!, never mind!; F **ist es ~, wenn ... ?** would you mind terribly if ... ?; **~er machen** (**werden**) → **verschlimmern**; **es wird immer ~er** things are going from bad to worse; **umso ~er** so much the worse; **es gibt ⌕eres** things could be worse; **am ~sten** worst of all; **auf das ⌕ste gefasst sein** be prepared for the worst **schlimmstenfalls** Adv if the worst comes to the worst

Schlinge f loop, noose (a. fig), (Trag⌕, a. MED) sling, JAGD snare (a. fig): fig **sich aus der ~ ziehen** wriggle out of it

Schlingel m (young) rascal

schlingen[1] (**um** around) I v/t tie, (Schal etc) wrap, wind, (die Arme) a. fling II v/i/refl **sich ~** wind, coil

schlingen[2] I v/i gobble, bolt one's food II v/t gobble (up), gulp s.th. down

schlingern v/i SCHIFF roll

Schlingpflanze f climbing plant

Schlips m tie: fig **j-m auf den ~ treten** tread on s.o.'s toes

S

schlitteln v/i schweiz. toboggan, go sledging

Schlitten m 1. sledge, Am sled, (bes Pferde2) sleigh, (Rodel2) toboggan: ~ **fahren** sledge, (rodeln) toboggan; F fig **mit j-m ~ fahren** give s.o. hell 2. F (Auto) car: alter ~ crate, bus, jalopy ~**fahrt** f sledge (Pferde2 sleigh) ride

schlittern v/i slide (**in** Akk into, a. fig), (ausgleiten) a. slip, Auto: skid

Schlittschuh m (ice-)skate: ~ **laufen** skate ~**bahn** f ice-rink ~**laufen** n ice--skating, skating ~**läufer(in)** (ice-)skater

Schlitz m slit (a. im Kleid), am Automaten etc: slot ~**auge** n 1. slit eye: ~**n haben** be slit-eyed 2. pej slit-eye

schlitzen v/t u. v/i slit, slash

Schloss¹ n castle, palace

Schloss² n (Tür2, Gewehr2) lock, an Buch, Tasche etc: clasp, (Gürtel2, Koppel2) (belt) buckle: **hinter ~ und Riegel** behind bars

Schlosser(in) locksmith **Schlosserei** f locksmith's trade (od shop)

Schlot m chimney (a. GEOL): F **rauchen wie ein ~** smoke like a chimney

schlottern v/i 1. (**vor** Dat with) shake, tremble: **mit ~den Knien** with shaking knees 2. Kleidung: hang loosely

Schlucht f gorge, ravine, große: canyon

schluchzen v/i u. v/t sob **II** 2 n sobbing, sobs Pl

Schluck m swallow, großer: gulp: **kleiner ~** → **Schlückchen Schluckauf** m (~ **haben** have the) hiccups Pl

Schlückchen n sip

schlucken I v/t swallow (a. fig Tadel etc, a. F glauben), fig (sich einverleiben) swallow up (a. Geld), (Licht, Schall) absorb **II** v/i swallow

Schlucken m → **Schluckauf**

Schlucker m fig armer ~ poor wretch

Schluckimpfung f MED oral vaccination

schlud(e)rig → **schlampig**

Schlummer m slumber **schlummern** v/i slumber, sleep, fig a. lie dormant

Schlund m 1. ANAT (back of the) throat, pharynx 2. ZOOL maw 3. fig abyss

schlüpfen v/i 1. slip (**in** Akk into, **aus** out of) 2. Küken etc: hatch (out)

Schlüpfer m briefs Pl, panties Pl

Schlupfloch n 1. gap 2. fig loophole

schlüpfrig Adj slippery (a. fig), fig Witz etc: risqué

Schlupfwinkel m hideout, weit. S. haunt

schlurfen v/i shuffle along

schlürfen v/t u. v/i slurp, langsam: sip

Schluss m 1. end, e-s Buchs, Films etc: ending, (Ab2) conclusion: ~ (**damit**)! stop it!; F ~ **machen** (die Arbeit beenden) call it a day, (Selbstmord begehen) put an end to o.s.; ~ **machen mit a)** etw stop s.th., **b)** j-m break up with s.o.; **am** ~ at the end; **zum** ~ finally 2. (~folgerung) conclusion: **zu dem** ~ **gelangen, dass ...** come to the conclusion that ...; **voreilige Schlüsse ziehen** jump to conclusions ~**akkord** m MUS final chord

Schlussakt m 1. THEAT final act 2. e-r Veranstaltung: closing ceremony

Schlussbemerkung f final comment

Schlüssel m 1. key (**zu, für** für, of to) 2. MUS clef 3. (Telegramm2, ~ **für e-n** Code etc) code, (Lösungsheft) key 4. (Verteiler2) ratio 5. TECH spanner, Am wrench ~**bein** n ANAT collarbone ~**blume** f cowslip, primrose ~**bund** m, n bunch of keys ~**erlebnis** n crucial experience ~**figur** f key figure ~**industrie** f key industry ~**kind** n latchkey child ~**loch** n keyhole ~**lochchirurgie** f keyhole surgery ~**ring** m key ring ~**roman** m roman-à-clef ~**stellung** f key position ~**wort** n code word, keyword, IT a. password

Schlussfeier f closing ceremony, PÄD speech day, Am commencement

Schlussfolgerung f → **Schluss** 2 **schlussfolgern** v/t u. v/i conclude (**aus** from)

schlüssig Adj 1. logical, Beweis: conclusive 2. **sich ~ werden** (**über** Akk) make up one's mind (about)

Schluss|**läufer(in)** e-r Staffel: anchor ~**licht** n 1. taillight 2. fig SPORT tailender: **das ~ bilden** bring up the rear ~**pfiff** m SPORT final whistle ~**runde** f 1. Boxen: final round 2. → **Endrunde** ~**satz** m 1. closing sentence 2. MUS final movement 3. Tennis: final set ~**strich** m fig **e-n ~ unter etw ziehen** consider s.th. closed ~**verkauf** m (end-of-season) sale ~**wort** n closing words Pl

Schmach f lit disgrace, shame

schmächtig Adj slight, thin: **ein ~er Junge** a slip of a boy

Schlussformeln (Brief und E-Mail)

Für Schlussformeln in **Briefen** mit offiziellem Charakter kann man sich folgende Formel merken: Schreibt man in der Anrede **Dear Sir**, **Dear Madam**, **Dear Sir or Madam** oder **Dear Sirs**, endet der Brief mit **Yours faithfully** + Unterschrift, redet man die Person, der man schreibt, mit dem Namen an, also z.B. **Dear Mr Smith**, **Dear Ms Collins**, endet der Brief mit **Yours sincerely** + Unterschrift. Allerdings wird diese starre Formel heute zunehmend aufgeweicht und man schreibt auch bei anonymer Anrede **Yours sincerely** o. Ä. Im amerikanischen Englisch findet man häufig **Sincerely yours** oder **Yours (very) truly**, ganz gleich, wie man die Person vorher angeredet hat. Kennt man die Person gut, können einige auflockernde Floskeln hinzugefügt werden, z. B. **With best wishes**, **Kind regards** o. Ä.

Bei **E-Mails** gilt etwa Folgendes: Es ist keineswegs unangemessen, eine „förmliche E-Mail" so zu beginnen und zu schließen wie dies bei Briefen üblich ist. Mit zunehmender Verbreitung von E-Mails haben sich aber andere, neue Schlussformeln herausgebildet, die der Kürze und Funktionalität dieses neuen Mediums besser Rechnung tragen. So spricht nichts dagegen, seine in Englisch verfasste Mail nur mit dem Namen oder mit **Regards** und dem Namen zu beenden, auch wenn man der betreffenden Person zum ersten Mal mailt. Auch **Best regards** und **Kind regards** sind möglich. Es ist in jedem Falle sinnvoll, seinen Vor- und Nachnamen anzuschließen, damit der Adressat weiß, ob eine Frau oder ein Mann der Sender der Nachricht ist. **Warm regards** und **All the best** klingen zu vertraut, wenn man die Person noch <u>nicht</u> kennt. Von der Kurzform **Rgds** ist - solange man nicht ziemlich ungezwungen miteinander kommuniziert - ebenfalls abzuraten. Zu vertraut bei der ersten Mail klingt auch (**Best**) **wishes** oder **With best wishes**, gefolgt von der Unterschrift. **Take care**, **All for now**, **Cheers**, **Enjoy**, **Love**, **Ciao** und **TTFN** (ta-ta for now) sollten wirklich nur für Freunde und Personen, mit denen man sehr vertraut ist, reserviert bleiben.

---

schmackhaft *Adj* savo(u)ry, tasty: *fig* **j-m etw ~ machen** make s.th. palatable to s.o.

schmal *Adj* narrow, (*dünn*) thin, slender (*a. fig*), *fig* meag/re (*Am* -er), poor

schmälern *v/t fig* (*Gewinn etc*) curtail, (*Rechte etc*) impair, (*Verdienste etc*) detract from

Schmalfilm *m* cine-film

Schmalspur *f* BAHN narrow ga(u)ge

Schmalspur... *F fig* small-time ...

Schmalz[1] *n* lard

Schmalz[2] *m F fig* schmaltz

schmalzig *Adj* F schmaltzy

schmarotzen *v/i* sponge (**bei** on)

Schmarotzer(in) parasite, *fig a.* sponger

Schmarotzertum *n* parasitism

Schmarrn *m* österr **1.** (*Mehlspeise*) hot cut-up pancake **2.** (*Unsinn*) rubbish

schmatzen *v/i* eat noisily

schmecken I *v/t* taste **II** *v/i* **~ nach** taste of, *fig* smack of; **es schmeckt** (**gut**) it tastes good; **sich etw ~ lassen** tuck in; **schmeckt es** (**Ihnen**)**?** do you like it?; *fig* **das schmeckte ihm nicht** he didn't like it one bit

Schmeichelei *f* flattery, *mst Pl* (flattering) compliment **schmeichelhaft** *Adj a. fig* flattering **schmeicheln** *v/i* **j-m**

~ flatter s.o. (*a. fig*), *bittend, zärtlich:* coax s.o., cajole s.o.; **sich geschmeichelt fühlen** feel flattered (**durch** by); **das Bild ist geschmeichelt** the picture is flattering **Schmeichler(in)** flatterer **schmeichlerisch** *Adj* flattering, (*bittend*) cajoling, coaxing

schmeißen F I *v/t* 1. throw, chuck, (*Tür*) slam, bang 2. (*Studium etc*) chuck up, THEAT (*Szene etc*) muff 3. manage: **den Laden ~** run the show 4. → *Runde* 4 II *v/i* 5. ~ *mit* throw; *mit Geld um sich ~* throw one's money around

Schmeißfliege *f* bluebottle

Schmelz *m* 1. enamel (*a. Zahn2*) 2. *fig* mellowness, MUS melodiousness

Schmelze *f* 1. (*Schnee2*) melting 2. TECH melting, molten mass **schmelzen** I *v/i* liquefy, melt (*a. fig Vorrat etc, a. Person*) II *v/t* liquefy, melt, (*bes Metalle*) smelt **schmelzend** *Adj fig Blick:* melting, MUS, *Stimme:* sweet

Schmelzkäse *m* soft cheese

Schmelzofen *m* melting furnace

Schmelzpunkt *m* melting point

Schmelztiegel *m a. fig* melting pot

Schmelzwasser *n* melted snow and ice

Schmerbauch *m* paunch

Schmerz *m* pain, ache, (*Kummer*) grief, sorrow, (*Qual*) agony; **~en haben** be in pain **schmerzen** I *v/i* hurt (*a. fig*), ache II *v/t* hurt (*a. fig*), pain

Schmerzensgeld *n* compensation for personal suffering, *Am* smart-money

Schmerzensschrei *m* scream of pain

schmerzfrei *Adj* free of pain

Schmerzgrenze *f a. fig* pain threshold

schmerzhaft *Adj a. fig* painful

schmerzlich I *Adj* painful, *Lächeln, Pflicht, Verlust etc:* sad II *Adv* (*sehr*) badly, sadly: ~ *berühren* pain s.o.

schmerz|lindernd *Adj* soothing, (*a. ~es Mittel*) analgesic **~los** *Adj* painless **2mittel** *n* painkiller **~stillend** *Adj* pain-killing **2tablette** *f* painkiller **2therapie** *f* pain therapy

Schmetterball *m Tennis:* smash

Schmetterling *m* butterfly **Schmetterlingsstil** *m* butterfly (stroke)

schmettern I *v/t* 1. smash (*a. Tennis*), slam 2. (*Lied etc*) belt out II *v/i* 3. ring (out), *Trompete:* blare, *Vogel:* warble

Schmied(in) smith, (*Grob2*) blacksmith

Schmiede *f* forge, smithy

Schmiedeeisen *n* wrought iron

schmiedeeisern *Adj* wrought-iron

schmieden *v/t u. v/i a. fig* forge: → *Eisen, Plan2* 1

schmiegen *v/refl* **sich an j-n ~** cling (*zärtlich:* cuddle up) to s.o.

schmiegsam *Adj* pliant, flexible

Schmiere *f* 1. TECH grease, lubricant 2. (*klebriges Zeug*) F mess, goo 3. F THEAT ham-acting 4. F ~ *stehen* keep a lookout **schmieren** *v/t* 1. smear, (*Brot*) butter, (*Butter etc*) spread: F *j-m e-e ~* slap s.o.('s face); **wie geschmiert** like clockwork 2. TECH *mit Fett:* grease, *mit Öl:* lubricate, oil 3. *a. v/i* (*kritzeln*) scrawl 4. F *j-n ~* grease s.o.'s palm

Schmierenkomödiant(in) ham actor (actress)

Schmiererei *f* 1. (*Gekritzel*) scribble, scrawl 2. (*schlechtes Bild*) daub 3. *Pl an Wänden:* graffiti *Pl*

Schmierfett *n* TECH (lubricating) grease

Schmier|fink *m* F 1. scrawler, *weit. S.* messy fellow 2. muckraker **~geld** *n* F bribe (money), POL slush fund

schmierig *Adj* 1. greasy, (*schmutzig*) messy, grimy 2. *fig* (*unanständig*) smutty, (*ölig*) F smarmy

Schmier|mittel *n* TECH lubricant **~öl** *n* TECH lubricating oil **~papier** *n* scribbling paper **~seife** *f* soft soap

Schmierung *f* TECH lubrication, greasing

Schminke *f* make-up **schminken** I *v/t* make up: *sich die Lippen ~* put on lipstick II *v/refl sich ~* put on make-up, make one's face up

Schminkkoffer *m* vanity case

schmirgeln *v/t,* **Schmirgelpapier** *n* TECH sandpaper

Schmiss *m* 1. (duelling) scar 2. F *fig* (*Schwung*) pep, zip

schmissig *Adj* F zippy, *Musik:* bouncy

Schmöker *m* F 1. old book 2. light novel **schmökern** *v/i* do some light reading, *oberflächlich:* browse

schmollen *v/i* sulk **Schmollmund** *m* (*a. e-n ~ machen*) pout

Schmorbraten *m* pot roast

schmoren *v/t u. v/i* 1. GASTR braise: F *j-n (in s-m eigenen Saft) ~ lassen* let s.o. stew (in his own juice) 2. F *in der Hitze:* roast **Schmortopf** *m* casserole

Schmuck *m* **1.** decoration **2.** (*~sachen*) jewel(le)ry, jewels *Pl* **schmücken I** *v/t* adorn (*a. fig*), decorate, *fig* (*Rede etc*) embroider **II** *v/refl* **sich ~** dress up

Schmuckkästchen *n* **1.** jewel(le)ry box **2.** *fig* (*Haus*) jewel of a house

schmucklos *Adj* plain, austere

Schmucksachen *Pl* → **Schmuck** 2

Schmuck|stück *n* **1.** piece of jewel (-le)ry **2.** *fig* gem **~waren** *Pl* jewel(le)ry *Sg*

schmudd(e)lig *Adj* F scruffy, grimy

Schmuggel *m* smuggling **schmuggeln** *v/t u. v/i* smuggle **Schmuggelware** *f* smuggled goods *Pl*, contraband

Schmuggler(in) *f* smuggler

schmunzeln *v/i* smile to o.s., grin

Schmus *m* F blarney, soft soap

schmusen *v/i* F cuddle, *Liebespaar: a.* smooch

Schmutz *m* dirt, filth, mud, *fig a.* smut: *fig* **in den ~ ziehen** drag *s.o.*, *s.th.* through the mud

schmutzen *v/i* soil, get dirty

Schmutzfink *m* F **1.** *fig* **2.** *fig* dirty fellow **Schmutzfleck** *m* smudge

schmutzig *Adj* **1.** dirty, filthy, *fig a.* smutty, (*beschmutzt*) soiled: **~ machen** dirty, soil; **sich ~ machen, ~ werden** get dirty; *fig* **~e Fantasie** dirty mind; → **Wäsche** 1 **2.** *fig* dirty, shabby

Schnabel *m* **1.** ZOOL bill, beak **2.** *e-r Kanne:* spout **3.** F *fig* (*Mund*) trap: *halt den ~!* shut up! **schnäbeln** *v/i* ZOOL bill

Schnake *f* ZOOL mosquito, midge

Schnalle *f* buckle, clasp

schnallen I *v/t* **1.** buckle, *mit Gurt etc:* strap (*an Akk* to): → **Gürtel** 2. F get: *ich schnalle das nicht!* I don't get it! **II** *v/t* **3.** F get it: *geschnallt?* got it?

schnalzen *v/i mit der Zunge ~* click one's tongue; *mit den Fingern ~* snap one's fingers

Schnäppchen *n* F (good) bargain **~jäger(in)** F bargain-hunter

schnappen I *v/t* **1.** F catch, nab: (*sich*) *etw ~* grab s.th.; *Luft ~* (*gehen*) get some fresh air **II** *v/i* **2.** snap, click **3.** *~ nach* grab at, *Hund:* snap at; *nach Luft ~* gasp for breath

Schnappschuss *m* FOTO snapshot: *e-n ~ machen von* take a snap of

Schnaps *m* spirits *Pl*, schnapps

Schnapsbrennerei *f* distillery

Schnäpschen *n* F snifter

Schnapsflasche *f* bottle of brandy

Schnapsglas *n* brandy glass

Schnapsidee *f* F crazy idea

schnarchen *v/i* snore

schnarren *v/i* rattle, *Klingel etc:* buzz, (*~d sprechen, a. v/t*) rasp

schnattern *v/i* **1.** *Gans:* cackle, *Ente:* quack **2.** F *fig* gabble

schnauben *v/i u. v/t* **1.** snort: *sich* (*die Nase*) *~* blow one's nose; *fig vor Wut ~* foam with rage **2.** → **schnaufen**

schnaufen *v/i* **1.** breathe hard, puff, pant **2.** *Dialekt:* breathe

Schnauz *m schweiz.* m(o)ustache

Schnauzbart *m* walrus m(o)ustache

Schnauze *f* **1.** ZOOL snout, muzzle, nose **2.** TECH nozzle, *e-r Kanne etc:* lip, F FLUG, MOT nose **3.** V (*Mund*) trap: *halt die ~!* shut up!; *die ~ voll haben* be fed up (to the teeth) (*von* with)

schnäuzen *v/refl* **sich ~** blow one's nose

Schnecke *f* **1.** ZOOL snail, (*Nackt2*) slug: F *j-n zur ~ machen* give s.o. hell **2.** ARCHI scroll **3.** (*Gebäck*) Chelsea bun

> ⚠ **Schnecke** ≠ **snake**
>
> | Schnecke | = snail |
> |----------|---------|
> | snake | = Schlange |

Schnecken|haus *n* (snail) shell **~post** *f* F snail mail **~tempo** *n im ~* at a snail's pace

Schnee *m* **1.** snow: *fig* **~ von gestern** old hat **2.** *Eiweiß zu ~ schlagen* beat white of egg until stiff **3.** *sl* (*Kokain*) snow

Schneeball *m a.* BOT snowball

Schneeballschlacht *f* snowball fight

Schneeballsystem *n* snowball system

Schnee|besen *m* GASTR egg-beater, whisk **2blind** *Adj* snow-blind **~bob** *m* snowmobile **~brille** *f* (*e-e ~* a pair of) snow goggles *Pl* **~fall** *m* snowfall **~flocke** *f* snowflake **2frei** *Adj* free of snow **~gestöber** *n* snow flurry **~glätte** *f* packed snow **~glöckchen** *n* BOT snowdrop **~grenze** *f* snow line **~kette** *f* snow chain **~mann** *m* snowman **~matsch** *m* slush **~mobil** *n* snowmobile **~pflug** *m* snow plough, Am snowplow **~regen** *m* sleet **~schmelze** *f* thaw **~schuh** *m* snow-shoe **~sturm** *m* snowstorm, bliz-

zard **~treiben** n snow flurry **~verhält-
nisse** Pl snow conditions Pl **~verwe-
hung** f, **~wehe** f snowdrift

schneeweiß Adj snow-white, im Ge-
sicht: as white as a sheet

Schneid m F guts Pl, pluck

Schneidbrenner m cutting torch

Schneide f edge: → **Messer Schneide-
brett** n chopping board **schneiden I** v/t
1. allg cut (a. e-n Ball, e-e Kurve), (Ra-
sen etc) a. mow, (Braten) carve, (Baum)
prune, (Hecke) trim: **in Stücke ~** cut
up; F fig **j-n ~ a)** (übersehen) cut s.o.
dead, **b)** beim Überholen: cut in on
s.o.; → **Grimasse, Haar 2.** (Film, Ton-
band) edit **II** v/refl **sich ~ 3.** cut o.s.: F
fig **da hast du dich aber geschnitten!**
you are very much mistaken! **4.**
fig Linien: intersect **schneidend** Adj
fig Schmerz etc: sharp, Kälte, Wind,
Hohn: biting, Stimme: strident

Schneider m tailor: F **aus dem ~ sein**
be out of the woods

Schneiderei f tailoring, dressmaking

Schneiderin f dressmaker

schneidern I v/i do tailoring (od dress-
making) **II** v/t make

Schneidetisch m FILM etc editing table

Schneidezahn m incisor

schneidig Adj (mutig) plucky, (forsch)
brisk (a. Tempo), crisp, Person: a. dash-
ing, (zackig, schick) snappy

schneien I v/unpers **es schneit** it's
snowing **II** v/i F fig **(j-m) ins Haus ~**
drop in (on s.o.) unexpectedly

Schneise f **1.** (forest) lane **2.** → **Flug-
schneise**

schnell I Adj allg quick, Auto, Läufer,
Rennbahn etc: fast, (sehr ~) a. rapid,
(rasch) swift, prompt, speedy, (hastig)
hasty, (plötzlich) sudden, abrupt: **in
~er Folge** in rapid succession; **~es
Handeln** prompt action; **~e Fort-
schritte machen** make rapid progress;
auf dem ~sten Wege as quickly as pos-
sible; F **auf die 2e** quickly, (schlampig)
slapdash; → **Brüter II** Adv fast,
quick(ly), rapidly (etc): **~ fahren** (han-
deln) drive (act) fast; PHARM **~ wirkend**
fast-acting; **das geht ~** that won't take
long; **das ist ~ gegangen** that was
quick; **~er ging es nicht** I (we etc)
couldn't do it any faster; **so ~ wie mög-
lich, schnellstens** as quickly as pos-

ble; **(mach) ~!** hurry up!, F get a move
on!, snappy!; **nicht so ~!** easy!, F hold
your horses!; **sie ist ~ beleidigt** she is
quick to take offence; **wie ~ die Zeit
vergeht!** how time flies!

Schnellboot n MIL speedboat

schnellen I v/i bounce, pop; → a. **hoch-
schnellen II** v/t toss, (schnippen) flick

Schnellfeuerwaffe f automatic weap-
on **~gang** m MOT overdrive **~gaststätte**
f cafeteria

Schnellhefter m letter file

Schnelligkeit f quickness, fastness, ra-
pidity, speediness, PHYS velocity, (Tem-
po) speed

Schnellimbiss m **1.** snack **2.** → **~im-
bissstube** f snack bar **~kochtopf** m
pressure cooker **2lebig** Adj Zeit etc:
fast-moving, (kurzlebig) Mode etc:
short-lived **~reinigung** f express dry
cleaners **~straße** f motorway, Am ex-
pressway **~verband** m first-aid dressing
~verfahren n **1.** JUR summary proce-
dure (konkret: proceedings Pl) **2.** TECH
high-speed process: fig **im ~** very
quickly **~zug** m fast train

Schnepfe f ZOOL snipe

schneuzen → **schnäuzen**

schniefen v/i F sniffle

Schnippchen n **j-m ein ~ schlagen**
outwit (od fool) s.o.

schnippeln v/t u. v/i snip (away) (**an** Dat
at)

schnippen I v/i snip: (**mit den Fingern**)
~ snap one's fingers **II** v/t flick (off)

schnippisch Adj pert, saucy

Schnipsel m, n shred, (Papier2) scrap

Schnitt m **1.** (das Schneiden) cutting,
LANDW a. mowing, FILM etc editing **2.**
cut, MED a. incision, großer: gash **3.**
(Fasson, Haar2 etc) cut, style, (Form)
a. shape **4.** (~muster) pattern **5.** MATHE
intersection, TECH (~zeichnung) sec-
tion(al view) **6.** (a. im ~ erreichen
etc) average: **im ~** on average **7.** F (Ge-
winn) profit

Schnittblumen Pl cut flowers Pl

Schnittbohnen Pl French beans Pl

Schnitte f **1.** slice **2.** (offenes) sandwich

schnittig Adj racy, stylish, streamlined

Schnittlauch m BOT chives Pl

Schnittmuster n pattern

Schnittpunkt m (point of) intersection

Schnittstelle f IT u. fig: interface

Schnittwunde f cut, *große*: gash
Schnittzeichnung f TECH section(al view)
Schnitzarbeit f (wood)carving
Schnitzel[1] n GASTR cutlet: *Wiener ~* (Wiener) schnitzel
Schnitzel[2] n, m shred, (*Papier2*) scrap, (*Holz2*) chip **Schnitzeljagd** f paper chase **Schnitzelwerk** n shredder
schnitzen v/t u. v/i carve
Schnitzer m F fig blunder
Schnitzer(in) (wood)carver
Schnitzerei f (wood)carving
schnodd(e)rig Adj F snotty
Schnorchel m 1. SCHIFF snorkel 2. *Sporttauchen*: snorkel (mask)
schnorcheln v/i snorkel, go snorkelling
Schnörkel m 1. ARCHI scroll 2. *beim Schreiben*: squiggle, a. *stilistisch*: flourish: fig *ohne ~* without frills
schnorren v/i u. v/t scrounge (*bei j-m* off s.o.) **Schnorrer(in)** scrounger
Schnösel m F snot-nose
schnuck(e)lig Adj F cuddly, pretty, cute
schnüffeln v/i 1. sniff (*an Dat* at) 2. F fig snoop (around) **Schnüffler(in)** F snooper, (*Detektiv*) sleuth
Schnuller m comforter, dummy, *Am* pacifier
Schnulze f F schmaltzy song, *weit. S.* (*Buch etc*) tearjerker, sobstuff
schnulzig Adj soppy, schmaltzy
Schnupfen m cold, F the sniffles Pl
Schnupftabak m snuff
schnuppe → schnurz
schnuppern → schnüffeln 1
Schnur f cord, (*Bindfaden*) (piece of) string, ELEK flex: F fig *über die ~ hauen* overdo it **Schnürchen** n F fig *das ging wie am ~* it went like clockwork
schnüren v/t tie up, (*Schuhe*) lace
schnurgerade Adj u. Adv F (as) straight as an arrow, dead straight
schnurlos Adj F Telefon: cordless
Schnurrbart m m(o)ustache
schnurren v/i purr, (*surren*) a. whirr
Schnür|riemen m strap **~schuh** m lace-up shoe **~senkel** m shoelace, *für Stiefel*: bootlace **~stiefel** m lace-up boot
schnurstracks Adv F (*direkt*) straight, (*sofort*) straightaway
schnurz Adj F *das ist mir ~* I couldn't care less
Schock m MED u. fig shock: *e-n ~ be-*

kommen get a shock; *e-n ~ haben* be in (a state of) shock **~anruf** m nuisance call **~behandlung** f MED shock treatment
schockieren v/t shock, scandalize: *~d* shocking, scandalizing
Schocktherapie f MED (electro-)shock therapy
schofel Adj F shabby, (*gemein*) a. mean
Schöffe m, **Schöffin** f lay assessor
Schöffengericht n lay assessors' court
Schokolade f, **schokoladenbraun** Adj chocolate
Schokoriegel m chocolate bar
Scholle[1] f 1. (*Erd2*) clod 2. (*Eis2*) floe 3. fig (*Heimaterde*) (native) soil
Scholle[2] f (*Fisch*) plaice (*a. Pl*)
schon Adv 1. already, *in Fragen*: yet, (*~ einmal*) before, (*jemals*) ever, (*sogar ~*) even: *~ damals* even then; *~ früher* before; *~ immer* always, all along; *~ oft* often (enough); *~ wieder* again; (*nicht*) *~ wieder!* not again!; *~ am nächsten Tage* the very next day; *~ im 16. Jh.* as early as the 16th century; *ist er ~ da?* has he come yet?; *hast du ~ (einmal) ...?* have you ever ...?; *ich habe ihn ~ einmal gesehen* I have seen him before; *hast du ~ mit ihm gesprochen?* have you talked to him yet?; *ich komme (ja) ~!* (I'm) coming!; *das kennen wir ~!* that's an old story! 2. *verstärkend*: *er wird ~ kommen* he's sure to come; don't worry, he'll come; *er wird es ~ machen* leave it to him; *das ist ~ möglich* that's quite possible; (*das ist*) *~ wahr, aber ...* that's (certainly) true, but ...; *er ist ~ ein guter Spieler* he really is a good player 3. *~ gar nicht* least of all 4. (*allein*) *~ der Name* (*Anblick, Gedanke*) the very name (sight, idea); *~ deswegen* if only for that reason; *~ weil* if only because 5. *rhetorisch*: *was macht das ~?* what does it matter?
schön I Adj 1. beautiful, *bes Mann*: handsome, good-looking: *das ~e Geschlecht* the fair sex; *die ~en Künste* the fine arts; *~es Wetter* good (*od* fine) weather 2. (*gut*) good, fine, (*angenehm*) pleasant, nice: *~!* all right!, okay!; *e-s ~en Tages* one of these days; *~en Dank!* many thanks!, *ablehnend*: no, thank you!; *~es Wochenende!* have

a nice weekend!; **~er Tod** easy death; **das ist alles ... und gut, aber ...** that's all very well, but ...; **es war sehr ~ auf dem Fest** etc I (we etc) had a good time; **~ wärs!** some hope!; **das wäre ja noch ~er!** F Nothing doing!; iron **du bist mir ein ~er Freund!** a fine friend you are! **3.** F (beträchtlich) handsome, fair II Adv **4.** beautifully, nicely, pleasantly: **sie war ~ braun** she had a beautiful tan **5.** F (sehr) very, really, pretty: **ganz ~ teuer** pretty expensive; iron **da wärst du ~ dumm** you'd be a fool; **sei ~ brav!** be a good boy (od girl) now!; **~ warm** nice and warm III **2e** n **6.** the beautiful: **das 2e daran** the nice thing about it; **es gibt nichts 2eres als** there's nothing nicer (od better) than

Schonbezug m loose cover

schonen I v/t **1.** (j-n, j-s Leben, Gefühle) spare **2.** (Augen, Kräfte, Vorräte) save, (pfleglich behandeln) treat s.th. with care, a. Mittel: be easy on (the carpet etc) II v/refl **3.** sich ~ take it easy; **sich für etw ~** save one's strength for s.th.; **sich nicht ~** drive o.s. (hard)

schönen v/t Bericht, Zahlen: dress up

schonend Adj careful, gentle, Waschmittel etc: mild, (rücksichtsvoll) considerate: Adv **~ umgehen mit** go easy on; → **beibringen** 1

Schoner[1] m cover

Schoner[2] m SCHIFF schooner

Schöngeist m (a)esthete **schöngeistig** Adj (a)esthetical

Schönheit f beauty

Schönheits|chirurgie f cosmetic (od plastic) surgery **~farm** f beauty farm **~fehler** m a. fig blemish, flaw **~königin** f beauty queen **~operation** f cosmetic operation **~pflege** f beauty care **~salon** m beauty parlo(u)r **~wettbewerb** m beauty contest, Am pageant

Schonkost f light food

schönmachen I v/i Hund: sit up (and beg) II v/refl **sich ~ a)** dress up, **b)** make (o.s.) up

Schonung f **1.** (Gnade) mercy, (Nachsicht) forbearance **2.** (pflegliche Behandlung) good care, (Schutz) protection, (Ruhe) rest: **sie braucht ~** she needs a rest; **sie braucht ~** to protect (one's hands etc), to save (one's eyes, strength, etc) **3.** (young) forest planta-

tion **schonungsbedürftig** Adj in need of rest **schonungslos** Adj merciless

Schönwetterperiode f period of fine (od good) weather, kurz: sunny spell

Schonzeit f JAGD close season

Schopf m mop (of hair), der Vögel: tuft; → **Gelegenheit** 1

schöpfen v/t scoop, mit e-r Kelle: ladle, (Wasser) draw: → **Hoffnung, Luft** 1, **Verdacht** etc

Schöpfer(in) m creator, (Gott) the Creator **schöpferisch** Adj creative

Schöpfkelle f, **Schöpflöffel** m ladle

Schöpfung f creation, BIBEL the Creation

Schöpfungsgeschichte f BIBEL Genesis

Schorf m MED scab

Schornstein m chimney, SCHIFF, BAHN funnel, (Fabrik2) smoke stack

Schornsteinfeger(in) chimney sweep

Schoß m lap, (Mutterleib) womb, fig der Familie etc: bosom: → **Hand**

Schössling m BOT shoot

Schote f BOT husk, pod

Schotte m Scot, Scotsman: **die ~n** the Scots **Schottenrock** m **1.** echter: kilt **2.** tartan (od plaid) skirt

Schotter m gravel, (Straßen2) a. (road) metal **schottern** v/t gravel, metal

Schottin f Scotswoman **schottisch** Adj Scottish, Whisky etc: Scotch

Schottland n Scotland; → **Info bei Britain**

schraffieren v/t hatch

schräg I Adj oblique, slanting (a. Augen), (~ abfallend) sloping, (~ verlaufend) diagonal II Adv (~ schneiden, stellen etc) at an angle: (~ gegenüber) diagonally opposite **Schräge** f slant, (Gefälle, schräge Fläche) incline, slope

Schrägstrich m oblique

Schramme f scratch **schrammen** v/t scrape, scratch, (Haut) a. graze

Schrank m **1.** cupboard, bes Am closet, (Kleider2) wardrobe, (Spind) locker **2.** F (großer Kerl) giant

Schranke f **1.** barrier, BAHN a. gate, JUR bar **2.** fig (soziale etc ~, Handels2) barrier, (Grenze) bounds Pl, limits Pl: **~n setzen** set bounds (Dat to); **(sich) in ~n halten** restrain (o.s.); **j-n in s-e ~n weisen** put s.o. in his place

schrankenlos Adj fig boundless

Schrankenwärter(in) BAHN gatekeeper

schrankfertig Adj washed and ironed

Schrankkoffer m wardrobe trunk

Schrankwand f wall-to-wall cupboard

Schraubdeckel m screw cap

Schraube f **1.** screw (a. SCHIFF, FLUG propeller; ~ **und Mutter** bolt and nut; F **bei ihm ist e-e ~ locker** he has a screw loose **2.** SPORT twist, *Kunstspringen:* spiral dive

schrauben v/t screw, (drehen) twist: **fester ~** tighten the screw(s) of; *fig* **niedriger ~** lower, scale down; **(sich) in die Höhe ~** → **hoch schrauben**; → **geschraubt**

Schraubendreher m screwdriver

Schraubenschlüssel m wrench, spanner, *verstellbarer:* monkey-wrench

Schraubenzieher m screwdriver

Schraubstock m vice, *Am* vise

Schraubverschluss m screw top (od cap)

Schrebergarten m allotment

Schreck m fright, shock: **die ~en des Krieges** the horrors of war; **e-n ~ bekommen** get a fright (od shock); **in ~en versetzen** frighten, terrify; **mit dem ~en davonkommen** get off with a bad fright; **zu m-m ~en** to my dismay; **~en erregend** → **schrecklich**

schrecken v/t frighten, (auf~) startle: **das schreckt mich nicht** that can't scare me

Schreckens|herrschaft f reign of terror **~nachricht** f alarming (od dreadful) news *Sg* **~tat** f atrocity

Schreckgespenst n fig nightmare

schreckhaft Adj jumpy, nervous

schrecklich I Adj terrible, dreadful, horrible, *Mord etc: a.* atrocious **II** Adv F awfully, terribly **Schrecknis** f horror

Schreckschuss m **1.** warning shot **2.** fig false alarm **Schreckschusspistole** f blank (cartridge) pistol

Schrecksekunde f MOT reaction time

Schrei m cry, shout, *gellender:* scream, yell, shriek: *fig* **~ der Entrüstung** outcry; F **der letzte ~** the latest rage

Schreib|arbeit f desk work, *bes pej* paperwork **~block** m writing pad

schreiben v/t u. v/i write (**über** Akk on, about), (Rechnung etc) write out, TECH

Instrument: record: **j-m ~** write to s.o., *Am a.* write s.o.; **j-m etw ~** write to s.o. about s.th.; **mit Bleistift etc ~** write in pencil etc; **mit der (Schreib)Maschine ~** type; **sich (od einander) ~** write (to one another), correspond; **noch einmal ~** rewrite; **gut ~ a)** write a good hand, **b)** be a good writer; (richtig) ~ (Wort) spell (correctly); **falsch ~** misspell; **wie schreibt er sich?** how do you spell his name?; **an e-m Roman ~** be working on a novel; **wie die Zeitung etc schreibt** according to; → **Ohr** etc

Schreiben n **a)** writing, **b)** letter, *kurzes:* note **Schreiber(in)** writer

Schreiberling m *pej* scribbler

schreibfaul Adj lazy about writing letters

Schreib|feder f pen **~fehler** m spelling mistake, slip of the pen **~gerät** n writing utensils *Pl* **~geschützt** Adj COMPUTER read only **~heft** n exercise book **~kraft** f (shorthand) typist **~mappe** f writing case **~maschine** f typewriter: **~ schreiben** type; **mit ~ geschrieben** typewritten, typed, in typescript **~maschinenpapier** n typing paper **~papier** n writing paper **~schutz** m COMPUTER write protection **~stelle** f cursor (od character) position **~tisch** m (writing) desk **~tischlampe** f desk lamp

Schreibung f spelling

Schreibwaren *Pl* stationery *Sg*

Schreibwaren|geschäft n stationer's (shop) **~händler(in)** stationer

Schreibweise f style, *e-s Wortes:* spelling **Schreibzeug** n writing things *Pl*

schreien v/i u. v/t shout, *gellend:* yell, scream, shriek, *Baby:* howl: **~ nach** cry for; F **es (er) ist zum ~** it (he) is a scream **schreiend** Adj *fig Farbe:* loud, *Unrecht:* flagrant, *Gegensatz:* glaring

Schreier(in) m → **Schreihals** m F loudmouth, (Krakeeler) brawler, (Baby) bawler, (Kind) noisy brat

Schrein m shrine

Schreiner(in) etc → **Tischler** etc

schreiten v/i **1.** *lit* walk, (aus~) stride, step **2.** *fig* **zu etw ~** proceed to (do) s.th.; **zur Tat ~** set to work

Schrift f **1.** writing, (Hand²) hand(writ-

ing), *typographisch*: script, type: **in la-
teinischer** ~ in Roman characters (*od*
letters) **2.** (*~stück*) document, writing,
(*a. Abhandlung*) paper, (*Druck2*) pub-
lication, pamphlet: **die Heilige** ~ the
Holy Scripture(s *Pl*)

Schrift|art *f* script, type, (*Schrifttyp*)
font **~bild** *n* typeface **~deutsch** *n*
standard German **~führer(in)** secretary
~gelehrte *m* BIBEL scribe **~grad** *m* type
size

schriftlich I *Adj* written, in writing: **~e
Prüfung** written examination **II** *Adv* in
writing, (*brieflich*) by letter: **jetzt ha-
ben wir es** ~ now we have it in black
and white; F **das kann ich dir** ~ **geben!**
I can guarantee you that!

Schrift|probe *f* specimen of *s.o.'s* hand-
writing **~rolle** *f* scroll **~satz** *m* (set
of) documents *Pl*, (*Erklärung*) (writ-
ten) statement **~setzer(in)** typesetter
~sprache *f* standard language

Schriftsteller(in) author(ess), writer
Schriftstellerei *f* writing **schriftstelle-
risch I** *Adj* literary **II** *Adv* as a writer
Schriftstück *n* document, paper
Schriftwechsel *m* correspondence
Schriftzeichen *n* letter, character
schrill *Adj* shrill, piercing
Schritt *m* **1.** step (*a. Tanz2*), pace (*a. als
Maß*), *langer*: stride, *hörbarer*: (foot-)
step, (*Gangart*) gait, walk: ~ **halten
mit** keep pace with, *fig a.* keep abreast
of; ~ **für** ~ *a. fig* step by step; **auf** ~ **und
Tritt** at every turn, everywhere **2.** (*Tem-
po*) pace: **im** ~ at a walking pace; MOT
(*im*) ~ **fahren!** dead slow! **3.** *der Hose,
a.* ANAT crotch **4.** *fig* step, (*Maßnahme*)
a. measure, move: **diplomatischer** ~
démarche; **Politik der kleinen ~e**
step-by-step policy; **den ersten** ~ **tun**
take the first step; **wir sind k-n** ~ **wei-
tergekommen** we haven't made the
slightest bit of progress

Schrittmacher *m* SPORT pacemaker (*a.*
MED *u. fig*), *in der Mode: a.* trendsetter
Schrittmacherdienste *Pl j-m* ~ **leisten**
SPORT make the pace for *s.o.*, *fig*
smooth the way for *s.o.*

schrittweise I *Adj* gradual, step-by-
-step **II** *Adv* step by step

schroff *Adj* **1.** *Felsen*: jagged, (*steil*)
steep **2.** *fig* (*barsch*) gruff, curt, (*unver-
mittelt*) abrupt: **~e Ablehnung** flat re-

fusal; **~er Gegensatz** glaring contrast
schröpfen *v/t* **1.** MED bleed **2.** *fig j-m* ~
fleece *s.o.* (**um** for)
Schrot *m, n* **1.** (*Getreide*) wholemeal **2.**
JAGD (small) shot **3.** *fig* **von echtem** ~
und Korn true
schroten *v/t* (*Getreide, Malz*) bruise
Schrot|flinte *f* shotgun **~korn** *n*, **~kugel**
f pellet **~säge** *f* crosscut saw
Schrott *m* **1.** scrap metal: **zu** ~ **fahren →
schrottreif 2.** F *fig* junk: ~ **reden** talk
rubbish **Schrotthändler(in)** scrap deal-
er **Schrotthaufen** *m* scrap heap
Schrottplatz *m* scrapyard
schrottreif *Adj* ready for the scrap
heap: **ein Auto** ~ **fahren** smash (up)
a car
Schrottwert *m* scrap value
schrubben *v/t* scrub
Schrubber *m* scrubbing brush
Schrulle *f* quirk, (*cranky*) whim
schrullig *Adj* cranky, F crotchety
schrump(e)lig *Adj* shrivel(l)ed
schrumpfen *v/i* **1.** shrink (*a. TECH*), MED
a. atrophy **2.** *fig* shrink, dwindle
Schrumpfung *f* shrinking, shrinkage
Schub *m* **1.** push, PHYS *a.* thrust **2.** (*An-
zahl*) batch **3.** MED phase, (*Anfall*) at-
tack, *von Adrenalin etc*: rush: **in Schü-
ben** intermittent(ly)
Schubkraft *f* PHYS thrust
Schublade *f* drawer
Schubs *m,* **schubsen** *v/t* F push, shove
schubweise *Adv* in batches
schüchtern *Adj* shy, timid, (*verschämt*)
bashful **Schüchternheit** *f* shyness, ti-
midity, bashfulness
Schuft *m* scoundrel
schuften *v/i* F slave away **Schufterei** *f*
drudgery, grind
Schuh *m* shoe (*a. TECH*): *fig j-m etw in
die ~e schieben* put the blame for s.th.
on *s.o.*; **wo drückt dich der** ~? what's
the trouble? **~bürste** *f* shoe brush
~creme *f* shoe polish **~geschäft** *n* shoe
shop **~größe** *f* shoe size **~löffel** *m* shoe-
horn
Schuhmacher(in) shoemaker
Schuh|putzer(in) shoeblack, *Am* shoe-
shine (boy) **~sohle** *f* sole **~spanner** *m*
shoe tree **~werk** *n* footwear
Schukostecker® *m* shockproof plug
Schul|abgänger(in) school leaver **~al-
ter** *n* school age **~arbeit** *f mst Pl* home-

work *Sg* **~ausflug** *m* school outing
~bank *f* desk: *die ~ drücken* go to
school **~behörde** *f* education authority
~beispiel *n* classic example (*für* of)
~besuch *m* (school) attendance **~bil-
dung** *f* (*höhere ~* secondary) educa-
tion **~buch** *n* textbook, school book
~buchverlag *m* educational publishers
Pl **~bus** *m* school bus
Schuld *f* **1.** guilt (*a.* JUR), blame, REL
sin(*s Pl*): *ihn trifft die ~, er ist* ♀ (*daran*)
he is to blame for it; *die ~ auf sich neh-
men* take the blame; *j-m* (*e-r Sache*)
die ~ geben blame it on s.o. (s.th.);
ohne m-e ~ through no fault of mine;
zu ~en → zuschulden; → zuschieben
2 **2.** *mst Pl* debt: *~en haben, in ~en
stecken* be in debt; *~en machen* incur
debts, run into debt; *fig in j-s ~ stehen*
be indebted to s.o.
schuldbewusst *Adj Miene etc*: guilty
schulden *v/t j-m etw* **~** owe s.o. s.th. (*a.
fig e-e Erklärung etc*); → **Dank**
Schuldenberg *m* F enormous debt(s
Pl)
schuldenfrei *Adj* free of debt, *Haus etc*:
unencumbered **Schuldenlast** *f* liabil-
ities *Pl, auf Grundbesitz*: encumbrance
Schuldentilgung *f* liquidation of debts
Schuldforderung *f* claim, (active) debt
Schuldfrage *f* question of guilt
Schuldgefühl(e *Pl*) *n* guilty conscience
Schuldienst *im* **~ sein** be a teacher
schuldig *Adj* **1.** (*Gen*) *a.* JUR guilty (of),
responsible (for): *j-n für ~ befinden*
find s.o. guilty (*e-s Verbrechens* of a
crime, *e-r Anklage* on a charge); *j-n
~ sprechen* pronounce s.o. guilty; *sich
~ bekennen* plead guilty **2.** *j-m etw ~
sein → schulden*; *was bin ich Ihnen
~?* how much do I owe you?; *das ist
man ihm ~* that's his due; (*j-m*) *die Ant-
wort ~ bleiben* give (s.o.) no answer
Schuldige *m, f* culprit, REL JUR guilty party,
offender
Schuldigkeit *f* duty, obligation
Schuldirektor(in) *m* headmaster (head-
mistress), *Am* principal
schuldlos *Adj* innocent (*an Dat* of)
Schuldner(in) *m* debtor
Schuldnerland *n* debtor nation
Schuld|schein *m* promissory note,
IOU (= I owe you) **~spruch** *m* JUR ver-
dict of guilty, conviction **~verschrei-**

bung *f* WIRTSCH (debenture) bond **~zu-
weisung** *f* apportionment of blame
Schule *f allg* school: *höhere ~* second-
ary school, *Am* senior high school; *auf*
(*od in*) *der ~* at school; *in die* (*od zur*) *~
gehen* go to school; *fig aus der ~ plau-
dern* tell tales out of school, blab; *~
machen* set a precedent, be imitated,
spread; *durch e-e harte ~ gehen* learn
the hard way; → *besuchen* 2, *schwän-
zen*; → *Info bei public u. bei prepara-
tory*
schulen *v/t* train; → **geschult**
Schulenglisch *n* school English
Schüler *m* schoolboy, *bes Br a.* pupil,
älterer, Am allg student, (*Jünger*) disci-
ple **~austausch** *m* school exchange
Schülerin *f* schoolgirl (*etc*, → **Schüler**)
Schüler|lotse *m* F lollipop man **~lotsin**
f F lollipop woman (*od lady*); → *Info
bei lollipop* **~zeitung** *f* school maga-
zine
Schul|fach *n* subject **~ferien** *Pl* holidays
Pl, bes Am vacation *Sg* **~fernsehen** *n*
educational television
schulfrei *Adj* **~ haben** have a holiday;
heute ist ~ there's no school today
Schul|freund(in) schoolfriend, F
schoolmate **~funk** *m* school broadcasts
Pl **~gelände** *n* school grounds *Pl, Am*
campus **~geld** *n* school fees *Pl* **~heft** *n*
exercise book
Schulhof *m* playground, schoolyard
schulisch *Adj* school (*affairs etc*): **~e
Leistungen** *Pl* progress *Sg* at school
Schul|jahr *n* school year: *m-e ~e* my
school days **~junge** *m* schoolboy **~ka-
merad(in)** schoolmate **~kenntnisse**
Pl school knowledge *Sg* **~klasse** *f* class,
Br a. form, *Am* grade **~leiter(in)** head-
master (headmistress), *Am* principal
~mädchen *n* schoolgirl **~mappe** *f*
school bag **~medizin** *f* orthodox medi-
cine **~meinung** *f* received opinion
~ordnung *f* school regulations *Pl*
Schulpflicht *f* compulsory education
schulpflichtig *Adj* school-age, of
school age
Schulranzen *m* satchel **Schulrat** *m*,
Schulrätin *f* school inspector (*Am*
superintendent)
Schul|schiff *n* training ship **~schluss**
m end of school (*vor den Ferien*: of
term): *nach ~* after school; *wann ist*

S

heute ~? when does school finish today?

Schulschwänzer(in) truant

Schul|speisung *f* school meals *Pl* **~sprecher(in)** *m* head boy (girl) **~stunde** *f* lesson, class **~tasche** *f* school bag

Schulter *f* shoulder: *~ an ~* shoulder to shoulder; *mit den ~n zucken* shrug one's shoulders; *j-m auf die ~ klopfen* slap s.o.'s back; → *kalt* I, *leicht* 1

Schulterblatt *n* ANAT shoulder blade

schulterlang *Adj* shoulder-length

schultern *v/t* shoulder

Schulter|riemen *m* shoulder strap **~schluss** *m* closing of ranks **~sieg** *m* Ringen: win by a fall **~tasche** *f* shoulder bag

Schulung *f* training, (*Übung*) practice, POL indoctrination

Schulungskurs *m* course of training

Schulunterricht *m* lessons *Pl*, classes *Pl*

Schul|weg *m* (*auf dem ~* on one's way) to school **~weisheit** *f* book learning

Schulwesen *n* school system

Schulzeit *f* school days *Pl* **Schulzeugnis** *n* (school) report, report card

schummeln *v/i* F cheat

schumm(e)rig *Adj* F dim

Schund *m* trash, rubbish

schunkeln *v/i* rock, sway

Schuppe *f* **1.** scale: *fig es fiel mir wie ~n von den Augen* the scales fell from my eyes **2.** *Pl* dandruff *Sg*

schuppen *v/t* scale: *sich ~ Haut:* peel

Schuppen *m* **1.** shed, FLUG *a.* hangar **2.** F a) *pej* (*Bude*) hovel, b) (*Lokal*) joint

schuppig *Adj* scaly

Schur *f* shearing, b) (*Wolle*) fleece

schürfen I *v/i* **1.** (*nach* for) prospect, dig: *fig tiefer ~* dig below the surface **II** *v/t* **2.** (*Erze etc*) prospect (*od* dig) for **3.** (*Haut*) scrape, graze

Schürfwunde *f* graze, abrasion

Schürhaken *m* poker

Schurke *m* scoundrel, *a.* THEAT villain **Schurkenstaat** *m* POL rogue state **Schurkin** *f* scoundrel, *a.* THEAT villain

Schurwolle *f* virgin (*od* new) wool

Schurz *m*, **Schürze** *f* apron **schürzen** *v/t* (*Kleid*) gather up, (*Lippen*) purse

Schürzenjäger *m* F philanderer

Schuss *m* **1.** shot (*a.* FOTO *u.* Sport), (*Munition*) round: *ein ~ ins Schwarze*

a. fig a bull's-eye; *e-n ~ abgeben* fire (a shot); *weit vom ~* well out of harm's way; *er (es) ist k-n ~ Pulver wert* he (it) is no good; *fig der ~ ging nach hinten los* it backfired; → *Blaue, Bug* 1 2. → *Schussverletzung* 3. F (*Drogeninjektion*) shot, *sl* fix: *sich e-n ~ setzen* give o.s. a fix **4.** *Skisport:* schuss **5.** (*Portion*) dash (*a. fig*): *Tee mit e-m ~ Milch* tea with a dash of milk; *e-e Cola mit ~* a spiked coke **6.** *fig* (*gut*) *in* (*od im*) *~ sein* be in good shape; *in ~ bringen* knock s.th. into shape, bring s.o. up to the mark; *in ~ halten* keep s.o., s.th. in good shape **7.** *Weberei:* weft, woof

schussbereit *Adj* ready to shoot (*a.* FOTO), *Waffe: mst* at the ready

Schussel *m* F scatterbrain

Schüssel *f* bowl, basin, *a.* F TV dish

schusselig *Adj* F scatterbrained, klutzy

Schuss|fahrt *f Skisport:* schuss **~linie** *f* line of fire: *fig in die ~ geraten* come under fire (*Gen* from) **~verletzung** *f* gunshot wound **~waffe** *f* firearm

Schusswechsel *m* exchange of shots

Schussweite *f* (firing) range: *in* (*außer*) *~* within (out of) range

Schuster(in) shoemaker, (*Flick*2) cobbler

Schutt *m* rubble, GEOL *a.* debris: *~ abladen verboten!* no dumping!; *in ~ und Asche liegen* be in ruins

Schüttelfrost *m* MED shivering fit, F the shivers *Pl*

schütteln *v/t* shake: *den Kopf ~* shake one's head; *j-m die Hand ~* shake hands with s.o., shake s.o. by the hand; → *Ärmel*

schütten I *v/t* (*gießen*) pour **II** *v/unpers* F *es schüttet* it's pouring (with rain)

schütter *Adj* Haar: thin

Schutz *m* allg protection (*gegen, vor* against, from), (*Obdach*) shelter, (*Obhut*) care, *bes* MIL (*Feuer*2) cover, (*Geleit*2) escort, (*bes rechtliche Sicherung*) safeguard, (*Verteidigung*) defen/ce (*Am* -se), (*Erhaltung*) preservation: *~ suchen* seek refuge (*vor* from, *bei* with); *j-n in ~ nehmen* come to s.o.'s defence, back s.o. up; *im ~e der Nacht* under cover of night

Schutzanzug *m* protective suit

Schutzbefohlene *m*, *f* charge

Schutzblech n mudguard, Am fender

Schutzbrille f (safety) goggles Pl

Schütze m **1.** shot, marksman **2.** (Tor♀) scorer **3.** MIL (Dienstgrad) private **4.** ASTR (er ist ~ he is [a]) Sagittarius

schützen v/t (gegen, vor) allg protect (from, against), (verteidigen) defend (against), (bewahren) guard (against), (abschirmen, a. fig) shield (from), bes MIL (decken) cover (against): sich ~ (vor) protect o.s. (from), guard (against)

schützend Adj protective: ~es Dach shelter; fig s-e ~e Hand über j-n halten take s.o. under one's wing

Schutzengel m guardian angel

Schützen|hilfe f fig j-m ~ geben back s.o. up; **~könig** m champion shot, SPORT top scorer

Schutz|gebiet n protectorate **~geld** n protection money **~gelderpressung** f protection racket **~haft** f protective custody **~heilige** m, f patron saint **~helm** m helmet **~herrschaft** f protectorate **~hülle** f protective cover, TECH sheath, für Ausweis etc: holder **~hütte** f shelter **~impfung** f inoculation, vaccination

Schützin f shot, (Tor♀) scorer

Schutz|kappe f protective cap, FOTO lens cap **~kleidung** f protective clothing

Schützling m charge, protégé(e f)

schutzlos Adj unprotected, (wehrlos) defenceless, Am defenseless

Schutz|macht f POL protecting power **~maske** f (protective) mask **~maßnahme** f protective (od safety) measure, precaution **~rechte** Pl patent (od trademark) rights Pl **~schicht** f protective layer **~schild** m shield **~umschlag** m e-s Buches: (dust) jacket **~vorrichtung** f safety device

Schutzzoll m protective duty

schwabb(e)lig etc → **wabb(e)lig** etc

Schwabe m Swabian

Schwaben n Swabia

Schwäbin f Swabian (girl od woman)

schwäbisch Adj Swabian

schwach I Adj **1.** allg weak (a. LING), (gehaltlos) a. poor, (matt) faint, (gebrechlich) a. infirm: hum das ~e Geschlecht the weaker sex; ~ werden weaken; **schwächer werden** weaken,

Sehkraft: fail, Ton, Licht: fade, WIRTSCH Nachfrage: fall off; F **nur nicht ~ werden!** don't weaken!; fig **~e Erinnerung** faint (od vague) recollection; **~e Hoffnung** faint hope; → **Trost 2.** (leistungs~) allg weak, Gedächtnis, Gehör etc: a. poor, Batterie: low, Motor: low-powered, Puls: slow, Licht: dim: **~e Leistung** poor performance; **~e Seite** → **Schwäche 2, 3 3.** CHEM Lösung: dilute **II** Adv **4.** ~ **bevölkert** sparsely populated; ~ **besucht** Vorstellung etc: poorly attended

Schwäche f **1.** weakness, faintness (a. fig) **2.** fig allg weakness, (Mangel) failing, shortcoming, weak point **3.** (Vorliebe) (für for) weakness, für e-e Person: a. F soft spot **~anfall** m, **~gefühl** n (sudden feeling of) faintness

schwächen v/t allg weaken (a. fig), (Gesundheit) undermine

Schwachheit f a. fig weakness

Schwachkopf m F idiot, twit

schwächlich Adj weakly, (zart) delicate, (kränklich) sickly

Schwächling m a. fig weakling

Schwachsinn m **1.** MED mental deficiency **2.** F pej idiocy, (Quatsch) rubbish

schwachsinnig Adj **1.** MED mentally deficient **2.** F pej idiotic **Schwachsinnige** m, f a. F pej imbecile

Schwachstelle f TECH u. fig weak point

Schwachstrom m ELEK low-voltage current **Schwachstromtechnik** f communications engineering

Schwächung f weakening

Schwaden m cloud

Schwadron f MIL squadron

schwafeln v/i u. v/t F blether

Schwager m brother-in-law

Schwägerin f sister-in-law

Schwalbe f **1.** ZOOL swallow **2.** F SPORT (e-e ~ machen take a) dive

Schwalbennest n swallow's nest

Schwall m flood, gush, fig a. torrent

Schwamm m **1.** sponge: fig ~ **drüber!** (let's) forget it! **2. a)** fungus, **b)** Dialekt → **Pilz, c)** (Haus♀) dry rot

Schwammerl n österr. mushroom

schwammig Adj **1.** spongy, Körper: flabby, Gesicht: puffy **2.** fig woolly

Schwan m ZOOL swan

schwanen v/unpers mir schwant s.th.

tells me, I have a feeling; *ihm schwante nichts Gutes* he feared the worst

Schwang *m im ~(e) sein* be in vogue

schwanger *Adj* pregnant, *F* expecting

Schwangere *f* pregnant woman, expectant mother **schwängern** *v/t* make *s.o.* pregnant, *a. fig* impregnate

Schwangerschaft *f* pregnancy

Schwangerschafts|abbruch *m* termination (of pregnancy), (induced) abortion: *e-n ~ vornehmen* terminate a pregnancy) **~test** *m* pregnancy test

Schwank *m* anecdote, THEAT farce

schwanken I *v/i* **1.** sway, (*taumeln*) stagger, totter, *Boden*: *a.* shake, rock **2.** *fig* (*zwischen* between) waver, vacillate: *ich schwanke noch* I'm still undecided **3.** *Kurse, Preise, Messwerte, a. Temperatur etc*: fluctuate, (*wechseln*) vary, alternate: *die Preise ~ zwischen ... und ... a.* prices range from ... to ... **II** ♀ *n* **4.** swaying (*etc*) **5.** *fig* (*Unentschlossenheit*) vacillation **6.** → **Schwankung 2 schwankend** *Adj* **1.** swaying (*etc*) **2.** *fig* (*unentschlossen*) undecided, wavering, (*unbeständig*) unstable **Schwankung** *f* **1.** → *schwanken* 4 **2.** variation, *a.* WIRTSCH fluctuation

Schwanz *m* **1.** ZOOL tail **2.** *fig* (*Schluss*) tail end **3.** V (*Penis*) cock, dick

schwänzen *v/i u. v/t* F (*Stunde*) skip: (*die Schule*) ~ play truant (*Am* hooky)

Schwanzende *n* tip of the tail, *fig* tail end **Schwanzfeder** *f* tail feather

Schwanzflosse *f* tail fin

schwanzlastig *Adj* FLUG tail-heavy

schwappen *v/i* slosh around, (*über~*) slop, spill

Schwarm *m* **1.** *allg* swarm, (*Menschen*♀) *a.* crowd, *Vögel*: flight, *Fische*: shoal, school **2.** F (*Person*) heartthrob, (*Sache*) dream, ideal

schwärmen *v/i* **1.** *Bienen etc*: swarm **2.** enthuse (*od* rave) (*von* about): ~ *für* be crazy about: *für j-n ~ a.* have a crush on s.o.; *ins* ♀ *geraten* go into raptures

Schwärmer *m* **1.** *Feuerwerk*: squib **2.** ZOOL hawk moth

Schwärmer(in) enthusiast, dreamer

Schwärmerei *f* enthusiasm, passion, (*Getue*) gushing, *bes* REL fanaticism

schwärmerisch *Adj* enthusiastic(ally *Adv*), gushy, *bes* REL fanatical

Schwarte *f* **1.** (*Speck*♀) (bacon) rind **2.** F old book, tome

schwarz I *Adj* **1.** *allg* black (*a. Kaffee, Tee*), (*dunkelhäutig*) black, colo(u)red (→ *Info bei political*), *F* (*schmutzig*) *a.* dirty: *~er Humor* black humo(u)r, THEAT Black Comedy; *~e Magie* Black Magic; *~ auf weiß* in black and white, in cold print; *mir wurde ~ vor Augen* everything went black; *F sich ~ ärgern* be terribly annoyed; *da kann er warten bis er ~ wird* till he's blue in the face; *fig* WIRTSCH *~e Zahlen schreiben* be in the black; → *Brett, Liste, Schaf* 1 *etc*, *schwarzfahren* **2.** *fig* (*düster*) black, gloomy: *~er Tag* black day **3.** *fig* (*ungesetzlich*) black, illicit: *der ~e Markt* the black market; *~es Konto* black account **4.** F POL Catholic (-Conservative) **II** *Adv* **5.** *fig ~ sehen* be pessimistic (*für* about); *ich sehe ~ (für dich)!* things look bad (for you)! **III** ♀ *n*: *in* ♀ *gehen* be dressed in black (*zur Trauer*: in mourning)

Schwarz|arbeit *f* F illicit work, moonlighting **~arbeiter(in)** F moonlighter

schwarzbraun *Adj* brownish black

Schwarzbrot *n* brown bread

Schwarze[1] *m* **1.** (*Farbiger*) black, *a.* Black: *die ~n* the Blacks; → *Info bei politically correct* **2.** (*Schwarzhaariger*) black-haired man (*od* boy) **3.** F *pej* POL *die ~n* the Conservatives

Schwarze[2] *f* **1.** (*Farbige*) black (woman *od* girl); → *Info bei politically correct* **2.** (*Schwarzhaarige*) black-haired woman (*od* girl)

Schwarze[3] *n* **1.** (*Kleid*) black dress: *das kleine ~* one's (*bzw. a*) little black dress **2.** *a. fig ins ~ treffen* hit the bull's-eye

Schwärze *f* blackness, (*Dunkelheit*) darkness **schwärzen** *v/t* blacken

schwarzfahren *v/i* **a)** *im Bus etc*: go without paying, **b)** MOT drive without a licen/ce (*Am* -se)

Schwarzfahrer(in) fare dodger

schwarzhaarig *Adj* black-haired

Schwarz|handel *m* black market(eering): *im ~* on the black market **~händler(in)** black marketeer **~hörer(in)** (radio) licen/ce (*Am* -se) dodger

schwärzlich *Adj* blackish, swarthy

Schwarzmarkt *m* black market

Schwarzseher(in) 1. pessimist **2.** TV pi-

rate viewer **Schwarzwald** *m* the Black Forest

Schwarzweiß... black-and-white (*film, television*, etc)

Schwatz *m* chat **schwatzen**, *Dialekt* **schwätzen I** *v/i* chat, (*ausplaudern*) blab **II** *v/t* **dummes Zeug ~** talk rubbish **Schwätzer(in)** blab(ber), F gasbag **schwatzhaft** *Adj* talkative, chatty

Schwebe *f* **in der ~ sein** be undecided, JUR be pending **~bahn** *f* cableway **~balken** *m* Turnen: (balance) beam

schweben *v/i* **1.** float, glide, sail (*alle a. fig leichtfüßig schreiten*), *über e-r Stelle*: hover (*a. fig*), (*hoch* **~**) soar, (*hängen*) be suspended, hang: *fig* **in Gefahr ~** be in danger; *j-m* **vor Augen ~** → **vorschweben**; → **Ungewissheit 2.** (*unentschieden sein*) be undecided, *Prozess etc*: be pending **schwebend** *Adj* **1.** floating (*etc*, → **schweben** 1) **2.** *Frage, Verfahren etc*: pending

Schwede *m* Swede

Schweden *n* Sweden

Schwedin *f*, **schwedisch** *Adj* Swedish

Schwefel *m* sulphur, *Am* sulfur **~dioxid** *n* sulphur (*Am* sulfur) dioxide

schwefelhaltig *Adj* sulphur(e)ous (*Am* -f-) **schwefeln** *v/t* CHEM sulphurate (*Am* -f-), *a.* TECH sulphurize (*Am* -f-)

Schwefelsäure *f* sulphuric (*Am* -f-) acid **Schwefelwasserstoff** *m* hydrogen sulphide (*Am* sulfide)

schweflig *Adj* sulphur(e)ous (*Am* -f-)

Schweif *m* **1.** tail (*a.* ASTR) **2.** *fig* train **schweifen** *v/i* fig wander, roam: **den Blick ~ lassen** let one's gaze wander

Schweigegeld *n* hush money

Schweige|marsch *m* silent protest march **~minute** *f* one minute's silence (*zu Ehren Gen* in memory of)

schweigen *v/i* (*über Akk, zu*) be silent (on), keep mum (on, about), (*nicht antworten*) say nothing: **ganz zu ~ von ...** to say nothing of ..., let alone ...

Schweigen *n* (*a.* **zum ~ bringen**) silence: **~ bewahren** keep silence; → **hüllen**

schweigend *Adj* silent(ly *Adv*), *Adv a.* in silence: **~e Mehrheit** silent majority

Schweigepflicht *f* secrecy, professional discretion

schweigsam *Adj* quiet, silent, (*wortkarg*) *a.* taciturn

Schwein *n* **1.** ZOOL pig, *bes Am* hog, (*Sau*) sow, *a. Pl* swine **2.** GASTR pork **3.** *pej* **a)** F (filthy) pig, **b)** V (*Lump*) swine, bastard, **c)** F soul: **kein ~** not a (blessed) soul; **armes ~!** poor sod! **4.** F *fig* (*Glück*) luck: **~ haben** be lucky

Schweine|braten *m* roast pork **~filet** *n* fillet of pork **~fleisch** *n* pork **~hund** *m* V swine, bastard: F **den inneren ~ überwinden** conquer one's weaker self **~kotelett** *n* pork chop

Schweinerei *f* F **1.** (awful) mess, filth **2.** (*Gemeinheit*) dirty trick, (*Schande*) crying shame **3.** → **Schweinigelei**

Schweinestall *m a. fig* pigsty

Schweinezucht *f* pig-breeding, *Am* hog raising

Schweinigel *m* F filthy pig

Schweinigelei *f* F dirty joke, obscenity

schweinigeln *v/i* F **1.** mess about **2.** talk smut

schweinisch *Adj* F *allg* filthy

Schweins... → **Schweine...**

Schweinshaxe *f* GASTR knuckle of pork

Schweinsleder *n* pigskin

Schweiß *m* **1.** sweat, perspiration: **in ~ geraten** get into a sweat **2.** JAGD blood **~blatt** *n im Kleid etc*: shield

Schweiß|brenner *m* TECH welding torch

Schweißdrüse *f* ANAT sweat gland

schweißen *v/t* TECH weld

Schweißer(in) *m* welder

Schweiß|füße *Pl* sweaty (*od* smelly) feet *Pl* **~gebadet** *Adj* bathed in sweat **~geruch** *m* smell of sweat, body odo(u)r

schweißig *Adj* sweaty

Schweißnaht *f* TECH (welding) seam

Schweißperle *f* bead of perspiration

Schweißstelle *f* TECH weld

schweißtreibend *Adj* (*a.* **~es Mittel**) sudorific **schweißtriefend** *Adj* dripping with sweat **Schweißtropfen** *m* bead of perspiration

Schweiz *f* **die ~** Switzerland

Schweizer I *m* Swiss: **die ~** the Swiss *Pl* **II** *Adj* Swiss: **~ Käse** Swiss cheese

Schweizerdeutsch *n*, **schweizerdeutsch** *Adj* Swiss German

Schweizerin *f* Swiss (woman *od* girl)

schweizerisch *Adj* Swiss

schwelen *v/i a. fig* smo(u)lder

schwelgen *v/i* revel (**in** *Dat* in)

S

Schwelle f 1. allg, a. fig threshold 2. BAHN sleeper, bes Am tie

schwellen v/i u. v/t a. fig swell

Schwellenangst f fig fear of the unknown

Schwellenland n emergent nation

Schwellenwert m PHYS threshold value

Schwellung f swelling

Schwemme f 1. watering place 2. (Kneipe) pub 3. WIRTSCH glut (an Dat of)

schwemmen v/t wash

Schwemmland n alluvial land

Schwengel m handle

Schwenk m FILM pan

Schwenkarm m TECH swivel arm

schwenkbar Adj TECH swivel(l)ing, slewing

schwenken I v/t 1. swing, (Hut, Tuch etc) wave, (Stock) brandish 2. (Filmkamera) pan 3. TECH swivel, turn, slew 4. (spülen) rinse **II** v/i 5. turn, swing (round), Filmkamera: pan 6. MIL, POL wheel (about)

Schwenkung f 1. turn, swing, TECH swivel, MIL wheel(ing), der Filmkamera: pan 2. fig change of mind (POL of front)

schwer I Adj 1. allg heavy (a. fig Angriff, Schritt, Unwetter, Verluste etc), Amt, Pflicht etc: onerous, (schlimm) bad, Arbeit, Entscheidung, Kampf etc: hard, Krankheit, Unfall etc: serious, bad, Fehler, Irrtum etc: bad, gross, Verbrechen: grave: **100 Pfund ~ sein** weigh 100 pounds; fig **~er Schock** bad (od terrible) shock; JUR **~er Diebstahl** aggravated larceny; fig **~er Gegner** formidable opponent; **~es Schicksal** hard lot; **~er Tag** hard day; **~e Zeit(en)** hard times Pl; **~en Herzens** with a heavy heart, reluctantly; **er hat es ~** he has a hard time; → **Begriff** 2 etc 2. Speise: rich, a. Wein: heavy, Zigarre, Duft etc: strong 3. (schwierig) hard, difficult, F tough **II** Adv 4. heavily (etc), F (sehr) very much, awfully, (schlimm) badly: **~ arbeiten** work hard; F **~ aufpassen** watch (out) like hell; **~ beleidigt** deeply offended; **~ beladen** heavily laden; **~ bewaffnet** heavily armed; **~ erziehbar** difficult, recalcitrant; **~ erziehbares Kind** a. problem child; **~ fallen** be difficult (Dat for): **es fällt mir ~**

a. I find it hard; **j-m etw ~ machen** make s.th. difficult (od hard) for s.o.; **j-m das Leben ~ machen** make life difficult for s.o.; **mach es mir nicht so ~!** don't make it so hard for me!; **etw ~ nehmen** take s.th. hard; **sich ~ tun** have a hard time (mit with); **~ büßen** pay dearly; **~ hören** be hard of hearing; **es wird ~ halten** it will be difficult; **~ zu sagen** hard to say; **~ zu verstehen** difficult to understand; **F da hat er sich aber ~ getäuscht** he's very much mistaken there; **~ verdaulich** indigestible (a. fig), heavy; **~ verständlich** difficult (to understand)

schwer	**heavy/difficult**
schwer von Gewicht	heavy
schwer, schwierig	hard, difficult

Schwer|arbeit f heavy labo(u)r **~arbeiter(in)** heavy labo(u)rer **~athlet(in)** heavy athlete **~athletik** f heavy athletics Pl (a. Sg konstr) **~behinderte** m, f MED severely handicapped person

Schwere f 1. weight, PHYS gravity 2. fig seriousness, a. e-s Verbrechens: gravity, e-r Strafe, e-s Unwetters etc: severity, (Wichtigkeit) weightiness

schwerelos Adj weightless

Schwerelosigkeit f weightlessness

Schwerenöter m hum philanderer

schwerfällig Adj (unbeholfen) awkward, clumsy, heavy, (a. fig Stil etc: ponderous, Humor: heavy-handed, geistig: slow

Schwerfälligkeit f awkwardness, ponderousness

Schwergewicht n 1. Boxen etc: heavyweight (a. F schwere Person od Sache) 2. fig emphasis **Schwergewichtler(in)** f SPORT heavyweight

schwerhörig Adj hard of hearing

Schwerhörigkeit f partial deafness

Schwerindustrie f heavy industry

Schwerkraft f (force of) gravity

schwerlich Adv hardly

Schwermut f, **schwermütig** Adj melancholy

Schweröl n heavy oil

Schwerpunkt m 1. cent/re (Am -er) of

gravity **2.** *fig* focal point, (*Nachdruck*) emphasis: **~e bilden** set up priorities

schwerreich *Adj* F exceedingly (*od* filthy) rich

Schwerstarbeit *f* very heavy labo(u)r

Schwert *n* sword **Schwertfisch** *m* swordfish **Schwertlilie** *f* iris

Schwer|verbrecher(in) felon, dangerous criminal **~verletzte** *m, f* seriously injured person

Schwerverwundete *m, f* seriously wounded person

schwerwiegend *Adj fig* weighty, grave

Schwester *f* **1.** *a. fig* sister **2.** (*Kranken*⚲) (hospital) nurse, (*Ober*⚲) sister **3.** (*Ordens*⚲) sister, (*Kloster*⚲) nun **4.** → **Schwesterfirma** *f* sister company

schwesterlich *Adj* sisterly

Schwesterpartei *f* POL sister party

Schwieger|eltern *Pl* parents-in-law *Pl* **~mutter** *f* mother-in-law **~sohn** *m* son-in-law **~tochter** *f* daughter-in-law **~vater** *m* father-in-law

Schwiele *f* callus

schwielig *Adj* horny, callused

schwierig *Adj* difficult, hard, F tough, (*verwickelt*) complicated

Schwierigkeit *f* difficulty, trouble: (*j-m*) **~en machen** (*od* **bereiten**) be a problem (to s.o.), *Person*: make things difficult (for s.o.); **in ~en geraten, ~en bekommen** get into trouble; **~en haben, etw zu tun** find it difficult to do s.th.

Schwimmbad *n* swimming pool, (*Hallen*⚲) indoor pool, swimming baths *Pl*

Schwimmdock *n* floating dock

schwimmen I *v/i* **1.** swim (*a. v/t e-e Strecke, a-n Rekord*), *Sache*: float, F *Fußboden etc*: be flooded: **~ gehen** go swimming; *fig* **im Geld ~** be rolling in money **2.** F *fig* (*unsicher sein*) flounder **II** ⚲ *n* **3.** swimming **4.** F *fig* **ins ⚲ kommen** (begin to) flounder

Schwimmer *m* **1.** swimmer **2.** *Angeln,* TECH float **Schwimmerin** *f* swimmer

Schwimm|flügel *Pl* water wings *Pl* **~gürtel** *m* swimming belt **~halle** *f* indoor pool **~haut** *f* ZOOL web **~lehrer(in)** swimming instructor **~reifen** *m* rubber ring

Schwimm|sport *m* swimming **~verein** *m* swimming club **~weste** *f* life jacket

Schwindel *m* **1.** MED dizziness, vertigo: **~ erregend** dizzy, giddy (*a. fig*), *fig*

Preise, Zahlen etc: staggering **2.** (*Betrug*) swindle, (*Lüge*) lie: F **der ganze ~** the whole lot

Schwindelanfall *m* MED dizzy spell

Schwindelei *f* **1.** → **Schwindel 2 2.** (*Betrügen*) cheating, (*Lügen*) lying

schwindelfrei *Adj* **~ sein** have a good head for heights; **nicht ~ sein** be afraid of heights

schwind(e)lig *Adj* giddy, dizzy (*a. fig*): **mir ist** (*od* **wird**) **~** I feel dizzy

schwindeln *v/i* **1.** **mir schwindelt** I feel dizzy, my head reels **2.** lie, F tell fibs

schwindelnd *Adj* → **Schwindel erregend: in ~er Höhe** at a giddy height

schwinden *v/i Vorrat, Kräfte etc*: dwindle, *Farbe, Licht, Schönheit etc*: fade: **~de Hoffnung** dwindling hope

Schwindler(in) swindler, F con man (woman), (*Lügner*) liar

Schwinge *f* wing

schwingen I *v/t* **1.** swing, (*Fahne etc*) wave, (*Waffe etc*) brandish, (*handhaben*) wield: **er schwang sich auf sein Rad** he swung himself on his bicycle; → **Rede 1 II** *v/i* **2.** swing **3.** PHYS oscillate, *Saite, Ton etc*: vibrate

Schwinger *m Boxen*: swing

Schwingkreis *m* ELEK resonant circuit

Schwingung *f* PHYS vibration, oscillation: *a. fig* **etw in ~en versetzen** set s.th. vibrating **schwingungsfrei** *Adj* free from vibration

Schwips *m* F **e-n ~ haben** be tipsy

schwirren *v/i* whir(r), *Insekten etc*: buzz, *Pfeil etc*: whizz (F *sausen*): **mir schwirrte der Kopf** my head was in a whirl; *fig* **Gerüchte ~ durch die Stadt** the town is buzzing with rumo(u)rs

schwitzen *v/i u. v/t* sweat (*a.* TECH), perspire: **vor Angst ~** sweat with fear; *a. fig* **ins ⚲ kommen** get into a sweat

Schwof *m* F hop

schwofen *v/i* F shake a leg

schwören *v/i u. v/t* swear (**bei** by), JUR take the oath: F *fig* **ich schwöre auf** (*Akk*) I swear by ...; **ich hätte geschworen, dass ...** I could have sworn that ...; → **Eid, Rache**

schwul *Adj* F gay, queer (*a. pej*)

schwül *Adj* sultry (*a. fig sinnlich*), oppressive (*a. fig*), F muggy

Schwule *m* F gay, queer (*a. pej*)

Schwüle f a. fig sultriness
Schwulst m bombast
schwülstig Adj bombastic(ally Adv)
Schwund m dwindling, decline, WIRTSCH, TECH shrinkage, MED atrophy, ELEK fading
Schwung m 1. swing (a. Sport), impetus (a. fig), (Tempo) speed: etw (j-n) in ~ bringen set s.th. (s.o.) going; (richtig) in ~ kommen get going; im ~ sein Party, Produktion etc: be in full swing, Person: be in full stride 2. fig spirit, verve, zest, drive, F pep, der Fantasie etc: flight 3. F (Menge) batch
Schwungfeder f ZOOL pinion
schwunghaft Adj WIRTSCH brisk, roaring
schwunglos Adj spiritless, lifeless
Schwungrad n TECH flywheel
schwungvoll I Adj full of drive (F go), zestful, Handschrift etc: bold, Melodie: swinging **II** Adv with a swing
Schwur m (Eid) oath, (Gelübde) vow
Schwurgericht n jury court
sechs Adj six **Sechs** f 1. six 2. PÄD very poor (mark) **Sechseck** n hexagon **sechseckig** Adj hexagonal **Sechstagerennen** n six-day (cycling) race **sechste** Adj sixth **Sechstel** n sixth (part) **sechstens** Adv sixthly **Sechsundsechzig** n (Kartenspiel) sixty-six **sechzehn(te)** Adj sixteen(th) **Sechzehntel** n sixteenth (part)
sechzig I Adj sixty; sie ist Anfang ~ she is in her early sixties **II** ♀ f sixty **sechziger** Adj die ~ Jahre es Jhs.: the sixties Pl **Sechziger(in)** sexagenarian **Sechzigerjahre** → sechziger
Secondhandladen m second-hand shop
Sediment n sediment
See[1] m lake
See[2] f sea, ocean: an der ~ by the seaside; an die ~ fahren go to the seaside; auf ~ at sea; auf hoher ~ on the high seas; in ~ gehen (od stechen) put to sea; zur ~ gehen go to sea; e-e schwere ~ (Welle) a heavy sea
See|bad n seaside resort **~bär** m hum alter ~ old salt **~beben** n seaquake
See-Elefant m ZOOL elephant seal
See|fahrer(in) seafarer **~fahrt** f seafaring, (Seereise) voyage, cruise ♀fest Adj seaworthy: (nicht) ~ sein Person:

be a good (bad) sailor **~fisch** m saltwater fish **~fischerei** f (deep-)sea fishing
Seefracht f sea freight, Am ocean freight **~brief** m bill of lading (B/L)
See|gang m hoher ~ rough sea(s Pl); schwerer ~ heavy seas Pl ♀gestützt Adj sea-based **~gras** n seaweed **~hafen** m seaport **~herrschaft** f naval supremacy **~hund** m seal **~igel** m sea urchin **~karte** f nautical chart ♀klar Adj ready to sail ♀krank Adj seasick: leicht ~ werden be a bad sailor
Seekrankheit f seasickness
Seekrieg(führung f) m naval war(fare)
Seelachs m pollack
Seele f 1. allg soul, (Geist, Intellekt) mind, (Herz) heart: e-e gute (treue) ~ a good (faithful) soul; k-e ~ not a (blessed) soul; zwei ~n und ein Gedanke two minds and but a single thought; aus tiefster ~ wünschen etc: with all one's heart, danken etc: from the bottom of one's heart, hassen: like poison; er ist die ~ des Betriebs he is the life and soul of the firm; es liegt mir auf der ~ it weighs heavily on me; es tat mir in der ~ weh it hurt me deeply; du sprichst mir aus der ~ that's exactly how I feel (about it); sich etw von der ~ reden F get s.th. off one's chest; → Leib etc 2. e-s Kabels: core, e-r Schusswaffe: bore
Seelen|arzt m, **~ärztin** f F mind doctor, shrink
Seelenfrieden m peace of mind
Seelen|größe f magnanimity **~heil** n salvation **~leben** n inner life
seelenlos Adj soulless
Seelenmassage f F pep talk
Seelen|not f, **~qual** f mental anguish
Seelenruhe f peace of mind, weit. S. calmness: in aller ~ → **seelenruhig** Adv (quite) coolly **seelenverwandt** Adj congenial: ~ sein be kindred souls
seelenvoll Adj a. iron soulful
Seelen|wanderung f transmigration of souls **~zustand** m emotional state
Seeleute Pl seamen Pl, sailors Pl
seelisch Adj mental, emotional, a. REL spiritual
Seelöwe m ZOOL sea lion
Seelsorge f pastoral care, cure of souls
Seelsorger(in) pastor

See|luft f sea air **~macht** f naval (od sea) power **~mann** m seaman, sailor

seemännisch Adj sailor's …, Fertigkeit etc: nautical **Seemannsgarn** n F **ein ~ spinnen** spin a yarn

Seemeile f nautical mile

Seemöwe f ZOOL seagull

See|not f distress at sea: **Schiffe in ~** distressed ships **~not(rettungs)dienst** m sea rescue service **~pferdchen** n ZOOL seahorse **~räuber(in)** pirate **~räuberei** f piracy **~recht** n maritime law **~reise** f voyage, (Kreuzfahrt) cruise **~rose** f BOT water lily **~schiffahrt** f **1.** ocean shipping **2.** ocean navigation **~schlacht** f naval battle **~stern** m ZOOL starfish **~streitkräfte** Pl naval forces Pl **~tang** m BOT seaweed **2tüchtig** Adj seaworthy **2wärts** Adv seawards **~weg** m sea route: **auf dem ~** by sea **~wind** m sea breeze **~zunge** f ZOOL sole

Segel n sail: **~ setzen** set sail; **~ hissen** make sail; **die ~ streichen** strike sail, fig a. give in; → **Wind ~boot** n sailing boat, Am sailboat, SPORT yacht **~fliegen** n gliding **~flieger(in)** f glider pilot

Segel|flug m **1.** glider flight **2.** gliding **~flugplatz** m gliding field **~flugzeug** n glider **2klar** Adj ready to sail

Segelklub m yachting club

segeln I v/i u. v/t sail (a. fig), FLUG glide, Vögel: a. soar III f 2 n sailing

Segelregatta f (sailing) regatta

Segel|schiff n sailing ship **~sport** m sailing, yachting **~tuch** n canvas

Segeltuchschuhe Pl canvas shoes Pl

Segen m **1.** blessing (a. fig Wohltat, Glück), REL a. benediction: **s-n ~ geben** give one's blessing (**zu** to); **ein wahrer ~** a real blessing, iron (quite) a mercy **2.** (Ertrag) (rich) yield: F fig **der ganze ~** the whole lot

segensreich Adj beneficial: **~ sein** be a blessing

Segenswünsche Pl good wishes Pl

Segler m **1.** yachtsman **2.** → **a) Segelboot, Segelschiff, b) Segelflugzeug**

Seglerin f yachtswoman

segnen v/t bless: → **zeitlich** 2 **Segnung** f blessing (a. fig), REL a. benediction

sehbehindert Adj partially sighted

sehen I v/i u. v/t **1.** see, look: **gut (schlecht) ~** have good (bad od weak) eyes; **sieh**

nur!, ~ Sie mal! look!; **siehe da!** lo and behold!; **siehe oben (unten)!** see above (below)!; F **sieh mal e-r an!** what do you know!; F **na, siehst du!** there you are!, what did I tell you?; **wir werden (schon) ~** we shall see, let's wait and see **2. ~ auf** (Akk) (Wert legen auf) set great store by **3. ~ nach** (sorgen für) look after; **ich muss nach dem Essen ~** I have to see to the dinner **II** v/t **4.** see, (Sendung, Spiel etc) a. watch, (betrachten) look at, (bemerken) notice: **gern ~** like (to see); **zu ~ sein** (hervor~) show, (ausgestellt sein) be on show; **es war nichts zu ~** there was nothing to be seen; **niemand war zu ~** there was nobody in sight; **man siehts (kaum)!** it (hardly) shows!; **ich habe es kommen ~** I have seen it coming; **sich ~ lassen** show one's face, (auftauchen) turn up; **sie (es) kann sich ~ lassen** she (it) isn't half bad; **ich sehe die Sache anders** I see it differently; **wie ich die Dinge sehe** as I see it; **ich kann ihn (es) nicht mehr ~!** I can't stand (the sight of) him (it) any more! **5.** (treffen) see, meet: **sich (od einander) häufig ~** see a lot of each other **6. sich gezwungen ~ zu** Inf feel o.s. compelled to Inf **III** 2 n **7.** seeing: **vom** 2 by sight

sehenswert, sehenswürdig Adj worth seeing, worthwhile

Sehenswürdigkeit f object of interest, sight, Pl sights Pl: **die ~en besichtigen** go sightseeing

Sehfehler m eye defect

Sehkraft f (eye)sight, vision

Sehne f **1.** ANAT sinew, tendon **2.** e-s Bogens: string **3.** MATHE chord

sehnen v/refl **sich ~ nach** long for, stärker: yearn for; **er sehnte sich danach zu** Inf he was longing to Inf

Sehnen n → **Sehnsucht**

Sehnenzerrung f pulled tendon

Sehnerv m optic nerve

sehnig Adj sinewy, Person: a. wiry, Fleisch: stringy

sehnlich Adj ardent

Sehnsucht f (nach) longing, yearning **sehnsüchtig** Adj longing, yearning, Blick, Stimme: wistful

sehr Adv **1.** vor Adj u. Adv very, (höchst) most, extremely: **~ gern** with pleasure,

gladly; **~ viel** much, a lot (*better etc*) **2.** *vor Verb:* (very) much: **~ vermissen** miss *s.o.*, *s.th.* badly; **so ~, dass** so much that; **ich freue mich ~** I am very glad

Sehschärfe f visual power, (eye)sight

Sehschwäche f poor (eye)sight

Sehstörung f impaired vision

Sehtest m eye test

Sehvermögen n (eye)sight, vision

seicht *Adj a. fig* shallow

Seide f (*reine ~* pure) silk

seiden *Adj* silk

Seiden|papier n tissue paper **~raupe** f ZOOL silkworm **~raupenzucht** f sericulture **~strümpfe** *Pl* silk stockings *Pl*

seidenweich *Adj* (as) soft as silk, silky

seidig *Adj* silky

Seife f, **seifen** *v/t* soap

Seifen|blase f soap bubble, *fig* bubble **~kistenrennen** n soap-box derby **~lauge** f soapsuds *Pl* **~oper** f soap opera **~pulver** n soap powder **~schale** f soap dish **~schaum** m lather

seifig *Adj* soapy

seihen *v/t* strain, filter

Seil n rope: **~ springen** skip

Seilbahn f cable railway

Seilschaft f mount. rope (team)

Seiltänzer(in) tightrope walker

sein¹ *v/i allg* be, *als v/hilf a.* have: **bist du es?** is that you?; **ich bins** that's me; **ich bin für e-e Reform** I am for a reform; **mir ist nicht nach Arbeiten** I don't feel like working; **mir ist, als höre ich ihn** I think I can hear him now; **wenn er nicht gewesen wäre** if it hadn't been for him, but for him; **er ist aus Mexiko** he comes from Mexico; **ich bin bei m-m Anwalt gewesen** I have been to see my lawyer; **lass es ~!** don't bother!; **lass das ~!** stop it!; **muss das ~?** do I (you *etc*) have to?; **was soll das ~?** what's that supposed to be?; **(das) mag** (*od* **kann**) **~** that's possible; **es sei denn, dass** unless; **nun, wie ists?** well, what about it?; **und das wäre?** and what might that be?

sein² *Possessivpron* **1.** **~(e)** his, her, its, *von Ländern, Schiffen: oft* her, *unbestimmt:* one's: **~ Glück machen** make one's fortune; **all ~ Geld** what money he had; **es kostet** (*gut*) **~e 100 Dollar** it will easily cost a hundred dollars **2.** **~er, ~e, ~(e)s, der, die, das ~e** his, hers, its **3. der, die, das ~(ig)e** his (own), hers, her own (own), its (own); **die ~(ig)en** *Pl* his family; **jedem das ~e** to each his own; **das ~(ig)e tun** do one's share (F bit)

Sein n being, (*Da*Ω) existence

seinerseits *Adv* as far as he is concerned

seinerzeit *Adv* then, in those days

seinesgleichen *Indefinitpron* his (her) equals *Pl*, F his (her) sort: **er hat nicht ~** there is no one like him

seinetwegen *Adv* **1.** (*ihm zuliebe*) for his sake **2.** (*in s-r Sache*) on his behalf **3.** (*durch s-e Schuld*) because of him

seinige → **sein²** 3

Seismograph m seismograph

Seismologe m, **Seismologin** f seismologist

seit I *Präp* **1.** since: **~ wann sind Sie hier?** how long have you been here?; **~ damals** → **seitdem** I **2.** (*während*) for: **~ drei Tagen** (or the last) three days; **~ langem** for a long time **II** *Konj* **3.** since: **es ist ein Jahr her, ~ ...** it is a year since ..., it was a year ago that ...

seitdem I *Adv* since then, ever since **II** *Konj* → **seit** 3

Seite f **1.** *allg* side (*a. fig Charakterzug, Abstammung, Aspekt*), (*Richtung*) *a.* direction: **rechte** (**linke**) **~** f right (wrong) side; **an j-s ~** at (*od* by) s.o.'s side; **~ an ~** side by side; **nach allen ~** in all directions; **von allen ~** on all sides; **auf der e-n ~** on the one side (*fig mst* hand); **auf j-s ~ sein** side with s.o.; **j-n auf s-e ~ bringen** (*od* **ziehen**) win s.o. over to one's side; **etw auf die ~ legen** put s.th. by; **j-m nicht von der ~ gehen** stick to s.o. like a leech; **von dieser ~ betrachtet** seen from that angle (*od* in that light); **sich von der besten ~ zeigen** show s.o. at one's best; **j-m zur ~ stehen** stand by s.o.; → **schwach** 2, **stark** 1 **2.** (*Buch*2) page **3. auf ~n** → **aufseiten**; **von ~n** → **vonseiten**, **seitens**

Seiten|ansicht f side view **~aufprallschutz** m MOT side impact protection **~blick** m sidelong glance **~eingang** m side entrance **~flügel** m ARCHI wing **~hieb** m (**gegen** at) cut, F sideswipe

Q̲lang *Adj* pages (and pages) of, long **~linie** *f* **1.** SPORT sideline **2.** → *Nebenlinie*

seit	since/for
seit = for	bei Zeit<u>dauer</u>; meist Konstruktion mit **a/an** bzw. mit Zeitangabe im Plural (**-s**):
seit einem Monat	for <u>a</u> month
seit anderthalb Stunden	for <u>an</u> hour and a half
seit einigen Wochen	for several weeks
seit Jahren	for year<u>s</u>
seit = since	bei Zeit<u>punkt</u>; genaue Angabe der Zeit, des Tages *etc* oder eines Ereignisses *etc*:
seit gestern	since yesterday
seit 8 Uhr	since 8 o'clock
seit ich aus Irland weg bin	since I left Ireland
seit 1999	since 1999

seitens *Präp* (*Gen*) on the part of, by **Seiten|schiff** *n* ARCHI aisle **~sprung** *m* escapade **~stechen** *n* (**~ haben** have a) stitch **~straße** *f* side street **~streifen** *m* e-r Straße: (hard) shoulder Ωverkehrt *Adj* the wrong way round **~wechsel** *m* SPORT change of ends **~wind** *m* crosswind **~zahl** *f* page number, (*Gesamt*Ω) number of pages

seitlich I *Adj* lateral, side **II** *Adv* at the side: FLUG **~ abrutschen** sideslip **seitwärts** *Adv* **1.** sideways **2.** at the side **Sekret** *n* secretion **Sekretär** *m* **1.** secretary **2.** (*Schreibschrank*) secretary, bureau **Sekretariat** *n* (secretary's) office **Sekretärin** *f* secretary **Sekt** *m* sparkling wine, F bubbly **Sekte** *f* sect **Sektglas** *n* champagne glass

Sektierer(in), **sektiererisch** *Adj* sectarian
Sektion *f* **1.** (*Abteilung*) section, division **2.** MED dissection, autopsy
Sektor *m* sector, *fig a.* field
sekundär *Adj*, **Sekundär...** secondary
Sekunde *f* second (*a.* MATHE *u.* MUS): **auf die ~ pünktlich kommen** come on the dot; F (*eine*) **~!** just a second!
Sekundenzeiger *m* second hand
selb *Adj* same: **zur ~en Zeit** at the same time **selber** → *selbst* I
selbst I *Pron* **ich ~** I myself; **sie will es ~ machen** she wants to do it herself (*od* on her own); **er möchte ~ kochen** he wants to do his own cooking; *iron* **~ ernannt** self-styled; **~ gebacken**, **~ gemacht** home-made; **er war die Höflichkeit ~** he was politeness itself; **von ~** (*automatisch*) (by) itself, automatically, (*von allein*) of one's own accord; → **verstehen** 9 **II** *Adv* even: **~ wenn** even if
Selbst *n* (one's own) self
Selbstachtung *f* self-respect
selbständig *Adj* → *selbstständig*
Selbständigkeit *f* → *Selbstständigkeit*
Selbstanklage *f* self-accusation
Selbstauslöser *m* FOTO selftimer
Selbstbedienung *f* self-service **~restaurant** *n* self-service restaurant, cafeteria
Selbstbefriedigung *f* masturbation
Selbstbehauptung *f* self-assertion
Selbstbeherrschung *f* self-control: **die ~ verlieren** a. lose one's temper
Selbst|bestätigung *f* ego-boost: **zu s-r ~** to prove himself **~bestimmungsrecht** *n* right of self-determination **~beteiligung** *f* Versicherung: percentage excess **~betrug** *m* self-deception
selbstbewusst *Adj* self-confident
Selbstbewusstsein *n* self-confidence
Selbst|bildnis *n* self-portrait **~darstellung** *f* promotion of one's public image, *pej* showmanship **~disziplin** *f* self-discipline **~einschätzung** *f* self-assessment **~erhaltungstrieb** *m* survival instinct **~erkenntnis** *f* self-knowledge
selbstgefällig *Adj* complacent
Selbstgefälligkeit *f* complacency
selbstgerecht *Adj* self-righteous
Selbstgespräch *n* monologue: **~e führen** talk to o.s.

S

selbstherrlich Adj high-handed
Selbst|hilfe f self-help **~hilfegruppe** f self-help group **2klebend** Adj (self-)adhesive **~kontrolle** f self-control **~kostenpreis** m (zum ~ at) cost price **~kritik** f self-criticism
Selbstlaut m LING vowel
selbstlos Adj selfless, unselfish
Selbst|medikation f MED self-medication **~mitleid** n self-pity **~mord** m, **~mörder(in)** f suicide **2mörderisch** Adj suicidal **~mordversuch** m attempted suicide **~porträt** n self-portrait **~reinigungskraft** f self-purifying power
selbstsicher Adj self-confident
Selbstsicherheit f self-confidence
selbstständig I Adj allg independent, beruflich: a. self-employed, Journalist etc: freelance: **sich ~ machen** set up on one's own II Adv independently, on one's own: **~ denken** think for o.s
Selbstständigkeit f allg independence
Selbst|sucht f selfishness **2süchtig** Adj selfish **2tätig** Adj automatic(ally Adv) **~täuschung** f self-deception **~überschätzung** f exaggerated opinion of o.s **2vergessen** Adj lost in thought **~verleugnung** f self-denial **~verpflegung** f self-catering **2verschuldet** Adj brought about by o.s
Selbstversorger(in) self-supplier: **Bungalows für ~** self-catering bungalows
selbstverständlich I Adj self-evident, obvious, natural: **es ist ~(, dass ...)** it goes without saying (that ...); **etw als ~ betrachten** take s.th. for granted II Adv of course, naturally **Selbstverständlichkeit** f matter of course
Selbst|verständnis n self-image: **sein ~ a.** the way he sees himself **~verteidigung** f self-defen/ce (Am -se) self) **~vertrauen** n self-confidence **~verwaltung** f self-government **~verwirklichung** f self-realization **~wertgefühl** n self-esteem, ego
selbstzufrieden Adj self-satisfied, complacent **Selbstzufriedenheit** f self-satisfaction, complacency
Selbstzweck m end in itself
selektiv Adj selective
Selen n CHEM selenium
selig Adj 1. blessed (a. REL), (überglücklich) overjoyed, blissful 2. (verstorben)

late **Seligkeit** f 1. REL salvation, everlasting life 2. (Glück) bliss, ecstasy
Seligsprechung f REL beatification
Sellerie m BOT celeriac, (Stangen2) celery
selten I Adj rare (a. = außergewöhnlich), (knapp) scarce II Adv seldom, rarely: **höchst ~** very rarely **Seltenheit** f 1. rareness, scarcity 2. (Sache) rarity
Selterswasser n soda water
seltsam Adj strange, odd **seltsamerweise** Adv oddly enough **Seltsamkeit** f 1. oddness 2. (Sache) oddity
Semantik f semantics Sg
Semester n UNI semester
Semesterferien Pl vacation Sg
Semifinale n SPORT semifinal
Semikolon n semicolon
Seminar n 1. UNI seminar, weit. S. institute 2. (Lehrer2) (teacher) training college 3. (Priester2) seminary
Semit(in) Semite **semitisch** Adj, **Semitisch** n LING Semitic
Semmel f roll: F **weggehen wie warme ~n** be selling like hot cakes
Semmelbrösel Pl breadcrumbs Pl
Senat m 1. POL, UNI senate 2. JUR division(al court) **Senator(in)** senator
Sende|bereich m transmission range **~bericht** m (beim Fax) journal **~folge** f program(me Br)
senden [1] v/t u. v/i send (Dat, **an** Akk to): **nach j-m ~** send for s.o.
senden [2] v/t u. v/i Funk: transmit, RADIO a. broadcast, TV a. telecast
Sender m 1. POL, Funk: transmitter 2. radio (od television) station
Sende|raum m studio **~reihe** f series
Sende|schluss m closedown **~zeichen** n call sign **~zeit** f broadcasting time: **zur besten ~** at prime time
Sendung [1] f 1. (Waren2) consignment, bes Am shipment, (Post2) parcel 2. fig mission
Sendung [2] f RADIO, TV transmission, (Programm) program(me Br), RADIO a. broadcast, TV a. telecast: **auf ~ gehen** (sein) go (be) on the air
Senegal m der Senegal
Senf m mustard **Senfgurke** f gherkin (pickled with mustard seeds)
sengen I v/t singe II v/i scorch: **~de Hitze** scorching heat
senil Adj senile **Senilität** f senility

senior *Adj* senior (*Abk* sen.) **Senior(in)** senior (*a. Sport*): **~en** *Pl* senior citizens *Pl* **Seniorchef(in)** boss

seniorengerecht *Adj Wohnung etc*: suitable for the elderly

Seniorenheim *n* (first-class) home for the aged **Seniorenpass** *m* senior citizen's rail card

Senkblei *n* plumb line, SCHIFF plummet

Senke *f* GEOG depression

senken I *v/t* **1.** sink (*a.* TECH), lower (*a. fig Stimme, Fieber, Blutdruck, Preise etc*), (*den Kopf*) bow II *v/refl* **sich ~ 2.** drop (*a. Stimme*), go down, sink, *Boden, Haus*: subside, *Mauer*: sag, *Straße etc*: dip **3.** *lit Stille, Dunkelheit etc*: descend (*über Akk* on)

Senkfüße *Pl* MED fallen arches *Pl*

Senkfußeinlage *f* arch support

senkrecht *Adj*, **Senkrechte** *f* vertical, *bes* MATHE perpendicular

Senkrechtstarter *m* **1.** FLUG vertical take-off plane **2.** F *fig* whizz kid

Senkung *f* **1.** *allg* lowering, *e-r Mauer etc*: sag(ging), (*Neigung*) decline, dip **2.** MED *e-s Organs*: descent, *des Fiebers, Blutdrucks*: reduction, (*Blut⊘*) sedimentation

Sensation *f allg* sensation

sensationell *Adj* sensational

Sensations|**blatt** *n pej* sensational paper **~gier** *f*, **~lust** *f*, **⊘lüstern** *Adj* sensation-seeking **~mache** *f* sensationalism **~meldung** *f* sensational report, *sl* scoop **~presse** *f* yellow press

Sense *f* scythe: F **damit war ~!** that was the end of that!

sensibel *Adj* sensitive (*a. fig Problem etc*) **sensibilisieren** *v/t* sensitize **Sensibilität** *f* sensitiveness

⚠ **sensibel** ≠ **sensible**

| sensibel | = sensitive |
| sensible | = vernünftig |

Sensor *m* sensor

sentimental *Adj* sentimental

Sentimentalität *f* sentimentality

separat *Adj* separate

Separatismus *m* separatism

September *m* (*im ~* in) September

sequenziell *Adj* IT sequential

Serbe *m* Serbian **Serbien** *n* Serbia **Serbin** *f*, **serbisch** *Adj* Serbian

Serenade *f* MUS serenade

Serie *f* series (*a.* TV), RADIO, TV serial, (*Satz*) set, line, range: TECH **in ~ gehen** go into production; **in ~ bauen** (*od* **herstellen**) produce in series

seriell *Adj a.* COMPUTER serial

Serienausstattung *f* standard fittings *Pl* **Serienbrief** *m* standard letter **Serienherstellung** *f* serial production **Serienkiller(in)** serial killer **serienmäßig** I *Adj* series(-produced), *Ausstattung etc*: standard II *Adv* **~ herstellen** produce in series **Serienproduktion** *f* serial production **serienreif** *Adj* ready to go into production

seriös *Adj* respectable, WIRTSCH *a.* reliable, *Absicht, Bewerber, Zeitung etc*: serious

Serpentine *f* (*Straße*) serpentine, (*Kurve*) double bend

Serum *n* MED serum

Server *m* IT server

Service[1] *n* (*Geschirr*) service

Service[2] *m* **1.** (*Bedienung*) service **2.** TECH (*Kundendienst*) (after-sales) service **3.** *Tennis etc*: service, serve

servieren I *v/t* serve: **es ist serviert!** dinner is served! II *v/i* serve (*a. Tennis*), wait at (*Am* on) table **Servierer(in)** waiter (waitress) **Serviertochter** *f schweiz.* waitress **Servierwagen** *m* trolley

Serviette *f* napkin

Servobremse *f* servo (*od* power) brake **Servolenkung** *f* MOT servo(-assisted) steering

servus *Interj österr* **1.** (*Begrüßung*) hello **2.** (*Abschied*) bye

Sessel *m* easy chair, armchair, *österr.* chair

Sessellift *m* chairlift

sesshaft *Adj* settled, (*ansässig*) resident: **~ werden** settle (down)

Set *n*, *m* **1.** set **2.** place mat

Setup *n* IT *von Programmen*: setup

setzen I *v/t* **1.** (*hin~, hintun*) *allg* put, place, (*j-n*) *a.* seat, LANDW set, plant, (*Satzzeichen*) put, make: **an Land ~** put ashore; **das Glas an die Lippen ~** raise (*od* set) the glass to one's lips; **s-e Unterschrift ~ unter** (*Akk*) put one's signature to **2.** *etw ~* (*wetten*) stake (*od* bet) s.th. (**auf** *Akk* on) **3.**

SPORT seed (*a player, team*): → **gesetzt** 2 **4.** BUCHDRUCK set **II** *v/refl* **sich ~ 5.** sit down, take a seat: *sich aufs Rad etc ~* mount (*od* get on) one's bicycle *etc*; *sich ins Auto ~* get into the car; *sich zu j-m ~* sit down beside s.o. **6.** *fig* sink, *Bodensatz, Staub etc*: settle, *Erlebnis etc*: sink in **III** *v/i* **7. ~ über** (*Akk*) jump (over), (*e-n Graben etc*) clear, (*e-n Fluss etc*) cross **8.** *bei Wetten*: place one's bet: *~ auf* (*Akk*) bet on, back, *fig a.* bank on

Setzer(in) BUCHDRUCK compositor, typesetter

Seuche *f a. fig* epidemic **Seuchenbekämpfung** *f* epidemic control

seufzen *v/i* sigh (*über* Akk at, *vor* with): *~d* with a sigh **Seufzer** *m* sigh

Sex *m* sex: F *~ haben* (*od* **machen**) have sex **Sexappeal** *m* sex appeal **Sexbombe** *f* F sexpot **Sexfilm** *m* sex film

Sexismus *m* sexism **Sexist(in)**, **sexistisch** *Adj* sexist

sexual → **sexuell Sexual...** sexual, sex (*life etc*) **Sexualerziehung** *f* sex education **Sexualität** *f* sexuality

Sexualkunde *f* PÄD sex education

Sexualobjekt *n* sex object

Sexualverbrechen *n* sex crime

sexuell *Adj* sexual: *~e Belästigung* sexual harassment **sexy** *Adj* F sexy

sezieren *v/t* dissect (*a. fig*), (*Leiche*) perform an autopsy on

Shareware *f* shareware

Shetlandinseln *Pl die* Shetland Islands *Pl*

Shorts *Pl* (pair of) shorts *Pl*

Showmaster(in) TV compere, host

Shuttlebus *m* shuttle bus

Sibirien *n* Siberia

Sibirier(in), **sibirisch** *Adj* Siberian

sich *Reflexivpron allg* oneself, *3 Sg* himself, herself, itself, *Pl* themselves, *nach Präp* him, her, it, *Pl* them, (*statt: einander*) each other, one another: *~ ansehen im Spiegel etc*: look at o.s., (*einander*) look at each other; *sie blickte hinter ~* she looked behind her

Sichel *f* sickle

sicher I *Adj* **1. a)** (*vor Dat* from) safe, secure, **b)** (*gesichert*) safe (*a.* TECH), *Einkommen, Existenz etc*: secure: *in ~em Abstand* at a safe distance; *~ ist ~!* better safe than sorry! **2.** (*zuverlässig*) reliable, *Schütze, Torwart etc*: sure, ~

good, *Fahrer, Methode etc*: *a.* safe **3.** *fig Geschmack, Instinkt, Urteil, Zeichen etc*: sure: *~es Auftreten* self-assurance; *mit ~em Blick* (*Griff*) with a sure eye (hand) **4.** (*gewiss*) certain, sure: *der ~e Sieg* (*Tod*) certain victory (death); *das ist ~ a)* so much is certain, **b)** that's a fact; *ist das ~?* is that for certain?; *der Erfolg* (*die Stellung*) *ist ihm ~* he is sure to succeed (to get the job) **5.** *präd* (*überzeugt*) sure, certain: *sind Sie* (*sich dessen*) *~?* are you sure (about that)?; → **Sache** 2 **II** *Adv* **6.** securely, safely (*etc*): *er fährt sehr ~* he is a safe driver **7.** *a. Interj* certainly, surely, definitely: (*aber od ganz*) *~!* (but) of course!, F sure thing!; *du hast ~ kein Geld bei dir* I'm sure you have no money on you

sichergehen *v/i um sicherzugehen* to be on the safe side; *er wollte ganz ~* he wanted to be quite sure

Sicherheit *f* **1.** safety (*a.* TECH), *bes* MIL, POL, PSYCH *etc* security: *öffentliche* (*soziale, innere*) *~* public (social, internal) security; *~ im Flugverkehr* safety in flying; *in ~ bringen* get s.o., s.th. out of harm's way; *sich in ~ bringen* get out of danger, *durch e-n Sprung* jump to safety; *in ~ sein* be safe; *zur ~ → sicherheitshalber*, → **wiegen**¹ II **2.** (*Gewissheit*) certainty: *mit ~* definitely, certainly; *man kann mit ~ sagen* it is safe to say **3.** (*Selbstⱜ*) self-assurance, (*Können*) competence, skill, (*Zuverlässigkeit*) reliability **4.** WIRTSCH, JUR (*gegen ~ on od* against) security: *e-m Gläubiger ~ bieten* secure a creditor

Sicherheits|abstand *m* safe distance **~beamte** *m*, **~beamtin** *f* security officer **~dienste** *Pl* security agencies *Pl* **~faktor** *m* factor of safety **~glas** *n* safety glass **~gurt** *m* safety belt, FLUG, MOT *a.* seat belt

sicherheitshalber *Adv* as a precaution, to be on the safe side

Sicherheits|kontrolle *f* security check **~kopie** *f* backup copy **~maßnahme** *f* safety (POL security) measure, precaution **~nadel** *f* safety pin **~rat** *m* POL Security Council **~risiko** *n* (*mst Person*) security risk **~schloss** *n* safety lock

sicherlich → **sicher** 7

sichern *v/t* **1.** (*vor Dat*, *gegen*) secure

(*a.* TECH *u.* WIRTSCH), (safe)guard (*beide*: against), (*schützen*) protect (from): **sich ~ vor** (*od* **gegen**) protect o.s. from, guard against **2.** (*Waffe*) put at safety: **gesichert sein** be at safety **3.** (*Spuren etc*) secure **4.** COMPUTER backup

sicherstellen *v/t* **1.** guarantee, *weit. S. a.* secure **2.** (*beschlagnahmen*) seize

Sicherung *f* **1.** securing (*etc*, → *sichern*), protection **2.** TECH safety device, *Schusswaffe*: safety (catch) **3.** ELEK fuse **4.** COMPUTER backup

Sicherungs|diskette *f* backup disk **~kasten** *m* ELEK fuse box **~kopie** *f* backup (copy)

Sicht *f* **1.** sight, (*Aus♀*) view, (*~verhältnisse*) visibility: **in** (*außer*) **~** in (out of) sight (*a. fig*); **in ~ kommen** come into view; **fig auf weite** (*od* **lange**) **~** on a long-term basis, (*auf die Dauer*) in the long run; **auf kurze ~** in the short term; **aus s-r ~** from his point of view, as he sees it **2.** WIRTSCH (**fällig**) **bei ~** (due) at sight

sichtbar *Adj allg* visible, (*offenkundig*) *a.* noticeable, evident, (*deutlich*) marked: **~ machen** show; **~ werden** become visible (*fig a.* manifest)

sichten *v/t* **1.** (*erblicken*) sight **2.** (*durchsehen*) sift, look through, sort out

sichtlich *Adj* visible, evident

Sicht|verhältnisse *Pl* (**gute, schlechte ~** high, low) visibility *Sg* **~vermerk** *m* im Pass: visa, *auf Wechsel*: endorsement

Sichtwechsel *m* WIRTSCH sight draft **Sichtweite** *f* visual range: **in ~** (with)in sight

sickern *v/i* seep, leak (out), ooze, trickle

sie *Personalpron Sg* she, *Sache*: it, *Pl* they, (*Akk*) her, it, *Pl* them

Sie[1] *Anrede*: you

Sie[2] *f* F she, female

Sieb *n* sieve, *für Flüssigkeiten*: strainer, *für Sand etc*: riddle, screen: *ein Gedächtnis wie ein ~* like a sieve

Siebdruck *m* silk-screen print (*Verfahren*: printing)

sieben[1] *v/t* sift, sieve

sieben[2] *Adj*, **Sieben** *f* seven

siebenjährig *Adj* seven-year(s)-old, of seven years: **der ♀e Krieg** the Seven Years' War **Siebenmeilenstiefel** *Pl* se-

ven-league boots *Pl* **Siebensachen** *Pl* things *Pl*, belongings *Pl*

sieb(en)te *Adj*, **Sieb(en)tel** *n* seventh **siebzehn** *Adj* seventeen **siebzehnt** *Adj*, **Siebzehntel** *n* seventeenth

siebzig I *Adj* seventy; **er ist Mitte ~** he is in his mid-seventies **II** ♀ *f* seventy **siebziger** *Adj* **die ~ Jahre** *e-s Jhs.*: the seventies *Pl* **Siebziger(in)** septuagenarian: **sie ist in den Siebzigern** she is in her seventies **Siebzigerjahre** → **siebziger**

Siechtum *n* lingering illness, invalidism **sieden I** *v/i* boil, *fig a.* seethe: **~d heiß** boiling hot **II** *v/t* boil gently

Siedepunkt *m* (*a. fig* **auf dem ~** at) boiling point

Siedler(in) settler **Siedlung** *f* settlement, (*Wohn♀*) housing estate

Sieg *m* (**über** *Akk* over), victory, *Sport etc*: win, *fig* triumph: **den ~ davontragen** carry (*od* win) the day

Siegel *n* seal, (*Privat♀*, *Ring♀*) signet: *fig* **unter dem ~ der Verschwiegenheit** under the seal of secrecy **Siegellack** *m* sealing wax **siegeln** *v/t* seal

Siegelring *m* signet ring

siegen *v/i* (**über** *Akk*) be victorious (over), *Sport etc*: win (against), *fig* triumph (over), win (over)

Sieger(in) victor, *Sport etc*: winner

Sieger|ehrung *f* SPORT presentation ceremony **~mächte** *Pl* victorious powers *Pl* **~podest** *n*, **~treppchen** *n* F SPORT (victory) rostrum

Siegerurkunde *f* (winner's) certificate **siegesbewusst** → **siegessicher**

Sieges|göttin *f* Victory **~rausch** *m* flush of victory **♀sicher** *Adj* confident of victory, *fig* sure of one's success

Siegeszug *m fig* triumphant advance **siegreich** *Adj* victorious, triumphant

siezen *v/t j-n* ~ address s.o. as "Sie"

Signal *n*, **signalisieren** *v/t u. v/i* signal

Signalwirkung *f* knock-on effect

Signatar(macht *f*) *m* POL signatory power (*e-s Vertrages* to a treaty)

Signatur *f* **1.** signature **2.** *Bücherei*: shelfmark

signieren *v/t* sign, *Autor*: autograph

Silbe *f* syllable: *fig* **k-e ~** not a word **Silbentrennung** *f* syllabification

Silber *n allg* silver, (*Tafel♀*) *a.* silver

plate **Silberbesteck** n silver (cutlery)
Silberblick m F (slight) squint
Silberdistel f BOT carline thistle
Silber|hochzeit f silver wedding **~medaille** f silver medal **~medaillengewinner(in)** silver medal(l)ist
silbern Adj (of) silver, fig silvery
Silberpappel f tin foil **Silberpappel** f BOT white poplar **Silberstreifen** m fig ~ **am Horizont** silver lining
Silhouette f silhouette
Silikat n silicate
Silikon n silicone
Silizium n silicon
Silo m silo
Silvester m, n, **Silvesterabend** m New Year's Eve
Simbabwe n Zimbabwe
simpel Adj allg simple
Sims m, n ledge, (Fenster2) sill
Simulant(in) malingerer
Simulator m TECH, MIL simulator
simulieren I v/t sham, feign, a. TECH, MIL simulate II v/i malinger, sham
simultan Adj simultaneous
Simultan|dolmetschen n simultaneous translation **~dolmetscher(in)** simultaneous translator
Sinfonie f symphony **Sinfonieorchester** n symphony orchestra
sinfonisch Adj symphonic
singen v/t u. v/i sing
Single[1] f (Schallplatte) single
Single[2] m (Person) single
Single-Haushalt m one-person household
Singular m LING (im ~ in the) singular
Singvogel m songbird
sinken v/i allg sink (a. fig Stimmung etc), Sonne: a. set, fig Preise, Temperatur etc: drop (**auf** Akk to), fall, go down: fig er **ist tief gesunken** he has sunk very low; **~ lassen** lower, drop (a. Stimme); → **Mut, Wert** 1 etc
Sinkflug m FLUG descent
Sinn m 1. PHYSIOL sense: fig **sechster ~** sixth sense; F **s-e fünf ~e beisammen haben** have one's wits about one 2. Pl (Verstand) mind, (Bewusstsein) consciousness: **sie war wie von ~en** she was quite beside herself (**vor** with); **bist du von ~en?** are you out of your mind? 3. (Kopf) mind: **etw im ~ haben** have s.th. in mind, intend (to do) s.th.;

damit habe ich nichts im ~ I don't want any of that; **j-m in den ~ kommen** occur to s.o. 4. (für) (Gefühl) sense (of), appreciation (of), (Neigung) taste (for), (Interesse) interest (in): **~ für Musik** an ear for music; **~ für das Schöne** an eye for beauty; **~ für Humor** a sense of humo(u)r; **das war ganz in m-m ~(e)** that was just what I would have done 5. (Bedeutung) sense, meaning, (Grundgedanke) (basic) idea: **im weiteren (engeren)** ~(e) in a wider (narrower) sense; **im wahrsten** ~(e) **des Wortes** literally; **in gewissem** ~ in a sense; **in diesem** ~ in this sense, Äußerung: to this effect; **im ~e des Gesetzes** as defined by the law; **der** ~ **des Lebens** the meaning of life; **das ergibt** (F **macht**) **k-n** ~ that makes no sense; **dem** ~ **nach** → **sinngemäß** II 6. (Zweck) sense, purpose: ~ **und Zweck** (aim and) object; **das hat k-n** ~ it's no use, it's pointless; **das ist der** ~ **der Sache!** that's the idea!
Sinnbild n symbol
sinnbildlich Adj symbolic(al)
sinnen I v/i (**über** Akk [up]on) meditate, reflect: ~ **auf** (Akk) contemplate, plan, pej plot II ≈ n thoughts Pl: **all sein ≈ und Trachten** his every thought and wish **sinnend** Adj pensive, thoughtful
sinnenfroh Adj sensuous
Sinnenlust f sensual pleasure
sinnentstellend Adj distorting (the meaning): ~ **sein** distort the meaning
Sinnes|art f mentality **~organ** n sense organ **~reiz** m sense stimulus
Sinnes|täuschung f hallucination **~wahrnehmung** f sensory perception
Sinneswandel m change of heart
sinnfällig Adj obvious, clear
sinngemäß I Adj giving the gist (of s.th.), bes JUR analogous II Adv **das hat er ~ gesagt** that was the drift of what he said
sinngetreu Adj faithful
sinnieren v/i F ruminate (**über** Akk on)
sinnig Adj mst iron clever
sinnlich Adj 1. Eindrücke etc: sensual, Wahrnehmung etc: sensory 2. Begierde etc: sensual, a. Person: sensuous
Sinnlichkeit f sensuality
sinnlos Adj senseless, meaningless, (unsinnig) absurd, (zwecklos) useless:

S

~ betrunken blind drunk **Sinnlosigkeit** f senselessness (etc), absurdity

sinnreich Adj ingenious, clever

sinnverwandt Adj synonymous: **~es Wort** synonym **sinnvoll** Adj 1. meaningful 2. (nützlich) useful, (vernünftig) wise 3. → **sinnreich**

Sintflut f BIBEL the Flood, the Deluge

Sinus m 1. MATHE sine 2. ANAT sinus

Sinuskurve f MATHE sine curve

Siphon m siphon

Sippe f 1. family, tribe 2. → **Sippschaft** f pej clan, (Bande) gang, lot

Sirene f allg siren

Sirup m treacle, Am molasses Sg, (bes Frucht♀) syrup

Sitte f 1. custom, (Gepflogenheit) a. practice, habit: **~n und Gebräuche** manners and customs 2. Pl (Moral) morals Pl, (Benehmen) manners Pl

Sittenlehre f ethics Sg

sittenlos Adj immoral, dissolute

Sittenlosigkeit f immorality

Sitten|polizei f vice squad **~richter(in)** moralizer **~streng** Adj puritanical **~strolch** m F sex offender **~verfall** m moral decline **♀widrig** Adj immoral

Sittich m ZOOL parakeet

sittlich Adj moral, ethical

Sittlichkeit f morality, morals Pl

Situation f situation, position: **sich der ~ gewachsen zeigen** rise to the occasion; **die ~ retten** save the situation

Situationskomik f situational comedy

Sitz m 1. allg seat (a. fig Amts♀, Familien♀ etc), (Wohn♀) (place of) residence, e-s Unternehmens etc: headquarters Pl (a. Sg konstr): Firma **mit ~ in London** London-based; fig **die Zuschauer von den ~en reißen** electrify the audience 2. TECH, a. der Kleidung: fit

Sitz|blockade f sit-in **~ecke** f corner unit

sitzen v/i 1. sit, Vogel: perch: **~ bleiben** remain seated; **wir saßen beim Essen** we were having lunch; **im Parlament ~** have a seat in Parliament; **an e-r Arbeit (bei e-m Glas Wein) ~** be sitting over a task (a glass of wine) ~ be soused; fig **j-n ~ lassen** leave s.o. in the lurch, (Freund[in]) walk out on s.o., jilt s.o.; **das lasse ich nicht auf mir ~!** I won't stand for that! **~de Lebensweise**

sedentary life; → **Patsche** etc 2. (sich befinden) be, Firma etc: have one's headquarters (in Dat in) 3. (passen) sit, fit 4. F (im Gefängnis) ~ do time, be in jail; F **~ bleiben a)** have to repeat the year, **b)** Frau: be left on the shelf, **c)** ~ **auf e-r Ware:** be left with; 5. F Schlag etc, fig Bemerkung etc: hit home 6. (im Gedächtnis haften) stick, have sunk in

Sitzgelegenheit f seat **Sitzgruppe** f three-piece suite **Sitzordnung** f, **Sitzplan** m seating plan **Sitzplatz** m seat

Sitzstreik m sit-down strike

Sitzung f a. PARL session, JUR a. hearing, (Besprechung) conference

Sizilianer(in), **sizilianisch** Adj Sicilian

Sizilien n Sicily

Skala f 1. MUS, TECH scale 2. fig range

Skalp m, **skalpieren** v/t scalp

Skandal m scandal, (Schande) a. disgrace, shame **Skandalblatt** n scandal sheet **skandalös** Adj scandalous

Skandinavien n Scandinavia

Skandinavier(in), **skandinavisch** Adj Scandinavian

Skateboard n skateboard **~fahrer(in)** skateboarder

Skelett n ARCHI, TECH skeleton

Skepsis f scepticism, Am skepticism

Skeptiker(in) sceptic, Am skeptic

skeptisch Adj sceptical, Am skeptical

Ski m ski: **~ fahren**, **~ laufen** ski **~anzug** m ski suit **~ausrüstung** f skiing gear **~bob** m skibob **~brille** f (pair of) skiing goggles Pl **~fahren** n skiing **~fahrer(in)** skier **~fliegen** n, **~flug** m ski flying **~gebiet** n skiing area **~hang** m ski slope **~hütte** f ski hut (Am lodge) **~kurs** m skiing course **~langlauf** m cross-country skiing **~lauf** m, **~laufen** n skiing **~läufer(in)** skier **~lehrer(in)** skiing instructor **~lift** m ski lift **~piste** f ski run, piste **~schanze** f ski jump **~schuh** m ski boot **~schule** f ski school **~sport** m skiing **~springen** n, **~sprung** m ski jumping **~stiefel** m ski boot **~stock** m ski pole **~träger** m MOT ski rack

Skizze f allg sketch **Skizzenbuch** n sketchbook **skizzenhaft** Adj sketchy **skizzieren** v/t sketch, fig a. outline

Sklave m, **Sklavin** f slave **Sklavenhandel** m slave trade **Sklaverei** f slavery

sklavisch Adj slavish (a. fig), servile

Sklerose f MED (**multiple ~** multiple) sclerosis **sklerotisch** Adj sclerotic

Skonto m, n WIRTSCH (cash) discount

Skorpion m **1.** ZOOL scorpion **2.** ASTR (**er ist ~** he is [a]) Scorpio

Skrupel m scruple

skrupellos Adj unscrupulous

Skulptur f sculpture

Skysurfing n sky surfing

Slalom m, n Skisport: slalom

Slawe m, **Slawin** f, **slawisch** Adj Slav

Slip m briefs Pl **~einlage** f panty liner

Slipper m (Schuh) loafer

Slowake m Slovak **Slowakei** f die Slovakia **Slowakin** f, **slowakisch** Adj Slovak

Slowene m Slovenian **Slowenien** n Slovenia **Slowenin** f, **slowenisch** Adj Slovenian

Smaragd m, **2grün** Adj emerald

Smiley m smiley

Smog m smog **~alarm** m smog alert

Smoking m dinner jacket, Am tuxedo

SMS m (= **Short Message Service**) SMS, text messaging

SMS(-Nachricht) f text (message): **j-m e-e ~ schicken** text s.o.

Snob m snob **Snobismus** m snobbery

snobistisch Adj snobbish

Snowboard n snowboard **~fahrer(in)** snowboarder

Snowrafting n snow rafting

so I Adv **1.** so, so much: **nicht ~ einfach** not so easy; **das hat ihn ~ gefreut, dass ...** that pleased him so much that ... **2.** (auf diese Weise) like this (od that), this (od that) way, thus; **~ genannt** socalled; **~ viel** so much; **~ viel wie** as much as; **doppelt ~ viel** twice as much; **~ viel steht fest** one thing is certain; **~ weit sein** be ready; **es ist ~ weit fertig** it's more or less finished; **es ist ~ weit!** a) it's time!, b) (es geht los) here goes!; **~ wenig** not more (**als** than); **~ wenig wie möglich** as little as possible; **~ ist es!** that's how it is!; **~ ist das Leben!** such is life!; **~ oder ~** one way or another, (ohnehin) anyway **3.** (solch) such: **~ etwas** such a thing; **~ ein Trottel!** what a fool! **4.** (ungefähr) about: **~ alle acht Tage** every week or so II Konj **5.** **~ dass** → **sodass**; **~ Leid es mir tut** however much I regret it III Interj **6.** **~!** (all)

right!, okay!, (fertig) that's that!; **~, ~!** well, well!; **~?** really?; **(na) ~ was!** you don't say!; **ach ~!** oh(, I see)!

sobald Konj as soon as

Söckchen n ankle sock, Am anklet

Socke f sock: F **sich auf die ~n machen** buzz off; **von den ~n sein** be flabbergasted, be dum(b)founded

Sockel m pedestal, a. ELEK, TECH base

Soda n soda **Sodawasser** n soda water

sodass Konj. so that, so as to Inf

Sodbrennen n MED heartburn

soeben Adv just (now)

Sofa n sofa, settee

sofern Konj if, so far as, (wenn nur) provided that: **~ nicht** unless

sofort Adv at once, instantly, immediately, right away: **ab ~** a) as of now, b) a. (**ab**) **~ gültig** effective immediately; WIRTSCH **~ zahlbar** spot cash; **er war ~ tot** he died instantaneously

Sofortbildkamera f instant camera

sofortig Adj immediate, prompt

Softie m F softy

Software f IT software **~anbieter** m software company **~paket** n software package

Sog m suction, FLUG, SCHIFF a. wake (a. fig)

sogar Adv even

sogenannt → **so** I, 2

Sohle f **1.** (Fuß2, Schuh2) sole **2.** (Tal2 etc) bottom, BERGB floor

Sohn m son

Sojabohne f soybean **Sojamehl** n soybean flour **Sojasoße** f soy sauce

solang(e) Adv as long as

Solarenergie f solar energy

Solarium n solarium

Solarzelle f solar cell

solch Pron u. Adj such

Soldat(in) soldier

Söldner(in) mercenary

solidarisch I Adj solidary, WIRTSCH, JUR joint (and several): **sich ~ erklären mit** → **solidarisieren** II Adv in solidarity, WIRTSCH, JUR jointly (and severally)

solidarisieren v/refl **sich ~ mit** declare one's solidarity with, be solidly behind **Solidarität** f solidarity **Solidaritätszuschlag** m solidarity tax

solid(e) Adj **1.** (haltbar) solid **2.** fig Arbeit, Kenntnisse, Verhältnisse etc: solid, sound, Firma etc: a. reliable, Preis: rea-

sonable, *Beruf*: good **3.** *Person*: solid, *a. Lebensweise*: steady

Solist(in) *m* soloist

Soll *n* **1.** *Buchhaltung*: debit: **~ und Haben** debit and credit **2.** (*Plan2, Leistungs2*) target, quota: **sein ~ erfüllen** reach the target, *fig* do one's bit

sollen I *v/hilf* **1.** *auffordernd, fragend*: be to: **ich soll dir ausrichten** I am to tell you; **soll ich kommen?** shall I come?; **er soll nur kommen!** just let him come!; **was soll ich tun?** what should I do?; **was soll ich damit?** what am I to do with it? **2.** *innere Verpflichtung*: **ich hätte hingehen ~** I ought to have gone; **ich hätte es wissen ~** I should have known; **du hättest das nicht tun ~** you shouldn't have done that!; **weshalb sollte ich (auch)?** why should I? **3.** *Absicht*: **hier soll ein Schwimmbad entstehen** a swimming pool is to be built here; **es soll nicht wieder vorkommen** it won't happen again; **was soll das sein?** what's that supposed to be?; **es sollte ein Scherz sein** it was meant as (*od* supposed to be) a joke **4.** *Gerücht*: **er soll reich sein** he is said to be rich; **die Rebellen ~ die Macht übernommen haben** the rebels are reported to have seized power **5.** *Möglichkeit*: **sollte es wahr sein?** could it be true; **sollte sie kommen?** in case (*od* if) she should come **6.** *Schicksal*: **er sollte nie mehr zurückkehren** he was never to return again; **es sollte alles ganz anders kommen** things were to turn out quite differently; **ein Jahr sollte vergehen, bis …** a year was to pass till …; **es hat nicht ~ sein** it was not to be **II** *v/i* **7. was soll ich hier?** what am I here for?; **soll (sollte) ich?** shall (should) I?; **was soll das?** **a)** (*bedeuten*) what's the idea?, **b)** (*nützen*) what's the use?, **c)** F *a.* **was soll's?** so what?

solo *Adj* solo, F *fig a.* alone **Solo** *n allg* solo, *SPORT* solo attempt (*od* run) **Soloalbum** *n* solo album: **ein ~ aufnehmen** record a solo album

solvent *Adj* WIRTSCH solvent

Somalia *n* Somalia

somit *Adv* consequently, thus

Sommer *m* summer: **im ~** in (the) summer; **im nächsten ~** next summer

Sommer|fahrplan *m* summer timetable (*Am* schedule) **~ferien** *Pl* summer holidays *Pl* (*Am* vacation *Sg*), *Br a.* long vacation **~kleidung** *f* summer clothes *Pl, bes* WIRTSCH summer wear

sommerlich *Adj* summerly, summery

Sommer|loch *n* F *fig* silly season **~reifen** *m* MOT normal tyre (*Am* tire) **~schlussverkauf** *m* summer sales *Pl*

Sommerspiele *Pl* **Olympische ~** Summer Olympics *Pl*

Sommersprosse *f* freckle

Sommerzeit *f* summer time, *vorverlegte*: *a.* daylight saving time

Sonate *f* MUS sonata

Sonde *f* MED, *Raumfahrt*: probe, METEO, *Radar*: probe

Sonder… special **~angebot** *n* special bargain, *Am* special sale **~ausgabe** *f* **1.** special edition **2.** *finanzielle*: extra (expenditure) **~ausstattung** *f* MOT optional extra(s *Pl*)

sonderbar *Adj* strange, odd, peculiar

sonderbarerweise *Adv* oddly enough

Sonder|beauftragte *m, f* special representative **~berichterstatter(in)** special correspondent **~bevollmächtigte** *m, f* plenipotentiary **~druck** *m* offprint **~fall** *m* special case

sonderlich I *Adj* special: **ohne~e Mühe** without any great effort **II** *Adv* **nicht ~** not particularly, not much, not very

Sonderling *m* eccentric, crank

Sondermarke *f* special issue

Sondermaschine *f* FLUG special flight

Sondermeldung *f* special announcement **Sondermüll** *m* hazardous waste

sondern *Konj* but: **nicht nur …, ~ auch** … not only …, but also …

Sondernummer *f e-r Zeitung etc*: special edition **Sonderrecht** *n* privilege

Sonderregelung *f* special arrangement

Sonder|schule *f* special school (for handicapped or maladjusted children) **~sitzung** *f* special session **~stempel** *m* special postmark **~zeichen** *n* COMPUTER special character, symbol **~zulage** *f* special bonus **~zuschlag** *m* surcharge, *zum Fahrpreis*: special excess fare

sondieren I *v/t* MED *u. fig* probe, sound (out) **II** *v/i fig* put out feelers

Sondierungsgespräch *n* exploratory talk

Sonett n sonnet
Sonnabend m (**am ~** on) Saturday
sonnabends Adv on Saturday(s)
Sonne f sun: **an** (od **in**) **der ~** in the sun
sonnen v/refl **sich ~** sun o.s., bask in the sun, fig bask (**in** Dat in)
Sonnenaufgang m (**bei ~** at) sunrise
Sonnenbad n sunbath: **ein ~ nehmen** → **sonnenbaden** v/i sunbathe
Sonnen|bank f sun bed **~blende** f FOTO lens hood **~blume** f sunflower **~brand** m sunburn **~brille** f (**e-e ~** a pair of) sunglasses Pl **~creme** f sun(tan) cream **~dach** n sun-blind, MOT sunshine roof **~deck** n SCHIFF sun deck **~energie** f solar energy **~finsternis** f eclipse of the sun **~fleck** m sunspot **~hut** m sun hat **~kollektor** m solar panel **~kraftwerk** n solar power plant **~licht** n (**bei ~** in) sunlight **~öl** n suntan oil **~schein** m sunshine **~schirm** m sunshade, für Damen: parasol **~schutzcreme** f sun (filter) cream **~schutzmittel** n sunscreen, suntan lotion, sun cream **~seite** f a. fig sunny side **~stich** m sunstroke **~strahl** m sunbeam **~system** n solar system **~uhr** f sundial **~untergang** m (**bei ~** at) sunset **~wende** f solstice **~zelle** f solar cell
sonnig Adj a. fig sunny
Sonntag m (**am ~** on) Sunday **sonntäglich** Adj Sunday **sonntags** Adv on Sunday(s), on a Sunday
Sonntags|anzug m Sunday best **~arbeit** f Sunday working **~ausflügler(in)** weekend tripper **~beilage** f Zeitung: Sunday supplement **~dienst** m ~ **haben** be on Sunday duty, Apotheke: be open on Sunday(s) **~fahrer(in)** MOT pej Sunday driver **~kind** n **er ist ein ~** he was born on a Sunday (fig under a lucky star) **~maler(in)** Sunday painter **~rede** f fig fancy speech
sonor Adj sonorous
sonst Adv **1.** (andernfalls) otherwise, or, or else **2.** usually, normally: **wie ~** as usual **3.** (im Übrigen) otherwise, apart from that **4.** (außerdem) else; F **~ jemand** somebody else, (irgendjemand) anybody; F **~ was** something else, (egal was) anything; F **~ wie** some other way; F **~ wo(hin)** somewhere else; **wer ~?** who else?; **~ noch etwas?** anything else?; **nirgends ~** nowhere else **5.** (frü-

her) always: **alles war wie ~** everything was as it used to be
sonstig Adj other
sooft Adv whenever: **~ du willst** as often as you like
Sopran m, **Sopranist(in)** soprano
Sorge f **1.** worry, concern, (Ärger) trouble: **finanzielle** (**berufliche**) **~n** financial (professional) worries (od problems); **j-m ~n machen** worry s.o., cause s.o. trouble; **sich ~n machen a**) um be worried about, **b**) **dass** be concerned that; **mach dir k-e ~n!, k-e ~!** don't worry!; **lassen Sie das m-e ~ sein!** leave that to me!; → **gering 2.** (Für2) care: **~ tragen für** → **sorgen** I
sorgen I v/i **~ für** see to, take care of, ensure, (betreuen) look after, (beschaffen) provide: **dafür ~, dass ...** see to it that ...; **dafür werde ich ~** I'll see to that; **für sich selbst ~** fend for o.s.; **für ihn ist gesorgt** he's taken care of **II** v/refl **sich ~** (**um, wegen** about) be worried, worry **sorgenfrei** Adj free from care(s), carefree
Sorgenkind n problem child
sorgenvoll Adj Leben etc: full of worries, a. Miene etc: worried
Sorgerecht n custody (**für** of)
Sorgfalt f care: **große ~ verwenden auf** (Akk) take great pains over **sorgfältig** Adj careful, thorough **sorglos** Adj **1.** (unachtsam) careless, (unbekümmert) unconcerned **2.** (sorgenfrei) carefree **Sorglosigkeit** f carelessness, unconcern **sorgsam** → **sorgfältig**
Sorte f sort, kind, type, WIRTSCH quality, (Marke) brand: **~n** Pl (Geld) foreign exchange Sg; **übelster ~** the worst kind
sortieren v/t a. COMPUTER sort, nach Qualität: a. grade, nach Größe: a. size **Sortiment** n **1.** range **2.** → **Sortimentsbuchhandel** m retail book trade
sosehr Konj ~ (**auch**) however much
Soße f sauce, (Braten2) gravy, (Salat2) dressing, F (Brühe) juice, goo
Soßenschüssel f sauceboat
Souffleur m prompter
Souffleurkasten m prompt box
Souffleuse f prompter
soufflieren v/t u. v/i **j-m ~** prompt s.o.
Sound m sound **~karte** f IT sound card
soundso Adv F so and so: **~ viel** so much; **~ viele** so and so many; **~ oft**

time and again; **Herr** ⚥ Mr What's-his--name

soundsoviet *Adj* F **1. am ~en** on such and such a date **2.** (*x-te*) umpteenth

Soundtrack *m* soundtrack

Soutane *f* cassock

Souterrain *n* basement

souverän I *Adj* sovereign, *fig* superior, *a. Adv* in superior style **II** ⚥ *m* sovereign **Souveränität** *f* sovereignty

soviel *Konj* ~ **ich weiß** as far as I know; **~ ich gehört habe** from what I have heard; → **so** I 1

soweit *Konj* as far as (*I know etc*); → **so** I 1

sowenig *Konj* however little; → **so** I 1

sowie *Konj* **1.** as soon as **2.** as well as

sowieso *Adv* **1.** anyway, in any case **2.** F (**das**) **~!** that goes without saying!

Sowjet *m*, **sowjetisch** *Adj hist* Soviet

Sowjetrusse *m*, **Sowjetrussin** *f*, **sowjetrussisch** *Adj hist* Soviet-Russian

Sowjetunion *f hist* the Soviet Union

sowohl *Konj* ~ **...** **als** (**auch**) **...** **...** as well as ..., both ... and ...

sozial *Adj allg* social: **~e Stellung** social rank (*od* status); *Adv* ~ **denken** be social-minded

Sozial|abbau *m* dismantling of the welfare state **~abgaben** *Pl* social contributions *Pl* **~amt** *n* social welfare office **~arbeiter(in)** welfare worker **~demokrat(in)** social democrat **~demokratie** *f* social democracy ⚥**demokratisch** *Adj* social-democratic **~einrichtungen** *Pl* social services *Pl* **~hilfe** *f* social security: ~ **beziehen** be on welfare

sozialisieren *v/t* nationalize

Sozialismus *m* socialism

Sozialist(in) socialist

sozialistisch *Adj* socialist

sozialkritisch *Adj* sociocritical

Sozial|kunde *f* PÄD social studies *Pl* **~lasten** *Pl* social expenditure *Sg* **~leistungen** *Pl* social contributions *Pl*, (*freiwillige* ~ *e-r Firma etc*) fringe benefits *Pl* **~plan** *m* redundancy scheme **~politik** *f* social policy ⚥**politisch** *Adj* socio-political **~produkt** *n* (*gross*) national product **~staat** *m* welfare state **~versicherung** *f* social security ⚥**verträglich** *Adj* socially acceptable **~wohnung** *f* council flat

Soziologe *m*, **Soziologin** *f* sociologist

Soziologie *f* sociology

soziologisch *Adj* sociological

Sozius *m* **1.** WIRTSCH partner **2.** *a* **Soziusfahrer(in)** pillion rider **Soziussitz** *m* (**auf dem ~ mitfahren** ride) pillion

sozusagen *Adv* so to speak, as it were

Spachtel *m* **1.** spatula **2.** *a* **~masse** *f* filler **~messer** *n* putty knife

spachteln *v/t* TECH surface

Spagat *m*, *n* (**~ machen** do the) splits *Pl*

Spag(h)etti *Pl* spaghetti *Pl*

spähen *v/i* peer, look out (*nach* for)

Spähtrupp *m* MIL reconnaissance patrol

Spalier *n* **1.** LANDW trellis, espalier **2.** (*Ehren*⚥) guard of hono(u)r, (*Gasse*) lane, (*Reihe*) rows *Pl*: **ein ~ bilden, ~ stehen** form a lane **Spalierobst** *n* wall fruit

Spalt *m* crack, (*Lücke*) gap, (*Schlitz*) slit **spaltbar** *Adj* PHYS fissionable: **~es Material** fissile material **Spalte** *f* **1.** → **Spalt 2.** GEOL cleft, *große*: crevice, (*Gletscher*⚥) crevasse **3.** BUCHDRUCK column

spalten *v/t* split (*a. Atom*), (*Holz*) chop, CHEM decompose, *fig allg* split (up), divide; → **Haar Spaltung** *f* splitting, BIOL, PHYS fission, *fig* split, *e-s Landes etc*: division, REL schism

Span *m* chip, *Pl* shavings *Pl*, (*Feilspäne*) filings *Pl*: **wo gehobelt wird, da fallen Späne** you can't make an omelette without breaking eggs

Spanferkel *n* sucking pig

Spange *f* clasp, (*Schnalle*) buckle, (*Arm*⚥) bangle, (*Haar*⚥) slide, (*Schuh*⚥) strap, (*Zahn*⚥) brace

Spanien *n* Spain

Spanier(in) Spaniard

spanisch *Adj* Spanish: **auf** ⚥ in Spanish; **~e Wand** folding screen; *fig* **das kommt mir ~ vor!** that's strange!

Spanne *f allg* span, WIRTSCH (*Gewinn*⚥) margin: **e-e kurze ~** a short space (of time)

spannen I *v/t* stretch, tighten, (*Leine etc*) put up, (*Gewehr, Kamera*) cock, (*Muskeln*) flex, tense, (*Bogen*) bend, *fig* (*Nerven*) strain: **e-n Bogen in die Schreibmaschine** ~ insert a sheet of paper into the typewriter; → **Folter, gespannt II** *v/refl* **sich ~** stretch; **sich ~ über** (*Akk*) span **III** *v/i Kleid etc*: be

S

(too) tight, *Haut*: be taut

spannend *Adj* exciting, thrilling, gripping, *Buch, Film a.* suspense-packed

Spanner¹ *m für Skier, Tennisschläger*: press; → **Schuhspanner**

Spanner² *m* F (*Voyeur*) peeping Tom

Spannkraft *f fig* energy, vigo(u)r

Spannung *f* 1. TECH tension (*a.* MED), ELEK *a.* voltage, *elastische*: stress, *verformende*: strain, (*Druck, Gas*⊵) pressure: ELEK **unter** ~ (**stehend**) live 2. *fig* excitement, *a. e-s Buches etc*: suspense, (*nervliche* ~, *gespanntes Verhältnis, a.* POL) tension: **mit** (*od* **voll**) ~ **erwarten** *etc*: with bated breath; **j-n in** ~ **halten** keep s.o. in suspense; **in** ~ **versetzen** thrill, excite

spannungs|geladen *Adj* 1. → **spannend** 2. *Atmosphäre etc*: (extremely) tense ⊵**gebiet** *n* POL area of tension, trouble spot ⊵**messer** *m*, ~**prüfer** *m* ELEK voltmeter

Spannweite *f der Flügel, a.* ARCHI span, *fig a.* scope, range

Spanplatte *f* chipboard

Spar|buch *n* savings book ~**büchse** *f* money box ~**einlage** *f* savings depot

sparen I *v/t allg* save: *fig* **das hättest du dir** ~ **können!** that was unnecessary! II *v/i* save (up) (**auf** *Akk* for), (*sich einschränken*) economize (**an** *Dat*, **mit** on): *fig* **mit Lob** *etc* ~ be sparing of praise *etc* **Sparer(in)** *f* saver

Spargel *m* asparagus

Spar|groschen *m* F nest egg ~**guthaben** *n* savings balance ~**haushalt** *m* austerity budget ~**kasse** *f* savings bank ~**konto** *n* savings account

spärlich I *Adj* scanty, *Lob, Kenntnisse etc*: scant, (*dünn*) sparse, *a. Haarwuchs*: thin, *Besuch etc*: poor II *Adv* ~ **bekleidet** scantily dressed; ~ **besucht** poorly attended

Sparmaßnahme *f* economy measure

Sparpackung *f* economy size

Sparpaket *n* POL cuts package

Sparprogramm *n* 1. POL cuts (*od* austerity) program(me Br) 2. *e-r Waschmaschine*: energy-saving cycle

Sparring *n Boxen*: sparring

sparsam *Adj* economical (of), *a. Sache*: thrifty (of, with): *Adv* **mit etw** ~ **umgehen** use s.th. sparingly (*a. fig*)

Sparsamkeit *f* economy, thrift,

strengste: austerity, (*Geiz*) parsimony

Sparschwein *n* F piggy bank

spartanisch *Adj* Spartan, *fig* spartan: *Adv* ~ **leben** lead a spartan life

Sparte *f* field, line

Sparvertrag *m* savings agreement

Spaß *m* joke, (*Vergnügen*) fun: **aus** (*od* **im, zum**) ~ for fun; **er hat nur** ~ **gemacht!** he was only joking!; **es macht** (**k-n**) ~ it's (no) fun; **es macht ihm** (**viel**) ~ he (really) enjoys it; **er versteht k-n** ~ he can't take a joke, *weit. S.* doesn't stand for any nonsense; ~ **beiseite!** joking aside!; **viel** ~! have fun!; **ein teurer** ~ an expensive business

spaßen *v/i* joke: **damit ist nicht zu** ~! that's no joking matter!; **er lässt nicht mit sich** ~ he doesn't stand for any nonsense **spaßeshalber** *Adv* (just) for fun

spaßhaft, spaßig *Adj* funny

Spaßverderber(in) spoilsport, killjoy

Spaßvogel *m* funster, wag

Spastiker(in) MED spastic

spastisch *Adj* (*a.* ~ **gelähmt**) spastic

spät I *Adj* late: **am** ~**en Nachmittag** late in the afternoon; **wie** ~ **ist es?** what time is it?; **es ist** (**wird**) ~ it's (getting) late II *Adv* late, *a.* at a late hour (*a. fig*): **zu** ~ **kommen** be late (**zu** for); **er kam 5 Minuten zu** ~ he was five minutes late; ~ **zu Abend essen** have a late dinner; **bis** ~ **in die Nacht** till late at night; **du bist** ~ **dran!** you are late!

Spatel *m* MED spatula

Spaten *m* spade

Spätentwickler(in) late developer

später I *Adj* later II *Adv* later (**als** than), (~**hin**) later on: **bis** ~! see you later!; → **früher** II **spätestens** *Adv* at the latest

Spätfolgen *Pl* MED late sequelae *Pl*

Spätherbst *m* late autumn (*Am* fall)

Spätlese *f* late vintage (wine)

Spätsommer *m* late summer **Spätvorstellung** *f* late-night performance

Spatz *m* sparrow: F **das pfeifen die** ~**en von den Dächern** that's everybody's secret **Spatzenhirn** *n* F peabrain

Spätzünder(in) F 1. **ein** ~ **sein** be slow on the uptake 2. → **Spätentwickler(in)**

Spätzündung *f* MOT retarded ignition

spazieren *v/i* walk (around), stroll; ~ **fahren** take a ride, **j-n** take s.o. for a ride; ~ **führen** take s.o. (out) for a walk; ~ **gehen** *v/i* go for a walk

Spazierfahrt f drive, ride
Spaziergang m 1. walk, stroll: **e-n ~ machen** go for a walk 2. fig (leichter Sieg) walkover
Spaziergänger(in) walker, stroller
Spazierstock m walking stick
Specht m ZOOL woodpecker
Speck m 1. GASTR bacon: → **Made** 2. F (Fettpolster) flab: **~ ansetzen** get fat
speckig Adj 1. fat 2. fig greasy
Speckscheibe f bacon rasher
Speckschwarte f bacon rind
Spediteur(in) forwarding (SCHIFF shipping) agent, (Möbel2) (furniture) remover **Spedition** f 1. forwarding (SCHIFF shipping) (business) 2. → **Speditionsfirma** f forwarding (SCHIFF shipping) agency, (Möbel2) removal firm
Speditions|kauffrau f, **~kaufmann** m forwarding agent
Speer m spear, (Wurf2) javelin **~werfen** n SPORT javelin throw, the javelin
Speiche f 1. spoke 2. ANAT radius
Speichel m spittle, saliva **~drüse** f salivary gland **~lecker(in)** pej toady
Speicher m 1. (Getreide2) granary, elevator, (Lagerhaus) warehouse, (Wasser2) reservoir 2. (Dachboden) loft, attic 3. IT store, memory **~chip** m IT memory chip **~erweiterung** f memory expansion **~kapazität** f IT memory capacity
speichern v/t store (a. ELEK), WIRTSCH a. stockpile, IT save (**auf** Akk to) **Speicherung** f storage, storing, IT saving
speien I v/t spit, fig spew, (Wasser) spout II v/i (sich erbrechen) vomit
Speise f food, (Gericht) dish, meal **~eis** n ice cream **~kammer** f larder, pantry **~karte** f menu
speisen I v/i eat, dine: **zu Mittag ~** (have) lunch; **zu Abend ~** have dinner, dine II v/t feed (a. ELEK, TECH)
Speisen|aufzug m dumb waiter **~folge** f course of courses
Speise|öl n cooking oil **~röhre** f ANAT gullet, (o)esophagus **~saal** m dining hall (im Hotel: room, SCHIFF saloon) **~wagen** m BAHN dining car, bes Am diner
Speisezettel m menu
Speisezimmer n dining room
Speisung f feeding, TECH a. supply

Spektakel m row, racket, fig fuss
Spektralanalyse f spectrum analysis
Spektrum n a. fig spectrum
Spekulant(in) speculator
Spekulation f allg speculation
Spekulationsgeschäft n speculative operation, riskantes: gamble
spekulieren v/i allg speculate (**über** Akk on, WIRTSCH **mit** in): **~ auf** (Akk) speculate on, F (haben wollen) have one's eye on
Spelunke f F dive, joint
spendabel Adj F generous
Spende f donation, contribution
spenden v/t u. v/i 1. donate (a. Blut, Organ etc), contribute 2. Automat: dispense 3. fig (Licht, Lob etc) give
Spendenaktion f collection campaign
Spendenkonto n account for donations
Spender m (Automat) dispenser
Spender(in) donator, contributor, (a. Blut2, Herz2 etc) donor
spendieren v/t F **j-m etw ~** treat s.o. to s.th.; **j-m ein Bier ~** stand s.o. a beer
Sperber m ZOOL sparrow hawk
Sperling m ZOOL sparrow
Sperma n sperm
Sperre f 1. (Schranke) barrier, (Straßen2) barricade, road block 2. TECH lock, stop, stoppage 3. PSYCH mental block 4. WIRTSCH embargo, blockade: **e-e ~ verhängen über** (Akk) impose a ban (WIRTSCH an embargo) on 5. SPORT suspension
sperren I v/t 1. (schließen) shut, (Straße etc) block, durch Polizisten etc: cordon off: **e-e Straße für den Verkehr ~** close a road to traffic 2. TECH lock, block, stop, (Gas, Wasser etc) cut off 3. (Warenverkehr) embargo, (Zahlungen etc) freeze, (Konto) block, (Scheck) stop 4. SPORT **j-n ~** a) (behindern) obstruct s.o. (unfairly), b) (ausschließen) suspend s.o. 5. BUCHDRUCK space out: **gesperrt gedruckt** spaced out 6. **j-n ~ in** (Akk) lock s.o. up in II v/refl **sich ~** 7. balk (**gegen** at)
Sperr|feuer n MIL barrage **~frist** f blocking period **~gebiet** n prohibited zone
Sperrholz n plywood
sperrig Adj bulky
Sperrminorität f blocking minority
Sperr|müll m bulk rubbish **~sitz** m

S

THEAT orchestra stalls *Pl* **~stunde** *f* closing time **~taste** *f* TECH locking key

Sperrung *f* **1.** closing (*etc*, → **sperren** I), obstruction **2.** → **Sperre** 2, 4

Spesen *Pl* expenses *Pl* **2frei** *Adj* free of charge(s) **~konto** *n* expense account

Spezi[1] *m* F *pej* chum, buddy

Spezi[2] *n* F (*Getränk*) lemonade and cola

Spezial|ausbildung *f* specialized training **~einheit** *f* task force **~fach** *n* special subject **~gebiet** *n* special field

spezialisieren *v/refl* **sich ~ auf** (*Akk*) specialize in **Spezialisierung** *f* specialization **Spezialist(in)** specialist

Spezialität *f* speciality

speziell *Adj* special, specific(ally *Adv*)

Spezies *f* species

spezifisch *Adj* specific(ally *Adv*): **~es Gewicht** specific gravity

spezifizieren *v/t* specify

Sphäre *f* sphere **sphärisch** *Adj* spheric

Sphinx *f a. fig* sphinx

spicken *v/t* **1.** GASTR lard **2.** *fig* (*Rede etc*) interlard (*mit* with): **gespickt mit Fehlern** bristling with mistakes

Spiegel *m* **1.** mirror (*a. fig*), MED speculum, OPT, TECH reflector **2.** (*Wasser2*) surface, (*a. Blutzucker2*) level **~bild** *n* **1.** mirror image **2.** *fig* reflection

Spiegelei *n* GASTR fried egg

spiegel|frei *Adj Glas*: nonglare **~glatt** *Adj Wasser*: (as) smooth as glass, *Parkett etc*: like glass, *Straße*: *a.* icy

spiegeln I *v/i* shine, (*blenden*) dazzle II *v/t a. fig* mirror, reflect III *v/refl* **sich ~** be reflected, *fig a.* be mirrored

Spiegelreflexkamera *f* reflex camera

Spiegelschrift *f* mirror writing

Spiegelung *f* reflection, (*Luft2*) mirage

Spiel *n* **1.** play (*a. fig von Farben, der Muskeln*), MUS playing, THEAT *a.* acting, performance **2.** *allg* game, (*Wett2*) *a.* match, (*Glücks2*) *a.* gamble: **wie steht das ~?** what's the score?; *fig* **gewagtes ~** gamble; (*mit*) **im ~ sein** be at work, **bei etw** be involved in s.th.; **etw ins ~ bringen** bring s.th. up; **die Hand im ~ haben** have one's (*od* a) finger in the pie; **ins ~ kommen** come into play; **auf dem ~ stehen** be at stake; **aufs ~ setzen** risk; **aus dem ~ lassen** leave *s.o.*, *s.th.* out of it; **gewonnenes ~ haben** have made it; **leichtes ~ haben** have little trouble (*mit* with); **mit j-m**

sein ~ treiben play games with s.o.; **mit j-m ein falsches ~ treiben** double-cross s.o.; **das ~ ist aus!** the game is up!; → **abgekartet 3.** THEAT, TV play **4.** ~ (*Karten*) hand (*Am* deck) (of cards) **5.** *Stricknadeln etc*: set **6.** THEAT play, *erwünschtes*: clearance

Spiel|anzug *m* playsuit **~art** *f* BIOL *u. fig* variety **~automat** *m* gaming machine, *mit Geldgewinn*: slot machine, F one-armed bandit **~ball** *m* **1.** ball, *Tennis*: game ball **2.** *fig* plaything **~bank** *f* (gambling) casino **~dauer** *f e-s Films etc*: duration, *e-r Kassette etc*: playing time **~dose** *f* musical (*Am* music) box

spielen I *v/i* **1.** *allg* play (*a. fig*), *Glücksspieler*: gamble: **~ um** play (*a. fig*); **hoch ~** play for high stakes; SPORT **A. spielte gegen B.** A. played B.; **mit dem Gedanken ~ zu** *Inf* toy with the idea of *Ger*; **s-e Beziehungen ~ lassen** pull a few strings; **ins Rötliche ~** have a reddish tinge; → **Charme, Feuer 1, Muskel 2.** THEAT, play, act: **~ in** (*Dat*) *Film, Szene etc*: be set in II *v/t* **3.** *allg* play: **Klavier ~** play the piano; → **Geige, Hand 1.** THEAT *u. fig* play, act: *fig* **den Beleidigten ~** act all offended; **mit gespielter Gleichgültigkeit** with studied indifference; F *fig* **was wird hier gespielt?** what's going on here?; → **Rolle**[2] **5.** (*aufführen*) play, perform: **was wird heute Abend gespielt?** what's on tonight?; → **Theater 2**

spielend *Adv fig* ~ (*leicht*) easily, effortlessly; **es ist ~ leicht** it's child's play; **~ gewinnen** win hands down

Spieler(in) *allg* player, (*Glücks2*) gambler

Spielerei *f* **1.** playing around **2.** (*Zeitvertreib*) pastime **3.** *Pl* (*Kinkerlitzchen*) gewgaws *Pl*, technische: gadgets *Pl*

spielerisch *Adj* **1.** SPORT playing, THEAT acting **2.** (*verspielt*) playful **3.** **mit ~er Leichtigkeit** effortlessly

Spiel|feld *n* SPORT field, pitch, *Tennis*: *a.* court **~film** *m* feature film **~halle** *f* amusement arcade **~hölle** *f pej* gambling den **~kamerad(in)** playmate **~karte** *f* playing card **~kasino** *n* (gambling) casino **~leiter(in)** → **Regisseur(in)** **~macher(in)** SPORT strategist **~marke** *f* counter, chip **~plan** *m* THEAT *etc* program(me *Br*) **~platz** *m* play-

ground **~raum** m **1.** fig elbowroom, scope, zeitlich: time, (Spanne) margin **2.** TECH clearance **~regel** f rule: a. fig **sich an die ~n halten** play the game **~sachen** Pl toys Pl **~salon** m amusement arcade **~schuld** f gambling debt **~stand** m score **~tisch** m card table, für Glücksspiele: gambling table **~trieb** m play instinct **~uhr** f musical clock **~verbot** n SPORT suspension **~verderber(in)** f spoilsport

Spielwaren Pl toys Pl **Spielwarengeschäft** n toy shop (Am store)

Spielzeit f Sport, THEAT season, e-s Spiels: playing time, e-s Films etc: run

Spielzeug n toy(s Pl), fig toy

Spielzeugpistole f toy pistol

Spieß m spear, (Brat⌂) spit, (Fleisch⌂) skewer: **am ~ braten** roast on the spit; F fig **den ~ umdrehen** turn the tables (gegen on); **schreien wie am ~** scream blue murder **Spießbürger(in)** f, **spießbürgerlich** Adj petty bourgeois, F square **Spießer(in)** f, **spießig** Adj petty bourgeois, F square **Spießruten** Pl a. fig **~ laufen** run the gauntlet

Spikes Pl **1.** SPORT spikes Pl **2.** MOT a) studs Pl, b) → **Spikesreifen** Pl studded tyres (Am tires) Pl

spinal Adj spinal: MED **~e Kinderlähmung** polio(myelitis)

Spinat m spinach

Spind m, n locker

Spindel f spindle (a. BIOL, TECH)

Spinett n spinet

Spinne f spider **spinnen I** v/t spin: fig **Ränke ~** hatch plots **II** v/i F (verrückt sein) be crazy, (Unsinn reden) talk (a lot of) rubbish **Spinnennetz** n cobweb

Spinner(in) f **1.** spinner **2.** F (Verrückter) nut, crackpot, Am screwball

Spinnerei f **1.** a) spinning, b) (Fabrik) spinning mill **2.** F fig crazy idea, modische: fad, (Unsinn) rubbish

Spinn|gewebe n cobweb **~rad** n spinning wheel **~webe** f cobweb

Spion m **1.** spy **2.** an der Tür: spyhole, am Fenster: window mirror

Spionage f espionage, spying **~abwehr** f counterespionage, counterintelligence **~netz** n, **~ring** m spy ring

spionieren v/i spy, fig a. snoop (around)

Spionin f spy

Spirale f spiral (a. fig Preis⌂ etc), TECH

(Draht⌂ etc, a. F Pessar) coil

Spiralfeder f coil spring, der Uhr: mainspring **spiralförmig** Adj spiral

Spiritismus m spiritualism **Spiritist(in)** f, **spiritistisch** Adj spiritualist

Spirituosen Pl spirits Pl, Am liquor Sg

Spiritus m spirit **~kocher** m spirit stove

Spital n österr., schweiz: hospital

spitz Adj **1.** pointed, Bleistift etc: a. sharp: **~ zulaufend** tapering **2.** MATHE Winkel: acute **3.** F (blass, krank) peaky **4.** fig (bissig) pointed, a. Person: sarcastic: **~e Zunge** sharp tongue

Spitz m (Hund) Pomeranian

Spitz|bart m goatee **~bauch** m paunch

Spitze¹ f **1.** allg (Kinn⌂, Messer⌂ etc) point, (spitzes Ende, a. Finger⌂, Nasen⌂ etc) tip, (Berg⌂) peak, (a. Baum⌂) top, (Turm⌂) spire: fig **die ~ des Eisbergs** the tip of the iceberg; **e-r Sache die ~ nehmen** take the edge off s.th. **2.** e-r Kolonne etc: head (a. fig), (Angriffs⌂) (spear)head (a. fig), SPORT (Führung) lead, (Führungs⌂) leading group: Fußball: F **~ spielen** be striker; **an der ~ der Tabelle** at the top of the table; a. fig **an der ~ liegen** be in front; **sich an die ~ setzen** take the lead **3.** (Leistungs⌂, Verkehrs⌂ etc) peak: F **das Auto macht 220 km ~** the car does a maximum of 220 km per hour; fig **etw auf die ~ treiben** carry s.th. too far **4.** (Spitzenposition) top position, (Unternehmens⌂) (top) management, Pl (Elite) leading figures Pl, élite Sg: **an der ~ der Firma** at the head of the firm **5.** (Anspielung) dig (gegen at) **6.** F **das ist (einsame) ~!** that's super (od great)!

Spitze² f lace

Spitzel m (Polizei⌂) informer, sl nark, weit. S. (im Betrieb: company) spy

spitzen v/t point, (Bleistift etc) sharpen: **die Ohren ~** prick up one's ears, fig a. listen carefully

Spitzen|fabrikat n top-quality product (od make) **~gehalt** n top salary **~geschwindigkeit** f maximum (od top) speed **~gespräch** n top-level talks Pl **~kandidat(in)** f leading candidate, front-runner **~klasse** f top class: **Läufer (Auto) der ~** top-class runner (car)

Spitzenkleid n lace dress

Spitzen|kraft f highly qualified worker, top-level executive, THEAT etc star per-

former **~leistung** f **1.** TECH maximum output, ELEK peak power **2.** SPORT top performance **3.** der Wissenschaft etc: great feat **~lohn** m top wage(s Pl) **~produkt** n top-quality product **~reiter(in)** (Kandidat) front-runner, SPORT leader, leading team, (Film, Schlager etc) (top) hit **~sport** m high-performance sports Pl **~sportler(in)** top athlete **~tanz** m toe-dancing **~technik** f leading-edge technology, hi tech **~technologie** f high technology **~verdiener(in)** top earner **~wein** m vintage wine

spitzfindig Adj over-subtle
Spitzfindigkeit f subtlety: das sind ~en that's splitting hairs
Spitzhacke f axe, Am pickax
spitzkriegen v/t F etw ~ cotton on to s.th.
Spitzname m nickname
spitzwink(e)lig Adj MATHE acute
Spleen m F tic, quirk
Spliss m (Haar2) split ends Pl
Splitter m splinter, (a. Granat2) fragment **Splitterbruch** m MED chip fracture
splitterfrei Adj shatterproof
Splittergruppe f POL splinter group
splittern v/i splinter, Glas: shatter
splitternackt Adj stark naked
Splitterpartei f splinter party
Splitting n splitting
Spoiler m MOT spoiler
sponsern v/t, **Sponsor(in)** sponsor **Sponsoring** n sponsorship
spontan Adj spontaneous **Spontanentscheidung** f snap decision
sporadisch Adj sporadic(ally Adv)
Spore f BOT spore
Sporn m spur (a. BOT), FLUG (tail) skid: dem Pferd die Sporen geben spur
Sport m **1.** sport, Koll sports Pl, PÄD a. physical education: ~ treiben go in for sports; viel ~ treiben do a lot of sports **2.** fig hobby: als ~ as a hobby
Sport|abzeichen n sports badge **~anlage** f sports grounds (od facilities) Pl **~art** f (kind of) sport **~artikel** m sports article **~arzt** m, **~ärztin** f sports physician **2begeistert** Adj sporty **~bericht** m sports report **~fest** n sports day **~flieger(in)** amateur pilot **~geschäft** n sports shop (Am store) **~halle** f sports

complex **~hochschule** f physical education college **~kleidung** f sportswear **~klub** m sports club **~lehrer(in)** P.T (= Physical Training) instructor
Sportler m sportsman, athlete
Sportlerin f sportswoman
sportlich Adj allg sporting, sporty, Verhalten: a. fair, Veranstaltung etc: a. sports (meeting etc), Aussehen, Figur, Person: athletic, Kleidung: casual
Sportmedizin f sports medicine
Sport|nachrichten Pl sports news Pl (a. Sg konstr) **~platz** m sports ground, athletics field, in der Schule: playing field(s Pl) **~reportage** f sports report, Am sportscast **~reporter(in)** sports reporter, Am sportscaster **~sendung** f sports broadcast, Am sportscast
Sportsfrau f sportswoman
Sportskanone f F (sports) ace
Sportsmann m sportsman
Sport|tauchen n skin (mit Atemgerät: scuba) diving **~veranstaltung** f sporting event, sports meeting **~verein** m sports club **~wagen** m **1.** MOT sports car **2.** für Kinder: pushchair, Am stroller **~zeitung** f sporting paper **~zentrum** n sports cent/re (Am -er)
Spott m mockery, scoff, ridicule, (Hohn) derision, scorn **spottbillig** Adj dirt-cheap **Spöttelei** f mockery, (Bemerkung) gibe **spötteln** v/i gibe (über Akk at) **spotten** v/i (über Akk) mock (at), scoff (at), make fun (of); → **Beschreibung** 1 **Spötter(in)** mocker, weit. S. cynic **spöttisch** Adj mocking, (höhnisch) derisive, (bissig) sarcastic
Spottpreis m ridiculous(ly low) price
Sprachausgabe f ELEK, IT speech (od voice) output, Hardware: audio response (unit) **Sprachbarriere** f language barrier
sprachbegabt Adj good at languages
Sprachbegabung f gift for languages
Sprachbox f IT voice mailbox
Sprache f **1.** (Sprechvermögen) speech: → **verschlagen**[1] 4 **2.** allg language (a. fig), (Landes2) a. vernacular, (Fach2, Berufs2) a. jargon, (Mundart) idiom, (Stil) diction: heraus mit der ~! out with it!, etw zur ~ bringen bring s.th. up; ein Thema zur ~ bringen raise a subject; zur ~ kommen come up (for

discussion); → *herausrücken* 3

Sprachebene f speech level

Sprachenschule f language school

Sprach|erkennung f IT voice recognition **~fehler** m speech defect **~führer** m phrasebook

Sprachgebrauch m (linguistic) usage: *im gewöhnlichen ~* in everyday usage

Sprachgefühl n linguistic instinct

sprachgewandt Adj articulate, *fremdsprachlich*: proficient in languages

Sprachkenntnisse Pl knowledge Sg of languages (od of a language): *gute englische ~ erwünscht* good command of English desirable

sprachkundig Adj linguistically proficient, *in einer Sprache*: having command of French *etc*

Sprachkurs m language course

Sprach|labor n language laboratory **~lehre** f 1. grammar 2. grammar book **~lehrer(in)** language teacher

sprachlich Adj a) linguistic, b) grammatical, c) stylistic

sprachlos Adj speechless

Sprach|regelung f iron (prescribed) phraseology **~reise** f language trip **~rohr** n fig mouthpiece **~steuerung** f IT speech (od voice) control **~störung** f MED speech disorder **~studium** n language studies Pl **~unterricht** m language teaching: *englischer ~* English lessons Pl **~wissenschaft** f philology, linguistics Sg **~wissenschaftler(in)** philologist, linguist ⚲**wissenschaftlich** Adj philological, linguistic(ally Adv)

Spray m, n spray **Sprayer(in)** spray artist

Sprechanlage f intercom

Sprechblase f in Comics: balloon

Sprechchor m chorus: *im ~ rufen* chant

sprechen I v/i speak, *(e-e Rede halten)* a. give a speech, *(sich unterhalten)* talk *(mit j-m* to s.o., *über Akk, von* about): *~ mit (konsultieren)* see *(one's doctor etc)*; *über Geschäfte (Politik) ~* talk business (politics); *von etw anderem ~* change the subject; *j-n zum ⚲ bringen* make s.o. talk; *~ für als Vertreter:* speak on behalf of, *vermittelnd:* put in a good word for, *befürwortend:* plead for; *das spricht für ihn* that says s.th. for him; *das spricht für sich selbst* that speaks for itself; *vieles spricht da-*

für (dagegen) there is much to be said for (against) it; *alles spricht dafür, dass ... (weist darauf hin)* there is every indication that ...; *auf ihn ist sie nicht gut zu ~* he's in her bad books; *wir kamen (man kam) auf ... zu ~* the subject of ... came up II v/t *(Sprache etc)* speak, *(Gebet etc)* say: *j-n ~* speak to s.o., see s.o.; *j-n zu ~ wünschen* wish to see s.o.; *kann ich Sie kurz ~?* may I have a word with you?; *er ist nicht zu ~* he is busy; → *Recht* 1, *schuldig* 1

sprechend Adj fig Blick, Gesten etc: eloquent, Ähnlichkeit: striking

Sprecher m 1. speaker, RADIO, TV announcer 2. spokesman (Gen for)

Sprecherin f 1. → *Sprecher* I 2. spokeswoman (Gen for)

Sprecherziehung f speech training

Sprechfunk m radiotelephony **~gerät** n radiotelephone, *tragbar:* walkie-talkie

Sprechstunde f office hours Pl, e-s Arztes: consulting hours Pl

Sprechstundenhilfe f receptionist; → *Arzthelfer(in)*

Sprechzimmer n office, e-s Arztes: consulting room, surgery

spreizen v/t spread, *(die Beine)* a. straddle **Spreizfuß** m MED splayfoot

Sprengbombe f high-explosive bomb

sprengen[1] v/t sprinkle, spray

sprengen[2] v/t 1. burst open, *(Tür)* force, *(Fesseln etc)* break 2. mit Dynamit etc: blast, blow up 3. fig *(Versammlung)* break up: *die Bank ~ beim Glücksspiel:* break the bank; → *Rahmen*

Sprengkapsel f detonator

Spreng|kopf m warhead **~körper** m, **~ladung** f, **~satz** m explosive charge

Sprengstoff m explosive, fig dynamite **~anschlag** m bomb attack

Sprengung f 1. blasting, blowing up 2. fig e-r Versammlung etc: breaking-up

sprenkeln v/t speckle, dot

Spreu f (fig die ~ vom Weizen trennen separate the wheat from the) chaff

Sprichwort n proverb: *wie das ~ sagt* as the saying goes; → *Beispiele bei* **proverb**

sprichwörtlich Adj a. fig proverbial

sprießen v/i shoot up, sprout

Springbrunnen m fountain

S

springen I v/i **1.** allg jump (a. Sport), weit: leap, Wasserspringen: dive, Stabhochsprung: vault, (hüpfen) hop, skip, a. Ball etc: bounce; → **Auge** 1, **Punkt** 3 **2.** F (rennen) run, nip **3.** F fig etw ~ lassen (Geld) fork out, für j-n treat s.o. to s.th. **4.** (zer~) crack, Saite: break **II** ♀ n **5.** jumping, Wasserspringen: diving

Springer m Schach: knight

Springer(in) 1. SPORT **a)** jumper, **b)** diver, **c)** vaulter **2.** F WIRTSCH stand-in

Spring|**flut** f spring tide ~**reiten** n show jumping ~**reiter(in)** show jumper ~**seil** n skipping rope

Sprinkleranlage f sprinkler system

Sprint m, **sprinten** v/i u. v/t sprint

Sprinter(in) sprinter

Sprit m F **1.** (Alkohol) spirit **2.** (Benzin) juice, Am gas

Spritze f **a)** syringe, **b)** (Injektion) injection, F jab, Am shot, **c)** fig (Geld) shot-in-the-arm

spritzen I v/t **1.** (Flüssigkeit) squirt, (a. Lack, Parfüm etc) spray **2.** → **spritzen[1] 3.** (Mittel, Person) inject, F (Rauschgift) sl shoot, mainline **4.** (Getränk) mix with (soda) water **5.** (Kunststoff) inject **II** v/i **6.** splash, a. Fett: spatter, Blut: gush **7.** spray **8.** (Rauschgift ~) sl mainline **Spritzer** m splash, (Schuss Rum etc) dash

Spritzguss m TECH die-casting, Kunststoff: injection mo(u)lding

spritzig Adj **1.** Wein etc: sparkling **2.** fig lively, F peppy, zippy, Auto: nippy

spritzlackieren v/t spray(-paint)

Spritzmittel n LANDW spray **Spritzpistole** f TECH spray gun **Spritztour** f F hop: MOT **e-e ~ machen** go for a spin

spröde Adj **1.** brittle (a. Stimme), Haut: rough, chapped **2.** (abweisend) standoffish, bes Mädchen: coy

Spross m **1.** LANDW shoot **2.** fig scion

Sprosse f **1.** a. fig rung **2.** JAGD tine

Sprossenfenster n lattice window

Sprossenwand f Turnen: wall bars Pl

Sprössling m **1.** → **Spross** 1 2. F child, (Sohn) son, junior

Sprotte f ZOOL sprat

Spruch m **1.** saying, (a. Lehr♀) dictum, (~weisheit) aphorism, epigram, (Bibel♀) quotation, verse: F (große) Sprüche klopfen talk big **2.** (Entscheidung) decision **Spruchband** n banner

spruchreif Adj **die Sache ist noch nicht ~** nothing has been decided yet

Sprudel m (carbonated) mineral water

sprudeln v/i **1.** (hervor~) gush (forth) **2.** Wasser etc: bubble, Getränk: a. fizz: fig ~ **vor** Dat bubble (over) with

Sprühdose f spray can, aerosole (can)

sprühen I v/t **1.** spray, (be~) sprinkle **II** v/i **2.** spray **3.** Funken: fly **4.** fig (**vor** Dat with) bubble (over), Augen: flash: **vor Geist ~** sparkle with wit **sprühend** Adj fig Geist, Witz etc: sparkling

Sprüh|**nebel** m mist ~**regen** m drizzle

Sprung[1] m allg jump (a. fig), großer: a. leap, Turnen, Stabhochsprung: vault, Wasserspringen: dive: fig **ein großer ~ nach vorn** a great leap forward; F **auf dem ~ sein zu** Inf be about to Inf; **j-m auf die Sprünge helfen** help s.o. along; **mit dem Gehalt kann er k-e großen Sprünge machen** he can't go far on that salary

Sprung[2] m crack: **e-n ~ haben** be cracked

Sprung|**becken** n diving pool ~**brett** n springboard (a. fig), Wasserspringen: a. diving board ~**feder** f spring ~**grube** f SPORT (jumping) pit

sprunghaft I Adj **1.** erratic **2.** (schnell) rapid, Preisanstieg: a. sharp **II** Adv **3.** rapidly: ~ **ansteigen** go up by leaps and bounds, shoot up

Sprunghaftigkeit f **1.** e-r Person: volatility **2. a)** instability, **b)** rapidity

Sprung|**latte** f crossbar ~**schanze** f ski jump ~**tuch** n jumping sheet ~**turm** m high-diving platforms Pl

Spucke f F spittle: **da blieb mir die ~ weg** I was flabbergasted **spucken I** v/i **1.** spit, Motor: splutter **2.** F (sich erbrechen) be sick, puke **II** v/t **3.** spit s.th. out: **Blut ~** spit blood; → **Ton[2]** 1

Spuk m **1.** apparition, ghost, spectre, Am specter, weit. S. eerie happenings Pl **2.** fig nightmare **spuken** v/i an e-m Ort ~ haunt a place; **in der Burg spukt es** the castle is haunted

Spule f TECH spool, reel (a. Film♀, Tonband♀), (Garn♀) bobbin coil

Spüle f sink unit

spulen v/t reel, spool, (Film etc) wind

spülen I v/t **1.** (aus~) rinse **2.** (ab~) wash (up): **Geschirr ~** → 4 **3.** etw ans Ufer ~ wash s.th. ashore **II** v/i **4.** wash up, wash

(od do) the dishes **5.** flush the toilet
Spülmaschine f dishwasher **Spülmittel** n washing-up liquid

Spülung f **1.** rinse, MED douche, irrigation **2.** flushing, (Wasser♈) flush

Spulwurm m MED, ZOOL roundworm

Spur f **1.** (Abdruck) print, (Fuß♈, Räder♈ etc) track(s Pl), trace(s Pl), (Fährte, Blut♈ etc) trail (a. fig), JAGD a. scent: **e-e ~ aufnehmen** pick up a trail; fig j-m od e-r Sache **auf die ~ kommen** get on to; **auf der falschen ~ sein** be on the wrong track; **s-e ~en verwischen** cover up one's tracks; (**bei j-m**) **s-e ~en hinterlassen** leave its mark (on s.o.) **2.** fig (Anzeichen) trace, bes JUR (leise): **k-e ~ von ...** not a trace of ...; F **k-e ~!** not a bit! **3.** fig (winzige Menge) trace, GASTR dash (of pepper etc) **4.** BAHN (~weite) ga(u)ge, (Schienen) track(s Pl) **5.** Datenträger: track **6.** MOT a) (~ halten) keep) track, b) (Fahr♈) lane: **die ~ wechseln** change lane

spürbar Adj noticeable, (deutlich) marked, (beträchtlich) considerable: **~ sein** be felt; **~ werden** make itself felt

spuren v/i Skisport: lay a track **2.** F (sich fügen) toe the line

spüren v/t feel, intuitiv: a. sense: **etw am eigenen Leibe zu ~ bekommen** have first-hand experience of s.th.; **von ... war nichts zu ~** there was no sign of ...

Spurenelement n trace element

Spürhund m **1.** tracker dog **2.** hum (Detektiv) sleuth

spurlos Adv **~ verschwinden** disappear without a trace; **nicht ~ an j-m vorübergehen** leave its mark on s.o.

Spürnase f, **Spürsinn** m (good) nose

Spurt m, **spurten** v/i sprint, spurt

Spurwechsel m MOT changing lane

Spurweite f **1.** BAHN ga(u)ge **2.** MOT track

sputen v/refl **sich ~** hurry up

Squash n Sport squash **~court** m squash court **~halle** f squash courts Pl **~schläger** m squash racket

Sri Lanka n Sri Lanka

Staat[1] m **1.** POL state, (Land, Nation) a. country, nation, (Regierung) government: F **die ~en** (USA) the States **2.** (Insekten♈) colony

Staat[2] m (Festkleidung) finery: fig **da-**

mit kannst du k-n ~ machen! that's nothing to write home about!

Staatenbund m confederation

staatenlos Adj stateless

Staatenlose m, f stateless person

staatlich I Adj state(-) ..., government ..., national, public, Betrieb etc: state-owned: **~e Mittel** government funds **II** Adv **~ gefördert** state-sponsored; **~ gelenkt** state-run; **~ geprüft** qualified, registered

Staats|akt m act of state, (Feier) state occasion **~aktion** f F **e-e ~ machen aus** (Dat) make a big affair out of **~angehörige** m, f national, Br subject, Am citizen **~angehörigkeit** f (doppelte ~ dual) nationality **~angestellte** m, f state (od government) employee **~anleihe** f government loan (Wertpapier: bond) **~anwalt** m, **~anwältin** f JUR public prosecutor, Am district attorney **~anwaltschaft** f JUR the public prosecutor's office, weit. S. the public prosecutors Pl **~anzeiger** m official gazette **~archiv** n Public Record Office

Staats|beamte m, **~beamtin** f civil servant **~begräbnis** n state funeral **~besuch** m state visit **~bürger(in)** citizen **♈bürgerlich** Adj civic: **~e Rechte** civil rights **~bürgerschaft** f (doppelte ~ dual) citizenship **~chef(in)** head of state **~dienst** m civil (bes Am public) service **♈eigen** Adj state-owned **~examen** n UNI state examination

Staats|feiertag m national holiday **~feind(in)** public enemy **♈feindlich** Adj subversive **~form** f form of government **~gebiet** n German etc territory **~geheimnis** n state secret: F fig das ist **(k)ein ~!** that's (not) top-secret! **~grenze** f border, frontier **~haushalt** m (national) budget **~hoheit** f sovereignty **~kasse** f (public) treasury **~kosten** Pl **auf ~** at (the) public expense

Staatsmann m statesman

staatsmännisch Adj statesmanlike

Staats|minister(in) Secretary of State, Am Secretary **~ministerium** n ministry **~oberhaupt** n head of state **~präsident(in)** President

Staats|recht n constitutional law **~religion** f state religion **~schulden** Pl national debt Sg **~sekretär(in)** permanent secretary **~sicherheitsdienst** m

S

DDR POL *hist* State Security (Service) **~streich** *m* coup (d'état)

staatstragend *Adj* supportive of the State

Staats|trauer *f* national mourning **~verbrechen** *n* political crime **~vertrag** *m* (international) treaty **~wesen** *n* **1.** state, body politic **2.** political system **~wissenschaft(en** *Pl*) *f* political science **~wohl** *n* public weal **~zuschuss** *m* government grant, subsidy

Stab[1] *m allg* staff, (*Stock*) stick, (*Stange*) rod, bar, *Stabhochsprung:* pole, (*Zauber*2) wand, (*Marschall*2, *Dirigenten*2, *Staffel*2) baton: *fig* **den ~ brechen über** (*Akk*) condemn

Stab[2] *m* **1.** (*Mitarbeiter*2) staff, (*Experten*2 *etc*) team **2.** MIL staff, (*Offiziere*) staff officers *Pl*, (*Hauptquartier*) headquarters *Pl* (*a. Sg konstr*)

Stäbchen *n* (*Ess*2) chopstick

Stabhochspringer(in) pole-vaulter

Stabhochsprung *m* pole-vault(ing)

stabil *Adj* stable, (*robust*) solid, sturdy

stabilisieren *v/t* stabilize: **sich ~** *a.* become stabilized

Stabilisierung *f* stabilization

Stabilität *f* stability

Stabreim *m* alliteration

Stabs|arzt *m*, **~ärztin** *f* captain (Medical Corps) **~chef(in)** MIL Chief of Staff

Stabwechsel *m Staffel:* baton change

Stachel *m* **1.** prickle, ZOOL *a.* spine, (*Insekten*2) sting, (*Dorn*) thorn **2.** TECH spike

Stachelbeere *f* gooseberry

Stacheldraht *m* barbed wire

stach(e)lig *Adj* **1.** prickly, ZOOL *a.* spiny, (*dornig*) thorny **2.** *Kinn, Bart:* bristly

Stachelschwein *n* porcupine

Stadion *n* stadium

Stadium *n* stage, phase

Stadt *f* **1.** town, (*Groß*2) city: **in die ~ gehen** go to town **2.** (*~verwaltung*) municipality **~autobahn** *f* urban motorway (*Am* expressway) **~bahn** *f* city railway 2**bekannt** *Adj* known all over town, notorious **~bevölkerung** *f* urban population **~bewohner(in)** city dweller **~bezirk** *m* municipal district

Stadtbild *n* townscape

Städtchen *n* small town

Städtebau *m* urban development

Städtepartnerschaft *f* (town) twinning

Städteplanung *f* town planning

Städter(in) city dweller

Stadtexpress *m* city express

Stadtgas *n* town gas

Stadtgebiet *n* municipal area

Stadtgemeinde *f* township

Stadtgespräch *n fig* **~ sein** be the talk of the town

Stadthalle *f* municipal hall

städtisch *Adj* town ..., city ..., urban, *bes verwaltungsmäßig:* municipal

Stadt|kern *m* town (*od* city) cent/re (*Am* -er) **~leben** *n* city life **~luft** *f* city air **~mauer** *f* city wall **~mensch** *m* urbanite, city person **~mitte** *f →* **Innenstadt** **~plan** *m* city map

Stadtplanung *f* town planning

Stadtrand *m* (**am ~** at the) outskirts *Pl* of the town (*od* city) **~siedlung** *f* suburban estate (*od* housing development)

Stadtrat[1] *m* municipal council

Stadt|rat[2] *m*, **~rätin** *f* town (*Am* city) council(l)or

Stadtrundfahrt *f* city sightseeing tour

Stadtsanierung *f* urban renewal

Stadtstaat *m* city state

Stadtstreicher(in) city vagrant

Stadt|teil *m* district **~tor** *n* town gate **~verkehr** *m* town (*od* city) traffic **~verwaltung** *f* municipality **~viertel** *n* district **~zentrum** *n →* **Innenstadt**

Staffel *f* **1.** SPORT relay (race *od* team) **2.** FLUG, MIL squadron

Staffelei *f* easel

Staffellauf *m* SPORT relay race

staffeln *v/t* (*Steuern, Löhne etc*) grade, graduate, (*Arbeitszeit etc, a.* TECH) stagger: *→* **gestaffelt**

Staffelung *f* staggering, *von Steuern etc:* graduation, progressive rates *Pl*

Stagnation *f* stagnation

stagnieren *v/i* stagnate

Stahl *m* steel: **Nerven (wie) aus ~** nerves of steel **~arbeiter(in)** steelworker **~bau** *m* steel(-girder) construction **~beton** *m* reinforced concrete 2**blau** *Adj* steel-blue **~blech** *n* sheet steel

stählen *v/t* **1.** TECH steel-face **2.** *fig* steel (**sich** o.s.) **stählern** *Adj* **1.** (of) steel **2.** *fig* of steel, *Blick etc:* steely

Stahl|gürtelreifen *m* MOT belted-bias tyre (*Am* tire) 2**hart** *Adj* (as) hard as steel, steely **~helm** *m* steel helmet **~(rohr)möbel** *Pl* tubular steel furni-

ture Sg **~stich** m steel engraving **~waren** Pl steel goods Pl **~werk** n steelworks Pl (a. Sg konstr) **~wolle** f steel wool

Stall m (Pferde&) stable (a. fig Renn& etc), (Kuh&) cowshed: F fig **e-n ganzen ~ voll** a horde of **~bursche** m groom

Stallungen Pl stabling Sg, stables Pl

Stamm m 1. BOT stem (a. LING), (Baum&) trunk 2. (Volks&) race, tribe, (Familie) family 3. fig (Kern) core, nucleus 4. (Mitarbeiter& etc) permanent staff, (Kunden&) regular customers Pl, (Spieler&) regular players Pl 5. BIOL phylum **~aktie** f ordinary share, Am common stock **~baum** m family tree, ZOOL pedigree, BIOL phylogenetic tree **~buch** n family register **~burg** f ancestral castle **~datei** f COMPUTER master file

stammeln v/t u. v/i stammer

stammen v/i (**von, aus**) allg come (from), zeitlich: date (from), go back (to): **der Ausspruch stammt von ihm** the word was coined by him

Stammes… tribal …

Stammform f LING principal form

Stammgast m regular (guest)

Stammhalter m hum son and heir

Stammhaus n WIRTSCH parent firm

stämmig Adj stocky, burly

Stamm|kapital n original share capital, Am common capital stock **~kneipe** f F local **~kunde** m, **~kundin** f regular customer, F regular **~lokal** n favo(u)rite haunt **~personal** n permanent staff, skeleton **~platz** m favo(u)rite seat: SPORT **sich e-n ~ erobern** make the regular team **~tisch** m (table reserved for) regular guests Pl **~tischpolitiker(in)** armchair politician **~verzeichnis** n COMPUTER root directory **~wähler(in)** POL standing voter

stampfen I v/i stamp (**mit dem Fuß** one's foot), Schiff: pitch **II** v/t (zer~) pound, crush, (Kartoffeln etc) mash, (fest~) tamp: → **Boden** 1

Stand m 1. (**aus dem ~** from a) standing position, (Halt) footing, foothold: **k-n (festen) ~ haben** be wobbly, Person: have no firm foothold; fig (**bei j-m**) **e-n schweren ~ haben** have a hard time of it (with s.o.) 2. (Zu&) state, condition, (Lage) position (a. ASTR), (Ni-

veau) level (a. Wasser& etc), standard, (Zahl) figure, (Barometer& etc) reading, e-s Wettkampfs: score, e-s Rennens: standings Pl: SPORT **beim ~e von 4:2** at 4:2; **nach dem ~ vom 1. Mai** as of May 1st; **den höchsten ~ erreichen** reach its peak; **etw auf den neuesten ~ bringen** bring s.th. up to date, update s.th.; **der ~ der Dinge** the state of affairs; **nach dem ~ der Dinge** as matters stand; **der neueste ~ der Technik** (od **Wissenschaft**) the state of the art 3. social standing, rank, (a. Rechts&, Familien&) status, (Klasse) class, (Berufs&) profession 4. (Verkaufs&) stall, (a. Messe&) booth; **außer ~e → außerstande; im ~e ~ imstande; in ~ ~ instand; zu ~e → zustande**

Standard m standard

standardisieren v/t standardize

Standardwerk n standard work

Standarte f standard

Standby-Ticket n standby ticket

Ständchen n serenade: **j-m ein ~ bringen** serenade s.o.

Ständer m 1. stand, (Gewehr&, Pfeifen& etc) rack 2. V (Erektion) hard-on

Standesamt n registry office **standesamtlich** Adj **~e Trauung** registry office wedding **Standesbeamte** m, **Standesbeamtin** f registrar

standesgemäß Adj u. Adv in keeping with one's station **Standesunterschied** m social difference

standfest Adj steady, TECH stable **Standfestigkeit** f 1. steadiness, TECH stability 2. → **Standhaftigkeit Standfoto** n FILM still **standhaft** Adj steadfast, firm **Standhaftigkeit** f steadfastness, firmness **standhalten** v/i hold one's ground, stand firm, e-m Angriff etc: withstand, resist, e-r Kritik etc: stand up to: → **Vergleich** 1

ständig I Adj constant, continuous, Personal, Wohnsitz etc: permanent, Einkommen: fixed, regular, Ausschuss: standing: **~er Begleiter** constant companion **II** Adv permanently, constantly, always: **etw ~ tun** keep doing s.th.

Stand|leitung IT, TEL dedicated (od direct) line **~licht** n MOT parking light **~ort** m position (a. SCHIFF u. fig), location, e-r Industrie etc: site, MIL garrison, Am post, BIOL habitat: **den ~ (Gen) be-**

S

stimmen locate **~ortvorteil** *m* WIRTSCH locational advantage **~pauke** *f* F lecture: **j-m e-e ~ halten** lecture s.o. (*über Akk* on) **~platz** *m* stand, *für Taxis:* rank

Standpunkt *m* **1.** post, point **2.** *fig* (*von s-m etc* ~ *aus* from his *etc*) point of view; **den ~ vertreten, auf dem ~ stehen** take the view (*dass* that)

Stand|recht *n* martial law **2rechtlich** *Adj u. Adv* by order of a court martial **~spur** *f* MOT hard shoulder **~uhr** *f* grandfather clock

Stange *f* **1.** *allg* pole (*a.* Sport), (*Fahnen*2) *a.* staff, (*Metall*2) rod, bar, (*Sitz*2 *für Vögel:* perch, (*Zucker*2, *Sellerie*2 *etc*) stick: *e-e ~* (*Zigaretten*) a carton (of cigarettes); *Kleidung von der ~* off the peg; F *e-e ~ Geld* a packet; *bei der ~ bleiben* stick to it, *bis zum Ende:* stick it out; *j-n bei der ~ halten* keep s.o. at it; *j-m die ~ halten* stick up for s.o. **2.** *am Geweih:* branch

Stängel *m* stalk, stem

Stangenbohne *f* runner (*Am* string) bean **Stangensellerie** *m* celery

stänkern *v/i* F *pej* stir up trouble: *~ gegen* rail against

Stanniol *n* tinfoil

Stanze *f* TECH stamp(ing machine) **stanzen** *v/t* (*lochen*) punch, (*prägen*) stamp

Stapel *m* **1.** pile, stack **2.** SCHIFF stocks *Pl:* **auf ~ legen** lay down; **vom ~ lassen** launch (*a. fig Projekt etc*), *fig* (*Rede*) deliver, (*Witz*) crack, (*Schlag*) uncork; **vom ~ laufen** be launched **Stapellauf** *m* launching **stapeln** *v/t* stack, (*a. sich ~*) pile up, (*lagern*) store, stockpile

stapfen *v/i* trudge

Star[1] *m* ZOOL starling

Star[2] *m* MED *grauer ~* cataract; *grüner ~* glaucoma

Star[3] *m* FILM *etc* star **~allüren** *Pl* airs and graces *Pl* **~gast** *m* star guest

stark I *Adj* **1.** *allg* strong (*a.* LING *u. fig*), robust, (*kraftvoll*) *a.* powerful, *Hitze, Kälte etc:* great, intense, *Regen, Verkehr, Nachfrage etc:* heavy: *ein ~es Polizeiaufgebot* a strong force of police; *ein 20 Mann ~er Trupp* a group of 20; *er ist ein ~er Raucher (Esser)* he is a heavy smoker (big eater); *fig ~e Seite* strong point; *sich ~ machen für* stand up for; F *das ist ein ~es Stück!* that's a

bit thick! **2.** (*dick*) thick: *2 cm ~e Pappe* pasteboard two centimetres thick; *das Buch ist 150 Seiten ~* the book has 150 pages **3.** (*leistungs~*) *a.* OPT, TECH, strong, powerful, *Motor: a.* high-powered: *ein ~es Medikament* a powerful (*od* potent) drug **4.** (*beleibt*) stout, corpulent **5.** (*schlimm*) bad, *Schmerz, Erkältung: a.* severe **6.** F *fig* (*echt*) ~ super, great **II** *Adv* **7.** (*sehr*) strongly, highly, very much: ~ *beschädigt* badly damaged; ~ *übertrieben* grossly exaggerated; → *erkälten*

Stärke[1] *f* **1.** *allg* strength (*a.* CHEM, *a. Truppen*2 *etc*), power (*a.* OPT, TECH), (*Dicke*) thickness, (*Durchmesser*) diameter **2.** (*Intensität*) intensity, *des Regens, Verkehrs etc: a.* heaviness, *e-s Schmerzes: a.* severity, (*Wucht*) force **3.** *fig j-s* ~ s.o.'s strong point (*od* forte)

Stärke[2] *f* CHEM starch

stärken[1] **I** *v/t* strengthen (*a. fig*), invigorate **II** *v/refl sich ~* fortify o.s

stärken[2] *v/t* (*Wäsche*) starch

stärkend *Adj* (*a. ~es Mittel*) tonic

Starkstrom *m* ELEK high-voltage (*od* heavy) current **~leitung** *f* power line **~technik** *f* heavy-current engineering

Stärkung *f* **1.** *allg* strengthening **2.** (*Erfrischung*) refreshment, F pick-me-up

Stärkungsmittel *n* tonic

starr *Adj* rigid (*a. fig*), stiff, (*reglos*) motionless: ~*er Blick* (fixed) stare; *ich war ~* (*vor Staunen*) I was dum(b)founded

starren[1] *v/i* stare (*auf Akk* at)

starren[2] *v/i* ~ *vor* (*od von*) be full of; *vor Schmutz ~* be thick with dirt, filthy

Starrheit *f* rigidity (*a. fig*), stiffness

starrköpfig *Adj* stubborn, obstinate

Starrsinn *m* obstinacy, stubbornness

Start *m* start (*a. fig*), FLUG takeoff, (*Raketen*2) liftoff; FLUG *zum ~ freigeben* clear for takeoff; SPORT *an den ~ gehen* a) *Läufer etc:* take up one's starting position, b) (*teilnehmen*) take part

Start|automatik *f* MOT automatic choke (control) **~bahn** *f* FLUG runway

startbereit *Adj* ready to start, FLUG ready for takeoff

starten I *v/i* **1.** SPORT start, (*teilnehmen*) *a.* take part (*in Dat, bei* in) **2.** FLUG take off, *Raumfahrt:* lift off **II** *v/t* **3.** start, F

fig a. launch, COMPUTER start(-up) **Starter** *m allg* starter

Starterlaubnis *f* 1. SPORT permission to take part 2. FLUG clearance for takeoff

Starthilfe *f* 1. *j-m ~ geben* a) MOT give s.o. a jump-start, b) *fig* give s.o. a start (in life) 2. *Abflug mit ~* assisted takeoff **~kabel** *n* MOT jump leads *Pl*

Start|kapital *n* start-up capital **♀klar** *Adj* → *startbereit* **~position** *f* starting position **~schuss** *m* SPORT starting shot **~verbot** *n* SPORT suspension, FLUG grounding: *~ erhalten* a) be suspended, b) be grounded **~zeichen** *n* starting signal, *fig* green light

Stasi *f* F *DDR* POL *hist* State Security (Service)

Statik *f* ARCHI, ELEK, PHYS statics *Sg*

Statiker(in) ARCHI stress analyst

Station *f* 1. RADIO, TV *etc*: station 2. BAHN station, (*Haltestelle*) stop: *~ machen* break one's journey 3. (*Kranken♀*) ward 4. *fig* stage

stationär *Adj a.* TECH stationary: MED *~e Behandlung* in-patient treatment; *~er* (*od ~ behandelter*) *Patient* inpatient

stationieren *v/t* station, (*Raketen etc*) deploy **Stationierung** *f* stationing, MIL deployment

Stations|arzt *m*, **~ärztin** *f* ward doctor **~schwester** *f* ward sister

statisch *Adj* static(ally *Adv*)

Statist(in) THEAT, FILM extra

Statistik *f* statistics *Pl* (*als Fach Sg*) **Statistiker(in)** statistician

statistisch *Adj* statistical

Stativ *n* tripod

statt *an j-s ~* in s.o.'s place; *an Kindes ~ annehmen* adopt; → *anstatt*

Stätte *f* place, (*Schauplatz*) scene

stattfinden *v/i* take place, be held **stattgeben** *v/i* (*e-r Bitte etc*) grant **statthaft** *Adj* admissible: *nicht ~* not allowed

Statthalter(in) governor

stattlich *Adj* 1. *Haus etc*: stately, impressive 2. *Summe etc*: large, considerable 3. *Person*: portly: *er ist e-e ~e Erscheinung* he is a fine figure of a man

Statue *f* statue

Statur *f* stature (*a. fig*), build

Status *m* state, (*Rechts♀*) status

Statussymbol *n* status symbol

Statuszeile *f* COMPUTER status bar

Statut *n* → *Satzung*

Stau *m* 1. accumulation, pile-up 2. MED congestion 3. (*Verkehrs♀*) traffic jam (*od* congestion), (*Rück♀*) tailback

Staub *m* dust: *~ wischen* do the dusting; *~ saugen* vacuum, *Br* F hoover®; *sich aus dem ~ machen* clear off; → *aufwirbeln* **Staubbeutel** *m* 1. BOT anther 2. *im Staubsauger*: dust bag

Stäubchen *n* dust particle

Staubecken *n* TECH reservoir

stauben *v/i* make a lot of dust: *es staubt* it's dusty **Staubflocke** *f* piece of fluff **Staubgefäß** *n* BOT stamen **staubig** *Adj* dusty **staubsaugen** *v/t u. v/i* vacuum, *Br* F hoover® **Staubsauger** *m* vacuum cleaner, *Br* F hoover®

Staubwolke *f* cloud of dust

stauchen *v/t* TECH jolt, upset

Staudamm *m* dam

Staude *f* herbaceous plant

stauen I *v/t* (*Wasser*) dam up, (*Blut*) stop (the flow of) **II** *v/refl sich ~ Wasser*: build up (*a. fig Verkehr, Ärger etc*), rise, *Eis*, *fig Post etc*: accumulate, pile up, MED be(come) congested

Stauer(in) SCHIFF stevedore

staunen I *v/i* (*über Akk* at) be astonished, be amazed, (*bewundern*) marvel **II** *♀ n* astonishment, amazement: *in ♀ versetzen* amaze; → *starr staunenswert* *Adj* astonishing, amazing

Stausee *m* reservoir

Stauung *f* 1. damming up 2. → *Stau*

Steak *n* GASTR steak

Stearin *n* stearin

stechen I *v/t* 1. *Dorn, Nadel etc*: prick, *Wespe etc*: sting, *Mücke*: bite: *sich ~* prick o.s.; *sich in den Finger ~* prick one's finger; → *gestochen, Hafer* 2. (*ab~*) (*Spargel, Torf etc*) cut, (*Schwein etc*) stick, kill 3. (*Stechuhr*) punch 4. (*Bild*) engrave **II** *v/i* 5. *Dorn, Nadel etc*: prick, *Wespe etc*: sting, *Mücke*: bite 6. *nach j-m ~ mit e-m Messer etc*: stab at s.o.; *mit etw ~ in* (*Akk*) stick s.th. in(to) 7. *Sonne*: burn 8. *Schmerz*: stab, shoot 9. SPORT jump (*od* shoot *etc*) off 10. *Kartenspiel*: be trump, (*e-e Karte*) trump 11. F *fig j-m in die Augen ~* catch s.o.'s eye **III** *♀ n* 12. stabbing (*od* shooting) pain 13. *Reitsport*: jump-off **stechend** *Adj fig Blick*: piercing, *Geruch*:

pungent, *Schmerz*: stabbing, *Sonne*: burning

Stech|karte *f* time-punch card **~mücke** *f* mosquito **~palme** *f* holly **~uhr** *f* time clock **~zirkel** *m* dividers *Pl*

Steckbrief *m* **1.** "wanted" circular **2.** *fig* description, fact file (*Gen* of)

steckbrieflich *Adv* **~ gesucht werden** be wanted for arrest

Steckdose *f* ELEK (wall) socket

stecken I *v/t* put, (*Nadel etc*) stick, (*fest~*) *mit Nadeln*: pin, *bes* TECH insert (*in Akk* into), *bes heimlich*: slip: *fig Geld~ in* (*Akk*) put money into, invest in; *j-n ins Gefängnis* (*Bett*) **~** put s.o. in prison (to bed); F *fig* **wer hat ihm das gesteckt?** who told him?; → *Brand* 1, *Nase* **II** *v/i* (*festsitzen*) be stuck, *Kugel*, *Splitter etc*: be lodged: *a. fig* **~ bleiben** get stuck; **den Schlüssel ~ lassen** leave the key in the lock; *der Schlüssel steckt* the key is in the lock; F *wo steckst du denn* (*so lange*)? where have you been (all this time)?; *dahinter steckt etw* behind all this; *da steckt er dahinter* he's at the bottom of it; *sie steckt mitten in den Prüfungen* she's in the middle of her exams; → *Decke* 1

Stecken *m* stick: → *Dreck* 1

Steckenpferd *n* hobbyhorse, *fig mst* hobby

Stecker *m* ELEK plug

Steckkontakt *m* ELEK plug (connection)

Steckling *m* BOT cutting

Stecknadel *f* pin **~kopf** *m* pinhead

Steckschlüssel *m* TECH box spanner

Steckschuh *m* FOTO accessory shoe

Steg *m* **1.** footpath **2.** footbridge, (*Landungs&*) landing stage, (*Lauf&*) gangplank **3.** (*Brillen&*, *Geigen&*) bridge

Stegreif *m* **aus dem ~** off the cuff; *aus dem ~ spielen etc* improvise; *aus dem ~ sprechen* extemporize, F ad-lib

Stehaufmännchen *n* (*Spielzeug*) roly-poly, tumbler; *fig* resilient person, comeback-kid

stehen I *v/i* **1.** stand, (*sich befinden*) *mst* be: F *wie stehts?* **a)** how are things?, **b)** *mit dir?* how about you?, **c)** *a. wie steht das Spiel?* what's the score?; *wie stehts mit e-m Bier?* how about a beer?; *das Programm steht* the pro-

gram(me *Br*) is complete (*od in the bag*); *es steht zu befürchten, dass ... it is to be feared that ...;* F *mir stehts bis hier* (*her*)! I am fed up to here (with it)!; *gut* (*schlecht*) *mit j-m ~* (not to) get on well with s.o.; *er steht sich gut* (*dabei*) he's not doing badly (out of it); *unter Alkohol* (*Drogen*) ~ be under the influence of alcohol (drugs); *vor Schwierigkeiten, e-r Entscheidung etc ~* be faced with; *er steht vor s-r Prüfung* his exam is coming up; *zu j-m ~* stand by s.o.; *zu e-m Versprechen etc ~* keep; *wie stehst du dazu?* what do you think (of it)?; POL *er steht links* he belongs to the left; *das Thermometer, der Zeiger, die Ampel, der Rekord, die Aktie steht auf ... is at ...;* *auf Diebstahl steht e-e Freiheitsstrafe* theft is punishable by imprisonment; → *Debatte, teuer* **II 2.** (*still~*) stand still, *a. Uhr etc*: have stopped: *~ bleiben* **a)** stop (*a. Uhr etc*), *Motor*: stall, *Herz*: stop (beating); *wo waren wir ~ geblieben?* where did we leave off?, **b)** *Schirm etc*: be left (behind): *fig der Satz kann so nicht ~ bleiben* the sentence cannot be left like this; *~ lassen* **a)** leave (behind) *alles ~ und liegen lassen* drop everything, **b)** (*Essen etc*) leave untouched, **c)** (*Fehler*) overlook; *fig das kann man so nicht ~ lassen* that's not quite correct, **d)** *j-n ~ lassen* leave s.o. standing there, **e)** *sich e-n Bart ~ lassen* grow a beard **3.** (*geschrieben ~*) be written, say: *in dem Brief steht* the letter says; *wo steht das?* where does it say so? **4.** *fig j-m ~ Kleid etc*: suit s.o., look well on s.o. **II** *v/t* **5.** → *Mann, Modell, Posten* 1, *Wache* 2 etc **III** & *n* **6.** (*a. im* &) standing; *zum* & *bringen* (bring to a) stop, (*Blutung*) staunch; *zum* & *kommen* come to a halt, stop

stehend *Adj* standing (*a. Heer, Gewässer*), (*still~, ortsfest*) stationary: *~e Redensart* stock phrase

Stehimbiss *m* stand-up snack bar

Stehkragen *m* stand-up collar

Stehlampe *f* standard (*Am* floor) lamp

stehlen *v/t u. v/i* steal: *j-m etw ~* steal s.th. from s.o.; *fig j-m die Zeit ~* waste s.o.'s time; F *er kann mir gestohlen bleiben!* to hell with him!

Stehplatz *m* standing room, *Pl im Stadion etc*: standing room (only) area(s)

Stehvermögen *n* stamina, staying power

Steiermark *f* die Styria

steif *Adj* stiff (*a. fig* förmlich, linkisch), *bes* TECH rigid: **~ vor Kälte** numb with cold; **~e Brise** (**~er Grog**) stiff breeze (grog); GASTR **~ schlagen** beat (until stiff); *Adv* F **~ und fest behaupten** insist, swear **steifen** *v/t fig* **j-m den Nacken** (*od* **Rücken**) **~** stiffen s.o.'s back

Steifheit *f a. fig* stiffness

Steigbügel *m* stirrup **Steigeisen** *n* climbing iron, *mount. a.* crampon

steigen I *v/i* **1.** (*hinauf~*) go up, climb (up), *in die Luft*: rise, FLUG climb (*auf Akk* to): **auf e-n Baum** (**Berg**) **~** climb (up) a tree (mountain); **auf ein Pferd ~** mount a horse; **vom Pferd ~** dismount; **aus e-m Bus** *etc* **~** get out of (*od* off); **in e-n Zug** *etc* **~** get on, board; **~ lassen** (*Drachen*) fly, (*Ballon etc*) send up; → **Kopf** 1 **2.** (*zunehmen*) increase, grow, *Fieber, Temperatur, Spannung etc*: rise, *Preise*: *a.* go up: → **Achtung** 1, **Wert** 1 3. F (*stattfinden*) be on, take place: **e-e Party ~ lassen** throw a party **II** *v/t* **4.** go up: **Treppen ~** climb stairs **III** 2 *n* **5.** climbing (*etc*, → I) **6.** (*Zunahme*) rise, increase: **das** 2 **und Fallen** the rise and fall; **im** 2 **begriffen sein** be rising

steigend *Adj fig* rising, increasing: **~e Tendenz** upward tendency

Steiger *m* BERGB pit foreman

steigern I *v/t* **1.** increase, (*Spannung, Wirkung etc*) *a.* heighten, (*Produktion, Tempo etc*) step up, (*Angebot, Wetteinsatz etc*) raise, (*verbessern*) improve: **den Wert ~** add to the value (*Gen* of) **2.** LING compare **II** *v/refl* **sich ~ 3.** increase, (*wachsen*) *a.* grow, *Interesse, Spannung etc*: rise, (*sich verbessern*) improve **III** *v/i* **4.** *auf e-r Auktion*: bid, (*erhöhen*) raise the amount (*auf Akk* to)

Steigerung *f* **1.** rise, increase, improvement **2.** LING comparison

Steigfähigkeit *f* FLUG climbing power, MOT hill-climbing ability

Steigung *f* rise, ascent, gradient

steil *Adj a. fig* steep: **~e Karriere** meteoric career; *Adv* **~ ansteigen** rise steep-

ly, *Preise*: *a.* soar **Steilkurve** *f* steep turn **Steilküste** *f* steep coast

Steilpass *m* Fußball: through pass

Stein *m allg* stone (*a.* BOT, MED), (*Bau*2) *a.* brick, (*Edel*2) (precious) stone, jewel, gem, *e-r Uhr*: ruby, *Brettspiel*: piece: *fig* **den ~ ins Rollen bringen** set the ball rolling; **bei j-m e-n ~ im Brett haben** be in s.o.'s good books; **mir fällt ein ~ vom Herzen** that takes a load off my mind; → **Tropfen** 1

Stein|adler *m* ZOOL golden eagle 2**alt** *Adj* ancient **~bock** *m* **1.** ZOOL ibex **2.** ASTR (**er ist ~** he is [a]) Capricorn **~bruch** *m* quarry **~butt** *m* ZOOL turbot **~druck** *m* lithography, (*Bild*) lithograph

steinern *Adj* (of) stone, *fig* stony

Stein|fraß *m* stone erosion **~frucht** *f* stone fruit **~garten** *m* rock garden **~gut** *n* earthenware

steinig *Adj* stony

Steinkohle *f* hard coal

Steinmarder *m* ZOOL beech marten

Steinmetz(in) stonemason

Steinobst *n* stone fruit

Steinpilz *m* edible boletus

steinreich *Adj* F filthy rich

Steinschlag *m* falling rocks *Pl*

Steinzeit *f* Stone Age

Steiß *m* buttocks *Pl*, rump

Steißbein *n* ANAT coccyx

Stelle *f* **1.** place, (*Punkt*) spot, point, (*Standort*) position: **an anderer ~** elsewhere; **an dieser ~** here; **an erster ~** first(ly), *weit. S.* in the first place; *fig* **an erster ~ stehen** come first; **an ~ von** (*od Gen*) in place of, instead of; (**ich**) **an d-r ~** if I were you; **an die ~ treten von** (*od Gen*) take the place of, *Person*: *a.* take over from, *vertretungsweise*: replace; **auf der ~** on the spot; *fig* **auf der ~ treten** mark time; **nicht von der ~ kommen** not to make any progress; **er rührte sich nicht von der ~** he didn't budge; **zur ~ sein** be at hand **2.** (*Abschnitt*) passage (*a.* MUS) **3.** MATHE *e-r Zahl*: digit, (*Dezimal*2) place **4.** (*Arbeits*2) situation, job, post: **freie** (*od* **offene**) **~** vacancy **5.** → **Dienststelle**

stellen I *v/t* **1.** put, place, set, (*anordnen*) arrange: → **Abrede, Antrag** 1, **Bedingung, Bein, Falle, Frage** 1, **gestellt** 1

2. (*Uhr etc*) set (**auf** *Akk* at), (*ein~*) adjust: *leiser* (*od* *niedriger*) ~ turn down; *lauter* (*od* *höher*) ~ turn up **3.** (*zur Verfügung* ~) provide, (*a. Arbeitskräfte, Geiseln etc*) supply, (*Zeugen*) produce **4.** (*Verbrecher, Wild*) hunt down **II** *v/refl* *sich* ~ **5.** place o.s.: *stell dich dorthin!* (go and) stand over there!; *fig* *auf sich selbst gestellt sein* be on one's own; *gut* (*schlecht*) *gestellt sein* be well (badly) off; *sich gegen ... ~* oppose; *sich hinter* (*vor*) *j-n ~* back s.o. up (shield s.o.); *wie stellt er sich dazu?* what does he say (to this)? **6.** *sich* (*der Polizei*) ~ give o.s. up (to the police), turn o.s. in; *sich* (*zum Wehrdienst*) ~ report for military service **7.** (*e-m Gegner*) take on, (*e-r Kritik etc*) face up to, (*e-r Herausforderung*) take up: *sich der Presse~* be prepared to meet (*od* face) the press **8.** *sich krank~* pretend to be ill *etc*

Stellen|angebot *n* job offer: *~e Pl in der Zeitung*: vacancies *Pl* **~gesuch** *n* application (for a job): *~e Pl in der Zeitung*: situations *Pl* wanted **~markt** *m* job market **~suche** *f* (*auf ~ sein* be) job hunting **~wechsel** *m* job change

stellenweise *Adv* in places

Stellenwert *m* rating, (relative) importance: *e-n hohen ~ haben* rate high

...stellig *in Zssgn* ...-digit

Stellplatz *m* MOT parking space (*Am* lot)

Stellschraube *f* TECH adjusting screw

Stellung *f* **1.** *allg., a.* MIL position: *fig* *die ~ halten* hold the fort; *~ nehmen* (*zu*) take a stand (on), give one's view (on); *~ nehmen für* take up for; *~ nehmen gegen* oppose **2.** (*Posten*) situation, job, post, position: *e-e leitende ~* an executive position **3.** (*Rang*) position, (*Ansehen*) status, standing

Stellungnahme *f* (*zu* on) opinion, comment, statement

stellungslos *Adj* unemployed, out of work, without a job, jobless

Stellungs|spiel *n* SPORT positional play **~suche** *f* search for a post (*od* job): *auf ~ sein* be looking for a job, be job-hunting **~suchende(r)** *m, f* person looking for a job, job-hunter

Stellungswechsel *m* change of post (*od* job): *häufiger ~* job-hopping

stellvertretend *Adj* acting, deputy: *~er Vorsitzender* vice-chairman; *~ für* acting for, (*im Namen von*) on behalf of

Stellvertreter(in) representative, substitute, *e-s Arztes etc*: locum (tenens), *amtlich*: deputy, *bes* WIRTSCH, JUR proxy

Stellvertretung *f* representation, *bes* WIRTSCH, JUR proxy: *j-s ~ übernehmen* act as representative of s.o.

Stellwerk *n* BAHN signal box

Stelze *f* stilt **stelzen** *v/i* stalk (along)

Stemmbogen *m* *Skisport*: stem turn

Stemmeisen *n* TECH mortise chisel

stemmen *v/t* **1.** press: *sich ~ gegen* press against, *fig* resist **2.** (*hoch~*) heave up, SPORT lift

Stempel *m* **1.** stamp (*a. fig*), (*Abdruck*) a. seal, (*Post*≥) postmark, (*Präge*≥) die, (*Feingehalts*≥) hallmark **2.** BOT pistil

Stempel|geld *n* F dole (money) **~kissen** *n* ink pad **~marke** *f* (duty) stamp

stempeln **I** *v/t* stamp, (*ab~*) cancel: *fig j-n ~ zu* stamp (*od* label, *pej* brand) s.o. as **II** *v/i* *bei Arbeitsantritt* (-*ende*): clock in (out): F *~ gehen* be on the dole

Stempeluhr *f* time clock

Stengel *m* → **Stängel**

Steno *f* F → **Stenographie**

Stenogramm *n* shorthand notes *Pl*

Stenograph(in) stenographer **Stenographie** *f* stenography, shorthand

stenographieren **I** *v/i* write shorthand **II** *v/t* take *s.th.* down in shorthand

stenographisch *Adj* (*Adv* in) shorthand

Stenotypist(in) shorthand typist

Steppdecke *f* (continental) quilt

Steppe *f* steppe

steppen[1] *v/t* backstitch

steppen[2] *v/i* tap-dance

Stepp|jacke *f* quilted jacket **~tanz** *m* tap dance

Sterbe|bett *n* (*auf dem ~* on one's) deathbed **~fall** *m* (case of) death **~hilfe** *f* euthanasia **~klinik** *f* hospice

sterben **I** *v/i* die (*an* *Dat* of, *fig* *vor* *Dat* of) **II** ≥ *n* dying, death: *im* ≥ *liegen* be dying; *zum* ≥ *langweilig* deadly dull

Sterbens|angst *f* mortal fear (*vor* of) **≥krank** *Adj* critically ill **≥müde** *Adj* ready to drop **~wort** *n*, **~wörtchen** *n* *kein ~ sagen* not to breathe a word

Sterbesakramente *Pl* last rites *Pl*

Sterbeurkunde f death certificate
sterblich Adj mortal: iron gewöhnliche
2e Pl ordinary mortals Pl
Sterblichkeit f mortality
Stereo..., stereo... stereo Stereo n
stereo ~anlage f stereo system ~auf-
nahme f stereo recording ~bild n
stereoscopic picture ~gerät n stereo set
stereophon Adj stereophonic
stereoskopisch Adj stereoscopic
Stereoton m stereo sound
stereotyp Adj fig stereotyped
steril Adj sterile Sterilisation f steriliza-
tion sterilisieren v/t sterilize
Sterilität f sterility
Stern m a. fig star: unter e-m (un)glück-
lichen ~ stehen have fortune on one's
side (be ill-fated); F ~e sehen see stars
Sternbild n constellation, des Tier-
kreises: sign of the zodiac
Sternchen n 1. little star, starlet (a. fig
Film2). 2. BUCHDRUCK asterisk
Sternenbanner n the Star-Spangled
Banner, the Stars and Stripes Pl
Sternenhimmel m starry sky
sternhagelvoll Adj F rolling drunk
sternhell, sternklar Adj starlit
Sternkunde f astronomy
Sternmarsch m demonstration march
from different starting points
Sternschnuppe f shooting star
Sternstunde f fig great moment
Sternwarte f observatory
stet → stetig, Tropfen 1
stetig Adj continual, constant, steady
Stetigkeit f constancy, steadiness
Stethoskop n MED stethoscope
stets Adv always, constantly
Steuer¹ n SCHIFF helm, rudder, MOT
(steering) wheel, FLUG controls Pl:
am ~ at the helm (a. fig), at the wheel
Steuer² f (auf Akk on) tax, indirekte:
duty, (Kommunal2) rate, Am local
tax: vor (nach) Abzug der ~n before
(after) tax ~abzug m tax deduction
~aufkommen n tax yield ~ausgleich
m tax equalization ~befreiung f tax ex-
emption 2begünstigt Adj tax-privi-
leged, Sparen: tax-linked ~belastung
f tax burden ~berater(in) tax adviser
~bescheid m tax assessment
Steuerbord n, steuerbord(s) Adv
SCHIFF starboard
Steuer|delikt n tax offen/ce (Am -se)

~einnahmen Pl → Steueraufkommen
~erklärung f tax return ~erleichterung
f tax relief ~ermäßigung f tax allow-
ance ~frau f → Steuermann 2frei Adj
tax-free ~freibetrag m tax-free allow-
ance ~gerät n RADIO tuner-amplifier,
IT control unit ~hinterzieher(in) tax
dodger ~hinterziehung f tax fraud
~karte f (wage) tax card ~klasse f
tax bracket
Steuerknüppel m FLUG control stick, F
joystick
steuerlich I Adj tax ... II Adv → günstig
with low tax liability; ~ veranlagen as-
sess for taxation
Steuermann m 1. SCHIFF helmsman (a.
fig) 2. Rudern: coxswain
Steuermarke f revenue stamp
steuern I v/t allg steer, MOT a. drive,
FLUG, SCHIFF a. navigate, pilot, TECH
control II v/i steer, MOT a. drive, SCHIFF
a. head (nach Süden southward)
Steueroase f tax haven
steuerpflichtig Adj taxable
Steuer|politik f fiscal policy ~progres-
sion f progressive taxation
Steuerpult n TECH control desk
Steuerrad n SCHIFF, MOT (steering)
wheel
Steuer|reform f tax reform(s) ~rücker-
stattung f tax refund
Steuer|satz m tax rate ~schuld f tax(es
Pl) due ~senkung f tax reduction
Steuerung f 1. steering, FLUG piloting,
ELEK, TECH control (a. fig) 2. control
system, MOT steering, FLUG controls Pl
Steuerungstaste f COMPUTER control
key
Steuerveranlagung f assessment
Steuerzahler(in) taxpayer
Steuerzeichen n COMPUTER control (od
function) character
Steward m steward
Stewardess f stewardess, air hostess
Stich m 1. (Nadel2) prick, (Wespen2 etc)
sting, (Mücken2) bite, (Messer2) stab,
thrust: fig es gab ihr e-n ~ it cut her
to the quick 2. (Näh2) stitch 3. (Kup-
fer2 etc) engraving 4. (Schmerz) stab-
bing pain, stitch 5. fig (Seitenhieb)
cut, dig 6. im ~ lassen abandon, desert,
j-n a. leave s.o. in the lurch, let s.o.
down; sein Gedächtnis ließ ihn im ~
failed him 7. e-n ~ haben a) Milch

S

etc: be off, **b)** F *Person*: be a bit touched
8. ein ~ ins Blaue a tinge of blue **9.**
Kartenspiel: **e-n ~ machen** take (*od*
win) a trick
Stichelei *f* needling, *mst Pl* gibe(s *Pl*),
dig(s *Pl*) **sticheln** *v/i fig* (**gegen** at)
gibe, make snide remarks
Stichflamme *f* jet of flame, flash
stichhaltig *Adj* valid, sound: *das Argu-*
*ment **ist** nicht ~* doesn't hold water
Stichling *m* (*Fisch*) stickleback
Stichprobe *f* **e-e ~ machen** carry out a
spot check, *bei Waren*: take a random
sample, *beim Zoll etc*: make a random
search **Stichsäge** *f* fret-saw **Stichtag** *m*
effective day, (*letzter Tag*) deadline
Stichwahl *f* second ballot
Stichwort *n* **1.** *bes* THEAT (**auf** ~ on) cue
2. *im Lexikon*: headword **3. ~e** *Pl* notes
Pl: *das Wichtigste in ~en* an outline of
the main points; *~ „Umwelt"* à propos
"Environment" **stichwortartig** *Adj u.*
Adv in brief outlines
Stichwortverzeichnis *n* index
Stichwunde *f* stab wound
sticken *v/t u. v/i* embroider
Sticker *m* sticker
Stickerei *f* embroidery
Stickgarn *n* embroidery silk
stickig *Adj* stuffy, (*schwül*) close
Stickoxid *n* CHEM nitrogen oxide
Stickstoff *m* CHEM nitrogen
stickstoffhaltig *Adj* nitrogenous
Stiefbruder *m* stepbrother
Stiefel *m* boot **Stiefelette** *f* ankle boot,
(*Damen2*) bootee **stiefeln** *v/i* F trudge
Stiefmutter *f a. fig* stepmother **Stief-**
mütterchen *n* BOT pansy **stiefmütter-**
lich *Adv fig ~ behandeln* neglect badly
Stiefschwester *f* stepsister **Stiefsohn**
m stepson **Stieftochter** *f* stepdaughter
Stiefvater *m* stepfather
Stiege *f* österr., südd. staircase
Stieglitz *m* ZOOL goldfinch
Stiel *m* **1.** handle, *e-s Glases, e-r Pfeife*:
stem, (*Besen2*) stick: *Eis am ~* ice lolly
2. BOT stalk, stem
Stielaugen *Pl* F **~ machen** goggle
Stier *m* **1.** ZOOL bull: *fig* **den ~ bei den**
Hörnern fassen take the bull by the
horns **2.** ASTR (**er ist ~**) he is [a] Taurus
stieren *v/i* stare (fixedly) (**auf** *Akk* at)
Stierkampf *m* bullfight
Stierkämpfer(in) bullfighter

stiernackig *Adj* bullnecked
Stift[1] *m* **1.** pin, (*Holz2*) peg, (*Zier2*) stud
2. (*Blei2*) pencil, (*Bunt2*) crayon **3.**
Kosmetik: stick **4.** F apprentice
Stift[2] *n* religious foundation
stiften *v/t* **1.** (*gründen*) found **2.** (*schen-*
ken) donate, (*spenden*) give **3.** (*bewir-*
ken) cause: → *Unfriede(n) etc*
Stifter(in) **1.** founder **2.** donor
Stiftskirche *f* collegiate church
Stiftung *f* **1.** foundation **2.** donation
Stiftzahn *m* pivot tooth
Stil *m allg* style: *im großen ~, großen ~s*
on a large scale, large-scale (*frauds* etc);
das ist schlechter ~ that's bad style
(*od* form) **Stilblüte** *f* howler
Stilbruch *m* break in style
Stilebene *f* LING level of style
stilecht *Adj* MÖBEL *etc*: in period
stilisieren *v/t* stylize **Stilist(in)** *allg* styl-
ist **Stilistik** *f* stylistics *Sg* **stilistisch** *Adj*
stylistic(ally *Adv*) **Stilkunde** *f* → *Stilis-*
tik
still *Adj* (*ruhig*) quiet, (*~schweigend*) si-
lent, (*regungslos*) still, (*friedlich*)
peaceful, calm, (*heimlich*) secret (*a.*
Hoffnung, Liebe etc): *~e Jahreszeit*
dead season; *~e Reserven* hidden re-
serves; *~er Teilhaber* sleeping (*Am* si-
lent) partner; *(sei) ~!* (be) quiet!; *im*
2en silently, (*heimlich*) secretly, (*inner-*
lich) *a.* inwardly; → *Wasser*
Stille *f* silence, (*Ruhe*) quiet, calm,
(*plötzliche ~*) hush: *die ~ vor dem*
Sturm the calm before the storm; *in al-*
ler ~ quietly, (*heimlich*) secretly
stillen *v/t* **1.** nurse, breastfeed: *~de Mut-*
ter nursing mother **2.** (*Blutung*) stop,
sta(u)nch, (*Durst*) quench, (*Hunger,*
Verlangen) satisfy, (*Schmerz*) soothe
Stillhalteabkommen *n* POL standstill
agreement **stillhalten** *v/i* **1.** keep still
2. *fig* keep quiet
Stillleben *n* MALEREI still life
stilllegen *v/t* (*Betrieb*) shut down, *durch*
Streik etc: paralyse, (*Fahrzeug*) lay up,
(*Maschine etc*) put out of operation
Stilllegung *f* shutdown, MOT laying-up
stillliegen *v/i Betrieb*: lie idle
stillos *Adj* in bad style, tasteless
stillschweigen **I** *v/i* be silent, be quiet,
say nothing **II** *2 n* silence: (*strengstes*)
2 bewahren maintain (absolute) si-

lence (*über Akk* on) **stillschweigend**
I *Adj* **1.** silent **2.** *fig* tacit **II** *Adv* **3.** in
silence, without a word **4.** *fig* tacitly
Stillstand *m* standstill, stoppage, *fig a.*
stagnation, *der Verhandlungen etc*:
deadlock: **zum ~ bringen** stop; **zum**
~ kommen come to a standstill, stop,
Verhandlungen: reach a deadlock
stillstehen *v/i* **1.** stand still, come to a
standstill, stop, TECH be idle, be out
of action: **~d** *a.* stagnant **2.** MIL stand
to attention: *stillgestanden!* atten-
tion!
Stillzeit *f* nursing period
Stilmöbel *Pl* period furniture *Sg*
stilvoll *Adj* stylish: **~ sein** have style
Stimm|abgabe *f* voting **~band** *n* ANAT
vocal c(h)ord **≙berechtigt** *Adj* eligible
to vote **~bruch** *m* change of voice: **er**
ist im ~ his voice is breaking
Stimme *f* **1.** (*mit lauter etc ~* in a loud
etc) voice **2.** MUS voice, (*Partie, a. In-*
strumental≙) part: (*gut*) *bei ~ sein* be
in (good) voice **3.** *fig* (*Meinung*) voice,
opinion: *die ~n mehren sich, die ...*
fordern there is a growing number of
people calling for ... **4.** (*Wahl≙*) vote:
entscheidende ~ casting vote; *s-e ~*
abgeben (cast one's) vote; *sich der ~*
enthalten abstain (from voting)
stimmen *v/t* **1.** (*Instrument*) tune
(*nach* to) **2.** *fig j-n glücklich* (*traurig*)
~ make s.o. happy (sad) **II** *v/i* **3.** be
right, be correct, be true: *da stimmt*
etw nicht there is s.th. wrong here,
(*ist verdächtig*) there is s.th. fishy going
on **4.** **~ für** (*gegen*) vote for (against)
Stimmenfang *m* vote catching: *auf ~*
gehen canvass
Stimmen|gleichheit *f* PARL (*bei ~* in the
event of a) tie **~mehrheit** *f* majority (of
votes): *einfache ~* simple majority
Stimmenthaltung *f* abstention (from
voting)
Stimmgabel *f* MUS tuning fork
stimmhaft *Adj* LING voiced
Stimmlage *f* MUS register, voice
stimmlos *Adj* LING voiceless, unvoiced
Stimmrecht *n* (right to) vote
Stimmung *f* **1.** mood (*a.* MUS, MALEREI),
spirits *Pl, der Arbeiter, Truppe etc*: mo-
rale, (*Atmosphäre*) atmosphere: *in gu-*
ter (*gedrückter*) **~** *sein* be in high
(low) spirits; *festliche ~* festive mood;

nicht in der ~ sein, etw zu tun not to
be in the mood to do s.th., not to feel
like doing s.th.; *für ~ sorgen* liven
things up **2.** (*Meinung*) opinion
Stimmungsbarometer *n* F barometer
of opinion **Stimmungsmache** *f* F *pej*
propaganda **Stimmungsumschwung**
m change of mood
stimmungsvoll *Adj* atmospheric(ally
Adv): **~e Musik** mood music
Stimmvieh *n pej* herd of voters
Stimmzettel *m* ballot paper
Stimulans *n* MED *u. fig* stimulant
stimulieren *v/t* stimulate
Stinkbombe *f* stink bomb
stinken *v/i* stink (*nach* of, *a. fig*): F *das*
(*er*) *stinkt mir!* I'm sick of it (him)!; →
Himmel
stinkfaul *Adj* F bone-lazy
stinklangweilig *Adj* F deadly boring
stinkreich *Adj* F stinking rich
Stinktier *n* skunk **Stinkwut** *f* F *e-e ~ ha-*
ben be hopping mad (*auf Akk* with)
Stipendiat(in) scholarship holder
Stipendium *n* scholarship
Stippvisite *f* F flying visit
Stirn *f* forehead: *fig die ~ haben zu Inf*
have the cheek to *Inf*; *j-m die ~ bieten*
face up to s.o. squarely; → *runzeln*
Stirnband *n,* **Stirnbinde** *f* headband
Stirnhöhle *f* ANAT (frontal) sinus **Stirn-**
höhlenentzündung *f* frontal sinusitis
Stirnrunzeln *n* frown(ing)
Stirnseite *f* front (side), face
Stirnwand *f* front (*od* end) wall
stöbern *v/i* (*nach* for) rummage
(around), *Hund:* hunt about
stochern *v/i* **~ in** (*Dat*) poke; *in den*
Zähnen ~ pick one's teeth; *in s-m Es-*
sen ~ pick at one's food
Stock *m* **1.** stick (*a. Spazier≙, Ski≙ etc*),
(*Rohr≙*) cane, (*Billard≙*) cue, (*Takt≙*)
baton **2.** (*Wurzel≙*) stock: *über ~ und*
Stein up hill and down dale **3.** (*Bie-*
nen≙) hive **4.** → *Stockwerk*
stockdunkel *Adj* F pitch-dark
Stöckelschuhe *Pl* stilettos *Pl,* F high
heels *Pl*
stocken I *v/i* **1.** *beim Sprechen etc*: falter,
stop short, (*zögern*) hesitate: *~d spre-*
chen speak haltingly **2.** *Handel etc*:
stagnate, slacken off, *Verhandlungen*
etc: reach a deadlock, *Verkehr*: be at
a standstill, be congested: *fig ihm*

S

stockte das Herz (der Atem) his heart missed a beat (he caught his breath) **II** ♀ n 3. **ins** ♀ **geraten** → I

Stockfisch m dried cod

…stöckig in Zssgn …-storied

stock\konservativ Adj ultra-conservative **~nüchtern** Adj F stone-cold sober

stocksauer Adj F furious **stocksteif** Adj F (as) stiff as a poker, Benehmen: starchy **stocktaub** Adj F stone-deaf

Stockung f hold-up, interruption, in Verhandlungen etc: a. deadlock, im Gespräch etc: pause, WIRTSCH stagnation

Stockwerk n stor(e)y, floor: **im ersten ~** on the first (Am second) floor; → Info bei **floor**

Stoff m 1. bes CHEM substance, stuff (a. F Alkohol, Rauschgift), (Wirk♀) agent 2. material, (Gewebe) fabric, (Tuch) cloth 3. fig subject matter, (Gesprächs♀) topic (for discussion): **~ zu e-m Roman** material for a novel **Stoffmuster** n pattern **Stofftier** n soft toy

Stoffwechsel m MED metabolism **~krankheit** f metabolic disorder

stöhnen I v/i groan **II** ♀ n groaning

stoisch Adj stoical

Stola f alg stole

Stollen m 1. BERGB tunnel 2. am Schuh: stud 3. GASTR fruit loaf

stolpern v/i (**über** Akk over) a. fig stumble, trip

Stolperstein m fig stumbling block

stolz Adj 1. proud (**auf** Akk of) 2. (stattlich) proud, splendid: iron **~e Preise** (Summe) steep prices (tidy sum) **Stolz** m pride (a. fig Person, Sache): **voller ~, mit ~** proudly **stolzieren** v/i strut

stopfen I v/t 1. (Strümpfe etc) darn, mend: → **Loch** 1 2. (hinein~) stuff, cram: **gestopft voll** crammed (full) 3. (Pfeife, Wurst, Loch etc) fill: fig **j-m den Mund ~** silence s.o. 4. (mästen) stuff **II** v/i 5. MED cause constipation

Stopfgarn n darning cotton

Stopfnadel f darning needle

stopp Interj stop! **Stopp** m stop, (Lohn♀, Preis♀ etc) a. freeze

Stoppel f stubble **Stoppelbart** m stubbly beard **Stoppelfeld** n stubble field

stopp(e)lig Adj stubbly

stoppen v/t 1. a. v/i stop 2. mit Stoppuhr: time, clock **Stoppschild** n MOT stop sign **Stopptaste** f stop button

Stoppuhr f stop watch

Stöpsel m stopper, cork, für Badewanne etc, a. ELEK plug **stöpseln** v/t a. ELEK plug

Stör m (Fisch) sturgeon

Störaktion f disruptive action

störanfällig Adj TECH trouble-prone, ELEK interference-prone

Storch m, **Störchin** f ZOOL stork

Stördienst m TECH fault-clearing service

Store m net curtain

stören I v/t disturb, (ärgern, belästigen) bother, (e-e Versammlung, den Unterricht etc) disrupt, (Radiosender) jam, (den Empfang) interfere with: **j-s Pläne ~** upset s.o.'s plans; **das (Gesamt)Bild ~** mar the picture; **was mich daran (an ihr) stört** what I don't like about it (her); **lassen Sie sich nicht ~!** don't let me disturb you!; **darf ich Sie kurz ~?** may I trouble you for a minute?; **stört es Sie(, wenn ich rauche)?** do you mind (if I smoke)?; **das stört mich nicht** I don't mind (that); **er stört mich nicht** he doesn't bother me; → **gestört II** v/i (sich einmischen) interfere, (im Wege sein) be in the way, (lästig sein) be a nuisance, (das Gesamtbild ~) be an eyesore, SPORT tackle: **„Bitte nicht ~!"** "please do not disturb!" **störend** Adj disturbing, (lästig) troublesome, annoying **Störenfried** m troublemaker

Störfaktor m disruptive element

Störfall m TECH breakdown, trouble, (Unfall) accident, (Zwischenfall) incident

stornieren v/t WIRTSCH (Buchung) reverse, (Auftrag) cancel **Stornierung** f, **Storno** n reversal, cancellation

Störrigkeit f stubbornness, obstinacy, restiveness **störrisch** Adj stubborn, obstinate, bes Pferd: restive

Störsender m jamming station

Störung f disturbance, MED a. disorder, TECH trouble, defect, breakdown, (Unterbrechung) interruption: **verzeihen Sie die ~!** sorry to disturb you!; (atmosphärische) **~** statics Pl, durch Sender etc: interference, absichtliche: jamming

störungsfrei Adj undisturbed, TECH trouble-free, RADIO, TV interference-free

Störungsstelle f TEL the engineers Pl
Stoß m **1.** push, poke, (Tritt) kick, (Kopf2) butt, (Rippen2) dig, (Dolch2 etc, a. beim Fechten) thrust, (Schwimm2, Billard2) stroke, beim Kugelstoßen: put, (Anprall, Ruck) jolt, bump, (a. Erd2) shock, a. PHYS impact, (Explosions2, Wind2) blast: (Dat) **e-n ~ versetzen → stoßen** 1; fig **j-m e-n ~ versetzen** shake s.o.; **sich** (od **s-m Herzen**) **e-n ~ geben** make an effort; **gib d-m Herzen e-n ~!** be a sport! **2.** MED (Vitamin2 etc) massive dose, (Adrenalin2 etc) rush **3.** (Stapel) pile, von Briefen etc: a. batch
Stoßdämpfer m MOT shock absorber
Stößel m **1.** im Mörser: pestle **2.** MOT (Ventil2 etc) tappet
stoßen I v/t **1.** push, poke, mit dem Fuß: kick, mit den Hörnern, dem Kopf: butt, (rempeln) jostle: **von sich ~** push away, fig reject; **er stieß ihr das Messer in die Brust** he plunged his knife into her chest **2.** SPORT **die Kugel ~** put the shot **3.** (zer~) pound **II** v/refl **sich ~ 4.** hurt o.s.: **sich ~ an** (Dat) a) knock (od bump) against, **b)** fig object to, take exception to **III** v/i **5.** push (etc, → 1): **~ an** (Akk) **a)** a. **~ gegen** knock against, bump into, **b)** (grenzen an) border on; **er stieß mit dem Kopf an die Wand** he bumped his head against the wall; fig **~ auf** (Akk) come across, stumble on, (Ablehnung, Widerstand etc) meet with; **zu** j-m, e-r Partei etc **~** join (up with); → **Horn** 2, **Kopf** 1
stoßfest Adj shockproof
Stoß|gebet n quick prayer **~kraft** f fig impetus, force **~seufzer** m deep sigh
Stoßstange f MOT bumper
Stoßtrupp m MIL assault party
Stoßverkehr m rush-hour traffic
stoßweise Adv intermittently, sporadically, by fits and starts
Stoßzahn m ZOOL tusk **Stoßzeit** f peak hours Pl, Verkehr: rush hour
Stotterer m, **Stotterin** f stutterer, stammerer
stottern v/i u. v/t stutter, stammer
Stövchen n warmer
Strafanstalt f prison, penal institution
Strafantrag m private application (by the injured party), des Staatsanwalts: sentence demanded (by the public pro-

secutor) **Strafanzeige** f **~ erstatten** bring a charge (**gegen** against)
Strafarbeit f PÄD extra work
Strafbank f Eishockey: penalty box
strafbar Adj punishable, stärker: criminal: **~e Handlung** (criminal) offen/ce (Am -se); **sich ~ machen** make o.s. liable to prosecution **Strafbarkeit** f punishableness **Strafbefehl** m JUR order (of summary punishment)
Strafe f allg punishment (a. fig), penalty (a. Sport), (Geld2) fine, (Urteil) sentence: **bei ~ von** on pain (od penalty) of; **zur ~** as a punishment; **~ zahlen** pay a fine; F fig **es war e-e ~** it was an ordeal; → **antreten** 1, **verbüßen**
strafen v/t punish, bes SPORT penalize: fig **~der Blick** censorious look; → **Lüge**, **Verachtung**
Strafentlassene m, f ex-convict
Straferlass m remission (of sentence), allgemeiner: amnesty
straff Adj **1.** tight, taut, Büste: firm, Haltung: erect: Adv **~ anziehen** tighten; **~ sitzen** fit tightly **2.** fig strict, tight
straffällig Adj → **strafbar**. **~ werden** commit an offen/ce (Am -se)
Straffällige m, f offender, delinquent
straffen v/t a. fig tighten (up)
Straffheit f tightness
straffrei Adv **~ ausgehen** go unpunished **Straffreiheit** f immunity
Strafgebühr f fine **Strafgefangene** m, f prisoner, convict **Strafgericht** n **1.** criminal court **2.** fig punishment
Strafgesetz n penal law
Strafgesetzbuch n penal code
sträflich I Adj punishable, a. fig criminal **II** Adv fig badly
Sträfling m prisoner, convict
straflos → **straffrei**
Strafmandat n ticket **Strafmaß** n JUR sentence **strafmildernd** Adj mitigating **strafmündig** Adj of responsible age **Strafporto** n surcharge
Strafprozess m trial, criminal case (od proceedings Pl) **~ordnung** f Code of Criminal Procedure
Strafpunkt m SPORT penalty point
Strafraum m Fußball: penalty area
Straf|recht n criminal law **~rechtlich** Adj criminal, penal: Adv **~ verfolgen** prosecute **~register** n criminal records Pl, e-s Täters: criminal record

S

Strafstoß m Fußball: penalty kick
Straftat f (criminal) offen/ce (Am -se), schwere: crime **Straftäter(in)** (criminal) offender **Strafverfahren** n 1. → **Strafprozess** 2. criminal procedure
strafverschärfend Adj aggravating
strafversetzen v/t, **Strafversetzung** f transfer for disciplinary reasons
Strafverteidiger(in) trial lawyer; → a. **Verteidiger(in)** 2 **Strafvollzug** m 1. execution of the sentence, weit. S. imprisonment 2. prison system
Strafvollzugs|beamte m, **~beamtin** f prison officer
Strafzettel m ticket
Strafzölle Pl penal duties Pl
Strahl m 1. allg ray (a. fig), (Licht2) a. beam, (Blitz2, Feuer2) flash 2. e-r Flüssigkeit: stream, jet **Strahlantrieb** m FLUG jet propulsion **strahlen** v/i 1. PHYS radiate, emit radiation, be radioactive 2. shine, sparkle: **die Sonne strahlte** the sun shone brightly 1. fig beam (vor Dat with): **sie strahlte (vor Glück)** she was radiant (with happiness)
Strahlenbehandlung f radiotherapy
Strahlen|belastung f level of contamination **~bündel** n pencil of rays
Strahlendosis f radiation dose
strahlenförmig Adj radial
Strahlen|krankheit f radiation sickness **~kunde** f radiology **~schutz** m radiation protection **~therapie** f radiotherapy **~tod** m death by radiation 2**verseucht** Adj (radioactively) contaminated
Strahler m 1. (Wärme2, Heiz2) radiator, (a. Kathoden2) heater 2. spotlight
Strahltriebwerk n FLUG jet engine
Strahlung f radiation
strahlungsarm Adj low radiation
Strahlungs|energie f radiation energy **~wärme** f radiant heat
Strähne f strand, farbige: streak
strähnig Adj straggly
stramm I Adj 1. (straff, eng) tight 2. (kräftig) strapping, Beine: sturdy, Brüste: firm 3. Disziplin: strict, Tempo: brisk: F **~er Sozialist** sta(u)nch socialist **II** Adv 4. tight(ly): **~ sitzen** Hose etc: fit tightly; **~ ziehen** tighten; F **~ arbeiten** work hard **strammstehen** v/i stand to attention
Strampelhöschen n rompers Pl

strampeln v/i 1. kick, (sich wehren) struggle 2. F (Rad fahren) pedal (away)
Strampelsack m baby's sleeping bag
Strand m (sea) shore, (a. Bade2) beach
Strandbad n lido, swimming area
stranden v/i run aground: **gestrandet** a. fig stranded
Strand|gut n flotsam and jetsam (a. fig der Gesellschaft), **~hotel** n seaside (od beach) hotel **~kleidung** f beachwear
Strandkorb m (canopied) beach chair
Strandpromenade f promenade
Strang m 1. rope: fig **an einem ~ ziehen** pull together; **über die Stränge schlagen** kick over the traces; **wenn alle Stränge reißen** if all else fails 2. cord (a. ANAT), Wolle etc: skein, hank
strangulieren v/t strangle
Strapaze f strain **strapazieren** v/t strain (a. fig Begriff, Nerven etc), wear s.o., s.th. out **strapazierfähig** Adj hardwearing, tough **strapaziös** Adj strenuous, F tough, nervlich: stressful: **~ sein** be a (great) strain
Straße f 1. road, in e-r Stadt: street: **auf der ~** on the road, in (Am on) the street; **der Mann auf der ~** the man in the street; **j-n auf die ~ setzen** turn s.o. out, (entlassen) sack s.o.; **auf offener ~** in broad daylight 2. **die ~** (Meerenge) **von Dover** the Strait(s Pl) of Dover 3. (Fertigungs2 etc) (production etc) line
Straßen|anzug m lounge suit, Am business suit **~arbeiten** Pl roadworks Pl
Straßenbahn f tram, Am streetcar **~haltestelle** f tram (Am streetcar) stop **~linie** f tram (Am streetcar) line **~wagen** m tramcar, Am streetcar
Straßen|bau m road construction **~belag** m road surface **~beleuchtung** f street lighting **~benutzungsgebühr** f road toll **~café** n pavement (Am sidewalk) café **~fest** n street party **~glätte** f slippery road(s Pl) **~graben** m (road) ditch **~händler(in)** street vendor **~junge** m street urchin
Straßen|kampf m street fighting **~karte** f road map **~kehrer(in)**, **~kehrmaschine** f street sweeper **~kreuzung** f crossroads Sg **~lage** f MOT **e-e gute ~ haben** hold the road well **~laterne** f street lamp **~musikant(in)** street musician **~name** m street name **~netz** n road network **~rand** m (am ~ on the) roadside

Straße   road/street

Achten Sie auf unterschiedlichen Gebrauch von **road** und **street**:

road

1. Straße mit Betonung der <u>Fahrbahn</u> und was sich dort abspielt. Im Vordergrund stehen der Verkehr, das Fahren, die Straßenverhältnisse, die Straßenverkehrsordnung *etc.*

eine verkehrsreiche Straße	**a busy road**
eine holperige Straße	**a bumpy road**
Straßenverhältnisse	**road conditions**
Straßenarbeiten	**roadworks**
Glatteis auf der Straße	**ice on the road**

2. Straße als Verbindung zwischen zwei Punkten, egal ob innerhalb oder außerhalb einer Ortschaft. Der <u>Weg</u> <u>nach/zum/zur</u> …

die Straße zum Bahnhof	**the road to the station**
die Hauptverkehrsstraße nach Köln	**the main road to Cologne**

street

Nur in einer <u>geschlossenen Ortschaft</u>. Man assoziiert Gebäude, Bürgersteig, Fußgänger, das menschliche Treiben auf der Straße mit **street**:

auf der Straße spielen	**play in the street**
er wohnt in der nächsten Straße	**he lives in the next street**
die Straßen von San Francisco	**the streets of San Francisco**
durch die Straßen fahren	**drive through the streets**

(*Betonung liegt auf der Ortschaft*)

~rennen *n* SPORT road race **~schild** *n* street sign **~sperre** *f* road block **~tunnel** *m* road tunnel **~überführung** *f* flyover **~unterführung** *f* underpass **~verhältnisse** *Pl* road conditions *Pl* **~verkehr** *m* (road) traffic **~verkehrsordnung** *f* Highway Code **~verzeichnis** *n* index of streets **~zustand** *m* road condition(*s Pl*)

Stratege *m*, **Strategin** *f* strategist
Strategie *f a. fig* strategy
strategisch *Adj* strategic(al)
Stratosphäre *f* stratosphere
sträuben I *v/t* (*Federn*) ruffle (up), (*Fell, Haare*) bristle **II** *v/refl* **sich ~** *Haare*: stand on end, *bes Fell*: bristle up; *fig* **sich ~ gegen** struggle against, resist; **sich ~ zu** *Inf* refuse to *Inf*
Strauch *m* shrub, bush
Strauß[1] *m* bunch of flowers
Strauß[2] *m* ZOOL ostrich
Straußenfeder *f* ostrich feather
Streamer *m* COMPUTER streamer
Strebe *f*, **Strebebalken** *m* strut
streben I *v/i* **1. ~ zu, ~ nach** move (*fig a.* tend) towards, *bes Person*: make for **2.** *fig* **~ nach** strive for, aim at **II** 2 *n* **3.** *fig* (*nach*) striving (for), aspiration (for, after), efforts *Pl*
Strebepfeiler *m* ARCHI buttress
Streber(in) careerist, *gesellschaftlich*: social climber, PÄD F swot **Strebertum** *n* pushiness, PÄD F swotting
strebsam *Adj* industrious, hard-working, ambitious
Strecke *f* **1.** (*Abschnitt*) stretch, *in e-m Buch etc*: *a.* passage, (*Teil*2) *a.* stage, leg, (*Route*) route (*a.* FLUG, SCHIFF), (*Entfernung*) distance (*a.* Sport), (*Renn*2) course, MATHE, BAHN, TEL line, BERGB roadway: BAHN **auf freier ~** between stations; **auf e-r ~ von 10 km** for a stretch of 10 km; *fig* **auf der ~ bleiben** fail, come to grief **2.** JAGD bag: **zur ~ bringen** kill, shoot down, bag, *fig* (*Verbrecher etc*) hunt down, catch, *weit. S.* (*Gegner*) defeat
strecken *v/t* **1.** stretch: **sich** (*od* **s-e Glieder**) **~** stretch (o.s.) (*od* one's limbs); → **Decke 1, Waffe 1. 2.** (*Suppe, Vorräte etc*) eke out, spin out
Streckennetz *n* railway network
streckenweise *Adv* in parts, in places, (*zeitweise*) now and then, at times

Streckverband m MED **im** ~ in traction

Streetworker(in) street worker, community worker

Streich m trick, prank: **j-m e-n (bösen)** ~ **spielen** play a (nasty) trick on s.o.

Streicheleinheiten Pl (love and) attention

streicheln v/t u. v/i stroke

streichen I v/t **1.** (Butter, Brot etc) spread, (Salbe etc) apply, put (**auf** Akk on), (an~) paint: → **gestrichen 2.** (mit der Hand ~) stroke **3.** cross out, delete, (Auftrag etc) cancel, (Gelder) cut: (von der Liste ~ strike s.o. off the list **4.** (Flagge, Segel) strike, haul down **II** v/i **5.** (mit der Hand) ~ **über** (Akk) pass one's hand over, stroke **6. durch die Gegend** ~ roam the countryside; **ums Haus** ~ prowl around the house

Streicher Pl MUS the strings Pl

Streichholz n match, Am F matchstick

Streichholzschachtel f matchbox

Streichinstrument n string(ed) instrument: **die** ~**e** Pl the strings Pl

Streichquartett n string quartet

Streichung f cancellation (a. fig), von Geldern: cut, BUCHDRUCK deletion

Streichwurst f sausage spread

Streifband n (postal) wrapper

Streife f ([auf] ~ **gehen** go on) patrol

Streifen I m **1.** stripe, dünner: streak **2.** Papier: strip **3.** (Film) film, bes Am movie **Streifenhörnchen** n ZOOL chipmunk

streifen I v/t **1.** touch, brush against, Auto: scrape against, Geschoss: graze: fig **ein Thema** ~ touch (up)on a subject **2.** (Kleider) vom Leibe ~, (Ring) vom Finger ~ slip off **3. mit e-m Blick** ~ glance at **II** v/i **4. durch den Wald** etc ~ roam the woods etc

Streifenwagen m patrol car

Streiflicht n fig sidelight ~**schuss** m grazing shot ~**zug** m a. fig excursion

Streik m strike: **wilder** ~ wildcat strike; **e-n** ~ **ausrufen** (**abbrechen**) call (call off) a strike; **in den** ~ **treten** go on strike **Streikaufruf** m strike call **Streikbrecher(in)** strikebreaker, F blackleg, sl scab **streiken** v/i **1.** (be od go on) strike **2.** F refuse, a. Magen: rebel, Gerät etc: refuse to work, pack up **Streikende** m, f striker

Streikgeld n strike pay **Streikposten** m (a. **mit** ~ **besetzen**, ~ **stehen**) picket

Streikrecht n right to strike

Streikwelle f series of strikes

Streit m quarrel, argument, handgreiflicher: brawl, fight, (Krach) F row, (Kontroverse) dispute, controversy, (Fehde) feud: **in** ~ **geraten mit** have an argument (od a fight) with; → **suchen** I, **Zaun streitbar** Adj belligerent

streiten v/i (a. **miteinander** od **sich** ~) quarrel, have an argument (F a row), handgreiflich: fight: **darüber lässt sich** ~ that's a moot point

Streiter(in) fig (**für**) fighter (for), champion (of) **Streiterei** f (constant) quarrel(l)ing, fights Pl, F rows Pl

Streitfall m dispute, conflict, JUR case

Streitfrage f (controversial) issue

Streitgespräch n debate

streitig Adj **1.** JUR contentious **2.** j-m (**das Recht auf**) etw **machen** dispute s.o.'s right to s.th.; → **Rang** I

Streitigkeit f → **Streit**

Streitkräfte Pl armed forces Pl

streitlustig Adj belligerent

Streitpunkt m (point at) issue

Streitsache f **1.** → **Streitpunkt 2.** JUR case, (Prozess) lawsuit

streitsüchtig Adj quarrelsome

Streitwert m JUR value in dispute

Strelitzie f BOT bird of paradise (flower)

streng I Adj allg severe (a. Blick, Kälte, Kritik etc), Stil etc: austere, Person, Diät, Disziplin, Kontrolle, Vorschrift: strict, Geschmack: harsh, a. Geruch: acrid: ~ **mit j-m sein** be strict with s.o.; ~**es Stillschweigen** strict secrecy **II** Adv severely (etc): **sich** ~ **halten an** (Akk) adhere strictly to; ~ **geheim** top-secret; ~ **genommen** strictly speaking; ~ **vertraulich** strictly confidential **Strenge** f severity, austerity, strictness, harshness

strenggläubig Adj orthodox

Stress m (**im** ~ under) stress

stressen v/t F **j-n** ~ put s.o. under stress

stress|frei Adj stress-free ~**geplagt** Adj stressed-out

stressig Adj F stressful

Stresskrankheit f stress disease

streuen I v/t allg scatter, (Blumen) a. strew, (Dünger etc) spread, (Salz etc) sprinkle: **den Gehweg** ~ grit the side-

walk **II** v/i PHYS, a. Waffe: scatter

streunen v/i stray, roam about

streunend Adj stray (dog, child)

Streuselkuchen m cake with crumble topping

Strich m **1.** stroke, (Linie) line, (Gedanken2, Morse2) dash, (Skalen2) mark, (Kompass2) point, (Pinsel2) stroke (of the brush): fig *j-m e-n ~ durch die Rechnung machen* thwart s.o.'s plans; *unter dem ~* on balance; *e-n* (dicken) *~ unter etw machen* make a clean break with s.th.; F *auf den ~ gehen* walk the streets, be on the game **2.** bes bei Textilien: nap: *gegen den ~* against the nap; F fig *das ging mir gegen den ~* it went against the grain with me; F *nach ~ und Faden* good and proper **3.** F (Kürzung) cut **4.** MUS (Bogen2) stroke, (Bogenführung) bowing technique

stricheln v/t sketch in, (schraffieren) hatch: *gestrichelte Linie* broken line

Strich|junge m F male prostitute **~kode** m bar code **~liste** f check list **~mädchen** n F streetwalker **~punkt** m semicolon

Strick m cord, rope: fig *wenn alle ~e reißen* if all else fails; *j-m aus e-r Sache e-n ~ drehen* (wollen) use s.th. against s.o.; F *zum ~ greifen* hang o.s

stricken v/t u. v/i knit

Strick|jacke f cardigan **~leiter** f rope ladder **~maschine** f knitting machine **~nadel** f knitting needle **~waren** Pl knitwear Sg **~wolle** f knitting wool **~zeug** n knitting (things Pl)

striegeln v/t (Pferd) curry(comb)

Strieme f, **Striemen** m weal

strikt Adj strict: Adv *etw ~ ablehnen* refuse s.th. flatly

Strip m F striptease

Strippe f F cord, string: fig *an der ~ hängen* be on the blower

strippen v/i F strip, do a striptease

Stripper(in) F stripper

Striptease m striptease **~tänzer(in)** stripper

strittig Adj controversial: *der ~e Punkt* the point at issue

Stroboskoplicht n strobe light

Stroh n straw, (Dach2) thatch **2blond** Adj flaxen(-haired) **~blume** f immortelle **~dach** n thatched roof **~feuer** n

fig flash in the pan **~halm** m straw: fig *nach e-m ~ greifen, sich an e-n ~ klammern* clutch at a straw **~hut** m straw hat **~mann** m fig front

Strohwitwe(r m) f F grass widow(er)

Strom m **1.** (large) river, (reißender ~) torrent, (Strömung) stream, current (a. fig), fig von Blut, Tränen etc: flood, von Menschen, Autos etc: stream: *mit dem* (gegen den) *~ schwimmen* swim with (against) the current (fig a. tide); *es gießt in Strömen* it is pouring with rain **2.** (electrical) current, weit. S. electricity: *~ führend* live; *unter ~ stehend* live

Stromausfall m power failure

strömen v/i stream, pour, Gas, Luft etc: a. flow, Menschen: a. throng, flock

Stromkreis m (electric) circuit

stromlinienförmig Adj streamlined

Stromnetz n ELEK power supply system

Stromschnelle f rapid

Strom|sperre f power cut **~stärke** f current intensity, in Ampere: amperage **~stoß** m **1.** impulse **2.** electric shock

Strömung f current, fig a. trend

Stromverbrauch m power consumption **Stromversorgung** f power supply

Stromzähler m electric meter

Strontium n strontium

Strophe f stanza, (bes Lied2) verse

strotzen v/i ~ *von, ~ vor* (Dat) be full of, Fehlern etc: a. be teeming with, Gesundheit, Energie etc: be bursting with; *vor Dreck ~* be covered with dirt

Strudel m **1.** a. fig whirlpool, maelstrom **2.** GASTR strudel

Struktur f allg structure **Struktur...** structural (change, policy, etc) **strukturell** Adj (a. ~ bedingt) structural

strukturieren v/t structure

Struktur|krise f structural crisis **2schwach** Adj structurally weak **~wandel** m structural change

Strumpf m stocking **~band** n garter **~halter** m suspender, Am garter **~hose** f (e-e ~ a pair of) tights Pl, Am pantyhose **~maske** f stocking mask

Strumpfwaren Pl hosiery Sg

struppig Adj Haar: unkempt, Bart: bristly, Hund: shaggy

Strychnin n CHEM strychnine

Stube f room

Stubenhocker(in) stay-at-home

stubenrein *Adj Tier*: house-broken
Stubenwagen *m* bassinet
Stuck *m* stucco
Stück *n* **1.** *allg* piece, (*Vieh*) head, (*Teil²*) *a.* bit, (*~ Brot*) *a.* slice, (*~ Zucker*) lump, (*~ Seife*) bar, (*~ Land*) piece (of land), plot: *im ~, am ~* in one piece, *Käse etc*: *a.* unsliced; *50 Cent das ~* fifty cents each; *50 ~ Vieh* 50 head of cattle; *ein ~ (Weges) begleiten etc* part of the way; *~ für ~* piece by piece; *in ~e gehen* go to pieces; *in ~e schlagen* smash (to bits); *fig aus freien ~en* of one's own free will; *große ~e halten auf* (*Akk*) think highly of; *wir sind ein gutes ~ weitergekommen* we have made considerable headway; *das ist ein starkes ~!* that's a bit thick! **2.** MUS piece (of music), THEAT play, *e-s Buches etc*: passage
Stückarbeit *f* piece work
Stückchen *n* small piece (*etc*, → **Stück**)
Stückelung *f* WIRTSCH denomination
Stückeschreiber(in) playwright
Stück|gut *n* parcel(s *Pl*) **~kosten** *Pl* unit cost *Sg* **~liste** *f* TECH parts list **~lohn** *m* piece rate **~preis** *m* unit price
stückweise *Adv* bit by bit
Stückwerk *n pej* patchwork
Stückzahl *f* number of pieces
Student(in) student **Studentenausweis** *m* student's identity card
Studentenschaft *f* the students *Pl*
Studenten|verbindung *f* fraternity **~wohnheim** *n* students' hostel
Studie *f allg* study (*a.* MALEREI *etc*) (*über Akk* on), (*Entwurf*) sketch
Studien|aufenthalt *m* study visit **~beratung** *f* student advisory service **~bewerber(in)** university applicant
Studienfach *n* subject
Studiengang *m* course of studies
studienhalber *Adv* for study purposes
Studien|jahr *n* academic year: *~e Pl →* **Studienzeit ~platz** *m* place at a university **~rat** *m*, **~rätin** *f* master (mistress) at a secondary school **~referendar(in)** *secondary school teacher as a Referendar(in)* **~reise** *f* study trip **~zeit** *f* university (*Am* college) days *Pl*
studieren *v/i u. v/t* study (*a. weit. S. lesen, betrachten etc*), go to university: *er studiert Medizin* he studies medicine, he is a medical student; *wo hat er stu-*

diert? which university did he go to?
Studio *n allg* studio
Studium *n* **1.** (*Universitäts² etc*) studies *Pl*: *sein ~ aufnehmen* begin one's studies; *während s-s ~s* while he is (*bzw.* was) studying; *sie hat ihr ~ der Informatik im vorigen Jahr abgeschlossen* she finished (*od past*) her degree in informatics last year; *was macht dein ~?* how are you getting on at university? **2.** (*intensive Beschäftigung*) study (*Gen* of): *das ~ der Pflanzen etc* the study of plants *etc*

⚠ **Studium** ≠ **study**

Studium	= studies *Pl*; degree
study	= Arbeitszimmer
jedoch:	
the study of plants *etc*	das Studium der Pflanzen, die Pflanzenforschung *etc*

Stufe *f* **1.** step: *Vorsicht, ~!* watch (*Br* mind) the step **2.** LING, MUS degree **3.** *fig* (*Entwicklungs²*) stage, (*Niveau*) level, standard, (*Rang²*) rank: *j-n* (*etw*) *auf eine ~ stellen mit* place s.o. (s.th.) on a level with **4.** TECH stage
Stufen|barren *m Turnen*: asymmetrical bars *Pl* **~leiter** *f fig* ladder: *die ~ des Erfolgs* the ladder to success
stufenlos *Adj u. Adv*: *~* (*regelbar*) infinitely variable **stufenweise I** *Adj* gradual **II** *Adv* step by step, by degrees
Stuhl *m* **1.** chair, (*Klavier² etc*) stool: REL *der Heilige ~* the Holy See; *fig sich zwischen zwei Stühle setzen* fall between two stools; *~ elektrisch* **I 2.** MED **a)** (*Kot*) stool, **b)** → **Stuhlgang**
Stuhlgang *m* (*regelmäßiger ~ haben* have regular) bowel movement
stülpen *v/t* put (*auf Akk* on, *über Akk* over): *etw nach außen ~* turn s.th. inside out; *er stülpte sich e-n Hut auf den Kopf* he clapped a hat on his head
stumm *Adj* dumb, mute, *fig a.* silent (*a.* LING), speechless (*vor Dat* with)
Stummel *m* (*Zahn² etc*) stump, (*Zigaretten²*) butt, (*a. Kerzen² etc*) stub
Stumm|film *m* silent film **~schaltung** *f*

S

TEL muting

Stumpen *m* (*Zigarre*) cheroot
Stümper(in) bungler **Stümperei** *f* bungling, (*schlechte Arbeit*) botch
stümperhaft *Adj* bungling, clumsy
stümpern *v/i u. v/t* bungle, botch
stumpf *Adj* **1.** blunt **2.** MATHE *Winkel*: obtuse, *Kegel*: truncated **3.** (*glanzlos*) dull **4.** *fig Blick*, *Mensch*: dull, *Sinne*: dulled, (*teilnahmslos*) apathetic(ally *Adv*)
Stumpf *m allg* stump: F **mit ~ und Stiel** root and branch
Stumpfheit *f* **1.** bluntness **2.** *a. fig* dullness
Stumpfsinn *m* dullness, *e-r Arbeit*: *a.* mindlessness **stumpfsinnig** *Adj* dull, *Arbeit*: *a.* mindless, soul-destroying
stumpfwink(e)lig *Adj* MATHE obtuse
Stunde *f* **1.** hour: *zur ~* at this hour; *bis zur ~* as yet; MOT **50 Meilen in der ~** 50 miles per hour; *fig* **die ~ der Wahrheit** the moment of truth **2.** PÄD lesson, class, period: *bei j-m ~n nehmen* have lessons with s.o.
stunden *v/t* (*j-m*) *die Zahlung ~* extend the term of payment (to s.o.)
Stunden|geschwindigkeit *f* (average) speed per hour **~kilometer** *Pl* kilomet/res (*Am* -ers) *Pl* per hour **~lang** **I** *Adj* lasting (for) hours **II** *Adv* for hours (and hours) **~lohn** *m* hourly wage **~plan** *m* timetable, *Am* schedule
stundenweise *Adj u. Adv* by the hour
Stundenzeiger *m* hour hand
stündlich **I** *Adj* hourly **II** *Adv* every hour, *weit. S.* any time (now)
Stunk *m* F **~ machen** kick up a stink; *das gibt ~!* there will be trouble!
Stunt *m* stunt **~man** *m* stuntman **~woman** *f* stuntwoman
stupid(e) *Adj* dull, mindless
Stups *m*, **stupsen** *v/t* F prod
Stupsnase *f* snub nose
stur *Adj* **1.** stubborn, pigheaded, stolid **2.** → *stumpfsinnig* **Sturheit** *f* **1.** stubbornness (*etc*) **2.** → *Stumpfsinn*
Sturm *m* **1.** storm (*a. fig*), gale: *fig* **der Entrüstung** outcry; **~ im Wasserglas** storm in a teacup, *Am* tempest in a teapot **2.** MIL storm, attack: *a. fig im ~* **erobern** take by storm; **~ laufen gegen** attack, assail **3.** SPORT (*Stürmer*) forwards *Pl*

Sturm|angriff *m* assault **~bö** *f* squall
stürmen **I** *v/t* **1.** MIL storm: *fig* **e-e Bank ~** make a run on a bank **II** *v/i* **2.** MIL *u.* SPORT attack **3.** *fig* (*rennen*) rush **III** *v/unpers* **4.** **es stürmt** there's a gale blowing **Stürmer(in)** SPORT forward
stürmisch *Adj* stormy (*a. fig Debatte, Liebe etc*), *Liebhaber*: passionate, *Beifall etc*: tumultuous, *Protest*: vehement, *Zeit*: turbulent, *Entwicklung etc*: rapid: *nicht so ~!* easy does it!
Sturm|tief *n* cyclone **~warnung** *f* gale warning **~wolke** *f* storm cloud
Sturz *m* (sudden) fall, *tiefer*: plunge (*a. fig*), *fig* (*Temperatur2 etc*) (sudden) drop, (*Preis2, Kurs2*) *a.* slump, (*Untergang*) ruin, (down)fall, *e-r Regierung*: collapse, overthrow
stürzen **I** *v/i* **1.** fall, *a. fig* plunge, plummet: *sie ist* (*mit dem Fahrrad*) *gestürzt* she had a fall (with her bicycle) **2.** (*rennen*) rush, dash: *er kam ins Zimmer gestürzt* he burst into the room **II** *v/t* **3.** (*stoßen*) throw: *fig j-n ins Elend ~* plunge s.o. into misery **4.** (*umkippen*) turn *s.th.* upside down, (*Pudding etc*) turn *s.th.* out of the mo(u)ld: *Nicht ~!* this side up! **5.** (*Regierung etc*) bring down, overthrow **III** *v/refl* **6.** **sich ins Wasser** (*aus dem Fenster*) **~** plunge into the water (throw o.s. out of the window); *fig* **sich ins Unglück** (*in Schulden*) **~** plunge into disaster (debt); *sich in Unkosten ~* go to great expense **7.** **sich ~ auf** (*Akk*) *allg* pounce on, (*j-n*) *a.* rush at, (*e-e Arbeit etc*) throw o.s. into
Sturz|flug *m* (nose)dive **~helm** *m* crash helmet **~regen** *m* (heavy) downpour
Stuss *m* F (*~ reden*) talk) rubbish
Stute *f* mare **Stutenfohlen** *n* filly
Stützbalken *m* supporting beam
Stütze *f a. fig* support, prop, (*Person*) mainstay, F (*vom Staat*) dole money
stutzen¹ *v/t* cut, (*Bart, Haar*) trim, (*Baum*) lop, (*Flügel, Hecke*) clip, (*Ohren*) crop, (*Schwanz*) dock
stutzen² *v/i* (*bei*) stop short (at), *verwirrt*: be puzzled (by), *argwöhnisch*: become suspicious (at)
Stutzen *m* **1.** short rifle **2.** (*Rohr2*) connecting piece, (*Einfüll2*) neck **3.** (football) sock
stützen *v/t allg* support (*a. fig*), (*ab~*)

S

prop, *fig* (*unter~*) back (up): *die Ellbogen auf den Tisch* ~ prop (*od* rest) one's elbows on the table; *fig etw* ~ *auf* (*Akk*) base s.th. on; *sich* ~ *auf* (*Akk*) rely on, *Urteil etc*: be based on

stutzig *Adj j-n* ~ *machen* puzzle s.o., (*Argwohn wecken*) make s.o. suspicious; ~ *werden* → **stutzen²**

Stütz|mauer f retaining wall ~**pfeiler** m buttress ~**punkt** m MIL *u. fig* base

stylen *v/t* F style

Styling n design, styling

Stylist m stylist

Styropor® n polystyrene, *Am* styrofoam

Subjekt n **1.** LING subject **2.** F *pej* (*Person*) fellow **subjektiv** *Adj* subjective **Subjektivität** f subjectivity

Subkontinent m subcontinent

Subkultur f subculture

subkutan *Adj* MED subcutaneous

sublimieren *v/t* CHEM *u. fig* sublimate

Subsidiarität f POL subsidiarity **Subsidiaritätsprinzip** n subsidiarity principle

Subskription f subscription **Subskriptionspreis** m subscription price

Substantiv n LING noun **substantivieren** *v/t* use as a noun **substantivisch** *Adj* substantival, *Adv a.* as a noun

Substanz f **1.** substance **2.** WIRTSCH (*von der* ~ *leben* live on one's) capital; F *fig das geht an die* ~ that really takes it out of you

substanziell *Adj* substantial

subtil *Adj* subtle

subtrahieren *v/t* subtract

Subtraktion f subtraction

subtropisch *Adj* subtropical

Subvention f subsidy

subventionieren *v/t* subsidize

Suchdienst m tracing service

Suche f (*nach* for) search, *stärker*: hunt: *auf der* ~ *nach* in search of; *auf der* ~ *sein nach* be looking for

suchen I *v/t* look for, search for, (*Glück, Rat etc*) seek, (*Fehler, Vermisste etc*) try to trace: (*mit j-m*) *Streit* ~ pick a quarrel (with s.o.); *Sie haben hier nichts zu* ~*!* you have no business to be here!; → *gesucht*, *Rat* 1, *Weite²* II *v/i* look, search: ~ *nach* → I; *nach Worten* ~ be at a loss for words

Sucher m FOTO view-finder

Such|funktion f COMPUTER search function ~**gerät** n detector ~**hund** m tracker dog ~**lauf** m *Video etc*: scanning, (*Vorrichtung*) scanner, IT search run ~**maschine** f IT search engine

Suchmannschaft f search party

Suchscheinwerfer m searchlight

Sucht f (*nach*) craving (for), (*a. Rauschgift* etc) addiction (to): ~ *erzeugend* addictive

süchtig *Adj a. fig* addicted (**nach** to): ~ *machen* be addictive; *fig* ~ *sein nach* have a craving for, (*besessen sein*) be obsessed with; → *Info bei* **alcohol Süchtige**, **Suchtkranke** m, f addict

Suchtmittel n addictive drug

Suchtrupp m search party

Suchwort n IT search word

Südafrika n South Africa **Südafrikaner(in)**, **südafrikanisch** *Adj* South African

Südamerika n South America **Südamerikaner(in)**, **südamerikanisch** *Adj* South American

Sudan m *the* Sudan

süddeutsch *Adj*, **Süddeutsche** m, f South German

Süden m south, *e-s Landes*: South: *im* ~ in the south; *im* ~ *von* (*od Gen*) (to the) south of; *nach* ~ south(ward)

Südfrüchte Pl tropical fruits Pl

Südküste f south(ern) coast

Südlage f southern exposure

Südländer(in) Mediterranean type, Latin **südländisch** *Adj* Mediterranean, *Temperament etc*: Latin

südlich I *Adj* southern, south, *Wind, Richtung*: southerly II *Adv* south, southwards III *Präp* ~ *von* (*od Gen*) (to the) south of

Südost(en) m southeast **südöstlich** I *Adj* southeast(ern), *Wind*: southeasterly II *Adv* (to the) southeast III *Präp* ~ *von* (*od Gen*) (to the) southeast of

Südpol m South Pole **Südpolar...** Antarctic **Südsee** f *the* South Seas Pl

südwärts *Adv* southward(s)

Südwest(en) m southwest

südwestlich I *Adj* southwest(ern), *Wind, Richtung*: southwesterly II *Adv* (to the) southwest III *Präp* ~ *von* (*od Gen*) (to the) southwest of

Südwind m south wind

Sueskanal m *the* Suez Canal

Suff *m* F boozing
süffig *Adj* F pleasant (to drink)
süffisant *Adj* smug, complacent
suggerieren *v/t* suggest **Suggestion** *f* suggestion **suggestiv** *Adj* suggestive
Suggestivfrage *f* leading question
Sühne *f* atonement, (*Buße*) penance
sühnen *v/t* expiate, atone for
Suite *f allg* suite
sukzessiv *Adj* gradual
Sulfat *n* CHEM sulfate, *Am* sulfate
Sulfid *n* CHEM sulphide, *Am* sulfide
Sulfonamid *n* sulphonamide (*Am* -f-)
Sultan *m* sultan
Sultanine *f* GASTR sultana
Sülze *f* GASTR jellied meat
Sumatra *f* Sumatra
summarisch *Adj* summary
Summe *f* sum, (*Gesamt ℛ*) (sum) total, (*Betrag*) amount, *fig* sum total
summen **I** *v/i* buzz, hum, drone **II** *v/t* (*Lied etc*) hum **Summer** *m* ELEK buzzer
summieren *v/t* (*a.* **sich** *~*) add up
Sumpf *m* **1.** swamp **2.** *fig* (quag)mire
sumpfen *v/i* F live it up **sumpfig** *Adj* marshy **Sumpfland** *n* marshland
Sünde *f* sin
Sünder(in) *m*(*f*) sinner **sündhaft** *Adj* sinful: *Adv* F *~ teuer* awfully expensive
sündig *Adj* sinful **sündigen** *v/i* **1.** sin (*gegen* against): *an j-m ~* wrong s.o. **2.** F (*zu viel essen etc*) indulge
super *Adj u.* **Interj** F super
Super *n* (*Benzin*) *Br* four star, *Am* super, premium
Superlativ *m* LING *u.* *fig* superlative
Supermacht *f* superpower
Supermarkt *m* supermarket
supermodern *Adj* ultramodern
Supersparpreis *m* supersaver
Suppe *f* soup: F *die ~ auslöffeln müssen* have to face the music; *j-m* (*sich*) *e-e schöne ~ einbrocken* get s.o. (o.s.) into a nice mess
Suppen|fleisch *n* meat for making soup **~grün** *n* (bunch of) herbs and vegetables *Pl* **~huhn** *n* boiling fowl
Suppen|kelle *f* soup ladle **~löffel** *m* soup spoon **~schüssel** *f* soup tureen
Suppenteller *m* soup plate
Surfbrett *n* surfboard **surfen** *v/i* do surfing, surf: *im Internet ~* surf the Internet **Surfer(in)** *m*(*f*) surfer
Surrealismus *m* surrealism

surrealistisch *Adj* surrealist(ic)
surren *v/i* whirr, hum, *Insekt etc*: buzz
suspekt *Adj* suspect
suspendieren *v/t allg* suspend
Suspensorium *n* MED suspensory, SPORT jockstrap
süß *Adj a.* *fig* sweet **Süße** *f* **1.** sweetness **2.** F sweetie **süßen** *v/t* sweeten
Süßholz *n* liquorice: F *~ raspeln* flirt
Süßigkeiten *Pl* sweets *Pl, Am* candy *Sg*
süßlich *dj* **1.** sweetish **2.** *fig* sugary, (*kitschig*) mawkish
süßsauer *Adj* sweet and sour: *Adv* *fig* *~ lächeln* smile sourly, force a smile
Süßspeise *f* sweet, dessert **Süßstoff** *m* sweetener **Süßwaren** *Pl* sweets *Pl, Am* candy *Sg* **Süßwasser** *n* fresh water
Sweatshirt *n* sweatshirt
Symbiose *f* BIOL *u.* *fig* symbiosis
Symbol *n* symbol (*für* of), CHEM, MATHE *etc a.* (conventional) sign, COMPUTER icon **~figur** *f* symbolic figure (*für* for)
Symbolik *f* symbolism
symbolisch *Adj* symbolic(al)
Symbolleiste *f* COMPUTER toolbar
symbolträchtig *Adj* highly (*od* deeply) symbolic
Symmetrie *f* symmetry
symmetrisch *Adj* symmetric(al)
Sympathie *f* **1.** (*Zuneigung*) liking: *~ empfinden für* have a liking for **2.** (*Zustimmung*) sympathy: *sich j-s ~n verscherzen* lose s.o.'s sympathies (*od* support) **~streik** *m* sympathetic strike
Sympathisant(in) sympathizer
sympathisch *Adj* (very) pleasant, likeable, F nice: *er* (*es*) *ist mir* (*nicht*) *~* I (don't) like him (it) **sympathisieren** *v/i* *~ mit* sympathize with

⚠ sympa- thisch	≠ **sympathetic**
sympathisch =	very pleasant, likeable, nice
sympathetic =	**1.** mitfühlend **2.** verständnisvoll

Symptom *n* symptom **symptomatisch** *Adj* symptomatic (*für* of)
Synagoge *f* synagogue
synchron *Adj* synchronous, LING synchronic: *Adv* *~ laufen* (*gehen*) be syn-

chronized **Synchrongetriebe** n synchromesh (gear) **synchronisieren** v/t synchronize, (*Film*) *mst* dub
Syndikat n syndicate
Syndrom n MED syndrome
Synergie f synergy **~effekt** m synergy (*od* synergistic) effect
Synode f REL synod
synonym Adj LING synonymous
Synonym n LING synonym
syntaktisch Adj LING syntactic(al)
Syntax f LING, IT syntax
Synthese f synthesis
Synthesizer m MUS synthesizer
synthetisch Adj synthetic(ally Adv)
Syphilis f MED syphilis
Syrer(in) Syrian
Syrien n Syria
Syrier(in), **syrisch** Adj Syrian
System n allg system, (*Verkehrs2 etc*) a. network

System|absturz m IT system crash **~analytiker(in)** systems analyst
Systematik f systematics Sg, system
systematisch Adj systematic(ally Adv)
System|ausfall m IT system failure **~datei** f system file **~fehler** m system fault **~kritiker(in)** dissident **~software** f system software **~steuerung** f system control **~veränderung** f change in the system
Szenario n FILM u. fig scenario
Szene f THEAT etc scene (a. fig Schauplatz, Vorgang, Streit, a. Drogen2 etc): **in ~ setzen** THEAT u. fig stage; **sich in ~ setzen** put on a show; (*j-m*) **e-e ~ machen** make a scene
Szenenapplaus m applause during the scene **Szenenwechsel** m THEAT etc scene change
Szenerie f allg scenery, THEAT a. setting

T

T, t n T, t
Tabak m tobacco **~pflanze** f tobacco (plant) **~waren** Pl tobacco goods Pl
tabellarisch Adj tabulated, tabular
Tabelle f table
Tabellen|führer(in) SPORT (league) leader **~kalkulation** f spreadsheet **~letzte** m, f bottom team **~spitze** f (*an der* ~ at the) top of the table
tabellieren v/t tabulate
Tablett n tray
Tablette f tablet, pill
tabu Adj taboo: **für ~ erklären** (put under a) taboo **Tabu** n (*ein ~ brechen* break a) taboo
tabuisieren v/t taboo
Tabulator m tabulator
Tacho m F, **Tachometer** m, n MOT speedometer
Tadel m reproof, PÄD bad mark, (*Vorwurf*) reproach, (*Kritik*) criticism: **ohne~** → **tadellos** Adj (*fehlerlos*) faultless, blameless, flawless, (*einwandfrei*) above reproach, a. Kleidung etc: impeccable, (*ausgezeichnet, a. F fig*) perfect

tadeln v/t (*wegen* for) reprimand, blame, (*kritisieren*) criticize, censure
tadelnswert Adj reprehensible
Tafel f 1. (*Schul2*) blackboard, (*Schiefer2*) slate, (*Anschlag2*) notice (Am bulletin) board, (*Platte, a. Bild2 im Buch*) plate, (*Stein2*) slab, (*Gedenk2*) tablet, plaque, (*Holz2*) panel 2. (~ Schokolade) bar 3. (dinner) table: **die ~ aufheben** rise from table **tafelfertig** Adj ready to serve **Tafelgeschirr** n dinner service **Tafelland** n GEOG tableland, plateau **tafeln** v/i dine
täfeln v/t panel
Tafelobst n dessert fruit
Tafelsilber n silver(ware)
Täfelung f panel(l)ing
Tafelwasser n mineral (*od* table) water
Tafelwein n table wine
Taft m taffeta
Tag m day: **am ~e, bei ~e** in the daytime, (*bei Tageslicht*) by daylight; **am nächsten ~** the day after; **am ~ zuvor** the day before; **dieser ~e** one of these days, (*neulich*) the other day; **e-s ~es** one day, zukünftig: a. some day; **den gan-**

zen ~ all day long; ~ **für** ~ day after day, *get better etc* day by day; **alle paar** ~**e** every few days; **jeden zweiten** ~ every other day; BERGB **unter (über)** ~**e** underground (above ground); *von* **e-m** ~ **auf den anderen** overnight; *gu-* **ten** ~*!* good morning!, good afternoon!, F hello!, *bei der Vorstellung:* how do you do!; *j-m* **guten** ~ **sagen** say hello to s.o.; *fig* **an den** ~ **bringen (kommen)** bring (come) to light; *fig* **an den** ~ **legen** display, show; **welchen** ~ **haben wir heute?** what's (the date) today?; **zu** ~**e** → **zutage**; → **Abend, frei** 1, **heute** I, **heutig** *etc*

tagaus → **tagein**

Tagebau *m* BERGB opencast mining

Tagebuch *n* (**ein** ~ **führen** keep a) diary

Tagegeld(er *Pl*) *n* daily allowance *Sg*

tagein *Adv* ~, **tagaus** day in, day out

tagelang I *Adj* lasting for days **II** *Adv* for day (and days)

Tagelöhner(in) day labo(u)rer

tagen *v/i* have a meeting, sit (in conference), JUR be in session

Tages|anbruch *m* (**bei** ~ at) daybreak ~**ausflug** *m* day trip ~**creme** *f* day cream ~**decke** *f* bedspread ~**einnahme(n** *Pl*) *f* day's takings *Pl* ~**gericht** *n* GASTR dish of the day ~**gespräch** *n the* talk of the day ~**karte** *f* **1.** day ticket **2.** GASTR menu for the day ~**kurs** *m* **1.** WIRTSCH *Devisen:* current rate, *Effekten:* current price **2.** PÄD day course ~**leistung** *f* daily output ~**licht** *n* daylight: *fig* **ans** ~ **bringen (kommen)** bring (come) to light ~**lichtprojektor** *m* overhead projetor ~**mutter** *f* child minder ~**ordnung** *f* (**auf der** ~ **stehen** be on the) agenda: *a. fig* **zur** ~ **übergehen** proceed to the order of the day; *fig* **an der** ~ **sein** be the order of the day ~**rückfahrkarte** *f* day return (ticket) ~**satz** *m* daily rate, *für Verpflegung:* daily ration ~**stätte** *f* day-care cent/re (*Am* -er) ~**tour** *f* day trip ~**zeit** *f* time of day, (*Ggs. Nachtzeit*) daytime: **zu jeder** ~ at any time of the day

Tageszeitung *f* daily (newspaper)

tageweise *Adv* on a day-to-day basis

taggen *v/t* IT tag

taghell *Adj u. Adv* (as) light as day

...tägig ...-day

täglich I *Adj* daily, (*all*~) everyday **II** *Adv* every day, daily: **zweimal** ~ twice a day **tags** *Adv* ~ **darauf (zuvor)** the day after (before) **Tagschicht** *f* day shift

tagsüber *Adv* during the day

tagtäglich *Adv* day in, day out

Tagtraum *m* daydream

Tag-und-Nachtdienst *m* round-the-clock service

Tagung *f* conference, *Am a.* convention

Tagungsort *m* conference venue

Taifun *m* typhoon

Taille *f* waist, *am Kleid:* a. waistline

tailliert *Adj* waisted

Taiwan *n* Taiwan

Takelage *f* SCHIFF rigging **takeln** *v/t* rig

Takt[1] *m* **1.** MUS (~*einheit*) bar, (*a.* ~*schlag*) beat, (*Walzer*[2] *etc*) (*waltz etc*) time: **3/4-** ~ three-four-time; ~ **halten** keep time; **den** ~ **schlagen** beat the time; **aus dem** ~ **kommen** lose the beat, *fig* be put off one's stroke **2.** rhythm, (*Arbeits*[2] *etc*) cycle, MOT (*Hub*) stroke: **im 15-Minuten-** ~ at 15-minute intervals

Takt[2] *m* tact

Taktfahrplan *m* fixed-interval timetable

Taktgefühl *n* tact

taktieren *v/i* **geschickt** ~ use clever tactics **Taktik** *f* tactics *Pl* (*a. Sg, fig nur Pl konstr*): **die** ~ **ändern** change tactics

Taktiker(in) tactician

taktisch *Adj a.* fig tactical

taktlos *Adj* tactless **Taktlosigkeit** *f* tactlessness, indiscretion

Taktstock *m* baton **Taktstrich** *m* MUS bar

taktvoll *Adj* tactful

Tal *n* valley

Talent *n* **1.** talent (**für, zu** for) **2.** talent(ed person) **talentiert** *Adj* talented, gifted **talentlos** *Adj* untalented

Talentsucher(in) talent scout

Talfahrt *f* **1.** descent **2.** WIRTSCH downswing

Talg *m* **1.** GASTR suet, *ausgelassen:* tallow **2.** PHYSIOL sebum

Talgdrüse *f* sebaceous gland

Talisman *m* (lucky) charm, mascot

Talk *m* talc(um)

Talkmaster(in) TV host

Talkshow *f* chat (*Am* talk) show

Talmi *n a.* fig pinchbeck

Talsohle *f* **1.** bottom of the valley **2.**

WIRTSCH low **Talsperre** f dam

Tamburin n tambourine

Tampon m, **tamponieren** v/t MED tampon

Tamtam n F fuss (**um** about)

Tand m (worthless) trash

Tandem n tandem

Tandler(in) österr **1.** (Händler) junk dealer **2.** (langsamer Mensch) dawdler

Tang m BOT seaweed

Tanga(slip) m G-string, thongs Pl

Tangente f MATHE tangent **tangential** Adj tangential **tangieren** v/t **1.** MATHE be tangent to **2.** fig affect, concern

Tango m tango

Tank m tank **tanken I** v/t **1.** fill up with, (auf~) refill, refuel **2.** F fig (Geld, Luft etc) get **II** v/i **3.** tank up (a. F saufen), refuel TECH SCHIFF (oil) tanker

Tankschiff n → **Tanker**

Tank|stelle f filling (od petrol, Am gas) station **~verschluss** m MOT fuel cap **~wagen** m MOT tanker **~wart(in)** petrol pump (Am gas station) attendant

Tanne f fir (tree)

Tannen|baum m fir (tree) **~nadel** f fir needle **~zapfen** m fir cone

Tansania n Tanzania

Tante f **1.** aunt: ~ **Helene** Aunt Helen **2.** F (Frau) woman, bird

Tante-Emma-Laden m F corner shop, Am mom-and-pop store

Tantieme f von Autoren etc: royalty

Tanz m **1.** dance **2.** F fig (Aufheben) fuss **Tanzbein** n F das ~ schwingen shake a leg **tänzeln** v/i skip, Pferd: prance **tanzen** v/t u. v/i dance **Tänzer(in)** dancer, THEAT (ballet) dancer

Tanz|fläche f dance floor **~kapelle** f dance band **~kurs** m dancing course

Tanz|lehrer(in) dancing instructor **~lokal** n dance hall **~musik** f dance music **~orchester** n dance band **~partner(in)** dancing partner **~saal** m dance hall, ballroom **~schritt** m dance step **~schule** f dancing school

Tanzstunde f in die ~ gehen go to a dancing class **Tanztee** m tea dance

Tanzturnier n dancing contest

Tapet n aufs ~ bringen bring s.th. up

Tapete f wallpaper **Tapetenwechsel** m F fig change (of scenery)

tapezieren v/t u. v/i wallpaper

tapfer Adj brave **Tapferkeit** f bravery

tappen v/i **1.** (gehen) pad, durch Nebel etc: grope one's way **2.** (tasten) grope (od fumble) (nach for): a. fig **im Dunkeln** ~ be groping in the dark

Tara f WIRTSCH tare

Tarantel f ZOOL tarantula: F **wie von der** ~ **gestochen** as if stung by an adder

Tarif m scale of charges, (Einzel~) rate, (Gebühr) charge, (Lohn~) pay scale, (Zoll~) tariff **~abschluss** m wage settlement **~autonomie** f free collective bargaining **~konflikt** m pay dispute

tariflich I Adj tariff ..., Lohn etc: standard ... **II** Adv according to the tariff (Löhne: scale)

Tarif|lohn m standard wage(s Pl) **~partner(in)** party to a wage agreement, Pl union(s Pl) and management **~runde** f pay round **~satz** m (tariff) rate, für Löhne: (standard) wage rate **~verhandlungen** Pl wage negotiations Pl **~vertrag** m wage agreement

Tarnanzug m camouflage suit

tarnen v/t camouflage, fig a. disguise

Tarnfarbe f camouflage colo(u)r **Tarnorganisation** f cover organization

Tarnung f camouflage, fig a. cover

Tarot m, n tarot

Tasche f **1.** (Einkaufs~, Reise~ etc) bag, (Hand~) (hand)bag, Am purse **2.** (Hosen~ etc) pocket: **etw aus der eigenen** ~ **bezahlen** pay for s.th. out of one's own pocket; **den Gewinn in die eigene** ~ **stecken** pocket the profit; F fig **j-n in die** ~ **stecken** put s.o. in one's pocket; **den Auftrag haben wir in der** ~! the order is in the bag!; F **j-m auf der** ~ **liegen** live off s.o.; **in die eigene** ~ **arbeiten** line one's (own) pockets; **tief in die** ~ **greifen** (müssen) have to) fork out a lot of money

Taschen|buch n paperback **~dieb(in)** pickpocket **~feuerzeug** n pocket lighter **~format** n pocket size: **im** ~ pocket-size(d) **~geld** n pocket money **~kalender** m pocket diary **~lampe** f torch, Am flashlight **~messer** n penknife **~rechner** m pocket calculator **~spiegel** m pocket mirror **~tuch** n handkerchief **~uhr** f fob watch **~wörterbuch** n pocket dictionary

Tasse f cup: **e-e** ~ **Tee** a cup of tea

Tastatur f keyboard

Taste f key, (*Druck*2) a. push button

tasten I v/t (*er*~) touch, feel **II** v/i (*nach* for) a. fig grope, fumble **III** v/refl **sich**~ grope one's way

tastend Adj groping, fig a. tentative

Tasteninstrument n keyboard instrument **Tastentelefon** n push-button telephone

Taster m **1.** ZOOL feeler **2.** TECH key, (*Fühler*) sensor

Tastsinn m sense of touch

Tat f **1.** deed, act, (*Groß*2) feat, achievement, (*Tun*) action: **Mann der** ~ man of action; → **umsetzen 3 2.** (*Straf*2) (criminal) offen/ce (*Am* -se), crime: **j-n auf frischer** ~ **ertappen** catch s.o. red-handed **3. in der** ~ indeed

Tatar n GASTR steak tartare

Tatbestand m state of affairs, JUR facts Pl of the case

Tatendrang m thirst for action

tatenlos Adj inactive

Täter(in) culprit, JUR offender

tätig Adj active (a. *Vulkan*), busy: ~ **sein als** work as, (*fungieren*) act as; ~ **sein bei** e-r Firma: work for, e-m Institut etc: work at; ~ **werden** act, take action

tätigen v/t (*Geschäfte*) effect, transact, (*Einkäufe*) make

Tätigkeit f activity, (*Beruf*) occupation, job, (*Funktion*) function, PHYSIOL, TECH etc action: **in** ~ in action; **welche** ~ **üben Sie aus?** what is your job?

Tätigkeitsfeld n field of activity

Tatkraft f energy, drive, (*Initiative*) enterprise **tatkräftig** Adj energetic(ally Adv), active: **~e Hilfe** effective help

tätlich Adj violent: JUR **~e Beleidigung** assault and battery; ~ **werden** become violent; **gegen j-n** ~ **werden** assault s.o. **Tätlichkeit** f (act of) violence, JUR assault (and battery)

Tatort m scene of the crime

tätowieren v/t, **Tätowierung** f tattoo

Tatsache f fact: **j-n vor vollendete** ~**n stellen** confront s.o. with a fait accompli; ~ **ist, dass** ... the fact is that ...; **das ändert nichts an der** ~, **dass** ... that doesn't alter the fact that ...; **den** ~**n ins Auge blicken** face the facts

Tatsachenbericht m documentary

tatsächlich I Adj actual, real **II** Adv actually, really, in fact: ~? really?

tätscheln v/t pat

tatt(e)rig Adj F doddery, (*zittrig*) shaky

Tattoo m, n tattoo **Tattoostift** m tattoo pen

Tatze f paw

Tau¹ n rope

Tau² n dew

taub Adj **1.** deaf (fig **gegen**, **für** to): **auf einem Ohr** ~ deaf in one ear **2.** *Nuss*: empty, *Gestein*: dead, *Glieder*: numb

Taube¹ m, f deaf person: **die** ~**n** the deaf

Taube² f ZOOL pigeon, bes symbolisch, a. POL (*Ggs. Falke*) dove

taubengrau Adj dove-colo(u)red

Taubenschlag m dovecot

Taubheit f **1.** deafness **2.** numbness

taubstumm Adj deaf and dumb

Taubstumme m, f deaf-mute

Taubstummensprache f deaf-and-dumb language

tauchen I v/i dive (**nach** for), (sport~) a. skin-dive, U-Boot: a. submerge **II** v/t dip, *länger*: immerse: **j-n** ~ duck s.o. **III** 2 n diving

Taucher|(in) (*Sport*2) skin) diver **~anzug** m diving suit, SPORT a. wetsuit **~brille** f diving goggles Pl **~glocke** f diving bell **~maske** f diving mask

Tauchsieder m immersion heater

tauen v/i Eis etc: thaw, melt: **es taut a**) it is thawing, **b**) (*Tau fällt*) dew is falling

Taufbecken n font **Taufe** f a. fig baptism, (*Kind*2) a. christening: **aus der** ~ **heben** stand godfather (*od* godmother) to, fig launch **taufen** v/t baptize, christen (*beide a. fig*), (*nennen*) call

Täufling m child (*od* person) to be baptized **Taufname** m Christian name **Taufschein** m certificate of baptism **Taufstein** m font

taugen v/i (**zu**, **für** for) be suited, be of use: **nichts** ~ be no good; **taugt es was?** is it any good? **Taugenichts** m good-for-nothing **tauglich** Adj suitable (**für**, **zu** for), MIL fit (for service)

Tauglichkeit f suitability, MIL fitness

Taumel m **1.** dizziness **2.** fig whirl, (*Rausch*) rapture, frenzy **taum(e)lig** Adj dizzy **taumeln** v/i reel, stagger

Tausch m exchange, F swap, (~*handel*) barter

tauschen v/t u. v/i exchange (a. *Blicke, Worte etc*), (*ein*~) a. barter, F swap (**gegen** for): **ich möchte nicht mit ihr** ~ I

wouldn't like to be in her shoes

täuschen I v/t mislead, deceive, (*betrügen*) cheat, fool: **wenn mich nicht alles täuscht** if I am not very much mistaken; **wenn mich mein Gedächtnis nicht täuscht** if my memory serves me right; **sich ~ lassen** be taken in (**von** by) **II** v/i be deceptive, SPORT feint, fake a blow *etc* **III** v/refl **sich ~** be mistaken, be wrong (**in j-m** about s.o.); **da täuscht er sich aber!** he's very much mistaken there!

täuschend Adj deceptive: Adv **j-m ähnlich sehen** look remarkably like s.o.

Tausch|geschäft n, **~handel** m barter, F swap **~objekt** n object of exchange

Täuschung f deception, (*bes Selbst2*) delusion, (*Irrtum*) mistake, JUR deceit: **optische ~** optical illusion

Täuschungs|manöver n feint, diversion **~versuch** m attempt to deceive

Tauschwert m exchange value

tausend Adj (a) thousand: **2 und Abertausend** thousands and thousands of; **~ Dank!** thanks ever so much; **zu ~en** by the thousand **Tausend** n thousand **tausendfach I** Adj thousandfold **II** Adv **= tausendmal Tausendfüß(l)er** m ZOOL centipede **tausendjährig** Adj of a thousand years, millennial **tausendmal** Adv a thousand times **tausendst** Adj thousandth

Tausendstel n thousandth (part)

Tautropfen m dewdrop

Tauwetter n a. fig POL thaw

Tauziehen n a. fig tug-of-war

Taxameter m taximeter

Taxe f **1.** (*Gebühr*) rate, fee, (*Steuer*) tax **2.** → **Taxi** n taxi, cab: **~ fahren a**) drive a taxi, **b**) go by taxi **taxieren** v/t **1.** estimate, WIRTSCH, JUR assess **2.** F (*prüfend betrachten*) size up

Taxi|fahrer(in) m taxi driver **~stand** m taxi rank

Teak(holz) n teak

Teamarbeit f teamwork

Technik f engineering, (*Wissenschaft*) technology, (*Verfahren*) technique (a. KUNST, SPORT *etc*), (*Ausrüstung*) equipment, *e-r Maschine etc*: mechanics Pl

Techniker(in) m (technical) engineer, (*Spezialist, a. Sportler etc*) technician

technisch Adj allg engineering (*pro-*

cess, etc), (*bes betriebs~, a.* KUNST, SPORT *etc*) technical, (*wissenschaftlich*) technological (*a. Fortschritt, Zeitalter etc*): *Boxen:* **~er K. o.** technical knockout; **~es Personal** technical staff; **~e Hochschule** college of technology

technisieren v/t technify

Techno m MUS techno

Technokrat(in) technocrat

Technologie f technology **Technologiepark** m science (*od* technology) park **Technologietransfer** m technology transfer

technologisch Adj technological

Technomusik f techno

Teddybär m teddy bear

Tee m tea: **e-n ~ trinken** have a cup of tea; → **abwarten II Teebeutel** m teabag **Teebüchse** f tea caddy **Tee-Ei** n (tea) infuser **Teegebäck** n biscuits Pl, Am cookies Pl **Teekanne** f teapot **Teekessel** m teakettle **Teelöffel** m teaspoon: **ein ~ voll** teaspoonful **Teemaschine** f tea urn

Teenager m teenager

Teenager... teenage ...

Teer m, **teeren** v/t tar

Teesieb n tea strainer **Teestube** f tearoom **Teetasse** f teacup **Teewagen** m tea trolley **Teewärmer** m tea cosy

Teich m pond, pool

Teig m dough, (*Rühr2*) batter

teigig Adj doughy, pasty (a. fig)

Teigwaren Pl pasta Sg

Teil m,n part (a. TECH), (*An2*) share, (*Bestand2, a.* TECH) component, element: *bes* JUR **beide ~e** both sides; **ein ~ davon** part of it; **der größte ~** the greater part (*Gen* of); **zum ~** partly; **zum großen** (*od* **größten**) **~** largely, for the most part; **zu gleichen ~en** in equal shares; **sein ~ beitragen** do one's bit; **sich sein ~ denken** have one's own thoughts about it; **ich für mein ~** I for my part

teilbar Adj divisible

Teilbetrag m partial amount

Teilchen n a. PHYS particle

teilen I v/t divide, (*auf~, ver~*) distribute, share out, (*gemeinsam haben*) share: **die Kosten ~** share expenses; **Freud und Leid mit j-m ~** share s.o.'s joys and troubles **II** v/refl **sich ~** divide, *Vorhang:* part; **sich in etw ~** share s.th.; →

geteilt Teiler *m* MATHE divisor

Teilerfolg *m* partial success

teilhaben *v/i* (*an Dat*) participate, share **Teilhaber(in)** WIRTSCH partner, associate **Teilhaberschaft** *f* partnership

Teilkaskoversicherung *f* partial coverage insurance

Teillieferung *f* part delivery

Teilnahme *f* (*an Dat*) **1.** participation (in), (*Besuch*) attendance (at) **2.** *fig* (*An*2) interest (in), sympathy (with), (*Beileid*) condolence(s *Pl*) **teilnahmeberechtigt** *Adj* eligible **teilnahmslos** *Adj* indifferent, listless, apathetic(ally *Adv*) **Teilnahmslosigkeit** *f* indifference, listlessness, apathy **teilnahmsvoll** *Adj* sympathetic(ally *Adv*)

teilnehmen *v/i* (*an Dat*) take part (in), (*besuchen*) be present (at), attend (*s.th.*) **2.** *fig* take an interest (in), *mitfühlend*: sympathize (with)

teilnehmend → *teilnahmsvoll*

Teilnehmer(in) participant, *Sport etc*: competitor, entrant, TEL subscriber

teils *Adv* partly

Teilstrecke *f Bus etc*: (fare) stage, BAHN section, (*Etappe*) stage, *a.* SPORT leg

Teilstück *n* section

Teilung *f* division (*a.* BIOL, MATHE), *e-s Landes*: *a.* partition

teilweise I *Adj* partial **II** *Adv* partly, partially, in part

Teilzahlung *f* part payment, (*Ratenzahlung*) payment by instal(l)ments: *auf ~kaufen* buy on instal(l)ment (*od* hire purchase)

Teilzeit *f* part-time: *~ arbeiten* (*od* do) part-time **~arbeit** *f* part-time employment (*od* work) ②**beschäftigt** *Adj ~ sein* work part-time **~beschäftigte** *m, f* part-time employee **~beschäftigung** *f* part-time employment **~job** *m* part-time job

Teint *m* complexion

Telearbeit *f* teleworking, telecommuting **Telearbeitnehmer(in)** teleworker, telecommuter

Telebanking *n* telebanking

Telefax *n,* **telefaxen** *v/t* telefax

Telefon *n* (tele)phone: *am ~* on the (tele)phone; *ans ~ gehen* answer the (tele)phone; *~ haben* be on the (tele-) phone **Telefonanruf** *m* (phone) call

Telefonanschluss *m* telephone connection: *~ haben* be on the (tele)phone

Telefonat *n* → *Telefongespräch*

Telefon|banking *n* telephone banking **~buch** *n* phone book, telephone directory **~buchse** *f* telephone socket **~gebühr** *f* telephone charge **~gespräch** *n* telephone conversation, phone call **~hörer** *m* receiver

telefonieren *v/i* (tele)phone: *mit j-m ~* call (*od* ring) s.o. (up), talk to s.o. over the (tele)phone; *sie telefoniert gerade* she is on the phone (*mit* to); → *Info-Fenster S. 1248*

telefonisch *Adj* telephonic(ally *Adv*), *Adv mst* by (*od* over the) (tele)phone: *~ übermitteln* (tele)phone; *sind Sie ~ zu erreichen?* can I call you?

Telefonist(in) (telephone) operator

Telefon|karte *f* phonecard **~konferenz** *f* telephone conference, audioconference **~nummer** *f* (tele)phone number **~verbindung** *f* telephone connection **~zelle** *f* (tele)phone box (*od* booth), call box **~zentrale** *f* (telephone) exchange

Telegrafenmast *m* telegraph pole

Telegrafie *f* telegraphy: *drahtlose ~* radiotelegraphy **telegrafieren** *v/t u. v/i* telegraph, wire, *nach Übersee*: cable

telegrafisch *Adj* telegraphic(ally *Adv*), *Adv mst* by telegram, by wire, by cable: *~e Überweisung* cable transfer

Telegramm *n* telegram, *Am a.* wire, (*bes Übersee*2) cable **~anschrift** *f* cable address

Teleheimarbeit *f* teleworking

Telekommunikation *f* telecommunications *Sg* **~sdienst** *m* telecommunications service

Telekopie *f* telecopy

Telekopierer *m* telecopier

Telematik *f* telematics *Sg*

Telemedizin *f* telemedicine

Teleobjektiv *n* telephoto lens

Telepathie *f* telepathy

telepathisch *Adj* telepathic(ally *Adv*)

Tele|prompter *m* autocue **~radiologie** *f* teleradiology. **~shopping** *n* teleshopping

Teleskop *n* telescope

teleskopisch *Adj* telescopic(ally *Adv*)

Telespiel *n* TV game

Telex *n,* **telexen** *v/t* telex

T

Telefonieren

Im englischsprachigen Raum meldet man sich am Telefon allgemein so:

- **Hello?** (*Betonung auf der zweiten Silbe*)
- Mit dem Ortsnamen und der Telefonnummer: **Burford 78432**
- (*seltener*) Mit dem Namen: **Ted Holland** oder **Ted Holland speaking**

Anrufe an Firmen *etc* werden etwa so beantwortet:

- **Good morning, Williams Insurance Company, Car Insurance Department, Kate Collins speaking. How can I help you?**
  Guten Morgen. Williams Versicherungsgesellschaft, Abteilung Autoversicherungen, Kate Collins am Apparat. Was kann ich für Sie tun?

Nützliche Wendungen fürs Telefonieren:

Kann ich bitte … sprechen?	**Could I speak to …, please?**
Sie haben eine Nachricht auf dem Anrufbeantworter hinterlassen.	**You left a message on my answering machine**/*bes Br* **answerphone.**
Hallo Joe. Du hast vorhin angerufen.	**Hi, Joe. You rang up earlier.**
Hallo, hier spricht Mary. Ist Joan da?	**Hello, it's Mary. Is Joan around?**
Könnten Sie ihr bitte ausrichten, …?	**Could you tell her …, please?**
Könnten Sie ihn bitten mich zurückzurufen?	**Could you get him to ring me back?**
Könnten Sie ihm etwas ausrichten?	**Could you give him/pass on a message?**
Könnten Sie ihm sagen, dass ich angerufen habe?	**Could you just tell him I called?**
Falls ich nicht da bin, kann er eine Nachricht auf meinem Anrufbeantworter hinterlassen.	**If I'm not in, he can leave a message on my answering machine.**
Ich geb dir meine Handy-Nummer, falls du mich zu Hause nicht erreichst.	**I'll give you my mobile number in case you can't get hold of me at home.**
Ich verbinde (Sie).	**I'll put you through.**
Bleiben Sie bitte dran.	**Hold on/Hold the line, please.**
Mit wem spreche ich, bitte?	**Who's calling, please?**
Ich kann Sie nicht besonders gut verstehen.	**I can't hear you very well.**
Die Verbindung ist sehr schlecht.	**The line's very bad.**
Ich rufe aus einer Telefonzelle an.	*Br* **I'm ringing from a callbox.** *Am* **I'm calling from a phone booth.**
Kann ich Sie zurückrufen?	**Can I call you back?**
Wann kann ich ihn erreichen?	**When can I reach him?**
Wie kann ich ihn erreichen?	**How can I get hold of him?**
Wir sind unterbrochen worden.	**We were cut off.**

Ich muss mich verwählt haben.	**I must have dialled the wrong number.**
Ich komme nicht durch.	**I can't get through.**
Ich bekomme immer nur „Kein Anschluss unter dieser Nummer".	**I keep getting 'number unobtainable'.**

Telefon-Vokabular

(den Hörer) abnehmen	**lift/pick up (the receiver)**
Auslandsgespräch	**international call**
Ferngespräch	**long-distance call**
Gespräch auf Kreditkarte	**credit card call**
Hörer	**receiver**
Kartentelefon	**cardphone**
Landeskennzahl	**country code**
Ortsgespräch	**local call**
R-Gespräch	**reverse charge call,** *Am* **collect call**
Rufnummer	**phone number**
Telefon	**telephone, phone**
Telefonbuch	**phone book, telephone directory**
Telefonkarte	**phonecard**
Telefonnummer	**phone number**
Vorwahl/Ortsnetzkennzahl	*Br* **dialling code,** *Am* **area code**
(eine Nummer) wählen	**dial (a number)**
Weckruf (für morgen früh 6.30 Uhr)	**alarm call (for 6.30 tomorrow morning)**

Aussprache der Telefonnummer:

Eine englische Telefonnummer spricht man in einzelnen Ziffern, die rhythmisch zu Zweiergruppen zusammengefasst werden. Die Null heißt **oh** (in Amerika **zero**), und zwei gleiche Ziffern werden **double two, double three** *etc* gesprochen.

192208	spricht man: **one nine/double two/oh eight**
01976 54197	spricht man: **oh one/nine seven/six//five four/one nine/ seven**
01228 36641	spricht man: **oh one/double two/eight//three/double six/ four one**

Teletext *m* teletext

Teller *m* **1.** plate: *ein ~ voll* a plateful **2.** TECH, *a. am Skistock*: disc, disk

Tempel *m* temple

Temperament *n* temperament, temper, (*Schwung*) verve, vivacity, F pep: *hitziges ~* hot temper **temperamentlos** *Adj* lifeless **temperamentvoll** *Adj* vivacious, (high-)spirited

Temperatur *f* (*bei e-r ~ von* at a) temperature (of); MED *~ haben* have (*od* run) a temperature; *j-s ~ messen* take s.o.'s temperature **Temperaturanstieg** *m* rise in temperature **Temperatursturz** *m* sudden drop in temperature **temperieren** *v/t a.* MUS temper

Tempo *n* tempo (*a.* MUS), speed, rate, pace: *in langsamem ~* at a slow pace;

das ~ bestimmen (***durchhalten, forcieren*** *od* ***steigern***) set (stand, force) the pace; ***~!*** step on it!, go! **Tempolimit** *n* MOT speed limit
temporär *Adj* temporary
Tempotaschentuch® *n* tissue
Tendenz *f* tendency, (*Entwicklungs*≗) *mst* trend (*a.* WIRTSCH), *oft pej* bias, slant
tendenziös *Adj* tendentious
tendieren *v/i* tend (***nach, zu*** to)
Tennis *n* tennis **~ball** *m* tennis ball **~halle** *f* covered court **~platz** *m* tennis court **~schläger** *m* tennis racket
Tennisspieler(in) tennis player
Tennisturnier *n* tennis tournament
Tenor[1] *m* (*Inhalt*) tenor, substance
Tenor[2] *m* MUS **1.** (*a* **~stimme** *f*, **~partie** *f*) tenor (voice, part) **2.** *a* **Tenorist** *m* tenor (singer *od* player)
Tensid *n* surfactant
Teppich *m* carpet: *fig* ***etw unter den ~ kehren*** sweep s.th. under the carpet; F ***bleib auf dem ~!*** be reasonable! **~boden** *m* fitted carpet, wall-to-wall carpeting **~schaum** *m* carpet foam
Termin *m* **1.** (set) date, time limit, (*letzter* ~) deadline: ***e-n ~ festsetzen*** fix a date *etc*; ***bis zu diesem ~*** by this date **2.** (*Arzt*≗ *etc*) (***sich e-n ~ geben lassen*** make an) appointment **3.** JUR hearing
Terminal *m, n allg* terminal
termingerecht *Adj u. Adv* on schedule
Terminkalender *m* appointment(s) book (*Am* diary)
Terminkontrakte *Pl* WIRTSCH futures *Pl*
Terminologie *f* terminology
Terminplan *m* schedule
Termite *f* ZOOL termite
Terpentin *n, m* CHEM turpentine
Terrain *n* (*Gelände*) terrain, (*Grundstück*) plot of land, (building) site
Terrasse *f* terrace
terrassenförmig *Adj* terraced
Terrassentür *f* French window
Territorium *n* territory
Terror *m* terror **~akt** *m* act of terrorism
Terroranschlag *m* terrorist attack
terrorisieren *v/t* terrorize **Terrorismus** *m* terrorism **Terrorist(in), terroristisch** *Adj* terrorist
Terz *f* **1.** MUS third **2.** *Fechten*: tierce
Tesafilm® *m etwa* Sellotape® **Tesa®-Packband** *n etwa* packing tape
Tessin *n das* Ticino
Test *m* test
Testament *n* **1.** (last) will, JUR last will and testament: ***sein ~ machen*** make a will **2.** REL ***Altes*** (***Neues***) **~** Old (New) Testament **testamentarisch I** *Adj* testamentary **II** *Adv* by will
Testaments|eröffnung *f* opening of the will **~vollstrecker(in)** executor
Testbild *n* TV test card, *Am* test pattern
testen *v/t* test
Test|lauf *m* TECH trial run **~person** *f* (test) subject **~phase** *f* test phase **~pilot(in)** test pilot **~strecke** *f* MOT test track
Tetanus(schutz)impfung *f* MED tetanus vaccination
teuer I *Adj* expensive, *bes Br a.* dear: ***wie ~ ist es?*** how much is it?; ***Fleisch ist teurer geworden*** meat prices have gone up; *fig* ***j-m ~ sein*** be dear to s.o. **II** *Adv* dear(ly): ***das wird ihn ~ zu stehen kommen*** he will have to pay dearly for that **Teuerung** *f* high (*od* rising) prices *Pl*, high cost of living
Teuerungsrate *f* rate of price increases
Teufel *m* devil: ***der ~*** the Devil; ***armer ~!*** poor devil (*od* wretch)!; ***pfui ~!*** ugh!, *entrüstet*: digusting!; ***wer*** (***wo, was***) ***zum ~?*** who (where, what) the devil (*od* hell)?; ***wie der ~***, F ***auf ~ komm raus*** like blazes; ***in*** (***des***) ***~s Küche kommen*** get into a hell of a mess; ***j-n zum ~ jagen*** send s.o. packing; ***der ~ war los!*** all hell had broken loose!; ***mal den ~ nicht an die Wand!*** don't tempt fate!; ***scher dich zum ~!*** go to hell!
Teufelskerl *m* devil of a fellow
Teufelskreis *m fig* vicious circle
teuflisch *Adj* devilish, *fig a.* hellish
Text *m* text, (*Lied*≗) words *Pl*, lyrics *Pl*
Textbaustein *m* text module
Textbuch *n* libretto
Texter(in) (*Werbe*≗) copywriter, (*Schlager*≗) songwriter
Texterfasser(in) keyboarder
Textilien *Pl* textiles *Pl*
Textmarker *m* highlighter
Textverarbeitung *f* word processing
Textverarbeitungssystem *n* word processor
TH *f* (= ***Technische Hochschule***) college of technology, technical university

Thailand n Thailand

Theater n **1.** theatre, *Am* theater: *zum ~ gehen* go on the stage; *ins ~ gehen* go to the theatre **2.** *fig* play-acting, *pej* farce, *(Aufheben)* fuss: *~ spielen* put on an act; *mach kein ~!* I don't make a fuss! **~abonnement** n theatre subscription **~besuch** m visit to the theatre **~besucher(in)** theatregoer **~karte** f theatre ticket **~kasse** f box office **~stück** n (stage) play

theatralisch *Adj* theatrical

Theke f bar, *(a. Laden2)* counter

Thema n subject, *(Gesprächs2)* a. topic, *bes* MUS theme: *beim ~ bleiben* stick to the point; *kein ~ sein* be no subject for discussion; *das ~ wechseln* change the subject **Thematik** f subject (matter)

Themenkreis m subject area

Themse f the Thames

Theologe m, **Theologin** f theologian **Theologie** f theology **theologisch** *Adj* theological

Theoretiker(in) theorist **theoretisch** *Adj u. Adv* theoretical(ly), *Adv a.* in theory **theoretisieren** v/i theorize

Theorie f theory

Therapeut(in) therapist

therapeutisch *Adj* therapeutic(ally *Adv)* **Therapie** f therapy

Thermalbad n thermal spa, *(Schwimmbad)* thermal baths *Pl* **Thermalquelle** f → **Therme** f thermal spring

Thermik f thermionics *Sg*

thermisch *Adj* thermic

Thermometer n thermometer: *das ~ zeigt (od steht auf) 5 Grad über (unter) null* the thermometer is at (od shows) 5 degrees above (below) zero

Thermosflasche f thermos flask

Thermostat m thermostat

These f thesis, *(Theorie)* theory

Thon m schweiz. tuna (fish)

Thrombose f MED thrombosis

Thron m throne **thronen** v/i a. fig be enthroned **Thronerbe** m heir to the throne **Thronerbin** f heiress to the throne **Thronfolge** f succession to the throne **Thronfolger(in)** successor to the throne

Thunfisch m tunny, *in Dosen*: tuna

Thüringen n Thuringia

Thymian m BOT thyme

Tibet n Tibet

Tibeter(in), **tibetisch** *Adj* Tibetan

Tick m *(Schrulle)* quirk, tic

ticken v/i tick

Tie-Break m, n *Tennis*: tie-break(er)

tief **I** *Adj allg* deep *(a. fig)*, *(niedrig)* low, *fig Wissen, Erkenntnis etc: a.* profound: *aus ~stem Herzen* from the bottom of one's heart; *im ~sten Winter* in the dead of winter **II** *Adv* deep, *(niedrig)* low, *fig* deeply, *(weit)* far: *~ in Gedanken* deep in thought; *~ betrübt* deeply grieved, very sad; *~ bewegt* deeply moved; *~ empfunden* heartfelt; *~ greifend* far-reaching; *~ liegend* a) low(-lying), b) *Augen*: deep-set, c) *fig* deep, deep-seated; *~ schürfend* profound; *~ enttäuscht* badly disappointed; *~ schlafen* be fast asleep, sleep soundly; *bis ~ in die Nacht hinein* far into the night

Tief n METEO, a. fig low, depression

Tiefbau m civil engineering **Tiefbauingenieur(in)** construction engineer

tiefblau *Adj* deep blue

Tiefdruck m **1.** METEO low pressure **2.** intaglio (printing) **Tiefdruckgebiet** n cyclone, low-pressure area

Tiefe f **1.** depth, *fig (Tiefgründigkeit)* a. profundity **2.** *Pl* RADIO etc bass *Sg*

Tiefebene f lowland(s *Pl*)

Tiefenregler m RADIO etc bass control

Tiefenschärfe f FOTO depth of focus

tiefernst *Adj* very grave

Tiefflug m low-level flight

Tiefgang m **1.** SCHIFF draught **2.** *fig* depth

Tiefgarage f underground car park

tiefgefroren *Adj* deep-frozen

tiefgründig *Adj* profound, deep

Tiefkühlfach n freezing compartment

Tiefkühlkost f frozen foods *Pl*

Tiefkühltruhe f freezer, deep-freeze

Tiefpunkt m fig low: *e-n seelischen ~ haben* feel very depressed

Tiefschlag m a. fig hit below the belt

tiefschwarz *Adj* jet-black

Tiefsee f deep sea

tiefsinnig *Adj* profound

Tiefstand m fig low: *e-n absoluten ~ erreichen* hit an all-time low

Tiegel m saucepan, *(Schmelz2)* crucible

Tier n animal *(a. fig)*, *großes*: beast, *fig (Untier)* brute: F *großes (od hohes) ~* bigwig, big shot **~art** f (animal) spe-

cies **~arzt** *m*, **~ärztin** *f* veterinary surgeon, *Am* veterinarian, *F* vet **~freund(in)** animal lover **~garten** *m* zoological gardens *Pl*, zoo **~handlung** *f* pet shop **~heim** *n* home for animals

tierisch I *Adj* animal ..., *fig* (*roh*) a. brutish: **~e Fette** animal fats **II** *Adv F fig* (*sehr*) awfully, terribly

Tierkreis *m* ASTR zodiac

Tierkreiszeichen *n* sign of the zodiac

Tier|kunde *f* zoology **2lieb** *Adj* fond of animals **~medizin** *f* veterinary medicine **~nahrung** *f* pet food **~pfleger(in)** keeper **~quälerei** *f* cruelty to animals **~reich** *n* animal kingdom

Tier|schutz *m* animal welfare **~schützer(in)** animal welfarist **~schutzverein** *m* Society for the Prevention of Cruelty to Animals **~transport** *m* animal transport **~versuch** *m* animal experiment **~welt** *f* animal world

Tiger *m* tiger **Tigerfell** *n* tiger skin

Tigerin *f* tigress

tigern *v/i* F traipse, trot

Tilde *f* LING tilde

tilgen *v/t* **1.** (*streichen*) wipe out (*a. fig*), (*a. fig Erinnerung etc*) blot out, BUCHDRUCK delete, (*ungültig machen*) cancel, (*auslöschen, a. fig*) efface, erase **2.** WIRTSCH pay off, (*Anleihe etc*) redeem

Tilgung *f* WIRTSCH repayment, redemption

Timbre *n* timbre

timen *v/t* time: **gut** (**schlecht**) **getimt** well (badly) timed

Timing *n* timing

Tinktur *f* tincture

Tinnef *m* F rubbish, (*Plunder*) a. junk

Tinte *f* ink: F **in der ~ sitzen** be in a spot

Tintenfisch *m* squid, (*Krake*) octopus

Tinten|klecks *m* inkblot **~kuli** *m* stylograph **~strahldrucker** *m* inkjet printer **~stift** *m* indelible pencil

Tipp *m allg* tip, (*Wink*) a. hint: **ein sicherer ~** a sure bet; **j-m e-n ~ geben** give s.o. a tip, (*warnen*) tip s.o. off

tippen I *v/i* **1.** **~ an** (*Akk*) tap **2.** F *im Lotto:* do the lotto, *im Toto:* do the pools **3.** F **~ auf** (*Akk*) tip; **ich tippe auf ihn** my bet is on him **4.** F type **II** *v/t* **5.** F (*Brief etc*) type **Tippfehler** *m* typing error **Tippse** *f* F *pej* typist

tipptopp F **I** *Adj* first-class **II** *Adv F* **sau-**

ber spick and span; **~ gekleidet** immaculately dressed

Tippzettel *m* lotto (*od* pools) coupon

Tirol *n* Tyrol

Tiroler(in), **tirolerisch** *Adj* Tyrolese

Tisch *m* table: **am ~ sitzen** sit at the table; **bei ~ sitzen** sit at table; **den ~ decken** (**abräumen**) lay (clear) the table; *fig* **reinen ~ machen** make a clean sweep (*od* make tabula rasa) (**mit** of); **unter den ~ fallen** fall flat; **die Sache ist auf dem** (**vom**) **~** the matter is on (off) the table; **j-n über den ~ ziehen** pull a fast one on s.o.; → **grün ~dame** *f* partner at table **~decke** *f* tablecloth

tischfertig *Adj* ready(-)to(-)serve

Tischgebet *n* **das ~ sprechen** say grace

Tischkarte *f* place card

Tischkopierer *m* desktop copier

Tischler(in) joiner, (*Kunst&*) cabinetmaker **Tischlerei** *f* **1.** joinery **2.** joiner's workshop **tischlern I** *v/t* make **II** *v/i* do joiner's work

Tisch|platte *f* tabletop, *zum Ausziehen:* leaf **~rechner** *m* desk calculator **~rede** *f* after-dinner speech, toast

Tisch|tennis *n* table tennis **~tuch** *n* tablecloth **~wein** *m* table wine

Titan *n* CHEM titanium

Titel *m allg* title **Titelbild** *n* *e-s Buches:* frontispiece, *e-r Zeitschrift:* cover picture **Titelblatt** *n* *e-s Buches:* title page, *e-r Zeitschrift:* front page

Titelgeschichte *f* cover story

Titelverteidiger(in) SPORT titleholder

Titten *Pl* V tits *Pl*, boobs *Pl*

titulieren *v/t* **j-n** (**als** *od* **mit**) **Idiot** *etc* **~** call s.o. an idiot *etc*

Toast *m* **1.** (*Trinkspruch*) toast: **e-n ~ ausbringen** → **toasten II 2.** GASTR toast **toasten I** *v/t* (*Brot*) toast **II** *v/i* propose (*od* drink) a toast (**auf** *Akk* to)

Toaster *m* toaster

toben *v/i* **1.** *a. fig* rage **2.** *Kinder:* romp

tobsüchtig *Adj* raving mad, frantic

Tobsuchtsanfall *m* F *fig* **e-n ~ bekommen** fly into a tantrum

Tochter *f* **1.** daughter **2.** → **Tochtergesellschaft** *f* WIRTSCH subsidiary (company)

Tod *m* death: **den ~ finden** be killed; **e-s natürlichen ~es sterben** die a natural death; *fig* **etw zu ~e reiten** flog s.th. to death; F **j-n zu ~e erschrecken** (**lang-**

weilen) frighten (bore) s.o. to death (*od stiff*); **auf den ~ nicht ausstehen können** loathe, hate like poison

todernst I *Adj* deadly serious **II** *Adv* in dead earnest

Todes|angst *f* **1.** fear of death **2.** *fig* mortal fear: **Todesängste ausstehen** be scared to death **~anzeige** *f* obituary (notice) **~fall** *m* (**im ~** in case of) death **~jahr** *n* year of s.o.'s death **~kampf** *m* throes *Pl* of death **~kandidat(in)** doomed man, F goner **~opfer** *Pl* casualties *Pl*, victims *Pl*: **Zahl der ~** *a*. death toll **~stoß** *m a. fig* death blow **~strafe** *f* death penalty, capital punishment: **bei ~** on penalty of death **~tag** *m* day (*weit. S.* anniversary) of s.o.'s death **~ursache** *f* cause of death **~urteil** *n* death sentence (*fig* warrant) **~verachtung** *f* defiance of death: F *fig* **mit ~** unflinchingly **~zelle** *f* death cell, *Pl a.* death row

Todfeind(in) deadly enemy

todgeweiht *Adj* doomed

todkrank *Adj* fatally ill

tödlich I *Adj* fatal, *a. fig* mortal (**für** to), *Gift, Dosis etc*: lethal: **mit ~er Sicherheit** with deadly accuracy **II** *Adv* **~ verunglücken** be killed in an accident; F *fig* **sich ~ langweilen** be bored stiff; **~ beleidigt** mortally offended

todmüde *Adj* dead tired **todschick** *Adj* F snazzy; *Adv* **~ angezogen** *a.* dressed to kill **todsicher** F **I** *Adj* dead sure, *Methode, Tip etc*: sure-fire: **e-e ~e Sache** a dead certainty, a cinch **II** *Adv* for sure: **er kommt ~** he is sure to come

Todsünde *f* deadly (*od* mortal) sin

Töff *n schweiz.* motorbike

Tohuwabohu *n* chaos

Toilette *f* lavatory, toilet, *Am* bathroom, restroom: **öffentliche ~n** *Pl* public conveniences *Pl*; → *Info bei* **bathroom**

Toiletten|artikel *m* toilet article **~frau** *f*, **~mann** *m* lavatory attendant **~papier** *n* toilet paper

toi, toi, toi *Interj* F **1.** (**unberufen**) **toi**, **toi**, **toi!** touch wood! **2.** (**viel Glück**) good luck!

tolerant *Adj* tolerant (**gegen** of)

Toleranz *f allg* tolerance (**gegen** of)

tolerieren *v/t* tolerate

toll I *Adj* **1.** (**verrückt**) crazy, mad, (**wild**) wild (**alle** *a.* F *fig*): **e-e ~e Sache, ein**

~es Ding a wild affair, *bewundernd*: a wow **2.** F (**großartig**) terrific, fantastic: **ein ~er Kerl** a terrific guy; **e-e ~e Frau** a smasher; **er (es) ist nicht so ~** he (it) is not so hot **II** *Adv* **3.** F (**wie**) **~** like mad; **~ verliebt** madly in love; **er spielt** (**ganz**) **~** he's a fantastic player, he's terrific; → **treiben** 5 **tollen** *v/i* romp

Tollkirsche *f* BOT deadly nightshade

tollkühn *Adj* foolhardy, daredevil

Tollpatsch *m* clumsy oaf

Tollwut *f* VET rabies

Tölpel *m* clumsy oaf

tölpelhaft *Adj* oafish, clumsy

Tomate *f* tomato **Tomatenmark** *n* tomato purée (*Am* paste) **Tomatensaft** *m* tomato juice

Tombola *f* raffle

Tomogramm *n* MED tomogram

Tomograph *m* MED tomograph

Tomographie *f* MED tomography

Ton ¹ *m* GEOL clay

Ton ² *m* **1.** tone, sound (*a.* FILM, TV, *Ggs. Bild*): F **er hat k-n ~ gesagt** he didn't say a word; **in den höchsten Tönen loben** sing the praises of; **große Töne spucken** talk big; **hat man Töne?** can you believe it? **2.** (*Redeweise*) tone: **ich verbitte mir diesen ~!** don't take that tone with me!; *fig* **e-n anderen ~ anschlagen** change one's tune; **den ~ angeben** call the tune, *in der Mode etc*: set the trend; **es gehört zum guten ~ zu** *Inf* it is good form to *Inf* **3.** LING accent, stress: **den ~ legen auf** (*Akk*) *a. fig* emphasize **4.** (*Farb♀*) tone (*a.* FOTO), shade: **ein rötlicher ~** a tinge of red; **~ in ~** in matching colo(u)rs

Tonabnehmer *m* pickup **tonangebend** *Adj* leading, *Mode*: trend-setting **Tonarm** *m* pickup (arm) **Tonart** *f* MUS key

Tonausfall *m* TV loss of sound

Tonband *n* (recording) tape: **auf ~ aufnehmen** tape, record

Tonbandgerät *n* tape recorder

tönen ¹ *v/i* **1.** sound **2.** F *fig* sound off

tönen ² *v/t* tint, *dunkler*: tone down

Toner *m* toner

Tonerde *f* argillaceous earth: **essigsaure ~** alumin(i)um acetate

Tonerkassette *f* toner cartridge

tönern *Adj* **1.** (of) clay **2.** *Klang*: hollow

Tonfall *m* intonation: **ausländischer ~**

foreign accent **Tonfilm** m sound film
Tongeschirr n earthenware, pottery
Tonhöhe f pitch
Tonikum n MED tonic
Toningenieur(in) sound engineer
Tonkamera f sound camera **Tonkassette** f audio cassette **Tonkopf** m sound head, *Video:* audio head **Tonlage** f pitch **Tonleiter** f MUS scale
tonlos Adj fig toneless, flat
Tonnage f SCHIFF tonnage
Tonne f **1.** barrel, cask **2.** (*Gewicht*) (metric) ton **3.** SCHIFF **a)** (*Seezeichen*) buoy, **b)** (*Register2*) (register) ton
Tonregler m tone control
Tonspur f FILM sound track
Tonstudio n recording studio
Tonsur f tonsure
Tontaube f SPORT clay pigeon
Tontaubenschießen n trap shooting
Tontechniker(in) sound engineer
Tonträger m sound carrier
Tönung f tinge (*a. Haar2*), shade, *a.* FOTO tone
Tonwahl f TEL tone dial(l)ing: *Telefon mit ~* tone dial(l)ing phone
Tonwaren Pl → **Töpferwaren**
Topas m topaz
Topf m allg pot: fig *in einen ~ werfen* lump together **Töpfchen** n pot, potty
Topfen m österr. quark
Töpfer(in) potter **Töpferei** f **1.** pottery **2.** (*Werkstatt*) potter's workshop
Töpferscheibe f potter's wheel **~waren** Pl earthenware Sg, pottery Sg
topfit Adj in top form
Topfpflanze f potted plant
Topographie f topography
Topp m SCHIFF top(mast) **~segel** n topsail
toppen v/t top, beat: *das ist schwer zu ~* it's hard to top (*od* beat)
Tor[1] m (*Narr*) fool
Tor[2] n **1.** gate, (*Garagen2 etc*) door, (*~weg*) gateway (*a. fig zu* to) **2.** Skisport: gate **3.** Fußball: allg goal: *im ~ stehen* keep goal: *ein ~ schießen* score (a goal) **Torbogen** m archway
Torchance f SPORT chance to score
Torf m peat **Torfmoor** n peat bog
Torfmull m peat dust
Torfrau f → **Torwart**
Torheit f folly
Torhüter(in) → **Torwart**

töricht Adj foolish
Törin f (*Närrin*) fool
Torjäger(in) SPORT goalgetter
torkeln v/i stagger, reel
Torlatte f crossbar **Torlauf** m Skisport: slalom **Torlinie** f SPORT goal line
torlos Adj SPORT scoreless
Tormann m → **Torwart**
Tornado m tornado, Am F twister
torpedieren v/t a. fig torpedo
Torpedo m torpedo
Torpfosten m SPORT goalpost
Torraum m Fußball: goal area
Torschuss m shot at goal **~schütze** m, **~schützin** f SPORT scorer
Torte f gateau, layer cake, (*Obst2*) (fruit) tart **Tortendiagramm** n pie chart **Tortenheber** m cake slice
Tortur f torture, fig mst ordeal
Torverhältnis n SPORT goal difference
Torwart(in) SPORT goalkeeper, F goalie
tosen v/i roar, rage: *~der Beifall* thunderous applause
Toskana f die Tuscany
tot Adj allg dead (*a. fig Inventar, Kapital,* ELEK *Leitung, Saison, Sprache etc*): fig *an e-m ~en Punkt ankommen* **a)** reach a low point, **b)** *Verhandlungen etc:* reach (a) deadlock; *den ~en Punkt überwinden* **a)** get one's second wind, **b)** break the deadlock; *~er Winkel* blind spot, MOT blind angle; *halb ~ vor Angst* scared stiff; *j-n für ~ erklären* declare s.o. dead; *~ geboren* still born, fig a. abortive; *sich ~ stellen* play dead, F play possum; *~ umfallen* drop dead; → **Gleis, Rennen**
total Adj total, complete
Totalausverkauf m clearance sale
Totale f FILM, TV long shot
totalitär Adj POL totalitarian **Totalitarismus** m totalitarianism
Totalschaden m MOT write-off
totarbeiten v/refl F *sich ~* work o.s. to death **Tote** m, f dead man (woman), (*Leiche*) (dead) body: *die ~n* Pl the dead **töten** v/t a. fig kill
Totenbett n deathbed **2blass, 2bleich** Adj deathly pale **~gräber(in)** gravedigger **~hemd** n shroud **~kopf** m death's--head (*a. Symbol*), skull, (*Giftzeichen*) skull and crossbones **~maske** f death mask **~messe** f requiem **~schein** m death certificate **~starre** f MED rigor

mortis ♀**still** *Adj* deathly silent **~stille** *f* deathly silence

Totgeburt *f* stillbirth

totlachen *v/refl* **sich ~** laugh one's head off; *es* (*er*) *ist zum* ♀ it's (he's) a scream

Toto *m* (football) pools *Pl:* *im ~ spielen* (*gewinnen*) do (win) the pools

Totoschein *m* pools coupon

totschießen *v/t* **j-n ~** shoot s.o. dead

Totschlag *m* JUR manslaughter, *Am* second-degree murder **totschlagen** *v/t* kill, beat *s.o.* to death: *die Zeit ~* kill time **Totschläger** *m* (*Waffe*) *sl* cosh, *Am* blackjack

totschweigen *v/t* hush up

Tötung *f* killing, JUR homicide

Touchscreen *f* touch screen

Toupet *n* toupee

toupieren *v/t* back-comb

Tour *f* **1.** tour (*durch England* of England), trip, excursion, (*Fuß*♀) hike **2.** *mst Pl* TECH revolution: *auf ~en bringen* **a)** MOT rev up, **b)** *fig* get *s.o.*, *s.th.* going; *auf ~en kommen* **a)** MOT pick up, rev up, **b)** *fig* get going; *auf vollen ~en laufen* be going full blast; *F in einer ~ reden* talk incessantly **3.** *F fig* (*Trick*) ploy: *auf die sanfte* (*langsame*) *~* the sweet (slow) way; → *krumm* I

Touren... touring (*bicycle, ski, car, etc*)

Tourismus *m* tourism **Tourismusgeschäft** *n* tourism industry **Tourist(in)** tourist **Touristen...** tourist ... **Touristenklasse** *f* economy class

Touristik *f* tourism

touristisch *Adj* tourist(ic)

Tournee *f* (*auf ~ gehen* go on) tour

toxikologisch *Adj* toxicological

Trab *m* trot: *im ~* at a trot; *fig j-n auf ~ bringen* make s.o. get a move on; *j-n in ~ halten* keep s.o. on the trot

Trabant *m* ASTR satellite

Trabantenstadt *f* satellite town

traben *v/i* trot **Traber** *m* (*Pferd*) trotter

Trabrennen *n* trotting race

Tracht *f* **1.** dress, attire, (*a.* traditional) costume **2.** (*Schwestern*♀ *etc*) uniform **3.** (*Honig*) yield **4.** *F -e-e* (*gehörige*) *~ Prügel* a sound thrashing

trachten I *v/i j-m nach dem Leben ~* be out to kill s.o. II ♀ *n →* **sinnen** II

trächtig *Adj* ZOOL pregnant

Trackball *m* IT trackball

Tradition *f* (*nach alter ~* by) tradition

traditionell *Adj* traditional

Trafik *f österr.* tobacconist's shop, kiosk

Trafikant(in) *österr.* tobacconist

Trafo *m* F ELEK transformer

Tragbahre *f* stretcher

tragbar *Adj* **1.** TECH portable **2.** *Kleidung:* wearable **3.** *fig Preis, Person:* acceptable, (*erträglich*) bearable, tolerable

Trage *f* stretcher

träg(e) *Adj* sluggish (*a.* WIRTSCH), (*faul*) lazy

tragen I *v/t* **1.** *allg* carry, (*stützen*) *a.* support (*a. fig*): *fig zum* ♀ *kommen* take effect; WIRTSCH *sich* (*selbst*) *~* pay its way **2.** (*Kleidung etc, sein Haar*) wear: → *getragen* 1, *Trauer* 3. (*Früchte etc, a. Zinsen*) bear, yield: → *Zins*[1] **4.** *fig* (*Namen, Titel, Kosten, Folgen etc*) bear: *er trägt die Schuld* he is to blame; *wer trägt das Risiko?* who takes the risk?; → *Rechnung* 2 **5.** (*er~*) bear, endure: *sie trägt es tapfer* she is bearing up well II *v/i* **6.** carry (*a. Schall, Stimme*), *Eis etc:* hold, *Wasser:* be buoyant: *schwer zu ~ haben* (*an Dat*) be loaded (*fig weighed*) down (by) **7.** (*schwanger od trächtig sein*) be pregnant III *v/refl* **8.** *sich gut ~* *Stoff etc:* wear well **9.** *sich mit der Absicht* (*od dem Gedanken*) *~ zu Inf* be thinking of *Ger*

tragen	
wear	**carry**
a ring	an umbrella
a skirt	a case
glasses	a child
a beard	a laptop

Träger *m* **1.** carrier (*a.* CHEM, MED), bearer (*a. e-s Namens, Titels*), (*Gepäck*♀) porter, (*Kranken*♀) stretcher-bearer, *fig e-r Idee:* upholder, (*Institution, Organisation*) body responsible (*Gen* for) **2.** *an Kleidern etc:* strap **3.** TECH support, ARCHI beam, girder **Trägerin** *f → Träger* 1 **Trägerkleid** *n* pinafore dress **trägerlos** *Adj Kleid etc:* strapless **Trägerrakete** *f* launcher rocket

Tragetasche *f* **1.** carrier (*Am* tote) bag

2. (*Baby2*) carrycot

Tragetüte *f* carrier bag

tragfähig *Adj* **1.** TECH capable of bearing **2.** *fig* sound

Tragfähigkeit *f* TECH load capacity

Tragfläche *f* FLUG wing **Tragflächenboot** *n*, **Tragflügelboot** *n* hydrofoil

Trägheit *f* PHYS sluggishness, *a.* PHYS inertia

Tragik *f allg* tragedy **Tragikomik** *f* tragicomedy **tragikomisch** *Adj* tragicomic(ally *Adv*) **Tragikomödie** *f* tragicomedy **tragisch** *Adj* tragic(ally *Adv*): *das* 2*e daran* the tragic thing about it; F *nimms nicht so ~!* don't take it to heart! **Tragödie** *f a. fig* tragedy

Tragweite *f* **1.** range **2.** *fig* significance: *von großer ~* of great import

Tragwerk *n* FLUG wing unit

Trailer *m* (*von Film*) trailer

Trainer(in) trainer, coach

trainieren *v/t u. v/i* train, coach

Training *n* (*im ~* in) training: *das ~ aufnehmen* go into training

Trainings... training (*camp, partner, etc*) **Trainingsanzug** *m* tracksuit

Trainingshose *f* tracksuit bottoms *Pl*

Trakt *m* section, wing, block

Traktor *m* tractor

trällern *v/t u. v/i* trill, *Vogel:* warble

Tram(bahn) *f* → *Straßenbahn*

Trampel *m, n,* F *pej* clod

trampeln *v/i* trample, stamp

Trampelpfad *m* beaten path **Trampeltier** *n* **1.** Bactrian camel **2.** → *Trampel*

trampen *v/i* F hitchhike, thumb a lift (*od* ride), *mit dem Rucksack:* backpack in **Tramper(in)** F hitchhiker

Trampolin *n* trampoline

Tran *m* train oil

Trance *f* trance

tranchieren *v/t* carve, cut

Tranchiermesser *n* carving knife

Träne *f tear:* *den ~n nahe* on the verge of tears; *unter ~n* in tears; *wir haben ~n gelacht* we laughed till we cried; *ihm werde ich k-e ~ nachweinen* I won't shed any tears over him; → *ausbrechen* 5 **tränen** *v/i* water

Tränendrüse *f* lachrymal gland: F *auf die ~ drücken* be a real tear-jerker

Tränengas *n* tear gas

Tränensack *m* ANAT lachrymal sac

Trank *m* drink, MED potion

Tränke *f* watering place **tränken** *v/t*

(*Vieh, Boden*) water, (*durch~*) soak

Transaktion *f* transaction

transatlantisch *Adj* transatlantic

Transfer *m*, **transferieren** *v/t* transfer

Transfersumme *f* SPORT transfer fee

Transformator *m* ELEK transformer

transformieren *v/t allg* transform

Transfusion *f* transfusion

Transistor *m* transistor

Transistorradio *n* transistor (radio)

Transit *m* transit (*a. in Zssgn goods, road, traffic, etc*) **~gebühr** *f* transit charge **~halle** *f* FLUG transit lounge

transitiv *Adj* LING transitive

Transitverkehr *m* transit (*od* through) traffic

transparent *Adj* transparent

Transparent *n* (*Spruchband*) banner

Transparenz *f a. fig* transparency

transpirieren *v/i* perspire

Transplantat *n* MED transplant, (*Gewebe*) graft **Transplantation** *f* transplantation, (*Gewebe2*) graft(ing) **transplantieren** *v/t* transplant, (*Gewebe*) graft

Transport *m* transport(ation), conveyance, *bes Am* WIRTSCH shipment, (*Straßen2*) haulage: *während des ~s* in transit **transportabel** *Adj* transportable, TECH portable, moveable

Transportband *n* conveyor belt

Transporter *m* → *Transportfahrzeug, -flugzeug, -schiff*

transportfähig *Adj* transportable

Transportfahrzeug *n* transporter

Transportflugzeug *n* transport plane

transportieren *v/t* **1.** transport **2.** FOTO *den Film ~* advance the film

Transport|kosten *Pl* transport(ation) charges *Pl*, SCHIFF freight (charges *Pl*) **~mittel** *n* (means *Pl* of) transport (-ation) **~schaden** *m* damage in transit **~schiff** *n* transport ship **~unternehmen** *n* carriers *Pl*, haulage contractors *Pl* **~versicherung** *f* transport insurance

Transvestit *m* transvestite

transzendental *Adj* transcendental

Trapez *n* **1.** MATHE trapezium, *Am* trapezoid **2.** *Turnen:* trapeze

Trapezkünstler(in) trapeze artist

trappeln *v/i Pferd etc:* clatter, *Kind:* patter

Trara *n* F fuss, to-do

Trasse f TECH location line

trassieren v/t **1.** TECH trace (out) **2.** WIRTSCH (*Wechsel*) draw (**auf** Akk on)

Tratsch m, **tratschen** v/i F gossip

Tratte f WIRTSCH draft

Traube f **1.** (*Wein*Ꝛ) bunch of grapes, (*Beere*) grape **2.** fig (*Menschen*Ꝛ) cluster **Traubensaft** m grape juice

Traubenzucker m glucose

trauen¹ v/t marry: **sich** (**kirchlich**) ~ **lassen** get married in church

trauen² I v/i (*j-m, e-r Sache*) trust: **ich traute m-n Ohren nicht** I couldn't believe my ears; → **Weg** II v/refl **sich** ~, **etw zu tun** dare (to) do s.th.; **sich aus dem Haus** ~ venture out of doors

Trauer f mourning (**um** for), weit. S. grief (**um**, **wegen** at, over): ~ **tragen** be in mourning **~anzeige** f obituary (notice) **~fall** m death **~feier** f funeral obsequies Pl **~flor** m mourning band, crape **~kleidung** f mourning

Trauermarsch m funeral march

trauern v/i (**um**) mourn (for), weit. S. grieve (**um**, **über** over)

Trauer|rede f funeral oration **~schleier** m mourning veil, weeper **~spiel** n F fig sorry affair **~weide** f BOT weeping willow **~zug** m funeral procession

Traufe f eaves Pl, gutter: → **Regen**

träufeln v/t u. v/i drip, trickle

traulich Adj cosy, Am cozy

Traum m, a. fig dream: F **das fällt mir nicht im ~e ein!** I wouldn't dream of (doing) it!; → **kühn**

Trauma n MED, PSYCH trauma

traumatisch Adj traumatic(ally Adv)

Traumberuf m dream job **Traumbild** n dream vision, (*Wunschbild*) dream

träumen I v/t dream: **das hätte ich mir nicht~ lassen** I never dreamt of such a thing II v/i a. fig dream (**von** about, of), **wachend**: a. daydream: **schlecht~** have a bad dream

Träumer(in) dreamer **Träumerei** f reverie (a. MUS), (day)dream(s Pl)

träumerisch Adj dreamy

Traumfabrik f FILM dream factory

Traumfrau f F woman of one's dreams

traumhaft Adj dreamlike, (a. Adv ~ **schön**) absolutely beautiful, a dream

Traum|haus n F dream house **~land** n dreamland **~mann** m F man of one's dreams **~welt** f world of dreams

traurig Adj allg sad (**über** Akk at, about), (*jämmerlich*) a. sorry: **~er Anblick** sorry sight; **~e Reste** sad remains; ~ **stimmen** sadden **Traurigkeit** f sadness

Trauring m wedding ring (*od* band)

Trauschein m marriage certificate

Trauung f marriage ceremony, wedding

Trauzeuge m, **Trauzeugin** f witness to a marriage

Travestie f travesty

Treck m, **trecken** v/i trek

Trecker m tractor

Treff¹ n Spielkarten: club(s Pl)

Treff² m F **a)** meeting, **b)** meeting place

treffen I v/t **1.** Schlag, Schuss etc: **j-n am Arm** s.o.'s arm): **nicht** ~ miss; F fig **er ist gut getroffen** (**auf dem Bild**) that's a good photo (*od* painting) of him; → **Blitz** 1 **2.** (*be~*) concern, nachteilig: affect, hit s.o. hard, (*kränken*) hurt: **das hat ihn hart getroffen** he took it very hard, it's been a severe blow to him; → **Schuld** 1 **3.** (*Vereinbarung etc*) reach, make: ~ **Anstalt** 3, **Entscheidung** etc **4.** j-n ~ meet s.o.; **j-n zufällig** ~ come across s.o. II v/i **5.** hit: **nicht** ~ miss **6.** **auf j-n** a. SPORT meet s.o. **7.** ~ **auf** (Akk) meet with, (*finden*) strike (*od* hit) on III v/refl **8.** **sich** ~ meet (**mit j-m** s.o.) **9.** F **das trifft sich gut** (**schlecht**) that suits me (*od* us etc) fine (that's a bit awkward); **es trifft sich gut, dass ...** (it's a) good thing that ...; **das trifft sich ja großartig!** well, that's lucky! **Treffen** n meeting, SPORT meet **treffend** Adj Bemerkung etc: apt: **kurz und** ~ short and to the point; Adv ~ **gesagt!** well put!

Treffer m **1.** allg hit, Fußball etc: goal **2.** (*Gewinn*) win

trefflich Adj excellent

Treffpunkt m meeting place

treiben I v/t **1.** allg drive (a. an~, ver~): **die Preise in die Höhe** ~ force up prices; **j-n in den Wahnsinn** (**Selbstmord**) ~ drive s.o. mad (to suicide); **was hat sie dazu getrieben?** what made her do that? **2.** (*Blätter etc*) sprout, (*Pflanzen*) force **3.** (*Harn, Schweiß*) produce **4.** (*Metall*) chase **5.** (*be~, tun*) allg do, (*Sport, Sprachen etc*) a. go in for: **was treibst du** (**zurzeit**)**?** what are you doing (these

days)?; *was treibst du da?* what are you up to?; F *es toll* ~ carry on like mad, live it up; *es zu weit* ~ go too far; *es mit j-m* ~ sleep with s.o.; → *Aufwand* 2, *Enge* 3, *Spitze*[1] 3 *etc* II *v/i* 6. *im Wasser*: float, *a. Schnee, Rauch etc*: drift: *sich* ~ *lassen a. fig* drift; *die Dinge* ~ *lassen* let things drift; → *Kraft* 2 7. BOT sprout

Treiben *n* activity, F goings-on *Pl*, *(Geschäftigkeit)* (hustle and) bustle
Treiber *m* IT driver
Treiber(in) *m* drover, JAGD beater
Treib|gas *n* fuel gas, *in Spraydosen*: propellent **~haus** *n* hothouse **~hauseffekt** *m* METEO greenhouse effect **~hausgas** *n* greenhouse gas **~holz** *n* driftwood **~jagd** *f* 1. battue 2. *fig* hunt *(auf Akk* for), POL witch hunt **~sand** *m* quicksand **~stoff** *m* fuel **Trend** *m* trend *(zu* towards)
Trendwende *f* change in trend
trendy *Adj* trendy
trennbar *Adj* separable, detachable
trennen I *v/t* separate, *(teilen, a. Silben)* divide, *(ab~)* detach, cut off, ELEK, TEL *a.* disconnect, *(pul.~)* undo, *(isolieren, a. Rassen)* segregate **II** *v/i* ~ *zwischen* distinguish between **III** *v/refl sich* ~ separate, *a. fig* part *(von* with); *getrennt leben Eheleute*: be separated, live apart
Trennschärfe *f* RADIO selectivity
Trennung *f* separation *(a. CHEM, TECH)*, *(Rassen2)* segregation, *(Teilung, Silben2)* division, ELEK, TEL disconnection: JUR *eheliche* ~ judicial separation
Trennungslinie *f* dividing line
Trennungszeichen *n* hyphen
treppauf *Adv* ~, *treppab* up and down the stairs
Treppe *f* staircase, *(e-e* ~ a flight of) stairs *(vor dem Hause etc*: steps) *Pl*: *zwei ~n hoch* on the second floor; *die* ~ *hinauf (hinab)* up (down) the stairs
Treppen|absatz *m* landing **~geländer** *n* banisters *Pl* **~haus** *n* staircase
Tresen *m* bar, *(Ladentisch)* counter
Tresor *m* *(~raum)* strongroom, vault, *(Panzerschrank)* safe
Tresorfach *n* safe deposit box
Tretanlasser *m* MOT kick starter
Tretauto *n* pedal car **Tretboot** *n* pedal boat **Treteimer** *m* pedal bin
treten I *v/i* step, *Radfahrer etc*: pedal: ~

auf (Akk) step on, tread on; *aufs Gas (-pedal) (auf die Bremse)* ~ step on the gas (brake); *ins Zimmer* ~ enter the room; *nach j-m* ~ (take a) kick at s.o.; *bitte* ~ *Sie näher!* please come in!; *über die Ufer* ~ overflow its banks; → *Kraft* 3, *nahe* II *etc* II *v/t* tread: *j-n (in den Bauch)* ~ kick s.o. (in the stomach); *fig mit Füßen* ~ trample on
Tret|mühle *f a. fig* treadmill **~roller** *m* 1. *für Kinder*: scooter 2. *aus Leichtmetall für Erwachsene*: (skate) scooter
treu I *Adj (Dat* to) faithful *(a. fig)*, loyal, *(~ ergeben)* devoted: *sich (s-n Grundsätzen)* ~ *bleiben* remain true to o.s. (one's principles) **II** *Adv* ~ *ergeben* loyal, devoted
Treubruch *m* JUR breach of trust
Treue *f* faithfulness *(a. fig)*, loyalty, *a. eheliche*: fidelity: *j-m die* ~ *halten* remain loyal to s.o.
Treueid *m* oath of allegiance
Treuhänder(in) trustee
treuhänderisch *Adj* fiduciary: *Adv etw* ~ *verwalten* hold s.th. in trust
Treuhandgesellschaft *f* trust company
Treuhandschaft *f* trusteeship
treuherzig *Adj* guileless, *(naiv)* ingenuous, naive, *(gutgläubig)* trusting
treulos *Adj* disloyal *(gegen* to)
Treulosigkeit *f* disloyalty
Triathlon *m* triathlon
Tribunal *n* tribunal
Tribüne *f* *(Redner2)* platform, rostrum, *(Zuschauer2)* (grand)stand, *im Stadion*: *a.* terraces *Pl*
Tribut *m fig s-n ~ zollen* pay tribute *(Dat* to)
Trichine *f* VET trichina
Trichinose *f* MED, VET trichinosis
Trichter *m* 1. TECH funnel 2. *(Schall2)* flare, mouth 3. *(Granat2 etc)* crater
trichterförmig *Adj* funnel-shaped
Trick *m* trick **Trickaufnahme** *f* 1. FILM trick shot, *Pl* trick photography *Sg* 2. *Tonband*: trick recording
Trickbetrüger(in) trickster **Trickfilm** *m* trick film, *(Zeichen2)* animated cartoon (film) **trickreich** *Adj* artful
Trickskilaufen *n* freestyle skiing
Trieb *m* 1. BOT young shoot 2. instinct, *(Geschlechts2)* sexual drive 3. *(An2)* impulse, *(Drang)* urge **Triebfeder** *f fig* mainspring **triebhaft** *Adj* instinc-

tive, (*sexuell* ~) sexual, *Person*: a. highly
sexed **Triebkraft** f 1. TECH motive force
(*od* power) **2.** *fig* driving force **Triebtä-
ter(in)**, **Triebverbrecher(in)** sex of-
fender **Triebwagen** m BAHN railcar,
Straßenbahn: tramcar **Triebwerk** n
(driving) mechanism, drive, FLUG
power unit, (*Getriebe*) gear
triefen v/i drip (**von** with), *Augen, Nase*:
run: ~**d nass** dripping wet
triftig *Adj* (*stichhaltig*) valid, sound, (*ge-
wichtig*) weighty, convincing
Trigonometrie f trigonometry
Trikot 1. m, n (*Stoff*) tricot **2.** n *der Tän-
zer etc*: leotard, tights *Pl*, (*Hemd*) shirt,
SPORT a. jersey
Trikotagen *Pl* knitwear *Sg*
Triller m trill **trillern** v/t u. v/i trill, *Vogel*:
warble **Trillerpfeife** f whistle
Trillion f quintillion
Trilogie f trilogy
Trimester n PÄD, UNI trimester
trimmen I v/t **1.** *allg* trim (a. FLUG, ELEK,
SCHIFF), F (*Motor etc*) tune up (*auf Akk*
to) **2.** (*Sportler*) train **II** v/refl **sich** ~ **3.**
keep fit, keep in (good) trim
Trimmpfad m fitness trail
trinkbar *Adj* drinkable **trinken** v/t u. v/i
drink, (*Tee etc*) have: ~ **auf** (*Akk*) drink
to; **was** ~ **Sie?** what are you having?; **er
trinkt** he drinks, he is a drinker
Trinker(in) drinker, alcoholic
Trinkerheilanstalt f institution for the
cure of alcoholics
trinkfest *Adj* **er ist** ~ he holds his liquor
well
Trinkgeld n tip: **j-m** (**2 Euro**) ~ **geben** tip
s.o. (two euros)
Trink|halle f *im Kurort*: pump room
~**halm** m (drinking) straw ~**kur** f miner-
al water cure ~**lied** n drinking song
~**milch** f certified milk ~**spruch** m
toast ~**wasser** n drinking water
Trio n MUS u. F *fig* trio
trippeln v/i trip, *affektiert*: mince
Tripper m MED gonorrh(o)ea, F clap
Triptychon n triptych
trist *Adj* dreary, bleak, dismal
Tritt m **1.** (*Schritt*) step, (*Geräusch*) foot-
step: ~ **fassen** fall in step; **aus dem** ~
geraten (**sein**) fall (be) out of step;
→ **Schritt** 1 **2.** (*Fußspur*) footprint **3.**
(*Fuß*2) kick: **j-m e-n** ~ **versetzen** give
s.o. a kick, kick s.o. **4.** (*Stufe*) step

Trittbrett n MOT running board ~**fah-
rer(in)** *fig* copycat (offender)
Trittleiter f stepladder
Triumph m triumph **triumphal** *Adj* tri-
umphant **Triumphbogen** m triumphal
arch **triumphieren** v/i (**über** *Akk* over)
triumph, *hämisch*: a. gloat
trivial *Adj* trivial
Trivialliteratur f light fiction
trocken I *Adj allg* dry (a. *Wein etc*, *fig
Bemerkung, Humor etc*), (*langweilig*)
a. dull: F *fig* **auf dem Trocknen sitzen**
be in a fix; → **Schäfchen** II *Adv fig* dri-
ly, dryly: **sich** ~ **rasieren** dry-shave
Trocken|dock n *dry dock* ~**eis** n dry ice
~**element** n ELEK dry cell ~**gewicht** n
dry weight ~**haube** f hairdrier
Trockenheit f dryness (a. *fig*), (*Dürre*)
drought
trockenlegen v/t **1.** (*Land etc*) drain **2.**
ein Baby ~ change a baby
Trocken|milch f dried milk ~**obst** n
dried fruit ~**rasierer** m dry shaver
~**schleuder** f spin drier ~**skikurs** m
dry skiing (course) ~**zeit** f dry season
trocknen v/t u. v/i dry
Trockner m drier
Troddel f tassel
Trödel m a. *pej* junk ~**laden** m junk shop
~**markt** m flea market
trödeln v/i dawdle
Trödler(in) 1. junk dealer **2.** dawdler
Trog m trough
Trolley m (*taschenartiges Gepäckstück*

auf Rädern zum Ziehen) trolley case

Trommel f drum, TECH a. cylinder: *fig* **die ~ rühren** beat the drum (**für** for)

Trommel|bremse f drumbrake **~fell** n **1.** drumskin **2.** ANAT eardrum

Trommelfeuer n a. fig barrage

trommeln I v/i (**auf** Akk at, on) drum, *Regen*: beat **II** v/t drum, beat: F **j-n aus dem Bett ~** knock s.o. up

Trommel|schlägel m, **~stock** m drumstick **~wirbel** m drum roll

Trommler(in) drummer

Trompete f trumpet **trompeten** v/t u. v/i trumpet (a. *Elefant*)

Tropen Pl the tropics Pl

Tropen... tropical (*suit, fever, etc*)

tropenfest Adj MED tropicalized

Tropenhelm m pith helmet, topee

Tropenwald m tropical (rain)forest

Tropf m MED (**am ~ hängen** be on the) drip

Tröpfchen n droplet, small drop

tröpfchenweise Adv drop by drop

tröpfeln v/i drip (a. v/t), trickle: F **es tröpfelt** it's spitting

tropfen v/t drip, drop **Tropfen** m **1.** drop, (*Schweiß*Ω) a. bead: *fig* **ein edler** (*od* **guter**) **~** a capital wine; **ein ~ auf den heißen Stein** a drop in the bucket; **steter ~ höhlt den Stein** little strokes fell big oaks **2.** Pl MED drops Pl **tropfenweise** Adv in drops, drop by drop

Tropfflasche f dropper bottle

Tropfinfusion f MED intravenous drip

tropfnass Adj dripping wet

Tropfstein m stalactite, stalagmite

Trophäe f trophy

tropisch Adj tropical

Trosse f cable, SCHIFF hawser

Trost m comfort, (**zum ~** as a) consolation: **ein schwacher ~** cold comfort

trösten v/t console (**sich** o.s.), comfort

tröstlich Adj comforting

trostlos Adj disconsolate, fig Zustand etc: hopeless, (*freudlos*) cheerless, (*öde*) dreary, bleak **Trostlosigkeit** f fig dreariness, bleakness, hopelessness

Trostpflaster n hum (small) consolation **Trostpreis** m consolation prize

trostreich Adj comforting

Trott m trot, a. fig jog trot

Trottel m F dope, idiot

trotten v/i trot, jog

trotz Präp (Gen) in spite of, despite: **~ all**

s-r Bemühungen for all his efforts

Trotz m defiance: **aus ~** out of spite; **mir zum ~** to spite me, in defiance of me

trotzdem I Adv nevertheless, all the same, still, anyway **II** Konj although

trotzen v/i **1.** (Dat) defy (s.o., s.th.), (*Gefahren etc*) a. brave **2.** be obstinate

trotzig Adj defiant, (*störrisch*) obstinate

Trotzreaktion f act of defiance

trüb(e) Adj **1.** Flüssigkeit: cloudy (a. *Glas, Spiegel*), muddy: F fig **im Trüben fischen** fish in troubled waters **2.** (*glanzlos*) dull, a. Licht etc: dim, Wetter, Himmel etc: murky, Tag: dreary **3.** Stimmung, Gedanken etc: gloomy, Aussichten etc: a. bleak, Erfahrung etc: sad

Trubel m (hustle and) bustle

trüben I v/t **1.** (Flüssigkeit, Glas etc, a. Bewusstsein, Beziehungen etc) cloud (a. **sich ~**), (Metall, Farben, a. Verstand etc) dull (a. **sich ~**) **2.** fig (Freude etc) spoil, (j-s Blick) obscure, (j-s Urteil) warp, (j-s Sicht, Sinn) blur **II** v/refl **sich ~ 3.** become clouded (etc), Glas, Spiegel etc: cloud over **4.** fig Beziehungen etc: become strained

Trübsal f lit sorrow: F **~ blasen** mope

trübselig Adj gloomy, (trist) dreary

Trübseligkeit f gloominess, dreariness

Trübsinn m gloom, low spirits Pl

trübsinnig Adj gloomy, melancholy

trudeln v/i FLUG spin: **ins Ω kommen** go into a spin

Trüffel f BOT truffle

trügen I v/t deceive: **wenn mein Gedächtnis mich nicht trügt** if my memory serves me right **II** v/i be deceptive: → **Schein**[1] **trügerisch** Adj deceptive, misleading, Hoffnung etc: illusive

Trugschluss m fallacy

Truhe f chest

Trümmer Pl ruins Pl, (Schutt) rubble Sg, debris Sg, (Bruchstücke) fragments Pl

Trümmerhaufen m heap of rubble

Trumpf m trump(s Pl), (**~karte**) trump card: **was ist ~?** what's trumps?; fig **~ sein** be the thing; a. fig **alle Trümpfe in der Hand haben** hold all the trumps; **e-n** (fig **s-n letzten**) **~ ausspielen** play a trump (fig play one's trump card)

Trunkenheit f drunkenness: **~ am Steuer** drink-driving, Am drunk-driving

Trunksucht f alcoholism **trunksüchtig**

Adj (~ **sein** be an) alcoholic

Trupp *m* troop, gang, MIL detachment

Truppe *f* **1.** MIL troops *Pl*, *Pl a.* forces *Pl*, (*Einheit*) unit **2.** THEAT company, troupe **3.** SPORT team

Truppen|abbau *m* reduction in forces **~abzug** *m* withdrawal of troops, pull--out **~übungsplatz** *m* training area

Truthahn *m* turkey (cock)

Truthenne *f* turkey-hen

Tschad *m der* Chad

Tscheche *m* Czech **Tschechien** *n* Czech Republic **Tschechin** *f*, **tschechisch** *Adj* Czech

Tschetschenien *n* Chechnia

tschüss *Interj* F bye!, see you!

T-Shirt *n* T-shirt

TU *f* (= *Technische Universität*) technical university

Tube *f* tube: F MOT *u.* fig *auf die* ~ *drücken* step on it

tuberkulös *Adj* tubercular, tuberculous

Tuberkulose *f* tuberculosis

Tuch *n* **1.** *Textilie*: cloth, fabric **2.** cloth, (*Hals*2, *Kopf*2) scarf: *das wirkt auf ihn wie ein rotes* ~ that's a red rag to him

Tuchfühlung *f fig* ~ *haben mit* be in close contact with

tüchtig I *Adj* **1.** *Person*: good (*in Dat* at), (*fähig*) capable, able, efficient, (*fleißig*) hard-working **2.** F (*groß*, *mächtig*) good **II** *Adv* **3.** F tremendously, like hell: ~ *arbeiten* work hard; ~ *zulangen*, ~ *essen* tuck in

Tüchtigkeit *f* ability, competence, proficiency, prowess, (*Fleiß*) diligence

Tücke *f* (*Bosheit*) malice, perfidy, (*Gemeinheit*) trick: *s-e* ~*n haben* be tricky, *Fluss*, *Berg etc*: be treacherous

tückisch *Adj* malicious, insidious (*a.* MED), (*gefährlich*) treacherous

tüfteln *v/i* (*an Dat*) tinker (with), *geistig*: puzzle (over) **Tüftler(in)** tinkerer

Tugend *f* virtue

tugendhaft *Adj* virtuous

Tulpe *f* tulip

tummeln *v/refl sich* ~ disport o.s

Tummelplatz *m* **1.** playground **2.** *fig* stomping ground

Tumor *m* MED tumo(u)r

Tümpel *m* pool

Tumult *m* tumult, *stärker*: uproar, riot

tun *v/t u. v/i* do (→ *a.* *machen*),

(*Äußerung, Bitte etc*) make, (*Schritt etc*) take, (*hin*~, *legen*, *stellen*) put, F (*funktionieren*) go, work: *höflich etc* ~ act (*od* do) the polite *etc*; *so* ~, *als ob* pretend to *Inf*: *er tut nur so* he's only pretending; *was kann ich für Sie* ~? what can I do for you?; *was hat er dir getan?* what has he done to you?; *dagegen müssen wir etw* ~*!* we must do s.th. about it!; *was* (*ist zu*) ~? what's to be done?; *wir haben zu* ~ we have work to do, we are busy; *das tut nichts!* never mind!, it doesn't matter!; *was tuts!* what does it matter!; *das tut man nicht* that just isn't done!; *mit ihm* (*damit*) *habe ich nichts zu* ~ I have nothing to do with him (it); *das hat nichts damit zu* ~ that's nothing to do with it; *du wirst es mit ihm zu* ~ *bekommen* you'll get into trouble with him; F *es tut sich was!* there is s.th. going on!; → *daran* 3, *Leid*

Tun *n* doing, (*Taten, a.* ~ *und Treiben*, ~ *und Lassen*) doings *Pl*, actions *Pl*

Tünche *f* **1.** whitewash **2.** *fig* veneer

tünchen *v/t* whitewash

Tundra *f* GEOG tundra

tunen *v/t* MOT tune (up)

Tuner *m* RADIO tuner

Tunesien *n* Tunisia

Tunesier(in), **tunesisch** *Adj* Tunisian

Tunfisch *m* → *Thunfisch*

Tunke *f* sauce **tunken** *v/t* dip

Tunnel *m* tunnel

Tüpfelchen *n*, **tüpfeln** *v/t* dot

tupfen *v/t* **1.** MED swab **2.** dot **Tupfen** *m* dot, spot **Tupfer** *m* **1.** MED swab **2.** dot

Tür *f* door: *in der* ~ in the doorway; *Tag der offenen* ~ Open Day; *fig offene* ~*en einrennen* force an open door; *mit der* ~ *ins Haus fallen* blurt it out; *fig e-r Sache* ~ *und Tor öffnen* open the door to; *vor der* ~ *stehen* be near at hand; *j-n vor die* ~ *setzen* turn s.o. out

Turban *m* turban

Turbine *f* turbine

Turbo *m* MOT turbocharger

Turbomotor *m* MOT turbocharged engine

Turbo-Prop-Maschine *f* FLUG turbo-prop (engine)

turbulent *Adj* turbulent

Turbulenz *f a.* PHYS turbulence

Türke m Turk

Türkei f die Turkey

türken v/t F fake

Türkin f Turk(ish woman)

Türkis m turquoise

türkisch Adj Turkish

Tür|klingel f doorbell ~klinke f doorhandle ~klopfer m knocker

Turm m 1. tower (a. fig), (Kirch2) steeple 2. (Sprung2) (diving) platform 3. Schach: castle Türmchen n turret

türmen[1] I v/t pile (up) II v/refl sich ~ a. fig pile up

türmen[2] v/i F (fliehen) bolt, make off

Turmspitze f spire

Turmspringen n SPORT high diving

Turmuhr f church clock

Turnanzug m gymsuit

turnen I v/i do gymnastics II v/t (e-e Übung) do III 2 n gymnastics Sg Turner(in) f gymnast

Turngerät n gymnastic apparatus

Turnhalle f gymnasium, F gym

Turnhose f gym shorts Pl

Turnier n tournament

Turnlehrer(in) gym instructor Turnriege f gym squad Turnschuh m gym shoe Turnstunde f PÄD gym lesson

Turnübung f gymnastic exercise

Turnus m rotation: im ~ → turnusmäßig II turnusmäßig I Adj rotational, (regelmäßig) regular II Adv in turns: ~ (aus)wechseln rotate

Turnverein m gymnastics club

Türpfosten m door post Türrahmen m door frame Türschild n door plate

turtein v/i F bill and coo

Turteltaube f turtledove

Tusche f Indian ink, (Zeichen2) drawing ink, (Wimpern2) mascara

tuscheln v/i u. v/t whisper

Tuschkasten m paintbox

Tuschzeichnung f Indian drawing

Tussi f F female, (Freundin) bird

Tüte f (paper) bag, (Eis2) cone

tuten v/i F too, MOT honk

Tutor m, Tutorin f UNI tutor

TÜV m (= Technischer Überwachungsverein) safety standards authority, (für Auto) MOT: durch den ~ kommen pass one's MOT; nicht durch den ~ kommen fail one's MOT

Twen m F person in his (her) twenties, Pl under-thirties Pl

Typ m 1. allg type, TECH a. model: F sie ist mein ~ she is my type 2. F (Kerl) fellow, chap

Type f 1. BUCHDRUCK type 2. F komische etc ~ queer etc character

Typenrad n daisywheel

Typenschild n TECH type plate

Typhus m MED typhoid (a. in Zssgn epidemy, patient, etc)

typisch Adj typical (für of)

typisieren v/t typify

Typographie f typography

Typus m type

Tyrann(in) tyrant Tyrannei f tyranny

tyrannisch Adj tyrannical

tyrannisieren v/t tyrannize

U

U, u n U, u

U-Bahn f underground, Am subway

übel I Adj allg bad, (gemein) a. nasty: F (gar) nicht ~ not bad (at all); mir ist (wird) ~ I'm feeling (getting) sick; F fig dabei kann e-m ~ werden! it's enough to make you sick!; ein übler Kerl a bad lot; e-e üble Sache a bad business; kein übler Gedanke not a bad idea II Adv ~ gelaunt bad-tempered; etw ~ nehmen take s.th. amiss, take offen/ce (Am -se) at s.th.; ~ riechen smell (terrible); ~ riechend foul-smelling, F smelly, Atem: foul

Übel n evil, (Krankheit) illness: ein notwendiges ~ a necessary evil; das kleinere ~ the lesser of two evils; zu allem ~ to top it all

Übelkeit f nausea

Übeltäter(in) malefactor

üben I v/t allg practise (a. sich ~ in Dat), (schulen) train: Klavier ~ practise the piano; fig Geduld ~ have patience; → Nachsicht, Rache. II v/i practise

über I *Präp* **1.** over, (*oberhalb*) a. above, (*quer* ~) across (*the river etc*): ~ *die Straße gehen* cross the street; ~ *München nach Rom reisen* go to Rome via Munich **2.** (*während*) over: ~ *Nacht* overnight; ~ *das Wochenende* over the weekend; ~ *die Ferien* during the holidays; ~*s Jahr* (this time) next year; ~ *e-m Glas Wein* (*der Arbeit* etc) over a glass of wine (one's work etc) **3.** (*mehr als*) over, more than, (~*hinaus*) beyond, VERW exceeding (*a sum, an age, etc*): *er ist* ~ *siebzig* (*Jahre alt*) he is past (*od* over) seventy; *es geht nichts* ~ *Musik!* there's nothing like music!; → *Verstand* **4.** (*in Thema*) about, *Aufsatz, Buch, Vortrag etc*: a. on: ~ *Geschäfte* (*den Beruf, Politik*) *reden* talk business (shop, politics) **5.** (*im Wert von*) for: *e-e Rechnung* ~ *100 Euro* a bill for 100 euros **6.** (*vermittels*) over, by: ~ *e-e Treppe* over (*od* by) a staircase; ~ *e-n Makler* through a broker; ~ *die Auskunft* from the information **7.** *Fehler* ~ *Fehler* one mistake after the other **II** *Adv* **8.** ~ *und* ~ all over; *die ganze Zeit* ~ all along; → *überlegen, übrig*

überall *Adv* everywhere, all over: ~ *wo* wherever **überallher** *Adv* from everywhere **überallhin** *Adv* everywhere
überaltert *Adj Bevölkerung:* overaged
Überangebot *n* oversupply
überängstlich *Adj* overanxious
überanstrengen *v/t* overexert (*sich* o.s.), (over)strain **Überanstrengung** *f* overexertion, (over)strain
überarbeiten I *v/t* (*Buch etc*) revise **II** *v/refl* *sich* ~ overwork **überarbeitet** *Adj* **1.** revised **2.** overworked **Überarbeitung** *f* **1.** revision **2.** overwork
überaus *Adv* extremely
überbacken *Adj* GASTR au gratin
überbeanspruchen *v/t* **1.** TECH overload, overstress **2.** *fig j-n* ~ overtax s.o.
Überbein *n* MED node, exostosis
überbelegt *Adj* overcrowded
überbelichten *v/t* FOTO overexpose
Überbelichtung *f* overexposure
überbesetzt *Adj personell:* overstaffed
überbetonen *v/t* overemphasize
überbewerten *v/t* overrate, overvalue
überbezahlen *v/t* overpay
überbieten *v/t* **1.** WIRTSCH outbid (*um* by) **2.** *fig* outdo, (*etw*) a. cap, (*Rekord*)

beat: *sich* (*gegenseitig*) ~ vie with each other (*in Dat* in)
Überbleibsel *n* a. *fig* remnant
überblenden *v/t* FILM, RADIO fade over
Überblick *m* **1.** view (*über Akk* of) **2.** *fig* overall view: *e-n* ~ *gewinnen* get a general idea (*über Akk* of); *den* ~ *verlieren* lose track of things, be confused
überblicken *v/t* **1.** overlook, survey **2.** *fig* grasp, see, (*Folgen etc*) assess
überbringen *v/t j-m etw* ~ deliver (*od* bring) s.th. to s.o. **Überbringer(in)** bearer **Überbringung** *f* delivery
überbrücken *v/t* span, a. *fig* bridge
Überbrückungskredit *m* bridging loan
über|buchen *v/t* (*Flug, Hotel etc*) overbook **Qbuchung** *f* overbooking **~bürden** *v/t* overburden **~dacht** *Adj* roofed, covered **~dauern** *v/t* outlast, survive **~dehnen** *v/t* overstretch, (*Muskel*) pull **~denken** *v/t etw* ~ think s.th. over; *neu* ~ reconsider
überdeutlich *Adj* all too clear
überdies *Adv* besides, moreover
überdimensional *Adj* outsize(d)
Überdosis *f* overdose
überdrehen *v/t* (*den Motor*) overspeed
Überdruck *m* TECH overpressure **~kabine** *f* pressurized cabin **~ventil** *n* pressure relief valve
Überdruss *m* weariness: *bis zum* ~ nauseam **überdrüssig** *Adj:* ~ *sein* be weary (*od* tired) (*Gen* of)
überdüngen *v/t* overfertilize
überdurchschnittlich *Adj* above-average, above average
Übereifer *m* overzealousness, officiousness **übereifrig** *Adj* overzealous, officious
übereignen *v/t j-m etw* ~ make s.th. over to s.o. **Übereignung** *f* transfer
übereilen *v/t* rush: *etw* ~ a. rush things **übereilt** *Adj* (over)hasty **Übereilung** *f* (over)haste: *k-e* ~*!* don't rush things!
übereinander *Adv* **1.** one on top of the other **2.** ~ *sprechen* talk about one another; ~ *schlagen* (*Beine*) cross
übereinkommen I *v/i* (*über Akk* on) agree, reach an agreement **II** Ⓢ *n* agreement **Übereinkunft** *f* (*e-e* ~ *treffen* reach an) agreement
übereinstimmen *v/i* **1.** *Angaben etc:* tally, correspond, *Farben, Muster etc:* match **2.** *mit j-m* ~ agree with s.o. (*über*

Akk, **in** *Dat* on) **übereinstimmend** *Adj* corresponding, *Bericht*, *Meinung etc*: concurring, *Farben etc*: matching **Übereinstimmung** *f* agreement, correspondence, harmony: **in ~ mit** in accordance (*od* keeping) with

überempfindlich *Adj* hypersensitive, *bes* MED allergic (**gegen** to)

überernährt *Adj* overfed

überfahren *v/t* (*Signal etc*) drive through; *j-n ~* run s.o. over, F *fig* bulldoze s.o., SPORT clobber s.o.

Überfahrt *f* SCHIFF crossing, passage

Überfall *m* **1.** (**auf** *Akk*) attack (on), raid (on), (*Einfall*) invasion (of) **2.** (*Raub*²) holdup, *auf der Straße*: mugging **3.** F surprise visit **überfallen** *v/t* attack, assault, (*e-e Bank etc*) hold up, raid, (*Land*) invade: F *j-n ~* (*besuchen*) descend on s.o.; *j-n mit e-r Frage etc ~* pounce on s.o. with a question *etc*

überfällig *Adj* overdue

Überfallkommando *n* riot squad

Überfischung *f* overfishing

überfliegen *v/t* **1.** fly over **2.** (*Brief etc*) glance over, skim

überfließen *v/i* overflow

überflügeln *v/t j-n ~* outstrip s.o.

Überfluss *m* (**an** *Dat* of) abundance, profusion, wealth, (*Überschuss*) surplus: *~ haben an* (*Dat*) abound in, have plenty of; *zu allem ~* to top it all

Überflussgesellschaft *f* affluent society

überflüssig *Adj* superfluous, (*unnötig*) unnecessary

überfluten *v/t a. fig* flood

überfordern *v/t* (*a. Körper etc*) overtax, (*Arbeitskräfte*) a. overstretch: *j-n ~* expect too much of s.o., *Aufgabe etc*: be too much for s.o.; *damit war sie* (*völlig*) *überfordert* this was more than she could handle

überfragt *Adj* F *da bin ich ~!* you've got me there!

Überfremdung *f* POL foreign infiltration

überführen *v/t* **1.** transport **2.** *j-n ~* (*Gen* of) find s.o. guilty, convict s.o. **Überführung** *f* **1.** transfer **2.** JUR conviction **3.** (*Straßen*² *etc*) flyover, *Am* overpass

überfüllt *Adj* overcrowded, *Straße*: congested, *Bus*, *Raum etc*: (jam-)packed

Überfunktion *f* MED hyperactivity

überfüttern *v/t* overfeed

Übergabe *f* delivery, (*a. e-s Amtes etc*: handing-over, MIL surrender

Übergang *m* **1.** crossing, (*a. Stelle*) passage **2.** *fig* transition **übergangslos** *Adv* without transition, directly

Übergangs|periode *f* transitional period *~regierung* *f* caretaker government *~stadium* *n* transition(al stage) *~zeit* *f* transition(al period)

übergeben I *v/t* (*j-n etw*) *~* hand over (s.th. to s.o.), *feierlich*: present (s.o. with s.th.) *~* entrust s.o. with s.th.; *dem Verkehr ~* open *s.th.* to the traffic **II** *v/refl* **sich** *~* vomit, be sick

'**übergehen** ¹ *v/i* pass over (**zu** to): *~ auf* (*e-n Nachfolger etc*) devolve upon; *~ in* (*Akk*) pass (*od* turn) into; *in j-s Besitz ~* pass into s.o.'s possession; *in andere Hände ~* change hands; *ineinander ~* *Farben*: blend; *zu etw ~* proceed to; *zum Feind*, *zur anderen Partei ~* go over to

über'**gehen** ² *v/t* disregard, ignore, (*auslassen*) omit, skip: *j-n ~* pass s.o. over; *etw mit Stillschweigen ~* pass s.th. over in silence

übergeordnet *Adj* **1.** *Amt etc*: higher **2.** (*vorrangig*) of overriding importance

Übergepäck *n* FLUG excess luggage (*bes Am* baggage)

übergeschnappt *Adj* F mad, off one's rocker

Übergewicht *n* **1.** (*~ haben* be) overweight **2.** *fig* preponderance

überglücklich *Adj* overjoyed

übergreifen *v/i fig* spread (**auf** *Akk* to)

Übergriff *m* (**in** *Akk*) encroachment ([up]on), infringement (of)

übergroß *Adj* outsize(d)

Übergröße *f* outsize

überhaben *v/t* F *etw ~* be sick of s.th.

überhand *Adv* *~ nehmen* increase, spread

Überhang *m* **1.** FLUG, ARCHI, TECH overhang **2.** (*Geld*²) surplus, (*Auftrags*² *etc*) backlog **überhängen I** *v/i* overhang, ARCHI project **II** *v/t* (*Mantel etc*) throw over one's shoulders

überhäufen *v/t j-n ~ mit Arbeit etc*: swamp s.o. with, *Geschenken etc*: shower s.o. with, *Ehren*, *Vorwürfen etc*: heap *s.th.* on s.o.

überhaupt *Adv* at all, actually, really:

hast du ~ geschlafen? have you slept at all?; **was willst du ~?** what really do you want?; **~ nicht** not at all; **~ nichts** nothing at all; **er versteht davon ~ nichts** he doesn't know the first thing about it; **~ kein ...** no ... whatever; **wenn ~** if at all

überheblich *Adj* arrogant
Überheblichkeit *f* arrogance
überhitzen *v/t a. fig* overheat
überhöht *Adj Preise etc:* excessive
überholen *v/t* **1.** MOT, SPORT pass, overtake, *fig* outstrip **2.** TECH overhaul
Überholmanöver *n* overtaking manoeuvre, *Am* passing maneuver
Überholspur *f* MOT passing lane
überholt *Adj* outdated
Überholung *f* TECH overhaul
Überholverbot *n* "No Passing" sign
überhören *v/t* not to hear, *(Worte)* miss, not to catch, *absichtlich:* ignore

---

⚠ **überhören** ≠ **overhear**	
überhören	= miss
overhear	= zufällig mitbekommen

überirdisch *Adj* supernatural
Überkapazität *f* overcapacity
überkleben *v/t etw ~* paste s.th. over
überkochen *v/i a. fig* boil over
überkommen *v/t Furcht etc* **überkam ihn** he was overcome by fear *etc*
überkonfessionell *Adj* interdenominational
überladen I *v/t* **1.** overload *(a. ELEK), mit Arbeit:* overburden, swamp **II** *Adj* **2.** overloaded **3.** *fig* cluttered, *Stil:* overladen, florid
überlagern *v/t* superimpose, *teilweise:* overlap *(a. sich ~)*, RADIO heterodyne, *(Sender)* jam
Überlandbus *m* long-distance coach
Überlänge *f* exceptional length
überlappen *v/t (a. sich ~)* overlap
überlassen *v/t* **j-m etw ~** let s.o. have s.th., *a. fig* leave s.th. to s.o.; **j-n sich selbst (s-m Schicksal) ~** leave s.o. to himself (to his fate); **sich selbst ~ sein** be left to one's own devices; **Sie das mir!** leave it to me!; **das bleibt ihm ~!** that's up to him!
überlasten *v/t* **1.** *a.* ELEK, TECH overload

2. *fig* overtax, overburden, *mit Arbeit:* overwork, overstretch **Überlastung** *f* **1.** *a.* ELEK, TECH overload **2.** *fig* overburdening, *(Überanstrengung)* (over)strain
Überlaufanzeige *f* overflow indicator
'**überlaufen¹** *v/i* **1.** run over **2.** *(zu to)* desert, go over, defect **über'laufen²** **I** *v/t Angst etc* **überlief mich** I was seized with fear *etc* **II** *v/unpers* **es überlief mich heiß und kalt** I went hot and cold **III** *Adj Gegend, Beruf:* overcrowded
Überläufer(in) deserter, defector
Überleben I *v/t u. v/i* survive: F **du wirst es ~!** you'll survive! **II** ⚥ *n* survival
Überlebende *m, f* survivor
Überlebens|chance *f* chance of survival ⚥**groß** *Adj* larger(-)than(-)life **~training** *n* survival training
überlegen¹ *v/t u. v/i* think *(s.th. over)*: **ich will es mir ~** I'll think it over; **lassen Sie mich ~!** let me think!; **es sich anders ~** change one's mind; **es sich genau ~** think carefully about it; **ohne zu ~** without thinking, *(übereilt)* rashly, *(sofort)* F like a shot; → **reiflich II**
überlegen² **I** *Adj (a. weit. S. überheblich)* superior *(Dat to, an Dat in):* **j-m weit ~ sein** be head and shoulders above s.o. **II** *Adv* in superior style, *(herablassend)* superciliously: **~ siegen** win in style
Überlegenheit *f* superiority
überlegt *Adj* considered, *(durchdacht)* well thought-out **Überlegung** *f* consideration, reflection: **~en anstellen a)** **über** *(Akk)* think about, reflect on, **b) ob** consider if; → **reiflich I**
überleiten *v/i* lead over *(zu to)*
überliefern *v/t etw ~* hand s.th. down *(Dat to)* **überliefert** *Adj* traditional **Überlieferung** *f* tradition
überlisten *v/t* outwit, fool
Übermacht *f* superiority **übermächtig** *Adj* too strong, *fig* overpowering
übermalen *v/t etw ~* paint s.th. over
übermannen *v/t* overwhelm
Übermaß *n* excess *(an Dat of):* **im ~** in excess **übermäßig** *Adj* excessive
Übermensch *m* superman
übermenschlich *Adj* superhuman
übermitteln *v/t (Dat to)* transmit, convey **Übermittlung** *f* transmission
übermorgen *Adv* the day after tomorrow

übermüdet *Adj* overtired

Übermüdung *f* overtiredness

Übermut *m* high spirits *Pl* **übermütig** *Adj* high-spirited, *präd* in high spirits

übernächst *Adj* the next but one: **~e Woche** the week after next

übernachten *v/i* spend the night

übernächtigt *Adj* bleary-eyed

Übernachtung *f* overnight stay: **~ und Frühstück** bed and breakfast

Übernachtungsmöglichkeit *f* overnight accommodation

Übernahme *f* taking over, *der Macht, e-r Firma*: takeover, *e-s Amts, der Verantwortung*: assumption, *e-r Idee etc*: adoption **~angebot** *n* WIRTSCH takeover bid

übernational *Adj* supranational

übernatürlich *Adj* supernatural

übernehmen I *v/t* (*Macht, Führung, Amt, Firma etc*) take over, (*Waren etc*) *a.* accept, (*Arbeit, Verantwortung etc*) take on, (*Verfahren, Ideen etc*) adopt: **es ~, etw zu tun** take it upon o.s. to do s.th.; **etw ~** (*erledigen*) take care of s.th. **II** *v/refl* **sich ~ mit Arbeit** *etc*: take on more than one can handle, *finanziell*: overreach o.s., (*sich überanstrengen*) overdo it; *iron* **übernimm dich nur nicht!** don't kill yourself!

⚠ **übernehmen** ≠ **overtake**

| übernehmen | = take over |
| overtake | = überholen |

überordnen *v/t* **j-n** (*etw*) **j-m** (*e-r Sache*) **~** set s.o. (s.th.) above s.o. (s.th.)

überparteilich *Adj* nonpartisan

Überproduktion *f* overproduction

überprüfen *v/t* check, inspect, test, *genau*: scrutinize, (*Person*) screen, F vet

Überprüfung *f* check(up), *genaue*: scrutiny, (*Sicherheits*₂) F vetting

überquellen *v/i a. fig* (**von** with) overflow, brim over

überqueren *v/t* cross

über|ragen *v/t* tower above (*a. fig*): **j-n ~** be taller than s.o., *fig* outclass s.o. **~ragend** *Adj fig* outstanding, brilliant

überraschen *v/t* surprise: **j-n ~** (*überrumpeln*) take s.o. by surprise, (*ertappen*) catch s.o. (**bei** at); **von e-m Gewit-**

ter überrascht werden be caught in a thunderstorm **überraschend** *Adj* surprising, (*unerwartet*) unexpected, sudden **Überraschung** *f* surprise

Überraschungs|angriff *m* surprise attack **~moment** *n* element of surprise **~sieg** *m* SPORT unexpected win

überreagieren *v/i* overreact

überreden *v/t* **j-n** persuade s.o. (**zu** to), **zu etw** *a.* talk s.o. round into (doing) s.th. **Überredung** *f* persuasion

Überredungskunst *f* powers *Pl* of persuasion

überregional *Adj* supraregional, *Zeitung*: national, *Sendung*: nationwide

überreich *Adj* **~ sein an** (*Dat*) abound in

überreichen *v/t* (**j-m**) **etw ~** hand s.th. over (*feierlich*: present s.th.) (to s.o.)

überreif *Adj* overripe

überreizen *v/t* overexcite **überreizt** *Adj* overwrought: **~ sein** *a.* be on edge

Überrest *m* remains *Pl*, *a. fig* remnant, *Pl e-r Mahlzeit*: leftovers *Pl*, *fig e-r Kultur etc*: remnants *Pl*, relics *Pl*

Überrollbügel *m* MOT rollbar

überrollen *v/t* overrun, *fig a.* steamroll

überrumpeln *v/t* **j-n ~** take s.o. unawares (*od* by surprise)

überrunden *v/t* SPORT lap, *fig* outstrip

übersät *Adj* littered, *fig* studded

übersättigen *v/t* oversaturate, (*den Markt*) *a.* glut, CHEM supersaturate, *fig* surfeit **Übersättigung** *f* surfeit (*a. fig*), glut, CHEM supersaturation

übersäuern *v/t a.* MED overacidify

Übersäuerung *f a.* MED hyperacidity

Überschall... supersonic **~geschwindigkeit** *f* supersonic speed: **mit ~ fliegen** fly faster than the speed of sound

überschatten *v/t a. fig* overshadow

überschätzen *v/t* overrate, overestimate

Überschätzung *f* overestimation

überschaubar *Adj fig* clear, easy to grasp: **~, von ~er Größe** *Betrieb etc*: of manageable size

überschauen → **überblicken** 2

überschäumen *v/i* **1.** froth over **2.** *fig* bubble over (**vor** *Dat* with)

überschlafen *v/t* F **das muss ich erst ~!** I must sleep on it!

Überschlag *m* **1.** *Turnen*: somersault, (*Handstand*₂) handspring **2.** (*Schät-*

zung) (rough) estimate **3.** ELEK flashover

überschlagen I *v/t* **1.** (*auslassen*) skip **2.** (*schätzen*) calculate roughly **II** *v/refl* **sich ~ 3.** fall head over heels, MOT overturn, FLUG nose over: F *fig* **er überschlug sich fast** (*vor Liebenswürdigkeit*) he bent over backwards (*to be* nice) **4.** *Stimme*: crack **5.** *Ereignisse etc*: follow hot on each other's heels

überschnappen *v/i* **1.** F go mad, go crazy **2.** *Stimme*: crack

überschneiden *v/refl* **sich ~** overlap (*a. fig*), *Linien*: intersect; **sich zeitlich ~** coincide **Überschneidung** *f* overlap (-ping), MATHE intersection

Überschreibemodus *m* overwrite (*od* overstrike) mode

überschreiben *v/t* **1.** (*Aufsatz etc*) head, title **2.** transfer (*Dat to*): JUR *j-m etw ~* make over s.th. to s.o. **3.** COMPUTER overwrite

überschreiten *v/t* **1.** cross **2.** *fig* (*Geschwindigkeit, Befugnisse etc*) exceed, (*Kräfte, Verstand etc*) go beyond

Überschrift *f* heading, title, (*Schlagzeile*) headline

Überschuss *m* surplus, WIRTSCH (*Gewinn*) profit **überschüssig** *Adj* surplus

überschütten *v/t fig j-n ~ mit* *Geschenken, Ehren etc*: shower s.o. with

Überschwang *m* exuberance

überschwänglich *Adj* effusive

überschwemmen *v/t* flood, *fig a.* inundate, (*den Markt*) glut **Überschwemmung** *f a. fig* flooding, inundation

überschwenglich → **überschwänglich**

Übersee: **in** (*nach*) **~** overseas

überseeisch *Adj* overseas

übersehbar *Adj* **1.** *Gelände etc*: open **2.** *Folgen etc*: foreseeable, *Lage etc*: clear

übersehen *v/t* **1.** → **überblicken** 2 **2.** miss, overlook, *absichtlich*: ignore

'übersetzen[1] **I** *v/t* ferry *s.o., s.th.* over **II** *v/i* cross the river *etc*

über'setzen[2] *v/t* **1.** *a. v/i* translate (*aus* from, *in Akk* into) **2.** TECH transmit **Übersetzer(in)** translator **Übersetzung** *f* **1.** translation (*aus* from, *in Akk* into) **2.** TECH gear ratio, transmission **Übersetzungsprogramm** *n* translation program **Übersetzungssoftware** *f* translation software **Übersetzungsbüro** *n* translating

agency **Übersetzungsfehler** *m* error in translation

Übersicht *f* **1.** (*Abriss*) survey, summary, outline **2.** → **Überblick** 2

übersichtlich *Adj* **1.** *Gelände etc*: open, *Kurve*: clear **2.** clear(ly arranged), lucid **Übersichtlichkeit** *f* clearness

übersiedeln *v/i* move (POL migrate) (*nach* to)

übersinnlich *Adj* supernatural: **~e Kräfte** psychic forces

überspannt *Adj Ideen etc*: extravagant, *Person*: eccentric **Überspanntheit** *f* extravagance, eccentricity

überspielen *v/t* **1.** (*Tonband etc*) rerecord: **auf Band ~** tape, record **2.** (*Fehler, Schwächen etc*) cover *s.th.* up

überspitzen *v/t* exaggerate, carry *s.th.* too far **überspitzt** *Adj* **1.** exaggerated **2.** *Formulierung etc*: oversubtle

'überspringen[1] *v/i* ELEK flash over

über'springen[2] *v/t* **1.** jump over (*od* across), clear **2.** *fig* (*auslassen*) skip

überstaatlich *Adj* supranational

'überstehen[1] *v/i* jut out, project

über'stehen[2] *v/t allg* get over, (*überleben*) survive, (*Sturm, fig Gefahr, Krise etc*) weather, ride out: **das wäre überstanden!** that's that!; **das Schlimmste ist überstanden** the worst is over now

übersteigen *v/i* **1.** climb over **2.** *fig* go beyond, exceed

übersteuern *v/t* **1.** MOT oversteer **2.** ELEK overmodulate

überstimmen *v/t* outvote

überstrahlen *v/t fig* eclipse

überstreichen *v/t* coat (*mit* with)

überstreifen *v/t etw ~* slip *s.th.* on

Überstunden *Pl* (*~ machen* work *od* do) overtime *Sg*

überstürzen **I** *v/t* rush **II** *v/refl* **sich ~** *Ereignisse etc*: follow hot on each other's heels **überstürzt** *Adj* rash

übertariflich *Adj* in excess of the (collectively agreed) scale

überteuert *Adj* overpriced

übertönen *v/t* drown (out)

Übertrag *m* WIRTSCH carryover **übertragbar** *Adj* **1.** (*auf Akk* to) *allg* transferable, *fig a.* applicable **2.** WIRTSCH *Wechsel*: negotiable **3.** MED infectious, contagious

übertragen **I** *v/t* **1.** (*auf Akk* to) *allg* transfer, (*Besitz*) *a.* make over, (*a.*

Rechte) assign, (*Vollmachten*) give, (*Aufgabe etc*) delegate, assign: **j-m etw ~** (*anvertrauen*) entrust sth. to s.o. **2.** ELEK, PHYS, TECH transmit (**auf** Akk to), (*senden*) broadcast **3.** (**in** Akk into) (*Stenogramm etc*) transcribe, (*übersetzen*) translate (*a.* Computer) **4.** (*Krankheit*) transmit (**auf** Akk to), (*Blut*) transfuse **5.** *fig* **etw ~ auf** (Akk) apply s.th. to **II** *v/refl* **sich ~ auf** (Akk) **6.** *Krankheit*: be passed on (to) **7.** *Stimmung, Panik etc*: communicate itself (to) **III** *Adj* **8.** *Bedeutung etc*: figurative: **im ~en Sinne** in the figurative sense

Übertragung f **1.** (**auf** Akk to) transfer (*a.* WIRTSCH, JUR), *von Rechten, Aufgaben etc*: assignment, *von Vollmachten*: delegation, *von Ämtern, Titeln*: conferment **2.** ELEK, MED, PHYS, TECH transmission (**auf** Akk to), RADIO, TV *a.* broadcast **3.** (**in** Akk into) *e-s Stenogramms*: transcription, (*Übersetzung*) translation

Übertragungs|fehler m IT, ELEK transmission error **~wagen** m RADIO, TV outside broadcast van (*Abk* O.B.)

übertreffen *v/t* (*j-n*) excel (**sich selbst** o.s.), outdo, (*a. etw*) surpass, be better *etc* than, beat: **alle Erwartungen ~** exceed all expectations

übertreiben *v/t* **1.** **etw ~** overdo s.th., carry sth. too far **2.** (*aufbauschen*) *a.* *v/i* exaggerate **3.** THEAT overact, F ham *s.th.* up **Übertreibung** f exaggeration

'**übertreten**[1] *v/i* **1.** (**zu** to) POL go over, REL convert: **zum Katholizismus ~** *a.* F turn (Roman) Catholic **2.** SPORT foul (a jump *od* throw)

über'treten[2] *v/t* **1.** (*Gesetz etc*) violate **2.** **sich den Fuß ~** sprain one's ankle **Übertretung** f JUR violation, (*Delikt*) *a.* (petty) offen/ce (*Am* -se)

übertrieben *Adj* exaggerated, excessive **Übertritt** m (**zu, in** Akk to) change, POL defection, REL conversion

übertrumpfen *v/t* trump, *fig a.* outdo

übertünchen *v/t a. fig* whitewash

Übervölkerung f overpopulation

übervorteilen *v/t* cheat

überwachen *v/t* supervise, (*betreuen*) look after, (*beobachten*) watch (over), *a.* MED, *wissenschaftlich*: observe, poli-

zeilich: keep under surveillance, (*kontrollieren*) check, inspect, *elektronisch etc*: monitor **Überwachung** f supervision, (*Beobachtung*) observation, *polizeiliche*: surveillance, (*Kontrolle*) inspection, checking, monitoring **Überwachungsstaat** m surveillance state

überwältigen *v/t a. fig* overpower, overwhelm **überwältigend** *Adj fig* overwhelming, *Schönheit*: *a.* stunning, breathtaking: **mit ~er Mehrheit** with an overwhelming majority; **nicht gerade ~!** nothing to write home about!

überweisen *v/t* **1.** (*Geld*) transfer (**auf ein Konto** to an account, **j-m** to s.o.'s account) **2.** (*Antrag, Fall, Patienten etc*) refer (**an** Akk to) **Überweisung** f **1.** (*Geld*⁄) transfer, remittance **2.** *e-s Falles, Patienten etc*: referral (**an** Akk to)

'**überwerfen**[1] *v/t* (*Kleid etc*) fling on

über'werfen[2] *v/refl* **sich mit j-m ~** fall out with s.o.

überwiegen *v/i* predominate, prevail **überwiegend I** *Adj* predominant, prevailing: **die ~e Mehrheit** the vast majority **II** *Adv* predominantly, mainly

überwinden I *v/t* (*Angst, Schwäche etc*) overcome, (*Krankheit, Krise, Schwierigkeiten etc*) get over, surmount **II** *v/refl* **sich** (**selbst**) **~, etw zu tun** bring o.s. to do s.th. **Überwindung** f **1.** overcoming (*etc*) **2.** **es kostete mich ~** it cost me quite an effort

überwintern *v/i* spend the winter, ZOOL hibernate

überwuchern *v/t* overgrow

Überzahl f (**in der ~ sein** be in the) majority **überzählig** *Adj* surplus

überzeugen I *v/t* (**von**) convince (of), *bes* JUR satisfy (as to) **II** *v/i* *Spieler etc*, *a. Spiel, Vortrag etc*: be convincing **III** *v/refl* **sich ~** satisfy o.s. (**von** as to): **~ Sie sich selbst!** go and see for yourself! **überzeugend** *Adj* convincing: **wenig ~** (rather) unconvincing **überzeugt** *Adj* convinced (**von** of), *Sozialist etc*: ardent: **von sich selbst** (**sehr**) **~ sein** have a high opinion of o.s. **Überzeugung** f conviction, (*politische etc* **~**) convictions *Pl*, (*fester Glaube*) persuasion: **der** (**festen**) **~ sein, dass ...** be (thoroughly) convinced that ...; **zu der ~ gelangen, dass ...** come to the

conclusion that … **Überzeugungskraft** f powers Pl of persuasion
über'ziehen¹ I v/t **1.** cover, mit e-r Schicht: a. coat, innen: line **2.** (Bett) put fresh linen on **3.** (Konto) overdraw, (Sendezeit) overrun **4.** fig exaggerate **III** v/i **5.** exceed the time limit **III** v/refl **sich ~ 6.** become covered (mit), Himmel: become overcast
'**überziehen²** v/t (Kleid etc) put on
Überziehung f WIRTSCH overdraft
Überziehungskredit m overdraft credit
Überzug m **1.** cover **2.** coat(ing)
üblich Adj usual, customary, normal: wie ~ as usual; es ist bei uns (so) ~, dass … it is a custom with us that …; das Übliche the usual (thing)
U-Boot n submarine
übrig Adj remaining, left (over), (ander) other: das ♀e, alles ♀e the rest; das ♀e Geld the rest of the money; die♀en the others, the rest; im ♀en a) as for the rest, b) → übrigens; ~ bleiben be left, remain; Es geblieb mir nichts anderes ~(, als) I had no choice (but); ~ lassen leave; etw ~ haben have s.th. left; fig etw ~ haben für have a soft spot for; nichts ~ haben für not to care much for, have no time for; ein ♀es tun go out of one's way (to do s.th.)
übrigens Adv by the way, incidentally
Übung f **1.** practice: aus der ~ sein (kommen) be (get) out of practice; in der ~ bleiben keep one's hand in; ~ macht den Meister practice makes perfect **2.** SPORT, MIL, MUS exercise
Übungs|aufgabe f exercise ~**buch** n book of exercises ~**hang** m Skisport: nursery slope ~**heft** n exercise book
Übungssache f das ist reine ~! it's just a matter of practice!
UdSSR f hist (= Union der Sozialistischen Sowjetrepubliken) USSR
Ufer n shore, (Fluss♀) bank: am ~, ans ~ ashore; über die ~ treten overflow its banks
uferlos Adj fig boundless, Debatte etc: endless; ins ♀e gehen lead nowhere
Ufo n UFO, unidentified flying object
Uganda f Uganda
Uhr f clock, (Taschen♀, Armband♀) watch: wie viel ~ ist es? what time is it?; es ist zwei ~ it's two o'clock (od

2 p.m., 14.00 hours); nach m-r ~ by my watch; um wie viel ~? (at) what time?; SPORT ein Rennen gegen die ~ a race against time; F rund um die ~ around the clock **Uhrarmband** n watch strap **Uhrmacher(in)** watchmaker, clockmaker **Uhrwerk** n clock mechanism, works Pl **Uhrzeiger** m hand **Uhrzeigersinn** m im ~ clockwise; entgegen dem ~ anticlockwise **Uhrzeit** f time
Uhu m ZOOL eagle-owl
Ukraine f the Ukraine
UKW n (= Ultrakurzwelle) FM, VHF
Ulk m joke, lark **ulkig** Adj funny
Ulme f BOT elm
Ultimatum n (ein ~ stellen deliver an) ultimatum (Dat to)
Ultrakurzwelle f ELEK very high frequency (Abk VHF), a. MED ultrashort wave
Ultraschall m PHYS ultrasound
Ultraschall... ultrasonic, supersonic, ~**aufnahme** f scan, Am ultrasound ~**gerät** n ultrasound scanner ~**untersuchung** f MED ultrasound scan
ultraviolett Adj ultraviolet
um I Präp **1.** räumlich: (a)round, zeitlich: at, (ungefähr) about, around: ~ Ostern (herum) some time around Easter; F ~ sein be over; s-e Zeit ist ~ his time is up **2.** e-e Differenz bezeichnend: by: ~ die Hälfte billiger sein be only half the price; ~ so → umso **3.** (wegen) for, about: bitten (schreien) ~ ask (cry) for **4.** es steht schlecht ~ ihn he's in a bad way; schade ~ … it's too bad about … **II** Konj **5.** ~ zu Inf (in order) to Inf **III** Adv **6.** (etwa) about, around (100 persons etc)
umadressieren v/t redirect
umarbeiten v/t change, (Kleid etc) remodel, (Buch etc) revise, für den Film etc: readapt
umarmen v/t embrace (a. sich ~), hug
Umarmung f embrace, hug
Umbau m **1.** reconstruction, conversion (in Akk, zu into), (Gebäude) altered section **2.** fig reorganization
'**umbauen¹ I** v/t change, (Maschine etc) a. redesign, (neu gestalten) remodel, (a. Wohnung) convert (in Akk, zu into) **II** v/i THEAT change the setting
um'bauen² v/t build round: **umbauter**

Raum interior space

umbenennen v/t rename

umbesetzen v/t THEAT recast

umbiegen v/t bend

umbilden v/t reorganize, POL (*Kabinett etc*) reshuffle **Umbildung** f reorganization, POL reshuffle

umbinden v/t tie round, (*Schürze, Krawatte etc*) (*a.* **sich** ~) put on

umblättern v/t turn over (*the page* v/i)

umblicken → **umsehen**

'**umbrechen**[1] v/t break down

um'**brechen**[2] v/t make up (into pages)

umbringen I v/t kill: F *fig* **nicht umzubringen** indestructible II v/refl **sich** ~ kill o.s.; F **sich (fast)** ~ **vor Höflichkeit** bend over backwards to be polite

Umbruch m 1. BUCHDRUCK makeup, *am Bildschirm*: formatting 2. *fig* upheaval

umbuchen v/t 1. (*Flug etc*) change one's booking for 2. WIRTSCH transfer (*auf Akk* to)

umdenken v/i change one's views: ~ **müssen** have to do some rethinking

umdisponieren v/i change one's plans

umdrehen v/t turn (round) (*a.* **sich** ~), (*Arm*) twist: **j-m den Hals** ~ wring s.o.'s neck; ~ **Spieß Umdrehung** f turn, PHYS, TECH revolution, rotation: ~**en pro Minute** revolutions per minute (*Abk* r.p.m.) **Umdrehungszahl** f speed

umeinander Adv **sich** ~ **kümmern** etc take care etc of each other (*mehrere*: one another)

Umerziehung f reeducation

'**umfahren**[1] v/t run (*od* knock) down

um'**fahren**[2] v/t drive (*od* sail) round

Umfall m F POL turnabout **umfallen** v/i 1. fall (down *od* over), collapse: **zum** ~ **müde** ready to drop 2. F *fig* cave in

Umfang m circumference, (*Leibes*2) girth, (*Ausdehnung, a. fig*) extent, size, *fig* (*Ausmaß*) scope, *des Verkehrs, Verkaufs etc*: volume: **10 Zoll im** ~ 10 inches round; *fig* **in vollem** ~ fully; **in großem** ~ on a large scale, large-scale

umfangreich Adj extensive, (*dick*) voluminous

umfassen v/t *fig* comprise, *zeitlich*: cover **umfassend** Adj Kenntnisse etc: extensive, comprehensive, *Geständnis*: complete, full, (*weit reichend*) sweeping

Umfeld n *fig* environment

umformen v/t reshape (*a. fig*), ELEK transform, convert **Umformer** m ELEK transformer, converter

Umfrage f inquiry, (*Meinungs*2) (public) opinion poll, survey

umfüllen v/t pour s.th. into another container (*etc*), (*Wein*) decant

umfunktionieren v/t **etw** ~ **in** (*Akk*) convert (*od* turn) s.th. into

Umgang m 1. *gesellschaftlicher*: social intercourse, relations Pl, (*Bekanntenkreis*) company, friends Pl: ~ **haben** (*od* **pflegen**) **mit** associate with; **guten** (**schlechten**) ~ **haben** keep good (bad) company 2. **der** ~ **mit Kindern** (*Kunden etc*) dealing with children (customers *etc*); **im** ~ **mit** ... (in) dealing with ...

umgänglich Adj sociable, easy to get along with

Umgangs|formen Pl manners Pl ~**recht** n right of access ~**sprache** f colloquial language: **die englische** ~ colloquial English **2sprachlich** Adj colloquial

umgarnen v/t *fig* ensnare

umgeben v/t *a. fig* surround (**sich** o.s.) (**mit** with) **Umgebung** f *e-r Stadt etc*: environs Pl, *nähere*: neighbo(u)rhood, vicinity, *a.* BIOL, SOZIOL environment, surroundings Pl

Umgegend f environs Pl, vicinity

'**umgehen**[1] v/i 1. *Krankheit, Gerücht etc*: go round, circulate 2. *Gespenst*: walk 3. ~ **mit** j-m: associate with, (*behandeln*) treat, *a. e-r Sache, e-m Problem*: deal with, handle; **sie kann (gut) mit Leuten** ~ she knows how to handle people; **er weiß mit Pferden umzugehen** he has a way with horses; **kannst du mit der Maschine** ~**?** do you know how to use (*od* handle) the machine?; → **schonend, sparsam**

um'**gehen**[2] v/t 1. *Verkehr*: bypass 2. *fig* avoid, evade (*a. Gesetz etc*), *geschickt*: F dodge **umgehend** Adj immediate

Umgehung f 1. bypassing 2. *fig* avoidance, *a.* JUR evasion

Umgehungsstraße f bypass, (*Ring*2) perimeter road

umgekehrt I Adj reverse, (*entgegengesetzt*) inverse, opposite: **im** ~**en Falle** in the reverse case; **in** ~**er Reihenfolge** in reverse order; (*genau*) ~**!** (no,) it's exactly the other way round! II Adv

the other way round, conversely
umgestalten v/t reshape, fig a. reorganize, TECH etc redesign
umgraben v/t dig (up), turn (over)
umgrenzen v/t fig define
umgruppieren v/t regroup (a. Sport), POL reshuffle **Umgruppierung** f regrouping, POL reshuffle
Umhang m cape, wrap
umhängen v/t **1.** (Mantel etc) put on, (Gewehr) sling **2.** (Bild) rehang
Umhängetasche f shoulder bag
umhauen v/t **1.** fell, cut down **2.** F fig **j-n ~** Alkohol etc: knock s.o. out, Nachricht etc: bowl s.o. over
umher Adv about, (a)round **~streifen, ~ziehen** v/i roam about
umhinkönnen v/i **ich kann nicht umhin zu** Inf I cannot help Ger
umhören v/refl **sich ~** keep one's ears open, ask around
umhüllen v/t (mit) wrap up (od envelop) (in), cover (with) (a. TECH)
Umhüllung f wrapping, cover
Umkehr f **j-n zur ~ zwingen** force s.o. (to turn) back **umkehren I** v/i **1.** turn back **II** v/t **2.** turn round (a. **sich ~**), reverse (a. fig) **3. → umrempeln**
Umkehrfilm m reversal film
umkippen I v/t **1.** tip over, upset **II** v/i **2.** fall over, Auto etc: overturn, SCHIFF a. capsize **3.** F (ohnmächtig werden) keel over **4.** F fig turn, change completely, Gewässer: die, Wein: turn sour
umklammern v/t clutch, Boxen: clinch
umklappen v/t turn down
Umkleidekabine f changing cubicle **umkleiden** v/refl **sich ~** change (one's clothes) **Umkleideraum** m changing (SPORT locker) room
umknicken v/i (mit dem Fuß) ~ sprain one's ankle
umkommen v/i die, be killed: F **vor Hitze (fast) ~** (nearly) die with heat
Umkreis m vicinity: **im ~ von** within a radius of, for three miles round **umkreisen** v/t circle (ASTR revolve) round
umkrempeln v/t F fig change completely
umladen v/t reload
Umlage f distribution of cost: **die ~ betrug ...** each person had to pay ...
Umlauf m **1.** des Geldes u. fig circulation: **in ~ bringen** put s.th. in circula-

tion, issue, (Gerücht) start; **im ~ sein** circulate, Gerücht: a. be going round **2.** ASTR, PHYS revolution, (Zyklus) cycle, (~bahn) orbit **3.** circular (letter)
Umlaufbahn f (**in s-e ~ bringen** od **gelangen** put od get into) orbit
umlaufen v/i allg circulate
Umlaufkapital n WIRTSCH floating capital
Umlaufzeit f period (of revolution), **e-s** Satelliten: orbital period
Umlaut m **a)** umlaut, **b)** (vowel) mutation
umlegen v/t **1.** (Getreide) lay flat, (Baum etc) fell, (Zaun etc) tear down **2.** (Hebel) throw **3.** (verlegen) transfer (a. TEL), (Kranken etc) a. move, (Termin etc) shift (**auf** Akk to) **4.** (Kosten etc) (**auf** Akk among) apportion, divide **5.** **j-n ~ a)** (niederschlagen) knock s.o. down, (erschießen) bump s.o. off, **b)** V (Frau) lay s.o.
umleiten v/t (Verkehr) divert, detour
Umleitung f diversion, detour
Umleitungsschild n detour sign
umlernen v/i **wir müssen sehr ~** we have a lot of relearning to do
umliegend Adj surrounding, neighbo(u)ring
ummodeln v/t fig change
Umnachtung f **geistige ~** mental derangement
umorganisieren v/t reorganize
umpacken v/t repack
umpflanzen v/t replant
umpolen v/t **1.** ELEK reverse **2.** fig change
umquartieren v/t move
umranden v/t, **Umrandung** f border
umräumen v/t move s.th. (to another place), (Zimmer etc) rearrange
umrechnen v/t convert (**in** Akk into)
Umrechnung f conversion
Umrechnungs|kurs m rate of exchange **~tabelle** f conversion table
'**umreißen**[1] v/t pull (od knock) down
um'**reißen**[2] v/t fig outline
umrennen v/t run (od knock) down
umringen v/t surround
Umriss m a. fig outline: **in groben Umrissen** in rough outline; **etw in Umrissen darlegen** outline s.th.; **feste Umrisse annehmen** take shape
Umrisszeichnung f contour drawing

U

umrühren v/t stir

umrüsten v/t TECH change s.th. over (**auf** Akk to)

umsatteln v/i F change one's job (im Studium: subject): **~** (**von** ...) **auf** (Akk) switch (from ...) to

Umsatz m WIRTSCH turnover, sales Pl **~beteiligung** f participation in sales **~steigerung** f sales increase **~steuer** f turnover tax

umschalten I v/t, a. v/i ELEK, TECH u. fig switch (od change) (over) (**auf** Akk to) II v/i TV change channels **Umschalttaste** f (auf Tastatur) shift key

umschauen → **umsehen**

umschichten v/t 1. rearrange 2. fig regroup **Umschichtung** f fig regrouping: **soziale ~** social upheaval

umschiffen v/t sail round, (Kap etc) double: → **Klippe** 2

Umschlag m 1. (Brief♀) envelope, (Schutz♀) cover, für Bücher: a. jacket 2. (Ärmel♀) cuff, (Hosen♀) turnup 3. MED (**feuchter**) **~** compress 4. WIRTSCH (Güter♀) handling, e-s Hafens: goods Pl handled, (Umladung) transshipment

umschlagen I v/i 1. → **umkippen** 2 2. Wetter, Wind, Stimmung etc: change (suddenly) 3. Stimme: crack II v/t 4. (Güter) handle, (umladen) transship **Umschlag|hafen** m port of transshipment **~platz** m trading cent/re (Am -er), SCHIFF place of transshipment

umschnallen v/t buckle on

umschreiben[1] v/t 1. rewrite 2. (Besitz) transfer (**auf** Akk to) um'schreiben[2] v/t paraphrase, circumscribe (a. MATHE), (umreißen) outline '**Umschreibung**[1] f rewriting 2. WIRTSCH transfer Um'schreibung[2] f paraphrase, circumscription (a. MATHE) **Umschrift** f LING transcription

Umschuldung f conversion (of a debt)

umschulen v/t 1. beruflich: retrain 2. (Schüler) transfer to another school **Umschulung** f 1. e-s Kindes: transfer to another school 2. berufliche: retraining

umschwärmen v/t 1. swarm round 2. fig idolize

Umschweife Pl **ohne ~** a) sagen etc: straight out, b) tun: straightaway

umschwenken v/i 1. wheel round 2. fig veer round

Umschwung m (sudden) change, (Mei-

nungs♀ etc) reversal, bes POL swing, völliger: about-face

umsegeln v/t sail round, (Kap) double

umsehen v/refl **sich ~** 1. look back 2. look (a)round (**nach** for): **sich in der Stadt ~** (have a) look (a)round the city

um sein → **um** I 1

umseitig Adj u. Adv overleaf

umsetzen v/t 1. move, transfer, LANDW transplant 2. (Ware etc) sell, turn over 3. **etw~ in** (Akk) a. CHEM, PHYS convert (od transform) s.th. into; fig (**in die Praxis**) **~** realize; **e-e Idee in Politik ~** translate an idea into public policy; **etw in die Tat ~** put s.th. into action

Umsichgreifen n spread(ing)

Umsicht f circumspection

umsichtig Adj circumspect

umsiedeln v/t resettle

Umsiedlung f resettlement

umso Adv **~ besser** so much the better; **~ mehr** (**weniger**) (**als** as, **weil** because) all the more (less), (so much) the more (less)

umsonst Adv 1. (gratis) for nothing, free (of charge) 2. (vergebens) in vain

umspannen v/t a. fig span **Umspannwerk** n ELEK transformer station

umspielen v/t 1. Fußball etc: dribble round 2. fig play (a)round

umspringen v/i 1. Wind: shift 2. **mit j-m grob** etc: treat s.o. roughly etc

umspulen v/t rewind

Umstand m 1. fact, circumstance 2. Pl circumstances Pl, (Lage) conditions Pl, situation Sg: **unter Umständen** possibly, perhaps, (notfalls) if need be; **unter allen Umständen** at all events; **unter diesen** (**k-n**) **Umständen** under the (no) circumstances; F **in anderen Umständen sein** be in the family way; → **mildern** I 3. **ohne viel Umstände** without much fuss; **Umstände machen a**) Sache: cause trouble, **b**) Person: make a fuss; **machen Sie** (**sich**) **k-e Umstände!** don't go to any trouble! **umstandshalber** Adv owing to circumstances

umständlich Adj complicated, (langatmig) long-winded, (unbequem, schwerfällig) awkward, (pedantisch) fussy: **das ist** (**mir**) **viel zu ~!** that's far too much trouble (for me)! **Umständlichkeit** f complicatedness (etc), fussiness

Umstandskleid n maternity dress
Umstandskrämer(in) F fusspot
Umstandswort n LING adverb
umstehend Adj Seite: next, Text: overleaf (a. Adv)
Umstehende Pl bystanders Pl
umsteigen v/i **1.** change (**nach** for) **2.** fig switch (**auf** Akk to)
um'stellen[1] v/t surround '**umstellen**[2] **I** v/t change, (Möbel etc) rearrange, SPORT (Mannschaft) regroup, (Uhr) reset, (Maschine etc) change over (**auf** Akk to), (Betrieb etc) reorganize: **~ auf** (Akk) switch to, convert to; **auf Computerbetrieb ~** computerize; **s-e Lebensweise ~** readjust one's way of life **II** v/refl **sich ~** get used to new conditions, adjust (**auf** Akk to) **Umstellung** f change, rearrangement, TECH changeover (od switch) (**auf** Akk to), reorganization, (Anpassung) adjustment (**auf** Akk to): **das war e-e große ~** that was quite a change
umstimmen v/t **j-n ~** bring s.o. round
umstoßen v/t **1.** knock over (od down) **2.** fig (Testament, Plan etc) change, (Urteil etc) reverse, (Pläne) upset
umstritten Adj contested, (strittig) controversial
umstrukturieren v/t restructure
Umsturz m overthrow, revolution
umstürzen 1 v/t upset, knock over, POL overthrow **II** v/i fall down, fall over, overturn **Umstürzler(in)** revolutionary **umstürzlerisch** Adj subversive
umtaufen v/t a. fig rename
Umtausch m exchange
umtauschen v/t exchange (**gegen** for)
umtopfen v/t LANDW repot
Umtriebe Pl activities Pl
UMTS-Lizenz f UMTS licence
umtun v/refl **sich ~** look around (**nach** for)
U-Musik f light music
umwälzen v/t **1.** TECH circulate **2.** fig revolutionize **umwälzend** Adj fig revolutionary **Umwälzpumpe** f circulating pump **Umwälzung** f **1.** TECH circulation **2.** fig revolution, upheaval
umwandeln v/t change (**in** Akk, **zu** into), PHYS transform, convert (a. WIRTSCH), JUR (Strafe) commute: **sie ist wie umgewandelt** she is a com-

pletely different person **Umwandler** m ELEK, TECH converter
Umwandlung f change, transformation, conversion, JUR commutation
Umweg m detour, roundabout way: **e-n ~ machen** make a detour; **das ist ein ~ für mich** that takes me out of my way; fig **auf ~en** indirectly, in a roundabout way; **ohne ~e** straight
Umwelt f environment: **unsere ~** a. the world around us
Umwelt... environmental 2**belastend** Adj environmentally harmful **~belastung** f (environmental) pollution 2**bewusst** Adj environmentally aware **~einfluss** m environmental impact 2**feindlich → umweltschädlich ~forscher(in)** ecologist **~forschung** f ecology 2**freundlich** Adj environmentally friendly, eco-friendly, Systeme: a. non-polluting, Stoffe: a. biodegradable: **umweltfreundliche Landwirtschaft** environment-friendly farming 2**gerecht** Adj environmentally-oriented **~gipfel** m environmental summit **~katastrophe** f ecocatastrophe **~kriminalität** f environmental crime **~krise** f ecological crisis, ecocrisis **~ministerium** n Department of the Environment **~papier** n recycled paper **~politik** f ecopolicy 2**politisch** Adj ecopolitical **~schäden** Pl damage Sg done by pollution 2**schädlich** Adj harmful (**to** the environment), polluting **~schutz** m conservation, care of the environment **~schützer(in)** environmentalist, conservationist **~sünder(in)** polluter **~technik** f environmental technology **~verbrechen** n environmental crime **~verschmutzung** f (environmental) pollution 2**verträglich** Adj environment-friendly, environmentally compatible **~verträglichkeit** f environmental compatibility **~zerstörung** f ecocide; → Info-Fenster S. 1274
umwenden v/refl **sich ~** turn round
umwerben v/t court, a. fig woo
umwerfen v/t **1. → umstoßen 2. → umhauen 2 umwerfend** Adj fig fantastic, mind-blowing: Adv **~ komisch** too funny for words
umwickeln v/t **etw ~ mit** wind s.th. round s.th., bandage s.th. with

Umwelt: einige wichtige Begriffe

Abfall	waste
Abfallbe-seitigung	waste disposal
Abholzung	deforestation
abgasarmes Auto	low-emission car
Abwasser	sewage
Abwasserauf-bereitung	sewage treatment
Altglas-container	bottle bank
Autoabgase	(car) exhaust fumes/ emissions
Bodenerosion	soil erosion
Brandrodung	fire clearance
Düngemittel	fertilizer
Erderwärmung	global warming
FCKW	CFC
Kläranlage	sewage plant
Kohlenmonoxid	carbon monoxide
Krebs erregend	carcinogenic
Luftreinhaltung	air pollution control
Luftver-schmutzung	air pollution
Mülldeponie	waste disposal site, Am sanitary (land)fill
Ozonloch	ozone hole
Ozonwerte	ozone levels
Pestizide	pesticides
Regenwald	rainforest
saurer Regen	acid rain
Schwefeldioxid	sulphur (Am sulfur) dioxide
Stickoxid	nitrogen oxide
Treibhauseffekt	greenhouse effect
Treibhausgas	greenhouse gas
umkippen (Gewässer)	die
umweltbewusst	environmentally aware
umweltfreund-lich	environmentally friendly, eco-friendly
Umweltver-schmutzung	(environmental) pollution
Vulkan	volcano
Waldsterben	forest deaths, dying forests
wieder ver-wertbar	recyclable
Wiederver-wertung	recycling

umziehen I v/i move (house) **II** v/t **j-n ~** change s.o.'s clothes **III** v/refl **sich ~** change

umzingeln v/t surround, encircle

Umzug m **1.** move **2.** procession, pageant, POL demonstration march

unabänderlich Adj unalterable, irrevocable: **sich ins ~e fügen** resign o.s. to the inevitable

unabdingbar Adj Rechte: inalienable

unabhängig Adj independent (**von** of): **~ von** (ohne Rücksicht auf) irrespective of; **~ davon ob** regardless whether

Unabhängige m, f POL independent

Unabhängigkeit f independence

unabkömmlich Adj indispensable: **er ist momentan ~** he is busy at the moment

unablässig Adj incessant, continuous

unabsehbar Adj unforeseeable, Scha-

den etc: incalculable, immense: **auf ~e Zeit** for an indefinite period of time

unabsichtlich *Adj* unintentional

unabwendbar *Adj* unavoidable

unachtsam *Adj* inattentive, careless **Unachtsamkeit** *f* carelessness

unähnlich *Adj* (*Dat*) unlike (*s.o.*, *s.th.*)

unanfechtbar *Adj* incontestable

unangebracht *Adj* inappropriate: **~ sein** *a.* be out of place

unangefochten *Adj u. Adv* undisputed(ly), *Meister etc*: unchallenged, (*ungehindert*) unhindered

unangemeldet *Adj u. Adv* unannounced

unangemessen *Adj* inappropriate, inadequate, *Preis etc*: unreasonable

unangenehm *Adj* unpleasant, (*böse*) *a.* nasty, (*peinlich*) awkward: **das 2e dabei ist** the unpleasant thing about it is

unangreifbar *Adj a. fig* unassailable

unannehmbar *Adj* unacceptable

Unannehmlichkeiten *Pl* trouble *Sg*: **(j-m) ~ bereiten** cause (s.o.) trouble; **~ bekommen** get into trouble

unansehnlich *Adj* unsightly, plain

unanständig *Adj* indecent, obscene **Unanständigkeit** *f* indecency, obscenity

unantastbar *Adj* unimpeachable, *Recht*: inviolable, *bes iron* sacrosanct

unappetitlich *Adj* unappetizing, *a. fig* unsavo(u)ry

Unart *f* bad habit, bad trick **unartig** *Adj* naughty **Unartigkeit** *f* naughtiness

unästhetisch *Adj* un(a)esthetic(ally *Adv*), unpleasant

unaufdringlich *Adj* unobtrusive

unauffällig *Adj* inconspicuous, unobtrusive

unauffindbar *Adj* untraceable, *präd* not to be found

unaufgefordert *Adj u. Adv* unasked, *Adv a.* of one's own accord

unaufhaltsam *Adj* unstoppable

unaufhörlich *Adj* incessant, continuous

unauflösbar, unauflöslich *Adj* indissoluble, *a.* CHEM, MATHE insoluble

unaufmerksam *Adj* inattentive, (*gedankenlos*) thoughtless **Unaufmerksamkeit** *f* inattention, thoughtlessness

unaufrichtig *Adj* insincere

unaufschiebbar *Adj* urgent

unausbleiblich *Adj* inevitable

unausführbar *Adj* impracticable

unausgefüllt *Adj* **1.** *Formular etc*: blank **2.** *fig Leben, Person etc*: unfulfilled

unausgeglichen *Adj* unbalanced, unstable **Unausgeglichenheit** *f* imbalance, instability

unausgesprochen *Adj* unspoken

unauslöschlich *Adj fig* indelible

unausrottbar *Adj* ineradicable

unaussprechlich *Adj* **1.** *Wort etc*: unpronounceable **2.** *fig* unspeakable

unausstehlich *Adj* insufferable

unausweichlich *Adj* unavoidable, inevitable

unbändig *Adj* **1.** *Kind*: unruly **2.** *fig Freude, Hass, Kraft etc*: tremendous

unbarmherzig *Adj* merciless **Unbarmherzigkeit** *f* mercilessness

unbeabsichtigt *Adj* unintentional

unbeachtet *Adj u. Adv* (**~ bleiben** go) unnoticed: **~ lassen** disregard

unbeanstandet *Adj* unobjected: **etw ~ lassen** let s.th. pass

unbeantwortet *Adj* unanswered

unbebaut *Adj* LANDW untilled, *Gelände*: undeveloped

unbedacht *Adj* thoughtless, *Handlung etc*: unconsidered, (*voreilig*) rash

unbedarft *Adj* F naive, inexperienced

unbedenklich I *Adj* safe, harmless II *Adv* safely

unbedeutend *Adj* insignificant, unimportant, (*geringfügig*) *a.* negligible

unbedingt I *Adj* unconditional, absolute, *Gehorsam, Vertrauen etc*: implicit II *Adv* absolutely, at all costs: **etw ~ brauchen** need s.th. badly; **nicht ~ a)** not necessarily, **b)** not exactly

unbefahrbar *Adj* impassable

unbefangen *Adj* **1.** (*unparteiisch*) impartial, unbias(s)ed **2.** uninhibited, free **Unbefangenheit** *f* **1.** impartiality **2.** naturalness

unbefleckt *Adj fig* unsullied: REL **2e Empfängnis** Immaculate Conception

unbefriedigend *Adj* unsatisfactory

unbefriedigt *Adj* unsatisfied (*a. sexuell*)

unbefristet I *Adj* unlimited II *Adv* for an unlimited period

unbefugt *Adj* unauthorized **Unbefugte** *m, f* unauthorized person

unbegabt *Adj* untalented

unbegreiflich *Adj* incomprehensible: **es ist mir völlig ~** it's beyond me

unbegrenzt I *Adj* unlimited, boundless **II** *Adv zeitlich*: indefinitely: **ich habe ~ Zeit** I have unlimited time

unbegründet *Adj* unfounded, groundless

Unbehagen *n* unease **unbehaglich** *Adj* uncomfortable (*a. Gefühl, Gedanke*), *fig a.* uneasy, **präd a.** ill at ease

unbehandelt *Adj* untreated

unbehelligt *Adj u. Adv* unmolested, (*ungehindert*) unhindered

unbeherrscht *Adj* lacking self-control **Unbeherrschtheit** *f* lack of self-control

unbehindert *Adj* unhindered

unbeholfen *Adj* clumsy **Unbeholfenheit** *f* clumsiness

unbeirrbar *Adj* imperturbable

unbeirrt *Adj* unswerving, unperturbed

unbekannt *Adj* unknown: **das war mir ~** I didn't know that; **~e Größe → Unbekannte** *f* MATHE *u. fig* unknown (quantity)

unbekleidet *Adj u. Adv* undressed, (in the) nude, with nothing on

unbekömmlich *Adj* indigestible

unbekümmert *Adj* carefree: **~ um** unconcerned about

unbelastet *Adj* **1.** carefree: **~ sein** be free from worries, POL have a clean record **2.** WIRTSCH *Grundstück*: unencumbered

unbelehrbar *Adj* hopeless: **er ist ~** *a.* he just won't learn

unbelichtet *Adj* FOTO unexposed

unbeliebt *Adj* unpopular (**bei** with) **Unbeliebtheit** *f* unpopularity

unbemannt *Adj* unmanned, FLUG pilotless

unbemerkt *Adj u. Adv* unnoticed

unbenommen *Adj* **es ist** (*od bleibt*) **Ihnen ~ zu** *Inf* you are at liberty to *Inf*

unbenutzt *Adj* unused

unbeobachtet *Adj u. Adv* unobserved

unbequem *Adj* **1.** uncomfortable **2.** *fig* inconvenient, *Frage etc*: embarrassing, *Person*: difficult **Unbequemlichkeit** *f* **1.** uncomfortableness **2.** *fig* inconvenience

unberechenbar *Adj* incalculable (*a. Person*), *fig a.* unpredictable

unberechtigt *Adj* **1.** unauthorized **2.** (*ungerechtfertigt*) unjustified, unfair **unberechtigterweise** *Adv* **1.** without authority **2.** without good reason

unberücksichtigt *Adj* unconsidered, *präd* not taken into account: **etw ~ lassen** leave s.th. out of account

unberufen *Interj* touch wood!

unberührt *Adj* untouched (*a. fig*), *Mädchen, Natur etc*: virgin: *fig* **~ bleiben von** not to be affected by

unbeschadet *Adj* (*Gen*) without prejudice to, (*ungeachtet*) irrespective of

unbeschädigt *Adj* intact, undamaged

unbeschäftigt *Adj* idle, unemployed

unbescheiden *Adj* immodest **Unbescheidenheit** *f* immodesty

unbescholten *Adj* blameless: JUR **~ sein** have no police record

unbeschränkt *Adj* unrestricted, *Macht, Eigentum, Rechte*: absolute

unbeschreiblich *Adj* indescribable

unbeschrieben *Adj Papier*: blank: *fig* **~es Blatt** unknown quantity

unbeschwert *Adj fig* carefree, *Gewissen*: light: **~ von** free from

unbesehen *Adv* **etw ~ kaufen** buy s.th. sight unseen; **das glaube ich dir ~** I well believe you

unbesetzt *Adj Stelle*: vacant, *Platz etc*: *a.* unoccupied, free

unbesiegbar *Adj* invincible

unbesiegt *Adj* undefeated

unbesonnen *Adj* imprudent, rash **Unbesonnenheit** *f* imprudence, rashness

unbesorgt I *Adj* unconcerned (*wegen* about): **seien Sie (deswegen) ~!** I don't worry! **II** *Adv* (*ohne weiteres*) safely

unbespielt *Adj Kassette etc*: empty

unbeständig *Adj* unstable, unsettled, changeable, *Person, Markt*: unsteady **Unbeständigkeit** *f* unstableness (*etc*)

unbestätigt *Adj* unconfirmed

unbestechlich *Adj* **1.** incorruptible **2.** *fig Urteil etc*: unerring **Unbestechlichkeit** *f* incorruptibility

unbestimmt *Adj Gefühl etc*: vague, *Anzahl, Zeitraum etc*: indeterminate, indefinite: **auf ~e Zeit** for an indefinite period, indefinitely **Unbestimmtheit** *f* vagueness

unbestreitbar *Adj* indisputable

unbestritten I *Adj* undisputed **II** *Adv* indisputably, without doubt

unbeteiligt *Adj* **1.** not involved (**an** *Dat* in) **2.** (*innerlich ~*) indifferent

unbetont *Adj* unstressed

unbeträchtlich *Adj* negligible: **nicht ~**

quite considerable

unbeugsam *Adj fig* uncompromising

unbewacht *Adj a. fig* unguarded

unbewaffnet *Adj* unarmed

unbewandert *Adj (in Dat* in) inexperienced, not versed

unbeweglich *Adj* immobile, *a.* JUR *Eigentum, Feiertag:* immovable, *(reglos)* motionless, TECH fixed, *(starr)* rigid *(a. fig),* geistig: inflexible: **~e Güter** immovables **Unbeweglichkeit** *f* immobility, *geistige:* inflexibility

unbewegt *Adj Gesicht:* expressionless, *(ungerührt)* unmoved *(a. Adv)*

unbeweisbar *Adj* unprovable

unbewiesen *Adj* unproved

unbewohnbar *Adj* uninhabitable **unbewohnt** *Adj* uninhabited, unoccupied

unbewusst *Adj* unconscious

unbezahlbar *Adj* **1.** too expensive **2.** *fig* priceless *(a.* F *komisch)*

unbezahlt *Adj* unpaid

unbezähmbar *Adj fig* indomitable

unbezwingbar *Adj* invincible

Unbildung *f* lack of education

unblutig I *Adj* bloodless, MED nonoperative **II** *Adv* without bloodshed

unbrauchbar *Adj* useless, unsuitable, *Plan etc:* impracticable, TECH unserviceable: **etw ~ machen** render s.th. useless

Unbrauchbarkeit *f* uselessness *(etc)*

unbrennbar *Adj* nonflammable

unbürokratisch *Adj* unbureaucratic(ally *Adv)*

unchristlich *Adj* unchristian

und *Konj* and: **~?** well?; F **~ ob!** you bet!; **na ~?** so what?; **~ so weiter** *(od fort)* and so on; **~ wenn** *(auch)* even if

Undank *m* ingratitude: F **~ ernten** get small thanks for it **undankbar** *Adj* ungrateful *(gegen* to), *fig Aufgabe etc:* thankless **Undankbarkeit** *f* ingratitude, *fig* thanklessness

undatiert *Adj* undated

undefinierbar *Adj* undefinable

undemokratisch *Adj* undemocratic

undenkbar *Adj* unthinkable

undenklich *Adj seit ~en Zeiten* from time immemorial

undeutlich *Adj allg* indistinct, *präd* not clear, *Schrift: a.* illegible, *Aussprache: a.* inarticulate, *(verwischt)* blurred, *(vage)* vague, hazy

Undeutlichkeit *f* indistinctness

undicht *Adj* leaking, *präd* not tight: **~e Stelle** leak *(a. fig* POL)

Unding *n* absurdity: **es ist ein ~** it is preposterous *(od* absurd)

undiszipliniert *Adj* undisciplined

unduldsam *Adj* intolerant

Unduldsamkeit *f* intolerance

undurchdringlich *Adj* impenetrable, *Gesicht:* inscrutable

undurchführbar *Adj* impracticable

undurchlässig *Adj* impermeable *(für* to)

undurchsichtig *Adj* **1.** opaque **2.** *fig* mysterious, *Person:* inscrutable

uneben *Adj* uneven, *Weg etc:* rough

Unebenheit *f* unevenness, roughness

unecht *Adj* **1.** false, *präd* not genuine *(beide a. fig), (künstlich)* artificial, *(gefälscht)* counterfeit(ed), fake(d), F phon(e)y **2.** MATHE *Bruch:* improper

unehelich *Adj* illegitimate

unehrenhaft *Adj* dishono(u)rable

unehrlich *Adj* dishonest, *weit. S. a.* insincere **Unehrlichkeit** *f* dishonesty

uneigennützig *Adj* unselfish

uneingeschränkt *Adj* unrestricted, *Lob:* unqualified, *Vertrauen etc:* absolute

uneingeweiht *Adj (für 2e* for the) uninitiated

uneinheitlich *Adj* nonuniform, varied

uneinig *Adj* divided: **(sich) ~ sein** = be at variance, disagree **Uneinigkeit** *f* disagreement, *stärker:* discord

uneinnehmbar *Adj* impregnable

uneins *Adj* **~ sein** → **uneinig**

unempfänglich *Adj (für* to) insusceptible, *für Kunst etc: a.* unreceptive

unempfindlich *Adj* insensitive *(gegen* to), *Material etc:* wear-resistant, durable **Unempfindlichkeit** *f* insensitiveness, resistance *(gegen* to), durability

unendlich I *Adj* MATHE, MUS, PHYS infinite *(a. fig), (endlos)* endless: FOTO **auf ~ einstellen** focus at infinity; *fig* **bis ins 2e** ad infinitum **II** *Adv* infinitely *(etc), fig a.* immensely: **~ klein** infinitesimal; **~ lang** endless; **~ viel** a tremendous amount of; **~ viele** no end of

Unendlichkeit *f* infinity

unenglisch *Adj* un-English

unentbehrlich *Adj* indispensable *(Dat, für* to)

unentgeltlich Adj u. Adv free (of charge)

unentrinnbar Adj inescapable

unentschieden I Adj u. Adv undecided (a. Person), Frage etc: a. open, SPORT drawn: **~es Spiel** a. draw, tie; Adv ~ **enden** end in a draw; ~ **spielen** draw **II** ♀ n SPORT draw

unentschlossen Adj undecided, irresolute **Unentschlossenheit** f irresolution, indecision

unentschuldbar Adj inexcusable

unentschuldigt Adj **~es Fehlen** unexcused absence

unentwegt Adj steadfast, (ständig) incessant **Unentwegte** m, f POL diehard

unentwirrbar Adj inextricable

unerbittlich Adj inexorable, merciless

unerfahren Adj inexperienced **Unerfahrenheit** f inexperience

unerfindlich Adj mysterious: **es ist mir ~, warum** it's a mystery to me why

unerforschlich Adj unfathomable

unerforscht Adj unexplored

unerfreulich Adj unpleasant

unerfüllbar Adj unrealizable

unerfüllt Adj unfulfilled

unergiebig Adj unproductive

unergründlich Adj unfathomable, fig a. inscrutable

unerheblich Adj insignificant, bes JUR irrelevant (**für** to)

unerhört Adj **1.** (beispiellos) unheard-of, (empörend) outrageous, scandalous: **~!** what a cheek! **2.** F (ungeheuer) terrific

unerkannt Adj unrecognized

unerklärlich Adj inexplicable

unerlässlich Adj essential, imperative

unerlaubt Adj unauthorized, präd not allowed, (unbefugt) illicit **unerlaubterweise** Adv without permission

unerledigt Adj not yet dealt with, Post: unanswered, Aufträge etc: unfulfilled: **~e Dinge** unfinished business

unermesslich Adj immense

unermüdlich Adj indefatigable, Bemühungen: a. untiring

unerquicklich Adj unpleasant

unerreichbar Adj Ort: inaccessible, fig Ziel etc: unattainable: **für j-n ~** out of s.o.'s reach; **er war ~** I (we etc) couldn't get hold of him **unerreicht** Adj fig unequal(l)ed, unrival(l)ed, record …

unersättlich Adj a. fig insatiable

unerschlossen Adj undeveloped

unerschöpflich Adj inexhaustible

unerschrocken Adj undaunted, fearless

unerschütterlich Adj imperturbable

unerschwinglich Adj Waren: unaffordable, Preis: exorbitant: **für j-n ~ sein** be beyond s.o.'s means

unersetzlich Adj irreplaceable, Schaden: irreparable

unerträglich Adj unbearable

unerwähnt Adj unmentioned: **etw ~ lassen** make no mention of s.th.

unerwidert Adj Liebe: unrequited

unerwünscht Adj undesirable

unfähig Adj **1.** incapable, incompetent: **~ zu** e-r Aufgabe etc: unqualified for **2.** ~ (etw) **zu tun** unable to do (s.th.), incapable of doing (s.th.) **Unfähigkeit** f **1.** incompetence **2.** inability

unfair Adj unfair

Unfall m accident **~bericht** m MOT accident report **~flucht** f → **Fahrerflucht** ♀**frei** Adj accident-free **~opfer** n accident victim **~quote** f, **~rate** f accident rate **~station** f first-aid station, im Krankenhaus: casualty ward **~stelle** f scene of (the) accident **~tod** m accidental death

unfallträchtig Adj hazardous

Unfall|verhütung f prevention of accidents **~versicherung** f accident insurance **~wagen** m **1.** car damaged in an accident **2.** FLUG crash tender

unfassbar, unfasslich Adj incomprehensible, inconceivable

unfehlbar I Adj infallible (a. REL), unerring (a. Schütze etc), unfailing **II** Adv infallibly, without fail, inevitably **Unfehlbarkeit** f infallibility

unfein Adj indelicate, unrefined, präd not gentlemanlike, not ladylike, not nice, bad form

unfertig Adj **1.** unfinished **2.** fig Person: immature

unflätig Adj filthy, obscene

unfolgsam Adj disobedient

unförmig Adj shapeless, (massig) bulky, (missgestaltet) misshapen

unfrankiert Adj Brief: unstamped

unfrei Adj **1.** not free **2.** fig inhibited

unfreiwillig Adj involuntary, unintentional, Humor: unconscious

unfreundlich *Adj* unfriendly, *Klima, Wetter*: inclement, *Zimmer etc*: cheerless **Unfreundlichkeit** *f* unfriendliness, *des Klimas etc*: inclemency

Unfriede(n) *m* (**~ stiften** sow) discord

unfruchtbar *Adj* **1.** infertile, *a. fig* barren, sterile **2.** → **fruchtlos Unfruchtbarkeit** *f* infertility, *a. fig* barrenness

Unfug *m* mischief, (*Unsinn*) nonsense: JUR **grober~** disorderly conduct; **~ treiben** be up to mischief

Ungar(in), ungarisch *Adj* Hungarian

Ungarn *n* Hungary

ungastlich *Adj* inhospitable

ungeachtet *Präp* (*Gen*) regardless of

ungeahnt *Adj* undreamt-of, unexpected

ungebeten *Adj* unasked, uninvited

ungebildet *Adj* uneducated, uncultured

ungeboren *Adj* unborn

ungebräuchlich *Adj* unusual

ungebraucht *Adj* unused

ungebunden *Adj* **1.** *Buch*: unbound, in sheets **2.** *fig* unattached, independent

ungedeckt *Adj* uncovered (*a. Scheck*), *Kredit*: unsecured, SPORT unmarked

Ungeduld *f* impatience: **voller ~** impatiently **ungeduldig** *Adj* impatient

ungeeignet *Adj* (**zu** for) unsuitable, *Person*: *a.* unqualified, *Zeitpunkt*: inopportune

ungefähr I *Adj* approximate, rough **II** *Adv* approximately, about, around: **so ~** s.th. like that; **wo ~?** roughly where?

ungefährlich *Adj* harmless, not dangerous, (*sicher*) safe

ungefällig *Adj* unobliging

ungefragt *Adj u. Adv* unasked

ungehalten *Adj* annoyed (**über** *Akk* at)

ungehemmt I *Adj* unchecked, PSYCH uninhibited **II** *Adv* without restraint

ungeheuer I *Adj* **1.** enormous, immense **2.** F (*toll*) tremendous, terrific **II** *Adv* **3.** enormously (*etc*) **Ungeheuer** *n* monster **ungeheuerlich** *Adj* monstrous, outrageous **Ungeheuerlichkeit** *f* monstrosity, outrage

ungehindert *Adj u. Adv* unhindered

ungehobelt *Adj fig* rude, uncouth

ungehörig *Adj* improper, impertinent

ungehorsam I *Adj* disobedient **II** 2 *m* (POL **ziviler ~** civil) disobedience

ungeklärt *Adj* **1.** *Frage etc*: (still) open,

Fall, Problem etc: unsolved **2.** *Abwässer*: not treated

ungekünstelt *Adj* unaffected

ungekürzt *Adj Buch*: unabridged, FILM uncut

ungeladen *Adj* **1.** *Gast*: uninvited **2.** *Waffe*: unloaded

ungelegen *Adj* inconvenient: **das kommt mir sehr ~!** that doesn't suit me at all! **Ungelegenheiten** *Pl* **j-m ~ machen** inconvenience s.o.

ungelenk *Adj* clumsy, (*steif*) stiff

ungelernt *Adj Arbeit(er)*: unskilled

ungemein *Adv* immensely

ungemischt *Adj* unmixed

ungemütlich *Adj* uncomfortable (*a. fig Gefühl, Lage etc*): F **~ werden** *Person*: get unpleasant

Ungemütlichkeit *f* uncomfortableness

ungenannt *Adj* unnamed, *Person*: *a.* anonymous

ungenau *Adj* inaccurate, inexact, *fig* vague **Ungenauigkeit** *f* inaccuracy

ungeniert I *Adj* uninhibited **II** *Adv* without inhibition, openly

ungenießbar *Adj* **1.** *Speise*: inedible, *Getränk*: undrinkable **2.** F *fig Person*: unbearable

ungenügend *Adj* insufficient, PÄD unsatisfactory, poor

ungenutzt, ungenützt *Adj* unused: **e-e Gelegenheit ~ lassen** let an opportunity slip

ungepflegt *Adj* unkempt, neglected

ungerade *Adj* uneven, *Zahl*: odd

ungerecht *Adj* unjust

ungerechtfertigt *Adj* unjustified

Ungerechtigkeit *f* injustice (**gegen** to)

ungeregelt *Adj* unregulated, *Leben, Arbeitszeit etc*: irregular

ungern *Adv* unwillingly, reluctantly: **etw ~ tun** *a.* hate to do s.th.

ungerührt *Adj fig* unmoved (**von** by)

ungesagt *Adj* (**~ bleiben** be left) unsaid

ungesalzen *Adj* unsalted

ungeschehen *Adj* **~ machen** undo

Ungeschick *n*, **Ungeschicklichkeit** *f* clumsiness **ungeschickt** *Adj* clumsy

ungeschlagen *Adj fig* undefeated

ungeschliffen *Adj* **1.** *Edelstein*: rough **2.** *fig Person, Benehmen etc*: unpolished

ungeschminkt *Adj* **1.** not made up, without makeup **2.** *fig Bericht etc*: un-

U

varnished, *Wahrheit etc*: a. plain

ungeschoren *Adj* 1. unshorn 2. *fig* unmolested: *j-n ~ lassen* leave s.o. in peace; *~ davonkommen* get off lightly (*ungestraft*: F scot-free)

ungeschrieben *Adj* unwritten

ungeschützt *Adj* unprotected

ungesehen *Adj u. Adv* unseen

ungesellig *Adj* unsociable

Ungeselligkeit *f* unsociableness

ungesetzlich *Adj* illegal, illicit, unlawful **Ungesetzlichkeit** *f* illegality

ungesittet *Adj* uncivilized, (*unmanierlich*) bad-mannered

ungestört *Adj u. Adv* undisturbed

ungestraft **I** *Adj* unpunished **II** *Adv* with impunity: *~ davonkommen* go unpunished, F get off scot-free

ungestüm *Adj* impetuous, vehement

Ungestüm *n* impetuosity, vehemence

ungesund *Adj* a. *fig* unhealthy

ungeteilt *Adj* a. *fig* undivided

ungetrübt *Adj fig* unspoilt

Ungetüm *n* monster, *fig a.* monstrosity

ungeübt *Adj* untrained

ungewaschen *Adj u. Adv* unwashed

ungewiss *Adj* uncertain: *j-n im ⚲en lassen* keep s.o. guessing; *Sprung ins ⚲e* leap in the dark

Ungewissheit *f* uncertainty: *in ~ schweben* be (kept) in suspense

ungewöhnlich *Adj* unusual

ungewohnt *Adj* strange, new (*für* to)

ungewollt *Adj* unintentional, *Wirkung etc*: unintended, *Baby etc*: unwanted

ungezählt *Adj* uncounted, countless

ungezähmt *Adj* untamed

Ungeziefer *n* a. *fig* vermin

ungezogen *Adj* naughty

Ungezogenheit *f* naughtiness

ungezügelt *fig* **I** *Adj* unbridled **II** *Adv* unrestrainedly

ungezwungen *Adj* relaxed, informal, casual **Ungezwungenheit** *f* ease

ungiftig *Adj* nontoxic

Unglaube *m* unbelief **unglaubhaft** → **unglaubwürdig ungläubig** *Adj* incredulous, disbelieving, *a.* REL unbelieving **unglaublich** *Adj* incredible, unbelievable **unglaubwürdig** *Adj* untrustworthy, *Gründe etc*: implausible

ungleich **I** *Adj* 1. unequal, unlike, dissimilar **II** *Adv* 2. *~ lang* (*groß*) unequal in length (size); *~ verteilt* unevenly dis-

tributed 3. *vor Komparativ*: far *better*

Ungleichgewicht *n* imbalance

Ungleichheit *f* 1. dissimilarity, unlikeness 2. inequality

ungleichmäßig *Adj* uneven, irregular

Unglück *n* misfortune, (*Pech*) bad luck, (*Missgeschick*) mishap, (*Katastrophe*) disaster: *es ist* (*weiter*) *kein ~!* it is no tragedy!; *zu allem ~* to crown it all; *~ bringen* bring ill (*od* bad) luck; *in sein ~ rennen* head for disaster **unglücklich** *Adj* unfortunate, (*vom Pech verfolgt*) unlucky, (*traurig, a.* Ehe, *Kindheit etc*) unhappy, miserable; *Adv ~ enden* end badly; *~ verliebt* crossed in love **unglücklicherweise** *Adv* unfortunately **unglückselig** *Adj* unfortunate, *Sache*: a. disastrous, fatal

Unglücks|**fall** *m* misadventure, (*Unfall*) accident *~rabe* *m fig* unlucky fellow *~tag* *m* black day

Ungnade *f* disfavo(u)r: *in ~ fallen* fall out of favo(u)r (*bei* with)

ungnädig *Adj* ungracious

ungültig *Adj* invalid, (null and) void, *Münze*: not legal tender, *Wahlstimme*: spoilt, *Tor*: disallowed: *~ machen* (*entwerten*) cancel; *etw für ~ erklären* invalidate s.th., declare s.th. null and void

Ungültigkeit *f* invalidity

Ungunst *f zu j-s ~en* to s.o.'s disadvantage **ungünstig** *Adj allg* unfavo(u)rable, *Termin etc*: inconvenient

ungut *Adj* bad: *ein ~es Gefühl haben* have misgivings (*bei* about); *nichts für ~!* no offen/ce (*Am* -se)!

unhaltbar *Adj* 1. *Argumente etc*: untenable 2. *Zustände*: intolerable 3. SPORT *Ball, Schuss etc*: unstoppable

unhandlich *Adj* unwieldy

unharmonisch *Adj* a. *fig* discordant

Unheil *n* (*Schaden*) harm, (*Katastrophe*) disaster: *~ anrichten* wreak havoc; *~ bringend* fatal

unheilbar *Adj* incurable: *Adv ~ krank* suffering from an incurable disease

unheilvoll *Adj* disastrous, *Blick etc*: sinister

unheimlich **I** *Adj* 1. uncanny, weird (*beide a. fig*), creepy, eerie 2. F *fig* tremendous, terrific **II** *Adv* 3. F *fig* tremendously, awfully: *~ gut* terrific, fantastic; *~ viel* a tremendous lot of

unhöflich *Adj* impolite

Unhöflichkeit f impoliteness
Unhold m monster, fiend
unhygienisch Adj unhygienic(ally Adv)
Uni f F university
uniform Adj, **Uniform** f uniform
uniformiert Adj u. Adv in uniform
Unikum n a. iron unique specimen
uninteressant Adj uninteresting, not interesting **uninteressiert** Adj uninterested (**an** Dat in)
Union f union: POL **die ~** the Christian-Democratic Union (od Party); **Europäische ~** European Union
universal Adj universal
Universal|erbe m sole heir **~erbin** f sole heiress
universell Adj universal
Universität f (**auf** od **an der ~** at the) university; **e-e ~ besuchen** go to university **Universitäts...** university (library, hospital, studies, etc)
Universum n universe
unken v/i F fig croak
unkenntlich Adj unrecognizable
Unkenntnis f ignorance: **in ~ der Gefahr** unaware of the danger; **j-n in ~ lassen** keep s.o. in the dark (**über** Akk about)
unklar Adj unclear, präd not clear, fig a. vague, obscure, (verworren) muddled, (undeutlich) indistinct, (ungewiss) uncertain: fig **im ~en sein** be in the dark (**über** Akk about) **Unklarheit** f unclearness, lack of clarity, vagueness
unklug Adj unwise, imprudent
unkompliziert Adj uncomplicated
unkontrollierbar Adj uncontrollable
unkontrolliert Adj uncontrolled
Unkosten Pl costs Pl, expenses Pl: **allgemeine** (od **laufende**) **~** running expenses, WIRTSCH overhead Sg; → **stürzen** 6
Unkraut n weed(s Pl): fig **~ vergeht nicht** ill weeds grow apace **Unkrautvernichtung** f weed-killing **Unkrautvertilgungsmittel** n weed killer
unkritisch Adj uncritical
unkultiviert Adj uncultivated
unkündbar Adj Stellung: permanent, Vertrag etc: not terminable
unlängst Adv lately, recently
unlauter Adj fig dubious: WIRTSCH **~er Wettbewerb** unfair competition

unleserlich Adj illegible
unlieb Adj **es ist mir nicht ~(, dass ...)** it suits me quite fine (that ...)
unliebenswürdig Adj unamiable, unfriendly
unliebsam Adj unpleasant
unlini(i)ert Adj unruled
unlogisch Adj illogical
unlösbar Adj Problem etc: insoluble
unlöslich Adj CHEM insoluble
Unlust f listlessness, (Widerwille) aversion: **mit ~** with reluctance
unlustig Adj listless, reluctant
unmanierlich Adj ill-mannered
unmännlich Adj effeminate
Unmasse f F → **Unmenge**
unmaßgeblich Adj unauthoritative: iron **nach m-r ~en Meinung** in my humble opinion
unmäßig Adj excessive, immoderate **Unmäßigkeit** f immoderateness
Unmenge f vast amount (od number), F loads Pl (**von** of)
Unmensch m monster, brute: F **sei kein ~!** have a heart! **unmenschlich** Adj 1. inhuman, cruel 2. F fig awful **Unmenschlichkeit** f inhumanity, cruelty
unmerklich Adj imperceptible
unmethodisch Adj unmethodical
unmissverständlich Adj unmistakable II Adv unmistakably, (offen) plainly
unmittelbar I Adj immediate, direct II Adv immediately, directly: **~ vor** (Dat) right in front of, zeitlich: just before; **~ bevorstehen** be imminent
unmöbliert Adj unfurnished
unmodern Adj outmoded, dated
unmöglich I Adj impossible (a. F fig Person, Kleid, Situation etc): **~es leisten** (**verlangen**) do (ask) the impossible; fig **~ aussehen** look a sight; **sich ~ machen** a) compromise o.s., b) make a fool of o.s II Adv not possibly: **ich kann es ~ tun** I can't possibly do it
Unmöglichkeit f impossibility
unmoralisch Adj immoral
unmotiviert Adj unmotivated
unmündig Adj under age, minor
unmusikalisch Adj unmusical
Unmut m annoyance (**über** Akk at)
unnachahmlich Adj inimitable
unnachgiebig Adj unyielding
unnachsichtig Adj strict, severe

unnahbar *Adj* unapproachable, standoffish

Unnahbarkeit *f* unapproachableness

unnatürlich *Adj* **1.** unnatural (*a. fig*) **2.** (*gekünstelt*) affected

unnötig *Adj* unnecessary

unnütz *Adj* useless

unordentlich *Adj* disorderly, untidy

Unordnung *f* disorder, mess: **in ~ sein** be in a mess; **etw in ~ bringen** mess s.th. up

unorganisch *Adj* inorganic

unparteiisch *Adj* impartial

Unparteiische *m, f* SPORT referee

unpassend *Adj* inappropriate, unsuitable, (*unschicklich*) improper, (*ungelegen*) untimely, inconvenient

unpassierbar *Adj* impassable

unpässlich *Adj* **~ sein, sich ~ fühlen** be indisposed, feel unwell

Unpässlichkeit *f* indisposition

unpatriotisch *Adj* unpatriotic(ally *Adv*)

Unperson *f* nonperson

unpersönlich *Adj* impersonal

unpolitisch *Adj* apolitical

unpopulär *Adj* unpopular

unpraktisch *Adj* impractical

unproblematisch *Adj* unproblematic

unproduktiv *Adj* unproductive, WIRTSCH nonproductive

unpünktlich *Adj* unpunctual

Unpünktlichkeit *f* unpunctuality

unqualifiziert *Adj* unqualified

unrasiert *Adj* unshaven

Unrat *m* rubbish, (*Schmutz, a. fig*) filth: F **~ wittern** smell a rat

unrationell *Adj* inefficient

unratsam *Adj* inadvisable

unrecht *Adj* wrong: **zur ~en Zeit** at the wrong time; **etw ₂es tun** do s.th. wrong; *Adv* (**an j-m**) **~ handeln** do (s.o.) wrong; **j-m ~ tun** do s.o. wrong

Unrecht *n* wrong, injustice: **im ~ sein, ~ haben** be (in the) wrong, (*sich irren*) *a.* be mistaken; **j-m ~ geben** disagree with s.o., *fig Resultat etc*: prove s.o. wrong; **j-n ins ~ setzen** put s.o. in the wrong; **zu ~** wrong(ful)ly, unjustly; **nicht zu ~** not without good reason

unrechtmäßig *Adj* wrongful, unlawful

unredlich *Adj* dishonest

Unredlichkeit *f* dishonesty

unreell *Adj* dishonest

unregelmäßig *Adj* irregular

Unregelmäßigkeit *f* irregularity

unreif *Adj* **1.** unripe, *Früchte: a.* green **2.** *fig* immature

unrein *Adj* impure (*a. fig*), *Haut:* bad

Unreinheit *f* impurity

unreinlich *Adj* unclean

unrentabel *Adj* unprofitable

unrettbar *Adj* irrecoverable: *Adv* **~ verloren** irretrievably lost, *Person:* beyond help

unrichtig *Adj* incorrect, wrong **Unrichtigkeit** *f* incorrectness, (*Fehler*) error

Unruh *f der Uhr:* balance

Unruhe *f* restlessness, (*Besorgnis*) uneasiness, anxiety, (*Bewegung*) commotion, *stärker:* tumult: POL **~n** *Pl* unrest *Sg*, disturbances *Pl* **~herd** *m* trouble spot

Unruhestifter(in) troublemaker

unruhig *Adj* **1.** restless, fidgety **2.** *fig Schlaf, Zeiten:* troubled, (*besorgt*) uneasy, worried **3.** (*laut*) noisy

unrühmlich *Adj* inglorious

uns I *Personalpron* **1.** us, to us: **ein Freund von ~** a friend of ours **II** *Reflexivpron* **2.** ourselves: **wir waschen ~** we wash (ourselves) **3.** (*einander*) each other, one another

unsachgemäß *Adj* improper

unsachlich *Adj* unobjective, irrelevant, *präd* beside the point: **~ werden** become personal

unsafe *Adj* unsafe: **unsafer Sex** unsafe sex

unsagbar, unsäglich *Adj* unspeakable

unsanft *Adj* rough: *fig* **ein ~es Erwachen** a rude awakening

unsauber *Adj* **1.** dirty **2.** *fig* (*unlauter*) unfair (*a. Sport*), dubious

unschädlich *Adj* harmless: **~ machen** render harmless, (*Gift*) neutralize, (*Gegner*) put *s.o.* out of action, (*Verbrecher*) lay *s.o.* by the heels

unscharf *Adj* blunt, *Bild:* blurred: OPT **~ (eingestellt)** out of focus

unschätzbar *Adj* invaluable

unscheinbar *Adj* insignificant, inconspicuous, *Äußeres:* plain

unschicklich *Adj* unseemly, improper

unschlagbar *Adj* unbeatable

unschlüssig *Adj* irresolute

Unschlüssigkeit *f* irresolution

unschön *Adj* **1.** unlovely, ugly **2.** *fig* un-

kind, *präd* not nice, (*unerfreulich*) unpleasant

Unschuld *f* innocence: *ich wasche m-e Hände in* ~ I wash my hands of it

unschuldig *Adj* innocent (*an Dat* of): JUR *sich für* ~ *erklären* plead not guilty

unschwer *Adv* easily

unselbstständig *Adj* **1.** dependent (on others), helpless **2.** (*angestellt*) employed: *Einkünfte aus* ~*er Arbeit* wage and salaries income **Unselbstständigkeit** *f* lack of independence

unselig *Adj* unfortunate, fatal

unser I *Possessivpron* our, ours: *der* (*die, das*) ~*e* (*od* *uns[e]rige*) ours; *wir haben das* ~*e getan* we have done our bit **II** *Gen von* **wir**. of us

unsereiner, unsereins, unseresgleichen *Indefinitpron* F people like us

unser(e)twegen *Adv* for our sake, (*wegen uns*) because of us

unseriös *Adj* dubious

unsicher *Adj* **1.** unsafe, insecure, risky: F *die Gegend* ~ *machen Verbrecher etc*: prowl, *hum Touristen etc*: infest **2.** (*ungewiss*) uncertain **3.** (*wacklig*) unsteady, shaky (*a. fig in Dat in*) **4.** insecure, unsure (of o.s.): *j-n* ~ *machen* make s.o. feel insecure **Unsicherheit** *f* **1.** unsafeness, insecurity **2.** (*Ungewissheit*) uncertainty **3.** unsteadiness **4.** *e-r Person*: unsureness (of o.s.), insecurity

Unsicherheitsfaktor *m* element of uncertainty

unsichtbar *Adj* invisible

Unsichtbarkeit *f* invisibility

Unsinn *m* **1.** (~ *reden* talk) nonsense (*od* rubbish) **2.** ~ *machen* fool around

unsinnig *Adj* F *fig* unreasonable, absurd, (*sehr groß*) tremendous, terrible

Unsitte *f* bad habit

unsittlich *Adj* immoral, indecent

Unsittlichkeit *f* immorality

unsolide *Adj* **1.** unsolid **2.** *Person, Leben etc*: loose **3.** *Firma etc*: dubious

unsozial *Adj* antisocial

unsportlich *Adj* **1.** *Person*: unathletic **2.** *fig* unfair, unsporting

unsterblich I *Adj* immortal **II** *Adv* F awfully: ~ *verliebt* madly in love (*in Akk* with) **Unsterblichkeit** *f* immortality

unstet *Adj* inconstant, (*ruhelos*) restless

unstillbar *Adj Durst*: unquenchable, *Hunger*: insatiable, *fig* unappeasable

Unstimmigkeit *f mst Pl* **1.** discrepancy **2.** (*Streit*) disagreement, difference

unstreitig *Adj* indisputable

Unsumme *f* enormous sum

unsymmetrisch *Adj* asymmetrical

unsympathisch *Adj* disagreeable, unpleasant: *er ist mir* ~ I don't like him

Untat *f* atrocity, outrage

untätig *Adj* inactive, idle

Untätigkeit *f* inactivity, idleness

untauglich *Adj* unfit (*a.* MIL.), unsuitable

Untauglichkeit *f* unfitness (*etc*)

unteilbar *Adj* indivisible

unten *Adv* below, *im Haus*: downstairs: *da* ~ down there; *nach* ~ down(wards), *im Haus*: downstairs; ~ *auf der Seite* (*im Fass*) at the bottom of the page (barrel); *siehe* ~! see below!; *von oben bis* ~ from top to bottom (*bei Personen*: to toe); F *er ist bei mir* ~ *durch* I am through with him; ~ *erwähnt*, ~ *genannt* undermentioned, mentioned below

unter *Präp* **1.** under, *örtlich*, *rangmäßig*: *a.* below, (*weniger als*) *a.* less than: ~ *null* below zero; ~ *sich haben* be in charge of; *was versteht man* ~ ...? what is meant by ...?; → *Bedingung*, *Hand*, *Träne etc* **2.** (*zwischen*, *bei*) among: *einer* ~ *hundert* one in a hundred; ~ *anderem* among other things; ~ *uns gesagt* between you and me; *wir sind ganz* ~ *uns* we are quite alone **3.** (*während*) during: ~ *s-r Regierung* under (*od* during) his reign; ~ *dem 1. Mai* under the date of May 1st

Unter|abteilung *f* subdivision ~**arm** *m* forearm ~**art** *f* subspecies ~**ausschuss** *m* subcommittee ~**bau** *m* substructure, foundation, *fig a.* base, *bes* WIRTSCH infrastructure

unterbelichten *v/t* FOTO underexpose

Unterbelichtung *f* FOTO underexposure

unter|beschäftigt *Adj* underemployed ~**besetzt** *Adj* understaffed ~**bewerten** *v/t* undervalue, *fig a.* underrate

unterbewusst *Adj* subconscious

Unterbewusstsein *n* the subconscious: *im* ~ subconsciously

unterbezahlt *Adj* underpaid

unterbieten *v/t* underbid, (*Rekord*)

beat, (*Preis*) undercut, (*Konkurrenz*) undersell **unterbinden** *v/t* fig stop, (*verhindern*) prevent **unterbleiben** *v/i* be left undone, not to take place: *das tut sofort zu ~!* this must stop at once!

Unterbodenschutz *m* MOT underseal

unterbrechen I *v/t allg*, *a*. IT interrupt, TEL cut off, (*Spiel*) hold up, JUR adjourn: *die Fahrt* (*od Reise*) ~ break one's journey **II** *v/refl* **sich** ~ pause

Unterbrechung *f* interruption, break, *der Fahrt*: *a*. stopover

unterbreiten *v/t* submit (*Dat* to): *j-m e-n Vorschlag* ~ make s.o. a proposal

unterbringen *v/t* **1.** (*j-n*) accommodate, (*Gast*) *a*. put *s.o.* up; *j-n in e-m Heim, Krankenhaus etc* ~ put s.o. into, JUR commit s.o. to; *j-n* ~ *in* (*od bei*) *e-r Firma etc*: get s.o. a job with; *F fig ich kann ihn nicht* ~ I can't place him **2.** (*lagern*) store, (*verstauen*) stow (away): *etw* ~ *in* (*Dat*) get (*od fit*) s.th. into, TECH install s.th. in **3.** *Aufträge, Kapital etc* ~ *bei* place *s.th.* with; *ein Buch bei e-m Verlag* ~ have a book accepted by publishers **Unterbringung** *f* accommodation, housing, JUR committal (*in Dat* to)

Unterbringungsmöglichkeit(en *Pl*) *f* accommodation **g**

unterbuttern *v/t* F *j-n* ~ push s.o. under

Unterdeck *n* SCHIFF lower deck

unterderhand → **Hand**

unterdessen → *Adv* in the meantime

unterdrücken *v/t allg* suppress (*a*. *Veröffentlichung*), (*Gähnen, Lachen etc*) *a*. stifle, (*Aufstand*) put down, quell, (*Volk etc*) oppress **Unterdrücker(in** oppressor **Unterdrückung** *f* suppression, oppression

unterdurchschnittlich *Adj* below average

untere *Adj* lower

'untereinander¹ *Adv* one below the other **unterei'nander²** *Adv* among one another (*od* each other, themselves, yourselves, *etc*)

unterentwickelt *Adj* underdeveloped (*a*. FOTO), *Kind, Land etc*: *a*. backward, PSYCH subnormal

unterernährt *Adj* underfed, undernourished

Unterernährung *f* malnutrition

Unterfangen *n* venture, undertaking,

(*Versuch*) attempt

Unterführung *f* underpass, (*Fußgänger2*) subway

Unterfunktion *f* MED hypofunction

Untergang *m* **1.** *der Sonne etc*: setting **2.** SCHIFF sinking **3.** fig (down)fall, decline

Untergattung *f* subgenus

Untergebene *m, f* subordinate

untergehen *v/i* go down, go under (*beide a*. fig), SCHIFF *a*. sink, *Sonne etc*: *a*. set: fig *im Lärm* ~ *Worte etc*: be drowned out (*od* lost) by the noise

untergeordnet *Adj* **1.** subordinate (*Dat* to) **2.** *Bedeutung etc*: secondary

Untergeschoss, Untergeschoß *österr.* *n* basement, *Br a*. lower ground floor

Untergestell *n* MOT underframe

Untergewicht *n* (~ *haben* be) underweight

untergliedern *v/t* subdivide

untergraben *v/t a*. fig undermine

Untergrund *m* **1.** GEOL subsoil **2.** MALEREI ground(ing) **3.** POL (*in den ~ gehen* go) underground **~bewegung** *f* POL underground movement **~kämpfer(in)** POL underground fighter

unterhalb I *Präp* (*Gen*) below, under **II** *Adv* below, underneath

Unterhalt *m* **1.** support, maintenance **2.** → *Lebensunterhalt* **unterhalten I** *v/t* **1.** (*Einrichtung etc*) maintain, (*Familie etc*) *a*. support, (*Beziehungen, Briefwechsel*) keep up **2.** entertain, amuse **II** *v/refl* **1.** **sich** ~ talk (*mit* with, to) **4.** *sich* (*gut*) ~ enjoy o.s., have a good time **unterhaltend** → *unterhaltsam* **Unterhalter(in)** entertainer **unterhaltsam** *Adj* entertaining, amusing

Unterhalts|beihilfe *f* maintenance grant **2berechtigt** *Adj* entitled to maintenance **~kosten** *Pl* maintenance costs *Pl* **~pflicht** *f* obligation to pay maintenance **2pflichtig** *Adj* liable for maintenance **~zahlung** *f* maintenance payment

Unterhaltung *f* **1.** entertainment **2.** conversation, talk **3.** *e-r Anlage, e-s Instituts etc*: upkeep, maintenance

Unterhaltungs... entertainment (*concert, film, industry, etc*) **~branche** *f* (*in der* ~ in) show business **~elektronik** *f* video and audio systems *Pl* **~industrie** *f* entertainment industry **~musik** *f* light music **~roman** *m* light novel

~wert *m* entertainment value
Unterhändler(in) *m* negotiator **Unterhandlung** *f* negotiation: *in ~en treten* enter into negotiations (*mit* with)
Unterhaus *n* PARL *Br* House of Commons
Unterhemd *n* vest, *Am* undershirt
Unterholz *n* undergrowth
Unterhose *f* (*e-e ~ a* pair of) underpants *Pl*
unterirdisch *Adj* subterranean, *a.* fig underground
unterjochen *v/t* subjugate
unterjubeln *v/t* F *j-m etw ~* foist s.th. (off) on s.o.
Unterkiefer *m* ANAT lower jaw
Unterkleidung *f* underwear
unterkommen *v/i* find accommodation (*od* lodgings): *~ in* (*Dat*) find a place in; F *~ bei e-r Firma etc*: find a job with
Unterkörper *m* lower part of the body
unterkriegen *v/t* F *j-n ~* get s.o. down; *sich nicht ~ lassen* hold one's own; *lass dich nicht ~!* keep your tail up!
Unterkühlung *f* MED hypothermia
Unterkunft *f* accommodation, lodging(s *Pl*), quarters *Pl*: *~ und Verpflegung* board and lodgings
Unterlage *f* **1.** TECH base, support **2.** fig basis **3.** *Pl* (*Akten etc*) documents *Pl*, records *Pl*, (*Angaben*) data *Pl*
Unterlass *m ohne ~* incessantly
unterlassen *v/t* omit: *etw ~* (*versäumen*) *a.* fail to do s.th., (*bleiben lassen*) refrain from (doing) s.th.; *unterlass das!* stop that! **Unterlassung** *f* omission
Unterlassungs|klage *f* JUR action for injunction **~sünde** *f* sin of omission
Unterlauf *m e-s Flusses*: lower course
unterlaufen I *v/t* fig (*Gesetz etc*) dodge **II** *v/i mir ist ein Fehler ~* I've made a mistake
¹**unterlegen¹** *v/t* lay (*od* put) s.th. under
unter|legen² *Adj* inferior (*Dat* to), (*besiegt*) losing, defeated
Unterlegene *m, f* loser
Unterlegenheit *f* inferiority
Unterleib *m* abdomen, belly
Unterleibchen *n österr., schweiz., südd.* vest
Unterleibs... abdominal
unterliegen *v/i* **1.** (*Dat*) be defeated (*od* beaten) (by), lose (to), *e-r Versuchung etc*: succumb (to) **2.** (*e-r Bestimmung*

etc) be subject (to): *es unterliegt k-m Zweifel, dass* there is no doubt that
Unterlippe *f* lower lip
Untermalung *f musikalische ~* musical background
untermauern *v/t a.* fig underpin
untermengen *v/t* mix in
Untermensch *m* subhuman creature
Untermiete *f* **1.** subtenancy: *in* (*od zur*) *~ wohnen* be a subtenant (*Am* roomer), lodge (*bei* with) **2.** sublease: → *Untervermieten* **Untermieter(in)** subtenant, lodger, *Am* roomer
unterminieren *v/t a.* fig undermine
unternehmen *v/t* (*Reise etc*) make, go on, (*tun*) do: *etw ~ gegen* a) *j-n* take action against s.o., b) *etw* do s.th. about s.th.; *er unternahm nichts* he did nothing **Unternehmen** *n* **1.** firm, business, enterprise, company **2.** (*Vorhaben*) undertaking, enterprise, project: (*gewagtes*) *~* venture **3.** MIL operation
Unternehmensberater(in) management consultant **Unternehmensberatung** *f* management consultancy **Unternehmensführung** *f* management
Unternehmer(in) businessman (businesswoman), entrepreneur (entrepreneuse), *vertraglich*: contractor, (*Arbeitgeber[in]*) employer, *weit. S.* industrialist

△ Unter-nehmer	≠	undertaker
Unternehmer	=	businessman, entrepreneur
undertaker	=	Leichenbestatter

unternehmerisch *Adj* entrepreneurial **Unternehmerschaft** *f the* employers *Pl, the* management
Unternehmertum *n* **1.** entrepreneurship: *freies ~* free enterprise **2.** → *Unternehmerschaft*
Unternehmungsgeist *m* (spirit of) enterprise, initiative
unternehmungslustig *Adj* enterprising
Unteroffizier(in) noncommissioned officer (*Abk* NCO), *Dienstgrad*: sergeant, FLUG corporal
unterordnen I *v/t* subordinate (*Dat* to)

U

II v/refl **sich ~** submit (Dat to)

Unterordnung f 1. subordination 2. BIOL suborder

Unterpfand n pledge

unterprivilegiert Adj underprivileged

Unterredung f talk, conversation

Unterricht m instruction, (Stunden) lessons Pl, (Schul2) a. classes Pl: **~ geben** teach, give lessons (Dat to)

unterrichten I v/t u. v/i 1. teach, give lessons (Dat to) 2. inform (**von**, **über** Akk of): (**gut**) **unterrichtete Kreise** (well-) informed circles **II** v/refl **sich ~** inform o.s. (**über** Akk about)

Unterrichts|einheit f teaching unit **~raum** m classroom **~stunde** f lesson

Unterrichtung f 1. instruction 2. information

Unterrock m slip

untersagen v/t forbid, VERW prohibit: **j-m etw ~** forbid s.o. (to do) s.th., prohibit s.o. from doing s.th.

Untersatz m allg stand, für Gläser: mat, für Blumentöpfe: saucer: F **fahrbarer ~** wheels Pl

unterschätzen v/t underestimate

unterscheiden I v/t u. v/i distinguish (**zwischen** between, **von** from): **etw ~ von** a. tell s.th. apart from; **das unterscheidet ihn von ...** that sets him apart from ... **II** v/refl **sich ~** differ (**von** from, **dadurch, dass** in Ger) **unterscheidend** Adj distinctive **Unterscheidung** f differentiation, (Unterschied) difference **Unterscheidungsmerkmal** n distinguishing mark

Unterschenkel m ANAT lower leg

Unterschicht f SOZIOL lower classes Pl

Unterschied m difference: **e-n machen** (**zwischen** between) distinguish, (a. unterschiedlich behandeln) discriminate; **das macht k-n ~** that makes no difference; **ohne ~** indiscriminately; **zum ~ von** unlike, in contrast to; **das ist ein großer ~** that makes a great difference **unterschiedlich** Adj different, varying, (schwankend) variable; Adv **~ behandeln** discriminate between

unterschiedslos I Adj indiscriminate **II** Adv without exception

unterschlagen v/t (Geld) embezzle, (Brief) intercept, (Testament etc) suppress, (Tatsache etc) a. hold back

Unterschlagung f embezzlement, interception, suppression

Unterschlupf m 1. hiding place, F hideout 2. (Obdach) shelter, refuge

unterschlüpfen v/i 1. hide 2. take shelter (**bei** with)

unterschreiben v/t u. v/i 1. sign 2. fig subscribe (to)

Unterschrift f signature: → **setzen** 1 **Unterschriftenmappe** f signature blotting book **unterschriftsberechtigt** Adj authorized to sign

unterschwellig Adj subliminal

Unterseeboot n submarine

unterseeisch Adj submarine

Unterseite f underside, bottom

untersetzt Adj stocky

unterst Adj lowest: **das 2e zuoberst kehren** turn everything upside down

Unterstand m shelter, MIL a. dugout

unterstehen I v/i **j-m ~** be subordinate (verantwortlich: answerable) to s.o., be under s.o.'s supervision **II** v/refl **sich ~ zu** Inf dare to Inf; **was ~ Sie sich?** how dare you?

'unterstellen¹ I v/t **etw ~ in** (Dat) put s.th. in(to) **II** v/refl **sich ~** take shelter

unter'stellen² 1. **j-m j-n** (etw) **~** put s.o. in charge of s.o. (s.th.) 2. fig **j-m etw ~** impute s.th. to s.o. 3. (annehmen) suppose, assume **Unterstellung** f (Behauptung) allegation, suggestion

unterstreichen v/t underline, fig (betonen) a. emphasize

Unterstufe f PÄD lower grades Pl

unterstützen v/t allg, a. finanziell: support (a. Antrag, Kandidaten etc), back (up), (helfen) assist, aid, help **Unterstützung** f 1. support, finanzielle: grant, (Subvention) subsidy, (Fürsorge) welfare (payments Pl) 2. fig (Beistand) support, aid, assistance, help

untersuchen v/t examine (a. MED), inspect, check, (e-n Fall etc, a. JUR u. wissenschaftlich) investigate, CHEM u. fig analy/se (Am -ze): **etw ~ auf** (Akk) test s.th. for **Untersuchung** f examination, MED a. checkup, inspection, test, e-s Falles etc, a. JUR u. wissenschaftlich: investigation, CHEM u. fig analysis

Untersuchungs|ausschuss m fact--finding committee **~gefangene** m, f prisoner on remand **~gefängnis** n remand prison **~haft** f detention pending trial: **in ~ sein** be on remand **~rich-**

ter(in) examining magistrate
Untertan(in) subject
Untertasse f **(fliegende ~** flying) saucer
untertauchen v/i **1.** a. v/t duck **2.** fig disappear, go into hiding, bes POL go underground
Unterteil m, n lower part, base
unterteilen v/t subdivide
Unterteilung f subdivision
Untertitel m subtitle, FILM a. caption
Unterton m a. fig undertone
untertreiben v/t u. v/i understate
Untertreibung f understatement
untertunneln v/t tunnel through
untervermieten v/t sublet
unterversichert Adj underinsured
unterwandern v/t infiltrate
Unterwanderung f infiltration
Unterwäsche f allg underwear
Unterwasser... underwater (camera, massage, etc)
unterwegs Adv on the way (od one's) way **(nach** to), **(auf Reisen)** away: **immer ~** always on the move
unterweisen v/t instruct
Unterweisung f instruction
Unterwelt f allg underworld
unterwerfen I v/t **1.** (Land, Volk) subdue, subjugate **2.** (e-r Prüfung, Belastung etc) subject (to) II v/refl **sich ~ 3.** a. fig submit (Dat to) **Unterwerfung** f **1.** subjugation, subjection **2.** fig submission **(unter** Akk to) **unterworfen** Adj **1.** Land, Volk: subdued **2.** **e-r Sache ~ sein** be subject to s.th.
Unterwürfigkeit f submissiveness
unterzeichnen v/t u. v/i sign **Unterzeichner(in) 1.** signer, undersigned **2.** (Gen to) e-r Anleihe, Resolution etc: subscriber, e-s Staatsvertrages: signatory **Unterzeichnete** m, f undersigned **Unterzeichnung** f signing
'**unterziehen**[1] v/t put on underneath
unter'ziehen[2] v/t subject (Dat to): **sich e-r Operation ~** undergo an operation; **sich e-r Prüfung ~** take an examination
Untiefe f shallow, shoal
Untier n a. fig monster
untragbar Adj Verhalten etc: intolerable, Kosten, Preise etc: prohibitive
untrennbar Adj inseparable
untreu Adj (Dat to) unfaithful (a. Ehepartner), disloyal **Untreue** f unfaithful-

ness, disloyalty, eheliche: infidelity
untröstlich Adj inconsolable
untrüglich Adj Instinkt etc: unerring, Zeichen etc: sure
untüchtig Adj incapable, incompetent
Untugend f vice, bad habit
untypisch Adj atypical
unüberbrückbar Adj fig unbridgeable
unüberlegt Adj ill-considered, unwise
unübersehbar Adj immense, vast
unübersetzbar Adj untranslatable
unübersichtlich Adj Kurve etc: blind, in der Anordnung: badly arranged, (verworren) unclear, confused
unübertrefflich Adj unsurpassable
unüberwindlich Adj invincible, Schwierigkeit: insurmountable, a. Abneigung: insuperable
umgänglich Adj unavoidable: **~ (notwendig)** indispensable, absolutely necessary **unumkehrbar** Adj irreversible
unumschränkt Adj unlimited, POL absolute **unumstößlich** Adj Tatsache etc: irrefutable, Entscheidung etc: irrevocable **unumstritten** Adj undisputed
unumwunden Adv straight out, frankly
ununterbrochen Adj uninterrupted, (unaufhörlich) incessant
unveränderlich Adj unchanging, MATHE, LING invariable
unverändert Adj unchanged
unverantwortlich Adj irresponsible
unveräußerlich Adj inalienable
unverbesserlich Adj incorrigible
unverbindlich Adj Angebot etc: without obligation (a. Adv), Antwort etc: noncommittal
unverbleit Adj unleaded
unverblümt Adj unused, plain, blunt
unverbraucht Adj unused, fig unspent
unverbrüchlich Adj sta(u)nch
unverbürgt Adj unconfirmed
unverdächtig Adj unsuspicious
unverdaulich Adj a. fig indigestible
unverdaut Adj a. fig undigested
unverdient Adj undeserved
unverdientermaßen Adv undeservedly
unverdorben Adj unspoilt, fig a. uncorrupted
unverdrossen Adj indefatigable, (geduldig) patient
unverdünnt Adj undiluted

unvereinbar Adj incompatible, *Gegensätze:* irreconcilable

unverfälscht Adj unadulterated, pure, *fig a.* genuine

unverfänglich Adj harmless

unverfroren Adj brazen, F cheeky

Unverfrorenheit f brazenness, impertinence, F cheek

unvergänglich Adj immortal, everlasting

Unvergänglichkeit f immortality

unvergessen Adj unforgotten

unvergesslich Adj unforgettable

unvergleichlich Adj incomparable

unverhältnismäßig Adv disproportionately: ~ **hoch** excessive

unverheiratet Adj unmarried, single

unverhofft Adj unhoped-for, (*unerwartet*) unexpected

unverhohlen Adj undisguised, open

unverhüllt Adj fig undisguised

unverkäuflich Adj unsal(e)able, not for sale **unverkauft** Adj unsold

unverkennbar Adj unmistakable

unverletzlich Adj fig inviolable

unverletzt Adj u. Adv uninjured, unhurt

unvermeidlich Adj unavoidable, inevitable (*a. iron*): **sich ins ♀e fügen** bow to the inevitable

unvermindert Adj undiminished

unvermittelt Adj abrupt

Unvermögen n inability, incapacity

unvermutet Adj unexpected

Unvernunft f unreasonableness, folly

unvernünftig Adj unreasonable, foolish

unveröffentlicht Adj unpublished

unverrichteterdinge → **Ding**

unverschämt Adj impudent, impertinent, *Lüge:* barefaced, F *Preis, Forderung etc:* outrageous

Unverschämtheit f impudence, impertinence, insolence: **die ~ haben zu** Inf F have the cheek to Inf

unverschuldet Adj u. Adv through no fault of one's own

unversehens Adv unexpectedly, all of a sudden

unversehrt Adj unharmed, intact

unversichert Adj uninsured

unversiegbar Adj inexhaustible

unversöhnlich Adj a. fig irreconcilable

unverstanden Adj (**sich ~ fühlen** feel) misunderstood **unverständig** Adj ig-

norant **unverständlich** Adj (*Dat* to) unintelligible, (*unbegreiflich*) incomprehensible, *Grund etc:* obscure: **es ist mir ~, warum** (**wie** etc) I can't understand (F it beats me) why (how etc)

unversteuert Adj untaxed

unversucht Adj **nichts ~ lassen** (**um zu** to) try everything, leave no stone unturned

unverträglich Adj **1.** (*zänkisch*) quarrelsome **2.** *Speise:* indigestible **3.** (*unvereinbar*) incompatible (*a.* MED)

unverwechselbar Adj unmistakable

unverwundbar Adj invulnerable

unverwüstlich Adj indestructible (*a. fig Person etc*), *Humor etc:* irrepressible

unverzagt Adj undaunted

unverzeihlich Adj inexcusable

unverzichtbar Adj unrenounceable, (*notwendig*) indispensable

unverzinslich Adj noninterest-bearing: **~es Darlehen** interest-free loan

unverzollt Adj duty unpaid

unverzüglich Adj immediate(ly Adv), Adv a. without delay

unvollendet Adj unfinished

unvollkommen Adj imperfect

Unvollkommenheit f imperfection

unvollständig Adj incomplete

unvorbereitet Adj u. Adv unprepared

unvoreingenommen Adj unbias(s)ed, unprejudiced, objective

unvorhergesehen Adj unforeseen

unvorschriftsmäßig Adj irregular, contrary to (the) regulations (*a. Adv*), (*a.* TECH *unsachgemäß*) improper

unvorsichtig Adj incautious, (*unklug*) imprudent, (*übereilt*) rash, (*sorglos*) careless **Unvorsichtigkeit** f incautiousness, imprudence, carelessness

unvorstellbar Adj unimaginable, unthinkable, (*unglaublich*) incredible

unvorteilhaft Adj **1.** *Kauf etc:* unprofitable **2.** *Kleid etc:* unbecoming

unwahr Adj untrue

Unwahrheit f untruth

unwahrscheinlich Adj **1.** improbable, unlikely **2.** F *fig* incredible, fantastic

Unwahrscheinlichkeit f improbability

unwandelbar Adj unchanging

unwegsam Adj difficult

unweiblich Adj unfeminine

unweigerlich I Adj inevitable II Adv inevitably, without fail

unweit *Präp* (*Gen*) not far from

Unwesen *n* nuisance, *stärker*: excesses *Pl*: **sein ~ treiben** (**in** *Dat*) haunt (*od* trouble, *stärker*: terrorize) (*a place etc*)

unwesentlich *Adj* **1.** irrelevant, unimportant **2.** (*geringfügig*) negligible

Unwetter *n* (thunder)storm

unwichtig *Adj* unimportant, irrelevant

unwiderlegbar *Adj* irrefutable

unwiderruflich I *Adj* irrevocable **II** *Adv* irrevocably, (*ganz bestimmt*) definitely

unwiderstehlich *Adj* irresistible

Unwiderstehlichkeit *f* irresistibility

unwiederbringlich *Adj* irretrievable

Unwille *m* indignation, displeasure, anger **unwillig** *Adj* **1.** (**über** *Akk* at) indignant, annoyed **2.** → **widerwillig**

unwillkommen *Adj* unwelcome

unwillkürlich *Adj* involuntary, instinctive, automatic(ally *Adv*)

unwirklich *Adj* unreal

unwirksam *Adj* ineffective, JUR inoperative, (*nichtig*) null and void

unwirsch *Adj* disgruntled, cross

unwirtlich *Adj* inhospitable, *Klima*: rough

unwirtschaftlich *Adj* uneconomic(al)

unwissend *Adj* ignorant **Unwissenheit** *f* (**aus ~** out of) ignorance

unwissenschaftlich *Adj* unscientific(ally *Adv*)

unwissentlich *Adj* unknowing

unwohl *Adj* **1.** unwell **2.** *fig* uneasy **Unwohlsein** *n* indisposition, nausea

unwürdig *Adj* unworthy (*Gen* of): **das ist s-r ~** that is beneath him

Unzahl *f* **e-e ~ von** a host of

unzählbar, **unzählig** *Adj* countless

Unze *f* ounce (*Abk* oz.)

Unzeit *f* **zur ~** at the wrong time

unzeitgemäß *Adj* old-fashioned

unzerbrechlich *Adj* unbreakable

unzerstörbar *Adj* indestructible

unzertrennlich *Adj* inseparable

unzivilisiert *Adj* uncivilized

Unzucht *f* JUR sexual offen/ce (*Am* -se): **gewerbsmäßige ~** prostitution

unzüchtig *Adj* lewd, obscene

unzufrieden *Adj* dissatisfied, discontented **Unzufriedenheit** *f* dissatisfaction

unzugänglich *Adj* inaccessible (*Dat* to)

unzulänglich *Adj* inadequate

Unzulänglichkeit *f* inadequacy, (*Mangel*) shortcoming

unzulässig *Adj* inadmissible

unzumutbar *Adj* unreasonable: **das ist für sie ~ a)** you can't expect that of her, **b)** she will never accept that

unzurechnungsfähig *Adj* irresponsible (for one's actions), insane

Unzurechnungsfähigkeit *f* JUR (**zeitweilige ~** temporary) insanity

unzureichend *Adj* insufficient

unzusammenhängend *Adj* disconnected, *Rede etc*: incoherent

unzuständig *Adj* (**für**) incompetent (for), JUR *mst* having no jurisdiction (over)

Unzuständigkeit *f* lack of jurisdiction

unzutreffend *Adj* incorrect: **Qes bitte streichen!** please delete where inapplicable!

unzuverlässig *Adj* unreliable

Unzuverlässigkeit *f* unreliability

unzweckmäßig *Adj* unsuitable

Unzweckmäßigkeit *f* inexpediency

unzweideutig *Adj* unequivocal

unzweifelhaft I *Adj* indubitable **II** *Adv* doubtless, without a doubt

Update *n* update

üppig *Adj* luxurious, *Vegetation etc*, *a. fig Fantasie etc*: luxuriant, *Gras*: lush, *Mahl*: opulent, *Figur etc*: luscious, voluptuous

Urabstimmung *f* strike ballot

Urahn(e) *m* ancestor, *eng. S.* great-grandfather **Urahne** *f* ancestress, *eng. S.* great-grandmother

Ural *m* the Ural Mountains *Pl*

uralt *Adj* ancient (*a. fig iron*), F as old as the hills, *fig Problem etc*: age-old

Uran *n* CHEM uranium

uranhaltig *Adj* uranium-bearing

uraufführen *v/t* première, (*Film*) *a.* show for the first time

Uraufführung *f* première, first night (*od* performance, FILM showing)

urbar *Adj* arable: **~ machen** cultivate, reclaim **Urbarmachung** *f* cultivation, reclamation

Urbevölkerung *f* → **Ureinwohner**

urdeutsch *Adj* German to the core, *iron* very German

ureigen *Adj* **in Ihrem ~sten Interesse** in your own best interest

Ureinwohner *Pl* original inhabitants *Pl*,

U

in Australien: Aborigines *Pl*
Urenkel *m* great-grandson
Urenkelin *f* great-granddaughter
Urform *f* archetype
urgemütlich *Adj* F very cosy
Urgeschichte *f* primeval history
urgeschichtlich *Adj* prehistoric
Urgestein *n* GEOL primary rock
Urgewalt *f* elemental force
Urgroßeltern *Pl* great-grandparents *Pl*
Urgroßmutter *f* great-grandmother
Urgroßvater *m* great-grandfather
Urheber(in) author
Urheberrecht *n* copyright
urheberrechtlich *Adj* copyright ...:
Adv ~ **geschützt** (protected by) copyright
Urheberschaft *f* authorship
urig *Adj* F → **urwüchsig**
Urin *m* urine **urinieren** *v/i* urinate
Urinprobe *f* urine specimen
Urinuntersuchung *f* urine test
Urknall *m* PHYS big bang
urkomisch *Adj* F extremely funny
Urkunde *f* document, (*Vertrags2*) deed, (*Akte*) record, (*Ehren2*, *Sieger2*) diploma **Urkundenfälschung** *f* forgery of documents **urkundlich** *Adj* documentary: *Adv etw* ~ **belegen** document s.th.
Urkunds|beamte *m*, **~beamtin** *f* registrar
Urlaub *m* leave (of absence) (*a.* MIL), holiday(s *Pl*), *bes Am* vacation: *auf* ~, *im* ~ on holiday (vacation, MIL leave); *in* ~ *gehen* (*sein*) go (be) on holiday (*etc*); ~ *nehmen* go on leave; *e-n Tag* ~ *nehmen* take a day off **Urlauber(in)** holidaymaker, *Am* vacationist
Urlaubs|anspruch *m* holiday entitlement, *Am* vacation privilege **~geld** *n* holiday pay, *Am* vacation money **~reise** *f* holiday trip **~tag** *m* (a day's) holiday (*bes Am* vacation) **~zeit** *f* holiday period
Urmensch *m* primitive man
Urne *f* urn, (*Wahl2*) *a.* ballot box
Urologe *m*, **Urologin** *f* urologist
Urologie *f* urology

urplötzlich I *Adj* sudden, abrupt **II** *Adv* all of a sudden
Ursache *f* cause, reason, (*Anlass*) occasion: *keine* ~*!* don't mention it!, *auf e-e Entschuldigung*: that's all right!
ursächlich *Adj* causal: **~er Zusammenhang** causality
Urschrift *f* original (text *od* copy)
Ursprung *m* origin: *s-n* ~ *haben in* (*Dat*) originate in (*od* from); *deutschen* ~*s* of German origin
ursprünglich *Adj allg* original
Ursprungsland *n* country of origin
Urteil *n* **1.** judg(e)ment, *der Geschworenen*: verdict (*a.* fig), (*Straf2*, *Strafmaß*) sentence, (*Scheidungs2*) decree: *das* ~ *verkünden* pronounce judg(e)ment (*od* sentence); → *fällen* 2 **2.** (*Ansicht*) judg(e)ment, opinion: *sich ein* ~ *bilden* form a judg(e)ment (*über Akk* about, on); *darüber kann ich mir kein* ~ *erlauben!* I am no judge (of that)!
urteilen *v/i* judge: *über j-n* (*etw*) ~ judge s.o. (s.th.); *über etw* ~ *a.* give one's opinion on s.th.; *ich urteile darüber anders* I take a different view (of it); *darüber kann er nicht* ~*!* he's no judge!; ~ *Sie selbst!* judge for yourself!; *nach s-m Aussehen* (*s-n Worten*) *zu* ~ judging by his looks (by what he says)
Urteils|begründung *f* opinion **2fähig** *Adj* discerning **~kraft** *f* (power of) judg(e)ment **~spruch** *m* → **Urteil** 1
Urtext *m* original text
Urtrieb *m* basic instinct
urtümlich *Adj* **1.** original **2.** archaic
Uruguay *n* Uruguay
Urur... great-great-(*-grandfather etc*)
Urwald *m* primeval forest, (*Dschungel*) jungle
urwüchsig *Adj* earthy, robust
Urzeit *f* primeval time: *fig vor* ~*en* a long, long time ago; *seit* ~*en* for ages
Urzustand *m* original state
User(in) *m* user
Utensilien *Pl* utensils *Pl*
Uterus *m* ANAT uterus
Utopie *f* fig utopia, wild dream
utopisch *Adj* utopian, fantastic

J

V

V, v n V, v

Vagabund(in) vagabond, tramp **vagabundieren** v/i lead a vagabond life

Vagina f ANAT vagina

vakant Adj vacant

Vakuum n vacuum

vakuumverpackt Adj vacuum-packed

Valenz f CHEM, LING valence

Valuta f WIRTSCH valuta, foreign currency

Vamp m vamp

Vampir m ZOOL u. fig vampire

Vandale m etc → **Wandale** etc

Vandalismus m vandalism

Vanille f BOT u. GASTR vanilla

Vanillezucker m vanilla sugar

variabel Adj, **Variable** f MATHE variable

Variante f variant, (Lesart) version

Variation f variation

Varietee(theater) n variety theatre, music hall, Am vaudeville (theater)

variieren v/t u. v/i vary

Vasall m vassal **Vasallenstaat** m POL pej satellite state

Vase f vase

Vaseline f vaseline

Vater m father (a. fig), ZOOL sire: **er ist ~ von drei Kindern** he is a father of three (children); **er ist ganz der ~** he is a chip off the old block; hum **~ Staat** the State **Vaterfigur** f father figure

Vaterland n one's native country

Vaterlandsliebe f love of one's country, stärker: patriotism

väterlich I Adj fatherly, paternal II Adv like a father **väterlicherseits** Adv on one's father's side: **Großvater ~** paternal grandfather

Vaterliebe f paternal love

vaterlos Adj fatherless

Vaterschaft f bes JUR paternity: **Feststellung der ~** affiliation

Vaterschaftsklage f JUR paternity suit **~urlaub** m paternity leave

Vaterstelle f **~ vertreten** act as father (**bei**)

Vaterunser n Lord's Prayer

Vati m F daddy, dad

Vatikan m, **vatikanisch** Adj Vatican

V-Ausschnitt m Kleidung: V-neck: **mit**

~ V-necked

Veganer(in) vegan

Vegetarier(in), **vegetarisch** Adj vegetarian **Vegetation** f vegetation

vegetativ Adj vegetative: **~es Nervensystem** autonomous nervous system

vegetieren v/i fig vegetate

Vehikel n vehicle

Veilchen n 1. BOT violet: F **blau wie ein ~** drunk as a lord 2. F fig black eye

veilchenblau Adj violet

Vektor m MATHE vector

Vektorrechnung f vector analysis

Velo n schweiz. bicycle

Velours[1] m velour(s) **Velours**[2] n, **Veloursleder** n suede (leather)

Veloursteppich m velvet-pile carpet

Vene f ANAT vein

Venedig n Venice

Venenentzündung f MED phlebitis

Venezianer(in), **venezianisch** Adj Venetian

Venezolaner(in), **venezolanisch** Adj Venezuelan

Venezuela n Venezuela

venös Adj venous

Ventil n 1. MUS, TECH valve 2. fig outlet

Ventilation f ventilation

Ventilator m (ventilating) fan

ventilieren v/t a. fig ventilate

Venusmuschel f ZOOL hard clam

verabreden I v/t agree upon, arrange, (Zeit, Ort) a. appoint, fix: **vorher ~** prearrange II v/refl **sich ~ (mit j-m)** arrange to meet (s.o.), make a date (geschäftlich: an appointment) (with s.o.); **ich bin leider schon verabredet** I'm afraid I have a previous engagement **Verabredung** f 1. date, engagement, geschäftliche: appointment 2. (Absprache) agreement, arrangement

verabreichen v/t **j-m etw ~** give s.o. s.th., (Medikament) a. administer s.th. to s.o.

verabscheuen v/t abhor, detest

verabschieden I v/t 1. say goodbye to 2. (entlassen) discharge 3. PARL (Gesetz etc) pass, (den Haushalt) adopt II v/refl **4. sich ~ von → 1**

Verabschiedung f 1. (Entlassung) dis-

charge **2.** PARL *e-s Gesetzes*: passing, *des Haushalts*: adoption

verachten v/t (j-n) despise, (a. *etw ab-tun*) disdain, scorn: F **nicht zu ~** not to be sneezed at **verachtenswert** *Adj* contemptible, despicable **Verächter(in)** despiser **verächtlich** *Adj* **1.** contemptuous, scornful: **~ machen** run s.o., s.th. down **2.** → **verachtenswert**

Verachtung f contempt, disdain: **mit ~ strafen** scorn

veralbern v/t F **j-n ~** pull s.o.'s leg

verallgemeinern v/t generalize

Verallgemeinerung f generalization

veralten v/i become (out)dated (*od* obsolete, *Ansichten etc*: antiquated)

veraltet *Adj* obsolete, (out)dated, *Methode etc*: antiquated

Veranda f veranda(h)

veränderlich *Adj* changeable, a. ling. MATHE variable: MATHE **~e Größe** variable **Veränderlichkeit** f changeability, variability

verändern I v/t **1.** (*an Dat* on) change, alter **II** v/refl **sich ~ 2.** change, alter: **sich zu s-m Vorteil (Nachteil) ~** change for the better (worse); **hier hat sich vieles verändert** there have been many changes **3.** *beruflich*: change one's job

verändert *Adj* changed, different: **sie ist ganz ~** she has changed a lot

Veränderung f change

verängstigt *Adj* frightened

verankern v/t SCHIFF, TECH u. fig anchor: **in der Verfassung verankert** laid down in the constitution

veranlagen v/t *steuerlich*: assess **veranlagt** *Adj* (**zu, für** for) (MED pre)disposed, (naturally) inclined: **künstlerisch ~ sein** have a bent for art; **er ist praktisch ~** he is practical(ly minded); **romantisch** *etc* **~ sein** have a romantic *etc* disposition **Veranlagung** f **1.** *steuerliche*: assessment **2.** (MED pre)disposition, (*Begabung*) talent(s *Pl*)

veranlassen v/t **1.** **etw ~, dass etw getan wird** order (*od* arrange) s.th., see (to it) that s.th. is done; **das Nötige ~** take the necessary steps **2.** **j-n etw ~, j-n ~ etw zu tun** cause (*od* get) s.o. to do s.th., make s.o. do s.th.; **sich veranlasst sehen zu** *Inf* feel compelled to *Inf*; **was hat ihn bloß dazu veran-**

lasst? whatever made him do that? **Veranlassung** f **1.** (**zu, für** for) cause, motive: **ohne jede ~** without provocation **2.** **auf ~ von** (*od Gen*) at the instigation (*od* request) of

veranschaulichen v/t illustrate: **sich etw ~** visualize s.th. **Veranschaulichung** f (**zur ~** by way of) illustration

veranschlagen v/t WIRTSCH estimate (**auf** *Akk* at): **zu hoch ~** overestimate; **zu niedrig ~** underestimate

veranstalten v/t organize, arrange, stage (a. F fig), (*Ball, Konzert etc*) give **Veranstalter(in)** organizer, SPORT a. promoter **Veranstaltung** f **1.** arrangement, organization, fig staging **2.** *konkret*: event, (*öffentliche* **~**) a. (public) function, (*Sport2*) meeting, Am meet, fixture **Veranstaltungskalender** m calendar of events **Veranstaltungsort** m venue

verantworten I v/t answer for, take the responsibility for **II** v/refl **sich** (*j-m gegenüber*) **für etw ~** answer (to s.o.) for s.th. **verantwortlich** *Adj* responsible (**für** for): **j-n ~ machen** hold s.o. responsible, *weit.* S. blame s.o. (**für** for) **Verantwortlichkeit** f responsibility

Verantwortung f (**die ~ tragen** bear [the]) responsibility; **auf Ihre eigene ~!** at your own risk!; **j-n zur ~ ziehen** call s.o. to account; → **abwälzen**

verantwortungsbewusst *Adj* responsible 2**sein** n sense of responsibility

verantwortungslos *Adj* irresponsible

verantwortungsvoll *Adj* responsible

veräppeln v/t F **j-n ~** pull s.o.'s leg

verarbeiten v/t *allg, a.* IT process, (*Nahrung, fig Eindrücke etc*) digest, (*aufbrauchen*) use (*od* work) up (**in** *Dat*, **zu** in, for): **etw ~ zu** manufacture s.th. into; **~de Industrie** processing industries *Pl* **Verarbeitung** f **1.** *allg* processing (a. *Daten2*), manufacture, *der Nahrung, fig von Eindrücken etc*: digestion, (*Behandlung*) treatment **2.** (*Ausführung, Güte*) workmanship

verargen → **verdenken**

verärgern v/t annoy

verarmen v/i become poor

verarmt *Adj* impoverished

Verarmung f a. fig impoverishment

verarschen v/t V **j-n ~** take the mickey out of s.o., *satirisch*: send s.o. up

Verarschung f V leg-pull, *satirisch*: send-up
verarzten v/t F *j-n* ~ fix s.o. up
verästeln v/refl *sich* ~ a. fig ramify
Verästelung f a. fig ramification
verausgaben v/refl *sich* ~ **1.** *finanziell*: overspend **2.** fig spend o.s
verauslagen v/t lay out
veräußern v/t sell, dispose of
Veräußerung f sale, disposal
Verb n verb **verbal** Adj verbal
verbalisieren v/t verbalize
Verband m **1.** MED bandage, dressing **2.** (*Vereinigung*) union, federation **3.** MIL unit, FLUG formation
Verband(s)kasten m MED first-aid kit
Verband(s)|material n MED dressing material ~**mull** m MED surgical gauze
verbannen v/t (*aus* from) exile, banish (a. fig) **Verbannte** m, f exile **Verbannung** f exile (a. Ort), banishment
verbarrikadieren v/t barricade (*sich* o.s.)
verbauen v/t **1.** (*Aussicht, Zugang etc*) block up, obstruct, (*Gegend etc*) build up: fig *j-m* (*sich*) *den Weg* ~ bar s.o.'s (one's) way (*zu* to) **2.** (*Material*) use
verbeamten v/t *j-n* ~ give s.o. the rank of a civil servant
verbeißen I v/t **1.** (*Schmerz etc*) suppress, (*Tränen, Lachen etc*) a. bite back: *er konnte sich ein Lächeln nicht* ~ he couldn't keep a straight face **II** v/refl *sich* ~ *in* (*Akk*) **2.** *Hund etc*: sink its teeth into **3.** fig *Person*: get set on, keep grimly at
verbergen v/t conceal, hide
verbessern I v/t **1.** (*Leistung etc*) improve, (*Rekord*) better **2.** (*Fehler, Sprecher etc*) correct **II** v/refl *sich* ~ **3.** improve: *sich finanziell* ~ better o.s **4.** *Sprecher*: correct o.s
Verbesserung f **1.** improvement, betterment **2.** correction
verbesserungsbedürftig Adj in need of improvement **verbesserungsfähig** Adj capable of improvement
Verbesserungsvorschlag m suggestion for improvement
verbeugen v/refl *sich* ~ bow (*vor Dat* to) **Verbeugung** f bow (*vor Dat* to)
verbeulen v/t batter, dent
verbiegen v/t twist, bend

verbieten v/t *j-m das Haus* (*das Rauchen*) ~ forbid s.o. the house (to smoke); → **verboten**
verbilligen v/t reduce *s.th.* in price
verbilligt Adj reduced (*price etc*), (*tickets etc*) at reduced prices
verbinden v/t **1.** MED bandage: *j-n* ~ dress s.o.'s wounds; *j-m die Augen* ~ blindfold s.o.; → **verbunden** 1 **2.** (a. *sich* ~) (*mit* with) connect (a. MATHE, TECH, TEL u. fig), combine (a. CHEM), unite: TEL *ich verbinde Sie* I'll put you through (*mit* to); *das Angenehme mit dem Nützlichen* ~ combine business with pleasure; *sich mit j-m* ~ associate with s.o.
verbindend Adj fig *Text, Worte etc*: connecting
verbindlich Adj **1.** (*für* upon) obligatory, binding: ~*e Zusage* definite promise **2.** (*höflich*) obliging, courteous, friendly **Verbindlichkeit** f **1.** obligation, binding character **2.** (*Höflichkeit*) obligingness, friendliness, Pl courtesies Pl **3.** Pl WIRTSCH liabilities Pl
Verbindung f **1.** *allg* connection (a. TECH, TEL), combination: *in* ~ *mit* (*zusammen*) in conjunction with, (*im Zs.-hang mit*) in connection with; *in* ~ *bringen mit* connect (*od* associate) *s.o., s.th.* with **2.** (*Verkehrs*2) connection: *gibt es e-e direkte* ~ *nach …?* is there a direct connection to …? **3.** (*Vereinigung*) union, association, (*Studenten*2) students' society, Am fraternity: *e-e* ~ *eingehen* join together (*mit* with) **4.** (*Kontakt*) contact (a. MIL), Pl connections Pl: *mit j-m* ~ *aufnehmen* (*od in* ~ *treten*) contact s.o., get in touch with s.o.; *mit j-m in* ~ *stehen* (*bleiben*) be (keep) in touch with s.o.; *s-e* ~*en spielen lassen* pull a few strings
Verbindungs… connecting (*cable, line, road, etc*) ~**frau** f, ~**mann** m contact ~**offizier** m liaison officer ~**stelle** f TECH junction, joint ~**stück** n TECH connecting piece, ELEK connector, (*Passstück*) adaptor
verbissen Adj grim, (*zäh*) dogged
Verbissenheit f grimness, doggedness
verbitten v/t *sich etw* ~ not to stand for; *das verbitte ich mir!* I won't have that!
verbittert Adj embittered, bitter
Verbitterung f bitterness

V

verblassen v/i a. fig fade
verbleiben v/i 1. remain: **verbleibe ich Ihr ...** im Brief: (I remain.) Yours faithfully ... 2. **wir sind so verblieben, dass ...** we agreed (od arranged) that ...
verbleit Adj Benzin: leaded
verblenden v/t 1. ARCHI face, line 2. fig blind: **von Hass verblendet** blind with hatred **Verblendung** f fig blindness
verblichen Adj faded
verblöden v/i F go dotty (**bei** with)
verblüffen v/t amaze, (verwirren) baffle, (sprachlos machen) stun, F flabbergast
verblüffend Adj amazing **verblüfft** Adj perplexed, f taken aback
Verblüffung f amazement, (Verwirrung) bewilderment
verblühen v/i a. fig fade, wither
verbluten v/i bleed to death
verbocken v/t F bungle, botch (up)
verbohren v/refl **sich ~ in** (Akk) F fig become obsessed with **verbohrt** Adj F fig stubborn, pigheaded
verborgen[1] v/t lend (out)
verborgen[2] Adj hidden: **~ halten** conceal; **sich ~ halten** hide (o.s.); **im** 2en in secret, secretly
Verbot n prohibition, e-r Partei, von Atomwaffen etc: ban (Gen, von of)
verboten Adj forbidden, VERW prohibited, (geächtet) banned, (ungesetzlich) illegal: **es war uns ~ zu** Inf we were forbidden (od not allowed) to Inf: **ist das etwa ~?** F is there a law against it?; **Rauchen ~!** no smoking!; F fig **sie sah ~ aus** she looked a sight **verbotenerweise** Adv **~ etw tun** do s.th. although it is forbidden **Verbotsschild** n no parking (od no smoking etc) sign
Verbrauch m consumption (an Dat of)
verbrauchen I v/t consume, use up II v/refl **sich ~** fig exhaust o.s., stärker: wear o.s. out
Verbraucher(in) consumer
Verbraucher|befragung f consumer survey **~markt** m → **Supermarkt ~schutz** m consumer protection **~umfrage** f consumer survey **~verhalten** n consumer behavio(u)r **~zentrale** f consumer advice cent/re (Am -er)
Verbrauchsgüter Pl consumer goods Pl
verbraucht Adj a. fig Person: used(-)up,

spent, worn(-)out: **~e Luft** stale air
verbrechen v/t F fig (Buch etc) perpetrate: **was hat er verbrochen?** what has he done? **Verbrechen** n a. fig crime
Verbrecher(in) criminal
Verbrecheralbum n rogues' gallery
Verbrecherbande f gang of criminals
verbrecherisch Adj criminal
verbreiten v/t u. v/refl **sich ~** allg spread (in Dat, auf Dat, über Akk over, through[out]), (Ideen etc) a. disseminate, (Wärme, Humor etc) a. diffuse
verbreitern v/t u. v/refl **sich ~** widen
Verbreitung f spread(ing), von Ideen etc: a. dissemination
verbrennen I v/t burn, (Kalorien etc) burn up, (Leiche) cremate, (versengen) scorch: **sich den Mund ~** burn one's mouth, fig put one's foot in; MIL **verbrannte Erde** scorched earth II v/i burn, lebendig: be burnt to death
Verbrennung f 1. burning, TECH combustion, (Leichen2) cremation 2. MED burn: → **Grad**
Verbrennungs|motor m combustion engine **~ofen** m incinerator
verbrieft Adj **~es Recht** vested right
verbringen v/t spend, pass
verbrüdern v/refl **sich ~** fraternize
Verbrüderung f fraternization
verbrühen I v/t scald (**sich die Hand** one's hand) II v/refl **sich ~** scald o.s
verbuchen v/t 1. WIRTSCH book 2. fig (Sieg, Erfolg etc) achieve, F notch up
verbummeln v/t F 1. (Zeit etc) waste, idle away 2. a) lose, b) clean forget
Verbund m network, (integrated) system: **im ~ arbeiten** cooperate; → **Medienverbund, Verkehrsverbund**
Verbund... TECH compound ... **Verbundbauweise** f sandwich construction
verbunden Adj 1. Wunde: dressed: **mit ~en Augen** blindfold 2. fig **~ sein mit** a) Sache: be connected with, entail (difficulties, costs, etc), b) Person: a. **sich ~ fühlen mit** be attached to; **j-m ~ sein für** be obliged to s.o. for
verbünden v/refl **sich ~** (**mit**) ally o.s. (with, to), form an alliance (with)
Verbundenheit f attachment, bond(s Pl), ties Pl, (Solidarität) solidarity
Verbündete m, f. a fig ally
Verbund|glas n laminated glass **~karte**

f, **~pass** *m Verkehr*: combi-ticket

verbürgen *v/t* guarantee: **sich ~ für** *a.* answer for **verbürgt** *Adj* authentic: **~e Tatsache** established fact

verbüßen *v/t (Strafe)* serve

verchromen *v/t* chromium-plate

Verdacht *m* (**~ erregen** arouse) suspicion: **j-n im ~ haben**(, **etw getan zu haben**) suspect s.o. (of having done s.th.); **in ~ kommen** be suspected; **~ schöpfen** become suspicious, F smell a rat; **bei ihm besteht ~ auf Krebs** he is suspected of having cancer; F **auf ~** on spec; → **lenken** 3

verdächtig *Adj* suspicious, suspect, *(zweifelhaft) a.* dubious, F fishy: **des Diebstahls ~ sein** be suspect(ed) of theft **Verdächtige** *m, f* suspect

verdächtigen *v/t j-n ~* cast suspicion on s.o., suspect s.o. *(Gen* of); **j-n ~, etw getan zu haben** suspect s.o. of having done s.th. **Verdächtigung** *f* **1.** casting suspicion *(Gen* on) **2.** suspicion

Verdachtsmoment *n* suspicious fact

verdammen *v/t (zu* to) condemn, *a.* REL damn **verdammt I** *Adj* **1.** damned: **da-zu ~ zu** *Inf* condemned *(od* doomed) to *Inf* **2.** F damn(ed), darn(ed), *Br sl a.* bloody: **~** (**noch mal**)**!** damn (it)!, blast it (all)! **II** *Adv* **3.** F damn(ed), *Br sl* bloody: **~ kalt a.** beastly cold **Verdammung** *f* condemnation, *a.* REL damnation

verdampfen *v/t u. v/i* evaporate

verdanken *v/t j-m etw ~* owe s.th. to s.o., be indebted to s.o. for s.th.; **es ist ihr zu ~, dass ...** it is due to her that ...

verdattert *Adj* F dazed

verdauen *v/t a.* fig digest **verdaulich** *Adj* (**leicht ~** easily) digestible: **schwer ~** hard to digest **Verdaulichkeit** *f* digestibility **Verdauung** *f* digestion

Verdauungs|apparat *m* digestive system **~beschwerden** *Pl* digestive trouble *Sg*, indigestion *Sg*

Verdeck *n* (folding) top, hood

verdecken *v/t* cover, hide, *a.* TECH conceal: **verdeckte** (**Polizei**)**Aktion** undercover operation; **verdeckter Ermittler** undercover agent

verdenken *v/t* **ich kann es ihm nicht ~** (, **dass ...**) I can't blame him (if ...)

verderben I *v/i Nahrungsmittel*: spoil, go bad, perish **II** *v/t allg* spoil, *weit.*

S. a. ruin, *moralisch*: corrupt: **sich den Magen ~** upset one's stomach; **sich die Augen ~** ruin one's eyes; **j-m die Freude** (**den Appetit**) **~** spoil s.o.'s fun (appetite); F **es mit j-m ~** fall out with s.o.; **er will es mit niemandem ~** he wants to please everybody **Verderben** *n* ruin: **in sein ~ rennen** run (headlong) into disaster **verderblich** *Adj* **1.** *Ware*: perishable **2.** fig *Wirkung etc*: ruinous, *Einfluss etc*: corrupting

verdeutlichen *v/t j-m etw ~* make s.th. clear *(od* explain s.th.) to s.o.

verdichten I *v/t* **1.** TECH compress, *a.* CHEM condense **II** *v/refl* **sich ~ 2.** condense, *Nebel*: thicken **3.** fig *Verdacht etc*: grow stronger **Verdichtung** *f* condensation, MOT compression

verdicken *v/t u. v/refl* **sich ~** thicken

verdienen I *v/t* **1.** *(Geld)* earn, make: **sich etw nebenbei ~** make some money on the side **2.** fig *(Lob, Strafe etc)* deserve: **er hat es nicht besser verdient!** (it) serves him right!; → **verdient II** *v/i* **3. gut ~** earn a good salary *(od* wage); **an e-r Sache gut ~** make a good profit on s.th.; **er verdient wenig** he doesn't earn much **Verdiener(in)** (salary *od* wage) earner, breadwinner

Verdienst¹ *n* fig merit: **es ist ihr ~, dass** it is thanks to her that; → **erwerben**

Verdienst² *m* earnings *Pl*, income, *(Lohn)* wages *Pl*, *(Gehalt)* salary

Verdienstausfall *m* loss of earning

verdienstvoll *Adj Person*: deserving, *Tat etc*: commendable

verdient *Adj* fig **1.** *Person*: deserving, *man od* of merit: **sich ~ machen um** do *s.o.*, *s.th.* a great service **2.** *Strafe etc*: well-deserved, due, *Sieg, Ruhe etc*: well-earned

verdientermaßen *Adv* deservedly

verdolmetschen *v/t* F **j-m etw ~** translate s.th. for s.o., fig explain s.th. to s.o.

verdonnern *v/t* F **j-n ~** condemn s.o. (**zu** to); **j-n ~, etw zu tun** make s.o. do s.th.

verdoppeln *v/t u. v/refl* **sich ~** double **Verdopplung** *f* doubling

verdorben *Adj allg* spoiled *(a.* fig), *Lebensmittel*, fig *Charakter, Person*: *a.* bad, fig *a.* ruined, *moralisch*: *a.* corrupt: MED **~er Magen** upset stomach

verdorren *v/i* dry up, wither

verdrahten *v/t* ELEK wire

verdrängen v/t **1.** → **vertreiben** 1 **2.** fig displace (a. SCHIFF, PHYS), (ersetzen) supersede, replace: **j-n ~** push s.o. out (SPORT **vom ersten Platz** from first place); **j-n aus s-r Stellung ~** oust s.o. from his position **3.** PSYCH repress, bewusst: suppress, weit. S. dismiss (a problem etc) **Verdrängung** f ousting, displacement (a. SCHIFF, PHYS), fig replacement, PSYCH repression, suppression

verdreckt Adj filthy, soiled

verdrehen v/t **1.** twist (**j-m den Arm** s.o.'s arm): **die Augen ~** roll one's eyes; fig **j-m den Kopf ~** turn s.o.'s head **2.** F fig (Sinn, Worte etc) twist, distort, (Recht) pervert **verdreht** Adj F fig crazy, cranky, (verwirrt) confused

verdreifachen v/t treble

verdrießen v/t annoy **verdrießlich** Adj morose, sullen **verdrossen** Adj sullen, grumpy, (unlustig) listless

Verdrossenheit f sullenness, listlessness, POL disaffection

verdrücken F **I** v/t (essen) polish off **II** v/refl **sich ~** slip away, beat it

Verdruss m annoyance

verduften v/t F beat it, scram

verdummen I v/t dull s.o.'s mind, stultify, (bes das Volk) brainwash **II** v/i become stultified

verdunkeln v/t darken (a. **sich~**), völlig: black out, durch Wolken: cloud (a. fig), fig obscure **Verdunklung** f darkening, Luftschutz: blackout **Verdunklungsgefahr** f JUR danger of collusion

verdünnen v/t PHYS rarefy, (Flüssigkeit) dilute, weaken, (Farbe) thin

Verdünner m TECH (paint) thinner **Verdünnung** f dilution, PHYS rarefaction

verdunsten v/i u. v/i evaporate

Verdunster m humidifier

Verdunstung f evaporation

verdursten v/i die of thirst

verdüstern v/refl **sich ~** a. fig darken

verdutzt Adj nonplus(s)ed, präd taken aback

veredeln v/t **1.** ennoble **2.** CHEM, TECH allg refine, (Rohstoffe) a. process, finish **3.** fig (Geschmack etc) refine, improve **4.** LANDW graft, bud **Veredelungsindustrie** f processing industry

verehren v/t revere, (anbeten, a. fig) worship, adore, (bewundern) admire:

Verehrte Anwesende! Ladies and Gentlemen!

Verehrer(in) admirer, e-s Stars: fan

Verehrerpost f fan mail

Verehrung f (~ **zollen** pay) reverence (Dat to), (Anbetung, a. fig) worship, adoration, (Bewunderung) admiration

vereidigen v/t JUR **j-n ~** put s.o. under an oath, bei Amtsantritt: swear s.o. in

vereidigt Adj sworn

Vereidigung f swearing-in

Verein m **1.** club: F pej **ein netter ~** a fine bunch **2.** WIRTSCH society, association, union **3.** **im ~ mit** together with

vereinbar Adj (**mit** with) compatible, consistent **vereinbaren** v/t arrange, agree (up)on: **vorher ~** prearrange; **das kann ich mit m-m Gewissen nicht ~** I cannot reconcile that with my conscience **Vereinbarkeit** f compatibility **vereinbart** Adj agreed: **zur ~en Zeit** at the time agreed upon **Vereinbarung** f agreement, arrangement: **e-e ~ treffen** reach an agreement; **laut ~** as agreed; **Gehalt nach ~** salary negotiable

vereinen v/t → **vereinigen: mit vereinten Kräften** in a combined effort

vereinfachen v/t simplify

Vereinfachung f simplification

vereinheitlichen v/t standardize

Vereinheitlichung f standardization

vereinigen v/t (a. **sich~**) unite (**zu** into), combine, join (together), WIRTSCH amalgamate, (versammeln) assemble: **Vereinigte Arabische Emirate** United Arab Emirates; **Vereinigtes Königreich von Großbritannien und Nordirland** United Kingdom of Great Britain and Northern Ireland (→ Info bei **Britain**); **Vereinigte Staaten (von Amerika)** United States (of America) (Abk U.S.[A.])

Vereinigung f **1.** uniting (etc), WIRTSCH merger **2.** union, association

vereinsamen v/i become isolated (od lonely) **Vereinsamung** f isolation

Vereinshaus n club(house)

Vereinskamerad(in) clubmate

Vereinskasse f club funds Pl

vereinzelt I Adj isolated, sporadic, Regenschauer: a. scattered **II** Adv sporadically, örtlich: here and there

vereisen I v/t MED freeze **II** v/i Scheibe

etc: ice over, FLUG *etc* ice up, (*einfrieren*) freeze over (*od* up): **vereiste Straßen** icy roads

vereiteln *v/t* thwart, (*Tat etc*) prevent

vereitert *Adj* MED septic

verelenden *v/i* be reduced to poverty

verenden *v/i* perish, die

verengen *v/t u. v/refl* **sich ~** narrow (*a. fig*), *Pupille etc*: contract **Verengung** *f* **1.** narrowing, contraction **2.** (*enge Stelle*) narrow part (*in Dat* of)

vererben I *v/t* **j-m etw ~** leave (MED transmit) s.th. to s.o. **II** *v/refl* **sich ~** *a.* MED *u. fig* be passed on (*od* down) (*auf Akk* to) **vererbt** *Adj* BIOL inherited, hereditary **Vererbung** *f* BIOL heredity, (hereditary) transmission

Vererbungs|gesetze *Pl* laws *Pl* of heredity **~lehre** *f* genetics *Sg*

verewigen *v/t* immortalize

verfahren¹ I *v/i* (**nach** on) proceed, act: **~ mit** deal with, treat **II** *v/t* (*Benzin*) use up, (*Zeit, Geld etc*) spend driving (around) **III** *v/refl* **sich ~** get lost

verfahren² *Adj* muddled, tangled: **e-e ~e Sache** a (great) muddle

Verfahren *n* **1.** procedure, method, process, (*Behandlung*) treatment **2.** JUR procedure, (*Prozess*) proceedings *Pl*: **ein ~ einleiten** take (legal) proceedings (**gegen** against)

Verfahrens|frage *f* JUR procedural question **~technik** *f* process technology **~weise** *f* → **Verfahren** 1

Verfall *m* **1.** *allg* decay, *e-s Gebäudes etc*: *a.* dilapidation, ruin, *körperlicher, künstlerischer etc*: *a.* decline, *moralischer*: degeneration, corruption **2.** WIRTSCH *e-s Wechsels*: maturity

verfallen I *v/i* **1.** *allg* decay, *Gebäude etc*: *a.* go to ruin, dilapidate, *fig Kultur, Reich etc*: *a.* decline, *Kranker*: waste away, *Moral etc*: degenerate **2.** *dem Alkohol etc*: become addicted: **j-m ~** become s.o.'s slave **3.** (**wieder**) **~ in** (*Akk*) fall (back) into **4.** **~ auf** (*Akk*) hit (up)on (*an idea etc*): **wie ist er nur darauf ~?** what on earth made him think (*od* do) that? **5.** (*ungültig werden*) expire, *Pfand*: become forfeited: *e-e Karte etc* **~ lassen** let s.th. go to waste **II** *Adj* **6.** *allg* decayed, *Gebäude etc*: *a.* dilapidated **7.** (*ungültig*) expired, *Pfand*: forfeited **8.** *dem Alkohol etc* **~ sein** be

addicted to; **j-m ~ sein** be s.o.'s slave

Verfallsdatum *n* expiration date, *von Lebensmitteln etc*: best-before date, use-by date

verfälschen *v/t* **1.** (*Nahrungsmittel*) adulterate **2.** falsify, (*Bericht etc*) *a.* distort **Verfälschung** *f* **1.** adulteration **2.** falsification, distortion

verfangen I *v/i* (*wirken*) work (**bei** with): **das verfängt bei mir nicht** *a.* that cuts no ice with me **II** *v/refl* **sich ~** *a. fig* get caught (**in** *Dat* in)

verfänglich *Adj Frage etc*: tricky, *Lage etc*: embarrassing, compromising

verfärben *v/refl* **sich ~** change colo(u)r (*a. Person*), *Laub*: turn

verfassen *v/t allg* write, (*Gedicht etc*) *a.* compose, (*Resolution etc*) *a.* draw up

Verfasser(in) *f* author(ess)

Verfassung *f* **1.** state, condition, (*Gemüts♀*) frame of mind: **in guter ~** in good condition (*od* shape), *Patient*: in a good state (of health) **2.** POL constitution

Verfassungs|änderung *f* constitutional amendment **~bruch** *m* breach of the constitution **♀feindlich** *Adj* anticonstitutional **~gericht** *n* constitutional court **~klage** *f* complaint of unconstitutionality **♀mäßig**, **♀rechtlich** *Adj* constitutional **~schutz** *m* **Bundesamt für ~** Office for the Protection of the Constitution **♀widrig** *Adj* unconstitutional

verfaulen *v/i* rot, decay

verfechten *v/t* stand up for

Verfechter(in) *f* advocate

verfehlen *v/t* miss (**einander** each other): **s-n Beruf ~** miss one's vocation; → **Wirkung** 1, **Zweck** 1

verfehlt *Adj* wrong, misguided, *Thema*: missed, (*erfolglos*) abortive

Verfehlung *f* offen/ce (*Am* -se), lapse

verfeinden *v/refl* **sich ~** become enemies; **sich mit j-m ~** make an enemy of s.o. **verfeindet** *Adj* hostile: **~ sein** be enemies

verfeinern *v/t* refine

Verfeinerung *f* refinement

Verfettung *f* MED adiposis

verfeuern *v/t* **1.** (*Holz etc*) use **2.** (*Munition etc*) use up

verfilmen *v/t* film, (adapt *s.th.* for the) screen **Verfilmung** *f* **1.** filming **2.** FILM

film (*od* screen) adaptation

verfilzen *v/i* **1.** felt, *Haare:* mat **2.** *fig* tangle (up)

Verfilzung *f* → *Filz* 3 b

verfinstern *v/t u. v/refl* **sich** ~ darken

verflachen *v/i fig* degenerate (**zu** into)

verflechten *v/t u. v/refl* **sich** ~ interweave (*a. fig*), WIRTSCH *Unternehmen:* interlock: → **verflochten**

Verflechtung *f* interweaving (*a. fig*), *fig* entanglement, WIRTSCH interlocking

verfliegen *v/i* **1.** *Aroma, Alkohol etc:* evaporate **2.** *fig* vanish, *Zeit etc:* fly

verflixt *Adj* F blasted, damn(ed): ~**!** blast (it)!, damn (it)!

verflochten *Adj* interwoven (*a. fig*), *fig* (en)tangled, WIRTSCH interlocked

verflossen *Adj* **1.** *Zeit:* past **2.** F onetime, ex-…: **m-e** ♀**e** my ex-wife

verfluchen *v/t* curse

verflucht → **verdammt**

verflüchtigen *v/refl* **sich** ~ evaporate (*a. fig Hoffnung etc*)

verflüssigen *v/t u. v/refl* **sich** ~ liquefy

Verflüssigung *f* liquefaction

verfolgen *v/t allg* pursue (*a. fig Politik, Absicht etc*), (*Spur, Entwicklung etc*) follow, (*Verbrecher, Wild*) *a.* hunt, track, chase, (*j-n*) *politisch etc:* persecute, (*beschatten*) shadow, trail: *fig* **j-n ~ Gedanke etc:** haunt s.o.; **strafrechtlich ~** prosecute; **j-n gerichtlich ~** take legal steps against s.o. **Verfolger(in)** *m(f)* pursuer, POL *etc* persecutor **Verfolgte** *m, f* (political) persecutee **Verfolgung** *f* pursuit (*a. Radsport u. fig*), POL *etc* persecution: **strafrechtliche ~** (criminal) prosecution **Verfolgungswahn** *m* persecution complex

verformbar *Adj* TECH ductile, workable **verformen** *v/t u. v/refl* **sich** ~ deform **Verformung** *f* deformation

verfrachten *v/t* (*Waren*) freight, SCHIFF *od Am* ship: F **j-n in ein Taxi** (**ins Bett**) ~ bundle s.o. off into a taxi (to bed)

verfranzen *v/refl* **sich** ~ F get lost

verfremden *v/t* alienate **Verfremdungseffekt** *m* alienation effect

verfressen *Adj* F greedy

verfroren *Adj* ~ **sein** feel the cold (very easily); ~ **aussehen** look frozen

verfrüht *Adj* premature

verfügbar *Adj* available

Verfügbarkeit *f* availability

verfugen *v/t* TECH point

verfügen I *v/t* order: **testamentarisch ~** decree by will **II** *v/i* ~ **über** (*Akk*) have s.o., s.th. at one's disposal, dispose of, (*besitzen*) possess, (*a. Sprachkenntnisse*) have; **er kann über s-e Zeit frei ~** he is master of his time **Verfügung** *f* **1.** order, VERW decree: **laut** ~ as ordered; → **einstweilig, letztwillig 2.** (*über Akk* of) disposal, JUR disposition: **zur ~ stehen** (**stellen**) be (make) available, **j-m** be (place) at s.o.'s disposal; **sich zur ~ stellen** offer one's services, volunteer (*für* for); **sein Amt zur ~ stellen** tender one's resignation **Verfügungsgewalt** *f* (*über Akk* of) disposal, control

verführen *v/t* seduce **Verführer** *m* seducer **Verführerin** *f* seductress **verführerisch** *Adj* seductive, *weit. S.* tempting **Verführung** *f a. fig* seduction **Verführungskünste** *Pl* powers *Pl* of seduction

verfünffachen *v/t u. v/refl* **sich** ~ quintuple

verfüttern *v/t* feed

Vergabe *f von Aufträgen etc:* placing, *von Auszeichnungen etc:* awarding, *von öffentlichen Mitteln:* allocation

vergammeln F **I** *v/i* **1.** rot **2.** *fig Person:* go to seed **II** *v/t* **3.** (*Zeit*) laze away **vergammelt** *Adj* seedy, scruffy

vergangen *Adj* past: ~**e Woche, in der** ~**en Woche** last week

Vergangenheit *f* past (*a. fig Vorleben*), LING past (tense): **politische ~** political background; → **ruhen**

Vergangenheitsbewältigung *f* coming to terms with the past

vergänglich *Adj* transient, fugitive

Vergänglichkeit *f* transience

vergasen *v/t* **1.** CHEM gasify **2.** (*töten*) gas

Vergaser *m* MOT carburet(t)or

Vergasung *f* **1.** CHEM gasification **2.** (*Tötung*) gassing

vergeben I *v/t* **1.** (*an Akk*) give s.th. away (to), (*Auftrag etc*) place (with), (*Arbeit etc*) assign (to), (*Preis etc*) award (to), (*öffentliche Mittel*) allocate (to), (*Stipendium*) grant (to) **2. j-m etw ~** forgive s.o. (for doing) s.th. **3. e-e Chance ~** *a.* SPORT miss (*od* give away) the chance **II** *v/i* **4. j-m ~** forgive s.o. **5.** SPORT give away the chance, shoot wide

vergrämt

III *Adj* **6.** *Stelle*: filled, *Arbeit etc*: assigned: *noch nicht ~ Posten*: still vacant

vergebens *Adj präd u. Adv* in vain
vergeblich I *Adj* vain, futile **II** *Adv* in vain **Vergeblichkeit** *f* futility
Vergebung *f* **1.** (*j-n um ~ bitten* ask s.o.'s) forgiveness **2.** → *Vergabe*
vergegenwärtigen *v/t sich etw ~* visualize (*od* picture) s.th.
vergehen I *v/i allg* pass (away) (*a. fig*), *Zeit*: *a.* go by, (*nachlassen*) wear off: *wie die Zeit vergeht!* how time flies!; *vor Hunger, Ungeduld etc ~* be dying with; *er verging fast vor Angst* he was frightened to death; *mir ist der Appetit vergangen* I've lost my appetite; F *da vergeht einem alles!* that turns you off completely! **II** *v/refl sich ~ a*) *an j-m* commit indecent assault on s.o., rape s.o., **b**) *gegen ein Gesetz etc*: offend against, violate
Vergehen *n* offen/ce (*Am* -se), delict
vergelten *v/t allg* repay (*j-m etw* s.o. for s.th.) **Vergeltung** *f* (*als ~* in) retaliation (*für* for, *of*): *~ üben* retaliate (*an Dat* on) **Vergeltungs...** retaliatory (*measure, strike, etc*)
vergesellschaften *v/t* WIRTSCH socialize
Vergesellschaftung *f* WIRTSCH socialization
vergessen *v/t allg* forget (*sich* o.s.), (*liegen lassen*) *a.* leave (behind): *ich habe es ~ a.* it slipped my mind; *ich habe ganz ~, wie* I forget how; *das vergesse ich dir nie* I won't ever forget it; F *das kannst du ~!* forget it!
Vergessenheit *f* (*in ~ geraten* fall into) oblivion
vergesslich *Adj* forgetful: *~ sein a.* keep forgetting things
Vergesslichkeit *f* forgetfulness
vergeuden *v/t* waste, squander
Vergeudung *f* waste
vergewaltigen *v/t* rape, *a. fig* violate
Vergewaltigung *f* rape, *a. fig* violation
vergewissern *v/refl sich ~* make sure (*e-r Sache* of s.th., *ob* whether, *dass* that)
vergießen *v/t* spill, (*Blut, Tränen*) shed
vergiften I *v/t* poison (*a. fig*), (*die Umwelt*) contaminate **II** *v/refl sich ~* poison o.s

Vergiftung *f* poisoning (*a. fig*), *der Umwelt*: contamination
vergilbt *Adj* yellowed
Vergissmeinnicht *n* BOT forget-me-not
vergittern *v/t* bar, *mit Holz*: lattice
verglasen *v/t* glaze
Vergleich *m* **1.** (*im ~* in *od* by) comparison (*zu* with): *e-n ~ anstellen* draw a comparison; *dem ~ (nicht) standhalten* bear (no) comparison (*mit* with); → *hinken* **2.** JUR settlement, (*im Güter-bigern*: composition: *gütlicher ~* amicable arrangement; *mit e-m Gläubiger e-n ~ (ab)schließen* compound with a creditor **vergleichbar** *Adj* comparable (*mit* to, with) **vergleichen I** *v/t* compare (*mit* to, *prüfend*: with): *... ist nicht zu ~ mit ...* ... cannot be compared to ..., *wertmäßig*: ... cannot compare with ... **II** *v/refl sich ~* JUR come to terms, *mit Gläubigern*: compound
vergleichend *Adj* comparative
vergleichsweise *Adv* comparatively
Vergleichszahl *f* Statistik: comparative figure
verglühen *v/i* Meteor, Rakete: burn up
vergnügen *v/refl sich* (*mit etw*) *~* enjoy o.s. (doing s.th.) **Vergnügen** *n* pleasure, (*Spaß*) fun: *mit ~* with pleasure; *viel ~!* *a. iron* have fun!; (*nur*) *zum ~* (just) for fun; *vor ~* yell etc with delight; *sein ~ haben an* (*Dat*) enjoy; *j-m ~ machen* amuse s.o.; *wir wünschen Ihnen viel ~* we hope you'll enjoy yourselves; *es war kein* (*reines*) *~!* F it was no picnic!; *es war ein teures ~* it was a costly affair
vergnüglich *Adj* pleasant, amusing
vergnügt *Adj* cheerful: *~ sein a.* be in high spirits **Vergnügung** *f mst Pl* pleasure, amusement, (*a. Veranstaltung*) entertainment
Vergnügungspark *m* amusement park, *bes Br* fun fair **~reise** *f* pleasure trip **~steuer** *f* entertainment tax **~süchtig** *Adj* pleasure-seeking **~viertel** *n* night-life district
vergolden *v/t a. fig* gild
vergoldet *Adj* Uhr etc: gold-plated
vergönnen *v/t* grant: *es war ihr nicht vergönnt zu Inf* it was not granted to her to *Inf*
vergöttern *v/t fig* adore, worship
vergraben *v/t a. fig* bury (*sich* o.s.)
vergrämt *Adj* careworn

vergrätzen v/t vex, annoy

vergraulen v/t F scare off

vergreifen v/refl **1. sich ~** allg make a mistake, MUS play a wrong note: fig **sich im Ton ~** strike a false note, talk out of turn **2. sich ~ an** fremdem Eigentum etc: misappropriate; **sich an j-m ~** lay hands on s.o., (sexually) assault s.o.

vergreisen v/i become senile, Bevölkerung: age **vergreist** Adj senile

Vergreisung f senescence

vergriffen Adj Ware: sold(-)out, Buch: out(-)of(-)print

vergrößern v/t **I** allg enlarge, FOTO a. blow up, OPT magnify, (ausdehnen) expand, extend, (vermehren, a. fig) increase, (Einfluss etc) a. widen **II** v/refl **sich ~** enlarge, expand, increase, widen, Organ: become enlarged **Vergrößerung** f allg enlargement (a. FOTO), expansion, increase, widening, OPT magnification

Vergrößerungs|apparat m FOTO enlarger **~glas** n OPT magnifying glass

Vergünstigung f privilege, steuerliche: allowance, soziale: benefit

vergüten v/t **1.** (j-m) etw ~ (Arbeit etc) remunerate (od pay) (s.o.) (for) s.th., (Unkosten etc) reimburse (s.o.) for s.th., (Schaden etc) compensate (s.o.) for s.th. **2.** TECH (Stahl) quench and temper **Vergütung** f **1.** remuneration, reimbursement, compensation **2.** TECH quenching and tempering

verhaften v/t arrest: **Sie sind verhaftet!** you are under arrest! **Verhaftete** m, f person arrested **Verhaftung** f arrest

verhallen v/i die away

verhalten[1] v/refl **sich ~** allg behave, Person: a. conduct o.s., act, Sache: be, CHEM a. react: **sich ruhig ~** keep quiet; **ich weiß nicht, wie ich mich ~ soll** I'm not sure what to do; **wenn sich die Sache so verhält** if that is the case

verhalten[2] **I** Adj **1.** restrained, Zorn, Lachen etc: suppressed **2.** → **gedämpft** 1 **II** Adv **3.** with restraint: **~ fahren** drive cautiously, SPORT **er lief ~** he didn't go all out; **~ spielen** SPORT play a waiting game, THEAT underact

Verhalten n allg behavio(u)r, reaction, (Haltung) conduct, attitude

Verhaltens|forscher(in) behavio(u)ral scientist **~forschung** f behavio(u)ral

science **2gestört** Adj disturbed, maladjusted **~(maß)regeln** Pl instructions Pl **~muster** n behavio(u)ral pattern **~therapie** f behavio(u)r therapy

Verhältnis n **1.** proportion, relation, (Zahlen2) ratio: **im ~ 1:10** in a ratio of one to ten; **in k-m ~ stehen** be out of all proportion (**zu** to) **2.** (**zu**) relations Pl, relationship (with), (Einstellung) attitude (to): **in e-m freundschaftlichen ~ stehen** be on friendly terms **3.** Pl (Umstände) conditions Pl, circumstances Pl, (Mittel) means Pl: **unter diesen** (od **den gegebenen**) **~sen** as matters stand; **in guten** (**finanziellen**) **~sen leben** be well off; **über s-e ~se leben** live beyond one's means **4.** F (Liebes2) affair, (Geliebte) mistress

verhältnismäßig Adj comparative, relative

Verhältnis|wahl f PARL proportional representation **~wort** n preposition

verhandeln v/i **I** v/i **1. ~ über** (Akk) negotiate (about, on, for), (erörtern) discuss **2.** JUR hold a hearing (strafrechtlich: trial) **II** v/t **3.** JUR (e-n Fall) hear, strafrechtlich: try **Verhandlung** f **1.** negotiations Pl (über Akk about, on, for): **in ~en eintreten** enter into negotiations **2.** JUR hearing, (Straf2) trial: **zur ~ kommen** come up (for trial)

Verhandlungs|basis f basis for negotiation: WIRTSCH **~ € 5000** € 5,000 or nearest offer **2bereit** Adj ready to negotiate **~partner(in)** negotiating party **~runde** f round of negotiations **~tisch** m negotiating table

verhangen Adj Himmel: cloudy

verhängen v/t **1.** (**mit** with) cover, drape **2.** (**über** Akk) (Strafe etc) impose (on), (Notstand etc) declare (in a country on) **3.** (Elfmeter etc) (**gegen** against) give, award

Verhängnis n (Schicksal) fate, (Katastrophe) disaster: **j-m zum ~ werden** be s.o.'s undoing **verhängnisvoll** Adj fateful, stärker: disastrous, fatal

verharmlosen v/t etw ~ play s.th. down **verharrt** Adj careworn

verharren v/i **in s-m Schweigen** etc ~ remain silent etc

verharschen v/i crust

verhärten v/t a. fig harden (**sich** o.s.)

Verhärtung f bes fig hardening, induration (a. MED)

verhaspeln v/refl **sich ~** F fig get in a muddle

verhasst Adj hated, Sache: a. hateful: **er hat sich bei allen ~ gemacht** he has turned everyone against him

verhätscheln v/t coddle, pamper, cosset

verhauen v/t F 1. beat s.o. up, (bes Kind) spank 2. fig (Prüfung etc) muff

verheddern v/refl **sich ~** F 1. a. fig tangle 2. → **verhaspeln**

verheerend Adj 1. Erdbeben etc: disastrous: fig ~ **wirken auf** (Akk) play havoc with 2. F dreadful **Verheerungen** Pl (~ **anrichten** cause) havoc Sg

verhehlen v/t → **verheimlichen**

verheilen v/i heal (up)

verheimlichen v/t (Dat from) hide, conceal, keep s.th. a secret

verheiraten v/t **j-n ~** marry s.o. (off) (**mit, an** Akk to); **sich~** marry, get married; **verheiratet sein** be married (**mit** to, a. F fig mit dem Beruf etc) **Verheiratete** m, f married man (woman)

verheißen v/t, **Verheißung** f promise

verheißungsvoll Adj promising

verhelfen v/t **j-m ~ zu** help s.o. (to) find (od get etc)

verherrlichen v/t glorify

Verherrlichung f glorification

verhexen v/t bewitch, F jinx: **es ist wie verhext!** there is a jinx on it!

verhindern v/t prevent: (**es**) ~, **dass j-d etw tut** prevent s.o. from doing s.th.

verhindert Adj 1. ~ **sein** be unable to come 2. F fig would-be artist etc

Verhinderung f prevention

verhöhnen v/t deride, mock (at)

Verhöhnung f derision, mockery

verhökern v/t F pej flog

Verhör n JUR interrogation, questioning

verhören I v/t JUR interrogate, question **II** v/refl **sich ~** mishear

verhüllen v/t cover (up), a. fig veil

verhundertfachen v/t centuple

verhungern v/i die of starvation: **j-n ~ lassen** starve s.o. to death; F **ich bin am 2!** I'm starving!

verhunzen → **versauen**

verhüten v/t prevent

verhüten v/t TECH (Erze) smelt

Verhütung f prevention, (Empfängnis2) contraception

Verhütungsmittel n MED contraceptive

verhutzelt Adj F Gesicht etc: wizened

verinnerlichen v/t PSYCH, SOZIOL internalize

verirren v/refl **sich ~** lose one's way, get lost **verirrt** Adj Kugel: stray

Verirrung f fig aberration

verjagen v/t a. fig chase away

verjähren v/i JUR come under the statute of limitation **verjährt** Adj statute-barred **Verjährung** f limitation, e-s Besitzrechts: (negative) prescription

Verjährungsfrist f period of limitation

verjubeln v/t F blow, blue

verjüngen I v/t 1. **j-n ~** make s.o. (look) younger, rejuvenate s.o.; SPORT **die Mannschaft ~** build up a younger team **II** v/refl **sich ~** 2. grow (od look) younger 3. TECH taper **Verjüngung** f 1. rejuvenation 2. TECH taper

verkabeln v/t connect to a cable TV network

verkalken v/i calcify, Leitung etc: fur up, F Arterien: harden, Person: become senile **verkalkt** Adj F fig senile

verkalkulieren v/refl **sich ~** F miscalculate, make a mistake

Verkalkung f 1. calcification 2. F fig hardening of the arteries, senility

verkannt Adj unrecognized

verkappt Adj disguised: **ein ~er Kommunist** a crypto-communist

Verkauf m 1. (**zum~** for) sale 2. WIRTSCH sales department **verkaufen I** v/t (Dat, **an** Akk to) sell (a. F fig): **zu ~!** for sale! **II** v/refl **sich ~** sell well, badly, etc, Person: sell o.s **Verkäufer** m seller, JUR vendor, (Vertreter) salesman, (Laden2) (shop) assistant, Am salesclerk **Verkäuferin** f (shop) assistant, saleslady, Am salesclerk **verkäuflich** Adj marketable, sal(e)able, (zu verkaufen) for sale: **gut ~** easy to sell; **frei ~** Medikament: available without prescription

Verkaufs|aktion f sales campaign, Am a. sales drive **~förderung** f sales promotion **~gespräch** n sales talk **~leiter(in)** f sales manager 2**offen** Adj **~er Samstag** all-day shopping on Saturday **~preis** m selling price **~schlager** m F money-spinner **~stand** m stand **~wert** m market value **~ziffer** f sales figure

Verkehr m 1. (Straßen2) traffic: **öffentlicher ~** public transport(ation) 2. fig

(*Verbindung*) contact, (*Umgang*) dealings *Pl*, company: **den ~ abbrechen** break off all contact(s) **3.** WIRTSCH trade, (*Zahlungs2*) payments *Pl*, (*Umlauf*) circulation: **aus dem ~ ziehen** *a*. F *fig* withdraw from circulation **4.** (*Geschlechts2*) (sexual) intercourse

verkehren *v/i* **1.** *Bus etc*: run, operate **2.** **~ in** (*Dat*) frequent; **bei j-m ~** visit s.o. regularly **3.** **~ mit** associate (*od* mix) with; **geschäftlich ~ mit** have business dealings with **4.** (*geschlechtlich*) **~ mit** have (sexual) intercourse with

Verkehrs|ampel *f* traffic lights *Pl* **~amt** *n* tourist office **~aufkommen** *n* volume of traffic **~behinderung** *f* holdup, delay **~beruhigung** *f* traffic calming **~betriebe** *Pl* transport services *Pl* **~chaos** *n* traffic chaos **~delikt** *n* traffic offen/ce (*Am* -se) **~dichte** *f* traffic density **~durchsage** *f* traffic announcement **~erziehung** *f* road safety education **~flugzeug** *n* airliner **~fluss** *m* flow of traffic 2**frei** *Adj* **~e Zone** vehicle-free zone 2**günstig** *Adv*: **~ gelegen** conveniently placed as regards transport facilities **~insel** *f* traffic island **~kontrolle** *f* vehicle spotcheck **~kreisel** *m* Br roundabout, *Am* rotary **~lage** *f* situation on the roads **~leitsystem** *n* traffic guidance (*od* routing) system **~meldungen** *Pl* traffic news *Sg* **~minister(in)** Minister of Transport **~mittel** *n* means *Pl* of transport(ation): **öffentliche ~** *Pl* public transport(ation) *Sg* **~netz** *n* traffic system **~opfer** *n* road casualty **~ordnung** *f* traffic regulations *Pl* **~polizei** *f* traffic police **~polizist(in)** traffic policeman (policewoman) **~regel** *f* *mst Pl* traffic regulation **~regelung** *f* (automatic) traffic control 2**reich** *Adj* busy **~schild** *n* road sign 2**sicher** *Adj* MOT roadworthy **~sicherheit** *f* road safety, MOT roadworthiness

Verkehrs|sprache *f* lingua franca **~stau** *m*, **~stockung** *f* traffic jam **~streife** *f* traffic patrol **~sünder(in)** traffic offender **~teilnehmer(in)** road user **~träger** *m* means of transport **~überwachung** *f* traffic control (*od* surveillance) **~unfall** *m* road accident, *schwerer*: (car) crash **~unterricht** *m* traffic instruction **~verbund** *m* linked transport system **~verein** *m* tourist of-

fice **~wert** *m* WIRTSCH market value **~zählung** *f* traffic census **~zeichen** *n* road sign

verkehrt **I** *Adj* wrong **II** *Adv* **~ herum** the wrong way round, (*auf dem Kopf*) upside(-)down, (*Innenseite nach außen*) inside out

verkennen *v/t* misjudge; → **verkannt**

verketten *v/t a*. fig link

Verkettung *f* fig concatenation

verklagen *v/t* sue (**wegen, auf** Akk for)

verklappen *v/t* dump into the ocean

Verklappung *f* ocean dumping

verklären *v/t* fig idealize

verklärt *Adj* fig *Ausdruck etc*: beatific

verkleiden **I** *v/t* **1.** dress s.o. up, disguise **2.** TECH cover, *innen*: line, (*umhüllen*) case, *mit Holz*: panel, *mit Steinen etc*: face, revet **II** *v/refl* **sich ~ 3.** dress (o.s.) up, disguise o.s **Verkleidung** *f* **1.** disguise **2.** TECH casing, (*Innen2*) lining, (*Holz2*) panel(l)ing, ARCHI (*Außen2*) facing, (*Kühler2*) cowling, FLUG fairing

verkleinern *v/t* **1.** make s.th. smaller, (*Maßstab etc*) reduce, (*vermindern*) diminish **2.** fig detract from, belittle

Verkleinerung *f* reduction **Verkleinerungsform** *f* LING diminutive

verklemmt *Adj* PSYCH inhibited

verklingen *v/i a*. fig die away

verknacken *v/t* F put s.o. inside (**zu** for)

verknallen *v/refl* **sich ~ in** (Akk) f fall for; **verknallt sein in** (Akk) a. be madly in love with, have a crush on

Verknappung *f* shortage

verkneifen *v/t* f **sich etw ~** do (*od* go) without s.th.; **ich konnte mir ein Lächeln nicht ~** I couldn't help smiling

verkniffen *Adj Mund*: pinched, *Ansichten, Mensch*: narrow-minded

verknöchern *v/i a*. fig ossify: **er ist total verknöchert** F he's an old fossil

verknoten *v/t* knot, tie (up)

verknüpfen *v/t* **1.** knot (*od* tie) together **2.** fig connect, link: **mit Kosten, Schwierigkeiten etc verknüpft sein** involve; **eng verknüpft sein mit** be bound up with

verknusen *v/t* F **ich kann ihn nicht ~** I can't stand him

verkochen *v/i Wasser etc*: boil away: GASTR **verkocht sein** be overboiled

verkohlen **I** *v/i* char **II** *v/t* F fig **j-n ~** have

s.o. on, pull s.o.'s leg

verkommen[1] v/i *Anwesen etc*: go to rack and ruin, *Person*: *a.* go to the dogs, *Obst etc*: go to waste

verkommen[2] *Adj* (*verwahrlost*) seedy, run-down, (*verfallen*) dilapidated, *moralisch*: depraved

Verkommenheit f depravity

verkorken v/t cork (up)

verkorksen v/t F *etw* ~ mess s.th. up; **sich den Magen** ~ upset one's stomach; *fig* **e-e verkorkste Sache** a mess

verkörpern v/t personify, *bes Sache*: embody, *bes* THEAT impersonate

Verkörperung f personification, embodiment, THEAT impersonation

verköstigen v/t feed

verkrachen v/refl **sich** ~ F fall out (**mit** with) **verkracht** *Adj* F **1. mit j-m ~ sein** have fallen out with s.o. **2.** failed (*artist etc*): **~e Existenz** failure

verkraften v/t cope with, handle, *seelisch*: bear, take

verkrampfen v/refl **sich** ~ *Muskeln etc*: become cramped, *Hände etc*: clench, *fig Mensch*: tense (up)

verkriechen v/refl **sich** ~ *a. fig* hide

verkrümeln v/refl **sich** ~ F make o.s. scarce

verkrümmt *Adj* MED curved

Verkrümmung f ~ **der Wirbelsäule** curvature of the spine

verkrüppeln I v/t cripple **II** v/i become crippled (*Baum*: stunted)

verkrusten v/i become encrusted

verkühlen → **erkälten**

verkümmern v/i become stunted, *a. fig* waste away, atrophy **verkümmert** *Adj* stunted, *a. fig* stunted

verkünden v/t **1.** announce (*a.* F *fig sagen*), *öffentlich*: proclaim, (*Urteil*) pronounce, (*Gesetz*) promulgate **2.** *fig* herald **verkündigen** v/t **1.** *lit für* **verkünden 2.** REL preach **Verkündigung** f REL preaching: **Mariä** ~ Annunciation (Day) **Verkündung** f proclamation, *e-s Urteils*: pronouncement, *e-s Gesetzes*: promulgation

verkupfern v/t copper

verkuppeln v/t F *j-n* ~ marry s.o. off (**an** *Akk* to)

verkürzen I v/t shorten (**um** by), abridge, (*Aufenthalt etc*) cut short: **verkürzte Arbeitszeit** reduced hours *Pl* **II**

v/i ~ **auf** (*Akk*) SPORT shorten to

verlachen v/t laugh at, deride

Verladebahnhof m shipping station

verladen v/t **1.** (*Güter*) load, ship, (*a. Truppen*) SCHIFF embark, FLUG emplane, BAHN entrain, MOT entruck **2.** → **verschaukeln Verladung** f loading (*etc*)

Verlag m publishing house (*od company*), publishers *Pl*: **erschienen im ~ Longman** published by Longman

verlagern v/t **1.** (*a. sich* ~) (*Schwerpunkt, Interesse etc*) shift (**auf** *Akk* to) **2.** → **verlegen**[1] **Verlagerung** f **1.** shift(ing) **2.** → **Verlegung 1**

Verlags|anstalt f publishing house **~buchhandel** m publishing trade **~buchhändler(in)** publisher **~werk** n publication **~wesen** n publishing

verlanden v/i silt up

verlangen I v/t **1.** ask for, demand, (*erwarten*) expect, (*beanspruchen*) claim: **die Rechnung** ~ ask for the bill; **er verlangt viel** he's very demanding; **das ist (nicht) zu viel verlangt** that's (not) asking too much; **er verlangte den Geschäftsführer** he asked to speak to the manager; **Sie werden am Telefon verlangt** you are wanted on the phone **2.** (*erfordern*) require, call for **3.** (*berechnen*) charge **II** v/i **4.** ~ **nach a)** ask for, **b)** (*sich sehnen*) long for

Verlangen n **1.** (**nach** for) desire, (*Sehnsucht*) longing: **heftiges** ~ craving **2.** (*Bitte*) request, (*Forderung*) demand: **auf** ~ on request

verlängern v/t **1.** lengthen (*a.* **sich** ~), make *s.th.* longer, *fig* (*Frist, Leben etc*) prolong, (*a. Kredit, Mitgliedschaft etc*) extend, (*Vertrag, Ausweis etc*) renew **2.** SPORT (*Ball, Pass*) touch on (**zu** to)

Verlängerung f **1.** lengthening, *zeitlich*: prolongation, extension, renewal **2.** SPORT **a)** *des Balles etc*: pass, **b)** (*Spiel* ⚹) (**in die** ~ **gehen** go into) extra time (*Am* overtime)

Verlängerungsschnur f ELEK extension flex (*Am* cord)

verlangsamen v/t (*a.* **sich** ~) (*Schritte, Tempo etc*) slacken, (*a. fig Entwicklung etc*) slow down

Verlass m **es ist** (**kein**) ~ **auf** *j-n* (*etw*) s.o. (s.th.) is reliable (unreliable)

V

verlassen[1] **I** v/t leave, (*im Stich lassen*) a. abandon, desert: *fig* **s-e Kräfte verließen ihn** his strength failed him **II** v/refl **sich ~ auf** (*Akk*) rely (*od* count, depend) on; F **verlass dich drauf!** take my word for it!

verlassen[2] *Adj* deserted, *Person:* a. abandoned, (*einsam*) lonely, desolate

Verlassenheit f loneliness, desolation

verlässlich *Adj* reliable, dependable

Verlauf m **1.** e-r Straße etc: course **2.** (*Ablauf*) course, run, (*Entwicklung*) progress, development: **im ~ von** (*od Gen*) in the course of; **im weiteren ~** in the sequel **verlaufen I** v/i **1.** Straße etc: run **2.** go, run, come off: **alles verlief wie geplant** everything went according to plan; **normal ~** take its normal course; → **ergebnislos 2.** Farben: run, bleed **4.** Spur: disappear: → **Sand 5.** → **zerlaufen II** v/refl **sich ~ 6.** get lost, lose one's way

verlaust *Adj* full of lice

verlautbaren v/t VERW announce

verlauten v/i be reported: **wie verlautet** as reported; **~ lassen** give to understand, (*andeuten*) hint

verleben v/t spend: **e-e schöne Zeit ~** a. have a nice time **verlebt** *Adj* ravaged (*od* worn-out) (by a fast life)

verlegen[1] **I** v/t **1.** (*nach, in Akk* to) transfer, move **2.** zeitlich: (*auf Akk*) put off (to), postpone (until) **3.** (*Brille etc*) mislay **4.** (*Teppich, Gleise, Kabel etc*) lay **5.** (*Buch etc*) publish **6.** → **verlagern 1 II** v/refl **7.** **sich ~ auf** (*Akk*) take up, (*ein Hobby*) take to (*gardening etc*): **sie verlegte sich aufs Bitten** she resorted to pleading

verlegen[2] *Adj* **1.** embarrassed: **~ machen** embarrass **2.** (*nie*) **~ um** (*e-e Antwort, Ausrede etc*) (never) at a loss for

Verlegenheit f **1.** embarrassment: **j-n in ~ bringen** embarrass s.o. **2.** (*missliche Lage*) predicament, awkward situation: **j-m aus der ~ helfen** help s.o. out

Verlegenheits|lösung f makeshift solution **~pause** f (*es entstand e-e ~*) there was an) awkward silence

Verleger(in) publisher **verlegerisch** *Adj* publisher's (*risk, courage, etc*)

Verlegung f **1.** transfer, removal **2.** zeitlich: postponement **3.** TECH laying

verleiden v/t **j-m etw ~** spoil s.th. for s.o.

Verleih m **1.** hiring out, von Filmen: distribution: **~ von Autos** etc cars etc for hire **2.** (*~firma*) hire (*od* rental) service, (*Film2*) distributors Pl

verleihen v/t **1.** (**an** *Akk* to) lend (out), bes Am loan, gegen Gebühr: hire (Am rent) out **2.** **j-m etw ~** (*Preis etc*) award s.o. s.th., (*Titel etc*) confer s.th. on s.o., (*Recht etc*) grant s.o. s.th. **3.** fig give (*Dat* to): **s-r Dankbarkeit Ausdruck ~** express one's gratitude **Verleiher(in)** lender, bes Am loaner **Verleihung** f **1.** lending (*etc,* → **verleihen** 1) **2.** award, conferment, grant(ing)

Verleihungsurkunde f diploma

verleimen v/t glue together

verleiten v/t **j-n zu etw ~** make s.o. do s.th., lead s.o. to do s.th., seduce (*od* talk) s.o. into doing s.th.; **sich ~ lassen** (**zu** *Inf*) be seduced (to *Inf*), von e-m Gefühl etc: be carried away (into Ger)

verlernen v/t unlearn, forget

verlesen[1] **I** v/t read out, (*Namen*) a. call out: **die Namensliste ~** call the roll **II** v/refl **sich ~** make a slip (in reading)

verlesen[2] v/t (*Salat etc*) pick

verletzbar, verletzlich *Adj* fig vulnerable, touchy **verletzen I** v/t injure, hurt, wound, fig a. offend, (*Gesetz etc*) violate, (*Anstand etc*) offend against: **er wurde tödlich verletzt** he was fatally injured; **j-n tief ~** cut s.o. to the quick; **s-e Pflicht ~** neglect one's duty **II** v/refl **sich ~** hurt o.s., get hurt; **er hat sich am Arm verletzt** he hurt his arm **verletzend** *Adj* fig offensive

Verletzte m, f injured person: **die ~n** the injured; **es gab viele ~** many people were injured **Verletzung** f **1.** injury, wound **2.** fig (*Gesetzes2 etc*) violation, (*Pflicht2 etc*) a. breach

Verletzungsgefahr f danger of injuring o.s. **Verletzungspech** n SPORT **vom ~ verfolgt** injury-ridden

verleugnen v/t deny, (*Glauben etc*) renounce, (*Kind, Freund etc*) disown: **es lässt sich nicht ~, dass ...** there's no denying that ...; **sich vor j-m ~ lassen** not to be at home to s.o.

Verleugnung f denial

verleumden v/t calumniate, JUR slander, *schriftlich:* libel **Verleumder(in)** slanderer, libel(l)er **verleumderisch** *Adj* slanderous, libel(l)ous **Verleum-**

dung *f* calumny, slander, *schriftliche*: libel

Verleumdungskampagne *f* smear campaign **Verleumdungsklage** *f* JUR action for slander (*od* libel)

verlieben *v/refl* **sich ~** fall in love (*in Akk* with) **verliebt** *Adj* in love (*in Akk* with), *Blicke etc*: amorous **Verliebtheit** *f* being in love, amorousness

verlieren *v/t u/i allg* lose, (*Blätter, Haare*) *a*. shed: **kein Wort darüber ~** not to say a word about it; F **er hat hier nichts verloren!** he's got no business (to be) here!; → **Auge** 1, **Mut, Nerv** II *v/i* lose (**gegen** to, against): *fig* **an Wert ~** go down in value; → **Reiz** 2 III *v/refl* **sich ~** disappear

Verlierer(in) loser **Verliererseite** *f* **auf der ~ sein** be on the losing side

Verlies *n* dungeon

verloben *v/refl* **sich ~** get engaged (*mit* to) **verlobt** *Adj* engaged (*to be married*) (*mit* to)

Verlobte *m*, *f* fiancé(e *f*): **die ~n** *Pl* the engaged couple *Sg*

Verlobung *f* engagement

Verlobungs|anzeige *f* engagement announcement **~feier** *f* engagement party **~ring** *m* engagement ring

verlocken *v/t* tempt **verlockend** *Adj* tempting **Verlockung** *f* temptation

verlogen *Adj* lying, *Moral etc*: hypocritical: **du ~er Kerl!** you damned liar!

Verlogenheit *f* lying, hypocrisy

verloren *Adj allg* lost, *fig a*. wasted, (*einsam*) *a*. forlorn: GASTR **~e Eier** poached eggs; BIBEL **der ~e Sohn** the prodigal son; **auf ~em Posten stehen** fight a losing battle; **~ gehen** get lost, be lost; **an ihm ist ein Lehrer ~ gegangen** he would have made a good teacher

verlosen *v/t* draw lots for, *in e-r Tombola*: raffle (off) **Verlosung** *f* drawing lots (*Gen* for), (*Lotterie*) raffle, lottery

verlöten *v/t* TECH solder (up)

verlottern *etc* → **verwahrlosen** *etc*

Verlust *m allg* loss (**an** *Dat* of, *fig für* to), (*Todesfall*) *a*. bereavement: **~e** *Pl* losses *Pl, beim Spiel*: losings *Pl*, MIL casualties *Pl*; **mit ~** at a loss; **mit ~ arbeiten** *a*. be losing money

Verlust|geschäft *n* losing deal **~meldung** *f* report of loss, MIL casualty report **~ziffer** *f* MIL casualty figure

vermachen *v/t* leave (*Dat* to)

Vermächtnis *n* JUR 1. (*Testament*) will 2. (*Hinterlassenschaft, a. fig*) legacy

vermählen *v/refl* **sich ~** get married (*mit* to) **vermählte** *m, f* newly(-)wed: **die ~n** *Pl* the newly(-)weds *Pl*, the newly-married couple *Sg* **Vermählung** *f* marriage, wedding

vermännlichen *v/t* masculinize

vermarkten *v/t* market, *a. fig* sell, *fig* commercialize **Vermarktung** *f* marketing, *fig* commercialization

vermasseln *v/t* F mess s.th. up; **j-m die Tour ~** queer s.o.'s pitch

Vermassung *f* depersonalization

vermehren I *v/t* (**um** by) increase, augment, *an Zahl*: multiply 2. BIOL propagate, ZOOL *a*. breed II *v/refl* **sich ~** 3. → 1 4. BIOL reproduce, multiply, breed **Vermehrung** *f* 1. increase 2. BIOL reproduction, breeding

vermeidbar *Adj* avoidable

vermeiden *v/t* avoid, *schlau*: evade, *ängstlich*: shun: **es lässt sich nicht ~** it can't be helped

vermeintlich *Adj* supposed, alleged

vermengen *v/t* 1. mix 2. *fig* (*Begriffe etc*) mix up

vermenschlichen *v/t* humanize

Vermerk *m* note **vermerken** *v/t* note (down), *a. fig* make a note of

vermessen[1] *v/t* measure, (*Land etc*) survey

vermessen[2] *Adj* presumptuous

Vermessenheit *f* presumption

Vermessung *f* measuring, (*Land2 etc*) survey(ing)

Vermessungsingenieur(in) surveyor

vermiesen *v/t* F **j-m etw ~** spoil s.th. for s.o.

vermieten *v/t* (**an** *Akk* to) let, JUR lease, *bes Am* rent (out), (*Auto etc*) hire (*Am* rent) out: **zu ~** *Haus*: to let, *Auto*: for hire, *beide bes Am* for rent

Vermieter *m* 1. (*Hauswirt*) landlord 2. *von Sachen*: lessor **Vermieterin** *f* landlady **Vermietung** *f* letting, leasing, *bes Am* renting, (*Verleih*) hiring (out)

vermindern → **verringern**

verminen *v/t* MIL mine

vermischen *v/t* (*a.* **sich ~**) mix, mingle

vermischt *Adj* mixed, *Nachrichten etc*: miscellaneous

Vermischung *f* mixing, mingling

vermissen v/t miss: **vermisst werden** be missing; **ich vermisse m-e Uhr** my watch is missing; **ich vermisse ihn sehr** I miss him badly; ~ **lassen** lack

Vermisste m, f missing person

vermitteln I v/t 1. **j-m etw** ~ **get** (od find) s.o. s.th.; **j-n** ~ **an** (Akk) find s.o. a place with (a firm etc) 2. (zustande bringen) arrange, mediate 3. (Dat to) (Wissen etc) impart, (Eindruck etc) convey II v/i 4. (**zwischen** Dat between, **in** Dat in) mediate, (~d eingreifen) intervene

Vermittler(in) (Schlichter) mediator, (Mittelsmann) go-between, WIRTSCH agent

Vermittlung f 1. (Beschaffung) procurement, e-s Geschäfts etc: negotiation, e-s Arbeitsplatzes: placement, e-s Treffens etc: arrangement: **durch** ~ **von** (od Gen) through (e-s Wissens etc: imparting, e-s Eindrucks etc: conveyance 3. (Schlichtung) mediation, (Eingreifen) intervention 4. (Büro) agency, office 5. TEL exchange

Vermittlungsgebühr f WIRTSCH agent's commission **Vermittlungsversuch** m attempt at mediation

vermöbeln F → **verprügeln**

vermodern v/i mo(u)lder, rot

Vermögen n 1. fortune (a. F fig), (Besitz) property, WIRTSCH assets Pl: **sie hat** she is wealthy; **ein** ~ **erben** (**kosten**) come into (cost) a fortune 2. (**nach bestem** ~ to the best of one's ability

vermögend Adj wealthy, well(-)to(-)do

Vermögens|bildung f wealth formation ~**steuer** f wealth tax, property tax ~**verhältnisse** Pl (financial) circumstances Pl ~**verwalter(in)** custodian ~**werte** Pl assets Pl 2**wirksam** Adj ~**e Leistung** (employer's) capital-forming payment under the employees' saving scheme

vermummen v/t disguise

Vermummungsverbot n ban on disguising o.s. during demonstrations

vermurksen v/t F **etw** ~ mess s.th. up

vermuten v/t suppose, assume, think, Am F guess, (erwarten) expect, (argwöhnen) suspect **vermutlich** I Adj → **mutmaßlich** II Adv probably: ~! I suppose so! **Vermutung** f supposition, guess, (Argwohn) suspicion, (Theorie)

conjecture, speculation: **s-e** ~ **war richtig** his guess was right; **die** ~ **liegt nahe, dass ...** it is highly probable that ...; **wir sind auf** (**bloße**) ~**en angewiesen** we have to rely on (mere) guesswork

vernachlässigen v/t neglect
Vernachlässigung f neglect

vernageln v/t **mit Brettern** etc ~ board up **vernagelt** Adj F fig dense, thick: **ich war wie** ~ my mind was a blank

vernähen v/t sew up

vernarben v/i scar over

vernarbt Adj scarred

vernarrt Adj ~ **sein in** (Akk) F be wild about, (ein Kind etc) dote on

vernaschen v/t 1. spend on sweets 2. F fig a) sexuell: lay, love s.o. up, b) SPORT clobber

vernebeln v/t 1. TECH atomize 2. MIL screen 3. fig obscure

vernehmbar Adj audible **vernehmen** I v/t 1. (hören) hear, fig (erfahren) a. learn 2. JUR interrogate, examine: **als Zeuge vernommen werden** be called into the witness box (Am stand) II 2 n 3. **dem** 2 **nach** from what one hears; **sicherem** 2 **nach** according to reliable reports **vernehmlich** Adj audible, distinct **Vernehmung** f JUR interrogation, examination **vernehmungsfähig** Adj fit to be examined

verneigen v/refl **sich** ~ bow (**vor** Dat to) **Verneigung** f bow (**vor** Dat to)

verneinen v/t 1. a. v/i answer in the negative 2. (leugnen) deny, (ablehnen) reject **verneinend** Adj a. LING negative **Verneinung** f 1. a. LING negation 2. denial, (Ablehnung) rejection

vernetzen v/t connect (**mit** up to), COMPUTER link up to a network **vernetzt** Adj networked, COMPUTER a. interlinked: **nicht** ~ standalone

Vernetzung f connecting up, COMPUTER networking

vernichten v/t 1. allg destroy, stärker: annihilate, (ausrotten, a. fig) exterminate, wipe out 2. fig (Hoffnung etc) dash, shatter **vernichtend** Adj fig Blick, Kritik etc: scathing, devastating, Schlag, Niederlage etc: crushing: Adv **j-n** ~ **schlagen** SPORT beat s.o. hollow

Vernichtung f destruction, annihilation, (Ausrottung, a. fig) extermination

Verneinen

Ich glaube nicht, dass das eine gute Idee ist.	**I don't think that's a very good idea.**
Ich habe jetzt keine Lust mehr schwimmen zu gehen.	**I've gone off the idea of going swimming.**
Vielleicht sollten wir das einfach vergessen.	**Maybe we should just forget it.**
Nein, ich glaube nicht, danke.	**No, I don't think so, thank you.**
Das ist nicht unbedingt mein Fall.	**I'm not really into that.**
Das ist eigentlich nicht so mein Ding.	**It's not really my kind of thing.**
Snowboarden? Kannst du vergessen!	**Snowboarding? No way!**

Vernichtungs|lager n extermination camp **~potential** n destructive potential **~waffe** f destructive weapon

vernickeln v/t nickel(-plate)

verniedlichen v/t play s.th. down

vernieten v/t TECH rivet

Vernissage f MALEREI vernissage

Vernunft f reason: **~ annehmen** listen to reason; **j-n zur ~ bringen** bring s.o. to his senses; **wieder zur ~ kommen** come back to one's senses **~ehe** f marriage of convenience **~gründe** Pl aus **~n** for reasons of common sense

vernünftig I Adj **1.** sensible, reasonable, (besonnen) level-headed: **sie war ~ genug, Nein zu sagen** she had the good sense to say no; **sei (doch) ~!** be sensible! **2.** F (angemessen) reasonable, decent: **e-n ~en Beruf ergreifen** take up a proper career **II** Adv **3.** sensibly, reasonably: **~ reden** a. talk sense; F **~ essen** eat properly

veröden I v/t MED (Gefäße) obliterate **II** v/i Land: become desolate, Dörfer etc: become deserted **Verödung** f **1.** MED obliteration **2.** desolation

veröffentlichen v/t publish

Veröffentlichung f publication

verordnen v/t **1.** MED order, (verschreiben) prescribe (j-m for s.o.) **2.** VERW decree

Verordnung f **1.** MED prescription **2.** VERW ordinance, decree

verpachten v/t lease (Dat, **an** Akk to)

Verpächter(in) lessor

Verpachtung f lease, leasing

verpacken v/t pack (up), bes maschinell: package, (einwickeln) wrap up: → **Geschenk**

Verpackung f **1.** pack(ag)ing **2.** wrapping, package, (Material) packing (material): WIRTSCH **zuzüglich ~** plus packing

Verpackungsautomat m automatic packaging machine **Verpackungskosten** Pl packing cost Sg **Verpackungsmaterial** n packing (material) **Verpackungsmüll** m packaging waste

verpassen v/t **1.** (Zug, Bus etc) miss, (Gelegenheit etc) a. lose, waste **2.** F **j-m e-e Uniform ~** fit s.o. with a uniform; **j-m ein Ding ~** land s.o. one, zap s.o.

verpatzen v/t F **etw ~** mess s.th. up, bes SPORT muff s.th.

verpesten v/t pollute: F fig **die Luft ~** stink the place out

verpetzen v/t F **j-n ~** sneak on s.o.

verpfänden v/t pawn, (a. fig sein Wort etc) pledge, hypothekarisch: mortgage

verpfeifen v/t F **j-n ~** squeal on s.o.; **etw ~** let s.th. out

verpflanzen v/t BOT, MED, fig transplant

Verpflanzung f transplant(ation)

verpflegen v/t feed, MIL supply with rations: **sich selbst ~** cook for o.s

Verpflegung f **1.** catering, food supply **2.** food, MIL rations Pl

verpflichten I v/t **1.** **j-n ~** oblige (vertraglich: obligate, bind) s.o. (**zu etw** to do s.th.); **j-n zum Schweigen ~** bind s.o. to silence; → **verpflichtet 2.** (Künstler) engage, (Sportler) sign on **II** v/refl **3.** **sich ~, etw zu tun** commit o.s. to do(ing) s.th., engage (o.s.) (od bind o.s.) to do s.th. **4.** **sich vertraglich ~** Künstler, Sportler: sign on **verpflichtet** Adj **gesetzlich ~** bound by law; **j-m zu**

Dank ~ sein be indebted to s.o.; *ich fühle mich ~, ihr zu helfen* I feel obliged to help her **Verpflichtung** f *moralische*: obligation, duty, *übernommene*: commitment, engagement, WIRTSCH, JUR liability

verpfuschen v/t F botch, mess *s.th.* up, (*a. fig Leben etc*) ruin

verplanen v/t (*Geld*) budget, (*Urlaub, Freizeit*) plan, (*Zeit*) book up

verplappern v/refl **sich ~** F blab (it out)

verplempern v/t F waste, fritter away

verpönt Adj disapproved-of: (*streng*) **~ sein** a. be frowned upon

verprassen v/t squander, F blow

verprügeln v/t thrash, beat *s.o.* up

verpuffen v/i **1.** CHEM detonate, blow up **2.** *fig* fizzle out, fall flat

verpulvern v/t F (*Geld*) blow

verpumpen v/t F (*an Akk* to) lend, *bes Am* loan

verpuppen v/refl **sich ~** ZOOL pupate

verpusten v/refl **sich ~** F get one's breath back

verputzen v/t **1.** ARCHI plaster, rough-cast **2.** F (*aufessen*) put away, polish off

verqualmt Adj smoke-filled, *präd* full of smoke

verquollen Adj Augen: puffed, swollen

verrammeln v/t F barricade

verramschen v/t F sell *s.th.* off dirt-cheap, (*Bücher*) remainder

Verrat m (*an Dat*) betrayal (of), *a.* JUR, MIL treason (to), (*Treubruch*) treachery (to): **~ begehen an** (*Dat*) betray

verraten I v/t *allg* betray (*a. fig*), give *s.o.*, *s.th.* away, *fig a.* show, reveal: *kannst du mir* (*mal*) **~, warum?** can you tell me why?; *nicht ~!* don't tell!; **~ und verkauft** sold down the river **II** v/refl **sich ~** betray o.s., give o.s. away **Verräter** m traitor (*fig an Dat* to) **Verräterin** f traitress

verräterisch Adj **1.** treasonable, (*treulos*) treacherous, traitorous **2.** *fig* revealing, *Blick*, *Spur etc*: telltale

verrauchen v/i *fig Zorn etc*: blow over

verräuchert Adj smoky

verrechnen I v/t charge (to account), (*e-n Scheck*) clear: *etw ~ mit* offset *s.th.* against **II** v/refl **sich ~** make a mistake; *sich um 10 Euro ~* be out by ten euros; *fig da hast du dich aber lei-*

der verrechnet! you are sadly mistaken then!

Verrechnung f offset, clearing: *nur zur ~ Scheck*: for account only

Verrechnungs|einheit f clearing unit **~konto** n offset account **~scheck** m collection-only cheque (*Am* check) **~verfahren** n clearing (system)

verrecken v/i F *Tier*: perish, die, *Person*: *sl* croak, *fig Motor etc*: conk out

verregnet Adj rainy

verreiben v/t spread *s.th.* by rubbing: *auf der Haut ~* rub *s.th.* into the skin

verreisen v/i go away: **~ nach** go to; *sie sind verreist* they are away

verreißen v/t F (*vernichtend kritisieren*) tear *s.o.*, *s.th.* to pieces, slate, pan

verrenken v/t contort, MED dislocate (*sich den Arm* one's arm): F *fig sich den Hals ~ nach* crane one's neck for **Verrenkung** f contortion, MED dislocation

verrennen v/refl **sich ~ in** (*Akk*) get stuck on

verrichten v/t (*Arbeit etc*) do, carry out, (*Gebet etc*) say

verriegeln v/t bolt, bar

verringern v/t reduce, (*a. sich ~*) diminish, decrease, lessen: *das Tempo ~* slow down **Verringerung** f reduction, diminution, decrease

verrinnen v/i *fig Zeit etc*: pass

verrohen v/i become brutalized

Verrohung f brutalization

verrosten v/i rust **verrostet** Adj rusty

verrotten v/i *a. fig* rot

verrücken v/t move, disarrange

verrückt Adj *a.* F *fig* mad, crazy, insane, *Plan etc*: *a.* wild: **~ sein** a. be out of one's mind; *fig* **~ sein nach** (*od auf Akk*) be wild about; *j-n ~ machen* drive s.o. mad; *mach dich doch nicht ~!* don't get all worked up!; F **~ spielen** act up; *wie ~* like mad; *ich werd ~!* I'll be blowed!; *es ist zum 2werden!* it's enough to drive you mad!

Verrückte m, f *a.* F *fig* lunatic, maniac, madman (madwoman)

Verrücktheit f madness, (*verrückter Einfall*) *a.* folly, (*Modetorheit*) craze

Verruf m *in ~ bringen* (*kommen*) bring (fall) into disrepute

verrufen Adj disreputable, notorious

verrutschen v/i slip, get out of place

Vers *m* verse, (*~zeile*) line

versachlichen *v/t* de-emotionalize

versagen I *v/t* **j-m etw ~** refuse (*od* deny) s.o. s.th.; **sich etw ~** deny o.s. s.th., forgo s.th.; → **Dienst** 1 **II** *v/i allg* fail (*a. Person, Stimme, Herz etc*), TECH *a.* break down, *Schusswaffe:* misfire: **ihr versagten die Knie** her knees failed her

Versagen *n* failure: **menschliches ~** human error **Versager(in)** failure, F flop

versalzen *v/t* **1.** oversalt **2.** F *fig* spoil: **j-m die Suppe ~** spoil s.o.'s fun

versammeln *v/t* convene, (*a.* **sich ~**) assemble (*a.* MIL), gather **Versammlung** *f* assembly, gathering, meeting: **gesetzgebende ~** legislative assembly

Versammlungs|freiheit *f* freedom of assembly **~ort** *m* assembly point **~raum** *m* assembly room

Versand *m* WIRTSCH **1.** dispatch, forwarding, shipment **2.** → **Versandabteilung** *f* forwarding (*od* shipping) department

versanden *v/i* **1.** silt up **2.** *fig Gespräche etc:* peter out

versandfertig *Adj* ready for dispatch

Versand|geschäft *n*, **~handel** *m* mail-order business **~haus** *n* mail-order firm **~kosten** *Pl* forwarding (*od* shipping) costs *Pl* **~papiere** *Pl* shipping documents *Pl*

versauen *v/t* F *a. fig* **etw ~** ruin s.th., mess (*sl* louse) s.th. up

versauern *v/i* F *fig* rot (away)

versaufen *v/t* F spend on booze

versäumen *v/t* **1.** → **verpassen** 1 **2.** (*Pflicht etc*) neglect: (**es**) ~, **etw zu tun** fail to do s.th. **Versäumnis** *n* omission, neglect **Versäumnisurteil** *n* JUR judg(e)ment by default

verschachern *v/t* F flog

verschachtelt *Adj* interlocked, LING *Satz:* involved

verschaffen *v/t* **1.** **j-m etw ~** get (*od* find) s.o. s.th. (*od* s.th. for s.o.) **2.** *sich etw ~* get, obtain, secure, (*Geld*) raise; → **Respekt**

verschalen *v/t* ARCHI board, (*Beton*) shutter **Verschalung** *f* boarding, *konkret:* form(s *Pl*)

verschämt *Adj* bashful

verschandeln *v/t* F disfigure, spoil

verschanzen *v/refl* **sich ~** *a. fig* entrench (**hinter** *Dat* behind, **in** *Dat* in)

verschärfen *v/t* (*a.* **sich ~**) (*verstärken*) heighten, increase, intensify, (*Gesetze, Kontrolle, Maßnahmen etc*) tighten up, (*verschlimmern*) aggravate: **das Tempo ~** increase the pace; POL **die Spannungen ~** tension is mounting

Verschärfung *f* (*Verstärkung*) increase, heightening, intensification, *von Kontrollen, e-s Gesetzes etc:* tightening up, (*Verschlimmerung*) aggravation

verscharren *v/t* bury (hurriedly)

verschätzen *v/refl* **sich ~** be out (**um** by)

verschaukeln *v/t* F **j-n ~** take s.o. for a ride, outtrick s.o.

verschenken *v/t* *a. fig* give away

verscherzen *v/t* **sich etw ~** forfeit s.th.

verscheuchen *v/t* *a. fig* chase away

verscheuern *v/t* F flog

verschicken *v/t* **1.** → **versenden 2.** *j-n ~ zur Kur etc:* send s.o. away

verschiebbar *Adj* mov(e)able

verschieben I *v/t* **1.** (re)move, shift (*a.* LING), *weit. S.* disarrange, COMPUTER move **2.** *zeitlich:* postpone (**auf später** to a later date): **etw (von e-m Tag zum anderen) ~** put s.th. off (from one day to the next) **3.** F WIRTSCH **etw ~** sell s.th. underhand **II** *v/refl* **sich ~ 4.** shift, get out of place **5.** *zeitlich:* be postponed, be put off

Verschiebung *f* **1.** *a.* LING *u. fig* shift **2.** *zeitliche:* postponement

verschieden I *Adj* **1.** different (**von** from): **~ sein** *a.* differ, vary; **die beiden Brüder sind sehr ~** the two brothers are quite unlike; **die ist ganz ~!** it depends! **2. ~e …** *Pl* various …, several …; **2es** various things *Pl*; **aus den ~sten Gründen** for a variety of reasons **II** *Adv* **3. ~ groß sein** vary in size; **die Lage ~ beurteilen** judge the situation differently

verschiedenartig *Adj* different (kinds of) …, various **Verschiedenartigkeit** *f* difference, (*Vielfalt*) variety

Verschiedenheit *f* difference (*Gen* of, in), (*Unähnlichkeit*) dissimilarity, (*Vielfalt*) diversity, variety

verschiedentlich *Adv* several times, repeatedly, (*gelegentlich*) occasionally

verschießen I *v/t* **1.** shoot (off) **2.** (*Elfmeter etc*) miss **II** *v/i* **3.** *Farbe:* fade:

→ **verschossen** 1

verschimmeln v/i go mo(u)ldy

verschlafen¹ I v/i **1.** oversleep II v/t **2.** sleep through **3.** F fig (*Gelegenheit etc*) miss, (*Verabredung etc*) forget

verschlafen² Adj a. fig sleepy

Verschlafenheit f a. fig sleepiness

Verschlag m (*Bretter2*) partition, (*Bude*) shed

verschlagen¹ v/t **1.** (*Ball*) mishit **2.** (*Seite im Buch*) lose **3.** fig **es hat mich nach X ~** I ended up in X **4.** fig **j-m die Stimme** (od **Rede, Sprache**) **~** leave s.o. speechless; **es verschlug mir den Atem** it took my breath away

verschlagen² Adj cunning, sly, crafty

Verschlagenheit f cunning, craftiness

verschlammen v/i silt up

verschlampen F I v/t a) go and lose, b) clean forget II v/i go to seed

verschlechtern v/t u. v/refl **sich ~** worsen, make (refl get) worse, deteriorate: **sich (finanziell) ~** earn less

Verschlechterung f deterioration, e-s Zustands: a. change for the worse

verschleiern v/t veil, fig a. disguise

verschleifen v/t LING, MUS slur

verschleimt Adj MED **~ sein** be blocked with phlegm

Verschleiß m wear and tear (a. fig), TECH a. attrition **verschleißen** I v/t (a. **sich ~**) wear out: fig **sich ~** wear o.s. out II v/i wear (out), become worn

Verschleiß|erscheinung f a. fig sign of wear **2fest** Adj wear-resistant **~frei** Adj wear-resistant **~teil** n TECH working (od expendable) part

verschleppen v/t **1.** (*Menschen*) carry off, POL displace, (*entführen*) kidnap **2.** (*Prozess, Verhandlungen etc*) delay, protract **3.** MED (*Seuche etc*) spread, (*Krankheit*) protract, neglect: **verschleppte Grippe** protracted flu

Verschleppte m, f POL displaced person

Verschleppung f **1.** POL displacement, (*Entführung*) kidnap(p)ing **2.** zeitliche: protraction, delay(ing) **3.** MED e-r Seuche etc: spreading, e-r Krankheit: protraction (through neglect)

Verschleppungstaktik f delaying tactics Pl, PARL obstructionism

verschleudern v/t **1.** waste, squander (away) **2.** WIRTSCH sell at a loss, dump

verschließbar Adj lockable

verschließen I v/t shut, (*Öffnung, Gefäß, Brief*) close, seal, (*abschließen*) lock (up), (*einschließen*) put s.th. under lock and key: fig **die Ohren ~ vor** (*Dat*) turn a deaf ear to; → **Auge 1** II v/refl **sich ~** (*Dat*) fig shut o.s. off (from); **sich j-s Argumenten** etc **~** remain inaccessible to s.o.'s arguments etc

verschlimmern v/t (a. **sich ~**) make (refl get) worse, deteriorate

Verschlimmerung f deterioration, e-s Zustands: change for the worse

verschlingen¹ v/t (*Essen*) wolf (down), a. fig devour, swallow, Dunkelheit, Wellen etc: a. engulf: **ein Buch** (**j-n mit den Augen**) **~** devour a book (s.o. with one's eyes); **e-e Menge Geld ~** swallow up a lot of money

verschlingen² v/t (a. **sich ~**) intertwine

verschlossen Adj **1.** locked (up), closed, shut: **hinter ~en Türen** behind closed doors **2.** fig Mensch: reserved, withdrawn **Verschlossenheit** f reserve

verschlucken I v/t swallow II v/refl **sich ~** swallow the wrong way

verschlungen Adj fig Muster etc: intricate, Pfad etc: tortuous

Verschluss m **1.** fastener, an Gürtel, Tasche etc: clasp, (*Schnapp2*) catch, (*Flaschen2*) stopper, TECH lock, seal, FOTO shutter, e-r Waffe: breech (block): **unter ~** under lock and key, Zoll: in bond **2.** MED occlusion

verschlüsseln v/t (en)code: **verschlüsselter Text** code(d) text **Verschlüsselung** f coding

Verschlusslaut m LING (ex)plosive

Verschlusssache f POL classified matter

verschmähen v/t disdain, scorn

verschmelzen v/t u. v/i (**abst, zu** into) merge, fuse (*beide* a. WIRTSCH, POL), (*Farben, Töne*) blend **Verschmelzung** f fusion, WIRTSCH, POL a. merger

verschmerzen v/t **etw ~** get over s.th.

verschmieren v/t smear

verschmitzt Adj roguish, arch

verschmutzen v/t dirty, soil, (*Wasser, Luft*) pollute **Verschmutzung** f soiling, (*Wasser2, Luft2*) pollution

verschnaufen v/i F have a breather

Verschnaufpause f F breather

verschneiden v/t (*Rum etc*) blend

verschneit Adj snow-covered, snowy

Verschnitt *m* blend

verschnörkelt *Adj a. fig* ornate

verschnupft *Adj* ~ **sein** have a cold, F *fig* be in a huff

verschnüren *v/t* tie up

verschollen *Adj* missing, JUR presumed dead, *weit. S.* (long-)lost, forgotten

verschonen *v/t* spare: *von etw verschont bleiben* be spared s.th.; *verschone mich damit!* spare me that!

verschönen *v/t* embellish **verschönern** *v/t* embellish, *a. fig* brighten

Verschönerung *f* embellishment

verschossen *Adj* **1.** *Farbe:* faded **2.** F *fig* *in j-n* ~ *sein* have a crush on s.o.

verschränken *v/t* **1.** (*Arme*) fold, (*Beine*) cross **2.** TECH cross, stagger

verschrauben *v/t* bolt, screw up

verschreiben I *v/t* **1.** *j-m etw* ~ **a)** MED prescribe s.th. for s.o., **b)** JUR make s.th. over to s.o. **II** *v/refl* **sich** ~ **2.** make a slip (of the pen) **3.** *fig* *e-r Aufgabe etc:* devote o.s. to

Verschreibung *f* MED prescription

verschreibungspflichtig *Adj* MED obtainable on prescription only

verschroben *Adj* eccentric, odd

Verschrobenheit *f* eccentricity

verschrotten *v/t* scrap, (*Auto*) *a.* junk

verschrumpeln *v/i* F shrivel (up)

verschüchtert *Adj* intimidated, shy

verschulden I *v/t* (*Unfall etc*) be responsible (*od* to blame) for, *weit. S.* be the cause of **II** *v/i u. v/refl* **sich** ~ get into debt **III** ⚷ *n* fault: *ohne mein* ⚷ through no fault of mine; *uns trifft kein* ⚷ it's not our fault

verschuldet *Adj* (*völlig*) ~ **sein** *Person:* be (heavily) indebted (*bei* to), *Besitz.:* be encumbered (with debts) **Verschuldung** *f* indebtedness, encumbrance

verschütten *v/t* **1.** (*Tee etc*) spill **2.** (*j-n*) bury *s.o.* alive, (*Straße*) block

verschwägert *Adj* related by marriage

verschweigen *v/t* (*Dat* from) conceal, hide, keep *s.th.* a secret

verschweißen *v/t* weld together

verschwenden *v/t* (*an Akk, für, mit* on) waste, squander: *fig* *du verschwendest d-e Worte!* you are wasting your breath! **Verschwender(in)** spendthrift, squanderer **verschwenderisch** *Adj* wasteful, extravagant, lavish; *Adv* ~ **umgehen mit** be lavish with; ~ **deko-**

riert lavishly decorated

Verschwendung *f* waste, extravagance

Verschwendungssucht *f* extravagance, squandermania

verschwiegen *Adj* **1.** *Person:* discreet **2.** *Ort:* secret, secluded **Verschwiegenheit** *f* discretion, secrecy; → *Siegel*

verschwimmen *v/i a. fig* become blurred: *die Farben* ~ (*ineinander*) the colo(u)rs merge (into each other)

verschwinden I *v/i* **1.** disappear, vanish: *spurlos* ~ vanish into thin air; *~d klein* infinitely small; → *Erdboden* **2.** F make o.s. scarce: *verschwinde!* beat it! **II** ⚷ *n* **3.** disappearance

verschwitzen *v/t* **1.** → *durchschwitzen* **2.** F *fig* *etw* ~ clean forget about s.th.

verschwitzt *Adj* sweaty

verschwollen *Adj* swollen, puffed

verschwommen *Adj* **1.** *a.* FOTO blurred **2.** *fig* *Begriff etc:* vague, *Erinnerung etc:* hazy, dim; *Adv* *sich nur* ~ *erinnern* remember only dimly

Verschwommenheit *f fig* vagueness

verschwören *v/refl* **1.** **sich** (*mit j-m*) ~ conspire (*od* plot) (with s.o.) (*gegen* against) **2.** *fig* *sich e-r Aufgabe etc* ~ devote o.s. to

Verschwörer(in) plotter, conspirator

versehen I *v/t* **1.** ~ *mit* provide (*od* furnish, equip) *s.o., s.th.* with; *mit Ratschlägen* ~ armed with advice; *j-n mit Vollmacht* ~ authorize s.o. **2.** (*Pflichten, Dienst*) perform, discharge, (*ein Amt*) *a.* hold: *er versieht auch das Amt des Richters a.* he acts as judge as well **II** *v/refl* **sich** ~ **3.** make a mistake **4.** provide (*od* equip) o.s. (*mit* with) **5.** *ehe man sichs versieht* F before you can say Jack Robinson

Versehen *n* oversight, mistake: *aus* ~ → *versehentlich Adv* by mistake

versehrt *Adj* disabled

Versehrte *m*, *f* disabled person

versenden *v/t* send, forward, ship

Versendung *f* dispatch, shipment

versengen *v/t* scorch, singe

versenken I *v/t* sink, (*Kabel*) submerge **II** *v/refl* **sich** ~ *in* (*Akk*) *fig* become absorbed in **Versenkung** *f* **1.** sinking **2.** THEAT trapdoor: F *fig* *in der* ~ *verschwinden* disappear from the scene **3.** *geistige:* absorption

versessen *Adj* ~ *auf* (*Akk*) mad about;

darauf ~ *sein zu* Inf be desperate to Inf
versetzen I v/t 1. (*etw*) remove, displace,
shift, LANDW transplant 2. (*j-n*) transfer
(*in, auf* Akk, *nach* to), PÄD move s.o.
up, Am promote: → **Ruhestand** 3.
(*verpfänden*) pawn, (*verkaufen*) sell 4.
F *j-n ~* a) stand s.o. up, b) *bes* SPORT out-
trick s.o. 5. *j-n in die Lage ~ zu* Inf put
s.o. in a position (*od* enable s.o.) to Inf;
j-n in Unruhe ~ disturb s.o.; *etw in
Schwingungen ~* set s.th. vibrating;
→ **Angst** 6. F *j-m e-n Schlag etc ~* give
(*od* deal) s.o. a blow *etc* 7. (*vermischen*)
mix (*mit* with) 8. TECH stagger II v/refl
9. *sich in j-n* (*j-s Lage*) ~ put o.s. in
s.o.'s place (*od* position)
Versetzung f 1. removal, LANDW trans-
planting 2. transfer (*in, auf* Akk, *nach*
to) 3. PÄD remove, Am promotion
Versetzungs|zeichen n MUS accidental
~**zeugnis** n PÄD end-of-year report
verseuchen v/t a. radioaktiv: contami-
nate (*a. fig*)
Verseuchung f contamination
Versicherer m WIRTSCH insurer,
(*Schiffs²*) underwriter **versichern** v/t
1. WIRTSCH insure (*sich* o.s.) (*bei* with,
gegen against) 2. (*behaupten*) declare,
protest: *ich kann dir ~, dass ...* I (can)
assure you that ...
Versicherte m, f the insured (party)
Versicherung f 1. WIRTSCH a) insurance:
e-e ~ abschließen take out an insur-
ance (policy), b) → **Versicherungs-
gesellschaft** 2. assurance, a. JUR affirma-
tion
Versicherungs|anstalt f insurance
company ~**betrug** m insurance fraud
~**dauer** f time insured ~**gesellschaft**
f insurance company ~**karte** f grüne
~ green card ~**mathematiker(in)** actu-
ary ~**nehmer(in)** insurant, the insured
~**nummer** f insurance policy number
~**police** f insurance policy ~**prämie** f
insurance premium ~**schutz** m insur-
ance cover(age) ~**summe** f sum insured
~**vertreter(in)** insurance agent ~**wesen**
n insurance (business)
versickern v/i trickle away
versiegeln v/t seal
versiegen v/i dry up, run dry
versiert Adj (*in* Dat in) experienced
versilbern v/t 1. TECH silverplate 2. F *fig
etw ~* turn s.th. into cash, sell s.th.

versinken v/i a. fig sink (*in* Akk into)
versinnbildlichen v/t symbolize
Version f version
versklaven v/t a. fig enslave
verslumen v/i become a slum
Versmaß n metre, Am meter
versnobt Adj snobbish
versoffen Adj F boozy
versöhnen I v/t a. fig reconcile (*mit* to,
with) II v/refl *sich* (*wieder*) ~ be(come)
reconciled; *sich wieder mit j-m ~ a.*
make it up with s.o. **versöhnlich** Adj
conciliatory; ~ *stimmen* placate **Ver-
söhnung** f reconciliation
versonnen Adj pensive, dreamy
versorgen v/t 1. (*mit* with) supply, pro-
vide 2. (*Familie etc*) provide for, keep 3.
look after, take care of, (*Vieh*) tend 4.
(*Wunde*) see to, (*Verletzten*) attend to
Versorgung f 1. *allg* supply 2. (*Unter-
halt*) support, von Hinterbliebenen:
provision (*Gen* for) 3. care
Versorgungs|betrieb m public utility
~**empfänger(in)** pensioner ~**güter** Pl
supplies Pl ~**leitung** f supply line ~**lü-
cke** f supply gap ~**netz** n supply system
~**technik** f utilities engineering
verspannen v/t TECH stay, brace
verspannt Adj Muskeln: cramped,
tense
verspäten v/refl *sich* ~ be late
verspätet I Adj late, Glückwünsche etc:
belated II Adv belatedly, late
Verspätung f delay: *bitte entschuldi-
gen Sie m-e* ~ please excuse my being
late; (*e-e Stunde*) ~ *haben* be (an
hour) late; *mit* (*e-r Stunde*) ~ *abfahren*
leave (an hour) behind schedule
verspeisen v/t eat, consume
versperren v/t bar, block (up), (*a. die
Sicht*) obstruct
verspielen I v/t/i lose (at play), a. fig gam-
ble away II v/i lose: fig *bei mir hat er
verspielt!* I'm through with him!
verspielt Adj playful
verspotten v/t make fun of, ridicule
versprechen I v/t 1. a. fig promise: *das
Wetter verspricht gut zu werden* the
weather looks promising 2. *sich etw
~ von* expect s.th. of; *ich hatte mir
mehr davon versprochen* I had ex-
pected better of it II v/refl *sich* ~ 3.
make a slip (of the tongue) **Verspre-
chen** n (*ein* ~ *geben, halten, brechen*

make, keep, break a) promise **Versprecher** *m* slip (of the tongue) **Versprechung** *mst Pl* promises *Pl:* **j-m große ~en machen** promise s.o. the earth

verspritzen, **versprühen** *v/t* spray

verspüren *v/t* feel, sense

verstaatlichen *v/t* nationalize

Verstaatlichung *f* nationalization

verstädtern *v/i* become urbanized

Verstädterung *f* urbanization

Verstand *m* (*Denkvermögen*) intellect, mind, (*Vernunft*) reason, (common) sense, (*Intelligenz*) brain(s *Pl*), intelligence: **scharfer ~** keen mind; **klarer** (**kühler**) **~** clear (cool) head; **den ~ verlieren** go mad; F **hast du den ~ verloren?** are you out of your mind?; F **das geht über m-n ~!** that's beyond me!; **all s-n ~ zs.-nehmen** keep all one's wits about one **verstandesmäßig** *Adj* intellectual, rational

Verstandesmensch *m* matter-of-fact person, rationalist

verständig *Adj* intelligent, (*vernünftig*) reasonable, sensible, understanding

verständigen I *v/t* inform (**von** about, of), (*Arzt, Polizei etc*) call **II** *v/refl* **sich mit j-m ~ a)** make o.s. understood by s.o., **b)** (*absprechen*) come to an agreement with s.o. (**über** *Akk* on)

Verständigung *f* **1.** information **2.** *sprachliche, geistige:* communication: TEL **die ~ war schlecht** the line was bad **3.** (*Übereinkunft*) agreement, understanding **Verständigungsschwierigkeiten** *Pl* communication problems *Pl:* **ich hatte ~** I had problems to make myself understood **verständlich** *Adj* **1.** (*deutlich*) distinct, clear, audible **2.** (*fassbar*) intelligible, understandable: **schwer ~** difficult to understand; **j-m etw~ machen** explain s.th. to s.o.; **sich j-m ~ machen** make o.s. understood (*im Lärm:* heard) by s.o. **verständlicherweise** *Adv* understandably

Verständnis *n* **1.** (*Gen* of) understanding, comprehension: **zum besseren ~ des Textes** in order to understand the text better **2.** (*Einfühlungsvermögen*) understanding, insight, (*Sinn*) appreciation (**für** of), (*Mitgefühl*) sympathy (**für** with): (**viel ~ haben für** (fully) understand, **j-n** show (great) understanding for s.o.; **dafür fehlt mir jedes**

~ that's beyond me

verständnisinnig *Adj* understanding, *Blick: a.* meaningful

verständnislos *Adj* uncomprehending: **~e Blicke** blank looks; *Adv* **e-r Sache ~ gegenüberstehen** have no understanding (*od* appreciation) of s.th.

Verständnislosigkeit *f* lack of understanding (*od* appreciation)

verständnisvoll *Adj* understanding, *Blick etc: a.* knowing, sympathetic

verstärken *v/t* strengthen, *a.* MIL reinforce (*beide a.* TECH), CHEM concentrate, ELEK amplify, (*steigern, a.* **sich ~**) increase, intensify (*a.* FOTO) **Verstärkung** *f* strengthening, reinforcement(s *Pl* MIL), ELEK amplification, (*Steigerung*) increase, intensification (*a.* FOTO)

verstauben *v/i* gather dust **verstaubt** *Adj* **1.** dusty **2.** *fig* antiquated

verstauchen *v/t* MED sprain (**sich die Hand** one's wrist)

verstauen *v/t* stow away

Versteck *n* hiding place, hideaway: *a. fig* **~ spielen** play hide-and-seek

verstecken *v/t* (*a.* **sich ~**) hide (**vor** *Dat* from): *fig* **sich ~ hinter** hide behind **Versteckspiel** *n a. fig* hide-and-seek **versteckt** *Adj a. fig* hidden: **sich ~ halten** lie low; **~e Kamera** candid camera **verstehen I** *v/t* (*Sprecher*) hear, get, (*Worte*) *a.* catch **2.** (*begreifen*) understand, comprehend, (*Sinn etc*) *a.* grasp, catch, F get, (*Kunstwerk*) *a.* appreciate, (*einsehen*) see, realize: **Spaß ~** take (*od* see) a joke; **falsch ~** misunderstand; **verstehe mich recht!** don't misunderstand! **3.** (*auslegen*) understand, read, take: **was ~ Sie unter ...?** what do you understand by ...?; **wie ~ Sie das?** what do you make of it? **4.** (*können*) know: **er versteht es zu** *Inf* he knows how to *Inf*; **sein Handwerk ~** know one's job; **er versteht e-e Menge von ...** he knows a great deal about ...; **davon versteht er gar nichts** he doesn't know the first thing about it **5.** **j-m zu ~ geben** give s.o. to understand **6.** **sich** (*od* **einander**) **~** get along (*od* on) (with each other) **II** *v/refl* **sich ~ 7.** get on (*od* along) (**mit** with) **8.** **auf** (*Akk*) be (very) good at *Ger* **9.** **es versteht sich von selbst, dass ...** it goes without saying that ... **III** *v/i* **10.** **~ Sie?**

you see?, F get me?; *ich verstehe!* I see!; *verstanden?* F got it?; *wenn ich recht verstanden habe, willst du kommen?* I take it that you will come?

versteifen *v/t (a. sich ...)* stiffen: *fig sich ~ auf (Akk)* insist on Ger

Versteigerer *m,* **Versteigerin** *f* auctioneer

versteigern *v/t* auction (off)

Versteigerung *f* auction: *zur ~ kommen* be put up for *(Am* at*)* auction

versteinern *v/i (a. sich ...)* petrify *(a. fig): sie war vor Schreck wie versteinert* she was petrified with terror

Versteinerung *f* petrifaction, fossil

verstellbar *Adj* adjustable **verstellen I** *v/t* **1.** move, shift **2.** *(Schrift, Stimme)* disguise: *mit verstellter Stimme* in a disguised voice **3.** *(falsch einstellen)* misadjust: *wer hat den Wecker verstellt?* who has tampered with the alarm? **4.** *(versperren)* obstruct, block **II** *v/refl* **5.** *sich ~ fig* put on an act, *weit. S.* hide one's feelings

Verstellung *f* **1.** *fig* **a)** disguise, **b)** play-acting **2.** TECH adjustment

versteppen *v/i* GEOG turn into steppe

versteuern *v/t* pay tax on: *zu ~(d)* taxable **versteuert** *Adj* tax-paid

Versteuerung *f* payment of taxes *(Gen, von* on*)*

verstiegen *Adj* F *fig* high-flown

verstimmen *v/t* **1.** MUS put *s.th.* out of tune **2.** ELEK detune **3.** *j-n ~* annoy s.o., put s.o. in a bad mood **verstimmt** *Adj* **1.** MUS out of tune **2.** ELEK off-tune **3.** annoyed *(über Akk* at*)*, in a bad mood **4.** MED *~er Magen* upset stomach

Verstimmung *f* **1.** ill humo(u)r, ill feeling **2.** MED *(Magen2)* upset

verstockt *Adj* stubborn, *Sünder:* impenitent

verstohlen *Adj* furtive, surreptitious

verstopfen *v/t* **1.** stop (up), plug **2.** *(versperren)* block (up), obstruct, *(Straße)* congest, jam **3.** MED clog, occlude, *(Darm)* constipate: *m-e Nase ist verstopft* my nose is plugged up; *verstopft sein* be constipated **Verstopfung** *f* **1.** block(age), jam **2.** MED *(Stuhl2)* constipation: *an ~ leiden a.* be constipated

verstorben *Adj* late, deceased

Verstorbene *m, f the* deceased

verstört *Adj* badly upset, distracted, dismayed, *Blick etc:* wild **Verstörtheit** *f* distraction, dismay, confusion

Verstoß *m (gegen)* offen/ce *(Am* -se*)* (against), violation of

verstoßen I *v/t (j-n)* reject: *j-n ~ aus* expel s.o. from, cast s.o. out of **II** *v/i ~ gegen* offend against, violate

verstrahlt *Adj* (radioactively) contaminated

verstreben *v/t,* **Verstrebung** *f* TECH strut

verstreichen I *v/i Zeit:* pass, *Frist:* expire **II** *v/t (Butter, Farbe etc)* spread

verstreuen *v/t* scatter

verstricken I *v/t* **1.** use (up) **2.** *j-n ~ in (Akk)* involve s.o. in **II** *v/refl* **3.** *sich ~ in (Akk)* get entangled

verstümmeln *v/t* mutilate, *fig (Text etc) a.* garble

Verstümmelung *f* mutilation

verstummen *v/i* become silent, *Menschen: a.* stop talking, *Gespräch, Geräusch, fig Gerüchte etc:* stop, cease, *allmählich:* die down

Versuch *m* **1.** attempt *(a.* JUR*)*, trial *(beide a. Sport),* F try, *(Bemühung)* effort: *e-n ~ machen mit* try, give *s.o., s.th.* a trial *(od* try*),* F have a go at *s.th.; beim ersten ~* at the first attempt; *es käme auf e-n ~ an* we might as well try **2.** CHEM, MED, PHYS experiment, *a.* TECH test, trial: *~e anstellen* experiment **3.** *(literarischer ~)* essay *(über Akk* on*)* **versuchen** *v/t* **1.** try, attempt *(a.* JUR*): etw ~* **a)** try *s.th.,* **b)** experiment with *s.th.; es ~ mit* try, *j-m* give s.o. a try; *versuchs doch mal!* just (have a) try!; *versuchter Mord* attempted murder **2.** *fig* tempt: *ich war versucht zu Inf* I was tempted to *Inf* **3.** *(kosten)* try, taste

Versucher(in) *m* tempter *(temptress)*

Versuchs|anstalt *f* research institute *~bedingung f* test condition *~bohrung f* trial drilling *~gelände n* testing ground *~ingenieur(in)* research engineer *~kaninchen n* F guinea pig *~objekt n* test object *~person f* test subject *(od* person*) ~projekt n* pilot project *~reihe f* series of tests *~stadium n* experimental stage *~tier n* experimental animal

versuchsweise Adv by way of trial, (auf Probe) on trial **Versuchszwecke** Pl **zu ~n** for experimental purposes

Versuchung f (j-n in ~ führen lead s.o. into) temptation: **in ~ sein** (od **kommen**) be tempted

versumpfen v/i 1. become marshy 2. F fig be bogged down

versündigen v/refl **sich ~** sin (**an** Dat against)

versunken Adj fig ~ **in** (Akk) absorbed in, lost in

Versunkenheit f fig absorption

versüßen v/t fig sweeten

vertagen v/t (a. **sich ~**) adjourn (**auf** Akk till, until) **Vertagung** f adjournment

vertäuen v/t SCHIFF moor

vertauschen v/t 1. exchange (**mit, gegen** for): fig **mit vertauschten Rollen** with reversed roles 2. confuse, mix up

verteidigen I v/t allg defend (**sich** o.s.) (**gegen** against, from), weit. S. (eintreten für) stand up for: **sich** (**vor Gericht**) **selbst ~** conduct one's own defen/ce (Am -se) II v/i SPORT defend

Verteidiger(in) 1. allg defender, fig a. advocate, Fußball: a. fullback 2. im Strafprozess: counsel for the defence, Am defense counsel

Verteidigung f allg defen/ce (Am -se)

Verteidigungs... defen/ce (Am -se) (budget, policy, etc) **~ausgaben** Pl defence expenditure Sg **~beitrag** m defence contribution **~bereitschaft** f preparedness for defence **~bündnis** n defensive alliance **~fall** m **im ~e** in case of defence **~krieg** m defensive war **~minister(in)** Minister of Defence, Am Secretary of Defense **~ministerium** n Ministry of Defence, Am Department of Defense **~rede** f (speech for the defence, Am apology **~waffe** f defensive weapon

verteilen v/t 1. distribute, hand out, share out (alle: **an** Akk to, **unter** among), (zuteilen) allocate (a. THEAT Rollen): **unter sich ~** share; **... mit verteilten Rollen lesen** do a play reading of ... 2. (auf, über Akk over) distribute, spread (a. fig über e-n Zeitraum over a period), weit. S. scatter II v/refl **sich ~** 3. spread (auf, über Akk over, a. fig über e-n Zeitraum), Personen: scat-

ter, a. MIL spread out

Verteiler m 1. distributor (a. WIRTSCH, ELEK, MOT) 2. Bürowesen: distribution list **~kasten** m ELEK distributing box **~netz** n 1. ELEK distribution system 2. WIRTSCH distributing network **~schlüssel** m WIRTSCH 1. distribution key 2. → **Verteiler** 2 **~tafel** f ELEK distribution switchboard

Verteilung f distribution, allocation

verteuern v/t raise the price of II v/refl **sich ~** go up (in price)

Verteuerung f rise in price(s) (od cost)

verteufeln v/t fig denounce, (j-n) a. make a bog(e)yman of

verteufelt Adj F devilish, tricky: Adv ~ **schwer** damned difficult

vertiefen I v/t (a. **sich ~**) deepen (a. fig), fig heighten, intensify, PÄD (Lernstoff) consolidate II v/refl **sich ~ in** (Akk) become absorbed (od engrossed) in

Vertiefung f 1. deepening (a. fig), PÄD consolidation 2. (Mulde) depression 3. geistige: absorption

vertikal Adj vertical

Vertikale f vertical (line)

vertilgen v/t 1. (Ungeziefer, Unkraut) exterminate 2. → **verdrücken** I

Vertilgung f extermination

vertippen v/refl **sich ~** make a (typing) mistake

vertonen v/t etw ~ set s.th. to music

Vertonung f setting

vertrackt Adj F tricky, complicated

Vertrag m contract, agreement, POL treaty, pact: **mündlicher ~** verbal agreement; **e-n ~ (ab)schließen** make (od enter into) a contract; Sport etc: **j-n unter ~ nehmen** sign s.o. on

vertragen I v/t 1. (aushalten, a. F fig) endure, bear, stand, F take, (Speisen etc) be able to eat (od of drink), (Medikament) tolerate: **ich vertrage k-n Kaffee** coffee doesn't agree with me; **sie verträgt das Klima nicht** she can't stand the climate; **er kann e-e Menge ~** he can take a lot, (Alkohol) he can hold his drink; **kannst du Kritik ~?** can you take criticism?; F **ich könnte e-e Tasse Tee ~** I could do with a cup of tea 2. **sich** (**miteinander**) **~ a)** Personen: get on (od along) together, **b)** Farben etc: go well together II v/refl 3. **sich ~ mit a)** j-m get on (well) with s.o., **b)**

(passen zu) go well with

vertraglich I *Adj* contractual **II** *Adv* by contract: **sich ~** (**zu etw**) **verpflichten** contract (for s.th. *od* to do s.th.)

verträglich *Adj* **1.** *Person:* sociable: **~ sein** *a.* be easy to get along with **2.** *Speise:* (easily) digestible, light, *Medikament:* (*a.* **gut ~**) well-tolerated

Vertragsabschluss *m* conclusion of a contract: **bei ~** on entering into the contract **Vertragsbedingungen** *Pl* terms *Pl* of the contract

Vertragsbruch *m* breach of contract **vertragsbrüchig** *Adj* defaulting: **~ werden** commit a breach of contract

vertragschließend *Adj* contracting

Vertragsentwurf *m* draft agreement

vertragsgemäß *Adv* as stipulated

Vertrags|gemeinschaft *f* POL contractual union **~händler(in)** authorized dealer **~partei** *f*, **~partner(in)** party to an agreement **~punkt** *m* article of a contract **~spieler(in)** SPORT player under contract **~strafe** *f* (contractual) penalty **~werkstatt** *f* authorized repairer **2widrig** *Adj* contrary to (the terms of) the contract

vertrauen *v/i* (*Dat*) trust: **~ auf** (*Akk*) trust in, rely upon; **ich vertraue auf d-e Hilfe** I trust you to help me

Vertrauen *n* (**in**, **auf** *Akk* in) trust, faith, confidence: (**ganz**) **im ~** (**gesagt**) (strictly) confidentially, F between you and me; **im ~ auf** (*Akk*) trusting in, relying on; **~ haben zu** have confidence in, trust; **er hat wenig ~ zu Ärzten** he has little faith in doctors; **j-n ins ~ ziehen** confide in s.o.; **der Regierung das ~ aussprechen** pass a vote of confidence **vertrauenerweckend** *Adj* inspiring confidence: *Adv* (**wenig**) **~ aussehen** inspire (little) confidence

Vertrauens|arzt *m*, **~ärztin** *f* (health insurance) medical examiner **~beweis** *m* mark of confidence **~bruch** *m* breach of trust, indiscretion **~frage** *f* POL **die ~ stellen** propose a vote of confidence **~frau** *f*, **~mann** *m* representative, (*Sprecher*) spokesperson **~person** *f* reliable person

Vertrauenssache *f* confidential matter: **das ist ~** that's a matter of confidence **vertrauensselig** *Adj* (too) confiding, gullible **Vertrauensseligkeit** *f* blind confidence, gullibility

Vertrauens|stellung *f* position of trust **~verlust** *m* loss of confidence

vertrauensvoll *Adj* trustful, trusting

Vertrauensvotum *n* vote of confidence

vertrauenswürdig *Adj* trustworthy

vertraulich *Adj* **1.** confidential: **~e Mitteilung** *a.* confidence; **~ behandeln** treat confidentially **2.** friendly, (*a. allzu ~*) familiar **Vertraulichkeit** *f* **1.** confidence **2.** (*a. übertriebene ~*) familiarity: **plumpe ~** chumminess

verträumt *Adj* dreamy

vertraut *Adj* **1.** close, intimate **2.** (*bekannt*) familiar (*Dat* to): **~ sein mit** be familiar with; **sich ~ machen mit** acquaint (*od* familiarize) o.s. with; **sich mit dem Gedanken ~ machen** get used to the idea

Vertraute *m*, *f* confidant(e *f*)

Vertrautheit *f* familiarity

vertreiben *v/t* **1.** drive *s.o.*, *s.th.* away: **j-n ~ aus** drive s.o. out of, expel s.o. from **2.** *fig* (*Sorgen etc*) banish, drive away: (**sich**) **die Zeit ~** while away the time **3.** WIRTSCH sell, distribute

Vertreibung *f* expulsion

vertretbar *Adj* justifiable, acceptable

vertreten[1] *v/t* **1.** (*j-n*) substitute for, stand in for, *a.* JUR act for **2.** (*Firma, Land etc*) represent, (*Interessen etc*) look after: *a. fig* **j-s Sache ~** plead s.o.'s cause **3.** (*verfechten*) support, advocate, (*Meinung, Standpunkt etc*) hold, take: **e-e andere Ansicht ~** take a different view (**als** from) **4.** **sich den Fuß ~** sprain one's ankle; F **sich die Beine ~** stretch one's legs

vertreten[2] *Adj* **~ sein a**) be represented, **b**) be present, *bes Dinge*: be found

Vertreter(in) **1.** substitute, stand-in, deputy **2.** *e-r Firma etc*: representative, WIRTSCH *a.* agent, (*Handels*2) sales representative, (*Bevollmächtigte*) agent, proxy **3.** exponent, (*Verfechter*) advocate

Vertretung *f* **1.** *a.* WIRTSCH, POL representation, WIRTSCH *a.* agency: **in ~ von** (*od Gen*) as representative of; **er hat die ~ der Firma X** he represents the firm of X; **diplomatische ~** diplomatic mission **2. a**) substitution, **b**) (*Person*) substitute, stand-in: **j-s ~ übernehmen** substitute (*od* stand in)

for s.o. **Vertretungsstunde** f PÄD replacement lesson

Vertrieb m **1.** sale, distribution **2.** (*Abteilung*) sales department

Vertriebene m, f expellee

Vertriebsabteilung f sales department

Vertriebskosten Pl marketing costs Pl

Vertriebs|leiter(in) sales manager **~organisation** f marketing organization **~weg** m channel of distribution

vertrimmen v/t F thrash, beat *s.o.* up

vertrinken v/t spend on drink

vertrocknen v/i dry up

vertrödeln v/t dawdle away, waste

vertrösten v/t *j-n* ~ feed s.o. with hopes (*auf Akk* of); *j-n auf später* ~ put s.o. off until later

vertrottelt *Adj* F senile: ~ *sein* be gaga

vertun v/t waste

vertuschen v/t cover up, hush up

verübeln v/t *j-m etw* ~ take s.th. amiss; *j-m* ~, *dass* ... take it badly that ...; *ich kann es ihr nicht* ~(, *wenn* ...) I can't blame her (if ...)

verüben v/t commit, perpetrate

verulken v/t F make fun of

verunglimpfen v/t revile, disparage

verunglücken v/i **1.** have an accident; *tödlich* ~ be killed in an accident; *mit dem Auto* ~ have a car accident **2.** F go wrong, be a flop **Verunglückte** m, f injured person, casualty

verunreinigen → **verschmutzen**

verunsichern v/t *j-n* ~ make s.o. feel insecure, F rattle s.o.

verunstalten v/t disfigure

veruntreuen v/t embezzle

Veruntreuung f embezzlement

verursachen v/t cause, create, give rise to, (*nach sich ziehen*) entail

Verursacher(in) perpetrator, (*von Umweltverschmutzung*) polluter **Verursacherprinzip** n polluter pays principle

verurteilen v/t (*zu* to) JUR sentence, *bes* fig condemn **Verurteilte** m, f convict

Verurteilung f a. fig condemnation

vervielfältigen v/t **1.** (*a. sich ~*) multiply **2.** duplicate, copy **Vervielfältigung** f **1.** multiplication **2.** duplication, (*Kopie*) duplicate **Vervielfältigungsapparat** m duplicator

vervierfachen v/t (*a. sich ~*) quadruple

vervollkommnen v/t perfect

Vervollkommnung f perfection

vervollständigen v/t complete

Vervollständigung f completion

verwachsen[1] v/i (*miteinander*) ~ grow together, *Knochen*: unite, *Organe*: fuse: *fig* ~ *mit s-r Arbeit etc*: become bound up with, *er fühlt sich in e-r Stadt etc*: feel at home in

verwachsen[2] *Adj* deformed, crippled

verwackeln v/t F FOTO blur

verwählen v/refl *sich* ~ F dial the wrong number

verwahren I v/t keep (*sicher* in a safe place) **II** v/refl *sich* ~ protest (*gegen* against)

verwahrlosen v/i be neglected, *a. Person*: F go to seed: ~ *lassen* neglect

verwahrlost *Adj* neglected, run-down, *Person*: seedy, *moralisch*: dissolute, *bes Kind*: wayward **Verwahrlosung** f neglect, *moralische*: dissolution

Verwahrung f safekeeping, m, (*Obhut*) custody: *in* ~ *nehmen* take charge of; (*j-m*) *etw in* ~ *geben* deposit s.th. (with s.o.)

verwaisen v/i be orphaned

verwaist *Adj* **1.** orphaned **2.** fig (*menschenleer*) deserted, (*unbesetzt*) vacant

verwalten v/t administer, manage, (*führen*) conduct, run, (*Amt*) hold

Verwalter m administrator, (*Guts ℒ* estate) manager, (*Haus ℒ*) caretaker, (*Vermögens ℒ*) trustee **Verwalterin** f manageress **Verwaltung** f allg administration, (*Behörde*) a. administrative authority, bes WIRTSCH management

Verwaltungsangestellte m, f employee in the administration

Verwaltungs|apparat m administrative machinery **~beamte** m, **~beamtin** f civil servant **~bezirk** m administrative district **~dienst** m civil service **~gebäude** n administration building **~gebühr** f administrative fee **~gericht** n JUR administrative tribunal **~rat** m WIRTSCH governing board **ℒtechnisch** *Adj* administrative **~weg** m *auf dem* ~*e* through (the) administrative channels

verwandeln v/t (*in Akk* into) change (*a. sich* ~), transform, turn, *Fußball*: convert: *fig sie ist wie verwandelt* she is completely changed **Verwandlung** f change, transformation, conversion

verwandt *Adj a. fig* related (*mit* to), kindred: ~*e Wörter* cognate words

Verwandte m, f relative, relation: *der*

nächste ~ the next of kin

Verwandtschaft f 1. relationship, kinship, fig a. congeniality, affinity 2. (*die Verwandten*) relations Pl

verwandtschaftlich Adj relational: **welche ~en Beziehungen bestehen zwischen Ihnen?** what is your relation(ship)? **Verwandtschaftsgrad** m degree of relationship

verwanzt Adj buggy

verwarnen v/t warn, a. SPORT caution

Verwarnung f warning, a. SPORT caution: → *gebührenpflichtig*

verwaschen Adj 1. washed(-)out, *Farbe etc*: a. faded 2. fig vague, wool(l)y

verwässern v/t a. fig water down

verweben v/t interweave

verwechseln v/t (*mit* with) confuse, mix up: *j-n* (*mit j-m* ~) take s.o. for s.o. else; **sie sehen sich zum ♀ ähnlich** they are as like as two peas **Verwechslung** f confusion, (*Irrtum*) mistake, F mix-up, (*Personen ♀*) case of mistaken identity

verwegen Adj (*kühn*) bold, daring, (*unbekümmert*) reckless, (*keck*) rakish

Verwegenheit f boldness, daring

verwehen v/t blow s.th. away, scatter, (*Spuren etc*) cover (up)

verwehren v/t refuse: *j-m den Zutritt* ~ refuse s.o. admittance (*zu* to)

verweichlichen I v/t *j-n* ~ make s.o. soft II v/i go soft

verweichlicht Adj soft, effeminate

verweigern I v/t refuse: *j-m etw* ~ refuse (*od* deny) s.o. s.th.; *e-n Befehl* ~ disobey an order; **die Nahrung** ~ refuse to eat II v/i *Pferd*: refuse **Verweigerung** f refusal (a. *Reitsport*), denial

Verweildauer f length of stay

verweilen v/i 1. stay 2. fig *Blick etc*: rest (*auf Dat* on) 3. ~ *bei e-m Thema etc*: dwell on

verweint Adj *Gesicht*: tear-stained, *Augen*: red from crying

Verweis m 1. reprimand, rebuke: *j-m e-n* ~ *erteilen* reprimand s.o. (*wegen* for) 2. (*Hinweis*) reference (*auf Akk* to)

verweisen v/t 1. ~ *vorhalten* b 2. refer (*an, auf Akk* to): **man hat mich an Sie verwiesen** I was referred to you 3. *j-n von der Schule* ~ expel s.o. from school; *j-n des Landes* ~ expel s.o.

(from the country); → *Platz* 5

verwelken v/i a. fig wither

verwendbar Adj usable, suitable

Verwendbarkeit f usability, suitability

verwenden I v/t 1. *allg* use, employ, (*verwerten*) a. make use of, utilize 2. (*aufwenden*) (*auf Akk*) spend (on), (*Mühe, Zeit etc*) a. devote (to) II v/refl 3. *sich* (*bei j-m*) *für j-n* ~ use one's influence (with s.o.) on s.o.'s behalf

Verwendung f use, employment: *k-e* ~ *haben für* have no use for; ~ *finden* be used (*bei* in)

Verwendungs|bereich m range of use ~**möglichkeit** f use: **vielseitige ~en haben** have a wide range of use ~**zweck** m use, (intended) purpose

verwerfen I v/t *allg* reject, (*ablehnen*) a. turn down, (*aufgeben*) a. give up, drop, JUR (*Berufung*) dismiss, (*Antrag*) overrule II v/refl *sich* ~ a) GEOL fault, b) *Holz*: warp

verwerflich Adj reprehensible

Verwerfung f 1. rejection, JUR dismissal 2. a) GEOL fault, b) *des Holzes*: warping

verwertbar Adj usable, WIRTSCH realizable

Verwertbarkeit f usability

verwerten v/t use, utilize, make use of, (*Patent etc*) exploit, WIRTSCH (*zu Geld machen*) realize **Verwertung** f use, utilization, exploitation, WIRTSCH realization

verwesen v/i rot, decay: *halb verwest* putrefying

Verwesung f decay, putrefaction

verwetten v/t bet, spend s.th. on betting

verwickeln I v/t 1. tangle s.th. (up) 2. fig *j-n* ~ *in* (*Akk*) involve s.o. in, (*e-n Skandal etc*) a. drag s.o. into II v/refl *sich* ~ 3. tangle up 4. *sich* ~ *in* (*Akk*) fig get caught in, (*Widersprüche*) get tangled up in **verwickelt** Adj fig 1. complicated, complex, intricate 2. ~ *sein* (*werden*) *in* (*Akk*) be (get) involved (*e-n Skandal etc*: mixed up) in

Verwicklung f fig 1. involvement (*in Akk* in) 2. entanglement, complication

verwildern v/i allg, a. fig run wild, *Sitten etc*: degenerate **verwildert** Adj allg, a. fig wild, *Sitten etc*: degenerate

Verwilderung f fig degeneration

verwinden v/t 1. get over 2. TECH twist

verwirken v/t forfeit

verwirklichen I v/t realize **II** v/refl **sich** ~ be realized, come true: **sich (selbst)** ~ **Person**: fulfil(l) o.s

Verwirklichung f realization

verwirren I v/t **1.** (*Fäden etc*) tangle s.th. (up) **2.** *fig allg* confuse, (*j-n*) a. bewilder, (*j-s Geist etc*) a. muddle **II** v/refl **sich** ~ **3.** get tangled up **4.** *fig Geist etc*: become muddled **verwirrt** *Adj fig allg* confused, *Person*: a. bewildered, *Geist*: a. muddled **Verwirrung** f *allg* confusion, muddle, *e-r Person*: a. bewilderment: **es herrschte allgemeine** ~ there was general confusion; **in** ~ **bringen** → **verwirren** 2

verwischen v/t (a. **sich** ~) blur, *fig a.* cover (up); → **Spur** 1

verwittert *Adj* weather-beaten

verwitwet *Adj* widowed

verwöhnen v/t spoil, pamper

verwöhnt *Adj* spoilt, (*wählerisch*) fastidious, (*anspruchsvoll*) demanding

Verwöhnung f spoiling, pampering

verworfen *Adj* depraved

verworren *Adj* confused, muddled

Verworrenheit f confusion, muddle

verwundbar *Adj a. fig* vulnerable

Verwundbarkeit f *a. fig* vulnerability

verwunden v/t *a. fig* wound

verwunderlich *Adj* surprising, astonishing **verwundern I** v/t surprise, astonish **II** v/refl **sich** ~ (**über** *Akk* at) be surprised, be astonished **verwundert** *Adj* surprised, astonished: *Adv* **j-n** ~ **ansehen** look at s.o. in surprise **Verwunderung** f surprise, astonishment

Verwundete m, f wounded person, casualty **Verwundung** f wound

verwunschen *Adj* enchanted

verwünschen v/t curse

verwünscht *Adj* cursed, confounded

Verwünschung f curse

verwurzelt *Adj fig* (deeply) rooted

verwüsten v/t devastate, *a. fig* ravage

Verwüstung f devastation, ravage(s *Pl*)

verzagen v/i despair (**an** *Dat* of), lose heart **verzagt** *Adj* disheartened, despondent **Verzagtheit** f despondency

verzählen v/refl **sich** ~ miscount

verzahnt *Adj* TECH toothed: **miteinander** ~ a. *fig* interlocked

verzapfen v/t **1.** TECH mortise **2.** F dish out: **Unsinn** ~ talk nonsense

verzärteln v/t (molly)coddle

verzaubern v/t cast a spell on, *fig a.* enchant: **j-n** ~ **in** (*Akk*) turn s.o. into

verzehnfachen v/t (a. **sich** ~) increase tenfold

Verzehr m consumption **verzehren I** v/t consume (a. *fig*), eat: **verzehrt werden von** → **II** v/refl **sich** ~ **vor** *Gram, Liebe etc*: be consumed with

verzeichnen v/t **1.** note (*od* write) down, register, record: **in e-r Liste** ~ list; *fig er konnte e-n großen Erfolg* ~ he achieved a great success; **Fortschritte sind nicht zu** ~ no progress has been made **2.** *fig* (*verzerren*) distort

Verzeichnis n list, catalog(ue *Br*), register, record, (*Inhalts*Ⓢ) index, (*Bestands*Ⓢ) inventory, COMPUTER directory

verzeihen I v/t forgive, excuse, pardon: **j-m etw** ~ forgive s.o. s.th., excuse (*od* pardon) s.o. (for) s.th.; ~ **Sie die Störung** excuse my interrupting you **II** v/i **j-m** ~ forgive s.o.; ~ **Sie!** (I beg your) pardon!, sorry!, *Am* excuse me!

verzeihlich *Adj* pardonable

Verzeihung f pardon: **j-n um** ~ **bitten a**) ask s.o.'s forgiveness, **b**) (*sich entschuldigen*) apologize to s.o.; ~**!** (I beg your) pardon!, sorry!, *Am* excuse me!

verzerren I v/t *a. fig* distort **II** v/refl **sich** ~ become distorted

verzetteln I v/t (*Zeit, Kräfte etc*) fritter away **II** v/refl **sich** ~ waste one's time (*od* energy) (**in** *Dat*, **mit** on)

Verzicht m (**auf** *Akk* of) renunciation, JUR a. waiver **verzichten I** v/i ~ **auf** (*Akk*) do without, F cut out, *weit. S.* give up, JUR renounce, waive; **zu j-s Gunsten** ~ stand aside for s.o.'s benefit

Verzichterklärung f JUR renunciation, waiver

verziehen I v/t **1.** → **umziehen I II** v/t **2.** distort, (*Mund etc*) twist (**zu** into): **das Gesicht** ~ (make a) grimace, pull a face; → **Miene 3.** (*j-n*) spoil: → **verzogen III** v/refl **sich** ~ **4.** *Mund, Gesicht etc*: twist (**zu** into) **5.** *Holz*: warp **6.** *Wolken, Rauch etc*: disperse, *Sturm, Gewitter etc*: blow over **7.** F make o.s. scarce: **verzieht euch!** beat it!

verzieren v/t decorate

Verzierung f decoration

verzinken v/t TECH galvanize

verzinnen v/t TECH tin(-plate)

verzinsen I v/t pay interest on: **e-e Summe mit 5 %** ~ pay 5 % interest on a sum **II** v/refl **sich** (**mit 5 %**) ~ yield (od bear) (5 %) interest

verzinslich Adj interest-bearing: ~ **anlegen** put out at interest **Verzinsung** f 1. (**von**, Gen on) payment of interest, (Ertrag) interest yield 2. → **Zinssatz**

verzogen Adj fig spoilt

verzögern I v/t delay, (verlangsamen) slow down, (hinziehen) protract **II** v/refl **sich** ~ be delayed

Verzögerung f delay **Verzögerungstaktik** f delaying tactics Pl

verzollen v/t pay duty on: **haben Sie etw zu ~?** have you anything to declare?

verzollt Adj duty-paid

Verzollung f payment of duty (Gen on)

verzückt Adj enraptured, ecstatic(ally Adv) **Verzückung** f rapture, ecstasy: **in ~ geraten** go into raptures (od ecstasies) (**über** Akk over, about)

Verzug m 1. delay: **ohne~** without delay, forthwith; WIRTSCH **im ~ sein** (**mit**) default (on), be in arrear(s) (for) 2. **es ist Gefahr im ~** there is danger ahead

Verzugszinsen Pl interest Sg on arrears

verzweifeln v/i despair (**an** Dat of): **es ist zum** 2 it's enough to drive you to despair; **ich bin am** 2 I'm desperate

verzweifelt Adj Blick, Stimme etc: despairing, Kampf, Plan etc: desperate

Verzweiflung f (**j-n zur ~ bringen** od **treiben** drive s.o. to) despair

Verzweiflungstat f act of desperation

verzweigen v/refl **sich** ~ a. fig ramify, branch out

verzweigt Adj a. fig branched: **weit ~ sein** branch (out) widely

verzwickt Adj F tricky, complicated

Veteran m 1. MIL ex-serviceman, Am u. fig veteran 2. MOT vintage car

Veterinär(in) veterinary surgeon, Am veterinarian, F vet

Veto n veto: (**s)ein ~ einlegen** put a veto on, veto **Vetorecht** n veto (power)

Vetter m cousin

Vetternwirtschaft f nepotism

VHS f = **Volkshochschule**

Viadukt m viaduct

Vibration f vibration

vibrieren v/i vibrate

Video n video

Video... video (camera, film, system, etc) ~**aufnahme** f, ~**aufzeichnung** f video recording ~**band** n video tape ~**clip** m video clip ~**gerät** n video recorder ~**kamera** f camcorder ~**kassette** f video cassette ~**rekorder** m video recorder ~**spiel** n video game ~**technik** f video technology ~**text** m teletext

Videothek f video-tape library

Vieh n 1. cattle, livestock 2. F (Tier) animal, beast **Viehbestand** m livestock **Viehfutter** n fodder

viehisch Adj bestial, brutal

Viehmarkt m cattle market **Viehwagen** m BAHN cattle wag(g)on, Am stockcar

Viehzucht f stockbreeding

Viehzüchter(in) stockbreeder

viel Adj u. Adv a lot (of), plenty (of), F lots of, bes fragend, verneint u. nach too, so, as, how, very: much: (**sehr**) ~**e** (a great) many; **sehr** ~ **Geld** a great deal (od plenty) of money; **ziemlich** ~ quite a lot (of); **ziemlich** ~**e** quite a few; **das kommt vom** ~**en Rauchen** that comes from all that smoking; **ich halte nicht** ~ **davon** I don't think much of it; ~**e** hundert ... hundreds and hundreds of; ~ (od um ~**es**) **besser** much better; ~ **lieber** much rather; ~ **zu viel(e)** far too much (many); ~ **zu wenig** not nearly enough; **in** ~**em** in many ways; ~ **beschäftigt** very busy; ~ **diskutiert** much-discussed; ~ **geliebt** much-loved; a. iron ~ **gepriesen** much-vaunted; ~ **gereist** much-travel(l)ed; ~ **sagend** meaningful, knowing; ~ **versprechend** (very) promising: **nicht** (**gerade**) ~ **versprechend** unpromising

vieldeutig Adj ambiguous

Vieleck n MATHE polygon

vielerlei Adj various, all sorts of

vielerorts Adv in many places

vielfach I Adj multiple: **er ist** ~**er Millionär** he is a millionaire many times over; **auf** ~**en Wunsch** by popular request **II** Adv in many cases, (oft) frequently

Vielfalt f (great) variety

vielfältig Adj varied, manifold

Vielflieger m frequent flyer

Vielfraß m ZOOL u. F fig glutton

vielköpfig Adj Familie: large

vielleicht Adv perhaps, maybe, possibly: **hast du ihn** ~ **gesehen?** have

you seen him by any chance?; **~ kommen sie noch** they may yet come; **es ist ~ besser** it might be better; **könnten Sie ~ das Fenster schließen?** would you mind closing the window?; F **das ist ~ ein Trottel!** he really is an idiot!; **ich war ~ aufgeregt!** what a state I was in!; **das ist ~ ein Auto!** that's some car!

vielmals *Adv* many times: **danke ~** many thanks; **sie lässt (dich) ~ grüßen** she sends you her best regards; **ich bitte ~ um Entschuldigung** I'm terribly sorry

vielmehr *Adv* rather

vielschichtig *Adj fig* complex, multilayered

vielseitig I *Adj* many-sided, *Person: a.* versatile II *Adv* **sie ist ~ begabt** she has many talents; **er ist ~ interessiert** he has varied interests; **~ verwendbar** multipurpose, versatile

Vielseitigkeit *f* versatility

vielsprachig *Adj* polyglot **vielstimmig** *Adj* MUS many-voiced, polyphonic

Vielvölkerstaat *m* multiracial state

Vielweiberei *f* polygamy

Vielzahl! *f* multitude

vier *Adj* four: **unter ~ Augen** in private; **Gespräch unter ~ Augen** private talk; F **auf allen ~en** on all fours

Vier F *f* four: PÄD **e-e ~ bekommen** be given the mark (of) fair

Vieraugengespräch *n* four-eye conversation

Vierbeiner *m* F quadruped

vierbeinig *Adj* four-legged

vierblätt(e)rig *Adj* four-leaved

Viereck *n* bes MATHE quadrangle

viereckig *Adj* quadrangular

Vierer *m Rudern:* four, *Golf:* foursome

Viererbob *m* four-seater bob

vierfach *Adj* fourfold

Vierfarbendruck *m* four-colo(u)r printing (*Bild:* also)

Vierfüßer *m* ZOOL quadruped **vierfüßig** *Adj* four-footed, ZOOL quadruped

Vierganggetriebe *n* MOT four-speed gear unit

vierhändig *Adj* four-handed, for four hands: **~ spielen** play a duet

vierhundert *Adj* four hundred

vierjährig *Adj* **1.** *Abwesenheit etc:* of four years, four-year **2.** *Kind etc:* four-year-old, of four

Vierjährige *m, f* four-year-old (child)

Vierkant *m, n, vierkantig** *Adj* square

Vierlinge *Pl* quadruplets *Pl*

viermal *Adv* four times

viermotorig *Adj* four-engined

Vierrad... four-wheel (*drive, brake*)

vierräd(e)rig *Adj* four-wheeled

vierschrötig *Adj* square(-built), thickset, burly **vierseitig** *Adj* four-sided, MATHE quadrilateral **viersilbig** *Adj* four-syllable **Viersitzer** *m, viersitzig** *Adj* four-seater **vierspurig** *Adj Straße:* four-lane **vierstellig** *Adj* MATHE four-digit

vierstimmig *Adj* MUS four-part, for four voices: **Adv ~ singen** sing in four voices

vierstöckig *Adj* four-storeyed, *Am* four-storied **vierstündig** *Adj* of four hours, four-hour

viert *Adj* fourth: **sie waren zu ~** there were four of them

Viertaktmotor *m* four-stroke engine

viertausend *Adj* four thousand

Vierte *m, f* fourth

Viertel *n* **1.** fourth (part) **2.** (*Maß, Stadt♢, Mond♢, ♢stunde*) quarter: **es ist ~ vor eins** it is a quarter to one

Viertelfinale *n* SPORT quarter finals *Pl*

Vierteljahr *n* three months *Pl*

vierteljährlich *Adj u. Adv* quarterly: **~e Kündigung** three months' notice

Viertelliter *m, n* quarter of a litre (*Am* liter)

vierteln *v/t* quarter

Viertel|note *f* MUS crotchet **~pause** *f* MUS crotchet rest **~pfund** *n* quarter of a pound **~stunde** *f* quarter of an hour

viertelstündlich *Adj u. Adv* every quarter of an hour, every fifteen minutes

viertens *Adv* fourthly

vierzehn *Adj* fourteen: **~ Tage** a fortnight, *Am* fourteen days; **in ~ Tagen** in two weeks' time, in a fortnight

vierzehntägig *Adj* two-week

Vierzehnte *m, f* fourteenth

Vierzeiler *m* quatrain

vierzig I *Adj* forty; **sie ist Anfang ~** she is in her early forties II ♀ *f* forty **vierziger** *Adj* **die ~ Jahre** *e-s Jhs.:* the forties *Pl* **Vierziger(in)** man (woman) of forty (*od* in his [her] forties): **sie ist in den Vierzigern** she is in her forties **Vierzi-**

gerjahre → **vierziger**

Vierzimmerwohnung f four-room flat (*Am* apartment)

Vietnam n Vietnam

Vietnamese m, **Vietnamesin** f, **vietnamesisch** *Adj* Vietnamese

Vignette f motorway permit

Villa f villa

Villenviertel n residential area

Viola f MUS viola

violett *Adj* purple, *heller*: violet

Violine f MUS violin **Violinist(in)** violinist **Violinschlüssel** m violin (*od* treble, G) clef

Violoncello n MUS violoncello

Viper f ZOOL viper, adder

Virensuchprogramm n virus scanner

Virologie f MED virology

virtuell *Adj* virtual

virtuos *Adj*, **Virtuose** m, **Virtuosin** f virtuoso **Virtuosität** f virtuosity

virulent *Adj* virulent

Virus (*Pl* **Viren**) m, n MED, IT virus

Virusinfektion f virus (*od* viral) infection

Visage f F mug **Visagist(in)** make-up artist

Visier n 1. *am Helm*: visor 2. *am Gewehr*: sight **visieren I** v/i take aim **II** v/t *schweiz.* certify

Vision f vision

visionär *Adj*, **Visionär(in)** visionary

Visite f (doctor's) round

Visitenkarte f (visiting, *Am* calling) card

visuell *Adj* visual

Visum n 1. visa 2. *schweiz.* signature

vital *Adj* 1. vigorous, fit 2. (*lebenswichtig*) vital **Vitalität** f vigo(u)r, vitality

Vitamin n vitamin(e) **vitaminarm** *Adj* poor in vitamin(e)s **Vitamingehalt** m vitamin(e) content **vitaminhaltig** *Adj* containing vitamin(e)s

Vitamin|mangel m vitamin(e) deficiency **~präparat** n vitamin(e) preparation **2reich** *Adj* rich in vitamin(e)s **~stoß** m massive dose of vitamin(e)s

Vitrine f glass cupboard, WIRTSCH showcase

Vize… vice-(*admiral, chancellor, president, etc*) **Vizemeister(in)** SPORT runner-up (*hinter Dat* to)

Vlies n fleece

Vogel m 1. bird: F *fig* **e-n ~ haben** have a screw loose; *den ~ abschießen* take the cake; *j-m den ~ zeigen* tap one's forehead at s.o., give the finger to s.o. 2. F *fig* (*Kerl*) bird, fellow: *er ist ein komischer ~* he's a queer customer

Vogel|bauer n birdcage **~beerbaum** m rowan (tree) **~beere** f rowanberry **~futter** n birdseed **~grippe** f bird flu **~haus** n aviary **~käfig** m birdcage **~kunde** f ornithology **~mist** m bird droppings *Pl*

vögeln v/t u. v/i V fuck, screw, bang

Vogel|nest n bird's nest **~perspektive** f *Berlin aus der ~* a bird's-eye view of Berlin **~scheuche** f a. *fig* scarecrow

Vogelschutzgebiet n bird sanctuary

Vogel-Strauß-Politik f ostrich policy

Vogelwarte f ornithological station

Vogerlsalat m *österr.* lamb's lettuce

Vokabel f word

Vokabelheft n vocabulary book

Vokabular n vocabulary

Vokal m vowel

Vokalmusik f vocal music

Volant m *am Kleid*: flounce

Volk n 1. people, nation, (*Masse*) the masses *Pl*, crowd, *pej* (*Pöbel*) mob, rabble: *ein Mann aus dem ~* a man of the people; *sich unters ~ mischen* mingle with the crowd 2. (*Bienen2*) swarm 3. JAGD covey

Völker|kunde f ethnology **~mord** m genocide **~recht** n international law **2rechtlich** *Adj* relating to (*Adv* under) international law **~verständigung** f international understanding

Völkerwanderung f 1. migration of (the) peoples 2. *fig* exodus

Volks|abstimmung f plebiscite, referendum **~aufstand** m national uprising, revolt **~befragung** f public opinion poll **~begehren** n petition for a referendum **~bildung** f national education **~bücherei** f public library **~charakter** m national character **~demokratie** f people's democracy

Volksdeutsche m, f ethnic German

volkseigen *Adj hist* state-owned

Volkseigentum n national property

Volks|einkommen n national income **~feind(in)** m public enemy **~fest** n (public) festival **~gruppe** f ethnic group **~held(in)** folk hero(ine f) **~hochschule** f (*Institution*) adult education program(me), (*Kurse*) adult evening

classes *Pl* **~kammer** *f DDR hist* People's Chamber **~kunde** *f* folklore **~lauf** *m* SPORT open cross-country race **~lied** *n* folk song

Volksmund *m* (*im* ~ in the) vernacular

Volksmusik *f* folk music

volksnah *Adj* popular, people-oriented, grassroots (*politician*)

Volks|polizist(in) *hist* member of the people's police **~redner(in)** popular speaker, *pej* stump orator **~republik** *f* people's republic **~schicht** *f* social class **~sport** *m* popular sport **~sprache** *f* vernacular (language) **~stamm** *m* tribe, race **~stück** *n* THEAT folk play **~tanz** *m* folk dance **~tracht** *f* national costume **~trauertag** *m* day of national mourning

Volkstum *n* folklore

volkstümlich *Adj* folkloristic, LING vernacular, (*herkömmlich*) traditional, (*einfach, beliebt*) popular: *a. pej* **sich ~ geben** act folksy

Volksvermögen *n* national wealth

Volksversammlung *f* public meeting

Volksvertreter(in) people's representative **Volksvertretung** *f* representation of the people, parliament

Volks|wirt(in) WIRTSCH (political) economist **~wirtschaft** *f* **1.** political economy **2.** → **~wirtschaftslehre** *f* economics *Pl* (*mst Sg konstr*) **~zählung** *f* census

voll I *Adj* **1.** (*Ggs. leer*) *allg* full, (*gefüllt*) *a.* filled, (~ *besetzt*) full up: **~(er)**, **~ von**, **~ mit**, *a.* (*Gen*) full of (*a. fig*), filled with, (*beladen mit*) loaded with; **e-e Kanne** (**~**) **Tee** a pot of tea; *fig* **aus dem ²en schöpfen** draw on plentiful resources; F **~ sein a)** (*satt*) be full up, **b)** (*betrunken*) be tight **2.** (*füllig*) full, round, *Haar:* thick, rich: **~er werden** *a.* fill out **3.** *fig Ton, Stimme, Aroma etc:* full, rich **4.** (~*ständig*) full, whole: *der Mond ist* ~ the moon is full; *e-e* ~*e Stunde* a full (*od* solid) hour; ~*e drei Tage* fully three days; *etw in* ~*er Höhe bezahlen* pay the full amount, pay the amount in full; *mit* ~*er Lautstärke* (at) full blast; *aus* ~*er Brust, aus* ~*em Halse* at the top of one's voice; *aus* ~*em Herzen* from the bottom of one's heart; ~*es Vertrauen* complete confidence; *die* ~*e Wahrheit* the whole truth **II** *Adv*

5. fully, (~*ständig*) *a.* in full: ~ *und ganz* completely, wholly; ~ *arbeiten* work full time; ~ *beschäftigt* fully occupied; ~ *besetzt sein* be full (up); *Sie müssen* ~ *bezahlen* you have to pay the full price; ~ *füllen*, ~ *gießen* fill (up); F ~ *machen* fill (up); *fig um das Unglück* ~ *zu machen* to make things worse; ~ *packen* pack *s.th.* full (*mit* of); *sich* ~ *saugen mit* become saturated with; ~ *schlagen Uhr:* strike the full hour; *sich* ~ *schlagen* fill one's belly; ~ *schreiben* (*Heft etc*) fill, (*Tafel etc*) cover; *a. fig* ~ *stopfen* stuff, cram; ~ *tanken* fill up; ~ *gepackt*, ~ *gepfropft* crammed (full), F (jam)packed; *j-n nicht für* ~ *nehmen* not to take s.o. seriously; F *in die* ²*en gehen* go flat out

vollauf *Adv* quite, perfectly

Vollautomatik *f* fully automatic system

vollautomatisch *Adj* fully automatic

Vollautomatisierung *f* full automation

Vollbad *n* full bath

Vollbart *m* full beard

vollbeschäftigt *Adj* employed full-time

Vollbeschäftigung *f* full employment

Vollbesitz *m im* ~ (*Gen*) in full possession of; *im* ~ *s-r geistigen Kräfte sein* be in full possession of one's mental faculties

Vollblut(pferd) *n*, **Vollblüter** *m* thoroughbred

Vollbremsung *f* emergency stop: *e-e* ~ *machen* F slam on the brakes

vollbringen *v/t* accomplish, achieve, (*Wunder*) perform

vollbusig *Adj* full-bosomed, F bosomy

Volldampf *m mit* ~ at full steam, *fig* at full blast

vollelektronisch *Adj* fully electronic

vollenden *v/t* **1.** (*Arbeit etc*) finish, (*a. Lebensjahr, Dienst, Studien*) complete **2.** perfect **vollendet** *Adj* perfect, accomplished: *Adv* ~ *schön* of perfect beauty; → **Vollendung** *f* **1.** finishing, completion: *nach* ~ (*Gen*) on completion of **2.** perfection

voller → **voll** 1

Völlerei *f* gluttony

Volley *m* Tennis etc: volley

Volleyball(spiel) *n* volleyball

vollführen *v/t* perform

Vollgas *n* MOT full throttle: *mit* ~ F full

tilt; **~ geben** F step on the gas

Vollgefühl *n* **im ~** (*Gen*) *fig* fully conscious of

Vollgummi *m*, *n* solid rubber

völlig **I** *Adj* total, absolute, complete: **~e Gleichberechtigung** full equality; **~er Unsinn** utter (*od* perfect) nonsense; **ein ~er Versager** a complete failure **II** *Adv* quite, fully (*etc*): **~ richtig** absolutely right; **~ am Ende sein** be completely run down; **das ist mir ~ gleichgültig** I don't give a damn

volljährig *Adj* of (full legal) age, major: **~ sein (werden)** be (come) of age; **noch nicht ~** under age

Volljährigkeit *f* full legal age, majority

Volljurist(in) fully qualified lawyer

Vollkaskoversicherung *f* comprehensive insurance

vollkommen **I** *Adj* perfect, total, *Macht etc*: absolute **II** *Adv* F → **völlig** II

Vollkommenheit *f* perfection

Vollkorn|brot *n* wholemeal bread **~nudeln** *Pl* wholemeal pasta *Sg*

Vollmacht *f* full power(s *Pl*), authority, JUR power of attorney, (*Urkunde*) proxy: **~ haben** be authorized; **j-m ~ erteilen** authorize s.o.

Voll|matrose *m*, **~matrosin** *f* able-bodied seaman

Vollmilch *f* full-cream milk **Vollmilchschokolade** *f* milk chocolate

Vollmond *m* full moon: **heute ist ~** there is a full moon tonight

vollmundig *Adj* **1.** *Wein*: full-bodied **2.** *fig iron* high-sounding, orotund

Vollnarkose *f* general an(a)esthesia

Vollpension *f* (full) board and lodging

vollschlank *Adj* **~ sein** have a full figure

vollständig **I** *Adj* complete, whole, entire: **~e Anschrift** full address **II** *Adv* → **völlig** II

Vollständigkeit *f* completeness

vollstreckbar *Adj* JUR enforceable

vollstrecken **I** *v/t* **1.** execute, JUR *a.* enforce **2.** SPORT (*Strafstoß etc*) convert **II** *v/i* **3.** SPORT score **Vollstreckung** *f* JUR exe-cution **Vollstreckungsbefehl** *m* JUR writ of execution

Volltextsuche *f* COMPUTER full-text search

Volltreffer *m* direct hit, *a. fig* bull's-eye

volltrunken *Adj* completely drunk

Vollversammlung *f* plenary assembly

Vollwaise *f* orphan

Vollwaschmittel *n* all-purpose washing powder

vollwertig *Adj* full, adequate, of high value **Vollwertkost** *f* whole foods *Pl*

vollzählig *Adj* **1.** **~ sein** be present in full number; *Adv* **~ erscheinen** assemble in full strength **2.** (*vollständig*) complete

vollziehen **I** *v/t* execute, carry out, (*Trauung etc*) perform, (*die Ehe*) consummate: **~de Gewalt** executive **II** *v/ refl sich ~** take place **Vollzieher(in)** executor **Vollziehung** *f*, **Vollzug** *m* execution, *der Trauung etc*: performance, *der Ehe*: consummation

Vollzugs|anstalt *f* penal institution, prison **~beamte** *m*, **~beamtin** *f* prison officer

Volontär(in) unpaid trainee

Volt *n* ELEK volt **Voltmeter** *n* voltmeter

Voltzahl *f* voltage

Volumen *n allg* volume, (*Größe*) *a.* size, (*Inhalt*) *a.* capacity

voluminös *Adj* voluminous

von *Präp* **1.** *allg* from: **~ der Seite** from the side; **~ morgen an** from (*where as* of) tomorrow **2.** *Genitiv*: of, *Urheberschaft, Passiv*: by: **e-e Freundin ~ ihr** a friend of hers; **ein Bild ~ Picasso** a painting by Picasso; **sie nahm ~ dem Kuchen** she had some of the cake; **9 ~ 10 Leuten** 9 out of (*Statistik*: in) 10 people; → **selbst** I **3.** *Eigenschaft*: of: **~ Gold** (made) of gold; **ein Mann ~ Bildung** a man of culture **4.** (*über*) of, about: **ich habe ~ ihm gehört** I have heard of him; **weißt du ~ der Sache?** do you know about this affair?

voneinander *Adv* from each other

vonseiten *Adv* **~ von** on the part of, by

vonstatten *Adv* **~ gehen a)** take place, **b)** *gut, zügig etc*: go, proceed

vor *Präp* **1.** *räumlich*: before, in front (*Dat* of), (*außerhalb*) outside, (*in Gegenwart von*) in the presence (*Dat* of): **~ der Klasse** in front of the class; **~ der Tür** at the door; **~ dem Gesetz** before the law **2.** *zeitlich*: before, ago: **~ 10 Jahren (ein paar Tagen)** ten years (a few days) ago; **~ dem Essen** before dinner; **5 Minuten ~ 12** five minutes to (*Am* of) 12, *fig* at the eleventh hour; **~**

j-m liegen be (od lie) ahead of s.o.; **etw ~ sich haben** have s.th. ahead of one, pej be in for s.th.; **das haben wir noch ~ uns** that's still to come **3.** (wegen) for, with: **~ Angst** for fear; **~ Kälte** with cold; **~ lauter Arbeit** for all the work **4.** Rang: above, before: **~ allem, ~ allen Dingen** above all **5.** (gegen) from, against: **j-n warnen ~** warn s.o. against

vorab Adv (zunächst) first, to begin with, (im Voraus) in advance

Vorabend m (am ~ on the) eve (Gen of)

Vorahnung f premonition, böse: foreboding

voran Adv before, at the head, in front: **mit dem Kopf ~** head first **vorangehen** v/i **1.** lead the way, walk at the front (od head) (Dat of): **j-n ~ lassen** let s.o. go first; → **Beispiel 2.** zeitlich: precede **3.** fig Arbeit etc: get on, get ahead **vorankommen** v/i make progress (od headway): **beruflich (im Leben) ~** get on in one's job (in life)

Vorankündigung f previous notice

Voranmeldung f booking: TEL **Gespräch mit ~** person-to-person call

vorantreiben v/t fig press ahead with

Voranzeige f preannouncement, FILM trailer

Vorarbeit f preparatory work, preparations Pl **vorarbeiten** v/i u. v/t u. in advance: **j-m ~** pave the way for s.o.

Vorarbeiter(in) foreman (forewoman)

voraus Adv a. fig ahead (Dat of): **im ~** in advance

vorausahnen v/t anticipate **vorausberechnen** v/t precalculate **vorausbezahlen** v/t prepay, pay s.th. in advance **vorausdenken** v/i look ahead

Vorausexemplar n advance copy

vorausfahren v/i drive ahead (Dat of)

voraus|gehen v/i **1.** go ahead (Dat of) **2.** zeitlich: precede **~gesetzt** Konj ~, **dass** provided (that) **~haben** v/t **j-m etw an Erfahrung** etc ~ have the advantage of greater experience etc over s.o.

vorauslaufen v/i run on ahead (Dat of)

vorausplanen v/t u. v/i plan s.th. ahead

Vorausplanung f forward planning

Voraussage f, **Voraussagung** f prediction, forecast, prognosis

voraussagen v/t predict, forecast

vorausschauend Adj fig foresighted

vorausschicken v/t **1.** send on ahead **2.**

fig ~, **dass** ... first mention that ...

voraussehen v/t foresee, expect: **das war vorauszusehen** that was to be expected

voraussetzen v/t **1.** (erfordern) require **2.** (annehmen) assume, expect: **etw stillschweigend ~** take s.th. for granted; **ich setze diese Tatsachen als bekannt voraus** I assume that these facts are known; → **vorausgesetzt**

Voraussetzung f **1.** condition, prerequisite: **unter der ~, dass** ... on condition that ...; **die ~en erfüllen** meet the requirements **2.** (Annahme) assumption

Voraussicht f (in weiser ~ with wise) foresight: **aller ~ nach** in all probability **voraussichtlich I** Adj prospective, expected **II** Adv probably: **er kommt ~ a.** he is likely (od expected) to come

Vorauszahlung f advance payment

Vorbau m front part (of a building), (Vorhalle) porch

vorbauen I v/t build s.th. in front (od out) **II** v/i fig take precautions

Vorbedingung f condition

Vorbehalt m reservation, proviso: **unter dem ~, dass** ... provided (that) ...; **ohne ~** without reservation

vorbehalten v/t reserve: **Änderungen ~** subject to change (without notice); **Irrtümer ~** errors excepted; **alle Rechte ~** all rights reserved; **sich (das Recht) ~ zu** Inf reserve the right to Inf; **j-m ~ sein** (od bleiben) be left to s.o.

vorbehaltlich Präp (Gen) subject to

vorbehaltlos Adj unreserved

vorbehandeln v/t pretreat

Vorbehandlung f pretreatment

vorbei Adv **1.** a. **~ an** (Dat) past, by: **~!** missed! **2.** zeitlich: over, finished, (vergangen) gone, nach Uhrzeit: past: **5 Uhr ~** past five (o'clock); **es ist aus und ~** it's all over and done with

vorbeifahren v/i u. v/t u. **~ an** (Dat) drive past

vorbeigehen v/i **1.** **~ an** (Dat) pass by, fig miss, pass s.th. by: **im ~** in passing **2.** → **vorübergehen 3.** Schuss etc: miss (the mark) **vorbeikommen** v/i **1.** **~ an** (Dat) pass by, e-m Hindernis etc: get past (od round), pass **2.** F (besuchen) drop in (bei on) **vorbeilassen** v/t let s.o., s.th. pass **vorbeimarschieren** v/i **~ an** (Dat) march past **vorbeireden**

v/i **aneinander ~** talk at cross-purposes; **am Thema ~** miss the point

vorbeischießen *v/i* miss: **(am Tor) ~** shoot wide **vorbeischrammen** *v/i* scrape past **(an etw Dat** s.th.) **vorbeiziehen** *v/i* **an j-m** – SPORT overtake s.o., *fig* **Erinnerungen** etc: go through s.o.'s mind

vorbelastet *Adj* **erblich ~ sein** have a hereditary handicap

Vorbemerkung *f* preliminary remark

vorbereiten *v/t* (a. **sich ~**) prepare (**für, auf** *Akk* for): *fig* **bereite dich auf das Schlimmste vor!** prepare (yourself) (*od* be prepared) for the worst!

vorbereitend *Adj* preparatory

Vorbereitung *f* preparation (**für, zu, auf** *Akk* for): **~en treffen (für)** make preparations (*od* prepare) (for); **in ~** in preparation, being prepared

Vorbericht *m* preliminary report

Vorbesprechung *f* preliminary discussion (*od* talk)

vorbestellen *v/t* (**Karten, Zimmer** etc) book in advance, reserve **Vorbestellung** *f* advance booking, reservation

vorbestraft *Adj* **~ sein** have a police record

vorbeugen **I** *v/i* **e-r Sache ~** prevent (*od* guard against) s.th. **II** *v/refl* **sich ~** bend forward **vorbeugend** *Adj* preventive, MED (a. **~es Mittel**) prophylactic

Vorbild *n* model, example: **leuchtendes ~** shining example; **sich j-n zum ~ nehmen** follow s.o.'s example; (**j-m**) **ein ~ sein** set an example (to s.o.)

vorbildlich *Adj* exemplary, model: *Adv* **er benahm sich ~** he behaved in an exemplary manner

Vorbildung *f* (previous) training, education(al background)

Vorbote *m*, **Vorbotin** *f* *fig* herald, forerunner

vorbringen *v/t* (**Argument** etc) bring forward, (**Wunsch, Forderung** etc) express, state, (**Gründe, Entschuldigung** etc) offer, (**Einwand**) raise, (**Protest**) enter, JUR (**Klage**) prefer

Vordach *n* canopy

vordatieren *v/t* (**vorausdatieren**) postdate, (**zurückdatieren**) antedate

Vordenker(in) thinker, brain

vorder *Adj* front

Vorder|achse *f* front axle **~ansicht** *f*

front view **~bein** *n* ZOOL foreleg **~deck** *n* SCHIFF foredeck **~fuß** *m* ZOOL forefoot, *von Hund, Katze* etc: front paw

Vordergrund *m* foreground: *fig* **in den ~ rücken** come to the fore; **etw in den ~ stellen** give s.th. special emphasis

vordergründig *Adj* (*Adv* on the) surface

Vorder|haus *n* front building **~lauf** *m* JAGD foreleg **~mann** *m* **mein ~** the person in front of me; F *fig* **auf ~ bringen** **a)** **j-n** make s.o. pull his socks up, **b)** **etw** bring s.th. up to scratch **~rad** *n* front wheel **~rad—** front-wheel (**brake, drive, etc**) **~reihe** *f* front row **~seite** *f* front, ARCHI, TECH a. face, **e-r Münze:** obverse **~sitz** *m* front seat

vorderst *Adj* front

Vorder|teil *m, n* front (part) **~tür** *f* front door **~zahn** *m* front tooth

vordrängen *v/refl* **sich ~** push forward, **in e-r Schlange:** jump the queue, *fig* put o.s. forward

vordringen *v/i* push (*od* forge) ahead: **~ in** (*Akk*) *a. fig* penetrate into; **~ (bis) zu** *a. fig* work one's way through to

vordringlich *Adj* urgent, priority (**task** etc): *Adv* **~ behandelt werden** be given priority

Vordruck *m* form, *Am* blank

vorehelich *Adj* premarital

voreilig *Adj* hasty, rash: **~e Schlüsse ziehen** jump to conclusions

voreinander *Adv* **Achtung ~** respect for each other; **sie haben Angst ~** they are afraid of each other

voreingenommen *Adj* (**gegenüber** against) prejudiced, bias(s)ed

Voreingenommenheit *f* prejudice, bias

vorenthalten *v/t* **j-m etw ~** withhold (*od* keep) s.th. from s.o.

Vorentscheidung *f* preliminary decision

vorerst *Adv* for the time being

Vorexamen *n* preliminary examination

vorfahren *v/i* drive up (**vor** *Dat* before) **Vorfahrt** *f* priority, right of way: **~ beachten!** give way!, *Am* yield! **vorfahrt(s)berechtigt** *Adj* having the right of way **Vorfahrt(s)schild** *n* sign regulating priority **Vorfahrt(s)straße** *f* priority road

Vorfall *m* **1.** incident, occurrence **2.** MED

prolapse **vorfallen** *v/i* happen, occur

Vorfeld *n* **1.** FLUG apron **2.** *fig* **im ~** (*Gen*) in the run-up to

Vorfilm *m* supporting film

vorfinanzieren *v/t* prefinance

vorfinden *v/t* find

vorformulieren *v/t* preformulate

Vorfreude *f* anticipation

vorfristig *Adj u. Adv* ahead of time

Vorfrühling *m* early spring

vorfühlen *v/i* **bei j-m ~** sound s.o. out

vorführen *v/t* **1.** show, (*Film*) *a.* present, (*Gerät etc*) demonstrate, (*Kunststück*) perform **2.** *j-n dem Richter, e-m Arzt etc ~* bring s.o. before **3.** F *j-n ~* make s.o. look like a fool

Vorführer(in) (*Film⚥*) projectionist

Vorführraum *m* projection room

Vorführung *f* **1.** showing, *e-s Films*: *a.* presentation, *e-s Geräts etc*: demonstration, *e-s Kunststücks etc*: performance **2.** (*Aufführung*) show

Vorführwagen *m* MOT demonstration car, demonstrator

Vorgabe *f* **1.** SPORT start, handicap, (*Kurven⚥*) stagger **2.** (*Bedingung*) precondition, stipulation, (*Ziel⚥*) target, (*Daten etc*) given (*od* set) data Pl **3.** → **Vorgabezeit** *f* TECH allowed time

Vorgang *m* **1.** (*Ablauf*) proceedings *Pl*, BIOL, CHEM, TECH process **2.** (*Ereignis*) event, occurrence **3.** (*Akte*) file, record

Vorgänger(in) predecessor

Vorgarten *m* front garden, *Am* front-yard

vorgeben *v/t* **1.** SPORT give, allow **2.** (*behaupten*) allege, claim, pretend **3.** (*festlegen*) prescribe, stipulate, (*Daten etc*) give, set

Vorgebirge *n* foothills *Pl*

vorgefasst *Adj* preconceived

vorgefertigt *Adj a. fig* prefabricated

Vorgefühl *n* → **Vorahnung**

vorgehen *v/i* **1.** go forward, go up (*zu* to), MIL advance, F (*vorangehen*) lead the way: *m-e Uhr geht* (*e-e Minute*) *vor* my watch is (one minute) fast; F *geh schon mal vor!* you go on ahead! **2.** (*handeln*) act: *~ gegen* take action against; *gerichtlich gegen j-n ~* proceed against s.o.; *hart ~ gegen* crack down on **3.** happen, go on: *was geht hier vor?* what's going on here? **4.** (*Vorrang haben*) come first **Vorgehen**

n (line of) action, (*Verfahren*) procedure

vorgelagert *Adj* **~e Inseln** offshore islands

vorgerückt *Adj* **zu ~er Stunde** at a late hour; **in ~em Alter a)** *person* well advanced in years, **b)** at an advanced age

Vorgeschichte *f* **1.** prehistory, early history **2.** *e-r Sache*: (past) history, *e-r Person*: past life, background **vorgeschichtlich** *Adj* prehistoric(ally *Adv*)

Vorgeschmack *m* foretaste (**auf** *Akk*, **von** of)

Vorgesetzte *m, f* superior, F boss

Vorgespräche *Pl* preliminary talks *Pl*

vorgestern *Adv* the day before yesterday: **von ~** → **vorgestrig** *Adj* **1.** *Zeitung etc*: of the day before yesterday **2.** *fig Ansicht etc*: antiquated

vorgreifen *v/i j-m* (**e-r Sache**) **~** anticipate s.o. (s.th.) **Vorgriff** *m* (**im ~** in) anticipation (**auf** *Akk* of)

vorhaben *v/t* **~, etw zu tun** plan (*od* have in mind, intend) to do s.th.; **e-e Reise ~** plan to go on a journey; **was habt ihr heute vor?** what are your plans for today?; **haben Sie heute Abend etw vor?** have you got anything planned for tonight?; **morgen habe ich e-e Menge vor** I've got a lot to do tomorrow; **was hast du mit ihm** (**damit**) **vor?** what are you going to do with him (it)?; **was hast du jetzt wieder vor?** what are you up to now? **Vorhaben** *n* intention, plan(s *Pl*), (*a. Bau⚥ etc*) project: **sein~ durchführen** carry out one's plans

Vorhalle *f* (entrance) hall, vestibule

Vorhalt *m* MUS suspension **vorhalten** *v/t j-m etw ~* **a)** hold s.th. (up) in front of s.o., **b)** *fig* reproach s.o. with s.th.; **mit vorgehaltener Pistole** at pistol point

Vorhaltung *f mst Pl* reproach: *j-m ~en machen* remonstrate with s.o. (**über** *Akk* about)

Vorhand *f* Tennis etc: forehand

vorhanden *Adj* existing, (*verfügbar*) available, WIRTSCH in stock: **~ sein** exist; **es ist nichts mehr ~** there is nothing left

Vorhandensein *n* existence

Vorhang *m* curtain (*a.* THEAT), drapes *Pl*: POL **der Eiserne ~** the Iron Curtain

Vorhängeschloss *n* padlock

Vorhaut f ANAT foreskin, prepuce
vorher Adv before: *am Abend ~* the evening before, the previous evening
vorherbestimmen v/t predetermine
vorhergehen v/i *e-r Sache ~* precede s.th. **vorhergehend, vorherig** Adj preceding, previous
Vorherrschaft f predominance, supremacy **vorherrschen** v/i predominate, prevail **vorherrschend** Adj predominant, *Meinung etc:* prevailing
Vorhersage f prediction, a. METEO forecast **vorhersagen** v/t predict
vorhersehen v/t foresee
vorhin Adv a (short) while ago
Vorhut f MIL van(guard)
vorig Adj former, previous: *~e Woche* last week
vorindustriell Adj preindustrial
Vorjahr n previous (od last) year
vorjährig Adj of last year
Vorkämpfer(in) champion
vorkauen v/t F fig *j-m etw ~* spoon-feed s.th. to s.o.
Vorkaufsrecht n right of preemption: *das ~ haben* a. have the refusal
Vorkehrung f mst Pl measure, (*Vorsichtsmaßregel*) precaution: *~en treffen* a) take precautions (*gegen* against), b) make arrangements (*für* for)
Vorkenntnisse Pl previous knowledge (od experience) Sg
vorknöpfen v/t F *sich j-n ~* take s.o. to task
vorkommen v/i 1. (*sich finden*) be found, occur 2. (*geschehen*) happen, occur: *so etw ist mir noch nicht vorgekommen!* F well, I never!; *das darf nicht wieder ~!* that must not (od don't let it) happen again! 3. (*scheinen*) seem: *es kommt mir so vor, als ob* it seems to me as if; *sich dumm ~* feel silly; *er kommt sich sehr klug vor* he thinks he is very clever; *sie kommt mir bekannt vor* she looks familiar; *das kommt dir nur so vor* you are just imagining it; *es kommt mir merkwürdig vor* it strikes me as (rather) strange **Vorkommen** n 1. occurrence 2. BERGB deposit(s Pl)
Vorkommnis n incident: *k-e besonderen ~se* no unusual occurrence(s)
Vorkriegs... prewar ...
vorladen v/t JUR summon

Vorladung f (writ of) summons Sg
Vorlage f 1. model, pattern, (*Zeichen~*) copy: *etw als ~ benutzen* copy s.th. 2. (*gegen* on) presentation (*Gen* of): WIRTSCH *zahlbar bei ~* a. payable at sight 3. (*Gesetzes~*) bill 4. *Fußball:* pass
vorlassen v/t *j-n ~* a) let s.o. go first, b) let s.o. pass, c) admit s.o. (*bei* to)
Vorlauf m 1. SPORT (preliminary) heat 2. *am Magnetband:* forward run
Vorläufer(in) f *Skisport:* forerunner
vorläufig I Adj temporary, provisional II Adv (*fürs Erste*) for the time being
Vorlaufzeit f lead time
vorlaut Adj pert, cheeky: *~e Art* pertness
Vorleben n former life, past
vorlegen I v/t 1. (*Zeugnis, Ausweis etc*) present, produce, submit, (*zeigen*) show, (*herausbringen*) bring out, publish: *j-m etw ~* present (od submit) s.th. to s.o.; POL *den Haushalt ~* present the budget 2. (*Speisen*) serve 3. (*Schloss, Kette etc*) put *s.th.* on 4. F *ein schnelles Tempo ~* set a fast pace II v/refl *sich ~* 5. lean forward
Vorleger m rug, mat
vorlehnen v/refl *sich ~* lean forward
Vorleistung f 1. WIRTSCH advance (payment) 2. POL advance concession
vorlesen I v/t (*j-m*) *etw ~* read s.th. (out) (to s.o.) II v/i *j-m ~* read to s.o. (*aus* Dat from, out of) **Vorleser(in)** reader
Vorlesung f (*e-e ~ halten* give a) lecture (*über* Akk on, *vor* to): *~en halten* lecture (*über* Akk on); *~en hören* go to lectures **Vorlesungsverzeichnis** n program(me Br) of lectures
vorletzt Adj last but one: *~e Woche* the week before last
vorlieb Adv *~ nehmen* make do (*mit* with)
Vorliebe f (*für* for) preference, special liking: *etw mit ~ tun* love doing (od to do) s.th.
vorliegen v/i 1. *j-m ~* lie before s.o.; *der Antrag liegt vor* the application has been submitted; *es liegen k-e Beschwerden vor* there are no complaints; *liegt sonst noch etw vor?* is there anything else? 2. (*existieren*) be, exist: *es liegen Gründe vor* there are reasons; *es lag Notwehr vor* it was a case of self-defen/ce (*Am* -se); *da*

muss ein Irrtum ~ there must be a mistake **3.** (*verfügbar sein*) be available, be out: *das Ergebnis liegt noch nicht vor* the result is not yet known **vorliegend** *Adj* existing, present, (*verfügbar*) available: *die ~en Probleme* the problems at issue; *im ~en Falle* in the present case

vorlügen *v/t j-m etw ~* lie to s.o.

vormachen *v/t* F *j-m etw ~* **a)** show s.o. how to do s.th., **b)** (*täuschen*) fool s.o.; *sich* (*selbst*) *etw ~* fool s.o.s

Vormacht(stellung) *f* supremacy

vormalig *Adj* former

vormals *Adv* formerly

Vormarsch *m* advance: *im* (*od auf dem*) *~ sein* be advancing, *fig* be on the march

vormerken *v/t* make a note of: *sich ~ lassen* put one's name down (*für* for)

Vormieter(in) previous tenant

vormittag *Adv* **heute** (*gestern*) 2 this (yesterday) morning **Vormittag** *m* (*am ~* in the) morning **vormittags** *Adv* in the morning: *Montag ~, montags ~* every Monday morning

Vormund *m* guardian

Vormundschaft *f* guardianship

vorn *Adv* in front, before, ahead: *ganz ~* **a)** right in front, up front, **b)** at the beginning; *nach ~* to the front, forward; *von ~* from the front; *von ~ anfangen* **a)** begin at the beginning, **b)** (*noch mal*) start (all over) again; *von ~ bis hinten* **a)** from front to back, **b)** from beginning to end; *noch einmal von ~* all over again

Vorname *m* Christian name, first name

vornehm *Adj* **1.** (*edel*) noble (*a. fig*), (*adlig*) *a.* aristocratic, of noble birth: *~e Gesinnung* high-mindedness **2.** distinguished, (*elegant*) elegant, fashionable, exclusive: *e-e ~e Dame* a distinguished lady; *e-e ~e Gegend* a fashionable quarter; *~e Gesellschaft* polite society; F *~ tun* give o.s. airs

vornehmen *v/t* **1.** (*Arbeiten etc*) carry out, (*Änderungen etc*) make, (*Messungen etc*) take **2.** *sich ~, etw zu tun* decide to do s.th.; *sich ein Buch, e-e Arbeit etc ~* get busy on; *sich zu viel ~* take on too much; F *sich j-n ~* take s.o. to task (*wegen* about)

Vornehmheit *f* **1.** nobility **2.** distinction,

(*Eleganz*) elegance, refinement, exclusiveness: *ihre ~* her distinguished appearance

vornherein *Adv von ~* from the start

vornüber *Adv* forward

Vorort *m* suburb

Vorort(s)… suburban *~bewohner(in)* suburbanite *~zug* *m* suburban (*od* local, commuter) train

Vorplatz *m* forecourt, square

Vorposten *m* MIL outpost

Vorprogramm *n* FILM supporting program(me *Br*) **vorprogrammieren** *v/t* (pre)program(me *Br*), *fig a.* condition: *vorprogrammiert sein Erfolg, Konflikt etc* be a foregone conclusion

Vorprüfung *f* preliminary examination

vorragen *v/i* project, protrude

Vorrang *m* precedence, priority: *den ~ haben vor* (*Dat*) take (*od* have) priority (*od* precedence) over

vorrangig *Adj* priority: *Adv etw ~ behandeln* give s.th. priority treatment

Vorrangstellung *f* preeminence

Vorrat *m* (*an Dat* of) stock (*a. fig an Witzen etc*), store, supply, *bes an Lebensmitteln:* provisions *Pl*, *an Waffen etc:* stockpile: *e-n ~ anlegen* lay in a stock (*von* of); *solange der ~ reicht* while stocks last

vorrätig *Adj* available, WIRTSCH in stock: *nicht* (*mehr*) *~* out of stock; *wir haben … nicht mehr ~* we are out of …

Vorratskammer *f* pantry, larder

Vorraum *m* anteroom

vorrechnen *v/t j-m etw ~* calculate s.th. for s.o.

Vorrecht *n* privilege, prerogative

Vorredner(in) previous speaker: *mein(e) ~* the speaker before me

Vorrichtung *f* device, F gadget

vorrücken **I** *v/t* move *s.th.* forward **II** *v/i* move on, MIL advance

Vorruhestand *m* early retirement: *im ~ sein* have taken early retirement

Vorrunde *f* SPORT preliminary round

vorsagen **I** *v/t j-m etw ~* tell s.o. s.th. **II** *v/i j-m ~* tell s.o. the answer

Vorsaison *f* early season

Vorsatz *m* resolution, (*Absicht*) intention, JUR (criminal) intent: *mit ~* with intent, wil(l)fully; *mit dem ~ zu töten* with intent to kill **vorsätzlich** *Adj* in-

Vorschläge unterbreiten

Warum fragst du ihn nicht?	Why don't you ask him?
Soll ich das für dich tun?	Shall I do it for you?
Möchtest du, dass ich mir das mal anschaue?	Do you want me to have a look?
Wie wärs, wenn wir in die Stadt gehen/fahren?	How about/What about going into town?
Hättest du Lust zum Abendessen zu kommen?	Would you like to come round for dinner?
Hast du Lust ins Kino zu gehen?	How do you fancy going to see a film?
Ich würde gern ein Eis essen. Du auch?	I feel like an ice cream. How about you?
Wenn du mit ihr redest, könntest du sie fragen, ob sie mitkommen möchte.	If you speak to her, you could ask her if she wants to come.
Ich könnte dich hinbringen, wenn du willst.	I could take you if you like.
Nehmen wir mal an, wir würden nächste Woche gehen/fahren.	Say we were to go next week.
Angenommen, ich spreche mit deinen Nachbarn.	Suppose I speak to your neighbours.
Vielleicht könnten wir ihr einen Brief schreiben.	Perhaps we could write her a letter.

tentional, deliberate, JUR wil(l)ful: **~er Mord** premeditated murder

Vorsatzlinse f FOTO ancillary lens

Vorschau f preview (**auf** Akk of), FILM, TV trailer(s Pl)

Vorschieben v/t **1.** advance, (Riegel) shoot: → **Riegel** 1 **2.** fig etw **~** use s.th. as an excuse; **j-n ~** use s.o. as a dummy

vorschießen v/t (Summe etc) advance

Vorschlag m suggestion, proposal (a. PARL), (Empfehlung) recommendation: **darf ich e-n ~ machen?** may I offer a suggestion?; **auf~ von** (od Gen) at the suggestion of **vorschlagen** v/t suggest, (a. Kandidaten) propose: **j-m etw ~** suggest (od propose) s.th. to s.o.; **ich schlage vor, nach Hause zu gehen** I suggest going (od that we go) home

vorschnell Adj hasty, rash

vorschreiben v/t fig prescribe, dictate: **ich lasse mir nichts ~!** I won't be dic-

tated to!; **das Gesetz schreibt vor, dass ...** the law provides that ...

Vorschrift f rule(s Pl), regulation (Pl), (Anweisung) direction, instruction: **nach ärztlicher ~** according to doctor's orders; **Dienst nach ~** work-to-rule; **streng nach ~ arbeiten** work to rule

vorschriftsmäßig I Adj correct, (as) prescribed, regulation ... **II** Adv correctly, according to the regulations

vorschriftswidrig Adj u. Adv contrary to the regulations

Vorschub m **1.** TECH feed **2.** fig **e-r Sache** (j-m) **~ leisten** encourage s.th. (s.o.)

Vorschulalter n preschool age

Vorschule f preschool **Vorschulerziehung** f preschool education

Vorschuss m advance (payment) (**auf** Akk on)

vorschützen v/t etw **~** plead s.th. (as an excuse)

vorschweben v/i **mir schwebt ... vor** I'm thinking of ...

vorsehen I v/t **1.** plan, schedule: **das**

V

war nicht vorgesehen that was not planned **2.** (*bestimmen*) intend, designate, (*bes Geld*) earmark: **j-n für e-n Posten** ~ designate s.o. for a post **II** *v/refl* **3.** **sich** ~ be careful, watch out (**vor** *Dat* against)

Vorsehung: die ~ Providence

vorsetzen *v/t* **j-m etw** ~ set s.th. before s.o., *a. fig* offer s.o. s.th.

Vorsicht *f* caution, care: **~!** watch out!, careful!, (*Aufschrift*) (handle) with care!; **~, Stufe!** mind the step!; **zur** ~ as a precaution; **mit äußerster** ~ with the utmost caution **vorsichtig** *Adj* cautious, careful, *Schätzung*: conservative (**sei**) ~! be careful!; *Adv* ~ **anfassen** (**fahren**) handle (drive) carefully

vorsichtshalber *Adv* as a precaution, to be on the safe side

Vorsichtsmaßnahme *f* precaution(ary measure): **~n treffen** take precautions

Vorsilbe *f* LING prefix

vorsingen **I** *v/t* **j-m etw** ~ sing s.th. to s.o. **II** *v/i* (*a. j-n* ~ *lassen*) audition

vorsintflutlich *Adj* F *fig* antediluvian

Vorsitz *m* presidency, chair(manship): **bei e-r Versammlung den** ~ **haben** (*od* **führen**) preside over (*od* chair, be in the chair at) a meeting; **unter dem** ~ **von** ... with ... in the chair

Vorsitzende *m*, *f* **1.** president, chairman (chairwoman) **2.** JUR presiding judge

Vorsorge *f* provision, precaution: ~ **treffen** take precautions (**dass** that), provide (**gegen** against) **vorsorgen** *v/i* (**für** for) make provisions, provide

Vorsorgeuntersuchung *f* (preventive) medical checkup

vorsorglich *Adj* precautionary **II** *Adv* as a precaution, to be on the safe side

Vorspann *m* **1.** (*Einleitung*) introduction **2.** FILM (title and) credits *Pl*, *mit Szene*: pretitle sequence

Vorspeise *f* hors d'oeuvre, starter: **als** ~ *a.* for starters

vorspiegeln → **vortäuschen**

Vorspiegelung *f* **unter** (**wegen**) ~ **falscher Tatsachen** under (for) false preten/ces (*Am* -ses)

Vorspiel *n* **1.** (**zu** to) *a. fig* **a)** MUS prelude, **b)** THEAT curtain raiser, prolog(ue *Br*) **2.** *sexuelles*: foreplay **vorspielen I** *v/t* play: **j-m etw** ~ play s.th. to s.o., *fig* put on an act for s.o.'s benefit **II**

v/i play, (*a. j-n* ~ *lassen*) audition

vorsprechen I *v/t* **1.** **j-m etw** ~ pronounce s.th. for s.o. to repeat **2.** recite **II** *v/i* **3.** THEAT (*a. j-n* ~ *lassen*) audition **4.** (*besuchen*) call (**bei** at)

vorspringen *v/i* **1.** leap forward **2.** project, jut (out) **vorspringend** *Adj* projecting, *a. Nase etc*: prominent

Vorsprung *m* **1.** ARCHI projection, (*Sims*, *a. Fels*©) ledge **2.** (*Vorgabe*) *a.* SPORT start, (*Abstand*) lead: **ich gebe dir 5 Minuten** ~ I'll give you a start of five minutes; **sein** ~ **beträgt 30 Sekunden** he has a lead of 30 seconds (**vor** on); **mit großem** ~ by a wide margin; **e-n** ~ **haben** *a. fig* be ahead (**vor** *Dat* of)

vorspulen *v/t* wind on (*od* forward)

Vorstadt *f* suburb

Vorstadtbewohner(in) suburbanite

vorstädtisch *Adj* suburban

Vorstand *m* **1.** WIRTSCH board of directors: **im** ~ **sitzen** be on the Board **2.** *e-s Vereins*: managing committee **3.** (*Person*) head

Vorstandsetage *f* executive floor

Vorstands|mitglied *n* member of the board **~sitzung** *f* board meeting

Vorstandsvorsitzende *m*, *f* chairman (chairwoman) (of the Board)

Vorstandswahl *f* board elections *Pl*

vorstehen *v/i* **1.** project, jut out, *Augen*: protrude **2.** *e-m Institut etc*: direct, be at the head of, run **vorstehend** *Adj* projecting, *a. Zähne, Augen etc*: protruding: **~e Zähne** *a.* buckteeth

Vorsteher(in) manager, director, head

Vorsteherdrüse *f* ANAT prostate gland

vorstellbar *Adj* conceivable, imaginable

vorstellen I *v/t* **1.** move (*Uhr, Zeiger*: put) *s.th. forward* **2.** **j-n j-m** ~ introduce s.o. to s.o.; **darf ich Ihnen Herrn X** ~? may I introduce you to Mr. X, I'd like you to meet Mr. X **3.** WIRTSCH (*ein neues Produkt etc*) present, introduce **4.** (*darstellen*) represent, (*bedeuten*) mean: **was soll das Bild** ~? what's that picture supposed to be?; F **er stellt etw vor** he's quite somebody **5.** **sich etw** ~ fancy, imagine, picture, (*denken an*) have *s.th.* in mind; F **stell dir vor!** fancy!, just imagine!; **du kannst dir gar nicht** ~ ... you've no idea ...; **man kann sich ihre Enttäuschung** ~

you can picture her disappointment; **so stelle ich mir ... vor** that's my idea of ...; **stellt euch das nicht so leicht vor!** don't think it's so easy!; **darunter kann ich mir nichts ~** it doesn't mean anything to me **II** v/refl **6. sich ~** introduce o.s. ([**bei**] j-m to s.o.), **bei** e-r Firma etc: go for an interview with

vorstellig Adj **~ werden bei** apply to

Vorstellung f **1.** introduction, bei Bewerbung: interview (**bei** with), WIRTSCH e-s Produkts etc: presentation **2.** THEAT etc performance (**a.** fig Leistung), show, (Film♀) show(ing) **3.** (Begriff) idea, notion, concept: **falsche ~** wrong idea, misconception; **sich e-e ~ machen** form an idea (od a picture) (**von** of); F **du machst dir k-e ~!** you've no idea!; **das entspricht nicht m-n ~en** that's not what I expected (od had in mind) **4.** (Fantasie) imagination

Vorstellungsgespräch n interview

Vorstopper(in) Fußball: centre (Am center) half

Vorstoß m MIL advance, SPORT attack (a. fig), POL u. fig démarche **vorstoßen** v/i MIL advance, SPORT attack: fig **~ in** (Akk) venture into; **~ zu** reach

Vorstrafe f previous conviction **Vorstrafen(register** n) Pl police record

vorstrecken v/t **1.** stretch (Kopf: stick) out **2.** (e-e Summe) advance

Vorstufe f preliminary stage

Vortag m previous day, day before

vortasten v/refl **sich ~** grope one's way (**bis zu** to)

vortäuschen v/t feign, simulate, fake, pretend: **Interesse ~** pretend to be interested

Vorteil m advantage (a. Tennis), (Nutzen) benefit: **die Vor- und Nachteile e-r Sache abwägen** consider the pros and cons; **im ~ sein** have the advantage (**gegenüber** over); **auf s-n eigenen ~ bedacht sein** have an eye to the main chance; **~ ziehen aus** profit by; **sich zu s-m ~ verändern** change for the better

vorteilhaft Adj advantageous, profitable, Farbe, Kleid etc: becoming: **~ aussehen** look attractive; Adv **sich ~ auswirken** have a favo(u)rable effect (**auf** Akk on)

Vortrag m **1.** (**über** Akk on) lecture, TV, RADIO talk, (Bericht) report: **e-n ~ hal-**

ten (**vor** Dat to) give a lecture (od talk), read a paper; F **j-m e-n ~ halten** lecture s.o. **2.** performance, e-s Gedichts etc: recitation, MUS (Solo♀) recital, (Spiel, Technik) execution **3.** WIRTSCH carry-over

vortragen v/t **1.** (darlegen) state, express, (unterbreiten) submit, present **2.** perform, play, (Lied) sing, (Gedicht etc) recite **3.** WIRTSCH carry forward

Vortragende m, f **1.** lecturer, speaker **2.** MUS etc performer

Vortrags|reihe f series of lectures **~reise** f lecture tour **~saal** m lecture hall

vortrefflich Adj excellent, splendid

vortreten v/i **1.** step (od come) forward **2.** → **vorstehen** 1 **Vortritt** m (**den ~ haben** take) precedence (**vor** Dat over): **j-m den ~ lassen** let s.o. go first

vorüber Adv **~ sein** a. fig be over

vorübergehen v/i pass, fig Kummer etc: a. go away **vorübergehend I** Adj temporary, passing **II** Adv temporarily, for a short time **Vorübergehende** m, f passer-by, Pl passers-by

Vorübung f preliminary exercise

Voruntersuchung f JUR, MED preliminary examination

Vorurteil n prejudice

vorurteilsfrei, vorurteilslos Adj unprejudiced, unbias(s)ed

Vorvergangenheit f LING past perfect, pluperfect

Vorverhandlung f JUR preliminary trial, Pl WIRTSCH, POL preliminaries Pl

Vorverkauf m advance sale (THEAT booking) **Vorverkaufskasse** f, **Vorverkaufsstelle** f (advance) booking office

vorverlegen v/t advance

Vorverstärker m ELEK preamplifier

Vorvertrag m precontract

vorverurteilen v/t condemn in advance, presentence

vorvorig Adj (**~es Jahr** the year) before last

Vorwahl f **1.** POL preliminary election, Am primary (election) **2.** → **Vorwahlnummer** f TEL dialling (Am area) code, Br a. STD code

Vorwand m pretext, excuse: **unter dem ~ von** (od **dass**) on the pretext of (od that)

vorwärmen v/t warm, TECH preheat

Vorwarnung f (advance) warning

vorwärts *Adv* forward, onward, on: **~!** let's go!; **~ gehen** F *fig* progress; **~ kommen** → **vorankommen**

Vorwärtsgang *m* MOT forward speed

Vorwäsche *f*, **Vorwaschen** *n* prewash

vorweg *Adv* beforehand **Vorwegnahme** *f* anticipation **vorwegnehmen** *v/t* anticipate: **um es gleich vorwegzunehmen** to come to the point

vorweihnachtlich *Adj* pre-Christmas

Vorweihnachtszeit *f* Advent season

vorweisen *v/t* produce, show

vorwerfen *v/t* **1. e-m Tier etw ~** throw s.th. to an animal **2.** *fig* **j-m Faulheit** *etc* **~** reproach s.o. with laziness (*od* for being lazy *etc*); **ich habe mir nichts vorzuwerfen** I have nothing to blame myself for

vorwiegend *Adj* predominant(ly *Adv*), *Adv a.* mainly, chiefly, mostly

Vorwort *n* foreword, *bes des Autors*: preface

Vorwurf *m* reproach: **j-m Vorwürfe machen** reproach (*od* blame) s.o. (**wegen** for) **vorwurfsvoll** *Adj* reproachful

vorzählen *v/t* **j-m etw ~** count s.th. out to s.o.

Vorzeichen *n* **1.** omen **2.** MUS accidental **3.** MATHE sign: *fig* **mit umgekehrtem ~** the other way round

vorzeichnen *v/t* **j-m etw ~** draw (*fig* trace out) s.th. for s.o.

vorzeigbar *Adj* presentable

vorzeigen *v/t* show

Vorzeit *f* **der Mensch der ~** prehistoric man; *fig* **in grauer ~** ages and ages ago

vorzeitig *Adj* premature

Vorzensur *f* precensorship: **e-r ~ unterziehen** precensor

vorziehen *v/t* **1.** pull out **2.** *die Vorhänge ~* pull the curtains **3.** (*Termin etc*) advance, (*Arbeit etc*) deal with *s.th.* first **4.** (*lieber mögen*) prefer (*Dat* to): **ich ziehe es vor zu gehen** I prefer to go; **j-n ~** favo(u)r s.o.

Vorzimmer *n* anteroom, *e-s Büros*: outer office **~dame** *f* receptionist

Vorzug *m* **1.** (*Vorrang*) (**vor** *Dat* over) priority, preference **2.** (*Vorteil*) advantage, merit **3.** (*Vorrecht*) privilege

vorzüglich *Adj* excellent, (*erlesen*) exquisite, (*erstklassig*) first-rate

Vorzugsaktien *Pl* preference shares *Pl*, *Am* preferred stock *Sg* **Vorzugspreis** *m* special (*od* preferential) price

vorzugsweise *Adv* preferably, (*vor allem*) chiefly, mainly

votieren *v/i*, **Votum** *n* vote

Voyeur *m* voyeur

vulgär *Adj* vulgar

Vulkan *m a. fig* volcano **Vulkanausbruch** *m* (volcanic) eruption

vulkanisch *Adj* GEOL volcanic

vulkanisieren *v/t* TECH vulcanize, MOT *a.* recap

W

W, w *n* W, w

Waage *f* **1.** (pair of) scales *Pl*, balance (*a. fig*), (*Wasser2*) spirit level: SPORT **... auf die ~ bringen** weigh in (*od* go to scale) at ...; *fig* **sich die ~ halten** balance each other; → **Zünglein 2.** ASTR (**er ist ~** he is [a]) Libra

waagerecht *Adj* horizontal

Waagschale *f* scale, pan: *fig* **etw in die ~ werfen** bring s.th. to bear; **s-e Worte auf die ~ legen** weigh one's words

wabb(e)lig *Adj* flabby

wabbeln *v/i* wobble

Wabe *f* honeycomb

Wabenhonig *m* comb honey

wach *Adj* **1.** awake: **~ werden** *a. fig* wake up, awake; **~ liegen** lie awake **2.** *fig* alert, wide-awake; **etw ~ halten** keep s.th. alive

Wachablösung *f* **1.** MIL changing of the guard **2.** POL change of power

Wache *f* **1.** guard: **~ halten** → **wachen 2 2.** MIL guard, (*Posten*) *a.* sentry, (*Wachlokal*) guardroom: **auf ~** on guard, on duty; **~ stehen**, F **~ schieben** be on guard **3.** (*Polizei2*) police station

wachen *v/i* **1.** **~ über** (*Akk*) watch (over), guard; **darüber ~, dass ...** see

(to it) that ... **2. bei j-m ~** sit up with s.o.

Wachhabende m, f MIL commander of the guard

Wachhund m a. fig watchdog

Wachmann m österr. policeman

Wachmannschaft f guard

Wachzimmer n österr. police station

Wacholder m **1.** BOT juniper **2.** → **Wacholderschnaps** m gin

Wachposten m guard, MIL a. sentry

wachrufen v/t fig rouse

wachrütteln v/t a. fig rouse (**aus** from)

Wachs n wax

Wachsabdruck m wax impression

wachsam Adj watchful, vigilant: **~ sein** a. be on one's guard; **ein ~es Auge haben auf** (Akk) keep a sharp eye on

Wachsamkeit f vigilance, watchfulness

wachsen[1] v/i grow, fig a. increase (**an** Dat in): → **Bart** 1, **gewachsen**

wachsen[2] v/t (a. Ski) wax

wächsern Adj wax, fig waxen

Wachsfigur f wax figure, Pl a. waxwork Sg **Wachsfigurenkabinett** n waxworks Pl (mst Sg konstr)

Wachstuch n oilcloth

Wachstum n growth (a. WIRTSCH), fig a. increase, expansion: a. fig (**noch**) **im ~ begriffen sein** be still growing

wachstumshemmend Adj growth-retarding

Wachstums|industrie f growth industry **~rate** f rate of (economic) growth

wachsweich Adj **1.** a. fig (as) soft as wax **2.** Ei: medium boiled

Wachtel f ZOOL quail **~hund** m spaniel

Wächter(in) watcher, guard, (Wärter) attendant, (bes Nacht£) watchman

Wachtmeister(in) MIL **1.** constable, F policeman (policewoman): **Herr ~** officer **2.** sergeant

Wachtraum m daydream

Wachturm m watchtower

Wach- und Schließgesellschaft f Security Corps

wack(e)lig Adj wobbly, shaky (beide a. F fig schwach), rickety, Schraube, Zahn: loose: a. fig **auf ~en Beinen stehen** stand on shaky legs, be shaky

Wackelkontakt m ELEK loose contact

wackeln v/i allg wobble, Schraube, Zahn etc: a. be loose, (wanken) totter, F fig Stellung, Regierung etc: be shaky: **mit den Ohren ~** waggle one's ears

wacker Adj **1.** (bieder) honest, a. iron worthy **2.** (tapfer) brave: Adv **sich ~ schlagen** a. fig put up a brave fight

Wade f calf

Wadenkrampf m cramp in the leg

Waffe f weapon (a. fig), Pl arms Pl: **~n tragen** bear arms; **zu den ~n greifen** take up arms; **die ~n strecken** surrender; **j-n mit s-n eigenen ~n schlagen** beat s.o. at his own game

Waffel f waffle, (bes Eis£) wafer

Waffeleisen n waffle iron

Waffen|appell m arms inspection **~fabrik** f arms factory **~gattung** f arm, branch (of the service) **~gewalt** f (**mit ~** by) force of arms **~handel** m arms trade **~händler(in)** arms dealer

Waffen|kammer f armo(u)ry **~lager** n MIL ordnance depot, geheimes: cache

Waffenlieferungen Pl arms supplies Pl

waffenlos Adj weaponless, unarmed

Waffen|ruhe f truce, cease-fire **~schein** m firearm certificate, Am gun license

Waffenschmuggel m gun-running

Waffenstillstand m armistice, cease-fire, truce (a. fig)

Waffensystem n weapons system

Wagemut m, **wagemutig** Adj daring

wagen v/t venture (a. sich ~), risk, (a. sich erdreisten) dare: **es ~** take the plunge; **es ~ mit** try; **sich an e-e schwere Aufgabe ~** venture on a difficult task; **ich wagte mich nicht aus dem Haus** I didn't venture out of the house; **wie können Sie es ~(, das zu sagen)?** how dare you (say that)?; **wer nicht wagt, der nicht gewinnt** nothing ventured, nothing gained

Wagen m **1.** vehicle, (Kraft£) car, (Last£) lorry, Am truck, (Möbel£) van **2.** (Pferde£) wag(g)on, (Hand£) cart, (Kutsche) carriage: F fig **j-m an den ~ fahren** tread on s.o.'s toes **3.** BAHN carriage, Am car **4.** ASTR **der Große ~** the Great Bear, Am the Big Dipper **5.** der Schreibmaschine: carriage

Wagenheber m MOT (lifting) jack

Wagen|kolonne f column (od line) of cars **~ladung** f (cart)load, Am truckload, BAHN waggonload, Am carload

Wagen|park m fleet (of cars) **~pflege** f (car) maintenance **~typ** m model

Wagenwäsche f car wash

Waggon *m* **1.** (railway) carriage, *Am* (railroad) car, (*Güter≳*) goods waggon, *Am* freight car **2.** (*≁ladung*) waggon-load, *Am* carload

waghalsig *Adj* daredevil, daring

Wagnis *n* venture, risk

Wagon → **Waggon**

Wahl *f* **1.** choice, (*≁möglichkeit*) alternative, (*Aus≳*) selection: WIRTSCH **erste ≁** top quality; **zweite ≁** second-rate quality, (*Waren*) seconds *Pl*; **die ≁ haben** have one's choice; **k-e (andere) ≁ haben** have no choice (*od* alternative) (*als* but); **vor der ≁ stehen zu** *Inf* be faced with the choice of *Ger*; **s-e ≁ treffen** make one's choice; **e-e gute ≁ treffen** choose well; **wer die ≁ hat, hat die Qual** the wider the choice, the greater the trouble **2.** POL election, (*≁akt*) poll(ing): **≁en abhalten** hold elections; **zur ≁ gehen** go to the polls; **in die engere ≁ kommen** *Kandidat etc*: be short-listed **Wahlalter** *n* voting age

wählbar *Adj* eligible (for election)

wahlberechtigt *Adj* entitled to vote

Wahlbeteiligung *f* turnout (at the election): **hohe (geringe) ≁** heavy (poor) polling **Wahlbezirk** *m* constituency, *Am* electoral district

wählen *v/t* **1.** choose, (*aus≁*) *a.* select **2.** *bes* POL elect, vote for: **j-n zum Präsidenten ≁** elect s.o. president; **j-n in den Vorstand ≁** vote s.o. on the board **3.** TEL Dialekt **II** *v/i* **4.** choose, make one's choice **5.** POL vote, (*a.* **≁ gehen**) go to the polls **Wähler(in)** voter

Wahlergebnis *n* election results *Pl*

Wählerinitiative *f* voters' initiative

wählerisch *Adj* particular, choosy: *iron* **nicht gerade ≁** not too particular (*in* *Dat*, *mit* about)

Wählerschaft *f* electorate, *in e-m Bezirk etc*: constituency, voters *Pl*

Wahl|fach *n* PÄD optional subject, *Am* *a.* elective ≳**frei** *Adj* PÄD optional, *Am* elective **≁gang** *m* (im ersten **≁** at the first) ballot **≁geschenk** *n* F campaign goodie **≁heimat** *f* adopted country **≁helfer(in)** campaign assistant **≁jahr** *n* election year **≁kabine** *f* polling booth **≁kampf** *m* electoral battle, *a. e-s Kandidaten*, *e-r Partei*: election campaign **≁kreis** *m* → **Wahlbezirk ≁liste** *f* electoral register **≁lokal** *n* polling sta-

tion **≁lokomotive** *f* F *fig* (great) vote-catcher

wahllos *Adj* indiscriminate

Wahlniederlage *f* election defeat

Wahl|plakat *n* election poster **≁programm** *n* election platform **≁recht** *n* aktives: right to vote, franchise, passives: eligibility: **allgemeines ≁** universal suffrage **≁rede** *f* electoral address

Wahlredner(in) election speaker

Wählscheibe *f* TEL Dialekt

Wahl|sieg *m* election victory **≁spende** *f* election (campaign) contribution

Wahlspruch *m* motto

Wahlstimme *f* vote **Wahltag** *m* election day **Wahlurne** *f* ballot box: **zur ≁ gehen** go to the polls

Wahlversammlung *f* election meeting

Wahlversprechen *n* campaign promise

Wahlvorschlag *m* election proposal

wahlweise *Adv* alternatively: **es gab ≁ Fisch oder Fleisch** there was a choice of fish or meat

Wahlwiederholung *f* TEL redial

Wahlzelle *f* polling booth

Wahlzettel *m* voting paper, ballot

Wahn *m* delusion, (*Besessenheit*) mania: **in e-m ≁ befangen sein** be under a delusion **Wahnbild** *n* hallucination

Wahnsinn *m a.* F *fig* insanity, madness

wahnsinnig I *Adj* **1.** mad, insane **2.** F *fig* mad, crazy, *Angst*, *Schmerzen etc*: terrible, (*toll*) terrific **II** *Adv* **3.** F *fig* terribly, awfully: **≁ verliebt** madly in love **Wahnsinnige** *m*, *f* lunatic, madman (madwoman) **Wahnvorstellung** *f* delusion, idée fixe, hallucination

wahnwitzig *Adj* mad, crazy

wahr *Adj* true, (*wirklich*) *a.* real, (*echt*) genuine: **ein ≁er Freund** a true friend; **≁e Liebe** true love; **ein ≁es Wunder** a real wonder; **so ≁ ich lebe!** as sure as I live!; **so ≁ mir Gott helfe!** so help me God!; **≁ werden** come true; F **das darf doch nicht ≁ sein!** I can't believe it!; **das ist nicht das ≳e** that's not the real thing; → **nicht**

wahren *v/t* preserve, maintain, (*a. ein Geheimnis*) keep, (*Interessen etc*) protect, safeguard; → **Form** 1, **Schein¹** 2

währen → **dauern**

während I *Präp* (*Gen*) during, in the course of **II** *Konj* while, (*wohingegen*) *a.* whereas; → **Info-Fenster** S. 1336

W

während	**while/during**

while + Verb

> **while we were watching TV, while he fed the baby, while you work**

during + Substantiv

> **during the programme, during school, during the night, during winter**

wahrhaben v/t **etw nicht ~ wollen** refuse to believe s.th.

wahrhaft I Adj true, real **II** Adv ~ **wahrhaftig** Adv truly, really, indeed

Wahrheit f truth: **in ~** in fact, in reality; **um die ~ zu sagen** to tell the truth; F **j-m mal die ~ sagen** give s.o. a piece of one's mind

Wahrheitsgehalt m truth(fulness)

wahrheitsgemäß, wahrheitsgetreu I Adj truthful, true **II** Adv truthfully, in accordance with the facts

Wahrheitsliebe f veracity **wahrheitsliebend** Adj truthful, veracious

wahrlich Adv truly, Bibel: verily

wahrnehmbar Adj perceptible, noticeable **wahrnehmen** v/t **1.** perceive, notice, (sehen) a. see, (hören) a. hear **2.** (Gelegenheit, Vorteil etc) use, seize, (Interessen, Rechte etc) protect, safeguard, (Termin) observe **Wahrnehmung** f **1.** (sinnliche ~ sense) perception, (Beobachtung) observation: → **außersinnlich 2.** j-n mit den ~ s-r Geschäfte (Interessen) beauftragen entrust s.o. with the care of one's business (the safeguarding of one's interests) **Wahrnehmungsvermögen** n perceptive faculty

wahrsagen I v/t prophesy **II** v/i tell fortunes: **j-m ~** tell s.o.'s fortune **Wahrsager(in)** f(m) fortune-teller

wahrscheinlich I Adj probable, likely **II** Adv probably: **er wird ~ (nicht) kommen** he is (not) likely to come **Wahrscheinlichkeit** f (**aller ~ nach** in all) probability (od likelihood) **Wahrscheinlichkeitsrechnung** f theory of probabilities

Wahrung f maintenance, von Interessen

etc: safeguarding, protection, (Beachtung) observance

Währung f currency

Währungs|abkommen n monetary agreement **~block** m monetary bloc **~einheit** f unit of currency **~korb** m currency basket **~krise** f monetary crisis **~politik** f monetary policy **~reform** f currency reform **~system** n monetary system **~umstellung** f currency conversion

Währungsunion f monetary union

Wahrzeichen n symbol, emblem, e-r Stadt etc: landmark

Waise f orphan: (**zur**) **~ werden** be orphaned **Waisenhaus** n orphanage

Waisenkind n orphan

Waisenknabe m fig **gegen ihn sind wir die reinsten ~n** we are mere babes compared to him

Wal m whale

Wald m wood, großer: forest (a. fig): **er sieht den ~ vor lauter Bäumen nicht** he can't see the wood for the trees

Waldbestand m forest stand

Wald|brand m forest fire **~gebiet** n, **~gegend** f wooded area, woodland

Waldhorn n MUS French horn

waldig Adj wooded

Waldlauf m cross-country race

Waldmeister m BOT woodruff

Wald|rand m (**am ~** on the) edge of the forest **~schäden** Pl forest damage Sg

Waldsterben n forest deaths Pl, dying forests Pl

Walfang m whaling **Walfänger** m whaler (a. Schiff) **Walfisch** m F whale

Waliser m Welshman: **die ~** Pl the Welsh **Waliserin** f Welshwoman

walisisch Adj Welsh

walken v/t TECH mill, weit. S. knead

Walkie-Talkie n walkie-talkie

Walkman® m personal stereo

Wall m rampart, fig a. bulwark

wallfahren v/i (go on a) pilgrimage **Wallfahrer(in)** f(m) pilgrim **Wallfahrt** f pilgrimage **Wallfahrtsort** m place of pilgrimage

Wallung f (Hitze~ hot) flush: fig **j-n in ~ bringen** make s.o.'s blood boil

Walnuss f BOT walnut

Walross n ZOOL walrus

walten v/i be at work: **s-s Amtes ~** do one's duty; **Gnade ~ lassen** show

mercy; → *schalten* 3

Walze f TECH roll, roller, cylinder, *der Schreibmaschine*: platen, *der Drehorgel*: barrel **walzen** v/t TECH roll

wälzen I v/t **1.** roll **2.** F fig (*Bücher etc*) pore over, (*Problem etc*) turn s.th. over in one's mind **II** v/refl **sich** ~ **3.** roll, *im Schmutz etc*: a. wallow: **sich hin und her** ~ toss about, toss and turn

walzenförmig Adj cylindrical

Walzer m (a. ~ tanzen) waltz

Wälzer m F (*Buch*) huge tome

Walzertakt m waltz time

Walz|maschine f rolling machine ~**stahl** m rolled steel ~**straße** f (rolling) mill train ~**werk** n (rolling) mill

Wampe f F paunch

Wand f wall (a. fig), (*Seiten*⌓) side, (*Fels*⌓) (rock) face: ~ **an** ~ wall to wall; **in s-n vier Wänden** within one's own four walls; F fig **j-n an die** ~ **drücken** drive s.o. to the wall; **j-n an die** ~ **spielen** play s.o. into the ground; F **j-n an die** ~ **stellen** execute s.o.; **es ist, um die Wände hochzugehen** it's enough to drive you mad

Wandale m, **Wandalin** f hist Vandal, fig vandal

Wandalismus m vandalism

Wandbehang m wall hanging

Wandel m change: **der** ~ **der Zeit** the changing times; **sich im** ~ **befinden** be changing **wandelbar** Adj changeable

Wandelhalle f *im Kurbad*: pump room **wandeln** v/t (a. **sich** ~) change

Wander|ausstellung f touring exhibition ~**bücherei** f travel(l)ing library, *Am a.* bookmobile ~**bühne** f touring company ~**düne** f shifting sand dune

Wanderer m, **Wanderin** f wanderer, *bes sportlich*: hiker, rambler

Wanderkarte f hiking map

Wanderleben n vagrant life

wandern I v/i **1.** walk, *sportlich*: hike, tramp, *ziellos*: a. fig *Blicke, Gedanken etc*: wander, *Völker, Tiere etc*: migrate: ~ **gehen** go hiking, go on a ramble **2.** F fig ~ **in** (*Akk*) end up in, go (in)to **II** ⌓ n **3.** ~**gehen** (*etc*), ZOOL migration

Wanderpokal m challenge cup

Wanderschaft f travels *Pl*: **auf** ~ **sein** (**gehen**) be on (take to) the road

Wanderschuh m walking shoe

Wandertag m PÄD school outing

Wanderung f walking tour, hike, ramble, *von Völkern, Tieren etc*: migration

Wanderverein m rambling club

Wanderweg m walk, (foot)path, *hügeliger*: hiking trail

Wanderzirkus m travel(l)ing circus

Wand|gemälde n mural ~**kalender** m wall calendar ~**karte** f wall map

Wandleuchte f wall lamp

Wandlung f change

wandlungsfähig Adj flexible, versatile

Wand|malerei f mural painting, (*Gemälde*) mural ~**schmierereien** Pl graffiti *Pl* ~**schrank** m wall cupboard (*Am* closet) ~**spiegel** m wall mirror ~**tafel** f blackboard ~**teppich** m tapestry ~**uhr** f wall clock

Wange f a. TECH cheek: ~ **an** ~ cheek to cheek

Wankelmotor m Wankel engine

wankelmütig Adj fickle

wanken I v/i **1.** → *schwanken* 1 **2.** fig falter, waver **3.** → *weichen*[1] 2 **II** ⌓ n **4.** **ins** ⌓ **geraten** begin to rock, *fig* begin to falter (*od* waver)

wann Adv when, (at) what time: **seit** ~? (for) how long?, since when?; **bis** ~? till when?

Wanne f tub, (*Bade*⌓) bath(tub)

Wanst m F paunch

Wanze f **1.** ZOOL bug, *Am* bedbug **2.** (*Abhör*⌓) sl bug: ~**n anbringen in** (*Dat*) bug *a room etc*

Wappen n coat of arms (*Pl* coats of arms) ~**kunde** f heraldry

Wappentier n heraldic animal

wappnen v/refl **sich** ~ (**gegen**) arm (against), prepare (*od* brace) o.s. (for); → *gewappnet*

Ware f product, article, *Koll a.* merchandise *Sg*, *Pl a.* goods *Pl*, commodities *Pl*

Warenangebot n range of goods

Waren|bestand m stock (on hand) ~**börse** f commodity exchange ~**haus** n department store

---

⚠ **Warenhaus** ≠ **warehouse**

Warenhaus	= department store
warehouse	= Warenlager

Waren|korb m shopping basket, sample

of goods **~lager** n **1.** stock (on hand) **2.** warehouse **~probe** f sample **~sendung** f consignment, POST trade sample **~zeichen** n trademark

warm I Adj warm (a. fig), bes Speisen: hot: **mir ist ~** I feel warm; **~ halten** keep s.th. warm; **sich ~ halten** keep warm; F fig **j-n ~ halten** keep in with s.o.; **den Motor ~ laufen lassen** run the engine up; **etw ~ machen** warm s.th. up; **~ werden** warm up; **es wird wärmer** it's getting warmer; F **ich kann mit ihr nicht ~ werden** I can't warm to her **II** Adv warmly (a. fig): F **die Wohnung kostet ~ ...** the rent for the flat is ... including heating

Warmblüter m warm-blooded animal
Wärme f warmth (a. fig), METEO, PHYS heat: **zehn Grad ~** ten degrees above zero **~behandlung** f **1.** TECH heat treatment **2.** MED thermotherapy **2beständig** Adj heat-resistant **~dämmung** f heat insulation **~einheit** f thermal unit **~grad** m degree above zero **~kraftwerk** n thermoelectric power plant **~lehre** f thermodynamics Sg **~leiter** m heat conductor

wärmen I v/t warm (up), (Essen etc) a. heat (up): **sich die Füße ~** warm one's feet **II** v/i Kleidung etc: be warm: **Wolle wärmt** wool keeps you warm **III** v/refl **sich ~** warm o.s. (up)

Wärme|pumpe f heat pump **~schutz** m lagging **~technik** f heat engineering **~verlust** m heat loss

Wärmflasche f hot-water bottle
Warmhalteplatte f plate warmer
warmherzig Adj warm-hearted
Warmluftfront f METEO warm front
Warmmiete f rent including heating
Warmstart m COMPUTER warm start
Warmwasser|bereiter m water heater **~heizung** f hot-water heating
Warmwasser|speicher m hot-water tank **~versorgung** f hot-water supply
Warnanlage f warning device **Warnblinkanlage** f MOT warning flasher
Warndreieck n MOT warning triangle
warnen v/t u. v/i warn (**vor** against): **davor ~ zu** Inf warn against Ger; **vor ... wird gewarnt!** beware of ...!
Warn|leuchte f, **~licht** n warning light
Warn|schild n danger sign **~schuss** m warning shot **~signal** n warning signal

~streik m token strike
Warnung f warning: **lass dir das e-e ~ sein!** let that be a warning to you!
Warte f fig **von s-r ~ aus gesehen** from his point of view
Warte|häuschen n bus-shelter **~liste** f (**auf der ~ stehen** be on the) waiting list

warten[1] v/i wait (**auf** Akk for): **j-n ~ lassen** keep s.o. waiting; **lange auf sich ~ lassen** be a long time in coming; **nicht lange auf sich ~ lassen** not to be long in coming; **warte (mal)!** wait a minute!; **na, warte!** you just wait!; **da kannst du lange ~!** you've got a long wait coming!; **das kann ~!** that'll keep!; iron **auf ihn (darauf) haben wir gerade noch gewartet!** he (that) is all we needed! **II** 2 n wait(ing): **nach langem** 2 after a long wait

warten[2] v/t TECH service
Wärter(in) attendant, keeper
Warte|saal m BAHN waiting room **~schlange** f queue, Am line **~schleife** f FLUG stack **~zeit** f waiting period **~zimmer** n waiting room

Wartung f TECH maintenance, servicing
Wartungsanleitung f service manual
wartungsfrei Adj maintenance-free
warum Adv why
Warze f **1.** MED wart **2.** → **Brustwarze**

was I Interrogativpron **1.** what (a. F **für wie bitte?, nanu!, nicht wahr?**): **~ gibts?** what is it?, F what's up?; **~ gibts zum Mittagessen?** what's for lunch?; **~ kostet das?** how much is it?; **~ für (ein) ...?** what sort of ...?; **~ für e-e Farbe (Größe)?** what colo(u)r (size)?; **~ für ein Unsinn!** what nonsense! **2.** F **a) ~ (warum) musste er auch lügen?** why did he have to lie?, **b) ~ (wozu) fährt er auch so e-n großen Wagen?** what does he need such a big car for? **II** Relativpron **3.** what: **~ auch immer** whatever; **alles, ~ ich habe (brauche)** all I have (need); **ich weiß nicht, ~ ich tun soll** I don't know what to do **4.** auf e-n Satz bezogen: which: **er lachte nur, ~ mich ärgerte** which made me angry **III** Indefinitpron **5.** F (etwas) something (bad, better, etc): **ich will dir ~ sagen!** I'll tell you what!; **sonst noch ~?** anything else?; **ist ~?** (is) anything wrong?

Waschbrettbauch

Viele Menschen besuchen als Ausgleich zu ihrer sitzenden Tätigkeit oder zur körperlichen Stärkung überhaupt ein Fitnessstudio. Manche betreiben Fitness auch zu Hause. Dabei muss ihr Ziel nicht gleich ein Waschbrettbauch sein. Den bekommt man nämlich gar nicht so einfach: Neben gezielten intensiven Bauchmuskelübungen ist für einen Waschbrettbauch auch ein ausgiebiges Ausdauerprogramm notwendig, bei dem die über den Bauchmuskeln liegenden Fettreserven verbrannt und so die Muskeln erst sichtbar werden.

Im Englischen gibt es neben den gängigen Bezeichnungen **washboard stomach, washboard belly, washboard abs** (abs steht für abdominal muscles = Bauchmuskeln), **rippling abs** usw. auch einen einprägsamen bildhaften Ausdruck: **six-pack**. Six-pack bedeutet ursprünglich **Sechserpack** - eine aus sechs Dosen oder Flaschen (Bier) bestehende Getränkepackung. Übertragen auf den Waschbrettbauch wird mit diesem Ausdruck Bezug genommen auf die insgesamt sechs sichtbaren oberen, mittleren und unteren Bauchmuskeln (drei auf jeder Seite des Bauches).

Waschanlage f MOT car wash **Waschanleitung** f washing instructions Pl **Waschautomat** m washing machine **waschbar** Adj washable **Waschbär** m ZOOL racoon **Waschbecken** n washbasin **Waschbenzin** n benzine **Waschbrett** n washboard **Waschbrettbauch** m washboard stomach, washboard abs Pl, F six-pack

Wäsche f 1. wash(ing), laundry: *in der ~* in the wash; *fig schmutzige ~ waschen* wash one's dirty linen in public 2. (*Bett~, Tisch~*) linen 3. (*Unter~*) (*die ~ wechseln* put on fresh) underwear **Wäschebeutel** m laundry bag

waschecht Adj 1. washable, nonshrink, (farbecht) fast 2. F fig true, genuine **Wäsche|geschäft** n lingerie shop **~klammer** f clothes peg **~korb** m laundry basket **~leine** f clothesline

waschen I v/t allg wash (*sich die Hände etc* one's hands etc), (*Wäsche, a. F Geld*) launder, (*Haar*) a. shampoo: 2 *und Legen* shampoo and set **II** v/refl *sich ~* wash (o.s.)

Wäscherei f laundry: *in der ~* at the laundry; *etw in die ~ bringen* take s.th. to the laundry **Wäscheschleuder** f spin drier **Wäsche|schrank** m linen cupboard **~ständer** m clotheshorse **~tinte** f marking ink **~trockner** m drier

Wasch|gang m wash **~gelegenheit** f washing facilities Pl **~küche** f 1. washhouse 2. F fig (*Nebel*) pea soup **~lappen** m 1. flannel, Am washcloth 2. F fig (*Person*) sissy, wimp **~lauge** f lye **~leder** n chamois (leather) **~maschine** f washing machine ℒ**maschinenfest** Adj machine washable **~mittel** n, **~pulver** n washing powder **~raum** m washroom **~salon** m launderette, Am laundromat **~schüssel** f washbowl **Waschstraße** f car wash **Waschwasser** n washing water **Waschzettel** m e-s Buches: blurb **Wasser** n water (a. PHYSIOL): *fließendes* (*stehendes*) ~ running (stagnant) water; *zu ~ und zu Land* by land and by water; ~ *lassen* pass water; *sich über ~ halten* a. fig keep one's head above water; *unter ~ setzen* flood; *fig ins ~ fallen* fall flat; *das ist ~ auf s-e Mühle* that's grist to his mill; *da läuft e-m das ~ im Munde zusammen* it makes your mouth water; *er kann ihr nicht das ~ reichen* he's not a patch on her; *er ist mit allen ~n gewaschen* he knows all the tricks (of the trade); *das ~ steht ihm bis zum Hals* he is in bad trouble; *er ist ein stilles ~* he's a deep one; → *Schlag* 1 **wasserarm** Adj dry, arid

Wasser|aufbereitungsanlage f water-

W

-recycling plant **~bad** n CHEM, FOTO water bath **2.** GASTR bain-marie **~ball** m **1.** beach ball **2.** → **~ballspiel** n water polo **~bau** m hydraulic engineering **~behälter** m water container (TECH tank) **~bett** n water bed **~blase** f MED blister **~bombe** f depth charge

Wässerchen n **er sah aus, als könne er kein ~ trüben** he looked as though butter would not melt in his mouth

Wasser|dampf m steam **2dicht** Adj waterproof, SCHIFF, TECH a. watertight **~enthärter** m water softener **~fahrzeug** n watercraft (a. Pl). vessel **~fall** m waterfall, großer: falls Pl: F **reden wie ein** ~ talk nineteen to the dozen **~farbe** f water colo(u)r **2fest** Adj waterproof **~flasche** f water bottle **~flugzeug** n seaplane **~gehalt** m water content **2gekühlt** Adj water-cooled **~glas** n **1.** CHEM water glass **2.** water glass, tumbler: → **Sturm** 1 **~graben** m ditch, SPORT water jump **~hahn** m tap, Am faucet

wasserhaltig Adj CHEM hydrous

Wasserhaushalt m **1.** water supply **2.** BIOL, MED water balance

wässerig Adj watery, CHEM Lösung: aqueous; fig **j-m den Mund ~ machen** make s.o.'s mouth water (**nach** for)

Wasser|kessel m **1.** kettle **2.** TECH boiler **~klosett** n water closet (Abk W.C.) **~knappheit** f water shortage **~kocher** m electric kettle, hohe Form: jug kettle

Wasserkraft f water power **Wasserkraftwerk** n hydroelectric power plant

Wasser|kühlung f water cooling (system) **~lauf** m watercourse **~leitung** f water pipe(s) (Pl) **~lilie** f BOT waterlily

Wasserlinie f SCHIFF water line

wasserlöslich Adj water-soluble

Wassermangel m water shortage

Wassermann m ASTR (**er ist~**) he is [an]) Aquarius

Wassermelone f water melon

wassern v/i FLUG touch down, Raumkapsel: splash down

wässern v/t (be~) water, irrigate, (ein~ weichen) soak

Wasser|pfeife f water pipe **~pflanze** f water plant, aquatic (plant) **~pistole** f water pistol **~ratte** f **1.** ZOOL water rat **2.** F fig enthusiastic swimmer **~rohr** n water pipe **~rutschbahn** f water chute

~schaden m water damage **~scheide** f watershed, Am a. divide **2scheu** Adj afraid of water **~schildkröte** f turtle

Wasser|ski n water skiing: ~ **laufen** go water-skiing, water-ski **~speier** m ARCHI gargoyle **~spiegel** m **1.** surface of the water **2.** water level **~sport** m water (od aquatic) sports Pl, aquatics Pl **~spülung** f flush, (Anlage) cistern

Wasserstand m water level **Wasserstandsanzeiger** m water ga(u)ge

Wasserstoff m CHEM hydrogen

Wasserstoff... hydrogenous **2blond** Adj, **~blondine** f F peroxide blond(e) **~bombe** f hydrogen bomb

Wasserstoff|peroxid n, **~superoxid** n hydrogen peroxide

Wasser|strahl m jet of water **~straße** f waterway **~sucht** f MED dropsy **~tier** n aquatic (animal) **~tropfen** m drop of water **~turm** m water tower

Wasserung f FLUG touchdown on water, e-r Raumkapsel: splashdown

Wasser|verbrauch m water consumption **~verschmutzung** f water pollution **~versorgung** f water supply **~vogel** m water bird, Pl a. waterfowl **~waage** f spirit level **~weg** m waterway: **auf dem** ~ by water **~welle** f (Frisur) water wave **~werfer** m water cannon **~werk** (e Pl) n waterworks Pl (oft Sg konstr) **~zähler** m water meter **~zeichen** n watermark

waten v/i wade

Watsche f österr. slap round the face

watscheln v/i waddle

watschen v/t österr. **j-n** ~ slap s.o.'s face

Watt[1] n GEOL mud flats Pl

Watt[2] n ELEK watt

Watte f cotton wool, Am cotton

Wattebausch m cotton-wool swab

Wattenmeer n mud flats Pl

Wattestäbchen n cotton bud

wattieren v/t pad, wad

Wattierung f padding, wadding

Wattstunde f ELEK watt-hour

Wattzahl f wattage

WC n toilet, Am bathroom, restroom

Webdesigner(in) web designer

weben v/t u. v/i weave **Weber(in)** m weaver **Weberei** f a) weaving, b) (Fabrik) weaving mill **Weberknecht** m ZOOL daddy longlegs Pl (a. Sg konstr)

Webfehler m flaw

Website f IT (web)site

Webstuhl m loom

Webwaren Pl woven goods Pl

Wechsel m 1. change, (Abwechslung, a. LANDW Frucht~) rotation 2. (Geld~) exchange, WIRTSCH bill (of exchange), draft, (Monats~) allowance: **e-n ~ (auf j-n) ziehen** draw a bill (on s.o.) 4. SPORT (Stab~) (baton) change, (Seiten~) change of ends 5. → **Wildwechsel**

Wechsel|bäder Pl MED alternating hot and cold baths **~bank** f discount house **~beziehung** f interrelation

Wechselfälle Pl vicissitudes Pl, F the ups and downs Pl (of life etc)

Wechselgeld n (small) change

wechselhaft Adj changeable

Wechseljahre Pl PHYSIOL menopause Sg

Wechselkurs m rate of exchange

wechseln I v/t 1. allg change, (Briefe, Blicke, Ringe, Worte etc) exchange, (ab~) vary, (ab~ lassen) alternate, turnusmäßig: a. rotate: **den Arbeitsplatz (Arzt etc) ~** change jobs (doctors etc); → **Besitzer(in)** II v/i 2. change: **~ mit** vary 3. Wild: cross

wechselnd Adj changing, varying

Wechsel|rahmen m interchangeable picture frame **~schuld** f WIRTSCH bill debt

wechselseitig Adj mutual, reciprocal

Wechselsprechanlage f intercom

Wechselstrom m ELEK alternating current (Abk A.C.) **~motor** m A.C. motor

Wechselstube f exchange office

Wechselwähler(in) floating voter

wechselweise Adv alternately, by turns

Wechselwirkung f interaction

Weckdienst m alarm call service

Wecken m österr. (Brot) loaf, (Gebäck) Viennese roll, südd. (Brötchen) bread roll

wecken v/t wake (up), F call, (auf~, a. fig) rouse **Wecker** m alarm (clock): F **j-m auf den ~ gehen** get on s.o.'s nerves **Weckruf** m TEL alarm call

Wedel m BOT frond **wedeln** v/i 1. (mit dem Schwanz) ~ wag (its tail) 2. Skisport: wedel 3. **mit etw ~** wave s.th.

weder Konj **~ ... noch** neither ... nor

weg Adv F 1. gone, (außer Haus) not in, (verreist etc) away: **~ (da)!** get away!, beat it!; **~ damit!** take it away!, weit. S. off with it!; **Finger** (od Hände) **~!** hands off!; **ich muss ~!** I must be off!; **nichts wie ~!** let's get out of here! 2. **~ sein a)** (bewusstlos) be out cold, **b)** (begeistert) go into raptures (über Akk, von over)

Weg m way (a. fig), (Pfad) path, (Route) route, (Besorgung) errand: fig **der ~ zum Erfolg** the road to success; **auf dem ~(e) der Besserung** on the road to recovery, F on the mend; **auf diesem ~e** this way; **auf diplomatischem ~e** through diplomatic channels; **auf friedlichem (legalem) ~e** by peaceful (legal) means; **auf dem besten ~e sein zu** Inf be well on the way to Ger; **auf dem richtigen ~e sein** be on the right track; **sich auf den ~ machen** set off; **j-m aus dem ~(e) gehen** get out of s.o.'s way; fig **etw auf den ~ bringen** get s.th. under way (od off the ground); (Dat) **aus dem ~e gehen** steer clear of; **aus dem ~e räumen** (od schaffen) get rid of; **s-e eigenen ~e gehen** go one's own way; **den ~ ebnen** pave the way (Dat for); **etw in die ~e leiten** initiate s.th., start s.th. off; fig **ich traue ihm nicht über den ~** I don't trust him an inch; **im ~(e) stehen** (od sein) **a)** j-m be in s.o.'s way, **b)** e-r Sache be an obstacle to s.th.; **dem steht nichts im ~e** there are no obstacles to that, F that's all right; **zu ~e →** zuwege; **→ bahnen, halb** I

wegbekommen v/t F get s.th. off, move

wegblasen v/t blow s.th. away: fig **wie weggeblasen sein** be clean gone

wegbleiben v/i F 1. stay away 2. TECH fail, sl conk out: → **Luft** 2, **Spucke**

wegbringen v/t take s.o., s.th. away

wegen Präp (Gen, F Dat) 1. because of, on account of: **~ Diebstahls** for larceny; → **Amt** 1, **Recht** 1 2. for the sake of: **er hat es ~ s-r Kinder getan** he did it for his children's sake 3. (infolge) due to 4. F **von ~** that's what you think!; **von ~ hübsch!** pretty, my foot!

Wegerich m BOT plantain

wegfahren v/i leave, drive away

Wegfahrsperre f MOT (electronic) engine immobiliser

wegfallen v/i → **entfallen** 2

Weggang m leaving, departure

w

weggeben v/t give s.th. away

weggehen v/i **1.** go away, leave: F *geh weg!* leave me alone!; *von Berlin (der Firma)* ~ leave Berlin (the firm) **2.** F fig *Schmerz etc*: go away, disappear **3.** F fig *Ware*: sell: → *Semmel*

weghaben v/t F **1.** *sein Teil etc* ~ have got one's share *etc* **2.** *etw* ~ **a)** (*können*) have got the hang of it, **b)** (*wissen*) be good (*in Dat* at)

wegjagen v/t *j-n* ~ chase s.o. away

wegkommen v/i F **1.** *a.* SPORT get away **2.** (*abhanden kommen*) get lost **3.** fig *gut (schlecht)* ~ come off well (badly) (*bei* at) **4.** *a.* fig ~ *über* get over

weglassen v/t **1.** *j-n* ~ let s.o. go **2.** *etw* ~ leave s.th. out, omit s.th.

Weglassung f omission

weglaufen v/i run away

weglegen v/t *etw* ~ put s.th. aside

wegmüssen v/i F *ich muss weg* I must be off; *etw, j-d muss weg!* ... must go!

wegnehmen v/t remove, fig (*Platz, Zeit etc*) take up: (*j-m*) *etw* ~ take s.th. away (from s.o.); → *Gas*

wegrationalisieren v/t *Arbeitsplätze* ~ kill jobs (by rationalization)

wegräumen v/t clear s.th. away, *a.* fig remove **wegreißen** v/t tear s.o., s.th. away **wegschaffen** v/t remove

wegscheren v/refl *sich* ~ F clear off (*od* off)

wegschicken v/t send s.o., s.th. away

wegschleppen v/t drag s.o., s.th. off

wegschließen v/t lock s.th. away

wegschmeißen v/t F throw s.th. away

wegschnappen v/t F (*j-m*) *etw* ~ snatch s.th. away (from s.o.)

wegsehen v/i **1.** look away, *a.* fig look the other way **2.** → *hinwegsehen*

wegsetzen v/refl *sich* ~ **1.** move away **2.** → *hinwegsetzen*

wegspülen v/t wash s.th. away

wegstecken v/t *etw* ~ **a.** (*a.* F fig *Schlag, Niederlage etc*) put s.th. away

wegtreten v/i step aside, MIL break (the) ranks: ~ *lassen* dismiss; *weggetreten!* dismiss(ed *Am*)!

wegtun v/t F *etw* ~ put s.th. away

Wegweiser m signpost, (road) sign, *im Gebäude*: directory

wegwerfen I v/t *a.* fig throw s.th. away **II** v/refl *sich* ~ throw o.s. away (*an Akk* on) **wegwerfend** Adj disparaging

Wegwerf... disposable ... ~*flasche* f throwaway bottle ~*gesellschaft* f throwaway society

wegwischen v/t **1.** *etw* ~ wipe s.th. off **2.** fig (*Einwand etc*) brush s.th. off

wegzaubern v/t spirit s.th. away

wegziehen I v/t pull s.o., s.th. away **II** v/i (*umziehen*) move

weh Adj sore: → *wehtun*

wehe Interj ~ (*dir*), *wenn du das tust!* you'll be sorry if you do that!

Wehe¹ f (*Schnee*∑, *Sand*∑) drift

Wehe² f mst Pl MED pains Pl, labo(u)r Sg

wehen v/i u. v/t Wind etc: blow, Duft, Töne etc: drift, waft, Fahne etc: wave

Wehgeschrei n *a.* fig wailing

Wehklage f lament **wehleidig** Adj sniv-el(l)ing, *Stimme*: whining

Wehmut f melancholy, (*Sehnsucht*) wist-fulness, nostalgia

wehmütig Adj melancholy, (*sehnsüch-tig*) wistful, nostalgic(ally *Adv*)

Wehr¹ f *sich zur* ~ *setzen* → *wehren* I

Wehr² n weir, dam

Wehrbeauftragte m, f ombudsman (ombudswoman) (for the Armed Forces) ~*bereich* m military district

Wehrdienst m (*s-n* ~ *ableisten* do one's) military service **Wehrdienstver-weigerer** m conscientious objector

wehren I v/refl *sich* ~ defend o.s. (*ge-gen* against); *sich gegen etw* ~ resist (*od* fight) s.th., (*ablehnen*) refuse to ac-cept s.th. **II** v/i *den Anfängen* ~ nip things in the bud

Wehrersatzdienst m alternative mili-tary service **wehrfähig** Adj fit for mili-tary service, able-bodied

wehrlos Adj defen/celess (*Am* -se-), helpless **Wehrlosigkeit** f defen/celess-ness (*Am* -se-)

Wehrmacht f hist (German) Armed Forces Pl, Wehrmacht

Wehrpass m service record (book)

Wehrpflicht f (*allgemeine*) ~ (univer-sal) compulsory military service, (uni-versal) conscription **wehrpflichtig** Adj liable for military service, *Alter*: recruit-able **Wehrpflichtige** m, f **1.** person liable for military service **2.** conscript, *Am* draftee

Wehrsold m (service) pay

Wehrübung f reserve duty training

wehtun v/i hurt: *j-m* ~ hurt s.o., fig hurt s.o.'s feelings; *sich* (*am Kopf* etc) ~ hurt o.s. (one's head) etc; *mir tut der Knöchel weh* my ankle hurts

Weib n **1.** oft pej woman **2.** (*Ehe*♀) wife **Weibchen** n ZOOL female

Weiber|feind m woman-hater, misogynist **~geschichten** Pl womanizing Sg, affairs Pl **~held** m ladykiller

weibisch Adj effeminate **weiblich** Adj female, feminine (a. LING), womanly

Weibsbild n F pej female, woman

weich Adj allg soft (a. LING, FOTO u. fig), Obst, Wein, a. fig Farbe, Klang etc: mellow, (*zart*) tender: **~es Ei** soft-boiled egg; Ei: ~ *gekocht* soft-boiled; ~ *machen* soften; ~ *werden* soften, fig a. give in

Weiche 1 f ANAT flank, side

Weiche 2 f BAHN points Pl, Am switch: fig *die ~n stellen* set the course (*für* for)

Weichei n F fig wimp

weichen 1 v/i **1.** (*Dat* to) a. fig give way, yield **2.** go (away): *j-m nicht von der Seite* ~ not to leave s.o.'s side; *er wich und wankte nicht* he didn't budge

weichen 2 v/i u. v/t (a. ~ *lassen*) soak

Weichheit f softness (etc, → **weich**)

weichherzig Adj soft-hearted

Weichkäse m soft cheese

weichlich Adj fig soft, effeminate

Weichling m weakling, F softie, sissy

Weichmacher m CHEM softener, softening agent

Weichsel f österr. sour cherry

Weichspüler m (fabric) softener

Weichteile Pl ANAT soft parts Pl

Weichtier n mollusc

Weichzeichner m FOTO soft-focus lens

Weide 1 f BOT willow

Weide 2 f pasture: *auf der* (*die*) ~ at (to) pasture **Weideland** n pasture(land)

weiden I v/i graze **II** v/t a. ~ *lassen* put out to pasture **III** v/refl *sich* ~ *an* (*Dat*) **a)** *e-m Anblick* etc: feast one's eyes on, **b)** *schadenfroh*: gloat over

Weidenkätzchen n BOT catkin

Weidenkorb m wicker basket

weidlich Adv thoroughly

weidmännisch I Adj huntsmanlike **II** Adv in a huntsmanlike manner

Weidmannsheil n **~!** good sport!

weigern v/refl *sich* ~ refuse

Weigerung f refusal

Weihbischof m suffragan (bishop)

Weihe f **1.** REL consecration, (*Priester*♀) ordination. fig (*Feierlichkeit*) solemnity **weihen** v/t **1.** REL consecrate, *zum Priester*: ordain **2.** (*Dat* to) devote, dedicate (*beide a. sich* o.s.): *dem Tode* (od *Untergang*) *geweiht* doomed

Weiher m pond

Weihnacht f → **Weihnachten** Pl (*an ~, zu* ~ at) Christmas (F Xmas); *Fröhliche ~!* Merry Christmas! **weihnachtlich** Adj Christmas,, F Christmassy

Weihnachts... Christmas (*business, card, present,* etc) **~abend** m Christmas Eve **~baum** m Christmas tree **~einkäufe** Pl Christmas shopping Sg **~feiertag** m Christmas Day (*Pl* holidays Pl): *zweiter* ~ Br Boxing Day **~fest** n Christmas **~geld** m, **~gratifikation** f Christmas bonus **~lied** n Christmas carol **~mann** m **1.** Father Christmas, Santa Claus **2.** F pej dope **~markt** m Christmas fair **~stern** m BOT poinsettia **~zeit** f Christmas (season); → *Info bei Christmas*

Weihrauch m incense

Weihwasser n holy water

weil Konj **1.** because **2.** (*da*) since, as

Weilchen n *ein* ~ a little while

Weile f *e-e* ~ a while, a time

Wein m **1.** BOT vine **2.** wine: fig *j-m reinen* ~ *einschenken* tell s.o. the truth

Wein|bau m winegrowing, viticulture **~bauer** m winegrower **~baugebiet** n winegrowing area **~beere** f grape **~berg** m vineyard **~bergschnecke** f (edible) snail **~blatt** n vine leaf

Weinbrand m brandy

weinen v/i u. v/t weep (*um* over), laut: cry: *j-n zum* ♀ *bringen* make s.o. cry; *es ist zum* ♀ it's a (crying) shame

weinerlich Adj tearful, F weepy, Kind, Stimme, Ton: whining

Wein|essig m wine vinegar **~fass** n wine cask **~flasche** f winebottle **~geist** m spirit(s Pl) of wine **~glas** n wineglass **~gut** n winegrowing estate **~händler(in)** wine merchant **~handlung** f wine shop **~karte** f wine list **~keller** m wine cellar **~kelter** f winepress

Weinkenner(in) wine connoisseur

Weinkrampf m crying fit

Wein|lese f grape harvest **~lokal** n wine

tavern **~probe** f wine tasting ♀**rot** Adj
wine-red ♀**selig** Adj tipsy, vinous
~stein m (wine) lees Pl **~stock** m
BOT vine **~stube** f wine tavern **~traube**
f bunch of grapes, Pl (Beeren) grapes Pl
weise Adj wise

Weise¹ m, f wise man (woman), sage

Weise² f **1.** (Art) way: **auf diese ~** (in)
this way; **auf jede ~** in every way; **auf
die gleiche ~** the same way; **auf die
e-e oder andere ~** (in) one way or an-
other; **auf m-e (s-e) ~** my (his) way (in)
k-r ~ in no way; **jeder auf s-e ~** every-
one after his own fashion **2.** MUS tune

weisen I v/t **1.** j-m den Weg **~** show s.o.
the way **2.** → **verweisen 3.** etw (weit)
von sich ~ repudiate s.th. (emphati-
cally) **II** v/i → **zeigen** II

Weisheit f wisdom: **mit s-r ~ am Ende
sein** be at one's wits' end

Weisheitszahn m wisdom tooth

weismachen v/t j-m etw **~** tell s.o. a
yarn; **j-m ~, dass ...** make s.o. believe
that ...; **mir kannst du nichts ~!** you
can't fool me!; **lass dir nichts ~!** don't
be fooled!

weiß I Adj **1.** white: **~ machen** whiten; **~
werden** turn (im Gesicht: pale); **~
gekleidet** dressed in white; POL **das ♀e
Haus** the White House **2.** fig (leer)
blank **II** Adv **~ glühend** white-hot
Weiß n a. Schach etc: white

weissagen v/t prophesy, foretell

Weissager(in) f prophet(ess)

Weissagung f prophecy

Weiß|bier n weissbier, wheat beer
~blech n tinplate **~brot** n white bread
~buch n POL white paper (Am book)

Weißdorn m BOT whitethorn

Weiße m, f white man (woman): **die ~n**
Pl the whites pl, the white man Sg

weißen v/t whiten, (tünchen) whitewash

Weißglut f white heat: F **j-n zur ~ brin-
gen** make s.o. see red

weißhaarig Adj white-haired

Weiß|kohl m, **~kraut** n white cabbage

weißlich Adj whitish

Weißmacher
m whitener

Weißrussland n White Russia, Byelo-
russia

Weißwandtafel f whiteboard

Weißwein m white wine

Weisung f instruction, order(s Pl)

weit I Adj **1.** (Ggs. eng) wide, Rock etc: a.
full, (lose) loose (a. TECH) **2.** (ausge-
dehnt) wide, extensive, stärker: vast,
immense **3.** fig Begriff, Auslegung
etc: broad: **im ~esten Sinne** in the
widest sense **4.** (Ggs. nah) long: **auf
~e** (od **aus ~er) Entfernung** at a great
distance **II** Adv **5.** wide(ly): **~ offen**
wide open; **~ reichend** far-reaching,
MIL long-range; **~ verbreitet** wide-
spread, common; **~ verzweigt** widely
ramified **6.** far (a. zeitlich u. fig sehr):
sie ist ~ über 60 she is very sixty;
~ gereist widely travel(l)ed; **er ist ~ ge-
reist** he has got around a good deal;
(od **bei ~em) das Beste** by far the best;
bei ~em nicht so gut etc; **~ gefehlt!** far
from it!; fig **~ hergeholt** far-fetched; **F es ist nicht
~ her mit ihm** he is not up to much;
~ blickend farsighted, farseeing; **es ~
bringen (im Leben)** go far; **zu ~ gehen**
go too far; **das geht zu ~** that's going
too far; **ich bin so ~** I'm ready; **wie ~
bist du?** how far have you got?; **wenn
es so ~ ist** when the time comes; →
entfernt, kommen 1, 10

weitab Adv far away (**von** from)

weitaus Adv far better etc

Weitblick m farsightedness

Weite¹ f **1.** a. TECH width, (Breite)
breadth; → **licht** 3 **2.** (weite Fläche)
vastness, expanse **3.** bes SPORT distance

Weite²: **das ~ suchen** take to one's
heels

weiten v/t (a. sich **~**) widen (a. fig),
(Schuhe etc) stretch

weiter I Komp von **weit II** Adj further:
nach e-r ~en Woche after another
week **III** Adv **~!** go on!; **halt, nicht ~!**
stop, no further!; **immer ~** on and on;
nichts ~ nothing else; **~ niemand** no
one else; **und so ~** and so on (Abk
etc); **das ist nicht ~ schlimm** that's
no tragedy; **das stört mich ~nicht** that
doesn't really bother me; **~ bestehen**
→ **fortbestehen**; → **weiterhin I**

weiterarbeiten v/i go on working

weiterbilden → **fortbilden**

Weiterbildung f → **Fortbildung**

weiterbringen v/t **das bringt mich
(uns** etc) **nicht weiter** that's not much
help

Weitere n the rest: **bis auf ♀s** for the

time being, VERW until further notice; **ohne 2s** without further ado, easily

weiter|empfehlen v/t recommend (to others), **~entwickeln** v/t (a. **sich ~**) develop (further) **~erzählen** v/t tell others, repeat **~fahren** v/i allg go on, MOT a. drive on, Zug etc: a. continue **~führen** v/t (fortführen) continue, carry on **~geben** v/t etw **~ ~ge-hen** v/i **1.** go on, walk on **2.** fig go on, continue: **das kann so nicht ~!** things can't go on like this! **~helfen** v/t **j-m ~** help s.o. (on)

weiterhin I Adv **~ etw tun** continue doing (od to do) s.th., go on doing s.th. II Konj (ferner) further(more), moreover

weiter|kämpfen v/i continue fighting **~kommen** v/i get on, fig a. make headway, get somewhere: **nicht ~ a.** be stuck; **so kommen wir nicht weiter** this won't get us any further **~leben** I v/i live on, fig a. survive II 2 n (**nach dem Tode**) life after death **~leiten** v/t (**an Akk** to) pass s.th. on, forward, (Antrag etc) refer **~lesen** v/t u. v/i go on (reading), continue to read **~machen** v/i u. v/t continue, carry (od go) on with **~sagen** v/t etw **~** pass s.th. on.

weiterverarbeiten v/t process

Weiterverarbeitung f processing

Weiterverkauf m resale

weiterverkaufen v/t resell

weitgehend I Adj extensive, far-reaching, Unterstützung, Vollmacht: wide: **es herrschte ~e Übereinstimmung** there was a large degree of consent II Adv to a great extent

weither Adv from afar

weithergeholt→ weit II

weitherzig Adj broad-minded

weithin Adv **1.** far **2.** to a large extent

weitläufig I Adj **1.** extensive, vast, (geräumig) spacious **2.** (ausführlich) detailed, pej long-winded **3.** Verwandte: distant II Adv **4.** at great length **5. ~ verwandt** distantly related

weitmaschig Adj wide-meshed

weitreichend→ weit II

weitschweifig Adj long-winded

weitsichtig Adj long-sighted, a. fig far-sighted **Weitsichtigkeit** f long-sightedness, a. fig farsightedness

Weitspringer(in) longjumper, Am broadjumper **Weitsprung** m long (Am broad) jump

weitverbreitet→ weit II

Weitwinkelobjektiv n wide-angle lens

Weizen m wheat: fig **sein ~ blüht** he is in clover **Weizenbier** n wheat beer

welch I Interrogativpron what, which: **~er** (von beiden)? which (of the two)?; **~ ein Anblick!** what a sight! II Relativpron who, which, that III Indefinitpron some, any: **haben Sie Geld? ja, ich habe ~es** yes, I have some; **brauchen Sie ~es?** do you need any?

welk Adj faded (a. fig), Haut: wrinkled

welken v/i fade (a. fig), wither

Wellblech n corrugated iron

Welle f **1.** allg, a. fig wave: fig (**hohe**) **~n schlagen** cause quite a stir **2.** TECH shaft

wellen I v/t (Haar) wave II v/refl **sich ~** Haar: be (od go) wavy

Wellen|bad n swimming pool with artificially produced waves **~band** n ELEK wave band **~bereich** m RADIO wave range **~brecher** m SCHIFF breakwater

wellenförmig Adj wavy

Wellen|länge f RADIO (fig **die gleiche ~ haben** be on the same) wavelength **~li-nie** f wavy line **~reiten** n surfing

Wellensittich m ZOOL budgerigar

wellig Adj wavy

Wellpappe f corrugated board

Welpe m ZOOL puppy, pup

Welt f a. fig world: **die Dritte ~** the Third World; **die große ~ a)** the big wide world, **b)** high society; **alle ~** everybody; **auf der ganzen ~** all over the world; **der längste Fluss der ~** the longest river in the world, the world's longest river; **was in aller ~ ...?** what on earth ...?; **nicht um alles in der ~** not on your life; **aus der ~ schaffen** get rid of, (Problem, Streit etc) settle; **in die ~ setzen** (Kinder) put into the world, (Gerüchte) start; **zur ~ bringen** give birth to; **zur ~ kommen** be born; **das kostet doch nicht die ~!** it won't cost the earth!

weltabgeschieden Adj secluded

Weltall n universe

weltanschaulich Adj ideological

Weltanschauung f philosophy (of life), world view, (Ideologie) ideology

Weltausstellung f World Fair

Weltbank f World Bank
weltbekannt, weltberühmt Adj world-famous **Weltberühmtheit** f (~ *erlangen* gain) worldwide fame **Weltbevölkerung** f world('s) (*od* global) population
weltbewegend Adj worldshaking: *iron nichts* ⊆*es* nothing to write home about
Weltbild n world view **Weltbürger(in)** citizen of the world, cosmopolitan
Weltenbummler(in) globetrotter
Weltereignis n event of worldwide importance
Welterfolg m worldwide success
Weltergewicht n Boxen: welterweight
welterschütternd → **weltbewegend**
weltfremd Adj naive, unworldly, *Gelehrter etc*: ivory-towered
Weltfriede(n) m world peace
Weltgeltung f worldwide reputation
Weltgeschichte f world history
Weltgesundheitsorganisation f World Health Organization
weltgewandt Adj urbane
Welthandel m international trade
Weltherrschaft f world domination
Weltkarte f map of the world
Weltkrieg m world war: *der Zweite ~* World War II, the Second World War
Weltkulturerbe n Cultural Heritage of the World
Weltlage f international situation
weltlich Adj worldly, (*Ggs. geistlich*) secular
Weltliteratur f world literature
Weltmacht f world power
weltmännisch Adj man-of-the-world
Weltmarkt m world market
Weltmeer n ocean
Weltmeister(in) world champion
Weltmeisterschaft f world championship, *bes Fußball*: World Cup
Weltöffentlichkeit f world public
Weltpolitik f international (*od* world) politics *Pl* (*a. Sg konstr*)
Weltpresse f international press
Weltraum m (outer) space
Weltraum... space ...; → *a.* **Raum...** **~müll** m space debris **~schrott** m space junk
Weltreich n (world) empire
Weltreise f world trip
Weltreisende m, f globetrotter

Weltrekord m world record **Weltrekordler(in)** world-record holder
Weltreligion f world religion **Weltruf** m (*von ~* of) worldwide renown **Weltschmerz** m world-weariness, weltschmerz **Weltsicherheitsrat** m U.N. Security Council
Weltstadt f metropolis **Weltstadt...**, **weltstädtisch** Adj metropolitan
weltumspannend Adj global
Weltuntergang m end of the world
Welt|verbesserer m, **~verbesserin** f world changer
Weltwährungsfonds m International Monetary Fund
weltweit Adj worldwide, global
Weltwirtschaft f world economy
Weltwirtschaftskrise f worldwide economic crisis
Weltwunder n wonder of the world
wem Pron (to) whom: *von ~* of whom, by whom **wen** Pron whom, *mst* F who
Wende f **1.** a. SPORT turn **2.** (*Änderung*) change, POL change of power **Wendekreis** m **1.** GEOG tropic **2.** MOT turning circle
Wendeltreppe f spiral staircase
wenden I v/t **1.** turn, (*Braten, Seite etc*) turn over, (*Auto etc*) turn around **II** v/i **2.** turn (around), SPORT turn: *bitte ~!* please turn over **III** v/refl *sich ~* **3.** turn (*nach* to, *gegen* against, on): *sich ~ gegen* oppose; *fig sich zum Guten ~* take a turn for the better **4.** *sich an j-n ~* ask (*od* see, consult, contact) s.o.; *sich um Rat an j-n ~* turn to s.o. for advice
Wendepunkt m a. *fig* turning point
wendig Adj **1.** *fig* nimble, agile, (*geistig ~*) a. flexible, versatile **2.** *Auto etc*: manoeuvrable, *Am* maneuverable
Wendigkeit f **1.** *fig* agility, flexibility **2.** MOT manoeuvrability, *Am* maneuverability
Wendung f **1.** turn, *fig* (*Änderung*) a. change: *e-e unerwartete ~ nehmen* take an unexpected turn **2.** (*Rede*⊇) expression, phrase: *fest(stehend)e ~* set expression
wenig Indefinitpron u. Adv little, not much: *~e Pl* few, not many, *s.* few (people): *nur ~e* only few; (*nur*) *einige ~e* (only) a few; *~er* less, MATHE minus; *immer ~er* less and less; *~er als* less than;

nicht ~er als no less than, *Pl* no fewer than; *nichts ~er als* anything but; *~er werden* decrease; *das ~e* the little; *das ~ste* the least; *am ~sten* least of all; *ein ~ a* little; *nicht ~* quite a lot; *~ beliebt* not very popular; *~ bekannt* little known; *~ begeistert* (rather) unenthusiastic; *~ hilfreich* unhelpful

Wenigkeit *f* F *m-e ~* yours truly

wenigstens *Adv* at least: *wenn sie ~ zuhörte* if only she would listen

wenn *Konj* **1.** when, (*sooft*) whenever, (*sobald*) as soon as: *man ihn so reden hört* to hear him (talk) **2.** *konditional*: if: *~ sie doch (od nur) käme* if only she would come; *~ du nicht bezahlst* unless you pay; *~ ich das gewusst hätte* had I (but) known **3.** *konzessiv*: *~ auch, ~ schon, und ~* even if

---

wenn	**when/if**

wenn = when

Es <u>steht fest</u>, <u>dass</u> etwas geschehen wird:

   when I die ...
   when you get here ...

wenn, falls = if

Es <u>ist</u> <u>nicht</u> sicher, <u>ob</u> etwas geschehen wird:

   if you decide to go ...
   if he rings ...

Wenn *n ohne ~ und Aber* no ifs or buts
wennschon *Adv* F *na, ~!* so what!; *~ - dennschon!* if we do it at all, let's do it properly!

wer I *Interrogativpron* who, which: *~ von euch?* which of you? **II** *Relativpron* who, which: *~ (auch immer)* whoever **III** *Indefinitpron* **a)** who, VERW any person who, **b)** F somebody, anybody: *er ist jetzt ~* he really is somebody now

Werbe|abteilung *f* publicity department *~agentur* *f* advertising agency *~clip* *m* (TV) ad, (TV) advert: *e-n ~ abdrehen* shoot an ad *~fachfrau* *f*, *~fachmann* *m* advertising expert *~fernsehen* *n* commercial television, (*Werbespots*) television (*od* TV) commercials *Pl* *~film* *m* promotion(al) film

~funk *m* commercial radio, (*Werbespots*) radio ads (*Am* commercials) *Pl* *~geschenk* *n* promotional gift *~grafik* *f* commercial art *~grafiker(in)* commercial artist *~kampagne* *f* publicity (*od* advertising) campaign *~kosten* *Pl* advertising costs *Pl* *~leiter(in)* publicity manager *~mittel* *Pl* advertising media (*Geld:* funds) *Pl*

werben I *v/t* **1.** (*Mitglieder etc*) enlist, (*Mitarbeiter etc*) a. recruit, (*Kunden, Stimmen etc*) canvass, attract: *j-n für e-e Sache* win s.o. over to a cause **II** *v/i* **2.** *~ für* advertise, promote, F plug, POL campaign (*od* canvass) for **3.** *~ um a. fig* court, woo

Werbe|prospekt *m* publicity brochure *~spot* *m* commercial (spot), spot *~spruch* *m* (advertising) slogan *~texter(in)* (advertising) copywriter *~trommel* *f* *fig* *die ~ rühren* → *werben 2* **2wirksam** *Adj* effective

Werbung *f* **1.** enlisting (*etc*, → *werben* 1), recruitment **2.** (*Reklame*) advertising, publicity: *fig* *das ist e-e gute ~ für ...* that's good publicity for ... **3.** → *Werbeabteilung* *Werbungskosten* *Pl steuerlich:* professional outlays *Pl*

Werdegang *m* development, *a. fig u.* TECH history, *e-r Person:* professional background, *weit. S.* career

werden I *v/i* become, get, *allmählich:* grow, (*sich wandeln*) turn, go, (*ausfallen*) turn out: *blind (verrückt) ~* go blind (mad); *blass ~* turn pale; *böse ~* get angry; *gesund ~* get well; *was will er (einmal) ~?* what does he want to be?; *was soll nun ~?* what are we going to do now?; *was ist aus ihm (daraus) geworden?* what has become of him (it)?; *daraus wird nichts!* **a)** nothing will come of it!, **b)** (*es kommt nicht in Frage*) nothing doing!; F *es (er) wird schon (wieder) ~!* it (he) will be all right!; *wie sind die Fotos geworden?* how have the photos turned out?; F *wird bald?* come on!; → *Mutter¹ II* *v/hilf* **a)** *ich werde fahren* I will (*od* I'll) drive, I am going to drive; *es wird gleich regnen* it's going to rain; *es ist uns gesagt worden* we have been told, **b)** *passivisch:* *geliebt ~* be loved; *gebaut ~* be (being) built **Werden** *n* development, growth, (*Fort-*

W

schreiten) progress: **im ~ sein** be in the making

werfen I v/t **1.** *allg* throw (*a. fig u.* ZOOL), (*a. Anker, Blick, Schatten*) cast: (*v/i* **mit**) **etw ~ nach** throw s.th. at; *Bomben* **~** drop bombs; → *Blick* 1, *Handtuch etc* **II** v/i **2.** throw **3.** → *schmeißen* 5 **III** v/refl **sich ~ 2.** (*Fabrik*) buckle, *Holz*: warp **5. sich ~ auf** (*Akk*) throw o.s. on (*fig* into); → *Hals*

Werfer(in) SPORT thrower

Werft f **1.** shipyard **2.** FLUG hangar

Werftarbeiter(in) shipyard worker

Werg n tow

Werk n **1.** (*Arbeit, Buch, Kunst2*) *allg* work, (*Gesamt2*) works *Pl*, (*Ergebnis*) *a.* result, (*Tat*) *a.* deed: **am ~ sein** be at work; **ans ~ gehen** set to work; **ein gutes ~ tun** do a good deed; **vorsichtig zu ~e gehen** go about it cautiously; *pej* **es war sein ~** it was his work (*od* doing) **2.** (*Fabrik*) works *Pl* (*mst Sg konstr*), plant, factory, (*Unternehmen*) company: WIRTSCH **ab ~** ex works **3.** TECH works *Pl*, mechanism

Werk… works …, factory … **Werkangehörige** m, f (*works*) employee **Werkarzt** m, **Werkärztin** f works doctor **Werkbank** f (*work*)bench **werkeigen** *Adj* works …, company(-owned)

werkeln v/i potter

werken I v/i work, PÄD do handicrafts **II** 2 n PÄD handicrafts *Sg*

Werkkantine f works canteen

Werkleiter(in) works manager

Werks… → Werk…

Werkschutz m factory security officers *Pl*, Security (*ohne Artikel*)

Werkspionage f industrial espionage

Werkstatt f, **Werkstätte** f workshop

Werkstoff m material

Werkstück n workpiece

Werktag m workday, working day

werktags *Adv* on weekdays, during the week **werktätig** *Adj* working

Werktätige m, f working person: **die ~n** the working population

Werkunterricht m → *werken* II

Werkzeug n tool (*a. fig*), *Koll* tools *Pl* **~bau** m toolmaking **~kasten** m tool box, tool kit **~macher(in)** toolmaker **~maschine** f machine tool **~schlosser(in)** toolmaker **~tasche** f tool bag

Wermut m **1.** BOT wormwood **2.** (*Wein*)

vermouth **Wermutstropfen** m *fig* drop of bitterness

wert *Adj* worth: **etw ~ sein** be worth s.th.; **e-n Versuch (e-e Reise) ~** worth a try (a trip); **e-r Sache ~ sein** be worthy of s.th.; **viel ~** worth a lot, (very) valuable; **nicht viel ~** not up to much; **nichts ~** worthless, no good; **~, getan zu werden** worth doing; **das ist es (mir) nicht ~** it's not worth it; **er ist es nicht ~, dass man ihm hilft** he doesn't deserve to be helped

Wert m **1.** *allg* value (*a.* CHEM, MATHE, PHIL, PHYS, TECH), *fig a.* merit(s *Pl*), (*Bedeutung*) importance, F (*Nutzen*) use: **im ~(e) von** to the value of; **Waren im ~(e) von 400 Dollar** 400 dollars worth of goods; **im ~ sinken (steigen)** lose (go up) in value; **e-r Sache großen ~ beimessen** attach great importance to s.th.; (*großen*) **~ legen auf** (*Akk*) set (great) store by; **k-n besonderen ~ legen auf** (*Akk*) not to care much for; *fig* **sich unter ~ verkaufen** sell o.s. short; F **es hat k-n ~!** that's no use! **2.** **~e** *Pl* **a)** (*Messwerte*) data *Pl*, readings *Pl*, levels *Pl*, **b)** WIRTSCH (*Aktiva*) assets *Pl*, (**~papiere**) securities *Pl*, stocks *Pl*

Wertangabe f **a)** declaration of value, **b)** declared value **Wertarbeit** f (high-class) workmanship **wertbeständig** *Adj* stable, of stable (*fig* lasting) value

Wertbrief m insured letter

werten v/t (*be~*) assess, judge, *a.* SPORT rate: **als Erfolg ~** rate *s.th.* as a success

wertfrei *Adj u. Adv* value-free

Wertgegenstand m article of value, *Pl* valuables *Pl*

Wertigkeit f CHEM valency

wertlos *Adj* worthless (*a. fig*), valueless, (*nutzlos*) useless, *präd* (of) no use, no good **Wertlosigkeit** f worthlessness

Wertmaßstab m standard (of value)

Wertminderung f depreciation

Wertpaket n insured parcel

Wertpapiere *Pl* securities *Pl*

Wertsachen *Pl* valuables *Pl*

Wertschätzung f esteem (*Gen* for)

Wertschöpfung f WIRTSCH value added

Wertsteigerung f WIRTSCH increase in value

Wertstoff m reusable material **~hof** m recycling centre (*Am* center)

W

Wertung f (Be2) assessment, a. SPORT rating, SPORT score, points Pl

Werturteil n value judgement

Wertverlust m WIRTSCH loss of value

wertvoll Adj valuable

Wertvorstellungen Pl values Pl

Wertzuwachs m WIRTSCH increase in value

Wesen n **1.** (Lebe2) being, creature **2.** (Wesensart) nature, character: **ihr heiteres ~** her cheerful disposition **3.** PHIL essence **4.** F **viel ~s von etw machen** make a great fuss about s.th.

Wesens|art f nature, character **2fremd** Adj alien to one's nature **2gleich** Adj identical in character **~zug** m (characteristic) trait

wesentlich I Adj essential (**für** to), (a. beträchtlich) substantial: **das 2e** the essence, the essential point; **nichts 2es** nothing (very) important; **im 2en** in essence, essentially, on the whole; **der ~e Inhalt** e-s Buches etc: the substance **II** Adv essentially, considerably, a great deal, much: **~ besser** far better

weshalb I Interrogativpron why **II** Konj and so, which is why

Wespe f ZOOL wasp

Wespennest n wasps' nest: fig **in ein ~ stechen** stir up a hornet's nest

Wespenstich m wasp sting

wessen Interrogativpron **1.** Gen von wer: whose **2.** Gen von was: **~ beschuldigt man dich?** what are you accused of?

Wessi m, f F Wessi, West German

West m **1.** West **2.** (~wind) west wind

westdeutsch Adj, **Westdeutsche** m, f West German

Weste f waistcoat, Am vest: F fig **e-e weiße ~ haben** have a clean record

Westen m west, a. e-s Landes: West, e-r Stadt: a. West End, POL the West: **von ~** from the west; **nach ~** west (-wards)

Westentasche f waistcoat (Am vest) pocket: F **etw wie s-e ~ kennen** know s.th. like the back of one's hand

Westentaschenformat n **im ~** pocket--size (camera etc)

Westfale m Westphalian **Westfalen** n Westphalia **Westfälin** f, **westfälisch** Adj Westphalian

westlich I Adj western, Wind, Richtung:

west(erly), POL West(ern) **II** Adv (to the) west (**von** of) **III** Präp (Gen) (to the) west of

Westmächte Pl POL Western powers Pl

westwärts Adv west(wards)

Westwind m west wind

weswegen → **weshalb**

Wettannahme f betting office

Wettbewerb m competition (a. WIRTSCH), SPORT (Einzel2) a. event: **freier** (**unlauterer**) **~** free (unfair) competition; **in ~ stehen** be competing (**mit** with)

Wettbewerber(in) competitor

wettbewerbs|fähig Adj competitive **2nachteil** m competitive disadvantage **2vorteil** m competitive advantage

Wettbüro n betting office

Wette f bet: **e-e ~ eingehen** (od **abschließen**) make a bet; **was gilt die ~?** what do you bet?; **mit j-m um die ~ laufen** (od **fahren**) race s.o.

Wetteifer m rivalry **wetteifern** v/i (mit with, **um** for) vie, compete

wetten v/t a. v/i bet, (mit j-m) um etw ~ bet (s.o.) s.th.; **ich wette zehn zu eins, dass ...** I bet you ten to one that ...; **~ auf** (Akk) bet on, put one's money on, Rennsport: a. back; F **~, dass ...?** want to bet?

Wetter(in) better

Wetter n **1.** weather, (Un2) storm: **bei diesem ~** in a weather like this; → **Wind 2.** BERGB **schlagende ~** Pl firedamp Sg **~amt** n meteorological office

Wetter|aussichten Pl weather outlook Sg **~bedingungen** Pl weather conditions Pl **~bericht** m weather report

wetterbeständig Adj weatherproof

Wetter|dienst m weather service **~fahne** f weather vane **2fest** Adj weatherproof **~frosch** m hum weatherman

wetterfühlig Adj **~ sein** be sensitive to changes in the weather

Wetter|hahn m weathercock **2hart** Adj weather-beaten **~karte** f weather map

Wetter|kunde f meteorology **~lage** f weather situation **~leuchten** n sheet lightning: fig **~ am politischen Horizont** clouds on the political horizon

wettern v/i F **~ gegen** storm at

Wetter|seite f weather side **~station** f weather station **~sturz** m sudden drop

W

in temperature **~umschwung** *m* (sudden) change in weather

Wettervorhersage *f* weather forecast
wetterwendisch *Adj fig* fickle
Wettfahrt *f* race **Wettkampf** *m* contest, competition, SPORT *a.* (*Einzel2*) event **Wettkämpfer(in)** competitor, contestant **Wettlauf** *m* race (*fig mit der Zeit* against time) **Wettläufer(in)** runner
wettmachen *v/t* make up for
Wettrennen *n a. fig* race **Wettrüsten** *n* arms race **Wettspiel** *n* match, game
Wettstreit *m* contest
wetzen I *v/t* (*Sense etc*) sharpen, whet: **s-n Schnabel ~** *Vogel*: rub its beak II *v/i* F whiz(z), scoot
WG *f* = *Wohngemeinschaft*
Whirlpool *m* whirlpool (bath)
Whisky *m* whisky, *irischer, amerikanischer*: whiskey
wichsen I *v/t* polish II *v/i* V (*onanieren*) wank, *bes Am* jerk off
Wichtel *m* 1. (*Pfadfinderin*) brownie 2. *a.* **Wichtelmännchen** *n* goblin
wichtig *Adj* important (*für j-n* to s.o., *für etw* for s.th.): **~ tun, sich ~ machen** be self-important; *Adv* **etw ~ nehmen** take s.th. seriously; **2eres zu tun haben** have more important things to do; **das 2ste** the most important thing; **das 2ste zuerst!** first things first! **Wichtigkeit** *f* importance **Wichtigtuer(in)** pompous ass **Wichtigtuerei** *f* pomposity **wichtigtuerisch** *Adj* pompous
Wicke *f* BOT vetch, (*Garten2*) sweet pea
Wickel *m* 1. MED compress 2. F *am ~ haben a*) *j-n* give s.o. a good talking to, *b*) *fig* (*ein Thema etc*) hold forth about
Wickelkommode *f* (*baby's*) changing table
wickeln I *v/t* 1. (*um* [a]round) wind, (*Tuch, Schnur etc*) tie, (*Decke, Schal etc*) wrap: **etw in etw** *Papier* **~** wrap s.th. (up) in paper; → *Finger* 2. **ein Baby ~** change a baby's nappies (*Am* diapers) II *v/i* 3. **sich ~ um** wind (*od* coil) itself around; **sich in e-e Decke ~** wrap o.s. up in a blanket
Wickelrock *m* wraparound skirt
Wickler *m* (*Locken2*) curler
Wicklung *f* TECH winding
Widder *m* 1. ZOOL ram 2. ASTR (*er ist ~* he is [an]) Aries

wider *Präp* against, contrary to: **~ Erwarten** contrary to expectation(s); → *für* II, *Wille* **widerfahren** *v/i j-m ~* happen to s.o., *Unglück etc*: *a.* befall s.o.; *j-m Gerechtigkeit ~ lassen* do justice to s.o., *weit. S.* give s.o. his due
Widerhaken *m* barb
Widerhall *m* echo, *fig a.* resonance: *k-n ~ finden* meet with no response **widerhallen** *v/i* (*von* with) echo, resound
widerlegbar *Adj* refutable
widerlegen *v/t* refute, disprove
widerlich *Adj* revolting, disgusting
widernatürlich *Adj* unnatural, perverse **widerrechtlich** *Adj* illegal, unlawful: *Adv* **~ betreten** trespass (up)on; *sich etw* **~ aneignen** misappropriate
Widerrede *f* contradiction(s *Pl*): *ohne ~* without protest; *k-e ~!* no argument!
Widerruf *m* revocation, withdrawal: (*bis*) *auf ~* until revoked
widerrufen *v/t* revoke, withdraw
Widersacher(in) adversary, opponent
Widerschein *m* reflection
widersetzen *v/refl sich ~* put up resistance; *sich j-m* (*e-r Sache*) **~** oppose (*od* resist) s.o. (s.th.) **widersetzlich** *Adj* refractory, insubordinate
widersinnig *Adj* absurd
widerspenstig *Adj* rebellious, *a. fig Haar etc*: unruly **Widerspenstigkeit** *f* rebelliousness, *a. fig* unruliness
widerspiegeln I *v/t a. fig* reflect II *v/refl sich ~* be reflected
widersprechen *v/i* contradict (*j-m* s.o., *sich* o.s.), (*e-m Vorschlag etc*) oppose: *sich* (*od einander*) **~ Meinungen etc**: be contradictory **Widerspruch** *m* contradiction (*in sich* in terms), (*Protest*) protest, opposition: *im ~ zu* in contradiction to; *im ~ stehen zu* be inconsistent with, contradict; *auf~ stoßen* meet with protest (*bei* from)
widersprüchlich *Adj* contradictory, inconsistent, *Gefühle etc*: conflicting
Widerspruchsgeist *m* spirit of contradiction **widerspruchslos** *Adj u. Adv* without contradiction (*od* protest)
Widerstand *m* 1. (*gegen* to) resistance (*a.* PHYS, POL), opposition: **~ leisten** offer resistance, fight back; *auf* (*heftigen*) **~ stoßen** meet with (stiff) opposition; *den ~ aufgeben* give in; *den Weg des geringsten ~es wählen* take the

line of least resistance **2.** ELEK resistance, (*Bauteil*) resistor

Widerstands|bewegung *f* POL resistance movement **℃fähig** *Adj* resistant (*gegen* to), robust (*a.* TECH) **~fähigkeit** *f* resistance (*gegen* to), robustness **~kämpfer(in)** resistance fighter **~kraft** *f* (powers *Pl* of) resistance

widerstandslos *Adv* without resistance

widerstehen *v/i j-m (e-r Sache)* ~ resist s.o. (s.th.)

widerstreben I *v/i* be repugnant (*Dat* to): *es widerstrebt mir zu Inf* I hate to *Inf* **II ℃** *n* reluctance

widerstrebend *Adv* reluctantly

widerwärtig *Adj* repulsive, disgusting, F nasty **Widerwille** *m* (*gegen*) aversion (to), (*Ekel*) disgust (at) **widerwillig** *Adj* unwilling, reluctant

widmen (*Dat* to) **I** *v/t* **1.** (*Buch etc*) dedicate **2.** (*Zeit, Aufmerksamkeit etc*) devote, give **II** *v/refl* **sich ~ 3.** devote o.s., (*sich kümmern um*) attend: *sich ganz j-m (e-r Sache)* ~ give one's undivided attention to s.o. (s.th.)

widrig *Adj* adverse **widrigenfalls** *Adv* failing which, JUR in default of which

wie I *Adv* fragend **1.** how: ~ *macht man das?* how is that done?; ~ *ist er (es)?* what is he (it) like?; ~ *nennt man das?* what do you call that?; ~ *sagten Sie?* (sorry,) what did you say?; ~ *wäre (od steht) es mit …?* what about …?; ~ *viel* how much; ~ *viel(e) Pl* how many **2.** ~ *schön!* how beautiful!; ~ *gut, dass er da war!* lucky for me (you *etc*) that he was there!; *und* ~*!* and how!, F you bet!; → *bitte* **3 II** *Konj* **3.** *im Vergleich:* as, like: *stark* ~ *ein Bär* (as) strong as a bear; *ein Mann* ~ *er* a man like him; *dumm* ~ *er ist* fool that he is; ~ *gesagt* as I said **4.** ~ (*zum Beispiel*), ~ *etwa* such as **5.** *zeitlich:* F as, when **6.** *ich sah,* ~ *er weglief* I saw him running away; *ich hörte,* ~ *er es sagte* I heard him say so **7.** *verallgemeinernd:* ~ (*auch*) *immer* however, no matter how; ~ *dem auch sei* be that as it may; ~ *sie auch heißen mögen* whatever they are called

Wiedehopf *m* ZOOL hoopoe

wieder *Adv* again, *bei Verben oft* re…: ~ *gesund* well again; *immer* ~ again and

again, time and again; *schon* ~*?* not again!; *ich bin gleich* ~ *da!* I'll be back in a minute!; ~ *e-e Gelegenheit vertan!* another chance lost!; *fig* ~ *anknüpfen* renew; ~ *aufführen* (*Film etc*) rerun; ~ *aufleben* (*a. lassen*) revive; ~ *aufnehmen* resume; ~ *aufrüsten* rearm; ~ *auftauchen* re-emerge, SCHIFF *a.* resurface, *fig* reappear, turn up again; ~ *auftreten* reappear; ~ *beleben* resuscitate, *a. fig* revive; ~ *einführen* **a)** reintroduce, (*Brauch etc*) revive, **b)** (*Waren*) reimport; ~ *einsetzen* allg reinstate (*in Akk* in); ~ *einstellen* reemploy; ~ *entdecken* rediscover; ~ *erkennen* recognize: *nicht* ~ *zu erkennen* unrecognizable; ~ *eröffnen* reopen; *fig* ~ *erwecken* revive; ~ *finden* find again; ~ *gutmachen* make up for, (*Schaden etc*) compensate for; *nicht* ~ *gutzumachen(d)* irreparable; ~ *vereinigen* (*a. sich*) reunite; ~ *verwerten* (*Abfälle*) recycle; ~ *wählen* re-elect

Wieder|annäherung *f* POL rapprochement **~aufbau** *m* reconstruction, *wirtschaftlich:* recovery **~aufbereitung** *f* reprocessing **~aufbereitungsanlage** *f* reprocessing plant

Wiederaufnahme *f* resumption **~verfahren** *n* JUR new hearing, retrial

Wiederaufrüstung *f* rearmament

Wiederausfuhr *f* reexportation

Wiederbeginn *m* recommencement, *der Schule etc:* reopening

wiederbekommen *v/t* get *s.th.* back

Wiederbelebung *f* resuscitation, *fig* revival **Wiederbelebungsversuch** *m* attempt at resuscitation

wiederbeschaffen *v/t* replace

wiederbringen *v/t* bring *s.o., s.th.* back, return

Wiedereinführung *f* **1.** reintroduction, revival **2.** WIRTSCH reimportation

Wiedereingliederung *f* reintegration (*in Akk* into), *soziale od berufliche:* rehabilitation **Wiedereinsetzung** *f* reinstatement

Wiedereintritt *m* re-entry (*in Akk* into)

Wiederergreifung *f* recapture

wiedererlangen *v/t* recover, regain

Wiedereröffnung *f* reopening

wiedererstatten *v/t* (*Kosten*) refund

Wiedergabe *f* **1.** (*Bericht*) account **2.** MUS rendering, interpretation **3.** repro-

w

duction (*a.* TECH), (*Ton*♫) playback
~gerät *n* playback unit **~qualität** *f* fidelity of reproduction
wiedergeben *v/t* **1.** → **zurückgeben** 1 2. (*schildern*) describe, (*wiederholen*) repeat, (*zitieren*) quote **3.** MUS render, interpret **4.** reproduce (*a.* TECH), (*Ton*) *a.* play back
Wiedergeburt *f a. fig* rebirth
wiedergewinnen *v/t* regain, recover (*a.* TECH), TECH reclaim, COMPUTER (*Daten*) retrieve **Wiedergewinnung** *f* recovery, TECH *a.* reclamation, COMPUTER (*von Daten*) retrieval
Wiedergutmachung *f* reparation
wiederhaben *v/t* F have *s.o.*, *s.th.* back
wiederherstellen *v/t allg* restore, MED *a.* cure, (*Verbindung etc*) *a.* re-establish, (*Text, Datei etc*) undelete
Wiederherstellung *f* restoration, re-establishment, MED recovery
wiederholbar *Adj* repeatable
wiederholen¹ I *v/t* repeat, say (*od* do) *s.th.* (over) again, (*zs.-fassen*) sum up, F recap II *v/refl* **sich ~** repeat itself (*Person: o.s.*), *regelmäßig:* recur
wiederholen² *v/t* fetch (*od* get) back
wiederholt *Adj* repeated(ly *Adv*)
Wiederholung *f* repetition, RADIO, TV *etc* repeat, TV *Fußball etc:* replay
Wiederholungs\|fall *m* **im ~** if this should happen again **~impfung** *f* booster (shot) **~kurs** *m* refresher course **~prüfung** *f* resit **~spiel** *n* SPORT replay **~taste** *f* repeat key
Wiederhören: **auf ~!** goodby(e)!
wiederkäuen I *v/i* ZOOL ruminate II *v/t fig* rehash **Wiederkäuer** *m* ruminant
Wiederkehr *f* return, *regelmäßige:* recurrence **wiederkehren** *v/i* **1.** return, come back **2.** (*sich wiederholen*) recur: (*regelmäßig*) **~d** recurrent
wiederkommen *v/i* come again, come back, return **Wiederkunft** *f* return
wiedersehen *v/t see s.o.*, *s.th.* again: **sich ~** meet again
Wiedersehen *n* reunion: **~ mit London** London revisited; **auf ~!** goodby(e)!, see you again!, F so long!, bye!
wiederum *Adv* **1.** again **2.** (*andererseits*) on the other hand
Wiedervereinigung *f* reunion, POL *a.* reunification
Wiederverheiratung *f* remarriage

Wiederverkäufer *m* reseller
Wiederverkaufswert *m* resale value
Wiederverwendung *f* reuse
Wiederverwertung *f* recycling
Wiederwahl *f* re-election
Wiederzulassung *f* **1.** readmission **2.** MOT relicensing
Wiege *f a. fig* cradle: **von der ~ bis zur Bahre** from the cradle to the grave
wiegen¹ I *v/t* rock, (*Kopf*) shake, (*Hüften*) sway: *fig* **j-n in Sicherheit ~** lull *s.o.* into a false sense of security II *v/refl* **sich ~** rock; **sich in den Hüften ~** sway one's hips; *fig* **sich in Sicherheit ~** believe *o.s.* safe
wiegen² I *v/t u. v/i* weigh: **was ~ Sie?** how much do you weigh?; **mehr ~ als** outweigh; *fig* **schwer ~** carry a lot of) weight II *v/refl* **sich ~** weigh *o.s*
wiegen³ *v/t* GASTR chop, mince
Wiegenlied *n* lullaby
wiehern *v/i* neigh: **~(d lachen)** heehaw
Wien *n* Vienna
Wiener¹ *f mst Pl* GASTR wiener(wurst)
Wiener²*m*, **Wienerin** *f*, **wienerisch** *Adj* Viennese
wienern *v/t* F polish
Wiese *f* meadow
Wiesel *n* ZOOL weasel
wieso → **warum**
wieviel → **wie** I, 1 **wievielmal** *Adv* how many times, how often **wievielt** *Adj* **der** (**die, das**) **~e** which; **zum ~en Male?** how many times?; **den** ♫**en haben wir heute?** what's the date today?
wieweit → **inwieweit**
Wikinger(in) (*a. in Zssgn*) Viking
wild I *Adj* **1.** *allg* wild (*a.* BOT, ZOOL, *fig Gegend, Sitten etc*), (*unzivilisiert*) *a.* savage: MED **~es Fleisch** proud flesh; *fig* **~e Vermutungen** *Pl* wild speculation *Sg; Adv* **~ wachsen** grow wild **2.** (*Ggs. sanft*) wild, *Kind: a.* unruly, (*heftig*) violent, fierce: **das ist halb so ~!** it's not all that bad! **3.** F *fig* (*wütend*) wild, mad: **wie ~ arbeiten** *etc* like mad; **j-n ~ machen** make *s.o.* mad; **~ werden** get mad, see red; **den ~en Mann spielen** go berserk **4.** F **ganz ~ sein auf** (*Akk*) be wild (*od* crazy) about **5.** *Parken, Zelten etc:* unauthorized; → **Streik II** *Adv* **~ lebend, ~ wachsend** wild
Wild *n* game, GASTR venison

Wildbach *m* torrent
Wildbahn *f in freier ~* in the wild
Wildbret *n* game, venison
Wilddieb(in) poacher
Wilde *m, f* savage
Wildente *f* ZOOL wild duck
Wilderer *m,* **Wild(r)erin** *f* poacher **wildern** *v/i* poach
wildfremd *Adj* completely strange (*Dat* to): *~er Mensch* complete stranger
Wildgans *f* ZOOL wild goose
Wildgehege *n* game preserve
Wildheit *f* wildness (*a. fig*), savagery, fury, *von Kindern: a.* unruliness
Wildhüter(in) gamekeeper
Wildkatze *f* ZOOL wild cat
Wildleder *n,* **wildledern** *Adj* suede
Wildnis *f* wilderness (*a. fig*), wild
Wildpark *m* game park
Wildsau *f* wild sow
Wildschwein *n* wild boar
Wildwasser *n* torrent, *a. Sport u. in Zssgn* wildwater
Wildwechsel *m* game runway
Wildwestfilm *m* western
Wille *m* will, PHIL *a.* volition, (*Absicht*) *a.* intention: *böser ~* ill will; *guter ~* good will (*od* intention); *letzter ~* (last) will, JUR last will and testament; *aus freiem ~n* of one's own free will; *gegen m-n ~n* against my will; *j-m s-n ~n lassen* let s.o. have his (own) way; *ich kann Ihnen beim besten ~n nicht helfen* I can't help you, much as I should like to; *ich kann mich beim besten ~n nicht erinnern* I can't remember for the life of me; *wenn es nach ihrem ~n ginge* if she had her way; *sie musste wider ~n lachen* she couldn't help laughing; → *durchsetzen¹* I
Willen *m* → *Wille* **willenlos** *Adj* weak, weak-willed: *j-s ~es Werkzeug sein* be s.o.'s slave **willens** *Adj* ~ *sein zu Inf* be willing (*od* prepared) to *Inf*
Willens|akt *m* act of volition **~anstrengung** *f* effort of will **~äußerung** *f* expression of one's will **~erklärung** *f* JUR declaration of intention **~freiheit** *f* freedom of will **~kraft** *f* willpower, *weit. S.* strong will ≈**schwach** *Adj* weak, weak-willed ≈**stark** *Adj* strong-willed **~stärke** *f* strong will
willentlich *Adv* deliberately
willfährig *Adj* compliant

willig *Adj* willing
willkommen *Adj a. fig* welcome (*Dat, in Dat* to): *j-n ~ heißen* welcome s.o.
Willkommen *n* welcome, reception
Willkür *f* arbitrariness: *j-s ~ ausgeliefert sein* be at s.o.'s mercy **Willkürakt** *m* arbitrary act **Willkürherrschaft** *f* arbitrary rule, despotism
willkürlich *Adj* arbitrary, *Auswahl etc:* random, PHYSIOL voluntary
wimmeln *v/i ~ von Menschen, Fehlern etc:* be teeming (F crawling) with
wimmern *v/i* whimper
Wimpel *m* pennant
Wimper *f* eyelash: *ohne mit der ~ zu zucken* without batting an eyelid
Wimpernbürste *f* eyelash brush
Wimperntusche *f* mascara
Wind *m* (*günstiger ~*) *fair*) wind: *sanfter ~* (gentle) breeze; *fig ein frischer ~* a breath of fresh air; *gegen den ~* into the wind; *mit dem ~* down the wind; *bei ~ und Wetter* in rain or storm; *fig ~ bekommen von* get wind of; F *viel ~ machen* a) make a great fuss (*um* of, about, over), b) (*angeben*) act big, talk big; *j-m den ~ aus den Segeln nehmen* take the wind out of s.o.'s sails; *in alle ~e zerstreut* scattered to the four winds; *in den ~ reden* waste one's breath; *in den ~ schlagen* cast to the wind; *wissen, woher der ~ weht* know how the wind blows; → *Mantel* 1
Windbeutel *m* GASTR cream puff
Winde¹ *f* TECH winch, hoist
Winde² *f* BOT bindweed
Windei *n* wind egg
Windel *f* nappy, *Am* diaper
windelweich *Adj* **j-n ~ schlagen** beat s.o. to a pulp
winden I *v/t* 1. wind (*um* round) 2. (*Kranz*) make, bind II *v/refl* **sich ~** 3. wriggle, squirm: *sich vor Schmerzen ~* writhe with pain 4. *sich ~ durch Fluss, Straße etc:* wind its way through 5. *sich ~ um* wind (*od* coil) itself round
Windenergie *f* wind power (*od* energy)
Windeseile *f in ~* at lightning speed, in no time; *sich mit ~ verbreiten Gerücht etc:* spread like wildfire
windgeschützt *Adj* sheltered (from the wind) **Windhose** *f* METEO whirlwind
Windhund *m* 1. ZOOL greyhound 2. F *fig* freewheeler

windig *Adj* **1.** windy **2.** F *fig Person*: shady, *Sache*: fishy, *Ausrede*: lame

Wind|jacke *f* windcheater **~jammer** *m* SCHIFF windjammer **~kanal** *m* TECH wind tunnel **~kraft** *f* wind power **~kraftanlage** *f* wind power plant **~licht** *n* storm lantern **~mühle** *f* windmill **~pocken** *Pl* MED chickenpox *Sg*

Wind|richtung *f* direction of the wind **~rose** *f* compass card (*od* rose) **~sack** *m* wind sock **~schatten** *m* SCHIFF lee, FLUG sheltered zone, SPORT slipstream

wind|schief *Adj* F cockeyed **~schlüpfig**, **~schnittig** *Adj* streamlined

Wind|schutzscheibe *f* windscreen, *Am* windshield **~stärke** *f* wind force **2still** *Adj* calm **~stille** *f* calm, *kürzere*: *a.* lull

Windstoß *m* gust (of wind)

Windsurfbrett *n* windsurfing board **Windsurfen** *n* windsurfing **Windsurfer(in)** windsurfer

Windung *f* winding, *a.* ANAT convolution, *e-s Weges, Flusses etc*: bend, *e-r Spirale, Muschel*: whorl, *e-r Schraube*: worm, thread

Wink *m* sign, *fig* hint, tip, *warnender*: tip-off, warning: → *Zaunpfahl*

Winkel *m* **1.** MATHE angle: **im rechten ~** at right angles (**zu** to); → *tot* **2.** (*Ecke*) corner **3.** MIL chevron **4.** TECH square, (*Knie*) knee, elbow **~eisen** *n* TECH angle iron **~funktion** *f* MATHE goniometric function **~halbierende** *f* MATHE bisector of an angle

winkelig *Adj Haus etc*: full of corners

Winkelmaß *n* TECH square **Winkelmesser** *m* MATHE protractor, *Landvermessung*: goniometer

Winkelzug *m* F dodge: **Winkelzüge machen** prevaricate

winken **I** *v/i j-m* ~ **a)** wave to s.o., **b)** *fig Belohnung etc*: be in store for s.o.; **mit dem Taschentuch** ~ wave one's handkerchief; **e-m Taxi ~** hail a taxi **II** *v/t j-n zu sich ~** beckon s.o. (to come)

Winter *m* (*im* ~ in) winter

Winter... winter (*coat, fashion, holiday, month, semester, etc*) **~ausrüstung** *f* MOT winter equipment **~fahrplan** *m* winter timetable (schedule) **~ferien** *Pl* winter holidays (*Am* vacation *Sg*) **2fest** *Adj* winterproof, BOT hardy: ~ **machen** winterize **~garten** *m* conservatory

~getreide *n* winter crop **~halbjahr** *n* winter

winterlich *Adj* wintry

Winter|pause *f* winter break **~reifen** *m* MOT winter tyre (*Am* tire) **~schlaf** *m* ZOOL hibernation: ~ **halten** hibernate

Winterschlussverkauf *m* winter sales *Pl*

Winterspiele *Pl Olympische ~** Winter Olympic Games *Pl* **Wintersport** *m* winter sport(s *Pl*) **Wintersportler(in)** person doing winter sports

Winzer(in) winegrower

winzig *Adj* tiny, minute

Winzling *m* F mite, (*a. Sache*) midget

Wipfel *m* (tree) top

Wippe *f* seesaw, *Am* teeter-totter **wippen** *v/i* seesaw, rock, *Rock etc*: bob

wir *Personalpron* we: ~ **beide** (**alle**) both (all) of us; ~ **drei** we three, the three of us

Wirbel *m* **1.** PHYS whirl, eddy, *stärker*: vortex, turmoil **2.** *fig* (*Trubel*) whirl, turmoil, (*Getue*) F fuss, to-do (**um** about): **e-n ziemlichen ~ verursachen** cause quite a stir **3.** ANAT vertebra (*Pl* vertebrae) **4.** *im Haar*: cowlick **5.** (*Trommel2*) (drum) roll **6.** (*Violin2*) peg **wirbellos** *Adj* ZOOL (*a.* **wirbellose s Tier**) invertebrate

wirbeln *v/i* **1.** whirl, swirl **2.** *Trommel*: roll

Wirbelsäule *f* spine, spinal column

Wirbelsturm *m* cyclone, tornado

Wirbeltier *n* vertebrate

wirken **I** *v/i* **1.** take (*od* have) effect, be effective, work, act: ~ **auf** (*Akk*) have a *depressing etc* effect on, affect, MED, TECH act on; ~ **gegen** be effective against; **etw auf sich ~ lassen** take s.th. in; F **das wirkt immer!** it never fails (to work)!; **das hat gewirkt!** that did the trick!, (*hat gesessen*) that hit home! **2.** (*tätig sein*) work (**an** *Dat* at) **3.** (*scheinen*) seem, look: **jünger ~** look younger; **er wirkt schüchtern** he seems shy; **überzeugend ~** be convincing **II** *v/t* **4.** → **bewirken, hinwirken, Wunder 5.** TECH knit **III** 2 *n* **6.** activity, work, (*Ein~*) MED, TECH action **7.** knitting

wirkend *Adj* active: **stark ~** potent, strong; **langsam ~** slow-acting

wirklich **I** *Adj allg* real, (*tatsächlich*) *a.*

actual, (*echt*) *a.* true **II** *Adv* really, actually: **~?** really?, *a. iron* is that so?

Wirklichkeit *f* (*die rauhe ~* harsh) reality; *in ~* in reality, actually; *~ werden* come true

wirklichkeits|fremd *Adj* unrealistic(ally *Adv*), starry-eyed **~getreu** *Adj* realistic(ally *Adv*), *Nachbildung etc*: faithful

wirksam *Adj* effective: **sehr ~** *a.* powerful, drastic; *~ gegen* good for; *~ werden* take effect, JUR come into force

Wirksamkeit *f* effectiveness

Wirkstoff *m* active substance

Wirkung *f* 1. (*auf* Akk on) effect, operation, (*Aus*♀, *Ein*♀, *Nach*♀) impact: *mit ~ vom ...* with effect from ..., as from ..., as of ...; *mit sofortiger ~* as of now; *~ erzielen* have an effect, *a. s-e ~ tun* work; *s-e ~ verfehlen, ohne ~ bleiben* have no effect, prove ineffective; *~ zeigen* Boxer: be shaken, be groggy; *Ursache und ~* cause and effect 2. PHYS action 3. *fig* appeal (*auf* Akk to)

Wirkungs|bereich *m* sphere of activity **~grad** *m* TECH efficiency **~kraft** *f* efficacy

Wirkungskreis *m* sphere of activity

wirkungslos *Adj* ineffective: *~ bleiben* have no effect, prove ineffective

Wirkungslosigkeit *f* ineffectiveness

wirkungsvoll *Adj* effective

Wirkungsweise *f* (mode of) operation, function, MED *e-s Mittels*: action, effect

wirr *Adj* 1. *Haar*: dishevel(l)ed, *Gestrüpp*: tangled 2. *fig allg* confused, (*~köpfig*) *a.* muddleheaded, *Gerücht etc*: wild, *Rede*: incoherent: *~es Zeug reden* talk wild; *mir ist ganz ~ im Kopf* my head is spinning **Wirren** *Pl* turmoil *Sg*, confusion *Sg* **Wirrkopf** *m* muddlehead

Wirrwarr *m* muddle, chaos, F jumble

Wirsing(kohl) *m* BOT savoy

Wirt *m* host (*a.* BIOL), (*Haus*♀, *Gast*♀) landlord; → *Rechnung* 2 **Wirtin** *f* hostess, (*Haus*♀, *Gast*♀) landlady

Wirtschaft *f* 1. → *Wirtshaus* 2. WIRTSCH, POL economy, *gewerbliche*: trade and industry 3. (*~sführung*) management 4. (*Haus*♀) housekeeping: *j-m die ~ führen* keep house for s.o. 5. F *pej* mess

wirtschaften *v/i* 1. manage (one's affairs): *sparsam ~* economize, be economical (*mit* with); *schlecht ~* mismanage 2. be busy

Wirtschafter(in) housekeeper

wirtschaftlich *Adj* 1. economic(ally *Adv*), (*finanziell*) financial, (*geschäftlich*) business 2. (*rationell, sparsam*) economical, efficient: *ein ~es Auto* an economical car 3. (*rentabel*) profitable

Wirtschaftlichkeit *f* 1. (*Rentabilität*) profitability, economic efficiency 2. (*Sparsamkeit*) economy

Wirtschafts... economic (*aid, crisis, geography, system, war, etc*) **~abkommen** *n* economic (*od* trade) agreement **~berater(in)** economic adviser **~faktor** *m* economic factor **~flüchtling** *m* economic refugee (*od* migrant) **~geld** *n* housekeeping money **~gemeinschaft** *f* **Europäische ~** European Economic Community (*Abk* EEC) **~gipfel** *m* economic summit **~güter** *Pl* economic goods *Pl* **~jahr** *n* financial year **~kriminalität** *f* white-collar crime **~macht** *f* economic power **~minister(in)** minister for economic affairs **~ministerium** *n* economics ministry **~politik** *f* economic policy **♀politisch** *Adj* (politico-)economic(ally *Adv*) **~prüfer(in)** chartered (*Am* certified public) accountant **~spionage** *f* industrial espionage **~teil** *m e-r Zeitung*: business section **~union** *f* economic union **~verband** *m* trade association **~verbrechen** *n* business offen/ce (*Am* -se) **~wachstum** *n* economic growth

Wirtschafts|wissenschaft *f* economics *Sg* **~wissenschaftler(in)** *f* economist **~wunder** *n* economic miracle **~zeitung** *f* business paper **~zweig** *m* branch of industry

Wirtshaus *n* public house, F pub, *Am* saloon, *mst ländliches*: inn

Wirtsleute *Pl* landlord and landlady

Wirtstier *n* BIOL host

Wisch *m pej* scrap of paper

wischen *v/t* 1. wipe (*sich den Mund etc* one's mouth *etc*), (*auf~*) mop (up) 2. *schweiz.* sweep

Wischer *m* MOT wiper

Wischlappen *m*, **Wischtuch** *n* cloth

Wisent *m* ZOOL bison

wispern *v/t u. v/i*, **Wispern** *n* whisper

w

Wissbegier(de) f thirst for knowledge, (*Neugier*) curiosity **wissbegierig** *Adj* eager for knowledge, curious

wissen v/t u. v/i know (*von* about): **man kann nie** ~ you never know; **weder ein noch aus** ~ be at one's wits' end; **ich weiß nicht recht** I'm not so sure; **nicht, dass ich wüsste** not that I know of; **woher weißt du das?** how do you know (that)?; **was weiß ich!** how should I know?; **weißt du noch?** (do you) remember?; **ich weiß nicht mehr** I don't remember; **ich will davon nichts** ~ I don't want anything to do with it; **sie will von ihm nichts mehr** ~ she is through with him; → **Bescheid**

Wissen n knowledge, learning, (*Fach2*) know-how: **ohne mein** ~ without my knowing; **m-s ~s** as far as I know; **nach bestem** ~ **und Gewissen** to the best of one's knowledge and belief; **wider besseres** ~ against one's better judgement

wissend *Adj Blick etc*: knowing

Wissenschaft f science **Wissenschaftler(in)** scientist **wissenschaftlich** *Adj* scientific(ally *Adv*), (*geistes~*) academic

Wissens|drang m, **~durst** m thirst for knowledge **~gebiet** n province, field of knowledge **~lücke** f gap in one's knowledge **~management** n knowledge management **~stand** m level of knowledge: **auf dem neuesten** ~ up (-)to(-)date

wissenswert *Adj* worth knowing: 2**es** interesting facts *Pl*

wissentlich I *Adj* conscious, deliberate II *Adv* knowingly, deliberately

wittern v/t scent, smell, *fig* (*Gefahr, Verrat etc*) a. sense, (*e-e Chance*) see

Witterung[1] f JAGD scent

Witterung[2] f (*bei dieser* ~ in this) weather: **bei jeder** ~ in all weathers **witterungsbeständig** *Adj* weatherproof **Witterungseinflüsse** *Pl* influence *Sg* of the weather

Witwe f widow **Witwenrente** f widow's pension **Witwer** m widower

Witz m 1. joke, (*Wort2*) quip: **~e machen** (*od* **reißen**) crack jokes; F *fig* **das ist der** ~ **an der Sache** that's the funny thing about it, *weit. S.* that's the whole point; F **mach k-e ~e!** you're joking! 2. (*Geist*) wit **Witzbold** m F joker **Witzelei** f silly jokes *Pl* **witzeln** v/i joke (*über Akk* about), quip **witzig** *Adj* witty, funny: a. iron **sehr ~!** very funny!, big joke! **witzlos** *Adj* 1. unfunny 2. F (*sinnlos*) pointless, (of) no use

wo I *Adv fragend u. relativisch* where II *Konj* ~ ... (**doch**) when, F although III F *unbestimmtes Adv* (*irgend~*) somewhere IV F *Interj* i **~!, ach ~!** nonsense!, nothing of the kind! **woanders** *Adv* somewhere else, anywhere else **wobei** I *Adv fragend* ~ **bist du gerade?** what are you doing right now? II *Adv relativisch* in doing so: ~ **mir einfällt** which reminds me

Woche f week: **in e-r** ~ in a week('s time); **zweimal die** ~ twice a week; **auf ~n hinaus ausverkauft** sold out for weeks (to come); **F für** ~ week after week; F **unter der** ~ during the week **Wochenarbeitszeit** f working week **Wochenbett** n childbed **Wochenend...** weekend (*edition etc*) **Wochenende** n (**am** ~ at the) weekend: **übers** ~ over the weekend **Wochenendseminar** n weekend seminar **Wochenkarte** f weekly season ticket **wochenlang** I *Adj* lasting several weeks: **nach ~em Warten** after weeks of waiting II *Adv* for weeks **Wochenlohn** m weekly wages *Pl* **Wochenmarkt** m weekly market **Wochentag** m weekday **wochentags** *Adv* on weekdays **wöchentlich** *Adj u. Adv* weekly **Wochenzeitung** f weekly (paper) **Wöchnerin** f woman in childbed **Wodka** m vodka

wodurch I *Adv fragend* how II *Adv relativisch* by which, through which, whereby

wofür I *Adv fragend* what for II *Adv relativisch* for which, which ... for

Woge f a. fig wave, surge: fig **die ~n glätten** pour oil on troubled waters

wogegen I *Adv fragend* against what, what ... against II *Adv relativisch* against which, which ... against III *Konj* → **wohingegen**

wogen v/i surge (a. fig Menge), heave (a. Busen), (Getreide:) sway

woher I *Adv fragend u. relativisch* where

(…) from: → *wissen* II *Interj* F **~ denn!** nonsense!

wohin *Adv fragend u. relativisch* where (… to): **~ auch immer** wherever

wohingegen *Konj* whereas

wohl *Adv* **1.** well: **~ bekannt** well--known, *pej* notorious; **~ durchdacht** well-thought-out; **~ gemeint** well--meant; **sich ~ fühlen** feel fine, feel good, be happy; **ich fühle mich nicht ~** I don't feel well; **sich bei j-m ~ fühlen** feel at home with s.o.; F *fig* **mir ist nicht ~ dabei** I don't feel happy about it; **j-m ~ tun** do s.o. good; **das tut ~** that does you good; **~ überlegt** well-considered; **~ unterrichtet** (well-)informed; **~ oder übel** willy-nilly, whether you *etc* like it or not; → *bekommen* II **2. sehr ~** very well; **ich bin mir dessen sehr ~ bewusst** I am well aware of that; **das kann man ~ sagen!** you can say that again! **3.** (*vermutlich*) probably, I suppose: **das ist ~ möglich** that's quite possible; **ob er es ~ weiß?** I wonder if he knows (that); **~ kaum** hardly **4.** (*ungefähr*) about

Wohl *n* welfare, good, well-being: **auf j-s ~ trinken** drink to s.o.'s health; **zum ~!** to your health!, F cheers!

wohlauf *Adj* **~ sein** be well, be in good health **Wohlbefinden** *n* well-being

wohlbehalten *Adj* safe (and sound), *Sache*: safe, undamaged

Wohlergehen *n* well-being

wohlerzogen *Adj* well-behaved

Wohlfahrt *f* welfare

Wohlfahrts|marke *f* charity stamp **~organisation** *f* charitable institution **~staat** *m* welfare state

wohlgeformt *Adj* well-shaped, shapely

Wohlgefühl *n* sense of well-being

wohlgemerkt *Interj* mind you! **wohlgemut** *Adj* cheerful **wohlgenährt** *Adj* well-fed

wohlgeraten *Adj* well-turned-out

Wohl|geruch *m* fragrance, pleasant smell **~geschmack** *m* pleasant taste

wohlgesinnt *Adj* well-meaning: **j-m ~ sein** be well disposed towards s.o.

wohlhabend *Adj* well-to-do, prosperous, affluent: **~ sein** be well off

wohlig *Adj* pleasant, cosy

Wohlklang *m* melodiousness

wohlmeinend *Adj* well-meaning

wohlriechend *Adj* fragrant

wohlschmeckend *Adj* tasty

Wohlsein: **zum ~!** F cheers!

Wohlstand *m* prosperity, affluence

Wohlstandsgesellschaft *f* affluent society

Wohltat *f* **1.** good deed **2.** (*Erleichterung*) relief, (*Segen*) blessing

Wohltäter(in) *m(f)* benefactor (benefactress)

wohltätig *Adj* charitable **Wohltätigkeit** *f* charity **Wohltätigkeits…** charity (*od* benefit) (*ball, concert, match, etc*)

wohltuend *Adj* pleasant, (*lindernd*) soothing **wohltun** → *wohl* 1

wohlüberlegt → *wohl* 1

wohlunterrichtet → *wohl* 1

wohlverdient *Adj* well-deserved

Wohlverhalten *n* good behavio(u)r

wohlweislich *Adv* wisely, for good reason: **etw ~ tun** be careful to do s.th.

Wohlwollen *n* goodwill, favo(u)r

wohlwollend *Adj* kind, benevolent: **e-r Sache ~ gegenüberstehen** take a favo(u)rable view of s.th.

Wohn|anlage *f* housing area **~bezirk** *m* residential district **~block** *m* residential block **~dichte** *f* housing density **~einheit** *f* housing (*od* dwelling) unit

wohnen *v/i* (*in Dat* in, at, *bei* with) live, reside, *vorübergehend*: stay

Wohn|fläche *f* living space **~gebäude** *n* residential building **~gebiet** *n* residential area **~geld** *n* housing subsidy **~gemeinschaft** *f* flat-sharing community: **in e-r ~ leben** share a flat with s.o. (*od* several other people)

wohnhaft *Adj* resident (**in** *Dat* in, at)

Wohnhaus *n* dwelling house **Wohnheim** *n* hostel, *Am* rooming house

wohnlich *Adj* comfortable, cosy

Wohnmobil *n* camper, *Am* RV

Wohnort *m* (place of) residence

Wohnraum *m* **1.** housing, accommodation **2.** → *Wohnfläche* **3.** → *Wohnzimmer* **Wohn-Schlafzimmer** *n* bed-sitter **Wohnsiedlung** *f* housing estate **Wohnsitz** *m* (place of) residence

Wohnung *f* flat, *Am* apartment

Wohnungsbau *m* house building **~minister(in)** housing minister **~programm** *n* housing scheme

Wohnungs|einbruch *m* house (*od* domestic) burglary **~inhaber(in)** occu-

W

pant **2los** *Adj* homeless **~markt** *m* housing market **~not** *f* housing shortage **~schlüssel** *m* key (to the flat) **~suche** *f* flat-hunting **~tür** *f* front door **~wechsel** *m* change of residence

Wohn|verhältnisse *Pl* housing conditions *Pl* **~viertel** *n* residential area **~wagen** *m* caravan, *Am* trailer **~zimmer** *n* sitting (*od* living) room

Wok *m* wok

wölben *v/t* (*a.* **sich ~**) arch: → **gewölbt**

Wölbung *f* arch, (*Gewölbe*) vault

Wolf *m* **1.** ZOOL wolf; *fig* **mit den Wölfen heulen** howl with the wolves; → **Schafpelz 2.** (*Fleisch2*) mincer **3.** MED intertrigo: **sich e-n ~ laufen** get sore

Wölfin *f* ZOOL she-wolf

Wolfram *n* CHEM tungsten

Wolfsmilch *f* BOT spurge

Wolfsrachen *m* MED cleft palate

Wolke *f a. fig* cloud: **aus allen ~n fallen** be thunderstruck; **in den ~n schweben** have one's head in the clouds

Wolken|bruch *m* cloudburst **~decke** *f* cloud cover **~kratzer** *m* skyscraper

wolkenlos *Adj* cloudless, clear

Wolkenwand *f* bank of clouds

wolkig *Adj* cloudy (*a.* CHEM, FOTO *etc*), clouded

Wolldecke *f* wool(l)en blanket

Wolle *f* wool: F **sich in die ~ kriegen** have a fight **wollen**[1] *Adj* wool(l)en

wollen[2] *v/t u. v/i* want, (*verlangen*) a. demand, (*gewillt sein*) be willing (*od* prepared) to, (*beabsichtigen*) want to: **etw haben ~** want (to have) s.th.; **lieber ~** prefer; **ich will lieber** I'd rather; **etw unbedingt ~** insist on s.th.; **etw tun ~** want (*eben*: be going) to do s.th.; **ich will nicht** I don't want to; **er will es nicht tun** he refuses to do it; **das Auto will nicht anspringen** the car refuses to start; **sie will, dass ich komme** she wants me to come; **was ~ Sie von mir?** what do you want?; **was ~ Sie damit sagen?** what do you mean (by that)?; **was willst du mit e-m Regenschirm?** what do you want an umbrella for?; **Verzeihung, das wollte ich nicht!** sorry, that was unintentional!; **ob er will oder nicht** whether he likes it or not; **du weißt nicht, was du willst!** you don't know your own mind!; **mach, was du willst!** do what you like!; **du hast es ja so gewollt!** you asked for it!; **was (wann) du willst** whatever (whenever) you like; **wie du willst** as you like, suit yourself; **er will dich gesehen haben** he says he saw you; **ich wollte, ich wäre (hätte)** ... I wish I were (had) ...; F **hier ist nichts zu ~** nothing doing; → **heißen**[1] 3 *etc*

wollig *Adj* wool(l)y

Woll|jacke *f* cardigan **~knäuel** *m, n* ball of wool **~sachen** *Pl* wool(l)ens *Pl* **~socken** *Pl* wool(l)en socks *Pl* **~stoff** *m* wool(l)en fabric, (*feiner*: broadcloth

Wollust *f* voluptuousness, sensuality

wollüstig *Adj* voluptuous, sensual

Wollwaren *Pl* wool(l)ens *Pl*

womit I *Adv fragend* with: **~ kann ich dienen?** what can I do for you?; **~ hab ich das verdient?** what did I do to deserve that? II *Adv relativisch* with which: **~ ich nicht sagen will** by which I don't mean to say

womöglich *Adv* if possible, possibly

wonach I *Adv fragend* after what: **~ fragt er?** what is he asking about? II *Adv relativisch* what, after which, according to which

Wonne *f* delight, bliss: **e-e wahre ~** a real treat; F **mit ~** with relish

wonnig *Adj* lovely, sweet

woran I *Adv fragend* **~ denken Sie?** what are you thinking about?; **~ arbeitet er?** what is he working on (*od* at)?; **~ liegt es, dass ...?** how is it that ...?; **~ hast du ihn erkannt?** how did you recognize him?; **~ sieht man, welche (ob)** ...? how can you tell which (if) ...? II *Adv relativisch* **ich weiß nicht, ~ ich bin** I don't know where I stand, **mit ihm** I don't know what to make of him; **~ ich dich erinnern möchte** what I want to remind you of; **~ man merkte, dass ...** which showed that ...

worauf I *Adv fragend* what: **~ wartest du noch?** what are you (still) waiting for? II *Adv relativisch* **etw, ~ ich bestehe** s.th. (which *od* that) I insist (up)on; **~ er sagte** upon which he said; **~ alle gingen** whereupon everybody left

woraus I *Adv fragend* **~ ist es (gemacht)?** what is it made of?; **~ schließt du das?** what makes you

think that? **II** *Adv relativisch* ~ **zu entnehmen war, dass ...** from which we understood that ...

worin I *Adv fragend* ~ **liegt der Unterschied?** what (*od* where) is the difference? **II** *Adv relativisch* in which

Workshop *m* workshop

Wort *n* **1.** (*Pl* **Wörter**) word **2.** (*Pl* **Worte**) word, REL Word, (*Ausspruch*) saying: **geflügelte** ~**e** familiar quotations; **in** ~**en bei Zahlenangaben:** in letters; ~ **für** ~ word for word; **ein ernstes** ~ **mit j-m reden** have a good talk with s.o.; **ein gutes** ~ **einlegen** put in a good word; **das** ~ **ergreifen** (begin to) speak, PARL *a.* take the floor; **mir fehlen die** ~**e** words fail me; **das** ~ **führen** do the talking; **das große** ~ **führen** do all the talking, (*angeben*) talk big; **das** ~ **hat Herr X** the word is with Mr. X; **das letzte** ~ the last word (*in Dat* on); **das letzte** ~ **haben** have the final say; **du willst** (*od* **musst**) **immer das letzte** ~ **haben** you always have to have the last word; **kein** ~ **darüber!** not a word of it!; **kein** ~ **mehr!** not another word!; F **hast du** ~**e?** would you believe it?; **ein** ~ **gab das andere** one thing led to another; → **abschneiden** 1, **entziehen** 1 **3.** (*Ehren*2) word (of hono[u]r): **sein** ~ **geben** (**brechen, halten**) give (break, keep) one's word; → **Mann** 4. **mit Präpositionen: aufs** ~ **gehorchen** (**glauben**) obey (believe) implicitly; **j-n beim** ~ **nehmen** take s.o. at his word; **j-m ins** ~ **fallen** cut s.o. short; **in** ~**e fassen** put into words, formulate; **mit anderen** ~**en** in other words, **mit einem** ~ in a word; **zu** ~**e kommen** have one's say; **nicht zu** ~**e kommen** not to get a word in edgeways

Wortart *f* LING part of speech

Wortbildung *f* word formation

wortbrüchig *Adj* ~ **werden** break one's word

Wörtchen *n* → **mitreden**

Wörter|buch *n* dictionary ~**verzeichnis** *n* list of words, vocabulary

Wortführer(in) spokesperson **Wortgefecht** *n* battle of words, argument

wortgetreu *Adj* literal, word-for-word

wortgewandt *Adj* eloquent

wortkarg *Adj* taciturn

Wortklauberei *f* hairsplitting

Wortlaut *m* wording, (*Inhalt*) text: **der Brief hat folgenden** ~ runs as follows

wörtlich *Adj* literal, word-to-word

wortlos *Adj* wordless

Wortmeldung *f* request to speak

Wort|schatz *m* vocabulary ~**schöpfung** *f* coinage, neologism ~**schwall** *m* torrent of words ~**spiel** *n* play on words, pun ~**stellung** *f* word order

Wortwechsel *m* argument, dispute

wortwörtlich → **wörtlich**

worüber I *Adv fragend* ~ **lachst du?** what are you laughing about (*od* at)? **II** *Adv relativisch* **etw,** ~ **ich sehr verärgert war** s.th. I was very angry about (*od* at); ~ **er ärgerlich war** which annoyed him

worum I *Adv fragend* ~ **handelt es sich?** what is it about? **II** *Adv relativisch* **etw,** ~ **ich dich bitten möchte** s.th. (which *od* that) I want to ask you

worunter I *Adv fragend* what ... under **II** *Adv relativisch* **etw,** ~ **ich mir nichts vorstellen kann** s.th. which doesn't mean anything to me; ~ **ich leide** what I suffer from (*od* under)

wovon I *Adv fragend* ~ **leben sie?** what do they live on?; ~ **sprecht ihr?** what are you talking about? **II** *Adv relativisch* **etw,** ~ **ich nur zu träumen wage** s.th. I can only dream about (*od* of)

wovor I *Adv fragend* ~ **hast du Angst?** what are you afraid of? **II** *Adv relativisch* ~ **du dich hüten musst, ist ...** what you must be careful of is ...

wozu I *Adv fragend* **1.** ~ **hat er sich entschlossen?** what did he decide upon? **2.** (*warum*) why **II** *Adv relativisch* **3.** ~ **er bereit ist** what he is prepared to do

Wrack *n a. fig* wreck

Wucher *m* usury **Wucherer** *m*, **Wucherin** *f* usurer **Wuchermiete** *f* rack rent **wuchern** *v/i* **1.** BOT grow rampant, *a.* MED *u. fig* proliferate, *fig a.* be rampant **2.** practise usury **Wucherpreis** *m* exorbitant price **Wucherung** *f* MED excrescence, tumo(u)r, (*Gewebs*2) proliferation: ~**en** *Pl im Rachen:* adenoids *Pl*

Wucherzinsen *Pl* usurious interest *Sg*

Wuchs *m* **1.** growth **2.** (*Gestalt*) build, physique

Wucht *f* force, *e-s Schlages etc: a.* impact: **mit voller** ~ with full force; F *fig* **das ist 'ne** ~**!** it's terrific! **wuchten** *v/i t* **1.** heave

2. Räder ~ balance wheels

wuchtig Adj heavy (a. Schlag), (massig) massive, (kraftvoll, a. fig) powerful

Wühlarbeit f fig subversive activity

wühlen I v/i 1. dig, Tier: burrow, Schwein: root, grub: ~ in (Dat) suchend: rummage in, fig Hass etc: gnaw at 2. POL agitate II v/refl 3. sich ~ in (Akk) burrow (o.s.) into

Wühlmaus f ZOOL vole

Wühltisch m WIRTSCH rummage counter

Wulst m 1. roll, zum Ausstopfen: pad, (Verdickung) bulge 2. (Reifen2) bead

wulstig Adj bulging, Lippen: thick

wund Adj sore, raw: ~ reiben chafe; ~e Stelle sore; fig ~er Punkt sore point; sich die Füße ~ laufen get sore feet, fig run from pillar to post; sich ~ liegen get bedsores

Wundbrand m MED gangrene

Wunde f wound, (Schnitt2) cut, klaffende: gash: fig alte ~n wieder aufreißen open old sores; die Zeit heilt alle ~n time is a great healer

Wunder n miracle: ~ der Technik engineering marvel; (es ist) kein ~(, dass) no wonder (that); ~ tun, ~ wirken perform miracles, fig work wonders; es grenzt an ein ~ it borders on the miraculous; F er wird sein blaues ~ erleben he's in for a shock; wie durch ein ~ miraculously; ~ was (wer, wie) goodness knows what (who, how); er glaubt ~ was er getan hat he thinks he's done goodness knows what; → Zeichen 2

wunderbar Adj 1. Rettung etc: miraculous 2. wonderful, marvel(l)ous

wunderbarerweise Adv miraculously

Wunderding n wonder

Wunderdoktor m iron miracle doctor

Wunderglaube m belief in miracles

wunderhübsch Adj lovely

Wunderkerze f sparkler

Wunderkind n child prodigy

Wunderland n wonderland

wunderlich Adj strange, peculiar

Wundermittel n wonder drug

wundern I v/i surprise: es wundert mich I'm surprised; es würde mich nicht ~, wenn I shouldn't be at all surprised if II v/refl sich ~ (über Akk at) be surprised, wonder; du wirst dich ~!

you'll be surprised!; ich muss mich doch sehr ~! I'm surprised at you!

wundernehmen → **wundern** I

wunderschön Adj beautiful, wonderful, lovely

Wundertäter(in) miracle worker

wundervoll → **wunderbar** 2

Wunderwaffe f wonder weapon **Wunderwerk** n fig wonder, marvel

Wundfieber n wound fever

wundliegen → **wund**

Wundmal n REL stigma (Pl stigmata)

Wundpflaster n adhesive plaster

Wundrose f MED erysipelas

Wundsalbe f antiseptic ointment

Wundschmerz m traumatic pain

Wundstarrkrampf m MED tetanus

Wunsch m 1. wish, desire, request: auf allgemeinen ~ by popular request; auf j-s ~ (hin) at s.o.'s request; auf eigenen ~ at one's own request; (je) nach ~ as desired; es ging alles nach ~ everything went as planned; haben Sie noch e-n ~? is there anything else I can do for you?; dein ~ ist mir Befehl your wish is my command; der ~ war der Vater des Gedankens the wish was father to the thought; → ablesen² 3, fromm 1 2. (Glück2) wish: mit allen guten (den besten) Wünschen with all good (the best) wishes

Wunschbild n ideal

Wunschdenken n wishful thinking

Wünschelrute f divining rod **Wünschelrutengänger(in)** (water) diviner

wünschen I v/t wish, want: sich etw ~ wish (stärker: long) for s.th.; was ~ Sie? what can I do for you?; du darfst dir etw ~ you can make a wish; ich wünsche mir ... I'd like to have ... II v/i Sie ~? what can I do for you?; wie Sie ~ as you wish (od like), iron suit yourself; viel zu ~ übrig lassen leave much to be desired

wünschenswert Adj desirable

wunschgemäß Adv as requested

Wunschkind n planned child **Wunschkonzert** n request program(me Br)

wunschlos *Adv* ~ **glücklich** perfectly happy

Wunschtraum *m* (*iron* pipe) dream

Wunschzettel *m* list of presents

Würde *f allg* dignity, (*Ehre*) *a*. hono(u)r, (*Rang*) *a*. rank, (*Titel*) *a*. title: **akademische** ~ academic degree; **unter aller** ~ beneath contempt; **es ist unter m-r** ~ it is beneath my dignity **würdelos** *Adj* undignified **Würdenträger(in)** dignitary **würdevoll I** *Adj* dignified **II** *Adv* with dignity **würdig** *Adj* **1.** dignified **2.** (*Gen* of) worthy, deserving: **ein** ~**er Nachfolger** a worthy successor; **er ist dessen nicht** ~ he doesn't deserve it

würdigen *v/t* **1.** appreciate, acknowledge, (*ehren*) hono(u)r, pay tribute to **2.** *j-n k-s Blickes* (*k-r Antwort*) ~ not to deign to look at s.o. (to answer s.o.) **Würdigung** *f* appreciation, acknowledgement: **in** ~ **s-r Verdienste** in recognition of his merits

Wurf *m* **1.** throw: *fig* **glücklicher** ~ lucky strike; **großer** ~ great success **2.** ZOOL (*Junge*) litter

Wurfdisziplin *f* SPORT throwing event

Würfel *m* cube (*a. Eis* etc, *Spiel*) dice: **die** ~ **sind gefallen** the die is cast

Würfelbecher *m* (dice) shaker

würfelförmig *Adj* cubic, cube-shaped

würfeln I *v/i* **1.** play dice: **um etw** ~ throw dice for s.th. **II** *v/t* **2.** throw **3.** GASTR dice **Würfelspiel** *n* game of dice **Würfelzucker** *m* lump (*od* cube) sugar

Wurf|geschoss *n* projectile ~**kreis** *m* SPORT (throwing) circle ~**pfeil** *m* dart ~**sendung(en** *Pl*) *f* unaddressed advertising matter, *pej* junk mail ~**spieß** *m* javelin ~**taube** *f* SPORT clay pigeon

Würgegriff *m a. fig* stranglehold

würgen I *v/t* strangle, throttle, *Kragen, Krawatte etc*: choke **II** *v/i* choke, *beim Erbrechen*: retch: ~ **an** (*Dat*) choke on

Wurm[1] *m* ZOOL worm (*a. fig*), (*Made*) maggot: MED **Würmer haben** suffer from worms; F *fig* **j-m die Würmer aus der Nase ziehen** drag it out of s.o.; **da ist der** ~ **drin** s.th. is wrong (with it)

Wurm[2] *n*, **Würmchen** *n* F (little) mite

wurmen *v/t j-n* ~ gall s.o., get s.o.

Wurmfortsatz *m* ANAT (vermiform) appendix **Wurmkur** *f* MED deworming

Wurmmittel *n* MED vermifuge

wurmstichig *Adj* wormy, worm-eaten

Wurst *f* sausage: F **es ist mir** (**völlig**) ~**!** I don't care (a damn)!; **jetzt gehts um die** ~**!** now or never!

Würstchen *n* **1.** small sausage: **Wiener** ~ wiener(wurst); **Frankfurter** ~ frankfurter **2.** F *fig* nobody: **armes** ~ poor soul ~**bude** *f*, ~**stand** *m* hot-dog stand

wursteln *v/i* F *fig* muddle along

Wursthaut *f* sausage skin

Wurstigkeit *f* F couldn't-care-less attitude

Wurstwaren *Pl* sausages *Pl*

Würze *f* **1.** spice (*a. fig*), seasoning, (*Aroma*) flavo(u)r **2.** (*Bier*2) wort

Wurzel *f* **1.** *allg* root (*a. fig*), MATHE *a*. radical: MATHE **zweite** (**dritte**) ~ square (cubic) root; **die** ~ (**aus**) **e-r Zahl ziehen** extract the (square) root of a number; *a. fig* ~**n schlagen** take root **2.** *Dialekt* carrot ~**behandlung** *f* MED root treatment ~**gemüse** *n* root vegetables *Pl*

wurzellos *Adj a. fig* rootless

wurzeln *v/i* take root: *fig* ~ **in** (*Dat*) be rooted in, have its roots in

Wurzelverzeichnis *n* root directory

Wurzelzeichen *n* MATHE radical sign

Wurzelziehen *n* MATHE root extraction

würzen *v/t a. fig* spice

würzig *Adj* spicy, *fig Luft*: fragrant

Würzkräuter *Pl* (pot) herbs *Pl*

Wuschelkopf *m* F mop of fuzzy hair

Wust *m* tangled mass, (*Kram*) trash, (*Durcheinander*) jumble

wüst *Adj* **1.** (*öde*) desert, waste **2.** (*wirr*) wild, (*liederlich*) dissolute, (*roh*) rude, (*gemein*) vile: ~ **aussehen** look a real mess

Wüste *f* desert, *fig a.* waste: F *j-n in die* ~ **schicken** send s.o. into the wilderness

Wüsten... desert (*sand, wind, etc*)

Wüstling *m* libertine, rake

Wut *f* rage, fury: **e-e** ~ **bekommen** (F **kriegen**), **in** ~ **geraten** get furious (F mad), fly into a rage; *j-n in* ~ **bringen** enrage (*od* infuriate) s.o.; **vor** ~ **kochen** (*od* **schäumen**) seethe with rage, fume; **e-e** ~ **auf** *j-n* **haben** F be mad at s.o.; **s-e** ~ **an** *j-m* **auslassen** take it out on s.o. **Wutanfall** *m* fit (*od* outburst) of rage: **e-n** ~ **bekommen** blow one's top

wüten v/i rage (*a. Feuer, Seuche, Sturm etc*): **~ gegen** rage at (*od* against); **~ unter** create havoc among **wütend** *Adj* furious, F mad: **auf** (*od* **über**) **j-n ~ sein** be furious with (F mad at) s.o.; **über etw ~ sein** be furious at (F mad about)

s.th.; **j-n ~ machen** infuriate (*od* enrage) s.o.
wutentbrannt *Adj* furious
Wutschrei *m* yell of rage
WWW (= **World-Wide Web**) WWW, www, World Wide Web

X

X, x *n* X, x: F *fig* **j-m ein X für ein U vormachen** fool s.o.; **ich habe x Leute gefragt** I've asked umpteen people
x-Achse *f* MATHE x-axis
Xanthippe *f* F *fig* shrew, battle-ax(e)
X-Beine *Pl* knock-knees *Pl*
X-beinig *Adj* knock-kneed
x-beliebig *Adj* any (... you like): **jeder x-Beliebige** anybody; any Tom, Dick

and Harry
X-Chromosom *n* X chromosome
Xenon *n* CHEM xenon
x-fach *Adv* ever so often
x-förmig *Adj* x-shaped
x-mal *Adv* F umpteen times
x-te *Adj* F **zum ~n Mal** for the umpteenth time
Xylophon *n* MUS xylophone

Y

Y, y *n* Y, y
y-Achse *f* MATHE y-axis
Yak *n* ZOOL yak
Y-Chromosom *n* Y chromosome
Yen *m* WIRTSCH yen

Yeti *m* yeti
Yoga *m, n* yoga **Yogi** *m* yogi
Ypsilon *n* **1.** (letter) y **2.** *im griechischen Alphabet*: upsilon
Yucca *f* BOT yucca

Z

Z, z *n* Z, z: → **A**
Zack: F **auf ~ sein** be on the ball; **auf ~ bringen** bring s.o., s.th. up to scratch
Zacke *f* (sharp) point, jag, TECH tooth, indentation, (*Spitze*) prong, tine
zacken *v/t* indent, jag, (*Papier, Stoff*) pink, (*zähnen*) tooth
Zacken *m Dialekt* → **Zacke**: F **du brichst dir k-n ~ aus der Krone, wenn du ihm hilfst** it won't kill you to help him
Zackenfrisur *f* spike
Zackenschere *f* pinking shears *Pl*

zackig *Adj* **1.** indented, jagged, (*gezähnt*) toothed **2.** F *fig* (*schneidig*) snappy
zaghaft *Adj* timid, cautious, gingerly
zäh *Adj allg* tough (*a. fig*), *Flüssigkeit*: viscous, *fig* tenacious, (*hartnäckig*) stubborn, (*schleppend*) slow, sluggish, *Verkehr*: slow-moving: **ein ~er Bursche** a tough fellow; *Adv* **~ festhalten an** (*Dat*) stick doggedly to
zähflüssig *Adj* **1.** viscous **2.** *fig* sluggish, *Verkehr*: slow-moving
Zähflüssigkeit *f* viscosity

Zähigkeit f toughness, *fig a.* tenacity
Zahl f *allg* number (*a.* LING), (*Ziffer*) figure (*a. Betrag*), numeral, *arabische*: cipher, (*Stelle*) digit: *römische ~en* Roman numerals; *sechsstellige ~* six-digit number; *genaue ~en* exact figures; *fig in großer ~* in large numbers; *an ~ übertreffen* outnumber; → *rot*
zahlbar *Adj* payable (*an Akk* to, *bei* at, with): *~ nach Erhalt* payable (up)on receipt; → *Lieferung* 1
zählbar *Adj* countable
zählebig *Adj* tough, *fig Ideen etc*: tenacious **Zählebigkeit** f tenacity of life
zahlen *v/t u. v/i* pay: (*Herr Ober,*) ~, *bitte!* the bill (*Am* check), please!; *wenn es ans* 2 *geht* if (*od* when) it comes to paying
zählen I *v/t* count, SPORT score: *fig s-e Tage sind gezählt* his days are numbered; *ich zähle ihn zu m-n Freunden* I count him as a friend **II** *v/i* count (*bis zehn* up to ten): *fig er* (*es*) *zählt nicht* he (it) doesn't count; *~ auf* (*Akk*) count on; *~ zu den Besten etc* rank with, belong to; *er zählt zu m-n Freunden* he is a friend (of mine); → *drei* I
Zahlen|angaben *Pl* numerical data *Pl,* figures *Pl* **~folge** f order of numbers **~gedächtnis** *n* good, *bad* memory for figures **~lotto** *n* → *Lotto* 2
zahlenmäßig *Adj* numerical: *Adv j-m ~ überlegen sein* outnumber s.o.
Zahlen|material *n* → *Zahlenangaben* **~schloss** *n* combination lock
Zahlenverhältnis *n* (numerical) ratio
Zahler(in) payer
Zähler *m* **1.** counter, ELEK *a.* meter **2.** MATHE numerator **3.** SPORT point
Zählerablesung f ELEK meter reading
Zählerstand *m* ELEK count
Zahlgrenze f fare stage
Zahlkarte f WIRTSCH paying-in slip
zahllos *Adj* countless, innumerable
Zahlmeister(in) SCHIFF purser, MIL paymaster
zahlreich *Adj* numerous, (*viele*) many, (*groß*) large: *Adv ~ versammelt sein* be present in large numbers
Zahltag *m* payday
Zahlung f (*e-e ~ leisten* make a) payment: *etw in ~ geben* trade s.th. in; *etw in ~ nehmen* take s.th. in part exchange; *er wurde zur ~ von 100 Euro*

an das Rote Kreuz verurteilt he was
sentenced to pay 100 euros to the
Red Cross
Zählung f count, (*Volks*2) *a.* census
Zahlungs|abkommen *n* payments agreement **~anweisung** f order to pay, (*Überweisung*) money order **~aufforderung** f request for payment **~aufschub** *m* respite **~bedingungen** *Pl* terms *Pl* of payment
Zahlungsbefehl *m* → *Mahnbescheid*
Zahlungs|bilanz f balance of payments **~einstellung** f suspension of payment **~empfänger(in)** payee **~erleichterungen** *Pl* easy terms *Pl* (for payment) 2**fähig** *Adj* able to pay, solvent **~fähigkeit** f ability to pay, solvency **~frist** f term of payment 2**kräftig** *Adj* F potent, wealthy **~mittel** *n* means *Pl* of payment, (*Geld*) currency: *gesetzliches ~* legal tender
zahlungspflichtig *Adj* liable to pay
Zahlungsschwierigkeiten *Pl* financial difficulties *Pl*
Zahlungstermin *m* date of payment
zahlungsunfähig *Adj* unable to pay, insolvent **Zahlungsunfähigkeit** f inability to pay, insolvency
Zahlungs|verkehr *m* monetary transactions *Pl* **~verpflichtung** f liability (to pay): *s-n ~en pünktlich nachkommen* be punctual in one's payments **~verzug** *m* default (of payment): *in ~ geraten* default **~weise** f mode of payment **~ziel** *n* date of payment
Zählwerk *n* counter
Zahlwort *n* LING numeral
Zahlzeichen *n* figure, numeral
zahm *Adj* tame (*a. fig Antwort, Witz etc*), domesticated, *fig* (*gefügig*) tractable **zähmbar** *Adj* tam(e)able
zähmen *v/t* **1.** *a. fig* tame, domesticate **2.** (*be~*) control, restrain (*sich* o.s.)
Zahmheit f *a. fig* tameness **Zähmung** f taming (*a. fig*), domestication
Zahn *m* **1.** tooth (*a.* TECH), ZOOL (*Reiß*2 *etc*) *a.* fang, (*Stoß*2) tusk: *Zähne bekommen* → *zahnen* I; *hum die dritten Zähne* (a set of) false teeth; *fig der ~ der Zeit* the ravages *Pl* of time; *bis an die Zähne bewaffnet* armed to the teeth; *sich e-n ~ ziehen lassen* have a tooth out; (*F fig j-m*) *die Zähne zeigen* show one's teeth (to s.o.); F *fig*

Z

sich an e-r Sache die Zähne ausbei-
ßen find s.th. too hard a nut to crack;
j-m auf den ~ fühlen sound s.o. out; F
etw für den hohlen ~ precious little; →
fletschen, Haar, knirschen, putzen I
2. F (*Tempo*) speed: *er hatte e-n ziem-*
lichen ~ drauf he was going at a terrific
lick; *e-n ~ zulegen* step on it

Zahnarzt m, **Zahnärztin** f dentist, den-
tal surgeon **Zahnarzthelfer(in)** den-
tist's assistant **zahnärztlich** Adj dental
Zahnarztpraxis f dental practice
Zahnbehandlung f dental treatment
Zahnbelag m plaque **Zahnbett** n ANAT
tooth socket **Zahnbürste** f toothbrush
Zahncreme f toothpaste
zähnefletschend Adj u. Adv snarling
zähneklappernd Adj u. Adv with chat-
tering teeth **zähneknirschend** Adv fig
gritting one's teeth
zahnen I v/i teethe, cut one's teeth II a
zähnen v/t TECH tooth
Zahn|ersatz m dentures Pl **~fäule** f
tooth decay, caries **~fleisch** n gums
Pl: *hum auf dem ~ gehen* be on one's
last legs **~fleischbluten** n bleeding of
the gums **~füllung** f filling **~hals** m
neck of a tooth **~klinik** f dental clinic
Zahnkranz m TECH gear rim, *am Fahr-*
rad: sprocket (wheel)
Zahn|krone f MED crown **~labor** n den-
tal laboratory **~laut** m dental (sound)
zahnlos Adj toothless
Zahnlücke f gap (in one's teeth)
Zahn|medizin f dentistry **~medizi-**
ner(in) 1. dentist. 2. dental student
Zahnnerv m nerve of a tooth
Zahn|pasta f toothpaste **~pflege** f den-
tal hygiene **~prothese** f dentures Pl
Zahnrad n TECH gearwheel, toothed
wheel **~antrieb** m gearwheel drive
~bahn f rack railway (*Am* railroad)
~getriebe n toothed gearing
Zahnschmelz m (dental) enamel
Zahn|schmerzen Pl (**~ haben** have [a])
toothache Sg **~schutz** m Boxen: gum-
shield **~seide** f dental floss **~spange** f
brace **~stange** f TECH rack **~stein** m
MED tartar, scale **~stocher** m toothpick
~stummel m stump **~technik** f dentist-
ry **~techniker(in)** dental technician
Zahnwechsel m second dentition
Zahnweh n → **Zahnschmerzen**
Zahnwurzel f root (of a tooth)

Zahnzement m (dental) cement
Zaire n hist Zaire
Zander m ZOOL zander, pike-perch
Zange f all g nippers Pl, tongs Pl, kleine:
pliers Pl, (*Kneif2*) pincers Pl (a. ZOOL),
MED, ZOOL forceps: *e-e ~* a pair of
tongs *etc*; F fig *j-n in die ~ nehmen*
put the screws on s.o.; *den (das) würde*
ich nicht mit der ~ anfassen! I
wouldn't touch him (it) with a barge-
pole!
Zangenentbindung f forceps delivery
Zank m quarrel
Zankapfel m bone of contention
zanken v/i 1. (a. *sich ~*) quarrel (*über*
Akk about, *um* about, over): *hört*
auf (euch) zu ~! stop quarrel(l)ing!
2. Dialekt (*mit j-m*) scold (s.o.) **Zan-**
kerei f bickering **zänkisch** Adj quarrel-
some
Zäpfchen n 1. ANAT uvula 2. MED sup-
pository
zapfen v/t 1. (*Bier etc*) tap, draw 2. TECH
mortise
Zapfen m 1. BOT cone 2. (*Fass2*) tap,
spigot, *Am* faucet 3. TECH (*Lager2*)
journal, (*Dreh2*) pivot, Tischlerei: te-
non, (*Pflock*) peg **Zapfenlager** n TECH
journal (*Dreh2*) pivot) bearing
Zapfenstreich m MIL tattoo
Zapfenverbindung f TECH mortise
joint
Zapfer(in) tapster
Zapfhahn m 1. tap, *Am* faucet 2. →
Zapfpistole f MOT nozzle **Zapfsäule** f
MOT petrol (*Am* gasoline) pump
Zappelei f F fidgets Pl **zapp(e)lig** Adj F
fidgety: *du machst mich ganz ~!* you
give me the fidgets! **zappeln** v/i 1.
struggle, wriggle: F fig *j-n ~ lassen*
keep s.o. on tenterhooks 2. F fidget
(*vor Aufregung* with excitement)
Zappelphilipp m F fidget
zappen v/i TV zap, graze
Zar m czar, tsar
Zarge f TECH 1. (*Nut*) notch, groove 2.
(*Tür2, Fenster2*) frame, case
Zarin f czarina, tsarina
zart Adj tender (a. fig Alter, a. zärtlich),
delicate (a. fig Gesundheit, Kind, Haut,
Farbe etc), (schwach, zerbrechlich) frail
(a. fig), (duftig) Stoff etc: filmy, (sanft)
gentle, soft, (empfindlich) sensitive:
das ~e Geschlecht the gentle sex;

Z

ein ~er Wink a gentle hint; *nicht für ~e Ohren* not for tender (*od* sensitive) ears; *Adv* (*nicht gerade*) ~ *umgehen mit* handle *s.o.*, *s.th.* (none too) gently; ~ *besaitet* highly sensitive; ~ *fühlend* **a)** sensitive, **b)** tactful, discreet

zartbitter *Adj Schokolade:* plain

zartblau *Adj* pale-blue

Zartgefühl *n* **1.** delicacy (of feeling), sensitivity **2.** tact

Zartheit *f* tenderness (*a. fig*), (*Feinheit*) delicacy, delicateness, (*Sanftheit*) softness, gentleness

zärtlich *Adj* tender, (*liebevoll*) affectionate (*zu* with), caressing; *~e Mutter* fond mother **Zärtlichkeit** *f* **1.** tenderness, (*Liebe*) affection, fondness **2.** *mst Pl* endearment, (*Liebkosung*) a. caress

Zaster *m* F (*Geld*) dough, *Br* a. lolly

Zäsur *f* **1.** *metr.*, *MUS* c(a)esura, break **2.** *fig* turning point

Zauber *m* **1.** (*wie durch* ~ as if by) magic: F *pej fauler* ~ mumbo-jumbo **2.** *fig* (*Reiz*) charm, magic, (*Bann*) spell **3.** F *pej* (*Aufheben*) fuss, (*dummes Zeug*) nonsense: *der* (*den*) *ganze(n)* ~ the whole bag of tricks

Zauberei *f* **1.** magic, witchcraft **2.** → *Zauberkunststück*

Zauberer *m* **1.** magician, sorcerer, *a. fig* wizard **2.** → *Zauberkünstler*

Zauberformel *f* spell, charm, *fig* magic formula

zauberhaft *Adj* charming, enchanting

Zauberin *f* sorceress, *fig a.* enchantress

Zauber|kraft *f* magic power *~kunst f* magic (art) *~künstler(in)* conjurer, magician *~kunststück* *n* conjuring trick

zaubern **I** *v/t* produce *s.th.* by magic, conjure up **II** *v/i* perform magic, *weit. S.* conjure, do conjuring tricks, (*Fußball etc*) put on a brilliant show: *ich kann doch nicht ~!* I can't perform miracles!

Zauber|spruch *m* charm, spell *~stab m* (magic) wand *~trank* *m* magic potion

Zauberwort *n* magic word, spell

Zauderer *m*, **Zauderin** *f* waverer **zaudern** *v/i* hesitate, waver: *ohne Ω* without hesitation

Zaum *m* (*a. fig im ~e halten*) bridle

Zaumzeug *n* headgear, bridle

Zaun *m* fence, (*BauΩ, BretterΩ*) hoarding: *fig vom* ~ *brechen* **a)** *e-n Streit*

pick a quarrel, **b)** *e-n Krieg* start a war

Zaungast *m* onlooker **Zaunkönig** *m* ZOOL wren **Zaunpfahl** *m* pale: F *ein Wink mit dem* ~ a broad hint

z. B. *Abk* (= *zum Beispiel*) e.g.

Zebra *n* ZOOL zebra

Zebrastreifen *m* zebra crossing, *Am* pedestrian crosswalk

Zeche[1] *f* BERGB pit, colliery, (coal) mine

Zeche[2] *f* bill, *Am* check: *die* ~ *prellen* leave without paying; *fig die* ~ *zahlen müssen* F have to pay the piper

Zechpreller(in) bilk

Zechprellerei *f* bilking

Zechtour *f* F pub crawl

Zecke *f* ZOOL tick

Zeder *f* BOT cedar

Zedernholz *n* cedar(wood)

Zeh *m* → *Zehe* **1 Zehe** *f* **1.** ANAT, ZOOL toe: *große* (*kleine*) ~ big (little) toe; *j-m auf die ~n treten* a. F *fig* tread on *s.o.*'s toes; *auf* (*den*) *~n gehen od schleichen* tiptoe **2.** (*Knoblauch Ω*) clove (of garlic)

Zehennagel *m* toenail **Zehensandale** *f* flip-flop **Zehenspitze** *f* tip of one's toe: *auf* (*den*) *~n* on tiptoe

zehn *Adj* ten **Zehn** *f* (number) ten

Zehncentstück *n* ten-cent piece

Zehneck *n* MATHE decagon

Zehner *m* **1.** MATHE ten. **2.** F **a)** → *Zehncentstück*, **b)** *Zehneuroschein*

Zehnerkarte *f* Bus *etc:* ten-trip ticket

Zehnerpackung *f* pack(et) of ten

Zehnerstelle *f* MATHE tens digit

Zehneuroschein *m* ten-euro note (*Am* bill), F tenner

zehnfach **I** *Adj u. Adv* tenfold **II** *Ωe n* ten times the amount: *um das Ωe* tenfold

Zehnfingersystem *n* touch system

zehnjährig *Adj* **1.** ten-year-old, *präd* ten years old: *ein ~er Junge* a. a boy of ten **2.** *~es Jubiläum etc* ten-year (*od* tenth) anniversary *etc* **3.** *nach ~er Abwesenheit etc* after an absence *etc* of ten years

Zehnkampf *m* SPORT decathlon

Zehnkämpfer(in) decathlete

zehnmal *Adv* ten times

zehnt *Adj* tenth

zehntausend *Adj* ten thousand: *fig die oberen* ~ the upper ten (thousand); *~e von ...* tens of thousands of ...

Zehntel *n* tenth **Zehntelsekunde** *f* (*mit*

*e-r~ **Vorsprung** by a margin of a) tenth
of a second
zehntens Adv tenthly
zehren v/i 1. ~ **von** live on (a. fig von
Erinnerungen etc); **von s-m Kapital** ~
live off one's capital 2. ~ **an** (Dat) weaken, undermine; **an j-s Kräften** ~ sap
s.o.'s energy
Zeichen n 1. allg sign, (Merk2) a. mark,
(Kenn2) a. characteristic, (Signal) signal, (Symbol) symbol, COMPUTER character: **chemisches** ~ chemical symbol;
j-m ein ~ geben give s.o. a sign (od signal), signal to s.o.; **er gab das ~ zum
Aufbruch** he gave the sign to leave
2. fig (An2) allg sign, (Beweis) a. mark,
token, (Vor2) a. mark, (Symptom)
symptom: **ein ~ für** (od **von**) a sign
of; **zum ~ dass** as a proof that; **als**
(od **zum**) ~ **m-r Dankbarkeit** as a token
of my gratitude; **es ist ein ~ der Zeit** it's
a symptom of our times; **es geschehen
noch ~ und Wunder** wonders never
cease 3. (Satz2) punctuation mark 4.
(Stern2) sign: **im ~ des Löwen** under
the sign of Leo; fig **im ~ stehen von**
(od Gen) be marked by 5. (Akten2
etc) reference (number): WIRTSCH **unser** (Ihr) ~ our (your) reference 6.
(Waren2) brand, trademark
Zeichen|**block** m sketch pad ~**brett** n
drawing board ~**kode** m COMPUTER
character code ~**dreieck** n MATHE set
square ~**erklärung** f key (für, zu to),
auf Landkarten etc: legend, in Lehrbüchern etc: signs and symbols Pl ~**gerät**
n COMPUTER plotter ~**heft** n drawing
book ~**kunst** f drawing ~**lehrer**(**in**) art
teacher ~**papier** n drawing paper ~**programm** n COMPUTER drawing program
~**saal** m art room
Zeichensetzung f punctuation
Zeichen|**sprache** f sign language ~**stift**
m pencil, crayon ~**trickfilm** m (animated) cartoon
zeichnen I v/t 1. draw (a. fig), (skizzieren) sketch, a. fig delineate, (entwerfen)
design 2. (kenn~) mark: fig **sein Gesicht war von Kummer gezeichnet**
his sorrows had left their mark on his
face 3. (unter~) sign 4. (e-n Betrag) subscribe (**für Aktien** etc for shares etc, **für
e-n Fonds** to a fund) II v/i 5. draw
(**nach der Natur** from nature) 6. (un-

ter~) sign: **ich zeichne ...** I remain
...; **verantwortlich ~ für** be responsible
for
Zeichner(**in**) 1. drawer, draughtsman
(-woman), Am draftsman (-woman)
2. WIRTSCH subscriber (Gen for, to)
zeichnerisch Adj graphic: ~**e Begabung haben**, Adv ~ **begabt sein** have
(a) talent for drawing **Zeichnung** f 1.
drawing, TECH a. design, diagram,
(Skizze) sketch, (Illustration) illustration 2. (Kenn2) marking(s Pl) (a.
ZOOL), (Muster) pattern(ing) 3.
WIRTSCH e-s Betrages etc: subscription:
e-e Anleihe zur ~ auflegen invite subscriptions for a loan
zeichnungsberechtigt Adj authorized
to sign, having signatory power
Zeigefinger m forefinger, index finger
zeigen I v/t allg show (a. fig), (e-n Film
etc) a. present, (zur Schau stellen, a. fig)
display, exhibit, (an~) a. indicate, (darlegen) a. demonstrate, point out: **j-m
die Stadt** ~ show s.o. (around) the
town; **er will nur s-e Macht** ~ he just
wants to demonstrate his power; **großen
Mut** ~ display great courage; F
fig **dem werd ichs** ~! I'll show him!
II v/i (**mit dem Finger**) ~ **auf** (Akk)
point (one's finger) at; **nach Norden**
~ point (to the) north; **die Uhr zeigte**
(auf) **12** the clock said twelve III v/refl
sich ~ show (o.s.), appear, plötzlich:
turn up; fig **sie zeigte sich sehr großzügig** she was very generous; **sich von
s-r besten Seite** ~ present o.s. to best
advantage; **er zeigte sich der Aufgabe
nicht gewachsen** it became obvious
that he wasn't equal to the task IV
v/unpers turn out, prove: **es zeigte
sich, dass er Recht gehabt hatte**
(es richtig gewesen war) he (it) turned
out to have been right; **es wird sich ~,
wer Recht hat** we'll see who is right in
the end
Zeiger m hand, TECH a. index, pointer,
e-r Waage, des Tachos etc: needle
Zeigestock m pointer
Zeile f 1. line: **j-m ein paar ~n schreiben**
drop s.o. a line 2. (Reihe) row
Zeilen|**abstand** m 1. spacing 2. TV line
advance ~**drucker** m COMPUTER line
printer ~**eingabe** f COMPUTER line entry ~**raster** m TV line-scanning pattern

z

~schalter *m Schreibmaschine:* line spacer

Zeilenvorschub *m* COMPUTER line feed

zeilenweise *Adv* by the line

Zeisig *m* ZOOL siskin

Zeit *f* **1.** *allg* time, *(~raum) a.* period, space (of time), *(~alter) a.* era, age, *(Jahres♀)* season: **~ und Raum** space and time; **freie ~** spare time; **schwere** *(od harte)* **~en** hard times; F *das waren* *(noch)* **~en!** those were the days!; *die gute alte ~* the good old days; *... aller ~en ...* of all time; *seit dieser ~* since then; *(für) einige ~* (for) some time; *(für) längere ~* for quite some time, *formell:* for a prolonged period; *lange ~* for a long time; *e-e ~ lang* for some time; *seit einiger (od längerer) ~* for quite some time (now); *die ganze ~ (hindurch)* all the time, all along; *in kurzer ~* in a short time; *in kürzester ~* in no time at all; *in letzter ~* lately, recently; *mit der ~* in course of time, with time; *mit der ~ gehen* move with the times; *in nächster ~* shortly, soon, presently; *die ~ ist um!* time's up!; *um diese ~ bin ich schon im Bett* I'll be in bed already by that time; *morgen um diese ~* this time tomorrow; *von ~ zu ~* from time to time, now and then; *in der ~ von ... bis ...* in the time between ... and ...; *vor der ~* prematurely; *vor langer ~* a long time ago; *vor nicht allzu langer ~* not so long ago; *zur ~ (Gen)* at the time of; *zu ~en der Römer* in the days of the Romans; *zu m-r ~* in my time; *alles zu s-r ~!* there's a time for everything!, *(nach und nach)* one thing after another!; *es ist (höchste) ~ zu gehen* it is (high) time to leave; *ich habe k-e ~* I'm busy, I'm in a hurry; *das hat ~* there's no hurry, *bis morgen* that can wait till tomorrow; *lass dir ~!* take your time!; *j-m ~ lassen* give s.o. time; *sich ~ nehmen für* take (the) time for *(od* to do*) s.th.;* SPORT *j-s ~ nehmen* time s.o.; *die ~ nutzen* make the most of one's time; SPORT *auf ~ spielen* play for time; F *es wurde aber auch ~!* about time too!; *~ ist Geld* time is money; *andere ~en, andere Sitten* other times, other manners; *kommt ~, kommt Rat* time will bring an answer; F *(ach,) du liebe ~!* good

heavens!; → *schinden* 2, *totschlagen, vertreiben* 2, *Wunde, zurzeit* 2. LING tense

Zeitabschnitt *m* period (of time), era

Zeit|abstand *m* interval: *in regelmäßigen Zeitabständen* at regular intervals, periodically **~alter** *n* age, era, epoch **~angabe** *f* exact (date and) time, *(Datum)* date: *ohne ~* undated **~ansage** *f* time check, TEL speaking-clock announcement **~arbeit** *f* temporary work **~aufwand** *m* time spent *(für* on): *mit großem ~ verbunden sein* take (up) a great deal of time

---

Zeitangaben

jetzt	**now**
später	**later**
gerade eben	**just now**
zurzeit	**at the moment**
manchmal	**sometimes**
Tag	**day**
tagsüber	**during the day**
Vormittag, Morgen	**morning**
am Vormittag	**in the morning**
heute Vormittag	**this morning**
gestern Vormittag	**yesterday morning**
morgen Vormittag	**tomorrow morning**
am nächsten Vormittag	**the following** *bzw.* **next morning**
Mittag	**midday, noon**
heute Mittag	**at noon today**
Abend	**evening**
am Abend	**in the evening, at night**
heute Abend	**this evening, tonight**
gestern Abend	**yesterday evening, last night**

morgen Abend	**tomorrow evening, tomorrow night**	heute	**today**
		gestern	**yesterday**
		morgen	**tomorrow**
am nächsten Abend	**the following** *bzw.* **next evening**	vorgestern	**the day before yesterday**
		übermorgen	**the day after tomorrow**
Nacht	**night**		
in der Nacht	**at night**	vor kurzem	**recently**
		vor einer Woche	**a week ago**
bald	**soon**	vor einem Monat	**a month ago**
früh	**early**		
früher: <u>Früher</u> habe ich in dem Haus gewohnt.	**I** <u>used</u> <u>to</u> **live in that house.**	vor einem Jahr	**a year ago**
		vorige Woche	**last week**
neulich	**recently**	voriges Jahr	**last year**
vorher	**before**		
vorläufig	**for the time being**	nächste Woche	**next week**
		nächstes Jahr	**next year**
(zu) spät	**(too) late**	in einer Woche (= nächste Woche)	**in a week's time**
später	**later**		
rechtzeitig	**in time**	in einer Woche (= innerhalb einer Woche)	**within a week**
pünktlich	**on time,**		
pünktlich um zehn	**punctual: at ten o'clock sharp**		
		seit gestern	**since yesterday**
Sekunde	**second**	seit einer Woche	**since** <u>last</u> **week**
Minute	**minute**	seit einem Monat	**since** <u>last</u> **month**
Stunde	**hour**		
jede Stunde	**every hour**	seit einem Jahr	**since** <u>last</u> **year**
alle zwei Stunden	**every second hour, every two hours**	seit zwei Wochen (= *zwei Wochen lang*)	**for two weeks**
eine halbe Stunde	**half an hour,** *Am* **a half hour**	seit drei Minuten (= *drei Minuten lang*)	**for three minutes**
in (ungefähr) einer halben Stunde	**in (about) half an hour** (*Am* **a half hour**)	jede Woche/ jedes Jahr *etc*	**every week/ every year** *etc*
Viertelstunde	**quarter of an hour**		
in ungefähr einer Viertelstunde	**in (about) a quarter of an hour**		

zeitaufwändig *Adj* time-consuming
Zeitbegriff *m* conception of time
Zeit|bombe *f a. fig* time bomb **~dauer** *f*
1. length of time **2.** period, duration, term **~differenz** *f* time difference **~do-**

kument *n* document of the times **~druck** *m* (time) pressure: ***unter ~ stehen*** be pressed for time
Zeiteinteilung *f* organization of (one's) time: ***sie hat k-e ~*** she doesn't know how to organize her time
Zeitenfolge *f* LING sequence of tenses
Zeit|ersparnis *f* saving of time **~faktor** *m* time factor **~folge** *f* chronological order **~form** *f* LING tense **~frage** *f* **1.** ***es ist e-e ~*** it is a question of time **2.** topic of the day **~gefühl** *n* sense of time
Zeitgeist *m* spirit of the age, zeitgeist
zeitgemäß *Adj* modern, up(-)to(-)date, (*aktuell*) current, topical
Zeit|genosse *m*, **~genossin** *f* contemporary: F *fig* ***er ist ein übler ~*** he's a nasty customer
zeitgenössisch *Adj* contemporary
Zeitgeschehen *n* current events *Pl*
Zeitgeschichte *f* contemporary history
Zeitgeschmack *m* taste (*od* fashion) of the time(s) **Zeitgewinn** *m* time gained: ***das bedeutet e-n ~ von 3 Stunden*** that saves three hours
zeitgleich *Adj* SPORT with the same time: *Adv* ***~ ins Ziel kommen*** be clocked at the same time
Zeitguthaben *n Gleitzeit*: time credit
zeitig *Adj u. Adv* early
zeitigen *v/t* produce, bring forth
Zeitkarte *f* season (*Am* commutation) ticket **Zeitkarteninhaber(in)** season-ticket holder, *Am* commuter
zeitkritisch *Adj* topical
Zeitlang → **Zeit** 1
zeitlebens *Adv* all one's life
zeitlich I *Adj* **1.** time, *Reihenfolge etc*: chronological: ***~e Abstimmung*** (*od* ***Berechnung***) timing **2.** *a.* REL temporary, transitory: ***das ℒe segnen*** depart this life **II** *Adv* **3.** ***~ abstimmen*** time, synchronize; ***~ begrenzt*** limited in time; ***~ günstig*** well-timed; ***es passt mir ~ nicht*** I can't fit it in(to my timetable); ***ich schaffe es ~ nicht*** **a)** I don't have the time to do it, **b)** I can't make it in time; ***~ zs.-fallen*** coincide
zeitlos *Adj* timeless, ageless
Zeitlupe *f* **1.** slow-motion camera **2.** → ***Zeitlupentempo*** **Zeitlupenaufnahme** *f* slow-motion shot **Zeitlupentempo** *n* (***im ~*** *a. fig* in) slow motion
Zeitmangel *m* (***aus ~*** for) lack of time
Zeitmaß *n* tempo, MUS *a.* time
Zeitmesser *m* TECH timekeeper, timer
Zeitmessung *f* timing
zeitnah *Adj* topical, current
Zeitnehmer(in) *allg* timekeeper, TECH *a.* time-study person
Zeitnot *f* ***in ~ sein*** (***geraten***) be (become) pressed for time **Zeitplan** *m* schedule, timetable **Zeitpunkt** *m* time, moment: ***zum richtigen ~*** at the right moment; ***zu e-m späteren ~*** at a later date; ***der ~ für den Angriff war gut gewählt*** the attack was well timed **Zeitraffer…** time-lapse, quick-motion (*camera etc*)
zeitraubend *Adj* time-consuming
Zeitraum *m* period, space (of time)
Zeitrechnung *f* chronology: ***unserer ~*** of our time **Zeitschalter** *m*, **Zeitschaltwerk** *n* TECH time switch, timer
Zeitschrift *f* magazine, periodical
Zeitspanne *f* period, space (of time)
zeitsparend *Adj* time-saving
Zeit|strafe *f* SPORT time penalty **~strömung** *f* trend **~stück** *n* THEAT period play **~studien** *Pl* time(-and-motion) studies *Pl* **~tafel** *f* chronological table
Zeitumstände *Pl* prevailing circumstances *Pl*
Zeitung *f* (news)paper, journal, *amtliche*: gazette: ***in der ~ steht, dass …*** it says in the paper that …
Zeitungs|abonnement *n* newspaper subscription **~anzeige** *f* (newspaper) advertisement, F ad **~artikel** *m* newspaper article **~ausschnitt** *m* newspaper clipping **~austräger(in)** newspaper deliverer **~beilage** *f* newspaper supplement **~ente** *f* F *fig* hoax, canard **~frau** *f* F **1.** (*Austrägerin*) paperwoman **2.** (*Journalistin*) news agent, *Am* news dealer **3.** *auf der Straße*: news vendor **~händler(in)** news agent, *Am* news dealer **~inserat** *n* → ***Zeitungsanzeige*** **~junge** *m* paperboy; → *Info bei* ***paperboy*** **~kiosk** *m* newsstand **~leser(in)** newspaper reader **~mädchen** *n* papergirl; → *Info bei* ***papergirl*** **~mann** *m* F **1.** (*Austräger*) paperman **2.** (*Journalist*) news agent, *Am* news dealer **~meldung** *f*, **~notiz** *f* press item **~papier** *n* newspaper, *Qualität a.*: newsprint **~redakteur(in)** newspaper editor **~roman**

Z

m novel serialized in a newspaper ~**stand** *m* newsstand ~**ständer** *m* magazine (*od* newspaper) rack ~**stil** *m* journalese ~**verkäufer(in)** newspaper seller ~**verleger(in)** newspaper publisher ~**wesen** *n* journalism, *the* press

Zeitungswissenschaft *f* journalism

Zeitunterschied *m* time difference, FLUG time lag **Zeitverlust** *m* loss of time: **den ~ aufholen** make up for lost time

Zeitverschwendung *f* waste of time

Zeitvertreib *m* pastime: **zum ~** as a pastime, to pass the time

zeitweilig I *Adj* temporary, (*gelegentlich*) occasional **II** *Adv* → **zeitweise** *Adv* for a time, (*gelegentlich*) from time to time, at times, occasionally

Zeitwert *m* WIRTSCH time (*od* current) value

Zeitwort *n* verb **Zeitzeichen** *n* RADIO time signal **Zeitzone** *f* time zone

Zeitzünder *m* time fuse

zelebrieren *v/t* celebrate

Zell... cellular **Zellatmung** *f* BIOL vesicular breathing **Zellbau** *m* cell structure **Zellbildung** *f* cell formation

Zelle *f* **1.** *allg* cell **2.** FLUG airframe **3.** (*Telefon2*) booth

Zellgewebe *n* BIOL cell tissue

zellig *Adj*, *a* **...zellig** BIOL cellular **Zellkern** *m* BIOL nucleus

Zellstoff *m* cellulose, *Papier*: pulp **Zellstoffwatte** *f* cellucotton®

Zellteilung *f* BIOL cell division

zellular *Adj* cellular

Zellulitis *f* MED cellulitis

Zelluloid *n* celluloid

Zellulose *f* cellulose

Zellwand *f* BIOL cell wall

Zellwolle *f* rayon staple fib/re (*Am* -er)

Zelt *n* tent, (*Zirkus2*) *a.* big top, (*Fest2*) marquee: **ein ~ aufschlagen** (*abbrechen*) pitch (strike) a tent; F *fig* **s-e ~e aufschlagen** pitch one's tent, settle down; **s-e ~e abbrechen** pack up

Zeltbahn *f* **1.** tent square **2.** → *Zeltplane* **Zeltdach** *n* **1.** tent roof **2.** ARCHI pyramid-type roof

zelten *v/i* camp, tent: **~ gehen** go camping; **2 verboten!** no camping!

Zelt|lager *n* (tent) camp ~**leine** *f* guy line ~**leinwand** *f* canvas ~**pflock** *m* tent peg ~**plane** *f* tarpaulin ~**stadt** *f* tent city

~**stange** *f* tent pole

Zement *m* cement **zementieren** *v/t* cement (*a. fig*), METALL carburize

Zementsack *m* cement bag

Zen *n* Zen

Zenit *m a. fig* (**im ~** at the) zenith

zensieren *v/t* **1.** PÄD mark, *Am* grade **2.** censor **Zensor(in)** censor **Zensur** *f* **1.** PÄD mark, *Am* grade: **gute ~en haben** *a.* have a good report **2.** censorship: **der ~ unterliegen** be censored

Zensus *m* census

Zentaur *m* MYTH centaur

Zentimeter *m*, *n* centimet/re (*Am* -er)

Zentner *m* **1.** (metric) hundredweight (*Abk* cwt.), centner (*50 kg*) **2.** *österr.*, *schweiz.* 100 kilograms ~**last** *f fig* heavy burden: **mir fiel e-e ~ vom Herzen** it was a great weight off my mind

zentnerschwer *Adj fig* very heavy: *Adv* **es liegt mir ~ auf der Seele** it weighs very heavily on my mind

zentral *Adj* central: *Adv* ~ **gelegen sein** be centrally located; *fig* **das ~e Problem** the crucial problem

Zentralbahnhof *m* central station

Zentralbank *f* central bank

zentralbeheizt *Adj* centrally heated

Zentrale *f* **1.** central office, (*a. Polizei2*, *Taxi2 etc*) headquarters *Pl* (*oft Sg konstr*) **2.** (*Telefon2*) telephone exchange, *e-r Firma*: switchboard **3.** TECH control room **4.** *fig* cent/re (*Am* -er)

Zentraleinheit *f* IT central processing unit (*Abk* CPU)

Zentralheizung *f* central heating

zentralisieren *v/t* centralize

Zentralisierung *f* centralization

Zentralismus *m* POL centralism

zentralistisch *Adj* POL centralist(ic)

Zentral|komitee *n* POL central committee ~**massiv** *n* GEOG Massif Central ~**nervensystem** *n* central nervous system ~**organ** *n* (*Zeitung*) official party organ ~**rechner** *m* mainframe, central computer ~**verband** *m* WIRTSCH *etc* central association ~**verriegelung** *f* MOT central locking (system)

zentrieren *v/t* centre, *Am* center

Zentrifugalkraft *f* centrifugal force

Zentrifuge *f* centrifuge

zentripetal *Adj* centripetal

zentrisch *Adj* centric(al)

Zentrum *n a. fig* centre, *Am* center: **im ~**

von New York *Am a.* (in) downtown New York; **sie stand im ~ des Interesses** she was the centre of interest

Zeppelin *m* zeppelin

Zepter *n* sceptre, *Am* scepter: *hum* **das ~ schwingen** rule the roost

zerbeißen *v/t* bite to pieces, crunch

zerbeult *Adj* battered

zerbomben *v/t* bomb

zerbombt *Adj* bomb-wrecked

zerbrechen I *v/t* break, crack, smash: → **Kopf** 2 **II** *v/i* break (*fig* up): *fig* **~ an** (*Dat*) be crushed (*od* broken) by

zerbrechlich *Adj* breakable, *a. fig* frail, delicate, fragile: **Vorsicht, ~!** fragile, handle with care! **Zerbrechlichkeit** *f a. fig* fragility, frailness

zerbröckeln *v/t u. v/i* crumble

zerdrücken *v/t allg* crush, (*Kartoffeln etc*) *a.* mash, (*Kleidung*) *a.* crumple

zerebral *Adj*, **Zerebral...** cerebral

Zeremonie *f* ceremony

zeremoniell I *Adj* ceremonial **II** 2 *n* ceremonial, *fig a.* ritual

zeremoniös *Adj* ceremonious

zerfahren[1] *Adj Straße etc*: rutted

zerfahren[2] → **zerstreut**

Zerfall *m* disintegration, decay (*beide a.* KERNPHYSIK), *a. fig* ruin, CHEM decomposition

zerfallen[1] *v/i* **1.** disintegrate (**in** *Akk*, **zu** into), decay (*beide a.* KERNPHYSIK), CHEM decompose, *Gebäude etc*: fall to pieces, crumble (*a. fig Reich etc*) **2.** *fig* **~ in** (*Akk*) be divided into

zerfallen[2] *Adj* **1.** decayed, in ruins **2.** *fig* **mit j-m ~ sein** be at odds with s.o.; **mit sich und der Welt ~ sein** be disgusted with life

Zerfalls erscheinung *f* sign of decay
~produkt *n* KERNPHYSIK decay product
~reihe *f* KERNPHYSIK family, decay chain **~zeit** *f* KERNPHYSIK decay period (*od* time)

zerfetzen *v/t* tear *s.th.* (in)to pieces, shred, slash, (*Arm, Bein etc*) mangle

zerfleddern *v/t* tatter

zerfleischen *v/t* mangle, (*in Stücke reißen*) tear *s.o., s.th.* to pieces: *fig* **einander ~** tear each other apart **II** *v/refl* **sich ~** *fig* torment o.s

zerfließen *v/i Farbe etc*: run, (*schmelzen*) melt: *fig* **sie zerfloss vor Mitleid** she was melting with pity

zerfressen[1] *v/t* **1.** *Motten etc*: eat (holes into), *Mäuse etc*: gnaw *s.th.* to pieces **2.** CHEM, TECH corrode

zerfressen[2] *Adj* **von Motten ~** moth-eaten; **vom Rost ~** corroded; *fig* **vom Neid ~** eaten up with envy

zerfurcht *Adj a. fig* furrowed

zergehen *v/i* dissolve, melt: **auf der Zunge ~** melt in one's mouth

zergliedern *v/t fig* analy/se (*Am* -ze), (*e-n Satz*) *a.* parse, *ganz genau*: dissect

zerhacken *v/t* chop (*a.* ELEK), mince

zerhauen *v/t etw ~* cut *s.th.* to pieces

zerkauen *v/t* chew (well)

zerkleinern *v/t* reduce *s.th.* to small pieces, crush, cut *s.th.* up, *fein*: mince

zerklüftet *Adj* jagged, rugged

zerknautschen *v/t* F crumple

zerknirscht *Adj* contrite: **~ sein** feel remorse (**über** *Akk* at)

Zerknirschung *f* contrition

zerknittern *v/t u. v/i* crumple, crease

zerknüllen *v/t* crumple up

zerkochen *v/t u. v/i* overcook

zerkratzen *v/t* scratch

zerkrümeln *v/t u. v/i* crumble

zerlassen *v/t* (*Butter etc*) melt

zerlaufen *v/i Eis, Fett*: melt, *Farbe*: bleed

zerlegbar *Adj* dismountable, *bes Möbel*: knock-down: **... ist ~ ...** can be taken apart **zerlegen** *v/t* **1.** take *s.th.* apart, TECH *a.* dismantle, knock down **2.** (*zerschneiden*) cut *s.th.* up, dissect, (*Braten*) carve **3.** MATHE reduce, *a.* CHEM decompose, OPT disperse: MATHE **in Faktoren ~** factorize **4.** → **zergliedern**

Zerlegung *f* **1.** dismantling **2.** dismantling (*a. fig*) **3.** MATHE reduction, *a.* CHEM decomposition, OPT dispersion

zerlesen *Adj Buch etc*: well-thumbed

zerlöchert *Adj* full of holes

zerlumpt *Adj* ragged, tattered

zermahlen *v/t* grind, *fein*: pulverize

zermalmen *v/t a. fig* crush

zermartern *v/t fig* **sich den Kopf ~** rack one's brain (**über** *Akk* over)

zermürben *v/t* wear *s.o.* down, MIL soften up: **~d** trying, gruel(l)ing

Zermürbungskrieg *m* war of attrition

zernagen *v/t* gnaw *s.th.* to pieces

zerpflücken *v/t etw ~ a. fig* pick *s.th.* to pieces

zerplatzen v/i a. fig burst, explode

zerquetschen v/t crush (a. TECH), zu Brei: squash, mash: F *50 Euro und ein paar Zerquetschte* just over 50 euros

Zerrbild n bes fig caricature, distorted picture, fig a. travesty

zerreden v/t etw ~ flog s.th. to death

zerreiben v/t crush, grind, zu Pulver: pulverize: *etw zwischen den Fingern ~* rub s.th. between one's fingers

zerreißen I v/t tear s.th. up, tear (od rend) s.th. to pieces (od apart), rip up, (Faden, Fesseln etc, fig Bindungen etc) break: *er hat sich die Hose zerrissen* he tore his pants; fig *es zerriss ihr das Herz* it broke her heart; fig *in der Luft* ~ a) tear s.o. limb from limb, b) (heftig kritisieren) tear s.o., s.th. to pieces **II** v/i tear, Faden, Nebel, Wolken etc: break, Sack etc, Gefäß etc: burst **III** v/i/refl *sich (fast)* ~ F fig bend over backwards: *ich kann mich doch nicht ~!* I can't be in two places at once!; *ich könnte mich vor Wut ~!* I could kick myself!

Zerreißfestigkeit f tear resistance

Zerreißprobe f 1. TECH tension test 2. fig ordeal

zerren I v/t 1. drag, haul: *j-n hinter sich her* ~ drag s.o. along 2. MED pull, strain (*sich e-n Muskel* a muscle) **II** v/i 3. ~ *an* (Dat) pull at, tug at; *der Hund zerrte an der Leine* the dog strained at its leash; fig *der Lärm zerrt an m-n Nerven* the noise is nerve-wracking

zerrinnen v/i melt away (a. fig Geld etc), fig Träume etc: fade, vanish, Pläne etc: come to nothing: *wie gewonnen, so zerronnen* easy come, easy go

zerrissen Adj a. fig torn: *er ist innerlich* ~ he is torn by inner conflicts **Zerrissenheit** f (innere) ~ inner conflicts Pl

Zerrung f MED strain, overstretching

zerrütten v/t (Ordnung etc) disrupt, (a. Ehe, Gesundheit etc) ruin, wreck, (den Geist) unhinge, derange: *ihre Nerven sind zerrüttet* her nerves are shattered; *zerrüttete Ehe (Familienverhältnisse)* broken marriage (home)

Zerrüttung f disruption, ruin, ruinous state: JUR (*unheilbare*) ~ *der Ehe* (irretrievable) breakdown of a marriage

zersägen v/t saw s.th. up

zerschellen v/i be smashed to pieces, smash, FLUG crash, SCHIFF be wrecked

zerschießen v/t bombard, batter

zerschlagen¹ I v/t 1. smash (s.th. to pieces), shatter 2. fig (Organisation etc) smash, (Besitz etc) split up **II** v/refl *sich* ~ 3. fig Pläne, Hoffnungen etc: come to nothing

zerschlagen² Adj F fig dead-beat, whacked: *sich wie* ~ *fühlen* a. feel washed out

zerschlissen Adj worn-out, threadbare

zerschmettern v/t smash, shatter

zerschneiden v/t cut (s.th. up), in Scheiben: slice, klein: shred, (Braten) carve

zerschrammen v/t scratch

zersetzen I v/t 1. CHEM decompose 2. fig (Moral, Ordnung etc) corrupt, undermine **II** v/refl *sich* ~ 3. bes CHEM decay, decompose, (sich auflösen) disintegrate **zersetzend** Adj fig subversive

Zersetzung f 1. decay, bes CHEM decomposition, disintegration 2. fig corruption, POL subversion

zersiedeln v/t spoil (by uncontrolled development)

Zersied(e)lung f urban sprawl

zerspanen v/t TECH machine

zersplittern I v/t (Glas) shatter, a. fig split (up), splinter: *s-e Kräfte* ~ → III **II** a fig v/i shatter, a. fig splinter **III** v/refl *sich* ~ fig a) dissipate one's energies, b) do too many things at once

zersprengen v/t blow up, blast, burst

zerspringen v/i shatter, Saite: break

zerstampfen v/t 1. crush, im Mörser: pound 2. (zertreten) trample (down)

zerstäuben v/t 1. (Flüssigkeit) spray, atomize 2. (Puder) dust, sprinkle

Zerstäuber m atomizer, sprayer

zerstechen v/t 1. j-n ~ Insekten: bite s.o. all over 2. puncture, pierce: *sich die Finger* ~ prick one's fingers

zerstörbar Adj destructible **zerstören** v/t a. fig destroy, (a. Gesundheit etc) ruin, (a. Ehe) wreck: *j-s Hoffnungen* ~ shatter s.o.'s hopes **Zerstörer** m a. MIL destroyer **zerstörerisch** Adj destructive **Zerstörung** f 1. destruction (a. fig), devastation 2. Pl ravages Pl

Zerstörungs|trieb m PSYCH destruction instinct **~werk** n work of destruction **~wut** f destructive frenzy, vandalism

zerstoßen → *zerstampfen* 1

zerstreuen I v/t **1.** allg disperse, scatter, (Licht) a. diffuse, (Menschenmenge) a. break up **2.** fig (Bedenken etc) dispel, dissipate **3.** fig **j-n ~** amuse s.o. **II** v/refl **sich ~ 4.** → 1 **5.** amuse o.s

zerstreut Adj fig absent-minded

Zerstreutheit f fig absent-mindedness

Zerstreuung f **1.** e-r Menge etc: dispersion, scattering, (des Lichts: a. diffusion **2.** fig e-s Verdachts etc: dissipation **3.** fig (Ablenkung) (**zur ~** as a) diversion **4.** → **Zerstreutheit**

zerstückeln v/t cut s.th. up, (Leiche) dismember **Zerstück(e)lung** f cutting up, dismemberment

zerteilen v/t **1.** (a. **sich ~**) divide (od split) (**in** Akk into) **2.** → **zerlegen 2 3.** (a. **sich ~**) (Nebel, Wolken etc) disperse, break up **4.** MED (e-n Tumor) resolve

Zertifikat n certificate

zertrampeln v/t trample under foot

zertrennen v/t **1.** take s.th. apart, separate, sever **2.** (Naht) undo

zertreten v/t crush (a. fig), (Feuer, Kippe etc) stamp out

zertrümmern v/t demolish, wreck, smash, MED (Stein etc) crush

Zertrümmerung f demolition, smashing, MED crushing

Zervelatwurst f savelov

zerwühlen v/t (Boden) root up, churn up, (Haar) dishevel, (a. Bett) rumple

Zerwürfnis n quarrel, (Bruch) split, rupture

zerzausen v/t ruffle, (Haar) tousle, rumple, dishevel: **zerzaust aussehen** look dishevel(l)ed (od untidy)

Zeter: F **~ und Mord(io) schreien** cry blue murder

zetern v/i F (jammern) wail, (schimpfen) (put up a) squawk, (keifen) nag

Zettel m slip (of paper), (Notiz②, kurze Mitteilung) note, (Klebe②, Anhänge②) label, Am sticker, (Hand②) leaflet, (Kartei②) card **~kartei** f card index

Zettelkasten m card index (box)

Zettelkatalog m card catalog(ue Br)

Zeug n **1.** (Sachen) things Pl, (Handwerks②) tools Pl, zum Essen, Trinken etc: stuff, pej (Plunder, Quatsch) rubbish: **dummes ~ reden** talk nonsense, drivel **2.** (Stoff) fabric, stuff: fig **er hat das ~ zum Arzt** he has the makings of a

doctor; **sie hat das ~ dazu** she's got what it takes; F **was das ~ hält** like mad; **sich ins ~ legen** put one's back into it, go all out (**für** for); **j-m am ~ flicken** find fault with s.o.

Zeuge m witness (**der Anklage** for the prosecution): **vor ~n** in the presence of witnesses; fig **~n der Vergangenheit** relics of the past

zeugen¹ v/t **1.** BIOL procreate, (Kind) father **2.** fig generate, create, produce

zeugen² v/i JUR give evidence: fig **~ von** bespeak, be a sign of, show

Zeugen|aussage f testimony, evidence, zu Protokoll gegebene, eidliche: deposition **~bank** f witness box (Am stand)

Zeugen|geld n witness expenses Pl **~vernehmung** f hearing of witnesses

Zeugin f (female) witness

Zeugnis n **1.** PÄD report (card), (Prüfungs②) certificate, diploma: **er hat ein gutes ~** he was given a good report **2.** (Führungs②) reference, (~papiere) credentials Pl: **sie hat gute ~se** she has good references; **j-m ein gutes ~ ausstellen** a. fig give s.o. a good character **3.** (Bescheinigung) certificate **4.** JUR u. fig testimony (Gen to), (Beweis) evidence: **zum ~** (Gen) in witness of; fig **~ ablegen** (od **geben**) bear witness (**für** to, **von** of) **~konferenz** f PÄD reports conference **~verweigerungsrecht** n JUR right to refuse to give evidence

Zeugung f BIOL procreation

Zeugungsakt m progenitive act

zeugungsfähig Adj fertile, weit. S. potent **Zeugungsfähigkeit** f fertility, procreative capacity, (Potenz) potency

zeugungsunfähig Adj impotent, sterile

Zeugungsunfähigkeit f impotence, sterility

z. H(d). Abk (= **zu Händen**) attn.

Zichorie f BOT chicory

Zicke f→ **Ziege Zicken** Pl F (**mach k-e ~** none of your) silly tricks Pl

zickig Adj F bitchy

Zicklein n ZOOL kid

Zickzack m (a. **im ~ gehen** od **fahren**) zigzag

Ziege f **1.** ZOOL (she-)goat **2.** F fig (**dumme** od **blöde ~** silly) bitch

Ziegel m brick, (*Dach♀*) tile **Ziegeldach** n tiled roof **Ziegelei** f brickworks Pl (oft Sg konstr) **ziegelrot** Adj brick-red **Ziegelstein** m brick

Ziegen|bock m he-goat **~fell** n goatskin **~käse** m goat's cheese

Ziegenleder n goatskin, kid (leather)

Ziegenmilch f goat's milk

Ziegenpeter m F MED mumps Sg

ziehen I v/t **1.** draw, pull, (*zerren*) drag, tug, (*schleppen*) haul: **j-n mit sich ~** drag s.o. with one; **j-n am Ärmel (Ohr) ~** pull s.o. by the sleeve (ear); **j-n an den Haaren ~** pull s.o.'s hair; **Zigaretten aus e-m Automaten ~** get some cigarettes from a machine; **sie zog den Ring vom Finger** she pulled the ring off (her finger); MOT **er zog den Wagen nach links** he pulled the car to the left; **j-n an sich ~** draw s.o. close (to one); **die Aufmerksamkeit (alle Blicke) auf sich ~** attract attention (every eye); **Blasen ~** blister; **auf Flaschen ~** bottle; **den Hut ~** a. fig take off one's hat (**vor** j-m to s.o.); **Perlen auf e-e Schnur ~** thread beads; → **Betracht, Bilanz, Erwägung, Fell** 2, **Länge** 1 etc **2.** nach sich ~ have (*consequences etc*), (*Kosten etc*) involve, entail **3.** (*heraus~*) draw, pull, (*Zahn*) a. extract, MED (*Fäden*) take out, remove: **er zog s-e Brieftasche** he took out his wallet; **er zog die Pistole** he drew his pistol; **j-n aus dem Wasser ~** pull s.o. from the water; → **Affäre, Gewinn** 1, **Los** 1, **Nutzen, Wurzel** 1, **Zahn** 1 **4.** (*Linie, Kreis etc*) draw: → **Parallele, Schlussstrich 5.** TECH draw, (*recken*) stretch, (*Gewehrlauf*) rifle, (*Graben etc*) cut, run, dig, (*Mauer, Zaun etc*) build, erect, (*e-e Leine, Leitung etc*) put up: → **Leine 6.** (*züchten*) BOT cultivate, ZOOL rear, breed **II** v/i **7. ~ an** (*Dat*) tug at, heftig: tug at, **e-r Zigarette** etc: F (have a) drag at; **der Hund zog an der Leine** the dog strained at its leash; F **lass mich mal ~!** give me a drag! **8.** Ofen, Pfeife etc, a. Kaffee, Tee: draw: **den Tee drei Minuten ~ lassen** a. let the tea stand for three minutes **9.** (*sich bewegen*) move, Wolken etc: drift, (*gehen*) go, (*herum~*) wander, rove, (*marschieren*) march, Zugvögel: fly, migrate: **s-s Weges ~** go one's way; in

den Krieg **~** go to war; → **Feld 10.** (*um~*) (re)move: **aufs Land ~** move to the country; **zu j-m ~** move in with s.o. **11.** (*schmerzen*) hurt, ache: **~der Schmerz** twinge **12.** F fig Ausrede etc: work, Reklame etc: pull, (*ankommen*) go down (well): **das zieht (bei ihm) nicht!** that won't work (with him)!; **das zieht immer!** that sort of thing always goes down well (**bei** with); **das zog!** that did the trick! **13.** Schach: move: **wer zieht?** whose move is it?; **mit dem König ~** move the king (**auf** Akk to) **14.** zum Schießen: draw (Am pistol), pull a gun **15.** Sport u. fig set the pace **III** v/refl **sich ~ 16.** (a. **sich ~ lassen**) stretch: → **Länge 1 17. ~ verziehen** 5 **18.** (*sich erstrecken*) stretch, extend, (*verlaufen*) run (a. Motiv etc, durch through): F **der Weg zieht sich** the way seems endless **IV** v/unpers **19. es zieht** there is a draught (Am draft) **20. es zieht j-n zu** s.o. feels attracted (od drawn) to; **es zog ihn nach Hause** he felt an urge to return home **V** ♀ n **21.** (*Schmerz*) twinge, ache

Ziehharmonika f MUS accordion

Ziehung f allg drawing, (Los♀) a. draw

Ziel n **1.** (Reise♀) destination **2.** SPORT finish(ing line): **als Sieger (Zweiter) durchs ~ gehen** finish first (second); **sich ins ~ werfen** lunge into the tape **3.** bes MIL mark, aim, (a. **~scheibe**) target, (*taktisches*) objective: **das ~ verfehlen** miss; **über das ~ hinausschießen** a. fig overshoot the mark **4.** fig aim, goal, end, objective, target (a. WIRTSCH): **sein ~ erreichen** reach one's goal, F get there; (**nicht**) **zum ~ führen** succeed (fail); **sich das ~ setzen zu** aim to Inf, aim at Ger, make it one's objective to Inf; F **auf sein ~ zusteuern** head straight for one's goal; **sein ~ aus dem Auge verlieren** (**im Auge behalten**) lose (keep) sight of one's goal **Zielanflug** m approach run **Zielband** n SPORT tape

zielbewusst → **zielstrebig**

Zieleinlauf m SPORT finish

zielen v/i (auf Akk at) (take) aim, level, fig Kritik etc: be aimed: → **gezielt**

Ziel|fernrohr n telescopic sight **~flug** m homing **~foto** n SPORT photo of the finish **~gerade** f SPORT home stretch

zielgerichtet *Adj* goal-directed
Zielgruppe *f* target group **Zielkamera** *f* SPORT photo-finish camera
Zielkurve *f* SPORT home bend
Ziellinie *f* SPORT finishing line
ziellos *Adj* aimless
Zielrichter(in) SPORT judge (at the finish) **Zielscheibe** *f* target, *fig a.* butt: **~** *des Spottes* laughing-stock
Zielsetzung *f* objective, target
zielsicher *Adj* unerring; *Adv* **~ zugehen auf** (*Akk*) make straight for
Zielsprache *f* target language
zielstrebig *Adj* purposeful, single-minded, determined **Zielstrebigkeit** *f* determination, single-mindedness
Ziel|vorgabe *f* objective **~vorstellung** *f* objective
ziemlich I *Adj* **1.** F considerable, quite a: *er wird mit ~er Sicherheit kommen* he's fairly certain to come; *das ist e-e ~e Frechheit* that's rather a cheek **II** *Adv* **2.** rather, quite: **~ gut** F pretty good; **~ ausführlich** in some detail; **~ viel** quite a lot (of); **~ viele** quite a few; *ich bin ~ sicher* F I'm pretty sure **3.** (*fast*) almost, just about, F pretty well: *ich bin so ~ fertig* I've more or less finished; *so ~ alles* practically everything; *es ist so ~ dasselbe* F it's pretty much the same thing
Zierde *f* **1.** (*zur ~* for) decoration **2.** *fig* credit (*Gen od für* to)
zieren I *v/t* adorn, decorate **II** *v/refl sich ~* make a fuss, *bes Frau*: play coy: *er zierte sich nicht lange* he didn't need much pressing; *komm, zier dich nicht!* come on!
Zierfisch *m* ornamental fish
Ziergarten *m* ornamental garden
Zierleiste *f* border (*a.* BUCHDRUCK), ornamental mo(u)lding, MOT trim
zierlich *Adj* (*zart*) delicate, dainty, (*graziös*) graceful, gracile, *Frau*: *a.* petite **Zierlichkeit** *f* delicateness, daintiness
Zierpflanze *f* ornamental plant
Ziffer *f* **1.** figure, number, (*Stelle*) digit: *in ~n* in figures **2.** *bei Illustrationen*: figure (*Abk* Fig.) **3.** JUR subparagraph, *in e-m Vertrag etc*: item
Zifferblatt *n* dial, face
zig *Adj* F umpteen
Zigarette *f* cigarette, *Am a.* cigaret
Zigaretten|anzünder *m* MOT cigarette

lighter **~automat** *m* cigarette machine **~etui** *n* cigarette case **~marke** *f* brand of cigarettes **~packung** *f* cigarette packet (*Am* pack) **~pause** *f* F (*e-e ~ machen* have a) smoke **~raucher(in)** cigarette smoker **~schachtel** *f* cigarette packet (*Am* pack) **~spitze** *f* cigarette holder **~stummel** *m* cigarette end, stub, butt
Zigarillo *m* cigarillo
Zigarre *f* cigar: *F fig j-m e-e ~ verpassen* give s.o. a rocket
Zigarrenabschneider *m* cigar cutter
Zigarrenraucher(in) cigar smoker
Zigarrenstummel *m* cigar end, butt
Zigeuner(in) *a. fig* gypsy, *Br a.* gipsy
zigeunerhaft *Adj* gypsy-like
Zigeunerleben *n fig* gypsy life
zigeunern *v/i* gad about
zigst *Adj* F umpteenth
Zikade *f* ZOOL cicada
Zimmer *n* room **~antenne** *f* indoor aerial (*Am* antenna) **~einrichtung** *f* furnishing, (*Möbel*) furniture, (*Innenausstattung*) interior (decoration)
Zimmerflucht *f* suite of rooms
Zimmerhandwerk *n* carpentry
...imm(e)rig *...*-roomed
Zimmer|kellner(in) room waiter (waitress) **~lautstärke** *f* household noise level: *das Radio auf ~ stellen* turn one's radio down to moderate volume **~mädchen** *n im Hotel*: chambermaid
Zimmermann *m* carpenter
zimmern *v/t* carpenter (*a. v/i*), *weit. S.* build (*od* make) (of wood), *fig* shape
Zimmernachweis *m* accommodation office **Zimmerpflanze** *f* indoor plant
Zimmer|reservierung *f* room reservation(*s Pl*) **~schlüssel** *m* room key **~service** *m im Hotel*: room service **~suche** *f* (*auf ~ sein* be) room-hunting **~temperatur** *f* room temperature **~theater** *n* small theat/re (*Am* -er) **~vermittlung** *f* → **Zimmernachweis**
zimperlich *Adj* (*wehleidig*) soft, oversensitive, (*überempfindlich*) squeamish, (*prüde*) prim, prissy: *sei nicht so ~!* don't be a softie!; *Adv* F *nicht gerade ~, wenig ~* none too gently, *in s-n Methoden*: not exactly scrupulous **Zimperlichkeit** *f* softness, oversensitiveness
Zimt *m* **1.** cinnamon **2.** F *pej* (*rede nicht*

solchen ~ don't talk) rubbish: *der ganze* ~ the whole business

Zink n zinc **Zinkblech** n sheet zinc, *grobes*: zinc plate

Zinke f prong, *e-s Kammes*: tooth

zinken v/t (*Karten*) mark **Zinken** m **1.** → **Zinke 2.** F (*Nase*) beak, nozzle

Zinksalbe f zinc ointment

Zinn n tin, (*Legierung, Geschirr*) pewter

Zinne f ARCHI pinnacle, *Pl* battlement *Sg*

Zinngeschirr n pewter

Zinnober m **1.** MIN cinnabar **2.** F (*Unsinn*) rubbish, (*Getue*) fuss

zinnoberrot *Adj* vermilion

Zinnsalbe f tin soldier

Zins[1] n mst *Pl* interest: *~en tragen* bear interest; *ohne ~en* ex interest; *zu 4 % ~en* at 4 % interest; → **Zinseszins**

Zins[2] m *Dialekt* (*Miete*) rent

zinsbringend *Adj* interest-bearing

Zinseinnahme f income from interest

Zinsendienst m interest payment

Zinsenlast f burden of interest

Zinsertrag m interest yield

Zinseszins m mst *Pl* compound interest: *fig j-m etw mit Zins und ~ zurückzahlen* repay s.th. to s.o. with interest

Zinsfuß m interest rate

zinsgünstig *Adj* low-interest

Zinsgutschrift f interest credited

zinslos *Adj* interest-free

Zins|politik f interest rate policy **~rechnung** f calculation of interest, *konkret*: interest account **~satz** m interest rate **~senkung** f lowering of interest rates **~verlust** m loss of interest

Zionismus m Zionism

Zionist(in), **zionistisch** *Adj* Zionist

Zipfel m tip, point, (*Wurst♀*) end, (*Ecke*) corner **Zipfelmütze** f pointed cap

Zirbeldrüse f ANAT pineal gland

zirka *Adv* about, approximately

Zirkapreis m WIRTSCH approximate price

Zirkel m **1.** (*ein ~* a pair of) compasses *Pl*, (*Stech♀*) dividers *Pl* **2.** (*Kreis*) a. *fig* circle

Zirkelkasten m compasses case

Zirkelschluss m PHIL circular argument

Zirkeltraining n SPORT circuit training

Zirkulation f circulation **zirkulieren** v/i (*a. ~ lassen*) circulate

Zirkumflex m LING circumflex (accent)

Zirkus m **1.** circus (*a.* F *Tennis♀ etc*) **2.** F (*Getue*) fuss, carry-on

zirpen I v/t u. v/i chirp (*a. fig*) II ♀ n chirp(ing)

Zirrhose f MED cirrhosis

Zirrus(**wolke** f) m cirrus (cloud)

zischeln I v/t u. v/i hiss, whisper II ♀ n hiss(ing), whisper(ing)

zischen I v/i **1.** hiss (*a. fig*), *Fett*: sizzle, *Geschoss*: whiz(z) II v/t **2.** (*Worte etc*) hiss **3.** F *e-n ~* knock one back III ♀ n **4.** hiss(ing), sizzle, (*Missfallensäußerung*) hisses *Pl* **Zischlaut** m sibilant

ziselieren v/t chase

Zisterne f cistern, tank

Zitadelle f citadel

Zitat n quotation

zitieren v/t **1.** cite, quote: *falsch ~* misquote **2.** (*vorladen*) summon, cite

Zitronat n candied lemon peel

Zitrone f lemon

Zitronenfalter m ZOOL brimstone

Zitronen|limonade f lemonade, *Am* lemon soda **~presse** f lemon squeezer **~saft** m lemon juice **~säure** f citric acid **~schale** f lemon peel

Zitrusfrucht f citrus fruit

zitt(e)rig *Adj allg* shaky

zittern I v/i (*vor* with) tremble, shake, quiver: *mir ~ die Knie* my knees are shaking; *fig ~ um* tremble for; *vor j-m ~* be terrified of s.o. II ♀ n tremble, shake, vibration: *fig mit ♀ und Zagen* trembling; F *das große ♀ kriegen* get the willies

Zitterpappel f BOT (quaking) aspen

Zitze f teat, dug

Zivi m F → **Zivildienstleistende**

zivil *Adj* **1.** civil, (*Ggs. militärisch*) civilian **2.** *fig* (*anständig*) decent, (*annehmbar*) reasonable

Zivil n (*Ggs. Uniform*) civilian dress, *Polizei etc*: plain clothes *Pl*: *in ~* F *a.* in mufti; *Kriminalbeamter in ~* plain-clothes man **~beruf** m civilian profession (*od* trade) **~bevölkerung** f civilian population, *the* civilians *Pl*

Zivilcourage f courage of one's convictions

Zivildienst m civilian service (*in lieu of military service*) **Zivildienstleistende** m person doing civilian service

Zivilehe f civil marriage **Zivilfahnder(in)** plain-clothes policeman

Zivilfahndung f plain-clothes search

Zivilgericht n civil court

Zivilisation f civilization **Zivilisationskrankheit** f civilization disease

zivilisieren v/t civilize

Zivilist(in) civilian

Zivilkammer f JUR civil division

Zivilklage f JUR civil suit **Zivilkleidung** f → **Zivil Zivilluftfahrt** f civil aviation **Zivilperson** f civilian

Zivilprozess m JUR civil action **~ordnung** f code of civil procedure

Zivilrecht n civil law

zivilrechtlich Adj (Adv under) civil law

Zivilschutz m civil defen/ce (Am -se)

Zivilstand m Swiss civil (od marital) status **Ziviltrauung** f civil marriage

Zivilverteidigung f → **Zivilschutz**

Zobel m 1. ZOOL sable 2. a. **~fell** n sable-skin 2. a. **~pelz** sable (fur)

zocken v/i F gamble

Zocker(in) F gambler

Zoff m F trouble

zögerlich Adj → **zögernd zögern** I v/i hesitate, (schwanken) waver: **ohne** (lange) zu **~** without (much) hesitation; **er zögerte mit der Antwort** he was slow to answer; **sie zögerten mit der Entscheidung** they deferred their decision; **nicht ~ zu** Inf lose no time in Ger II ♀ n (ohne ♀ without) hesitation

zögernd Adj hesitating, (langsam) slow

Zögling m pupil

Zölibat n, REL m celibacy

Zoll¹ m (Maß) inch

Zoll² m 1. (customs) duty 2. (~behörde) customs Sg

Zollabfertigung f customs clearance

Zollamt n customs office **Zollbeamte** m, **Zollbeamtin** f customs officer **Zollbehörde** f customs authorities Pl **Zollbestimmungen** Pl customs regulations Pl

Zollbreit m fig **k-n ~ nachgeben** not to yield an inch

zollen v/t Anerkennung **~** pay tribute (Dat to); **j-m Beifall ~** applaud s.o.

Zollerklärung f customs declaration

Zollfahnder(in) customs investigator

Zollfahndung f 1. customs investigation 2. → **Zollfahndungsstelle** f customs-investigation office **Zollformalitäten**

Pl customs formalities Pl

zollfrei Adj u. Adv duty-free

Zollfreiheit f exemption from duty

Zollgebiet n customs territory

Zollkontrolle f customs examination

Zöllner(in) 1. customs officer 2. BIBEL publican

Zollpapiere Pl customs documents Pl

zollpflichtig Adj liable to duty, dutiable

Zollschranke f customs barrier

Zollstock m TECH folding rule

Zolltarif m (customs) tariff **Zollunion** f customs union **Zollvergehen** n customs offen/ce (Am -se)

Zombie m zombie

Zone f 1. zone 2. (Fahrpreis♀) fare stage

Zoo m F zoo

Zoobesucher(in) F visitor to the zoo

Zoodirektor(in) F zoo director

Zoologe m, **Zoologin** f zoologist **Zoologie** f zoology **zoologisch** Adj zoologic(al): **~er Garten** zoological garden(s Pl)

Zoom(objektiv n) m FOTO zoom lens

Zopf m 1. plait, pigtail: fig **ein alter ~** an antiquated fashion 2. GASTR twist

Zorn m anger (auf Akk at), rage, temper, fury: **in ~ geraten** fly into a rage; (der) **~ packte ihn** he was seized with anger

Zornausbruch m fit of anger

zornentbrannt Adj incensed, furious

zornig Adj (auf, über Akk at) angry, furious, F mad; → a. **wütend**

Zornröte f flush of anger

Zote f dirty joke: **~n reißen** talk smut

Zottel f F mst Pl Haar: straggly hair **zott(e)lig** Adj F Haar: straggly, unkempt **zottig** Adj shaggy

zu I Präp 1. (wo) at, (wohin) to, towards: **~ m-n Füßen** at my feet; **~m Friseur gehen** go to the hairdresser; **komm ~ mir!** come to me!; **sich ~ j-m setzen** sit with s.o.; **~ Wasser und ~ Lande** on land and sea; fig **von Mann ~ Mann** between men 2. zeitlich: at, Anlass: for: **~ Ostern** at Easter; **~ Beginn** at the beginning; **ein Geschenk ~m Geburtstag** a present for his etc birthday; → **bis I** 3. (für) for: **Stoff ~m Kleid** material for a dress; **etw ~m Essen** s.th. to eat; **der Schlüssel ~m Schrank** the key to the cupboard; **~m Preis von 100 Euro** at a price of 100 euros; **aus**

Liebe ~ *j-m* out of love for s.o. **4.** (*als*) as: ~*m Vergnügen* for fun; *j-n* ~*m Freund haben* drink wine with one's dinner; *ich nehme k-n Zucker* (*od in*) *Tee* I don't take sugar with (*od in*) my tea; *Lieder* ~*r Laute* songs to the lute **6.** *bei Zahlen*: ~ *3 € das Pfund* at €3 the pound; *sie gewannen 7:5* they won 7 (to) 5; *wir sind* ~ *dritt* there are three of us; ~*m ersten Mal* for the first time; ~ *bis 3* **7.** *Veränderung*: in(to): *werden* ~ turn into, *Mensch*: *a.* become; ~ *Asche verbrennen* burn to ashes; *er hat ihn sich* ~*m Feind gemacht* he made him his enemy **II** *Adv* **8.** (*allzu*) too: ~ *sehr* too much, overmuch; ~ *sehr betonen* overemphasize; ~ *viel* too much; *eine(r)* ~ *viel* one too many; *viel* ~ *viel* far too much; ~ *viel des Guten* too much of a good thing; *was* ~ *viel ist, ist* ~ *viel!* there's a limit to everything!; ~ *wenig* too little, *von Pl* too few; *das ist* ~ *wenig* that's not enough; *du schläfst* ~ *wenig* you don't get enough sleep; ~ *dumm!* too bad!, what a nuisance! **9.** *Richtung*: to, towards: *er ging dem Ausgang* ~ he went towards the exit **10.** (*Ggs. offen*) shut, closed: (*mach die*) *Tür* ~*!* shut the door! **11.** F *immer* ~*!*, *nur* ~*!* go on!; → *zumachen* 3 **III** *Konj* **12.** *mit Inf* to: *j-n bitten* ~ *kommen* ask s.o. to come; *ich habe* ~ *arbeiten* I have work to do; *du bist* ~ *beneiden* you are to be envied; *nicht* ~ *gebrauchen* useless; *ohne es* ~ *wissen* unknowingly **IV** *Adj* **13.** F **a)** closed, shut: ~ *sein* be closed, **b)** (*überfüllt*) chock-a-block, **c)** *fig* (*betrunken*) bombed

zuallererst *Adv* first of all

zuallerletzt *Adv* last of all

zubauen *v/t* (*Gelände*) build *s.th.* up, (*versperren, a. Blick*) block

Zubehör *n* accessories *Pl*: *Wohnung etc* ~ *mit allem* ~ with all conveniences

Zubehörteil *n* fitting, accessory

zubeißen *v/i* bite, *Hund*: snap

zubekommen *v/t* F *etw* ~ get s.th. shut

Zuber *m* tub

zubereiten *v/t allg* prepare, make

Zubereitung *f* preparation

zubilligen *v/t* grant, concede, *a.* JUR allow (*alle*: *j-m etw* s.o. s.th.), (*zusprechen*) award (*Dat* to)

zubinden *v/t* tie (*od* bind) *s.th.* up ·

zubleiben *v/i* F stay closed, stay shut

zublinzeln *v/i j-m* ~ wink at s.o.

zubringen *v/t* (*Zeit*) spend, pass

Zubringer *m* → **Zubringerbus**, **-dienst**, **-linie**, **-straße** ~*bus* *m* feeder bus ~*dienst* *m* feeder service ~*linie* *f allg* feeder line ~*straße* *f* feeder (road)

Zucchini *f* courgette, *Am* zucchini

Zucht *f* **1.** breeding, rearing, raising, *von Pflanzen*: cultivation, growing, *von Bienen, Bakterien etc*: culture **2.** (*Rasse*) breed **3.** (*a.* ~ *und Ordnung*) discipline

Zuchtbuch *n* studbook

Zuchtbulle *m* breeding bull

züchten *v/t allg* breed (*a. fig*), (*Tiere*) *a.* rear, raise, (*Pflanzen*) *a.* cultivate, grow, (*Bakterien, Perlen etc*) culture

Züchter(in) *allg* breeder, *von Pflanzen*: *a.* grower **Züchterverband** *m* breeders' association

Zuchthaus *n* prison; → *a.* **Gefängnis**

Zuchthengst *m* stud horse, stallion

züchtig *Adj* virtuous, (*keusch*) chaste

züchtigen *v/t* punish, flog **Züchtigung** *f* (*körperliche* ~ corporal) punishment

zuchtlos *Adj* undisciplined, disorderly

Zuchtperle *f* culture(d) pearl

Zuchtstier *m* breeding bull **Zuchtstute** *f* stock mare **Zuchttier** *n* breeding animal: ~*e Pl a.* breeding stock *Sg*

Züchtung *f* → **Zucht** 1, 2

Zuchtvieh *n* breeding cattle

Zuchtwahl *f* BIOL selection

zucken *v/i* **1.** jerk, twitch, move convulsively, *vor Schmerz*: wince; → *Achsel, Schulter, Wimper* **2.** *Blitz etc*: flash, *Flammen*: flicker

zücken *v/t* (*Messer etc*) draw, F (*Börse, Brieftasche etc*) pull out, produce

Zucker *m* **1.** sugar **2.** F MED (*er hat* ~ he is suffering from) diabetes ~*brot* *n* F *fig mit* ~ *und Peitsche* with a stick and a carrot ~*dose* *f* sugar bowl ~*erbse* *f* BOT sugar pea ~*fabrik* *f* sugar factory ~*guss* *m* icing, frosting: *mit* ~ *überziehen* ice, frost ~*hut* *m* sugar loaf

zuck(e)rig *Adj* sugary

zuckerkrank *Adj*, **Zuckerkranke** *m, f* diabetic **Zuckerkrankheit** *f* diabetes

Zuckerlecken *n* F *fig das ist kein ~* that's no picnic

zuckern *v/t* sugar

Zucker|mais *m* BOT sweetcorn **~rohr** *n* BOT sugar cane **~rübe** *f* BOT sugar beet

zuckersüß *Adj* (as) sweet as sugar, *fig* honeyed, sugary

Zuckerwatte *f* candy floss, *Am* cotton candy

Zuckerzange *f* sugar tongs *Pl*

Zuckung *f* twitch(ing), jerk, (*Krampf*) convulsion, spasm

zudecken *v/t* cover (up): *sich ~* cover o.s. (up); F *j-n mit Arbeit* (*Fragen*) *~* swamp s.o. with work (questions)

zudem *Adv* besides, moreover

zudrehen *v/t* **1.** (*Hahn*) turn off **2.** *j-m den Rücken ~* turn one's back on s.o.

zudringlich *Adj* obtrusive, F pushy: *e-r Frau gegenüber ~ werden* make advances to, F make a pass at

Zudringlichkeit *f* **1.** obtrusiveness, F pushiness **2.** *oft Pl* advances *Pl*, F pass

zudrücken *v/t* close, (press) shut: → *Auge* **1**

zueignen *v/t* (*Buch etc*) dedicate (*Dat* to) **Zueignung** *f* dedication

zueilen *v/i ~ auf* (*Akk*) rush up to

zueinander *Adv* to each other, to one another: *Vertrauen ~ haben* trust each other; F *~ halten* stick together

zuerkennen *v/t* (*Dat* to) award, adjudge

zuerst *Adv* **1.** first: *~ muss ich etw essen* first of all I've got to eat s.th.; *wer ~ kommt, mahlt ~* first come, first served **2.** (*anfangs*) at first, at the beginning **3.** (*zum ersten Mal*) for the first time, first

Zufahrt *f* **1.** access **2.** → *Zufahrtsstraße* f access road

Zufall *m* chance, accident, (*Zs.-treffen*) coincidence: *durch ~* by chance; *reiner ~* pure chance; *glücklicher ~* lucky coincidence, F fluke; *unglücklicher ~* bit of bad luck; *was für ein ~!* what a coincidence!; *wie es der ~ wollte* as luck would have it; *es ist kein ~, dass* it's no accident that; *etw dem ~ überlassen* leave s.th. to chance

zufallen *v/i* **1.** *Augen etc*: close, *Tür etc*: slam (shut): *mir fallen die Augen zu* I can't keep my eyes open **2.** *j-m ~ Erbe etc*: fall to s.o., *Preis etc*: be awarded to s.o., *Aufgabe etc*: be assigned to s.o.: *fig ihm fällt alles nur so zu* everything

comes quite naturally to him

zufällig I *Adj* accidental, chance: *~es Zs.-treffen* chance encounter, *von Umständen*: coincidence; *jede Ähnlichkeit* (*mit ...*) *ist rein ~* any resemblance (to ...) is purely coincidental **II** *Adv* by chance, accidentally: *er war ~ zu Hause* he happened to be at home; *wir trafen uns ~* we met by chance, F we bumped into each other; *~ stoßen auf* (*Akk*) chance (up)on; *rein ~* by sheer chance; *weißt du ~, wo er ist?* do you know by any chance where he is?

Zufälligkeit *f* **1.** coincidence, accidentalness **2.** *oft Pl* fortuity, contingency

Zufalls|auswahl *f Statistik*: random selection **~bekanntschaft** *f* chance acquaintance **~generator** *m* random generator **~treffer** *m* lucky (F fluke) hit, SPORT (*Tor*) *a.* lucky goal

zufassen *v/i* **1.** take hold of it, grasp it **2.** F *fig* (*helfen*) give a hand, help

zufliegen *v/i* **1.** F *Tür etc*: slam (shut) **2.** *~ auf* (*Akk*) fly toward(s) **3.** *j-m ~* **a)** *Vogel*: fly into s.o.'s home, **b)** *fig Ideen, Kenntnisse etc*: come easily to s.o.

zufließen *v/i a. fig* flow into

Zuflucht *f* **1.** refuge, shelter: *~ suchen* (*finden*) seek (find) refuge (*bei* with, *fig* in) **2.** *fig* (*m-e letzte*) my last) resort: *s-e ~ nehmen zu* resort to

Zufluchtsort *m* place of refuge, retreat

Zufluss *m* **1.** influx, inflow **2.** *zum Meer*: inlet, (*Nebenfluss*) tributary

zuflüstern *v/t* whisper (*Dat* to)

zufolge *Präp* (*Dat*) according to

zufrieden *Adj* (*mit* with) content(ed), *mit e-r Leistung etc*: satisfied, pleased: *ein ~es Gesicht machen* look pleased; *ein ~es Lächeln* a contented smile; *mit wenig ~* easily satisfied; *danke, ich bin völlig ~!* thanks, I'm quite happy!; *sie ist nie ~* she is always discontented, there is no pleasing her; *iron bist du nun ~?* are you satisfied now?; *sich ~ geben* (*mit* with) be content, content o.s.; *j-n ~ lassen* leave s.o. alone (*od* in peace); *~ stellen* satisfy, please; *sie sind leicht* (*schwer*) *~ zu stellen* they are easy (hard) to please; *~ stellend* satisfactory; *Adv ~ lächeln* smile contentedly

Zufriedenheit *f innere*: contentment,

(*zu m-r etc* ~ to my *etc*) satisfaction

Zufriedenstellung *f* satisfaction

zufrieren *v/i* freeze up (*od* over)

zufügen *v/t* **1.** add (*Dat* to) **2.** *j-m e-n Schaden* ~ harm s.o.; *j-m Verluste* (*e-e Niederlage*) ~ inflict losses (defeat) on s.o.; *j-m (ein) Unrecht* ~ wrong s.o.

Zufuhr *f* supply, METEO influx: *die* ~ *abschneiden* cut off supplies

zuführen I *v/t* (*Dat* to) carry, bring, lead, TECH feed, supply: *dem Körper Nahrung* ~ feed the body; *e-r Partei neue Mitglieder* ~ bring new members to a party; *etw seiner eigentlichen Bestimmung* ~ devote s.th. to its proper purpose; *j-n s-r* (*gerechten*) *Strafe* ~ punish s.o. (as he deserves) **II** *v/i auf* (*Akk*) *a. fig* lead to **Zuführung** *f* **1.** TECH conveyance, feeding, delivery **2.** ELEK lead

Zug¹ *m* (*mit dem* ~ *fahren* go by) train: *im* ~ on the train; *wir brachten sie zum* ~ we saw her off at the station; F *fig im falschen* ~ *sitzen* be on the wrong track; *der* ~ *ist abgefahren!* it's too late for that now!

Zug² *m* **1.** (*Ziehen*) draw(ing), pull(ing), traction, (*Ruck*) jerk, tug, TECH (*Spannung*) tension, (*-kraft*) tensible force **2.** (*Luft* etc) allg draught, Am draft, (*Atem⌇*) a. breath, *beim Trinken*: a. gulp, F swig, *beim Rauchen*: drag, puff: *in einem* ~ a. fig in one go; *in den letzten Zügen liegen* a) (*sterben*) be breathing one's last, b) *von Sache*: be on its last legs; *etw in vollen Zügen genießen* enjoy s.th. to the full **3.** Schach: move: *wer ist am* ~? who is to move?; ~ *um* ~ step by step, (*sofort*) without delay, WIRTSCH concurrently; *er kam nicht zum* ~*(e)* he didn't get a look-in **4.** (*Arm⌇*, *Feder⌇*) stroke, (*Schrift⌇*) writing: *fig in groben Zügen* in broad outline, roughly **5.** allg procession (*a. Fest⌇*), (*Kolonne*) column, MIL etc platoon: *endlose Züge von Flüchtlingen* an endless procession of refugees **6.** *der Vögel etc*: passage, migration, *der Wolken etc*: movement, (*Schwarm*) flight **7.** *fig im* ~*e* (*Gen*) in the course of; *im besten* ~*e sein* Sache: be well under way, Person: be going strong **8.** F (*Disziplin*, *Schwung*) ~ *brin-*

gen in (*Akk*) bring *a class, team, etc* up to scratch; *da ist kein* ~ *drin* it's a slow show, they lack the real drive **9.** *e-r Heizung*: flue, *am Gewehrlauf*: groove, *Pl* rifling: ~ *Gummizug, Flaschenzug* **10.** PÄD neusprachlicher etc: stream

Zug³ *m* (*Gesichts⌇*) feature, (*Ausdruck*) line, look, (*Wesens⌇*) characteristic, trait, *bes pej* streak, (*Hang*) bent (*zu* for): *das war kein schöner* ~ *von ihr* that wasn't nice of her; *fig der* ~ *der Zeit* the trend of the times

Zugabe *f* **1.** extra, (*Prämie*) bonus **2.** addition, TECH (*Gewichts⌇*) makeweight **3.** *bes* MUS encore

Zugang *m* **1.** access (*a. fig*), (*Tor*) gate (*-way*) (*a. fig*), (*Weg*) approach, access road: *fig ich finde k-n* ~ *zur modernen Musik* I'm unable to appreciate modern music **2.** (*Zuwachs*) increase, *mst Pl* (*Neuerwerbung*) accession, *Pl* (*Patienten*) admissions *Pl*, (*Schüler etc*) intake *Sg*

zugänglich *Adj a. fig* accessible (*für* to), get-at-able, (*verfügbar*) available: *etw* (*der Allgemeinheit*) ~ *machen* open s.th. (to the public); ~ *für* open to *arguments etc*; *er war für neue Methoden* ~ he was quite willing to try out new methods; *sie war k-n Vernunftgründen* (*Schmeicheleien*) ~ she wasn't amenable to reason (flattery); *allmählich wurde sie* ~ *er* gradually she unbent **Zugänglichkeit** *f* (*für* to) accessibility, *fig a.* amenability

Zugangsstraße *f* access road

Zugbrücke *f* drawbridge

zugeben *v/t* **1.** add (*Dat* to), WIRTSCH give as an extra, F throw in, MUS give s.th. as an encore **2.** allg admit, (*einräumen*) a. grant, concede, (*gestehen*) a. confess: *er gab zu, es getan zu haben* he admitted (*od* confessed) having done it; *zugegeben, er hat Recht, aber …* I grant you he's right but … **3.** allow

zugegebenermaßen *Adv* admittedly

zugegen *Adj* ~ *sein* be present (*bei* at)

zugehen I *v/i* **1.** ~ *auf* (*Akk*) go up to, go (*od* walk) towards, *zielstrebig*: head for; *fig er geht auf die Achtzig zu* he's getting on for eighty; *dem Ende* ~ be drawing to a close; *man muss auf die Leute* ~ you have to talk to people

(openly) **2.** *j-m ~* reach s.o.; *j-m etw ~ lassen* have s.th. sent to s.o. **3.** F walk faster: *geh zu!* get a move on! **4.** F *Tür, Koffer etc:* shut **5.** → *zulaufen* 4 **II** *v/unpers* **6.** *es geht auf 8 Uhr zu* it's getting on for eight (o'clock); *es geht dem Winter zu* winter is drawing near (*od* is on its way) **7.** (*sich abspielen*) happen, go: *wie geht es zu, dass …?* how is it that …?, F how come …?; *bei ihnen gehts vielleicht lebhaft (hektisch, wild) zu!* things are pretty lively (hectic, wild) with them!; → **Ding** 2

zugehörig → *dazugehörig*: TECH *~e Teile* accessory parts **Zugehörigkeit** *f* (*zu*) in *e-r Verein etc:* membership (in), *e-r Konfession etc:* affiliation (to, with)

zugeknöpft *Adj* F *fig* reserved, silent

Zügel *m* rein: *fig* **die** ~ (*fest*) *in der Hand halten* have things (firmly) under control; *die* ~ *lockern* loosen the reins; *der Fantasie etc die* ~ *schießen lassen* give free rein to **zügellos** *Adj fig* unrestrained, (*ausschweifend*) licentious **Zügellosigkeit** *f* lack of restraint, (*Ausschweifung*) licentiousness

zügeln I *v/t* **1.** rein (up) **2.** *fig* curb, check, bridle **II** *v/i* **3.** *schweiz.:* move house

Zugereiste *m, f* newcomer

Zugeständnis *n* concession (*an Akk* to)

zugestehen *v/t* **1.** (*Dat* to) concede, grant **2.** (*zugeben*) admit

zugetan *Adj* (*Dat*) ~ *sein* be fond of

Zugewinn *m* gain(s *Pl*)

Zugfeder *f* TECH tension spring, *e-r Uhr:* main spring

Zugfestigkeit *f* TECH tensile strength

Zugführer(in) **1.** BAHN guard, *Am* train conductor **2.** MIL platoon leader

Zugfunk *m* BAHN train radio

zugießen *v/t* add

zugig *Adj* draughty, *Am* drafty

zügig *Adj* quick, speedy: *Adv j-n* ~ *abfertigen* deal with s.o. briskly; ~ *vorankommen* make rapid progress

Zugkraft *f* **1.** TECH tractive (*od* tensile) force **2.** *fig* attraction, appeal, *e-r Person:* magnetism

zugkräftig *Adj fig* powerful, *Schlagwort etc:* catchy, *Film, Schauspieler etc:* crowd-pulling, POL *Kandidat etc:* vote-getting: ~ *sein a.* have appeal

zugleich *Adv* at the same time

Zugluft *f* draught, *Am* draft

Zugmaschine *f* MOT tractor

Zugmittel *n fig* draw, attraction

Zugpersonal *n* BAHN train staff

Zugpferd *n fig* draw, THEAT *etc* crowd-puller, POL *a.* (great) vote-getter

Zugpflaster *n* blistering plaster

zugreifen *v/i* **1.** → *zufassen* **2.** *bei Tisch:* help o.s.: *greifen Sie bitte zu!* please help yourself! **3.** *fig* seize (*od* jump at) the opportunity: *du brauchst nur zuzugreifen!* you may have it for the asking! **4.** *fig* (*einschreiten*) intervene

Zugriff *m* **1.** intervention: *er entzog sich dem* ~ *der Polizei* he escaped the police **2.** COMPUTER access

Zugriffs|berechtigung *f* COMPUTER (access) authorisation **~geschwindigkeit** *f* speed of access **~kode** *m* access code **~möglichkeit** *f* COMPUTER access (mode) **~zeit** *f* COMPUTER access time

zugrunde *Adv* **1.** ~ *gehen* (*an Dat*) **a)** perish (of), die (of), **b)** be ruined (by) **2.** *e-r Sache etw* ~ *legen* base s.th. on **3.** *e-r Sache* ~ *liegen* form the basis of, be based on **4.** ~ *richten* ruin, wreck

Zugsalbe *f* MED blistering ointment

Zugschaffner(in) BAHN ticket inspector

Zugseil *n* TECH traction rope

Zugstück *n* THEAT *etc* draw, hit

Zugtelefon *n* telephone on the train

Zugtier *n* draught (*Am* draft) animal

zugucken F → *zusehen* 1, 2

Zugunglück *n* train accident

zugunsten *Präp* (*Gen*) in favo(u)r of

zugute *Adv* **1.** *j-m etw* ~ *halten* give s.o. credit for s.th., (*verzeihen*) pardon s.o. s.th.; *sie hielten ihm s-e Unerfahrenheit* ~ they made allowances for his lack of experience **2.** ~ *kommen* (*Dat*) **a)** *Spenden etc:* go to, be for the benefit of, **b)** (*nützen*) be of advantage to, stand *s.o.* in good stead **3.** *sich etw* ~ *halten* (*od tun*) *auf* (*Akk*) pride o.s. on

Zugverbindung *f* BAHN train connection

Zugverkehr *m* BAHN railway (*Am* railroad) traffic

Zugvogel *m* bird of passage

Zugzwang *m fig in* ~ *geraten* be forced to make a move; *unter* ~ *stehen* be un-

Z

der pressure to act

zuhaben *v/t* F be closed

zuhalten I *v/t* **1.** keep *s.th.* closed **2.** (*Ohren, Augen*) put (*od* hold) one's hand(s) over: **sich die Nase ~** hold one's nose **II** *v/i* **3.** ~ **auf** (*Akk*) make for, head for

Zuhälter *m* pimp

Zuhälterei *f* procuring, pimping

zuhause *Adv* österr., schweiz. → **Haus**

Zuhause *n* home

Zuhilfenahme *f unter* (*ohne*) ~ *von* (*od Gen*) with (without) the aid of

zuhinterst *Adv* at the very end

zuhören *v/i* listen (*Dat* to)

Zuhörer(in) listener: **die Zuhörer** *Pl a.* the audience *Sg* **Zuhörerraum** *m* auditorium **Zuhörerschaft** *f* audience, RADIO *a.* listeners *Pl*

zujauchzen, zujubeln *v/i* (*Dat*) cheer

zukaufen *v/t* buy (some) more

zuklappen *v/t u. v/i* shut, close *s.th.* with a snap

zukleben *v/t* (*Umschlag etc*) seal

zuknallen *v/t* F slam *s.th.* (shut)

zuknöpfen *v/t* button (up): → **zugeknöpft**

zukommen *v/i* **1.** ~ **auf** (*Akk*) approach, come up to; *fig* **auf** *j-n ... Ereignis etc*: be in store for s.o.; VERW **wir werden auf Sie ~** we'll contact you; **die Sache auf sich ~ lassen** let the matter take its course, wait and see **2.** *j-m etw ~ lassen* send (*od* give) s.o. s.th. **3.** *j-m ~* **a)** (*sich schicken*) befit s.o., **b)** (*zustehen*) be due to s.o.; **e-e derartige Kritik an ihm kommt dir nicht zu** you have no right to criticize him like that

zukriegen → **zubekommen**

Zukunft *f* **1.** (*in* ~ in) future: **in naher** (**nächster**) ~ in the near (immediate) future; **in die** ~ **blicken** look ahead; **dieser Beruf hat k-e** ~ there is no future in this profession; F **das hat k-e ~!** that has no future!; **abwarten, was die** ~ **bringt** wait and see what the future has in store for us **2.** LING future (tense) **zukünftig I** *Adj* future, *Person: a.* prospective, *nachgestellt:* to be: F **m-e ₂e, mein ₂er** my intended **II** *Adv* in (the) future

Zukunfts|aussichten *Pl* future prospects *Pl* **₂bezogen I** *Adj* forward--looking **II** *Adv* with a view to the future **~forscher(in)** futurologist **~forschung**

f futurology **~glaube** *m* faith in the future **~musik** *f fig* **das ist alles noch ~** that's all still up in the air **₂orientiert** *Adj* future-oriented **~pläne** *Pl* plans *Pl* for the future **₂reich** *Adj* with a great future, promising **~roman** *m* science fiction novel

zukunftsweisend *Adj* forward-looking, (*fortschrittlich*) advanced

zulächeln *v/i j-m ~* smile at s.o.

Zulage *f* (additional) allowance, extra pay, (*Prämie*) bonus, (*Gehalts₂*) rise, *Am* raise

zulangen *v/i* **1.** F → **zugreifen** 2 **2.** → **zupacken**

zulassen *v/t* **1.** F (*Tür etc*) leave *s.th.* shut **2.** (*j-n*) admit (*zu* to), *behördlich:* license, (*Auto etc*) *a.* register: **amtlich ~** authorize; **staatlich ~** register; **j-n als Rechtsanwalt ~** call (*od* admit) s.o. to the bar **3.** (*gestatten*) allow, permit, (*Deutung, Zweifel etc*) admit (of)

zulässig *Adj* admissible, permissible, allowable: **~e** (**Höchst**)**Belastung** maximum permissible (*od* safe) load; **~e Höchstgeschwindigkeit** speed limit; **das ist** (**nicht**) ~ that is (not) allowed

Zulassung *f* **1.** admission (*zu* to) **2.** MOT **a)** registration, **b)** (*Dokument*) licen/ce (*Am* -se)

Zulassungs|beschränkung *f* restriction on admissions **~nummer** *f* MOT registration number **~papiere** *Pl* registration papers *Pl*

zulasten *Präp* (*Gen od von*) to the debit of

Zulauf *m* **1.** *von Kunden etc:* run, (*Kundschaft*) custom, (*Anklang*) approval: **großen ~ haben** be much sought after, *Film etc:* be very popular, draw large crowds **2.** TECH supply **zulaufen** *v/i* **1.** ~ **auf** (*Akk*) run up to **2.** *j-m ~* **a)** *Tier:* stray to s.o., **b)** *Kunden etc:* flock to s.o.; **zugelaufener Hund** stray dog **3.** *Wasser etc:* flow in: ~ **lassen** add, run *hot water* in **4.** **spitz ~** taper to a point **5.** F hurry: **lauf zu!** hurry up!

zulegen I *v/t* F **sich ein Auto etc ~** buy (*od* get) o.s. a car *etc*; **fig er hat sich e-e neue Freundin** (**e-n Bart**) **zugelegt** he has got himself a new girlfriend (he has grown a beard) **2.** add (*Dat* to): → **Zahn** 2 **II** *v/i* **3.** F an *Gewicht:* put on weight,

an *Tempo*: increase the pace, (*Gewinne erzielen*) score gains

zuleide *Adv* **j-m etw ~ tun** harm (*od* hurt) s.o.; → **Fliege** 1

zuleiten *v/t* 1. TECH feed, supply, (*Wasser*) *a*. let in 2. (*zustellen*) pass *s.th*. on (*Dat* to)

Zuleitung *f* 1. TECH supply (*od* feeding) pipe 2. ELEK feeder, *am Gerät*: lead

zuletzt *Adv* 1. last: **du kommst immer ~** you are alway the last (to arrive); **ganz ~** last of all 2. **bis ~** to the (very) end 3. finally, in the end 4. (*zum letzten Mal*) last: **wann haben Sie ihn ~ gesehen?** when did you see him last? 5. **nicht ~ e-e Frage des Geldes** etc not least a question of money etc

zuliebe *Adv* **mir** (**ihr** etc) **~** for my (her etc) sake

Zulieferbetriebe *Pl* subcontractors *Pl*, ancillary industries *Pl*

Zulieferer *m*, **Zulieferin** *f* subcontractor

zumachen F I *v/t* 1. (*Tür* etc, *a. Geschäft* etc) shut, close, (*Loch*) stop up, (*Jacke* etc) button up, do up, (*Schirm*) put down, (*Umschlag* etc) seal: **ich habe kein Auge zugemacht** I didn't sleep a wink II *v/i* 2. *Geschäft* etc: close, shut, *für immer*: close down 3. hurry: **mach zu!** hurry up!

zumal I *Konj* **~** (**da** *od* **weil**) particularly since II *Adv* particularly, above all

zumessen *v/t* 1. (*Dat* to) apportion, allot 2. → **beimessen**

zumindest *Adv* at least

zumute *Adv* **wie ist dir ~?** how do you feel?; **mir ist jämmerlich ~** I feel miserable; **mir ist nicht nach Essen ~** I don't feel like eating; **mir ist bei dieser Sache gar nicht wohl ~** I don't feel at all happy about it

zumuten *v/t* **j-m etw ~** expect s.th. of s.o.; **sich zu viel ~** overdo things, F bite off more than one can chew **Zumutung** *f* unreasonable demand, (*Unverschämtheit*) cheek: **das ist e-e ~!** that's asking a bit much!, *stärker*: what a nerve!

zunächst *Adv* 1. (*vor allem*) first (of all), above all 2. (*erstens*) to begin with, in the first place 3. (*vorläufig*) for the present, for the time being

zunageln *v/t* (*Kiste* etc) nail up

zunähen *v/t* sew up

Zunahme *f* increase (*Gen* od **an** *Dat* in)

Zuname *m* surname, last name

Zündeinstellung *f* MOT ignition timing

zündeln *v/i österr., südd.* play with fire

zünden I *v/t* 1. MOT ignite, (*Sprengladung*) detonate, (*Rakete* etc) fire II *v/i* 2. catch fire, ELEK, MOT ignite, fire 3. *fig* arouse enthusiasm, *Idee* etc: catch on

zündend *Adj fig Rede*: rousing, stirring

Zunder *m* (**brennen wie ~**) burn like) tinder: F *fig* **j-m ~ geben** give s.o. hell

Zünder *m* TECH fuse, *Am* fuze, ELEK igniter

Zünd|funke *m* MOT (ignition) spark **~holz** *n*, **~hölzchen** *n* match **~kabel** *n* MOT ignition cable **~kerze** *f* MOT spark(ing) plug **~punkt** *m* CHEM ignition point **~satz** *m* primer **~schloss** *n* MOT ignition lock **~schlüssel** *m* MOT ignition key **~schnur** *f* fuse, (*Lunte*) slow match wick **~spule** *f* MOT ignition coil

Zündstoff *m* 1. inflammable matter 2. *fig* dynamite

Zündung *f* MOT ignition

zunehmen I *v/i* 1. increase, (*wachsen*) grow: **an Wert ~** increase in value; **an Bedeutung ~** gain in importance 2. *Mond*: wax 3. (**sehr** *od* **stark**) ~ put on (a lot of) weight II *v/t* 4. **sie hat 10 Pfund zugenommen** she has put on (*od* gained) ten pounds

zunehmend I *Adj* 1. increasing, growing: **mit ~em Alter** as one gets older; **in ~em Maße** → 3 2. *Mond*: waxing: **bei ~em Mond** when the moon is waxing II *Adv* 3. increasingly, more and more

zuneigen *v/refl* **sich j-m ~** lean towards s.o.; *fig* **sich dem Ende ~** draw to a close

Zuneigung *f* affection (**für, zu** for): **zu j-m ~ fassen** take (a liking) to s.o.

Zunft *f hist* guild

zünftig *Adj* F proper (*a. tüchtig*), good

Zunge *f all* tongue: **mit der ~ anstoßen** (have a) lisp; **sich auf die ~ beißen** bite one's tongue (*fig* lips); (**j-m**) **die ~ herausstrecken** put one's tongue out (at s.o.); *fig* **es lag mir auf der ~** I had it on the tip of my tongue; **sie hat e-e lose** (**scharfe**) **~** she has a loose (sharp) tongue; → **zergehen**

Z

Zungen|belag *m* MED coat(ing) of the tongue **~brecher** *m* F tongue twister
zungenfertig *Adj* glib
Zungenkuss *m* French (*od* deep) kiss
Zungenlaut *m* lingual (sound)
Zungenspitze *f* tip of the tongue
Zünglein *n* fig **das ~ an der Waage sein** tip the scales
zunichte *Adv* **~ machen** destroy; ruin; **~ werden** come to nothing
zunicken *v/i* **j-m ~** nod to s.o.; **j-m freundlich ~** give s.o. a friendly nod
zunutze *Adv* **sich etw ~ machen** make (good) use of, *a. pej* take advantage of
zuoberst *Adv* (right) at the top
zuordnen *v/t* **1.** (*Dat*) assign (to) (*a.* MATHE), class (with) **2.** COMPUTER allocate
zupacken *v/i* work hard
zupackend *Adj* energetic
zupfen I *v/t* pull, pick, (*a. Saite*) pluck: **j-n am Ärmel ~** tug at s.o.'s sleeve **II** *v/i* **~ an** (*Dat*) pull at, tug at
Zupfinstrument *n* plucked instrument
zuprosten *v/i* **j-m ~** raise one's glass (*Dat* to)
zurande *Adv* **mit j-m** (*etw*) **~ kommen** be able to cope with s.o. (s.th.)
zurate *Adv* **~ ziehen** consult
zuraten *v/i* **j-m ~, etw zu tun** advise s.o. to do s.th. **II ~** *n* **auf mein** (**sein** *etc*) **~** on my (his *etc*) advice
zurechnungsfähig *Adj* sane, of sound mind, *bes* JUR responsible
Zurechnungsfähigkeit *f* (*bes* JUR **verminderte ~** diminished) responsibility
zurechtbiegen *v/t* **1.** bend *s.th.* into shape **2.** F fig straighten *s.o.*, *s.th.* out
zurechtfinden *v/refl* **sich ~** find one's way (around), fig cope, manage: **findest du dich darin zurecht?** can you make sense of it all?
zurechtkommen *v/i* **1.** arrive in time **2.** fig (**mit** with) manage, cope: **mit j-m** (**gut**) **~** get on (well) with s.o.
zurechtlegen *v/t* **1.** lay *s.th.* ready, arrange **2.** fig **sich etw ~** work (*od* figure) out, (*Entschuldigung*) have *s.th.* ready
zurechtmachen F **I** *v/t* allg get *s.th.* ready, (*bes Speisen*) prepare, make, *Am a.* fix, (*Zimmer*) tidy (up), (*Bett*) make up **II** *v/refl* **sich ~** do o.s. up, (*sich schminken*) make up
zurecht|rücken *v/t* adjust, *a.* fig put *s.th.* straight **~setzen** *v/t* adjust: → **Kopf I**

~stutzen *v/t* *a.* fig trim
zurechtweisen *v/t*, **Zurechtweisung** *f* rebuke, reprimand
zureden I *v/i* **j-m ~** (*, etw zu tun*) encourage (*stärker*: persuade, urge) s.o. (to do s.th.) **II ~** *n* (**auf mein** *etc* **~** [*hin*] upon my *etc*) encouragement: **alles ~ war umsonst** all persuasion was in vain
zureiten I *v/t* (*Pferd*) break in **II** *v/i* **~ auf** (*Akk*) ride up to
Zureiter(in) *m(f)* roughrider, trainer
Zürich *n* Zurich
zurichten *v/t* **1.** *bes* TECH finish, (*beschneiden*) shape **2.** BUCHDRUCK make ready **3.** **übel ~** injure *s.o.* badly, (*a.* fig) batter
zürnen *v/i* **j-m ~** be angry with s.o.
Zurschaustellung *f* exhibition, display, fig *a.* parading
zurück *Adv* back: **~ sein a)** be back, have come back, **b)** F fig *in der Schule*: lag behind, *in der Entwicklung*: be retarded, be late, be backward, **c)** *mit der Arbeit, Zahlungen etc*: be behind (*od* in arrears) with
Zurück *n* **es gibt kein ~** (**mehr**) there's no turning back (now)
zurück|behalten *v/t* keep *s.th.* back, retain **~bekommen** *v/t* get *s.th.* back **~beordern** *v/t* order *s.o.* back **~beugen** *v/t* (*a. sich ~*) bend back **~bilden** *v/refl* **sich ~** recede, BIOL regress
zurückbleiben *v/i* **1.** stay (*od* be left) behind **2.** (*übrig bleiben*) be left **3.** lag behind, SPORT *a.* drop back **4.** fig *in der Schule etc*: lag behind, *in der Entwicklung*: be retarded: **hinter den Erwartungen ~** fall short of expectations
zurück|blicken *v/i* look back (**auf** *Akk* at, fig on) **~bringen** *v/t* bring (*od* take) *s.o.*, *s.th.* back, return: fig **j-n ins Leben ~** bring s.o. back to life **~datieren** *v/t* backdate **~denken** *v/i* (**an** *Akk*) think back (to), recall **~drängen** *v/t* **1.** push *s.o.* back **2.** fig repress **~drehen** *v/t* turn (*od* put) back **~dürfen** *v/i* be allowed back **~eilen** *v/i* hurry back **~erobern** *v/t* recapture, fig win back **~erstatten** *v/t* refund, reimburse **~erwarten** *v/t* expect *s.o.* back
zurückfahren I *v/i* **1.** drive (*od* travel, go) back, return **2.** fig recoil (**vor** *Dat* from) **II** *v/t* **3.** drive *s.o.*, *s.th.* back
zurückfallen *v/i* **1.** fall back **2.** (*zurück-*

bleiben) fall behind (*a.* PÄD), SPORT *a.* drop back (*auf den dritten Platz* to third place) **3.** *fig* ~ *in e-n Fehler, e-e Gewohnheit etc*: relapse (*od* fall back) into **4.** *fig* ~ *auf* (*Akk*) reflect on

zurück|finden *v/i* find one's way back (*zu* to) ~**fließen** *v/i a. fig* flow back ~**fordern** *v/t* reclaim, demand *s.th.* back ~**führen** *v/t* **1.** lead *s.o.* back: (*in die Heimat*) ~ repatriate **2.** *fig* (*auf Akk* to) reduce, trace *s.th.* (back), attribute ~**geben** *v/t* **1.** give *s.th.* back, return **2.** SPORT *den Ball* ~ pass the ball back

zurückgeblieben *Adj fig* retarded, backward

zurückgehen *v/i* **1.** go back, return, retreat: *fig etw* ~ *lassen* send *s.th.* back, return *s.th.*; *bis ins 19. Jh.* ~ go (*od* date) back to the 19th century **2.** *fig* go down (*a.* MED *Schwellung etc*), fall of, decrease: *das Geschäft geht zurück* business is falling off **3.** *fig* ~ *auf* (*Akk*) go back to, have its origin in

zurückgezogen *Adj* retired, secluded: *Adv* ~ *leben* lead a secluded life

Zurückgezogenheit *f* seclusion

zurück|greifen *v/i fig* ~ *auf* (*Akk*) fall back on, *zeitlich*: go back to

zurückhalten I *v/t* **1.** *allg* hold *s.o., s.th.* back, withhold, *fig* (*Tränen, Lachen etc*) *a.* suppress, restrain **II** *v/refl sich* ~ **2.** restrain o.s.: *sich* ~ *mit Essen, Trinken etc*: go easy on **3.** be reserved, keep (o.s.) to o.s., *Käufer*: hold back: *er hat sich sehr zurückgehalten* he kept very much in the background **III** *v/i* **4.** ~ *mit* keep back; *mit s-r Meinung* ~ reserve judgement

zurückhaltend *Adj* reserved (*a.* WIRTSCH), (*vorsichtig*) guarded, cautious, (*schweigsam*) reticent, (*unaufdringlich*) unobtrusive: *mit Lob, Kritik etc* ~ *sein* be sparing in (*od* with); *Adv er reagierte sehr* ~ his reaction was very cool

Zurückhaltung *f fig* reserve, (*Vorsicht*) caution, discretion

zurück|holen *v/t* fetch *s.o., s.th.* back, (*j-n*) call *s.o.* back (*a. fig*) ~**kehren** *v/i* come back, return ~**kommen** *v/i* **1.** come back, return **2.** *fig* ~ *auf* (*Akk*) come back to, *ein Schreiben*: refer to; *auf j-s Angebot* ~ take *s.o.* up on his offer ~**können** *v/i* F be able to go back:

fig jetzt kann ich nicht mehr zurück! I can't go back on my word (*od* decision *etc*) now! ~**lassen** *v/t* **1.** *allg a. fig* leave *s.o., s.th.* behind **2.** F allow *s.o.* back ~**laufen** *v/i* run back

zurück|legen I *v/t* **1.** *etw* (*an s-n Platz*) ~ put *s.th.* back (in its place) **2.** put *s.th.* aside, (*Geld*) save, put by, lay aside: *können Sie mir den Mantel bis morgen* ~? would you keep the coat for me till tomorrow? **3.** (*e-e Strecke etc*) cover, *zu Fuß*: *a.* walk: *zurückgelegte Strecke* distance covered, MOT *a.* mileage **II** *v/refl sich* ~ **4.** lie back

zurück|lehnen *v/t u. v/refl sich* ~ lean back ~**liegen** *v/i*: *das liegt zwei Jahre zurück* that was two years ago; *5 Punkte* (*3 Meter etc*) ~ be five points down (be three metres *etc*) behind ~**melden** *v/refl sich* ~ report back (*bei* to) ~**müssen** *v/i* F have to go back

Zurücknahme *f* taking back, JUR (*Widerruf*) *a.* withdrawal, retraction

zurücknehmen *v/t allg* take *s.th.* back (*a. fig*), (*Klage, Truppen etc*) withdraw, (*widerrufen*) revoke, retract, (*Angebot etc*) cancel

zurück|prallen *v/i* **1.** rebound **2.** *fig* (*vor Dat* from) recoil, start back ~**rechnen** *v/i* reckon back ~**reichen** *v/t* hand *s.th.* back, return **II** *v/i* ~ *bis* go (*od* date) back to ~**reisen** *v/i* travel back, return ~**rufen** *v/t* call *s.o.* back (*a.* TEL), (*a. defekte Autos etc*) recall: *fig ins Gedächtnis* ~ recall **II** *v/i* TEL call back ~**schalten** *v/i* MOT change (*Am* shift) down ~**schaudern** *v/i* shrink back (*vor Dat* from)

zurückschauen → **zurückblicken**

zurückscheuen *v/i* shrink (back) (*vor Dat* from): *fig er scheut vor nichts zurück* F he sticks at nothing

zurück|schicken *v/t* send *s.o., s.th.* back, return ~**schlagen I** *v/t* **1.** hit *s.o.* back **2.** (*Angriff, Feind etc*) repulse, beat off **3.** (*Decke, Schleier etc*) fold back, (*Kragen*) turn down **4.** (*Ball*) return **II** *v/i* **5.** hit back **6.** *Flamme*: flare back ~**schrauben** *v/t* F *fig* (*Ansprüche etc*) cut down, reduce ~**schrecken** *v/i* **1.** (*vor Dat* from) recoil, start back **2.** → **zurückscheuen** ~**sehnen** *v/refl sich* ~ long to be back

zurücksetzen I *v/t* **1.** put *s.th.* back,

(*Auto*) back (up) **2.** *fig* **j-n** ~ treat s.o. unfairly, (*kränken*) slight s.o. **II** *v/i* **3.** MOT back (up) **Zurücksetzung** *f fig* unfair treatment, slight

zurück|spielen *v/t u. v/i* **1.** jump back **2.** AR-CHI recess **~spulen** *v/t u. v/i* rewind **~stecken** I *v/t* put *s.th.* back **II** *v/i* F *fig* come down a peg **~stehen** *v/i* **1.** stand back **2.** *fig* take second place (*hinter j-m* behind s.o.), (*verzichten*) stand down (*od* aside) **~stellen** *v/t* **1.** (*a. Uhr, Zeiger*) put *s.th.* back **2.** MIL defer **3.** (*verschieben*) postpone, defer **4.** (*hintansetzen*) put *s.th.* aside (*od* last) **~stoßen** I *v/t* push *s.o.*, *s.th.* back **II** *v/i* MOT back (up) **~stufen** *v/t* downgrade

zurücktreten *v/i* **1.** step (*od* stand) back, *Ufer, Berge etc:* recede **2.** *Regierung etc:* resign, step down: **von s-m Posten** ~ resign one's post; ~ **von e-m Vertrag, Kauf etc:** withdraw from, back out of **3.** *fig* be of secondary importance (**gegenüber** in comparison with)

zurücktun *v/t* F put *s.th.* back

zurück|verfolgen *v/t fig* trace *s.th.* back (**zu** to) **~versetzen** *v/t* **1.** (*Schüler*) move *s.o.* down, (*Beamten etc*) transfer *s.o.* back **2.** *fig* take *s.o.* back (**in** *Akk* to): **wir fühlten uns ins Mittelalter zurückversetzt** we felt we had stepped back into the Middle Ages **~verwandeln** *v/t* (*a. sich*) change back (**in** *Akk* to) **~verweisen** *v/t* refer *s.o.*, *s.th.* back (**an** *Akk* to) **~weichen** *v/i* **1.** step back, MIL fall back **2.** *fig* ~ **vor** (*Dat*) yield to, *erschreckt:* shrink back from

zurückweisen *v/t* **1.** *allg* refuse, reject, (*Vorwurf etc*) repudiate **2.** *j-n* ~ turn s.o. back, refuse s.o. entry

Zurückweisung *f* refusal, rejection

zurückwerfen *v/t* **1.** *allg* throw *s.o.*, *s.th.* back, (*Licht*) a. reflect, (*Schall*) a. reverberate **2.** *fig in der Entwicklung, Arbeit etc:* set *s.o.*, *s.th.* back (**um 10 Jahre** [by] ten years)

zurückwollen *v/i* F want to go back

zurückzahlen *v/t a. fig* pay back, repay

zurückziehen I *v/t* pull (*od* draw) *s.th.* back, MIL *u. fig* withdraw **II** *v/i/refl* **sich** ~ (*aus, von* from) retire, withdraw, MIL *a.* retreat; **sich ~ von** *e-r Tätigkeit etc: a.*

give up, **j-m** dissociate o.s. from s.o.; **sich zur Beratung** ~ retire for deliberation **III** *v/i* move back

Zurückziehung *f* withdrawal

zurückzucken *v/i* flinch (**vor** *Dat* at)

Zuruf *m* shout, *anfeuernder:* cheer: **durch** ~ by acclamation **zurufen** *v/t* **j-m etw** ~ shout s.th. to s.o.

zurzeit *Adv* at the moment

Zusage *f* **1.** promise, word **2.** *auf e-e Einladung:* acceptance **3.** (*Einwilligung*) assent, consent **zusagen** I *v/t* **1.** promise (**sein Kommen** to come) **2.** F **j-m etw auf den Kopf** ~ tell s.o. s.th. to his face **II** *v/i* **3.** accept an invitation, promise to come **4.** (*einwilligen*) agree **5.** *j-m* ~ **a)** *Klima etc:* agree with s.o., **b)** (*gefallen*) be to s.o.'s liking

zusammen *Adv* together, (*gemeinschaftlich*) *a.* jointly: ~ **mit** together (*od* along) with; **alle** ~ all of them; **wir alle** ~ all of us; **alles** ~ all together, (all) in all; **wir haben** ~ **100 Euro** we have one hundred euros between us; **das macht** ~ ... that amounts to (*od* totals) ...

Zusammenarbeit *f* cooperation, *bes mit dem Feind:* collaboration, *e-r Gruppe:* teamwork: **in** ~ **mit** in cooperation with

zusammenarbeiten *v/i* (**mit** with) cooperate, *bes mit dem Feind:* collaborate, *im Team:* work together

zusammenballen I *v/t* form into a ball **II** *v/refl* **sich** ~ mass, gather

Zusammenbau *m* TECH assembly

zusammenbauen *v/t* TECH assemble

zusammen|beißen *v/t a. fig* **die Zähne** ~ clench one's teeth **~bekommen** *v/t* get s.th. together, (*Geld*) raise **~binden** *v/t* bind (*od* tie) *s.th.* together **~brauen** *v/t* concoct (*a. fig*): *fig* **sich** ~ be brewing **~brechen** *v/i allg* break down, collapse, *Verkehr:* come to a standstill **~bringen** *v/t* **1.** bring (*od* get) *s.o.*, *s.th.* together, (*Geld*) raise **2.** F *fig* manage, bring off, (*Gedicht etc*) remember

Zusammenbruch *m* breakdown, collapse

zusammen|drängen *v/t* **1.** (*a. sich* ~) crowd (*od* huddle) together **2.** *fig* compress, condense **~drücken** *v/t* compress **~fahren** *v/i* **1.** → **zusammenstoßen** I **2.** *fig* (give a) start (**bei** at) **~fallen** *v/i* **1.**

fall in, collapse (*a. fig*) **2.** *zeitlich*: coincide **3.** (*abmagern*) waste away **~falten** *v/t* fold up

zusammenfassen *v/t* **1.** unite, combine: **in Gruppen ~** group **2.** (*a. v/i*) summarize, sum up **zusammenfassend** *Adj* summary: *Adv ~* **kann man sagen** to sum it up it can be said

Zusammenfassung *f* **1.** combination **2.** summary, résumé, synopsis

zusammen|finden *v/refl* **sich ~** meet **~flicken** *v/t a.* F *fig* patch up

zusammenfließen *v/i* flow together, meet **Zusammenfluss** *m* confluence

zusammenfügen *v/t* join (together), TECH assemble **zusammenführen** *v/t* bring *persons* together: **wieder ~** reunite

zusammengehen *v/i fig* (**mit** with) go together, make common cause

zusammengehören *v/i* belong together, *Schuhe etc*: *a.* be a pair **zusammengehörig** *Adj* belonging together, *Gegenstände*: *a.* matching, *fig a.* related **Zusammengehörigkeit** *f* unity

Zusammengehörigkeitsgefühl *n* (feeling of) solidarity

zusammengesetzt *Adj* MATHE composite, *a.* LING compound: **~ sein aus** be composed of; **~es Wort** compound (word)

zusammengewürfelt *Adj* (**bunt ~**) motley: **~e Mannschaft** scratch team

Zusammenhalt *m* **1.** *a.* TECH cohesion **2.** *fig* bond, *in e-r Mannschaft etc*: team spirit **zusammenhalten I** *v/t* hold (F *Freunde*: stick) together, cohere **II** *v/t* hold *s.th.*, *persons* together

Zusammenhang *m* coherence, connection, (*Text*⌒) context: **in diesem ~** in this connection; **etw in ~ bringen mit** connect s.th. with; **im ~ stehen mit** be connected with; **nicht im ~ stehen mit** have no connection with; **etw aus dem ~ reißen** divorce s.th. from its context

zusammenhängen *v/i fig* be connected (**mit** with): **wie hängt das zusammen?** how is that linked up? **zusammenhängend** *Adj* coherent (*a. Gedanken, Rede etc*), connected, related

zusammenhang(s)los *Adj* incoherent, disconnected

zusammen|hauen *v/t* **1.** smash *s.th.* to pieces: F *j-n ~* beat s.o. up **2.** F *fig* knock *s.th.* together **~kauern** *v/refl* **sich ~** squat, *ängstlich*: cower

Zusammenklang *m a. fig* harmony

zusammen|klappbar *Adj* folding, collapsible **~klappen I** *v/t* fold up, (*Messer etc*) shut **II** *v/i* F *fig* break down, collapse **~kleben** *v/t u. v/i* stick together **~knüllen** *v/t* crumple up

zusammenkommen *v/i* **1.** come (*od* get) together, meet, assemble **2.** *fig Umstände etc*: combine: **heute kommt mal wieder alles zusammen!** it never rains but it pours! **3.** (*sich ansammeln*) accumulate, mount up, *Geld*: be collected: F **da kommt ganz schön was zusammen** it comes to quite a lot in the end **Zusammenkunft** *f* get-together, meeting, gathering, assembly

zusammenläppern *v/refl* **sich ~** F add up **zusammenlaufen** *v/i* **1.** *Leute*: gather **2.** *Linien, Straßen etc*: meet, converge **3.** (*gerinnen*) curdle

zusammenleben I *v/i* live together: *mit j-m ~* live with s.o. **II** ⌒ *n* living together: *das* ⌒ *mit ...* life with ...

zusammenlegen I *v/t* **1.** fold up **2.** put *things* in one place, put *persons* together (in one room) **3.** (*Betriebe etc*) fuse, (*a. Veranstaltungen etc*) combine, (*Verwaltungen*) centralize **II** *v/i* **4.** club together (**für ein Geschenk** for a present) **Zusammenlegung** *f* WIRTSCH fusion

zusammennehmen I *v/t* gather (up): *fig* **alles zusammengenommen** all things considered; **ich musste all m-n Mut ~** I had to muster up all my courage **II** *v/refl* **sich ~** control o.s., (*a. sich konzentrieren*) pull o.s. together

zusammen|packen *v/t* pack up **~passen I** *v/i* harmonize (with each other), *Dinge, Farben*: *a.* go well together, *Partner*: *a.* be well matched: **sie passen nicht zusammen** they are mismatched **II** *v/t* TECH adjust, match **~pferchen** *v/t* herd (*a.* F crowd) together

Zusammen|prall *m a. fig* collision, clash ⌒**prallen** *v/i a. fig* collide, clash

zusammen|pressen *v/t* compress **~raffen** *v/t* **1.** gather up **2.** *fig* amass **~rechnen** *v/t* add (*od* sum) *s.th.* up **~reimen**

v/t fig **sich etw ~** work (*od* figure) s.th. out, put two and two together **~reißen** *v/refl* **sich ~** F pull o.s. together **~rollen I** *v/t* roll up **II** *v/refl* **sich ~** coil up, *Tier:* curl (itself) up **~rotten** *v/refl* **sich ~** gang up, *Aufrührer:* form a mob

Zusammenrottung *f* riot(ing), *konkret:* riotous mob, JUR riotous assembly

zusammen|rücken I *v/t* move *things* together (*od* closer) **II** *v/i* move up, make room **~rufen** *v/t* call *persons* together, *formell:* convene **~sacken** *v/i* (**in sich**) **~** slump (down) **~scharen** *v/refl* **sich ~** flock together

zusammen|scharren *v/t* scrape *s.th.* together **~schiebbar** *Adj* TECH telescopic, sliding **~schieben** *v/t* push *things* together, TECH (*a.* **sich ~ lassen**) telescope **~schlagen** *v/t* **1.** (*Hände*) clap, (*Hacken etc*) click **2.** F smash *s.th.* to pieces: **j-n ~** beat s.o. up **II** *v/i* **3. ~ über** (*Dat*) close over, *a. fig* engulf

zusammenschließen I *v/t* **1.** lock (*mit e-r Kette:* chain) together **2.** unite, WIRTSCH merge **II** *v/refl* **sich ~** join, join forces, *zu e-r Gruppe:* team up

Zusammenschluss *m* union (*a.* POL), WIRTSCH merger, (*Bündnis*) alliance

zusammen|schnüren *v/t* tie *s.th.* up: *fig* **der Anblick schnürte ihr das Herz zusammen** the sight made her heart bleed **~schrauben** *v/t* screw (*mit Bolzen:* bolt) *s.th.* together **~schreiben** *v/t* **1.** write *s.th.* in one word: **wird das zusammengeschrieben?** is that one word? **2.** *pej* scribble **~schustern** *v/t* F *pej* cobble together **~schweißen** *v/t a. fig* weld (together)

Zusammensein *n* gathering, meeting

zusammensetzen I *v/t* **1.** put *s.th.* together, TECH *a.* compose, *a.* CHEM, LING compound **2.** seat *persons* together **II** *v/refl* **sich ~ 3.** sit together, (*zs.-kommen*) get together **4. sich ~ aus** consist of, be composed of

Zusammensetzung *f* composition (*a. e-r Mannschaft etc*), CHEM, LING compound, (*Bestandteile*) ingredients *Pl*

zusammensinken *v/i* collapse: **in sich ~** slump (down)

Zusammenspiel *n* SPORT teamwork

zusammen|stauchen *v/t* F **j-n ~** haul s.o. over the coals **~stecken I** *v/t* put *things* together **II** *v/i* F **immer ~** be as

thick as thieves **~stehen** *v/i* stand (*fig* stick) together

zusammenstellen *v/t* **1.** put *things* together **2.** combine, (*Katalog etc*) compile, (*Programm etc*) draw up, make, (*e-e Mannschaft etc*) make up, form, (*anordnen*) arrange: **in e-r Liste ~** list; **ein Menü ~** compose a menu

Zusammenstellung *f* **1.** combination, arrangement **2.** (*Übersicht*) survey, synopsis, (*Tabelle*) table, (*Liste*) list

zusammenstoppeln *v/t* F throw *s.th.* together

Zusammenstoß *m* **1.** MOT collision, crash **2.** F *fig* clash

zusammenstoßen *v/i* **1.** *Fahrzeuge:* collide (*mit* with): **~ mit** a. run (*od* crash) into **2.** F *fig* meet **mit j-m ~** clash with s.o.

zusammen|streichen *v/t* F (*Text, Rede etc*) shorten **~strömen** *v/i fig* flock together **~suchen** *v/t* gather, (*sammeln*) collect **~tragen** *v/t* collect (*a. fig*), *fig* (*Fakten etc*) compile

zusammentreffen I *v/i* **1. mit j-m ~** meet s.o. **2.** *Umstände, Ereignisse etc:* coincide **II** $\circlearrowright$ *n* **3.** meeting, *unangenehmes:* encounter **4.** *von Umständen, Ereignissen etc:* concurrence, coincidence

zusammen|treiben *v/t* round up **~treten** *v/i* meet, PARL *a.* convene **~trommeln** *v/t* F call *persons* together **~tun** *v/refl* **sich ~** (*mit* with) team up, join forces **~wachsen** *v/i a. fig* grow together **~wirken I** *v/i* Kräfte, Faktoren etc: combine **II** $\circlearrowright$ *n* combination, interplay **~zählen** *v/t* add up, sum up

zusammenziehen I *v/t* **1.** pull *s.th.* together, *a.* MED contract **2.** (*Truppen etc*) concentrate, mass **II** *v/i* **3. mit j-m ~** move in (together) with s.o., go to live with s.o. **III** *v/refl* **sich ~ 4.** contract **5.** *Gewitter etc, a. fig Unheil etc:* be brewing

zusammenzucken *v/i* wince (**bei** at)

Zusatz *m allg* addition, *zu Nahrungsmitteln etc:* additive, (*Beimischung*) admixture, *schriftlicher: a.* addendum, (*~klausel*) rider **~abkommen** *n* supplementary agreement **~batterie** *f* MED booster battery **~frage** *f* additional question **~gerät** *n* TECH attachment

zusätzlich I *Adj* additional, extra, (*ergänzend*) supplementary, (*Hilfs...*)

auxiliary **II** *Adv* in addition (*zu* to)
Zusatz|stoff *m* CHEM additive **~versicherung** *f* supplementary insurance

zuschanden *Adv* **~ machen** ruin, wreck, (*a. Hoffnungen etc*) destroy, (*Pläne etc*) thwart; **~ werden** be ruined

zuschanzen *v/t j-m etw ~* line s.o. up with s.th.

zuschauen → *zusehen*

Zuschauer(in) onlooker, *Sport*, THEAT *etc* spectator, (TV viewer: *die Zuschauer Pl* a. the audience *Sg*

Zuschauer|raum *m* auditorium **~reaktion** *f* audience (TV viewer) response **~sport** *m* spectator sport

zuschicken *v/t j-m etw ~* send (*per Post*: mail *od* post) s.th. to s.o.

zuschieben *v/t* **1.** close, shut **2.** *j-m etw ~* push s.th. over to s.o.; *fig jm die Schuld (Verantwortung) ~* put (*od* shift) the blame (responsibility) on s.o.

zuschießen I *v/t* F (*Geld*) contribute **II** *v/i ~ auf* (*Akk*) rush towards

Zuschlag *m* **1.** extra charge, *zum Fahrpreis*: supplementary fare, (*Sondervergütung*) extra pay **2.** *Auktion etc*: award: *er erhielt den ~* a) *bei e-r Auktion*: the object went to him, b) *bei e-r Ausschreibung*: he was awarded the contract **zuschlagen I** *v/t* **1.** (*Tür etc*) slam (shut), (*Buch*) shut, close **2.** *j-m etw ~* a) *bei e-r Auktion*: knock s.th. down to s.o., b) *bei e-r Ausschreibung*: award s.th. to s.o. **II** *v/i* **3.** *Tür etc*: slam shut **4.** strike (*a. fig Feind, Schicksal etc*), hit **5.** F (*schwer*) *~ beim Einkaufen etc*: really go to town (*bei* on), *beim Essen*: tuck in mightily

zuschließen *v/t* lock (up)

zuschnallen *v/t* buckle (up)

zuschnappen *v/i* **1.** *Falle, Taschenmesser etc*: snap shut **2.** *Hund*: snap

zuschneiden *v/t* **1.** (*Kleid etc*) cut out (*nach e-m Schnittmuster* from a pattern): *fig zugeschnitten auf* (*Akk*) tailored to **2.** TECH cut up, (cut *s.th.* to) size

Zuschneider(in) cutter

Zuschnitt *m* cut, *a. fig* style

zuschnüren *v/t* (*Schuhe etc*) lace up, (*Paket etc*) tie *s.th.* up: *fig Angst schnürte ihr die Kehle zu* she was choked with fear

zuschrauben *v/t* screw *s.th.* shut

zuschreiben *v/t j-m etw ~* ascribe (*od* attribute) s.th. to s.o.; *das Bild wird Dürer zugeschrieben* the painting is ascribed to Dürer; *sie schrieben ihm die Schuld dafür zu* they blamed him for it; *das hast du dir selbst zuzuschreiben!* you've only yourself to blame! **Zuschrift** *f* letter, *auf e-e Anzeige etc*: reply

zuschulden *Adv* **sich etw ~ kommen lassen** do (s.th.) wrong

Zuschuss *m* contribution, *regelmäßiger*: allowance, *staatlicher*: subsidy, grant **~betrieb** *m* subsidized enterprise

zuschütten *v/t* fill *s.th.* up

zusehen *v/i* **1.** look on, watch: *j-m bei der Arbeit ~* watch s.o. work(ing) (*od* at work) **2.** (*untätig*) ~ sit back and watch **3.** *~, dass* see (to it) that; *ich werde mal ~!* I'll see what I can do!

zusehends *Adv* **1.** visibly **2.** rapidly

zusein → *zu* 13

zusenden → *zuschicken*

zusetzen I *v/t* **1.** add (*Dat* to) **2.** *Geld ~ bei* lose money on; F *fig er hat nichts mehr zuzusetzen* he has used up all his reserves **II** *v/i* **3.** F *j-m ~* a) press s.o. (hard), b) *fig Hitze, Krankheit etc*: take it out of s.o.; *j-m mit Fragen (Bitten) ~* pester s.o. with questions (requests)

zusichern *v/t j-m etw ~* assure s.o. of s.th.

Zusicherung *f* assurance

Zuspätkommende *m, f* latecomer

Zuspiel *n* SPORT pass(es *Pl*) **zuspielen** *v/t* **1.** *j-m den Ball ~* pass the ball to s.o. **2.** *j-m etw ~* play s.th. into s.o.'s hands

zuspitzen *v/refl* **sich ~** *fig* come to a head

zusprechen I *v/t* **1.** *j-m Trost ~* comfort s.o.; *j-m Mut~* encourage s.o., cheer s.o. up **2.** *j-m etw ~* award s.th. to s.o.; JUR *die Kinder wurden der Mutter zugesprochen* the mother was granted custody of the children **II** *v/i* **3.** *j-m freundlich etc ~* speak gently *etc* to s.o. **4.** (*dem Essen, dem Wein etc*) partake of

zuspringen *v/i ~ auf* (*Akk*) rush up at

Zuspruch *m* **1.** (*Trost*) (words *Pl* of) comfort, (*Ermutigung*) encouragement **2.** → *Zulauf* 1

Zustand *m* **1.** condition, state (*a.* PHYS),

Zustimmen

Das ist eine tolle Idee!	That's a great idea.
Ich bin ganz deiner Meinung.	I totally agree with you.
Ich glaube, du hast Recht.	I think you're right.
Ich glaube, es war richtig, dass du das gesagt hast.	I think you were right to say that.
Ich fand es gut, wie du es gesagt hast.	I liked the way you put it.

F shape: *ihr seelischer ~* her mental state; *das Haus ist in gutem ~* the house is in good condition (*od* repair); *in betrunkenem ~* while under the influence (of alcohol); F *da kann man ja Zustände kriegen!* it's enough to drive you up the wall! **2.** (*Lage*) state of affairs, situation: *es herrschen katastrophale Zustände* conditions are catastrophic; F *das ist doch kein ~!* that's intolerable!

zustande *Adv* **1.** *etw ~ bringen* bring s.th. off, achieve s.th., succeed in doing s.th. **2.** *~ kommen* come off, be achieved, *Einigung etc*: be reached, *Vertrag*: be signed, (*stattfinden*) take place

zuständig *Adj* competent, (*verantwortlich*) responsible: *~e Behörde* competent authority; *der ~e Beamte* the official in charge; JUR *~ sein* have jurisdiction (*für* over); *dafür ist er ~* that's his job **Zuständigkeit** *f* competence, responsibility, (*Befugnisse*) powers *Pl*, JUR jurisdiction (*für* over): *das fällt nicht in s-e ~* that's not within his province

Zuständigkeitsbereich *m* (sphere of) responsibility, JUR jurisdiction

zustatten *Adv j-m* (*sehr*) *~ kommen* (*nützlich sein*) stand s.o. in good stead, come in (very) handy to s.o.

zustecken *v/t j-m etw ~* slip s.o. s.th.

zustehen *v/i* **1.** *etw steht j-m zu* s.o. is entitled to s.th. **2.** *es steht j-m nicht zu zu Inf* s.o. has no right to *Inf*; *darüber steht mir kein Urteil zu* it's not for me to judge that

zusteigen *v/i* get on *a bus etc*

zustellen *v/t* deliver; JUR *j-m e-e Ladung ~* serve s.o. with a summons

Zusteller(in) postman (postwoman)

Zustellgebühr *f* postal delivery fee

Zustellung *f* delivery, JUR service

zusteuern I *v/t* F contribute **II** *v/i ~ auf* (*Akk*) **a)** SCHIFF, *a. Person*: make (*od* head) for, **b)** *fig e-e Krise etc*: be heading for, *ein Thema etc*: be driving at

zustimmen *v/i* (*Dat*) agree (to *s.th.*, with s.o.), (*einwilligen*) consent (to), (*billigen*) approve (of): *~d nicken* nod in approval; *er stimmte mir in diesem Punkt nicht zu* he disagreed with me on this point **Zustimmung** *f* agreement, consent, approval: *sein Vorschlag fand allgemeine ~* his suggestion met with universal approval

zustopfen *v/t* **1.** (*Loch etc*) plug **2.** (*Loch im Strumpf etc*) mend

zustöpseln *v/t* stopper

zustoßen I *v/t* **1.** (*Tür etc*) push *s.th.* shut **II** *v/i* **2.** *mit e-m Messer etc*: thrust, stab **3.** *j-m ~* happen to s.o.; *ihr muss etw zugestoßen sein* she must have had an accident

zustreben *v/i* (*Dat*) make for, head for

Zustrom *m* influx, (*Andrang*) rush: METEO *~ kühler Meeresluft* inflow of fresh sea air **zuströmen** *v/i* (*Dat* towards) stream, *fig* throng

zustürzen *v/i ~ auf* (*Akk*) rush up to

zutage *Adv ~ bringen*, *~ fördern a. fig* bring *s.th.* to light; *~ kommen* come to light; *fig ~ treten* **a)** *Eigenschaft etc*: be revealed, show, **b)** *mst klar ~ treten Schuld etc*: be evident, be obvious

Zutaten *Pl* **1.** GASTR ingredients *Pl* **2.** *Schneiderei*: accessories *Pl*

zuteil *Adv j-m ~ werden* be given to s.o.; *j-m etw ~ werden lassen* grant s.o. s.th.

zuteilen *v/t j-m etw ~* allot (*od* allocate, apportion) s.th. to s.o.; *j-m e-e Aufgabe etc ~* assign s.o. a task *etc*

Zuteilung *f* allotment, allocation, assignment, (*Kontingent*) quota

zutiefst *Adv* deeply, most: *fig ~ verletzt* cut to the quick

1391 zuzahlen

zutragen I *v/t* (*Dat* to) **1.** carry **2.** *fig* (*Gerücht etc*) tell, report II *v/refl* **sich ~ 3.** happen, take place

Zuträger(in) informer, talebearer

zuträglich *Adj* (*Dat*) good (for), conducive (*der Gesundheit* to health): *j-m nicht ~ sein* disagree with s.o.

zutrauen *v/t j-m etw ~* **a)** (*Tat etc*) think s.o. capable of s.th., **b)** (*Talent etc*) credit s.o. with s.th.; *das hätte ich dir nie zugetraut!* I never knew you had it in you!; *ihm ist alles zuzutrauen!* he stops at nothing!; *das ist ihr glatt zuzutrauen!* I wouldn't put it past her!

Zutrauen *n* (*~ fassen* begin to have) confidence (*zu* in)

zutraulich *Adj* trusting, confiding, *a. Tier*: friendly **Zutraulichkeit** *f* confidingness, friendliness

zutreffen *v/i* be right, be correct: *~ auf* (*Akk*), *~ für* be true of, apply to; *die Beschreibung trifft auf ihn zu* the description fits him **zutreffend** *Adj* right, true, correct, *Bemerkung etc*: apt: *2es bitte unterstreichen!* please underline where applicable!

zutrinken *v/i j-m ~* drink (*od* raise one's glass) to s.o.

Zutritt *m* access, admission: *~ verboten!* no entry!; *sich gewaltsam ~ verschaffen* force one's way (*zu* into)

zutun *v/t* shut, close: → *Auge* 1

Zutun *n ohne mein ~* **a)** without any help from me, **b)** (*ohne m-e Schuld*) through no fault of mine; *es geschah ohne mein ~* I had nothing to do with it

zuungunsten *Präp* (*Gen*) to the disadvantage of

zuunterst *Adv* right at the bottom

zuverlässig *Adj allg* reliable (*a.* TECH), (*sicher*) safe (*a.* TECH), (*treu*) loyal, faithful: *aus ~er Quelle* from a reliable source

Zuverlässigkeit *f* reliability, safety (*beide a.* TECH), loyalty **Zuverlässigkeitsprüfung** *f* MOT reliability test

Zuversicht *f* confidence: *voll(er) ~ sein* be quite confident (*dass* that)

zuversichtlich *Adj* confident, optimistic(ally *Adv*): *Adv ~ hoffen, dass ...* be quite confident that ... **Zuversichtlichkeit** *f* confidence, optimism

zuviel → *zu* II 8

zuvor *Adv* **1.** (*kurz ~* shortly) before: *am*

Tag ~ the day before, (on) the previous day **2.** (*zunächst*) first

zuvorderst *Adv* right at the front

zuvorkommen *v/i* (*j-m, e-r Sache*) anticipate, forestall: *j-m ~* F *a.* beat s.o. to it

zuvorkommend *Adj* obliging, courteous **Zuvorkommenheit** *f* obligingness, courtesy

Zuwachs *m* **1.** (*an Dat* in) increase, growth (*a.* WIRTSCH): F *ein Kleidungsstück auf ~ kaufen* buy s.th. on the big side **2.** F addition to the family, baby

zuwachsen *v/i* **1.** *Garten etc*: become overgrown **2.** *Wunde*: heal up, close

Zuwachsrate *f* WIRTSCH growth rate

Zuwanderer *m*, **Zuwanderin** *f* immigrant

zuwandern *v/i* immigrate

Zuwanderung *f* immigration

zuwege *Adv* **1.** *~ bringen* bring s.th. off, manage to do, succeed in doing, *weit. S.* (*Erfolg haben*) get results **2.** F (*noch*) *gut ~ sein* be (still) very fit

zuwehen *v/t mit Schnee, Sand*: block

zuweilen *Adv* at times, occasionally

zuweisen *v/t* assign (*Dat* to)

zuwenden I *v/t* **1.** turn (*Dat* towards): *j-m den Rücken ~* turn one's back on s.o.; *j-m das Gesicht ~* face s.o. **2.** *j-m etw ~ allg* give s.o. s.th., *fig* (*Liebe etc*) *a.* bestow s.th. on s.o. II *v/refl sich ~* **3.** turn to, *fig e-r Aufgabe etc*: *a.* devote o.s. to **Zuwendung** *f* **1.** (*Geld2*) grant, *regelmäßige*: allowance, (*Schenkung*) donation **2.** (*Liebe*) love, (loving) care, (*Aufmerksamkeit*) attention

zuwenig → *zu* II 8

zuwerfen *v/t* **1.** (*Tür etc*) slam s.th. (shut) **2.** *j-m etw ~* throw (*od* toss) s.th. to s.o.: *fig j-m e-n Blick ~* dart (*wütend*: flash) s.o. a look; → *Kusshand*

zuwider I *Adj j-m ist ... ~* s.o. hates (*od* detests) ... II *Präp* (*Dat*) contrary to, against **zuwiderhandeln** *v/i* (*Dat*) act against, act contrary to, (*e-m Gesetz etc*) violate, contravene **Zuwiderhandelnde** *m, f* JUR offender **Zuwiderhandlung** *f* JUR (*gegen*) offen/ce (*Am* -se) (against), contravention (of)

zuwiderlaufen *v/i* (*Dat*) run counter to

zuwinken *v/i j-m ~* wave to s.o.

zuzahlen *v/t* pay s.th. extra

zuzählen *v/t* **1.** add **2.** (*Dat*) count among

zuziehen I *v/t* **1.** (*Schlinge etc*) pull *s.th.* tight, tighten, (*Vorhänge*) draw **2. sich** *etw* **~ a)** (*Krankheit etc*) contract, catch, **b)** (*j-s Neid, Hass etc*) incur **3.** → **hinzuziehen II** *v/i* **4.** *Mieter*: move in, (*sich niederlassen*) settle (down)

Zuzug *m* **1.** move **2.** → **Zuwanderung**

Zuzügler(in) newcomer

zuzüglich *Präp* (*Gen*) plus

zuzwinkern *v/i* **j-m ~** wink at s.o.

Zwang *m* compulsion (*a.* PSYCH), constraint, (*Druck*) pressure, (*Gewalt*) force: **etw ohne ~ tun** do s.th. without being forced to; **unter ~ handeln** *bes* JUR act under duress; **~ ausüben** exert pressure (**auf** *Akk* on); **gesellschaftliche Zwänge** social constraints; **… ist ~** … is compulsory; *iron* **tu dir k-n ~ an!** don't force yourself

zwängen *v/t* squeeze (**sich** o.s.)

zwanghaft *Adj* compulsive, (*neurotisch*) obsessive

zwanglos *Adj* informal, casual (*a. Kleidung*), unconstrained, *Benehmen: a.* free and easy: **in ~er Folge erscheinen** *Zeitschrift etc*: appear at irregular intervals; *Adv* **er unterhielt sich ganz ~** he talked quite at ease; **es geht bei ihnen sehr ~ zu** things are very informal with them **Zwanglosigkeit** *f* informality, casualness

Zwangsanleihe *f* compulsory loan

Zwangs|arbeit *f* forced labo(u)r **~arbeiter(in)** forced labo(u)rer **~aufenthalt** *m* enforced stay, detention **~bewirtschaftung** *f* (economic) control: **die ~ von** (*od Gen*) **aufheben** decontrol **~einweisung** *f* (**in e-e Heilanstalt** *etc*) committal (to)

zwangsernähren *v/t* force-feed

Zwangsernährung *f* force feeding

Zwangs|handlung *f* compulsive act **~herrschaft** *f* despotism, tyranny **~jacke** *f* (*a.* **in e-e ~ stecken**) straitjacket (*a. fig*) **~lage** *f* predicament

zwangsläufig *Adj fig* inevitable: *Adv* **sie musste ~ davon erfahren** she was bound to hear of it

Zwangs|maßnahme *f* coercive measure, POL sanction **~neurose** *f* obsessional neurosis **~neurotiker(in)** obsessional neurotic **~pause** *f* enforced

break **~prostitution** *f* forced prostitution **~räumung** *f* eviction **~umsiedler(in)** displaced person

zwangsversteigern *v/t* put *s.th.* up for compulsory auction **Zwangsversteigerung** *f* compulsory auction

Zwangsverwaltung *f* sequestration

Zwangsvollstreckung *f* execution

Zwangsvorstellung *f* PSYCH obsession: **er ist von der ~ befallen, dass …** he is obsessed with the idea that …

zwangsweise I *Adj* compulsory **II** *Adv* compulsorily, by force

Zwangswirtschaft *f* government control, controlled economy

zwanzig I *Adj* (**~** [**Jahre alt**] **sein**) be twenty; **sie ist Mitte ~** she is in her mid-twenties **II** **♀** *f* twenty **zwanziger** *Adj* **die goldenen ~ Jahre** the roaring twenties **Zwanziger(in)** man (woman *od* girl) of twenty (*od* in his [her] twenties) **Zwanzigerjahre** → **zwanziger Jahre zwanzigjährig** *Adj* **1.** twenty-year-old, of twenty **2.** *Jubiläum etc*: twentieth **Zwanzigjährige** *m, f* twenty-year-old (person): **die ~n** *Pl* the twenty-year-olds *Pl*

zwar *Adv* **1. ~ …, aber …** it is true …, but …; **es ist ~ verboten, aber …** *a.* it may be forbidden, but … **2. und ~ a)** *erklärend*: namely, **b)** *verstärkend*: in fact

Zweck *m* **1.** purpose, (*Ziel*) object, aim, end, (*Verwendungs*♀) purpose: **zu diesem ~ a)** for that purpose, **b)** to this end; **ein Mittel zum ~** a means to an end; **der ~ heiligt die Mittel** the end justifies the means; **s-n ~ erfüllen** (**verfehlen**) serve (not to fulfil) its purpose; **für wohltätige ~e** for charity **2.** (*Sinn*) point, use: **es hat k-n ~ zu warten** it's no use waiting; **es hat wenig ~, dass ich hingehe** there's little point in my going; F **das ist ja** (**gerade**) **der ~ der ~ der Übung!** that's the whole point (of the exercise)!

Zweckbau *m* functional building

Zweckbindung *f* **von Geldern**: earmarking for specific purposes

Zweckdenken *n* pragmatism

zweckdienlich *Adj* relevant, useful: **~e Hinweise** relevant information

Zwecke *f* drawing pin, *Am* thumbtack

zweckentfremden *v/t* use *s.th.* for a purpose not intended, misuse, (*Gelder*) misappropriate **zweckentsprechend**

Adj appropriate, suitable **zweckfrei** *Adj* nonutility **zweckfremd** *Adj* foreign to the purpose **zweckgebunden** *Adj Gelder:* earmarked

zweckgemäß *Adj* appropriate

zwecklos *Adj* useless, pointless, futile: **~ sein** *a.* be no use; *es ist* **~**, *dass ich hingehe* there's no point in my going

Zwecklosigkeit *f* uselessness, futility

zweckmäßig *Adj* **1.** practical, ARCHI, TECH functional **2.** expedient, advisable

Zweckmäßigkeit *f* **1.** practicality, AR-CHI, TECH functionality **2.** advisability

Zweckoptimismus *m* calculated optimism **Zweckpessimismus** *m* calculated pessimism

zwecks *Präp (Gen)* for the purpose of, with a view to

Zwecksparen *n* target saving

zweckwidrig *Adj* inappropriate

zwei I *Adj* **1.** two: *wir* **~** we two, the two of us; *dazu gehören* **~** it takes two **II** ♀ *f* **2.** (number) two **3.** PÄD *(Note)* B

zweiachsig *Adj* **1.** MATHE biaxial **2.** MOT two-axle **zweiatomig** *Adj* CHEM diatomic **zweibändig** *Adj* two-volume

Zweibeiner *m hum* man

Zweibettzimmer *n* twin-bedded room

zweideutig *Adj* ambiguous, equivocal, *pej* suggestive, *Witz:* off-colo(u)r

Zweideutigkeit *f* **1.** ambiguity, equivocality, *pej* suggestiveness **2.** *mst Pl* **a)** suggestive remark, **b)** risqué joke

Zweidrittelmehrheit *f* two thirds majority

zweieiig *Adj* BIOL binovular: **~e Zwillinge** fraternal twins

Zweier *m Rudern:* pair: **~ mit (Steuermann)** coxed pair

Zweierbeziehung *f* partnership

Zweierbob *m* two-man bob

zweierlei *Adj* two different (kinds of): *mit* **~** *Maß messen* apply double standards

Zweieurostück *n* two-euro piece

zweifach *Adj* double, *Adv a.* doubly: *in* **~er Ausfertigung** in duplicate

Zweifamilienhaus *n* two-family *(Am* duplex) house

zweifarbig *Adj* two-colo(u)red

Zweifel *m* doubt **(an** *Dat,* **wegen** about): *ohne* **~** → *zweifellos*; *im* **~ sein über** *(Akk)* be doubtful *(od* in two

minds) about; *ihm kamen* **~** he was beginning to have doubts; *es bestehen berechtigte* **~** *an s-r Ehrlichkeit* there is good reason to doubt his honesty; *sie ließen k-n* **~** *daran, dass ...* they made it quite plain that ... **zweifelhaft** *Adj* doubtful, *stärker:* dubious, *(fragwürdig) a.* questionable, F shady: *ein* **~es Vergnügen** a dubious pleasure; *von* **~em Wert** of debatable value *(od* merit); *es erscheint* **~, ob ...** it seems doubtful whether ... **zweifellos** *Adv* undoubtedly, doubtless, without (a) doubt

zweifeln *v/i* doubt: *an e-r Sache* **~** doubt *(od* question) s.th.; *daran ist nicht zu* **~** there's no doubt about it

Zweifelsfall *m im* **~** in case of doubt

Zweifler(in) *m* doubter, sceptic, *Am* skeptic **zweiflerisch** *Adj* doubting, sceptical, *bes Am* skeptical

Zweig *m* branch *(a. fig)*, *dünner:* twig: → *grün* **Zweigbetrieb** *m* branch

Zweigbüro *n* branch (office)

zweigeschlechtig *Adj* BOT bisexual

zweigeteilt *Adj* divided in(to) two

Zweiggeschäft *n* branch

zweigleisig *Adj* **1.** BAHN double-track(ed) **2.** *fig Verhandlungen etc:* two-track: *Adv* **~ fahren** leave both one's options open

Zweigniederlassung *f* **(~ im Ausland** foreign) branch

Zweigstelle *f* branch (office)

zweihändig I *Adj* two-handed, MUS for two hands **II** *Adv* with both hands

Zweihundertjahrfeier *f* bicentenary

zweijährig *Adj* **1.** two-year, lasting two years **2.** two-year-old

Zweijährige *m, f* two-year-old (child)

Zweikampf *m* duel

Zweikanal... ELEK two-channel **~ton** *m* TV *mit* **~** F with two language channels

zweimal *Adv* twice: *fig das ließ sie sich nicht* **~** *sagen* she didn't wait to be told twice **zweimalig** *Adj* (twice) repeated

zweimotorig *Adj* twin-engined

Zweiparteiensystem *n* two-party system

Zweiphasen..., zweiphasig *Adj* ELEK two-phase **zweipolig** *Adj* ELEK two-pole, bipolar, *Stecker:* two-pin

Zweirad *n* bicycle, F bike

zweirädrig *Adj* two-wheeled

Z

Zweireiher m double-breasted suit

zweireihig Adj **1.** in two rows **2.** Anzug etc: double-breasted

zweischneidig Adj a. fig double-edged

zweiseitig Adj **1.** Vertrag: bilateral **2.** Brief: two-page, Anzeige: double-page

zweisilbig Adj two-syllable, disyllabic

Zweisitzer m MOT etc two-seater

zweispaltig Adj two-column(ed): Adv ~ **gedruckt** printed in two columns

zweisprachig Adj bilingual, Dokument etc: in two languages

Zweisprachigkeit f bilingualism

zweispurig Adj **1.** BAHN double-tracked **2.** Fahrbahn: two-lane

zweistellig Adj Zahl: two-digit, Dezimalbruch: two-place **zweistimmig** Adj MUS for (od in) two voices **zweistöckig** Adj two-storeyed, bes Am two-storied **zweistrahlig** Adj FLUG twin-jet **zweistufig** Adj TECH two-stage **zweistündig** Adj two-hour, lasting two hours

zweit Adj second: **der ~e Band** volume two; **~er Mai** May 2nd, Am May 2; **ein ~er Mozart** another Mozart; **zu ~** in twos, in pairs; **sie waren zu ~** there were two of them; **~er Klasse** a. fig second-class; → **Geige, Hand, Ich, Wahl** 1

Zweitakter m, **Zweitaktmotor** m two--stroke engine

zweitältest Adj, **Zweitälteste** m, f second eldest

zweitausend Adj two thousand

zweitbest Adj, **Zweitbeste** m, f second best

Zweite m, f second: SPORT **sie wurde ~ hinter ...** she came in second behind ..., she was runner-up to ...; **jeder ~** every other person; fig **wie kein ~r** like nobody else

Zweiteiler m F **1.** Mode: two-piece (suit) **2.** FILM, TV two-parter **zweiteilig** Adj in two parts, Mode: two-piece

zweitens Adv secondly

Zweitfrisur f wig

zweitgrößt Adj second largest **zweithöchst** Adj second highest **zweitklassig** Adj second-class, pej second-rate **zweitletzt** Adj last but one, second to last **zweitrangig** Adj secondary: ~ **sein** be of secondary importance

Zweitschlüssel m spare key

Zweitschrift f duplicate

Zweitstimme f POL second vote

Zweitstudium n **ein ~ beginnen** begin a second course of studies

zweitürig Adj MOT two-door

Zweitwagen m second car

Zweitwohnung f second home

zweiwertig Adj CHEM bivalent

zweiwöchig Adj two-week, lasting two weeks **zweizeilig** Adj double-spaced: Adv ~ **schreiben** double-space

Zweizimmerwohnung f two-room(ed) flat (Am apartment) **Zweizylindermotor** m two-cylinder engine

Zwerchfell n diaphragm **~atmung** f abdominal breathing **2erschütternd** Adj fig sidesplitting

Zwerg(in) dwarf, gnome (nur m), fig a. midget **zwergenhaft** Adj dwarfish

Zwergpudel m miniature poodle

Zwergwuchs m BIOL, MED dwarfism, BOT dwarf growth

zwergwüchsig Adj dwarfish

Zwetsch(g)e f plum

Zwetsch(g)enbaum m plum tree

Zwetsch(g)enwasser n plum brandy

Zwetschke f österr. plum

Zwickel m **1.** Schneiderei: gusset **2.** ARCHI spandrel

zwicken v/t u. v/i pinch

Zwickmühle f F fig (**in e-r ~ sein** od **sitzen** be on the horns of a) dilemma

Zwieback m rusk

Zwiebel f onion, (Blumen**2**) bulb

Zwiebel|kuchen m onion gateau **~ringe** Pl GASTR onion rings Pl **~schale** f onion skin **~suppe** f onion soup **~turm** m onion spire

Zwiegespräch n dialog(ue Br)

Zwielicht n twilight: fig **ins ~ geraten** lay o.s. open to suspicion

zwielichtig Adj fig dubious, F shady

Zwiespalt m conflict

zwiespältig Adj conflicting: **mein Eindruck war ~** I came away with mixed impressions; **er ist ein ~er Mensch** he has a conflicting personality

Zwiesprache f → **Zwiegespräch**: fig ~ **halten mit** commune with

Zwietracht f → **Unfriede(n)**

Zwilling m **1.** twin **2.** Pl ASTR Gemini Pl: **er ist ~** he is (a) Gemini

Zwillings|bruder m twin brother **~paar** n pair of twins **~reifen** m MOT dual (od double, twin) tyres (Am tires) Pl

Z

~schwester f twin sister

Zwinge f TECH clamp, cramp

zwingen I v/t force, compel: **j-n ~, etw zu tun** force (od compel) s.o. to do s.th., make s.o. do s.th.; **j-n zum Rücktritt ~** force s.o. to resign; **ich sehe mich gezwungen zu verkaufen** I find myself compelled to sell; → **a. gezwungen II** v/i: **~ zu** necessitate; **die Lage zwingt zu e-r schnellen Entscheidung** the situation calls for a quick decision **III** v/refl **sich ~** force o.s. (**etw zu tun** to do s.th.); **er zwang sich zu e-m Lächeln** he forced a smile; **ich musste mich dazu ~** it cost me an effort (to do that) **zwingend** Adj Grund etc: compelling, Notwendigkeit etc: absolute, urgent, Beweis, Argument etc: cogent, conclusive: **es besteht k-e ~e Notwendigkeit** it is not imperative

Zwinger m (Hunde~) kennels Pl, (Käfig) cage, e-r Burg: ward

zwinkern v/i (**mit den Augen**) ~ blink, listig, vergnügt etc: wink

zwirbeln v/t twist, twiddle

Zwirn m twine, twist

zwischen Präp (Dat, Akk) between (a. zeitlich), (inmitten) among

Zwischenablage f COMPUTER clipboard

Zwischenakt m, **~musik** f zw'act'acte

Zwischen|aufenthalt m stop(over) **~bemerkung** f interjection **~bericht** m interim report **~bescheid** m provisional reply **~bilanz** f interim balance sheet: fig **e-e ~ ziehen** take stock in between **~blutung** f MED bleeding between periods, intermenstrual bleeding **~deck** n SCHIFF between decks Sg **~ding** n cross between ... and ...: **es ist ein ~** it's a bit of both

zwischendurch Adv in between, (inzwischen) in the meantime, (ab und zu) now and then

Zwischenergebnis n provisional result, SPORT interim results Pl (od score)

Zwischenfall m incident: **ohne Zwischenfälle** without a hitch

Zwischen|finanzierung f intermediate financing, bridging **~frage** f (interposed) question **~futter** n Schneiderei: interlining **~gericht** n GASTR entrée **~geschoss** n ARCHI mezzanine **~glied** n link **~größe** f intermediate size

Zwischen|handel m intermediate trade **~händler(in)** intermediary **~hoch** n METEO ridge of high pressure **~lager** n KERNPHYSIK intermediate storage site **2lagern** v/t KERNPHYSIK temporarily store **~lagerung** f KERNPHYSIK interim storage

zwischenlanden v/i make an intermediate landing, stop

Zwischenlandung f intermediate landing, stop(over): **ohne ~** nonstop

Zwischen|lauf m SPORT intermediate heat **~lösung** f interim solution **~mahlzeit** f snack (between meals)

zwischenmenschlich Adj interpersonal: **~e Beziehungen** human relations

Zwischen|prüfung f intermediate examination (od test) **~raum** m allg space, distance, TECH clearance, (Lücke) gap, (Zeilenabstand) spacing: **e-e Zeile ~ lassen** leave a space **~ruf** m interruption: Pl heckling Sg **~rufer(in)** heckler **~runde** f SPORT intermediate round **2schalten** v/t ELEK connect s.th. in series, insert **~schalter** m ELEK intermediate switch **~schaltung** f ELEK insertion

Zwischen|speicher m COMPUTER buffer store (od storage) **~spiel** n interlude **~spurt** m SPORT (sudden) spurt: **e-n ~ einlegen** put in a burst of speed

zwischenstaatlich Adj international, intergovernmental, (zwischen Bundesstaaten) interstate

Zwischen|stadium n intermediate stage **~stand** m SPORT interim score **~station** f stopover, (a. Ort) stop **~stecker** m ELEK adapter **~stück** n TECH intermediary, ELEK adapter **~stufe** f intermediate stage **~summe** f subtotal **~text** m (inserted) caption **~tief** n METEO ridge of low pressure **~töne** Pl fig overtone Sg, nuances Pl **~wand** f dividing wall, bewegliche: partition **~zeit** f **1.** time in between: **in der ~** → **zwischenzeitlich II 2.** SPORT intermediate time **2zeitlich I** Adj intermediate, interim **II** Adv (in the) meantime, meanwhile **~zeugnis** n intermediate report

Zwist m, **Zwistigkeit** f mst Pl quarrel

zwitschern I v/t u. v/i twitter, chirp: F fig **e-n ~** down one **II** ♀ n twitter(ing), chirp(ing)

Zwitter m BIOL hermaphrodite

Zwitterding n → **Zwischending**

Z

zwo → *zwei*
zwölf *Adj* twelve: *um* ~ (*Uhr*) at twelve (o'clock), *mittags*: *a.* at noon, *nachts*: *a.* at midnight; *fig fünf Minuten vor* ~ at the eleventh hour
Zwölffingerdarm *m* ANAT duodenum ~**geschwür** *n* MED duodenal ulcer
Zwölfkampf *m* SPORT twelve events *Pl*
zwölft *Adj*, **Zwölfte** *m, f* twelfth
Zwölftonmusik *f* twelve-tone music
Zyankali *n* CHEM potassium cyanide
zyklisch *Adj* cyclic(al)
Zyklon *m* (*Wirbelsturm*) cyclone
Zyklone *f* METEO (*Tief*) cyclone
Zyklop *m* MYTH Cyclops
Zyklotron *n* PHYS cyclotron
Zyklus *m allg* cycle, *von Vorträgen etc*: series

Zylinder *m* **1.** top hat **2.** CHEM, MATHE, MOT cylinder
Zylinderkopf *m* MOT cylinder head ~**dichtung** *f* MOT cylinder-head gasket ~**schraube** *f* MOT cylinder-head stud
zylindrisch *Adj* cylindric(al)
Zyniker(in) cynic **zynisch** *Adj* cynical
Zynismus *m* cynicism
Zypern *n* Cyprus
Zypresse *f* BOT cypress
Zypriot(in) Cypriote
zyprisch *Adj* Cyprian
Zyste *f allg* cyst
Zystoskopie *f* MED cystoscopy
zytologisch *Adj* cytologic(al)
Zytostatikum *n* MED cytostatic agent
zzgl. *Abk* (= *zuzüglich*) plus
zz(t). *Abk* = *zurzeit*

Z

Geographische Namen (Englisch) –
Geographical Names (English)

A

Ab·er·deen [ˌæbəˈdiːn] *Stadt in Schottland*

Ab·er·yst·wyth [ˌæbəˈrɪstwɪθ] *Stadt in Wales*

Ad·e·laide [ˈædəleɪd] *Stadt in Australien*

A·dri·at·ic Sea [ˌeɪdrɪˈætɪkˈsiː] *das* Adriatische Meer, *die* Adria

Ae·ge·an Sea [iːˌdʒiːənˈsiː] *das* Ägäische Meer, *die* Ägäis

Af·ghan·i·stan [æfˈɡænɪstæn] Afghanistan *n*

Af·ri·ca [ˈæfrɪkə] Afrika *n*

Aix-la-Cha·pelle [ˌeɪkslɑːˈʃæˈpel] Aachen *n*

Al·a·bama [ˌæləˈbæmə] *Staat der USA*

A·las·ka [əˈlæskə] *Staat der USA*

Al·ba·nia [ælˈbeɪnjə] Albanien *n*

Al·ba·ny [ˈɔːlbənɪ] *Hauptstadt des Staates New York (USA)*

Al·ber·ta [ælˈbɜːtə] *Provinz in Kanada*

Al·bu·quer·que [ˈælbəkɜːkɪ] *Stadt in New Mexiko (USA)*

Al·der·ney [ˈɔːldənɪ] *britische Kanalinsel*

Al·ge·ria [ælˈdʒɪərɪə] Algerien *n*

Al·giers [ælˈdʒɪəz] Algier *n*

Al·sace [ælˈsæs], **Al·sa·tia** [ælˈseɪʃə] *das* Elsass

A·mer·i·ca [əˈmerɪkə] Amerika *n*

An·chor·age [ˈæŋkərɪdʒ] *Stadt in Alaska (USA)*

An·des [ˈændiːz] *Pl die* Anden *Pl*

An·dor·ra [ænˈdɔːrə] Andorra *n*

An·go·la [æŋˈɡəʊlə] Angola *n*

Ant·arc·ti·ca [æntˈɑːktɪkə] *die* Antarktis

An·til·les [ænˈtɪliːz] *Pl die* Antillen *Pl*

A·ra·bia [əˈreɪbjə] Arabien *n*

Arc·tic (O·cean) [ˈɑːktɪk (ˌɑːktɪkˈəʊʃn)] *die* Arktis, *das* Nordpolarmeer

Ar·gen·ti·na [ˌɑːdʒənˈtiːnə] Argentinien *n*

Ar·gen·tine [ˈɑːdʒəntaɪn]: **the ~** Argentinien *n*

Ar·i·zo·na [ˌærɪˈzəʊnə] *Staat der USA*

Ar·kan·sas [ˈɑːkənsɔː] *Fluss in USA; Staat der USA*

Ar·me·ni·a [ɑːˈmiːnjə] Armenien *n*

A·sia [ˈeɪʃə] Asien *n*: **~ Minor** Kleinasien *n*

Ath·ens [ˈæθɪnz] Athen *n*

At·lan·tic (O·cean) [ətˈlæntɪk (ətˌlæntɪkˈəʊʃn)] *der* Atlantik, *der* Atlantische Ozean

Auck·land [ˈɔːklənd] *Hafenstadt in Neuseeland*

Aus·tin [ˈɒstɪn] *Hauptstadt von Texas (USA)*

Aus·tra·lia [ɒˈstreɪljə] Australien *n*

Aus·tria [ˈɒstrɪə] Österreich *n*

A·von [ˈeɪvən] *Fluss in Mittelengland; englische Grafschaft*

Az·er·bai·jan [ˌæzəbaɪˈdʒɑːn] Aserbaidschan *n*

A·zores [əˈzɔːz] *Pl die* Azoren *Pl*

B

Ba·ha·mas [bəˈhɑːməz] *Pl die* Bahamas *Pl*

Bah·rain [bɑːˈreɪn] Bahrain *n*

Bal·kans [ˈbɔːlkənz] *Pl der* Balkan

Bal·tic Sea [ˌbɔːltɪkˈsiː] *die* Ostsee

Bal·ti·more [ˈbɔːltɪmɔː] *Hafenstadt in Maryland (USA)*

Ban·gla·desh [ˌbæŋɡləˈdeʃ] Bangladesch *n*

Bar·ba·dos [bɑːˈbeɪdɒs] Barbados *n*

Basle [bɑːl] Basel *n*

Ba·var·ia [bəˈveərɪə] Bayern *n*

Bed·ford [ˈbedfəd] *Stadt in Mittelengland* **Bed·ford·shire** [ˈ-ʃə] *englische Grafschaft*

Bei·jing [ˌbeɪˈdʒɪŋ] Beijing *n*

Be·la·rus [ˌbeləˈruːs] Belarus *n*

Bel·fast [ˌbelˈfɑːst; ˈbelfɑːst] Belfast *n*

Bel·gium [ˈbeldʒəm] Belgien *n*

Bel·grade [ˌbelˈɡreɪd] Belgrad *n*

Be·lize [beˈliːz] Belize *n*

Be·lo·rus·sia [ˌbeləʊˈrʌʃə] Weißrussland *n*

Ben·gal [ˌbeŋˈɡɔːl] Bengalen *n*

Be·nin [beˈnɪn] Benin *n*

Berke·ley [ˈbɜːklɪ] *Stadt in Kalifornien*

Berk·shire [ˈbɑːkʃə] *englische Grafschaft*

Ber·lin [bɜːˈlɪn] Berlin *n*

Ber·mu·das [bəˈmjuːdəz] *Pl die* Bermudas *Pl, die* Bermudainseln *Pl*

Bern(e) [bɜːn] Bern *n*

Bhu·tan [buːˈtɑːn] Bhutan *n*

Bir·ming·ham [ˈbɜːmɪŋəm] *Industriestadt in Mittelengland; Stadt in Alabama (USA)*

Bis·cay [ˈbɪskeɪ; ˈ-kɪ]: *Bay of ~ der* Golf von Biskaya

Bo·he·mia [bəʊˈhiːmjə] Böhmen *n*

Bo·liv·ia [bəˈlɪvɪə] Bolivien *n*

Bom·bay [ˌbɒmˈbeɪ] *Hafenstadt in Indien*

Bos·nia [ˈbɒznɪə] Bosnien *n*

Bos·ton [ˈbɒstən] *Hauptstadt von Massachusetts (USA)*

Bo·tswa·na [bɒˈtswɑːnə] Botswana *n*

Bourne·mouth [ˈbɔːnməθ] *Seebad in Südengland*

Bra·zil [brəˈzɪl] Brasilien *n*

Brigh·ton [ˈbraɪtn] *Seebad in Südengland*

Bris·bane [ˈbrɪzbən] *Hauptstadt von Queensland (Australien)*

Bris·tol [ˈbrɪstl] *Hafenstadt in Südengland*

Bri·tain [ˈbrɪtn] Britannien *n*

Bri·tan·nia [brɪˈtænjə] *poet* Britannien *n*

Broad·way [ˈbrɔːdweɪ] *Straße in Manhattan, New York (USA)*

Bronx [brɒŋks] *Stadtbezirk von New York (USA)*

Brook·lyn [ˈbrʊklɪn] *Stadtbezirk von New York (USA)*

Bruns·wick [ˈbrʌnzwɪk] Braunschweig *n*

Brus·sels [ˈbrʌslz] Brüssel *n*

Bu·cha·rest [ˌbjuːkəˈrest] Bukarest *n*

Buck·ing·ham·shire [ˈbʌkɪŋəmʃə] *englische Grafschaft*

Bu·da·pest [ˌbjuːdəˈpest] Budapest *n*

Bul·gar·ia [bʌlˈgeərɪə] Bulgarien *n*

Bur·gun·dy [ˈbɜːgəndɪ] Burgund *n*

Bur·ki·na Fas·o [bʊəˌkiːnəˈfæsəʊ] Burkina Faso *n (Staat in Westafrika)*

Bur·ma [ˈbɜːmə] Birma *n*

Bu·run·di [bʊˈrʊndɪ] Burundi *n*

Bye·lo·rus·sia [bɪˌeləʊˈrʌʃə] Weißrussland *n*

C

Cai·ro [ˈkaɪərəʊ] Kairo *n*

Ca·lais [ˈkæleɪ] Calais *n*

Cal·cut·ta [kælˈkʌtə] Kalkutta *n*

Cal·e·do·nia [ˌkælɪˈdəʊnjə] Kaledonien *n (poet für Schottland)*

Cal·ga·ry [ˈkælgərɪ] *Stadt in Alberta (Kanada)*

Cal·i·for·nia [ˌkælɪˈfɔːnjə] Kalifornien *n (Staat der USA)*

Cam·bo·dia [kæmˈbəʊdɪə] Kambodscha *n*

Cam·bridge [ˈkeɪmbrɪdʒ] *englische Universitätsstadt; Stadt in Massachusetts (USA), Sitz der Harvard University*

Cam·bridge·shire [ˈ-ʃə] *englische Grafschaft*

Cam·er·oon [ˌkæməˈruːn] Kamerun *n*

Can·a·da [ˈkænədə] Kanada *n*

Can·ber·ra [ˈkænbərə] *Hauptstadt von Australien*

Can·ter·bury [ˈkæntəbərɪ] *Stadt in Südengland*

Cape Town [ˈkeɪptaʊn] Kapstadt *n*

Cape Verde Is·lands [ˌkeɪpˈvɜːdˈaɪləndz] *Pl die* Kapverden *Pl*

Ca·pri [ˈkæprɪ; ˈkɑː-; *Am a.* kæˈpriː] Capri *n*

Car·diff [ˈkɑːdɪf] *Hauptstadt von Wales*

Car·ib·be·an [ˌkærəˈbiːən] *die* Karibik

Ca·rin·thia [kəˈrɪnθɪə] Kärnten *n*

Car·lisle [kɑːˈlaɪl] *Stadt in Nordwestengland*

Cen·tral [ˈsentrəl] *Verwaltungsregion in Schottland*

Cen·tral Af·ri·can Re·pub·lic [ˈsentrəlˌæfrɪkənrɪˈpʌblɪk] *die* Zentralafrikanische Republik

Cey·lon [sɪˈlɒn] *hist* Ceylon *n*

Chad [tʃæd] *der* Tschad

Chech·nia [ˈtʃetʃnɪə] Tschetschenien *n*

Chel·ten·ham [ˈtʃeltnəm] *Stadt in Südengland*

Chesh·ire [ˈtʃeʃə] *englische Grafschaft*

Chi·ca·go [ʃɪˈkɑːgəʊ; *bes Am* ʃɪˈkɔːgəʊ] *Industriestadt in USA*

Chil·e [ˈtʃɪlɪ] Chile *n*

Chi·na [ˈtʃaɪnə] China *n: the People's Republic of ~ die* Volksrepublik China

Cin·cin·nati [ˌsɪnsɪˈnætɪ] *Stadt in Ohio (USA)*

Cleve·land [ˈkliːvlənd] *englische Grafschaft; Industriestadt in Ohio (USA)*

Clwyd [ˈkluːɪd] *walisische Grafschaft*

Co·logne [kəˈləʊn] Köln *n*

Co·lom·bia [kəˈlɒmbɪə] Kolumbien *n*

Col·o·ra·do [ˌkɒləˈrɑːdəʊ] *Staat der USA; Name zweier Flüsse in USA*

Co·lum·bia [kəˈlʌmbɪə] *Fluss in USA; Hauptstadt von South Carolina (USA); District of ~ (DC) Bundesdistrikt der USA (= Gebiet der Hauptstadt Washington)*

Com·o·ros [ˈkɒmərəʊz] *Pl die Komoren Pl*

Con·go [ˈkɒŋgəʊ] *Kongo n*

Con·nacht [ˈkɒnət], *früher* **Con·naught** [ˈkɒnɔːt] *Provinz in Irland*

Con·nect·i·cut [kəˈnetɪkət] *Staat der USA*

Co·pen·ha·gen [ˌkəʊpnˈheɪgən] *Kopenhagen n*

Corn·wall [ˈkɔːnwəl] *englische Grafschaft*

Cos·ta Ri·ca [ˌkɒstəˈriːkə] *Costa Rica n*

Côte d'Ivoire [ˌkəʊtdiːˈvwɑː] *Côte d'Ivoire f, Elfenbeinküste f*

Cov·ent Gar·den [ˌkɒvəntˈgɑːdn] *die Londoner Oper (Royal Opera House)*

Cov·en·try [ˈkɒvəntrɪ] *Industriestadt in Mittelengland*

Crete [kriːt] *Kreta n*

Cri·mea [kraɪˈmɪə] *die Krim*

Cro·a·tia [krəʊˈeɪʃə] *Kroatien n*

Cu·ba [ˈkjuːbə] *Kuba n*

Cum·bria [ˈkʌmbrɪə] *englische Grafschaft*

Cy·prus [ˈsaɪprəs] *Zypern n*

Czech·o·slo·va·kia [ˌtʃekəʊsləʊˈvækɪə] *hist die Tschechoslowakei*

Czech Re·pub·lic [ˌtʃekrɪˈpʌblɪk] *die Tschechische Republik, Tschechien n*

D

Dan·ube [ˈdænjuːb] *die Donau*

Dart·moor [ˈdɑːtmɔː] *Landstrich in Südwestengland*

Dart·mouth [ˈdɑːtməθ] *Stadt in Devon (England)*

Del·a·ware [ˈdeləweə] *Staat der USA*

Den·mark [ˈdenmɑːk] *Dänemark n*

Den·ver [ˈdenvə] *Hauptstadt von Colorado (USA)*

Der·by·shire [ˈdɑːbɪʃə] *englische Grafschaft*

Des Moines [dɪˈmɔɪn] *Hauptstadt von Iowa (USA)*

De·troit [dəˈtrɔɪt] *Industriestadt in Michigan (USA)*

Dev·on(·shire) [ˈdevn(ʃə)] *englische Grafschaft*

Don·cas·ter [ˈdɒŋkəstə] *Stadt in South Yorkshire (England)*

Dor·set [ˈdɔːsɪt] *englische Grafschaft*

Do·ver [ˈdəʊvə] *Hafenstadt in Südengland; Hauptstadt von Delaware (USA)*

Down·ing Street [ˈdaʊnɪŋstriːt] *Straße in London mit der Amtswohnung des Premierministers*

Dub·lin [ˈdʌblɪn] *Hauptstadt von Irland*

Du·luth [djuːˈluːθ; *Am* dəˈluːθ] *Stadt in Minnesota (USA)*

Dum·fries and Gal·lo·way [dʌmˌfriːsənˈgæləweɪ] *Verwaltungsregion in Schottland*

Dun·kirk [dʌnˈkɜːk] *Dünkirchen n*

Dur·ham [ˈdʌrəm] *englische Grafschaft*

Dyf·ed [ˈdʌvɪd] *walisische Grafschaft*

E

East Sus·sex [ˌiːstˈsʌsɪks] *englische Grafschaft*

Ec·ua·dor [ˈekwədɔː] *Ecuador n*

Ed·in·burgh [ˈedɪnbərə] *Edinburg n*

E·gypt [ˈiːdʒɪpt] *Ägypten n*

Ei·re [ˈeərə] *gälischer Name für die Republik Irland*

El Sal·va·dor [elˈsælvədɔː] *El Salvador n*

Eng·land [ˈɪŋglənd] *England n*

Equa·to·ri·al Guin·ea [ˌekwəˈtɔːrɪəlˈgɪnɪ] *Äquatorialguinea n*

E·rie [ˈɪərɪ] *Hafenstadt in Pennsylvania (USA); Lake ~ der Eriesee (in Nordamerika)*

Er·i·tre·a [ˌerɪˈtreɪə] *Eritrea n*

Es·sex [ˈesɪks] *englische Grafschaft*

Es·t(h)o·nia [eˈstəʊnjə] *Estland n*

E·thi·o·pia [ˌiːθɪˈəʊpjə] *Äthiopien n*

E·ton [ˈiːtn] *Stadt in Berkshire (England) mit berühmter Public School*

Eu·rope [ˈjʊərəp] *Europa n*

Ev·er·glades [ˈevəgleɪdz] *Pl Sumpfgebiet in Florida (USA)*

Ex·e·ter [ˈeksɪtə] *Hauptstadt von Devonshire (England)*

F

Falk·land Is·lands [ˌfɔː(l)kləndˈaɪləndz] *Pl die Falklandinseln Pl*

Fed·er·al Re·pub·lic of Ger·ma·ny [,fedərəlrɪ,pʌblɪkəv'dʒɜːmənɪ] *die* Bundesrepublik Deutschland

Fife [faɪf] *Verwaltungsregion in Schottland*

Fi·ji ['fiːdʒiː] Fidschi *n*

Fin·land ['fɪnlənd] Finnland *n*

Flor·ence ['flɒrəns] Florenz *n*

Flor·i·da ['flɒrɪdə] *Staat der USA*

Folke·stone ['fəʊkstən] *Seebad in Südengland*

France [frɑːns] Frankreich *n*

Fris·co ['frɪskəʊ] *umgangssprachliche Bezeichnung für* **San Francisco**

G

Ga·bon [gæ'bɒn] Gabun *n*

Gan·ges ['gændʒiːz] *der* Ganges

Gat·wick ['gætwɪk] *internationaler Flughafen bei London*

Ge·ne·va [dʒɪ'niːvə] Genf *n*

Gen·o·a ['dʒenəʊə] Genua *n*

Geor·gia ['dʒɔːdʒjə; *Am* '-dʒə] *Staat der USA*; Georgien

Ger·man Dem·o·crat·ic Re·pub·lic [,dʒɜːməndeməˌkrætɪkrɪ'pʌblɪk] *hist die* Deutsche Demokratische Republik

Ger·ma·ny ['dʒɜːmənɪ] Deutschland *n*

Get·tys·burg ['getɪzbɜːg] *Stadt in Pennsylvania (USA)*

Gha·na ['gɑːnə] Ghana *n*

Gi·bral·tar [dʒɪ'brɔːltə] Gibraltar *n*

Glas·gow ['glɑːzgəʊ; 'glæsgəʊ] *Stadt in Schottland*

Glouces·ter ['glɒstə] *Stadt in Südwestengland* **Glouces·ter·shire** ['-ʃə] *englische Grafschaft*

Glynde·bourne ['glaɪndbɔːn] *Ort in Südengland (Opernfestspiele)*

Gram·pi·an ['græmpjən] *Verwaltungsregion in Schottland*

Great Brit·ain [,greɪt'brɪtn] Großbritannien *n*

Great·er Lon·don [,greɪtə'lʌndən] *Stadtgrafschaft, bestehend aus der City of London u. 32 Stadtbezirken*

Great·er Man·ches·ter [,greɪtə'mæntʃɪstə] *Stadtgrafschaft in Nordengland*

Greece [griːs] Griechenland *n*

Green·land ['griːnlənd] Grönland *n*

Green·wich ['grenɪdʒ; 'grɪnɪdʒ] *Stadtbezirk Groß-Londons*: ~ *Village Stadtteil von New York (USA)*

Gre·na·da [gre'neɪdə] Grenada *n*

Gri·sons ['griːzɔ̃ːŋ] Graubünden *n*

Gros·ve·nor ['grəʊvnə] *Platz u. Straße in London*

Gua·te·ma·la [,gwɑːtə'mɑːlə] Guatemala *n*

Guern·sey ['gɜːnzɪ] *britische Kanalinsel*

Guin·ea ['gɪnɪ] Guinea *n*

Guy·ana [gaɪ'ænə] Guyana *n*

Gwent [gwent] *walisische Grafschaft*

Gwy·nedd ['gwɪnəð, -eð] *walisische Grafschaft*

H

Hague [heɪg]: *the* ~ Den Haag

Hai·ti ['heɪtɪ] Haiti *n*

Hamp·shire ['hæmpʃə] *englische Grafschaft*

Han·o·ver ['hænəʊvə] Hannover *n*

Har·lem ['hɑːləm] *Stadtteil von New York (USA)*

Har·row ['hærəʊ] *Stadtbezirk Groß-Londons mit berühmter Public School*

Har·vard U·ni·ver·si·ty ['hɑːvəd,juːnɪ'vɜːsətɪ] *Universität in Cambridge, Massachusetts (USA)*

Har·wich ['hærɪdʒ] *Hafenstadt in Südostengland*

Has·tings ['heɪstɪŋz] *Hafenstadt in Südengland*

Ha·waii [hə'waɪiː] *Staat der USA*

Heath·row ['hiːθrəʊ] *internationaler Flughafen bei London*

Heb·ri·des ['hebrɪdiːz] *Pl die* Hebriden *Pl*

Hel·i·go·land ['helɪgəʊlænd] Helgoland *n*

Hel·sin·ki ['helsɪŋkɪ] Helsinki *n*

Her·e·ford and Worces·ter [,herɪfədn'wʊstə] *englische Grafschaft*

Hert·ford·shire ['hɑːfədʃə] *englische Grafschaft*

Hesse ['hes(ɪ)] Hessen *n*

High·land ['haɪlənd] *Verwaltungsregion in Schottland*

Hi·ma·la·ya [,hɪmə'leɪə] *der* Himalaja

Hol·land ['hɒlənd] Holland *n*

Hol·ly·wood ['hɒlɪwʊd] *Filmstadt in Los Angeles, Kalifornien (USA)*

Hon·du·ras [hɒn'djʊərəs] Honduras *n*

Hong Kong [,hɒŋ'kɒŋ] Hongkong *n*

Hous·ton ['hju:stən; 'ju:stən] *Stadt in Texas (USA)*
Hud·son ['hʌdsn] *Fluss im Staat New York (USA)*
Hum·ber ['hʌmbə] *Fluss in England*
Hum·ber·side ['_said] *englische Grafschaft*
Hun·ga·ry ['hʌŋgəri] *Ungarn n*
Hyde Park [,haɪd'pɑːk] *Park in London*

I

Ice·land ['aɪslənd] *Island n*
I·da·ho ['aɪdəhəʊ] *Staat der USA*
Il·li·nois [,ɪlɪ'nɔɪ] *Staat der USA*
In·dia ['ɪndjə] *Indien n*
In·di·ana [,ɪndɪ'ænə] *Staat der USA*
In·di·an·ap·o·lis [,ɪndɪə'næpəlɪs] *Hauptstadt von Indiana (USA)*
In·di·an O·cean [,ɪndɪən'əʊʃn] *der Indische Ozean*
In·do·ne·sia [,ɪndəʊ'niːzjə] *Indonesien n*
In·ver·ness [,ɪnvə'nes] *Stadt in Schottland*
I·o·wa ['aɪəʊə; 'aɪəwə] *Staat der USA*
I·ran [ɪ'rɑːn] *der Iran*
I·raq [ɪ'rɑːk] *der Irak*
Ire·land ['aɪələnd] *Irland n*
Isle of Man [,aɪləv'mæn] *Insel in der Irischen See, die unmittelbar der englischen Krone untersteht, aber nicht zum Vereinigten Königreich gehört*
Isle of Wight [,aɪləv'waɪt] *englische Grafschaft, Insel im Ärmelkanal*
Is·ra·el ['ɪzreɪəl] *Israel n*
It·a·ly ['ɪtəlɪ] *Italien n*

J

Ja·mai·ca [dʒə'meɪkə] *Jamaika n*
Ja·pan [dʒə'pæn] *Japan n*
Jer·sey ['dʒɜːzɪ] *britische Kanalinsel*
Je·ru·sa·lem [dʒə'ruːsələm] *Jerusalem n*
Jo·han·nes·burg [dʒəʊ'hænɪsbɜːg] *Stadt in Südafrika*
Jor·dan ['dʒɔːdn] *Jordanien n; Jordan m (Fluss)*
Ju·neau ['dʒuːnəʊ] *Hauptstadt von Alaska (USA)*

K

Kam·pu·chea [,kæmpʊ'tʃɪə] *Kamputschea n (zeitweilige Bezeichnung für Kambodscha)*
Kan·sas ['kænzəs] *Staat der USA*
Ka·ra·chi [kə'rɑːtʃɪ] *Karatschi n*
Kash·mir [,kæʃ'mɪə] *Kaschmir n*
Kaz·akh·stan [,kæzæk'stɑːn] *Kasachstan n*
Kent [kent] *englische Grafschaft*
Ken·tuck·y [ken'tʌkɪ] *Staat der USA*
Ken·ya ['kenjə] *Kenia n*
Kir·gyz·stan [,kɜːgɪz'stɑːn] *Kirgis(is)tan n*
Kir·i·bat·i [,kɪrɪ'bɑːtɪ] *Kiribati n*
Ko·rea [kə'rɪə] *Korea n*
Kos·o·vo ['kɒsəvəʊ] *Kosovo m, n*
Krem·lin ['kremlɪn] *der Kreml*
Ku·wait [kʊ'weɪt] *Kuwait n*

L

Lab·ra·dor ['læbrədɔː] *Halbinsel u. Provinz in Kanada*
Lake Hu·ron [,leɪk'hjʊərən] *der Huronsee (in Nordamerika)*
Lake Su·pe·ri·or [,leɪksuː'pɪərɪə] *der Obere See (in Nordamerika)*
Lan·ca·shire ['læŋkəʃə] *englische Grafschaft*
La·os ['lɑːɒs; laʊs] *Laos n*
Lat·via ['lætvɪə] *Lettland n*
Leb·a·non ['lebənən] *der Libanon*
Leeds [liːdz] *Industriestadt in Nordengland*
Leices·ter ['lestə] *Hauptstadt der englischen Grafschaft* **Leices·ter·shire** ['_ʃə]
Lein·ster ['lenstə] *Provinz in Irland*
Le·so·tho [lə'suːtuː] *Lesotho n*
Li·be·ria [laɪ'bɪərɪə] *Liberia n*
Lib·ya ['lɪbɪə] *Libyen n*
Liech·ten·stein ['lɪktənstaɪn] *Liechtenstein n*
Lis·bon ['lɪzbən] *Lissabon n*
Lith·u·a·nia [,lɪθjuː'eɪnjə] *Litauen n*
Liv·er·pool ['lɪvəpuːl] *Hafenstadt in Nordwestengland*
Loch Lo·mond [,lɒk'ləʊmənd], **Loch Ness** [,lɒk'nes] *Seen in Schottland*
Lon·don ['lʌndən] *London n*
Lor·raine [lɒ'reɪn] *Lothringen n*
Los An·ge·les [lɒs'ændʒɪliːz; *Am* -dʒələs] *Stadt in Kalifornien (USA)*

Lo·thi·an ['ləʊðjən] *Verwaltungsregion in Schottland*

Lou·i·si·a·na [luːˌiːzɪˈænə] *Staat der USA*

Lux·em·bourg ['lʌksəmbɜːg] *Luxemburg n*

M

Mac·e·do·nia [ˌmæsɪˈdəʊnɪə] *Mazedonien n*

Mad·a·gas·car [ˌmædəˈɡæskə] *Madagaskar n*

Ma·dei·ra [məˈdɪərə] *Madeira n*

Ma·drid [məˈdrɪd] *Madrid n*

Maine [meɪn] *Staat der USA*

Ma·jor·ca [məˈdʒɔːkə] *Mallorca n*

Ma·la·wi [məˈlɑːwɪ] *Malawi n*

Ma·lay·sia [məˈleɪzɪə] *Malaysia n*

Mal·dives ['mɔːldɪvz] *Pl die Malediven Pl*

Ma·li ['mɑːlɪ] *Mali n*

Mal·ta ['mɔːltə] *Malta n*

Man·ches·ter ['mæntʃɪstə] *Industriestadt in Nordwestengland*

Man·hat·tan [mænˈhætn] *Stadtbezirk von New York (USA)*

Man·i·to·ba [ˌmænɪˈtəʊbə] *Provinz in Kanada*

Mar·y·land ['meərɪlænd; bes Am 'merɪlənd] *Staat der USA*

Mas·sa·chu·setts [ˌmæsəˈtʃuːsɪts] *Staat der USA*

Mau·ri·ta·nia [ˌmɒrɪˈteɪnjə] *Mauretanien n*

Mau·ri·ti·us [məˈrɪʃəs] *Mauritius n*

Med·i·ter·ra·ne·an (**Sea**) [ˌmedɪtəˈreɪnjən('sɪː)] *das Mittelmeer*

Mel·bourne ['melbən] *Stadt in Australien*

Mer·sey·side ['mɜːzɪsaɪd] *Stadtgrafschaft in Nordwestengland*

Mex·i·co ['meksɪkəʊ] *Mexiko n*

Mi·ami [maɪˈæmɪ] *Stadt in Florida (USA)*

Mich·i·gan ['mɪʃɪɡən] *Staat der USA; Lake ~ der Michigansee (in Nordamerika)*

Mid Gla·mor·gan [ˌmɪdɡləˈmɔːɡən] *walisische Grafschaft*

Mid·lands ['mɪdləndz] *Pl die Midlands Pl (die zentral gelegenen Grafschaften Mittelenglands: Warwickshire, Northamptonshire, Leicestershire, Nottinghamshire, Derbyshire, Staffordshire,*

West Midlands u. der Ostteil von Hereford and Worcester)

Mid·west [ˌmɪdˈwest] *der Mittlere Westen (USA)*

Mi·lan [mɪˈlæn] *Mailand n*

Mil·wau·kee [mɪlˈwɔːkiː] *Industriestadt in Wisconsin (USA)*

Min·ne·ap·o·lis [ˌmɪnɪˈæpəlɪs] *Stadt in Minnesota (USA)*

Min·ne·so·ta [ˌmɪnɪˈsəʊtə] *Staat der USA*

Mis·sis·sip·pi [ˌmɪsɪˈsɪpɪ] *Staat der USA; Fluss in USA*

Mis·sou·ri [mɪˈzʊərɪ] *Staat der USA; Fluss in USA*

Mol·do·va [mɒlˈdəʊvə] *Moldawien n, Moldau n*

Mo·na·co ['mɒnəkəʊ] *Monaco n*

Mon·go·lia [mɒŋˈɡəʊljə] *die Mongolei*

Mon·tana [mɒnˈtænə] *Staat der USA*

Mont·re·al [ˌmɒntrɪˈɔːl] *Stadt in Kanada*

Mo·roc·co [məˈrɒkəʊ] *Marokko n*

Mos·cow ['mɒskəʊ] *Moskau n*

Mo·selle [məʊˈzel] *die Mosel*

Mo·zam·bique [ˌməʊzæmˈbiːk] *Mosambik n*

Mu·nich ['mjuːnɪk] *München n*

Mun·ster ['mʌnstə] *Provinz in Irland*

Myan·mar ['mjænmɑː] *Myanmar n*

N

Na·mib·ia [nəˈmɪbɪə] *Namibia n*

Na·ples ['neɪplz] *Neapel n*

Nash·ville ['næʃvɪl] *Hauptstadt von Tennessee (USA)*

Na·u·ru [nɑːˈuːruː] *Nauru n*

Ne·bras·ka [nɪˈbræskə] *Staat der USA*

Ne·pal [nɪˈpɔːl] *Nepal n*

Neth·er·lands ['neðələndz] *Pl die Niederlande Pl*

Ne·va·da [nəˈvɑːdə] *Staat der USA*

New·ark ['njuːək; Am 'nuːərk] *Stadt in New Jersey (USA)*

New Bruns·wick [ˌnjuːˈbrʌnzwɪk] *Provinz in Kanada*

New·bury ['njuːbərɪ] *Stadt in Berkshire (England)*

New·cas·tle-up·on-Tyne ['njuːˌkɑːsləˌpɒnˈtaɪn] *Hauptstadt von Tyne and Wear (England)*

New Del·hi [ˌnjuːˈdelɪ] *Hauptstadt von Indien*

New Eng·land [ˌnjuːˈɪŋglənd] Neuengland n (USA)

New·found·land [ˈnjuːfəndlənd] Neufundland n (Provinz in Kanada)

New Hamp·shire [ˌnjuːˈhæmpʃə] Staat der USA

New Jer·sey [ˌnjuːˈdʒɜːzɪ] Staat der USA

New Mex·i·co [ˌnjuːˈmeksɪkəʊ] Staat der USA

New Or·le·ans [ˌnjuːˈɔːlɪənz] Hafenstadt in Louisiana (USA)

New York [ˌnjuːˈjɔːk; Am ˌnuːˈjɔːrk] Staat der USA; größte Stadt der USA

New Zea·land [ˌnjuːˈziːlənd] Neuseeland n

Ni·ag·a·ra [naɪˈægərə] Niagara m (Fluss)

Nic·a·ra·gua [ˌnɪkəˈrægjʊə] Nicaragua n

Ni·ger [ˈnaɪdʒə] der Niger (Fluss in Westafrika); [niːˈʒeə] Niger n (Republik in Westafrika)

Ni·ge·ria [naɪˈdʒɪərɪə] Nigeria n

Nile [naɪl] Nil m

Nor·folk [ˈnɔːfək] englische Grafschaft; Hafenstadt in Virginia (USA)

Nor·man·dy [ˈnɔːməndɪ] die Normandie

North·amp·ton [nɔːˈθæmptən] Stadt in Mittelengland **North·amp·ton·shire** [ˈ-ʃə] englische Grafschaft

North Car·o·li·na [ˌnɔːθkærəˈlaɪnə] Staat der USA

North Da·ko·ta [ˌnɔːθdəˈkəʊtə] Staat der USA

North·ern Ire·land [ˌnɔːðnˈaɪələnd] Nordirland n

North Sea [ˌnɔːθˈsiː] die Nordsee

North·um·ber·land [nɔːˈθʌmbələnd] englische Grafschaft

North York·shire [ˌnɔːθˈjɔːkʃə] englische Grafschaft

Nor·way [ˈnɔːweɪ] Norwegen n

Nor·wich [ˈnɒrɪdʒ] Stadt in Ostengland

Not·ting·ham [ˈnɒtɪŋəm] Industriestadt in Mittelengland **Not·ting·ham·shire** [ˈ-ʃə] englische Grafschaft

No·va Sco·tia [ˌnəʊvəˈskəʊʃə] Neuschottland n (Provinz in Kanada)

Nu·rem·berg [ˈnjʊərəmbɜːg] Nürnberg n

O

O·hi·o [əʊˈhaɪəʊ] Staat der USA; Fluss in den USA

O·kla·ho·ma [ˌəʊkləˈhəʊmə] Staat der USA

O·ma·ha [ˈəʊməhaː; Am a. ˈ-hɔː] Stadt in Nebraska (USA)

O·man [əʊˈmɑːn] Oman m

On·ta·ri·o [ɒnˈteərɪəʊ] Provinz in Kanada: **Lake ~** der Ontariosee (in Nordamerika)

Or·e·gon [ˈɒrɪgən] Staat der USA

Ork·ney [ˈɔːknɪ] insulare Verwaltungsregion Schottlands **~ Is·lands** [ˌɔːknɪˈaɪləndz] Pl die Orkneyinseln Pl

Ost·end [ɒˈstend] Ost·ende n

Ot·ta·wa [ˈɒtəwə] Hauptstadt von Kanada

Ouse [uːz] englischer Flussname

Ox·ford [ˈɒksfəd] englische Universitätsstadt **Ox·ford·shire** [ˈ-ʃə] englische Grafschaft

P

Pa·cif·ic (O·cean) [pəˈsɪfɪk (pəˌsɪfɪkˈəʊʃn)] der Pazifik, der Pazifische Ozean

Pak·i·stan [ˌpɑːkɪˈstɑːn] Pakistan n

Pal·es·tine [ˈpæləstaɪn] hist Palästina n

Palm Beach [ˌpɑːmˈbiːtʃ] Seebad in Florida (USA)

Pan·a·ma [ˈpænəmɑː] Panama n

Pa·pua New Gui·nea [ˈpɑːpʊəˌnjuːˈgɪnɪ] Papua-Neuguinea n

Par·a·guay [ˈpærəgwaɪ] Paraguay n

Par·is [ˈpærɪs] Paris n

Pearl Har·bor [ˌpɜːlˈhɑːbə] Hafenstadt auf Hawaii (USA)

Pe·king [ˌpiːˈkɪŋ] Peking n

Penn·syl·va·nia [ˌpensɪlˈveɪnjə] Staat der USA

Pen·zance [penˈzæns] westlichste Stadt Englands, in Cornwall

Perth [pɜːθ] Hauptstadt von Westaustralien; Stadt in Schottland

Pe·ru [pəˈruː] Peru n

Pe·ter·bor·ough [ˈpiːtəbrə] Stadt in Cambridgeshire (England)

Phil·ip·pines [ˈfɪlɪpiːnz] Pl die Philippinen Pl

Phoe·nix [ˈfiːnɪks] Hauptstadt von Arizona (USA)

Pitts·burgh ['pɪtsbɜːg] *Stadt in Pennsylvania (USA)*

Plym·outh ['plɪməθ] *Hafenstadt in Südengland*

Po·land ['pəʊlənd] *Polen n*

Ports·mouth ['pɔːtsməθ] *Hafenstadt in Südengland; Hafenstadt in Virginia (USA)*

Por·tu·gal ['pɔːtʃʊgl; '-jʊgl] *Portugal n*

Po·to·mac [pə'təʊmək] *Fluss in USA*

Pow·ys ['pəʊɪs; 'paʊɪs] *walisische Grafschaft*

Prague [prɑːg] *Prag n*

Pre·to·ria [prɪ'tɔːrɪə] *Hauptstadt von Südafrika*

Prince·ton ['prɪnstən] *Universitätsstadt in New Jersey (USA)*

Pun·jab [ˌpʌn'dʒɑːb] *Pandschab n*

Q

Que·bec [kwɪ'bek] *Provinz u. Stadt in Kanada*

Queens [kwiːnz] *Stadtbezirk von New York (USA)*

R

Rat·is·bon ['rætɪzbɒn] *Regensburg n*

Read·ing ['redɪŋ] *Stadt in Südengland*

Rhine [raɪn] *der Rhein*

Rhode Is·land [ˌrəʊd'aɪlənd] *Staat der USA*

Rhodes [rəʊdz] *Rhodos n*

Roch·es·ter ['rɒtʃɪstə] *Stadt im Staat New York (USA); Stadt in Kent (England)*

Rock·y Moun·tains [ˌrɒkɪ'maʊntɪnz] *Pl Gebirge in USA*

Ro·ma·nia [ruːˈmeɪnjə; rʊ-; Am rəʊ-] *Rumänien n*

Rome [rəʊm] *Rom n*

Rug·by ['rʌgbɪ] *berühmte Public School in Warwickshire (England)*

Rus·sia ['rʌʃə] *Russland n*

Rwan·da [rʊ'ændə] *Ruanda n*

S

Sac·ra·men·to [ˌsækrə'mentəʊ] *Hauptstadt von Kalifornien (USA)*

Sa·lem ['seɪləm] *Hauptstadt von Oregon (USA)*

Salis·bu·ry ['sɔːlzbərɪ] *Stadt in Südengland*

Salt Lake Cit·y [ˌsɔːltleɪk'sɪtɪ] *Hauptstadt von Utah (USA)*

Sa·moa [sə'məʊə] *Samoa n (Inselgruppe im Pazifik)*

San Di·e·go [ˌsændɪ'eɪgəʊ] *Hafenstadt in Kalifornien (USA)*

San Fran·cis·co [ˌsænfrən'sɪskəʊ] *San Franzisko n (USA)*

San Ma·ri·no [ˌsænmə'riːnəʊ] *San Marino n*

San·ta Fe [ˌsæntə'feɪ] *Hauptstadt von New Mexico (USA)*

Sas·katch·e·wan [səs'kætʃɪwən] *Provinz in Kanada*

Sau·di A·ra·bia [ˌsaʊdɪə'reɪbɪə] *Saudi-Arabien n*

Sax·o·ny ['sæksnɪ] *Sachsen n*

Scan·di·na·via [ˌskændɪ'neɪvjə] *Skandinavien n*

Scot·land ['skɒtlənd] *Schottland n*

Se·at·tle [sɪ'ætl] *Hafenstadt im Staat Washington (USA)*

Ser·bia ['sɜːbɪə] *Serbien n*

Sev·ern ['sevən] *Fluss in Wales u. Westengland*

Shet·land ['ʃetlənd] *insulare Verwaltungsregion Schottlands* ~ **Is·lands** [ˌ-'aɪləndz] *Pl die Shetlandinseln Pl*

Shrop·shire ['ʃrɒpʃə] *englische Grafschaft*

Si·be·ria [saɪ'bɪərɪə] *Sibirien n*

Si·er·ra Le·one [sɪˌerəlɪ'əʊn] *Sierra Leone n*

Sic·i·ly ['sɪsɪlɪ] *Sizilien n*

Si·le·sia [saɪ'liːzjə] *Schlesien n*

Sin·ga·pore [ˌsɪŋə'pɔː] *Singapur n*

Slo·va·kia [slə'vækɪə] *die Slowakei*

Slo·ve·nia [sləʊ'viːnɪə] *Slowenien n*

Snow·don ['snəʊdn] *Berg in Wales*

So·ma·lia [səʊ'mɑːlɪə] *Somalia n*

Som·er·set ['sʌməsɪt] *englische Grafschaft*

South Af·ri·ca [ˌsaʊθ'æfrɪkə] *Südafrika n*

South·amp·ton [saʊθ'æmptən] *Hafenstadt in Südengland*

South Car·o·li·na [ˌsaʊθkærə'laɪnə] *Staat der USA*

South Da·ko·ta [ˌsaʊθdə'kəʊtə] *Staat der USA*

South Gla·mor·gan [ˌsaʊθglə'mɔːgən] *walisische Grafschaft*

South York·shire [ˌsaʊθˈjɔːkʃə] *Stadtgrafschaft in Nordengland*

Spain [speɪn] Spanien *n*

Sri Lan·ka [ˌsriːˈlæŋkə] Sri Lanka *n*

Staf·ford·shire [ˈstæfədʃə] *englische Grafschaft*

Stan·sted [ˈstænsted] *internationaler Flughafen in Essex*

St Law·rence [snt ˈlɒrəns] *der Sankt-Lorenz-Strom*

St Louis [snt ˈluːɪs; *Am* ˌseɪntˈluːɪs] *Industriestadt in Missouri (USA)*

Stock·holm [ˈstɒkhəʊm] Stockholm *n*

St Pet·ers·burg [snt ˈpiːtəzbɜːg] St. Petersburg *n*

Strat·ford-on-A·von [ˌstrætfədɒnˈeɪvn] *Stadt in Mittelengland*

Strath·clyde [stræθˈklaɪd] *Verwaltungsregion in Schottland*

Styr·ia [ˈstɪrɪə] *die Steiermark*

Su·dan [suˈdɑːn] *der Sudan*

Suf·folk [ˈsʌfək] *englische Grafschaft*

Su·ri·na·me [ˌsʊərɪˈnæm] Surinam *n*

Sur·rey [ˈsʌrɪ] *englische Grafschaft*

Sus·sex [ˈsʌsɪks] *englische Grafschaft*

Swan·sea [ˈswɒnzɪ] *Hafenstadt in Wales*

Swa·zi·land [ˈswɑːzɪlænd] Swasiland *n*

Swe·den [ˈswiːdn] Schweden *n*

Swit·zer·land [ˈswɪtsələnd] *die Schweiz*

Syd·ney [ˈsɪdnɪ] *größte Stadt Australiens*

Syr·a·cuse [ˈsɪrəkjuːs] *Stadt im Staat New York (USA)*; [*Br* ˈsaɪərəkjuːz] Syrakus *n (Stadt auf Sizilien)*

Syr·ia [ˈsɪrɪə] Syrien *n*

T

Ta·dzhik·i·stan [tæˌdʒiːkɪˈstɑːn] Tadschikistan *n*

Tai·wan [ˌtaɪˈwɑːn] Taiwan *n*

Tal·la·has·see [ˌtæləˈhæsɪ] *Hauptstadt von Florida (USA)*

Tan·za·nia [ˌtænzəˈnɪə] Tansania *n*

Tay·side [ˈteɪsaɪd] *Verwaltungsregion in Schottland*

Tehe·ran, Teh·ran [ˌteəˈrɑːn] Teheran *n*

Ten·nes·see [ˌtenəˈsiː] *Staat der USA; Fluss in USA*

Tex·as [ˈteksəs] *Staat der USA*

Thai·land [ˈtaɪlænd] Thailand *n*

Thames [temz] *die* Themse

Thu·rin·gia [θjʊəˈrɪndʒɪə] Thüringen *n*

Ti·bet [tɪˈbet] Tibet *n*

To·kyo [ˈtəʊkjəʊ] Tokio *n*

To·pe·ka [təʊˈpiːkə] *Hauptstadt von Kansas (USA)*

Tor·bay [ˌtɔːˈbeɪ] *Stadt in Devon (England)*; *a.* **Tor Bay** *Bucht des Ärmelkanals an der Küste von Devon*

To·ron·to [təˈrɒntəʊ] *Stadt in Kanada*

Tor·quay [ˌtɔːˈkiː] *Teilstadt von* **Torbay** *in Devon (England)*

Tra·fal·gar [trəˈfælgə]: *Cape* ~ Kap *n* Trafalgar *(an der Südwestküste Spaniens)*; ~ *Square* Platz *in London*

Trin·i·dad and To·ba·go [ˌtrɪnɪdædntəʊˈbeɪgəʊ] Trinidad und Tobago *n*

Tuc·son [tuːˈsɒn; ˈtuːsɒn] *Stadt in Arizona (USA)*

Tu·ni·sia [tjuːˈnɪzɪə; *Am* tuːˈniːʒə] Tunesien *n*

Tur·key [ˈtɜːkɪ] *die* Türkei

Turk·men·i·stan [tɜːkˌmenɪˈstɑːn] Turkmenistan *n*

Tus·ca·ny [ˈtʌskənɪ] *die* Toskana

Tyne and Wear [ˌtaɪnənˈwɪə] *Stadtgrafschaft in Nordengland*

Ty·rol [ˈtɪrəl; tɪˈrəʊl] Tirol *n*

U

U·gan·da [juːˈgændə] Uganda *n*

U·kraine [juːˈkreɪn] *die* Ukraine

Ul·ster [ˈʌlstə] *Provinz im Norden Irlands, seit 1921 zweigeteilt;* F Nordirland *n*

Un·ion of So·viet So·cial·ist Re·pub·lics [ˌjuːnjənəvˌsəʊvɪətˌsəʊʃəlɪstrɪˈpʌblɪks] *hist die* Union der Sozialistischen Sowjetrepubliken

U·nit·ed Ar·ab E·mir·ates [juːˈnaɪtɪdˌærəbeˈmɪərəts] *Pl die* Vereinigten Arabischen Emirate *Pl*

U·nit·ed King·dom [juːˌnaɪtɪdˈkɪŋdəm] *das* Vereinigte Königreich *(Großbritannien u. Nordirland)*

U·nit·ed States of A·mer·i·ca [juːˌnaɪtɪdˌsteɪtsəvəˈmerɪkə] *Pl die* Vereinigten Staaten *Pl* von Amerika

U·ru·guay [ˈjʊərəgwaɪ] Uruguay *n*

U·tah [ˈjuːtɑː; ˈ‿tɔː] *Staat der USA*

Uz·bek·i·stan [ˌʌzbekɪˈstɑːn] Usbekistan

V

Van·cou·ver [væn'ku:və] *Hafenstadt in Kanada*
Vat·i·can ['vætikən] *der Vatikan*
Vat·i·can Cit·y [,vætikən'siti] *Vatikanstadt f*
Ven·e·zu·e·la [,veni'zweilə] *Venezuela n*
Ven·ice ['venis] *Venedig n*
Ver·mont [vɜːˈmɒnt] *Staat der USA*
Vi·en·na [vi'enə] *Wien n*
Viet·nam [,vjet'næm] *Vietnam n*
Vir·gin·ia [vəˈdʒinjə] *Staat der USA*

W

Wales [weilz] *Wales n*
War·saw ['wɔːsɔː] *Warschau n*
War·wick·shire ['wɒrikʃə] *englische Grafschaft*
Wash·ing·ton ['wɒʃiŋtən] *Staat der USA; a. ~ DC Bundeshauptstadt der USA*
Wa·ter·loo [,wɔːtə'luː] *Ort in Belgien*
Wem·bley ['wembli] *Stadtteil von Groß-London*
West·ern Isles [,westən'ailz] *insulare Verwaltungsregion Schottlands*
West Gla·mor·gan [,westglə'mɔːgən] *walisische Grafschaft*
West Mid·lands [,west'midləndz] *Pl Stadtgrafschaft in Mittelengland*
West·min·ster ['westminstə] *a. City of ~ Stadtbezirk von Groß-London*
West·pha·lia [west'feiljə] *Westfalen n*
West Vir·gin·ia [,westvə'dʒinjə] *Staat der USA*

West York·shire [,west'jɔːkʃə] *Stadtgrafschaft in Nordengland*
Whit·by ['witbi] *Fischereihafen in North Yorkshire (England)*
Wilt·shire ['wiltʃə] *englische Grafschaft*
Wim·ble·don ['wimbldən] *Stadtteil von Groß-London (Tennisturniere)*
Win·ches·ter ['wintʃistə] *Hauptstadt von Hampshire (England)*
Wis·con·sin [wis'kɒnsin] *Staat der USA*
Wol·ver·hamp·ton ['wʊlvə,hæmptən] *Industriestadt in Mittelengland*
Wor·ces·ter ['wʊstə] *Industriestadt in Mittelengland*
Wy·o·ming [wai'əʊmiŋ] *Staat der USA*

Y

Yel·low·stone ['jeləʊstəʊn] *Fluss u. Nationalpark im Nordwesten der USA*
Ye·men ['jemən] *der Jemen*
York [jɔːk] *Stadt in Nordostengland*
York·shire ['_·ʃə]: *North ~, South ~, West ~ Grafschaften in England*
Yo·sem·i·te Na·tion·al Park [jəʊ'semiti,næʃənl'pɑːk] *Nationalpark in Kalifornien (USA)*
Yu·go·sla·via [,juːgəʊ'slɑːvjə] *Jugoslawien n*

Z

Za·ire [zɑːˈiə] *hist Za'ire n*
Zam·bia ['zæmbiə] *Sambia n*
Zim·ba·bwe [zim'bɑːbwi] *Simbabwe n*
Zu·rich ['zjʊərik] *Zürich n*

Geographische Namen (Deutsch) –
Geographical Names (German)

A

Aachen Aachen, Aix-la-Chapelle
Aargau Argovia, Argovie
Adria, *das* **Adriatische Meer** *the* Adriatic Sea
Afghanistan Afghanistan
Afrika Africa
Ägäis, *das* **Ägäische Meer** *the* Aegean Sea
Ägypten Egypt
Albanien Albania
Algerien Algeria
Algier Algiers
Alpen *the* Alps
Amazonas *the* Amazon
Amerika America
Anden *the* Andes
Andorra Andorra
Angola Angola
Antarktis Antarctica
Antillen *the* Antilles
Antwerpen Antwerp
Apenninen *the* Apennines
Appenzell Appenzell
Äquatorialguinea Equatorial Guinea
Arabien Arabia
Argentinien Argentina, the Argentine
Ärmelkanal *the* English Channel
Armenien Armenia
Aserbaidschan Azerbaijan
Asien Asia
Athen Athens
Äthiopien Ethiopia
Atlantik, *der* **Atlantische Ozean** *the* Atlantic (Ocean)
Ätna Mount Etna
Australien Australia
Azoren *the* Azores

B

Bahrain Bahrain
Balearen *the* Balearic Islands
Balkan *the* Balkan States, the Balkans; *the* Balkan Peninsula
Baltikum *the* Baltic States
Bangladesch Bangladesh

Basel Basel, Basle, Bâle
Baskenland *the* Basque Provinces
Bayern Bavaria
Bayerische(r) Wald *the* Bavarian Forest
Beijing Beijing
Belarus Belarus
Belgien Belgium
Belgrad Belgrade
Belize Belize
Beneluxstaaten *the* Benelux countries
Benin Benin
Beringstraße *the* Bering Strait
Berlin Berlin
Bermudainseln *the* Bermudas
Bern Bern(e)
Bhutan Bhutan
Birma Burma
Biskaya, Golf von Biskaya *the* Bay of Biscay
Bodensee Lake Constance
Böhmen Bohemia
Böhmerwald *the* Bohemian Forest
Bolivien Bolivia
Borneo Borneo
Bosnien Bosnia
Bosporus *the* Bosporus
Botswana Botswana
Brandenburg Brandenburg
Bremen Bremen
Brasilien Brazil
Brüssel Brussels
Bukarest Bucharest
Bulgarien Bulgaria
Bundesrepublik Deutschland *the* Federal Republic of Germany
Burgund Burgundy
Burkina Faso Burkina Faso
Burundi Burundi

C

Calais Calais
Capri Capri
Chile Chile
China China
Costa Rica Costa Rica
Côte d'Ivoire Côte d'Ivoire

D

Dänemark Denmark
Den Haag The Hague
Delhi Delhi
Deutsche Demokratische Republik *hist the* German Democratic Republic; East Germany
Deutschland Germany
Dolomiten *the* Dolomites
Dominikanische Republik *the* Dominican Republic
Donau *the* Danube
Dünkirchen Dunkirk

E

Ecuador Ecuador
Elfenbeinküste Côte d'Ivoire, *the* Ivory Coast
El Salvador El Salvador
Elsass Alsace, Alsatia
Engadin *the* Engadine
England England
Eritrea Eritrea
Estland Est(h)onia
Euphrat *the* Euphrates
Eurasien Eurasia
Europa Europe

F

Falklandinseln *the* Falkland Islands
Färöer *the* Fa(e)roe Islands, *the* Fa(e)roes
Fidschi Fiji
Fidschiinseln *the* Fiji Islands
Finnland Finland
Florenz Florence
Franken Franconia
Frankfurt Frankfurt
Frankreich France
Freiburg Fribourg (*Stadt u. Kanton in der Schweiz*)
Friesische(n) Inseln *the* Frisian Islands
Fudschijama Mount Fuji

G

Gabun Gabon
Galiläa Galilee
Gambia *the* Gambia
Ganges *the* Ganges

Genf Geneva
Genfer See Lake Geneva
Genua Genoa
Ghana Ghana
Gibraltar Gibraltar
Graubünden Grisons
Grenada Grenada
Griechenland Greece
Grönland Greenland
Großbritannien Great Britain
Große(n) Antillen *the* Greater Antilles
Guinea(-Bissau) Guinea(-Bissau)
Guayana Guayana

H

Haiti Haiti
Hamburg Hamburg
Hannover Hanover
Havanna Havana
Hebriden *the* Hebrides
Helgoland Heligoland
Hessen Hesse
Himalaja *the* Himalaya(s)
Holland Holland
Hongkong Hong Kong

I

Indien India
Indische(r) Ozean *the* Indian Ocean
Indochina Indochina
Indonesien Indonesia
Innerasien Central Asia
Ionische(s) Meer *the* Ionian Sea
Irak Iraq
Iran Iran
Irische Republik *the* Republic of Ireland
Irische See *the* Irish Sea
Irland Ireland
Island Iceland
Israel Israel
Italien Italy

J

Jalta Yalta
Jamaika Jamaica
Japan Japan
Java Java

Jemen Yemen
Jerusalem Jerusalem
Jordanien Jordan
Jugoslawien Yugoslavia

K

Kairo Cairo
Kalifornien California
Kambodscha Cambodia
Kamerun Cameroon
Kanada Canada
Kanalinseln *the* Channel Islands
Kanaren, *die,* **Kanarischen Inseln** *the* Canaries, *the* Canary Islands
Kap der Guten Hoffnung *the* Cape of Good Hope
Kap Hoorn Cape Horn, the Horn
Kapstadt Cape Town
Karibik *the* Caribbean
Kärnten Carinthia
Karpaten *the* Carpathian Mountains, *the* Carpathians
Kasachstan Kazakhstan
Kaschmir Kashmir, Cashmere
Kaspische(s) Meer, *der* **Kaspisee** *the* Caspian Sea
Kaukasus *the* Caucasus (Mountains)
Kenia Kenya
Kiew Kiev
Kilimandscharo Mount Kilimanjaro
Kirgis(is)tan Kirgyzstan
Kiribati Kiribati
Kleinasien Asia Minor
Kleine(n) Antillen *the* Lesser Antilles, *the* Caribbees
Köln Cologne
Kolumbien Colombia
Komoren *the* Comoros
Kongo *the* Congo
Konstanz Constance
Kopenhagen Copenhagen
Korea Korea
Korfu Corfu
Korsika Corsica
Kosovo Kosovo
Kreml *the* Kremlin
Kreta Crete
Krim *the* Crimea
Kroatien Croatia
Kuba Cuba
Kuwait Kuwait

L

Laos Laos
Lappland Lapland
Lateinamerika Latin America
Lesotho Lesotho
Lettland Latvia
Libanon (*the*) Lebanon (*meist ohne bestimmten Artikel gebraucht*)
Liberia Liberia
Libyen Libya
Liechtenstein Liechtenstein
Ligurische(s) Meer *the* Ligurian Sea
Lissabon Lisbon
Litauen Lithuania
London London
Lothringen Lorraine
Lüneburger Heide *the* Lüneburg Heath
Luxemburg Luxembourg
Luzern Lucerne

M

Madagaskar Madagascar
Madeira, Madera Madeira
Mailand Milan
Malawi Malawi
Malaysia Malaysia
Malediven *the* Maldives
Mali Mali
Mallorca Majorca
Malta Malta
Marokko Morocco
Mauretanien Mauritania
Mauritius Mauritius
Mazedonien Macedonia
Mecklenburg-Vorpommern Mecklenburg-Western Pomerania
Mekka Mecca, Mekka
Menorca Minorca
Mexiko Mexico
Mittelamerika *weit. S., inklusive Mexiko*: Middle America; *eng. S.*: Central America
Mitteleuropa Central Europe
Mittelmeer *the* Mediterranean (Sea)
Moldawien Moldavia, Moldova
Monaco, Monako Monaco
Mongolei Mongolia
Mosambik Mozambique
Mosel *the* Moselle
Moskau Moscow
München Munich
Myanmar Myanmar

N

Nahe(r) Osten the Middle East
Namibia Namibia
Nauru Nauru
Neapel Naples
Nepal Nepal
Neufundland Newfoundland
Neuguinea New Guinea
Neuseeland New Zealand
Nicaragua, Nikaragua Nicaragua
Niederlande the Netherlands
Niederösterreich Lower Austria
Niedersachsen Lower Saxony
Niger Niger
Nigeria Nigeria
Nil the Nile
Nizza Nice
Nordamerika North America
Nordirland Northern Ireland
Nordkap the North Cape
Nordkorea North Korea
Nord-Ostsee-Kanal the Kiel Canal
Nordrhein-Westfalen North Rhine-
-Westphalia
Nordsee the North Sea
Normandie Normandy
Norwegen Norway
Nürnberg Nuremberg

O

Oberösterreich Upper Austria
Olymp Mount Olympus
Oman Oman
Oslo Oslo
Ostasien East Asia
Ostende Ostend
Osterinsel the Easter Island
Österreich Austria
Ostsee the Baltic Sea
Ozeanien Oceania

P

Pakistan Pakistan
Palästina hist Palestine
Papua-Neuguinea Papua New Guinea
Paraguay Paraguay
Paris Paris
Pazifik, der **Pazifische Ozean** the Pa-
cific (Ocean)

Peking Peking
Persien Persia
Persische(r) Golf the Persian Gulf
Peru Peru
Pfalz the Palatinate
Philippinen the Philippines
Piemont Piedmont
Polen Poland
Polynesien Polynesia
Pommern Pomerania
Portugal Portugal
Prag Prague
Preußen Prussia
Puerto Rico Puerto Rico
Pyrenäen the Pyrenees

R

Rhein the Rhine
Rheinland-Pfalz Rhineland-Palatin-
ate
Rhodos Rhodes
Rom Rome
Rote(s) Meer the Red Sea
Ruanda Rwanda
Ruhrgebiet the Ruhr
Rumänien Romania
Russland Russia

S

Saarland the Saarland
Sachsen Saxony
Sachsen-Anhalt Saxony-Anhalt
Sahara the Sahara
Salzburg Salzburg
Sambia Zambia
Samoa Samoa
San Marino San Marino
Sardinien Sardinia
Saudi-Arabien Saudi Arabia
Schlesien Silesia
Schleswig-Holstein Schleswig-Hol-
stein
Schottland Scotland
Schwaben Swabia
Schwarze(s) Meer the Black Sea
Schwarzwald the Black Forest
Schweden Sweden
Schweiz Switzerland
Senegal Senegal
Serbien Serbia
Seychellen the Seychelles

Shetland-Inseln Shetland, *the* Shetland Islands
Sibirien Siberia
Sierra Leone Sierra Leone
Simbabwe Zimbabwe
Singapur Singapore
Sizilien Sicily
Skandinavien Scandinavia
Slowakei Slovakia
Slowenien Slovenia
Somalia Somalia
Sowjetunion *hist the* Soviet Union
Spanien Spain
Spitzbergen Spitsbergen
Sri Lanka Sri Lanka
Steiermark Styria
Stille(r) Ozean → *Pazifik*
Stockholm Stockholm
Straßburg Strasbourg
Südafrika South Africa
Südamerika South America
Sudan *the* Sudan
Südkorea South Korea
Südsee *the* South Pacific
Sueskanal *the* Suez Canal
Sumatra Sumatra
Surinam Suriname
Swasiland Swaziland
Syrien Syria

T

Tadschikistan Tadzhikistan
Tahiti Tahiti
Taiwan Taiwan
Tanganjika Tanganyika
Tansania Tanzania
Tasmanien Tasmania
Teheran Teh(e)ran
Tessin Ticino
Thailand Thailand
Themse *the* Thames
Thüringen Thuringia
Tibet Tibet
Tirol Tyrol, Tirol
Tokio Tokyo
Toskana Tuscany
Trinidad und Tobago Trinidad and Tobago
Tschad Chad
Tschechien, Tschechische Republik *the* Czech Republic
Tschechoslowakei *hist* Czechoslovakia
Tschetschenien Chechnia

Tunesien Tunisia
Türkei Turkey
Turkmenistan Turkmenistan
Tyrrhenische(s) Meer *the* Tyrrhenian Sea

U

Uganda Uganda
Ukraine *the* Ukraine
Ungarn Hungary
Union der Sozialistischen Sowjetrepubliken *hist* the Union of Soviet Socialist Republics
Ural *the* Ural Mountains, *the* Urals
Uruguay Uruguay
Usbekistan Uzbekistan

V

Vatikan(stadt) *the* Vatican (City)
Venedig Venice
Venezuela Venezuela
Vereinigte(n) Arabische(n) Emirate *the* United Arab Emirates
Vereinigte(s) Königreich (von Großbritannien und Nordirland) *the* United Kingdom (of Great Britain and Northern Ireland)
Vereinigte(n) Staaten (von Amerika) *the* United States (of America)
Vesuv Vesuvius
Vietnam Vietnam, Viet Nam
Volksrepublik China *the* People's Republic of China

W

Warschau Warsaw
Weichsel *the* Vistula
Weißrussland White Russia, B(y)elorussia
Westfalen Westphalia
Westindische(n) Inseln *the* West Indies
Wien Vienna

Z

Zaire *hist* Zaire
Zentralafrikanische Republik *the* Central African Republic
Zimbabwe Zimbabwe
Zürich Zurich
Zypern Cyprus

Britische und amerikanische Abkürzungen – British and American Abbreviations

A

a *acre* Acre *m* (*4046,8 m²*)

A *answer* Antw., Antwort *f*; *ampere* A, Ampere *n od Pl*

AA *Alcoholics Anonymous* Anonyme Alkoholiker *Pl*; *Br* **Automobile Association** (*Automobilklub*)

AAA [*häufig:* ˌtrɪpl'eɪ] *Br* **Amateur Athletic Association** (*Leichtathletikverband*); *Am* **American Automobile Association** (*Automobilklub*)

ABC *American Broadcasting Company* (*amerikanische Rundfunkgesellschaft*)

abs *abdominal muscles* Bauchmuskeln *Pl*

ABS *antilock braking system* ABS *n*, Antiblockiersystem *n*

AC *alternating current* Wechselstrom *m*

A/C, a/c *account current* Kontokorrent *n*; *account* Kto., Konto *n*; Rechnung *f*

acc(t). *account* Kto., Konto *n*; Rechnung *f*

AD *Anno Domini* im Jahr des Herrn, n. Chr., nach Christus

AFC *automatic frequency control* automatische Frequenz(fein)abstimmung

AFN *American Forces Network* (*Rundfunkanstalt der US-Streitkräfte*)

AGM *annual general meeting* ordentliche Jahreshauptversammlung

AI *artificial intelligence* KI

AIDS *acquired immune deficiency syndrome* Aids *n*

AK *Alaska* (*Staat der USA*)

AL, Ala. *Alabama* (*Staat der USA*)

Alas. *Alaska* (*Staat der USA*)

AM *amplitude modulation* (*Frequenzbereich der Kurz-, Mittel- u. Langwellen*); *Am* → **MA** (*Master of Arts*); *bes Am* → **a.m.**

a.m., am *ante meridiem* (= *before noon*) morgens, vorm., vormittags

AMF *Allied Mobile Forces* schnelle Eingreiftruppe der NATO

a/o *account of* à Konto von, auf Rechnung von

AOB *any other business* Sonstiges

AP *Associated Press* (*amerikanische Nachrichtenagentur*); *American plan* Vollpension *f*

Apr. *April* April *m*

AR *Arkansas* (*Staat der USA*)

ARC *American Red Cross* das Amerikanische Rote Kreuz

Ariz. *Arizona* (*Staat der USA*)

Ark. *Arkansas* (*Staat der USA*)

arr. *arrival* Ank., Ankunft *f*

A/S *account sales* Verkaufsabrechnung *f*

asap ['eɪzæp] *as soon as possible* möglichst bald

ASCII ['æskiː] *American Standard Code for Information Interchange* (*standardisierter Kode zur Darstellung alphanumerischer Zeichen*)

asst. *assistant* Asst., Assistent(in)

ATM *automated teller machine* *Am* Geldautomat *m*

attn *attention (of)* z. Hd., zu Händen (von), für

Aug. *August* Aug., August *m*

av. *average* Durchschnitt *m*; Havarie *f*

Ave *Avenue* Allee *f*, Straße *f*

AWACS ['eɪwæks] *Airborne Warning and Control System* (*luftgestütztes Frühwarnsystem*)

AZ *Arizona* (*Staat der USA*)

B

BA *Bachelor of Arts* Bakkalaureus *m* der Philosophie; *British Airways* (*britische Luftverkehrsgesellschaft*)

B&B *bed and breakfast* Übernachtung *f* mit Frühstück

BBC *British Broadcasting Corporation* BBC *f* (*britische Rundfunkgesellschaft*)

BC *before Christ* v. Chr., vor Christus

B/E *bill of exchange* Wechsel *m*

Beds [bedz] *Bedfordshire*

BEng *Bachelor of Engineering* Bakkalaureus *m* der Ingenieurwissenschaft(en)

Berks [baːks] *Berkshire*

BL *Bachelor of Law* Bakkalaureus *m* des Rechts

BLit *Bachelor of Literature* Bakkalaureus *m* der Literatur(wissenschaft)

BLitt *Bachelor of Letters* Bakkalaureus *m* der Literaturwissenschaft

Blvd *Boulevard* Boulevard *m*

BM *Bachelor of Medicine* Bakkalaureus *m* der Medizin

BOT *Br Board of Trade* Handelsministerium *n*

BR *British Rail* (*Eisenbahn in Großbritannien*)

BRCS *British Red Cross Society* das Britische Rote Kreuz

Br(it). *Britain* Großbritannien *n*; *British* britisch

Bros. *brothers* Gebr., Gebrüder *Pl* (*in Firmenbezeichnungen*)

BS *Am Bachelor of Science* Bakkalaureus *m* der Naturwissenschaften; *Br Bachelor of Surgery* Bakkalaureus *m* der Chirurgie; *British Standard* Britische Norm

BSc *Br Bachelor of Science* Bakkalaureus *m* der Naturwissenschaften

BScEcon *Bachelor of Economic Science* Bakkalaureus *m* der Wirtschaftswissenschaft(en)

BSE *bovine spongiform encephalopathy* BSE

BSI *British Standards Institution* (*britische Normungsorganisation*)

BT *British Telecom* die Britische Telecom

Bucks [bʌks] *Buckinghamshire*

C

C *Celsius* C, Celsius; *centigrade* hundertgradig (*Thermometereinteilung*)

c *cent(s)* Cent *m* (*od Pl*); *century* Jh., Jahrhundert *n*; *circa* ca., circa, ungefähr; *cubic* Kubik…

CA *California* Kalifornien *n* (*Staat der USA*); *chartered accountant Br* konzessionierter Wirtschaftsprüfer *od* Buchprüfer *od* Steuerberater

C/A *current account* Girokonto *n*

CAD *computer-aided design* computergestütztes Design

CAI *computer-assisted* (*od* -*aided*) *instruction* computerunterstützter Unterricht

CAL *computer-assisted learning* computerunterstütztes Lernen

Cal(if). *California* Kalifornien *n* (*Staat der USA*)

CAM *computer-aided manufacturing* computergestützte Fertigung

Cambs [kæmz] *Cambridgeshire.*

Can. *Canada* Kanada *n*; *Canadian* kanadisch

CAP *EU: common agricultural policy* GAP, gemeinsame Agrarpolitik *f*

CB *Citizens' Band* CB-Funk *m* (*Wellenbereich für privaten Funkverkehr*)

CBS *Columbia Broadcasting System* (*amerikanische Rundfunkgesellschaft*)

CC *city council* Stadtrat *m*; *Br county council* Grafschaftsrat *m*

cc *Br cubic centimetre(s)* cm³, Kubikzentimeter *m* (*od Pl*); *carbon copy* Durchschlag *m*, Kopie *f* an:

CD *compact disc* CD-(Platte) *f*; *corps diplomatique* CD, diplomatisches Korps

CE *Church of England* Anglikanische Kirche

CEE *Central and Eastern European countries* mittel- und osteuropäische Länder *Pl*

CEO *Am chief executive officer* Hauptgeschäftsführer(in), Vorstandsvorsitzende(r), Konzernchef(in), Generaldirektor(in)

cert. *certificate* Bescheinigung *f*

CET *Central European Time* MEZ, mitteleuropäische Zeit

CF TEL *call forwarding* Rufumleitung *f*

cf. *confer* vgl., vergleiche

CFC *chlorofluorocarbon* FCKW

CFO *Am chief financial officer* Leiter(in) der Finanzabteilung

Ches *Cheshire*

CIA *Central Intelligence Agency* (*US-Geheimdienst*); *cash in advance* Vorkasse *f*

CID *Br Criminal Investigation Department* (*Kriminalpolizei*)

c.i.f., cif *cost, insurance, freight* Kosten, Versicherung und Fracht einbegriffen

CIS *Commonwealth of Independant States* die GUS

CJD *Creutzfeldt-Jakob disease* Creutzfeldt-Jakob-Krankheit *f*

CO *Colorado* (*Staat der USA*); *commanding officer* Kommandeur *m*

Co. *Company* Gesellschaft *f*; *county Br*

Grafschaft *f*; *Am* Kreis *m* (*Verwaltungsbezirk*)

c/o *care of* (wohnhaft) bei

COD *cash* (*Am* *collect*) *on delivery* per Nachnahme

C of E *Church of England* Anglikanische Kirche

col. *column* Sp., Spalte *f* (*in Buch etc*)

Colo. *Colorado* (*Staat der USA*)

Conn. *Connecticut* (*Staat der USA*)

Cons *Br* POL. *Conservative* Konservative *m*, *f*; konservativ

cont(d) *continued* Forts., Fortsetzung *f*; fortgesetzt

Corn *Cornwall*

CP *Canadian Press* (*Nachrichtenagentur*); *Communist Party* KP, Kommunistische Partei

CPA *Am* *certified public accountant* amtlich zugelassene(r) Wirtschaftsprüfer(in)

CPU COMPUTER *central processing unit* Zentraleinheit *f*

CT *Connecticut* (*Staat der USA*)

ct(s) *cent(s)* Cent *m* (*od Pl*)

cu *cubic* Kubik…

CV, cv *curriculum vitae* Lebenslauf *m*

CVR *cockpit voice recorder* Stimmaufzeichnungsgerät *n*

c.w.o. *cash with order* Barzahlung *f* bei Bestellung

cwt *hundredweight* (*etwa 1*) Zentner *m* (*Br 50,8 kg, Am 45,36 kg*)

D

d. *depth* T, Tiefe *f*; *died* gest., gestorben

DAT *digital audio tape* (*Tonbandkassette für Digitalaufnahmen mit DAT-Rekordern*)

DC *direct current* Gleichstrom *m*; *District of Columbia* Bundesdistrikt der USA (= *Gebiet der amerikanischen Hauptstadt Washington*)

DDT *dichlorodiphenyltrichloroethane* DDT, Dichlordiphenyltrichloräthan *n*

DE *Delaware* (*Staat der USA*)

Dec. *December* Dez., Dezember *m*

Del. *Delaware* (*Staat der USA*)

dep. *departure* Abf., Abfahrt *f*

dept *department* Abt., Abteilung *f*

Derbys *Derbyshire*

Dip., dip. *diploma* Diplom *n*

Dir., dir. *director* Dir., Direktor(in), Leiter(in)

disc. *discount* Diskont *m*; Rabatt *m*, Preisnachlass *m*

div. *dividend* Dividende *f*; *divorced* gesch., geschieden; *division* Abt., Abteilung *f* (*in Firma*); SPORT Liga *f*

DIY *do-it-yourself* Heimwerken *n*

DJ *disc jockey* DJ, Diskjockey *m*; *dinner jacket* Smoking(jacke *f*) *m*

DNA *deoxyribonucleic acid* DNS

doc. *document* Dokument *n*, Urkunde *f*

dol. *dollar(s)* Dollar *m* (*od Pl*)

Dors *Dorset*

DOS [dɒs] *disk operating System* DOS, Betriebssystem *n*

doz. *dozen(s)* Dtzd., Dutzend *n* (*od Pl*)

DP *data processing* DV

dpt *department* Abt., Abteilung *f*

Dr *Doctor* Dr., Doktor *m*; *in Straßennamen*: *Drive* etwa: Fahrstraße *f*, Zufahrt *f*

DTP *desktop publishing* DTP

DVD *digital versatile* (*od video*) *disk* digitale, vielseitig verwendbare Compact (*od* Video) Disk

DVT *deep vein thrombosis* tiefe Venenthrombose, FLUG *a.* Economy--Class-Syndrom *n*

dz. *dozen(s)* Dtzd., Dutzend *n* (*od Pl*)

E

E *east* O, Ost(en *m*); *eastern* ö, östlich; *English* englisch

EC *European Communites* EG, Europäische Gemeinschaften *Pl*

ECB *European Central Bank* EZB, Europäische Zentralbank

ECG *electrocardiogram* EKG

ECJ *European Court of Justice* EuGH, Europäischer Gerichtshof

ECU *European Currency Unit(s)* hist Europäische Währungseinheit(en *Pl*) *f*

Ed., ed. *edited* h(rs)g., herausgegeben; *edition* Aufl., Auflage *f*; *editor* H(rs)g., Herausgeber(in)

EDD *electronic direct debit* elektronisches Lastschriftverfahren

EDP *electronic data processing* EDV

EEA *European Economic Area* EWR, Europäischer Wirtschaftsraum

EEC *European Economic Community* EWG, Europäische Wirtschaftsgemeinschaft

EEG *electroencephalogram* EEG

EFL *English as a Foreign Language* Englisch *n* für Ausländer

EFT *electronic funds transfer* elektronischer Zahlungsverkehr

EFTA ['eftə] *European Free Trade Association* EFTA, Europäische Freihandelsgemeinschaft

Eftpos *electronic funds transfer at point of sale* elektronische Kasse

e.g. *exempli gratia* (= *for instance*) z. B., zum Beispiel

EIB *European Investment Bank* EIB, Europäische Investitionsbank

ELT *English Language Teaching* Englischunterricht *m* für Ausländer

EMI *European Monetary Institute* EWU, Europäisches Währungsinstitut

EMS *European Monetary System* EWS, Europäisches Währungssystem

EMU (*European*) *Economic and Monetary Union* EW(W)U, Europäische (Wirtschafts- und) Währungsunion

Eng. *England* England *n*; *English* engl., englisch

ENT *ear, nose, and throat* HNO…, Hals-Nasen-Ohren-…

EP *European Parliament* EP, Europäisches Parlament

EPO *European Patent Office* EPA, Europäisches Patentamt

ERM *Exchange Rate Mechanism* Wechselkursmechanismus *m*

ESA *European Space Agency* Europäische Weltraumbehörde

ESCB *European System of Central Banks* ESZB, Europäisches System der Zentralbanken

ESL *English as a second language* Englisch *n* als Fremdsprache

esp. *especially* bes., bes, besonders

Ess *Essex*

est. *established* gegr., gegründet; *estimated* gesch., geschätzt

ETA *estimated time of arrival* voraussichtliche Ankunft(szeit)

etc., &c. *et cetera, and the rest, and so on* etc., usw., und so weiter

ETD *estimated time of departure* voraussichtliche Abflugzeit *bzw.* Abfahrtszeit

EU *European Union* EU

EUR *euro* EUR, Euro *m* (*ISO-Währungscode*)

EURATOM [juər'ætəm] *European Atomic Energy Community* Euratom, Europäische Atomgemeinschaft

excl. *exclusive, excluding* ausschl., ausschließlich, ohne

ext. *extension* TEL Apparat *m* (*Nebenanschluss*); *external, exterior* äußerlich, Außen…

F

f *female, feminine* weibl., weiblich; *following* f., folg., folgend; *foot* (*feet*) Fuß *m* (*od Pl*) (*30,48 cm*)

F *Fahrenheit* F, Fahrenheit (*Thermometereinteilung*)

FA *Br Football Association* Fußballverband *m*

FAQ [fæk], *Pl a.* **FAQs** Internet: *frequently asked question*(*s*) häufig gestellte Frage(n)

FBI *Am Federal Bureau of Investigation* FBI (*Bundeskriminalamt*)

FDR *flight data recorder* Flug(daten)schreiber *m*

Feb. *February* Febr., Februar *m*

fed. *federal* POL Bundes…

fig. *figure*(*s*) Abb., Abbildung(en *Pl*) *f*

FL *Florida* (*Staat der USA*)

fl. *floor* Stock(werk *n*) *m*

Fla. *Florida* (*Staat der USA*)

FM *frequency modulation* UKW (*Frequenzbereich der Ultrakurzwellen*)

FMD *foot-and-mouth* (*disease*) MKS, Maul-und Klauenseuche *f*

foll. *following* f., folg., folgend

fr. *franc*(*s*) Franc(s *Pl*) *m*, Franken *m* (*od Pl*)

FRG *Federal Republic of Germany* BRD, Bundesrepublik *f* Deutschland

Fri. *Friday* Fr., Freitag *m*

ft *foot* (*feet*) Fuß *m* (*od Pl*) (*30,48 cm*)

FTAA *Free Trade Area of the Americas* Freihandelszone der Staaten des amerikanischen Kontinents

G

g *gram*(*s*), *gramme*(*s*) g, Gramm *n* (*od Pl*)

GA (**Ga.**) *Georgia* (*Staat der USA*)

gal(**l**)**.** *gallon*(*s*) Gallone(n *Pl*) *f* (*Br 4,546 l, Am 3,785 l*)

GATT *General Agreement on Tariffs and Trade* Allgemeines Zoll- und

Handelsabkommen

GB *Great Britain* GB, Großbritannien *n*; *gigabyte* GB, Gbyte *n*

GCE *hist General Certificate of Education* (*britische Schulabschlussprüfung*)

GCSE *General Certificate of Secondary Education* (*britische Schulabschlussprüfung*)

Gdns *Gardens* Park *m*, Garten(anlagen *Pl*) *m*

GDP *gross domestic product* BIP, Bruttoinlandsprodukt *n*

Gen. *general* General *m*

gen. *general(ly)* allgemein

GI *government issue* von der Regierung ausgegeben, Staatseigentum *n*; GI *m, der* amerikanische Soldat

GIGO COMPUTER *garbage in, garbage out* a. *fig* falsche Eingabe, falsche Ausgabe

Glos [glɒs] *Gloucestershire*

gm *gram(s), gramme(s)* Gramm *n* (*od Pl*)

GMT *Greenwich Mean Time* WEZ, westeuropäische Zeit

GNP *gross national product* BSP, Bruttosozialprodukt *n*

Gov. *government* Regierung *f*; *governor* Gouverneur(in)

Govt, govt *government* Regierung *f*

GP *general practitioner* praktischer Arzt, praktische Ärztin

GPO *general post office* Hauptpostamt *n*

GPS *global positioning system* GPS, globales Positionierungssystem (*Standortermittlung via Satellitenpeilung*)

GSM *General Sales Manager* Verkaufsleiter(in); *global system for mobile communications* GSM (*einheitlicher europäischer Mobilfunkstandard*)

H

h. *hour(s)* Std., Stunde(n *Pl*) *f*, Uhr (*bei Zeitangaben*); *height* H., Höhe *f*

Hants *Hampshire*

HBM *His (Her) Britannic Majesty* Seine (Ihre) Britannische Majestät

Heref&Worcs *Hereford and Worcester*

Herts [hɑːts] *Hertfordshire*

HGM *human growth hormone* menschliches Wachstumshormon

HGV *Br heavy goods vehicle* Schwerlastkraftwagen *m*, Schwerlaster *m*

HI *Hawaii* (*Staat der USA*)

HIPC *heavily indebted poor countries* hoch verschuldete arme Länder *Pl*

HIV *human immunodeficiency virus* HIV, HIV-Virus *m, n*

HM *His (Her) Majesty* Seine (Ihre) Majestät

HMS *His (Her) Majesty's Ship* Seiner (Ihrer) Majestät Schiff *n*

HO *head office* Hauptgeschäftsstelle *f*, Zentrale *f*; *Br Home Office* Innenministerium *n*

Hon. *Honorary* ehrenamtlich; *Honourable der od die* Ehrenwerte (*Anrede und Titel*)

HP, hp *horsepower* PS, Pferdestärke *f*; *high pressure* Hochdruck *m*; *hire purchase* Ratenkauf *m*

HQ, Hq. *Headquarters* Hauptquartier *n*

hr *hour* Std., Stunde *f*

HR *the human resources* Personalabteilung *f*

HRH *His (Her) Royal Highness* Seine (Ihre) Königliche Hoheit

hrs. *hours* Std(n)., Stunden *Pl*

ht *height* H., Höhe *f*

http *hypertext transport protocol* http, (*Kommunikationsprotokoll im World Wide Web*)

I

IA, Ia *Iowa* (*Staat der USA*)

IATA [ɑːˈjɑːtə] *International Air Transport Association* Internationaler Luftverkehrsverband

ib(id). *ibidem* (= *in the same place*) ib., ibd., ebd., ebenda

IC *integrated circuit* integrierter Schaltkreis; *intellectual capital* geistiges Kapital

ICT *information and communications technology* Informations- und Kommunikationstechnologie *f*

ID *identification* Identifizierung *f*; Ausweis *m*; *identity* Identität *f*; *Idaho* (*Staat der USA*)

Id(a). *Idaho* (*Staat der USA*)

IDP *international driving permit* internationaler Führerschein

i.e., ie *id est* (= *that is to say*) d.h., das heißt

IL, Ill *Illinois* (*Staat der USA*)

ill., illus(t). *illustration* Abb., Abbildung

f; *illustrated* bebildert, illustriert

IMF *International Monetary Fund* IWF, Internationaler Währungsfonds

IN *Indiana* (*Staat der USA*)

in. *inch(es)* Zoll *m* (*od Pl*) (*2,54 cm*)

Inc., inc. *incorporated* (*amtlich*) eingetragen, *bes Am* AG

incl. *inclusive, including* einschl., einschließlich

Ind. *Indiana* (*Staat der USA*)

inst. *instant* d.M., dieses Monats

I/O *input/output* Eingabe/Ausgabe

IOC *International Olympic Committee* IOK, Internationales Olympisches Komitee

IOU *I owe you* Schuldschein *m*

IPO *initial public offer(ing)* Erstnotiz *f*, Börsenzulassung *f* (*e-r Aktie*)

IQ *intelligence quotient* IQ, Intelligenzquotient *m*

Ir. *Ireland* Irland *n*; *Irish* irisch

IRA *Irish Republican Army* Irisch-Republikanische Armee

IRC *International Red Cross* IRK, *das* Internationale Rote Kreuz

Is *Island(s)*, *Isle(s)* Insel(n *Pl*) *f*

ISBN *international standard book number* ISBN-Nummer *f*

ISO *International Organization for Standardization* Internationale Organisation für Standardisierung, Internationale Normenorganisation

ISP *internet service provider* Internetdiensteanbieter *m*

ISS *international space station* ISS, internationale Raumstation

IT *information technology* IT, Informationstechnologie *f*

ITV *Independent Television* unabhängige britische kommerzielle Fernsehanstalten

IUD *intra-uterine device* Spirale *f* F

IVF *in vitro fertilization* In-vitro-Fertilisation *f*, künstliche Befruchtung außerhalb des Körpers der Frau

IYHF *International Youth Hostel Federation* Internationaler Jugendherbergsverband

J

J *joule(s)* J, Joule *n* (*od Pl*)

Jan. *January* Jan., Januar *m*

Jnr, Jr *Junior* jr., jun., junior

Jul. *July* Juli *m*

Jun. *June* Juni *m*; *Junior* → *Jnr*

jun., junr *junior* jr., jun., junior

K

Kan(s). *Kansas* (*Staat der USA*)

KB *kilobyte* KB, Kbyte *n*

Ken. *Kentucky* (*Staat der USA*)

kg *kilogram(me)(s)* kg, Kilogramm *n* (*od Pl*)

km *kilometre(s)* km, Kilometer *m* (*od Pl*)

KM *knowledge management* Knowledge-Management *n*, Wissensmanagement *n*

KO *knockout* K.o., Knockout *m*

kph *kilometres per hour* kmh, Kilometer *Pl* pro Stunde

KS *Kansas* (*Staat der USA*)

kV, kv *kilovolt(s)* kV, Kilovolt *n* (*od Pl*)

kW, kw *kilowatt(s)* kW, Kilowatt *n* (*od Pl*)

KY, Ky *Kentucky* (*Staat der USA*)

L

L *Br* *learner* (*driver*) Fahrschüler(in) (*Plakette an Kraftfahrzeugen*); *large* (*size*) groß; *Lake* See *m*

l. *left* l., links; *line* Z., Zeile *f*, *litre(s)* l, Liter *m*, *n* (*od Pl*)

LA *Los Angeles* (*Stadt in Kalifornien*); *Louisiana* (*Staat der USA*)

La. *Louisiana* (*Staat der USA*)

Lab *Br* POL *Labour* (die) Labour Party

LAN IT *Local Area Network* LAN, lokales (Rechner)Netz

Lancs [læŋks] *Lancashire*

lat. *latitude* geographische Breite

lb., lb *pound(s)* Pfund *n* (*od Pl*) (*Gewicht*)

lbs *pounds* Pfund *Pl* (*Gewicht*)

L/C *letter of credit* Akkreditiv *n*

LCD *liquid crystal diode* Flüssigkristalldiode *f*

LED *light-emitting diode* Leuchtdiode *f*

Leics *Leicestershire.*

Lib *Br* POL *Liberal* Liberale *m*, *f*; liberal

Lincs [lɪŋks] *Lincolnshire*

loc. cit. *loco citato* (= *at the place already cited*) a.a.O., am angeführten Ort

long. *longitude* geographische Länge

LP *long-playing* (*record*) LP, Langspielplatte *f*; *Br* *Labour Party* (die) Labour

Party (*Großbritannien*)

I.p. *low pressure* Tiefdruck *m*

LPG *liquefied petroleum gas* Flüssiggas *n*

LPO *London Philharmonic Orchestra das* Londoner Philharmonieorchester

LSD *lysergic acid diethylamide* LSD, Lysergsäurediäthylamid *n*

LSO *London Symphony Orchestra das* Londoner Sinfonieorchester

Ltd, ltd *limited* mit beschränkter Haftung

LTU *long-term unemployed* Pl Langzeitarbeitslose Pl

LW *long wave* LW, Langwelle *f* (*Rundfunk*)

M

M Br *motorway* A, Autobahn *f*; *medium* (*size*) mittelgroß

m *metre(s)* m, Meter *m*, *n* (*od Pl*); *mile(s)* Meile(n *Pl*) *f*; *married* verh., verheiratet; *male, masculine* männl., männlich; *million(s)* Mio., Mill., Million(en *Pl*) *f*; *minute(s)* min., Min., Minute(n *Pl*) *f*

MA *Master of Arts* M.A., Magister Artium *m*; *Massachusetts* (*Staat der USA*); *military academy* Militärakademie *f*

Mar. *March* März *m*

masc LING *masculine* maskulin

Mass. *Massachusetts* (*Staat der USA*)

MB *megabyte* MB, Mbyte *n*

MBA *Master of Business Administration* Magister *m* der Betriebswirtschaftslehre

MBE *Member (of the Order) of the British Empire* Angehörige(r) des Ordens des Britischen Empire (*englischer Ehrentitel*)

MBO *management buyout* Management-Buyout *n* (*Aufkauf e-s Unternehmens durch Mitglieder der Geschäftsleitung*); *management by objectives* Führen *n* durch Zielvereinbarung

MC *master of ceremonies* Conférencier *m*

MCA *maximum credible accident* GAU *m*, größter anzunehmender Unfall

MCP *male chauvinist pig* F *pej* Chauvischwein *n*, *humor* Chauvi *m*

Md. *Maryland* (*Staat der USA*)

ME, Me. *Maine* (*Staat der USA*)

med. *medical* medizinisch; *medicine* Medizin *f*; *medium* (*size*) mittelgroß; *medieval* mittelalterlich

MEP *Member of the European Parliament* Mitglied *n* des Europaparlaments

MFC TEL *multifrequency code* MFV, Mehrfrequenzwahlverfahren *n*

mg *milligram(me)(s)* mg, Milligramm *n* (*od Pl*)

mi., mile(s) M., Meile(n *Pl*) *f* (*1609,34 m*)

MI *Michigan* (*Staat der USA*)

Mich. *Michigan* (*Staat der USA*)

min. *minute(s)* min., Min., Minute(n *Pl*) *f*; *minimum* Min., Minimum *n*

Minn. *Minnesota* (*Staat der USA*)

Miss. *Mississippi* (*Staat der USA*)

mm *millimetre(s)* mm, Millimeter *m*, *n* (*od Pl*)

MN *Minnesota* (*Staat der USA*)

MO *Missouri* (*Staat der USA*); *money order* Post- *od* Zahlungsanweisung *f*; *mail order* → *Wörterverzeichnis*

Mo. *Missouri* (*Staat der USA*)

Mon. *Monday* Mo., Montag *m*

Mont. *Montana* (*Staat der USA*)

MP *Member of Parliament* Br Unterhausabgeordnete *m*, *f*; *military police* Militärpolizei *f*

mpg *miles per gallon* (*Benzinverbrauch in Meilen pro Gallone*)

mph *miles per hour* Meilen *Pl* pro Stunde

MPV *multi-purpose vehicle* Mehrzweckfahrzeug *n*

Mr ['mɪstə] *Mister* Herr *m*

Mrs ['mɪsɪz] *ursprünglich Mistress* Fr., Frau *f*

MRT *magnetic resonance tomography* MR(T), KST, Kernspintomographie *f*

Ms [mɪz] Fr., Frau *f* (*neutrale Anredeform für unverheiratete u. verheiratete Frauen*)

MS *Mississippi* (*Staat der USA*); *manuscript* Ms., Mskr., Manuskript *n*; *motorship* MS, Motorschiff *n*

MSc *Master of Science* Magister *m* der Naturwissenschaften

MT *Montana* (*Staat der USA*)

Mt *Mount* Berg *m*

mth(s) *month(s)* Monat(e *Pl*) *m*

MW *medium wave* MW, Mittelwelle *f* (*Rundfunk*)

N

N *north* N, Nord(en *m*); *north(ern)* n, nördlich

n/a *not applicable* nicht zutreffend

NASA ['næsə] *Am* **National Aeronautics and Space Administration** NASA, Nationale Luft- und Raumfahrtbehörde

NATO ['neɪtəʊ] *North Atlantic Treaty Organization* NATO, Nato

NB, n.b. *nota bene* (= *note well*) NB, notabene

NBC *National Broadcasting Company* (*amerikanische Rundfunkgesellschaft*)

NC,N.C. *North Carolina* (*Staat der USA*)

ND, N.D. *North Dakota* (*Staat der USA*)

NE *Nebraska* (*Staat der USA*); *northeast* NO, Nordost(en *m*); *northeast (-ern)* nö, nordöstlich

Neb(r). *Nebraska* (*Staat der USA*)

neg. *negative* neg., negativ

Nev. *Nevada* (*Staat der USA*)

NGO *non-governmental organization* Nichtregierungsorganisation *f*

NH, N.H. *New Hampshire* (*Staat der USA*)

NHS *Br* *National Health Service* Staatlicher Gesundheitsdienst

NJ, N.J. *New Jersey* (*Staat der USA*)

NM,N.M(ex). *New Mexico* (*Staat der USA*)

No. *north* N, Nord(en *m*); *numero* (= *number*) Nr., Nummer *f*

no. *numero* (= *number*) Nr., Nummer *f*

Northants [nɔːˈθænts] *Northamptonshire*

Northd *Northumberland*

Notts *Nottinghamshire*

Nov. *November* Nov., November *m*

NPT *nuclear non-proliferation treaty* Vertrag *m* über die Nichtweiterverbreitung von Atomwaffen

NSB *Br* *National Savings Bank* etwa: Postsparkasse *f*

NT *New Testament* NT, Neues Testament

Nth *North* Nord-..., Nord...

nt.wt. *net weight* Nettogewicht *n*

NV *Nevada* (*Staat der USA*)

NW *northwest* NW, Nordwest(en *m*); *northwest(ern)* nw, nordwestlich

NY, N.Y. *New York* (*Staat der USA*)

NYC, N.Y.C. *New York City* (die Stadt) New York *n*

NZ *New Zealand* Neuseeland *n*

O

OAP *Br* *old-age pensioner* (Alters-) Rentner(in), Pensionär(in)

OAS *Organization of American States* Organisation *f* Amerikanischer Staaten

Oct. *October* Okt., Oktober *m*

OD *overdose* Überdosis *f*; e-e Überdosis nehmen

OECD *Organization for Economic Cooperation and Development* Organisation *f* für wirtschaftliche Zusammenarbeit und Entwicklung

OH *Ohio* (*Staat der USA*)

OHMS *On His* (*Her*) *Majesty's Service* im Dienst Seiner (Ihrer) Majestät; Dienstsache *f*

OHP *overhead projector* Tageslichtprojektor *m*

OK, Okla. *Oklahoma* (*Staat der USA*)

o.n.o. *or near(est) offer* VB, Verhandlungsbasis *f*

OPEC ['əʊpek] *Organization of Petroleum Exporting Countries* Organisation *f* der Erdöl exportierenden Länder

OR, Ore(g). *Oregon* (*Staat der USA*)

OT *Old Testament* AT, Altes Testament

Oxon ['ɒksn] *Oxfordshire* (*ursprünglich:* **Oxonia**); **Oxoniensis** (= *of Oxford University*) ... der Universität Oxford

oz *ounce(s)* Unze(n *Pl*) *f* (*28,35g*)

P

p *Br* *penny, pence* (*Währungseinheit*)

p. *page* S., Seite *f*; *part* T., Teil *m*

PA, Pa. *Pennsylvania* (*Staat der USA*)

p.a. *per annum* (= *per year*) pro Jahr, jährlich

PAS *power-assisted steering* MOT Servolenkung *f*

PAYE *Br* *pay as you earn* (*Quellenabzugsverfahren. Arbeitgeber zieht Lohnbzw. Einkommensteuer direkt vom Lohn bzw. Gehalt ab*)

PC *Br* *police constable* Polizist(in), Wachtmeister(in); *personal computer* PC, Personalcomputer *m*

pcm *per calendar month* pro (Kalender)Monat (*bei Mietangaben*)

PCS *personal communications services* Mobilfunkstandard in den USA

p.d. *per diem* (= *by the day*) pro Tag

PDA *personal digital assistant* PDA,

allg a. Palmtop *m*, Kleincomputer *m*
PE *physical education* Sport *m* (*Schulfach*)
P.E.N., PEN [pen], *mst* **PEN Club** PEN-Club *m*
Penn(a). *Pennsylvania* (*Staat der USA*)
per *pro(c).* *per procurationem* (= *by proxy*) pp., ppa., per Prokura; (= *on behalf of*) i.A., im Auftrag
PGD *preimplantation* (*genetic*) *diagnosis* PID, Präimplantationsdiagnose *f*
PhD *philosophiae doctor* (= *Doctor of Philosophy*) Dr. phil., Doktor *m* der Philosophie
PIN *personal identification number* PIN-Nummer *f*, Geheimzahl *f*
Pl *Place* Pl, Platz *m*
pl *plural* Pl, Plural *m*
PLC, Plc, plc *Br public limited company* AG, Aktiengesellschaft *f*
PM *Br Prime Minister* Premierminister(in); *Am* → **p.m.**
p.m., pm *Br post meridiem* (= *after noon*) nachm., nachmittags, abends
PMS *premenstrual syndrome* prämenstruelles Syndrom
PO *postal order* Postanweisung *f*; *post office* Postamt *n*
POB *post office box* Postfach *n*
POD *pay on delivery* per Nachnahme
pop. *population* Einw., Einwohner(zahl *f*) *Pl*
POS *point of sale* POS, Verkaufsort *m*, Verkaufsstelle *f*
POW *prisoner of war* Kriegsgefangene *m,f*
pp. *pages* Seiten *Pl*
p.p. → *per pro(c).*
PR *public relations* PR, Öffentlichkeitsarbeit *f*
Pres. *president* Präsident *m*
Prof. *Professor* Prof., Professor *m*
PS *postscript* PS, Postskript(um) *n*
PTA *parent-teacher association* Elternbeirat *m*
PTO, p.t.o. *please turn over* b.w., bitte wenden
PX *post exchange* (*Verkaufsladen für Angehörige der US-Streitkräfte*)

R

® *registered trademark* eingetragenes Warenzeichen, Marke *f*

r. *right* r., rechts
RAC *Br Royal Automobile Club* der Königliche Automobilklub
RAF *Royal Air Force* die Königlich-Britische Luftwaffe
RAM [ræm] COMPUTER *random access memory* Speicher *m* mit wahlfreiem Zugriff, Direktzugriffsspeicher *m*
RC *Roman Catholic* r.-k., römisch-kath.
Rd *Road* Str., Straße *f*
ref. (*in od with*) *reference* (*to*) Betr. (*Betreff*)
regd *registered* eingetragen; eingeschrieben
rep *repetition* Wdh., Wiederholung *f*
ret., retd *retired* i.R., im Ruhestand, a.D., außer Dienst
Rev., Revd *Reverend* REL Hochwürden (*Titel u. Anrede*)
RI, R.I. *Rhode Island* (*Staat der USA*)
RN *Royal Navy* die Königlich-Britische Marine
RNA *ribonucleic acid* RNS, Ribonukleinsäure *f*
ROM [rɒm] COMPUTER *read only memory* Nur-Lese-Speicher *m*, Fest(wert)speicher *m*
RP *Br received pronunciation* Standardaussprache *f* (*des Englischen in Südengland*); *reply paid* Rückantwort bezahlt
r.p.m. *revolutions per minute* U/min., Umdrehungen *Pl* pro Minute
RRP *recommended retail price* unverbindlicher (Einzelhandels)Richtpreis, unverbindliche Preisempfehlung
RS *Br Royal Society* Königliche Gesellschaft (*traditionsreicher naturwissenschaftlicher Verein*)
RSVP *répondez s'il vous plaît* (= *please reply*) u.A.w.g., um Antwort wird gebeten
Rt Hon. *Right Honourable* der Sehr Ehrenwerte (*Titel u. Anrede*)

S

S *south* S, Süd(en *m*); *south(ern)* s, südlich; *small* (*size*) klein
s *second(s)* Sek., sek. s, Sekunde(n *Pl*) *f*; *hist Br shilling(s)* Schilling(e *Pl*) *m*
SA *Salvation Army* Heilsarmee *f*; *South Africa* Südafrika *n*
s.a.e. *stamped addressed envelope*

frankierter Rückumschlag

Salop ['sæləp] *Shropshire*

SALT [sɔːlt] *hist Strategic Arms Limitation Talks (Verhandlungen zwischen der Sowjetunion u. den USA über Begrenzung u. Abbau strategischer Waffensysteme)*

SASE *bes Am self-addressed stamped envelope frankierter, mit eigener Anschrift versehener Briefumschlag*

Sat. *Saturday* Sa., Samstag *m*, Sonnabend *m*

SAT *Am scholastic aptitude test* Aufnahmeprüfung *f*; *Br standard assessment task* Einstufungstest *m*

SC,S.C. *South Carolina (Staat der USA)*

SD, S.D(ak). *South Dakota (Staat der USA)*

SDP *Br Social Democratic Party* Sozialdemokratische Partei

SE *southeast* SO, Südost(en *m*); *southeast(ern)* sö, südöstlich; *Stock Exchange* Börse *f*

Sec. *Secretary* Sekr., Sekretär(in); POL Minister(in)

sec. *second(s)* Sek., sek., s, Sekunde(n *Pl*) *f*; *secretary* Sekr., Sekretär(in)

Sen., sen. *Senior* sen., senior

Sep(t). *September* Sept., September *m*

SF *science fiction* Sciencefiction *f*

SME *small and medium-sized enterprises Pl* mittelständische Betriebe *Pl*, Mittelstand *m*

SMS IT *short message service* SMS, Kurzmitteilungsdienst *m*

Soc. *society* Gesellschaft *f*, Verein *m*

Som *Somerset*

Sq. *Square* Pl, Platz *m*

sq. *square* Quadrat...

SS *steamship* Dampfer *m*

St *Saint ...* St. ..., Sankt ...; *Street* Str., Straße *f*

st *Br stone(Gewichtseinheit von 6,35kg)*

STA *scheduled time of arrival* planmäßige Ankunft(szeit)

Staffs [stæfs] *Staffordshire*

STD *sexually transmitted disease* Geschlechtskrankheit *f*; *subscriber trunk dialling* TEL *Br* Selbstwählferndienst *m*; *scheduled time of departure* planmäßige Abflug- *bzw.* Abfahrtszeit

Sth *South* Süd-..., Süd...

Suff *Suffolk*

Sun. *Sunday* So., Sonntag *m*

SW *southwest* SW, Südwest(en *m*); *southwest(ern)* sw, südwestlich; *short wave* KW, Kurzwelle *f (Rundfunk)*

T

t *ton(s)* Tonne(n *Pl*) *f (Br 1016 kg, Am 907,18 kg)*; *tonne(s)* (= *metric ton[s]*) t, Tonne(n *Pl*) *f (1000 kg)*

TAN *transaction number* Transaktionsnummer *f (für Onlinebankgeschäfte)*

TB *tuberculosis* Tb, Tbc, Tuberkulose *f*

tel. *telephone (number)* Tel., Telefon (-nummer *f*) *n*

Tenn. *Tennessee (Staat der USA)*

Tex. *Texas (Staat der USA)*

TGWU *Br Transport and General Workers' Union* Transportarbeitergewerkschaft *f*

Thur(s). *Thursday* Do., Donnerstag *m*

TLC *tender loving care* liebevolle Zuwendung

TM *trademark* eingetragenes Warenzeichen, Marke *f*

TN *Tennessee (Staat der USA)*

TU *trade(s) union* Gewerkschaft *f*

TUC *Br Trades Union Congress* Gewerkschaftsverband *m*

Tue(s). *Tuesday* Di(e)., Dienstag *m*

TX *Texas (Staat der USA)*

U

UCE *unsolicited commercial e-mail* unaufgefordert zugesandte Werbe-E-Mail

UEFA [juːˈeɪfə] *Union of European Football Associations* UEFA

UFO [ˈjuːfəʊ] *od* [ˌjuː ef ˈəʊ] *unidentified flying object* Ufo

UHF *ultrahigh frequency* UHF, Ultrahochfrequenz(bereich *m*) *f*, Dezimeterwellenbereich *m*

UHT *ultra-heat-treated* H-Milch *f*

UK *United Kingdom* Vereinigtes Königreich *(England, Schottland, Wales u. Nordirland)*

UMTS IT *universal mobile telecommunications system* Übertragungsstandard für drahtlose Kommunikation

UN *United Nations* die UN *Pl*, die Vereinten Nationen *Pl*

UNESCO [juːˈneskəʊ] *United Nations Educational, Scientific, and Cultural Organization* UNESCO, Organisation

f der Vereinten Nationen für Erziehung, Wissenschaft und Kultur

UNICEF ['ju:nɪsef] *United Nations Children's Fund* UNICEF, Kinderhilfswerk *n* der Vereinten Nationen

UNO ['ju:nəʊ] *United Nations Organization* UNO, *die* Vereinten Nationen

UPI *United Press International* (*amerikanische Nachrichtenagentur*)

URL *Internet*: *uniform resource locator* URL, einheitlicher Quellenlokalisierer, URL-Adresse *f*

US *United States* Vereinigte Staaten *Pl*

USA *United States of America die* USA *Pl*, Vereinigte Staaten *Pl* von Amerika

USSR *Union of Soviet Socialist Republics hist die* UdSSR, Union *f* der Sozialistischen Sowjetrepubliken

USW *ultrashort wave* UKW, Ultrakurzwelle *f* (*Rundfunk*)

UT, Ut. *Utah* (*Staat der USA*)

V

V *volt(s)* V, Volt *n* (*od Pl*)

VA, Va. *Virginia* (*Staat der USA*)

VAT [ˌviː eɪ ˈtiː] *od* [væt] *value-added tax* MwSt., Mehrwertsteuer *f*

VCR *video cassette recorder* Videorekorder *m*

VD *venereal disease* Geschlechtskrankheit *f*

VDU *visual display unit* Bildschirmanzeige *f*, Bildschirmdisplay *n*

VHF *very high frequency* VHF, UKW, Ultrakurzwelle(nbereich *m*) *f*

VIN *vehicle identification number* Kfz-Kennzeichen *n*

VIP *very important person* VIP (*prominente Persönlichkeit*)

vol. *volume* Bd., Band *m*

vols *volumes* Bde., Bände *Pl*

vs. *versus* contra, gegen

VS *veterinary surgeon* Tierarzt *m*

VSO *voluntary service overseas* Br Entwicklungsdienst *m*

VSOP *very special* (*od superior*) *old pale* (*Qualitätsbezeichnung für 20–25 Jahre alten Weinbrand, Portwein etc*)

VT, Vt. *Vermont* (*Staat der USA*)

vv, v.v. *vice versa* v.v., umgekehrt

W

W *west* W, West(en *m*); *west(ern)* w, westlich; *watt(s)* W, Watt *n* (*od Pl*)

w. *with* m., mit; *width* Br, Breite *f*

WA *Washington* (*Staat der USA*)

WAP IT *wireless application protocol* Übertragungsstandard *für* drahtlose Kommunikation

War., Warks *Warwickshire*

Wash. *Washington* (*Staat der USA*)

WC *water closet* WC *n*, Toilette *f*

Wed(s). *Wednesday* Mi., Mittwoch *m*

WHO *World Health Organization* WGO, Weltgesundheitsorganisation *f*

WI *Wisconsin* (*Staat der USA*)

Wilts *Wiltshire*

Wis(c). *Wisconsin* (*Staat der USA*)

WP *word processor* Textverarbeitungssystem *n*, -gerät *n*; *word processing* Textverarbeitung *f*; *weather permitting* bei schönem Wetter, wenn es das Wetter erlaubt

w.p.m., wpm *words per minute* Wörter *Pl* pro Minute

wt., wt *weight* Gew., Gewicht *n*

WV,W.Va. *West Virginia* (*Staat der USA*)

WWI (*od II*) *World War I* (*od II*) *der* Erste (*od Zweite*) Weltkrieg

WWW *Internet*: *World-Wide Web* WWW, *kurz*: Web *n*

WY, Wyo. *Wyoming* (*Staat der USA*)

X

XL *extra large* (*size*) extragroß

Xroads ['eksrəʊdz] *crossroads* Straßenkreuzung *f*

XS *extra small* (*size*) extraklein

Y

yd *Pl a.* **yds** *yard(s)* Yard(s *Pl*) *n* (*91,44 cm*)

YHA *Youth Hostels Association* Jugendherbergsverband *m*

YMCA *Young Men's Christian Association* CVJM, Christlicher Verein junger Menschen

Yorks [jɔːks] *Yorkshire*

Y2K *year 2000* J2K, Y2K, Jahr *n* 2000

YWCA *Young Women's Christian Association* CVJF, Christlicher Verein junger Frauen und Mädchen

Deutsche Abkürzungen –
German Abbreviations

A

AA *das Auswärtige Amt* Foreign Office

Abb. *Abbildung* ill(us)., illustration; fig., figure

Abf. *Abfahrt* dep., departure

Abk. *Abkürzung* abbr., abbreviation

ABM *Arbeitsbeschaffungsmaßnahme* job creation measure

Abo *Abonnement* subscription

Abs. *Absatz* par., paragraph; *Absender* sender

ABS *Antiblockiersystem* ABS, anti-lock braking system

Abschn. *Abschnitt* section; ch., chapter

Abt. *Abteilung* dept, department

abzgl. *abzüglich* less, minus

a.D. *außer Dienst* ret., retired; *an der Donau* on the Danube

ADAC *Allgemeiner Deutscher Automobil-Club* General German Automobile Association

Adr. *Adresse* address

AG *Aktiengesellschaft Br* PLC, Plc, public limited company; *Am* (stock) corporation

AKW *Atomkraftwerk* nuclear power station

allg. *allgemein* gen., general

a.M. *am Main* on the Main

am., amer(ik). *amerikanisch* Am., American

amtl. *amtlich* off., official

Anh. *Anhang* app., appendix

Ank. *Ankunft* arr., arrival

Anl. *Anlage(n) (im Brief)* enc(l)., enclosure(s)

Anm. *Anmerkung* note

anschl. *anschließend* foll., following

a.o. Prof. *außerordentlicher Professor Br* senior lecturer; *Am* associate professor

APO *hist Außerparlamentarische Opposition* extraparliamentary opposition

App. *Apparat* TEL ext., extension; telephone

ARD *Arbeitsgemeinschaft der öffentlich-rechtlichen Rundfunkanstalten der Bundesrepublik Deutschland* Working Pool of the Broadcasting Corporations of the Federal Republic of Germany

a.Rh. *am Rhein* on the Rhine

Art. *Artikel* art., article

A(S)U *Abgas(sonder)untersuchung* exhaust-emission check

Aufl. *Auflage* ed., edition

Az. *Aktenzeichen* file number

B

b. *bei* at; with; *räumlich:* nr, near; *Adresse:* c/o, care of

BAföG *Bundesausbildungsförderungsgesetz* student financial assistance scheme, Federal law for the promotion of training

Bd. *Band (Buch)* vol., volume

Bde. *Bände (Bücher)* vols, volumes

beil. *beiliegend* encl., enclosed

BENELUX *Belgien, Niederlande, Luxemburg* Benelux countries, Belgium, the Netherlands, and Luxembourg

bes. *besonders* esp., especially

Best.-Nr. *Bestellnummer* ord. no., order number

Betr. *Betreff, betrifft (in Briefen)* re

betr. *betreffend, betreffs* conc., concerning; regarding

Bev. *Bevölkerung* pop., population

Bez. *Bezeichnung* mark; *(Name)* name, designation; *Bezirk* dist., district

BGB *Bürgerliches Gesetzbuch* Civil Code

BGH *Bundesgerichtshof* Federal Supreme Court

BH *Büstenhalter* bra

Bhf. *Bahnhof* Sta., station

BLZ *Bankleitzahl* bank code number

BND *Bundesnachrichtendienst* Federal Intelligence Service

BRD *Bundesrepublik Deutschland* FRG, Federal Republic of Germany; *hist* West Germany

brit. britisch Br(it)., British

BRT *Bruttoregistertonnen* GRT, gross register tons

bes. besonders esp., especially

BSE *bovine spongiforme Enzephalopathie* BSE, bovine spongiform encephalopathy

Btx *Bildschirmtext* viewdata

Bw. *Bundeswehr* Federal Armed Forces

b.w. *bitte wenden* PTO, p.t.o., please turn over

BWL *Betriebswirtschaftslehre* business administration, business economics

bzgl. *bezüglich* with reference to

bzw. *beziehungsweise* resp., respectively

C

C *Celsius* C, Celsius, centigrade

ca. *circa, ungefähr, etwa* c, ca, circa; about; approx., approximately

cand. *candidatus, Kandidat* (*Prüfungsanwärter*) candidate

CD *Compact Disc* CD

CDU *Christlich-Demokratische Union* Christian Democratic Union

Co. (*veraltet*) *Compagnie* (*Handelsgesellschaft*) co., company; *Compagnon* (*Mitinhaber*) partner

CSU *Christlich-Soziale Union* Christian Social Union

CVJF *Christlicher Verein junger Frauen und Mädchen* YWCA, Young Women's Christian Association

CVJM *Christlicher Verein junger Männer* YMCA, Young Men's Christian Association; *Christlicher Verein junger Menschen* Young People's Christian Association

D

d.Ä. *der Ältere* Sen., sen., Snr, Sr, senior

DAX® *Deutscher Aktienindex* German Stock Index

DB *Deutsche Bahn AG* German Railways, Plc; *Deutsche Bundesbank* German Federal Bank

DDR *Deutsche Demokratische Republik hist* GDR, German Democratic Republic; East Germany

DFB *Deutscher Fußballbund* German Football Association

DGB *Deutscher Gewerkschaftsbund* Federation of German Trade Unions

dgl. *dergleichen, desgleichen* the like

d.Gr. *der od die Große* the Great

d.h. *das heißt* i.e., that is

DHH *Doppelhaushälfte* semi

d.i. *das ist* i.e., that is

DIN *Deutsches Institut für Normung* German Institute for Standardization; *Deutsche Industrienormen* German Industrial Standards

Dipl *Diplom*(... with a) diploma (in ...)

Dipl-Ing. *Diplomingenieur(in) etwa*: graduate engineer

Dir. *Direktor* Dir., dir. director; *Direktion the* directors *Pl*

d.J. *der Jüngere* Jun., jun., Jnr, Jr, junior; *dieses Jahres* of this year

DJH *Deutsches Jugendherbergswerk* German Youth Hostel Association

DM *Deutsche Mark* German Mark(s), Deutschmark(s)

d.M. *dieses Monats* inst., instant

d.O. *der* (*die, das*) *Obige* the above-mentioned

Doz. *Dozent(in)* lecturer

dpa *Deutsche Presseagentur* German Press Agency

Dr. *Doktor* Dr, Doctor: ~ *jur. Doktor der Rechte* LLD, Doctor of Laws; ~ *med. Doktor der Medizin* MD, Doctor of Medicine; ~ *phil. Doktor der Philosophie* DPhil, PhD, Doctor of Philosophy; ~ *rer. nat. Doktor der Naturwissenschaften* DSc, ScD, Doctor of Science; ~ *theol.* (*evangelisch*: **D. theol.**) *Doktor der Theologie* DD, Doctor of Divinity

dt. *deutsch* Ger., German

DTP *Desktop-Publishing* DTP

Dtzd. *Dutzend* doz., dozen(s)

DV *Datenverarbeitung* DP, data processing

E

ebd. *ebenda* ib(id)., ibidem, in the same place

EBK *Einbauküche* fitted kitchen

Ed. *Edition, Ausgabe* ed., edition

ed. *edidit, hat herausgegeben* ed., edited by, published by

EDV *elektronische Datenverarbeitung* EDP, electronic data processing

EEG *Elektroenzephalogramm* EEG, electroencephalogram

EG *Europäische Gemeinschaft hist* EC, European Community

e.h. *ehrenhalber* hon., honorary

eh(e)m. *ehemals* formerly; *ehemalig* former

eidg. *eidgenössisch* (= *schweizerisch*) fed., federal, confederate, Swiss

eigtl. *eigentlich* actual(ly), real(ly), *Adv a.* strictly speaking

einschl. *einschließlich* incl., inclusive (-ly), including; *einschlägig* relevant

EKD *Evangelische Kirche in Deutschland* Protestant Church in Germany

EKG *Elektrokardiogramm* ECG, electrocardiogram

engl. *englisch* Eng., English

entspr. *entsprechend* corr., corresponding

EPA *Europäisches Patentamt* EPO, European Patent Office

erb. *erbaut* built, erected

Erw. *Erwachsene Pl* adults

ESZB *Europäisches System der Zentralbanken* ESCB, European System of Central Banks

EU *Europäische Union* EU, European Union

EuGH *Europäischer Gerichtshof* ECJ, European Court of Justice

EUR *Euro* EUR, euro (*ISO-Währungscode*)

ev. *evangelisch* Prot., Protestant

e.V. *eingetragener Verein* registered society *od* association

evtl. *eventuell* poss., possibly; perhaps

EWS *Europäisches Währungssystem* EMS, European Monetary System

EWU *Europäische Währungsunion* EMU, European Monetary Union

exkl. *exklusive* exc., except(ed); excl., exclusive, excluding

ExPl *Exemplar* sample, copy

EZB *Europäische Zentralbank* ECB, European Central Bank

F

F *Fahrenheit* F, Fahrenheit

Fa. *Firma* firm; (*auf Adressen*) Messrs

Fam. *Familie* family; (*auf Adressen*) Mr (and family)

FC *Fußballclub* FC, Football Club

FCKW *Fluorchlorkohlenwasserstoff* CFC, chlorofluorocarbon

FDGB *Freier Deutscher Gewerkschaftsbund* (*DDR*) *hist* Free Federation of German Trade Unions

FDP *Freie Demokratische Partei* Liberal Democratic Party

FH *Fachhochschule* etwa: (advanced) technical college

Fig. *Figur* fig., figure; diag., diagram

fig. *figurativ, figürlich, bildlich* fig., figurative(ly)

FKK *Freikörperkultur* nudism

folg. *folgend(e etc)* foll., following

Forts. *Fortsetzung* continuation; **Forts. f.** *Fortsetzung folgt* to be contd, to be continued

Fr. *Frau* Mrs; Ms (*Familienstand nicht erkennbar*)

Frl. *Fräulein* Miss

frz. *französisch* Fr., French

G

GAP *EU*: *gemeinsame Agrarpolitik* CAP, common agricultural policy

GAU *größter anzunehmender Unfall* MCA, maximum credible accident

GB, Gbyte *Gigabyte* GB

geb. *geboren* b., born; *geborene ...* née; *gebunden* bd, bound

Gebr. *Gebrüder* Bros., Brothers

gegr. *gegründet* founded; est(ab)., established

gek. *gekürzt* (*Buch, Text*) abr., abridged

Ges. *Gesellschaft* assoc., association; co., company; soc., society; *Gesetz* law

gesch. *geschieden* div., divorced

ges. gesch. *gesetzlich geschützt* regd, registered

gest. *gestorben* d., died, deceased

Gew. *Gewicht* w., wt, weight

ggf(s). *gegebenenfalls* should the occasion arise; if necessary; if applicable

gez. *gezeichnet* (*vor der Unterschrift*) sgd, signed

GmbH *Gesellschaft mit beschränkter Haftung* limited liability company

GUS *Gemeinschaft Unabhängiger Staaten* CIS, Commonwealth of Independent States

H

Hbf. *Hauptbahnhof* cent. sta., central station; main sta., main station

h.c. *honoris causa, ehrenhalber* hon., honorary

hins. *hinsichtlich* with regard to, regarding, as to

HIV *human immunodeficiency virus* HIV

HP *Halbpension* half board

Hr(n). *Herr(n)* Mr

H(rs)g. *Herausgeber* ed., editor

h(rs)g. *herausgegeben* ed., edited

I

i. *im, in* in (the)

i.A. *im Auftrag* p.p., per pro

i. Allg. *im Allgemeinen* in general, gen., generally, (*im Ganzen*) on the whole

i.B. *im Besonderen* in particular

IC *Intercity* intercity (train)

ICE *Intercity-Express* high-speed train

i.D. *im Dienst* on duty; *im Durchschnitt* on av., on average

i.H. *im Hause* on the premises

IHK *Industrie- und Handelskammer* Chamber of Industry and Commerce

Ing. *Ingenieur(in)* eng., engineer

Inh. *Inhaber(in)* prop., propr, proprietor; *Inhalt* cont., contents

inkl. *inklusive* incl., including, included; inclusive of

i.R. *im Ruhestand* ret., retd, retired

IRK *Internationales Rotes Kreuz* IRC, International Red Cross

ISBN *Internationale Standardbuchnummer* ISBN, international standard book number

i.V. *in Vertretung* p.p., by proxy, on behalf of; *in Vorbereitung* in prep., in preparation

IWF *Internationaler Währungsfonds* IMF, International Monetary Fund

J

Jh. *Jahrhundert* c, cent., century

jhrl. *jährlich* yearly, ann., annual(ly)

jr., jun. *junior* Jun., jun., Jnr, Jr, junior

jur. *juristisch* leg., legal

J2K *Jahr 2000* Y2K, year 2000

K

K *Kilobyte* k, kilobyte

Kap. *Kapitel* ch(ap)., chapter

kath. *katholisch* C(ath)., Catholic

KB, Kbyte *Kilobyte* KB, kilobyte

Kfm. *Kaufmann* merchant; businessman; trader; dlr, dealer; agt, agent

kfm. *kaufmännisch* com(m)., commercial

Kfz. *Kraftfahrzeug* motor vehicle

KG *Kommanditgesellschaft* limited partnership

KI *künstliche Intelligenz* AI, artificial intelligence

Kl. *Klasse* cl., class

KP *Kommunistische Partei* CP, Communist Party

Kripo *Kriminalpolizei* Br CID, criminal investigation department

KST *Kernspintomographie* MRT, magnetic resonance tomography

Kto. *Konto* acct, a/c, account

L

l. *links* l., left

led. *ledig* single, unmarried

lfd. *laufend* current, running

lfd. Nr. *laufende Nummer* ser. no., serial number

Lf(r)g. *Lieferung* dely, delivery

Lkw, LKW *Lastkraftwagen* Br HGV, heavy goods vehicle; Br lorry; Am truck

LP *Langspielplatte* LP, long-playing record

lt. *laut* acc. to, according to; as per

ltd. *leitend* man., managing

Ltg. *Leitung* direction; mangt, management

luth. *lutherisch* Luth., Lutheran

M

M *Mark* hist mark(s) (*DDR-Währung*)

MA *Mittelalter* MA, Middle Ages

MAD *Militärischer Abschirmdienst* Military Counter-Intelligence Service

max. *maximal* max., maximum

MB *Megabyte* MB, megabyte

mbH *mit beschränkter Haftung* with limited liability

Mbyte *Megabyte* MB, megabyte

MdB *Mitglied des Bundestages* Member of the Bundestag

MdL *Mitglied des Landtages* Member of the Landtag

mdl. *mündlich* verbal, oral

m.E. *meines Erachtens* in my opinion

MEZ *mitteleuropäische Zeit* CET, Central European Time

MFV TEL *Mehrfrequenzwahlverfahren* MFC, multifrequency code

MG *Maschinengewehr* MG, machine gun

Mill. *Million(en)* m, million

Min., min. *Minute(n)* min., minute(s)

min. *minimal* min., minimum

Mio. *Million(en)* m, million

Mitw. *Mitwirkung* assistance, participation, cooperation

MKS *Maul- und Klauenseuche* FMD, foot-and-mouth (disease)

möbl. *möbliert* furn., furnished

mod. *modern* mod., modern

MP *Maschinenpistole* submachine gun

Mrd. *Milliarde(n)* bn, billion; *Br a.* thousand million

MS *multiple Sklerose* MS, multiple sclerosis

mtl. *monatlich* monthly

m.W. *meines Wissens* as far as I know

MwSt., MWSt. *Mehrwertsteuer* VAT, value-added tax

N

N *Nord(en)* N, north

n. *nach* after

N(a)chf. *Nachfolger* successor

nachm. *nachmittags* p.m., pm, in the afternoon

näml. *nämlich* viz, i.e., namely, that is to say

n. Chr. *nach Christus* AD, anno domini

N.N. *nomen nominandum* name hitherto unknown

NO *Nordost(en)* NE, northeast

NPD *Nationaldemokratische Partei Deutschlands* National-Democratic Party of Germany

Nr. *Nummer* No., no., number

NW *Nordwest(en)* NW, northwest

O

O *Ost(en)* E, east

o. *oben* above; *oder* or; *ohne* w/o, without

o.ä. *oder ähnlich* or the like

o.Ä. *oder Ähnliche(s etc)* or the like

OB *Oberbürgermeister* mayor, *in GB:* Lord Mayor

o.B. *ohne Befund* results negative

Obb. *Oberbayern* Upper Bavaria

od. *oder* or

OHG *offene Handelsgesellschaft* general partnership

o. Prof. *ordentlicher Professor* Prof., prof., (full) professor

Orig. *Original* orig., original

orth. *orthodox* Orth., Orthodox (*Religion*)

österr. *österreichisch* Aus., Austrian

OSZE *Organisation für Sicherheit und Zusammenarbeit in Europa* OSCE, Organisation for Security and Cooperation in Europe

P

p. A(dr). *per Adresse* c/o, care of

PC *Personalcomputer* PC, personal computer

pers. *persönlich* pers., personal; personally, in person

Pf *Pfennig* pf., pfennig

Pfd. *Pfund* (*Gewicht*) German pound(s)

PID *Präimplantationsdiagnostik* PGD, preimplantation (genetic) diagnosis (*od* diagnostics)

Pkt. *Punkt* pt, point

Pkw, PKW *Personenkraftwagen* (motor) car

Pl *Platz* Sq., Square

PLZ *Postleitzahl* postcode, *Am* zip code

pp(a). *per Prokura* p.p., per pro(c)., by proxy

Priv.-Doz. *Privatdozent* unsalaried lecturer

Prof. *Professor* Prof., Professor

PS *Pferdestärke(n)* HP, hp, horsepower; *Postskriptum* PS, postscript

Q

qkm (*veraltet*) *Quadratkilometer* sq.km, square kilometre

qm (*veraltet*) *Quadratmeter* sq.m, square metre

R

® *eingetragenes Warenzeichen, Marke* registered (trademark)

r. *rechts* r., right

RA *Rechtsanwalt* lawyer; *Br* sol., solr,

solicitor; *bar.*, barrister; *Am* att., atty, attorney

RAF *Rote-Armee-Fraktion* Red Army Faction

RAM *random access memory* RAM

rd. *rund* (= *ungefähr*) roughly

Reg.-Bez. *Regierungsbezirk* administrative district

Rel. *Religion* rel., religion

Rep. *Republik* Rep., Republic

resp. *respektive* resp., respectively

RH *Reihenhaus* terrace

RIAS *Rundfunk im amerikanischen Sektor* (*von Berlin*) *hist* Radio in the American Sector (*of Berlin*)

rk., r.-k. *römisch-katholisch* RC, Roman Catholic

ROM *read-only memory* ROM

röm. *römisch* Rom., Roman

S

S *Süd(en)* S, south; *Schilling* S, schilling

S. *Seite* p., page

s. *siehe* v., vide; see

S-Bahn *Schnellbahn, Stadtbahn* suburban (fast) train(s), suburban railway

Sek., sek. *Sekunde(n)* sec., second(s)

sen. *senior* Sen., sen., Snr, Sr, senior

SO *Südost(en)* SE, southeast

s.o. *siehe oben* see above

sog. *so genannt(e, -es etc)* so-called

SPD *Sozialdemokratische Partei Deutschlands* Social Democratic Party of Germany

SS *Sommersemester* summer semester *od* (*Br*) term

St. *Sankt* St, Saint; *Stück* pc., *Pl* pcs., piece(s)

Std. *Stunde(n)* h., *Pl a.* hrs, *Sg a.* hr, hour(s)

stdl. *stündlich* hourly, every hour

Stdn. *Stunden* h., hrs, hours

stellv. *stellvertretend* asst, assistant

StGB *Strafgesetzbuch* penal *od* criminal code

Str. *Straße* St, Street; Rd, Road

stud. *studiosus, Student* student

StVO *Straßenverkehrsordnung* (road) traffic regulations; *Br* Highway Code

s.u. *siehe unten* see below

SW *Südwest(en)* SW, southwest

T

t(ä)gl. *täglich* daily, a *od* per day

Tel. *Telefon* tel., telephone

TH *Technische Hochschule* college of technology, technical university

TOP *Tagesordnungspunkt* agenda item

TU *Technische Universität* technical university

TÜV *Technischer Überwachungsverein etwa*: Association for Technical Inspection; Technical Control Board

U

U-Bahn *Untergrundbahn Br* underground; *Am* subway

u. *und* and

u.a. *und andere(s)* and others (other things); *unter anderem* (*anderen*) among other things, inter alia (among others)

u.Ä. *und Ähnliche(s)* and the like

u.A.w.g. *um Antwort wird gebeten* RSVP, please reply

u.dgl.(m.) *und dergleichen* (*mehr*) and so on; and the like

ü.d.M. *über dem Meeresspiegel* above sea level

UdSSR *Union der Sozialistischen Sowjetrepubliken hist* USSR, Union of Soviet Socialist Republics

UKW *Ultrakurzwelle* ultrashort wave; FM, frequency modulation

U/min. *Umdrehungen pro Minute* r.p.m., revolutions per minute

urspr. *ursprünglich* orig., original(ly)

usw. *und so weiter* etc., and so on

u.U. *unter Umständen* poss., possibly; perh., perhaps; if need be

UV *Ultraviolett* UV, ultraviolet

V

v. *von, vom* of; from; by

V *Volt* V, volt(s)

V. *Vers* v., verse; l., line

VB *Verhandlungsbasis* (*Preis*) guide price, ... o.n.o., ... or near(est) offer

v.Chr. *vor Christus* BC, before Christ

v.D. *vom Dienst* on duty, in charge

VEB *volkseigener Betrieb* (*DDR*) *hist* state-owned enterprise

Verf. *Verfasser* author

verh. *verheiratet* mar., married

Verl. *Verlag* publishing house *od* company, publishers *Pl*

verw. *verwitwet* widowed

vgl. *vergleiche* cf., confer; cp., compare

v.H. *vom Hundert* pc, per cent

VHS *Volkshochschule Institution*: adult education program(me); *Kurse*: adult evening classes

v.J. *vorigen Jahres* of last year

v.M. *vorigen Monats* of last month

vorm. *vormittags* a.m., am, in the morning; *vormals* formerly

Vors. *Vorsitzende* chair; chm., chairman *bzw.* chw., chairwoman

VP *Vollpension* full board; board and lodging

v.T. *vom Tausend* per thousand

W

W *West(en)* W, west; *Watt* W, watt(s)

Wdh(lg). *Wiederholung* repetition; *TV etc* repeat

WEZ *westeuropäische Zeit* GMT, Greenwich Mean Time

WG *Wohngemeinschaft* flat share; people sharing a flat (*bes Am* an apartment) *od* a house

Whg. *Wohnung Br* flat, *bes Am* apt., apartment

WS *Wintersemester* winter semester *od* (*Br*) term

WWU *Wirtschafts- und Währungsunion* EMU, Economic and Monetary Union

WWW *World Wide Web Internet*: WWW, www

Z

Z. *Zeile* l., line; *Zahl* number

z. *zu, zum, zur* at; to

z. B. *zum Beispiel* e.g., for example, for instance

ZDF *Zweites Deutsches Fernsehen* Second Channel *od* Program(me) of German Television Broadcasting

zeitgen. *zeitgenössisch* contemporary

z.H(d). *zu Händen* attn, attention (of)

Zi. *Zimmer* rm (no.), room (number); *Ziffer* fig., figure; No., no., number; JUR subparagraph; *in Vertrag etc*: item

z.T. *zum Teil* partly

Ztg. *Zeitung* (news)paper

zus. *zusammen* tog., together

z(u)zgl. *zuzüglich* plus

zw. *zwischen* bet., between; among

zz(t). *zurzeit* (*jetzt, gegenwärtig*) at present, for the time being

z.Z(t). *zur Zeit* (*rückblickend*) at the time of

Zahlen – Numbers

Cardinal Numbers		Kardinalzahlen
nought, *bes Am* zero	0	null
one	1	eins
two	2	zwei
three	3	drei
four	4	vier
five	5	fünf
six	6	sechs
seven	7	sieben
eight	8	acht
nine	9	neun
ten	10	zehn
eleven	11	elf
twelve	12	zwölf
thirteen	13	dreizehn
fourteen	14	vierzehn
fifteen	15	fünfzehn
sixteen	16	sechzehn
seventeen	17	siebzehn
eighteen	18	achtzehn
nineteen	19	neunzehn
twenty	20	zwanzig
twenty-one	21	einundzwanzig
twenty-two	22	zweiundzwanzig
thirty	30	dreißig
thirty-one	31	einunddreißig
forty	40	vierzig
fifty	50	fünfzig
sixty	60	sechzig
seventy	70	siebzig
eighty	80	achtzig
ninety	90	neunzig
a *od* one hundred	100	hundert
a hundred and one	101	hundert(und)eins
two hundred	200	zweihundert
three hundred	300	dreihundert
five hundred and seventy-two	572	fünfhundert(und)zweiundsiebzig
a *od* one thousand	1000	(ein)tausend
a *od* one thousand and two	1002	(ein)tausend(und)zwei

1,000,000 a *od* one million	**1 000 000** eine Million
2,000,000 two million	**2 000 000** zwei Millionen
1,000,000,000 a *od* one billion	**1 000 000 000** eine Milliarde

NB: Das *and* in Zahlen über hundert kann im amerikanischen Englisch entfallen: *five hundred (and) twenty.*

Years		Jahreszahlen
ten sixty-six	1066	tausendsechsundsechzig
two thousand	2000	zweitausend
two thousand and eight	2008	zweitausend(und)acht

Ordinal Numbers		Ordinalzahlen
first	1st	erste
second	2nd	zweite
third	3rd	dritte
fourth	4th	vierte
fifth	5th	fünfte
sixth	6th	sechste
seventh	7th	siebte
eighth	8th	achte
ninth	9th	neunte
tenth	10th	zehnte
eleventh	11th	elfte
twelfth	12th	zwölfte
thirteenth	13th	dreizehnte
fourteenth	14th	vierzehnte
fifteenth	15th	fünfzehnte
sixteenth	16th	sechzehnte
seventeenth	17th	siebzehnte
eighteenth	18th	achtzehnte
nineteenth	19th	neunzehnte
twentieth	20th	zwanzigste
twenty-first	21st	einundzwanzigste
twenty-second	22nd	zweiundzwanzigste
twenty-third	23rd	dreiundzwanzigste
thirtieth	30th	dreißigste
thirty-first	31st	einunddreißigste
fortieth	40th	vierzigste
fiftieth	50th	fünfzigste
sixtieth	60th	sechzigste
seventieth	70th	siebzigste
eightieth	80th	achtzigste
ninetieth	90th	neunzigste
(one) hundredth	100th	hundertste
hundred and first	101st	hundertunderste
two hundredth	200th	zweihundertste
three hundredth	300th	dreihundertste
(one) thousandth	1000th	tausendste
nineteen hundred and fiftieth	1950th	(ein)tausendneunhundertfünfzigste
two thousandth	2000th	zweitausendste

Fractions and other Mathematical Functions / Bruchzahlen und Rechenvorgänge

one *od* a half	$\frac{1}{2}$	ein halb
one and a half	$1\frac{1}{2}$	anderthalb
two and a half	$2\frac{1}{2}$	zweieinhalb
one *od* a third	$\frac{1}{3}$	ein Drittel
two thirds	$\frac{2}{3}$	zwei Drittel
one *od* a quarter, one fourth	$\frac{1}{4}$	ein Viertel
three quarters, three fourths	$\frac{3}{4}$	drei Viertel
one *od* a fifth	$\frac{1}{5}$	ein Fünftel
three and four fifths	$3\frac{4}{5}$	drei vier Fünftel
five eighths	$\frac{5}{8}$	fünf Achtel
seventy-five per cent, *Am* percent	75 %	fünfundsiebzig Prozent

(nought [nɔːt]) point four five	0.45	null Komma vier fünf
two point five	2.5	zwei Komma fünf

seven and *od* plus eight are fifteen	7 + 8 = 15	sieben und *od* plus acht ist fünfzehn
nine minus *od* less four is five	9 − 4 = 5	neun minus *od* weniger vier ist fünf
twice three is *od* makes six	2 × 3 = 6	zwei mal drei ist sechs
twenty divided by five is four	20 : 5 = 4	zwanzig dividiert *od* geteilt durch fünf ist vier

Bei Rechenaufgaben:

once	1 ×	ein mal
twice	2 ×	zwei mal
three times	3 ×	drei mal
four times	4 ×	vier mal

firstly, in the first place	1.	erstens
secondly, in the second place	2.	zweitens
thirdly, in the third place	3.	drittens

Nullen als Ziffern:

There are three noughts (Am zeros) in 1,000.

Telefonnummern, Kontonummern etc.:

The number is 308399 (three 0 [əʊ]/zero eight three double nine).

Sportergebnisse:

Our team won three-nil (Am three–zero) (3–0)

NB: Beim Tennis wird *null* als *love* bezeichnet, im Tie-break auch als *zero*.

Britische und amerikanische Maße und Gewichte
British and American Weights and Measures

Längenmaße

1 inch	= 2,54 cm
1 foot	= 12 inches = 30,48 cm
1 yard	= 3 feet = 91,44 cm
1 (statute) mile	= 1760 yards
	= 1,609 km

Flächenmaße

1 square inch	= 6,452 cm²
1 square foot	= 144 square inches
	= 929,029 cm²
1 square yard	= 9 square feet
	= 8361,26 cm²
1 acre	= 4840 square yards
	= 4046,8 m²
1 square mile	= 640 acres
	= 259 ha = 2,59 km²

Handelsgewichte

1 ounce		= 28,35 g
1 pound		= 16 ounces
		= 453,59 g
1 stone		= 14 pounds
		= 6,35 kg
1 hundredweight		= 1 quintal
	Br	= 112 pounds
		= 50,802 kg
	Am	= 100 pounds
		= 45,359 kg
1 long ton	*Br*	= 20 hundredweights
		= 1016,05 kg
1 short ton	*Am*	= 20 hundredweights
		= 907,185 g
1 metric ton		= 1000 kg

Raummaße

1 cubic inch	= 16,387 cm³
1 cubic foot	= 1728 cubic inches
	= 0,02832 m³
1 cubic yard	= 27 cubic feet
	= 0,7646 m³

Britische Flüssigkeitsmaße

1 pint	= 0,568 l
1 quart	= 2 pints = 1,136 l
1 gallon	= 4 quarts = 4,5459 l

Amerikanische Flüssigkeitsmaße

1 pint	= 0,4732 l
1 quart	= 2 pints = 0,9464 l
1 gallon	= 4 quarts = 3,7853 l
1 barrel	= 42 gallons
petroleum	= 158,97 l

Deutsche Maße und Gewichte – German Weights and Measures

Längenmaße

1 mm *Millimeter* millimetre
      = 0.039 inches

1 cm *Zentimeter* centimetre
      = 0.39 inches

1 dm *Dezimeter* decimetre
      = 3.94 inches

1 m   *Meter* metre
      = 1.094 yards
      = 3.28 feet
      = 39.37 inches

1 km *Kilometer* kilometre
      = 1,093.637 yards
      = 0.621 British or Statute Miles

1 sm *Seemeile* (*internationales Standardmaß*) nautical mile
      = 1,852 metres

Flächenmaße

1 mm² *Quadratmillimeter* square millimetre
       = 0.0015 square inches

1 cm² *Quadratzentimeter* square centimetre
       = 0.155 square inches

1 m²   *Quadratmeter* square metre
       = 1.195 square yards
       = 10.76 square feet

1 ha   *Hektar* hectare
       = 11,959.90 square yards
       = 2.47 acres

1 km² *Quadratkilometer* square kilometre
       = 247.11 acres
       = 0.386 square miles

Raummaße

1 cm³ *Kubikzentimeter* cubic centimetre
       = 0.061 cubic inches

1 dm³ *Kubikdezimeter* cubic decimetre
       = 61.025 cubic inches

1 m³   *Kubikmeter* cubic metre
       = 1.307 cubic yards
       = 35.31 cubic feet

1 RT   *Registertonne* register ton
       = 100 cubic feet

Hohlmaße

1 l   *Liter* litre
       = 1.76 pints (*Br*)
       = 0.88 quarts (*Br*)
       = 0.22 gallons (*Br*)
       = 2.11 pints (*Am*)
       = 1.06 quarts (*Am*)
       = 0.26 gallons (*Am*)

1 hl   *Hektoliter* hectolitre
       = 22.009 gallons (*Br*)
       = 26.42 gallons (*Am*)

Gewichte

1 Pfd   *Pfund* pound (German)
        = $\frac{1}{2}$ kilogram(me)
        = 500 gram(me)s
        = 1.102 pounds (avdp.*)
        = 1.34 pounds (troy)

1 kg   *Kilogramm, Kilo* kilogram(me)
        = 2.204 pounds (avdp.*)
        = 2.68 pounds (troy)

1 Ztr. *Zentner* centner
        = 100 pounds (German)
        = 50 kilogram(me)s
        = 110.23 pounds (avdp.*)
        = 0.98 British hundredweights
        = 1.102 U.S. hundredweights

1 t   *Tonne* ton
        = 0.984 British tons
        = 1.102 U.S. tons
        = 1.000 metric tons

* NB: **avdp.** = *avoirdupois* Handelsgewicht *n*

Englische unregelmäßige Verben –
English Irregular Verbs

Infinitiv (infinitive)	Präteritum (past)	Partizip Perfekt (past participle)
abide	abode, abided	abode, abided
arise	arose	arisen
awake	awoke, awaked	awoken, awaked
be	was, were	been
bear	bore	borne
beat	beat	beaten, beat
become	became	become
beget	begot	begotten
begin	began	begun
bend	bent	bent
bereave	bereft, bereaved	bereft, bereaved
beseech	besought, beseeched	besought, beseeched
bet	bet, betted	bet, betted
bid	bad(e), bid	bid, bidden
bide	bode, bided	bided
bind	bound	bound
bite	bit	bitten, bit
bleed	bled	bled
blow	blew	blown
break	broke	broken
breed	bred	bred
bring	brought	brought
broadcast	broadcast, broadcasted	broadcast, broadcasted
build	built	built
burn	burnt, burned	burnt, burned
burst	burst	burst
buy	bought	bought
can	could	–
cast	cast	cast
catch	caught	caught
chide	chid, chided	chidden, chid, chided
choose	chose	chosen
cleave	cleft, clove, cleaved	cleft, cloven, cleaved
cling	clung	clung
come	came	come
cost	cost	cost
creep	crept	crept
cut	cut	cut
deal	dealt	dealt
dig	dug	dug
dive	dived, *Am a.* dove	dived
do	did	done
draw	drew	drawn
dream	dreamt, dreamed	dreamt, dreamed

Infinitiv (infinitive)	Präteritum (past)	Partizip Perfekt (past participle)
drink	drank	drunk
drive	drove	driven
dwell	dwelt, dwelled	dwelt, dwelled
eat	ate	eaten
fall	fell	fallen
feed	fed	fed
feel	felt	felt
fight	fought	fought
find	found	found
fit	fitted, *Am a.* fit	fitted, *Am a.* fit
flee	fled	fled
fling	flung	flung
fly	flew	flown
forbid	forbade, forbad	forbidden
forget	forgot	forgotten, forgot
forgive	forgave	forgiven
forsake	forsook	forsaken
freeze	froze	frozen
get	got	got, *Am* gotten
gild	gilded, gilt	gilded, gilt
gird	girded, girt	girded, girt
give	gave	given
go	went	gone
grind	ground	ground
grow	grew	grown
hang	hung, hanged	hung, hanged
have	had	had
hear	heard	heard
heave	heaved, hove	heaved, hove
hew	hewed	hewn, hewed
hide	hid	hidden, hid
hit	hit	hit
hold	held	held
hurt	hurt	hurt
inset	inset	inset
keep	kept	kept
kneel	knelt, kneeled	knelt, kneeled
knit	knitted, knit	knitted, knit
know	knew	known
lade	laded	laded, laden
lay	laid	laid
lead	led	led
lean	leant, leaned	leant, leaned
leap	leapt, leaped	leapt, leaped
learn	learnt, learned	learnt, learned
leave	left	left
lend	lent	lent
let	let	let
lie	lay	lain
light	lit, lighted	lit, lighted
lose	lost	lost

Infinitiv (infinitive)	Präteritum (past)	Partizip Perfekt (past participle)
make	made	made
may	might	–
mean	meant	meant
meet	met	met
mow	mowed	mown, mowed
outbid	outbid	outbid, outbidden
pay	paid	paid
put	put	put
read	read	read
rend	rent	rent
rid	rid	rid
ride	rode	ridden
ring	rang	rung
rise	rose	risen
rive	rived	rived, riven
run	ran	run
saw	sawed	sawn, sawed
say	said	said
see	saw	seen
seek	sought	sought
sell	sold	sold
send	sent	sent
set	set	set
sew	sewed	sewn, sewed
shake	shook	shaken
shave	shaved	shaved, shaven
shed	shed	shed
shine	shone	shone
shit	shit, shat	shit
shoe	shod, shoed	shod, shoed
shoot	shot	shot
show	showed	shown, showed
shrink	shrank, shrunk	shrunk
shut	shut	shut
sing	sang	sung
sink	sank, sunk	sunk
sit	sat	sat
slay	slew	slain
sleep	slept	slept
slide	slid	slid, slidden
sling	slung	slung
slink	slunk	slunk
slit	slit	slit
smell	smelt, smelled	smelt, smelled
smite	smote	smitten
sow	sowed	sown, sowed
speak	spoke	spoken
speed	sped, speeded	sped, speeded
spell	spelt, spelled	spelt, spelled
spend	spent	spent
spill	spilt, spilled	spilt, spilled

Infinitiv (infinitive)	Präteritum (past)	Partizip Perfekt (past participle)
spin	spun, span	spun
spit	spat, *Am a.* spit	spat, *Am a.* spit
split	split	split
spoil	spoilt, spoiled	spoilt, spoiled
spread	spread	spread
spring	sprang, *Am a.* sprung	sprung
stand	stood	stood
stave	staved, stove	staved, stove
steal	stole	stolen
stick	stuck	stuck
sting	stung	stung
stink	stank, stunk	stunk
strew	strewed	strewn, strewed
stride	strode	stridden
strike	struck	struck
string	strung	strung
strive	strove	striven
swear	swore	sworn
sweat	sweat, sweated	sweat, sweated
sweep	swept	swept
swell	swelled	swollen, swelled
swim	swam	swum
swing	swung	swung
take	took	taken
teach	taught	taught
tear	tore	torn
tell	told	told
think	thought	thought
thrive	thrived, throve	thrived, thriven
throw	threw	thrown
thrust	thrust	thrust
tread	trod	trodden, trod
wake	woke, waked	woken, waked
wear	wore	worn
weave	wove	woven
wed	wedded, wed	wedded, wed
weep	wept	wept
wet	wetted, wet	wetted, wet
win	won	won
wind	wound	wound
wring	wrung	wrung
write	wrote	written

Wichtige Abkürzungen und Hinweise in diesem Wörterbuch

a., a.	auch – *also*	FLUG	Luftfahrt – *aviation*
Abk	Abkürzung – *abbreviation*	FOTO	Fotografie – *photography*
Adj	Adjektiv, Eigenschaftswort; adjektivisch – *adjective; adjectival*	*Fr*	französisch – *French*
Adv	Adverb, Umstandswort; adverbial – *adverb; adverbial*	FUNK-VERKEHR	Funkverkehr – *radio communicatic*
		GASTR	Gastronomie, Kochkunst – *gastronomy, cooking*
Akk	Akkusativ, 4. Fall – *accusative (case)*	*GB*	Großbritannien – *(Great) Britain*
allg	allgemein – *generally*	*Gen*	Genitiv, 2. Fall – *genitive (case)*
Am	(ursprünglich) amerikanisches Englisch – *(originally) American English*	GEOG	Geographie – *geography*
		GEOL	Geologie – *geology*
amer.	amerikanisch – *American*	*Ger*	Gerundium – *gerund*
ANAT	Anatomie – *anatomy*	*Ggs.*	Gegensatz, Antonym – *antonym*
ANTIKE	Antike – *antiquity*	*hist*	historisch, inhaltlich veraltet – *historical*
ARCHI	Architektur – *architecture*		
Artikel	Artikel, Geschlechtswort – *article*	*hum*	humorvoll, scherzhaft – *humorous*
ASTR	Astronomie – *astronomy*	*Imp*	Imperativ, Befehlsform – *imperativ (mood)*
attr	attributiv, beifügend – *attributive(ly)*		
BAHN	Eisenbahn – *railway*	*Ind*	Indikativ, Wirklichkeitsform – *indicative (mood)*
BERGB	Bergbau – *mining*		
bes	besonders – *particularly*	*Indefinit-pron*	Indefinitpronomen, unbestimmtes Fürwort – *indefinite pronoun*
BIBEL	Bibel, biblisch – *bible, biblical*		
BIOL	Biologie – *biology*	*Inf*	Infinitiv, Nennform – *infinitive (mood)*
BOT	Botanik, Pflanzenkunde – *botany*		
Br	(nur) britisches Englisch – *British English (only)*	*Interj*	Interjektion, Ausruf – *interjection*
BUCH-DRUCK	Buchdruck, Typographie – *printing, typography*	*Interroga-tivpron*	Interrogativpronomen, Fragefürworr – *interrogative pronoun*
CHEM	Chemie – *chemistry*	*iron*	ironisch – *ironically*
COM-PUTER	Computer – *computer*	IT	Informationstechnologie – *information technology*
Dat	Dativ, 3. Fall – *dative (case)*	JAGD	Jagd – *hunting*
Demon-strativ-pron	Demonstrativpronomen, hinweisendes Fürwort – *demonstrative pronoun*	*Jh.*	Jahrhundert – *century*
		JUR	Rechtswesen – *law*
		KERN-PHYSIK	Kernphysik – *nuclear physics*
Eigenn	Eigenname – *proper name*		
ELEK	Elektrotechnik – *electrical engineering*; Elektronik – *electronics*	*Koll*	Kollektivum, Sammelwort – *collective noun*
		Komp	Komparativ, Höherstufe – *comparative*
eng. S.	im engeren Sinn – *in the narrower sense*	*Konj*	Konjunktion, Bindewort – *conjunction*
etc	etc., et cetera, usw. – *etc., et cetera*	*Kon-junktiv*	Konjunktiv, Möglichkeitsform – *subjunctive (mood)*
etw, etw	etwas – *something*		
euph	euphemistisch, beschönigend – *euphemistically*	*konstr*	konstruiert – *construed*
F	familiär – *familiar*, Umgangssprache – *colloquial language*	KUNST	Kunst – *art*
		LANDW	Landwirtschaft – *agriculture*
f	feminin, weiblich – *feminine*	LING	Linguistik, Sprachwissenschaft – *linguistics*
fig	figurativ, bildlich, im übertragenen Sinn – *figuratively*	*lit*	literarisch bzw. nur in der Schriftsprache vorkommend – *literary*
FILM	Film – *cinema, film, movie*		
FISCH	Fischerei, Angeln, Fischkunde – *fishing, ichthyology*	LITERA-TUR	Literatur – *literature*